Sozialgesetzbuch
mit Sozialgerichtsgesetz

dtv

Sozialgesetzbuch mit Sozialgerichtsgesetz

Textausgabe mit ausführlichem Sachverzeichni

50., neu bearbeitete Auflage
Stand 28. März 2021

dtv

Inhaltsverzeichnis

Inhaltsverzeichnis

Abkürzungsverzeichnis

AAÜG	Anspruchs- und Anwartschaftsüberführungsgesetz
Abs.	Absatz
ÄndG	Änderungsgesetz
AFRG	Arbeitsförderungs-Reformgesetz
Amtsbl.	Amtsblatt
Anl	Anlage
Anm.	Anmerkung
AOK	Allgemeine Ortskrankenkasse
Art.	Artikel
ArV	Arbeiterrentenversicherung
ber.	berichtigt
BG	Berufsgenossenschaft
BGB	Bürgerliches Gesetzbuch
BGBl.	Bundesgesetzblatt (Teil I)
BKK	Betriebskrankenkasse
Buchst.	Buchstabe
BVerfG	Bundesverfassungsgericht
EG	Europäische Gemeinschaften
EWG	Europäische Wirtschaftsgemeinschaft
FZR	Freiwillige Zusatzrente
GG	Grundgesetz für die Bundesrepublik Deutschland
GKV	Gesetzliche Krankenversicherung
GRG	Gesetz für Reformen im Gesundheitswesen
GRV	Gesetzliche Rentenversicherung
GStG	Gleichstellungsgesetz
GUV	Gesetzliche Unfallversicherung
GVBl.	Gesetz- und Verordnungsblatt
HLU	Hilfe zum Lebensunterhalt
JAV	Jahresarbeitsverdienst
KK	Krankenkasse
KKNOG	Krankenkassen-Neuorganisations-Gesetz
KV	Krankenversicherung
KVLG	Gesetz über die Krankenversicherung der Landwirte
Nr.	Nummer
PflegeVG	Pflege-Versicherungsgesetz
RAG	Rentenanpassungsgesetz

Abkürzungen

RGBl.	Reichsgesetzblatt
RRG	Rentenreformgesetz
RÜG	Renten-Überleitungsgesetz
RV	Rentenversicherung
RVÄndG	Rentenversicherungs-Änderungsgesetz
RVO	Reichsversicherungsordnung
S.	Seite
SGB I	Sozialgesetzbuch, Erstes Buch – Allgemeiner Teil –
SGB II	Sozialgesetzbuch, Zweites Buch – Grundsicherung für Arbeitsuchende –
SGB III	Sozialgesetzbuch, Drittes Buch – Arbeitsförderung –
SGB IV	Sozialgesetzbuch, Viertes Buch – Gemeinsame Vorschriften für die Sozialversicherung –
SGB V	Sozialgesetzbuch, Fünftes Buch – Gesetzliche Krankenversicherung –
SGB VI	Sozialgesetzbuch, Sechstes Buch – Gesetzliche Rentenversicherung –
SGB VII	Sozialgesetzbuch, Siebtes Buch – Gesetzliche Unfallversicherung –
SGB VIII	Sozialgesetzbuch, Achtes Buch – Kinder- und Jugendhilfe –
SGB IX	Sozialgesetzbuch, Neuntes Buch – Rehabilitation und Teilhabe von Menschen mit Behinderungen
SGB X	Sozialgesetzbuch, Zehntes Buch – Verwaltungsverfahren –
SGB XI	Sozialgesetzbuch, Elftes Buch – Soziale Pflegeversicherung –
SGB XII	Sozialgesetzbuch, Zwölftes Buch – Sozialhilfe –
SGB XIV	Sozialgesetzbuch, Vierzehntes Buch – Soziale Entschädigung –
SGG	Sozialgerichtsgesetz
SVG	Gesetz über die Sozialversicherung
UV	Unfallversicherung
VA	Versicherungsamt
Vers.	Versicherung
VersRG	Versorgungsruhensgesetz
ZVsG	Zusatzversorgungssystem – Gleichstellungsgesetz

Einführung

von Prof. Dr. Ulrich Becker, LL. M. (EHI), München, und
Prof. Dr. Thorsten Kingreen, Regensburg

Übersicht

Einführung

I. Das Sozialgesetzbuch (SGB) als Kodifikationsprojekt

1. Beginn und Ausgangsüberlegungen

Das Sozialgesetzbuch (SGB) ist das größte Kodifikationsprojekt der deutschen Gesetzgebung nach dem Zweiten Weltkrieg. Es waren zwei Anläufe nötig, um dieses Vorhaben zu realisieren. Ein erster startete bald nach Ende der ersten Aufräumarbeiten. Er war Teil des Aufbaus einer neuen Rechtsordnung, an deren Spitze das zunächst als Provisorium konzipierte Grundgesetz stand. Zu den drängenden praktischen Problemen gehörte die Neugestaltung der sozialen Leistungen. In seiner Regierungserklärung vom 20.10.1953 forderte der zum zweiten Mal gewählte Bundeskanzler *Konrad Adenauer* eine „umfassende Sozialreform". Wie sie aussehen sollte, war umstritten. Über ihre Notwendigkeit herrschte aber Einigkeit. In einer Zeit verbreiteter Armut und des gleichzeitigen Aufbaus mussten soziale Leistungen so angelegt werden, dass sie die tägliche Not lindern und die gesellschaftliche Integration befördern konnten. Dafür konnten einzelne Verbesserungen nicht genügen. Weil der gesellschaftliche Umbruch so umfassend war, erforderte er auch ein ganz grundsätzliches Nachdenken über die Funktion sozialer Leistungen und deren rechtliche Ausgestaltung. Als wissenschaftliche Grundlage diente die sog. Rothenfelser Denkschrift, die unter dem programmatischen Titel „Neuordnung der sozialen Leistungen" vom Volkswirt *Hans Achinger*, dem Theologen *Joseph Höffner*, dem Juristen *Hans Muthesius* und dem Soziologen *Ludwig Neundörfer* verfasst worden war (Neuordnung der sozialen Leistungen, Denkschrift auf Anregung des Herrn Bundeskanzlers, Köln 1955). Allerdings blieb das Projekt in den Streitigkeiten über die Umsetzung, die vor allem auch zwischen den damals beteiligten Ministerien bestanden, stecken. Statt einer Gesamtreform kam es zu der sog. großen Rentenreform von 1957. Sie führte zwar zu einer grundlegenden Neukonzeption der Alterssicherung (vgl. unten, III. 6. b)). Vom Vorhaben, ein als unübersichtlich empfundenes Rechtsgebiet nach einheitlichen Grundsätzen zu ordnen, blieb aber zunächst nichts übrig.

Das sollte sich erst mit dem zweiten Anlauf ändern. Den Startschuss setzte wiederum eine Regierungserklärung, nämlich die von *Willy Brandt* vom 28.10.1969. Am 19.3.1970 beschloss die Bundesregierung, ihr Kodifikationsvorhaben umzusetzen: Angestrebt wurde die „Kodifizierung eines Sozialgesetzbuchs auf der Grundlage der sozialen Wertentscheidungen des Grundgesetzes mit dem Ziel …, das Sozialrecht für die Bevölkerung überschaubar zu machen und seine Durchführung für die Verwaltung zu vereinfachen." Zur Umsetzung sollten „jene Bereiche des Sozialrechts, die sozial- und rechtspolitische Gemeinsamkeiten aufweisen und sich für eine Einordnung in ein Gesetzgebungswerk eignen, nach einheitlichen Grundsätzen und unter Anpassung an strukturelle Veränderungen überarbeitet, in einem Gesetzbuch zusammengefasst und dabei grundsätzlich alle gemeinsamen Tatbestände in einem Allgemeinen Teil dieses Gesetzbuchs geregelt werden".

Um konkrete Vorschläge zu erarbeiten, wurde eine Sachverständigenkommission beim damaligen Bundesminister für Arbeit und Sozialordnung aus „Vertretern der Wissenschaft, Rechtsprechung, Sozialpartner, Spitzenverbände und Verwaltung aus den wichtigsten Sozialbereichen" eingesetzt. Sie sollte klären, welche Bereiche des Sozialrechts einzubeziehen, welche „Sachgegenstände" in einem Allgemeinen Teil zu regeln und welche Änderungen in einzelnen Bereichen „zum Zwecke ihrer Einordnung in das Sozialgesetzbuch" vorzunehmen waren. Sie begann ihre Arbeit am 5.5.1970 in fünf Ausschüssen, dem

Ausschuss für allgemeine Fragen, dem Ausschuss für Sozialversicherung, dem Ausschuss für Arbeitsförderung, Ausbildungsförderung, Schwerbehindertenrecht und Familie, dem Ausschuss für soziale Entschädigung, dem Ausschuss für Sozialhilfe, Jugendhilfe und Wohngeld sowie der Arbeitsgruppe Rehabilitation. Ihre Tätigkeit mündete in Vorschlägen zum Erlass eines Allgemeinen Teils und verfahrensrechtlicher Vorschriften.

Dieses Vorgehen entsprach der Annahme, es gebe Gemeinsamkeiten des Sozialrechts, die in einem Gesetzbuch geordnet werden könnten. Sie lag schon der Rothenfelser Denkschrift zugrunde: Danach sollte der Allgemeine Teil grundsätzliche Fragen einheitlich regeln und damit zugleich spätere Gesetze entlasten; er sollte eine übersichtliche und verständliche Regelung der sozialrechtlichen Grundfragen enthalten, Transparenz für die „finanziellen Zusammenhänge bei der Aufbringung und Verwendung der Mittel" schaffen und die Funktion der sozialen Sicherung als „Bestandteil der modernen industriellen Welt und ihrer Lebensordnung" im Recht zum Ausdruck kommen lassen (Neuordnung der sozialen Leistungen, 1955, S. 133f.). *Hans F. Zacher*, der Mitglied der Sachverständigenkommission war, hat das allgemeiner folgendermaßen formuliert: „Der Versuch der Kodifikation des Sozialrechts in einem Sozialgesetzbuch soll deshalb dem Teilhaften und Speziellen, das die bisherige Entwicklung beherrscht, die allgemeine Ordnung entgegensetzen; und er soll der ständig sich wandelnden Masse des Sozialrechts einen Rahmen geben, der Bestand haben kann" (Das Vorhaben des Sozialgesetzbuches, Loseblattwerk, Percha, S. 14). Zwar wurden gegen diesen Ansatz in beiden Anläufen ganz ähnliche Bedenken erhoben: Das Sozialrecht bestehe aus sehr unterschiedlichen Rechtsgebieten, weshalb ein Allgemeiner Teil wenig hilfreich sei; dessen Regelungen müssten in ihrer Anwendung immer wieder modifiziert werden, was im Ergebnis eher zu mehr als zu weniger Unübersichtlichkeit führen würde. Dementsprechend hielten einige Stimmen eine Vereinfachung und Vereinheitlichung in einem kleineren Rahmen für den besseren Ansatz, bei dem die Dreiteilung in Sozialversicherung, Kriegsopferversorgung und Sozialhilfe aufrechterhalten werden sollte.

Zu Recht haben sich diese Einwände nicht durchgesetzt. Denn erstens ist schon die Binnensystematisierung des Sozialrechts alles andere als trennscharf (vgl. unten, II. 1.). Zweitens ist es erforderlich, die Eigenheiten des Sozialrechts möglichst in Gänze zu erfassen, wobei es keinen Zweifeln unterliegt, dass zumindest eine ganze Reihe von Gemeinsamkeiten, etwa bezogen auf das Verfahren und das Leistungsverhältnis als verwaltungsrechtliches Schuldverhältnis, bestehen. Und drittens bedurfte es einer Modernisierung möglichst aller bestehenden Sozialleistungsgesetze – nicht nur, was den Inhalt betraf, sondern vor allem auch im Hinblick auf die sprachliche Fassung. Der Umstand, dass das Gesamtprojekt bis heute immer noch unvollendet ist, ändert an diesen Feststellungen nichts.

2. Entwicklung und Stand

Die gesetzgeberische Umsetzung der Kodifikation begann mit dem Entwurf eines Sozialgesetzbuchs (SGB) – Allgemeiner Teil (AT) – vom 27.6.1973 (BT Drucks. 7/868). Im SGB I werden danach „die Regelungen zusammengefasst, die zur Vereinheitlichung der geltenden Sozialrechtsordnung und ihrer besseren Transparenz den einzelnen Sozialleistungsbereichen vorangestellt werden sollten, zugleich den Gegenstandsbereich des Sozialgesetzbuchs verbindlich festlegen und damit die Grundlage für die weitere Arbeit am Gesamtwerk bilden"

(BT Drucks. 7/868, S. 1). Der Gesetzgeber hatte sich damit für ein, wie er es selbst ausdrückte, „gestuftes Vorgehen" entschieden. In den weiteren Stufen sollten „die Vorschriften der einzelnen Sozialleistungsbereiche ... überarbeitet und als besondere Teile in das Sozialgesetzbuch eingeordnet werden" (a. a. O.).

Das SGB I wurde am 11.12.1975 erlassen (BGBl. I S. 3015) und trat am 1.1.1976 in Kraft. Schon kurz danach, am 23.12.1976, folgte das SGB IV (BGBl. I S. 3845), das die allgemeinen Vorschriften für die Sozialversicherung enthält. Dann allerdings dauerte es einige Jahre, bis das Verfahrensrecht geschaffen werden konnte. Es benötigte zudem zwei gesonderte Schritte. Erst am 18.8.1980 wurden die ersten beiden Kapitel des SGB X beschlossen (BGBl. I S. 1469), dessen drittes Kapitel beruht auf einem weiteren Beschluss vom 4.11.1982 (BGBl. I S. 1450). Damit war zugleich im ersten Jahrzehnt der Umsetzung nicht nur das Kodifikationsvorhaben ins Stocken geraten. Auch seine ursprünglich geplante Anlage hatte sich schon erledigt. Denn danach war das gesamte SGB auf zehn Bücher angelegt, jedes Buch sollte eine Sozialleistungsmaterie umfassen, eingerahmt zu Beginn durch den Allgemeinen Teil und am Ende durch das Verfahrensrecht:

I	Allgemeiner Teil
II	Ausbildungsförderung
III	Arbeitsförderung
IV	Sozialversicherung
V	Soziale Entschädigung
VI	Kindergeld
VII	Wohngeld
VIII	Jugendhilfe
IX	Sozialhilfe
X	Verfahrensrecht

Es stellte sich jedoch schnell heraus, dass das Sozialversicherungsrecht nicht in nur einem Buch untergebracht werden konnte, wenn das gesamte SGB nicht in ein großes Ungleichgewicht geraten sollte. Zudem erwies sich sehr bald, dass der zunächst verfolgte Ansatz einer Kodifikation bei „beschränkter Sachreform" (*Hans F. Zacher*) nicht durchzuhalten war. Denn die Überführung eines Leistungsgesetzes in das SGB ist zwangsläufig immer mit einer vollständigen Durchsicht des Bestehenden und mit ganz grundsätzlichen Überlegungen zum Änderungsbedarf verbunden. Insofern ist wenig erstaunlich, dass sie zumindest in einigen Bereichen mit grundlegenden Reformen verbunden wurde (vgl. dazu näher die einleitenden Hinweise zu den einzelnen Sozialgesetzbüchern unter III.). Wo schließlich einerseits der Reformbedarf als groß erschien, andererseits aber über dessen Umsetzung keine politische Einigkeit erzielt werden konnte, musste auch die Aufnahme in das SGB scheitern.

Bis heute ist es immerhin gelungen, das Sozialversicherungsrecht vollständig in das SGB einzugliedern (mit Ausnahme von Teilen der landwirtschaftlichen Sozialversicherung, vgl. § 68 Nr. 4 und 6 SGB I). Ebenfalls abgeschlossen ist die Aufnahme der Hilfesysteme in das SGB – was eine Nebenfolge der Agenda 2010 (dazu unten, III. 2.) darstellt. Mit dem Erlass des SGB XIV wird zudem das soziale Entschädigungsrecht schrittweise in das SGB eingegliedert. Beim Recht der sozialen Förderung, das ganz unterschiedlichen Zwecken dient, sieht die Bilanz hingegen immer noch schlecht aus. Verschiedene Gesetze gelten zwar als besondere Teile des SGB (vgl. § 68 SGB I), ohne aber in die Gesamtkodifikation einbezogen worden zu sein.

Derzeit ist das Sozialgesetzbuch wie folgt strukturiert:

		Erlassen am	Neu gefasst am
I	Allgemeiner Teil	11.12.1975	
II	Grundsicherung für Arbeitsuchende	24.12.2003	13.5.2011
III	Arbeitsförderung	24.3.1997	
IV	Gemeinsame Vorschriften der Sozialversicherung	23.12.1976	12.11.2009
V	Gesetzliche Krankenversicherung	20.12.1988	
VI	Gesetzliche Rentenversicherung	18.12.1989	19.2.2002
VII	Gesetzliche Unfallversicherung	7.8.1996	
VIII	Kinder- und Jugendhilfe	26.6.1990	11.9.2012
IX	Rehabilitation und Teilhabe von Menschen mit Behinderungen	19.6.2001	23.12.2016
X	Verfahrensrecht und Sozialdatenschutz	18.8.1980 4.11.1982	18.1.2001
XI	Pflegeversicherung	26.5.1994	
XII	Sozialhilfe	27.12.2003	
XIV	Soziale Entschädigung	12.12.2019	(in Kraft ab 2021/2024)

II. Das Sozialrecht als Gegenstand des SGB

1. Begriff und Systematisierung

Das Sozialrecht ist als Rechtsgebiet nicht organisch gewachsen, sondern besteht aus einer Vielzahl von Bausteinen, die jeweils als Antworten auf soziale Problemlagen entstanden sind. Charakteristisch für das Sozialrecht ist die Begründung und Ausgestaltung rechtlicher Beziehungen zwischen einem Schutzbedürftigen und einer politisch organisierten Gemeinschaft, die sozialen Schutz gewährt. Das Sozialgesetzbuch (SGB) leistet allerdings aus entwicklungsgeschichtlichen Gründen (s. oben, I. 2., und unten, III.) keinen wesentlichen Beitrag zu einer Systematisierung des Sozialrechts. Es gibt diverse Möglichkeiten der Binnenstrukturierung des Sozialrechts, wobei man sich stets vor Augen führen muss, dass eine solche Untergliederung keinesfalls trennscharf sein kann und weitgehend auf sozialpolitischen Entscheidungen beruht, die von Land zu Land unterschiedlich sind. Verbreitet ist die folgende Dreiteilung, die nur das materielle Sozialrecht betrifft, also das im SGB X enthaltene Sozialverfahrensrecht und den im SGG geregelten Rechtsschutz nicht umfasst:

a) **Soziale Vorsorge**. Soziale Vorsorgesysteme sollen Schutz gegen typische soziale Risiken (Krankheit, Mutterschaft, Arbeitsunfall, Alter, Invalidität, Arbeitslosigkeit, Pflegebedürftigkeit) gewährleisten. Das geschieht in Deutschland durch die fünf Sozialversicherungszweige: das SGB V (Krankenversicherung),

SGB VI (Rentenversicherung), SGB VII (Unfallversicherung, mit Ausnahme der sog. unechten Unfallversicherung, s. unten, III. 7.) und die Pflegeversicherung (SGB XI). Eine Zwitterstellung nimmt das SGB III ein: Soweit es um die Arbeitslosenversicherung geht, befasst es sich mit sozialer Vorsorge; die vielfältigen Maßnahmen der Arbeitsförderung hingegen gehören in den Bereich der sozialen Förderung. Das Charakteristikum der sozialen Vorsorge ist, dass sie im Wesentlichen auf Beiträgen der Versicherten ruht. Der Leistungsanspruch setzt daher regelmäßig den Eintritt eines Versicherungsfalls voraus, vor dem die Sozialversicherung dann aber unabhängig davon schützt, ob der Einzelne selbst in der Lage ist, aus seinem Einkommen und/oder Vermögen die notwendigen Leistungen zu finanzieren. Denn der Leistungsgrund ist eine bestehende Versicherung, nicht der Tatbestand der Bedürftigkeit (dazu c)).

b) **Soziale Entschädigung**. Das Recht der sozialen Entschädigung erfasst alle Sozialleistungen, die wegen der besonderen Verantwortung der Allgemeinheit für einen Gesundheitsschaden erbracht werden. Klassisch war die Kriegsopferversorgung, die heute im Bundesversorgungsgesetz (BVG) enthalten ist; ihre lange Zeit bestehende Leitfunktion wird sie in den kommenden Jahren verlieren. Soziale Entschädigungsleistungen sind wegen der dahinterstehenden Verantwortung der Allgemeinheit steuerfinanziert und erfordern dem Leistungsgrund nach Kausalität, setzen aber anders als die Leistungen des sozialen Ausgleichs (nachfolgend, c)) keine Bedürftigkeit voraus. Zum sozialen Entschädigungsrecht gehört derzeit noch neben dem BEG das Opferentschädigungsgesetz (OEG), die Impfopferentschädigung (§ 60 IfSG) und die übrigen, in § 68 Nr. 7 SGB I genannten gesetzlichen Bestimmungen, die als besondere Teile des SGB gelten; ferner gehören dazu bei systematischer Betrachtung die Tatbestände der unechten Unfallversicherung (unten, III. 7.). Die wichtigsten Einzelgesetze werden durch das SGB XIV abgelöst, das mit dem Gesetz zur Regelung des Sozialen Entschädigungsrechts vom 12.12.2019 (BGBl. I S. 2652) eingeführt wurde und grundsätzlich am 1.1.2024 in Kraft treten wird. Das soziale Entschädigungsrecht im formellen Sinn bleibt damit allerdings nach wie vor auf den Ausgleich von gesundheitlichen Schädigungen beschränkt. In einem weiteren Sinn gehören zu ihm aber auch Entschädigungen für Eigentumsschäden, insbesondere im Zusammenhang mit Naturkatastrophen und Epidemien.

c) **Sozialer Ausgleich durch Förderung und Hilfe**. Leistungen des sozialen Ausgleichs werden erbracht, um besondere Belastungen oder besondere Leistungsschwächen zu kompensieren.

Die Förderung knüpft an solche Situationen eines besonderen Bedarfs an, die grundsätzlich als erwünscht behandelt werden. Zu ihr gehören insbesondere (1) Leistungen der Familienförderung mit dem Kindergeldgesetz (BKGG) vom 11.10.1995 (BGBl. I S. 1250, 1378) und dem Bundeselterngeld- und Elternzeitgesetz (BEEG) vom 5.12.2006 (BGBl. I S. 2748), (2) Leistungen zur Ausbildungsförderung mit dem Bundesausbildungsförderungsgesetz (BAföG) vom 26.8.1971 (BGBl. I S. 1409) und (3) zur Wohnungsförderung mit dem Wohngeldgesetz (WoGG) vom 14.12.1970 (BGBl. I S. 1637). Die entsprechenden Gesetze gelten als besondere Teile des SGB (in der vorstehend genannten Reihenfolge § 68 Nr. 9, 15, 1 und 10 SGB I).

Die Hilfe dient als Auffangnetz in den Situationen, in denen sich Menschen nicht selbst ihren Lebensunterhalt sichern können. Sie wird als Sozialhilfe oder Grundsicherung bezeichnet und ist geregelt im SGB II, SGB XII und im Asylbewerberleistungsgesetz (AsylbLG), das als Sonderrecht für Flüchtlinge im Jahr 1993 geschaffen (BGBl. I S. 1074) und seitdem mehrfach reformiert worden ist, aber bis heute weder in das SGB eingegliedert wurde noch über § 68 SGB I als besonderer Teil des SGB behandelt wird. Die Abgrenzung zwischen Förderung und Hilfe ist nicht immer eindeutig, und es bestehen Übergänge, so wie dies auch zwischen Förderung und Vorsorge der Fall ist (etwa im SGB III und VIII).

Leistungen des sozialen Ausgleichs unterscheiden sich insoweit grundlegend von der sozialen Vorsorge, als die zu erbringenden Leistungen nicht durch Beiträge, sondern ohne Gegenleistung des Anspruchsberechtigten aus Steuermitteln finanziert werden. Sie setzen daher in der Regel Bedürftigkeit voraus, werden also nur erbracht, wenn die Betroffenen die notwendigen Mittel und Leistungen nicht aus ihrem eigenen Einkommen und Vermögen oder demjenigen ihrer Unterhaltspflichtigen erbringen können. Allerdings wird der Tatbestand der Bedürftigkeit in den einzelnen Gesetzen unterschiedlich, nämlich in Abhängigkeit vom Leistungszweck, konkretisiert. Bedürftigkeit wird daher in einem Gesetz, in dem es um die bloße Existenzsicherung geht, anders definiert als in Gesetzen, die soziale Entfaltungsmöglichkeiten sichern und Chancengleichheit herstellen sollen, wie das BAföG oder die Rehabilitation und Teilhabe von Menschen mit Behinderungen nach dem SGB IX.

2. Entwicklung

Der Beginn deutscher Sozialstaatlichkeit lässt sich nicht auf einen festen Stichtag datieren. Man kann aber sagen, dass sich der Sozialstaat in Deutschland in der zweiten Hälfte des 19. Jahrhunderts allmählich aus vorstaatlichen gesellschaftlichen Sicherungssystemen (vor allem in den Gemeinden, durch die Kirchen und in Zünften) herausgebildet hat. Die Entwicklung wurde beschleunigt durch die Industrialisierung, mit der die soziale Frage der Sicherung der Industriearbeiter und ihrer Angehörigen aufgeworfen wurde, wobei zu Beginn vor allem das Problem der Arbeitsunfälle, verursacht durch neue, nicht ausgereifte technische Prozesse und fehlende Erfahrung und Ausbildung, im Vordergrund stand.

Die wichtigsten Grundlagen für unser heutiges Sozialrecht wurden durch die Sozialversicherungsgesetzgebung der Jahre 1883–1889 gelegt, die mit der Kranken-, der Unfall- und der Rentenversicherung drei bedeutende, durch Beiträge von Arbeitern und Unternehmern finanzierte Schutzsysteme schuf, die wesentlich zur inneren Stabilisierung des Deutschen Reichs beitrugen und charakteristisch sind für das deutsche sozialstaatliche Arrangement mit rechtlich gegenüber dem Staat verselbständigten und politisch einflussreichen Sozialversicherungsträgern und -verbänden. 1927 folgte, unter politisch schwierigen Umständen, die Arbeitslosenversicherung und erst 1994 die Pflegeversicherung.

1911 wurde die „Arbeiterversicherung" in einem Gesetz, der Reichsversicherungsordnung (RVO), zusammengefasst. Gemeinsam mit dem Bürgerlichen Gesetzbuch (1896) und der 1919 verabschiedeten Reichsabgabenordnung gehörte sie zu den großen Kodifikationswerken des Deutschen Reichs. Von der Grundanlage mit dem Bürgerlichen Gesetzbuch vergleichbar, bestand sie aus einem Allgemeinen Teil und (insgesamt sechs) speziellen Büchern, die Regelungen über die einzelnen Sozialversicherungszweige, über das Verhältnis der Sozialleistungsträger untereinander und schließlich Verfahrensvorschriften enthielten. Die Reichsversicherungsordnung war bis zum Beginn der Kodifikation im Sozialgesetzbuch die wichtigste Rechtsquelle des Sozialrechts, aber sie war noch keine Gesamtkodifikation des Rechtsgebiets, denn sie erfasste nur das Sozialversicherungsrecht, nicht aber die steuerfinanzierten sozialen Sicherungssysteme der Entschädigung, der Förderung und der Hilfe (s. oben, II. 1.). Dieser weiterreichende Ansatz einer Gesamtkodifikation wurde erst ab 1969 durch das Sozialgesetzbuch realisiert (s. oben, I. 1.).

Mit dem wirtschaftlichen Aufschwung in der zweiten Hälfte des 20. Jahrhunderts begann auch ein Ausbau des deutschen Sozialstaats. Insbesondere in den 1970er und 1980er Jahren wurden neue Leistungsgesetze geschaffen und weitere Personengruppen in die soziale Sicherung einbezogen (Studenten, Schüler, Menschen mit Behinderungen). Im Zuge der Wiedervereinigung wurde mit dem Einigungsvertrag (BGBl. 1990 II S. 885, 1055) das in der Bundesrepublik geltende Sozialrecht vollständig auf das Gebiet der ehemaligen DDR übertragen. Für die Bewältigung des Übergangs war die Leistungsfähigkeit der Sozialversicherung von kaum zu überschätzender Bedeutung. Ab diesem Zeitpunkt begann aber auch die Phase des Umbaus und einer Konsolidierung des Sozialstaats.

3. Höherrangige Vorgaben

a) **Verfassungsrecht**. Für die sozialrechtliche Rechtsetzung und Rechtsanwendung ist zunächst das im Grundgesetz (GG) geregelte deutsche Verfassungsrecht maßgebend. Es regelt beispielsweise die Verteilung der Gesetzgebungskompetenzen zwischen Bund und Ländern bei der Sozialgesetzgebung (die im Ergebnis insbesondere wegen der Kompetenztitel der Art. 74 Abs. 1 Nr. 7 und 12 GG dazu führt, dass das deutsche Sozialrecht weitgehend Bundesrecht ist) sowie die Verteilung der Verwaltungskompetenzen (Ausführung des Sozialrechts überwiegend durch Landesbehörden, Art. 83, 84 GG; wichtige Ausnahme für die Sozialversicherung: Art. 87 Abs. 2 GG).

Erhebliche Bedeutung für das Sozialrecht haben die Grundrechte des Grundgesetzes. Zwar wird dem Gesetzgeber bei der Ausgestaltung des Sozialrechts traditionell ein weiter Gestaltungsspielraum eingeräumt. Auch lassen sich aus den Grundrechten grundsätzlich keine sozialen Leistungsrechte ableiten; anders als noch in der Weimarer Reichsverfassung von 1919, in vielen deutschen Landesverfassungen, in anderen europäischen Verfassungen und in der Grundrechtecharta der EU (vgl. unten, b)) wurde bei der Schaffung des Grundgesetzes auf die Einführung sozialer Rechte weitgehend verzichtet (vgl. aber Art. 3 Abs. 2 S. 2, Abs. 3 S. 2 und Art. 6 Abs. 4 GG). Allerdings hat das Bundesverfassungsgericht (BVerfGE 125, 175) aus Art. 1 Abs. 1 GG (Menschenwürde) und dem Sozialstaatsprinzip (Art. 20 Abs. 1 GG) ein Grundrecht auf Gewährleistung eines menschenwürdigen Existenzminimums mit sehr konkreten Anforderungen für das Verfahren zur Ermittlung des Existenzminimums abgeleitet. Die Grundrechte prägen auch andere Leistungsbereiche zum Teil ganz erheblich. So waren etwa der allgemeine Gleichheitssatz (Art. 3 Abs. 1 GG) und das Grundrecht von Ehe und Familie (Art. 6 Abs. 1 GG) die verfassungsrechtlichen Grundlagen dafür, dass ein von der Steuerpflicht freizuhaltendes Existenzminimum für alle Familienmitglieder anerkannt wurde (BVerfGE 99, 246; 110, 412), dass Zeiten der Kindererziehung in der Rentenversicherung im Leistungsrecht Berücksichtigung finden müssen (BVerfGE 87, 1) und dass Vorschriften, die die Familie gegenüber Kinderlosen benachteiligen, für verfassungswidrig erklärt wurden, etwa die Nichtberücksichtigung der Kindererziehung bei der Beitragsbemessung in der gesetzlichen Pflegeversicherung (BVerfGE 103, 242). Überhaupt spielt der allgemeine Gleichheitssatz in einem so ausdifferenzierten und damit zu Ungleichbehandlungen neigenden Rechtsgebiet wie dem Sozialrecht eine bedeutende Rolle. Schließlich ist für Reformen von Bedeutung, dass nach der Rechtsprechung des Bundesverfassungsgerichts die auf nicht unerheblichen Eigenleistungen beruhenden, der Existenzsicherung dienenden und privatnützig zugeordneten erworbenen Ansprüche einen Eigentumsschutz (Art. 14 Abs. 1 GG) genießen.

b) **Europäisches Unionsrecht**. Zunehmende Bedeutung für das deutsche Sozialrecht hat darüber hinaus das europäische Unionsrecht. Die seit 2009 rechtsverbindliche europäische Grundrechtecharta enthält in ihren Art. 27–38 GRCh soziale Grundrechte, deren Bedeutung allerdings erst in Ansätzen geklärt ist.

Wesentlich älter ist das sozialrechtliche Sekundärrecht. Die Rechtsetzung wird dabei weniger auf die sozialpolitischen Kompetenznormen der Art. 151 ff. AEUV gestützt als vielmehr auf diejenigen Zuständigkeitsnormen, die der Verwirklichung der Freizügigkeit (Art. 21, 45, 49 und 56 AEUV) dienen. Insbesondere koordiniert die hauptsächlich für die Sozialversicherung bedeutsame sog. Wanderarbeitnehmerverordnung (VO [EG] 883/2004) das Sozialrecht der Mitgliedstaaten, um die Freizügigkeit der Arbeitnehmer zu ermöglichen. Die Verordnung stellt zu diesem Zweck, insoweit vergleichbar mit dem Internationalen Privatrecht, Kollisionsregeln auf, die bei grenzüberschreitenden Sachverhalten zur Vermeidung von Doppelbelastungen und -begünstigungen über das anwendbare Recht entscheiden; in der Regel ist dies das für den Beschäftigungsort geltende Recht, Art. 11 Abs. 3 lit. a) VO (EG) 883/2004. Die VO (EG) 883/2004 enthält ferner wichtige Sachregeln, die verhindern, dass Grenzübertritt und Staatsangehörigkeit zu sozialrechtlichen Brüchen und Benachteiligungen führen: ein Verbot der sozialrechtlichen Diskriminierung von EU-Ausländern, den Grundsatz der Tatbestandsgleichstellung, der fingiert, dass bestimmte sozialrechtlich relevante Ereignisse, die in einem Mitgliedstaat eingetreten sind, so behandelt werden, als seien sie im Gebiet des zuständigen Staates verwirklicht worden, ferner das Gebot der Zusammenrechnung von Versicherungszeiten und schließlich den Grundsatz des Leistungsexports.

Die im Jahre 2004 in Kraft getretene Freizügigkeits-Richtlinie 2004/38/EG enthält darüber hinaus in ihrem Art. 24 Abs. 1 ein Gebot der Gleichbehandlung aller Unionsbürger, die sich nach Maßgabe der aufenthaltsrechtlichen Bestimmungen der Richtlinie rechtmäßig im Hoheitsgebiet des Aufnahmemitgliedstaates aufhalten. Dieser Gleichbehandlungsanspruch gilt grundsätzlich auch für alle Sozialleistungen. Nach Art. 24 Abs. 2 RL 2004/38/EG besteht allerdings für nicht erwerbstätige Unionsbürger erst ab einem nach Maßgabe der Richtlinie rechtmäßigen Aufenthalt von drei Monaten ein sozialhilferechtlicher Gleichbehandlungsanspruch. Studienbeihilfen müssen hingegen nach Art. 24 Abs. 2 RL 2004/38/EG erst gewährt werden, nachdem das Recht auf Daueraufenthalt erworben wurde, d. h. erst nach fünf Jahren.

Erwähnung verdient schließlich die Patientenrichtlinie RL 2011/24/EU, die einen grundsätzlichen Anspruch auf diskriminierungsfreie grenzüberschreitende Inanspruchnahme von Gesundheitsleistungen begründet und damit die primärrechtlichen Grundfreiheiten, die grundsätzlich auch für soziale Tätigkeiten gelten, ausgestaltet.

c) **Völkerrecht**. Zu den völkerrechtlichen Quellen des Sozialrechts zählen die Menschenrechtsabkommen auf universeller (für die sozialen Rechte der Internationale Pakt über wirtschaftliche, soziale und kulturelle Rechte) und europäischer Ebene (für die sozialen Rechte die Europäische Sozialcharta), die Abkommen der Internationalen Arbeitsorganisation (IAO) in Genf, die tripartitätisch organisiert seit 1919 internationale Arbeits- und Sozialstandards erarbeitet, sowie die zumeist bilateralen Sozialversicherungsabkommen, die mit anderen Staaten geschlossen werden, um wanderungsbedingte Verluste sozialer Rechte zu verhindern.

4. Praktische Bedeutung

Sozialleistungen helfen den Menschen in vielen unterschiedlichen Situationen. Sie sichern die Existenzgrundlage und in verschiedener Hinsicht den Erhalt des Lebensstandards. Sie begleiten den Menschen von der Geburt bis zum Tod. Ohne sie wäre weder die tatsächliche Inanspruchnahme der Freiheit möglich noch eine marktwirtschaftliche Ordnung erträglich. Diese fundamentale Bedeutung von Sozialpolitik und Sozialrecht für die Lebensbedingungen des Einzelnen wie die gesellschaftliche Integration gerät leicht in Vergessenheit, wenn nur ein Blick auf die nackten Zahlen des Sozialbudgets geworfen wird. Das allerdings ändert natürlich nichts daran, dass diese Zahlen zugleich als Ausdruck des sozialstaatlichen Engagements gewertet werden können und auch Aufschluss über die Gewichtung der einzelnen Sozialleistungsbereiche geben.

Das Sozialbudget wird jährlich vom Bundesministerium für Arbeit und Soziales veröffentlicht und fasst alle Sozialleistungen zusammen. Bei einem Vergleich der Zahlen ist zu beachten, dass im Laufe der Zeit die im Sozialbudget berücksichtigten Leistungen und auch die Berechnung des Bruttoinlandsprodukts (BIP) verändert worden sind. Insbesondere fließen seit 2009 auch die mit der Gesetzlichen Krankenversicherung vergleichbaren Grundleistungen der Privaten Krankenversicherung in die Berechnung der Ausgaben ein. Im Jahr 2019 wurden (schätzungsweise) insgesamt 1.040,3 Mrd. Euro für Sozialleistungen aufgewendet. Die Sozialleistungsquote, d. h. das Verhältnis der Sozialleistungen zum BIP, hat sich folgendermaßen entwickelt (Angaben in Prozent):

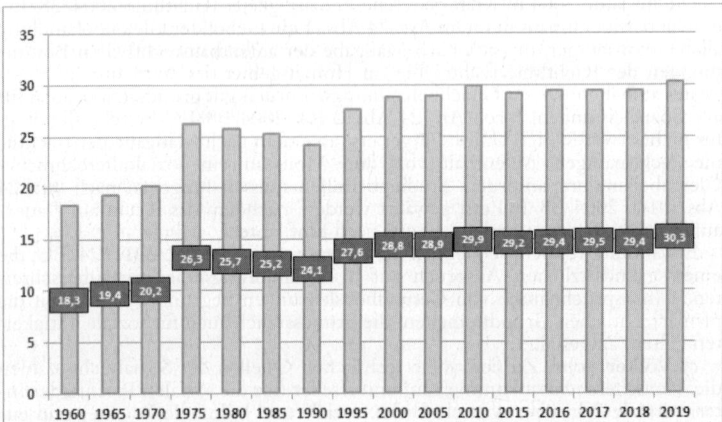

Innerhalb des Sozialbudgets sind die Funktionen folgendermaßen gewichtet (Zahlen für 2019 ohne Verwaltungsausgaben): Krankheit und Invalidität 441,6 Mrd. Euro, Alter und Hinterbliebene 383,3 Mrd. Euro, Kinder, Ehegatten und

Mutterschaft 115,8 Mrd. Euro, Arbeitslosigkeit 31,8 Mrd. Euro, sonstige Leistungen 25,5 Mrd. Euro.

Dabei speist sich das Sozialbudget hauptsächlich aus drei Quellen (Zahlen für 2019): den Beiträgen der Arbeitgeber (34,8 %), den Beiträgen der Versicherten (30,9%) und den Zuschüssen des Staates (32,8%). Diese Zahlen belegen mit dem hohen Anteil der Beitragsfinanzierung die besondere Bedeutung, die in Deutschland nach wie vor der Sozialversicherung zukommt.

5. Strukturen und Prinzipien

a) **Strukturen**. Das Sozialrecht ist öffentliches Recht und es ist Verwaltungsrecht. Es lässt sich durch die Hervorhebung der ihm zugrundeliegenden Rechtsverhältnisse gut in seinen Strukturen und Besonderheiten erkennen.

Da ist zunächst das Rechtsverhältnis zwischen dem Leistungsberechtigten und dem Leistungsträger, also der Behörde, die eine Sozialleistung gewährt. Im Fall der Entschädigungs-, Hilfe- und Fördersysteme kann es als Leistungsverhältnis verstanden werden, das im Kern darin besteht, dass ein Leistungsanspruch erfüllt wird. Im Fall der Sozialversicherungssysteme (vgl. zur Systematisierung oben. II. 1. a)) existiert ein Versicherungsverhältnis, aus dem Beitragspflichten, Mitgliedschaftsrechte und Leistungsrechte folgen. In jedem Fall liegt eine Besonderheit des sozialrechtlichen Leistungs- und Versicherungsverhältnisses darin, dass sich Leistungsberechtigte und Träger in der Regel nicht nur einmal kurz, wie sonst zumeist im Verwaltungsrecht, begegnen, sondern es einen längeren Austausch gibt: Eine Arbeitsuchende muss nicht nur Leistungen erhalten, sondern auch eingegliedert werden; ein Hilfebedürftiger ist längere Zeit auf unterschiedliche Unterstützung angewiesen; ein Krankenversicherter benötigt regelmäßig immer wieder verschiedene Behandlungsleistungen; Rentenversicherte „sparen" bei der Rentenversicherung für das Alter an, auch wenn tatsächlich die Rente im Umlageverfahren finanziert wird (vgl. III. 6. e)).

Soweit die zu gewährenden Sozialleistungen in Geldleistungen bestehen, spielen weitere Rechtsverhältnisse keine Rolle. Werden aber Sachleistungen gewährt – wie Krankenbehandlungen, Rehabilitationen oder professionelle Pflege –, dann muss der Leistungsträger diese Sachleistungen auch bereitstellen. Er bedient sich dafür in der Regel Dritter, den sog. Leistungserbringern. Die Leistungserbringer erfüllen für den Leistungsträger gegenüber den Leistungsberechtigten den Anspruch (sog. Erfüllungsverhältnis). Damit das sichergestellt ist, müssen die Leistungsträger ein Rechtsverhältnis zu den Leistungserbringern begründen (sog. Beschaffungs- und Bereitstellungsverhältnis, geläufig ist auch die Bezeichnung Leistungserbringungsverhältnis), in dem die Einbindung und die Finanzierung der Leistungserbringer wie die Qualität der Leistungen zu regeln ist. Alle drei Rechtsverhältnisse sind aufeinander bezogen und durch den Zweck der Sozialleistung miteinander verbunden (sog. Leistungserbringungsdreieck).

b) **Prinzipien**. Das Sozialrecht zeichnet sich durch seine besondere Zwecksetzung aus (dazu oben, II. 1.). Als allgemeine Prinzipien liegen ihm zugrunde:

(1) Das Prinzip Sicherheit. Sozialleistungen sollen Unterstützung oder Schutz gewähren und sie sollen dies auf Dauer tun. Einmal gewährte Positionen dürfen zumindest nicht durch beliebige, sich ändernde Umstände in Frage gestellt werden. Das betrifft verschiedene Systeme in unterschiedlichem Maße, weil deren Zukunftsbezug nicht gleich ist. Dennoch ist die Problematik für alle sozialen Rechte relevant.

(2) Das Prinzip Solidarität. Es bedarf als Rechtsbegriff der gesetzlichen Ausformung. Im Sozialrecht wird es weniger durch die Schaffung von Leistungssystemen selbst als vielmehr durch die Anordnung eines finanziellen Ausgleichs innerhalb von Systemen hergestellt. Insofern spielt es eine wesentliche Rolle, welche Personen in welche Systeme einbezogen und wie die zu gewährenden Sozialleistungen finanziert werden.

(3) Das Prinzip Eigenverantwortung. Es ist als individuelles Prinzip in gewisser Weise die Kehrseite des kollektiven Prinzips der Solidarität und steht in einem engen Zusammenhang zur Nutzung rechtlich gewährleisteter Freiheit. Der Mensch muss, das impliziert die zugrundeliegende Selbstbestimmung, auch für die Sicherung seiner wirtschaftlichen Bedarfe zunächst selbst sorgen, also seinen Lebensunterhalt und den seiner Familienangehörigen durch Vermögen oder durch den Einsatz seiner Arbeitskraft decken. Dort wo er das nicht kann, hilft das Sozialrecht.

(4) Das Prinzip der Effektivität des Schutzes. Damit sind Vorkehrungen zur tatsächlichen Durchsetzung sozialer Rechte gemeint, d.h. solche, die der Antragstellung und dem Rechtsschutz im Verwaltungsverfahren oder vor Gerichten dienen. Das schließt die Sicherung des tatsächlichen Zugangs zu den Sozialleistungen ein, etwa durch allgemeine Auskünfte, Beratung und in Bezug auf die Zugänglichkeit von Behörden.

III. Die Bücher des SGB

1. Das SGB I – Allgemeiner Teil

a) **Zielsetzung**. Das SGB I enthält die allgemeinen Vorschriften für das SGB als Gesamtwerk, das aus den einzelnen Büchern des SGB (vgl. die folgenden Abschnitte) und den Gesetzen, die noch nicht in das SGB eingegliedert worden sind, aber als dessen besondere Teile gelten (§ 68 SGB I), besteht. Dabei handelt es sich um das deutsche Sozialrecht im formellen Sinn, dessen Grundlagen das SGB I zugleich festschreibt. In diesem Zusammenhang wird auch die Zielsetzung des Sozialrechts insgesamt folgendermaßen beschrieben (§ 1 SGB I): Es soll „zur Verwirklichung sozialer Gerechtigkeit und sozialer Sicherheit Sozialleistungen einschließlich sozialer und erzieherischer Hilfen gestalten"; dies wiederum wird durch fünf Unterziele konkretisiert (Sicherung eines menschenwürdigen Daseins; Schaffung gleicher Voraussetzungen für die freie Entfaltung der Persönlichkeit, insbesondere auch für junge Menschen; Schutz und Förderung der Familie; Ermöglichung des Erwerbs des Lebensunterhalts durch eine frei gewählte Tätigkeit; Abwendung oder Ausgleich besonderer Belastungen des Lebens, auch durch Hilfe zur Selbsthilfe). Schließlich soll als Mittel zur Verwirklichung dieser Ziele dafür gesorgt werden, dass die „erforderlichen sozialen Dienste und Einrichtungen rechtzeitig und ausreichend zur Verfügung stehen".

b) **Entwicklung**. Das SGB I war der erste Teil des SGB, der im Rahmen des Gesamtprojekts einer Kodifikation des Sozialrechts erlassen wurde (vgl. oben, I. 2.). Es trat am 1.1.1976 in Kraft. Mit ihm wurden erstmalig die gemeinsamen Vorschriften des Sozialrechts in einem Gesetz zusammengeführt.

c) **Eigenheiten**. Das SGB I verfolgt die Aufgabe, allgemeine Grundlagen des gesamten Sozialrechts zusammenzufassen. Es beginnt mit einer Beschreibung der Leistungen und der Leistungssysteme, enthält die Grundsätze des Leistungsrechts und regelt allgemeine Mitwirkungspflichten. Sein Charakter als AT wird durch die Aufnahme allgemeiner Grundsätze (§§ 30–37 SGB I) betont. Diese Grundsätze gelten als Querschnittsvorschriften, während die übrigen substantiellen Bestimmungen unter dem Vorbehalt spezieller Regelungen in den anderen Büchern des SGB stehen (§ 37 SGB I).

d) **Soziale Rechte, Leistungen und Leistungssysteme**. § 2 SGB I betont die besondere Bedeutung sozialer Rechte für die Realisierung der Ziele des Sozialrechts. Allerdings gewährt das SGB I diese Rechte im Sinne von Leistungsansprüchen nicht selbst, sondern verweist insofern auf die besonderen Teile. Es beschränkt sich darauf, einen Überblick über die dort vorgesehenen Leistungen zu geben, in §§ 3–10 SGB I relativ allgemein, in §§ 18–29 SGB I etwas näher ausgeführt und unter Nennung der jeweils zuständigen Leistungsträger. Die dadurch entstehenden Überschneidungen hätten sich durch eine kompaktere Anlage vermeiden lassen. Praktisch wichtig sind die §§ 13–15 SGB I. Insbesondere der Anspruch auf Beratung nach § 14 SGB I spielt deshalb eine große Rolle, weil er den Leistungsberechtigten hilft, im oft schwer zu durchschauenden Dickicht der Leistungssysteme ihr Recht zu erkennen und wahrzunehmen. Verletzt ein Träger seine Beratungspflicht, die entweder aus einer konkreten Nachfrage oder aber aus einer Situation folgen kann, in der erkennbar ein Beratungsbedarf besteht (sog. Spontanberatung), so muss er u. U. haften. Die Grundlage dafür kann bei verschuldeter Pflichtverletzung ein Amtshaftungsanspruch nach § 839 BGB i. V. m. Art. 34 GG sein. Wichtiger ist der sog. sozialrechtliche Herstellungsanspruch. Bei ihm handelt es sich um einen gewohnheitsrechtlich anerkannten, nur im Sozialrecht bestehenden Staatshaftungsanspruch, der kein Verschulden, sondern nur Rechtswidrigkeit voraussetzt und auf die Herstellung der durch den Beratungsfehler verpassten Gestaltung gerichtet ist. Erforderlich ist eine Kausalität zwischen Pflichtverletzung, unterlassenem Handeln und Schaden, wobei sich die Kausalität im Sozialrecht nach der Theorie der wesentlichen Bedingung richtet: Danach ist ein Umstand für eine Folge kausal, wenn er wesentlich für deren Eintritt war. Ebenfalls von großer praktischer Bedeutung ist § 16 SGB I, der die Stellung von Anträgen auf Sozialleistungen erleichtert.

e) **Allgemeine Grundsätze**. Das SGB gilt nach § 30 Abs. 1 SGB I für alle Personen, die ihren Wohnsitz oder gewöhnlichen Aufenthalt (legal definiert in § 30 Abs. 3 SGB I) in seinem Geltungsbereich haben. In den allgemeinen Grundsätzen wird ferner bestimmt, dass der Vorbehalt des Gesetzes auch für Leistungsansprüche gilt (§ 31 SGB I). Es folgen, wenig systematisch angelegt, Vorschriften zur besseren Durchsetzung sozialer Rechte (Verbot abweichender nachteiliger Vereinbarungen, § 32 SGB I, Individualisierungsgrundsatz, § 33 SGB I, und Benachteiligungsverbot, § 33c SGB I), für die Bestimmung von einigen tatbestandlichen Anknüpfungen (Alter, Lebenspartnerschaften und familienrechtliche Beziehung, §§ 33a, 33b und 34 SGB I) und hinsichtlich des Verfahrens (Handlungsfähigkeit, § 36 SGB I, und elektronische Kommunikation, § 36a SGB I). Schließlich wird der Schutz von Sozialgeheimnissen geregelt (§ 35 SGB I), der näher durch Vorschriften im SGB X (unten, III. 10. e)) ausgestaltet wird.

f) **Leistungsrechte und sozialverwaltungsrechtliches Schuldverhältnis**. Der zweite Titel des SGB I enthält „Grundsätze des Leistungsrechts“. Sie beginnen mit einer Klarstellung von Rechtsansprüchen (§ 38 SGB I) und dem Umstand, dass im Sozialrecht Ermessensnormen immer auch dem Schutz der Leistungsberechtigten zu dienen bestimmt sind und deshalb ein Anspruch auf pflichtgemäße Ausübung des Ermessens besteht (§ 39 SGB I).

Die folgenden Vorschriften regeln das Rechtsverhältnis zwischen Leistungsberechtigtem und Leistungsträger, sie können insofern als verwaltungsrechtliches Schuldrecht bezeichnet werden. Sie beziehen sich auf die Begründung von Ansprüchen (§§ 40, 41 SGB I), deren Verzinsung (§ 44 SGB I), deren Verjährung (§ 45 SGB I) sowie deren Untergang: durch Verzicht (§ 46 SGB I), Erfüllung (§§ 47–50 SGB I mit dem Sonderfall der Überleitung), deren Aufrechnung (§ 51 SGB I) und Verrechnung, die eine Aufrechnung im Drei-Personen-Verhältnis darstellt (§ 52 SGB I), sowie die Übertragung und Pfändung (§§ 53, 54 SGB I). Hervorhebung verdienen im Zusammenhang mit der Erfüllung die Möglichkeit, einen Vorschuss zu gewähren (§ 42 SGB I) und die sog. vorläufige Leistung (§ 43 SGB I), mit der im Falle eines negativen Kompetenzkonflikts zwischen mehreren sich für unzuständig erklärenden Trägern sichergestellt werden soll, dass der zuerst angegangene Träger trotz Verneinung seiner Zuständigkeit zahlt und die Erfüllung des Leistungsanspruchs nicht unter dem Zuständigkeitsstreit leidet (wobei der vorläufig leistende unzuständige Träger gegen den anderen Träger zum Ausgleich einen Erstattungsanspruch nach § 102 SGB X erhält, vgl. III. 10. f)).

Wichtig sind ferner die Bestimmungen über die Rechtsnachfolge im Todesfall. Sie sind, in Abweichung der gesetzlichen Reihenfolge, folgendermaßen angelegt: Nach § 59 SGB I richtet sich, ob ein Anspruch überhaupt übergeht (nämlich der über Geldleistungen dann, wenn zumindest ein Verwaltungsverfahren bei dem Tod des Berechtigten über sie anhängig ist); § 56 SGB I legt dann eine Sonderrechtsnachfolge fest (mit der Möglichkeit des Verzichts nach § 57 SGB I); greift er nicht, gilt das allgemeine privatrechtliche Erbrecht (§ 58 SGB I).

g) **Mitwirkungspflichten**. Schon nach allgemeinem Verfahrensrecht gilt, dass unabhängig vom Untersuchungsgrundsatz (§ 20 SGB X) die Beteiligten bei der Ermittlung des Sachverhaltes mitwirken sollen, insbesondere durch Angabe der ihnen bekannten Tatsachen und Beweismittel (§ 21 Abs. 2 SGB X). Diese allgemeinen Pflichten werden durch die Mitwirkungspflichten in §§ 60ff. SGB I ergänzt und konkretisiert. Vorgesehen ist eine Stufung, von der Angabe der Tatsachen (§ 60 SGB I einschließlich der Pflicht, vorgesehene Vordrucke zu benutzen), über das persönliche Erscheinen (§ 61 SGB I), die Teilnahme an erforderlichen ärztlichen und psychologischen Untersuchungsmaßnahmen (§ 62 SGB I) und die Pflicht zu einer Heilbehandlung (§ 63 SGB I) oder einer Teilnahme an Leistungen zur Teilhabe am Arbeitsleben (§ 64 SGB I). Bei allen Pflichten handelt es sich um Obliegenheiten, d.h., ihre Erfüllung kann nicht eigenständig erzwungen werden. Ihre Verletzung kann aber zu einer Versagung von Leistungsansprüchen führen (§ 66 SGB I), sofern auf diese Folge schriftlich hingewiesen worden, eine angemessene Frist zur Pflichterfüllung verstrichen ist und die gesetzlichen Voraussetzungen der Mitwirkungspflichten einschließlich der gesondert geregelten Grenzen (§ 65 SGB I) eingehalten worden sind. Die Leistungseinstellung steht im Ermessen des Trägers. Sie ist auch möglich bei einer schon gewährten Dauerleistung, ohne dass es dafür einer Aufhebung des Verwaltungsaktes bedürfte. Werden die Pflichten nachträglich erfüllt, kann auch die Leistungsgewährung nachgeholt werden (§ 67 SGB I).

2. Das SGB II – Grundsicherung für Arbeitsuchende

a) **Zielsetzung**. Die Grundsicherung für Arbeitsuchende soll es nach eigenem Bekunden „Leistungsberechtigten ermöglichen, ein Leben zu führen, das der Würde des Menschen entspricht" (§ 1 Abs. 1 SGB II). Sie ist im Rahmen der sog. Agenda 2010 geschaffen worden, die darauf abzielte, „Rahmenbedingungen für mehr Wachstum und für mehr Beschäftigung" zu setzen. Sie hat die zuvor bestehende Arbeitslosenhilfe als Leistung des Arbeitsförderungsrechts abgelöst. An Stelle einer am vorher erzielten Erwerbseinkommen ausgerichteten Lohnersatzleistung tritt eine Hilfeleistung, die sowohl für die Personen vorgesehen ist, die noch gar nicht in den Arbeitsmarkt eingegliedert werden konnten, wie auch für jene, die nach Ablauf des Arbeitslosengelds (vgl. dazu unten, III. 3.) keine neue Beschäftigung gefunden haben. Das SGB II betont die Eigenverantwortung der Arbeitsuchenden (vgl. § 1 Abs. 2 SGB II) und sieht zugleich Maßnahmen vor, um eine Eingliederung in den Arbeitsmarkt zu erreichen. Sie ist damit Teil einer auf Aktivierung zielenden Sozialpolitik, deren Leitziele als „Fordern und Fördern" (§§ 2 und 14 SGB II) auf den Punkt gebracht werden können. Im Zuge der Reform wurde auch die gerichtliche Zuständigkeit von den Verwaltungsgerichten auf die Sozialgerichte übertragen.

b) **Entwicklung**. Das SGB II ist mit dem Vierten Gesetz für moderne Dienstleistungen am Arbeitsmarkt vom 24.12.2003 (BGBl. I S. 2954) geschaffen worden. Es wurde seit seinem Inkrafttreten bereits mehrfach geändert, insbesondere auch deshalb, weil das Bundesverfassungsgericht (BVerfGE 125, 175) einige Regelungen der ursprünglichen Fassung als unvereinbar mit der grundgesetzlichen Garantie des Existenzminimums (Art. 1 Abs. 1 i. V. m. Art. 20 Abs. 1 GG) angesehen hatte. Während der Corona-Krise ist durch die Sozialschutzpakte zeitlich begrenzt der Zugang zu Leistungen durch Verfahrensvereinfachungen und eine Absenkung der Bedürftigkeitsschwelle verbessert worden.

c) **Eigenheiten**. Die Grundsicherung für Arbeitsuchende verbindet Hilfeleistungen (vgl. oben, II. 1. c)) mit Maßnahmen der Arbeitsförderung (§ 1 Abs. 3 SGB II). Die Unterhaltsleistungen sind dementsprechend grundsätzlich gegenüber anderen Sozialleistungen nachrangig (§ 5 Abs. 1 SGB II); umgekehrt genießen sie Vorrang gegenüber den allgemeinen Hilfen zum Lebensunterhalt nach dem SGB XII (§ 5 Abs. 2 SGB II). Sie sind anders als die frühere Sozialhilfe weitgehend pauschaliert. Für die Förderung der Eingliederung ist mit der Eingliederungsvereinbarung (§ 15 SGB II) ein relativ neues Instrument vorgesehen. Es soll die Mitwirkung stärken und einen möglichst individuellen Zuschnitt der Fördermaßnahmen ermöglichen, was aber in der Praxis nur in eingeschränktem Maße gelingt. Breiten Raum nehmen die Sanktionen ein (§§ 31 ff. SGB II), die insbesondere dann, wenn ein Leistungsberechtigter seinen Mitwirkungspflichten nicht nachkommt, zu empfindlichen Kürzungen des Leistungsanspruchs führen. Das BVerfG hat die Sanktionen grundsätzlich für zulässig erklärt, ihr Ausmaß aber begrenzt (vom 5.11.2019, 1 BvL 7/16).

d) **Leistungsberechtigte**. Leistungsberechtigt nach dem SGB II sind Erwerbsfähige und nicht Erwerbsfähige, die mit einem Berechtigten in einer Bedarfsgemeinschaft leben, hilfebedürftig sind (dazu unten, f)) und ihren gewöhnlichen Aufenthalt in Deutschland haben. Erwerbsfähig ist, wer das 15. Lebensjahr vollendet, die Regelaltersgrenze (vgl. III. 6. f)) noch nicht erreicht hat und mindestens drei Stunden täglich unter den üblichen Bedingungen des Arbeitsmarktes erwerbstätig sein kann und darf (§§ 7 ff. SGB II, zur Feststellung § 44a SGB II). Sofern Ausländer eine Arbeitserlaubnis benötigen, aber nicht besitzen, sind sie damit von den Leistungen ausgenommen. Mit Einschränkungen leistungsberechtigt sind Auszubildende, die dem Grunde nach Anspruch auf Leistungen nach dem BAföG haben (näher §§ 7 Abs. 5 und 27 SGB II). Gänzlich ausgenommen sind Leistungsberechtigte nach dem Asylbewerberleistungsgesetz, Ausländer und Ausländerinnen, die weder in der Bundesrepublik Deutschland Arbeitnehmerinnen, Arbeitnehmer oder Selbstständige noch aufgrund des § 2 Abs. 3 des Freizügigkeitsgesetzes/EU freizügigkeitsberechtigt sind (mit Ausnahme derer, die sich mit einem Aufenthaltstitel nach Kapitel 2 Abschnitt 5 des Aufenthaltsgesetzes in der Bundesrepublik Deutschland aufhalten, § 7 Abs. 1 S. 3 SGB II) und Ausländer und Ausländerinnen, deren Aufenthaltsrecht sich allein aus dem Zweck der Arbeitsuche ergibt (§ 7 Abs. 1 S. 2 SGB II). Den Ausschluss von nicht erwerbsfähigen Unionsbürgern, die sich allein mit dem Ziel des Sozialhilfebezugs nach Deutschland begeben, hält der Europäische Gerichtshof (EuGH vom 11.11.2014, Rs. C-333/13 – *Dano*) für vereinbar mit Europäischem Unionsrecht (vgl. oben, II. 3. b)).

e) **Organisation und Finanzierung**. Träger der Grundsicherung für Arbeitsuchende sind grundsätzlich die Agentur für Arbeit sowie die kreisfreien Städte und Kreise (§ 6 Abs. 1 S. 1 SGB II). Sie haben, um Leistungen aus einer Hand zu ermöglichen, eine gemeinsame Einrichtung zu gründen (§ 44b SGB II sowie zur Organisation §§ 44cff. SGB II, früher als „Arbeitsgemeinschaften" bezeichnet). Diese Form der Mischverwaltung ist durch die Einfügung des Art. 91e GG ermöglicht worden (zur Verfassungswidrigkeit der ursprünglichen Regelung BVerfGE 119, 331). Ferner können Kommunen für die Erbringung aller Leistungen nach dem SGB II zugelassen werden (sog. Optionskommunen, § 6a SGB II), allerdings nur in begrenzter Zahl (zur verfassungsrechtlichen Zulässigkeit BVerfG vom 7.10.2014, 2 BvR 1641/11). Die Träger werden in beiden Formen „Jobcenter" genannt (§ 6d SGB II).

Wie alle Sozialhilfeleistungen wird auch die Grundsicherung für Arbeitsuchende aus Steuermitteln finanziert. Die dafür erforderlichen Aufwendungen trägt der Bund, der sich auch an den Leistungen für Unterkunft und Heizung zweckgebunden beteiligt (§ 46 SGB II), um die im Übrigen für die Finanzierung verantwortlichen Kommunen im Ergebnis zu entlasten.

f) **Leistungsvoraussetzungen**. Voraussetzung für Leistungen nach dem SGB II ist „Hilfebedürftigkeit" (§ 9 SGB II). Eine Person ist hilfebedürftig, wenn sie nicht über ausreichend eigenes Einkommen oder Vermögen verfügt, um selbst für ihren Lebensunterhalt aufkommen zu können (§§ 11 ff. SGB II). Lebt der Antragsteller in einer Bedarfsgemeinschaft, werden die Voraussetzungen für den Leistungsbezug an der Hilfebedürftigkeit der Bedarfsgemeinschaft gemessen. Eine Bedarfsgemeinschaft wird angenommen, wenn der Antragsteller in einer Wohngemeinschaft mit anderen in enger persönlicher Beziehung lebt (§ 7 Abs. 3 und 3a SGB II). Im Zusammenhang mit der Voraussetzung der Bedürftigkeit ist wichtig, dass einer erwerbsfähigen leistungsberechtigten Person grundsätzlich jede Arbeit zumutbar ist (näher § 10 SGB II), es also nach dem SGB II keinen Berufsschutz und auch keine zeitlich gestaffelten Zumutbarkeitsregeln mehr gibt.

g) **Leistungen**. Leistungen nach dem SGB II sind zum einen Leistungen zur Eingliederung in die Arbeit, die in §§ 14 ff. SGB II geregelt sind und auch auf einige Leistungen nach dem SGB III (dazu unten, III. 3. f)) verweisen. Geleistet werden soll das „Erforderliche". Leistungen müssen insofern den individuellen Umständen entsprechend gewährt werden, also unter Berücksichtigung der persönlichen Fähigkeiten eines Antragstellers und der Situation auf dem Arbeitsmarkt, wobei das Gesetz zugleich „die Beachtung der Grundsätze von

Wirtschaftlichkeit und Sparsamkeit" betont (§ 14 Abs. 4 SGB II). Erwerbsfähigen Leistungsberechtigten können auch „Arbeitsgelegenheiten" zugewiesen werden (§ 16d SGB II).

Zum anderen sind Unterhaltsleistungen vorgesehen, nämlich das Arbeitslosengeld II für Erwerbsfähige, das Sozialgeld für die nicht erwerbsfähigen Mitglieder einer Bedarfsgemeinschaft mit einem Erwerbsfähigen sowie Leistungen für Bildung und Teilhabe (§§ 19ff. SGB II). Die Leistungen richten sich nach dem Regelbedarf, der grundsätzlich nach dem Regelbedarfs-Ermittlungsgesetz durch Auswertung der Einkommens- und Verbraucherstichprobe ermittelt und jährlich angepasst wird. Der Regelsatz beträgt ab dem 1.1.2021 für einen alleinstehenden erwerbsfähigen Leistungsberechtigten 446 €, für sonstige erwachsene Mitglieder der Bedarfsgemeinschaft 401 €, für Jugendliche vom Beginn des 15. bis zur Vollendung des 18. Lebensjahres 373 €, für Kinder bis zur Vollendung des sechsten Lebensjahres 283 €, bis zur Vollendung des 14. Lebensjahres 309 € (§ 20 SGB II i. V.m. § 8 Regelbedarfs-Ermittlungsgesetz und Art. 2 Nr. 5 des Gesetzes zur Ermittlung der Regelbedarfe und zur Änderung des Zwölften Buches Sozialgesetzbuch sowie weiterer Gesetze vom 9.12.2020, BGBl. I S. 2855). Zudem werden die Kosten für eine angemessene Unterkunft und die Heizkosten übernommen (§ 22 SGB II). Zusatzzahlungen sind für einmalige Mehrbedarfe (z.B. erstmalige Wohnungsausstattung) oder laufende Mehrbedarfe (z.B. bei aufwendiger Ernährung aus medizinischen Gründen) vorgesehen. Die Pauschalierung der Leistungen hat das Bundesverfassungsgericht (BVerfGE 125, 175) in seiner Regelsatzentscheidung grundsätzlich für zulässig gehalten; allerdings muss für einen unabweisbaren, laufenden, nicht nur einmaligen besonderen Bedarf die Anerkennung eines Mehrbedarfes vorgesehen werden (jetzt § 21 Abs. 6 SGB II). Bedarfe für Bildung und Teilhabe am sozialen und kulturellen Leben in der Gemeinschaft werden bei Kindern, Jugendlichen und jungen Erwachsenen neben dem Regelbedarf gesondert berücksichtigt (§§ 28ff. SGB II).

3. Das SGB III – Arbeitslosenversicherung und Arbeitsförderung

a) **Zielsetzung**. Ziel der Arbeitsförderung ist es, dem Entstehen von Arbeitslosigkeit entgegenzuwirken (Prävention), die Dauer der Arbeitslosigkeit zu verkürzen (Förderung) und den Ausgleich von Angebot und Nachfrage auf dem Ausbildungs- und Arbeitsmarkt zu unterstützen (Koordination) (§ 1 Abs. 1 S. 1 SGB III). Zudem soll mithilfe der Arbeitsförderung ein hoher Beschäftigungsstand erreicht sowie die Beschäftigungsstruktur verbessert werden (§ 1 Abs. 1 S. 4 SGB III).

b) **Entwicklung**. Vorgänger des mit dem Arbeitsförderungs-Reformgesetz (AFRG) vom 24.3.1997 (BGBl. I S. 594) geschaffenen SGB III waren das Gesetz über Arbeitsvermittlung und Arbeitslosenversicherung aus dem Jahr 1927 (vgl. oben, II. 2.) und das Arbeitsförderungsgesetz aus dem Jahr 1969, das auch der Umsetzung der Ziele des Stabilitätsgesetzes von 1967 diente. Durch das Gesetz zur Reform der arbeitsmarktpolitischen Instrumente (Job-AQTIV-Gesetz) vom 10.12.2001 (BGBl. I S. 3443) sollte auf den Versicherungsfall Arbeitslosigkeit nicht mehr nur reaktiv eingewirkt werden, sondern man wollte dessen Eintritt bestenfalls präventiv verhindern. In neuerer Zeit wurde insbesondere durch das Gesetz zur Verbesserung der Eingliederungschancen am Arbeitsmarkt vom 20.12.2011 (BGBl. I S. 2854) die Einsatzfähigkeit von Arbeitsmarktinstrumenten ausgebaut.

c) **Eigenheiten**. Das SGB III ist systematisch betrachtet ein Zwitter: Ein Teil regelt mit der Arbeitslosenversicherung eine Sozialversicherung und stellt damit ein Vorsorgesystem dar (vgl. oben, II. 1. a)). Dieses System ist grundsätzlich beitragsfinanziert und gewährt Leistungen denjenigen Versicherten, die eine bestimmte Versicherungszeit zurückgelegt haben. Da aber zugleich und vorrangig Arbeitslosigkeit vermieden werden soll (vgl. §§ 4 und 5 SGB III), enthält das SGB III in einem zweiten Teil eine Reihe von Arbeitsmarktinstrumenten zur aktiven Arbeitsförderung. Diese sind ihrer Natur nach der sozialen Förderung zuzuordnen und steuerfinanziert. Bei dem Großteil der Leistungen zur aktiven Arbeitsförderung handelt es sich nach § 3 Abs. 3 SGB III um Ermessensleistungen, die nach § 29 Abs. 1 SGB III jungen Menschen und Erwachsenen, die am Berufsleben teilnehmen oder teilnehmen wollen, offen stehen.

Zu beachten ist, dass das SGB III eine Reihe eigener Vorschriften über „Pflichten im Leistungsverfahren" (§§ 309 ff. SGB III, vgl. zu allgemeinen Mitwirkungspflichten oben, III. 1. g) und zu allgemeinen Meldepflichten unten, III. 4. c)) sowie besondere Verfahrensvorschriften (§§ 323 ff. SGB III; zum allgemeinen Verfahrensrecht unten, III. 10. d)) enthält.

d) **Leistungsberechtigte**. Gemäß der vorstehend beschriebenen Zweiteilung ist auch hinsichtlich der Leistungsberechtigung zu differenzieren, wobei das SGB III dazu übergreifend einige Begriffe vorab definiert (§§ 12 ff. SGB III).

Leistungsberechtigt hinsichtlich der Leistungen aus der Arbeitslosenversicherung sind Versicherte. In einem Versicherungspflichtverhältnis stehen Personen, die als Beschäftigte oder aus sonstigen Gründen versicherungspflichtig sind (§ 24 Abs. 1 SGB III). Das setzt eine Beschäftigung gegen Arbeitsentgelt oder zur Berufsausbildung voraus (§ 25 SGB III). Aus sozialpolitischen Gründen sind weitere Gruppen von Personen, insbesondere Bezieher verschiedener Sozialleistungen sowie Pflegepersonen, pflichtversichert (§ 26 SGB III). Ein Versicherungspflichtverhältnis kann auch durch Antrag begründet werden, z. B. für Selbstständige, die eine Tätigkeit mindestens 15 Stunden pro Woche ausüben (§ 28a SGB III). Versicherungsfrei sind u. a. Beamte, Richter und Soldaten wegen ihrer gesondert geregelten Versorgung, geringfügig Beschäftigte (vgl. dazu auch III. 4. b)), wobei abweichend von § 8 Abs. 2 S. 1 SGB IV geringfügige Beschäftigungen und nicht geringfügige Beschäftigungen nicht zusammengerechnet werden, sowie ordentlich Studierende (§ 27 SGB III). Ebenfalls unversichert bleiben Personen mit einem Anspruch auf Regelaltersrente und voll Erwerbsgeminderte (§ 28 SGB III).

Hingegen werden Leistungen zur aktiven Arbeitsförderung auch für andere Personen angeboten, je nach Inhalt und Zielrichtung der Leistungen. So wird jungen Menschen und Erwachsenen, die am Arbeitsleben teilnehmen oder teilnehmen wollen, Berufsberatung bei der Agentur für Arbeit angeboten (§ 29 Abs. 1 SGB III). Arbeitsuchenden, Ausbildungssuchenden und Arbeitgebern wird Ausbildungs- und Arbeitsvermittlung gewährt (§§ 35 ff. SGB III). Ausbildungssuchende, von Arbeitslosigkeit bedrohte Arbeitsuchende und Arbeitslose können Maßnahmen zur Aktivierung und beruflichen Eingliederung erhalten (§§ 44 f. SGB III). Die verschiedenen Übergangs-, Ausbildungs- und Weiterbildungsmaßnahmen (§§ 48 ff. SGB III) setzen zum Teil besondere und eigenständig umschriebene persönliche Eigenschaften voraus.

e) **Organisation und Finanzierung**. Träger für die Durchführung der Aufgaben nach dem SGB III ist die Bundesagentur für Arbeit (BA, ehemals Bundesanstalt für Arbeit), § 368 SGB III. Sie ist eine rechtsfähige bundesunmittelbare Körperschaft des öffentlichen Rechts mit Selbstverwaltung und hat ihren

Sitz in Nürnberg (§ 367 Abs. 1 und Abs. 4 SGB III). Die BA besitzt einen eigenen Behördenunterbau mit Regionaldirektionen auf der Mittelstufe und Agenturen für Arbeit (frühere Arbeitsämter) auf der örtlichen Verwaltungsebene (§ 367 Abs. 2 SGB III). Im Gegensatz zu den anderen Sozialversicherungsträgern ist die BA drittelparitätisch besetzt, d. h. durch Vertreter der Arbeitgeber, der Arbeitnehmer und der öffentlichen Körperschaften (§ 371 Abs. 5 SGB III). Ihre Organe sind der Verwaltungsrat, dessen Mitglieder und stellvertretende Mitglieder durch das Bundesministerium für Arbeit und Soziales berufen werden, und die Verwaltungsausschüsse, deren Mitglieder wiederum durch den Verwaltungsrat zu berufen sind (§ 377 Abs. 2 SGB III). Dementsprechend finden bei der BA keine Sozialversicherungswahlen wie bei den anderen Sozialversicherungsträgern statt (vgl. §§ 45, 46 SGB IV und unten, III. 4. d)).

Die Leistungen der Arbeitsförderung und die sonstigen Ausgaben der Bundesagentur für Arbeit werden durch Beiträge der Versicherungspflichtigen, der Arbeitgeber und Dritter, Umlagen, Mittel des Bundes und sonstige Einnahmen finanziert (§ 340 SGB III). Der Beitragssatz beträgt derzeit 2,6 % und wird paritätisch von Arbeitgebern und Arbeitnehmern übernommen (§§ 341, 346 Abs. 1 SGB III). Er bemisst sich nach den beitragspflichtigen Einnahmen, die bis zur Beitragsbemessungsgrenze berücksichtigt werden, und ist Teil des Gesamtsozialversicherungsbeitrages nach § 28d SGB IV (vgl. unten, III. 4. c)). Die Winterbeschäftigungs-Umlage wird gemäß § 354 S. 2 SGB III unter Berücksichtigung von Vereinbarungen der Tarifvertragsparteien von Arbeitgebern alleine oder gemeinsam mit den Arbeitnehmern aufgebracht und getrennt nach Wirtschaftszweigen abgerechnet. Dahingegen tragen die insolvenzfähigen Arbeitgeber (d. h. ohne Bund, Länder, Gemeinden etc.) alleine die Umlage für das Insolvenzgeld nach § 358 Abs. 1 S. 1 SGB III. Zudem erfolgt die Finanzierung für Aufgaben, deren Durchführung die Bundesregierung der BA übertragen hat, durch den Bund (§ 363 SGB III).

f) **Leistungen der Arbeitsförderung**. Nach § 3 Abs. 2 und 3 SGB III werden folgende Leistungen zur aktiven Arbeitsförderung gewährt: Leistungen der Beratung und Vermittlung (§§ 29 ff. SGB III), Leistungen der Aktivierung und beruflichen Eingliederung (§§ 44 ff. SGB III), Leistungen zur Berufswahl und Berufsvorbereitung, insbesondere Berufsausbildungsbeihilfe und Förderung der Berufsausbildung (§§ 48 ff. SGB III), Förderung der beruflichen Weiterbildung (§§ 81 ff. SGB III), Gewährung eines Eingliederungszuschusses (§§ 88 ff. SGB III) oder Gründungszuschusses (§§ 93 f. SGB III), Transferleistungen (§§ 110 ff. SGB III), Leistungen zur Teilhabe behinderter Menschen (§§ 112 ff. SGB III) sowie befristete Leistungen (§§ 130 ff. SGB III). Die Gewährung der meisten dieser Leistungen steht im Ermessen der BA, ein Rechtsanspruch besteht nur vereinzelt (vgl. § 3 Abs. 3 SGB III).

g) **Entgeltersatzleistungen**. Entgeltersatzleistungen sind Arbeitslosengeld bei Arbeitslosigkeit und bei beruflicher Weiterbildung, Teilarbeitslosengeld bei Teilarbeitslosigkeit, Übergangsgeld bei Teilnahme an Maßnahmen zur Teilhabe am Arbeitsleben, Kurzarbeitergeld bei Arbeitsausfall und Insolvenzgeld bei Zahlungsunfähigkeit des Arbeitgebers (§ 3 Abs. 4 SGB III).

Einen Anspruch auf Arbeitslosengeld (AlG) wegen Arbeitslosigkeit (umgangssprachlich auch AlG I genannt) hat gem. § 137 Abs. 1 SGB III, wer arbeitslos ist, sich bei der Agentur für Arbeit arbeitslos gemeldet und die Anwartschaftszeit erfüllt hat. Gemäß § 138 Abs. 1 SGB III ist arbeitslos, wer Arbeitnehmer oder Arbeitnehmerin ist und nicht in einem Beschäftigungsverhältnis steht (Beschäftigungslosigkeit), sich bemüht, die eigene Beschäftigungslosigkeit zu beenden (Eigenbemühungen) und den Vermittlungsbemühungen der Agentur für Arbeit zur Verfügung steht (Verfügbarkeit); zu den zumutbaren Beschäftigungen § 140 SGB III. Eine Beschäftigung von weniger als 15 Stunden pro Woche als Selbstständiger oder mithelfender Familienangehöriger lässt die Beschäftigungslosigkeit nicht entfallen (§ 138 Abs. 3 SGB III). Die Arbeitslosmeldung muss persönlich erfolgen (§ 141 SGB III). Die notwendige Anwartschaftszeit hat erfüllt, wer in der Rahmenfrist von 30 Monaten (§ 143 Abs. 1 SGB III) mindestens 12 Monate in einem Versicherungspflichtverhältnis gestanden hat (§§ 137 Abs. 1 Nr. 3, 142 Abs. 1 SGB III; dazu oben, III. 3. d)). Einen Anspruch auf Arbeitslosengeld bei beruflicher Weiterbildung hat, wer die genannten Voraussetzungen allein wegen einer nach § 81 SGB III geförderten beruflichen Weiterbildung nicht erfüllt. Das Arbeitslosengeld wird je nach Vorversicherungszeit und Lebensalter für einen Zeitraum zwischen 6 und 24 Monaten gezahlt (vgl. § 147 SGB III). Es beträgt entweder 60% (allgemeiner Leistungssatz) oder 67% (erhöhter Leistungssatz bei Unterhaltsverpflichtungen) des pauschalierten Nettoentgelts aus dem zuvor bezogenen Bruttoentgelt (§§ 149 ff. SGB III). Praktisch wichtig sind die Ruhensvorschriften (§§ 156 ff. SGB III), die u. a. bei Entlassungsentschädigungen (§ 158 SGB III) eingreifen oder wenn eine Sperrzeit eintritt, weil die Arbeitnehmerin oder der Arbeitnehmer sich versicherungswidrig verhalten hat, ohne dafür einen wichtigen Grund zu haben (§ 159 SGB III). Ferner ruht der Anspruch bei Arbeitskämpfen (§ 160 SGB III).

Das Kurzarbeitergeld (KuG) spielt eine wichtige Rolle zur Verhinderung von Arbeitslosigkeit bei konjunkturell bedingtem Erwerbsausfall (vgl. zu Sonderformen §§ 101 ff. SGB III). Es wurde durch Änderung der Anspruchsvoraussetzungen und der Leistungsinhalte auch zur Bekämpfung der durch die Finanzkrise ab 2009 und der durch die Corona-Krise ab 2020 drohenden Arbeitslosigkeit eingesetzt (vgl. auch die VO-Ermächtigungen in § 109 SGB III). Seine Voraussetzung ist ein erheblicher Arbeitsausfall, der auf wirtschaftlichen Gründen oder einem unabwendbaren Ereignis beruht, vorübergehend und nicht vermeidbar ist, wenn er im jeweiligen Kalendermonat (Anspruchszeitraum) mindestens ein Drittel der in dem Betrieb beschäftigten Arbeitnehmerinnen und Arbeitnehmer in jeweils mehr als 10% ihres monatlichen Bruttoentgelts betrifft, wobei der Entgeltausfall bis zu 100% des monatlichen Bruttoentgelts betragen kann (§ 96 SGB III). Ferner müssen bestimmte persönliche und betriebliche Voraussetzungen vorliegen (§§ 97 und 98 SGB III); zum Ruhen bei Arbeitskämpfen § 100 SGB III. Grundsätzlich wird KuG längstens für eine Dauer von zwölf Monaten gewährt (§ 104 SGB III). Es beträgt analog zum AlG 67% oder 60% der durch den Erwerbsausfall herbeigeführten Nettoentgeltdifferenz (§§ 105 f. SGB III). In der Corona-Krise wurden die Voraussetzungen abgesenkt (Entgeltausfall von mindestens 10 % der Beschäftigten), die Bezugsdauer bis auf 24 Monate verlängert und die Leistungshöhe heraufgesetzt (ab dem vierten Monat 70 bzw. 77 % und ab dem siebten 80 bzw. 87 %). Dazu kommt die Erstattung von Sozialversicherungsbeiträgen.

Arbeitnehmerinnen und Arbeitnehmer haben Anspruch auf Insolvenzgeld, wenn sie im Inland beschäftigt waren und bei einem Insolvenzereignis für die vorausgegangenen drei Monate des Arbeitsverhältnisses noch Ansprüche auf Arbeitsentgelt haben (§ 165 SGB III). Es wird in Höhe des Nettoarbeitsentgelts gezahlt, das sich ergibt, wenn das auf die monatliche Beitragsbemessungsgrenze (§ 341 Abs. 4 SGB III) begrenzte Bruttoarbeitsentgelt um die gesetzlichen Abzüge vermindert wird (§ 167 SGB III).

4. Das SGB IV – Gemeinsame Vorschriften für die Sozialversicherung

a) **Zielsetzung**. Das Sozialgesetzbuch IV regelt keinen eigenen Leistungsbereich, sondern zieht gemeinsame, für die gesamte Sozialversicherung (SGB III, V, VI, VII und XI) geltende Bestimmungen vor die Klammer (§ 1 Abs. 1 SGB IV). Auf diese Bestimmungen ist daher stets zurückzugreifen, wenn die Gesetzbücher über die einzelnen Sozialversicherungszweige keine speziellen Regelungen enthalten. Das SGB IV enthält grundlegende Bestimmungen über den sachlichen, räumlichen und personellen Geltungsbereich des Sozialversicherungsrechts, über die Begründung eines Sozialversicherungsverhältnisses zwischen Sozialversicherungsträger und Mitglied/Versichertem sowie ferner über die Organisation der Sozialversicherungsträger und über das Beitrags- und das Leistungsrecht in der Sozialversicherung.

b) **Das Beschäftigungsverhältnis** (§ 7 SGB IV) bildet den zentralen Anknüpfungspunkt für Versicherungspflicht und Mitgliedschaft in der Sozialversicherung. Hieran wird deutlich, dass die Sozialversicherung keine universalistische Einwohnerversicherung ist, sondern nach wie vor eine maßgeblich durch den Tatbestand abhängiger Arbeit geprägte Beschäftigtenversicherung.

Der Begriff des Beschäftigungsverhältnisses ist weitgehend identisch mit dem arbeitsrechtlichen Terminus „Arbeitsverhältnis“; aus dem Wort „insbesondere“ lässt sich aber folgern, dass ein Beschäftigungsverhältnis im sozialversicherungsrechtlichen Sinne unter Umständen auch ohne ein arbeitsrechtliches Arbeitsverhältnis besteht, und zwar insbesondere dann, wenn kein rechtswirksames Arbeitsverhältnis besteht, aber gleichwohl gearbeitet worden ist. Umgekehrt besteht grundsätzlich auch bei einem wirksamen Arbeitsverhältnis, aber fehlender Arbeitsleistung ein Beschäftigungsverhältnis. Nur wenn weder ein wirksamer Arbeitsvertrag besteht noch tatsächlich gearbeitet wurde, besteht auch kein Beschäftigungsverhältnis im sozialrechtlichen Sinne.

Das am schwierigsten zu bestimmende Merkmal des Beschäftigungsverhältnisses im Sinne von § 7 Abs. 1 S. 1 SGB IV ist die Unselbständigkeit und ihre Abgrenzung zur selbständigen Tätigkeit. Wegen der Veränderung der Arbeitswelt sind die Abgrenzungsschwierigkeiten immer größer geworden; so führen etwa neue Kommunikationsformen zunehmend dazu, dass die Einbindung in die Betriebsorganisation zurückgeht. Der in der Nähe des Fabrikschornsteins wohnende Arbeiter hat längst nicht mehr Modellcharakter für die abhängige Arbeit. Die Abgrenzung hat darüber hinaus auch im Hinblick auf Vertragsgestaltungen Bedeutung, die die Bindungen des Arbeits- und Sozialrechts meiden möchten (Stichwort: Scheinselbständigkeit). Im Arbeitsrecht geht es dabei um die Frage, ob die arbeitsrechtlichen Schutznormen (also Entgeltfortzahlung im Krankheitsfall, Kündigungsschutz) eingreifen; im Sozialversicherungsrecht darum, ob überhaupt eine Sozialversicherungspflicht besteht. Denn Selbständige müssen sich grundsätzlich auf eigene Initiative und auf eigene Kosten versichern. Maßgebend für die Abgrenzung ist das für das Arbeitsverhältnis typische Weisungsrecht und die damit zusammenhängende persönliche Abhängigkeit, die sich traditionell in der Eingliederung in den Betrieb äußert, § 7 Abs. 1 S. 2 SGB IV. Weitere Kriterien für eine abhängige Beschäftigung sind soziale Schutzbedürftigkeit, wirtschaftliche Abhängigkeit, keine Verfügungsmöglichkeit über die eigene Arbeitskraft, kein unternehmerisches Risiko, keine eigene Arbeitsstätte, keine vertragliche Haftung für Verluste und Fehlleistungen, keine Möglichkeit der Beschäftigung von Hilfskräften, keine Beschaffung von Arbeitsmaterial und Arbeitsgeräten. Nicht erforderlich ist dabei, dass stets alle

Merkmale vorliegen; entscheidend ist letztlich eine Gesamtschau, die alle tatsächlichen Umstände berücksichtigt und gewichtet.

Eine Ausnahme von dem Grundsatz, dass eine abhängige Beschäftigung nach § 7 SGB IV die Versicherungspflicht begründet, besteht für die sog. geringfügige Beschäftigung nach § 8 SGB IV: für die Krankenversicherung nach § 7 SGB V; für die Pflegeversicherung nach § 20 SGB XI mit Verweis auf § 7 SGB V; für die Rentenversicherung nach § 5 Abs. 2 SGB VI und für die Arbeitslosenversicherung – abgeschwächt – nach § 27 Abs. 2 SGB III. Keine Befreiung gibt es für die Unfallversicherung. Die geringfügige Beschäftigung ist arbeitsmarkt- wie sozialpolitisch umstritten. Man kann sie auf der einen Seite arbeitsmarktpolitisch begrüßen, weil sie zusätzliche (nämlich bezahlbare) Beschäftigung schafft; sie führt dadurch aber u. U. auch zur Zurückdrängung von normalen Beschäftigungsverhältnissen. Derzeit gibt es etwa 7,6 Millionen geringfügige Beschäftigungsverhältnisse, überwiegend mit Frauen. Davon sind circa 3 Millionen im Nebenjob (mehrheitlich Männer) geringfügig beschäftigt. Praktisch bedeutsam ist vor allem die geringfügig entlohnte Dauerbeschäftigung, die nach § 8 Abs. 1 Nr. 1 SGB IV vorliegt, wenn das Arbeitsentgelt aus dieser Beschäftigung regelmäßig 450 € im Monat nicht übersteigt; mehrere geringfügige Beschäftigungen sind dabei nach § 8 Abs. 2 S. 1 SGB IV zusammenzurechnen. Ebenfalls geregelt ist das Zusammentreffen eines versicherungspflichtigen Beschäftigungsverhältnisses mit einer geringfügigen Beschäftigung. Diese bleibt nämlich, wenn sie die zeitlich erste geringfügige Beschäftigung ist, anrechnungsfrei. Erst bei weiteren geringfügigen Beschäftigungen erfolgt dann eine Zusammenrechnung. Recht kompliziert sind die Rechtsfolgen einer geringfügigen Beschäftigung. Der Arbeitgeber hat für die nach § 8 Abs. 1 Nr. 1 SGB IV geringfügig Beschäftigten pauschale Kranken- und Rentenversicherungsbeiträge (s. §§ 249b SGB V, 172 Abs. 3, 3a SGB VI) sowie Beiträge für die Unfallversicherung zu leisten. Daneben besteht eine Pflicht des Arbeitgebers, eine pauschale Steuer von 2% vom Arbeitsentgelt abzuführen. Gleichgestellt sind Beschäftigungen in Privathaushalten nach § 8a SGB IV, wenn auch mit geringeren Beitragsverpflichtungen der Arbeitgeber.

Das deutsche Sozialversicherungsrecht knüpft an inländische Beschäftigungsverhältnisse an (§ 3 SGB IV). Zur Regelung von Fällen der Entsendung wird dieses Territorialitätsprinzip durch die Ausstrahlung (§ 4 SGB IV) und die Einstrahlung (§ 5 SGB IV) durchbrochen. Danach besteht auch im Ausland Sozialversicherungsschutz, wenn ein Arbeitnehmer nur vorübergehend dort tätig wird, eine Verbindung zum Inland vorher bestand, das inländische Beschäftigungsverhältnis aufrechterhalten und eine Rückkehr ins Inland vereinbart wird. Ergänzt werden die Regelungen durch die Sozialversicherungsabkommen (vgl. II. 3. c)), die dem nationalen Recht vorgehen (§ 30 Abs. 2 SGB I, § 6 SGB IV); innerhalb der EU ist der Vorrang des Koordinierungsrechts (vgl. Art. 12 VO [EG] 883/2004, oben II. 3. b)) zu beachten.

c) **Einzug des Gesamtsozialversicherungsbeitrags und Meldevorschriften**. Die Einziehung der Beiträge erfolgt in einem Lohnabzugsverfahren. Der Arbeitgeber hat jede Beschäftigung nach § 28a SGB IV zunächst zu melden (auch die geringfügigen Beschäftigungen: § 28a Abs. 9 SGB IV) und sodann die Beiträge der Arbeitnehmer zur Kranken-, Pflege-, Renten- und Arbeitslosenversicherung einzubehalten und diese zusammen mit seinem Anteil an die zuständige Krankenkasse als Einzugsstelle (§ 28h Abs. 1 S. 1 SGB IV) abzuführen; diese leitet die ihr nicht zustehenden Beitragsanteile dann an die anderen Träger weiter, § 28k Abs. 1 S. 1 SGB IV.

d) **Organisation der Sozialversicherungsträger und Aufsicht**. Gemäß § 29 SGB IV sind die Sozialversicherungsträger Körperschaften des öffentlichen Rechts mit Selbstverwaltung.

Der öffentlich-rechtliche Körperschaftsstatus weist die Sozialversicherungsträger als Bestandteil formeller Staatlichkeit aus und hebt sie von Vereinigungen ab, die allein durch genossenschaftliche Selbstregulierung gekennzeichnet sind. Das die Körperschaft bestimmende Merkmal ist die Mitgliedschaft. Die Mitglieder prägen die Körperschaft und bestimmen über deren Angelegenheiten. Am deutlichsten ist das mitgliedschaftliche Verhältnis ausgeprägt in der Kranken- und Pflegeversicherung (§§ 186ff. SGB V, § 49 SGB XI). Mitglieder sind danach nicht alle Versicherten (insbesondere also nicht die beitragsfrei Mitversicherten), sondern nur diejenigen, die in einem abhängigen Beschäftigungsverhältnis stehen oder aus anderen Gründen obligatorisch oder freiwillig Mitglied werden. Auch die Unfallversicherungsträger sind zwar Körperschaften, doch ist hier das Mitgliedschaftsverhältnis wesentlich schwächer ausgebildet. Mitglieder und alleinige Beitragszahler sind nach § 150 Abs. 1 SGB VII die Unternehmer, versichert hingegen seine Beschäftigten. Auch die Rentenversicherung ist stark anstaltlich geprägt.

Die Selbstverwaltung in der Sozialversicherung wird nach § 29 Abs. 2 SGB IV gemeinsam durch die Versicherten und die Arbeitgeber ausgeübt. Die Gestaltungsspielräume der Sozialversicherungsträger sind allerdings wesentlich geringer als etwa diejenigen der Gemeinden und der Hochschulen. Sie sind eine notwendige Folge des demokratischen Parlamentsvorbehaltes (Art. 20 Abs. 2 GG), der den Gesetzgeber zwingt, alle grundrechtswesentlichen Fragen selbst zu regeln; einfach-rechtlich wird dies durch § 31 SGB I festgeschrieben. Rechte und Pflichten dürfen danach im Sozialleistungsrecht nur begründet, geändert, festgestellt oder aufgehoben werden, soweit ein Gesetz es vorschreibt oder zulässt. Es gibt daher nur wenige und insgesamt eher marginale Fragen, die die Sozialversicherungsträger im Leistungsbereich durch autonomes Satzungsrecht regeln dürfen. Im Krankenversicherungsrecht werden allerdings die Gestaltungsspielräume der Krankenkassen seit einigen Jahren durch den Einbau von Wettbewerbselementen im Beitrags- und im Leistungsrecht wieder größer. Das verfassungsrechtlich notwendige Gegenstück der Selbstverwaltung ist die Staatsaufsicht, die nach § 87 Abs. 1 S. 2 SGB IV grundsätzlich auf eine Rechtsaufsicht beschränkt ist, also nicht auch Fragen des politischen Ermessens umfasst. Die §§ 88, 89 SGB IV regeln die Aufsichtsmittel, § 90 SGB IV die Aufsichtszuständigkeiten.

Die Binnenorganisation der Sozialversicherungsträger ist in den §§ 31ff. SGB IV geregelt. Nach § 31 Abs. 1 S. 1 SGB IV werden als Selbstverwaltungsorgane eine Vertreterversammlung und ein Vorstand gebildet. Die Vertreterversammlung erledigt die grundlegenden Angelegenheiten: Sie beschließt insbesondere die Satzung und vertritt den Träger gegenüber dem Vorstand (§ 33 SGB IV), stellt den Haushaltsplan fest (§ 70 Abs. 1 S. 2 SGB IV) und wählt den Vorstand (§ 52 SGB IV) sowie, auf Vorschlag des Vorstandes, den Geschäftsführer (§ 36 Abs. 2 SGB IV). Der Vorstand verwaltet und vertritt den Versicherungsträger (§ 35 Abs. 1 S. 1 SGB IV). Seine zentrale Stellung als Verwaltungsorgan des Versicherungsträgers kommt insbesondere darin zum Ausdruck, dass er die Amtsführung des Geschäftsführers durch Richtlinien steuern kann (§ 35 Abs. 2 SGB IV). Abweichungen finden sich bei den Krankenkassen (Verwaltungsrat statt Vertreterversammlung; Einzelheiten: §§ 31 Abs. 3a, 33 Abs. 3 SGB IV) und bei der für die Verwaltung des SGB III zuständigen Bundesagentur für Arbeit, die auch in ihren Binnenstrukturen nur wenig mitgliedschaftlich geprägt ist. Gemäß § 44 Abs. 1 Nr. 1 SGB IV setzen sich die Selbstverwaltungsorgane grundsätzlich je zur Hälfte aus Vertretern der Versicherten und der Arbeitgeber zusammen. Gemäß § 46 Abs. 1 SGB IV wird dabei die Vertreterversammlung von beiden Gruppen aufgrund von Vorschlagslisten gewählt, auf deren Zusammensetzung die Betroffenen aber nur einen begrenzten Einfluss haben und die daher sowohl verfassungsrechtlich als auch rechtspolitisch umstritten sind.

5. Das SGB V – Gesetzliche Krankenversicherung

a) **Zielsetzung**. Die gesetzliche Krankenversicherung (GKV) dient gemäß § 1 S. 1 SGB V der Erhaltung der Gesundheit der Versicherten, deren Wiederherstellung und der Besserung des Gesundheitszustands. Diesen Zielen entsprechen drei Grundtypen von Leistungen: die Prävention, die Krankenbehandlung und die Rehabilitation. § 1 S. 1 SGB V bezeichnet die GKV zudem als Solidargemeinschaft, womit zum Ausdruck gebracht wird, dass alle Versicherten ungeachtet der finanziellen Leistungsfähigkeit des Einzelnen die gleichen erforderlichen Leistungen für die Erhaltung, Wiederherstellung und Besserung des Gesundheitszustands erhalten sollen. Zugleich wird allerdings auch die Eigenverantwortung des Versicherten für seine Gesundheit hervorgehoben (§ 1 S. 2 SGB V); sie zu stärken, ist ein weiteres Ziel der GKV.

b) **Entwicklung**. Die GKV war das erste Gesetz der Bismarck'schen Sozialversicherungsgesetzgebung. Das am 1.12.1884 in Kraft getretene Gesetz betreffend die Krankenversicherung der Arbeiter (KVG) vom 15.6.1883 (RGBl. S. 73) war politisch weniger umstritten als die Unfall- und Rentenversicherung, weil es auf einem bereits vorhandenen System von Krankenkassen in Unternehmen und Gemeinden aufbauen konnte, das es durch einheitliche gesetzliche Vorgaben überformt hat. Erstmals wurde eine Versicherungspflicht eingeführt, die aber zunächst auf Arbeiter beschränkt war (gerade einmal 9% der Bevölkerung). Die GKV hatte in ihren Anfangsjahren primär die Funktion, Krankengeldzahlungen zu ermöglichen, weil es ein arbeitsrechtliches System des Entgeltausgleichs im Krankheitsfalle noch nicht gab. Krankenbehandlung wurde zunächst nur befristet und erst ab 1941 unbefristet gewährt.

Erst nach 1949 entwickelte sich die Krankenversicherung von der Arbeiter- zur Volksversicherung, ohne aber das daneben bestehende System der privaten Krankenversicherung (PKV, s. gleich unter c)), das sich seit den 30er Jahren des 20. Jahrhunderts neben der gesetzlichen Pflichtversicherung entwickelt hatte, vollständig abzulösen. Zugleich wurden nach 1945 die Leistungen erheblich ausgedehnt und neue Leistungsbereiche erschlossen wie insbesondere die Präventions- und Rehabilitationsleistungen.

Mit dem Inkrafttreten des SGB V am 1.1.1989 begann vor dem Hintergrund zunehmender Einnahme- und Ausgabenprobleme die Epoche der Gesundheitsreformgesetze. Wichtige Reformkonstanten sind seither die Steigerung der Eigenverantwortung der Versicherten (insbesondere durch Kostenbeteiligungsregelungen), der Wettbewerb unter den Krankenkassen sowie die Effektivierung von deren Strukturen und die Qualitätssicherung.

c) **Eigenheiten**. Das deutsche Krankenversicherungssystem ist insoweit international einmalig als sich neben der GKV, die knapp 90% der Bevölkerung versichert, ein privates Krankenversicherungssystem erhalten hat, das sich im Hinblick auf die Finanzierung und das Leistungsspektrum von der GKV unterscheidet, wenn sich beide Systeme in den letzten Jahren auch zunehmend angleichen. Die PKV versichert (als Vollversicherung) vor allem Selbständige, die ebenso wie die Beamten nicht versicherungspflichtig sind. Für Beamte ist die PKV aber nur eine Teilversicherung, die den durch die beamtenrechtliche Beihilfe abgesicherten Anteil (je nach Familienstand und Kinderzahl 50–80%) ergänzt. Daneben spielt die PKV natürlich auch als Zusatzversicherung für nicht durch die GKV abgesicherte Leistungen eine Rolle. Die PKV folgt eigenen, überwiegend privatversicherungsrechtlichen Regelungen, die nicht Gegenstand des Sozialrechts sind und daher im Folgenden außer Betracht bleiben.

d) **Versicherte**. Die meisten in der GKV Versicherten sind nach § 5 SGB V versicherungspflichtig. Die historische Funktion der GKV als Arbeiterversicherung kommt darin zum Ausdruck, dass nach § 5 Abs. 1 Nr. 1 SGB V grundsätzlich alle abhängig gegen Arbeitsentgelt Beschäftigten versicherungspflichtig sind. Pflichtversichert sind ferner etwa Bezieher von Arbeitslosengeld (Nr. 2 und 2a) und Menschen mit Behinderung (Nr. 7 und 8). Zum Teil sind die Voraussetzungen für die Versicherungspflicht in den Fällen recht streng, in denen die Versicherungspflicht für die Betroffenen eher eine Begünstigung gegenüber alternativen Versicherungsmöglichkeiten darstellt, etwa die Krankenversicherung für Studierende (Nr. 9: Alters- und Studiendauerbeschränkung) und die Krankenversicherung für Rentner (Nr. 11: Erfordernis einer Vorversicherungszeit). Da die Krankenversicherung umlagefinanziert ist (dazu gleich e)), ist sie auf langjährige Mitgliedschaften angelegt, weshalb etwa § 6 Abs. 3a SGB V verhindert, dass ältere, bislang nicht in der GKV versicherte Personen erst im Alter in die für sie attraktivere GKV wechseln. Nicht pflichtversichert sind insbesondere die meisten Selbstständigen (§ 5 Abs. 5 SGB V; Ausnahmen: § 5 Abs. 1 Nr. 3, 4 und 11a SGB V). Nr. 13 enthält allerdings einen Auffangtatbestand für Personen ohne Krankenversicherungsschutz, der sicherstellen soll, dass es keine sich rechtmäßig in Deutschland aufhaltenden Personen ohne Versicherungsschutz mehr gibt. Beitragsfrei mitversichert sind zudem die in § 10 SGB V genannten Familienangehörigen von Versicherten.

§ 6 SGB V sieht für bestimmte, an sich unter § 5 SGB V fallende Personen Versicherungsfreiheit vor, wobei praktisch bedeutsam vor allem die abhängig Beschäftigten oberhalb der Versicherungspflichtgrenze (2021: 64.350€ jährliches Brutto-Arbeitsentgelt) sind (§ 6 Abs. 1 Nr. 1 SGB V) sowie die Beamten, Richter und Soldaten (§ 6 Abs. 1 Nr. 2 SGB V). Für diesen Personenkreis kommt eine freiwillige Krankenversicherung nach § 9 SGB V (interessant vor allem bei Vorerkrankungen, die in der PKV zu Prämiensteigerungen oder gar Totalausschlüssen führen würden und bei vielen Kindern, die in der PKV nicht beitragsfrei mitversichert werden) oder eine private Krankenversicherung (vor allem für Beamte, da die GKV keine die beamtenrechtliche Beihilfe ergänzende Teilversicherung vorsieht) in Betracht.

e) **Organisation und Finanzierung**. Die GKV wird durch als öffentlich-rechtliche Selbstverwaltungskörperschaften verfasste Krankenkassen (§ 4 Abs. 1 SGB V) durchgeführt. Diese sind, historisch bedingt, nach wie vor nach Kassenarten gegliedert (§ 4 Abs. 2 SGB V). Es gibt damit zwar, anders als in anderen Staaten, keinen Einheitsträger. Die praktische Bedeutung dieser Gliederung ist aber nicht mehr sonderlich groß, weil für alle Krankenkassen ein weitgehend einheitlicher Leistungskatalog maßgebend ist, die Versicherten frei zwischen den Krankenkassen wählen können (§§ 173–175 SGB V) und kassenartübergreifende Fusionen zulässig sind (§§ 155 f. SGB V) und auch praktiziert werden. Zudem ist die Selbstverwaltung mit gemeinsam handelnden Landesverbänden sowie einem Spitzenverband Bund der Krankenkassen (§ 217a SGB V) weitgehend zentralisiert und damit vereinheitlicht worden.

Die GKV ist beitragsfinanziert, § 3 SGB V – jedenfalls ganz überwiegend. Nach § 220 Abs. 1 S. 1 SGB V werden die Mittel der Krankenversicherung außer durch Beiträge auch noch durch „sonstige Einnahmen“ aufgebracht. Sonstige Einnahmen sind vor allem die steuerfinanzierten Bundeszuschüsse (§ 221 SGB V), die u. a. für „versicherungsfremde Leistungen“ (§ 221 Abs. 1 SGB V) geleistet werden. Sie machen zurzeit etwa 6 % der Einnahmen der GKV aus, ändern aber an der Einordnung der GKV als Sozialversicherung nichts. Für die zu leistenden Beiträge kommt es erstens auf die für die Bemessung relevanten beitragspflichtigen Einnahmen an (§§ 226–240 SGB V: bei versicherungspflichtig Beschäftigten z. B. gemäß § 226 Abs. 1 S. 1 Nr. 1 SGB V grundsätzlich das Arbeitsentgelt aus der versicherungspflichtigen Beschäftigung bis zur sog. Beitragsbemessungsgrenze, oberhalb derer das Arbeitsentgelt nicht mehr verbeitragt wird) und zweitens auf den konkreten Beitragssatz, der bei versicherungspflichtig Beschäftigten gemäß § 241 SGB V derzeit 14,6% beträgt. Hinzu tritt ggfs. ein kassenindividueller Zusatzbeitrag, der anfällt, wenn eine Krankenkasse mit den Zuweisungen aus dem Gesundheitsfonds (dazu gleich) nicht auskommt (§ 242 Abs. 1 S. 1 SGB V). Der Zusatzbeitrag muss so bemessen sein, dass er die Ausgaben deckt (§ 242 Abs. 1 S. 3 SGB V). Er ist also grundsätzlich in der Höhe nicht beschränkt, aber einkommensabhängig (§ 242 Abs. 1 S. 2 SGB V). Die Beiträge der nach § 5 Abs. 1 Nr. 1 und 13 SGB V Versicherten sind paritätisch von Arbeitgebern und Beschäftigten zu tragen (§ 249 Abs. 1 S. 1 SGB V). Eine Modifikation des letztlich zu zahlenden Beitrages kann sich aus der Vereinbarung von Wahltarifen (Selbstbehalt, § 53 Abs. 1 SGB V; Beitragsrückerstattung, § 53 Abs. 2 SGB V) ergeben.

Die Finanzierung wird über den Gesundheitsfonds organisiert, an den die Krankenkassen die für die GKV bestimmten Anteile am Gesamtsozialversicherungsbeitrag (§ 28d SGB IV) kalendertäglich weiterleiten. Der Gesundheitsfonds ist ein nach § 271 Abs. 1 SGB V vom Bundesversicherungsamt verwaltetes Sondervermögen, das sich aus den unter § 220 Abs. 1 SGB V fallenden Einnahmen (also den Beiträgen und den Bundeszuschüssen) zusammensetzt. Danach erhalten die Krankenkassen als Zuweisungen aus dem Gesundheitsfonds zur Abdeckung ihrer Ausgaben eine einheitliche Grundpauschale für jeden Versicherten. Weil aber die Höhe der Leistungsausgaben wesentlich von der Zusammensetzung der Versicherten abhängig ist, diese Zusammensetzung aber nicht zu einem Wettbewerbsfaktor werden soll, findet nach Maßgabe von § 266 SGB V ein Risikostrukturausgleich (§§ 266 ff. SGB V) statt, der sich in risikoadjustierten Zu- und Abschlägen (§ 266 Abs. 1 S. 1 SGB V) niederschlägt. Der Risikostrukturausgleich setzt also nicht an den tatsächlichen Ausgaben der Kassen, sondern an standardisierten Leistungsausgaben an, für deren Festlegung die Zusammensetzung der jeweiligen Mitgliedschaft ausschlaggebend ist.

f) **Leistungsvoraussetzungen**. Mit Ausnahme der Leistungen der Prävention, der Früherkennung und bei Schwangerschaft (§§ 20–26 SGB V) ist Leistungsvoraussetzung stets das Vorliegen einer Krankheit (§§ 27 ff. SGB V). Krankheit ist ein regelwidriger Körper- oder Geisteszustand, der Behandlungsbedürftigkeit und/oder Arbeitsunfähigkeit (die für die Frage des Krankengeldanspruchs relevant ist) zur Folge hat. Die Regel ist also der gesunde Mensch, wobei hier nicht ein Ideal-, sondern der Normalzustand des Menschen unter

Berücksichtigung der einzelnen Lebensabschnitte gemeint ist. Krankheit ist damit ein normativer Begriff, denn der als Bezugspunkt fungierende Normalzustand ist kulturell, sozial und medizinisch bedingt. Weitere Leistungsvoraussetzung neben der Krankheit ist die Notwendigkeit der Behandlung i. S. v. § 27 Abs. 1 S. 1 SGB V, die gegeben ist, wenn aufgrund einer alle Umstände einbeziehenden Prognose die Krankheit ohne ärztliche Hilfe nicht geheilt oder die Leiden zumindest gelindert werden können. Behandlungsnotwendigkeit setzt Behandlungsfähigkeit voraus; das grenzt die Krankheit von anderen Versicherungsfällen, insbesondere der Pflegebedürftigkeit nach SGB XI, ab.

g) **Leistungen**. Wenn die Leistungsvoraussetzungen erfüllt sind, werden die in den §§ 20ff., §§ 27ff. SGB V aufgeführten Leistungen erbracht. Für die Leistungsverpflichtung der Krankenkassen gilt das Finalprinzip, d. h. es kommt nicht darauf an, warum der Versicherte krank ist (insbesondere, ob er die Krankheit selbst verschuldet hat; Ausnahmen: §§ 52, 52a SGB V), sondern wie seine Gesundheit wiederhergestellt werden kann.

Die §§ 27ff. SGB V regeln nur in sehr allgemeiner Form, welche Leistungen im Krankheitsfall zu erbringen sind. Sie legen aber nicht fest, welche Leistungen genau Bestandteil des von den Krankenkassen zu garantierenden Leistungskataloges sind. Dies ist vielmehr Aufgabe der sog. Gemeinsamen Selbstverwaltung aus Krankenkassen, Ärzten und Krankenhäusern sowie ergänzender untergesetzlicher Regelungen seitens der Krankenkassen. Der wichtigste Akteur ist insoweit der Gemeinsame Bundesausschuss (GBA), der neben drei neutralen Mitgliedern aus Vertretern der Krankenkassen, der Kassenärztlichen Bundesvereinigungen und der Deutschen Krankenhausgesellschaft (vgl. § 91 Abs. 1 SGB V), sowie aus Vertretern der Patientinnen und Patienten besteht, die allerdings kein Entscheidungs-, sondern nur ein Beteiligungsrecht haben (§ 140f Abs. 1, 2 SGB V). Der GBA erlässt in allen Leistungsbereichen, also nicht nur im Bereich der ambulanten und stationären ärztlichen Versorgung Richtlinien, die die gesetzlichen Ansprüche konkretisieren und damit zugleich regeln, welche Leistungen die Leistungserbringer erbringen müssen und dürfen. Näheres, insbesondere die Vergütung der Leistungen, wird dann meistens in Kollektivverträgen zwischen den Verbänden der Krankenkassen und der Leistungserbringer geregelt. Dieses Recht der Gemeinsamen Selbstverwaltung hat also die Funktion, Leistungs- und Leistungserbringungsrecht aufeinander abzustimmen: Leistungen, die in den Richtlinien nicht anerkannt sind, darf grundsätzlich die Krankenkasse nicht bewilligen, der Leistungserbringer nicht erbringen/verordnen und der Versicherte nicht beanspruchen. Im Einzelnen unterscheiden sich die Regelungsmuster allerdings je nach Leistungsbereich zum Teil erheblich, so dass es für den Versicherten kaum möglich ist, selbst herauszufinden, welche Leistungen er eigentlich beanspruchen kann. Das ist angesichts der Komplexität des Versorgungssystems zwar in gewisser Weise unvermeidbar, wird aber durch diese nur schwer zu durchschauenden untergesetzlichen Regelungen noch befördert.

Grundsätzlich müssen zwar alle notwendigen Leistungen von den Krankenkassen erbracht werden. Allerdings müssen sich die Versicherten an den Kosten vieler Leistungen beteiligen (vgl. etwa §§ 23 Abs. 6, 24 Abs. 3, 31 Abs. 3, 32 Abs. 2, 33 Abs. 8 SGB V), wenn auch nur bis zu der in § 62 SGB V näher umschriebenen Belastungsgrenze. Weitere Kostenbeteiligungsverpflichtungen können durch Festbetragsregelungen (§§ 35, 36 SGB V) entstehen; beim Zahnersatz leisten die Krankenkassen sogar lediglich Festzuschüsse (§ 55 SGB V), was zu erheblichen Kostenbelastungen der Versicherten führen kann.

6. Das SGB VI – Gesetzliche Rentenversicherung

a) **Zielsetzung**. Das SGB VI dient der sozialen Sicherung im Alter, bei Erwerbsminderung und Tod. Es verbindet damit mehrere, auf internationaler Ebene voneinander unterschiedene soziale Risiken.

b) **Entwicklung**. Diese Verbindung ist auch der geschichtlichen Entwicklung geschuldet. Als die Gesetzliche Rentenversicherung (GRV) 1889 mit dem Gesetz betreffend die Invaliditäts- und Altersversicherung vom 22. 6. 1889 (RGBl. S. 97) geschaffen wurde (und 1891 in Kraft trat), betrug das gesetzliche Renteneintrittsalter 70 Jahre. Das war damals ein Alter, bei dessen Erreichung von einer weitgehenden Erwerbsunfähigkeit ausgegangen wurde. Altersgrenze und Zwecksetzung haben sich aber schon zu Beginn des 20. Jahrhunderts verschoben. Bei der Schaffung der RVO wurde mit dem Angestelltenversicherungsgesetz im Jahr 1911 (RGBl. S. 989) ein eigenes Alterssicherungssystem für Angestellte geschaffen. Von grundlegender Bedeutung war die sog. große Rentenreform von 1957 mit drei Neuregelungsgesetzen (BGBl. I S. 45, 88 und 533). Sie ersetzte die Anwartschaftsdeckung durch eine Umlagefinanzierung und führte eine Rentenanpassung ein. Damit wurde die zuvor auf Armutsvermeidung abzielende Rentenversicherung in ein System zur Wohlstandsteilhabe im Alter umgebaut. Dieses System wurde nach 1990 auf die neuen Länder erstreckt (Einigungsvertrag, vgl. oben, II. 2., und Renten-Überleitungsgesetz vom 25. 7. 1991, BGBl. I S. 1606). Mit der Aufnahme der GRV in das SGB durch das 1992 in Kraft getretene Rentenreformgesetz (BGBl. 1989 I S. 2261) wurde die Alterssicherung auch organisatorisch vereinheitlicht und die zwischenzeitlich eingeführte Mindestsicherung (Rentenreformgesetz vom 16. 10. 1972, BGBl. I S. 1965) abgeschafft. Größere Reformen erfolgten um die Jahrtausendwende durch Einführung einer ergänzenden, steuerlich subventionierten und auf Freiwilligkeit aufbauenden zweiten Sicherungsschicht (sog. Riesterrente, Gesetz zur Reform der gesetzlichen Rentenversicherung und zur Förderung eines kapitalgedeckten Altersvorsorgevermögens vom 26.6.2001, BGBl. I S. 1310, und Altersvermögensergänzungsgesetz vom 21.3.2001, BGBl. I S. 403), durch Einführung des Nachhaltigkeitsfaktors bei Rentenanpassung (Rentenversicherungs-Nachhaltigkeitsgesetz vom 21.7.2004, BGBl. I S. 1791), durch die Reform der Erwerbsminderungsrenten (Gesetz vom 20. 12. 2000, BGBl. I S. 1827), die Änderung der Besteuerung von Renten (Alterseinkünftegesetz vom 5. 7. 2004, BGBl. I S. 1427) und durch die Heraufsetzung der Altersgrenzen (RV-Altersgrenzenanpassungsgesetz vom 20.4.2007, BGBl. I S. 554). Mit diesen sozialpolitisch umstrittenen Reformen sollte insbesondere auf die demographischen Entwicklungen, nämlich die steigende Lebenserwartung und die sinkende Geburtenrate in Deutschland, reagiert werden. Sie werden bis heute immer wieder durch den Gesetzgeber ergänzt und teilweise korrigiert. Zu den neuesten Reformen zählt die Einführung einer sog. Grundrente (Gesetz zur Einführung der Grundrente für langjährige Versicherung in der gesetzlichen Rentenversicherung mit unterdurchschnittlichem Einkommen und für weitere Maßnahmen zur Erhöhung der Alterseinkommen vom 12.8.2020, BGBl. I S. 1879).

c) **Eigenheiten**. Die Leistungen der GRV sind sehr stark beitragsorientiert, d. h. die Höhe der Renten entspricht den von den Versicherten gezahlten Beiträgen. Das Leistungsniveau soll grundsätzlich der Erhaltung des individuellen Lebensstandards entsprechen, ist aber durch die vorstehend genannten Reformen abgesenkt worden. Deshalb gewinnen die ergänzenden Sicherungsschichten, d.h. die betriebliche Alterssicherung (geregelt durch das Gesetz zur betrieblichen Altersversorgung vom 19.12.1974, BGBl. I S. 3610) und die geförderte private Vorsorge, zunehmend an Bedeutung. Die Mindestsicherung bleibt bis heute der Grundsicherung im Alter (vgl. unten, III. 12.) überlassen, die Grundrente begünstigt aber bestimmte langjährig Versicherte durch einen Zuschlag an Entgeltpunkten (§ 76g SGB VI) und damit durch die Erhöhung ihres Anspruchs vorbehaltlich einer gesonderten Einkommensanrechnung (§ 97a SGB VI).

Eigenständige Alterssicherungssysteme bestehen bis heute für Beamte, Richter und Soldaten sowie für Angehörige freier Berufe (vgl. § 5 Abs. 1 und § 6 SGB VI), einige Besonderheiten in der landwirtschaftlichen Alterssicherung.

d) **Versicherte**. Die GRV ist nach wie vor in erster Linie beschäftigungszentriert. Pflichtversichert sind aber neben den Beschäftigten (§ 1 SGB VI, mit Ausnahme der eigenständig gesicherten Personen, vgl. vorstehend c)) auch einige Gruppen an selbständig Tätigen (§ 2 SGB VI) sowie einige weitere Personengruppen, die aus sozialpolitischen Gründen Schutz genießen (z.B. Kindererziehende und Pflegepersonen, näher § 3 SGB VI). Grundsätzlich steht die GRV darüber hinaus für eine freiwillige Absicherung offen (§ 7 SGB VI). Von dieser Versicherung zu unterscheiden ist die Versicherungspflicht auf Antrag (§ 4 SGB VI), bei der die Beiträge nicht (innerhalb von Grenzen) frei gewählt werden können, die dafür aber auch einen Schutz gegen Erwerbsminderung gewährt. Versicherungsfrei sind u.a. geringfügig Beschäftigte (vgl. oben, III. 4.), ordentlich Studierende und Bezieher von Vollrenten wegen Alters und Versorgungsbezügen (§ 5 Abs. 2–4 SGB VI).

e) **Organisation und Finanzierung**. Seit der 2005 erfolgten Organisationsreform (RVOrgG vom 9.12.2004, BGBl. I S. 3242) wird die GRV von zwei Bundesträgern, der DRV Bund (frühere Bundesversicherungsanstalt für Angestellte) und der DRV Knappschaft-Bahn-See, sowie von Regionalträgern durchgeführt (vgl. §§ 125ff. SGB VI). Die Regionalträger wurden von „Landesversicherungsanstalten" in „DRV" mit einem Zusatz für ihre jeweilige regionale Zuständigkeit umbenannt. Ihre Zahl ist durch einige Fusionen auf jetzt 14 verringert worden. Für die Alterssicherung der Landwirte besteht seit 2013 als eigenständiger Träger die Sozialversicherung für Landwirtschaft, Forsten und Gartenbau (SVLFG) unter der Bezeichnung landwirtschaftliche Alterskasse (§ 49 ALG). Die DRV Bund übernimmt Grundsatz- und Querschnittsaufgaben und die gemeinsamen Angelegenheiten der Träger (§ 138 SGB VI).

Finanziert wird die GRV im Umlageverfahren (§ 153 SGB VI), wobei zwischen den Trägern ein Finanzverbund besteht (§§ 219ff. SGB VI). Die Ausgaben werden durch Beiträge und durch Bundeszuschüsse (§ 213 SGB VI) gedeckt. Diese Zuschüsse machen mittlerweile rund ein Viertel der Gesamteinnahmen aus. Sie dienen dem Ausgleich für die Übernahme versicherungsfremder Leistungen (§ 213 Abs. 3 SGB VI, sog. zusätzlicher Bundeszuschuss), wie der allgemeinen Unterstützung (§ 213 Abs. 2 und 2a SGB VI, sog. allgemeiner Bundeszuschuss mit Garantiefunktion i.S.v. Art. 120 Abs. 1 S. 4 GG) und der Stützung der knappschaftlichen Rentenversicherung. Zudem übernimmt der Bund die Liquiditätssicherung (§§ 214, 219 Abs. 3 S. 2 SGB VI), wobei aber die Träger zunächst die sog. Nachhaltigkeitsrücklage (§§ 216f. SGB VI) zu bilden haben. Der Großteil der Einnahmen besteht aus Beiträgen. Den Beitragssatz legt die Bundesregierung durch Rechtsverordnung mit Zustimmung des Bundesrates nach den gesetzlichen Maßgaben fest (§§ 158ff. SGB VI). Die Beitragsbemessungsgrundlagen richten sich nach §§ 161ff. SGB VI, wobei eine Beitragsbemessungsgrenze besteht (§ 159 SGB VI). Hinsichtlich der Beitragstragung (§§ 168 ff. SGB VI) gilt in Abweichung von dem allgemeinen Grundsatz, dass Beiträge vom Versicherten aufzubringen sind (vgl. § 20 Abs. 1 SGB IV), eine hälftige Lastentragung zwischen Arbeitgebern und Arbeitnehmern. In bestimmten Fällen muss der Arbeitgeber trotz Versicherungsfreiheit einen Beitragsanteil erbringen (§ 172 SGB VI). Gezahlt werden die Beiträge im Rahmen des Gesamtsozialversicherungsbeitrags (vgl. oben, III. 4. c)).

Damit ein Beitrag für die Rentenberechnung berücksichtigt werden kann, muss er wirksam sein (vgl. §§ 197 ff. SGB VI). Die Möglichkeit zur Nachzahlung ist beschränkt (vgl. §§ 204 ff. SGB VI). Wenn Beiträge gezahlt worden sind, aber der Rentenbezug an einer nicht erfüllten allgemeinen Wartezeit (vgl. nachfolgend) scheitert, ist eine Beitragserstattung (§§ 210 ff. SGB VI) möglich. Umgekehrt besteht die Möglichkeit einer Nachversicherung (§§ 181 ff. SGB VI), wenn Arbeitnehmer aus einem Dienstverhältnis mit Versorgungsansprüchen in eine Beschäftigung wechseln (§ 8 Abs. 2 SGB VI).

f) **Leistungsvoraussetzungen**. Leistungen der GRV hängen davon ab, dass zum einen ein Versicherungsfall vorliegt und zum anderen eine Wartezeit (= Mindestversicherungszeit, § 50 SGB VI) erfüllt wird. Versicherungsfälle sind für Rentenleistungen das Alter, die Erwerbsminderung und der Tod (vgl. § 33 SGB VI), für Rehabilitationsleistungen ist es die Gefährdung der Erwerbsfähigkeit (näher § 10 SGB VI). Hinsichtlich der rentenrechtlich relevanten Zeiten wird zwischen Beitragszeiten, beitragsfreien Zeiten (= Anrechnungs- und Zurechnungszeiten) und Berücksichtigungszeiten (§§ 54 ff. SGB VI) unterschieden. Auf welche Wartezeiten diese Zeiten jeweils anrechenbar sind, regelt § 51 SGB VI.

Die Regelaltersgrenze beträgt jetzt 67 Jahre (§§ 35 S. 2 SGB VI), sie wird aber mit Übergängen erst ab 2029 erreicht (vgl. § 235 SGB VI). Für verschiedene Personengruppen sind davon abweichend besondere Altersgrenzen vorgesehen (§§ 36–40, 237, 237a SGB VI). Während für die Regelaltersrente die Erfüllung der allgemeinen Wartezeit von fünf Jahren genügt (§§ 50 Abs. 1, 51 Abs. 1 und 4 SGB VI), setzen allerdings die besonderen Altersrenten längere Wartezeiten voraus (von 25, 35 oder 45 Jahren). Dazu kommt die Möglichkeit einer vorzeitigen Rente ab Vollendung des 63. bzw. des 62. Lebensjahres für langjährig und für schwerbehinderte Versicherte (§§ 36 S. 2, 37 S. 2 SGB VI). Der vorzeitige Rentenbezug ist grundsätzlich mit einer dauerhaften Kürzung verbunden, und zwar um 0,3% für jeden Monat, den der vorzeitige Rentenbeginn vor dem regulären liegt (§ 77 Abs. 2 S. 1 Nr. 2 lit. a SGB VI). Altersrenten vor Erreichen der Regelaltersgrenze werden nur geleistet, wenn die Hinzuverdienstgrenzen eingehalten werden (§ 34 Abs. 2–Abs. 3g SGB VI).

Hinsichtlich der Erwerbsminderung wird zwischen zwei Schweregraden unterschieden. Nach § 43 Abs. 1 S. 2 SGB VI ist teilweise erwerbsgemindert, wer wegen Krankheit oder Behinderung auf nicht absehbare Zeit außerstande ist, unter den üblichen Bedingungen des allgemeinen Arbeitsmarktes mindestens sechs Stunden täglich erwerbstätig zu sein; nach § 43 Abs. 2 S. 2 SGB VI ist voll erwerbsgemindert, wer auch nicht mindestens drei Stunden täglich erwerbstätig sein kann. Unabhängig vom zeitlichen Leistungsvermögen liegt eine volle Erwerbsminderung auch dann vor, wenn der Versicherte zwar zwischen drei und sechs Stunden täglich erwerbstätig sein kann, aber keinen Teilzeitarbeitsplatz innehat. Berufsunfähigkeit führt nur noch übergangsweise zu Rentenleistungen (vgl. § 240 SGB VI). Hinsichtlich der versicherungsrechtlichen Voraussetzungen wird nicht nur die Erfüllung der allgemeinen Wartezeit von fünf Jahren (§§ 50 Abs. 1, 51 Abs. 1 und 4 SGB VI) gefordert, sondern auch, dass der Versicherte innerhalb der letzten fünf Jahre vor Eintritt der Erwerbsminderung mindestens drei Jahre mit Pflichtbeiträgen zurückgelegt hat (3/5-Belegung). Die Frist wird durch verschiedene Tatbestände verlängert (vgl. § 43 Abs. 4 SGB VI) und kann auch vorzeitig erfüllt werden (§ 43 Abs. 5 i. V. m. § 53 SGB VI), insbesondere bei einem Arbeitsunfall.

Hinterbliebene haben unter den Voraussetzungen der §§ 46, 48 SGB VI Anspruch auf eine aus der Versicherung des Verstorbenen abgeleitete Rente.

g) **Leistungen**. Als kurzfristige Leistungen werden von der GRV Leistungen zur medizinischen Teilhabe und zur Teilhabe am Arbeitsleben (§§ 15, 16 SGB VI i. V. m. §§ 42 ff. und 49 ff. SGB IX; zum Verhältnis zur GKV § 13 SGB VI, zur Subsidiarität gegenüber der GUV § 12 SGB VI) sowie Übergangsgeld (§ 20 f. SGB VI) gewährt.

Die monatliche Rentenhöhe (MR) wird nach folgender Formel berechnet (§§ 63 Abs. 6, 64 SGB VI):

$$EP \times ZF \times RAF \times AR = MR.$$

Die Entgeltpunkte (EP) ergeben sich aus den anrechenbaren Zeiten (§§ 70 ff. SGB VI). Sie werden zu persönlichen EP (§ 66 SGB VI) durch Multiplikation mit dem Zugangsfaktor (ZF), der insbesondere die Abschläge bei vorzeitigem Rentenbeginn (vgl. vorstehend f)) ermöglicht (§ 77 SGB VI). Diese wiederum werden mit dem Rentenartfaktor (RAF) multipliziert, der für Altersrenten 1 beträgt, aber bei Renten wegen teilweiser Erwerbsminderung und einigen Hinterbliebenenrenten kleiner ist und damit zu einer geringeren Bewertung führt (§ 67 SGB VI). Das Ergebnis schließlich wird in einem letzten Schritt um den Aktuellen Rentenwert (AR) vervielfacht. Der AR (§ 68 SGB VI) bestimmt letztlich das Rentenniveau und enthält zugleich die Dynamisierung; seine Berechnung ist im Verlauf der Jahre mehrfach geändert worden und orientiert sich nun an den Bruttolöhnen abzüglich des Beitragssatzes zur allgemeinen RV, dem Nachhaltigkeitsfaktor und dem Altersvorsorgeanteil.

7. Das SGB VII – Gesetzliche Unfallversicherung

a) **Zielsetzung**. Die Gesetzliche Unfallversicherung (GUV) verfolgt eine dreigeteilte Zielsetzung (vgl. § 1 SGB VII). Sie soll Arbeitsunfälle und Berufskrankheiten verhindern helfen (Prävention), sie soll im Falle des Eintritts von Versicherungsfällen die Leistungsfähigkeit der Versicherten wiederherstellen (Rehabilitation), und sie soll den Versicherten und ihren Hinterbliebenen bei bleibenden Schäden einen finanziellen Ausgleich leisten (Entschädigung).

b) **Entwicklung**. Das Unfallversicherungsrecht war das erste Projekt der Bismarck'schen Sozialversicherungsgesetzgebung, wenn es auch aufgrund der mit der Umsetzung verbundenen Schwierigkeiten erst als zweiter Versicherungszweig mit dem Unfallversicherungsgesetz vom 6.7.1884 (RGBl. S. 69) beschlossen wurde und 1885 in Kraft trat (vgl. II. 2.). Es war lange Zeit im Dritten Buch der RVO geregelt. Mit dem Unfallversicherungs-Neuregelungsgesetz (UVNG) vom 30.4.1963 (BGBl. I S. 241) wurde dessen Reform nach dem Zweiten Weltkrieg abgeschlossen. 1971 (BGBl. I S. 237) folgte eine Ausdehnung des Versichertenkreises durch die Einbeziehung von Schülern, Studenten und Kindergartenkindern. Zum 1.1.1997 ist das Unfallversicherungsrecht in das SGB als SGB VII eingegliedert worden (BGBl. 1996 I S. 1254). Zu wichtigen Reformgesetzen aus neuerer Zeit gehören die Verbesserung des Schutzes ehrenamtlich

Tätiger (BGBl. 2004 I S. 3299) und die Zusammenlegung von Trägern einschließlich einer Änderung des Finanzausgleichs (durch das Gesetz zur Modernisierung der gesetzlichen Unfallversicherung vom 30.10.2008, BGBl. I S. 2130).

c) **Eigenheiten**. Die Unfallversicherung besteht im Grunde genommen aus zwei unterschiedlich angelegten Leistungssystemen. In ihrem traditionellen Hauptteil (sog. echte Unfallversicherung) dient sie der Ablösung der Arbeitgeberhaftung. Insofern kann sie als eine Haftpflichtversicherung zugunsten der Arbeitgeber verstanden werden. Das hat für die Beschäftigten wesentliche Vorteile, weil erstens deren Entschädigung nicht mehr verschuldensabhängig ist, sie zweitens nicht mehr von der Zahlungsfähigkeit des einzelnen Arbeitgebers abhängt und drittens sich ein geschädigter Arbeitnehmer nicht mehr mit seinem Arbeitgeber um den Ausgleich streiten muss (Gedanke des Betriebsfriedens durch Auslagerung der Schadensabwicklung aus dem Arbeitsverhältnis). Diese Ausrichtung führt zu mehreren Konsequenzen: In den Schutz der Versicherung sind alle Beschäftigten einbezogen, Versicherungsgrenzen existieren nicht, weshalb auch geringfügig Tätige versichert sind. Die Beiträge werden allein vom Arbeitgeber gezahlt, der Arbeitgeber und auch Arbeitskollegen werden von der Haftung befreit. Vor allem aber leistet die Unfallversicherung nur dann, wenn die versicherte Tätigkeit den Versicherungsfall verursacht hat, d. h. hinsichtlich des Leistungsgrunds ist – anders als in den anderen Sozialversicherungszweigen – eine Kausalität erforderlich, weshalb die GUV zugleich Entschädigungscharakter besitzt. Der Leistungsinhalt ist hingegen wieder final ausgerichtet, wobei allerdings oftmals die Leistungen der GUV höher als die der Krankenversicherung sind.

Die Unfallversicherung ist zugleich benutzt worden, um Personen, die eine im gesellschaftlichen Interesse stehende Tätigkeit ausüben, einen Entschädigungsanspruch zu gewähren (sog. unechte Unfallversicherung). Dazu gehören u. a. die Nothelfer, die ehrenamtlich Tätigen und auch die Schüler, Studenten und Kindergartenkinder. Auch für diese Personengruppen werden zwar Beiträge gezahlt, aber auf der Grundlage einer besonderen Berechnung (§§ 185 ff. SGB VII); zudem ist Träger dieser Form der Unfallversicherung die öffentliche Hand.

d) **Versicherte**. Versicherungspflichtig (§ 2 SGB VII) sind in der GUV vor allem Arbeitnehmer und arbeitnehmerähnlich tätige Personen (Beschäftigte nach Abs. 1 Nr. 1, Lernende während der beruflichen Aus- und Fortbildung nach Abs. 1 Nr. 2, Tätige während bestimmter Vor- und Nachbereitungshandlungen nach Abs. 1 Nr. 3, die in Werkstätten beschäftigten behinderten Menschen nach Abs. 1 Nr. 4 sowie Arbeitsuchende und Rehabilitanden nach Maßgabe von Abs. 1 Nr. 14 und 15; zur Versicherungsfreiheit von Beamten und anderweitig abgesicherten Personen § 4 Abs. 1 SGB VII). Ein Versicherungsschutz besteht auch für Personen, die zwar nicht im Rahmen eines Beschäftigungsverhältnisses, aber doch einem Beschäftigten vergleichbar tätig werden (sog. Wie-Beschäftigte, § 2 Abs. 2). Dazu kommen einige Gruppen von Selbständigen (Landwirte nach § 2 Abs. 1 Nr. 5, Abs. 4, die Seeleute nach Abs. 1 Nr. 7, Hausgewerbetreibende nach Abs. 1 Nr. 6 und zum Teil die in Abs. 1 Nr. 9 genannten Personen). Eine Unternehmerversicherung kann nach § 3 SGB VII durch Satzungsrecht verpflichtend begründet werden, ist im Übrigen freiwillig möglich (dazu und zu den wenigen übrigen Tatbeständen des freiwilligen Schutzes § 6 SGB VII).

Zu den durch die unechte UV erfassten Personen gehören u. a. die Kindergartenkinder, Schüler und Studenten (§ 2 Abs. 1 Nr. 8 SGB VII), die selbständig oder unentgeltlich, insbesondere ehrenamtlich Tätigen im Gesundheitswesen und der Wohlfahrtspflege (Abs. 1 Nr. 9, vgl. aber auch § 4 Abs. 3 SGB VII), ehrenamtlich für Körperschaften, Anstalten und Stiftungen des öffentlichen Rechts sowie für öffentlich-rechtliche Religionsgemeinschaften bzw. deren Einrichtungen und privatrechtliche Organisationen Tätige (Abs. 1 Nr. 10), Personen, die von einer Körperschaft, Anstalt oder Stiftung des öffentlichen Rechts zur Unterstützung einer Diensthandlung oder von einer dazu berechtigten Stelle zur Beweiserhebung als Zeugen herangezogen werden (Abs. 1 Nr. 11), unentgeltlich im Unfall- und Zivilschutz Tätige (Abs. 1 Nr. 12), die Nothelfer, Blut- oder Organspender sowie Notärzte im Rettungsdienst, sofern es sich um eine Nebentätigkeit handelt (Abs. 1 Nr. 13), und Pflegepersonen (Abs. 1 Nr. 17). Schließlich sind die Personen versichert, die den neuen Freiwilligendienst aller Generationen leisten (§ 2 Abs. 1a SGB VII).

e) **Organisation und Finanzierung**. Die echte UV wird von Berufsgenossenschaften durchgeführt, die in erster Linie nach Gewerbezweigen gegliedert sind. In den letzten Jahren hat eine Zusammenlegung von Versicherungsträgern stattgefunden. Früher existierten 34 gewerbliche Berufsgenossenschaften und, ebenfalls als gewerbliche Einrichtung, die See-Berufsgenossenschaft (zur Zuständigkeit § 121 SGB VII; zu den einzelnen Berufsgenossenschaften Anlage 1 zum SGB VII). Die landwirtschaftliche Unfallversicherung wurde von 20 landwirtschaftlichen Berufsgenossenschaften durchgeführt (zur Zuständigkeit § 123 SGB VII; zu den einzelnen Berufsgenossenschaften Anlage 1 zum SGB VII). Die Zahl der gewerblichen Berufsgenossenschaften ist auf mittlerweile nur noch neun gesunken. Die landwirtschaftliche UV wird seit 2013 von der Sozialversicherung für Landwirtschaft, Forsten und Gartenbau (SVLFG) durchgeführt. Mit der Zusammenlegung der Träger sollten größere und leistungsfähigere Träger geschaffen werden, um die Bewältigung struktureller wirtschaftlicher Veränderungen, insbesondere im Hinblick auf die von den Trägern zu zahlenden Altlasten, zu erleichtern. Unabhängig davon ist die Ausrichtung nach Gewerbezweigen vor allem für die Verzahnung von Prävention und Kompensation, d. h. eine sachgerechte Durchführung der Unfallverhütung und für die am Betriebsrisiko ausgerichtete Beitragsberechnung, von großem Vorteil. Eine einheitliche Zuständigkeit für das jeweilige Unternehmen wird dadurch hergestellt, dass an das Hauptunternehmen angeknüpft wird (vgl. im Einzelnen § 131 SGB VII). Die Zuständigkeit für Versicherte bestimmt sich gemäß § 133 SGB VII nach der Zuständigkeit für das Unternehmen, in dem sie beschäftigt sind.

Die unechte UV wird von Trägern der öffentlichen Hand durchgeführt, den Unfallkassen des Bundes, der Länder und der Kommunen bzw. der Feuerwehr sowie den Gemeindeunfallversicherungsverbänden (§§ 125, 128, 129 SGB VII). Sie sind für die Aufgabenwahrnehmung im Bund, den Ländern und Kommunen errichtet worden (§§ 115–117 SGB VII). Bis zur Einführung des SGB VII bestanden 54 Unfallversicherungsträger der öffentlichen Hand, heute sind es nur noch 28. Lediglich ein Träger ist bundesweit zuständig, die Unfallversicherung Bund und Bahn. Die Unfallkasse Post und Telekom ist seit 2016 in die gewerbliche UV eingegliedert (vgl. BUK-Neuorganisationsgesetz vom 19.10.2013, BGBl. I S. 3836).

Die GUV wird im Umlageverfahren finanziert. Beiträge tragen und zahlen müssen ausschließlich die Unternehmer, für deren Unternehmen Versicherte tätig sind oder zu denen Versicherte in einer besonderen, die Versicherung begründenden Beziehung stehen (§ 150 S. 1 SGB VII). Die Höhe der Beiträge richtet sich nach den zu berücksichtigenden Arbeitsentgelten, den Gefahrklassen und dem Beitragsfuß (= Division des Umlagesolls durch die Beitragseinheiten, vgl. näher § 167 SGB VII). Das Arbeitsentgelt der Versicherten wird nur bis zur Höhe des Höchstjahresarbeitsverdienstes zugrunde gelegt (§§ 153 Abs. 2, 85 Abs. 2 SGB VII). Wichtig ist insbesondere, dass in der Unfallversicherung ein Gefahrtarif gebildet wird (§ 157 SGB VII), der allgemein die Gefährdungsrisiken betrifft. Zur Abstufung dienen die Gefahrenklassen, die sich aus dem Verhältnis der gezahlten Leistungen zu den Arbeitsentgelten ergeben. Die Beiträge werden eigenständig durch die Unfallversicherungsträger eingezogen, ihre Zahlung ist nicht Bestandteil des Gesamtsozialversicherungsbeitrags.

f) **Leistungsvoraussetzungen**. Die GUV kennt zwei Versicherungsfälle (§ 7 SGB VII): die Arbeitsunfälle (§ 8 SGB VII), die auf einem plötzlich eintretenden Ereignis beruhen, und die Berufskrankheiten (§ 9 SGB VII), die eine längerdauernde Einwirkung schädlicher Ereignisse voraussetzen. Von zentraler Bedeutung für die Feststellung eines Arbeitsunfalls ist eine mehrfache Prüfung der erforderlichen Zurechnungszusammenhänge, die dazu dient, das eigenwirtschaftliche Verhalten vom unternehmensdienlichen und damit die Risikosphären voneinander zu unterscheiden: (1) zwischen der versicherten Tätigkeit und der unfallherbeiführenden Verrichtung muss ein sog. sachlicher Zusammenhang bestehen, der sich nach der objektiv erkennbaren Handlungstendenz bemisst und für dessen Vorliegen es des vollen Beweises bedarf; (2) zwischen der unfallherbeiführenden Verrichtung und dem Unfallereignis muss ein Kausalzusammenhang bestehen (sog. Unfallkausalität), (3) ebenso zwischen dem Unfallereignis und dem Schaden (haftungsbegründende Kausalität), wobei in der Unfallversicherung grundsätzlich nur Gesundheitsschäden berücksichtigt werden (vgl. ausnahmsweise § 13 SGB VII). Für die Prüfung der Kausalität, die nach der Theorie der wesentlichen Bedingung vorgenommen wird, genügt eine hinreichende Wahrscheinlichkeit. Nicht mehr die Prüfung des Versicherungsfalls, aber die des Schadensumfangs, betrifft die haftungsausfüllende Kausalität (vgl. auch § 11 SGB VII). Ebenfalls Arbeitsunfälle stellen die in § 8 Abs. 2 SGB VII geregelten Tatbestände dar, zu denen der Wegeunfall gehört. Hier prüft das BSG beim sachlichen Zusammenhang, ob ein unter Versicherungsschutz stehender Weg zurückgelegt wird und ob die Verrichtung zur Zeit des Unfalls diesem Weg zuzurechnen ist.

Bei Berufskrankheiten wird die Unfallkausalität durch die sog. Einwirkungskausalität ersetzt. Für die Anerkennung einer Berufskrankheit ist ein Ursachenzusammenhang zwischen der versicherten Tätigkeit und den schädigenden Einwirkungen und zwischen diesen Einwirkungen und der Erkrankung erforderlich sowie ggf. ein Unterlassen aller gefährdenden Tätigkeiten (zum letztgenannten Punkt auch § 9 Abs. 4 SGB VII). Welche Erkrankungen als Berufskrankheiten in Betracht kommen, regelt die Berufskrankheiten-Verordnung (§ 9 Abs. 1 SGB VII). Sind Versicherte durch die besonderen Bedingungen ihrer Tätigkeit mit hinreichender Sicherheit schädigenden Einwirkungen in erhöhtem Maße ausgesetzt gewesen, so besteht nach Erfahrungsgrundsätzen ein entsprechender Zusammenhang, der gem. § 9 Abs. 3 SGB VII gesetzlich vermutet wird, sofern keine konkreten Anhaltspunkte für andere Ursachen außerhalb der versicherten Tätigkeit vorliegen. In eingeschränktem Umfang bestehen weitere Anerkennungsmöglichkeiten nach § 9 Abs. 2 SGB VII, sofern neue Erkenntnisse der medizinischen Wissenschaft belegen, dass die Krankheit durch besondere Einwirkungen bei versicherten Tätigkeiten hervorgerufen wird (sog. Wie-Berufskrankheit).

g) **Leistungen**. Die GUV gewährt alle Sach- und Dienstleistungen zur Heilbehandlung (vgl. §§ 27ff. SGB VII) einschließlich der erforderlichen Arznei-, Heil- und Hilfsmittel und stationärer Leistungen, wobei das Leistungserbringungsrecht nur rudimentär geregelt ist (§ 34 SGB VII), aber mit der Steuerung der Versorgung durch speziell ausgebildete Durchgangsärzte und der Einbeziehung eigener Unfallkliniken Besonderheiten bestehen. Ferner sind Leistungen bei Pflegebedürftigkeit vorgesehen (§ 44 SGB VII).

Ebenfalls umfassend sind die Leistungen zur Rehabilitation. Sie gehen über die GKV vor allem insofern hinaus, als sie auch Leistungen zur Teilhabe am Arbeitsleben (§ 35 SGB VII und §§ 49ff. SGB IX) und zur Teilhabe am Leben in der Gemeinschaft einschließlich verschiedener Hilfen (§§ 39ff. SGB VII) zum Gegenstand haben. Darin kommt die Funktion der GUV zum Ausdruck, auch für die berufliche Wiedereingliederung zu sorgen (vgl. auch § 26 Abs. 2 SGB VII).

Als kurzfristige Entgeltersatzleistungen sind Verletztengeld und Übergangsgeld vorgesehen (§§ 45ff. SGB VII), und zwar grundsätzlich in Höhe von 80 % des relevanten Arbeitsentgelts. Bei einer Minderung der Erwerbsfähigkeit (MdE), die über 26 Wochen hinausgeht, besteht ein Rentenanspruch, wenn diese Minderung wenigstens 20% beträgt (§ 56 SGB VII). Die Minderung wird in der GUV abstrakt anhand von Richtwerten bestimmt, sie hängt also nicht von den Auswirkungen der Schädigung auf die konkret ausgeübte Erwerbstätigkeit ab. Eine Vollrente beläuft sich auf zwei Drittel des Jahresarbeitsverdienstes, Teilrenten auf einen entsprechenden Anteil je nach MdE.

Im Falle des Todes erhalten Witwer, Witwen und Waisen Rentenzahlungen nach Maßgabe der §§ 63ff. SGB VII.

h) **Haftungsfreistellung**. Nach §§ 104f. SGB VII wird die Haftung der Unternehmer und der im selben Betrieb tätigen Personen beschränkt. § 106 SGB VII erweitert dieses Privileg zugunsten einiger anderer Personen. Ausgeschlossen sind alle Ansprüche wegen des Personenschadens, gleich auf welcher Rechtsgrundlage sie beruhen. Das bezieht Schmerzensgeldansprüche mit ein, obwohl die GUV hierfür keinen Ersatz bietet; im Ergebnis wird das angesichts der Vorteile der sozialrechtlichen Absicherung für noch vereinbar mit dem allgemeinen Gleichheitssatz (Art. 3 Abs. 1 GG) gehalten. Der Ausschluss besteht aber nicht, wenn die privilegierte Person vorsätzlich gehandelt hat oder ein Wegeunfall vorliegt. Ein Anspruchsübergang nach § 116 SGB X ist ausgeschlossen, jedoch haften privilegierte Personen den Sozialversicherungsträgern für die infolge des Versicherungsfalls entstandenen Aufwendungen, sofern sie den Versicherungsfall vorsätzlich oder grob fahrlässig herbeigeführt haben.

8. Das SGB VIII – Kinder- und Jugendhilfe

a) **Zielsetzung**. Das SGB VIII dient zur Förderung der Entwicklung junger Menschen sowie zur Unterstützung und Ergänzung der Erziehung in der Familie (§ 1 SGB VIII); das wird durch die in § 1 Abs. 3 SGB VIII genannten Unterziele präzisiert. Hintergrund ist die primäre Erziehungsverantwortung der Eltern, d. h. deren Rechte und Pflichten zur Erziehung, deren Betätigung von der staatlichen Gemeinschaft überwacht wird (Art. 6 Abs. 2 GG und § 1 Abs. 2 SGB VIII).

b) **Entwicklung**. Das SGB VIII wurde durch Art. 1 des Kinder- und Jugendhilfegesetzes vom 26.6.1990 (BGBl. I S. 1163) zum 1.1.1991 eingeführt. Es löste das Gesetz für Jugendwohlfahrt (JWG) von 1961 ab, das seinerseits auf das Reichsjugendwohlfahrtsgesetz von 1922 zurückging. Wichtige Änderungen und Erweiterungen erfuhr das SGB VIII durch das Tagesbetreuungsausbaugesetz (TAG vom 27.12.2004, BGBl. I S. 3852) zur Förderung des Ausbaus der Kinderbetreuung insbesondere für Kinder unter drei Jahren, durch das Kinder- und Jugendhilfeweiterentwicklungsgesetz (KICK vom 8.9.2005, BGBl. I S. 2729) und das Kinderförderungsgesetz (KiföG vom 10.12.2008, BGBl. I S. 2403) zur Förderung von Kindern unter drei Jahren in Tageseinrichtungen und in Kindertagespflege. Aufgrund des KiföG besteht seit dem 1.8.2013 ein Rechtsanspruch auf einen Betreuungsplatz für Kleinkinder zwischen einem und drei Jahren (§ 24 Abs. 2 SGB VIII).

c) **Eigenheiten**. Das SGB VIII sieht ein sehr breites Spektrum an Aufgaben vor, neben den Sozialleistungen (vgl. nachfolgend g)) auch den Schutz von Kindern und Jugendlichen durch verschiedene Maßnahmen (§§ 42ff. SGB VIII) sowie Beistandschaft, Pflegschaft und Vormundschaft für Kinder und Jugendliche (§§ 52aff. SGB VIII). Die Vorschriften des SGB VIII sind in relativ großem Umfang offen und unbestimmt gehalten. Diese Gesetzgebungstechnik dient dazu, pädagogische Erkenntnisse bei der Beurteilung von Einzelfällen einfließen zu lassen und innerhalb des gesetzlichen Rahmens ausreichende Spielräume für die Gewährung der im Einzelfall sinnvollen Maßnahmen vorzusehen.

d) **Leistungsberechtigte**. Leistungsberechtigt sind gem. § 6 SGB VIII junge Menschen, Mütter, Väter und Personensorgeberechtigte von Kindern und Jugendlichen (vgl. zu den Begriffen § 7 SGB VIII) mit tatsächlichem Aufenthalt im Inland. Ausländer sind berechtigt, wenn sie sich rechtmäßig gewöhnlich in Deutschland aufhalten (§ 6 Abs. 2 SGB VIII; zum gewöhnlichen Aufenthalt § 30 SGB I, vgl. oben, III. 1. e)). Wegen des Vorrangs des Erziehungsauftrags der Eltern (Art. 6 Abs. 2 GG) sind bei der Leistungsgewährung in den meisten Fällen nicht nur die Kinder und Jugendlichen (§ 8 SGB VIII), sondern auch die Personensorgeberechtigten beteiligt.

e) **Organisation und Finanzierung**. Die Träger der öffentlichen Jugendhilfe werden durch Landesrecht bestimmt; in der Praxis sind das in erster Linie die Städte und Kreise. Die örtlichen Träger errichten zur Wahrnehmung der Aufgaben Jugendämter (§ 69 SGB VIII), die aus einer Verwaltung des Amts und dem Jugendhilfeausschuss bestehen (§§ 70ff. SGB VIII). Daneben werden Aufgaben der Jugendhilfe auch von Trägern der freien Jugendhilfe erfüllt, beide Träger sollen partnerschaftlich zusammenarbeiten (vgl. § 3, §§ 73ff. SGB VIII). Die Leistungsberechtigten haben gem. § 5 SGB VIII das Wahlrecht zwischen der öffentlichen und der freien Jugendhilfe. Allerdings trifft die öffentliche Jugendhilfe eine Gesamtverantwortung für die Bereitstellung eines bedarfsgerechten Angebots (§ 79 SGB VIII).

Die Finanzierung der Jugendhilfe obliegt den Trägern, sie erfolgt in erster Linie durch die Kommunen und Länder (je nach Finanzausgleich und u.U. landesverfassungsrechtlichem Konnexitätsprinzip) aus Steuermitteln. Die Leistungsberechtigten können jedoch im Rahmen der Zumutbarkeit über Beiträge und Gebühren zur Kostenbeteiligung herangezogen werden (vgl. §§ 90–97c SGB VIII).

f) **Leistungsvoraussetzungen**. Die Leistungen dienen der Deckung eines gegenwärtigen bzw. zukünftigen Bedarfs. Eine Leistungsgewährung für eine Bedarfssituation in der Vergangenheit ist in der Regel nicht möglich. Der Bedarf wird vom Träger der öffentlichen Jugendhilfe festgestellt, wenn er Kenntnis vom Vorliegen der Leistungsvoraussetzungen erlangt. In der Regel ist eine vorherige Antragstellung keine Voraussetzung für Leistungen nach dem SGB VIII. In der Praxis wird der Bedarf oft erst auf Antrag durch den Leistungsträger festgestellt. Grundsätzlich ist der Träger nur dann zur Kostentragung bei selbstbeschafften

Leistungen (§ 36a SGB VIII) verpflichtet, wenn zuvor ein Antrag gestellt wurde und die Leistung durch den Träger rechtswidrig verzögert oder verweigert wurde (vgl. BVerwGE 112, 98). Diese Voraussetzung gilt allerdings nur für die Fälle, in denen eine gesonderte Feststellung des individuellen Bedarfs durch den Träger nötig ist (z. B. §§ 13, 27 ff. SGB VIII), um über die Leistungsberechtigung zu entscheiden.

g) **Leistungen**. Die Leistungen und weiteren Aufgaben der Jugendhilfe ergeben sich aus § 2 SGB VIII. Sie umfassen Angebote der Jugendarbeit, Jugendsozialarbeit und des erzieherischen Kinder- und Jugendschutzes (§§ 11–14 SGB VIII), Leistungen zur Förderung der Erziehung in der Familie (§§ 16–21 SGB VIII) sowie zur Förderung von Kindern in Tageseinrichtungen und in Kindertagespflege (§§ 22–25 SGB VIII). Daneben wird Hilfe zur Erziehung, Eingliederungshilfe für seelisch behinderte Kinder und Jugendliche sowie Hilfe für junge Volljährige angeboten (§§ 27–41 SGB VIII).

Das SGB VIII gewährt in erster Linie persönliche Hilfen und weniger direkte finanzielle Leistungen. Geldleistungen kommen nur als Ergänzung zu den Dienstleistungen in Betracht. Diese umfassen Aufklärung, Beratung und Auskunft (§§ 13–15 SGB I) sowie Sachleistungen, insbesondere bei der Leistungserbringung in Einrichtungen. Das SGB VIII begründet dabei nicht nur Ansprüche des Einzelnen auf Unterstützung und Förderung. Es gewährt überdies Zugang zu öffentlichen Einrichtungen, wie z. B. Kindergärten und Bildungsstätten, und die Teilnahme an Veranstaltungen, etwa an Freizeitmaßnahmen. Einige Ansprüche werden dabei konkret durch das SGB VIII vorgegeben, wie im Falle der §§ 17–21, § 23, § 24 SGB VIII.

Das SGB VIII enthält kein vollständiges Leistungsprogramm. In einigen Fällen beschränkt es sich auf die bloße Aufgabenzuweisung. Insofern bleibt ein Gestaltungsspielraum, der durch die Verwaltung bzw. den Landesgesetzgeber zu konkretisieren ist. Es besteht aber grundsätzlich ein Anspruch auf gleichberechtigte Teilhabe an den Angeboten, die durch die Träger der öffentlichen Jugendhilfe gem. der §§ 79 ff. SGB VIII zur Verfügung gestellt werden sollen, wie die Angebote der Jugendarbeit (§ 11 SGB VIII), der Jugendsozialarbeit (§ 13 SGB VIII) und der allgemeinen Förderung der Erziehung in der Familie (§ 16 SGB VIII).

9. Das SGB IX – Rehabilitation und Teilhabe von Menschen mit Behinderungen

a) **Zielsetzung**. Das SGB IX regelt in Umsetzung des Benachteiligungsverbots des Art. 3 Abs. 3 S. 2 GG und der UN-Konvention zum Schutz der Rechte von Menschen mit Behinderungen (UN-BRK) die Rehabilitation und Teilhabe behinderter Menschen. Ziel ist es nach der Neufassung (vgl. unten b)), deren „Selbstbestimmung und ihre volle, wirksame und gleichberechtigte Teilhabe am Leben in der Gesellschaft zu fördern, Benachteiligungen zu vermeiden oder ihnen entgegenzuwirken" (§ 1 S. 1 SGB IX). Das SGB IX beschränkt sich dabei, der Eingliederung in das SGB entsprechend, auf das Sozial- und auch das Arbeitsrecht. Weitere Vorschriften, deren Ziel es ist, die Gleichstellung und Teilhabe von Menschen mit Behinderung zu sichern, finden sich an anderen Stellen, insbesondere in den Behindertengleichstellungsgesetzen von Bund und Ländern.

b) **Entwicklung**. Das SGB IX wurde durch Gesetz vom 19.6.2001 (BGBl. I S. 1046) geschaffen. Es führt zwei zuvor eigenständig geregelte Teilbereiche zusammen: zum einen allgemeine Vorschriften des Rehabilitationsrechts, die zuvor im Gesetz über die Angleichung der Leistungen zur Rehabilitation (RehaAnglG) vom 7.8.1974 (BGBl. I S. 1881) geregelt waren; zum anderen das zuvor im Gesetz zur Eingliederung Schwerbehinderter in Arbeit, Beruf und Gesellschaft (SchwbG), das aus dem Jahr 1953 stammte und nach seiner Weiterentwicklung 1974 neu gefasst worden war (BGBl. 1974 I S. 1005), enthaltene Schwerbehindertenrecht. Nicht zuletzt angestoßen durch die völkerrechtlichen Entwicklungen und die UN-BRK (vorstehend a)) wurde das SGB IX zur Verbesserung der Rechtsstellung von Menschen mit Behinderungen mit dem Bundesteilhabegesetz (BTHG) vom 23.12.2016 (BGBl. I S. 3234) neu gefasst und trat in seinen Teilen 1 und 3 zum 1.1.2018 und in seinem Teil 2 zum 1.1.2020 in Kraft (Art. 26 Abs. 1 BTHG).

c) **Eigenheiten**. Das SGB IX weist eine entstehungsgeschichtlich begründete Dreiteilung auf. Der erste Teil bezieht sich auf die Teilhabe behinderter Menschen. Im Wesentlichen geht es dabei um das Rehabilitationsrecht. Allerdings sieht das SGB IX in diesem Zusammenhang keine eigenen Leistungsansprüche vor, sondern versucht, die Rehabilitationsleistungen, die in anderen Teilen des SGB sowie im Entschädigungs- und Hilferecht (vgl. oben, II. 1. b), c)) vorgesehen sind und nach Leistungsgruppen unterschieden werden (§ 5 SGB IX), zusammenzufassen und zu koordinieren (vgl. §§ 14 ff. SGB IX). Es betont zugleich den Vorrang der Rehabilitation vor der Rente (§§ 9–11 SGB IX). In Teil 3 ist das Schwerbehindertenrecht enthalten, das sowohl die Feststellung eines Status (§ 152 SGB IX) als auch die Teilhabe schwerbehinderter Menschen am Arbeitsleben regelt. Seit dem 1.1.2020 ist das in Teil 2 enthaltene Eingliederungshilferecht (§§ 90 ff. SGB IX) in Kraft, welches die zuvor in §§ 53 ff. SGB XII geregelte Eingliederungshilfe abgelöst hat.

d) **Leistungsberechtigte**. Leistungsberechtigt sind im Hinblick auf den ersten Teil des SGB IX Menschen mit Behinderung oder von Behinderung bedrohte Menschen. Basierend auf der Definition der UN-BRK wurde dem neu gefassten SGB IX in § 2 Abs. 1 SGB IX ein neuer Behinderungsbegriff zugrunde gelegt. Danach sind Menschen mit Behinderungen „Menschen, die körperliche, seelische, geistige oder Sinnesbeeinträchtigungen haben, die sie in Wechselwirkung mit einstellungs- und umweltbedingten Barrieren an der gleichberechtigten Teilhabe an der Gesellschaft mit hoher Wahrscheinlichkeit länger als sechs Monate hindern können." Maßgeblich ist eine Abweichung von dem für das Lebensalter typischen Zustand.

Leistungsberechtigt im Bereich des Schwerbehindertenrechts sind schwerbehinderte oder diesen gleichgestellte behinderte Menschen (§ 151 Abs. 1 SGB IX). Eine Schwerbehinderung liegt ab einem Grad der Behinderung (GdB) von 50 vor (§ 2 Abs. 2 SGB IX); die Gleichstellung setzt einen GdB von mindestens 30 voraus und eine besondere Benachteiligung im Hinblick auf die Erlangung oder Aufrechterhaltung eines Arbeitsplatzes (§ 2 Abs. 3 SGB IX).

e) **Organisation und Finanzierung**. Weil die Rehabilitationsleistungen durch das SGB IX koordiniert werden, sind dafür keine eigenständigen Träger vorgesehen. Der erste Teil des SGB IX ist aber von allen Trägern zu beachten, die nach den von ihnen durchgeführten Sozialleistungsgesetzen für eine Rehabilitation zuständig sind. Um Betroffenen die Leistungsgewährung zu vereinfachen, genügt ein Antrag, der ein Prüf- und Entscheidungsverfahren in Gang setzt (vgl. §§ 9 ff., 12 ff. SGB IX). Die Klärung der Zuständigkeit regelt § 14 SGB IX. Der zuständige Träger bleibt für die Ausführung der Reha-Leistungen verantwortlich (§ 28 Abs. 1 S. 2 SGB IX). Bei einer Mehrheit von Reha-Trägern ist die Leistungsverantwortung in § 15 SGB IX gesetzlich festgelegt. Für die Abstimmung ist ein Teilhabeplan zu erstellen (dazu und dem Verfahren §§ 19ff. SGB IX, zur Zusammenarbeit der Reha-Träger §§ 25ff. SGB IX). Vorschriften über die Ausführung von Reha-Leistungen finden sich in §§ 28 ff. SGB IX.

Zur Durchführung der aus dem SGB XII übernommenen Eingliederungshilfe werden die Träger durch die Länder bestimmt (§ 94 Abs. 1 SGB IX). Bisher wurden hierbei v. a. die kommunalen Gebietskörperschaften eingesetzt. Vorschriften zur Zusammenarbeit mit Leistungsanbietern und Fachkräften enthalten die §§ 96, 97 SGB IX. Nach § 108 SGB IX bedarf es im Regelfall eines Antrags des Leistungsberechtigten.

Die Feststellung der Schwerbehinderteneigenschaft obliegt den für die Durchführung des Bundesversorgungsgesetzes zuständigen Behörden (§ 152 Abs. 1 S. 1 SGB IX). Dies sind die von den Ländern bestimmten Behörden, in der Praxis weitgehend die Kommunen. Für die Teilhabe schwerbehinderter Menschen am Arbeitsleben sind die in den Ländern errichteten Integrationsämter (vgl. §§ 184, 186 SGB IX) sowie die BA (§§ 187f. SGB IX, zur BA oben, III. 3. e)) zuständig.

Das SGB IX enthält eine Reihe von Verpflichtungen für die Arbeitgeber, die mit deren Berufsfreiheit (Art. 12 Abs. 1 GG) im Hinblick auf ihre besondere Rolle bei der Verwirklichung einer beruflichen Teilhabe (auch hervorgehoben durch Art. 5 der RL 2000/78/EG vom 27.11.2000 zur Festlegung eines allgemeinen Rahmens für die Verwirklichung der Gleichbehandlung in Beschäftigung und Beruf, ABl. Nr. L 303/16) grundsätzlich vereinbar sind. Sie müssen die damit verbundenen Kosten tragen. Insbesondere trifft Arbeitgeber mit durchschnittlich mindestens 20 Arbeitsplätzen eine Pflicht zur Beschäftigung von schwerbehinderten Menschen auf mindestens 5 % der Arbeitsplätze (§ 154 SGB IX, zur Berechnung näher §§ 155ff. SGB IX). Erfüllen sie die Quote nicht, haben sie eine gestaffelte Ausgleichsabgabe (dazu und zum Ausgleichsfonds §§ 160f. SGB IX) zu zahlen (zur Verfassungsmäßigkeit BVerfGE 57, 139, bestätigt durch BVerfG vom 1.10.2004, 1 BvR 2221/03, und vom 10.11.2004, 1 BvR 1785/01 u. a.).

f) **Leistungsvoraussetzungen**. Im Lichte der in § 1 SGB IX genannten Zielsetzung (vorstehend a)) sollen die Vorschriften des ersten Teils des SGB IX zu einer individualisierten Leistungserbringung beitragen. Leistungsberechtigte genießen deshalb grundsätzlich einen Anspruch auf Selbstbestimmung und eigenverantwortliche Gestaltung ihrer Verhältnisse. Ihnen steht daher bei der Entscheidung über die Ausführung ein Wunsch- und Wahlrecht zu (§ 8 SGB IX). Nach erfolgloser Antragstellung ist die Selbstbeschaffung von Leistungen durch die Berechtigten möglich (§ 18 SGB IX). Außerdem besteht die Möglichkeit der Gewährung eines trägerübergreifenden persönlichen Budgets (§ 29 SGB IX), mithilfe dessen die Leistungsberechtigten die von ihnen benötigten Leistungen selbstbestimmt und in eigener Verantwortung beschaffen können.

Beim Eingliederungshilferecht ist die Leistungsberechtigung künftig an die Einschränkung der Fähigkeit zur Teilhabe an der Gesellschaft geknüpft (§ 99 SGB IX), wobei sich die konkrete Leistung nach der Besonderheit des Einzelfalls richtet (§ 104 SGB IX). Berechtigte müssen aber unter Berücksichtigung ihres Einkommens für einige Leistungen einen sog. Beitrag zahlen (§§ 135ff. SGB IX), für die Anrechnung des Vermögens gelten besondere Vorschriften (§§ 139, 140 SGB IX).

Im Schwerbehindertenrecht müssen die Behinderung sowie deren Grad von den zuständigen Behörden (vorstehend e)) festgestellt werden oder als festgestellt gelten (§ 152 Abs. 1 und 2 SGB IX).

g) **Leistungen**. Das Rehabilitationsrecht umfasst Leistungen zur medizinischen Rehabilitation (§§ 42–48 SGB IX), Leistungen zur Teilhabe am Arbeitsleben (§§ 49–63 SGB IX), unterhaltssichernde und ergänzende Leistungen (§§ 64–74 SGB IX) sowie Leistungen zur Teilhabe an Bildung (§ 75 SGB IX) und zur sozialen Teilhabe (§§ 76–84 SGB IX). Dabei handelt es sich um ein gegliedertes Leistungssystem. Die Leistungen werden nicht unmittelbar auf der Grundlage des SGB IX, sondern der in den anderen Büchern des SGB enthaltenen Ansprüche gewährt. Zugleich betont das SGB IX die besondere Rolle der Prävention (§ 3 SGB IX) und den Grundsatz Rehabilitation vor Rente (§ 9 Abs. 2 SGB IX). Ferner ist für die Teilhabe an der Erwerbsgesellschaft die Möglichkeit der stufenweisen Wiedereingliederung (§ 44 SGB IX) wichtig.

Durch besondere Leistungen zur selbstbestimmten Lebensführung soll Menschen mit Behinderung geholfen werden, am Leben in Gesellschaft wirksam und gleichberechtigt teilzuhaben und ihre Lebensplanung und -führung möglichst selbstbestimmt und eigenverantwortlich wahrzunehmen. Ähnlich wie im Rehabilitationsrecht werden auch hier Leistungen zur medizinischen Rehabilitation (§§ 109f. SGB IX), zur Teilhabe am Arbeitsleben (§ 111 SGB IX), zur Teilhabe an Bildung (§ 112 SGB IX) und zur sozialen Teilhabe (§§ 113–116 SGB IX) gewährt, und zwar weitgehend nach Maßgabe der dort geltenden Vorschriften. Die Erbringung ist in Form von Sach-, Geld-, oder Dienstleistungen möglich (§ 105 SGB IX) und folgt dem Individualisierungsgrundsatz (§ 104 SGB IX). Allerdings bleibt die Eingliederungshilfe nachrangig (§ 91 SGB IX), und es sind ein Beitrag zu den mit ihr verbundenen Aufwendungen aufzubringen (§ 136 SGB IX) sowie zunächst das Vermögen einzusetzen (§ 140 SGB IX).

Das Schwerbehindertenrecht regelt im Schwerpunkt Pflichten der Arbeitgeber gegenüber schwerbehinderten Arbeitnehmern (§§ 154–167 SGB IX). Dazu gehören die Beschäftigungspflicht und die Ausgleichsabgabe (vgl. vorstehend e)). Außerdem finden sich im SGB IX Regelungen zum Kündigungsschutz (§§ 168–175 SGB IX), zu den Aufgaben der Schwerbehindertenvertretung (§§ 176–183 SGB IX) und zu einigen sonstigen Fragen wie Entgelt und zusätzlichem Urlaub (§§ 205ff. SGB IX). Ferner sieht das SGB IX die Beteiligung von Integrationsfachdiensten (§§ 192ff. SGB IX) vor. Von großer praktischer Bedeutung sind die Vorschriften über die Werkstätten für behinderte Menschen (WfbM, §§ 219–227 SGB IX). Dabei handelt es sich um Einrichtungen des sog. zweiten (oder geschützten) Arbeitsmarktes (vgl. auch die Inklusionsbetriebe nach §§ 215ff. SGB IX als Einrichtungen des allgemeinen Arbeitsmarktes), die denjenigen behinderten Menschen, die wegen Art oder Schwere der Behinderung nicht, noch nicht oder noch nicht wieder auf dem allgemeinen Arbeitsmarkt beschäftigt werden können, eine angemessene berufliche Bildung und eine Beschäftigung zu einem ihrer Leistung angemessenen Arbeitsentgelt aus dem Arbeitsergebnis anzubieten haben (vgl. zu dem „arbeitnehmerähnlichen Rechtsverhältnis" § 221 SGB IX, zur Mitwirkung § 222 SGB IX). Sie sollen ermöglichen, die Leistungs- oder Erwerbsfähigkeit von behinderten Menschen zu erhalten, zu entwickeln, zu erhöhen oder wiederzugewinnen und dabei deren Persönlichkeit weiterzuentwickeln. Sie müssen zugleich den Übergang geeigneter Personen auf den allgemeinen Arbeitsmarkt durch geeignete Maßnahmen fördern. Sie stehen allerdings nicht allen behinderten Menschen offen, sondern nur jenen, von denen erwartet werden kann, dass sie spätestens nach Teilnahme an Maßnahmen im Berufsbildungsbereich wenigstens ein Mindestmaß wirtschaftlich verwertbarer Arbeitsleistung erbringen werden (§ 219 Abs. 2 SGB IX; zur Aufnahme § 220 SGB IX). Schließlich räumt das SGB IX schwerbehinderten Menschen ein Recht auf unentgeltliche Beförderung im öffentlichen Personenverkehr ein (§§ 228 ff. SGB IX). Nach § 85 SGB IX besteht außerdem die Möglichkeit einer Verbandsklage zur Durchsetzung der Rechte von Menschen mit Behinderungen.

10. Das SGB X – Sozialverwaltungsverfahren und Sozialdatenschutz

a) **Zielsetzung**. Das SGB X ist das Verwaltungsverfahrensrecht für das Sozialrecht. Es enthält drei Arten von Vorschriften: Verfahrensregelungen (1. Kapitel), Regelungen zum Schutz der Sozialdaten (2. Kapitel) sowie solche über die Zusammenarbeit und die Erstattung (3. Kapitel). Es hat zum Ziel, im Sozialrecht weitgehend ein Behördenhandeln nach einheitlichen Maßstäben sicherzustellen. Allerdings wird in jedem Kapitel gesondert der Anwendungsbereich festgelegt. So gilt das Verfahrensrecht für die öffentlich-rechtliche Verwaltungstätigkeit der Behörden (legal definiert in § 1 Abs. 2 SGB X), die nach dem SGB ausgeübt wird, aber für die Ausführung von besonderen Teilen des SGB, die nach dem 1.1.1981 Bestandteil des Sozialgesetzbuches werden, nur, soweit diese besonderen Teile mit Zustimmung des Bundesrates eine entsprechende Anordnung enthalten (§ 1 Abs. 1 SGB X). Ein Beispiel dafür ist § 26 Abs. 1 BEEG. Für die Anwendbarkeit des 2. Kapitels ist die Definition der Sozialdaten maßgeblich, wie sie sich in § 67 Abs. 2 SGB X findet. Die Zusammenarbeit bezieht sich auf Leistungsträger, ihre Verbände und die im SGB genannten öffentlich-rechtlichen Vereinigungen (§ 86 SGB X). Auch die Erstattungsansprüche gelten nur für Leistungsträger, also nicht Behörden, die Sicherungssysteme außerhalb des SGB (wie insbesondere die Krankheitsfürsorge und Versorgung von Beamten) verwalten.

b) **Entwicklung**. Das SGB X ist zeitlich weitgehend parallel zur Kodifikation des Verwaltungsverfahrensrechts entstanden. Es wurde in zwei Schritten geschaffen, die ersten beiden Kapitel mit Gesetz vom 18.8.1980 (BGBl. I S. 1469), in Kraft getreten am 1.1.1981, das dritte Kapitel mit Gesetz vom 4.11.1982 (BGBl. I S. 1450), überwiegend in Kraft seit dem 1.7.1983. Mit dem SGB X wurden die bis dahin auf Einzelgesetze verstreuten Vorschriften zusammengeführt. Zwischenzeitlich wurden sowohl einzelne Bestimmungen des Verfahrensrechts als auch grundlegend das Datenschutzrecht neueren Entwicklungen einschließlich der zwischenzeitlich erfolgten Europäisierung angepasst; ferner wurden die Vorschriften über die Zusammenarbeit sowie die Bezeichnung des Gesetzes neu gefasst (Euro-Einführungsgesetz vom 21.12.2000, BGBl. I S. 1983) und das gesamte SGB X neu bekanntgemacht (vom 18.1.2001, BGBl. I S. 130).

c) **Eigenheiten**. Das SGB X enthält speziellere Vorschriften gegenüber dem allgemeinen Verwaltungsrecht. Das betrifft hinsichtlich des Verfahrens das Verhältnis zu den Verwaltungsverfahrensgesetzen von Bund und Ländern, hinsichtlich des Datenschutzes das Verhältnis zum Bundesdatenschutzgesetz und den Landesdatenschutzgesetzen. Manche Erstattungsvorschriften (§§ 115 und 116 SGB X) berühren zudem privatrechtliche Ansprüche. Das SGB X beschränkt sich aber nicht auf einzelne sozialrechtliche Sonderbestimmungen, sondern regelt Verwaltungsverfahren und Datenschutz umfassend selbst. Andererseits ist das SGB X als „querliegendes" sozialrechtliches Verfahrens- und Datenschutzgesetz subsidiär gegenüber speziellen Regelungen, die sich zum Teil in den verschiedenen Büchern des SGB finden (§ 37 SGB I).

d) **Verwaltungsverfahren**. Die Regelung des Verwaltungsverfahrens entspricht in vielen Teilen dem allgemeinen Verwaltungsverfahrensrecht, wie es auch im Verwaltungsverfahrensgesetz des Bundes und den Landes-Verwaltungsverfahrensgesetzen (VwVfG) niedergelegt ist. Das gilt etwa für die örtliche Zuständigkeit (§ 2 SGB X – § 3 VwVfG), für die Amtshilfe (§§ 3ff. SGB X – §§ 4ff. VwVfG), für den Begriff des Verwaltungsverfahrens (§ 8 SGB X – § 9 VwVfG) und dessen Beginn (§ 18 SGB X – § 22 VwVfG), für die Beteiligten- und die Verfahrensfähigkeit (§§ 10ff. SGB X – §§ 11ff. VwVfG), ebenso wie die Verfahrensgrundsätze (§ 20 SGB X zum Untersuchungsgrundsatz – § 24 VwVfG) und die wichtige Definition des Verwaltungsakts (§§ 31 f. SGB X – §§ 35 f. VwVfG) mit den dazugehörigen Bestimmungen (§§ 32ff. SGB X – §§ 36ff. VwVfG, allerdings ohne Bestimmung über das Ermessen, vgl. § 40 VwVfG, und ohne Genehmigungsfiktion, § 42a VwVfG). Besonderheiten weisen die Vorschriften über die Aufhebung von Verwaltungsakten auf. Sie folgen zwar der allgemeinen Systematik, regeln aber eigenständig die Rücknahme nicht begünstigender (§ 44 SGB X) und begünstigender (§ 45 SGB X) sowie den Widerruf nicht begünstigender (§ 46 SGB X) und begünstigender (§ 47 SGB X) Verwaltungsakte; für den oft im Sozialrecht vorkommenden Dauerverwaltungsakt existiert mit § 48 SGB X eine besondere Vorschrift. Auch die Bestimmungen über Verwaltungsverträge sind in der Sache im SGB X und den Verwaltungsverfahrensgesetzen gleich. Das SGB X verzichtet aber auf eigene Vorschriften zum Massenverfahren (§§ 17–19 VwVfG) und auf Beratung und Auskunft durch die Behörden (geregelt im SGB I, vgl. oben, III. 1. d)). Es enthält dafür eigene Vorschriften über Vernehmung durch das Sozial- oder Verwaltungsgericht (§ 22 SGB X) und über die wiederholte Antragstellung (§ 28 SGB X).

e) **Datenschutz**. Die §§ 67–85a SGB X enthalten umfangreiche Regelungen über den Sozialdatenschutz, die an das allgemeine Datenschutzrecht im Bundesdatenschutzgesetz (BDSG) angelehnt sind und unter Berücksichtigung der Datenschutz-Grundverordnung (VO (EU) 2016/679 = DSGVO vom 27.4.2016, ABl. Nr. L 119 S. 1) angepasst wurden. Sozialdaten sind gemäß § 67 Abs. 2 SGB X personenbezogene Daten (Art. 4 Nr. 1 DSGVO), die von den in § 35 SGB I genannten Sozialleistungsträgern im Hinblick auf ihre Aufgaben nach dem Sozialgesetzbuch verarbeitet werden. Die §§ 67ff. SGB X gelten zwar übergreifend für alle Sozialleistungsbereiche des Sozialgesetzbuches, werden allerdings zusätzlich durch bereichsspezifische Datenschutzregelungen in den jeweiligen Büchern des SGB ergänzt. So regelt § 284 Abs. 1 S. 1 SGB V abschließend die Zwecke, zu denen die gesetzlichen Krankenkassen Daten erheben und speichern dürfen, sofern dies erforderlich ist. Zudem gelten die §§ 67ff. SGB X nicht für die Datenerhebung und -verarbeitung durch Leistungserbringer (sog. Leistungsdaten für die Abrechnung), für die ebenfalls spezielle Regelungen gelten (§§ 294ff. SGB V).

f) **Zusammenarbeit und Erstattungen**. Weil Sozialleistungen durch viele verschiedene Träger gewährt werden, ist ihre Zusammenarbeit wichtig. Sie sind dazu verpflichtet, wobei sich diese Verpflichtung auf die Erfüllung aller Aufgaben nach dem SGB erstreckt (§ 86 SGB X). Die Zusammenarbeit wird hinsichtlich spezifischer Formen im SGB X näher ausgestaltet (zum Auftrag §§ 88ff. SGB X, zu Arbeitsgemeinschaften § 94 SGB X, zur Abstimmung von Planung und Forschung § 95 SGB X). Den Bürgern soll die Verpflichtung zur nachvollziehbaren Dokumentation von Untersuchungen und zur Unterbindung von Mehrfachuntersuchungen (§ 96 SGB X bei Beachtung des vorstehend erwähnten Datenschutzes) helfen, allerdings erhalten sie keine entsprechenden durchsetzbaren Rechte. Schalten Leistungsträger in die Erfüllung ihrer Aufgaben Dritte ein, so müssen sie die Einhaltung des Aufgabenzwecks sicherstellen (näher § 97 SGB X). Einer effektiven Erfüllung aller sozialrechtlichen Aufgaben dienen die Auskunftspflichten, die insbesondere Arbeitgebern, Angehörigen und Ärzten (näher §§ 98ff. SGB X) auferlegt werden.

Die Vielheit von Leistungsträgern und Leistungssystemen kann auch dazu führen, dass ein Träger eine Leistung gewährt, die einem Bürger zwar tatsächlich zusteht, für die aber nicht der leistende, sondern ein anderer Träger im Ergebnis verantwortlich war. Anders als bei zu Unrecht gewährten Leistungen im Zwei-Personen-Verhältnis (vgl. zur Erstattung hier § 50 SGB X), ist es sinnvoll, dass der Bürger die Leistung behalten darf (sein Anspruch gilt insofern als erfüllt, § 107 SGB X) und nur die Leistungsträger untereinander den Ausgleich vornehmen. Dazu dienen die Erstattungsansprüche zwischen Leistungsträgern nach den §§ 102ff. SGB X. Sie unterscheiden danach, ob ein Leistungsträger vorläufig (vgl. etwa zu § 43 SGB I oben, III. 1. f)) leisten wollte und musste; dieser erhält dann einen Aufwendungsersatzanspruch, bekommt also das von ihm tatsächlich Gewährte vom letztendlich zuständigen Träger zurück (§ 102 SGB X). Anders ist es, wenn die Zuständigkeit des leistenden Trägers erst nachträglich entfallen ist (§ 103 SGB X), nur subsidiär bestand (§ 104 SGB X) oder gar nicht (§ 105 SGB X): Dann ist der zuständige Träger nur zur Erstattung desjenigen verpflichtet, was er selbst hätte leisten müssen (vgl. auch die Differenzierung hinsichtlich des eröffneten Rechtswegs in § 114 SGB X). In der Praxis werden einige Erstattungsansprüche pauschal abgegolten (vgl. § 110 SGB X, ferner zur Ausschlussfrist und zur Verjährung §§ 111 und 113 SGB X).

11. Das SGB XI – Soziale Pflegeversicherung

a) **Zielsetzung**. Die Pflegeversicherung hat nach § 1 Abs. 4 SGB XI die Aufgabe, Pflegebedürftigen Hilfe zu leisten, die wegen der Schwere der Pflegebedürftigkeit auf solidarische Unterstützung angewiesen sind.

b) **Entwicklung**. Bis zur Einführung der Pflegeversicherung im Jahre 1994 war Pflegebedürftigkeit das einzige existentielle soziale Risiko, das grundsätzlich nicht über eine öffentlich-rechtliche Versicherung abgedeckt war. Pflegebedürftigkeit war ein zunächst privates Risiko, Pflegebedürftige mussten ihr Vermögen einsetzen oder bei entsprechender Leistungsfähigkeit ihrer Kinder diese auf Unterhalt in Anspruch nehmen. Dieser Zustand wurde als unbefriedigend angesehen, denn der sog. Sandwich-Generation wurden neben den Versicherungsbeiträgen zur Finanzierung der Renten für die ältere Generation zusätzlich die Lasten für die Pflege ganz oder teilweise über Unterhaltsansprüche auferlegt. Zudem waren die eigenen und die familiären Möglichkeiten angesichts der immensen Kosten der Pflege regelmäßig begrenzt. Das führte dazu, dass die Sozialhilfe, die nur als Ausnahmesystem konzipiert ist, zum Regelträger für das Risiko „Pflegebedürftigkeit" wurde. Für die Sozialhilfeträger erwuchsen daraus immer größere Belastungen; 1994 entfiel etwa ein Drittel der Ausgaben der Sozialhilfe auf die Unterstützung Pflegebedürftiger. Die Betroffenen empfanden „den Gang zum Sozialamt" nach einem finanziell autonom geführten Berufsleben hingegen oftmals als entwürdigend.

Am 1.1.1995 ist daher nach langjährigen politischen Diskussionen die Pflegeversicherung in einem neuen Sozialgesetzbuch XI eingeführt worden. Dadurch wurde Pflegebedürftigkeit von einem fürsorgerischen Tatbestand des sozialen Ausgleichs zu einem Gegenstand sozialer Vorsorge durch eine Versicherung – mit der praktischen Konsequenz, dass nicht mehr auf das eigene Einkommen und Vermögen zurückgegriffen wird, sondern ein durch eingezahlte Beiträge gedeckter Versicherungsanspruch besteht. Der Aufbau eines neuen Sozialversicherungszweigs über 100 Jahre nach den Bismarck'schen Sozialreformen belegt zugleich, dass die von selbstverwalteten Körperschaften des öffentlichen Rechts getragene Sozialversicherung nach wie vor als Zukunftsmodell für die Absicherung gegenüber den typischen Wechselfällen des Lebens gelten kann. Allerdings ist die Pflegeversicherung besonders von den demografischen Veränderungen betroffen, weil die Zahl der Pflegebedürftigen wächst, zugleich aber immer weniger Beitragszahler und (für die Pflegeversicherung finanziell weniger aufwändige) pflegende Familienangehörige zur Verfügung stehen.

c) **Eigenheiten**. Die Pflegeversicherung ist organisatorisch eng an die GKV angelehnt, was sowohl in der Abgrenzung der Versichertengruppen als auch darin zum Ausdruck kommt, dass die Pflegekassen bei den Krankenkassen eingerichtet worden sind (s. nachfolgend, d) und e)). Allerdings sind die gesetzlichen Rahmenbedingungen von sozialer und privater Pflegeversicherung stärker angeglichen als in der GKV. Eine Besonderheit gegenüber den anderen Sozialversicherungszweigen besteht darin, dass die Pflegeversicherung zwar für die Kosten der Pflege, nicht aber der Unterkunft und Verpflegung aufkommt. Diese Kosten müssen vom Betroffenen selbst getragen werden, weshalb Pflegebedürftigkeit nach wie vor eine auch finanzielle Belastung darstellen und zum Rückgriff auf die Sozialhilfeträger führen kann.

d) **Versicherte**. In der sozialen Pflegeversicherung pflichtversichert sind alle in der GKV obligatorisch Versicherten, § 20 SGB XI. Einzelheiten ergeben sich aus § 20 Abs. 1, 2, 2a SGB XI, der § 5 SGB V im Wesentlichen entspricht. Auch die in der GKV freiwillig Versicherten sind Pflichtversicherte i. S. d. Pflegeversicherung, § 20 Abs. 3 SGB XI. Sie können sich aber von der Versicherungspflicht befreien lassen, wenn sie einen gleichwertigen (§ 22 Abs. 1 S. 1 SGB XI) Versicherungsschutz bei einem privaten Krankenversicherungsunternehmen nachweisen; es handelt sich also um eine pflichtige Versicherung. Familienangehörige sind ebenso wie in der GKV beitragsfrei mitversichert (§ 25 SGB XI). Personen, die bei einem privaten KV-Unternehmen gegen Krankheit versichert sind, müssen einen Versicherungsvertrag bei diesem oder einem anderen Unternehmen (§ 23 Abs. 1 und 2 SGB XI) abschließen. Für diesen privaten Pflegeversicherungsvertrag gilt eine, verglichen mit der GKV, sehr engmaschige sozialrechtliche Regulierung, die die Unternehmen verpflichtet, solidarische Finanzierung und den Umfang der Leistungen an die soziale Pflegeversicherung anzulehnen und einen Finanzausgleich untereinander durchzuführen (Einzelheiten: §§ 110, 111 SGB XI).

e) **Organisation und Finanzierung**. Träger der sozialen Pflegeversicherung sind die Pflegekassen (§ 21a Abs. 2 SGB I, § 1 Abs. 3, § 46 Abs. 1 S. 1 SGB XI). Nach § 46 Abs. 2 S. 1 SGB XI sind sie zwar selbständige Körperschaften des öffentlichen Rechts mit Selbstverwaltung, sind aber bei den Krankenkassen angesiedelt und nehmen deren sächliche und personelle Mittel in Anspruch, wofür sie diesen eine pauschale Verwaltungskostenerstattung leisten (§ 46 Abs. 3 SGB XI). Die Organe der Krankenkassen sind gleichzeitig auch

Organe der Pflegekassen. Die Pflegekassen haben auch keine eigenständigen Verbände; deren Aufgaben werden von den Verbänden der Krankenkassen wahrgenommen, §§ 52, 53 SGB XI.

Die Pflegeversicherung wird ausschließlich durch Beiträge finanziert; einen Bundeszuschuss gibt es, anders als in der GKV, nicht. Das Beitragsrecht ist eng an dasjenige der GKV angelehnt. Die Beiträge der nach § 20 Abs. 1 S. 2 Nr. 1 SGB XI Pflichtversicherten (also der Arbeitnehmer) werden grundsätzlich hälftig von Arbeitnehmern und Arbeitgebern getragen, § 58 Abs. 1 S. 1 SGB XI. Zum Ausgleich der damit verbundenen Belastungen des Arbeitgebers werden die Länder in § 58 Abs. 2 SGB XI ermächtigt, einen Feiertag zu streichen; das war der Buß- und Bettag. Einen anderen Weg ist Sachsen gegangen: Der Buß- und Bettag wurde beibehalten; dafür tragen die Arbeitnehmer die Pflegeversicherung allein (§ 58 Abs. 3 S. 1 SGB XI). Für die übrigen Pflichtversicherten verweist § 59 SGB XI auf die Regelungen im Krankenversicherungsrecht. Eine weitere Besonderheit im Beitragsrecht besteht darin, dass für Versicherte ohne Kinder aufgrund einer Entscheidung des Bundesverfassungsgerichts ein um 0,25% erhöhter Beitragssatz gilt, den diese allein zu tragen haben.

f) **Leistungsvoraussetzungen**. Der pflegeversicherungsrechtliche Leistungsanspruch setzt neben der Zugehörigkeit zum versicherten Personenkreis erstens voraus, dass die in § 33 Abs. 2 SGB XI genannte Wartezeit abgelaufen ist (Vorversicherungserfordernis im Unterschied zur GKV), und zweitens, dass der Tatbestand der Pflegebedürftigkeit gegeben ist.

Anders als im Recht der GKV, wo der Versicherungsfall der Krankheit nicht näher definiert ist, enthalten die §§ 14, 15 SGB XI gesetzliche Konkretisierungen des Begriffs der Pflegebedürftigkeit. Dieser ist mit Wirkung ab dem 1.1.2017 grundlegend neu gefasst worden. Bis Ende 2016 waren Bezugspunkte der Hilfebedürftigkeit bestimmte regelmäßig wiederkehrende Verrichtungen im Ablauf des täglichen Lebens. Dieser verrichtungsbezogene Ansatz wurde insbesondere Menschen mit Demenzerkrankungen nicht gerecht, die zwar zu diesen Verrichtungen körperlich in der Lage sind, wegen ihrer Demenz aber gleichwohl einer regelmäßigen Beaufsichtigung bedürfen. Maßstab der Pflegebedürftigkeit ist nunmehr allein der Unterstützungsbedarf der pflegebedürftigen Person. Zur Ermittlung dieses Bedarfs wird der Grad der Selbständigkeit in sechs Bereichen gemessen (§ 15 Abs. 2 SGB XI): Mobilität, kognitive und kommunikative Fähigkeiten, Verhaltensweisen und psychische Problemlagen, Selbstversorgung, Bewältigung von und selbständiger Umgang mit krankheits- oder therapiebedingten Anforderungen und Belastungen, Gestaltung des Alltagslebens und sozialer Kontakte. Durch Vergabe von Punkten in den einzelnen Bereichen wird bei der Begutachtung der Grad der Pflegebedürftigkeit (1 bis 5) festgelegt. Personen, die bereits nach dem bisherigen System pflegebedürftig waren, sind automatisch in die neuen Pflegegrade übergeleitet worden (vgl. § 140 SGB XI).

Die Pflegekasse muss vor ihrer Entscheidung über das Vorliegen von Pflegebedürftigkeit und die Zuordnung zu den Pflegegraden gemäß § 18 Abs. 1 S. 1 SGB XI ein Gutachten des Medizinischen Dienstes der Krankenkassen (vgl. dazu die §§ 275 ff. SGB V) einholen. Der Versicherte ist bei der notwendigen Untersuchung nach § 18 Abs. 2 S. 2 und 3 SGB XI i. V. m. §§ 65, 66 SGB I zur Mitwirkung verpflichtet. In seinem Gutachten stellt der Medizinische Dienst die für die Beurteilung erforderlichen Tatsachen fest und zieht daraus Schlussfolgerungen in tatsächlicher Hinsicht. Dabei trifft er auch Feststellungen über

Rehabilitationsmöglichkeiten, die u. U. für andere Leistungsträger von Bedeutung sind (§ 18 Abs. 1 S. 4 SGB XI). Die abschließende rechtliche Bewertung und Entscheidung (Pflegebedürftigkeit, Pflegegrad) obliegt dann aber der Pflegekasse selbst.

g) **Leistungen**. Die Versicherten haben bei Erfüllung der Leistungsvoraussetzungen Anspruch auf die in § 28 Abs. 1, 1a und 1b SGB XI genannten Leistungen. Dabei gelten die Grundsätze der Selbstbestimmung (§ 2 SGB XI) und des Vorrangs der häuslichen Pflege (§ 3 SGB XI). Bezüglich des Inhalts der Leistungen ist zunächst zu unterscheiden zwischen Leistungen bei häuslicher, bei teilstationärer und bei vollstationärer Pflege (§§ 36 ff. SGB XI).

Bei häuslicher Pflege sind vorgesehen die Pflegesachleistung durch einen professionellen Pflegedienst (§ 36 SGB XI), das Pflegegeld (§ 37 SGB XI), das bei (meist familiärer) Pflege durch eine Pflegeperson (§ 19 SGB XI) in Anspruch genommen wird und wegen der Erwartung, dass nicht aus finanziellen, sondern aus Gründen familiärer Solidarität gepflegt wird, wesentlich geringer ausfällt als die Pflegesachleistung (vgl. § 36 Abs. 3 SGB XI einerseits und § 37 Abs. 1 SGB XI andererseits), und schließlich eine Kombination von beidem (§ 38 SGB XI). Bei Krankheit oder Urlaub der Pflegeperson, deren Status das Gesetz arbeitnehmerähnlich ausgestaltet (§§ 44 ff. SGB XI), besteht ein Anspruch auf Ersatzpflege. § 40 SGB XI begründet schließlich Ansprüche auf Versorgung mit Pflegehilfsmitteln. Dazu gehören zum Verbrauch bestimmte Mittel nach § 40 Abs. 1 und 2 SGB XI, wie Einmalhandschuhe, Desinfektionsmittel, Windeln und Körperpflegeartikel, sowie technische Hilfen nach § 40 Abs. 3 SGB XI, die zur Erleichterung der Pflege, Bewegung und sonstiger Verrichtungen dienen (z. B. Rollstühle, Pflegebetten etc.). Selbst Umbaumaßnahmen in der Wohnung sind nach § 40 Abs. 4 SGB XI möglich.

Die teilstationäre Pflege (§ 41 SGB XI) bietet dem Pflegebedürftigen die zeitweilige Pflege in einer entsprechenden Einrichtung, umfasst aber nach § 41 Abs. 1 S. 2 SGB XI auch die Beförderung zur Pflegeeinrichtung und zurück. Sie dient dazu, die Pflegebereitschaft und -fähigkeit im häuslichen Bereich zu erhalten und zu fördern und dient damit letztlich der Umsetzung des Vorrangprinzips in § 3 SGB XI. Die Kurzzeitpflege (§ 42 SGB XI) hingegen ist bereits eine vollstationäre Pflege, allerdings nur von kurzer Dauer. Im Gegensatz zur teilstationären Pflege müssen für sie besondere Gründe vorliegen, s. näher § 42 SGB XI.

Vollstationäre Pflege kommt nach § 43 Abs. 1 SGB XI für Pflegebedürftige mit Pflegegrad 2 bis 5 in Betracht. Die Leistungen umfassen dabei nach § 43 Abs. 2 SGB XI die pflegebedingten Aufwendungen einschließlich der Aufwendungen für Betreuung und für Leistungen der medizinischen Behandlungspflege. Für die Kosten der Unterkunft und Verpflegung muss grundsätzlich nach §§ 4 Abs. 2 S. 2, 82 Abs. 1 S. 4 SGB XI der Pflegebedürftige selbst bzw. bei fehlendem Einkommen/Vermögen der Sozialhilfeträger aufkommen. Sofern jedoch der von der Pflegeversicherung gewährte Leistungsbetrag die pflegerischen Aufwendungen übersteigt, übernimmt die Pflegekasse zur Ausschöpfung des Betrags nach § 43 Abs. 2 S. 3 SGB XI auch Aufwendungen für Unterkunft und Verpflegung. Vollstationäre Pflege wird ferner in vollstationären Einrichtungen der Behindertenhilfe (§ 43a SGB XI) geleistet.

In stationären Pflegeeinrichtungen besteht außerdem ein Anspruch auf zusätzliche Betreuung und Aktivierung nach § 43b SGB XI.

12. Das SGB XII – Sozialhilfe

a) **Zielsetzung**. Aufgabe der Sozialhilfe ist es, den Leistungsberechtigten die Führung eines Lebens zu ermöglichen, das der Würde des Menschen entspricht (§ 1 SGB XII). Sozialhilfe erhält nach § 2 SGB II nicht, wer sich durch Einsatz seiner Arbeitskraft, seines Einkommens und seines Vermögens selbst helfen kann oder wer die erforderliche Leistung von anderen, insbesondere von Angehörigen oder von Trägern anderer Sozialleistungen, erhält. Mit dieser Betonung der Eigenverantwortung wird deutlich, dass die Sozialhilfe als sozialrechtliches „Auffangnetz" erst als letztes Mittel greifen soll und gegenüber allen anderen Ansprüchen subsidiär ist.

b) **Entwicklung**. Die Sozialhilfe wurde mit dem Gesetz zur Einordnung des Sozialhilferechts in das Sozialgesetzbuch vom 27.12.2003 (BGBl. I S. 3022) zu einem Teil des SGB. Es hat damit das Bundessozialhilfegesetz (BSHG) vom 30.6.1961 (BGBl. I S. 815) abgelöst, das geschaffen worden war, um die vom BVerwG herausgearbeiteten subjektiven Rechte auf Hilfe (BVerwGE 1, 159) gesetzlich zu verankern und das zuvor praktizierte System einer Unterstützung nach Ermessen entsprechend der durch das GG hervorgehobenen Menschenwürde (Art. 1 Abs. 1 GG) neu auszurichten. Ebenfalls durch das SGB XII abgelöst wurde das Grundsicherungsgesetz vom 26.6.2001 (BGBl. I S. 1310, 1335), das im Zuge der Alterssicherungsreformen (vgl. oben, III. 6. b)) zu einer eigenständigen Rechtsgrundlage der Sozialhilfe für ältere Menschen geworden war mit dem Ziel, im Falle von Altersarmut den Rückgriff auf Angehörige zu begrenzen. Die Einfügung des Sozialhilferechts in das SGB folgte den um die Jahrtausendwende entwickelten Reformvorstellungen der sog. Agenda 2010; wie beim SGB II wurde auch im SGB XII eine Pauschalierung der Leistungen vorgenommen (vgl. oben, III. 2. c)).

c) **Eigenheiten**. Das SGB XII enthält nach den vorstehend erwähnten Reformen nicht mehr das Sozialhilferecht für alle Bedürftigen. Für Erwerbsfähige, von denen erwartet werden kann, dass sie eine Arbeit suchen, gilt das SGB II. Es ist gegenüber dem SGB XII vorrangig (vgl. III. 2. c), aber zu Einschränkungen auch § 21 SGB XII). Nachrangig ist das SGB XII auch gegenüber dem AsylbLG (§ 23 Abs. 2 SGB XII und oben, II. 1. c)). Auch innerhalb des SGB XII besteht ein gewisses Rangverhältnis: allgemeine Hilfeleistungen werden von besonderen unterschieden. Das kommt darin zum Ausdruck, dass die Grundsicherung im Alter und bei Erwerbsminderung gegenüber der Hilfe zum Lebensunterhalt (HLU) vorrangig ist (§ 19 Abs. 2 S. 2 SGB XII, während der Vorrang gegenüber dem SGB II nach § 5 Abs. 2 S. 2 SGB II schon aus den sich gegenseitig ausschließenden tatbestandlichen Voraussetzungen folgt).

d) **Leistungsberechtigte**. Nach § 19 SGB XII ist leistungsberechtigt, wer seinen notwendigen Lebensunterhalt nicht oder nicht ausreichend aus eigenen Kräften und Mitteln bestreiten kann (näher unten f)). Ausländer sind nur mit den in § 23 SGB XII geregelten Einschränkungen leistungsberechtigt. Allerdings ist das vorrangige Unionsrecht für Unionsbürger zu beachten (vgl. oben, II. 3. b)). Zudem gelten die allgemeinen Einschränkungen nicht für Ausländer, die im Besitz einer Niederlassungserlaubnis oder eines befristeten Aufenthaltstitels sind und sich voraussichtlich dauerhaft im Bundesgebiet aufhalten (§ 23 Abs. 1 S. 4 SGB XII). Grundsätzlich setzt die Leistungsberechtigung zudem voraus, dass sich Personen im Inland aufhalten. Davon bestehen zugunsten von Deutschen bestimmte Ausnahmen (näher § 24 SGB XII).

e) **Organisation und Finanzierung**. Sozialhilfe wird von den örtlichen und überörtlichen Trägern geleistet (§ 3 SGB XII). Örtliche Träger der Sozialhilfe sind die kreisfreien Städte und die Kreise, soweit nicht nach Landesrecht etwas anderes bestimmt ist. Die Länder bestimmen die überörtlichen Träger der Sozialhilfe. Es ist umstritten, ob die bundesgesetzlichen Zuständigkeitsregelungen im Zusammenspiel mit Leistungserweiterungen gegen das Aufgabenübertragungsverbot in Art. 84 Abs. 1 S. 7 GG verstoßen.

Die Finanzierung der Sozialhilfe erfolgt aus Steuermitteln. Die erforderlichen Mittel sind von den Trägern, also den Kommunen, aufzubringen. Die Nettoausgaben für Geldleistungen wegen Grundsicherung im Alter und bei Erwerbsminderung werden den Ländern vom Bund nach § 46a SGB XII erstattet.

f) **Leistungsvoraussetzungen und Leistungen**. Eine Grundlage für die Leistungsvoraussetzungen und die Leistungen bildet das dritte Kapitel. Hier wird geregelt, wer unter welchen Voraussetzungen Hilfe zum Lebensunterhalt erhält. Abweichende Voraussetzungen und Leistungen werden in den nachfolgenden Kapiteln geregelt: Kapitel 4 (Grundsicherung im Alter und bei Erwerbsminderung), Kapitel 5 (Hilfen zur Gesundheit), Kapitel 7 (Hilfe zur Pflege), Kapitel 8 (Hilfe zur Überwindung besonderer sozialer Schwierigkeiten) und Kapitel 9 (Hilfe in anderen Lebenslagen).

Grundsätzlich sind nur die Personen leistungsberechtigt, die für sich oder die je nach Hilfeart zu berücksichtigende Bedarfsgemeinschaft die erforderlichen Mittel nicht aus dem eigenen Einkommen oder Vermögen aufbringen können (näher §§ 19 und 20 SGB XII; zur Aktivierung und Zumutbarkeit einer Tätigkeit § 11 SGB XII). Zur Ermittlung des einzusetzenden Einkommens und Vermögens sind die §§ 82 ff. SGB XII heranzuziehen. Zudem wird nach § 39 SGB XII vermutet, dass eine nachfragende Person mit Personen, mit denen sie in einer Wohnung oder in einer entsprechenden anderen Unterkunft gemeinsam wohnt, gemeinsam wirtschaftet (Haushaltsgemeinschaft) und dass die nachfragende Person von den anderen Personen Leistungen zum Lebensunterhalt erhält, soweit dies nach deren Einkommen und Vermögen erwartet werden kann. Unterhaltsansprüche der Leistungsberechtigten gegenüber ihren Kindern und Eltern sind nicht zu berücksichtigen, es sei denn, deren jährliches Gesamteinkommen im Sinne des § 16 SGB IV beträgt jeweils mehr als 100.000 Euro (§ 94 Abs. 1a SGB XII, Jahreseinkommensgrenze vereinheitlicht durch das Angehörigen-Entlastungsgesetz vom 10.12.2019, BGBl. I S. 2135).

Die Sozialhilfe, mit Ausnahme der Leistungen der Grundsicherung im Alter und bei Erwerbsminderung, setzt ein, sobald dem Träger der Sozialhilfe oder den von ihm beauftragten Stellen bekannt wird, dass die Voraussetzungen für die Leistung vorliegen (§ 18 Abs. 1 SGB XII). Aus § 9 Abs. 1 SGB XII ergibt sich das Individualisierungsgebot. Demnach richten sich die Leistungen bei der Hilfe zum Lebensunterhalt nach den Besonderheiten des Einzelfalles, insbesondere nach Art des Bedarfs, den örtlichen Verhältnissen, den eigenen Kräften und Mitteln der Person oder des Haushalts.

Wegen der Subsidiarität der Hilfe zum Lebensunterhalt gegenüber besonderen Hilfeleistungen können nur noch wenige Personen Leistungen nach dem dritten Kapitel des SGB XII beanspruchen. Darunter fallen vor allem Kinder und Jugendliche, die nicht in einer Bedarfsgemeinschaft mit ihren Angehörigen leben. Erwerbsfähige oder nicht Erwerbsfähige, die mit einem Erwerbsfähigen in einer Bedarfsgemeinschaft leben, erhalten hingegen Leistungen grundsätzlich nur nach dem SGB II (§ 21 SGB XII). Die Hilfebedürftigkeit (§ 27 SGB XII) wird dann innerhalb der ganzen Bedarfsgemeinschaft ermittelt. Im Umfang ist die HLU mit der Grundhilfe für Arbeitsuchende (vgl. oben, III. 2. g)) vergleichbar (näher §§ 27 bis 40 SGB XII). Der notwendige Lebensbedarf wird auch hier nach dem Regelbedarfs-Ermittlungsgesetz festgestellt und um Leistungen für Unterkunft und Heizung sowie für diverse Mehrbedarfe ergänzt.

Nicht mehr Erwerbsfähige, d.h. Menschen mit Überschreitung der Regelaltersgrenze und Erwerbsgeminderte, erhalten, sollten sie ihren Unterhalt nicht durch Rente oder anderweitig bestreiten können, Leistungen nach dem vierten Kapitel des SGB XII der Grundsicherung im Alter und bei Erwerbsminderung, §§ 19 Abs. 2, 41 SGB XII. Die Vermutung der Bedarfsdeckung bei bestehender Haushaltsgemeinschaft greift hier nicht (§ 43 Abs. 5 SGB XII). Inhaltlich entspricht die Grundsicherung im Alter und bei Erwerbsminderung weitgehend der HLU.

Die weiteren Kapitel (Hilfe zur Gesundheit, Hilfe zur Pflege, Hilfe zur Überwindung besonderer sozialer Schwierigkeiten und Hilfen in anderen Lebenslagen) sichern den hierunter fallenden Leistungsberechtigten spezielle Hilfen, soweit ihnen die Aufbringung der Mittel aus eigenem Vermögen und Einkommen (bzw. deren Ehegatten, Lebenspartnern oder Eltern) nach den §§ 82ff. SGB XII unzumutbar ist. Hier regelt § 85 SGB XII eine eigene Einkommensgrenze, bis zu der die Aufbringung der Mittel nicht zuzumuten ist (§ 19 Abs. 3 SGB XII). Die entsprechenden Leistungen können teils separat und teils ergänzend neben anderen Sozialleistungen bezogen werden. Die Hilfen zur Gesundheit (§§ 47ff. SGB XII) stellen eine ausreichende Gesundheitsversorgung sicher. Die Hilfe zur Pflege (§§ 61ff. SGB XII) sichert insbesondere hilfebedürftigen und pflegebedürftigen Menschen die notwendige Pflege, wenn die Leistungen nach dem SGB XI (vgl. oben, III. 11. g)) gemeinsam mit den eigenen finanziellen Möglichkeiten nicht ausreichen. Die Hilfe zur Überwindung besonderer sozialer Schwierigkeiten (§§ 67ff. SGB XII) ist ein Instrument, um im Einzelfall gezielt Hilfe bei Unfähigkeit zur Selbsthilfe zu gewähren. Dienstleistungen werden ohne Rücksicht auf Einkommen und Vermögen erbracht (§ 68 Abs. 2 SGB XII). Zudem kann noch Hilfe in anderen Lebenslagen gewährt werden, z.B. Altenhilfe, Blindenhilfe und die Zahlung von Bestattungskosten (§§ 70ff. SGB XII).

13. Das SGB XIV – Soziale Entschädigung (Auszüge)

a) **Zielsetzung**. Die soziale Entschädigung soll Menschen, „die durch ein schädigendes Ereignis, für das die staatliche Gemeinschaft eine besondere Verantwortung trägt, eine gesundheitliche Schädigung erlitten haben, bei der Bewältigung der dadurch entstandenen Folgen“ helfen (§ 1 SGB XIV).

b) **Entwicklung**. Im historischen Rückblick lassen sich verschiedene Stränge der Entwicklung erkennen, die unterschiedlich weit zurückreichen und auf jeweils eigenen Gründen für die Übernahme einer besonderen Verantwortung beruhen. Die wohl ältesten Wurzeln besitzt das Kriegsfolgenrecht, das mit den Entwicklungen der Kriegsführung und den damit verbundenen Auswirkungen vor allem ab dem 18. Jahrhundert ausgebaut wurde. Ab dem Ende des 19. Jahrhunderts wurden durchsetzbare Leistungsansprüche entwickelt, zunächst in der Kriegsopferversorgung i.e.S., dann auch bei anderen Kriegspersonenschäden. Beide Bereiche wurden durch das Bundesversorgungsgesetz (BVG) im Jahr 1950 erstmalig zusammengefasst. Nicht auf äußere, sondern auf innere Unruhen reagierte das etwas später einsetzende Tumultschadensrecht, das in gewisser

Weise die Schwierigkeiten der praktischen Realisierung von freiheitlich und demokratisch organisierten politischen Ordnungen begleitete; es spielt heute keine eigenständige Rolle mehr. Einen ganz anderen Entstehungs- und Begründungszusammenhang weist das Seuchenbekämpfungsrecht auf: Es entwickelte sich im Kontext der Herausbildung einer öffentlichen Gesundheitsversorgung. Mit dem Bundesseuchengesetz wurden entsprechende Entschädigungsleistungen 1962 erstmalig in Deutschland einheitlich geregelt; es wurde 2000 durch das IfSG abgelöst. Der in den 1970er Jahren einen Höhepunkt erreichende Ausbau sozialer Leistungen führte zu einer Reihe unterschiedlicher gesetzlicher Regelungen, die nicht umsonst Fragen nach der systematischen Einordnung und der Begründung von staatlichen Einstandspflichten hervorriefen, nämlich zur Entschädigung im Rahmen der sog. unechten Unfallversicherung und zur Schaffung des Opferentschädigungsgesetzes im Jahr 1976. Schließlich wurden in den letzten Jahrzehnten weitere Entschädigungstatbestände geschaffen, etwa als Reaktion auf staatliches Unrecht in der DDR.

c) **Inkrafttreten**. Durch das Gesetz zur Regelung des Sozialen Entschädigungsrecht vom 12.12.2019 (BGBl. I S. 2652) sollen Kerngesetze des Entschädigungsrechts in das SGB eingegliedert und BVG, OEG sowie weitere Entschädigungsvorschriften aufgehoben werden. Im neuen SGB XIV sind künftig Leistungen für Opfer von Gewalttaten (§§ 13–20 SGB XIV), Opfer von Kriegsauswirkungen beider Weltkriege (§§ 21–22 SGB XIV), Geschädigte durch Ereignisse im Zusammenhang mit der Ableistung des Zivildienstes (§ 23 SGB XIV) und Geschädigte durch Schutzimpfungen oder andere Maßnahmen der spezifischen Prophylaxe (§ 24 SGB XIV) vorgesehen, einschließlich für deren Angehörige, Hinterbliebene und Nahestehenden (§ 2 SGB XIV). Allerdings tritt das SGB XIV grundsätzlich erst am 1.1.2024 in Kraft. Es findet deshalb regelmäßig erst auf Anträge Anwendung, die ab dem 1.1.2024 gestellt werden (§ 137 SGB XIV mit den in §§ 138–141 SGB XIV geregelten Ausnahmen).

Bereits in Kraft getreten sind jedoch die im SGB XIV enthaltenen Verordnungsermächtigungen (§§ 38, 40, 91, 109, 113 Abs. 6), um die Implementierung des Gesetzes vorbereiten zu können. Ferner sollen in den Ländern schon jetzt die Trauma-Ambulanzen eingerichtet werden; Ziel ist es, die damit verbundenen Leistungsverbesserungen den Betroffenen möglichst frühzeitig zur Verfügung zu stellen. Mit dem Inkrafttreten der §§ 2, 31–37, 111, 112, 115, 116 und § 138 Abs. 7 am 1.1.2021 wird dementsprechend ein vorgezogener Anspruch auf die Gewährung der sog. schnellen Hilfen (Kap. 4) eingeführt.

IV. Die gerichtliche Durchsetzung des SGB: Das SGG

Deutschland verfügt mit der Sozialgerichtsbarkeit über einen eigenständig organisierten, besonderen Zweig der Verwaltungsgerichtsbarkeit, in dem die meisten sozialrechtlichen Streitigkeiten entschieden werden (zum Vorrang dieser Gerichtsbarkeit vor der allgemeinen Verwaltungsgerichtsbarkeit § 40 Abs. 1 S. 1 VwGO). Er ist mit dem Sozialgerichtsgesetz (SGG) vom 3.9.1953 (BGBl. I S. 1239) und den darauf aufbauenden Ausführungsgesetzen der Länder geschaffen worden, um den im Grundgesetz enthaltenen Vorgaben hinsichtlich der Aufgaben und der Unabhängigkeit der Richter (Art. 92 und 97 GG) nachzukommen. Das führte zur Auflösung der bis dahin zuständigen Spruchkörper der Versicherungs- und Versorgungsämter. Deren Tätigkeit ging auf das Unfallversicherungsgesetz von 1884 (vgl. III. 7. b)) und das damit zugleich geschaffene

Reichsversicherungsamt zurück, das später auch für die anderen Versicherungszweige zuständig wurde und als Aufsichtsbehörde Verwaltungsaufgaben wie als oberste Spruchinstanz Rechtsprechungsaufgaben wahrnahm. Zusammen mit den anderen Versicherungs- und den zusätzlich errichteten Versorgungsämtern war es funktional Vorläufer der Sozialgerichtsbarkeit. Mit einer Änderung des Grundgesetzes im Jahr 1968 (Gesetz vom 18.6.1968, BGBl. I S. 657) wurde dann das Bundessozialgericht zusammen mit den anderen Bundesgerichten namentlich in die Verfassung aufgenommen und es wurden damit die verschiedenen Gerichtszweige zumindest auf Bundesebene verfassungsrechtlich festgeschrieben.

Die Sozialgerichtsbarkeit ist dreistufig aufgebaut. In erster Instanz entscheiden in der Regel die durch die Länder errichteten Sozialgerichte (SGe) (§§ 2 und 7 ff. SGG), an denen für bestimmte Streitigkeiten Kammern errichtet werden (§ 10 SGG; zur örtlichen Zuständigkeit §§ 57 ff. SGG). Zuständig in der zweiten Instanz für die Berufungen und Beschwerden gegen Entscheidungen der SGe sowie für einige Streitigkeiten im ersten Rechtszug sind die Landessozialgerichte (LSGe) (§§ 28 ff. SGG). An der Spitze der Sozialgerichtsbarkeit steht das Bundessozialgericht (BSG) in Kassel (§ 38 SGG). Es entscheidet über Revisionen sowie in erster Instanz über sozialrechtliche Streitigkeiten nicht verfassungsrechtlicher Art zwischen Bund und Ländern sowie zwischen Ländern in Angelegenheiten des § 51 SGG (§ 39 SGG). An den LSGen und dem BSG werden als Spruchkörper Senate gebildet (§§ 31 und 40 f. SGG). Charakteristisch ist in der Sozialgerichtsbarkeit die Mitwirkung von ehrenamtlichen Richtern in allen Instanzen (vgl. § 3 SGG; vgl. zur Besetzung der Kammern und der Berufung von ehrenamtlichen Richtern an den SGen §§ 12 ff. SGG, die weitgehend auch für die LSGe und das BSG gelten, §§ 35 und 46 f. SGG).

In der Sache zuständig sind die Sozialgerichte für die in § 51 SGG aufgeführten Streitigkeiten. Das sind traditionell Verfahren aus der Sozialversicherung und der Arbeitsförderung einschließlich der privaten Pflegeversicherung (vgl. dazu oben, III. 11. d)) sowie der Beziehung zu Dritten, also insbesondere den Leistungserbringern, in der Kranken- und Pflegeversicherung (§ 51 Abs. 1 Nr. 1 bis 4, Nr. 5, Abs. 2 SGG; zur Ausnahme bei wettbewerbsrechtlichen Streitigkeiten § 51 Abs. 3 SGG). Ferner entscheiden die Sozialgerichte über Entschädigungsrecht, die Feststellung der Schwerbehinderteneigenschaft, das Aufwendungsausgleichsgesetz, das die Erstattung von Entgeltfortzahlung und Mutterschaftsleistungen regelt, und die sonst zugewiesenen Fälle (§ 51 Abs. 1 Nr. 6, 7, 8 und 10 SGG). Mit der Reform der Arbeitslosenunterstützung und der Sozialhilfe (vgl. III. 2. a)) ist die Zuständigkeit für die Grundsicherung für Arbeitsuchende, die Sozialhilfe und das Asylbewerberleistungsgesetz (§ 51 Abs. 1 Nr. 4a und 6a SGG) hinzugekommen.

Klagearten vor den Sozialgerichten sind die Anfechtungs-, Verpflichtungs-, Leistungs- und Feststellungsklagen (§§ 54 und 55 SGG), ferner ein Verfahren zur Kontrolle untergesetzlicher Normen (§ 55a SGG). Das entspricht den Regelungen der VwGO für das Verfahren vor den allgemeinen Verwaltungsgerichten. Es besteht aber eine Besonderheit hinsichtlich der Statthaftigkeit der Klagearten. Wird eine beantragte Leistung abgelehnt, auf die ein Anspruch besteht, so ist neben der Aufhebung des Ablehnungsbescheides die unmittelbare Gewährung der Leistung einzuklagen; ein neuer Leistungsbescheid muss nicht ergehen (sog. kombinierte Anfechtungs- und Leistungsklage des § 54 Abs. 4 SGG). Anders ist es nur, wenn die Leistung im Ermessen der Behörde steht, dann ist die kombinierte Anfechtungs- und Verpflichtungsklage zu erheben. Der Eilrechtsschutz richtet sich nach den §§ 86a, 86b SGG, die den §§ 80, 80a, § 123 VwGO nachgebildet worden sind. Das Sozialgerichtsverfahren ist für die Bürger in allen Instanzen gerichtskostenfrei; sonstige Kläger und Beklagte haben feste Gebühren zu entrichten oder Gebühren nach dem Streitwert, soweit keine Bürger beteiligt sind.

1. Sozialgesetzbuch (SGB)
Erstes Buch (I)
Allgemeiner Teil [1)2)]

Vom 11. Dezember 1975

(BGBl. I S. 3015)

FNA 860-1

zuletzt geänd. durch Art. 2 Zweites G zur Änd. des Bundeselterngeld- und ElternzeitG v. 15.2.2021 (BGBl. I S. 239)

Inhaltsübersicht

[1)] Verkündet als Art. I Sozialgesetzbuch (SGB) – Allgemeiner Teil – v. 11.12.1975 (BGBl. I S. 3015); Inkrafttreten gem. Art. II § 23 Abs. 1 Satz 1 dieses G am 1.1.1976 mit Ausnahme des § 44, der gem. Art. II § 23 Abs. 2 Satz 1 am 1.1.1978 in Kraft getreten ist.

[2)] Die Änderungen durch G v. 12.12.2019 (BGBl. I S. 2652), die erst **mWv 1.1.2024** in Kraft treten, sind im Text noch nicht berücksichtigt.

§ 71 Überleitungsvorschrift zur Übertragung, Verpfändung und Pfändung

Erster Abschnitt. Aufgaben des Sozialgesetzbuchs und soziale Rechte

§ 1 Aufgaben des Sozialgesetzbuchs (1) [1] Das Recht des Sozialgesetzbuchs soll zur Verwirklichung sozialer Gerechtigkeit und sozialer Sicherheit Sozialleistungen einschließlich sozialer und erzieherischer Hilfen gestalten. [2] Es soll dazu beitragen,

ein menschenwürdiges Dasein zu sichern,

gleiche Voraussetzungen für die freie Entfaltung der Persönlichkeit, insbesondere auch für junge Menschen zu schaffen,

die Familie zu schützen und zu fördern,

den Erwerb des Lebensunterhalts durch eine frei gewählte Tätigkeit zu ermöglichen und

besondere Belastungen des Lebens, auch durch Hilfe zur Selbsthilfe, abzuwenden oder auszugleichen.

(2) Das Recht des Sozialgesetzbuchs soll auch dazu beitragen, daß die zur Erfüllung der in Absatz 1 genannten Aufgaben erforderlichen sozialen Dienste und Einrichtungen rechtzeitig und ausreichend zur Verfügung stehen.

§ 2 Soziale Rechte. (1) [1] Der Erfüllung der in § 1 genannten Aufgaben dienen die nachfolgenden sozialen Rechte. [2] Aus ihnen können Ansprüche nur insoweit geltend gemacht oder hergeleitet werden, als deren Voraussetzungen und Inhalt durch die Vorschriften der besonderen Teile dieses Gesetzbuchs im einzelnen bestimmt sind.

(2) Die nachfolgenden sozialen Rechte sind bei der Auslegung der Vorschriften dieses Gesetzbuchs und bei der Ausübung von Ermessen zu beachten; dabei ist sicherzustellen, daß die sozialen Rechte möglichst weitgehend verwirklicht werden.

§ 3 Bildungs- und Arbeitsförderung. (1) Wer an einer Ausbildung teilnimmt, die seiner Neigung, Eignung und Leistung entspricht, hat ein Recht auf individuelle Förderung seiner Ausbildung, wenn ihm die hierfür erforderlichen Mittel nicht anderweitig zur Verfügung stehen.

(2) Wer am Arbeitsleben teilnimmt oder teilnehmen will, hat ein Recht auf

1. Beratung bei der Wahl des Bildungswegs und des Berufs,
2. individuelle Förderung seiner beruflichen Weiterbildung,
3. Hilfe zur Erlangung und Erhaltung eines angemessenen Arbeitsplatzes und
4. wirtschaftliche Sicherung bei Arbeitslosigkeit und bei Zahlungsunfähigkeit des Arbeitgebers.

§ 4 Sozialversicherung. (1) Jeder hat im Rahmen dieses Gesetzbuchs ein Recht auf Zugang zur Sozialversicherung.

(2) [1] Wer in der Sozialversicherung versichert ist, hat im Rahmen der gesetzlichen Kranken-, Pflege-, Unfall- und Rentenversicherung einschließlich der Alterssicherung der Landwirte ein Recht auf

1. die notwendigen Maßnahmen zum Schutz, zur Erhaltung, zur Besserung und zur Wiederherstellung der Gesundheit und der Leistungsfähigkeit und
2. wirtschaftliche Sicherung bei Krankheit, Mutterschaft, Minderung der Erwerbsfähigkeit und Alter.

[2] Ein Recht auf wirtschaftliche Sicherung haben auch die Hinterbliebenen eines Versicherten.

§ 5 Soziale Entschädigung bei Gesundheitsschäden. [1] Wer einen Gesundheitsschaden erleidet, für dessen Folgen die staatliche Gemeinschaft in Abgeltung eines besonderen Opfers oder aus anderen Gründen nach versorgungsrechtlichen Grundsätzen einsteht, hat ein Recht auf

1. die notwendigen Maßnahmen zur Erhaltung, zur Besserung und zur Wiederherstellung der Gesundheit und der Leistungsfähigkeit und
2. angemessene wirtschaftliche Versorgung.

[2] Ein Recht auf angemessene wirtschaftliche Versorgung haben auch die Hinterbliebenen eines Beschädigten.

§ 6 Minderung des Familienaufwands. Wer Kindern Unterhalt zu leisten hat oder leistet, hat ein Recht auf Minderung der dadurch entstehenden wirtschaftlichen Belastungen.

§ 7 Zuschuß für eine angemessene Wohnung. Wer für eine angemessene Wohnung Aufwendungen erbringen muß, die ihm nicht zugemutet werden können, hat ein Recht auf Zuschuß zur Miete oder zu vergleichbaren Aufwendungen.

§ 8 Kinder- und Jugendhilfe. [1] Junge Menschen und Personensorgeberechtigte haben im Rahmen dieses Gesetzbuchs ein Recht, Leistungen der öffentlichen Jugendhilfe in Anspruch zu nehmen. [2] Sie sollen die Entwicklung junger Menschen fördern und die Erziehung in der Familie unterstützen und ergänzen.

§ 9 Sozialhilfe. [1] Wer nicht in der Lage ist, aus eigenen Kräften seinen Lebensunterhalt zu bestreiten oder in besonderen Lebenslagen sich selbst zu helfen, und auch von anderer Seite keine ausreichende Hilfe erhält, hat ein Recht auf persönliche und wirtschaftliche Hilfe, die seinem besonderen Bedarf entspricht, ihn zur Selbsthilfe befähigt, die Teilnahme am Leben in der Gemeinschaft ermöglicht und die Führung eines menschenwürdigen Lebens sichert. [2] Hierbei müssen Leistungsberechtigte nach ihren Kräften mitwirken.

§ 10 Teilhabe behinderter Menschen. Menschen, die körperlich, geistig oder seelisch behindert sind oder denen eine solche Behinderung droht, haben unabhängig von der Ursache der Behinderung zur Förderung ihrer Selbstbestimmung und gleichberechtigten Teilhabe ein Recht auf Hilfe, die notwendig ist, um

1. die Behinderung abzuwenden, zu beseitigen, zu mindern, ihre Verschlimmerung zu verhüten oder ihre Folgen zu mildern,
2. Einschränkungen der Erwerbsfähigkeit oder Pflegebedürftigkeit zu vermeiden, zu überwinden, zu mindern oder eine Verschlimmerung zu verhüten

sowie den vorzeitigen Bezug von Sozialleistungen zu vermeiden oder laufende Sozialleistungen zu mindern,
3. ihnen einen ihren Neigungen und Fähigkeiten entsprechenden Platz im Arbeitsleben zu sichern,
4. ihre Entwicklung zu fördern und ihre Teilhabe am Leben in der Gesellschaft und eine möglichst selbständige und selbstbestimmte Lebensführung zu ermöglichen oder zu erleichtern sowie
5. Benachteiligungen auf Grund der Behinderung entgegenzuwirken.

Zweiter Abschnitt. Einweisungsvorschriften

Erster Titel. Allgemeines über Sozialleistungen und Leistungsträger

§ 11 Leistungsarten. [1] Gegenstand der sozialen Rechte sind die in diesem Gesetzbuch vorgesehenen Dienst-, Sach- und Geldleistungen (Sozialleistungen). [2] Die persönliche und erzieherische Hilfe gehört zu den Dienstleistungen.

§ 12 Leistungsträger. [1] Zuständig für die Sozialleistungen sind die in den §§ 18 bis 29 genannten Körperschaften, Anstalten und Behörden (Leistungsträger). [2] Die Abgrenzung ihrer Zuständigkeit ergibt sich aus den besonderen Teilen dieses Gesetzbuchs.

§ 13 Aufklärung. Die Leistungsträger, ihre Verbände und die sonstigen in diesem Gesetzbuch genannten öffentlich-rechtlichen Vereinigungen sind verpflichtet, im Rahmen ihrer Zuständigkeit die Bevölkerung über die Rechte und Pflichten nach diesem Gesetzbuch aufzuklären.

§ 14 Beratung. [1] Jeder hat Anspruch auf Beratung über seine Rechte und Pflichten nach diesem Gesetzbuch. [2] Zuständig für die Beratung sind die Leistungsträger, denen gegenüber die Rechte geltend zu machen oder die Pflichten zu erfüllen sind.

§ 15 Auskunft. (1) Die nach Landesrecht zuständigen Stellen, die Träger der gesetzlichen Krankenversicherung und der sozialen Pflegeversicherung sind verpflichtet, über alle sozialen Angelegenheiten nach diesem Gesetzbuch Auskünfte zu erteilen.

(2) Die Auskunftspflicht erstreckt sich auf die Benennung der für die Sozialleistungen zuständigen Leistungsträger sowie auf alle Sach- und Rechtsfragen, die für die Auskunftsuchenden von Bedeutung sein können und zu deren Beantwortung die Auskunftsstelle imstande ist.

(3) Die Auskunftsstellen sind verpflichtet, untereinander und mit den anderen Leistungsträgern mit dem Ziel zusammenzuarbeiten, eine möglichst umfassende Auskunftserteilung durch eine Stelle sicherzustellen.

(4) Die Träger der gesetzlichen Rentenversicherung sollen über Möglichkeiten zum Aufbau einer staatlich geförderten zusätzlichen Altersvorsorge produkt- und anbieterneutral Auskünfte erteilen.

§ 16 Antragstellung. (1) [1] Anträge auf Sozialleistungen sind beim zuständigen Leistungsträger zu stellen. [2] Sie werden auch von allen anderen Leistungsträgern, von allen Gemeinden und bei Personen, die sich im Ausland aufhalten, auch von den amtlichen Vertretungen der Bundesrepublik Deutschland im Ausland entgegengenommen.

(2) [1] Anträge, die bei einem unzuständigen Leistungsträger, bei einer für die Sozialleistung nicht zuständigen Gemeinde oder bei einer amtlichen Vertretung der Bundesrepublik Deutschland im Ausland gestellt werden, sind unverzüglich an den zuständigen Leistungsträger weiterzuleiten. [2] Ist die Sozialleistung von einem Antrag abhängig, gilt der Antrag als zu dem Zeitpunkt gestellt, in dem er bei einer der in Satz 1 genannten Stellen eingegangen ist.

(3) Die Leistungsträger sind verpflichtet, darauf hinzuwirken, daß unverzüglich klare und sachdienliche Anträge gestellt und unvollständige Angaben ergänzt werden.

§ 17 Ausführung der Sozialleistungen. (1) Die Leistungsträger sind verpflichtet, darauf hinzuwirken, daß

1. jeder Berechtigte die ihm zustehenden Sozialleistungen in zeitgemäßer Weise, umfassend und zügig erhält,
2. die zur Ausführung von Sozialleistungen erforderlichen sozialen Dienste und Einrichtungen rechtzeitig und ausreichend zur Verfügung stehen,
3. der Zugang zu den Sozialleistungen möglichst einfach gestaltet wird, insbesondere durch Verwendung allgemein verständlicher Antragsvordrucke und
4. ihre Verwaltungs- und Dienstgebäude frei von Zugangs- und Kommunikationsbarrieren sind und Sozialleistungen in barrierefreien Räumen und Anlagen ausgeführt werden.

(2) [1] Menschen mit Hörbehinderungen und Menschen mit Sprachbehinderungen haben das Recht, bei der Ausführung von Sozialleistungen, insbesondere auch bei ärztlichen Untersuchungen und Behandlungen, in Deutscher Gebärdensprache, mit lautsprachbegleitenden Gebärden oder über andere geeignete Kommunikationshilfen zu kommunizieren. [2] Die für die Sozialleistung zuständigen Leistungsträger sind verpflichtet, die durch die Verwendung der Kommunikationshilfen entstehenden Kosten zu tragen. [3] § 5 der Kommunikationshilfenverordnung in der jeweils geltenden Fassung gilt entsprechend.

(2a) § 11 des Behindertengleichstellungsgesetzes gilt in seiner jeweils geltenden Fassung bei der Ausführung von Sozialleistungen entsprechend.

(3) [1] In der Zusammenarbeit mit gemeinnützigen und freien Einrichtungen und Organisationen wirken die Leistungsträger darauf hin, daß sich ihre Tätigkeit und die der genannten Einrichtungen und Organisationen zum Wohl der Leistungsempfänger wirksam ergänzen. [2] Sie haben dabei deren Selbständigkeit in Zielsetzung und Durchführung ihrer Aufgaben zu achten. [3] Die Nachprüfung zweckentsprechender Verwendung bei der Inanspruchnahme öffentlicher Mittel bleibt unberührt. [4] Im übrigen ergibt sich ihr Verhältnis zueinander aus den besonderen Teilen dieses Gesetzbuchs; § 97 Abs. 1 Satz 1 bis 4 und Abs. 2 des Zehnten Buches[1)] findet keine Anwendung.

[1)] Nr. **10**.

Zweiter Titel. Einzelne Sozialleistungen und zuständige Leistungsträger

§ 18 Leistungen der Ausbildungsförderung. (1) Nach dem Recht der Ausbildungsförderung können Zuschüsse und Darlehen für den Lebensunterhalt und die Ausbildung in Anspruch genommen werden.

(2) Zuständig sind die Ämter und die Landesämter für Ausbildungsförderung nach Maßgabe der §§ 39, 40, 40a und 45 des Bundesausbildungsförderungsgesetzes.

§ 19 Leistungen der Arbeitsförderung. (1) Nach dem Recht der Arbeitsförderung können in Anspruch genommen werden:

1. Berufsberatung und Arbeitsmarktberatung,
2. Ausbildungsvermittlung und Arbeitsvermittlung,
3. Leistungen
   a) zur Aktivierung und beruflichen Eingliederung,
   b) zur Berufswahl und Berufsausbildung,
   c) zur beruflichen Weiterbildung,
   d) zur Aufnahme einer Erwerbstätigkeit,
   e) zum Verbleib in Beschäftigung,
   f) der Teilhabe behinderter Menschen am Arbeitsleben,
4. Arbeitslosengeld, Teilarbeitslosengeld, Arbeitslosengeld bei Weiterbildung und Insolvenzgeld.

(2) Zuständig sind die Agenturen für Arbeit und die sonstigen Dienststellen der Bundesagentur für Arbeit.

§ 19a Leistungen der Grundsicherung für Arbeitsuchende. (1) Nach dem Recht der Grundsicherung für Arbeitsuchende können in Anspruch genommen werden

1. Leistungen zur Eingliederung in Arbeit,
2. Leistungen zur Sicherung des Lebensunterhalts.

(2) [1] Zuständig sind die Agenturen für Arbeit und die sonstigen Dienststellen der Bundesagentur für Arbeit, sowie die kreisfreien Städte und Kreise, soweit durch Landesrecht nicht andere Träger bestimmt sind. [2] In den Fällen des § 6a des Zweiten Buches[1)] ist abweichend von Satz 1 der zugelassene kommunale Träger zuständig.

§ 19b Leistungen bei gleitendem Übergang älterer Arbeitnehmer in den Ruhestand. (1) Nach dem Recht der Förderung eines gleitenden Übergangs älterer Arbeitnehmer in den Ruhestand können in Anspruch genommen werden:

1. Erstattung der Beiträge zur Höherversicherung in der gesetzlichen Rentenversicherung und der nicht auf das Arbeitsentgelt entfallenden Beiträge zur gesetzlichen Rentenversicherung für ältere Arbeitnehmer, die ihre Arbeitszeit verkürzt haben.

[1)] Nr. 2.

2. Erstattung der Aufstockungsbeträge zum Arbeitsentgelt für die Altersteilzeitarbeit.

(2) Zuständig sind die Agenturen für Arbeit und die sonstigen Dienststellen der Bundesagentur für Arbeit.

§ 20 *(aufgehoben)*

§ 21 Leistungen der gesetzlichen Krankenversicherung. (1) Nach dem Recht der gesetzlichen Krankenversicherung können in Anspruch genommen werden:
1. Leistungen zur Förderung der Gesundheit, zur Verhütung und zur Früherkennung von Krankheiten,
2. bei Krankheit Krankenbehandlung, insbesondere
   a) ärztliche und zahnärztliche Behandlung,
   b) Versorgung mit Arznei-, Verband-, Heil- und Hilfsmitteln,
   c) häusliche Krankenpflege und Haushaltshilfe,
   d) Krankenhausbehandlung,
   e) medizinische und ergänzende Leistungen zur Rehabilitation,
   f) Betriebshilfe für Landwirte,
   g) Krankengeld,
3. bei Schwangerschaft und Mutterschaft ärztliche Betreuung, Hebammenhilfe, stationäre Entbindung, häusliche Pflege, Haushaltshilfe, Betriebshilfe für Landwirte, Mutterschaftsgeld,
4. Hilfe zur Familienplanung und Leistungen bei durch Krankheit erforderlicher Sterilisation und bei nicht rechtswidrigem Schwangerschaftsabbruch.

(2) Zuständig sind die Orts-, Betriebs- und Innungskrankenkassen, die Sozialversicherung für Landwirtschaft, Forsten und Gartenbau als landwirtschaftliche Krankenkasse, die Deutsche Rentenversicherung Knappschaft-Bahn-See und die Ersatzkassen.

§ 21a Leistungen der sozialen Pflegeversicherung. (1) Nach dem Recht der sozialen Pflegeversicherung können in Anspruch genommen werden:
1. Leistungen bei häuslicher Pflege:
   a) Pflegesachleistung,
   b) Pflegegeld für selbst beschaffte Pflegehilfen,
   c) häusliche Pflege bei Verhinderung der Pflegeperson,
   d) Pflegehilfsmittel und technische Hilfen,
2. teilstationäre Pflege und Kurzzeitpflege,
3. Leistungen für Pflegepersonen, insbesondere
   a) soziale Sicherung und
   b) Pflegekurse,
4. vollstationäre Pflege.

(2) Zuständig sind die bei den Krankenkassen errichteten Pflegekassen.

§ 21b Leistungen bei Schwangerschaftsabbrüchen. (1) Nach dem Fünften Abschnitt des Schwangerschaftskonfliktgesetzes können bei einem nicht rechtswidrigen oder unter den Voraussetzungen des § 218a Abs. 1 des Strafgesetzbuches vorgenommenen Abbruch einer Schwangerschaft Leistungen in Anspruch genommen werden.

(2) Zuständig sind die Orts-, Betriebs- und Innungskrankenkassen, die Sozialversicherung für Landwirtschaft, Forsten und Gartenbau als landwirtschaftliche Krankenkasse, die Deutsche Rentenversicherung Knappschaft-Bahn-See und die Ersatzkassen.

§ 22 Leistungen der gesetzlichen Unfallversicherung. (1) Nach dem Recht der gesetzlichen Unfallversicherung können in Anspruch genommen werden:

1. Maßnahmen zur Verhütung von Arbeitsunfällen, Berufskrankheiten und arbeitsbedingten Gesundheitsgefahren und zur Ersten Hilfe sowie Maßnahmen zur Früherkennung von Berufskrankheiten und arbeitsbedingten Gesundheitsgefahren,
2. Heilbehandlung, Leistungen zur Teilhabe am Arbeitsleben und andere Leistungen zur Erhaltung, Besserung und Wiederherstellung der Erwerbsfähigkeit sowie zur Erleichterung der Verletzungsfolgen einschließlich wirtschaftlicher Hilfen,
3. Renten wegen Minderung der Erwerbsfähigkeit,
4. Renten an Hinterbliebene, Sterbegeld und Beihilfen,
5. Rentenabfindungen,
6. Haushaltshilfe,
7. Betriebshilfe für Landwirte.

(2) Zuständig sind die gewerblichen Berufsgenossenschaften, die Sozialversicherung für Landwirtschaft, Forsten und Gartenbau als landwirtschaftliche Berufsgenossenschaft, die Gemeindeunfallversicherungsverbände, die Feuerwehr-Unfallkassen, die Unfallkassen der Länder und Gemeinden, die gemeinsamen Unfallkassen für den Landes- und kommunalen Bereich und die Unfallversicherung Bund und Bahn.

§ 23 Leistungen der gesetzlichen Rentenversicherung einschließlich der Alterssicherung der Landwirte. (1) Nach dem Recht der gesetzlichen Rentenversicherung einschließlich der Alterssicherung der Landwirte können in Anspruch genommen werden:

1. in der gesetzlichen Rentenversicherung:
   a) Leistungen zur Prävention, Leistungen zur medizinischen Rehabilitation, Leistungen zur Teilhabe am Arbeitsleben, Leistungen zur Nachsorge sowie sonstige Leistungen zur Teilhabe einschließlich wirtschaftlicher Hilfen,
   b) Renten wegen Alters, Renten wegen verminderter Erwerbsfähigkeit und Knappschaftsausgleichsleistung,
   c) Renten wegen Todes,
   d) Witwen- und Witwerrentenabfindungen sowie Beitragserstattungen,
   e) Zuschüsse zu den Aufwendungen für die Krankenversicherung,
   f) Leistungen für Kindererziehung,
2. in der Alterssicherung der Landwirte:
   a) Leistungen zur Prävention, Leistungen zur medizinischen Rehabilitation, Leistungen zur Nachsorge sowie ergänzende und sonstige Leistungen zur Teilhabe einschließlich Betriebs- oder Haushaltshilfe,

b) Renten wegen Erwerbsminderung und Alters,
c) Renten wegen Todes,
d) Beitragszuschüsse,
e) Betriebs- und Haushaltshilfe oder sonstige Leistungen zur Aufrechterhaltung des Unternehmens der Landwirtschaft.

(2) Zuständig sind

1. in der allgemeinen Rentenversicherung die Regionalträger, die Deutsche Rentenversicherung Bund und die Deutsche Rentenversicherung Knappschaft-Bahn-See,
2. in der knappschaftlichen Rentenversicherung die Deutsche Rentenversicherung Knappschaft-Bahn-See,
3. in der Alterssicherung der Landwirte die Sozialversicherung für Landwirtschaft, Forsten und Gartenbau als landwirtschaftliche Alterskasse.

§ 24 Versorgungsleistungen bei Gesundheitsschäden. (1) Nach dem Recht der sozialen Entschädigung bei Gesundheitsschäden können in Anspruch genommen werden:

1. Heil- und Krankenbehandlung sowie andere Leistungen zur Erhaltung, Besserung und Wiederherstellung der Leistungsfähigkeit einschließlich wirtschaftlicher Hilfen,
2. besondere Hilfen im Einzelfall einschließlich Leistungen zur Teilhabe am Arbeitsleben,
3. Renten wegen anerkannten Schädigungsfolgen,
4. Renten an Hinterbliebene, Bestattungsgeld und Sterbegeld,
5. Kapitalabfindung, insbesondere zur Wohnraumbeschaffung.

(2) [1] Zuständig sind die Versorgungsämter, die Landesversorgungsämter und die orthopädischen Versorgungsstellen. [2] Für die besonderen Hilfen im Einzelfall sind die Kreise und kreisfreien Städte sowie die Hauptfürsorgestellen zuständig. [3] Bei der Durchführung der Heil- und Krankenbehandlung wirken die Träger der gesetzlichen Krankenversicherung mit. [4] Für die Leistungen nach den §§ 80, 81a bis 83a des Soldatenversorgungsgesetzes ist die Bundeswehrverwaltung zuständig.

§ 25 ***[bis 31.8.2021:*** **Kindergeld, Kinderzuschlag, Leistungen für Bildung und Teilhabe, Elterngeld und Betreuungsgeld*****][ab 1.9.2021: Kindergeld, Kinderzuschlag, Elterngeld und Leistungen für Bildung und Teilhabe]***

(1) [1] Nach dem Bundeskindergeldgesetz kann nur dann Kindergeld in Anspruch genommen werden, wenn nicht der Familienleistungsausgleich nach § 31 des Einkommensteuergesetzes zur Anwendung kommt. [2] Nach dem Bundeskindergeldgesetz können auch der Kinderzuschlag und Leistungen für Bildung und Teilhabe in Anspruch genommen werden.

(2) Nach dem Recht des Bundeselterngeld- und Elternzeitgesetzes kann Elterngeld ***[bis 31.8.2021:*** und Betreuungsgeld***]*** in Anspruch genommen werden.

(3) Für die Ausführung des Absatzes 1 sind die nach § 7 des Bundeskindergeldgesetzes bestimmten Stellen und für die Ausführung des Absatzes 2 die nach § 12 des Bundeselterngeld- und Elternzeitgesetzes bestimmten Stellen zuständig.

§ 26 Wohngeld. (1) Nach dem Wohngeldrecht kann als Zuschuß zur Miete oder als Zuschuß zu den Aufwendungen für den eigengenutzten Wohnraum Wohngeld in Anspruch genommen werden.

(2) Zuständig sind die durch Landesrecht bestimmten Behörden.

§ 27 Leistungen der Kinder- und Jugendhilfe. (1) Nach dem Recht der Kinder- und Jugendhilfe können in Anspruch genommen werden:

1. Angebote der Jugendarbeit, der Jugendsozialarbeit und des erzieherischen Jugendschutzes,
2. Angebote zur Förderung der Erziehung in der Familie,
3. Angebote zur Förderung von Kindern in Tageseinrichtungen und in Tagespflege,
4. Hilfe zur Erziehung, Eingliederungshilfe für seelisch behinderte Kinder und Jugendliche sowie Hilfe für junge Volljährige.

(2) Zuständig sind die Kreise und die kreisfreien Städte, nach Maßgabe des Landesrechts auch kreisangehörige Gemeinden; sie arbeiten mit der freien Jugendhilfe zusammen.

§ 28 Leistungen der Sozialhilfe. (1) Nach dem Recht der Sozialhilfe können in Anspruch genommen werden:

1. Hilfe zum Lebensunterhalt,

1a. Grundsicherung im Alter und bei Erwerbsminderung,

2. Hilfen zur Gesundheit,
3. *(aufgehoben)*
4. Hilfe zur Pflege,
5. Hilfe zur Überwindung besonderer sozialer Schwierigkeiten,
6. Hilfe in anderen Lebenslagen

sowie die jeweils gebotene Beratung und Unterstützung.

(2) Zuständig sind die Kreise und kreisfreien Städte, die überörtlichen Träger der Sozialhilfe und für besondere Aufgaben die Gesundheitsämter; sie arbeiten mit den Trägern der freien Wohlfahrtspflege zusammen.

§ 28a Leistungen der Eingliederungshilfe. (1) Nach dem Recht der Eingliederungshilfe können in Anspruch genommen werden:

1. Leistungen zur medizinischen Rehabilitation,
2. Leistungen zur Teilhabe am Arbeitsleben,
3. Leistungen zur Teilhabe an Bildung,
4. Leistungen zur Sozialen Teilhabe.

(2) Zuständig sind die durch Landesrecht bestimmten Behörden.

§ 29 Leistungen zur Rehabilitation und Teilhabe behinderter Menschen. (1) Nach dem Recht der Rehabilitation und Teilhabe behinderter Menschen können in Anspruch genommen werden

1. Leistungen zur medizinischen Rehabilitation, insbesondere
   a) Frühförderung behinderter und von Behinderung bedrohter Kinder,
   b) ärztliche und zahnärztliche Behandlung,

c) Arznei- und Verbandmittel sowie Heilmittel einschließlich physikalischer, Sprach- und Beschäftigungstherapie,
d) Körperersatzstücke, orthopädische und andere Hilfsmittel,
e) Belastungserprobung und Arbeitstherapie,

2. Leistungen zur Teilhabe am Arbeitsleben, insbesondere
a) Hilfen zum Erhalten oder Erlangen eines Arbeitsplatzes,
b) Berufsvorbereitung, berufliche Anpassung, Ausbildung und Weiterbildung,
c) sonstige Hilfen zur Förderung der Teilhabe am Arbeitsleben,

2a. Leistungen zur Teilhabe an Bildung, insbesondere
a) Hilfen zur Schulbildung, insbesondere im Rahmen der allgemeinen Schulpflicht und zum Besuch weiterführender Schulen einschließlich der Vorbereitung hierzu,
b) Hilfen zur schulischen Berufsausbildung,
c) Hilfen zur Hochschulbildung,
d) Hilfen zur schulischen beruflichen Weiterbildung,

3. Leistungen zur Sozialen Teilhabe, insbesondere
a) Leistungen für Wohnraum,
b) Assistenzleistungen,
c) heilpädagogische Leistungen,
d) Leistungen zur Betreuung in einer Pflegefamilie,
e) Leistungen zum Erwerb und Erhalt praktischer Kenntnisse und Fähigkeiten,
f) Leistungen zur Förderung der Verständigung,
g) Leistungen zur Mobilität,
h) Hilfsmittel,

4. unterhaltssichernde und andere ergänzende Leistungen, insbesondere
a) Krankengeld, Versorgungskrankengeld, Verletztengeld, Übergangsgeld, Ausbildungsgeld oder Unterhaltsbeihilfe,
b) Beiträge zur gesetzlichen Kranken-, Unfall-, Renten- und Pflegeversicherung sowie zur Bundesagentur für Arbeit,
c) Reisekosten,
d) Haushalts- oder Betriebshilfe und Kinderbetreuungskosten,
e) Rehabilitationssport und Funktionstraining,

5. besondere Leistungen und sonstige Hilfen zur Teilhabe schwerbehinderter Menschen am Leben in der Gesellschaft, insbesondere am Arbeitsleben.

(2) Zuständig sind die in den §§ 19 bis 24, 27 und 28 genannten Leistungsträger und die Integrationsämter.

Dritter Abschnitt. Gemeinsame Vorschriften für alle Sozialleistungsbereiche dieses Gesetzbuchs

Erster Titel. Allgemeine Grundsätze

§ 30 Geltungsbereich. (1) Die Vorschriften dieses Gesetzbuchs gelten für alle Personen, die ihren Wohnsitz oder gewöhnlichen Aufenthalt in seinem Geltungsbereich haben.

(2) Regelungen des über- und zwischenstaatlichen Rechts bleiben unberührt.

(3) [1]Einen Wohnsitz hat jemand dort, wo er eine Wohnung unter Umständen innehat, die darauf schließen lassen, daß er die Wohnung beibehalten und benutzen wird. [2]Den gewöhnlichen Aufenthalt hat jemand dort, wo er sich unter Umständen aufhält, die erkennen lassen, daß er an diesem Ort oder in diesem Gebiet nicht nur vorübergehend verweilt.

§ 31 Vorbehalt des Gesetzes. Rechte und Pflichten in den Sozialleistungsbereichen dieses Gesetzbuchs dürfen nur begründet, festgestellt, geändert oder aufgehoben werden, soweit ein Gesetz es vorschreibt oder zuläßt.

§ 32 Verbot nachteiliger Vereinbarungen. Privatrechtliche Vereinbarungen, die zum Nachteil des Sozialleistungsberechtigten von Vorschriften dieses Gesetzbuchs abweichen, sind nichtig.

§ 33 Ausgestaltung von Rechten und Pflichten. [1]Ist der Inhalt von Rechten oder Pflichten nach Art oder Umfang nicht im einzelnen bestimmt, sind bei ihrer Ausgestaltung die persönlichen Verhältnisse des Berechtigten oder Verpflichteten, sein Bedarf und seine Leistungsfähigkeit sowie die örtlichen Verhältnisse zu berücksichtigen, soweit Rechtsvorschriften nicht entgegenstehen. [2]Dabei soll den Wünschen des Berechtigten oder Verpflichteten entsprochen werden, soweit sie angemessen sind.

§ 33a Altersabhängige Rechte und Pflichten. (1) Sind Rechte oder Pflichten davon abhängig, daß eine bestimmte Altersgrenze erreicht oder nicht überschritten ist, ist das Geburtsdatum maßgebend, das sich aus der ersten Angabe des Berechtigten oder Verpflichteten oder seiner Angehörigen gegenüber einem Sozialleistungsträger oder, soweit es sich um eine Angabe im Rahmen des Dritten oder Sechsten Abschnitts des Vierten Buches[1)] handelt, gegenüber dem Arbeitgeber ergibt.

(2) Von einem nach Absatz 1 maßgebenden Geburtsdatum darf nur abgewichen werden, wenn der zuständige Leistungsträger feststellt, daß

1. ein Schreibfehler vorliegt, oder
2. sich aus einer Urkunde, deren Original vor dem Zeitpunkt der Angabe nach Absatz 1 ausgestellt worden ist, ein anderes Geburtsdatum ergibt.

(3) Die Absätze 1 und 2 gelten für Geburtsdaten, die Bestandteil der Versicherungsnummer oder eines anderen in den Sozialleistungsbereichen dieses Gesetzbuchs verwendeten Kennzeichens sind, entsprechend.

§ 33b Lebenspartnerschaften. Lebenspartnerschaften im Sinne dieses Gesetzbuches sind Lebenspartnerschaften nach dem Lebenspartnerschaftsgesetz.

§ 33c Benachteiligungsverbot. [1]Bei der Inanspruchnahme sozialer Rechte darf niemand aus Gründen der Rasse, wegen der ethnischen Herkunft oder einer Behinderung benachteiligt werden. [2]Ansprüche können nur insoweit geltend gemacht oder hergeleitet werden, als deren Voraussetzungen und Inhalt durch die Vorschriften der besonderen Teile dieses Gesetzbuchs im Einzelnen bestimmt sind.

[1)] Nr. 4.

§ 34 Begrenzung von Rechten und Pflichten. (1) Soweit Rechte und Pflichten nach diesem Gesetzbuch ein familienrechtliches Rechtsverhältnis voraussetzen, reicht ein Rechtsverhältnis, das gemäß Internationalem Privatrecht dem Recht eines anderen Staates unterliegt und nach diesem Recht besteht, nur aus, wenn es dem Rechtsverhältnis im Geltungsbereich dieses Gesetzbuchs entspricht.

(2) Ansprüche mehrerer Ehegatten auf Witwenrente oder Witwerrente werden anteilig und endgültig aufgeteilt.

§ 35 Sozialgeheimnis. (1) [1]Jeder hat Anspruch darauf, dass die ihn betreffenden Sozialdaten (§ 67 Absatz 2 Zehntes Buch[1)]) von den Leistungsträgern nicht unbefugt verarbeitet werden (Sozialgeheimnis). [2]Die Wahrung des Sozialgeheimnisses umfasst die Verpflichtung, auch innerhalb des Leistungsträgers sicherzustellen, dass die Sozialdaten nur Befugten zugänglich sind oder nur an diese weitergegeben werden. [3]Sozialdaten der Beschäftigten und ihrer Angehörigen dürfen Personen, die Personalentscheidungen treffen oder daran mitwirken können, weder zugänglich sein noch von Zugriffsberechtigten weitergegeben werden. [4]Der Anspruch richtet sich auch gegen die Verbände der Leistungsträger, die Arbeitsgemeinschaften der Leistungsträger und ihrer Verbände, die Datenstelle der Rentenversicherung, die in diesem Gesetzbuch genannten öffentlich-rechtlichen Vereinigungen, Integrationsfachdienste, die Künstlersozialkasse, die Deutsche Post AG, soweit sie mit der Berechnung oder Auszahlung von Sozialleistungen betraut ist, die Behörden der Zollverwaltung, soweit sie Aufgaben nach § 2 des Schwarzarbeitsbekämpfungsgesetzes und § 66 des Zehnten Buches durchführen, die Versicherungsämter und Gemeindebehörden sowie die anerkannten Adoptionsvermittlungsstellen (§ 2 Absatz 3 des Adoptionsvermittlungsgesetzes), soweit sie Aufgaben nach diesem Gesetzbuch wahrnehmen, und die Stellen, die Aufgaben nach § 67c Absatz 3 des Zehnten Buches wahrnehmen. [5]Die Beschäftigten haben auch nach Beendigung ihrer Tätigkeit bei den genannten Stellen das Sozialgeheimnis zu wahren.

(2) [1]Die Vorschriften des Zweiten Kapitels des Zehnten Buches und der übrigen Bücher des Sozialgesetzbuches regeln die Verarbeitung von Sozialdaten abschließend, soweit nicht die Verordnung (EU) 2016/679 des Europäischen Parlaments und des Rates vom 27. April 2016 zum Schutz natürlicher Personen bei der Verarbeitung personenbezogener Daten, zum freien Datenverkehr und zur Aufhebung der Richtlinie 95/46/EG (Datenschutz-Grundverordnung) (ABl. L 119 vom 4.5.2016, S. 1; L 314 vom 22.11.2016, S. 72; L 127 vom 23.5.2018, S. 2) in der jeweils geltenden Fassung unmittelbar gilt. [2]Für die Verarbeitungen von Sozialdaten im Rahmen von nicht in den Anwendungsbereich der Verordnung (EU) 2016/679 fallenden Tätigkeiten finden die Verordnung (EU) 2016/679 und dieses Gesetz entsprechende Anwendung, soweit nicht in diesem oder einem anderen Gesetz Abweichendes geregelt ist.

(2a) Die Verpflichtung zur Wahrung gesetzlicher Geheimhaltungspflichten oder von Berufs- oder besonderen Amtsgeheimnissen, die nicht auf gesetzlichen Vorschriften beruhen, bleibt unberührt.

(3) Soweit eine Übermittlung von Sozialdaten nicht zulässig ist, besteht keine Auskunftspflicht, keine Zeugnispflicht und keine Pflicht zur Vorlegung

---

[1)] Nr. **10**.

oder Auslieferung von Schriftstücken, nicht automatisierten Dateisystemen und automatisiert verarbeiteten Sozialdaten.

(4) Betriebs- und Geschäftsgeheimnisse stehen Sozialdaten gleich.

(5) [1]Sozialdaten Verstorbener dürfen nach Maßgabe des Zweiten Kapitels des Zehnten Buches verarbeitet werden. [2]Sie dürfen außerdem verarbeitet werden, wenn schutzwürdige Interessen des Verstorbenen oder seiner Angehörigen dadurch nicht beeinträchtigt werden können.

(6) [1]Die Absätze 1 bis 5 finden neben den in Absatz 1 genannten Stellen auch Anwendung auf solche Verantwortliche oder deren Auftragsverarbeiter,

1. die Sozialdaten im Inland verarbeiten, sofern die Verarbeitung nicht im Rahmen einer Niederlassung in einem anderen Mitgliedstaat der Europäischen Union oder in einem anderen Vertragsstaat des Abkommens über den Europäischen Wirtschaftsraum erfolgt, oder
2. die Sozialdaten im Rahmen der Tätigkeiten einer inländischen Niederlassung verarbeiten.

[2]Sofern die Absätze 1 bis 5 nicht gemäß Satz 1 anzuwenden sind, gelten für den Verantwortlichen oder dessen Auftragsverarbeiter nur die §§ 81 bis 81c des Zehnten Buches.

(7) [1]Bei der Verarbeitung zu Zwecken gemäß Artikel 2 der Verordnung (EU) 2016/679 stehen die Vertragsstaaten des Abkommens über den Europäischen Wirtschaftsraum und die Schweiz den Mitgliedstaaten der Europäischen Union gleich. [2]Andere Staaten gelten insoweit als Drittstaaten.

§ 36 Handlungsfähigkeit. (1) [1]Wer das fünfzehnte Lebensjahr vollendet hat, kann Anträge auf Sozialleistungen stellen und verfolgen sowie Sozialleistungen entgegennehmen. [2]Der Leistungsträger soll den gesetzlichen Vertreter über die Antragstellung und die erbrachten Sozialleistungen unterrichten.

(2) [1]Die Handlungsfähigkeit nach Absatz 1 Satz 1 kann vom gesetzlichen Vertreter durch schriftliche Erklärung gegenüber dem Leistungsträger eingeschränkt werden. [2]Die Rücknahme von Anträgen, der Verzicht auf Sozialleistungen und die Entgegennahme von Darlehen bedürfen der Zustimmung des gesetzlichen Vertreters.

§ 36a Elektronische Kommunikation. (1) Die Übermittlung elektronischer Dokumente ist zulässig, soweit der Empfänger hierfür einen Zugang eröffnet.

(2) [1]Eine durch Rechtsvorschrift angeordnete Schriftform kann, soweit nicht durch Rechtsvorschrift etwas anderes bestimmt ist, durch die elektronische Form ersetzt werden. [2]Der elektronischen Form genügt ein elektronisches Dokument, das mit einer qalifizier ten elektronischen Signatur versehen ist. [3]Die Signierung mit einem Pseudonym, das die Identifizierung der Person des Signaturschlüsselinhabers nicht unmittelbar durch die Behörde ermöglicht, ist nicht zulässig. [4]Die Schriftform kann auch ersetzt werden

1. durch unmittelbare Abgabe der Erklärung in einem elektronischen Formular, das von der Behörde in einem Eingabegerät oder über öffentlich zugängliche Netze zur Verfügung gestellt wird;
2. bei Anträgen und Anzeigen durch Versendung eines elektronischen Dokuments an die Behörde mit der Versandart nach § 5 Absatz 5 des De-Mail-Gesetzes;

3. bei elektronischen Verwaltungsakten oder sonstigen elektronischen Dokumenten der Behörden durch Versendung einer De-Mail-Nachricht nach § 5 Absatz 5 des De-Mail-Gesetzes, bei der die Bestätigung des akkreditierten Diensteanbieters die erlassende Behörde als Nutzer des De-Mail-Kontos erkennen lässt;
4. durch sonstige sichere Verfahren, die durch Rechtsverordnung der Bundesregierung mit Zustimmung des Bundesrates festgelegt werden, welche den Datenübermittler (Absender der Daten) authentifizieren und die Integrität des elektronisch übermittelten Datensatzes sowie die Barrierefreiheit gewährleisten; der IT-Planungsrat gibt Empfehlungen zu geeigneten Verfahren ab.

[5] In den Fällen des Satzes 4 Nummer 1 muss bei einer Eingabe über öffentlich zugängliche Netze ein elektronischer Identitätsnachweis nach § 18 des Personalausweisgesetzes, nach § 12 des eID-Karte-Gesetzes oder nach § 78 Absatz 5 des Aufenthaltsgesetzes erfolgen; in der Kommunikation zwischen dem Versicherten und seiner Krankenkasse kann die Identität auch mit der elektronischen Gesundheitskarte nach § 291 Absatz 2a des Fünften Buches[1)] elektronisch nachgewiesen werden.

(2a) [1] Ist durch Rechtsvorschrift die Verwendung eines bestimmten Formulars vorgeschrieben, das ein Unterschriftsfeld vorsieht, wird allein dadurch nicht die Anordnung der Schriftform bewirkt. [2] Bei einer für die elektronische Versendung an die Behörde bestimmten Fassung des Formulars entfällt das Unterschriftsfeld.

(3) [1] Ist ein der Behörde übermitteltes elektronisches Dokument für sie zur Bearbeitung nicht geeignet, teilt sie dies dem Absender unter Angabe der für sie geltenden technischen Rahmenbedingungen unverzüglich mit. [2] Macht ein Empfänger geltend, er könne das von der Behörde übermittelte elektronische Dokument nicht bearbeiten, übermittelt sie es ihm erneut in einem geeigneten elektronischen Format oder als Schriftstück.

(4) [1] Die Träger der Sozialversicherung einschließlich der Bundesagentur für Arbeit, ihre Verbände und Arbeitsgemeinschaften verwenden unter Beachtung der Grundsätze der Wirtschaftlichkeit und Sparsamkeit im jeweiligen Sozialleistungsbereich Vertrauensdienste, die eine gemeinsame und bundeseinheitliche Kommunikation und Übermittlung der Daten und die Überprüfbarkeit der qalifizier ten elektronischen Signatur auf Dauer sicherstellen. [2] Diese Träger sollen über ihren jeweiligen Bereich hinaus Vertrauensdienste im Sinne des Satzes 1 verwenden. [3] Die Sätze 1 und 2 gelten entsprechend für die Leistungserbringer nach dem Fünften und dem Elften Buch[2)] und die von ihnen gebildeten Organisationen.

§ 37 Vorbehalt abweichender Regelungen. [1] Das Erste und Zehnte Buch[3)] gelten für alle Sozialleistungsbereiche dieses Gesetzbuchs, soweit sich aus den übrigen Büchern nichts Abweichendes ergibt; § 68 bleibt unberührt. [2] Der Vorbehalt gilt nicht für die §§ 1 bis 17 und 31 bis 36. [3] Das Zweite Kapitel des Zehnten Buches geht dessen Erstem Kapitel vor, soweit sich die Ermittlung des Sachverhaltes auf Sozialdaten erstreckt.

[1)] Nr. **5**.
[2)] Nr. **11**.
[3)] Nr. **10**.

Zweiter Titel. Grundsätze des Leistungsrechts

§ 38 Rechtsanspruch. Auf Sozialleistungen besteht ein Anspruch, soweit nicht nach den besonderen Teilen dieses Gesetzbuchs die Leistungsträger ermächtigt sind, bei der Entscheidung über die Leistung nach ihrem Ermessen zu handeln.

§ 39 Ermessensleistungen. (1) [1] Sind die Leistungsträger ermächtigt, bei der Entscheidung über Sozialleistungen nach ihrem Ermessen zu handeln, haben sie ihr Ermessen entsprechend dem Zweck der Ermächtigung auszuüben und die gesetzlichen Grenzen des Ermessens einzuhalten. [2] Auf pflichtgemäße Ausübung des Ermessens besteht ein Anspruch.

(2) Für Ermessensleistungen gelten die Vorschriften über Sozialleistungen, auf die ein Anspruch besteht, entsprechend, soweit sich aus den Vorschriften dieses Gesetzbuchs nichts Abweichendes ergibt.

§ 40 Entstehen der Ansprüche. (1) Ansprüche auf Sozialleistungen entstehen, sobald ihre im Gesetz oder auf Grund eines Gesetzes bestimmten Voraussetzungen vorliegen.

(2) Bei Ermessensleistungen ist der Zeitpunkt maßgebend, in dem die Entscheidung über die Leistung bekanntgegeben wird, es sei denn, daß in der Entscheidung ein anderer Zeitpunkt bestimmt ist.

§ 41 Fälligkeit. Soweit die besonderen Teile dieses Gesetzbuchs keine Regelung enthalten, werden Ansprüche auf Sozialleistungen mit ihrem Entstehen fällig.

§ 42 Vorschüsse. (1) [1] Besteht ein Anspruch auf Geldleistungen dem Grunde nach und ist zur Feststellung seiner Höhe voraussichtlich längere Zeit erforderlich, kann der zuständige Leistungsträger Vorschüsse zahlen, deren Höhe er nach pflichtgemäßem Ermessen bestimmt. [2] Er hat Vorschüsse nach Satz 1 zu zahlen, wenn der Berechtigte es beantragt; die Vorschußzahlung beginnt spätestens nach Ablauf eines Kalendermonats nach Eingang des Antrags.

(2) [1] Die Vorschüsse sind auf die zustehende Leistung anzurechnen. [2] Soweit sie diese übersteigen, sind sie vom Empfänger zu erstatten. [3] § 50 Abs. 4 des Zehnten Buches[1)] gilt entsprechend.

(3) Für die Stundung, Niederschlagung und den Erlaß des Erstattungsanspruchs gilt § 76 Abs. 2 des Vierten Buches[2)] entsprechend.

§ 43 Vorläufige Leistungen. (1) [1] Besteht ein Anspruch auf Sozialleistungen und ist zwischen mehreren Leistungsträgern streitig, wer zur Leistung verpflichtet ist, kann der unter ihnen zuerst angegangene Leistungsträger vorläufig Leistungen erbringen, deren Umfang er nach pflichtgemäßen Ermessen bestimmt. [2] Er hat Leistungen nach Satz 1 zu erbringen, wenn der Berechtigte es beantragt; die vorläufigen Leistungen beginnen spätestens nach Ablauf eines Kalendermonats nach Eingang des Antrags.

[1)] Nr. **10**.
[2)] Nr. **4**.

(2) [1] Für die Leistungen nach Absatz 1 gilt § 42 Abs. 2 und 3 entsprechend. [2] Ein Erstattungsanspruch gegen den Empfänger steht nur dem zur Leistung verpflichteten Leistungsträger zu.

§ 44 Verzinsung. (1) Ansprüche auf Geldleistungen sind nach Ablauf eines Kalendermonats nach dem Eintritt ihrer Fälligkeit bis zum Ablauf des Kalendermonats vor der Zahlung mit vier vom Hundert zu verzinsen.

(2) Die Verzinsung beginnt frühestens nach Ablauf von sechs Kalendermonaten nach Eingang des vollständigen Leistungsantrags beim zuständigen Leistungsträger, beim Fehlen eines Antrags nach Ablauf eines Kalendermonats nach der Bekanntgabe der Entscheidung über die Leistung.

(3) [1] Verzinst werden volle Euro-Beträge. [2] Dabei ist der Kalendermonat mit dreißig Tagen zugrunde zu legen.

§ 45 Verjährung. (1) Ansprüche auf Sozialleistungen verjähren in vier Jahren nach Ablauf des Kalenderjahrs, in dem sie entstanden sind.

(2) Für die Hemmung, die Ablaufhemmung, den Neubeginn und die Wirkung der Verjährung gelten die Vorschriften des Bürgerlichen Gesetzbuchs sinngemäß.

(3) [1] Die Verjährung wird auch durch schriftlichen Antrag auf die Sozialleistung oder durch Erhebung eines Widerspruchs gehemmt. [2] Die Hemmung endet sechs Monate nach Bekanntgabe der Entscheidung über den Antrag oder den Widerspruch.

§ 46 Verzicht. (1) Auf Ansprüche auf Sozialleistungen kann durch schriftliche Erklärung gegenüber dem Leistungsträger verzichtet werden; der Verzicht kann jederzeit mit Wirkung für die Zukunft widerrufen werden.

(2) Der Verzicht ist unwirksam, soweit durch ihn andere Personen oder Leistungsträger belastet oder Rechtsvorschriften umgangen werden.

§ 47 Auszahlung von Geldleistungen. (1) [1] Soweit die besonderen Teile dieses Gesetzbuchs keine Regelung enthalten, ***[bis 30.11.2021:*** sollen Geldleistungen kostenfrei auf ein Konto des Empfängers***][ab 1.12.2021:*** *werden Geldleistungen kostenfrei auf das angegebene Konto**]*** bei einem Geldinstitut, für das die Verordnung (EU) Nr. 260/2012 des Europäischen Parlaments und des Rates vom 14. März 2012 zur Festlegung der technischen Vorschriften und der Geschäftsanforderungen für Überweisungen und Lastschriften in Euro und zur Änderung der Verordnung (EG) Nr. 924/2009 (ABl. L 94 vom 30.3.2012, S. 22) gilt, überwiesen oder, wenn der Empfänger es verlangt, ***[bis 30.11.2021:*** kostenfrei an seinen Wohnsitz innerhalb des Geltungsbereiches dieser Verordnung übermittelt werden***][ab 1.12.2021:*** *an seinen Wohnsitz oder gewöhnlichen Aufenthalt innerhalb des Geltungsbereiches dieser Verordnung übermittelt**]***. ***[Satz 2 ab 1.12.2021:]*** *[2] Werden Geldleistungen an den Wohnsitz oder an den gewöhnlichen Aufenthalt des Empfängers übermittelt, sind die dadurch veranlassten Kosten von den Geldleistungen abzuziehen.* ***[Satz 3 ab 1.12.2021:]*** *[3] Dies gilt nicht, wenn der Empfänger nachweist, dass ihm die Einrichtung eines Kontos bei einem Geldinstitut ohne eigenes Verschulden nicht möglich ist.*

(2) Bei Zahlungen außerhalb des Geltungsbereiches der in Absatz 1 genannten Verordnung trägt der Leistungsträger die Kosten bis zu dem von ihm mit der Zahlung beauftragten Geldinstitut.

§ 48 Auszahlung bei Verletzung der Unterhaltspflicht. (1) [1]Laufende Geldleistungen, die der Sicherung des Lebensunterhalts zu dienen bestimmt sind, können in angemessener Höhe an den Ehegatten, den Lebenspartner oder die Kinder des Leistungsberechtigten ausgezahlt werden, wenn er ihnen gegenüber seiner gesetzlichen Unterhaltspflicht nicht nachkommt. [2]Kindergeld, Kinderzuschläge und vergleichbare Rentenbestandteile (Geldleistungen für Kinder) können an Kinder, die bei der Festsetzung der Geldleistungen berücksichtigt werden, bis zur Höhe des Betrages, der sich bei entsprechender Anwendung des § 54 Abs. 5 Satz 2 ergibt, ausgezahlt werden. [3]Für das Kindergeld gilt dies auch dann, wenn der Kindergeldberechtigte mangels Leistungsfähigkeit nicht unterhaltspflichtig ist oder nur Unterhalt in Höhe eines Betrages zu leisten braucht, der geringer ist als das für die Auszahlung in Betracht kommende Kindergeld. [4]Die Auszahlung kann auch an die Person oder Stelle erfolgen, die dem Ehegatten, dem Lebenspartner oder den Kindern Unterhalt gewährt.

(2) Absatz 1 Satz 1, 2 und 4 gilt entsprechend, wenn unter Berücksichtigung von Kindern, denen gegenüber der Leistungsberechtigte nicht kraft Gesetzes unterhaltspflichtig ist, Geldleistungen erbracht werden und der Leistungsberechtigte diese Kinder nicht unterhält.

§ 49 Auszahlung bei Unterbringung. (1) Ist ein Leistungsberechtigter auf Grund richterlicher Anordnung länger als einen Kalendermonat in einer Anstalt oder Einrichtung untergebracht, sind laufende Geldleistungen, die der Sicherung des Lebensunterhalts zu dienen bestimmt sind, an die Unterhaltsberechtigten auszuzahlen, soweit der Leistungsberechtigte kraft Gesetzes unterhaltspflichtig ist und er oder die Unterhaltsberechtigten es beantragen.

(2) Absatz 1 gilt entsprechend, wenn für Kinder, denen gegenüber der Leistungsberechtigte nicht kraft Gesetzes unterhaltspflichtig ist, Geldleistungen erbracht werden.

(3) § 48 Abs. 1 Satz 4 bleibt unberührt.

§ 50 Überleitung bei Unterbringung. (1) Ist der Leistungsberechtigte untergebracht (§ 49 Abs. 1), kann die Stelle, der die Kosten der Unterbringung zur Last fallen, seine Ansprüche auf laufende Geldleistungen, die der Sicherung des Lebensunterhalts zu dienen bestimmt sind, durch schriftliche Anzeige an den zuständigen Leistungsträger auf sich überleiten.

(2) Die Anzeige bewirkt den Anspruchsübergang nur insoweit, als die Leistung nicht an Unterhaltsberechtigte oder die in § 49 Abs. 2 genannten Kinder zu zahlen ist, der Leistungsberechtigte die Kosten der Unterbringung zu erstatten hat und die Leistung auf den für die Erstattung maßgebenden Zeitraum entfällt.

(3) Die Absätze 1 und 2 gelten entsprechend, wenn für ein Kind (§ 56 Abs. 1 Satz 1 Nr. 2, Abs. 2), das untergebracht ist (§ 49 Abs. 1), ein Anspruch auf eine laufende Geldleistung besteht.

§ 51 Aufrechnung. (1) Gegen Ansprüche auf Geldleistungen kann der zuständige Leistungsträger mit Ansprüchen gegen den Berechtigten aufrechnen, soweit die Ansprüche auf Geldleistungen nach § 54 Abs. 2 und 4 pfändbar sind.

(2) Mit Ansprüchen auf Erstattung zu Unrecht erbrachter Sozialleistungen und mit Beitragsansprüchen nach diesem Gesetzbuch kann der zuständige Leistungsträger gegen Ansprüche auf laufende Geldleistungen bis zu deren

Hälfte aufrechnen, wenn der Leistungsberechtigte nicht nachweist, dass er dadurch hilfebedürftig im Sinne der Vorschriften des Zwölften Buches [1] über die Hilfe zum Lebensunterhalt oder der Grundsicherung für Arbeitsuchende nach dem Zweiten Buch[2] wird.

§ 52 Verrechnung. Der für eine Geldleistung zuständige Leistungsträger kann mit Ermächtigung eines anderen Leistungsträgers dessen Ansprüche gegen den Berechtigten mit der ihm obliegenden Geldleistung verrechnen, soweit nach § 51 die Aufrechnung zulässig ist.

§ 53 Übertragung und Verpfändung. (1) Ansprüche auf Dienst- und Sachleistungen können weder übertragen noch verpfändet werden.

(2) Ansprüche auf Geldleistungen können übertragen und verpfändet werden

1. zur Erfüllung oder zur Sicherung von Ansprüchen auf Rückzahlung von Darlehen und auf Erstattung von Aufwendungen, die im Vorgriff auf fällig gewordene Sozialleistungen zu einer angemessenen Lebensführung gegeben oder gemacht worden sind oder,
2. wenn der zuständige Leistungsträger feststellt, daß die Übertragung oder Verpfändung im wohlverstandenen Interesse des Berechtigten liegt.

(3) Ansprüche auf laufende Geldleistungen, die der Sicherung des Lebensunterhalts zu dienen bestimmt sind, können in anderen Fällen übertragen und verpfändet werden, soweit sie den für Arbeitseinkommen geltenden unpfändbaren Betrag übersteigen.

(4) Der Leistungsträger ist zur Auszahlung an den neuen Gläubiger nicht vor Ablauf des Monats verpflichtet, der dem Monat folgt, in dem er von der Übertragung oder Verpfändung Kenntnis erlangt hat.

(5) Eine Übertragung oder Verpfändung von Ansprüchen auf Geldleistungen steht einer Aufrechnung oder Verrechnung auch dann nicht entgegen, wenn der Leistungsträger beim Erwerb des Anspruchs von der Übertragung oder Verpfändung Kenntnis hatte.

(6) [1] Soweit bei einer Übertragung oder Verpfändung Geldleistungen zu Unrecht erbracht worden sind, sind sowohl der Leistungsberechtigte als auch der neue Gläubiger als Gesamtschuldner dem Leistungsträger zur Erstattung des entsprechenden Betrages verpflichtet. [2] Der Leistungsträger hat den Erstattungsanspruch durch Verwaltungsakt geltend zu machen.

§ 54 Pfändung. (1) Ansprüche auf Dienst- und Sachleistungen können nicht gepfändet werden.

(2) Ansprüche auf einmalige Geldleistungen können nur gepfändet werden, soweit nach den Umständen des Falles, insbesondere nach den Einkommens- und Vermögensverhältnissen des Leistungsberechtigten, der Art des beizutreibenden Anspruchs sowie der Höhe und der Zweckbestimmung der Geldleistung, die Pfändung der Billigkeit entspricht.

(3) Unpfändbar sind Ansprüche auf

---

[1] Nr. 12.
[2] Nr. 2.

1. Elterngeld *[bis 31.8.2021:* und Betreuungsgeld*]* bis zur Höhe der nach § 10 des Bundeselterngeld- und Elternzeitgesetzes anrechnungsfreien Beträge sowie dem Erziehungsgeld vergleichbare Leistungen der Länder,
2. Mutterschaftsgeld nach § 19 Absatz 1 des Mutterschutzgesetzes, soweit das Mutterschaftsgeld nicht aus einer Teilzeitbeschäftigung während der Elternzeit herrührt, bis zur Höhe des Elterngeldes nach § 2 des Bundeselterngeld- und Elternzeitgesetzes, soweit es die anrechnungsfreien Beträge nach § 10 des Bundeselterngeld- und Elternzeitgesetzes nicht übersteigt,

2a. Wohngeld, soweit nicht die Pfändung wegen Ansprüchen erfolgt, die Gegenstand der §§ 9 und 10 des Wohngeldgesetzes sind,

3. Geldleistungen, die dafür bestimmt sind, den durch einen Körper- oder Gesundheitsschaden bedingten Mehraufwand auszugleichen.

(4) Im übrigen können Ansprüche auf laufende Geldleistungen wie Arbeitseinkommen gepfändet werden.

(5) [1] Ein Anspruch des Leistungsberechtigten auf Geldleistungen für Kinder (§ 48 Abs. 1 Satz 2) kann nur wegen gesetzlicher Unterhaltsansprüche eines Kindes, das bei der Festsetzung der Geldleistungen berücksichtigt wird, gepfändet werden. [2] Für die Höhe des pfändbaren Betrages bei Kindergeld gilt:

1. Gehört das unterhaltsberechtigte Kind zum Kreis der Kinder, für die dem Leistungsberechtigten Kindergeld gezahlt wird, so ist eine Pfändung bis zu dem Betrag möglich, der bei gleichmäßiger Verteilung des Kindergeldes auf jedes dieser Kinder entfällt. Ist das Kindergeld durch die Berücksichtigung eines weiteren Kindes erhöht, für das einer dritten Person Kindergeld oder dieser oder dem Leistungsberechtigten eine andere Geldleistung für Kinder zusteht, so bleibt der Erhöhungsbetrag bei der Bestimmung des pfändbaren Betrages des Kindergeldes nach Satz 1 außer Betracht.
2. Der Erhöhungsbetrag (Nummer 1 Satz 2) ist zugunsten jedes bei der Festsetzung des Kindergeldes berücksichtigten unterhaltsberechtigten Kindes zu dem Anteil pfändbar, der sich bei gleichmäßiger Verteilung auf alle Kinder, die bei der Festsetzung des Kindergeldes zugunsten des Leistungsberechtigten berücksichtigt werden, ergibt.

(6) In den Fällen der Absätze 2, 4 und 5 gilt § 53 Abs. 6 entsprechend.

§ 55 *(aufgehoben)*

§ 56 Sonderrechtsnachfolge. (1) [1] Fällige Ansprüche auf laufende Geldleistungen stehen beim Tode des Berechtigten nacheinander

1. dem Ehegatten,

1a. dem Lebenspartner,

2. den Kindern,
3. den Eltern,
4. dem Haushaltsführer

zu, wenn diese mit dem Berechtigten zur Zeit seines Todes in einem gemeinsamen Haushalt gelebt haben oder von ihm wesentlich unterhalten worden sind. [2] Mehreren Personen einer Gruppe stehen die Ansprüche zu gleichen Teilen zu.

(2) Als Kinder im Sinne des Absatzes 1 Satz 1 Nr. 2 gelten auch

1. Stiefkinder und Enkel, die in den Haushalt des Berechtigten aufgenommen sind,
2. Pflegekinder (Personen, die mit dem Berechtigten durch ein auf längere Dauer angelegtes Pflegeverhältnis mit häuslicher Gemeinschaft wie Kinder mit Eltern verbunden sind),
3. Geschwister des Berechtigten, die in seinen Haushalt aufgenommen worden sind.

(3) Als Eltern im Sinne des Absatzes 1 Satz 1 Nr. 3 gelten auch
1. sonstige Verwandte der geraden aufsteigenden Linie,
2. Stiefeltern,
3. Pflegeeltern (Personen, die den Berechtigten als Pflegekind aufgenommen haben).

(4) Haushaltsführer im Sinne des Absatzes 1 Satz 1 Nr. 4 ist derjenige Verwandte oder Verschwägerte, der an Stelle des verstorbenen oder geschiedenen oder an der Führung des Haushalts aus gesundheitlichen Gründen dauernd gehinderten Ehegatten oder Lebenspartners den Haushalt des Berechtigten mindestens ein Jahr lang vor dessen Tod geführt hat und von diesem überwiegend unterhalten worden ist.

§ 57 Verzicht und Haftung des Sonderrechtsnachfolgers. (1) [1] Der nach § 56 Berechtigte kann auf die Sonderrechtsnachfolge innerhalb von sechs Wochen nach ihrer Kenntnis durch schriftliche Erklärung gegenüber dem Leistungsträger verzichten. [2] Verzichtet er innerhalb dieser Frist, gelten die Ansprüche als auf ihn nicht übergegangen. [3] Sie stehen den Personen zu, die ohne den Verzichtenden nach § 56 berechtigt wären.

(2) [1] Soweit Ansprüche auf den Sonderrechtsnachfolger übergegangen sind, haftet er für die nach diesem Gesetzbuch bestehenden Verbindlichkeiten des Verstorbenen gegenüber dem für die Ansprüche zuständigen Leistungsträger. [2] Insoweit entfällt eine Haftung des Erben. [3] Eine Aufrechnung und Verrechnung nach den §§ 51 und 52 ist ohne die dort genannten Beschränkungen der Höhe zulässig.

§ 58 Vererbung. [1] Soweit fällige Ansprüche auf Geldleistungen nicht nach den §§ 56 und 57 einem Sonderrechtsnachfolger zustehen, werden sie nach den Vorschriften des Bürgerlichen Gesetzbuchs vererbt. [2] Der Fiskus als gesetzlicher Erbe kann die Ansprüche nicht geltend machen.

§ 59 Ausschluß der Rechtsnachfolge. [1] Ansprüche auf Dienst- und Sachleistungen erlöschen mit dem Tode des Berechtigten. [2] Ansprüche auf Geldleistungen erlöschen nur, wenn sie im Zeitpunkt des Todes des Berechtigten weder festgestellt sind noch ein Verwaltungsverfahren über sie anhängig ist.

Dritter Titel. Mitwirkung des Leistungsberechtigten

§ 60 Angabe von Tatsachen. (1) [1] Wer Sozialleistungen beantragt oder erhält, hat
1. alle Tatsachen anzugeben, die für die Leistung erheblich sind, und auf Verlangen des zuständigen Leistungsträgers der Erteilung der erforderlichen Auskünfte durch Dritte zuzustimmen,

2. Änderungen in den Verhältnissen, die für die Leistung erheblich sind oder über die im Zusammenhang mit der Leistung Erklärungen abgegeben worden sind, unverzüglich mitzuteilen,
3. Beweismittel zu bezeichnen und auf Verlangen des zuständigen Leistungsträgers Beweisurkunden vorzulegen oder ihrer Vorlage zuzustimmen.

[2] Satz 1 gilt entsprechend für denjenigen, der Leistungen zu erstatten hat.

(2) Soweit für die in Absatz 1 Satz 1 Nr. 1 und 2 genannten Angaben Vordrucke vorgesehen sind, sollen diese benutzt werden.

§ 61 Persönliches Erscheinen. Wer Sozialleistungen beantragt oder erhält, soll auf Verlangen des zuständigen Leistungsträgers zur mündlichen Erörterung des Antrags oder zur Vornahme anderer für die Entscheidung über die Leistung notwendiger Maßnahmen persönlich erscheinen.

§ 62 Untersuchungen. Wer Sozialleistungen beantragt oder erhält, soll sich auf Verlangen des zuständigen Leistungsträgers ärztlichen und psychologischen Untersuchungsmaßnahmen unterziehen, soweit diese für die Entscheidung über die Leistung erforderlich sind.

§ 63 Heilbehandlung. Wer wegen Krankheit oder Behinderung Sozialleistungen beantragt oder erhält, soll sich auf Verlangen des zuständigen Leistungsträgers einer Heilbehandlung unterziehen, wenn zu erwarten ist, daß sie eine Besserung seines Gesundheitszustands herbeiführen oder eine Verschlechterung verhindern wird.

§ 64 Leistungen zur Teilhabe am Arbeitsleben. Wer wegen Minderung der Erwerbsfähigkeit, anerkannten Schädigungsfolgen oder wegen Arbeitslosigkeit Sozialleistungen beantragt oder erhält, soll auf Verlangen des zuständigen Leistungsträgers an Leistungen zur Teilhabe am Arbeitsleben teilnehmen, wenn bei angemessener Berücksichtigung seiner beruflichen Neigung und seiner Leistungsfähigkeit zu erwarten ist, daß sie seine Erwerbs- oder Vermittlungsfähigkeit auf Dauer fördern oder erhalten werden.

§ 65 Grenzen der Mitwirkung. (1) Die Mitwirkungspflichten nach den §§ 60 bis 64 bestehen nicht, soweit

1. ihre Erfüllung nicht in einem angemessenen Verhältnis zu der in Anspruch genommenen Sozialleistung oder ihrer Erstattung steht oder
2. ihre Erfüllung dem Betroffenen aus einem wichtigen Grund nicht zugemutet werden kann oder
3. der Leistungsträger sich durch einen geringeren Aufwand als der Antragsteller oder Leistungsberechtigte die erforderlichen Kenntnisse selbst beschaffen kann.

(2) Behandlungen und Untersuchungen,

1. bei denen im Einzelfall ein Schaden für Leben oder Gesundheit nicht mit hoher Wahrscheinlichkeit ausgeschlossen werden kann,
2. die mit erheblichen Schmerzen verbunden sind oder
3. die einen erheblichen Eingriff in die körperliche Unversehrtheit bedeuten,

können abgelehnt werden.

(3) Angaben, die dem Antragsteller, dem Leistungsberechtigten oder ihnen nahestehende Personen (§ 383 Abs. 1 Nr. 1 bis 3 der Zivilprozeßordnung) die Gefahr zuziehen würde, wegen einer Straftat oder einer Ordnungswidrigkeit verfolgt zu werden, können verweigert werden.

§ 65a Aufwendungsersatz. (1) [1]Wer einem Verlangen des zuständigen Leistungsträgers nach den §§ 61 oder 62 nachkommt, kann auf Antrag Ersatz seiner notwendigen Auslagen und seines Verdienstausfalles in angemessenem Umfang erhalten. [2]Bei einem Verlangen des zuständigen Leistungsträgers nach § 61 sollen Aufwendungen nur in Härtefällen ersetzt werden.

(2) Absatz 1 gilt auch, wenn der zuständige Leistungsträger ein persönliches Erscheinen oder eine Untersuchung nachträglich als notwendig anerkennt.

§ 66 Folgen fehlender Mitwirkung. (1) [1]Kommt derjenige, der eine Sozialleistung beantragt oder erhält, seinen Mitwirkungspflichten nach den §§ 60 bis 62, 65 nicht nach und wird hierdurch die Aufklärung des Sachverhalts erheblich erschwert, kann der Leistungsträger ohne weitere Ermittlungen die Leistung bis zur Nachholung der Mitwirkung ganz oder teilweise versagen oder entziehen, soweit die Voraussetzungen der Leistung nicht nachgewiesen sind. [2]Dies gilt entsprechend, wenn der Antragsteller oder Leistungsberechtigte in anderer Weise absichtlich die Aufklärung des Sachverhalts erheblich erschwert.

(2) Kommt derjenige, der eine Sozialleistung wegen Pflegebedürftigkeit, wegen Arbeitsunfähigkeit, wegen Gefährdung oder Minderung der Erwerbsfähigkeit, anerkannten Schädigungsfolgen oder wegen Arbeitslosigkeit beantragt oder erhält, seinen Mitwirkungspflichten nach den §§ 62 bis 65 nicht nach und ist unter Würdigung aller Umstände mit Wahrscheinlichkeit anzunehmen, daß deshalb die Fähigkeit zur selbständigen Lebensführung, die Arbeits-, Erwerbs- oder Vermittlungsfähigkeit beeinträchtigt oder nicht verbessert wird, kann der Leistungsträger die Leistung bis zur Nachholung der Mitwirkung ganz oder teilweise versagen oder entziehen.

(3) Sozialleistungen dürfen wegen fehlender Mitwirkung nur versagt oder entzogen werden, nachdem der Leistungsberechtigte auf diese Folge schriftlich hingewiesen worden ist und seiner Mitwirkungspflicht nicht innerhalb einer ihm gesetzten angemessenen Frist nachgekommen ist.

§ 67 Nachholung der Mitwirkung. Wird die Mitwirkung nachgeholt und liegen die Leistungsvoraussetzungen vor, kann der Leistungsträger Sozialleistungen, die er nach § 66 versagt oder entzogen hat, nachträglich ganz oder teilweise erbringen.

Vierter Abschnitt. Übergangs- und Schlussvorschriften

§ 68 Besondere Teile dieses Gesetzbuches. Bis zu ihrer Einordnung in dieses Gesetzbuch gelten die nachfolgenden Gesetze mit den zu ihrer Ergänzung und Änderung erlassenen Gesetzen als dessen besondere Teile:

1. das Bundesausbildungsförderungsgesetz,
2. *(aufgehoben)*
3. die Reichsversicherungsordnung,
4. das Gesetz über die Alterssicherung der Landwirte,
5. *(aufgehoben)*

6. das Zweite Gesetz über die Krankenversicherung der Landwirte,
7. das Bundesversorgungsgesetz, auch soweit andere Gesetze, insbesondere
   a) §§ 80 bis 83a des Soldatenversorgungsgesetzes,
   b) § 59 Abs. 1 des Bundesgrenzschutzgesetzes[1)],
   c) § 47 des Zivildienstgesetzes,
   d) § 60 des Infektionsschutzgesetzes,
   e) §§ 4 und 5 des Häftlingshilfegesetzes,
   f) § 1 des Opferentschädigungsgesetzes
   g) §§ 21 und 22 des Strafrechtlichen Rehabilitierungsgesetzes,
   h) §§ 3 und 4 des Verwaltungsrechtlichen Rehabilitierungsgesetzes,

   die entsprechende Anwendung der Leistungsvorschriften des Bundesversorgungsgesetzes vorsehen,
8. das Gesetz über das Verwaltungsverfahren der Kriegsopferversorgung,
9. das Bundeskindergeldgesetz,
10. das Wohngeldgesetz,
11. *(aufgehoben)*
12. das Adoptionsvermittlungsgesetz,
13. *(aufgehoben)*
14. das Unterhaltsvorschussgesetz,
15. der ***[bis 31.8.2021:*** Erste, Zweite und Dritte Abschnitt des Bundeselterngeld- und Elternzeitgesetzes***][ab 1.9.2021:*** *Erste und Zweite Abschnitt des Bundeselterngeld- und Elternzeitgesetzes]*

15a. *(aufgehoben)*

16. das Altersteilzeitgesetz,
17. der Fünfte Abschnitt des Schwangerschaftskonfliktgesetzes.

§ 69 Stadtstaaten-Klausel. Die Senate der Länder Berlin, Bremen und Hamburg werden ermächtigt, die Vorschriften dieses Buches über die Zuständigkeit von Behörden dem besonderen Verwaltungsaufbau ihrer Länder anzupassen.

§ 70 Überleitungsvorschrift zum Verjährungsrecht. Artikel 229 § 6 Abs. 1 und 2 des Einführungsgesetzes zum Bürgerlichen Gesetzbuche gilt entsprechend bei der Anwendung des § 45 Abs. 2 und 3 in der seit dem 1. Januar 2002 geltenden Fassung.

§ 71 Überleitungsvorschrift zur Übertragung, Verpfändung und Pfändung. § 53 Abs. 6 und § 54 Abs. 6 sind nur auf Geldleistungen anzuwenden, soweit diese nach dem 30. März 2005 ganz oder teilweise zu Unrecht erbracht werden.

[1)] G v. 18.8.1972 (BGBl. I S. 1834), zuletzt geänd. durch G v. 27.12.1993 (BGBl. I S. 2378); beachte hierzu Art. 3 BundesgrenzschutzneuregelungsG v. 19.10.1994 (BGBl. I S. 2978) v. 19.10. 1994 (BGBl. I S. 2978).

2. Sozialgesetzbuch (SGB) Zweites Buch (II) – Grundsicherung für Arbeitsuchende –[1)]

In der Fassung der Bekanntmachung vom 13. Mai 2011[2)]
(BGBl. I S. 850, ber. S. 2094)

FNA 860-2

zuletzt geänd. durch Art. 1 Sozialschutz-Paket III v. 10.3.2021 (BGBl. I S. 335)

Inhaltsübersicht

[1)] Die Änderungen durch G v. 12.12.2019 (BGBl. I S. 2652), die erst **mWv 1.1.2024** in Kraft treten, sind im Text noch nicht berücksichtigt.

[2)] Neubekanntmachung des SGB II v. 24.12.2003 (BGBl. I S. 2954) in der ab 1.4.2011 geltenden Fassung.

Kapitel 1. Fördern und Fordern

§ 1 Aufgabe und Ziel der Grundsicherung für Arbeitsuchende.

(1) Die Grundsicherung für Arbeitsuchende soll es Leistungsberechtigten ermöglichen, ein Leben zu führen, das der Würde des Menschen entspricht.

(2) [1]Die Grundsicherung für Arbeitsuchende soll die Eigenverantwortung von erwerbsfähigen Leistungsberechtigten und Personen, die mit ihnen in einer Bedarfsgemeinschaft leben, stärken und dazu beitragen, dass sie ihren Lebensunterhalt unabhängig von der Grundsicherung aus eigenen Mitteln und Kräften bestreiten können. [2]Sie soll erwerbsfähige Leistungsberechtigte bei der Aufnahme oder Beibehaltung einer Erwerbstätigkeit unterstützen und den Lebensunterhalt sichern, soweit sie ihn nicht auf andere Weise bestreiten können. [3]Die Gleichstellung von Männern und Frauen ist als durchgängiges Prinzip zu verfolgen. [4]Die Leistungen der Grundsicherung sind insbesondere darauf auszurichten, dass

1. durch eine Erwerbstätigkeit Hilfebedürftigkeit vermieden oder beseitigt, die Dauer der Hilfebedürftigkeit verkürzt oder der Umfang der Hilfebedürftigkeit verringert wird,
2. die Erwerbsfähigkeit einer leistungsberechtigten Person erhalten, verbessert oder wieder hergestellt wird,
3. geschlechtsspezifischen Nachteilen von erwerbsfähigen Leistungsberechtigten entgegengewirkt wird,
4. die familienspezifischen Lebensverhältnisse von erwerbsfähigen Leistungsberechtigten, die Kinder erziehen oder pflegebedürftige Angehörige betreuen, berücksichtigt werden,
5. behindertenspezifische Nachteile überwunden werden,
6. Anreize zur Aufnahme und Ausübung einer Erwerbstätigkeit geschaffen und aufrechterhalten werden.

(3) Die Grundsicherung für Arbeitsuchende umfasst Leistungen zur

1. Beratung,
2. Beendigung oder Verringerung der Hilfebedürftigkeit insbesondere durch Eingliederung in Ausbildung oder Arbeit und
3. Sicherung des Lebensunterhalts.

§ 2 Grundsatz des Forderns. (1) [1] Erwerbsfähige Leistungsberechtigte und die mit ihnen in einer Bedarfsgemeinschaft lebenden Personen müssen alle Möglichkeiten zur Beendigung oder Verringerung ihrer Hilfebedürftigkeit ausschöpfen. [2] Eine erwerbsfähige leistungsberechtigte Person muss aktiv an allen Maßnahmen zu ihrer Eingliederung in Arbeit mitwirken, insbesondere eine Eingliederungsvereinbarung abschließen. [3] Wenn eine Erwerbstätigkeit auf dem allgemeinen Arbeitsmarkt in absehbarer Zeit nicht möglich ist, hat die erwerbsfähige leistungsberechtigte Person eine ihr angebotene zumutbare Arbeitsgelegenheit zu übernehmen.

(2) [1] Erwerbsfähige Leistungsberechtigte und die mit ihnen in einer Bedarfsgemeinschaft lebenden Personen haben in eigener Verantwortung alle Möglichkeiten zu nutzen, ihren Lebensunterhalt aus eigenen Mitteln und Kräften zu bestreiten. [2] Erwerbsfähige Leistungsberechtigte müssen ihre Arbeitskraft zur Beschaffung des Lebensunterhalts für sich und die mit ihnen in einer Bedarfsgemeinschaft lebenden Personen einsetzen.

§ 3 Leistungsgrundsätze. (1) [1] Leistungen zur Eingliederung in Arbeit können erbracht werden, soweit sie zur Vermeidung oder Beseitigung, Verkürzung oder Verminderung der Hilfebedürftigkeit für die Eingliederung erforderlich sind. [2] Bei den Leistungen zur Eingliederung in Arbeit sind

1. die Eignung,
2. die individuelle Lebenssituation, insbesondere die familiäre Situation,
3. die voraussichtliche Dauer der Hilfebedürftigkeit und
4. die Dauerhaftigkeit der Eingliederung

der erwerbsfähigen Leistungsberechtigten zu berücksichtigen. [3] Vorrangig sollen Maßnahmen eingesetzt werden, die die unmittelbare Aufnahme einer Erwerbstätigkeit ermöglichen. [4] Bei der Leistungserbringung sind die Grundsätze von Wirtschaftlichkeit und Sparsamkeit zu beachten.

(2) [1] Bei der Beantragung von Leistungen nach diesem Buch sollen unverzüglich Leistungen zur Eingliederung in Arbeit nach dem Ersten Abschnitt des Dritten Kapitels erbracht werden. [2] Bei fehlendem Berufsabschluss sind insbesondere die Möglichkeiten zur Vermittlung in eine Ausbildung zu nutzen.

(2a) [1] Die Agentur für Arbeit hat darauf hinzuwirken, dass erwerbsfähige Leistungsberechtigte, die

1. nicht über ausreichende deutsche Sprachkenntnisse verfügen, an einem Integrationskurs nach § 43 des Aufenthaltsgesetzes teilnehmen, oder
2. darüber hinaus notwendige berufsbezogene Sprachkenntnisse benötigen, an der berufsbezogenen Deutschsprachförderung nach § 45a des Aufenthaltsgesetzes teilnehmen,

sofern sie teilnahmeberechtigt sind und nicht unmittelbar in eine Ausbildung oder Arbeit vermittelt werden können und ihnen eine Teilnahme an einem Integrationskurs oder an der berufsbezogenen Deutschsprachförderung daneben nicht zumutbar ist. [2] Für die Teilnahmeberechtigung, die Verpflichtung zur Teilnahme und die Zugangsvoraussetzungen gelten die Bestimmungen der §§ 44, 44a und 45a des Aufenthaltsgesetzes sowie des § 9 Absatz 1 Satz 1 des Bundesvertriebenengesetzes in Verbindung mit der Integrationskursverordnung und der Verordnung über die berufsbezogene Deutschsprachförderung. [3] Eine Verpflichtung zur Teilnahme ist in die Eingliederungsvereinbarung als vorrangige Maßnahme aufzunehmen.

(3) Leistungen zur Sicherung des Lebensunterhalts dürfen nur erbracht werden, soweit die Hilfebedürftigkeit nicht anderweitig beseitigt werden kann; die nach diesem Buch vorgesehenen Leistungen decken den Bedarf der erwerbsfähigen Leistungsberechtigten und der mit ihnen in einer Bedarfsgemeinschaft lebenden Personen.

§ 4 Leistungsformen. (1) Die Leistungen der Grundsicherung für Arbeitsuchende werden erbracht in Form von

1. Dienstleistungen,
2. Geldleistungen und
3. Sachleistungen.

(2) [1] Die nach § 6 zuständigen Träger wirken darauf hin, dass erwerbsfähige Leistungsberechtigte und die mit ihnen in einer Bedarfsgemeinschaft lebenden Personen die erforderliche Beratung und Hilfe anderer Träger, insbesondere der Kranken- und Rentenversicherung, erhalten. [2] Die nach § 6 zuständigen Träger wirken auch darauf hin, dass Kinder und Jugendliche Zugang zu geeigneten vorhandenen Angeboten der gesellschaftlichen Teilhabe erhalten. [3] Sie arbeiten zu diesem Zweck mit Schulen und Kindertageseinrichtungen, den Trägern der Jugendhilfe, den Gemeinden und Gemeindeverbänden, freien Trägern, Vereinen und Verbänden und sonstigen handelnden Personen vor Ort zusammen. [4] Sie sollen die Eltern unterstützen und in geeigneter Weise dazu beitragen, dass Kinder und Jugendliche Leistungen für Bildung und Teilhabe möglichst in Anspruch nehmen.

§ 5 Verhältnis zu anderen Leistungen. (1) [1] Auf Rechtsvorschriften beruhende Leistungen Anderer, insbesondere der Träger anderer Sozialleistungen, werden durch dieses Buch nicht berührt. [2] Ermessensleistungen dürfen nicht deshalb versagt werden, weil dieses Buch entsprechende Leistungen vorsieht.

(2) [1] Der Anspruch auf Leistungen zur Sicherung des Lebensunterhalts nach diesem Buch schließt Leistungen nach dem Dritten Kapitel des Zwölften Buches[1)] aus. [2] Leistungen nach dem Vierten Kapitel des Zwölften Buches sind gegenüber dem Sozialgeld vorrangig.

(3) [1] Stellen Leistungsberechtigte trotz Aufforderung einen erforderlichen Antrag auf Leistungen eines anderen Trägers nicht, können die Leistungsträger nach diesem Buch den Antrag stellen sowie Rechtsbehelfe und Rechtsmittel einlegen. [2] Der Ablauf von Fristen, die ohne Verschulden der Leistungsträger nach diesem Buch verstrichen sind, wirkt nicht gegen die Leistungsträger nach diesem Buch; dies gilt nicht für Verfahrensfristen, soweit die Leistungsträger nach diesem Buch das Verfahren selbst betreiben. [3] Wird eine Leistung aufgrund eines Antrages nach Satz 1 von einem anderen Träger nach § 66 des Ersten Buches[2)] bestandskräftig entzogen oder versagt, sind die Leistungen zur Sicherung des Lebensunterhalts nach diesem Buch ganz oder teilweise so lange zu entziehen oder zu versagen, bis die leistungsberechtigte Person ihrer Verpflichtung nach den §§ 60 bis 64 des Ersten Buches gegenüber dem anderen Träger nachgekommen ist. [4] Eine Entziehung oder Versagung nach Satz 3 ist nur möglich, wenn die leistungsberechtigte Person vom zuständigen Leistungsträger nach diesem Buch zuvor schriftlich auf diese Folgen hingewiesen wurde. [5] Wird

---

[1)] Nr. **12**.
[2)] Nr. **1**.

die Mitwirkung gegenüber dem anderen Träger nachgeholt, ist die Versagung oder Entziehung rückwirkend aufzuheben. [6]Die Sätze 3 bis 5 gelten nicht für die vorzeitige Inanspruchnahme einer Rente wegen Alters.

(4) Leistungen zur Eingliederung in Arbeit nach dem Ersten Abschnitt des Dritten Kapitels werden nicht an oder für erwerbsfähige Leistungsberechtigte erbracht, die einen Anspruch auf Arbeitslosengeld oder Teilarbeitslosengeld haben.

§ 6 Träger der Grundsicherung für Arbeitsuchende. (1) [1]Träger der Leistungen nach diesem Buch sind:

1. die Bundesagentur für Arbeit (Bundesagentur), soweit Nummer 2 nichts Anderes bestimmt,
2. die kreisfreien Städte und Kreise für die Leistungen nach § 16a, das Arbeitslosengeld II und das Sozialgeld, soweit Arbeitslosengeld II und Sozialgeld für den Bedarf für Unterkunft und Heizung geleistet wird, die Leistungen nach § 24 Absatz 3 Satz 1 Nummer 1 und 2 sowie für die Leistungen nach § 28, soweit durch Landesrecht nicht andere Träger bestimmt sind (kommunale Träger).

[2]Zu ihrer Unterstützung können sie Dritte mit der Wahrnehmung von Aufgaben beauftragen; sie sollen einen Außendienst zur Bekämpfung von Leistungsmissbrauch einrichten.

(2) [1]Die Länder können bestimmen, dass und inwieweit die Kreise ihnen zugehörige Gemeinden oder Gemeindeverbände zur Durchführung der in Absatz 1 Satz 1 Nummer 2 genannten Aufgaben nach diesem Gesetz heranziehen und ihnen dabei Weisungen erteilen können; in diesen Fällen erlassen die Kreise den Widerspruchsbescheid nach dem Sozialgerichtsgesetz[1)]. [2]§ 44b Absatz 1 Satz 3 bleibt unberührt. [3]Die Sätze 1 und 2 gelten auch in den Fällen des § 6a mit der Maßgabe, dass eine Heranziehung auch für die Aufgaben nach § 6b Absatz 1 Satz 1 erfolgen kann.

(3) Die Länder Berlin, Bremen und Hamburg werden ermächtigt, die Vorschriften dieses Gesetzes über die Zuständigkeit von Behörden für die Grundsicherung für Arbeitsuchende dem besonderen Verwaltungsaufbau ihrer Länder anzupassen.

§ 6a Zugelassene kommunale Träger. (1) Die Zulassungen der aufgrund der Kommunalträger-Zulassungsverordnung vom 24. September 2004 (BGBl. I S. 2349) anstelle der Bundesagentur als Träger der Leistungen nach § 6 Absatz 1 Satz 1 Nummer 1 zugelassenen kommunalen Träger werden vom Bundesministerium für Arbeit und Soziales durch Rechtsverordnung über den 31. Dezember 2010 hinaus unbefristet verlängert, wenn die zugelassenen kommunalen Träger gegenüber der zuständigen obersten Landesbehörde die Verpflichtungen nach Absatz 2 Satz 1 Nummer 4 und 5 bis zum 30. September 2010 anerkennen.

(2) [1]Auf Antrag wird eine begrenzte Zahl weiterer kommunaler Träger vom Bundesministerium für Arbeit und Soziales als Träger im Sinne des § 6 Absatz 1 Satz 1 Nummer 1 durch Rechtsverordnung ohne Zustimmung des Bundesrates zugelassen, wenn sie

---

[1)] Nr. **20**.

1. geeignet sind, die Aufgaben zu erfüllen,
2. sich verpflichten, eine besondere Einrichtung nach Absatz 5 zu schaffen,
3. sich verpflichten, mindestens 90 Prozent der Beamtinnen und Beamten, Arbeitnehmerinnen und Arbeitnehmer der Bundesagentur, die zum Zeitpunkt der Zulassung mindestens seit 24 Monaten in der im Gebiet des kommunalen Trägers gelegenen Arbeitsgemeinschaft oder Agentur für Arbeit in getrennter Aufgabenwahrnehmung im Aufgabenbereich nach § 6 Absatz 1 Satz 1 tätig waren, vom Zeitpunkt der Zulassung an, dauerhaft zu beschäftigen,
4. sich verpflichten, mit der zuständigen Landesbehörde eine Zielvereinbarung über die Leistungen nach diesem Buch abzuschließen, und
5. sich verpflichten, die in der Rechtsverordnung nach § 51b Absatz 1 Satz 2 festgelegten Daten zu erheben und gemäß den Regelungen nach § 51b Absatz 4 an die Bundesagentur zu übermitteln, um bundeseinheitliche Datenerfassung, Ergebnisberichterstattung, Wirkungsforschung und Leistungsvergleiche zu ermöglichen.

[2] Für die Antragsberechtigung gilt § 6 Absatz 3 entsprechend. [3] *Der Antrag bedarf in den dafür zuständigen Vertretungskörperschaften der kommunalen Träger einer Mehrheit von zwei Dritteln der Mitglieder sowie der Zustimmung der zuständigen obersten Landesbehörde.*[1)] [4] Die Anzahl der nach den Absätzen 1 und 2 zugelassenen kommunalen Träger beträgt höchstens 25 Prozent der zum 31. Dezember 2010 bestehenden Arbeitsgemeinschaften nach § 44b in der bis zum 31. Dezember 2010 geltenden Fassung, zugelassenen kommunalen Trägern sowie der Kreise und kreisfreien Städte, in denen keine Arbeitsgemeinschaft nach § 44b in der bis zum 31. Dezember 2010 geltenden Fassung errichtet wurde (Aufgabenträger).

(3) Das Bundesministerium für Arbeit und Soziales wird ermächtigt, Voraussetzungen der Eignung nach Absatz 2 Nummer 1 und deren Feststellung sowie die Verteilung der Zulassungen nach den Absätzen 2 und 4 auf die Länder durch Rechtsverordnung mit Zustimmung des Bundesrates zu regeln.

(4) [1] Der Antrag nach Absatz 2 kann bis zum 31. Dezember 2010 mit Wirkung zum 1. Januar 2012 gestellt werden. [2] Darüber hinaus kann vom 30. Juni 2015 bis zum 31. Dezember 2015 mit Wirkung zum 1. Januar 2017 ein Antrag auf Zulassung gestellt werden, soweit die Anzahl der nach den Absätzen 1 und 2 zugelassenen kommunalen Träger 25 Prozent der zum 1. Januar 2015 bestehenden Aufgabenträger nach Absatz 2 Satz 4 unterschreitet. [3] Die Zulassungen werden unbefristet erteilt.

(5) Zur Wahrnehmung der Aufgaben anstelle der Bundesagentur errichten und unterhalten die zugelassenen kommunalen Träger besondere Einrichtungen für die Erfüllung der Aufgaben nach diesem Buch.

(6) [1] Das Bundesministerium für Arbeit und Soziales kann mit Zustimmung der zuständigen obersten Landesbehörde durch Rechtsverordnung ohne Zu-

---

[1)] Gem. Urt. des BVerfG v. 7.10.2014 – 2 BvR 1641/11 – (BGBl. I S. 1638) ist § 6a Abs. 2 Satz 3 SGB II idF des G zur Weiterentwicklung der Organisation der Grundsicherung für Arbeitsuchende vom 3.8.2010 mit Art. 28 Abs. 2 in Verbindung mit Art. 70 Abs. 1 GG v. 23.5.1949 (BGBl. I S. 1), zuletzt geänd. durch G v. 29.9.2020 (BGBl. I S. 2048) unvereinbar, soweit er anordnet, dass der Antrag in den dafür zuständigen Vertretungskörperschaften der kommunalen Träger einer Mehrheit von zwei Dritteln der Mitglieder bedarf. Die Vorschrift gilt für bestehende Zulassungen fort.

stimmung des Bundesrates die Zulassung widerrufen. [2]Auf Antrag des zugelassenen kommunalen Trägers, der der Zustimmung der zuständigen obersten Landesbehörde bedarf, widerruft das Bundesministerium für Arbeit und Soziales die Zulassung durch Rechtsverordnung ohne Zustimmung des Bundesrates. [3]Die Trägerschaft endet mit Ablauf des auf die Antragstellung folgenden Kalenderjahres.

(7) [1]Auf Antrag des kommunalen Trägers, der der Zustimmung der obersten Landesbehörde bedarf, widerruft, beschränkt oder erweitert das Bundesministerium für Arbeit und Soziales die Zulassung nach Absatz 1 oder 2 durch Rechtsverordnung ohne Zustimmung des Bundesrates, wenn und soweit die Zulassung aufgrund einer kommunalen Neugliederung nicht mehr dem Gebiet des kommunalen Trägers entspricht. [2]Absatz 2 Satz 1 Nummer 2 bis 5 gilt bei Erweiterung der Zulassung entsprechend. [3]Der Antrag nach Satz 1 kann bis zum 1. Juli eines Kalenderjahres mit Wirkung zum 1. Januar des folgenden Kalenderjahres gestellt werden.

§ 6b Rechtsstellung der zugelassenen kommunalen Träger. (1) [1]Die zugelassenen kommunalen Träger sind anstelle der Bundesagentur im Rahmen ihrer örtlichen Zuständigkeit Träger der Aufgaben nach § 6 Absatz 1 Satz 1 Nummer 1 mit Ausnahme der sich aus den §§ 44b, 48b, 50, 51a, 51b, 53, 55, 56 Absatz 2, §§ 64 und 65d ergebenden Aufgaben. [2]Sie haben insoweit die Rechte und Pflichten der Agentur für Arbeit.

(2) [1]Der Bund trägt die Aufwendungen der Grundsicherung für Arbeitsuchende einschließlich der Verwaltungskosten mit Ausnahme der Aufwendungen für Aufgaben nach § 6 Absatz 1 Satz 1 Nummer 2. [2]§ 46 Absatz 1 Satz 4, Absatz 2 und 3 Satz 1 gilt entsprechend. [3]§ 46 Absatz 5 bis 11 bleibt unberührt.

(2a) Für die Bewirtschaftung von Haushaltsmitteln des Bundes durch die zugelassenen kommunalen Träger gelten die haushaltsrechtlichen Bestimmungen des Bundes, soweit in Rechtsvorschriften des Bundes oder Vereinbarungen des Bundes mit den zugelassenen kommunalen Trägern nicht etwas anderes bestimmt ist.

(3) Der Bundesrechnungshof ist berechtigt, die Leistungsgewährung zu prüfen.

(4) [1]Das Bundesministerium für Arbeit und Soziales prüft, ob Einnahmen und Ausgaben in der besonderen Einrichtung nach § 6a Absatz 5 begründet und belegt sind und den Grundsätzen der Wirtschaftlichkeit und Sparsamkeit entsprechen. [2]Die Prüfung kann in einem vereinfachten Verfahren erfolgen, wenn der zugelassene kommunale Träger ein Verwaltungs- und Kontrollsystem errichtet hat, das die Ordnungsmäßigkeit der Berechnung und Zahlung gewährleistet und er dem Bundesministerium für Arbeit und Soziales eine Beurteilung ermöglicht, ob Aufwendungen nach Grund und Höhe vom Bund zu tragen sind. [3]Das Bundesministerium für Arbeit und Soziales kündigt örtliche Prüfungen bei einem zugelassenen kommunalen Träger gegenüber der nach § 48 Absatz 1 zuständigen Landesbehörde an und unterrichtet sie über das Ergebnis der Prüfung.

(5) [1]Das Bundesministerium für Arbeit und Soziales kann von dem zugelassenen kommunalen Träger die Erstattung von Mitteln verlangen, die er zu Lasten des Bundes ohne Rechtsgrund erlangt hat. [2]Der zu erstattende Betrag

ist während des Verzugs zu verzinsen. [3]Der Verzugszinssatz beträgt für das Jahr 3 Prozentpunkte über dem Basiszinssatz.

§ 6c Personalübergang bei Zulassung weiterer kommunaler Träger und bei Beendigung der Trägerschaft. (1) [1]Die Beamtinnen und Beamten, Arbeitnehmerinnen und Arbeitnehmer der Bundesagentur, die am Tag vor der Zulassung eines weiteren kommunalen Trägers nach § 6a Absatz 2 und mindestens seit 24 Monaten Aufgaben der Bundesagentur als Träger nach § 6 Absatz 1 Satz 1 Nummer 1 in dem Gebiet des kommunalen Trägers wahrgenommen haben, treten zum Zeitpunkt der Neuzulassung kraft Gesetzes in den Dienst des kommunalen Trägers über. [2]Für die Auszubildenden bei der Bundesagentur gilt Satz 1 entsprechend. [3]Die Versetzung von nach Satz 1 übergetretenen Beamtinnen und Beamten vom kommunalen Träger zur Bundesagentur bedarf nicht der Zustimmung der Bundesagentur, bis sie 10 Prozent der nach Satz 1 übergetretenen Beamtinnen und Beamten, Arbeitnehmerinnen und Arbeitnehmer wieder aufgenommen hat. [4]Bis zum Erreichen des in Satz 3 genannten Anteils ist die Bundesagentur zur Wiedereinstellung von nach Satz 1 übergetretenen Arbeitnehmerinnen und Arbeitnehmern verpflichtet, die auf Vorschlag des kommunalen Trägers dazu bereit sind. [5]Die Versetzung und Wiedereinstellung im Sinne der Sätze 3 und 4 ist innerhalb von drei Monaten nach dem Zeitpunkt der Neuzulassung abzuschließen. [6]Die Sätze 1 bis 5 gelten entsprechend für Zulassungen nach § 6a Absatz 4 Satz 2 sowie Erweiterungen der Zulassung nach § 6a Absatz 7.

(2) [1]Endet die Trägerschaft eines kommunalen Trägers nach § 6a, treten die Beamtinnen und Beamten, Arbeitnehmerinnen und Arbeitnehmer des kommunalen Trägers, die am Tag vor der Beendigung der Trägerschaft Aufgaben anstelle der Bundesagentur als Träger nach § 6 Absatz 1 Nummer 1 durchgeführt haben, zum Zeitpunkt der Beendigung der Trägerschaft kraft Gesetzes in den Dienst der Bundesagentur über. [2]Für die Auszubildenden bei dem kommunalen Träger gilt Satz 1 entsprechend.

(3) [1]Treten Beamtinnen und Beamte aufgrund des Absatzes 1 oder 2 kraft Gesetzes in den Dienst eines anderen Trägers über, wird das Beamtenverhältnis mit dem anderen Träger fortgesetzt. [2]Treten Arbeitnehmerinnen und Arbeitnehmer aufgrund des Absatzes 1 oder 2 kraft Gesetzes in den Dienst eines anderen Trägers über, tritt der neue Träger unbeschadet des Satzes 3 in die Rechte und Pflichten aus den Arbeitsverhältnissen ein, die im Zeitpunkt des Übertritts bestehen. [3]Vom Zeitpunkt des Übertritts an sind die für Arbeitnehmerinnen und Arbeitnehmer des neuen Trägers jeweils geltenden Tarifverträge ausschließlich anzuwenden. [4]Den Beamtinnen und Beamten, Arbeitnehmerinnen oder Arbeitnehmern ist die Fortsetzung des Beamten- oder Arbeitsverhältnisses von dem aufnehmenden Träger schriftlich zu bestätigen. [5]Für die Verteilung der Versorgungslasten hinsichtlich der aufgrund des Absatzes 1 oder 2 übertretenden Beamtinnen und Beamten gilt § 107b des Beamtenversorgungsgesetzes entsprechend. [6]Mit Inkrafttreten des Versorgungslastenteilungs-Staatsvertrags sind für die jeweils beteiligten Dienstherrn die im Versorgungslastenteilungs-Staatsvertrag bestimmten Regelungen entsprechend anzuwenden.

(4) [1]Beamtinnen und Beamten, die nach Absatz 1 oder 2 kraft Gesetzes in den Dienst eines anderen Trägers übertreten, soll ein gleich zu bewertendes Amt übertragen werden, das ihrem bisherigen Amt nach Bedeutung und Inhalt

ohne Berücksichtigung von Dienststellung und Dienstalter entspricht. [2]Wenn eine dem bisherigen Amt entsprechende Verwendung im Ausnahmefall nicht möglich ist, kann ihnen auch ein anderes Amt mit geringerem Grundgehalt übertragen werden. [3]Verringert sich nach Satz 1 oder 2 der Gesamtbetrag von Grundgehalt, allgemeiner Stellenzulage oder entsprechender Besoldungsbestandteile und anteiliger Sonderzahlung (auszugleichende Dienstbezüge), hat der aufnehmende Träger eine Ausgleichszulage zu gewähren. [4]Die Ausgleichszulage bemisst sich nach der Differenz zwischen den auszugleichenden Dienstbezügen beim abgebenden Träger und beim aufnehmenden Träger zum Zeitpunkt des Übertritts. [5]Auf die Ausgleichszulage werden alle Erhöhungen der auszugleichenden Dienstbezüge beim aufnehmenden Träger angerechnet. [6]Die Ausgleichszulage ist ruhegehaltfähig. [7]Als Bestandteil der Versorgungsbezüge vermindert sich die Ausgleichszulage bei jeder auf das Grundgehalt bezogenen Erhöhung der Versorgungsbezüge um diesen Erhöhungsbetrag. [8]Im Fall des Satzes 2 dürfen die Beamtinnen und Beamten neben der neuen Amtsbezeichnung die des früheren Amtes mit dem Zusatz „außer Dienst" („a. D.") führen.

(5) [1]Arbeitnehmerinnen und Arbeitnehmern, die nach Absatz 1 oder 2 kraft Gesetzes in den Dienst eines anderen Trägers übertreten, soll grundsätzlich eine tarifrechtlich gleichwertige Tätigkeit übertragen werden. [2]Wenn eine derartige Verwendung im Ausnahmefall nicht möglich ist, kann ihnen eine niedriger bewertete Tätigkeit übertragen werden. [3]Verringert sich das Arbeitsentgelt nach den Sätzen 1 und 2, ist eine Ausgleichszahlung in Höhe des Unterschiedsbetrages zwischen dem Arbeitsentgelt bei dem abgebenden Träger zum Zeitpunkt des Übertritts und dem jeweiligen Arbeitsentgelt bei dem aufnehmenden Träger zu zahlen.

§ 6d Jobcenter. Die gemeinsamen Einrichtungen nach § 44b und die zugelassenen kommunalen Träger nach § 6a führen die Bezeichnung Jobcenter.

Kapitel 2. Anspruchsvoraussetzungen

§ 7 Leistungsberechtigte. (1) [1]Leistungen nach diesem Buch erhalten Personen, die

1. das 15. Lebensjahr vollendet und die Altersgrenze nach § 7a noch nicht erreicht haben,
2. erwerbsfähig sind,
3. hilfebedürftig sind und
4. ihren gewöhnlichen Aufenthalt in der Bundesrepublik Deutschland haben (erwerbsfähige Leistungsberechtigte).

[2]Ausgenommen sind

1. Ausländerinnen und Ausländer, die weder in der Bundesrepublik Deutschland Arbeitnehmerinnen, Arbeitnehmer oder Selbständige noch aufgrund des § 2 Absatz 3 des Freizügigkeitsgesetzes/EU freizügigkeitsberechtigt sind, und ihre Familienangehörigen für die ersten drei Monate ihres Aufenthalts,
2. Ausländerinnen und Ausländer,
   a) die kein Aufenthaltsrecht haben oder
   b) deren Aufenthaltsrecht sich allein aus dem Zweck der Arbeitsuche ergibt,
   und ihre Familienangehörigen,

3. Leistungsberechtigte nach § 1 des Asylbewerberleistungsgesetzes.

[3] Satz 2 Nummer 1 gilt nicht für Ausländerinnen und Ausländer, die sich mit einem Aufenthaltstitel nach Kapitel 2 Abschnitt 5 des Aufenthaltsgesetzes in der Bundesrepublik Deutschland aufhalten. [4] Abweichend von Satz 2 Nummer 2 erhalten Ausländerinnen und Ausländer und ihre Familienangehörigen Leistungen nach diesem Buch, wenn sie seit mindestens fünf Jahren ihren gewöhnlichen Aufenthalt im Bundesgebiet haben; dies gilt nicht, wenn der Verlust des Rechts nach § 2 Absatz 1 des Freizügigkeitsgesetzes/ EU festgestellt wurde. [5] Die Frist nach Satz 4 beginnt mit der Anmeldung bei der zuständigen Meldebehörde. [6] Zeiten des nicht rechtmäßigen Aufenthalts, in denen eine Ausreisepflicht besteht, werden auf Zeiten des gewöhnlichen Aufenthalts nicht angerechnet. [7] Aufenthaltsrechtliche Bestimmungen bleiben unberührt.

(2) [1] Leistungen erhalten auch Personen, die mit erwerbsfähigen Leistungsberechtigten in einer Bedarfsgemeinschaft leben. [2] Dienstleistungen und Sachleistungen werden ihnen nur erbracht, wenn dadurch Hemmnisse bei der Eingliederung der erwerbsfähigen Leistungsberechtigten beseitigt oder vermindert werden. [3] Zur Deckung der Bedarfe nach § 28 erhalten die dort genannten Personen auch dann Leistungen für Bildung und Teilhabe, wenn sie mit Personen in einem Haushalt zusammenleben, mit denen sie nur deshalb keine Bedarfsgemeinschaft bilden, weil diese aufgrund des zu berücksichtigenden Einkommens oder Vermögens selbst nicht leistungsberechtigt sind.

(3) Zur Bedarfsgemeinschaft gehören

1. die erwerbsfähigen Leistungsberechtigten,
2. die im Haushalt lebenden Eltern oder der im Haushalt lebende Elternteil eines unverheirateten erwerbsfähigen Kindes, welches das 25. Lebensjahr noch nicht vollendet hat, und die im Haushalt lebende Partnerin oder der im Haushalt lebende Partner dieses Elternteils,
3. als Partnerin oder Partner der erwerbsfähigen Leistungsberechtigten
   a) die nicht dauernd getrennt lebende Ehegattin oder der nicht dauernd getrennt lebende Ehegatte,
   b) die nicht dauernd getrennt lebende Lebenspartnerin oder der nicht dauernd getrennt lebende Lebenspartner,
   c) eine Person, die mit der erwerbsfähigen leistungsberechtigten Person in einem gemeinsamen Haushalt so zusammenlebt, dass nach verständiger Würdigung der wechselseitige Wille anzunehmen ist, Verantwortung füreinander zu tragen und füreinander einzustehen.
4. die dem Haushalt angehörenden unverheirateten Kinder der in den Nummern 1 bis 3 genannten Personen, wenn sie das 25. Lebensjahr noch nicht vollendet haben, soweit sie die Leistungen zur Sicherung ihres Lebensunterhalts nicht aus eigenem Einkommen oder Vermögen beschaffen können.

(3a) Ein wechselseitiger Wille, Verantwortung füreinander zu tragen und füreinander einzustehen, wird vermutet, wenn Partner

1. länger als ein Jahr zusammenleben,
2. mit einem gemeinsamen Kind zusammenleben,
3. Kinder oder Angehörige im Haushalt versorgen oder
4. befugt sind, über Einkommen oder Vermögen des anderen zu verfügen.

(4) [1] Leistungen nach diesem Buch erhält nicht, wer in einer stationären Einrichtung untergebracht ist, Rente wegen Alters oder Knappschaftsausgleichsleistung oder ähnliche Leistungen öffentlich-rechtlicher Art bezieht. [2] Dem Aufenthalt in einer stationären Einrichtung ist der Aufenthalt in einer Einrichtung zum Vollzug richterlich angeordneter Freiheitsentziehung gleichgestellt. [3] Abweichend von Satz 1 erhält Leistungen nach diesem Buch,

1. wer voraussichtlich für weniger als sechs Monate in einem Krankenhaus (§ 107 des Fünften Buches[1)]) untergebracht ist, oder
2. wer in einer stationären Einrichtung nach Satz 1 untergebracht und unter den üblichen Bedingungen des allgemeinen Arbeitsmarktes mindestens 15 Stunden wöchentlich erwerbstätig ist.

[4] Die Sätze 1 und 3 Nummer 2 gelten für Bewohner von Räumlichkeiten im Sinne des § 42a Absatz 2 Satz 1 Nummer 2 und Satz 3 des Zwölften Buches[2)] entsprechend.

(4a) [1] Erwerbsfähige Leistungsberechtigte erhalten keine Leistungen, wenn sie sich ohne Zustimmung des zuständigen Trägers nach diesem Buch außerhalb des zeit- und ortsnahen Bereichs aufhalten und deshalb nicht für die Eingliederung in Arbeit zur Verfügung stehen. [2] Die Zustimmung ist zu erteilen, wenn für den Aufenthalt außerhalb des zeit- und ortsnahen Bereichs ein wichtiger Grund vorliegt und die Eingliederung in Arbeit nicht beeinträchtigt wird. [3] Ein wichtiger Grund liegt insbesondere vor bei

1. Teilnahme an einer ärztlich verordneten Maßnahme der medizinischen Vorsorge oder Rehabilitation,
2. Teilnahme an einer Veranstaltung, die staatspolitischen, kirchlichen oder gewerkschaftlichen Zwecken dient oder sonst im öffentlichen Interesse liegt, oder
3. Ausübung einer ehrenamtlichen Tätigkeit.

[4] Die Zustimmung kann auch erteilt werden, wenn für den Aufenthalt außerhalb des zeit- und ortsnahen Bereichs kein wichtiger Grund vorliegt und die Eingliederung in Arbeit nicht beeinträchtigt wird. [5] Die Dauer der Abwesenheiten nach Satz 4 soll in der Regel insgesamt drei Wochen im Kalenderjahr nicht überschreiten.

(5) [1] Auszubildende, deren Ausbildung im Rahmen des Bundesausbildungsförderungsgesetzes dem Grunde nach förderungsfähig ist, haben über die Leistungen nach § 27 hinaus keinen Anspruch auf Leistungen zur Sicherung des Lebensunterhalts. [2] Satz 1 gilt auch für Auszubildende, deren Bedarf sich nach § 61 Absatz 2, § 62 Absatz 3, § 123 Nummer 2 sowie § 124 Nummer 2 des Dritten Buches[3)] bemisst.

(6) Absatz 5 Satz 1 ist nicht anzuwenden auf Auszubildende,

1. die aufgrund von § 2 Absatz 1a des Bundesausbildungsförderungsgesetzes keinen Anspruch auf Ausbildungsförderung haben,
2. deren Bedarf sich nach den §§ 12, 13 Absatz 1 in Verbindung mit Absatz 2 Nummer 1 oder nach § 13 Absatz 1 Nummer 1 in Verbindung mit Absatz 2

[1)] Nr. **5**.
[2)] Nr. **12**.
[3)] Nr. **3**.

Nummer 2 des Bundesausbildungsförderungsgesetzes bemisst und die Leistungen nach dem Bundesausbildungsförderungsgesetz

a) erhalten oder nur wegen der Vorschriften zur Berücksichtigung von Einkommen und Vermögen nicht erhalten oder

b) beantragt haben und über deren Antrag das zuständige Amt für Ausbildungsförderung noch nicht entschieden hat; lehnt das zuständige Amt für Ausbildungsförderung die Leistungen ab, findet Absatz 5 mit Beginn des folgenden Monats Anwendung, oder

3. die eine Abendhauptschule, eine Abendrealschule oder ein Abendgymnasium besuchen, sofern sie aufgrund des § 10 Absatz 3 des Bundesausbildungsförderungsgesetzes keinen Anspruch auf Ausbildungsförderung haben.

§ 7a Altersgrenze. [1]Personen, die vor dem 1. Januar 1947 geboren sind, erreichen die Altersgrenze mit Ablauf des Monats, in dem sie das 65. Lebensjahr vollenden. [2]Für Personen, die nach dem 31. Dezember 1946 geboren sind, wird die Altersgrenze wie folgt angehoben:

für den Geburtsjahrgang	erfolgt eine Anhebung um Monate	auf den Ablauf des Monats, in dem ein Lebensalter vollendet wird von
1947	1	65 Jahren und 1 Monat
1948	2	65 Jahren und 2 Monaten
1949	3	65 Jahren und 3 Monaten
1950	4	65 Jahren und 4 Monaten
1951	5	65 Jahren und 5 Monaten
1952	6	65 Jahren und 6 Monaten
1953	7	65 Jahren und 7 Monaten
1954	8	65 Jahren und 8 Monaten
1955	9	65 Jahren und 9 Monaten
1956	10	65 Jahren und 10 Monaten
1957	11	65 Jahren und 11 Monaten
1958	12	66 Jahren
1959	14	66 Jahren und 2 Monaten
1960	16	66 Jahren und 4 Monaten
1961	18	66 Jahren und 6 Monaten
1962	20	66 Jahren und 8 Monaten
1963	22	66 Jahren und 10 Monaten
ab 1964	24	67 Jahren.

§ 8 Erwerbsfähigkeit. (1) Erwerbsfähig ist, wer nicht wegen Krankheit oder Behinderung auf absehbare Zeit außerstande ist, unter den üblichen Bedingungen des allgemeinen Arbeitsmarktes mindestens drei Stunden täglich erwerbstätig zu sein.

(2) [1]Im Sinne von Absatz 1 können Ausländerinnen und Ausländer nur erwerbstätig sein, wenn ihnen die Aufnahme einer Beschäftigung erlaubt ist oder erlaubt werden könnte. [2]Die rechtliche Möglichkeit, eine Beschäftigung

vorbehaltlich einer Zustimmung nach § 39 des Aufenthaltsgesetzes aufzunehmen, ist ausreichend.

§ 9 Hilfebedürftigkeit. (1) Hilfebedürftig ist, wer seinen Lebensunterhalt nicht oder nicht ausreichend aus dem zu berücksichtigenden Einkommen oder Vermögen sichern kann und die erforderliche Hilfe nicht von anderen, insbesondere von Angehörigen oder von Trägern anderer Sozialleistungen, erhält.

(2) [1] Bei Personen, die in einer Bedarfsgemeinschaft leben, sind auch das Einkommen und Vermögen des Partners zu berücksichtigen. [2] Bei unverheirateten Kindern, die mit ihren Eltern oder einem Elternteil in einer Bedarfsgemeinschaft leben und die ihren Lebensunterhalt nicht aus eigenem Einkommen oder Vermögen sichern können, sind auch das Einkommen und Vermögen der Eltern oder des Elternteils und dessen in Bedarfsgemeinschaft lebender Partnerin oder lebenden Partners zu berücksichtigen. [3] Ist in einer Bedarfsgemeinschaft nicht der gesamte Bedarf aus eigenen Kräften und Mitteln gedeckt, gilt jede Person der Bedarfsgemeinschaft im Verhältnis des eigenen Bedarfs zum Gesamtbedarf als hilfebedürftig, dabei bleiben die Bedarfe nach § 28 außer Betracht. [4] In den Fällen des § 7 Absatz 2 Satz 3 ist Einkommen und Vermögen, soweit es die nach Satz 3 zu berücksichtigenden Bedarfe übersteigt, im Verhältnis mehrerer Leistungsberechtigter zueinander zu gleichen Teilen zu berücksichtigen.

(3) Absatz 2 Satz 2 findet keine Anwendung auf ein Kind, das schwanger ist oder sein Kind bis zur Vollendung des sechsten Lebensjahres betreut.

(4) Hilfebedürftig ist auch derjenige, dem der sofortige Verbrauch oder die sofortige Verwertung von zu berücksichtigendem Vermögen nicht möglich ist oder für den dies eine besondere Härte bedeuten würde.

(5) Leben Hilfebedürftige in Haushaltsgemeinschaft mit Verwandten oder Verschwägerten, so wird vermutet, dass sie von ihnen Leistungen erhalten, soweit dies nach deren Einkommen und Vermögen erwartet werden kann.

§ 10 Zumutbarkeit. (1) Einer erwerbsfähigen leistungsberechtigten Person ist jede Arbeit zumutbar, es sei denn, dass

1. sie zu der bestimmten Arbeit körperlich, geistig oder seelisch nicht in der Lage ist,
2. die Ausübung der Arbeit die künftige Ausübung der bisherigen überwiegenden Arbeit wesentlich erschweren würde, weil die bisherige Tätigkeit besondere körperliche Anforderungen stellt,
3. die Ausübung der Arbeit die Erziehung ihres Kindes oder des Kindes ihrer Partnerin oder ihres Partners gefährden würde; die Erziehung eines Kindes, das das dritte Lebensjahr vollendet hat, ist in der Regel nicht gefährdet, soweit die Betreuung in einer Tageseinrichtung oder in Tagespflege im Sinne der Vorschriften des Achten Buches[1)] oder auf sonstige Weise sichergestellt ist; die zuständigen kommunalen Träger sollen darauf hinwirken, dass erwerbsfähigen Erziehenden vorrangig ein Platz zur Tagesbetreuung des Kindes angeboten wird,

---

[1)] Nr. 8.

4. die Ausübung der Arbeit mit der Pflege einer oder eines Angehörigen nicht vereinbar wäre und die Pflege nicht auf andere Weise sichergestellt werden kann,
5. der Ausübung der Arbeit ein sonstiger wichtiger Grund entgegensteht.

(2) Eine Arbeit ist nicht allein deshalb unzumutbar, weil
1. sie nicht einer früheren beruflichen Tätigkeit entspricht, für die die erwerbsfähige leistungsberechtigte Person ausgebildet ist oder die früher ausgeübt wurde,
2. sie im Hinblick auf die Ausbildung der erwerbsfähigen leistungsberechtigten Person als geringerwertig anzusehen ist,
3. der Beschäftigungsort vom Wohnort der erwerbsfähigen leistungsberechtigten Person weiter entfernt ist als ein früherer Beschäftigungs- oder Ausbildungsort,
4. die Arbeitsbedingungen ungünstiger sind als bei den bisherigen Beschäftigungen der erwerbsfähigen leistungsberechtigten Person,
5. sie mit der Beendigung einer Erwerbstätigkeit verbunden ist, es sei denn, es liegen begründete Anhaltspunkte vor, dass durch die bisherige Tätigkeit künftig die Hilfebedürftigkeit beendet werden kann.

(3) Die Absätze 1 und 2 gelten für die Teilnahme an Maßnahmen zur Eingliederung in Arbeit entsprechend.

§ 11 Zu berücksichtigendes Einkommen. (1) [1] Als Einkommen zu berücksichtigen sind Einnahmen in Geld abzüglich der nach § 11b abzusetzenden Beträge mit Ausnahme der in § 11a genannten Einnahmen. [2] Dies gilt auch für Einnahmen in Geldeswert, die im Rahmen einer Erwerbstätigkeit, des Bundesfreiwilligendienstes oder eines Jugendfreiwilligendienstes zufließen. [3] Als Einkommen zu berücksichtigen sind auch Zuflüsse aus darlehensweise gewährten Sozialleistungen, soweit sie dem Lebensunterhalt dienen. [4] Der Kinderzuschlag nach § 6a des Bundeskindergeldgesetzes ist als Einkommen dem jeweiligen Kind zuzurechnen. [5] Dies gilt auch für das Kindergeld für zur Bedarfsgemeinschaft gehörende Kinder, soweit es bei dem jeweiligen Kind zur Sicherung des Lebensunterhalts, mit Ausnahme der Bedarfe nach § 28, benötigt wird.

(2) [1] Laufende Einnahmen sind für den Monat zu berücksichtigen, in dem sie zufließen. [2] Zu den laufenden Einnahmen zählen auch Einnahmen, die an einzelnen Tagen eines Monats aufgrund von kurzzeitigen Beschäftigungsverhältnissen erzielt werden. [3] Für laufende Einnahmen, die in größeren als monatlichen Zeitabständen zufließen, gilt Absatz 3 entsprechend.

(3) [1] Einmalige Einnahmen sind in dem Monat, in dem sie zufließen, zu berücksichtigen. [2] Zu den einmaligen Einnahmen gehören auch als Nachzahlung zufließende Einnahmen, die nicht für den Monat des Zuflusses erbracht werden. [3] Sofern für den Monat des Zuflusses bereits Leistungen ohne Berücksichtigung der einmaligen Einnahme erbracht worden sind, werden sie im Folgemonat berücksichtigt. [4] Entfiele der Leistungsanspruch durch die Berücksichtigung in einem Monat, ist die einmalige Einnahme auf einen Zeitraum von sechs Monaten gleichmäßig aufzuteilen und monatlich mit einem entsprechenden Teilbetrag zu berücksichtigen.

§ 11a Nicht zu berücksichtigendes Einkommen. (1) Nicht als Einkommen zu berücksichtigen sind

1. Leistungen nach diesem Buch,
2. die Grundrente nach dem Bundesversorgungsgesetz und nach den Gesetzen, die eine entsprechende Anwendung des Bundesversorgungsgesetzes vorsehen,
3. die Renten oder Beihilfen, die nach dem Bundesentschädigungsgesetz für Schaden an Leben sowie an Körper oder Gesundheit erbracht werden, bis zur Höhe der vergleichbaren Grundrente nach dem Bundesversorgungsgesetz.

(2) Entschädigungen, die wegen eines Schadens, der kein Vermögensschaden ist, nach § 253 Absatz 2 des Bürgerlichen Gesetzbuchs geleistet werden, sind nicht als Einkommen zu berücksichtigen.

(3) [1] Leistungen, die aufgrund öffentlich-rechtlicher Vorschriften zu einem ausdrücklich genannten Zweck erbracht werden, sind nur so weit als Einkommen zu berücksichtigen, als die Leistungen nach diesem Buch im Einzelfall demselben Zweck dienen. [2] Abweichend von Satz 1 sind als Einkommen zu berücksichtigen

1. die Leistungen nach § 39 des Achten Buches[1)], die für den erzieherischen Einsatz erbracht werden,

   a) für das dritte Pflegekind zu 75 Prozent,

   b) für das vierte und jedes weitere Pflegekind vollständig,
2. die Leistungen nach § 23 des Achten Buches,
3. die Leistungen der Ausbildungsförderung nach dem Bundesausbildungsförderungsgesetz sowie vergleichbare Leistungen der Begabtenförderungswerke; § 14b Absatz 2 Satz 1 des Bundesausbildungsförderungsgesetzes bleibt unberührt,
4. die Berufsausbildungsbeihilfe nach dem Dritten Buch[2)] mit Ausnahme der Bedarfe nach § 64 Absatz 3 Satz 1 des Dritten Buches sowie
5. Reisekosten zur Teilhabe am Arbeitsleben nach § 127 Absatz 1 Satz 1 des Dritten Buches in Verbindung mit § 53 des Neunten Buches[3)].

(4) Zuwendungen der freien Wohlfahrtspflege sind nicht als Einkommen zu berücksichtigen, soweit sie die Lage der Empfängerinnen und Empfänger nicht so günstig beeinflussen, dass daneben Leistungen nach diesem Buch nicht gerechtfertigt wären.

(5) Zuwendungen, die ein anderer erbringt, ohne hierzu eine rechtliche oder sittliche Pflicht zu haben, sind nicht als Einkommen zu berücksichtigen, soweit

1. ihre Berücksichtigung für die Leistungsberechtigten grob unbillig wäre oder
2. sie die Lage der Leistungsberechtigten nicht so günstig beeinflussen, dass daneben Leistungen nach diesem Buch nicht gerechtfertigt wären.

(6) [1] Überbrückungsgeld nach § 51 des Strafvollzugsgesetzes oder vergleichbare Leistungen nach landesrechtlichen Regelungen sind nicht als Einkommen zu berücksichtigen, soweit sie den Bedarf der leistungsberechtigten Person für

---

[1)] Nr. **8**.
[2)] Nr. **3**.
[3)] Nr. **9**.

28 Tage übersteigen. [2]Die Berücksichtigung des als Einkommen verbleibenden Teils der in Satz 1 bezeichneten Leistungen richtet sich nach § 11 Absatz 3.

§ 11b Absetzbeträge. (1) [1]Vom Einkommen abzusetzen sind

1. auf das Einkommen entrichtete Steuern,
2. Pflichtbeiträge zur Sozialversicherung einschließlich der Beiträge zur Arbeitsförderung,
3. Beiträge zu öffentlichen oder privaten Versicherungen oder ähnlichen Einrichtungen, soweit diese Beiträge gesetzlich vorgeschrieben oder nach Grund und Höhe angemessen sind; hierzu gehören Beiträge
   a) zur Vorsorge für den Fall der Krankheit und der Pflegebedürftigkeit für Personen, die in der gesetzlichen Krankenversicherung nicht versicherungspflichtig sind,
   b) zur Altersvorsorge von Personen, die von der Versicherungspflicht in der gesetzlichen Rentenversicherung befreit sind,

   soweit die Beiträge nicht nach § 26 bezuschusst werden,
4. geförderte Altersvorsorgebeiträge nach § 82 des Einkommensteuergesetzes, soweit sie den Mindesteigenbeitrag nach § 86 des Einkommensteuergesetzes nicht überschreiten,
5. die mit der Erzielung des Einkommens verbundenen notwendigen Ausgaben,
6. für Erwerbstätige ferner ein Betrag nach Absatz 3,
7. Aufwendungen zur Erfüllung gesetzlicher Unterhaltsverpflichtungen bis zu dem in einem Unterhaltstitel oder in einer notariell beurkundeten Unterhaltsvereinbarung festgelegten Betrag,
8. bei erwerbsfähigen Leistungsberechtigten, deren Einkommen nach dem Vierten Abschnitt des Bundesausbildungsförderungsgesetzes oder nach § 67 oder § 126 des Dritten Buches[1)] bei der Berechnung der Leistungen der Ausbildungsförderung für mindestens ein Kind berücksichtigt wird, der nach den Vorschriften der Ausbildungsförderung berücksichtigte Betrag.

[2]Bei der Verteilung einer einmaligen Einnahme nach § 11 Absatz 3 Satz 4 sind die auf die einmalige Einnahme im Zuflussmonat entfallenden Beträge nach den Nummern 1, 2, 5 und 6 vorweg abzusetzen.

(2) [1]Bei erwerbsfähigen Leistungsberechtigten, die erwerbstätig sind, ist anstelle der Beträge nach Absatz 1 Satz 1 Nummer 3 bis 5 ein Betrag von insgesamt 100 Euro monatlich von dem Einkommen aus Erwerbstätigkeit abzusetzen. [2]Beträgt das monatliche Einkommen aus Erwerbstätigkeit mehr als 400 Euro, gilt Satz 1 nicht, wenn die oder der erwerbsfähige Leistungsberechtigte nachweist, dass die Summe der Beträge nach Absatz 1 Satz 1 Nummer 3 bis 5 den Betrag von 100 Euro übersteigt. [3]Erhält eine leistungsberechtigte Person mindestens aus einer Tätigkeit Bezüge oder Einnahmen, die nach § 3 Nummer 12, 26, 26a oder 26b des Einkommensteuergesetzes steuerfrei sind, gelten die Sätze 1 und 2 mit den Maßgaben, dass jeweils an die Stelle des Betrages von

---

[1)] Nr. 3.

1. 100 Euro monatlich der Betrag von 250 Euro monatlich, höchstens jedoch der Betrag, der sich aus der Summe von 100 Euro und dem Betrag der steuerfreien Bezüge oder Einnahmen ergibt, und
2. 400 Euro der Betrag, der sich nach Nummer 1 ergibt,

tritt. [4] § 11a Absatz 3 bleibt unberührt. [5] Von den in § 11a Absatz 3 Satz 2 Nummer 3 bis 5 genannten Leistungen, von dem Ausbildungsgeld nach dem Dritten Buch sowie von dem erhaltenen Unterhaltsbeitrag nach § 10 Absatz 2 des Aufstiegsfortbildungsförderungsgesetzes sind für die Absetzbeträge nach § 11b Absatz 1 Satz 1 Nummer 3 bis 5 mindestens 100 Euro abzusetzen, wenn die Absetzung nicht bereits nach den Sätzen 1 bis 3 erfolgt. [6] Von dem Taschengeld nach § 2 Nummer 4 des Bundesfreiwilligendienstgesetzes oder § 2 Absatz 1 Nummer 3 des Jugendfreiwilligendienstegesetzes ist anstelle der Beträge nach § 11b Absatz 1 Satz 1 Nummer 3 bis 5 ein Betrag von insgesamt 250 Euro monatlich abzusetzen, soweit die Absetzung nicht bereits nach den Sätzen 1 bis 3 erfolgt.

(2a) § 82a des Zwölften Buches[1)] gilt entsprechend.

(3) [1] Bei erwerbsfähigen Leistungsberechtigten, die erwerbstätig sind, ist von dem monatlichen Einkommen aus Erwerbstätigkeit ein weiterer Betrag abzusetzen. [2] Dieser beläuft sich

1. für den Teil des monatlichen Einkommens, das 100 Euro übersteigt und nicht mehr als 1 000 Euro beträgt, auf 20 Prozent und
2. für den Teil des monatlichen Einkommens, das 1 000 Euro übersteigt und nicht mehr als 1 200 Euro beträgt, auf 10 Prozent.

[3] Anstelle des Betrages von 1 200 Euro tritt für erwerbsfähige Leistungsberechtigte, die entweder mit mindestens einem minderjährigen Kind in Bedarfsgemeinschaft leben oder die mindestens ein minderjähriges Kind haben, ein Betrag von 1 500 Euro.

§ 12 Zu berücksichtigendes Vermögen. (1) Als Vermögen sind alle verwertbaren Vermögensgegenstände zu berücksichtigen.

(2) [1] Vom Vermögen sind abzusetzen

1. ein Grundfreibetrag in Höhe von 150 Euro je vollendetem Lebensjahr für jede in der Bedarfsgemeinschaft lebende volljährige Person und deren Partnerin oder Partner, mindestens aber jeweils 3 100 Euro; der Grundfreibetrag darf für jede volljährige Person und ihre Partnerin oder ihren Partner jeweils den nach Satz 2 maßgebenden Höchstbetrag nicht übersteigen,

1a. ein Grundfreibetrag in Höhe von 3 100 Euro für jedes leistungsberechtigte minderjährige Kind,

2. Altersvorsorge in Höhe des nach Bundesrecht ausdrücklich als Altersvorsorge geförderten Vermögens einschließlich seiner Erträge und der geförderten laufenden Altersvorsorgebeiträge, soweit die Inhaberin oder der Inhaber das Altersvorsorgevermögen nicht vorzeitig verwendet,
3. geldwerte Ansprüche, die der Altersvorsorge dienen, soweit die Inhaberin oder der Inhaber sie vor dem Eintritt in den Ruhestand aufgrund einer unwiderruflichen vertraglichen Vereinbarung nicht verwerten kann und der Wert der geldwerten Ansprüche 750 Euro je vollendetem Lebensjahr der

---

1) Nr. **12**.

erwerbsfähigen leistungsberechtigten Person und deren Partnerin oder Partner, höchstens jedoch jeweils den nach Satz 2 maßgebenden Höchstbetrag nicht übersteigt,
4. ein Freibetrag für notwendige Anschaffungen in Höhe von 750 Euro für jeden in der Bedarfsgemeinschaft lebenden Leistungsberechtigten.

[2] Bei Personen, die

1. vor dem 1. Januar 1958 geboren sind, darf der Grundfreibetrag nach Satz 1 Nummer 1 jeweils 9 750 Euro und der Wert der geldwerten Ansprüche nach Satz 1 Nummer 3 jeweils 48 750 Euro,
2. nach dem 31. Dezember 1957 und vor dem 1. Januar 1964 geboren sind, darf der Grundfreibetrag nach Satz 1 Nummer 1 jeweils 9 900 Euro und der Wert der geldwerten Ansprüche nach Satz 1 Nummer 3 jeweils 49 500 Euro,
3. nach dem 31. Dezember 1963 geboren sind, darf der Grundfreibetrag nach Satz 1 Nummer 1 jeweils 10 050 Euro und der Wert der geldwerten Ansprüche nach Satz 1 Nummer 3 jeweils 50 250 Euro

nicht übersteigen.

(3) [1] Als Vermögen sind nicht zu berücksichtigen

1. angemessener Hausrat,
2. ein angemessenes Kraftfahrzeug für jede in der Bedarfsgemeinschaft lebende erwerbsfähige Person,
3. von der Inhaberin oder dem Inhaber als für die Altersvorsorge bestimmt bezeichnete Vermögensgegenstände in angemessenem Umfang, wenn die erwerbsfähige leistungsberechtigte Person oder deren Partnerin oder Partner von der Versicherungspflicht in der gesetzlichen Rentenversicherung befreit ist,
4. ein selbst genutztes Hausgrundstück von angemessener Größe oder eine entsprechende Eigentumswohnung,
5. Vermögen, solange es nachweislich zur baldigen Beschaffung oder Erhaltung eines Hausgrundstücks von angemessener Größe bestimmt ist, soweit dieses zu Wohnzwecken behinderter oder pflegebedürftiger Menschen dient oder dienen soll und dieser Zweck durch den Einsatz oder die Verwertung des Vermögens gefährdet würde,
6. Sachen und Rechte, soweit ihre Verwertung offensichtlich unwirtschaftlich ist oder für den Betroffenen eine besondere Härte bedeuten würde.

[2] Für die Angemessenheit sind die Lebensumstände während des Bezugs der Leistungen zur Grundsicherung für Arbeitsuchende maßgebend.

(4) [1] Das Vermögen ist mit seinem Verkehrswert zu berücksichtigen. [2] Für die Bewertung ist der Zeitpunkt maßgebend, in dem der Antrag auf Bewilligung oder erneute Bewilligung der Leistungen der Grundsicherung für Arbeitsuchende gestellt wird, bei späterem Erwerb von Vermögen der Zeitpunkt des Erwerbs. [3] Wesentliche Änderungen des Verkehrswertes sind zu berücksichtigen.

§ 12a Vorrangige Leistungen. [1] Leistungsberechtigte sind verpflichtet, Sozialleistungen anderer Träger in Anspruch zu nehmen und die dafür erforderlichen Anträge zu stellen, sofern dies zur Vermeidung, Beseitigung, Verkürzung oder Verminderung der Hilfebedürftigkeit erforderlich ist. [2] Abweichend von Satz 1 sind Leistungsberechtigte nicht verpflichtet,

1. bis zur Vollendung des 63. Lebensjahres eine Rente wegen Alters vorzeitig in Anspruch zu nehmen oder
2. Wohngeld nach dem Wohngeldgesetz oder Kinderzuschlag nach dem Bundeskindergeldgesetz in Anspruch zu nehmen, wenn dadurch nicht die Hilfebedürftigkeit aller Mitglieder der Bedarfsgemeinschaft für einen zusammenhängenden Zeitraum von mindestens drei Monaten beseitigt würde.

§ 13 Verordnungsermächtigung. (1) Das Bundesministerium für Arbeit und Soziales wird ermächtigt, im Einvernehmen mit dem Bundesministerium der Finanzen ohne Zustimmung des Bundesrates durch Rechtsverordnung zu bestimmen,
1. welche weiteren Einnahmen nicht als Einkommen zu berücksichtigen sind und wie das Einkommen im Einzelnen zu berechnen ist,
2. welche weiteren Vermögensgegenstände nicht als Vermögen zu berücksichtigen sind und wie der Wert des Vermögens zu ermitteln ist,
3. welche Pauschbeträge für die von dem Einkommen abzusetzenden Beträge zu berücksichtigen sind,
4. welche durchschnittlichen monatlichen Beträge für einzelne Bedarfe nach § 28 für die Prüfung der Hilfebedürftigkeit zu berücksichtigen sind und welcher Eigenanteil des maßgebenden Regelbedarfs bei der Bemessung des Bedarfs nach § 28 Absatz 6 zugrunde zu legen ist.

(2) Das Bundesministerium für Arbeit und Soziales wird ermächtigt, ohne Zustimmung des Bundesrates durch Rechtsverordnung zu bestimmen, unter welchen Voraussetzungen und für welche Dauer Leistungsberechtigte nach Vollendung des 63. Lebensjahres ausnahmsweise zur Vermeidung von Unbilligkeiten nicht verpflichtet sind, eine Rente wegen Alters vorzeitig in Anspruch zu nehmen.

(3) Das Bundesministerium für Arbeit und Soziales wird ermächtigt, durch Rechtsverordnung ohne Zustimmung des Bundesrates nähere Bestimmungen zum zeit- und ortsnahen Bereich (§ 7 Absatz 4a) sowie dazu zu treffen, wie lange und unter welchen Voraussetzungen sich erwerbsfähige Leistungsberechtigte außerhalb des zeit- und ortsnahen Bereichs aufhalten dürfen, ohne Ansprüche auf Leistungen nach diesem Buch zu verlieren.

Kapitel 3. Leistungen

Abschnitt 1. Leistungen zur Eingliederung in Arbeit

§ 14 Grundsatz des Förderns. (1) Die Träger der Leistungen nach diesem Buch unterstützen erwerbsfähige Leistungsberechtigte umfassend mit dem Ziel der Eingliederung in Arbeit.

(2) [1] Leistungsberechtigte Personen erhalten Beratung. [2] Aufgabe der Beratung ist insbesondere die Erteilung von Auskunft und Rat zu Selbsthilfeobliegenheiten und Mitwirkungspflichten, zur Berechnung der Leistungen zur Sicherung des Lebensunterhalts und zur Auswahl der Leistungen im Rahmen des Eingliederungsprozesses. [3] Art und Umfang der Beratung richten sich nach dem Beratungsbedarf der leistungsberechtigten Person. [4] Beratungsleistungen,

die Leistungsberechtigte nach den §§ 29 bis 33 des Dritten Buches[1)] von den für die Arbeitsförderung zuständigen Dienststellen der Bundesagentur für Arbeit erhalten, sollen dabei Berücksichtigung finden. [5]Hierbei arbeiten die Träger der Leistungen nach diesem Buch mit den in Satz 4 genannten Dienststellen eng zusammen.

(3) Die Agentur für Arbeit soll eine persönliche Ansprechpartnerin oder einen persönlichen Ansprechpartner für jede erwerbsfähige leistungsberechtigte Person und die mit dieser in einer Bedarfsgemeinschaft lebenden Personen benennen.

(4) Die Träger der Leistungen nach diesem Buch erbringen unter Beachtung der Grundsätze von Wirtschaftlichkeit und Sparsamkeit alle im Einzelfall für die Eingliederung in Arbeit erforderlichen Leistungen.

§ 15 Eingliederungsvereinbarung. (1) [1]Die Agentur für Arbeit soll unverzüglich zusammen mit jeder erwerbsfähigen leistungsberechtigten Person die für die Eingliederung erforderlichen persönlichen Merkmale, berufliche Fähigkeiten und die Eignung feststellen (Potenzialanalyse). [2]Die Feststellungen erstrecken sich auch darauf, ob und durch welche Umstände die berufliche Eingliederung voraussichtlich erschwert sein wird. [3]Tatsachen, über die die Agentur für Arbeit nach § 9a Satz 2 Nummer 2 des Dritten Buches[1)] unterrichtet wird, müssen von ihr nicht erneut festgestellt werden, es sei denn, es liegen Anhaltspunkte dafür vor, dass sich eingliederungsrelevante Veränderungen ergeben haben.

(2) [1]Die Agentur für Arbeit soll im Einvernehmen mit dem kommunalen Träger mit jeder erwerbsfähigen leistungsberechtigten Person unter Berücksichtigung der Feststellungen nach Absatz 1 die für ihre Eingliederung erforderlichen Leistungen vereinbaren (Eingliederungsvereinbarung). [2]In der Eingliederungsvereinbarung soll bestimmt werden,

1. welche Leistungen zur Eingliederung in Ausbildung oder Arbeit nach diesem Abschnitt die leistungsberechtigte Person erhält,
2. welche Bemühungen erwerbsfähige Leistungsberechtigte in welcher Häufigkeit zur Eingliederung in Arbeit mindestens unternehmen sollen und in welcher Form diese Bemühungen nachzuweisen sind,
3. wie Leistungen anderer Leistungsträger in den Eingliederungsprozess einbezogen werden.

[3]Die Eingliederungsvereinbarung kann insbesondere bestimmen, in welche Tätigkeiten oder Tätigkeitsbereiche die leistungsberechtigte Person vermittelt werden soll.

(3) [1]Die Eingliederungsvereinbarung soll regelmäßig, spätestens jedoch nach Ablauf von sechs Monaten, gemeinsam überprüft und fortgeschrieben werden. [2]Bei jeder folgenden Eingliederungsvereinbarung sind die bisher gewonnenen Erfahrungen zu berücksichtigen. [3]Soweit eine Vereinbarung nach Absatz 2 nicht zustande kommt, sollen die Regelungen durch Verwaltungsakt getroffen werden.

(4) [1]In der Eingliederungsvereinbarung kann auch vereinbart werden, welche Leistungen die Personen erhalten, die mit der oder dem erwerbsfähigen

---

[1)] Nr. 3.

Leistungsberechtigten in einer Bedarfsgemeinschaft leben. [2]Diese Personen sind hierbei zu beteiligen.

§ 15a *(aufgehoben)*

§ 16 Leistungen zur Eingliederung. (1) [1]Zur Eingliederung in Arbeit erbringt die Agentur für Arbeit Leistungen nach § 35 des Dritten Buches[1)]. [2]Sie kann folgende Leistungen des Dritten Kapitels des Dritten Buches erbringen:

1. die übrigen Leistungen der Beratung und Vermittlung nach dem Ersten Abschnitt mit Ausnahme der Leistung nach § 31a,
2. Leistungen zur Aktivierung und beruflichen Eingliederung nach dem Zweiten Abschnitt,
3. Leistungen zur Berufsausbildung nach dem Vierten Unterabschnitt des Dritten Abschnitts und Leistungen nach § 54a Absatz 1 bis 5,
4. Leistungen zur beruflichen Weiterbildung nach dem Vierten Abschnitt, mit Ausnahme von Leistungen nach § 82 Absatz 6, und Leistungen nach den §§ 131a und 131b,
5. Leistungen zur Aufnahme einer sozialversicherungspflichtigen Beschäftigung nach dem Ersten Unterabschnitt des Fünften Abschnitts.

[3]Für Eingliederungsleistungen an erwerbsfähige behinderte Leistungsberechtigte nach diesem Buch gelten die §§ 112 bis 114, 115 Nummer 1 bis 3 mit Ausnahme berufsvorbereitender Bildungsmaßnahmen und der Berufsausbildungsbeihilfe, § 116 Absatz 1, 2 und 6, die §§ 117, 118 Satz 1 Nummer 3, Satz 2 und die §§ 127 und 128 des Dritten Buches entsprechend. [4]§ 1 Absatz 2 Nummer 4 sowie § 36 und § 81 Absatz 2 und 3 des Dritten Buches sind entsprechend anzuwenden.

(2) [1]Soweit dieses Buch nichts Abweichendes regelt, gelten für die Leistungen nach Absatz 1 die Regelungen des Dritten Buches mit Ausnahme der Verordnungsermächtigung nach § 47 des Dritten Buches sowie der Anordnungsermächtigungen für die Bundesagentur und mit der Maßgabe, dass an die Stelle des Arbeitslosengeldes das Arbeitslosengeld II tritt. [2]§ 44 Absatz 3 Satz 3 des Dritten Buches gilt mit der Maßgabe, dass die Förderung aus dem Vermittlungsbudget auch die anderen Leistungen nach dem Zweiten Buch nicht aufstocken, ersetzen oder umgehen darf. [3]Für die Teilnahme erwerbsfähiger Leistungsberechtigter an einer Maßnahme zur beruflichen Weiterbildung im Rahmen eines bestehenden Arbeitsverhältnisses werden Leistungen nach Absatz 1 Satz 2 Nummer 4 in Verbindung mit § 82 des Dritten Buches nicht gewährt, wenn die betreffende Maßnahme auf ein nach § 2 Absatz 1 des Aufstiegsfortbildungsförderungsgesetzes förderfähiges Fortbildungsziel vorbereitet.

(3) Abweichend von § 44 Absatz 1 Satz 1 des Dritten Buches können Leistungen auch für die Anbahnung und Aufnahme einer schulischen Berufsausbildung erbracht werden.

(3a) [1]Abweichend von § 81 Absatz 4 des Dritten Buches kann die Agentur für Arbeit unter Anwendung des Vergaberechts Träger mit der Durchführung

[1)] Nr. 3.

von Maßnahmen der beruflichen Weiterbildung beauftragen, wenn die Maßnahme den Anforderungen des § 180 des Dritten Buches entspricht und

1. eine dem Bildungsziel entsprechende Maßnahme örtlich nicht verfügbar ist oder
2. die Eignung und persönlichen Verhältnisse der erwerbsfähigen Leistungsberechtigten dies erfordern.

[2] § 176 Absatz 2 des Dritten Buches findet keine Anwendung.

(4) [1] Die Agentur für Arbeit als Träger der Grundsicherung für Arbeitsuchende kann die Ausbildungsvermittlung durch die für die Arbeitsförderung zuständigen Stellen der Bundesagentur wahrnehmen lassen. [2] Das Bundesministerium für Arbeit und Soziales wird ermächtigt, durch Rechtsverordnung ohne Zustimmung des Bundesrates das Nähere über die Höhe, Möglichkeiten der Pauschalierung und den Zeitpunkt der Fälligkeit der Erstattung von Aufwendungen bei der Ausführung des Auftrags nach Satz 1 festzulegen.

§ 16a Kommunale Eingliederungsleistungen. Zur Verwirklichung einer ganzheitlichen und umfassenden Betreuung und Unterstützung bei der Eingliederung in Arbeit können die folgenden Leistungen, die für die Eingliederung der oder des erwerbsfähigen Leistungsberechtigten in das Erwerbsleben erforderlich sind, erbracht werden:

1. die Betreuung minderjähriger oder behinderter Kinder oder die häusliche Pflege von Angehörigen,
2. die Schuldnerberatung,
3. die psychosoziale Betreuung,
4. die Suchtberatung.

§ 16b Einstiegsgeld. (1) [1] Zur Überwindung von Hilfebedürftigkeit kann erwerbsfähigen Leistungsberechtigten bei Aufnahme einer sozialversicherungspflichtigen oder selbständigen Erwerbstätigkeit ein Einstiegsgeld erbracht werden, wenn dies zur Eingliederung in den allgemeinen Arbeitsmarkt erforderlich ist. [2] Das Einstiegsgeld kann auch erbracht werden, wenn die Hilfebedürftigkeit durch oder nach Aufnahme der Erwerbstätigkeit entfällt.

(2) [1] Das Einstiegsgeld wird, soweit für diesen Zeitraum eine Erwerbstätigkeit besteht, für höchstens 24 Monate erbracht. [2] Bei der Bemessung der Höhe des Einstiegsgeldes sollen die vorherige Dauer der Arbeitslosigkeit sowie die Größe der Bedarfsgemeinschaft berücksichtigt werden, in der die oder der erwerbsfähige Leistungsberechtigte lebt.

(3) [1] Das Bundesministerium für Arbeit und Soziales wird ermächtigt, im Einvernehmen mit dem Bundesministerium der Finanzen ohne Zustimmung des Bundesrates durch Rechtsverordnung zu bestimmen, wie das Einstiegsgeld zu bemessen ist. [2] Bei der Bemessung ist neben der Berücksichtigung der in Absatz 2 Satz 2 genannten Kriterien auch ein Bezug zu dem für die oder den erwerbsfähigen Leistungsberechtigten jeweils maßgebenden Regelbedarf herzustellen.

§ 16c Leistungen zur Eingliederung von Selbständigen. (1) [1] Erwerbsfähige Leistungsberechtigte, die eine selbständige, hauptberufliche Tätigkeit aufnehmen oder ausüben, können Darlehen und Zuschüsse für die Beschaffung von Sachgütern erhalten, die für die Ausübung der selbständigen Tätigkeit notwendig und angemessen sind. [2]Zuschüsse dürfen einen Betrag von 5 000 Euro nicht übersteigen.

(2) [1]Erwerbsfähige Leistungsberechtigte, die eine selbständige, hauptberufliche Tätigkeit ausüben, können durch geeignete Dritte durch Beratung oder Vermittlung von Kenntnissen und Fertigkeiten gefördert werden, wenn dies für die weitere Ausübung der selbständigen Tätigkeit erforderlich ist. [2]Die Vermittlung von beruflichen Kenntnissen ist ausgeschlossen.

(3) [1]Leistungen zur Eingliederung von erwerbsfähigen Leistungsberechtigten, die eine selbständige, hauptberufliche Tätigkeit aufnehmen oder ausüben, können nur gewährt werden, wenn zu erwarten ist, dass die selbständige Tätigkeit wirtschaftlich tragfähig ist und die Hilfebedürftigkeit durch die selbständige Tätigkeit innerhalb eines angemessenen Zeitraums dauerhaft überwunden oder verringert wird. [2]Zur Beurteilung der Tragfähigkeit der selbständigen Tätigkeit soll die Agentur für Arbeit die Stellungnahme einer fachkundigen Stelle verlangen.

§ 16d Arbeitsgelegenheiten. (1) [1]Erwerbsfähige Leistungsberechtigte können zur Erhaltung oder Wiedererlangung ihrer Beschäftigungsfähigkeit, die für eine Eingliederung in Arbeit erforderlich ist, in Arbeitsgelegenheiten zugewiesen werden, wenn die darin verrichteten Arbeiten zusätzlich sind, im öffentlichen Interesse liegen und wettbewerbsneutral sind. [2]§ 18d Satz 2 findet Anwendung.

(2) [1]Arbeiten sind zusätzlich, wenn sie ohne die Förderung nicht, nicht in diesem Umfang oder erst zu einem späteren Zeitpunkt durchgeführt würden. [2]Arbeiten, die auf Grund einer rechtlichen Verpflichtung durchzuführen sind oder die üblicherweise von juristischen Personen des öffentlichen Rechts durchgeführt werden, sind nur förderungsfähig, wenn sie ohne die Förderung voraussichtlich erst nach zwei Jahren durchgeführt würden. [3]Ausgenommen sind Arbeiten zur Bewältigung von Naturkatastrophen und sonstigen außergewöhnlichen Ereignissen.

(3) [1]Arbeiten liegen im öffentlichen Interesse, wenn das Arbeitsergebnis der Allgemeinheit dient. [2]Arbeiten, deren Ergebnis überwiegend erwerbswirtschaftlichen Interessen oder den Interessen eines begrenzten Personenkreises dient, liegen nicht im öffentlichen Interesse. [3]Das Vorliegen des öffentlichen Interesses wird nicht allein dadurch ausgeschlossen, dass das Arbeitsergebnis auch den in der Maßnahme beschäftigten Leistungsberechtigten zugute kommt, wenn sichergestellt ist, dass die Arbeiten nicht zu einer Bereicherung Einzelner führen.

(4) Arbeiten sind wettbewerbsneutral, wenn durch sie eine Beeinträchtigung der Wirtschaft infolge der Förderung nicht zu befürchten ist und Erwerbstätigkeit auf dem allgemeinen Arbeitsmarkt weder verdrängt noch in ihrer Entstehung verhindert wird.

(5) Leistungen zur Eingliederung in Arbeit nach diesem Buch, mit denen die Aufnahme einer Erwerbstätigkeit auf dem allgemeinen Arbeitsmarkt unmittelbar unterstützt werden kann, haben Vorrang gegenüber der Zuweisung in Arbeitsgelegenheiten.

(6) [1]Erwerbsfähige Leistungsberechtigte dürfen innerhalb eines Zeitraums von fünf Jahren nicht länger als insgesamt 24 Monate in Arbeitsgelegenheiten zugewiesen werden. [2]Der Zeitraum beginnt mit Eintritt in die erste Arbeits-

gelegenheit. [3]Abweichend von Satz 1 können erwerbsfähige Leistungsberechtigte nach Ablauf der 24 Monate bis zu zwölf weitere Monate in Arbeitsgelegenheiten zugewiesen werden, wenn die Voraussetzungen der Absätze 1 und 5 weiterhin vorliegen.

(7) [1]Den erwerbsfähigen Leistungsberechtigten ist während einer Arbeitsgelegenheit zuzüglich zum Arbeitslosengeld II von der Agentur für Arbeit eine angemessene Entschädigung für Mehraufwendungen zu zahlen. [2]Die Arbeiten begründen kein Arbeitsverhältnis im Sinne des Arbeitsrechts und auch kein Beschäftigungsverhältnis im Sinne des Vierten Buches[1)]; die Vorschriften über den Arbeitsschutz und das Bundesurlaubsgesetz mit Ausnahme der Regelungen über das Urlaubsentgelt sind entsprechend anzuwenden. [3]Für Schäden bei der Ausübung ihrer Tätigkeit haften die erwerbsfähigen Leistungsberechtigten wie Arbeitnehmerinnen und Arbeitnehmer.

(8) [1]Auf Antrag werden die unmittelbar im Zusammenhang mit der Verrichtung von Arbeiten nach Absatz 1 erforderlichen Kosten erstattet. [2]Hierzu können auch Personalkosten gehören, die entstehen, wenn eine besondere Anleitung, eine tätigkeitsbezogene Unterweisung oder eine sozialpädagogische Betreuung notwendig ist.

§ 16e Eingliederung von Langzeitarbeitslosen. (1) [1]Arbeitgeber können für die nicht nur geringfügige Beschäftigung von erwerbsfähigen Leistungsberechtigten, die trotz vermittlerischer Unterstützung nach § 16 Absatz 1 Satz 1 unter Einbeziehung der übrigen Eingliederungsleistungen nach diesem Buch seit mindestens zwei Jahren arbeitslos sind, durch Zuschüsse zum Arbeitsentgelt gefördert werden, wenn sie mit einer erwerbsfähigen leistungsberechtigten Person ein Arbeitsverhältnis für die Dauer von mindestens zwei Jahren begründen. [2]Für die Berechnung der Dauer der Arbeitslosigkeit nach Satz 1 findet § 18 des Dritten Buches[2)] entsprechende Anwendung.

(2) [1]Der Zuschuss nach Absatz 1 wird in den ersten beiden Jahren des Bestehens des Arbeitsverhältnisses geleistet. [2]Er beträgt im ersten Jahr des Arbeitsverhältnisses 75 Prozent des zu berücksichtigenden Arbeitsentgelts und im zweiten Jahr des Arbeitsverhältnisses 50 Prozent des zu berücksichtigenden Arbeitsentgelts. [3]Für das zu berücksichtigende Arbeitsentgelt findet § 91 Absatz 1 des Dritten Buches mit der Maßgabe entsprechende Anwendung, dass nur der pauschalierte Anteil des Arbeitgebers am Gesamtsozialversicherungsbeitrag abzüglich des Beitrags zur Arbeitsförderung zu berücksichtigen ist. [4]§ 22 Absatz 4 Satz 1 des Mindestlohngesetzes gilt nicht für Arbeitsverhältnisse, für die der Arbeitgeber einen Zuschuss nach Absatz 1 erhält.

(3) [1]§ 92 Absatz 1 des Dritten Buches findet entsprechende Anwendung. [2]§ 92 Absatz 2 Satz 1 erste Alternative, Satz 2 und 3 des Dritten Buches ist mit der Maßgabe entsprechend anzuwenden, dass abweichend von § 92 Absatz 2 Satz 3 zweiter Halbsatz des Dritten Buches der für die letzten sechs Monate bewilligte Förderbetrag zurückzuzahlen ist.

(4) [1]Während einer Beschäftigung in einem Arbeitsverhältnis nach Absatz 1 soll eine erforderliche ganzheitliche beschäftigungsbegleitende Betreuung durch die Agentur für Arbeit oder einen durch diese beauftragten Dritten erbracht werden. [2]In den ersten sechs Monaten der Beschäftigung in einem

---

[1)] Nr. 4.
[2)] Nr. 3.

Arbeitsverhältnis nach Absatz 1 hat der Arbeitgeber die Arbeitnehmerin oder den Arbeitnehmer in angemessenem Umfang für eine ganzheitliche beschäftigungsbegleitende Betreuung nach Satz 1 unter Fortzahlung des Arbeitsentgelts freizustellen.

§ 16f Freie Förderung. (1) [1]Die Agentur für Arbeit kann die Möglichkeiten der gesetzlich geregelten Eingliederungsleistungen durch freie Leistungen zur Eingliederung in Arbeit erweitern. [2]Die freien Leistungen müssen den Zielen und Grundsätzen dieses Buches entsprechen.

(2) [1]Die Ziele der Leistungen sind vor Förderbeginn zu beschreiben. [2]Eine Kombination oder Modularisierung von Inhalten ist zulässig. [3]Die Leistungen der Freien Förderung dürfen gesetzliche Leistungen nicht umgehen oder aufstocken. [4]Ausgenommen hiervon sind Leistungen für

1. Langzeitarbeitslose und
2. erwerbsfähige Leistungsberechtigte, die das 25. Lebensjahr noch nicht vollendet haben und deren berufliche Eingliederung auf Grund von schwerwiegenden Vermittlungshemmnissen besonders erschwert ist,

bei denen in angemessener Zeit von in der Regel sechs Monaten nicht mit Aussicht auf Erfolg auf einzelne Gesetzesgrundlagen dieses Buches oder des Dritten Buches[1)] zurückgegriffen werden kann. [5]Bei Leistungen an Arbeitgeber ist darauf zu achten, Wettbewerbsverfälschungen zu vermeiden. [6]Projektförderungen im Sinne von Zuwendungen sind nach Maßgabe der §§ 23 und 44 der Bundeshaushaltsordnung zulässig. [7]Bei längerfristig angelegten Förderungen ist der Erfolg regelmäßig zu überprüfen und zu dokumentieren.

§ 16g Förderung bei Wegfall der Hilfebedürftigkeit. (1) Entfällt die Hilfebedürftigkeit der oder des Erwerbsfähigen während einer Maßnahme zur Eingliederung, kann sie weiter gefördert werden, wenn dies wirtschaftlich erscheint und die oder der Erwerbsfähige die Maßnahme voraussichtlich erfolgreich abschließen wird.

(2) [1]Zur nachhaltigen Eingliederung in Arbeit können Leistungen nach dem Ersten Abschnitt des Dritten Kapitels, nach § 44 oder § 45 Absatz 1 Satz 1 Nummer 5 des Dritten Buches[1)] oder nach § 16a oder § 16f bis zu sechs Monate nach Beschäftigungsaufnahme auch erbracht werden, wenn die Hilfebedürftigkeit der oder des Erwerbsfähigen aufgrund des zu berücksichtigenden Einkommens entfallen ist. [2]Während der Förderdauer nach Satz 1 gilt § 15 entsprechend.

(3) Leistungen zur ganzheitlichen beschäftigungsbegleitenden Betreuung nach § 16e Absatz 4 und § 16i Absatz 4 dieses Buches können während der gesamten Dauer der jeweiligen Förderung auch erbracht werden, wenn die Hilfebedürftigkeit entfällt.

§ 16h Förderung schwer zu erreichender junger Menschen. (1) [1]Für Leistungsberechtigte, die das 25. Lebensjahr noch nicht vollendet haben, kann die Agentur für Arbeit Leistungen erbringen mit dem Ziel, die aufgrund der individuellen Situation der Leistungsberechtigten bestehenden Schwierigkeiten zu überwinden,

---

[1)] Nr. 3.

1. eine schulische, ausbildungsbezogene oder berufliche Qualifikation abzuschließen oder anders ins Arbeitsleben einzumünden und
2. Sozialleistungen zu beantragen oder anzunehmen.

[2] Die Förderung umfasst zusätzliche Betreuungs- und Unterstützungsleistungen mit dem Ziel, dass Leistungen der Grundsicherung für Arbeitsuchende in Anspruch genommen werden, erforderliche therapeutische Behandlungen eingeleitet werden und an Regelangebote dieses Buches zur Aktivierung und Stabilisierung und eine frühzeitige intensive berufsorientierte Förderung herangeführt wird.

(2) [1] Leistungen nach Absatz 1 können erbracht werden, wenn die Voraussetzungen der Leistungsberechtigung mit hinreichender Wahrscheinlichkeit vorliegen oder zu erwarten sind oder eine Leistungsberechtigung dem Grunde nach besteht. [2] Einer Leistung nach Absatz 1 steht eine fehlende Antragstellung der leistungsberechtigten Person nicht entgegen.

(3) Über die Leistungserbringung stimmen sich die Agentur für Arbeit und der örtlich zuständige Träger der öffentlichen Jugendhilfe ab.

(4) Träger bedürfen einer Zulassung nach dem Fünften Kapitel des Dritten Buches[1)], um Maßnahmen nach Absatz 1 durchzuführen.

(5) Zuwendungen sind nach Maßgabe der §§ 23 und 44 der Bundeshaushaltsordnung zulässig.

§ 16i[2)] Teilhabe am Arbeitsmarkt. (1) Zur Förderung von Teilhabe am Arbeitsmarkt können Arbeitgeber für die Beschäftigung von zugewiesenen erwerbsfähigen Leistungsberechtigten Zuschüsse zum Arbeitsentgelt erhalten, wenn sie mit einer erwerbsfähigen leistungsberechtigten Person ein sozialversicherungspflichtiges Arbeitsverhältnis begründen.

(2) [1] Der Zuschuss nach Absatz 1 beträgt

1. in den ersten beiden Jahren des Arbeitsverhältnisses 100 Prozent,
2. im dritten Jahr des Arbeitsverhältnisses 90 Prozent,
3. im vierten Jahr des Arbeitsverhältnisses 80 Prozent,
4. im fünften Jahr des Arbeitsverhältnisses 70 Prozent

der Höhe des Mindestlohns nach dem Mindestlohngesetz zuzüglich des auf dieser Basis berechneten pauschalierten Anteils des Arbeitgebers am Gesamtsozialversicherungsbeitrag abzüglich des Beitrags zur Arbeitsförderung. [2] Ist der Arbeitgeber durch oder aufgrund eines Tarifvertrages oder nach kirchlichen Arbeitsrechtsregelungen zur Zahlung eines höheren Arbeitsentgelts verpflichtet, bemisst sich der Zuschuss nach Satz 1 auf Grundlage des zu zahlenden Arbeitsentgelts. [3] § 91 Absatz 1 des Dritten Buches[1)] findet mit der Maßgabe entsprechende Anwendung, dass nur der pauschalierte Anteil des Arbeitgebers am Gesamtsozialversicherungsbeitrag abzüglich des Beitrags zur Arbeitsförderung zu berücksichtigen ist. [4] Der Zuschuss bemisst sich nach der im Arbeitsvertrag vereinbarten Arbeitszeit. [5] § 22 Absatz 4 Satz 1 des Mindestlohngesetzes gilt nicht für Arbeitsverhältnisse, für die der Arbeitgeber einen Zuschuss nach Absatz 1 erhält.

[1)] Nr. **3**.
[2)] § 16i tritt gemäß § 81 dieses G mWv 1.1.2025 außer Kraft.

(3) [1] Eine erwerbsfähige leistungsberechtigte Person kann einem Arbeitgeber zugewiesen werden, wenn

1. sie das 25. Lebensjahr vollendet hat,
2. sie für insgesamt mindestens sechs Jahre innerhalb der letzten sieben Jahre Leistungen zur Sicherung des Lebensunterhalts nach diesem Buch erhalten hat,
3. sie in dieser Zeit nicht oder nur kurzzeitig sozialversicherungspflichtig oder geringfügig beschäftigt oder selbständig tätig war und
4. für sie Zuschüsse an Arbeitgeber nach Absatz 1 noch nicht für eine Dauer von fünf Jahren erbracht worden sind.

[2] In der Regel soll die erwerbsfähige leistungsberechtigte Person bereits für einen Zeitraum von mindestens zwei Monaten eine ganzheitliche Unterstützung erhalten haben. [3] Abweichend von Satz 1 Nummer 2 kann eine erwerbsfähige leistungsberechtigte Person, die in den letzten fünf Jahren Leistungen zur Sicherung des Lebensunterhalts nach diesem Buch erhalten hat, einem Arbeitgeber zugewiesen werden, wenn sie in einer Bedarfsgemeinschaft mit mindestens einem minderjährigen Kind lebt oder schwerbehindert im Sinne des § 2 Absatz 2 und 3 des Neunten Buches[1)] ist.

(4) [1] Während einer Förderung nach Absatz 1 soll eine erforderliche ganzheitliche beschäftigungsbegleitende Betreuung durch die Agentur für Arbeit oder einen durch diese beauftragten Dritten erbracht werden. [2] Im ersten Jahr der Beschäftigung in einem Arbeitsverhältnis nach Absatz 1 hat der Arbeitgeber die Arbeitnehmerin oder den Arbeitnehmer in angemessenem Umfang für eine ganzheitliche beschäftigungsbegleitende Betreuung nach Satz 1 unter Fortzahlung des Arbeitsentgelts freizustellen. [3] Begründet die Arbeitnehmerin oder der Arbeitnehmer im Anschluss an eine nach Absatz 1 geförderte Beschäftigung ein sozialversicherungspflichtiges Arbeitsverhältnis bei einem anderen Arbeitgeber, so können Leistungen nach Satz 1 bis zu sechs Monate nach Aufnahme der Anschlussbeschäftigung erbracht werden, auch wenn die Hilfebedürftigkeit während der Förderung nach Absatz 1 entfallen ist, sofern sie ohne die Aufnahme der Anschlussbeschäftigung erneut eintreten würde; § 16g Absatz 2 bleibt im Übrigen unberührt.

(5) [1] Angemessene Zeiten einer erforderlichen Weiterbildung oder eines betrieblichen Praktikums bei einem anderen Arbeitgeber, für die der Arbeitgeber die Arbeitnehmerin oder den Arbeitnehmer unter Fortzahlung des Arbeitsentgelts freistellt, sind förderfähig. [2] Für Weiterbildung nach Satz 1 kann der Arbeitgeber je Förderfall Zuschüsse zu den Weiterbildungskosten von insgesamt bis zu 3 000 Euro erhalten.

(6) [1] Die Agentur für Arbeit soll die Arbeitnehmerin oder den Arbeitnehmer umgehend abberufen, wenn sie diese Person in eine zumutbare Arbeit oder Ausbildung vermitteln kann oder die Förderung aus anderen Gründen beendet wird. [2] Die Arbeitnehmerin oder der Arbeitnehmer kann das Arbeitsverhältnis ohne Einhaltung einer Frist kündigen, wenn sie oder er eine Arbeit oder Ausbildung aufnehmen kann, an einer Maßnahme der Berufsausbildung oder beruflichen Weiterbildung zum Erwerb eines Berufsabschlusses teilnehmen kann oder nach Satz 1 abberufen wird. [3] Der Arbeitgeber kann das Arbeits-

---

[1)] Nr. **9**.

verhältnis ohne Einhaltung einer Frist kündigen, wenn die Arbeitnehmerin oder der Arbeitnehmer nach Satz 1 abberufen wird.

(7) Die Zahlung eines Zuschusses nach Absatz 1 ist ausgeschlossen, wenn zu vermuten ist, dass der Arbeitgeber

1. die Beendigung eines anderen Arbeitsverhältnisses veranlasst hat, um einen Zuschuss nach Absatz 1 zu erhalten, oder
2. eine bisher für das Arbeitsverhältnis erbrachte Förderung ohne besonderen Grund nicht mehr in Anspruch nimmt.

(8) [1] Die Befristung eines Arbeitsvertrages mit einer zugewiesenen erwerbsfähigen leistungsberechtigten Person im Sinne von Absatz 3 ist bis zu einer Dauer von fünf Jahren zulässig, wenn dem Arbeitgeber zur Förderung der Teilhabe am Arbeitsmarkt ein Zuschuss zum Arbeitsentgelt nach Absatz 1 gewährt wird. [2] Bis zu der Gesamtdauer von fünf Jahren ist auch die höchstens einmalige Verlängerung des Arbeitsvertrages zulässig.

(9) [1] Zu den Einsatzfeldern der nach Absatz 1 geförderten Arbeitsverhältnisse hat die Agentur für Arbeit jährlich eine Stellungnahme der Vertreterinnen und Vertreter der Sozialpartner im Örtlichen Beirat, insbesondere zu möglichen Wettbewerbsverzerrungen sowie Verdrängungseffekten, einzuholen. [2] Die Stellungnahme muss einvernehmlich erfolgen. [3] Eine von der Stellungnahme abweichende Festlegung der Einsatzfelder hat die Agentur für Arbeit schriftlich zu begründen. [4] § 18d Satz 2 gilt entsprechend.

(10) [1] Abweichend von Absatz 3 Nummer 2 und 3 kann eine erwerbsfähige leistungsberechtigte Person auch dann einem Arbeitgeber zugewiesen werden, wenn sie seit dem 1. Januar 2015 für mehr als sechs Monate in einem Arbeitsverhältnis beschäftigt war, das durch einen Zuschuss nach § 16e in der bis zum 31. Dezember 2018 geltenden Fassung oder im Rahmen des Bundesprogramms „Soziale Teilhabe am Arbeitsmarkt" gefördert wurde, und sie dieses Arbeitsverhältnis nicht selbst gekündigt hat. [2] Zeiten eines nach § 16e in der bis zum 31. Dezember 2018 geltenden Fassung oder nach dem Bundesprogramm „Soziale Teilhabe am Arbeitsmarkt" geförderten Arbeitsverhältnisses werden bei der Ermittlung der Förderdauer und Förderhöhe nach Absatz 2 Satz 1 berücksichtigt und auf die Förderdauer nach Absatz 3 Nummer 4 angerechnet.

§ 17 Einrichtungen und Dienste für Leistungen zur Eingliederung.

(1) [1] Zur Erbringung von Leistungen zur Eingliederung in Arbeit sollen die zuständigen Träger der Leistungen nach diesem Buch eigene Einrichtungen und Dienste nicht neu schaffen, soweit geeignete Einrichtungen und Dienste Dritter vorhanden sind, ausgebaut oder in Kürze geschaffen werden können. [2] Die zuständigen Träger der Leistungen nach diesem Buch sollen Träger der freien Wohlfahrtspflege in ihrer Tätigkeit auf dem Gebiet der Grundsicherung für Arbeitsuchende angemessen unterstützen.

(2) [1] Wird die Leistung von einem Dritten erbracht und sind im Dritten Buch[1)] keine Anforderungen geregelt, denen die Leistung entsprechen muss, sind die Träger der Leistungen nach diesem Buch zur Vergütung für die Leistung nur verpflichtet, wenn mit dem Dritten oder seinem Verband eine Vereinbarung insbesondere über

---

[1)] Nr. 3.

1. Inhalt, Umfang und Qualität der Leistungen,
2. die Vergütung, die sich aus Pauschalen und Beträgen für einzelne Leistungsbereiche zusammensetzen kann, und
3. die Prüfung der Wirtschaftlichkeit und Qualität der Leistungen

besteht. [2] Die Vereinbarungen müssen den Grundsätzen der Wirtschaftlichkeit, Sparsamkeit und Leistungsfähigkeit entsprechen.

§ 18 Örtliche Zusammenarbeit. (1) Die zuständigen Träger der Leistungen arbeiten im Rahmen ihrer Aufgaben und Befugnisse mit den Gemeinden, Kreisen und Bezirken sowie den weiteren Beteiligten des örtlichen Ausbildungs- und Arbeitsmarktes zusammen, insbesondere mit den

1. Leistungsträgern im Sinne des § 12 des Ersten Buches[1)] sowie Trägern von Leistungen nach dem Bundesversorgungsgesetz und dem Asylbewerberleistungsgesetz,
2. Vertreterinnen und Vertretern der Arbeitgeber sowie der Arbeitnehmerinnen und Arbeitnehmer,
3. Kammern und berufsständischen Organisationen,
4. Ausländerbehörden und dem Bundesamt für Migration und Flüchtlinge,
5. allgemein- und berufsbildenden Schulen und Stellen der Schulverwaltung sowie Hochschulen,
6. Einrichtungen und Stellen des öffentlichen Gesundheitsdienstes und sonstigen Einrichtungen und Diensten des Gesundheitswesens sowie
7. Trägern der freien Wohlfahrtspflege und Dritten, die Leistungen nach diesem Buch erbringen.

(2) [1] Die Zusammenarbeit mit den Stellen nach Absatz 1 erfolgt auf der Grundlage der Gegenseitigkeit insbesondere, um

1. eine gleichmäßige oder gemeinsame Durchführung von Maßnahmen zu beraten oder zu sichern und
2. Leistungsmissbrauch zu verhindern oder aufzudecken.

[2] Dies gilt insbesondere, wenn

1. Hemmnisse bei der Eingliederung der erwerbsfähigen leistungsberechtigten Person in Ausbildung und Arbeit nur unter Einbeziehung der gesamten Bedarfsgemeinschaft beseitigt werden können und für die Mitglieder der Bedarfsgemeinschaft die Erbringung weiterer Leistungen erforderlich ist, oder
2. zur Eingliederung insbesondere sozial benachteiligter und individuell beeinträchtigter junger Menschen zwischen den nach Absatz 1 beteiligten Stellen und Einrichtungen abgestimmte, den individuellen Bedarf deckende Leistungen erforderlich sind.

(3) Die Leistungen nach diesem Buch sind in das regionale Arbeitsmarktmonitoring der Agenturen für Arbeit nach § 9 Absatz 2 des Dritten Buches[2)] einzubeziehen.

(4) [1] Die Agenturen für Arbeit sollen mit Gemeinden, Kreisen und Bezirken auf deren Verlangen Vereinbarungen über das Erbringen von Leistungen zur

---

[1)] Nr. 1.
[2)] Nr. 3.

Eingliederung nach diesem Gesetz mit Ausnahme der Leistungen nach § 16 Absatz 1 schließen, wenn sie den durch eine Rechtsverordnung festgelegten Mindestanforderungen entsprechen. [2]Satz 1 gilt nicht für die zugelassenen kommunalen Träger.

(5) Das Bundesministerium für Arbeit und Soziales wird ermächtigt, ohne Zustimmung des Bundesrates durch Rechtsverordnung zu bestimmen, welchen Anforderungen eine Vereinbarung nach Absatz 3 mindestens genügen muss.

§ 18a Zusammenarbeit mit den für die Arbeitsförderung zuständigen Stellen. [1]Beziehen erwerbsfähige Leistungsberechtigte auch Leistungen der Arbeitsförderung, so sind die Agenturen für Arbeit, die zugelassenen kommunalen Träger und die gemeinsamen Einrichtungen verpflichtet, bei der Wahrnehmung der Aufgaben nach diesem Buch mit den für die Arbeitsförderung zuständigen Dienststellen der Bundesagentur eng zusammenzuarbeiten. [2]Sie unterrichten diese unverzüglich über die ihnen insoweit bekannten, für die Wahrnehmung der Aufgaben der Arbeitsförderung erforderlichen Tatsachen, insbesondere über

1. die für erwerbsfähige Leistungsberechtigte, die auch Leistungen der Arbeitsförderung beziehen, vorgesehenen und erbrachten Leistungen zur Eingliederung in Arbeit,
2. den Wegfall der Hilfebedürftigkeit bei diesen Personen.

§ 18b Kooperationsausschuss. (1) [1]Die zuständige oberste Landesbehörde und das Bundesministerium für Arbeit und Soziales bilden einen Kooperationsausschuss. [2]Der Kooperationsausschuss koordiniert die Umsetzung der Grundsicherung für Arbeitsuchende auf Landesebene. [3]Im Kooperationsausschuss vereinbaren das Land und der Bund jährlich die Ziele und Schwerpunkte der Arbeitsmarkt- und Integrationspolitik in der Grundsicherung für Arbeitsuchende auf Landesebene. [4]§ 48b bleibt unberührt. [5]Die Verfahren zum Abschluss der Vereinbarungen zwischen Bund und Ländern werden mit den Verfahren zum Abschluss der Zielvereinbarungen zwischen dem Bundesministerium für Arbeit und Soziales und der Bundesagentur sowie deren Konkretisierung in den Zielvereinbarungen der Bundesagentur und den gemeinsamen Einrichtungen abgestimmt. [6]Der Kooperationsausschuss kann sich über die Angelegenheiten der gemeinsamen Einrichtungen unterrichten lassen. [7]Der Kooperationsausschuss entscheidet darüber hinaus bei einer Meinungsverschiedenheit über die Weisungszuständigkeit im Verfahren nach § 44e, berät die Trägerversammlung bei der Bestellung und Abberufung eines Geschäftsführers nach § 44c Absatz 2 Nummer 1 und gibt in den Fällen einer Weisung in grundsätzlichen Angelegenheiten nach § 44b Absatz 3 Satz 4 eine Empfehlung ab.

(2) [1]Der Kooperationsausschuss besteht aus sechs Mitgliedern, von denen drei Mitglieder von der zuständigen obersten Landesbehörde und drei Mitglieder vom Bundesministerium für Arbeit und Soziales entsandt werden. [2]Die Mitglieder des Kooperationsausschusses können sich vertreten lassen. [3]An den Sitzungen soll in der Regel jeweils mindestens eine Mitarbeiterin oder ein Mitarbeiter der zuständigen obersten Landesbehörde und des Bundesministeriums für Arbeit und Soziales teilnehmen.

(3) [1]Die Mitglieder wählen eine Vorsitzende oder einen Vorsitzenden. [2]Kann im Kooperationsausschuss keine Einigung über die Person der oder des Vorsitzenden erzielt werden, wird die oder der Vorsitzende von den Vertrete-

rinnen und Vertretern des Bundesministeriums für Arbeit und Soziales oder den Vertreterinnen und Vertretern der zuständigen obersten Landesbehörde abwechselnd jeweils für zwei Jahre bestimmt; die erstmalige Bestimmung erfolgt durch die Vertreterinnen und Vertreter des Bundesministeriums für Arbeit und Soziales. [3]Der Kooperationsausschuss gibt sich eine Geschäftsordnung.

§ 18c Bund-Länder-Ausschuss. (1) [1]Beim Bundesministerium für Arbeit und Soziales wird ein Ausschuss für die Grundsicherung für Arbeitsuchende gebildet. [2]Er beobachtet und berät die zentralen Fragen der Umsetzung der Grundsicherung für Arbeitsuchende und Fragen der Aufsicht nach den §§ 47 und 48, Fragen des Kennzahlenvergleichs nach § 48a Absatz 2 sowie Fragen der zu erhebenden Daten nach § 51b Absatz 1 Satz 2 und erörtert die Zielvereinbarungen nach § 48b Absatz 1.

(2) [1]Bei der Beobachtung und Beratung zentraler Fragen der Umsetzung der Grundsicherung für Arbeitsuchende sowie Fragen des Kennzahlenvergleichs nach § 48a Absatz 2 und Fragen der zu erhebenden Daten nach § 51b Absatz 1 Satz 2 ist der Ausschuss besetzt mit Vertreterinnen und Vertretern der Bundesregierung, der Länder, der kommunalen Spitzenverbände und der Bundesagentur. [2]Der Ausschuss kann sich von den Trägern berichten lassen.

(3) [1]Bei der Beratung von Fragen der Aufsicht nach den §§ 47 und 48 ist der Ausschuss besetzt mit Vertreterinnen und Vertretern der Bundesregierung und der Aufsichtsbehörden der Länder. [2]Bund und Länder können dazu einvernehmlich Vertreterinnen und Vertreter der kommunalen Spitzenverbände und der Bundesagentur einladen, sofern dies sachdienlich ist.

§ 18d Örtlicher Beirat. [1]Bei jeder gemeinsamen Einrichtung nach § 44b wird ein Beirat gebildet. [2]Der Beirat berät die Einrichtung bei der Auswahl und Gestaltung der Eingliederungsinstrumente und -maßnahmen; Stellungnahmen des Beirats, insbesondere diejenigen der Vertreter der Arbeitgeber und Arbeitnehmer, hat die gemeinsame Einrichtung zu berücksichtigen. [3]Die Trägerversammlung beruft die Mitglieder des Beirats auf Vorschlag der Beteiligten des örtlichen Arbeitsmarktes, insbesondere den Trägern der freien Wohlfahrtspflege, den Vertreterinnen und Vertretern der Arbeitgeber und Arbeitnehmer sowie den Kammern und berufsständischen Organisationen. [4]Vertreterinnen und Vertreter von Beteiligten des örtlichen Arbeitsmarktes, die Eingliederungsleistungen nach diesem Buch anbieten, dürfen nicht Mitglied des Beirats sein. [5]Der Beirat gibt sich eine Geschäftsordnung. [6]Die Sätze 1 bis 5 gelten entsprechend für die zugelassenen kommunalen Träger mit der Maßgabe, dass die Berufung der Mitglieder des Beirats durch den zugelassenen kommunalen Träger erfolgt.

§ 18e Beauftragte für Chancengleichheit am Arbeitsmarkt. (1) [1]Die Trägerversammlungen bei den gemeinsamen Einrichtungen bestellen Beauftragte für Chancengleichheit am Arbeitsmarkt aus dem Kreis der Beamtinnen und Beamten, Arbeitnehmerinnen und Arbeitnehmer, denen in den gemeinsamen Einrichtungen Tätigkeiten zugewiesen worden sind. [2]Sie sind unmittelbar der jeweiligen Geschäftsführerin oder dem jeweiligen Geschäftsführer zugeordnet.

(2) [1]Die Beauftragten unterstützen und beraten die gemeinsamen Einrichtungen in Fragen der Gleichstellung von Frauen und Männern in der Grund-

sicherung für Arbeitsuchende, der Frauenförderung sowie der Vereinbarkeit von Familie und Beruf bei beiden Geschlechtern. [2] Hierzu zählen insbesondere Fragen der Beratung, der Eingliederung in Arbeit und Ausbildung sowie des beruflichen Wiedereinstiegs von Frauen und Männern nach einer Familienphase.

(3) [1] Die Beauftragten sind bei der Erarbeitung des örtlichen Arbeitsmarkt- und Integrationsprogramms der Grundsicherung für Arbeitsuchende sowie bei der geschlechter- und familiengerechten fachlichen Aufgabenerledigung der gemeinsamen Einrichtung zu beteiligen. [2] Sie haben ein Informations-, Beratungs- und Vorschlagsrecht in Fragen, die Auswirkungen auf die Chancengleichheit von Frauen und Männern haben.

(4) [1] Die Beauftragten unterstützen und beraten erwerbsfähige Leistungsberechtigte und die mit diesen in einer Bedarfsgemeinschaft lebenden Personen, Arbeitgeber sowie Arbeitnehmer- und Arbeitgeberorganisationen in übergeordneten Fragen der Gleichstellung von Frauen und Männern in der Grundsicherung für Arbeitsuchende, der Frauenförderung sowie der Vereinbarkeit von Familie und Beruf bei beiden Geschlechtern. [2] Zur Sicherung der gleichberechtigten Teilhabe von Frauen und Männern am Arbeitsmarkt arbeiten die Beauftragten mit den in Fragen der Gleichstellung im Erwerbsleben tätigen Stellen im Zuständigkeitsbereich der gemeinsamen Einrichtung zusammen.

(5) Die gemeinsamen Einrichtungen werden in den Sitzungen kommunaler Gremien zu Themen, die den Aufgabenbereich der Beauftragten betreffen, von den Beauftragten vertreten.

(6) Die Absätze 1 bis 5 gelten entsprechend für die zugelassenen kommunalen Träger.

Abschnitt 2. Leistungen zur Sicherung des Lebensunterhalts

Unterabschnitt 1. Leistungsanspruch

§ 19 Arbeitslosengeld II, Sozialgeld und Leistungen für Bildung und Teilhabe. (1) [1] Erwerbsfähige Leistungsberechtigte erhalten Arbeitslosengeld II. [2] Nichterwerbsfähige Leistungsberechtigte, die mit erwerbsfähigen Leistungsberechtigten in einer Bedarfsgemeinschaft leben, erhalten Sozialgeld, soweit sie keinen Anspruch auf Leistungen nach dem Vierten Kapitel des Zwölften Buches[1)] haben. [3] Die Leistungen umfassen den Regelbedarf, Mehrbedarfe und den Bedarf für Unterkunft und Heizung.

(2) [1] Leistungsberechtigte haben unter den Voraussetzungen des § 28 Anspruch auf Leistungen für Bildung und Teilhabe, soweit sie keinen Anspruch auf Leistungen nach dem Vierten Kapitel des Zwölften Buches haben. [2] Soweit für Kinder Leistungen zur Deckung von Bedarfen für Bildung und Teilhabe nach § 6b des Bundeskindergeldgesetzes gewährt werden, haben sie keinen Anspruch auf entsprechende Leistungen zur Deckung von Bedarfen nach § 28.

(3) [1] Die Leistungen zur Sicherung des Lebensunterhalts werden in Höhe der Bedarfe nach den Absätzen 1 und 2 erbracht, soweit diese nicht durch das zu berücksichtigende Einkommen und Vermögen gedeckt sind. [2] Zu berücksichtigendes Einkommen und Vermögen deckt zunächst die Bedarfe nach den

---

[1)] Nr. **12**.

§§ 20, 21 und 23, darüber hinaus die Bedarfe nach § 22. [3]Sind nur noch Leistungen für Bildung und Teilhabe zu leisten, deckt weiteres zu berücksichtigendes Einkommen und Vermögen die Bedarfe in der Reihenfolge der Absätze 2 bis 7 nach § 28.

Unterabschnitt 2. Arbeitslosengeld II und Sozialgeld

§ 20 Regelbedarf zur Sicherung des Lebensunterhalts. (1) [1]Der Regelbedarf zur Sicherung des Lebensunterhalts umfasst insbesondere Ernährung, Kleidung, Körperpflege, Hausrat, Haushaltsenergie ohne die auf die Heizung und Erzeugung von Warmwasser entfallenden Anteile sowie persönliche Bedürfnisse des täglichen Lebens. [2]Zu den persönlichen Bedürfnissen des täglichen Lebens gehört in vertretbarem Umfang eine Teilhabe am sozialen und kulturellen Leben in der Gemeinschaft. [3]Der Regelbedarf wird als monatlicher Pauschalbetrag berücksichtigt. [4]Über die Verwendung der zur Deckung des Regelbedarfs erbrachten Leistungen entscheiden die Leistungsberechtigten eigenverantwortlich; dabei haben sie das Eintreten unregelmäßig anfallender Bedarfe zu berücksichtigen.

(1a) [1]Der Regelbedarf wird in Höhe der jeweiligen Regelbedarfsstufe entsprechend § 28 des Zwölften Buches[1)] in Verbindung mit dem Regelbedarfs-Ermittlungsgesetz und den §§ 28a und 40 des Zwölften Buches in Verbindung mit der für das jeweilige Jahr geltenden Regelbedarfsstufen-Fortschreibungsverordnung anerkannt. [2]Soweit in diesem Buch auf einen Regelbedarf oder eine Regelbedarfsstufe verwiesen wird, ist auf den Betrag der für den jeweiligen Zeitraum geltenden Neuermittlung entsprechend § 28 des Zwölften Buches in Verbindung mit dem Regelbedarfs-Ermittlungsgesetz abzustellen. [3]In Jahren, in denen keine Neuermittlung nach § 28 des Zwölften Buches erfolgt, ist auf den Betrag abzustellen, der sich für den jeweiligen Zeitraum entsprechend der Regelbedarfsstufen-Fortschreibungsverordnung nach den §§ 28a und 40 des Zwölften Buches ergibt.

(2) [1]Als Regelbedarf wird bei Personen, die alleinstehend oder alleinerziehend sind oder deren Partnerin oder Partner minderjährig ist, monatlich ein Betrag in Höhe der Regelbedarfsstufe 1 anerkannt. [2]Für sonstige erwerbsfähige Angehörige der Bedarfsgemeinschaft wird als Regelbedarf anerkannt:

1. monatlich ein Betrag in Höhe der Regelbedarfsstufe 4, sofern sie das 18. Lebensjahr noch nicht vollendet haben,
2. monatlich ein Betrag in Höhe der Regelbedarfsstufe 3 in den übrigen Fällen.

(3) Abweichend von Absatz 2 Satz 1 ist bei Personen, die das 25. Lebensjahr noch nicht vollendet haben und ohne Zusicherung des zuständigen kommunalen Trägers nach § 22 Absatz 5 umziehen, bis zur Vollendung des 25. Lebensjahres der in Absatz 2 Satz 2 Nummer 2 genannte Betrag als Regelbedarf anzuerkennen.

(4) Haben zwei Partner der Bedarfsgemeinschaft das 18. Lebensjahr vollendet, ist als Regelbedarf für jede dieser Personen monatlich ein Betrag in Höhe der Regelbedarfsstufe 2 anzuerkennen.

§ 21 Mehrbedarfe. (1) Mehrbedarfe umfassen Bedarfe nach den Absätzen 2 bis 7, die nicht durch den Regelbedarf abgedeckt sind.

[1)] Nr. **12**.

(2) Bei werdenden Müttern wird nach der zwölften Schwangerschaftswoche bis zum Ende des Monats, in welchen die Entbindung fällt, ein Mehrbedarf von 17 Prozent des nach § 20 maßgebenden Regelbedarfs anerkannt.

(3) Bei Personen, die mit einem oder mehreren minderjährigen Kindern zusammenleben und allein für deren Pflege und Erziehung sorgen, ist ein Mehrbedarf anzuerkennen

1. in Höhe von 36 Prozent des nach § 20 Absatz 2 maßgebenden Bedarfs, wenn sie mit einem Kind unter sieben Jahren oder mit zwei oder drei Kindern unter 16 Jahren zusammenleben, oder
2. in Höhe von 12 Prozent des nach § 20 Absatz 2 maßgebenden Bedarfs für jedes Kind, wenn sich dadurch ein höherer Prozentsatz als nach der Nummer 1 ergibt, höchstens jedoch in Höhe von 60 Prozent des nach § 20 Absatz 2 maßgebenden Regelbedarfs.

(4) [1] Bei erwerbsfähigen Leistungsberechtigten mit Behinderungen, denen Leistungen zur Teilhabe am Arbeitsleben nach § 49 des Neunten Buches[1)] mit Ausnahme der Leistungen nach § 49 Absatz 3 Nummer 2 und 5 des Neunten Buches sowie sonstige Hilfen zur Erlangung eines geeigneten Platzes im Arbeitsleben oder Eingliederungshilfen nach § 112 des Neunten Buches erbracht werden, wird ein Mehrbedarf von 35 Prozent des nach § 20 maßgebenden Regelbedarfs anerkannt. [2] Satz 1 kann auch nach Beendigung der dort genannten Maßnahmen während einer angemessenen Übergangszeit, vor allem einer Einarbeitungszeit, angewendet werden.

(5) Bei Leistungsberechtigten, die aus medizinischen Gründen einer kostenaufwändigen Ernährung bedürfen, wird ein Mehrbedarf in angemessener Höhe anerkannt.

(6) [1] Bei Leistungsberechtigten wird ein Mehrbedarf anerkannt, soweit im Einzelfall ein unabweisbarer, besonderer Bedarf besteht; bei einmaligen Bedarfen ist weitere Voraussetzung, dass ein Darlehen nach § 24 Absatz 1 ausnahmsweise nicht zumutbar oder wegen der Art des Bedarfs nicht möglich ist. [2] Der Mehrbedarf ist unabweisbar, wenn er insbesondere nicht durch die Zuwendungen Dritter sowie unter Berücksichtigung von Einsparmöglichkeiten der Leistungsberechtigten gedeckt ist und seiner Höhe nach erheblich von einem durchschnittlichen Bedarf abweicht.

(6a) [1] Soweit eine Schülerin oder ein Schüler aufgrund der jeweiligen schulrechtlichen Bestimmungen oder schulischen Vorgaben Aufwendungen zur Anschaffung oder Ausleihe von Schulbüchern oder gleichstehenden Arbeitsheften hat, sind sie als Mehrbedarf anzuerkennen.

(7) [1] Bei Leistungsberechtigten wird ein Mehrbedarf anerkannt, soweit Warmwasser durch in der Unterkunft installierte Vorrichtungen erzeugt wird (dezentrale Warmwassererzeugung) und deshalb keine Bedarfe für zentral bereitgestelltes Warmwasser nach § 22 anerkannt werden. [2] Der Mehrbedarf beträgt für jede im Haushalt lebende leistungsberechtigte Person jeweils

1. 2,3 Prozent des für sie geltenden Regelbedarfs nach § 20 Absatz 2 Satz 1 oder Satz 2 Nummer 2, Absatz 3 oder 4,

---

[1)] Nr. **9**.

2. 1,4 Prozent des für sie geltenden Regelbedarfs nach § 20 Absatz 2 Satz 2 Nummer 1 oder § 23 Nummer 1 bei Leistungsberechtigten im 15. Lebensjahr,
3. 1,2 Prozent des Regelbedarfs nach § 23 Nummer 1 bei Leistungsberechtigten vom Beginn des siebten bis zur Vollendung des 14. Lebensjahres oder
4. 0,8 Prozent des Regelbedarfs nach § 23 Nummer 1 bei Leistungsberechtigten bis zur Vollendung des sechsten Lebensjahres.

[3] Höhere Aufwendungen sind abweichend von Satz 2 nur zu berücksichtigen, soweit sie durch eine separate Messeinrichtung nachgewiesen werden.

(8) Die Summe des insgesamt anerkannten Mehrbedarfs nach den Absätzen 2 bis 5 darf die Höhe des für erwerbsfähige Leistungsberechtigte maßgebenden Regelbedarfs nicht übersteigen.

§ 22 Bedarfe für Unterkunft und Heizung. (1) [1] Bedarfe für Unterkunft und Heizung werden in Höhe der tatsächlichen Aufwendungen anerkannt, soweit diese angemessen sind. [2] Erhöhen sich nach einem nicht erforderlichen Umzug die Aufwendungen für Unterkunft und Heizung, wird nur der bisherige Bedarf anerkannt. [3] Soweit die Aufwendungen für die Unterkunft und Heizung den der Besonderheit des Einzelfalles angemessenen Umfang übersteigen, sind sie als Bedarf so lange anzuerkennen, wie es der oder dem alleinstehenden Leistungsberechtigten oder der Bedarfsgemeinschaft nicht möglich oder nicht zuzumuten ist, durch einen Wohnungswechsel, durch Vermieten oder auf andere Weise die Aufwendungen zu senken, in der Regel jedoch längstens für sechs Monate. [4] Eine Absenkung der nach Satz 1 unangemessenen Aufwendungen muss nicht gefordert werden, wenn diese unter Berücksichtigung der bei einem Wohnungswechsel zu erbringenden Leistungen unwirtschaftlich wäre.

(2) [1] Als Bedarf für die Unterkunft werden auch unabweisbare Aufwendungen für Instandhaltung und Reparatur bei selbst bewohntem Wohneigentum im Sinne des § 12 Absatz 3 Satz 1 Nummer 4 anerkannt, soweit diese unter Berücksichtigung der im laufenden sowie den darauffolgenden elf Kalendermonaten anfallenden Aufwendungen insgesamt angemessen sind. [2] Übersteigen unabweisbare Aufwendungen für Instandhaltung und Reparatur den Bedarf für die Unterkunft nach Satz 1, kann der kommunale Träger zur Deckung dieses Teils der Aufwendungen ein Darlehen erbringen, das dinglich gesichert werden soll.

(3) Rückzahlungen und Guthaben, die dem Bedarf für Unterkunft und Heizung zuzuordnen sind, mindern die Aufwendungen für Unterkunft und Heizung nach dem Monat der Rückzahlung oder der Gutschrift; Rückzahlungen, die sich auf die Kosten für Haushaltsenergie oder nicht anerkannte Aufwendungen für Unterkunft und Heizung beziehen, bleiben außer Betracht.

(4) [1] Vor Abschluss eines Vertrages über eine neue Unterkunft soll die leistungsberechtigte Person die Zusicherung des für die neue Unterkunft örtlich zuständigen kommunalen Trägers zur Berücksichtigung der Aufwendungen für die neue Unterkunft einholen. [2] Der kommunale Träger ist zur Zusicherung verpflichtet, wenn die Aufwendungen für die neue Unterkunft angemessen sind.

(5) [1] Sofern Personen, die das 25. Lebensjahr noch nicht vollendet haben, umziehen, werden Bedarfe für Unterkunft und Heizung für die Zeit nach einem Umzug bis zur Vollendung des 25. Lebensjahres nur anerkannt, wenn

der kommunale Träger dies vor Abschluss des Vertrages über die Unterkunft zugesichert hat. [2]Der kommunale Träger ist zur Zusicherung verpflichtet, wenn

1. die oder der Betroffene aus schwerwiegenden sozialen Gründen nicht auf die Wohnung der Eltern oder eines Elternteils verwiesen werden kann,
2. der Bezug der Unterkunft zur Eingliederung in den Arbeitsmarkt erforderlich ist oder
3. ein sonstiger, ähnlich schwerwiegender Grund vorliegt.

[3]Unter den Voraussetzungen des Satzes 2 kann vom Erfordernis der Zusicherung abgesehen werden, wenn es der oder dem Betroffenen aus wichtigem Grund nicht zumutbar war, die Zusicherung einzuholen. [4]Bedarfe für Unterkunft und Heizung werden bei Personen, die das 25. Lebensjahr noch nicht vollendet haben, nicht anerkannt, wenn diese vor der Beantragung von Leistungen in eine Unterkunft in der Absicht umziehen, die Voraussetzungen für die Gewährung der Leistungen herbeizuführen.

(6) [1]Wohnungsbeschaffungskosten und Umzugskosten können bei vorheriger Zusicherung durch den bis zum Umzug örtlich zuständigen kommunalen Träger als Bedarf anerkannt werden; Aufwendungen für eine Mietkaution und für den Erwerb von Genossenschaftsanteilen können bei vorheriger Zusicherung durch den am Ort der neuen Unterkunft zuständigen kommunalen Träger als Bedarf anerkannt werden. [2]Die Zusicherung soll erteilt werden, wenn der Umzug durch den kommunalen Träger veranlasst oder aus anderen Gründen notwendig ist und wenn ohne die Zusicherung eine Unterkunft in einem angemessenen Zeitraum nicht gefunden werden kann. [3]Aufwendungen für eine Mietkaution und für Genossenschaftsanteile sollen als Darlehen erbracht werden.

(7) [1]Soweit Arbeitslosengeld II für den Bedarf für Unterkunft und Heizung geleistet wird, ist es auf Antrag der leistungsberechtigten Person an den Vermieter oder andere Empfangsberechtigte zu zahlen. [2]Es soll an den Vermieter oder andere Empfangsberechtigte gezahlt werden, wenn die zweckentsprechende Verwendung durch die leistungsberechtigte Person nicht sichergestellt ist. [3]Das ist insbesondere der Fall, wenn

1. Mietrückstände bestehen, die zu einer außerordentlichen Kündigung des Mietverhältnisses berechtigen,
2. Energiekostenrückstände bestehen, die zu einer Unterbrechung der Energieversorgung berechtigen,
3. konkrete Anhaltspunkte für ein krankheits- oder suchtbedingtes Unvermögen der leistungsberechtigten Person bestehen, die Mittel zweckentsprechend zu verwenden, oder
4. konkrete Anhaltspunkte dafür bestehen, dass die im Schuldnerverzeichnis eingetragene leistungsberechtigte Person die Mittel nicht zweckentsprechend verwendet.

[4]Der kommunale Träger hat die leistungsberechtigte Person über eine Zahlung der Leistungen für die Unterkunft und Heizung an den Vermieter oder andere Empfangsberechtigte schriftlich zu unterrichten.

(8) [1]Sofern Arbeitslosengeld II für den Bedarf für Unterkunft und Heizung erbracht wird, können auch Schulden übernommen werden, soweit dies zur Sicherung der Unterkunft oder zur Behebung einer vergleichbaren Notlage

gerechtfertigt ist. [2]Sie sollen übernommen werden, wenn dies gerechtfertigt und notwendig ist und sonst Wohnungslosigkeit einzutreten droht. [3]Vermögen nach § 12 Absatz 2 Satz 1 Nummer 1 ist vorrangig einzusetzen. [4]Geldleistungen sollen als Darlehen erbracht werden.

(9) [1]Geht bei einem Gericht eine Klage auf Räumung von Wohnraum im Falle der Kündigung des Mietverhältnisses nach § 543 Absatz 1, 2 Satz 1 Nummer 3 in Verbindung mit § 569 Absatz 3 des Bürgerlichen Gesetzbuchs ein, teilt das Gericht dem örtlich zuständigen Träger nach diesem Buch oder der von diesem beauftragten Stelle zur Wahrnehmung der in Absatz 8 bestimmten Aufgaben unverzüglich Folgendes mit:

1. den Tag des Eingangs der Klage,
2. die Namen und die Anschriften der Parteien,
3. die Höhe der monatlich zu entrichtenden Miete,
4. die Höhe des geltend gemachten Mietrückstandes und der geltend gemachten Entschädigung und
5. den Termin zur mündlichen Verhandlung, sofern dieser bereits bestimmt ist.

[2]Außerdem kann der Tag der Rechtshängigkeit mitgeteilt werden. [3]Die Übermittlung unterbleibt, wenn die Nichtzahlung der Miete nach dem Inhalt der Klageschrift offensichtlich nicht auf Zahlungsunfähigkeit der Mieterin oder des Mieters beruht.

(10) [1]Zur Beurteilung der Angemessenheit der Aufwendungen für Unterkunft und Heizung nach Absatz 1 Satz 1 ist die Bildung einer Gesamtangemessenheitsgrenze zulässig. [2]Dabei kann für die Aufwendungen für Heizung der Wert berücksichtigt werden, der bei einer gesonderten Beurteilung der Angemessenheit der Aufwendungen für Unterkunft und der Aufwendungen für Heizung ohne Prüfung der Angemessenheit im Einzelfall höchstens anzuerkennen wäre. [3]Absatz 1 Satz 2 bis 4 gilt entsprechend.

§ 22a Satzungsermächtigung. (1) [1]Die Länder können die Kreise und kreisfreien Städte durch Gesetz ermächtigen oder verpflichten, durch Satzung zu bestimmen, in welcher Höhe Aufwendungen für Unterkunft und Heizung in ihrem Gebiet angemessen sind. [2]Eine solche Satzung bedarf der vorherigen Zustimmung der obersten Landesbehörde oder einer von ihr bestimmten Stelle, wenn dies durch Landesgesetz vorgesehen ist. [3]Die Länder Berlin und Hamburg bestimmen, welche Form der Rechtsetzung an die Stelle einer nach Satz 1 vorgesehenen Satzung tritt. [4]Das Land Bremen kann eine Bestimmung nach Satz 3 treffen.

(2) [1]Die Länder können die Kreise und kreisfreien Städte auch ermächtigen, abweichend von § 22 Absatz 1 Satz 1 die Bedarfe für Unterkunft und Heizung in ihrem Gebiet durch eine monatliche Pauschale zu berücksichtigen, wenn auf dem örtlichen Wohnungsmarkt ausreichend freier Wohnraum verfügbar ist und dies dem Grundsatz der Wirtschaftlichkeit entspricht. [2]In der Satzung sind Regelungen für den Fall vorzusehen, dass die Pauschalierung im Einzelfall zu unzumutbaren Ergebnissen führt. [3]Absatz 1 Satz 2 bis 4 gilt entsprechend.

(3) [1]Die Bestimmung der angemessenen Aufwendungen für Unterkunft und Heizung soll die Verhältnisse des einfachen Standards auf dem örtlichen Wohnungsmarkt abbilden. [2]Sie soll die Auswirkungen auf den örtlichen Wohnungsmarkt berücksichtigen hinsichtlich:

1. der Vermeidung von Mietpreis erhöhenden Wirkungen,
2. der Verfügbarkeit von Wohnraum des einfachen Standards,
3. aller verschiedenen Anbietergruppen und
4. der Schaffung und Erhaltung sozial ausgeglichener Bewohnerstrukturen.

§ 22b Inhalt der Satzung. (1) [1] In der Satzung ist zu bestimmen,

1. welche Wohnfläche entsprechend der Struktur des örtlichen Wohnungsmarktes als angemessen anerkannt wird und
2. in welcher Höhe Aufwendungen für die Unterkunft als angemessen anerkannt werden.

[2] In der Satzung kann auch die Höhe des als angemessen anerkannten Verbrauchswertes oder der als angemessen anerkannten Aufwendungen für die Heizung bestimmt werden. [3] Bei einer Bestimmung nach Satz 2 kann sowohl eine Quadratmeterhöchstmiete als auch eine Gesamtangemessenheitsgrenze unter Berücksichtigung der in den Sätzen 1 und 2 genannten Werte gebildet werden. [4] Um die Verhältnisse des einfachen Standards auf dem örtlichen Wohnungsmarkt realitätsgerecht abzubilden, können die Kreise und kreisfreien Städte ihr Gebiet in mehrere Vergleichsräume unterteilen, für die sie jeweils eigene Angemessenheitswerte bestimmen.

(2) [1] Der Satzung ist eine Begründung beizufügen. [2] Darin ist darzulegen, wie die Angemessenheit der Aufwendungen für Unterkunft und Heizung ermittelt wird. [3] Die Satzung ist mit ihrer Begründung ortsüblich bekannt zu machen.

(3) [1] In der Satzung soll für Personen mit einem besonderen Bedarf für Unterkunft und Heizung eine Sonderregelung getroffen werden. [2] Dies gilt insbesondere für Personen, die einen erhöhten Raumbedarf haben wegen

1. einer Behinderung oder
2. der Ausübung ihres Umgangsrechts.

§ 22c Datenerhebung, -auswertung und -überprüfung. (1) [1] Zur Bestimmung der angemessenen Aufwendungen für Unterkunft und Heizung sollen die Kreise und kreisfreien Städte insbesondere

1. Mietspiegel, qualifizierte Mietspiegel und Mietdatenbanken und
2. geeignete eigene statistische Datenerhebungen und -auswertungen oder Erhebungen Dritter

einzeln oder kombiniert berücksichtigen. [2] Hilfsweise können auch die monatlichen Höchstbeträge nach § 12 Absatz 1 des Wohngeldgesetzes berücksichtigt werden. [3] In die Auswertung sollen sowohl Neuvertrags- als auch Bestandsmieten einfließen. [4] Die Methodik der Datenerhebung und -auswertung ist in der Begründung der Satzung darzulegen.

(2) Die Kreise und kreisfreien Städte müssen die durch Satzung bestimmten Werte für die Unterkunft mindestens alle zwei Jahre und die durch Satzung bestimmten Werte für die Heizung mindestens jährlich überprüfen und gegebenenfalls neu festsetzen.

§ 23 Besonderheiten beim Sozialgeld. Beim Sozialgeld gelten ergänzend folgende Maßgaben:

1. Als Regelbedarf wird bis zur Vollendung des sechsten Lebensjahres ein Betrag in Höhe der Regelbedarfsstufe 6, vom Beginn des siebten bis zur Vollendung des 14. Lebensjahres ein Betrag in Höhe der Regelbedarfsstufe 5 und im 15. Lebensjahr ein Betrag in Höhe der Regelbedarfsstufe 4 anerkannt;
2. Mehrbedarfe nach § 21 Absatz 4 werden auch bei Menschen mit Behinderungen, die das 15. Lebensjahr vollendet haben, anerkannt, wenn Leistungen der Eingliederungshilfe nach § 112 des Neunten Buches[1)] erbracht werden;
3. § 21 Absatz 4 Satz 2 gilt auch nach Beendigung der in § 112 des Neunten Buches genannten Maßnahmen;
4. bei nicht erwerbsfähigen Personen, die voll erwerbsgemindert nach dem Sechsten Buch[2)] sind, wird ein Mehrbedarf von 17 Prozent der nach § 20 maßgebenden Regelbedarfe anerkannt, wenn sie Inhaberin oder Inhaber eines Ausweises nach § 152 Absatz 5 des Neunten Buches mit dem Merkzeichen G sind; dies gilt nicht, wenn bereits ein Anspruch auf einen Mehrbedarf wegen Behinderung nach § 21 Absatz 4 oder nach der vorstehenden Nummer 2 oder 3 besteht.

Unterabschnitt 3. Abweichende Leistungserbringung und weitere Leistungen

§ 24 Abweichende Erbringung von Leistungen. (1) [1]Kann im Einzelfall ein vom Regelbedarf zur Sicherung des Lebensunterhalts umfasster und nach den Umständen unabweisbarer Bedarf nicht gedeckt werden, erbringt die Agentur für Arbeit bei entsprechendem Nachweis den Bedarf als Sachleistung oder als Geldleistung und gewährt der oder dem Leistungsberechtigten ein entsprechendes Darlehen. [2]Bei Sachleistungen wird das Darlehen in Höhe des für die Agentur für Arbeit entstandenen Anschaffungswertes gewährt. [3]Weiter gehende Leistungen sind ausgeschlossen.

(2) Solange sich Leistungsberechtigte, insbesondere bei Drogen- oder Alkoholabhängigkeit sowie im Falle unwirtschaftlichen Verhaltens, als ungeeignet erweisen, mit den Leistungen für den Regelbedarf nach § 20 ihren Bedarf zu decken, kann das Arbeitslosengeld II bis zur Höhe des Regelbedarfs für den Lebensunterhalt in voller Höhe oder anteilig in Form von Sachleistungen erbracht werden.

(3) [1]Nicht vom Regelbedarf nach § 20 umfasst sind Bedarfe für
1. Erstausstattungen für die Wohnung einschließlich Haushaltsgeräten,
2. Erstausstattungen für Bekleidung und Erstausstattungen bei Schwangerschaft und Geburt sowie
3. Anschaffung und Reparaturen von orthopädischen Schuhen, Reparaturen von therapeutischen Geräten und Ausrüstungen sowie die Miete von therapeutischen Geräten.

[2]Leistungen für diese Bedarfe werden gesondert erbracht. [3]Leistungen nach Satz 2 werden auch erbracht, wenn Leistungsberechtigte keine Leistungen zur Sicherung des Lebensunterhalts einschließlich der angemessenen Kosten für

[1)] Nr. **9**.
[2)] Nr. **6**.

Unterkunft und Heizung benötigen, den Bedarf nach Satz 1 jedoch aus eigenen Kräften und Mitteln nicht voll decken können. [4]In diesem Fall kann das Einkommen berücksichtigt werden, das Leistungsberechtigte innerhalb eines Zeitraumes von bis zu sechs Monaten nach Ablauf des Monats erwerben, in dem über die Leistung entschieden wird. [5]Die Leistungen für Bedarfe nach Satz 1 Nummer 1 und 2 können als Sachleistung oder Geldleistung, auch in Form von Pauschalbeträgen, erbracht werden. [6]Bei der Bemessung der Pauschalbeträge sind geeignete Angaben über die erforderlichen Aufwendungen und nachvollziehbare Erfahrungswerte zu berücksichtigen.

(4) [1]Leistungen zur Sicherung des Lebensunterhalts können als Darlehen erbracht werden, soweit in dem Monat, für den die Leistungen erbracht werden, voraussichtlich Einnahmen anfallen. [2]Satz 1 gilt auch, soweit Leistungsberechtigte einmalige Einnahmen nach § 11 Absatz 3 Satz 4 vorzeitig verbraucht haben.

(5) [1]Soweit Leistungsberechtigten der sofortige Verbrauch oder die sofortige Verwertung von zu berücksichtigendem Vermögen nicht möglich ist oder für sie eine besondere Härte bedeuten würde, sind Leistungen als Darlehen zu erbringen. [2]Die Leistungen können davon abhängig gemacht werden, dass der Anspruch auf Rückzahlung dinglich oder in anderer Weise gesichert wird.

(6) In Fällen des § 22 Absatz 5 werden Leistungen für Erstausstattungen für die Wohnung nur erbracht, wenn der kommunale Träger die Übernahme der Leistungen für Unterkunft und Heizung zugesichert hat oder vom Erfordernis der Zusicherung abgesehen werden konnte.

§ 25 Leistungen bei medizinischer Rehabilitation der Rentenversicherung und bei Anspruch auf Verletztengeld aus der Unfallversicherung.

[1]Haben Leistungsberechtigte dem Grunde nach Anspruch auf Übergangsgeld bei medizinischen Leistungen der gesetzlichen Rentenversicherung in Höhe des Betrages des Arbeitslosengeldes II, erbringen die Träger der Leistungen nach diesem Buch die bisherigen Leistungen als Vorschuss auf die Leistungen der Rentenversicherung weiter; dies gilt entsprechend bei einem Anspruch auf Verletztengeld aus der gesetzlichen Unfallversicherung. [2]Werden Vorschüsse länger als einen Monat geleistet, erhalten die Träger der Leistungen nach diesem Buch von den zur Leistung verpflichteten Trägern monatliche Abschlagszahlungen in Höhe der Vorschüsse des jeweils abgelaufenen Monats. [3]§ 102 des Zehnten Buches[1)] gilt entsprechend.

§ 26 Zuschüsse zu Beiträgen zur Krankenversicherung und Pflegeversicherung. (1) [1]Für Bezieherinnen und Bezieher von Arbeitslosengeld II oder Sozialgeld, die gegen das Risiko Krankheit bei einem privaten Krankenversicherungsunternehmen im Rahmen von Versicherungsverträgen, die der Versicherungspflicht nach § 193 Absatz 3 des Versicherungsvertragsgesetzes genügen, versichert sind, wird für die Dauer des Leistungsbezugs ein Zuschuss zum Beitrag geleistet; der Zuschuss ist begrenzt auf die Höhe des nach § 152 Absatz 4 des Versicherungsaufsichtsgesetzes halbierten Beitrags für den Basistarif in der privaten Krankenversicherung, den Hilfebedürftige zu leisten haben. [2]Für Bezieherinnen und Bezieher von Sozialgeld, die in der gesetzlichen Krankenversicherung versicherungspflichtig oder freiwillig versichert sind, wird für die

[1)] Nr. **10**.

Dauer des Leistungsbezugs ein Zuschuss in Höhe des Beitrags geleistet, soweit dieser nicht nach § 11b Absatz 1 Satz 1 Nummer 2 abgesetzt wird; Gleiches gilt für Bezieherinnen und Bezieher von Arbeitslosengeld II, die nicht nach § 5 Absatz 1 Nummer 2a des Fünften Buches[1)] versicherungspflichtig sind.

(2) [1] Für Personen, die

1. in der gesetzlichen Krankenversicherung versicherungspflichtig oder freiwillig versichert sind oder
2. unter den Voraussetzungen des Absatzes 1 Satz 1 erster Halbsatz privat krankenversichert sind und die

allein durch die Zahlung des Beitrags hilfebedürftig würden, wird ein Zuschuss zum Beitrag in Höhe des Betrages geleistet, der notwendig ist, um die Hilfebedürftigkeit zu vermeiden. [2] In den Fällen des Satzes 1 Nummer 2 gilt die Begrenzung des Zuschusses nach Absatz 1 Satz 1 zweiter Halbsatz entsprechend.

(3) [1] Für Bezieherinnen und Bezieher von Arbeitslosengeld II oder Sozialgeld, die gegen das Risiko Pflegebedürftigkeit bei einem privaten Versicherungsunternehmen in Erfüllung ihrer Versicherungspflicht nach § 23 des Elften Buches[2)] versichert sind, wird für die Dauer des Leistungsbezugs ein Zuschuss zum Beitrag geleistet; der Zuschuss ist begrenzt auf die Hälfte des Höchstbeitrags in der sozialen Pflegeversicherung. [2] Für Bezieherinnen und Bezieher von Sozialgeld, die in der sozialen Pflegeversicherung versicherungspflichtig sind, wird für die Dauer des Leistungsbezugs ein Zuschuss in Höhe des Beitrags geleistet, soweit dieser nicht nach § 11b Absatz 1 Satz 1 Nummer 2 abgesetzt wird; Gleiches gilt für Bezieherinnen und Bezieher von Arbeitslosengeld II, die nicht nach § 20 Absatz 1 Satz 2 Nummer 2a des Elften Buches versicherungspflichtig sind.

(4) [1] Für Personen, die

1. in der sozialen Pflegeversicherung versicherungspflichtig sind oder
2. unter den Voraussetzungen des Absatzes 3 Satz 1 erster Halbsatz privat pflegeversichert sind und die

allein durch die Zahlung des Beitrags hilfebedürftig würden, wird ein Zuschuss zum Beitrag in Höhe des Betrages geleistet, der notwendig ist, um die Hilfebedürftigkeit zu vermeiden. [2] In den Fällen des Satzes 1 Nummer 2 gilt die Begrenzung des Zuschusses nach Absatz 3 Satz 1 zweiter Halbsatz entsprechend.

(5) [1] Der Zuschuss nach Absatz 1 Satz 1, nach Absatz 2 Satz 1 Nummer 2, nach Absatz 3 Satz 1 und nach Absatz 4 Satz 1 Nummer 2 ist an das private Versicherungsunternehmen zu zahlen, bei dem die leistungsberechtigte Person versichert ist. [2] Der Zuschuss nach Absatz 1 Satz 2 und Absatz 3 Satz 2 ist an die Krankenkasse zu zahlen, bei der die leistungsberechtigte Person versichert ist.

§ 27 Leistungen für Auszubildende. (1) [1] Auszubildende im Sinne des § 7 Absatz 5 erhalten Leistungen zur Sicherung des Lebensunterhalts nach Maßgabe der folgenden Absätze. [2] Die Leistungen für Auszubildende im Sinne des § 7 Absatz 5 gelten nicht als Arbeitslosengeld II.

[1)] Nr. **5**.
[2)] Nr. **11**.

(2) Leistungen werden in Höhe der Mehrbedarfe nach § 21 Absatz 2, 3, 5 und 6 und in Höhe der Leistungen nach § 24 Absatz 3 Nummer 2 erbracht, soweit die Mehrbedarfe nicht durch zu berücksichtigendes Einkommen oder Vermögen gedeckt sind.

(3) [1]Leistungen können für Regelbedarfe, den Mehrbedarf nach § 21 Absatz 7, Bedarfe für Unterkunft und Heizung, Bedarfe für Bildung und Teilhabe und notwendige Beiträge zur Kranken- und Pflegeversicherung als Darlehen erbracht werden, sofern der Leistungsausschluss nach § 7 Absatz 5 eine besondere Härte bedeutet. [2]Eine besondere Härte ist auch anzunehmen, wenn Auszubildenden, deren Bedarf sich nach §§ 12 oder 13 Absatz 1 Nummer 1 des Bundesausbildungsförderungsgesetzes bemisst, aufgrund von § 10 Absatz 3 des Bundesausbildungsförderungsgesetzes keine Leistungen zustehen, diese Ausbildung im Einzelfall für die Eingliederung der oder des Auszubildenden in das Erwerbsleben zwingend erforderlich ist und ohne die Erbringung von Leistungen zum Lebensunterhalt der Abbruch der Ausbildung droht; in diesem Fall sind Leistungen als Zuschuss zu erbringen. [3]Für den Monat der Aufnahme einer Ausbildung können Leistungen entsprechend § 24 Absatz 4 Satz 1 erbracht werden. [4]Leistungen nach Satz 1 sind gegenüber den Leistungen nach Absatz 2 nachrangig.

Unterabschnitt 4. Leistungen für Bildung und Teilhabe

§ 28 Bedarfe für Bildung und Teilhabe. (1) [1]Bedarfe für Bildung und Teilhabe am sozialen und kulturellen Leben in der Gemeinschaft werden bei Kindern, Jugendlichen und jungen Erwachsenen neben dem Regelbedarf nach Maßgabe der Absätze 2 bis 7 gesondert berücksichtigt. [2]Bedarfe für Bildung werden nur bei Personen berücksichtigt, die das 25. Lebensjahr noch nicht vollendet haben, eine allgemein- oder berufsbildende Schule besuchen und keine Ausbildungsvergütung erhalten (Schülerinnen und Schüler).

(2) [1]Bei Schülerinnen und Schülern werden die tatsächlichen Aufwendungen anerkannt für

1. Schulausflüge und
2. mehrtägige Klassenfahrten im Rahmen der schulrechtlichen Bestimmungen.

[2]Für Kinder, die eine Tageseinrichtung besuchen oder für die Kindertagespflege geleistet wird, gilt Satz 1 entsprechend.

(3) Für die Ausstattung von Schülerinnen und Schülern mit persönlichem Schulbedarf ist § 34 Absatz 3 und 3a des Zwölften Buches[1)] mit der Maßgabe entsprechend anzuwenden, dass der nach § 34 Absatz 3 Satz 1 und Absatz 3a des Zwölften Buches anzuerkennende Bedarf für das erste Schulhalbjahr regelmäßig zum 1. August und für das zweite Schulhalbjahr regelmäßig zum 1. Februar zu berücksichtigen ist.

(4) [1]Bei Schülerinnen und Schülern, die für den Besuch der nächstgelegenen Schule des gewählten Bildungsgangs auf Schülerbeförderung angewiesen sind, werden die dafür erforderlichen tatsächlichen Aufwendungen berücksichtigt, soweit sie nicht von Dritten übernommen werden. [2]Als nächstgelegene Schule des gewählten Bildungsgangs gilt auch eine Schule, die aufgrund ihres Profils gewählt wurde, soweit aus diesem Profil eine besondere inhaltliche oder

---

[1)] Nr. **12**.

organisatorische Ausgestaltung des Unterrichts folgt; dies sind insbesondere Schulen mit naturwissenschaftlichem, musischem, sportlichem oder sprachlichem Profil sowie bilinguale Schulen, und Schulen mit ganztägiger Ausrichtung.

(5) [1] Bei Schülerinnen und Schülern wird eine schulische Angebote ergänzende angemessene Lernförderung berücksichtigt, soweit diese geeignet und zusätzlich erforderlich ist, um die nach den schulrechtlichen Bestimmungen festgelegten wesentlichen Lernziele zu erreichen. [2] Auf eine bestehende Versetzungsgefährdung kommt es dabei nicht an.

(6) [1] Bei Teilnahme an einer gemeinschaftlichen Mittagsverpflegung werden die entstehenden Aufwendungen berücksichtigt für

1. Schülerinnen und Schüler und
2. Kinder, die eine Tageseinrichtung besuchen oder für die Kindertagespflege geleistet wird.

[2] Für Schülerinnen und Schüler gilt dies unter der Voraussetzung, dass die Mittagsverpflegung in schulischer Verantwortung angeboten wird oder durch einen Kooperationsvertrag zwischen Schule und Tageseinrichtung vereinbart ist. [3] In den Fällen des Satzes 2 ist für die Ermittlung des monatlichen Bedarfs die Anzahl der Schultage in dem Land zugrunde zu legen, in dem der Schulbesuch stattfindet.

(7) [1] Für die Teilhabe am sozialen und kulturellen Leben in der Gemeinschaft werden pauschal 15 Euro monatlich berücksichtigt, sofern bei Leistungsberechtigten, die das 18. Lebensjahr noch nicht vollendet haben, tatsächliche Aufwendungen entstehen im Zusammenhang mit der Teilnahme an

1. Aktivitäten in den Bereichen Sport, Spiel, Kultur und Geselligkeit,
2. Unterricht in künstlerischen Fächern (zum Beispiel Musikunterricht) und vergleichbare angeleitete Aktivitäten der kulturellen Bildung und
3. Freizeiten.

[2] Neben der Berücksichtigung von Bedarfen nach Satz 1 können auch weitere tatsächliche Aufwendungen berücksichtigt werden, wenn sie im Zusammenhang mit der Teilnahme an Aktivitäten nach Satz 1 Nummer 1 bis 3 entstehen und es den Leistungsberechtigten im Einzelfall nicht zugemutet werden kann, diese aus den Leistungen nach Satz 1 und aus dem Regelbedarf zu bestreiten.

§ 29 Erbringung der Leistungen für Bildung und Teilhabe. (1) [1] Leistungen zur Deckung der Bedarfe nach § 28 Absatz 2 und 5 bis 7 werden erbracht durch

1. Sach- und Dienstleistungen, insbesondere in Form von personalisierten Gutscheinen,
2. Direktzahlungen an Anbieter von Leistungen zur Deckung dieser Bedarfe (Anbieter) oder
3. Geldleistungen.

[2] Die kommunalen Träger bestimmen, in welcher Form sie die Leistungen erbringen. [3] Die Leistungen zur Deckung der Bedarfe nach § 28 Absatz 3 und 4 werden jeweils durch Geldleistungen erbracht. [4] Die kommunalen Träger können mit Anbietern pauschal abrechnen.

(2) [1] Werden die Bedarfe durch Gutscheine gedeckt, gelten die Leistungen mit Ausgabe des jeweiligen Gutscheins als erbracht. [2] Die kommunalen Träger gewährleisten, dass Gutscheine bei geeigneten vorhandenen Anbietern oder zur Wahrnehmung ihrer eigenen Angebote eingelöst werden können. [3] Gutscheine können für den gesamten Bewilligungszeitraum im Voraus ausgegeben werden. [4] Die Gültigkeit von Gutscheinen ist angemessen zu befristen. [5] Im Fall des Verlustes soll ein Gutschein erneut in dem Umfang ausgestellt werden, in dem er noch nicht in Anspruch genommen wurde.

(3) [1] Werden die Bedarfe durch Direktzahlungen an Anbieter gedeckt, gelten die Leistungen mit der Zahlung als erbracht. [2] Eine Direktzahlung ist für den gesamten Bewilligungszeitraum im Voraus möglich.

(4) Werden die Leistungen für Bedarfe nach § 28 Absatz 2 und 5 bis 7 durch Geldleistungen erbracht, erfolgt dies

1. monatlich in Höhe der im Bewilligungszeitraum bestehenden Bedarfe oder
2. nachträglich durch Erstattung verauslagter Beträge.

(5) [1] Im Einzelfall kann ein Nachweis über eine zweckentsprechende Verwendung der Leistung verlangt werden. [2] Soweit der Nachweis nicht geführt wird, soll die Bewilligungsentscheidung widerrufen werden.

(6) [1] Abweichend von den Absätzen 1 bis 4 können Leistungen nach § 28 Absatz 2 Satz 1 Nummer 1 gesammelt für Schülerinnen und Schüler an eine Schule ausgezahlt werden, wenn die Schule

1. dies bei dem örtlich zuständigen kommunalen Träger (§ 36 Absatz 3) beantragt,
2. die Leistungen für die leistungsberechtigten Schülerinnen und Schüler verauslagt und
3. sich die Leistungsberechtigung von den Leistungsberechtigten nachweisen lässt.

[2] Der kommunale Träger kann mit der Schule vereinbaren, dass monatliche oder schulhalbjährliche Abschlagszahlungen geleistet werden.

§ 30 Berechtigte Selbsthilfe. [1] Geht die leistungsberechtigte Person durch Zahlung an Anbieter in Vorleistung, ist der kommunale Träger zur Übernahme der berücksichtigungsfähigen Aufwendungen verpflichtet, soweit

1. unbeschadet des Satzes 2 die Voraussetzungen einer Leistungsgewährung zur Deckung der Bedarfe im Zeitpunkt der Selbsthilfe nach § 28 Absatz 2 und 5 bis 7 vorlagen und
2. zum Zeitpunkt der Selbsthilfe der Zweck der Leistung durch Erbringung als Sach- oder Dienstleistung ohne eigenes Verschulden nicht oder nicht rechtzeitig zu erreichen war.

[2] War es dem Leistungsberechtigten nicht möglich, rechtzeitig einen Antrag zu stellen, gilt dieser als zum Zeitpunkt der Selbstvornahme gestellt.

Unterabschnitt 5. Sanktionen

§ 31 Pflichtverletzungen. (1) [1] Erwerbsfähige Leistungsberechtigte verletzen ihre Pflichten, wenn sie trotz schriftlicher Belehrung über die Rechtsfolgen oder deren Kenntnis

1. sich weigern, in der Eingliederungsvereinbarung oder in dem diese ersetzenden Verwaltungsakt nach § 15 Absatz 3 Satz 3 festgelegte Pflichten zu erfüllen, insbesondere in ausreichendem Umfang Eigenbemühungen nachzuweisen,
2. sich weigern, eine zumutbare Arbeit, Ausbildung, Arbeitsgelegenheit nach § 16d oder ein nach § 16e gefördertes Arbeitsverhältnis aufzunehmen, fortzuführen oder deren Anbahnung durch ihr Verhalten verhindern,
3. eine zumutbare Maßnahme zur Eingliederung in Arbeit nicht antreten, abbrechen oder Anlass für den Abbruch gegeben haben.

[2] Dies gilt nicht, wenn erwerbsfähige Leistungsberechtigte einen wichtigen Grund für ihr Verhalten darlegen und nachweisen.

(2) Eine Pflichtverletzung von erwerbsfähigen Leistungsberechtigten ist auch anzunehmen, wenn
1. sie nach Vollendung des 18. Lebensjahres ihr Einkommen oder Vermögen in der Absicht vermindert haben, die Voraussetzungen für die Gewährung oder Erhöhung des Arbeitslosengeldes II herbeizuführen,
2. sie trotz Belehrung über die Rechtsfolgen oder deren Kenntnis ihr unwirtschaftliches Verhalten fortsetzen,
3. ihr Anspruch auf Arbeitslosengeld ruht oder erloschen ist, weil die Agentur für Arbeit das Eintreten einer Sperrzeit oder das Erlöschen des Anspruchs nach den Vorschriften des Dritten Buches[1)] festgestellt hat, oder
4. sie die im Dritten Buch genannten Voraussetzungen für das Eintreten einer Sperrzeit erfüllen, die das Ruhen oder Erlöschen eines Anspruchs auf Arbeitslosengeld begründen.

§ 31a[2)] Rechtsfolgen bei Pflichtverletzungen. (1) [1] Bei einer Pflichtverletzung nach § 31 mindert sich das Arbeitslosengeld II in einer ersten Stufe um

---

[1)] Nr. 3.

[2)] **Red. Anm.:** Beachte zu § 31a Abs. 1 Sätze 1, 2 und 3 und zu § 31b Absatz 1 Satz 3 das Urt. des BVerfG v. 5.11.2019 (BGBl. I S. 2046):

1. „§ 31a Absatz 1 Sätze 1, 2 und 3 Sozialgesetzbuch Zweites Buch in der Fassung des Gesetzes zur Ermittlung von Regelbedarfen und zur Änderung des Zweiten und Zwölften Buches Sozialgesetzbuch vom 24. März 2011 (Bundesgesetzblatt I Seite 453) sowie der Bekanntmachung der Neufassung des Zweiten Buches Sozialgesetzbuch vom 13. Mai 2011 (Bundesgesetzblatt I Seite 850), geändert durch das Gesetz zur Verbesserung der Eingliederungschancen am Arbeitsmarkt vom 20. Dezember 2011 (Bundesgesetzblatt I Seite 2854), geändert durch das Neunte Gesetz zur Änderung des Zweiten Buches Sozialgesetzbuch – Rechtsvereinfachung – sowie zur vorübergehenden Aussetzung der Insolvenzantragspflicht vom 26. Juli 2016 (Bundesgesetzblatt I Seite 1824), ist für Fälle des § 31 Absatz 1 Sozialgesetzbuch Zweites Buch in der genannten Fassung mit Artikel 1 Absatz 1 Grundgesetz in Verbindung mit dem Sozialstaatsprinzip des Artikel 20 Absatz 1 Grundgesetz unvereinbar, soweit die Höhe der Leistungsminderung bei einer erneuten Verletzung einer Pflicht nach § 31 Absatz 1 Sozialgesetzbuch Zweites Buch die Höhe von 30 Prozent des maßgebenden Regelbedarfs übersteigt, soweit eine Sanktion nach § 31a Absatz 1 Sätze 1 bis 3 Sozialgesetzbuch Zweites Buch zwingend zu verhängen ist, auch wenn außergewöhnliche Härten vorliegen, und soweit § 31b Absatz 1 Satz 3 Sozialgesetzbuch Zweites Buch für alle Leistungsminderungen ungeachtet der Erfüllung einer Mitwirkungspflicht oder der Bereitschaft dazu eine starre Dauer von drei Monaten vorgibt.
2. Bis zum Inkrafttreten der Neuregelung durch den Gesetzgeber sind § 31a Absatz 1 Sätze 1, 2 und 3 und § 31b Absatz 1 Satz 3 in Fällen des § 31 Absatz 1 Sozialgesetzbuch Zweites Buch in der Fassung folgender Übergangsregelungen weiter anwendbar:
   a) § 31a Absatz 1 Satz 1 Sozialgesetzbuch Zweites Buch ist in den Fällen des § 31 Absatz 1 Sozialgesetzbuch Zweites Buch mit der Maßgabe anzuwenden, dass die Leistungsminderung →

30 Prozent des für die erwerbsfähige leistungsberechtigte Person nach § 20 maßgebenden Regelbedarfs. [2] Bei der ersten wiederholten Pflichtverletzung nach § 31 mindert sich das Arbeitslosengeld II um 60 Prozent des für die erwerbsfähige leistungsberechtigte Person nach § 20 maßgebenden Regelbedarfs. [3] Bei jeder weiteren wiederholten Pflichtverletzung nach § 31 entfällt das Arbeitslosengeld II vollständig. [4] Eine wiederholte Pflichtverletzung liegt nur vor, wenn bereits zuvor eine Minderung festgestellt wurde. [5] Sie liegt nicht vor, wenn der Beginn des vorangegangenen Minderungszeitraums länger als ein Jahr zurückliegt. [6] Erklären sich erwerbsfähige Leistungsberechtigte nachträglich bereit, ihren Pflichten nachzukommen, kann der zuständige Träger die Minderung der Leistungen nach Satz 3 ab diesem Zeitpunkt auf 60 Prozent des für sie nach § 20 maßgebenden Regelbedarfs begrenzen.

(2) [1] Bei erwerbsfähigen Leistungsberechtigten, die das 25. Lebensjahr noch nicht vollendet haben, ist das Arbeitslosengeld II bei einer Pflichtverletzung nach § 31 auf die für die Bedarfe nach § 22 zu erbringenden Leistungen beschränkt. [2] Bei wiederholter Pflichtverletzung nach § 31 entfällt das Arbeitslosengeld II vollständig. [3] Absatz 1 Satz 4 und 5 gilt entsprechend. [4] Erklären sich erwerbsfähige Leistungsberechtigte, die das 25. Lebensjahr noch nicht vollendet haben, nachträglich bereit, ihren Pflichten nachzukommen, kann der Träger unter Berücksichtigung aller Umstände des Einzelfalles ab diesem Zeitpunkt wieder die für die Bedarfe nach § 22 zu erbringenden Leistungen gewähren.

(3) [1] Bei einer Minderung des Arbeitslosengeldes II um mehr als 30 Prozent des nach § 20 maßgebenden Regelbedarfs kann der Träger auf Antrag in angemessenem Umfang ergänzende Sachleistungen oder geldwerte Leistungen erbringen. [2] Der Träger hat Leistungen nach Satz 1 zu erbringen, wenn Leistungsberechtigte mit minderjährigen Kindern in einem Haushalt leben. [3] Bei einer Minderung des Arbeitslosengeldes II um mindestens 60 Prozent des für den erwerbsfähigen Leistungsberechtigten nach § 20 maßgebenden Regelbedarfs soll das Arbeitslosengeld II, soweit es für den Bedarf für Unterkunft und Heizung nach § 22 Absatz 1 erbracht wird, an den Vermieter oder andere Empfangsberechtigte gezahlt werden.

(Fortsetzung der Anm. von voriger Seite)

wegen einer Pflichtverletzung nach § 31 Absatz 1 SGB II nicht erfolgen muss, wenn dies im konkreten Einzelfall unter Berücksichtigung aller Umstände zu einer außergewöhnlichen Härte führen würde. Insbesondere kann von einer Minderung abgesehen werden, wenn nach Einschätzung der Behörde die Zwecke des Gesetzes nur erreicht werden können, indem eine Sanktion unterbleibt.

b) § 31a Absatz 1 Sätze 2 und 3 Sozialgesetzbuch Zweites Buch sind in den Fällen des § 31 Absatz 1 Sozialgesetzbuch Zweites Buch mit der Maßgabe anwendbar, dass wegen wiederholter Pflichtverletzungen eine Minderung der Regelbedarfsleistungen nicht über 30 Prozent des maßgebenden Regelbedarfs hinausgehen darf. Von einer Leistungsminderung kann abgesehen werden, wenn dies im konkreten Einzelfall unter Berücksichtigung aller Umstände zu einer außergewöhnlichen Härte führen würde. Insbesondere kann von einer Minderung abgesehen werden, wenn nach Einschätzung der Behörde die Zwecke des Gesetzes nur erreicht werden können, indem eine Sanktion unterbleibt.

c) § 31b Absatz 1 Satz 3 Sozialgesetzbuch Zweites Buch ist in den Fällen des § 31 Absatz 1 Sozialgesetzbuch Zweites Buch mit folgender Maßgabe anzuwenden: Wird die Mitwirkungspflicht erfüllt oder erklären sich Leistungsberechtigte nachträglich ernsthaft und nachhaltig bereit, ihren Pflichten nachzukommen, kann die zuständige Behörde unter Berücksichtigung aller Umstände des Einzelfalls ab diesem Zeitpunkt die Leistung wieder in vollem Umfang erbringen. Die Minderung darf ab diesem Zeitpunkt nicht länger als einen Monat andauern."

(4) Für nichterwerbsfähige Leistungsberechtigte gilt Absatz 1 und 3 bei Pflichtverletzungen nach § 31 Absatz 2 Nummer 1 und 2 entsprechend.

§ 31b[1)] Beginn und Dauer der Minderung. (1) [1]Der Auszahlungsanspruch mindert sich mit Beginn des Kalendermonats, der auf das Wirksamwerden des Verwaltungsaktes folgt, der die Pflichtverletzung und den Umfang der Minderung der Leistung feststellt. [2]In den Fällen des § 31 Absatz 2 Nummer 3 tritt die Minderung mit Beginn der Sperrzeit oder mit dem Erlöschen des Anspruchs nach dem Dritten Buch[2)] ein. [3]Der Minderungszeitraum beträgt drei Monate.

[4]Bei erwerbsfähigen Leistungsberechtigten, die das 25. Lebensjahr noch nicht vollendet haben, kann der Träger die Minderung des Auszahlungsanspruchs in Höhe der Bedarfe nach den §§ 20 und 21 unter Berücksichtigung aller Umstände des Einzelfalls auf sechs Wochen verkürzen. [5]Die Feststellung der Minderung ist nur innerhalb von sechs Monaten ab dem Zeitpunkt der Pflichtverletzung zulässig.

(2) Während der Minderung des Auszahlungsanspruchs besteht kein Anspruch auf ergänzende Hilfe zum Lebensunterhalt nach den Vorschriften des Zwölften Buches[3)].

§ 32 Meldeversäumnisse. (1) [1]Kommen Leistungsberechtigte trotz schriftlicher Belehrung über die Rechtsfolgen oder deren Kenntnis einer Aufforderung des zuständigen Trägers, sich bei ihm zu melden oder bei einem ärztlichen oder psychologischen Untersuchungstermin zu erscheinen, nicht nach, mindert sich das Arbeitslosengeld II oder das Sozialgeld jeweils um 10 Prozent des für sie nach § 20 maßgebenden Regelbedarfs. [2]Dies gilt nicht, wenn Leistungsberechtigte einen wichtigen Grund für ihr Verhalten darlegen und nachweisen.

(2) [1]Die Minderung nach dieser Vorschrift tritt zu einer Minderung nach § 31a hinzu. [2]§ 31a Absatz 3 und § 31b gelten entsprechend.

Unterabschnitt 6. Verpflichtungen Anderer

§ 33 Übergang von Ansprüchen. (1) [1]Haben Personen, die Leistungen zur Sicherung des Lebensunterhalts beziehen, für die Zeit, für die Leistungen erbracht werden, einen Anspruch gegen einen Anderen, der nicht Leistungsträger ist, geht der Anspruch bis zur Höhe der geleisteten Aufwendungen auf die Träger der Leistungen nach diesem Buch über, wenn bei rechtzeitiger Leistung des Anderen Leistungen zur Sicherung des Lebensunterhalts nicht erbracht worden wären. [2]Satz 1 gilt auch, soweit Kinder unter Berücksichtigung von Kindergeld nach § 11 Absatz 1 Satz 4 keine Leistungen empfangen haben und bei rechtzeitiger Leistung des Anderen keine oder geringere Leistungen an die Mitglieder der Haushaltsgemeinschaft erbracht worden wären. [3]Der Übergang wird nicht dadurch ausgeschlossen, dass der Anspruch nicht übertragen, verpfändet oder gepfändet werden kann. [4]Unterhaltsansprüche nach bürgerlichem Recht gehen zusammen mit dem unterhaltsrechtlichen Auskunftsanspruch auf die Träger der Leistungen nach diesem Buch über.

[1)] Siehe hierzu die Anm. zu § 31a.
[2)] Nr. 3.
[3)] Nr. 12.

(2) [1] Ein Unterhaltsanspruch nach bürgerlichem Recht geht nicht über, wenn die unterhaltsberechtigte Person

1. mit der oder dem Verpflichteten in einer Bedarfsgemeinschaft lebt,
2. mit der oder dem Verpflichteten verwandt ist und den Unterhaltsanspruch nicht geltend macht; dies gilt nicht für Unterhaltsansprüche
   a) minderjähriger Leistungsberechtigter,
   b) Leistungsberechtigter, die das 25. Lebensjahr noch nicht vollendet und die Erstausbildung noch nicht abgeschlossen haben,

   gegen ihre Eltern,
3. in einem Kindschaftsverhältnis zur oder zum Verpflichteten steht und
   a) schwanger ist oder
   b) ihr leibliches Kind bis zur Vollendung seines sechsten Lebensjahres betreut.

[2] Der Übergang ist auch ausgeschlossen, soweit der Unterhaltsanspruch durch laufende Zahlung erfüllt wird. [3] Der Anspruch geht nur über, soweit das Einkommen und Vermögen der unterhaltsverpflichteten Person das nach den §§ 11 bis 12 zu berücksichtigende Einkommen und Vermögen übersteigt.

(3) [1] Für die Vergangenheit können die Träger der Leistungen nach diesem Buch außer unter den Voraussetzungen des bürgerlichen Rechts nur von der Zeit an den Anspruch geltend machen, zu welcher sie der oder dem Verpflichteten die Erbringung der Leistung schriftlich mitgeteilt haben. [2] Wenn die Leistung voraussichtlich auf längere Zeit erbracht werden muss, können die Träger der Leistungen nach diesem Buch bis zur Höhe der bisherigen monatlichen Aufwendungen auch auf künftige Leistungen klagen.

(4) [1] Die Träger der Leistungen nach diesem Buch können den auf sie übergegangenen Anspruch im Einvernehmen mit der Empfängerin oder dem Empfänger der Leistungen auf diese oder diesen zur gerichtlichen Geltendmachung rückübertragen und sich den geltend gemachten Anspruch abtreten lassen. [2] Kosten, mit denen die Leistungsempfängerin oder der Leistungsempfänger dadurch selbst belastet wird, sind zu übernehmen. [3] Über die Ansprüche nach Absatz 1 Satz 4 ist im Zivilrechtsweg zu entscheiden.

(5) Die §§ 115 und 116 des Zehnten Buches[1)] gehen der Regelung des Absatzes 1 vor.

§ 34 Ersatzansprüche bei sozialwidrigem Verhalten. (1) [1] Wer nach Vollendung des 18. Lebensjahres vorsätzlich oder grob fahrlässig die Voraussetzungen für die Gewährung von Leistungen nach diesem Buch an sich oder an Personen, die mit ihr oder ihm in einer Bedarfsgemeinschaft leben, ohne wichtigen Grund herbeigeführt hat, ist zum Ersatz der deswegen erbrachten Geld- und Sachleistungen verpflichtet. [2] Als Herbeiführung im Sinne des Satzes 1 gilt auch, wenn die Hilfebedürftigkeit erhöht, aufrechterhalten oder nicht verringert wurde. [3] Sachleistungen sind, auch wenn sie in Form eines Gutscheins erbracht wurden, in Geld zu ersetzen. [4] § 40 Absatz 6 Satz 2 gilt entsprechend. [5] Der Ersatzanspruch umfasst auch die geleisteten Beiträge zur Sozialversicherung. [6] Von der Geltendmachung eines Ersatzanspruchs ist abzusehen, soweit sie eine Härte bedeuten würde.

[1)] Nr. **10**.

(2) [1] Eine nach Absatz 1 eingetretene Verpflichtung zum Ersatz der Leistungen geht auf den Erben über. [2] Sie ist auf den Nachlasswert zum Zeitpunkt des Erbfalls begrenzt.

(3) [1] Der Ersatzanspruch erlischt drei Jahre nach Ablauf des Jahres, für das die Leistung erbracht worden ist. [2] Die Bestimmungen des Bürgerlichen Gesetzbuchs über die Hemmung, die Ablaufhemmung, den Neubeginn und die Wirkung der Verjährung gelten sinngemäß; der Erhebung der Klage steht der Erlass eines Leistungsbescheides gleich.

§ 34a Ersatzansprüche für rechtswidrig erbrachte Leistungen.

(1) [1] Zum Ersatz rechtswidrig erbrachter Geld- und Sachleistungen nach diesem Buch ist verpflichtet, wer diese durch vorsätzliches oder grob fahrlässiges Verhalten an Dritte herbeigeführt hat. [2] Sachleistungen sind, auch wenn sie in Form eines Gutscheins erbracht wurden, in Geld zu ersetzen. [3] § 40 Absatz 6 Satz 2 gilt entsprechend. [4] Der Ersatzanspruch umfasst auch die geleisteten Beiträge zur Sozialversicherung entsprechend § 40 Absatz 2 Nummer 5.

(2) [1] Der Ersatzanspruch verjährt in vier Jahren nach Ablauf des Kalenderjahres, in dem der Verwaltungsakt, mit dem die Erstattung nach § 50 des Zehnten Buches[1)] festgesetzt worden ist, unanfechtbar geworden ist. [2] Soweit gegenüber einer rechtswidrig begünstigten Person ein Verwaltungsakt nicht aufgehoben werden kann, beginnt die Frist nach Satz 1 mit dem Zeitpunkt, ab dem die Behörde Kenntnis von der Rechtswidrigkeit der Leistungserbringung hat. [3] § 34 Absatz 3 Satz 2 gilt entsprechend.

(3) [1] § 34 Absatz 2 gilt entsprechend. [2] Der Ersatzanspruch erlischt drei Jahre nach dem Tod der Person, die gemäß Absatz 1 zum Ersatz verpflichtet war; § 34 Absatz 3 Satz 2 gilt entsprechend.

(4) Zum Ersatz nach Absatz 1 und zur Erstattung nach § 50 des Zehnten Buches Verpflichtete haften als Gesamtschuldner.

§ 34b Erstattungsanspruch bei Doppelleistungen. (1) [1] Hat ein vorrangig verpflichteter Leistungsträger in Unkenntnis der Leistung durch Träger nach diesem Buch an eine leistungsberechtigte Person geleistet, ist diese zur Erstattung der Leistung des vorrangigen Trägers an die Träger nach diesem Buch verpflichtet. [2] Der Erstattungsanspruch besteht in der Höhe, in der ein Erstattungsanspruch nach dem Zweiten Abschnitt des Dritten Kapitels des Zehnten Buches bestanden hätte. [3] § 34c ist entsprechend anwendbar.

(2) Ein Erstattungsanspruch besteht nicht, soweit der geleistete Betrag als Einkommen nach den Vorschriften dieses Buches berücksichtigt werden kann.

(3) Der Erstattungsanspruch verjährt vier Jahre nach Ablauf des Kalenderjahres, in dem der vorrangig verpflichtete Leistungsträger die Leistung erbracht hat.

§ 34c Ersatzansprüche nach sonstigen Vorschriften. Bestimmt sich das Recht des Trägers nach diesem Buch, Ersatz seiner Aufwendungen von einem anderen zu verlangen, gegen den die Leistungsberechtigten einen Anspruch haben, nach sonstigen gesetzlichen Vorschriften, die dem § 33 vorgehen, gelten als Aufwendungen auch solche Leistungen zur Sicherung des Lebensunterhalts,

---

[1)] Nr. **10**.

die an die mit der leistungsberechtigten Person in einer Bedarfsgemeinschaft lebenden Personen erbracht wurden.

§ 35 *(aufgehoben)*

Kapitel 4. Gemeinsame Vorschriften für Leistungen

Abschnitt 1. Zuständigkeit und Verfahren

§ 36 Örtliche Zuständigkeit. (1) [1]Für die Leistungen nach § 6 Absatz 1 Satz 1 Nummer 1 ist die Agentur für Arbeit zuständig, in deren Bezirk die erwerbsfähige leistungsberechtigte Person ihren gewöhnlichen Aufenthalt hat. [2]Für die Leistungen nach § 6 Absatz 1 Satz 1 Nummer 2 ist der kommunale Träger zuständig, in dessen Gebiet die erwerbsfähige leistungsberechtigte Person ihren gewöhnlichen Aufenthalt hat. [3]Für Leistungen nach den Sätzen 1 und 2 an Minderjährige, die Leistungen für die Zeit der Ausübung des Umgangsrechts nur für einen kurzen Zeitraum beanspruchen, ist der jeweilige Träger an dem Ort zuständig, an dem die umgangsberechtigte Person ihren gewöhnlichen Aufenthalt hat. [4]Kann ein gewöhnlicher Aufenthaltsort nicht festgestellt werden, so ist der Träger nach diesem Buch örtlich zuständig, in dessen Bereich sich die oder der erwerbsfähige Leistungsberechtigte tatsächlich aufhält. [5]Für nicht erwerbsfähige Personen, deren Leistungsberechtigung sich aus § 7 Absatz 2 Satz 3 ergibt, gelten die Sätze 1 bis 4 entsprechend.

(2) [1]Abweichend von Absatz 1 ist für die jeweiligen Leistungen nach diesem Buch der Träger zuständig, in dessen Gebiet die leistungsberechtigte Person nach § 12a Absatz 1 bis 3 des Aufenthaltsgesetzes ihren Wohnsitz zu nehmen hat. [2]Ist die leistungsberechtigte Person nach § 12a Absatz 4 des Aufenthaltsgesetzes verpflichtet, ihren Wohnsitz an einem bestimmten Ort nicht zu nehmen, kann eine Zuständigkeit der Träger in diesem Gebiet für die jeweiligen Leistungen nach diesem Buch nicht begründet werden; im Übrigen gelten die Regelungen des Absatzes 1.

(3) [1]Abweichend von den Absätzen 1 und 2 ist im Fall der Auszahlung der Leistungen nach § 28 Absatz 2 Satz 1 Nummer 1 nach § 29 Absatz 6 der kommunale Träger zuständig, in dessen Gebiet die Schule liegt. [2]Die Zuständigkeit nach Satz 1 umfasst auch Leistungen an Schülerinnen und Schüler, für die im Übrigen ein anderer kommunaler Träger nach den Absätzen 1 oder 2 zuständig ist oder wäre.

§ 36a Kostenerstattung bei Aufenthalt im Frauenhaus. Sucht eine Person in einem Frauenhaus Zuflucht, ist der kommunale Träger am bisherigen gewöhnlichen Aufenthaltsort verpflichtet, dem durch die Aufnahme im Frauenhaus zuständigen kommunalen Träger am Ort des Frauenhauses die Kosten für die Zeit des Aufenthaltes im Frauenhaus zu erstatten.

§ 37 Antragserfordernis. (1) [1]Leistungen nach diesem Buch werden auf Antrag erbracht. [2]Leistungen nach § 24 Absatz 1 und 3 und Leistungen für die Bedarfe nach § 28 Absatz 5 sind gesondert zu beantragen.

(2) [1]Leistungen nach diesem Buch werden nicht für Zeiten vor der Antragstellung erbracht. [2]Der Antrag auf Leistungen zur Sicherung des Lebensunterhalts wirkt auf den Ersten des Monats zurück.

§ 38 Vertretung der Bedarfsgemeinschaft. (1) [1]Soweit Anhaltspunkte dem nicht entgegenstehen, wird vermutet, dass die oder der erwerbsfähige Leistungsberechtigte bevollmächtigt ist, Leistungen nach diesem Buch auch für die mit ihm in einer Bedarfsgemeinschaft lebenden Personen zu beantragen und entgegenzunehmen. [2]Leben mehrere erwerbsfähige Leistungsberechtigte in einer Bedarfsgemeinschaft, gilt diese Vermutung zugunsten der Antrag stellenden Person.

(2) Für Leistungen an Kinder im Rahmen der Ausübung des Umgangsrechts hat die umgangsberechtigte Person die Befugnis, Leistungen nach diesem Buch zu beantragen und entgegenzunehmen, soweit das Kind dem Haushalt angehört.

§ 39 Sofortige Vollziehbarkeit. Keine aufschiebende Wirkung haben Widerspruch und Anfechtungsklage gegen einen Verwaltungsakt,

1. der Leistungen der Grundsicherung für Arbeitsuchende aufhebt, zurücknimmt, widerruft, entzieht, die Pflichtverletzung und die Minderung des Auszahlungsanspruchs feststellt oder Leistungen zur Eingliederung in Arbeit oder Pflichten erwerbsfähiger Leistungsberechtigter bei der Eingliederung in Arbeit regelt,
2. mit dem zur Beantragung einer vorrangigen Leistung aufgefordert wird oder
3. mit dem nach § 59 in Verbindung mit § 309 des Dritten Buches[1)] zur persönlichen Meldung bei der Agentur für Arbeit aufgefordert wird.

§ 40 Anwendung von Verfahrensvorschriften. (1) [1]Für das Verfahren nach diesem Buch gilt das Zehnte Buch. [2]Abweichend von Satz 1 gilt § 44 des Zehnten Buches[2)] mit der Maßgabe, dass

1. rechtswidrige nicht begünstigende Verwaltungsakte nach den Absätzen 1 und 2 nicht später als vier Jahre nach Ablauf des Jahres, in dem der Verwaltungsakt bekanntgegeben wurde, zurückzunehmen sind; ausreichend ist, wenn die Rücknahme innerhalb dieses Zeitraums beantragt wird,
2. anstelle des Zeitraums von vier Jahren nach Absatz 4 Satz 1 ein Zeitraum von einem Jahr tritt.

(2) Entsprechend anwendbar sind die Vorschriften des Dritten Buches[1)] über

1. *(aufgehoben)*
2. *(aufgehoben)*
3. die Aufhebung von Verwaltungsakten (§ 330 Absatz 2, 3 Satz 1 und 4);
4. die vorläufige Zahlungseinstellung nach § 331 mit der Maßgabe, dass die Träger auch zur teilweisen Zahlungseinstellung berechtigt sind, wenn sie von Tatsachen Kenntnis erhalten, die zu einem geringeren Leistungsanspruch führen;
5. die Erstattung von Beiträgen zur Kranken-, Renten- und Pflegeversicherung (§ 335 Absatz 1, 2 und 5); § 335 Absatz 1 Satz 1 und Absatz 5 in Verbindung mit Absatz 1 Satz 1 ist nicht anwendbar, wenn in einem Kalendermonat für mindestens einen Tag rechtmäßig Arbeitslosengeld II gewährt wurde; in den

---

[1)] Nr. **3**.
[2)] Nr. **10**.

Fällen des § 335 Absatz 1 Satz 2 und Absatz 5 in Verbindung mit Absatz 1 Satz 2 besteht kein Beitragserstattungsanspruch.

(3) [1] Liegen die in § 44 Absatz 1 Satz 1 des Zehnten Buches genannten Voraussetzungen für die Rücknahme eines rechtswidrigen nicht begünstigenden Verwaltungsaktes vor, weil dieser auf einer Rechtsnorm beruht, die nach Erlass des Verwaltungsaktes

1. durch eine Entscheidung des Bundesverfassungsgerichts für nichtig oder für unvereinbar mit dem Grundgesetz erklärt worden ist oder
2. in ständiger Rechtsprechung anders als durch den für die jeweilige Leistungsart zuständigen Träger der Grundsicherung für Arbeitsuchende ausgelegt worden ist,

so ist der Verwaltungsakt, wenn er unanfechtbar geworden ist, nur mit Wirkung für die Zeit nach der Entscheidung des Bundesverfassungsgerichts oder ab dem Bestehen der ständigen Rechtsprechung zurückzunehmen. [2] Bei der Unwirksamkeit einer Satzung oder einer anderen im Rang unter einem Landesgesetz stehenden Rechtsvorschrift, die nach § 22a Absatz 1 und dem dazu ergangenen Landesgesetz erlassen worden ist, ist abweichend von Satz 1 auf die Zeit nach der Entscheidung durch das Landessozialgericht abzustellen.

(4) Der Verwaltungsakt, mit dem über die Gewährung von Leistungen nach diesem Buch abschließend entschieden wurde, ist mit Wirkung für die Zukunft ganz aufzuheben, wenn in den tatsächlichen Verhältnissen der leistungsberechtigten Person Änderungen eintreten, aufgrund derer nach Maßgabe des § 41a vorläufig zu entscheiden wäre.

(5) [1] Verstirbt eine leistungsberechtigte Person oder eine Person, die mit der leistungsberechtigten Person in häuslicher Gemeinschaft lebt, bleiben im Sterbemonat allein die dadurch eintretenden Änderungen in den bereits bewilligten Leistungsansprüchen der leistungsberechtigten Person und der mit ihr in Bedarfsgemeinschaft lebenden Personen unberücksichtigt; die §§ 48 und 50 Absatz 2 des Zehnten Buches sind insoweit nicht anzuwenden. [2] § 118 Absatz 3 bis 4a des Sechsten Buches[1)] findet mit der Maßgabe entsprechend Anwendung, dass Geldleistungen, die für die Zeit nach dem Monat des Todes der leistungsberechtigten Person überwiesen wurden, als unter Vorbehalt erbracht gelten.

(6) [1] § 50 Absatz 1 des Zehnten Buches ist mit der Maßgabe anzuwenden, dass Gutscheine in Geld zu erstatten sind. [2] Die leistungsberechtigte Person kann die Erstattungsforderung auch durch Rückgabe des Gutscheins erfüllen, soweit dieser nicht in Anspruch genommen wurde. [3] Eine Erstattung der Leistungen nach § 28 erfolgt nicht, soweit eine Aufhebungsentscheidung allein wegen dieser Leistungen zu treffen wäre. [4] Satz 3 gilt nicht im Fall des Widerrufs einer Bewilligungsentscheidung nach § 29 Absatz 5 Satz 2.

(7) § 28 des Zehnten Buches gilt mit der Maßgabe, dass der Antrag unverzüglich nach Ablauf des Monats, in dem die Ablehnung oder Erstattung der anderen Leistung bindend geworden ist, nachzuholen ist.

(8) Für die Vollstreckung von Ansprüchen der in gemeinsamen Einrichtungen zusammenwirkenden Träger nach diesem Buch gilt das Verwaltungs-Vollstreckungsgesetz des Bundes; im Übrigen gilt § 66 des Zehnten Buches.

---

1) Nr. **6**.

§ 40a Erstattungsanspruch. [1] Wird einer leistungsberechtigten Person für denselben Zeitraum, für den ein Träger der Grundsicherung für Arbeitsuchende Leistungen nach diesem Buch erbracht hat, eine andere Sozialleistung bewilligt, so steht dem Träger der Grundsicherung für Arbeitsuchende unter den Voraussetzungen des § 104 des Zehnten Buches[1)] ein Erstattungsanspruch gegen den anderen Sozialleistungsträger zu. [2] Der Erstattungsanspruch besteht auch, soweit die Erbringung des Arbeitslosengeldes II allein auf Grund einer nachträglich festgestellten vollen Erwerbsminderung rechtswidrig war oder rückwirkend eine Rente wegen Alters oder eine Knappschaftsausgleichsleistung zuerkannt wird. [3] Die §§ 106 bis 114 des Zehnten Buches gelten entsprechend. [4] § 44a Absatz 3 bleibt unberührt.

§ 41 Berechnung der Leistungen und Bewilligungszeitraum. (1) [1] Anspruch auf Leistungen zur Sicherung des Lebensunterhalts besteht für jeden Kalendertag. [2] Der Monat wird mit 30 Tagen berechnet. [3] Stehen die Leistungen nicht für einen vollen Monat zu, wird die Leistung anteilig erbracht.

(2) [1] Berechnungen werden auf zwei Dezimalstellen durchgeführt, wenn nichts Abweichendes bestimmt ist. [2] Bei einer auf Dezimalstellen durchgeführten Berechnung wird die letzte Dezimalstelle um eins erhöht, wenn sich in der folgenden Dezimalstelle eine der Ziffern 5 bis 9 ergeben würde.

(3) [1] Über den Anspruch auf Leistungen zur Sicherung des Lebensunterhalts ist in der Regel für ein Jahr zu entscheiden (Bewilligungszeitraum). [2] Der Bewilligungszeitraum soll insbesondere in den Fällen regelmäßig auf sechs Monate verkürzt werden, in denen

1. über den Leistungsanspruch vorläufig entschieden wird (§ 41a) oder
2. die Aufwendungen für die Unterkunft und Heizung unangemessen sind.

[3] Die Festlegung des Bewilligungszeitraums erfolgt einheitlich für die Entscheidung über die Leistungsansprüche aller Mitglieder einer Bedarfsgemeinschaft. [4] Wird mit dem Bescheid über Leistungen zur Sicherung des Lebensunterhalts nicht auch über die Leistungen zur Deckung der Bedarfe nach § 28 Absatz 2, 4, 6 und 7 entschieden, ist die oder der Leistungsberechtigte in dem Bescheid über Leistungen zur Sicherung des Lebensunterhalts darauf hinzuweisen, dass die Entscheidung über Leistungen zur Deckung der Bedarfe nach § 28 Absatz 2, 4, 6 und 7 gesondert erfolgt.

§ 41a Vorläufige Entscheidung. (1) [1] Über die Erbringung von Geld- und Sachleistungen ist vorläufig zu entscheiden, wenn

1. zur Feststellung der Voraussetzungen des Anspruchs auf Geld- und Sachleistungen voraussichtlich längere Zeit erforderlich ist und die Voraussetzungen für den Anspruch mit hinreichender Wahrscheinlichkeit vorliegen oder
2. ein Anspruch auf Geld- und Sachleistungen dem Grunde nach besteht und zur Feststellung seiner Höhe voraussichtlich längere Zeit erforderlich ist.

[2] Besteht eine Bedarfsgemeinschaft aus mehreren Personen, ist unter den Voraussetzungen des Satzes 1 über den Leistungsanspruch aller Mitglieder der Bedarfsgemeinschaft vorläufig zu entscheiden. [3] Eine vorläufige Entscheidung ergeht nicht, wenn Leistungsberechtigte die Umstände, die einer sofortigen abschließenden Entscheidung entgegenstehen, zu vertreten haben.

[1)] Nr. **10**.

(2) [1]Der Grund der Vorläufigkeit ist anzugeben. [2]Die vorläufige Leistung ist so zu bemessen, dass der monatliche Bedarf der Leistungsberechtigten zur Sicherung des Lebensunterhalts gedeckt ist; dabei kann der Absetzbetrag nach § 11b Absatz 1 Satz 1 Nummer 6 ganz oder teilweise unberücksichtigt bleiben. [3]Hierbei sind die im Zeitpunkt der Entscheidung bekannten und prognostizierten Verhältnisse zugrunde zu legen. [4]Soweit die vorläufige Entscheidung nach Absatz 1 rechtswidrig ist, ist sie für die Zukunft zurückzunehmen. [5]§ 45 Absatz 2 des Zehnten Buches[1)] findet keine Anwendung.

(3) [1]Die Träger der Grundsicherung für Arbeitsuchende entscheiden abschließend über den monatlichen Leistungsanspruch, sofern die vorläufig bewilligte Leistung nicht der abschließend festzustellenden entspricht oder die leistungsberechtigte Person eine abschließende Entscheidung beantragt. [2]Die leistungsberechtigte Person und die mit ihr in Bedarfsgemeinschaft lebenden Personen sind nach Ablauf des Bewilligungszeitraums verpflichtet, die von den Trägern der Grundsicherung für Arbeitsuchende zum Erlass einer abschließenden Entscheidung geforderten leistungserheblichen Tatsachen nachzuweisen; die §§ 60, 61, 65 und 65a des Ersten Buches[2)] gelten entsprechend. [3]Kommen die leistungsberechtigte Person oder die mit ihr in Bedarfsgemeinschaft lebenden Personen ihrer Nachweis- oder Auskunftspflicht bis zur abschließenden Entscheidung nicht, nicht vollständig oder trotz angemessener Fristsetzung und schriftlicher Belehrung über die Rechtsfolgen nicht fristgemäß nach, setzen die Träger der Grundsicherung für Arbeitsuchende den Leistungsanspruch für diejenigen Kalendermonate nur in der Höhe abschließend fest, in welcher seine Voraussetzungen ganz oder teilweise nachgewiesen wurden. [4]Für die übrigen Kalendermonate wird festgestellt, dass ein Leistungsanspruch nicht bestand.

(4) Die abschließende Entscheidung nach Absatz 3 soll nach Ablauf des Bewilligungszeitraums erfolgen.

(5) [1]Ergeht innerhalb eines Jahres nach Ablauf des Bewilligungszeitraums keine abschließende Entscheidung nach Absatz 3, gelten die vorläufig bewilligten Leistungen als abschließend festgesetzt. [2]Dies gilt nicht, wenn

1. die leistungsberechtigte Person innerhalb der Frist nach Satz 1 eine abschließende Entscheidung beantragt oder
2. der Leistungsanspruch aus einem anderen als dem nach Absatz 2 Satz 1 anzugebenden Grund nicht oder nur in geringerer Höhe als die vorläufigen Leistungen besteht und der Träger der Grundsicherung für Arbeitsuchende über den Leistungsanspruch innerhalb eines Jahres seit Kenntnis von diesen Tatsachen, spätestens aber nach Ablauf von zehn Jahren nach der Bekanntgabe der vorläufigen Entscheidung, abschließend entscheidet.

(6) [1]Die aufgrund der vorläufigen Entscheidung erbrachten Leistungen sind auf die abschließend festgestellten Leistungen anzurechnen. [2]Soweit im Bewilligungszeitraum in einzelnen Kalendermonaten vorläufig zu hohe Leistungen erbracht wurden, sind die sich daraus ergebenden Überzahlungen auf die abschließend bewilligten Leistungen anzurechnen, die für andere Kalendermonate dieses Bewilligungszeitraums nachzuzahlen wären. [3]Überzahlungen, die nach der Anrechnung fortbestehen, sind zu erstatten. [4]Das gilt auch im Fall des Absatzes 3 Satz 3 und 4.

---

1) Nr. **10**.
2) Nr. **1**.

(7) [1] Über die Erbringung von Geld- und Sachleistungen kann vorläufig entschieden werden, wenn

1. die Vereinbarkeit einer Vorschrift dieses Buches, von der die Entscheidung über den Antrag abhängt, mit höherrangigem Recht Gegenstand eines Verfahrens bei dem Bundesverfassungsgericht oder dem Gerichtshof der Europäischen Union ist oder
2. eine entscheidungserhebliche Rechtsfrage von grundsätzlicher Bedeutung Gegenstand eines Verfahrens beim Bundessozialgericht ist.

[2] Absatz 2 Satz 1, Absatz 3 Satz 2 bis 4 sowie Absatz 6 gelten entsprechend.

§ 42 Fälligkeit, Auszahlung und Unpfändbarkeit der Leistungen.

(1) Leistungen sollen monatlich im Voraus erbracht werden.

(2) [1] Auf Antrag der leistungsberechtigten Person können durch Bewilligungsbescheid festgesetzte, zum nächsten Zahlungszeitpunkt fällige Leistungsansprüche vorzeitig erbracht werden. [2] Die Höhe der vorzeitigen Leistung ist auf 100 Euro begrenzt. [3] Der Auszahlungsanspruch im Folgemonat verringert sich entsprechend. [4] Soweit eine Verringerung des Auszahlungsanspruchs im Folgemonat nicht möglich ist, verringert sich der Auszahlungsanspruch für den zweiten auf die Bewilligung der vorzeitigen Leistung folgenden Monat. [5] Die vorzeitige Leistung ist ausgeschlossen,

1. wenn im laufenden Monat oder im Monat der Verringerung des Leistungsanspruches eine Aufrechnung zu erwarten ist,
2. wenn der Leistungsanspruch im Folgemonat durch eine Sanktion gemindert ist oder
3. wenn sie bereits in einem der vorangegangenen zwei Kalendermonate in Anspruch genommen wurde.

[Abs. 3 bis 30.11.2021:]

(3) [1] Geldleistungen nach diesem Buch werden auf das im Antrag angegebene Konto bei einem Geldinstitut überwiesen, für das die Verordnung (EU) Nr. 260/2012 des Europäischen Parlaments und des Rates vom 14. März 2012 zur Festlegung der technischen Vorschriften und der Geschäftsanforderungen für Überweisungen und Lastschriften in Euro und zur Änderung der Verordnung (EG) Nr. 924/2009 (ABl. L 94 vom 30.3.2012, S. 22) gilt. [2] Werden sie an den Wohnsitz oder gewöhnlichen Aufenthalt der Leistungsberechtigten übermittelt, sind die dadurch veranlassten Kosten abzuziehen. [3] Dies gilt nicht, wenn Leistungsberechtigte nachweisen, dass ihnen die Einrichtung eines Kontos bei einem Geldinstitut ohne eigenes Verschulden nicht möglich ist.

[Abs. 3 ab 1.12.2021:]

(3) (aufgehoben)

(4) [1] Der Anspruch auf Leistungen zur Sicherung des Lebensunterhaltes kann nicht abgetreten, übertragen, verpfändet oder gepfändet werden. [2] Die Abtretung und Übertragung nach § 53 Absatz 2 des Ersten Buches[1)] bleibt unberührt.

§ 42a Darlehen. (1) [1] Darlehen werden nur erbracht, wenn ein Bedarf weder durch Vermögen nach § 12 Absatz 2 Satz 1 Nummer 1, 1a und 4 noch auf

[1)] Nr. **1**.

andere Weise gedeckt werden kann. [2]Darlehen können an einzelne Mitglieder von Bedarfsgemeinschaften oder an mehrere gemeinsam vergeben werden. [3]Die Rückzahlungsverpflichtung trifft die Darlehensnehmer.

(2) [1]Solange Darlehensnehmer Leistungen zur Sicherung des Lebensunterhalts beziehen, werden Rückzahlungsansprüche aus Darlehen ab dem Monat, der auf die Auszahlung folgt, durch monatliche Aufrechnung in Höhe von 10 Prozent des maßgebenden Regelbedarfs getilgt. [2]§ 43 Absatz 3 gilt entsprechend. [3]Die Aufrechnung ist gegenüber den Darlehensnehmern schriftlich durch Verwaltungsakt zu erklären. [4]Satz 1 gilt nicht, soweit Leistungen zur Sicherung des Lebensunterhaltes als Darlehen erbracht werden.

(3) [1]Rückzahlungsansprüche aus Darlehen nach § 24 Absatz 5 sind nach erfolgter Verwertung sofort in voller Höhe und Rückzahlungsansprüche aus Darlehen nach § 22 Absatz 6 bei Rückzahlung durch den Vermieter sofort in Höhe des noch nicht getilgten Darlehensbetrages fällig. [2]Deckt der erlangte Betrag den noch nicht getilgten Darlehensbetrag nicht, soll eine Vereinbarung über die Rückzahlung des ausstehenden Betrags unter Berücksichtigung der wirtschaftlichen Verhältnisse der Darlehensnehmer getroffen werden.

(4) [1]Nach Beendigung des Leistungsbezuges ist der noch nicht getilgte Darlehensbetrag sofort fällig. [2]Über die Rückzahlung des ausstehenden Betrags soll eine Vereinbarung unter Berücksichtigung der wirtschaftlichen Verhältnisse der Darlehensnehmer getroffen werden.

(5) [1]Rückzahlungsansprüche aus Darlehen nach § 27 Absatz 3 sind abweichend von Absatz 4 Satz 1 erst nach Abschluss der Ausbildung fällig. [2]Absatz 4 Satz 2 gilt entsprechend.

(6) Sofern keine abweichende Tilgungsbestimmung getroffen wird, werden Zahlungen, die zur Tilgung der gesamten fälligen Schuld nicht ausreichen, zunächst auf das zuerst erbrachte Darlehen angerechnet.

§ 43 Aufrechnung. (1) Die Jobcenter können gegen Ansprüche von leistungsberechtigten Personen auf Geldleistungen zur Sicherung des Lebensunterhalts aufrechnen mit

1. Erstattungsansprüchen nach § 50 des Zehnten Buches[1)],
2. Ersatzansprüchen nach den §§ 34 und 34a,
3. Erstattungsansprüchen nach § 34b oder
4. Erstattungsansprüchen nach § 41a Absatz 6 Satz 3.

(2) [1]Die Höhe der Aufrechnung beträgt bei Erstattungsansprüchen, die auf § 41a oder auf § 48 Absatz 1 Satz 2 Nummer 3 in Verbindung mit § 50 des Zehnten Buches beruhen, 10 Prozent des für die leistungsberechtigte Person maßgebenden Regelbedarfs, in den übrigen Fällen 30 Prozent. [2]Die Aufrechnung, die zusammen mit bereits laufenden Aufrechnungen nach Absatz 1 und nach § 42a Absatz 2 insgesamt 30 Prozent des maßgebenden Regelbedarfs übersteigen würde, ist unzulässig.

(3) [1]Eine Aufrechnung ist nicht zulässig für Zeiträume, in denen der Auszahlungsanspruch nach § 31b Absatz 1 Satz 1 um mindestens 30 Prozent des maßgebenden Regelbedarfs gemindert ist. [2]Ist die Minderung des Auszahlungsanspruchs geringer, ist die Höhe der Aufrechnung auf die Differenz

---

1) Nr. **10**.

zwischen dem Minderungsbetrag und 30 Prozent des maßgebenden Regelbedarfs begrenzt.

(4) [1]Die Aufrechnung ist gegenüber der leistungsberechtigten Person schriftlich durch Verwaltungsakt zu erklären. [2]Sie endet spätestens drei Jahre nach dem Monat, der auf die Bestandskraft der in Absatz 1 genannten Entscheidungen folgt. [3]Zeiten, in denen die Aufrechnung nicht vollziehbar ist, verlängern den Aufrechnungszeitraum entsprechend.

§ 43a Verteilung von Teilzahlungen. Teilzahlungen auf Ersatz- und Erstattungsansprüche der Träger nach diesem Buch gegen Leistungsberechtigte oder Dritte mindern die Aufwendungen der Träger der Aufwendungen im Verhältnis des jeweiligen Anteils an der Forderung zueinander.

§ 44 Veränderung von Ansprüchen. Die Träger von Leistungen nach diesem Buch dürfen Ansprüche erlassen, wenn deren Einziehung nach Lage des einzelnen Falles unbillig wäre.

Abschnitt 2. Einheitliche Entscheidung

§ 44a Feststellung von Erwerbsfähigkeit und Hilfebedürftigkeit.

(1) [1]Die Agentur für Arbeit stellt fest, ob die oder der Arbeitsuchende erwerbsfähig ist. [2]Der Entscheidung können widersprechen:

1. der kommunale Träger,
2. ein anderer Träger, der bei voller Erwerbsminderung zuständig wäre, oder
3. die Krankenkasse, die bei Erwerbsfähigkeit Leistungen der Krankenversicherung zu erbringen hätte.

[3]Der Widerspruch ist zu begründen. [4]Im Widerspruchsfall entscheidet die Agentur für Arbeit, nachdem sie eine gutachterliche Stellungnahme eingeholt hat. [5]Die gutachterliche Stellungnahme erstellt der nach § 109a Absatz 4 des Sechsten Buches[1)] zuständige Träger der Rentenversicherung. [6]Die Agentur für Arbeit ist bei der Entscheidung über den Widerspruch an die gutachterliche Stellungnahme nach Satz 5 gebunden. [7]Bis zu der Entscheidung über den Widerspruch erbringen die Agentur für Arbeit und der kommunale Träger bei Vorliegen der übrigen Voraussetzungen Leistungen der Grundsicherung für Arbeitsuchende.

(1a) [1]Der Einholung einer gutachterlichen Stellungnahme nach Absatz 1 Satz 4 bedarf es nicht, wenn der zuständige Träger der Rentenversicherung bereits nach § 109a Absatz 2 Satz 2 des Sechsten Buches eine gutachterliche Stellungnahme abgegeben hat. [2]Die Agentur für Arbeit ist an die gutachterliche Stellungnahme gebunden.

(2) Die gutachterliche Stellungnahme des Rentenversicherungsträgers zur Erwerbsfähigkeit ist für alle gesetzlichen Leistungsträger nach dem Zweiten, Dritten[2)], Fünften[3)], Sechsten und Zwölften Buch[4)] bindend; § 48 des Zehnten Buches[5)] bleibt unberührt.

---

1) Nr. 6.
2) Nr. 3.
3) Nr. 5.
4) Nr. 12.
5) Nr. 10.

(3) [1]Entscheidet die Agentur für Arbeit, dass ein Anspruch auf Leistungen der Grundsicherung für Arbeitsuchende nicht besteht, stehen ihr und dem kommunalen Träger Erstattungsansprüche nach § 103 des Zehnten Buches zu, wenn der oder dem Leistungsberechtigten eine andere Sozialleistung zuerkannt wird. [2]§ 103 Absatz 3 des Zehnten Buches gilt mit der Maßgabe, dass Zeitpunkt der Kenntnisnahme der Leistungsverpflichtung des Trägers der Sozialhilfe, der Kriegsopferfürsorge und der Jugendhilfe der Tag des Widerspruchs gegen die Feststellung der Agentur für Arbeit ist.

(4) [1]Die Agentur für Arbeit stellt fest, ob und in welchem Umfang die erwerbsfähige Person und die dem Haushalt angehörenden Personen hilfebedürftig sind. [2]Sie ist dabei und bei den weiteren Entscheidungen nach diesem Buch an die Feststellung der Angemessenheit der Kosten für Unterkunft und Heizung durch den kommunalen Träger gebunden. [3]Die Agentur für Arbeit stellt fest, ob die oder der erwerbsfähige Leistungsberechtigte oder die dem Haushalt angehörenden Personen vom Bezug von Leistungen nach diesem Buch ausgeschlossen sind.

(5) [1]Der kommunale Träger stellt die Höhe der in seiner Zuständigkeit zu erbringenden Leistungen fest. [2]Er ist dabei und bei den weiteren Entscheidungen nach diesem Buch an die Feststellungen der Agentur für Arbeit nach Absatz 4 gebunden. [3]Satz 2 gilt nicht, sofern der kommunale Träger zur vorläufigen Zahlungseinstellung berechtigt ist und dies der Agentur für Arbeit vor dieser Entscheidung mitteilt.

(6) [1]Der kommunale Träger kann einer Feststellung der Agentur für Arbeit nach Absatz 4 Satz 1 oder 3 innerhalb eines Monats schriftlich widersprechen, wenn er aufgrund der Feststellung höhere Leistungen zu erbringen hat. [2]Der Widerspruch ist zu begründen; er befreit nicht von der Verpflichtung, die Leistungen entsprechend der Feststellung der Agentur für Arbeit zu gewähren. [3]Die Agentur für Arbeit überprüft ihre Feststellung und teilt dem kommunalen Träger innerhalb von zwei Wochen ihre endgültige Feststellung mit. [4]Hält der kommunale Träger seinen Widerspruch aufrecht, sind die Träger bis zu einer anderen Entscheidung der Agentur für Arbeit oder einer gerichtlichen Entscheidung an die Feststellung der Agentur für Arbeit gebunden.

§ 44b Gemeinsame Einrichtung. (1) [1]Zur einheitlichen Durchführung der Grundsicherung für Arbeitsuchende bilden die Träger im Gebiet jedes kommunalen Trägers nach § 6 Absatz 1 Satz 1 Nummer 2 eine gemeinsame Einrichtung. [2]Die gemeinsame Einrichtung nimmt die Aufgaben der Träger nach diesem Buch wahr; die Trägerschaft nach § 6 sowie nach den §§ 6a und 6b bleibt unberührt. [3]Die gemeinsame Einrichtung ist befugt, Verwaltungsakte und Widerspruchsbescheide zu erlassen. [4]Die Aufgaben werden von Beamtinnen und Beamten sowie Arbeitnehmerinnen und Arbeitnehmern wahrgenommen, denen entsprechende Tätigkeiten zugewiesen worden sind.

(2) [1]Die Träger bestimmen den Standort sowie die nähere Ausgestaltung und Organisation der gemeinsamen Einrichtung durch Vereinbarung. [2]Die Ausgestaltung und Organisation der gemeinsamen Einrichtung sollen die Besonderheiten der beteiligten Träger, des regionalen Arbeitsmarktes und der regionalen Wirtschaftsstruktur berücksichtigen. [3]Die Träger können die Zusammenlegung mehrerer gemeinsamer Einrichtungen zu einer gemeinsamen Einrichtung vereinbaren.

(3) [1]Den Trägern obliegt die Verantwortung für die rechtmäßige und zweckmäßige Erbringung ihrer Leistungen. [2]Sie haben in ihrem Aufgabenbereich nach § 6 Absatz 1 Nummer 1 oder 2 gegenüber der gemeinsamen Einrichtung ein Weisungsrecht; dies gilt nicht im Zuständigkeitsbereich der Trägerversammlung nach § 44c. [3]Die Träger sind berechtigt, von der gemeinsamen Einrichtung die Erteilung von Auskunft und Rechenschaftslegung über die Leistungserbringung zu fordern, die Wahrnehmung der Aufgaben in der gemeinsamen Einrichtung zu prüfen und die gemeinsame Einrichtung an ihre Auffassung zu binden. [4]Vor Ausübung ihres Weisungsrechts in Angelegenheiten grundsätzlicher Bedeutung befassen die Träger den Kooperationsausschuss nach § 18b. [5]Der Kooperationsausschuss kann innerhalb von zwei Wochen nach Anrufung eine Empfehlung abgeben.

(4) [1]Die gemeinsame Einrichtung kann einzelne Aufgaben auch durch die Träger wahrnehmen lassen. [2]Im Übrigen gelten die §§ 88 bis 92 des Zehnten Buches[1)] für die gemeinsamen Einrichtungen im Aufgabenbereich dieses Buches entsprechend.

(5) Die Bundesagentur stellt der gemeinsamen Einrichtung Angebote an Dienstleistungen zur Verfügung.

(6) Die Träger teilen der gemeinsamen Einrichtung alle Tatsachen und Feststellungen mit, von denen sie Kenntnis erhalten und die für die Leistungen erforderlich sind.

§ 44c Trägerversammlung. (1) [1]Die gemeinsame Einrichtung hat eine Trägerversammlung. [2]In der Trägerversammlung sind Vertreterinnen und Vertreter der Agentur für Arbeit und des kommunalen Trägers je zur Hälfte vertreten. [3]In der Regel entsenden die Träger je drei Vertreterinnen oder Vertreter. [4]Jede Vertreterin und jeder Vertreter hat eine Stimme. [5]Die Vertreterinnen und Vertreter wählen eine Vorsitzende oder einen Vorsitzenden für eine Amtszeit von bis zu fünf Jahren. [6]Kann in der Trägerversammlung keine Einigung über die Person der oder des Vorsitzenden erzielt werden, wird die oder der Vorsitzende von den Vertreterinnen und Vertretern der Agentur für Arbeit und des kommunalen Trägers abwechselnd jeweils für zwei Jahre bestimmt; die erstmalige Bestimmung erfolgt durch die Vertreterinnen und Vertreter der Agentur für Arbeit. [7]Die Trägerversammlung entscheidet durch Beschluss mit Stimmenmehrheit. [8]Bei Stimmengleichheit entscheidet die Stimme der oder des Vorsitzenden; dies gilt nicht für Entscheidungen nach Absatz 2 Satz 2 Nummer 1, 4 und 8. [9]Die Beschlüsse sind von der oder dem Vorsitzenden schriftlich oder elektronisch niederzulegen. [10]Die Trägerversammlung gibt sich eine Geschäftsordnung.

(2) [1]Die Trägerversammlung entscheidet über organisatorische, personalwirtschaftliche, personalrechtliche und personalvertretungsrechtliche Angelegenheiten der gemeinsamen Einrichtung. [2]Dies sind insbesondere

1. die Bestellung und Abberufung der Geschäftsführerin oder des Geschäftsführers,
2. der Verwaltungsablauf und die Organisation,
3. die Änderung des Standorts der gemeinsamen Einrichtung,

[1)] Nr. **10**.

4. die Entscheidungen nach § 6 Absatz 1 Satz 2 und § 44b Absatz 4, ob einzelne Aufgaben durch die Träger oder durch Dritte wahrgenommen werden,
5. die Regelung der Ordnung in der Dienststelle und des Verhaltens der Beschäftigten,
6. die Arbeitsplatzgestaltung,
7. die Genehmigung von Dienstvereinbarungen mit der Personalvertretung,
8. die Aufstellung des Stellenplans und der Richtlinien zur Stellenbewirtschaftung,
9. die grundsätzlichen Regelungen der innerdienstlichen, sozialen und persönlichen Angelegenheiten der Beschäftigten.

(3) Die Trägerversammlung nimmt in Streitfragen zwischen Personalvertretung und Geschäftsführerin oder Geschäftsführer die Aufgaben einer übergeordneten Dienststelle und obersten Dienstbehörde nach den §§ 69 bis 72 des Bundespersonalvertretungsgesetzes wahr.

(4) [1] Die Trägerversammlung berät zu gemeinsamen Betreuungsschlüsseln. [2] Sie hat dabei die zur Verfügung stehenden Haushaltsmittel zu berücksichtigen. [3] Bei der Personalbedarfsermittlung sind im Regelfall folgende Anteilsverhältnisse zwischen eingesetztem Personal und Leistungsberechtigten nach diesem Buch zu berücksichtigen:
1. 1:75 bei der Gewährung der Leistungen zur Eingliederung in Arbeit von erwerbsfähigen Leistungsberechtigten bis zur Vollendung des 25. Lebensjahres,
2. 1:150 bei der Gewährung der Leistungen zur Eingliederung in Arbeit von erwerbsfähigen Leistungsberechtigten, die das 25. Lebensjahr vollendet und die Altersgrenze nach § 7a noch nicht erreicht haben.

(5) [1] Die Trägerversammlung stellt einheitliche Grundsätze der Qualifizierungsplanung und Personalentwicklung auf, die insbesondere der individuellen Entwicklung der Mitarbeiterinnen und Mitarbeiter dienen und ihnen unter Beachtung ihrer persönlichen Interessen und Fähigkeiten die zur Wahrnehmung ihrer Aufgaben erforderliche Qualifikation vermitteln sollen. [2] Die Trägerversammlung stimmt die Grundsätze der Personalentwicklung mit den Personalentwicklungskonzepten der Träger ab. [3] Die Geschäftsführerin oder der Geschäftsführer berichtet der Trägerversammlung regelmäßig über den Stand der Umsetzung.

(6) In der Trägerversammlung wird das örtliche Arbeitsmarkt- und Integrationsprogramm der Grundsicherung für Arbeitsuchende unter Beachtung von Zielvorgaben der Träger abgestimmt.

§ 44d Geschäftsführerin, Geschäftsführer. (1) [1] Die Geschäftsführerin oder der Geschäftsführer führt hauptamtlich die Geschäfte der gemeinsamen Einrichtung, soweit durch Gesetz nichts Abweichendes bestimmt ist. [2] Sie oder er vertritt die gemeinsame Einrichtung gerichtlich und außergerichtlich. [3] Sie oder er hat die von der Trägerversammlung in deren Aufgabenbereich beschlossenen Maßnahmen auszuführen und nimmt an deren Sitzungen beratend teil.

(2) [1] Die Geschäftsführerin oder der Geschäftsführer wird für fünf Jahre bestellt. [2] Für die Ausschreibung der zu besetzenden Stelle findet § 4 der Bundeslaufbahnverordnung entsprechende Anwendung. [3] Kann in der Träger-

versammlung keine Einigung über die Person der Geschäftsführerin oder des Geschäftsführers erzielt werden, unterrichtet die oder der Vorsitzende der Trägerversammlung den Kooperationsausschuss. [4]Der Kooperationsausschuss hört die Träger der gemeinsamen Einrichtung an und unterbreitet einen Vorschlag. [5]Können sich die Mitglieder des Kooperationsausschusses nicht auf einen Vorschlag verständigen oder kann in der Trägerversammlung trotz Vorschlags keine Einigung erzielt werden, wird die Geschäftsführerin oder der Geschäftsführer von der Agentur für Arbeit und dem kommunalen Träger abwechselnd jeweils für zweieinhalb Jahre bestimmt. [6]Die erstmalige Bestimmung erfolgt durch die Agentur für Arbeit; abweichend davon erfolgt die erstmalige Bestimmung durch den kommunalen Träger, wenn die Agentur für Arbeit erstmalig die Vorsitzende oder den Vorsitzenden der Trägerversammlung bestimmt hat. [7]Die Geschäftsführerin oder der Geschäftsführer kann auf Beschluss der Trägerversammlung vorzeitig abberufen werden. [8]Bis zur Bestellung einer neuen Geschäftsführerin oder eines neuen Geschäftsführers führt sie oder er die Geschäfte der gemeinsamen Einrichtung kommissarisch.

(3) [1]Die Geschäftsführerin oder der Geschäftsführer ist Beamtin, Beamter, Arbeitnehmerin oder Arbeitnehmer eines Trägers und untersteht dessen Dienstaufsicht. [2]Soweit sie oder er Beamtin, Beamter, Arbeitnehmerin oder Arbeitnehmer einer nach § 6 Absatz 2 Satz 1 herangezogenen Gemeinde ist, untersteht sie oder er der Dienstaufsicht ihres oder seines Dienstherrn oder Arbeitgebers.

(4) Die Geschäftsführerin oder der Geschäftsführer übt über die Beamtinnen und Beamten sowie die Arbeitnehmerinnen und Arbeitnehmer, denen in der gemeinsamen Einrichtung Tätigkeiten zugewiesen worden sind, die dienst-, personal- und arbeitsrechtlichen Befugnisse der Bundesagentur und des kommunalen Trägers und die Dienstvorgesetzten- und Vorgesetztenfunktion, mit Ausnahme der Befugnisse zur Begründung und Beendigung der mit den Beamtinnen und Beamten sowie Arbeitnehmerinnen und Arbeitnehmern bestehenden Rechtsverhältnisse, aus.

(5) Die Geschäftsführerin ist Leiterin, der Geschäftsführer ist Leiter der Dienststelle im personalvertretungsrechtlichen Sinn und Arbeitgeber im Sinne des Arbeitsschutzgesetzes.

(6) Bei personalrechtlichen Entscheidungen, die in der Zuständigkeit der Träger liegen, hat die Geschäftsführerin oder der Geschäftsführer ein Anhörungs- und Vorschlagsrecht.

(7) [1]Bei der besoldungsrechtlichen Einstufung der Dienstposten der Geschäftsführerinnen und der Geschäftsführer sind Höchstgrenzen einzuhalten. [2]Die Besoldungsgruppe A 16 der Bundesbesoldungsordnung A, in Ausnahmefällen die Besoldungsgruppe B 3 der Bundesbesoldungsordnung B, oder die entsprechende landesrechtliche Besoldungsgruppe darf nicht überschritten werden. [3]Das Entgelt für Arbeitnehmerinnen und Arbeitnehmer darf die für Beamtinnen und Beamte geltende Besoldung nicht übersteigen.

§ 44e Verfahren bei Meinungsverschiedenheit über die Weisungszuständigkeit. (1) [1]Zur Beilegung einer Meinungsverschiedenheit über die Zuständigkeit nach § 44b Absatz 3 und § 44c Absatz 2 können die Träger oder die Trägerversammlung den Kooperationsausschuss anrufen. [2]Stellt die Geschäftsführerin oder der Geschäftsführer fest, dass sich Weisungen der Träger untereinander oder mit einer Weisung der Trägerversammlung widersprechen, unterrichtet sie oder er unverzüglich die Träger, um diesen Gelegenheit zur Überprüfung der Zuständigkeit zum Erlass der Weisungen zu geben. [3] Besteht die Meinungsverschiedenheit danach fort, kann die Geschäftsführerin oder der Geschäftsführer den Kooperationsausschuss anrufen.

(2) [1] Der Kooperationsausschuss entscheidet nach Anhörung der Träger und der Geschäftsführerin oder des Geschäftsführers durch Beschluss mit Stimmenmehrheit. [2] Bei Stimmengleichheit entscheidet die Stimme der oder des Vorsitzenden. [3] Die Beschlüsse des Ausschusses sind von der Vorsitzenden oder von dem Vorsitzenden schriftlich oder elektronisch niederzulegen. [4] Die oder der Vorsitzende teilt den Trägern, der Trägerversammlung sowie der Geschäftsführerin oder dem Geschäftsführer die Beschlüsse mit.

(3) [1] Die Entscheidung des Kooperationsausschusses bindet die Träger. [2] Soweit nach anderen Vorschriften der Rechtsweg gegeben ist, wird er durch die Anrufung des Kooperationsausschusses nicht ausgeschlossen.

§ 44f Bewirtschaftung von Bundesmitteln. (1) [1] Die Bundesagentur überträgt der gemeinsamen Einrichtung die Bewirtschaftung von Haushaltsmitteln des Bundes, die sie im Rahmen von § 46 bewirtschaftet. [2] Für die Übertragung und die Bewirtschaftung gelten die haushaltsrechtlichen Bestimmungen des Bundes.

(2) [1] Zur Bewirtschaftung der Haushaltsmittel des Bundes bestellt die Geschäftsführerin oder der Geschäftsführer eine Beauftragte oder einen Beauftragten für den Haushalt. [2] Die Geschäftsführerin oder der Geschäftsführer und die Trägerversammlung haben die Beauftragte oder den Beauftragten für den Haushalt an allen Maßnahmen von finanzieller Bedeutung zu beteiligen.

(3) Die Bundesagentur hat die Übertragung der Bewirtschaftung zu widerrufen, wenn die gemeinsame Einrichtung bei der Bewirtschaftung wiederholt oder erheblich gegen Rechts- oder Verwaltungsvorschriften verstoßen hat und durch die Bestellung einer oder eines anderen Beauftragten für den Haushalt keine Abhilfe zu erwarten ist.

(4) [1] Näheres zur Übertragung und Durchführung der Bewirtschaftung von Haushaltsmitteln des Bundes kann zwischen der Bundesagentur und der gemeinsamen Einrichtung vereinbart werden. [2] Der kommunale Träger kann die gemeinsame Einrichtung auch mit der Bewirtschaftung von kommunalen Haushaltsmitteln beauftragen.

(5) Auf Beschluss der Trägerversammlung kann die Befugnis nach Absatz 1 auf die Bundesagentur zurückübertragen werden.

§ 44g Zuweisung von Tätigkeiten bei der gemeinsamen Einrichtung.

(1) [1] Beamtinnen und Beamten sowie Arbeitnehmerinnen und Arbeitnehmern der Träger und der nach § 6 Absatz 2 Satz 1 herangezogenen Gemeinden und Gemeindeverbände können mit Zustimmung der Geschäftsführerin oder des Geschäftsführers der gemeinsamen Einrichtung nach den beamten- und tarifrechtlichen Regelungen Tätigkeiten bei den gemeinsamen Einrichtungen zugewiesen werden; diese Zuweisung kann auch auf Dauer erfolgen. [2] Die Zuweisung ist auch ohne Zustimmung der Beamtinnen und Beamten sowie Arbeitnehmerinnen und Arbeitnehmer zulässig, wenn dringende dienstliche Interessen es erfordern.

(2) Bei einer Zuweisung von Tätigkeiten bei den gemeinsamen Einrichtungen an Beschäftigte, denen bereits eine Tätigkeit in diesen gemeinsamen Einrichtungen zugewiesen worden war, ist die Zustimmung der Geschäftsführerin oder des Geschäftsführers der gemeinsamen Einrichtung nicht erforderlich.

(3) [1] Die Rechtsstellung der Beamtinnen und Beamten bleibt unberührt. [2] Ihnen ist eine ihrem Amt entsprechende Tätigkeit zu übertragen.

(4) [1] Die mit der Bundesagentur, dem kommunalen Träger oder einer nach § 6 Absatz 2 Satz 1 herangezogenen Gemeinde oder einem Gemeindeverband bestehenden Arbeitsverhältnisse bleiben unberührt. [2] Werden einer Arbeitnehmerin oder einem Arbeitnehmer aufgrund der Zuweisung Tätigkeiten übertragen, die einer niedrigeren Entgeltgruppe oder Tätigkeitsebene zuzuordnen sind, bestimmt sich die Eingruppierung nach der vorherigen Tätigkeit.

(5) [1] Die Zuweisung kann

1. aus dienstlichen Gründen mit einer Frist von drei Monaten,
2. auf Verlangen der Beamtin, des Beamten, der Arbeitnehmerin oder des Arbeitnehmers aus wichtigem Grund jederzeit

beendet werden. [2] Die Geschäftsführerin oder der Geschäftsführer kann der Beendigung nach Nummer 2 aus zwingendem dienstlichem Grund widersprechen.

§ 44h Personalvertretung. (1) [1] In den gemeinsamen Einrichtungen wird eine Personalvertretung gebildet. [2] Die Regelungen des Bundespersonalvertretungsgesetzes gelten entsprechend.

(2) Die Beamtinnen und Beamten sowie Arbeitnehmerinnen und Arbeitnehmer in der gemeinsamen Einrichtung besitzen für den Zeitraum, für den ihnen Tätigkeiten in der gemeinsamen Einrichtung zugewiesen worden sind, ein aktives und passives Wahlrecht zu der Personalvertretung.

(3) Der Personalvertretung der gemeinsamen Einrichtung stehen alle Rechte entsprechend den Regelungen des Bundespersonalvertretungsgesetzes zu, soweit der Trägerversammlung oder der Geschäftsführerin oder dem Geschäftsführer Entscheidungsbefugnisse in personalrechtlichen, personalwirtschaftlichen, sozialen oder die Ordnung der Dienststelle betreffenden Angelegenheiten zustehen.

(4) [1] Zur Erörterung und Abstimmung gemeinsamer personalvertretungsrechtlich relevanter Angelegenheiten wird eine Arbeitsgruppe der Vorsitzenden der Personalvertretungen der gemeinsamen Einrichtungen eingerichtet. [2] Die Arbeitsgruppe hält bis zu zwei Sitzungen im Jahr ab. [3] Sie beschließt mit der Mehrheit der Stimmen ihrer Mitglieder eine Geschäftsordnung, die Regelungen über den Vorsitz, das Verfahren zur internen Willensbildung und zur Beschlussfassung enthalten muss. [4] Die Arbeitsgruppe kann Stellungnahmen zu Maßnahmen der Träger, die Einfluss auf die Arbeitsbedingungen aller Arbeitnehmerinnen und Arbeitnehmer sowie Beamtinnen und Beamten in den gemeinsamen Einrichtungen haben können, an die zuständigen Träger abgeben.

(5) Die Rechte der Personalvertretungen der abgebenden Dienstherren und Arbeitgeber bleiben unberührt, soweit die Entscheidungsbefugnisse bei den Trägern verbleiben.

§ 44i Schwerbehindertenvertretung; Jugend- und Auszubildendenvertretung. Auf die Schwerbehindertenvertretung und Jugend- und Auszubildendenvertretung ist § 44h entsprechend anzuwenden.

§ 44j Gleichstellungsbeauftragte. [1] In der gemeinsamen Einrichtung wird eine Gleichstellungsbeauftragte bestellt. [2] Das Bundesgleichstellungsgesetz gilt entsprechend. [3] Der Gleichstellungsbeauftragten stehen die Rechte entsprechend den Regelungen des Bundesgleichstellungsgesetzes zu, soweit die Trägerversammlung und die Geschäftsführer entscheidungsbefugt sind.

§ 44k Stellenbewirtschaftung. (1) Mit der Zuweisung von Tätigkeiten nach § 44g Absatz 1 und 2 übertragen die Träger der gemeinsamen Einrichtung die entsprechenden Planstellen und Stellen sowie Ermächtigungen für die Beschäftigung von Arbeitnehmerinnen und Arbeitnehmern mit befristeten Arbeitsverträgen zur Bewirtschaftung.

(2) [1] Der von der Trägerversammlung aufzustellende Stellenplan bedarf der Genehmigung der Träger. [2] Bei Aufstellung und Bewirtschaftung des Stellenplanes unterliegt die gemeinsame Einrichtung den Weisungen der Träger.

§ 45 (weggefallen)

Kapitel 5. Finanzierung und Aufsicht

§ 46 Finanzierung aus Bundesmitteln. (1) [1] Der Bund trägt die Aufwendungen der Grundsicherung für Arbeitsuchende einschließlich der Verwaltungskosten, soweit die Leistungen von der Bundesagentur erbracht werden. [2] Der Bundesrechnungshof prüft die Leistungsgewährung. [3] Dies gilt auch, soweit die Aufgaben von gemeinsamen Einrichtungen nach § 44b wahrgenommen werden. [4] Eine Pauschalierung von Eingliederungsleistungen und Verwaltungskosten ist zulässig. [5] Die Mittel für die Erbringung von Eingliederungsleistungen und Verwaltungskosten werden in einem Gesamtbudget veranschlagt.

(2) [1] Der Bund kann festlegen, nach welchen Maßstäben die Mittel nach Absatz 1 Satz 4 auf die Agenturen für Arbeit zu verteilen sind. [2] Bei der Zuweisung wird die Zahl der erwerbsfähigen Leistungsberechtigten nach diesem Buch zugrunde gelegt. [3] Das Bundesministerium für Arbeit und Soziales kann im Einvernehmen mit dem Bundesministerium der Finanzen durch Rechtsverordnung ohne Zustimmung des Bundesrates andere oder ergänzende Maßstäbe für die Verteilung der Mittel nach Absatz 1 Satz 4 festlegen.

(3) [1] Der Anteil des Bundes an den Gesamtverwaltungskosten der gemeinsamen Einrichtungen beträgt 84,8 Prozent. [2] Durch Rechtsverordnung mit Zustimmung des Bundesrates kann das Bundesministerium für Arbeit und Soziales im Einvernehmen mit dem Bundesministerium der Finanzen festlegen, nach welchen Maßstäben

1. kommunale Träger die Aufwendungen der Grundsicherung für Arbeitsuchende bei der Bundesagentur abrechnen, soweit sie Aufgaben nach § 6 Absatz 1 Satz 1 Nummer 1 wahrnehmen,
2. die Gesamtverwaltungskosten, die der Berechnung des Finanzierungsanteils nach Satz 1 zugrunde liegen, zu bestimmen sind.

(4) *(aufgehoben)*

(5) [1]Der Bund beteiligt sich zweckgebunden an den Ausgaben für die Leistungen für Unterkunft und Heizung nach § 22 Absatz 1. [2]Der Bund beteiligt sich höchstens mit 74 Prozent an den bundesweiten Ausgaben für die Leistungen nach § 22 Absatz 1. [3]Es gelten landesspezifische Beteiligungsquoten, deren Höhe sich nach den Absätzen 6 bis 10 bestimmt.

(6) Der Bund beteiligt sich an den Ausgaben für die Leistungen nach § 22 Absatz 1 ab dem Jahr 2016

1. im Land Baden-Württemberg mit 31,6 Prozent,
2. im Land Rheinland-Pfalz mit 37,6 Prozent sowie
3. in den übrigen Ländern mit 27,6 Prozent.

(7) Die in Absatz 6 genannten Prozentsätze erhöhen sich jeweils

1. im Jahr 2018 um 7,9 Prozentpunkte,
2. im Jahr 2019 um 3,3 Prozentpunkte,
3. im Jahr 2020 um 27,7 Prozentpunkte,
4. im Jahr 2021 um 26,2 Prozentpunkte sowie
5. ab dem Jahr 2022 um 35,2 Prozentpunkte.

(8) [1]Die in Absatz 6 genannten Prozentsätze erhöhen sich jeweils um einen landesspezifischen Wert in Prozentpunkten. [2]Dieser entspricht den Gesamtausgaben des jeweiligen Landes für die Leistungen nach § 28 dieses Gesetzes sowie nach § 6b des Bundeskindergeldgesetzes des abgeschlossenen Vorjahres geteilt durch die Gesamtausgaben des jeweiligen Landes für die Leistungen nach § 22 Absatz 1 des abgeschlossenen Vorjahres multipliziert mit 100.

(9) Die in Absatz 6 genannten Prozentsätze erhöhen sich in den Jahren 2016 bis 2021 jeweils um einen weiteren landesspezifischen Wert in Prozentpunkten.

(10) [1]Das Bundesministerium für Arbeit und Soziales wird ermächtigt, durch Rechtsverordnung mit Zustimmung des Bundesrates

1. die landesspezifischen Werte nach Absatz 8 Satz 1 jährlich für das Folgejahr festzulegen und für das laufende Jahr rückwirkend anzupassen,
2. die weiteren landesspezifischen Werte nach Absatz 9
   a) im Jahr 2019 für das Jahr 2020 festzulegen sowie für das laufende Jahr 2019 und das Vorjahr 2018 rückwirkend anzupassen,
   b) im Jahr 2020 für das Jahr 2021 festzulegen sowie für das laufende Jahr 2020 und das Vorjahr 2019 rückwirkend anzupassen,
   c) im Jahr 2021 für das laufende Jahr 2021 und das Vorjahr 2020 rückwirkend anzupassen,
   d) im Jahr 2022 für das Vorjahr 2021 rückwirkend anzupassen sowie
3. die landesspezifischen Beteiligungsquoten jährlich für das Folgejahr festzulegen und für das laufende Jahr rückwirkend anzupassen sowie in den Jahren 2019 bis 2022 für das jeweilige Vorjahr rückwirkend anzupassen.

[2]Die Festlegung und Anpassung der Werte nach Satz 1 Nummer 1 erfolgen in Höhe des jeweiligen Wertes nach Absatz 8 Satz 2 des abgeschlossenen Vorjahres. [3]Für die Festlegung und Anpassung der Werte nach Satz 1 Nummer 2 werden auf der Grundlage statistischer Daten die Vorjahresausgaben eines Landes für Leistungen nach § 22 Absatz 1 für solche Bedarfsgemeinschaften ermittelt, in denen mindestens eine erwerbsfähige leistungsberechtigte Person, die nicht vor Oktober 2015 erstmals leistungsberechtigt war, über eine Auf-

enthaltsgestattung, eine Duldung oder eine Aufenthaltserlaubnis aus völkerrechtlichen, humanitären oder politischen Gründen nach den §§ 22 bis 26 des Aufenthaltsgesetzes verfügt. [4] Bei der Ermittlung der Vorjahresausgaben nach Satz 3 ist nur der Teil zu berücksichtigen, der nicht vom Bund auf Basis der geltenden landesspezifischen Werte nach Absatz 6 erstattet wurde. [5] Die Festlegung und Anpassung der Werte nach Satz 1 Nummer 2 erfolgen in Höhe des prozentualen Verhältnisses der nach den Sätzen 3 und 4 abgegrenzten Ausgaben zu den entsprechenden Vorjahresausgaben eines Landes für die Leistungen nach § 22 Absatz 1 für alle Bedarfsgemeinschaften. [6] Soweit die Festlegung und Anpassung nach Satz 1 Nummer 1 und 2 zu landesspezifischen Beteiligungsquoten führen, auf Grund derer sich der Bund mit mehr als 74 Prozent an den bundesweiten Gesamtausgaben für die Leistungen nach § 22 Absatz 1 beteiligt, sind die Werte nach Absatz 7 proportional in dem Umfang zu mindern, dass die Beteiligung an den bundesweiten Gesamtausgaben für die Leistungen nach § 22 Absatz 1 nicht mehr als 74 Prozent Prozent beträgt. [7] Soweit eine vollständige Minderung nach Satz 6 nicht ausreichend ist, sind anschließend die Werte nach Absatz 9 proportional in dem Umfang zu mindern, dass die Beteiligung an den bundesweiten Gesamtausgaben für die Leistungen nach § 22 Absatz 1 nicht mehr als 74 Prozent beträgt.

(11) [1] Die Anteile des Bundes an den Leistungen nach § 22 Absatz 1 werden den Ländern erstattet. [2] Der Abruf der Erstattungen ist höchstens zweimal monatlich zulässig. [3] Soweit eine Bundesbeteiligung für Zahlungen geltend gemacht wird, die wegen des fristgerechten Eingangs beim Empfänger bereits am Ende eines Haushaltsjahres geleistet wurden, aber erst im folgenden Haushaltsjahr fällig werden, ist die für das folgende Haushaltsjahr geltende Bundesbeteiligung maßgeblich. [4] Im Rahmen der rückwirkenden Anpassung nach Absatz 10 Satz 1 wird die Differenz, die sich aus der Anwendung der bis zur Anpassung geltenden landesspezifischen Beteiligungsquoten und der durch die Verordnung rückwirkend geltenden landesspezifischen Beteiligungsquoten ergibt, zeitnah im Erstattungsverfahren ausgeglichen. [5] Die Gesamtausgaben für die Leistungen nach § 28 sowie nach § 6b des Bundeskindergeldgesetzes sowie die Gesamtausgaben für Leistungen nach § 22 Absatz 1 sind durch die Länder bis zum 31. März des Folgejahres zu ermitteln und dem Bundesministerium für Arbeit und Soziales mitzuteilen. [6] Bei der Ermittlung ist maßgebend, dass diese Ausgaben im entsprechenden Jahr vom kommunalen Träger tatsächlich geleistet wurden; davon abweichend sind geleistete Ausgaben in Fällen des Satzes 3 den Gesamtausgaben des Jahres zuzurechnen, in dem sie fällig geworden sind. [7] Die Ausgaben nach Satz 6 sind um entsprechende Einnahmen für die jeweiligen Leistungen im entsprechenden Jahr zu mindern. [8] Die Länder gewährleisten, dass geprüft wird, dass die Ausgaben der kommunalen Träger nach Satz 5 begründet und belegt sind und den Grundsätzen der Wirtschaftlichkeit und Sparsamkeit entsprechen.

§ 47 Aufsicht. (1) [1] Das Bundesministerium für Arbeit und Soziales führt die Rechts- und Fachaufsicht über die Bundesagentur, soweit dieser nach § 44b Absatz 3 ein Weisungsrecht gegenüber den gemeinsamen Einrichtungen zusteht. [2] Das Bundesministerium für Arbeit und Soziales kann der Bundesagentur Weisungen erteilen und sie an seine Auffassung binden; es kann organisatorische Maßnahmen zur Wahrung der Interessen des Bundes an der Umsetzung der Grundsicherung für Arbeitsuchende treffen.

(2) [1] Die zuständigen Landesbehörden führen die Aufsicht über die kommunalen Träger, soweit diesen nach § 44b Absatz 3 ein Weisungsrecht gegenüber den gemeinsamen Einrichtungen zusteht. [2] Im Übrigen bleiben landesrechtliche Regelungen unberührt.

(3) [1] Im Aufgabenbereich der Trägerversammlung führt das Bundesministerium für Arbeit und Soziales die Rechtsaufsicht über die gemeinsamen Einrichtungen im Einvernehmen mit der zuständigen obersten Landesbehörde. [2] Kann ein Einvernehmen nicht hergestellt werden, gibt der Kooperationsausschuss eine Empfehlung ab. [3] Von der Empfehlung kann das Bundesministerium für Arbeit und Soziales nur aus wichtigem Grund abweichen. [4] Im Übrigen ist der Kooperationsausschuss bei Aufsichtsmaßnahmen zu unterrichten.

(4) Das Bundesministerium für Arbeit und Soziales kann durch Rechtsverordnung ohne Zustimmung des Bundesrates die Wahrnehmung seiner Aufgaben nach den Absätzen 1 und 3 auf eine Bundesoberbehörde übertragen.

(5) Die aufsichtführenden Stellen sind berechtigt, die Wahrnehmung der Aufgaben bei den gemeinsamen Einrichtungen zu prüfen.

§ 48 Aufsicht über die zugelassenen kommunalen Träger. (1) Die Aufsicht über die zugelassenen kommunalen Träger obliegt den zuständigen Landesbehörden.

(2) [1] Die Rechtsaufsicht über die obersten Landesbehörden übt die Bundesregierung aus, soweit die zugelassenen kommunalen Träger Aufgaben anstelle der Bundesagentur erfüllen. [2] Zu diesem Zweck kann die Bundesregierung mit Zustimmung des Bundesrates allgemeine Verwaltungsvorschriften zu grundsätzlichen Rechtsfragen der Leistungserbringung erlassen. [3] Die Bundesregierung kann die Ausübung der Rechtsaufsicht auf das Bundesministerium für Arbeit und Soziales übertragen.

(3) Das Bundesministerium für Arbeit und Soziales kann mit Zustimmung des Bundesrates allgemeine Verwaltungsvorschriften für die Abrechnung der Aufwendungen der Grundsicherung für Arbeitsuchende erlassen.

§ 48a Vergleich der Leistungsfähigkeit. (1) Zur Feststellung und Förderung der Leistungsfähigkeit der örtlichen Aufgabenwahrnehmung der Träger der Grundsicherung für Arbeitsuchende erstellt das Bundesministerium für Arbeit und Soziales auf der Grundlage der Kennzahlen nach § 51b Absatz 3 Nummer 3 Kennzahlenvergleiche und veröffentlicht die Ergebnisse vierteljährlich.

(2) Das Bundesministerium für Arbeit und Soziales wird ermächtigt, durch Rechtsverordnung mit Zustimmung des Bundesrates die für die Vergleiche erforderlichen Kennzahlen sowie das Verfahren zu deren Weiterentwicklung und die Form der Veröffentlichung der Ergebnisse festzulegen.

§ 48b Zielvereinbarungen. (1) [1] Zur Erreichung der Ziele nach diesem Buch schließen

1. das Bundesministerium für Arbeit und Soziales im Einvernehmen mit dem Bundesministerium der Finanzen mit der Bundesagentur,
2. die Bundesagentur und die kommunalen Träger mit den Geschäftsführerinnen und Geschäftsführern der gemeinsamen Einrichtungen,
3. das Bundesministerium für Arbeit und Soziales mit der zuständigen Landesbehörde sowie

4. die zuständige Landesbehörde mit den zugelassenen kommunalen Trägern

Vereinbarungen ab. [2]Die Vereinbarungen nach Satz 1 Nummer 2 bis 4 umfassen alle Leistungen dieses Buches. [3]Die Beratungen über die Vereinbarung nach Satz 1 Nummer 3 führen die Kooperationsausschüsse nach § 18b. [4]Im Bund-Länder-Ausschuss nach § 18c wird für die Vereinbarungen nach diesem Absatz über einheitliche Grundlagen beraten.

(2) Die Vereinbarungen werden nach Beschlussfassung des Bundestages über das jährliche Haushaltsgesetz abgeschlossen.

(3) [1]Die Vereinbarungen umfassen insbesondere die Ziele der Verringerung der Hilfebedürftigkeit, Verbesserung der Integration in Erwerbstätigkeit und Vermeidung von langfristigem Leistungsbezug. [2]Die Vereinbarungen nach Absatz 1 Satz 1 Nummer 2 bis 4 umfassen zusätzlich das Ziel der Verbesserung der sozialen Teilhabe.

(4) Die Vereinbarungen nach Absatz 1 Satz 1 Nummer 4 sollen sich an den Vereinbarungen nach Absatz 1 Satz 1 Nummer 3 orientieren.

(5) Für den Abschluss der Vereinbarungen und die Nachhaltung der Zielerreichung sind die Daten nach § 51b und die Kennzahlen nach § 48a Absatz 2 maßgeblich.

(6) Die Vereinbarungen nach Absatz 1 Satz 1 Nummer 1 können

1. erforderliche Genehmigungen oder Zustimmungen des Bundesministeriums für Arbeit und Soziales ersetzen,
2. die Selbstbewirtschaftung von Haushaltsmitteln für Leistungen zur Eingliederung in Arbeit sowie für Verwaltungskosten zulassen.

§ 49 Innenrevision. (1) [1]Die Bundesagentur stellt durch organisatorische Maßnahmen sicher, dass in allen Dienststellen und gemeinsamen Einrichtungen durch eigenes, nicht der Dienststelle angehörendes Personal geprüft wird, ob von ihr Leistungen nach diesem Buch unter Beachtung der gesetzlichen Bestimmungen nicht hätten erbracht werden dürfen oder zweckmäßiger oder wirtschaftlicher hätten eingesetzt werden können. [2]Mit der Durchführung der Prüfungen können Dritte beauftragt werden.

(2) Das Prüfpersonal der Bundesagentur ist für die Zeit seiner Prüftätigkeit fachlich unmittelbar der Leitung der Dienststelle unterstellt, in der es beschäftigt ist.

(3) Der Vorstand legt die Berichte nach Absatz 1 unverzüglich dem Bundesministerium für Arbeit und Soziales vor.

Kapitel 6. Datenverarbeitung und datenschutzrechtliche Verantwortung

§ 50 Datenübermittlung. (1) [1]Die Bundesagentur, die kommunalen Träger, die zugelassenen kommunalen Träger, gemeinsame Einrichtungen, die für die Bekämpfung von Leistungsmissbrauch und illegaler Beschäftigung zuständigen Stellen und mit der Wahrnehmung von Aufgaben beauftragte Dritte sollen sich gegenseitig Sozialdaten übermitteln, soweit dies zur Erfüllung ihrer Aufgaben nach diesem Buch oder dem Dritten Buch[1)] erforderlich ist. [2]Hat die

[1)] Nr. 3.

Agentur für Arbeit oder ein zugelassener kommunaler Träger eine externe Gutachterin oder einen externen Gutachter beauftragt, eine ärztliche oder psychologische Untersuchung oder Begutachtung durchzuführen, ist die Übermittlung von Daten an die Agentur für Arbeit oder den zugelassenen kommunalen Träger durch die externe Gutachterin oder den externen Gutachter zulässig, soweit dies zur Erfüllung des Auftrages erforderlich ist.

(2) Die gemeinsame Einrichtung ist Verantwortliche für die Verarbeitung von Sozialdaten nach § 67 Absatz 4 des Zehnten Buches[1)] sowie Stelle im Sinne des § 35 Absatz 1 des Ersten Buches[2)].

(3) [1] Die gemeinsame Einrichtung nutzt zur Erfüllung ihrer Aufgaben durch die Bundesagentur zentral verwaltete Verfahren der Informationstechnik. [2] Sie ist verpflichtet, auf einen auf dieser Grundlage erstellten gemeinsamen zentralen Datenbestand zuzugreifen. [3] Verantwortliche für die zentral verwalteten Verfahren der Informationstechnik nach § 67 Absatz 4 des Zehnten Buches ist die Bundesagentur.

(4) [1] Eine Verarbeitung von Sozialdaten durch die gemeinsame Einrichtung ist nur unter den Voraussetzungen der Verordnung (EU) 2016/679 des Europäischen Parlaments und des Rates vom 27. April 2016 zum Schutz natürlicher Personen bei der Verarbeitung personenbezogener Daten, zum freien Datenverkehr und zur Aufhebung der Richtlinie 95/46/EG (Datenschutz-Grundverordnung) (ABl. L 119 vom 4.5.2016, S. 1; L 314 vom 22.11.2016, S. 72; L 127 vom 23.5.2018, S. 2) in der jeweils geltenden Fassung sowie des Zweiten Kapitels des Zehnten Buches und der übrigen Bücher des Sozialgesetzbuches zulässig. [2] Der Anspruch auf Zugang zu amtlichen Informationen gegenüber der gemeinsamen Einrichtung richtet sich nach dem Informationsfreiheitsgesetz des Bundes. [3] Die Datenschutzkontrolle und die Kontrolle der Einhaltung der Vorschriften über die Informationsfreiheit bei der gemeinsamen Einrichtung sowie für die zentralen Verfahren der Informationstechnik obliegen nach § 9 Abs. 1 Satz 1 des Bundesdatenschutzgesetzes der oder dem Bundesbeauftragten für den Datenschutz und die Informationsfreiheit.

§ 50a Speicherung, Veränderung, Nutzung, Übermittlung, Einschränkung der Verarbeitung oder Löschung von Daten für die Ausbildungsvermittlung. [1] Gemeinsame Einrichtungen und zugelassene kommunale Träger dürfen die ihnen nach § 282b Absatz 4 des Dritten Buches[3)] von der Bundesagentur übermittelten Daten über eintragungsfähige oder eingetragene Ausbildungsverhältnisse ausschließlich speichern, verändern, nutzen, übermitteln oder in der Verarbeitung einschränken zur Verbesserung der

1. Ausbildungsvermittlung,
2. Zuverlässigkeit und Aktualität der Ausbildungsvermittlungsstatistik oder
3. Feststellung von Angebot und Nachfrage auf dem Ausbildungsmarkt.

[2] Die zu diesen Zwecken übermittelten Daten sind spätestens zum Ende des Kalenderjahres zu löschen.

---

1) Nr. **10**.
2) Nr. **1**.
3) Nr. **3**.

§ 51 Verarbeitung von Sozialdaten durch nicht-öffentliche Stellen.

Die Träger der Leistungen nach diesem Buch dürfen abweichend von § 80 Absatz 3 des Zehnten Buches[1] zur Erfüllung ihrer Aufgaben nach diesem Buch einschließlich der Erbringung von Leistungen zur Eingliederung in Arbeit und Bekämpfung von Leistungsmissbrauch nicht-öffentliche Stellen mit der Verarbeitung von Sozialdaten beauftragen.

§ 51a Kundennummer. [1]Jeder Person, die Leistungen nach diesem Gesetz bezieht, wird einmalig eine eindeutige, von der Bundesagentur oder im Auftrag der Bundesagentur von den zugelassenen kommunalen Trägern vergebene Kundennummer zugeteilt. [2]Die Kundennummer ist vom Träger der Grundsicherung für Arbeitsuchende als Identifikationsmerkmal zu nutzen und dient ausschließlich diesem Zweck sowie den Zwecken nach § 51b Absatz 3. [3]Soweit vorhanden, ist die schon beim Vorbezug von Leistungen nach dem Dritten Buch[2] vergebene Kundennummer der Bundesagentur zu verwenden. [4]Die Kundennummer bleibt der jeweiligen Person auch zugeordnet, wenn sie den Träger wechselt. [5]Bei erneuter Leistung nach längerer Zeit ohne Inanspruchnahme von Leistungen nach diesem Buch oder nach dem Dritten Buch wird eine neue Kundennummer vergeben. [6]Diese Regelungen gelten entsprechend auch für Bedarfsgemeinschaften. [7]Als Bedarfsgemeinschaft im Sinne dieser Vorschrift gelten auch ein oder mehrere Kinder eines Haushalts, die nach § 7 Absatz 2 Satz 3 Leistungen erhalten. [8]Bei der Übermittlung der Daten verwenden die Träger eine eindeutige, von der Bundesagentur vergebene Trägernummer.

§ 51b Verarbeitung von Daten durch die Träger der Grundsicherung für Arbeitsuchende. (1) [1]Die zuständigen Träger der Grundsicherung für Arbeitsuchende erheben laufend die für die Durchführung der Grundsicherung für Arbeitsuchende erforderlichen Daten. [2]Das Bundesministerium für Arbeit und Soziales wird ermächtigt, durch Rechtsverordnung mit Zustimmung des Bundesrates die nach Satz 1 zu erhebenden Daten, die zur Nutzung für die in Absatz 3 genannten Zwecke erforderlich sind, einschließlich des Verfahrens zu deren Weiterentwicklung festzulegen.

(2) Die kommunalen Träger und die zugelassenen kommunalen Träger übermitteln der Bundesagentur die Daten nach Absatz 1 unter Angabe eines eindeutigen Identifikationsmerkmals, personenbezogene Datensätze unter Angabe der Kundennummer sowie der Nummer der Bedarfsgemeinschaft nach § 51a.

(3) Die nach den Absätzen 1 und 2 erhobenen und an die Bundesagentur übermittelten Daten dürfen nur – unbeschadet auf sonstiger gesetzlicher Grundlagen bestehender Mitteilungspflichten – für folgende Zwecke gespeichert, verändert, genutzt, übermittelt, in der Verarbeitung eingeschränkt oder gelöscht werden:

1. die zukünftige Gewährung von Leistungen nach diesem und dem Dritten Buch[2] an die von den Erhebungen betroffenen Personen,
2. Überprüfungen der Träger der Grundsicherung für Arbeitsuchende auf korrekte und wirtschaftliche Leistungserbringung,

---

[1] Nr. **10**.
[2] Nr. **3**.

3. die Erstellung von Statistiken, Kennzahlen für die Zwecke nach § 48a Absatz 2 und § 48b Absatz 5, Eingliederungsbilanzen und Controllingberichten durch die Bundesagentur, der laufenden Berichterstattung und der Wirkungsforschung nach den §§ 53 bis 55,
4. die Durchführung des automatisierten Datenabgleichs nach § 52,
5. die Bekämpfung von Leistungsmissbrauch.

(4) [1] Die Bundesagentur regelt im Benehmen mit den kommunalen Spitzenverbänden auf Bundesebene den genauen Umfang der nach den Absätzen 1 und 2 zu übermittelnden Informationen, einschließlich einer Inventurmeldung, sowie die Fristen für deren Übermittlung. [2] Sie regelt ebenso die zu verwendenden Systematiken, die Art der Übermittlung der Datensätze einschließlich der Datenformate sowie Aufbau, Vergabe, Verwendung und Löschungsfristen von Kunden- und Bedarfsgemeinschaftsnummern nach § 51a.

§ 51c (weggefallen)

§ 52 Automatisierter Datenabgleich. (1) [1] Die Bundesagentur und die zugelassenen kommunalen Träger überprüfen Personen, die Leistungen nach diesem Buch beziehen, zum 1. Januar, 1. April, 1. Juli und 1. Oktober im Wege des automatisierten Datenabgleichs daraufhin,

1. ob und in welcher Höhe und für welche Zeiträume von ihnen Leistungen der Träger der gesetzlichen Unfall- oder Rentenversicherung bezogen werden oder wurden,
2. ob und in welchem Umfang Zeiten des Leistungsbezuges nach diesem Buch mit Zeiten einer Versicherungspflicht oder Zeiten einer geringfügigen Beschäftigung zusammentreffen,
3. ob und welche Daten nach § 45d Absatz 1 und § 45e des Einkommensteuergesetzes an das Bundeszentralamt für Steuern übermittelt worden sind,
4. ob und in welcher Höhe ein Kapital nach § 12 Absatz 2 Satz 1 Nummer 2 nicht mehr dem Zweck einer geförderten zusätzlichen Altersvorsorge im Sinne des § 10a oder des Abschnitts XI des Einkommensteuergesetzes dient,
5. ob und in welcher Höhe und für welche Zeiträume von ihnen Leistungen der Bundesagentur als Träger der Arbeitsförderung nach dem Dritten Buch[1)] bezogen werden oder wurden,
6. ob und in welcher Höhe und für welche Zeiträume von ihnen Leistungen anderer Träger der Grundsicherung für Arbeitsuchende bezogen werden oder wurden.

[2] Satz 1 gilt entsprechend für nicht leistungsberechtigte Personen, die mit Personen, die Leistungen nach diesem Buch beziehen, in einer Bedarfsgemeinschaft leben. [3] Abweichend von Satz 1 können die dort genannten Träger die Überprüfung nach Satz 1 Nummer 2 zum ersten jedes Kalendermonats durchführen.

(2) Zur Durchführung des automatisierten Datenabgleichs dürfen die Träger der Leistungen nach diesem Buch die folgenden Daten einer Person, die Leistungen nach diesem Buch bezieht, an die in Absatz 1 genannten Stellen übermitteln:

---

1) Nr. 3.

1. Name und Vorname,
2. Geburtsdatum und -ort,
3. Anschrift,
4. Versicherungsnummer.

(2a) [1] Die Datenstelle der Rentenversicherung darf als Vermittlungsstelle die nach den Absätzen 1 und 2 übermittelten Daten speichern und nutzen, soweit dies für die Datenabgleiche nach den Absätzen 1 und 2 erforderlich ist. [2] Sie darf die Daten der Stammsatzdatei (§ 150 des Sechsten Buches[1)]) und des bei ihr für die Prüfung bei den Arbeitgebern geführten Dateisystems (§ 28p Absatz 8 Satz 2 des Vierten Buches[2)]) nutzen, soweit die Daten für die Datenabgleiche erforderlich sind. [3] Die nach Satz 1 bei der Datenstelle der Rentenversicherung gespeicherten Daten sind unverzüglich nach Abschluss des Datenabgleichs zu löschen.

(3) [1] Die den in Absatz 1 genannten Stellen überlassenen Daten und Datenträger sind nach Durchführung des Abgleichs unverzüglich zurückzugeben, zu löschen oder zu vernichten. [2] Die Träger der Leistungen nach diesem Buch dürfen die ihnen übermittelten Daten nur zur Überprüfung nach Absatz 1 nutzen. [3] Die übermittelten Daten der Personen, bei denen die Überprüfung zu keinen abweichenden Feststellungen führt, sind unverzüglich zu löschen.

(4) Das Bundesministerium für Arbeit und Soziales wird ermächtigt, durch Rechtsverordnung das Nähere über das Verfahren des automatisierten Datenabgleichs und die Kosten des Verfahrens zu regeln; dabei ist vorzusehen, dass die Übermittlung an die Auskunftsstellen durch eine zentrale Vermittlungsstelle (Kopfstelle) zu erfolgen hat, deren Zuständigkeitsbereich zumindest das Gebiet eines Bundeslandes umfasst.

§ 52a Überprüfung von Daten. (1) Die Agentur für Arbeit darf bei Personen, die Leistungen nach diesem Buch beantragt haben, beziehen oder bezogen haben, Auskunft einholen

1. über die in § 39 Absatz 1 Nummer 5 und 11 des Straßenverkehrsgesetzes angeführten Daten über ein Fahrzeug, für das die Person als Halter eingetragen ist, bei dem Zentralen Fahrzeugregister;
2. aus dem Melderegister nach den §§ 34 und 38 bis 41 des Bundesmeldegesetzes und dem Ausländerzentralregister,

soweit dies zur Bekämpfung von Leistungsmissbrauch erforderlich ist.

(2) [1] Die Agentur für Arbeit darf Daten von Personen, die Leistungen nach diesem Buch beantragt haben, beziehen oder bezogen haben und die Wohngeld beantragt haben, beziehen oder bezogen haben, an die nach dem Wohngeldgesetz zuständige Behörde übermitteln, soweit dies zur Feststellung der Voraussetzungen des Ausschlusses vom Wohngeld (§§ 7 und 8 Absatz 1 des Wohngeldgesetzes) erforderlich ist. [2] Die Übermittlung der in § 52 Absatz 2 Nummer 1 bis 3 genannten Daten ist zulässig. [3] Die in Absatz 1 genannten Behörden führen die Überprüfung durch und teilen das Ergebnis der Überprüfungen der Agentur für Arbeit unverzüglich mit. [4] Die in Absatz 1 und Satz 1 genannten Behörden haben die ihnen übermittelten Daten nach Abschluss der Überprüfung unverzüglich zu löschen.

[1)] Nr. 6.
[2)] Nr. 4.

Kapitel 7. Statistik und Forschung

§ 53 Statistik und Übermittlung statistischer Daten. (1) [1] Die Bundesagentur erstellt aus den bei der Durchführung der Grundsicherung für Arbeitsuchende von ihr nach § 51b erhaltenen und den ihr von den kommunalen Trägern und den zugelassenen kommunalen Trägern nach § 51b übermittelten Daten Statistiken. [2] Sie übernimmt die laufende Berichterstattung und bezieht die Leistungen nach diesem Buch in die Arbeitsmarkt- und Berufsforschung ein.

(2) Das Bundesministerium für Arbeit und Soziales kann Art und Umfang sowie Tatbestände und Merkmale der Statistiken und der Berichterstattung näher bestimmen.

(3) [1] Die Bundesagentur legt die Statistiken nach Absatz 1 dem Bundesministerium für Arbeit und Soziales vor und veröffentlicht sie in geeigneter Form. [2] Sie gewährleistet, dass auch kurzfristigem Informationsbedarf des Bundesministeriums für Arbeit und Soziales entsprochen werden kann.

(4) Die Bundesagentur stellt den statistischen Stellen der Kreise und kreisfreien Städte die für Zwecke der Planungsunterstützung und für die Sozialberichterstattung erforderlichen Daten und Tabellen der Arbeitsmarkt- und Grundsicherungsstatistik zur Verfügung.

(5) [1] Die Bundesagentur kann dem Statistischen Bundesamt und den statistischen Ämtern der Länder für Zwecke der Planungsunterstützung und für die Sozialberichterstattung für ihren Zuständigkeitsbereich Daten und Tabellen der Arbeitsmarkt- und Grundsicherungsstatistik zur Verfügung stellen. [2] Sie ist berechtigt, dem Statistischen Bundesamt und den statistischen Ämtern der Länder für ergänzende Auswertungen anonymisierte und pseudonymisierte Einzeldaten zu übermitteln. [3] Bei der Übermittlung von pseudonymisierten Einzeldaten sind die Namen durch jeweils neu zu generierende Pseudonyme zu ersetzen. [4] Nicht pseudonymisierte Anschriften dürfen nur zum Zwecke der Zuordnung zu statistischen Blöcken übermittelt werden.

(6) [1] Die Bundesagentur ist berechtigt, für ausschließlich statistische Zwecke den zur Durchführung statistischer Aufgaben zuständigen Stellen der Gemeinden und Gemeindeverbände für ihren Zuständigkeitsbereich Daten und Tabellen der Arbeitsmarkt- und Grundsicherungsstatistik sowie anonymisierte und pseudonymisierte Einzeldaten zu übermitteln, soweit die Voraussetzungen nach § 16 Absatz 5 Satz 2 des Bundesstatistikgesetzes gegeben sind. [2] Bei der Übermittlung von pseudonymisierten Einzeldaten sind die Namen durch jeweils neu zu generierende Pseudonyme zu ersetzen. [3] Dabei dürfen nur Angaben zu kleinräumigen Gebietseinheiten, nicht aber die genauen Anschriften übermittelt werden.

(7) [1] Die §§ 280 und 281 des Dritten Buches[1)] gelten entsprechend. [2] § 282a des Dritten Buches gilt mit der Maßgabe, dass Daten und Tabellen der Arbeitsmarkt- und Grundsicherungsstatistik auch den zur Durchführung statistischer Aufgaben zuständigen Stellen der Kreise und kreisfreien Städte sowie der Gemeinden und Gemeindeverbänden übermittelt werden dürfen, soweit die Voraussetzungen nach § 16 Absatz 5 Satz 2 des Bundesstatistikgesetzes gegeben sind.

[1)] Nr. 3.

§ 53a Arbeitslose. (1) Arbeitslose im Sinne dieses Gesetzes sind erwerbsfähige Leistungsberechtigte, die die Voraussetzungen des § 16 des Dritten Buches[1)] in sinngemäßer Anwendung erfüllen.

(2) Erwerbsfähige Leistungsberechtigte, die nach Vollendung des 58. Lebensjahres mindestens für die Dauer von zwölf Monaten Leistungen der Grundsicherung für Arbeitsuchende bezogen haben, ohne dass ihnen eine sozialversicherungspflichtige Beschäftigung angeboten worden ist, gelten nach Ablauf dieses Zeitraums für die Dauer des jeweiligen Leistungsbezugs nicht als arbeitslos.

§ 54 Eingliederungsbilanz. [1] Jede Agentur für Arbeit erstellt für die Leistungen zur Eingliederung in Arbeit eine Eingliederungsbilanz. [2] § 11 des Dritten Buches[1)] gilt entsprechend. [3] Soweit einzelne Maßnahmen nicht unmittelbar zur Eingliederung in Arbeit führen, sind von der Bundesagentur andere Indikatoren zu entwickeln, die den Integrationsfortschritt der erwerbsfähigen Leistungsberechtigten in geeigneter Weise abbilden.

§ 55 Wirkungsforschung. (1) [1] Die Wirkungen der Leistungen zur Eingliederung und der Leistungen zur Sicherung des Lebensunterhalts sind regelmäßig und zeitnah zu untersuchen und in die Arbeitsmarkt- und Berufsforschung nach § 282 des Dritten Buches[1)] einzubeziehen. [2] Das Bundesministerium für Arbeit und Soziales und die Bundesagentur können in Vereinbarungen Einzelheiten der Wirkungsforschung festlegen. [3] Soweit zweckmäßig, können Dritte mit der Wirkungsforschung beauftragt werden.

(2) Das Bundesministerium für Arbeit und Soziales untersucht vergleichend die Wirkung der örtlichen Aufgabenwahrnehmung durch die Träger der Leistungen nach diesem Buch.

Kapitel 8. Mitwirkungspflichten

§ 56 Anzeige- und Bescheinigungspflicht bei Arbeitsunfähigkeit.

(1) [1] Die Agentur für Arbeit soll erwerbsfähige Leistungsberechtigte, die Leistungen zur Sicherung des Lebensunterhalts beantragt haben oder beziehen, in der Eingliederungsvereinbarung oder in dem diese ersetzenden Verwaltungsakt nach § 15 Absatz 3 Satz 3 verpflichten,

1. eine eingetretene Arbeitsunfähigkeit und deren voraussichtliche Dauer unverzüglich anzuzeigen und
2. spätestens vor Ablauf des dritten Kalendertages nach Eintritt der Arbeitsunfähigkeit eine ärztliche Bescheinigung über die Arbeitsunfähigkeit und deren voraussichtliche Dauer vorzulegen.

[2] § 31 Absatz 1 findet keine Anwendung. [3] Die Agentur für Arbeit ist berechtigt, die Vorlage der ärztlichen Bescheinigung früher zu verlangen. [4] Dauert die Arbeitsunfähigkeit länger als in der Bescheinigung angegeben, so ist der Agentur für Arbeit eine neue ärztliche Bescheinigung vorzulegen. [5] Die Bescheinigungen müssen einen Vermerk des behandelnden Arztes darüber enthalten, dass dem Träger der Krankenversicherung unverzüglich eine Bescheinigung über die Arbeitsunfähigkeit mit Angaben über den Befund und die voraussichtliche

---

1) Nr. 3.

Dauer der Arbeitsunfähigkeit übersandt wird. [6]Zweifelt die Agentur für Arbeit an der Arbeitsunfähigkeit der oder des erwerbsfähigen Leistungsberechtigten, so gilt § 275 Absatz 1 Nummer 3b und Absatz 1a des Fünften Buches[1)] entsprechend.

(2) [1]Die Bundesagentur erstattet den Krankenkassen die Kosten für die Begutachtung durch den Medizinischen Dienst nach Absatz 1 Satz 6. [2]Die Bundesagentur und der Spitzenverband Bund der Krankenkassen vereinbaren das Nähere über das Verfahren und die Höhe der Kostenerstattung; der Medizinische Dienst Bund ist zu beteiligen. [3]In der Vereinbarung kann auch eine pauschale Abgeltung der Kosten geregelt werden.

§ 57 Auskunftspflicht von Arbeitgebern. [1]Arbeitgeber haben der Agentur für Arbeit auf deren Verlangen Auskunft über solche Tatsachen zu geben, die für die Entscheidung über einen Anspruch auf Leistungen nach diesem Buch erheblich sein können; die Agentur für Arbeit kann hierfür die Benutzung eines Vordrucks verlangen. [2]Die Auskunftspflicht erstreckt sich auch auf Angaben über das Ende und den Grund für die Beendigung des Beschäftigungsverhältnisses.

§ 58 Einkommensbescheinigung. (1) [1]Wer jemanden, der laufende Geldleistungen nach diesem Buch beantragt hat oder bezieht, gegen Arbeitsentgelt beschäftigt, ist verpflichtet, diesem unverzüglich Art und Dauer dieser Erwerbstätigkeit sowie die Höhe des Arbeitsentgelts oder der Vergütung für die Zeiten zu bescheinigen, für die diese Leistung beantragt worden ist oder bezogen wird. [2]Dabei ist der von der Agentur für Arbeit vorgesehene Vordruck zu benutzen. [3]Die Bescheinigung ist der- oder demjenigen, die oder der die Leistung beantragt hat oder bezieht, unverzüglich auszuhändigen.

(2) Wer eine laufende Geldleistung nach diesem Buch beantragt hat oder bezieht und gegen Arbeitsentgelt beschäftigt wird, ist verpflichtet, dem Arbeitgeber den für die Bescheinigung des Arbeitsentgelts vorgeschriebenen Vordruck unverzüglich vorzulegen.

§ 59 Meldepflicht. Die Vorschriften über die allgemeine Meldepflicht, § 309 des Dritten Buches[2)], und über die Meldepflicht bei Wechsel der Zuständigkeit, § 310 des Dritten Buches, sind entsprechend anzuwenden.

§ 60 Auskunftspflicht und Mitwirkungspflicht Dritter. (1) Wer jemandem, der Leistungen nach diesem Buch beantragt hat oder bezieht, Leistungen erbringt, die geeignet sind, diese Leistungen nach diesem Buch auszuschließen oder zu mindern, hat der Agentur für Arbeit auf Verlangen hierüber Auskunft zu erteilen, soweit es zur Durchführung der Aufgaben nach diesem Buch erforderlich ist.

(2) [1]Wer jemandem, der eine Leistung nach diesem Buch beantragt hat oder bezieht, zu Leistungen verpflichtet ist, die geeignet sind, Leistungen nach diesem Buch auszuschließen oder zu mindern, oder wer für ihn Guthaben führt oder Vermögensgegenstände verwahrt, hat der Agentur für Arbeit auf Verlangen hierüber sowie über damit im Zusammenhang stehendes Einkommen oder Vermögen Auskunft zu erteilen, soweit es zur Durchführung der

[1)] Nr. 5.
[2)] Nr. 3.

Aufgaben nach diesem Buch erforderlich ist. [2] § 21 Absatz 3 Satz 4 des Zehnten Buches[1)] gilt entsprechend. [3] Für die Feststellung einer Unterhaltsverpflichtung ist § 1605 Absatz 1 des Bürgerlichen Gesetzbuchs anzuwenden.

(3) Wer jemanden, der

1. Leistungen nach diesem Buch beantragt hat oder bezieht oder dessen Partnerin oder Partner oder
2. nach Absatz 2 zur Auskunft verpflichtet ist,

beschäftigt, hat der Agentur für Arbeit auf Verlangen über die Beschäftigung, insbesondere über das Arbeitsentgelt, Auskunft zu erteilen, soweit es zur Durchführung der Aufgaben nach diesem Buch erforderlich ist.

(4) [1] Sind Einkommen oder Vermögen der Partnerin oder des Partners zu berücksichtigen, haben

1. diese Partnerin oder dieser Partner,
2. Dritte, die für diese Partnerin oder diesen Partner Guthaben führen oder Vermögensgegenstände verwahren,

der Agentur für Arbeit auf Verlangen hierüber Auskunft zu erteilen, soweit es zur Durchführung der Aufgaben nach diesem Buch erforderlich ist. [2] § 21 Absatz 3 Satz 4 des Zehnten Buches gilt entsprechend.

(5) Wer jemanden, der Leistungen nach diesem Buch beantragt hat, bezieht oder bezogen hat, beschäftigt, hat der Agentur für Arbeit auf Verlangen Einsicht in Geschäftsbücher, Geschäftsunterlagen und Belege sowie in Listen, Entgeltverzeichnisse und Entgeltbelege für Heimarbeiterinnen oder Heimarbeiter zu gewähren, soweit es zur Durchführung der Aufgaben nach diesem Buch erforderlich ist.

§ 61 Auskunftspflichten bei Leistungen zur Eingliederung in Arbeit.

(1) [1] Träger, die eine Leistung zur Eingliederung in Arbeit erbracht haben oder erbringen, haben der Agentur für Arbeit unverzüglich Auskünfte über Tatsachen zu erteilen, die Aufschluss darüber geben, ob und inwieweit Leistungen zu Recht erbracht worden sind oder werden. [2] Sie haben Änderungen, die für die Leistungen erheblich sind, unverzüglich der Agentur für Arbeit mitzuteilen.

(2) [1] Die Teilnehmerinnen und Teilnehmer an Maßnahmen zur Eingliederung sind verpflichtet,

1. der Agentur für Arbeit auf Verlangen Auskunft über den Eingliederungserfolg der Maßnahme sowie alle weiteren Auskünfte zu erteilen, die zur Qualitätsprüfung benötigt werden, und
2. eine Beurteilung ihrer Leistung und ihres Verhaltens durch den Maßnahmeträger zuzulassen.

[2] Die Maßnahmeträger sind verpflichtet, ihre Beurteilungen der Teilnehmerin oder des Teilnehmers unverzüglich der Agentur für Arbeit zu übermitteln.

§ 62 Schadenersatz. Wer vorsätzlich oder fahrlässig

1. eine Einkommensbescheinigung nicht, nicht richtig oder nicht vollständig ausfüllt,

---

[1)] Nr. **10**.

2. eine Auskunft nach § 57 oder § 60 nicht, nicht richtig oder nicht vollständig erteilt,

ist zum Ersatz des daraus entstehenden Schadens verpflichtet.

Kapitel 9. Straf- und Bußgeldvorschriften

§ 63 Bußgeldvorschriften. (1) Ordnungswidrig handelt, wer vorsätzlich oder fahrlässig

1. entgegen § 57 Satz 1 eine Auskunft nicht, nicht richtig, nicht vollständig oder nicht rechtzeitig erteilt,
2. entgegen § 58 Absatz 1 Satz 1 oder 3 Art oder Dauer der Erwerbstätigkeit oder die Höhe des Arbeitsentgelts oder der Vergütung nicht, nicht richtig, nicht vollständig oder nicht rechtzeitig bescheinigt oder eine Bescheinigung nicht oder nicht rechtzeitig aushändigt,
3. entgegen § 58 Absatz 2 einen Vordruck nicht oder nicht rechtzeitig vorlegt,
4. entgegen § 60 Absatz 1, 2 Satz 1, Absatz 3 oder 4 Satz 1 oder als privater Träger entgegen § 61 Absatz 1 Satz 1 eine Auskunft nicht, nicht richtig, nicht vollständig oder nicht rechtzeitig erteilt,
5. entgegen § 60 Absatz 5 Einsicht nicht oder nicht rechtzeitig gewährt,
6. entgegen § 60 Absatz 1 Satz 1 Nummer 1 des Ersten Buches[1] eine Angabe nicht, nicht richtig, nicht vollständig oder nicht rechtzeitig macht oder
7. entgegen § 60 Absatz 1 Satz 1 Nummer 2 des Ersten Buches eine Änderung in den Verhältnissen, die für einen Anspruch auf eine laufende Leistung erheblich ist, nicht, nicht richtig, nicht vollständig oder nicht rechtzeitig mitteilt.

(1a) Die Bestimmungen des Absatzes 1 Nummer 1, 4, 5, 6 und 7 gelten auch in Verbindung mit § 6b Absatz 1 Satz 2 oder § 44b Absatz 1 Satz 2 erster Halbsatz.

(2) Die Ordnungswidrigkeit kann in den Fällen des Absatzes 1 Nummer 6 und 7 mit einer Geldbuße bis zu fünftausend Euro, in den übrigen Fällen mit einer Geldbuße bis zu zweitausend Euro geahndet werden.

§§ 63a, 63b *(aufgehoben)*

Kapitel 10. Bekämpfung von Leistungsmissbrauch

§ 64 Zuständigkeit und Zusammenarbeit mit anderen Behörden.

(1) Für die Bekämpfung von Leistungsmissbrauch gilt § 319 des Dritten Buches[2] entsprechend.

(2) Verwaltungsbehörden im Sinne des § 36 Absatz 1 Nummer 1 des Gesetzes über Ordnungswidrigkeiten sind in den Fällen

1. des § 63 Absatz 1 Nummer 1 bis 5 die gemeinsame Einrichtung oder der nach § 6a zugelassene kommunale Träger,
2. des § 63 Absatz 1 Nummer 6 und 7

---

[1] Nr. **1**.
[2] Nr. **3**.

a) die gemeinsame Einrichtung oder der nach § 6a zugelassene kommunale Träger sowie
b) die Behörden der Zollverwaltung

jeweils für ihren Geschäftsbereich.

(3) Bei der Verfolgung und Ahndung der Ordnungswidrigkeiten nach § 63 Absatz 1 Nummer 6 und 7 arbeiten die Behörden nach Absatz 2 Nummer 2 mit den in § 2 Absatz 4 des Schwarzarbeitsbekämpfungsgesetzes genannten Behörden zusammen.

(4) [1] Soweit die gemeinsame Einrichtung Verwaltungsbehörde nach Absatz 2 ist, fließen die Geldbußen in die Bundeskasse. [2] § 66 des Zehnten Buches[1)] gilt entsprechend. [3] Die Bundeskasse trägt abweichend von § 105 Absatz 2 des Gesetzes über Ordnungswidrigkeiten die notwendigen Auslagen. [4] Sie ist auch ersatzpflichtig im Sinne des § 110 Absatz 4 des Gesetzes über Ordnungswidrigkeiten.

Kapitel 11. Übergangs- und Schlussvorschriften

§ 65 Allgemeine Übergangsvorschriften. (1) [1] Ist eine leistungsberechtigte Person in einer Gemeinschaftsunterkunft ohne Selbstversorgungsmöglichkeit untergebracht, kann der Anspruch auf Arbeitslosengeld II und Sozialgeld, soweit er sich auf Ernährung und Haushaltsenergie bezieht, bis zum Ablauf des 31. Dezember 2018 in Form von Sachleistungen erfüllt werden. [2] Der Wert der Sachleistung nach Satz 1 beträgt

1. bei Erwachsenen, bei denen der Regelbedarf für eine alleinstehende Person anerkannt wird, 170 Euro,
2. bei den übrigen Erwachsenen 159 Euro,
3. bei Kindern von 0 bis unter 6 Jahren 86 Euro,
4. bei Kindern von 6 bis unter 14 Jahren 125 Euro und
5. bei Jugendlichen von 14 bis unter 18 Jahren 158 Euro.

[3] Wird die Sachleistung im Auftrag oder mit Zustimmung der Agentur für Arbeit durch einen anderen öffentlich-rechtlichen Träger oder einen privaten Dritten erbracht, gilt dies als Leistung nach diesem Buch. [4] Die Agentur für Arbeit hat dem öffentlich-rechtlichen Träger der Gemeinschaftsunterkunft oder, soweit ein solcher nicht vorhanden ist, dem privaten Betreiber der Gemeinschaftsunterkunft Aufwendungen für die Verpflegung einschließlich Haushaltsstrom in Höhe der in Satz 2 benannten Beträge zu erstatten. [5] Bei Teilnahme von Kindern und Jugendlichen im Sinne des Satzes 2 Nummer 3 bis 5 an einer gemeinschaftlichen Mittagsverpflegung in schulischer Verantwortung, in einer Tageseinrichtung oder in der Kindertagespflege gilt § 28 Absatz 6 Satz 1 mit der Maßgabe, dass die entstehenden Aufwendungen berücksichtigt werden.

(2) und (3) (weggefallen)

(4) [1] Abweichend von § 2 haben auch erwerbsfähige Leistungsberechtigte Anspruch auf Leistungen zur Sicherung des Lebensunterhalts, die das 58. Lebensjahr vollendet haben und die Regelvoraussetzungen des Anspruchs auf Leistungen zur Sicherung des Lebensunterhalts allein deshalb nicht erfüllen,

---

[1)] Nr. **10**.

weil sie nicht arbeitsbereit sind und nicht alle Möglichkeiten nutzen und nutzen wollen, ihre Hilfebedürftigkeit durch Aufnahme einer Arbeit zu beenden. [2] Vom 1. Januar 2008 an gilt Satz 1 nur noch, wenn der Anspruch vor dem 1. Januar 2008 entstanden ist und der erwerbsfähige Leistungsberechtigte vor diesem Tag das 58. Lebensjahr vollendet hat. [3] § 428 des Dritten Buches[1)] gilt entsprechend. [4] Satz 1 gilt entsprechend für erwerbsfähige Personen, die bereits vor dem 1. Januar 2008 unter den Voraussetzungen des § 428 Absatz 1 des Dritten Buches Arbeitslosengeld bezogen haben und erstmals nach dem 31. Dezember 2007 hilfebedürftig werden.

(5) § 12 Absatz 2 Nummer 1 gilt mit der Maßgabe, dass für die in § 4 Absatz 2 Satz 2 der Arbeitslosenhilfe-Verordnung vom 13. Dezember 2001 (BGBl. I S. 3734) in der Fassung vom 31. Dezember 2004 genannten Personen an die Stelle des Grundfreibetrags in Höhe von 150 Euro je vollendetem Lebensjahr ein Freibetrag von 520 Euro, an die Stelle des Höchstfreibetrags in Höhe von jeweils 9 750 Euro ein Höchstfreibetrag in Höhe von 33 800 Euro tritt.

§§ 65a–65c (weggefallen)

§ 65d Übermittlung von Daten. (1) Der Träger der Sozialhilfe und die Agentur für Arbeit machen dem zuständigen Leistungsträger auf Verlangen die bei ihnen vorhandenen Unterlagen über die Gewährung von Leistungen für Personen, die Leistungen der Grundsicherung für Arbeitsuchende beantragt haben oder beziehen, zugänglich, soweit deren Kenntnis im Einzelfall für die Erfüllung der Aufgaben nach diesem Buch erforderlich ist.

(2) Die Bundesagentur erstattet den Trägern der Sozialhilfe die Sachkosten, die ihnen durch das Zugänglichmachen von Unterlagen entstehen; eine Pauschalierung ist zulässig.

§ 65e Übergangsregelung zur Aufrechnung. [1] Der zuständige Träger der Leistungen nach diesem Buch kann mit Zustimmung des Trägers der Sozialhilfe dessen Ansprüche gegen den Leistungsberechtigten mit Geldleistungen zur Sicherung des Lebensunterhalts nach den Voraussetzungen des § 43 Absatz 2, 3 und 4 Satz 1 aufrechnen. [2] Die Aufrechnung wegen eines Anspruchs nach Satz 1 ist auf die ersten zwei Jahre der Leistungserbringung nach diesem Buch beschränkt.

§ 66 Rechtsänderungen bei Leistungen zur Eingliederung in Arbeit.

(1) Wird dieses Gesetzbuch geändert, so sind, soweit nichts Abweichendes bestimmt ist, auf Leistungen zur Eingliederung in Arbeit bis zum Ende der Leistungen oder der Maßnahme die Vorschriften in der vor dem Tag des Inkrafttretens der Änderung geltenden Fassung weiter anzuwenden, wenn vor diesem Tag

1. der Anspruch entstanden ist,
2. die Leistung zuerkannt worden ist oder
3. die Maßnahme begonnen hat, wenn die Leistung bis zum Beginn der Maßnahme beantragt worden ist.

---

1) Nr. 3.

(2) Ist eine Leistung nur für einen begrenzten Zeitraum zuerkannt worden, richtet sich eine Verlängerung nach den zum Zeitpunkt der Entscheidung über die Verlängerung geltenden Vorschriften.

§ 67 Vereinfachtes Verfahren für den Zugang zu sozialer Sicherung aus Anlass der COVID-19-Pandemie. (1) Leistungen für Bewilligungszeiträume, die in der Zeit vom 1. März 2020 bis zum 31. Dezember 2021 beginnen, werden nach Maßgabe der Absätze 2 bis 4 erbracht.

(2) [1] Abweichend von den §§ 9, 12 und 19 Absatz 3 wird Vermögen für die Dauer von sechs Monaten nicht berücksichtigt. [2] Satz 1 gilt nicht, wenn das Vermögen erheblich ist; es wird vermutet, dass kein erhebliches Vermögen vorhanden ist, wenn die Antragstellerin oder der Antragsteller dies im Antrag erklärt.

(3) [1] § 22 Absatz 1 ist mit der Maßgabe anzuwenden, dass die tatsächlichen Aufwendungen für Unterkunft und Heizung für die Dauer von sechs Monaten als angemessen gelten. [2] Nach Ablauf des Zeitraums nach Satz 1 ist § 22 Absatz 1 Satz 3 mit der Maßgabe anzuwenden, dass der Zeitraum nach Satz 1 nicht auf die in § 22 Absatz 1 Satz 3 genannte Frist anzurechnen ist. [3] Satz 1 gilt nicht in den Fällen, in denen im vorangegangenen Bewilligungszeitraum die angemessenen und nicht die tatsächlichen Aufwendungen als Bedarf anerkannt wurden.

(4) [1] Sofern über die Leistungen nach § 41a Absatz 1 Satz 1 vorläufig zu entscheiden ist, ist über den Anspruch auf Leistungen zur Sicherung des Lebensunterhalts abweichend von § 41 Absatz 3 Satz 1 und 2 für sechs Monate zu entscheiden. [2] In den Fällen des Satzes 1 entscheiden die Träger der Grundsicherung für Arbeitsuchende für Bewilligungszeiträume, die bis zum 31. März 2021 begonnen haben, abweichend von § 41a Absatz 3 nur auf Antrag abschließend über den monatlichen Leistungsanspruch.

§ 68 Regelungen zu Bedarfen für Bildung aus Anlass der COVID-19-Pandemie. [1] Abweichend von § 28 Absatz 6 Satz 1 kommt es im Zeitraum vom 1. März 2020 bis zur Aufhebung der Feststellung einer epidemischen Lage von nationaler Tragweite wegen der dynamischen Ausbreitung der Coronavirus-Krankheit-2019 (COVID-19) nach § 5 Absatz 1 Satz 2 des Infektionsschutzgesetzes durch den Deutschen Bundestag, längstens jedoch bis zum Ablauf des 31. Dezember 2021, auf eine Gemeinschaftlichkeit der Mittagsverpflegung nicht an. [2] Zu den Aufwendungen im Sinne des § 28 Absatz 6 Satz 1 zählen bei den Leistungsberechtigten anfallende Zahlungsverpflichtungen auch, wenn sie pandemiebedingt in geänderter Höhe oder aufgrund abweichender Abgabewege berechnet werden. [3] Dies umfasst auch die Kosten einer Belieferung. [4] § 28 Absatz 6 Satz 2 findet keine Anwendung.

§ 69 Übergangsregelung zum Freibetrag für Grundrentenzeiten und vergleichbare Zeiten. Über die Erbringung der Leistungen zur Sicherung des Lebensunterhalts ist ohne Berücksichtigung eines möglichen Freibetrages nach § 11b Absatz 2a in Verbindung mit § 82a des Zwölften Buches[1)] zu entscheiden, solange nicht durch eine Mitteilung des Rentenversicherungsträgers oder einer berufsständischen Versicherungs- oder Versorgungseinrich-

---

[1)] Nr. **12**.

tung nachgewiesen ist, dass die Voraussetzungen für die Einräumung des Freibetrages vorliegen.

§ 70 Einmalzahlung aus Anlass der COVID-19-Pandemie. [1] Leistungsberechtigte, die für den Monat Mai 2021 Anspruch auf Arbeitslosengeld II oder Sozialgeld haben und deren Bedarf sich nach Regelbedarfsstufe 1 oder 2 richtet, erhalten für den Zeitraum vom 1. Januar 2021 bis zum 30. Juni 2021 zum Ausgleich der mit der COVID-19-Pandemie in Zusammenhang stehenden Mehraufwendungen eine Einmalzahlung in Höhe von 150 Euro. [2] Satz 1 gilt auch für Leistungsberechtigte, deren Bedarf sich nach Regelbedarfsstufe 3 richtet, sofern bei ihnen kein Kindergeld als Einkommen berücksichtigt wird.

§§ 71–73 *(aufgehoben)*

§ 74 (weggefallen)

§ 75 *(aufgehoben)*

§ 76 Gesetz zur Weiterentwicklung der Organisation der Grundsicherung für Arbeitsuchende. (1) Nimmt im Gebiet eines kommunalen Trägers nach § 6 Absatz 1 Satz 1 Nummer 2 mehr als eine Arbeitsgemeinschaft nach § 44b in der bis zum 31. Dezember 2010 geltenden Fassung die Aufgaben nach diesem Buch wahr, kann insoweit abweichend von § 44b Absatz 1 Satz 1 mehr als eine gemeinsame Einrichtung gebildet werden.

(2) [1] Bei Wechsel der Trägerschaft oder der Organisationsform tritt der zuständige Träger oder die zuständige Organisationsform an die Stelle des bisherigen Trägers oder der bisherigen Organisationsform; dies gilt auch für laufende Verwaltungs- und Gerichtsverfahren. [2] Die Träger teilen sich alle Tatsachen mit, die zur Vorbereitung eines Wechsels der Organisationsform erforderlich sind. [3] Sie sollen sich auch die zu diesem Zweck erforderlichen Sozialdaten in automatisierter und standardisierter Form übermitteln.

§ 77 Gesetz zur Ermittlung von Regelbedarfen und zur Änderung des Zweiten und Zwölften Buches Sozialgesetzbuch. (1) § 7 Absatz 4a in der bis zum 31. Dezember 2010 geltenden Fassung gilt weiter bis zum Inkrafttreten einer nach § 13 Absatz 3 erlassenen Rechtsverordnung.

(2) Abweichend von § 11a Absatz 3 Satz 2 Nummer 2 sind bis zum 31. Dezember 2011 die Leistungen nach § 23 des Achten Buches[1)] als Einkommen zu berücksichtigen

1. für das erste und zweite Pflegekind nicht,
2. für das dritte Pflegekind zu 75 Prozent und
3. für das vierte und jedes weitere Pflegekind vollständig.

(3) § 30 in der bis zum 31. Dezember 2010 geltenden Fassung ist für Einkommen aus Erwerbstätigkeit, das im Zeitraum vom 1. Januar 2011 bis zum 31. März 2011 zufließt, weiter anzuwenden und gilt anstelle des § 11b Absatz 3 weiter für Bewilligungszeiträume (§ 41 Satz 4), die vor dem 1. Juli 2011 beginnen, längstens jedoch bis zur Aufnahme einer Erwerbstätigkeit ab dem 1. Juli 2011.

---

1) Nr. **8**.

(4) Für die Regelbedarfe nach § 20 Absatz 2 Satz 2 Nummer 1 und § 23 Nummer 1 tritt an die Stelle der Beträge nach

1. § 20 Absatz 2 Satz 2 Nummer 1 der Betrag von 287 Euro,
2. § 23 Nummer 1 für Leistungsberechtigte bis zur Vollendung des sechsten Lebensjahres der Betrag von 215 Euro,
3. § 23 Nummer 1 für Leistungsberechtigte vom Beginn des siebten bis zur Vollendung des 14. Lebensjahres der Betrag von 251 Euro,
4. § 23 Nummer 1 für Leistungsberechtigte im 15. Lebensjahr der Betrag von 287 Euro,

solange sich durch die Fortschreibung der Beträge nach § 20 Absatz 2 Satz 2 Nummer 1 und § 23 Nummer 1 nach § 20 Absatz 5 jeweils kein höherer Betrag ergibt.

(5) § 21 ist bis zum 31. Dezember 2011 mit der Maßgabe anzuwenden, dass Beträge, die nicht volle Euro-Beträge ergeben, bei einem Betrag von unter 0,50 Euro abzurunden und von 0,50 Euro an aufzurunden sind.

(6) Sofern Leistungen ohne Berücksichtigung der tatsächlichen Aufwendungen für die Erzeugung von Warmwasser festgesetzt wurden, weil sie nach den §§ 20 und 28 in der bis zum 31. Dezember 2010 geltenden Fassung mit der Regelleistung zur Sicherung des Lebensunterhalts abgegolten waren, ist der Verwaltungsakt, auch nachdem er unanfechtbar geworden ist, bis zum Ablauf eines Monats nach dem Ende des Bewilligungszeitraums zurückzunehmen und die Nachzahlung zu erbringen.

(7) Der Bedarf nach § 28 Absatz 3 wird erstmals zum 1. August 2011 anerkannt.

(8) Werden Leistungen für Bedarfe nach § 28 Absatz 2 und 4 bis 7 für den Zeitraum vom 1. Januar bis zum 31. Mai 2011 bis zum 30. Juni 2011 rückwirkend beantragt, gilt dieser Antrag abweichend von § 37 Absatz 2 Satz 2 als zum 1. Januar 2011 gestellt.

(9) [1] In den Fällen des Absatzes 8 sind Leistungen für die Bedarfe nach § 28 Absatz 2 Satz 1 Nummer 1, Satz 2 und Absatz 5 für den Zeitraum vom 1. Januar bis zum 31. Mai 2011 abweichend von § 29 Absatz 1 Satz 1 durch Direktzahlung an den Anbieter zu erbringen, wenn bei der leistungsberechtigten Person noch keine Aufwendungen zur Deckung dieser Bedarfe entstanden sind. [2] Soweit die leistungsberechtigte Person in den Fällen des Absatzes 8 nachweist, dass ihr bereits Aufwendungen zur Deckung der in Satz 1 genannten Bedarfe entstanden sind, werden diese Aufwendungen abweichend von § 29 Absatz 1 Satz 1 durch Geldleistung an die leistungsberechtigte Person erstattet.

(10) Auf Klassenfahrten im Rahmen der schulrechtlichen Bestimmungen, an denen Schülerinnen und Schüler in der Zeit vom 1. Januar bis zum 29. März 2011 teilgenommen haben, ist § 23 Absatz 3 Satz 1 Nummer 3 und Satz 2 bis 4 in der bis zum 31. Dezember 2010 geltenden Fassung anstelle des § 19 Absatz 3 Satz 3 und des § 28 Absatz 2 Satz 1 Nummer 2 anzuwenden.

(11) [1] Für Schülerinnen und Schüler, die eine Schule besuchen, an der eine gemeinschaftliche Mittagsverpflegung in schulischer Verantwortung angeboten wird, sowie für Kinder, für die Kindertagespflege geleistet wird oder die eine Tageseinrichtung besuchen, an der eine gemeinschaftliche Mittagsverpflegung angeboten wird, werden die entstehenden Mehraufwendungen abweichend von § 28 Absatz 6 für die Zeit vom 1. Januar bis zum 31. März 2011 in Höhe

von monatlich 26 Euro berücksichtigt. [2] Bei Leistungsberechtigten bis zur Vollendung des 18. Lebensjahres, denen für die Zeit vom 1. Januar bis zum 31. März 2011 Aufwendungen für Teilhabe am sozialen und kulturellen Leben entstanden sind, werden abweichend von § 28 Absatz 7 als Bedarf monatlich 10 Euro berücksichtigt. [3] Die im Zeitraum vom 1. Januar bis zum 31. März 2011 nach den Sätzen 1 und 2 zu berücksichtigenden Bedarfe werden abweichend von § 29 Absatz 1 Satz 1 durch Geldleistung gedeckt; die im Zeitraum vom 1. April bis zum 31. Mai 2011 nach den Sätzen 1 und 2 zu berücksichtigenden Bedarfe können in den Fällen des Absatzes 8 abweichend von § 29 Absatz 1 Satz 1 auch durch Geldleistung gedeckt werden. [4] Bis zum 31. Dezember 2013 gilt § 28 Absatz 6 Satz 2 mit der Maßgabe, dass die Mehraufwendungen auch berücksichtigt werden, wenn Schülerinnen und Schüler das Mittagessen in einer Einrichtung nach § 22 des Achten Buches einnehmen.

(12) § 31 in der bis zum 31. März 2011 geltenden Fassung ist weiterhin anzuwenden für Pflichtverletzungen, die vor dem 1. April 2011 begangen worden sind.

(13) § 40 Absatz 1 Satz 2 ist nicht anwendbar auf Anträge nach § 44 des Zehnten Buches[1)], die vor dem 1. April 2011 gestellt worden sind.

(14) § 41 Absatz 2 Satz 2 ist bis zum 31. Dezember 2011 mit der Maßgabe anzuwenden, dass bei einer auf zwei Dezimalstellen durchzuführenden Berechnung weitere sich ergebende Dezimalstellen wegfallen.

§ 78 Gesetz zur Verbesserung der Eingliederungschancen am Arbeitsmarkt. Bei der Ermittlung der Zuweisungshöchstdauer nach § 16d Absatz 6 werden Zuweisungsdauern, die vor dem 1. April 2012 liegen, nicht berücksichtigt.

§ 79 Achtes Gesetz zur Änderung des Zweiten Buches Sozialgesetzbuch – Ergänzung personalrechtlicher Bestimmungen. (1) Hat ein nach § 40a zur Erstattung verpflichteter Sozialleistungsträger in der Zeit vom 31. Oktober 2012 bis zum 5. Juni 2014 in Unkenntnis des Bestehens der Erstattungspflicht bereits an die leistungsberechtigte Person geleistet, entfällt der Erstattungsanspruch.

(2) Eine spätere Zuweisung von Tätigkeiten in den gemeinsamen Einrichtungen, die nach § 44g Absatz 2 in der bis zum 31. Dezember 2014 geltenden Fassung erfolgt ist, gilt fort.

§ 80 Neuntes Gesetz zur Änderung des Zweiten Buches Sozialgesetzbuch – Rechtsvereinfachung – sowie zur vorübergehenden Aussetzung der Insolvenzantragspflicht. (1) § 41 Absatz 1 Satz 4 und 5 in der bis zum 31. Juli 2016 geltenden Fassung gilt weiter für Bewilligungszeiträume, die vor dem 1. August 2016 begonnen haben.

(2) Für die abschließende Entscheidung über zunächst vorläufig beschiedene Leistungsansprüche für Bewilligungszeiträume,

1. die vor dem 1. August 2016 beendet waren, gilt § 41a Absatz 5 Satz 1 mit der Maßgabe, dass die Jahresfrist mit dem 1. August 2016 beginnt;
2. die vor dem 1. August 2016 noch nicht beendet sind, ist § 41a anzuwenden.

---

1) Nr. **10**.

(3) [1] § 43 gilt entsprechend für die Aufrechnung von Erstattungsansprüchen nach § 40 Absatz 2 Nummer 1 in der bis zum 31. Juli 2016 geltenden Fassung sowie nach § 42 Absatz 2 Satz 2 des Ersten Buches[1)]. [2] Die Höhe der Aufrechnung beträgt 10 Prozent des für die leistungsberechtigte Person maßgebenden Regelbedarfs.

§ 81 Teilhabechancengesetz. § 16i tritt mit Wirkung zum 1. Januar 2025 außer Kraft.

§ 82 Gesetz zur Förderung der beruflichen Weiterbildung im Strukturwandel und zur Weiterentwicklung der Ausbildungsförderung.

Für Maßnahmen der ausbildungsbegleitenden Hilfen, die bis zum 28. Februar 2021 beginnen und bis zum 30. September 2021, im Fall des § 75 Absatz 2 Satz 2 des Dritten Buches[2)] in der bis zum 28. Mai 2020 geltenden Fassung bis zum 31. März 2022, enden, und für Maßnahmen der Assistierten Ausbildung, die bis zum 30. September 2020 beginnen, gelten § 16 Absatz 1 Satz 2 Nummer 3 in der bis zum 28. Mai 2020 geltenden Fassung in Verbindung mit § 450 Absatz 2 Satz 1 und Absatz 3 Satz 1 des Dritten Buches.

§ 83 Übergangsregelung aus Anlass des Gesetzes zur Ermittlung der Regelbedarfe und zur Änderung des Zwölften Buches Sozialgesetzbuch sowie weiterer Gesetze. (1) [1] § 21 Absatz 4 Satz 1 in der bis zum 31. Dezember 2019 geltenden Fassung ist für erwerbsfähige Leistungsberechtigte mit Behinderungen, bei denen bereits bis zu diesem Zeitpunkt Eingliederungshilfe nach § 54 Absatz 1 Satz 1 Nummer 1 bis 3 des Zwölften Buches[3)] erbracht wurde und deswegen ein Mehrbedarf anzuerkennen war, ab dem 1. Januar 2020 für die Dauer der Maßnahme weiter anzuwenden, sofern der zugrundeliegende Maßnahmenbescheid noch wirksam ist. [2] Der Mehrbedarf kann auch nach Beendigung der Maßnahme während einer angemessenen Übergangszeit, vor allem einer Einarbeitungszeit, anerkannt werden.

(2) [1] § 23 Nummer 2 in der bis zum 31. Dezember 2019 geltenden Fassung ist für nichterwerbsfähige Leistungsberechtigte mit Behinderungen, bei denen bereits bis zu diesem Zeitpunkt Eingliederungshilfe nach § 54 Absatz 1 Satz 1 Nummer 1 und 2 des Zwölften Buches erbracht wurde und deswegen ein Mehrbedarf anzuerkennen war, ab dem 1. Januar 2020 für die Dauer der Maßnahme weiter anzuwenden, sofern der zugrundeliegende Maßnahmenbescheid noch wirksam ist. [2] Der Mehrbedarf kann auch nach Beendigung der Maßnahme während einer angemessenen Übergangszeit, vor allem einer Einarbeitungszeit, anerkannt werden.

[1)] Nr. **1**.
[2)] Nr. **3**.
[3)] Nr. **12**.

3. Sozialgesetzbuch (SGB) Drittes Buch (III) – Arbeitsförderung –[1)2)]

Vom 24. März 1997

(BGBl. I S. 594)

FNA 860-3

zuletzt geänd. durch Art. 6 GWB-DigitalisierungsG v. 18.1.2021 (BGBl. I S. 2)

Inhaltsübersicht

[1)] Verkündet als Art. 1 G v. 24.3.1997 (BGBl. I S. 594); Inkrafttreten gem. Art. 83 dieses G am 1.1. 1998, mit Ausnahme der in Abs. 2 und 5 dieses Artikels genannten Abweichungen.

[2)] Die Änderungen durch G v. 17.7.2017 (BGBl. I S. 2575), die erst **mWv 1.1.2025**, die Änderungen durch G v. 15.8.2019 (BGBl. I S. 1307) und G v. 12.12.2019 (BGBl. I S. 2652), die teilweise erst **mWv 1.1.2024**, die Änderungen durch G v. 12.6.2020 (BGBl. I S. 1248), die teilweise erst **mWv 1.1.2023** bzw. **mWv 1.1.2024** sowie die Änderungen durch G v. 14.10.2020 (BGBl. I S. 2112), G v. 3.12.2020 (BGBl. I S. 2691) und G v. 21.12.2021 (BGBl. I S. 3096), die teilweise erst **mWv 1.1.2024** in Kraft treten, sind im Text noch nicht berücksichtigt.

Sechstes Kapitel. Ergänzende vergabespezifische Regelungen

Erstes Kapitel. Allgemeine Vorschriften

Erster Abschnitt. Grundsätze

§ 1 Ziele der Arbeitsförderung (1) [1] Die Arbeitsförderung soll dem Entstehen von Arbeitslosigkeit entgegenwirken, die Dauer der Arbeitslosigkeit verkürzen und den Ausgleich von Angebot und Nachfrage auf dem Ausbildungs- und Arbeitsmarkt unterstützen. [2] Dabei ist insbesondere durch die Verbesserung der individuellen Beschäftigungsfähigkeit Langzeitarbeitslosigkeit zu vermeiden. [3] Die Gleichstellung von Frauen und Männern ist als durchgängiges Prinzip der Arbeitsförderung zu verfolgen. [4] Die Arbeitsförderung soll dazu beitragen, dass ein hoher Beschäftigungsstand erreicht und die Beschäftigungsstruktur ständig verbessert wird. [5] Sie ist so auszurichten, dass sie der beschäftigungspolitischen Zielsetzung der Sozial-, Wirtschafts- und Finanzpolitik der Bundesregierung entspricht.

(2) Die Leistungen der Arbeitsförderung sollen insbesondere

1. die Transparenz auf dem Ausbildungs- und Arbeitsmarkt erhöhen, die berufliche und regionale Mobilität unterstützen und die zügige Besetzung offener Stellen ermöglichen,
2. die individuelle Beschäftigungsfähigkeit durch Erhalt und Ausbau von Fertigkeiten, Kenntnissen und Fähigkeiten fördern,
3. unterwertiger Beschäftigung entgegenwirken und
4. die berufliche Situation von Frauen verbessern, indem sie auf die Beseitigung bestehender Nachteile sowie auf die Überwindung eines geschlechtsspezifisch geprägten Ausbildungs- und Arbeitsmarktes hinwirken und Frauen mindestens entsprechend ihrem Anteil an den Arbeitslosen und ihrer relativen Betroffenheit von Arbeitslosigkeit gefördert werden.

(3) [1] Die Bundesregierung soll mit der Bundesagentur zur Durchführung der Arbeitsförderung Rahmenziele vereinbaren. [2] Diese dienen der Umsetzung der Grundsätze dieses Buches. [3] Die Rahmenziele werden spätestens zu Beginn einer Legislaturperiode überprüft.

§ 2 Zusammenwirken mit den Agenturen für Arbeit. (1) Die Agenturen für Arbeit erbringen insbesondere Dienstleistungen für Arbeitgeber, Arbeitnehmerinnen und Arbeitnehmer, indem sie

1. Arbeitgeber regelmäßig über Ausbildungs- und Arbeitsmarktentwicklungen, Ausbildungsuchende, Fachkräfteangebot und berufliche Bildungsmaßnahmen informieren sowie auf den Betrieb zugeschnittene Arbeitsmarktberatung und Vermittlung anbieten und
2. Arbeitnehmerinnen und Arbeitnehmer zur Vorbereitung der Berufswahl und zur Erschließung ihrer beruflichen Entwicklungsmöglichkeiten beraten, Vermittlungsangebote zur Ausbildungs- oder Arbeitsaufnahme entsprechend ihren Fähigkeiten unterbreiten sowie sonstige Leistungen der Arbeitsförderung erbringen.

(2) [1] Die Arbeitgeber haben bei ihren Entscheidungen verantwortungsvoll deren Auswirkungen auf die Beschäftigung der Arbeitnehmerinnen und Arbeitnehmer und von Arbeitslosen und damit die Inanspruchnahme von Leistungen der Arbeitsförderung einzubeziehen. [2] Sie sollen dabei insbesondere

1. im Rahmen ihrer Mitverantwortung für die Entwicklung der beruflichen Leistungsfähigkeit der Arbeitnehmerinnen und Arbeitnehmer zur Anpassung an sich ändernde Anforderungen sorgen,
2. vorrangig durch betriebliche Maßnahmen die Inanspruchnahme von Leistungen der Arbeitsförderung sowie Entlassungen von Arbeitnehmerinnen und Arbeitnehmern vermeiden,
3. Arbeitnehmer vor der Beendigung des Arbeitsverhältnisses frühzeitig über die Notwendigkeit eigener Aktivitäten bei der Suche nach einer anderen Beschäftigung sowie über die Verpflichtung zur Meldung nach § 38 Abs. 1 bei der Agentur für Arbeit informieren, sie hierzu freistellen und die Teilnahme an erforderlichen Maßnahmen der beruflichen Weiterbildung ermöglichen.

(3) [1] Die Arbeitgeber sollen die Agenturen für Arbeit frühzeitig über betriebliche Veränderungen, die Auswirkungen auf die Beschäftigung haben können, unterrichten. [2] Dazu gehören insbesondere Mitteilungen über

1. zu besetzende Ausbildungs- und Arbeitsstellen,
2. geplante Betriebserweiterungen und den damit verbundenen Arbeitskräftebedarf,
3. die Qualifikationsanforderungen an die einzustellenden Arbeitnehmerinnen und Arbeitnehmer,
4. geplante Betriebseinschränkungen oder Betriebsverlagerungen sowie die damit verbundenen Auswirkungen und
5. Planungen, wie Entlassungen von Arbeitnehmerinnen und Arbeitnehmern vermieden oder Übergänge in andere Beschäftigungsverhältnisse organisiert werden können.

(4) [1] Die Arbeitnehmerinnen und Arbeitnehmer haben bei ihren Entscheidungen verantwortungsvoll deren Auswirkungen auf ihre beruflichen Möglichkeiten einzubeziehen. [2] Sie sollen insbesondere ihre berufliche Leistungsfähigkeit den sich ändernden Anforderungen anpassen.

(5) Die Arbeitnehmerinnen und Arbeitnehmer haben zur Vermeidung oder zur Beendigung von Arbeitslosigkeit insbesondere

1. ein zumutbares Beschäftigungsverhältnis fortzusetzen,
2. eigenverantwortlich nach Beschäftigung zu suchen, bei bestehendem Beschäftigungsverhältnis frühzeitig vor dessen Beendigung,
3. eine zumutbare Beschäftigung aufzunehmen und
4. an einer beruflichen Eingliederungsmaßnahme teilzunehmen.

§ 3 Leistungen der Arbeitsförderung. (1) Leistungen der Arbeitsförderung sind Leistungen nach Maßgabe des Dritten und Vierten Kapitels dieses Buches.

(2) Leistungen der aktiven Arbeitsförderung sind Leistungen nach Maßgabe des Dritten Kapitels dieses Buches und Arbeitslosengeld bei beruflicher Weiterbildung.

(3) Leistungen der aktiven Arbeitsförderung sind Ermessensleistungen mit Ausnahme

1. des Aktivierungs- und Vermittlungsgutscheins nach § 45 Absatz 7,
2. der Berufsausbildungsbeihilfe während der ersten Berufsausbildung oder einer berufsvorbereitenden Bildungsmaßnahme,
3. der Leistung zur Vorbereitung auf den nachträglichen Erwerb des Hauptschulabschlusses oder eines gleichwertigen Schulabschlusses im Rahmen einer berufsvorbereitenden Bildungsmaßnahme,
4. der Weiterbildungskosten zum nachträglichen Erwerb eines Berufsabschlusses, des Hauptschulabschlusses oder eines gleichwertigen Schulabschlusses,
5. des Kurzarbeitergeldes bei Arbeitsausfall,
6. des Wintergeldes,
7. der Leistungen zur Förderung der Teilnahme an Transfermaßnahmen,
8. der besonderen Leistungen zur Teilhabe am Arbeitsleben und
9. des Arbeitslosengeldes bei beruflicher Weiterbildung.

(4) Entgeltersatzleistungen sind

1. Arbeitslosengeld bei Arbeitslosigkeit und bei beruflicher Weiterbildung,
2. Teilarbeitslosengeld bei Teilarbeitslosigkeit,
3. Übergangsgeld bei Teilnahme an Maßnahmen zur Teilhabe am Arbeitsleben,
4. Kurzarbeitergeld bei Arbeitsausfall,
5. Insolvenzgeld bei Zahlungsunfähigkeit des Arbeitgebers.

§ 4 Vorrang der Vermittlung. (1) Die Vermittlung in Ausbildung und Arbeit hat Vorrang vor den Leistungen zum Ersatz des Arbeitsentgelts bei Arbeitslosigkeit.

(2) [1] Der Vermittlungsvorrang gilt auch im Verhältnis zu den sonstigen Leistungen der aktiven Arbeitsförderung, es sei denn, die Leistung ist für eine dauerhafte Eingliederung erforderlich. [2] Von der Erforderlichkeit für die dauerhafte Eingliederung ist insbesondere auszugehen, wenn Arbeitnehmerinnen und Arbeitnehmer mit fehlendem Berufsabschluss an einer nach § 81 geförderten beruflichen Weiterbildung teilnehmen.

§ 5 Vorrang der aktiven Arbeitsförderung. Die Leistungen der aktiven Arbeitsförderung sind entsprechend ihrer jeweiligen Zielbestimmung und den Ergebnissen der Beratungs- und Vermittlungsgespräche einzusetzen, um sonst erforderliche Leistungen zum Ersatz des Arbeitsentgelts bei Arbeitslosigkeit nicht nur vorübergehend zu vermeiden und dem Entstehen von Langzeitarbeitslosigkeit vorzubeugen.

§ 6 *(aufgehoben)*

§ 7 Auswahl von Leistungen der aktiven Arbeitsförderung. [1] Bei der Auswahl von Ermessensleistungen der aktiven Arbeitsförderung hat die Agentur für Arbeit unter Beachtung des Grundsatzes der Wirtschaftlichkeit und Sparsamkeit die für den Einzelfall am besten geeignete Leistung oder Kombination von Leistungen zu wählen. [2] Dabei ist grundsätzlich auf

1. die Fähigkeiten der zu fördernden Personen,
2. die Aufnahmefähigkeit des Arbeitsmarktes und
3. den anhand der Ergebnisse der Beratungs- und Vermittlungsgespräche ermittelten arbeitsmarktpolitischen Handlungsbedarf

abzustellen.

§ 8 Vereinbarkeit von Familie und Beruf. (1) Die Leistungen der aktiven Arbeitsförderung sollen in ihrer zeitlichen, inhaltlichen und organisatorischen Ausgestaltung die Lebensverhältnisse von Frauen und Männern berücksichtigen, die aufsichtsbedürftige Kinder betreuen und erziehen oder pflegebedürftige Personen betreuen oder nach diesen Zeiten wieder in die Erwerbstätigkeit zurückkehren wollen.

(2) [1] Berufsrückkehrende sollen die zu ihrer Rückkehr in die Erwerbstätigkeit notwendigen Leistungen der aktiven Arbeitsförderung unter den Voraussetzungen dieses Buches erhalten. [2] Hierzu gehören insbesondere Beratung und Vermittlung sowie die Förderung der beruflichen Weiterbildung durch Übernahme der Weiterbildungskosten.

§§ 8a, 8b *(aufgehoben)*

§ 9 Ortsnahe Leistungserbringung. (1) [1] Die Leistungen der Arbeitsförderung sollen vorrangig durch die örtlichen Agenturen für Arbeit erbracht werden. [2] Dabei haben die Agenturen für Arbeit die Gegebenheiten des örtlichen und überörtlichen Arbeitsmarktes zu berücksichtigen.

(2) [1] Die Agenturen für Arbeit sollen die Vorgänge am Arbeitsmarkt besser durchschaubar machen. [2] Sie haben zum Ausgleich von Angebot und Nachfrage auf dem örtlichen und überörtlichen Arbeitsmarkt beizutragen. [3] Der Einsatz der aktiven Arbeitsmarktpolitik ist zur Verbesserung der Wirksamkeit und Steuerung regelmäßig durch die Agenturen für Arbeit zu überprüfen. [4] Dazu ist ein regionales Arbeitsmarktmonitoring einzurichten. [5] Arbeitsmarktmonitoring ist ein System wiederholter Beobachtungen, Bilanzierungen, Trendbeschreibungen und Bewertungen der Vorgänge auf dem Arbeitsmarkt einschließlich der den Arbeitsmarktausgleich unterstützenden Maßnahmen.

(3) [1] Die Agenturen für Arbeit arbeiten zur Erfüllung ihrer Aufgaben mit den Gemeinden, Kreisen und Bezirken sowie den weiteren Beteiligten des örtlichen Ausbildungs- und Arbeitsmarktes zusammen, insbesondere mit den

1. Leistungsträgern im Sinne des § 12 des Ersten Buches[1)] sowie Trägern von Leistungen nach dem Bundesversorgungsgesetz und dem Asylbewerberleistungsgesetz,
2. Vertreterinnen und Vertretern der Arbeitgeber sowie der Arbeitnehmerinnen und Arbeitnehmer,
3. Kammern und berufsständischen Organisationen,
4. Ausländerbehörden und dem Bundesamt für Migration und Flüchtlinge,
5. allgemein- und berufsbildenden Schulen und Stellen der Schulverwaltung sowie Hochschulen,
6. Einrichtungen und Stellen des öffentlichen Gesundheitsdienstes und sonstigen Einrichtungen und Diensten des Gesundheitswesens sowie
7. Trägern der freien Wohlfahrtspflege und Dritten, die Leistungen nach diesem Buch erbringen.

[2]Die Zusammenarbeit mit den Stellen nach Satz 1 erfolgt auf der Grundlage der Gegenseitigkeit insbesondere, um

1. eine gleichmäßige oder gemeinsame Durchführung von Maßnahmen zu beraten oder zu sichern und
2. Leistungsmissbrauch zu verhindern oder aufzudecken.

[3]Die Agenturen für Arbeit sollen ihre Planungen rechtzeitig mit Trägern von Maßnahmen der Arbeitsförderung erörtern.

§ 9a Zusammenarbeit mit den für die Wahrnehmung der Aufgaben der Grundsicherung für Arbeitsuchende zuständigen gemeinsamen Einrichtungen und zugelassenen kommunalen Trägern. [1]Beziehen erwerbsfähige Leistungsberechtigte nach dem Zweiten Buch[2)] auch Leistungen der Arbeitsförderung, so sind die Agenturen für Arbeit verpflichtet, eng mit den für die Wahrnehmung der Aufgaben der Grundsicherung für Arbeitsuchende zuständigen gemeinsamen Einrichtungen und zugelassenen kommunalen Trägern zusammenzuarbeiten. [2]Sie unterrichten diese unverzüglich über die ihnen insoweit bekannten, für die Wahrnehmung der Aufgaben der Grundsicherung für Arbeitsuchende erforderlichen Tatsachen, insbesondere über

1. die für erwerbsfähige Leistungsberechtigte im Sinne des Zweiten Buches vorgesehenen und erbrachten Leistungen der aktiven Arbeitsförderung,
2. Feststellungen zu diesen Personen, die entsprechend § 37 Absatz 1 bei einer Berufsberatung nach § 31 Satz 2 getroffen werden, sowie
3. die bei diesen Personen eintretenden Sperrzeiten.

§ 10 *(aufgehoben)*

§ 11 Eingliederungsbilanz. (1) [1]Die Bundesagentur und jede Agentur für Arbeit erstellen nach Abschluss eines Haushaltsjahres über ihre Ermessensleistungen der aktiven Arbeitsförderung eine Eingliederungsbilanz. [2]Die Eingliederungsbilanzen müssen vergleichbar sein und sollen Aufschluss über den

---

[1)] Nr. 1.
[2)] Nr. 2.

Mitteleinsatz, die geförderten Personengruppen und die Wirkung der Förderung geben.

(2) [1] Die Eingliederungsbilanzen sollen insbesondere Angaben enthalten zu

1. dem Anteil der Gesamtausgaben an den zugewiesenen Mitteln sowie zu den Ausgaben für die einzelnen Leistungen und ihrem Anteil an den Gesamtausgaben,
2. den durchschnittlichen Ausgaben für die einzelnen Leistungen je geförderte Arbeitnehmerin und je geförderten Arbeitnehmer unter Berücksichtigung der besonders förderungsbedürftigen Personengruppen, insbesondere Langzeitarbeitslose, schwerbehinderte Menschen, Ältere, Berufsrückkehrende und Personen mit geringer Qualifikation,
3. der Beteiligung besonders förderungsbedürftiger Personengruppen an den einzelnen Leistungen unter Berücksichtigung ihres Anteils an den Arbeitslosen,
4. der Beteiligung von Frauen an Maßnahmen der aktiven Arbeitsförderung unter Berücksichtigung ihres Anteils an den Arbeitslosen und ihrer relativen Betroffenheit von Arbeitslosigkeit sowie Angaben zu Maßnahmen, die zu einer gleichberechtigten Teilhabe von Frauen am Arbeitsmarkt beigetragen haben,
5. dem Verhältnis der Zahl der Arbeitslosen, die in eine nicht geförderte Beschäftigung vermittelt wurden, zu der Zahl aller Abgänge aus Arbeitslosigkeit in eine nicht geförderte Beschäftigung (Vermittlungsquote); dabei sind besonders förderungsbedürftige Personengruppen gesondert auszuweisen,
6. dem Verhältnis
   a) der Zahl der Arbeitnehmerinnen und Arbeitnehmer, die sechs Monate nach Abschluss einer Maßnahme der aktiven Arbeitsförderung nicht mehr arbeitslos sind, sowie
   b) der Zahl der Arbeitnehmerinnen und Arbeitnehmer, die nach angemessener Zeit im Anschluss an eine Maßnahme der aktiven Arbeitsförderung sozialversicherungspflichtig beschäftigt sind,

   jeweils zu der Zahl der geförderten Arbeitnehmerinnen und Arbeitnehmer in den einzelnen Maßnahmebereichen; dabei sind besonders förderungsbedürftige Personengruppen gesondert auszuweisen,
7. der Entwicklung der Rahmenbedingungen für die Eingliederung auf dem regionalen Arbeitsmarkt,
8. der Veränderung der Maßnahmen im Zeitverlauf,
9. der Arbeitsmarktsituation von Personen mit Migrationshintergrund.

[2] Die Zentrale der Bundesagentur stellt den Agenturen für Arbeit einheitliche Berechnungsmaßstäbe zu den einzelnen Angaben zur Verfügung, um die Vergleichbarkeit der Eingliederungsbilanzen sicherzustellen.

(3) [1] Die Eingliederungsbilanzen der Agenturen für Arbeit sind mit den Beteiligten des örtlichen Arbeitsmarktes zu erörtern. [2] Dazu sind sie um einen Teil zu ergänzen, der weiteren Aufschluss gibt über die Leistungen und ihre Wirkungen auf den örtlichen Arbeitsmarkt, Aufschluss über die Konzentration der Maßnahmen auf einzelne Träger sowie Aufschluss über die Zusammensetzung der Maßnahmen zur Aktivierung und beruflichen Eingliederung sowie über die an diesen Maßnahmen teilnehmenden Personen und deren weitere Eingliederung in den Ausbildungs- und Arbeitsmarkt.

(4) Die Eingliederungsbilanzen sind bis zum 31. Oktober des folgenden Jahres fertigzustellen und zu veröffentlichen.

Zweiter Abschnitt. Berechtigte

§ 12 Geltung der Begriffsbestimmungen. Die in diesem Abschnitt enthaltenen Begriffsbestimmungen sind nur für dieses Buch maßgeblich.

§ 13 Heimarbeiterinnen und Heimarbeiter. Arbeitnehmerinnen und Arbeitnehmer im Sinne dieses Buches sind auch Heimarbeiterinnen und Heimarbeiter (§ 12 Abs. 2 des Vierten Buches[1]).

§ 14 Auszubildende. Auszubildende sind die zur Berufsausbildung Beschäftigten und Teilnehmende an nach diesem Buch förderungsfähigen berufsvorbereitenden Bildungsmaßnahmen sowie Teilnehmende an einer Einstiegsqualifizierung.

§ 15 Ausbildung- und Arbeitsuchende. [1] Ausbildungsuchende sind Personen, die eine Berufsausbildung suchen. [2] Arbeitsuchende sind Personen, die eine Beschäftigung als Arbeitnehmerin oder Arbeitnehmer suchen. [3] Dies gilt auch, wenn sie bereits eine Beschäftigung oder eine selbständige Tätigkeit ausüben.

§ 16 Arbeitslose. (1) Arbeitslose sind Personen, die wie beim Anspruch auf Arbeitslosengeld

1. vorübergehend nicht in einem Beschäftigungsverhältnis stehen,
2. eine versicherungspflichtige Beschäftigung suchen und dabei den Vermittlungsbemühungen der Agentur für Arbeit zur Verfügung stehen und
3. sich bei der Agentur für Arbeit arbeitslos gemeldet haben.

(2) An Maßnahmen der aktiven Arbeitsmarktpolitik Teilnehmende gelten als nicht arbeitslos.

§ 17 Drohende Arbeitslosigkeit. Von Arbeitslosigkeit bedroht sind Personen, die

1. versicherungspflichtig beschäftigt sind,
2. alsbald mit der Beendigung der Beschäftigung rechnen müssen und
3. voraussichtlich nach Beendigung der Beschäftigung arbeitslos werden.

§ 18 Langzeitarbeitslose. (1) [1] Langzeitarbeitslose sind Arbeitslose, die ein Jahr und länger arbeitslos sind. [2] Die Teilnahme an einer Maßnahme nach § 45 sowie Zeiten einer Erkrankung oder sonstiger Nicht-Erwerbstätigkeit bis zu sechs Wochen unterbrechen die Dauer der Arbeitslosigkeit nicht.

(2) Für Leistungen, die Langzeitarbeitslosigkeit voraussetzen, bleiben folgende Unterbrechungen der Arbeitslosigkeit innerhalb eines Zeitraums von fünf Jahren unberücksichtigt:

1. Zeiten einer Maßnahme der aktiven Arbeitsförderung oder zur Eingliederung in Arbeit nach dem Zweiten Buch[2],

---

[1] Nr. 4.
[2] Nr. 2.

2. Zeiten einer Krankheit, einer Pflegebedürftigkeit oder eines Beschäftigungsverbots nach dem Mutterschutzgesetz,
3. Zeiten der Betreuung und Erziehung aufsichtsbedürftiger Kinder oder der Betreuung pflegebedürftiger Personen,
4. Zeiten eines Integrationskurses nach § 43 des Aufenthaltsgesetzes oder einer berufsbezogenen Deutschsprachförderung nach § 45a des Aufenthaltsgesetzes sowie Zeiten einer Maßnahme, die für die Feststellung der Gleichwertigkeit der im Ausland erworbenen Berufsqualifikation mit einer inländischen Berufsqualifikation, für die Erteilung der Befugnis zur Berufsausübung oder für die Erteilung der Erlaubnis zum Führen der Berufsbezeichnung erforderlich ist,
5. Beschäftigungen oder selbständige Tätigkeiten bis zu einer Dauer von insgesamt sechs Monaten,
6. Zeiten, in denen eine Beschäftigung rechtlich nicht möglich war, und
7. kurze Unterbrechungen der Arbeitslosigkeit ohne Nachweis.

(3) Ergibt sich der Sachverhalt einer unschädlichen Unterbrechung üblicherweise nicht aus den Unterlagen der Arbeitsvermittlung, so reicht Glaubhaftmachung aus.

§ 19 Behinderte Menschen. (1) Behindert im Sinne dieses Buches sind Menschen, deren Aussichten, am Arbeitsleben teilzuhaben oder weiter teilzuhaben, wegen Art oder Schwere ihrer Behinderung im Sinne von § 2 Abs. 1 des Neunten Buches[1] nicht nur vorübergehend wesentlich gemindert sind und die deshalb Hilfen zur Teilhabe am Arbeitsleben benötigen, einschließlich lernbehinderter Menschen.

(2) Behinderten Menschen stehen Menschen gleich, denen eine Behinderung mit den in Absatz 1 genannten Folgen droht.

§ 20 Berufsrückkehrende. Berufsrückkehrende sind Frauen und Männer, die

1. ihre Erwerbstätigkeit oder Arbeitslosigkeit oder eine betriebliche Berufsausbildung wegen der Betreuung und Erziehung von aufsichtsbedürftigen Kindern oder der Betreuung pflegebedürftiger Personen unterbrochen haben und
2. in angemessener Zeit danach in die Erwerbstätigkeit zurückkehren wollen.

§ 21 Träger. Träger sind natürliche oder juristische Personen oder Personengesellschaften, die Maßnahmen der Arbeitsförderung selbst durchführen oder durch Dritte durchführen lassen.

Dritter Abschnitt. Verhältnis der Leistungen aktiver Arbeitsförderung zu anderen Leistungen

§ 22 Verhältnis zu anderen Leistungen. (1) Leistungen der aktiven Arbeitsförderung dürfen nur erbracht werden, wenn nicht andere Leistungsträger oder andere öffentlich-rechtliche Stellen zur Erbringung gleichartiger Leistungen gesetzlich verpflichtet sind.

---

[1] Nr. 9.

(1a) Leistungen nach § 82 dürfen nur erbracht werden, wenn die berufliche Weiterbildung nicht auf ein nach § 2 Absatz 1 des Aufstiegsfortbildungsförderungsgesetzes förderfähiges Fortbildungsziel vorbereitet.

(2) [1] Allgemeine und besondere Leistungen zur Teilhabe am Arbeitsleben dürfen nur erbracht werden, sofern nicht ein anderer Rehabilitationsträger im Sinne des Neunten Buches[1)] zuständig ist. [2] Der Eingliederungszuschuss für besonders betroffene schwerbehinderte Menschen nach § 90 Absatz 2 bis 4 und Zuschüsse zur Ausbildungsvergütung für schwerbehinderte Menschen nach § 73 dürfen auch dann erbracht werden, wenn ein anderer Leistungsträger zur Erbringung gleichartiger Leistungen gesetzlich verpflichtet ist oder, ohne gesetzlich verpflichtet zu sein, Leistungen erbringt. [3] In diesem Fall werden die Leistungen des anderen Leistungsträgers angerechnet.

(3) [1] Soweit Leistungen zur Förderung der Berufsausbildung und zur Förderung der beruflichen Weiterbildung der Sicherung des Lebensunterhaltes dienen, gehen sie der Ausbildungsbeihilfe nach § 44 des Strafvollzugsgesetzes vor. [2] Die Leistungen für Gefangene dürfen die Höhe der Ausbildungsbeihilfe nach § 44 des Strafvollzugsgesetzes nicht übersteigen. [3] Sie werden den Gefangenen nach einer Förderzusage der Agentur für Arbeit in Vorleistung von den Ländern erbracht und von der Bundesagentur erstattet.

(4) [1] Folgende Leistungen des Dritten Kapitels werden nicht an oder für erwerbsfähige Leistungsberechtigte im Sinne des Zweiten Buches[2)] erbracht:

1. Leistungen nach § 35,
2. Leistungen zur Aktivierung und beruflichen Eingliederung nach dem Zweiten Abschnitt,
3. Leistungen zur Berufsausbildung nach dem Vierten Unterabschnitt des Dritten Abschnitts und Leistungen nach § 54a,
4. Leistungen zur beruflichen Weiterbildung nach dem Vierten Abschnitt, mit Ausnahme von Leistungen nach § 82 Absatz 6, und Leistungen nach den §§ 131a und 131b,
5. Leistungen zur Aufnahme einer sozialversicherungspflichtigen Beschäftigung nach dem Ersten Unterabschnitt des Fünften Abschnitts,
6. Leistungen der Teilhabe behinderter Menschen am Arbeitsleben nach den §§ 112 bis 114, 115 Nummer 1 bis 3 mit Ausnahme berufsvorbereitender Bildungsmaßnahmen und der Berufsausbildungsbeihilfe, § 116 Absatz 1, 2 und 6, den §§ 117, 118 Satz 1 Nummer 1 und 3 sowie den §§ 119 bis 121, 127 und 128.

[2] Sofern die Bundesagentur für die Erbringung von Leistungen nach § 35 besondere Dienststellen nach § 367 Abs. 2 Satz 2 eingerichtet oder zusätzliche Vermittlungsdienstleistungen agenturübergreifend organisiert hat, erbringt sie die dort angebotenen Vermittlungsleistungen abweichend von Satz 1 auch an oder für erwerbsfähige Leistungsberechtigte im Sinne des Zweiten Buches. [3] Eine Leistungserbringung an oder für erwerbsfähige Leistungsberechtigte im Sinne des Zweiten Buches nach den Grundsätzen der §§ 88 bis 92 des Zehnten Buches[3)] bleibt ebenfalls unberührt. [4] Die Agenturen für Arbeit dürfen Aufträge nach Satz 3 zur Ausbildungsvermittlung nur aus wichtigem Grund ablehnen.

[1)] Nr. **9**.
[2)] Nr. **2**.
[3)] Nr. **10**.

[5] Satz 1 gilt nicht für erwerbsfähige Leistungsberechtigte im Sinne des Zweiten Buches, die einen Anspruch auf Arbeitslosengeld oder Teilarbeitslosengeld haben; die Sätze 2 bis 4 finden insoweit keine Anwendung.

§ 23 Vorleistungspflicht der Arbeitsförderung. (1) Solange und soweit eine vorrangige Stelle Leistungen nicht gewährt, sind Leistungen der aktiven Arbeitsförderung so zu erbringen, als wenn die Verpflichtung dieser Stelle nicht bestünde.

(2) [1] Hat die Agentur für Arbeit für eine andere öffentlich-rechtliche Stelle vorgeleistet, ist die zur Leistung verpflichtete öffentlich-rechtliche Stelle der Bundesagentur erstattungspflichtig. [2] Für diese Erstattungsansprüche gelten die Vorschriften des Zehnten Buches[1)] über die Erstattungsansprüche der Sozialleistungsträger untereinander entsprechend.

Zweites Kapitel. Versicherungspflicht

Erster Abschnitt. Beschäftigte, Sonstige Versicherungspflichtige

§ 24 Versicherungspflichtverhältnis. (1) In einem Versicherungspflichtverhältnis stehen Personen, die als Beschäftigte oder aus sonstigen Gründen versicherungspflichtig sind.

(2) Das Versicherungspflichtverhältnis beginnt für Beschäftigte mit dem Tag des Eintritts in das Beschäftigungsverhältnis oder mit dem Tag nach dem Erlöschen der Versicherungsfreiheit, für die sonstigen Versicherungspflichtigen mit dem Tag, an dem erstmals die Voraussetzungen für die Versicherungspflicht erfüllt sind.

(3) Das Versicherungspflichtverhältnis für Beschäftigte besteht während eines Arbeitsausfalls mit Entgeltausfall im Sinne der Vorschriften über das Kurzarbeitergeld fort.

(4) Das Versicherungspflichtverhältnis endet für Beschäftigte mit dem Tag des Ausscheidens aus dem Beschäftigungsverhältnis oder mit dem Tag vor Eintritt der Versicherungsfreiheit, für die sonstigen Versicherungspflichtigen mit dem Tag, an dem die Voraussetzungen für die Versicherungspflicht letztmals erfüllt waren.

§ 25 Beschäftigte. (1) [1] Versicherungspflichtig sind Personen, die gegen Arbeitsentgelt oder zu ihrer Berufsausbildung beschäftigt (versicherungspflichtige Beschäftigung) sind. [2] Die folgenden Personen stehen Beschäftigten zur Berufsausbildung im Sinne des Satzes 1 gleich:

1. Auszubildende, die im Rahmen eines Berufsausbildungsvertrages nach dem Berufsbildungsgesetz in einer außerbetrieblichen Einrichtung ausgebildet werden,
2. Teilnehmerinnen und Teilnehmer an dualen Studiengängen und
3. Teilnehmerinnen und Teilnehmer an Ausbildungen mit Abschnitten des schulischen Unterrichts und der praktischen Ausbildung, für die ein Ausbildungsvertrag und Anspruch auf Ausbildungsvergütung besteht (praxisintegrierte Ausbildungen).

[1)] Nr. **10**.

(2) [1] Bei Wehrdienstleistenden und Zivildienstleistenden, denen nach gesetzlichen Vorschriften für die Zeit ihres Dienstes Arbeitsentgelt weiterzugewähren ist, gilt das Beschäftigungsverhältnis durch den Wehrdienst oder Zivildienst als nicht unterbrochen. [2] Personen, die nach dem Vierten Abschnitt des Soldatengesetzes Wehrdienst leisten, sind in dieser Beschäftigung nicht nach Absatz 1 versicherungspflichtig; sie gelten als Wehrdienst Leistende im Sinne des § 26 Abs. 1 Nr. 2. [3] Die Sätze 1 und 2 gelten auch für Personen in einem Wehrdienstverhältnis besonderer Art nach § 6 des Einsatz-Weiterverwendungsgesetzes, wenn sie den Einsatzunfall in einem Versicherungspflichtverhältnis erlitten haben.

§ 26 Sonstige Versicherungspflichtige. (1) Versicherungspflichtig sind

1. Jugendliche, die in Einrichtungen der beruflichen Rehabilitation nach § 51 des Neunten Buches[1)] Leistungen zur Teilhabe am Arbeitsleben erhalten, die ihnen eine Erwerbstätigkeit auf dem allgemeinen Arbeitsmarkt ermöglichen sollen, sowie Personen, die in Einrichtungen der Jugendhilfe für eine Erwerbstätigkeit befähigt werden sollen,
2. Personen, die nach Maßgabe des Wehrpflichtgesetzes, des § 58b des Soldatengesetzes oder des Zivildienstgesetzes Wehrdienst oder Zivildienst leisten und während dieser Zeit nicht als Beschäftigte versicherungspflichtig sind,
3. *(aufgehoben)*
3a. *(aufgehoben)*
4. Gefangene, die Arbeitsentgelt, Ausbildungsbeihilfe oder Ausfallentschädigung (§§ 43 bis 45, 176 und 177 des Strafvollzugsgesetzes) erhalten oder Ausbildungsbeihilfe nur wegen des Vorrangs von Leistungen zur Förderung der Berufsausbildung nach diesem Buch nicht erhalten; das Versicherungspflichtverhältnis gilt während arbeitsfreier Sonnabende, Sonntage und gesetzlicher Feiertage als fortbestehend, wenn diese Tage innerhalb eines zusammenhängenden Arbeits- oder Ausbildungsabschnittes liegen. Gefangene im Sinne dieses Buches sind Personen, die im Vollzug von Untersuchungshaft, Freiheitsstrafen und freiheitsentziehenden Maßregeln der Besserung und Sicherung oder einstweilig nach § 126a Abs. 1 der Strafprozeßordnung untergebracht sind,
5. Personen, die als nicht satzungsmäßige Mitglieder geistlicher Genossenschaften oder ähnlicher religiöser Gemeinschaften für den Dienst in einer solchen Genossenschaft oder ähnlichen religiösen Gemeinschaft außerschulisch ausgebildet werden.

(2) Versicherungspflichtig sind Personen in der Zeit, für die sie

1. von einem Leistungsträger Mutterschaftsgeld, Krankengeld, Versorgungskrankengeld, Verletztengeld oder von einem Träger der medizinischen Rehabilitation Übergangsgeld beziehen,
2. von einem privaten Krankenversicherungsunternehmen Krankentagegeld beziehen,
2a. von einem privaten Krankenversicherungsunternehmen, von einem Beihilfeträger des Bundes, von einem sonstigen öffentlich-rechtlichen Träger von Kosten in Krankheitsfällen auf Bundesebene, von dem Träger der

---

[1)] Nr. 9.

Heilfürsorge im Bereich des Bundes, von dem Träger der truppenärztlichen Versorgung oder von einem öffentlich-rechtlichen Träger von Kosten in Krankheitsfällen auf Landesebene, soweit Landesrecht dies vorsieht, Leistungen für den Ausfall von Arbeitseinkünften im Zusammenhang mit einer nach den §§ 8 und 8a des Transplantationsgesetzes erfolgenden Spende von Organen oder Geweben oder im Zusammenhang mit einer im Sinne von § 9 des Transfusionsgesetzes erfolgenden Spende von Blut zur Separation von Blutstammzellen oder anderen Blutbestandteilen beziehen,

2b. von einer Pflegekasse, einem privaten Versicherungsunternehmen, der Festsetzungsstelle für die Beihilfe oder dem Dienstherrn Pflegeunterstützungsgeld beziehen oder

3. von einem Träger der gesetzlichen Rentenversicherung eine Rente wegen voller Erwerbsminderung beziehen,

wenn sie unmittelbar vor Beginn der Leistung versicherungspflichtig waren oder Anspruch auf eine laufende Entgeltersatzleistung nach diesem Buch hatten.

(2a) [1] Versicherungspflichtig sind Personen in der Zeit, in der sie ein Kind, das das dritte Lebensjahr noch nicht vollendet hat, erziehen, wenn sie

1. unmittelbar vor der Kindererziehung versicherungspflichtig waren oder Anspruch auf eine laufende Entgeltersatzleistung nach diesem Buch hatten und
2. sich mit dem Kind im Inland gewöhnlich aufhalten oder bei Aufenthalt im Ausland Anspruch auf Kindergeld nach dem Einkommensteuergesetz oder Bundeskindergeldgesetz haben oder ohne die Anwendung des § 64 oder § 65 des Einkommensteuergesetzes oder des § 3 oder § 4 des Bundeskindergeldgesetzes haben würden.

[2] Satz 1 gilt nur für Kinder

1. der oder des Erziehenden,
2. seiner nicht dauernd getrennt lebenden Ehegattin oder ihres nicht dauernd getrennt lebenden Ehegatten oder
3. ihrer nicht dauernd getrennt lebenden Lebenspartnerin oder seines nicht dauernd getrennt lebenden Lebenspartners.

[3] Haben mehrere Personen ein Kind gemeinsam erzogen, besteht Versicherungspflicht nur für die Person, der nach den Regelungen des Rechts der gesetzlichen Rentenversicherung die Erziehungszeit zuzuordnen ist (§ 56 Abs. 2 des Sechsten Buches[1]).

(2b) [1] Versicherungspflichtig sind Personen in der Zeit, in der sie als Pflegeperson einen Pflegebedürftigen mit mindestens Pflegegrad 2 im Sinne des Elften Buches[2], der Leistungen aus der Pflegeversicherung nach dem Elften Buch oder Hilfe zur Pflege nach dem Zwölften Buch[3] oder gleichartige Leistungen nach anderen Vorschriften bezieht, nicht erwerbsmäßig wenigstens zehn Stunden wöchentlich, verteilt auf regelmäßig mindestens zwei Tage in der Woche, in seiner häuslichen Umgebung pflegen, wenn sie unmittelbar vor Beginn der Pflegetätigkeit versicherungspflichtig waren oder Anspruch auf eine laufende Entgeltersatzleistung nach diesem Buch hatten. [2] Versicherungspflicht

---

[1] Nr. **6**.
[2] Nr. **11**.
[3] Nr. **12**.

besteht auch, wenn die Voraussetzungen durch die Pflege mehrerer Pflegebedürftiger erfüllt werden.

(3) [1] Nach Absatz 1 Nr. 1 ist nicht versicherungspflichtig, wer nach § 25 Abs. 1 versicherungspflichtig ist. [2] Nach Absatz 1 Nr. 4 ist nicht versicherungspflichtig, wer nach anderen Vorschriften dieses Buches versicherungspflichtig ist. [3] Versicherungspflichtig wegen des Bezuges von Mutterschaftsgeld nach Absatz 2 Nr. 1 ist nicht, wer nach Absatz 2a versicherungspflichtig ist. [4] Nach Absatz 2 Nr. 2 ist nicht versicherungspflichtig, wer nach Absatz 2 Nr. 1 versicherungspflichtig ist oder während des Bezugs von Krankentagegeld Anspruch auf Entgeltersatzleistungen nach diesem Buch hat. [5] Nach Absatz 2a und 2b ist nicht versicherungspflichtig, wer nach anderen Vorschriften dieses Buches versicherungspflichtig ist oder während der Zeit der Erziehung oder Pflege Anspruch auf Entgeltersatzleistungen nach diesem Buch hat; Satz 3 bleibt unberührt. [6] Trifft eine Versicherungspflicht nach Absatz 2a mit einer Versicherungspflicht nach Absatz 2b zusammen, geht die Versicherungspflicht nach Absatz 2a vor.

§ 27 Versicherungsfreie Beschäftigte. (1) Versicherungsfrei sind Personen in einer Beschäftigung als

1. Beamtin, Beamter, Richterin, Richter, Soldatin auf Zeit, Soldat auf Zeit, Berufssoldatin oder Berufssoldat der Bundeswehr sowie als sonstige Beschäftigte oder sonstiger Beschäftigter des Bundes, eines Landes, eines Gemeindeverbandes, einer Gemeinde, einer öffentlich-rechtlichen Körperschaft, Anstalt, Stiftung oder eines Verbandes öffentlich-rechtlicher Körperschaften oder deren Spitzenverbänden, wenn sie nach beamtenrechtlichen Vorschriften oder Grundsätzen bei Krankheit Anspruch auf Fortzahlung der Bezüge und auf Beihilfe oder Heilfürsorge haben,
2. Geistliche der als öffentlich-rechtliche Körperschaften anerkannten Religionsgesellschaften, wenn sie nach beamtenrechtlichen Vorschriften oder Grundsätzen bei Krankheit Anspruch auf Fortzahlung der Bezüge und auf Beihilfe haben,
3. Lehrerin oder Lehrer an privaten genehmigten Ersatzschulen, wenn sie hauptamtlich beschäftigt sind und nach beamtenrechtlichen Vorschriften oder Grundsätzen bei Krankheit Anspruch auf Fortzahlung der Bezüge und auf Beihilfe haben,
4. satzungsmäßige Mitglieder von geistlichen Genossenschaften, Diakonissen und ähnliche Personen, wenn sie sich aus überwiegend religiösen oder sittlichen Beweggründen mit Krankenpflege, Unterricht oder anderen gemeinnützigen Tätigkeiten beschäftigen und nicht mehr als freien Unterhalt oder ein geringes Entgelt beziehen, das nur zur Beschaffung der unmittelbaren Lebensbedürfnisse an Wohnung, Verpflegung, Kleidung und dergleichen ausreicht,
5. Mitglieder des Vorstandes einer Aktiengesellschaft für das Unternehmen, dessen Vorstand sie angehören. Konzernunternehmen im Sinne des § 18 des Aktiengesetzes gelten als ein Unternehmen.

(2) [1] Versicherungsfrei sind Personen in einer geringfügigen Beschäftigung; abweichend von § 8 Abs. 2 Satz 1 des Vierten Buches[1)] werden geringfügige

---

[1)] Nr. 4.

Beschäftigungen und nicht geringfügige Beschäftigungen nicht zusammengerechnet. [2] Versicherungsfreiheit besteht nicht für Personen, die

1. im Rahmen betrieblicher Berufsbildung, nach dem Jugendfreiwilligendienstegesetz, nach dem Bundesfreiwilligendienstgesetz,
2. wegen eines Arbeitsausfalls mit Entgeltausfall im Sinne der Vorschriften über das Kurzarbeitergeld oder
3. wegen stufenweiser Wiedereingliederung in das Erwerbsleben (§ 74 Fünftes Buch [1)], § 44 Neuntes Buch[2)]) oder aus einem sonstigen der in § 146 Absatz 1 genannten Gründe

nur geringfügig beschäftigt sind.

(3) Versicherungsfrei sind Personen in einer

1. unständigen Beschäftigung, die sie berufsmäßig ausüben. Unständig ist eine Beschäftigung, die auf weniger als eine Woche der Natur der Sache nach beschränkt zu sein pflegt oder im voraus durch Arbeitsvertrag beschränkt ist,
2. Beschäftigung als Heimarbeiterin oder Heimarbeiter, die gleichzeitig mit einer Tätigkeit als Zwischenmeisterin oder Zwischenmeister (§ 12 Abs. 4 Viertes Buch) ausgeübt wird, wenn der überwiegende Teil des Verdienstes aus der Tätigkeit als Zwischenmeisterin oder Zwischenmeister bezogen wird,
3. Beschäftigung als ausländische Arbeitnehmerin oder ausländischer Arbeitnehmer zur beruflichen Aus- oder Fortbildung, wenn
   a) die berufliche Aus- oder Fortbildung aus Mitteln des Bundes, eines Landes, einer Gemeinde oder eines Gemeindeverbandes oder aus Mitteln einer Einrichtung oder einer Organisation, die sich der Aus- oder Fortbildung von Ausländerinnen oder Ausländern widmet, gefördert wird,
   b) sie verpflichtet sind, nach Beendigung der geförderten Aus- oder Fortbildung das Inland zu verlassen, und
   c) die im Inland zurückgelegten Versicherungszeiten weder nach dem Recht der Europäischen Gemeinschaft noch nach zwischenstaatlichen Abkommen oder dem Recht des Wohnlandes der Arbeitnehmerin oder des Arbeitnehmers einen Anspruch auf Leistungen für den Fall der Arbeitslosigkeit in dem Wohnland der oder des Betreffenden begründen können,
4. Beschäftigung als Bürgermeisterin, Bürgermeister, Beigeordnete oder Beigeordneter, wenn diese Beschäftigung ehrenamtlich ausgeübt wird,
5. Beschäftigung, die nach den §§ 16e und 16i des Zweiten Buches[3)] gefördert wird.

(4) [1] Versicherungsfrei sind Personen, die während der Dauer

1. ihrer Ausbildung an einer allgemeinbildenden Schule oder
2. ihres Studiums als ordentliche Studierende einer Hochschule oder einer der fachlichen Ausbildung dienenden Schule

eine Beschäftigung ausüben. [2] Satz 1 Nr. 1 gilt nicht, wenn die oder der Beschäftigte schulische Einrichtungen besucht, die der Fortbildung außerhalb der üblichen Arbeitszeit dienen.

[1)] Nr. 5.
[2)] Nr. 9.
[3)] Nr. 2.

(5) [1] Versicherungsfrei sind Personen, die während einer Zeit, in der ein Anspruch auf Arbeitslosengeld besteht, eine Beschäftigung ausüben. [2] Satz 1 gilt nicht für Beschäftigungen, die während der Zeit, in der ein Anspruch auf Teilarbeitslosengeld besteht, ausgeübt werden.

§ 28 Sonstige versicherungsfreie Personen. (1) Versicherungsfrei sind Personen,

1. die das Lebensjahr für den Anspruch auf Regelaltersrente im Sinne des Sechsten Buches[1)] vollenden, mit Ablauf des Monats, in dem sie das maßgebliche Lebensjahr vollenden,
2. die wegen einer Minderung ihrer Leistungsfähigkeit dauernd nicht mehr verfügbar sind, von dem Zeitpunkt an, an dem die Agentur für Arbeit diese Minderung der Leistungsfähigkeit und der zuständige Träger der gesetzlichen Rentenversicherung volle Erwerbsminderung im Sinne der gesetzlichen Rentenversicherung festgestellt haben,
3. während der Zeit, für die ihnen eine dem Anspruch auf Rente wegen voller Erwerbsminderung vergleichbare Leistung eines ausländischen Leistungsträgers zuerkannt ist.

(2) Versicherungsfrei sind Personen in einer Beschäftigung oder auf Grund des Bezuges einer Sozialleistung (§ 26 Abs. 2 Nr. 1 und 2), soweit ihnen während dieser Zeit ein Anspruch auf Rente wegen voller Erwerbsminderung aus der gesetzlichen Rentenversicherung zuerkannt ist.

(3) Versicherungsfrei sind nicht-deutsche Besatzungsmitglieder deutscher Seeschiffe, die ihren Wohnsitz oder gewöhnlichen Aufenthalt nicht in einem Mitgliedstaat der Europäischen Union, einem Vertragsstaat des Abkommens über den Europäischen Wirtschaftsraum oder der Schweiz haben.

Zweiter Abschnitt. Versicherungspflichtverhältnis auf Antrag

§ 28a Versicherungspflichtverhältnis auf Antrag. (1) [1] Ein Versicherungspflichtverhältnis auf Antrag können Personen begründen, die

1. *(aufgehoben)*
2. eine selbständige Tätigkeit mit einem Umfang von mindestens 15 Stunden wöchentlich aufnehmen und ausüben,
3. eine Beschäftigung mit einem Umfang von mindestens 15 Stunden wöchentlich in einem Staat außerhalb eines Mitgliedstaates der Europäischen Union, eines Vertragsstaates des Europäischen Wirtschaftsraums oder der Schweiz aufnehmen und ausüben,
4. eine Elternzeit nach § 15 des Bundeselterngeld- und Elternzeitgesetzes in Anspruch nehmen oder
5. sich beruflich weiterbilden, wenn dadurch ein beruflicher Aufstieg ermöglicht, ein beruflicher Abschluss vermittelt oder zu einer anderen beruflichen Tätigkeit befähigt wird; ausgeschlossen sind Weiterbildungen im Sinne des § 180 Absatz 3 Satz 1 Nummer 1, es sei denn, die berufliche Weiterbildung findet in einem berufsqualifizierenden Studiengang an einer Hochschule oder einer ähnlichen Bildungsstätte unter Anrechnung beruflicher Qualifikationen statt.

[1)] Nr. **6**.

[2] Gelegentliche Abweichungen von der Nummer 2 und 3 genannten wöchentlichen Mindeststundenzahl bleiben unberücksichtigt, wenn sie von geringer Dauer sind.

(2) [1] Voraussetzung für die Versicherungspflicht ist, dass die antragstellende Person

1. innerhalb der letzten 30 Monate vor der Aufnahme der Tätigkeit oder Beschäftigung oder dem Beginn der Elternzeit oder beruflichen Weiterbildung mindestens zwölf Monate in einem Versicherungspflichtverhältnis gestanden hat oder
2. unmittelbar vor der Aufnahme der Tätigkeit oder der Beschäftigung oder dem Beginn der Elternzeit oder der beruflichen Weiterbildung Anspruch auf eine Entgeltersatzleistung nach diesem Buch hatte

und weder versicherungspflichtig (§§ 25, 26) noch versicherungsfrei (§§ 27, 28) ist; eine geringfügige Beschäftigung (§ 27 Absatz 2) schließt die Versicherungspflicht nicht aus. [2] Die Begründung eines Versicherungspflichtverhältnisses auf Antrag nach Absatz 1 Satz 1 Nummer 2 ist ausgeschlossen, wenn die antragstellende Person bereits versicherungspflichtig nach Absatz 1 Satz 1 Nummer 2 war, die zu dieser Versicherungspflicht führende Tätigkeit zweimal unterbrochen hat und in den Unterbrechungszeiten einen Anspruch auf Arbeitslosengeld geltend gemacht hat. [3] Die Begründung eines Versicherungspflichtverhältnisses auf Antrag nach Absatz 1 Satz 1 Nummer 4 ist ausgeschlossen, soweit für dasselbe Kind bereits eine andere Person nach § 26 Absatz 2a versicherungspflichtig ist.

(3) [1] Der Antrag muss spätestens innerhalb von drei Monaten nach Aufnahme der Tätigkeit oder Beschäftigung oder dem Beginn der Elternzeit oder beruflichen Weiterbildung, die zur Begründung eines Versicherungspflichtverhältnisses auf Antrag berechtigt, gestellt werden. [2] Das Versicherungspflichtverhältnis beginnt mit dem Tag, an dem erstmals die Voraussetzungen nach den Absätzen 1 und 2 erfüllt sind. [3] Kann ein Versicherungspflichtverhältnis auf Antrag allein deshalb nicht begründet werden, weil dies wegen einer vorrangigen Versicherungspflicht (§§ 25, 26) oder Versicherungsfreiheit (§§ 27, 28) ausgeschlossen ist, muss der Antrag abweichend von Satz 1 spätestens innerhalb von drei Monaten nach dem Wegfall des Ausschlusstatbestandes gestellt werden.

(4) [1] Die Versicherungspflicht nach Absatz 1 ruht, wenn während der Versicherungspflicht nach Absatz 1 eine weitere Versicherungspflicht (§§ 25, 26) oder Versicherungsfreiheit nach § 27 eintritt. [2] Eine geringfügige Beschäftigung (§ 27 Absatz 2) führt nicht zum Ruhen der Versicherungspflicht nach Absatz 1.

(5) Das Versicherungspflichtverhältnis endet,

1. wenn die oder der Versicherte eine Entgeltersatzleistung nach § 3 Absatz 4 Nummer 1 bis 3 bezieht,
2. mit Ablauf des Tages, an dem die Voraussetzungen nach Absatz 1 letztmals erfüllt waren,
3. wenn die oder der Versicherte mit der Beitragszahlung länger als drei Monate in Verzug ist, mit Ablauf des Tages, für den letztmals Beiträge gezahlt wurden,
4. in den Fällen des § 28,

5. durch Kündigung der oder des Versicherten; die Kündigung ist erstmals nach Ablauf von fünf Jahren zulässig; die Kündigungsfrist beträgt drei Monate zum Ende eines Kalendermonats.

Drittes Kapitel. Aktive Arbeitsförderung

Erster Abschnitt. Beratung und Vermittlung

Erster Unterabschnitt. Beratung

§ 29 Beratungsangebot. (1) Die Agentur für Arbeit hat jungen Menschen und Erwachsenen, die am Arbeitsleben teilnehmen oder teilnehmen wollen, Berufsberatung, einschließlich einer Weiterbildungsberatung, und Arbeitgebern Arbeitsmarktberatung, einschließlich einer Qualifizierungsberatung, anzubieten.

(2) [1]Art und Umfang der Beratung richten sich nach dem Beratungsbedarf der oder des Ratsuchenden. [2]Die Agentur für Arbeit berät geschlechtersensibel. [3]Insbesondere wirkt sie darauf hin, das Berufswahlspektrum von Frauen und Männern zu erweitern.

(3) Die Agentur für Arbeit hat Auszubildenden, Arbeitnehmerinnen und Arbeitnehmern Beratung auch zur Festigung des Ausbildungs- oder Arbeitsverhältnisses nach Beginn einer Berufsausbildung oder nach der Aufnahme einer Arbeit anzubieten.

(4) Die Agentur für Arbeit soll bei der Beratung die Kenntnisse über den Arbeitsmarkt des europäischen Wirtschaftsraumes und die Erfahrungen aus der Zusammenarbeit mit den Arbeitsverwaltungen anderer Staaten nutzen.

§ 30 Berufsberatung. Die Berufsberatung umfasst die Erteilung von Auskunft und Rat

1. zur Berufswahl, zur beruflichen Entwicklung, zum Berufswechsel sowie zu Möglichkeiten der Anerkennung ausländischer Berufsabschlüsse,
2. zur Lage und Entwicklung des Arbeitsmarktes und der Berufe,
3. zu den Möglichkeiten der beruflichen Bildung sowie zur Verbesserung der individuellen Beschäftigungsfähigkeit und zur Entwicklung individueller beruflicher Perspektiven,
4. zur Ausbildungs- und Arbeitsstellensuche,
5. zu Leistungen der Arbeitsförderung,
6. zu Fragen der Ausbildungsförderung und der schulischen Bildung, soweit sie für die Berufswahl und die berufliche Bildung von Bedeutung sind.

§ 31 Grundsätze der Berufsberatung. [1]Bei der Berufsberatung sind Neigung, Eignung, berufliche Fähigkeiten und Leistungsfähigkeit der Ratsuchenden sowie aktuelle und zu erwartende Beschäftigungsmöglichkeiten zu berücksichtigen. [2]Die Durchführung einer Potenzialanalyse entsprechend § 37 Absatz 1 kann angeboten werden.

§ 31a Informationen an junge Menschen ohne Anschlussperspektive; erforderliche Datenerhebung und Datenübermittlung. (1) [1]Die Agentur für Arbeit hat junge Menschen, die nach ihrer Kenntnis bei Beendigung der Schule oder einer vergleichbaren Ersatzmaßnahme keine konkrete berufliche

Anschlussperspektive haben, zu kontaktieren und über Angebote der Berufsberatung und Berufsorientierung zu informieren, soweit diese noch nicht genutzt werden. [2] Zu diesem Zweck erhebt die Agentur für Arbeit folgende Daten, soweit sie ihr von den Ländern übermittelt werden:

1. Name,
2. Vorname,
3. Geburtsdatum,
4. Geschlecht,
5. Wohnanschrift,
6. voraussichtlich beendete Schulform oder Ersatzmaßnahme,
7. erreichter Abschluss.

(2) [1] Nimmt der junge Mensch nach einer Kontaktaufnahme nach Absatz 1 das Angebot der Agentur für Arbeit nicht in Anspruch, hat die Agentur für Arbeit den nach Landesrecht bestimmten Stellen des Landes, in dem der junge Mensch seinen Wohnsitz hat, die Sozialdaten zu übermitteln, die erforderlich sind, damit das Land dem jungen Menschen weitere Angebote unterbreiten kann. [2] Erforderlich sind folgende Daten:

1. Name,
2. Vorname,
3. Geburtsdatum,
4. Wohnanschrift, falls sich diese gegenüber der vom Land übermittelten Anschrift geändert hat.

[3] Eine Datenübermittlung darf nur erfolgen, wenn die jeweiligen landesrechtlichen Regelungen die Erhebung der Daten erlauben. [4] Die Daten werden nicht an die jeweiligen Stellen der Länder übermittelt, wenn der junge Mensch der Übermittlung widerspricht. [5] Auf sein Widerspruchsrecht ist er hinzuweisen.

(3) Die Agentur für Arbeit hat die personenbezogenen Daten zu löschen, sobald sie für die Kontaktaufnahme nach Absatz 1 und die Übermittlung nach Absatz 2 nicht mehr erforderlich sind, spätestens jedoch sechs Monate nach Erhebung.

§ 32 Eignungsfeststellung. Die Agentur für Arbeit soll Ratsuchende mit deren Einverständnis ärztlich und psychologisch untersuchen und begutachten, soweit dies für die Feststellung der Berufseignung oder Vermittlungsfähigkeit erforderlich ist.

§ 33 Berufsorientierung. [1] Die Agentur für Arbeit hat Berufsorientierung durchzuführen

1. zur Vorbereitung von jungen Menschen und Erwachsenen auf die Berufswahl und
2. zur Unterrichtung der Ausbildungsuchenden, Arbeitsuchenden, Arbeitnehmerinnen und Arbeitnehmer und Arbeitgeber.

[2] Dabei soll sie umfassend Auskunft und Rat geben zu Fragen der Berufswahl, über die Berufe und ihre Anforderungen und Aussichten, über die Wege und die Förderung der beruflichen Bildung sowie über beruflich bedeutsame Entwicklungen in den Betrieben, Verwaltungen und auf dem Arbeitsmarkt.

§ 34 Arbeitsmarktberatung. (1) [1] Die Arbeitsmarktberatung der Agentur für Arbeit soll die Arbeitgeber bei der Besetzung von Ausbildungs- und Arbeitsstellen sowie bei Qualifizierungsbedarfen ihrer Beschäftigten unterstützen. [2] Sie umfasst die Erteilung von Auskunft und Rat

1. zur Lage und Entwicklung des Arbeitsmarktes und der Berufe,
2. zur Besetzung von Ausbildungs- und Arbeitsstellen auch einschließlich der Beschäftigungsmöglichkeiten von Arbeitnehmerinnen und Arbeitnehmern aus dem Ausland,
3. zur Gestaltung von Arbeitsplätzen, Arbeitsbedingungen und der Arbeitszeit von Auszubildenden sowie Arbeitnehmerinnen und Arbeitnehmern,
4. zur betrieblichen Aus- und Weiterbildung,
5. zur Eingliederung von förderungsbedürftigen Auszubildenden und von förderungsbedürftigen Arbeitnehmerinnen und Arbeitnehmern,
6. zu Leistungen der Arbeitsförderung.

(2) [1] Die Agentur für Arbeit soll die Beratung nutzen, um Ausbildungs- und Arbeitsstellen für die Vermittlung zu gewinnen. [2] Sie soll auch von sich aus Kontakt zu den Arbeitgebern aufnehmen und unterhalten.

Zweiter Unterabschnitt. Vermittlung

§ 35 Vermittlungsangebot. (1) [1] Die Agentur für Arbeit hat Ausbildungsuchenden, Arbeitsuchenden und Arbeitgebern Ausbildungsvermittlung und Arbeitsvermittlung (Vermittlung) anzubieten. [2] Die Vermittlung umfasst alle Tätigkeiten, die darauf gerichtet sind, Ausbildungsuchende mit Arbeitgebern zur Begründung eines Ausbildungsverhältnisses und Arbeitsuchende mit Arbeitgebern zur Begründung eines Beschäftigungsverhältnisses zusammenzuführen. [3] Die Agentur für Arbeit stellt sicher, dass Ausbildungsuchende und Arbeitslose, deren berufliche Eingliederung voraussichtlich erschwert sein wird, eine verstärkte vermittlerische Unterstützung erhalten.

(2) [1] Die Agentur für Arbeit hat durch Vermittlung darauf hinzuwirken, dass Ausbildungsuchende eine Ausbildungsstelle, Arbeitsuchende eine Arbeitsstelle und Arbeitgeber geeignete Auszubildende sowie geeignete Arbeitnehmerinnen und Arbeitnehmer erhalten. [2] Sie hat dabei die Neigung, Eignung und Leistungsfähigkeit der Ausbildungsuchenden und Arbeitsuchenden sowie die Anforderungen der angebotenen Stellen zu berücksichtigen.

(3) [1] Die Agentur für Arbeit hat Vermittlung auch über die Selbstinformationseinrichtungen nach § 40 Absatz 2 im Internet durchzuführen. [2] Soweit es für diesen Zweck erforderlich ist, darf sie die Daten aus den Selbstinformationseinrichtungen nutzen und übermitteln.

§ 36 Grundsätze der Vermittlung. (1) Die Agentur für Arbeit darf nicht vermitteln, wenn ein Ausbildungs- oder Arbeitsverhältnis begründet werden soll, das gegen ein Gesetz oder die guten Sitten verstößt.

(2) [1] Die Agentur für Arbeit darf Einschränkungen, die der Arbeitgeber für eine Vermittlung hinsichtlich Geschlecht, Alter, Gesundheitszustand, Staatsangehörigkeit oder ähnlicher Merkmale der Ausbildungsuchenden und Arbeitsuchenden vornimmt, die regelmäßig nicht die berufliche Qualifikation betreffen, nur berücksichtigen, wenn diese Einschränkungen nach Art der auszuübenden Tätigkeit unerlässlich sind. [2] Die Agentur für Arbeit darf Einschrän-

kungen, die der Arbeitgeber für eine Vermittlung aus Gründen der Rasse oder wegen der ethnischen Herkunft, der Religion oder Weltanschauung, einer Behinderung oder der sexuellen Identität der Ausbildungsuchenden und der Arbeitsuchenden vornimmt, nur berücksichtigen, soweit sie nach dem Allgemeinen Gleichbehandlungsgesetz zulässig sind. [3] Im Übrigen darf eine Einschränkung hinsichtlich der Zugehörigkeit zu einer Gewerkschaft, Partei oder vergleichbaren Vereinigung nur berücksichtigt werden, wenn

1. es sich um eine Ausbildungs- oder Arbeitsstelle in einem Tendenzunternehmen oder -betrieb im Sinne des § 118 Absatz 1 Satz 1 des Betriebsverfassungsgesetzes handelt und
2. die Art der auszuübenden Tätigkeit diese Einschränkung rechtfertigt.

(3) Die Agentur für Arbeit darf in einen durch einen Arbeitskampf unmittelbar betroffenen Bereich nur dann vermitteln, wenn die oder der Arbeitsuchende und der Arbeitgeber dies trotz eines Hinweises auf den Arbeitskampf verlangen.

(4) [1] Die Agentur für Arbeit ist bei der Vermittlung nicht verpflichtet zu prüfen, ob der vorgesehene Vertrag ein Arbeitsvertrag ist. [2] Wenn ein Arbeitsverhältnis erkennbar nicht begründet werden soll, kann die Agentur für Arbeit auf Angebote zur Aufnahme einer selbständigen Tätigkeit hinweisen; Absatz 1 gilt entsprechend.

§ 37 Potenzialanalyse und Eingliederungsvereinbarung. (1) [1] Die Agentur für Arbeit hat unverzüglich nach der Ausbildungsuchendmeldung oder Arbeitsuchendmeldung zusammen mit der oder dem Ausbildungsuchenden oder der oder dem Arbeitsuchenden die für die Vermittlung erforderlichen beruflichen und persönlichen Merkmale, beruflichen Fähigkeiten und die Eignung festzustellen (Potenzialanalyse). [2] Die Potenzialanalyse erstreckt sich auch auf die Feststellung, ob und durch welche Umstände die berufliche Eingliederung voraussichtlich erschwert sein wird.

(2) [1] In einer Eingliederungsvereinbarung, die die Agentur für Arbeit zusammen mit der oder dem Ausbildungsuchenden oder der oder dem Arbeitsuchenden trifft, werden für einen zu bestimmenden Zeitraum festgelegt

1. das Eingliederungsziel,
2. die Vermittlungsbemühungen der Agentur für Arbeit,
3. welche Eigenbemühungen zur beruflichen Eingliederung die oder der Ausbildungsuchende oder die oder der Arbeitsuchende in welcher Häufigkeit mindestens unternehmen muss und in welcher Form diese nachzuweisen sind,
4. die vorgesehenen Leistungen der aktiven Arbeitsförderung.

[2] Die besonderen Bedürfnisse behinderter und schwerbehinderter Menschen sollen angemessen berücksichtigt werden.

(3) [1] Der oder dem Ausbildungsuchenden oder der oder dem Arbeitsuchenden ist eine Ausfertigung der Eingliederungsvereinbarung auszuhändigen. [2] Die Eingliederungsvereinbarung ist sich ändernden Verhältnissen anzupassen; sie ist fortzuschreiben, wenn in dem Zeitraum, für den sie zunächst galt, die Ausbildungssuche oder Arbeitsuche nicht beendet wurde. [3] Sie ist spätestens nach sechsmonatiger Arbeitslosigkeit, bei arbeitslosen und ausbildungsuchenden jungen Menschen spätestens nach drei Monaten, zu überprüfen. [4] Kommt eine

Eingliederungsvereinbarung nicht zustande, sollen die nach Absatz 2 Satz 1 Nummer 3 erforderlichen Eigenbemühungen durch Verwaltungsakt festgesetzt werden.

§ 38 Rechte und Pflichten der Ausbildung- und Arbeitsuchenden.

(1) [1] Personen, deren Ausbildungs- oder Arbeitsverhältnis endet, sind verpflichtet, sich spätestens drei Monate vor dessen Beendigung ***[bis 31.12.2021:*** persönlich***]*** bei der Agentur für Arbeit ***[ab 1.1.2022:*** *unter Angabe der persönlichen Daten und des Beendigungszeitpunktes des Ausbildungs- oder Arbeitsverhältnisses****]*** arbeitsuchend zu melden. [2] Liegen zwischen der Kenntnis des Beendigungszeitpunktes und der Beendigung des Ausbildungs- oder Arbeitsverhältnisses weniger als drei Monate, haben sie sich innerhalb von drei Tagen nach Kenntnis des Beendigungszeitpunktes zu melden. ***[Satz 3 bis 31.12.2021:]*** [3] Zur Wahrung der Frist nach den Sätzen 1 und 2 reicht eine Anzeige unter Angabe der persönlichen Daten und des Beendigungszeitpunktes aus, wenn die persönliche Meldung nach terminlicher Vereinbarung nachgeholt wird. [4 ***[ab 1.1.2022: 3]***] Die Pflicht zur Meldung besteht unabhängig davon, ob der Fortbestand des Ausbildungs- oder Arbeitsverhältnisses gerichtlich geltend gemacht oder vom Arbeitgeber in Aussicht gestellt wird. [5 ***[ab 1.1.2022: 4]***] Die Pflicht zur Meldung gilt nicht bei einem betrieblichen Ausbildungsverhältnis. [6 ***[ab 1.1.2022: 5]***] Im Übrigen gelten für Ausbildung- und Arbeitsuchende die Meldepflichten im Leistungsverfahren nach den §§ 309 und 310 entsprechend.

[Abs. 1a ab 1.1.2022:]

(1a) Die zuständige Agentur für Arbeit soll mit der nach Absatz 1 arbeitsuchend gemeldeten Person unverzüglich nach der Arbeitsuchendmeldung ein erstes Beratungs- und Vermittlungsgespräch führen, das persönlich oder bei Einvernehmen zwischen Agentur für Arbeit und der arbeitsuchenden Person auch per Videotelefonie erfolgen kann.

(2) Die Agentur für Arbeit hat unverzüglich nach der Meldung nach Absatz 1 auch Berufsberatung durchzuführen.

(3) [1] Ausbildung- und Arbeitsuchende, die Dienstleistungen der Bundesagentur in Anspruch nehmen, haben dieser die für eine Vermittlung erforderlichen Auskünfte zu erteilen, Unterlagen vorzulegen und den Abschluss eines Ausbildungs- oder Arbeitsverhältnisses unter Benennung des Arbeitgebers und seines Sitzes unverzüglich mitzuteilen. [2] Sie können die Weitergabe ihrer Unterlagen von deren Rückgabe an die Agentur für Arbeit abhängig machen oder ihre Weitergabe an namentlich benannte Arbeitgeber ausschließen. [3] Die Anzeige- und Bescheinigungspflichten im Leistungsverfahren bei Arbeitsunfähigkeit nach § 311 gelten entsprechend.

(4) [1] Die Arbeitsvermittlung ist durchzuführen,

1. solange die oder der Arbeitsuchende Leistungen zum Ersatz des Arbeitsentgelts bei Arbeitslosigkeit oder Transferkurzarbeitergeld beansprucht oder
2. bis bei Meldepflichtigen nach Absatz 1 der angegebene Beendigungszeitpunkt des Ausbildungs- oder Arbeitsverhältnisses erreicht ist.

[2] Im Übrigen kann die Agentur für Arbeit die Arbeitsvermittlung einstellen, wenn die oder der Arbeitsuchende die ihr oder ihm nach Absatz 3 oder der Eingliederungsvereinbarung oder dem Verwaltungsakt nach § 37 Absatz 3 Satz 4 obliegenden Pflichten nicht erfüllt, ohne dafür einen wichtigen Grund zu haben. [3] Die oder der Arbeitsuchende kann die Arbeitsvermittlung erneut nach Ablauf von zwölf Wochen in Anspruch nehmen.

(5) [1] Die Ausbildungsvermittlung ist durchzuführen,

1. bis die oder der Ausbildungsuchende in Ausbildung, schulische Bildung oder Arbeit einmündet oder sich die Vermittlung anderweitig erledigt oder
2. solange die oder der Ausbildungsuchende dies verlangt.

[2] Absatz 4 Satz 2 gilt entsprechend.

§ 39 Rechte und Pflichten der Arbeitgeber. (1) [1] Arbeitgeber, die Dienstleistungen der Bundesagentur in Anspruch nehmen, haben die für eine Vermittlung erforderlichen Auskünfte zu erteilen und Unterlagen vorzulegen. [2] Sie können deren Überlassung an namentlich benannte Ausbildung- und Arbeitsuchende ausschließen oder die Vermittlung darauf begrenzen, dass ihnen Daten von geeigneten Ausbildung- und Arbeitsuchenden überlassen werden.

(2) [1] Die Agentur für Arbeit soll dem Arbeitgeber eine Arbeitsmarktberatung anbieten, wenn sie erkennt, dass eine gemeldete freie Ausbildungs- oder Arbeitsstelle durch ihre Vermittlung nicht in angemessener Zeit besetzt werden kann. [2] Sie soll diese Beratung spätestens nach drei Monaten anbieten.

(3) [1] Die Agentur für Arbeit kann die Vermittlung zur Besetzung einer Ausbildungs- oder Arbeitsstelle einstellen, wenn

1. sie erfolglos bleibt, weil die Arbeitsbedingungen der angebotenen Stelle gegenüber denen vergleichbarer Ausbildungs- oder Arbeitsstellen so ungünstig sind, dass sie den Ausbildung- oder Arbeitsuchenden nicht zumutbar sind, und die Agentur für Arbeit den Arbeitgeber darauf hingewiesen hat,
2. der Arbeitgeber keine oder unzutreffende Mitteilungen über das Nichtzustandekommen eines Ausbildungs- oder Arbeitsvertrags mit einer oder einem vorgeschlagenen Ausbildungsuchenden oder einer oder einem vorgeschlagenen Arbeitsuchenden macht und die Vermittlung dadurch erschwert wird,
3. die Stelle auch nach erfolgter Arbeitsmarktberatung nicht besetzt werden kann, jedoch frühestens nach Ablauf von sechs Monaten, die Ausbildungsvermittlung jedoch frühestens drei Monate nach Beginn eines Ausbildungsjahres.

[2] Der Arbeitgeber kann die Vermittlung erneut in Anspruch nehmen.

§ 39a Frühzeitige Förderung von Ausländerinnen und Ausländern mit Aufenthaltsgestattung. [1] Für Ausländerinnen und Ausländer, die eine Aufenthaltsgestattung nach dem Asylgesetz besitzen und auf Grund des § 61 des Asylgesetzes keine Erwerbstätigkeit ausüben dürfen, können Leistungen nach diesem Unterabschnitt erbracht werden, wenn bei ihnen ein rechtmäßiger und dauerhafter Aufenthalt zu erwarten ist. [2] Stammen sie aus einem sicheren Herkunftsstaat nach § 29a des Asylgesetzes, so wird vermutet, dass ein rechtmäßiger und dauerhafter Aufenthalt nicht zu erwarten ist.

Dritter Unterabschnitt. Gemeinsame Vorschriften

§ 40 Allgemeine Unterrichtung. (1) Die Agentur für Arbeit soll Ausbildung- und Arbeitsuchenden sowie Arbeitgebern in geeigneter Weise Gelegenheit geben, sich über freie Ausbildungs- und Arbeitsstellen sowie über Ausbildung- und Arbeitsuchende zu unterrichten.

(2) [1] Bei der Beratung, Vermittlung und Berufsorientierung sind Selbstinformationseinrichtungen einzusetzen. [2] Diese sind an die technischen Entwicklungen anzupassen.

(3) [1] Die Agentur für Arbeit darf in die Selbstinformationseinrichtungen Daten über Ausbildungsuchende, Arbeitsuchende und Arbeitgeber nur aufnehmen, soweit sie für die Vermittlung erforderlich sind und von Dritten keiner bestimmten oder bestimmbaren Person zugeordnet werden können. [2] Daten, die von Dritten einer bestimmten oder bestimmbaren Person zugeordnet werden können, dürfen nur mit Einwilligung der betroffenen Person aufgenommen werden. [3] Der betroffenen Person ist auf Verlangen ein Ausdruck der aufgenommenen Daten zuzusenden. [4] Die Agentur für Arbeit kann von der Aufnahme von Daten über Ausbildungs- und Arbeitsstellen in die Selbstinformationseinrichtungen absehen, wenn diese dafür nicht geeignet sind.

(4) Die Absätze 1 bis 3 gelten entsprechend für die in § 39a genannten Personen.

§ 41 Einschränkung des Fragerechts. (1) [1] Die Agentur für Arbeit darf von Ausbildung- und Arbeitsuchenden keine Daten erheben, die ein Arbeitgeber vor Begründung eines Ausbildungs- oder Arbeitsverhältnisses nicht erfragen darf. [2] Daten über die Zugehörigkeit zu einer Gewerkschaft, Partei, Religionsgemeinschaft oder vergleichbaren Vereinigung dürfen nur bei der oder dem Ausbildungsuchenden und der oder dem Arbeitsuchenden erhoben werden. [3] Die Agentur für Arbeit darf diese Daten nur erheben, speichern und nutzen, wenn

1. eine Vermittlung auf eine Ausbildungs- oder Arbeitsstelle
   a) in einem Tendenzunternehmen oder -betrieb im Sinne des § 118 Absatz 1 Satz 1 des Betriebsverfassungsgesetzes oder
   b) bei einer Religionsgemeinschaft oder in einer zu ihr gehörenden karitativen oder erzieherischen Einrichtung

   vorgesehen ist,
2. die oder der Ausbildungsuchende oder die oder der Arbeitsuchende bereit ist, auf eine solche Ausbildungs- oder Arbeitsstelle vermittelt zu werden, und
3. bei einer Vermittlung nach Nummer 1 Buchstabe a die Art der auszuübenden Tätigkeit diese Beschränkung rechtfertigt.

(2) Absatz 1 gilt entsprechend für die in § 39a genannten Personen.

§ 42 Grundsatz der Unentgeltlichkeit. (1) Die Agentur für Arbeit übt die Beratung und Vermittlung unentgeltlich aus.

(2) Die Agentur für Arbeit kann vom Arbeitgeber die Erstattung besonderer, bei einer Arbeitsvermittlung entstehender Aufwendungen (Aufwendungsersatz) verlangen, wenn

1. die Aufwendungen den gewöhnlichen Umfang erheblich übersteigen und
2. sie den Arbeitgeber bei Beginn der Arbeitsvermittlung über die Erstattungspflicht unterrichtet hat.

(3) [1] Die Agentur für Arbeit kann von einem Arbeitgeber, der die Auslandsvermittlung auf Grund zwischenstaatlicher Vereinbarungen oder Vermittlungsabsprachen der Bundesagentur mit ausländischen Arbeitsverwaltungen in An-

spruch nimmt, eine Gebühr (Vermittlungsgebühr) erheben. [2]Die Vorschriften des Verwaltungskostengesetzes sind anzuwenden.

(4) Der Arbeitgeber darf sich den Aufwendungsersatz oder die Vermittlungsgebühr weder ganz noch teilweise von der vermittelten Arbeitnehmerin oder dem vermittelten Arbeitnehmer oder einem Dritten erstatten lassen.

§ 43 Anordnungsermächtigung. [1]Die Bundesagentur wird ermächtigt, durch Anordnung die gebührenpflichtigen Tatbestände für die Vermittlungsgebühr zu bestimmen und dabei feste Sätze vorzusehen. [2]Für die Bestimmung der Gebührenhöhe können auch Aufwendungen für Maßnahmen, die geeignet sind, die Eingliederung ausländischer Arbeitnehmerinnen und Arbeitnehmer in die Wirtschaft und in die Gesellschaft zu erleichtern oder die der Überwachung der Einhaltung der zwischenstaatlichen Vereinbarungen oder Absprachen über die Vermittlung dienen, berücksichtigt werden.

Zweiter Abschnitt. Aktivierung und berufliche Eingliederung

§ 44 Förderung aus dem Vermittlungsbudget. (1) [1]Ausbildungsuchende, von Arbeitslosigkeit bedrohte Arbeitsuchende und Arbeitslose können aus dem Vermittlungsbudget der Agentur für Arbeit bei der Anbahnung oder Aufnahme einer versicherungspflichtigen Beschäftigung gefördert werden, wenn dies für die berufliche Eingliederung notwendig ist. [2]Sie sollen insbesondere bei der Erreichung der in der Eingliederungsvereinbarung festgelegten Eingliederungsziele unterstützt werden. [3]Die Förderung umfasst die Übernahme der angemessenen Kosten, soweit der Arbeitgeber gleichartige Leistungen nicht oder voraussichtlich nicht erbringen wird.

(2) Nach Absatz 1 kann auch die Anbahnung oder die Aufnahme einer versicherungspflichtigen Beschäftigung mit einer Arbeitszeit von mindestens 15 Stunden wöchentlich in einem anderen Mitgliedstaat der Europäischen Union, einem anderen Vertragsstaat des Abkommens über den Europäischen Wirtschaftsraum oder in der Schweiz gefördert werden.

(3) [1]Die Agentur für Arbeit entscheidet über den Umfang der zu erbringenden Leistungen; sie kann Pauschalen festlegen. [2]Leistungen zur Sicherung des Lebensunterhalts sind ausgeschlossen. [3]Die Förderung aus dem Vermittlungsbudget darf die anderen Leistungen nach diesem Buch nicht aufstocken, ersetzen oder umgehen.

(4) Die Absätze 1 bis 3 gelten entsprechend für die in § 39a genannten Personen.

§ 45 Maßnahmen zur Aktivierung und beruflichen Eingliederung.

(1) [1]Ausbildungsuchende, von Arbeitslosigkeit bedrohte Arbeitsuchende und Arbeitslose können bei Teilnahme an Maßnahmen gefördert werden, die ihre berufliche Eingliederung durch

1. Heranführung an den Ausbildungs- und Arbeitsmarkt sowie Feststellung, Verringerung oder Beseitigung von Vermittlungshemmnissen,
2. *(aufgehoben)*
3. Vermittlung in eine versicherungspflichtige Beschäftigung,
4. Heranführung an eine selbständige Tätigkeit oder
5. Stabilisierung einer Beschäftigungsaufnahme

unterstützen (Maßnahmen zur Aktivierung und beruflichen Eingliederung). [2]Für die Aktivierung von Arbeitslosen, deren berufliche Eingliederung auf Grund von schwerwiegenden Vermittlungshemmnissen, insbesondere auf Grund der Dauer ihrer Arbeitslosigkeit, besonders erschwert ist, sollen Maßnahmen gefördert werden, die nach inhaltlicher Ausgestaltung und Dauer den erhöhten Stabilisierungs- und Unterstützungsbedarf der Arbeitslosen berücksichtigen. [3]Versicherungspflichtige Beschäftigungen mit einer Arbeitszeit von mindestens 15 Stunden wöchentlich in einem anderen Mitgliedstaat der Europäischen Union oder einem anderen Vertragsstaat des Abkommens über den Europäischen Wirtschaftsraum sind den versicherungspflichtigen Beschäftigungen nach Satz 1 Nummer 3 gleichgestellt. [4]Die Förderung umfasst die Übernahme der angemessenen Kosten für die Teilnahme, soweit dies für die berufliche Eingliederung notwendig ist. [5]Die Förderung kann auf die Weiterleistung von Arbeitslosengeld beschränkt werden.

(2) [1]Die Dauer der Einzel- oder Gruppenmaßnahmen muss deren Zweck und Inhalt entsprechen. [2]Soweit Maßnahmen oder Teile von Maßnahmen nach Absatz 1 bei oder von einem Arbeitgeber durchgeführt werden, dürfen diese jeweils die Dauer von sechs Wochen nicht überschreiten. [3]Die Vermittlung von beruflichen Kenntnissen in Maßnahmen zur Aktivierung und beruflichen Eingliederung darf die Dauer von acht Wochen nicht überschreiten. [4]Maßnahmen des Dritten Abschnitts sind ausgeschlossen.

(3) Die Agentur für Arbeit kann unter Anwendung des Vergaberechts Träger mit der Durchführung von Maßnahmen nach Absatz 1 beauftragen.

(4) [1]Die Agentur für Arbeit kann der oder dem Berechtigten das Vorliegen der Voraussetzungen für eine Förderung nach Absatz 1 bescheinigen und Maßnahmeziel und -inhalt festlegen (Aktivierungs- und Vermittlungsgutschein). [2]Der Aktivierungs- und Vermittlungsgutschein kann zeitlich befristet sowie regional beschränkt werden. [3]Der Aktivierungs- und Vermittlungsgutschein berechtigt zur Auswahl

1. eines Trägers, der eine dem Maßnahmeziel und -inhalt entsprechende und nach § 179 zugelassene Maßnahme anbietet,
2. eines Trägers, der eine ausschließlich erfolgsbezogen vergütete Arbeitsvermittlung in versicherungspflichtige Beschäftigung anbietet, oder
3. eines Arbeitgebers, der eine dem Maßnahmeziel und -inhalt entsprechende betriebliche Maßnahme von einer Dauer bis zu sechs Wochen anbietet.

[4]Der ausgewählte Träger nach Satz 3 Nummer 1 und der ausgewählte Arbeitgeber nach Satz 3 Nummer 3 haben der Agentur für Arbeit den Aktivierungs- und Vermittlungsgutschein vor Beginn der Maßnahme vorzulegen. [5]Der ausgewählte Träger nach Satz 3 Nummer 2 hat der Agentur für Arbeit den Aktivierungs- und Vermittlungsgutschein nach erstmaligem Vorliegen der Auszahlungsvoraussetzungen vorzulegen.

(5) Die Agentur für Arbeit soll die Entscheidung über die Ausgabe eines Aktivierungs- und Vermittlungsgutscheins nach Absatz 4 von der Eignung und den persönlichen Verhältnissen der Förderberechtigten oder der örtlichen Verfügbarkeit von Arbeitsmarktdienstleistungen abhängig machen.

(6) [1]Die Vergütung richtet sich nach Art und Umfang der Maßnahme und kann aufwands- oder erfolgsbezogen gestaltet sein; eine Pauschalierung ist zulässig. [2]§ 83 Absatz 2 gilt entsprechend. [3]Bei einer erfolgreichen Arbeitsvermittlung in versicherungspflichtige Beschäftigung durch einen Träger nach

Absatz 4 Satz 3 Nummer 2 beträgt die Vergütung 2 000 Euro. [4]Bei Langzeitarbeitslosen und behinderten Menschen nach § 2 Absatz 1 des Neunten Buches[1)] kann die Vergütung auf eine Höhe von bis zu 2 500 Euro festgelegt werden. [5]Die Vergütung nach den Sätzen 3 und 4 wird in Höhe von 1 000 Euro nach einer sechswöchigen und der Restbetrag nach einer sechsmonatigen Dauer des Beschäftigungsverhältnisses gezahlt. [6]Eine erfolgsbezogene Vergütung für die Arbeitsvermittlung in versicherungspflichtige Beschäftigung ist ausgeschlossen, wenn das Beschäftigungsverhältnis

1. von vornherein auf eine Dauer von weniger als drei Monaten begrenzt ist oder
2. bei einem früheren Arbeitgeber begründet wird, bei dem die Arbeitnehmerin oder der Arbeitnehmer während der letzten vier Jahre vor Aufnahme der Beschäftigung mehr als drei Monate lang versicherungspflichtig beschäftigt war; dies gilt nicht, wenn es sich um die befristete Beschäftigung besonders betroffener schwerbehinderter Menschen handelt.

(7) [1]Arbeitslose, die Anspruch auf Arbeitslosengeld haben, dessen Dauer nicht allein auf § 147 Absatz 3 beruht, und nach einer Arbeitslosigkeit von sechs Wochen innerhalb einer Frist von drei Monaten noch nicht vermittelt sind, haben Anspruch auf einen Aktivierungs- und Vermittlungsgutschein nach Absatz 4 Satz 3 Nummer 2. [2]In die Frist werden Zeiten nicht eingerechnet, in denen die oder der Arbeitslose an Maßnahmen zur Aktivierung und beruflichen Eingliederung sowie an Maßnahmen der beruflichen Weiterbildung teilgenommen hat.

(8) Abweichend von Absatz 2 Satz 2 und Absatz 4 Satz 3 Nummer 3 darf bei Langzeitarbeitslosen oder Arbeitslosen, deren berufliche Eingliederung auf Grund von schwerwiegenden Vermittlungshemmnissen besonders erschwert ist, die Teilnahme an Maßnahmen oder Teilen von Maßnahmen, die bei oder von einem Arbeitgeber durchgeführt werden, jeweils die Dauer von zwölf Wochen nicht überschreiten.

(9) Die Absätze 1 bis 8 gelten entsprechend für die in § 39a genannten Personen.

§ 46 Probebeschäftigung und Arbeitshilfe für behinderte Menschen.

(1) Arbeitgebern können die Kosten für eine befristete Probebeschäftigung behinderter, schwerbehinderter und ihnen gleichgestellter Menschen im Sinne des § 2 des Neunten Buches[1)] bis zu einer Dauer von drei Monaten erstattet werden, wenn dadurch die Möglichkeit einer Teilhabe am Arbeitsleben verbessert wird oder eine vollständige und dauerhafte Teilhabe am Arbeitsleben zu erreichen ist.

(2) Arbeitgeber können Zuschüsse für eine behindertengerechte Ausgestaltung von Ausbildungs- oder Arbeitsplätzen erhalten, soweit dies erforderlich ist, um die dauerhafte Teilhabe am Arbeitsleben zu erreichen oder zu sichern und eine entsprechende Verpflichtung des Arbeitgebers nach dem Teil 3 des Neunten Buches nicht besteht.

§ 47 Verordnungsermächtigung. Das Bundesministerium für Arbeit und Soziales wird ermächtigt, durch Rechtsverordnung, die nicht der Zustimmung

---

[1)] Nr. 9.

des Bundesrates bedarf, das Nähere über Voraussetzungen, Grenzen, Pauschalierung und Verfahren der Förderung nach den §§ 44 und 45 zu bestimmen.

Dritter Abschnitt. Berufswahl und Berufsausbildung

Erster Unterabschnitt. Übergang von der Schule in die Berufsausbildung

§ 48 Berufsorientierungsmaßnahmen. (1) [1] Die Agentur für Arbeit kann Schülerinnen und Schüler allgemeinbildender Schulen durch vertiefte Berufsorientierung und Berufswahlvorbereitung fördern (Berufsorientierungsmaßnahmen), wenn sich Dritte mit mindestens 50 Prozent an der Förderung beteiligen. [2] Die Agentur für Arbeit kann sich auch mit bis zu 50 Prozent an der Förderung von Maßnahmen beteiligen, die von Dritten eingerichtet werden.

(2) Die besonderen Bedürfnisse von Schülerinnen und Schülern mit sonderpädagogischem Förderbedarf und von schwerbehinderten Schülerinnen und Schülern sollen bei der Ausgestaltung der Maßnahmen berücksichtigt werden.

§ 49 Berufseinstiegsbegleitung. (1) Die Agentur für Arbeit kann förderungsbedürftige junge Menschen durch Maßnahmen der Berufseinstiegsbegleitung fördern, um sie beim Übergang von der allgemeinbildenden Schule in eine Berufsausbildung zu unterstützen, wenn sich Dritte mit mindestens 50 Prozent an der Förderung beteiligen.

(2) [1] Förderungsfähig sind Maßnahmen zur individuellen Begleitung und Unterstützung förderungsbedürftiger junger Menschen durch Berufseinstiegsbegleiterinnen und Berufseinstiegsbegleiter, um die Eingliederung der jungen Menschen in eine Berufsausbildung zu erreichen (Berufseinstiegsbegleitung). [2] Unterstützt werden sollen insbesondere das Erreichen des Abschlusses einer allgemeinbildenden Schule, die Berufsorientierung und -wahl, die Suche nach einer Ausbildungsstelle und die Stabilisierung des Berufsausbildungsverhältnisses. [3] Hierzu sollen die Berufseinstiegsbegleiterinnen und Berufseinstiegsbegleiter insbesondere mit Verantwortlichen in der allgemeinbildenden Schule, mit Dritten, die junge Menschen in der Region mit ähnlichen Inhalten unterstützen, und mit den Arbeitgebern in der Region eng zusammenarbeiten.

(3) [1] Die Berufseinstiegsbegleitung beginnt in der Regel mit dem Besuch der Vorabgangsklasse der allgemeinbildenden Schule und endet in der Regel ein halbes Jahr nach Beginn einer Berufsausbildung. [2] Die Berufseinstiegsbegleitung endet spätestens 24 Monate nach Beendigung der allgemeinbildenden Schule.

(4) Förderungsbedürftig sind junge Menschen, die voraussichtlich Schwierigkeiten haben werden, den Abschluss der allgemeinbildenden Schule zu erreichen oder den Übergang in eine Berufsausbildung zu bewältigen.

(5) Als Maßnahmekosten werden dem Träger die angemessenen Aufwendungen für die Durchführung der Maßnahme einschließlich der erforderlichen Kosten für die Berufseinstiegsbegleiterinnen und Berufseinstiegsbegleiter erstattet.

§ 50 Anordnungsermächtigung. Die Bundesagentur wird ermächtigt, durch Anordnung das Nähere über Voraussetzungen, Art, Umfang und Verfahren der Förderung zu bestimmen.

Zweiter Unterabschnitt. Berufsvorbereitung

§ 51 Berufsvorbereitende Bildungsmaßnahmen. (1) Die Agentur für Arbeit kann förderungsberechtigte junge Menschen durch berufsvorbereitende Bildungsmaßnahmen fördern, um sie auf die Aufnahme einer Berufsausbildung vorzubereiten oder, wenn die Aufnahme einer Berufsausbildung wegen in ihrer Person liegender Gründe nicht möglich ist, ihnen die berufliche Eingliederung zu erleichtern.

(2) [1] Eine berufsvorbereitende Bildungsmaßnahme ist förderungsfähig, wenn sie

1. nicht den Schulgesetzen der Länder unterliegt und
2. nach Aus- und Fortbildung sowie Berufserfahrung der Leitung und der Lehr- und Fachkräfte, nach Gestaltung des Lehrplans, nach Unterrichtsmethode und Güte der zum Einsatz vorgesehenen Lehr- und Lernmittel eine erfolgreiche berufliche Bildung erwarten lässt.

[2] Eine berufsvorbereitende Bildungsmaßnahme, die teilweise im Ausland durchgeführt wird, ist auch für den im Ausland durchgeführten Teil förderungsfähig, wenn dieser Teil im Verhältnis zur Gesamtdauer der berufsvorbereitenden Bildungsmaßnahme angemessen ist und die Hälfte der vorgesehenen Förderdauer nicht übersteigt.

(3) Eine berufsvorbereitende Bildungsmaßnahme kann zur Erleichterung der beruflichen Eingliederung auch allgemeinbildende Fächer enthalten und auf den nachträglichen Erwerb des Hauptschulabschlusses oder eines gleichwertigen Schulabschlusses vorbereiten.

(4) Betriebliche Praktika können abgestimmt auf den individuellen Förderbedarf in angemessenem Umfang vorgesehen werden.

§ 52 Förderungsberechtigte junge Menschen. (1) Förderungsberechtigt sind junge Menschen,

1. bei denen die berufsvorbereitende Bildungsmaßnahme zur Vorbereitung auf eine Berufsausbildung oder, wenn die Aufnahme einer Berufsausbildung wegen in ihrer Person liegender Gründe nicht möglich ist, zur beruflichen Eingliederung erforderlich ist,
2. die die Vollzeitschulpflicht nach den Gesetzen der Länder erfüllt haben und
3. deren Fähigkeiten erwarten lassen, dass sie das Ziel der Maßnahme erreichen.

(2) [1] Ausländerinnen und Ausländer sind förderungsberechtigt, wenn die Voraussetzungen nach Absatz 1 vorliegen und sie eine Erwerbstätigkeit ausüben dürfen oder ihnen eine Erwerbstätigkeit erlaubt werden kann. [2] Zudem müssen Ausländerinnen und Ausländer, die zum Zeitpunkt der Entscheidung über die Förderberechtigung eine Aufenthaltsgestattung nach dem Asylgesetz besitzen,

1. sich seit mindestens 15 Monaten erlaubt, gestattet oder geduldet im Bundesgebiet aufhalten und
2. schulische Kenntnisse und Kenntnisse der deutschen Sprache besitzen, die einen erfolgreichen Übergang in eine Berufsausbildung erwarten lassen.

[3] Gestattete Ausländerinnen oder Ausländer, die vor dem 1. August 2019 in das Bundesgebiet eingereist sind, müssen sich abweichend von Satz 2 Nummer 1 seit mindestens drei Monaten erlaubt, gestattet oder geduldet dort aufhalten. [4] Für Ausländerinnen und Ausländer, die zum Zeitpunkt der Entscheidung über

die Förderberechtigung eine Duldung besitzen, gilt Satz 2 mit der Maßgabe, dass abweichend von Nummer 1 ihre Abschiebung seit mindestens neun Monaten ausgesetzt ist. [5] Für geduldete Ausländerinnen oder Ausländer, die vor dem 1. August 2019 in das Bundesgebiet eingereist sind, muss abweichend von Satz 4 ihre Abschiebung seit mindestens drei Monaten ausgesetzt sein.

§ 53 Vorbereitung auf einen Hauptschulabschluss im Rahmen einer berufsvorbereitenden Bildungsmaßnahme. [1] Förderungsberechtigte junge Menschen ohne Schulabschluss haben einen Anspruch, im Rahmen einer berufsvorbereitenden Bildungsmaßnahme auf den nachträglichen Erwerb des Hauptschulabschlusses oder eines gleichwertigen Schulabschlusses vorbereitet zu werden. [2] Die Leistung wird nur erbracht, soweit sie nicht für den gleichen Zweck durch Dritte erbracht wird. [3] Die Agentur für Arbeit hat darauf hinzuwirken, dass sich die für die allgemeine Schulbildung zuständigen Länder an den Kosten der Maßnahme beteiligen. [4] Leistungen Dritter zur Aufstockung der Leistung bleiben anrechnungsfrei.

§ 54 Maßnahmekosten. Bei einer berufsvorbereitenden Bildungsmaßnahme werden dem Träger als Maßnahmekosten erstattet:

1. die angemessenen Aufwendungen für das zur Durchführung der Maßnahme eingesetzte erforderliche Ausbildungs- und Betreuungspersonal, einschließlich dessen regelmäßiger fachlicher Weiterbildung, sowie für das erforderliche Leitungs- und Verwaltungspersonal,
2. die angemessenen Sachkosten, einschließlich der Kosten für Lernmittel und Arbeitskleidung, und die angemessenen Verwaltungskosten sowie
3. erfolgsbezogene Pauschalen bei Vermittlung von Teilnehmenden in eine betriebliche Berufsausbildung im Sinne des § 57 Absatz 1.

§ 54a Einstiegsqualifizierung. (1) [1] Arbeitgeber, die eine betriebliche Einstiegsqualifizierung durchführen, können durch Zuschüsse in Höhe der von ihnen mit der oder dem Auszubildenden vereinbarten Vergütung zuzüglich des pauschalierten Anteils am durchschnittlichen Gesamtsozialversicherungsbeitrag gefördert werden. [2] Der Zuschuss zur Vergütung ist auf 247 Euro monatlich begrenzt. [3] Die betriebliche Einstiegsqualifizierung dient der Vermittlung und Vertiefung von Grundlagen für den Erwerb beruflicher Handlungsfähigkeit. [4] Soweit die betriebliche Einstiegsqualifizierung als Berufsausbildungsvorbereitung nach dem Berufsbildungsgesetz durchgeführt wird, gelten die §§ 68 bis 70 des Berufsbildungsgesetzes.

(2) Eine Einstiegsqualifizierung kann für die Dauer von sechs bis längstens zwölf Monaten gefördert werden, wenn sie

1. auf der Grundlage eines Vertrags im Sinne des § 26 des Berufsbildungsgesetzes mit der oder dem Auszubildenden durchgeführt wird,
2. auf einen anerkannten Ausbildungsberuf im Sinne des § 4 Absatz 1 des Berufsbildungsgesetzes, § 25 Absatz 1 Satz 1 der Handwerksordnung, des Seearbeitsgesetzes, nach Teil 2 des Pflegeberufegesetzes oder des Altenpflegegesetzes vorbereitet und
3. in Vollzeit oder wegen der Erziehung eigener Kinder oder der Pflege von Familienangehörigen in Teilzeit von mindestens 20 Wochenstunden durchgeführt wird.

(3) [1]Der Abschluss des Vertrags ist der nach dem Berufsbildungsgesetz, im Fall der Vorbereitung auf einen nach Teil 2 des Pflegeberufegesetzes oder nach dem Altenpflegegesetz anerkannten Ausbildungsberuf der nach Landesrecht zuständigen Stelle anzuzeigen. [2]Die vermittelten Fertigkeiten, Kenntnisse und Fähigkeiten sind vom Betrieb zu bescheinigen. [3]Die zuständige Stelle stellt über die erfolgreich durchgeführte betriebliche Einstiegsqualifizierung ein Zertifikat aus.

(4) Förderungsfähig sind

1. bei der Agentur für Arbeit gemeldete Ausbildungsbewerberinnen und -bewerber mit aus individuellen Gründen eingeschränkten Vermittlungsperspektiven, die auch nach den bundesweiten Nachvermittlungsaktionen keine Ausbildungsstelle haben,
2. Ausbildungsuchende, die noch nicht in vollem Maße über die erforderliche Ausbildungsreife verfügen, und
3. lernbeeinträchtigte und sozial benachteiligte Ausbildungsuchende.

(5) [1]Die Förderung einer oder eines Auszubildenden, die oder der bereits eine betriebliche Einstiegsqualifizierung bei dem Antrag stellenden Betrieb oder in einem anderen Betrieb des Unternehmens durchlaufen hat, oder in einem Betrieb des Unternehmens oder eines verbundenen Unternehmens in den letzten drei Jahren vor Beginn der Einstiegsqualifizierung versicherungspflichtig beschäftigt war, ist ausgeschlossen. [2]Gleiches gilt, wenn die Einstiegsqualifizierung im Betrieb der Ehegatten, Lebenspartnerinnen oder Lebenspartner oder Eltern durchgeführt wird.

(6) [1]Teilnehmende an einer Einstiegsqualifizierung können durch Übernahme der Fahrkosten gefördert werden. [2]Für die Übernahme und die Höhe der Fahrkosten gilt § 63 Absatz 1 Satz 1 Nummer 1 und Absatz 3 entsprechend.

§ 55 Anordnungsermächtigung. Die Bundesagentur wird ermächtigt, durch Anordnung das Nähere zu bestimmen

1. über Art und Inhalt der berufsvorbereitenden Bildungsmaßnahmen und die hieran gestellten Anforderungen,
2. zu den Voraussetzungen für die Erstattung von Pauschalen, zum Verfahren der Erstattung von Pauschalen sowie zur Höhe von Pauschalen nach § 54 Nummer 3 sowie
3. über Voraussetzungen, Art, Umfang und Verfahren der Einstiegsqualifizierung.

Dritter Unterabschnitt. Berufsausbildungsbeihilfe

§ 56 Berufsausbildungsbeihilfe. (1) Auszubildende haben Anspruch auf Berufsausbildungsbeihilfe während einer Berufsausbildung, wenn

1. die Berufsausbildung förderungsfähig ist,
2. sie zum förderungsberechtigten Personenkreis gehören und
3. ihnen die erforderlichen Mittel zur Deckung des Bedarfs für den Lebensunterhalt, die Fahrkosten und die sonstigen Aufwendungen (Gesamtbedarf) nicht anderweitig zur Verfügung stehen.

(2) [1]Auszubildende haben Anspruch auf Berufsausbildungsbeihilfe während einer berufsvorbereitenden Bildungsmaßnahme nach § 51. [2]Teilnehmende an

einer Vorphase nach § 74 Absatz 1 Satz 2 haben Anspruch auf Berufsausbildungsbeihilfe wie Auszubildende in einer berufsvorbereitenden Bildungsmaßnahme. [3] Ausländerinnen und Ausländer, die eine Aufenthaltsgestattung nach dem Asylgesetz besitzen, sind in den Fällen der Sätze 1 und 2 nicht zum Bezug von Berufsausbildungsbeihilfe berechtigt.

§ 57 Förderungsfähige Berufsausbildung. (1) Eine Berufsausbildung ist förderungsfähig, wenn sie in einem nach dem Berufsbildungsgesetz, der Handwerksordnung oder dem Seearbeitsgesetz staatlich anerkannten Ausbildungsberuf betrieblich oder außerbetrieblich oder nach Teil 2, auch in Verbindung mit Teil 5, des Pflegeberufegesetzes oder dem Altenpflegegesetz betrieblich durchgeführt wird und der dafür vorgeschriebene Berufsausbildungsvertrag abgeschlossen worden ist.

(2) [1] Förderungsfähig ist die erste Berufsausbildung. [2] Eine zweite Berufsausbildung kann gefördert werden, wenn zu erwarten ist, dass eine berufliche Eingliederung dauerhaft auf andere Weise nicht erreicht werden kann und durch die zweite Berufsausbildung die berufliche Eingliederung erreicht wird.

(3) Nach der vorzeitigen Lösung eines Berufsausbildungsverhältnisses darf erneut gefördert werden, wenn für die Lösung ein berechtigter Grund bestand.

§ 58 Förderung im Ausland. (1) Eine Berufsausbildung, die teilweise im Ausland durchgeführt wird, ist auch für den im Ausland durchgeführten Teil förderungsfähig, wenn dieser Teil im Verhältnis zur Gesamtdauer der Berufsausbildung angemessen ist und die Dauer von einem Jahr nicht übersteigt.

(2) Eine betriebliche Berufsausbildung, die vollständig im angrenzenden Ausland oder in den übrigen Mitgliedstaaten der Europäischen Union durchgeführt wird, ist förderungsfähig, wenn

1. eine nach Bundes- oder Landesrecht zuständige Stelle bestätigt, dass die Berufsausbildung einer entsprechenden betrieblichen Berufsausbildung gleichwertig ist und
2. die Berufsausbildung im Ausland dem Erreichen des Bildungsziels und der Beschäftigungsfähigkeit besonders dienlich ist.

§ 59 *(aufgehoben)*

§ 60 Förderungsberechtigter Personenkreis bei Berufsausbildung.

(1) Die oder der Auszubildende ist bei einer Berufsausbildung förderungsberechtigt, wenn sie oder er

1. außerhalb des Haushalts der Eltern oder eines Elternteils wohnt und
2. die Ausbildungsstätte von der Wohnung der Eltern oder eines Elternteils aus nicht in angemessener Zeit erreichen kann.

(2) Absatz 1 Nummer 2 gilt nicht, wenn die oder der Auszubildende

1. 18 Jahre oder älter ist,
2. verheiratet oder in einer Lebenspartnerschaft verbunden ist oder war,
3. mit mindestens einem Kind zusammenlebt oder
4. aus schwerwiegenden sozialen Gründen nicht auf die Wohnung der Eltern oder eines Elternteils verwiesen werden kann.

(3) [1] Ausländerinnen und Ausländer, die eine Aufenthaltsgestattung nach dem Asylgesetz besitzen, sind während einer Berufsausbildung nicht zum Bezug von Berufsausbildungsbeihilfe berechtigt. [2] Geduldete Ausländerinnen und Ausländer sind während einer Berufsausbildung zum Bezug von Berufsausbildungsbeihilfe berechtigt, wenn die Voraussetzungen nach Absatz 1 in Verbindung mit Absatz 2 vorliegen und sie sich seit mindestens 15 Monaten ununterbrochen erlaubt, gestattet oder geduldet im Bundesgebiet aufhalten.

§ 61 Bedarf für den Lebensunterhalt bei Berufsausbildung. (1) Ist die oder der Auszubildende während der Berufsausbildung außerhalb des Haushalts der Eltern oder eines Elternteils untergebracht, wird der jeweils geltende Bedarf nach § 13 Absatz 1 Nummer 1 und Absatz 2 Nummer 2 des Bundesausbildungsförderungsgesetzes zugrunde gelegt.

(2) [1] Ist die oder der Auszubildende mit voller Verpflegung in einem Wohnheim, einem Internat oder in einer anderen sozialpädagogisch begleiteten Wohnform im Sinne des Achten Buches[1)] untergebracht, werden abweichend von Absatz 1 als Bedarf für den Lebensunterhalt die im Rahmen der §§ 78a bis 78g des Achten Buches vereinbarten Entgelte für Verpflegung und Unterbringung ohne sozialpädagogische Begleitung zuzüglich 103 Euro monatlich für sonstige Bedürfnisse zugrunde gelegt. [2] Als Bedarf für den Lebensunterhalt von Auszubildenden unter 27 Jahren werden zusätzlich die Entgelte für die sozialpädagogische Begleitung zugrunde gelegt, soweit diese nicht von Dritten erstattet werden. [3] Ist die oder der Auszubildende bereits in einer anderen sozialpädagogisch begleiteten Wohnform untergebracht, werden Leistungen für junge Menschen, die die Voraussetzungen des § 13 Absatz 1 des Achten Buchs erfüllen, vorrangig nach § 13 Absatz 3 des Achten Buches erbracht.

§ 62 Bedarf für den Lebensunterhalt bei berufsvorbereitenden Bildungsmaßnahmen. (1) Ist die oder der Auszubildende während einer berufsvorbereitenden Bildungsmaßnahme im Haushalt der Eltern oder eines Elternteils untergebracht, wird der jeweils geltende Bedarf nach § 12 Absatz 1 Nummer 1 des Bundesausbildungsförderungsgesetzes zugrunde gelegt.

(2) Ist die oder der Auszubildende außerhalb des Haushalts der Eltern oder eines Elternteils untergebracht, wird als Bedarf für den Lebensunterhalt der jeweils geltende Bedarf nach § 12 Absatz 2 Nummer 1 des Bundesausbildungsförderungsgesetzes zugrunde gelegt.

(3) [1] Ist die oder der Auszubildende mit voller Verpflegung in einem Wohnheim oder einem Internat untergebracht, werden abweichend von Absatz 2 als Bedarf für den Lebensunterhalt die im Rahmen der §§ 78a bis 78g des Achten Buches[1)] vereinbarten Entgelte für Verpflegung und Unterbringung ohne sozialpädagogische Begleitung zuzüglich 103 Euro monatlich für sonstige Bedürfnisse zugrunde gelegt. [2] Als Bedarf für den Lebensunterhalt von Auszubildenden unter 18 Jahren werden zusätzlich die Entgelte für die sozialpädagogische Begleitung zugrunde gelegt, soweit diese nicht von Dritten erstattet werden.

§ 63 Fahrkosten. (1) [1] Als Bedarf für Fahrkosten werden folgende Kosten der oder des Auszubildenden zugrunde gelegt:

[1)] Nr. 8.

1. Kosten für Fahrten zwischen Unterkunft, Ausbildungsstätte und Berufsschule (Pendelfahrten),
2. bei einer erforderlichen auswärtigen Unterbringung Kosten für die An- und Abreise und für eine monatliche Familienheimfahrt oder anstelle der Familienheimfahrt für eine monatliche Fahrt einer oder eines Angehörigen zum Aufenthaltsort der oder des Auszubildenden.

[2]Eine auswärtige Unterbringung ist erforderlich, wenn die Ausbildungsstätte vom Familienwohnort aus nicht in angemessener Zeit erreicht werden kann.

(2) [1]Abweichend von Absatz 1 Nummer 2 werden bei einer Förderung im Ausland folgende Kosten der oder des Auszubildenden zugrunde gelegt:

1. bei einem Ausbildungsort innerhalb Europas die Kosten für eine Hin- und Rückreise je Ausbildungshalbjahr,
2. bei einem Ausbildungsort außerhalb Europas die Kosten für eine Hin- und Rückreise je Ausbildungsjahr.

[2]In besonderen Härtefällen können die notwendigen Aufwendungen für eine weitere Hin- und Rückreise zugrunde gelegt werden.

(3) [1]Die Fahrkosten werden in Höhe des Betrags zugrunde gelegt, der bei Benutzung des zweckmäßigsten regelmäßig verkehrenden öffentlichen Verkehrsmittels in der niedrigsten Klasse zu zahlen ist; bei Benutzung sonstiger Verkehrsmittel wird für Fahrkosten die Höhe der Wegstreckenentschädigung nach § 5 Absatz 1 des Bundesreisekostengesetzes zugrunde gelegt. [2]Bei nicht geringfügigen Fahrpreiserhöhungen hat auf Antrag eine Anpassung zu erfolgen, wenn der Bewilligungszeitraum noch mindestens zwei weitere Monate andauert. [3]Kosten für Pendelfahrten werden nur bis zur Höhe des Betrags zugrunde gelegt, der nach § 86 insgesamt erbracht werden kann.

§ 64 Sonstige Aufwendungen. (1) Bei einer Berufsausbildung wird als Bedarf für sonstige Aufwendungen eine Pauschale für Kosten der Arbeitskleidung in Höhe von 14 Euro monatlich zugrunde gelegt.

(2) Bei einer berufsvorbereitenden Bildungsmaßnahme werden als Bedarf für sonstige Aufwendungen bei Auszubildenden, deren Schutz im Krankheits- oder Pflegefall nicht anderweitig sichergestellt ist, die Beiträge für eine freiwillige Krankenversicherung ohne Anspruch auf Krankengeld und die Beiträge zur Pflegepflichtversicherung bei einem Träger der gesetzlichen Kranken- und Pflegeversicherung oder, wenn dort im Einzelfall ein Schutz nicht gewährleistet ist, bei einem privaten Krankenversicherungsunternehmen zugrunde gelegt.

(3) [1]Bei einer Berufsausbildung und einer berufsvorbereitenden Bildungsmaßnahme werden als Bedarf für sonstige Aufwendungen die Kosten für die Betreuung der aufsichtsbedürftigen Kinder der oder des Auszubildenden in Höhe von 150 Euro monatlich je Kind zugrunde gelegt. [2]Darüber hinaus können sonstige Kosten anerkannt werden,

1. soweit sie durch die Berufsausbildung oder die Teilnahme an der berufsvorbereitenden Bildungsmaßnahme unvermeidbar entstehen,
2. soweit die Berufsausbildung oder die Teilnahme an der berufsvorbereitenden Bildungsmaßnahme andernfalls gefährdet ist und
3. wenn die Aufwendungen von der oder dem Auszubildenden oder ihren oder seinen Erziehungsberechtigten zu tragen sind.

§ 65 Besonderheiten beim Besuch des Berufsschulunterrichts in Blockform. (1) Für die Zeit des Berufsschulunterrichts in Blockform wird ein Bedarf zugrunde gelegt, der für Zeiten ohne Berufsschulunterricht zugrunde zu legen wäre.

(2) Eine Förderung allein für die Zeit des Berufsschulunterrichts in Blockform ist ausgeschlossen.

§ 66 Anpassung der Bedarfssätze. Für die Anpassung der Bedarfssätze gilt § 35 Satz 1 und 2 des Bundesausbildungsförderungsgesetzes entsprechend.

§ 67 Einkommensanrechnung. (1) Auf den Gesamtbedarf sind die Einkommen der folgenden Personen in der Reihenfolge ihrer Nennung anzurechnen:

1. der oder des Auszubildenden,
2. der Person, mit der die oder der Auszubildende verheiratet oder in einer Lebenspartnerschaft verbunden ist und von der sie oder er nicht dauernd getrennt lebt, und
3. der Eltern der oder des Auszubildenden.

(2) [1] Für die Ermittlung des Einkommens und dessen Anrechnung sowie die Berücksichtigung von Freibeträgen gelten § 11 Absatz 4 sowie die Vorschriften des Vierten Abschnitts des Bundesausbildungsförderungsgesetzes mit den hierzu ergangenen Rechtsverordnungen entsprechend. [2] Abweichend von

1. § 21 Absatz 1 des Bundesausbildungsförderungsgesetzes werden Werbungskosten der oder des Auszubildenden auf Grund der Berufsausbildung nicht berücksichtigt;
2. § 22 Absatz 1 des Bundesausbildungsförderungsgesetzes ist das Einkommen der oder des Auszubildenden maßgebend, das zum Zeitpunkt der Antragstellung absehbar ist; Änderungen bis zum Zeitpunkt der Entscheidung sind zu berücksichtigen;
3. § 23 Absatz 3 des Bundesausbildungsförderungsgesetzes bleiben 66 Euro der Ausbildungsvergütung und abweichend von § 25 Absatz 1 des Bundesausbildungsförderungsgesetzes zusätzlich ***[bis 31.7.2021:*** *669****]******[ab 1.8.2021:*** *709****]*** Euro anrechnungsfrei, wenn die Ausbildungsstätte von der Wohnung der Eltern oder eines Elternteils aus nicht in angemessener Zeit erreicht werden kann;
4. § 23 Absatz 4 Nummer 2 des Bundesausbildungsförderungsgesetzes werden Leistungen Dritter, die zur Aufstockung der Berufsausbildungsbeihilfe erbracht werden, nicht angerechnet.

(3) Bei einer Berufsausbildung im Betrieb der Eltern, der Ehefrau oder des Ehemanns oder der Lebenspartnerin oder des Lebenspartners ist für die Feststellung des Einkommens der oder des Auszubildenden mindestens die tarifliche Bruttoausbildungsvergütung als vereinbart zugrunde zu legen oder, soweit eine tarifliche Regelung nicht besteht, die ortsübliche Bruttoausbildungsvergütung, die in diesem Ausbildungsberuf bei einer Berufsausbildung in einem fremden Betrieb geleistet wird.

(4) [1] Für an berufsvorbereitenden Bildungsmaßnahmen Teilnehmende wird von einer Anrechnung des Einkommens abgesehen. [2] Satz 1 gilt nicht für Einkommen der Teilnehmenden aus einer nach diesem Buch oder vergleichbaren öffentlichen Programmen geförderten Maßnahme.

(5) [1]Das Einkommen der Eltern bleibt außer Betracht, wenn ihr Aufenthaltsort nicht bekannt ist oder sie rechtlich oder tatsächlich gehindert sind, im Inland Unterhalt zu leisten. [2]Das Einkommen ist ferner nicht anzurechnen, soweit ein Unterhaltsanspruch nicht besteht oder dieser verwirkt ist.

§ 68 Vorausleistung von Berufsausbildungsbeihilfe. (1) [1]Macht die oder der Auszubildende glaubhaft, dass ihre oder seine Eltern den nach den Vorschriften dieses Buches angerechneten Unterhaltsbetrag nicht leisten, oder kann das Einkommen der Eltern nicht berechnet werden, weil diese die erforderlichen Auskünfte nicht erteilen oder Urkunden nicht vorlegen, und ist die Berufsausbildung, auch unter Berücksichtigung des Einkommens der Ehefrau oder des Ehemanns oder der Lebenspartnerin oder des Lebenspartners im Bewilligungszeitraum, gefährdet, so wird nach Anhörung der Eltern ohne Anrechnung dieses Betrags Berufsausbildungsbeihilfe geleistet. [2]Von der Anhörung der Eltern kann aus wichtigem Grund abgesehen werden.

(2) [1]Ein Anspruch der oder des Auszubildenden auf Unterhaltsleistungen gegen ihre oder seine Eltern geht bis zur Höhe des anzurechnenden Unterhaltsanspruchs zusammen mit dem unterhaltsrechtlichen Auskunftsanspruch mit der Zahlung der Berufsausbildungsbeihilfe auf die Agentur für Arbeit über. [2]Die Agentur für Arbeit hat den Eltern die Förderung anzuzeigen. [3]Der Übergang wird nicht dadurch ausgeschlossen, dass der Anspruch nicht übertragen, nicht verpfändet oder nicht gepfändet werden kann. [4]Ist die Unterhaltsleistung trotz des Rechtsübergangs mit befreiender Wirkung an die Auszubildende oder den Auszubildenden gezahlt worden, hat die oder der Auszubildende diese insoweit zu erstatten.

(3) Für die Vergangenheit können die Eltern der oder des Auszubildenden nur von dem Zeitpunkt an in Anspruch genommen werden, ab dem

1. die Voraussetzungen des bürgerlichen Rechts vorgelegen haben oder
2. sie bei dem Antrag auf Ausbildungsförderung mitgewirkt haben oder von ihm Kenntnis erhalten haben und darüber belehrt worden sind, unter welchen Voraussetzungen dieses Buch eine Inanspruchnahme von Eltern ermöglicht.

(4) Berufsausbildungsbeihilfe wird nicht vorausgeleistet, soweit die Eltern bereit sind, Unterhalt entsprechend einer nach § 1612 Absatz 2 des Bürgerlichen Gesetzbuchs getroffenen Bestimmung zu leisten.

(5) [1]Die Agentur für Arbeit kann den auf sie übergegangenen Unterhaltsanspruch im Einvernehmen mit der oder dem Unterhaltsberechtigten auf diese oder diesen zur gerichtlichen Geltendmachung rückübertragen und sich den geltend gemachten Unterhaltsanspruch abtreten lassen. [2]Kosten, mit denen die oder der Unterhaltsberechtigte dadurch selbst belastet wird, sind zu übernehmen.

§ 69 Dauer der Förderung. (1) [1]Anspruch auf Berufsausbildungsbeihilfe besteht für die Dauer der Berufsausbildung oder die Dauer der berufsvorbereitenden Bildungsmaßnahme. [2]Über den Anspruch wird bei Berufsausbildung in der Regel für 18 Monate, im Übrigen in der Regel für ein Jahr (Bewilligungszeitraum) entschieden.

(2) Für Fehlzeiten besteht in folgenden Fällen Anspruch auf Berufsausbildungsbeihilfe:

1. bei Krankheit längstens bis zum Ende des dritten auf den Eintritt der Krankheit folgenden Kalendermonats, im Fall einer Berufsausbildung jedoch nur, solange das Berufsausbildungsverhältnis fortbesteht,
2. für Zeiten einer Schwangerschaft oder nach der Entbindung, wenn
   a) bei einer Berufsausbildung die Fehlzeit durch ein Beschäftigungsverbot oder eine Schutzfrist aufgrund der Schwangerschaft oder der Geburt entsteht oder
   b) bei einer berufsvorbereitenden Bildungsmaßnahme die Maßnahme nicht länger als 14 Wochen, im Fall von Früh- oder Mehrlingsgeburten oder, wenn vor Ablauf von acht Wochen nach der Entbindung bei dem Kind eine Behinderung im Sinne von § 2 Absatz 1 des Neunten Buches Sozialgesetzbuch[1)] ärztlich festgestellt wird, nicht länger als 18 Wochen (§ 3 des Mutterschutzgesetzes) unterbrochen wird,
3. wenn bei einer Berufsausbildung die oder der Auszubildende aus einem sonstigen Grund der Berufsausbildung fernbleibt und die Ausbildungsvergütung weitergezahlt oder an deren Stelle eine Ersatzleistung erbracht wird oder
4. wenn bei einer berufsvorbereitenden Bildungsmaßnahme ein sonstiger wichtiger Grund für das Fernbleiben der oder des Auszubildenden vorliegt.

§ 70 Berufsausbildungsbeihilfe für Arbeitslose. [1]Arbeitslose, die zu Beginn der berufsvorbereitenden Bildungsmaßnahme anderenfalls Anspruch auf Arbeitslosengeld gehabt hätten, der höher ist als der zugrunde zu legende Bedarf für den Lebensunterhalt, haben Anspruch auf Berufsausbildungsbeihilfe in Höhe des Arbeitslosengeldes. [2]In diesem Fall wird Einkommen, das die oder der Arbeitslose aus einer neben der berufsvorbereitenden Bildungsmaßnahme ausgeübten Beschäftigung oder selbständigen Tätigkeit erzielt, in gleicher Weise angerechnet wie bei der Leistung von Arbeitslosengeld.

§ 71 Auszahlung. [1]Monatliche Förderungsbeträge der Berufsausbildungsbeihilfe, die nicht volle Euro ergeben, sind bei Restbeträgen unter 0,50 Euro abzurunden und im Übrigen aufzurunden. [2]Nicht geleistet werden monatliche Förderungsbeträge unter 10 Euro.

§ 72 Anordnungsermächtigung. Die Bundesagentur wird ermächtigt, durch Anordnung das Nähere über Voraussetzungen, Umfang und Verfahren der Förderung zu bestimmen.

Vierter Unterabschnitt. Berufsausbildung

§ 73 Zuschüsse zur Ausbildungsvergütung behinderter und schwerbehinderter Menschen. (1) Arbeitgeber können für die betriebliche Aus- oder Weiterbildung von behinderten und schwerbehinderten Menschen im Sinne des § 187 Absatz 1 Nummer 3 Buchstabe e des Neunten Buches[1)] durch Zuschüsse zur Ausbildungsvergütung oder zu einer vergleichbaren Vergütung gefördert werden, wenn die Aus- oder Weiterbildung sonst nicht zu erreichen ist.

(2) [1]Die monatlichen Zuschüsse sollen regelmäßig 60 Prozent, bei schwerbehinderten Menschen 80 Prozent der monatlichen Ausbildungsvergütung für

---

[1)] Nr. 9.

das letzte Ausbildungsjahr oder der vergleichbaren Vergütung einschließlich des darauf entfallenden pauschalierten Arbeitgeberanteils am Gesamtsozialversicherungsbeitrag nicht übersteigen. [2] In begründeten Ausnahmefällen können Zuschüsse jeweils bis zur Höhe der Ausbildungsvergütung für das letzte Ausbildungsjahr erbracht werden.

(3) Bei Übernahme schwerbehinderter Menschen in ein Arbeitsverhältnis durch den ausbildenden oder einen anderen Arbeitgeber im Anschluss an eine abgeschlossene Aus- oder Weiterbildung kann ein Eingliederungszuschuss in Höhe von bis zu 70 Prozent des zu berücksichtigenden Arbeitsentgelts (§ 91) für die Dauer von einem Jahr erbracht werden, sofern während der Aus- oder Weiterbildung Zuschüsse erbracht wurden.

§ 74 Assistierte Ausbildung. (1) [1] Die Agentur für Arbeit kann förderungsberechtige junge Menschen und deren Ausbildungsbetriebe während einer betrieblichen Berufsausbildung oder einer Einstiegsqualifizierung (begleitende Phase) durch Maßnahmen der Assistierten Ausbildung fördern. [2] Die Maßnahme kann auch eine vorgeschaltete Phase enthalten, die die Aufnahme einer betrieblichen Berufsausbildung unterstützt (Vorphase).

(2) [1] Ziele der Assistierten Ausbildung sind

1. die Aufnahme einer Berufsausbildung und
2. die Hinführung auf den Abschluss der betrieblichen Berufsausbildung.

[2] Das Ziel der Assistierten Ausbildung ist auch erreicht, wenn der junge Mensch seine betriebliche Berufsausbildung ohne die Unterstützung fortsetzen und abschließen kann.

(3) [1] Förderungsberechtigt sind junge Menschen, die ohne Unterstützung

1. eine Berufsausbildung nicht aufnehmen oder fortsetzen können oder voraussichtlich Schwierigkeiten haben werden, die Berufsausbildung abzuschließen, oder
2. wegen in ihrer Person liegender Gründe
   a) nach der vorzeitigen Lösung eines betrieblichen Berufsausbildungsverhältnisses eine weitere Berufsausbildung nicht aufnehmen oder
   b) nach Abschluss einer mit Assistierter Ausbildung unterstützten Berufsausbildung ein Arbeitsverhältnis nicht begründen oder festigen können.

[2] Förderungsberechtigt sind auch junge Menschen, die wegen in ihrer Person liegender Gründe während einer Einstiegsqualifizierung zusätzlicher Unterstützung bedürfen. [3] Die Förderungsberechtigung endet im Fall des Satzes 1 Nummer 2 Buchstabe b spätestens sechs Monate nach Begründung eines Arbeitsverhältnisses oder spätestens ein Jahr nach Ende der Berufsausbildung.

(4) [1] Der junge Mensch wird, auch im Betrieb, individuell und kontinuierlich unterstützt und sozialpädagogisch begleitet. [2] Ihm steht beim Träger der Assistierten Ausbildung über die gesamte Laufzeit der Förderung insbesondere eine feste Ausbildungsbegleiterin oder ein fester Ausbildungsbegleiter zur Verfügung.

(5) § 57 Absatz 1 gilt entsprechend.

(6) Mit der Durchführung von Maßnahmen der Assistierten Ausbildung beauftragt die Agentur für Arbeit Träger unter Anwendung des Vergaberechts.

(7) [1] Die Bundesagentur soll bei der Umsetzung der Assistierten Ausbildung mit den Ländern zusammenarbeiten. [2] Durch die Zusammenarbeit sollen unter Berücksichtigung regionaler Besonderheiten Möglichkeiten einer Koordination der Akteure eröffnet und dadurch eine hohe Wirksamkeit der Maßnahme im Ausbildungsmarkt erreicht werden. [3] Die Bundesagentur kann ergänzende Leistungen der Länder berücksichtigen. [4] Das gilt insbesondere für Leistungen der Länder zur Förderung nicht nach Absatz 5 förderungsfähiger Berufsausbildungen.

§ 75 Begleitende Phase der Assistierten Ausbildung. (1) In der begleitenden Phase sind auch junge Menschen förderungsberechtigt, die zusätzlich zu der in § 74 Absatz 3 Satz 1 Nummer 1 genannten Voraussetzung abweichend von § 30 Absatz 1 des Ersten Buches[1)] ihren Wohnsitz und ihren gewöhnlichen Aufenthalt außerhalb von Deutschland haben, deren Ausbildungsbetrieb aber in Deutschland liegt.

(2) Die begleitende Phase umfasst

1. sozialpädagogische Begleitung,
2. Maßnahmen zur Stabilisierung des Berufsausbildungsverhältnisses oder der Einstiegsqualifizierung,
3. Angebote zum Abbau von Bildungs- und Sprachdefiziten und
4. Angebote zur Vermittlung fachtheoretischer Fertigkeiten, Kenntnissen und Fähigkeiten.

(3) [1] Die Agentur für Arbeit legt die erforderlichen Unterstützungselemente nach Beratung des förderungsberechtigten jungen Menschen in Abstimmung mit dem Träger der Maßnahme im Einzelfall fest. [2] Sie überprüft die Erforderlichkeit regelmäßig in Abstimmung mit dem Träger.

(4) Die individuelle Unterstützung des jungen Menschen ist durch den Träger der Maßnahme mit dem Ausbildungsbetrieb abzustimmen.

(5) In den Fällen des § 74 Absatz 3 Satz 1 Nummer 2 in Verbindung mit Satz 3 kann der junge Mensch in der begleitenden Phase gefördert werden, ohne dass ein betriebliches Berufsausbildungsverhältnis besteht oder eine Einstiegsqualifizierung durchgeführt wird.

(6) Aufgaben des Ausbildungsbetriebes bei der und Verantwortung desselben für die Durchführung der Berufsausbildung oder der Einstiegsqualifizierung bleiben unberührt.

(7) Betriebe, die einen mit Assistierter Ausbildung geförderten jungen Menschen ausbilden, können bei der Durchführung der Berufsausbildung oder der Einstiegsqualifizierung

1. administrativ und organisatorisch sowie
2. zur Stabilisierung des Berufsausbildungsverhältnisses oder der Einstiegsqualifizierung

unterstützt werden.

§ 75a Vorphase der Assistierten Ausbildung. (1) [1] In der Vorphase sind junge Menschen förderungsberechtigt, wenn sie zusätzlich zu der in § 74 Absatz 3 Satz 1 Nummer 1 genannten Voraussetzung die Vollzeitschulpflicht

---

[1)] Nr. **1**.

nach den Gesetzen der Länder erfüllt haben. [2] Ausländerinnen und Ausländer sind förderungsberechtigt, wenn die Voraussetzungen nach Satz 1 vorliegen und sie eine Erwerbstätigkeit ausüben dürfen oder ihnen eine Erwerbstätigkeit erlaubt werden kann. [3] Für eine Unterstützung in dieser Phase müssen Ausländerinnen und Ausländer, die eine Aufenthaltsgestattung nach dem Asylgesetz oder eine Duldung besitzen, zudem

1. sich seit mindestens 15 Monaten erlaubt, gestattet oder geduldet im Bundesgebiet aufhalten und
2. schulische Kenntnisse und Kenntnisse der deutschen Sprache besitzen, die einen erfolgreichen Übergang in eine Berufsausbildung erwarten lassen.

[4] Gestattete oder geduldete Ausländerinnen oder Ausländer, die vor dem 1. August 2019 in das Bundesgebiet eingereist sind, müssen sich abweichend von Satz 3 Nummer 1 seit mindestens drei Monaten erlaubt, gestattet oder geduldet dort aufhalten.

(2) [1] In der Vorphase wird der junge Mensch bei der Suche nach und Aufnahme einer betrieblichen Berufsausbildung unterstützt. [2] Abgestimmt auf den individuellen Förderbedarf sind in angemessenem Umfang betriebliche Praktika vorzusehen.

(3) [1] Die Vorphase darf eine Dauer von bis zu sechs Monaten umfassen. [2] Konnte der junge Mensch in dieser Zeit nicht in eine betriebliche Berufsausbildung vermittelt werden, kann die ausbildungsvorbereitende Phase bis zu zwei weitere Monate fortgesetzt werden.

(4) Die Vorphase darf nicht den Schulgesetzen der Länder unterliegen.

(5) Betriebe, die das Ziel verfolgen, einen förderungsberechtigen jungen Menschen auszubilden, können bei der Vorbereitung zur Aufnahme der Berufsausbildung durch den jungen Menschen durch die Vorphase im Sinne von § 75 Absatz 7 unterstützt werden.

§ 76 Außerbetriebliche Berufsausbildung. (1) [1] Die Agentur für Arbeit kann förderungsberechtigte junge Menschen durch eine nach § 57 Absatz 1 förderungsfähige Berufsausbildung in einer außerbetrieblichen Einrichtung (außerbetriebliche Berufsausbildung) fördern. [2] Der Anteil betrieblicher Ausbildungsphasen je Ausbildungsjahr muss angemessen sein.

(2) [1] Während der Durchführung einer außerbetrieblichen Berufsausbildung sind alle Möglichkeiten wahrzunehmen, um den Übergang der oder des Auszubildenden in ein betriebliches Berufsausbildungsverhältnis zu unterstützen. [2] Die Agentur für Arbeit zahlt dem Träger, der die außerbetriebliche Berufsausbildung durchführt, für jede vorzeitige und nachhaltige Vermittlung aus einer außerbetrieblichen Berufsausbildung in eine betriebliche Berufsausbildung eine Pauschale in Höhe von 2 000 Euro. [3] Die Vermittlung gilt als vorzeitig, wenn die oder der Auszubildende spätestens zwölf Monate vor dem vertraglichen Ende der außerbetrieblichen Berufsausbildung vermittelt worden ist. [4] Die Vermittlung gilt als nachhaltig, wenn das Berufsausbildungsverhältnis länger als vier Monate fortbesteht. [5] Die Pauschale wird für jede Auszubildende und jeden Auszubildenden nur einmal gezahlt.

(2a) Die Gestaltung des Lehrplans, die Unterrichtsmethode und die Güte der zum Einsatz vorgesehenen Lehr- und Lernmittel müssen eine erfolgreiche Berufsausbildung erwarten lassen.

(3) Ist ein betriebliches oder außerbetriebliches Berufsausbildungsverhältnis vorzeitig gelöst worden, kann die Agentur für Arbeit die Auszubildende oder den Auszubildenden auch durch Fortsetzung der Berufsausbildung in einer außerbetrieblichen Einrichtung fördern.

(4) Wird ein außerbetriebliches Berufsausbildungsverhältnis vorzeitig gelöst, hat der Träger der Maßnahme eine Bescheinigung über bereits erfolgreich absolvierte Teile der Berufsausbildung auszustellen.

(5) Förderungsberechtigt sind junge Menschen,

1. die lernbeeinträchtigt oder sozial benachteiligt sind und wegen in ihrer Person liegender Gründe auch mit ausbildungsfördernden Leistungen nach diesem Buch eine Berufsausbildung in einem Betrieb nicht aufnehmen können oder
2. deren betriebliches oder außerbetriebliches Berufsausbildungsverhältnis vorzeitig gelöst worden ist und deren Eingliederung in betriebliche Berufsausbildung auch mit ausbildungsfördernden Leistungen nach diesem Buch aussichtslos ist, sofern zu erwarten ist, dass sie die Berufsausbildung erfolgreich abschließen können.

(6) [1] Nicht förderungsberechtigt sind

1. Ausländerinnen und Ausländer, die weder in der Bundesrepublik Deutschland Arbeitnehmerinnen, Arbeitnehmer oder Selbständige noch auf Grund des § 2 Absatz 3 des Freizügigkeitsgesetzes/EU freizügigkeitsberechtigt sind, und ihre Familienangehörigen für die ersten drei Monate ihres Aufenthalts,
2. Ausländerinnen und Ausländer,
   a) die kein Aufenthaltsrecht haben oder
   b) deren Aufenthaltsrecht sich allein aus dem Zweck der Arbeitsuche, der Suche nach einem Ausbildungs- oder Studienplatz, der Ausbildung oder des Studiums ergibt,

   und ihre Familienangehörigen,
3. Leistungsberechtigte nach § 1 des Asylbewerberleistungsgesetzes.

[2] Satz 1 Nummer 1 gilt nicht für Ausländerinnen und Ausländer, die sich mit einem Aufenthaltstitel nach Kapitel 2 Abschnitt 5 des Aufenthaltsgesetzes in der Bundesrepublik Deutschland aufhalten. [3] Abweichend von Satz 1 Nummer 2 können Ausländerinnen und Ausländer und ihre Familienangehörigen gefördert werden, wenn sie seit mindestens fünf Jahren ihren gewöhnlichen Aufenthalt im Bundesgebiet haben; dies gilt nicht, wenn der Verlust des Rechts nach § 2 Absatz 1 des Freizügigkeitsgesetzes/EU festgestellt wurde. [4] Die Frist nach Satz 3 beginnt mit der Anmeldung bei der zuständigen Meldebehörde. [5] Zeiten des nicht rechtmäßigen Aufenthalts, in denen eine Ausreisepflicht besteht, werden auf Zeiten des gewöhnlichen Aufenthalts nicht angerechnet.

(7) [1] Die Agentur für Arbeit erstattet dem Träger, der die außerbetriebliche Berufsausbildung durchführt, die von diesem an die Auszubildende oder den Auszubildenden zu zahlende Ausbildungsvergütung, jedoch höchstens den Betrag nach § 17 Absatz 2 des Berufsbildungsgesetzes. [2] Der Betrag erhöht sich um den vom Träger zu tragenden Anteil am Gesamtsozialversicherungsbeitrag.

(8) Mit der Durchführung von Maßnahmen der außerbetrieblichen Berufsausbildung beauftragt die Agentur für Arbeit Träger unter Anwendung des Vergaberechts.

§§ 77–79 *(aufgehoben)*

§ 80 Anordnungsermächtigung. Die Bundesagentur wird ermächtigt, durch Anordnung das Nähere über Voraussetzungen, Art, Umfang und Verfahren der Förderung zu bestimmen.

Fünfter Unterabschnitt. Jugendwohnheime

§ 80a Förderung von Jugendwohnheimen. [1] Träger von Jugendwohnheimen können durch Darlehen und Zuschüsse gefördert werden, wenn dies zum Ausgleich auf dem Ausbildungsmarkt und zur Förderung der Berufsausbildung erforderlich ist und die Träger oder Dritte sich in angemessenem Umfang an den Kosten beteiligen. [2] Leistungen können erbracht werden für den Aufbau, die Erweiterung, den Umbau und die Ausstattung von Jugendwohnheimen.

§ 80b Anordnungsermächtigung. Die Bundesagentur wird ermächtigt, durch Anordnung das Nähere über Voraussetzungen, Art, Umfang und Verfahren der Förderung zu bestimmen.

Vierter Abschnitt. Berufliche Weiterbildung

§ 81 Grundsatz. (1) [1] Arbeitnehmerinnen und Arbeitnehmer können bei beruflicher Weiterbildung durch Übernahme der Weiterbildungskosten gefördert werden, wenn

1. die Weiterbildung notwendig ist, um sie bei Arbeitslosigkeit beruflich einzugliedern oder eine ihnen drohende Arbeitslosigkeit abzuwenden,
2. die Agentur für Arbeit sie vor Beginn der Teilnahme beraten hat und
3. die Maßnahme und der Träger der Maßnahme für die Förderung zugelassen sind.

[2] Als Weiterbildung gilt die Zeit vom ersten Tag bis zum letzten Tag der Maßnahme mit Unterrichtsveranstaltungen, es sei denn, die Maßnahme ist vorzeitig beendet worden.

(1a) Anerkannt wird die Notwendigkeit der Weiterbildung bei arbeitslosen Arbeitnehmerinnen und Arbeitnehmern auch, wenn durch den Erwerb erweiterter beruflicher Kompetenzen die individuelle Beschäftigungsfähigkeit verbessert wird und sie nach Lage und Entwicklung des Arbeitsmarktes zweckmäßig ist.

(2) [1] Der nachträgliche Erwerb eines Berufsabschlusses durch Arbeitnehmerinnen und Arbeitnehmer wird durch Übernahme der Weiterbildungskosten gefördert, wenn die Arbeitnehmerinnen und Arbeitnehmer

1. nicht über einen Berufsabschluss verfügen, für den nach bundes- oder landesrechtlichen Vorschriften eine Ausbildungsdauer von mindestens zwei Jahren festgelegt ist, oder aufgrund einer mehr als vier Jahre ausgeübten Beschäftigung in an- oder ungelernter Tätigkeit eine ihrem Berufsabschluss entsprechende Beschäftigung voraussichtlich nicht mehr ausüben können,
2. für den angestrebten Beruf geeignet sind,
3. voraussichtlich erfolgreich an der Maßnahme teilnehmen werden und
4. mit dem angestrebten Beruf ihre Beschäftigungschancen verbessern.

[2] Arbeitnehmerinnen und Arbeitnehmer ohne Berufsabschluss, die noch nicht drei Jahre beruflich tätig gewesen sind, werden nur gefördert, wenn eine

Berufsausbildung oder eine berufsvorbereitende Bildungsmaßnahme aus in ihrer Person liegenden Gründen nicht möglich oder nicht zumutbar ist oder die Weiterbildung in einem Engpassberuf angestrebt wird. [3] Zeiten der Arbeitslosigkeit, der Kindererziehung und der Pflege pflegebedürftiger Personen mit mindestens Pflegegrad 2 stehen Zeiten einer Beschäftigung nach Satz 1 Nummer 1 gleich. [4] Absatz 1 Satz 1 Nummer 2 und 3 und Satz 2 gelten entsprechend.

(3) [1] Arbeitnehmerinnen und Arbeitnehmer werden durch Übernahme der Weiterbildungskosten zum nachträglichen Erwerb des Hauptschulabschlusses oder eines gleichwertigen Schulabschlusses gefördert, wenn

1. sie die Voraussetzungen für die Förderung der beruflichen Weiterbildung nach Absatz 1 erfüllen und
2. zu erwarten ist, dass sie an der Maßnahme erfolgreich teilnehmen werden.

[2] Absatz 2 Satz 2 gilt entsprechend. [3] Die Leistung wird nur erbracht, soweit sie nicht für den gleichen Zweck durch Dritte erbracht wird. [4] Die Agentur für Arbeit hat darauf hinzuwirken, dass sich die für die allgemeine Schulbildung zuständigen Länder an den Kosten der Maßnahme beteiligen. [5] Leistungen Dritter zur Aufstockung der Leistung bleiben anrechnungsfrei.

(3a) Arbeitnehmerinnen und Arbeitnehmer können zum Erwerb von Grundkompetenzen durch Übernahme der Weiterbildungskosten gefördert werden, wenn

1. die in Absatz 1 genannten Voraussetzungen für die Förderung der beruflichen Weiterbildung erfüllt sind,
2. die Arbeitnehmerinnen und Arbeitnehmer nicht über ausreichende Grundkompetenzen verfügen, um erfolgreich an einer beruflichen Weiterbildung teilzunehmen, die zu einem Abschluss in einem Ausbildungsberuf führt, für den nach bundes- oder landesrechtlichen Vorschriften eine Ausbildungsdauer von mindestens zwei Jahren festgelegt ist, und
3. nach einer Teilnahme an der Maßnahme zum Erwerb von Grundkompetenzen der erfolgreiche Abschluss einer beruflichen Weiterbildung nach Nummer 2 erwartet werden kann.

(4) [1] Der Arbeitnehmerin oder dem Arbeitnehmer wird das Vorliegen der Voraussetzungen für eine Förderung bescheinigt (Bildungsgutschein). [2] Der Bildungsgutschein kann zeitlich befristet sowie regional und auf bestimmte Bildungsziele beschränkt werden. [3] Der von der Arbeitnehmerin oder vom Arbeitnehmer ausgewählte Träger hat der Agentur für Arbeit den Bildungsgutschein vor Beginn der Maßnahme vorzulegen. [4] Die Agentur für Arbeit kann auf die Ausstellung eines Bildungsgutscheins bei beschäftigten Arbeitnehmerinnen und Arbeitnehmern verzichten, wenn

1. der Arbeitgeber und die Arbeitnehmerin oder der Arbeitnehmer damit einverstanden sind oder
2. die Arbeitnehmerin oder der Arbeitnehmer oder die Betriebsvertretung das Einverständnis zu der Qualifizierung nach § 82 Absatz 6 Satz 1 Nummer 2 erklärt haben.

§ 82 Förderung beschäftigter Arbeitnehmerinnen und Arbeitnehmer.

(1) [1] Arbeitnehmerinnen und Arbeitnehmer können abweichend von § 81 bei beruflicher Weiterbildung im Rahmen eines bestehenden Arbeitsverhält-

nisses durch volle oder teilweise Übernahme der Weiterbildungskosten gefördert werden, wenn

1. Fertigkeiten, Kenntnisse und Fähigkeiten vermittelt werden, die über ausschließlich arbeitsplatzbezogene kurzfristige Anpassungsfortbildungen hinausgehen,
2. der Erwerb des Berufsabschlusses, für den nach bundes- oder landesrechtlichen Vorschriften eine Ausbildungsdauer von mindestens zwei Jahren festgelegt ist, in der Regel mindestens vier Jahre zurückliegt,
3. die Arbeitnehmerin oder der Arbeitnehmer in den letzten vier Jahren vor Antragsstellung nicht an einer nach dieser Vorschrift geförderten beruflichen Weiterbildung teilgenommen hat,
4. die Maßnahme außerhalb des Betriebes oder von einem zugelassenen Träger im Betrieb, dem sie angehören, durchgeführt wird und mehr als 120 Stunden dauert und
5. die Maßnahme und der Träger der Maßnahme für die Förderung zugelassen sind.

[2] Die Förderung soll darauf gerichtet sein, Arbeitnehmerinnen und Arbeitnehmern, die berufliche Tätigkeiten ausüben, die durch Technologien ersetzt werden können oder in sonstiger Weise vom Strukturwandel betroffen sind, eine Anpassung und Fortentwicklung ihrer beruflichen Kompetenzen zu ermöglichen, um den genannten Herausforderungen besser begegnen zu können. [3] Gleiches gilt für Arbeitnehmerinnen und Arbeitnehmer, die eine Weiterbildung in einem Engpassberuf anstreben. [4] Die Sätze 2 und 3 gelten nicht, wenn die Arbeitnehmerinnen und Arbeitnehmer einem Betrieb mit weniger als 250 Beschäftigten angehören und soweit sie nach dem 31. Dezember 2020 mit der Teilnahme beginnen, das 45. Lebensjahr vollendet haben oder schwerbehindert im Sinne des § 2 Absatz 2 des Neunten Buches[1)] sind. [5] Ausgeschlossen von der Förderung ist die Teilnahme an Maßnahmen, zu deren Durchführung der Arbeitgeber auf Grund bundes- oder landesrechtlicher Regelungen verpflichtet ist.

(2) [1] Nach Absatz 1 soll nur gefördert werden, wenn sich der Arbeitgeber in angemessenem Umfang an den Lehrgangskosten beteiligt. [2] Angemessen ist die Beteiligung, wenn der Betrieb, dem die Arbeitnehmerin oder der Arbeitnehmer angehört,

1. mindestens zehn und weniger als 250 Beschäftigte hat und der Arbeitgeber mindestens 50 Prozent,
2. 250 Beschäftigte und weniger als 2 500 Beschäftigte hat und der Arbeitgeber mindestens 75 Prozent,
3. 2 500 Beschäftigte oder mehr hat und der Arbeitgeber mindestens 85 Prozent,

der Lehrgangskosten trägt. [3] Abweichend von Satz 1 soll in Betrieben mit weniger als zehn Beschäftigten von einer Kostenbeteiligung des Arbeitgebers abgesehen werden. [4] Bei Betrieben mit weniger als 250 Beschäftigten kann von einer Kostenbeteiligung des Arbeitgebers abgesehen werden, wenn die Arbeitnehmerin oder der Arbeitnehmer

1. bei Beginn der Teilnahme das 45. Lebensjahr vollendet hat oder

---

1) Nr. 9.

2. schwerbehindert im Sinne des § 2 Absatz 2 des Neunten Buches ist.

(3) [1] Für die berufliche Weiterbildung von Arbeitnehmerinnen und Arbeitnehmern können Arbeitgeber durch Zuschüsse zum Arbeitsentgelt gefördert werden, soweit die Weiterbildung im Rahmen eines bestehenden Arbeitsverhältnisses durchgeführt wird. [2] Die Zuschüsse können für Arbeitnehmerinnen und Arbeitnehmer, bei denen die Voraussetzungen für eine Weiterbildungsförderung wegen eines fehlenden Berufsabschlusses nach § 81 Absatz 2 erfüllt sind, bis zur Höhe des Betrags erbracht werden, der sich als anteiliges Arbeitsentgelt für weiterbildungsbedingte Zeiten ohne Arbeitsleistung errechnet. [3] Dieses umfasst auch den darauf entfallenden pauschalen Arbeitgeberanteil am Gesamtsozialversicherungsbeitrag. [4] Im Übrigen können bei Vorliegen der Voraussetzungen nach Absatz 1 Zuschüsse für Arbeitnehmerinnen und Arbeitnehmer in Betrieben mit

1. weniger als zehn Beschäftigten in Höhe von bis zu 75 Prozent,
2. mindestens zehn und weniger als 250 Beschäftigten in Höhe von bis zu 50 Prozent,
3. 250 Beschäftigten oder mehr in Höhe von bis zu 25 Prozent

des berücksichtigungsfähigen Arbeitsentgelts nach den Sätzen 2 und 3 erbracht werden.

(4) [1] Bei Vorliegen einer Betriebsvereinbarung über die berufliche Weiterbildung oder eines Tarifvertrages, der betriebsbezogen berufliche Weiterbildung vorsieht, verringert sich die Mindestbeteiligung des Arbeitgebers an den Lehrgangskosten nach Absatz 2 unabhängig von der Betriebsgröße um fünf Prozentpunkte. [2] Die Zuschüsse zum Arbeitsentgelt nach Absatz 3 Satz 4 können bei Vorliegen der Voraussetzungen nach Satz 1 um fünf Prozentpunkte erhöht werden.

(5) [1] Die Beteiligung des Arbeitgebers an den Lehrgangskosten nach Absatz 2 verringert sich um jeweils 10 Prozentpunkte, wenn die beruflichen Kompetenzen von mindestens 20 Prozent, im Fall des Absatzes 2 Satz 2 Nummer 1 10 Prozent, der Beschäftigten eines Betriebes den betrieblichen Anforderungen voraussichtlich nicht oder teilweise nicht mehr entsprechen. [2] Die Zuschüsse zum Arbeitsentgelt nach Absatz 3 Satz 4 können bei Vorliegen der Voraussetzungen nach Satz 1 um 10 Prozentpunkte erhöht werden.

(6) [1] Der Antrag auf Förderung nach Absatz 1 kann auch vom Arbeitgeber gestellt und die Förderleistungen an diesen erbracht werden, wenn

1. der Antrag mehrere Arbeitnehmerinnen oder Arbeitnehmer betrifft, bei denen Vergleichbarkeit hinsichtlich Qualifikation, Bildungsziel oder Weiterbildungsbedarf besteht, und
2. diese Arbeitnehmerinnen oder Arbeitnehmer oder die Betriebsvertretung ihr Einverständnis hierzu erklärt haben.

[2] Bei der Ermessensentscheidung über die Höhe der Förderleistungen nach den Absätzen 1 bis 5 kann die Agentur für Arbeit die individuellen und betrieblichen Belange pauschalierend für alle betroffenen Arbeitnehmerinnen und Arbeitnehmer einheitlich und maßnahmebezogen berücksichtigen und die Leistungen als Gesamtleistung bewilligen. [3] Der Arbeitgeber hat der Agentur für Arbeit die Weiterleitung der Leistungen für Kosten, die den Arbeitnehmerinnen und Arbeitnehmern sowie dem Träger der Maßnahme unmittelbar ent-

stehen, spätestens drei Monate nach Ende der Maßnahme nachzuweisen. [4] § 83 Absatz 2 bleibt unberührt.

(7) [1] § 81 Absatz 4 findet Anwendung. [2] Der Bildungsgutschein kann in Förderhöhe und Förderumfang beschränkt werden. [3] Bei der Feststellung der Zahl der Beschäftigten sind zu berücksichtigen,

1. Teilzeitbeschäftigte mit einer regelmäßigen wöchentlichen Arbeitszeit von
   a) nicht mehr als zehn Stunden mit 0,25,
   b) nicht mehr als 20 Stunden mit 0,50 und
   c) nicht mehr als 30 Stunden mit 0,75 und
2. im Rahmen der Bestimmung der Betriebsgröße nach den Absätzen 1 bis 3 sämtliche Beschäftigte des Unternehmens, dem der Betrieb angehört, und, falls das Unternehmen einem Konzern angehört, die Zahl der Beschäftigten des Konzerns.

(8) Bei der Ausübung des Ermessens hat die Agentur für Arbeit die unterschiedlichen Betriebsgrößen angemessen zu berücksichtigen.

(9) Die Förderung von Arbeitnehmerinnen und Arbeitnehmern in Maßnahmen, die während des Bezugs von Kurzarbeitergeld beginnen, ist bis zum 31. Juli 2023 ausgeschlossen.

§ 83 Weiterbildungskosten. (1) Weiterbildungskosten sind die durch die Weiterbildung unmittelbar entstehenden

1. Lehrgangskosten und Kosten für die Eignungsfeststellung,
2. Fahrkosten,
3. Kosten für auswärtige Unterbringung und Verpflegung,
4. Kosten für die Betreuung von Kindern.

(2) [1] Leistungen können unmittelbar an den Träger der Maßnahme ausgezahlt werden, soweit Kosten bei dem Träger unmittelbar entstehen. [2] Soweit ein Bescheid über die Bewilligung von unmittelbar an den Träger erbrachten Leistungen aufgehoben worden ist, sind diese Leistungen ausschließlich von dem Träger zu erstatten.

§ 84 Lehrgangskosten. (1) Lehrgangskosten sind Lehrgangsgebühren einschließlich

1. der Kosten für erforderliche Lernmittel, Arbeitskleidung und Prüfungsstücke,
2. der Prüfungsgebühren für gesetzlich geregelte oder allgemein anerkannte Zwischen- und Abschlussprüfungen sowie
3. der Kosten für eine notwendige Eignungsfeststellung.

(2) Lehrgangskosten können auch für die Zeit vom Ausscheiden einer Teilnehmerin oder eines Teilnehmers bis zum planmäßigen Ende der Maßnahme übernommen werden, wenn

1. die Teilnehmerin oder der Teilnehmer wegen Arbeitsaufnahme vorzeitig ausgeschieden ist,
2. das Arbeitsverhältnis durch Vermittlung des Trägers der Maßnahme zustande gekommen ist und
3. eine Nachbesetzung des frei gewordenen Platzes in der Maßnahme nicht möglich ist.

§ 85 Fahrkosten. Für Übernahme und Höhe der Fahrkosten gilt § 63 Absatz 1 und 3 entsprechend.

§ 86 Kosten für auswärtige Unterbringung und für Verpflegung. Ist eine auswärtige Unterbringung erforderlich, so kann

1. für die Unterbringung je Tag ein Betrag in Höhe von 60 Euro gezahlt werden, je Kalendermonat jedoch höchstens 420 Euro, und
2. für die Verpflegung je Tag ein Betrag in Höhe von 24 Euro gezahlt werden, je Kalendermonat jedoch höchstens 168 Euro.

§ 87 Kinderbetreuungskosten. Kosten für die Betreuung der aufsichtsbedürftigen Kinder der Arbeitnehmerin oder des Arbeitnehmers können in Höhe von 150 Euro monatlich je Kind übernommen werden.

Fünfter Abschnitt. Aufnahme einer Erwerbstätigkeit

Erster Unterabschnitt. Sozialversicherungspflichtige Beschäftigung

§ 88 Eingliederungszuschuss. Arbeitgeber können zur Eingliederung von Arbeitnehmerinnen und Arbeitnehmern, deren Vermittlung wegen in ihrer Person liegender Gründe erschwert ist, einen Zuschuss zum Arbeitsentgelt zum Ausgleich einer Minderleistung erhalten (Eingliederungszuschuss).

§ 89 Höhe und Dauer der Förderung. [1] Die Förderhöhe und die Förderdauer richten sich nach dem Umfang der Einschränkung der Arbeitsleistung der Arbeitnehmerin oder des Arbeitnehmers und nach den Anforderungen des jeweiligen Arbeitsplatzes (Minderleistung). [2] Der Eingliederungszuschuss kann bis zu 50 Prozent des zu berücksichtigenden Arbeitsentgelts und die Förderdauer bis zu zwölf Monate betragen. [3] Bei Arbeitnehmerinnen und Arbeitnehmern, die das 50. Lebensjahr vollendet haben, kann die Förderdauer bis zu 36 Monate betragen, wenn die Förderung bis zum 31. Dezember 2023 begonnen hat.

§ 90 Eingliederungszuschuss für behinderte und schwerbehinderte Menschen. (1) Für behinderte und schwerbehinderte Menschen kann der Eingliederungszuschuss bis zu 70 Prozent des zu berücksichtigenden Arbeitsentgelts und die Förderdauer bis zu 24 Monate betragen.

(2) [1] Für schwerbehinderte Menschen im Sinne des § 187 Absatz 1 Nummer 3 Buchstabe a bis d des Neunten Buches[1)] und ihnen nach § 2 Absatz 3 des Neunten Buches von den Agenturen für Arbeit gleichgestellte behinderte Menschen, deren Vermittlung wegen in ihrer Person liegender Gründe erschwert ist (besonders betroffene schwerbehinderte Menschen), kann der Eingliederungszuschuss bis zu 70 Prozent des zu berücksichtigenden Arbeitsentgelts und die Förderdauer bis zu 60 Monate betragen. [2] Die Förderdauer kann bei besonders betroffenen schwerbehinderten Menschen, die das 55. Lebensjahr vollendet haben, bis zu 96 Monate betragen.

(3) Bei der Entscheidung über Höhe und Dauer der Förderung von schwerbehinderten und besonders betroffenen schwerbehinderten Menschen ist zu berücksichtigen, ob der schwerbehinderte Mensch ohne gesetzliche Verpflich-

---

[1)] Nr. 9.

tung oder über die Beschäftigungspflicht nach dem Teil 3 des Neunten Buches hinaus eingestellt und beschäftigt wird.

(4) [1] Nach Ablauf von zwölf Monaten ist die Höhe des Eingliederungszuschusses um zehn Prozentpunkte jährlich zu vermindern. [2] Sie darf 30 Prozent des zu berücksichtigenden Arbeitsentgelts nicht unterschreiten. [3] Der Eingliederungszuschuss für besonders betroffene schwerbehinderte Menschen ist erst nach Ablauf von 24 Monaten zu vermindern.

§ 91 Zu berücksichtigendes Arbeitsentgelt und Auszahlung des Zuschusses. (1) [1] Für den Eingliederungszuschuss ist zu berücksichtigen

1. das vom Arbeitgeber regelmäßig gezahlte Arbeitsentgelt, soweit es das tarifliche Arbeitsentgelt oder, wenn eine tarifliche Regelung nicht besteht, das für vergleichbare Tätigkeiten ortsübliche Arbeitsentgelt nicht übersteigt und soweit es die Beitragsbemessungsgrenze in der Arbeitsförderung nicht überschreitet, sowie
2. der pauschalierte Anteil des Arbeitgebers am Gesamtsozialversicherungsbeitrag.

[2] Einmalig gezahltes Arbeitsentgelt ist nicht zu berücksichtigen.

(2) [1] Der Eingliederungszuschuss wird zu Beginn der Maßnahme in monatlichen Festbeträgen für die Förderdauer festgelegt. [2] Die monatlichen Festbeträge werden vermindert, wenn sich das zu berücksichtigende Arbeitsentgelt verringert.

§ 92 Förderungsausschluss und Rückzahlung. (1) Eine Förderung ist ausgeschlossen, wenn

1. zu vermuten ist, dass der Arbeitgeber die Beendigung eines Beschäftigungsverhältnisses veranlasst hat, um einen Eingliederungszuschuss zu erhalten, oder
2. die Arbeitnehmerin oder der Arbeitnehmer bei einem früheren Arbeitgeber eingestellt wird, bei dem sie oder er während der letzten vier Jahre vor Förderungsbeginn mehr als drei Monate versicherungspflichtig beschäftigt war; dies gilt nicht, wenn es sich um die befristete Beschäftigung besonders betroffener schwerbehinderter Menschen handelt.

(2) [1] Der Eingliederungszuschuss ist teilweise zurückzuzahlen, wenn das Beschäftigungsverhältnis während des Förderungszeitraums oder einer Nachbeschäftigungszeit beendet wird. [2] Dies gilt nicht, wenn

1. der Arbeitgeber berechtigt war, das Arbeitsverhältnis aus Gründen, die in der Person oder dem Verhalten der Arbeitnehmerin oder des Arbeitnehmers liegen, zu kündigen,
2. eine Kündigung aus dringenden betrieblichen Erfordernissen, die einer Weiterbeschäftigung im Betrieb entgegenstehen, berechtigt war,
3. das Arbeitsverhältnis auf das Bestreben der Arbeitnehmerin oder des Arbeitnehmers hin beendet wird, ohne dass der Arbeitgeber den Grund hierfür zu vertreten hat,
4. die Arbeitnehmerin oder der Arbeitnehmer das Mindestalter für den Bezug der gesetzlichen Altersrente erreicht hat, oder
5. der Eingliederungszuschuss für die Einstellung eines besonders betroffenen schwerbehinderten Menschen geleistet wird.

[3] Die Rückzahlung ist auf die Hälfte des geleisteten Förderbetrags begrenzt und darf den in den letzten zwölf Monaten vor Beendigung des Beschäftigungsverhältnisses geleisteten Förderbetrag nicht überschreiten. [4] Ungeförderte Nachbeschäftigungszeiten sind anteilig zu berücksichtigen. [5] Die Nachbeschäftigungszeit entspricht der Förderdauer; sie beträgt längstens zwölf Monate.

Zweiter Unterabschnitt. Selbständige Tätigkeit

§ 93 Gründungszuschuss. (1) Arbeitnehmerinnen und Arbeitnehmer, die durch Aufnahme einer selbständigen, hauptberuflichen Tätigkeit die Arbeitslosigkeit beenden, können zur Sicherung des Lebensunterhalts und zur sozialen Sicherung in der Zeit nach der Existenzgründung einen Gründungszuschuss erhalten.

(2) [1] Ein Gründungszuschuss kann geleistet werden, wenn die Arbeitnehmerin oder der Arbeitnehmer

1. bis zur Aufnahme der selbständigen Tätigkeit einen Anspruch auf Arbeitslosengeld hat, dessen Dauer bei Aufnahme der selbständigen Tätigkeit noch mindestens 150 Tage beträgt und nicht allein auf § 147 Absatz 3 beruht,
2. der Agentur für Arbeit die Tragfähigkeit der Existenzgründung nachweist und
3. ihre oder seine Kenntnisse und Fähigkeiten zur Ausübung der selbständigen Tätigkeit darlegt.

[2] Zum Nachweis der Tragfähigkeit der Existenzgründung ist der Agentur für Arbeit die Stellungnahme einer fachkundigen Stelle vorzulegen; fachkundige Stellen sind insbesondere die Industrie- und Handelskammern, Handwerkskammern, berufsständische Kammern, Fachverbände und Kreditinstitute.

(3) Der Gründungszuschuss wird nicht geleistet, solange Ruhenstatbestände nach den §§ 156 bis 159 vorliegen oder vorgelegen hätten.

(4) Die Förderung ist ausgeschlossen, wenn nach Beendigung einer Förderung der Aufnahme einer selbständigen Tätigkeit nach diesem Buch noch nicht 24 Monate vergangen sind; von dieser Frist kann wegen besonderer in der Person der Arbeitnehmerin oder des Arbeitnehmers liegender Gründe abgesehen werden.

(5) Geförderte Personen, die das für die Regelaltersrente im Sinne des Sechsten Buches[1)] erforderliche Lebensjahr vollendet haben, können vom Beginn des folgenden Monats an keinen Gründungszuschuss erhalten.

§ 94 Dauer und Höhe der Förderung. (1) Als Gründungszuschuss wird für die Dauer von sechs Monaten der Betrag geleistet, den die Arbeitnehmerin oder der Arbeitnehmer als Arbeitslosengeld zuletzt bezogen hat, zuzüglich monatlich 300 Euro.

(2) [1] Der Gründungszuschuss kann für weitere neun Monate in Höhe von monatlich 300 Euro geleistet werden, wenn die geförderte Person ihre Geschäftstätigkeit anhand geeigneter Unterlagen darlegt. [2] Bestehen begründete Zweifel an der Geschäftstätigkeit, kann die Agentur für Arbeit verlangen, dass ihr erneut eine Stellungnahme einer fachkundigen Stelle vorgelegt wird.

[1)] Nr. **6**.

Sechster Abschnitt. Verbleib in Beschäftigung

Erster Unterabschnitt. Kurzarbeitergeld

Erster Titel. Regelvoraussetzungen

§ 95 Anspruch. [1] Arbeitnehmerinnen und Arbeitnehmer haben Anspruch auf Kurzarbeitergeld, wenn

1. ein erheblicher Arbeitsausfall mit Entgeltausfall vorliegt,
2. die betrieblichen Voraussetzungen erfüllt sind,
3. die persönlichen Voraussetzungen erfüllt sind und
4. der Arbeitsausfall der Agentur für Arbeit angezeigt worden ist.

[2] Arbeitnehmerinnen und Arbeitnehmer in Betrieben nach § 101 Absatz 1 Nummer 1 haben in der Schlechtwetterzeit Anspruch auf Kurzarbeitergeld in Form des Saison-Kurzarbeitergeldes.

§ 96 Erheblicher Arbeitsausfall. (1) [1] Ein Arbeitsausfall ist erheblich, wenn

1. er auf wirtschaftlichen Gründen oder einem unabwendbaren Ereignis beruht,
2. er vorübergehend ist,
3. er nicht vermeidbar ist und
4. im jeweiligen Kalendermonat (Anspruchszeitraum) mindestens ein Drittel der in dem Betrieb beschäftigten Arbeitnehmerinnen und Arbeitnehmer von einem Entgeltausfall von jeweils mehr als 10 Prozent ihres monatlichen Bruttoentgelts betroffen ist; der Entgeltausfall kann auch jeweils 100 Prozent des monatlichen Bruttoentgelts betragen.

[2] Bei den Berechnungen nach Satz 1 Nummer 4 sind Auszubildende nicht mitzuzählen.

(2) Ein Arbeitsausfall beruht auch auf wirtschaftlichen Gründen, wenn er durch eine Veränderung der betrieblichen Strukturen verursacht wird, die durch die allgemeine wirtschaftliche Entwicklung bedingt ist.

(3) [1] Ein unabwendbares Ereignis liegt insbesondere vor, wenn ein Arbeitsausfall auf ungewöhnlichen, von dem üblichen Witterungsverlauf abweichenden Witterungsverhältnissen beruht. [2] Ein unabwendbares Ereignis liegt auch vor, wenn ein Arbeitsausfall durch behördliche oder behördlich anerkannte Maßnahmen verursacht ist, die vom Arbeitgeber nicht zu vertreten sind.

(4) [1] Ein Arbeitsausfall ist nicht vermeidbar, wenn in einem Betrieb alle zumutbaren Vorkehrungen getroffen wurden, um den Eintritt des Arbeitsausfalls zu verhindern. [2] Als vermeidbar gilt insbesondere ein Arbeitsausfall, der

1. überwiegend branchenüblich, betriebsüblich oder saisonbedingt ist oder ausschließlich auf betriebsorganisatorischen Gründen beruht,
2. durch die Gewährung von bezahltem Erholungsurlaub ganz oder teilweise verhindert werden kann, soweit vorrangige Urlaubswünsche der Arbeitnehmerinnen und Arbeitnehmer der Urlaubsgewährung nicht entgegenstehen, oder
3. durch die Nutzung von im Betrieb zulässigen Arbeitszeitschwankungen ganz oder teilweise vermieden werden kann.

[3] Die Auflösung eines Arbeitszeitguthabens kann von der Arbeitnehmerin oder dem Arbeitnehmer nicht verlangt werden, soweit es

1. vertraglich ausschließlich zur Überbrückung von Arbeitsausfällen außerhalb der Schlechtwetterzeit (§ 101 Absatz 1) bestimmt ist und den Umfang von 50 Stunden nicht übersteigt,
2. ausschließlich für die in § 7c Absatz 1 des Vierten Buches[1)] genannten Zwecke bestimmt ist,
3. zur Vermeidung der Inanspruchnahme von Saison-Kurzarbeitergeld angespart worden ist und den Umfang von 150 Stunden nicht übersteigt,
4. den Umfang von 10 Prozent der ohne Mehrarbeit geschuldeten Jahresarbeitszeit einer Arbeitnehmerin oder eines Arbeitnehmers übersteigt oder
5. länger als ein Jahr unverändert bestanden hat.

[4] In einem Betrieb, in dem eine Vereinbarung über Arbeitszeitschwankungen gilt, nach der mindestens 10 Prozent der ohne Mehrarbeit geschuldeten Jahresarbeitszeit je nach Arbeitsanfall eingesetzt werden, gilt ein Arbeitsausfall, der im Rahmen dieser Arbeitszeitschwankungen nicht mehr ausgeglichen werden kann, als nicht vermeidbar.

§ 97 Betriebliche Voraussetzungen. [1] Die betrieblichen Voraussetzungen sind erfüllt, wenn in dem Betrieb mindestens eine Arbeitnehmerin oder ein Arbeitnehmer beschäftigt ist. [2] Betrieb im Sinne der Vorschriften über das Kurzarbeitergeld ist auch eine Betriebsabteilung.

§ 98 Persönliche Voraussetzungen. (1) Die persönlichen Voraussetzungen sind erfüllt, wenn

1. die Arbeitnehmerin oder der Arbeitnehmer nach Beginn des Arbeitsausfalls eine versicherungspflichtige Beschäftigung
   a) fortsetzt,
   b) aus zwingenden Gründen aufnimmt oder
   c) im Anschluss an die Beendigung eines Berufsausbildungsverhältnisses aufnimmt,
2. das Arbeitsverhältnis nicht gekündigt oder durch Aufhebungsvertrag aufgelöst ist und
3. die Arbeitnehmerin oder der Arbeitnehmer nicht vom Kurzarbeitergeldbezug ausgeschlossen ist.

(2) Die persönlichen Voraussetzungen sind auch erfüllt, wenn die Arbeitnehmerin oder der Arbeitnehmer während des Bezugs von Kurzarbeitergeld arbeitsunfähig wird, solange Anspruch auf Fortzahlung des Arbeitsentgelts im Krankheitsfall besteht oder ohne den Arbeitsausfall bestehen würde.

(3) Die persönlichen Voraussetzungen sind nicht erfüllt bei Arbeitnehmerinnen und Arbeitnehmern

1. während der Teilnahme an einer beruflichen Weiterbildungsmaßnahme mit Bezug von Arbeitslosengeld oder Übergangsgeld, wenn diese Leistung nicht für eine neben der Beschäftigung durchgeführte Teilzeitmaßnahme gezahlt wird,
2. während des Bezugs von Krankengeld sowie
3. während der Zeit, in der sie von einem privaten Krankenversicherungsunternehmen, von einem Beihilfeträger des Bundes, von einem sonstigen

[1)] Nr. 4.

öffentlich-rechtlichen Träger von Kosten in Krankheitsfällen auf Bundesebene, von dem Träger der Heilfürsorge im Bereich des Bundes, von dem Träger der truppenärztlichen Versorgung oder von einem öffentlich-rechtlichen Träger von Kosten in Krankheitsfällen auf Landesebene, soweit Landesrecht dies vorsieht, Leistungen für den Ausfall von Arbeitseinkünften im Zusammenhang mit einer nach den §§ 8 und 8a des Transplantationsgesetzes erfolgenden Spende von Organen oder Geweben oder im Zusammenhang mit einer im Sinne von § 9 des Transfusionsgesetzes erfolgenden Spende von Blut zur Separation von Blutstammzellen oder anderen Blutbestandteilen beziehen.

(4) [1] Die persönlichen Voraussetzungen sind auch nicht erfüllt, wenn und solange Arbeitnehmerinnen und Arbeitnehmer bei einer Vermittlung nicht in der von der Agentur für Arbeit verlangten und gebotenen Weise mitwirken. [2] Arbeitnehmerinnen und Arbeitnehmer, die von einem erheblichen Arbeitsausfall mit Entgeltausfall betroffen sind, sind in die Vermittlungsbemühungen der Agentur für Arbeit einzubeziehen. [3] Hat die Arbeitnehmerin oder der Arbeitnehmer trotz Belehrung über die Rechtsfolgen eine von der Agentur für Arbeit angebotene zumutbare Beschäftigung nicht angenommen oder nicht angetreten, ohne für dieses Verhalten einen wichtigen Grund zu haben, sind die Vorschriften über die Sperrzeit beim Arbeitslosengeld entsprechend anzuwenden.

§ 99 Anzeige des Arbeitsausfalls. (1) [1] Der Arbeitsausfall ist bei der Agentur für Arbeit, in deren Bezirk der Betrieb seinen Sitz hat, schriftlich oder elektronisch anzuzeigen. [2] Die Anzeige kann nur vom Arbeitgeber oder der Betriebsvertretung erstattet werden. [3] Der Anzeige des Arbeitgebers ist eine Stellungnahme der Betriebsvertretung beizufügen. [4] Mit der Anzeige ist glaubhaft zu machen, dass ein erheblicher Arbeitsausfall besteht und die betrieblichen Voraussetzungen für das Kurzarbeitergeld erfüllt sind.

(2) [1] Kurzarbeitergeld wird frühestens von dem Kalendermonat an geleistet, in dem die Anzeige über den Arbeitsausfall bei der Agentur für Arbeit eingegangen ist. [2] Beruht der Arbeitsausfall auf einem unabwendbaren Ereignis, gilt die Anzeige für den entsprechenden Kalendermonat als erstattet, wenn sie unverzüglich erstattet worden ist.

(3) Die Agentur für Arbeit hat der oder dem Anzeigenden unverzüglich einen schriftlichen Bescheid darüber zu erteilen, ob auf Grund der vorgetragenen und glaubhaft gemachten Tatsachen ein erheblicher Arbeitsausfall vorliegt und die betrieblichen Voraussetzungen erfüllt sind.

§ 100 Kurzarbeitergeld bei Arbeitskämpfen. (1) § 160 über das Ruhen des Anspruchs auf Arbeitslosengeld bei Arbeitskämpfen gilt entsprechend für den Anspruch auf Kurzarbeitergeld bei Arbeitnehmerinnen und Arbeitnehmern, deren Arbeitsausfall Folge eines inländischen Arbeitskampfes ist, an dem sie nicht beteiligt sind.

(2) [1] Macht der Arbeitgeber geltend, der Arbeitsausfall sei die Folge eines Arbeitskampfes, so hat er dies darzulegen und glaubhaft zu machen. [2] Der Erklärung ist eine Stellungnahme der Betriebsvertretung beizufügen. [3] Der Arbeitgeber hat der Betriebsvertretung die für die Stellungnahme erforderlichen Angaben zu machen. [4] Bei der Feststellung des Sachverhalts kann die Agentur für Arbeit insbesondere auch Feststellungen im Betrieb treffen.

(3) [1] Stellt die Agentur für Arbeit fest, dass ein Arbeitsausfall entgegen der Erklärung des Arbeitgebers nicht Folge eines Arbeitskampfes ist, und liegen die Voraussetzungen für einen Anspruch auf Kurzarbeitergeld allein deshalb nicht vor, weil der Arbeitsausfall vermeidbar ist, wird das Kurzarbeitergeld insoweit geleistet, als die Arbeitnehmerin oder der Arbeitnehmer Arbeitsentgelt (Arbeitsentgelt im Sinne des § 115 des Zehnten Buches[1)]) tatsächlich nicht erhält. [2] Bei der Feststellung nach Satz 1 hat die Agentur für Arbeit auch die wirtschaftliche Vertretbarkeit einer Fortführung der Arbeit zu berücksichtigen. [3] Hat der Arbeitgeber das Arbeitsentgelt trotz des Rechtsübergangs mit befreiender Wirkung an die Arbeitnehmerin oder den Arbeitnehmer oder an einen Dritten gezahlt, hat die Empfängerin oder der Empfänger des Kurzarbeitergeldes dieses insoweit zu erstatten.

Zweiter Titel. Sonderformen des Kurzarbeitergeldes

§ 101 Saison-Kurzarbeitergeld. (1) Arbeitnehmerinnen und Arbeitnehmer haben in der Zeit vom 1. Dezember bis zum 31. März (Schlechtwetterzeit) Anspruch auf Saison-Kurzarbeitergeld, wenn

1. sie in einem Betrieb beschäftigt sind, der dem Baugewerbe oder einem Wirtschaftszweig angehört, der von saisonbedingtem Arbeitsausfall betroffen ist,
2. der Arbeitsausfall nach Absatz 5 erheblich ist und
3. die betrieblichen Voraussetzungen des § 97 sowie die persönlichen Voraussetzungen des § 98 erfüllt sind.

(2) [1] Ein Betrieb des Baugewerbes ist ein Betrieb, der gewerblich überwiegend Bauleistungen auf dem Baumarkt erbringt. [2] Bauleistungen sind alle Leistungen, die der Herstellung, Instandsetzung, Instandhaltung, Änderung oder Beseitigung von Bauwerken dienen. [3] Ein Betrieb, der überwiegend Bauvorrichtungen, Baumaschinen, Baugeräte oder sonstige Baubetriebsmittel ohne Personal Betrieben des Baugewerbes gewerblich zur Verfügung stellt oder überwiegend Baustoffe oder Bauteile für den Markt herstellt, sowie ein Betrieb, der Betonentladegeräte gewerblich zur Verfügung stellt, ist kein Betrieb des Baugewerbes.

(3) [1] Erbringt ein Betrieb Bauleistungen auf dem Baumarkt, wird vermutet, dass er ein Betrieb des Baugewerbes im Sinne des Absatzes 2 Satz 1 ist. [2] Satz 1 gilt nicht, wenn gegenüber der Bundesagentur nachgewiesen wird, dass Bauleistungen arbeitszeitlich nicht überwiegen.

(4) Ein Wirtschaftszweig ist von saisonbedingtem Arbeitsausfall betroffen, wenn der Arbeitsausfall regelmäßig in der Schlechtwetterzeit auf witterungsbedingten oder wirtschaftlichen Gründen beruht.

(5) [1] Ein Arbeitsausfall ist erheblich, wenn er auf witterungsbedingten oder wirtschaftlichen Gründen oder einem unabwendbaren Ereignis beruht, vorübergehend und nicht vermeidbar ist. [2] Als nicht vermeidbar gilt auch ein Arbeitsausfall, der überwiegend branchenüblich, betriebsüblich oder saisonbedingt ist. [3] Wurden seit der letzten Schlechtwetterzeit Arbeitszeitguthaben, die nicht mindestens ein Jahr bestanden haben, zu anderen Zwecken als zum Ausgleich für einen verstetigten Monatslohn, bei witterungsbedingtem Arbeits-

---

[1)] Nr. **10**.

ausfall oder der Freistellung zum Zwecke der Qualifizierung aufgelöst, gelten im Umfang der aufgelösten Arbeitszeitguthaben Arbeitsausfälle als vermeidbar.

(6) [1] Ein Arbeitsausfall ist witterungsbedingt, wenn

1. er ausschließlich durch zwingende Witterungsgründe verursacht ist und
2. an einem Arbeitstag mindestens eine Stunde der regelmäßigen betrieblichen Arbeitszeit ausfällt (Ausfalltag).

[2] Zwingende Witterungsgründe liegen nur vor, wenn es auf Grund von atmosphärischen Einwirkungen (insbesondere Regen, Schnee, Frost) oder deren Folgewirkungen technisch unmöglich, wirtschaftlich unvertretbar oder für die Arbeitnehmerinnen und Arbeitnehmer unzumutbar ist, die Arbeiten fortzuführen. [3] Der Arbeitsausfall ist nicht ausschließlich durch zwingende Witterungsgründe verursacht, wenn er durch Beachtung der besonderen arbeitsschutzrechtlichen Anforderungen an witterungsabhängige Arbeitsplätze vermieden werden kann.

(7) Die weiteren Vorschriften über das Kurzarbeitergeld sind mit Ausnahme der Anzeige des Arbeitsausfalls nach § 99 anzuwenden.

§ 102 Ergänzende Leistungen. (1) Arbeitnehmerinnen und Arbeitnehmer haben Anspruch auf Wintergeld als Zuschuss-Wintergeld und Mehraufwands-Wintergeld und Arbeitgeber haben Anspruch auf Erstattung der von ihnen zu tragenden Beiträge zur Sozialversicherung, soweit für diese Zwecke Mittel durch eine Umlage aufgebracht werden.

(2) Zuschuss-Wintergeld wird in Höhe von bis zu 2,50 Euro je ausgefallener Arbeitsstunde gezahlt, wenn zu deren Ausgleich Arbeitszeitguthaben aufgelöst und die Inanspruchnahme des Saison-Kurzarbeitergeldes vermieden wird.

(3) [1] Mehraufwands-Wintergeld wird in Höhe von 1,00 Euro für jede in der Zeit vom 15. Dezember bis zum letzten Kalendertag des Monats Februar geleistete berücksichtigungsfähige Arbeitsstunde an Arbeitnehmerinnen und Arbeitnehmer gezahlt, die auf einem witterungsabhängigen Arbeitsplatz beschäftigt sind. [2] Berücksichtigungsfähig sind im Dezember bis zu 90 Arbeitsstunden, im Januar und Februar jeweils bis zu 180 Arbeitsstunden.

(4) Die von den Arbeitgebern allein zu tragenden Beiträge zur Sozialversicherung für Bezieherinnen und Bezieher von Saison-Kurzarbeitergeld werden auf Antrag erstattet.

(5) Die Absätze 1 bis 4 gelten im Baugewerbe ausschließlich für solche Arbeitnehmerinnen und Arbeitnehmer, deren Arbeitsverhältnis in der Schlechtwetterzeit nicht aus witterungsbedingten Gründen gekündigt werden kann.

§ 103 Kurzarbeitergeld für Heimarbeiterinnen und Heimarbeiter. (1) Anspruch auf Kurzarbeitergeld haben auch Heimarbeiterinnen und Heimarbeiter, wenn sie ihren Lebensunterhalt ausschließlich oder weitaus überwiegend aus dem Beschäftigungsverhältnis als Heimarbeiterin oder Heimarbeiter beziehen und soweit nicht nachfolgend Abweichendes bestimmt ist.

(2) [1] An die Stelle der im Betrieb beschäftigten Arbeitnehmerinnen und Arbeitnehmer treten die für den Auftraggeber beschäftigten Heimarbeiterinnen und Heimarbeiter. [2] Im Übrigen tritt an die Stelle des erheblichen Arbeitsausfalls mit Entgeltausfall der erhebliche Entgeltausfall und an die Stelle des Betriebs und des Arbeitgebers der Auftraggeber; Auftraggeber kann eine Ge-

werbetreibende oder ein Gewerbetreibender oder eine Zwischenmeisterin oder ein Zwischenmeister sein. [3] Ein Entgeltausfall ist erheblich, wenn das Entgelt der Heimarbeiterin oder des Heimarbeiters im Anspruchszeitraum um mehr als 20 Prozent gegenüber dem durchschnittlichen monatlichen Bruttoentgelt der letzten sechs Kalendermonate vermindert ist.

(3) Eine versicherungspflichtige Beschäftigung als Heimarbeiterin oder Heimarbeiter gilt während des Entgeltausfalls als fortbestehend, solange

1. der Auftraggeber bereit ist, der Heimarbeiterin oder dem Heimarbeiter so bald wie möglich Aufträge in dem vor Eintritt der Kurzarbeit üblichen Umfang zu erteilen, und
2. die Heimarbeiterin oder der Heimarbeiter bereit ist, Aufträge im Sinne der Nummer 1 zu übernehmen.

Dritter Titel. Leistungsumfang

§ 104 Dauer. (1) [1] Kurzarbeitergeld wird für den Arbeitsausfall für eine Dauer von längstens zwölf Monaten von der Agentur für Arbeit geleistet. [2] Die Bezugsdauer gilt einheitlich für alle in einem Betrieb beschäftigten Arbeitnehmerinnen und Arbeitnehmer. [3] Sie beginnt mit dem ersten Kalendermonat, für den in einem Betrieb Kurzarbeitergeld vom Arbeitgeber gezahlt wird.

(2) Wird innerhalb der Bezugsdauer für einen zusammenhängenden Zeitraum von mindestens einem Monat kein Kurzarbeitergeld gezahlt, verlängert sich die Bezugsdauer um diesen Zeitraum.

(3) Sind seit dem letzten Kalendermonat, für den Kurzarbeitergeld gezahlt worden ist, drei Monate vergangen und liegen die Voraussetzungen für einen Anspruch auf Kurzarbeitergeld erneut vor, beginnt eine neue Bezugsdauer. .

(4) [1] Saison-Kurzarbeitergeld wird abweichend von den Absätzen 1 bis 3 für die Dauer des Arbeitsausfalls während der Schlechtwetterzeit von der Agentur für Arbeit geleistet. [2] Zeiten des Bezugs von Saison-Kurzarbeitergeld werden nicht auf die Bezugsdauer für das Kurzarbeitergeld angerechnet. [3] Sie gelten nicht als Zeiten der Unterbrechung im Sinne des Absatzes 3.

§ 105 Höhe. Das Kurzarbeitergeld beträgt

1. für Arbeitnehmerinnen und Arbeitnehmer, die beim Arbeitslosengeld die Voraussetzungen für den erhöhten Leistungssatz erfüllen würden, 67 Prozent,
2. für die übrigen Arbeitnehmerinnen und Arbeitnehmer 60 Prozent

der Nettoentgeltdifferenz im Anspruchszeitraum.

§ 106 Nettoentgeltdifferenz. (1) [1] Die Nettoentgeltdifferenz entspricht der Differenz zwischen

1. dem pauschalierten Nettoentgelt aus dem Soll-Entgelt und
2. dem pauschalierten Nettoentgelt aus dem Ist-Entgelt.

[2] Soll-Entgelt ist das Bruttoarbeitsentgelt, das die Arbeitnehmerin oder der Arbeitnehmer ohne den Arbeitsausfall in dem Anspruchszeitraum erzielt hätte, vermindert um Entgelt für Mehrarbeit. [3] Ist-Entgelt ist das Bruttoarbeitsentgelt, das die Arbeitnehmerin oder der Arbeitnehmer in dem Anspruchszeitraum tatsächlich erzielt hat, zuzüglich aller zustehenden Entgeltanteile. [4] Arbeitsentgelt, das einmalig gezahlt wird, bleibt bei der Berechnung von Soll-Entgelt und

Ist-Entgelt außer Betracht. [5] Soll-Entgelt und Ist-Entgelt sind auf den nächsten durch 20 teilbaren Euro-Betrag zu runden. [6] § 153 über die Berechnung des Leistungsentgelts beim Arbeitslosengeld gilt mit Ausnahme der Regelungen über den Zeitpunkt der Zuordnung der Lohnsteuerklassen und den Steuerklassenwechsel für die Berechnung der pauschalierten Nettoentgelte beim Kurzarbeitergeld entsprechend. [7] Das Bundesministerium für Arbeit und Soziales wird ermächtigt, einen Programmablauf zur Berechnung der pauschalierten Nettoentgelte für das Kurzarbeitergeld im Bundesanzeiger bekannt zu machen.

(2) [1] Erzielt die Arbeitnehmerin oder der Arbeitnehmer aus anderen als wirtschaftlichen Gründen kein Arbeitsentgelt, ist das Ist-Entgelt um den Betrag zu erhöhen, um den das Arbeitsentgelt aus diesen Gründen gemindert ist. [2] Arbeitsentgelt, das unter Anrechnung des Kurzarbeitergeldes gezahlt wird, bleibt bei der Berechnung des Ist-Entgelts außer Betracht. [3] Bei der Berechnung der Nettoentgeltdifferenz nach Absatz 1 bleiben auf Grund von kollektivrechtlichen Beschäftigungssicherungsvereinbarungen durchgeführte vorübergehende Änderungen der vertraglich vereinbarten Arbeitszeit außer Betracht; die Sätze 1 und 2 sind insoweit nicht anzuwenden.

(3) Erzielt die Arbeitnehmerin oder der Arbeitnehmer für Zeiten des Arbeitsausfalls ein Entgelt aus einer anderen während des Bezugs von Kurzarbeitergeld aufgenommenen Beschäftigung, selbständigen Tätigkeit oder Tätigkeit als mithelfende Familienangehörige oder mithelfender Familienangehöriger, ist das Ist-Entgelt um dieses Entgelt zu erhöhen.

(4) [1] Lässt sich das Soll-Entgelt einer Arbeitnehmerin oder eines Arbeitnehmers in dem Anspruchszeitraum nicht hinreichend bestimmt feststellen, ist als Soll-Entgelt das Arbeitsentgelt maßgebend, das die Arbeitnehmerin oder der Arbeitnehmer in den letzten drei abgerechneten Kalendermonaten vor Beginn des Arbeitsausfalls in dem Betrieb durchschnittlich erzielt hat, vermindert um Entgelt für Mehrarbeit. [2] Ist eine Berechnung nach Satz 1 nicht möglich, ist das durchschnittliche Soll-Entgelt einer vergleichbaren Arbeitnehmerin oder eines vergleichbaren Arbeitnehmers zugrunde zu legen. [3] Änderungen der Grundlage für die Berechnung des Arbeitsentgelts sind zu berücksichtigen, wenn und solange sie auch während des Arbeitsausfalls wirksam sind.

(5) [1] Die Absätze 1 bis 4 gelten für Heimarbeiterinnen und Heimarbeiter mit der Maßgabe, dass als Soll-Entgelt das durchschnittliche Bruttoarbeitsentgelt der letzten sechs abgerechneten Kalendermonate vor Beginn des Entgeltausfalls zugrunde zu legen ist. [2] War die Heimarbeiterin oder der Heimarbeiter noch nicht sechs Kalendermonate für den Auftraggeber tätig, so ist das in der kürzeren Zeit erzielte Arbeitsentgelt maßgebend.

§ 106a Erstattungen bei beruflicher Weiterbildung während Kurzarbeit. (1) [1] Dem Arbeitgeber werden von der Agentur für Arbeit auf Antrag für den jeweiligen Kalendermonat 50 Prozent der von ihm allein zu tragenden Beiträge zur Sozialversicherung in pauschalierter Form für Arbeitnehmerinnen und Arbeitnehmer erstattet, wenn diese

1. vor dem 31. Juli 2023 Kurzarbeitergeld beziehen und
2. an einer während der Kurzarbeit begonnenen beruflichen Weiterbildungsmaßnahme teilnehmen, die
   a) insgesamt mehr als 120 Stunden dauert und die Maßnahme und der Träger nach den Vorschriften des Fünften Kapitels zugelassen sind oder

b) auf ein nach § 2 Absatz 1 des Aufstiegsfortbildungsförderungsgesetzes förderfähiges Fortbildungsziel vorbereitet und von einem für die Durchführung dieser Maßnahme nach § 2a des Aufstiegsfortbildungsförderungsgesetzes geeigneten Träger durchgeführt wird.

²Die Erstattung erfolgt für die Zeit, in der die Arbeitnehmerin oder der Arbeitnehmer jeweils vom vorübergehenden Arbeitsausfall betroffen ist. ³Für die Pauschalierung wird die Sozialversicherungspauschale nach § 153 Absatz 1 Satz 2 Nummer 1 abzüglich des Beitrages zur Arbeitsförderung zu Grunde gelegt.

(2) ¹Dem Arbeitgeber werden bis zum 31. Juli 2023 von der Agentur für Arbeit auf Antrag die Lehrgangskosten für Weiterbildungsmaßnahmen nach Absatz 1 Satz 1 Nummer 2 Buchstabe a für Betriebe mit weniger als zehn Beschäftigten zu 100 Prozent, mit zehn bis 249 Beschäftigten zu 50 Prozent, mit 250 und weniger als 2 500 Beschäftigten zu 25 Prozent und für Betriebe mit 2 500 oder mehr Beschäftigten zu 15 Prozent pauschal für die Zeit der Teilnahme der Arbeitnehmerin oder des Arbeitnehmers an dieser Maßnahme erstattet. ²Die Anwendung des § 82 ist ausgeschlossen.

(3) Ausgeschlossen von der Erstattung der Sozialversicherungsbeiträge nach Absatz 1 und der Erstattung der Lehrgangskosten nach Absatz 2 ist die Teilnahme an Maßnahmen, zu deren Durchführung der Arbeitgeber auf Grund bundes- oder landesrechtlicher Regelungen verpflichtet ist.

Vierter Titel. Anwendung anderer Vorschriften

§ 107 Anwendung anderer Vorschriften. (1) § 159 Absatz 1 Satz 2 Nummer 8 über das Ruhen des Anspruchs auf Arbeitslosengeld wegen Sperrzeiten bei Meldeversäumnis gilt für den Anspruch auf Kurzarbeitergeld entsprechend.

(2) § 156 über das Ruhen des Anspruchs auf Arbeitslosengeld bei Zusammentreffen mit anderen Sozialleistungen gilt für den Anspruch auf Kurzarbeitergeld entsprechend für die Fälle, in denen eine Altersrente als Vollrente zuerkannt ist.

Fünfter Titel. Verfügung über das Kurzarbeitergeld

§ 108 Verfügung über das Kurzarbeitergeld. (1) § 48 des Ersten Buches[1)] zur Auszahlung von Leistungen bei Verletzung der Unterhaltspflicht ist nicht anzuwenden.

(2) ¹Für die Zwangsvollstreckung in den Anspruch auf Kurzarbeitergeld gilt der Arbeitgeber als Drittschuldner. ²Die Abtretung oder Verpfändung des Anspruchs ist nur wirksam, wenn der Gläubiger sie dem Arbeitgeber anzeigt.

(3) ¹Hat ein Arbeitgeber oder eine von ihm bestellte Person durch eine der in § 45 Absatz 2 Satz 3 des Zehnten Buches[2)] bezeichneten Handlungen bewirkt, dass Kurzarbeitergeld zu Unrecht geleistet worden ist, so ist der zu Unrecht geleistete Betrag vom Arbeitgeber zu ersetzen. ²Sind die zu Unrecht geleisteten Beträge sowohl vom Arbeitgeber zu ersetzen als auch von der Bezieherin oder dem Bezieher der Leistung zu erstatten, so haften beide als Gesamtschuldner.

---

1) Nr. 1.
2) Nr. 10.

(4) Wird über das Vermögen eines Arbeitgebers, der von der Agentur für Arbeit Beträge zur Auszahlung an die Arbeitnehmerinnen und Arbeitnehmer erhalten hat, diese aber noch nicht ausgezahlt hat, das Insolvenzverfahren eröffnet, so kann die Agentur für Arbeit diese Beträge als Insolvenzgläubigerin zurückverlangen.

Sechster Titel. Verordnungsermächtigung

§ 109 Verordnungsermächtigung. (1) Das Bundesministerium für Arbeit und Soziales wird ermächtigt, durch Rechtsverordnung, die nicht der Zustimmung des Bundesrates bedarf, die Bezugsdauer für das Kurzarbeitergeld über die gesetzliche Bezugsdauer hinaus bis zur Dauer von 24 Monaten zu verlängern, wenn außergewöhnliche Verhältnisse auf dem gesamten Arbeitsmarkt vorliegen.

(1a) [1] Die Bundesregierung wird ermächtigt, für den Fall außergewöhnlicher Verhältnisse auf dem Arbeitsmarkt durch Rechtsverordnung, die nicht der Zustimmung des Bundesrates bedarf, die Bezugsdauer für das Kurzarbeitergeld über die gesetzliche Bezugsdauer hinaus bis zur Dauer von 24 Monaten zu verlängern. [2] Die Verordnung ist zeitlich zu befristen.

(2) [1] Das Bundesministerium für Arbeit und Soziales wird ermächtigt, durch Rechtsverordnung, die nicht der Zustimmung des Bundesrates bedarf, die Wirtschaftszweige nach § 101 Absatz 1 Nummer 1 festzulegen. [2] In der Regel sollen hierbei der fachliche Geltungsbereich tarifvertraglicher Regelungen berücksichtigt und die Tarifvertragsparteien vorher angehört werden.

(3) Das Bundesministerium für Arbeit und Soziales wird ermächtigt, auf Grundlage von Vereinbarungen der Tarifvertragsparteien durch Rechtsverordnung, die nicht der Zustimmung des Bundesrates bedarf, festzulegen, ob, in welcher Höhe und für welche Arbeitnehmerinnen und Arbeitnehmer die ergänzenden Leistungen nach § 102 Absatz 2 bis 4 in den Zweigen des Baugewerbes und den einzelnen Wirtschaftszweigen erbracht werden.

(4) Bei den Festlegungen nach den Absätzen 2 und 3 ist zu berücksichtigen, ob diese voraussichtlich in besonderem Maße dazu beitragen, die wirtschaftliche Tätigkeit in der Schlechtwetterzeit zu beleben oder die Beschäftigungsverhältnisse der von saisonbedingten Arbeitsausfällen betroffenen Arbeitnehmerinnen und Arbeitnehmer zu stabilisieren.

(5) [1] Die Bundesregierung wird ermächtigt, für den Fall außergewöhnlicher Verhältnisse auf dem Arbeitsmarkt durch Rechtsverordnung, die nicht der Zustimmung des Bundesrates bedarf,

1. abweichend von § 96 Absatz 1 Satz 1 Nummer 4 den Anteil der in dem Betrieb beschäftigten Arbeitnehmerinnen und Arbeitnehmer, die vom Entgeltausfall betroffen sein müssen, auf bis zu 10 Prozent herabzusetzen,
2. abweichend von § 96 Absatz 4 Satz 2 Nummer 3 auf den Einsatz negativer Arbeitszeitsalden zur Vermeidung von Kurzarbeit vollständig oder teilweise zu verzichten,
3. eine vollständige oder teilweise Erstattung der von den Arbeitgebern allein zu tragenden Beiträge zur Sozialversicherung für Arbeitnehmerinnen und Arbeitnehmer, die Kurzarbeitergeld beziehen, einzuführen.

[2] Die Verordnung ist zeitlich zu befristen. [3] Die Ermächtigung tritt mit Ablauf des 31. Dezember 2021 außer Kraft.

Zweiter Unterabschnitt. Transferleistungen

§ 110 Transfermaßnahmen. (1) [1] Nehmen Arbeitnehmerinnen und Arbeitnehmer, die auf Grund einer Betriebsänderung oder im Anschluss an die Beendigung eines Berufsausbildungsverhältnisses von Arbeitslosigkeit bedroht sind, an Transfermaßnahmen teil, wird diese Teilnahme gefördert, wenn

1. sich die Betriebsparteien im Vorfeld der Entscheidung über die Einführung von Transfermaßnahmen, insbesondere im Rahmen ihrer Verhandlungen über einen die Integration der Arbeitnehmerinnen und Arbeitnehmer fördernden Interessenausgleich oder Sozialplan nach § 112 des Betriebsverfassungsgesetzes, von der Agentur für Arbeit beraten lassen haben,
2. die Maßnahme von einem Dritten durchgeführt wird,
3. die Maßnahme der Eingliederung der Arbeitnehmerinnen und Arbeitnehmer in den Arbeitsmarkt dienen soll und
4. die Durchführung der Maßnahme gesichert ist.

[2] Transfermaßnahmen sind alle Maßnahmen zur Eingliederung von Arbeitnehmerinnen und Arbeitnehmern in den Arbeitsmarkt, an deren Finanzierung sich Arbeitgeber angemessen beteiligen. [3] Als Betriebsänderung gilt eine Betriebsänderung im Sinne des § 111 des Betriebsverfassungsgesetzes, unabhängig von der Unternehmensgröße und unabhängig davon, ob im jeweiligen Betrieb das Betriebsverfassungsgesetz anzuwenden ist.

(2) [1] Die Förderung wird als Zuschuss geleistet. [2] Der Zuschuss beträgt 50 Prozent der erforderlichen und angemessenen Maßnahmekosten, jedoch höchstens 2 500 Euro je geförderter Arbeitnehmerin oder gefördertem Arbeitnehmer.

(3) [1] Eine Förderung ist ausgeschlossen, wenn die Maßnahme dazu dient, die Arbeitnehmerin oder den Arbeitnehmer auf eine Anschlussbeschäftigung im selben Betrieb oder in einem anderen Betrieb des selben Unternehmens vorzubereiten oder, falls das Unternehmen einem Konzern angehört, auf eine Anschlussbeschäftigung in einem Betrieb eines anderen Konzernunternehmens des Konzerns vorzubereiten. [2] Durch die Förderung darf der Arbeitgeber nicht von bestehenden Verpflichtungen entlastet werden. [3] Von der Förderung ausgeschlossen sind Arbeitnehmerinnen und Arbeitnehmer des öffentlichen Dienstes mit Ausnahme der Beschäftigten von Unternehmen, die in selbständiger Rechtsform erwerbswirtschaftlich betrieben werden.

(4) Während der Teilnahme an Transfermaßnahmen sind andere Leistungen der aktiven Arbeitsförderung mit gleichartiger Zielsetzung ausgeschlossen.

§ 111 Transferkurzarbeitergeld. (1) [1] Um Entlassungen von Arbeitnehmerinnen und Arbeitnehmern zu vermeiden und ihre Vermittlungsaussichten zu verbessern, haben diese Anspruch auf Kurzarbeitergeld zur Förderung der Eingliederung bei betrieblichen Restrukturierungen (Transferkurzarbeitergeld), wenn

1. und solange sie von einem dauerhaften nicht vermeidbaren Arbeitsausfall mit Entgeltausfall betroffen sind,
2. die betrieblichen Voraussetzungen erfüllt sind,
3. die persönlichen Voraussetzungen erfüllt sind,
4. sich die Betriebsparteien im Vorfeld der Entscheidung über die Inanspruchnahme von Transferkurzarbeitergeld, insbesondere im Rahmen ihrer Ver-

handlungen über einen die Integration der Arbeitnehmerinnen und Arbeitnehmer fördernden Interessenausgleich oder Sozialplan nach § 112 des Betriebsverfassungsgesetzes, von der Agentur für Arbeit beraten lassen haben und
5. der dauerhafte Arbeitsausfall der Agentur für Arbeit angezeigt worden ist.

[2] Die Agentur für Arbeit leistet Transferkurzarbeitergeld für längstens zwölf Monate.

(2) [1] Ein dauerhafter Arbeitsausfall liegt vor, wenn auf Grund einer Betriebsänderung im Sinne des § 110 Absatz 1 Satz 3 die Beschäftigungsmöglichkeiten für die Arbeitnehmerinnen und Arbeitnehmer nicht nur vorübergehend entfallen. [2] Der Entgeltausfall kann auch jeweils 100 Prozent des monatlichen Bruttoentgelts betragen.

(3) [1] Die betrieblichen Voraussetzungen für die Gewährung von Transferkurzarbeitergeld sind erfüllt, wenn

1. in einem Betrieb Personalanpassungsmaßnahmen auf Grund einer Betriebsänderung durchgeführt werden,
2. die von Arbeitsausfall betroffenen Arbeitnehmerinnen und Arbeitnehmer in einer betriebsorganisatorisch eigenständigen Einheit zusammengefasst werden, um Entlassungen zu vermeiden und ihre Eingliederungschancen zu verbessern,
3. die Organisation und Mittelausstattung der betriebsorganisatorisch eigenständigen Einheit den angestrebten Integrationserfolg erwarten lassen und
4. ein System zur Sicherung der Qualität angewendet wird.

[2] Wird die betriebsorganisatorisch eigenständige Einheit von einem Dritten durchgeführt, tritt an die Stelle der Voraussetzung nach Satz 1 Nummer 4 die Trägerzulassung nach § 178.

(4) [1] Die persönlichen Voraussetzungen sind erfüllt, wenn die Arbeitnehmerin oder der Arbeitnehmer

1. von Arbeitslosigkeit bedroht ist,
2. nach Beginn des Arbeitsausfalls eine versicherungspflichtige Beschäftigung fortsetzt oder im Anschluss an die Beendigung eines Berufsausbildungsverhältnisses aufnimmt,
3. nicht vom Kurzarbeitergeldbezug ausgeschlossen ist und
4. vor der Überleitung in die betriebsorganisatorisch eigenständige Einheit aus Anlass der Betriebsänderung
   a) sich bei der Agentur für Arbeit arbeitsuchend meldet und
   b) an einer arbeitsmarktlich zweckmäßigen Maßnahme zur Feststellung der Eingliederungsaussichten teilgenommen hat; können in berechtigten Ausnahmefällen trotz Mithilfe der Agentur für Arbeit die notwendigen Feststellungsmaßnahmen nicht rechtzeitig durchgeführt werden, sind diese im unmittelbaren Anschluss an die Überleitung innerhalb eines Monats nachzuholen.

[2] § 98 Absatz 2 bis 4 gilt entsprechend.

(5) Arbeitnehmerinnen und Arbeitnehmer des Steinkohlenbergbaus, denen Anpassungsgeld nach § 5 des Steinkohlefinanzierungsgesetzes gezahlt werden kann, haben vor der Inanspruchnahme des Anpassungsgeldes Anspruch auf Transferkurzarbeitergeld.

(6) [1]Für die Anzeige des Arbeitsausfalls gilt § 99 Absatz 1, 2 Satz 1 und Absatz 3 entsprechend. [2]Der Arbeitsausfall ist bei der Agentur für Arbeit anzuzeigen, in deren Bezirk der personalabgebende Betrieb seinen Sitz hat.

(7) [1]Während des Bezugs von Transferkurzarbeitergeld hat der Arbeitgeber den geförderten Arbeitnehmerinnen und Arbeitnehmern Vermittlungsvorschläge zu unterbreiten. [2]Stellt der Arbeitgeber oder die Agentur für Arbeit fest, dass Arbeitnehmerinnen oder Arbeitnehmer Qualifizierungsdefizite aufweisen, soll der Arbeitgeber geeignete Maßnahmen zur Verbesserung der Eingliederungsaussichten anbieten. [3]Als geeignet gelten insbesondere

1. Maßnahmen der beruflichen Weiterbildung, für die und für deren Träger eine Zulassung nach dem Fünften Kapitel vorliegt, oder
2. eine zeitlich begrenzte, längstens sechs Monate dauernde Beschäftigung zum Zwecke der Qualifizierung bei einem anderen Arbeitgeber.

[4]Bei der Festlegung von Maßnahmen nach Satz 3 ist die Agentur für Arbeit zu beteiligen. [5]Nimmt die Arbeitnehmerin oder der Arbeitnehmer während der Beschäftigung in einer betriebsorganisatorisch eigenständigen Einheit an einer Qualifizierungsmaßnahme teil, deren Ziel die anschließende Beschäftigung bei einem anderen Arbeitgeber ist, und wurde das Ziel der Maßnahme nicht erreicht, steht die Rückkehr der Arbeitnehmerin oder des Arbeitnehmers in den bisherigen Betrieb dem Anspruch auf Transferkurzarbeitergeld nicht entgegen.

(8) [1]Der Anspruch ist ausgeschlossen, wenn Arbeitnehmerinnen und Arbeitnehmer nur vorübergehend in der betriebsorganisatorisch eigenständigen Einheit zusammengefasst werden, um anschließend einen anderen Arbeitsplatz in dem gleichen oder einem anderen Betrieb des Unternehmens zu besetzen, oder, falls das Unternehmen einem Konzern angehört, einen Arbeitsplatz in einem Betrieb eines anderen Konzernunternehmens des Konzerns zu besetzen. [2]§ 110 Absatz 3 Satz 3 gilt entsprechend.

(9) Soweit nichts Abweichendes geregelt ist, sind die für das Kurzarbeitergeld geltenden Vorschriften des Ersten Unterabschnitts anzuwenden, mit Ausnahme der ersten beiden Titel und des § 109.

§ 111a Förderung der beruflichen Weiterbildung bei Transferkurzarbeitergeld. (1) [1]Arbeitnehmerinnen und Arbeitnehmer, die einen Anspruch auf Transferkurzarbeitergeld nach § 111 haben, können bei Teilnahme an Maßnahmen der beruflichen Weiterbildung, die während des Bezugs von Transferkurzarbeitergeld enden, durch Übernahme der Weiterbildungskosten gefördert werden, wenn

1. die Agentur für Arbeit sie vor Beginn der Teilnahme beraten hat,
2. der Träger der Maßnahme und die Maßnahme für die Förderung zugelassen sind und
3. der Arbeitgeber mindestens 50 Prozent der Lehrgangskosten trägt.

[2]Die Grundsätze für die berufliche Weiterbildung nach § 81 Absatz 1 Satz 2 und Absatz 4 und § 83 gelten entsprechend.

(2) [1]Bei Teilnahme an einer Maßnahme der beruflichen Weiterbildung, die erst nach dem Bezug des Transferkurzarbeitergeldes endet, können Arbeitnehmerinnen und Arbeitnehmer nach § 81 gefördert werden, wenn

1. die Maßnahme spätestens drei Monate oder bei länger als ein Jahr dauernden Maßnahmen spätestens sechs Monate vor der Ausschöpfung des Anspruchs auf Transferkurzarbeitergeld beginnt und
2. der Arbeitgeber während des Bezugs des Transferkurzarbeitergeldes mindestens 50 Prozent der Lehrgangskosten trägt.

[2] Ein Anspruch auf Arbeitslosengeld bei beruflicher Weiterbildung nach § 144 ruht während der Zeit, für die ein Anspruch auf Transferkurzarbeitergeld zuerkannt ist.

(3) [1] In Betrieben mit weniger als 250 Beschäftigten verringert sich der von dem Arbeitgeber während des Bezugs des Transferkurzarbeitergeldes zu tragende Mindestanteil an den Lehrgangskosten abweichend von Absatz 1 Satz 1 Nummer 3 und Absatz 2 Satz 1 Nummer 2 auf 25 Prozent. [2] Wenn ein Insolvenzereignis im Sinne des § 165 Absatz 1 Satz 2 vorliegt, kann die Agentur für Arbeit abweichend von Satz 1, von Absatz 1 Satz 1 Nummer 3 und von Absatz 2 Satz 1 Nummer 2 eine niedrigere Beteiligung des Arbeitgebers an den Lehrgangskosten festlegen.

Siebter Abschnitt. Teilhabe behinderter Menschen am Arbeitsleben

Erster Unterabschnitt. Grundsätze

§ 112 Teilhabe am Arbeitsleben. (1) Für behinderte Menschen können Leistungen zur Förderung der Teilhabe am Arbeitsleben erbracht werden, um ihre Erwerbsfähigkeit zu erhalten, zu verbessern, herzustellen oder wiederherzustellen und ihre Teilhabe am Arbeitsleben zu sichern, soweit Art oder Schwere der Behinderung dies erfordern.

(2) [1] Bei der Auswahl der Leistungen sind Eignung, Neigung, bisherige Tätigkeit sowie Lage und Entwicklung des Arbeitsmarktes angemessen zu berücksichtigen. [2] Soweit erforderlich, ist auch die berufliche Eignung abzuklären oder eine Arbeitserprobung durchzuführen.

§ 113 Leistungen zur Teilhabe. (1) Für behinderte Menschen können erbracht werden

1. allgemeine Leistungen sowie
2. besondere Leistungen zur Teilhabe am Arbeitsleben und diese ergänzende Leistungen.

(2) Besondere Leistungen zur Teilhabe am Arbeitsleben werden nur erbracht, soweit nicht bereits durch die allgemeinen Leistungen eine Teilhabe am Arbeitsleben erreicht werden kann.

§ 114 Leistungsrahmen. Die allgemeinen und besonderen Leistungen richten sich nach den Vorschriften des Zweiten bis Fünften Abschnitts, soweit nachfolgend nichts Abweichendes bestimmt ist.

Zweiter Unterabschnitt. Allgemeine Leistungen

§ 115 Leistungen. Die allgemeinen Leistungen umfassen

1. Leistungen zur Aktivierung und beruflichen Eingliederung,
2. Leistungen zur Förderung der Berufsvorbereitung und Berufsausbildung einschließlich der Berufsausbildungsbeihilfe und der Assistierten Ausbildung,

3. Leistungen zur Förderung der beruflichen Weiterbildung,
4. Leistungen zur Förderung der Aufnahme einer selbständigen Tätigkeit.

§ 116 Besonderheiten. (1) Leistungen zur Aktivierung und beruflichen Eingliederung können auch erbracht werden, wenn behinderte Menschen nicht arbeitslos sind und durch diese Leistungen eine dauerhafte Teilhabe am Arbeitsleben erreicht werden kann.

(2) Förderungsfähig sind auch berufliche Aus- und Weiterbildungen, die im Rahmen des Berufsbildungsgesetzes oder der Handwerksordnung abweichend von den Ausbildungsordnungen für staatlich anerkannte Ausbildungsberufe oder in Sonderformen für behinderte Menschen durchgeführt werden.

(3) [1] Ein Anspruch auf Berufsausbildungsbeihilfe besteht auch, wenn der behinderte Mensch während der Berufsausbildung im Haushalt der Eltern oder eines Elternteils wohnt. [2] In diesem Fall wird der jeweils geltende Bedarf nach § 13 Absatz 1 Nummer 1 des Bundesausbildungsförderungsgesetzes zugrunde gelegt. [3] Für die Unterkunft wird der jeweils geltende Bedarf nach § 13 Absatz 2 Nummer 1 des Bundesausbildungsförderungsgesetzes zugrunde gelegt.

(4) [1] Ein Anspruch auf Berufsausbildungsbeihilfe besteht auch, wenn der behinderte Mensch, der das 18. Lebensjahr noch nicht vollendet hat, außerhalb des Haushalts der Eltern oder eines Elternteils wohnt, auch wenn die Ausbildungsstätte von der Wohnung der Eltern oder eines Elternteils aus in angemessener Zeit zu erreichen ist. [2] In diesem Fall wird der Bedarf nach Absatz 3 Satz 2 und 3 zugrunde gelegt.

(5) Eine Verlängerung der Ausbildung über das vorgesehene Ausbildungsende hinaus, eine Wiederholung der Ausbildung ganz oder in Teilen oder eine erneute Berufsausbildung wird gefördert, wenn Art oder Schwere der Behinderung es erfordern und ohne die Förderung eine dauerhafte Teilhabe am Arbeitsleben nicht erreicht werden kann.

(6) [1] Berufliche Weiterbildung kann auch gefördert werden, wenn behinderte Menschen
1. nicht arbeitslos sind,
2. als Arbeitnehmerinnen oder Arbeitnehmer ohne Berufsabschluss noch nicht drei Jahre beruflich tätig gewesen sind oder
3. einer längeren Förderung als nichtbehinderte Menschen oder einer erneuten Förderung bedürfen, um am Arbeitsleben teilzuhaben oder weiter teilzuhaben.

[2] Förderungsfähig sind auch schulische Ausbildungen, deren Abschluss für die Weiterbildung erforderlich ist.

(7) Ein Gründungszuschuss kann auch geleistet werden, wenn der behinderte Mensch einen Anspruch von weniger als 150 Tagen oder keinen Anspruch auf Arbeitslosengeld hat.

Dritter Unterabschnitt. Besondere Leistungen

Erster Titel. Allgemeines

§ 117 Grundsatz. (1) [1] Die besonderen Leistungen sind anstelle der allgemeinen Leistungen insbesondere zur Förderung der beruflichen Aus- und Weiterbildung, einschließlich Berufsvorbereitung, sowie blindentechnischer und vergleichbarer spezieller Grundausbildungen zu erbringen, wenn

1. Art oder Schwere der Behinderung oder die Sicherung der Teilhabe am Arbeitsleben die Teilnahme an
   a) einer Maßnahme in einer besonderen Einrichtung für behinderte Menschen oder
   b) einer sonstigen, auf die besonderen Bedürfnisse behinderter Menschen ausgerichteten Maßnahme

   unerlässlich machen oder
2. die allgemeinen Leistungen die wegen Art oder Schwere der Behinderung erforderlichen Leistungen nicht oder nicht im erforderlichen Umfang vorsehen.

[2] In besonderen Einrichtungen für behinderte Menschen können auch Aus- und Weiterbildungen außerhalb des Berufsbildungsgesetzes und der Handwerksordnung gefördert werden.

(2) Leistungen im Eingangsverfahren und Berufsbildungsbereich werden von anerkannten Werkstätten für behinderte Menschen oder anderen Leistungsanbietern nach den §§ 57, 60, 61a und 62 des Neunten Buches[1)] erbracht.

§ 118 Leistungen. [1] Die besonderen Leistungen umfassen
1. das Übergangsgeld,
2. das Ausbildungsgeld, wenn ein Übergangsgeld nicht gezahlt werden kann,
3. die Übernahme der Teilnahmekosten für eine Maßnahme.

[2] Die Leistungen werden auf Antrag durch ein Persönliches Budget erbracht; § 29 des Neunten Buches[1)] gilt entsprechend.

Zweiter Titel. Übergangsgeld und Ausbildungsgeld

§ 119 Übergangsgeld. [1] Behinderte Menschen haben Anspruch auf Übergangsgeld, wenn
1. die Voraussetzung der Vorbeschäftigungszeit für das Übergangsgeld erfüllt ist und
2. sie an einer Maßnahme der Berufsausbildung, der Berufsvorbereitung einschließlich einer wegen der Behinderung erforderlichen Grundausbildung, der individuellen betrieblichen Qualifizierung im Rahmen der Unterstützten Beschäftigung nach § 55 des Neunten Buches[1)], einer Maßnahme im Eingangsverfahren oder Berufsbildungsbereich einer Werkstatt für behinderte Menschen oder bei einem anderen Leistungsanbieter nach § 60 des Neunten Buches oder an einer Maßnahme der beruflichen Weiterbildung teilnehmen, für die die besonderen Leistungen erbracht werden.

[2] Im Übrigen gelten die Vorschriften des Kapitels 11 des Teils 1 des Neunten Buches, soweit in diesem Buch nichts Abweichendes bestimmt ist. [3] Besteht bei Teilnahme an einer Maßnahme, für die die allgemeinen Leistungen erbracht werden, kein Anspruch auf Arbeitslosengeld bei beruflicher Weiterbildung, erhalten die behinderten Menschen Übergangsgeld in Höhe des Arbeitslosengeldes, wenn sie bei Teilnahme an einer Maßnahme, für die die besonderen Leistungen erbracht werden, Übergangsgeld erhalten würden.

[1)] Nr. **9**.

§ 120 Vorbeschäftigungszeit für das Übergangsgeld. (1) Die Voraussetzung der Vorbeschäftigungszeit für das Übergangsgeld ist erfüllt, wenn der behinderte Mensch innerhalb der letzten drei Jahre vor Beginn der Teilnahme

1. mindestens zwölf Monate in einem Versicherungspflichtverhältnis gestanden hat oder
2. die Voraussetzungen für einen Anspruch auf Arbeitslosengeld erfüllt und Leistungen beantragt hat.

(2) [1] Der Zeitraum von drei Jahren gilt nicht für behinderte Berufsrückkehrende. [2] Er verlängert sich um die Dauer einer Beschäftigung als Arbeitnehmerin oder Arbeitnehmer im Ausland, die für die weitere Ausübung des Berufes oder für den beruflichen Aufstieg nützlich und üblich ist, längstens jedoch um zwei Jahre.

§ 121 Übergangsgeld ohne Vorbeschäftigungszeit. [1] Ein behinderter Mensch kann auch dann Übergangsgeld erhalten, wenn die Voraussetzung der Vorbeschäftigungszeit nicht erfüllt ist, jedoch innerhalb des letzten Jahres vor Beginn der Teilnahme

1. durch den behinderten Menschen ein Berufsausbildungsabschluss auf Grund einer Zulassung zur Prüfung nach § 43 Absatz 2 des Berufsbildungsgesetzes oder § 36 Absatz 2 der Handwerksordnung erworben worden ist oder
2. sein Prüfungszeugnis auf Grund einer Rechtsverordnung nach § 50 Absatz 1 des Berufsbildungsgesetzes oder § 40 Absatz 1 der Handwerksordnung dem Zeugnis über das Bestehen der Abschlussprüfung in einem nach dem Berufsbildungsgesetz oder der Handwerksordnung anerkannten Ausbildungsberuf gleichgestellt worden ist.

[2] Der Zeitraum von einem Jahr verlängert sich um Zeiten, in denen der behinderte Mensch nach dem Erwerb des Prüfungszeugnisses bei der Agentur für Arbeit arbeitslos gemeldet war.

§ 122 Ausbildungsgeld. (1) Behinderte Menschen haben Anspruch auf Ausbildungsgeld während

1. einer Berufsausbildung oder berufsvorbereitenden Bildungsmaßnahme einschließlich einer Grundausbildung,
2. einer individuellen betrieblichen Qualifizierung im Rahmen der Unterstützten Beschäftigung nach § 55 des Neunten Buches[1] und
3. einer Maßnahme im Eingangsverfahren oder Berufsbildungsbereich einer Werkstatt für behinderte Menschen oder bei einem anderen Leistungsanbieter nach § 60 des Neunten Buches,

wenn Übergangsgeld nicht gezahlt werden kann.

(2) Für das Ausbildungsgeld gelten die Vorschriften über die Berufsausbildungsbeihilfe entsprechend, soweit nachfolgend nichts Abweichendes bestimmt ist.

§ 123 Ausbildungsgeld bei Berufsausbildung und Unterstützter Beschäftigung. [1] Bei einer Berufsausbildung und bei einer individuellen betrieb-

---

[1] Nr. 9.

lichen Qualifizierung im Rahmen der Unterstützten Beschäftigung wird folgender Bedarf zugrunde gelegt:

1. bei Unterbringung im Haushalt der Eltern oder eines Elternteils der jeweils geltende Bedarf nach § 13 Absatz 1 Nummer 1 des Bundesausbildungsförderungsgesetzes zuzüglich des jeweils geltenden Bedarfs für die Unterkunft nach § 13 Absatz 2 Nummer 1 des Bundesausbildungsförderungsgesetzes,
2. bei Unterbringung in einem Wohnheim, einem Internat oder einer besonderen Einrichtung für behinderte Menschen 119 Euro monatlich, wenn die Kosten für Unterbringung und Verpflegung von der Agentur für Arbeit oder einem anderen Leistungsträger übernommen werden,
3. bei anderweitiger Unterbringung der jeweils geltende Bedarf nach § 13 Absatz 1 Nummer 1 des Bundesausbildungsförderungsgesetzes zuzüglich des jeweils geltenden Bedarfs für die Unterkunft nach § 13 Absatz 2 Nummer 2 des Bundesausbildungsförderungsgesetzes; § 128 ist mit Ausnahme der Erstattung behinderungsbedingter Mehraufwendungen nicht anzuwenden.

[2] Bei einer Berufsausbildung ist in den Fällen der Nummern 1 und 3 mindestens ein Betrag zugrunde zu legen, der der Ausbildungsvergütung nach § 17 Absatz 2 des Berufsbildungsgesetzes nach Abzug der Steuern und einer Sozialversicherungspauschale nach § 153 Absatz 1 entspricht. [3] Übersteigt in den Fällen der Nummer 2 die Ausbildungsvergütung nach § 17 Absatz 2 des Berufsbildungsgesetzes nach Abzug der Steuern und einer Sozialversicherungspauschale nach § 153 Absatz 1 den Bedarf zuzüglich der Beträge nach § 2 Absatz 1 und 3 Nummer 2 der Sozialversicherungsentgeltverordnung, so wird die Differenz als Ausgleichsbetrag gezahlt.

§ 124 Ausbildungsgeld bei berufsvorbereitenden Bildungsmaßnahmen und bei Grundausbildung. Bei berufsvorbereitenden Bildungsmaßnahmen und bei Grundausbildung wird folgender Bedarf zugrunde gelegt:

1. bei Unterbringung im Haushalt der Eltern oder eines Elternteils der jeweils geltende Bedarf nach § 12 Absatz 1 Nummer 1 des Bundesausbildungsförderungsgesetzes,
2. bei Unterbringung in einem Wohnheim, einem Internat oder einer besonderen Einrichtung für behinderte Menschen 119 Euro monatlich, wenn die Kosten für Unterbringung und Verpflegung von der Agentur für Arbeit oder einem anderen Leistungsträger übernommen werden,
3. bei anderweitiger Unterbringung der jeweils geltende Bedarf nach § 12 Absatz 2 Nummer 1 des Bundesausbildungsförderungsgesetzes; § 128 ist mit Ausnahme der Erstattung behinderungsbedingter Mehraufwendungen nicht anzuwenden.

§ 125 Ausbildungsgeld bei Maßnahmen in anerkannten Werkstätten für behinderte Menschen und bei Maßnahmen anderer Leistungsanbieter nach § 60 des Neunten Buches. Bei Maßnahmen im Eingangsverfahren und Berufsbildungsbereich anerkannter Werkstätten für behinderte Menschen und bei vergleichbaren Maßnahmen anderer Leistungsanbieter nach § 60 des Neunten Buches[1)] wird ein Ausbildungsgeld in Höhe von 119 Euro monatlich gezahlt.

[1)] Nr. 9.

§ 126 Einkommensanrechnung. (1) Das Einkommen, das ein behinderter Mensch während einer Maßnahme in einer anerkannten Werkstatt für behinderte Menschen oder bei einem anderen Leistungsanbieter nach § 60 des Neunten Buches[1)] erzielt, wird nicht auf den Bedarf angerechnet.

(2) Anrechnungsfrei bei der Einkommensanrechnung bleibt im Übrigen das Einkommen

1. des behinderten Menschen aus Waisenrenten, Waisengeld oder aus Unterhaltsleistungen bis zu 277 Euro monatlich,
2. der Eltern bis zu ***[bis 31.7.2021:** 3 431**][ab 1.8.2021:** 3 637**]*** Euro monatlich, des verwitweten Elternteils oder, bei getrennt lebenden Eltern, das Einkommen des Elternteils, bei dem der behinderte Mensch lebt, ohne Anrechnung des Einkommens des anderen Elternteils, bis zu ***[bis 31.7.2021:** 2 138**][ab 1.8.2021:** 2 266**]*** Euro monatlich und
3. der Ehegattin oder des Ehegatten oder der Lebenspartnerin oder des Lebenspartners bis zu ***[bis 31.7.2021:** 2 138**][ab 1.8.2021:** 2 266**]*** Euro monatlich.

Dritter Titel. Teilnahmekosten für Maßnahmen

§ 127 Teilnahmekosten für Maßnahmen. (1) [1] Teilnahmekosten bestimmen sich nach den §§ 49, 64, 73 und 74 des Neunten Buches[1)]. [2] Sie beinhalten auch weitere Aufwendungen, die wegen Art und Schwere der Behinderung unvermeidbar entstehen, sowie Kosten für Unterkunft und Verpflegung bei anderweitiger auswärtiger Unterbringung.

(2) Die Teilnahmekosten nach Absatz 1 können Aufwendungen für erforderliche eingliederungsbegleitende Dienste während der und im Anschluss an die Maßnahme einschließen.

§ 128 Kosten für Unterkunft und Verpflegung bei anderweitiger auswärtiger Unterbringung. Sind behinderte Menschen auswärtig untergebracht, aber nicht in einem Wohnheim, einem Internat oder einer besonderen Einrichtung für behinderte Menschen mit voller Verpflegung, so wird ein Betrag nach § 86 zuzüglich der behinderungsbedingten Mehraufwendungen erbracht.

Vierter Titel. Anordnungsermächtigung

§ 129 Anordnungsermächtigung. Die Bundesagentur wird ermächtigt, durch Anordnung das Nähere über Voraussetzungen, Art, Umfang und Ausführung der Leistungen in Übereinstimmung mit den für die anderen Träger der Leistungen zur Teilhabe am Arbeitsleben geltenden Regelungen zu bestimmen.

Achter Abschnitt. Befristete Leistungen und innovative Ansätze

§§ 130, 131 *(aufgehoben)*

§ 131a Sonderregelungen zur beruflichen Weiterbildung. (1) *(aufgehoben)*

(2) [1] Abweichend von § 81 Absatz 4 kann die Agentur für Arbeit unter Anwendung des Vergaberechts Träger mit der Durchführung von folgenden

---

[1)] Nr. 9.

Maßnahmen beauftragen, wenn die Maßnahmen vor Ablauf des 31. Dezember 2023 beginnen:

1. Maßnahmen, die zum Erwerb von Grundkompetenzen nach § 81 Absatz 3a führen,
2. Maßnahmen, die zum Erwerb von Grundkompetenzen nach § 81 Absatz 3a und zum Erwerb eines Abschlusses in einem Ausbildungsberuf führen, für den nach bundes- oder landesrechtlichen Vorschriften eine Ausbildungsdauer von mindestens zwei Jahren festgelegt ist, oder
3. Maßnahmen, die eine Weiterbildung in einem Betrieb, die auf den Erwerb eines Berufsabschlusses im Sinne des § 81 Absatz 2 Nummer 1 gerichtet ist, begleitend unterstützen.

[2] Für Maßnahmen nach Nummer 2 gilt § 180 Absatz 4 entsprechend. [3] § 176 Absatz 2 Satz 2 findet keine Anwendung.

(3) Arbeitnehmerinnen und Arbeitnehmer, die an einer nach § 81 geförderten beruflichen Weiterbildung teilnehmen, die zu einem Abschluss in einem Ausbildungsberuf führt, für den nach bundes- oder landesrechtlichen Vorschriften eine Ausbildungsdauer von mindestens zwei Jahren festgelegt ist, erhalten folgende Prämien, wenn die Maßnahme vor Ablauf des 31. Dezember 2023 beginnt:

1. nach Bestehen einer in diesen Vorschriften geregelten Zwischenprüfung eine Prämie von 1 000 Euro und
2. nach Bestehen der Abschlussprüfung eine Prämie von 1 500 Euro.

§ 131b Weiterbildungsförderung in der Altenpflege. [1] Abweichend von § 180 Absatz 4 Satz 1 ist die Dauer einer Vollzeitmaßnahme der beruflichen Weiterbildung in der Altenpflege, die in der Zeit vom 1. April 2013 bis zum 31. Dezember 2019 beginnt, auch dann angemessen, wenn sie nach dem Altenpflegegesetz nicht um mindestens ein Drittel verkürzt werden kann. [2] Insoweit ist § 180 Absatz 4 Satz 2 nicht anzuwenden.

§ 132 *(aufgehoben)*

§ 133 Saison-Kurzarbeitergeld und ergänzende Leistungen im Gerüstbauerhandwerk. (1) In Betrieben des Gerüstbauerhandwerks (§ 1 Absatz 3 Nummer 1 der Baubetriebe-Verordnung) werden bis zum 31. März 2021 Leistungen nach den §§ 101 und 102 nach Maßgabe der folgenden Regelungen erbracht.

(2) Die Schlechtwetterzeit beginnt am 1. November und endet am 31. März.

(3) [1] Ergänzende Leistungen nach § 102 Absatz 2 und 4 werden ausschließlich zur Vermeidung oder Überbrückung witterungsbedingter Arbeitsausfälle erbracht. [2] Zuschuss-Wintergeld wird in Höhe von 1,03 Euro je Ausfallstunde gezahlt.

(4) [1] Anspruch auf Zuschuss-Wintergeld nach § 102 Absatz 2 haben auch Arbeitnehmerinnen und Arbeitnehmer, die zur Vermeidung witterungsbedingter Arbeitsausfälle eine Vorausleistung erbringen, die das Arbeitsentgelt bei witterungsbedingtem Arbeitsausfall in der Schlechtwetterzeit für mindestens 120 Stunden ersetzt, in angemessener Höhe im Verhältnis zum Saison-Kurzarbeitergeld steht und durch Tarifvertrag, Betriebsvereinbarung oder Arbeits-

vertrag geregelt ist. [2] Der Anspruch auf Zuschuss-Wintergeld besteht für Zeiten des Bezugs der Vorausleistung, wenn diese niedriger ist als das ohne den witterungsbedingten Arbeitsausfall erzielte Arbeitsentgelt.

§ 134 *(aufgehoben)*

§ 135 Erprobung innovativer Ansätze. (1) [1] Die Zentrale der Bundesagentur kann bis zu einem Prozent der im Eingliederungstitel enthaltenen Mittel einsetzen, um innovative Ansätze der aktiven Arbeitsförderung zu erproben. [2] Die einzelnen Projekte dürfen den Höchstbetrag von 2 Millionen Euro jährlich und eine Dauer von 24 Monaten nicht übersteigen.

(2) [1] Die Umsetzung und die Wirkung der Projekte sind zu beobachten und auszuwerten. [2] Über die Ergebnisse der Projekte ist dem Verwaltungsrat nach deren Beendigung ein Bericht vorzulegen. [3] Zu Beginn jedes Jahres übermittelt die Bundesagentur dem Verwaltungsrat eine Übersicht über die laufenden Projekte.

Viertes Kapitel. Arbeitslosengeld und Insolvenzgeld

Erster Abschnitt. Arbeitslosengeld

Erster Unterabschnitt. Regelvoraussetzungen

§ 136 Anspruch auf Arbeitslosengeld. (1) Arbeitnehmerinnen und Arbeitnehmer haben Anspruch auf Arbeitslosengeld

1. bei Arbeitslosigkeit oder
2. bei beruflicher Weiterbildung.

(2) Wer das für die Regelaltersrente im Sinne des Sechsten Buches[1)] erforderliche Lebensjahr vollendet hat, hat vom Beginn des folgenden Monats an keinen Anspruch auf Arbeitslosengeld.

§ 137 Anspruchsvoraussetzungen bei Arbeitslosigkeit. (1) Anspruch auf Arbeitslosengeld bei Arbeitslosigkeit hat, wer

1. arbeitslos ist,
2. sich bei der Agentur für Arbeit arbeitslos gemeldet und
3. die Anwartschaftszeit erfüllt hat.

(2) Bis zur Entscheidung über den Anspruch kann die antragstellende Person bestimmen, dass der Anspruch nicht oder zu einem späteren Zeitpunkt entstehen soll.

§ 138 Arbeitslosigkeit. (1) Arbeitslos ist, wer Arbeitnehmerin oder Arbeitnehmer ist und

1. nicht in einem Beschäftigungsverhältnis steht (Beschäftigungslosigkeit),
2. sich bemüht, die eigene Beschäftigungslosigkeit zu beenden (Eigenbemühungen), und
3. den Vermittlungsbemühungen der Agentur für Arbeit zur Verfügung steht (Verfügbarkeit).

[1)] Nr. 6.

(2) Eine ehrenamtliche Betätigung schließt Arbeitslosigkeit nicht aus, wenn dadurch die berufliche Eingliederung der oder des Arbeitslosen nicht beeinträchtigt wird.

(3) [1]Die Ausübung einer Beschäftigung, selbständigen Tätigkeit, Tätigkeit als mithelfende Familienangehörige oder mithelfender Familienangehöriger (Erwerbstätigkeit) schließt die Beschäftigungslosigkeit nicht aus, wenn die Arbeits- oder Tätigkeitszeit (Arbeitszeit) weniger als 15 Stunden wöchentlich umfasst; gelegentliche Abweichungen von geringer Dauer bleiben unberücksichtigt. [2]Die Arbeitszeiten mehrerer Erwerbstätigkeiten werden zusammengerechnet.

(4) [1]Im Rahmen der Eigenbemühungen hat die oder der Arbeitslose alle Möglichkeiten zur beruflichen Eingliederung zu nutzen. [2]Hierzu gehören insbesondere

1. die Wahrnehmung der Verpflichtungen aus der Eingliederungsvereinbarung,
2. die Mitwirkung bei der Vermittlung durch Dritte und
3. die Inanspruchnahme der Selbstinformationseinrichtungen der Agentur für Arbeit.

(5) Den Vermittlungsbemühungen der Agentur für Arbeit steht zur Verfügung, wer

1. eine versicherungspflichtige, mindestens 15 Stunden wöchentlich umfassende zumutbare Beschäftigung unter den üblichen Bedingungen des für sie oder ihn in Betracht kommenden Arbeitsmarktes ausüben kann und darf,
2. Vorschlägen der Agentur für Arbeit zur beruflichen Eingliederung zeit- und ortsnah Folge leisten kann,
3. bereit ist, jede Beschäftigung im Sinne der Nummer 1 anzunehmen und auszuüben, und
4. bereit ist, an Maßnahmen zur beruflichen Eingliederung in das Erwerbsleben teilzunehmen.

§ 139 Sonderfälle der Verfügbarkeit. (1) [1]Nimmt eine leistungsberechtigte Person an einer Maßnahme nach § 45 oder an einer Berufsfindung oder Arbeitserprobung im Sinne des Rechts der beruflichen Rehabilitation teil, leistet sie vorübergehend zur Verhütung oder Beseitigung öffentlicher Notstände Dienste, die nicht auf einem Arbeitsverhältnis beruhen, übt sie eine freie Arbeit im Sinne des Artikels 293 Absatz 1 des Einführungsgesetzes zum Strafgesetzbuch oder auf Grund einer Anordnung im Gnadenwege aus oder erbringt sie gemeinnützige Leistungen oder Arbeitsleistungen nach den in Artikel 293 Absatz 3 des Einführungsgesetzes zum Strafgesetzbuch genannten Vorschriften oder auf Grund deren entsprechender Anwendung, so schließt dies die Verfügbarkeit nicht aus. [2]Nimmt eine leistungsberechtigte Person an einem Integrationskurs nach § 43 des Aufenthaltsgesetzes oder an einem Kurs der berufsbezogenen Deutschsprachförderung nach § 45a des Aufenthaltsgesetzes teil, der jeweils für die dauerhafte berufliche Eingliederung notwendig ist, so schließt dies die Verfügbarkeit nicht aus.

(2) [1]Bei Schülerinnen, Schülern, Studentinnen oder Studenten einer Schule, Hochschule oder sonstigen Ausbildungsstätte wird vermutet, dass sie nur versicherungsfreie Beschäftigungen ausüben können. [2]Die Vermutung ist widerlegt, wenn die Schülerin, der Schüler, die Studentin oder der Student darlegt

und nachweist, dass der Ausbildungsgang die Ausübung einer versicherungspflichtigen, mindestens 15 Stunden wöchentlich umfassenden Beschäftigung bei ordnungsgemäßer Erfüllung der in den Ausbildungs- und Prüfungsbestimmungen vorgeschriebenen Anforderungen zulässt.

(3) Nimmt eine leistungsberechtigte Person an einer Maßnahme der beruflichen Weiterbildung teil, für die die Voraussetzungen nach § 81 nicht erfüllt sind, schließt dies die Verfügbarkeit nicht aus, wenn

1. die Agentur für Arbeit der Teilnahme zustimmt und
2. die leistungsberechtigte Person ihre Bereitschaft erklärt, die Maßnahme abzubrechen, sobald eine berufliche Eingliederung in Betracht kommt, und zu diesem Zweck die Möglichkeit zum Abbruch mit dem Träger der Maßnahme vereinbart hat.

(4) [1] Ist die leistungsberechtigte Person nur bereit, Teilzeitbeschäftigungen auszuüben, so schließt dies Verfügbarkeit nicht aus, wenn sich die Arbeitsbereitschaft auf Teilzeitbeschäftigungen erstreckt, die versicherungspflichtig sind, mindestens 15 Stunden wöchentlich umfassen und den üblichen Bedingungen des für sie in Betracht kommenden Arbeitsmarktes entsprechen. [2] Eine Einschränkung auf Teilzeitbeschäftigungen aus Anlass eines konkreten Arbeits- oder Maßnahmeangebotes ist nicht zulässig. [3] Die Einschränkung auf Heimarbeit schließt die Verfügbarkeit nicht aus, wenn die Anwartschaftszeit durch eine Beschäftigung als Heimarbeiterin oder Heimarbeiter erfüllt worden ist und die leistungsberechtigte Person bereit und in der Lage ist, Heimarbeit unter den üblichen Bedingungen auf dem für sie in Betracht kommenden Arbeitsmarkt auszuüben.

§ 140 Zumutbare Beschäftigungen. (1) Einer arbeitslosen Person sind alle ihrer Arbeitsfähigkeit entsprechenden Beschäftigungen zumutbar, soweit allgemeine oder personenbezogene Gründe der Zumutbarkeit einer Beschäftigung nicht entgegenstehen.

(2) Aus allgemeinen Gründen ist eine Beschäftigung einer arbeitslosen Person insbesondere nicht zumutbar, wenn die Beschäftigung gegen gesetzliche, tarifliche oder in Betriebsvereinbarungen festgelegte Bestimmungen über Arbeitsbedingungen oder gegen Bestimmungen des Arbeitsschutzes verstößt.

(3) [1] Aus personenbezogenen Gründen ist eine Beschäftigung einer arbeitslosen Person insbesondere nicht zumutbar, wenn das daraus erzielbare Arbeitsentgelt erheblich niedriger ist als das der Bemessung des Arbeitslosengeldes zugrunde liegende Arbeitsentgelt. [2] In den ersten drei Monaten der Arbeitslosigkeit ist eine Minderung um mehr als 20 Prozent und in den folgenden drei Monaten um mehr als 30 Prozent dieses Arbeitsentgelts nicht zumutbar. [3] Vom siebten Monat der Arbeitslosigkeit an ist einer arbeitslosen Person eine Beschäftigung nur dann nicht zumutbar, wenn das daraus erzielbare Nettoeinkommen unter Berücksichtigung der mit der Beschäftigung zusammenhängenden Aufwendungen niedriger ist als das Arbeitslosengeld.

(4) [1] Aus personenbezogenen Gründen ist einer arbeitslosen Person eine Beschäftigung auch nicht zumutbar, wenn die täglichen Pendelzeiten zwischen ihrer Wohnung und der Arbeitsstätte im Vergleich zur Arbeitszeit unverhältnismäßig lang sind. [2] Als unverhältnismäßig lang sind im Regelfall Pendelzeiten von insgesamt mehr als zweieinhalb Stunden bei einer Arbeitszeit von mehr als sechs Stunden und Pendelzeiten von mehr als zwei Stunden bei einer Arbeits-

zeit von sechs Stunden und weniger anzusehen. [3] Sind in einer Region unter vergleichbaren Beschäftigten längere Pendelzeiten üblich, bilden diese den Maßstab. [4] Ein Umzug zur Aufnahme einer Beschäftigung außerhalb des zumutbaren Pendelbereichs ist einer arbeitslosen Person zumutbar, wenn nicht zu erwarten ist, dass sie innerhalb der ersten drei Monate der Arbeitslosigkeit eine Beschäftigung innerhalb des zumutbaren Pendelbereichs aufnehmen wird. [5] Vom vierten Monat der Arbeitslosigkeit an ist einer arbeitslosen Person ein Umzug zur Aufnahme einer Beschäftigung außerhalb des zumutbaren Pendelbereichs in der Regel zumutbar. [6] Die Sätze 4 und 5 sind nicht anzuwenden, wenn dem Umzug ein wichtiger Grund entgegensteht. [7] Ein wichtiger Grund kann sich insbesondere aus familiären Bindungen ergeben.

(5) Eine Beschäftigung ist nicht schon deshalb unzumutbar, weil sie befristet ist, vorübergehend eine getrennte Haushaltsführung erfordert oder nicht zum Kreis der Beschäftigungen gehört, für die die Arbeitnehmerin oder der Arbeitnehmer ausgebildet ist oder die sie oder er bisher ausgeübt hat.

§ 141 ***[bis 31.12.2021:* Persönliche Arbeitslosmeldung*][ab 1.1.2022: Arbeitslosmeldung].*** (1) [1] Die oder der Arbeitslose hat sich ***[ab 1.1.2022:*** *elektronisch im Fachportal der Bundesagentur oder****]*** persönlich bei der zuständigen Agentur für Arbeit arbeitslos zu melden. ***[Satz 2 ab 1.1.2022:]*** [2] *Das in Satz 1 genannte elektronische Verfahren muss die Voraussetzungen des § 36a Absatz 2 Satz 4 Nummer 1 in Verbindung mit Satz 5 erster Halbsatz des Ersten Buches*[1)] *erfüllen.* [2 *[ab 1.1.2022: 3]*] Eine Meldung ist auch zulässig, wenn die Arbeitslosigkeit noch nicht eingetreten, der Eintritt der Arbeitslosigkeit aber innerhalb der nächsten drei Monate zu erwarten ist.

[Abs. 2 bis 31.12.2021:]

(2) Die Wirkung der Meldung erlischt

1. bei einer mehr als sechswöchigen Unterbrechung der Arbeitslosigkeit,
2. mit der Aufnahme der Beschäftigung, selbständigen Tätigkeit, Tätigkeit als mithelfende Familienangehörige oder als mithelfender Familienangehöriger, wenn die oder der Arbeitslose diese der Agentur für Arbeit nicht unverzüglich mitgeteilt hat.

[Abs. 3 bis 31.12.2021:]

(3) Ist die zuständige Agentur für Arbeit am ersten Tag der Beschäftigungslosigkeit der oder des Arbeitslosen nicht dienstbereit, so wirkt eine persönliche Meldung an dem nächsten Tag, an dem die Agentur für Arbeit dienstbereit ist, auf den Tag zurück, an dem die Agentur für Arbeit nicht dienstbereit war.

[Abs. 2 ab 1.1.2022:]

(2) Ist die zuständige Agentur für Arbeit am ersten Tag der Beschäftigungslosigkeit der oder des Arbeitslosen nicht dienstbereit, so wirkt eine Meldung an dem nächsten Tag, an dem die Agentur für Arbeit dienstbereit ist, auf den Tag zurück, an dem die Agentur für Arbeit nicht dienstbereit war.

[Abs. 3 ab 1.1.2022:]

(3) Die Wirkung der Meldung erlischt

1. bei einer mehr als sechswöchigen Unterbrechung der Arbeitslosigkeit,

---

[1)] Nr. **1**.

2. mit der Aufnahme der Beschäftigung, selbständigen Tätigkeit, Tätigkeit als mithelfende Familienangehörige oder als mithelfender Familienangehöriger, wenn die oder der Arbeitslose diese der Agentur für Arbeit nicht unverzüglich mitgeteilt hat.

[Abs. 4 ab 1.1.2022:]

(4) [1] Die zuständige Agentur für Arbeit soll mit der oder dem Arbeitslosen unverzüglich nach Eintritt der Arbeitslosigkeit ein persönliches Beratungs- und Vermittlungsgespräch führen. [2] Dies ist entbehrlich, wenn das persönliche Beratungs- und Vermittlungsgespräch bereits in zeitlicher Nähe vor Eintritt der Arbeitslosigkeit, in der Regel innerhalb von vier Wochen, vor Eintritt der Arbeitslosigkeit geführt worden ist.

§ 142 Anwartschaftszeit. (1) [1] Die Anwartschaftszeit hat erfüllt, wer in der Rahmenfrist (§ 143) mindestens zwölf Monate in einem Versicherungspflichtverhältnis gestanden hat. [2] Zeiten, die vor dem Tag liegen, an dem der Anspruch auf Arbeitslosengeld wegen des Eintritts einer Sperrzeit erloschen ist, dienen nicht zur Erfüllung der Anwartschaftszeit.

(2) [1] Für Arbeitslose, die die Anwartschaftszeit nach Absatz 1 nicht erfüllen sowie darlegen und nachweisen, dass

1. sich die in der Rahmenfrist zurückgelegten Beschäftigungstage überwiegend aus versicherungspflichtigen Beschäftigungen ergeben, die auf nicht mehr als 14 Wochen im Voraus durch Arbeitsvertrag zeit- oder zweckbefristet sind, und
2. das in den letzten zwölf Monaten vor der Beschäftigungslosigkeit erzielte Arbeitsentgelt das 1,5fache der zum Zeitpunkt der Anspruchsentstehung maßgeblichen Bezugsgröße nach § 18 Absatz 1 des Vierten Buches[1)] nicht übersteigt,

gilt bis zum 31. Dezember 2022, dass die Anwartschaftszeit sechs Monate beträgt. [2] § 27 Absatz 3 Nummer 1 bleibt unberührt.

§ 143 Rahmenfrist. (1) Die Rahmenfrist beträgt 30 Monate und beginnt mit dem Tag vor der Erfüllung aller sonstigen Voraussetzungen für den Anspruch auf Arbeitslosengeld.

(2) Die Rahmenfrist reicht nicht in eine vorangegangene Rahmenfrist hinein, in der die oder der Arbeitslose eine Anwartschaftszeit erfüllt hatte.

(3) [1] In die Rahmenfrist werden Zeiten nicht eingerechnet, in denen die oder der Arbeitslose von einem Rehabilitationsträger Übergangsgeld wegen einer berufsfördernden Maßnahme bezogen hat. [2] In diesem Fall endet die Rahmenfrist spätestens fünf Jahre nach ihrem Beginn.

§ 144 Anspruchsvoraussetzungen bei beruflicher Weiterbildung.

(1) Anspruch auf Arbeitslosengeld hat auch, wer die Voraussetzungen für einen Anspruch auf Arbeitslosengeld bei Arbeitslosigkeit allein wegen einer nach § 81 geförderten beruflichen Weiterbildung nicht erfüllt.

(2) Bei einer Arbeitnehmerin oder einem Arbeitnehmer, die oder der vor Eintritt in die Maßnahme nicht arbeitslos war, gelten die Voraussetzungen eines Anspruchs auf Arbeitslosengeld bei Arbeitslosigkeit als erfüllt, wenn sie oder er

1. bei Eintritt in die Maßnahme einen Anspruch auf Arbeitslosengeld bei Arbeitslosigkeit hätte, der weder ausgeschöpft noch erloschen ist, oder

---

1) Nr. 4.

2. die Anwartschaftszeit im Fall von Arbeitslosigkeit am Tag des Eintritts in die Maßnahme der beruflichen Weiterbildung erfüllt hätte; insoweit gilt der Tag des Eintritts in die Maßnahme als Tag der *[bis 31.12.2021:* persönlichen*]* Arbeitslosmeldung.

Zweiter Unterabschnitt. Sonderformen des Arbeitslosengeldes

§ 145 Minderung der Leistungsfähigkeit. (1) [1]Anspruch auf Arbeitslosengeld hat auch eine Person, die allein deshalb nicht arbeitslos ist, weil sie wegen einer mehr als sechsmonatigen Minderung ihrer Leistungsfähigkeit versicherungspflichtige, mindestens 15 Stunden wöchentlich umfassende Beschäftigungen nicht unter den Bedingungen ausüben kann, die auf dem für sie in Betracht kommenden Arbeitsmarkt ohne Berücksichtigung der Minderung der Leistungsfähigkeit üblich sind, wenn eine verminderte Erwerbsfähigkeit im Sinne der gesetzlichen Rentenversicherung nicht festgestellt worden ist. [2]Die Feststellung, ob eine verminderte Erwerbsfähigkeit vorliegt, trifft der zuständige Träger der gesetzlichen Rentenversicherung. [3]Kann sich die leistungsgeminderte Person wegen gesundheitlicher Einschränkungen nicht persönlich arbeitslos melden, so kann die Meldung durch eine Vertreterin oder einen Vertreter erfolgen. [4]Die leistungsgeminderte Person hat sich unverzüglich persönlich bei der Agentur für Arbeit zu melden, sobald der Grund für die Verhinderung entfallen ist.

(2) [1]Die Agentur für Arbeit hat die leistungsgeminderte Person unverzüglich aufzufordern, innerhalb eines Monats einen Antrag auf Leistungen zur medizinischen Rehabilitation oder zur Teilhabe am Arbeitsleben zu stellen. [2]Stellt sie diesen Antrag fristgemäß, so gilt er im Zeitpunkt des Antrags auf Arbeitslosengeld als gestellt. [3]Stellt die leistungsgeminderte Person den Antrag nicht, ruht der Anspruch auf Arbeitslosengeld vom Tag nach Ablauf der Frist an bis zum Tag, an dem sie einen Antrag auf Leistungen zur medizinischen Rehabilitation oder zur Teilhabe am Arbeitsleben oder einen Antrag auf Rente wegen Erwerbsminderung stellt. [4]Kommt die leistungsgeminderte Person ihren Mitwirkungspflichten gegenüber dem Träger der medizinischen Rehabilitation oder der Teilhabe am Arbeitsleben nicht nach, so ruht der Anspruch auf Arbeitslosengeld von dem Tag nach Unterlassen der Mitwirkung bis zu dem Tag, an dem die Mitwirkung nachgeholt wird. [5]Satz 4 gilt entsprechend, wenn die leistungsgeminderte Person durch ihr Verhalten die Feststellung der Erwerbsminderung verhindert.

(3) [1]Wird der leistungsgeminderten Person von einem Träger der gesetzlichen Rentenversicherung wegen einer Maßnahme zur Rehabilitation Übergangsgeld oder eine Rente wegen Erwerbsminderung zuerkannt, steht der Bundesagentur ein Erstattungsanspruch entsprechend § 103 des Zehnten Buches[1)] zu. [2]Hat der Träger der gesetzlichen Rentenversicherung Leistungen nach Satz 1 mit befreiender Wirkung an die leistungsgeminderte Person oder einen Dritten gezahlt, hat die Empfängerin oder der Empfänger des Arbeitslosengeldes dieses insoweit zu erstatten.

§ 146 Leistungsfortzahlung bei Arbeitsunfähigkeit. (1) [1]Wer während des Bezugs von Arbeitslosengeld infolge Krankheit unverschuldet arbeitsunfähig oder während des Bezugs von Arbeitslosengeld auf Kosten der Krankenkasse

---

[1)] Nr. **10**.

stationär behandelt wird, verliert dadurch nicht den Anspruch auf Arbeitslosengeld für die Zeit der Arbeitsunfähigkeit oder stationären Behandlung mit einer Dauer von bis zu sechs Wochen (Leistungsfortzahlung). [2] Als unverschuldet im Sinne des Satzes 1 gilt auch eine Arbeitsunfähigkeit, die infolge einer durch Krankheit erforderlichen Sterilisation durch eine Ärztin oder einen Arzt oder infolge eines nicht rechtswidrigen Abbruchs der Schwangerschaft eintritt. [3] Dasselbe gilt für einen Abbruch der Schwangerschaft, wenn die Schwangerschaft innerhalb von zwölf Wochen nach der Empfängnis durch eine Ärztin oder einen Arzt abgebrochen wird, die Schwangere den Abbruch verlangt und der Ärztin oder dem Arzt durch eine Bescheinigung nachgewiesen hat, dass sie sich mindestens drei Tage vor dem Eingriff von einer anerkannten Beratungsstelle beraten lassen hat.

(2) [1] Eine Leistungsfortzahlung erfolgt auch im Fall einer nach ärztlichem Zeugnis erforderlichen Beaufsichtigung, Betreuung oder Pflege eines erkrankten Kindes der oder des Arbeitslosen mit einer Dauer von bis zu zehn Tagen, bei alleinerziehenden Arbeitslosen mit einer Dauer von bis zu 20 Tagen für jedes Kind in jedem Kalenderjahr, wenn eine andere im Haushalt der oder des Arbeitslosen lebende Person diese Aufgabe nicht übernehmen kann und das Kind das zwölfte Lebensjahr noch nicht vollendet hat oder behindert und auf Hilfe angewiesen ist. [2] Arbeitslosengeld wird jedoch für nicht mehr als 25 Tage, für alleinerziehende Arbeitslose für nicht mehr als 50 Tage in jedem Kalenderjahr fortgezahlt.

(3) Die Vorschriften des Fünften Buches[1)], die bei Fortzahlung des Arbeitsentgelts durch den Arbeitgeber im Krankheitsfall sowie bei Zahlung von Krankengeld im Fall der Erkrankung eines Kindes anzuwenden sind, gelten entsprechend.

Dritter Unterabschnitt. Anspruchsdauer

§ 147 Grundsatz. (1) [1] Die Dauer des Anspruchs auf Arbeitslosengeld richtet sich nach

1. der Dauer der Versicherungspflichtverhältnisse innerhalb der um 30 Monate erweiterten Rahmenfrist und
2. dem Lebensalter, das die oder der Arbeitslose bei der Entstehung des Anspruchs vollendet hat.

[2] Die Vorschriften des Ersten Unterabschnitts zum Ausschluss von Zeiten bei der Erfüllung der Anwartschaftszeit und zur Begrenzung der Rahmenfrist durch eine vorangegangene Rahmenfrist gelten entsprechend.

(2) Die Dauer des Anspruchs auf Arbeitslosengeld beträgt

nach Versicherungspflichtverhältnissen mit einer Dauer von insgesamt mindestens … Monaten	und nach Vollendung des … Lebensjahres	… Monate
12		6
16		8
20		10

[1)] Nr. 5.

nach Versicherungspflichtverhältnissen mit einer Dauer von insgesamt mindestens … Monaten	und nach Vollendung des … Lebensjahres	… Monate
24		12
30	50.	15
36	55.	18
48	58.	24

(3) [1] Bei Erfüllung der Anwartschaftszeit nach § 142 Absatz 2 beträgt die Dauer des Anspruchs auf Arbeitslosengeld unabhängig vom Lebensalter

nach Versicherungspflichtverhältnissen mit einer Dauer von insgesamt mindestens … Monaten	… Monate
6	3
8	4
10	5

[2] Abweichend von Absatz 1 sind nur die Versicherungspflichtverhältnisse innerhalb der Rahmenfrist des § 143 zu berücksichtigen.

(4) Die Dauer des Anspruchs verlängert sich um die Restdauer des wegen Entstehung eines neuen Anspruchs erloschenen Anspruchs, wenn nach der Entstehung des erloschenen Anspruchs noch nicht fünf Jahre verstrichen sind; sie verlängert sich längstens bis zu der dem Lebensalter der oder des Arbeitslosen zugeordneten Höchstdauer.

§ 148 Minderung der Anspruchsdauer. (1) Die Dauer des Anspruchs auf Arbeitslosengeld mindert sich um

1. die Anzahl von Tagen, für die der Anspruch auf Arbeitslosengeld bei Arbeitslosigkeit erfüllt worden ist,
2. jeweils einen Tag für jeweils zwei Tage, für die ein Anspruch auf Teilarbeitslosengeld innerhalb der letzten zwei Jahre vor der Entstehung des Anspruchs erfüllt worden ist,
3. die Anzahl von Tagen einer Sperrzeit wegen Arbeitsablehnung, unzureichender Eigenbemühungen, Ablehnung oder Abbruch einer beruflichen Eingliederungsmaßnahme, Ablehnung oder Abbruch eines Integrationskurses oder einer berufsbezogenen Deutschsprachförderung, Meldeversäumnis oder verspäteter Arbeitsuchendmeldung,
4. die Anzahl von Tagen einer Sperrzeit wegen Arbeitsaufgabe; in Fällen einer Sperrzeit von zwölf Wochen mindestens jedoch um ein Viertel der Anspruchsdauer, die der oder dem Arbeitslosen bei erstmaliger Erfüllung der Voraussetzungen für den Anspruch auf Arbeitslosengeld nach dem Ereignis, das die Sperrzeit begründet, zusteht,
5. die Anzahl von Tagen, für die der oder dem Arbeitslosen das Arbeitslosengeld wegen fehlender Mitwirkung (§ 66 des Ersten Buches[1]) versagt oder entzogen worden ist,

---

[1] Nr. 1.

6. die Anzahl von Tagen der Beschäftigungslosigkeit nach der Erfüllung der Voraussetzungen für den Anspruch auf Arbeitslosengeld, an denen die oder der Arbeitslose nicht arbeitsbereit ist, ohne für sein Verhalten einen wichtigen Grund zu haben,
7. jeweils einen Tag für jeweils zwei Tage, für die ein Anspruch auf Arbeitslosengeld bei beruflicher Weiterbildung nach diesem Buch erfüllt worden ist,
8. die Anzahl von Tagen, für die ein Gründungszuschuss in der Höhe des zuletzt bezogenen Arbeitslosengeldes geleistet worden ist.

(2) [1] In den Fällen des Absatzes 1 Nummer 5 und 6 mindert sich die Dauer des Anspruchs auf Arbeitslosengeld höchstens um vier Wochen. [2] In den Fällen des Absatzes 1 Nummer 3 und 4 entfällt die Minderung für Sperrzeiten bei Abbruch einer beruflichen Eingliederungsmaßnahme oder Arbeitsaufgabe, wenn das Ereignis, das die Sperrzeit begründet, bei Erfüllung der Voraussetzungen für den Anspruch auf Arbeitslosengeld länger als ein Jahr zurückliegt. [3] In den Fällen des Absatzes 1 Nummer 7 unterbleibt eine Minderung, soweit sich dadurch eine Anspruchsdauer von weniger als einem Monat ergibt. [4] Ist ein neuer Anspruch entstanden, erstreckt sich die Minderung nur auf die Restdauer des erloschenen Anspruchs (§ 147 Absatz 4).

(3) In den Fällen des Absatzes 1 Nummer 1, 2 und 7 entfällt die Minderung für Tage, für die der Bundesagentur das nach den §§ 145, 157 Absatz 3 oder nach § 158 Absatz 4 geleistete Arbeitslosengeld einschließlich der darauf entfallenden Beiträge zur Kranken-, Renten- und Pflegeversicherung erstattet oder ersetzt wurde; Bruchteile von Tagen sind auf volle Tage aufzurunden.

Vierter Unterabschnitt. Höhe des Arbeitslosengeldes

§ 149 Grundsatz. Das Arbeitslosengeld beträgt

1. für Arbeitslose, die mindestens ein Kind im Sinne des § 32 Absatz 1, 3 bis 5 des Einkommensteuergesetzes haben, sowie für Arbeitslose, deren Ehegattin, Ehegatte, Lebenspartnerin oder Lebenspartner mindestens ein Kind im Sinne des § 32 Absatz 1, 3 bis 5 des Einkommensteuergesetzes hat, wenn beide Ehegatten oder Lebenspartner unbeschränkt einkommensteuerpflichtig sind und nicht dauernd getrennt leben, 67 Prozent (erhöhter Leistungssatz),
2. für die übrigen Arbeitslosen 60 Prozent (allgemeiner Leistungssatz)

des pauschalierten Nettoentgelts (Leistungsentgelt), das sich aus dem Bruttoentgelt ergibt, das die oder der Arbeitslose im Bemessungszeitraum erzielt hat (Bemessungsentgelt).

§ 150 Bemessungszeitraum und Bemessungsrahmen. (1) [1] Der Bemessungszeitraum umfasst die beim Ausscheiden aus dem jeweiligen Beschäftigungsverhältnis abgerechneten Entgeltabrechnungszeiträume der versicherungspflichtigen Beschäftigungen im Bemessungsrahmen. [2] Der Bemessungsrahmen umfasst ein Jahr; er endet mit dem letzten Tag des letzten Versicherungspflichtverhältnisses vor der Entstehung des Anspruchs.

(2) [1] Bei der Ermittlung des Bemessungszeitraums bleiben außer Betracht

1. Zeiten einer Beschäftigung, neben der Übergangsgeld wegen einer Leistung zur Teilhabe am Arbeitsleben, Teilübergangsgeld oder Teilarbeitslosengeld geleistet worden ist,

2. Zeiten einer Beschäftigung als Freiwillige oder Freiwilliger im Sinne des Jugendfreiwilligendienstegesetzes oder des Bundesfreiwilligendienstgesetzes, wenn sich die beitragspflichtige Einnahme nach § 344 Absatz 2 bestimmt,
3. Zeiten, in denen Arbeitslose Elterngeld oder Erziehungsgeld bezogen oder nur wegen der Berücksichtigung von Einkommen nicht bezogen haben oder ein Kind unter drei Jahren betreut und erzogen haben, wenn wegen der Betreuung und Erziehung des Kindes das Arbeitsentgelt oder die durchschnittliche wöchentliche Arbeitszeit gemindert war,
4. Zeiten, in denen Arbeitslose eine Pflegezeit nach § 3 Absatz 1 Satz 1 des Pflegezeitgesetzes in Anspruch genommen haben sowie Zeiten einer Familienpflegezeit oder Nachpflegephase nach dem Familienpflegezeitgesetz, wenn wegen der Pflege das Arbeitsentgelt oder die durchschnittliche wöchentliche Arbeitszeit gemindert war; insoweit gilt § 151 Absatz 3 Nummer 2 nicht,
5. Zeiten, in denen die durchschnittliche regelmäßige wöchentliche Arbeitszeit auf Grund einer Teilzeitvereinbarung nicht nur vorübergehend auf weniger als 80 Prozent der durchschnittlichen regelmäßigen Arbeitszeit einer vergleichbaren Vollzeitbeschäftigung, mindestens um fünf Stunden wöchentlich, vermindert war, wenn die oder der Arbeitslose Beschäftigungen mit einer höheren Arbeitszeit innerhalb der letzten dreieinhalb Jahre vor der Entstehung des Anspruchs während eines sechs Monate umfassenden zusammenhängenden Zeitraums ausgeübt hat.

[2] Satz 1 Nummer 5 gilt nicht in Fällen einer Teilzeitvereinbarung nach dem Altersteilzeitgesetz, es sei denn, das Beschäftigungsverhältnis ist wegen Zahlungsunfähigkeit des Arbeitgebers beendet worden.

(3) [1] Der Bemessungsrahmen wird auf zwei Jahre erweitert, wenn
1. der Bemessungszeitraum weniger als 150 Tage mit Anspruch auf Arbeitsentgelt enthält,
2. in den Fällen des § 142 Absatz 2 der Bemessungszeitraum weniger als 90 Tage mit Anspruch auf Arbeitsentgelt enthält oder
3. es mit Rücksicht auf das Bemessungsentgelt im erweiterten Bemessungsrahmen unbillig hart wäre, von dem Bemessungsentgelt im Bemessungszeitraum auszugehen.

[2] Satz 1 Nummer 3 ist nur anzuwenden, wenn die oder der Arbeitslose dies verlangt und die zur Bemessung erforderlichen Unterlagen vorlegt.

§ 151 Bemessungsentgelt. (1) [1] Bemessungsentgelt ist das durchschnittlich auf den Tag entfallende beitragspflichtige Arbeitsentgelt, das die oder der Arbeitslose im Bemessungszeitraum erzielt hat. [2] Arbeitsentgelte, auf die die oder der Arbeitslose beim Ausscheiden aus dem Beschäftigungsverhältnis Anspruch hatte, gelten als erzielt, wenn sie zugeflossen oder nur wegen Zahlungsunfähigkeit des Arbeitgebers nicht zugeflossen sind.

(2) Außer Betracht bleiben Arbeitsentgelte,
1. die Arbeitslose wegen der Beendigung des Arbeitsverhältnisses erhalten oder die im Hinblick auf die Arbeitslosigkeit vereinbart worden sind,
2. die als Wertguthaben einer Vereinbarung nach § 7b des Vierten Buches[1] nicht nach dieser Vereinbarung verwendet werden.

---

[1] Nr. 4.

(3) Als Arbeitsentgelt ist zugrunde zu legen

1. für Zeiten, in denen Arbeitslose Kurzarbeitergeld oder eine vertraglich vereinbarte Leistung zur Vermeidung der Inanspruchnahme von Saison-Kurzarbeitergeld bezogen haben, das Arbeitsentgelt, das Arbeitslose ohne den Arbeitsausfall und ohne Mehrarbeit erzielt hätten,
2. für Zeiten einer Vereinbarung nach § 7b des Vierten Buches das Arbeitsentgelt, das Arbeitslose für die geleistete Arbeitszeit ohne eine Vereinbarung nach § 7b des Vierten Buches erzielt hätten; für Zeiten einer Freistellung das erzielte Arbeitsentgelt,
3. für Zeiten einer Berufsausbildung, die im Rahmen eines Berufsausbildungsvertrages nach dem Berufsbildungsgesetz in einer außerbetrieblichen Einrichtung durchgeführt wurde (§ 25 Absatz 1 Satz 2 Nummer 1), die erzielte Ausbildungsvergütung; wurde keine Ausbildungsvergütung erzielt, der nach § 17 Absatz 2 des Berufsbildungsgesetzes als Mindestvergütung maßgebliche Betrag.

(4) Haben Arbeitslose innerhalb der letzten zwei Jahre vor der Entstehung des Anspruchs Arbeitslosengeld bezogen, ist Bemessungsentgelt mindestens das Entgelt, nach dem das Arbeitslosengeld zuletzt bemessen worden ist.

(5) [1] Ist die oder der Arbeitslose nicht mehr bereit oder in der Lage, die im Bemessungszeitraum durchschnittlich auf die Woche entfallende Zahl von Arbeitsstunden zu leisten, vermindert sich das Bemessungsentgelt für die Zeit der Einschränkung entsprechend dem Verhältnis der Zahl der durchschnittlichen regelmäßigen wöchentlichen Arbeitsstunden, die die oder der Arbeitslose künftig leisten will oder kann, zu der Zahl der durchschnittlich auf die Woche entfallenden Arbeitsstunden im Bemessungszeitraum. [2] Einschränkungen des Leistungsvermögens bleiben unberücksichtigt, wenn Arbeitslosengeld nach § 145 geleistet wird. [3] Bestimmt sich das Bemessungsentgelt nach § 152, ist insoweit die tarifliche regelmäßige wöchentliche Arbeitszeit maßgebend, die bei Entstehung des Anspruchs für Angestellte im öffentlichen Dienst des Bundes gilt.

§ 152 Fiktive Bemessung. (1) [1] Kann ein Bemessungszeitraum von mindestens 150 Tagen mit Anspruch auf Arbeitsentgelt innerhalb des auf zwei Jahre erweiterten Bemessungsrahmens nicht festgestellt werden, ist als Bemessungsentgelt ein fiktives Arbeitsentgelt zugrunde zu legen. [2] In den Fällen des § 142 Absatz 2 gilt Satz 1 mit der Maßgabe, dass ein Bemessungszeitraum von mindestens 90 Tagen nicht festgestellt werden kann.

(2) [1] Für die Festsetzung des fiktiven Arbeitsentgelts ist die oder der Arbeitslose der Qualifikationsgruppe zuzuordnen, die der beruflichen Qualifikation entspricht, die für die Beschäftigung erforderlich ist, auf die die Agentur für Arbeit die Vermittlungsbemühungen für die Arbeitslose oder den Arbeitslosen in erster Linie zu erstrecken hat. [2] Dabei ist zugrunde zu legen für Beschäftigungen, die

1. eine Hochschul- oder Fachhochschulausbildung erfordern (Qualifikationsgruppe 1), ein Arbeitsentgelt in Höhe von einem Dreihundertstel der Bezugsgröße,
2. einen Fachschulabschluss, den Nachweis über eine abgeschlossene Qualifikation als Meisterin oder Meister oder einen Abschluss in einer vergleichbaren

Einrichtung erfordern (Qualifikationsgruppe 2), ein Arbeitsentgelt in Höhe von einem Dreihundertsechzigstel der Bezugsgröße,
3. eine abgeschlossene Ausbildung in einem Ausbildungsberuf erfordern (Qualifikationsgruppe 3), ein Arbeitsentgelt in Höhe von einem Vierhundertfünfzigstel der Bezugsgröße,
4. keine Ausbildung erfordern (Qualifikationsgruppe 4), ein Arbeitsentgelt in Höhe von einem Sechshundertstel der Bezugsgröße.

§ 153 Leistungsentgelt. (1) [1] Leistungsentgelt ist das um pauschalierte Abzüge verminderte Bemessungsentgelt. [2] Abzüge sind
1. eine Sozialversicherungspauschale in Höhe von 20 Prozent des Bemessungsentgelts,
2. die Lohnsteuer, die sich nach dem vom Bundesministerium der Finanzen auf Grund des § 51 Absatz 4 Nummer 1a des Einkommensteuergesetzes bekannt gegebenen Programmablaufplan bei Berücksichtigung der Vorsorgepauschale nach § 39b Absatz 2 Satz 5 Nummer 3 Buchstabe a bis c des Einkommensteuergesetzes zu Beginn des Jahres, in dem der Anspruch entstanden ist, ergibt und
3. der Solidaritätszuschlag.

[3] Bei der Berechnung der Abzüge nach Satz 2 Nummer 2 und 3 sind
1. Freibeträge und Pauschalen, die nicht jeder Arbeitnehmerin oder jedem Arbeitnehmer zustehen, nicht zu berücksichtigen und
2. der als Lohnsteuerabzugsmerkmal gebildete Faktor nach § 39f des Einkommensteuergesetzes zu berücksichtigen.

[4] Für die Feststellung der Lohnsteuer wird die Vorsorgepauschale mit folgenden Maßgaben berücksichtigt:
1. für Beiträge zur Rentenversicherung als Beitragsbemessungsgrenze die für das Bundesgebiet West maßgebliche Beitragsbemessungsgrenze,
2. für Beiträge zur Krankenversicherung der ermäßigte Beitragssatz nach § 243 des Fünften Buches[1)] zuzüglich des durchschnittlichen Zusatzbeitragssatzes nach § 242a des Fünften Buches,
3. für Beiträge zur Pflegeversicherung der Beitragssatz des § 55 Absatz 1 Satz 1 des Elften Buches[2)].

(2) [1] Die Feststellung der Lohnsteuer richtet sich nach der Lohnsteuerklasse, die zu Beginn des Jahres, in dem der Anspruch entstanden ist, als Lohnsteuerabzugsmerkmal gebildet war. [2] Spätere Änderungen der als Lohnsteuerabzugsmerkmal gebildeten Lohnsteuerklasse werden mit Wirkung des Tages berücksichtigt, an dem erstmals die Voraussetzungen für die Änderung vorlagen.

(3) [1] Haben Ehegatten oder Lebenspartner die Lohnsteuerklassen gewechselt, so werden die als Lohnsteuerabzugsmerkmal neu gebildeten Lohnsteuerklassen von dem Tag an berücksichtigt, an dem sie wirksam werden, wenn
1. die neuen Lohnsteuerklassen dem Verhältnis der monatlichen Arbeitsentgelte beider Ehegatten oder Lebenspartner entsprechen oder

---

1) Nr. 5.
2) Nr. 11.

2. sich auf Grund der neuen Lohnsteuerklassen ein Arbeitslosengeld ergibt, das geringer ist als das Arbeitslosengeld, das sich ohne den Wechsel der Lohnsteuerklassen ergäbe.

[2] Bei der Prüfung nach Satz 1 ist der Faktor nach § 39f des Einkommensteuergesetzes zu berücksichtigen; ein Ausfall des Arbeitsentgelts, der den Anspruch auf eine lohnsteuerfreie Entgeltersatzleistung begründet, bleibt bei der Beurteilung des Verhältnisses der monatlichen Arbeitsentgelte außer Betracht.

§ 154 Berechnung und Leistung. [1] Das Arbeitslosengeld wird für Kalendertage berechnet und geleistet. [2] Ist es für einen vollen Kalendermonat zu zahlen, ist dieser mit 30 Tagen anzusetzen.

Fünfter Unterabschnitt. Minderung des Arbeitslosengeldes, Zusammentreffen des Anspruchs mit sonstigem Einkommen und Ruhen des Anspruchs

§ 155 Anrechnung von Nebeneinkommen. (1) [1] Übt die oder der Arbeitslose während einer Zeit, für die ihr oder ihm Arbeitslosengeld zusteht, eine Erwerbstätigkeit im Sinne des § 138 Absatz 3 aus, ist das daraus erzielte Einkommen nach Abzug der Steuern, der Sozialversicherungsbeiträge und der Werbungskosten sowie eines Freibetrags in Höhe von 165 Euro in dem Kalendermonat der Ausübung anzurechnen. [2] Handelt es sich um eine selbständige Tätigkeit, eine Tätigkeit als mithelfende Familienangehörige oder mithelfender Familienangehöriger, sind pauschal 30 Prozent der Betriebseinnahmen als Betriebsausgaben abzusetzen, es sei denn, die oder der Arbeitslose weist höhere Betriebsausgaben nach.

(2) Hat die oder der Arbeitslose in den letzten 18 Monaten vor der Entstehung des Anspruchs neben einem Versicherungspflichtverhältnis eine Erwerbstätigkeit (§ 138 Absatz 3) mindestens zwölf Monate lang ausgeübt, so bleibt das Einkommen bis zu dem Betrag anrechnungsfrei, der in den letzten zwölf Monaten vor der Entstehung des Anspruchs aus einer Erwerbstätigkeit (§ 138 Absatz 3) durchschnittlich auf den Monat entfällt, mindestens jedoch ein Betrag in Höhe des Freibetrags, der sich nach Absatz 1 ergeben würde.

(3) Leistungen, die eine Bezieherin oder ein Bezieher von Arbeitslosengeld bei beruflicher Weiterbildung

1. vom Arbeitgeber oder dem Träger der Weiterbildung wegen der Teilnahme oder
2. auf Grund eines früheren oder bestehenden Arbeitsverhältnisses ohne Ausübung einer Beschäftigung für die Zeit der Teilnahme

erhält, werden nach Abzug der Steuern, des auf die Arbeitnehmerin oder den Arbeitnehmer entfallenden Anteils der Sozialversicherungsbeiträge und eines Freibetrags von 400 Euro monatlich auf das Arbeitslosengeld angerechnet.

§ 156 Ruhen des Anspruchs bei anderen Sozialleistungen. (1) [1] Der Anspruch auf Arbeitslosengeld ruht während der Zeit, für die ein Anspruch auf eine der folgenden Leistungen zuerkannt ist:

1. Berufsausbildungsbeihilfe für Arbeitslose,
2. Krankengeld, Versorgungskrankengeld, Verletztengeld, Mutterschaftsgeld oder Übergangsgeld nach diesem oder einem anderen Gesetz, dem eine

Leistung zur Teilhabe zugrunde liegt, wegen der keine ganztägige Erwerbstätigkeit ausgeübt wird,

3. Rente wegen voller Erwerbsminderung aus der gesetzlichen Rentenversicherung oder
4. Altersrente aus der gesetzlichen Rentenversicherung oder Knappschaftsausgleichsleistung oder ähnliche Leistungen öffentlich-rechtlicher Art.

[2] Ist der oder dem Arbeitslosen eine Rente wegen teilweiser Erwerbsminderung zuerkannt, kann sie ihr oder er sein Restleistungsvermögen jedoch unter den üblichen Bedingungen des allgemeinen Arbeitsmarktes nicht mehr verwerten, hat die Agentur für Arbeit die Arbeitslose oder den Arbeitslosen unverzüglich aufzufordern, innerhalb eines Monats einen Antrag auf Rente wegen voller Erwerbsminderung zu stellen. [3] Wird der Antrag nicht gestellt, ruht der Anspruch auf Arbeitslosengeld vom Tag nach Ablauf der Frist an bis zu dem Tag, an dem der Antrag gestellt wird.

(2) [1] Abweichend von Absatz 1 ruht der Anspruch

1. im Fall der Nummer 2 nicht, wenn für denselben Zeitraum Anspruch auf Verletztengeld und Arbeitslosengeld nach § 146 besteht,
2. im Fall der Nummer 3 vom Beginn der laufenden Zahlung der Rente an und
3. im Fall der Nummer 4
   a) mit Ablauf des dritten Kalendermonats nach Erfüllung der Voraussetzungen für den Anspruch auf Arbeitslosengeld, wenn der oder dem Arbeitslosen für die letzten sechs Monate einer versicherungspflichtigen Beschäftigung eine Teilrente oder eine ähnliche Leistung öffentlich-rechtlicher Art zuerkannt ist,
   b) nur bis zur Höhe der zuerkannten Leistung, wenn die Leistung auch während einer Beschäftigung und ohne Rücksicht auf die Höhe des Arbeitsentgelts gewährt wird.

[2] Im Fall des Satzes 1 Nummer 2 gilt § 145 Absatz 3 entsprechend.

(3) Die Absätze 1 und 2 gelten auch für einen vergleichbaren Anspruch auf eine andere Sozialleistung, den ein ausländischer Träger zuerkannt hat.

(4) Der Anspruch auf Arbeitslosengeld ruht auch während der Zeit, für die die oder der Arbeitslose wegen ihres oder seines Ausscheidens aus dem Erwerbsleben Vorruhestandsgeld oder eine vergleichbare Leistung des Arbeitgebers mindestens in Höhe von 65 Prozent des Bemessungsentgelts bezieht.

§ 157 Ruhen des Anspruchs bei Arbeitsentgelt und Urlaubsabgeltung.

(1) Der Anspruch auf Arbeitslosengeld ruht während der Zeit, für die die oder der Arbeitslose Arbeitsentgelt erhält oder zu beanspruchen hat.

(2) [1] Hat die oder der Arbeitslose wegen Beendigung des Arbeitsverhältnisses eine Urlaubsabgeltung erhalten oder zu beanspruchen, so ruht der Anspruch auf Arbeitslosengeld für die Zeit des abgegoltenen Urlaubs. [2] Der Ruhenszeitraum beginnt mit dem Ende des die Urlaubsabgeltung begründenden Arbeitsverhältnisses.

(3) [1]Soweit die oder der Arbeitslose die in den Absätzen 1 und 2 genannten Leistungen (Arbeitsentgelt im Sinne des § 115 des Zehnten Buches[1)]) tatsächlich nicht erhält, wird das Arbeitslosengeld auch für die Zeit geleistet, in der der Anspruch auf Arbeitslosengeld ruht. [2]Hat der Arbeitgeber die in den Absätzen 1 und 2 genannten Leistungen trotz des Rechtsübergangs mit befreiender Wirkung an die Arbeitslose, den Arbeitslosen oder an eine dritte Person gezahlt, hat die Bezieherin oder der Bezieher des Arbeitslosengeldes dieses insoweit zu erstatten.

§ 158 Ruhen des Anspruchs bei Entlassungsentschädigung. (1) [1]Hat die oder der Arbeitslose wegen der Beendigung des Arbeitsverhältnisses eine Abfindung, Entschädigung oder ähnliche Leistung (Entlassungsentschädigung) erhalten oder zu beanspruchen und ist das Arbeitsverhältnis ohne Einhaltung einer der ordentlichen Kündigungsfrist des Arbeitgebers entsprechenden Frist beendet worden, so ruht der Anspruch auf Arbeitslosengeld von dem Ende des Arbeitsverhältnisses an bis zu dem Tag, an dem das Arbeitsverhältnis bei Einhaltung dieser Frist geendet hätte. [2]Diese Frist beginnt mit der Kündigung, die der Beendigung des Arbeitsverhältnisses vorausgegangen ist, bei Fehlen einer solchen Kündigung mit dem Tag der Vereinbarung über die Beendigung des Arbeitsverhältnisses. [3]Ist die ordentliche Kündigung des Arbeitsverhältnisses durch den Arbeitgeber ausgeschlossen, so gilt bei

1. zeitlich unbegrenztem Ausschluss eine Kündigungsfrist von 18 Monaten,
2. zeitlich begrenztem Ausschluss oder Vorliegen der Voraussetzungen für eine fristgebundene Kündigung aus wichtigem Grund die Kündigungsfrist, die ohne den Ausschluss der ordentlichen Kündigung maßgebend gewesen wäre.

[4]Kann der Arbeitnehmerin oder dem Arbeitnehmer nur bei Zahlung einer Entlassungsentschädigung ordentlich gekündigt werden, so gilt eine Kündigungsfrist von einem Jahr. [5]Hat die oder der Arbeitslose auch eine Urlaubsabgeltung (§ 157 Absatz 2) erhalten oder zu beanspruchen, verlängert sich der Ruhenszeitraum nach Satz 1 um die Zeit des abgegoltenen Urlaubs. [6]Leistungen, die der Arbeitgeber für eine arbeitslose Person, deren Arbeitsverhältnis frühestens mit Vollendung des 50. Lebensjahres beendet wird, unmittelbar für deren Rentenversicherung nach § 187a Absatz 1 des Sechsten Buches[2)] aufwendet, bleiben unberücksichtigt. [7]Satz 6 gilt entsprechend für Beiträge des Arbeitgebers zu einer berufsständischen Versorgungseinrichtung.

(2) [1]Der Anspruch auf Arbeitslosengeld ruht nach Absatz 1 längstens ein Jahr. [2]Er ruht nicht über den Tag hinaus,

1. bis zu dem die oder der Arbeitslose bei Weiterzahlung des während der letzten Beschäftigungszeit kalendertäglich verdienten Arbeitsentgelts einen Betrag in Höhe von 60 Prozent der nach Absatz 1 zu berücksichtigenden Entlassungsentschädigung als Arbeitsentgelt verdient hätte,
2. an dem das Arbeitsverhältnis infolge einer Befristung, die unabhängig von der Vereinbarung über die Beendigung des Arbeitsverhältnisses bestanden hat, geendet hätte, oder
3. an dem der Arbeitgeber das Arbeitsverhältnis aus wichtigem Grund ohne Einhaltung einer Kündigungsfrist hätte kündigen können.

---

1) Nr. **10**.
2) Nr. **6**.

[3] Der nach Satz 2 Nummer 1 zu berücksichtigende Anteil der Entlassungsentschädigung vermindert sich sowohl für je fünf Jahre des Arbeitsverhältnisses in demselben Betrieb oder Unternehmen als auch für je fünf Lebensjahre nach Vollendung des 35. Lebensjahres um je 5 Prozent; er beträgt nicht weniger als 25 Prozent der nach Absatz 1 zu berücksichtigenden Entlassungsentschädigung. [4] Letzte Beschäftigungszeit sind die am Tag des Ausscheidens aus dem Beschäftigungsverhältnis abgerechneten Entgeltabrechnungszeiträume der letzten zwölf Monate; § 150 Absatz 2 Satz 1 Nummer 3 und Absatz 3 gilt entsprechend. [5] Arbeitsentgeltkürzungen infolge von Krankheit, Kurzarbeit, Arbeitsausfall oder Arbeitsversäumnis bleiben außer Betracht.

(3) Hat die oder der Arbeitslose wegen Beendigung des Beschäftigungsverhältnisses unter Aufrechterhaltung des Arbeitsverhältnisses eine Entlassungsentschädigung erhalten oder zu beanspruchen, gelten die Absätze 1 und 2 entsprechend.

(4) [1] Soweit die oder der Arbeitslose die Entlassungsentschädigung (Arbeitsentgelt im Sinne des § 115 des Zehnten Buches[1)]) tatsächlich nicht erhält, wird das Arbeitslosengeld auch für die Zeit geleistet, in der der Anspruch auf Arbeitslosengeld ruht. [2] Hat der Verpflichtete die Entlassungsentschädigung trotz des Rechtsübergangs mit befreiender Wirkung an die Arbeitslose, den Arbeitslosen oder an eine dritte Person gezahlt, hat die Bezieherin oder der Bezieher des Arbeitslosengeldes dieses insoweit zu erstatten.

§ 159 Ruhen bei Sperrzeit. (1) [1] Hat die Arbeitnehmerin oder der Arbeitnehmer sich versicherungswidrig verhalten, ohne dafür einen wichtigen Grund zu haben, ruht der Anspruch für die Dauer einer Sperrzeit. [2] Versicherungswidriges Verhalten liegt vor, wenn

1. die oder der Arbeitslose das Beschäftigungsverhältnis gelöst oder durch ein arbeitsvertragswidriges Verhalten Anlass für die Lösung des Beschäftigungsverhältnisses gegeben und dadurch vorsätzlich oder grob fahrlässig die Arbeitslosigkeit herbeigeführt hat (Sperrzeit bei Arbeitsaufgabe),
2. die bei der Agentur für Arbeit als arbeitsuchend gemeldete (§ 38 Absatz 1) oder die arbeitslose Person trotz Belehrung über die Rechtsfolgen eine von der Agentur für Arbeit unter Benennung des Arbeitgebers und der Art der Tätigkeit angebotene Beschäftigung nicht annimmt oder nicht antritt oder die Anbahnung eines solchen Beschäftigungsverhältnisses, insbesondere das Zustandekommen eines Vorstellungsgespräches, durch ihr Verhalten verhindert (Sperrzeit bei Arbeitsablehnung),
3. die oder der Arbeitslose trotz Belehrung über die Rechtsfolgen die von der Agentur für Arbeit geforderten Eigenbemühungen nicht nachweist (Sperrzeit bei unzureichenden Eigenbemühungen),
4. die oder der Arbeitslose sich weigert, trotz Belehrung über die Rechtsfolgen an einer Maßnahme zur Aktivierung und beruflichen Eingliederung (§ 45) oder einer Maßnahme zur beruflichen Ausbildung oder Weiterbildung oder einer Maßnahme zur Teilhabe am Arbeitsleben teilzunehmen (Sperrzeit bei Ablehnung einer beruflichen Eingliederungsmaßnahme),
5. die oder der Arbeitslose die Teilnahme an einer in Nummer 4 genannten Maßnahme abbricht oder durch maßnahmewidriges Verhalten Anlass für den

[1)] Nr. **10**.

Ausschluss aus einer dieser Maßnahmen gibt (Sperrzeit bei Abbruch einer beruflichen Eingliederungsmaßnahme),
6. die oder der Arbeitslose sich nach einer Aufforderung der Agentur für Arbeit weigert, trotz Belehrung über die Rechtsfolgen an einem Integrationskurs nach § 43 des Aufenthaltsgesetzes oder an einem Kurs der berufsbezogenen Deutschsprachförderung nach § 45a des Aufenthaltsgesetzes teilzunehmen, der jeweils für die dauerhafte berufliche Eingliederung notwendig ist (Sperrzeit bei Ablehnung eines Integrationskurses oder einer berufsbezogenen Deutschsprachförderung),
7. die oder der Arbeitslose die Teilnahme an einem in Nummer 6 genannten Kurs abbricht oder durch maßnahmewidriges Verhalten Anlass für den Ausschluss aus einem dieser Kurse gibt (Sperrzeit bei Abbruch eines Integrationskurses oder einer berufsbezogenen Deutschsprachförderung),
8. die oder der Arbeitslose einer Aufforderung der Agentur für Arbeit, sich zu melden oder zu einem ärztlichen oder psychologischen Untersuchungstermin zu erscheinen (§ 309), trotz Belehrung über die Rechtsfolgen nicht nachkommt oder nicht nachgekommen ist (Sperrzeit bei Meldeversäumnis),
9. die oder der Arbeitslose der Meldepflicht nach § 38 Absatz 1 nicht nachgekommen ist (Sperrzeit bei verspäteter Arbeitsuchendmeldung).

[3] Die Person, die sich versicherungswidrig verhalten hat, hat die für die Beurteilung eines wichtigen Grundes maßgebenden Tatsachen darzulegen und nachzuweisen, wenn diese Tatsachen in ihrer Sphäre oder in ihrem Verantwortungsbereich liegen.

(2) [1] Die Sperrzeit beginnt mit dem Tag nach dem Ereignis, das die Sperrzeit begründet, oder, wenn dieser Tag in eine Sperrzeit fällt, mit dem Ende dieser Sperrzeit. [2] Werden mehrere Sperrzeiten durch dasselbe Ereignis begründet, folgen sie in der Reihenfolge des Absatzes 1 Satz 2 Nummer 1 bis 9 einander nach.

(3) [1] Die Dauer der Sperrzeit bei Arbeitsaufgabe beträgt zwölf Wochen. [2] Sie verkürzt sich
1. auf drei Wochen, wenn das Arbeitsverhältnis innerhalb von sechs Wochen nach dem Ereignis, das die Sperrzeit begründet, ohne eine Sperrzeit geendet hätte,
2. auf sechs Wochen, wenn
   a) das Arbeitsverhältnis innerhalb von zwölf Wochen nach dem Ereignis, das die Sperrzeit begründet, ohne eine Sperrzeit geendet hätte oder
   b) eine Sperrzeit von zwölf Wochen für die arbeitslose Person nach den für den Eintritt der Sperrzeit maßgebenden Tatsachen eine besondere Härte bedeuten würde.

(4) [1] Die Dauer der Sperrzeit bei Arbeitsablehnung, bei Ablehnung einer beruflichen Eingliederungsmaßnahme, bei Abbruch einer beruflichen Eingliederungsmaßnahme, bei Ablehnung eines Integrationskurses oder einer berufsbezogenen Deutschsprachförderung oder bei Abbruch eines Integrationskurses oder einer berufsbezogenen Deutschsprachförderung beträgt
1. im Fall des erstmaligen versicherungswidrigen Verhaltens dieser Art drei Wochen,
2. im Fall des zweiten versicherungswidrigen Verhaltens dieser Art sechs Wochen,

3. in den übrigen Fällen zwölf Wochen.

[2] Im Fall der Arbeitsablehnung oder der Ablehnung einer beruflichen Eingliederungsmaßnahme nach der Meldung zur frühzeitigen Arbeitsuche (§ 38 Absatz 1) im Zusammenhang mit der Entstehung des Anspruchs gilt Satz 1 entsprechend.

(5) Die Dauer einer Sperrzeit bei unzureichenden Eigenbemühungen beträgt zwei Wochen.

(6) Die Dauer einer Sperrzeit bei Meldeversäumnis oder bei verspäteter Arbeitsuchendmeldung beträgt eine Woche.

§ 160 Ruhen bei Arbeitskämpfen. (1) [1] Durch die Leistung von Arbeitslosengeld darf nicht in Arbeitskämpfe eingegriffen werden. [2] Ein Eingriff in den Arbeitskampf liegt nicht vor, wenn Arbeitslosengeld Arbeitslosen geleistet wird, die zuletzt in einem Betrieb beschäftigt waren, der nicht dem fachlichen Geltungsbereich des umkämpften Tarifvertrags zuzuordnen ist.

(2) Ist die Arbeitnehmerin oder der Arbeitnehmer durch Beteiligung an einem inländischen Arbeitskampf arbeitslos geworden, so ruht der Anspruch auf Arbeitslosengeld bis zur Beendigung des Arbeitskampfes.

(3) [1] Ist die Arbeitnehmerin oder der Arbeitnehmer durch einen inländischen Arbeitskampf arbeitslos geworden, ohne an dem Arbeitskampf beteiligt gewesen zu sein, so ruht der Anspruch auf Arbeitslosengeld bis zur Beendigung des Arbeitskampfes nur, wenn der Betrieb, in dem die oder der Arbeitslose zuletzt beschäftigt war,

1. dem räumlichen und fachlichen Geltungsbereich des umkämpften Tarifvertrags zuzuordnen ist oder
2. nicht dem räumlichen, aber dem fachlichen Geltungsbereich des umkämpften Tarifvertrags zuzuordnen ist und im räumlichen Geltungsbereich des Tarifvertrags, dem der Betrieb zuzuordnen ist,
   a) eine Forderung erhoben worden ist, die einer Hauptforderung des Arbeitskampfes nach Art und Umfang gleich ist, ohne mit ihr übereinstimmen zu müssen, und
   b) das Arbeitskampfergebnis aller Voraussicht nach in dem räumlichen Geltungsbereich des nicht umkämpften Tarifvertrags im Wesentlichen übernommen wird.

[2] Eine Forderung ist erhoben, wenn sie von der zur Entscheidung berufenen Stelle beschlossen worden ist oder auf Grund des Verhaltens der Tarifvertragspartei im Zusammenhang mit dem angestrebten Abschluss des Tarifvertrags als beschlossen anzusehen ist. [3] Der Anspruch auf Arbeitslosengeld ruht nach Satz 1 nur, wenn die umkämpften oder geforderten Arbeitsbedingungen nach Abschluss eines entsprechenden Tarifvertrags für die Arbeitnehmerin oder den Arbeitnehmer gelten oder auf sie oder ihn angewendet würden.

(4) Ist bei einem Arbeitskampf das Ruhen des Anspruchs nach Absatz 3 für eine bestimmte Gruppe von Arbeitslosen ausnahmsweise nicht gerechtfertigt, so kann der Verwaltungsrat bestimmen, dass ihnen Arbeitslosengeld zu leisten ist.

(5) [1] Die Feststellung, ob die Voraussetzungen nach Absatz 3 Satz 1 Nummer 2 Buchstabe a und b erfüllt sind, trifft der Neutralitätsausschuss (§ 380). [2] Er hat vor seiner Entscheidung den Fachspitzenverbänden der am Arbeits-

kampf beteiligten Tarifvertragsparteien Gelegenheit zur Stellungnahme zu geben.

(6) [1] Die Fachspitzenverbände der am Arbeitskampf beteiligten Tarifvertragsparteien können durch Klage die Aufhebung der Entscheidung des Neutralitätsausschusses nach Absatz 5 und eine andere Feststellung begehren. [2] Die Klage ist gegen die Bundesagentur zu richten. [3] Ein Vorverfahren findet nicht statt. [4] Über die Klage entscheidet das Bundessozialgericht im ersten und letzten Rechtszug. [5] Das Verfahren ist vorrangig zu erledigen. [6] Auf Antrag eines Fachspitzenverbandes kann das Bundessozialgericht eine einstweilige Anordnung erlassen.

Sechster Unterabschnitt. Erlöschen des Anspruchs

§ 161 Erlöschen des Anspruchs. (1) Der Anspruch auf Arbeitslosengeld erlischt

1. mit der Entstehung eines neuen Anspruchs,
2. wenn die oder der Arbeitslose Anlass für den Eintritt von Sperrzeiten mit einer Dauer von insgesamt mindestens 21 Wochen gegeben hat, über den Eintritt der Sperrzeiten schriftliche Bescheide erhalten hat und auf die Rechtsfolgen des Eintritts von Sperrzeiten mit einer Dauer von insgesamt mindestens 21 Wochen hingewiesen worden ist; dabei werden auch Sperrzeiten berücksichtigt, die in einem Zeitraum von zwölf Monaten vor der Entstehung des Anspruchs eingetreten sind und nicht bereits zum Erlöschen eines Anspruchs geführt haben.

(2) Der Anspruch auf Arbeitslosengeld kann nicht mehr geltend gemacht werden, wenn nach seiner Entstehung vier Jahre verstrichen sind.

Siebter Unterabschnitt. Teilarbeitslosengeld

§ 162 Teilarbeitslosengeld. (1) Anspruch auf Teilarbeitslosengeld hat, wer als Arbeitnehmerin oder Arbeitnehmer

1. teilarbeitslos ist,
2. sich teilarbeitslos gemeldet und
3. die Anwartschaftszeit für Teilarbeitslosengeld erfüllt hat.

(2) Für das Teilarbeitslosengeld gelten die Vorschriften über das Arbeitslosengeld bei Arbeitslosigkeit sowie für Empfängerinnen und Empfänger dieser Leistung entsprechend, soweit sich aus den Besonderheiten des Teilarbeitslosengeldes nichts anderes ergibt, mit folgenden Maßgaben:

1. Teilarbeitslos ist, wer eine versicherungspflichtige Beschäftigung verloren hat, die er neben einer weiteren versicherungspflichtigen Beschäftigung ausgeübt hat, und eine versicherungspflichtige Beschäftigung sucht.
2. Die Anwartschaftszeit für das Teilarbeitslosengeld hat erfüllt, wer in der Teilarbeitslosengeld-Rahmenfrist von zwei Jahren neben der weiterhin ausgeübten versicherungspflichtigen Beschäftigung mindestens zwölf Monate eine weitere versicherungspflichtige Beschäftigung ausgeübt hat. Für die Teilarbeitslosengeld-Rahmenfrist gelten die Regelungen zum Arbeitslosengeld über die Rahmenfrist entsprechend.
3. Die Dauer des Anspruchs auf Teilarbeitslosengeld beträgt sechs Monate.

4. Bei der Feststellung der Lohnsteuer (§ 153 Absatz 2) ist die Lohnsteuerklasse maßgeblich, die für das Beschäftigungsverhältnis zuletzt galt, das den Anspruch auf Teilarbeitslosengeld begründet.
5. Der Anspruch auf Teilarbeitslosengeld erlischt,
   a) wenn die Arbeitnehmerin oder der Arbeitnehmer nach der Entstehung des Anspruchs eine Erwerbstätigkeit für mehr als zwei Wochen oder mit einer Arbeitszeit von mehr als fünf Stunden wöchentlich aufnimmt,
   b) wenn die Voraussetzungen für einen Anspruch auf Arbeitslosengeld erfüllt sind oder
   c) spätestens nach Ablauf eines Jahres seit Entstehung des Anspruchs.

Achter Unterabschnitt. Verordnungsermächtigung und Anordnungsermächtigung

§ 163 Verordnungsermächtigung. Das Bundesministerium für Arbeit und Soziales wird ermächtigt, durch Rechtsverordnung, die nicht der Zustimmung des Bundesrates bedarf,

1. Versorgungen im Sinne des § 9 Absatz 1 des Anspruchs- und Anwartschaftsüberführungsgesetzes der Altersrente oder der Rente wegen voller Erwerbsminderung gleichzustellen, soweit dies zur Vermeidung von Doppelleistungen erforderlich ist; es hat dabei zu bestimmen, ob das Arbeitslosengeld voll oder nur bis zur Höhe der Versorgungsleistung ruht, und
2. das Nähere zur Abgrenzung der ehrenamtlichen Betätigung im Sinne des § 138 Absatz 2 und zu den dabei maßgebenden Erfordernissen der beruflichen Eingliederung zu bestimmen.

§ 164 Anordnungsermächtigung. Die Bundesagentur wird ermächtigt, durch Anordnung Näheres zu bestimmen

1. zu den Eigenbemühungen von Arbeitslosen (§ 138 Absatz 1 Nummer 2, Absatz 4),
2. zu den Pflichten von Arbeitslosen, Vorschlägen der Agentur für Arbeit zur beruflichen Eingliederung Folge leisten zu können (§ 138 Absatz 5 Nummer 2), und
3. zu den Voraussetzungen einer Zustimmung zur Teilnahme an Bildungsmaßnahmen nach § 139 Absatz 3.

Zweiter Abschnitt. Insolvenzgeld

§ 165 Anspruch. (1) [1] Arbeitnehmerinnen und Arbeitnehmer haben Anspruch auf Insolvenzgeld, wenn sie im Inland beschäftigt waren und bei einem Insolvenzereignis für die vorausgegangenen drei Monate des Arbeitsverhältnisses noch Ansprüche auf Arbeitsentgelt haben. [2] Als Insolvenzereignis gilt

1. die Eröffnung des Insolvenzverfahrens über das Vermögen des Arbeitgebers,
2. die Abweisung des Antrags auf Eröffnung des Insolvenzverfahrens mangels Masse oder
3. die vollständige Beendigung der Betriebstätigkeit im Inland, wenn ein Antrag auf Eröffnung des Insolvenzverfahrens nicht gestellt worden ist und ein Insolvenzverfahren offensichtlich mangels Masse nicht in Betracht kommt.

[3] Auch bei einem ausländischen Insolvenzereignis haben im Inland beschäftigte Arbeitnehmerinnen und Arbeitnehmer einen Anspruch auf Insolvenzgeld.

(2) [1] Zu den Ansprüchen auf Arbeitsentgelt gehören alle Ansprüche auf Bezüge aus dem Arbeitsverhältnis. [2] Als Arbeitsentgelt für Zeiten, in denen auch während der Freistellung eine Beschäftigung gegen Arbeitsentgelt besteht (§ 7 Absatz 1a des Vierten Buches[1)]), gilt der Betrag, der auf Grund der schriftlichen Vereinbarung zur Bestreitung des Lebensunterhalts im jeweiligen Zeitraum bestimmt war. [3] Hat die Arbeitnehmerin oder der Arbeitnehmer einen Teil ihres oder seines Arbeitsentgelts nach § 1 Absatz 2 Nummer 3 des Betriebsrentengesetzes umgewandelt und wird dieser Entgeltteil in einem Pensionsfonds, in einer Pensionskasse oder in einer Direktversicherung angelegt, gilt die Entgeltumwandlung für die Berechnung des Insolvenzgeldes als nicht vereinbart, soweit der Arbeitgeber keine Beiträge an den Versorgungsträger abgeführt hat.

(3) Hat eine Arbeitnehmerin oder ein Arbeitnehmer in Unkenntnis eines Insolvenzereignisses weitergearbeitet oder die Arbeit aufgenommen, besteht der Anspruch auf Insolvenzgeld für die dem Tag der Kenntnisnahme vorausgegangenen drei Monate des Arbeitsverhältnisses.

(4) Anspruch auf Insolvenzgeld hat auch der Erbe der Arbeitnehmerin oder des Arbeitnehmers.

(5) Der Arbeitgeber ist verpflichtet, einen Beschluss des Insolvenzgerichts über die Abweisung des Antrags auf Insolvenzeröffnung mangels Masse dem Betriebsrat oder, wenn kein Betriebsrat besteht, den Arbeitnehmerinnen und Arbeitnehmern unverzüglich bekannt zu geben.

§ 166 Anspruchsausschluss. (1) Arbeitnehmerinnen und Arbeitnehmer haben keinen Anspruch auf Insolvenzgeld für Ansprüche auf Arbeitsentgelt, die

1. sie wegen der Beendigung des Arbeitsverhältnisses oder für die Zeit nach der Beendigung des Arbeitsverhältnisses haben,
2. sie durch eine nach der Insolvenzordnung angefochtene Rechtshandlung oder eine Rechtshandlung, die im Fall der Eröffnung des Insolvenzverfahrens anfechtbar wäre, erworben haben oder
3. die Insolvenzverwalterin oder der Insolvenzverwalter wegen eines Rechts zur Leistungsverweigerung nicht erfüllt.

(2) Soweit Insolvenzgeld gezahlt worden ist, obwohl dies nach Absatz 1 ausgeschlossen ist, ist es zu erstatten.

§ 167 Höhe. (1) Insolvenzgeld wird in Höhe des Nettoarbeitsentgelts gezahlt, das sich ergibt, wenn das auf die monatliche Beitragsbemessungsgrenze (§ 341 Absatz 4) begrenzte Bruttoarbeitsentgelt um die gesetzlichen Abzüge vermindert wird.

(2) Ist die Arbeitnehmerin oder der Arbeitnehmer

1. im Inland einkommensteuerpflichtig, ohne dass Steuern durch Abzug vom Arbeitsentgelt erhoben werden, oder
2. im Inland nicht einkommensteuerpflichtig und unterliegt das Insolvenzgeld nach den für sie oder ihn maßgebenden Vorschriften nicht der Steuer,

---

[1)] Nr. 4.

sind vom Arbeitsentgelt die Steuern abzuziehen, die bei einer Einkommensteuerpflicht im Inland durch Abzug vom Arbeitsentgelt erhoben würden.

§ 168 Vorschuss. [1] Die Agentur für Arbeit kann einen Vorschuss auf das Insolvenzgeld leisten, wenn

1. die Eröffnung des Insolvenzverfahrens über das Vermögen des Arbeitgebers beantragt ist,
2. das Arbeitsverhältnis beendet ist und
3. die Voraussetzungen für den Anspruch auf Insolvenzgeld mit hinreichender Wahrscheinlichkeit erfüllt werden.

[2] Die Agentur für Arbeit bestimmt die Höhe des Vorschusses nach pflichtgemäßem Ermessen. [3] Der Vorschuss ist auf das Insolvenzgeld anzurechnen. [4] Er ist zu erstatten,

1. wenn ein Anspruch auf Insolvenzgeld nicht zuerkannt wird oder
2. soweit ein Anspruch auf Insolvenzgeld nur in geringerer Höhe zuerkannt wird.

§ 169 Anspruchsübergang. [1] Ansprüche auf Arbeitsentgelt, die einen Anspruch auf Insolvenzgeld begründen, gehen mit dem Antrag auf Insolvenzgeld auf die Bundesagentur über. [2] § 165 Absatz 2 Satz 3 gilt entsprechend. [3] Die gegen die Arbeitnehmerin oder den Arbeitnehmer begründete Anfechtung nach der Insolvenzordnung findet gegen die Bundesagentur statt.

§ 170 Verfügungen über das Arbeitsentgelt. (1) Soweit die Arbeitnehmerin oder der Arbeitnehmer vor Antragstellung auf Insolvenzgeld Ansprüche auf Arbeitsentgelt einem Dritten übertragen hat, steht der Anspruch auf Insolvenzgeld diesem zu.

(2) Von einer vor dem Antrag auf Insolvenzgeld vorgenommenen Pfändung oder Verpfändung des Anspruchs auf Arbeitsentgelt wird auch der Anspruch auf Insolvenzgeld erfasst.

(3) Die an den Ansprüchen auf Arbeitsentgelt bestehenden Pfandrechte erlöschen, wenn die Ansprüche auf die Bundesagentur übergegangen sind und diese Insolvenzgeld an die berechtigte Person erbracht hat.

(4) [1] Der neue Gläubiger oder Pfandgläubiger hat keinen Anspruch auf Insolvenzgeld für Ansprüche auf Arbeitsentgelt, die ihm vor dem Insolvenzereignis ohne Zustimmung der Agentur für Arbeit zur Vorfinanzierung der Arbeitsentgelte übertragen oder verpfändet wurden. [2] Die Agentur für Arbeit darf der Übertragung oder Verpfändung nur zustimmen, wenn Tatsachen die Annahme rechtfertigen, dass durch die Vorfinanzierung der Arbeitsentgelte ein erheblicher Teil der Arbeitsstellen erhalten bleibt.

§ 171 Verfügungen über das Insolvenzgeld. [1] Nachdem das Insolvenzgeld beantragt worden ist, kann der Anspruch auf Insolvenzgeld wie Arbeitseinkommen gepfändet, verpfändet oder übertragen werden. [2] Eine Pfändung des Anspruchs vor diesem Zeitpunkt wird erst mit dem Antrag wirksam.

§ 172 Datenaustausch und Datenübermittlung. (1) [1] Ist der insolvente Arbeitgeber auch in einem anderen Mitgliedstaat der Europäischen Union tätig, teilt die Bundesagentur dem zuständigen ausländischen Träger von Leistungen bei Zahlungsunfähigkeit des Arbeitgebers das Insolvenzereignis und die im Zusammenhang mit der Erbringung von Insolvenzgeld getroffenen Entscheidungen mit, soweit dies für die Aufgabenwahrnehmung dieses ausländischen Trägers erforderlich ist. [2] Übermittelt ein ausländischer Träger der Bundesagentur entsprechende Daten, darf sie diese Daten zwecks Zahlung von Insolvenzgeld nutzen.

(2) Die Bundesagentur ist berechtigt, Daten über gezahltes Insolvenzgeld für jede Empfängerin und jeden Empfänger durch Datenfernübertragung an die in § 32b Absatz 3 des Einkommensteuergesetzes bezeichnete Übermittlungsstelle der Finanzverwaltung zu übermitteln.

Dritter Abschnitt. Ergänzende Regelungen zur Sozialversicherung

§ 173 Übernahme und Erstattung von Beiträgen bei Befreiung von der Versicherungspflicht in der Rentenversicherung. (1) [1] Wer Arbeitslosengeld oder Übergangsgeld bezieht und von der Versicherungspflicht in der gesetzlichen Rentenversicherung befreit ist (§ 6 Absatz 1 Satz 1 Nummer 1, § 231 Absatz 1 und 2 des Sechsten Buches[1)]), hat Anspruch auf

1. Übernahme der Beiträge, die für die Dauer des Leistungsbezugs an eine öffentlich-rechtliche Versicherungs- oder Versorgungseinrichtung einer Berufsgruppe oder an ein Versicherungsunternehmen zu zahlen sind, und
2. Erstattung der von der Leistungsbezieherin oder vom Leistungsbezieher für die Dauer des Leistungsbezugs freiwillig an die gesetzliche Rentenversicherung gezahlten Beiträge.

[2] Freiwillig an die gesetzliche Rentenversicherung gezahlte Beiträge werden nur bei Nachweis auf Antrag der Leistungsbezieherin oder des Leistungsbeziehers erstattet.

(2) [1] Die Bundesagentur übernimmt höchstens die von der Leistungsbezieherin oder dem Leistungsbezieher nach der Satzung der Versicherungs- oder Versorgungseinrichtung geschuldeten oder im Lebensversicherungsvertrag spätestens sechs Monate vor Beginn des Leistungsbezugs vereinbarten Beiträge. [2] Sie erstattet höchstens die von der Leistungsbezieherin oder dem Leistungsbezieher freiwillig an die gesetzliche Rentenversicherung gezahlten Beiträge.

(3) [1] Die von der Bundesagentur zu übernehmenden und zu erstattenden Beiträge sind auf die Höhe der Beiträge begrenzt, die die Bundesagentur ohne die Befreiung von der Versicherungspflicht in der gesetzlichen Rentenversicherung für die Dauer des Leistungsbezugs zu tragen hätte. [2] Die Leistungsbezieherin oder der Leistungsbezieher kann bestimmen, ob vorrangig Beiträge übernommen oder erstattet werden sollen. [3] Trifft die Leistungsbezieherin oder der Leistungsbezieher keine Bestimmung, sind die Beiträge in dem Verhältnis zu übernehmen und zu erstatten, in dem die von der Leistungsbezieherin oder dem Leistungsbezieher zu zahlenden oder freiwillig gezahlten Beiträge stehen.

(4) Die Leistungsbezieherin oder der Leistungsbezieher wird insoweit von der Verpflichtung befreit, Beiträge an die Versicherungs- oder Versorgungseinrichtung oder an das Versicherungsunternehmen zu zahlen, als die Bundesagentur die Beitragszahlung für sie oder ihn übernommen hat.

[1)] Nr. **6**.

§ 174 Übernahme von Beiträgen bei Befreiung von der Versicherungspflicht in der Kranken- und Pflegeversicherung. (1) Bezieherinnen und Bezieher von Arbeitslosengeld, die

1. nach § 6 Absatz 3a des Fünften Buches[1)] in der gesetzlichen Krankenversicherung versicherungsfrei oder nach § 8 Absatz 1 Nummer 1a des Fünften Buches von der Versicherungspflicht befreit sind,
2. nach § 22 Absatz 1 des Elften Buches[2)] oder nach Artikel 42 des Pflege-Versicherungsgesetzes von der Versicherungspflicht in der sozialen Pflegeversicherung befreit oder nach § 23 Absatz 1 des Elften Buches bei einem privaten Krankenversicherungsunternehmen gegen das Risiko der Pflegebedürftigkeit versichert sind,

haben Anspruch auf Übernahme der Beiträge, die für die Dauer des Leistungsbezugs für eine Versicherung gegen Krankheit oder Pflegebedürftigkeit an ein privates Krankenversicherungsunternehmen zu zahlen sind.

(2) [1]Die Bundesagentur übernimmt die von der Leistungsbezieherin oder dem Leistungsbezieher an das private Krankenversicherungsunternehmen zu zahlenden Beiträge, höchstens jedoch die Beiträge, die sie ohne die Befreiung von der Versicherungspflicht in der gesetzlichen Krankenversicherung oder in der sozialen Pflegeversicherung zu tragen hätte. [2]Hierbei sind zugrunde zu legen

1. für die Beiträge zur gesetzlichen Krankenversicherung der allgemeine Beitragssatz der gesetzlichen Krankenversicherung zuzüglich des durchschnittlichen Zusatzbeitragssatzes (§§ 241, 242a des Fünften Buches),
2. für die Beiträge zur sozialen Pflegeversicherung der Beitragssatz nach § 55 Absatz 1 Satz 1 des Elften Buches.

(3) Die Leistungsbezieherin oder der Leistungsbezieher wird insoweit von der Verpflichtung befreit, Beiträge an das private Krankenversicherungsunternehmen zu zahlen, als die Bundesagentur die Beitragszahlung für sie oder ihn übernommen hat.

§ 175 Zahlung von Pflichtbeiträgen bei Insolvenzereignis. (1) [1]Den Gesamtsozialversicherungsbeitrag nach § 28d des Vierten Buches[3)], der auf Arbeitsentgelte für die letzten dem Insolvenzereignis vorausgegangenen drei Monate des Arbeitsverhältnisses entfällt und bei Eintritt des Insolvenzereignisses noch nicht gezahlt worden ist, zahlt die Agentur für Arbeit auf Antrag der zuständigen Einzugsstelle; davon ausgenommen sind Säumniszuschläge, die infolge von Pflichtverletzungen des Arbeitgebers zu zahlen sind, sowie die Zinsen für dem Arbeitgeber gestundete Beiträge. [2]Die Einzugsstelle hat der Agentur für Arbeit die Beiträge nachzuweisen und dafür zu sorgen, dass die Beschäftigungszeit und das beitragspflichtige Bruttoarbeitsentgelt einschließlich des Arbeitsentgelts, für das Beiträge nach Satz 1 gezahlt werden, dem zuständigen Rentenversicherungsträger mitgeteilt werden. [3]Die §§ 166, 314, 323 Absatz 1 Satz 1 und § 327 Absatz 3 gelten entsprechend.

(2) [1]Die Ansprüche auf die in Absatz 1 Satz 1 genannten Beiträge bleiben gegenüber dem Arbeitgeber bestehen. [2]Soweit Zahlungen geleistet werden, hat

---

[1)] Nr. 5.
[2)] Nr. 11.
[3)] Nr. 4.

die Einzugsstelle der Agentur für Arbeit die nach Absatz 1 Satz 1 gezahlten Beiträge zu erstatten.

Fünftes Kapitel. Zulassung von Trägern und Maßnahmen

§ 176 Grundsatz. (1) [1] Träger bedürfen der Zulassung durch eine fachkundige Stelle, um Maßnahmen der Arbeitsförderung selbst durchzuführen oder durchführen zu lassen. [2] Arbeitgeber, die ausschließlich betriebliche Maßnahmen oder betriebliche Teile von Maßnahmen durchführen, bedürfen keiner Zulassung.

(2) [1] Maßnahmen nach § 45 Absatz 4 Satz 3 Nummer 1 bedürfen der Zulassung nach § 179 durch eine fachkundige Stelle. [2] Maßnahmen der beruflichen Weiterbildung nach den §§ 81 und 82 bedürfen der Zulassung nach den §§ 179 und 180.

§ 177 Fachkundige Stelle. (1) [1] Fachkundige Stellen im Sinne des § 176 sind die von der Akkreditierungsstelle für die Zulassung nach dem Recht der Arbeitsförderung akkreditierten Zertifizierungsstellen. [2] Mit der Akkreditierung als fachkundige Stelle ist keine Beleihung verbunden. [3] Die Bundesagentur übt im Anwendungsbereich dieses Gesetzes die Fachaufsicht über die Akkreditierungsstelle aus.

(2) [1] Eine Zertifizierungsstelle ist von der Akkreditierungsstelle als fachkundige Stelle zu akkreditieren, wenn

1. sie über die für die Zulassung notwendigen Organisationsstrukturen sowie personellen und finanziellen Mittel verfügt,
2. die bei ihr mit den entsprechenden Aufgaben beauftragten Personen auf Grund ihrer Ausbildung, beruflichen Bildung und beruflichen Praxis befähigt sind, die Leistungsfähigkeit und Qualität von Trägern und Maßnahmen der aktiven Arbeitsförderung einschließlich der Prüfung und Bewertung eines Systems zur Sicherung der Qualität zu beurteilen; dies schließt besondere Kenntnisse der jeweiligen Aufgabengebiete der Träger sowie der Inhalte und rechtlichen Ausgestaltung der zuzulassenden Maßnahmen ein,
3. sie über die erforderliche Unabhängigkeit verfügt und damit gewährleistet, dass sie über die Zulassung von Trägern und Maßnahmen nur entscheidet, wenn sie weder mit diesen wirtschaftlich, personell oder organisatorisch verflochten ist noch zu diesen ein Beratungsverhältnis besteht oder bestanden hat; zur Überprüfbarkeit der Unabhängigkeit sind bei der Antragstellung personelle, wirtschaftliche und organisatorische Verflechtungen oder Beratungsverhältnisse mit Trägern offenzulegen,
4. die bei ihr mit den entsprechenden Aufgaben beauftragten Personen über die erforderliche Zuverlässigkeit verfügen, um die Zulassung ordnungsgemäß durchzuführen,
5. sie gewährleistet, dass die Empfehlungen des Beirats nach § 182 bei der Prüfung angewendet werden,
6. sie die ihr bei der Zulassung bekannt gewordenen Betriebs- und Geschäftsgeheimnisse schützt,
7. sie ein Qualitätsmanagementsystem anwendet,
8. sie ein Verfahren zur Prüfung von Beschwerden und zum Entziehen der Zulassung bei erheblichen Verstößen eingerichtet hat und

9. sie über ein transparentes und dokumentiertes Verfahren zur Ermittlung und Abrechnung des Aufwands der Prüfung von Trägern und Maßnahmen verfügt.

[2]Das Gesetz über die Akkreditierungsstelle bleibt unberührt.

(3) [1]Die Akkreditierung ist bei der Akkreditierungsstelle unter Beifügung der erforderlichen Unterlagen zu beantragen. [2]Die Akkreditierung ist auf längstens fünf Jahre zu befristen. [3]Die wirksame Anwendung des Qualitätsmanagementsystems ist von der Akkreditierungsstelle in jährlichen Abständen zu überprüfen.

(4) Der Akkreditierungsstelle sind Änderungen, die Auswirkungen auf die Akkreditierung haben können, unverzüglich anzuzeigen.

(5) [1]Liegt ein besonderes arbeitsmarktpolitisches Interesse vor, kann die innerhalb der Bundesagentur zuständige Stelle im Einzelfall die Aufgaben einer fachkundigen Stelle für die Zulassung von Trägern und Maßnahmen der beruflichen Weiterbildung wahrnehmen. [2]Ein besonderes arbeitsmarktpolitisches Interesse liegt insbesondere dann vor, wenn die Teilnahme an individuell ausgerichteten Weiterbildungsmaßnahmen im Einzelfall gefördert werden soll.

§ 178 Trägerzulassung. Ein Träger ist von einer fachkundigen Stelle zuzulassen, wenn

1. er die erforderliche Leistungsfähigkeit und Zuverlässigkeit besitzt,
2. er in der Lage ist, durch eigene Bemühungen die berufliche Eingliederung von Teilnehmenden in den Arbeitsmarkt zu unterstützen,
3. Leitung, Lehr- und Fachkräfte über Aus- und Fortbildung sowie Berufserfahrung verfügen, die eine erfolgreiche Durchführung einer Maßnahme erwarten lassen,
4. er ein System zur Sicherung der Qualität anwendet und
5. seine vertraglichen Vereinbarungen mit den Teilnehmenden angemessene Bedingungen insbesondere über Rücktritts- und Kündigungsrechte enthalten.

§ 179 Maßnahmezulassung. (1) Eine Maßnahme ist von der fachkundigen Stelle zuzulassen, wenn sie

1. nach Gestaltung der Inhalte, der Methoden und Materialien ihrer Vermittlung sowie der Lehrorganisation eine erfolgreiche Teilnahme erwarten lässt und nach Lage und Entwicklung des Arbeitsmarktes zweckmäßig ist,
2. angemessene Teilnahmebedingungen bietet und die räumliche, personelle und technische Ausstattung die Durchführung der Maßnahme gewährleisten und
3. nach den Grundsätzen der Wirtschaftlichkeit und Sparsamkeit geplant und durchgeführt wird, insbesondere die Kosten und die Dauer angemessen sind; die Dauer ist angemessen, wenn sie sich auf den Umfang beschränkt, der notwendig ist, um das Maßnahmeziel zu erreichen.

(2) [1]Die Kosten einer Maßnahme nach § 45 Absatz 4 Satz 3 Nummer 1 und nach den §§ 81 und 82 sind angemessen, wenn sie sachgerecht ermittelt worden sind und die von der Bundesagentur für das jeweilige Maßnahme- oder Bildungsziel zweijährlich ermittelten durchschnittlichen Kostensätze nicht überschreiten oder die Überschreitung der durchschnittlichen Kostensätze auf

notwendige besondere Aufwendungen zurückzuführen ist. [2]Überschreiten die kalkulierten Maßnahmekosten aufgrund dieser Aufwendungen die durchschnittlichen Kostensätze um mehr als 25 Prozent, bedarf die Zulassung dieser Maßnahmen der Zustimmung der Bundesagentur.

(3) Eine Maßnahme, die im Ausland durchgeführt wird, kann nur zugelassen werden, wenn die Durchführung im Ausland für das Erreichen des Maßnahmeziels besonders dienlich ist.

§ 180 Ergänzende Anforderungen an Maßnahmen der beruflichen Weiterbildung. (1) Für eine Maßnahme der beruflichen Weiterbildung nach den §§ 81 und 82 gelten für die Zulassung durch die fachkundige Stelle ergänzend die Anforderungen der nachfolgenden Absätze.

(2) [1]Eine Maßnahme ist zuzulassen, wenn

1. durch sie berufliche Fertigkeiten, Kenntnisse und Fähigkeiten erhalten, erweitert, der technischen Entwicklung angepasst werden oder ein beruflicher Aufstieg ermöglicht wird,
2. sie einen beruflichen Abschluss vermittelt oder die Weiterbildung in einem Betrieb, die zu einem solchen Abschluss führt, unterstützend begleitet oder
3. sie zu einer anderen beruflichen Tätigkeit befähigt

und mit einem Zeugnis, das Auskunft über den Inhalt des vermittelten Lehrstoffs gibt, abschließt. [2]Sofern es dem Wiedereingliederungserfolg förderlich ist, soll die Maßnahme im erforderlichen Umfang Grundkompetenzen vermitteln und betriebliche Lernphasen vorsehen.

(3) [1]Ausgeschlossen von der Zulassung ist eine Maßnahme, wenn

1. überwiegend Wissen vermittelt wird, das dem von allgemeinbildenden Schulen angestrebten Bildungsziel entspricht, oder die Maßnahme auf den Erwerb eines Studienabschlusses an Hochschulen oder ähnlichen Bildungsstätten gerichtet ist oder
2. überwiegend nicht berufsbezogene Inhalte vermittelt werden.

[2]Satz 1 gilt nicht für Maßnahmen, die

1. auf den nachträglichen Erwerb des Hauptschulabschlusses vorbereiten,
2. Grundkompetenzen vermitteln, die für den Erwerb eines Abschlusses in einem anerkannten Ausbildungsberuf erforderlich sind, oder
3. die Weiterbildung in einem Betrieb, die zum Erwerb eines solchen Abschlusses führt, unterstützend begleiten.

(4) [1]Die Dauer einer Vollzeitmaßnahme, die zu einem Abschluss in einem allgemein anerkannten Ausbildungsberuf führt, ist angemessen im Sinne des § 179 Absatz 1 Nummer 3, wenn sie gegenüber einer entsprechenden Berufsausbildung um mindestens ein Drittel der Ausbildungszeit verkürzt ist. [2]Ist eine Verkürzung um mindestens ein Drittel der Ausbildungszeit auf Grund bundes- oder landesgesetzlicher Regelungen ausgeschlossen, so ist ein Maßnahmeteil von bis zu zwei Dritteln nur förderungsfähig, wenn bereits zu Beginn der Maßnahme die Finanzierung für die gesamte Dauer der Maßnahme auf Grund bundes- oder landesrechtlicher Regelungen gesichert ist. [3]Abweichend von Satz 1 ist die Dauer einer Vollzeitmaßnahme der beruflichen Weiterbildung auch dann angemessen, wenn sie nach dem Pflegeberufegesetz nicht um mindestens ein Drittel verkürzt werden kann; insoweit ist Satz 2 nicht anzuwenden.

(5) Zeiten einer der beruflichen Weiterbildung folgenden Beschäftigung, die der Erlangung der staatlichen Anerkennung oder der staatlichen Erlaubnis zur Ausübung des Berufes dienen, sind nicht berufliche Weiterbildung im Sinne dieses Buches.

§ 181 Zulassungsverfahren. (1) [1]Die Zulassung ist unter Beifügung der erforderlichen Unterlagen bei einer fachkundigen Stelle zu beantragen. [2]Der Antrag muss alle Angaben und Nachweise enthalten, die erforderlich sind, um das Vorliegen der Voraussetzungen festzustellen.

(2) [1]Soweit bereits eine Zulassung bei einer anderen fachkundigen Stelle beantragt worden ist, ist dies und die Entscheidung dieser fachkundigen Stelle mitzuteilen. [2]Beantragt der Träger die Zulassung von Maßnahmen nicht bei der fachkundigen Stelle, bei der er seine Zulassung als Träger beantragt hat, so hat er der fachkundigen Stelle, bei der er die Zulassung von Maßnahmen beantragt, alle Unterlagen für seine Zulassung und eine gegebenenfalls bereits erteilte Zulassung zur Verfügung zu stellen.

(3) [1]Der Träger kann beantragen, dass die fachkundige Stelle eine durch sie bestimmte Referenzauswahl von Maßnahmen prüft, die in einem angemessenen Verhältnis zur Zahl der Maßnahmen des Trägers stehen, für die er die Zulassung beantragt. [2]Die Zulassung aller Maßnahmen setzt voraus, dass die gesetzlichen Voraussetzungen für die geprüften Maßnahmen erfüllt sind. [3]Für nach der Zulassung angebotene weitere Maßnahmen des Trägers ist das Zulassungsverfahren in entsprechender Anwendung der Sätze 1 und 2 wieder zu eröffnen.

(4) [1]Die fachkundige Stelle entscheidet über den Antrag auf Zulassung des Trägers einschließlich seiner Zweigstellen sowie der Maßnahmen nach Prüfung der eingereichten Antragsunterlagen und örtlichen Prüfungen. [2]Sie soll dabei Zertifikate oder Anerkennungen unabhängiger Stellen, die in einem dem Zulassungsverfahren entsprechenden Verfahren erteilt worden sind, ganz oder teilweise berücksichtigen. [3]Sie kann das Zulassungsverfahren einmalig zur Nachbesserung nicht erfüllter Kriterien für längstens drei Monate aussetzen oder die Zulassung endgültig ablehnen. [4]Die Entscheidung bedarf der Schriftform. [5]An der Entscheidung dürfen Personen, die im Rahmen des Zulassungsverfahrens gutachterliche oder beratende Funktionen ausgeübt haben, nicht beteiligt sein.

(5) [1]Die fachkundige Stelle kann die Zulassung maßnahmebezogen und örtlich einschränken, wenn dies unter Berücksichtigung aller Umstände sowie von Lage und voraussichtlicher Entwicklung des Arbeitsmarktes gerechtfertigt ist oder dies beantragt wird. [2]§ 177 Absatz 3 Satz 2 und 3 und Absatz 4 gilt entsprechend.

(6) [1]Mit der Zulassung wird ein Zertifikat vergeben. [2]Die Zertifikate für die Zulassung des Trägers und für die Zulassung von Maßnahmen nach § 45 Absatz 4 Satz 3 Nummer 1 und den §§ 81 und 82 werden wie folgt bezeichnet:

1. „Zugelassener Träger nach dem Recht der Arbeitsförderung. Zugelassen durch (Name der fachkundigen Stelle) – von (Name der Akkreditierungsstelle) akkreditierte Zertifizierungsstelle“,
2. „Zugelassene Maßnahme zur Aktivierung und beruflichen Eingliederung nach dem Recht der Arbeitsförderung. Zugelassen durch (Name der fach-

kundigen Stelle) – von (Name der Akkreditierungsstelle) akkreditierte Zertifizierungsstelle“ oder
3. „Zugelassene Weiterbildungsmaßnahme für die Förderung der beruflichen Weiterbildung nach dem Recht der Arbeitsförderung. Zugelassen durch (Name der fachkundigen Stelle) – von (Name der Akkreditierungsstelle) akkreditierte Zertifizierungsstelle“.

(7) Die fachkundige Stelle ist verpflichtet, die Zulassung zu entziehen, wenn der Träger die rechtlichen Anforderungen auch nach Ablauf einer von ihr gesetzten, drei Monate nicht überschreitenden Frist nicht erfüllt.

(8) Die fachkundige Stelle hat die Kostensätze der zugelassenen Maßnahmen zu erfassen und der Bundesagentur vorzulegen.

(9) [1] Die fachkundige Stelle hat der Akkreditierungsstelle jährlich in einer von der Akkreditierungsstelle vorgegebenen Form jeweils bis 31. März die Zahl

1. der im vorangegangenen Kalenderjahr neu erteilten Zulassungen von Trägern und Maßnahmen und
2. der am 31. Dezember des vorangegangenen Kalenderjahres gültigen Zulassungen von Trägern und Maßnahmen

für die jeweiligen Fachbereiche nach § 5 Absatz 1 Satz 3 der Akkreditierungs- und Zulassungsverordnung Arbeitsförderung zu übermitteln. [2] Die Akkreditierungsstelle hat die ihr übermittelten Zahlen der Zulassungen von Trägern und Maßnahmen nach der in Satz 1 genannten Untergliederung zu veröffentlichen.

§ 182 Beirat. (1) Bei der Bundesagentur wird ein Beirat eingerichtet, der Empfehlungen für die Zulassung von Trägern und Maßnahmen aussprechen kann.

(2) [1] Dem Beirat gehören elf Mitglieder an. [2] Er setzt sich zusammen aus

1. je einer Vertreterin oder einem Vertreter
   a) der Länder,
   b) der kommunalen Spitzenverbände,
   c) der Arbeitnehmerinnen und Arbeitnehmer,
   d) der Arbeitgeber,
   e) der Bildungsverbände,
   f) der Verbände privater Arbeitsvermittler,
   g) des Bundesministeriums für Arbeit und Soziales,
   h) des Bundesministeriums für Bildung und Forschung,
   i) der Akkreditierungsstelle sowie
2. zwei unabhängigen Expertinnen oder Experten.

[3] Die Mitglieder des Beirats werden durch die Bundesagentur im Einvernehmen mit dem Bundesministerium für Arbeit und Soziales und dem Bundesministerium für Bildung und Forschung berufen.

(3) [1] Vorschlagsberechtigt für die Vertreterin oder den Vertreter

1. der Länder ist der Bundesrat,
2. der kommunalen Spitzenverbände ist die Bundesvereinigung der kommunalen Spitzenverbände,

3. der Arbeitnehmerinnen und Arbeitnehmer ist der Deutsche Gewerkschaftsbund,
4. der Arbeitgeber ist die Bundesvereinigung der Deutschen Arbeitgeberverbände,
5. der Bildungsverbände sind die Bildungsverbände, die sich auf einen Vorschlag einigen,
6. der Verbände privater Arbeitsvermittler sind die Verbände privater Arbeitsvermittler, die sich auf einen Vorschlag einigen.

[2] § 377 Absatz 3 gilt entsprechend.

(4) [1] Der Beirat gibt sich eine Geschäftsordnung. [2] Die Bundesagentur übernimmt für die Mitglieder des Beirats die Reisekostenvergütung nach § 376.

§ 183 Qualitätsprüfung. (1) [1] Die Agentur für Arbeit kann die Durchführung einer Maßnahme nach § 176 Absatz 2 prüfen und deren Erfolg beobachten. [2] Sie kann insbesondere

1. von dem Träger der Maßnahme sowie den Teilnehmenden Auskunft über den Verlauf der Maßnahme und den Eingliederungserfolg verlangen und
2. die Einhaltung der Voraussetzungen für die Zulassung des Trägers und der Maßnahme prüfen, indem sie Einsicht in alle die Maßnahme betreffenden Unterlagen des Trägers nimmt.

(2) [1] Die Agentur für Arbeit ist berechtigt, zum Zweck nach Absatz 1 Grundstücke, Geschäfts- und Unterrichtsräume des Trägers während der Geschäfts- oder Unterrichtszeit zu betreten. [2] Wird die Maßnahme bei einem Dritten durchgeführt, ist die Agentur für Arbeit berechtigt, die Grundstücke, Geschäfts- und Unterrichtsräume des Dritten während dieser Zeit zu betreten. [3] Stellt die Agentur für Arbeit bei der Prüfung der Maßnahme hinreichende Anhaltspunkte für Verstöße gegen datenschutzrechtliche Vorschriften fest, soll sie die zuständige Kontrollbehörde für den Datenschutz hiervon unterrichten.

(3) [1] Die Agentur für Arbeit kann vom Träger die Beseitigung festgestellter Mängel innerhalb einer angemessenen Frist verlangen. [2] Die Agentur für Arbeit kann die Geltung des Aktivierungs- und Vermittlungsgutscheins oder des Bildungsgutscheins für einen Träger ausschließen und die Entscheidung über die Förderung aufheben, wenn

1. der Träger dem Verlangen nach Satz 1 nicht nachkommt,
2. die Agentur für Arbeit schwerwiegende und kurzfristig nicht zu behebende Mängel festgestellt hat,
3. die in Absatz 1 genannten Auskünfte nicht, nicht rechtzeitig oder nicht vollständig erteilt werden oder
4. die Prüfungen oder das Betreten der Grundstücke, Geschäfts- und Unterrichtsräume durch die Agentur für Arbeit nicht geduldet werden.

(4) Die Agentur für Arbeit teilt der fachkundigen Stelle und der Akkreditierungsstelle die nach den Absätzen 1 bis 3 gewonnenen Erkenntnisse mit.

§ 184 Verordnungsermächtigung. Das Bundesministerium für Arbeit und Soziales wird ermächtigt, durch Rechtsverordnung, die nicht der Zustimmung des Bundesrates bedarf, die Voraussetzungen für die Akkreditierung als fachkundige Stelle und für die Zulassung von Trägern und Maßnahmen einschließlich der jeweiligen Verfahren zu regeln.

Sechstes Kapitel. Ergänzende vergabespezifische Regelungen

§ 185 Vergabespezifisches Mindestentgelt für Aus- und Weiterbildungsdienstleistungen. (1) [1] Träger haben bei der Ausführung eines öffentlichen Auftrags über Aus- und Weiterbildungsdienstleistungen nach diesem Buch im Gebiet der Bundesrepublik Deutschland ihren Arbeitnehmerinnen und Arbeitnehmern das Mindestentgelt zu zahlen, das durch eine Rechtsverordnung des Bundesministeriums für Arbeit und Soziales nach Absatz 2 verbindlich vorgegeben wird. [2] Setzt der Träger Leiharbeitnehmerinnen oder Leiharbeitnehmer ein, so hat der Verleiher zumindest das Mindestentgelt nach Satz 1 zu zahlen. [3] Die Verpflichtung zur Zahlung des Mindestentgelts nach der jeweils geltenden Verordnung nach § 7 Absatz 1 des Arbeitnehmer-Entsendegesetzes über zwingende Arbeitsbedingungen für Aus- und Weiterbildungsdienstleistungen nach dem Zweiten oder diesem Buch bleibt unberührt.

(2) [1] Das Bundesministerium für Arbeit und Soziales wird ermächtigt, durch Rechtsverordnung, die nicht der Zustimmung des Bundesrates bedarf, festzulegen:

1. das Nähere zum sachlichen, persönlichen und zeitlichen Geltungsbereich des vergabespezifischen Mindestentgelts sowie
2. die Höhe des vergabespezifischen Mindestentgelts und dessen Fälligkeit.

[2] Hierbei übernimmt die Rechtsverordnung die Vorgaben aus der jeweils geltenden Verordnung nach § 7 Absatz 1 des Arbeitnehmer-Entsendegesetzes in der Branche der Aus- und Weiterbildungsdienstleistungen nach dem Zweiten oder diesem Buch nach § 4 Absatz 1 Nummer 8 des Arbeitnehmer-Entsendegesetzes.

(3) Die Vorschriften des Gesetzes gegen Wettbewerbsbeschränkungen und der Vergabeverordnung sind anzuwenden.

§§ 186–239 *(nicht mehr belegt)*

§§ 240–279a *(aufgehoben)*

Siebtes Kapitel. Weitere Aufgaben der Bundesagentur

Erster Abschnitt. Statistiken, Arbeitsmarkt- und Berufsforschung, Berichterstattung

§ 280 Aufgaben. Die Bundesagentur hat Lage und Entwicklung der Beschäftigung und des Arbeitsmarktes im allgemeinen und nach Berufen, Wirtschaftszweigen und Regionen sowie die Wirkungen der aktiven Arbeitsförderung zu beobachten, zu untersuchen und auszuwerten, indem sie

1. Statistiken erstellt,
2. Arbeitsmarkt- und Berufsforschung betreibt und
3. Bericht erstattet.

§ 281 Arbeitsmarktstatistiken, Verordnungsermächtigung. (1) [1] Die Bundesagentur erstellt amtliche Statistiken über

1. Arbeitslosigkeit und Arbeitsuche von Arbeitnehmerinnen und Arbeitnehmern sowie deren Eingliederung in den Arbeitsmarkt,
2. Entgeltersatzleistungen nach diesem Buch und Leistungen zur Sicherung des Lebensunterhaltes nach dem Zweiten Buch[1)],
3. Leistungen der aktiven Arbeitsförderung nach diesem Buch und Leistungen zur Eingliederung in Arbeit nach dem Zweiten Buch,
4. sozialversicherungspflichtige und geringfügige Beschäftigung,
5. Angebot und Nachfrage auf dem Ausbildungs- und Arbeitsmarkt sowie
6. weitere, in ihrem Geschäftsbereich anfallende Aufgaben.

[2]Die Bundesagentur hat die einheitliche und termingerechte Erstellung von Statistiken sicherzustellen, die Ergebnisse der Statistik in angemessener Gliederung zu veröffentlichen sowie die Daten zu analysieren. [3]Für Ausländerinnen und Ausländer, die keine Unionsbürgerinnen oder Unionsbürger sind und sich nicht nur vorübergehend im Geltungsbereich des Gesetzes über das Ausländerzentralregister aufhalten, wird die Statistik der sozialversicherungspflichtig und geringfügig Beschäftigten zusätzlich nach dem Aufenthaltsstatus auf der Grundlage der nach § 23a des AZR-Gesetzes übermittelten Daten gegliedert.

(2) Die Bundesagentur verarbeitet für die in Absatz 1 genannten Zwecke

1. Daten, die im Rahmen der Erfüllung ihrer Aufgaben nach diesem Buch erhoben oder übermittelt werden,
2. Daten, die von den zuständigen Trägern der Grundsicherung für Arbeitsuchende nach § 51b des Zweiten Buches erhoben und übermittelt werden,
3. Daten aus den Meldungen nach § 28a des Vierten Buches[2)],
4. Daten aus dem Anzeigeverfahren zur Beschäftigung schwerbehinderter Menschen nach § 163 Absatz 2 des Neunten Buches[3)],
5. Daten, die ihr auf Grundlage von § 23a des AZR-Gesetzes übermittelt werden,
6. Daten, die ihr zur Verarbeitung für statistische Zwecke auf Grund anderer einzelgesetzlicher Vorschriften übermittelt werden oder wurden.

(3) [1]Für die Statistiken der Bundesagentur gelten die Grundsätze der Neutralität und Objektivität. [2]Die Vorschriften der Geheimhaltung nach § 16 des Bundesstatistikgesetzes gelten entsprechend. [3]Das Statistikgeheimnis ist durch technische und organisatorische Maßnahmen der Trennung zwischen statistischen und nichtstatistischen Aufgaben einzuhalten.

(4) [1]Die Bundesagentur hat zusätzlich den Migrationshintergrund in ihren Statistiken zu berücksichtigen und die hierfür erforderlichen Merkmale zu erheben. [2]Die erhobenen Merkmale dürfen ausschließlich für statistische Zwecke verarbeitet werden. [3]Sie sind in einem durch technische und organisatorische Maßnahmen von sonstiger Datenverarbeitung getrennten Bereich zu verarbeiten. [4]Das Bundesministerium für Arbeit und Soziales bestimmt durch Rechtsverordnung ohne Zustimmung des Bundesrates das Nähere über die zu erhebenden Merkmale und die Durchführung des Verfahrens, insbesondere über Erhebung, Übermittlung und Speicherung der erhobenen Daten.

[1)] Nr. **2**.
[2)] Nr. **4**.
[3)] Nr. **9**.

§ 282 Arbeitsmarkt- und Berufsforschung. (1) [1]Die Bundesagentur hat bei der Festlegung von Inhalt, Art und Umfang der Arbeitsmarkt- und Berufsforschung ihren eigenen Informationsbedarf sowie den des Bundesministeriums für Arbeit und Soziales zu berücksichtigen. [2]Die Bundesagentur hat den Forschungsbedarf mindestens in jährlichen Zeitabständen mit dem Bundesministerium für Arbeit und Soziales abzustimmen.

(2) [1]Die Untersuchung der Wirkungen der Arbeitsförderung ist ein Schwerpunkt der Arbeitsmarktforschung. [2]Sie soll zeitnah erfolgen und ist ständige Aufgabe des Instituts für Arbeitsmarkt- und Berufsforschung.

(3) Die Wirkungsforschung soll unter Berücksichtigung der unterschiedlichen Zielsetzungen dieses Buches insbesondere

1. untersuchen, in welchem Ausmaß die Teilnahme an einer Maßnahme die Vermittlungsaussichten der Teilnehmenden verbessert und ihre Beschäftigungsfähigkeit erhöht,
2. vergleichend die Kosten von Maßnahmen im Verhältnis zu ihrem Nutzen ermitteln,
3. volkswirtschaftliche Nettoeffekte beim Einsatz von Leistungen der aktiven Arbeitsförderung messen und
4. Auswirkungen auf Erwerbsverläufe analysieren.

(4) Arbeitsmarktforschung soll auch die Wirkungen der Arbeitsförderung auf regionaler Ebene untersuchen.

(5) [1]Innerhalb der Bundesagentur dürfen die Daten aus ihrem Geschäftsbereich und der Migrationshintergrund nach § 281 Absatz 4 Satz 1 dem Institut für Arbeitsmarkt- und Berufsforschung zur Verfügung gestellt und dort für dessen Zwecke gespeichert, verändert, genutzt, übermittelt oder in der Verarbeitung eingeschränkt werden. [2]Das Institut für Arbeitsmarkt- und Berufsforschung darf ergänzend Erhebungen ohne Auskunftspflicht der zu Befragenden durchführen, wenn sich die Informationen nicht bereits aus den im Geschäftsbereich der Bundesagentur vorhandenen Daten oder aus anderen statistischen Quellen gewinnen lassen. [3]Das Institut, das räumlich, organisatorisch und personell vom Verwaltungsbereich der Bundesagentur zu trennen ist, hat die Daten vor unbefugter Kenntnisnahme durch Dritte zu schützen. [4]Die Daten dürfen nur für den Zweck der wissenschaftlichen Forschung genutzt werden. [5]Die personenbezogenen Daten sind zu anonymisieren, sobald dies nach dem Forschungszweck möglich ist. [6]Bis dahin sind die Merkmale gesondert zu speichern, mit denen Einzelangaben über persönliche oder sachliche Verhältnisse einer bestimmten oder bestimmbaren Person zugeordnet werden können. [7]Das Statistische Bundesamt und die statistischen Ämter der Länder dürfen dem Institut für Arbeitsmarkt- und Berufsforschung Daten entsprechend § 16 Abs. 6 des Bundesstatistikgesetzes übermitteln.

(6) [1]Das Institut hat die nach § 28a des Vierten Buches[1)] gemeldeten und der Bundesagentur weiter übermittelten Daten der in der Bundesrepublik Deutschland Beschäftigten ohne Vor- und Zunamen nach der Versicherungsnummer langfristig in einem besonders geschützten Dateisystem zu speichern. [2]Die in diesem Dateisystem gespeicherten Daten dürfen nur für Zwecke der wissenschaftlichen Forschung, der Arbeitsmarktstatistik und der nicht einzel-

---

[1)] Nr. 4.

fallbezogenen Planung gespeichert, verändert, genutzt, übermittelt oder in der Verarbeitung eingeschränkt werden. [3] Sie sind zu anonymisieren, sobald dies mit dem genannten Zweck vereinbar ist.

(7) [1] Die Bundesagentur übermittelt wissenschaftlichen Einrichtungen auf Antrag oder Ersuchen anonymisierte Daten, die für Zwecke der Arbeitsmarkt- und Berufsforschung erforderlich sind. [2] § 282a Absatz 5 gilt entsprechend. [3] Für Sozialdaten gilt § 75 des Zehnten Buches[1)].

§ 282a Übermittlung von Daten. (1) [1] Die Bundesagentur ist berechtigt, dem Statistischen Bundesamt und den statistischen Ämtern der Länder Tabellen mit statistischen Ergebnissen zu übermitteln, soweit dies für Zwecke eines Zensus erforderlich ist. [2] Diese Ergebnisse können auch Einzelfälle ausweisen.

(2) [1] Die Bundesagentur ist berechtigt, dem Statistischen Bundesamt und den statistischen Ämtern der Länder anonymisierte Einzeldaten zu sozialversicherungspflichtig Beschäftigten zu übermitteln, soweit diese Daten dort für die Erstellung der Erwerbstätigenstatistiken erforderlich sind. [2] Die in Satz 1 genannten Daten dürfen den Statistischen Ämtern des Bundes und der Länder auch übermittelt werden, wenn sie für Zwecke des Verdienststatistikgesetzes oder für Statistiken über die Gesundheitsversorgung nach dem Anhang II der Verordnung (EG) Nr. 1338/2008 des Europäischen Parlaments und des Rates vom 16. Dezember 2008 zu Gemeinschaftsstatistiken über öffentliche Gesundheit und über Gesundheitsschutz und Sicherheit am Arbeitsplatz (ABl. L 354 vom 31.12.2008, S. 70) erforderlich sind.

(2a) [1] Die Bundesagentur ist berechtigt, dem Statistischen Bundesamt die in § 3 des Verwaltungsdatenverwendungsgesetzes bezeichneten Daten für die in § 1 desselben Gesetzes genannten Zwecke zu übermitteln. [2] Satz 1 gilt auch für Daten, die nach Maßgabe einer Rechtsverordnung im Sinne des § 5 des Verwaltungsdatenverwendungsgesetzes zu übermitteln sind.

(2b) [1] Die Bundesagentur darf dem Statistischen Bundesamt und den statistischen Ämtern der Länder nach Gemeinden Tabellen mit statistischen Ergebnissen über die Zahl der sozialversicherungspflichtig Beschäftigten und die sozialversicherungspflichtigen Entgelte – jeweils ohne Beschäftigte von Gebietskörperschaften und Sozialversicherungen sowie deren Einrichtungen – übermitteln, soweit diese zur Festsetzung des Verteilungsschlüssels für den Gemeindeanteil am Aufkommen der Umsatzsteuer nach § 5a des Gemeindefinanzreformgesetzes erforderlich sind. [2] Diese Ergebnisse können auch Einzelfälle ausweisen. [3] Das Statistische Bundesamt und die statistischen Ämter der Länder dürfen die in Satz 1 genannten Angaben dem Bundesministerium der Finanzen sowie den zuständigen obersten Landesbehörden übermitteln, soweit die Angaben für die Festsetzung des Verteilungsschlüssels nach § 5a des Gemeindefinanzreformgesetzes erforderlich sind. [4] Die Angaben dürfen nur auf Ersuchen übermittelt und nur für die in den Sätzen 1 und 2 genannten Zwecke gespeichert, verändert, genutzt, übermittelt oder in der Verarbeitung eingeschränkt werden. [5] Sie sind vier Jahre nach Festsetzung des Verteilungsschlüssels zu löschen. [6] Werden innerhalb dieser Frist Einwendungen gegen die Berechnung des Verteilungsschlüssels erhoben, dürfen die Angaben bis zur abschließenden Klärung der Einwendungen aufbewahrt werden, soweit sie für die Klärung erforderlich sind.

[1)] Nr. **10**.

(3) [1] Das Statistische Bundesamt und die statistischen Ämter der Länder sind berechtigt, der zur Durchführung ausschließlich statistischer Aufgaben zuständigen Stelle der Bundesagentur nach Gemeinden Tabellen mit statistischen Ergebnissen über Selbständige, mithelfende Familienangehörige, Beamtinnen und Beamte sowie geringfügig Beschäftigte zu übermitteln, soweit sie für die Berechnung von Arbeitslosenquoten im Rahmen der Arbeitsmarktstatistik erforderlich sind. [2] Diese Ergebnisse können auch Einzelfälle ausweisen. [3] Diese übermittelten Angaben dürfen ausschließlich für statistische Zwecke verarbeitet werden.

(4) Für die Speicherung und für die Nutzung gegenüber den gesetzgebenden Körperschaften und für Zwecke der Planung, jedoch nicht für die Regelung von Einzelfällen, dürfen den obersten Bundes- oder Landesbehörden von der Bundesagentur Tabellen mit statistischen Ergebnissen übermittelt werden, auch soweit Tabellenfelder nur einen einzigen Fall ausweisen.

(5) Bedarf die Übermittlung einer Datenaufbereitung in erheblichem Umfang, ist über die Daten- oder Tabellenübermittlung eine schriftliche Vereinbarung zu schließen, die eine Regelung zur Erstattung der durch die Aufbereitung entstehenden Kosten vorsehen kann.

§ 282b Speicherung, Veränderung, Nutzung, Übermittlung, Einschränkung der Verarbeitung oder Löschung von Daten für die Ausbildungsvermittlung durch die Bundesagentur. (1) Die Bundesagentur darf die ihr von den Auskunftsstellen übermittelten Daten über eintragungsfähige oder eingetragene Ausbildungsverhältnisse vorbehaltlich des Absatzes 4 ausschließlich speichern, verändern, nutzen, übermitteln oder in der Verarbeitung einschränken zur Verbesserung der

1. Ausbildungsvermittlung,
2. Zuverlässigkeit und Aktualität der Ausbildungsvermittlungsstatistik oder
3. Feststellung von Angebot und Nachfrage auf dem Ausbildungsmarkt.

(2) Auskunftsstellen sind die nach dem Berufsbildungsgesetz zuständigen Stellen.

(3) Die Bundesagentur hat die ihr zu den Zwecken des Absatzes 1 übermittelten Daten und Datenträger spätestens zum Ende des Kalenderjahres zu löschen.

(4) Die Bundesagentur übermittelt die ihr von den Auskunftsstellen übermittelten Daten zu den in Absatz 1 genannten Zwecken an die für den Wohnort der oder des Auszubildenden zuständige gemeinsame Einrichtung nach § 44b des Zweiten Buches[1)] oder an den für den Wohnort der oder des Auszubildenden zuständigen zugelassenen kommunalen Träger nach § 6a des Zweiten Buches.

§ 283 Arbeitsmarktberichterstattung, Weisungsrecht. (1) [1] Die Bundesagentur hat die Arbeitsmarktstatistiken und die Ergebnisse der Arbeitsmarkt- und Berufsforschung dem Bundesministerium für Arbeit und Soziales vorzulegen und in geeigneter Form zu veröffentlichen. [2] Die Bundesagentur hat zu gewährleisten, dass bei der Wahrnehmung der Aufgaben dieses Abschnitts neben einem eigenen kurzfristigen arbeitsmarktpolitischen Informationsbedarf

---

[1)] Nr. 2.

auch dem des Bundesministeriums für Arbeit und Soziales entsprochen werden kann.

(2) Das Bundesministerium für Arbeit und Soziales kann Art und Umfang sowie Tatbestände und Merkmale der Statistiken und der Arbeitsmarktberichterstattung näher bestimmen und der Bundesagentur entsprechende fachliche Weisungen erteilen.

Zweiter Abschnitt. Erteilung von Genehmigungen und Erlaubnissen

Erster Unterabschnitt. Beschäftigung von Ausländerinnen und Ausländern

§ 284 Arbeitsgenehmigung-EU für Staatsangehörige der neuen EU-Mitgliedstaaten. (1) Soweit nach Maßgabe des Beitrittsvertrages eines Mitgliedstaates zur Europäischen Union abweichende Regelungen als Übergangsregelungen von der Arbeitnehmerfreizügigkeit anzuwenden sind, dürfen Staatsangehörige dieses Mitgliedstaates und ihre freizügigkeitsberechtigten Familienangehörigen eine Beschäftigung nur mit Genehmigung der Bundesagentur ausüben sowie von Arbeitgebern nur beschäftigt werden, wenn sie eine solche Genehmigung besitzen.

(2) [1] Die Genehmigung wird befristet als Arbeitserlaubnis-EU erteilt, wenn nicht Anspruch auf eine unbefristete Erteilung als Arbeitsberechtigung-EU besteht. [2] Die Genehmigung ist vor Aufnahme der Beschäftigung einzuholen.

(3) Die Arbeitserlaubnis-EU kann nach Maßgabe des § 39 Abs. 2 bis 4 des Aufenthaltsgesetzes erteilt werden.

(4) [1] Unionsbürgerinnen und Unionsbürger nach Absatz 1 und ihre freizügigkeitsberechtigten Familienangehörigen, die ihren Wohnsitz oder gewöhnlichen Aufenthalt im Ausland haben und eine Beschäftigung im Bundesgebiet aufnehmen wollen, darf eine Arbeitserlaubnis-EU nur erteilt werden, wenn dies durch zwischenstaatliche Vereinbarung bestimmt oder aufgrund einer Rechtsverordnung zulässig ist. [2] Für die Beschäftigungen, die durch Rechtsverordnung zugelassen werden, ist Staatsangehörigen aus den Mitgliedstaaten der Europäischen Union nach Absatz 1 gegenüber Staatsangehörigen aus Drittstaaten vorrangig eine Arbeitserlaubnis-EU zu erteilen, soweit dies der EU-Beitrittsvertrag vorsieht.

(5) Die Erteilung der Arbeitsberechtigung-EU bestimmt sich nach der aufgrund des § 288 erlassenen Rechtsverordnung.

(6) [1] Das Aufenthaltsgesetz und die aufgrund des § 42 des Aufenthaltsgesetzes erlassenen Rechtsverordnungen gelten entsprechend, soweit nicht eine aufgrund des § 288 erlassene Rechtsverordnung günstigere Regelungen enthält. [2] Bei Anwendung der Vorschriften steht die Arbeitsgenehmigung-EU der Zustimmung zu einem Aufenthaltstitel nach § 4 Abs. 3 des Aufenthaltsgesetzes gleich.

(7) [1] Ein Aufenthaltstitel zur Ausübung einer Beschäftigung, der vor dem Tag, an dem der Beitrittsvertrag eines Mitgliedstaates zur Europäischen Union, der Übergangsregelungen hinsichtlich der Arbeitnehmerfreizügigkeit vorsieht, für die Bundesrepublik Deutschland in Kraft getreten ist, erteilt wurde, gilt als Arbeitserlaubnis-EU fort. [2] Beschränkungen des Aufenthaltstitels hinsichtlich der Ausübung der Beschäftigung bleiben als Beschränkungen der Arbeitserlaubnis-EU bestehen. [3] Ein vor diesem Zeitpunkt erteilter Aufenthaltstitel, der zur

unbeschränkten Ausübung einer Beschäftigung berechtigt, gilt als Arbeitsberechtigung-EU fort.

§§ 285, 286 *(aufgehoben)*

§ 287 Gebühren für die Durchführung der Vereinbarungen über Werkvertragsarbeitnehmerinnen und Werkvertragsarbeitnehmer.

(1) Für die Aufwendungen, die der Bundesagentur und den Behörden der Zollverwaltung bei der Durchführung der zwischenstaatlichen Vereinbarungen über die Beschäftigung von Arbeitnehmerinnen und Arbeitnehmern auf der Grundlage von Werkverträgen entstehen, kann vom Arbeitgeber der ausländischen Arbeitnehmerinnen und Arbeitnehmer eine Gebühr erhoben werden.

(2) [1]Die Gebühr wird für die Aufwendungen der Bundesagentur und der Behörden der Zollverwaltung erhoben, die im Zusammenhang mit dem Antragsverfahren und der Überwachung der Einhaltung der Vereinbarungen stehen, insbesondere für die

1. Prüfung der werkvertraglichen Grundlagen,
2. Prüfung der Voraussetzungen für die Beschäftigung der ausländischen Arbeitnehmerinnen und Arbeitnehmer,
3. Zusicherung, Erteilung und Aufhebung der Zustimmung zur Erteilung einer Aufenthaltserlaubnis zum Zwecke der Beschäftigung oder der Arbeitserlaubnis-EU,
4. Überwachung der Einhaltung der für die Ausführung eines Werkvertrages festgesetzten Zahl der Arbeitnehmerinnen und Arbeitnehmer,
5. Überwachung der Einhaltung der für die Arbeitgeber nach den Vereinbarungen bei der Beschäftigung ihrer Arbeitnehmerinnen und Arbeitnehmer bestehenden Pflichten einschließlich der Durchführung der dafür erforderlichen Prüfungen nach § 2 Abs. 1 Nr. 4 des Schwarzarbeitsbekämpfungsgesetzes durch die Behörden der Zollverwaltung sowie
6. Durchführung von Ausschlussverfahren nach den Vereinbarungen.

[2]Die Bundesagentur wird ermächtigt, durch Anordnung die gebührenpflichtigen Tatbestände zu bestimmen, für die Gebühr feste Sätze vorzusehen und den auf die Behörden der Zollverwaltung entfallenden Teil der Gebühren festzulegen und zu erheben.

(3) Der Arbeitgeber darf sich die Gebühr nach den Absätzen 1 und 2 weder ganz noch teilweise erstatten lassen.

(4) Im Übrigen sind die Vorschriften des Verwaltungskostengesetzes anzuwenden.

§ 288 Verordnungsermächtigung und Weisungsrecht. (1) Das Bundesministerium für Arbeit und Soziales kann durch Rechtsverordnung

1. Ausnahmen für die Erteilung einer Arbeitserlaubnis an Ausländerinnen und Ausländer, die keine Aufenthaltsgenehmigung besitzen,
2. Ausnahmen für die Erteilung einer Arbeitserlaubnis unabhängig von der Arbeitsmarktlage,
3. Ausnahmen für die Erteilung einer Arbeitserlaubnis an Ausländerinnen und Ausländer mit Wohnsitz oder gewöhnlichem Aufenthalt im Ausland,

4. die Voraussetzungen für die Erteilung einer Arbeitserlaubnis sowie das Erfordernis einer ärztlichen Untersuchung von Ausländerinnen und Ausländern mit Wohnsitz oder gewöhnlichem Aufenthalt im Ausland mit deren Einwilligung für eine erstmalige Beschäftigung,
5. das Nähere über Umfang und Geltungsdauer der Arbeitserlaubnis,
6. weitere Personengruppen, denen eine Arbeitsberechtigung erteilt wird, sowie die zeitliche, betriebliche, berufliche und regionale Beschränkung der Arbeitsberechtigung,
7. weitere Ausnahmen von der Genehmigungspflicht sowie
8. die Voraussetzungen für das Verfahren und die Aufhebung einer Genehmigung

näher bestimmen.

(2) Das Bundesministerium für Arbeit und Soziales kann der Bundesagentur zur Durchführung der Bestimmungen dieses Unterabschnittes und der hierzu erlassenen Rechtsverordnungen sowie der von den Organen der Europäischen Gemeinschaften erlassenen Bestimmungen über den Zugang zum Arbeitsmarkt und der zwischenstaatlichen Vereinbarungen über die Beschäftigung von Arbeitnehmerinnen und Arbeitnehmern Weisungen erteilen.

Zweiter Unterabschnitt. Beratung und Vermittlung durch Dritte

Erster Titel. Berufsberatung

§ 288a Untersagung der Berufsberatung. (1) [1]Die Agentur für Arbeit hat einer natürlichen oder juristischen Person oder Personengesellschaft, die Berufsberatung betreibt (Berufsberatende), die Ausübung dieser Tätigkeit ganz oder teilweise zu untersagen, sofern dies zum Schutz der Ratsuchenden erforderlich ist. [2]Bei einer juristischen Person oder Personengesellschaft kann auch einer von ihr für die Leitung des Betriebes bestellten Person die Ausübung der Tätigkeit ganz oder teilweise untersagt werden, sofern dies zum Schutz der Ratsuchenden erforderlich ist.

(2) [1]Im Untersagungsverfahren hat die betreffende Person auf Verlangen der Agentur für Arbeit

1. die Auskünfte zu erteilen, die zur Durchführung des Verfahrens erforderlich sind, und
2. die geschäftlichen Unterlagen vorzulegen, aus denen sich die Richtigkeit ihrer Angaben ergibt.

[2]Sie kann die Auskunft auf solche Fragen verweigern, deren Beantwortung sie selbst oder einen in § 383 Abs. 1 Nr. 1 bis 3 der Zivilprozeßordnung bezeichneten Angehörigen der Gefahr strafrechtlicher Verfolgung oder eines Verfahrens nach dem Gesetz über Ordnungswidrigkeiten aussetzen würde.

(3) [1]Soweit es zur Durchführung der Überprüfung erforderlich ist, sind die von der Agentur für Arbeit beauftragten Personen befugt, Geschäftsräume der betreffenden Person während der üblichen Geschäftszeiten zu betreten. [2]Die Person hat Maßnahmen nach Satz 1 zu dulden.

(4) Untersagt die Agentur für Arbeit die Ausübung der Berufsberatung, so hat es die weitere Ausübung dieser Tätigkeit nach den Vorschriften des Verwaltungs-Vollstreckungsgesetzes zu verhindern.

§ 289 Offenbarungspflicht. [1]Berufsberatende, die die Interessen eines Arbeitgebers oder einer Einrichtung wahrnehmen, sind verpflichtet, Ratsuchenden die Identität des Trägers oder der Einrichtung mitzuteilen; sie haben darauf hinzuweisen, dass sich die Interessenwahrnehmung auf die Beratungstätigkeit auswirken kann. [2]Die Offenbarungspflicht besteht auch, wenn Berufsberatende zu einer Einrichtung Verbindungen unterhalten, deren Kenntnis für die Ratsuchenden zur Beurteilung einer Beratung von Bedeutung sein kann.

§ 290 Vergütungen. [1]Für eine Berufsberatung dürfen Vergütungen von Ratsuchenden nur dann verlangt oder entgegengenommen werden, wenn die oder der Berufsberatende nicht zugleich eine Vermittlung von Ausbildungs- oder Arbeitsplätzen betreibt oder eine entsprechende Vermittlung in damit zusammenhängenden Geschäftsräumen betrieben wird. [2]Entgegen Satz 1 geschlossene Vereinbarungen sind unwirksam.

Zweiter Titel. Ausbildungsvermittlung und Arbeitsvermittlung

§ 291 *(aufgehoben)*

§ 292 Auslandsvermittlung, Anwerbung aus dem Ausland. Das Bundesministerium für Arbeit und Soziales kann durch Rechtsverordnung bestimmen, dass die Vermittlung für eine Beschäftigung im Ausland außerhalb der Europäischen Gemeinschaft oder eines anderen Vertragsstaates des Abkommens über den Europäischen Wirtschaftsraum sowie die Vermittlung und die Anwerbung aus diesem Ausland für eine Beschäftigung im Inland (Auslandsvermittlung) für bestimmte Berufe und Tätigkeiten nur von der Bundesagentur durchgeführt werden dürfen.

§§ 293–295 *(aufgehoben)*

§ 296 Vermittlungsvertrag zwischen Vermittlern und Arbeitsuchenden. (1) [1]Ein Vertrag, nach dem sich ein Vermittler verpflichtet, einer oder einem Arbeitsuchenden eine Arbeitsstelle zu vermitteln, bedarf der schriftlichen Form. [2]In dem Vertrag ist insbesondere die Vergütung des Vermittlers anzugeben. [3]Zu den Leistungen der Vermittlung gehören auch alle Leistungen, die zur Vorbereitung und Durchführung der Vermittlung erforderlich sind, insbesondere die Feststellung der Kenntnisse der oder des Arbeitsuchenden sowie die mit der Vermittlung verbundene Berufsberatung. [4]Der Vermittler hat der oder dem Arbeitsuchenden den Vertragsinhalt in Textform mitzuteilen.

(2) [1]Die oder der Arbeitsuchende ist zur Zahlung der Vergütung nach Absatz 3 nur verpflichtet, wenn infolge der Vermittlung des Vermittlers der Arbeitsvertrag zustande gekommen ist. [2]Der Vermittler darf keine Vorschüsse auf die Vergütungen verlangen oder entgegennehmen.

(3) [1]Die Vergütung einschließlich der darauf entfallenden gesetzlichen Umsatzsteuer darf 2 000 Euro nicht übersteigen, soweit nicht ein gültiger Aktivierungs- und Vermittlungsgutschein in einer abweichenden Höhe nach § 45 Absatz 6 Satz 4 vorgelegt wird oder durch eine Rechtsverordnung nach § 301 für bestimmte Berufe oder Personengruppen etwas anderes bestimmt ist. [2]Bei der Vermittlung von Personen in Au-pair-Verhältnisse darf die Vergütung 150 Euro nicht übersteigen.

(4) [1]Arbeitsuchende, die dem Vermittler einen Aktivierungs- und Vermittlungsgutschein vorlegen, können die Vergütung abweichend von § 266 des

Bürgerlichen Gesetzbuchs in Teilbeträgen zahlen. [2]Die Vergütung ist nach Vorlage des Aktivierungs- und Vermittlungsgutscheins bis zu dem Zeitpunkt gestundet, in dem die Agentur für Arbeit nach Maßgabe von § 45 Absatz 6 gezahlt hat.

§ 296a Vergütungen bei Ausbildungsvermittlung. [1]Für die Leistungen zur Ausbildungsvermittlung dürfen nur vom Arbeitgeber Vergütungen verlangt oder entgegengenommen werden. [2]Zu den Leistungen zur Ausbildungsvermittlung gehören auch alle Leistungen, die zur Vorbereitung und Durchführung der Vermittlung erforderlich sind, insbesondere die Feststellung der Kenntnisse der oder des Ausbildungsuchenden sowie die mit der Ausbildungsvermittlung verbundene Berufsberatung.

§ 297 Unwirksamkeit von Vereinbarungen. Unwirksam sind

1. Vereinbarungen zwischen einem Vermittler und einer oder einem Arbeitsuchenden über die Zahlung der Vergütung, wenn deren Höhe die nach § 296 Abs. 3 zulässige Höchstgrenze überschreitet, wenn Vergütungen für Leistungen verlangt oder entgegengenommen werden, die nach § 296 Abs. 1 Satz 3 zu den Leistungen der Vermittlung gehören oder wenn die erforderliche Schriftform nicht eingehalten wird und
2. Vereinbarungen zwischen einem Vermittler und einer oder einem Ausbildungsuchenden über die Zahlung einer Vergütung,
3. Vereinbarungen zwischen einem Vermittler und einem Arbeitgeber, wenn der Vermittler eine Vergütung mit einer oder einem Ausbildungsuchenden vereinbart oder von dieser oder diesem entgegennimmt, obwohl dies nicht zulässig ist, und
4. Vereinbarungen, die sicherstellen sollen, dass ein Arbeitgeber oder eine Person, die eine Ausbildung oder Arbeit sucht, sich ausschließlich eines bestimmten Vermittlers bedient.

§ 298 Behandlung von Daten. (1) [1]Vermittler dürfen Daten über zu besetzende Ausbildungs- und Arbeitsplätze und über Ausbildungsuchende sowie Arbeitnehmerinnen und Arbeitnehmer nur verarbeiten, soweit dies für die Verrichtung ihrer Vermittlungstätigkeit erforderlich ist. [2]Sind diese Daten personenbezogen oder Geschäfts- oder Betriebsgeheimnisse, dürfen sie nur verarbeitet werden, soweit die betroffene Person im Einzelfall eingewilligt hat; § 67b Absatz 2 und 3 des Zehnten Buches[1)] gilt entsprechend. [3]Übermittelt der Vermittler diese Daten im Rahmen seiner Vermittlungstätigkeit einer weiteren Person oder Einrichtung, darf diese sie nur zu dem Zweck speichern, verändern, nutzen, übermitteln oder in der Verarbeitung einschränken, zu dem sie ihr befugt übermittelt worden sind.

(2) [1]Von betroffenen Personen zur Verfügung gestellte Unterlagen sind unmittelbar nach Abschluss der Vermittlungstätigkeit zurückzugeben. [2]Die übrigen Geschäftsunterlagen des Vermittlers sind nach Abschluss der Vermittlungstätigkeit drei Jahre aufzubewahren. [3]Die Verwendung der Geschäftsunterlagen ist zur Kontrolle des Vermittlers durch die zuständigen Behörden sowie zur Wahrnehmung berechtigter Interessen des Vermittlers zulässig. [4]Personenbezogene Daten sind nach Ablauf der Aufbewahrungspflicht zu löschen. [5]Betroffene

---

[1)] Nr. **10**.

Personen können nach Abschluss der Vermittlungstätigkeit Abweichungen von den Sätzen 1, 3 und 4 gestatten; die Gestattung bedarf der Schriftform.

§§ 299, 300 *(aufgehoben)*

Dritter Titel. Verordnungsermächtigung

§ 301 Verordnungsermächtigung. Das Bundesministerium für Arbeit und Soziales wird ermächtigt, durch Rechtsverordnung zu bestimmen, dass für bestimmte Berufe oder Personengruppen Vergütungen vereinbart werden dürfen, die sich nach dem der Arbeitnehmerin oder dem Arbeitnehmer zustehenden Arbeitsentgelt bemessen.

Vierter Titel. Verordnungsermächtigung

§§ 302, 303 *(aufgehoben)*

Dritter Abschnitt. (weggefallen)

§§ 304–308 *(aufgehoben)*

Achtes Kapitel. Pflichten

Erster Abschnitt. Pflichten im Leistungsverfahren

Erster Unterabschnitt. Meldepflichten

§ 309 Allgemeine Meldepflicht. (1) [1] Arbeitslose haben sich während der Zeit, für die sie einen Anspruch auf Arbeitslosengeld erheben, bei der Agentur für Arbeit oder einer sonstigen Dienststelle der Bundesagentur persönlich zu melden oder zu einem ärztlichen oder psychologischen Untersuchungstermin zu erscheinen, wenn die Agentur für Arbeit sie dazu auffordert (allgemeine Meldepflicht). [2] Die Meldung muss bei der in der Aufforderung zur Meldung bezeichneten Stelle erfolgen. [3] Die allgemeine Meldepflicht besteht auch in Zeiten, in denen der Anspruch auf Arbeitslosengeld ruht.

(2) Die Aufforderung zur Meldung kann zum Zwecke der

1. Berufsberatung,
2. Vermittlung in Ausbildung oder Arbeit,
3. Vorbereitung aktiver Arbeitsförderungsleistungen,
4. Vorbereitung von Entscheidungen im Leistungsverfahren und
5. Prüfung des Vorliegens der Voraussetzungen für den Leistungsanspruch

erfolgen.

(3) [1] Die meldepflichtige Person hat sich zu der von der Agentur für Arbeit bestimmten Zeit zu melden. [2] Ist der Meldetermin nach Tag und Tageszeit bestimmt, so ist die meldepflichtige Person der allgemeinen Meldepflicht auch dann nachgekommen, wenn sie sich zu einer anderen Zeit am selben Tag meldet und der Zweck der Meldung erreicht wird. [3] Ist die meldepflichtige Person am Meldetermin arbeitsunfähig, so wirkt die Meldeaufforderung auf den ersten Tag der Arbeitsfähigkeit fort, wenn die Agentur für Arbeit dies in der Meldeaufforderung bestimmt.

(4) Die notwendigen Reisekosten, die der meldepflichtigen Person und einer erforderlichen Begleitperson aus Anlaß der Meldung entstehen, können auf Antrag übernommen werden, soweit sie nicht bereits nach anderen Vor-

schriften oder auf Grund anderer Vorschriften dieses Buches übernommen werden können.

§ 310 Meldepflicht bei Wechsel der Zuständigkeit. Wird für die Arbeitslose oder den Arbeitslosen nach der Arbeitslosmeldung eine andere Agentur für Arbeit zuständig, hat sie oder er sich bei der nunmehr zuständigen Agentur für Arbeit unverzüglich zu melden.

Zweiter Unterabschnitt. Anzeige- und Bescheinigungspflichten

§ 311 Anzeige- und Bescheinigungspflicht bei Arbeitsunfähigkeit. [1]Wer Arbeitslosengeld oder Übergangsgeld beantragt hat oder bezieht, ist verpflichtet, der Agentur für Arbeit

1. eine eingetretene Arbeitsunfähigkeit und deren voraussichtliche Dauer unverzüglich anzuzeigen und
2. spätestens vor Ablauf des dritten Kalendertages nach Eintritt der Arbeitsunfähigkeit eine ärztliche Bescheinigung über die Arbeitsunfähigkeit und deren voraussichtliche Dauer vorzulegen.

[2]Die Agentur für Arbeit ist berechtigt, die Vorlage der ärztlichen Bescheinigung früher zu verlangen. [3]Dauert die Arbeitsunfähigkeit länger als in der Bescheinigung angegeben, so ist der Agentur für Arbeit eine neue ärztliche Bescheinigung vorzulegen. [4]Die Bescheinigungen müssen einen Vermerk der behandelnden Ärztin oder des behandelnden Arztes darüber enthalten, daß dem Träger der Krankenversicherung unverzüglich eine Bescheinigung über die Arbeitsunfähigkeit mit Angaben über den Befund und die voraussichtliche Dauer der Arbeitsunfähigkeit übersandt wird.

§ 312 Arbeitsbescheinigung. (1) [1]Der Arbeitgeber hat auf Verlangen der Arbeitnehmerin oder des Arbeitnehmers oder auf Verlangen der Bundesagentur alle Tatsachen zu bescheinigen, die für die Entscheidung über den Anspruch auf Arbeitslosengeld oder Übergangsgeld erheblich sein können (Arbeitsbescheinigung); dabei hat er den von der Bundesagentur hierfür vorgesehenen Vordruck zu benutzen. [2]In der Arbeitsbescheinigung sind insbesondere

1. die Art der Tätigkeit der Arbeitnehmerin oder des Arbeitnehmers,
2. Beginn, Ende, Unterbrechung und Grund für die Beendigung des Beschäftigungsverhältnisses und
3. das Arbeitsentgelt und die sonstigen Geldleistungen, die die Arbeitnehmerin oder der Arbeitnehmer erhalten oder zu beanspruchen hat,

anzugeben. [3]Die Arbeitsbescheinigung ist der Arbeitnehmerin oder dem Arbeitnehmer vom Arbeitgeber auszuhändigen.

(2) [1]Macht der Arbeitgeber geltend, die Arbeitslosigkeit sei die Folge eines Arbeitskampfes, so hat er dies darzulegen, glaubhaft zu machen und eine Stellungnahme der Betriebsvertretung beizufügen. [2]Der Arbeitgeber hat der Betriebsvertretung die für die Stellungnahme erforderlichen Angaben zu machen.

(3) Für Zwischenmeisterinnen, Zwischenmeister und andere Auftraggeber von Heimarbeiterinnen und Heimarbeitern sowie für Leistungsträger, Unternehmen und Stellen, die Beiträge nach diesem Buch für Bezieherinnen und Bezieher von Sozialleistungen, Krankentagegeld oder Leistungen für den Aus-

fall von Arbeitseinkünften im Zusammenhang mit einer nach den §§ 8 und 8a des Transplantationsgesetzes erfolgenden Spende von Organen oder Geweben oder im Zusammenhang mit einer im Sinne von § 9 des Transfusionsgesetzes erfolgenden Spende von Blut zur Separation von Blutstammzellen oder anderen Blutbestandteilen zu entrichten haben, gelten die Absätze 1 und 2 entsprechend.

(4) Nach Beendigung des Vollzuges einer Untersuchungshaft, Freiheitsstrafe, Jugendstrafe oder freiheitsentziehenden Maßregel der Besserung und Sicherung oder einer einstweiligen Unterbringung nach § 126a der Strafprozeßordnung hat die Vollzugsanstalt der oder dem Entlassenen eine Bescheinigung über die Zeiten auszustellen, in denen sie oder er innerhalb der letzten sieben Jahre vor der Entlassung als Gefangene oder Gefangener versicherungspflichtig war.

§ 312a Arbeitsbescheinigung für Zwecke des über- und zwischenstaatlichen Rechts. (1) [1]Der Arbeitgeber hat auf Verlangen der Bundesagentur alle Tatsachen zu bescheinigen, deren Kenntnis für die Entscheidung über einen Anspruch auf Leistungen bei Arbeitslosigkeit eines von der Verordnung erfassten Staates notwendig ist und zu deren Bescheinigung die Bundesagentur nach Artikel 54 der Verordnung (EG) Nr. 987/2009 des Europäischen Parlaments und des Rates vom 16. September 2009 zur Festlegung der Modalitäten für die Durchführung der Verordnung (EG) Nr. 883/2004 über die Koordinierung der Systeme der sozialen Sicherheit (ABl. L 284 vom 30.10. 2009, S. 1) verpflichtet ist. [2]Der Arbeitgeber hat dabei den von der Bundesagentur hierfür vorgesehenen Vordruck zu benutzen. [3]Die Sätze 1 und 2 gelten entsprechend für Bescheinigungspflichten der Bundesagentur gegenüber einem ausländischen Träger nach anderen Regelungen des über- oder zwischenstaatlichen Rechts. [4]Die Bescheinigungspflichten umfassen nur Daten, zu deren Aufbewahrung der Arbeitgeber nach deutschen Rechtsvorschriften verpflichtet ist.

(2) Die Bescheinigungspflicht gilt auch in den Fällen des § 312 Absatz 3 und 4.

§ 313 Nebeneinkommensbescheinigung. (1) [1]Wer eine Person, die Berufsausbildungsbeihilfe, Ausbildungsgeld, Arbeitslosengeld oder Übergangsgeld (laufende Geldleistungen) beantragt hat oder bezieht, gegen Arbeitsentgelt beschäftigt oder dieser Person gegen Vergütung eine selbständige Tätigkeit überträgt, ist verpflichtet, dieser Person unverzüglich Art und Dauer der Beschäftigung oder der selbständigen Tätigkeit sowie die Höhe des Arbeitsentgelts oder der Vergütung für die Zeiten zu bescheinigen, für die diese Leistung beantragt worden ist oder bezogen wird. [2]Dabei ist der von der Bundesagentur vorgesehene Vordruck zu benutzen. [3]Die Bescheinigung über das Nebeneinkommen ist der Bezieherin oder dem Bezieher der Leistung vom Dienstberechtigten oder Besteller unverzüglich auszuhändigen.

(2) Wer eine laufende Geldleistung beantragt hat oder bezieht und Dienst- oder Werkleistungen gegen Vergütung erbringt, ist verpflichtet, dem Dienstberechtigten oder Besteller den für die Bescheinigung des Arbeitsentgelts oder der Vergütung vorgeschriebenen Vordruck unverzüglich vorzulegen.

(3) Die Absätze 1 und 2 gelten für Personen, die Kurzarbeitergeld beziehen oder für die Kurzarbeitergeld beantragt worden ist, entsprechend.

§ 313a Elektronische Bescheinigung. [1] Die Bescheinigungen nach den §§ 312, 312a und 313 können von dem Bescheinigungspflichtigen der Bundesagentur elektronisch unter den Voraussetzungen des § 108 Absatz 1 des Vierten Buches[1)] übermittelt werden, es sei denn, dass die Person, für die eine Bescheinigung nach den §§ 312 oder 313 auszustellen ist, der Übermittlung widerspricht. [2] Die Person, für die die Bescheinigung auszustellen ist, ist von dem Bescheinigungspflichtigen in allgemeiner Form schriftlich auf das Widerspruchsrecht hinzuweisen. [3] § 312 Absatz 1 Satz 3 und § 313 Absatz 1 Satz 3 finden keine Anwendung; die Bundesagentur hat der Person, für die eine Bescheinigung nach den §§ 312 oder 313 elektronisch übermittelt worden ist, unverzüglich einen Ausdruck der Daten zuzuleiten.

§ 314 Insolvenzgeldbescheinigung. (1) [1] Die Insolvenzverwalterin oder der Insolvenzverwalter hat auf Verlangen der Agentur für Arbeit für jede Arbeitnehmerin und jeden Arbeitnehmer, für die oder den ein Anspruch auf Insolvenzgeld in Betracht kommt, Folgendes zu bescheinigen:

1. die Höhe des Arbeitsentgelts für die letzten drei Monate des Arbeitsverhältnisses, die der Eröffnung des Insolvenzverfahrens vorausgegangen sind, sowie
2. die Höhe der gesetzlichen Abzüge und derjenigen Leistungen, die zur Erfüllung der Ansprüche auf Arbeitsentgelt erbracht worden sind.

[2] Das Gleiche gilt hinsichtlich der Höhe von Entgeltteilen, die gemäß § 1 Abs. 2 Nr. 3 des Betriebsrentengesetzes umgewandelt und vom Arbeitgeber nicht an den Versorgungsträger abgeführt worden sind. [3] Dabei ist anzugeben, ob der Entgeltteil in einem Pensionsfonds, in einer Pensionskasse oder in einer Direktversicherung angelegt und welcher Versorgungsträger für die betriebliche Altersversorgung gewählt worden ist. [4] Es ist auch zu bescheinigen, inwieweit die Ansprüche auf Arbeitsentgelt gepfändet, verpfändet oder abgetreten sind. [5] Dabei ist der von der Bundesagentur vorgesehene Vordruck zu benutzen. [6] Wird die Insolvenzgeldbescheinigung durch die Insolvenzverwalterin oder den Insolvenzverwalter nach § 36a des Ersten Buches[2)] übermittelt, sind zusätzlich die Anschrift und die Daten des Überweisungsweges mitzuteilen.

(2) [1] In den Fällen, in denen ein Insolvenzverfahren nicht eröffnet wird oder nach § 207 der Insolvenzordnung eingestellt worden ist, sind die Pflichten der Insolvenzverwalterin oder des Insolvenzverwalters vom Arbeitgeber zu erfüllen. [2] Satz 1 gilt entsprechend in den Fällen, in denen eine Eigenverwaltung nach § 270 Absatz 1 Satz 1 der Insolvenzordnung angeordnet worden ist.

Dritter Unterabschnitt. Auskunfts-, Mitwirkungs- und Duldungspflichten

§ 315 Allgemeine Auskunftspflicht Dritter. (1) Wer einer Person, die eine laufende Geldleistung beantragt hat oder bezieht, Leistungen erbringt, die geeignet sind, die laufende Geldleistung auszuschließen oder zu mindern, hat der Agentur für Arbeit auf Verlangen hierüber Auskunft zu erteilen, soweit es zur Durchführung der Aufgaben nach diesem Buch erforderlich ist.

(2) [1] Wer einer Person, die eine laufende Geldleistung beantragt hat oder bezieht, zu Leistungen verpflichtet ist, die geeignet sind, die laufende Geldleistung auszuschließen oder zu mindern, oder für diese Person Guthaben führt

---

[1)] Nr. 4.
[2)] Nr. 1.

oder Vermögensgegenstände verwahrt, hat der Agentur für Arbeit auf Verlangen hierüber sowie über das Einkommen oder Vermögen dieser Person Auskunft zu erteilen, soweit es zur Durchführung der Aufgaben nach diesem Buch erforderlich ist. [2] § 21 Abs. 3 Satz 4 des Zehnten Buches[1)] gilt entsprechend. [3] Für die Feststellung einer Unterhaltsverpflichtung ist § 1605 Abs. 1 des Bürgerlichen Gesetzbuchs anzuwenden.

(3) Wer eine Person beschäftigt, die

1. selbst oder deren Ehegattin, Ehegatte, Lebenspartnerin oder Lebenspartner eine laufende Geldleistung beantragt hat oder bezieht oder
2. nach Absatz 2 zur Auskunft verpflichtet ist,

hat der Agentur für Arbeit auf Verlangen über die Beschäftigung, insbesondere über das Arbeitsentgelt, Auskunft zu erteilen, soweit es zur Durchführung der Aufgaben nach diesem Buch erforderlich ist.

(4) Die Absätze 1 bis 3 gelten entsprechend, wenn jemand anstelle einer laufenden Geldleistung Kurzarbeitergeld bezieht oder für ihn Kurzarbeitergeld beantragt worden ist.

(5) [1] Sind bei einer Bedürftigkeitsprüfung Einkommen oder Vermögen der Ehegattin oder des Ehegatten, der Lebenspartnerin oder des Lebenspartners oder der Partnerin oder des Partners einer eheähnlichen Gemeinschaft zu berücksichtigen, hat diese oder dieser der Agentur für Arbeit auf Verlangen hierüber Auskunft zu erteilen, soweit es zur Durchführung der Vorschriften dieses Buches erforderlich ist. [2] Haben die Ehegattin oder der Ehegatte, die Lebenspartnerin oder der Lebenspartner oder die Partnerin oder der Partner einer eheähnlichen Gemeinschaft Dritte beauftragt, für diese oder diesen das Guthaben zu führen oder Vermögensgegenstände zu verwahren, haben sie entsprechend Auskunft zu erteilen. [3] § 21 Absatz 3 Satz 4 des Zehnten Buches gilt entsprechend.

§ 316 Auskunftspflicht bei Leistung von Insolvenzgeld. (1) Der Arbeitgeber, die Insolvenzverwalterin oder der Insolvenzverwalter, die Arbeitnehmerinnen oder Arbeitnehmer sowie sonstige Personen, die Einblick in die Arbeitsentgeltunterlagen hatten, sind verpflichtet, der Agentur für Arbeit auf Verlangen alle Auskünfte zu erteilen, die für die Durchführung der §§ 165 bis 171, 175, 320 Absatz 2, des § 327 Absatz 3 erforderlich sind.

(2) Der Arbeitgeber, die Arbeitnehmerinnen und Arbeitnehmer sowie sonstige Personen, die Einblick in die Arbeitsunterlagen hatten, sind verpflichtet, der Insolvenzverwalterin oder dem Insolvenzverwalter auf Verlangen alle Auskünfte zu erteilen, die diese oder dieser für die Insolvenzgeldbescheinigung nach § 314 benötigt.

§ 317 Auskunftspflicht bei Kurzarbeitergeld und Wintergeld. Wer Kurzarbeitergeld oder Wintergeld bezieht oder für wen diese Leistungen beantragt worden sind, hat dem zur Errechnung und Auszahlung der Leistungen Verpflichteten auf Verlangen die erforderlichen Auskünfte zu erteilen.

§ 318 Auskunftspflicht bei Maßnahmen der beruflichen Aus- oder Weiterbildung, Leistungen zur Teilhabe am Arbeitsleben zur Aktivierung und beruflichen Eingliederung. (1) [1] Arbeitgeber und Träger, bei

---

[1)] Nr. **10**.

denen eine Maßnahme der beruflichen Aus- und Weiterbildung, eine Leistung zur Teilhabe am Arbeitsleben oder eine Maßnahme nach § 45 durchgeführt wurde oder wird, haben der Agentur für Arbeit unverzüglich Auskünfte über Tatsachen zu erteilen, die Aufschluss darüber geben, ob und inwieweit Leistungen zu Recht erbracht worden sind oder werden. [2] Sie haben Änderungen, die für die Leistungen erheblich sind, unverzüglich der Agentur für Arbeit mitzuteilen.

(2) [1] Personen, die bei Teilnahme an Maßnahmen der beruflichen Aus- oder Weiterbildung, der Teilhabe am Arbeitsleben oder einer Maßnahme nach § 45 gefördert werden oder gefördert worden sind, sind verpflichtet,

1. der Agentur für Arbeit oder dem Träger der Maßnahme auf Verlangen Auskunft über den Eingliederungserfolg der Maßnahme sowie alle weiteren Auskünfte zu erteilen, die zur Qualitätsprüfung nach § 183 benötigt werden, und
2. eine Beurteilung ihrer Leistung und ihres Verhaltens durch den Träger zuzulassen.

[2] Träger sind verpflichtet,

1. ihre Beurteilungen der Teilnehmerin oder des Teilnehmers unverzüglich der Agentur für Arbeit zu übermitteln,
2. der für die einzelne Teilnehmerin oder den einzelnen Teilnehmer zuständigen Agentur für Arbeit kalendermonatlich die Fehltage der Teilnehmerin oder des Teilnehmers sowie die Gründe für die Fehltage mitzuteilen; dabei haben sie den von der Bundesagentur vorgesehenen Vordruck zu benutzen.

§ 319 Mitwirkungs- und Duldungspflichten. (1) [1] Wer eine Leistung der Arbeitsförderung beantragt, bezogen hat oder bezieht oder wer jemanden, bei dem dies der Fall ist oder für den eine Leistung beantragt wurde, beschäftigt oder mit Arbeiten beauftragt, hat der Bundesagentur, soweit dies zur Durchführung der Aufgaben nach diesem Buch erforderlich ist, Einsicht in Lohn-, Meldeunterlagen, Bücher und andere Geschäftsunterlagen und Aufzeichnungen und während der Geschäftszeit Zutritt zu seinen Grundstücken und Geschäftsräumen zu gewähren. [2] Werden die Unterlagen nach Satz 1 bei einem Dritten verwahrt, ist die Bundesagentur zur Durchführung der Aufgaben nach diesem Buch berechtigt, auch dessen Grundstücke und Geschäftsräume während der Geschäftszeit zu betreten und Einsicht in diese Unterlagen zu nehmen.

(2) [1] In automatisierten Dateisystemen gespeicherte Daten hat der Arbeitgeber auf Verlangen und auf Kosten der Agenturen für Arbeit auszusondern und auf maschinenverwertbaren Datenträgern oder in Listen zur Verfügung zu stellen. [2] Der Arbeitgeber darf maschinenverwertbare Datenträger oder Datenlisten, die die erforderlichen Daten enthalten, ungesondert zur Verfügung stellen, wenn die Aussonderung mit einem unverhältnismäßigen Aufwand verbunden wäre und überwiegende schutzwürdige Interessen der Betroffenen nicht entgegenstehen. [3] In diesem Fall haben die Agenturen für Arbeit die erforderlichen Daten auszusondern. [4] Die übrigen Daten dürfen darüber hinaus nicht verarbeitet werden. [5] Sind die zur Verfügung gestellten Datenträger oder Datenlisten zur Durchführung der Aufgaben nach diesem Buch nicht mehr erforderlich, sind sie unverzüglich zu vernichten oder auf Verlangen des Arbeitgebers zurückzugeben.

Vierter Unterabschnitt. Sonstige Pflichten

§ 320 Berechnungs-, Auszahlungs-, Aufzeichnungs- und Anzeigepflichten. (1) [1] Der Arbeitgeber hat der Agentur für Arbeit auf Verlangen die Voraussetzungen für die Erbringung von Kurzarbeitergeld und Wintergeld nachzuweisen. [2] Er hat diese Leistungen kostenlos zu errechnen und auszuzahlen. [3] Dabei hat er beim Kurzarbeitergeld von den Lohnsteuerabzugsmerkmalen in dem maßgeblichen Antragszeitraum auszugehen; auf Grund einer Bescheinigung der für die Arbeitnehmerin oder den Arbeitnehmer zuständigen Agentur für Arbeit hat er den erhöhten Leistungssatz auch anzuwenden, wenn für ein Kind ein Kinderfreibetrag nicht als Lohnsteuerabzugsmerkmal gebildet ist.

(2) [1] Die Insolvenzverwalterin oder der Insolvenzverwalter hat auf Verlangen der Agentur für Arbeit das Insolvenzgeld zu errechnen und auszuzahlen, wenn ihr oder ihm dafür geeignete Arbeitnehmerinnen oder Arbeitnehmer des Betriebs zur Verfügung stehen und die Agentur für Arbeit die Mittel für die Auszahlung des Insolvenzgeldes bereitstellt. [2] Kosten werden nicht erstattet.

(3) [1] Arbeitgeber, in deren Betrieben Wintergeld geleistet wird, haben für jeden Arbeitstag während der Dauer der beantragten Förderung Aufzeichnungen über die im Betrieb oder auf der Baustelle geleisteten sowie die ausgefallenen Arbeitsstunden zu führen. [2] Arbeitgeber, in deren Betrieben Saison-Kurzarbeitergeld geleistet wird, haben diese Aufzeichnungen für jeden Arbeitstag während der Schlechtwetterzeit zu führen. [3] Die Aufzeichnungen nach Satz 1 und 2 sind vier Jahre aufzubewahren.

(4) *(aufgehoben)*

(4a) [1] Der Arbeitgeber hat der Agentur für Arbeit die Voraussetzungen für die Erbringung von Leistungen zur Förderung der Teilnahme an Transfermaßnahmen nachzuweisen. [2] Auf Anforderung der Agentur für Arbeit hat der Arbeitgeber das Ergebnis von Maßnahmen zur Feststellung der Eingliederungsaussichten mitzuteilen.

(5) [1] Arbeitgeber, in deren Betrieben ein Arbeitskampf stattfindet, haben bei dessen Ausbruch und Beendigung der Agentur für Arbeit unverzüglich Anzeige zu erstatten. [2] Die Anzeige bei Ausbruch des Arbeitskampfes muß Name und Anschrift des Betriebes, Datum des Beginns der Arbeitseinstellung und Zahl der betroffenen Arbeitnehmerinnen und Arbeitnehmer enthalten. [3] Die Anzeige bei Beendigung des Arbeitskampfes muß außer Name und Anschrift des Betriebes das Datum der Beendigung der Arbeitseinstellung, die Zahl der an den einzelnen Tagen betroffenen Arbeitnehmerinnen und Arbeitnehmer sowie die Zahl der durch Arbeitseinstellung ausgefallenen Arbeitstage enthalten.

Zweiter Abschnitt. Schadensersatz bei Pflichtverletzungen

§ 321 Schadensersatz. Wer vorsätzlich oder fahrlässig

1. eine Arbeitsbescheinigung nach § 312, eine Nebeneinkommensbescheinigung nach § 313 oder eine Insolvenzgeldbescheinigung nach § 314 nicht, nicht richtig oder nicht vollständig ausfüllt,
2. eine Auskunft auf Grund der allgemeinen Auskunftspflicht Dritter nach § 315, der Auskunftspflicht bei beruflicher Aus- und Weiterbildung und bei einer Leistung zur Teilhabe am Arbeitsleben nach § 318 oder der Auskunftspflicht bei Leistung von Insolvenzgeld nach § 316 nicht, nicht richtig oder nicht vollständig erteilt,

3. als Arbeitgeber seine Berechnungs-, Auszahlungs-, Aufzeichnungs- und Mitteilungspflichten bei Kurzarbeitergeld, Wintergeld und Leistungen zur Förderung von Transfermaßnahmen nach § 320 Abs. 1 Satz 2 und 3, Abs. 3 und 4a nicht erfüllt,

3a. als Arbeitgeber Leistungen zur Förderung nach § 82 Absatz 6 Satz 3 nicht, nicht richtig, nicht vollständig oder nicht rechtzeitig an die Arbeitnehmerinnen und Arbeitnehmer und den Träger der Maßnahme weiterleitet,

4. als Insolvenzverwalterin oder Insolvenzverwalter die Verpflichtung zur Errechnung und Auszahlung des Insolvenzgeldes nach § 320 Abs. 2 Satz 1 nicht erfüllt,

ist der Bundesagentur zum Ersatz des daraus entstandenen Schadens verpflichtet.

Dritter Abschnitt. Verordnungsermächtigung und Anordnungsermächtigung

§ 321a Verordnungsermächtigung. Das Bundesministerium für Arbeit und Soziales wird ermächtigt, durch Rechtsverordnung mit Zustimmung des Bundesrates das Nähere über Art und Umfang der Pflichten nach dem Zweiten bis Vierten Unterabschnitt des Ersten Abschnitts sowie dem Zweiten Abschnitt dieses Kapitels einschließlich des zu beachtenden Verfahrens und der einzuhaltenden Fristen zu bestimmen.

§ 322 Anordnungsermächtigung. [1] Die Bundesagentur wird ermächtigt, durch Anordnung Näheres über die Meldepflicht der Arbeitslosen zu bestimmen. [2] Sie kann auch bestimmen, inwieweit Einrichtungen außerhalb der Bundesagentur auf ihren Antrag zur Entgegennahme der Meldung zuzulassen sind.

Neuntes Kapitel. Gemeinsame Vorschriften für Leistungen

Erster Abschnitt. Antrag und Fristen

§ 323 Antragserfordernis. (1) [1] Leistungen der Arbeitsförderung werden auf Antrag erbracht. [2] Arbeitslosengeld gilt mit der ***[bis 31.12.2021:** persönlichen**]*** Arbeitslosmeldung als beantragt, wenn die oder der Arbeitslose keine andere Erklärung abgibt. [3] Leistungen der aktiven Arbeitsförderung können auch von Amts wegen erbracht werden, wenn die Berechtigten zustimmen. [4] Die Zustimmung gilt insoweit als Antrag.

(2) [1] Kurzarbeitergeld, Leistungen zur Förderung der Teilnahme an Transfermaßnahmen und ergänzende Leistungen nach § 102 sind vom Arbeitgeber schriftlich oder elektronisch unter Beifügung einer Stellungnahme der Betriebsvertretung zu beantragen. [2] Der Antrag kann auch von der Betriebsvertretung gestellt werden. [3] Für den Antrag des Arbeitgebers auf Erstattung der Sozialversicherungsbeiträge und Lehrgangskosten für die Bezieherinnen und Bezieher von Kurzarbeitergeld gilt Satz 1 entsprechend mit der Maßgabe, dass die Erstattung ohne Stellungnahme des Betriebsrates beantragt werden kann. [4] Mit einem Antrag auf Saison-Kurzarbeitergeld oder ergänzende Leistungen nach § 102 sind die Namen, Anschriften und Sozialversicherungsnummern der Arbeitnehmerinnen und Arbeitnehmer mitzuteilen, für die die Leistung beantragt wird. [5] Saison-Kurzarbeitergeld oder ergänzende Leistungen nach § 102

sollen bis zum 15. des Monats beantragt werden, der dem Monat folgt, in dem die Tage liegen, für die die Leistungen beantragt werden.

§ 324 Antrag vor Leistung. (1) [1] Leistungen der Arbeitsförderung werden nur erbracht, wenn sie vor Eintritt des leistungsbegründenden Ereignisses beantragt worden sind. [2] Zur Vermeidung unbilliger Härten kann die Agentur für Arbeit eine verspätete Antragstellung zulassen.

(2) [1] Berufsausbildungsbeihilfe, Ausbildungsgeld und Arbeitslosengeld können auch nachträglich beantragt werden. [2] Kurzarbeitergeld, die Erstattung der Sozialversicherungsbeiträge und Lehrgangskosten für die Bezieherinnen und Bezieher von Kurzarbeitergeld und ergänzende Leistungen nach § 102 sind nachträglich zu beantragen.

(3) [1] Insolvenzgeld ist abweichend von Absatz 1 Satz 1 innerhalb einer Ausschlußfrist von zwei Monaten nach dem Insolvenzereignis zu beantragen. [2] Wurde die Frist aus nicht selbst zu vertretenden Gründen versäumt, wird Insolvenzgeld geleistet, wenn der Antrag innerhalb von zwei Monaten nach Wegfall des Hinderungsgrundes gestellt worden ist. [3] Ein selbst zu vertretender Grund liegt vor, wenn sich Arbeitnehmerinnen und Arbeitnehmer nicht mit der erforderlichen Sorgfalt um die Durchsetzung ihrer Ansprüche bemüht haben.

§ 325 Wirkung des Antrages. (1) Berufsausbildungsbeihilfe und Ausbildungsgeld werden rückwirkend längstens vom Beginn des Monats an geleistet, in dem die Leistungen beantragt worden sind.

(2) [1] Arbeitslosengeld wird nicht rückwirkend geleistet. [2] Ist die zuständige Agentur für Arbeit an einem Tag, an dem die oder der Arbeitslose Arbeitslosengeld beantragen will, nicht dienstbereit, so wirkt ein Antrag auf Arbeitslosengeld in gleicher Weise wie eine ***[bis 31.12.2021:** persönliche**]*** Arbeitslosmeldung zurück.

(3) Kurzarbeitergeld, die Erstattung von Sozialversicherungsbeiträgen und Lehrgangskosten für Bezieherinnen und Bezieher von Kurzarbeitergeld und ergänzende Leistungen nach § 102 sind für den jeweiligen Kalendermonat innerhalb einer Ausschlussfrist von drei Kalendermonaten zu beantragen; die Frist beginnt mit Ablauf des Monats, in dem die Tage liegen, für die die Leistungen beantragt werden.

(4) *(aufgehoben)*

(5) Leistungen zur Förderung der Teilnahme an Transfermaßnahmen sind innerhalb einer Ausschlussfrist von drei Monaten nach Ende der Maßnahme zu beantragen.

§ 326 Ausschlußfrist für Gesamtabrechnung. (1) [1] Für Leistungen an Träger hat der Träger der Maßnahme der Agentur für Arbeit innerhalb einer Ausschlußfrist von sechs Monaten die Unterlagen vorzulegen, die für eine abschließende Entscheidung über den Umfang der zu erbringenden Leistungen erforderlich sind (Gesamtabrechnung). [2] Die Frist beginnt mit Ablauf des Kalendermonats, in dem die Maßnahme beendet worden ist.

(2) Erfolgt die Gesamtabrechnung nicht rechtzeitig, sind die erbrachten Leistungen von dem Träger in dem Umfang zu erstatten, in dem die Voraussetzungen für die Leistungen nicht nachgewiesen worden sind.

Zweiter Abschnitt. Zuständigkeit

§ 327 Grundsatz. (1) [1] Für Leistungen an Arbeitnehmerinnen und Arbeitnehmer, mit Ausnahme des Kurzarbeitergeldes, des Wintergeldes, des Insolvenzgeldes und der Leistungen zur Förderung der Teilnahme an Transfermaßnahmen, ist die Agentur für Arbeit zuständig, in deren Bezirk die Arbeitnehmerin oder der Arbeitnehmer bei Eintritt der leistungsbegründenden Tatbestände ihren oder seinen Wohnsitz hat. [2] Solange die Arbeitnehmerin oder der Arbeitnehmer sich nicht an ihrem oder seinem Wohnsitz aufhält, ist die Agentur für Arbeit zuständig, in deren Bezirk die Arbeitnehmerin oder der Arbeitnehmer bei Eintritt der leistungsbegründenden Tatbestände ihren oder seinen gewöhnlichen Aufenthalt hat.

(2) Auf Antrag der oder des Arbeitslosen hat die Agentur für Arbeit eine andere Agentur für Arbeit für zuständig zu erklären, wenn nach der Arbeitsmarktlage keine Bedenken entgegenstehen oder die Ablehnung für die Arbeitslose oder den Arbeitslosen eine unbillige Härte bedeuten würde.

(3) [1] Für Kurzarbeitergeld, die Erstattung der Sozialversicherungsbeiträge und Lehrgangskosten für die Bezieherinnen und Bezieher von Kurzarbeitergeld, ergänzende Leistungen nach § 102 und Insolvenzgeld ist die Agentur für Arbeit zuständig, in deren Bezirk die für den Arbeitgeber zuständige Lohnabrechnungsstelle liegt. [2] Für Insolvenzgeld ist, wenn der Arbeitgeber im Inland keine Lohnabrechnungsstelle hat, die Agentur für Arbeit zuständig, in deren Bezirk das Insolvenzgericht seinen Sitz hat. [3] Für Leistungen zur Förderung der Teilnahme an Transfermaßnahmen ist die Agentur für Arbeit zuständig, in deren Bezirk der Betrieb des Arbeitgebers liegt.

(4) Für Leistungen an Arbeitgeber, mit Ausnahme der Erstattung von Beiträgen zur Sozialversicherung für Personen, die Saison-Kurzarbeitergeld beziehen, ist die Agentur für Arbeit zuständig, in deren Bezirk der Betrieb des Arbeitgebers liegt.

(5) Für Leistungen an Träger ist die Agentur für Arbeit zuständig, in deren Bezirk das Projekt oder die Maßnahme durchgeführt wird.

(6) Die Bundesagentur kann die Zuständigkeit abweichend von den Absätzen 1 bis 5 auf andere Dienststellen übertragen.

Dritter Abschnitt. Leistungsverfahren in Sonderfällen

§ 328 Vorläufige Entscheidung. (1) [1] Über die Erbringung von Geldleistungen kann vorläufig entschieden werden, wenn

1. die Vereinbarkeit einer Vorschrift dieses Buches, von der die Entscheidung über den Antrag abhängt, mit höherrangigem Recht Gegenstand eines Verfahrens bei dem Bundesverfassungsgericht oder dem Gerichtshof der Europäischen Gemeinschaften ist,
2. eine entscheidungserhebliche Rechtsfrage von grundsätzlicher Bedeutung Gegenstand eines Verfahrens beim Bundessozialgericht ist oder
3. zur Feststellung der Voraussetzungen des Anspruchs einer Arbeitnehmerin oder eines Arbeitnehmers auf Geldleistungen voraussichtlich längere Zeit erforderlich ist, die Voraussetzungen für den Anspruch mit hinreichender Wahrscheinlichkeit vorliegen und die Arbeitnehmerin oder der Arbeitnehmer die Umstände, die einer sofortigen abschließenden Entscheidung entgegenstehen, nicht zu vertreten hat.

[2] Umfang und Grund der Vorläufigkeit sind anzugeben. [3] In den Fällen des Satzes 1 Nr. 3 ist auf Antrag vorläufig zu entscheiden.

(2) Eine vorläufige Entscheidung ist nur auf Antrag der berechtigten Person für endgültig zu erklären, wenn sie nicht aufzuheben oder zu ändern ist.

(3) [1] Auf Grund der vorläufigen Entscheidung erbrachte Leistungen sind auf die zustehende Leistung anzurechnen. [2] Soweit mit der abschließenden Entscheidung ein Leistungsanspruch nicht oder nur in geringerer Höhe zuerkannt wird, sind auf Grund der vorläufigen Entscheidung erbrachte Leistungen zu erstatten; auf Grund einer vorläufigen Entscheidung erbrachtes Kurzarbeitergeld und Wintergeld ist vom Arbeitgeber zurückzuzahlen.

(4) Absatz 1 Satz 1 Nr. 3 und Satz 2 und 3, Absatz 2 sowie Absatz 3 Satz 1 und 2 sind für die Erstattung von Arbeitgeberbeiträgen zur Sozialversicherung entsprechend anwendbar.

§ 329 Einkommensberechnung in besonderen Fällen. Die Agentur für Arbeit kann das zu berücksichtigende Einkommen nach Anhörung der oder des Leistungsberechtigten schätzen, soweit Einkommen nur für kurze Zeit zu berücksichtigen ist.

§ 330 Sonderregelungen für die Aufhebung von Verwaltungsakten.

(1) Liegen die in § 44 Abs. 1 Satz 1 des Zehnten Buches[1)] genannten Voraussetzungen für die Rücknahme eines rechtswidrigen nicht begünstigenden Verwaltungsaktes vor, weil er auf einer Rechtsnorm beruht, die nach Erlaß des Verwaltungsaktes für nichtig oder für unvereinbar mit dem Grundgesetz erklärt oder in ständiger Rechtsprechung anders als durch die Agentur für Arbeit ausgelegt worden ist, so ist der Verwaltungsakt, wenn er unanfechtbar geworden ist, nur mit Wirkung für die Zeit nach der Entscheidung des Bundesverfassungsgerichts oder ab dem Bestehen der ständigen Rechtsprechung zurückzunehmen.

(2) Liegen die in § 45 Abs. 2 Satz 3 des Zehnten Buches genannten Voraussetzungen für die Rücknahme eines rechtswidrigen begünstigenden Verwaltungsaktes vor, ist dieser auch mit Wirkung für die Vergangenheit zurückzunehmen.

(3) [1] Liegen die in § 48 Abs. 1 Satz 2 des Zehnten Buches genannten Voraussetzungen für die Aufhebung eines Verwaltungsaktes mit Dauerwirkung vor, ist dieser mit Wirkung vom Zeitpunkt der Änderung der Verhältnisse aufzuheben. [2] Abweichend von § 48 Abs. 1 Satz 1 des Zehnten Buches ist mit Wirkung vom Zeitpunkt der Änderung der Verhältnisse an ein Verwaltungsakt auch aufzuheben, soweit sich das Bemessungsentgelt auf Grund einer Absenkung nach § 200 Abs. 3 zu Ungunsten der Betroffenen oder des Betroffenen ändert.

(4) Liegen die Voraussetzungen für die Rücknahme eines Verwaltungsaktes vor, mit dem ein Anspruch auf Erstattung des Arbeitslosengeldes durch Arbeitgeber geltend gemacht wird, ist dieser mit Wirkung für die Vergangenheit zurückzunehmen.

§ 331 Vorläufige Zahlungseinstellung. (1) [1] Die Agentur für Arbeit kann die Zahlung einer laufenden Leistung ohne Erteilung eines Bescheides vorläufig einstellen, wenn sie Kenntnis von Tatsachen erhält, die kraft Gesetzes zum

---

1) Nr. **10**.

Ruhen oder zum Wegfall des Anspruchs führen und wenn der Bescheid, aus dem sich der Anspruch ergibt, deshalb mit Wirkung für die Vergangenheit aufzuheben ist. [2] Soweit die Kenntnis nicht auf Angaben der Person beruht, die die laufende Leistung erhält, sind ihr unverzüglich die vorläufige Einstellung der Leistung sowie die dafür maßgeblichen Gründe mitzuteilen, und es ist ihr Gelegenheit zu geben, sich zu äußern.

(2) Die Agentur für Arbeit hat eine vorläufig eingestellte laufende Leistung unverzüglich nachzuzahlen, soweit der Bescheid, aus dem sich der Anspruch ergibt, zwei Monate nach der vorläufigen Einstellung der Zahlung nicht mit Wirkung für die Vergangenheit aufgehoben ist.

§ 332 Übergang von Ansprüchen. (1) [1] Die Agentur für Arbeit kann durch schriftliche Anzeige an die leistungspflichtige Person bewirken, daß Ansprüche einer erstattungspflichtigen Person auf Leistungen zur Deckung des Lebensunterhalts, insbesondere auf

1. Renten der Sozialversicherung,
2. Renten nach dem Bundesversorgungsgesetz sowie Renten, die nach anderen Gesetzen in entsprechender Anwendung des Bundesversorgungsgesetzes gewährt werden,
3. Renten nach dem Gesetz zur Regelung der Rechtsverhältnisse der unter Artikel 131 des Grundgesetzes fallenden Personen,
4. Unterhaltsbeihilfe nach dem Gesetz über die Unterhaltsbeihilfe für Angehörige von Kriegsgefangenen,
5. Unterhaltshilfe nach dem Lastenausgleichsgesetz,
6. Mutterschaftsgeld oder auf Sonderunterstützung nach dem Mutterschutzgesetz,
7. Arbeitsentgelt aus einem Arbeitsverhältnis, das während des Bezugs der zurückzuzahlenden Leistung bestanden hat,

in Höhe der zurückzuzahlenden Leistung auf die Bundesagentur übergehen, es sei denn, die Bundesagentur hat insoweit aus dem gleichen Grund einen Erstattungsanspruch nach den §§ 102 bis 105 des Zehnten Buches[1]. [2] Der Übergang beschränkt sich auf Ansprüche, die der rückzahlungspflichtigen Person für den Zeitraum in der Vergangenheit zustehen, für den die zurückzuzahlenden Leistungen gewährt worden sind. [3] Hat die rückzahlungspflichtige Person den unrechtmäßigen Bezug der Leistung vorsätzlich oder grob fahrlässig herbeigeführt, so geht in den Fällen nach Satz 1 Nr. 1 bis 5 auch der Anspruch auf die Hälfte der laufenden Bezüge auf die Agentur für Arbeit insoweit über, als die rückzahlungspflichtige Person dieses Teils der Bezüge zur Deckung ihres Lebensunterhalts und des Lebensunterhalts ihrer unterhaltsberechtigten Angehörigen nicht bedarf.

(2) Die leistungspflichtige Person hat ihre Leistungen in Höhe des nach Absatz 1 übergegangenen Anspruchs an die Bundesagentur abzuführen.

(3) [1] Wer nach Absatz 1 Satz 1 Nummer 1 bis 5 leistungspflichtig ist, hat den Eingang eines Antrags auf Rente, Unterhaltsbeihilfe oder Unterhaltshilfe der Agentur für Arbeit mitzuteilen, von der die Antragstellerin oder der Antragsteller zuletzt Leistungen nach diesem Buch bezogen hat. [2] Die Mitteilungspflicht entfällt, wenn der Bezug dieser Leistungen im Zeitpunkt der Antrag-

[1] Nr. **10**.

stellung länger als drei Jahre zurückliegt. [3] Bezüge für eine zurückliegende Zeit dürfen an die Antragstellerin oder den Antragsteller frühestens zwei Wochen nach Abgang der Mitteilung an die Bundesagentur ausgezahlt werden, falls bis zur Auszahlung eine Anzeige der Agentur für Arbeit nach Absatz 1 nicht vorliegt.

(4) Der Rechtsübergang wird nicht dadurch ausgeschlossen, daß der Anspruch nicht übertragen, verpfändet oder gepfändet werden kann.

§ 333 Aufrechnung. (1) Wurde eine Entgeltersatzleistung zu Unrecht bezogen, weil der Anspruch wegen der Anrechnung von Nebeneinkommen gemindert war oder wegen einer Sperrzeit ruhte, so kann die Agentur für Arbeit mit dem Anspruch auf Erstattung gegen einen Anspruch auf die genannten Leistungen abweichend von § 51 Abs. 2 des Ersten Buches[1)] in voller Höhe aufrechnen.

(2) Der Anspruch auf Rückzahlung von Leistungen kann gegen einen Anspruch auf Rückzahlung zu Unrecht entrichteter Beiträge zur Arbeitsförderung aufgerechnet werden.

(3) Die Bundesagentur kann mit Ansprüchen auf

1. Rückzahlung von erstatteten Sozialversicherungsbeiträgen und Lehrgangskosten für Bezieherinnen und Bezieher von Kurzarbeitergeld, von Kurzarbeitergeld und von ergänzenden Leistungen nach § 102, die vorläufig erbracht wurden, und
2. Winterbeschäftigungs-Umlage

gegen Ansprüche auf Kurzarbeitergeld und Wintergeld, die vom Arbeitgeber verauslagt sind, aufrechnen; insoweit gilt der Arbeitgeber als anspruchsberechtigt.

§ 334 Pfändung von Leistungen. Bei Pfändung eines Geldleistungs- oder Erstattungsanspruchs gilt die Agentur für Arbeit, die über den Anspruch entschieden oder zu entscheiden hat, als Drittschuldner im Sinne der §§ 829 und 845 der Zivilprozeßordnung.

§ 335 Erstattung von Beiträgen zur Kranken-, Renten- und Pflegeversicherung. (1) [1] Wurden von der Bundesagentur für eine Bezieherin oder für einen Bezieher von Arbeitslosengeld Beiträge zur gesetzlichen Krankenversicherung gezahlt, so hat die Bezieherin oder der Bezieher dieser Leistungen der Bundesagentur die Beiträge zu ersetzen, soweit die Entscheidung über die Leistung rückwirkend aufgehoben und die Leistung zurückgefordert worden ist. [2] Hat für den Zeitraum, für den die Leistung zurückgefordert worden ist, ein weiteres Krankenversicherungsverhältnis bestanden, so erstattet diejenige Stelle, an die die Beiträge aufgrund der Versicherungspflicht nach § 5 Absatz 1 Nummer 2 des Fünften Buches[2)] gezahlt wurden, der Bundesagentur die für diesen Zeitraum entrichteten Beiträge; die Bezieherin oder der Bezieher wird insoweit von der Ersatzpflicht nach Satz 1 befreit; § 5 Abs. 1 Nr. 2 zweiter Halbsatz des Fünften Buches gilt nicht. [3] Werden die beiden Versicherungsverhältnisse bei verschiedenen Krankenkassen durchgeführt und wurden in dem Zeitraum, in dem die Versicherungsverhältnisse nebeneinander bestanden,

---

[1)] Nr. 1.
[2)] Nr. 5.

Leistungen von der Krankenkasse erbracht, bei der die Bezieherin oder der Bezieher nach § 5 Abs. 1 Nr. 2 des Fünften Buches versicherungspflichtig war, so besteht kein Beitragserstattungsanspruch nach Satz 2. [4]Die Bundesagentur, der Spitzenverband Bund der Krankenkassen (§ 217a des Fünften Buches) und das Bundesamt für Soziale Sicherung in seiner Funktion als Verwalter des Gesundheitsfonds können das Nähere über die Erstattung der Beiträge nach den Sätzen 2 und 3 durch Vereinbarung regeln. [5]Satz 1 gilt entsprechend, soweit die Bundesagentur Beiträge, die für die Dauer des Leistungsbezuges an ein privates Versicherungsunternehmen zu zahlen sind, übernommen hat.

(2) [1]Beiträge für Versicherungspflichtige nach § 5 Abs. 1 Nr. 2 des Fünften Buches, denen eine Rente aus der gesetzlichen Rentenversicherung oder Übergangsgeld von einem nach § 251 Abs. 1 des Fünften Buches beitragspflichtigen Rehabilitationsträger gewährt worden ist, sind der Bundesagentur vom Träger der Rentenversicherung oder vom Rehabilitationsträger zu ersetzen, wenn und soweit wegen der Gewährung von Arbeitslosengeld ein Erstattungsanspruch der Bundesagentur gegen den Träger der Rentenversicherung oder den Rehabilitationsträger besteht. [2]Satz 1 ist entsprechend anzuwenden in den Fällen, in denen der oder dem Arbeitslosen von einem Träger der gesetzlichen Rentenversicherung wegen einer Leistung zur medizinischen Rehabilitation oder zur Teilhabe am Arbeitsleben Übergangsgeld oder eine Rente wegen verminderter Erwerbsfähigkeit zuerkannt wurde (§ 145 Absatz 3). [3]Zu ersetzen sind

1. vom Rentenversicherungsträger die Beitragsanteile der versicherten Rentnerin oder des versicherten Rentners und des Trägers der Rentenversicherung, die diese ohne die Regelung dieses Absatzes für dieselbe Zeit aus der Rente zu entrichten gehabt hätten,
2. vom Rehabilitationsträger der Betrag, den er als Krankenversicherungsbeitrag hätte leisten müssen, wenn die versicherte Person nicht nach § 5 Abs. 1 Nr. 2 des Fünften Buches versichert gewesen wäre.

[4]Der Träger der Rentenversicherung und der Rehabilitationsträger sind nicht verpflichtet, für dieselbe Zeit Beiträge zur Krankenversicherung zu entrichten. [5]Die versicherte Person ist abgesehen von Satz 3 Nr. 1 nicht verpflichtet, für dieselbe Zeit Beiträge aus der Rente zur Krankenversicherung zu entrichten.

(3) [1]Der Arbeitgeber hat der Bundesagentur die im Falle des § 157 Absatz 3 geleisteten Beiträge zur Kranken- und Rentenversicherung zu ersetzen, soweit er für dieselbe Zeit Beiträge zur Kranken- und Rentenversicherung der Arbeitnehmerin oder des Arbeitnehmers zu entrichten hat. [2]Er wird insoweit von seiner Verpflichtung befreit, Beiträge an die Kranken- und Rentenversicherung zu entrichten. [3]Die Sätze 1 und 2 gelten entsprechend für den Zuschuß nach § 257 des Fünften Buches.

(4) Hat auf Grund des Bezuges von Arbeitslosengeld nach § 157 Absatz 3 eine andere Krankenkasse die Krankenversicherung durchgeführt als diejenige Kasse, die für das Beschäftigungsverhältnis zuständig ist, aus dem die Leistungsempfängerin oder der Leistungsempfänger Arbeitsentgelt bezieht oder zu beanspruchen hat, so erstatten die Krankenkassen einander Beiträge und Leistungen wechselseitig.

(5) Für die Beiträge der Bundesagentur zur sozialen Pflegeversicherung für Versicherungspflichtige nach § 20 Abs. 1 Satz 2 Nr. 2 des Elften Buches[1)] sind die Absätze 1 bis 3 entsprechend anzuwenden.

§ 336 Leistungsrechtliche Bindung. Stellt die Deutsche Rentenversicherung Bund im Verfahren nach § 7a Abs. 1 des Vierten Buches[2)] die Versicherungspflicht nach diesem Buch durch Verwaltungsakt fest, ist die Bundesagentur hinsichtlich der Zeiten, für die der die Versicherungspflicht feststellende Verwaltungsakt wirksam ist, an diese Feststellung leistungsrechtlich gebunden.

§ 336a Wirkung von Widerspruch und Klage. [1] Die aufschiebende Wirkung von Widerspruch und Klage entfällt

1. bei Entscheidungen, die Arbeitsgenehmigungen-EU aufheben oder ändern,
2. bei Entscheidungen, die die Berufsberatung nach § 288a untersagen,
3. bei Aufforderungen nach § 309, sich bei der Agentur für Arbeit oder einer sonstigen Dienststelle der Bundesagentur persönlich zu melden.

[2] Bei Entscheidungen über die Herabsetzung oder Entziehung laufender Leistungen gelten die Vorschriften des Sozialgerichtsgesetzes[3)] (§ 86a Abs. 2 Nr. 2).

Vierter Abschnitt. Auszahlung von Geldleistungen

§ 337 Auszahlung im Regelfall.

[Abs. 1 bis 30.11.2021:]

(1) [1] Geldleistungen werden auf das von der leistungsberechtigten Person angegebene Konto bei einem Geldinstitut überwiesen, für das die Verordnung (EU) Nr. 260/2012 des Europäischen Parlaments und des Rates vom 14. März 2012 zur Festlegung der technischen Vorschriften und der Geschäftsanforderungen für Überweisungen und Lastschriften in Euro und zur Änderung der Verordnung (EG) Nr. 924/2009 (ABl. L 94 vom 30.3.2012, S. 22) gilt. [2] Geldleistungen, die an den Wohnsitz oder gewöhnlichen Aufenthalt der leistungsberechtigten Person übermittelt werden, sind unter Abzug der dadurch veranlassten Kosten auszuzahlen. [3] Satz 2 gilt nicht, wenn die leistungsberechtigte Person nachweist, dass ihr die Einrichtung eines Kontos bei einem Geldinstitut ohne eigenes Verschulden nicht möglich ist.

[Abs. 1 ab 1.12.2021:]

(1) (aufgehoben)

(2) Laufende Geldleistungen werden regelmäßig monatlich nachträglich ausgezahlt.

(3) [1] Andere als laufende Geldleistungen werden mit der Entscheidung über den Antrag auf Leistung oder, soweit der oder dem Berechtigten Kosten erst danach entstehen, zum entsprechenden Zeitpunkt ausgezahlt. [2] Insolvenzgeld wird nachträglich für den Zeitraum ausgezahlt, für den es beantragt worden ist. [3] Weiterbildungskosten und Teilnahmekosten werden, soweit sie nicht unmittelbar an den Träger der Maßnahme erbracht werden, monatlich im voraus ausgezahlt.

---

1) Nr. **11**.
2) Nr. **4**.
3) Nr. **20**.

(4) Zur Vermeidung unbilliger Härten können angemessene Abschlagszahlungen geleistet werden.

Fünfter Abschnitt. Berechnungsgrundsätze

§ 338 Allgemeine Berechnungsgrundsätze. (1) Berechnungen werden auf zwei Dezimalstellen durchgeführt, wenn nichts Abweichendes bestimmt ist.

(2) Bei einer auf Dezimalstellen durchgeführten Berechnung wird die letzte Dezimalstelle um 1 erhöht, wenn sich in der folgenden Dezimalstelle eine der Zahlen 5 bis 9 ergeben würde.

(3) *(aufgehoben)*

(4) Bei einer Berechnung wird eine Multiplikation vor einer Division durchgeführt.

§ 339 Berechnung von Zeiten. [1] Für die Berechnung von Leistungen wird ein Monat mit 30 Tagen und eine Woche mit sieben Tagen berechnet. [2] Bei der Anwendung der Vorschriften über die Erfüllung der für einen Anspruch auf Arbeitslosengeld erforderlichen Anwartschaftszeit sowie der Vorschriften über die Dauer eines Anspruchs auf Arbeitslosengeld nach dem Ersten Abschnitt des Vierten Kapitels dieses Buches entspricht ein Monat 30 Kalendertagen. [3] Satz 2 gilt entsprechend bei der Anwendung der Vorschriften über die Erfüllung der erforderlichen Vorbeschäftigungszeiten sowie der Vorschrift über die Dauer des Anspruchs auf Übergangsgeld im Anschluß an eine abgeschlossene Leistung zur Teilhabe am Arbeitsleben.

Zehntes Kapitel. Finanzierung

Erster Abschnitt. Finanzierungsgrundsatz

§ 340 Aufbringung der Mittel. Die Leistungen der Arbeitsförderung und die sonstigen Ausgaben der Bundesagentur werden durch Beiträge der Versicherungspflichtigen, der Arbeitgeber und Dritter (Beitrag zur Arbeitsförderung), Umlagen, Mittel des Bundes und sonstige Einnahmen finanziert.

Zweiter Abschnitt. Beiträge und Verfahren

Erster Unterabschnitt. Beiträge

§ 341 Beitragssatz und Beitragsbemessung. (1) Die Beiträge werden nach einem Prozentsatz (Beitragssatz) von der Beitragsbemessungsgrundlage erhoben.

(2) Der Beitragssatz beträgt 2,6 Prozent.

(3) [1] Beitragsbemessungsgrundlage sind die beitragspflichtigen Einnahmen, die bis zur Beitragsbemessungsgrenze berücksichtigt werden. [2] Für die Berechnung der Beiträge ist die Woche zu sieben, der Monat zu dreißig und das Jahr zu dreihundertsechzig Tagen anzusetzen, soweit dieses Buch nichts anderes bestimmt. [3] Beitragspflichtige Einnahmen sind bis zu einem Betrag von einem Dreihundertsechzigstel der Beitragsbemessungsgrenze für den Kalendertag zu berücksichtigen. [4] Einnahmen, die diesen Betrag übersteigen, bleiben außer Ansatz, soweit dieses Buch nichts Abweichendes bestimmt.

(4) Beitragsbemessungsgrenze ist die Beitragsbemessungsgrenze der allgemeinen Rentenversicherung.

§ 342 Beitragspflichtige Einnahmen Beschäftigter. Beitragspflichtige Einnahme ist bei Personen, die beschäftigt sind, das Arbeitsentgelt, bei Personen, die zur Berufsausbildung beschäftigt sind, jedoch mindestens ein Arbeitsentgelt in Höhe von einem Prozent der Bezugsgröße.

§ 343 *(aufgehoben)*

§ 344 Sonderregelungen für beitragspflichtige Einnahmen Beschäftigter. (1) Für Seeleute gilt als beitragspflichtige Einnahme der Betrag, der nach dem Recht der gesetzlichen Unfallversicherung für die Beitragsberechnung maßgebend ist.

(2) [1] Für Personen, die unmittelbar nach einem Versicherungspflichtverhältnis einen Freiwilligendienst im Sinne des Jugendfreiwilligendienstegesetzes oder des Bundesfreiwilligendienstgesetzes leisten, gilt als beitragspflichtige Einnahme ein Arbeitsentgelt in Höhe der monatlichen Bezugsgröße. [2] Dies gilt auch, wenn der Jugendfreiwilligendienst oder der Bundesfreiwilligendienst nach einer Unterbrechung, die sechs Monate nicht überschreitet, fortgesetzt wird.

(3) Für behinderte Menschen, die in einer anerkannten Werkstatt für behinderte Menschen oder Blindenwerkstätte beschäftigt sind, ist als beitragspflichtige Einnahme das tatsächlich erzielte Arbeitsentgelt, mindestens jedoch ein Betrag in Höhe von 20 Prozent der monatlichen Bezugsgröße zugrunde zu legen.

(4) Bei Arbeitnehmerinnen und Arbeitnehmern, die gegen ein monatliches Arbeitsentgelt bis zum oberen Grenzbetrag des Übergangsbereichs (§ 20 Absatz 2 des Vierten Buches[1)]) mehr als geringfügig beschäftigt sind, gilt der Betrag der beitragspflichtigen Einnahme nach § 163 Absatz 10 des Sechsten Buches[2)] entsprechend.

§ 345 Beitragspflichtige Einnahmen sonstiger Versicherungspflichtiger. Als beitragspflichtige Einnahme gilt bei Personen,

1. die in Einrichtungen der beruflichen Rehabilitation Leistungen erhalten, die ihnen eine Erwerbstätigkeit ermöglichen sollen, oder die in Einrichtungen der Jugendhilfe für eine Erwerbstätigkeit befähigt werden sollen, ein Arbeitsentgelt in Höhe von einem Fünftel der monatlichen Bezugsgröße,
2. die als Wehrdienstleistende oder als Zivildienstleistende versicherungspflichtig sind (§ 25 Abs. 2 Satz 2, § 26 Abs. 1 Nr. 2), ein Betrag in Höhe von 40 Prozent der monatlichen Bezugsgröße,
3. die als Gefangene versicherungspflichtig sind, ein Arbeitsentgelt in Höhe von 90 Prozent der Bezugsgröße,
4. die als nicht satzungsmäßige Mitglieder geistlicher Genossenschaften oder ähnlicher religiöser Gemeinschaften für den Dienst in einer solchen Genossenschaft oder ähnlichen religiösen Gemeinschaft außerschulisch ausgebildet werden, ein Entgelt in Höhe der gewährten Geld- und Sachbezüge,
5. die als Bezieherinnen oder Bezieher von Krankengeld, Versorgungskrankengeld, Verletztengeld oder Übergangsgeld versicherungspflichtig sind, 80 Prozent des der Leistung zugrunde liegenden Arbeitsentgelts oder Ar-

---

1) Nr. **4**.
2) Nr. **6**.

beitseinkommens, wobei 80 Prozent des beitragspflichtigen Arbeitsentgelts aus einem versicherungspflichtigen Beschäftigungsverhältnis abzuziehen sind; bei gleichzeitigem Bezug von Krankengeld neben einer anderen Leistung ist das dem Krankengeld zugrunde liegende Einkommen nicht zu berücksichtigen,

5a. die Krankengeld nach § 44a des Fünften Buches[1)] beziehen, das der Leistung zugrunde liegende Arbeitsentgelt oder Arbeitseinkommen; wird Krankengeld in Höhe der Entgeltersatzleistungen nach diesem Buch gezahlt, gilt Nummer 5,

5b. die Krankengeld nach § 45 Absatz 1 des Fünften Buches oder Verletztengeld nach § 45 Absatz 4 des Siebten Buches[2)] in Verbindung mit § 45 Absatz 1 des Fünften Buches beziehen, 80 Prozent des während der Freistellung ausgefallenen, laufenden Arbeitsentgelts oder des der Leistung zugrunde liegenden Arbeitseinkommens,

6. die als Bezieherinnen oder Bezieher von Krankentagegeld versicherungspflichtig sind, ein Arbeitsentgelt in Höhe von 70 Prozent der für die Erhebung der Beiträge zur gesetzlichen Krankenversicherung maßgeblichen Beitragsbemessungsgrenze (§ 223 Abs. 3 Satz 1 des Fünften Buches). Für den Kalendermonat ist ein Zwölftel und für den Kalendertag ein Dreihundertsechzigstel des Arbeitsentgelts zugrunde zu legen,

6a. die von einem privaten Krankenversicherungsunternehmen, von einem Beihilfeträger des Bundes, von einem sonstigen öffentlich-rechtlichen Träger von Kosten in Krankheitsfällen auf Bundesebene, von dem Träger der Heilfürsorge im Bereich des Bundes, von dem Träger der truppenärztlichen Versorgung oder von öffentlich-rechtlichen Trägern von Kosten in Krankheitsfällen auf Landesebene, soweit Landesrecht dies vorsieht, Leistungen für den Ausfall von Arbeitseinkünften im Zusammenhang mit einer nach den §§ 8 und 8a des Transplantationsgesetzes erfolgenden Spende von Organen oder Geweben oder im Zusammenhang mit einer im Sinne von § 9 des Transfusionsgesetzes erfolgenden Spende von Blut zur Separation von Blutstammzellen oder anderen Blutbestandteilen beziehen, das diesen Leistungen zugrunde liegende Arbeitsentgelt oder Arbeitseinkommen,

6b. die als Bezieherinnen oder Bezieher von Pflegeunterstützungsgeld versicherungspflichtig sind, 80 Prozent des während der Freistellung ausgefallenen, laufenden Arbeitsentgelts,

7. die als Bezieherinnen von Mutterschaftsgeld versicherungspflichtig sind, ein Arbeitsentgelt in Höhe des Mutterschaftsgeldes,

8. die als Pflegepersonen versicherungspflichtig sind (§ 26 Abs. 2b), ein Arbeitsentgelt in Höhe von 50 Prozent der monatlichen Bezugsgröße; dabei ist die Bezugsgröße für das Beitrittsgebiet maßgebend, wenn der Tätigkeitsort im Beitrittsgebiet liegt.

§ 345a Pauschalierung der Beiträge. [1] Für die Personen, die als Bezieherinnen oder Bezieher einer Rente wegen voller Erwerbsminderung versicherungspflichtig sind (§ 26 Abs. 2 Nr. 3) wird für jedes Kalenderjahr ein Gesamtbeitrag festgesetzt. [2] Der Gesamtbeitrag beträgt

---

[1)] Nr. 5.
[2)] Nr. 7.

1. für das Jahr 2003 5 Millionen Euro,
2. für das Jahr 2004 18 Millionen Euro,
3. für das Jahr 2005 36 Millionen Euro,
4. für das Jahr 2006 19 Millionen Euro und
5. für das Jahr 2007 26 Millionen Euro.

[3] Der jährliche Gesamtbeitrag verändert sich im jeweils folgenden Kalenderjahr in dem Verhältnis, in dem

1. die Bezugsgröße der Sozialversicherung,
2. die Zahl der Zugänge an Arbeitslosengeldbezieherinnen und Arbeitslosengeldbeziehern aus dem Bezug einer Rente wegen voller Erwerbsminderung und
3. die durchschnittlich durch Zeiten des Bezuges einer Rente wegen voller Erwerbsminderung erworbene Anspruchsdauer

des vergangenen Kalenderjahres zu den entsprechenden Werten des vorvergangenen Kalenderjahres stehen. [4] Das Bundesministerium für Arbeit und Soziales macht den Gesamtbeitrag eines Kalenderjahres bis zum 1. Juli desselben Jahres im Bundesanzeiger bekannt.

§ 345b Beitragspflichtige Einnahmen bei einem Versicherungspflichtverhältnis auf Antrag. [1] Für Personen, die ein Versicherungspflichtverhältnis auf Antrag begründen, gilt als beitragspflichtige Einnahme

1. *(aufgehoben)*
2. in Fällen des § 28a Absatz 1 Nummer 2 und 3 ein Arbeitsentgelt in Höhe der monatlichen Bezugsgröße,
3. in Fällen des § 28a Absatz 1 Nummer 4 und 5 ein Arbeitsentgelt in Höhe von 50 Prozent der monatlichen Bezugsgröße.

[2] Abweichend von Satz 1 Nummer 2 gilt in Fällen des § 28a Absatz 1 Nummer 2 bis zum Ablauf von einem Kalenderjahr nach dem Jahr der Aufnahme der selbständigen Tätigkeit als beitragspflichtige Einnahme ein Arbeitsentgelt in Höhe von 50 Prozent der monatlichen Bezugsgröße. [3] Dabei ist die Bezugsgröße für das Beitrittsgebiet maßgebend, wenn der Tätigkeitsort im Beitrittsgebiet liegt.

Zweiter Unterabschnitt. Verfahren

§ 346 Beitragstragung bei Beschäftigten. (1) [1] Die Beiträge werden von den versicherungspflichtig Beschäftigten und den Arbeitgebern je zur Hälfte getragen. [2] Arbeitgeber im Sinne der Vorschriften dieses Titels sind auch die Auftraggeber von Heimarbeiterinnen und Heimarbeitern sowie Träger außerbetrieblicher Ausbildung.

(1a) Bei versicherungspflichtig Beschäftigten, deren beitragspflichtige Einnahme sich nach § 344 Abs. 4 bestimmt, werden die Beiträge abweichend von Absatz 1 Satz 1 getragen

1. von den Arbeitgebern in Höhe der Hälfte des Betrages, der sich ergibt, wenn der Beitragssatz auf das der Beschäftigung zugrunde liegende Arbeitsentgelt angewendet wird,
2. im Übrigen von den versicherungspflichtig Beschäftigten.

(1b) *(aufgehoben)*

(2) Der Arbeitgeber trägt die Beiträge allein für behinderte Menschen, die in einer anerkannten Werkstatt für behinderte Menschen, bei einem anderen Leistungsanbieter nach § 60 des Neunten Buches[1)] oder in einer Blindenwerkstätte im Sinne des § 226 des Neunten Buches beschäftigt sind und deren monatliches Bruttoarbeitsentgelt ein Fünftel der monatlichen Bezugsgröße nicht übersteigt.

(3) [1] Für Beschäftigte, die wegen Vollendung des für die Regelaltersrente im Sinne des Sechsten Buches[2)] erforderlichen Lebensjahres versicherungsfrei sind, tragen die Arbeitgeber die Hälfte des Beitrages, der zu zahlen wäre, wenn die Beschäftigten versicherungspflichtig wären. [2] Für den Beitragsanteil gelten die Vorschriften des Dritten Abschnitts des Vierten Buches[3)] und die Bußgeldvorschriften des § 111 Abs. 1 Nr. 2 bis 4, 8 und Abs. 4 des Vierten Buches entsprechend. [3] Die Sätze 1 und 2 sind bis zum 31. Dezember 2021 nicht anzuwenden.

§ 347 Beitragstragung bei sonstigen Versicherten. Die Beiträge werden getragen

1. für Personen, die in Einrichtungen der beruflichen Rehabilitation Leistungen erhalten, die eine Erwerbstätigkeit ermöglichen sollen, oder die in Einrichtungen der Jugendhilfe für eine Erwerbstätigkeit befähigt werden sollen, vom Träger der Einrichtung,
2. für Wehrdienstleistende oder für Zivildienstleistende nach der Hälfte des Beitragssatzes vom Bund,
3. für Gefangene von dem für die Vollzugsanstalt zuständigen Land,
4. für nicht satzungsmäßige Mitglieder geistlicher Genossenschaften oder ähnlicher religiöser Gemeinschaften während der Zeit der außerschulischen Ausbildung für den Dienst in einer solchen Genossenschaft oder ähnlichen religiösen Gemeinschaft von der geistlichen Genossenschaft oder ähnlichen religiösen Gemeinschaft,
5. für Personen, die Krankengeld oder Verletztengeld beziehen, von diesen und den Leistungsträgern je zur Hälfte, soweit sie auf die Leistung entfallen, im übrigen von den Leistungsträgern; die Leistungsträger tragen die Beiträge auch allein, soweit sie folgende Leistungen zahlen:
   a) Versorgungskrankengeld oder Übergangsgeld,
   b) Krankengeld oder Verletztengeld in Höhe der Entgeltersatzleistungen nach diesem Buch oder
   c) eine Leistung, die nach einem monatlichen Arbeitsentgelt bemessen wird, das 450 Euro nicht übersteigt,

5a. für Personen, die Krankengeld nach § 44a des Fünften Buches[4)] beziehen, vom Leistungsträger,

6. für Personen, die Krankentagegeld beziehen, von privaten Krankenversicherungsunternehmen,

---

[1)] Nr. 9.
[2)] Nr. 6.
[3)] Nr. 4.
[4)] Nr. 5.

6a. für Personen, die Leistungen für den Ausfall von Arbeitseinkünften im Zusammenhang mit einer nach den §§ 8 und 8a des Transplantationsgesetzes erfolgenden Spende von Organen oder Geweben oder im Zusammenhang mit einer im Sinne von § 9 des Transfusionsgesetzes erfolgenden Spende von Blut zur Separation von Blutstammzellen oder anderen Blutbestandteilen beziehen, von der Stelle, die die Leistung erbringt; wird die Leistung von mehreren Stellen erbracht, sind die Beiträge entsprechend anteilig zu tragen,

6b. für Personen, die Pflegeunterstützungsgeld beziehen, von den Bezieherinnen oder Beziehern der Leistung zur Hälfte, soweit sie auf die Leistung entfallen, im Übrigen
   a) von der Pflegekasse, wenn die oder der Pflegebedürftige in der sozialen Pflegeversicherung versichert ist,
   b) vom privaten Versicherungsunternehmen, wenn die oder der Pflegebedürftige in der privaten Pflege-Pflichtversicherung versichert ist,
   c) von der Festsetzungsstelle für die Beihilfe oder dem Dienstherrn und der Pflegekasse oder dem privaten Versicherungsunternehmen anteilig, wenn die oder der Pflegebedürftige Anspruch auf Beihilfe oder Heilfürsorge hat und in der sozialen Pflegeversicherung oder bei einem privaten Versicherungsunternehmen versichert ist;

   die Beiträge werden von den Stellen, die die Leistung zu erbringen haben, allein getragen, wenn das der Leistung zugrunde liegende Arbeitsentgelt auf den Monat bezogen 450 Euro nicht übersteigt,

7. für Personen, die als Bezieherinnen oder Bezieher einer Rente wegen voller Erwerbsminderung versicherungspflichtig sind, von den Leistungsträgern,
8. für Personen, die als Bezieherinnen von Mutterschaftsgeld versicherungspflichtig sind, von den Leistungsträgern,
9. *(aufgehoben)*
10. für Personen, die als Pflegepersonen versicherungspflichtig sind (§ 26 Absatz 2b) und eine
    a) in der sozialen Pflegeversicherung versicherte pflegebedürftige Person pflegen, von der Pflegekasse,
    b) in der privaten Pflege-Pflichtversicherung versicherte pflegebedürftige Person pflegen, von dem privaten Versicherungsunternehmen,
    c) pflegebedürftige Person pflegen, die wegen Pflegebedürftigkeit Beihilfeleistungen oder Leistungen der Heilfürsorge und Leistungen einer Pflegekasse oder eines privaten Versicherungsunternehmens erhält, von der Festsetzungsstelle für die Beihilfe oder vom Dienstherrn und der Pflegekasse oder dem privaten Versicherungsunternehmen anteilig.

§ 348 Beitragszahlung für Beschäftigte. (1) Die Beiträge sind, soweit nichts Abweichendes bestimmt ist, von der- oder demjenigen zu zahlen, die oder der sie zu tragen hat.

(2) Für die Zahlung der Beiträge aus Arbeitsentgelt bei einer versicherungspflichtigen Beschäftigung gelten die Vorschriften des Vierten Buches[1] über den Gesamtsozialversicherungsbeitrag.

---

[1] Nr. 4.

§ 349 Beitragszahlung für sonstige Versicherungspflichtige. (1) Für die Zahlung der Beiträge für Personen, die in Einrichtungen der beruflichen Rehabilitation Leistungen erhalten, die ihnen eine Erwerbstätigkeit ermöglichen soll, oder die in Einrichtungen der Jugendhilfe für eine Erwerbstätigkeit befähigt werden sollen, gelten die Vorschriften über die Beitragszahlung aus Arbeitsentgelt entsprechend.

(2) Die Beiträge für Wehrdienstleistende, für Zivildienstleistende und für Gefangene sind an die Bundesagentur zu zahlen.

(3) [1] Die Beiträge für Personen, die Sozialleistungen beziehen, sind von den Leistungsträgern an die Bundesagentur zu zahlen. [2] Die Bundesagentur und die Leistungsträger regeln das Nähere über Zahlung und Abrechnung der Beiträge durch Vereinbarung.

(4) [1] Die Beiträge für Personen, die Krankentagegeld beziehen, sind von den privaten Krankenversicherungsunternehmen an die Bundesagentur zu zahlen. [2] Die Beiträge können durch eine Einrichtung dieses Wirtschaftszweiges gezahlt werden. [3] Mit dieser Einrichtung kann die Bundesagentur Näheres über Zahlung, Einziehung und Abrechnung vereinbaren; sie kann auch vereinbaren, daß der Beitragsabrechnung statistische Durchschnittswerte über die Zahl der Arbeitnehmerinnen und Arbeitnehmer, für die Beiträge zu zahlen sind, und über Zeiten der Arbeitsunfähigkeit zugrunde gelegt werden. [4] Der Bundesagentur sind Verwaltungskosten für den Einzug der Beiträge in Höhe von zehn Prozent der Beiträge pauschal zu erstatten, wenn die Beiträge nicht nach Satz 2 gezahlt werden.

(4a) [1] Die Beiträge für Personen, die als Pflegepersonen versicherungspflichtig sind (§ 26 Abs. 2b), sind von den Stellen, die die Beiträge zu tragen haben, an die Bundesagentur zu zahlen. [2] Die Beiträge für Bezieherinnen und Bezieher von Pflegeunterstützungsgeld sind von den Stellen, die die Leistung zu erbringen haben, an die Bundesagentur zu zahlen. [3] Das Nähere über das Verfahren der Beitragszahlung und Abrechnung der Beiträge können der Spitzenverband Bund der Pflegekassen, der Verband der privaten Krankenversicherung e.V., die Festsetzungsstellen für die Beihilfe, das Bundesamt für Soziale Sicherung und die Bundesagentur durch Vereinbarung regeln.

(4b) [1] Die Beiträge für Personen, die Leistungen für den Ausfall von Arbeitseinkünften im Zusammenhang mit einer nach den §§ 8 und 8a des Transplantationsgesetzes erfolgenden Spende von Organen oder Geweben oder im Zusammenhang mit einer im Sinne von § 9 des Transfusionsgesetzes erfolgenden Spende von Blut zur Separation von Blutstammzellen oder anderen Blutbestandteilen beziehen, sind von den Stellen, die die Beiträge zu tragen haben, an die Bundesagentur zu zahlen. [2] Absatz 4a Satz 2 gilt entsprechend.

(5) [1] Für die Zahlung der Beiträge nach den Absätzen 3 bis 4b sowie für die Zahlung der Beiträge für Gefangene gelten die Vorschriften für den Einzug der Beiträge, die an die Einzugsstellen zu zahlen sind, entsprechend, soweit die Besonderheiten der Beiträge nicht entgegenstehen; die Bundesagentur ist zur Prüfung der Beitragszahlung berechtigt. [2] Die Zahlung der Beiträge nach Absatz 4a erfolgt in Form eines Gesamtbeitrags für das Kalenderjahr, in dem die Pflegetätigkeit geleistet oder das Pflegeunterstützungsgeld in Anspruch genommen wurde (Beitragsjahr). [3] Abweichend von § 23 Abs. 1 Satz 4 des Vierten

Buches[1)] ist der Gesamtbeitrag spätestens im März des Jahres fällig, das dem Beitragsjahr folgt.

§ 349a Beitragstragung und Beitragszahlung bei einem Versicherungspflichtverhältnis auf Antrag. [1] Personen, die ein Versicherungspflichtverhältnis auf Antrag begründen, tragen die Beiträge allein. [2] Die Beiträge sind an die Bundesagentur zu zahlen. [3] § 24 des Vierten Buches[1)] findet keine Anwendung.

§ 350 Meldungen der Sozialversicherungsträger. (1) [1] Die Einzugsstellen (§ 28i Viertes Buch[1)]) haben monatlich der Bundesagentur die Zahl der nach diesem Buch versicherungspflichtigen Personen mitzuteilen. [2] Die Bundesagentur kann in die Geschäftsunterlagen und Statistiken der Einzugsstellen Einsicht nehmen, soweit dies zur Erfüllung ihrer Aufgaben erforderlich ist.

(2) Die Träger der Sozialversicherung haben der Bundesagentur auf Verlangen bei ihnen vorhandene Geschäftsunterlagen und Statistiken vorzulegen, soweit dies zur Erfüllung der Aufgaben der Bundesagentur erforderlich ist.

§ 351 Beitragserstattung. (1) [1] Für die Erstattung zu Unrecht gezahlter Beiträge gilt abweichend von § 26 Abs. 2 des Vierten Buches[1)], daß sich der zu erstattende Betrag um den Betrag der Leistung mindert, der in irrtümlicher Annahme der Versicherungspflicht gezahlt worden ist. [2] § 27 Abs. 2 Satz 2 des Vierten Buches gilt nicht.

(2) Die Beiträge werden erstattet durch

1. die Agentur für Arbeit, in deren Bezirk die Stelle ihren Sitz hat, an welche die Beiträge entrichtet worden sind,
2. die zuständige Einzugsstelle oder den Leistungsträger, soweit die Bundesagentur dies mit den Einzugsstellen oder den Leistungsträgern vereinbart hat.

Dritter Unterabschnitt. Verordnungsermächtigung, Anordnungsermächtigung und Ermächtigung zum Erlass von Verwaltungsvorschriften

§ 352 Verordnungsermächtigung. (1) Die Bundesregierung wird ermächtigt, durch Rechtsverordnung nach Maßgabe der Finanzlage der Bundesagentur sowie unter Berücksichtigung der Beschäftigungs- und Wirtschaftslage sowie deren voraussichtlicher Entwicklung zu bestimmen, daß die Beiträge zeitweise nach einem niedrigeren Beitragssatz erhoben werden.

(2) Das Bundesministerium für Arbeit und Soziales wird ermächtigt, durch Rechtsverordnung

1. im Einvernehmen mit dem Bundesministerium der Finanzen, dem Bundesministerium der Verteidigung und dem Bundesministerium für Familie, Senioren, Frauen und Jugend eine Pauschalberechnung sowie die Fälligkeit, Zahlung und Abrechnung für einen Gesamtbeitrag der Wehrdienstleistenden und für einen Gesamtbeitrag der Zivildienstleistenden vorzuschreiben; es kann dabei eine geschätzte Durchschnittszahl der beitragspflichtigen Dienstleistenden zugrunde legen sowie die Besonderheiten berücksichtigen, die sich aus der Zusammensetzung dieses Personenkreises hinsichtlich der Be-

---

[1)] Nr. 4.

messungsgrundlage und der Regelungen zur Anwartschaftszeit für das Arbeitslosengeld ergeben,
2. das Nähere über die Zahlung, Einziehung und Abrechnung der Beiträge, die von privaten Krankenversicherungsunternehmen zu zahlen sind, zu regeln.

(3) Das Bundesministerium für Arbeit und Soziales wird ermächtigt, durch Rechtsverordnung mit Zustimmung des Bundesrates eine Pauschalberechnung für die Beiträge der Gefangenen und der für die Vollzugsanstalten zuständigen Länder vorzuschreiben und die Zahlungsweise zu regeln.

§ 352a Anordnungsermächtigung. Die Bundesagentur wird ermächtigt, durch Anordnung das Nähere zum Antragsverfahren, zur Kündigung, zur Fälligkeit, Zahlung und Abrechnung der Beiträge bei einem Versicherungspflichtverhältnis auf Antrag (§ 28a) zu bestimmen.

§ 353 Ermächtigung zum Erlaß von Verwaltungsvorschriften. Das Bundesministerium für Arbeit und Soziales kann mit Zustimmung des Bundesrates zur Durchführung der Meldungen der Sozialversicherungsträger Verwaltungsvorschriften erlassen.

Dritter Abschnitt. Umlagen

Erster Unterabschnitt. Winterbeschäftigungs-Umlage

§ 354 Grundsatz. [1]Die Mittel für die ergänzenden Leistungen nach § 102 werden einschließlich der Verwaltungskosten und der sonstigen Kosten, die mit der Gewährung dieser Leistungen zusammenhängen, in den durch Verordnung nach § 109 Absatz 3 bestimmten Wirtschaftszweigen durch Umlage aufgebracht. [2]Die Umlage wird unter Berücksichtigung von Vereinbarungen der Tarifvertragsparteien der Wirtschaftszweige von Arbeitgebern oder gemeinsam von Arbeitgebern sowie Arbeitnehmerinnen und Arbeitnehmern aufgebracht und getrennt nach Zweigen des Baugewerbes und weiteren Wirtschaftszweigen abgerechnet.

§ 355 Höhe der Umlage. [1]Die Umlage ist in den einzelnen Zweigen des Baugewerbes und in weiteren Wirtschaftszweigen, die von saisonbedingtem Arbeitsausfall betroffen sind, monatlich nach einem Prozentsatz der Bruttoarbeitsentgelte der dort beschäftigten Arbeitnehmerinnen und Arbeitnehmer, die ergänzende Leistungen nach § 102 erhalten können, zu erheben. [2]Die Verwaltungskosten und die sonstigen Kosten können pauschaliert und für die einzelnen Wirtschaftszweige im Verhältnis der Anteile an den Ausgaben berücksichtigt werden.

§ 356 Umlageabführung. (1) [1]Die Arbeitgeber führen die Umlagebeträge über die gemeinsame Einrichtung ihres Wirtschaftszweiges oder über eine Ausgleichskasse ab. [2]Dies gilt auch, wenn die Umlage gemeinsam von Arbeitgebern sowie Arbeitnehmerinnen und Arbeitnehmern aufgebracht wird; in diesen Fällen gelten § 28e Abs. 1 Satz 1 und § 28g des Vierten Buches[1)] entsprechend. [3]Kosten werden der gemeinsamen Einrichtung oder der Ausgleichskasse nicht erstattet. [4]Die Bundesagentur kann mit der gemeinsamen

---

[1)] Nr. 4.

Einrichtung oder der Ausgleichskasse ein vereinfachtes Abrechnungsverfahren vereinbaren und dabei auf Einzelnachweise verzichten.

(2) [1] Umlagepflichtige Arbeitgeber, auf die die Tarifverträge über die gemeinsamen Einrichtungen oder Ausgleichskassen keine Anwendung finden, führen die Umlagebeträge unmittelbar an die Bundesagentur ab. [2] Sie haben der Bundesagentur die Mehraufwendungen für die Einziehung pauschal zu erstatten.

§ 357 Verordnungsermächtigung. (1) Das Bundesministerium für Arbeit und Soziales wird ermächtigt, durch Rechtsverordnung

1. die Höhe der pauschalierten Verwaltungskosten, die von der Umlage in einzelnen Wirtschaftszweigen aufzubringen sind,
2. den jeweiligen Prozentsatz zur Berechnung der Umlage, eine gemeinsame Tragung der Umlage durch Arbeitgeber sowie Arbeitnehmerinnen und Arbeitnehmer und, bei gemeinsamer Tragung, die jeweiligen Anteile,
3. zur Berechnung der Umlage die umlagepflichtigen Bestandteile der Bruttoarbeitsentgelte in den einzelnen Zweigen des Baugewerbes und weiteren Wirtschaftszweigen, die von saisonbedingtem Arbeitsausfall betroffen sind,
4. die Höhe der Pauschale für die Mehraufwendungen in Fällen, in denen die Arbeitgeber ihre Umlagebeträge nicht über eine gemeinsame Einrichtung oder Ausgleichskasse abführen,
5. die Voraussetzungen zur Entrichtung der Umlagebeträge in längeren Abrechnungsintervallen und
6. das Nähere über die Zahlung und Einziehung der Umlage

festzulegen.

(2) [1] Bei der Festsetzung des jeweiligen Prozentsatzes ist zu berücksichtigen, welche ergänzenden Leistungen nach § 102 in Anspruch genommen werden können. [2] Der jeweilige Prozentsatz ist so festzusetzen, dass das Aufkommen aus der Umlage unter Berücksichtigung von eventuell bestehenden Fehlbeträgen oder Überschüssen für die einzelnen Wirtschaftszweige ausreicht, um den voraussichtlichen Bedarf der Bundesagentur für die Aufwendungen nach § 354 Satz 1 zu decken.

Zweiter Unterabschnitt. Umlage für das Insolvenzgeld

§ 358 Aufbringung der Mittel. (1) [1] Die Mittel für die Zahlung des Insolvenzgeldes werden durch eine monatliche Umlage von den Arbeitgebern aufgebracht. [2] Der Bund, die Länder, die Gemeinden sowie Körperschaften, Stiftungen und Anstalten des öffentlichen Rechts, über deren Vermögen ein Insolvenzverfahren nicht zulässig ist, und solche juristischen Personen des öffentlichen Rechts, bei denen der Bund, ein Land oder eine Gemeinde kraft Gesetzes die Zahlungsfähigkeit sichert, und private Haushalte werden nicht in die Umlage einbezogen.

(2) [1] Die Umlage ist nach einem Prozentsatz des Arbeitsentgelts (Umlagesatz) zu erheben. [2] Maßgebend ist das Arbeitsentgelt, nach dem die Beiträge zur gesetzlichen Rentenversicherung für die im Betrieb beschäftigten Arbeitnehmerinnen, Arbeitnehmer und Auszubildenden bemessen werden oder im Fall einer Versicherungspflicht in der gesetzlichen Rentenversicherung zu bemessen wären. [3] Für die Zeit des Bezugs von Kurzarbeitergeld, Saisonkurzarbeitergeld oder Transferkurzarbeitergeld bemessen sich die Umlagebeträge nach dem

tatsächlich erzielten Arbeitsentgelt bis zur Beitragsbemessungsgrenze der gesetzlichen Rentenversicherung.

(3) [1] Zu den durch die Umlage zu deckenden Aufwendungen gehören

1. das Insolvenzgeld einschließlich des von der Bundesagentur gezahlten Gesamtsozialversicherungsbeitrages,
2. die Verwaltungskosten und
3. die Kosten für den Einzug der Umlage und der Prüfung der Arbeitgeber.

[2] Die Kosten für den Einzug der Umlage und der Prüfung der Arbeitgeber werden pauschaliert.

§ 359 Einzug und Weiterleitung der Umlage. (1) [1] Die Umlage ist zusammen mit dem Gesamtsozialversicherungsbeitrag an die Einzugsstelle zu zahlen. [2] Die für den Gesamtsozialversicherungsbeitrag geltenden Vorschriften des Vierten Buches[1)] finden entsprechende Anwendung, soweit dieses Gesetz nichts anderes bestimmt.

(2) Die Einzugsstelle leitet die Umlage einschließlich der Zinsen und Säumniszuschläge arbeitstäglich an die Bundesagentur weiter.

§ 360 Umlagesatz. Der Umlagesatz beträgt *[bis 31.12.2021:* 0,12*][ab 1.1. 2022: 0,15]* Prozent.

§ 361 Verordnungsermächtigung. Das Bundesministerium für Arbeit und Soziales wird ermächtigt, durch Rechtsverordnung mit Zustimmung des Bundesrates

1. im Einvernehmen mit dem Bundesministerium der Finanzen und dem Bundesministerium für Wirtschaft und Energie zum Ausgleich von Überschüssen oder Fehlbeständen unter Berücksichtigung der Beschäftigungs- und Wirtschaftslage zu bestimmen, dass die Umlage jeweils für ein Kalenderjahr nach einem von § 360 abweichenden Umlagesatz erhoben wird; dabei soll ein niedrigerer Umlagesatz angesetzt werden, wenn die Rücklage die durchschnittlichen jährlichen Aufwendungen der vorhergehenden fünf Kalenderjahre übersteigt, und ein höherer, wenn der Fehlbestand mehr als die durchschnittlichen jährlichen Aufwendungen der vorhergehenden fünf Kalenderjahre beträgt,
2. die Höhe der Pauschale für die Kosten des Einzugs der Umlage und der Prüfung der Arbeitgeber nach Anhörung der Bundesagentur, der Deutschen Rentenversicherung Bund, des Spitzenverbandes Bund der Krankenkassen und der Sozialversicherung für Landwirtschaft, Forsten und Gartenbau sowie der Deutschen Rentenversicherung Knappschaft-Bahn-See festzusetzen.

§ 362 *(aufgehoben)*

Vierter Abschnitt. Beteiligung des Bundes

§ 363 Finanzierung aus Bundesmitteln. (1) [1] Der Bund trägt die Ausgaben für die Aufgaben, deren Durchführung die Bundesregierung auf Grund dieses Buches der Bundesagentur übertragen hat. [2] Verwaltungskosten der Bundesagentur werden nicht erstattet.

[1)] Nr. 4.

(2) [1]Der Bund trägt die Ausgaben für die weiteren Aufgaben, die er der Bundesagentur durch Gesetz übertragen hat. [2]Hierfür werden der Bundesagentur die Verwaltungskosten erstattet, soweit in dem jeweiligen Gesetz nichts Abweichendes bestimmt ist.

§ 364 Liquiditätshilfen. (1) Der Bund leistet die zur Aufrechterhaltung einer ordnungsgemäßen Kassenwirtschaft notwendigen Liquiditätshilfen als zinslose Darlehen, wenn die Mittel der Bundesagentur zur Erfüllung der Zahlungsverpflichtungen nicht ausreichen.

(2) Die Darlehen sind zurückzuzahlen, sobald und soweit am Ende eines Tages die Einnahmen die Ausgaben übersteigen.

§ 365 Stundung von Darlehen. Kann die Bundesagentur als Liquiditätshilfen geleistete Darlehen des Bundes bis zum Schluss des Haushaltsjahres nicht zurückzahlen, gilt die Rückzahlung als bis zum Schluss des folgenden Haushaltsjahres gestundet.

Fünfter Abschnitt. Rücklage und Versorgungsfonds

§ 366 Bildung und Anlage der Rücklage. (1) Die Bundesagentur hat aus den Überschüssen der Einnahmen über die Ausgaben eine Rücklage zu bilden.

(2) Soweit in einem Haushaltsjahr die Einnahmen aus einer Umlage die aus dieser zu zahlenden Ausgaben übersteigen, sind die Überschüsse der Einnahmen über die Ausgaben jeweils einer gesonderten Rücklage zuzuführen.

(3) [1]Die Rücklage ist nach wirtschaftlichen Grundsätzen so anzulegen, daß bis zur vollen Höhe der Rücklage die jederzeitige Zahlungsfähigkeit der Bundesagentur gewährleistet ist. [2]Die Bundesagentur kann mit Zustimmung des Bundesministeriums für Arbeit und Soziales sowie des Bundesministeriums der Finanzen Verwaltungsvorschriften über die Anlage der Rücklage erlassen.

§ 366a Versorgungsfonds. (1) [1]Zur Finanzierung der Versorgungsausgaben (Versorgungsaufwendungen und Beihilfen) für

1. Versorgungsempfängerinnen und Versorgungsempfänger,
2. Beamtinnen und Beamte und
3. Beschäftigte, denen eine Anwartschaft auf Versorgung nach beamtenrechtlichen Vorschriften oder Grundsätzen gewährleistet wird,

wird ein Sondervermögen der Bundesagentur unter dem Namen „Versorgungsfonds der Bundesagentur für Arbeit“ errichtet. [2]Dies gilt nicht für Personen im Beamtenverhältnis auf Widerruf.

(2) Das Sondervermögen „Versorgungsfonds der Bundesagentur für Arbeit“ wird finanziert aus

1. regelmäßigen sowie ergänzenden Zuweisungen der Bundesagentur,
2. den sich nach § 14a Absatz 2 und 3 des Bundesbesoldungsgesetzes ergebenden Beträgen und
3. den Erträgen des Versorgungsfonds.

(3) [1]Die ergänzenden Zuweisungen werden dem Versorgungsfonds aus der Rücklage der Bundesagentur nach § 366 Absatz 1 zugeführt. [2]Sie können sowohl zum Ausgleich einer festgestellten Unterfinanzierung als auch anstelle zukünftiger regelmäßiger Zuweisungen nach Absatz 2 Nummer 1 vorgenom-

men werden. [3] Über Zeitpunkt und Höhe der ergänzenden Zuweisungen entscheidet die Bundesagentur mit Zustimmung des Bundesministeriums für Arbeit und Soziales und des Bundesministeriums der Finanzen.

(4) [1] Die regelmäßigen Zuweisungen nach Absatz 2 Nummer 1 dienen dazu, die Versorgungsanwartschaften des in Absatz 1 Nr. 2 und 3 genannten Personenkreises der Bundesagentur abzudecken. [2] Die Höhe der monatlich für jede Person abzuführenden Zuweisung bestimmt sich nach Prozentsätzen der jeweiligen ruhegehaltfähigen Dienstbezüge oder Entgeltzahlungen auf der Grundlage versicherungsmathematischer Berechnungen und ist regelmäßig zu überprüfen. [3] Die Höhe und das Verfahren der Zuweisungen sowie das Verfahren der Überprüfung legt das Bundesministerium für Arbeit und Soziales unter Beachtung der Liquidität des Sondervermögens durch Rechtsverordnung im Einvernehmen mit dem Bundesministerium der Finanzen fest. [4] Unter Berücksichtigung der Abflüsse ist die Zahlungsfähigkeit des Sondervermögens jederzeit sicherzustellen. [5] Das Bundesministerium für Arbeit und Soziales kann die Befugnis nach Satz 3 im Einvernehmen mit dem Bundesministerium der Finanzen durch Rechtsverordnung auf den Vorstand der Bundesagentur übertragen. [6] Für Beamtinnen und Beamte, die nach § 387 Abs. 3 bis 6 beurlaubt sind oder denen die Zeit ihrer Beurlaubung als ruhegehaltfähig anerkannt worden ist, sind regelmäßige Zuweisungen auf der Grundlage der ihnen ohne die Beurlaubung jeweils zustehenden ruhegehaltfähigen Dienstbezüge zu leisten.

(5) [1] Der Versorgungsfonds ist ein nicht rechtsfähiges Sondervermögen der Bundesagentur. [2] Die Bundesagentur hat den Versorgungsfonds getrennt von ihrem sonstigen Vermögen zu verwalten. [3] Sie hat einen jährlichen Wirtschaftsplan zu erstellen, der der Genehmigung durch die Bundesregierung bedarf. [4] Für jedes Rechnungsjahr ist auf der Grundlage des Wirtschaftsplanes eine Jahresrechnung aufzustellen, in der der Bestand des Versorgungsfonds, die Einnahmen und Ausgaben sowie die Forderungen und Verbindlichkeiten nachzuweisen sind. [5] Die Jahresrechnung ist dem Bundesministerium für Arbeit und Soziales zum Ende des zweiten Monats eines Haushaltsjahres vorzulegen.

(6) [1] Die Verwaltung der Mittel des Versorgungsfonds der Bundesagentur wird der Deutschen Bundesbank übertragen. [2] Die Mittel des Versorgungsfonds sind einschließlich der Erträge entsprechend der für den Versorgungsfonds des Bundes nach dem Versorgungsrücklagegesetz geltenden Grundsätze und Richtlinien auf der Grundlage einer von der Bundesagentur jährlich aufzustellenden langfristigen Planung der Nettozuweisungen und Abflüsse zu verwalten und anzulegen. [3] Über die Terminierung der Anlage der einmaligen Zuweisung nach Absatz 2 Nr. 1 schließen die Bundesagentur und die Deutsche Bundesbank eine Vereinbarung.

(7) Mit Errichtung des Versorgungsfonds werden alle Versorgungsausgaben der Bundesagentur aus diesem geleistet.

Elftes Kapitel. Organisation und Datenschutz

Erster Abschnitt. Bundesagentur für Arbeit

§ 367 Bundesagentur für Arbeit. (1) Die Bundesagentur für Arbeit (Bundesagentur) ist eine rechtsfähige bundesunmittelbare Körperschaft des öffentlichen Rechts mit Selbstverwaltung.

(2) [1]Die Bundesagentur gliedert sich in eine Zentrale auf der oberen Verwaltungsebene, Regionaldirektionen auf der mittleren Verwaltungsebene und Agenturen für Arbeit auf der örtlichen Verwaltungsebene. [2]Die Bundesagentur kann besondere Dienststellen errichten.

(3) [1]Die Regionaldirektionen tragen Verantwortung für den Erfolg der regionalen Arbeitsmarktpolitik. [2]Zur Abstimmung der Leistungen der Arbeitsförderung mit der Arbeitsmarkt-, Struktur- und Wirtschaftspolitik der Länder arbeiten sie mit den Landesregierungen zusammen.

(4) Die Bundesagentur hat ihren Sitz in Nürnberg.

§ 368 Aufgaben der Bundesagentur. (1) [1]Die Bundesagentur ist der für die Durchführung der Aufgaben nach diesem Buch zuständige Verwaltungsträger. [2]Sie darf ihre Mittel nur für die gesetzlich vorgeschriebenen oder zugelassenen Zwecke verwenden.

(1a) [1]Die Bundesagentur für Arbeit nimmt auf der Grundlage des über- und zwischenstaatlichen Rechts die Funktion der Verbindungsstelle für die Aufgaben nach diesem Buch oder nach dem Zweiten Buch[1)] wahr. [2]Hierzu gehören insbesondere

1. die Koordinierung der Verwaltungshilfe und des Datenaustauschs bei grenzüberschreitenden Sachverhalten für den Bereich der Leistungen bei Arbeitslosigkeit,
2. Aufklärung, Beratung und Information.

(2) [1]Die Bundesagentur darf für Bundesbehörden Dienstleistungen im Rahmen der Festlegungen des Rates der IT-Beauftragten in den Bereichen Internet-Webhosting, Dienstausweis mit elektronischer Signatur, Druck- und Kuvertierleistungen sowie Archivierung von elektronischen Informationsobjekten erbringen, soweit dies ihre durch dieses Gesetz oder andere Bundesgesetze oder auf Grund dieser Gesetze zugewiesenen Aufgaben nicht beeinträchtigt. [2]Dadurch entstehende Kosten sind ihr zu erstatten. [3]Das Nähere ist jeweils in Verwaltungsvereinbarungen zu regeln.

(2a) Um die örtliche rechtskreisübergreifende Zusammenarbeit zur Integration junger Menschen in den Ausbildungs- und Arbeitsmarkt zu unterstützen, entwickelt und betreibt die Bundesagentur ein IT-System, welches den im jeweiligen Einzelfall beteiligten Leistungsträgern zur Verfügung gestellt werden kann, soweit dies für die Zusammenarbeit erforderlich ist.

(2b) [1]Um die Transparenz auf dem Arbeitsmarkt zu erhöhen und die Weiterbildungsbeteiligung von Arbeitnehmerinnen und Arbeitnehmern zu steigern, prüft die Bundesagentur den Aufbau und Betrieb eines Weiterbildungsportals. [2]Abhängig von den Ergebnissen der Prüfung kann sie ein Weiterbildungsportal probeweise entwickeln und betreiben. [3]Der Bund kann sich an den Kosten der Entwicklung des Weiterbildungsportals einschließlich der Prüfung nach Satz 1 beteiligen.

(3) [1]Die Bundesregierung kann der Bundesagentur durch Rechtsverordnung mit Zustimmung des Bundesrates weitere Aufgaben übertragen, die im Zusammenhang mit deren Aufgaben nach diesem Buch stehen. [2]Die Durchführung befristeter Arbeitsmarktprogramme kann sie der Bundesagentur durch Verwaltungsvereinbarung übertragen.

[1)] Nr. 2.

(4) Die Regionaldirektionen können mit Zustimmung der Zentrale durch Verwaltungsvereinbarung die Durchführung befristeter Arbeitsmarktprogramme der Länder übernehmen.

(5) Die Agenturen für Arbeit können die Zusammenarbeit mit Kreisen und Gemeinden in Verwaltungsvereinbarungen regeln.

§ 368a *(aufgehoben)*

§ 369 Besonderheiten zum Gerichtsstand. Hat eine Klage gegen die Bundesagentur Bezug auf den Aufgabenbereich einer Regionaldirektion oder einer Agentur für Arbeit, und ist der Sitz der Bundesagentur maßgebend für die örtliche Zuständigkeit des Gerichts, so kann die Klage auch bei dem Gericht erhoben werden, in dessen Bezirk die Regionaldirektion oder die Agentur für Arbeit ihren Sitz hat.

§ 370 Beteiligung an Gesellschaften. Die Bundesagentur kann die Mitgliedschaft in Vereinen erwerben und mit Zustimmung des Bundesministeriums für Arbeit und Soziales sowie des Bundesministeriums der Finanzen Gesellschaften gründen oder sich an Gesellschaften beteiligen, wenn dies zur Erfüllung ihrer Aufgaben nach diesem Buch zweckmäßig ist.

Zweiter Abschnitt. Selbstverwaltung

Erster Unterabschnitt. Verfassung

§ 371 Selbstverwaltungsorgane. (1) Als Selbstverwaltungsorgane der Bundesagentur werden der Verwaltungsrat und die Verwaltungsausschüsse bei den Agenturen für Arbeit gebildet.

(2) [1] Die Selbstverwaltungsorgane haben die Verwaltung zu überwachen und in allen aktuellen Fragen des Arbeitsmarktes zu beraten. [2] Sie erhalten die für die Wahrnehmung ihrer Aufgaben erforderlichen Informationen.

(3) [1] Jedes Selbstverwaltungsorgan gibt sich eine Geschäftsordnung. [2] Die Geschäftsordnung ist von mindestens drei Vierteln der Mitglieder zu beschließen.

(4) Die Bundesagentur wird ohne Selbstverwaltung tätig, soweit sie der Fachaufsicht unterliegt.

(5) [1] Die Selbstverwaltungsorgane setzen sich zu gleichen Teilen aus Mitgliedern zusammen, die Arbeitnehmerinnen und Arbeitnehmer, Arbeitgeber und öffentliche Körperschaften vertreten. [2] Eine Stellvertretung ist nur bei Abwesenheit des Mitglieds zulässig. [3] Ein Mitglied, das die öffentlichen Körperschaften vertritt, kann einem Selbstverwaltungsorgan nicht vorsitzen.

(6) [1] Die Mitglieder der Selbstverwaltungsorgane üben ihre Tätigkeit ehrenamtlich aus. [2] Sie dürfen in der Übernahme oder Ausübung des Ehrenamtes nicht behindert oder wegen der Übernahme oder Ausübung eines solchen Amtes nicht benachteiligt werden.

(7) Stellvertretende Mitglieder haben für die Zeit, in der sie Mitglieder vertreten, die Rechte und Pflichten eines Mitglieds.

(8) § 42 des Vierten Buches[1)] gilt entsprechend.

[1)] Nr. 4.

§ 372 Satzung und Anordnungen. (1) Die Bundesagentur gibt sich eine Satzung.

(2) Die Satzung und die Anordnungen des Verwaltungsrats bedürfen der Genehmigung des Bundesministeriums für Arbeit und Soziales.

(3) [1] Die Satzung und die Anordnungen sind öffentlich bekannt zu machen. [2] Sie treten, wenn ein anderer Zeitpunkt nicht bestimmt ist, am Tag nach ihrer Bekanntmachung in Kraft. [3] Die Art der Bekanntmachung wird durch die Satzung geregelt.

(4) Das Bundesministerium für Arbeit und Soziales kann anstelle der nach diesem Gesetz vorgesehenen Anordnungen Rechtsverordnungen erlassen, wenn die Bundesagentur nicht innerhalb von vier Monaten, nachdem das Bundesministerium für Arbeit und Soziales sie dazu aufgefordert hat, eine Anordnung erlässt oder veränderten Verhältnissen anpasst.

§ 373 Verwaltungsrat. (1) [1] Der Verwaltungsrat überwacht den Vorstand und die Verwaltung. [2] Er kann vom Vorstand die Durchführung von Prüfungen durch die Innenrevision verlangen und Sachverständige mit einzelnen Aufgaben der Überwachung beauftragen.

(2) [1] Der Verwaltungsrat kann jederzeit vom Vorstand Auskunft über die Geschäftsführung verlangen. [2] Auch ein einzelnes Mitglied des Verwaltungsrats kann einen Bericht, jedoch nur an den Verwaltungsrat, verlangen; lehnt der Vorstand die Berichterstattung ab, so kann der Bericht nur verlangt werden, wenn die Mehrheit der Gruppe, der das Antrag stellende Mitglied angehört, das Verlangen unterstützt.

(3) [1] Die Satzung kann bestimmen, dass bestimmte Arten von Geschäften nur mit Zustimmung des Verwaltungsrats vorgenommen werden dürfen. [2] Verweigert der Verwaltungsrat die Zustimmung, so kann der Vorstand verlangen, dass das Bundesministerium für Arbeit und Soziales entscheidet.

(4) Ist der Verwaltungsrat der Auffassung, dass der Vorstand seine Pflichten verletzt hat, kann er die Angelegenheit dem Bundesministerium für Arbeit und Soziales vortragen.

(5) Der Verwaltungsrat beschließt die Satzung und erlässt die Anordnungen nach diesem Gesetz.

(6) [1] Der Verwaltungsrat besteht aus 21 Mitgliedern. [2] Jede Gruppe kann bis zu fünf stellvertretende Mitglieder benennen. [3] Für die Gruppe der öffentlichen Körperschaften können die Mitglieder des Verwaltungsrates, die auf Vorschlag der Bundesregierung, und die Mitglieder des Verwaltungsrates, die auf Vorschlag des Bundesrates in den Verwaltungsrat berufen worden sind, jeweils zwei stellvertretende Mitglieder und das Mitglied, das auf Vorschlag der kommunalen Spitzenverbände in den Verwaltungsrat berufen worden ist, ein stellvertretendes Mitglied benennen.

§ 374 Verwaltungsausschüsse. (1) Bei jeder Agentur für Arbeit besteht ein Verwaltungsausschuss.

(2) [1] Der Verwaltungsausschuss überwacht und berät die Agentur für Arbeit bei der Erfüllung ihrer Aufgaben. [2] § 373 Abs. 2 gilt entsprechend.

(3) Ist der Verwaltungsausschuss der Auffassung, dass die Geschäftsführung ihre Pflichten verletzt hat, kann er die Angelegenheit dem Verwaltungsrat vortragen.

(4) [1]Die Zahl der Mitglieder der Verwaltungsausschüsse setzt der Verwaltungsrat fest; die Mitgliederzahl darf höchstens 15 betragen. [2]Jede Gruppe kann bis zu zwei stellvertretende Mitglieder benennen.

§ 374a *(aufgehoben)*

§ 375 Amtsdauer. (1) [1]Die Amtsdauer der Mitglieder der Selbstverwaltungsorgane beträgt sechs Jahre.

(2) Die Mitglieder der Selbstverwaltungsorgane bleiben nach Ablauf ihrer Amtsdauer im Amt, bis ihre Nachfolger berufen sind.

(3) Scheidet ein Mitglied vor Ablauf der Amtsdauer aus, so ist für den Rest der Amtsdauer ein neues Mitglied zu berufen.

(4) Die Amtsdauer der stellvertretenden Mitglieder endet mit der Amtsdauer der Mitglieder der Selbstverwaltungsorgane.

§ 376 Entschädigung der ehrenamtlich Tätigen. [1]Die Bundesagentur erstattet den Mitgliedern und den stellvertretenden Mitgliedern der Selbstverwaltungsorgane ihre baren Auslagen und gewährt eine Entschädigung. [2]Der Verwaltungsrat kann feste Sätze beschließen.

Zweiter Unterabschnitt. Berufung und Abberufung

§ 377 Berufung und Abberufung der Mitglieder. (1) Die Mitglieder und die stellvertretenden Mitglieder der Selbstverwaltung werden berufen.

(2) [1]Die Berufung erfolgt bei Mitgliedern des Verwaltungsrats durch das Bundesministerium für Arbeit und Soziales und bei Mitgliedern der Verwaltungsausschüsse durch den Verwaltungsrat. [2]Die berufende Stelle hat Frauen und Männer mit dem Ziel ihrer gleichberechtigten Teilhabe in den Gruppen zu berücksichtigen. [3]Liegen Vorschläge mehrerer Vorschlagsberechtigter vor, so sind die Sitze anteilsmäßig unter billiger Berücksichtigung der Minderheiten zu verteilen.

(3) [1]Ein Mitglied ist abzuberufen, wenn

1. eine Voraussetzung für seine Berufung entfällt oder sich nachträglich herausstellt, dass sie nicht vorgelegen hat,
2. das Mitglied seine Amtspflicht grob verletzt,
3. die vorschlagende Stelle es beantragt oder
4. das Mitglied es beantragt.

[2]Eine Abberufung auf Antrag der vorschlagsberechtigten Gruppe hat bei den Gruppen der Arbeitnehmerinnen und Arbeitnehmer oder der Arbeitgeber nur zu erfolgen, wenn die Mitglieder aus ihren Organisationen ausgeschlossen worden oder ausgetreten sind oder die Vorschlagsberechtigung der Stelle, die das Mitglied vorgeschlagen hat, entfallen ist.

(4) [1]Für die Berufung der stellvertretenden Mitglieder gelten Absatz 2 Satz 1, Absatz 3 Satz 1 Nr. 1, 2 und 4 sowie § 378 entsprechend. [2]Ein stellvertretendes Mitglied ist abzuberufen, wenn die benennende Gruppe dies beantragt.

§ 378 Berufungsfähigkeit. (1) Als Mitglieder der Selbstverwaltungsorgane können nur Deutsche, die das passive Wahlrecht zum Deutschen Bundestag besitzen, sowie Ausländerinnen und Ausländer, die ihren gewöhnlichen Aufenthalt rechtmäßig im Bundesgebiet haben und die die Voraussetzungen des

§ 15 des Bundeswahlgesetzes mit Ausnahme der von der Staatsangehörigkeit abhängigen Voraussetzungen erfüllen, berufen werden.

(2) Arbeitnehmerinnen und Arbeitnehmer sowie Beamtinnen und Beamte der Bundesagentur können nicht Mitglieder von Selbstverwaltungsorganen der Bundesagentur sein.

§ 379 Vorschlagsberechtigte Stellen. (1) [1] Vorschlagsberechtigt sind für die Mitglieder der Gruppen

1. der Arbeitnehmerinnen und Arbeitnehmer die Gewerkschaften, die Tarifverträge abgeschlossen haben, sowie ihre Verbände,
2. der Arbeitgeber die Arbeitgeberverbände, die Tarifverträge abgeschlossen haben, sowie ihre Vereinigungen,

die für die Vertretung von Arbeitnehmer- oder Arbeitgeberinteressen wesentliche Bedeutung haben. [2] Für die Verwaltungsausschüsse der Agenturen für Arbeit sind nur die für den Bezirk zuständigen Gewerkschaften und ihre Verbände sowie die Arbeitgeberverbände und ihre Vereinigungen vorschlagsberechtigt.

(2) Vorschlagsberechtigt für die Mitglieder der Gruppe der öffentlichen Körperschaften im Verwaltungsrat sind

1. die Bundesregierung für drei Mitglieder,
2. der Bundesrat für drei Mitglieder und
3. die Spitzenvereinigungen der kommunalen Selbstverwaltungskörperschaften für ein Mitglied.

(3) [1] Vorschlagsberechtigt für die Mitglieder der Gruppe der öffentlichen Körperschaften in den Verwaltungsausschüssen sind die gemeinsamen Rechtsaufsichtsbehörden der zum Bezirk der Agentur für Arbeit gehörenden Gemeinden und Gemeindeverbände oder, soweit es sich um oberste Landesbehörden handelt, die von ihnen bestimmten Behörden. [2] Die zum Bezirk der Agentur für Arbeit gehörenden Gemeinden und Gemeindeverbände sind berechtigt, der zuständigen Behörde Personen vorzuschlagen. [3] Einigen sie sich auf einen Vorschlag, ist die zuständige Behörde an diesen gebunden; im anderen Fall schlägt sie von sich aus Personen vor, die für die beteiligten Gemeinden oder Gemeindeverbände oder für sie tätig sein müssen. [4] Ist eine gemeinsame Gemeindeaufsichtsbehörde nicht vorhanden und einigen sich die beteiligten Gemeindeaufsichtsbehörden nicht, so steht das Vorschlagsrecht der obersten Landesbehörde oder der von ihr bezeichneten Stelle zu. [5] Mitglieder der öffentlichen Körperschaften können nur Vertreterinnen oder Vertreter der Gemeinden, der Gemeindeverbände oder der gemeinsamen Gemeindeaufsichtsbehörde sein, in deren Gebiet sich der Bezirk der Agentur für Arbeit befindet, und die bei diesen hauptamtlich oder ehrenamtlich tätig sind.

Dritter Unterabschnitt. Neutralitätsausschuss

§ 380 Neutralitätsausschuss. (1) [1] Der Neutralitätsausschuss, der Feststellungen über bestimmte Voraussetzungen über das Ruhen des Arbeitslosengeldes bei Arbeitskämpfen trifft, besteht aus

1. drei Mitgliedern, die der Gruppe der Arbeitnehmerinnen und Arbeitnehmer im Verwaltungsrat angehören,

2. drei Mitgliedern, die der Gruppe der Arbeitgeber im Verwaltungsrat angehören, sowie
3. der oder dem Vorsitzenden des Vorstands.

[2]Die Gruppe der Arbeitnehmerinnen und Arbeitnehmer sowie die Gruppe der Arbeitgeber bestimmen die sie jeweils vertretenden Personen mit einfacher Mehrheit. [3]Vorsitzende oder Vorsitzender ist die oder der Vorsitzende des Vorstands. [4]Sie oder er vertritt den Neutralitätsausschuss vor dem Bundessozialgericht.

(2) Die Vorschriften, die die Organe der Bundesagentur betreffen, gelten entsprechend, soweit Besonderheiten des Neutralitätsausschusses nicht entgegenstehen.

Dritter Abschnitt. Vorstand und Verwaltung

§ 381 Vorstand der Bundesagentur. (1) [1]Der Vorstand leitet die Bundesagentur und führt deren Geschäfte. [2]Er vertritt die Bundesagentur gerichtlich und außergerichtlich.

(2) [1]Der Vorstand besteht aus einer oder einem Vorsitzenden und zwei weiteren Mitgliedern. [2]Durch Satzung kann der Vorstand um ein weiteres Mitglied erweitert werden. [3]Die oder der Vorsitzende führt die Amtsbezeichnung „Vorsitzende des Vorstands der Bundesagentur für Arbeit" oder „Vorsitzender des Vorstands der Bundesagentur für Arbeit", die übrigen Mitglieder führen die Amtsbezeichnung „Mitglied des Vorstands der Bundesagentur für Arbeit".

(3) [1]Die oder der Vorsitzende des Vorstands bestimmt die Richtlinien der Geschäftsführung und ist bei der Benennung der übrigen Vorstandsmitglieder zu hören. [2]Innerhalb dieser Richtlinien nimmt jedes Vorstandsmitglied die Aufgaben seines Geschäftsbereiches selbständig wahr.

(4) [1]Der Vorstand gibt sich eine Geschäftsordnung, die der Zustimmung des Verwaltungsrats bedarf. [2]Die Geschäftsordnung hat insbesondere die Geschäftsverteilung im Vorstand festzulegen sowie die Stellvertretung und die Voraussetzungen für die Beschlussfassung zu regeln.

(5) [1]Die Vorstandsmitglieder dürfen dem Verwaltungsrat nicht angehören. [2]Sie sind berechtigt, an den Sitzungen des Verwaltungsrats teilzunehmen. [3]Sie können jederzeit das Wort ergreifen.

(6) Der Vorstand hat dem Verwaltungsrat regelmäßig und aus wichtigem Anlass zu berichten und ihm auf Verlangen jederzeit Auskunft über die Geschäftsführung der Bundesagentur zu erteilen.

§ 382 Rechtsstellung der Vorstandsmitglieder. (1) [1]Die oder der Vorsitzende und die übrigen Mitglieder des Vorstands werden auf Vorschlag des Verwaltungsrats von der Bundesregierung benannt. [2]Erfolgt trotz Aufforderung durch die Bundesregierung innerhalb von vier Wochen kein Vorschlag des Verwaltungsrats, erlischt das Vorschlagsrecht. [3]Findet der Vorschlag des Verwaltungsrats nicht die Zustimmung der Bundesregierung, kann der Verwaltungsrat innerhalb von vier Wochen einen neuen Vorschlag unterbreiten. [4]Das Letztentscheidungsrecht der Bundesregierung bleibt von diesem Verfahren unberührt.

(2) [1]Die oder der Vorsitzende und die übrigen Mitglieder des Vorstands stehen in einem öffentlich-rechtlichen Amtsverhältnis. [2]Sie werden von der Bundespräsidentin oder dem Bundespräsidenten ernannt. [3]Die Amtszeit der Mitglieder des Vorstands soll fünf Jahre betragen. [4]Mehrere Amtszeiten sind zulässig.

(3) [1]Das Amtsverhältnis der Vorstandsmitglieder beginnt mit der Aushändigung der Ernennungsurkunde, wenn nicht in der Urkunde ein späterer Tag bestimmt ist. [2]Es endet mit Ablauf der Amtszeit, Erreichen der Altersgrenze nach § 51 Abs. 1 und 2 des Bundesbeamtengesetzes oder Entlassung. [3]Die Bundespräsidentin oder der Bundespräsident entlässt ein Vorstandsmitglied auf dessen Verlangen. [4]Eine Entlassung erfolgt auch auf Beschluss der Bundesregierung oder des Verwaltungsrats mit Zustimmung der Bundesregierung, wenn das Vertrauensverhältnis gestört ist oder ein wichtiger Grund vorliegt. [5]Im Falle der Beendigung des Amtsverhältnisses erhält das Vorstandsmitglied eine von der Bundespräsidentin oder dem Bundespräsidenten vollzogene Urkunde. [6]Eine Entlassung wird mit der Aushändigung der Urkunde wirksam. [7]Auf Verlangen des Verwaltungsrats mit Zustimmung des Bundesministeriums für Arbeit und Soziales ist ein Vorstandsmitglied verpflichtet, die Geschäfte bis zur Ernennung einer Nachfolgerin oder eines Nachfolgers weiterzuführen.

(4) [1]Die Mitglieder des Vorstands haben, auch nach Beendigung ihres Amtsverhältnisses, über die ihnen amtlich bekannt gewordenen Angelegenheiten Verschwiegenheit zu bewahren. [2]Dies gilt nicht für Mitteilungen im dienstlichen Verkehr oder über Tatsachen, die offenkundig sind oder ihrer Bedeutung nach keiner Geheimhaltung bedürfen.

(5) [1]Die Vorstandsmitglieder dürfen neben ihrem Amt kein anderes besoldetes Amt, kein Gewerbe und keinen Beruf ausüben und weder der Leitung eines auf Erwerb gerichteten Unternehmens noch einer Regierung oder einer gesetzgebenden Körperschaft des Bundes oder eines Landes angehören. [2]Sie dürfen nicht gegen Entgelt außergerichtliche Gutachten abgeben. [3]Für die Zugehörigkeit zu einem Aufsichtsrat, Verwaltungsrat, Beirat oder einem anderen Gremium eines öffentlichen oder privaten Unternehmens oder einer sonstigen Einrichtung ist die Einwilligung des Bundesministeriums für Arbeit und Soziales erforderlich; dieses entscheidet, inwieweit eine Vergütung abzuführen ist.

(6) [1]Im Übrigen werden die Rechtsverhältnisse der Vorstandsmitglieder, insbesondere die Gehalts- und Versorgungsansprüche und die Haftung, durch Verträge geregelt, die das Bundesministerium für Arbeit und Soziales mit den Mitgliedern des Vorstands schließt. [2]Die Verträge bedürfen der Zustimmung der Bundesregierung. [3]Der Vollzug der vertraglichen Regelung obliegt der Bundesagentur.

(7) [1]Wird eine Bundesbeamtin oder ein Bundesbeamter zum Mitglied des Vorstands ernannt, ruhen für die Dauer des Amtsverhältnisses die in dem Beamtenverhältnis begründeten Rechte und Pflichten mit Ausnahme der Pflicht zur Amtsverschwiegenheit und des Verbots der Annahme von Belohnungen oder Geschenken. [2]Satz 1 gilt längstens bis zum Eintritt oder bis zur Versetzung in den Ruhestand

(8) Endet das Amtsverhältnis nach Absatz 2 und wird die oder der Betroffene nicht anschließend in ein anderes öffentlich-rechtliches Amtsverhältnis zum Bund berufen, treten Beamtinnen und Beamte, wenn ihnen nicht innerhalb

von drei Monaten unter den Voraussetzungen des § 28 Abs. 2 des Bundesbeamtengesetzes oder vergleichbarer landesrechtlicher Regelungen ein anderes Amt übertragen wird, mit Ablauf dieser Frist aus ihrem Dienstverhältnis als Beamtinnen oder Beamte in den einstweiligen Ruhestand, sofern sie zu diesem Zeitpunkt noch nicht die gesetzliche Altersgrenze erreicht haben.

§ 383 Geschäftsführung der Agenturen für Arbeit. (1) [1] Die Agenturen für Arbeit werden von einer Geschäftsführerin, einem Geschäftsführer oder einer Geschäftsführung geleitet. [2] Eine Geschäftsführung besteht aus einer oder einem Vorsitzenden und bis zu zwei weiteren Mitgliedern.

(2) [1] Die Geschäftsführerin, der Geschäftsführer oder die Mitglieder der Geschäftsführung werden vom Vorstand bestellt. [2] Der Vorstand hört die Verwaltungsausschüsse zu den von ihm ausgewählten Bewerberinnen und Bewerbern.

(3) [1] Die Geschäftsführerin, der Geschäftsführer oder die Mitglieder der Geschäftsführung sind berechtigt, an den Sitzungen des Verwaltungsausschusses teilzunehmen. [2] Sie können jederzeit das Wort ergreifen.

(4) Die Geschäftsführerin, der Geschäftsführer oder die Geschäftsführung haben dem Verwaltungsausschuss regelmäßig und aus wichtigem Anlass zu berichten und ihm auf Verlangen jederzeit Auskunft über die Geschäfte der Agentur für Arbeit zu erteilen.

§ 384 Geschäftsführung der Regionaldirektionen. (1) [1] Die Regionaldirektionen werden von einer Geschäftsführung geleitet. [2] Die Geschäftsführung besteht aus einer oder einem Vorsitzenden und zwei weiteren Mitgliedern.

(2) Die Mitglieder werden vom Vorstand bestellt; vor der Bestellung der vorsitzenden Mitglieder der Geschäftsführung hat der Vorstand den Verwaltungsrat und die beteiligten Landesregierungen anzuhören.

§ 385 Beauftragte für Chancengleichheit am Arbeitsmarkt. (1) [1] Bei den Agenturen für Arbeit, bei den Regionaldirektionen und bei der Zentrale sind hauptamtliche Beauftragte für Chancengleichheit am Arbeitsmarkt zu bestellen. [2] Sie sind unmittelbar der jeweiligen Dienststellenleitung zugeordnet.

(2) [1] Die Beauftragten für Chancengleichheit am Arbeitsmarkt unterstützen und beraten Arbeitgeber, Arbeitnehmerinnen und Arbeitnehmer sowie deren Organisationen in übergeordneten Fragen der Frauenförderung, der Gleichstellung von Frauen und Männern am Arbeitsmarkt sowie der Vereinbarkeit von Familie und Beruf bei beiden Geschlechtern. [2] Hierzu zählen insbesondere Fragen der beruflichen Ausbildung, des beruflichen Einstiegs und Fortkommens von Frauen und Männern nach einer Familienphase sowie hinsichtlich einer flexiblen Arbeitszeitgestaltung. [3] Zur Sicherung der gleichberechtigten Teilhabe von Frauen am Arbeitsmarkt arbeiten sie mit den in Fragen der Frauenerwerbsarbeit tätigen Stellen ihres Bezirks zusammen.

(3) [1] Die Beauftragten für Chancengleichheit am Arbeitsmarkt sind bei der frauen- und familiengerechten fachlichen Aufgabenerledigung ihrer Dienststellen zu beteiligen. [2] Sie haben ein Informations-, Beratungs- und Vorschlagsrecht in Fragen, die Auswirkungen auf die Chancengleichheit von Frauen und Männern am Arbeitsmarkt haben.

(4) [1] Die Beauftragten für Chancengleichheit am Arbeitsmarkt bei den Agenturen für Arbeit können mit weiteren Aufgaben beauftragt werden, soweit die

Aufgabenerledigung als Beauftragte für Chancengleichheit am Arbeitsmarkt dies zulässt. [2]In Konfliktfällen entscheidet der Verwaltungsausschuss.

§ 386 Innenrevision. (1) [1]Die Bundesagentur stellt durch organisatorische Maßnahmen sicher, dass in allen Dienststellen durch eigenes nicht der Dienststelle angehörendes Personal geprüft wird, ob Leistungen unter Beachtung der gesetzlichen Bestimmungen nicht hätten erbracht werden dürfen oder zweckmäßiger oder wirtschaftlicher hätten eingesetzt werden können. [2]Mit der Durchführung der Prüfungen können Dritte beauftragt werden.

(2) Das Prüfpersonal der Bundesagentur ist für die Zeit seiner Prüftätigkeit fachlich unmittelbar der Leitung der Dienststelle unterstellt, in der es beschäftigt ist.

(3) [1]Der Vorstand legt die Berichte der Innenrevision unverzüglich dem Verwaltungsrat vor. [2]Vertreterinnen oder Vertreter der Innenrevision sind berechtigt, an den Sitzungen des Verwaltungsrats teilzunehmen, wenn ihre Berichte Gegenstand der Beratung sind. [3]Sie können jederzeit das Wort ergreifen.

§ 387 Personal der Bundesagentur. (1) [1]Das Personal der Bundesagentur besteht vorrangig aus Arbeitnehmerinnen und Arbeitnehmern. [2]Die Beamtinnen und Beamten der Bundesagentur sind Bundesbeamte.

(2) [1]Oberste Dienstbehörde für die Beamtinnen und Beamten der Bundesagentur ist der Vorstand. [2]Soweit beamtenrechtliche Vorschriften die Übertragung der Befugnisse von obersten Dienstbehörden auf nachgeordnete Behörden zulassen, kann der Vorstand seine Befugnisse im Rahmen dieser Vorschriften auf die Geschäftsführerinnen, Geschäftsführer oder Vorsitzenden der Geschäftsführungen der Agenturen für Arbeit, auf die Vorsitzenden der Geschäftsführungen der Regionaldirektionen und die Leitungen der besonderen Dienststellen übertragen. [3]§ 144 Abs. 1 des Bundesbeamtengesetzes und § 83 Abs. 1 des Bundesdisziplinargesetzes bleiben unberührt.

(3) [1]Beamtinnen und Beamte der Bundesagentur können auf Antrag zur Wahrnehmung einer hauptberuflichen Tätigkeit in einem befristeten Arbeits- oder Anstellungsverhältnis bei der Bundesagentur unter Wegfall der Besoldung beurlaubt werden, soweit das Beamtenverhältnis mindestens drei Jahre besteht und dienstliche Gründe nicht entgegenstehen. [2]Eine Beurlaubung ist nur zulässig, wenn der Beamtin oder dem Beamten in dem Arbeits- oder Anstellungsverhältnis eine Funktion übertragen wird, die höher als die bisher übertragene Funktion bewertet ist. [3]Die Bewilligung der Beurlaubung dient dienstlichen Interessen und ist auf längstens zehn Jahre zu befristen. [4]Verlängerungen sind zulässig. [5]Bei Abschluss eines Anstellungsvertrags nach § 389 Absatz 1 verlängert sich die Beurlaubung um die Zeit, die im Anstellungsverhältnis zu erbringen ist. [6]Die Bewilligung der Beurlaubung kann aus zwingenden dienstlichen Gründen widerrufen werden. [7]Bei Beendigung oder Ruhen des Arbeitsverhältnisses ist die Bewilligung der Beurlaubung grundsätzlich zu widerrufen. [8]Sie kann auf Antrag der beurlaubten Beamtin oder des beurlaubten Beamten auch widerrufen werden, wenn ihr oder ihm eine Fortsetzung der Beurlaubung nicht zumutbar ist und dienstliche Belange nicht entgegenstehen.

(4) Die beurlaubten Beamtinnen und Beamten sind im Rahmen ihrer hauptberuflichen Tätigkeit nach Absatz 3 Satz 1 nicht versicherungspflichtig im Anwendungsbereich dieses Buches, in der gesetzlichen Kranken- und Rentenversicherung sowie in der sozialen Pflegeversicherung.

(5) [1]Die Zeit der hauptberuflichen Tätigkeit der nach Absatz 3 Satz 1 beurlaubten Beamtinnen und Beamten ist ruhegehaltfähig. [2]Die Voraussetzungen des § 28 Abs. 1 Satz 1 des Bundesbesoldungsgesetzes gelten für die Zeit der Beurlaubung als erfüllt. [3]Ein Versorgungszuschlag wird nicht erhoben. [4]Die Anwartschaft der beurlaubten Beamtinnen und Beamten auf Versorgung bei verminderter Erwerbsfähigkeit und im Alter sowie auf Hinterbliebenenversorgung nach beamtenrechtlichen Vorschriften und Grundsätzen ist gewährleistet.

(6) [1]Während der hauptberuflichen Tätigkeit nach Absatz 3 Satz 1 besteht im Krankheitsfall ein zeitlich unbegrenzter Anspruch auf Entgeltfortzahlung in Höhe der Besoldung, die der beurlaubten Beamtin oder dem beurlaubten Beamten vor der Beurlaubung zugestanden hat, mindestens jedoch in Höhe des Krankengeldes, das der beurlaubten Beamtin oder dem beurlaubten Beamten nach den §§ 44ff. des Fünften Buches[1)] zustehen würde. [2]Entgeltansprüche, die der beurlaubten Beamtin oder dem beurlaubten Beamten im Krankheitsfall nach dem Entgeltfortzahlungsgesetz, einem Tarifvertrag oder dem Arbeits- oder Anstellungsvertrag zustehen, bleiben unberührt und werden auf den Entgeltfortzahlungsanspruch nach Satz 1 angerechnet. [3]Darüber hinaus besteht bei Krankheit und Pflegebedürftigkeit ein Anspruch auf Beihilfe in entsprechender Anwendung der Beihilferegelungen für Beamtinnen und Beamte mit Dienstbezügen.

(7) [1]Werden einer Beamtin oder einem Beamten der Bundesagentur mit Bestellung zur Geschäftsführerin oder zum Geschäftsführer einer gemeinsamen Einrichtung nach § 44d Absatz 2 Satz 1 des Zweiten Buches[2)] Aufgaben eines höherwertigen Amtes übertragen, erhält sie oder er ab dem siebten Monat der ununterbrochenen Wahrnehmung dieser Aufgaben im Beamtenverhältnis eine Zulage, wenn in diesem Zeitpunkt die haushaltsrechtlichen Voraussetzungen für die Übertragung dieses Amtes vorliegen. [2]Die Zulage wird in Höhe des Unterschiedsbetrages zwischen dem Grundgehalt ihrer oder seiner Besoldungsgruppe und dem Grundgehalt der Besoldungsgruppe gezahlt, der das höherwertige Amt zugeordnet ist, höchstens jedoch der dritten folgenden Besoldungsgruppe.

§ 388 Ernennung der Beamtinnen und Beamten. (1) Der Vorstand ernennt die Beamtinnen und Beamten.

(2) [1]Der Vorstand kann seine Befugnisse auf Bedienstete der Bundesagentur übertragen. [2]Er bestimmt im Einzelnen, auf wen die Ernennungsbefugnisse übertragen werden.

§ 389 Anstellungsverhältnisse oberster Führungskräfte. (1) [1]Folgende Funktionen werden vorrangig in einem befristeten außertariflichen Arbeitsverhältnis oberster Führungskräfte (Anstellungsverhältnis) übertragen:

1. die Funktion einer Geschäftsführerin oder eines Geschäftsführers bei der Zentrale der Bundesagentur,
2. die Funktion einer Bereichsleiterin oder eines Bereichsleiters mit herausgehobenen Aufgaben bei der Zentrale der Bundesagentur,

---

1) Nr. 5.
2) Nr. 2.

3. die Funktionen der oder des Vorsitzenden der Geschäftsführung einer Regionaldirektion und der ständigen Vertreterin oder des ständigen Vertreters der oder des Vorsitzenden der Geschäftsführung einer Regionaldirektion,
4. die Funktion der Leiterin oder des Leiters der Familienkasse sowie
5. die Funktionen der Leiterin oder des Leiters und der stellvertretenden Leiterin oder des stellvertretenden Leiters des Instituts für Arbeitsmarkt- und Berufsforschung.

[2] Ein Anstellungsverhältnis darf jeweils die Dauer von fünf Jahren nicht überschreiten. [3] Es kann wiederholt begründet werden. [4] Wenn Beschäftigte zum Zeitpunkt der Übertragung in einem Arbeitsverhältnis zur Bundesagentur stehen, wird die Funktion ausschließlich im Anstellungsverhältnis übertragen. [5] Vor Begründung eines Anstellungsverhältnisses ist der Verwaltungsrat der Bundesagentur zu beteiligen. [6] Bei Übertragung im Beamtenverhältnis gilt § 24 Absatz 1 bis 4 und 6 des Bundesbeamtengesetzes.

(2) [1] Beamtinnen und Beamte, die ein Anstellungsverhältnis begründen, kehren nach Beendigung ihres Anstellungsverhältnisses in das ihnen vor der Beurlaubung nach § 387 Absatz 3 zuletzt übertragene Amt zurück, es sei denn, sie haben zu diesem Zeitpunkt die für sie geltende Altersgrenze erreicht. [2] Sie erhalten die Besoldung aus dem vor der Beurlaubung nach § 387 Absatz 3 zuletzt wahrgenommenen Amt.

(3) Für die Dauer eines Anstellungsverhältnisses ruhen die Rechte und Pflichten aus einem mit der Bundesagentur bereits bestehenden Arbeitsverhältnis.

§ 390 Außertarifliche Arbeitsbedingungen und Vergütungen.

(1) [1] Der Vorstand regelt mit Zustimmung des Verwaltungsrats und im Benehmen mit dem Bundesministerium für Arbeit und Soziales und dem Bundesministerium der Finanzen die Bedingungen, unter denen die Bundesagentur Anstellungsverträge mit obersten Führungskräften und Arbeitsverträge mit den sonstigen Beschäftigten schließt, für die kein Tarifvertrag der Bundesagentur gilt (obere Führungskräfte und herausgehobene Fachkräfte). [2] Die Funktionen der Beschäftigten nach Satz 1 sind jeweils einer von mehreren Tätigkeitsebenen zuzuordnen. [3] Im Haushaltsplan der Bundesagentur ist für die Vergütung der in Satz 1 genannten Beschäftigten ein gesonderter Titel auszubringen. [4] Dabei ist in einer verbindlichen Erläuterung zum Titel und im verbindlichen Stellenplan die Anzahl der Beschäftigten nach Satz 1 nach Tätigkeitsebenen gegliedert festzulegen. [5] Für die Tätigkeitsebenen ist jeweils die Spannbreite der jährlichen Gesamtvergütungen sowie die dieser entsprechende Spannbreite der Besoldungsgruppen nach dem Bundesbesoldungsgesetz auszuweisen.

(2) [1] Die nach Absatz 1 Satz 1 zu regelnde Vergütung besteht aus einem Festgehalt, zu dem Zulagen gezahlt werden können. [2] Zusätzlich können ein individueller leistungsbezogener Bestandteil sowie eine am Grad der Zielerreichung der Bundesagentur oder ihrer Dienststellen ausgerichtete geschäftspolitische Ergebniskomponente geleistet werden.

(3) [1] Die Vergütung nach Absatz 2 Satz 1 hat sich an den Grundgehältern der Bundesbesoldungsordnungen A und B auszurichten. [2] Für die Zuordnung von Festgehalt und Zulagen sind die mit der übertragenen Funktion verbundene Aufgaben- und Personalverantwortung, die Schwierigkeit der Aufgabe und die Bedeutung der Funktion oder der Grad der Anforderungen und Belastungen

maßgeblich. [3]Die Summe aus Festgehalt und Zulagen darf für oberste Führungskräfte die Grundgehälter der Bundesbesoldungsordnung B, für obere Führungskräfte und herausgehobene Fachkräfte die Endgrundgehälter der Bundesbesoldungsordnung A, jeweils zuzüglich des Familienzuschlags der Stufe 2, der Bundesbeamtinnen und Bundesbeamten in vergleichbaren Funktionen nicht übersteigen. [4]Dabei darf für oberste Führungskräfte das Grundgehalt der Besoldungsgruppe B 7 der Bundesbesoldungsordnung B zuzüglich des Familienzuschlags der Stufe 2 nicht überschritten werden. [5]§ 44d Absatz 7 des Zweiten Buches[1)] bleibt unberührt.

(4) [1]Der leistungsbezogene Bestandteil nach Absatz 2 Satz 2 hat sich an der individuellen Leistung der oder des Beschäftigten zu bemessen. [2]Er darf nicht mehr als 20 Prozent des Festgehalts betragen. [3]Die geschäftspolitische Ergebniskomponente ist auf jährlich höchstens 10 Prozent des nach Absatz 2 Satz 1 vorgesehenen niedrigsten Jahresfestgehalts zu begrenzen. [4]Der Vorstand der Bundesagentur stellt unter vorheriger Beteiligung des Verwaltungsrats fest, zu welchem leistungsorientierten Grad die Ziele erreicht wurden, die für die geschäftspolitische Ergebniskomponente maßgeblich sind. [5]Grundlage dafür ist ein mit dem Verwaltungsrat abgestimmtes geeignetes Ziele-, Kennzahlen- und Messgrößensystem.

(5) [1]Die Vergütung nach Absatz 2 Satz 1 nimmt an den Änderungen des höchsten Festgehalts für tariflich Beschäftigte der Bundesagentur teil. [2]Die Regelung nach Absatz 3 Satz 3 und 4 bleibt davon unberührt.

(6) [1]Der Vorstand kann mit Zustimmung des Verwaltungsrats im Einzelfall Beschäftigten nach Absatz 1 Satz 1 eine weitere Zulage zahlen, wenn ein Dienstposten auf Grund besonderer Anforderungen nicht zu den Bedingungen der Absätze 3 und 4 besetzt werden oder besetzt bleiben kann. [2]§ 44d Absatz 7 des Zweiten Buches bleibt unberührt. [3]Für solche Einzelfälle sind folgende Angaben auszuweisen:

1. ein entsprechender Betrag in dem Titel nach Absatz 1 Satz 3 und
2. die Anzahl der Beschäftigten, die eine Zulage nach Satz 1 erhalten können, in einer verbindlichen Erläuterung zum Titel nach Absatz 1 Satz 3 und im verbindlichen Stellenplan.

§ 391 *(aufgehoben)*

§ 392 Obergrenzen für Beförderungsämter. Bei der Bundesagentur können die nach § 17a Absatz 1 der Bundeshaushaltsordnung zulässigen Obergrenzen für Beförderungsämter nach Maßgabe sachgerechter Bewertung überschritten werden, soweit dies zur Vermeidung von Verschlechterungen der Beförderungsverhältnisse infolge einer Verminderung von Planstellen erforderlich ist.

Vierter Abschnitt. Aufsicht

§ 393 Aufsicht. (1) [1]Die Aufsicht über die Bundesagentur führt das Bundesministerium für Arbeit und Soziales. [2]Sie erstreckt sich darauf, dass Gesetze und sonstiges Recht beachtet werden.

[1)] Nr. 2.

(2) Dem Bundesministerium für Arbeit und Soziales ist jährlich ein Geschäftsbericht vorzulegen, der vom Vorstand zu erstatten und vom Verwaltungsrat zu genehmigen ist.

Fünfter Abschnitt. Datenschutz

§ 394 Verarbeitung von Sozialdaten durch die Bundesagentur.

(1) [1] Die Bundesagentur darf Sozialdaten nur verarbeiten, soweit dies zur Erfüllung ihrer gesetzlich vorgeschriebenen oder zugelassenen Aufgaben erforderlich ist. [2] Ihre Aufgaben nach diesem Buch sind

1. die Feststellung eines Versicherungspflichtverhältnisses einschließlich einer Versicherungsfreiheit,
2. die Erbringung von Leistungen der Arbeitsförderung,
3. die Erstellung von Statistiken, Arbeitsmarkt- und Berufsforschung, Berichterstattung,
4. die Überwachung der Beratung und Vermittlung durch Dritte,
5. die Zustimmung zur Zulassung der Beschäftigung nach dem Aufenthaltsgesetz, die Zustimmung zur Anwerbung aus dem Ausland sowie die Erteilung einer Arbeitsgenehmigung-EU,
6. die Bekämpfung von Leistungsmissbrauch und illegaler Beschäftigung,
7. die Unterrichtung der zuständigen Behörden über Anhaltspunkte von Schwarzarbeit, Nichtentrichtung von Sozialversicherungsbeiträgen oder Steuern und Verstößen gegen das Aufenthaltsgesetz,
8. die Überwachung der Melde-, Anzeige-, Bescheinigungs- und sonstiger Pflichten nach dem Achten Kapitel sowie die Erteilung von Auskünften,
9. der Nachweis von Beiträgen sowie die Erhebung von Umlagen für die ergänzenden Leistungen nach § 102 und das Insolvenzgeld,
10. die Durchführung von Erstattungs- und Ersatzansprüchen.

(2) Eine Verarbeitung für andere als die in Absatz 1 genannten Zwecke ist nur zulässig, soweit dies durch Rechtsvorschriften des Sozialgesetzbuches angeordnet oder erlaubt ist.

§ 395 Datenübermittlung an Dritte; Verarbeitung von Sozialdaten durch nicht-öffentliche Stellen. (1) Die Bundesagentur darf Dritten, die mit der Erfüllung von Aufgaben nach diesem Buch beauftragt sind, Sozialdaten übermitteln, soweit dies zur Erfüllung dieser Aufgaben erforderlich ist.

(2) Die Bundesagentur darf abweichend von § 80 Absatz 3 des Zehnten Buches[1)] zur Erfüllung ihrer Aufgaben nach diesem Buch nicht-öffentliche Stellen mit der Verarbeitung von Sozialdaten beauftragen.

§ 396 Kennzeichnungs- und Maßregelungsverbot. [1] Die Bundesagentur und von ihr beauftragte Dritte dürfen Berechtigte und Arbeitgeber bei der Speicherung oder Übermittlung von Daten nicht in einer aus dem Wortlaut nicht verständlichen oder in einer Weise kennzeichnen, die nicht zur Erfüllung ihrer Aufgaben erforderlich ist. [2] Die Bundesagentur darf an einer Maßregelung von Berechtigten oder an entsprechenden Maßnahmen gegen Arbeitgeber nicht mitwirken.

[1)] Nr. **10**.

§ 397 Automatisierter Datenabgleich. (1) [1]Soweit für die Erbringung oder die Erstattung von Leistungen nach diesem Buch erforderlich, darf die Bundesagentur Angaben zu Personen, die Leistungen nach diesem Buch beantragt haben, beziehen oder innerhalb der letzten neun Monate bezogen haben, regelmäßig automatisiert mit den folgenden nach § 36 Absatz 3 der Datenerfassungs- und Übermittlungsverordnung von der Datenstelle der Rentenversicherung übermittelten Daten abgleichen:

1. Versicherungsnummer (§ 28a Absatz 3 Satz 1 Nummer 1 des Vierten Buches[1)]),
2. Betriebsnummer des Arbeitgebers (§ 28a Absatz 3 Satz 1 Nummer 6 des Vierten Buches),
3. zuständige Einzugsstelle (§ 28a Absatz 3 Satz 1 Nummer 8 des Vierten Buches),
4. Beschäftigungsbeginn (§ 28a Absatz 3 Satz 2 Nummer 1 Buchstabe b des Vierten Buches),
5. Beschäftigungszeitraum (§ 28a Absatz 3 Satz 2 Nummer 2 Buchstabe d des Vierten Buches),
6. Personengruppenschlüssel, Beitragsgruppenschlüssel und Abgabegründe für die Meldungen (§ 28b Absatz 1 Satz 1 Nummer 1 des Vierten Buches),
7. Stornokennzeichen (§ 14 Absatz 1 der Datenerfassungs- und Übermittlungsverordnung).

[2]Satz 1 gilt auch für geringfügig Beschäftigte. [3]Bei Beschäftigten, für die Meldungen im Rahmen des Haushaltsscheckverfahrens (§ 28a Absatz 7 des Vierten Buches) erstattet werden, dürfen die nach § 28a Absatz 8 Nummer 1, 2 und 4 Buchstabe a und d des Vierten Buches übermittelten Daten abgeglichen werden. [4]Die abzugleichenden Daten dürfen von der Bundesagentur, bezogen auf einzelne Beschäftigungsverhältnisse, zusammengeführt werden. [5]Dabei können die nach § 36 Absatz 3 der Datenerfassungs- und Übermittlungsverordnung übermittelten Daten, insbesondere auch das in der Rentenversicherung oder nach dem Recht der Arbeitsförderung beitragspflichtige Arbeitsentgelt in Euro (§ 28a Absatz 3 Satz 2 Nummer 2 Buchstabe b des Vierten Buches) genutzt werden.

(2) [1]Nach Durchführung des Abgleichs hat die Bundesagentur die Daten, die für die in Absatz 1 genannten Zwecke nicht erforderlich sind, unverzüglich zu löschen. [2]Die übrigen Daten dürfen nur für die in Absatz 1 genannten Zwecke und für die Verfolgung von Straftaten und Ordnungswidrigkeiten, die im Zusammenhang mit der Beantragung oder dem Bezug von Leistungen stehen, gespeichert, verändert, genutzt, übermittelt oder in der Verarbeitung eingeschränkt werden.

§ 398 Datenübermittlung durch beauftragte Dritte. Hat die Bundesagentur eine externe Gutachterin oder einen externen Gutachter beauftragt, eine ärztliche oder psychologische Untersuchung oder Begutachtung durchzuführen, ist die Übermittlung von Daten an die Bundesagentur durch die externe Gutachterin oder den externen Gutachter zulässig, soweit dies zur Erfüllung des Auftrages erforderlich ist.

[1)] Nr. 4.

§§ 399–403 (weggefallen)

Zwölftes Kapitel. Bußgeldvorschriften

Erster Abschnitt. Bußgeldvorschriften

§ 404 Bußgeldvorschriften. (1) Ordnungswidrig handelt, wer als Unternehmerin oder Unternehmer Dienst- oder Werkleistungen in erheblichem Umfang ausführen lässt, indem sie oder er eine andere Unternehmerin oder einen anderen Unternehmer beauftragt, von dem sie oder er weiß oder fahrlässig nicht weiß, dass diese oder dieser zur Erfüllung dieses Auftrags

1. entgegen § 284 Absatz 1 oder § 4a Absatz 5 Satz 1 des Aufenthaltsgesetzes eine Ausländerin oder einen Ausländer beschäftigt oder
2. eine Nachunternehmerin oder einen Nachunternehmer einsetzt oder es zulässt, dass eine Nachunternehmerin oder ein Nachunternehmer tätig wird, die oder der entgegen § 284 Absatz 1 oder § 4a Absatz 5 Satz 1 des Aufenthaltsgesetzes eine Ausländerin oder einen Ausländer beschäftigt.

(2) Ordnungswidrig handelt, wer vorsätzlich oder fahrlässig

1. entgegen § 42 Absatz 4 oder § 287 Abs. 3 sich die dort genannte Gebühr oder den genannten Aufwendungsersatz erstatten lässt,

1a. entgegen § 82 Absatz 6 Satz 3 einen Nachweis nicht, nicht richtig, nicht vollständig oder nicht rechtzeitig erbringt,

2. entgegen § 165 Absatz 5 einen dort genannten Beschluß nicht oder nicht rechtzeitig bekanntgibt,

3. entgegen § 284 Abs. 1 oder § 4a Absatz 5 Satz 1 oder 2 des Aufenthaltsgesetzes eine Ausländerin oder einen Ausländer beschäftigt,

4. entgegen § 284 Absatz 1 oder entgegen § 4a Absatz 3 Satz 4 oder Absatz 4, § 6 Absatz 2a, § 7 Absatz 1 Satz 4 erster Halbsatz, § 16a Absatz 3 Satz 1, § 16b Absatz 3, auch in Verbindung mit Absatz 7 Satz 3, § 16b Absatz 5 Satz 3 zweiter Halbsatz, § 16c Absatz 2 Satz 3, § 16d Absatz 1 Satz 4, Absatz 3 Satz 2 oder Absatz 4 Satz 3, § 16f Absatz 3 Satz 4, § 17 Absatz 3 Satz 1, § 20 Absatz 1 Satz 4, auch in Verbindung mit Absatz 2 Satz 2, § 23 Absatz 1 Satz 4 erster Halbsatz, § 24 Absatz 6 Satz 2 erster Halbsatz oder § 25 Absatz 4 Satz 3 erster Halbsatz, Absatz 4a Satz 4 erster Halbsatz oder Absatz 4b Satz 4 erster Halbsatz des Aufenthaltsgesetzes eine Beschäftigung ausübt,

5. entgegen § 39 Absatz 4 Satz 2 des Aufenthaltsgesetzes eine Auskunft nicht, nicht richtig oder nicht rechtzeitig erteilt,

6. einer vollziehbaren Anordnung nach § 288a Abs. 1 zuwiderhandelt,

7. entgegen § 288a Abs. 2 Satz 1 eine Auskunft nicht, nicht richtig, nicht vollständig oder nicht rechtzeitig erteilt oder eine Unterlage nicht, nicht richtig, nicht vollständig oder nicht rechtzeitig vorlegt,

8. entgegen § 288a Abs. 3 Satz 2 eine Maßnahme nicht duldet,

9. einer Rechtsverordnung nach § 292 zuwiderhandelt, soweit sie für einen bestimmten Tatbestand auf diese Bußgeldvorschrift verweist,

10. *(aufgehoben)*

11. entgegen § 296 Abs. 2 oder § 296a eine Vergütung oder einen Vorschuss entgegennimmt,

12. *(aufgehoben)*
13. entgegen § 298 Abs. 2 Satz 1 eine Unterlage nicht, nicht richtig, nicht vollständig oder nicht rechtzeitig zurückgibt,
14. *(aufgehoben)*
15. *(aufgehoben)*
16. einer Rechtsverordnung nach § 352 Abs. 2 Nr. 2 oder § 357 Satz 1 zuwiderhandelt, soweit sie für einen bestimmten Tatbestand auf diese Bußgeldvorschrift verweist,
17. *(aufgehoben)*
18. *(aufgehoben)*
19. entgegen § 312 Abs. 1 Satz 1 oder 3, jeweils auch in Verbindung mit Absatz 3, eine Tatsache nicht, nicht richtig, nicht vollständig oder nicht rechtzeitig bescheinigt oder eine Arbeitsbescheinigung nicht oder nicht rechtzeitig aushändigt,

19a. entgegen § 312a Absatz 1 Satz 1 oder Satz 2, jeweils auch in Verbindung mit Satz 3, eine Tatsache nicht, nicht richtig, nicht vollständig oder nicht rechtzeitig bescheinigt,

20. entgegen § 313 Abs. 1, auch in Verbindung mit Absatz 3, Art oder Dauer der Beschäftigung oder der selbständigen Tätigkeit oder die Höhe des Arbeitsentgelts oder der Vergütung nicht, nicht richtig, nicht vollständig oder nicht rechtzeitig bescheinigt oder eine Bescheinigung nicht oder nicht rechtzeitig aushändigt,
21. entgegen § 313 Abs. 2, auch in Verbindung mit Absatz 3, einen Vordruck nicht oder nicht rechtzeitig vorlegt,
22. entgegen § 314 eine Bescheinigung nicht, nicht richtig, nicht vollständig oder nicht rechtzeitig ausstellt,
23. entgegen § 315 Abs. 1, 2 Satz 1 oder Abs. 3, jeweils auch in Verbindung mit Absatz 4, § 315 Absatz 5 Satz 1, auch in Verbindung mit Satz 2, § 316, § 317 oder als privater Arbeitgeber oder Träger entgegen § 318 Abs. 1 Satz 1 eine Auskunft nicht, nicht richtig, nicht vollständig oder nicht rechtzeitig erteilt oder entgegen § 318 Abs. 2 Satz 2 Nr. 2 eine Mitteilung an die Agentur für Arbeit nicht oder nicht rechtzeitig erteilt,
24. entgegen § 319 Abs. 1 Satz 1 Einsicht oder Zutritt nicht gewährt,
25. entgegen § 320 Abs. 1 Satz 1, Abs. 3 Satz 1 oder 2 oder Abs. 5 einen Nachweis nicht, nicht richtig oder nicht vollständig oder nicht rechtzeitig erbringt, eine Aufzeichnung nicht, nicht richtig oder nicht vollständig führt oder eine Anzeige nicht, nicht richtig, nicht vollständig oder nicht rechtzeitig erstattet,
26. entgegen § 60 Absatz 1 Satz 1 Nummer 1 des Ersten Buches[1] eine Angabe nicht, nicht richtig , nicht vollständig oder nicht rechtzeitig macht oder
27. entgegen § 60 Abs. 1 Satz 1 Nr. 2 des Ersten Buches eine Änderung in den Verhältnissen, die für einen Anspruch auf eine laufende Leistung erheblich ist, nicht, nicht richtig, nicht vollständig oder nicht rechtzeitig mitteilt.

(3) Die Ordnungswidrigkeit kann in den Fällen der Absätze 1 und 2 Nr. 3 mit einer Geldbuße bis zu fünfhunderttausend Euro, in den Fällen des Ab-

[1] Nr. 1.

satzes 2 Nr. 1, 5 bis 9 und 11 bis 13 mit einer Geldbuße bis zu dreißigtausend Euro, in den Fällen des Absatzes 2 Nr. 2, 4, 16, 26 und 27 mit einer Geldbuße bis zu fünftausend Euro, in den übrigen Fällen mit einer Geldbuße bis zu zweitausend Euro geahndet werden.

§ 405 Zuständigkeit, Vollstreckung und Unterrichtung. (1) Verwaltungsbehörden im Sinne des § 36 Abs. 1 Nr. 1 des Gesetzes über Ordnungswidrigkeiten sind in den Fällen

1. des § 404 Abs. 1 sowie des § 404 Abs. 2 Nr. 3 und 4 die Behörden der Zollverwaltung,
2. des § 404 Abs. 2 Nr. 1, 1a, 2, 5 bis 16 und 19 bis 25 die Bundesagentur,
3. des § 404 Abs. 2 Nr. 26 und 27 die Behörden der Zollverwaltung und die Bundesagentur jeweils für ihren Geschäftsbereich.

(2) [1]Die Geldbußen fließen in die Kasse der Verwaltungsbehörde, die den Bußgeldbescheid erlassen hat. [2]§ 66 des Zehnten Buches[1)] gilt entsprechend.

(3) [1]Die nach Absatz 2 Satz 1 zuständige Kasse trägt abweichend von § 105 Abs. 2 des Gesetzes über Ordnungswidrigkeiten die notwendigen Auslagen. [2]Sie ist auch ersatzpflichtig im Sinne des § 110 Abs. 4 des Gesetzes über Ordnungswidrigkeiten.

(4) Bei der Verfolgung und Ahndung der Beschäftigung oder Tätigkeit von Ausländerinnen und Ausländern ohne Genehmigung nach § 284 Abs. 1, ohne Aufenthaltstitel nach § 4a Absatz 5 Satz 1 des Aufenthaltsgesetzes oder ohne Erlaubnis oder Berechtigung nach § 4a Absatz 5 Satz 2 in Verbindung mit Absatz 4 des Aufenthaltsgesetzes sowie der Verstöße gegen die Mitwirkungspflicht gegenüber der Bundesagentur nach § 60 Absatz 1 Satz 1 Nummer 1 und 2 des Ersten Buches[2)] arbeiten die Behörden nach Absatz 1 mit den in § 2 Absatz 4 des Schwarzarbeitsbekämpfungsgesetzes genannten Behörden zusammen.

(5) [1]Die Bundesagentur unterrichtet das Gewerbezentralregister über rechtskräftige Bußgeldbescheide nach § 404 Abs. 2 Nr. 1, 5 bis 16, 19 und 20. [2]Die Behörden der Zollverwaltung unterrichten das Gewerbezentralregister über rechtskräftige Bußgeldbescheide nach § 404 Abs. 1 und 2 Nr. 3. [3]Dies gilt nur, sofern die Geldbuße mehr als 200 Euro beträgt.

(6) [1]Gerichte, Strafverfolgungs- oder Strafvollstreckungsbehörden sollen den Behörden der Zollverwaltung Erkenntnisse aus sonstigen Verfahren, die aus ihrer Sicht zur Verfolgung von Ordnungswidrigkeiten nach § 404 Abs. 1 oder 2 Nr. 3 erforderlich sind, übermitteln, soweit nicht für die übermittelnde Stelle erkennbar ist, dass schutzwürdige Interessen der oder des Betroffenen oder anderer Verfahrensbeteiligter an dem Ausschluss der Übermittlung überwiegen. [2]Dabei ist zu berücksichtigen, wie gesichert die zu übermittelnden Erkenntnisse sind.

Zweiter Abschnitt. *(aufgehoben)*

§§ 406, 407 *(aufgehoben)*

[1)] Nr. **10**.
[2)] Nr. **1**.

Dreizehntes Kapitel. Sonderregelungen

Erster Abschnitt. Sonderregelungen im Zusammenhang mit der Herstellung der Einheit Deutschlands

§ 408 Besondere Bezugsgröße und Beitragsbemessungsgrenze. Soweit Vorschriften dieses Buches bei Entgelten oder Beitragsbemessungsgrundlagen

1. an die Bezugsgröße anknüpfen, ist die Bezugsgröße für das in Artikel 3 des Einigungsvertrages genannte Gebiet (Beitrittsgebiet),
2. an die Beitragsbemessungsgrenze anknüpfen, ist die Beitragsbemessungsgrenze für das Beitrittsgebiet

maßgebend, wenn der Beschäftigungsort im Beitrittsgebiet liegt.

§§ 409–416a *(aufgehoben)*

Zweiter Abschnitt. Ergänzungen für übergangsweise mögliche Leistungen und zeitweilige Aufgaben

§ 417 Sonderregelung zum Bundesprogramm „Ausbildungsplätze sichern" . Soweit die Bundesregierung die Umsetzung des Bundesprogramms „Ausbildungsplätze sichern" der Bundesagentur überträgt, erstattet der Bund der Bundesagentur abweichend von § 363 Absatz 1 Satz 2 die durch die Umsetzung entstehenden Verwaltungskosten.

§ 418 Tragung der Beiträge zur Arbeitsförderung bei Beschäftigung älterer Arbeitnehmerinnen und Arbeitnehmer. (1) [1]Arbeitgeber, die ein Beschäftigungsverhältnis mit einer zuvor arbeitslosen Person, die das 55. Lebensjahr vollendet hat, erstmalig begründen, werden von der Beitragstragung befreit. [2]Die versicherungspflichtig beschäftigte Person trägt die Hälfte des Beitrages, der ohne die Regelung des Satzes 1 zu zahlen wäre.

(2) Vom 1. Januar 2008 an ist Absatz 1 nur noch für Beschäftigungsverhältnisse anzuwenden, die vor dem 1. Januar 2008 begründet worden sind.

§ 419 *(aufgehoben)*

§ 420 Versicherungsfreiheit von Teilnehmerinnen und Teilnehmern des Programms Soziale Teilhabe am Arbeitsmarkt. Versicherungsfrei sind Personen in einer Beschäftigung, die im Rahmen des Bundesprogramms „Soziale Teilhabe am Arbeitsmarkt" durch Zuwendungen des Bundes gefördert wird.

§ 420a *(aufgehoben)*

§ 421 Förderung der Teilnahme an Sprachkursen. (1) [1]Die Agentur für Arbeit kann die Teilnahme von Ausländerinnen und Ausländern, die eine Aufenthaltsgestattung besitzen und bei denen ein rechtmäßiger und dauerhafter Aufenthalt zu erwarten ist, an Maßnahmen zur Erlangung erster Kenntnisse der deutschen Sprache fördern, wenn dies zu ihrer Eingliederung notwendig ist und der Maßnahmeeintritt bis zum 31. Dezember 2015 erfolgt. [2]Dies gilt auch für Ausländerinnen und Ausländer nach Satz 1, die auf Grund des § 61 des Asylgesetzes eine Erwerbstätigkeit nicht ausüben dürfen. [3]Bei einem Asylbewerber, der aus einem sicheren Herkunftsstaat nach § 29a des Asylgesetzes stammt, wird vermutet, dass ein rechtmäßiger und dauerhafter Aufenthalt nicht zu erwarten ist.

(2) [1] Die Dauer der Teilnahme an der Maßnahme beträgt bis zu acht Wochen. [2] Die Teilnahme kann durch Übernahme der Maßnahmekosten gefördert werden, wenn die Träger die erforderliche Leistungsfähigkeit und Zuverlässigkeit besitzen.

(3) Dem Träger werden als Maßnahmekosten erstattet:

1. die angemessenen Aufwendungen für das zur Durchführung der Maßnahme eingesetzte erforderliche Personal sowie für das erforderliche Leitungs- und Verwaltungspersonal,
2. die angemessenen Sachkosten einschließlich der Kosten für Lehr- und Lernmittel und
3. die erforderlichen Fahrkosten der Teilnehmenden.

(4) Die Berechtigung der Ausländerin oder des Ausländers zur Teilnahme an einem Integrationskurs schließt eine Förderung nach Absatz 1 nicht aus.

(5) Die Leistungen nach dieser Vorschrift sind Leistungen der aktiven Arbeitsförderung im Sinne des § 3 Absatz 1 und 2.

§ 421a Arbeiten in Maßnahmen des Arbeitsmarktprogramms Flüchtlingsintegrationsmaßnahmen. [1] Arbeiten in Maßnahmen, die durch das Arbeitsmarktprogramm Flüchtlingsintegrationsmaßnahmen bereitgestellt werden, begründen kein Arbeitsverhältnis im Sinne des Arbeitsrechts und kein Beschäftigungsverhältnis im Sinne des Vierten Buches[1)]; die Vorschriften über den Arbeitsschutz und das Bundesurlaubsgesetz mit Ausnahme der Regelungen über das Urlaubsentgelt sind entsprechend anzuwenden. [2] Für Schäden bei der Ausübung ihrer Tätigkeit haften die Teilnehmerinnen und Teilnehmer an den Maßnahmen wie Arbeitnehmerinnen und Arbeitnehmer.

§ 421b Erprobung einer zentralen Servicestelle für anerkennungssuchende Fachkräfte im Ausland. [1] Die Bundesagentur berät im Rahmen eines Modellvorhabens Personen, die sich nicht nur vorübergehend im Ausland aufhalten, zu den Möglichkeiten der Anerkennung ausländischer Berufsabschlüsse und damit im Zusammenhang stehenden aufenthaltsrechtlichen Fragen und begleitet sie bei der Durchführung der entsprechenden Verfahren. [2] Das Modellvorhaben ist bis zum 31. Dezember 2023 befristet. [3] § 363 Absatz 1 Satz 2 findet keine Anwendung.

§ 421c Vorübergehende Sonderregelungen im Zusammenhang mit Kurzarbeit. (1) In der Zeit vom 1. Januar 2021 bis zum Ablauf des 31. Dezember 2021 wird Entgelt aus einer geringfügigen Beschäftigung nach § 8 Absatz 1 Nummer 1 des Vierten Buches[1)], die während des Bezugs von Kurzarbeitergeld aufgenommen worden ist, abweichend von § 106 Absatz 3 dem Ist-Entgelt nicht hinzugerechnet.

(2) [1] Abweichend von § 105 beträgt das Kurzarbeitergeld bis zum 31. Dezember 2021

1. für Arbeitnehmerinnen und Arbeitnehmer, die beim Arbeitslosengeld die Voraussetzungen für den erhöhten Leistungssatz erfüllen würden, ab dem

[1)] Nr. 4.

vierten Bezugsmonat 77 Prozent und ab dem siebten Bezugsmonat 87 Prozent,

2. für die übrigen Arbeitnehmerinnen und Arbeitnehmer ab dem vierten Bezugsmonat 70 Prozent und ab dem siebten Bezugsmonat 80 Prozent

der Nettoentgeltdifferenz im Anspruchszeitraum, wenn der Anspruch auf Kurzarbeitergeld bis zum 31. März 2021 entstanden ist und wenn die Differenz zwischen Soll- und Ist-Entgelt im jeweiligen Bezugsmonat mindestens 50 Prozent beträgt. [2] Für die Berechnung der Bezugsmonate sind Monate mit Kurzarbeit ab März 2020 zu berücksichtigen.

§ 421d Vorübergehende Sonderregelungen zum Arbeitslosengeld.

(1) Für Personen, deren Anspruch auf Arbeitslosengeld sich in der Zeit vom 1. Mai 2020 bis zum 31. Dezember 2020 auf einen Tag gemindert hat, verlängert sich die Anspruchsdauer einmalig um drei Monate.

(2) [1] Für Zeiten, in denen die durchschnittliche regelmäßige wöchentliche Arbeitszeit der oder des Arbeitslosen auf Grund einer kollektiv-rechtlichen Beschäftigungssicherungsvereinbarung, die ab dem 1. März 2020 geschlossen oder wirksam geworden ist, vorübergehend vermindert war, gilt ergänzend zu § 151 Absatz 3, dass als Arbeitsentgelt das Arbeitsentgelt zu Grunde zu legen ist, das die oder der Arbeitslose ohne diese Vereinbarung und ohne Mehrarbeit erzielt hätte; insoweit gilt § 150 Absatz 2 Satz 1 Nummer 5 nicht. [2] Satz 1 gilt nur für Zeiten mit Anspruch auf Arbeitsentgelt im Zeitraum vom 1. März 2020 bis zum 31. Dezember 2022. [3] Sind Ansprüche auf Arbeitslosengeld vor dem 10. Dezember 2020 entstanden, so sind die Sätze 1 und 2 anzuwenden, wenn die oder der Arbeitslose dies verlangt und die zur Ermittlung des Bemessungsentgelts erforderlichen Tatsachen nachweist.

(3) [1] Abweichend von § 146 Absatz 2 besteht für das Kalenderjahr 2020 der Anspruch auf Leistungsfortzahlung für jedes Kind längstens für 15 Tage, bei alleinerziehenden Arbeitslosen längstens für 30 Tage; Arbeitslosengeld wird insgesamt für nicht mehr als 35 Tage, für alleinerziehende Arbeitslose für nicht mehr als 70 Tage fortgezahlt; für das Kalenderjahr 2021 besteht der Anspruch auf Leistungsfortzahlung für jedes Kind längstens für 20 Tage, bei alleinerziehenden Arbeitslosen längstens für 40 Tage; Arbeitslosengeld wird insgesamt für nicht mehr als 45 Tage, für alleinerziehende Arbeitslose für nicht mehr als 90 Tage fortgezahlt. [2] Satz 1 ist nur anzuwenden, wenn die oder der Arbeitslose dies verlangt und die übrigen Voraussetzungen vorliegen.

§ 421e Vorübergehende Sonderregelungen im Zusammenhang mit dem Austritt des Vereinigten Königreichs Großbritannien und Nordirland aus der Europäischen Union. (1) Die Mitteilungspflicht der Bundesagentur für Arbeit nach § 172 Absatz 1 ist entsprechend für insolvente Arbeitgeber anzuwenden, die auch im Vereinigten Königreich Großbritannien und Nordirland tätig sind, wenn das Insolvenzereignis vor dem Tag nach dem Ende des Übergangszeitraums gemäß Teil Vier des Abkommens über den Austritt des Vereinigten Königreichs Großbritannien und Nordirland aus der Europäischen Union und der Europäischen Atomgemeinschaft vom 24. Januar 2020 (ABl. L 29 vom 31.1.2020, S. 7) liegt.

(2) Leistungsberechtigten Personen, die

1. laufende Geldleistungen nach diesem Buch bereits vor dem Tag nach dem Ende des Übergangszeitraums gemäß Teil Vier des Abkommens über den

Austritt des Vereinigten Königreichs Großbritannien und Nordirland aus der Europäischen Union und der Europäischen Atomgemeinschaft bezogen haben und

2. ihr Konto bei einem Geldinstitut im Vereinigten Königreich Großbritannien und Nordirland bereits vor dem Tag nach dem Ende des Übergangszeitraums gemäß dem Vierten Teil des Abkommens über den Austritt des Vereinigten Königreichs Großbritannien und Nordirland aus der Europäischen Union und der Europäischen Atomgemeinschaft hatten,

werden Geldleistungen abweichend von § 337 Absatz 1 Satz 1 ohne Abzug der dadurch veranlassten Kosten ausgezahlt, solange die leistungsberechtigten Personen die laufende Geldleistung beziehen und weiterhin ihr Konto bei einem Geldinstitut im Vereinigten Königreich Großbritannien und Nordirland haben.

§§ 421f–421u *(aufgehoben bzw. nicht mehr belegt)*

Dritter Abschnitt. Grundsätze bei Rechtsänderungen

§ 422 Leistungen der aktiven Arbeitsförderung. (1) Wird dieses Gesetzbuch geändert, so sind, soweit nichts Abweichendes bestimmt ist, auf Leistungen der aktiven Arbeitsförderung bis zum Ende der Leistungen oder der Maßnahme die Vorschriften in der vor dem Tag des Inkrafttretens der Änderung geltenden Fassung weiter anzuwenden, wenn vor diesem Tag

1. der Anspruch entstanden ist,
2. die Leistung zuerkannt worden ist oder
3. die Maßnahme begonnen hat, wenn die Leistung bis zum Beginn der Maßnahme beantragt worden ist.

(2) Ist eine Leistung nur für einen begrenzten Zeitraum zuerkannt worden, richtet sich eine Verlängerung nach den zum Zeitpunkt der Entscheidung über die Verlängerung geltenden Vorschriften.

§§ 423, 424 *(aufgehoben)*

Vierter Abschnitt. Sonderregelungen im Zusammenhang mit der Einordnung des Arbeitsförderungsrechts in das Sozialgesetzbuch

§ 425 Übergang von der Beitrags- zur Versicherungspflicht. Zeiten einer die Beitragspflicht begründenden Beschäftigung sowie sonstige Zeiten der Beitragspflicht nach dem Arbeitsförderungsgesetz in der zuletzt geltenden Fassung gelten als Zeiten eines Versicherungspflichtverhältnisses.

§§ 426, 427 *(aufgehoben)*

§ 427a Gleichstellung von Mutterschaftszeiten. (1) Für Personen, die in der Zeit vom 1. Januar 1998 bis zum 31. Dezember 2002 Sonderunterstützung nach dem Mutterschutzgesetz oder Mutterschaftsgeld bezogen haben, gilt für die Erfüllung der für einen Anspruch auf Arbeitslosengeld erforderlichen Anwartschaftszeit und für die Dauer des Anspruchs § 107 Satz 1 Nr. 5 Buchstabe b des Arbeitsförderungsgesetzes in der bis zum 31. Dezember 1997 geltenden Fassung entsprechend.

(2) Die Agentur für Arbeit entscheidet

1. von Amts wegen

a) über Ansprüche auf Arbeitslosengeld neu, die allein deshalb abgelehnt worden sind, weil Zeiten nach § 107 Satz 1 Nr. 5 Buchstabe b des Arbeitsförderungsgesetzes in der bis zum 31. Dezember 1997 geltenden Fassung nicht berücksichtigt worden sind, wenn die Entscheidung am 28. März 2006 noch nicht unanfechtbar war,

b) über Ansprüche auf Arbeitslosengeld, über die wegen des Bezugs einer der in Absatz 1 genannten Mutterschaftsleistungen bisher nicht oder nur vorläufig entschieden worden ist;

2. im Übrigen auf Antrag.

§ 428 Arbeitslosengeld unter erleichterten Voraussetzungen. (1) [1]Anspruch auf Arbeitslosengeld nach den Vorschriften des Ersten Abschnitts des Vierten Kapitels haben auch Arbeitnehmerinnen und Arbeitnehmer, die das 58. Lebensjahr vollendet haben und die Regelvoraussetzungen des Anspruchs auf Arbeitslosengeld allein deshalb nicht erfüllen, weil sie nicht arbeitsbereit sind und nicht alle Möglichkeiten nutzen und nutzen wollen, um ihre Beschäftigungslosigkeit zu beenden. [2]Der Anspruch besteht auch während der Zeit eines Studiums an einer Hochschule oder einer der fachlichen Ausbildung dienenden Schule. [3]Vom 1. Januar 2008 an gilt Satz 1 nur noch, wenn der Anspruch vor dem 1. Januar 2008 entstanden ist und die oder der Arbeitslose vor diesem Tag das 58. Lebensjahr vollendet hat.

(2) [1]Die Agentur für Arbeit soll die Arbeitslose oder den Arbeitslosen, die oder der nach Unterrichtung über die Regelung des Satzes 2 drei Monate Arbeitslosengeld nach Absatz 1 bezogen hat und in absehbarer Zeit die Voraussetzungen für den Anspruch auf Altersrente voraussichtlich erfüllt, auffordern, innerhalb eines Monats Altersrente zu beantragen; dies gilt nicht für Altersrenten, die vor dem für die Versicherte oder den Versicherten maßgebenden Rentenalter in Anspruch genommen werden können. [2]Stellt die oder der Arbeitslose den Antrag nicht, ruht der Anspruch auf Arbeitslosengeld vom Tage nach Ablauf der Frist an bis zu dem Tage, an dem die oder der Arbeitslose Altersrente beantragt.

(3) Der Anspruch nach Absatz 1 ist ausgeschlossen, wenn der oder dem Arbeitslosen eine Teilrente wegen Alters aus der gesetzlichen Rentenversicherung oder eine ähnliche Leistung öffentlich-rechtlicher Art zuerkannt ist.

§ 429 *(aufgehoben)*

§ 430 Sonstige Entgeltersatzleistungen. (1) Bei der Anwendung der Regelungen über die für Leistungen zur Förderung der beruflichen Weiterbildung und für Leistungen zur Teilhabe am Arbeitsleben erforderliche Vorbeschäftigungszeit stehen Zeiten, die nach dem Arbeitsförderungsgesetz in der zuletzt geltenden Fassung den Zeiten einer die Beitragspflicht begründenden Beschäftigung ohne Beitragsleistung gleichstanden, den Zeiten eines Versicherungspflichtverhältnisses gleich.

(2) [1]Ist ein Anspruch auf Unterhaltsgeld vor dem 1. Januar 1998 entstanden, sind das Bemessungsentgelt und der Leistungssatz nicht neu festzusetzen. [2]Satz 1 gilt für die Zuordnung zu einer Leistungsgruppe entsprechend.

(3) [1]Die Dauer eines Anspruchs auf Eingliederungshilfe für Spätaussiedler nach § 62a Abs. 1 und 2 des Arbeitsförderungsgesetzes, der vor dem 1. Januar 1998 entstanden und am 1. Januar 1998 noch nicht erloschen ist, erhöht sich

um jeweils einen Tag für jeweils sechs Tage. [2]Bruchteile von Tagen sind auf volle Tage aufzurunden.

(4) Die Vorschriften des Arbeitsförderungsgesetzes über das Konkursausfallgeld in der bis zum 31. Dezember 1998 geltenden Fassung sind weiterhin anzuwenden, wenn das Insolvenzereignis vor dem 1. Januar 1999 eingetreten ist.

(5) Ist ein Anspruch auf Kurzarbeitergeld von Arbeitnehmern, die zur Vermeidung von anzeigepflichtigen Entlassungen im Sinne des § 17 Abs. 1 des Kündigungsschutzgesetzes in einer betriebsorganisatorisch eigenständigen Einheit zusammengefaßt sind, vor dem 1. Januar 1998 entstanden, sind bei der Anwendung der Regelungen über die Dauer eines Anspruchs auf Kurzarbeitergeld in einer betriebsorganisatorisch eigenständigen Einheit Bezugszeiten, die nach einer auf Grundlage des § 67 Abs. 2 Nr. 3 des Arbeitsförderungsgesetzes erlassenen Rechtsverordnung bis zum 1. Januar 1998 nicht ausgeschöpft sind, verbleibende Bezugszeiten eines Anspruchs auf Kurzarbeitergeld in einer betriebsorganisatorisch eigenständigen Einheit.

§§ 431–433 *(aufgehoben)*

Fünfter Abschnitt. Übergangsregelungen auf Grund von Änderungsgesetzen

§ 434 Gesetz zur Reform der Renten wegen verminderter Erwerbsfähigkeit. (1) Bei der Anwendung des § 26 Abs. 2 Nr. 3 und des § 345a gilt die Rente wegen Erwerbsunfähigkeit, deren Beginn vor dem 1. Januar 2001 liegt, als Rente wegen voller Erwerbsminderung; dies gilt auch dann, wenn die Rente wegen Erwerbsunfähigkeit wegen eines mehr als geringfügigen Hinzuverdienstes als Rente wegen Berufsunfähigkeit gezahlt wird.

(1a) Bei Anwendung des § 28 gilt

1. eine Rente wegen Erwerbsunfähigkeit, deren Beginn vor dem 1. Januar 2001 liegt, als eine Rente wegen voller Erwerbsminderung,
2. eine mit der Rente wegen Erwerbsunfähigkeit vergleichbare Leistung eines ausländischen Leistungsträgers, deren Beginn vor dem 1. Januar 2001 liegt, als eine mit der Rente wegen voller Erwerbsminderung vergleichbare Leistung eines ausländischen Leistungsträgers.

(2) Bei der Anwendung des § 28 Nr. 3 gilt die Feststellung der Berufsunfähigkeit oder Erwerbsunfähigkeit als Feststellung voller Erwerbsminderung.

(3) Bei der Anwendung des § 145 gilt die Feststellung der verminderten Berufsfähigkeit im Bergbau nach § 45 des Sechsten Buches[1] als Feststellung der Erwerbsminderung.

(4) Bei der Anwendung des § 156 Absatz 1 Nummer 3 gilt die Rente wegen Erwerbsunfähigkeit, deren Beginn vor dem 1. Januar 2001 liegt, als Rente wegen voller Erwerbsminderung.

(5) § 142 Abs. 4 in der vor dem 1. Januar 2001 geltenden Fassung ist weiterhin auf Invalidenrenten, Bergmannsinvalidenrenten oder Invalidenrenten für Behinderte nach Artikel 2 des Renten-Überleitungsgesetzes, deren Beginn vor dem 1. Januar 1997 liegt, mit der Maßgabe anzuwenden, dass

---

[1] Nr. 6.

1. diese dem Anspruch auf Rente wegen voller Erwerbsminderung gleichstehen und
2. an die Stelle der Feststellung der Erwerbsunfähigkeit oder Berufsunfähigkeit die Feststellung der Erwerbsminderung tritt.

§§ 434a–434x *(aufgehoben bzw. nicht mehr belegt)*

§ 435 Gesetz zur Vereinfachung der Wahl der Arbeitnehmervertreter in den Aufsichtsrat. [1] Zum 27. März 2002 treten der Präsident der Bundesanstalt für Arbeit und der Vizepräsident der Bundesanstalt für Arbeit in den Ruhestand. [2] Für die in Satz 1 genannten Beamten sind § 4 des Bundesbesoldungsgesetzes sowie die Vorschriften des § 7 Nr. 2 und des § 14 Abs. 6 des Beamtenversorgungsgesetzes in der bis zum 31. Dezember 1998 geltenden Fassung entsprechend anzuwenden mit der Maßgabe, dass dem einstweiligen Ruhestand die Zeit von dem Eintritt in den Ruhestand bis zu dem in § 399 Abs. 4 Satz 2 in der bis zum 26. März 2002 geltenden Fassung genannten Zeitpunkt gleichsteht.

§ 436 Zweites Gesetz für moderne Dienstleistungen am Arbeitsmarkt. [1] Personen, die am 31. März 2003 in einer mehr als geringfügigen Beschäftigung versicherungspflichtig waren, die die Merkmale einer geringfügigen Beschäftigung in der ab 1. April 2003 geltenden Fassung von § 8 des Vierten Buches[1)] erfüllt, bleiben in dieser Beschäftigung versicherungspflichtig. [2] Sie werden auf ihren Antrag von der Versicherungspflicht befreit. [3] Die Befreiung wirkt vom 1. April 2003 an. [4] Sie ist auf diese Beschäftigung beschränkt.

§ 437 Drittes Gesetz für moderne Dienstleistungen am Arbeitsmarkt.

(1) [1] Die Beamtinnen und Beamten der Bundesanstalt, die vor dem 2. Juli 2003 ganz oder überwiegend Aufgaben der Arbeitsmarktinspektion wahrgenommen haben und diese am 31. Dezember 2003 noch wahrnehmen, sind mit Wirkung vom 1. Januar 2004 Bundesbeamtinnen und Bundesbeamte im Dienst der Zollverwaltung. [2] § 130 Abs. 1 des Beamtenrechtsrahmengesetzes in der Fassung der Bekanntmachung vom 31. März 1999 (BGBl. I S. 654) findet entsprechend Anwendung. [3] Von der Überleitung nach Satz 1 ausgenommen sind Beamtinnen und Beamte, die am 2. Juli 2003 die Antragsaltersgrenze des § 52 des Bundesbeamtengesetzes erreicht haben oder sich zu diesem Zeitpunkt in Altersteilzeit befanden.

(2) [1] Die Angestellten der Bundesanstalt, die vor dem 2. Juli 2003 ganz oder überwiegend Aufgaben der Arbeitsmarktinspektion wahrgenommen haben und diese am 31. Dezember 2003 noch wahrnehmen, sind mit Wirkung vom 1. Januar 2004 Angestellte des Bundes und in den Dienst der Zollverwaltung übergeleitet. [2] Die Bundesrepublik Deutschland tritt unbeschadet der nachfolgenden Absätze in die arbeitsvertraglichen Rechte und Pflichten der im Zeitpunkt der Überleitung bestehenden Arbeitsverhältnisse ein. [3] Von der Überleitung nach den Sätzen 1 und 2 ausgenommen sind Angestellte, die am 2. Juli 2003 die Anspruchsvoraussetzungen für eine gesetzliche Rente wegen Alters erfüllt haben oder sich zu diesem Zeitpunkt in einem Altersteilzeitarbeitsverhältnis befanden.

[1)] Nr. 4.

(3) [1]Vom Zeitpunkt der Überleitung an gelten die für Angestellte des Bundes bei der Zollverwaltung jeweils geltenden Tarifverträge und sonstigen Bestimmungen, soweit sich aus den Sätzen 2 bis 4 nicht etwas anderes ergibt. [2]Die Eingruppierung in die im Zeitpunkt der Überleitung erreichte Vergütungsgruppe besteht fort, solange überwiegend Aufgaben der Arbeitsmarktinspektion wahrgenommen und keine neuen Aufgaben, die nach dem Tarifrecht des Bundes zu einer Eingruppierung in eine höhere Vergütungsgruppe führen, übertragen werden. [3]Soweit in den Fällen einer fortbestehenden Eingruppierung nach Satz 2 in der bisherigen Tätigkeit ein Bewährungsaufstieg oder sonstiger Aufstieg vorgesehen war, sind Angestellte nach Ablauf der bei Überleitung geltenden Aufstiegsfrist in diejenige Vergütungsgruppe eingruppiert, die sich nach dem bei Inkrafttreten dieses Gesetzes geltenden Tarifrecht der Bundesanstalt ergeben hätte. [4]Eine Eingruppierung nach den Sätzen 2 und 3 entfällt mit dem Ende des Kalendermonats, in dem sich Angestellte schriftlich für eine Eingruppierung nach dem Tarifrecht des Bundes entscheiden.

(4) [1]Die bei der Bundesanstalt anerkannten Beschäftigungszeiten werden auf die Beschäftigungszeit im Sinne des Tarifrechts des Bundes angerechnet; Entsprechendes gilt für Zeiten in der Zusatzversorgung. [2]Nehmen die übergeleiteten Angestellten Vollzugsaufgaben wahr, die ansonsten Beamten obliegen, wird eine Zulage nach Vorbemerkung Nummer 9 zu den Besoldungsordnungen A und B des Bundesbesoldungsgesetzes nach Maßgabe der für vergleichbare Beamtinnen und Beamte der Zollverwaltung jeweils geltenden Vorschriften gewährt. [3]Soweit es darüber hinaus im Zusammenhang mit dem überleitungsbedingten Wechsel des Arbeitgebers angemessen ist, kann das Bundesministerium der Finanzen im Einvernehmen mit dem Bundesministerium des Innern, für Bau und Heimat außer- und übertariflich ergänzende Regelungen treffen.

(5) Die Absätze 3 und 4 gelten entsprechend für Angestellte, die im Zusammenhang mit der Übertragung von Aufgaben der Arbeitsmarktinspektion von der Bundesagentur in sonstiger Weise als Angestellte des Bundes in den Dienst der Zollverwaltung wechseln.

(6) [1]Die Bundesagentur trägt die Versorgungsbezüge der gemäß Absatz 1 in den Dienst des Bundes übernommenen Beamtinnen und Beamten für die bis zur Übernahme zurückgelegten Dienstzeiten. [2]Der Bund trägt die Versorgungsbezüge für die seit der Übernahme in den Dienst des Bundes zurückgelegten Dienstzeiten der in Absatz 1 genannten Beamtinnen und Beamten. [3]Im Übrigen gilt § 107b des Beamtenversorgungsgesetzes entsprechend.

(7) § 15 Abs. 1 des Bundespersonalvertretungsgesetzes gilt für die nach den Absätzen 1 und 2 übergeleiteten Beamtinnen und Beamten sowie Angestellten entsprechend.

§ 438 *(aufgehoben)*

§ 439 Siebtes Gesetz zur Änderung des Dritten Buches Sozialgesetzbuch und anderer Gesetze. Ist ein Anspruch auf Arbeitslosengeld mit einer dem Lebensalter der oder des Arbeitslosen entsprechenden Höchstanspruchsdauer nach § 127 Abs. 2 in der bis zum 31. Dezember 2007 geltenden Fassung am 31. Dezember 2007 noch nicht erschöpft, erhöht sich die Anspruchsdauer bei Arbeitslosen, die vor dem 1. Januar 2008

das 50. Lebensjahr vollendet haben, auf 15 Monate,
das 58. Lebensjahr vollendet haben, auf 24 Monate.

§ 440 Gesetz zur Neuausrichtung der arbeitsmarktpolitischen Instrumente. (1) Arbeitnehmerinnen und Arbeitnehmer, die am 31. Dezember 2008 in einer Arbeitsgelegenheit in der Entgeltvariante versicherungspflichtig beschäftigt waren, bleiben in dieser Beschäftigung versicherungspflichtig.

(2) [1] § 38 Abs. 4 in der bis zum 31. Dezember 2008 geltenden Fassung ist weiterhin anzuwenden für den von § 237 Abs. 5 des Sechsten Buches[1)] erfassten Personenkreis. [2] In diesen Fällen ist § 38 Abs. 3 in der vom 1. Januar 2009 an geltenden Fassung nicht anzuwenden.

(3) Soweit Zeiten der Teilnahme an einer Maßnahme nach § 46 bei der Berechnung von Fristen oder als Fördertatbestand berücksichtigt werden, sind ihnen Zeiten der Teilnahme an einer Maßnahme nach den §§ 37, 37c, 48 und 421i in der bis zum 31. Dezember 2008 geltenden Fassung und einer Maßnahme nach § 241 Abs. 3a in der bis zum 31. Juli 2009 geltenden Fassung gleichgestellt.

(3a) *(aufgehoben)*

(4) [1] § 144 Abs. 4 in der bis zum 31. Dezember 2008 geltenden Fassung ist weiterhin anzuwenden auf Ansprüche auf Arbeitslosengeld, die vor dem 1. Januar 2009 entstanden sind. [2] In diesen Fällen ist § 144 Abs. 4 in der vom 1. Januar 2009 an geltenden Fassung nicht anzuwenden.

(5) Die §§ 248 und 249 in der bis zum 31. Dezember 2008 geltenden Fassung sind weiterhin anzuwenden für Träger von Einrichtungen der beruflichen Rehabilitation.

§ 441 Bürgerentlastungsgesetz Krankenversicherung. Ist der Anspruch auf Arbeitslosengeld vor dem 1. Januar 2010 entstanden, ist § 133 Absatz 1 in der bis zum 31. Dezember 2009 geltenden Fassung anzuwenden.

§ 442 Beschäftigungschancengesetz. (1) [1] Personen, die als Selbständige oder Auslandsbeschäftigte vor dem 1. Januar 2011 ein Versicherungspflichtverhältnis auf Antrag nach § 28a in der bis zum 31. Dezember 2010 geltenden Fassung begründet haben, bleiben in dieser Tätigkeit oder Beschäftigung über den 31. Dezember 2010 versicherungspflichtig nach § 28a in der ab dem 1. Januar 2011 an geltenden Fassung. [2] Sie können die Versicherungspflicht auf Antrag bis zum 31. März 2011 durch schriftliche Erklärung gegenüber der Bundesagentur rückwirkend zum 31. Dezember 2010 beenden.

(2) [1] Abweichend von § 345b Satz 1 Nummer 2 und Satz 2 gilt als beitragspflichtige Einnahme für alle Selbständigen und Auslandsbeschäftigten, die in einem Versicherungspflichtverhältnis auf Antrag stehen, vom 1. Januar 2011 bis zum 31. Dezember 2011 ein Arbeitsentgelt in Höhe von 50 Prozent der monatlichen Bezugsgröße. [2] § 345b Satz 1 Nummer 2 und Satz 2 in der vom 1. Januar 2011 geltenden Fassung ist insoweit nicht anzuwenden.

§ 443 Gesetz zur Verbesserung der Eingliederungschancen am Arbeitsmarkt. (1) Für Arbeitsbeschaffungsmaßnahmen nach § 260 und Arbeits-

[1)] Nr. 6.

gelegenheiten nach § 16d des Zweiten Buches[1)] in der vor dem 1. April 2012 geltenden Fassung gilt § 27 Absatz 3 Satz 1 Nummer 5 in der vor dem 1. April 2012 geltenden Fassung entsprechend, wenn und solange die Arbeitsbeschaffungsmaßnahmen und Arbeitsgelegenheiten nach dem vor diesem Tag geltenden Recht durchgeführt werden.

(2) Beschäftigungen im Sinne des § 159 Absatz 1 Satz 2 Nummer 1 und 2 sind auch Arbeitsbeschaffungsmaßnahmen, wenn und solange diese Arbeitsbeschaffungsmaßnahmen nach dem bis zum 31. März 2012 geltenden Recht gefördert werden.

(3) [1] Für Träger ist eine Zulassung nach § 176 bis einschließlich 31. Dezember 2012 nicht erforderlich. [2] Dies gilt weder für Träger, die Maßnahmen zur Aktivierung und beruflichen Eingliederung nach § 45 Absatz 4 Satz 3 Nummer 1 durchführen, noch für Träger, die Maßnahmen der beruflichen Weiterbildung nach den §§ 81 und 82 durchführen. [3] Zulassungen von Trägern und Maßnahmen der beruflichen Weiterbildung, die nach den §§ 84 und 85 in der bis zum 31. März 2012 geltenden Fassung erteilt wurden, sind den Zulassungen nach den §§ 176 und 178 sowie § 179 in Verbindung mit § 180 gleichgestellt. [4] Ein Anspruch auf Vergütung für die Arbeitsvermittlung in eine versicherungspflichtige Beschäftigung nach § 45 Absatz 4 Satz 3 Nummer 2 besteht für bis einschließlich 31. Dezember 2012 erfolgte Vermittlungen nur, wenn der Träger zum Zeitpunkt der Vermittlung die Arbeitsvermittlung als Gegenstand seines Gewerbes angezeigt hat.

(4) [1] Anerkennungen nach den §§ 2 und 3 der Anerkennungs- und Zulassungsverordnung – Weiterbildung, die bis zum 31. März 2012 erteilt wurden, behalten ihre Gültigkeit bis längstens 31. März 2015. [2] Die jährliche Überprüfung anerkannter Stellen wird ab 1. April 2012 von der Akkreditierungsstelle wahrgenommen.

(5) [1] Beamtinnen und Beamten, denen am 27. Dezember 2011 ein Amt im Beamtenverhältnis auf Zeit im Sinne der §§ 389 und 390 in der bis zum 27. Dezember 2011 geltenden Fassung übertragen ist, verbleiben bis zum Ablauf der jeweiligen Amtszeit in diesem Amt. [2] Zeiten einer Beurlaubung nach § 387 Absatz 3 Satz 1 werden nicht als Amtszeit berücksichtigt. [3] Wird nach Ablauf der Amtszeit festgestellt, dass sich die Beamtin oder der Beamte in dem übertragenen Amt bewährt hat, wird das Amt im Beamtenverhältnis auf Lebenszeit übertragen. [4] Hat sich die Beamtin oder der Beamte in dem übertragenen Amt nicht bewährt, wird die Beamtin oder der Beamte aus dem Beamtenverhältnis auf Zeit entlassen. [5] In diesem Fall enden der Anspruch auf Besoldung und, soweit gesetzlich nichts anderes bestimmt ist, alle sonstigen Ansprüche aus dem im Beamtenverhältnis auf Zeit übertragenen Amt. [6] Tritt eine Beamtin auf Zeit oder ein Beamter auf Zeit nach der Entlassung wieder in ihr oder sein vorheriges Amt im Beamtenverhältnis ein oder tritt sie oder er wegen Erreichens der gesetzlichen Altersgrenze in den Ruhestand, ist § 15a des Beamtenversorgungsgesetzes entsprechend anzuwenden. [7] § 15a Absatz 4 des Beamtenversorgungsgesetzes gilt entsprechend, wenn eine Beamtin auf Zeit oder ein Beamter auf Zeit wegen Dienstunfähigkeit in den Ruhestand versetzt wird.

[1)] Nr. 2.

(6) [1] § 389 ist anzuwenden, sofern nach dem 27. Dezember 2011 eine Funktion im Sinne dieser Vorschrift übertragen wird. [2] Satz 1 gilt auch, wenn eine vor dem 28. Dezember 2011 übertragene Funktion ab dem 28. Dezember 2011 auf veränderter vertraglicher Grundlage fortgesetzt werden soll. [3] § 387 Absatz 3 Satz 2 bleibt unberührt.

(7) § 421s in der am 31. März 2012 geltenden Fassung ist weiterhin anzuwenden auf Maßnahmen, über die die Bundesagentur vor dem 31. März 2012 Verträge mit Trägern geschlossen hat, bis zum Ende der Vertragslaufzeit; § 422 Absatz 1 Nummer 3 gilt insoweit nicht.

§ 444 Gesetz zu Änderungen im Bereich der geringfügigen Beschäftigung. (1) [1] Personen, die am 31. Dezember 2012 in einer mehr als geringfügigen Beschäftigung nach § 8 Absatz 1 Nummer 1 oder § 8a in Verbindung mit § 8 Absatz 1 Nummer 1 des Vierten Buches[1)] versicherungspflichtig waren, die die Merkmale einer geringfügigen Beschäftigung nach diesen Vorschriften in der ab dem 1. Januar 2013 geltenden Fassung erfüllt, bleiben in dieser Beschäftigung längstens bis zum 31. Dezember 2014 versicherungspflichtig, solange das Arbeitsentgelt 400 Euro monatlich übersteigt. [2] Sie werden auf Antrag von der Versicherungspflicht befreit. [3] Der Antrag ist bei der Agentur für Arbeit zu stellen. [4] Die Befreiung wirkt vom 1. Januar 2013 an, wenn sie bis zum 31. März 2013 beantragt wird, im Übrigen von dem Beginn des Kalendermonats an, der auf den Monat folgt, in dem der Antrag gestellt worden ist. [5] Die Befreiung ist auf diese Beschäftigung beschränkt.

(2) Bei Anwendung des Absatzes 1 gilt § 276b Absatz 1 des Sechsten Buches[2)] und bei Anwendung des § 344 Absatz 4 gilt § 276b Absatz 2 des Sechsten Buches entsprechend.

§ 444a Gesetz zur Stärkung der beruflichen Weiterbildung und des Versicherungsschutzes in der Arbeitslosenversicherung. (1) § 28a Absatz 1 Satz 1 Nummer 4 und 5 in der Fassung vom 1. August 2016 gilt mit der Maßgabe, dass ein Antrag unberührt von § 28a Absatz 3 innerhalb von drei Monaten nach dem 31. Juli 2016 gestellt werden kann.

(2) Der Anspruch auf Zahlung einer Weiterbildungsprämie nach § 131a Absatz 3 gilt für Arbeitnehmerinnen und Arbeitnehmer, die an einer nach § 81 geförderten beruflichen Weiterbildung teilnehmen, die nach dem 31. Juli 2016 beginnt.

(3) § 151 Absatz 3 Nummer 3 in der Fassung vom 1. August 2016 ist nur für Ansprüche auf Arbeitslosengeld anzuwenden, die nach dem 31. Juli 2016 entstanden sind.

§ 445 Fünfundzwanzigstes Gesetz zur Änderung des Bundesausbildungsförderungsgesetzes. Abweichend von § 422 sind die §§ 54a, 61, 62, 64, 67, 116 und 123 bis 126 ab dem 1. August 2016 anzuwenden.

§ 445a Gesetz zur Anpassung der Berufsausbildungsbeihilfe und des Ausbildungsgeldes. Abweichend von § 422 sind

---

1) Nr. 4.
2) Nr. 6.

1. die §§ 54a, 61, 62, 64, 67, 79, 116 und 123 bis 126 ab dem 1. August 2019 nach Artikel 7 Absatz 1 des Gesetzes zur Anpassung der Berufsausbildungsbeihilfe und des Ausbildungsgeldes,
2. die §§ 54a, 61, 62, 64, 67 und 123 bis 126 ab dem 1. August 2020 nach Artikel 7 Absatz 2 des Gesetzes zur Anpassung der Berufsausbildungsbeihilfe und des Ausbildungsgeldes und
3. die §§ 67 und 126 ab dem 1. August 2021 nach Artikel 7 Absatz 3

anzuwenden.

§ 446 Zweites Gesetz zur Stärkung der pflegerischen Versorgung und zur Änderung weiterer Vorschriften. (1) [1] Für Personen, die am 31. Dezember 2016 nach § 26 Absatz 2b in der am 31. Dezember 2016 geltenden Fassung versicherungspflichtig waren, besteht die Versicherungspflicht für die Dauer der Pflegezeit fort. [2] Für diese Zeit sind § 345 Nummer 8, § 347 Nummer 10, § 349 Absatz 4a Satz 1 und Absatz 5 Satz 2 in der am 31. Dezember 2016 geltenden Fassung anzuwenden.

(2) [1] Für Pflegepersonen, die am 31. Dezember 2016 nach § 28a Absatz 1 Satz 1 Nummer 1 in der am 31. Dezember 2016 geltenden Fassung versicherungspflichtig waren, wird ab dem 1. Januar 2017 das Versicherungspflichtverhältnis nach § 26 Absatz 2b fortgesetzt. [2] § 26 Absatz 3 Satz 5 und 6 bleibt unberührt.

§ 447 Gesetz zur Stärkung der Chancen für Qualifizierung und für mehr Schutz in der Arbeitslosenversicherung. (1) Für Personen, die nach dem 31. Dezember 2019 nicht in einem Versicherungspflichtverhältnis gestanden haben, finden die §§ 142, 143 und 147 in der bis zum 31. Dezember 2019 geltenden Fassung Anwendung.

(2) Abweichend von § 422 ist § 153 Absatz 1 Satz 2 Nummer 1 in der ab dem 1. Januar 2019 geltenden Fassung anzuwenden auf Ansprüche auf Arbeitslosengeld bei beruflicher Weiterbildung (§ 144) und für die Berechnung von Ansprüchen auf Berufsausbildungsbeihilfe für Arbeitslose (§ 70).

(3) Die Bundesregierung berichtet dem Deutschen Bundestag in jeder Legislaturperiode, beginnend mit dem Jahr 2020, über die Förderung der beruflichen Weiterbildung im Rahmen der aktiven Arbeitsförderung und die entsprechenden Ausgaben.

§ 448 Gesetz zur Förderung der Ausbildung und Beschäftigung von Ausländerinnen und Ausländern. [1] Für Fälle des § 132 Absatz 1 Satz 1 Nummer 2 in der bis zum 31. Juli 2019 geltenden Fassung sind abweichend von § 60 Absatz 3 und abweichend von § 132 Absatz 4 Nummer 2 in der bis zum 31. Juli 2019 geltenden Fassung § 132 in Verbindung mit § 59 in der jeweils bis zum 31. Juli 2019 geltenden Fassung anwendbar, wenn vor dem 31. Dezember 2019 die laufende Ausbildung begonnen und der erste Antrag auf Berufsausbildungsbeihilfe oder Ausbildungsgeld gestellt wird und die weiteren Anspruchsvoraussetzungen zu diesem Zeitpunkt vorliegen. [2] Für die Voraussetzung, dass bei der Ausländerin oder dem Ausländer ein rechtmäßiger und dauerhafter Aufenthalt zu erwarten ist, ist auf den Zeitpunkt der ersten Antragstellung abzustellen.

§ 449 Gesetz zur Modernisierung und Stärkung der beruflichen Bildung. § 346 Absatz 1b in der bis zum 31. Dezember 2019 geltenden Fassung ist weiterhin anzuwenden, wenn die Berufsausbildung in einer außerbetrieblichen Einrichtung vor dem 1. Januar 2020 begonnen wurde.

§ 450 Gesetz zur Förderung der beruflichen Weiterbildung im Strukturwandel und zur Weiterentwicklung der Ausbildungsförderung.

(1) [1] Für die Teilnahme an Maßnahmen zur Aktivierung und beruflichen Eingliederung, die vor dem 1. Januar 2021 nach § 45 Absatz 1 Satz 1 Nummer 2 zugelassen wurden, können auch nach dem 31. Dezember 2020 Aktivierungs- und Vermittlungsgutscheine eingelöst werden, die entweder vor dem 1. Januar 2021 nach § 45 Absatz 1 Satz 1 Nummer 2 oder nach dem 31. Dezember 2020 nach § 45 Absatz 1 Satz 1 Nummer 1 ausgestellt wurden. [2] Aktivierungs- und Vermittlungsgutscheine, die vor dem 1. Januar 2021 nach § 45 Absatz 1 Satz 1 Nummer 2 ausgestellt wurden, können auch für die Teilnahme an Maßnahmen zur Aktivierung und beruflichen Eingliederung eingelöst werden, die nach dem 31. Dezember 2020 nach § 45 Absatz 1 Satz 1 Nummer 1 zugelassen wurden.

(2) [1] Für Maßnahmen der ausbildungsbegleitenden Hilfen, die bis zum 28. Februar 2021 beginnen und bis zum 30. September 2021, im Fall des § 75 Absatz 2 Satz 2 in der bis zum 28. Mai 2020 geltenden Fassung bis zum 31. März 2022, enden, gelten die §§ 74, 75, 77 und 79 in der bis zum 28. Mai 2020 geltenden Fassung. [2] Förderungsberechtigt sind auch junge Menschen, die im Fall einer Berufsausbildung zusätzlich zu den in § 75 Absatz 3 Nummer 1 in der bis zum 28. Mai 2020 geltenden Fassung genannten Voraussetzungen abweichend von § 30 Absatz 1 des Ersten Buches[1)] ihren Wohnsitz und ihren gewöhnlichen Aufenthalt außerhalb von Deutschland haben, deren Ausbildungsbetrieb aber in Deutschland liegt.

(3) [1] Für Maßnahmen der Assistierten Ausbildung, die bis zum 30. September 2020 beginnen, gelten § 130 und die §§ 77 und 79 in der bis zum 28. Mai 2020 geltenden Fassung. [2] Förderungsberechtigt in der ausbildungsbegleitenden Phase sind auch junge Menschen, die im Fall einer Berufsausbildung zusätzlich zu den in § 130 Absatz 2 Satz 1 in der bis zum 28. Mai 2020 geltenden Fassung genannten Voraussetzungen abweichend von § 30 Absatz 1 des Ersten Buches ihren Wohnsitz und ihren gewöhnlichen Aufenthalt außerhalb von Deutschland haben, deren Ausbildungsbetrieb aber in Deutschland liegt.

§ 451 Siebtes Gesetz zur Änderung des Vierten Buches Sozialgesetzbuch und anderer Gesetze. § 25 Absatz 1 Satz 2 Nummer 3 findet grundsätzlich nur Anwendung auf Ausbildungen, die nach dem 30. Juni 2020 begonnen werden. Wurde die Ausbildung vor diesem Zeitpunkt begonnen und wurden

1. Beiträge gezahlt, gilt § 25 Absatz 1 Satz 2 Nummer 3 ab Beginn der Beitragszahlung,
2. keine Beiträge gezahlt, gilt § 25 Absatz 1 Satz 2 Nummer 3 ab dem Zeitpunkt, zu dem der Arbeitgeber mit Zustimmung der Teilnehmerin oder des Teilnehmers Beiträge zahlt.

---

1) Nr. 1.

4. Viertes Buch Sozialgesetzbuch – Gemeinsame Vorschriften für die Sozialversicherung – (SGB IV)[1)]

In der Fassung der Bekanntmachung vom 12. November 2009[2)]
(BGBl. I S. 3710, ber. S. 3973 und BGBl. 2011 I S. 363)

FNA 860-4-1

zuletzt geänd. durch Art. 14a MTA-Reform-G v. 24.2.2021 (BGBl. I S. 274)

Inhaltsübersicht

---

1) Die Änderungen durch G v. 17.7.2017 (BGBl. I S. 2575), die teilweise erst **mWv 1.1.2025**, die Änderungen durch G v. 15.11.2019 (BGBl. I S. 1602), die teilweise erst **mWv 1.1.2026**, die Änderungen durch G v. 22.11.2019 (BGBl. I S. 1746, geänd. durch G v. 11.2.2021 (BGBl. I S. 154), die erst **mWv 1.7.2022**, die Änderungen durch G v. 12.12.2019 (BGBl. I S. 2652), die teilweise erst **mWv 1.1.2024**, die Änderungen durch G v. 12.6.2020 (BGBl. I S. 1248, geänd. durch G v. 11.2. 2021, BGBl. I S. 154), die erst **mWv 1.7.2022**, **mWv 1.1.2023**, **mWv 1.8.2023** bzw. **mWv 1.1. 2024** und die Änderungen durch G v. 14.10.2020 (BGBl. I S. 2112, geänd. durch G v. 11.2.2021, BGBl. I S. 154), die teilweise erst **mWv 1.7.2022** bzw. **mWv 1.1.2024** in Kraft treten, sind im Text noch nicht berücksichtigt.

2) Neubekanntmachung des SGB IV idF der Bek. v. 23.1.2006 (BGBl. I S. 86) in der ab 1.9.2009 geltenden Fassung.

Vierter Abschnitt. Träger der Sozialversicherung

Erster Titel. Verfassung

Zweiter Titel. Zusammensetzung, Wahl und Verfahren der Selbstverwaltungsorgane, Versichertenältesten und Vertrauenspersonen

Dritter Titel. Haushalts- und Rechnungswesen

Erster Abschnitt. Grundsätze und Begriffsbestimmungen

Erster Titel. Geltungsbereich und Umfang der Versicherung

§ 1 Sachlicher Geltungsbereich (1) [1]Die Vorschriften dieses Buches gelten für die gesetzliche Kranken-, Unfall- und Rentenversicherung einschließlich der Alterssicherung der Landwirte sowie die soziale Pflegeversicherung (Versicherungszweige). [2]Die Vorschriften dieses Buches gelten mit Ausnahme des Ersten und Zweiten Titels des Vierten Abschnitts und des Fünften Abschnitts auch für die Arbeitsförderung. [3]Die Bundesagentur für Arbeit gilt im Sinne dieses Buches als Versicherungsträger.

(2) § 18h gilt auch für die Sozialhilfe und die Grundsicherung für Arbeitsuchende; außerdem gelten die §§ 18f, 18g und 19a für die Grundsicherung für Arbeitsuchende.

(3) Regelungen in den Sozialleistungsbereichen dieses Gesetzbuches, die in den Absätzen 1 und 2 genannt sind, bleiben unberührt, soweit sie von den Vorschriften dieses Buches abweichen.

§ 2 Versicherter Personenkreis. (1) Die Sozialversicherung umfasst Personen, die kraft Gesetzes oder Satzung (Versicherungspflicht) oder auf Grund freiwilligen Beitritts oder freiwilliger Fortsetzung der Versicherung (Versicherungsberechtigung) versichert sind.

(1a) Deutsche im Sinne der Vorschriften über die Sozialversicherung und die Arbeitsförderung sind Deutsche im Sinne des Artikels 116 des Grundgesetzes.

(2) In allen Zweigen der Sozialversicherung sind nach Maßgabe der besonderen Vorschriften für die einzelnen Versicherungszweige versichert

1. Personen, die gegen Arbeitsentgelt oder zu ihrer Berufsausbildung beschäftigt sind,
2. behinderte Menschen, die in geschützten Einrichtungen beschäftigt werden,
3. Landwirte.

(3) [1] Deutsche Seeleute, die auf einem Seeschiff beschäftigt sind, das nicht berechtigt ist, die Bundesflagge zu führen, werden auf Antrag des Reeders

1. in der gesetzlichen Kranken-, Renten- und Pflegeversicherung versichert und in die Versicherungspflicht nach dem Dritten Buch[1)] einbezogen,
2. in der gesetzlichen Unfallversicherung versichert, wenn der Reeder das Seeschiff der Unfallverhütung und Schiffssicherheitsüberwachung durch die Berufsgenossenschaft Verkehrswirtschaft Post-Logistik Telekommunikation unterstellt hat und der Staat, dessen Flagge das Seeschiff führt, dem nicht widerspricht.

[2] Für deutsche Seeleute, die ihren Wohnsitz oder gewöhnlichen Aufenthalt im Inland haben und auf einem Seeschiff beschäftigt sind, das im überwiegenden wirtschaftlichen Eigentum eines deutschen Reeders mit Sitz im Inland steht, ist der Reeder verpflichtet, einen Antrag nach Satz 1 Nummer 1 und unter den Voraussetzungen des Satzes 1 Nummer 2 einen Antrag nach Satz 1 Nummer 2 zu stellen. [3] Der Reeder hat auf Grund der Antragstellung gegenüber den Versicherungsträgern die Pflichten eines Arbeitgebers. [4] Ein Reeder mit Sitz im Ausland hat für die Erfüllung seiner Verbindlichkeiten gegenüber den Versicherungsträgern einen Bevollmächtigten im Inland zu bestellen. [5] Der Reeder und der Bevollmächtigte haften gegenüber den Versicherungsträgern als Gesamtschuldner; sie haben auf Verlangen entsprechende Sicherheit zu leisten.

(4) Die Versicherung weiterer Personengruppen in einzelnen Versicherungszweigen ergibt sich aus den für sie geltenden besonderen Vorschriften.

§ 3 Persönlicher und räumlicher Geltungsbereich. Die Vorschriften über die Versicherungspflicht und die Versicherungsberechtigung gelten,

1. soweit sie eine Beschäftigung oder eine selbständige Tätigkeit voraussetzen, für alle Personen, die im Geltungsbereich dieses Gesetzbuchs beschäftigt oder selbständig tätig sind,

---

1) Nr. 3.

2. soweit sie eine Beschäftigung oder eine selbständige Tätigkeit nicht voraussetzen, für alle Personen, die ihren Wohnsitz oder gewöhnlichen Aufenthalt im Geltungsbereich dieses Gesetzbuchs haben.

§ 4 Ausstrahlung. (1) Soweit die Vorschriften über die Versicherungspflicht und die Versicherungsberechtigung eine Beschäftigung voraussetzen, gelten sie auch für Personen, die im Rahmen eines im Geltungsbereich dieses Gesetzbuchs bestehenden Beschäftigungsverhältnisses in ein Gebiet außerhalb dieses Geltungsbereichs entsandt werden, wenn die Entsendung infolge der Eigenart der Beschäftigung oder vertraglich im Voraus zeitlich begrenzt ist.

(2) Für Personen, die eine selbständige Tätigkeit ausüben, gilt Absatz 1 entsprechend.

§ 5 Einstrahlung. (1) Soweit die Vorschriften über die Versicherungspflicht und die Versicherungsberechtigung eine Beschäftigung voraussetzen, gelten sie nicht für Personen, die im Rahmen eines außerhalb des Geltungsbereichs dieses Gesetzbuchs bestehenden Beschäftigungsverhältnisses in diesen Geltungsbereich entsandt werden, wenn die Entsendung infolge der Eigenart der Beschäftigung oder vertraglich im Voraus zeitlich begrenzt ist.

(2) Für Personen, die eine selbständige Tätigkeit ausüben, gilt Absatz 1 entsprechend.

§ 6 Vorbehalt abweichender Regelungen. Regelungen des über- und zwischenstaatlichen Rechts bleiben unberührt.

Zweiter Titel. Beschäftigung und selbständige Tätigkeit

§ 7 Beschäftigung. (1) [1]Beschäftigung ist die nichtselbständige Arbeit, insbesondere in einem Arbeitsverhältnis. [2]Anhaltspunkte für eine Beschäftigung sind eine Tätigkeit nach Weisungen und eine Eingliederung in die Arbeitsorganisation des Weisungsgebers.

(1a) [1]Eine Beschäftigung besteht auch in Zeiten der Freistellung von der Arbeitsleistung von mehr als einem Monat, wenn

1. während der Freistellung Arbeitsentgelt aus einem Wertguthaben nach § 7b fällig ist und
2. das monatlich fällige Arbeitsentgelt in der Zeit der Freistellung nicht unangemessen von dem für die vorausgegangenen zwölf Kalendermonate abweicht, in denen Arbeitsentgelt bezogen wurde.

[2]Satz 1 gilt entsprechend, wenn während einer bis zu dreimonatigen Freistellung Arbeitsentgelt aus einer Vereinbarung zur flexiblen Gestaltung der werktäglichen oder wöchentlichen Arbeitszeit oder dem Ausgleich betrieblicher Produktions- und Arbeitszeitzyklen fällig ist. [3]Beginnt ein Beschäftigungsverhältnis mit einer Zeit der Freistellung, gilt Satz 1 Nummer 2 mit der Maßgabe, dass das monatlich fällige Arbeitsentgelt in der Zeit der Freistellung nicht unangemessen von dem für die Zeit der Arbeitsleistung abweichen darf, mit der das Arbeitsentgelt später erzielt werden soll. [4]Eine Beschäftigung gegen Arbeitsentgelt besteht während der Zeit der Freistellung auch, wenn die Arbeitsleistung, mit der das Arbeitsentgelt später erzielt werden soll, wegen einer im Zeitpunkt der Vereinbarung nicht vorhersehbaren vorzeitigen Beendigung des Beschäftigungsverhältnisses nicht mehr erbracht werden kann. [5]Die Ver-

tragsparteien können beim Abschluss der Vereinbarung nur für den Fall, dass Wertguthaben wegen der Beendigung der Beschäftigung auf Grund verminderter Erwerbsfähigkeit, des Erreichens einer Altersgrenze, zu der eine Rente wegen Alters beansprucht werden kann, oder des Todes des Beschäftigten nicht mehr für Zeiten einer Freistellung von der Arbeitsleistung verwendet werden können, einen anderen Verwendungszweck vereinbaren. [6]Die Sätze 1 bis 4 gelten nicht für Beschäftigte, auf die Wertguthaben übertragen werden. [7]Bis zum 31. Dezember 2024 werden Wertguthaben, die durch Arbeitsleistung im Beitrittsgebiet erzielt werden, getrennt erfasst; sind für die Beitrags- oder Leistungsberechnung im Beitrittsgebiet und im übrigen Bundesgebiet unterschiedliche Werte vorgeschrieben, sind die Werte maßgebend, die für den Teil des Inlandes gelten, in dem das Wertguthaben erzielt worden ist.

(1b) Die Möglichkeit eines Arbeitnehmers zur Vereinbarung flexibler Arbeitszeiten gilt nicht als eine die Kündigung des Arbeitsverhältnisses durch den Arbeitgeber begründende Tatsache im Sinne des § 1 Absatz 2 Satz 1 des Kündigungsschutzgesetzes.

(2) Als Beschäftigung gilt auch der Erwerb beruflicher Kenntnisse, Fertigkeiten oder Erfahrungen im Rahmen betrieblicher Berufsbildung.

(3) [1]Eine Beschäftigung gegen Arbeitsentgelt gilt als fortbestehend, solange das Beschäftigungsverhältnis ohne Anspruch auf Arbeitsentgelt fortdauert, jedoch nicht länger als einen Monat. [2]Eine Beschäftigung gilt auch als fortbestehend, wenn Arbeitsentgelt aus einem der Deutschen Rentenversicherung Bund übertragenen Wertguthaben bezogen wird. [3]Satz 1 gilt nicht, wenn Krankengeld, Krankentagegeld, Verletztengeld, Versorgungskrankengeld, Übergangsgeld, Pflegeunterstützungsgeld oder Mutterschaftsgeld oder nach gesetzlichen Vorschriften Erziehungsgeld oder Elterngeld bezogen oder Elternzeit in Anspruch genommen oder Wehrdienst oder Zivildienst geleistet wird. [4]Satz 1 gilt auch nicht für die Freistellung nach § 3 des Pflegezeitgesetzes.

(4) Beschäftigt ein Arbeitgeber einen Ausländer ohne die nach § 284 Absatz 1 des Dritten Buches[1)] erforderliche Genehmigung oder ohne die nach § 4a Absatz 5 des Aufenthaltsgesetzes erforderliche Berechtigung zur Erwerbstätigkeit, wird vermutet, dass ein Beschäftigungsverhältnis gegen Arbeitsentgelt für den Zeitraum von drei Monaten bestanden hat.

§ 7a Anfrageverfahren. (1) [1]Die Beteiligten können schriftlich oder elektronisch eine Entscheidung beantragen, ob eine Beschäftigung vorliegt, es sei denn, die Einzugsstelle oder ein anderer Versicherungsträger hatte im Zeitpunkt der Antragstellung bereits ein Verfahren zur Feststellung einer Beschäftigung eingeleitet. [2]Die Einzugsstelle hat einen Antrag nach Satz 1 zu stellen, wenn sich aus der Meldung des Arbeitgebers (§ 28a) ergibt, dass der Beschäftigte Ehegatte, Lebenspartner oder Abkömmling des Arbeitgebers oder geschäftsführender Gesellschafter einer Gesellschaft mit beschränkter Haftung ist. [3]Über den Antrag entscheidet abweichend von § 28h Absatz 2 die Deutsche Rentenversicherung Bund.

(2) Die Deutsche Rentenversicherung Bund entscheidet auf Grund einer Gesamtwürdigung aller Umstände des Einzelfalles, ob eine Beschäftigung vorliegt.

---

1) Nr. 3.

(3) [1] Die Deutsche Rentenversicherung Bund teilt den Beteiligten schriftlich oder elektronisch mit, welche Angaben und Unterlagen sie für ihre Entscheidung benötigt. [2] Sie setzt den Beteiligten eine angemessene Frist, innerhalb der diese die Angaben zu machen und die Unterlagen vorzulegen haben.

(4) Die Deutsche Rentenversicherung Bund teilt den Beteiligten mit, welche Entscheidung sie zu treffen beabsichtigt, bezeichnet die Tatsachen, auf die sie ihre Entscheidung stützen will, und gibt den Beteiligten Gelegenheit, sich zu der beabsichtigten Entscheidung zu äußern.

(5) Die Deutsche Rentenversicherung Bund fordert die Beteiligten auf, innerhalb einer angemessenen Frist die Tatsachen anzugeben, die eine Widerlegung begründen, wenn diese die Vermutung widerlegen wollen.

(6) [1] Wird der Antrag nach Absatz 1 innerhalb eines Monats nach Aufnahme der Tätigkeit gestellt und stellt die Deutsche Rentenversicherung Bund ein versicherungspflichtiges Beschäftigungsverhältnis fest, tritt die Versicherungspflicht mit der Bekanntgabe der Entscheidung ein, wenn der Beschäftigte

1. zustimmt und
2. er für den Zeitraum zwischen Aufnahme der Beschäftigung und der Entscheidung eine Absicherung gegen das finanzielle Risiko von Krankheit und zur Altersvorsorge vorgenommen hat, die der Art nach den Leistungen der gesetzlichen Krankenversicherung und der gesetzlichen Rentenversicherung entspricht.

[2] Der Gesamtsozialversicherungsbeitrag wird erst zu dem Zeitpunkt fällig, zu dem die Entscheidung, dass eine Beschäftigung vorliegt, unanfechtbar geworden ist.

(7) [1] Widerspruch und Klage gegen Entscheidungen, dass eine Beschäftigung vorliegt, haben aufschiebende Wirkung. [2] Eine Klage auf Erlass der Entscheidung ist abweichend von § 88 Absatz 1 des Sozialgerichtsgesetzes[1)] nach Ablauf von drei Monaten zulässig.

§ 7b Wertguthabenvereinbarung. Eine Wertguthabenvereinbarung liegt vor, wenn

1. der Aufbau des Wertguthabens auf Grund einer schriftlichen Vereinbarung erfolgt,
2. diese Vereinbarung nicht das Ziel der flexiblen Gestaltung der werktäglichen oder wöchentlichen Arbeitszeit oder den Ausgleich betrieblicher Produktions- und Arbeitszeitzyklen verfolgt,
3. Arbeitsentgelt in das Wertguthaben eingebracht wird, um es für Zeiten der Freistellung von der Arbeitsleistung oder der Verringerung der vertraglich vereinbarten Arbeitszeit zu entnehmen,
4. das aus dem Wertguthaben fällige Arbeitsentgelt mit einer vor oder nach der Freistellung von der Arbeitsleistung oder der Verringerung der vertraglich vereinbarten Arbeitszeit erbrachten Arbeitsleistung erzielt wird und
5. das fällige Arbeitsentgelt insgesamt 450 Euro monatlich übersteigt, es sei denn, die Beschäftigung wurde vor der Freistellung als geringfügige Beschäftigung ausgeübt.

[1)] Nr. **20**.

§ 7c Verwendung von Wertguthaben. (1) Das Wertguthaben auf Grund einer Vereinbarung nach § 7b kann in Anspruch genommen werden

1. für gesetzlich geregelte vollständige oder teilweise Freistellungen von der Arbeitsleistung oder gesetzlich geregelte Verringerungen der Arbeitszeit, insbesondere für Zeiten,
   a) in denen der Beschäftigte eine Freistellung nach § 3 des Pflegezeitgesetzes oder nach § 2 des Familienpflegezeitgesetzes verlangen kann,
   b) in denen der Beschäftigte nach § 15 des Bundeselterngeld- und Elternzeitgesetzes ein Kind selbst betreut und erzieht,
   c) für die der Beschäftigte eine Verringerung seiner vertraglich vereinbarten Arbeitszeit nach § 8 oder § 9a des Teilzeit- und Befristungsgesetzes verlangen kann; § 8 des Teilzeit- und Befristungsgesetzes gilt mit der Maßgabe, dass die Verringerung der Arbeitszeit auf die Dauer der Entnahme aus dem Wertguthaben befristet werden kann,
2. für vertraglich vereinbarte vollständige oder teilweise Freistellungen von der Arbeitsleistung oder vertraglich vereinbarte Verringerungen der Arbeitszeit, insbesondere für Zeiten,
   a) die unmittelbar vor dem Zeitpunkt liegen, zu dem der Beschäftigte eine Rente wegen Alters nach dem Sechsten Buch[1)] bezieht oder beziehen könnte oder
   b) in denen der Beschäftigte an beruflichen Qualifizierungsmaßnahmen teilnimmt.

(2) Die Vertragsparteien können die Zwecke, für die das Wertguthaben in Anspruch genommen werden kann, in der Vereinbarung nach § 7b abweichend von Absatz 1 auf bestimmte Zwecke beschränken.

§ 7d Führung und Verwaltung von Wertguthaben. (1) [1]Wertguthaben sind als Arbeitsentgeltguthaben einschließlich des darauf entfallenden Arbeitgeberanteils am Gesamtsozialversicherungsbeitrag zu führen. [2]Die Arbeitszeitguthaben sind in Arbeitsentgelt umzurechnen.

(2) Arbeitgeber haben Beschäftigte mindestens einmal jährlich in Textform über die Höhe ihres im Wertguthaben enthaltenen Arbeitsentgeltguthabens zu unterrichten.

(3) [1]Für die Anlage von Wertguthaben gelten die Vorschriften über die Anlage der Mittel von Versicherungsträgern nach dem Vierten Titel des Vierten Abschnitts entsprechend, mit der Maßgabe, dass eine Anlage in Aktien oder Aktienfonds bis zu einer Höhe von 20 Prozent zulässig und ein Rückfluss zum Zeitpunkt der Inanspruchnahme des Wertguthabens mindestens in der Höhe des angelegten Betrages gewährleistet ist. [2]Ein höherer Anlageanteil in Aktien oder Aktienfonds ist zulässig, wenn

1. dies in einem Tarifvertrag oder auf Grund eines Tarifvertrages in einer Betriebsvereinbarung vereinbart ist oder
2. das Wertguthaben nach der Wertguthabenvereinbarung ausschließlich für Freistellungen nach § 7c Absatz 1 Nummer 2 Buchstabe a in Anspruch genommen werden kann.

[1)] Nr. **6**.

§ 7e Insolvenzschutz. (1) [1]Die Vertragsparteien treffen im Rahmen ihrer Vereinbarung nach § 7b durch den Arbeitgeber zu erfüllende Vorkehrungen, um das Wertguthaben einschließlich des darin enthaltenen Gesamtsozialversicherungsbeitrages gegen das Risiko der Insolvenz des Arbeitgebers vollständig abzusichern, soweit

1. ein Anspruch auf Insolvenzgeld nicht besteht und wenn
2. das Wertguthaben des Beschäftigten einschließlich des darin enthaltenen Gesamtsozialversicherungsbeitrages einen Betrag in Höhe der monatlichen Bezugsgröße übersteigt.

[2]In einem Tarifvertrag oder auf Grund eines Tarifvertrages in einer Betriebsvereinbarung kann ein von Satz 1 Nummer 2 abweichender Betrag vereinbart werden.

(2) [1]Zur Erfüllung der Verpflichtung nach Absatz 1 sind Wertguthaben unter Ausschluss der Rückführung durch einen Dritten zu führen, der im Fall der Insolvenz des Arbeitgebers für die Erfüllung der Ansprüche aus dem Wertguthaben für den Arbeitgeber einsteht, insbesondere in einem Treuhandverhältnis, das die unmittelbare Übertragung des Wertguthabens in das Vermögen des Dritten und die Anlage des Wertguthabens auf einem offenen Treuhandkonto oder in anderer geeigneter Weise sicherstellt. [2]Die Vertragsparteien können in der Vereinbarung nach § 7b ein anderes, einem Treuhandverhältnis im Sinne des Satzes 1 gleichwertiges Sicherungsmittel vereinbaren, insbesondere ein Versicherungsmodell oder ein schuldrechtliches Verpfändungs- oder Bürgschaftsmodell mit ausreichender Sicherung gegen Kündigung.

(3) Keine geeigneten Vorkehrungen sind bilanzielle Rückstellungen sowie zwischen Konzernunternehmen (§ 18 des Aktiengesetzes) begründete Einstandspflichten, insbesondere Bürgschaften, Patronatserklärungen oder Schuldbeitritte.

(4) Der Arbeitgeber hat den Beschäftigten unverzüglich über die Vorkehrungen zum Insolvenzschutz in geeigneter Weise schriftlich zu unterrichten, wenn das Wertguthaben die in Absatz 1 Satz 1 Nummer 2 genannten Voraussetzungen erfüllt.

(5) Hat der Beschäftigte den Arbeitgeber schriftlich aufgefordert, seinen Verpflichtungen nach den Absätzen 1 bis 3 nachzukommen und weist der Arbeitgeber dem Beschäftigten nicht innerhalb von zwei Monaten nach der Aufforderung die Erfüllung seiner Verpflichtung zur Insolvenzsicherung des Wertguthabens nach, kann der Beschäftigte die Vereinbarung nach § 7b mit sofortiger Wirkung kündigen; das Wertguthaben ist nach Maßgabe des § 23b Absatz 2 aufzulösen.

(6) [1]Stellt der Träger der Rentenversicherung bei der Prüfung des Arbeitgebers nach § 28p fest, dass

1. für ein Wertguthaben keine Insolvenzschutzregelung getroffen worden ist,
2. die gewählten Sicherungsmittel nicht geeignet sind im Sinne des Absatzes 3,
3. die Sicherungsmittel in ihrem Umfang das Wertguthaben um mehr als 30 Prozent unterschreiten oder
4. die Sicherungsmittel den im Wertguthaben enthaltenen Gesamtsozialversicherungsbeitrag nicht umfassen,

weist er in dem Verwaltungsakt nach § 28p Absatz 1 Satz 5 den in dem Wertguthaben enthaltenen und vom Arbeitgeber zu zahlenden Gesamtsozialversicherungsbeitrag aus. [2] Weist der Arbeitgeber dem Träger der Rentenversicherung innerhalb von zwei Monaten nach der Feststellung nach Satz 1 nach, dass er seiner Verpflichtung nach Absatz 1 nachgekommen ist, entfällt die Verpflichtung zur sofortigen Zahlung des Gesamtsozialversicherungsbeitrages. [3] Hat der Arbeitgeber den Nachweis nach Satz 2 nicht innerhalb der dort vorgesehenen Frist erbracht, ist die Vereinbarung nach § 7b als von Anfang an unwirksam anzusehen; das Wertguthaben ist aufzulösen.

(7) [1] Kommt es wegen eines nicht geeigneten oder nicht ausreichenden Insolvenzschutzes zu einer Verringerung oder einem Verlust des Wertguthabens, haftet der Arbeitgeber für den entstandenen Schaden. [2] Ist der Arbeitgeber eine juristische Person oder eine Gesellschaft ohne Rechtspersönlichkeit haften auch die organschaftlichen Vertreter gesamtschuldnerisch für den Schaden. [3] Der Arbeitgeber oder ein organschaftlicher Vertreter haften nicht, wenn sie den Schaden nicht zu vertreten haben.

(8) Eine Beendigung, Auflösung oder Kündigung der Vorkehrungen zum Insolvenzschutz vor der bestimmungsgemäßen Auflösung des Wertguthabens ist unzulässig, es sei denn, die Vorkehrungen werden mit Zustimmung des Beschäftigten durch einen mindestens gleichwertigen Insolvenzschutz abgelöst.

(9) Die Absätze 1 bis 8 finden keine Anwendung gegenüber dem Bund, den Ländern, Gemeinden, Körperschaften, Stiftungen und Anstalten des öffentlichen Rechts, über deren Vermögen die Eröffnung des Insolvenzverfahrens nicht zulässig ist, sowie solchen juristischen Personen des öffentlichen Rechts, bei denen der Bund, ein Land oder eine Gemeinde kraft Gesetzes die Zahlungsfähigkeit sichert.

§ 7f Übertragung von Wertguthaben. (1) [1] Bei Beendigung der Beschäftigung kann der Beschäftigte durch schriftliche Erklärung gegenüber dem bisherigen Arbeitgeber verlangen, dass das Wertguthaben nach § 7b

1. auf den neuen Arbeitgeber übertragen wird, wenn dieser mit dem Beschäftigten eine Wertguthabenvereinbarung nach § 7b abgeschlossen und der Übertragung zugestimmt hat,
2. auf die Deutsche Rentenversicherung Bund übertragen wird, wenn das Wertguthaben einschließlich des Gesamtsozialversicherungsbeitrages einen Betrag in Höhe des Sechsfachen der monatlichen Bezugsgröße übersteigt; die Rückübertragung ist ausgeschlossen.

[2] Nach der Übertragung sind die mit dem Wertguthaben verbundenen Arbeitgeberpflichten vom neuen Arbeitgeber oder von der Deutschen Rentenversicherung Bund zu erfüllen.

(2) [1] Im Fall der Übertragung auf die Deutsche Rentenversicherung Bund kann der Beschäftigte das Wertguthaben für Zeiten der Freistellung von der Arbeitsleistung und Zeiten der Verringerung der vertraglich vereinbarten Arbeitszeit nach § 7c Absatz 1 sowie auch außerhalb eines Arbeitsverhältnisses für die in § 7c Absatz 1 Nummer 2 Buchstabe a genannten Zeiten in Anspruch nehmen. [2] Der Antrag ist spätestens einen Monat vor der begehrten Freistellung schriftlich bei der Deutschen Rentenversicherung Bund zu stellen; in dem Antrag ist auch anzugeben, in welcher Höhe Arbeitsentgelt aus dem Wertguthaben entnommen werden soll; dabei ist § 7 Absatz 1a Satz 1 Nummer 2 zu berücksichtigen.

(3) [1] Die Deutsche Rentenversicherung Bund verwaltet die ihr übertragenen Wertguthaben einschließlich des darin enthaltenen Gesamtsozialversicherungsbeitrages als ihr übertragene Aufgabe bis zu deren endgültiger Auflösung getrennt von ihrem sonstigen Vermögen treuhänderisch. [2] Die Wertguthaben sind nach den Vorschriften über die Anlage der Mittel von Versicherungsträgern nach dem Vierten Titel des Vierten Abschnitts anzulegen. [3] Die der Deutschen Rentenversicherung Bund durch die Übertragung, Verwaltung und Verwendung von Wertguthaben entstehenden Kosten sind vollständig vom Wertguthaben in Abzug zu bringen und in der Mitteilung an den Beschäftigten nach § 7d Absatz 2 gesondert auszuweisen.

§ 7g *(aufgehoben)*

§ 8 Geringfügige Beschäftigung und geringfügige selbständige Tätigkeit. (1) Eine geringfügige Beschäftigung liegt vor, wenn
1. das Arbeitsentgelt aus dieser Beschäftigung regelmäßig im Monat 450 Euro nicht übersteigt,
2. die Beschäftigung innerhalb eines Kalenderjahres auf längstens drei Monate oder 70 Arbeitstage nach ihrer Eigenart begrenzt zu sein pflegt oder im Voraus vertraglich begrenzt ist, es sei denn, dass die Beschäftigung berufsmäßig ausgeübt wird und ihr Entgelt 450 Euro im Monat übersteigt.

(2) [1] Bei der Anwendung des Absatzes 1 sind mehrere geringfügige Beschäftigungen nach Nummer 1 oder Nummer 2 sowie geringfügige Beschäftigungen nach Nummer 1 mit Ausnahme einer geringfügigen Beschäftigung nach Nummer 1 und nicht geringfügige Beschäftigungen zusammenzurechnen. [2] Eine geringfügige Beschäftigung liegt nicht mehr vor, sobald die Voraussetzungen des Absatzes 1 entfallen. [3] Wird beim Zusammenrechnen nach Satz 1 festgestellt, dass die Voraussetzungen einer geringfügigen Beschäftigung nicht mehr vorliegen, tritt die Versicherungspflicht erst mit dem Tag ein, an dem die Entscheidung über die Versicherungspflicht nach § 37 des Zehnten Buches[1)] durch die Einzugsstelle nach § 28i Satz 5 oder einen anderen Träger der Rentenversicherung bekannt gegeben wird. [4] Dies gilt nicht, wenn der Arbeitgeber vorsätzlich oder grob fahrlässig versäumt hat, den Sachverhalt für die versicherungsrechtliche Beurteilung der Beschäftigung aufzuklären.

(3) [1] Die Absätze 1 und 2 gelten entsprechend, soweit anstelle einer Beschäftigung eine selbständige Tätigkeit ausgeübt wird. [2] Dies gilt nicht für das Recht der Arbeitsförderung.

§ 8a Geringfügige Beschäftigung in Privathaushalten. [1] Werden geringfügige Beschäftigungen ausschließlich in Privathaushalten ausgeübt, gilt § 8. [2] Eine geringfügige Beschäftigung im Privathaushalt liegt vor, wenn diese durch einen privaten Haushalt begründet ist und die Tätigkeit sonst gewöhnlich durch Mitglieder des privaten Haushalts erledigt wird.

§ 9 Beschäftigungsort. (1) Beschäftigungsort ist der Ort, an dem die Beschäftigung tatsächlich ausgeübt wird.

(2) Als Beschäftigungsort gilt der Ort, an dem eine feste Arbeitsstätte errichtet ist, wenn Personen

[1)] Nr. **10**.

1. von ihr aus mit einzelnen Arbeiten außerhalb der festen Arbeitsstätte beschäftigt werden oder
2. außerhalb der festen Arbeitsstätte beschäftigt werden und diese Arbeitsstätte sowie der Ort, an dem die Beschäftigung tatsächlich ausgeübt wird, im Bezirk desselben Versicherungsamts liegen.

(3) Sind Personen bei einem Arbeitgeber an mehreren festen Arbeitsstätten beschäftigt, gilt als Beschäftigungsort die Arbeitsstätte, in der sie überwiegend beschäftigt sind.

(4) Erstreckt sich eine feste Arbeitsstätte über den Bezirk mehrerer Gemeinden, gilt als Beschäftigungsort der Ort, an dem die Arbeitsstätte ihren wirtschaftlichen Schwerpunkt hat.

(5) [1] Ist eine feste Arbeitsstätte nicht vorhanden und wird die Beschäftigung an verschiedenen Orten ausgeübt, gilt als Beschäftigungsort der Ort, an dem der Betrieb seinen Sitz hat. [2] Leitet eine Außenstelle des Betriebs die Arbeiten unmittelbar, ist der Sitz der Außenstelle maßgebend. [3] Ist nach den Sätzen 1 und 2 ein Beschäftigungsort im Geltungsbereich dieses Gesetzbuchs nicht vorhanden, gilt als Beschäftigungsort der Ort, an dem die Beschäftigung erstmals im Geltungsbereich dieses Gesetzbuchs ausgeübt wird.

(6) [1] In den Fällen der Ausstrahlung gilt der bisherige Beschäftigungsort als fortbestehend. [2] Ist ein solcher nicht vorhanden, gilt als Beschäftigungsort der Ort, an dem der Betrieb, von dem der Beschäftigte entsandt wird, seinen Sitz hat.

(7) [1] Gelten für einen Arbeitnehmer auf Grund über- oder zwischenstaatlichen Rechts die deutschen Rechtsvorschriften über soziale Sicherheit und übt der Arbeitnehmer die Beschäftigung nicht im Geltungsbereich dieses Buches aus, gilt Absatz 6 entsprechend. [2] Ist auch danach kein Beschäftigungsort im Geltungsbereich dieses Buches gegeben, gilt der Arbeitnehmer als in Berlin (Ost) beschäftigt.

§ 10 Beschäftigungsort für besondere Personengruppen. (1) Für Personen, die ein freiwilliges soziales Jahr oder ein freiwilliges ökologisches Jahr im Sinne des Jugendfreiwilligendienstegesetzes leisten, gilt als Beschäftigungsort der Ort, an dem der Träger des freiwilligen sozialen Jahres oder des freiwilligen ökologischen Jahres seinen Sitz hat.

(2) [1] Für Entwicklungshelfer gilt als Beschäftigungsort der Sitz des Trägers des Entwicklungsdienstes. [2] Für auf Antrag im Ausland versicherte Personen gilt als Beschäftigungsort der Sitz der antragstellenden Stelle.

(3) [1] Für Seeleute gilt als Beschäftigungsort der Heimathafen des Seeschiffs. [2] Ist ein Heimathafen im Geltungsbereich dieses Gesetzbuchs nicht vorhanden, gilt als Beschäftigungsort Hamburg.

§ 11 Tätigkeitsort. (1) Die Vorschriften über den Beschäftigungsort gelten für selbständige Tätigkeiten entsprechend, soweit sich nicht aus Absatz 2 Abweichendes ergibt.

(2) Ist eine feste Arbeitsstätte nicht vorhanden und wird die selbständige Tätigkeit an verschiedenen Orten ausgeübt, gilt als Tätigkeitsort der Ort des Wohnsitzes oder des gewöhnlichen Aufenthalts.

§ 12 Hausgewerbetreibende, Heimarbeiter und Zwischenmeister.

(1) Hausgewerbetreibende sind selbständig Tätige, die in eigener Arbeitsstätte im Auftrag und für Rechnung von Gewerbetreibenden, gemeinnützigen Unternehmen oder öffentlich-rechtlichen Körperschaften gewerblich arbeiten, auch wenn sie Roh- oder Hilfsstoffe selbst beschaffen oder vorübergehend für eigene Rechnung tätig sind.

(2) Heimarbeiter sind sonstige Personen, die in eigener Arbeitsstätte im Auftrag und für Rechnung von Gewerbetreibenden, gemeinnützigen Unternehmen oder öffentlich-rechtlichen Körperschaften erwerbsmäßig arbeiten, auch wenn sie Roh- oder Hilfsstoffe selbst beschaffen; sie gelten als Beschäftigte.

(3) Als Arbeitgeber der Hausgewerbetreibenden oder Heimarbeiter gilt, wer die Arbeit unmittelbar an sie vergibt, als Auftraggeber der, in dessen Auftrag und für dessen Rechnung sie arbeiten.

(4) Zwischenmeister ist, wer, ohne Arbeitnehmer zu sein, die ihm übertragene Arbeit an Hausgewerbetreibende oder Heimarbeiter weitergibt.

(5) [1] Als Hausgewerbetreibende, Heimarbeiter oder Zwischenmeister gelten auch die nach § 1 Absatz 2 Satz 1 Buchstaben a, c und d des Heimarbeitsgesetzes gleichgestellten Personen. [2] Dies gilt nicht für das Recht der Arbeitsförderung.

§ 13 Reeder, Seeleute und Deutsche Seeschiffe. (1) [1] Reeder sind die Eigentümer von Seeschiffen. [2] Seeleute sind alle abhängig beschäftigten Besatzungsmitglieder an Bord von Seeschiffen; Kanalsteurer auf dem Nord-Ostsee-Kanal stehen den Seeleuten gleich.

(2) Als deutsche Seeschiffe gelten alle zur Seefahrt bestimmten Schiffe, die berechtigt sind, die Bundesflagge zu führen.

Dritter Titel. Arbeitsentgelt und sonstiges Einkommen

§ 14 Arbeitsentgelt. (1) [1] Arbeitsentgelt sind alle laufenden oder einmaligen Einnahmen aus einer Beschäftigung, gleichgültig, ob ein Rechtsanspruch auf die Einnahmen besteht, unter welcher Bezeichnung oder in welcher Form sie geleistet werden und ob sie unmittelbar aus der Beschäftigung oder im Zusammenhang mit ihr erzielt werden. [2] Arbeitsentgelt sind auch Entgeltteile, die durch Entgeltumwandlung nach § 1 Absatz 2 Nummer 3 des Betriebsrentengesetzes für betriebliche Altersversorgung in den Durchführungswegen Direktzusage oder Unterstützungskasse verwendet werden, soweit sie 4 vom Hundert der jährlichen Beitragsbemessungsgrenze der allgemeinen Rentenversicherung übersteigen.

(2) [1] Ist ein Nettoarbeitsentgelt vereinbart, gelten als Arbeitsentgelt die Einnahmen des Beschäftigten einschließlich der darauf entfallenden Steuern und der seinem gesetzlichen Anteil entsprechenden Beiträge zur Sozialversicherung und zur Arbeitsförderung. [2] Sind bei illegalen Beschäftigungsverhältnissen Steuern und Beiträge zur Sozialversicherung und zur Arbeitsförderung nicht gezahlt worden, gilt ein Nettoarbeitsentgelt als vereinbart.

(3) Wird ein Haushaltsscheck (§ 28a Absatz 7) verwendet, bleiben Zuwendungen unberücksichtigt, die nicht in Geld gewährt worden sind.

§ 15 Arbeitseinkommen. (1) [1]Arbeitseinkommen ist der nach den allgemeinen Gewinnermittlungsvorschriften des Einkommensteuerrechts ermittelte Gewinn aus einer selbständigen Tätigkeit. [2]Einkommen ist als Arbeitseinkommen zu werten, wenn es als solches nach dem Einkommensteuerrecht zu bewerten ist.

(2) Bei Landwirten, deren Gewinn aus Land- und Forstwirtschaft nach § 13a des Einkommensteuergesetzes ermittelt wird, ist als Arbeitseinkommen der sich aus § 32 Absatz 6 des Gesetzes über die Alterssicherung der Landwirte ergebende Wert anzusetzen.

§ 16 Gesamteinkommen. Gesamteinkommen ist die Summe der Einkünfte im Sinne des Einkommensteuerrechts; es umfasst insbesondere das Arbeitsentgelt und das Arbeitseinkommen.

§ 17 Verordnungsermächtigung. (1) [1]Das Bundesministerium für Arbeit und Soziales wird ermächtigt, durch Rechtsverordnung mit Zustimmung des Bundesrates zur Wahrung der Belange der Sozialversicherung und der Arbeitsförderung, zur Förderung der betrieblichen Altersversorgung oder zur Vereinfachung des Beitragseinzugs zu bestimmen,

1. dass einmalige Einnahmen oder laufende Zulagen, Zuschläge, Zuschüsse oder ähnliche Einnahmen, die zusätzlich zu Löhnen oder Gehältern gewährt werden, und steuerfreie Einnahmen ganz oder teilweise nicht als Arbeitsentgelt gelten,
2. dass Beiträge an Direktversicherungen und Zuwendungen an Pensionskassen oder Pensionsfonds ganz oder teilweise nicht als Arbeitsentgelt gelten,
3. wie das Arbeitsentgelt, das Arbeitseinkommen und das Gesamteinkommen zu ermitteln und zeitlich zuzurechnen sind,
4. den Wert der Sachbezüge nach dem tatsächlichen Verkehrswert im Voraus für jedes Kalenderjahr.

[2]Dabei ist eine möglichst weitgehende Übereinstimmung mit den Regelungen des Steuerrechts sicherzustellen.

(2) [1]Das Bundesministerium für Arbeit und Soziales bestimmt im Voraus für jedes Kalenderjahr durch Rechtsverordnung mit Zustimmung des Bundesrates die Bezugsgröße (§ 18). [2]Das Bundesministerium für Arbeit und Soziales wird ermächtigt, durch Rechtsverordnung mit Zustimmung des Bundesrates auch sonstige aus der Bezugsgröße abzuleitende Beträge zu bestimmen.

§ 17a Umrechnung von ausländischem Einkommen. (1) [1]Ist Einkommen zu berücksichtigen, das in fremder Währung erzielt wird, wird es in Euro nach dem Referenzkurs umgerechnet, den die Europäische Zentralbank öffentlich bekannt gibt. [2]Wird für die fremde Währung von der Europäischen Zentralbank ein Referenzkurs nicht veröffentlicht, wird das Einkommen nach dem von der Deutschen Bundesbank ermittelten Mittelkurs für die Währung des betreffenden Landes umgerechnet; für Länder mit differenziertem Kurssystem ist der Kurs für den nichtkommerziellen Bereich zugrunde zu legen.

(2) [1]Bei Berücksichtigung von Einkommen ist in den Fällen, in denen der Beginn der Leistung oder der neu berechneten Leistung in der Vergangenheit liegt, der Umrechnungskurs für den Kalendermonat maßgebend, in dem die Anrechnung des Einkommens beginnt. [2]Bei Berücksichtigung von Einkom-

men ist in den Fällen, in denen der Beginn der Leistung oder der neu berechneten Leistung nicht in der Vergangenheit liegt, der Umrechnungskurs für den ersten Monat des Kalendervierteljahres maßgebend, das dem Beginn der Berücksichtigung von Einkommen vorausgeht. [3]Überstaatliches Recht bleibt unberührt.

(3) [1]Der angewandte Umrechnungskurs bleibt so lange maßgebend, bis

1. die Sozialleistung zu ändern ist,
2. sich das zu berücksichtigende Einkommen ändert oder
3. eine Kursveränderung von mehr als 10 vom Hundert gegenüber der letzten Umrechnung eintritt, jedoch nicht vor Ablauf von drei Kalendermonaten.

[2]Die Kursveränderung nach Nummer 3 sowie der neue Umrechnungskurs werden in entsprechender Anwendung von Absatz 2 ermittelt.

(4) [1]Die Absätze 1 bis 3 finden entsprechende Anwendung auf

1. Unterhaltsleistungen,
2. Prämien für eine Krankenversicherung.

[2]Sie finden keine Anwendung bei der Ermittlung von Bemessungsgrundlagen von Sozialleistungen.

(5) Die Absätze 1 bis 4 sind auch anzuwenden, wenn der Versicherungsfall vor dem 1. Juli 1985 eingetreten ist.

§ 18 Bezugsgröße. (1) Bezugsgröße im Sinne der Vorschriften für die Sozialversicherung ist, soweit in den besonderen Vorschriften für die einzelnen Versicherungszweige nichts Abweichendes bestimmt ist, das Durchschnittsentgelt der gesetzlichen Rentenversicherung im vorvergangenen Kalenderjahr, aufgerundet auf den nächsthöheren, durch 420 teilbaren Betrag.[1)]

(2) [1]Die Bezugsgröße für das Beitrittsgebiet (Bezugsgröße [Ost]) verändert sich zum 1. Januar eines jeden Kalenderjahres auf den Wert, der sich ergibt, wenn der für das vorvergangene Kalenderjahr geltende Wert der Anlage 1 zum Sechsten Buch[2)] durch den für das Kalenderjahr der Veränderung bestimmten Wert der Anlage 10 zum Sechsten Buch geteilt wird, aufgerundet auf den nächsthöheren, durch 420 teilbaren Betrag.[3)] [2]Für die Zeit ab 1. Januar 2025 ist eine Bezugsgröße (Ost) nicht mehr zu bestimmen.

(3) Beitrittsgebiet ist das in Artikel 3 des Einigungsvertrages genannte Gebiet.

Vierter Titel. Einkommen beim Zusammentreffen mit Renten wegen Todes

§ 18a Art des zu berücksichtigenden Einkommens. (1) [1]Bei Renten wegen Todes sind als Einkommen zu berücksichtigen

1. Erwerbseinkommen,

[1)] Gem. § 2 Absatz 1 Sozialversicherungs-RechengrößenVO 2021 v. 30.11.2020 (BGBl. I S. 2612) beträgt die Bezugsgröße im Sinne des § 18 Absatz 1 im Jahr 2021 jährlich 39 480 Euro und monatlich 3 290 Euro.

[2)] Nr. **6**.

[3)] Gem. § 2 Absatz 2 Sozialversicherungs-RechengrößenVO 2021 v. 17.12.2019 (BGBl. I S. 2848) beträgt die Bezugsgröße (Ost) im Sinne des § 18 Absatz 2 im Jahr 2021 jährlich 37 380 Euro und monatlich 3 115 Euro.

2. Leistungen, die erbracht werden, um Erwerbseinkommen zu ersetzen (Erwerbsersatzeinkommen),
3. Vermögenseinkommen,
4. Elterngeld und
5. Aufstockungsbeträge und Zuschläge nach § 3 Nummer 28 des Einkommensteuergesetzes.

[2] Nicht zu berücksichtigen sind

1. Arbeitsentgelt, das eine Pflegeperson von dem Pflegebedürftigen erhält, wenn das Entgelt das dem Umfang der Pflegetätigkeit entsprechende Pflegegeld nach § 37 des Elften Buches[1)] nicht übersteigt,
2. Einnahmen aus Altersvorsorgeverträgen, soweit sie nach § 10a oder Abschnitt XI des Einkommensteuergesetzes gefördert worden sind,
3. Renten nach § 3 Nummer 8a des Einkommensteuergesetzes und
4. Arbeitsentgelt, das ein behinderter Mensch von einem Träger einer in § 1 Satz 1 Nummer 2 des Sechsten Buches[2)] genannten Einrichtung erhält.

[3] Die Sätze 1 und 2 gelten auch für vergleichbare ausländische Einkommen.

(2) Erwerbseinkommen im Sinne des Absatzes 1 Satz 1 Nummer 1 sind Arbeitsentgelt, Arbeitseinkommen und vergleichbares Einkommen.

(2a) Arbeitseinkommen im Sinne des Absatzes 2 Satz 1 ist die positive Summe der Gewinne oder Verluste aus folgenden Arbeitseinkommensarten:

1. Gewinne aus Land- und Forstwirtschaft im Sinne der §§ 13, 13a und 14 des Einkommensteuergesetzes in Verbindung mit § 15 Absatz 2,
2. Gewinne aus Gewerbebetrieb im Sinne der §§ 15, 16 und 17 des Einkommensteuergesetzes und
3. Gewinne aus selbständiger Arbeit im Sinne des § 18 des Einkommensteuergesetzes.

(3) [1] Erwerbsersatzeinkommen im Sinne des Absatzes 1 Satz 1 Nummer 2 sind

1. das Krankengeld, das Verletztengeld, das Versorgungskrankengeld, das Mutterschaftsgeld, das Übergangsgeld, das Pflegeunterstützungsgeld, das Kurzarbeitergeld, das Arbeitslosengeld, das Insolvenzgeld, das Krankentagegeld und vergleichbare Leistungen,
2. Renten der Rentenversicherung wegen Alters oder verminderter Erwerbsfähigkeit, die Erziehungsrente, die Knappschaftsausgleichsleistung, das Anpassungsgeld für entlassene Arbeitnehmer des Bergbaus und Leistungen nach den §§ 27 und 28 des Sozialversicherungs-Angleichungsgesetzes Saar,
3. Altersrenten und Renten wegen Erwerbsminderung der Alterssicherung der Landwirte, die an ehemalige Landwirte oder mitarbeitende Familienangehörige gezahlt werden,

[Nr. 4 bis 30.6.2021:]

4. die Verletztenrente der Unfallversicherung, soweit sie einen der Grundrente nach dem Bundesversorgungsgesetz entsprechenden Betrag übersteigt; eine Kürzung oder ein Wegfall der Verletztenrente wegen Anstaltspflege oder

---

1) Nr. **11**.
2) Nr. **6**.

Aufnahme in ein Alters- oder Pflegeheim bleibt unberücksichtigt; bei einer Minderung der Erwerbsfähigkeit um 20 vom Hundert ist ein Betrag in Höhe von zwei Dritteln, bei einer Minderung der Erwerbsfähigkeit um 10 vom Hundert ist ein Betrag in Höhe von einem Drittel der Mindestgrundrente anzusetzen,

[Nr. 4 ab 1.7.2021:]

4. *die Verletztenrente der Unfallversicherung, soweit sie die Beträge nach § 93 Absatz 2 Nummer 2 Buchstabe a in Verbindung mit Absatz 2a und 2b des Sechsten Buches übersteigt; eine Kürzung oder ein Wegfall der Verletztenrente wegen Anstaltspflege oder Aufnahme in ein Alters- oder Pflegeheim bleibt unberücksichtigt,*
5. das Ruhegehalt und vergleichbare Bezüge aus einem öffentlich-rechtlichen Dienst- oder Amtsverhältnis oder aus einem versicherungsfreien Arbeitsverhältnis mit Anspruch auf Versorgung nach beamtenrechtlichen Vorschriften oder Grundsätzen, Altersgeld oder vergleichbare Alterssicherungsleistungen sowie vergleichbare Bezüge aus der Versorgung der Abgeordneten, Leistungen nach dem Bundesversorgungsteilungsgesetz und vergleichbare Leistungen nach entsprechenden länderrechtlichen Regelungen,
6. das Unfallruhegehalt und vergleichbare Bezüge aus einem öffentlich-rechtlichen Dienst- oder Amtsverhältnis oder aus einem versicherungsfreien Arbeitsverhältnis mit Anspruch auf Versorgung nach beamtenrechtlichen Vorschriften oder Grundsätzen sowie vergleichbare Bezüge aus der Versorgung der Abgeordneten; wird daneben kein Unfallausgleich gezahlt, gilt Nummer 4 letzter Teilsatz entsprechend,
7. Renten der öffentlich-rechtlichen Versicherungs- oder Versorgungseinrichtungen bestimmter Berufsgruppen wegen Minderung der Erwerbsfähigkeit oder Alters,
8. der Berufsschadensausgleich nach § 30 Absatz 3 bis 11 des Bundesversorgungsgesetzes und anderen Gesetzen, die die entsprechende Anwendung der Leistungsvorschriften des Bundesversorgungsgesetzes vorsehen,
9. Renten wegen Alters oder verminderter Erwerbsfähigkeit, die aus Anlass eines Arbeitsverhältnisses zugesagt worden sind sowie Leistungen aus der Versorgungsausgleichskasse,
10. Renten wegen Alters oder verminderter Erwerbsfähigkeit aus privaten Lebens- und Rentenversicherungen, allgemeinen Unfallversicherungen sowie sonstige private Versorgungsrenten.

[2] Kinderzuschuss, Kinderzulage und vergleichbare kindbezogene Leistungen bleiben außer Betracht. [3] Wird eine Kapitalleistung oder anstelle einer wiederkehrenden Leistung eine Abfindung gezahlt, ist der Betrag als Einkommen zu berücksichtigen, der bei einer Verrentung der Kapitalleistung oder als Rente ohne die Abfindung zu zahlen wäre.

(4) Vermögenseinkommen im Sinne des Absatzes 1 Satz 1 Nummer 3 ist die positive Summe der positiven oder negativen Überschüsse, Gewinne oder Verluste aus folgenden Vermögenseinkommensarten:

1. a) Einnahmen aus Kapitalvermögen im Sinne des § 20 des Einkommensteuergesetzes; Einnahmen im Sinne des § 20 Absatz 1 Nummer 6 des Einkommensteuergesetzes in der ab dem 1. Januar 2005 geltenden Fassung sind auch bei einer nur teilweisen Steuerpflicht jeweils die vollen Unterschiedsbeträge zwischen den Versicherungsleistungen einerseits und den

auf sie entrichteten Beiträgen oder den Anschaffungskosten bei entgeltlichem Erwerb des Anspruchs auf die Versicherungsleistung andererseits,

b) Einnahmen aus Versicherungen auf den Erlebens- oder Todesfall im Sinne des § 10 Absatz 1 Nummer 2 Buchstabe b Doppelbuchstabe cc und dd des Einkommensteuergesetzes in der am 1. Januar 2004 geltenden Fassung, wenn die Laufzeit dieser Versicherungen vor dem 1. Januar 2005 begonnen hat und ein Versicherungsbeitrag bis zum 31. Dezember 2004 entrichtet wurde, es sei denn, sie werden wegen Todes geleistet; zu den Einnahmen gehören außerrechnungsmäßige und rechnungsmäßige Zinsen aus den Sparanteilen, die in den Beiträgen zu diesen Versicherungen enthalten sind, im Sinne des § 20 Absatz 1 Nummer 6 des Einkommensteuergesetzes in der am 21. September 2002 geltenden Fassung.

Bei der Ermittlung der Einnahmen ist als Werbungskostenpauschale der Sparer-Pauschbetrag abzuziehen,

2. Einnahmen aus Vermietung und Verpachtung im Sinne des § 21 des Einkommensteuergesetzes nach Abzug der Werbungskosten und
3. Gewinne aus privaten Veräußerungsgeschäften im Sinne des § 23 des Einkommensteuergesetzes, soweit sie mindestens 600 Euro im Kalenderjahr betragen.

§ 18b Höhe des zu berücksichtigenden Einkommens. (1) [1] Maßgebend ist das für denselben Zeitraum erzielte monatliche Einkommen. [2] Mehrere zu berücksichtigende Einkommen sind zusammenzurechnen. [3] Wird die Rente nur für einen Teil des Monats gezahlt, ist das entsprechend gekürzte monatliche Einkommen maßgebend. [4] Einmalig gezahltes Vermögenseinkommen gilt als für die dem Monat der Zahlung folgenden zwölf Kalendermonate als erzielt. [5] Einmalig gezahltes Vermögenseinkommen ist Einkommen, das einem bestimmten Zeitraum nicht zugeordnet werden kann oder in einem Betrag für mehr als zwölf Monate gezahlt wird.

(2) [1] Bei Erwerbseinkommen und Erwerbsersatzeinkommen nach § 18a Absatz 3 Satz 1 Nummer 1 gilt als monatliches Einkommen im Sinne von Absatz 1 Satz 1 das im letzten Kalenderjahr aus diesen Einkommensarten erzielte Einkommen, geteilt durch die Zahl der Kalendermonate, in denen es erzielt wurde. [2] Wurde Erwerbseinkommen neben Erwerbsersatzeinkommen nach § 18a Absatz 3 Satz 1 Nummer 1 erzielt, sind diese Einkommen zusammenzurechnen; wurden diese Einkommen zeitlich aufeinander folgend erzielt, ist das Erwerbseinkommen maßgebend. [3] Die für einmalig gezahltes Arbeitsentgelt in § 23a getroffene zeitliche Zuordnung gilt entsprechend. [4] Für die Zeiten des Bezugs von Kurzarbeitergeld ist das dem Versicherungsträger gemeldete Arbeitsentgelt maßgebend. [5] Bei Vermögenseinkommen gilt als monatliches Einkommen im Sinne von Absatz 1 Satz 1 ein Zwölftel dieses im letzten Kalenderjahr erzielten Einkommens; bei einmalig gezahltem Vermögenseinkommen gilt ein Zwölftel des gezahlten Betrages als monatliches Einkommen nach Absatz 1 Satz 1. [6] Steht das zu berücksichtigende Einkommen des vorigen Kalenderjahres noch nicht fest, so wird das voraussichtlich erzielte Einkommen zugrunde gelegt.

(3) [1] Ist im letzten Kalenderjahr Einkommen nach Absatz 2 nicht oder nur Erwerbsersatzeinkommen nach § 18a Absatz 3 Satz 1 Nummer 1 erzielt worden, gilt als monatliches Einkommen im Sinne von Absatz 1 Satz 1 das laufende Einkommen. [2] Satz 1 gilt auch bei der erstmaligen Feststellung der

Rente, wenn das laufende Einkommen im Durchschnitt voraussichtlich um wenigstens zehn vom Hundert geringer ist als das nach Absatz 2 maßgebende Einkommen; jährliche Sonderzuwendungen sind beim laufenden Einkommen mit einem Zwölftel zu berücksichtigen. [3]Umfasst das laufende Einkommen Erwerbsersatzeinkommen im Sinne von § 18a Absatz 3 Satz 1 Nummer 1, ist dieses nur zu berücksichtigen, solange diese Leistung gezahlt wird.

(4) Bei Erwerbsersatzeinkommen nach § 18a Absatz 3 Satz 1 Nummer 2 bis 10 gilt als monatliches Einkommen im Sinne von Absatz 1 Satz 1 das laufende Einkommen; jährliche Sonderzuwendungen sind beim laufenden Einkommen mit einem Zwölftel zu berücksichtigen.

(5) [1]Das monatliche Einkommen ist zu kürzen

1. bei Arbeitsentgelt um 40 vom Hundert, jedoch bei
   a) Bezügen aus einem öffentlich-rechtlichen Dienst- oder Amtsverhältnis oder aus einem versicherungsfreien Arbeitsverhältnis mit Anwartschaft auf Versorgung nach beamtenrechtlichen Vorschriften oder Grundsätzen und bei Einkommen, das solchen Bezügen vergleichbar ist, um 27,5 vom Hundert,
   b) Beschäftigten, die die Voraussetzungen des § 172 Absatz 1 des Sechsten Buches[1)] erfüllen, um 30,5 vom Hundert;

   das Arbeitsentgelt von Beschäftigten, die die Voraussetzungen des § 172 Absatz 3 oder § 276a des Sechsten Buches erfüllen, und Aufstockungsbeträge nach § 3 Absatz 1 Satz 1 Nummer 1 Buchstabe a des Altersteilzeitgesetzes werden nicht gekürzt, Zuschläge nach § 6 Absatz 2 des Bundesbesoldungsgesetzes werden um 7,65 vom Hundert gekürzt,
2. bei Arbeitseinkommen um 39,8 vom Hundert, bei steuerfreien Einnahmen im Rahmen des Halbeinkünfteverfahrens oder des Teileinkünfteverfahrens um 24,8 vom Hundert,
3. bei Leistungen nach § 18a Absatz 3 Satz 1 Nummer 7 um 27,5 vom Hundert bei Leistungsbeginn vor dem Jahre 2011 und um 29,6 vom Hundert bei Leistungsbeginn nach dem Jahre 2010,
4. bei Leistungen nach § 18a Absatz 3 Satz 1 Nummer 5 und 6 um 23,7 vom Hundert bei Leistungsbeginn vor dem Jahre 2011 und um 25 vom Hundert bei Leistungsbeginn nach dem Jahre 2010,
5. bei Leistungen nach § 18a Absatz 3 Satz 1 Nummer 9 um 17,5 vom Hundert; sofern es sich dabei um Leistungen handelt, die der nachgelagerten Besteuerung unterliegen, ist das monatliche Einkommen um 21,2 vom Hundert bei Leistungsbeginn vor dem Jahre 2011 und um 23 vom Hundert bei Leistungsbeginn nach dem Jahre 2010 zu kürzen,
6. bei Leistungen nach § 18a Absatz 3 Satz 1 Nummer 10 um 12,7 vom Hundert,
7. bei Vermögenseinkommen um 25 vom Hundert; bei steuerfreien Einnahmen nach dem Halbeinkünfteverfahren um 5 vom Hundert; bei Besteuerung nach dem gesonderten Steuertarif für Einkünfte aus Kapitalvermögen um 30 vom Hundert; Einnahmen aus Versicherungen nach § 18a Absatz 4 Nummer 1 werden nur gekürzt, soweit es sich um steuerpflichtige Kapitalerträge handelt,

---

[1)] Nr. **6**.

8. bei Leistungen nach § 18a Absatz 3 Satz 1 Nummer 2 und 3 um 13 vom Hundert bei Leistungsbeginn vor dem Jahre 2011 und um 14 vom Hundert bei Leistungsbeginn nach dem Jahre 2010.

[2]Die Leistungen nach § 18a Absatz 3 Satz 1 Nummer 1 und 4 sind um den Anteil der vom Berechtigten zu tragenden Beiträge zur Bundesagentur für Arbeit und, soweit Beiträge zur sonstigen Sozialversicherung oder zu einem Krankenversicherungsunternehmen gezahlt werden, zusätzlich um 10 vom Hundert zu kürzen.

(5a) Elterngeld wird um den anrechnungsfreien Betrag nach § 10 des Bundeselterngeld- und Elternzeitgesetzes gekürzt.

(6) Soweit ein Versicherungsträger über die Höhe des zu berücksichtigenden Einkommens entschieden hat, ist diese Entscheidung auch für einen anderen Versicherungsträger bindend.

§ 18c Erstmalige Ermittlung des Einkommens. (1) Der Berechtigte hat das zu berücksichtigende Einkommen nachzuweisen.

(2) [1]Bezieher von Arbeitsentgelt und diesem vergleichbaren Einkommen können verlangen, dass ihnen der Arbeitgeber eine Bescheinigung über das von ihnen für das letzte Kalenderjahr erzielte Arbeitsentgelt oder vergleichbare Einkommen und den Zeitraum, für den es gezahlt wurde, ausstellt. [2]Der Arbeitgeber ist zur Ausstellung der Bescheinigung nicht verpflichtet, wenn er der Sozialversicherung das Arbeitsentgelt gemäß den Vorschriften über die Erfassung von Daten und Datenübermittlung bereits gemeldet hat. [3]Satz 2 gilt nicht, wenn das tatsächliche Entgelt die Beitragsbemessungsgrenze übersteigt oder die abgegebene Meldung nicht für die Rentenversicherung bestimmt war.

(3) Bezieher von Erwerbsersatzeinkommen können verlangen, dass ihnen die Zahlstelle eine Bescheinigung über das von ihr im maßgebenden Zeitraum gezahlte Erwerbsersatzeinkommen und den Zeitraum, für den es gezahlt wurde, ausstellt.

(4) Bezieher von Vermögenseinkommen können verlangen, dass ihnen die Kapitalerträge nach § 20 des Einkommensteuergesetzes auszahlende Stelle eine Bescheinigung über die von ihr im letzten Kalenderjahr gezahlten Erträge ausstellt.

§ 18d Einkommensänderungen. (1) [1]Einkommensänderungen sind erst vom nächstfolgenden 1. Juli an zu berücksichtigen; einmalig gezahltes Vermögenseinkommen ist vom Beginn des Kalendermonats an zu berücksichtigen, für den es als erzielt gilt. [2]Eine Änderung des Einkommens ist auch die Änderung des zu berücksichtigenden voraussichtlichen Einkommens oder die Feststellung des tatsächlichen Einkommens nach der Berücksichtigung voraussichtlichen Einkommens.

(2) [1]Minderungen des berücksichtigten Einkommens können vom Zeitpunkt ihres Eintritts an berücksichtigt werden, wenn das laufende Einkommen im Durchschnitt voraussichtlich um wenigstens zehn vom Hundert geringer ist als das berücksichtigte Einkommen; Erwerbsersatzeinkommen im Sinne von § 18a Absatz 3 Satz 1 Nummer 1 ist zu berücksichtigen, solange diese Leistung gezahlt wird. [2]Jährliche Sonderzuwendungen sind mit einem Zwölftel zu berücksichtigen.

§ 18e Ermittlung von Einkommensänderungen. (1) [1]Für Bezieher von Arbeitsentgelt und diesem vergleichbaren Einkommen hat der Arbeitgeber auf Verlangen des Versicherungsträgers das von ihnen für das letzte Kalenderjahr erzielte Arbeitsentgelt und vergleichbare Einkommen und den Zeitraum, für den es gezahlt wurde, mitzuteilen. [2]Der Arbeitgeber ist zur Mitteilung nicht verpflichtet, wenn er der Sozialversicherung das Arbeitsentgelt gemäß den Vorschriften über die Erfassung von Daten und Datenübermittlung bereits gemeldet hat. [3]Satz 2 gilt nicht, wenn das tatsächliche Entgelt die Beitragsbemessungsgrenze übersteigt.

(2) Bezieher von Arbeitseinkommen haben auf Verlangen des Versicherungsträgers ihr im letzten Kalenderjahr erzieltes Arbeitseinkommen und den Zeitraum, in dem es erzielt wurde, bis zum 31. März des Folgejahres mitzuteilen.

(3) Für Bezieher von Erwerbsersatzeinkommen haben die Zahlstellen auf Verlangen des Versicherungsträgers das von ihnen im maßgebenden Zeitraum gezahlte Erwerbsersatzeinkommen und den Zeitraum, für den es gezahlt wurde, mitzuteilen.

(3a) [1]Bezieher von Vermögenseinkommen haben auf Verlangen des Versicherungsträgers ihr im letzten Kalenderjahr erzieltes Einkommen mitzuteilen. [2]Für Bezieher von Kapitalerträgen nach § 20 des Einkommensteuergesetzes haben die auszahlenden Stellen eine Bescheinigung über die von ihr gezahlten Erträge auszustellen.

(4) *(aufgehoben)*

(5) Im Fall des § 18d Absatz 2 findet § 18c für den erforderlichen Nachweis der Einkommensminderung entsprechende Anwendung.

(6) Bei der Berücksichtigung von Einkommensänderungen bedarf es nicht der vorherigen Anhörung des Berechtigten.

(7) Wird eine Rente wegen Todes wegen der Höhe des zu berücksichtigenden Einkommens nach dem 1. Juli eines jeden Jahres weiterhin in vollem Umfang nicht gezahlt, ist der Erlass eines erneuten Verwaltungsaktes nicht erforderlich.

Fünfter Titel. Verarbeitung der Versicherungsnummer

§ 18f Zulässigkeit der Verarbeitung. (1) [1]Die Sozialversicherungsträger, ihre Verbände, ihre Arbeitsgemeinschaften, die Bundesagentur für Arbeit, die Deutsche Post AG, soweit sie mit der Berechnung oder Auszahlung von Sozialleistungen betraut ist, die Versorgungsträger nach § 8 Absatz 4 des Gesetzes zur Überführung der Ansprüche und Anwartschaften aus Zusatz- und Sonderversorgungssystemen des Beitrittsgebiets und die Künstlersozialkasse dürfen die Versicherungsnummer nur verarbeiten, soweit dies zur personenbezogenen Zuordnung der Daten für die Erfüllung einer gesetzlichen Aufgabe nach diesem Gesetzbuch erforderlich ist; die Deutsche Rentenversicherung Bund darf die Versicherungsnummer auch zur Erfüllung ihrer Aufgaben im Rahmen der Förderung der zusätzlichen kapitalgedeckten Altersvorsorge nach § 91 des Einkommensteuergesetzes verarbeiten. [2]Aufgaben nach diesem Gesetzbuch sind auch diejenigen auf Grund von über- und zwischenstaatlichem Recht im Bereich der sozialen Sicherheit. [3]Bei Untersuchungen für Zwecke der Prävention, der Rehabilitation und der Forschung, die dem Ziel dienen, gesundheitlichen Schäden bei Versicherten vorzubeugen oder diese zu beheben, und für entsprechende Dateisysteme darf die Versicherungsnummer nur verarbeitet werden, soweit ein einheitliches Ordnungsmerkmal zur personenbezogenen Zuordnung der Daten bei langfristigen Beobachtungen erforderlich ist und der Aufbau eines besonderen Ordnungsmerkmals mit erheblichem organisatorischem Aufwand verbunden wäre oder mehrere der in Satz 1 genannten Stellen beteiligt sind, die nicht über ein einheitliches Ordnungsmerkmal verfügen. [4]Die Versicherungsnummer darf nach Maßgabe von Satz 3 von überbetrieblichen arbeitsmedizinischen Diensten nach § 24 des Siebten Buches[1)], auch soweit sie das Arbeitssicherheitsgesetz anwenden, verarbeitet werden.

(2) [1]Die anderen in § 35 des Ersten Buches[2)] genannten Stellen dürfen die Versicherungsnummer nur verarbeiten, soweit im Einzelfall oder in festgelegten Verfahren eine Übermittlung von Daten gegenüber den in Absatz 1 genannten Stellen oder ihren Aufsichtsbehörden, auch unter Einschaltung von Vermittlungsstellen, für die Erfüllung einer gesetzlichen Aufgabe nach diesem Gesetzbuch erforderlich ist. [2]Satz 1 gilt für die in § 69 Absatz 2 des Zehnten Buches[3)] genannten Stellen für die Erfüllung ihrer dort genannten Aufgaben entsprechend.

(2a) Die Statistischen Ämter des Bundes und der Länder dürfen die Versicherungsnummer nur verarbeiten, soweit dies im Einzelfall für die Erfüllung einer gesetzlichen Aufgabe zur Erhebung statistischer Daten erforderlich ist.

(2b) Das Bundesamt für Strahlenschutz darf die Versicherungsnummer verarbeiten, soweit dies erforderlich ist, um für Zwecke des Strahlenschutzregisters eine persönliche Kennnummer zu erzeugen, die es ermöglicht, Daten zur Exposition durch ionisierende Strahlung dauerhaft und eindeutig Personen zuzuordnen.

(3) [1]Andere Behörden, Gerichte, Arbeitgeber oder Dritte dürfen die Versicherungsnummer nur verarbeiten, soweit dies für die Erfüllung einer gesetzlichen Aufgabe der in Absatz 1 genannten Stellen erforderlich ist

1. bei Mitteilungen, für die die Verarbeitung von Versicherungsnummern in Rechtsvorschriften vorgeschrieben ist,
2. im Rahmen der Beitragszahlung oder
3. bei der Leistungserbringung einschließlich Abrechnung und Erstattung.

[2]Ist anderen Behörden, Gerichten, Arbeitgebern oder Dritten die Versicherungsnummer vom Versicherten oder seinen Hinterbliebenen oder nach dem Zweiten Kapitel des Zehnten Buches befugt übermittelt worden, darf die Versicherungsnummer, soweit die Übermittlung von Daten gegenüber den in Absatz 1 und den in § 69 Absatz 2 des Zehnten Buches genannten Stellen erforderlich ist, gespeichert, verändert, genutzt, übermittelt oder in der Verarbeitung eingeschränkt werden.

(4) Die Versicherungsnummer darf auch bei der Verarbeitung von Sozialdaten im Auftrag gemäß § 80 des Zehnten Buches genutzt werden.

(5) Die in Absatz 2 bis 3 genannten Stellen dürfen die Versicherungsnummer nicht verarbeiten, um ihre Dateisysteme danach zu ordnen oder für den Zugriff zu erschließen.

[1)] Nr. **7**.
[2)] Nr. **1**.
[3)] Nr. **10**.

§ 18g Angabe der Versicherungsnummer. [1] Vertragsbestimmungen, durch die der zur Angabe der Versicherungsnummer für eine nicht nach § 18f zugelassene Verarbeitung verpflichtet werden soll, sind unwirksam. [2] Eine befugte Übermittlung der Versicherungsnummer begründet kein Recht, die Versicherungsnummer in anderen als den in § 18f genannten Fällen zu speichern.

Sechster Titel. Sozialversicherungsausweis

§ 18h Ausstellung des Sozialversicherungsausweises. (1) [1] Die Datenstelle der Rentenversicherung stellt für jede Person, für die sie eine Versicherungsnummer vergibt, einen Sozialversicherungsausweis aus, der nur folgende personenbezogene Daten über die Inhaberin oder den Inhaber enthalten darf:

1. die Versicherungsnummer,
2. den Familiennamen und den Geburtsnamen und
3. den Vornamen,
4. das Ausstellungsdatum.

[2] Die Daten zu den Nummern 1 bis 4 sind außerdem codiert aufzubringen. [3] Die Gestaltung und das Verfahren zur Ausstellung des Sozialversicherungsausweises legt die Deutsche Rentenversicherung Bund in Grundsätzen fest, die vom Bundesministerium für Arbeit und Soziales zu genehmigen und im Bundesanzeiger zu veröffentlichen sind.

(2) [1] Beschäftigte sind verpflichtet, den Sozialversicherungsausweis bei Beginn einer Beschäftigung dem Arbeitgeber vorzulegen. [2] Kann der Beschäftigte dies nicht zum Zeitpunkt des Beschäftigungsbeginns, so hat er dies unverzüglich nachzuholen.

(3) [1] Die Inhaberin oder der Inhaber ist verpflichtet, der zuständigen Einzugsstelle (§ 28i) oder dem Rentenversicherungsträger den Verlust des Sozialversicherungsausweises oder sein Wiederauffinden unverzüglich anzuzeigen. [2] Ein neuer Sozialversicherungsausweis wird ausgestellt

1. auf Antrag bei der zuständigen Einzugsstelle oder beim Rentenversicherungsträger, wenn der Sozialversicherungsausweis zerstört worden, abhanden gekommen oder unbrauchbar geworden ist,
2. von Amts wegen, wenn sich die Versicherungsnummer, der Familienname oder der Vorname geändert hat.

[3] Eine Person darf nur einen auf ihren Namen ausgestellten Sozialversicherungsausweis besitzen; unbrauchbare und weitere Sozialversicherungsausweise sind an die zuständige Einzugsstelle oder den Rentenversicherungsträger zurückzugeben.

Siebter Titel. Betriebsnummer

§ 18i Betriebsnummer für Beschäftigungsbetriebe der Arbeitgeber.

(1) Der Arbeitgeber hat zur Teilnahme an den Meldeverfahren zur Sozialversicherung bei der Bundesagentur für Arbeit eine Betriebsnummer für jeden seiner Beschäftigungsbetriebe elektronisch zu beantragen.

(2) Der Arbeitgeber hat zur Vergabe der Betriebsnummer der Bundesagentur für Arbeit die dazu notwendigen Angaben, insbesondere den Namen und die Anschrift des Beschäftigungsbetriebes, den Beschäftigungsort, die wirtschaftli-

che Tätigkeit des Beschäftigungsbetriebes und die Rechtsform des Betriebes elektronisch zu übermitteln.

(3) [1] Der Beschäftigungsbetrieb ist eine nach der Gemeindegrenze und der wirtschaftlichen Betätigung abgegrenzte Einheit, in der Beschäftigte für einen Arbeitgeber tätig sind. [2] Für einen Arbeitgeber kann es mehrere Beschäftigungsbetriebe in einer Gemeinde geben, sofern diese Beschäftigungsbetriebe eine jeweils eigene, wirtschaftliche Einheit bilden. [3] Für Beschäftigungsbetriebe desselben Arbeitgebers mit unterschiedlicher wirtschaftlicher Betätigung oder in verschiedenen Gemeinden sind jeweils eigene Betriebsnummern zu vergeben.

(4) Änderungen zu den Angaben nach Absatz 2 sowie eine Meldung im Fall der vollständigen Beendigung der Betriebstätigkeit sind vom Arbeitgeber, nach Eröffnung des Insolvenzverfahrens vom Insolvenzverwalter, unverzüglich der Bundesagentur für Arbeit durch gesicherte und verschlüsselte Datenübertragung aus systemgeprüften Programmen oder mittels maschinell erstellter Ausfüllhilfen zu übermitteln.

(5) Das Nähere zum Verfahren und zum Inhalt der zu übermittelnden Angaben, insbesondere der Datensätze, regeln die Gemeinsamen Grundsätze nach § 28b Absatz 1 Satz 1 Nummer 1 bis 3.

(6) Die Betriebsnummern und alle Angaben nach den Absätzen 2 und 4 werden bei der Bundesagentur für Arbeit in einem elektronischen Dateisystem der Beschäftigungsbetriebe gespeichert.

§ 18k Betriebsnummer für Beschäftigungsbetriebe weiterer Meldepflichtiger. (1) [1] Arbeitgeber haben für knappschaftliche Beschäftigungsbetriebe und für Beschäftigungsbetriebe der Seefahrt abweichend von § 18i Absatz 1 die Betriebsnummer bei der Deutschen Rentenversicherung Knappschaft-Bahn-See zu beantragen. [2] Die Deutsche Rentenversicherung Knappschaft-Bahn-See vergibt die Betriebsnummer im Auftrag der Bundesagentur für Arbeit. [3] Die für die Seefahrt zuständige Berufsgenossenschaft und die Deutsche Rentenversicherung Knappschaft-Bahn-See haben zu diesem Zweck die zur Erfüllung ihrer Aufgaben erforderlichen Daten über die Beschäftigungsbetriebe der Seefahrt zu übermitteln. [4] Näheres hierzu regelt eine Verwaltungsvereinbarung.

(2) Für Arbeitgeber von Beschäftigten in privaten Haushalten, die eine Meldung nach § 28a Absatz 7 abzugeben haben, vergibt die Deutsche Rentenversicherung Knappschaft-Bahn-See im Auftrag der Bundesagentur für Arbeit eine Betriebsnummer bei Eingang der ersten Meldung.

(3) Die Deutsche Rentenversicherung Knappschaft-Bahn-See übermittelt die vergebenen Betriebsnummern mit den nach § 18i Absatz 2 erforderlichen Angaben unverzüglich nach Vergabe oder Änderung an die Bundesagentur für Arbeit, die diese im Dateisystem der Beschäftigungsbetriebe speichert; § 18i Absatz 6 gilt entsprechend.

§ 18l Identifikation weiterer Verfahrensbeteiligter in elektronischen Meldeverfahren. (1) [1] Beauftragt der Arbeitgeber einen Dritten mit der Durchführung der Meldeverfahren nach diesem Gesetzbuch, hat diese Stelle unverzüglich eine Betriebsnummer nach § 18i Absatz 1 zu beantragen, soweit sie nicht schon über eine eigene Betriebsnummer verfügt. [2] § 18i Absatz 2 bis 6 gilt entsprechend.

(2) [1] Sonstige Verfahrensbeteiligte haben vor Teilnahme an den Meldeverfahren nach diesem Gesetzbuch eine Betriebsnummer nach § 18i Absatz 1 zu beantragen, soweit sie nicht schon über eine eigene Betriebsnummer verfügen. [2] Diese Betriebsnummer gilt in den elektronischen Übertragungsverfahren als Kennzeichnung des Verfahrensbeteiligten. [3] § 18i Absatz 2 bis 6 gilt entsprechend.

§ 18m Verarbeitung der Betriebsnummer. (1) Die Bundesagentur für Arbeit übermittelt die Betriebsnummern und die Angaben nach § 18i Absatz 2 und 4 aus dem Dateisystem der Beschäftigungsbetriebe den Leistungsträgern nach den §§ 12 und 18 bis 29 des Ersten Buches[1)], der Künstlersozialkasse, der Datenstelle der Rentenversicherung, den berufsständischen Versorgungseinrichtungen und deren Datenannahmestelle und der Deutschen Gesetzlichen Unfallversicherung e.V. zur weiteren Verarbeitung, soweit dies für die Erfüllung ihrer Aufgaben nach diesem Gesetzbuch erforderlich ist.

(2) [1] Die Sozialversicherungsträger, ihre Verbände und ihre Arbeitsgemeinschaften, die Künstlersozialkasse, die Behörden der Zollverwaltung, soweit sie Aufgaben nach § 2 des Schwarzarbeitsbekämpfungsgesetzes oder nach § 66 des Zehnten Buches[2)] wahrnehmen, sowie die zuständigen Aufsichtsbehörden und die Arbeitgeber dürfen die Betriebsnummern speichern, verändern, nutzen, übermitteln und in der Verarbeitung einschränken, soweit dies für die Erfüllung einer Aufgabe nach diesem Gesetzbuch oder dem Künstlersozialversicherungsgesetz erforderlich ist. [2] Andere Behörden, Gerichte oder Dritte dürfen die Betriebsnummern speichern, verändern, nutzen, übermitteln oder in der Verarbeitung einschränken, soweit dies für die Erfüllung einer gesetzlichen Aufgabe einer der in Satz 1 genannten Stellen erforderlich ist.

§ 18n Absendernummer. (1) Eine meldende Stelle erhält auf elektronischen Antrag bei der Vergabe eines Zertifikates zur Sicherung der Datenübertragung von der das Zertifikat ausstellenden Stelle eine Absendernummer, die der Betriebsnummer der meldenden Stelle entspricht.

(2) [1] In den Fällen, in denen eine meldende Stelle für einen Beschäftigungsbetrieb für mehr als einen Abrechnungskreis Meldungen erstatten will, erhält sie auf elektronischen Antrag bei der Vergabe eines weiteren Zertifikates zur Sicherung der Datenübertragung von der das Zertifikat ausstellenden Stelle eine gesonderte Absendernummer. [2] Für diese gesonderte achtstellige Absendernummer ist ein festgelegter alphanumerischer Nummernkreis zu nutzen. [3] Das Nähere zum Aufbau der Nummer, zu den übermittelnden Angaben und zum Verfahren regeln die Gemeinsamen Grundsätze nach § 28b Absatz 1 Satz 1 Nummer 4.

Zweiter Abschnitt. Leistungen und Beiträge

Erster Titel. Leistungen

§ 19 Leistungen auf Antrag oder von Amts wegen. [1] Leistungen in der gesetzlichen Kranken- und Rentenversicherung, nach dem Recht der Arbeitsförderung sowie in der sozialen Pflegeversicherung werden auf Antrag erbracht,

---

1) Nr. 1.
2) Nr. 10.

soweit sich aus den Vorschriften für die einzelnen Versicherungszweige nichts Abweichendes ergibt. [2] Leistungen in der gesetzlichen Unfallversicherung werden von Amts wegen erbracht, soweit sich aus den Vorschriften für die gesetzliche Unfallversicherung nichts Abweichendes ergibt.

§ 19a Benachteiligungsverbot. [1] Bei der Inanspruchnahme von Leistungen, die den Zugang zu allen Formen und allen Ebenen der Berufsberatung, der Berufsbildung, der beruflichen Weiterbildung, der Umschulung einschließlich der praktischen Berufserfahrung betreffen, darf niemand aus Gründen der Rasse oder wegen der ethnischen Herkunft, des Geschlechts, der Religion oder Weltanschauung, einer Behinderung, des Alters oder der sexuellen Identität benachteiligt werden. [2] Ansprüche können nur insoweit geltend gemacht oder hergeleitet werden, als deren Voraussetzungen und Inhalt durch die Vorschriften der besonderen Teile dieses Gesetzbuchs im Einzelnen bestimmt sind.

Zweiter Titel. Beiträge

§ 20 Aufbringung der Mittel, Übergangsbereich. (1) Die Mittel der Sozialversicherung einschließlich der Arbeitsförderung werden nach Maßgabe der besonderen Vorschriften für die einzelnen Versicherungszweige durch Beiträge der Versicherten, der Arbeitgeber und Dritter, durch staatliche Zuschüsse und durch sonstige Einnahmen aufgebracht.

(2) Der Übergangsbereich im Sinne dieses Gesetzbuches umfasst Arbeitsentgelte aus mehr als geringfügigen Beschäftigungen nach § 8 Absatz 1 Nummer 1, die regelmäßig 1 300 Euro im Monat nicht übersteigen; bei mehreren Beschäftigungsverhältnissen ist das insgesamt erzielte Arbeitsentgelt maßgebend.

(3) [1] Der Arbeitgeber trägt abweichend von den besonderen Vorschriften für Beschäftigte für die einzelnen Versicherungszweige den Gesamtsozialversicherungsbeitrag allein, wenn

1. Versicherte, die zu ihrer Berufsausbildung beschäftigt sind, ein Arbeitsentgelt erzielen, das auf den Monat bezogen 325 Euro nicht übersteigt, oder
2. Versicherte ein freiwilliges soziales Jahr oder ein freiwilliges ökologisches Jahr im Sinne des Jugendfreiwilligendienstegesetzes oder einen Bundesfreiwilligendienst nach dem Bundesfreiwilligendienstgesetz leisten.

[2] Wird infolge einmalig gezahlten Arbeitsentgelts die in Satz 1 genannte Grenze überschritten, tragen die Versicherten und die Arbeitgeber den Gesamtsozialversicherungsbeitrag von dem diese Grenze übersteigenden Teil des Arbeitsentgelts jeweils zur Hälfte; in der gesetzlichen Krankenversicherung gilt dies nur für den um den Beitragsanteil, der allein vom Arbeitnehmer zu tragen ist, reduzierten Beitrag.

§ 21 Bemessung der Beiträge. Die Versicherungsträger haben die Beiträge, soweit diese von ihnen festzusetzen sind, so zu bemessen, dass die Beiträge zusammen mit den anderen Einnahmen

1. die gesetzlich vorgeschriebenen und zugelassenen Ausgaben des Versicherungsträgers decken und
2. sicherstellen, dass die gesetzlich vorgeschriebenen oder zugelassenen Betriebsmittel und Rücklagen bereitgehalten werden können.

§ 22 Entstehen der Beitragsansprüche, Zusammentreffen mehrerer Versicherungsverhältnisse. (1) [1] Die Beitragsansprüche der Versicherungsträger entstehen, sobald ihre im Gesetz oder auf Grund eines Gesetzes bestimmten Voraussetzungen vorliegen. [2] Bei einmalig gezahltem Arbeitsentgelt sowie bei Arbeitsentgelt, das aus dem aus Arbeitszeitguthaben abgeleiteten Entgeltguthaben errechnet wird, entstehen die Beitragsansprüche, sobald dieses ausgezahlt worden ist. [3] Satz 2 gilt nicht, soweit das einmalig gezahlte Arbeitsentgelt nur wegen eines Insolvenzereignisses im Sinne des § 165 Absatz 1 des Dritten Buches[1)] vom Arbeitgeber nicht ausgezahlt worden ist oder die Beiträge für aus Arbeitszeitguthaben abgeleiteten Entgeltguthaben schon aus laufendem Arbeitsentgelt gezahlt wurden.

(2) [1] Treffen beitragspflichtige Einnahmen aus mehreren Versicherungsverhältnissen zusammen und übersteigen sie die für das jeweilige Versicherungsverhältnis maßgebliche Beitragsbemessungsgrenze, so vermindern sie sich zum Zwecke der Beitragsberechnung nach dem Verhältnis ihrer Höhe so zueinander, dass sie zusammen höchstens die Beitragsbemessungsgrenze erreichen. [2] Die beitragspflichtigen Einnahmen aus dem jeweiligen Versicherungsverhältnis sind vor der Verhältnisrechnung nach Satz 1 auf die maßgebliche Beitragsbemessungsgrenze zu reduzieren. [3] Für die knappschaftliche Rentenversicherung und die allgemeine Rentenversicherung sind die Berechnungen nach Satz 1 getrennt durchzuführen. [4] Die Sätze 1 bis 3 gelten nicht für Personen, die als ehemalige Soldaten auf Zeit Übergangsgebührnisse beziehen (§ 166 Absatz 1 Nummer 1c des Sechsten Buches[2)]).

§ 23 Fälligkeit. (1) [1] Laufende Beiträge, die geschuldet werden, werden entsprechend den Regelungen der Satzung der Krankenkasse und den Entscheidungen des Spitzenverbandes Bund der Krankenkassen fällig. [2] Beiträge, die nach dem Arbeitsentgelt oder dem Arbeitseinkommen zu bemessen sind, sind in voraussichtlicher Höhe der Beitragsschuld spätestens am drittletzten Bankarbeitstag des Monats fällig, in dem die Beschäftigung oder Tätigkeit, mit der das Arbeitsentgelt oder Arbeitseinkommen erzielt wird, ausgeübt worden ist oder als ausgeübt gilt; ein verbleibender Restbeitrag wird zum drittletzten Bankarbeitstag des Folgemonats fällig. [3] Der Arbeitgeber kann abweichend von Satz 2 den Betrag in Höhe der Beiträge des Vormonats zahlen; für einen verbleibenden Restbetrag bleibt es bei der Fälligkeit zum drittletzten Bankarbeitstag des Folgemonats. [4] In den Fällen des Satzes 3 sind Beiträge, die auf eine Einmalzahlung im Vormonat entfallen, nicht zu berücksichtigen. [5] Sonstige Beiträge werden spätestens am Fünfzehnten des Monats fällig, der auf den Monat folgt, für den sie zu entrichten sind. [6] Die erstmalige Fälligkeit der Beiträge für die nach § 3 Satz 1 Nummer 1a des Sechsten Buches[2)] versicherten Pflegepersonen ist abhängig von dem Zeitpunkt, zu dem die Pflegekasse, das private Versicherungsunternehmen, die Festsetzungsstelle für die Beihilfe oder der Dienstherr bei Heilfürsorgeberechtigten die Versicherungspflicht der Pflegeperson festgestellt hat oder ohne Verschulden hätte feststellen können. [7] Wird die Feststellung in der Zeit vom Ersten bis zum Fünfzehnten eines Monats getroffen, werden die Beiträge erstmals spätestens am Fünfzehnten des folgenden Monats fällig; wird die Feststellung in der Zeit vom Sechzehnten bis zum Ende eines Monats getroffen, werden die Beiträge erstmals am Fünfzehnten des

---

[1)] Nr. **3**.
[2)] Nr. **6**.

zweiten darauffolgenden Monats fällig; das Nähere vereinbaren die Spitzenverbände der beteiligten Träger der Sozialversicherung, der Verband der privaten Krankenversicherung e.V. und die Festsetzungsstellen für die Beihilfe.

(2) [1] Die Beiträge für eine Sozialleistung im Sinne des § 3 Satz 1 Nummer 3 des Sechsten Buches einschließlich Sozialleistungen, auf die die Vorschriften des Fünften[1)] und des Sechsten Buches über die Kranken- und Rentenversicherung der Bezieher von Arbeitslosengeld oder die Krankenversicherung der Bezieher von Arbeitslosengeld II entsprechend anzuwenden sind, werden am Achten des auf die Zahlung der Sozialleistung folgenden Monats fällig. [2] Die Träger der Rentenversicherung und die Bundesagentur für Arbeit können unbeschadet des Satzes 1 vereinbaren, dass die Beiträge zur Rentenversicherung aus Sozialleistungen der Bundesagentur für Arbeit zu den vom Bundesamt für Soziale Sicherung festgelegten Fälligkeitsterminen für die Rentenzahlungen im Inland gezahlt werden. [3] Die Träger der Rentenversicherung mit Ausnahme der Deutschen Rentenversicherung Knappschaft-Bahn-See als Träger der knappschaftlichen Rentenversicherung, die Bundesagentur für Arbeit und die Behörden des sozialen Entschädigungsrechts können unbeschadet des Satzes 1 vereinbaren, dass die Beiträge zur Rentenversicherung und nach dem Recht der Arbeitsförderung aus Sozialleistungen nach dem sozialen Entschädigungsrecht in voraussichtlicher Höhe der Beitragsschuld spätestens zum 30. Juni des laufenden Jahres und ein verbleibender Restbetrag zum nächsten Fälligkeitstermin gezahlt werden.

(2a) Bei Verwendung eines Haushaltsschecks (§ 28a Absatz 7) sind die Beiträge für das in den Monaten Januar bis Juni erzielte Arbeitsentgelt am 31. Juli des laufenden Jahres und für das in den Monaten Juli bis Dezember erzielte Arbeitsentgelt am 31. Januar des folgenden Jahres fällig.

(3) [1] Geschuldete Beiträge der Unfallversicherung werden am Fünfzehnten des Monats fällig, der dem Monat folgt, in dem der Beitragsbescheid dem Zahlungspflichtigen bekannt gegeben worden ist; Entsprechendes gilt für Beitragsvorschüsse, wenn der Bescheid hierüber keinen anderen Fälligkeitstermin bestimmt. [2] Die landwirtschaftliche Berufsgenossenschaft kann in ihrer Satzung von Satz 1 abweichende Fälligkeitstermine bestimmen. [3] Für den Tag der Zahlung und die zulässigen Zahlungsmittel gelten die für den Gesamtsozialversicherungsbeitrag geltenden Bestimmungen entsprechend. [4] Die Fälligkeit von Beiträgen für geringfügig Beschäftigte in Privathaushalten, die nach § 28a Absatz 7 der Einzugsstelle gemeldet worden sind, richtet sich abweichend von Satz 1 nach Absatz 2a.

(4) Besondere Vorschriften für einzelne Versicherungszweige, die von den Absätzen 1 bis 3 abweichen oder abweichende Bestimmungen zulassen, bleiben unberührt.

§ 23a Einmalig gezahltes Arbeitsentgelt als beitragspflichtige Einnahmen. (1) [1] Einmalig gezahltes Arbeitsentgelt sind Zuwendungen, die dem Arbeitsentgelt zuzurechnen sind und nicht für die Arbeit in einem einzelnen Entgeltabrechnungszeitraum gezahlt werden. [2] Als einmalig gezahltes Arbeitsentgelt gelten nicht Zuwendungen nach Satz 1, wenn sie

1. üblicherweise zur Abgeltung bestimmter Aufwendungen des Beschäftigten, die auch im Zusammenhang mit der Beschäftigung stehen,

---

1) Nr. 5.

2. als Waren oder Dienstleistungen, die vom Arbeitgeber nicht überwiegend für den Bedarf seiner Beschäftigten hergestellt, vertrieben oder erbracht werden und monatlich in Anspruch genommen werden können,
3. als sonstige Sachbezüge, die monatlich gewährt werden, oder
4. als vermögenswirksame Leistungen

vom Arbeitgeber erbracht werden. [3]Einmalig gezahltes Arbeitsentgelt ist dem Entgeltabrechnungszeitraum zuzuordnen, in dem es gezahlt wird, soweit die Absätze 2 und 4 nichts Abweichendes bestimmen.

(2) Einmalig gezahltes Arbeitsentgelt, das nach Beendigung oder bei Ruhen des Beschäftigungsverhältnisses gezahlt wird, ist dem letzten Entgeltabrechnungszeitraum des laufenden Kalenderjahres zuzuordnen, auch wenn dieser nicht mit Arbeitsentgelt belegt ist.

(3) [1]Das einmalig gezahlte Arbeitsentgelt ist bei der Feststellung des beitragspflichtigen Arbeitsentgelts für Beschäftigte zu berücksichtigen, soweit das bisher gezahlte beitragspflichtige Arbeitsentgelt die anteilige Beitragsbemessungsgrenze nicht erreicht. [2]Die anteilige Beitragsbemessungsgrenze ist der Teil der Beitragsbemessungsgrenze, der der Dauer aller Beschäftigungsverhältnisse bei demselben Arbeitgeber im laufenden Kalenderjahr bis zum Ablauf des Entgeltabrechnungszeitraumes entspricht, dem einmalig gezahltes Arbeitsentgelt zuzuordnen ist; auszunehmen sind Zeiten, die nicht mit Beiträgen aus laufendem Arbeitsentgelt belegt sind.

(4) [1]In der Zeit vom 1. Januar bis zum 31. März einmalig gezahltes Arbeitsentgelt ist dem letzten Entgeltabrechnungszeitraum des vergangenen Kalenderjahres zuzuordnen, wenn es vom Arbeitgeber dieses Entgeltabrechnungszeitraumes gezahlt wird und zusammen mit dem sonstigen für das laufende Kalenderjahr festgestellten beitragspflichtigen Arbeitsentgelt die anteilige Beitragsbemessungsgrenze nach Absatz 3 Satz 2 übersteigt. [2]Satz 1 gilt nicht für nach dem 31. März einmalig gezahltes Arbeitsentgelt, das nach Absatz 2 einem in der Zeit vom 1. Januar bis zum 31. März liegenden Entgeltabrechnungszeitraum zuzuordnen ist.

(5) Ist der Beschäftigte in der gesetzlichen Krankenversicherung pflichtversichert, ist für die Zuordnung des einmalig gezahlten Arbeitsentgelts nach Absatz 4 Satz 1 allein die Beitragsbemessungsgrenze der gesetzlichen Krankenversicherung maßgebend.

§ 23b Beitragspflichtige Einnahmen bei flexiblen Arbeitszeitregelungen. (1) [1]Bei Vereinbarungen nach § 7b ist für Zeiten der tatsächlichen Arbeitsleistung und für Zeiten der Inanspruchnahme des Wertguthabens nach § 7c das in dem jeweiligen Zeitraum fällige Arbeitsentgelt als Arbeitsentgelt im Sinne des § 23 Absatz 1 maßgebend. [2]Im Falle des § 23a Absatz 3 und 4 gilt das in dem jeweils maßgebenden Zeitraum erzielte Arbeitsentgelt bis zu einem Betrag in Höhe der Beitragsbemessungsgrenze als bisher gezahltes beitragspflichtiges Arbeitsentgelt; in Zeiten einer Freistellung von der Arbeitsleistung tritt an die Stelle des erzielten Arbeitsentgelts das fällige Arbeitsentgelt.

(2) [1]Soweit das Wertguthaben nicht gemäß § 7c verwendet wird, insbesondere

1. nicht laufend für eine Zeit der Freistellung von der Arbeitsleistung oder der Verringerung der vertraglich vereinbarten Arbeitszeit in Anspruch genommen wird oder

2. nicht mehr für solche Zeiten gezahlt werden kann, da das Beschäftigungsverhältnis vorzeitig beendet wurde,

ist als Arbeitsentgelt im Sinne des § 23 Absatz 1 ohne Berücksichtigung einer Beitragsbemessungsgrenze die Summe der Arbeitsentgelte maßgebend, die zum Zeitpunkt der tatsächlichen Arbeitsleistung ohne Berücksichtigung der Vereinbarung nach § 7b beitragspflichtig gewesen wäre. [2]Maßgebend ist jedoch höchstens der Betrag des Wertguthabens aus diesen Arbeitsentgelten zum Zeitpunkt der nicht zweckentsprechenden Verwendung des Arbeitsentgelts. [3]Zugrunde zu legen ist der Zeitraum ab dem Abrechnungsmonat der ersten Gutschrift auf einem Wertguthaben bis zum Zeitpunkt der nicht zweckentsprechenden Verwendung des Arbeitsentgelts. [4]Bei einem nach § 7f Absatz 1 Satz 1 Nummer 2 übertragenen Wertguthaben gelten die Sätze 1 bis 3 entsprechend, soweit das Wertguthaben wegen der Inanspruchnahme einer Rente wegen verminderter Erwerbsfähigkeit, einer Rente wegen Alters oder wegen des Todes des Versicherten nicht mehr in Anspruch genommen werden kann. [5]Wird das Wertguthaben vereinbarungsgemäß an einen bestimmten Wertmaßstab gebunden, ist der im Zeitpunkt der nicht zweckentsprechenden Verwendung des Arbeitsentgelts maßgebende angepasste Betrag als Höchstbetrag der Berechnung zugrunde zu legen. [6]Im Falle der Insolvenz des Arbeitgebers gilt auch als beitragspflichtiges Arbeitsentgelt höchstens der Betrag, der als Arbeitsentgelt den gezahlten Beiträgen zugrunde liegt. [7]Für die Berechnung der Beiträge sind der für den Entgeltabrechnungszeitraum nach den Sätzen 8 und 9 für den einzelnen Versicherungszweig geltende Beitragssatz und die für diesen Zeitraum für den Einzug des Gesamtsozialversicherungsbeitrags zuständige Einzugsstelle maßgebend; für Beschäftigte, die bei keiner Krankenkasse versichert sind, gilt § 28i Satz 2 entsprechend. [8]Die Beiträge sind mit den Beiträgen der Entgeltabrechnung für den Kalendermonat fällig, der dem Kalendermonat folgt, in dem

1. im Fall der Insolvenz die Mittel für die Beitragszahlung verfügbar sind,
2. das Arbeitsentgelt nicht zweckentsprechend verwendet wird.

[9]Wird durch einen Bescheid eines Trägers der Rentenversicherung der Eintritt von verminderter Erwerbsfähigkeit festgestellt, gilt der Zeitpunkt des Eintritts der verminderten Erwerbsfähigkeit als Zeitpunkt der nicht zweckentsprechenden Verwendung des bis dahin erzielten Wertguthabens; in diesem Fall sind die Beiträge mit den Beiträgen der auf das Ende des Beschäftigungsverhältnisses folgenden Entgeltabrechnung fällig. [10]Wird eine Rente wegen verminderter Erwerbsfähigkeit in Anspruch genommen und besteht ein nach § 7f Absatz 1 Satz 1 Nummer 2 übertragenes Wertguthaben, kann der Versicherte der Auflösung dieses Wertguthabens widersprechen. [11]Ist für den Fall der Insolvenz des Arbeitgebers ein Dritter Schuldner des Arbeitsentgelts, erfüllt dieser insoweit die Pflichten des Arbeitgebers.

(2a) [1]Als Arbeitsentgelt im Sinne des § 23 Absatz 1 gilt im Falle des Absatzes 2 auch der positive Betrag, der sich ergibt, wenn die Summe der ab dem Abrechnungsmonat der ersten Gutschrift auf einem Wertguthaben für die Zeit der Arbeitsleistung maßgebenden Beträge der jeweiligen Beitragsbemessungsgrenze um die Summe der in dieser Zeit der Arbeitsleistung abgerechneten beitragspflichtigen Arbeitsentgelte gemindert wird, höchstens der Betrag des Wertguthabens im Zeitpunkt der nicht zweckentsprechenden Verwendung des Arbeitsentgelts. [2] Absatz 2 Satz 5 bis 11 findet Anwendung, Absatz 1 Satz 2 findet keine Anwendung.

(3) Kann das Wertguthaben wegen Beendigung des Beschäftigungsverhältnisses nicht mehr nach § 7c oder § 7f Absatz 2 Satz 1 verwendet werden und ist der Versicherte unmittelbar anschließend wegen Arbeitslosigkeit bei einer deutschen Agentur für Arbeit als Arbeitsuchender gemeldet und bezieht eine öffentlich-rechtliche Leistung oder nur wegen des zu berücksichtigenden Einkommens oder Vermögens nicht, sind die Beiträge spätestens sieben Kalendermonate nach dem Kalendermonat, in dem das Arbeitsentgelt nicht zweckentsprechend verwendet worden ist, oder bei Aufnahme einer Beschäftigung in diesem Zeitraum zum Zeitpunkt des Beschäftigungsbeginns fällig, es sei denn, eine zweckentsprechende Verwendung wird vereinbart; beginnt in diesem Zeitraum eine Rente wegen Alters oder Todes oder tritt verminderte Erwerbsfähigkeit ein, gelten diese Zeitpunkte als Zeitpunkt der nicht zweckentsprechenden Verwendung.

(3a) [1] Sieht die Vereinbarung nach § 7b bereits bei ihrem Abschluss für den Fall, dass Wertguthaben wegen der Beendigung der Beschäftigung auf Grund verminderter Erwerbsfähigkeit, des Erreichens einer Altersgrenze, zu der eine Rente wegen Alters beansprucht werden kann, oder des Todes des Beschäftigten nicht mehr für Zeiten einer Freistellung von der Arbeitsleistung oder der Verringerung der vertraglich vereinbarten Arbeitszeit verwendet werden können, deren Verwendung für Zwecke der betrieblichen Altersversorgung vor, gilt das bei Eintritt dieser Fälle für Zwecke der betrieblichen Altersversorgung verwendete Wertguthaben nicht als beitragspflichtiges Arbeitsentgelt; dies gilt nicht,

1. wenn die Vereinbarung über die betriebliche Altersversorgung eine Abfindung vorsieht oder zulässt oder Leistungen im Falle des Todes, der Invalidität und des Erreichens einer Altersgrenze, zu der eine Rente wegen Alters beansprucht werden kann, nicht gewährleistet sind oder
2. soweit bereits im Zeitpunkt der Ansammlung des Wertguthabens vorhersehbar ist, dass es nicht für Zwecke nach § 7c oder § 7f Absatz 2 Satz 1 verwendet werden kann.

[2] Die Bestimmungen dieses Absatzes finden keine Anwendung auf Vereinbarungen, die nach dem 13. November 2008 geschlossen worden sind.

(4) Werden Wertguthaben auf Dritte übertragen, gelten die Absätze 2 bis 3a nur für den Übertragenden, der die Arbeitsleistung tatsächlich erbringt.

§ 23c Sonstige nicht beitragspflichtige Einnahmen. (1) [1] Zuschüsse des Arbeitgebers zum Krankengeld, Verletztengeld, Übergangsgeld, Pflegeunterstützungsgeld oder Krankentagegeld und sonstige Einnahmen aus einer Beschäftigung, die für die Zeit des Bezuges von Krankengeld, Krankentagegeld, Versorgungskrankengeld, Verletztengeld, Übergangsgeld, Pflegeunterstützungsgeld, Mutterschaftsgeld, Erziehungsgeld oder Elterngeld weiter erzielt werden, gelten nicht als beitragspflichtiges Arbeitsentgelt, wenn die Einnahmen zusammen mit den genannten Sozialleistungen das Nettoarbeitsentgelt im Sinne des § 47 des Fünften Buches[1)] nicht um mehr als 50 Euro im Monat übersteigen. [2] Zur Berechnung des Nettoarbeitsentgelts bei freiwilligen Mitgliedern der

[1)] Nr. 5.

gesetzlichen Krankenversicherung ist der um den Beitragszuschuss für Beschäftigte verminderte Beitrag des Versicherten zur Kranken- und Pflegeversicherung abzuziehen; dies gilt entsprechend für Personen und für ihre nicht selbstversicherten Angehörigen, die bei einem privaten Krankenversicherungsunternehmen versichert sind einschließlich der Versicherung für das Krankentagegeld. [3] Für Beschäftigte, die nach § 6 Absatz 1 Satz 1 Nummer 1 des Sechsten Buches[1)] von der Versicherungspflicht befreit sind und Pflichtbeiträge an eine berufsständische Versorgungseinrichtung entrichten, sind bei der Ermittlung des Nettoentgeltes die um den Arbeitgeberzuschuss nach § 172a des Sechsten Buches verminderten Pflichtbeiträge des Beschäftigten entsprechend abzuziehen.

(2) [1] Einnahmen aus Tätigkeiten als Notärztin oder Notarzt im Rettungsdienst sind nicht beitragspflichtig, wenn diese Tätigkeiten neben

1. einer Beschäftigung mit einem Umfang von regelmäßig mindestens 15 Stunden wöchentlich außerhalb des Rettungsdienstes oder
2. einer Tätigkeit als zugelassener Vertragsarzt oder als Arzt in privater Niederlassung

ausgeübt werden. [2] Für Tätigkeiten, bei denen die Einnahmen nach Satz 1 nicht beitragspflichtig sind, bestehen keine Meldepflichten nach diesem Buch.

§ 24 Säumniszuschlag. (1) [1] Für Beiträge und Beitragsvorschüsse, die der Zahlungspflichtige nicht bis zum Ablauf des Fälligkeitstages gezahlt hat, ist für jeden angefangenen Monat der Säumnis ein Säumniszuschlag von eins vom Hundert des rückständigen, auf 50 Euro nach unten abgerundeten Betrages zu zahlen. [2] Bei einem rückständigen Betrag unter 100 Euro ist der Säumniszuschlag nicht zu erheben, wenn dieser gesondert schriftlich anzufordern wäre.

(2) Wird eine Beitragsforderung durch Bescheid mit Wirkung für die Vergangenheit festgestellt, ist ein darauf entfallender Säumniszuschlag nicht zu erheben, soweit der Beitragsschuldner glaubhaft macht, dass er unverschuldet keine Kenntnis von der Zahlungspflicht hatte.

(3) [1] Hat der Zahlungspflichtige ein Lastschriftmandat zum Einzug der Beiträge erteilt, so sind Säumniszuschläge zu erheben, wenn der Beitragseinzug aus Gründen, die vom Zahlungspflichtigen zu vertreten sind, nicht ausgeführt werden kann oder zurückgerufen wird. [2] Zusätzlich zum Säumniszuschlag soll der Gläubiger vom Zahlungspflichtigen den Ersatz der von einem Geldinstitut erhobenen Entgelte für Rücklastschriften verlangen; dieser Kostenersatz ist wie die Gebühren, die im Zusammenhang mit der Durchsetzung von Beitragsansprüchen erhoben werden, zu behandeln.

§ 25 Verjährung. (1) [1] Ansprüche auf Beiträge verjähren in vier Jahren nach Ablauf des Kalenderjahrs, in dem sie fällig geworden sind. [2] Ansprüche auf vorsätzlich vorenthaltene Beiträge verjähren in dreißig Jahren nach Ablauf des Kalenderjahrs, in dem sie fällig geworden sind.

(2) [1] Für die Hemmung, die Ablaufhemmung, den Neubeginn und die Wirkung der Verjährung gelten die Vorschriften des Bürgerlichen Gesetzbuchs sinngemäß. [2] Die Verjährung ist für die Dauer einer Prüfung beim Arbeitgeber gehemmt; diese Hemmung der Verjährung bei einer Prüfung gilt auch gegen-

---

1) Nr. **6**.

über den auf Grund eines Werkvertrages für den Arbeitgeber tätigen Nachunternehmern und deren weiteren Nachunternehmern. [3]Satz 2 gilt nicht, wenn die Prüfung unmittelbar nach ihrem Beginn für die Dauer von mehr als sechs Monaten aus Gründen unterbrochen wird, die die prüfende Stelle zu vertreten hat. [4]Die Hemmung beginnt mit dem Tag des Beginns der Prüfung beim Arbeitgeber oder bei der vom Arbeitgeber mit der Lohn- und Gehaltsabrechnung beauftragten Stelle und endet mit der Bekanntgabe des Beitragsbescheides, spätestens nach Ablauf von sechs Kalendermonaten nach Abschluss der Prüfung. [5]Kommt es aus Gründen, die die prüfende Stelle nicht zu vertreten hat, zu einem späteren Beginn der Prüfung, beginnt die Hemmung mit dem in der Prüfungsankündigung ursprünglich bestimmten Tag. [6]Die Sätze 2 bis 5 gelten für Prüfungen der Beitragszahlung bei sonstigen Versicherten, in Fällen der Nachversicherung und bei versicherungspflichtigen Selbständigen entsprechend. [7]Die Sätze 1 bis 5 gelten auch für Prüfungen nach § 28q Absatz 1 und 1a sowie nach § 251 Absatz 5 und § 252 Absatz 5 des Fünften Buches[1)].

§ 26 Beanstandung und Erstattung zu Unrecht entrichteter Beiträge.

(1) [1]Sind Pflichtbeiträge in der Rentenversicherung für Zeiten nach dem 31. Dezember 1972 trotz Fehlens der Versicherungspflicht nicht spätestens bei der nächsten Prüfung beim Arbeitgeber beanstandet worden, gilt § 45 Absatz 2 des Zehnten Buches[2)] entsprechend. [2]Beiträge, die nicht mehr beanstandet werden dürfen, gelten als zu Recht entrichtete Pflichtbeiträge. [3]Gleiches gilt für zu Unrecht entrichtete Beiträge nach Ablauf der in § 27 Absatz 2 Satz 1 bestimmten Frist.

(2) Zu Unrecht entrichtete Beiträge sind zu erstatten, es sei denn, dass der Versicherungsträger bis zur Geltendmachung des Erstattungsanspruchs auf Grund dieser Beiträge oder für den Zeitraum, für den die Beiträge zu Unrecht entrichtet worden sind, Leistungen erbracht oder zu erbringen hat; Beiträge, die für Zeiten entrichtet worden sind, die während des Bezugs von Leistungen beitragsfrei sind, sind jedoch zu erstatten.

(3) [1]Der Erstattungsanspruch steht dem zu, der die Beiträge getragen hat. [2]Soweit dem Arbeitgeber Beiträge, die er getragen hat, von einem Dritten ersetzt worden sind, entfällt sein Erstattungsanspruch.

(4) [1]In den Fällen, in denen eine Mehrfachbeschäftigung vorliegt und nicht auszuschließen ist, dass die Voraussetzungen des § 22 Absatz 2 vorliegen, hat die Einzugsstelle nach Eingang der Entgeltmeldungen von Amts wegen die Ermittlung einzuleiten, ob Beiträge zu Unrecht entrichtet wurden. [2]Die Einzugsstelle kann weitere Angaben zur Ermittlung der zugrunde zu legenden Entgelte von den Meldepflichtigen anfordern. [3]Die elektronische Anforderung hat durch gesicherte und verschlüsselte Datenübertragung zu erfolgen. [4]Dies gilt auch für die Rückübermittlung der ermittelten Gesamtentgelte an die Meldepflichtigen. [5]Die Einzugsstelle hat das Verfahren innerhalb von zwei Monaten nach Vorliegen aller insoweit erforderlichen Meldungen abzuschließen. [6]Das Verfahren gilt für Abrechnungszeiträume ab dem 1. Januar 2015. [7]Das Nähere zum Verfahren, zu den zu übermittelnden Daten sowie den Datensätzen regeln die Gemeinsamen Grundsätze nach § 28b Absatz 1.

---

1) Nr. **5**.
2) Nr. **10**.

§ 27 Verzinsung und Verjährung des Erstattungsanspruchs. (1) [1]Der Erstattungsanspruch ist nach Ablauf eines Kalendermonats nach Eingang des vollständigen Erstattungsantrags, beim Fehlen eines Antrags nach der Bekanntgabe der Entscheidung über die Erstattung bis zum Ablauf des Kalendermonats vor der Zahlung mit vier vom Hundert zu verzinsen. [2]Verzinst werden volle Euro-Beträge. [3]Dabei ist der Kalendermonat mit dreißig Tagen zugrunde zu legen.

(2) [1]Der Erstattungsanspruch verjährt in vier Jahren nach Ablauf des Kalenderjahrs, in dem die Beiträge entrichtet worden sind. [2]Beanstandet der Versicherungsträger die Rechtswirksamkeit von Beiträgen, beginnt die Verjährung mit dem Ablauf des Kalenderjahrs der Beanstandung.

(3) [1]Für die Hemmung, die Ablaufhemmung, den Neubeginn und die Wirkung der Verjährung gelten die Vorschriften des Bürgerlichen Gesetzbuchs sinngemäß. [2]Die Verjährung wird auch durch schriftlichen Antrag auf die Erstattung oder durch Erhebung eines Widerspruchs gehemmt. [3]Die Hemmung endet sechs Monate nach Bekanntgabe der Entscheidung über den Antrag oder den Widerspruch.

§ 28 Verrechnung und Aufrechnung des Erstattungsanspruchs. Der für die Erstattung zuständige Leistungsträger kann

1. mit Ermächtigung eines anderen Leistungsträgers dessen Ansprüche gegen den Berechtigten mit dem ihm obliegenden Erstattungsbetrag verrechnen,
2. mit Zustimmung des Berechtigten die zu Unrecht entrichteten Beiträge mit künftigen Beitragsansprüchen aufrechnen.

Dritter Abschnitt. Meldepflichten des Arbeitgebers, Gesamtsozialversicherungsbeitrag

Erster Titel. Meldungen des Arbeitgebers und ihre Weiterleitung

§ 28a Meldepflicht. (1) [1]Der Arbeitgeber oder ein anderer Meldepflichtiger hat der Einzugsstelle für jeden in der Kranken-, Pflege-, Rentenversicherung oder nach dem Recht der Arbeitsförderung kraft Gesetzes Versicherten

1. bei Beginn der versicherungspflichtigen Beschäftigung,
2. bei Ende der versicherungspflichtigen Beschäftigung,
3. bei Eintritt eines Insolvenzereignisses,
4. (weggefallen)
5. bei Änderungen in der Beitragspflicht,
6. bei Wechsel der Einzugsstelle,
7. bei Anträgen auf Altersrenten oder Auskunftsersuchen des Familiengerichts in Versorgungsausgleichsverfahren,
8. bei Unterbrechung der Entgeltzahlung,
9. bei Auflösung des Arbeitsverhältnisses,
10. auf Anforderung der Einzugsstelle nach § 26 Absatz 4 Satz 2,
11. bei Antrag des geringfügig Beschäftigten nach § 6 Absatz 1b des Sechsten Buches[1)] auf Befreiung von der Versicherungspflicht,

[1)] Nr. **6**.

12. bei einmalig gezahltem Arbeitsentgelt,
13. bei Beginn der Berufsausbildung,
14. bei Ende der Berufsausbildung,
15. bei Wechsel im Zeitraum bis zum 31. Dezember 2024 von einem Beschäftigungsbetrieb im Beitrittsgebiet zu einem Beschäftigungsbetrieb im übrigen Bundesgebiet oder umgekehrt,
16. bei Beginn der Altersteilzeitarbeit,
17. bei Ende der Altersteilzeitarbeit,
18. bei Änderung des Arbeitsentgelts, wenn die in § 8 Absatz 1 Nummer 1 genannte Grenze über- oder unterschritten wird,
19. bei nach § 23b Absatz 2 bis 3 gezahltem Arbeitsentgelt oder
20. bei Wechsel im Zeitraum bis zum 31. Dezember 2024 von einem Wertguthaben, das im Beitrittsgebiet und einem Wertguthaben, das im übrigen Bundesgebiet erzielt wurde,

eine Meldung zu erstatten. [2] Jede Meldung sowie die darin enthaltenen Datensätze sind mit einem eindeutigen Kennzeichen zur Identifizierung zu versehen.

(1a) [1] Meldungen nach diesem Buch erfolgen, soweit nichts Abweichendes geregelt ist, durch elektronische Datenübermittlung (Datenübertragung). [2] Bei der Datenübertragung sind Datenschutz und Datensicherheit nach dem jeweiligen Stand der Technik sicherzustellen und bei Nutzung allgemein zugänglicher Netze Verschlüsselungs- und Authentifizierungsverfahren zu verwenden. [3] Beauftragt ein Arbeitgeber einen Dritten mit der Entgeltabrechnung und der Wahrnehmung der Meldepflichten, haftet der Arbeitgeber weiterhin in vollem Umfang für die Erfüllung der Pflichten nach diesem Buch gegenüber dem jeweils zuständigen Träger der Sozialversicherung oder der berufsständischen Versorgungseinrichtung.

(2) Der Arbeitgeber hat jeden am 31. Dezember des Vorjahres Beschäftigten nach Absatz 1 zu melden (Jahresmeldung).

(2a) [1] Der Arbeitgeber hat für jeden in einem Kalenderjahr Beschäftigten, der in der Unfallversicherung versichert ist, zum 16. Februar des Folgejahres eine besondere Jahresmeldung zur Unfallversicherung zu erstatten. [2] Diese Meldung enthält über die Angaben nach Absatz 3 Satz 1 Nummer 1 bis 3, 6 und 9 hinaus folgende Angaben:

1. die Mitgliedsnummer des Unternehmers;
2. die Betriebsnummer des zuständigen Unfallversicherungsträgers;
3. das in der Unfallversicherung beitragspflichtige Arbeitsentgelt in Euro und seine Zuordnung zur jeweilig anzuwendenden Gefahrtarifstelle.

[3] Arbeitgeber, die Mitglied der landwirtschaftlichen Berufsgenossenschaft sind und für deren Beitragsberechnung der Arbeitswert keine Anwendung findet, haben Meldungen nach Satz 2 Nummer 1 bis 3 nicht zu erstatten. [4] Abweichend von Satz 1 ist die Meldung bei Eintritt eines Insolvenzereignisses, bei einer endgültigen Einstellung des Unternehmens oder bei der Beendigung aller Beschäftigungsverhältnisse mit der nächsten Entgeltabrechnung, spätestens innerhalb von sechs Wochen, abzugeben.

(3) [1] Die Meldungen enthalten für jeden Versicherten insbesondere

1. seine Versicherungsnummer, soweit bekannt,
2. seinen Familien- und Vornamen,

3. sein Geburtsdatum,
4. seine Staatsangehörigkeit,
5. Angaben über seine Tätigkeit nach dem Schlüsselverzeichnis der Bundesagentur für Arbeit,
6. die Betriebsnummer seines Beschäftigungsbetriebes,
7. die Beitragsgruppen,
8. die zuständige Einzugsstelle und
9. den Arbeitgeber.

[2] Zusätzlich sind anzugeben

1. bei der Anmeldung
   a) die Anschrift,
   b) der Beginn der Beschäftigung,
   c) sonstige für die Vergabe der Versicherungsnummer erforderliche Angaben,
   d) die Angabe, ob zum Arbeitgeber eine Beziehung als Ehegatte, Lebenspartner oder Abkömmling besteht,
   e) die Angabe, ob es sich um eine Tätigkeit als geschäftsführender Gesellschafter einer Gesellschaft mit beschränkter Haftung handelt,
   f) die Angabe der Staatsangehörigkeit,
2. bei allen Entgeltmeldungen
   a) eine Namens-, Anschriften- oder Staatsangehörigkeitsänderung, soweit diese Änderung nicht schon anderweitig gemeldet ist,
   b) das in der Rentenversicherung oder nach dem Recht der Arbeitsförderung beitragspflichtige Arbeitsentgelt in Euro, in den Fällen, in denen kein beitragspflichtiges Arbeitsentgelt in der Rentenversicherung oder nach dem Recht der Arbeitsförderung vorliegt, das beitragspflichtige Arbeitsentgelt in der Krankenversicherung,
   c) in Fällen, in denen die beitragspflichtige Einnahme in der gesetzlichen Rentenversicherung nach § 163 Absatz 10 des Sechsten Buches bemessen wird, das Arbeitsentgelt, das ohne Anwendung dieser Regelung zu berücksichtigen wäre,
   d) der Zeitraum, in dem das angegebene Arbeitsentgelt erzielt wurde,
   e) Wertguthaben, die auf die Zeit nach Eintritt der Erwerbsminderung entfallen,
   f) für geringfügig Beschäftigte zusätzlich die Steuernummer des Arbeitgebers, die Identifikationsnummer nach § 139b der Abgabenordnung des Beschäftigten und die Art der Besteuerung.
3. *(aufgehoben)*
4. bei der Meldung nach Absatz 1 Satz 1 Nummer 19
   a) das Arbeitsentgelt in Euro, für das Beiträge gezahlt worden sind,
   b) im Falle des § 23b Absatz 2 der Kalendermonat und das Jahr der nicht zweckentsprechenden Verwendung des Arbeitsentgelts, im Falle der Zahlungsunfähigkeit des Arbeitgebers jedoch der Kalendermonat und das Jahr der Beitragszahlung.

(3a) [1] Der Arbeitgeber oder eine Zahlstelle nach § 202 Absatz 2 des Fünften Buches[1)] kann in den Fällen, in denen für eine Meldung keine Versicherungsnummer des Beschäftigten oder Versorgungsempfängers vorliegt, im Verfahren nach Absatz 1 eine Meldung zur Abfrage der Versicherungsnummer an die Datenstelle der Rentenversicherung übermitteln; die weiteren Meldepflichten bleiben davon unberührt. [2] Die Datenstelle der Rentenversicherung übermittelt dem Arbeitgeber oder der Zahlstelle unverzüglich durch Datenübertragung die Versicherungsnummer oder den Hinweis, dass die Vergabe der Versicherungsnummer mit der Anmeldung erfolgt.

[Abs. 3b ab 1.1.2022:]

(3b) [1] Der Arbeitgeber hat auf elektronische Anforderung der Einzugsstelle mit der nächsten Entgeltabrechnung die notwendigen Angaben zur Einrichtung eines Arbeitgeberkontos elektronisch zu übermitteln. [2] Das Nähere über die Angaben, die Datensätze und das Verfahren regeln die Gemeinsamen Grundsätze nach § 28b Absatz 1.

(4) [1] Arbeitgeber haben den Tag des Beginns eines Beschäftigungsverhältnisses spätestens bei dessen Aufnahme an die Datenstelle der Rentenversicherung nach Satz 2 zu melden, sofern sie Personen in folgenden Wirtschaftsbereichen oder Wirtschaftszweigen beschäftigen:

1. im Baugewerbe,
2. im Gaststätten- und Beherbergungsgewerbe,
3. im Personenbeförderungsgewerbe,
4. im Speditions-, Transport- und damit verbundenen Logistikgewerbe,
5. im Schaustellergewerbe,
6. bei Unternehmen der Forstwirtschaft,
7. im Gebäudereinigungsgewerbe,
8. bei Unternehmen, die sich am Auf- und Abbau von Messen und Ausstellungen beteiligen,
9. in der Fleischwirtschaft,
10. im Prostitutionsgewerbe,
11. im Wach- und Sicherheitsgewerbe.

[2] Die Meldung enthält folgende Angaben über den Beschäftigten:

1. den Familien- und die Vornamen,
2. die Versicherungsnummer, soweit bekannt, ansonsten die zur Vergabe einer Versicherungsnummer notwendigen Angaben (Tag und Ort der Geburt, Anschrift),
3. die Betriebsnummer des Arbeitgebers und
4. den Tag der Beschäftigungsaufnahme.

[3] Die Meldung wird in der Stammsatzdatei nach § 150 Absatz 1 und 2 des Sechsten Buches gespeichert. [4] Die Meldung gilt nicht als Meldung nach Absatz 1 Satz 1 Nummer 1.

(4a) [1] Der Meldepflichtige erstattet die Meldungen nach Absatz 1 Satz 1 Nummer 10 an die zuständige Einzugsstelle. [2] In der Meldung sind insbesondere anzugeben:

1. die Versicherungsnummer des Beschäftigten,

[1)] Nr. 5.

2. die Betriebsnummer des Beschäftigungsbetriebes,
3. das monatliche laufende und einmalig gezahlte Arbeitsentgelt, von dem Beiträge zur Renten-, Arbeitslosen-, Kranken- und Pflegeversicherung für das der Ermittlung nach § 26 Absatz 4 zugrunde liegende Kalenderjahr berechnet wurden.

(5) Der Meldepflichtige hat der zu meldenden Person den Inhalt der Meldung in Textform mitzuteilen; dies gilt nicht, wenn die Meldung ausschließlich auf Grund einer Veränderung der Daten für die gesetzliche Unfallversicherung erfolgt.

(6) Soweit der Arbeitgeber eines Hausgewerbetreibenden Arbeitgeberpflichten erfüllt, gilt der Hausgewerbetreibende als Beschäftigter.

(6a) Beschäftigt ein Arbeitgeber, der
1. im privaten Bereich nichtgewerbliche Zwecke oder
2. mildtätige, kirchliche, religiöse, wissenschaftliche oder gemeinnützige Zwecke im Sinne des § 10b des Einkommensteuergesetzes

verfolgt, Personen geringfügig nach § 8, kann er auf Antrag abweichend von Absatz 1 Meldungen auf Vordrucken erstatten, wenn er glaubhaft macht, dass ihm eine Meldung auf maschinell verwertbaren Datenträgern oder durch Datenübertragung nicht möglich ist.

(7) [1] Der Arbeitgeber hat der Einzugsstelle für einen im privaten Haushalt Beschäftigten anstelle einer Meldung nach Absatz 1 unverzüglich eine vereinfachte Meldung (Haushaltsscheck) mit den Angaben nach Absatz 8 Satz 1 zu erstatten, wenn das Arbeitsentgelt nach § 14 Absatz 3 aus dieser Beschäftigung regelmäßig 450 Euro im Monat nicht übersteigt. [2] Der Arbeitgeber kann die Meldung nach Satz 1 auch durch Datenübertragung aus systemgeprüften Programmen oder mit maschinell erstellten Ausfüllhilfen übermitteln. [3] Der Arbeitgeber hat der Einzugsstelle gesondert schriftlich ein Lastschriftmandat zum Einzug des Gesamtsozialversicherungsbeitrags zu erteilen. [4] Die Absätze 2 bis 5 gelten nicht.

(8) [1] Der Haushaltsscheck enthält
1. den Familiennamen, Vornamen, die Anschrift und die Betriebsnummer des Arbeitgebers,
2. den Familiennamen, Vornamen, die Anschrift und die Versicherungsnummer des Beschäftigten; kann die Versicherungsnummer nicht angegeben werden, ist das Geburtsdatum des Beschäftigten einzutragen,
3. die Angabe, ob der Beschäftigte im Zeitraum der Beschäftigung bei mehreren Arbeitgebern beschäftigt ist, und
4. a) bei einer Meldung bei jeder Lohn- oder Gehaltszahlung den Zeitraum der Beschäftigung, das Arbeitsentgelt nach § 14 Absatz 3 für diesen Zeitraum sowie am Ende der Beschäftigung den Zeitpunkt der Beendigung,
   b) bei einer Meldung zu Beginn der Beschäftigung deren Beginn und das monatliche Arbeitsentgelt nach § 14 Absatz 3, die Steuernummer des Arbeitgebers, die Identifikationsnummer nach § 139b der Abgabenordnung des Beschäftigten und die Art der Besteuerung,
   c) bei einer Meldung wegen Änderung des Arbeitsentgelts nach § 14 Absatz 3 den neuen Betrag und den Zeitpunkt der Änderung,

d) bei einer Meldung am Ende der Beschäftigung den Zeitpunkt der Beendigung,

e) bei Erklärung des Verzichts auf Versicherungsfreiheit nach § 230 Absatz 8 Satz 2 des Sechsten Buches den Zeitpunkt des Verzichts,

f) bei Antrag auf Befreiung von der Versicherungspflicht nach § 6 Absatz 1b des Sechsten Buches den Tag des Zugangs des Antrags beim Arbeitgeber.

[2] Bei sich anschließenden Meldungen kann von der Angabe der Anschrift des Arbeitgebers und des Beschäftigten abgesehen werden.

(9) [1] Soweit nicht anders geregelt, gelten für versicherungsfrei oder von der Versicherungspflicht befreite geringfügig Beschäftigte die Absätze 1 bis 6 entsprechend. [2] Eine Jahresmeldung nach Absatz 2 ist für geringfügig Beschäftigte nach § 8 Absatz 1 Nummer 2 nicht zu erstatten.

(10) [1] Der Arbeitgeber hat für Beschäftigte, die nach § 6 Absatz 1 Satz 1 Nummer 1 des Sechsten Buches von der Versicherungspflicht befreit und Mitglied einer berufsständischen Versorgungseinrichtung sind, die Meldungen nach den Absätzen 1, 2 und 9 zusätzlich an die Annahmestelle der berufsständischen Versorgungseinrichtungen zu erstatten; dies gilt nicht für Meldungen nach Absatz 1 Satz 1 Nummer 10. [2] Die Datenübermittlung hat durch gesicherte und verschlüsselte Datenübertragung aus systemgeprüften Programmen oder mittels systemgeprüfter maschinell erstellter Ausfüllhilfen zu erfolgen. [3] Zusätzlich zu den Angaben nach Absatz 3 enthalten die Meldungen die Mitgliedsnummer des Beschäftigten bei der Versorgungseinrichtung. [4] Die Absätze 5 bis 6a gelten entsprechend.

(11) [1] Der Arbeitgeber hat für Beschäftigte, die nach § 6 Absatz 1 Satz 1 Nummer 1 des Sechsten Buches von der Versicherungspflicht befreit und Mitglied in einer berufsständischen Versorgungseinrichtung sind, der Annahmestelle der berufsständischen Versorgungseinrichtungen monatliche Meldungen zur Beitragserhebung zu erstatten. [2] Absatz 10 Satz 2 gilt entsprechend. [3] Diese Meldungen enthalten für den Beschäftigten

1. die Mitgliedsnummer bei der Versorgungseinrichtung oder, wenn die Mitgliedsnummer nicht bekannt ist, die Personalnummer beim Arbeitgeber, den Familien- und Vornamen, das Geschlecht und das Geburtsdatum,
2. den Zeitraum, für den das Arbeitsentgelt gezahlt wird,
3. das beitragspflichtige ungekürzte laufende Arbeitsentgelt für den Zahlungszeitraum,
4. das beitragspflichtige ungekürzte einmalig gezahlte Arbeitsentgelt im Monat der Abrechnung,
5. die Anzahl der Sozialversicherungstage im Zahlungszeitraum,
6. den Beitrag, der bei Firmenzahlern für das Arbeitsentgelt nach Nummer 3 und 4 anfällt,
7. die Betriebsnummer der Versorgungseinrichtung,
8. die Betriebsnummer des Beschäftigungsbetriebes,
9. den Arbeitgeber,
10. den Ort des Beschäftigungsbetriebes,
11. den Monat der Abrechnung.

[4] Soweit nicht aus der Entgeltbescheinigung des Beschäftigten zu entnehmen ist, dass die Meldung erfolgt ist und welchen Inhalt sie hatte, gilt Absatz 5.

(12) Der Arbeitgeber hat auch für ausschließlich nach § 2 Absatz 1 Nummer 1 des Siebten Buches[1)] versicherte Beschäftigte mit beitragspflichtigem Entgelt Meldungen nach den Absätzen 1 und 3 Satz 2 Nummer 2 abzugeben.

§ 28b Inhalte und Verfahren für die Gemeinsamen Grundsätze und die Datenfeldbeschreibung. (1) [1]Der Spitzenverband Bund der Krankenkassen, die Deutsche Rentenversicherung Bund, die Deutsche Rentenversicherung Knappschaft-Bahn-See, die Bundesagentur für Arbeit und die Deutsche Gesetzliche Unfallversicherung e.V. bestimmen in Gemeinsamen Grundsätzen bundeseinheitlich:

1. die Schlüsselzahlen für Personengruppen, Beitragsgruppen und für Abgabegründe der Meldungen,
2. den Aufbau, den Inhalt und die Identifizierung der einzelnen Datensätze für die Übermittlung von Meldungen und Beitragsnachweisen durch den Arbeitgeber an die Sozialversicherungsträger, soweit nichts Abweichendes in diesem Buch geregelt ist,
3. den Aufbau und den Inhalt der einzelnen Datensätze für die Übermittlung von Eingangs- und Weiterleitungsbestätigungen, Fehlermeldungen und sonstigen Meldungen der Sozialversicherungsträger und anderer am Meldeverfahren beteiligter Stellen an die Arbeitgeber in den Verfahren nach Nummer 2,
4. gesondert den Aufbau und den Inhalt der Datensätze für die Kommunikationsdaten, die einheitlich am Beginn und am Ende jedes Dateisystems in den Verfahren nach Nummer 2 bei jeder Datenübertragung vom Arbeitgeber an die Sozialversicherung und bei Meldungen an den Arbeitgeber zu übermitteln sind,
5. gesondert den Aufbau und den Inhalt aller Bestandsprüfungen in den elektronischen Verfahren mit den Arbeitgebern sowie das Verfahren zur Weiterleitung der geänderten Meldung an die Empfänger der Meldung und den Meldepflichtigen.

[2]Satz 1 Nummer 3 bis 5 gilt auch für das Zahlstellenmeldeverfahren nach § 202 des Fünften Buches[2)] und für das Antragsverfahren nach § 2 Absatz 3 des Aufwendungsausgleichsgesetzes. [3]Die Gemeinsamen Grundsätze bedürfen der Genehmigung des Bundesministeriums für Arbeit und Soziales, das vorher die Bundesvereinigung der Deutschen Arbeitgeberverbände anzuhören hat.

(2) [1]Der Spitzenverband Bund der Krankenkassen, die Deutsche Rentenversicherung Bund, die Deutsche Rentenversicherung Knappschaft-Bahn-See und die Deutsche Gesetzliche Unfallversicherung e.V. bestimmen bundeseinheitlich die Gestaltung des Haushaltsschecks nach § 28a Absatz 7 und das der Einzugsstelle in diesem Verfahren zu erteilende Lastschriftmandat durch Gemeinsame Grundsätze. [2]Die Grundsätze bedürfen der Genehmigung des Bundesministeriums für Arbeit und Soziales, das vorher in Bezug auf die steuerrechtlichen Angaben das Bundesministerium der Finanzen anzuhören hat.

(3) Soweit Meldungen nach § 28a Absatz 10 oder 11 betroffen sind, gilt Absatz 1 entsprechend mit der Maßgabe, dass die Arbeitsgemeinschaft berufsständischer Versorgungseinrichtungen e.V. zu beteiligen ist.

[1)] Nr. 7.
[2)] Nr. 5.

§ 28c Verordnungsermächtigung. Das Bundesministerium für Arbeit und Soziales wird ermächtigt, durch Rechtsverordnung mit Zustimmung des Bundesrates das Nähere über das Melde- und Beitragsnachweisverfahren zu bestimmen, insbesondere

1. die Frist der Meldungen und Beitragsnachweise,
2. die Voraussetzungen für die Zulassung sowie die Gründe für eine Verweigerung, Rücknahme oder den Verlust einer Zulassung eines Programms oder einer maschinell erstellten Ausfüllhilfe im Rahmen einer Systemprüfung,
3. welche zusätzlichen, für die Verarbeitung der Meldungen und Beitragsnachweise oder die Durchführung der Versicherung erforderlichen Angaben zu machen sind,
4. das Verfahren über die Prüfung, Sicherung und Weiterleitung der Daten,
5. unter welchen Voraussetzungen Meldungen und Beitragsnachweise durch Datenübertragung zu erstatten sind,
6. in welchen Fällen auf einzelne Meldungen oder Angaben verzichtet wird,
7. in welcher Form und Frist der Arbeitgeber die Beschäftigten über die Meldungen zu unterrichten hat.

Zweiter Titel. Verfahren und Haftung bei der Beitragszahlung

§ 28d Gesamtsozialversicherungsbeitrag. [1] Die Beiträge in der Kranken- oder Rentenversicherung für einen kraft Gesetzes versicherten Beschäftigten oder Hausgewerbetreibenden sowie der Beitrag aus Arbeitsentgelt aus einer versicherungspflichtigen Beschäftigung nach dem Recht der Arbeitsförderung werden als Gesamtsozialversicherungsbeitrag gezahlt. [2] Satz 1 gilt auch für den Beitrag zur Pflegeversicherung für einen in der Krankenversicherung kraft Gesetzes versicherten Beschäftigten. [3] Die nicht nach dem Arbeitsentgelt zu bemessenden Beiträge in der landwirtschaftlichen Krankenversicherung für einen kraft Gesetzes versicherten Beschäftigten gelten zusammen mit den Beiträgen zur Rentenversicherung und Arbeitsförderung im Sinne des Satzes 1 ebenfalls als Gesamtsozialversicherungsbeitrag.

§ 28e Zahlungspflicht, Vorschuss. (1) [1] Den Gesamtsozialversicherungsbeitrag hat der Arbeitgeber und in den Fällen der nach § 7f Absatz 1 Satz 1 Nummer 2 auf die Deutsche Rentenversicherung Bund übertragenen Wertguthaben die Deutsche Rentenversicherung Bund zu zahlen. [2] Die Zahlung des vom Beschäftigten zu tragenden Teils des Gesamtsozialversicherungsbeitrags gilt als aus dem Vermögen des Beschäftigten erbracht. [3] Ist ein Träger der Kranken- oder Rentenversicherung oder die Bundesagentur für Arbeit der Arbeitgeber, gilt der jeweils für diesen Leistungsträger oder, wenn eine Krankenkasse der Arbeitgeber ist, auch der für die Pflegekasse bestimmte Anteil am Gesamtsozialversicherungsbeitrag als gezahlt; dies gilt für die Beiträge zur Rentenversicherung auch im Verhältnis der Träger der Rentenversicherung untereinander.

(2) [1] Für die Erfüllung der Zahlungspflicht des Arbeitgebers haftet bei einem wirksamen Vertrag der Entleiher wie ein selbstschuldnerischer Bürge, soweit ihm Arbeitnehmer gegen Vergütung zur Arbeitsleistung überlassen worden sind. [2] Er kann die Zahlung verweigern, solange die Einzugsstelle den Arbeitgeber nicht gemahnt hat und die Mahnfrist nicht abgelaufen ist. [3] Zahlt der Verleiher das vereinbarte Arbeitsentgelt oder Teile des Arbeitsentgelts an den Leiharbeitnehmer, obwohl der Vertrag nach § 9 Absatz 1 Nummer 1 bis 1b des

Arbeitnehmerüberlassungsgesetzes unwirksam ist, so hat er auch den hierauf entfallenden Gesamtsozialversicherungsbeitrag an die Einzugsstelle zu zahlen. [4] Hinsichtlich der Zahlungspflicht nach Satz 3 gilt der Verleiher neben dem Entleiher als Arbeitgeber; beide haften insoweit als Gesamtschuldner.

(2a) [1] Für die Erfüllung der Zahlungspflicht, die sich für den Arbeitgeber knappschaftlicher Arbeiten im Sinne von § 134 Absatz 4 des Sechsten Buches[1)] ergibt, haftet der Arbeitgeber des Bergwerksbetriebes, mit dem die Arbeiten räumlich und betrieblich zusammenhängen, wie ein selbstschuldnerischer Bürge. [2] Absatz 2 Satz 2 gilt entsprechend.

(3) Für die Erfüllung der Zahlungspflicht des Arbeitgebers von Seeleuten nach § 13 Absatz 1 Satz 2 haften Arbeitgeber und Reeder als Gesamtschuldner.

(3a) [1] Ein Unternehmer des Baugewerbes, der einen anderen Unternehmer mit der Erbringung von Bauleistungen im Sinne des § 101 Absatz 2 des Dritten Buches[2)] beauftragt, haftet für die Erfüllung der Zahlungspflicht dieses Unternehmers oder eines von diesem Unternehmer beauftragten Verleihers wie ein selbstschuldnerischer Bürge. [2] Dies gilt ab einem geschätzten Gesamtwert aller für ein Bauwerk in Auftrag gegebenen Bauleistungen von 275 000 Euro, wobei für die Schätzung § 3 der Vergabeverordnung vom 12. April 2016 (BGBl. I S. 624), die zuletzt durch Artikel 1 der Verordnung vom 12. Juli 2019 (BGBl. I S. 1081) geändert worden ist, gilt. [3] Satz 1 gilt entsprechend für die vom Nachunternehmer gegenüber ausländischen Sozialversicherungsträgern abzuführenden Beiträge. [4] Absatz 2 Satz 2 gilt entsprechend.

(3b) [1] Die Haftung nach Absatz 3a entfällt, wenn der Unternehmer nachweist, dass er ohne eigenes Verschulden davon ausgehen konnte, dass der Nachunternehmer oder ein von ihm beauftragter Verleiher seine Zahlungspflicht erfüllt. [2] Ein Verschulden des Unternehmers ist ausgeschlossen, soweit und solange er Fachkunde, Zuverlässigkeit und Leistungsfähigkeit des Nachunternehmers oder des von diesem beauftragten Verleihers durch eine Präqualifikation nachweist, die die Eignungsvoraussetzungen nach § 6a der Vergabe- und Vertragsordnung für Bauleistungen Teil A in der Fassung der Bekanntmachung vom 31. Januar 2019 (BAnz. AT 19.02.2019 B2) erfüllt.

(3c) [1] Ein Unternehmer, der Bauleistungen im Auftrag eines anderen Unternehmers erbringt, ist verpflichtet, auf Verlangen der Einzugstelle Firma und Anschrift dieses Unternehmers mitzuteilen. [2] Kann der Auskunftsanspruch nach Satz 1 nicht durchgesetzt werden, hat ein Unternehmer, der einen Gesamtauftrag für die Erbringung von Bauleistungen für ein Bauwerk erhält, der Einzugsstelle auf Verlangen Firma und Anschrift aller Unternehmer, die von ihm mit der Erbringung von Bauleistungen beauftragt wurden, zu benennen.

(3d) *(aufgehoben)*

(3e) [1] Die Haftung des Unternehmers nach Absatz 3a erstreckt sich in Abweichung von der dort getroffenen Regelung auf das von dem Nachunternehmer beauftragte nächste Unternehmen, wenn die Beauftragung des unmittelbaren Nachunternehmers bei verständiger Würdigung der Gesamtumstände als ein Rechtsgeschäft anzusehen ist, dessen Ziel vor allem die Auflösung der Haftung nach Absatz 3a ist. [2] Maßgeblich für die Würdigung ist die Verkehrs-

---

[1)] Nr. 6.
[2)] Nr. 3.

anschauung im Baubereich. [3] Ein Rechtsgeschäft im Sinne dieser Vorschrift, das als Umgehungstatbestand anzusehen ist, ist in der Regel anzunehmen,

a) wenn der unmittelbare Nachunternehmer weder selbst eigene Bauleistungen noch planerische oder kaufmännische Leistungen erbringt oder

b) wenn der unmittelbare Nachunternehmer weder technisches noch planerisches oder kaufmännisches Fachpersonal in nennenswertem Umfang beschäftigt oder

c) wenn der unmittelbare Nachunternehmer in einem gesellschaftsrechtlichen Abhängigkeitsverhältnis zum Hauptunternehmer steht.

[4] Besonderer Prüfung bedürfen die Umstände des Einzelfalles vor allem in den Fällen, in denen der unmittelbare Nachunternehmer seinen handelsrechtlichen Sitz außerhalb des Europäischen Wirtschaftsraums hat.

(3f) [1] Der Unternehmer kann den Nachweis nach Absatz 3b Satz 2 anstelle der Präqualifikation auch für den Zeitraum des Auftragsverhältnisses durch Vorlage von lückenlosen Unbedenklichkeitsbescheinigungen der zuständigen Einzugsstellen für den Nachunternehmer oder den von diesem beauftragten Verleiher erbringen. [2] Die Unbedenklichkeitsbescheinigung enthält Angaben über die ordnungsgemäße Zahlung der Sozialversicherungsbeiträge und die Zahl der gemeldeten Beschäftigten.

(3g) [1] Für einen Unternehmer im Speditions-, Transport- und damit verbundenen Logistikgewerbe, der im Bereich der Kurier-, Express- und Paketdienste tätig ist und der einen anderen Unternehmer mit der Beförderung von Paketen beauftragt, gelten die Absätze 3a, 3b Satz 1, 3e und 3f entsprechend. [2] Absatz 3b Satz 2 gilt entsprechend mit der Maßgabe, dass die Präqualifikation die Voraussetzung erfüllt, dass der Nachunternehmer in einem amtlichen Verzeichnis eingetragen ist oder über eine Zertifizierung verfügt, die jeweils den Anforderungen des Artikels 64 der Richtlinie 2014/24/EU des Europäischen Parlaments und des Rates vom 26. Februar 2014 über die öffentliche Auftragsvergabe und zur Aufhebung der Richtlinie 2004/18/EG (ABl. L 94 vom 28.3. 2014, S. 65), die zuletzt durch die Delegierte Verordnung (EU) 2017/2365 (ABl. L 337 vom 19.12.2017, S. 19) geändert worden ist, entsprechen. [3] Für einen Unternehmer, der im Auftrag eines anderen Unternehmers Pakete befördert, gilt Absatz 3c entsprechend. [4] Beförderung von Paketen im Sinne dieses Buches ist

a) die Beförderung adressierter Pakete mit einem Einzelgewicht von bis zu 32 Kilogramm, soweit diese mit Kraftfahrzeugen mit einem zulässigen Gesamtgewicht von bis zu 3,5 Tonnen erfolgt,

b) die stationäre Bearbeitung von adressierten Paketen bis zu 32 Kilogramm mit Ausnahme der Bearbeitung im Filialbereich.

(3h) Die Bundesregierung berichtet unter Beteiligung des Normenkontrollrates zum 31. Dezember 2023 über die Wirksamkeit und Reichweite der Haftung für Sozialversicherungsbeiträge für die Unternehmer im Speditions-, Transport- und damit verbundenen Logistikgewerbe, die im Bereich der Kurier-, Express- und Paketdienste tätig sind und einen anderen Unternehmer mit der Beförderung von Paketen beauftragen, insbesondere über die Haftungsfreistellung nach Absatz 3b und Absatz 3f Satz 1.

(4) Die Haftung umfasst die Beiträge und Säumniszuschläge, die infolge der Pflichtverletzung zu zahlen sind, sowie die Zinsen für gestundete Beiträge (Beitragsansprüche).

(5) Die Satzung der Einzugsstelle kann bestimmen, unter welchen Voraussetzungen vom Arbeitgeber Vorschüsse auf den Gesamtsozialversicherungsbeitrag verlangt werden können.

§ 28f Aufzeichnungspflicht, Nachweise der Beitragsabrechnung und der Beitragszahlung. (1) [1] Der Arbeitgeber hat für jeden Beschäftigten, getrennt nach Kalenderjahren, Entgeltunterlagen im Geltungsbereich dieses Gesetzes in deutscher Sprache zu führen und bis zum Ablauf des auf die letzte Prüfung (§ 28p) folgenden Kalenderjahres geordnet aufzubewahren. [2] Satz 1 gilt nicht hinsichtlich der Beschäftigten in privaten Haushalten. [3] Die landwirtschaftliche Krankenkasse kann wegen der mitarbeitenden Familienangehörigen Ausnahmen zulassen. [4] Für die Aufbewahrung der Beitragsabrechnungen und der Beitragsnachweise gilt Satz 1.

(1a) [1] Bei der Ausführung eines Dienst- oder Werkvertrages im Baugewerbe oder durch Unternehmer im Speditions-, Transport- und damit verbundenen Logistikgewerbe, die im Bereich der Kurier-, Express- und Paketdienste tätig sind und im Auftrag eines anderen Unternehmers Pakete befördern, hat der Unternehmer die Entgeltunterlagen und die Beitragsabrechnung so zu gestalten, dass eine Zuordnung der Arbeitnehmer, des Arbeitsentgelts und des darauf entfallenden Gesamtsozialversicherungsbeitrags zu dem jeweiligen Dienst- oder Werkvertrag möglich ist. [2] Die Pflicht nach Satz 1 ruht für einen Unternehmer im Speditions-, Transport- und damit verbundenen Logistikgewerbe, der im Bereich der Kurier-, Express- und Paketdienste tätig ist, solange er eine Präqualifikation oder eine Unbedenklichkeitsbescheinigung im Sinne von § 28e Absatz 3f Satz 1 und 2 oder eine Unbedenklichkeitsbescheinigung nach § 150 Absatz 3 Satz 2 des Siebten Buches[1)] vorlegen kann.

(1b) [1] Hat ein Arbeitgeber keinen Sitz im Inland, hat er zur Erfüllung der Pflichten nach Absatz 1 Satz 1 einen Bevollmächtigten mit Sitz im Inland zu bestellen. [2] Als Sitz des Arbeitgebers gilt der Beschäftigungsbetrieb des Bevollmächtigten im Inland, in Ermangelung eines solchen der Wohnsitz oder gewöhnliche Aufenthalt des Bevollmächtigten. [3] Im Fall von Satz 2 zweiter Halbsatz findet § 98 Absatz 1 Satz 4 des Zehnten Buches[2)] keine Anwendung.

(2) [1] Hat ein Arbeitgeber die Aufzeichnungspflicht nicht ordnungsgemäß erfüllt und können dadurch die Versicherungs- oder Beitragspflicht oder die Beitragshöhe nicht festgestellt werden, kann der prüfende Träger der Rentenversicherung den Beitrag in der Kranken-, Pflege- und Rentenversicherung und zur Arbeitsförderung von der Summe der vom Arbeitgeber gezahlten Arbeitsentgelte geltend machen. [2] Satz 1 gilt nicht, soweit ohne unverhältnismäßig großen Verwaltungsaufwand festgestellt werden kann, dass Beiträge nicht zu zahlen waren oder Arbeitsentgelt einem bestimmten Beschäftigten zugeordnet werden kann. [3] Soweit der prüfende Träger der Rentenversicherung die Höhe der Arbeitsentgelte nicht oder nicht ohne unverhältnismäßig großen Verwaltungsaufwand ermitteln kann, hat er diese zu schätzen. [4] Dabei ist für das monatliche Arbeitsentgelt eines Beschäftigten das am Beschäftigungsort orts-

---

[1)] Nr. **7**.
[2)] Nr. **10**.

übliche Arbeitsentgelt mitzuberücksichtigen. [5]Der prüfende Träger der Rentenversicherung hat einen auf Grund der Sätze 1, 3 und 4 ergangenen Bescheid insoweit zu widerrufen, als nachträglich Versicherungs- oder Beitragspflicht oder Versicherungsfreiheit festgestellt und die Höhe des Arbeitsentgelts nachgewiesen werden. [6]Die von dem Arbeitgeber auf Grund dieses Bescheides geleisteten Zahlungen sind insoweit mit der Beitragsforderung zu verrechnen.

(3) [1]Der Arbeitgeber hat der Einzugsstelle einen Beitragsnachweis zwei Arbeitstage vor Fälligkeit der Beiträge durch Datenübertragung zu übermitteln; dies gilt nicht hinsichtlich der Beschäftigten in privaten Haushalten bei Verwendung von Haushaltsschecks. [2]Übermittelt der Arbeitgeber den Beitragsnachweis nicht zwei Arbeitstage vor Fälligkeit der Beiträge, so kann die Einzugsstelle das für die Beitragsberechnung maßgebende Arbeitsentgelt schätzen, bis der Nachweis ordnungsgemäß übermittelt wird. [3]Der Beitragsnachweis gilt für die Vollstreckung als Leistungsbescheid der Einzugsstelle und im Insolvenzverfahren als Dokument zur Glaubhaftmachung der Forderungen der Einzugsstelle. [4]Im Beitragsnachweis ist auch die Steuernummer des Arbeitgebers anzugeben, wenn der Beitragsnachweis die Pauschsteuer für geringfügig Beschäftigte enthält.

(4) [1]Arbeitgeber, die den Gesamtsozialversicherungsbeitrag an mehrere Orts- oder Innungskrankenkassen zu zahlen haben, können bei

1. dem jeweils zuständigen Bundesverband oder
2. einer Orts- oder Innungskrankenkasse

(beauftragte Stelle) für die jeweilige Kassenart beantragen, dass der beauftragten Stelle der jeweilige Beitragsnachweis eingereicht wird. [2]Dies gilt auch für Arbeitgeber, die den Gesamtsozialversicherungsbeitrag an mehrere Betriebskrankenkassen zu zahlen haben, gegenüber dem jeweiligen Bundesverband. [3]Gibt die beauftragte Stelle dem Antrag statt, hat sie die zuständigen Einzugsstellen zu unterrichten. [4]Im Falle des Satzes 1 erhält die beauftragte Stelle auch den Gesamtsozialversicherungsbeitrag, den sie arbeitstäglich durch Überweisung unmittelbar an folgende Stellen weiterzuleiten hat:

1. die Beiträge zur Kranken- und Pflegeversicherung an die zuständigen Einzugsstellen,
2. die Beiträge zur Rentenversicherung gemäß § 28k,
3. die Beiträge zur Arbeitsförderung an die Bundesagentur für Arbeit.

[5]Die beauftragte Stelle hat die für die zuständigen Einzugsstellen bestimmten Beitragsnachweise an diese weiterzuleiten. [6]Die Träger der Pflegeversicherung, der Rentenversicherung und die Bundesagentur für Arbeit können den Beitragsnachweis sowie den Eingang, die Verwaltung und die Weiterleitung ihrer Beiträge bei der beauftragten Stelle prüfen. [7]§ 28q Absatz 2 und 3 sowie § 28r Absatz 1 und 2 gelten entsprechend.

§ 28g Beitragsabzug. [1]Der Arbeitgeber und in den Fällen der nach § 7f Absatz 1 Satz 1 Nummer 2 auf die Deutsche Rentenversicherung Bund übertragenen Wertguthaben die Deutsche Rentenversicherung Bund hat gegen den Beschäftigten einen Anspruch auf den vom Beschäftigten zu tragenden Teil des Gesamtsozialversicherungsbeitrags. [2]Dieser Anspruch kann nur durch Abzug vom Arbeitsentgelt geltend gemacht werden. [3]Ein unterbliebener Abzug darf nur bei den drei nächsten Lohn- oder Gehaltszahlungen nachgeholt werden, danach nur dann, wenn der Abzug ohne Verschulden des Arbeitgebers unterblieben ist. [4]Die Sätze 2 und 3 gelten nicht, wenn der Beschäftigte seinen Pflichten nach § 28o Absatz 1 vorsätzlich oder grob fahrlässig nicht nachkommt oder er den Gesamtsozialversicherungsbeitrag allein trägt oder solange der Beschäftigte nur Sachbezüge erhält.

§ 28h Einzugsstellen. (1) [1]Der Gesamtsozialversicherungsbeitrag ist an die Krankenkassen (Einzugsstellen) zu zahlen. [2]Die Einzugsstelle überwacht die Einreichung des Beitragsnachweises und die Zahlung des Gesamtsozialversicherungsbeitrags. [3]Beitragsansprüche, die nicht rechtzeitig erfüllt worden sind, hat die Einzugsstelle geltend zu machen.

(2) [1]Die Einzugsstelle entscheidet über die Versicherungspflicht und Beitragshöhe in der Kranken-, Pflege- und Rentenversicherung sowie nach dem Recht der Arbeitsförderung; sie erlässt auch den Widerspruchsbescheid. [2]Soweit die Einzugsstelle die Höhe des Arbeitsentgelts nicht oder nicht ohne unverhältnismäßig großen Verwaltungsaufwand ermitteln kann, hat sie dieses zu schätzen. [3]Dabei ist für das monatliche Arbeitsentgelt des Beschäftigten das am Beschäftigungsort ortsübliche Arbeitsentgelt mit zu berücksichtigen. [4]Die nach § 28i Satz 5 zuständige Einzugsstelle prüft die Einhaltung der Arbeitsentgeltgrenze bei geringfügiger Beschäftigung nach den §§ 8 und 8a und entscheidet bei deren Überschreiten über die Versicherungspflicht in der Kranken-, Pflege- und Rentenversicherung sowie nach dem Recht der Arbeitsförderung; sie erlässt auch den Widerspruchsbescheid.

(3) [1]Bei Verwendung eines Haushaltsschecks vergibt die Einzugsstelle im Auftrag der Bundesagentur für Arbeit die Betriebsnummer des Arbeitgebers, berechnet den Gesamtsozialversicherungsbeitrag und die Umlagen nach dem Aufwendungsausgleichsgesetz und zieht diese vom Arbeitgeber im Wege des Lastschriftverfahrens ein. [2]Die Einzugsstelle meldet bei Beginn und Ende der Beschäftigung und zum Jahresende der Datenstelle der Rentenversicherung die für die Rentenversicherung und die Bundesagentur für Arbeit erforderlichen Daten eines jeden Beschäftigten. [3]Die Einzugsstelle teilt dem Beschäftigten den Inhalt der abgegebenen Meldung schriftlich oder durch gesicherte Datenübertragung mit.

(4) Bei Verwendung eines Haushaltsschecks bescheinigt die Einzugsstelle dem Arbeitgeber zum Jahresende

1. den Zeitraum, für den Beiträge zur Rentenversicherung gezahlt wurden, und
2. die Höhe des Arbeitsentgelts (§ 14 Absatz 3), des von ihm getragenen Gesamtsozialversicherungsbeitrags und der Umlagen.

§ 28i Zuständige Einzugsstelle. [1]Zuständige Einzugsstelle für den Gesamtsozialversicherungsbeitrag ist die Krankenkasse, von der die Krankenversicherung durchgeführt wird. [2]Für Beschäftigte, die bei keiner Krankenkasse versichert sind, werden Beiträge zur Rentenversicherung und zur Arbeitsförderung an die Einzugsstelle gezahlt, die der Arbeitgeber in entsprechender Anwendung des § 175 Absatz 3 Satz 2 des Fünften Buches[1)] gewählt hat. [3]Zuständige Einzugsstelle ist in den Fällen des § 28f Absatz 2 die nach § 175 Absatz 3 Satz 4 des Fünften Buches bestimmte Krankenkasse. [4]Zuständige Einzugsstelle ist in den Fällen des § 2 Absatz 3 die Deutsche Rentenversiche-

[1)] Nr. 5.

rung Knappschaft-Bahn-See. [5]Bei geringfügigen Beschäftigungen ist zuständige Einzugsstelle die Deutsche Rentenversicherung Knappschaft-Bahn-See als Träger der Rentenversicherung.

§ 28k Weiterleitung von Beiträgen. (1) [1]Die Einzugsstelle leitet dem zuständigen Träger der Pflegeversicherung, der Rentenversicherung und der Bundesagentur für Arbeit die für diese gezahlten Beiträge einschließlich der Zinsen auf Beiträge und Säumniszuschläge arbeitstäglich weiter; dies gilt entsprechend für die Weiterleitung der Beiträge zur gesetzlichen Krankenversicherung an den Gesundheitsfonds. [2]Die Deutsche Rentenversicherung Bund teilt den Einzugsstellen die zuständigen Träger der Rentenversicherung und deren Beitragsanteil spätestens bis zum 31. Oktober eines jeden Jahres für das folgende Kalenderjahr mit. [3]Die Deutsche Rentenversicherung Bund legt den Verteilungsschlüssel für die Aufteilung der Beitragseinnahmen der allgemeinen Rentenversicherung auf die einzelnen Träger unter Berücksichtigung der folgenden Parameter fest:

1. Für die Aufteilung zwischen Deutsche Rentenversicherung Bund und Regionalträgern:
   a) Für 2005 die prozentuale Aufteilung der gezahlten Pflichtbeiträge zur Rentenversicherung der Arbeiter und der Rentenversicherung der Angestellten im Jahr 2003,
   b) Fortschreibung dieser Anteile in den folgenden Jahren unter Berücksichtigung der Veränderung des Anteils der bei den Regionalträgern Pflichtversicherten gegenüber dem jeweiligen vorvergangenen Kalenderjahr.
2. Für die Aufteilung der Beiträge unter den Regionalträgern: Das Verhältnis der Pflichtversicherten dieser Träger untereinander.
3. Für die Aufteilung zwischen Deutsche Rentenversicherung Bund und Deutsche Rentenversicherung Knappschaft-Bahn-See: Das Verhältnis der in der allgemeinen Rentenversicherung Pflichtversicherten dieser Träger untereinander.

(2) [1]Bei geringfügigen Beschäftigungen werden die Beiträge zur Krankenversicherung an den Gesundheitsfonds, bei Versicherten in der landwirtschaftlichen Krankenversicherung an die Sozialversicherung für Landwirtschaft, Forsten und Gartenbau weitergeleitet. [2]Das Nähere zur Bestimmung des Anteils der Sozialversicherung für Landwirtschaft, Forsten und Gartenbau, insbesondere über eine pauschale Berechnung und Aufteilung, vereinbaren die Sozialversicherung für Landwirtschaft, Forsten und Gartenbau und die Spitzenverbände der beteiligten Träger der Sozialversicherung.

§ 28l Vergütung. (1) [1]Die Einzugsstellen, die Träger der Rentenversicherung und die Bundesagentur für Arbeit erhalten für

1. die Geltendmachung der Beitragsansprüche,
2. den Einzug, die Verwaltung, die Weiterleitung, die Abrechnung und die Abstimmung der Beiträge,
3. die Prüfung bei den Arbeitgebern,
4. die Durchführung der Meldeverfahren,
5. die Ausstellung der Sozialversicherungsausweise und

6. die Durchführung des Haushaltsscheckverfahrens, soweit es über die Verfahren nach den Nummern 1 bis 5 hinausgeht und Aufgaben der Sozialversicherung betrifft,

eine pauschale Vergütung, mit der alle dadurch entstehenden Kosten abgegolten werden, dies gilt entsprechend für die Künstlersozialkasse. [2] Die Höhe und die Verteilung der Vergütung werden durch Vereinbarung zwischen dem Spitzenverband Bund der Krankenkassen, der Deutschen Rentenversicherung Bund, der Deutschen Rentenversicherung Knappschaft-Bahn-See, der Bundesagentur für Arbeit und der Künstlersozialkasse geregelt; vor dem Abschluss und vor Änderungen der Vereinbarung ist die Sozialversicherung für Landwirtschaft, Forsten und Gartenbau anzuhören. [3] In der Vereinbarung ist auch für den Fall, dass eine Einzugsstelle ihre Pflichten nicht ordnungsgemäß erfüllt und dadurch erhebliche Beitragsrückstände entstehen, festzulegen, dass sich die Vergütung für diesen Zeitraum angemessen mindert. [4] Die Deutsche Rentenversicherung Knappschaft-Bahn-See wird ermächtigt, die ihr von den Krankenkassen nach Satz 1 zustehende Vergütung mit den nach § 28k Absatz 2 Satz 1 an den Gesundheitsfonds weiterzuleitenden Beiträgen zur Krankenversicherung für geringfügige Beschäftigungen aufzurechnen.

(2) Soweit die Einzugsstellen oder die beauftragten Stellen (§ 28f Absatz 4) bei der Verwaltung von Fremdbeiträgen Gewinne erzielen, wird deren Aufteilung durch Vereinbarungen zwischen den Krankenkassen oder ihren Verbänden und der Deutschen Rentenversicherung Bund sowie der Bundesagentur für Arbeit geregelt.

§ 28m Sonderregelungen für bestimmte Personengruppen. (1) Der Beschäftigte hat den Gesamtsozialversicherungsbeitrag zu zahlen, wenn sein Arbeitgeber ein ausländischer Staat, eine über- oder zwischenstaatliche Organisation oder eine Person ist, die nicht der inländischen Gerichtsbarkeit untersteht und die Zahlungspflicht nach § 28e Absatz 1 Satz 1 nicht erfüllt.

(2) [1] Heimarbeiter und Hausgewerbetreibende können, falls der Arbeitgeber seiner Verpflichtung nach § 28e bis zum Fälligkeitstage nicht nachkommt, den Gesamtsozialversicherungsbeitrag selbst zahlen. [2] Soweit sie den Gesamtsozialversicherungsbeitrag selbst zahlen, entfallen die Pflichten des Arbeitgebers; § 28f Absatz 1 bleibt unberührt.

(3) Zahlt der Beschäftigte oder der Hausgewerbetreibende den Gesamtsozialversicherungsbeitrag, hat er auch die Meldungen nach § 28a abzugeben; bei den Meldungen hat die Einzugsstelle mitzuwirken.

(4) Der Beschäftigte oder der Hausgewerbetreibende, der den Gesamtsozialversicherungsbeitrag gezahlt hat, hat gegen den Arbeitgeber einen Anspruch auf den vom Arbeitgeber zu tragenden Teil des Gesamtsozialversicherungsbeitrags.

§ 28n Verordnungsermächtigung. Das Bundesministerium für Arbeit und Soziales wird ermächtigt, durch Rechtsverordnung mit Zustimmung des Bundesrates zu bestimmen,

1. die Berechnung des Gesamtsozialversicherungsbeitrags und der Beitragsbemessungsgrenzen für kürzere Zeiträume als ein Kalenderjahr,
2. zu welchem Zeitpunkt die Beiträge als eingezahlt gelten, in welcher Reihenfolge eine Schuld getilgt wird und welche Zahlungsmittel verwendet werden dürfen,

3. Näheres über die Weiterleitung und Abrechnung der Beiträge einschließlich Zinsen auf Beiträge und der Säumniszuschläge durch die Einzugsstellen an die Träger der Pflegeversicherung, der Rentenversicherung, den Gesundheitsfonds und die Bundesagentur für Arbeit, insbesondere über Zahlungsweise und das Verfahren nach § 28f Absatz 4, wobei von der arbeitstäglichen Weiterleitung bei Beträgen unter 2 500 Euro abgesehen werden kann,
4. Näheres über die Führung von Entgeltunterlagen und zur Beitragsabrechnung sowie zur Verwendung des Beitragsnachweises.

Dritter Titel. Auskunfts- und Vorlagepflicht, Prüfung, Schadensersatzpflicht und Verzinsung

§ 28o Auskunfts- und Vorlagepflicht des Beschäftigten. (1) Der Beschäftigte hat dem Arbeitgeber die zur Durchführung des Meldeverfahrens und der Beitragszahlung erforderlichen Angaben zu machen und, soweit erforderlich, Unterlagen vorzulegen; dies gilt bei mehreren Beschäftigungen sowie bei Bezug weiterer in der gesetzlichen Krankenversicherung beitragspflichtiger Einnahmen gegenüber allen beteiligten Arbeitgebern.

(2) [1] Der Beschäftigte hat auf Verlangen den zuständigen Versicherungsträgern unverzüglich Auskunft über die Art und Dauer seiner Beschäftigungen, die hierbei erzielten Arbeitsentgelte, seine Arbeitgeber und die für die Erhebung von Beiträgen notwendigen Tatsachen zu erteilen und alle für die Prüfung der Meldungen und der Beitragszahlung erforderlichen Unterlagen vorzulegen. [2] Satz 1 gilt für den Hausgewerbetreibenden, soweit er den Gesamtsozialversicherungsbeitrag zahlt, entsprechend.

§ 28p Prüfung bei den Arbeitgebern. (1) [1] Die Träger der Rentenversicherung prüfen bei den Arbeitgebern, ob diese ihre Meldepflichten und ihre sonstigen Pflichten nach diesem Gesetzbuch, die im Zusammenhang mit dem Gesamtsozialversicherungsbeitrag stehen, ordnungsgemäß erfüllen; sie prüfen insbesondere die Richtigkeit der Beitragszahlungen und der Meldungen (§ 28a) mindestens alle vier Jahre. [2] Die Prüfung soll in kürzeren Zeitabständen erfolgen, wenn der Arbeitgeber dies verlangt. [3] Die Einzugsstelle unterrichtet den für den Arbeitgeber zuständigen Träger der Rentenversicherung, wenn sie eine alsbaldige Prüfung bei dem Arbeitgeber für erforderlich hält. [4] Die Prüfung umfasst auch die Entgeltunterlagen der Beschäftigten, für die Beiträge nicht gezahlt wurden. [5] Die Träger der Rentenversicherung erlassen im Rahmen der Prüfung Verwaltungsakte zur Versicherungspflicht und Beitragshöhe in der Kranken-, Pflege- und Rentenversicherung sowie nach dem Recht der Arbeitsförderung einschließlich der Widerspruchsbescheide gegenüber den Arbeitgebern; insoweit gelten § 28h Absatz 2 sowie § 93 in Verbindung mit § 89 Absatz 5 des Zehnten Buches[1)] nicht. [6] Die landwirtschaftliche Krankenkasse nimmt abweichend von Satz 1 die Prüfung für die bei ihr versicherten mitarbeitenden Familienangehörigen vor.

(1a) [1] Die Prüfung nach Absatz 1 umfasst die ordnungsgemäße Erfüllung der Meldepflichten nach dem Künstlersozialversicherungsgesetz und die rechtzeitige und vollständige Entrichtung der Künstlersozialabgabe durch die Arbeitgeber. [2] Die Prüfung erfolgt

---

[1)] Nr. **10**.

1. mindestens alle vier Jahre bei den Arbeitgebern, die als abgabepflichtige Unternehmer nach § 24 des Künstlersozialversicherungsgesetzes bei der Künstlersozialkasse erfasst wurden,
2. mindestens alle vier Jahre bei den Arbeitgebern mit mehr als 19 Beschäftigten und
3. bei mindestens 40 Prozent der im jeweiligen Kalenderjahr zur Prüfung nach Absatz 1 anstehenden Arbeitgeber mit weniger als 20 Beschäftigten.

[3] Hat ein Arbeitgeber mehrere Beschäftigungsbetriebe, wird er insgesamt geprüft. [4] Das Prüfverfahren kann mit der Aufforderung zur Meldung eingeleitet werden. [5] Die Träger der Deutschen Rentenversicherung erlassen die erforderlichen Verwaltungsakte zur Künstlersozialabgabepflicht, zur Höhe der Künstlersozialabgabe und zur Höhe der Vorauszahlungen nach dem Künstlersozialversicherungsgesetz einschließlich der Widerspruchsbescheide. [6] Die Träger der Rentenversicherung unterrichten die Künstlersozialkasse über Sachverhalte, welche die Melde- und Abgabepflichten der Arbeitgeber nach dem Künstlersozialversicherungsgesetz betreffen. [7] Für die Prüfung der Arbeitgeber durch die Künstlersozialkasse gilt § 35 des Künstlersozialversicherungsgesetzes.

(1b) [1] Die Träger der Rentenversicherung legen im Benehmen mit der Künstlersozialkasse die Kriterien zur Auswahl der nach Absatz 1a Satz 2 Nummer 3 zu prüfenden Arbeitgeber fest. [2] Die Auswahl dient dem Ziel, alle abgabepflichtigen Arbeitgeber zu erfassen. [3] Arbeitgeber mit weniger als 20 Beschäftigten, die nicht nach Absatz 1a Satz 2 Nummer 3 zu prüfen sind, werden durch die Träger der Rentenversicherung im Rahmen der Prüfung nach Absatz 1 im Hinblick auf die Künstlersozialabgabe beraten. [4] Dazu erhalten sie mit der Prüfankündigung Hinweise zur Künstlersozialabgabe. [5] Im Rahmen der Prüfung nach Absatz 1 lässt sich der zuständige Träger der Rentenversicherung durch den Arbeitgeber schriftlich oder elektronisch bestätigen, dass der Arbeitgeber über die Künstlersozialabgabe unterrichtet wurde und abgabepflichtige Sachverhalte melden wird. [6] Bestätigt der Arbeitgeber dies nicht, wird die Prüfung nach Absatz 1a Satz 1 unverzüglich durchgeführt. [7] Erlangt ein Träger der Rentenversicherung im Rahmen einer Prüfung nach Absatz 1 bei Arbeitgebern mit weniger als 20 Beschäftigten, die nicht nach Absatz 1a Satz 2 Nummer 3 geprüft werden, Hinweise auf einen künstlersozialabgabepflichtigen Sachverhalt, muss er diesen nachgehen.

(1c) [1] Die Träger der Rentenversicherung teilen den Trägern der Unfallversicherung die Feststellungen aus der Prüfung bei den Arbeitgebern nach § 166 Absatz 2 des Siebten Buches[1)] mit. [2] Die Träger der Unfallversicherung erlassen die erforderlichen Bescheide.

(2) [1] Im Bereich der Regionalträger richtet sich die örtliche Zuständigkeit nach dem Sitz der Lohn- und Gehaltsabrechnungsstelle des Arbeitgebers. [2] Die Träger der Rentenversicherung stimmen sich darüber ab, welche Arbeitgeber sie prüfen; ein Arbeitgeber ist jeweils nur von einem Träger der Rentenversicherung zu prüfen.

(3) Die Träger der Rentenversicherung unterrichten die Einzugsstellen über Sachverhalte, soweit sie die Zahlungspflicht oder die Meldepflicht des Arbeitgebers betreffen.

(4) (weggefallen)

[1)] Nr. **7**.

(5) [1]Die Arbeitgeber sind verpflichtet, angemessene Prüfhilfen zu leisten. [2]Abrechnungsverfahren, die mit Hilfe automatischer Einrichtungen durchgeführt werden, sind in die Prüfung einzubeziehen.

(6) [1]Zu prüfen sind auch steuerberatende Stellen, Rechenzentren und vergleichbare Einrichtungen, die im Auftrag des Arbeitgebers oder einer von ihm beauftragten Person Löhne und Gehälter abrechnen oder Meldungen erstatten. [2]Die örtliche Zuständigkeit richtet sich im Bereich der Regionalträger nach dem Sitz dieser Stellen. [3]Absatz 5 gilt entsprechend.

(6a) [1]Für die Prüfung nach Absatz 1 gilt § 147 Absatz 6 Satz 1 und 2 der Abgabenordnung entsprechend mit der Maßgabe, dass der Rentenversicherungsträger eine Übermittlung der Daten im Einvernehmen mit dem Arbeitgeber verlangen kann. [2]Die Deutsche Rentenversicherung Bund bestimmt in Grundsätzen bundeseinheitlich das Nähere zum Verfahren der Datenübermittlung und der dafür erforderlichen Datensätze und Datenbausteine. [3]Die Grundsätze bedürfen der Genehmigung des Bundesministeriums für Arbeit und Soziales, das vorher die Bundesvereinigung der Deutschen Arbeitgeberverbände anzuhören hat.

(7) [1]Die Träger der Rentenversicherung haben eine Übersicht über die Ergebnisse ihrer Prüfungen zu führen und bis zum 31. März eines jeden Jahres für das abgelaufene Kalenderjahr den Aufsichtsbehörden vorzulegen. [2]Das Nähere über Inhalt und Form der Übersicht bestimmen einvernehmlich die Aufsichtsbehörden der Träger der Rentenversicherung mit Wirkung für diese.

(8) [1]Die Deutsche Rentenversicherung Bund führt ein Dateisystem, in dem der Name, die Anschrift, die Betriebsnummer, der für den Arbeitgeber zuständige Unfallversicherungsträger und weitere Identifikationsmerkmale eines jeden Arbeitgebers sowie die für die Planung der Prüfungen bei den Arbeitgebern und die für die Übersichten nach Absatz 7 erforderlichen Daten gespeichert sind; die Deutsche Rentenversicherung Bund darf die in diesem Dateisystem gespeicherten Daten nur für die Prüfung bei den Arbeitgebern und zur Ermittlung der nach dem Künstlersozialversicherungsgesetz abgabepflichtigen Unternehmer verarbeiten. [2]In das Dateisystem ist eine Kennzeichnung aufzunehmen, wenn nach § 166 Absatz 2 Satz 2 des Siebten Buches die Prüfung der Arbeitgeber für die Unfallversicherung nicht von den Trägern der Rentenversicherung durchzuführen ist; die Träger der Unfallversicherung haben die erforderlichen Angaben zu übermitteln. [3]Die Datenstelle der Rentenversicherung führt für die Prüfung bei den Arbeitgebern ein Dateisystem, in dem neben der Betriebsnummer eines jeden Arbeitgebers, die Betriebsnummer des für den Arbeitgeber zuständigen Unfallversicherungsträgers, die Unternehmernummer nach § 136a des Siebten Buches des Arbeitgebers, das in der Unfallversicherung beitragspflichtige Entgelt der bei ihm Beschäftigten in Euro, die anzuwendenden Gefahrtarifstellen der bei ihm Beschäftigten, die Versicherungsnummern der bei ihm Beschäftigten einschließlich des Beginns und des Endes von deren Beschäftigung, die Bezeichnung der für jeden Beschäftigten zuständigen Einzugsstelle sowie eine Kennzeichnung des Vorliegens einer geringfügigen Beschäftigung gespeichert sind. [4]Sie darf die Daten der Stammsatzdatei nach § 150 Absatz 1 und 2 des Sechsten Buches[1)] sowie die Daten des Dateisystems nach § 150 Absatz 3 des Sechsten Buches und der Stammdatendatei nach § 101 für die Prüfung bei den Arbeitgebern speichern, verändern, nutzen, übermit-

---

[1)] Nr. **6**.

teln oder in der Verarbeitung einschränken; dies gilt für die Daten der Stammsatzdatei auch für Prüfungen nach § 212a des Sechsten Buches. [5] Sie ist verpflichtet, auf Anforderung des prüfenden Trägers der Rentenversicherung

1. die in den Dateisystemen nach den Sätzen 1 und 3 gespeicherten Daten,
2. die in den Versicherungskonten der Träger der Rentenversicherung gespeicherten, auf den Prüfungszeitraum entfallenden Daten der bei dem zu prüfenden Arbeitgeber Beschäftigten,
3. die bei den für den Arbeitgeber zuständigen Einzugsstellen gespeicherten Daten aus den Beitragsnachweisen (§ 28f Absatz 3) für die Zeit nach dem Zeitpunkt, bis zu dem der Arbeitgeber zuletzt geprüft wurde,
4. die bei der Künstlersozialkasse über den Arbeitgeber gespeicherten Daten zur Melde- und Abgabepflicht für den Zeitraum seit der letzten Prüfung sowie
5. die bei den Trägern der Unfallversicherung gespeicherten Daten zur Melde- und Beitragspflicht sowie zur Gefahrtarifstelle für den Zeitraum seit der letzten Prüfung

zu verarbeiten, soweit dies für die Prüfung, ob die Arbeitgeber ihre Meldepflichten und ihre sonstigen Pflichten nach diesem Gesetzbuch, die im Zusammenhang mit dem Gesamtsozialversicherungsbeitrag stehen, sowie ihre Pflichten als zur Abgabe Verpflichtete nach dem Künstlersozialversicherungsgesetz und ihre Pflichten nach dem Siebten Buch zur Meldung und Beitragszahlung ordnungsgemäß erfüllen, erforderlich ist. [6] Die dem prüfenden Träger der Rentenversicherung übermittelten Daten sind unverzüglich nach Abschluss der Prüfung bei der Datenstelle und beim prüfenden Träger der Rentenversicherung zu löschen. [7] Die Träger der Rentenversicherung, die Einzugsstellen, die Künstlersozialkasse und die Bundesagentur für Arbeit sind verpflichtet, der Deutschen Rentenversicherung Bund und der Datenstelle die für die Prüfung bei den Arbeitgebern erforderlichen Daten zu übermitteln. [8] Sind für die Prüfung bei den Arbeitgebern Daten zu übermitteln, so dürfen sie auch durch Abruf im automatisierten Verfahren übermittelt werden, ohne dass es einer Genehmigung nach § 79 Absatz 1 des Zehnten Buches bedarf. [9] Soweit es für die Erfüllung der Aufgaben der gemeinsamen Einrichtung als Einzugsstelle nach § 356 des Dritten Buches[1)] erforderlich ist, wertet die Datenstelle der Rentenversicherung aus den Daten nach Satz 5 das Identifikationsmerkmal zur wirtschaftlichen Tätigkeit des geprüften Arbeitgebers sowie die Angaben über die Tätigkeit nach dem Schlüsselverzeichnis der Bundesagentur für Arbeit der Beschäftigten des geprüften Arbeitgebers aus und übermittelt das Ergebnis der gemeinsamen Einrichtung. [10] Die übermittelten Daten dürfen von der gemeinsamen Einrichtung auch zum Zweck der Erfüllung der Aufgaben nach § 5 des Tarifvertragsgesetzes genutzt werden. [11] Die Kosten der Auswertung und der Übermittlung der Daten nach Satz 9 hat die gemeinsame Einrichtung der Deutschen Rentenversicherung Bund zu erstatten. [12] Die gemeinsame Einrichtung berichtet dem Bundesministerium für Arbeit und Soziales bis zum 1. Januar 2025 über die Wirksamkeit des Verfahrens nach Satz 9.

(9) Das Bundesministerium für Arbeit und Soziales bestimmt im Einvernehmen mit dem Bundesministerium für Gesundheit durch Rechtsverordnung mit Zustimmung des Bundesrates das Nähere über

---

[1)] Nr. 3.

1. den Umfang der Pflichten des Arbeitgebers und der in Absatz 6 genannten Stellen bei Abrechnungsverfahren, die mit Hilfe automatischer Einrichtungen durchgeführt werden,
2. die Durchführung der Prüfung sowie die Behebung von Mängeln, die bei der Prüfung festgestellt worden sind, und
3. den Inhalt des Dateisystems nach Absatz 8 Satz 1 hinsichtlich der für die Planung der Prüfungen bei Arbeitgebern und der für die Prüfung bei Einzugsstellen erforderlichen Daten, über den Aufbau und die Aktualisierung dieses Dateisystems sowie über den Umfang der Daten aus diesem Dateisystem, die von den Einzugsstellen und der Bundesagentur für Arbeit nach § 28q Absatz 5 abgerufen werden können.

(10) Arbeitgeber werden wegen der Beschäftigten in privaten Haushalten nicht geprüft.

(11) [1] Sind beim Übergang der Prüfung der Arbeitgeber von Krankenkassen auf die Träger der Rentenversicherung Angestellte übernommen worden, die am 1. Januar 1995 ganz oder überwiegend mit der Prüfung der Arbeitgeber beschäftigt waren, sind die bis zum Zeitpunkt der Übernahme gültigen Tarifverträge oder sonstigen kollektiven Vereinbarungen für die übernommenen Arbeitnehmer bis zum Inkrafttreten neuer Tarifverträge oder sonstiger kollektiver Vereinbarungen maßgebend. [2] Soweit es sich bei einem gemäß Satz 1 übernommenen Beschäftigten um einen Dienstordnungs-Angestellten handelt, tragen der aufnehmende Träger der Rentenversicherung und die abgebende Krankenkasse bei Eintritt des Versorgungsfalles die Versorgungsbezüge anteilig, sofern der Angestellte im Zeitpunkt der Übernahme das 45. Lebensjahr bereits vollendet hatte. [3] § 107b Absatz 2 bis 5 des Beamtenversorgungsgesetzes gilt sinngemäß.

§ 28q Prüfung bei den Einzugsstellen und den Trägern der Rentenversicherung. (1) [1] Die Träger der Rentenversicherung und die Bundesagentur für Arbeit prüfen bei den Einzugsstellen die Durchführung der Aufgaben, für die die Einzugsstellen eine Vergütung nach § 28l Absatz 1 erhalten, mindestens alle vier Jahre. [2] Satz 1 gilt auch im Verhältnis der Deutschen Rentenversicherung Bund zur Künstlersozialkasse. [3] Die Deutsche Rentenversicherung Bund speichert in dem in § 28p Absatz 8 Satz 1 genannten Dateisystem Daten aus dem Bescheid des Trägers der Rentenversicherung nach § 28p Absatz 1 Satz 5, soweit dies für die Prüfung bei den Einzugsstellen nach Satz 1 erforderlich ist. [4] Sie darf diese Daten nur für die Prüfung bei den Einzugsstellen speichern, verändern, nutzen, übermitteln oder in der Verarbeitung einschränken. [5] Die Datenstelle der Rentenversicherung hat auf Anforderung des prüfenden Trägers der Rentenversicherung die in dem Dateisystem nach § 28p Absatz 8 Satz 3 gespeicherten Daten diesem zu übermitteln, soweit dies für die Prüfung nach Satz 1 erforderlich ist. [6] Die Übermittlung darf auch durch Abruf im automatisierten Verfahren erfolgen, ohne dass es einer Genehmigung nach § 79 Absatz 1 des Zehnten Buches[1] bedarf.

(1a) [1] Die Träger der Rentenversicherung und die Bundesagentur für Arbeit prüfen bei den Einzugsstellen für das Bundesamt für Soziale Sicherung als Verwalter des Gesundheitsfonds im Hinblick auf die Krankenversicherungs-

[1] Nr. **10**.

beiträge im Sinne des § 28d Absatz 1 Satz 1 die Geltendmachung der Beitragsansprüche, den Einzug, die Verwaltung, die Weiterleitung und die Abrechnung der Beiträge entsprechend § 28l Absatz 1 Satz 1 Nummer 1 und 2. [2]Absatz 1 Satz 3 und 4 gilt entsprechend. [3]Die mit der Prüfung nach Satz 1 befassten Stellen übermitteln dem Bundesamt für Soziale Sicherung als Verwalter des Gesundheitsfonds die zur Geltendmachung der in § 28r Absatz 1 und 2 bezeichneten Rechte erforderlichen Prüfungsergebnisse. [4]Die durch die Aufgabenübertragung und -wahrnehmung entstehenden Kosten sind den Trägern der Rentenversicherung und der Bundesagentur für Arbeit aus den Einnahmen des Gesundheitsfonds zu erstatten. [5]Die Einzelheiten des Verfahrens und der Vergütung vereinbaren die Träger der Rentenversicherung und die Bundesagentur für Arbeit mit dem Bundesamt für Soziale Sicherung als Verwalter des Gesundheitsfonds.

(2) Die Einzugsstellen haben die für die Prüfung erforderlichen Unterlagen bis zur nächsten Einzugsstellenprüfung aufzubewahren und bei der Prüfung bereitzuhalten.

(3) [1]Die Einzugsstellen sind verpflichtet, bei der Darlegung der Kassen- und Rechnungsführung aufklärend mitzuwirken und bei Verfahren, die mit Hilfe automatischer Einrichtungen durchgeführt werden, angemessene Prüfhilfen zu leisten. [2]Der Spitzenverband Bund der Krankenkassen, die Deutsche Rentenversicherung Bund und die Bundesagentur für Arbeit treffen entsprechende Vereinbarungen. [3]Die Deutsche Rentenversicherung Knappschaft-Bahn-See und die landwirtschaftliche Krankenkasse können dabei ausgenommen werden.

(4) [1]Die Prüfung erstreckt sich auf alle Stellen, die Aufgaben der in Absatz 1 genannten Art für die Einzugsstelle wahrnehmen. [2]Die Absätze 2 und 3 gelten insoweit für diese Stellen entsprechend.

(5) [1]Die Einzugsstellen und die Bundesagentur für Arbeit prüfen gemeinsam bei den Trägern der Rentenversicherung deren Aufgaben nach § 28p mindestens alle vier Jahre. [2]Die Prüfung kann durch Abruf der Arbeitgeberdateisysteme (§ 28p Absatz 8) im automatisierten Verfahren durchgeführt werden. [3]Bei geringfügigen Beschäftigungen gelten die Sätze 1 und 2 nicht für die Deutsche Rentenversicherung Knappschaft-Bahn-See als Einzugsstelle.

§ 28r Schadensersatzpflicht, Verzinsung. (1) [1]Verletzt ein Organ oder ein Bediensteter der Einzugsstelle schuldhaft eine diesem nach diesem Abschnitt auferlegte Pflicht, haftet die Einzugsstelle dem Träger der Pflegeversicherung, der Rentenversicherung und der Bundesagentur für Arbeit sowie dem Gesundheitsfonds für einen diesen zugefügten Schaden. [2]Die Schadensersatzpflicht wegen entgangener Zinsen beschränkt sich auf den sich aus Absatz 2 ergebenden Umfang.

(2) Werden Beiträge, Zinsen auf Beiträge oder Säumniszuschläge schuldhaft nicht rechtzeitig weitergeleitet, hat die Einzugsstelle Zinsen in Höhe von zwei vom Hundert über dem jeweiligen Basiszinssatz nach § 247 des Bürgerlichen Gesetzbuchs zu zahlen.

(3) [1]Verletzt ein Organ oder ein Bediensteter des Trägers der Rentenversicherung schuldhaft eine diesem nach § 28p auferlegte Pflicht, haftet der Träger der Rentenversicherung dem Gesundheitsfonds, der Krankenkasse, der Pflegekasse und der Bundesagentur für Arbeit für einen diesen zugefügten

Schaden; dies gilt entsprechend gegenüber den Trägern der Unfallversicherung für die Prüfung nach § 166 Absatz 2 des Siebten Buches[1]. [2]Für entgangene Beiträge sind Zinsen in Höhe von zwei vom Hundert über dem jeweiligen Basiszinssatz nach § 247 des Bürgerlichen Gesetzbuchs zu zahlen.

Vierter Abschnitt.[2] Träger der Sozialversicherung

Erster Titel. Verfassung

§ 29 Rechtsstellung. (1) Die Träger der Sozialversicherung (Versicherungsträger) sind rechtsfähige Körperschaften des öffentlichen Rechts mit Selbstverwaltung.

(2) Die Selbstverwaltung wird, soweit § 44 nichts Abweichendes bestimmt, durch die Versicherten und die Arbeitgeber ausgeübt.

(3) Die Versicherungsträger erfüllen im Rahmen des Gesetzes und des sonstigen für sie maßgebenden Rechts ihre Aufgaben in eigener Verantwortung.

§ 30 Eigene und übertragene Aufgaben. (1) Die Versicherungsträger dürfen nur Geschäfte zur Erfüllung ihrer gesetzlich vorgeschriebenen oder zugelassenen Aufgaben führen und ihre Mittel nur für diese Aufgaben sowie die Verwaltungskosten verwenden.

(2) [1]Den Versicherungsträgern dürfen Aufgaben anderer Versicherungsträger und Träger öffentlicher Verwaltung nur auf Grund eines Gesetzes übertragen werden; dadurch entstehende Kosten sind ihnen zu erstatten. [2]Verwaltungsvereinbarungen der Versicherungsträger zur Durchführung ihrer Aufgaben bleiben unberührt.

(3) [1]Versicherungsträger können die für sie zuständigen obersten Bundes- und Landesbehörden insbesondere in Fragen der Rechtsetzung kurzzeitig personell unterstützen. [2]Dadurch entstehende Kosten sind ihnen grundsätzlich zu erstatten; Ausnahmen werden in den jeweiligen Gesetzen zur Feststellung der Haushalte von Bund und Ländern festgelegt.

§ 31 Organe. (1) [1]Bei jedem Versicherungsträger werden als Selbstverwaltungsorgane eine Vertreterversammlung und ein Vorstand gebildet. [2]Jeder Versicherungsträger hat einen Geschäftsführer, der dem Vorstand mit beratender Stimme angehört. [3]Die Aufgaben des Geschäftsführers werden bei der Deutschen Rentenversicherung Bund durch das Direktorium wahrgenommen.

(2) Die Vertreterversammlung, der Vorstand und der Geschäftsführer nehmen im Rahmen ihrer Zuständigkeit die Aufgaben des Versicherungsträgers wahr.

(3) [1]Die vertretungsberechtigten Organe des Versicherungsträgers haben die Eigenschaft einer Behörde. [2]Sie führen das Dienstsiegel des Versicherungsträgers.

(3a) [1]Bei den in § 35a Absatz 1 genannten Krankenkassen wird abweichend von Absatz 1 ein Verwaltungsrat als Selbstverwaltungsorgan sowie ein haupt-

---

[1] Nr. 7.

[2] Nach dem Einigungsvertrag v. 31.8.1990 (BGBl. II S. 885, 889), zuletzt geänd. durch G v. 8.7. 2016 (BGBl. I S. 1594) gilt für das Gebiet der ehem. DDR zur Abwicklung der Träger der Sozialversicherung eine Sonderregelung.

amtlicher Vorstand gebildet. [2] § 31 Absatz 1 Satz 2 gilt für diese Krankenkassen nicht.

(3b) [1] Bei der Deutschen Rentenversicherung Bund werden eine Bundesvertreterversammlung und ein Bundesvorstand gebildet. [2] Diese Organe entscheiden anstelle der Vertreterversammlung und des Vorstandes, soweit § 64 Absatz 4 gilt.

(4) [1] Die Sektionen, die Bezirksverwaltungen und die Landesgeschäftsstellen der Versicherungsträger können Selbstverwaltungsorgane bilden. [2] Die Satzung grenzt die Aufgaben und die Befugnisse dieser Organe gegenüber den Aufgaben und Befugnissen der Organe der Hauptverwaltung ab.

§ 32 *(aufgehoben)*

§ 33 Vertreterversammlung, Verwaltungsrat. (1) [1] Die Vertreterversammlung beschließt die Satzung und sonstiges autonomes Recht des Versicherungsträgers sowie in den übrigen durch Gesetz oder sonstiges für den Versicherungsträger maßgebendes Recht vorgesehenen Fällen. [2] Bei der Deutschen Rentenversicherung Bund wird der Beschluss über die Satzung von der Bundesvertreterversammlung nach § 31 Absatz 3b gefasst; der Beschluss wird gemäß § 64 Absatz 4 gefasst, soweit die Satzung Regelungen zu Grundsatz- und Querschnittsaufgaben der Deutschen Rentenversicherung oder zu gemeinsamen Angelegenheiten der Träger der Rentenversicherung trifft. [3] Im Übrigen entscheidet die Mehrheit der abgegebenen Stimmen der durch Wahl der Versicherten und Arbeitgeber der Deutschen Rentenversicherung Bund bestimmten Mitglieder.

(2) [1] Die Vertreterversammlung vertritt den Versicherungsträger gegenüber dem Vorstand und dessen Mitgliedern. [2] Sie kann in der Satzung oder im Einzelfall bestimmen, dass das Vertretungsrecht gemeinsam durch die Vorsitzenden der Vertreterversammlung ausgeübt wird.

(3) [1] Die Absätze 1 und 2 gelten entsprechend für den Verwaltungsrat nach § 31 Absatz 3a. [2] Soweit das Sozialgesetzbuch Bestimmungen über die Vertreterversammlung oder deren Vorsitzenden trifft, gelten diese für den Verwaltungsrat oder dessen Vorsitzenden. [3] Dem Verwaltungsrat oder dessen Vorsitzenden obliegen auch die Aufgaben des Vorstandes oder dessen Vorsitzenden nach § 37 Absatz 2, § 38 und nach dem Zweiten Titel.

(4) [1] Soweit das Sozialgesetzbuch Bestimmungen über die Vertreterversammlung oder deren Vorsitzenden trifft, gelten diese für die Bundesvertreterversammlung oder deren Vorsitzenden entsprechend. [2] Für den Beschluss über die Satzung gilt Absatz 1 Satz 2 und 3.

§ 34 Satzung. (1) [1] Jeder Versicherungsträger gibt sich eine Satzung. [2] Sie bedarf der Genehmigung der nach den besonderen Vorschriften für die einzelnen Versicherungszweige zuständigen Behörde.

(2) [1] Die Satzung und sonstiges autonomes Recht sind öffentlich bekannt zu machen. [2] Sie treten, wenn kein anderer Zeitpunkt bestimmt ist, am Tag nach ihrer Bekanntmachung in Kraft. [3] Die Art der Bekanntmachung wird durch die Satzung geregelt.

§ 35 Vorstand. (1) [1] Der Vorstand verwaltet den Versicherungsträger und vertritt ihn gerichtlich und außergerichtlich, soweit Gesetz oder sonstiges für den Versicherungsträger maßgebendes Recht nichts Abweichendes bestimmen. [2]In der Satzung oder im Einzelfall durch den Vorstand kann bestimmt werden, dass auch einzelne Mitglieder des Vorstands den Versicherungsträger vertreten können.

(2) Der Vorstand erlässt Richtlinien für die Führung der Verwaltungsgeschäfte, soweit diese dem Geschäftsführer obliegen.

(3) [1]Bei der Deutschen Rentenversicherung Bund obliegen die Aufgaben nach den Absätzen 1 und 2 dem Bundesvorstand nach § 31 Absatz 3b, soweit Grundsatz- und Querschnittsaufgaben oder gemeinsame Angelegenheiten der Träger der Rentenversicherung betroffen sind und soweit Gesetz oder sonstiges für die Deutsche Rentenversicherung Bund maßgebendes Recht nichts Abweichendes bestimmen. [2]Soweit das Sozialgesetzbuch Bestimmungen über den Vorstand oder dessen Vorsitzenden trifft, gelten diese für den Bundesvorstand oder dessen Vorsitzenden entsprechend.

§ 35a Vorstand bei Orts-, Betriebs- und Innungskrankenkassen sowie Ersatzkassen. (1) [1]Bei den Orts-, Betriebs- und Innungskrankenkassen sowie den Ersatzkassen verwaltet der Vorstand die Krankenkasse und vertritt die Krankenkasse gerichtlich und außergerichtlich, soweit Gesetz und sonstiges für die Krankenkasse maßgebendes Recht nichts Abweichendes bestimmen. [2]In der Satzung oder im Einzelfall durch den Vorstand kann bestimmt werden, dass auch einzelne Mitglieder des Vorstandes die Krankenkasse vertreten können. [3]Innerhalb der vom Vorstand erlassenen Richtlinien verwaltet jedes Mitglied des Vorstands seinen Geschäftsbereich eigenverantwortlich. [4]Bei Meinungsverschiedenheiten entscheidet der Vorstand; bei Stimmengleichheit entscheidet der Vorsitzende.

(2) [1]Der Vorstand hat dem Verwaltungsrat zu berichten über

1. die Umsetzung von Entscheidungen von grundsätzlicher Bedeutung,
2. die finanzielle Situation und die voraussichtliche Entwicklung.

[2]Außerdem ist dem Vorsitzenden des Verwaltungsrates aus sonstigen wichtigen Anlässen zu berichten.

(3) [1]Die Mitglieder des Vorstandes üben ihre Tätigkeit hauptamtlich aus. [2]Die Amtszeit beträgt bis zu sechs Jahre; die Wiederwahl ist möglich.

(4) [1]Der Vorstand besteht bei Krankenkassen mit bis zu 500 000 Mitgliedern aus höchstens zwei Personen, bei mehr als 500 000 Mitgliedern aus höchstens drei Personen. [2]Die Mitglieder des Vorstandes vertreten sich gegenseitig. [3]§ 37 Absatz 2 gilt entsprechend. [4]Besteht der Vorstand nur aus einer Person, hat der Verwaltungsrat einen leitenden Beschäftigten der Krankenkasse mit dessen Stellvertretung zu beauftragen.

(5) [1]Der Vorstand sowie aus seiner Mitte der Vorstandsvorsitzende und dessen Stellvertreter werden von dem Verwaltungsrat gewählt. [2]Bei Betriebskrankenkassen bleibt § 149 Absatz 2 des Fünften Buches[1)] unberührt; bestellt der Arbeitgeber auf seine Kosten die für die Führung der Geschäfte erforderlichen Personen, so bedarf die Bestellung der Mitglieder des Vorstandes der Zustimmung der Mehrheit der Versichertenvertreter im Verwaltungsrat. [3]Stimmt der Verwaltungsrat nicht zu und bestellt der Arbeitgeber keine anderen Mitglieder des Vorstandes, die die Zustimmung finden, werden die Auf-

---

[1)] Nr. 5.

gaben der Vorstandsmitglieder auf Kosten der Betriebskrankenkasse durch die Aufsichtsbehörde oder durch Beauftragte der Aufsichtsbehörde einstweilen wahrgenommen.

(6) [1] Der Verwaltungsrat hat bei seiner Wahl darauf zu achten, dass die Mitglieder des Vorstands die erforderliche fachliche Eignung zur Führung der Verwaltungsgeschäfte besitzen auf Grund einer Fort- oder Weiterbildung im Krankenkassendienst oder einer Fachhochschul- oder Hochschulausbildung sowie in beiden Fällen zusätzlich auf Grund mehrjähriger Berufserfahrung in herausgehobenen Führungsfunktionen. [2] Die Höhe der jährlichen Vergütungen der einzelnen Vorstandsmitglieder einschließlich aller Nebenleistungen sowie sämtliche Versorgungsregelungen sind betragsmäßig in einer Übersicht jährlich am 1. März im Bundesanzeiger und gleichzeitig, begrenzt auf die jeweilige Krankenkasse und ihre Verbände, in der Mitgliederzeitschrift sowie auf der Internetseite der jeweiligen Krankenkasse zu veröffentlichen. [3] Die Art und die Höhe finanzieller Zuwendungen, die den Vorstandsmitgliedern in Zusammenhang mit ihrer Vorstandstätigkeit von Dritten gewährt werden, sind dem Vorsitzenden und dem stellvertretenden Vorsitzenden des Verwaltungsrates mitzuteilen.

(6a) [1] Der Abschluss, die Verlängerung oder die Änderung eines Vorstandsdienstvertrags bedürfen zu ihrer Wirksamkeit der vorherigen Zustimmung der Aufsichtsbehörde. [2] Die Vergütung der Mitglieder des Vorstandes einschließlich aller Nebenleistungen und Versorgungsregelungen hat in angemessenem Verhältnis zur Bedeutung der Körperschaft zu stehen, die sich nach der Zahl der Versicherten bemisst. [3] Darüber hinaus ist die Größe des Vorstandes zu berücksichtigen. [4] Finanzielle Zuwendungen nach Absatz 6 Satz 3 sind auf die Vergütung der Vorstandsmitglieder anzurechnen oder an die Körperschaft abzuführen. [5] Vereinbarungen der Körperschaft für die Zukunftssicherung der Vorstandsmitglieder sind nur auf Grundlage von beitragsorientierten Zusagen zulässig.

(7) [1] Für eine Amtsenthebung und eine Amtsentbindung eines Mitglieds des Vorstands durch den Verwaltungsrat gilt § 59 Absatz 2 und 3 entsprechend. [2] Gründe für eine Amtsenthebung oder eine Amtsentbindung sind auch Unfähigkeit zur ordnungsgemäßen Geschäftsführung oder Vertrauensentzug durch den Verwaltungsrat, es sei denn, dass das Vertrauen aus offenbar unsachlichen Gründen entzogen worden ist. [3] Verstößt ein Mitglied des Vorstandes in grober Weise gegen seine Amtspflichten und kommt ein Beschluss des Verwaltungsrates nach § 59 Absatz 3 Satz 1 nicht innerhalb einer angemessenen Frist zustande, hat die Aufsichtsbehörde dieses Mitglied seines Amtes zu entheben; Rechtsbehelfe gegen die Amtsenthebung haben keine aufschiebende Wirkung.

§ 36 Geschäftsführer. (1) Der Geschäftsführer führt hauptamtlich die laufenden Verwaltungsgeschäfte, soweit Gesetz oder sonstiges für den Versicherungsträger maßgebendes Recht nichts Abweichendes bestimmen, und vertritt den Versicherungsträger insoweit gerichtlich und außergerichtlich.

(2) Der Geschäftsführer und sein Stellvertreter werden auf Vorschlag des Vorstands von der Vertreterversammlung gewählt; § 59 Absatz 2 bis 4 gilt entsprechend.

(2a) [1] Der Geschäftsführer und sein Stellvertreter werden bei der Unfallversicherung Bund und Bahn vom Bundesministerium für Arbeit und Soziales bestellt; die Bestellung bedarf der Zustimmung des Vorstandes. [2] Vor der Bestellung des Geschäftsführers der Unfallversicherung Bund und Bahn ist der Beirat bei der Künstlersozialkasse zu hören.

(3) [1] Bei den Feuerwehr-Unfallkassen bestimmt die zuständige oberste Verwaltungsbehörde das Nähere über die Führung der Geschäfte. [2] Die Bestellung des Geschäftsführers bedarf der Zustimmung des Vorstands.

(3a) [1] Das Direktorium der Deutschen Rentenversicherung Bund besteht aus einem Präsidenten als Vorsitzenden und zwei Geschäftsführern. [2] Die Grundsatz- und Querschnittsaufgaben und die Außendarstellung der Deutschen Rentenversicherung Bund werden grundsätzlich vom Präsidenten wahrgenommen. [3] Im Übrigen werden die Aufgabenbereiche der Mitglieder des Direktoriums durch die Satzung bestimmt. [4] Die Vorschriften über den Geschäftsführer und § 36 Absatz 4 Satz 4 und 5 gelten für das Direktorium entsprechend.

(3b) [1] Das Direktorium der Deutschen Rentenversicherung Bund wird auf Vorschlag des Bundesvorstandes von der Bundesvertreterversammlung gemäß § 64 Absatz 4 gewählt. [2] Über den Vorschlag entscheidet der Bundesvorstand der Deutschen Rentenversicherung Bund gemäß § 64 Absatz 4. [3] Die Amtsdauer der Mitglieder beträgt sechs Jahre.

(4) [1] Bei Versicherungsträgern mit mehr als eineinhalb Millionen Versicherten kann die Satzung bestimmen, dass die Vertreterversammlung auf Vorschlag des Vorstands eine aus drei Personen bestehende Geschäftsführung und aus deren Mitte einen Vorsitzenden wählt. [2] Das Gleiche gilt bei Versicherungsträgern, die für mehrere Versicherungszweige zuständig sind. [3] Die Vorschriften über den Geschäftsführer gelten für die Geschäftsführung entsprechend. [4] Die Mitglieder der Geschäftsführung vertreten sich gegenseitig. [5] Die Satzung kann bestimmen, dass auch einzelne Mitglieder der Geschäftsführung den Versicherungsträger vertreten können.

(5) [1] Für den Geschäftsführer, seinen Stellvertreter und die Mitglieder der Geschäftsführung gelten die dienstrechtlichen Vorschriften der Sozialversicherungsgesetze und die hiernach anzuwendenden anderen dienstrechtlichen Vorschriften. [2] Die in ihnen vorgeschriebenen Voraussetzungen dienstrechtlicher Art müssen bei der Wahl erfüllt sein.

(6) [1] Soweit nach den für eine dienstordnungsmäßige Anstellung geltenden Vorschriften nur die Anstellung von Personen zulässig ist, die einen bestimmten Ausbildungsgang oder eine Probezeit zurückgelegt oder bestimmte Prüfungen abgelegt haben, gilt das nicht für Bewerber für das Amt eines Geschäftsführers oder eines Mitglieds der Geschäftsführung, die die erforderliche Befähigung durch Lebens- und Berufserfahrung erworben haben. [2] Die Feststellung, ob ein Bewerber die erforderliche Befähigung durch Lebens- und Berufserfahrung erworben hat, trifft die für die Sozialversicherung zuständige oberste Verwaltungsbehörde. [3] Sie hat innerhalb von vier Monaten nach Vorlage der erforderlichen Unterlagen über die Befähigung des Bewerbers zu entscheiden. [4] Die Sätze 2 und 3 gelten auch, wenn eine Dienstordnung die Anstellung eines Bewerbers für das Amt eines Stellvertreters des Geschäftsführers zulässt, der die Befähigung hierfür durch Lebens- und Berufserfahrung erworben hat.

§ 36a Besondere Ausschüsse. (1) [1] Durch Satzung können

1. der Erlass von Widerspruchsbescheiden und
2. in der Unfallversicherung ferner

a) die erstmalige Entscheidung über Renten, Entscheidungen über Rentenerhöhungen, Rentenherabsetzungen und Rentenentziehungen wegen Änderung der gesundheitlichen Verhältnisse,

b) Entscheidungen über Abfindungen mit Gesamtvergütungen, Renten als vorläufige Entschädigungen, laufende Beihilfen und Leistungen bei Pflegebedürftigkeit

besonderen Ausschüssen übertragen werden. [2] § 35 Absatz 2 gilt entsprechend. [3] Die Sozialversicherung für Landwirtschaft, Forsten und Gartenbau richtet insbesondere für die in der landwirtschaftlichen Sozialversicherung vertretenen Sparten (Landwirtschaft, Forsten und Gartenbau) fachbezogene besondere Ausschüsse ein, die Vorschlagsrechte haben; das Nähere wird durch die Satzung bestimmt.

(2) [1] Die Satzung regelt das Nähere, insbesondere die Zusammensetzung der besonderen Ausschüsse und die Bestellung ihrer Mitglieder. [2] Zu Mitgliedern der besonderen Ausschüsse können nur Personen bestellt werden, die die Voraussetzungen der Wählbarkeit als Organmitglied erfüllen und, wenn die Satzung deren Mitwirkung vorsieht, Bedienstete des Versicherungsträgers. [3] In Angelegenheiten der Künstlersozialversicherung können auf Vorschlag der Künstlersozialkasse zu Mitgliedern der besonderen Ausschüsse Personen aus den Kreisen der nach dem Künstlersozialversicherungsgesetz Versicherten und der zur Künstlersozialabgabe Verpflichteten und Bedienstete der Deutschen Rentenversicherung Bund, der Deutschen Rentenversicherung Knappschaft-Bahn-See und der Regionalträger der gesetzlichen Rentenversicherung bestellt werden.

(3) Die §§ 40 bis 42 sowie § 63 Absatz 3a und 4 gelten für die ehrenamtlichen Mitglieder der besonderen Ausschüsse entsprechend.

§ 37 Verhinderung von Organen. (1) [1] Solange und soweit die Wahl zu Selbstverwaltungsorganen nicht zustande kommt oder Selbstverwaltungsorgane sich weigern, ihre Geschäfte zu führen, werden sie auf Kosten des Versicherungsträgers durch die Aufsichtsbehörde selbst oder durch Beauftragte geführt. [2] Die Verpflichtung der Aufsichtsbehörde, die Mitglieder der Selbstverwaltungsorgane zu berufen, wenn eine Wahl nicht zustande kommt, bleibt unberührt.

(2) [1] Sind der Geschäftsführer und sein Stellvertreter oder ein Mitglied der Geschäftsführung für längere Zeit an der Ausübung ihres Amtes verhindert oder ist ihr Amt längere Zeit unbesetzt, kann der Vorstand einen leitenden Beschäftigten des Versicherungsträgers mit der vorübergehenden Wahrnehmung dieses Amtes beauftragen; bei einer Geschäftsführung erstreckt sich die Wahrnehmung des Amtes nicht auf den Vorsitz. [2] Die Beauftragung ist der Aufsichtsbehörde unverzüglich anzuzeigen.

§ 38 Beanstandung von Rechtsverstößen. (1) [1] Verstößt der Beschluss eines Selbstverwaltungsorgans gegen Gesetz oder sonstiges für den Versicherungsträger maßgebendes Recht, hat der Vorsitzende des Vorstands den Beschluss schriftlich und mit Begründung zu beanstanden und dabei eine angemessene Frist zur erneuten Beschlussfassung zu setzen. [2] Die Beanstandung hat aufschiebende Wirkung.

(2) [1] Verbleibt das Selbstverwaltungsorgan bei seinem Beschluss, hat der Vorsitzende des Vorstands die Aufsichtsbehörde zu unterrichten. [2] Die aufschieben-

de Wirkung bleibt bis zu einer Entscheidung der Aufsichtsbehörde, längstens bis zum Ablauf von zwei Monaten nach ihrer Unterrichtung, bestehen.

§ 39 Versichertenälteste und Vertrauenspersonen. (1) Bei den Trägern der Rentenversicherung wählt die Vertreterversammlung Versichertenälteste.

(2) Die Satzung kann bestimmen, dass

1. bei den Trägern der Rentenversicherung die Wahl von Versichertenältesten unterbleibt,
2. auch bei anderen Versicherungsträgern die Vertreterversammlung Versichertenälteste wählt,
3. die Vertreterversammlung Vertrauenspersonen der Arbeitgeber und bei der Sozialversicherung für Landwirtschaft, Forsten und Gartenbau Vertrauenspersonen der Selbständigen ohne fremde Arbeitskräfte wählt.

(3) [1] Die Versichertenältesten haben insbesondere die Aufgabe, eine ortsnahe Verbindung des Versicherungsträgers mit den Versicherten und den Leistungsberechtigten herzustellen und diese zu beraten und zu betreuen. [2] Die Satzung bestimmt das Nähere.

§ 40 Ehrenämter. (1) [1] Die Mitglieder der Selbstverwaltungsorgane sowie die Versichertenältesten und die Vertrauenspersonen üben ihre Tätigkeit ehrenamtlich aus. [2] Stellvertreter haben für die Zeit, in der sie die Mitglieder vertreten oder andere ihnen übertragene Aufgaben wahrnehmen, die Rechte und Pflichten eines Mitglieds. [3] Satz 2 gilt für Stellvertreter von Versichertenältesten und Vertrauenspersonen entsprechend.

(2) [1] Niemand darf in der Übernahme oder Ausübung eines Ehrenamts behindert oder wegen der Übernahme oder Ausübung eines solchen Amtes benachteiligt werden. [2] Mitglieder der Selbstverwaltungsorgane sowie Versichertenälteste und Vertrauenspersonen sind für die Zeiten der Ausübung ihres Ehrenamtes von ihrer Arbeit oder dienstlichen Tätigkeit freizustellen, es sei denn, dem stehen dringende betriebliche oder dienstliche Belange entgegen. [3] Der Arbeitgeber oder Dienstherr soll frühzeitig informiert werden.

(3) [1] Zur Teilnahme an Fortbildungsmaßnahmen, die Kenntnisse vermitteln, die für eine ordnungsgemäße Ausübung des Ehrenamts förderlich sind, haben Mitglieder der Selbstverwaltungsorgane sowie Versichertenälteste und Vertrauenspersonen Anspruch auf Urlaub an bis zu fünf Arbeitstagen pro Kalenderjahr. [2] Der Anspruch nach Satz 1 ist gegenüber dem Arbeitgeber oder Dienstherrn spätestens vier Wochen vor Beginn der Fortbildungsmaßnahme schriftlich oder elektronisch geltend zu machen. [3] Der Urlaub darf mit der Freistellung, die aufgrund von Bildungsurlaubsgesetzen der Länder in einem Kalenderjahr gewährt wird, insgesamt acht Arbeitstage pro Kalenderjahr nicht überschreiten. [4] Für die Zeit des Urlaubs besteht nach diesem Gesetz kein Anspruch auf Lohn oder Gehalt. [5] Der Verdienstausfall ist nach Maßgabe des § 41 Absatz 2 zu ersetzen. [6] Der Arbeitgeber oder Dienstherr darf den Urlaub nach Satz 1 zu dem von dem Beschäftigten mitgeteilten Zeitpunkt ablehnen, wenn dringende betriebliche oder dienstliche Belange oder Urlaubsanträge anderer Beschäftigter entgegenstehen. [7] Die Vertreterversammlung beschließt auf Vorschlag des Vorstands, welche Inhalte die Fortbildungsmaßnahmen nach Satz 1 haben können; bei den in § 35a Absatz 1 genannten Krankenkassen entfällt der Vorschlag des Vorstands.

§ 41 Entschädigung der ehrenamtlich Tätigen. (1) [1]Der Versicherungsträger erstattet den Mitgliedern der Selbstverwaltungsorgane sowie den Versichertenältesten und den Vertrauenspersonen ihre baren Auslagen; er kann hierfür feste Sätze vorsehen. [2]Die Auslagen des Vorsitzenden und der stellvertretenden Vorsitzenden eines Selbstverwaltungsorgans für ihre Tätigkeit außerhalb der Sitzung können mit einem Pauschbetrag abgegolten werden.

(2) [1]Der Versicherungsträger ersetzt den Mitgliedern der Selbstverwaltungsorgane sowie den Versichertenältesten und den Vertrauenspersonen den tatsächlich entgangenen regelmäßigen Bruttoverdienst und erstattet ihnen die den Arbeitnehmeranteil übersteigenden Beiträge, die sie als ehrenamtlich tätige Arbeitnehmer nach der Vorschrift des Sechsten Buches[1)] über die Beitragstragung selbst zu tragen haben. [2]Die Entschädigung beträgt für jede Stunde der versäumten regelmäßigen Arbeitszeit höchstens ein Fünfundsiebzigstel der monatlichen Bezugsgröße (§ 18). [3]Wird durch schriftliche Erklärung des Berechtigten glaubhaft gemacht, dass ein Verdienstausfall entstanden ist, lässt sich dessen Höhe jedoch nicht nachweisen, ist für jede Stunde der versäumten regelmäßigen Arbeitszeit ein Drittel des in Satz 2 genannten Höchstbetrags zu ersetzen. [4]Der Verdienstausfall wird je Kalendertag für höchstens zehn Stunden geleistet; die letzte angefangene Stunde ist voll zu rechnen.

(3) [1]Den Mitgliedern der Selbstverwaltungsorgane kann für jeden Kalendertag einer Sitzung ein Pauschbetrag für Zeitaufwand geleistet werden; die Höhe des Pauschbetrags soll unter Beachtung des § 40 Absatz 1 Satz 1 in einem angemessenen Verhältnis zu dem regelmäßig außerhalb der Arbeitszeit erforderlichen Zeitaufwand, insbesondere für die Vorbereitung der Sitzungen, stehen. [2]Ein Pauschbetrag für Zeitaufwand kann für die Tätigkeit außerhalb von Sitzungen den Vorsitzenden und den stellvertretenden Vorsitzenden der Selbstverwaltungsorgane sowie den Versichertenältesten und den Vertrauenspersonen, bei außergewöhnlicher Inanspruchnahme auch anderen Mitgliedern der Selbstverwaltungsorgane geleistet werden.

(4) [1]Die Vertreterversammlung beschließt auf Vorschlag des Vorstands die festen Sätze und die Pauschbeträge nach den Absätzen 1 und 3. [2]Bei den in § 35a Absatz 1 genannten Krankenkassen entfällt der Vorschlag des Vorstandes. [3]Die Beschlüsse bedürfen der Genehmigung der Aufsichtsbehörde.

§ 42 Haftung. (1) Die Haftung der Mitglieder der Selbstverwaltungsorgane richtet sich bei Verletzung einer ihnen einem Dritten gegenüber obliegenden Amtspflicht nach § 839 des Bürgerlichen Gesetzbuchs und Artikel 34 des Grundgesetzes.

(2) Die Mitglieder der Selbstverwaltungsorgane haften für den Schaden, der dem Versicherungsträger aus einer vorsätzlichen oder grob fahrlässigen Verletzung der ihnen obliegenden Pflichten entsteht.

(3) Auf Ersatz des Schadens aus einer Pflichtverletzung kann der Versicherungsträger nicht im Voraus, auf einen entstandenen Schadensersatzanspruch nur mit Genehmigung der Aufsichtsbehörde verzichten.

(4) Für Versichertenälteste und Vertrauenspersonen gelten die Absätze 1 bis 3 entsprechend.

---

1) Nr. **6**.

Zweiter Titel. Zusammensetzung, Wahl und Verfahren der Selbstverwaltungsorgane, Versichertenältesten und Vertrauenspersonen

§ 43 Mitglieder der Selbstverwaltungsorgane. (1) [1]Die Zahl der Mitglieder der Selbstverwaltungsorgane wird durch die Satzung entsprechend der Größe des Versicherungsträgers bestimmt und kann nur für die folgende Wahlperiode geändert werden. [2]Die Vertreterversammlung hat höchstens sechzig Mitglieder; der Verwaltungsrat der in § 35a Absatz 1 genannten Krankenkassen hat höchstens dreißig Mitglieder. [3]Die Vertreterversammlungen der Träger der gesetzlichen Rentenversicherung haben jeweils höchstens dreißig Mitglieder; bis zum Ablauf der am 1. Oktober 2005 laufenden Wahlperiode gilt Satz 2. [4]Für die Bundesvertreterversammlung der Deutschen Rentenversicherung Bund gilt § 44 Absatz 5.

(2) [1]Ein Mitglied, das verhindert ist, wird durch einen Stellvertreter vertreten. [2]Stellvertreter sind die als solche in der Vorschlagsliste benannten und verfügbaren Personen in der Reihenfolge ihrer Aufstellung bis zu einer Zahl, die die der Mitglieder um vier übersteigt; Mitglieder, die eine persönliche Stellvertretung nach Satz 5 haben, bleiben hierbei unberücksichtigt. [3]Bei dem Bundesvorstand der Deutschen Rentenversicherung Bund sind Stellvertreter die als solche gewählten Personen. [4]Bei der Bundesvertreterversammlung der Deutschen Rentenversicherung Bund gilt Entsprechendes für die von den Regionalträgern und der Deutschen Rentenversicherung Knappschaft-Bahn-See gewählten Mitglieder. [5]Anstelle einer Stellvertretung nach Satz 2 können für einzelne oder alle Mitglieder des Vorstandes sowie für einzelne oder alle Mitglieder des Verwaltungsrates der in § 35a Absatz 1 genannten Krankenkassen in der Vorschlagsliste ein erster und ein zweiter persönlicher Stellvertreter benannt werden.

(3) [1]Mitglieder der Vertreterversammlung und ihre Stellvertreter können nicht gleichzeitig bei demselben Versicherungsträger Mitglieder des Vorstandes oder deren Stellvertreter sein. [2]Eine Mitgliedschaft in den Selbstverwaltungsorganen mehrerer Krankenkassen ist ausgeschlossen.

§ 44 Zusammensetzung der Selbstverwaltungsorgane. (1) Die Selbstverwaltungsorgane setzen sich zusammen

1. je zur Hälfte aus Vertretern der Versicherten und der Arbeitgeber, soweit in den Nummern 2 und 3 nichts Abweichendes bestimmt ist,
2. bei der Sozialversicherung für Landwirtschaft, Forsten und Gartenbau je zu einem Drittel aus Vertretern der versicherten Arbeitnehmer (Versicherten), der Selbständigen ohne fremde Arbeitskräfte und der Arbeitgeber,
3. bei den Ersatzkassen aus Vertretern der Versicherten; dies gilt nicht nach Fusionen mit einer Krankenkasse einer anderen Kassenart oder bei der Gründung neuer Institutionen.

(2) [1]Bei Betriebskrankenkassen, die für einen Betrieb oder mehrere Betriebe desselben Arbeitgebers bestehen, gehören den Selbstverwaltungsorganen außer den Vertretern der Versicherten der Arbeitgeber oder sein Vertreter an. [2]Er hat dieselbe Zahl der Stimmen wie die Vertreter der Versicherten; bei einer Abstimmung kann er jedoch nicht mehr Stimmen abgeben, als den anwesenden Versichertenvertretern zustehen. [3]Bei Betriebskrankenkassen, die für Betriebe mehrerer Arbeitgeber bestehen, gehören dem Verwaltungsrat jeder Arbeitgeber

oder sein Vertreter an, sofern die Satzung nichts anderes bestimmt. [4]Die Zahl der dem Verwaltungsrat angehörenden Arbeitgeber oder ihrer Vertreter darf die Zahl der Versichertenvertreter nicht übersteigen; Satz 2 gilt entsprechend. [5]Die Satzung legt das Verfahren zur Bestimmung der Arbeitgebervertreter des Verwaltungsrates sowie die Verteilung der Stimmen und die Stellvertretung fest. [6]Die Sätze 1 bis 5 gelten nicht für Betriebskrankenkassen, deren Satzung eine Regelung nach § 173 Absatz 2 Satz 1 Nummer 4 des Fünften Buches[1)] enthält.

(2a) [1]Bei den Unfallkassen der Länder und Gemeinden und den gemeinsamen Unfallkassen für den Landes- und kommunalen Bereich gehören den Selbstverwaltungsorganen außer den Vertretern der Versicherten eine gleiche Anzahl von Arbeitgebervertretern oder ein Arbeitgebervertreter an. [2]Die Arbeitgebervertreter werden bestimmt

1. bei den Unfallkassen der Länder von der nach Landesrecht zuständigen Stelle,
2. bei den Unfallkassen der Gemeinden von der nach der Ortssatzung zuständigen Stelle,
3. bei den gemeinsamen Unfallkassen für den Landes- und kommunalen Bereich
   a) für den Landesbereich von der nach Landesrecht zuständigen Stelle,
   b) für den kommunalen Bereich, wenn in den Unfallkassen nur eine Gemeinde einbezogen ist, von der nach der Ortssatzung zuständigen Stelle.

[3]Gehört dem Selbstverwaltungsorgan nur ein Arbeitgebervertreter an, hat er die gleiche Zahl der Stimmen wie die Vertreter der Versicherten; bei einer Abstimmung kann er jedoch nicht mehr Stimmen abgeben, als den anwesenden Vertretern der Versicherten zustehen. [4]Das Verhältnis der Zahl der Stimmen der Vertreter aus dem Landesbereich zu der Zahl der Stimmen der Vertreter aus dem kommunalen Bereich bei den Unfallkassen im Sinne der Nummer 3 entspricht dem Verhältnis der auf diese beiden Bereiche entfallenden nach § 2 Absatz 1 Nummer 1, 2 und 8 des Siebten Buches[2)] versicherten Personen im vorletzten Kalenderjahr vor der Wahl; das Nähere bestimmt die Satzung.

(3) [1]In den Selbstverwaltungsorganen der Sozialversicherung für Landwirtschaft, Forsten und Gartenbau wirken in Angelegenheiten der Krankenversicherung der Landwirte und der Alterssicherung der Landwirte die Vertreter der Selbständigen, die in der betreffenden Versicherung nicht versichert sind und die nicht zu den in § 51 Absatz 4 genannten Beauftragten gehören, sowie die Vertreter der Arbeitnehmer nicht mit. [2]An die Stelle der nicht mitwirkenden Vertreter der Selbständigen treten die Stellvertreter, die in der betreffenden Versicherung versichert sind; sind solche Stellvertreter nicht in genügender Zahl vorhanden, ist die Liste der Stellvertreter nach § 60 zu ergänzen.

(3a) Das Bundesministerium für Arbeit und Soziales und das Bundesministerium für Ernährung und Landwirtschaft gehören den Selbstverwaltungsorganen der Sozialversicherung für Landwirtschaft, Forsten und Gartenbau mit beratender Stimme an; für das Bundesministerium für Arbeit und Soziales gilt dies nicht, soweit Fragen der landwirtschaftlichen Krankenversicherung berührt werden.

[1)] Nr. 5.
[2)] Nr. 7.

(4) [1]Krankenkassen nach § 35a können die Zusammensetzung des Verwaltungsrates, insbesondere die Zahl der dem Verwaltungsrat angehörenden Arbeitgeber- und Versichertenvertreter sowie die Zahl und die Verteilung der Stimmen, in ihrer Satzung mit einer Mehrheit von mehr als drei Vierteln der stimmberechtigten Mitglieder von der folgenden Wahlperiode an abweichend von den Absätzen 1 und 2 regeln. [2]Der Verwaltungsrat muss mindestens zur Hälfte aus Vertretern der Versicherten bestehen. [3]Im Fall der Vereinigung von Krankenkassen können die Verwaltungsräte der beteiligten Krankenkassen die Zusammensetzung des Verwaltungsrates der neuen Krankenkasse nach den Sätzen 1 und 2 mit der in Satz 1 genannten Mehrheit auch für die laufende Wahlperiode regeln.

(5) [1]Die Vertreterversammlungen der Regionalträger der gesetzlichen Rentenversicherung und der Deutschen Rentenversicherung Knappschaft-Bahn-See wählen aus ihrer Selbstverwaltung jeweils zwei Mitglieder in die Bundesvertreterversammlung der Deutschen Rentenversicherung Bund. [2]Die Gewählten müssen je zur Hälfte der Gruppe der Versicherten und der Gruppe der Arbeitgeber angehören. [3]Die weiteren Mitglieder der Bundesvertreterversammlung der Deutschen Rentenversicherung Bund werden von den Versicherten und Arbeitgebern der Deutschen Rentenversicherung Bund gewählt; ihre Anzahl wird durch die Satzung festgelegt und darf die Zahl 30 nicht überschreiten. [4]Der Vertreterversammlung der Deutschen Rentenversicherung Bund gehören die durch Wahl der Versicherten und Arbeitgeber der Deutschen Rentenversicherung Bund bestimmten Mitglieder an.

(6) [1]Der Bundesvorstand der Deutschen Rentenversicherung Bund besteht aus 22 Mitgliedern. [2]Zwölf Mitglieder werden auf Vorschlag der Vertreter der Regionalträger, acht Mitglieder auf Vorschlag der nach Absatz 5 Satz 3 gewählten Vertreter der Deutschen Rentenversicherung Bund und zwei Mitglieder auf Vorschlag der Vertreter der Deutschen Rentenversicherung Knappschaft-Bahn-See gewählt. [3]Die Gewählten müssen je zur Hälfte der Gruppe der Versicherten und der Gruppe der Arbeitgeber angehören. [4]Dem Vorstand der Deutschen Rentenversicherung Bund gehören die Mitglieder des Bundesvorstandes der Deutschen Rentenversicherung Bund an, die auf Vorschlag der nach Absatz 5 Satz 3 gewählten Vertreter der Deutschen Rentenversicherung Bund bestimmt wurden.

(7) [1]Bei der Unfallversicherung Bund und Bahn gehören den Selbstverwaltungsorganen Arbeitgebervertreter mit insgesamt der gleichen Stimmenzahl wie die Vertreter der Versicherten an. [2]Die Arbeitgebervertreter werden vom Bundesministerium für Arbeit und Soziales auf Vorschlag des Bundesministeriums für Verkehr und digitale Infrastruktur, des Bundesministeriums des Innern, für Bau und Heimat, des Bundesministeriums der Finanzen, des Bundesministeriums der Verteidigung, des Bundesministeriums für Arbeit und Soziales und der Bundesagentur für Arbeit bestellt. [3]Die auf Vorschlag des Bundesministeriums für Verkehr und digitale Infrastruktur bestellten Arbeitgebervertreter haben in den Selbstverwaltungsorganen einen Stimmenanteil von 40 Prozent der Stimmenzahl der Arbeitgebervertreter. [4]Das Nähere regelt die Satzung.

§ 45 Sozialversicherungswahlen. (1) [1]Die Wahlen sind entweder allgemeine Wahlen oder Wahlen in besonderen Fällen. [2]Allgemeine Wahlen sind die im gesamten Wahlgebiet regelmäßig und einheitlich stattfindenden Wahlen. [3]Wahlen in besonderen Fällen sind Wahlen zu den Organen neu errichteter

Versicherungsträger und Wahlen, die erforderlich werden, weil eine Wahl für ungültig erklärt worden ist (Wiederholungswahlen).

(2) [1] Die Wahlen sind frei, geheim und öffentlich; es gelten die Grundsätze der Verhältniswahl. [2] Das Wahlergebnis wird nach dem Höchstzahlverfahren d'Hondt ermittelt. [3] Dabei werden nur die Vorschlagslisten berücksichtigt, die mindestens fünf vom Hundert der abgegebenen gültigen Stimmen erhalten haben.

§ 46 Wahl der Vertreterversammlung. (1) Die Versicherten und die Arbeitgeber wählen die Vertreter ihrer Gruppen in die Vertreterversammlung getrennt auf Grund von Vorschlagslisten; das Gleiche gilt bei der Sozialversicherung für Landwirtschaft, Forsten und Gartenbau für die Selbständigen ohne fremde Arbeitskräfte.

(2) Wird aus einer Gruppe nur eine Vorschlagsliste zugelassen oder werden auf mehreren Vorschlagslisten insgesamt nicht mehr Bewerber benannt, als Mitglieder zu wählen sind, gelten die Vorgeschlagenen als gewählt.

(3) [1] Ist eine Wahl zur Vertreterversammlung nicht zustande gekommen oder ist nicht die vorgeschriebene Zahl von Mitgliedern gewählt oder kein Stellvertreter benannt worden, zeigt der Vorstand dies der Aufsichtsbehörde unverzüglich an. [2] Diese beruft die Mitglieder und die Stellvertreter aus der Zahl der Wählbaren. [3] Bei neu errichteten Versicherungsträgern trifft die Anzeigepflicht den Wahlausschuss.

§ 47 Gruppenzugehörigkeit. (1) Zur Gruppe der Versicherten gehören

1. bei den Krankenkassen deren Mitglieder sowie die Mitglieder der jeweils zugehörigen Pflegekasse,
2. bei den Trägern der Unfallversicherung die versicherten Personen, die regelmäßig mindestens zwanzig Stunden im Monat eine die Versicherung begründende Tätigkeit ausüben, und die Rentenbezieher, die der Gruppe der Versicherten unmittelbar vor dem Ausscheiden aus der versicherten Tätigkeit angehört haben,
3. bei den Trägern der Rentenversicherung diejenigen versicherten Personen, die eine Versicherungsnummer erhalten oder beantragt haben, und die Rentenbezieher.

(2) Zur Gruppe der Arbeitgeber gehören

1. die Personen, die regelmäßig mindestens einen beim Versicherungsträger versicherungspflichtigen Arbeitnehmer beschäftigen; dies gilt nicht für Personen, die bei demselben Versicherungsträger zur Gruppe der Versicherten gehören und nur einen Arbeitnehmer im Haushalt beschäftigen,
2. bei den Trägern der Unfallversicherung auch die versicherten Selbständigen und ihre versicherten Ehegatten oder Lebenspartner, soweit Absatz 3 nichts Abweichendes bestimmt, und die Rentenbezieher, die der Gruppe der Arbeitgeber unmittelbar vor dem Ausscheiden aus der versicherten Tätigkeit angehört haben,
3. bei den Feuerwehr-Unfallkassen auch die Gemeinden und die Gemeindeverbände.

(3) Zur Gruppe der Selbständigen ohne fremde Arbeitskräfte gehören bei der Sozialversicherung für Landwirtschaft, Forsten und Gartenbau

1. die versicherten Selbständigen ohne fremde Arbeitskräfte und ihre versicherten Ehegatten oder Lebenspartner; dies gilt nicht für Personen, die in den letzten zwölf Monaten sechsundzwanzig Wochen als Arbeitnehmer in der Land- oder Forstwirtschaft unfallversichert waren,
2. die Rentenbezieher, die der Gruppe der Selbständigen ohne fremde Arbeitskräfte unmittelbar vor dem Ausscheiden aus der versicherten Tätigkeit angehört haben.

(4) Wer gleichzeitig die Voraussetzungen der Zugehörigkeit zu den Gruppen der Versicherten und der Arbeitgeber oder der Selbständigen ohne fremde Arbeitskräfte desselben Versicherungsträgers erfüllt, gilt nur als zur Gruppe der Arbeitgeber oder der Gruppe der Selbständigen ohne fremde Arbeitskräfte gehörig.

(5) Rentenbezieher im Sinne der Vorschriften über die Selbstverwaltung ist, wer eine Rente aus eigener Versicherung von dem jeweiligen Versicherungsträger bezieht.

§ 48 Vorschlagslisten. (1) [1]Das Recht, Vorschlagslisten einzureichen, haben
1. Gewerkschaften sowie andere selbständige Arbeitnehmervereinigungen mit sozial- oder berufspolitischer Zwecksetzung (sonstige Arbeitnehmervereinigungen) sowie deren Verbände,
2. Vereinigungen von Arbeitgebern sowie deren Verbände,
3. für die Gruppe der Selbständigen ohne fremde Arbeitskräfte berufsständische Vereinigungen der Landwirtschaft sowie deren Verbände und für die Gruppe der bei den Trägern der gesetzlichen Unfallversicherung versicherten Angehörigen der freiwilligen Feuerwehren die Landesfeuerwehrverbände,
4. Versicherte, Selbständige ohne fremde Arbeitskräfte und Arbeitgeber (freie Listen).

[2]Verbände der vorschlagsberechtigten Organisationen haben nur dann das Recht, Vorschlagslisten einzureichen, wenn alle oder mindestens drei ihrer vorschlagsberechtigten Mitgliedsorganisationen darauf verzichten, eine Vorschlagsliste einzureichen.

(2) [1]Vorschlagslisten der Versicherten und der Selbständigen ohne fremde Arbeitskräfte müssen bei einem Versicherungsträger mit

bis zu	10 000	Versicherten von	10 Personen,
10 001 bis	50 000	Versicherten von	25 Personen,
50 001 bis	100 000	Versicherten von	50 Personen,
100 001 bis	500 000	Versicherten von	100 Personen,
500 001 bis	3 000 000	Versicherten von	300 Personen,
mehr als	3 000 000	Versicherten von	1 000 Personen,

unterzeichnet sein. [2]Für die in Satz 1 genannte Anzahl von Versicherten ist der 31. Dezember des zweiten Kalenderjahres vor dem Kalenderjahr der Wahlausschreibung maßgebend.

(3) [1]Berechtigt zur Unterzeichnung einer Vorschlagsliste nach Absatz 2 sind Personen, die am Tag der Wahlausschreibung die Voraussetzungen des Wahlrechts nach § 50 oder der Wählbarkeit nach § 51 Absatz 1 Satz 2 erfüllen. [2]Von der nach Absatz 2 Satz 1 erforderlichen Anzahl der Unterzeichner dürfen

höchstens fünfundzwanzig vom Hundert dem Personenkreis angehören, der nach § 51 Absatz 6 Nummer 5 und 6 nicht wählbar ist.

(4) [1] Die Absätze 2 und 3 gelten für Vorschlagslisten der in Absatz 1 Satz 1 Nummer 1 genannten Arbeitnehmervereinigungen sowie deren Verbände entsprechend. [2] Das gilt nicht, wenn diese

1. seit der vorangegangenen Wahl mit mindestens einem Vertreter ununterbrochen in der Vertreterversammlung vertreten sind oder
2. bei der vorangegangenen Wahl einer Gemeinschaftsliste angehörten und mindestens ein Vertreter dieser Gemeinschaftsliste seitdem ununterbrochen der Vertreterversammlung angehört oder
3. bei der vorangegangenen Wahl eine Vorschlagsliste eingereicht oder einer Gemeinschaftsliste angehört hatten und nur deshalb nicht mit mindestens einem Vertreter ununterbrochen der Vertreterversammlung angehören, weil der oder die Vertreter nach einer Vereinigung nicht als Mitglied berufen worden waren.

[3] Schließen sich zwei oder mehrere Arbeitnehmervereinigungen zu einer neuen Arbeitnehmervereinigung zusammen, gelten die Absätze 2 und 3 nicht, wenn seit der letzten Wahl auch nur eine der bisherigen Arbeitnehmervereinigungen ununterbrochen in der Vertreterversammlung vertreten war.

(5) [1] Für Vorschlagslisten der Arbeitgeber gelten die Absätze 2 und 3, für Vorschlagslisten von Arbeitgebervereinigungen sowie deren Verbände Absatz 4 entsprechend. [2] Die Unterzeichner einer Vorschlagsliste müssen zusammen über die den Mindestzahlen entsprechende Stimmenzahl (§ 49 Absatz 2) verfügen.

(6) [1] Die Vorschlagslisten dürfen als Mitglieder der Selbstverwaltungsorgane und deren Stellvertreter von jeweils drei Personen nur einen Beauftragten (§ 51 Absatz 4 Satz 1) enthalten. [2] Die Reihenfolge der Stellvertreter ist so festzulegen, dass erst jeder dritte Stellvertreter zu den Beauftragten gehört.

(7) [1] Eine Zusammenlegung mehrerer Vorschlagslisten zu einer Vorschlagsliste ist nur bis zum Ende der Einreichungsfrist beim Wahlausschuss zulässig. [2] Eine Verbindung mehrerer Vorschlagslisten ist zulässig. [3] Verbundene Listen gelten bei der Ermittlung des Wahlergebnisses im Verhältnis zu den übrigen Listen als eine Liste.

(8) [1] Die Vorschlagsberechtigten nach Absatz 1 Satz 1 Nummer 1 bis 4 stellen die Bewerber einer Vorschlagsliste in der jeweiligen Gruppe auf. [2] Über die Bewerberaufstellung ist eine Niederschrift anzufertigen. Die Niederschrift ist mit der Vorschlagsliste beim Wahlausschuss einzureichen.

(9) Bei den Krankenkassen nach § 35a hat jede Vorschlagsliste mindestens 40 Prozent weibliche und 40 Prozent männliche Bewerber zu enthalten.

(10) [1] Vorschlagslisten für die Wahlen zu den Vertreterversammlungen der Renten- und Unfallversicherungsträger sollen jeweils für Mitglieder und stellvertretende Mitglieder mindestens 40 Prozent weibliche und 40 Prozent männliche Bewerber enthalten. [2] Die Vorschlagslisten sollen in der Weise aufgestellt werden, dass von jeweils drei aufeinander folgenden Listenplätzen mindestens ein Listenplatz mit einer Frau zu besetzen ist. [3] Wird die Quote nach Satz 1 oder die Verteilung nach Satz 2 nicht eingehalten, ist dies jeweils schriftlich zu begründen. [4] Die Begründung ist in die Niederschrift nach Absatz 8 Satz 2 aufzunehmen; Absatz 8 Satz 3 gilt entsprechend.

§ 48a Vorschlagsrecht der Arbeitnehmervereinigungen. (1) [1] Arbeitnehmervereinigungen haben nur dann das Recht, Vorschlagslisten einzureichen, wenn sie die arbeitsrechtlichen Voraussetzungen für die Gewerkschaftseigenschaft erfüllen oder wenn sie nach dem Gesamtbild der tatsächlichen Verhältnisse, insbesondere nach Umfang und Festigkeit ihrer Organisation, der Zahl ihrer beitragszahlenden Mitglieder, ihrer Tätigkeit und ihrem Hervortreten in der Öffentlichkeit eine ausreichende Gewähr für die Ernsthaftigkeit und Dauerhaftigkeit ihrer sozial- oder berufspolitischen Zwecksetzung und die Unterstützung der auf ihren Vorschlag hin gewählten Organmitglieder und Versichertenältesten bieten. [2] Die sozial- oder berufspolitische Tätigkeit darf sich nicht nur auf die Einreichung von Vorschlagslisten zu den Sozialversicherungswahlen beschränken, sondern muss auch als eigenständige Aufgabe der Arbeitnehmervereinigung die Verwirklichung sozialer oder beruflicher Ziele für die versicherten Arbeitnehmer oder einzelne Gruppen der versicherten Arbeitnehmer umfassen.

(2) [1] Der Name und die Kurzbezeichnung einer Arbeitnehmervereinigung dürfen nicht geeignet sein, einen Irrtum über Art, Umfang und Zwecksetzung der Vereinigung herbeizuführen. [2] In der Arbeitnehmervereinigung dürfen nur Arbeitnehmer und, wenn im Namen der Arbeitnehmervereinigung eine bestimmte Personengruppe genannt ist, nur dieser Personengruppe angehörende Arbeitnehmer maßgebenden Einfluss haben.

(3) Eine Arbeitnehmervereinigung, der zu mehr als fünfundzwanzig vom Hundert Bedienstete des Versicherungsträgers angehören, in deren Vorstand Bedienstete einen Stimmanteil von mehr als fünfundzwanzig vom Hundert haben oder in der ihnen auf andere Weise ein nicht unerheblicher Einfluss eingeräumt ist, ist nicht vorschlagsberechtigt.

(4) [1] Die Arbeitnehmervereinigung muss von Beginn des Kalenderjahres vor dem Kalenderjahr der Wahlausschreibung an ständig eine Anzahl beitragszahlender Mitglieder haben, die mindestens der nach § 48 Absatz 2 geforderten Unterschriftenzahl entspricht. [2] Das tatsächliche Beitragsaufkommen muss die Arbeitnehmervereinigung in die Lage versetzen, ihre Vereinstätigkeit nachhaltig auszuüben und den Vereinszweck zu verfolgen.

(5) Die Satzung der Arbeitnehmervereinigung muss Bestimmungen enthalten über

1. Name, Sitz und Zweck der Vereinigung,
2. Eintritt und Austritt der Mitglieder,
3. Rechte und Pflichten der Mitglieder,
4. Zusammensetzung und Befugnisse des Vorstandes und der übrigen Organe,
5. Voraussetzung, Form und Frist der Einberufung der Mitgliederversammlung, Tätigkeitsbericht und Rechnungslegung durch den Vorstand sowie Zustandekommen und Beurkundung der Beschlüsse.

§ 48b Feststellungsverfahren. (1) [1] Ob eine Vereinigung als Arbeitnehmervereinigung vorschlagsberechtigt ist, wird bei Vereinigungen, bei denen nicht eine ununterbrochene Vertretung nach § 48 Absatz 4 vorliegt, vorab festgestellt. [2] Der Antrag auf Feststellung ist bis zum 28. Februar des dem Wahljahr vorhergehenden Jahres beim Wahlausschuss des Versicherungsträgers einzureichen.

(2) [1] Der Wahlausschuss kann dem Antragsteller eine Frist zur Ergänzung seines Antrags mit ausschließender Wirkung setzen. [2] Die Entscheidung soll innerhalb von drei Monaten nach Ablauf der Antragsfrist getroffen werden.

(3) [1] Gegen die Entscheidung des Wahlausschusses können der Antragsteller und die nach § 57 Absatz 2 anfechtungsberechtigten Personen und Vereinigungen innerhalb von zwei Wochen Beschwerde einlegen. [2] Für das Beschwerdeverfahren gilt Absatz 2 entsprechend.

§ 48c Feststellung der allgemeinen Vorschlagsberechtigung. (1) [1] Arbeitnehmervereinigungen, die bei allen Versicherungsträgern die Voraussetzungen der Vorschlagsberechtigung erfüllen und glaubhaft machen, dass sie bei mindestens fünf Versicherungsträgern Vorschlagslisten einreichen werden, können die Feststellung ihrer allgemeinen Vorschlagsberechtigung beim Bundeswahlbeauftragten beantragen. [2] Die Feststellung der allgemeinen Vorschlagsberechtigung hat die Wirkung einer Feststellung nach § 48b Absatz 1 Satz 1.

(2) [1] Der Antrag auf Feststellung ist bis zum 2. Januar des dem Wahljahr vorhergehenden Jahres zu stellen. [2] Der Bundeswahlbeauftragte darf die allgemeine Vorschlagsberechtigung nur feststellen, wenn dies ohne zeitaufwendige Ermittlungen möglich ist. [3] Die Entscheidung ist spätestens bis zum 31. Januar zu treffen und dem Antragsteller unverzüglich bekannt zu geben. [4] Der Bundeswahlbeauftragte hat die Namen der Arbeitnehmervereinigungen, deren allgemeine Vorschlagsberechtigung festgestellt wurde, nach Ablauf der Entscheidungsfrist im Bundesanzeiger zu veröffentlichen.

(3) [1] Gegen die Feststellung der allgemeinen Vorschlagsberechtigung können die nach § 57 Absatz 2 anfechtungsberechtigten Personen und Vereinigungen spätestens zwei Wochen nach ihrer Bekanntmachung im Bundesanzeiger Beschwerde einlegen. [2] Für das Beschwerdeverfahren gilt § 48b Absatz 2 entsprechend. [3] Wird die Entscheidung des Bundeswahlbeauftragten im Beschwerdeverfahren aufgehoben, gilt § 48b mit der Maßgabe, dass der Antrag auf Feststellung innerhalb eines Monats nach Bekanntgabe der Beschwerdeentscheidung zu stellen ist. [4] Die Ablehnung der Feststellung der allgemeinen Vorschlagsberechtigung ist unanfechtbar.

§ 49 Stimmenzahl. (1) Jeder Versicherte hat eine Stimme.

(2) [1] Das Stimmrecht eines Wahlberechtigten, der zur Gruppe der Arbeitgeber gehört, bemisst sich nach der Zahl der am Stichtag für das Wahlrecht (§ 50 Absatz 1) bei ihm beschäftigten, beim Versicherungsträger versicherungspflichtigen und wahlberechtigten Personen. [2] Er hat bei

0 bis	20 Versicherten	eine Stimme,
21 bis	50 Versicherten	zwei Stimmen,
51 bis	100 Versicherten	drei Stimmen und

je weiteren 1 bis 100 Versicherten eine weitere Stimme bis zur Höchstzahl von zwanzig Stimmen. [3] Für das Stimmrecht des Arbeitgebers bei einem Regionalträger der gesetzlichen Rentenversicherung ist unerheblich, bei welchem Regionalträger der gesetzlichen Rentenversicherung die Versicherten wahlberechtigt sind.

(3) [1] Bei den Gemeindeunfallversicherungsverbänden, den gemeinsamen Unfallkassen und den Feuerwehr-Unfallkassen haben Gemeinden eine Stimme je angefangene 1 000 Einwohner, Landkreise eine Stimme je angefangene 10

000 Einwohner, Bezirksverbände und Landschaftsverbände eine Stimme je angefangene 100 000 Einwohner. [2] Hierbei ist die letzte vor dem Stichtag für das Wahlrecht (§ 50 Absatz 1) von der für die Statistik zuständigen Landesbehörde veröffentlichte und fortgeschriebene Einwohnerzahl zugrunde zu legen.

(4) Die Satzung kann für Abstufung und Höchstzahl der Stimmen von den Absätzen 2 und 3 Abweichendes bestimmen.

§ 50 Wahlrecht. (1) [1] Wahlberechtigt ist, wer an dem in der Wahlausschreibung bestimmten Tag (Stichtag für das Wahlrecht)

1. bei dem Versicherungsträger zu einer der Gruppen gehört, aus deren Vertretern sich die Selbstverwaltungsorgane des Versicherungsträgers zusammensetzen,
2. das sechzehnte Lebensjahr vollendet hat,
3. eine Wohnung in einem Mitgliedstaat der Europäischen Union, einem Vertragsstaat des Abkommens über den Europäischen Wirtschaftsraum oder der Schweiz innehat oder sich gewöhnlich dort aufhält oder regelmäßig dort beschäftigt oder tätig ist.

[2] Wahlberechtigte, die ihren Wohnsitz oder gewöhnlichen Aufenthalt außerhalb des Geltungsbereichs dieses Gesetzbuchs haben, können in der Renten- und Unfallversicherung an der Wahl nur teilnehmen, wenn sie in der Zeit zwischen dem 107. und dem 37. Tag vor dem Wahltag bei dem Versicherungsträger einen Antrag auf Teilnahme an der Wahl stellen. [3] In der Rentenversicherung ist ein Versicherter bei dem Träger wahlberechtigt, der sein Versicherungskonto führt, ein Rentenbezieher bei dem Träger, der die Rente leistet.

(2) Wahlberechtigt ist nicht, wer aus den in § 13 des Bundeswahlgesetzes genannten Gründen vom Wahlrecht ausgeschlossen ist.

(3) Die Satzung kann bestimmen, dass nicht wahlberechtigt ist, wer am Stichtag für das Wahlrecht fällige Beiträge nicht bezahlt hat.

(4) Anstelle eines nach den Absätzen 1 und 2 nicht wahlberechtigten Arbeitgebers kann sein gesetzlicher Vertreter oder, wenn ein solcher nicht vorhanden ist, ein Geschäftsführer oder bevollmächtigter Betriebsleiter das Wahlrecht ausüben; die Absätze 1 und 2 gelten entsprechend.

§ 51 Wählbarkeit. (1) [1] Wählbar ist, wer am Tag der Wahlausschreibung (Stichtag für die Wählbarkeit)

1. bei dem Versicherungsträger zu einer der Gruppen gehört, aus deren Vertretern sich die Selbstverwaltungsorgane des Versicherungsträgers zusammensetzen,
2. das Alter erreicht hat, mit dem nach § 2 des Bürgerlichen Gesetzbuchs die Volljährigkeit eintritt,
3. das Wahlrecht zum Deutschen Bundestag besitzt oder im Gebiet der Bundesrepublik Deutschland seit mindestens sechs Jahren eine Wohnung innehat, sich sonst gewöhnlich aufhält oder regelmäßig beschäftigt oder tätig ist,
4. eine Wohnung in dem Bezirk des Versicherungsträgers oder in einem nicht weiter als einhundert Kilometer von dessen Grenze entfernten Ort im Geltungsbereich dieses Gesetzbuchs innehat oder sich gewöhnlich dort aufhält oder in dem Bezirk des Versicherungsträgers regelmäßig beschäftigt oder tätig ist.

[2] In der Rentenversicherung gilt § 50 Absatz 1 Satz 3 entsprechend; wer bei einem hiernach zuständigen Regionalträger der gesetzlichen Rentenversicherung nach Satz 1 Nummer 4 nicht wählbar ist, ist wählbar bei dem Regionalträger der gesetzlichen Rentenversicherung, in dessen Zuständigkeitsbereich er seine Wohnung oder seinen gewöhnlichen Aufenthalt hat. [3] Satz 1 Nummer 2 und 4 gilt auch in den Fällen der Absätze 2 bis 5, Satz 1 Nummer 3 auch in den Fällen der Absätze 2, 4 und 5.

(2) Wählbar als Vertreter der Arbeitgeber ist auch ein gesetzlicher Vertreter, Geschäftsführer oder bevollmächtigter Betriebsleiter eines Arbeitgebers.

(3) Wählbar als Versichertenältester ist, wer versichert oder Rentenbezieher ist und seine Wohnung oder seinen gewöhnlichen Aufenthalt in dem Versichertenältestenbezirk hat.

(4) [1] Wählbar sind auch andere Personen, wenn sie als Vertreter der Versicherten von den Gewerkschaften oder den sonstigen Arbeitnehmervereinigungen oder deren Verbänden, als Vertreter der Arbeitgeber von den Vereinigungen von Arbeitgebern oder deren Verbänden, als Vertreter der Selbständigen ohne fremde Arbeitskräfte von den berufsständischen Vereinigungen der Landwirtschaft oder deren Verbänden vorgeschlagen werden (Beauftragte). [2] Von der Gesamtzahl der Mitglieder einer Gruppe in einem Selbstverwaltungsorgan darf nicht mehr als ein Drittel zu den Beauftragten gehören; jedem Selbstverwaltungsorgan kann jedoch ein Beauftragter je Gruppe angehören. [3] Eine Abweichung von Satz 2, die sich infolge der Vertretung eines Organmitglieds ergibt, ist zulässig.

(5) Bei der Berufsgenossenschaft Verkehrswirtschaft Post-Logistik Telekommunikation sind als Vertreter der Versicherten auch Personen wählbar, die mindestens fünf Jahre lang als Seeleute bei der Berufsgenossenschaft Verkehrswirtschaft Post-Logistik Telekommunikation versichert waren, noch in näherer Beziehung zur Seefahrt stehen und nicht Unternehmer sind.

(5a) Wer nach dem Stichtag für die Wählbarkeit seine Gruppenzugehörigkeit wegen Arbeitslosigkeit verliert, verliert nicht deshalb seine Wählbarkeit bis zum Ende der Amtsperiode.

(6) Wählbar ist nicht, wer

1. aus den in § 13 des Bundeswahlgesetzes genannten Gründen vom Wahlrecht ausgeschlossen ist,
2. auf Grund Richterspruchs nicht die Fähigkeit besitzt, öffentliche Ämter zu bekleiden und Rechte aus öffentlichen Wahlen zu erlangen,
3. in Vermögensverfall geraten ist,
4. seit den letzten Wahlen wegen grober Verletzung seiner Pflichten nach § 59 Absatz 3 seines Amtes enthoben worden ist,
5. a) als Beamter, Angestellter oder Arbeiter bei dem Versicherungsträger oder dessen Verbänden,
   b) als leitender Beamter oder Angestellter bei einer Behörde, die Aufsichtsrechte gegenüber dem Versicherungsträger hat, oder
   c) als anderer Beamter oder Angestellter bei einer solchen Behörde im Fachgebiet Sozialversicherung

   beschäftigt ist oder innerhalb von zwölf Monaten vor dem Wahltag beschäftigt war,

6. a) regelmäßig für den Versicherungsträger oder im Rahmen eines mit ihm abgeschlossenen Vertrags freiberuflich oder
   b) in Geschäftsstellen der Deutschen Rentenversicherung Knappschaft-Bahn-See in knappschaftlich versicherten Betrieben

   tätig ist.

(7) Die Satzung kann bestimmen, dass nicht wählbar ist, wer am Tag der Wahlausschreibung fällige Beiträge nicht bezahlt hat.

(8) Als Versichertenältester ist nicht wählbar, wer zur geschäftsmäßigen Besorgung fremder Rechtsangelegenheiten zugelassen ist.

§ 52 Wahl des Vorstandes. (1) Die Vertreter der Versicherten und der Arbeitgeber in der Vertreterversammlung wählen auf Grund von Vorschlagslisten getrennt die Vertreter ihrer Gruppe in den Vorstand; das Gleiche gilt bei der Sozialversicherung für Landwirtschaft, Forsten und Gartenbau für die Selbständigen ohne fremde Arbeitskräfte.

(1a) [1] Vorschlagslisten sollen jeweils für Mitglieder und stellvertretende Mitglieder mindestens 40 Prozent weibliche und 40 Prozent männliche Bewerber enthalten. [2] Die Vorschlagslisten sollen in der Weise aufgestellt werden, dass von jeweils drei aufeinander folgenden Listenplätzen mindestens ein Listenplatz mit einer Frau zu besetzen ist. [3] Wird die Quote nach Satz 1 oder die Verteilung nach Satz 2 nicht eingehalten, ist dies jeweils schriftlich zu begründen. [4] Die Begründung ist mit der Vorschlagsliste einzureichen.

(2) Die Vorschlagslisten müssen von zwei Mitgliedern der Gruppe der Vertreterversammlung, für die sie gelten sollen, unterzeichnet sein.

(3) § 45 Absatz 2, § 46 Absatz 2 und 3 Satz 1 und 2, § 48 Absatz 7 und § 51 gelten entsprechend.

(4) Die Mitglieder des Bundesvorstandes der Deutschen Rentenversicherung Bund werden gemäß § 64 Absatz 4 gewählt.

§ 53 Wahlorgane. (1) [1] Zur Durchführung der Wahlen werden als Wahlorgane Wahlbeauftragte, Wahlausschüsse und Wahlleitungen bestellt. [2] Die Mitglieder der Wahlorgane und die Personen, die bei der Ermittlung des Wahlergebnisses zugezogen werden (Wahlhelfer), sind zur unparteiischen Wahrnehmung ihres Amtes und zur Verschwiegenheit über die ihnen bei ihrer amtlichen Tätigkeit bekanntgewordenen Angelegenheiten verpflichtet; sie üben ihre Tätigkeit ehrenamtlich aus.

(2) [1] Der Bundeswahlbeauftragte und sein Stellvertreter werden vom Bundesministerium für Arbeit und Soziales, die Landeswahlbeauftragten und ihre Stellvertreter von den für die Sozialversicherung zuständigen obersten Verwaltungsbehörden der Länder bestellt. [2] Dem Bundeswahlbeauftragten obliegen die allgemeinen Aufgaben und die Durchführung der Wahlen zu den Selbstverwaltungsorganen der bundesunmittelbaren Versicherungsträger. [3] Der Bundeswahlbeauftragte soll die Wahlberechtigten regelmäßig über den Zweck der Sozialversicherungswahlen informieren. [4] Den Landeswahlbeauftragten obliegt die Durchführung der Wahlen zu den Selbstverwaltungsorganen der landesunmittelbaren Versicherungsträger.

(3) Der Bundeswahlbeauftragte kann für einzelne Zweige der Versicherung Richtlinien erlassen, um sicherzustellen, dass die Wahlen einheitlich durchgeführt werden.

(4) Die Wahlbeauftragten und ihre Stellvertreter sind berechtigt, sich an Ort und Stelle davon zu überzeugen, dass die Wahlräume den Vorschriften der Wahlordnung entsprechend eingerichtet sind und dass bei der Wahlhandlung und bei der Ermittlung des Wahlergebnisses den Vorschriften dieses Gesetzes und der Wahlordnung entsprechend verfahren wird.

§ 54 Durchführung der Wahl. (1) Die Wahlberechtigten wählen durch briefliche Stimmabgabe.

(2) [1] Soweit Wahlunterlagen nicht übersandt, sondern ausgehändigt werden, hat der Arbeitgeber oder der sonst für die Aushändigung der Wahlunterlagen Zuständige Vorkehrungen zu treffen, dass die Wahlberechtigten ihre Stimmzettel unbeobachtet kennzeichnen und in den Umschlägen verschließen können. [2] Sind mehr als 300 Wahlunterlagen an einem Ort auszuhändigen, sollen hierfür besondere Räume eingerichtet werden, in denen auch die Abgabe der Wahlbriefe zu ermöglichen ist. [3] Der Arbeitgeber oder der sonst für die Ausgabe der Wahlunterlagen Zuständige hat dafür Sorge zu tragen, dass in den Räumen zur Stimmabgabe und im Bereich der nach Satz 1 zur Wahrung des Wahlgeheimnisses vorzusehenden Einrichtungen jede Beeinflussung der Wahlberechtigten durch Wort, Ton, Schrift oder Bild unterbleibt.

(3) Der Tag, bis zu dem die Wahlbriefe bei den Versicherungsträgern eingegangen sein müssen (Wahltag), ist vom Bundeswahlbeauftragten für alle Versicherungsträger einheitlich zu bestimmen, soweit nicht Abweichungen geboten sind.

(4) Wahlbriefe können von den Absendern bei einem vor der Wahl amtlich bekannt gemachten Postunternehmen als Briefsendungen ohne besondere Versendungsform unentgeltlich eingeliefert werden, wenn sie sich in amtlichen Wahlbriefumschlägen befinden.

§ 55 Wahlunterlagen und Mitwirkung der Arbeitgeber. (1) Die Wahlberechtigten wählen mit den ihnen ausgehändigten Wahlunterlagen.

(2) Verpflichtet, Wahlunterlagen auszustellen und sie den Wahlberechtigten auszuhändigen, sind
die Versicherungsträger,
die Arbeitgeber im Einvernehmen mit dem Betriebsrat,
die Gemeindeverwaltungen,
die Dienststellen des Bundes und der Länder sowie
die Bundesagentur für Arbeit.

(3) Ist in der Verordnung nach § 56 vorgesehen, dass anstelle der Arbeitgeber die Unfallversicherungsträger die Wahlausweise ausstellen, haben die Arbeitgeber den Unfallversicherungsträgern die hierfür notwendigen Angaben zu machen.

§ 56 Wahlordnung. [1] Das Bundesministerium für Arbeit und Soziales erlässt durch Rechtsverordnung mit Zustimmung des Bundesrates die zur Durchführung der Wahlen erforderliche Wahlordnung. [2] Es trifft darin insbesondere Vorschriften über

1. die Bestellung der Wahlbeauftragten, die Bildung der Wahlausschüsse und der Wahlleitungen sowie über die Befugnisse, die Beschlussfähigkeit und das Verfahren der Wahlorgane,

2. die Entschädigung der Wahlbeauftragten, der Mitglieder der Wahlausschüsse, der Mitglieder der Wahlleitungen und der Wahlhelfer,
3. die Vorbereitung der Wahlen einschließlich der Unterrichtung der Wahlberechtigten über den Zweck und den Ablauf des Wahlverfahrens sowie über die zur Wahl zugelassenen Vorschlagslisten,
4. den Zeitpunkt für die Wahlen,
5. die Feststellung der Vorschlagsberechtigung, die Angaben und Unterlagen, die zur Feststellung der Vorschlagsberechtigung zu machen oder vorzulegen sind, die Einreichung, den Inhalt und die Form der Vorschlagslisten sowie der dazugehörigen Unterlagen, über ihre Prüfung, die Beseitigung von Mängeln sowie über ihre Zulassung und Bekanntgabe und über Rechtsbehelfe gegen die Entscheidungen der Wahlorgane,
6. die Listenzusammenlegung, die Listenverbindung und die Zurücknahme von Vorschlagslisten,
7. die Wahlbezirke sowie die Wahlräume und ihre Einrichtung,
8. die Ausstellung und Aushändigung von Wahlunterlagen,
9. die Form und den Inhalt der Wahlunterlagen,
10. die Stimmabgabe,
11. die Briefwahl,
12. die Ermittlung und Feststellung der Wahlergebnisse und ihre Bekanntgabe sowie die Benachrichtigung der Gewählten,

12a. die Bekanntmachung von Nachbesetzungen von Selbstverwaltungsorganen,

13. die Wahlen in besonderen Fällen,
14. die Kosten der Wahlen und einen Kostenausgleich.

§ 57 Rechtsbehelfe im Wahlverfahren. (1) Gegen Entscheidungen und Maßnahmen, die sich unmittelbar auf das Wahlverfahren beziehen, sind nur die in dieser Vorschrift, in § 48b Absatz 3, § 48c Absatz 3 Satz 1 und in der Wahlordnung vorgesehenen Rechtsbehelfe zulässig.

(2) Die in § 48 Absatz 1 genannten Personen und Vereinigungen, der Bundeswahlbeauftragte und der zuständige Landeswahlbeauftragte können die Wahl durch Klage gegen den Versicherungsträger anfechten.

(3) [1] Die Klage kann erhoben werden, sobald öffentlich bekannt gemacht ist, dass eine Wahlhandlung unterbleibt, oder sobald ein Wahlergebnis öffentlich bekannt gemacht worden ist. [2] Die Klage ist spätestens einen Monat nach dem Tage der öffentlichen Bekanntmachung des endgültigen Wahlergebnisses bei dem für den Sitz des Versicherungsträgers zuständigen Sozialgericht zu erheben. [3] Ein Vorverfahren findet nicht statt.

(4) Die Klage ist unzulässig, soweit von dem Recht, gegen eine Entscheidung des Wahlausschusses den hierfür vorgesehenen Rechtsbehelf einzulegen, kein Gebrauch gemacht worden ist.

(5) Während des Wahlverfahrens kann das Gericht auf Antrag eine einstweilige Anordnung treffen, wenn ein Wahlverstoß vorliegt, der dazu führen würde, dass im Wahlanfechtungsverfahren die Wahl für ungültig erklärt wird.

(6) Hat das Gericht eine Entscheidung nach § 131 Absatz 4 des Sozialgerichtsgesetzes[1)] getroffen, kann es auf Antrag eine einstweilige Anordnung hinsichtlich der personellen Besetzung der Selbstverwaltungsorgane erlassen.

(7) Beschlüsse, die ein Selbstverwaltungsorgan bis zu dem Zeitpunkt einer Entscheidung nach § 131 Absatz 4 des Sozialgerichtsgesetzes getroffen hat, bleiben wirksam.

§ 58 Amtsdauer. (1) [1]Die gewählten Bewerber werden Mitglieder des Selbstverwaltungsorgans an dem Tage, an dem die erste Sitzung des Organs stattfindet. [2]Die neu gewählte Vertreterversammlung tritt spätestens fünf Monate nach dem Wahltag zusammen.

(2) [1]Die Amtsdauer der Mitglieder der Selbstverwaltungsorgane beträgt sechs Jahre; sie endet jedoch unabhängig vom Zeitpunkt der Wahl mit dem Zusammentritt der in den nächsten allgemeinen Wahlen neu gewählten Selbstverwaltungsorgane. [2]Wiederwahl ist zulässig.

§ 59 Verlust der Mitgliedschaft. (1) Die Mitgliedschaft in einem Selbstverwaltungsorgan endet vorzeitig

1. durch Tod,
2. durch Erwerb der Mitgliedschaft für ein anderes Selbstverwaltungsorgan, wenn die gleichzeitige Zugehörigkeit zu beiden Selbstverwaltungsorganen ausgeschlossen ist,
3. mit Eintritt der Unanfechtbarkeit eines Beschlusses nach Absatz 2 oder 3.

(2) [1]Der Vorstand hat ein Mitglied eines Selbstverwaltungsorgans durch Beschluss von seinem Amt zu entbinden, wenn ein wichtiger Grund vorliegt oder wenn die Voraussetzungen der Wählbarkeit nicht vorgelegen haben oder nachträglich weggefallen sind. [2]Jedes Mitglied hat dem Vorsitzenden des Vorstands unverzüglich Veränderungen anzuzeigen, die seine Wählbarkeit berühren.

(3) [1]Verstößt ein Mitglied eines Selbstverwaltungsorgans in grober Weise gegen seine Amtspflichten, hat der Vorstand das Mitglied durch Beschluss seines Amtes zu entheben. [2]Der Vorstand kann die sofortige Vollziehung des Beschlusses anordnen; die Anordnung hat die Wirkung, dass das Mitglied sein Amt nicht ausüben kann. [3]Für ein Mitglied des Verwaltungsrates der in § 35a Absatz 1 genannten Krankenkassen finden die Sätze 1 und 2 auch dann Anwendung, wenn in seiner Person ein Wahlausschlussgrund nach § 51 Absatz 6 vorliegt.

(4) [1]Betrifft ein Beschluss nach Absatz 2 oder 3 ein Mitglied der Vertreterversammlung, bedarf er der Zustimmung des Vorsitzenden der Vertreterversammlung. [2]Stimmt der Vorsitzende nicht zu oder betrifft der Beschluss ihn selbst, entscheidet die Vertreterversammlung.

(5) Für stellvertretende Mitglieder der Selbstverwaltungsorgane gelten die Absätze 1 bis 4 entsprechend.

(6) Endet die Mitgliedschaft in einem Selbstverwaltungsorgan, tritt bis zur Ergänzung des Organs an die Stelle des ausgeschiedenen Mitglieds ein Stellvertreter.

[1)] Nr. **20**.

§ 60 Ergänzung der Selbstverwaltungsorgane. (1) [1]Scheiden Mitglieder oder stellvertretende Mitglieder eines Selbstverwaltungsorgans vorzeitig aus, fordert der Vorsitzende des Vorstands die Stelle, die die Vorschlagsliste der Ausgeschiedenen eingereicht hat (Listenträger), unverzüglich auf, innerhalb zweier Monate Nachfolger vorzuschlagen. [2]Sind die Ausgeschiedenen weiblich, sollen auch die nachfolgenden Mitglieder oder stellvertretenden Mitglieder weiblich sein. [3]Wird von Satz 2 abgewichen, ist dies vom Listenträger schriftlich zu begründen. [4]Sind in einer Liste Stellvertreter in ausreichender Zahl vorhanden und hält der Listenträger weitere Stellvertreter nicht für erforderlich, kann der Vorstand zulassen, dass von einer Ergänzung abgesehen wird, wenn die in § 48 Absatz 6 Satz 2 vorgeschriebene Reihenfolge gewahrt ist.

(1a) [1]Scheiden von den Regionalträgern oder der Deutschen Rentenversicherung Knappschaft-Bahn-See gewählte Mitglieder oder stellvertretende Mitglieder der Bundesvertreterversammlung der Deutschen Rentenversicherung Bund aus, fordert der Vorsitzende des Bundesvorstandes den jeweiligen Regionalträger oder die Deutsche Rentenversicherung Knappschaft-Bahn-See auf, unverzüglich Nachfolger zu wählen. [2]Scheiden von den Regionalträgern oder der Deutschen Rentenversicherung Knappschaft-Bahn-See vorgeschlagene Mitglieder oder stellvertretende Mitglieder des Bundesvorstandes der Deutschen Rentenversicherung Bund aus, fordert der Vorsitzende des Bundesvorstandes die Vorschlagsberechtigten auf, unverzüglich Nachfolger zur Wahl vorzuschlagen. [3]Das Nähere regelt die Satzung. [4]Absatz 2, Absatz 3 Satz 2, Absatz 4 und 5 gelten entsprechend.

(2) Liegen bei einem als Nachfolger Vorgeschlagenen die Voraussetzungen der Wählbarkeit nicht vor, fordert der Vorsitzende des Vorstands den Listenträger auf, innerhalb eines Monats einen anderen Nachfolger vorzuschlagen.

(3) [1]Erfüllt ein fristgerecht als Nachfolger für die Vertreterversammlung Vorgeschlagener die Voraussetzungen der Wählbarkeit, stellt der Vorstand nach Anhörung des Vorsitzenden der Vertreterversammlung durch Beschluss fest, dass der Vorgeschlagene als gewählt gilt, und benachrichtigt hiervon das neue Mitglied, den Vorsitzenden der Vertreterversammlung, den Listenträger, die Aufsichtsbehörde und den Wahlbeauftragten. [2]Wird dem Vorstand innerhalb der Frist nach den Absätzen 1 und 2 kein Nachfolger vorgeschlagen, der die Voraussetzungen der Wählbarkeit erfüllt, beruft die Aufsichtsbehörde den Nachfolger aus der Zahl der Wählbaren.

(4) [1]Erfüllt ein fristgerecht als Nachfolger für den Vorstand Vorgeschlagener die Voraussetzungen der Wählbarkeit, teilt der Vorsitzende des Vorstands dies nach Anhörung des Vorsitzenden der Vertreterversammlung allen Mitgliedern der Gruppe in der Vertreterversammlung mit, die den Ausgeschiedenen gewählt hat, und weist darauf hin, dass der Vorgeschlagene als gewählt gilt, wenn innerhalb eines Monats kein anderer Vorschlag beim Vorstand eingeht. [2]Nach Ablauf eines Monats gilt Absatz 3 Satz 1 entsprechend. [3]Wird dem Vorstand innerhalb der Frist nach den Absätzen 1 und 2 kein Nachfolger vorgeschlagen, der die Voraussetzungen der Wählbarkeit erfüllt, oder wird ihm innerhalb der in Satz 1 genannten Frist noch ein anderer Vorschlag eingereicht, sind sämtliche Mitglieder in der betreffenden Gruppe des Vorstands und ihre Stellvertreter nach § 52 neu zu wählen.

(5) [1] § 46 Absatz 3 Satz 1 sowie die §§ 51 und 57 gelten entsprechend. [2] An die Stelle des Zeitpunkts der Wahlausschreibung in § 51 Absatz 1 tritt der Zeitpunkt der Aufforderung nach Absatz 1 Satz 1.

§ 61 Wahl der Versichertenältesten und der Vertrauenspersonen.

(1) [1] Für die Wahl der Versichertenältesten und der Vertrauenspersonen gelten die §§ 52, 56 bis 60 und 62 Absatz 4 entsprechend, soweit die Satzung nichts Abweichendes bestimmt. [2] Den Vorschlagslisten sind Vorschläge der Organisationen und Wählergruppen zugrunde zu legen, die zur Einreichung von Vorschlagslisten für die Wahl der Mitglieder der Vertreterversammlung berechtigt sind.

(2) [1] Die Stellvertretung der Versichertenältesten und der Vertrauenspersonen wird durch die Satzung geregelt. [2] Die Satzung kann die Nachfolge vorzeitig ausscheidender Versichertenältesten und Vertrauenspersonen abweichend von § 60 regeln.

§ 62 Vorsitzende der Selbstverwaltungsorgane. (1) [1] Die Selbstverwaltungsorgane wählen aus ihrer Mitte einen Vorsitzenden und einen stellvertretenden Vorsitzenden, bei der Sozialversicherung für Landwirtschaft, Forsten und Gartenbau einen ersten und einen zweiten stellvertretenden Vorsitzenden. [2] Der Vorsitzende und die stellvertretenden Vorsitzenden müssen, mit Ausnahme bei den Ersatzkassen, verschiedenen Gruppen angehören.

(2) [1] Erhält in zwei Wahlgängen kein Mitglied die Mehrheit der satzungsmäßigen Mitgliederzahl, ist gewählt, wer im dritten Wahlgang die meisten Stimmen auf sich vereinigt. [2] Bei gleicher Stimmenzahl gelten die Mitglieder, die diese Stimmenzahl erreichen, mit der Maßgabe als gewählt, dass sie den Vorsitz unter gegenseitiger Stellvertretung abwechselnd je für ein Jahr zu führen haben. [3] Gilt hiernach mehr als die vorgeschriebene Zahl von Personen als gewählt, entscheidet das Los; das Gleiche gilt für die Reihenfolge. [4] Bei der Wahl des Vorsitzenden und des stellvertretenden Vorsitzenden der Bundesvertreterversammlung und des Bundesvorstandes der Deutschen Rentenversicherung Bund ist abweichend von Satz 1 in den ersten beiden Wahlgängen jeweils eine Mehrheit nach § 64 Absatz 4 erforderlich.

(3) [1] Die Satzung kann bestimmen, dass die Vertreter der einzelnen Gruppen abwechselnd mindestens für ein Jahr den Vorsitz führen. [2] Bei der Sozialversicherung für Landwirtschaft, Forsten und Gartenbau haben die Vertreter der einzelnen Gruppen während ihrer Amtsdauer abwechselnd je für mindestens ein Jahr den Vorsitz zu führen; Entsprechendes gilt für die Stellvertretung. [3] Die Vertreter von zwei Gruppen können vereinbaren, dass für die Dauer der auf ihre Vertreter entfallenden Vorsitzendentätigkeit einer der Vertreter den Vorsitz führt. [4] Die Satzung bestimmt das Nähere.

(4) Zu Vorsitzenden oder zu stellvertretenden Vorsitzenden gewählte Mitglieder der Selbstverwaltungsorgane erwerben ihr Amt mit der Erklärung, dass sie die Wahl annehmen.

(5) [1] Schließen Tatsachen das Vertrauen der Mitglieder eines Selbstverwaltungsorgans zu der Amtsführung eines Vorsitzenden oder stellvertretenden Vorsitzenden aus, kann ihn das Organ mit einer Mehrheit von zwei Dritteln seiner satzungsmäßigen Mitgliederzahl abberufen. [2] Beim Ausscheiden eines Vorsitzenden oder stellvertretenden Vorsitzenden auf eigenen Wunsch endet die Amtsdauer mit der Neuwahl.

(6) [1] Für einen nach Absatz 5 ausscheidenden Vorsitzenden oder stellvertretenden Vorsitzenden wird ein Nachfolger gewählt. [2] Für einen nach § 59 ausscheidenden Vorsitzenden oder stellvertretenden Vorsitzenden wird ein Nachfolger nach Ergänzung des Selbstverwaltungsorgans gewählt.

§ 63 Beratung. (1) Jedes Selbstverwaltungsorgan gibt sich eine Geschäftsordnung.

(2) [1] Die Selbstverwaltungsorgane werden von ihren Vorsitzenden nach Bedarf einberufen. [2] Sie müssen einberufen werden, wenn ein Drittel der Mitglieder es verlangt.

(3) [1] Die Sitzungen des Vorstands sind nicht öffentlich. [2] Die Sitzungen der Vertreterversammlung sind öffentlich, soweit sie sich nicht mit personellen Angelegenheiten des Versicherungsträgers, Grundstücksgeschäften oder geheimhaltungsbedürftigen Tatsachen (§ 35 des Ersten Buches[1)]) befassen. [3] Für weitere Beratungspunkte kann in nicht öffentlicher Sitzung die Öffentlichkeit ausgeschlossen werden; der Beschluss ist in öffentlicher Sitzung bekannt zu geben.

(3a) [1] Ein Mitglied eines Selbstverwaltungsorgans darf bei der Beratung und Abstimmung nicht anwesend sein, wenn hierbei personenbezogene Daten eines Arbeitnehmers offengelegt werden, der ihm im Rahmen eines Dienst- oder Arbeitsverhältnisses untergeordnet ist, oder wenn das Mitglied des Selbstverwaltungsorgans Angehöriger der Personalverwaltung des Betriebes ist, dem der Arbeitnehmer angehört. [2] Diesen Personen darf insbesondere auch bei der Vorbereitung einer Beratung keine Kenntnis von solchen Daten gegeben werden. [3] Personenbezogene Daten im Sinne der Sätze 1 und 2 sind

1. die in § 76 Absatz 1 des Zehnten Buches[2)] bezeichneten Daten und
2. andere Daten, soweit Grund zur Annahme besteht, dass durch die Kenntnisnahme der genannten Personen schutzwürdige Belange des Arbeitnehmers beeinträchtigt werden.

(4) [1] Ein Mitglied eines Selbstverwaltungsorgans darf bei der Beratung und Abstimmung nicht anwesend sein, wenn ein Beschluss ihm selbst, einer ihm nahestehenden Person (§ 383 Absatz 1 Nummer 1 bis 3 der Zivilprozessordnung) oder einer von ihm vertretenen Person einen unmittelbaren Vorteil oder Nachteil bringen kann. [2] Satz 1 gilt nicht, wenn das Mitglied nur als Angehöriger einer Personengruppe beteiligt ist, deren gemeinsame Interessen durch die Angelegenheit berührt werden.

(5) Der Vorstand kann zu Tagesordnungspunkten, bei denen wesentliche Fragen der Gesundheit berührt werden, einen auf den jeweiligen Gebieten der Sozialmedizin und der Sozialversicherung fachlich einschlägig erfahrenen Arzt mit beratender Stimme hinzuziehen.

§ 64 Beschlussfassung. (1) [1] Soweit Gesetz oder sonstiges für den Versicherungsträger maßgebendes Recht nichts Abweichendes bestimmt, sind die Selbstverwaltungsorgane beschlussfähig, wenn sämtliche Mitglieder ordnungsgemäß geladen sind und die Mehrheit der Mitglieder anwesend und stimmberechtigt ist. [2] Ist ein Selbstverwaltungsorgan nicht beschlussfähig, kann der

---

[1)] Nr. **1**.
[2)] Nr. **10**.

Vorsitzende anordnen, dass in der nächsten Sitzung über den Gegenstand der Abstimmung auch dann beschlossen werden kann, wenn die in Satz 1 bestimmte Mehrheit nicht vorliegt; hierauf ist in der Ladung zur nächsten Sitzung hinzuweisen.

(2) [1] Die Beschlüsse werden, soweit Gesetz oder sonstiges Recht nichts Abweichendes bestimmt, mit der Mehrheit der abgegebenen Stimmen gefasst. [2] Bei Stimmengleichheit wird die Abstimmung nach erneuter Beratung wiederholt; bei erneuter Stimmengleichheit gilt der Antrag als abgelehnt.

(3) [1] Der Vorstand kann in eiligen Fällen ohne Sitzung schriftlich abstimmen. [2] Die Vertreterversammlung kann schriftlich abstimmen, soweit die Satzung es zulässt. [3] Wenn ein Fünftel der Mitglieder des Selbstverwaltungsorgans der schriftlichen Abstimmung widerspricht, ist über die Angelegenheit in der nächsten Sitzung zu beraten und abzustimmen.

[Abs. 3a bis 31.12.2021:]

(3a) Abweichend von Absatz 3 können die Selbstverwaltungsorgane und besonderen Ausschüsse nach § 36a aus wichtigen Gründen ohne Sitzung schriftlich abstimmen.

(4) [1] Beschlüsse der Bundesvertreterversammlung und des Bundesvorstandes der Deutschen Rentenversicherung Bund in Grundsatz- und Querschnittsaufgaben und in gemeinsamen Angelegenheiten der Träger der Rentenversicherung werden mit der Mehrheit von mindestens zwei Dritteln aller gewichteten Stimmen der satzungsmäßigen Mitgliederzahl getroffen. [2] Bei Beschlüssen der Bundesvertreterversammlung und des Bundesvorstandes werden die Stimmen der Regionalträger mit insgesamt 55 vom Hundert und die der Bundesträger mit insgesamt 45 vom Hundert gewichtet. [3] In der Bundesvertreterversammlung orientiert sich die Gewichtung innerhalb der Regionalträger und innerhalb der Bundesträger jeweils an der Anzahl der Versicherten der einzelnen Träger. [4] Im Bundesvorstand gilt Entsprechendes innerhalb der Bundesträger. [5] Das Nähere zur Stimmengewichtung nach Satz 1 bis 4 regelt die Satzung.

§ 65 Getrennte Abstimmung. (1) In den Selbstverwaltungsorganen der Sozialversicherung für Landwirtschaft, Forsten und Gartenbau ist zur Beschlussfassung eine Mehrheit in den Gruppen der Versicherten, der Selbständigen ohne fremde Arbeitskräfte und der Arbeitgeber erforderlich für

1. die Wahl des Geschäftsführers und seines Stellvertreters,
2. die Anstellung, die Beförderung, die Kündigung und die Entlassung der der Dienstordnung unterstehenden Angestellten in einer besoldungsrechtlichen Stellung, die einem Amt der Besoldungsgruppe A 12 der Bundesbesoldungsordnung oder einer höheren Besoldungsgruppe vergleichbar ist,
3. die Einstellung, die Höhergruppierung und die Kündigung von Beschäftigten der Entgeltgruppe 12 oder einer höheren Entgeltgruppe,
4. den Beschluss über den Haushalt,
5. die personelle Besetzung von Ausschüssen,
6. den Beschluss über die Unfallverhütungsvorschriften.

(2) Über einen abgelehnten Antrag ist auf Verlangen der Antragsteller innerhalb von drei Wochen nochmals abzustimmen.

§ 66 Erledigungsausschüsse. (1) [1]Die Selbstverwaltungsorgane können die Erledigung einzelner Aufgaben, mit Ausnahme der Rechtsetzung, Ausschüssen übertragen. [2]Zu Mitgliedern können bis zur Hälfte der Mitglieder einer jeden Gruppe auch Stellvertreter von Mitgliedern des Organs bestellt werden. [3]Die Organe können die Stellvertretung für die Ausschussmitglieder abweichend von § 43 Absatz 2 regeln.

(2) Für die Beratung und Abstimmung gelten die §§ 63 und 64 entsprechend.

Dritter Titel. Haushalts- und Rechnungswesen

§ 67 Aufstellung des Haushaltsplans. (1) Die Versicherungsträger stellen für jedes Kalenderjahr (Haushaltsjahr) einen Haushaltsplan auf, der alle im Haushaltsjahr voraussichtlich zu leistenden Ausgaben und voraussichtlich benötigten Verpflichtungsermächtigungen sowie alle im Haushaltsjahr zu erwartenden Einnahmen enthält.

(2) Im Haushaltsplan sind die Stellen für die Beamten und die dienstordnungsmäßig Angestellten der Versicherungsträger nach Besoldungsgruppen auszubringen; für die übrigen Beschäftigten der Versicherungsträger sind die Haushaltsansätze nach Vergütungs- und Lohngruppen zu erläutern.

§ 68 Bedeutung und Wirkung des Haushaltsplans. (1) [1]Der Haushaltsplan dient der Feststellung der Mittel, die zur Erfüllung der Aufgaben des Versicherungsträgers im Haushaltsjahr voraussichtlich erforderlich sind. [2]Er ist die Grundlage für die Haushalts- und Wirtschaftsführung und stellt sicher, dass insbesondere die gesetzlich vorgeschriebenen Ausgaben rechtzeitig geleistet werden können.

(2) Durch den Haushaltsplan werden Ansprüche oder Verbindlichkeiten weder begründet noch aufgehoben.

§ 69 Ausgleich, Wirtschaftlichkeit und Sparsamkeit, Kosten- und Leistungsrechnung, Personalbedarfsermittlung. (1) Der Haushalt ist in Einnahme und Ausgabe auszugleichen.

(2) Bei der Aufstellung und Ausführung des Haushaltsplans hat der Versicherungsträger sicherzustellen, dass er die ihm obliegenden Aufgaben unter Berücksichtigung der Grundsätze der Wirtschaftlichkeit und Sparsamkeit erfüllen kann.

(3) Für alle finanzwirksamen Maßnahmen sind angemessene Wirtschaftlichkeitsuntersuchungen durchzuführen.

(4) In geeigneten Bereichen ist eine Kosten- und Leistungsrechnung einzuführen.

(5) Die Träger der Kranken- und Rentenversicherung, die gewerblichen Berufsgenossenschaften, die Unfallversicherungsträger der öffentlichen Hand sowie die Sozialversicherung für Landwirtschaft, Forsten und Gartenbau führen in geeigneten Bereichen ein Benchmarking durch.

(6) [1]Die Sozialversicherungsträger dürfen Planstellen und Stellen nur ausbringen, soweit sie unter Anwendung angemessener und anerkannter Methoden der Personalbedarfsermittlung begründet sind. [2]Die Erforderlichkeit der im Haushaltsplan ausgebrachten Planstellen und Stellen ist bei gegebenem Anlass, im Übrigen regelmäßig zu überprüfen.

§ 70 Haushaltsplan. (1) [1]Der Haushaltsplan wird vom Vorstand aufgestellt. [2]Die Vertreterversammlung stellt ihn fest.

(2) Der Haushaltsplan der Träger der Unfallversicherung ist vor Beginn des Kalenderjahrs, für das er gelten soll, der Aufsichtsbehörde vorzulegen, wenn diese es verlangt.

(3) [1]Die Regionalträger der gesetzlichen Rentenversicherung haben den vom Vorstand aufgestellten Haushaltsplan spätestens am 1. Oktober vor Beginn des Kalenderjahrs, für das er gelten soll, der Aufsichtsbehörde von Amts wegen vorzulegen. [2]Die Aufsichtsbehörde kann den Haushaltsplan oder einzelne Ansätze innerhalb von sechs Wochen nach Vorlage beanstanden, soweit gegen Gesetz oder sonstiges für den Versicherungsträger maßgebendes Recht verstoßen oder die Leistungsfähigkeit des Versicherungsträgers zur Erfüllung seiner Verpflichtungen gefährdet wird. [3]Die Aufsichtsbehörde kann ebenfalls beanstanden, wenn bei landesunmittelbaren Versicherungsträgern die Bewertungs- oder Bewirtschaftungsmaßstäbe des aufsichtführenden Landes und bei bundesunmittelbaren Versicherungsträgern die Bewertungs- und Bewirtschaftungsmaßstäbe des Bundes nicht beachtet sind; die Besonderheiten der Versicherungsträger sind hierbei zu berücksichtigen. [4]Berücksichtigt die Vertreterversammlung bei der Feststellung des Haushaltsplans die Beanstandung nicht, kann die Aufsichtsbehörde insoweit den Feststellungsbeschluss aufheben und den Haushaltsplan selbst feststellen.

(4) [1]Für die Deutsche Rentenversicherung Bund gilt Absatz 3 mit der Maßgabe, dass

1. anstelle der Aufsichtsbehörde die Bundesregierung zuständig ist,
2. der Haushaltsplan spätestens am 1. September vorzulegen ist und innerhalb von zwei Monaten beanstandet werden kann.

[2]Im Haushaltsplan der Deutschen Rentenversicherung Bund werden die Einnahmen und Ausgaben für Grundsatz- und Querschnittsaufgaben und für gemeinsame Angelegenheiten der Träger der Rentenversicherung in einer gesonderten Anlage zum Haushalt ausgewiesen. [3]Die Anlage wird vom Bundesvorstand gemäß § 64 Absatz 4 aufgestellt und von der Bundesvertreterversammlung der Deutschen Rentenversicherung Bund gemäß § 64 Absatz 4 festgestellt.

(5) [1]Die Träger der Krankenversicherung und die Träger der Pflegeversicherung haben den vom Vorstand aufgestellten Haushaltsplan spätestens am 1. November vor Beginn des Kalenderjahrs, für das er gelten soll, der Aufsichtsbehörde vorzulegen, wenn diese es verlangt. [2]Auf Verlangen der Aufsichtsbehörde ist der Haushaltsplan zusätzlich in einer maschinell auswertbaren Form zu übermitteln. [3]Näheres hierzu, insbesondere zur Form und Struktur der Datenmeldung, wird von den Aufsichtsbehörden mit dem Spitzenverband Bund der Krankenkassen vereinbart. [4]Die Aufsichtsbehörde kann den Haushaltsplan oder einzelne Ansätze innerhalb von einem Monat nach Vorlage beanstanden, soweit gegen Gesetz oder sonstiges für den Träger maßgebendes Recht verstoßen wird, insbesondere soweit dadurch die wirtschaftliche Leistungsfähigkeit des Versicherungsträgers zur Erfüllung seiner Verpflichtungen gefährdet wird.

§ 71 Haushaltsplan der Deutschen Rentenversicherung Knappschaft-Bahn-See. (1) [1]Der Haushaltsplan der Deutschen Rentenversicherung

Knappschaft-Bahn-See ist getrennt nach knappschaftlicher Krankenversicherung, knappschaftlicher Pflegeversicherung, knappschaftlicher Rentenversicherung und allgemeiner Rentenversicherung aufzustellen. [2]Hierbei gelten Verwaltungsausgaben der knappschaftlichen Krankenversicherung und der allgemeinen Rentenversicherung als Verwaltungsausgaben der knappschaftlichen Rentenversicherung. [3]Die Abstimmung nach § 220 Absatz 3 des Sechsten Buches[1)] bleibt unberührt.

(2) Die knappschaftliche Krankenversicherung und die allgemeine Rentenversicherung haben der knappschaftlichen Rentenversicherung die Verwaltungsausgaben ihrer Eigeneinrichtungen sowie die nach einem von der Aufsichtsbehörde zu genehmigenden Schlüssel auf sie entfallenden Verwaltungsausgaben zu erstatten.

(3) [1]Der Haushaltsplan bedarf der Genehmigung durch die Bundesregierung. [2]Er soll so rechtzeitig festgestellt werden, dass er bis zum 1. November vor Beginn des Kalenderjahrs, für das er gelten soll, der Bundesregierung vorgelegt werden kann. [3]Diese kann die Genehmigung auch für einzelne Ansätze versagen, wenn der Haushaltsplan gegen Gesetz oder sonstiges für den Versicherungsträger maßgebendes Recht verstößt oder die Leistungsfähigkeit der Deutschen Rentenversicherung Knappschaft-Bahn-See zur Erfüllung ihrer Verpflichtungen gefährdet oder wenn bei Ansätzen für die knappschaftliche oder allgemeine Rentenversicherung die Bewertungs- oder Bewirtschaftungsmaßstäbe des Bundes nicht beachtet sind.

§ 71a Haushaltsplan der Bundesagentur für Arbeit. (1) [1]Der Haushaltsplan der Bundesagentur für Arbeit wird vom Vorstand aufgestellt. [2]Der Verwaltungsrat stellt den Haushaltsplan fest.

(2) Der Haushaltsplan bedarf der Genehmigung durch die Bundesregierung.

(3) Die Genehmigung kann auch für einzelne Ansätze versagt oder unter Bedingungen und mit Auflagen erteilt werden, wenn der Haushaltsplan gegen Gesetz oder sonstiges für die Bundesagentur maßgebendes Recht verstößt oder die Bewertungs- und Bewirtschaftungsmaßstäbe des Bundes oder die Grundsätze der Sozial-, Wirtschafts- und Finanzpolitik der Bundesregierung nicht berücksichtigt werden.

(4) [1]Enthält die Genehmigung Bedingungen oder Auflagen, stellt der Verwaltungsrat erneut den Haushaltsplan fest. [2]Werden Bedingungen oder Auflagen nicht berücksichtigt, hat der Verwaltungsrat der Bundesregierung einen geänderten Haushaltsplan zur Genehmigung vorzulegen; einen nur mit Liquiditätshilfen ausgeglichenen Haushaltsplan kann das Bundesministerium für Arbeit und Soziales in der durch die Bundesregierung genehmigten Fassung selbst feststellen.

§ 71b Veranschlagung der Arbeitsmarktmittel der Bundesagentur für Arbeit. (1) Die für Ermessensleistungen der aktiven Arbeitsförderung veranschlagten Mittel mit Ausnahme der Mittel für

1. die Erstattung von Maßnahmekosten nach § 54 des Dritten Buches[2)],
2. die Berufsausbildungsbeihilfe nach § 57 Absatz 2 Satz 2 des Dritten Buches,

---

[1)] Nr. 6.
[2)] Nr. 3.

3. die allgemeinen Leistungen zur Teilhabe am Arbeitsleben nach § 113 Absatz 1 Nummer 1 des Dritten Buches,
4. den Zuschuss zur Ausbildungsvergütung für schwerbehinderte Menschen nach § 73 des Dritten Buches und den Eingliederungszuschuss nach § 90 Absatz 2 bis 4 des Dritten Buches und
5. Leistungen der Trägerförderung nach § 440 Absatz 5 des Dritten Buches

sind im Haushalt der Bundesagentur für Arbeit in einen Eingliederungstitel einzustellen.

(2) [1]Die in dem Eingliederungstitel veranschlagten Mittel sind den Agenturen für Arbeit zur Bewirtschaftung zuzuweisen, soweit nicht andere Dienststellen die Aufgaben wahrnehmen. [2]Bei der Zuweisung der Mittel sind insbesondere die regionale Entwicklung der Beschäftigung, die Nachfrage nach Arbeitskräften, Art und Umfang der Arbeitslosigkeit sowie die jeweilige Ausgabenentwicklung im abgelaufenen Haushaltsjahr zu berücksichtigen. [3]Agenturen für Arbeit, die im Vergleich zu anderen Agenturen für Arbeit schneller und wirtschaftlicher Arbeitslose eingliedern, sind bei der Mittelzuweisung nicht ungünstiger zu stellen.

(3) [1]Die Agenturen für Arbeit stellen für jede Art dieser Ermessensleistungen der Arbeitsförderung Mittel unter Berücksichtigung der Besonderheiten der Lage und Entwicklung des regionalen Arbeitsmarktes bereit. [2]Dabei ist ein angemessener Anteil für die Förderung der Anbahnung und Aufnahme einer nach dem Dritten Buch versicherungspflichtigen Beschäftigung sicherzustellen (Vermittlungsbudget).

(4) Die zugewiesenen Mittel sind so zu bewirtschaften, dass eine Bewilligung und Erbringung der einzelnen Leistungen im gesamten Haushaltsjahr gewährleistet ist.

(5) [1]Die Ausgabemittel des Eingliederungstitels sind nur in das nächste Haushaltsjahr übertragbar. [2]Die jeweiligen nicht verausgabten Mittel der Agenturen für Arbeit werden diesen im nächsten Haushaltsjahr zusätzlich zu den auf sie entfallenden Mitteln zugewiesen. [3]Verpflichtungsermächtigungen für folgende Jahre sind im gleichen Verhältnis anzuheben.

§ 71c Eingliederungsrücklage der Bundesagentur für Arbeit. [1]Die bis zum Ende des Haushaltsjahres nicht verausgabten Mittel des Eingliederungstitels der Bundesagentur für Arbeit werden einer Eingliederungsrücklage zugeführt. [2]Soweit Liquiditätshilfen nach § 364 des Dritten Buches[1)] geleistet werden, erfolgt eine Zuführung zur Eingliederungsrücklage nicht. [3]Die Eingliederungsrücklage ist bis zum Schluss des nächsten Haushaltsjahres aufzulösen und dient zur Deckung der nach § 71b Absatz 5 gebildeten Ausgabereste.

§ 71d Haushaltsplan und Kostenverteilungsverfahren der Sozialversicherung für Landwirtschaft, Forsten und Gartenbau. (1) [1]Der Haushaltsplan der Sozialversicherung für Landwirtschaft, Forsten und Gartenbau ist getrennt für die Versicherungszweige landwirtschaftliche Unfallversicherung, Alterssicherung der Landwirte, landwirtschaftliche Krankenversicherung und landwirtschaftliche Pflegeversicherung aufzustellen. [2]Der Haushaltsplan soll so rechtzeitig festgestellt werden, dass er bis zum 15. November vor Beginn des

---

[1)] Nr. 3.

Kalenderjahres, für das er gelten soll, der Aufsichtsbehörde vorgelegt werden kann.

(2) Die Sozialversicherung für Landwirtschaft, Forsten und Gartenbau hat sicherzustellen, dass die Kosten, die für die Erfüllung von Aufgaben mehrerer oder aller Versicherungszweige entstehen, durch geeignete Verfahren sachgerecht auf die Versicherungszweige landwirtschaftliche Unfallversicherung, landwirtschaftliche Krankenversicherung und Alterssicherung der Landwirte verteilt werden (Kostenverteilungsschlüssel).

(3) [1] Der Haushaltsplan und der Kostenverteilungsschlüssel bedürfen der Genehmigung durch die Aufsichtsbehörde. [2] Die Genehmigung wird im Einvernehmen mit dem Bundesministerium für Ernährung und Landwirtschaft erteilt. [3] Die Aufsichtsbehörde kann die Genehmigung des Haushaltsplans auch für einzelne Ansätze versagen, soweit gegen Gesetz oder sonstiges für den Versicherungsträger maßgebendes Recht verstoßen wird, die Leistungsfähigkeit des Versicherungsträgers zur Erfüllung seiner Verpflichtungen gefährdet wird oder die Bewertungs- oder Bewirtschaftungsmaßstäbe des Bundes nicht beachtet sind; die Besonderheiten des Versicherungsträgers sind hierbei zu berücksichtigen.

§ 71e Ausweisung der Schiffssicherheitsabteilung im Haushaltsplan. [1] Im Haushaltsplan der gewerblichen Berufsgenossenschaft, der die Durchführung von Aufgaben nach § 6 des Seeaufgabengesetzes übertragen worden ist, sind die für die Durchführung anzusetzenden Einnahmen und Ausgaben, insbesondere die Personalkosten, in einer gesonderten Aufstellung auszuweisen. [2] Der Haushaltsplan bedarf insoweit der Genehmigung des Bundesamtes für Soziale Sicherung im Einvernehmen mit dem Bundesministerium für Arbeit und Soziales und dem Bundesministerium für Verkehr und digitale Infrastruktur.

§ 71f Haushaltsplan der Unfallversicherung Bund und Bahn. (1) [1] Der Haushaltsplan der Unfallversicherung Bund und Bahn wird in Teilhaushalten aufgestellt, in denen die im Zuständigkeitsbereich nach § 125 Absatz 1 des Siebten Buches[1)] und im Zuständigkeitsbereich nach § 125 Absatz 2 des Siebten Buches anfallenden Einnahmen und Ausgaben getrennt veranschlagt werden. [2] Der Haushaltsplan bedarf der Genehmigung des Bundesamtes für Soziale Sicherung. [3] Die Genehmigung des Teilhaushaltes für den Zuständigkeitsbereich nach § 125 Absatz 1 des Siebten Buches erfolgt im Einvernehmen mit dem Bundesministerium für Arbeit und Soziales und dem Bundesministerium der Finanzen. [4] Die Genehmigung des Teilhaushaltes für den Zuständigkeitsbereich nach § 125 Absatz 2 des Siebten Buches erfolgt im Einvernehmen mit dem Bundesministerium für Verkehr und digitale Infrastruktur. [5] Der Haushaltsplan soll so rechtzeitig festgestellt werden, dass er spätestens am 1. Dezember vor Beginn des Kalenderjahres, für das er gelten soll, der genehmigenden Stelle vorgelegt werden kann. [6] Die genehmigende Stelle kann die Genehmigung auch für einzelne Ansätze versagen, wenn der Haushaltsplan gegen Gesetz oder sonstiges für den Versicherungsträger maßgebendes Recht verstößt oder die Leistungsfähigkeit des Versicherungsträgers zur Erfüllung seiner Verpflich-

[1)] Nr. 7.

tungen gefährdet oder wenn die Bewertungs- oder Bewirtschaftungsmaßstäbe des Bundes nicht beachtet sind.

(2) [1] Die dem Zuständigkeitsbereich nach § 125 Absatz 1 des Siebten Buches und die dem Zuständigkeitsbereich nach § 125 Absatz 2 des Siebten Buches unmittelbar zuzurechnenden Verwaltungsausgaben werden in dem entsprechenden Teilhaushalt veranschlagt. [2] Die den Zuständigkeitsbereichen nicht unmittelbar zurechenbaren Verwaltungsausgaben werden im Rahmen einer Kosten-Leistungs-Rechnung ermittelt, die den jeweils aktuellen Grundsätzen und Prinzipien der standardisierten Kosten- und Leistungsrechnung des Bundes entspricht. [3] Die Verwaltungsausgaben, die den Zuständigkeitsbereichen nicht unmittelbar zugeordnet werden können, werden im Teilhaushalt für die Aufgaben nach § 125 Absatz 1 des Siebten Buches veranschlagt. [4] Der nach der Kosten- und Leistungsrechnung auf den Zuständigkeitsbereich nach § 125 Absatz 2 des Siebten Buches entfallende Anteil der nicht unmittelbar zurechenbaren Verwaltungsausgaben wird dem Bund monatlich nach Genehmigung des Bundesamtes für Soziale Sicherung aus dem Teilhaushalt für den Zuständigkeitsbereich nach § 125 Absatz 2 des Siebten Buches erstattet. [5] Die Ausgaben für die Vertreterversammlung und den Vorstand werden nach einem Schlüssel in den Teilhaushalten veranschlagt, der nach objektiven und gewichteten Kriterien gebildet wird. [6] Das Nähere regelt die Satzung der Unfallversicherung Bund und Bahn.

(3) Einsparungen für überplanmäßige und außerplanmäßige Ausgaben nach § 73 Absatz 2 Satz 3 und 4 an anderer Stelle des Haushaltsplans erfolgen in dem Teilhaushalt, in dem diese Ausgaben geleistet werden.

§ 72 Vorläufige Haushaltsführung. (1) Soweit der Haushaltsplan zu Beginn des Haushaltsjahrs noch nicht in Kraft getreten ist, ist der Vorstand ermächtigt zuzulassen, dass der Versicherungsträger die Ausgaben leistet, die unvermeidbar sind,

1. um seine rechtlich begründeten Verpflichtungen und Aufgaben zu erfüllen,
2. um Bauten und Beschaffungen fortzusetzen, sofern durch den Haushalt eines Vorjahrs bereits Beträge bewilligt worden sind.

(2) [1] Der Vorstand hat seinen Beschluss unverzüglich der Aufsichtsbehörde anzuzeigen; der Beschluss des Vorstandes der Deutschen Rentenversicherung Bund ist dem Bundesministerium für Arbeit und Soziales anzuzeigen. [2] Bei der Deutschen Rentenversicherung Knappschaft-Bahn-See und der Bundesagentur für Arbeit bedarf der Beschluss der Genehmigung des Bundesministeriums für Arbeit und Soziales, die jeweils im Einvernehmen mit dem Bundesministerium der Finanzen erfolgt. [3] Bei der Sozialversicherung für Landwirtschaft, Forsten und Gartenbau bedarf der Beschluss der Genehmigung der Aufsichtsbehörde, die im Einvernehmen mit dem Bundesministerium für Ernährung und Landwirtschaft erfolgt.

§ 73 Überplanmäßige und außerplanmäßige Ausgaben. (1) [1] Überplanmäßige und außerplanmäßige Ausgaben sowie Maßnahmen, durch die Verpflichtungen entstehen können, für die Ausgaben im Haushaltsplan nicht veranschlagt sind, bedürfen der Einwilligung des Vorstands, bei der Bundesagentur für Arbeit des Verwaltungsrats. [2] Sie darf nur erteilt werden, wenn

1. ein unvorhergesehenes und unabweisbares Bedürfnis vorliegt und

2. durch sie der Haushaltsplan nicht in wesentlichen Punkten verändert wird oder es sich um außerplanmäßige Ausgaben handelt, die nicht von erheblicher finanzieller Bedeutung sind.

(2) [1] Die Einwilligung ist unverzüglich der Aufsichtsbehörde, die Einwilligung des Vorstandes der Deutschen Rentenversicherung Bund dem Bundesministerium für Arbeit und Soziales anzuzeigen, das das Bundesministerium der Finanzen unterrichtet. [2] Bei der Deutschen Rentenversicherung Knappschaft-Bahn-See und der Bundesagentur für Arbeit ist die Genehmigung des Bundesministeriums für Arbeit und Soziales erforderlich, die jeweils im Einvernehmen mit dem Bundesministerium der Finanzen erfolgt. [3] Bei der Unfallversicherung Bund und Bahn ist für überplanmäßige und außerplanmäßige Ausgaben im Teilhaushalt für den Zuständigkeitsbereich nach § 125 Absatz 1 des Siebten Buches[1)] die Genehmigung des Bundesamtes für Soziale Sicherung erforderlich, die im Einvernehmen mit dem Bundesministerium für Arbeit und Soziales und dem Bundesministerium der Finanzen erfolgt. [4] Für überplanmäßige und außerplanmäßige Ausgaben im Teilhaushalt für den Zuständigkeitsbereich nach § 125 Absatz 2 des Siebten Buches erfolgt die Genehmigung des Bundesamtes für Soziale Sicherung im Einvernehmen mit dem Bundesministerium für Verkehr und digitale Infrastruktur. [5] Bei der Sozialversicherung für Landwirtschaft, Forsten und Gartenbau ist die Genehmigung der Aufsichtsbehörde erforderlich, die im Einvernehmen mit dem Bundesministerium für Ernährung und Landwirtschaft erfolgt; Ausgaben bis zu einem Betrag von 50 000 Euro bedürfen nicht der Genehmigung.

(3) Kann die Einwilligung des Vorstands, bei der Bundesagentur für Arbeit des Verwaltungsrats, oder die Genehmigung des Bundesministeriums für Arbeit und Soziales ausnahmsweise und im Einzelfall nicht vor der Leistung von Ausgaben eingeholt werden, weil diese unaufschiebbar sind, sind sie unverzüglich nachzuholen.

§ 74 Nachtragshaushalt. [1] Willigt der Vorstand, bei der Bundesagentur für Arbeit der Verwaltungsrat, in überplanmäßige oder außerplanmäßige Ausgaben nach § 73 Absatz 1 nicht ein, ist für Nachträge ein Nachtragshaushaltsplan festzustellen. [2] Auf ihn finden die Vorschriften für den Haushaltsplan und die vorläufige Haushaltsführung entsprechende Anwendung.

§ 75 Verpflichtungsermächtigungen. (1) [1] Maßnahmen, die den Versicherungsträger zur Leistung von Ausgaben in künftigen Haushaltsjahren verpflichten können (Verpflichtungsermächtigungen), sind nur zulässig, wenn der Haushaltsplan dazu ermächtigt. [2] Ausnahmen bedürfen der Einwilligung des Vorstands. [3] § 73 Absatz 1 Satz 2 Nummer 1 sowie Absatz 2 und 3 gelten entsprechend.

(2) [1] Verpflichtungen für laufende Geschäfte dürfen eingegangen werden, ohne dass die Voraussetzungen des Absatzes 1 vorliegen. [2] Einer Verpflichtungsermächtigung bedarf es auch dann nicht, wenn zu Lasten übertragbarer Ausgaben Verpflichtungen eingegangen werden, die im folgenden Haushaltsjahr zu Ausgaben führen.

---

1) Nr. 7.

§ 76 Erhebung der Einnahmen. (1) Einnahmen sind rechtzeitig und vollständig zu erheben.

(2) [1] Der Versicherungsträger darf Ansprüche nur

1. stunden, wenn die sofortige Einziehung mit erheblichen Härten für die Anspruchsgegner verbunden wäre und der Anspruch durch die Stundung nicht gefährdet wird,
2. niederschlagen, wenn feststeht, dass die Einziehung keinen Erfolg haben wird, oder wenn die Kosten der Einziehung außer Verhältnis zur Höhe des Anspruchs stehen,
3. erlassen, wenn deren Einziehung nach Lage des einzelnen Falles unbillig wäre; unter den gleichen Voraussetzungen können bereits entrichtete Beiträge erstattet oder angerechnet werden.

[2] Die Stundung soll gegen angemessene Verzinsung und in der Regel nur gegen Sicherheitsleistung gewährt werden. [3] Im Falle des Satzes 1 Nummer 2 dürfen Beitragsansprüche auch niedergeschlagen werden, wenn der Arbeitgeber mehr als sechs Monate meldepflichtige Beschäftigte nicht mehr gemeldet hat und die Ansprüche die von den Spitzenverbänden der Sozialversicherung und der Bundesagentur für Arbeit gemeinsam und einheitlich festgelegten Beträge nicht überschreiten; die Grenzbeträge sollen auch an eine vorherige Vollstreckungsmaßnahme gebunden werden, wenn die Kosten der Maßnahme in einem wirtschaftlich vertretbaren Verhältnis zur Höhe der Forderung stehen. [4] Die Vereinbarung nach Satz 3 bedarf der Genehmigung des Bundesministeriums für Arbeit und Soziales. [5] Kommt eine Vereinbarung nach Satz 3 nicht innerhalb einer vom Bundesministerium für Arbeit und Soziales festgesetzten Frist zustande, bestimmt dieses nach Anhörung der Beteiligten die Beträge durch Rechtsverordnung mit Zustimmung des Bundesrates.

(3) [1] Für Ansprüche auf den Gesamtsozialversicherungsbeitrag trifft die Entscheidung nach Absatz 2 die zuständige Einzugsstelle. [2] Hat die Einzugsstelle einem Schuldner für länger als zwei Monate Beitragsansprüche gestundet, deren Höhe die Bezugsgröße übersteigt, ist sie verpflichtet, bei der nächsten Monatsabrechnung die zuständigen Träger der Rentenversicherung und die Bundesagentur für Arbeit über die Höhe der auf sie entfallenden Beitragsansprüche und über den Zeitraum, für den die Beitragsansprüche gestundet sind, zu unterrichten. [3] Die Einzugsstelle darf

1. eine weitere Stundung der Beitragsansprüche sowie
2. die Niederschlagung von Beitragsansprüchen, deren Höhe insgesamt die Bezugsgröße übersteigt, und
3. den Erlass von Beitragsansprüchen, deren Höhe insgesamt den Betrag von einem Sechstel der Bezugsgröße übersteigt,

nur im Einvernehmen mit den beteiligten Trägern der Rentenversicherung und der Bundesagentur für Arbeit vornehmen.

(4) [1] Die Einzugsstelle kann einen Vergleich über rückständige Beitragsansprüche schließen, wenn dies für die Einzugsstelle, die beteiligten Träger der Rentenversicherung und die Bundesagentur für Arbeit wirtschaftlich und zweckmäßig ist. [2] Die Einzugsstelle darf den Vergleich über rückständige Beitragsansprüche, deren Höhe die Bezugsgröße insgesamt übersteigt, nur im Einvernehmen mit den beteiligten Trägern der Rentenversicherung und der Bundesagentur für Arbeit schließen. [3] Der Träger der Unfallversicherung kann

einen Vergleich über rückständige Beitragsansprüche schließen, wenn dies wirtschaftlich und zweckmäßig ist. [4] Für die Träger der Rentenversicherung gilt Satz 3, soweit es sich nicht um Ansprüche aus dem Gesamtsozialversicherungsbeitrag handelt.

(5) Die Bundesagentur für Arbeit kann einen Vergleich abschließen, wenn dies wirtschaftlich und zweckmäßig ist.

§ 77 Rechnungsabschluss, Jahresrechnung und Entlastung. (1) [1] Die Versicherungsträger schließen für jedes Kalenderjahr zur Rechnungslegung die Rechnungsbücher ab und stellen auf der Grundlage der Rechnungslegung eine Jahresrechnung auf. [2] Über die Entlastung des Vorstands und des Geschäftsführers wegen der Jahresrechnung beschließt die Vertreterversammlung. [3] Über die Entlastung des Bundesvorstandes und des Geschäftsführers wegen der Rechnungsergebnisse für die Grundsatz- und Querschnittsaufgaben bei der Deutschen Rentenversicherung Bund beschließt die Bundesvertreterversammlung mit der Mehrheit von mindestens zwei Dritteln der gewichteten Stimmen der satzungsmäßigen Mitgliederzahl. [4] Über die Entlastung des Vorstands der Bundesagentur für Arbeit beschließt der Verwaltungsrat.

(1a) [1] Die Jahresrechnung einer Krankenkasse einschließlich der Deutschen Rentenversicherung Knappschaft-Bahn-See, soweit sie die Krankenversicherung nach dem Fünften Buch[1)] durchführt, hat ein den tatsächlichen Verhältnissen entsprechendes Bild der Vermögens-, Finanz- und Ertragslage der Krankenkasse zu vermitteln. [2] Die gesetzlichen Vertreter der Krankenkasse haben bei der Unterzeichnung der Jahresrechnung nach bestem Wissen schriftlich zu versichern, dass die Jahresrechnung ein den tatsächlichen Verhältnissen entsprechendes Bild im Sinne des Satzes 1 vermittelt. [3] Dabei sind bei der Bewertung der in der Jahresrechnung oder den ihr zu Grunde liegenden Büchern und Aufzeichnungen ausgewiesenen Vermögensgegenstände und Verbindlichkeiten insbesondere folgende Grundsätze zu beachten:

1. Die Saldenvorträge zu Beginn des Rechnungsjahres müssen mit den entsprechenden Schlusssalden der Jahresrechnungen des vorhergehenden Rechnungsjahres übereinstimmen.
2. Die Jahresrechnung muss klar und übersichtlich sein: Insbesondere dürfen keine Veränderungen vorgenommen werden, die
   a) dazu führen, dass der ursprüngliche Inhalt einer Eintragung oder Aufzeichnung nicht mehr feststellbar ist, oder
   b) es ungewiss lassen, ob sie ursprünglich oder erst später gemacht worden sind.
3. Die Vermögensgegenstände und Verbindlichkeiten müssen zum Abschlussstichtag einzeln bewertet sein.
4. Es ist vorsichtig zu bewerten, namentlich sind alle vorhersehbaren Risiken und Verluste, die bis zum Abschlussstichtag entstanden sind, zu berücksichtigen, selbst wenn diese erst zwischen dem Abschlussstichtag und dem Tag der Aufstellung der Jahresrechnung bekannt geworden sind; Gewinne sind nur zu berücksichtigen, wenn sie am Abschlussstichtag realisiert sind.

[1)] Nr. **5**.

5. Aufwendungen und Erträge des Rechnungsjahres sind unabhängig von den Zeitpunkten der entsprechenden Zahlungen in der Jahresrechnung zu berücksichtigen.
6. Die auf die vorhergehende Jahresrechnung angewandten Bewertungsmethoden sollen beibehalten werden.

[4] Ausführungsbestimmungen über die Grundsätze nach Satz 3 können daneben in die Rechtsverordnung nach § 78 Satz 1 aufgenommen werden, soweit dies erforderlich ist, um eine nach einheitlichen Kriterien und Strukturen gestaltete Jahresrechnung zu schaffen und um eine einheitliche Bewertung der von den Krankenkassen aufgestellten Unterlagen zu ihrer Finanzlage zu erhalten. [5] Die Jahresrechnung ist von einem Wirtschaftsprüfer oder einem vereidigten Buchprüfer zu prüfen und zu testieren. [6] Ein Wirtschaftsprüfer oder ein vereidigter Buchprüfer ist von der Prüfung ausgeschlossen, wenn er in den letzten fünf aufeinanderfolgenden Jahren ohne Unterbrechung die Prüfung durchgeführt hat.

(2) Bei der Deutschen Rentenversicherung Knappschaft-Bahn-See sind die Buchführung, die Rechnungslegung und die Rechnungsprüfung für die knappschaftliche Krankenversicherung, knappschaftliche Pflegeversicherung und die allgemeine sowie die knappschaftliche Rentenversicherung getrennt durchzuführen.

(3) Bei der Deutschen Rentenversicherung Bund sind die Rechnungsergebnisse für die Grundsatz- und Querschnittsaufgaben gesondert nachzuweisen.

§ 77a Geltung von Haushaltsvorschriften des Bundes für die Bundesagentur für Arbeit. [1] Für die Aufstellung und Ausführung des Haushaltsplans sowie für die sonstige Haushaltswirtschaft der Bundesagentur für Arbeit gelten die Vorschriften der Bundeshaushaltsordnung sinngemäß. [2] Die allgemeinen Grundsätze der Haushaltswirtschaft des Bundes sind zu beachten. [3] Abweichungen von Satz 1 können nach § 1 Absatz 3 des Dritten Buches[1)] vereinbart werden.

§ 78 Verordnungsermächtigung. [1] Die Bundesregierung wird ermächtigt, durch Rechtsverordnung mit Zustimmung des Bundesrates für die Sozialversicherungsträger mit Ausnahme der Bundesagentur für Arbeit Grundsätze über die Aufstellung des Haushaltsplans, seine Ausführung, die Rechnungsprüfung und die Entlastung sowie die Zahlung, die Buchführung und die Rechnungslegung zu regeln. [2] Die Regelung ist nach den Grundsätzen des für den Bund und die Länder geltenden Haushaltsrechts vorzunehmen; sie hat die Besonderheiten der Sozialversicherung und der einzelnen Versicherungszweige zu berücksichtigen.

§ 79 Geschäftsübersichten und Statistiken der Sozialversicherung.

(1) [1] Die Versicherungsträger haben Übersichten über ihre Geschäfts- und Rechnungsergebnisse sowie sonstiges statistisches Material aus ihrem Geschäftsbereich zu erstellen und dem Bundesministerium für Arbeit und Soziales, landesunmittelbare Versicherungsträger auch den für die Sozialversicherung zuständigen obersten Verwaltungsbehörden der Länder oder den von diesen bestimmten Stellen vorzulegen. [2] Die Unterlagen für das Bundesministerium

---

[1)] Nr. 3.

für Arbeit und Soziales sind dem im jeweiligen Versicherungszweig im gesamten Geltungsbereich dieses Buches zuständigen Verband maschinell verwertbar und geprüft zuzuleiten. [3]Nach Aufbereitung leitet dieser die Unterlagen in maschinell verwertbarer Form an das Bundesministerium für Arbeit und Soziales sowie an die zuständigen obersten Verwaltungsbehörden der Länder oder an die von ihnen bestimmten Stellen weiter. [4]Der Verband hat die aufbereiteten Unterlagen der landesunmittelbaren Versicherungsträger den für die Sozialversicherung zuständigen obersten Verwaltungsbehörden der Länder oder den von diesen bestimmten Stellen auf Verlangen zuzuleiten; dies gilt entsprechend für Unterlagen der bundesunmittelbaren Versicherungsträger, die Versicherte oder Mitglieder in dem betreffenden Land haben. [5]Soweit ein Versicherungsträger einem Verband nicht angehört, kann er die Unterlagen dem Bundesministerium für Arbeit und Soziales unmittelbar oder über einen in seinem Versicherungszweig zuständigen Verband vorlegen; bei unmittelbarer Vorlage werden die Unterlagen nach Satz 3 vom Bundesministerium für Arbeit und Soziales zugeleitet. [6]Das Bundesministerium für Arbeit und Soziales kann zulassen, dass ihm abweichend von Satz 2 die Unterlagen der Träger der allgemeinen Rentenversicherung und der knappschaftlichen Rentenversicherung unmittelbar vorgelegt werden. [7]Die Sozialversicherung für Landwirtschaft, Forsten und Gartenbau legt dem Bundesministerium für Arbeit und Soziales die Unterlagen eines Kalenderjahres bis spätestens 30. Juni des folgenden Kalenderjahres unmittelbar vor.

(2) [1]Das Nähere zu Absatz 1, insbesondere zu Inhalt, Art und Form der Unterlagen, wird durch allgemeine Verwaltungsvorschriften bestimmt. [2]Soweit sich die allgemeinen Verwaltungsvorschriften nur an bundesunmittelbare Versicherungsträger richten, werden sie vom Bundesministerium für Arbeit und Soziales erlassen.

(3) Das Bundesministerium für Arbeit und Soziales erstellt alljährlich eine Übersicht über die gesamten Geschäfts- und Rechnungsergebnisse des abgeschlossenen Geschäftsjahrs.

(3a) [1]Im Bereich der gesetzlichen Krankenversicherung und der sozialen Pflegeversicherung sind die Absätze 1 bis 3 mit den Maßgaben anzuwenden, dass an die Stelle des Bundesministeriums für Arbeit und Soziales das Bundesministerium für Gesundheit tritt und beim Erlass der allgemeinen Verwaltungsvorschriften nach Absatz 2 Satz 2 auch das Einvernehmen mit dem Bundesministerium für Arbeit und Soziales herzustellen ist. [2]Soweit Bedarf für besondere Nachweise im Bereich der landwirtschaftlichen Krankenversicherung besteht, sind die Absätze 1 bis 3 mit den Maßgaben anzuwenden, dass an die Stelle des Bundesministeriums für Arbeit und Soziales das Bundesministerium für Ernährung und Landwirtschaft tritt und beim Erlass der allgemeinen Verwaltungsvorschriften nach Absatz 2 Satz 2 auch das Einvernehmen mit dem Bundesministerium für Arbeit und Soziales und dem Bundesministerium für Gesundheit herzustellen ist.

(3b) Soweit Versichertenstatistiken und Statistiken der Sozialgerichtsbarkeit der gesetzlichen Krankenversicherung und der sozialen Pflegeversicherung vom Bundesministerium für Arbeit und Soziales genutzt werden, sind die Daten auch dem Bundesministerium für Arbeit und Soziales vorzulegen.

(4) Diese Vorschrift findet auf die Bundesagentur für Arbeit keine Anwendung.

Vierter Titel. Vermögen

§ 80 Verwaltung der Mittel. (1) Die Mittel des Versicherungsträgers sind so anzulegen und zu verwalten, dass ein Verlust ausgeschlossen erscheint, ein angemessener Ertrag erzielt wird und eine ausreichende Liquidität gewährleistet ist.

(2) Die Mittel der Versicherungsträger sind getrennt von den Mitteln Dritter zu verwalten.

§ 81 Betriebsmittel. Die Versicherungsträger haben nach Maßgabe der besonderen Vorschriften für die einzelnen Versicherungszweige kurzfristig verfügbare Mittel zur Bestreitung ihrer laufenden Ausgaben sowie zum Ausgleich von Einnahme- und Ausgabeschwankungen (Betriebsmittel) bereitzuhalten.

§ 82 Rücklage. Die Versicherungsträger haben nach Maßgabe der besonderen Vorschriften für die einzelnen Versicherungszweige zur Sicherstellung ihrer Leistungsfähigkeit, insbesondere für den Fall, dass Einnahme- und Ausgabeschwankungen durch Einsatz der Betriebsmittel nicht mehr ausgeglichen werden können, eine Rücklage bereitzuhalten.

§ 83 Anlegung der Rücklage. (1) Die Rücklage kann, soweit in den besonderen Vorschriften für die einzelnen Versicherungszweige nichts Abweichendes bestimmt ist und die Anlage den dort geregelten Liquiditätserfordernissen entspricht, nur angelegt werden in

1. Schuldverschreibungen von Ausstellern mit Sitz in einem Mitgliedstaat der Europäischen Gemeinschaften, wenn die Schuldverschreibungen an einer Börse in der Europäischen Gemeinschaft zum amtlichen Handel zugelassen sind oder in einen anderen organisierten Markt in einem Mitgliedstaat der Europäischen Gemeinschaften einbezogen sind, der anerkannt und für das Publikum offen ist und dessen Funktionsweise ordnungsgemäß ist. Wertpapiere gemäß Satz 1, deren Zulassung in den amtlichen Handel an einer Börse in der Europäischen Gemeinschaft oder deren Einbeziehung in einen organisierten Markt in einem Mitgliedstaat der Europäischen Gemeinschaften nach den Ausgabebedingungen zu beantragen ist, dürfen ebenfalls erworben werden, sofern die Zulassung oder Einbeziehung innerhalb eines Jahres nach ihrer Ausgabe erfolgt,
2. Schuldverschreibungen und sonstige Gläubigerrechte verbriefende Wertpapiere von Ausstellern mit Sitz in einem Mitgliedstaat der Europäischen Gemeinschaften, wenn für die Einlösung der Forderung eine öffentlich-rechtliche Gewährleistung besteht oder eine Sicherungseinrichtung der Kreditwirtschaft für die Einlösung der Forderung eintritt oder kraft Gesetzes eine besondere Deckungsmasse besteht,
3. Schuldbuchforderungen gegen öffentlich-rechtliche Stellen aus dem Gebiet der Europäischen Gemeinschaften,
4. Forderungen aus Darlehen und Einlagen gegen
   a) öffentlich-rechtliche Gebiets- oder Personenkörperschaften oder Sondervermögen aus dem Gebiet der Europäischen Gemeinschaften,
   b) Personen und Gesellschaften des privaten Rechts aus dem Gebiet der Europäischen Gemeinschaften, wenn für die Forderungen eine öffentlich-rechtliche Einrichtung die Gewährleistung für Rückzahlung und Verzin-

sung übernimmt oder wenn bei Kreditinstituten eine Sicherungseinrichtung der Kreditwirtschaft in die Gewährleistung eintritt,

5. Anteilen an Sondervermögen nach dem Gesetz über Kapitalanlagegesellschaften, wenn sichergestellt ist, dass für das Sondervermögen nur Vermögensgegenstände gemäß den Nummern 1 bis 4 und 8 dieser Vorschrift erworben werden dürfen,
6. Forderungen, für die eine sichere Hypothek, Grund- oder Rentenschuld an einem Grundstück, Wohnungseigentum oder Erbbaurecht im Bereich der Europäischen Gemeinschaften besteht,
7. Beteiligungen an gemeinnützigen Einrichtungen, soweit die Zweckbestimmung der Mittelhingabe vorwiegend den Aufgaben des Versicherungsträgers dient sowie Darlehen für gemeinnützige Zwecke,
8. Grundstücken und grundstücksgleichen Rechten im Gebiet der Europäischen Gemeinschaften.

(2) [1] Die Anlegung der Rücklage soll grundsätzlich in der im Inland geltenden Währung erfolgen. [2] Der Erwerb von auf die Währung eines anderen Mitgliedstaates der Europäischen Gemeinschaft lautenden Forderungen ist nur in Verbindung mit einem Kurssicherungsgeschäft zulässig.

(3) Anlagen für soziale Zwecke sollen mit Vorrang berücksichtigt werden.

(4) Den Staaten der Europäischen Gemeinschaften in den Absätzen 1 und 2 stehen die Staaten des Abkommens über den Europäischen Wirtschaftsraum und die Schweiz gleich.

§ 84 Beleihung von Grundstücken. Eine Hypothek, Grundschuld oder Rentenschuld ist als sicher anzusehen, wenn die Beleihung die ersten zwei Drittel des Wertes des Grundstücks, Wohnungseigentums oder Erbbaurechts nicht übersteigt.

§ 85 Genehmigungs- und anzeigepflichtige Vermögensanlagen.

(1) Die Darlehen für gemeinnützige Zwecke, der Erwerb und das Leasen von Grundstücken und grundstücksgleichen Rechten sowie die Errichtung, die Erweiterung und der Umbau von Gebäuden bedürfen der Genehmigung der Aufsichtsbehörde.

(2) [1] Der Erwerb und das Leasen von Grundstücken und grundstücksgleichen Rechten sowie die Errichtung, die Erweiterung und der Umbau von Gebäuden bedürfen keiner Genehmigung, wenn die veranschlagten Kosten für ein Vorhaben 0,3 vom Hundert des zuletzt festgestellten Haushaltsvolumens des Versicherungsträgers, mindestens jedoch 22 800 Euro (Stand Haushaltsjahr 2000) und höchstens 342 000 Euro (Stand Haushaltsjahr 2000), nicht übersteigen. [2] Bei dem Leasen von Grundstücken ist von dem fiktiven Kaufpreis auszugehen.

(3) Der Mindest- und Höchstbetrag nach Absatz 2 verändert sich in demselben Verhältnis wie der Baukostenindex, den das Bundesministerium für Arbeit und Soziales alljährlich bekannt gibt.

(3a) [1] Mietverträge von Krankenkassen und ihren Verbänden sind der Aufsichtsbehörde vor ihrem Abschluss vorzulegen, wenn die anzumietende Fläche 7 500 Quadratmeter überschreitet und eine Mietdauer von mehr als zehn Jahren fest vereinbart werden soll. [2] Absatz 3b Satz 2 und 3 gilt entsprechend.

(3b) [1] Der Versicherungsträger hat der Aufsichtsbehörde die Absicht anzuzeigen,

1. Datenverarbeitungsanlagen und -systeme anzukaufen, zu leasen oder anzumieten oder sich an solchen zu beteiligen, soweit dadurch das Systemkonzept der Datenverarbeitung grundlegend verändert wird; dies gilt für die Beschaffung und bei den Rentenversicherungsträgern auch für die Eigenentwicklung von Datenverarbeitungsprogrammen entsprechend,
2. eine Einrichtung zu gründen oder zu erwerben, sich an einer Einrichtung zu beteiligen oder eine Beteiligung an einer Einrichtung zu erhöhen,
3. eine Einrichtung zu veräußern oder aufzulösen oder eine Beteiligung an einer Einrichtung ganz oder teilweise zu veräußern oder zu übertragen.

[2] Jede Anzeige hat so umfassend und rechtzeitig zu erfolgen, dass vor Abschluss verbindlicher Vereinbarungen ausreichend Zeit zur Prüfung und Beratung des Versicherungsträgers bleibt. [3] Die Aufsichtsbehörde kann auf eine Anzeige verzichten.

(3c) [1] Eine Einrichtung kann sich zur Aufgabenerfüllung an einer weiteren Einrichtung beteiligen, die sich ihrerseits an einer Einrichtung beteiligen kann. [2] Weitere Beteiligungsebenen sind unzulässig.

(4) Diese Vorschrift findet auf die Bundesagentur für Arbeit keine Anwendung.

(5) Maßnahmen einer Einrichtung, an der ein Versicherungsträger beteiligt ist und die nach den Absätzen 1 bis 4 genehmigungs- oder anzeigepflichtig wären, hat der Versicherungsträger der Aufsichtsbehörde rechtzeitig anzuzeigen.

§ 86 Ausnahmegenehmigung. Die Versicherungsträger können in Einzelfällen mit Genehmigung der Aufsichtsbehörde ihre Rücklage abweichend von § 83 anlegen, wenn sie nicht oder noch nicht nach dieser Vorschrift angelegt werden kann oder wenn wichtige Gründe eine im Interesse des Versicherungsträgers liegende andere Anlegung rechtfertigen.

Fünfter Titel. Aufsicht

§ 87 Umfang der Aufsicht. (1) [1] Die Versicherungsträger unterliegen staatlicher Aufsicht. [2] Sie erstreckt sich auf die Beachtung von Gesetz und sonstigem Recht, das für die Versicherungsträger maßgebend ist.

(2) Auf den Gebieten der Prävention in der gesetzlichen Unfallversicherung erstreckt sich die Aufsicht auch auf den Umfang und die Zweckmäßigkeit der Maßnahmen.

(3) [1] Soweit die Deutsche Gesetzliche Unfallversicherung e.V. Aufgaben nach § 14 Absatz 4, § 15 Absatz 1, § 20 Absatz 2 Satz 2, § 31 Absatz 2 Satz 2, § 32 Absatz 4, § 34 Absatz 3 Satz 1, § 40 Absatz 5, § 41 Absatz 4 und § 43 Absatz 5 des Siebten Buches[1)] wahrnimmt, untersteht sie der Rechtsaufsicht des Bundesministeriums für Arbeit und Soziales. [2] Das Bundesministerium für Arbeit und Soziales kann die Aufsicht mit Ausnahme der Aufsicht im Bereich der Prävention ganz oder teilweise dem Bundesamt für Soziale Sicherung übertragen.

[1)] Nr. 7.

§ 88 Prüfung und Unterrichtung. (1) Die Aufsichtsbehörde kann die Geschäfts- und Rechnungsführung des Versicherungsträgers prüfen.

(2) [1] Die Versicherungsträger haben der Aufsichtsbehörde oder ihren Beauftragten auf Verlangen alle Unterlagen vorzulegen und alle Auskünfte zu erteilen, die zur Ausübung des Aufsichtsrechts auf Grund pflichtgemäßer Prüfung der Aufsichtsbehörde gefordert werden. [2] Die Vorlage- und Auskunftspflicht umfasst auch elektronisch gespeicherte Daten sowie deren automatisierten Abruf durch die Aufsichtsbehörde.

§ 89 Aufsichtsmittel. (1) [1] Wird durch das Handeln oder Unterlassen eines Versicherungsträgers das Recht verletzt, soll die Aufsichtsbehörde zunächst beratend darauf hinwirken, dass der Versicherungsträger die Rechtsverletzung behebt. [2] Kommt der Versicherungsträger dem innerhalb angemessener Frist nicht nach, kann die Aufsichtsbehörde den Versicherungsträger verpflichten, die Rechtsverletzung zu beheben. [3] Die Verpflichtung kann mit den Mitteln des Verwaltungsvollstreckungsrechts durchgesetzt werden, wenn ihre sofortige Vollziehung angeordnet worden oder sie unanfechtbar geworden ist. [4] Die Aufsicht kann die Zwangsmittel für jeden Fall der Nichtbefolgung androhen. [5] § 13 Absatz 6 Satz 2 des Verwaltungs-Vollstreckungsgesetzes ist nicht anwendbar.

(2) Absatz 1 gilt für die Aufsicht nach § 87 Absatz 2 entsprechend.

(3) [1] Die Aufsichtsbehörde kann verlangen, dass die Selbstverwaltungsorgane zu Sitzungen einberufen werden. [2] Wird ihrem Verlangen nicht entsprochen, kann sie die Sitzungen selbst anberaumen und die Verhandlungen leiten.

§ 90 Aufsichtsbehörden. (1) [1] Die Aufsicht über die Versicherungsträger, deren Zuständigkeitsbereich sich über das Gebiet eines Landes hinaus erstreckt (bundesunmittelbare Versicherungsträger), führt das Bundesamt für Soziale Sicherung, auf den Gebieten der Prävention in der gesetzlichen Unfallversicherung das Bundesministerium für Arbeit und Soziales. [2] Die Aufsicht über die Unfallversicherung Bund und Bahn auf dem Gebiet der Prävention führt das Bundesministerium des Innern, für Bau und Heimat.

(2) Die Aufsicht über die Versicherungsträger, deren Zuständigkeitsbereich sich nicht über das Gebiet eines Landes hinaus erstreckt (landesunmittelbare Versicherungsträger), führen die für die Sozialversicherung zuständigen obersten Verwaltungsbehörden der Länder oder die von den Landesregierungen durch Rechtsverordnung bestimmten Behörden; die Landesregierungen können diese Ermächtigung auf die obersten Landesbehörden weiter übertragen.

(2a) [1] Die Aufsicht über die Deutsche Rentenversicherung Bund führt das Bundesamt für Soziale Sicherung. [2] Soweit die Deutsche Rentenversicherung Bund Grundsatz- und Querschnittsaufgaben wahrnimmt, führt das Bundesministerium für Arbeit und Soziales die Aufsicht; es kann die Aufsicht teilweise dem Bundesamt für Soziale Sicherung übertragen.

(3) Abweichend von Absatz 1 führen die Verwaltungsbehörden nach Absatz 2 die Aufsicht über Versicherungsträger, deren Zuständigkeitsbereich sich über das Gebiet eines Landes, aber nicht über mehr als drei Länder hinaus erstreckt und für die das aufsichtführende Land durch die beteiligten Länder bestimmt ist.

(4) [1] Die Aufsichtsbehörden treffen sich mindestens zweimal jährlich zu einem Erfahrungs- und Meinungsaustausch. [2] Die Aufsichtsbehörden unter-

richten sich dabei regelmäßig über aufsichtsrechtliche Maßnahmen und Gerichtsentscheidungen in ihrem Zuständigkeitsbereich sowie über die von ihnen genehmigten leistungsbezogenen Satzungsregelungen der Krankenkassen. [3]Soweit dieser Erfahrungs- und Meinungsaustausch Angelegenheiten der Sozialversicherung für Landwirtschaft, Forsten und Gartenbau betrifft, nehmen auch das Bundesministerium für Arbeit und Soziales und das Bundesministerium für Ernährung und Landwirtschaft teil.

(5) [1]Beschlüsse der Aufsichtsbehördentagung nach Absatz 4 ergehen einstimmig. [2]Zu einem Beschluss in Angelegenheiten, die ausschließlich die gesetzliche Krankenversicherung oder die soziale Pflegeversicherung betreffen, ist eine Mehrheit von drei Vierteln der abgegebenen Stimmen erforderlich. [3]Jedes Land hat mindestens drei Stimmen, Länder mit mehr als zwei Millionen Einwohnern haben vier, Länder mit mehr als sechs Millionen Einwohnern fünf, Länder mit mehr als sieben Millionen Einwohnern sechs Stimmen. [4]Das Bundesamt für Soziale Sicherung hat 20 und das Bundesministerium für Gesundheit hat sechs Stimmen. [5]Abweichend von Satz 2 kommt ein Beschluss nicht zustande, wenn mindestens drei Länder mit jeweils mehr als sieben Millionen Einwohnern gegen den Beschluss gestimmt haben. [6]Weicht eine Aufsichtsbehörde in ihrer Aufsichtspraxis von einem Beschluss ab, unterrichtet sie die anderen Aufsichtsbehörden.

§ 90a Zuständigkeitsbereich. (1) Der Zuständigkeitsbereich im Sinne des § 90 wird bestimmt:
1. bei Ortskrankenkassen durch die Region, für die sie bestehen (§ 143 des Fünften Buches[1)]),
2. bei Betriebskrankenkassen durch die Betriebe, für die sie ihrer Satzung nach zuständig sind; unselbständige Betriebsteile mit weniger als zehn Mitgliedern in einem Land bleiben unberücksichtigt,
3. bei Innungskrankenkassen durch die Bezirke der Handwerksinnungen, für die sie ihrer Satzung nach bestehen,
4. bei Ersatzkassen durch die in der Satzung festgelegten Bezirke.

(2) Enthält die Satzung einer Betriebs- oder Innungskrankenkasse eine Regelung nach § 144 Absatz 2 Satz 1 des Fünften Buches oder § 173 Absatz 2 Satz 1 Nummer 4 in der bis zum 31. März 2020 geltenden Fassung des Fünften Buches, wird der Zuständigkeitsbereich bestimmt durch die Region nach § 144 Absatz 3 des Fünften Buches, für die sie ihrer Satzung nach zuständig ist.

Fünfter Abschnitt. Versicherungsbehörden

§ 91 Arten. (1) [1]Versicherungsbehörden sind die Versicherungsämter und das Bundesamt für Soziale Sicherung. [2]Durch Landesrecht können weitere Versicherungsbehörden errichtet werden.

(2) Die Landesregierungen können einzelne Aufgaben, die dieses Gesetzbuch den obersten Landesbehörden zuweist, auf Versicherungsbehörden und andere Behörden ihres Landes durch Rechtsverordnung übertragen; die Landesregierungen können diese Ermächtigung auf die obersten Landesbehörden weiter übertragen.

[1)] Nr. 5.

§ 92 Versicherungsämter. [1]Versicherungsamt ist die untere Verwaltungsbehörde. [2]Die Landesregierungen werden ermächtigt, durch Rechtsverordnung zu bestimmen, welche Behörde zuständige Behörde im Sinne von Satz 1 ist. [3]Sie können diese Ermächtigung auf die obersten Verwaltungsbehörden der Länder übertragen. [4]Die Landesregierungen oder die von ihnen bestimmten Stellen können durch Rechtsverordnung bestimmen, dass ein gemeinsames Versicherungsamt für die Bezirke mehrerer unterer Verwaltungsbehörden bei einer dieser Behörden errichtet wird. [5]Durch Vereinbarung der beteiligten Landesregierungen oder der von ihnen bestimmten Stellen kann ein gemeinsames Versicherungsamt bei einer unteren Verwaltungsbehörde auch für Gebietsteile mehrerer Länder errichtet werden.

§ 93 Aufgaben der Versicherungsämter. (1) [1]Die Versicherungsämter haben in allen Angelegenheiten der Sozialversicherung Auskunft zu erteilen und die sonstigen ihnen durch Gesetz oder sonstiges Recht übertragenen Aufgaben wahrzunehmen. [2]Die Landesregierungen können einzelne Aufgaben der Versicherungsämter den Gemeindebehörden durch Rechtsverordnung übertragen; die Landesregierungen können diese Ermächtigung auf die obersten Landesbehörden weiter übertragen.

(2) [1]Die Versicherungsämter haben Anträge auf Leistungen aus der Sozialversicherung entgegenzunehmen. [2]Auf Verlangen des Versicherungsträgers haben sie den Sachverhalt aufzuklären, Beweismittel beizufügen, sich, soweit erforderlich, zu den entscheidungserheblichen Tatsachen zu äußern und Unterlagen unverzüglich an den Versicherungsträger weiterzuleiten.

(3) [1]Zuständig ist das Versicherungsamt, in dessen Bezirk der Leistungsberechtigte zur Zeit des Antrags seinen Wohnsitz oder gewöhnlichen Aufenthalt oder seinen Beschäftigungsort oder Tätigkeitsort hat. [2]Ist ein solcher Ort im Geltungsbereich dieses Gesetzbuchs nicht vorhanden, richtet sich die Zuständigkeit nach dem Ort, in dem zuletzt die Voraussetzungen des Satzes 1 erfüllt waren.

§ 94 Bundesamt für Soziale Sicherung. (1) [1]Das Bundesamt für Soziale Sicherung ist eine selbständige Bundesoberbehörde. [2]Es hat seinen Sitz in Bonn.

(2) [1]Das Bundesamt für Soziale Sicherung hat die ihm durch Gesetz oder sonstiges Recht übertragenen Aufgaben wahrzunehmen. [2]Es untersteht dem Bundesministerium für Arbeit und Soziales, für den Bereich der gesetzlichen Krankenversicherung und sozialen Pflegeversicherung dem Bundesministerium für Gesundheit. [3]Es ist, soweit es die Aufsicht nach diesem Gesetzbuch ausübt, nur an allgemeine Weisungen des zuständigen Bundesministeriums gebunden.

(3) [1]Das Bundesamt für Soziale Sicherung begleitet in Abstimmung mit dem Bundesministerium für Arbeit und Soziales und dem Bundesministerium für Ernährung und Landwirtschaft die Sozialversicherung für Landwirtschaft, Forsten und Gartenbau bei der Weiterentwicklung der Informationstechnik. [2]Die Kosten des Bundesamtes für Soziale Sicherung werden von der Sozialversicherung für Landwirtschaft, Forsten und Gartenbau erstattet. [3]Die Kosten werden nach dem tatsächlich entstandenen Personal- und Sachaufwand berechnet.

Sechster Abschnitt. Verarbeitung von elektronischen Daten in der Sozialversicherung

Erster Titel. Übermittlung von Daten zur und innerhalb der Sozialversicherung

§ 95 Gemeinsame Grundsätze Technik. (1) [1] Der Spitzenverband Bund der Krankenkassen, die Deutsche Rentenversicherung Bund, die Deutsche Rentenversicherung Knappschaft-Bahn-See, die Bundesagentur für Arbeit und die Deutsche Gesetzliche Unfallversicherung e.V. vereinbaren in Gemeinsamen Grundsätzen die Standards für die elektronische Datenübermittlung mit der oder innerhalb der Sozialversicherung, insbesondere zur Verschlüsselung der Daten, zur Übertragungstechnik, zur Kennzeichnung bei Weiterleitung von Meldungen durch ein Referenzdatum und zu den jeweiligen Schnittstellen. [2] Kommen hierbei Verfahren für die Verschlüsselung oder Signatur zum Einsatz, sind diese nach dem Stand der Technik umzusetzen. [3] Der Stand der Technik ist den Technischen Richtlinien des Bundesamtes für Sicherheit in der Informationstechnik zu entnehmen. [4] Soweit Standards vereinbart werden, von denen die landwirtschaftliche Sozialversicherung oder die berufsständische Versorgung betroffen ist, sind deren Spitzenorganisationen zu beteiligen. [5] Die Gemeinsamen Grundsätze bedürfen der Genehmigung des Bundesministeriums für Arbeit und Soziales, das vorher das Bundesministerium für Gesundheit und, soweit die Meldeverfahren der Arbeitgeber betroffen sind, die Bundesvereinigung der Deutschen Arbeitgeberverbände anzuhören hat.

(2) [1] Alle Datenfelder sind eindeutig zu beschreiben. [2] Sie sind in allen Verfahren, für die Grundsätze oder Gemeinsame Grundsätze nach diesem Buch und für das Aufwendungsausgleichsgesetz gelten, verbindlich in der jeweils aktuellen Beschreibung zu verwenden. [3] Zur Sicherung der einheitlichen Verwendung hält der Spitzenverband Bund der Krankenkassen eine Datenbankanwendung vor, in der alle Datenfelder beschrieben sowie ihre Verwendung in Datensätzen und Datenbausteinen sowohl in historisierter als auch in aktueller Form gespeichert sind und von den an den Meldeverfahren nach diesem Buch Beteiligten automatisiert abgerufen werden können. [4] Das Nähere zur Darstellung, zur Aktualisierung und zum Abrufverfahren der Daten regeln die in Absatz 1 Satz 1 genannten Organisationen der Sozialversicherung in Gemeinsamen Grundsätzen; § 28b Absatz 3 gilt entsprechend. [5] Die Grundsätze bedürfen der Genehmigung des Bundesministeriums für Arbeit und Soziales.

§ 95a Ausfüllhilfe zum elektronischen Datenaustausch mit Sozialversicherungsträgern. (1) [1] Zum elektronischen Datenaustausch nach diesem Buch und dem Aufwendungsausgleichsgesetz insbesondere für Meldungen, Beitragsnachweise, Bescheinigungen und Anträge, stellen die Sozialversicherungsträger den Arbeitgebern und Selbständigen eine allgemein zugängliche elektronisch gestützte systemgeprüfte Ausfüllhilfe zur Verfügung. [2] Die Ausfüllhilfe führt keine Berechnungen zur Ermittlung der erforderlichen Angaben durch. [3] Die systemgeprüfte Ausfüllhilfe übermittelt die Daten von den Arbeitgebern sowie an die Arbeitgeber durch gesicherte und verschlüsselte Datenübertragung; dies gilt entsprechend für Selbständige.

(2) Arbeitgeber und deren Beauftragte müssen sich vor der Nutzung der Ausfüllhilfe unter Nachweis ihrer Betriebs- oder Absendernummer bei der Stelle nach Absatz 6 Satz 1 registrieren.

(3) [1] Für die Wiederverwendung erfasster Daten können registrierte Arbeitgeber und Selbständige Unternehmens-, Personal- und Meldedaten in einem Online-Datenspeicher abspeichern. [2] Der Online-Datenspeicher hält die Daten für die Betriebsprüfung nach § 28p für einen Zeitraum von maximal fünf Jahren vor. [3] Der Zugriff auf diese Daten ist durch Authentifizierungsprogramme abzusichern. [4] Die Ausfüllhilfe unterstützt in Verbindung mit dem Online-Datenspeicher Verfahren der Sozialversicherung, in denen auf Grund einer Ermächtigung nach diesem Gesetzbuch Daten in elektronischer Form angefordert werden.

(4) [1] Die Sozialversicherungsträger sind jeweils für die Erarbeitung und die inhaltlich richtige Darstellung und Verarbeitung der von ihnen zu verantwortenden Fachverfahren durch die Ausfüllhilfe und des Online-Datenspeichers zuständig. [2] Weitere Verfahrensbeteiligte und andere Verwerter können für gesetzliche Zwecke die Ausfüllhilfe und den Online-Datenspeicher nutzen; dies ist jeweils durch eine Vereinbarung mit der Stelle nach Absatz 6 Satz 1 zu regeln, die insbesondere die anteilige Kostentragung festlegt.

(5) Das Nähere über den Aufbau, die Nutzung und die unterstützten Fachverfahren sowie die Identifizierung von Selbständigen in den Verfahren regeln die Verfahrensbeteiligten in Gemeinsamen Grundsätzen, die vom Bundesministerium für Arbeit und Soziales im Einvernehmen mit dem Bundesministerium für Gesundheit zu genehmigen sind.

(6) [1] Zur Durchführung der Aufgaben nach den Absätzen 1 bis 4 wird der Spitzenverband Bund der Krankenkassen eine elektronische Ausfüllhilfe anbieten. [2] Er kann die Durchführung dieser Aufgabe an eine geeignete Arbeitsgemeinschaft der gesetzlichen Krankenkassen nach § 94 Absatz 1a Satz 1 des Zehnten Buches[1)] oder nach § 219 des Fünften Buches[2)] übertragen. [3] Die Nutzer der Ausfüllhilfe können in angemessenem Umfang an den Kosten der Datenübermittlung beteiligt werden.

(7) [1] Die Sozialversicherungsträger tragen die Investitionskosten der Ausfüllhilfe und des Online-Datenspeichers gemeinsam. [2] Von diesen Kosten übernehmen

1. 60 Prozent der Spitzenverband Bund der Krankenkassen, der auch für die Pflegekassen handelt,
2. 30 Prozent die Deutsche Rentenversicherung und
3. 10 Prozent die Deutsche Gesetzliche Unfallversicherung e.V.

[3] Die Aufteilung der Kosten innerhalb der gesetzlichen Krankenversicherung und der sozialen Pflegeversicherung, der gesetzlichen Rentenversicherung und der gesetzlichen Unfallversicherung regeln die Träger in ihrem jeweiligen Bereich im Rahmen ihrer Selbstverwaltung.

§ 95b Systemprüfung. (1) [1] Meldepflichtige haben Meldungen und Beitragsnachweise durch Datenübertragung aus systemgeprüften Programmen oder systemgeprüften elektronischen Ausfüllhilfen zu erstatten. [2] Dies gilt auch für

---

1) Nr. **10**.
2) Nr. **5**.

Anträge und Bescheinigungen, soweit dies nach diesem Gesetzbuch oder dem Aufwendungsausgleichsgesetz geregelt ist.

(2) [1] Eine Systemprüfung ist für Programme und elektronische Ausfüllhilfen, die für den Datenaustausch zwischen Meldepflichtigen und den Sozialversicherungsträgern und weiteren annehmenden Stellen nach Absatz 1 eingesetzt werden, durchzuführen. [2] Die Systemprüfung umfasst die Beratung sowie die fachliche und technische Prüfung der Anwendungssoftware für die Erfassung, Prüfung, Verwaltung, Berechnung und Verarbeitung sowie Übermittlung, Annahme oder den Abruf der erforderlichen Daten. [3] Entgeltabrechnungsprogramme haben die Berechnungen und die Erzeugung von Daten sowie deren Prüfung maschinell durchzuführen; Ausfüllhilfen unterstützen die manuellen Berechnungen durch die elektronische Übermittlung und Speicherung der Daten. [4] Ist die Anwendungssoftware auf unterschiedliche informationstechnische Systeme verteilt, ist sicherzustellen, dass sie als geschlossene Software-Anwendung anhand einer eindeutig identifizierbaren Version in der jeweils gültigen Fassung gekennzeichnet ist.

(3) Kein Bestandteil der Systemprüfung sind die zur informationstechnischen Infrastruktur eines Meldepflichtigen gehörende Hardware, die Betriebssysteme sowie die interne Kommunikationssoftware.

(4) Die Systemprüfung wird durch den Spitzenverband Bund der Krankenkassen mit Beteiligung der Träger der Rentenversicherung und der Unfallversicherung im Auftrag aller Spitzenorganisationen der Sozialversicherungsträger und der Arbeitsgemeinschaft berufsständischer Versorgungseinrichtungen e.V. durchgeführt.

§ 95c Datenaustausch zwischen den Sozialversicherungsträgern.

(1) Haben Sozialversicherungsträger zur Erfüllung einer gesetzlichen Aufgabe nach diesem Gesetzbuch Daten an einen Sozialversicherungsträger, das Bundesamt für Soziale Sicherung als Träger des Gesundheitsfonds oder eine Aufsichtsbehörde zu übermitteln, soll dies durch Datenübertragung geschehen; § 95 gilt.

(2) Abweichend von Absatz 1 hat die Übermittlung durch Datenübertragung zu erfolgen, wenn

1. dies in einer anderen Vorschrift dieses Gesetzbuches vorgeschrieben ist,
2. die Künstlersozialkasse für die nach dem Künstlersozialversicherungsgesetz krankenversicherungspflichtigen Mitglieder monatlich die für den Nachweis der Beitragspflicht notwendigen Angaben, insbesondere die Versicherungsnummer, den Namen und Vornamen, den beitragspflichtigen Zeitraum, die Höhe des der Beitragspflicht zu Grunde liegenden Arbeitseinkommens, ein Kennzeichen über die Ruhensanordnung gemäß § 16 Absatz 2 des Künstlersozialversicherungsgesetzes und den Verweis auf die Versicherungspflicht in der Rentenversicherung des Versicherten, an die zuständige Krankenkasse meldet oder die Krankenkassen der Künstlersozialkasse die zur Feststellung der Versicherungspflicht nach dem Künstlersozialversicherungsgesetz notwendigen Angaben, insbesondere über eine bestehende Arbeitsunfähigkeit, eine bestehende Vorrangversicherung, die Gewährung einer Rente, das Ende der Mitgliedschaft und den Bezug einer Entgeltersatzleistung, durch Datenübertragung mitteilen; die Einzelheiten des Verfahrens wie den Aufbau des Datensatzes regeln die Künstlersozialkasse und der Spitzenverband Bund der

Krankenkassen in Gemeinsamen Grundsätzen entsprechend § 28b Absatz 1, oder

3. Sozialversicherungsträger Daten an einen anderen Sozialversicherungsträger oder an das Bundesamt für Soziale Sicherung als Träger des Gesundheitsfonds zur Erfüllung von Aufgaben nach diesem Buch weiterleiten.

Zweiter Titel. Verarbeitung der Daten der Arbeitgeber durch die Sozialversicherungsträger

§ 96 Kommunikationsserver. (1) [1] Zur Bündelung der Datenübermittlung vom Arbeitgeber an die Sozialversicherungsträger und andere öffentliche Stellen nach diesem Gesetzbuch und dem Aufwendungsausgleichsgesetz sowie des zugehörigen Rückmeldeverfahrens betreiben die gesetzliche Krankenversicherung und die Datenstelle der Rentenversicherung jeweils einen Kommunikationsserver. [2] Eingehende Meldungen der Arbeitgeber sind unverzüglich an die zuständige Annahmestelle weiterzuleiten. [3] Der technische Eingang der Meldung ist zu quittieren.

(2) [1] Der Meldepflichtige hat Meldungen der Sozialversicherungsträger oder anderer öffentlicher Stellen nach diesem Gesetzbuch mindestens einmal wöchentlich von den Kommunikationsservern elektronisch abzurufen, zu speichern und zu nutzen. [2] Der verwertbare Empfang ist durch den Meldepflichtigen zu quittieren. [3] Mit der Annahme der Quittung durch den Kommunikationsserver gelten die Meldungen als dem Meldepflichtigen zugegangen. [4] 30 Tage nach Eingang der Quittung sind diese Meldungen durch den Sozialversicherungsträger oder die andere öffentliche Stelle zu löschen. [5] Erfolgt keine Quittierung, werden Meldungen 30 Tage nach der Bereitstellung zum Abruf gelöscht. [6] Satz 1 gilt nicht für Arbeitgeber, die Meldungen nach § 28a Absatz 6a und 7 abgeben. [7] Diese erhalten die Meldungen von den Sozialversicherungsträgern in schriftlicher Form übermittelt. [8] Das Nähere zum Abrufverfahren wird in Gemeinsamen Grundsätzen entsprechend § 28b Absatz 1 Satz 1 Nummer 3 geregelt.

§ 97 Annahmestellen. (1) [1] Zur Annahme der Daten vom oder zur Meldung zum Arbeitgeber, zu ihrer technischen Prüfung und zur Weiterleitung innerhalb eines Sozialversicherungszweiges oder an andere Sozialversicherungsträger oder öffentliche Stellen werden Annahmestellen errichtet. [2] Annahmestellen errichten die Krankenkassen. [3] Eine Annahmestelle errichten darüber hinaus:

1. die Sozialversicherung für Landwirtschaft, Forsten und Gartenbau,
2. die Träger der Rentenversicherung bei der Datenstelle der Rentenversicherung,
3. die Deutsche Rentenversicherung Knappschaft-Bahn-See,
4. die Bundesagentur für Arbeit,
5. die Unfallversicherungsträger bei der Deutschen Gesetzlichen Unfallversicherung e.V.,
6. die berufsständischen Versorgungseinrichtungen bei der Arbeitsgemeinschaft berufsständischer Versorgungseinrichtungen e.V.

(2) Abweichend von Absatz 1 kann ein Sozialversicherungsträger durch schriftliche Vereinbarung einen anderen Sozialversicherungsträger mit dem Betrieb der Annahmestelle beauftragen.

(3) [1] Die erstannehmende Annahmestelle hat nach der Entschlüsselung der Daten und der technischen Prüfung die technisch fehlerfreien Daten innerhalb eines Arbeitstages an den Adressaten der Datenübermittlung weiterzuleiten. [2] Die meldende Stelle erhält mit der Weiterleitung eine Weiterleitungsbestätigung; die Meldungen gelten damit als dem Adressaten zugegangen.

(4) [1] Technisch fehlerhafte Meldungen sind innerhalb eines Arbeitstages mit einer Fehlermeldung durch Datenübertragung zurückzuweisen. [2] Zur Verbesserung der Qualität der Meldungen richten die Krankenkassen ein Qualitätsmanagement ein, das zur Beseitigung festgestellter technischer Mängel in der Software der meldenden Krankenkasse oder der Annahmestelle in einer Frist von 30 Tagen verpflichtet. [3] Rückweisungen seitens der Meldepflichtigen sind nur durch die jeweils aktuell gültigen Kernprüfprogramme zulässig, die in der Abrechnungssoftware installiert sind. [4] Das Nähere zum Verfahren regeln Grundsätze des Spitzenverbandes Bund der Krankenkassen. [5] Die Grundsätze bedürfen der Genehmigung des Bundesministeriums für Arbeit und Soziales im Einvernehmen mit dem Bundesministerium für Gesundheit; die Bundesvereinigung der Deutschen Arbeitgeberverbände ist vorher anzuhören.

(5) [1] Die Annahmestelle darf die Meldungen unter Beachtung der Datensicherheit und Datenvollständigkeit in ein anderes technisches Format umwandeln, wenn dies für die weitere Verarbeitung der Meldungen beim Adressaten der Daten notwendig oder wirtschaftlicher ist. [2] Die Meldungen sind ohne inhaltliche Veränderungen in verschlüsselter Form oder über eine gesicherte Leitung an den Adressaten weiterzuleiten. [3] Der Adressat der Meldungen hat diese elektronisch anzunehmen und zu verarbeiten.

§ 98 Weiterleitung der Daten durch die Einzugsstellen. (1) [1] Die Einzugsstellen nehmen, soweit durch dieses Gesetzbuch nichts anderes bestimmt ist, die für die gesetzliche Kranken-, Pflege- und Rentenversicherung sowie nach dem Recht der Arbeitsförderung zu übermittelnden Daten von der erstannehmenden Annahmestelle entgegen. [2] Dies gilt auch für die Daten nach § 196 Absatz 2 Satz 3 des Sechsten Buches[1)]. [3] Die Einzugsstellen haben dafür zu sorgen, dass die Meldungen rechtzeitig erstattet werden, die erforderlichen Daten vollständig und richtig enthalten sind und innerhalb von drei Arbeitstagen an die Adressaten der Meldeinhalte weitergeleitet werden. [4] Die Einzugsstellen können die Weiterleitung der Daten an andere Sozialversicherungsträger oder andere öffentliche Stellen an eine Annahmestelle übertragen.

(2) [1] Die Einzugsstelle unterzieht die Meldungen nach § 28a einer automatisierten inhaltlichen Prüfung im Abgleich mit ihren Bestandsdaten (Bestandsprüfung). [2] Stellt sie in einer Meldung einen Fehler fest, hat sie die festgestellten Abweichungen mit dem Meldepflichtigen aufzuklären. [3] Wird in der Folge der Inhalt der Meldung durch die Einzugsstelle verändert, hat sie die Veränderung dem Meldepflichtigen durch Datenübertragung unverzüglich zu melden; § 28a Absatz 1 Satz 2 und § 96 Absatz 2 Satz 6 und 7 gelten entsprechend.

[1)] Nr. **6**.

Dritter Titel. Übermittlung von Daten im Lohnnachweisverfahren der Unfallversicherung

§ 99 Übermittlung von Daten durch den Unternehmer im Lohnnachweisverfahren. (1) [1] Hat ein Unternehmer nach § 165 Absatz 1 Satz 1 des Siebten Buches[1)] für das Kalenderjahr, in dem Beitragspflicht bestand, einen Lohnnachweis zu erstellen, hat er diesen bis zum 16. Februar des Folgejahres durch elektronische Datenübertragung an den zuständigen Unfallversicherungsträger zu übermitteln. [2] Die Übermittlung hat aus einem systemgeprüften Entgeltabrechnungsprogramm oder einer systemgeprüften Ausfüllhilfe nach § 28a Absatz 1 Satz 2 und 3 zu erfolgen. [3] Die Sätze 1 und 2 gelten nicht für Unternehmer, deren Beiträge für ihre Beschäftigten auf der Basis von Einwohnerzahlen nach § 185 Absatz 4 Satz 1 des Siebten Buches erhoben werden, sowie für private Haushalte nach § 129 Absatz 1 Nummer 2 des Siebten Buches.

(2) [1] Der Unternehmer übermittelt die Meldungen nach Absatz 1 an die Annahmestelle der Unfallversicherungsträger. [2] Übermittelt ein Unternehmer Meldungen für mehrere meldende Stellen oder gesondert für verschiedene Gruppen von Versicherten, hat er diese Meldungen jeweils gesondert als Teillohnnachweis zu erstatten.

(3) [1] Sind Korrekturen der gemeldeten Daten notwendig, hat der Unternehmer die fehlerhafte Meldung unverzüglich zu stornieren und die Meldung erneut zu erstatten. [2] Werden fehlerhafte Meldungen zurückgewiesen, sind unverzüglich berichtigte Meldungen erneut zu erstatten.

(4) [1] Abweichend von Absatz 3 ist eine Meldung nach Absatz 1 bei Insolvenz, Einstellung oder Überweisung des Unternehmens, bei Unternehmerwechsel, bei der Beendigung aller Beschäftigungsverhältnisse oder anderen Sachverhalten, die zu einem Wegfall der die Abrechnung durchführenden Stelle führen, mit der nächsten Entgeltabrechnung, spätestens innerhalb von sechs Wochen, abzugeben. [2] Das Nähere regeln die Gemeinsamen Grundsätze nach § 103.

§ 100 Inhalt des elektronischen Lohnnachweises. (1) Die Meldung des elektronischen Lohnnachweises enthält insbesondere folgende Angaben:

1. die Mitgliedsnummer des Unternehmers;
2. die Betriebsnummer der die Abrechnung durchführenden Stelle;
3. die Betriebsnummer des zuständigen Unfallversicherungsträgers;
4. das in der Unfallversicherung beitragspflichtige Arbeitsentgelt, die geleisteten Arbeitsstunden und die Anzahl der zu meldenden Versicherten, bezogen auf die anzuwendenden Gefahrtarifstellen.

(2) Absatz 1 gilt für die Erstellung von Teillohnnachweisen nach § 99 Absatz 2 entsprechend.

(3) Das Nähere zum Verfahren, zu den Datensätzen und zu weiteren zu übermittelnden Angaben, insbesondere der zu verwendenden Schlüsselzahlen, regeln die Gemeinsamen Grundsätze nach § 103.

§ 101 Stammdatendatei. (1) Die Deutsche Gesetzliche Unfallversicherung e.V. errichtet eine Stammdatendatei, in der der zuständige Unfallversicherungsträger, die Mitgliedsnummer des Unternehmers, die anzuwendenden Gefahrta-

[1)] Nr. 7.

rifstellen, die dazugehörigen Betriebsnummern der die Abrechnung durchführenden Stellen und gegebenenfalls weitere erforderliche Identifikationsmerkmale gespeichert sind.

(2) [1] Die Unfallversicherungsträger melden alle notwendigen Daten zur Errichtung einer Stammdatendatei an die Deutsche Gesetzliche Unfallversicherung e.V., Änderungen der Daten sind unverzüglich zu melden. [2] Die Unfallversicherungsträger dürfen die zur Erledigung ihrer gesetzlichen Aufgaben notwendigen Daten aus der Stammdatendatei abrufen, speichern, verändern und nutzen.

(3) Die Deutsche Rentenversicherung Bund, die Datenstelle der Rentenversicherung und die Deutsche Rentenversicherung Knappschaft-Bahn-See dürfen zur Erfüllung der gesetzlichen Aufgaben nach diesem Buch die Daten der Stammdatendatei abrufen speichern, verändern und nutzen.

(4) Die Unternehmer haben zur Durchführung der Meldungen nach § 28a Absatz 2a und § 99 einen automatisierten Abgleich mit den Daten der Stammdatendatei durchzuführen.

(5) Das Nähere zum Aufbau und zum Abrufverfahren, insbesondere zu den Datensätzen, wird in den Gemeinsamen Grundsätzen nach § 103 geregelt.

§ 102 Annahme, Prüfung und Weiterleitung der Daten zum Lohnnachweisverfahren. (1) [1] Für die Annahme, Prüfung und Weiterleitung der Meldung nach § 99 gilt für die Annahmestelle der Unfallversicherungsträger § 97 Absatz 3 bis 5 entsprechend. [2] Die Deutsche Gesetzliche Unfallversicherung e.V. erstellt Kernprüfprogramme zur Sicherung der Qualität der Meldungen im elektronischen Lohnnachweisverfahren der gesetzlichen Unfallversicherung; die Erfüllung der Aufgaben der Kernprüfprogramme ist Bestandteil der Systemprüfung von Entgeltprogrammen für Arbeitgeber.

(2) [1] Die Annahmestelle leitet die Meldung nach § 99 an die Deutsche Gesetzliche Unfallversicherung e.V. innerhalb eines Arbeitstages weiter. [2] Die Deutsche Gesetzliche Unfallversicherung e.V. prüft diese Meldungen gegen ihre Informationen im Stammdatendienst und leitet fehlerfreie Meldungen an den zuständigen Unfallversicherungsträger innerhalb eines Arbeitstages weiter.

(3) Das Nähere zum Verfahren regeln die Gemeinsamen Grundsätze nach § 103.

§ 103 Gemeinsame Grundsätze zur Datenübermittlung an die Unfallversicherung. [1] Die Deutsche Rentenversicherung Bund, die Deutsche Gesetzliche Unfallversicherung e.V. und der Spitzenverband Bund der Krankenkassen bestimmen in Gemeinsamen Grundsätzen bundeseinheitlich das Nähere zu den Verfahren nach den §§ 99, 100, 101 und 102. [2] Die Grundsätze bedürfen der Genehmigung des Bundesministeriums für Arbeit und Soziales, das vorher die Bundesvereinigung der Deutschen Arbeitgeberverbände anzuhören hat.

Siebter Abschnitt. Informationsangebote in den Meldeverfahren der sozialen Sicherung

§ 104 Informations- und Beratungsanspruch. [1] Arbeitgeber und Beschäftigte haben einen Anspruch, von den an den Meldeverfahren nach diesem Buch beteiligten Sozialversicherungsträgern über ihre Rechte und Pflichten nach diesem Gesetzbuch und nach dem Aufwendungsausgleichsgesetz beraten zu werden. [2] In Einzelfällen sind die Sozialversicherungsträger verpflichtet, die Arbeitgeber bei der Aufklärung von Sachverhalten zu unterstützen, damit diese ihren Pflichten ordnungsgemäß nachkommen können. [3] Darüber hinaus stellen die nach diesem Buch beteiligten Sozialversicherungsträger in allgemein zugänglicher Form allen Verfahrensbeteiligten allgemeine Informationen zu ihren versicherungsrechtlichen, melderechtlichen und beitragsrechtlichen Rechten und Pflichten zur Verfügung, um ihrer Auskunftspflicht nachzukommen.

§ 105 Informationsportal. (1) Zur Erfüllung der Auskunftspflicht der Sozialversicherungsträger nach § 104 Satz 3 wird beim Spitzenverband Bund der Krankenkassen ein allgemein zugängliches elektronisch gestütztes Informationsportal errichtet; er kann diese Aufgabe an eine geeignete Arbeitsgemeinschaft der gesetzlichen Krankenkassen nach § 94 Absatz 1a Satz 1 des Zehnten Buches[1)] oder nach § 219 des Fünften Buches[2)] übertragen.

(2) [1] Die Sozialversicherungsträger sind jeweils für die Erarbeitung und die inhaltlich richtige Darstellung der von ihnen zu verantwortenden Fachverfahren im Informationsportal zuständig. [2] Weitere Verfahrensbeteiligte sollen sich am Informationsportal im Rahmen von Vereinbarungen beteiligen, insbesondere über eine anteilige Kostentragung.

(3) Das Nähere über den Aufbau, die Nutzung und die Inhalte des Informationsportals regeln die Verfahrensbeteiligten in Gemeinsamen Grundsätzen, die vom Bundesministerium für Arbeit und Soziales im Einvernehmen mit dem Bundesministerium für Gesundheit zu genehmigen sind.

(4) [1] Die Sozialversicherungsträger tragen die nachgewiesenen Investitions- und laufenden Betriebskosten des Informationsportals gemeinsam. [2] Von diesen Kosten übernehmen:

1. 50 Prozent der Spitzenverband Bund der Krankenkassen, der auch für die Pflegekassen handelt,
2. 30 Prozent die Deutsche Rentenversicherung Bund,
3. 10 Prozent die Bundesagentur für Arbeit und
4. 10 Prozent die Deutsche Gesetzliche Unfallversicherung e.V.

[3] Die Aufteilung der Kosten innerhalb der gesetzlichen Krankenversicherung und der sozialen Pflegeversicherung, der gesetzlichen Rentenversicherung und der gesetzlichen Unfallversicherung regeln die Träger in ihrem jeweiligen Bereich im Rahmen ihrer Selbstverwaltung.

(5) Der Spitzenverband Bund der Krankenkassen hat bis zum 31. Dezember 2018 dem Bundesministerium für Arbeit und Soziales einen Bericht über die Nutzung, Kostenverteilung und mögliche Perspektiven des Informationsportals vorzulegen.

Achter Abschnitt. Elektronisches Antrags- und Bescheinigungsverfahren

§ 106 Elektronischer Antrag auf Ausstellung einer Bescheinigung über die anzuwendenden Rechtsvorschriften bei Beschäftigung nach Artikel 11 Absatz 3 Buchstabe b, Absatz 4, 5, Artikel 12 Absatz 1,

---

1) Nr. **10**.
2) Nr. **5**.

Artikel 13 Absatz 1 Buchstabe a oder Buchstabe b Ziffer i und Artikel 16 der Verordnung (EG) Nr. 883/2004. (1) [1] Gelten für vorübergehend in einem anderen Mitgliedstaat der Europäischen Union, in einem Vertragsstaat des Abkommens über den Europäischen Wirtschaftsraum oder in der Schweiz Beschäftigte die deutschen Rechtsvorschriften über soziale Sicherheit nach Artikel 12 Absatz 1 der Verordnung (EG) Nr. 883/2004 des Europäischen Parlaments und des Rates vom 29. April 2004 zur Koordinierung der Systeme der sozialen Sicherheit (ABl. L 166 vom 30.4.2004, S. 1, L 200 vom 7.6.2004, S. 1), die zuletzt durch die Verordnung (EU) Nr. 465/2012 (ABl. L 149 vom 8.6.2012, S. 4) geändert worden ist, so hat der Arbeitgeber einen Antrag auf Ausstellung einer entsprechenden Bescheinigung über die Fortgeltung der deutschen Rechtsvorschriften (A1-Bescheinigung) für diesen Beschäftigten an die zuständige Stelle durch Datenübertragung aus einem systemgeprüften Programm oder mittels einer elektronisch gestützten, systemgeprüften Ausfüllhilfe zu übermitteln. [2] Die zuständige Stelle hat den Antrag elektronisch anzunehmen, zu speichern und zu nutzen. [3] Ist festgestellt, dass die deutschen Rechtsvorschriften über soziale Sicherheit gelten, erfolgt die Übermittlung der Daten der A1-Bescheinigung innerhalb von drei Arbeitstagen an den Arbeitgeber, der diese Bescheinigung der beschäftigten Person unverzüglich zugänglich macht.

(2) In den Fällen, in denen die deutschen Rechtsvorschriften über soziale Sicherheit

1. für Beamte und Beschäftigte des öffentlichen Dienstes nach Artikel 11 Absatz 3 Buchstabe b der Verordnung (EG) Nr. 883/2004 gelten,
2. für beschäftigte Mitglieder von Flug- oder Kabinenbesatzungen nach Artikel 11 Absatz 5 der Verordnung (EG) Nr. 883/2004 gelten oder
3. auf Grund einer Vereinbarung nach Artikel 16 der Verordnung (EG) Nr. 883/2004 gelten sollen,

gilt Absatz 1 entsprechend.

(3) In den Fällen, in denen die deutschen Rechtsvorschriften über soziale Sicherheit für in der Seefahrt beschäftigte Personen nach Artikel 11 Absatz 4 der Verordnung (EG) Nr. 883/2004 über soziale Sicherheit gelten, gilt für das Verfahren Absatz 1 entsprechend.

(4) In den Fällen, in denen für in Deutschland wohnende Personen, die ausschließlich bei einem in Deutschland ansässigen Arbeitgeber beschäftigt sind und ihre Beschäftigung gewöhnlich in mehreren Mitgliedstaaten ausüben, nach Artikel 13 Absatz 1 Buchstabe a oder Buchstabe b Ziffer i der Verordnung (EG) Nr. 883/2004 die deutschen Rechtsvorschriften über soziale Sicherheit gelten, gilt Absatz 1 entsprechend, wenn der Arbeitgeber die Feststellung der anzuwendenden Rechtsvorschriften für eine bei ihm beschäftigte Person beantragt.

(5) Das Nähere zum Verfahren und zu den Inhalten des Antrages und der zu übermittelnden Datensätze nach den Absätzen 1 bis 4 regeln der Spitzenverband Bund der Krankenkassen, die Deutsche Rentenversicherung Bund, die Deutsche Gesetzliche Unfallversicherung e.V. und die Arbeitsgemeinschaft berufsständischer Versorgungseinrichtungen e.V. in Gemeinsamen Grundsätzen, die vom Bundesministerium für Arbeit und Soziales zu genehmigen sind; die Bundesvereinigung der Deutschen Arbeitgeberverbände ist vorher anzuhören.

[§ 106a ab 1.1.2022:]

§ 106a Elektronischer Antrag auf Ausstellung einer Bescheinigung über die anzuwendenden Rechtsvorschriften bei selbständiger Erwerbstätigkeit nach Artikel 11 Absatz 4 und Artikel 12 Absatz 2 der Verordnung (EG) Nr. 883/2004.

(1) [1] Gelten für vorübergehend in einem anderen Mitgliedstaat der Europäischen Union, in einem Vertragsstaat des Abkommens über den Europäischen Wirtschaftsraum oder in der Schweiz selbständig Erwerbstätige die deutschen Rechtsvorschriften über soziale Sicherheit nach Artikel 12 Absatz 2 der Verordnung (EG) Nr. 883/2004, hat die selbständig erwerbstätige Person die Ausstellung einer A1-Bescheinigung bei der zuständigen Stelle elektronisch durch eine Ausfüllhilfe nach § 95a Absatz 1 zu beantragen. [2] Ist festgestellt, dass die deutschen Rechtsvorschriften über soziale Sicherheit gelten, ist die A1-Bescheinigung innerhalb von drei Arbeitstagen der selbständig erwerbstätigen Person elektronisch zugänglich zu machen.

(2) In den Fällen, in denen die deutschen Rechtsvorschriften über soziale Sicherheit für in der Seefahrt selbständig tätige Personen nach Artikel 11 Absatz 4 der Verordnung (EG) Nr. 883/2004 gelten, gilt für das Verfahren Absatz 1 entsprechend.

(3) Das Nähere zu den Inhalten des Antrages nach den Absätzen 1 und 2 regeln der Spitzenverband Bund der Krankenkassen, die Deutsche Rentenversicherung Bund, die Deutsche Gesetzliche Unfallversicherung e.V. und die Arbeitsgemeinschaft berufsständischer Versorgungseinrichtungen e.V. in Gemeinsamen Grundsätzen, die vom Bundesministerium für Arbeit und Soziales zu genehmigen sind; die Bundesvereinigung der Deutschen Arbeitgeberverbände ist vorher anzuhören.

§ 107 Elektronische Übermittlung von Bescheinigungen für Entgeltersatzleistungen. (1) [1] Sind zur Gewährung von Krankengeld, Verletztengeld, Übergangsgeld, Pflegeunterstützungsgeld oder Mutterschaftsgeld Angaben über das Beschäftigungsverhältnis notwendig und sind diese dem Leistungsträger aus anderem Grund nicht bekannt, sind sie durch eine Bescheinigung des Arbeitgebers nachzuweisen. [2] Diese Bescheinigung kann der Leistungsträger im Einzelfall vom Arbeitgeber elektronisch durch Datenübertragung anfordern. [3] Der Arbeitgeber hat dem Leistungsträger diese Bescheinigung im Einzelfall durch gesicherte und verschlüsselte Datenübertragung aus systemgeprüften Programmen oder mittels maschinell erstellter Ausfüllhilfen zu übermitteln. [4] Der Leistungsträger hat diese Daten elektronisch anzunehmen, zu speichern und zu nutzen. [5] Die Sätze 3 und 4 gelten nicht für Einzelfälle, in denen ein elektronisches Meldeverfahren nicht wirtschaftlich durchzuführen ist. [6] Den Aufbau der Datensätze, notwendige Schlüsselzahlen und Angaben sowie die Ausnahmen nach Satz 5 bestimmen der Spitzenverband Bund der Krankenkassen, die Deutsche Rentenversicherung Bund, die Bundesagentur für Arbeit und die Deutsche Gesetzliche Unfallversicherung e.V. sowie die Sozialversicherung für Landwirtschaft, Forsten und Gartenbau in Gemeinsamen Grundsätzen. [7] Die Gemeinsamen Grundsätze bedürfen der Genehmigung des Bundesministeriums für Arbeit und Soziales im Einvernehmen mit dem Bundesministerium für Gesundheit und dem Bundesministerium für Ernährung und Landwirtschaft; die Bundesvereinigung der Deutschen Arbeitgeberverbände ist vorher anzuhören. [8] Die Sätze 2 bis 7 gelten nicht für die Gewährung von Krankengeld bei einer Spende von Organen, Geweben oder Blut zur Separation von Blutstammzellen oder anderen Blutbestandteilen nach § 44a des Fünften Buches[1] und von Pflegeunterstützungsgeld nach § 44a Absatz 3 des Elften Buches[2].

(2) [1] Der Leistungsträger hat dem Arbeitgeber alle notwendigen Angaben zur Berechnung des beitragspflichtigen Arbeitsentgeltes nach § 23c, insbesondere die Dauer und die Höhe der gezahlten Leistung, sowie mögliche Rückmeldungen an den Arbeitgeber durch Datenübertragung zu übermitteln. [2] Die Leistungsträger haben auf Antrag des Arbeitgebers Mitteilungen über die Zeiten, die auf den Anspruch des Beschäftigten auf Entgeltfortzahlung anrechenbar sind, die Versicherungsnummer für Anträge auf Leistungen nach Absatz 1 Satz 1 und die im Zusammenhang mit der Entgeltersatzleistung für die Erstellung einer Meldung nach § 28a notwendigen Informationen durch Datenübertragung zu übermitteln. [3] Der Antrag des Arbeitgebers nach Satz 2 ist durch Datenübertragung zu übermitteln. [4] Das Nähere zu den Angaben und zum Verfahren nach den Sätzen 1 bis 3 und zu den Ausnahmeregelungen regeln die in Absatz 1 Satz 6 genannten Sozialversicherungsträger in Gemeinsamen Grundsätzen; Absatz 1 Satz 7 gilt entsprechend. [5] Private Krankenversicherungsunternehmen können im Fall der Zahlung von Krankentagegeld Meldungen an den Arbeitgeber nach den Sätzen 1 und 2 übermitteln.

§ 108 Elektronische Übermittlung von sonstigen Bescheinigungen an die Sozialversicherungsträger. (1) [1] Arbeitgeber, die Bescheinigungen nach den §§ 312, 312a und 313 des Dritten Buches[3] elektronisch nach § 313a des Dritten Buches übermitteln, haben diese Meldungen durch gesicherte und verschlüsselte Datenübertragung aus systemgeprüften Programmen oder mittels maschinell erstellter Ausfüllhilfen zu erstatten. [2] In diesen Fällen hat die Bundesagentur für Arbeit alle Rückmeldungen an die Arbeitgeber ebenfalls durch Datenübertragung zu erstatten. [3] Die Bundesagentur für Arbeit bestimmt das Nähere zu den Datensätzen, den notwendigen Schlüsselzahlen und zu den Angaben für die Meldungen und Rückmeldungen sowie zum Verfahren bundeseinheitlich in Grundsätzen. [4] Die Grundsätze bedürfen der Genehmigung des Bundesministeriums für Arbeit und Soziales; die Bundesvereinigung der Deutschen Arbeitgeberverbände ist vorher anzuhören.

(2) [1] Fordert der Träger der Rentenversicherung für Zwecke der gesetzlichen Rentenversicherung Bescheinigungen im Sinne der §§ 18c und 18e und im Sinne von § 98 des Zehnten Buches[4] von dem Bescheinigungspflichtigen durch gesicherte und verschlüsselte Datenübertragung an, hat dieser die notwendigen Daten für diese Bescheinigungen durch gesicherte und verschlüsselte Datenübertragung an die Datenstelle der Rentenversicherung zu übermitteln. [2] Die Datenstelle der Rentenversicherung hat Anfragen sowie Rückmeldungen an die Bescheinigungspflichtigen durch gesicherte und verschlüsselte Datenübertragung zu übermitteln. [3] Ist eine Bescheinigung nach Satz 1 für eine Beschäftigung oder selbständige Tätigkeit im privaten Haushalt zu erstellen, kann abweichend von Satz 2 ein Formular genutzt werden, das im Fachportal der Deutschen Rentenversicherung zur Verfügung steht. [4] Die Sätze 1 und 3 gelten entsprechend für die landwirtschaftliche Alterskasse. [5] Die Datenstelle der Rentenversicherung nimmt die hierfür erforderlichen Übermittlungen

---

[1] Nr. **5**.
[2] Nr. **11**.
[3] Nr. **3**.
[4] Nr. **10**.

auch für die landwirtschaftliche Alterskasse vor. [6]Die Deutsche Rentenversicherung Bund bestimmt das Nähere zu den Datensätzen, den notwendigen Schlüsselzahlen und zu den Angaben für die Meldungen und Rückmeldungen sowie zum Verfahren und zu Ausnahmeregelungen bundeseinheitlich in Grundsätzen. [7]Die Grundsätze bedürfen der Genehmigung des Bundesministeriums für Arbeit und Soziales; die Bundesvereinigung der Deutschen Arbeitgeberverbände ist vorher anzuhören.

(3) [1]Arbeitgeber, die nach § 98 des Zehnten Buches Auskünfte für Leistungen nach dem Dritten Kapitel des Siebten Buches[1)] erteilen müssen, können dieser Pflicht durch gesicherte und verschlüsselte Datenübertragung aus systemgeprüften Programmen oder mittels maschinell erstellter Ausfüllhilfen nachkommen. [2]In diesen Fällen hat der Träger der Unfallversicherung alle Rückmeldungen an die Arbeitgeber ebenfalls durch Datenübertragung zu erstatten. [3]Die Deutsche Gesetzliche Unfallversicherung e.V. bestimmt das Nähere zu den Datensätzen, den notwendigen Schlüsselzahlen und zu den Angaben für die Meldungen und Rückmeldungen sowie zum Verfahren in Grundsätzen. [4]Die Grundsätze bedürfen der Genehmigung des Bundesministeriums für Arbeit und Soziales; die Bundesvereinigung der Deutschen Arbeitgeberverbände ist vorher anzuhören.

§ 108a Verfahren zur elektronischen Abfrage und Übermittlung von Entgeltbescheinigungsdaten für Elterngeld. (1) [1]Die Datenstelle der Rentenversicherung fragt im Auftrag der nach § 12 Absatz 1 des Bundeselterngeld- und Elternzeitgesetzes zuständigen Behörde bei den nach § 9 Absatz 2 Satz 3 des Bundeselterngeld- und Elternzeitgesetzes auskunftspflichtigen Arbeitgebern die für die Antragsbearbeitung erforderlichen Entgeltbescheinigungsdaten im Sinne der Rechtsverordnung nach § 108 Absatz 3 Satz 1 der Gewerbeordnung durch gesicherte und verschlüsselte Datenübertragung ab und übermittelt die erhobenen Daten an die beauftragende Behörde durch gesicherte und verschlüsselte Datenübertragung. [2]Die von der Datenstelle der Rentenversicherung abgefragten Daten hat der Arbeitgeber unverzüglich, spätestens aber mit der nächsten Entgeltabrechnung durch gesicherte und verschlüsselte Datenübertragung aus systemgeprüften Programmen an die Datenstelle der Rentenversicherung zu übermitteln.

(2) [1]Das Nähere zum Verfahren, den Datensätzen und den Übertragungswegen im Verfahren zwischen den Arbeitgebern und der Datenstelle der Rentenversicherung bestimmt die Deutsche Rentenversicherung Bund bundeseinheitlich in Grundsätzen. [2]Die Grundsätze bedürfen der Genehmigung des Bundesministeriums für Arbeit und Soziales im Einvernehmen mit dem Bundesministerium für Familie, Senioren, Frauen und Jugend; die Bundesvereinigung der Deutschen Arbeitgeberverbände ist vorher anzuhören.

(3) Die für das Verfahren nach Absatz 1 entstehenden Kosten sind der Deutschen Rentenversicherung Bund von den nach § 12 Absatz 1 Bundeselterngeld- und Elternzeitgesetz zuständigen Behörden oder den für die Durchführung des Bundeselterngeld- und Elternzeitgesetzes zuständigen Landesregierungen zu erstatten.

(4) Das Nähere zur Auftragserteilung, zum Verfahren der Kostenerstattung sowie zu den Übertragungswegen zwischen der Datenstelle der Rentenver-

---

[1)] Nr. 7.

sicherung und den nach § 12 Absatz 1 des Bundeselterngeld- und Elternzeitgesetzes zuständigen Behörden regeln die für die Durchführung des Bundeselterngeld- und Elternzeitgesetzes zuständigen Landesregierungen und die Deutsche Rentenversicherung Bund im Einvernehmen mit dem Bundesministerium für Familie, Senioren, Frauen und Jugend und dem Bundesministerium für Arbeit und Soziales in einer Rahmenvereinbarung, die ein bundeseinheitliches Verfahren sicherstellt.

§§ 109, 110 (weggefallen)

Neunter Abschnitt. Aufbewahrung von Unterlagen

§ 110a Aufbewahrungspflicht. (1) Die Behörde bewahrt Unterlagen, die für ihre öffentlich-rechtliche Verwaltungstätigkeit, insbesondere für die Durchführung eines Verwaltungsverfahrens oder für die Feststellung einer Leistung, erforderlich sind, nach den Grundsätzen ordnungsmäßiger Aufbewahrung auf.

(2) [1] Die Behörde kann an Stelle der schriftlichen Unterlagen diese als Wiedergabe auf einem Bildträger oder auf anderen dauerhaften Datenträgern aufbewahren, soweit dies unter Beachtung der Grundsätze der Wirtschaftlichkeit und Sparsamkeit den Grundsätzen ordnungsmäßiger Aufbewahrung entspricht. [2] Nach den Grundsätzen ordnungsmäßiger Aufbewahrung von auf Datenträgern aufbewahrten Unterlagen ist insbesondere sicherzustellen, dass

1. die Wiedergabe auf einem Bildträger oder die Daten auf einem anderen dauerhaften Datenträger
   a) mit der diesen zugrunde gelegten schriftlichen Unterlage bildlich und inhaltlich vollständig übereinstimmen, wenn sie lesbar gemacht werden,
   b) während der Dauer der Aufbewahrungsfrist jederzeit verfügbar sind und unverzüglich bildlich und inhaltlich unverändert lesbar gemacht werden können,
2. die Ausdrucke oder sonstigen Reproduktionen mit der schriftlichen Unterlage bildlich und inhaltlich übereinstimmen und
3. als Unterlage für die Herstellung der Wiedergabe nur dann der Abdruck einer Unterlage verwendet werden darf, wenn die dem Abdruck zugrunde liegende Unterlage bei der Behörde nicht mehr vorhanden ist.

[3] Die Sätze 1 und 2 gelten auch für die Aufbewahrung von Unterlagen, die nur mit Hilfe einer Datenverarbeitungsanlage erstellt worden sind, mit der Maßgabe, dass eine bildliche Übereinstimmung der Wiedergabe auf dem dauerhaften Datenträger mit der erstmals erstellten Unterlage nicht sichergestellt sein muss.

(3) [1] Können aufzubewahrende Unterlagen nur in der Form einer Wiedergabe auf einem Bildträger oder als Daten auf anderen dauerhaften Datenträgern vorgelegt werden, sind, soweit die Akteneinsicht zu gestatten ist, bei der Behörde auf ihre Kosten diejenigen Hilfsmittel zur Verfügung zu stellen, die erforderlich sind, die Unterlagen lesbar zu machen. [2] Soweit erforderlich, ist die Behörde verpflichtet, die Unterlagen ganz oder teilweise auszudrucken oder ohne Hilfsmittel lesbare Reproduktionen beizubringen; die Behörde kann Ersatz ihrer Aufwendungen in angemessenem Umfang verlangen.

(4) Absatz 2 gilt nicht für Unterlagen, die als Wiedergabe auf einem Bildträger aufbewahrt werden, wenn diese Wiedergabe vor dem 1. Februar 2003 durchgeführt wird.

§ 110b Rückgabe, Vernichtung und Archivierung von Unterlagen.

(1) [1] Unterlagen, die für eine öffentlich-rechtliche Verwaltungstätigkeit einer Behörde nicht mehr erforderlich sind, können nach den Absätzen 2 und 3 zurückgegeben oder vernichtet werden. [2] Die Anbietungs- und Übergabepflichten nach den Vorschriften des Bundesarchivgesetzes und der entsprechenden gesetzlichen Vorschriften der Länder bleiben unberührt. [3] Satz 1 gilt insbesondere für

1. Unterlagen, deren Aufbewahrungsfristen abgelaufen sind,
2. Unterlagen, die nach Maßgabe des § 110a Absatz 2 als Wiedergabe auf einem maschinell verwertbaren dauerhaften Datenträger aufbewahrt werden und
3. der Behörde vom Betroffenen oder von Dritten zur Verfügung gestellte Unterlagen.

(2) Unterlagen, die einem Träger der gesetzlichen Rentenversicherung von Versicherten, Antragstellern oder von anderen Stellen zur Verfügung gestellt worden sind, sind diesen zurückzugeben, soweit sie nicht als Ablichtung oder Abschrift dem Träger auf Anforderung von den genannten Stellen zur Verfügung gestellt worden sind; werden die Unterlagen anderen Stellen zur Verfügung gestellt, sind sie von diesen Stellen auf Anforderung zurückzugeben.

(3) Die übrigen Unterlagen im Sinne von Absatz 1 werden vernichtet, soweit kein Grund zu der Annahme besteht, dass durch die Vernichtung schutzwürdige Interessen des Betroffenen beeinträchtigt werden.

§ 110c Verwaltungsvereinbarungen, Verordnungsermächtigung.

(1) [1] Die Spitzenverbände der Träger der Sozialversicherung und die Bundesagentur für Arbeit vereinbaren gemeinsam unter besonderer Berücksichtigung der schutzwürdigen Interessen der Betroffenen das Nähere zu den Grundsätzen ordnungsmäßiger Aufbewahrung im Sinne des § 110a, den Voraussetzungen der Rückgabe und Vernichtung von Unterlagen sowie die Aufbewahrungsfristen für Unterlagen. [2] Dies gilt entsprechend für die ergänzenden Vorschriften des E-Government-Gesetzes. [3] Die Vereinbarung kann auf bestimmte Sozialleistungsbereiche beschränkt werden; sie ist von den beteiligten Spitzenverbänden abzuschließen. [4] Die Vereinbarungen bedürfen der Genehmigung der beteiligten Bundesministerien.

(2) Soweit Vereinbarungen nicht getroffen sind, wird die Bundesregierung ermächtigt, durch Rechtsverordnung mit Zustimmung des Bundesrates unter besonderer Berücksichtigung der schutzwürdigen Interessen der Betroffenen

1. das Nähere zu bestimmen über
   a) die Grundsätze ordnungsmäßiger Aufbewahrung im Sinne des § 110a,
   b) die Rückgabe und Vernichtung von Unterlagen,
2. für bestimmte Unterlagen allgemeine Aufbewahrungsfristen festzulegen.

§ 110d *(aufgehoben)*

Zehnter Abschnitt. Bußgeldvorschriften

§ 111 Bußgeldvorschriften. (1) [1] Ordnungswidrig handelt, wer vorsätzlich oder leichtfertig

1. *(aufgehoben)*

1a. entgegen § 18i Absatz 4 eine Änderung oder Meldung nicht, nicht richtig, nicht vollständig, nicht in der vorgeschriebenen Weise oder nicht rechtzeitig übermittelt,

2. entgegen
   a) § 28a Absatz 1 bis 3 oder 9, oder
   b) § 28a Absatz 4 Satz 1,

   jeweils in Verbindung mit einer Rechtsverordnung nach § 28c Nummer 1, eine Meldung nicht, nicht richtig, nicht vollständig, nicht in der vorgeschriebenen Weise oder nicht rechtzeitig erstattet,

2a. entgegen § 28a Absatz 7 Satz 1 oder 2 eine Meldung nicht, nicht richtig, nicht vollständig oder nicht rechtzeitig erstattet,

2b. entgegen § 28a Absatz 10 Satz 1 oder Absatz 11 Satz 1, jeweils in Verbindung mit einer Rechtsverordnung nach § 28c Nummer 1, eine Meldung nicht, nicht richtig, nicht vollständig oder nicht rechtzeitig erstattet,

2c. entgegen § 28a Absatz 12 in Verbindung mit einer Rechtsverordnung nach § 28c Nummer 1 eine Meldung nicht, nicht richtig, nicht vollständig oder nicht rechtzeitig abgibt,

2d. entgegen § 28e Absatz 3c eine Auskunft nicht, nicht richtig oder nicht vollständig erteilt,

3. entgegen § 28f Absatz 1 Satz 1 eine Entgeltunterlage nicht führt oder nicht aufbewahrt,

3a. entgegen § 28f Absatz 1a eine Entgeltunterlage oder eine Beitragsabrechnung nicht oder nicht richtig gestaltet,

4. entgegen § 28o,
   a) eine Auskunft nicht, nicht richtig, nicht vollständig oder nicht rechtzeitig erteilt oder
   b) die erforderlichen Unterlagen nicht, nicht vollständig oder nicht rechtzeitig vorlegt,

5. entgegen § 99 Absatz 1 Satz 1 einen Lohnnachweis nicht, nicht richtig, nicht vollständig, nicht in der vorgeschriebenen Weise oder nicht rechtzeitig übermittelt,

6. entgegen § 99 Absatz 3, auch in Verbindung mit Absatz 4 Satz 1, eine Meldung nicht, nicht richtig, nicht vollständig oder nicht rechtzeitig erstattet oder

7. (weggefallen)

8. einer Rechtsverordnung nach § 28c Nummer 3 bis 5 oder 7, § 28n Nummer 4 oder § 28p Absatz 9 oder einer vollziehbaren Anordnung auf Grund einer solchen Rechtsverordnung zuwiderhandelt, soweit die Rechtsverordnung für einen bestimmten Tatbestand auf diese Bußgeldvorschrift verweist.

[2] In den Fällen der Nummer 2a findet § 266a Absatz 2 des Strafgesetzbuches keine Anwendung.

(2) Ordnungswidrig handelt, wer als Arbeitgeber einem Beschäftigten oder Hausgewerbetreibenden einen höheren Betrag von dessen Arbeitsentgelt abzieht, als den Teil, den der Beschäftigte oder Hausgewerbetreibende vom Gesamtsozialversicherungsbeitrag zu tragen hat.

(3) Ordnungswidrig handelt, wer

1. entgegen § 40 Absatz 2 einen anderen behindert oder benachteiligt oder
2. entgegen § 77 Absatz 1a Satz 2 eine Versicherung nicht, nicht richtig oder nicht in der vorgeschriebenen Weise abgibt.

(3a) Ordnungswidrig handelt, wer

1. entgegen § 55 Absatz 2 in Verbindung mit einer Rechtsverordnung nach § 56 als Arbeitgeber eine Wahlunterlage nicht, nicht richtig, nicht vollständig oder nicht rechtzeitig ausstellt oder
2. entgegen § 55 Absatz 3 in Verbindung mit einer Rechtsverordnung nach § 56 eine Angabe nicht, nicht richtig, nicht vollständig oder nicht rechtzeitig macht.

(4) Die Ordnungswidrigkeit kann in den Fällen des Absatzes 1 Nummer 2d und 3 und des Absatzes 3 Nummer 2 mit einer Geldbuße bis zu fünfzigtausend Euro, in den Fällen des Absatzes 1 Nummer 2, 2b, 2c und 5 mit einer Geldbuße bis zu fünfundzwanzigtausend Euro, in den übrigen Fällen mit einer Geldbuße bis zu fünftausend Euro geahndet werden.

§ 112 Allgemeines über Bußgeldvorschriften. (1) Verwaltungsbehörden im Sinne des § 36 Absatz 1 Nummer 1 des Gesetzes über Ordnungswidrigkeiten sind

1. der Versicherungsträger, soweit das Gesetz nichts anderes bestimmt,
2. die nach Landesrecht zuständige Stelle bei Ordnungswidrigkeiten nach § 111 Absatz 1 Satz 1 Nummer1 ; mangels einer Regelung im Landesrecht bestimmt die Landesregierung die zuständige Stelle,
3. die Behörden der Zollverwaltung bei Ordnungswidrigkeiten
   a) nach § 111 Absatz 1 Satz 1 Nummer 2 Buchstabe a, soweit sie einen Verstoß im Rahmen der ihnen zugewiesenen Tätigkeiten feststellen,
   b) nach § 111 Absatz 1 Satz 1 Nummer 2 Buchstabe b, soweit sie einen Verstoß im Rahmen ihrer Prüfungstätigkeit nach § 2 des Schwarzarbeitsbekämpfungsgesetzes feststellen,
4. die Einzugsstelle bei Ordnungswidrigkeiten nach § 111 Absatz 1 Satz 1 Nummer 2 Buchstabe a und b, soweit nicht die Zuständigkeit der Behörden der Zollverwaltung nach Nummer 3 gegeben ist, sowie bei Ordnungswidrigkeiten nach § 111 Absatz 1 Satz 1 Nummer 2a, 4, 8 und Absatz 2,

4a. der Träger der Rentenversicherung bei Ordnungswidrigkeiten nach § 111 Absatz 1 Nummer 3 bis 3b sowie bei Ordnungswidrigkeiten nach § 111 Absatz 1 Satz 1 Nummer 2, 4, 8 und Absatz 2, wenn die Prüfung nach § 28p vom Träger der Rentenversicherung durchgeführt oder eine Meldung direkt an sie erstattet wird,

4b. die landwirtschaftliche Krankenkasse bei Ordnungswidrigkeiten nach § 111 Absatz 1 Nummer 3 bis 3b im Falle der Prüfung von mitarbeitenden Familienangehörigen nach § 28p Absatz 1 Satz 6,

4c. *(aufgehoben)*

5. die Aufsichtsbehörde des Versicherungsträgers bei Ordnungswidrigkeiten nach § 111 Absatz 3.

(2) Wird in den Fällen des Absatzes 1 Nummer 1 und 4 gegen den Bußgeldbescheid ein zulässiger Einspruch eingelegt, nimmt die von der Vertreterversammlung bestimmte Stelle die weiteren Aufgaben der Verwaltungsbehörde (§ 69 Absatz 2, 3 und 5 des Gesetzes über Ordnungswidrigkeiten) wahr.

(3) [1] Die Geldbußen fließen in den Fällen des Absatzes 1 Nummer 1, 3 und 4 in die Kasse der Verwaltungsbehörde, die den Bußgeldbescheid erlassen hat; § 66 des Zehnten Buches[1)] gilt entsprechend. [2] Diese Kasse trägt abweichend von § 105 Absatz 2 des Gesetzes über Ordnungswidrigkeiten die notwendigen Auslagen; sie ist auch ersatzpflichtig im Sinne des § 110 Absatz 4 des Gesetzes über Ordnungswidrigkeiten.

§ 113 Zusammenarbeit mit anderen Behörden. [1] Zur Verfolgung und Ahndung der Ordnungswidrigkeiten nach § 111 arbeiten die Behörden der Zollverwaltung, die Einzugsstellen und die Träger der Rentenversicherung zusammen, wenn sich im Einzelfall konkrete Anhaltspunkte für Verstöße gegen die in § 2 Absatz 1 des Schwarzarbeitsbekämpfungsgesetzes genannten Vorschriften ergeben. [2] Sie unterrichten sich gegenseitig über die für die Verfolgung und Ahndung der Ordnungswidrigkeiten notwendigen Tatsachen. [3] Ergeben sich Anhaltspunkte für Verstöße gegen die Mitwirkungspflicht nach § 60 Absatz 1 Satz 1 Nummer 2 des Ersten Buches[2)] gegenüber einem Träger der Sozialhilfe oder die Meldepflicht nach § 8a des Asylbewerberleistungsgesetzes, unterrichten sie die Träger der Sozialhilfe oder die für die Durchführung des Asylbewerberleistungsgesetzes zuständigen Behörden.

Elfter Abschnitt. Übergangsvorschriften

§ 114 Einkommen beim Zusammentreffen mit Renten wegen Todes.

(1) Wenn der versicherte Ehegatte vor dem 1. Januar 2002 verstorben ist oder die Ehe vor diesem Tag geschlossen wurde und mindestens ein Ehegatte vor dem 2. Januar 1962 geboren ist, sind bei Renten wegen Todes als Einkommen zu berücksichtigen:

1. Erwerbseinkommen,
2. Leistungen, die auf Grund oder in entsprechender Anwendung öffentlich-rechtlicher Vorschriften erbracht werden, um Erwerbseinkommen zu ersetzen (Erwerbsersatzeinkommen), mit Ausnahme von Zusatzleistungen.

(2) Absatz 1 gilt auch für Erziehungsrenten, wenn der geschiedene Ehegatte vor dem 1. Januar 2002 verstorben ist oder die geschiedene Ehe vor diesem Tag geschlossen wurde und mindestens einer der geschiedenen Ehegatten vor dem 2. Januar 1962 geboren ist.

(3) [1] Erwerbsersatzeinkommen im Sinne des Absatzes 1 Nummer 2 sind Leistungen nach § 18a Absatz 3 Satz 1 Nummer 1 bis 8. [2] Als Zusatzleistungen im Sinne des Absatzes 1 Nummer 2 gelten Leistungen der öffentlich-rechtlichen Zusatzversorgungen sowie bei Leistungen nach § 18a Absatz 3 Satz 1 Nummer 2 der Teil, der auf einer Höherversicherung beruht.

---

1) Nr. **10**.
2) Nr. **1**.

(4) [1]Wenn der versicherte Ehegatte vor dem 1. Januar 2002 verstorben ist oder die Ehe vor diesem Tag geschlossen wurde und mindestens ein Ehegatte vor dem 2. Januar 1962 geboren ist, ist das monatliche Einkommen zu kürzen

1. bei Leistungen nach § 18a Absatz 3 Satz 1 Nummer 2, die nach den besonderen Vorschriften für die knappschaftliche Rentenversicherung berechnet sind, um 25 vom Hundert,
2. bei Leistungen nach § 18a Absatz 3 Satz 1 Nummer 5 und 6 um 42,7 vom Hundert bei Leistungsbeginn vor dem Jahre 2011 und um 43,6 vom Hundert bei Leistungsbeginn nach dem Jahre 2010 und
3. bei Leistungen nach § 18a Absatz 3 Satz 1 Nummer 7 um 29 vom Hundert bei Leistungsbeginn vor dem Jahre 2011 und um 31 vom Hundert bei Leistungsbeginn nach dem Jahre 2010.

[2]Dies gilt auch für Erziehungsrenten, wenn der geschiedene Ehegatte vor dem 1. Januar 2002 verstorben ist oder die geschiedene Ehe vor diesem Tag geschlossen wurde und mindestens einer der geschiedenen Ehegatten vor dem 2. Januar 1962 geboren ist.

(5) Bestand am 31. Dezember 2001 Anspruch auf eine Rente wegen Todes, ist das monatliche Einkommen bis zum 30. Juni 2002 zu kürzen

1. bei Arbeitsentgelt um 35 vom Hundert, bei Arbeitseinkommen um 30 vom Hundert, bei Bezügen aus einem öffentlich-rechtlichen Dienst- oder Amtsverhältnis oder aus einem versicherungsfreien Arbeitsverhältnis mit Anwartschaften auf Versorgung nach beamtenrechtlichen Vorschriften oder Grundsätzen und bei Einkommen, das solchen Bezügen vergleichbar ist, jedoch nur um 27,5 vom Hundert,
2. bei Leistungen nach § 18a Absatz 3 Satz 1 Nummer 2, die nach den besonderen Vorschriften für die knappschaftliche Rentenversicherung berechnet sind, um 25 vom Hundert und bei Leistungen nach § 18a Absatz 3 Satz 1 Nummer 7 um 27,5 vom Hundert,
3. bei Leistungen nach § 18a Absatz 3 Satz 1 Nummer 5 und 6 um 37,5 vom Hundert.

§ 115 *(aufgehoben)*

§ 116 Übergangsregelungen für bestehende Wertguthaben. (1) Wertguthaben für Beschäftigte, die am 1. Januar 2009 abweichend von § 7d Absatz 1 als Zeitguthaben geführt werden, können als Zeitguthaben oder als Entgeltguthaben geführt werden; dies gilt auch für neu vereinbarte Wertguthabenvereinbarungen auf der Grundlage früherer Vereinbarungen.

(2) § 7c Absatz 1 findet nur auf Wertguthabenvereinbarungen Anwendung, die nach dem 1. Januar 2009 geschlossen worden sind.

(3) Für Wertguthabenvereinbarungen nach § 7b, die vor dem 31. Dezember 2008 geschlossen worden sind und in denen entgegen § 7e Absatz 1 und 2 keine Vorkehrungen für den Fall der Insolvenz des Arbeitgebers vereinbart sind, gilt § 7e Absatz 5 und 6 mit Wirkung ab dem 1. Juni 2009.

§ 116a Übergangsregelung zur Beitragshaftung. § 28e Absatz 3b und 3d Satz 1 in der am 30. September 2009 geltenden Fassung finden weiter Anwendung, wenn der Unternehmer mit der Erbringung der Bauleistungen vor dem 1. Oktober 2009 beauftragt worden ist.

§ 117 Verwaltungsausgaben der knappschaftlichen Krankenversicherung der Rentner. Soweit die Ausgaben der knappschaftlichen Krankenversicherung der Rentner für Versorgungsleistungen der Knappschaftsärzte und Knappschaftszahnärzte die entsprechenden Einnahmen übersteigen, sind sie abweichend von § 71 Absatz 2 der knappschaftlichen Rentenversicherung nicht zu erstatten.

§ 118 Übergangsregelung für Tätigkeiten als Notärztin oder Notarzt im Rettungsdienst. § 23c Absatz 2 gilt nicht für Einnahmen aus einer vor dem 11. April 2017 vereinbarten Tätigkeit als Notärztin oder Notarzt im Rettungsdienst.

§ 119 *(aufgehoben)*

§ 120 Übergangsregelung zur Änderung der Wählbarkeitsvoraussetzungen. [1] § 51 Absatz 6 Nummer 5 und § 59 Absatz 3 in der jeweils bis zum 31. Dezember 2017 geltenden Fassung finden bis zum Ende der Amtsperiode weiterhin Anwendung auf bis dahin bereits gewählte Mitglieder eines Selbstverwaltungsorgans einschließlich ihrer Stellvertreter. [2] Maßgeblich ist der Wahltag im Sinne des § 54 Absatz 3..

§ 121 Übergangsregelung zur Vergütung der Vorstandsmitglieder der gesetzlichen Krankenkassen. [1] § 35a Absatz 6a Satz 4 und 5 gilt nicht für die Verträge, denen die Aufsichtsbehörde bereits bis zum 10. Mai 2019 zugestimmt hat. [2] Die zur Zukunftssicherung eines Vorstandsmitgliedes vertraglich vereinbarten nicht beitragsorientierten Zusagen, denen die Aufsichtsbehörde bereits bis zum 10. Mai 2019 zugestimmt hat, dürfen auch bei Abschluss eines neuen Vertrages mit diesem Vorstandsmitglied in dem im vorhergehenden Vertrag vereinbarten Durchführungsweg und Umfang fortgeführt werden.

§ 122 *(noch nicht in Kraft)*

§ 123 Übergangsregelung zur Struktur der Einrichtungen. § 85 Absatz 3c Satz 2 findet nur Anwendung, soweit Versicherungsträger nach dem 30. Juni 2020 eine Einrichtung gründen oder erwerben, sich an einer Einrichtung beteiligen oder eine Beteiligung an einer Einrichtung erhöhen; die am 30. Juni 2020 bereits bestehenden Einrichtungen dürfen weitergeführt werden.

§ 124 Übergangsregelung für das Verfahren zur elektronischen Abfrage und Übermittlung von Entgeltbescheinigungsdaten für Elterngeld.

[1] Bis zum 31. Dezember 2021 kann die Datenstelle der Rentenversicherung in geeigneten Fällen an Pilotprojekten gemäß § 28 Absatz 4 des Bundeselterngeld- und Elternzeitgesetzes mitwirken. [2] Die hierdurch entstehenden Kosten sind der Deutschen Rentenversicherung Bund zu erstatten. [3] Das Nähere zur Mitwirkung und zum Kostenerstattungsverfahren regelt die Deutsche Rentenversicherung Bund in Einzelvereinbarungen mit den Projektverantwortlichen.

[§ 125 bis 30.6.2021:]

§ 125 Pilotprojekt zur Meldung der Arbeitsunfähigkeits- und Vorerkrankungszeiten an den Arbeitgeber *(noch nicht in Kraft)*

[§ 125 von 1.7.2021 bis 30.6.2022:]

§ 125 Pilotprojekt zur Meldung der Arbeitsunfähigkeits- und Vorerkrankungszeiten an den Arbeitgeber. *(1) [1] Die Krankenkasse kann nach Eingang der Arbeitsunfähigkeitsdaten nach § 295 Absatz 1 Satz 1 Nummer 1 des Fünften Buches[1)] eine Meldung zum Abruf für den Arbeitgeber erstellen, die die folgenden Daten enthält:*

1. den Namen des Beschäftigten,

2. den Beginn und das Ende der Arbeitsunfähigkeit,

3. das Datum der ärztlichen Feststellung der Arbeitsunfähigkeit,

4. die Kennzeichnung als Erst- oder Folgemeldung und

5. die Angabe, ob Anhaltspunkte dafür vorliegen, dass die Arbeitsunfähigkeit auf einem Arbeitsunfall oder sonstigem Unfall oder auf den Folgen eines Arbeitsunfalls oder sonstigen Unfalls beruht.

[2] In den Fällen, in denen die Krankenkasse die Arbeitsunfähigkeitsdaten nach § 295 Absatz 1 Satz 1 Nummer 1 des Fünften Buches für einen geringfügig beschäftigten Versicherten erhält, kann sie die Daten nach Satz 1 für die nach § 2 Absatz 1 Satz 2 des Gesetzes über den Ausgleich der Arbeitgeberzuwendungen für Entgeltfortzahlung zuständige Deutsche Rentenversicherung Knappschaft-Bahn-See ausschließlich für die Zwecke des Erstattungsverfahrens nach dem Aufwendungsausgleichsgesetz zum Abruf bereitstellen. [3] Arbeitgeber können die Daten nach Satz 1 bei der zuständigen Krankenkasse durch systemgeprüfte Programme abrufen. [4] Beauftragt der Arbeitgeber einen Dritten mit dem Abruf, darf dieser die Daten verarbeiten. [5] Unberührt bleibt die Verpflichtung des behandelnden Arztes, dem Versicherten eine ärztliche Bescheinigung über das Bestehen der Arbeitsunfähigkeit nach § 73 Absatz 2 Satz 1 Nummer 9 des Fünften Buches in Verbindung mit § 5 Absatz 1a Satz 2 des Entgeltfortzahlungsgesetzes auszuhändigen.

(2) [1] Stellt die Krankenkasse auf Grundlage der Angaben zur Diagnose in den Arbeitsunfähigkeitsdaten nach § 295 Absatz 1 Satz 1 Nummer 1 des Fünften Buches und auf der Grundlage von weiteren ihr vorliegenden Daten fest, dass die Entgeltfortzahlung im Krankheitsfall wegen anrechenbarer Vorerkrankungszeiten für einen Arbeitgeber ausläuft, so kann sie dem betroffenen Arbeitgeber eine Meldung mit den Angaben über die für ihn relevanten Vorerkrankungszeiten übermitteln. [2] Satz 1 gilt nicht für geringfügig Beschäftigte.

(3) Die Absätze 1 und 2 gelten nicht für Beschäftigte nach den §§ 8a und 12.

(4) Die Absätze 1 bis 3 gelten entsprechend bei Eingang der Daten nach § 301 Absatz 1 Satz 1 Nummer 3 und 7 des Fünften Buches mit der Maßgabe, dass die Meldung abweichend von Absatz 1 Satz 1 nur die Daten nach Absatz 1 Satz 1 Nummer 1 und den Beginn, die voraussichtliche Dauer und das Ende des stationären Krankenhausaufenthaltes zu enthalten hat.

[Abs. 4a ab 1.1.2022:]

(4a) [1] Die Absätze 1 bis 4 gelten entsprechend bei Eingang von Arbeitsunfähigkeitsdaten, wenn sie nach § 201 Absatz 2 des Siebten Buches[2)] an die Krankenkassen übermittelt werden. [2] Für die Übermittlung der Arbeitsunfähigkeitsdaten an die Krankenkassen werden die Dienste der Telematikinfrastruktur nach dem Fünften Buch genutzt, sobald diese zur Verfügung stehen.

---

1) Nr. 5.

2) Nr. 7.

(5) [1] Das Nähere zu den Datensätzen und zum Verfahren regelt der Spitzenverband Bund der Krankenkassen in Grundsätzen. [2] Die Grundsätze bedürfen der Genehmigung durch das Bundesministerium für Arbeit und Soziales im Einvernehmen mit dem Bundesministerium für Gesundheit und dem Bundesministerium für Ernährung und Landwirtschaft; die Bundesvereinigung der Deutschen Arbeitgeberverbände ist vor der Genehmigung anzuhören.

(6) Die teilnehmenden Krankenkassen haben monatlich dem Spitzenverband Bund der Krankenkassen über die Erfahrungen mit dem Meldeverfahren zu berichten.

§ 126 Verzicht auf die elektronisch unterstützte Prüfung bei den Arbeitgebern *(noch nicht in Kraft)*

§ 127 Bericht über die Untersuchung zur strukturierten Übermittlung der Daten für die elektronisch unterstützte Prüfung bei den Arbeitgebern. Die Deutsche Rentenversicherung Bund hat unter Beteiligung der Bundesvereinigung der Deutschen Arbeitgeberverbände dem Bundesministerium für Arbeit und Soziales bis zum 31. Dezember 2021 einen Bericht über die Ergebnisse einer Untersuchung zur strukturierten Übermittlung der notwendigen Daten für die Prüfung nach § 28p Absatz 6a im Bereich der Finanzbuchhaltung vorzulegen.

§ 128 Außerordentliche Hemmung der Verjährung. In den Fällen, in denen eine Prüfung nach § 28p bei einem Arbeitgeber in der Zeit vom 1. Januar 2020 bis zum Ablauf des 31. Dezember 2021 durchzuführen ist, die Prüfung aber auf Grund der Folgen der Ausbreitung des SARS-CoV-2-Virus (COVID-19-Pandemie) nicht durchgeführt werden konnte, ist die Verjährung von Beitragsansprüchen, die in der Zeit vom 1. Januar 2016 bis zum Ablauf des 31. Dezember 2016 fällig geworden sind, bis zum Ablauf des 31. Dezember 2021 und von Beitragsansprüchen, die in der Zeit vom 1. Januar 2017 bis zum Ablauf des 31. Dezember 2017 fällig geworden sind, bis zum Ablauf des 31. Dezember 2022 gehemmt.

§ 129 Übergangsregelung für die Zulassung der Arbeitnehmervereinigungen für die Sozialversicherungswahlen im Jahr 2023. Für die Sozialversicherungswahlen im Jahr 2023 gilt § 48a Absatz 4 in Verbindung mit § 48 Absatz 2 jeweils in der bis zum Ablauf des 17. Februar 2021 geltenden Fassung.

§ 130 Sonstige nicht beitragspflichtige Einnahmen aus ärztlichen Tätigkeiten in Corona-Impfzentren. [1] Einnahmen aus Tätigkeiten als Ärztin oder Arzt in einem Impfzentrum im Sinne der Coronavirus-Impfverordnung oder einem dort angegliederten mobilen Impfteam sind in der Zeit vom 15. Dezember 2020 bis zum 31. Dezember 2021 nicht beitragspflichtig. [2] Für Tätigkeiten, bei denen die Einnahmen nach Satz 1 nicht beitragspflichtig sind, bestehen keine Meldepflichten nach diesem Buch.

§ 131 Sonstige nicht beitragspflichtige Einnahmen aus ärztlichen Tätigkeiten in Corona-Testzentren. [1] Einnahmen aus Tätigkeiten als Ärztin oder Arzt in einem Testzentrum im Sinne der Coronavirus-Testverordnung oder einem dort angegliederten mobilen Testteam sind in der Zeit vom 4. März 2021 bis zum 31. Dezember 2021 nicht beitragspflichtig. [2] Für Tätigkeiten, bei denen die Einnahmen nach Satz 1 nicht beitragspflichtig sind, bestehen keine

Meldepflichten nach diesem Buch. [3] Satz 1 gilt nicht für Einnahmen aus einer vor dem 4. März 2021 vereinbarten Tätigkeit.

5. Sozialgesetzbuch (SGB) Fünftes Buch (V) – Gesetzliche Krankenversicherung –[1) 2) 3)4)]

Vom 20. Dezember 1988
(BGBl. I S. 2477)

FNA 860-5

zuletzt geänd. durch Art. 3 G zur Umsetzung der VO des Europäischen Parlaments und des Rates über europäische Unternehmensstatistiken zur Aufh. von zehn Rechtsakten im Bereich Unternehmensstatistiken und zur Änd. anderer Statistikgesetze v. 22.2.2021 (BGBl. I S. 266)

Nichtamtliche Gliederungsübersicht

[1)] Verkündet als Art. 1 Gesetz zur Strukturreform im Gesundheitswesen (Gesundheits-Reformgesetz – GRG) v. 20.12.1988 (BGBl. I S. 2477); Inkrafttreten gem. Art. 79 Abs. 1 dieses G am 1.1.1989, mit Ausnahme der in Abs. 2 bis 5 dieses Artikels genannten Abweichungen.

[2)] Zu **Abweichungen** von den §§ 35c, 39 und 129 **infolge der SARS-CoV-2-Epidemie** beachte die Maßgaben in § 1 der SARS-CoV-2-Arzneimittelversorgungsverordnung v. 20.4.2020 (BAnz AT 30.09.2020 V1), geänd. durch VO v. 28.9.2020 (BAnz AT 30.09.2020 V1).

[3)] Für das Gebiet der ehem. DDR beachte die Überleitungsregelungen der §§ 309 bis 311.

[4)] Die Änderungen durch G v. 9.8.2019 (BGBl. I S. 1202), die teilweise erst **mWv 16.8.2022**, die Änderungen durch G v. 23.10.2020 (BGBl. I S. 2220), die teilweise erst **mWv 31.10.2023** und die Änderungen durch G v. 12.12.2019 (BGBl. I S. 2652), die teilweise erst **mWv 1.1.2024** in Kraft treten, sind im Text noch nicht berücksichtigt.

Erstes Kapitel. Allgemeine Vorschriften

§ 1 Solidarität und Eigenverantwortung. [1]Die Krankenversicherung als Solidargemeinschaft hat die Aufgabe, die Gesundheit der Versicherten zu erhalten, wiederherzustellen oder ihren Gesundheitszustand zu bessern. [2]Das umfasst auch die Förderung der gesundheitlichen Eigenkompetenz und Eigenverantwortung der Versicherten. [3]Die Versicherten sind für ihre Gesundheit mit verantwortlich; sie sollen durch eine gesundheitsbewußte Lebensführung, durch frühzeitige Beteiligung an gesundheitlichen Vorsorgemaßnahmen sowie durch aktive Mitwirkung an Krankenbehandlung und Rehabilitation dazu beitragen, den Eintritt von Krankheit und Behinderung zu vermeiden oder ihre Folgen zu überwinden. [4]Die Krankenkassen haben den Versicherten dabei durch Aufklärung, Beratung und Leistungen zu helfen und auf gesunde Lebensverhältnisse hinzuwirken.

§ 2 Leistungen. (1) [1]Die Krankenkassen stellen den Versicherten die im Dritten Kapitel genannten Leistungen unter Beachtung des Wirtschaftlichkeitsgebots (§ 12) zur Verfügung, soweit diese Leistungen nicht der Eigenverantwortung der Versicherten zugerechnet werden. [2]Behandlungsmethoden, Arznei- und Heilmittel der besonderen Therapierichtungen sind nicht ausgeschlossen. [3]Qualität und Wirksamkeit der Leistungen haben dem allgemein anerkannten Stand der medizinischen Erkenntnisse zu entsprechen und den medizinischen Fortschritt zu berücksichtigen.

(1a) [1]Versicherte mit einer lebensbedrohlichen oder regelmäßig tödlichen Erkrankung oder mit einer zumindest wertungsmäßig vergleichbaren Erkrankung, für die eine allgemein anerkannte, dem medizinischen Standard entsprechende Leistung nicht zur Verfügung steht, können auch eine von Absatz 1 Satz 3 abweichende Leistung beanspruchen, wenn eine nicht ganz entfernt liegende Aussicht auf Heilung oder auf eine spürbare positive Einwirkung auf den Krankheitsverlauf besteht. [2]Die Krankenkasse erteilt für Leistungen nach Satz 1 vor Beginn der Behandlung eine Kostenübernahmeerklärung, wenn Versicherte oder behandelnde Leistungserbringer dies beantragen. [3]Mit der Kostenübernahmeerklärung wird die Abrechnungsmöglichkeit der Leistung nach Satz 1 festgestellt.

(2) [1]Die Versicherten erhalten die Leistungen als Sach- und Dienstleistungen, soweit dieses oder das Neunte Buch[1)] nichts Abweichendes vorsehen. [2]Die Leistungen werden auf Antrag durch ein Persönliches Budget erbracht; § 29 des Neunten Buches gilt entsprechend. [3]Über die Erbringung der Sach- und Dienstleistungen schließen die Krankenkassen nach den Vorschriften des Vierten Kapitels Verträge mit den Leistungserbringern.

(3) [1]Bei der Auswahl der Leistungserbringer ist ihre Vielfalt zu beachten. [2]Den religiösen Bedürfnissen der Versicherten ist Rechnung zu tragen.

(4) Krankenkassen, Leistungserbringer und Versicherte haben darauf zu achten, daß die Leistungen wirksam und wirtschaftlich erbracht und nur im notwendigen Umfang in Anspruch genommen werden.

[1)] Nr. **9**.

§ 2a Leistungen an behinderte und chronisch kranke Menschen.

Den besonderen Belangen behinderter und chronisch kranker Menschen ist Rechnung zu tragen.

§ 2b Geschlechtsspezifische Besonderheiten. Bei den Leistungen der Krankenkassen ist geschlechtsspezifischen Besonderheiten Rechnung zu tragen.

§ 3 Solidarische Finanzierung. [1]Die Leistungen und sonstigen Ausgaben der Krankenkassen werden durch Beiträge finanziert. [2]Dazu entrichten die Mitglieder und die Arbeitgeber Beiträge, die sich in der Regel nach den beitragspflichtigen Einnahmen der Mitglieder richten. [3]Für versicherte Familienangehörige werden Beiträge nicht erhoben.

§ 4 Krankenkassen. (1) Die Krankenkassen sind rechtsfähige Körperschaften des öffentlichen Rechts mit Selbstverwaltung.

(2) Die Krankenversicherung ist in folgende Kassenarten gegliedert:

Allgemeine Ortskrankenkassen,

Betriebskrankenkassen,

Innungskrankenkassen,

Sozialversicherung für Landwirtschaft, Forsten und Gartenbau als Träger der Krankenversicherung der Landwirte,

die Deutsche Rentenversicherung Knappschaft-Bahn-See als Träger der Krankenversicherung (Deutsche Rentenversicherung Knappschaft-Bahn-See),

Ersatzkassen.

(3) Im Interesse der Leistungsfähigkeit und Wirtschaftlichkeit der gesetzlichen Krankenversicherung arbeiten die Krankenkassen und ihre Verbände sowohl innerhalb einer Kassenart als auch kassenartenübergreifend miteinander und mit allen anderen Einrichtungen des Gesundheitswesens eng zusammen.

(4) Die Krankenkassen haben bei der Durchführung ihrer Aufgaben und in ihren Verwaltungsangelegenheiten sparsam und wirtschaftlich zu verfahren und dabei ihre Ausgaben so auszurichten, dass Beitragserhöhungen ausgeschlossen werden, es sei denn, die notwendige medizinische Versorgung ist auch nach Ausschöpfung von Wirtschaftlichkeitsreserven nicht zu gewährleisten.

§ 4a Wettbewerb der Krankenkassen, Verordnungsermächtigung.

(1) [1]Der Wettbewerb der Krankenkassen dient dem Ziel, das Leistungsangebot und die Qualität der Leistungen zu verbessern sowie die Wirtschaftlichkeit der Versorgung zu erhöhen. [2]Dieser Wettbewerb muss unter Berücksichtigung der Finanzierung der Krankenkassen durch Beiträge und des sozialen Auftrags der Krankenkassen angemessen sein. [3]Maßnahmen, die der Risikoselektion dienen oder diese unmittelbar oder mittelbar fördern, sind unzulässig.

(2) Unlautere geschäftliche Handlungen der Krankenkassen sind unzulässig.

(3) [1]Krankenkassen sind berechtigt, um Mitglieder und für ihre Leistungen zu werben. [2]Bei Werbemaßnahmen der Krankenkassen muss die sachbezogene Information im Vordergrund stehen. [3]Die Werbung hat in einer Form zu erfolgen, die mit der Eigenschaft der Krankenkassen als Körperschaften des öffentlichen Rechts unter Berücksichtigung ihrer Aufgaben vereinbar ist.

(4) [1]Das Bundesministerium für Gesundheit wird ermächtigt, durch Rechtsverordnung mit Zustimmung des Bundesrates das Nähere über die Zulässigkeit von Werbemaßnahmen der Krankenkassen zu regeln im Hinblick auf

1. Inhalt und Art der Werbung,
2. Höchstgrenzen für Werbeausgaben einschließlich der Aufwandsentschädigungen für externe Dienstleister, die zu Werbezwecken beauftragt werden,
3. die Trennung der Werbung von der Erfüllung gesetzlicher Informationspflichten,
4. die Beauftragung und Vergütung von Mitarbeitern, Arbeitsgemeinschaften, Beteiligungsgesellschaften und Dritten zu Werbezwecken,
5. die Vermittlung privater Zusatzversicherungsverträge nach § 194 Absatz 1a.

[2]Das Bundesministerium für Gesundheit kann die Ermächtigung nach Satz 1 durch Rechtsverordnung mit Zustimmung des Bundesrates auf das Bundesamt für Soziale Sicherung übertragen.

(5) Beauftragen Krankenkassen Arbeitsgemeinschaften, Beteiligungsgesellschaften oder Dritte zu Zwecken des Wettbewerbs und insbesondere der Werbung, haben sie sicherzustellen, dass die Beauftragten die für entsprechende Maßnahmen der Krankenkassen geltenden Vorschriften einschließlich der Vorgaben der Absätze 1 bis 3 sowie der Rechtsverordnung nach Absatz 4 einhalten.

(6) In den Verwaltungsvorschriften nach § 78 Satz 1 des Vierten Buches[1)] und § 77 Absatz 1a des Vierten Buches ist sicherzustellen, dass Verwaltungsausgaben, die der Werbung neuer Mitglieder dienen, nach für alle Krankenkassen gleichen Grundsätzen gebucht werden.

(7) [1]Krankenkassen können von anderen Krankenkassen die Beseitigung und Unterlassung unzulässiger Maßnahmen verlangen, die geeignet sind, ihre Interessen im Wettbewerb zu beeinträchtigen. [2]Die zur Geltendmachung des Anspruchs berechtigte Krankenkasse soll die Schuldnerin vor der Einleitung eines gerichtlichen Verfahrens abmahnen und ihr Gelegenheit geben, den Streit durch Abgabe einer mit einer angemessenen Vertragsstrafe bewehrten Unterlassungsverpflichtung beizulegen. [3]Soweit die Abmahnung berechtigt ist, kann die Abmahnende von der Abgemahnten Ersatz der erforderlichen Aufwendungen verlangen. [4]Zur Sicherung der Ansprüche nach Satz 1 können einstweilige Anordnungen auch ohne die Darlegung und Glaubhaftmachung der in § 86b Absatz 2 Satz 1 und 2 des Sozialgerichtsgesetzes[2)] bezeichneten Voraussetzungen erlassen werden. [5]Ist auf Grund von Satz 1 Klage auf Unterlassung erhoben worden, so kann das Gericht der obsiegenden Partei die Befugnis zusprechen, das Urteil auf Kosten der unterliegenden Partei öffentlich bekannt zu machen, wenn sie ein berechtigtes Interesse dartut. [6]Art und Umfang der Bekanntmachung werden im Urteil bestimmt. [7]Die Befugnis erlischt, wenn von ihr nicht innerhalb von drei Monaten nach Eintritt der Rechtskraft Gebrauch gemacht worden ist. [8]Der Ausspruch nach Satz 5 ist nicht vorläufig vollstreckbar.

[1)] Nr. **4**.
[2)] Nr. **20**.

§ 4b Sonderregelungen zum Verwaltungsverfahren. Abweichungen von den Regelungen des Verwaltungsverfahrens gemäß den §§ 266, 267, 269 und 287a durch Landesrecht sind ausgeschlossen.

Zweites Kapitel. Versicherter Personenkreis

Erster Abschnitt. Versicherung kraft Gesetzes

§ 5 Versicherungspflicht. (1) Versicherungspflichtig sind

1. Arbeiter, Angestellte und zu ihrer Berufsausbildung Beschäftigte, die gegen Arbeitsentgelt beschäftigt sind,
2. Personen in der Zeit, für die sie Arbeitslosengeld nach dem Dritten Buch[1] beziehen oder nur deshalb nicht beziehen, weil der Anspruch wegen einer Sperrzeit (§ 159 des Dritten Buches) oder wegen einer Urlaubsabgeltung (§ 157 Absatz 2 des Dritten Buches) ruht; dies gilt auch, wenn die Entscheidung, die zum Bezug der Leistung geführt hat, rückwirkend aufgehoben oder die Leistung zurückgefordert oder zurückgezahlt worden ist,

2a. Personen in der Zeit, für die sie Arbeitslosengeld II nach dem Zweiten Buch[2] beziehen, es sei denn, dass diese Leistung nur darlehensweise gewährt wird oder nur Leistungen nach § 24 Absatz 3 Satz 1 des Zweiten Buches bezogen werden; dies gilt auch, wenn die Entscheidung, die zum Bezug der Leistung geführt hat, rückwirkend aufgehoben oder die Leistung zurückgefordert oder zurückgezahlt worden ist.

3. Landwirte, ihre mitarbeitenden Familienangehörigen und Altenteiler nach näherer Bestimmung des Zweiten Gesetzes über die Krankenversicherung der Landwirte,
4. Künstler und Publizisten nach näherer Bestimmung des Künstlersozialversicherungsgesetzes,
5. Personen, die in Einrichtungen der Jugendhilfe für eine Erwerbstätigkeit befähigt werden sollen,
6. Teilnehmer an Leistungen zur Teilhabe am Arbeitsleben sowie an Abklärungen der beruflichen Eignung oder Arbeitserprobung, es sei denn, die Maßnahmen werden nach den Vorschriften des Bundesversorgungsgesetzes erbracht,
7. behinderte Menschen, die in anerkannten Werkstätten für behinderte Menschen oder in Blindenwerkstätten im Sinne des § 226 des Neunten Buches[3] oder für diese Einrichtungen in Heimarbeit oder bei einem anderen Leistungsanbieter nach § 60 des Neunten Buches tätig sind,
8. behinderte Menschen, die in Anstalten, Heimen oder gleichartigen Einrichtungen in gewisser Regelmäßigkeit eine Leistung erbringen, die einem Fünftel der Leistung eines voll erwerbsfähigen Beschäftigten in gleichartiger Beschäftigung entspricht; hierzu zählen auch Dienstleistungen für den Träger der Einrichtung,
9. Studenten, die an staatlichen oder staatlich anerkannten Hochschulen eingeschrieben sind, unabhängig davon, ob sie ihren Wohnsitz oder ge-

---

[1] Nr. 3.
[2] Nr. 2.
[3] Nr. 9.

wöhnlichen Aufenthalt im Inland haben, wenn für sie auf Grund über- oder zwischenstaatlichen Rechts kein Anspruch auf Sachleistungen besteht, längstens bis zur Vollendung des dreißigsten Lebensjahres; Studenten nach Vollendung des dreißigsten Lebensjahres sind nur versicherungspflichtig, wenn die Art der Ausbildung oder familiäre sowie persönliche Gründe, insbesondere der Erwerb der Zugangsvoraussetzungen in einer Ausbildungsstätte des Zweiten Bildungswegs, die Überschreitung der Altersgrenze rechtfertigen,

10. Personen, die eine in Studien- oder Prüfungsordnungen vorgeschriebene berufspraktische Tätigkeit ohne Arbeitsentgelt verrichten, längstens bis zur Vollendung des 30. Lebensjahres, sowie zu ihrer Berufsausbildung ohne Arbeitsentgelt Beschäftigte; Auszubildende des Zweiten Bildungswegs, die sich in einem förderungsfähigen Teil eines Ausbildungsabschnitts nach dem Bundesausbildungsförderungsgesetz befinden, sind Praktikanten gleichgestellt,

11. Personen, die die Voraussetzungen für den Anspruch auf eine Rente aus der gesetzlichen Rentenversicherung erfüllen und diese Rente beantragt haben, wenn sie seit der erstmaligen Aufnahme einer Erwerbstätigkeit bis zur Stellung des Rentenantrags mindestens neun Zehntel der zweiten Hälfte des Zeitraums Mitglied oder nach § 10 versichert waren,

11a. Personen, die eine selbständige künstlerische oder publizistische Tätigkeit vor dem 1. Januar 1983 aufgenommen haben, die Voraussetzungen für den Anspruch auf eine Rente aus der Rentenversicherung erfüllen und diese Rente beantragt haben, wenn sie mindestens neun Zehntel des Zeitraums zwischen dem 1. Januar 1985 und der Stellung des Rentenantrags nach dem Künstlersozialversicherungsgesetz in der gesetzlichen Krankenversicherung versichert waren; für Personen, die am 3. Oktober 1990 ihren Wohnsitz im Beitrittsgebiet hatten, ist anstelle des 1. Januar 1985 der 1. Januar 1992 maßgebend,

11b. Personen, die die Voraussetzungen für den Anspruch
   a) auf eine Waisenrente nach § 48 des Sechsten Buches[1] oder
   b) auf eine entsprechende Leistung einer berufsständischen Versorgungseinrichtung, wenn der verstorbene Elternteil zuletzt als Beschäftigter von der Versicherungspflicht in der gesetzlichen Rentenversicherung wegen einer Pflichtmitgliedschaft in einer berufsständischen Versorgungseinrichtung nach § 6 Absatz 1 Satz 1 Nummer 1 des Sechsten Buches befreit war,

   erfüllen und diese beantragt haben; dies gilt nicht für Personen, die zuletzt vor der Stellung des Rentenantrags privat krankenversichert waren, es sei denn, sie erfüllen die Voraussetzungen für eine Familienversicherung mit Ausnahme des § 10 Absatz 1 Satz 1 Nummer 2 oder die Voraussetzungen der Nummer 11,

12. Personen, die die Voraussetzungen für den Anspruch auf eine Rente aus der gesetzlichen Rentenversicherung erfüllen und diese Rente beantragt haben, wenn sie zu den in § 1 oder § 17a des Fremdrentengesetzes oder zu den in § 20 des Gesetzes zur Wiedergutmachung nationalsozialistischen Unrechts in der Sozialversicherung genannten Personen gehören und

---

[1] Nr. **6**.

ihren Wohnsitz innerhalb der letzten 10 Jahre vor der Stellung des Rentenantrags in das Inland verlegt haben,

13. Personen, die keinen anderweitigen Anspruch auf Absicherung im Krankheitsfall haben und
    a) zuletzt gesetzlich krankenversichert waren oder
    b) bisher nicht gesetzlich oder privat krankenversichert waren, es sei denn, dass sie zu den in Absatz 5 oder den in § 6 Abs. 1 oder 2 genannten Personen gehören oder bei Ausübung ihrer beruflichen Tätigkeit im Inland gehört hätten.

(2) [1] Der nach Absatz 1 Nr. 11 erforderlichen Mitgliedszeit steht bis zum 31. Dezember 1988 die Zeit der Ehe mit einem Mitglied gleich, wenn die mit dem Mitglied verheiratete Person nicht mehr als nur geringfügig beschäftigt oder geringfügig selbständig tätig war. [2] Bei Personen, die ihren Rentenanspruch aus der Versicherung einer anderen Person ableiten, gelten die Voraussetzungen des Absatzes 1 Nr. 11 oder 12 als erfüllt, wenn die andere Person diese Voraussetzungen erfüllt hatte. [3] Auf die nach Absatz 1 Nummer 11 erforderliche Mitgliedszeit wird für jedes Kind, Stiefkind oder Pflegekind (§ 56 Absatz 2 Nummer 2 des Ersten Buches[1)]) eine Zeit von drei Jahren angerechnet. [4] Eine Anrechnung erfolgt nicht für

1. ein Adoptivkind, wenn das Kind zum Zeitpunkt des Wirksamwerdens der Adoption bereits die in § 10 Absatz 2 vorgesehenen Altersgrenzen erreicht hat, oder
2. ein Stiefkind, wenn das Kind zum Zeitpunkt der Eheschließung mit dem Elternteil des Kindes bereits die in § 10 Absatz 2 vorgesehenen Altersgrenzen erreicht hat oder wenn das Kind vor Erreichen dieser Altersgrenzen nicht in den gemeinsamen Haushalt mit dem Mitglied aufgenommen wurde.

(3) Als gegen Arbeitsentgelt beschäftigte Arbeiter und Angestellte im Sinne des Absatzes 1 Nr. 1 gelten Bezieher von Vorruhestandsgeld, wenn sie unmittelbar vor Bezug des Vorruhestandsgeldes versicherungspflichtig waren und das Vorruhestandsgeld mindestens in Höhe von 65 vom Hundert des Bruttoarbeitsentgelts im Sinne des § 3 Abs. 2 des Vorruhestandsgesetzes gezahlt wird.

(4) Als Bezieher von Vorruhestandsgeld ist nicht versicherungspflichtig, wer im Ausland seinen Wohnsitz oder gewöhnlichen Aufenthalt in einem Staat hat, mit dem für Arbeitnehmer mit Wohnsitz oder gewöhnlichem Aufenthalt in diesem Staat keine über- oder zwischenstaatlichen Regelungen über Sachleistungen bei Krankheit bestehen.

(4a) [1] Die folgenden Personen stehen Beschäftigten zur Berufsausbildung im Sinne des Absatzes 1 Nummer 1 gleich:

1. Auszubildende, die im Rahmen eines Berufsausbildungsvertrages nach dem Berufsbildungsgesetz in einer außerbetrieblichen Einrichtung ausgebildet werden,
2. Teilnehmerinnen und Teilnehmer an dualen Studiengängen und
3. Teilnehmerinnen und Teilnehmer an Ausbildungen mit Abschnitten des schulischen Unterrichts und der praktischen Ausbildung, für die ein Ausbildungsvertrag und Anspruch auf Ausbildungsvergütung besteht (praxisintegrierte Ausbildungen).

---

1) Nr. 1.

[2]Als zu ihrer Berufsausbildung Beschäftigte im Sinne des Absatzes 1 Nr. 1 gelten Personen, die als nicht satzungsmäßige Mitglieder geistlicher Genossenschaften oder ähnlicher religiöser Gemeinschaften für den Dienst in einer solchen Genossenschaft oder ähnlichen religiösen Gemeinschaft außerschulisch ausgebildet werden.

(5) [1]Nach Absatz 1 Nr. 1 oder 5 bis 12 ist nicht versicherungspflichtig, wer hauptberuflich selbständig erwerbstätig ist. [2]Bei Personen, die im Zusammenhang mit ihrer selbständigen Erwerbstätigkeit regelmäßig mindestens einen Arbeitnehmer mehr als geringfügig beschäftigen, wird vermutet, dass sie hauptberuflich selbständig erwerbstätig sind; als Arbeitnehmer gelten für Gesellschafter auch die Arbeitnehmer der Gesellschaft.

(5a) [1]Nach Absatz 1 Nr. 2a ist nicht versicherungspflichtig, wer zuletzt vor dem Bezug von Arbeitslosengeld II privat krankenversichert war oder weder gesetzlich noch privat krankenversichert war und zu den in Absatz 5 oder den in § 6 Abs. 1 oder 2 genannten Personen gehört oder bei Ausübung seiner beruflichen Tätigkeit im Inland gehört hätte. [2]Satz 1 gilt nicht für Personen, die am 31. Dezember 2008 nach § 5 Abs. 1 Nr. 2a versicherungspflichtig waren, für die Dauer ihrer Hilfebedürftigkeit. [3]Personen nach Satz 1 sind nicht nach § 10 versichert. [4]Personen nach Satz 1, die am 31. Dezember 2015 die Voraussetzungen des § 10 erfüllt haben, sind ab dem 1. Januar 2016 versicherungspflichtig nach Absatz 1 Nummer 2a, solange sie diese Voraussetzungen erfüllen.

(6) [1]Nach Absatz 1 Nr. 5 bis 7 oder 8 ist nicht versicherungspflichtig, wer nach Absatz 1 Nr. 1 versicherungspflichtig ist. [2]Trifft eine Versicherungspflicht nach Absatz 1 Nr. 6 mit einer Versicherungspflicht nach Absatz 1 Nr. 7 oder 8 zusammen, geht die Versicherungspflicht vor, nach der die höheren Beiträge zu zahlen sind.

(7) [1]Nach Absatz 1 Nr. 9 oder 10 ist nicht versicherungspflichtig, wer nach Absatz 1 Nr. 1 bis 8, 11 bis 12 versicherungspflichtig oder nach § 10 versichert ist, es sei denn, der Ehegatte, der Lebenspartner oder das Kind des Studenten oder Praktikanten ist nicht versichert oder die Versicherungspflicht nach Absatz 1 Nummer 11b besteht über die Altersgrenze des § 10 Absatz 2 Nummer 3 hinaus. [2]Die Versicherungspflicht nach Absatz 1 Nr. 9 geht der Versicherungspflicht nach Absatz 1 Nr. 10 vor.

(8) [1]Nach Absatz 1 Nr. 11 bis 12 ist nicht versicherungspflichtig, wer nach Absatz 1 Nr. 1 bis 7 oder 8 versicherungspflichtig ist. [2]Satz 1 gilt für die in § 190 Abs. 11a genannten Personen entsprechend. [3]Bei Beziehern einer Rente der gesetzlichen Rentenversicherung, die nach dem 31. März 2002 nach § 5 Abs. 1 Nr. 11 versicherungspflichtig geworden sind, deren Anspruch auf Rente schon an diesem Tag bestand und die bis zu diesem Zeitpunkt nach § 10 oder nach § 7 des Zweiten Gesetzes über die Krankenversicherung der Landwirte versichert waren, aber nicht die Vorversicherungszeit des § 5 Abs. 1 Nr. 11 in der seit dem 1. Januar 1993 geltenden Fassung erfüllt hatten und deren Versicherung nach § 10 oder nach § 7 des Zweiten Gesetzes über die Krankenversicherung der Landwirte nicht von einer der in § 9 Absatz 1 Satz 1 Nummer 6 in der am 10. Mai 2019 geltenden Fassung genannten Personen abgeleitet worden ist, geht die Versicherung nach § 10 oder nach § 7 des Zweiten Gesetzes über die Krankenversicherung der Landwirte der Versicherung nach § 5 Abs. 1 Nr. 11 vor.

(8a) [1]Nach Absatz 1 Nr. 13 ist nicht versicherungspflichtig, wer nach Absatz 1 Nr. 1 bis 12 versicherungspflichtig, freiwilliges Mitglied oder nach § 10 versichert ist. [2]Satz 1 gilt entsprechend für Empfänger laufender Leistungen nach dem Dritten, Vierten und Siebten Kapitel des Zwölften Buches[1)], dem Teil 2 des Neunten Buches und für Empfänger laufender Leistungen nach § 2 des Asylbewerberleistungsgesetzes. [3]Satz 2 gilt auch, wenn der Anspruch auf diese Leistungen für weniger als einen Monat unterbrochen wird. [4]Der Anspruch auf Leistungen nach § 19 Abs. 2 gilt nicht als Absicherung im Krankheitsfall im Sinne von Absatz 1 Nr. 13, sofern im Anschluss daran kein anderweitiger Anspruch auf Absicherung im Krankheitsfall besteht.

(9) [1]Kommt eine Versicherung nach den §§ 5, 9 oder 10 nach Kündigung des Versicherungsvertrages nicht zu Stande oder endet eine Versicherung nach den §§ 5 oder 10 vor Erfüllung der Vorversicherungszeit nach § 9, ist das private Krankenversicherungsunternehmen zum erneuten Abschluss eines Versicherungsvertrages verpflichtet, wenn der vorherige Vertrag für mindestens fünf Jahre vor seiner Kündigung ununterbrochen bestanden hat. [2]Der Abschluss erfolgt ohne Risikoprüfung zu gleichen Tarifbedingungen, die zum Zeitpunkt der Kündigung bestanden haben; die bis zum Ausscheiden erworbenen Alterungsrückstellungen sind dem Vertrag zuzuschreiben. [3]Wird eine gesetzliche Krankenversicherung nach Satz 1 nicht begründet, tritt der neue Versicherungsvertrag am Tag nach der Beendigung des vorhergehenden Versicherungsvertrages in Kraft. [4]Endet die gesetzliche Krankenversicherung nach Satz 1 vor Erfüllung der Vorversicherungszeit, tritt der neue Versicherungsvertrag am Tag nach Beendigung der gesetzlichen Krankenversicherung in Kraft. [5]Die Verpflichtung nach Satz 1 endet drei Monate nach der Beendigung des Versicherungsvertrages, wenn eine Versicherung nach den §§ 5, 9 oder 10 nicht begründet wurde. [6]Bei Beendigung der Versicherung nach den §§ 5 oder 10 vor Erfüllung der Vorversicherungszeiten nach § 9 endet die Verpflichtung nach Satz 1 längstens zwölf Monate nach der Beendigung des privaten Versicherungsvertrages. [7]Die vorstehenden Regelungen zum Versicherungsvertrag sind auf eine Anwartschaftsversicherung in der privaten Krankenversicherung entsprechend anzuwenden.

(10) *(nicht belegt)*

(11) [1]Ausländer, die nicht Angehörige eines Mitgliedstaates der Europäischen Union, Angehörige eines Vertragsstaates des Abkommens über den Europäischen Wirtschaftsraum oder Staatsangehörige der Schweiz sind, werden von der Versicherungspflicht nach Absatz 1 Nr. 13 erfasst, wenn sie eine Niederlassungserlaubnis oder eine Aufenthaltserlaubnis mit einer Befristung auf mehr als zwölf Monate nach dem Aufenthaltsgesetz besitzen und für die Erteilung dieser Aufenthaltstitel keine Verpflichtung zur Sicherung des Lebensunterhalts nach § 5 Abs. 1 Nr. 1 des Aufenthaltsgesetzes besteht. [2]Angehörige eines anderen Mitgliedstaates der Europäischen Union, Angehörige eines anderen Vertragsstaates des Abkommens über den Europäischen Wirtschaftsraum oder Staatsangehörige der Schweiz werden von der Versicherungspflicht nach Absatz 1 Nr. 13 nicht erfasst, wenn die Voraussetzung für die Wohnortnahme in Deutschland die Existenz eines Krankenversicherungsschutzes nach § 4 des Freizügigkeitsgesetzes/EU ist. [3]Bei Leistungsberechtigten nach dem Asylbewerberleistungsgesetz liegt eine Absicherung im Krankheitsfall bereits dann vor,

---

[1)] Nr. **12**.

wenn ein Anspruch auf Leistungen bei Krankheit, Schwangerschaft und Geburt nach § 4 des Asylbewerberleistungsgesetzes dem Grunde nach besteht.

§ 6 Versicherungsfreiheit. (1) Versicherungsfrei sind

1. Arbeiter und Angestellte, deren regelmäßiges Jahresarbeitsentgelt die Jahresarbeitsentgeltgrenze nach den Absätzen 6 oder 7 übersteigt; Zuschläge, die mit Rücksicht auf den Familienstand gezahlt werden, bleiben unberücksichtigt,

1a. nicht-deutsche Besatzungsmitglieder deutscher Seeschiffe, die ihren Wohnsitz oder gewöhnlichen Aufenthalt nicht in einem Mitgliedstaat der Europäischen Union, einem Vertragsstaat des Abkommens über den Europäischen Wirtschaftsraum oder der Schweiz haben,

2. Beamte, Richter, Soldaten auf Zeit sowie Berufssoldaten der Bundeswehr und sonstige Beschäftigte des Bundes, eines Landes, eines Gemeindeverbandes, einer Gemeinde, von öffentlich-rechtlichen Körperschaften, Anstalten, Stiftungen oder Verbänden öffentlich-rechtlicher Körperschaften oder deren Spitzenverbänden, wenn sie nach beamtenrechtlichen Vorschriften oder Grundsätzen bei Krankheit Anspruch auf Fortzahlung der Bezüge und auf Beihilfe oder Heilfürsorge haben,
3. Personen, die während der Dauer ihres Studiums als ordentliche Studierende einer Hochschule oder einer der fachlichen Ausbildung dienenden Schule gegen Arbeitsentgelt beschäftigt sind,
4. Geistliche der als öffentlich-rechtliche Körperschaften anerkannten Religionsgesellschaften, wenn sie nach beamtenrechtlichen Vorschriften oder Grundsätzen bei Krankheit Anspruch auf Fortzahlung der Bezüge und auf Beihilfe haben,
5. Lehrer, die an privaten genehmigten Ersatzschulen hauptamtlich beschäftigt sind, wenn sie nach beamtenrechtlichen Vorschriften oder Grundsätzen bei Krankheit Anspruch auf Fortzahlung der Bezüge und auf Beihilfe haben,
6. die in den Nummern 2, 4 und 5 genannten Personen, wenn ihnen ein Anspruch auf Ruhegehalt oder ähnliche Bezüge zuerkannt ist und sie Anspruch auf Beihilfe im Krankheitsfalle nach beamtenrechtlichen Vorschriften oder Grundsätzen haben,
7. satzungsmäßige Mitglieder geistlicher Genossenschaften, Diakonissen und ähnliche Personen, wenn sie sich aus überwiegend religiösen oder sittlichen Beweggründen mit Krankenpflege, Unterricht oder anderen gemeinnützigen Tätigkeiten beschäftigen und nicht mehr als freien Unterhalt oder ein geringes Entgelt beziehen, das nur zur Beschaffung der unmittelbaren Lebensbedürfnisse an Wohnung, Verpflegung, Kleidung und dergleichen ausreicht,
8. Personen, die nach dem Krankheitsfürsorgesystem der Europäischen Gemeinschaften bei Krankheit geschützt sind.

(2) Nach § 5 Abs. 1 Nr. 11 versicherungspflichtige Hinterbliebene der in Absatz 1 Nr. 2 und 4 bis 6 genannten Personen sind versicherungsfrei, wenn sie ihren Rentenanspruch nur aus der Versicherung dieser Personen ableiten und nach beamtenrechtlichen Vorschriften oder Grundsätzen bei Krankheit Anspruch auf Beihilfe haben.

(3) [1] Die nach Absatz 1 oder anderen gesetzlichen Vorschriften mit Ausnahme von Absatz 2 und § 7 versicherungsfreien oder von der Versicherungs-

pflicht befreiten Personen bleiben auch dann versicherungsfrei, wenn sie eine der in § 5 Abs. 1 Nr. 1 oder Nr. 5 bis 13 genannten Voraussetzungen erfüllen. [2]Dies gilt nicht für die in Absatz 1 Nr. 3 genannten Personen, solange sie während ihrer Beschäftigung versicherungsfrei sind.

(3a) [1]Personen, die nach Vollendung des 55. Lebensjahres versicherungspflichtig werden, sind versicherungsfrei, wenn sie in den letzten fünf Jahren vor Eintritt der Versicherungspflicht nicht gesetzlich versichert waren. [2]Weitere Voraussetzung ist, dass diese Personen mindestens die Hälfte dieser Zeit versicherungsfrei, von der Versicherungspflicht befreit oder nach § 5 Abs. 5 nicht versicherungspflichtig waren. [3]Der Voraussetzung nach Satz 2 stehen die Ehe oder die Lebenspartnerschaft mit einer in Satz 2 genannten Person gleich. [4]Satz 1 gilt nicht für Personen, die nach § 5 Abs. 1 Nr. 13 versicherungspflichtig sind.

(4) [1]Wird die Jahresarbeitsentgeltgrenze überschritten, endet die Versicherungspflicht mit Ablauf des Kalenderjahres, in dem sie überschritten wird. [2]Dies gilt nicht, wenn das Entgelt die vom Beginn des nächsten Kalenderjahres an geltende Jahresarbeitsentgeltgrenze nicht übersteigt. [3]Rückwirkende Erhöhungen des Entgelts werden dem Kalenderjahr zugerechnet, in dem der Anspruch auf das erhöhte Entgelt entstanden ist.

(5) *(aufgehoben)*

(6) [1]Die Jahresarbeitsentgeltgrenze nach Absatz 1 Nr. 1 beträgt im Jahr 2003 45 900 Euro.[1)] [2]Sie ändert sich zum 1. Januar eines jeden Jahres in dem Verhältnis, in dem die Bruttolöhne und -gehälter je Arbeitnehmer (§ 68 Abs. 2 Satz 1 des Sechsten Buches[2)]) im vergangenen Kalenderjahr zu den entsprechenden Bruttolöhnen und -gehältern im vorvergangenen Kalenderjahr stehen. [3]Die veränderten Beträge werden nur für das Kalenderjahr, für das die Jahresarbeitsentgeltgrenze bestimmt wird, auf das nächsthöhere Vielfache von 450 aufgerundet. [4]Die Bundesregierung setzt die Jahresarbeitsentgeltgrenze in der Rechtsverordnung nach § 160 des Sechsten Buches Sozialgesetzbuch fest.

(7) [1]Abweichend von Absatz 6 Satz 1 beträgt die Jahresarbeitsentgeltgrenze für Arbeiter und Angestellte, die am 31. Dezember 2002 wegen Überschreitens der an diesem Tag geltenden Jahresarbeitsentgeltgrenze versicherungsfrei und bei einem privaten Krankenversicherungsunternehmen in einer substitutiven Krankenversicherung versichert waren, im Jahr 2003 41 400 Euro.[3)] [2]Absatz 6 Satz 2 bis 4 gilt entsprechend.

§ 7 Versicherungsfreiheit bei geringfügiger Beschäftigung. (1) [1]Wer eine geringfügige Beschäftigung nach §§ 8, 8a des Vierten Buches[4)] ausübt, ist in dieser Beschäftigung versicherungsfrei; dies gilt nicht für eine Beschäftigung

1. im Rahmen betrieblicher Berufsbildung,
2. nach dem Jugendfreiwilligendienstegesetz,
3. nach dem Bundesfreiwilligendienstgesetz.

[1)] Die Jahresarbeitsentgeltgrenze nach § 6 Absatz 6 beträgt für das Jahr 2021 64 350 Euro; siehe hierzu die Sozialversicherungs-Rechengrößenverordnung 2021 v. 30.11.2020 (BGBl. I S. 2612);

[2)] Nr. **6**.

[3)] Die Jahresarbeitsentgeltgrenze nach § 6 Absatz 7 beträgt für das Jahr 2021 58 050 Euro; siehe hierzu die Sozialversicherungs-Rechengrößenverordnung 2021 v. 30.11.2020 (BGBl. I S. 2612); .

[4)] Nr. **4**.

[2] § 8 Abs. 2 des Vierten Buches ist mit der Maßgabe anzuwenden, daß eine Zusammenrechnung mit einer nicht geringfügigen Beschäftigung nur erfolgt, wenn diese Versicherungspflicht begründet.

(2) [1] Personen, die am 31. März 2003 nur in einer Beschäftigung versicherungspflichtig waren, die die Merkmale einer geringfügigen Beschäftigung nach den §§ 8, 8a des Vierten Buches erfüllt, und die nach dem 31. März 2003 nicht die Voraussetzungen für eine Versicherung nach § 10 erfüllen, bleiben in dieser Beschäftigung versicherungspflichtig. [2] Sie werden auf ihren Antrag von der Versicherungspflicht befreit. [3] § 8 Abs. 2 gilt entsprechend mit der Maßgabe, dass an die Stelle des Zeitpunkts des Beginns der Versicherungspflicht der 1. April 2003 tritt. [4] Die Befreiung ist auf die jeweilige Beschäftigung beschränkt.

§ 8 Befreiung von der Versicherungspflicht. (1) [1] Auf Antrag wird von der Versicherungspflicht befreit, wer versicherungspflichtig wird

1. wegen Änderung der Jahresarbeitsentgeltgrenze nach § 6 Abs. 6 Satz 2 oder Abs. 7,

1a. durch den Bezug von Arbeitslosengeld oder Unterhaltsgeld (§ 5 Abs. 1 Nr. 2) und in den letzten fünf Jahren vor dem Leistungsbezug nicht gesetzlich krankenversichert war, wenn er bei einem Krankenversicherungsunternehmen versichert ist und Vertragsleistungen erhält, die der Art und dem Umfang nach den Leistungen dieses Buches entsprechen,

2. durch Aufnahme einer nicht vollen Erwerbstätigkeit nach § 2 des Bundeserziehungsgeldgesetzes oder nach § 1 Abs. 6 des Bundeselterngeld- und Elternzeitgesetzes während der Elternzeit; die Befreiung erstreckt sich nur auf die Elternzeit,

2a. durch Herabsetzung der regelmäßigen Wochenarbeitszeit während einer Freistellung nach § 3 des Pflegezeitgesetzes oder der Familienpflegezeit nach § 2 des Familienpflegezeitgesetzes; die Befreiung erstreckt sich nur auf die Dauer einer Freistellung oder die Dauer der Familienpflegezeit,

3. weil seine Arbeitszeit auf die Hälfte oder weniger als die Hälfte der regelmäßigen Wochenarbeitszeit vergleichbarer Vollbeschäftigter des Betriebes herabgesetzt wird; dies gilt auch für Beschäftigte, die im Anschluß an ihr bisheriges Beschäftigungsverhältnis bei einem anderen Arbeitgeber ein Beschäftigungsverhältnis aufnehmen, das die Voraussetzungen des vorstehenden Halbsatzes erfüllt, sowie für Beschäftigte, die im Anschluss an die Zeiten des Bezugs von Elterngeld oder der Inanspruchnahme von Elternzeit oder einer Freistellung nach § 3 des Pflegezeitgesetzes oder § 2 des Familienpflegezeitgesetzes ein Beschäftigungsverhältnis im Sinne des ersten Teilsatzes aufnehmen, das bei Vollbeschäftigung zur Versicherungsfreiheit nach § 6 Absatz 1 Nummer 1 führen würde; Voraussetzung ist ferner, daß der Beschäftigte seit mindestens fünf Jahren wegen Überschreitens der Jahresarbeitsentgeltgrenze versicherungsfrei ist; Zeiten des Bezugs von Erziehungsgeld oder Elterngeld oder der Inanspruchnahme von Elternzeit oder einer Freistellung nach § 3 des Pflegezeitgesetzes oder § 2 des Familienpflegezeitgesetzes werden angerechnet,

4. durch den Antrag auf Rente oder den Bezug von Rente oder die Teilnahme an einer Leistung zur Teilhabe am Arbeitsleben (§ 5 Abs. 1 Nr. 6, 11 bis 12),

5. durch die Einschreibung als Student oder die berufspraktische Tätigkeit (§ 5 Abs. 1 Nr. 9 oder 10),
6. durch die Beschäftigung als Arzt im Praktikum,
7. durch die Tätigkeit in einer Einrichtung für behinderte Menschen (§ 5 Abs. 1 Nr. 7 oder 8).

[2] Das Recht auf Befreiung setzt nicht voraus, dass der Antragsteller erstmals versicherungspflichtig wird.

(2) [1] Der Antrag ist innerhalb von drei Monaten nach Beginn der Versicherungspflicht bei der Krankenkasse zu stellen. [2] Die Befreiung wirkt vom Beginn der Versicherungspflicht an, wenn seit diesem Zeitpunkt noch keine Leistungen in Anspruch genommen wurden, sonst vom Beginn des Kalendermonats an, der auf die Antragstellung folgt. [3] Die Befreiung kann nicht widerrufen werden. [4] Die Befreiung wird nur wirksam, wenn das Mitglied das Bestehen eines anderweitigen Anspruchs auf Absicherung im Krankheitsfall nachweist.

(3) [1] Personen, die am 31. Dezember 2014 von der Versicherungspflicht nach Absatz 1 Nummer 2a befreit waren, bleiben auch für die Dauer der Nachpflegephase nach § 3 Absatz 1 Nummer 1 Buchstabe c des Familienpflegezeitgesetzes in der am 31. Dezember 2014 geltenden Fassung befreit. [2] Bei Anwendung des Absatzes 1 Nummer 3 steht der Freistellung nach § 2 des Familienpflegezeitgesetzes die Nachpflegephase nach § 3 Absatz 1 Nummer 1 Buchstabe c des Familienpflegezeitgesetzes in der am 31. Dezember 2014 geltenden Fassung gleich.

Zweiter Abschnitt. Versicherungsberechtigung

§ 9 Freiwillige Versicherung. (1) [1] Der Versicherung können beitreten

1. Personen, die als Mitglieder aus der Versicherungspflicht ausgeschieden sind und in den letzten fünf Jahren vor dem Ausscheiden mindestens vierundzwanzig Monate oder unmittelbar vor dem Ausscheiden ununterbrochen mindestens zwölf Monate versichert waren; Zeiten der Mitgliedschaft nach § 189 und Zeiten, in denen eine Versicherung allein deshalb bestanden hat, weil Arbeitslosengeld II zu Unrecht bezogen wurde, werden nicht berücksichtigt,
2. Personen, deren Versicherung nach § 10 erlischt oder nur deswegen nicht besteht, weil die Voraussetzungen des § 10 Abs. 3 vorliegen, wenn sie oder der Elternteil, aus dessen Versicherung die Familienversicherung abgeleitet wurde, die in Nummer 1 genannte Vorversicherungszeit erfüllen,
3. Personen, die erstmals eine Beschäftigung im Inland aufnehmen und nach § 6 Absatz 1 Nummer 1 versicherungsfrei sind; Beschäftigungen vor oder während der beruflichen Ausbildung bleiben unberücksichtigt,
4. schwerbehinderte Menschen im Sinne des Neunten Buches[1)], wenn sie, ein Elternteil, ihr Ehegatte oder ihr Lebenspartner in den letzten fünf Jahren vor dem Beitritt mindestens drei Jahre versichert waren, es sei denn, sie konnten wegen ihrer Behinderung diese Voraussetzung nicht erfüllen; die Satzung kann das Recht zum Beitritt von einer Altersgrenze abhängig machen,
5. Arbeitnehmer, deren Mitgliedschaft durch Beschäftigung im Ausland oder bei einer zwischenstaatlichen oder überstaatlichen Organisation endete,

---

[1)] Nr. **9**.

wenn sie innerhalb von zwei Monaten nach Rückkehr in das Inland oder nach Beendigung ihrer Tätigkeit bei der zwischenstaatlichen oder überstaatlichen Organisation wieder eine Beschäftigung aufnehmen,
6. *(aufgehoben)*
7. innerhalb von sechs Monaten nach ständiger Aufenthaltnahme im Inland oder innerhalb von drei Monaten nach Ende des Bezugs von Arbeitslosengeld II Spätaussiedler sowie deren gemäß § 7 Abs. 2 Satz 1 des Bundesvertriebenengesetzes leistungsberechtigte Ehegatten und Abkömmlinge, die bis zum Verlassen ihres früheren Versicherungsbereichs bei einem dortigen Träger der gesetzlichen Krankenversicherung versichert waren,
8. Personen, die ab dem 31. Dezember 2018 als Soldatinnen oder Soldaten auf Zeit aus dem Dienst ausgeschieden sind.

[2] Für die Berechnung der Vorversicherungszeiten nach Satz 1 Nr. 1 gelten 360 Tage eines Bezugs von Leistungen, die nach § 339 des Dritten Buches[1)] berechnet werden, als zwölf Monate.

(2) Der Beitritt ist der Krankenkasse innerhalb von drei Monaten anzuzeigen
1. im Falle des Absatzes 1 Nr. 1 nach Beendigung der Mitgliedschaft,
2. im Falle des Absatzes 1 Nr. 2 nach Beendigung der Versicherung oder nach Geburt des Kindes,
3. im Falle des Absatzes 1 Satz 1 Nummer 3 nach Aufnahme der Beschäftigung,
4. im Falle des Absatzes 1 Nr. 4 nach Feststellung der Behinderung nach § 151 des Neunten Buches,
5. im Falle des Absatzes 1 Nummer 5 nach Rückkehr in das Inland oder nach Beendigung der Tätigkeit bei der zwischenstaatlichen oder überstaatlichen Organisation,
6. im Falle des Absatzes 1 Satz 1 Nummer 8 nach dem Ausscheiden aus dem Dienst als Soldatin oder Soldat auf Zeit.

(3) Kann zum Zeitpunkt des Beitritts zur gesetzlichen Krankenversicherung nach Absatz 1 Nr. 7 eine Bescheinigung nach § 15 Abs. 1 oder 2 des Bundesvertriebenengesetzes nicht vorgelegt werden, reicht als vorläufiger Nachweis der vom Bundesverwaltungsamt im Verteilungsverfahren nach § 8 Abs. 1 des Bundesvertriebenengesetzes ausgestellte Registrierschein und die Bestätigung der für die Ausstellung einer Bescheinigung nach § 15 Abs. 1 oder 2 des Bundesvertriebenengesetzes zuständigen Behörde, dass die Ausstellung dieser Bescheinigung beantragt wurde.

Dritter Abschnitt. Versicherung der Familienangehörigen

§ 10 Familienversicherung. (1) [1] Versichert sind der Ehegatte, der Lebenspartner und die Kinder von Mitgliedern sowie die Kinder von familienversicherten Kindern, wenn diese Familienangehörigen
1. ihren Wohnsitz oder gewöhnlichen Aufenthalt im Inland haben,
2. nicht nach § 5 Abs. 1 Nr. 1, 2, 2a, 3 bis 8, 11 bis 12 oder nicht freiwillig versichert sind,
3. nicht versicherungsfrei oder nicht von der Versicherungspflicht befreit sind; dabei bleibt die Versicherungsfreiheit nach § 7 außer Betracht,

---

1) Nr. 3.

4. nicht hauptberuflich selbständig erwerbstätig sind und
5. kein Gesamteinkommen haben, das regelmäßig im Monat ein Siebtel der monatlichen Bezugsgröße nach § 18 des Vierten Buches[1)] überschreitet; bei Abfindungen, Entschädigungen oder ähnlichen Leistungen (Entlassungsentschädigungen), die wegen der Beendigung eines Arbeitsverhältnisses in Form nicht monatlich wiederkehrender Leistungen gezahlt werden, wird das zuletzt erzielte monatliche Arbeitsentgelt für die der Auszahlung der Entlassungsentschädigung folgenden Monate bis zu dem Monat berücksichtigt, in dem im Fall der Fortzahlung des Arbeitsentgelts die Höhe der gezahlten Entlassungsentschädigung erreicht worden wäre; bei Renten wird der Zahlbetrag ohne den auf Entgeltpunkte für Kindererziehungszeiten entfallenden Teil berücksichtigt.

[2] Eine hauptberufliche selbständige Tätigkeit im Sinne des Satzes 1 Nr. 4 ist nicht deshalb anzunehmen, weil eine Versicherung nach § 1 Abs. 3 des Gesetzes über die Alterssicherung der Landwirte vom 29. Juli 1994 (BGBl. I S. 1890, 1891) besteht. [3] Ehegatten und Lebenspartner sind für die Dauer der Schutzfristen nach § 3 des Mutterschutzgesetzes sowie der Elternzeit nicht versichert, wenn sie zuletzt vor diesen Zeiträumen nicht gesetzlich krankenversichert waren.

(2) Kinder sind versichert

1. bis zur Vollendung des achtzehnten Lebensjahres,
2. bis zur Vollendung des dreiundzwanzigsten Lebensjahres, wenn sie nicht erwerbstätig sind,
3. bis zur Vollendung des fünfundzwanzigsten Lebensjahres, wenn sie sich in Schul- oder Berufsausbildung befinden oder ein freiwilliges soziales Jahr oder ein freiwilliges ökologisches Jahr im Sinne des Jugendfreiwilligendienstegesetzes oder Bundesfreiwilligendienst nach dem Bundesfreiwilligendienstgesetz leisten; wird die Schul- oder Berufsausbildung durch Erfüllung einer gesetzlichen Dienstpflicht des Kindes unterbrochen oder verzögert, besteht die Versicherung auch für einen der Dauer dieses Dienstes entsprechenden Zeitraum über das fünfundzwanzigste Lebensjahr hinaus; dies gilt auch bei einer Unterbrechung oder Verzögerung durch den freiwilligen Wehrdienst nach § 58b des Soldatengesetzes, einen Freiwilligendienst nach dem Bundesfreiwilligendienstgesetz, dem Jugendfreiwilligendienstegesetz oder einen vergleichbaren anerkannten Freiwilligendienst oder durch eine Tätigkeit als Entwicklungshelfer im Sinne des § 1 Absatz 1 des Entwicklungshelfer-Gesetzes für die Dauer von höchstens zwölf Monaten; wird als Berufsausbildung ein Studium an einer staatlichen oder staatlich anerkannten Hochschule abgeschlossen, besteht die Versicherung bis zum Ablauf des Semesters fort, längstens bis zur Vollendung des 25. Lebensjahres; § 186 Absatz 7 Satz 2 und 3 gilt entsprechend,
4. ohne Altersgrenze, wenn sie als Menschen mit Behinderungen (§ 2 Abs. 1 Satz 1 des Neunten Buches[2)]) außerstande sind, sich selbst zu unterhalten; Voraussetzung ist, daß die Behinderung zu einem Zeitpunkt vorlag, in dem das Kind innerhalb der Altersgrenzen nach den Nummern 1, 2 oder 3

[1)] Nr. **4**.
[2)] Nr. **9**.

familienversichert war oder die Familienversicherung nur wegen einer Vorrangversicherung nach Absatz 1 Satz 1 Nummer 2 ausgeschlossen war.

(3) Kinder sind nicht versichert, wenn der mit den Kindern verwandte Ehegatte oder Lebenspartner des Mitglieds nicht Mitglied einer Krankenkasse ist und sein Gesamteinkommen regelmäßig im Monat ein Zwölftel der Jahresarbeitsentgeltgrenze übersteigt und regelmäßig höher als das Gesamteinkommen des Mitglieds ist; bei Renten wird der Zahlbetrag berücksichtigt.

(4) [1] Als Kinder im Sinne der Absätze 1 bis 3 gelten auch Stiefkinder und Enkel, die das Mitglied überwiegend unterhält oder in seinen Haushalt aufgenommen hat, sowie Pflegekinder (§ 56 Abs. 2 Nr. 2 des Ersten Buches[1)]). [2] Kinder, die mit dem Ziel der Annahme als Kind in die Obhut des Annehmenden aufgenommen sind und für die die zur Annahme erforderliche Einwilligung der Eltern erteilt ist, gelten als Kinder des Annehmenden und nicht mehr als Kinder der leiblichen Eltern. [3] Stiefkinder im Sinne des Satzes 1 sind auch die Kinder des Lebenspartners eines Mitglieds.

(5) Sind die Voraussetzungen der Absätze 1 bis 4 mehrfach erfüllt, wählt das Mitglied die Krankenkasse.

(6) [1] Das Mitglied hat die nach den Absätzen 1 bis 4 Versicherten mit den für die Durchführung der Familienversicherung notwendigen Angaben sowie die Änderung dieser Angaben an die zuständige Krankenkasse zu melden. [2] Der Spitzenverband Bund der Krankenkassen legt für die Meldung nach Satz 1 ein einheitliches Verfahren und einheitliche Meldevordrucke fest.

Drittes Kapitel. Leistungen der Krankenversicherung

Erster Abschnitt. Übersicht über die Leistungen

§ 11 Leistungsarten. (1) Versicherte haben nach den folgenden Vorschriften Anspruch auf Leistungen

1. bei Schwangerschaft und Mutterschaft (§§ 24c bis 24i),
2. zur Verhütung von Krankheiten und von deren Verschlimmerung sowie zur Empfängnisverhütung, bei Sterilisation und bei Schwangerschaftsabbruch (§§ 20 bis 24b),
3. zur Erfassung von gesundheitlichen Risiken und Früherkennung von Krankheiten (§§ 25 und 26),
4. zur Behandlung einer Krankheit (§§ 27 bis 52),
5. des Persönlichen Budgets nach § 29 des Neunten Buches[2)].

(2) [1] Versicherte haben auch Anspruch auf Leistungen zur medizinischen Rehabilitation sowie auf unterhaltssichernde und andere ergänzende Leistungen, die notwendig sind, um eine Behinderung oder Pflegebedürftigkeit abzuwenden, zu beseitigen, zu mindern, auszugleichen, ihre Verschlimmerung zu verhüten oder ihre Folgen zu mildern. [2] Leistungen der aktivierenden Pflege nach Eintritt von Pflegebedürftigkeit werden von den Pflegekassen erbracht. [3] Die Leistungen nach Satz 1 werden unter Beachtung des Neunten Buches erbracht, soweit in diesem Buch nichts anderes bestimmt ist.

[1)] Nr. **1**.
[2)] Nr. **9**.

(3) [1] Bei stationärer Behandlung umfassen die Leistungen auch die aus medizinischen Gründen notwendige Mitaufnahme einer Begleitperson des Versicherten oder bei stationärer Behandlung in einem Krankenhaus nach § 108 oder einer Vorsorge- oder Rehabilitationseinrichtung nach § 107 Absatz 2 die Mitaufnahme einer Pflegekraft, soweit Versicherte ihre Pflege nach § 63b Absatz 6 Satz 1 des Zwölften Buches[1)] durch von ihnen beschäftigte besondere Pflegekräfte sicherstellen. [2] Ist bei stationärer Behandlung die Anwesenheit einer Begleitperson aus medizinischen Gründen notwendig, eine Mitaufnahme in die stationäre Einrichtung jedoch nicht möglich, kann die Unterbringung der Begleitperson auch außerhalb des Krankenhauses oder der Vorsorge- oder Rehabilitationseinrichtung erfolgen. [3] Die Krankenkasse bestimmt nach den medizinischen Erfordernissen des Einzelfalls Art und Dauer der Leistungen für eine Unterbringung nach Satz 2 nach pflichtgemäßem Ermessen; die Kosten dieser Leistungen dürfen nicht höher sein als die für eine Mitaufnahme der Begleitperson in die stationäre Einrichtung nach Satz 1 anfallenden Kosten.

(4) [1] Versicherte haben Anspruch auf ein Versorgungsmanagement insbesondere zur Lösung von Problemen beim Übergang in die verschiedenen Versorgungsbereiche; dies umfasst auch die fachärztliche Anschlussversorgung. [2] Die betroffenen Leistungserbringer sorgen für eine sachgerechte Anschlussversorgung des Versicherten und übermitteln sich gegenseitig die erforderlichen Informationen. [3] Sie sind zur Erfüllung dieser Aufgabe von den Krankenkassen zu unterstützen. [4] In das Versorgungsmanagement sind die Pflegeeinrichtungen einzubeziehen; dabei ist eine enge Zusammenarbeit mit Pflegeberatern und Pflegeberaterinnen nach § 7a des Elften Buches[2)] zu gewährleisten. [5] Das Versorgungsmanagement und eine dazu erforderliche Übermittlung von Daten darf nur mit Einwilligung und nach vorheriger Information des Versicherten erfolgen. [6] Soweit in Verträgen nach § 140a nicht bereits entsprechende Regelungen vereinbart sind, ist das Nähere im Rahmen von Verträgen mit sonstigen Leistungserbringern der gesetzlichen Krankenversicherung und mit Leistungserbringern nach dem Elften Buch sowie mit den Pflegekassen zu regeln.

(5) [1] Auf Leistungen besteht kein Anspruch, wenn sie als Folge eines Arbeitsunfalls oder einer Berufskrankheit im Sinne der gesetzlichen Unfallversicherung zu erbringen sind. [2] Dies gilt auch in Fällen des § 12a des Siebten Buches[3)].

(6) [1] Die Krankenkasse kann in ihrer Satzung zusätzliche vom Gemeinsamen Bundesausschuss nicht ausgeschlossene Leistungen in der fachlich gebotenen Qualität im Bereich der medizinischen Vorsorge und Rehabilitation (§§ 23, 40), der Leistungen von Hebammen bei Schwangerschaft und Mutterschaft (§ 24d), der künstlichen Befruchtung (§ 27a), der zahnärztlichen Behandlung ohne die Versorgung mit Zahnersatz (§ 28 Absatz 2), bei der Versorgung mit nicht verschreibungspflichtigen apothekenpflichtigen Arzneimitteln (§ 34 Absatz 1 Satz 1), mit Heilmitteln (§ 32), mit Hilfsmitteln (§ 33) und mit digitalen Gesundheitsanwendungen (§ 33a), im Bereich der häuslichen Krankenpflege (§ 37) und der Haushaltshilfe (§ 38) sowie Leistungen von nicht zugelassenen Leistungserbringern vorsehen. [2] Die Satzung muss insbesondere die Art, die Dauer und den Umfang der Leistung bestimmen; sie hat hinreichende An-

---

[1)] Nr. **12**.
[2)] Nr. **11**.
[3)] Nr. **7**.

forderungen an die Qualität der Leistungserbringung zu regeln. [3] Die zusätzlichen Leistungen sind von den Krankenkassen in ihrer Rechnungslegung gesondert auszuweisen.

Zweiter Abschnitt. Gemeinsame Vorschriften

§ 12 Wirtschaftlichkeitsgebot. (1) [1] Die Leistungen müssen ausreichend, zweckmäßig und wirtschaftlich sein; sie dürfen das Maß des Notwendigen nicht überschreiten. [2] Leistungen, die nicht notwendig oder unwirtschaftlich sind, können Versicherte nicht beanspruchen, dürfen die Leistungserbringer nicht bewirken und die Krankenkassen nicht bewilligen.

(2) Ist für eine Leistung ein Festbetrag festgesetzt, erfüllt die Krankenkasse ihre Leistungspflicht mit dem Festbetrag.

(3) Hat die Krankenkasse Leistungen ohne Rechtsgrundlage oder entgegen geltendem Recht erbracht und hat ein Vorstandsmitglied hiervon gewußt oder hätte es hiervon wissen müssen, hat die zuständige Aufsichtsbehörde nach Anhörung des Vorstandsmitglieds den Verwaltungsrat zu veranlassen, das Vorstandsmitglied auf Ersatz des aus der Pflichtverletzung entstandenen Schadens in Anspruch zu nehmen, falls der Verwaltungsrat das Regreßverfahren nicht bereits von sich aus eingeleitet hat.

§ 13 Kostenerstattung. (1) Die Krankenkasse darf anstelle der Sach- oder Dienstleistung (§ 2 Abs. 2) Kosten nur erstatten, soweit es dieses oder das Neunte Buch[1)] vorsieht.

(2) [1] Versicherte können anstelle der Sach- oder Dienstleistungen Kostenerstattung wählen. [2] Hierüber haben sie ihre Krankenkasse vor Inanspruchnahme der Leistung in Kenntnis zu setzen. [3] Der Leistungserbringer hat die Versicherten vor Inanspruchnahme der Leistung darüber zu informieren, dass Kosten, die nicht von der Krankenkasse übernommen werden, von dem Versicherten zu tragen sind. [4] Eine Einschränkung der Wahl auf den Bereich der ärztlichen Versorgung, der zahnärztlichen Versorgung, den stationären Bereich oder auf veranlasste Leistungen ist möglich. [5] Nicht im Vierten Kapitel genannte Leistungserbringer dürfen nur nach vorheriger Zustimmung der Krankenkasse in Anspruch genommen werden. [6] Eine Zustimmung kann erteilt werden, wenn medizinische oder soziale Gründe eine Inanspruchnahme dieser Leistungserbringer rechtfertigen und eine zumindest gleichwertige Versorgung gewährleistet ist. [7] Die Inanspruchnahme von Leistungserbringern nach § 95b Absatz 3 Satz 1 im Wege der Kostenerstattung ist ausgeschlossen. [8] Anspruch auf Erstattung besteht höchstens in Höhe der Vergütung, die die Krankenkasse bei Erbringung als Sachleistung zu tragen hätte. [9] Die Satzung hat das Verfahren der Kostenerstattung zu regeln. [10] Sie kann dabei Abschläge vom Erstattungsbetrag für Verwaltungskosten in Höhe von höchstens 5 Prozent in Abzug bringen. [11] Im Falle der Kostenerstattung nach § 129 Absatz 1 Satz 5 sind die der Krankenkasse entgangenen Rabatte nach § 130a Absatz 8 sowie die Mehrkosten im Vergleich zur Abgabe eines Arzneimittels nach § 129 Absatz 1 Satz 3 und 4 zu berücksichtigen; die Abschläge sollen pauschaliert werden. [12] Die Versicherten sind an ihre Wahl der Kostenerstattung mindestens ein Kalendervierteljahr gebunden.

[1)] Nr. 9.

(3) [1]Konnte die Krankenkasse eine unaufschiebbare Leistung nicht rechtzeitig erbringen oder hat sie eine Leistung zu Unrecht abgelehnt und sind dadurch Versicherten für die selbstbeschaffte Leistung Kosten entstanden, sind diese von der Krankenkasse in der entstandenen Höhe zu erstatten, soweit die Leistung notwendig war. [2]Die Kosten für selbstbeschaffte Leistungen zur medizinischen Rehabilitation nach dem Neunten Buch werden nach § 18 des Neunten Buches erstattet. [3]Die Kosten für selbstbeschaffte Leistungen, die durch einen Psychotherapeuten erbracht werden, sind erstattungsfähig, sofern dieser die Voraussetzungen des § 95c erfüllt.

(3a) [1]Die Krankenkasse hat über einen Antrag auf Leistungen zügig, spätestens bis zum Ablauf von drei Wochen nach Antragseingang oder in Fällen, in denen eine gutachtliche Stellungnahme, insbesondere des Medizinischen Dienstes, eingeholt wird, innerhalb von fünf Wochen nach Antragseingang zu entscheiden. [2]Wenn die Krankenkasse eine gutachtliche Stellungnahme für erforderlich hält, hat sie diese unverzüglich einzuholen und die Leistungsberechtigten hierüber zu unterrichten. [3]Der Medizinische Dienst nimmt innerhalb von drei Wochen gutachtlich Stellung. [4]Wird ein im Bundesmantelvertrag für Zahnärzte vorgesehenes Gutachterverfahren gemäß § 87 Absatz 1c durchgeführt, hat die Krankenkasse ab Antragseingang innerhalb von sechs Wochen zu entscheiden; der Gutachter nimmt innerhalb von vier Wochen Stellung. [5]Kann die Krankenkasse Fristen nach Satz 1 oder Satz 4 nicht einhalten, teilt sie dies den Leistungsberechtigten unter Darlegung der Gründe rechtzeitig schriftlich oder elektronisch mit; für die elektronische Mitteilung gilt § 37 Absatz 2b des Zehnten Buches[1)] entsprechend. [6]Erfolgt keine Mitteilung eines hinreichenden Grundes, gilt die Leistung nach Ablauf der Frist als genehmigt. [7]Beschaffen sich Leistungsberechtigte nach Ablauf der Frist eine erforderliche Leistung selbst, ist die Krankenkasse zur Erstattung der hierdurch entstandenen Kosten verpflichtet. [8]Die Krankenkasse berichtet dem Spitzenverband Bund der Krankenkassen jährlich über die Anzahl der Fälle, in denen Fristen nicht eingehalten oder Kostenerstattungen vorgenommen wurden. [9]Für Leistungen zur medizinischen Rehabilitation gelten die §§ 14 bis 24 des Neunten Buches zur Koordinierung der Leistungen und zur Erstattung selbst beschaffter Leistungen.

(4) [1]Versicherte sind berechtigt, auch Leistungserbringer in einem anderen Mitgliedstaat der Europäischen Union, einem anderen Vertragsstaat des Abkommens über den Europäischen Wirtschaftsraum oder der Schweiz anstelle der Sach- oder Dienstleistung im Wege der Kostenerstattung in Anspruch zu nehmen, es sei denn, Behandlungen für diesen Personenkreis im anderen Staat sind auf der Grundlage eines Pauschbetrages zu erstatten oder unterliegen auf Grund eines vereinbarten Erstattungsverzichts nicht der Erstattung. [2]Es dürfen nur solche Leistungserbringer in Anspruch genommen werden, bei denen die Bedingungen des Zugangs und der Ausübung des Berufes Gegenstand einer Richtlinie der Europäischen Gemeinschaft sind oder die im jeweiligen nationalen System der Krankenversicherung des Aufenthaltsstaates zur Versorgung der Versicherten berechtigt sind. [3]Der Anspruch auf Erstattung besteht höchstens in Höhe der Vergütung, die die Krankenkasse bei Erbringung als Sachleistung im Inland zu tragen hätte. [4]Die Satzung hat das Verfahren der Kostenerstattung zu regeln. [5]Sie hat dabei ausreichende Abschläge vom Erstattungsbetrag für

[1)] Nr. **10**.

Verwaltungskosten in Höhe von höchstens 5 Prozent vorzusehen sowie vorgesehene Zuzahlungen in Abzug zu bringen. [6]Ist eine dem allgemein anerkannten Stand der medizinischen Erkenntnisse entsprechende Behandlung einer Krankheit nur in einem anderen Mitgliedstaat der Europäischen Union oder einem anderen Vertragsstaat des Abkommens über den Europäischen Wirtschaftsraum möglich, kann die Krankenkasse die Kosten der erforderlichen Behandlung auch ganz übernehmen.

(5) [1]Abweichend von Absatz 4 können in einem anderen Mitgliedstaat der Europäischen Union, einem anderen Vertragsstaat des Abkommens über den Europäischen Wirtschaftsraum oder der Schweiz Krankenhausleistungen nach § 39 nur nach vorheriger Zustimmung durch die Krankenkassen in Anspruch genommen werden. [2]Die Zustimmung darf nur versagt werden, wenn die gleiche oder eine für den Versicherten ebenso wirksame, dem allgemein anerkannten Stand der medizinischen Erkenntnisse entsprechende Behandlung einer Krankheit rechtzeitig bei einem Vertragspartner der Krankenkasse im Inland erlangt werden kann.

(6) § 18 Abs. 1 Satz 2 und Abs. 2 gilt in den Fällen der Absätze 4 und 5 entsprechend.

§ 14 Teilkostenerstattung. (1) [1]Die Satzung kann für Angestellte und Versorgungsempfänger der Krankenkassen und ihrer Verbände, für die eine Dienstordnung nach § 351 der Reichsversicherungsordnung gilt, und für Beamte, die in einer Betriebskrankenkasse oder in der knappschaftlichen Krankenversicherung tätig sind, bestimmen, daß an die Stelle der nach diesem Buch vorgesehenen Leistungen ein Anspruch auf Teilkostenerstattung tritt. [2]Sie hat die Höhe des Erstattungsanspruchs in Vomhundertsätzen festzulegen und das Nähere über die Durchführung des Erstattungsverfahrens zu regeln.

(2) [1]Die in Absatz 1 genannten Versicherten können sich jeweils im voraus für die Dauer von zwei Jahren für die Teilkostenerstattung nach Absatz 1 entscheiden. [2]Die Entscheidung wirkt auch für ihre nach § 10 versicherten Angehörigen.

§ 15 Ärztliche Behandlung, elektronische Gesundheitskarte. (1) [1]Ärztliche oder zahnärztliche Behandlung wird von Ärzten oder Zahnärzten erbracht, soweit nicht in Modellvorhaben nach § 63 Abs. 3c etwas anderes bestimmt ist. [2]Sind Hilfeleistungen anderer Personen erforderlich, dürfen sie nur erbracht werden, wenn sie vom Arzt (Zahnarzt) angeordnet und von ihm verantwortet werden.

(2) Versicherte, die ärztliche, zahnärztliche oder psychotherapeutische Behandlung in Anspruch nehmen, haben dem Arzt, Zahnarzt oder Psychotherapeuten vor Beginn der Behandlung ihre elektronische Gesundheitskarte zum Nachweis der Berechtigung zur Inanspruchnahme von Leistungen auszuhändigen.

(3) [1]Für die Inanspruchnahme anderer Leistungen stellt die Krankenkasse den Versicherten Berechtigungsscheine aus, soweit es zweckmäßig ist. [2]Der Berechtigungsschein ist vor der Inanspruchnahme der Leistung dem Leistungserbringer auszuhändigen.

(4) [1]In den Berechtigungsscheinen sind die Angaben nach § 291a Absatz 2 Nummer 1 bis 9 und 11, bei befristeter Gültigkeit das Datum des Fristablaufs, aufzunehmen. [2]Weitere Angaben dürfen nicht aufgenommen werden.

(5) In dringenden Fällen kann die elektronische Gesundheitskarte oder der Berechtigungsschein nachgereicht werden.

(6) [1]Jeder Versicherte erhält die elektronische Gesundheitskarte bei der erstmaligen Ausgabe und bei Beginn der Versicherung bei einer Krankenkasse sowie bei jeder weiteren, nicht vom Versicherten verschuldeten erneuten Ausgabe gebührenfrei. [2]Die Krankenkassen haben einem Missbrauch der Karten durch geeignete Maßnahmen entgegenzuwirken. [3]Muß die Karte auf Grund von vom Versicherten verschuldeten Gründen neu ausgestellt werden, kann eine Gebühr von 5 Euro erhoben werden; diese Gebühr ist auch von den nach § 10 Versicherten zu zahlen. [4]Satz 3 gilt entsprechend, wenn die Karte aus vom Versicherten verschuldeten Gründen nicht ausgestellt werden kann und von der Krankenkasse eine zur Überbrückung von Übergangszeiten befristete Ersatzbescheinigung zum Nachweis der Berechtigung zur Inanspruchnahme von Leistungen ausgestellt wird. [5]Die wiederholte Ausstellung einer Bescheinigung nach Satz 4 kommt nur in Betracht, wenn der Versicherte bei der Ausstellung der elektronischen Gesundheitskarte mitwirkt; hierauf ist der Versicherte bei der erstmaligen Ausstellung einer Ersatzbescheinigung hinzuweisen. [6]Die Krankenkasse kann die Aushändigung der elektronischen Gesundheitskarte vom Vorliegen der Meldung nach § 10 Abs. 6 abhängig machen.

§ 16 Ruhen des Anspruchs. (1) [1]Der Anspruch auf Leistungen ruht, solange Versicherte

1. sich im Ausland aufhalten, und zwar auch dann, wenn sie dort während eines vorübergehenden Aufenthalts erkranken, soweit in diesem Gesetzbuch nichts Abweichendes bestimmt ist,
2. Dienst auf Grund einer gesetzlichen Dienstpflicht oder Dienstleistungen und Übungen nach dem Vierten Abschnitt des Soldatengesetzes leisten,

2a. in einem Wehrdienstverhältnis besonderer Art nach § 6 des Einsatz-Weiterverwendungsgesetzes stehen,

3. nach dienstrechtlichen Vorschriften Anspruch auf Heilfürsorge haben oder als Entwicklungshelfer Entwicklungsdienst leisten,
4. sich in Untersuchungshaft befinden, nach § 126a der Strafprozeßordnung einstweilen untergebracht sind oder gegen sie eine Freiheitsstrafe oder freiheitsentziehende Maßregel der Besserung und Sicherung vollzogen wird, soweit die Versicherten als Gefangene Anspruch auf Gesundheitsfürsorge nach dem Strafvollzugsgesetz haben oder sonstige Gesundheitsfürsorge erhalten.

[2]Satz 1 gilt nicht für den Anspruch auf Mutterschaftsgeld.

(2) Der Anspruch auf Leistungen ruht, soweit Versicherte gleichartige Leistungen von einem Träger der Unfallversicherung im Ausland erhalten.

(3) [1]Der Anspruch auf Leistungen ruht, soweit durch das Seearbeitsgesetz für den Fall der Erkrankung oder Verletzung Vorsorge getroffen ist. [2]Er ruht insbesondere, solange sich das Besatzungsmitglied an Bord des Schiffes oder auf der Reise befindet, es sei denn, das Besatzungsmitglied hat nach § 100 Absatz 1 des Seearbeitsgesetzes die Leistungen der Krankenkasse gewählt oder der Reeder hat das Besatzungsmitglied nach § 100 Absatz 2 des Seearbeitsgesetzes an die Krankenkasse verwiesen.

(3a) [1]Der Anspruch auf Leistungen für nach dem Künstlersozialversicherungsgesetz Versicherte, die mit einem Betrag in Höhe von Beitragsanteilen für zwei Monate im Rückstand sind und trotz Mahnung nicht zahlen, ruht nach näherer Bestimmung des § 16 Abs. 2 des Künstlersozialversicherungsgesetzes. [2]Satz 1 gilt entsprechend für Mitglieder nach den Vorschriften dieses Buches, die mit einem Betrag in Höhe von Beitragsanteilen für zwei Monate im Rückstand sind und trotz Mahnung nicht zahlen, ausgenommen sind Untersuchungen zur Früherkennung von Krankheiten nach den §§ 25 und 26 und Leistungen, die zur Behandlung akuter Erkrankungen und Schmerzzustände sowie bei Schwangerschaft und Mutterschaft erforderlich sind; das Ruhen endet, wenn alle rückständigen und die auf die Zeit des Ruhens entfallenden Beitragsanteile gezahlt sind. [3]Ist eine wirksame Ratenzahlungsvereinbarung zu Stande gekommen, hat das Mitglied ab diesem Zeitpunkt wieder Anspruch auf Leistungen, solange die Raten vertragsgemäß entrichtet werden. [4]Das Ruhen tritt nicht ein oder endet, wenn Versicherte hilfebedürftig im Sinne des Zweiten[1)] oder Zwölften Buches[2)] sind oder werden.

(3b) Sind Versicherte mit einem Betrag in Höhe von Beitragsanteilen für zwei Monate im Rückstand, hat die Krankenkasse sie schriftlich darauf hinzuweisen, dass sie im Fall der Hilfebedürftigkeit die Übernahme der Beiträge durch den zuständigen Sozialleistungsträger beantragen können.

(4) Der Anspruch auf Krankengeld ruht nicht, solange sich Versicherte nach Eintritt der Arbeitsunfähigkeit mit Zustimmung der Krankenkasse im Ausland aufhalten.

§ 17 Leistungen bei Beschäftigung im Ausland. (1) [1]Mitglieder, die im Ausland beschäftigt sind und während dieser Beschäftigung erkranken oder bei denen Leistungen bei Schwangerschaft oder Mutterschaft erforderlich sind, erhalten die ihnen nach diesem Kapitel zustehenden Leistungen von ihrem Arbeitgeber. [2]Satz 1 gilt entsprechend für die nach § 10 versicherten Familienangehörigen, soweit sie das Mitglied für die Zeit dieser Beschäftigung begleiten oder besuchen.

(2) Die Krankenkasse hat dem Arbeitgeber die ihm nach Absatz 1 entstandenen Kosten bis zu der Höhe zu erstatten, in der sie ihr im Inland entstanden wären.

(3) Die zuständige Krankenkasse hat dem Reeder die Aufwendungen zu erstatten, die ihm nach § 104 Absatz 2 des Seearbeitsgesetzes entstanden sind.

§ 18 Kostenübernahme bei Behandlung außerhalb des Geltungsbereichs des Vertrages zur Gründung der Europäischen Gemeinschaft und des Abkommens über den Europäischen Wirtschaftsraum.

(1) [1]Ist eine dem allgemein anerkannten Stand der medizinischen Erkenntnisse entsprechende Behandlung einer Krankheit nur außerhalb des Geltungsbereichs des Vertrages zur Gründung der Europäischen Gemeinschaft und des Abkommens über den Europäischen Wirtschaftsraum möglich, kann die Krankenkasse die Kosten der erforderlichen Behandlung ganz oder teilweise übernehmen. [2]Der Anspruch auf Krankengeld ruht in diesem Fall nicht.

(2) In den Fällen des Absatzes 1 kann die Krankenkasse auch weitere Kosten für den Versicherten und für eine erforderliche Begleitperson ganz oder teilweise übernehmen.

[1)] Nr. 2.
[2)] Nr. 12.

(3) [1] Ist während eines vorübergehenden Aufenthalts außerhalb des Geltungsbereichs des Vertrages zur Gründung der Europäischen Gemeinschaft und des Abkommens über den Europäischen Wirtschaftsraum eine Behandlung unverzüglich erforderlich, die auch im Inland möglich wäre, hat die Krankenkasse die Kosten der erforderlichen Behandlung insoweit zu übernehmen, als Versicherte sich hierfür wegen einer Vorerkrankung oder ihres Lebensalters nachweislich nicht versichern können und die Krankenkasse dies vor Beginn des Aufenthalts außerhalb des Geltungsbereichs des Vertrages zur Gründung der Europäischen Gemeinschaft und des Abkommens über den Europäischen Wirtschaftsraum festgestellt hat. [2] Die Kosten dürfen nur bis zu der Höhe, in der sie im Inland entstanden wären, und nur für längstens sechs Wochen im Kalenderjahr übernommen werden. [3] Eine Kostenübernahme ist nicht zulässig, wenn Versicherte sich zur Behandlung ins Ausland begeben. [4] Die Sätze 1 und 3 gelten entsprechend für Auslandsaufenthalte, die aus schulischen oder Studiengründen erforderlich sind; die Kosten dürfen nur bis zu der Höhe übernommen werden, in der sie im Inland entstanden wären.

§ 19 Erlöschen des Leistungsanspruchs. (1) Der Anspruch auf Leistungen erlischt mit dem Ende der Mitgliedschaft, soweit in diesem Gesetzbuch nichts Abweichendes bestimmt ist.

(1a) [1] Endet die Mitgliedschaft durch die Schließung oder Insolvenz einer Krankenkasse, gelten die von dieser Krankenkasse getroffenen Leistungsentscheidungen mit Wirkung für die aufnehmende Krankenkasse fort. [2] Hiervon ausgenommen sind Leistungen aufgrund von Satzungsregelungen. [3] Beim Abschluss von Wahltarifen, die ein Mitglied zum Zeitpunkt der Schließung in vergleichbarer Form bei der bisherigen Krankenkasse abgeschlossen hatte, dürfen von der aufnehmenden Krankenkasse keine Wartezeiten geltend gemacht werden. [4] Die Vorschriften des Zehnten Buches[1)], insbesondere zur Rücknahme von Leistungsentscheidungen, bleiben hiervon unberührt.

(2) [1] Endet die Mitgliedschaft Versicherungspflichtiger, besteht Anspruch auf Leistungen längstens für einen Monat nach dem Ende der Mitgliedschaft, solange keine Erwerbstätigkeit ausgeübt wird. [2] Eine Versicherung nach § 10 hat Vorrang vor dem Leistungsanspruch nach Satz 1.

(3) Endet die Mitgliedschaft durch Tod, erhalten die nach § 10 versicherten Angehörigen Leistungen längstens für einen Monat nach dem Tode des Mitglieds.

Dritter Abschnitt. Leistungen zur Verhütung von Krankheiten, betriebliche Gesundheitsförderung und Prävention arbeitsbedingter Gesundheitsgefahren, Förderung der Selbsthilfe sowie Leistungen bei Schwangerschaft und Mutterschaft

§ 20 Primäre Prävention und Gesundheitsförderung. (1) [1] Die Krankenkasse sieht in der Satzung Leistungen zur Verhinderung und Verminderung von Krankheitsrisiken (primäre Prävention) sowie zur Förderung des selbstbestimmten gesundheitsorientierten Handelns der Versicherten (Gesundheitsförderung) vor. [2] Die Leistungen sollen insbesondere zur Verminderung sozial bedingter sowie geschlechtsbezogener Ungleichheit von Gesundheitschancen

[1)] Nr. 10.

beitragen. [3]Die Krankenkasse legt dabei die Handlungsfelder und Kriterien nach Absatz 2 zugrunde.

(2) [1]Der Spitzenverband Bund der Krankenkassen legt unter Einbeziehung unabhängigen, insbesondere gesundheitswissenschaftlichen, ärztlichen, arbeitsmedizinischen, psychotherapeutischen, psychologischen, pflegerischen, ernährungs-, sport-, sucht-, erziehungs- und sozialwissenschaftlichen Sachverstandes sowie des Sachverstandes der Menschen mit Behinderung einheitliche Handlungsfelder und Kriterien für die Leistungen nach Absatz 1 fest, insbesondere hinsichtlich Bedarf, Zielgruppen, Zugangswegen, Inhalt, Methodik, Qualität, intersektoraler Zusammenarbeit, wissenschaftlicher Evaluation und der Messung der Erreichung der mit den Leistungen verfolgten Ziele. [2]Er bestimmt außerdem die Anforderungen und ein einheitliches Verfahren für die Zertifizierung von Leistungsangeboten durch die Krankenkassen, um insbesondere die einheitliche Qualität von Leistungen nach Absatz 4 Nummer 1 und 3 sicherzustellen. [3]Der Spitzenverband Bund der Krankenkassen stellt sicher, dass seine Festlegungen nach den Sätzen 1 und 2 sowie eine Übersicht der nach Satz 2 zertifizierten Leistungen der Krankenkassen auf seiner Internetseite veröffentlicht werden. [4]Die Krankenkassen erteilen dem Spitzenverband Bund der Krankenkassen hierfür sowie für den nach § 20d Absatz 2 Nummer 2 zu erstellenden Bericht die erforderlichen Auskünfte und übermitteln ihm nicht versichertenbezogen die erforderlichen Daten.

(3) [1]Bei der Aufgabenwahrnehmung nach Absatz 2 Satz 1 berücksichtigt der Spitzenverband Bund der Krankenkassen auch die folgenden Gesundheitsziele im Bereich der Gesundheitsförderung und Prävention:

1. Diabetes mellitus Typ 2: Erkrankungsrisiko senken, Erkrankte früh erkennen und behandeln,
2. Brustkrebs: Mortalität vermindern, Lebensqualität erhöhen,
3. Tabakkonsum reduzieren,
4. gesund aufwachsen: Lebenskompetenz, Bewegung, Ernährung,
5. gesundheitliche Kompetenz erhöhen, Souveränität der Patientinnen und Patienten stärken,
6. depressive Erkrankungen: verhindern, früh erkennen, nachhaltig behandeln,
7. gesund älter werden und
8. Alkoholkonsum reduzieren.

[2]Bei der Berücksichtigung des in Satz 1 Nummer 1 genannten Ziels werden auch die Ziele und Teilziele beachtet, die in der Bekanntmachung über die Gesundheitsziele und Teilziele im Bereich der Prävention und Gesundheitsförderung vom 21. März 2005 (BAnz. S. 5304) festgelegt sind. [3]Bei der Berücksichtigung der in Satz 1 Nummer 2, 3 und 8 genannten Ziele werden auch die Ziele und Teilziele beachtet, die in der Bekanntmachung über die Gesundheitsziele und Teilziele im Bereich der Prävention und Gesundheitsförderung vom 27. April 2015 (BAnz. AT 19.05.2015 B3) festgelegt sind. [4]Bei der Berücksichtigung der in Satz 1 Nummer 4 bis 7 genannten Ziele werden auch die Ziele und Teilziele beachtet, die in der Bekanntmachung über die Gesundheitsziele und Teilziele im Bereich der Prävention und Gesundheitsförderung vom 26. Februar 2013 (BAnz. AT 26.03.2013 B3) festgelegt sind. [5]Der Spitzenverband Bund der Krankenkassen berücksichtigt auch die von der Nationalen Arbeitsschutzkonferenz im Rahmen der gemeinsamen deutschen

Arbeitsschutzstrategie nach § 20a Absatz 2 Nummer 1 des Arbeitsschutzgesetzes entwickelten Arbeitsschutzziele.

(4) Leistungen nach Absatz 1 werden erbracht als

1. Leistungen zur verhaltensbezogenen Prävention nach Absatz 5,
2. Leistungen zur Gesundheitsförderung und Prävention in Lebenswelten für in der gesetzlichen Krankenversicherung Versicherte nach § 20a und
3. Leistungen zur Gesundheitsförderung in Betrieben (betriebliche Gesundheitsförderung) nach § 20b.

(5) [1] Die Krankenkasse kann eine Leistung zur verhaltensbezogenen Prävention nach Absatz 4 Nummer 1 erbringen, wenn diese nach Absatz 2 Satz 2 von einer Krankenkasse oder von einem mit der Wahrnehmung dieser Aufgabe beauftragten Dritten in ihrem Namen zertifiziert ist. [2] Bei ihrer Entscheidung über eine Leistung zur verhaltensbezogenen Prävention berücksichtigt die Krankenkasse eine Präventionsempfehlung nach § 25 Absatz 1 Satz 2, nach § 26 Absatz 1 Satz 3 oder eine im Rahmen einer arbeitsmedizinischen Vorsorge oder einer sonstigen ärztlichen Untersuchung schriftlich abgegebene Empfehlung. [3] Die Krankenkasse darf die sich aus der Präventionsempfehlung ergebenden personenbezogenen Daten nur mit schriftlicher oder elektronischer Einwilligung und nach vorheriger schriftlicher oder elektronischer Information des Versicherten verarbeiten. [4] Die Krankenkassen dürfen ihre Aufgaben nach dieser Vorschrift an andere Krankenkassen, deren Verbände oder Arbeitsgemeinschaften übertragen. [5] Für Leistungen zur verhaltensbezogenen Prävention, die die Krankenkasse wegen besonderer beruflicher oder familiärer Umstände wohnortfern erbringt, gilt § 23 Absatz 2 Satz 2 entsprechend.

(6) [1] Die Ausgaben der Krankenkassen für die Wahrnehmung ihrer Aufgaben nach dieser Vorschrift und nach den §§ 20a bis 20c sollen ab dem Jahr 2019 insgesamt für jeden ihrer Versicherten einen Betrag in Höhe von 7,52 Euro umfassen. [2] Von diesem Betrag wenden die Krankenkassen für jeden ihrer Versicherten mindestens 2,15 Euro für Leistungen nach § 20a und mindestens 3,15 Euro für Leistungen nach § 20b auf. [3] Von dem Betrag für Leistungen nach § 20b wenden die Krankenkassen für Leistungen nach § 20b, die in Einrichtungen nach § 107 Absatz 1 und in Einrichtungen nach § 71 Absatz 1 und 2 des Elften Buches[1)] erbracht werden, für jeden ihrer Versicherten mindestens 1 Euro auf. [4] Unterschreiten die jährlichen Ausgaben einer Krankenkasse den Betrag nach Satz 2 für Leistungen nach § 20a, so stellt die Krankenkasse diese nicht ausgegebenen Mittel im Folgejahr zusätzlich für Leistungen nach § 20a zur Verfügung. [5] Die Ausgaben nach den Sätzen 1 bis 3 sind in den Folgejahren entsprechend der prozentualen Veränderung der monatlichen Bezugsgröße nach § 18 Absatz 1 des Vierten Buches[2)] anzupassen. [6] Unbeschadet der Verpflichtung nach Absatz 1 müssen die Ausgaben der Krankenkassen für die Wahrnehmung ihrer Aufgaben nach dieser Vorschrift und nach den §§ 20a bis 20c im Jahr 2020 nicht den in den Sätzen 1 bis 3 genannten Beträgen entsprechen. [7] Im Jahr 2019 nicht ausgegebene Mittel für Leistungen nach § 20a hat die Krankenkasse nicht im Jahr 2020 für zusätzliche Leistungen nach § 20a zur Verfügung zu stellen.

[1)] Nr. **11**.
[2)] Nr. **4**.

§ 20a Leistungen zur Gesundheitsförderung und Prävention in Lebenswelten. (1) [1]Lebenswelten im Sinne des § 20 Absatz 4 Nummer 2 sind für die Gesundheit bedeutsame, abgrenzbare soziale Systeme insbesondere des Wohnens, des Lernens, des Studierens, der medizinischen und pflegerischen Versorgung sowie der Freizeitgestaltung einschließlich des Sports. [2]Die Krankenkassen fördern im Zusammenwirken mit dem öffentlichen Gesundheitsdienst unbeschadet der Aufgaben anderer auf der Grundlage von Rahmenvereinbarungen nach § 20f Absatz 1 mit Leistungen zur Gesundheitsförderung und Prävention in Lebenswelten insbesondere den Aufbau und die Stärkung gesundheitsförderlicher Strukturen. [3]Hierzu erheben sie unter Beteiligung der Versicherten und der für die Lebenswelt Verantwortlichen die gesundheitliche Situation einschließlich ihrer Risiken und Potenziale und entwickeln Vorschläge zur Verbesserung der gesundheitlichen Situation sowie zur Stärkung der gesundheitlichen Ressourcen und Fähigkeiten und unterstützen deren Umsetzung. [4]Bei der Wahrnehmung ihrer Aufgaben nach Satz 2 sollen die Krankenkassen zusammenarbeiten und kassenübergreifende Leistungen zur Gesundheitsförderung und Prävention in Lebenswelten erbringen. [5]Bei der Erbringung von Leistungen für Personen, deren berufliche Eingliederung auf Grund gesundheitlicher Einschränkungen besonderes erschwert ist, arbeiten die Krankenkassen mit der Bundesagentur für Arbeit und mit den kommunalen Trägern der Grundsicherung für Arbeitsuchende eng zusammen.

(2) Die Krankenkasse kann Leistungen zur Gesundheitsförderung und Prävention in Lebenswelten erbringen, wenn die Bereitschaft der für die Lebenswelt Verantwortlichen zur Umsetzung von Vorschlägen zur Verbesserung der gesundheitlichen Situation sowie zur Stärkung der gesundheitlichen Ressourcen und Fähigkeiten besteht und sie mit einer angemessenen Eigenleistung zur Umsetzung der Rahmenvereinbarungen nach § 20f beitragen.

(3) [1]Zur Unterstützung der Krankenkassen bei der Wahrnehmung ihrer Aufgaben zur Gesundheitsförderung und Prävention in Lebenswelten für in der gesetzlichen Krankenversicherung Versicherte, insbesondere in Kindertageseinrichtungen, in sonstigen Einrichtungen der Kinder- und Jugendhilfe, in Schulen sowie in den Lebenswelten älterer Menschen und zur Sicherung und Weiterentwicklung der Qualität der Leistungen beauftragt der Spitzenverband Bund der Krankenkassen die Bundeszentrale für gesundheitliche Aufklärung ab dem Jahr 2016 insbesondere mit der Entwicklung der Art und der Qualität krankenkassenübergreifender Leistungen, deren Implementierung und deren wissenschaftlicher Evaluation. [2]Der Spitzenverband Bund der Krankenkassen legt dem Auftrag die nach § 20 Absatz 2 Satz 1 festgelegten Handlungsfelder und Kriterien sowie die in den Rahmenvereinbarungen nach § 20f jeweils getroffenen Festlegungen zugrunde. [3]Im Rahmen des Auftrags nach Satz 1 soll die Bundeszentrale für gesundheitliche Aufklärung geeignete Kooperationspartner heranziehen. [4]Die Bundeszentrale für gesundheitliche Aufklärung erhält für die Ausführung des Auftrags nach Satz 1 vom Spitzenverband Bund der Krankenkassen eine pauschale Vergütung in Höhe von mindestens 0,45 Euro aus dem Betrag, den die Krankenkassen nach § 20 Absatz 6 Satz 2 für Leistungen zur Gesundheitsförderung und Prävention in Lebenswelten aufzuwenden haben. [5]Die Vergütung nach Satz 4 erfolgt quartalsweise und ist am ersten Tag des jeweiligen Quartals zu leisten. [6]Sie ist nach Maßgabe von § 20 Absatz 6 Satz 5 jährlich anzupassen. [7]Die Bundeszentrale für gesundheitliche Aufklärung stellt sicher, dass die vom Spitzenverband Bund der Krankenkassen geleistete

Vergütung ausschließlich zur Durchführung des Auftrags nach diesem Absatz eingesetzt wird und dokumentiert dies nach Maßgabe des Spitzenverbandes Bund der Krankenkassen. [8] Abweichend von Satz 4 erhält die Bundeszentrale für gesundheitliche Aufklärung im Jahr 2020 keine pauschale Vergütung für die Ausführung des Auftrags nach Satz 1.

(4) [1] Das Nähere über die Beauftragung der Bundeszentrale für gesundheitliche Aufklärung nach Absatz 3, insbesondere zum Inhalt und Umfang, zur Qualität und zur Prüfung der Wirtschaftlichkeit sowie zu den für die Durchführung notwendigen Kosten, vereinbaren der Spitzenverband Bund der Krankenkassen und die Bundeszentrale für gesundheitliche Aufklärung erstmals bis zum 30. November 2015. [2] Kommt die Vereinbarung nicht innerhalb der Frist nach Satz 1 zustande, erbringt die Bundeszentrale für gesundheitliche Aufklärung die Leistungen nach Absatz 3 Satz 1 unter Berücksichtigung der vom Spitzenverband Bund der Krankenkassen nach § 20 Absatz 2 Satz 1 festgelegten Handlungsfelder und Kriterien sowie unter Beachtung der in den Rahmenvereinbarungen nach § 20f getroffenen Festlegungen und des Wirtschaftlichkeitsgebots nach § 12. [3] Der Spitzenverband Bund der Krankenkassen regelt in seiner Satzung das Verfahren zur Aufbringung der erforderlichen Mittel durch die Krankenkassen. [4] § 89 Absatz 3 bis 5 des Zehnten Buches[1)] gilt entsprechend.

§ 20b Betriebliche Gesundheitsförderung. (1) [1] Die Krankenkassen fördern mit Leistungen zur Gesundheitsförderung in Betrieben (betriebliche Gesundheitsförderung) insbesondere den Aufbau und die Stärkung gesundheitsförderlicher Strukturen. [2] Hierzu erheben sie unter Beteiligung der Versicherten und der Verantwortlichen für den Betrieb sowie der Betriebsärzte und der Fachkräfte für Arbeitssicherheit die gesundheitliche Situation einschließlich ihrer Risiken und Potenziale und entwickeln Vorschläge zur Verbesserung der gesundheitlichen Situation sowie zur Stärkung der gesundheitlichen Ressourcen und Fähigkeiten und unterstützen deren Umsetzung. [3] Für im Rahmen der Gesundheitsförderung in Betrieben erbrachte Leistungen zur individuellen, verhaltensbezogenen Prävention gilt § 20 Absatz 5 Satz 1 entsprechend.

(2) [1] Bei der Wahrnehmung von Aufgaben nach Absatz 1 arbeiten die Krankenkassen mit dem zuständigen Unfallversicherungsträger sowie mit den für den Arbeitsschutz zuständigen Landesbehörden zusammen. [2] Sie können Aufgaben nach Absatz 1 durch andere Krankenkassen, durch ihre Verbände oder durch zu diesem Zweck gebildete Arbeitsgemeinschaften (Beauftragte) mit deren Zustimmung wahrnehmen lassen und sollen bei der Aufgabenwahrnehmung mit anderen Krankenkassen zusammenarbeiten. [3] § 88 Abs. 1 Satz 1 und Abs. 2 des Zehnten Buches[1)] und § 219 gelten entsprechend.

(3) [1] Die Krankenkassen bieten Unternehmen, insbesondere Einrichtungen nach § 107 Absatz 1 und Einrichtungen nach § 71 Absatz 1 und 2 des Elften Buches[2)], unter Nutzung bestehender Strukturen in gemeinsamen regionalen Koordinierungsstellen Beratung und Unterstützung an. [2] Die Beratung und Unterstützung umfasst insbesondere die Information über Leistungen nach Absatz 1 und die Klärung, welche Krankenkasse im Einzelfall Leistungen nach Absatz 1 im Betrieb erbringt. [3] Örtliche Unternehmensorganisationen und die

---

[1)] Nr. **10**.
[2)] Nr. **11**.

für die Wahrnehmung der Interessen der Einrichtungen nach § 107 Absatz 1 oder der Einrichtungen nach § 71 Absatz 1 oder 2 des Elften Buches auf Landesebene maßgeblichen Verbände sollen an der Beratung beteiligt werden. [4] Die Landesverbände der Krankenkassen und die Ersatzkassen regeln einheitlich und gemeinsam das Nähere über die Aufgaben, die Arbeitsweise und die Finanzierung der Koordinierungsstellen sowie über die Beteiligung örtlicher Unternehmensorganisationen und der für die Wahrnehmung der Interessen der Einrichtungen nach § 107 Absatz 1 oder der Einrichtungen nach § 71 Absatz 1 oder 2 des Elften Buches auf Landesebene maßgeblichen Verbände durch Kooperationsvereinbarungen. [5] Auf die zum Zwecke der Vorbereitung und Umsetzung der Kooperationsvereinbarungen gebildeten Arbeitsgemeinschaften findet § 94 Absatz 1a Satz 2 und 3 des Zehnten Buches keine Anwendung.

(4) [1] Unterschreiten die jährlichen Ausgaben einer Krankenkasse den Betrag nach § 20 Absatz 6 Satz 2 für Leistungen nach Absatz 1, stellt die Krankenkasse die nicht verausgabten Mittel dem Spitzenverband Bund der Krankenkassen zur Verfügung. [2] Dieser verteilt die Mittel nach einem von ihm festzulegenden Schlüssel auf die Landesverbände der Krankenkassen und die Ersatzkassen, die Kooperationsvereinbarungen mit örtlichen Unternehmensorganisationen nach Absatz 3 Satz 4 abgeschlossen haben. [3] Die Mittel dienen der Umsetzung der Kooperationsvereinbarungen nach Absatz 3 Satz 4. [4] Die Sätze 1 bis 3 sind bezogen auf Ausgaben einer Krankenkasse für Leistungen nach Absatz 1 im Jahr 2020 nicht anzuwenden.

§ 20c Prävention arbeitsbedingter Gesundheitsgefahren. (1) [1] Die Krankenkassen unterstützen die Träger der gesetzlichen Unfallversicherung bei ihren Aufgaben zur Verhütung arbeitsbedingter Gesundheitsgefahren. [2] Insbesondere erbringen sie in Abstimmung mit den Trägern der gesetzlichen Unfallversicherung auf spezifische arbeitsbedingte Gesundheitsrisiken ausgerichtete Maßnahmen zur betrieblichen Gesundheitsförderung nach § 20b und informieren diese über die Erkenntnisse, die sie über Zusammenhänge zwischen Erkrankungen und Arbeitsbedingungen gewonnen haben. [3] Ist anzunehmen, dass bei einem Versicherten eine berufsbedingte gesundheitliche Gefährdung oder eine Berufskrankheit vorliegt, hat die Krankenkasse dies unverzüglich den für den Arbeitsschutz zuständigen Stellen und dem Unfallversicherungsträger mitzuteilen.

(2) [1] Zur Wahrnehmung der Aufgaben nach Absatz 1 arbeiten die Krankenkassen eng mit den Trägern der gesetzlichen Unfallversicherung sowie mit den für den Arbeitsschutz zuständigen Landesbehörden zusammen. [2] Dazu sollen sie und ihre Verbände insbesondere regionale Arbeitsgemeinschaften bilden. [3] § 88 Abs. 1 Satz 1 und Abs. 2 des Zehnten Buches[1)] und § 219 gelten entsprechend.

§ 20d Nationale Präventionsstrategie. (1) Die Krankenkassen entwickeln im Interesse einer wirksamen und zielgerichteten Gesundheitsförderung und Prävention mit den Trägern der gesetzlichen Rentenversicherung, der gesetzlichen Unfallversicherung und den Pflegekassen eine gemeinsame nationale Präventionsstrategie und gewährleisten ihre Umsetzung und Fortschreibung im Rahmen der Nationalen Präventionskonferenz nach § 20e.

(2) Die Nationale Präventionsstrategie umfasst insbesondere

[1)] Nr. **10**.

1. die Vereinbarung bundeseinheitlicher, trägerübergreifender Rahmenempfehlungen zur Gesundheitsförderung und Prävention nach Absatz 3,
2. die Erstellung eines Berichts über die Entwicklung der Gesundheitsförderung und Prävention (Präventionsbericht) nach Absatz 4.

(3) [1] Zur Sicherung und Weiterentwicklung der Qualität von Gesundheitsförderung und Prävention sowie der Zusammenarbeit der für die Erbringung von Leistungen zur Prävention in Lebenswelten und in Betrieben zuständigen Träger und Stellen vereinbaren die Träger nach Absatz 1 bundeseinheitliche, trägerübergreifende Rahmenempfehlungen, insbesondere durch Festlegung gemeinsamer Ziele, vorrangiger Handlungsfelder und Zielgruppen, der zu beteiligenden Organisationen und Einrichtungen sowie zu Dokumentations- und Berichtspflichten. [2] Die Träger nach Absatz 1 vereinbaren auch gemeinsame Ziele zur Erhaltung und zur Förderung der Gesundheit und der Beschäftigungsfähigkeit der Beschäftigten in Einrichtungen nach § 107 Absatz 1 und Einrichtungen nach § 71 Absatz 1 und 2 des Elften Buches[1)]. [3] Bei der Festlegung gemeinsamer Ziele werden auch die Ziele der gemeinsamen deutschen Arbeitsschutzstrategie sowie die von der Ständigen Impfkommission gemäß § 20 Absatz 2 des Infektionsschutzgesetzes empfohlenen Schutzimpfungen berücksichtigt. [4] Die Rahmenempfehlungen werden im Benehmen mit dem Bundesministerium für Gesundheit, dem Bundesministerium für Arbeit und Soziales, dem Bundesministerium für Ernährung und Landwirtschaft, dem Bundesministerium für Familie, Senioren, Frauen und Jugend, dem Bundesministerium des Innern, für Bau und Heimat und den Ländern vereinbart. [5] Das Bundesministerium für Gesundheit beteiligt weitere Bundesministerien, soweit die Rahmenempfehlungen ihre Zuständigkeit berühren. [6] An der Vorbereitung der Rahmenempfehlungen werden die Bundesagentur für Arbeit, die kommunalen Träger der Grundsicherung für Arbeitsuchende über ihre Spitzenverbände auf Bundesebene, die für den Arbeitsschutz zuständigen obersten Landesbehörden sowie die Träger der öffentlichen Jugendhilfe über die obersten Landesjugendbehörden beteiligt.

(4) [1] Die Nationale Präventionskonferenz erstellt den Präventionsbericht alle vier Jahre, erstmals zum 1. Juli 2019, und leitet ihn dem Bundesministerium für Gesundheit zu. [2] Das Bundesministerium für Gesundheit legt den Bericht den gesetzgebenden Körperschaften des Bundes vor und fügt eine Stellungnahme der Bundesregierung bei. [3] Der Bericht enthält insbesondere Angaben zu den Erfahrungen mit der Anwendung der §§ 20 bis 20g und zu den Ausgaben für die Leistungen der Träger nach Absatz 1 und im Fall des § 20e Absatz 1 Satz 3 bis 5 auch der Unternehmen der privaten Krankenversicherung und der Unternehmen, die die private Pflege-Pflichtversicherung durchführen, den Zugangswegen, den erreichten Personen, der Erreichung der gemeinsamen Ziele und der Zielgruppen, den Erfahrungen mit der Qualitätssicherung und der Zusammenarbeit bei der Durchführung von Leistungen sowie zu möglichen Schlussfolgerungen. [4] Der Bericht enthält auch Empfehlungen für die weitere Entwicklung des in § 20 Absatz 6 Satz 1 bestimmten Ausgabenrichtwerts für Leistungen der Krankenkassen nach den §§ 20 bis 20c und der in § 20 Absatz 6 Satz 2 bestimmten Mindestwerte für Leistungen der Krankenkassen nach den §§ 20a und 20b. [5] Die Leistungsträger nach Satz 3 erteilen der Nationalen Präventionskonferenz die für die Erstellung des Präventionsberichts erforderli-

---

[1)] Nr. **11**.

chen Auskünfte. [6] Das Robert Koch-Institut liefert für den Präventionsbericht die im Rahmen des Gesundheitsmonitorings erhobenen relevanten Informationen. [7] Die Länder können regionale Erkenntnisse aus ihrer Gesundheitsberichterstattung für den Präventionsbericht zur Verfügung stellen.

§ 20e Nationale Präventionskonferenz. (1) [1] Die Aufgabe der Entwicklung und Fortschreibung der nationalen Präventionsstrategie wird von der Nationalen Präventionskonferenz als Arbeitsgemeinschaft der gesetzlichen Spitzenorganisationen der Leistungsträger nach § 20d Absatz 1 mit je zwei Sitzen wahrgenommen. [2] Die Leistungsträger nach § 20d Absatz 1 setzen die Präventionsstrategie in engem Zusammenwirken um. [3] Im Fall einer angemessenen finanziellen Beteiligung der Unternehmen der privaten Krankenversicherung und der Unternehmen, die die private Pflege-Pflichtversicherung durchführen, an Programmen und Projekten im Sinne der Rahmenempfehlungen nach § 20d Absatz 2 Nummer 1 erhält der Verband der privaten Krankenversicherungsunternehmen e.V. ebenfalls einen Sitz. [4] Die Höhe der hierfür jährlich von den Unternehmen der privaten Krankenversicherung zur Verfügung zu stellenden Mittel bemisst sich mindestens nach dem Betrag, den die Krankenkassen nach § 20 Absatz 6 Satz 2 und 3 für Leistungen zur Gesundheitsförderung und Prävention nach § 20a aufzuwenden haben, multipliziert mit der Anzahl der in der privaten Krankenversicherung Vollversicherten. [5] Die Höhe der hierfür jährlich von den Unternehmen, die die private Pflege-Pflichtversicherung durchführen, zur Verfügung zu stellenden Mittel bemisst sich nach dem Betrag, den die Pflegekassen nach § 5 Absatz 2 des Elften Buches[1)] für Leistungen zur Prävention in Lebenswelten aufzuwenden haben, multipliziert mit der Anzahl ihrer Versicherten. [6] Bund und Länder erhalten jeweils vier Sitze mit beratender Stimme. [7] Darüber hinaus entsenden die kommunalen Spitzenverbände auf Bundesebene, die Bundesagentur für Arbeit, die repräsentativen Spitzenorganisationen der Arbeitgeber und Arbeitnehmer sowie das Präventionsforum jeweils einen Vertreter in die Nationale Präventionskonferenz, die mit beratender Stimme an den Sitzungen teilnehmen. [8] Die Nationale Präventionskonferenz gibt sich eine Geschäftsordnung; darin werden insbesondere die Arbeitsweise und das Beschlussverfahren festgelegt. [9] Die Geschäftsordnung muss einstimmig angenommen werden. [10] Die Geschäftsstelle, die die Mitglieder der Nationalen Präventionskonferenz bei der Wahrnehmung ihrer Aufgabe nach Satz 1 unterstützt, wird bei der Bundeszentrale für gesundheitliche Aufklärung angesiedelt.

(2) [1] Die Nationale Präventionskonferenz wird durch ein Präventionsforum beraten, das in der Regel einmal jährlich stattfindet. [2] Das Präventionsforum setzt sich aus Vertretern der für die Gesundheitsförderung und Prävention maßgeblichen Organisationen und Verbände sowie der stimmberechtigten und beratenden Mitglieder der Nationalen Präventionskonferenz nach Absatz 1 zusammen. [3] Die Nationale Präventionskonferenz beauftragt die Bundesvereinigung für Prävention und Gesundheitsförderung e.V. mit der Durchführung des Präventionsforums und erstattet dieser die notwendigen Aufwendungen. [4] Die Einzelheiten zur Durchführung des Präventionsforums einschließlich der für die Durchführung notwendigen Kosten werden in der Geschäftsordnung der Nationalen Präventionskonferenz geregelt.

[1)] Nr. **11**.

§ 20f Landesrahmenvereinbarungen zur Umsetzung der nationalen Präventionsstrategie. (1) [1] Zur Umsetzung der nationalen Präventionsstrategie schließen die Landesverbände der Krankenkassen und die Ersatzkassen, auch für die Pflegekassen, mit den Trägern der gesetzlichen Rentenversicherung, den Trägern der gesetzlichen Unfallversicherung und mit den in den Ländern zuständigen Stellen gemeinsame Rahmenvereinbarungen auf Landesebene. [2] Die für die Rahmenvereinbarungen maßgeblichen Leistungen richten sich nach § 20 Absatz 4 Nummer 2 und 3, nach den §§ 20a bis 20c sowie nach den für die Pflegekassen, für die Träger der gesetzlichen Rentenversicherung und für die Träger der gesetzlichen Unfallversicherung jeweils geltenden Leistungsgesetzen.

(2) [1] Die an den Rahmenvereinbarungen Beteiligten nach Absatz 1 treffen Festlegungen unter Berücksichtigung der bundeseinheitlichen, trägerübergreifenden Rahmenempfehlungen nach § 20d Absatz 2 Nummer 1 und der regionalen Erfordernisse insbesondere über

1. gemeinsam und einheitlich zu verfolgende Ziele und Handlungsfelder,
2. die Koordinierung von Leistungen zwischen den Beteiligten,
3. die einvernehmliche Klärung von Zuständigkeitsfragen,
4. Möglichkeiten der gegenseitigen Beauftragung der Leistungsträger nach dem Zehnten Buch,
5. die Zusammenarbeit mit dem öffentlichen Gesundheitsdienst und den Trägern der örtlichen öffentlichen Jugendhilfe sowie über deren Information über Leistungen der Krankenkassen nach § 20a Absatz 1 Satz 2 und
6. die Mitwirkung weiterer für die Gesundheitsförderung und Prävention relevanter Einrichtungen und Organisationen.

[2] An der Vorbereitung der Rahmenvereinbarungen werden die Bundesagentur für Arbeit, die für den Arbeitsschutz zuständigen obersten Landesbehörden und die kommunalen Spitzenverbände auf Landesebene beteiligt. [3] Sie können den Rahmenvereinbarungen beitreten. [4] Auf die zum Zwecke der Vorbereitung und Umsetzung der Rahmenvereinbarungen gebildeten Arbeitsgemeinschaften wird § 94 Absatz 1a Satz 2 und 3 des Zehnten Buches[1)] nicht angewendet.

§ 20g Modellvorhaben. (1) [1] Die Leistungsträger nach § 20d Absatz 1 und ihre Verbände können zur Erreichung der in den Rahmenempfehlungen nach § 20d Absatz 2 Nummer 1 festgelegten gemeinsamen Ziele einzeln oder in Kooperation mit Dritten, insbesondere den in den Ländern zuständigen Stellen nach § 20f Absatz 1, Modellvorhaben durchführen. [2] Anhand der Modellvorhaben soll die Qualität und Effizienz der Versorgung mit Leistungen zur Gesundheitsförderung und Prävention in Lebenswelten und mit Leistungen zur betrieblichen Gesundheitsförderung verbessert werden. [3] Die Modellvorhaben können auch der wissenschaftlich fundierten Auswahl geeigneter Maßnahmen der Zusammenarbeit dienen. [4] Die Aufwendungen der Krankenkassen für Modellvorhaben sind auf die Mittel nach § 20 Absatz 6 Satz 2 anzurechnen.

(2) Die Modellvorhaben sind im Regelfall auf fünf Jahre zu befristen und nach allgemein anerkannten wissenschaftlichen Standards wissenschaftlich zu begleiten und auszuwerten.

---

1) Nr. **10**.

§ 20h Förderung der Selbsthilfe. (1) [1]Die Krankenkassen und ihre Verbände fördern Selbsthilfegruppen und -organisationen, die sich die gesundheitliche Prävention oder die Rehabilitation von Versicherten bei einer der im Verzeichnis nach Satz 2 aufgeführten Krankheiten zum Ziel gesetzt haben, sowie Selbsthilfekontaktstellen im Rahmen der Festlegungen des Absatzes 4. [2]Der Spitzenverband Bund der Krankenkassen beschließt ein Verzeichnis der Krankheitsbilder, bei deren gesundheitlicher Prävention oder Rehabilitation eine Förderung zulässig ist; sie haben die Kassenärztliche Bundesvereinigung und die Vertretungen der für die Wahrnehmung der Interessen der Selbsthilfe maßgeblichen Spitzenorganisationen zu beteiligen. [3]Selbsthilfekontaktstellen müssen für eine Förderung ihrer gesundheitsbezogenen Arbeit themen-, bereichs- und indikationsgruppenübergreifend tätig sein.

(2) Die Krankenkassen und ihre Verbände berücksichtigen im Rahmen der Förderung nach Absatz 1 Satz 1 auch solche digitalen Anwendungen, die den Anforderungen an den Datenschutz entsprechen und die Datensicherheit nach dem Stand der Technik gewährleisten.

(3) [1]Der Spitzenverband Bund der Krankenkassen beschließt Grundsätze zu den Inhalten der Förderung der Selbsthilfe und zur Verteilung der Fördermittel auf die verschiedenen Förderebenen und Förderbereiche. [2]Die in Absatz 1 Satz 2 genannten Vertretungen der Selbsthilfe sind zu beteiligen. [3]Die Förderung kann als Pauschal- und Projektförderung erfolgen.

(4) [1]Die Ausgaben der Krankenkassen und ihrer Verbände für die Wahrnehmung der Aufgaben nach Absatz 1 Satz 1 und Absatz 2 sollen insgesamt im Jahr 2016 für jeden ihrer Versicherten einen Betrag von 1,05 Euro umfassen; sie sind in den Folgejahren entsprechend der prozentualen Veränderung der monatlichen Bezugsgröße nach § 18 Abs. 1 des Vierten Buches[1)] anzupassen. [2]Für die Förderung auf der Landesebene und in den Regionen sind die Mittel entsprechend dem Wohnort der Versicherten aufzubringen. [3]Mindestens 70 vom Hundert der in Satz 1 bestimmten Mittel sind für die kassenartübergreifende Pauschalförderung aufzubringen. [4]Über die Vergabe der Fördermittel aus der Pauschalförderung beschließen die Krankenkassen oder ihre Verbände auf den jeweiligen Förderebenen gemeinsam nach Maßgabe der in Absatz 3 Satz 1 genannten Grundsätze und nach Beratung mit den zur Wahrnehmung der Interessen der Selbsthilfe jeweils maßgeblichen Vertretungen von Selbsthilfegruppen, -organisationen und -kontaktstellen. [5]Erreicht eine Krankenkasse den in Satz 1 genannten Betrag der Förderung in einem Jahr nicht, hat sie die nicht verausgabten Fördermittel im Folgejahr zusätzlich für die Pauschalförderung zur Verfügung zu stellen.

§ 20i Leistungen zur Verhütung übertragbarer Krankheiten, Verordnungsermächtigung. (1) [1]Versicherte haben Anspruch auf Leistungen für Schutzimpfungen im Sinne des § 2 Nr. 9 des Infektionsschutzgesetzes, dies gilt unabhängig davon, ob sie auch entsprechende Ansprüche gegen andere Kostenträger haben. [2]Satz 1 gilt für Schutzimpfungen, die wegen eines erhöhten Gesundheitsrisikos durch einen Auslandsaufenthalt indiziert sind, nur dann, wenn der Auslandsaufenthalt beruflich oder durch eine Ausbildung bedingt ist oder wenn zum Schutz der öffentlichen Gesundheit ein besonderes Interesse daran besteht, der Einschleppung einer übertragbaren Krankheit in die Bundes-

---

[1)] Nr. 4.

republik Deutschland vorzubeugen. [3]Einzelheiten zu Voraussetzungen, Art und Umfang der Leistungen bestimmt der Gemeinsame Bundesausschuss in Richtlinien nach § 92 auf der Grundlage der Empfehlungen der Ständigen Impfkommission beim Robert Koch-Institut gemäß § 20 Abs. 2 des Infektionsschutzgesetzes unter besonderer Berücksichtigung der Bedeutung der Schutzimpfungen für die öffentliche Gesundheit. [4]Abweichungen von den Empfehlungen der Ständigen Impfkommission sind besonders zu begründen. [5]Zu Änderungen der Empfehlungen der Ständigen Impfkommission hat der Gemeinsame Bundesausschuss innerhalb von zwei Monaten nach ihrer Veröffentlichung eine Entscheidung zu treffen. [6]Kommt eine Entscheidung nicht fristgemäß zustande, dürfen insoweit die von der Ständigen Impfkommission empfohlenen Schutzimpfungen mit Ausnahme von Schutzimpfungen nach Satz 2 erbracht werden, bis die Richtlinie vorliegt.

(2) Die Krankenkasse kann in ihrer Satzung weitere Schutzimpfungen und andere Maßnahmen der spezifischen Prophylaxe vorsehen.

(3) [1]Das Bundesministerium für Gesundheit wird ermächtigt, nach Anhörung der Ständigen Impfkommission und des Spitzenverbandes Bund der Krankenkassen durch Rechtsverordnung ohne Zustimmung des Bundesrates zu bestimmen, dass Versicherte Anspruch auf weitere bestimmte Schutzimpfungen oder auf bestimmte andere Maßnahmen der spezifischen Prophylaxe haben. [2]Das Bundesministerium für Gesundheit wird, sofern der Deutsche Bundestag nach § 5 Absatz 1 Satz 1 des Infektionsschutzgesetzes eine epidemische Lage von nationaler Tragweite festgestellt hat, ermächtigt, durch Rechtsverordnung ohne Zustimmung des Bundesrates zu bestimmen, dass

1. Versicherte Anspruch auf
   a) bestimmte Schutzimpfungen oder auf bestimmte andere Maßnahmen der spezifischen Prophylaxe haben, im Fall einer Schutzimpfung gegen das Coronavirus SARS-CoV-2 insbesondere dann, wenn sie aufgrund ihres Alters oder Gesundheitszustandes ein signifikant erhöhtes Risiko für einen schweren oder tödlichen Krankheitsverlauf haben, wenn sie solche Personen behandeln, betreuen oder pflegen oder wenn sie in zentralen Bereichen der Daseinsvorsorge und für die Aufrechterhaltung zentraler staatlicher Funktionen eine Schlüsselstellung besitzen,
   b) bestimmte Testungen für den Nachweis des Vorliegens einer Infektion mit einem bestimmten Krankheitserreger oder auf das Vorhandensein von Antikörpern gegen diesen Krankheitserreger haben,
   c) bestimmte Schutzmasken haben, wenn sie zu einer in der Rechtsverordnung festzulegenden Risikogruppe mit einem signifikant erhöhten Risiko für einen schweren oder tödlichen Krankheitsverlauf nach einer Infektion mit dem Coronavirus SARS-CoV-2 gehören,
2. Personen, die nicht in der gesetzlichen Krankenversicherung versichert sind, Anspruch auf Leistungen nach Nummer 1 haben.

[3]Der Anspruch nach Satz 2 kann auf bestimmte Teilleistungen beschränkt werden. [4]Ein Anspruch nach Satz 2 Nummer 1 Buchstabe b besteht nicht, wenn die betroffene Person bereits einen Anspruch auf die in Satz 2 Nummer 1 Buchstabe b genannten Leistungen hat oder einen Anspruch auf Erstattung der Aufwendungen für diese Leistungen hätte. [5]Sofern in der Rechtsverordnung nach Satz 2 Nummer 1 Buchstabe c ein Anspruch auf Schutzmasken festgelegt wird, ist das Einvernehmen mit dem Bundesministerium der Finanzen herzu-

stellen und kann eine Zuzahlung durch den berechtigten Personenkreis vorgesehen werden. [6]Sofern in der Rechtsverordnung nach Satz 2 ein Anspruch auf eine Schutzimpfung gegen das Coronavirus SARS-CoV-2 auch für Personen, die nicht in der gesetzlichen Krankenversicherung versichert sind, festgelegt wird, beteiligen sich die privaten Krankenversicherungsunternehmen anteilig in Höhe von 7 Prozent an den Kosten, soweit diese nicht von Bund oder Ländern getragen werden. [7]Die Rechtsverordnung nach Satz 2 ist nach Anhörung des Spitzenverbandes Bund der Krankenkassen und der Kassenärztlichen Bundesvereinigung zu erlassen. [8]Sofern in der Rechtsverordnung nach Satz 2 ein Anspruch auf Schutzimpfungen oder andere Maßnahmen der spezifischen Prophylaxe festgelegt wird, ist vor ihrem Erlass auch die Ständige Impfkommission beim Robert Koch-Institut anzuhören. [9]Sofern in der Rechtsverordnung nach Satz 2 ein Anspruch auf Schutzmasken festgelegt wird, ist vor ihrem Erlass auch der Deutsche Apothekerverband anzuhören. [10]Sofern die Rechtsverordnung nach Satz 2 Regelungen für Personen enthält, die privat krankenversichert sind, ist vor Erlass der Rechtsverordnung auch der Verband der Privaten Krankenversicherung anzuhören. [11]In der Rechtsverordnung nach Satz 2 kann auch das Nähere geregelt werden

1. zu den Voraussetzungen, zur Art und zum Umfang der Leistungen nach Satz 2 Nummer 1,
2. zu den zur Erbringung der in Satz 2 genannten Leistungen berechtigten Leistungserbringern, einschließlich der für die Leistungserbringung eingerichteten Testzentren und Impfzentren, zur Vergütung und Abrechnung der Leistungen und Kosten sowie zum Zahlungsverfahren,
3. zur Organisation der Versorgung einschließlich der Mitwirkungspflichten der Kassenärztlichen Vereinigungen und der Kassenärztlichen Bundesvereinigung bei der Versorgung mit den in Satz 2 Nummer 1 Buchstabe a genannten Leistungen,
4. zur vollständigen oder anteiligen Finanzierung der Leistungen und Kosten aus der Liquiditätsreserve des Gesundheitsfonds,
5. zur anteiligen Kostentragung durch die privaten Krankenversicherungsunternehmen nach Satz 6, insbesondere zum Verfahren und zu den Zahlungsmodalitäten, und
6. zur Erfassung und Übermittlung von anonymisierten Daten insbesondere an das Robert Koch-Institut über die aufgrund der Rechtsverordnung durchgeführten Maßnahmen.

[12]Soweit Leistungen nach Satz 2 Nummer 1 Buchstabe c aus der Liquiditätsreserve des Gesundheitsfonds finanziert werden, sind diese aus Bundesmitteln zu erstatten; eine Erstattung für weitere aus der Liquiditätsreserve des Gesundheitsfonds finanzierte Leistungen nach Satz 2 bleibt unberührt. [13]Eine aufgrund des Satzes 2 erlassene Rechtsverordnung tritt mit der Aufhebung der Feststellung der epidemischen Lage von nationaler Tragweite durch den Deutschen Bundestag nach § 5 Absatz 1 Satz 2 des Infektionsschutzgesetzes außer Kraft, ansonsten spätestens mit Ablauf des 31. März 2021. [14]Soweit und solange eine aufgrund des Satzes 1 erlassene Rechtsverordnung oder des Satzes 2 erlassene Rechtsverordnung in Kraft ist, hat der Gemeinsame Bundesausschuss Einzelheiten zu Voraussetzungen, Art und Umfang von Schutzimpfungen auf die ein Anspruch nach der jeweiligen Rechtsverordnung besteht, nach Absatz 1 Satz 3

für die Zeit nach dem Außerkrafttreten der jeweiligen Rechtsverordnung zu bestimmen; Absatz 1 Satz 5 gilt nicht.

(4) [1] Soweit Versicherte Anspruch auf Leistungen für Maßnahmen nach den Absätzen 1 bis 3 haben, schließt dieser Anspruch die Bereitstellung einer Impfdokumentation nach § 22 des Infektionsschutzgesetzes ein. [2] Die Krankenkassen können die Versicherten in geeigneter Form über fällige Schutzimpfungen und über andere Maßnahmen nach den Absätzen 2 und 3, auf die sie einen Anspruch auf Leistungen haben, versichertenbezogen informieren.

§ 20j Präexpositionsprophylaxe. (1) Versicherte mit einem substantiellen HIV-Infektionsrisiko, die das 16. Lebensjahr vollendet haben, haben Anspruch auf

1. ärztliche Beratung über Fragen der medikamentösen Präexpositionsprophylaxe zur Verhütung einer Ansteckung mit HIV sowie
2. Untersuchungen, die bei Anwendung der für die medikamentöse Präexpositionsprophylaxe zugelassenen Arzneimittel erforderlich sind.

(2) Das Nähere zum Kreis der Anspruchsberechtigten und zu den Voraussetzungen für die Ausführung der Leistungen vereinbaren die Kassenärztliche Bundesvereinigung und der Spitzenverband Bund der Krankenkassen bis zum 31. Juli 2019 mit Wirkung zum 1. September 2019 als Bestandteil der Bundesmantelverträge.

(3) Auf Grundlage der Vereinbarung nach Absatz 2 hat der Bewertungsausschuss den einheitlichen Bewertungsmaßstab für ärztliche Leistungen zu überprüfen und spätestens innerhalb eines Monats nach Abschluss dieser Vereinbarung anzupassen.

(4) Versicherte nach Absatz 1 haben nach Beratung Anspruch auf Versorgung mit verschreibungspflichtigen Arzneimitteln zur Präexpositionsprophylaxe.

(5) Das Bundesministerium für Gesundheit evaluiert die Wirkungen der ärztlichen Verordnung der Präexpositionsprophylaxe auf das Infektionsgeschehen im Bereich sexuell übertragbarer Krankheiten bis Ende 2020 nach allgemein anerkannten wissenschaftlichen Standards.

§ 20k Förderung der digitalen Gesundheitskompetenz. (1) [1] Die Krankenkasse sieht in der Satzung Leistungen zur Förderung des selbstbestimmten gesundheitsorientierten Einsatzes digitaler oder telemedizinischer Anwendungen und Verfahren durch die Versicherten vor. [2] Die Leistungen sollen dazu dienen, die für die Nutzung digitaler oder telemedizinischer Anwendungen und Verfahren erforderlichen Kompetenzen zu vermitteln. [3] Die Krankenkasse legt dabei die Festlegungen des Spitzenverbands Bund der Krankenkassen nach Absatz 2 zugrunde.

(2) Der Spitzenverband Bund der Krankenkassen regelt unter Einbeziehung unabhängigen, ärztlichen, psychologischen, pflegerischen, informationstechnologischen und sozialwissenschaftlichen Sachverstands das Nähere zu bedarfsgerechten Zielstellungen, Zielgruppen sowie zu Inhalt, Methodik und Qualität der Leistungen nach Absatz 1.

(3) [1] Der Spitzenverband Bund der Krankenkassen berichtet dem Bundesministerium für Gesundheit alle zwei Jahre, erstmals bis zum 31. Dezember 2021, wie und in welchem Umfang seine Mitglieder den Versicherten Leistungen nach Absatz 1 gewähren. [2] Der Spitzenverband Bund der Krankenkassen

bestimmt zu diesem Zweck die von seinen Mitgliedern zu übermittelnden statistischen Informationen über die erstatteten Leistungen sowie Art und Umfang der Übermittlung.

§ 21 Verhütung von Zahnerkrankungen (Gruppenprophylaxe)

(1) [1]Die Krankenkassen haben im Zusammenwirken mit den Zahnärzten und den für die Zahngesundheitspflege in den Ländern zuständigen Stellen unbeschadet der Aufgaben anderer gemeinsam und einheitlich Maßnahmen zur Erkennung und Verhütung von Zahnerkrankungen ihrer Versicherten, die das zwölfte Lebensjahr noch nicht vollendet haben, zu fördern und sich an den Kosten der Durchführung zu beteiligen. [2]Sie haben auf flächendeckende Maßnahmen hinzuwirken. [3]In Schulen und Behinderteneinrichtungen, in denen das durchschnittliche Kariesrisiko der Schüler überproportional hoch ist, werden die Maßnahmen bis zum 16. Lebensjahr durchgeführt. [4]Die Maßnahmen sollen vorrangig in Gruppen, insbesondere in Kindergärten und Schulen, durchgeführt werden; sie sollen sich insbesondere auf die Untersuchung der Mundhöhle, Erhebung des Zahnstatus, Zahnschmelzhärtung, Ernährungsberatung und Mundhygiene erstrecken. [5]Für Kinder mit besonders hohem Kariesrisiko sind spezifische Programme zu entwickeln.

(2) [1]Zur Durchführung der Maßnahmen nach Absatz 1 schließen die Landesverbände der Krankenkassen und die Ersatzkassen mit den zuständigen Stellen nach Absatz 1 Satz 1 gemeinsame Rahmenvereinbarungen. [2]Der Spitzenverband Bund der Krankenkassen hat bundeseinheitliche Rahmenempfehlungen insbesondere über Inhalt, Finanzierung, nicht versichertenbezogene Dokumentation und Kontrolle zu beschließen.

(3) Kommt eine gemeinsame Rahmenvereinbarung nach Absatz 2 Satz 1 nicht zustande, werden Inhalt, Finanzierung, nicht versichertenbezogene Dokumentation und Kontrolle unter Berücksichtigung der bundeseinheitlichen Rahmenempfehlungen des Spitzenverbandes Bund der Krankenkassen durch Rechtsverordnung der Landesregierung bestimmt.

§ 22 Verhütung von Zahnerkrankungen (Individualprophylaxe)

(1) Versicherte, die das sechste, aber noch nicht das achtzehnte Lebensjahr vollendet haben, können sich zur Verhütung von Zahnerkrankungen einmal in jedem Kalenderhalbjahr zahnärztlich untersuchen lassen.

(2) Die Untersuchungen sollen sich auf den Befund des Zahnfleisches, die Aufklärung über Krankheitsursachen und ihre Vermeidung, das Erstellen von diagnostischen Vergleichen zur Mundhygiene, zum Zustand des Zahnfleisches und zur Anfälligkeit gegenüber Karieserkrankungen, auf die Motivation und Einweisung bei der Mundpflege sowie auf Maßnahmen zur Schmelzhärtung der Zähne erstrecken.

(3) Versicherte, die das sechste, aber noch nicht das achtzehnte Lebensjahr vollendet haben, haben Anspruch auf Fissurenversiegelung der Molaren.

(4) *(aufgehoben)*

(5) Der Gemeinsame Bundesausschuss regelt das Nähere über Art, Umfang und Nachweis der individualprophylaktischen Leistungen in Richtlinien nach § 92.

§ 22a Verhütung von Zahnerkrankungen bei Pflegebedürftigen und Menschen mit Behinderungen. (1) [1]Versicherte, die einem Pflegegrad nach

§ 15 des Elften Buches[1] zugeordnet sind oder Eingliederungshilfe nach § 53 des Zwölften Buches[2] erhalten, haben Anspruch auf Leistungen zur Verhütung von Zahnerkrankungen. [2]Die Leistungen umfassen insbesondere die Erhebung eines Mundgesundheitsstatus, die Aufklärung über die Bedeutung der Mundhygiene und über Maßnahmen zu deren Erhaltung, die Erstellung eines Planes zur individuellen Mund- und Prothesenpflege sowie die Entfernung harter Zahnbeläge. [3]Pflegepersonen des Versicherten sollen in die Aufklärung und Planerstellung nach Satz 2 einbezogen werden.

(2) Das Nähere über Art und Umfang der Leistungen regelt der Gemeinsame Bundesausschuss in Richtlinien nach § 92.

§ 23 Medizinische Vorsorgeleistungen. (1) Versicherte haben Anspruch auf ärztliche Behandlung und Versorgung mit Arznei-, Verband-, Heil- und Hilfsmitteln, wenn diese notwendig sind,

1. eine Schwächung der Gesundheit, die in absehbarer Zeit voraussichtlich zu einer Krankheit führen würde, zu beseitigen,
2. einer Gefährdung der gesundheitlichen Entwicklung eines Kindes entgegenzuwirken,
3. Krankheiten zu verhüten oder deren Verschlimmerung zu vermeiden oder
4. Pflegebedürftigkeit zu vermeiden.

(2) [1]Reichen bei Versicherten die Leistungen nach Absatz 1 nicht aus oder können sie wegen besonderer beruflicher oder familiärer Umstände nicht durchgeführt werden, kann die Krankenkasse aus medizinischen Gründen erforderliche ambulante Vorsorgeleistungen in anerkannten Kurorten erbringen. [2]Die Satzung der Krankenkasse kann zu den übrigen Kosten, die Versicherten im Zusammenhang mit dieser Leistung entstehen, einen Zuschuß von bis zu 16 Euro täglich vorsehen. [3]Bei ambulanten Vorsorgeleistungen für versicherte chronisch kranke Kleinkinder kann der Zuschuss nach Satz 2 auf bis zu 25 Euro erhöht werden.

(3) In den Fällen der Absätze 1 und 2 sind die §§ 31 bis 34 anzuwenden.

(4) [1]Reichen bei Versicherten die Leistungen nach Absatz 1 und 2 nicht aus, kann die Krankenkasse Behandlung mit Unterkunft und Verpflegung in einer Vorsorgeeinrichtung erbringen, mit der ein Vertrag nach § 111 besteht; für pflegende Angehörige kann die Krankenkasse unter denselben Voraussetzungen Behandlung mit Unterkunft und Verpflegung auch in einer Vorsorgeeinrichtung erbringen, mit der ein Vertrag nach § 111a besteht. [2]Die Krankenkasse führt statistische Erhebungen über Anträge auf Leistungen nach Satz 1 und Absatz 2 sowie deren Erledigung durch.

(5) [1]Die Krankenkasse bestimmt nach den medizinischen Erfordernissen des Einzelfalls unter entsprechender Anwendung des Wunsch- und Wahlrechts der Leistungsberechtigten nach § 8 des Neunten Buches[3] Art, Dauer, Umfang, Beginn und Durchführung der Leistungen nach Absatz 4 sowie die Vorsorgeeinrichtung nach pflichtgemäßem Ermessen; die Krankenkasse berücksichtigt bei ihrer Entscheidung die besonderen Belange pflegender Angehöriger. [2]Leistungen nach Absatz 4 sollen für längstens drei Wochen erbracht werden, es sei

---

[1] Nr. **11**.
[2] Nr. **12**.
[3] Nr. **9**.

denn, eine Verlängerung der Leistung ist aus medizinischen Gründen dringend erforderlich. [3]Satz 2 gilt nicht, soweit der Spitzenverband Bund der Krankenkassen nach Anhörung der für die Wahrnehmung der Interessen der ambulanten und stationären Vorsorgeeinrichtungen auf Bundesebene maßgeblichen Spitzenorganisationen in Leitlinien Indikationen festgelegt und diesen jeweils eine Regeldauer zugeordnet hat; von dieser Regeldauer kann nur abgewichen werden, wenn dies aus dringenden medizinischen Gründen im Einzelfall erforderlich ist. [4]Leistungen nach Absatz 2 können nicht vor Ablauf von drei, Leistungen nach Absatz 4 können nicht vor Ablauf von vier Jahren nach Durchführung solcher oder ähnlicher Leistungen erbracht werden, deren Kosten auf Grund öffentlich-rechtlicher Vorschriften getragen oder bezuschusst worden sind, es sei denn, eine vorzeitige Leistung ist aus medizinischen Gründen dringend erforderlich.

(6) [1]Versicherte, die eine Leistung nach Absatz 4 in Anspruch nehmen und das achtzehnte Lebensjahr vollendet haben, zahlen je Kalendertag den sich nach § 61 Satz 2 ergebenden Betrag an die Einrichtung. [2]Die Zahlung ist an die Krankenkasse weiterzuleiten.

(7) Medizinisch notwendige stationäre Vorsorgemaßnahmen für versicherte Kinder, die das 14. Lebensjahr noch nicht vollendet haben, sollen in der Regel für vier bis sechs Wochen erbracht werden.

§ 24 Medizinische Vorsorge für Mütter und Väter. (1) [1]Versicherte haben unter den in § 23 Abs. 1 genannten Voraussetzungen Anspruch auf aus medizinischen Gründen erforderliche Vorsorgeleistungen in einer Einrichtung des Müttergenesungswerks oder einer gleichartigen Einrichtung; die Leistung kann in Form einer Mutter-Kind-Maßnahme erbracht werden. [2]Satz 1 gilt auch für Vater-Kind-Maßnahmen in dafür geeigneten Einrichtungen. [3]Vorsorgeleistungen nach den Sätzen 1 und 2 werden in Einrichtungen erbracht, mit denen ein Versorgungsvertrag nach § 111a besteht. [4]§ 23 Abs. 4 Satz 1 gilt nicht; § 23 Abs. 4 Satz 2 gilt entsprechend.

(2) § 23 Abs. 5 gilt entsprechend.

(3) [1]Versicherte, die das achtzehnte Lebensjahr vollendet haben und eine Leistung nach Absatz 1 in Anspruch nehmen, zahlen je Kalendertag den sich nach § 61 Satz 2 ergebenden Betrag an die Einrichtung. [2]Die Zahlung ist an die Krankenkasse weiterzuleiten.

§ 24a Empfängnisverhütung. (1) [1]Versicherte haben Anspruch auf ärztliche Beratung über Fragen der Empfängnisregelung. [2]Zur ärztlichen Beratung gehören auch die erforderliche Untersuchung und die Verordnung von empfängnisregelnden Mitteln.

(2) [1]Versicherte bis zum vollendeten 22. Lebensjahr haben Anspruch auf Versorgung mit verschreibungspflichtigen empfängnisverhütenden Mitteln; § 31 Abs. 2 bis 4 gilt entsprechend. [2]Satz 1 gilt entsprechend für nicht verschreibungspflichtige Notfallkontrazeptiva, soweit sie ärztlich verordnet werden; § 129 Absatz 5a gilt entsprechend.

§ 24b Schwangerschaftsabbruch und Sterilisation. (1) [1]Versicherte haben Anspruch auf Leistungen bei einer durch Krankheit erforderlichen Sterilisation und bei einem nicht rechtswidrigen Abbruch der Schwangerschaft durch einen Arzt. [2]Der Anspruch auf Leistungen bei einem nicht rechtswidrigen

Schwangerschaftsabbruch besteht nur, wenn dieser in einer Einrichtung im Sinne des § 13 Abs. 1 des Schwangerschaftskonfliktgesetzes vorgenommen wird.

(2) [1]Es werden ärztliche Beratung über die Erhaltung und den Abbruch der Schwangerschaft, ärztliche Untersuchung und Begutachtung zur Feststellung der Voraussetzungen für eine durch Krankheit erforderliche Sterilisation oder für einen nicht rechtswidrigen Schwangerschaftsabbruch, ärztliche Behandlung, Versorgung mit Arznei-, Verbands- und Heilmitteln sowie Krankenhauspflege gewährt. [2]Anspruch auf Krankengeld besteht, wenn Versicherte wegen einer durch Krankheit erforderlichen Sterilisation oder wegen eines nicht rechtswidrigen Abbruchs der Schwangerschaft durch einen Arzt arbeitsunfähig werden, es sei denn, es besteht ein Anspruch nach § 44 Abs. 1.

(3) Im Fall eines unter den Voraussetzungen des § 218a Abs. 1 des Strafgesetzbuches vorgenommenen Abbruchs der Schwangerschaft haben Versicherte Anspruch auf die ärztliche Beratung über die Erhaltung und den Abbruch der Schwangerschaft, die ärztliche Behandlung mit Ausnahme der Vornahme des Abbruchs und der Nachbehandlung bei komplikationslosem Verlauf, die Versorgung mit Arznei-, Verband- und Heilmitteln sowie auf Krankenhausbehandlung, falls und soweit die Maßnahmen dazu dienen,

1. die Gesundheit des Ungeborenen zu schützen, falls es nicht zum Abbruch kommt,
2. die Gesundheit der Kinder aus weiteren Schwangerschaften zu schützen oder
3. die Gesundheit der Mutter zu schützen, insbesondere zu erwartenden Komplikationen aus dem Abbruch der Schwangerschaft vorzubeugen oder eingetretene Komplikationen zu beseitigen.

(4) [1]Die nach Absatz 3 vom Anspruch auf Leistungen ausgenommene ärztliche Vornahme des Abbruchs umfaßt

1. die Anästhesie,
2. den operativen Eingriff oder die Gabe einer den Schwangerschaftsabbruch herbeiführenden Medikation,
3. die vaginale Behandlung einschließlich der Einbringung von Arzneimitteln in die Gebärmutter,
4. die Injektion von Medikamenten,
5. die Gabe eines wehenauslösenden Medikamentes,
6. die Assistenz durch einen anderen Arzt,
7. die körperlichen Untersuchungen im Rahmen der unmittelbaren Operationsvorbereitung und der Überwachung im direkten Anschluß an die Operation.

[2]Mit diesen ärztlichen Leistungen im Zusammenhang stehende Sachkosten, insbesondere für Narkosemittel, Verbandmittel, Abdecktücher, Desinfektionsmittel fallen ebenfalls nicht in die Leistungspflicht der Krankenkassen. [3]Bei vollstationärer Vornahme des Abbruchs übernimmt die Krankenkasse nicht die mittleren Kosten der Leistungen nach den Sätzen 1 und 2 für den Tag, an dem der Abbruch vorgenommen wird. [4]Das DRG-Institut ermittelt die Kosten nach Satz 3 gesondert und veröffentlicht das Ergebnis jährlich in Zusammenhang mit dem Entgeltsystem nach § 17b des Krankenhausfinanzierungsgesetzes.

§ 24c Leistungen bei Schwangerschaft und Mutterschaft. Die Leistungen bei Schwangerschaft und Mutterschaft umfassen

1. ärztliche Betreuung und Hebammenhilfe,
2. Versorgung mit Arznei-, Verband-, Heil- und Hilfsmitteln,
3. Entbindung,
4. häusliche Pflege,
5. Haushaltshilfe,
6. Mutterschaftsgeld.

§ 24d Ärztliche Betreuung und Hebammenhilfe. [1]Die Versicherte hat während der Schwangerschaft, bei und nach der Entbindung Anspruch auf ärztliche Betreuung sowie auf Hebammenhilfe einschließlich der Untersuchungen zur Feststellung der Schwangerschaft und zur Schwangerenvorsorge; ein Anspruch auf Hebammenhilfe im Hinblick auf die Wochenbettbetreuung besteht bis zum Ablauf von zwölf Wochen nach der Geburt, weitergehende Leistungen bedürfen der ärztlichen Anordnung. [2]Sofern das Kind nach der Entbindung nicht von der Versicherten versorgt werden kann, hat das versicherte Kind Anspruch auf die Leistungen der Hebammenhilfe, die sich auf dieses beziehen. [3]Die ärztliche Betreuung umfasst auch die Beratung der Schwangeren zur Bedeutung der Mundgesundheit für Mutter und Kind einschließlich des Zusammenhangs zwischen Ernährung und Krankheitsrisiko sowie die Einschätzung oder Bestimmung des Übertragungsrisikos von Karies. [4]Die ärztliche Beratung der Versicherten umfasst bei Bedarf auch Hinweise auf regionale Unterstützungsangebote für Eltern und Kind.

§ 24e Versorgung mit Arznei-, Verband-, Heil- und Hilfsmitteln.

[1]Die Versicherte hat während der Schwangerschaft und im Zusammenhang mit der Entbindung Anspruch auf Versorgung mit Arznei-, Verband-, Heil- und Hilfsmitteln. [2]Die für die Leistungen nach den §§ 31 bis 33 geltenden Vorschriften gelten entsprechend; bei Schwangerschaftsbeschwerden und im Zusammenhang mit der Entbindung finden § 31 Absatz 3, § 32 Absatz 2, § 33 Absatz 8 und § 127 Absatz 4 keine Anwendung.

§ 24f Entbindung. [1]Die Versicherte hat Anspruch auf ambulante oder stationäre Entbindung. [2]Die Versicherte kann ambulant in einem Krankenhaus, in einer von einer Hebamme oder einem Entbindungspfleger geleiteten Einrichtung, in einer ärztlich geleiteten Einrichtung, in einer Hebammenpraxis oder im Rahmen einer Hausgeburt entbinden. [3]Wird die Versicherte zur stationären Entbindung in einem Krankenhaus oder in einer anderen stationären Einrichtung aufgenommen, hat sie für sich und das Neugeborene Anspruch auf Unterkunft, Pflege und Verpflegung. [4]Für diese Zeit besteht kein Anspruch auf Krankenhausbehandlung. [5]§ 39 Absatz 2 gilt entsprechend.

§ 24g Häusliche Pflege. [1]Die Versicherte hat Anspruch auf häusliche Pflege, soweit diese wegen Schwangerschaft oder Entbindung erforderlich ist. [2]§ 37 Absatz 3 und 4 gilt entsprechend.

§ 24h Haushaltshilfe. [1]Die Versicherte erhält Haushaltshilfe, soweit ihr wegen Schwangerschaft oder Entbindung die Weiterführung des Haushalts nicht möglich und eine andere im Haushalt lebende Person den Haushalt nicht weiterführen kann. [2] § 38 Absatz 4 gilt entsprechend.

§ 24i Mutterschaftsgeld. (1) [1] Weibliche Mitglieder, die bei Arbeitsunfähigkeit Anspruch auf Krankengeld haben oder denen wegen der Schutzfristen nach § 3 des Mutterschutzgesetzes kein Arbeitsentgelt gezahlt wird, erhalten Mutterschaftsgeld. [2] Mutterschaftsgeld erhalten auch Frauen, deren Arbeitsverhältnis unmittelbar vor Beginn der Schutzfrist nach § 3 Absatz 1 des Mutterschutzgesetzes endet, wenn sie am letzten Tag des Arbeitsverhältnisses Mitglied einer Krankenkasse waren.

(2) [1] Für Mitglieder, die bei Beginn der Schutzfrist vor der Entbindung nach § 3 Absatz 1 des Mutterschutzgesetzes in einem Arbeitsverhältnis stehen oder in Heimarbeit beschäftigt sind oder deren Arbeitsverhältnis nach Maßgabe von § 17 Absatz 2 des Mutterschutzgesetzes gekündigt worden ist, wird als Mutterschaftsgeld das um die gesetzlichen Abzüge verminderte durchschnittliche kalendertägliche Arbeitsentgelt der letzten drei abgerechneten Kalendermonate vor Beginn der Schutzfrist nach § 3 Absatz 1 des Mutterschutzgesetzes gezahlt. [2] Es beträgt höchstens 13 Euro für den Kalendertag. [3] Für die Ermittlung des durchschnittlichen kalendertäglichen Arbeitsentgelts gilt § 21 des Mutterschutzgesetzes entsprechend. [4] Übersteigt das durchschnittliche Arbeitsentgelt 13 Euro kalendertäglich, wird der übersteigende Betrag vom Arbeitgeber oder von der für die Zahlung des Mutterschaftsgeldes zuständigen Stelle nach den Vorschriften des Mutterschutzgesetzes gezahlt. [5] Für Frauen nach Absatz 1 Satz 2 sowie für andere Mitglieder wird das Mutterschaftsgeld in Höhe des Krankengeldes gezahlt.

(3) [1] Das Mutterschaftsgeld wird für die letzten sechs Wochen vor dem voraussichtlichen Tag der Entbindung, den Entbindungstag und für die ersten acht Wochen nach der Entbindung gezahlt. [2] Bei Früh- und Mehrlingsgeburten sowie in Fällen, in denen vor Ablauf von acht Wochen nach der Entbindung bei dem Kind eine Behinderung im Sinne von § 2 Absatz 1 Satz 1 des Neunten Buches[1)] ärztlich festgestellt und ein Antrag nach § 3 Absatz 2 Satz 4 des Mutterschutzgesetzes gestellt wird, verlängert sich der Zeitraum der Zahlung des Mutterschaftsgeldes nach Satz 1 auf die ersten zwölf Wochen nach der Entbindung. [3] Wird bei Frühgeburten und sonstigen vorzeitigen Entbindungen der Zeitraum von sechs Wochen vor dem voraussichtlichen Tag der Entbindung verkürzt, so verlängert sich die Bezugsdauer um den Zeitraum, der vor der Entbindung nicht in Anspruch genommen werden konnte. [4] Für die Zahlung des Mutterschaftsgeldes vor der Entbindung ist das Zeugnis eines Arztes oder einer Hebamme maßgebend, in dem der voraussichtliche Tag der Entbindung angegeben ist. [5] Bei Entbindungen nach dem voraussichtlichen Tag der Entbindung verlängert sich die Bezugsdauer bis zum Tag der Entbindung entsprechend. [6] Für Mitglieder, deren Arbeitsverhältnis während der Schutzfristen nach § 3 des Mutterschutzgesetzes beginnt, wird das Mutterschaftsgeld von Beginn des Arbeitsverhältnisses an gezahlt.

(4) [1] Der Anspruch auf Mutterschaftsgeld ruht, soweit und solange das Mitglied beitragspflichtiges Arbeitsentgelt, Arbeitseinkommen oder Urlaubsabgeltung erhält. [2] Dies gilt nicht für einmalig gezahltes Arbeitsentgelt.

[1)] Nr. 9.

Vierter Abschnitt. Leistungen zur Erfassung von gesundheitlichen Risiken und Früherkennung von Krankheiten

§ 25 Gesundheitsuntersuchungen. (1) [1]Versicherte, die das 18. Lebensjahr vollendet haben, haben Anspruch auf alters-, geschlechter- und zielgruppengerechte ärztliche Gesundheitsuntersuchungen zur Erfassung und Bewertung gesundheitlicher Risiken und Belastungen, zur Früherkennung von bevölkerungsmedizinisch bedeutsamen Krankheiten und eine darauf abgestimmte präventionsorientierte Beratung, einschließlich einer Überprüfung des Impfstatus im Hinblick auf die Empfehlungen der Ständigen Impfkommission nach § 20 Absatz 2 des Infektionsschutzgesetzes. [2]Die Untersuchungen umfassen, sofern medizinisch angezeigt, eine Präventionsempfehlung für Leistungen zur verhaltensbezogenen Prävention nach § 20 Absatz 5. [3]Die Präventionsempfehlung wird in Form einer ärztlichen Bescheinigung erteilt. [4]Sie informiert über Möglichkeiten und Hilfen zur Veränderung gesundheitsbezogener Verhaltensweisen und kann auch auf andere Angebote zur verhaltensbezogenen Prävention hinweisen wie beispielsweise auf die vom Deutschen Olympischen Sportbund e.V. und der Bundesärztekammer empfohlenen Bewegungsangebote in Sportvereinen oder auf sonstige qualitätsgesicherte Bewegungsangebote in Sport- oder Fitnessstudios sowie auf Angebote zur Förderung einer ausgewogenen Ernährung.

(2) Versicherte, die das 18. Lebensjahr vollendet haben, haben Anspruch auf Untersuchungen zur Früherkennung von Krebserkrankungen.

(3) [1]Voraussetzung für die Untersuchung nach den Absätzen 1 und 2 ist, dass es sich um Krankheiten handelt, die wirksam behandelt werden können oder um zu erfassende gesundheitliche Risiken und Belastungen, die durch geeignete Leistungen zur verhaltensbezogenen Prävention nach § 20 Absatz 5 vermieden, beseitigt oder vermindert werden können. [2]Die im Rahmen der Untersuchungen erbrachten Maßnahmen zur Früherkennung setzen ferner voraus, dass

1. das Vor- und Frühstadium dieser Krankheiten durch diagnostische Maßnahmen erfassbar ist,
2. die Krankheitszeichen medizinisch-technisch genügend eindeutig zu erfassen sind,
3. genügend Ärzte und Einrichtungen vorhanden sind, um die aufgefundenen Verdachtsfälle eindeutig zu diagnostizieren und zu behandeln.

[3]Stellt der Gemeinsame Bundesausschuss bei seinen Beratungen über eine Gesundheitsuntersuchung nach Absatz 1 fest, dass notwendige Erkenntnisse fehlen, kann er eine Richtlinie zur Erprobung der geeigneten inhaltlichen und organisatorischen Ausgestaltung der Gesundheitsuntersuchung beschließen. [4]§ 137e gilt entsprechend.

(4) [1]Die Untersuchungen nach Absatz 1 und 2 sollen, soweit berufsrechtlich zulässig, zusammen angeboten werden. [2]Der Gemeinsame Bundesausschuss bestimmt in den Richtlinien nach § 92 das Nähere über Inhalt, Art und Umfang der Untersuchungen sowie die Erfüllung der Voraussetzungen nach Absatz 3. [3]Ferner bestimmt er für die Untersuchungen die Zielgruppen, Altersgrenzen und die Häufigkeit der Untersuchungen. [4]Der Gemeinsame Bundesausschuss regelt erstmals bis zum 31. Juli 2016 in Richtlinien nach § 92 das Nähere zur Ausgestaltung der Präventionsempfehlung nach Absatz 1 Satz 2. [5]Im Übrigen beschließt der Gemeinsame Bundesausschuss erstmals bis zum

31. Juli 2018 in Richtlinien nach § 92 das Nähere über die Gesundheitsuntersuchungen nach Absatz 1 zur Erfassung und Bewertung gesundheitlicher Risiken und Belastungen sowie eine Anpassung der Richtlinie im Hinblick auf Gesundheitsuntersuchungen zur Früherkennung von bevölkerungsmedizinisch bedeutsamen Krankheiten. [6]Die Frist nach Satz 5 verlängert sich in dem Fall einer Erprobung nach Absatz 3 Satz 3 um zwei Jahre.

(4a) [1]Legt das Bundesministerium für Umwelt, Naturschutz und nukleare Sicherheit in einer Rechtsverordnung nach § 84 Absatz 2 des Strahlenschutzgesetzes die Zulässigkeit einer Früherkennungsuntersuchung fest, für die der Gemeinsame Bundesausschuss noch keine Richtlinie nach § 92 Absatz 1 Satz 2 Nummer 3 beschlossen hat, prüft der Gemeinsame Bundesausschuss innerhalb von 18 Monaten nach Inkrafttreten der Rechtsverordnung, ob die Früherkennungsuntersuchung nach Absatz 1 oder Absatz 2 zu Lasten der Krankenkassen zu erbringen ist und regelt gegebenenfalls das Nähere nach Absatz 3 Satz 2 und 3. [2]Gelangt der Gemeinsame Bundesausschuss zu der Feststellung, dass der Nutzen der neuen Früherkennungsuntersuchung noch nicht hinreichend belegt ist, so hat er in der Regel eine Richtlinie nach § 137e zu beschließen.

(5) [1]In den Richtlinien des Gemeinsamen Bundesausschusses ist ferner zu regeln, dass die Durchführung von Maßnahmen nach den Absätzen 1 und 2 von einer Genehmigung der Kassenärztlichen Vereinigung abhängig ist, wenn es zur Sicherung der Qualität der Untersuchungen geboten ist, dass Ärzte mehrerer Fachgebiete zusammenwirken oder die teilnehmenden Ärzte eine Mindestzahl von Untersuchungen durchführen oder besondere technische Einrichtungen vorgehalten werden oder dass besonders qualifiziertes nichtärztliches Personal mitwirkt. [2]Ist es erforderlich, dass die teilnehmenden Ärzte eine hohe Mindestzahl von Untersuchungen durchführen oder dass bei der Leistungserbringung Ärzte mehrerer Fachgebiete zusammenwirken, legen die Richtlinien außerdem Kriterien für die Bemessung des Versorgungsbedarfs fest, so dass eine bedarfsgerechte räumliche Verteilung gewährleistet ist. [3]Die Auswahl der Ärzte durch die Kassenärztliche Vereinigung erfolgt auf der Grundlage der Bewertung ihrer Qualifikation und der geeigneten räumlichen Zuordnung ihres Praxissitzes für die Versorgung im Rahmen eines in den Richtlinien geregelten Ausschreibungsverfahrens. [4]Die Genehmigung zur Durchführung der Früherkennungsuntersuchungen kann befristet und mit für das Versorgungsziel notwendigen Auflagen erteilt werden.

§ 25a Organisierte Früherkennungsprogramme. (1) [1]Untersuchungen zur Früherkennung von Krebserkrankungen gemäß § 25 Absatz 2, für die von der Europäischen Kommission veröffentlichte Europäische Leitlinien zur Qualitätssicherung von Krebsfrüherkennungsprogrammen vorliegen, sollen als organisierte Krebsfrüherkennungsprogramme angeboten werden. [2]Diese Programme umfassen insbesondere

1. die regelmäßige Einladung der Versicherten in Textform zur Früherkennungsuntersuchung nach Satz 1,
2. die mit der Einladung erfolgende umfassende und verständliche Information der Versicherten über Nutzen und Risiken der jeweiligen Untersuchung, über die nach Absatz 4 vorgesehene Verarbeitung der personenbezogenen Daten, die zum Schutz dieser Daten getroffenen Maßnahmen, den Verantwortlichen und bestehende Widerspruchsrechte,

3. die inhaltliche Bestimmung der Zielgruppen, der Untersuchungsmethoden, der Abstände zwischen den Untersuchungen, der Altersgrenzen, des Vorgehens zur Abklärung auffälliger Befunde und der Maßnahmen zur Qualitätssicherung sowie
4. die systematische Erfassung, Überwachung und Verbesserung der Qualität der Krebsfrüherkennungsprogramme unter besonderer Berücksichtigung der Teilnahmeraten, des Auftretens von Intervallkarzinomen, falsch positiver Diagnosen und der Sterblichkeit an der betreffenden Krebserkrankung unter den Programmteilnehmern.

[3] Die Maßnahmen nach Satz 2 Nummer 4 beinhalten auch einen Abgleich der Daten, die nach § 299 zum Zwecke der Qualitätssicherung an eine vom Gemeinsamen Bundesausschuss bestimmte Stelle übermittelt werden, mit Daten der epidemiologischen oder der klinischen Krebsregister, soweit dies insbesondere für die Erfassung des Auftretens von Intervallkarzinomen und der Sterblichkeit an der betreffenden Krebserkrankung unter den Programmteilnehmern erforderlich ist und landesrechtliche Vorschriften die Übermittlung von Krebsregisterdaten erlauben. [4] Die entstehenden Kosten für den Datenabgleich werden von den Krankenkassen getragen.

(2) [1] Der Gemeinsame Bundesausschuss regelt bis zum 30. April 2016 in Richtlinien nach § 92 das Nähere über die Durchführung der organisierten Krebsfrüherkennungsprogramme für Früherkennungsuntersuchungen, für die bereits Europäische Leitlinien zur Qualitätssicherung nach Absatz 1 Satz 1 vorliegen. [2] Für künftige Leitlinien erfolgt eine Regelung innerhalb von drei Jahren nach Veröffentlichung der Leitlinien. [3] Handelt es sich um eine neue Früherkennungsuntersuchung, für die noch keine Richtlinien nach § 92 Absatz 1 Satz 2 Nummer 3 bestehen, prüft der Gemeinsame Bundesausschuss zunächst innerhalb von drei Jahren nach Veröffentlichung der Leitlinien, ob die Früherkennungsuntersuchung nach § 25 Absatz 2 zu Lasten der Krankenkassen zu erbringen ist, und regelt gegebenenfalls innerhalb von weiteren drei Jahren das Nähere über die Durchführung des organisierten Krebsfrüherkennungsprogramms. [4] In den Richtlinien über die Durchführung der organisierten Krebsfrüherkennungsprogramme ist insbesondere das Nähere zum Einladungswesen, zur Qualitätssicherung und zum Datenabgleich mit den Krebsregistern festzulegen, und es sind die hierfür zuständigen Stellen zu bestimmen. [5] Der Verband der Privaten Krankenversicherung ist bei den Richtlinien zu beteiligen.

(3) [1] Stellt der Gemeinsame Bundesausschuss bei seinen Beratungen fest, dass notwendige Erkenntnisse fehlen, kann er eine Richtlinie zur Erprobung der geeigneten inhaltlichen und organisatorischen Ausgestaltung eines organisierten Krebsfrüherkennungsprogramms beschließen. [2] § 137e gilt entsprechend. [3] Die Frist nach Absatz 2 Satz 1 bis 3 für die Regelung des Näheren über die Durchführung der organisierten Krebsfrüherkennungsprogramme verlängert sich in diesem Fall um den Zeitraum der Vorbereitung, Durchführung und Auswertung der Erprobung, längstens jedoch um fünf Jahre.

(4) [1] Die nach Absatz 2 Satz 4 in den Richtlinien bestimmten Stellen sind befugt, die für die Wahrnehmung ihrer Aufgaben erforderlichen und in den Richtlinien aufgeführten Daten nach den dort genannten Vorgaben zu verarbeiten. [2] Für die Einladungen nach Absatz 1 Satz 2 Nummer 1 dürfen die in § 291a Absatz 2 Nummer 1 bis 6 genannten Daten der Krankenkassen verarbeitet werden; sofern andere Stellen als die Krankenkassen die Aufgabe der

Einladung wahrnehmen, darf die Krankenversichertennummer nur in pseudonymisierter Form verarbeitet werden. [3] Die Versicherten können in Textform weiteren Einladungen widersprechen; sie sind in den Einladungen auf ihr Widerspruchsrecht hinzuweisen. [4] Andere personenbezogene Daten der Krankenkassen, insbesondere Befunddaten und Daten über die Inanspruchnahme von Krebsfrüherkennungsuntersuchungen, dürfen für die Einladungen nur mit Einwilligung der Versicherten verarbeitet werden. [5] Für die Datenverarbeitungen zum Zwecke der Qualitätssicherung nach Absatz 1 Satz 2 Nummer 4 gilt § 299, sofern der Versicherte nicht schriftlich oder elektronisch widersprochen hat. [6] Ein Abgleich der Daten nach Satz 4 und der Daten, die nach § 299 zum Zwecke der Qualitätssicherung an eine vom Gemeinsamen Bundesausschuss bestimmte Stelle übermittelt werden, mit Daten der epidemiologischen oder klinischen Krebsregister ist unter Beachtung der landesrechtlichen Vorschriften zulässig, sofern der Versicherte nicht schriftlich oder elektronisch widersprochen hat. [7] Der Gemeinsame Bundesausschuss legt in den Richtlinien fest, welche Daten für den Abgleich zwischen den von ihm bestimmten Stellen und den epidemiologischen oder klinischen Krebsregistern übermittelt werden sollen.

(5) [1] Der Gemeinsame Bundesausschuss oder eine von ihm beauftragte Stelle veröffentlicht alle zwei Jahre einen Bericht über den Stand der Maßnahmen nach Absatz 1 Satz 2 Nummer 4. [2] Der Gemeinsame Bundesausschuss oder eine von ihm beauftragte Stelle übermittelt auf Antrag, nach Prüfung des berechtigten Interesses des Antragstellers, anonymisierte Daten zum Zwecke der wissenschaftlichen Forschung. [3] Die Entscheidung über den Antrag ist dem Antragsteller innerhalb von zwei Monaten nach Antragstellung mitzuteilen; eine Ablehnung ist zu begründen.

§ 26 Gesundheitsuntersuchungen für Kinder und Jugendliche.

(1) [1] Versicherte Kinder und Jugendliche haben bis zur Vollendung des 18. Lebensjahres Anspruch auf Untersuchungen zur Früherkennung von Krankheiten, die ihre körperliche, geistige oder psycho-soziale Entwicklung in nicht geringfügigem Maße gefährden. [2] Die Untersuchungen beinhalten auch eine Erfassung und Bewertung gesundheitlicher Risiken einschließlich einer Überprüfung der Vollständigkeit des Impfstatus sowie eine darauf abgestimmte präventionsorientierte Beratung einschließlich Informationen zu regionalen Unterstützungsangeboten für Eltern und Kind. [3] Die Untersuchungen umfassen, sofern medizinisch angezeigt, eine Präventionsempfehlung für Leistungen zur verhaltensbezogenen Prävention nach § 20 Absatz 5, die sich altersentsprechend an das Kind, den Jugendlichen oder die Eltern oder andere Sorgeberechtigte richten kann. [4] Die Präventionsempfehlung wird in Form einer ärztlichen Bescheinigung erteilt. [5] Zu den Früherkennungsuntersuchungen auf Zahn-, Mund- und Kieferkrankheiten gehören insbesondere die Inspektion der Mundhöhle, die Einschätzung oder Bestimmung des Kariesrisikos, die Ernährungs- und Mundhygieneberatung sowie Maßnahmen zur Schmelzhärtung der Zähne und zur Keimzahlsenkung. [6] Die Leistungen nach Satz 5 werden bis zur Vollendung des sechsten Lebensjahres erbracht und können von Ärzten oder Zahnärzten erbracht werden.

(2) [1] § 25 Absatz 3 gilt entsprechend. [2] Der Gemeinsame Bundesausschuss bestimmt in den Richtlinien nach § 92 das Nähere über Inhalt, Art und Umfang der Untersuchungen nach Absatz 1 sowie über die Erfüllung der

Voraussetzungen nach § 25 Absatz 3. [3] Ferner bestimmt er die Altersgrenzen und die Häufigkeit dieser Untersuchungen. [4] In der ärztlichen Dokumentation über die Untersuchungen soll auf den Impfstatus in Bezug auf Masern und auf eine durchgeführte Impfberatung hingewiesen werden, um einen Nachweis im Sinne von § 20 Absatz 9 Satz 1 Nummer 1 und § 34 Absatz 10a Satz 1 des Infektionsschutzgesetzes zu ermöglichen. [5] Der Gemeinsame Bundesausschuss regelt erstmals bis zum 31. Juli 2016 in Richtlinien nach § 92 das Nähere zur Ausgestaltung der Präventionsempfehlung nach Absatz 1 Satz 3. [6] Er regelt insbesondere das Nähere zur Ausgestaltung der zahnärztlichen Früherkennungsuntersuchungen zur Vermeidung frühkindlicher Karies.

(3) [1] Die Krankenkassen haben im Zusammenwirken mit den für die Kinder- und Gesundheitspflege durch Landesrecht bestimmten Stellen der Länder auf eine Inanspruchnahme der Leistungen nach Absatz 1 hinzuwirken. [2] Zur Durchführung der Maßnahmen nach Satz 1 schließen die Landesverbände der Krankenkassen und die Ersatzkassen mit den Stellen der Länder nach Satz 1 gemeinsame Rahmenvereinbarungen.

Fünfter Abschnitt. Leistungen bei Krankheit

Erster Titel. Krankenbehandlung

§ 27 Krankenbehandlung. (1) [1] Versicherte haben Anspruch auf Krankenbehandlung, wenn sie notwendig ist, um eine Krankheit zu erkennen, zu heilen, ihre Verschlimmerung zu verhüten oder Krankheitsbeschwerden zu lindern. [2] Die Krankenbehandlung umfaßt

1. Ärztliche Behandlung einschließlich Psychotherapie als ärztliche und psychotherapeutische Behandlung,
2. zahnärztliche Behandlung,

2a. Versorgung mit Zahnersatz einschließlich Zahnkronen und Suprakonstruktionen,

3. Versorgung mit Arznei-, Verband-, Heil- und Hilfsmitteln sowie mit digitalen Gesundheitsanwendungen,
4. häusliche Krankenpflege, außerklinische Intensivpflege und Haushaltshilfe,
5. Krankenhausbehandlung,
6. Leistungen zur medizinischen Rehabilitation und ergänzende Leistungen.

[3] Zur Krankenbehandlung gehört auch die palliative Versorgung der Versicherten. [4] Bei der Krankenbehandlung ist den besonderen Bedürfnissen psychisch Kranker Rechnung zu tragen, insbesondere bei der Versorgung mit Heilmitteln und bei der medizinischen Rehabilitation. [5] Zur Krankenbehandlung gehören auch Leistungen zur Herstellung der Zeugungs- oder Empfängnisfähigkeit, wenn diese Fähigkeit nicht vorhanden war oder durch Krankheit oder wegen einer durch Krankheit erforderlichen Sterilisation verlorengegangen war. [6] Zur Krankenbehandlung gehören auch Leistungen zur vertraulichen Spurensicherung am Körper, einschließlich der erforderlichen Dokumentation sowie Laboruntersuchungen und einer ordnungsgemäßen Aufbewahrung der sichergestellten Befunde, bei Hinweisen auf drittverursachte Gesundheitsschäden, die Folge einer Misshandlung, eines sexuellen Missbrauchs, eines sexuellen Übergriffs, einer sexuellen Nötigung oder einer Vergewaltigung sein können.

(1a) [1] Spender von Organen oder Geweben oder von Blut zur Separation von Blutstammzellen oder anderen Blutbestandteilen (Spender) haben bei einer nach den §§ 8 und 8a des Transplantationsgesetzes erfolgenden Spende von Organen oder Geweben oder im Zusammenhang mit einer im Sinne von § 9 des Transfusionsgesetzes erfolgenden Spende zum Zwecke der Übertragung auf Versicherte (Entnahme bei lebenden Spendern) Anspruch auf Leistungen der Krankenbehandlung. [2] Dazu gehören die ambulante und stationäre Behandlung der Spender, die medizinisch erforderliche Vor- und Nachbetreuung, Leistungen zur medizinischen Rehabilitation sowie die Erstattung des Ausfalls von Arbeitseinkünften als Krankengeld nach § 44a und erforderlicher Fahrkosten; dies gilt auch für Leistungen, die über die Leistungen nach dem Dritten Kapitel dieses Gesetzes, auf die ein Anspruch besteht, hinausgehen, soweit sie vom Versicherungsschutz des Spenders umfasst sind. [3] Zuzahlungen sind von den Spendern nicht zu leisten. [4] Zuständig für Leistungen nach den Sätzen 1 und 2 ist die Krankenkasse der Empfänger von Organen, Geweben oder Blutstammzellen sowie anderen Blutbestandteilen (Empfänger). [5] Im Zusammenhang mit der Spende von Knochenmark nach den §§ 8 und 8a des Transplantationsgesetzes, von Blutstammzellen oder anderen Blutbestandteilen nach § 9 des Transfusionsgesetzes können die Erstattung der erforderlichen Fahrkosten des Spenders und die Erstattung der Entgeltfortzahlung an den Arbeitgeber nach § 3a Absatz 2 Satz 1 des Entgeltfortzahlungsgesetzes einschließlich der Befugnis zum Erlass der hierzu erforderlichen Verwaltungsakte auf Dritte übertragen werden. [6] Das Nähere kann der Spitzenverband Bund der Krankenkassen mit den für die nationale und internationale Suche nach nichtverwandten Spendern von Blutstammzellen aus Knochenmark oder peripherem Blut maßgeblichen Organisationen vereinbaren. [7] Für die Behandlung von Folgeerkrankungen der Spender ist die Krankenkasse der Spender zuständig, sofern der Leistungsanspruch nicht nach § 11 Absatz 5 ausgeschlossen ist. [8] Ansprüche nach diesem Absatz haben auch nicht gesetzlich krankenversicherte Personen. [9] Die Krankenkasse der Spender ist befugt, die für die Leistungserbringung nach den Sätzen 1 und 2 erforderlichen personenbezogenen Daten an die Krankenkasse oder das private Krankenversicherungsunternehmen der Empfänger zu übermitteln; dies gilt auch für personenbezogene Daten von nach dem Künstlersozialversicherungsgesetz Krankenversicherungspflichtigen. [10] Die nach Satz 9 übermittelten Daten dürfen nur für die Erbringung von Leistungen nach den Sätzen 1 und 2 verarbeitet werden. [11] Die Datenverarbeitung nach den Sätzen 9 und 10 darf nur mit schriftlicher Einwilligung der Spender, der eine umfassende Information vorausgegangen ist, erfolgen.

(2) Versicherte, die sich nur vorübergehend im Inland aufhalten, Ausländer, denen eine Aufenthaltserlaubnis nach § 25 Abs. 4 bis 5 des Aufenthaltsgesetzes erteilt wurde, sowie

1. asylsuchende Ausländer, deren Asylverfahren noch nicht unanfechtbar abgeschlossen ist,
2. Vertriebene im Sinne des § 1 Abs. 2 Nr. 2 und 3 des Bundesvertriebenengesetzes sowie Spätaussiedler im Sinne des § 4 des Bundesvertriebenengesetzes, ihre Ehegatten, Lebenspartner und Abkömmlinge im Sinne des § 7 Abs. 2 des Bundesvertriebenengesetzes

haben Anspruch auf Versorgung mit Zahnersatz, wenn sie unmittelbar vor Inanspruchnahme mindestens ein Jahr lang Mitglied einer Krankenkasse (§ 4) oder nach § 10 versichert waren oder wenn die Behandlung aus medizinischen Gründen ausnahmsweise unaufschiebbar ist.

§ 27a Künstliche Befruchtung. (1) Die Leistungen der Krankenbehandlung umfassen auch medizinische Maßnahmen zur Herbeiführung einer Schwangerschaft, wenn

1. diese Maßnahmen nach ärztlicher Feststellung erforderlich sind,
2. nach ärztlicher Feststellung hinreichende Aussicht besteht, daß durch die Maßnahmen eine Schwangerschaft herbeigeführt wird; eine hinreichende Aussicht besteht nicht mehr, wenn die Maßnahme drei Mal ohne Erfolg durchgeführt worden ist,
3. die Personen, die diese Maßnahmen in Anspruch nehmen wollen, miteinander verheiratet sind,[1)]
4. ausschließlich Ei- und Samenzellen der Ehegatten verwendet werden und
5. sich die Ehegatten vor Durchführung der Maßnahmen von einem Arzt, der die Behandlung nicht selbst durchführt, über eine solche Behandlung unter Berücksichtigung ihrer medizinischen und psychosozialen Gesichtspunkte haben unterrichten lassen und der Arzt sie an einen der Ärzte oder eine der Einrichtungen überwiesen hat, denen eine Genehmigung nach § 121a erteilt worden ist.

(2) [1] Absatz 1 gilt auch für Inseminationen, die nach Stimulationsverfahren durchgeführt werden und bei denen dadurch ein erhöhtes Risiko von Schwangerschaften mit drei oder mehr Embryonen besteht. [2] Bei anderen Inseminationen ist Absatz 1 Nr. 2 zweiter Halbsatz und Nr. 5 nicht anzuwenden.

(3) [1] Anspruch auf Sachleistungen nach Absatz 1 besteht nur für Versicherte, die das 25. Lebensjahr vollendet haben; der Anspruch besteht nicht für weibliche Versicherte, die das 40. und für männliche Versicherte, die das 50. Lebensjahr vollendet haben. [2] Vor Beginn der Behandlung ist der Krankenkasse ein Behandlungsplan zur Genehmigung vorzulegen. [3] Die Krankenkasse übernimmt 50 vom Hundert der mit dem Behandlungsplan genehmigten Kosten der Maßnahmen, die bei ihrem Versicherten durchgeführt werden.

(4) [1] Versicherte haben Anspruch auf Kryokonservierung von Ei- oder Samenzellen oder von Keimzellgewebe sowie auf die dazugehörigen medizinischen Maßnahmen, wenn die Kryokonservierung wegen einer Erkrankung und deren Behandlung mit einer keimzellschädigenden Therapie medizinisch notwendig erscheint, um spätere medizinische Maßnahmen zur Herbeiführung einer Schwangerschaft nach Absatz 1 vornehmen zu können. [2] Absatz 3 Satz 1 zweiter Halbsatz gilt entsprechend.

(5) Der Gemeinsame Bundesausschuss bestimmt in den Richtlinien nach § 92 die medizinischen Einzelheiten zu Voraussetzungen, Art und Umfang der Maßnahmen nach den Absätzen 1 und 4.

§ 27b Zweitmeinung. (1) [1] Versicherte, bei denen die Indikation zu einem planbaren Eingriff gestellt wird, bei dem insbesondere im Hinblick auf die zahlenmäßige Entwicklung seiner Durchführung die Gefahr einer Indikationsausweitung nicht auszuschließen ist, haben Anspruch darauf, eine unabhängige

---

[1)] § 27a Abs. 1 Nr. 3 des Fünften Buches Sozialgesetzbuch ist gemäß BVerfGE v. 28.2.2007 – 1 BvL 5/03 – mit dem Grundgesetz v. 23.5.1949 (BGBl. I S. 1), zuletzt geänd. durch G v. 29.9.2020 (BGBl. I S. 2048) vereinbar, soweit die Leistung medizinischer Maßnahmen zur Herbeiführung einer Schwangerschaft (künstliche Befruchtung) durch die gesetzliche Krankenversicherung auf Personen beschränkt ist, die miteinander verheiratet sind.

ärztliche Zweitmeinung bei einem Arzt oder einer Einrichtung nach Absatz 3 einzuholen. [2]Die Zweitmeinung kann nicht bei einem Arzt oder einer Einrichtung eingeholt werden, durch den oder durch die der Eingriff durchgeführt werden soll.

(2) [1]Der Gemeinsame Bundesausschuss bestimmt in seinen Richtlinien nach § 92 Absatz 1 Satz 2 Nummer 13, für welche planbaren Eingriffe nach Absatz 1 Satz 1 der Anspruch auf Einholung der Zweitmeinung im Einzelnen besteht. [2]Er legt indikationsspezifische Anforderungen an die Abgabe der Zweitmeinung zum empfohlenen Eingriff und an die Erbringer einer Zweitmeinung fest, um eine besondere Expertise zur Zweitmeinungserbringung zu sichern. [3]Kriterien für die besondere Expertise sind

1. eine langjährige fachärztliche Tätigkeit in einem Fachgebiet, das für die Indikation zum Eingriff maßgeblich ist,
2. Kenntnisse über den aktuellen Stand der wissenschaftlichen Forschung zur jeweiligen Diagnostik und Therapie einschließlich Kenntnissen über Therapiealternativen zum empfohlenen Eingriff.

[4]Der Gemeinsame Bundesausschuss kann Anforderungen mit zusätzlichen Kriterien festlegen. [5]Zusätzliche Kriterien sind insbesondere

1. Erfahrungen mit der Durchführung des jeweiligen Eingriffs,
2. regelmäßige gutachterliche Tätigkeit in einem für die Indikation maßgeblichen Fachgebiet oder
3. besondere Zusatzqualifikationen, die für die Beurteilung einer gegebenenfalls interdisziplinär abzustimmenden Indikationsstellung von Bedeutung sind.

[6]Der Gemeinsame Bundesausschuss berücksichtigt bei den Festlegungen nach Satz 2 die Möglichkeiten einer telemedizinischen Erbringung der Zweitmeinung.

(3) Zur Erbringung einer Zweitmeinung sind berechtigt:

1. zugelassene Ärzte,
2. zugelassene medizinische Versorgungszentren,
3. ermächtigte Ärzte und Einrichtungen,
4. zugelassene Krankenhäuser sowie
5. nicht an der vertragsärztlichen Versorgung teilnehmende Ärzte, die nur zu diesem Zweck an der vertragsärztlichen Versorgung teilnehmen,

soweit sie die Anforderungen nach Absatz 2 Satz 2 erfüllen.

(4) Die Kassenärztlichen Vereinigungen und die Landeskrankenhausgesellschaften informieren inhaltlich abgestimmt über Leistungserbringer, die unter Berücksichtigung der vom Gemeinsamen Bundesausschuss nach Absatz 2 Satz 2 festgelegten Anforderungen zur Erbringung einer unabhängigen Zweitmeinung geeignet und bereit sind.

(5) [1]Der Arzt, der die Indikation für einen Eingriff nach Absatz 1 Satz 1 in Verbindung mit Absatz 2 Satz 1 stellt, muss den Versicherten über das Recht, eine unabhängige ärztliche Zweitmeinung einholen zu können, aufklären und ihn auf die Informationsangebote über geeignete Leistungserbringer nach Absatz 4 hinweisen. [2]Die Aufklärung muss mündlich erfolgen; ergänzend kann auf Unterlagen Bezug genommen werden, die der Versicherte in Textform erhält. [3]Der Arzt hat dafür Sorge zu tragen, dass die Aufklärung in der Regel mindestens zehn Tage vor dem geplanten Eingriff erfolgt. [4]In jedem Fall hat

die Aufklärung so rechtzeitig zu erfolgen, dass der Versicherte seine Entscheidung über die Einholung einer Zweitmeinung wohlüberlegt treffen kann. [5]Der Arzt hat den Versicherten auf sein Recht auf Überlassung von Abschriften der Befundunterlagen aus der Patientenakte gemäß § 630g Absatz 2 des Bürgerlichen Gesetzbuchs, die für die Einholung der Zweitmeinung erforderlich sind, hinzuweisen. [6]Die Kosten, die dem Arzt durch die Zusammenstellung und Überlassung von Befundunterlagen für die Zweitmeinung entstehen, trägt die Krankenkasse.

(6) [1]Die Krankenkasse kann in ihrer Satzung zusätzliche Leistungen zur Einholung einer unabhängigen ärztlichen Zweitmeinung vorsehen. [2]Sofern diese zusätzlichen Leistungen die vom Gemeinsamen Bundesausschuss bestimmten Eingriffe nach Absatz 2 Satz 1 betreffen, müssen sie die Anforderungen nach Absatz 2 Satz 2 erfüllen, die der Gemeinsame Bundesausschuss festgelegt hat. [3]Dies gilt auch, wenn die Krankenkasse ein Zweitmeinungsverfahren im Rahmen von Verträgen der besonderen Versorgung nach § 140a anbietet.

§ 28 Ärztliche und zahnärztliche Behandlung. (1) [1]Die ärztliche Behandlung umfaßt die Tätigkeit des Arztes, die zur Verhütung, Früherkennung und Behandlung von Krankheiten nach den Regeln der ärztlichen Kunst ausreichend und zweckmäßig ist. [2]Zur ärztlichen Behandlung gehört auch die Hilfeleistung anderer Personen, die von dem Arzt angeordnet und von ihm zu verantworten ist. [3]Die Partner der Bundesmantelverträge legen für die ambulante Versorgung beispielhaft fest, bei welchen Tätigkeiten Personen nach Satz 2 ärztliche Leistungen erbringen können und welche Anforderungen an die Erbringung zu stellen sind. [4]Der Bundesärztekammer ist Gelegenheit zur Stellungnahme zu geben.

(2) [1]Die zahnärztliche Behandlung umfaßt die Tätigkeit des Zahnarztes, die zur Verhütung, Früherkennung und Behandlung von Zahn-, Mund- und Kieferkrankheiten nach den Regeln der zahnärztlichen Kunst ausreichend und zweckmäßig ist; sie umfasst auch konservierend-chirurgische Leistungen und Röntgenleistungen, die im Zusammenhang mit Zahnersatz einschließlich Zahnkronen und Suprakonstruktionen erbracht werden. [2]Wählen Versicherte bei Zahnfüllungen eine darüber hinausgehende Versorgung, haben sie die Mehrkosten selbst zu tragen. [3]In diesen Fällen ist von den Kassen die vergleichbare preisgünstigste plastische Füllung als Sachleistung abzurechnen. [4]In Fällen des Satzes 2 ist vor Beginn der Behandlung eine schriftliche Vereinbarung zwischen dem Zahnarzt und dem Versicherten zu treffen. [5]Die Mehrkostenregelung gilt nicht für Fälle, in denen intakte plastische Füllungen ausgetauscht werden. [6]Nicht zur zahnärztlichen Behandlung gehört die kieferorthopädische Behandlung von Versicherten, die zu Beginn der Behandlung das 18. Lebensjahr vollendet haben. [7]Dies gilt nicht für Versicherte mit schweren Kieferanomalien, die ein Ausmaß haben, das kombinierte kieferchirurgische und kieferorthopädische Behandlungsmaßnahmen erfordert. [8]Ebenso gehören funktionsanalytische und funktionstherapeutische Maßnahmen nicht zur zahnärztlichen Behandlung; sie dürfen von den Krankenkassen auch nicht bezuschußt werden. [9]Das Gleiche gilt für implantologische Leistungen, es sei denn, es liegen seltene vom Gemeinsamen Bundesausschuss in Richtlinien nach § 92 Abs. 1 festzulegende Ausnahmeindikationen für besonders schwere Fälle vor, in denen die Krankenkasse diese Leistung einschließlich der Suprakon-

struktion als Sachleistung im Rahmen einer medizinischen Gesamtbehandlung erbringt. [10] Absatz 1 Satz 2 gilt entsprechend.

(3) [1] Die psychotherapeutische Behandlung einer Krankheit wird durch Psychologische Psychotherapeuten und Kinder- und Jugendlichenpsychotherapeuten nach den §§ 26 und 27 des Psychotherapeutengesetzes und durch Psychotherapeuten nach § 1 Absatz 1 Satz 1 des Psychotherapeutengesetzes (Psychotherapeuten), soweit sie zur psychotherapeutischen Behandlung zugelassen sind, sowie durch Vertragsärzte entsprechend den Richtlinien nach § 92 durchgeführt. [2] Absatz 1 Satz 2 gilt entsprechend. [3] Spätestens nach den probatorischen Sitzungen gemäß § 92 Abs. 6a hat der Psychotherapeut vor Beginn der Behandlung den Konsiliarbericht eines Vertragsarztes zur Abklärung einer somatischen Erkrankung sowie, falls der somatisch abklärende Vertragsarzt dies für erforderlich hält, eines psychiatrisch tätigen Vertragsarztes einzuholen.

§ 29 Kieferorthopädische Behandlung. (1) Versicherte haben Anspruch auf kieferorthopädische Versorgung in medizinisch begründeten Indikationsgruppen, bei denen eine Kiefer- oder Zahnfehlstellung vorliegt, die das Kauen, Beißen, Sprechen oder Atmen erheblich beeinträchtigt oder zu beeinträchtigen droht.

(2) [1] Versicherte leisten zu der kieferorthopädischen Behandlung nach Absatz 1 einen Anteil in Höhe von 20 vom Hundert der Kosten an den Vertragszahnarzt. [2] Satz 1 gilt nicht für im Zusammenhang mit kieferorthopädischer Behandlung erbrachte konservierend-chirurgische und Röntgenleistungen. [3] Befinden sich mindestens zwei versicherte Kinder, die bei Beginn der Behandlung das 18. Lebensjahr noch nicht vollendet haben und mit ihren Erziehungsberechtigten in einem gemeinsamen Haushalt leben, in kieferorthopädischer Behandlung, beträgt der Anteil nach Satz 1 für das zweite und jedes weitere Kind 10 vom Hundert.

(3) [1] Der Vertragszahnarzt rechnet die kieferorthopädische Behandlung abzüglich des Versichertenanteils nach Absatz 2 Satz 1 und 3 mit der Kassenzahnärztlichen Vereinigung ab. [2] Wenn die Behandlung in dem durch den Behandlungsplan bestimmten medizinisch erforderlichen Umfang abgeschlossen worden ist, zahlt die Kasse den von den Versicherten geleisteten Anteil nach Absatz 2 Satz 1 und 3 an die Versicherten zurück.

(4) [1] Der Gemeinsame Bundesausschuss bestimmt in den Richtlinien nach § 92 Abs. 1 befundbezogen die objektiv überprüfbaren Indikationsgruppen, bei denen die in Absatz 1 genannten Voraussetzungen vorliegen. [2] Dabei sind auch einzuhaltende Standards zur kieferorthopädischen Befunderhebung und Diagnostik vorzugeben.

(5) [1] Wählen Versicherte im Fall von kieferorthopädischen Behandlungen Leistungen, die den im einheitlichen Bewertungsmaßstab für zahnärztliche Leistungen abgebildeten kieferorthopädischen Leistungen vergleichbar sind und sich lediglich in der Durchführungsart oder durch die eingesetzten Behandlungsmittel unterscheiden (Mehrleistungen), haben die Versicherten die Mehrkosten, die durch diese Mehrleistungen entstehen, selbst zu tragen. [2] In diesem Fall ist von dem behandelnden Zahnarzt gegenüber der zuständigen Kassenzahnärztlichen Vereinigung die vergleichbare im einheitlichen Bewertungsmaßstab für zahnärztliche Leistungen abgebildete kieferorthopädische Leistung als Sachleistung abzurechnen. [3] Die Absätze 2 und 3 gelten entsprechend.

(6) [1]Der Bewertungsausschuss für die zahnärztlichen Leistungen beschließt bis spätestens zum 31. Dezember 2022 einen Katalog von Leistungen, die als Mehrleistungen vereinbart und abgerechnet werden können. [2]Er kann solche nicht im Bewertungsmaßstab enthaltenen kieferorthopädischen Leistungen benennen, die nicht als Mehrleistungen anzusehen sind (Zusatzleistungen). [3]Sofern es zur Abgrenzung zwischen Mehrleistungen und den im einheitlichen Bewertungsmaßstab enthaltenen kieferorthopädischen Leistungen erforderlich ist, konkretisiert der Bewertungsausschuss die im einheitlichen Bewertungsmaßstab abgebildete kieferorthopädische Leistung.

(7) [1]Werden im Rahmen einer kieferorthopädischen Behandlung neben kieferorthopädischen Leistungen, die im einheitlichen Bewertungsmaßstab für zahnärztliche Leistungen abgebildet sind, Mehrleistungen oder Zusatzleistungen erbracht, ist der Versicherte vor Beginn der Behandlung vom behandelnden Zahnarzt über die in Betracht kommenden Behandlungsalternativen mündlich aufzuklären und ist eine schriftliche oder elektronische Vereinbarung zwischen dem Zahnarzt und dem Versicherten zu treffen, in der die von der Krankenkasse zu tragenden Kostenanteile und die vom Versicherten zu tragenden Kostenanteile aufgeschlüsselt nach Leistungen gegenübergestellt werden. [2]Hiermit ist eine schriftliche oder elektronische Erklärung des Versicherten zu verknüpfen, dass er über die in Betracht kommenden Behandlungsalternativen einschließlich einer zuzahlungsfreien Behandlung auf der Grundlage des einheitlichen Bewertungsmaßstabs für zahnärztliche Leistungen aufgeklärt worden ist. [3]Die Bundesmantelvertragspartner vereinbaren für die schriftliche Vereinbarung nach Satz 1 und für die Erklärung des Versicherten nach Satz 2 verbindliche Formularvordrucke und bestimmen den Zeitpunkt, ab dem diese verbindlich zu verwenden sind.

(8) [1]Die Kassenzahnärztlichen Vereinigungen überprüfen anlassbezogen die Einhaltung der Informations- und Aufklärungspflichten aus Absatz 7 Satz 1. [2]Der behandelnde Zahnarzt ist verpflichtet, der zuständigen Kassenzahnärztlichen Vereinigung auf Verlangen die Vereinbarung nach Absatz 7 Satz 1 und die Erklärung nach Absatz 7 Satz 2 vorzulegen. [3]Soweit es zur Nachvollziehbarkeit der vereinbarten Mehr- und Zusatzkosten erforderlich ist, kann die zuständige Kassenzahnärztliche Vereinigung auch behandlungs- und rechnungsbegründende Unterlagen von dem behandelnden Zahnarzt anfordern. [4]Der behandelnde Zahnarzt ist in diesem Fall zur Übermittlung der behandlungs- und rechnungsbegründenden Unterlagen verpflichtet, wenn der Versicherte ihm gegenüber in die Übermittlung schriftlich oder elektronisch eingewilligt hat. [5]Die Kassenzahnärztlichen Vereinigungen dürfen die in der Vereinbarung nach Absatz 7 Satz 1 und der Erklärung nach Absatz 7 Satz 2 enthaltenen Daten sowie die Daten, die in den ihnen übermittelten behandlungs- und rechnungsbegründenden Unterlagen enthalten sind, nur verarbeiten, soweit dies für die Prüfung nach Satz 1 erforderlich ist.

§§ 30, 30a *(aufgehoben)*

§ 31 Arznei- und Verbandmittel, Verordnungsermächtigung.

(1) [1]Versicherte haben Anspruch auf Versorgung mit apothekenpflichtigen Arzneimitteln, soweit die Arzneimittel nicht nach § 34 oder durch Richtlinien nach § 92 Abs. 1 Satz 2 Nr. 6 ausgeschlossen sind, und auf Versorgung mit Verbandmitteln, Harn- und Blutteststreifen. [2]Der Gemeinsame Bundesaus-

schuss hat in den Richtlinien nach § 92 Abs. 1 Satz 2 Nr. 6 festzulegen, in welchen medizinisch notwendigen Fällen Stoffe und Zubereitungen aus Stoffen, die als Medizinprodukte nach § 3 Nr. 1 oder Nr. 2 des Medizinproduktegesetzes zur Anwendung am oder im menschlichen Körper bestimmt sind, ausnahmsweise in die Arzneimittelversorgung einbezogen werden; § 34 Abs. 1 Satz 5, 7 und 8 und Abs. 6 sowie § 35 und die §§ 126 und 127 in der bis zum 10. Mai 2019 geltenden Fassung gelten entsprechend. [3] Für verschreibungspflichtige und nicht verschreibungspflichtige Medizinprodukte nach Satz 2 gilt § 34 Abs. 1 Satz 6 entsprechend. [4] Der Vertragsarzt kann Arzneimittel, die auf Grund der Richtlinien nach § 92 Abs. 1 Satz 2 Nr. 6 von der Versorgung ausgeschlossen sind, ausnahmsweise in medizinisch begründeten Einzelfällen mit Begründung verordnen. [5] Für die Versorgung nach Satz 1 können die Versicherten unter den Apotheken, für die der Rahmenvertrag nach § 129 Abs. 2 Geltung hat, frei wählen. [6] Vertragsärzte und Krankenkassen dürfen, soweit gesetzlich nicht etwas anderes bestimmt oder aus medizinischen Gründen im Einzelfall eine Empfehlung geboten ist, weder die Versicherten dahingehend beeinflussen, Verordnungen bei einer bestimmten Apotheke oder einem sonstigen Leistungserbringer einzulösen, noch unmittelbar oder mittelbar Verordnungen bestimmten Apotheken oder sonstigen Leistungserbringern zuweisen. [7] Die Sätze 5 und 6 gelten auch bei der Einlösung von elektronischen Verordnungen.

(1a) [1] Verbandmittel sind Gegenstände einschließlich Fixiermaterial, deren Hauptwirkung darin besteht, oberflächengeschädigte Körperteile zu bedecken, Körperflüssigkeiten von oberflächengeschädigten Körperteilen aufzusaugen oder beides zu erfüllen. [2] Die Eigenschaft als Verbandmittel entfällt nicht, wenn ein Gegenstand ergänzend weitere Wirkungen entfaltet, die ohne pharmakologische, immunologische oder metabolische Wirkungsweise im menschlichen Körper der Wundheilung dienen, beispielsweise, indem er eine Wunde feucht hält, reinigt, geruchsbindend, antimikrobiell oder metallbeschichtet ist. [3] Erfasst sind auch Gegenstände, die zur individuellen Erstellung von einmaligen Verbänden an Körperteilen, die nicht oberflächengeschädigt sind, gegebenenfalls mehrfach verwendet werden, um Körperteile zu stabilisieren, zu immobilisieren oder zu komprimieren. [4] Das Nähere zur Abgrenzung von Verbandmitteln zu sonstigen Produkten zur Wundbehandlung regelt der Gemeinsame Bundesausschuss bis zum 31. August 2020 in den Richtlinien nach § 92 Absatz 1 Satz 2 Nummer 6; Absatz 1 Satz 2 gilt für diese sonstigen Produkte entsprechend. [5] Bis zwölf Monate nach dem Wirksamwerden der Regelungen nach Satz 4 sind solche Gegenstände weiterhin zu Lasten der Krankenkassen zu erbringen, die vor dem 11. April 2017 erbracht wurden.

(1b) [1] Für Versicherte, die eine kontinuierliche Versorgung mit einem bestimmten Arzneimittel benötigen, können Vertragsärzte Verordnungen ausstellen, nach denen eine nach der Erstabgabe bis zu dreimal sich wiederholende Abgabe erlaubt ist. [2] Die Verordnungen sind besonders zu kennzeichnen. [3] Sie dürfen bis zu einem Jahr nach Ausstellungsdatum zu Lasten der gesetzlichen Krankenkasse durch Apotheken beliefert werden.

(2) [1] Für ein Arznei- oder Verbandmittel, für das ein Festbetrag nach § 35 festgesetzt ist, trägt die Krankenkasse die Kosten bis zur Höhe dieses Betrages, für andere Arznei- oder Verbandmittel die vollen Kosten, jeweils abzüglich der vom Versicherten zu leistenden Zuzahlung und der Abschläge nach den §§ 130, 130a und dem Gesetz zur Einführung von Abschlägen der pharmazeutischen

Großhändler. [2] Hat die Krankenkasse mit einem pharmazeutischen Unternehmen, das ein Festbetragsarzneimittel anbietet, eine Vereinbarung nach § 130a Abs. 8 abgeschlossen, trägt die Krankenkasse abweichend von Satz 1 den Apothekenverkaufspreis dieses Mittels abzüglich der Zuzahlungen und Abschläge nach den §§ 130 und 130a Abs. 1, 3a und 3b. [3] Diese Vereinbarung ist nur zulässig, wenn hierdurch die Mehrkosten der Überschreitung des Festbetrages ausgeglichen werden. [4] Die Krankenkasse übermittelt die erforderlichen Angaben einschließlich des Arzneimittel- und des Institutionskennzeichens der Krankenkasse an die Vertragspartner nach § 129 Abs. 2; das Nähere ist in den Verträgen nach § 129 Abs. 2 und 5 zu vereinbaren. [5] Versicherte und Apotheken sind nicht verpflichtet, Mehrkosten an die Krankenkasse zurückzuzahlen, wenn die von der Krankenkasse abgeschlossene Vereinbarung den gesetzlichen Anforderungen nicht entspricht.

(2a) *(aufgehoben)*

(3) [1] Versicherte, die das achtzehnte Lebensjahr vollendet haben, leisten an die abgebende Stelle zu jedem zu Lasten der gesetzlichen Krankenversicherung verordneten Arznei- und Verbandmittel als Zuzahlung den sich nach § 61 Satz 1 ergebenden Betrag, jedoch jeweils nicht mehr als die Kosten des Mittels. [2] Satz 1 findet keine Anwendung bei Harn- und Blutteststreifen. [3] Satz 1 gilt auch für Medizinprodukte, die nach Absatz 1 Satz 2 und 3 in die Versorgung mit Arzneimitteln einbezogen worden sind. [4] Der Spitzenverband Bund der Krankenkassen kann Arzneimittel, deren Abgabepreis des pharmazeutischen Unternehmers ohne Mehrwertsteuer mindestens um 30 vom Hundert niedriger als der jeweils gültige Festbetrag ist, der diesem Preis zugrunde liegt, von der Zuzahlung freistellen, wenn hieraus Einsparungen zu erwarten sind. [5] Für andere Arzneimittel, für die eine Vereinbarung nach § 130a Abs. 8 besteht, kann die Krankenkasse die Zuzahlung um die Hälfte ermäßigen oder aufheben, wenn hieraus Einsparungen zu erwarten sind. [6] Absatz 2 Satz 4 gilt entsprechend. [7] Muss für ein Arzneimittel auf Grund eines Arzneimittelrückrufs oder einer von der zuständigen Behörde bekannt gemachten Einschränkung der Verwendbarkeit erneut ein Arzneimittel verordnet werden, so ist die erneute Verordnung zuzahlungsfrei. [8] Eine bereits geleistete Zuzahlung für die erneute Verordnung ist dem Versicherten auf Antrag von der Krankenkasse zu erstatten.

(4) [1] Das Nähere zu therapiegerechten und wirtschaftlichen Packungsgrößen bestimmt das Bundesministerium für Gesundheit durch Rechtsverordnung ohne Zustimmung des Bundesrates. [2] Ein Fertigarzneimittel, dessen Packungsgröße die größte der auf Grund der Verordnung nach Satz 1 bestimmte Packungsgröße übersteigt, ist nicht Gegenstand der Versorgung nach Absatz 1 und darf nicht zu Lasten der gesetzlichen Krankenversicherung abgegeben werden.

(5) [1] Versicherte haben Anspruch auf bilanzierte Diäten zur enteralen Ernährung, wenn eine diätetische Intervention mit bilanzierten Diäten medizinisch notwendig, zweckmäßig und wirtschaftlich ist. [2] Der Gemeinsame Bundesausschuss legt in den Richtlinien nach § 92 Abs. 1 Satz 2 Nr. 6 fest, unter welchen Voraussetzungen welche bilanzierten Diäten zur enteralen Ernährung vom Vertragsarzt verordnet werden können und veröffentlicht im Bundesanzeiger eine Zusammenstellung der verordnungsfähigen Produkte. [3] § 34 Abs. 6 gilt entsprechend. [4] In die Zusammenstellung sollen nur Produkte aufgenommen werden, die die Anforderungen der Richtlinie erfüllen. [5] Für die Zuzahlung gilt Absatz 3 Satz 1 entsprechend. [6] Für die Abgabe von bilanzierten Diäten zur

enteralen Ernährung gelten die §§ 126 und 127 in der bis zum 10. Mai 2019 geltenden Fassung entsprechend. [7] Bei Vereinbarungen nach § 84 Abs. 1 Satz 2 Nr. 1 sind Leistungen nach Satz 1 zu berücksichtigen.

(6) [1] Versicherte mit einer schwerwiegenden Erkrankung haben Anspruch auf Versorgung mit Cannabis in Form von getrockneten Blüten oder Extrakten in standardisierter Qualität und auf Versorgung mit Arzneimitteln mit den Wirkstoffen Dronabinol oder Nabilon, wenn

1. eine allgemein anerkannte, dem medizinischen Standard entsprechende Leistung
   a) nicht zur Verfügung steht oder
   b) im Einzelfall nach der begründeten Einschätzung der behandelnden Vertragsärztin oder des behandelnden Vertragsarztes unter Abwägung der zu erwartenden Nebenwirkungen und unter Berücksichtigung des Krankheitszustandes der oder des Versicherten nicht zur Anwendung kommen kann,
2. eine nicht ganz entfernt liegende Aussicht auf eine spürbare positive Einwirkung auf den Krankheitsverlauf oder auf schwerwiegende Symptome besteht.

[2] Die Leistung bedarf bei der ersten Verordnung für eine Versicherte oder einen Versicherten der nur in begründeten Ausnahmefällen abzulehnenden Genehmigung der Krankenkasse, die vor Beginn der Leistung zu erteilen ist. [3] Verordnet die Vertragsärztin oder der Vertragsarzt die Leistung nach Satz 1 im Rahmen der Versorgung nach § 37b oder im unmittelbaren Anschluss an eine Behandlung mit einer Leistung nach Satz 1 im Rahmen eines stationären Krankenhausaufenthalts, ist über den Antrag auf Genehmigung nach Satz 2 abweichend von § 13 Absatz 3a Satz 1 innerhalb von drei Tagen nach Antragseingang zu entscheiden. [4] Leistungen, die auf der Grundlage einer Verordnung einer Vertragsärztin oder eines Vertragsarztes zu erbringen sind, bei denen allein die Dosierung eines Arzneimittels nach Satz 1 angepasst wird oder die einen Wechsel zu anderen getrockneten Blüten oder zu anderen Extrakten in standardisierter Qualität anordnen, bedürfen keiner erneuten Genehmigung nach Satz 2. [5] Das Bundesinstitut für Arzneimittel und Medizinprodukte wird mit einer bis zum 31. März 2022 laufenden nichtinterventionellen Begleiterhebung zum Einsatz der Leistungen nach Satz 1 beauftragt. [6] Die Vertragsärztin oder der Vertragsarzt, die oder der die Leistung nach Satz 1 verordnet, übermittelt die für die Begleiterhebung erforderlichen Daten dem Bundesinstitut für Arzneimittel und Medizinprodukte in anonymisierter Form; über diese Übermittlung ist die oder der Versicherte vor Verordnung der Leistung von der Vertragsärztin oder dem Vertragsarzt zu informieren. [7] Das Bundesinstitut für Arzneimittel und Medizinprodukte darf die nach Satz 6 übermittelten Daten nur in anonymisierter Form und nur zum Zweck der wissenschaftlichen Begleiterhebung verarbeiten. [8] Das Bundesministerium für Gesundheit wird ermächtigt, durch Rechtsverordnung, die nicht der Zustimmung des Bundesrates bedarf, den Umfang der zu übermittelnden Daten, das Verfahren zur Durchführung der Begleiterhebung einschließlich der anonymisierten Datenübermittlung sowie das Format des Studienberichts nach Satz 9 zu regeln. [9] Auf der Grundlage der Ergebnisse der Begleiterhebung nach Satz 5 regelt der Gemeinsame Bundesausschuss innerhalb von sechs Monaten nach der Übermittlung der Ergebnisse der Begleiterhebung in Form eines Studienberichts das Nähere zur Leistungs-

gewährung in den Richtlinien nach § 92 Absatz 1 Satz 2 Nummer 6. [10]Der Studienbericht wird vom Bundesinstitut für Arzneimittel und Medizinprodukte auf seiner Internetseite veröffentlicht.

§ 31a Medikationsplan. (1) [1]Versicherte, die gleichzeitig mindestens drei verordnete Arzneimittel anwenden, haben Anspruch auf Erstellung und Aushändigung eines Medikationsplans in Papierform durch einen an der vertragsärztlichen Versorgung teilnehmenden Arzt. [2]Das Nähere zu den Voraussetzungen des Anspruchs nach Satz 1 vereinbaren die Kassenärztliche Bundesvereinigung und der Spitzenverband Bund der Krankenkassen als Bestandteil der Bundesmantelverträge. [3]Jeder an der vertragsärztlichen Versorgung teilnehmende Arzt ist verpflichtet, bei der Verordnung eines Arzneimittels den Versicherten, der einen Anspruch nach Satz 1 hat, über diesen Anspruch zu informieren.

(2) [1]In dem Medikationsplan sind mit Anwendungshinweisen zu dokumentieren

1. alle Arzneimittel, die dem Versicherten verordnet worden sind,
2. Arzneimittel, die der Versicherte ohne Verschreibung anwendet, sowie
3. Hinweise auf Medizinprodukte, soweit sie für die Medikation nach den Nummern 1 und 2 relevant sind.

[2]Den besonderen Belangen der blinden und sehbehinderten Patienten ist bei der Erläuterung der Inhalte des Medikationsplans Rechnung zu tragen.

(3) [1]Der Arzt nach Absatz 1 Satz 1 hat den Medikationsplan zu aktualisieren, sobald er die Medikation ändert oder er Kenntnis davon erlangt, dass eine anderweitige Änderung der Medikation eingetreten ist. [2]Auf Wunsch des Versicherten hat die Apotheke bei Abgabe eines Arzneimittels eine insoweit erforderliche Aktualisierung des Medikationsplans vorzunehmen. [3]Ab dem 1. Januar 2019 besteht der Anspruch auf Aktualisierung über den Anspruch nach Satz 1 hinaus gegenüber jedem an der vertragsärztlichen Versorgung teilnehmenden Arzt sowie nach Satz 2 gegenüber der abgebenden Apotheke, wenn der Versicherte gegenüber dem Arzt oder der abgebenden Apotheke den Zugriff auf den elektronischen Medikationsplan nach § 334 Absatz 1 Satz 2 Nummer 4 erlaubt. [4]Hierzu haben Apotheken sich bis zum 30. September 2020 an die Telematikinfrastruktur nach § 291a Absatz 7 Satz 1 anzuschließen. [5]Die Aktualisierungen nach Satz 3 sind mittels der elektronischen Gesundheitskarte zu speichern, sofern der Versicherte dies wünscht.

(3a) [1]Bei der Angabe von Fertigarzneimitteln sind im Medikationsplan neben der Arzneimittelbezeichnung insbesondere auch die Wirkstoffbezeichnung, die Darreichungsform und die Wirkstärke des Arzneimittels anzugeben. [2]Hierfür sind einheitliche Bezeichnungen zu verwenden, die in der Referenzdatenbank nach § 31b zur Verfügung gestellt werden.

(4) [1]Inhalt, Struktur und die näheren Vorgaben zur Erstellung und Aktualisierung des Medikationsplans sowie ein Verfahren zu seiner Fortschreibung vereinbaren die Kassenärztliche Bundesvereinigung, die Bundesärztekammer und die für die Wahrnehmung der wirtschaftlichen Interessen gebildete maßgebliche Spitzenorganisation der Apotheker auf Bundesebene im Benehmen mit dem Spitzenverband Bund der Krankenkassen und der Deutschen Krankenhausgesellschaft. [2]Den auf Bundesebene für die Wahrnehmung der Interessen der Patienten und der Selbsthilfe chronisch kranker und behinderter Men-

schen maßgeblichen Organisationen ist Gelegenheit zur Stellungnahme zu geben.

(5) Von den Regelungen dieser Vorschrift bleiben regionale Modellvorhaben nach § 63 unberührt.

§ 31b Referenzdatenbank für Fertigarzneimittel. (1) [1]Das Bundesministerium für Gesundheit stellt die Errichtung und das Betreiben einer Referenzdatenbank für Fertigarzneimittel sicher. [2]Es kann die Errichtung und das Betreiben einer Referenzdatenbank für Fertigarzneimittel auf das Bundesinstitut für Arzneimittel und Medizinprodukte oder nach § 31c auf eine juristische Person des Privatrechts übertragen.

(2) In der Referenzdatenbank sind für jedes in den Verkehr gebrachte Fertigarzneimittel die Wirkstoffbezeichnung, die Darreichungsform und die Wirkstärke zu erfassen und in elektronischer Form allgemein zugänglich zu machen.

(3) [1]Die Wirkstoffbezeichnung, die Darreichungsform und die Wirkstärke basieren auf den Angaben, die der Zulassung, der Registrierung oder der Genehmigung für das Inverkehrbringen des jeweiligen Arzneimittels zugrunde liegen. [2]Die Wirkstoffbezeichnung, Darreichungsform und Wirkstärke sind im Benehmen mit der Kassenärztlichen Bundesvereinigung zu vereinheitlichen und patientenverständlich so zu gestalten, dass Verwechslungen ausgeschlossen sind. [3]Vor der erstmaligen Bereitstellung der Daten ist das Benehmen mit der Kassenärztlichen Bundesvereinigung, der Bundesärztekammer, der für die Wahrnehmung der wirtschaftlichen Interessen gebildeten maßgeblichen Spitzenorganisation der Apotheker auf Bundesebene, dem Spitzenverband Bund der Krankenkassen, der Deutschen Krankenhausgesellschaft und den für die Wahrnehmung der wirtschaftlichen Interessen gebildeten maßgeblichen Spitzenorganisationen der pharmazeutischen Unternehmer herzustellen. [4]§ 31a Absatz 4 Satz 2 gilt entsprechend. [5]Die in der Referenzdatenbank verzeichneten Angaben sind regelmäßig, mindestens jedoch alle zwei Wochen, zu aktualisieren.

(4) Von Unternehmen oder Personen, die die Referenzdatenbank für die Zwecke ihrer gewerblichen oder beruflichen Tätigkeit nutzen, können kostendeckende Entgelte verlangt werden.

§ 31c Beleihung mit der Aufgabe der Referenzdatenbank für Fertigarzneimittel; Rechts- und Fachaufsicht über die Beliehene. (1) Das Bundesministerium für Gesundheit kann eine juristische Person des Privatrechts mit ihrem Einverständnis mit der Aufgabe und den hierfür erforderlichen Befugnissen beleihen, die Referenzdatenbank nach § 31b zu errichten und zu betreiben, wenn diese Person die Gewähr für eine sachgerechte Erfüllung der ihr übertragenen Aufgabe bietet.

(2) Eine juristische Person des Privatrechts bietet die Gewähr für eine sachgerechte Erfüllung der ihr übertragenen Aufgabe, wenn

1. die natürlichen Personen, die nach dem Gesetz, dem Gesellschaftsvertrag oder der Satzung die Geschäftsführung und Vertretung ausüben, zuverlässig und fachlich geeignet sind und
2. sie die zur Erfüllung ihrer Aufgaben notwendige Organisation sowie technische und finanzielle Ausstattung hat.

(3) [1]Die Beleihung ist zu befristen und soll fünf Jahre nicht unterschreiten. [2]Sie kann verlängert werden. [3]Bei Vorliegen eines wichtigen Grundes kann das Bundesministerium für Gesundheit die Beleihung vor Ablauf der Frist beenden. [4]Das Bundesministerium für Gesundheit kann die Beleihung jederzeit beenden, wenn die Voraussetzungen der Beleihung

1. zum Zeitpunkt der Beleihung nicht vorgelegen haben oder
2. nach dem Zeitpunkt der Beleihung entfallen sind.

(4) [1]Die Beliehene unterliegt bei der Wahrnehmung der ihr übertragenen Aufgaben der Rechts- und Fachaufsicht des Bundesministeriums für Gesundheit. [2]Zur Wahrnehmung seiner Aufsichtstätigkeit kann das Bundesministerium für Gesundheit insbesondere

1. sich jederzeit über die Angelegenheiten der Beliehenen, insbesondere durch Einholung von Auskünften, Berichten und die Vorlage von Aufzeichnungen aller Art, informieren,
2. Maßnahmen beanstanden und entsprechende Abhilfe verlangen.

(5) [1]Die Beliehene ist verpflichtet, den Weisungen des Bundesministeriums für Gesundheit nachzukommen. [2]Im Falle der Amtshaftung wegen Ansprüchen Dritter kann der Bund gegenüber der Beliehenen bei Vorliegen von Vorsatz oder grober Fahrlässigkeit Rückgriff nehmen.

§ 32 Heilmittel. (1) [1]Versicherte haben Anspruch auf Versorgung mit Heilmitteln, soweit sie nicht nach § 34 ausgeschlossen sind. [2]Für nicht nach Satz 1 ausgeschlossene Heilmittel bleibt § 92 unberührt.

(1a) [1]Der Gemeinsame Bundesausschuss regelt in seiner Richtlinie nach § 92 Absatz 1 Satz 2 Nummer 6 das Nähere zur Heilmittelversorgung von Versicherten mit langfristigem Behandlungsbedarf. [2]Er hat insbesondere zu bestimmen, wann ein langfristiger Heilmittelbedarf vorliegt, und festzulegen, ob und inwieweit ein Genehmigungsverfahren durchzuführen ist. [3]Ist in der Richtlinie ein Genehmigungsverfahren vorgesehen, so ist über die Anträge innerhalb von vier Wochen zu entscheiden; ansonsten gilt die Genehmigung nach Ablauf der Frist als erteilt. [4]Soweit zur Entscheidung ergänzende Informationen des Antragstellers erforderlich sind, ist der Lauf der Frist bis zum Eingang dieser Informationen unterbrochen.

(1b) Verordnungen, die über die in der Richtlinie des Gemeinsamen Bundesausschusses nach § 92 Absatz 1 Satz 2 Nummer 6 in Verbindung mit Absatz 6 Satz 1 Nummer 3 geregelte orientierende Behandlungsmenge hinausgehen, bedürfen keiner Genehmigung durch die Krankenkasse.

(1c) Ab dem 1. Oktober 2020 bedürfen Verordnungen von Heilmitteln mit Ausnahme des Genehmigungsverfahrens nach Absatz 1a Satz 2 keiner Genehmigung durch die Krankenkasse.

(2) [1]Versicherte, die das achtzehnte Lebensjahr vollendet haben, haben zu den Kosten der Heilmittel als Zuzahlung den sich nach § 61 Satz 3 ergebenden Betrag an die abgebende Stelle zu leisten. [2]Dies gilt auch, wenn Massagen, Bäder und Krankengymnastik als Bestandteil der ärztlichen Behandlung (§ 27 Absatz 1 Satz 2 Nr. 1) oder bei ambulanter Behandlung in Krankenhäusern, Rehabilitations- oder anderen Einrichtungen abgegeben werden. [3]Die Zuzahlung für die in Satz 2 genannten Heilmittel, die als Bestandteil der ärztlichen

Behandlung abgegeben werden, errechnet sich nach den Preisen, die nach § 125 vereinbart oder nach § 125b Absatz 2 festgesetzt worden sind.

§ 33 Hilfsmittel. (1) [1] Versicherte haben Anspruch auf Versorgung mit Hörhilfen, Körperersatzstücken, orthopädischen und anderen Hilfsmitteln, die im Einzelfall erforderlich sind, um den Erfolg der Krankenbehandlung zu sichern, einer drohenden Behinderung vorzubeugen oder eine Behinderung auszugleichen, soweit die Hilfsmittel nicht als allgemeine Gebrauchsgegenstände des täglichen Lebens anzusehen oder nach § 34 Abs. 4 ausgeschlossen sind. [2] Die Hilfsmittel müssen mindestens die im Hilfsmittelverzeichnis nach § 139 Absatz 2 festgelegten Anforderungen an die Qualität der Versorgung und der Produkte erfüllen, soweit sie im Hilfsmittelverzeichnis nach § 139 Absatz 1 gelistet oder von den dort genannten Produktgruppen erfasst sind. [3] Der Anspruch auf Versorgung mit Hilfsmitteln zum Behinderungsausgleich hängt bei stationärer Pflege nicht davon ab, in welchem Umfang eine Teilhabe am Leben der Gemeinschaft noch möglich ist; die Pflicht der stationären Pflegeeinrichtungen zur Vorhaltung von Hilfsmitteln und Pflegehilfsmitteln, die für den üblichen Pflegebetrieb jeweils notwendig sind, bleibt hiervon unberührt. [4] Für nicht durch Satz 1 ausgeschlossene Hilfsmittel bleibt § 92 Abs. 1 unberührt. [5] Der Anspruch umfasst auch zusätzlich zur Bereitstellung des Hilfsmittels zu erbringende, notwendige Leistungen wie die notwendige Änderung, Instandsetzung und Ersatzbeschaffung von Hilfsmitteln, die Ausbildung in ihrem Gebrauch und, soweit zum Schutz der Versicherten vor unvertretbaren gesundheitlichen Risiken erforderlich, die nach dem Stand der Technik zur Erhaltung der Funktionsfähigkeit und der technischen Sicherheit notwendigen Wartungen und technischen Kontrollen. [6] Ein Anspruch besteht auch auf solche Hilfsmittel, die eine dritte Person durch einen Sicherheitsmechanismus vor Nadelstichverletzungen schützen, wenn der Versicherte selbst nicht zur Anwendung des Hilfsmittels in der Lage ist und es hierfür einer Tätigkeit der dritten Person bedarf, bei der durch mögliche Stichverletzungen eine Infektionsgefahr besteht oder angenommen werden kann. [7] Zu diesen Tätigkeiten gehören insbesondere Blutentnahmen und Injektionen. [8] Der Gemeinsame Bundesausschuss bestimmt in seiner Richtlinie nach § 92 Absatz 1 Satz 2 Nummer 6 bis zum 31. Januar 2020 die Tätigkeiten, bei denen eine erhöhte Infektionsgefährdung angenommen werden kann. [9] Wählen Versicherte Hilfsmittel oder zusätzliche Leistungen, die über das Maß des Notwendigen hinausgehen, haben sie die Mehrkosten und dadurch bedingte höhere Folgekosten selbst zu tragen. [10] § 18 Absatz 6a des Elften Buches[1)] ist zu beachten.

(2) [1] Versicherte haben bis zur Vollendung des 18. Lebensjahres Anspruch auf Versorgung mit Sehhilfen entsprechend den Voraussetzungen nach Absatz 1. [2] Für Versicherte, die das 18. Lebensjahr vollendet haben, besteht der Anspruch auf Sehhilfen, wenn sie

1. nach ICD 10-GM 2017 auf Grund ihrer Sehbeeinträchtigung oder Blindheit bei bestmöglicher Brillenkorrektur auf beiden Augen eine schwere Sehbeeinträchtigung mindestens der Stufe 1 oder
2. einen verordneten Fern-Korrekturausgleich für einen Refraktionsfehler von mehr als 6 Dioptrien bei Myopie oder Hyperopie oder mehr als 4 Dioptrien bei Astigmatismus

---

[1)] Nr. **11**.

aufweisen; Anspruch auf therapeutische Sehhilfen besteht, wenn diese der Behandlung von Augenverletzungen oder Augenerkrankungen dienen. [3]Der Gemeinsame Bundesausschuss bestimmt in Richtlinien nach § 92, bei welchen Indikationen therapeutische Sehhilfen verordnet werden. [4]Der Anspruch auf Versorgung mit Sehhilfen umfaßt nicht die Kosten des Brillengestells.

(3) [1]Anspruch auf Versorgung mit Kontaktlinsen besteht für anspruchsberechtigte Versicherte nach Absatz 2 nur in medizinisch zwingend erforderlichen Ausnahmefällen. [2]Der Gemeinsame Bundesausschuss bestimmt in den Richtlinien nach § 92, bei welchen Indikationen Kontaktlinsen verordnet werden. [3]Wählen Versicherte statt einer erforderlichen Brille Kontaktlinsen und liegen die Voraussetzungen des Satzes 1 nicht vor, zahlt die Krankenkasse als Zuschuß zu den Kosten von Kontaktlinsen höchstens den Betrag, den sie für eine erforderliche Brille aufzuwenden hätte. [4]Die Kosten für Pflegemittel werden nicht übernommen.

(4) Ein erneuter Anspruch auf Versorgung mit Sehhilfen nach Absatz 2 besteht für Versicherte, die das vierzehnte Lebensjahr vollendet haben, nur bei einer Änderung der Sehfähigkeit um mindestens 0,5 Dioptrien; für medizinisch zwingend erforderliche Fälle kann der Gemeinsame Bundesausschuss in den Richtlinien nach § 92 Ausnahmen zulassen.

(5) [1]Die Krankenkasse kann den Versicherten die erforderlichen Hilfsmittel auch leihweise überlassen. [2]Sie kann die Bewilligung von Hilfsmitteln davon abhängig machen, daß die Versicherten sich das Hilfsmittel anpassen oder sich in seinem Gebrauch ausbilden lassen.

(5a) [1]Eine vertragsärztliche Verordnung ist für die Beantragung von Leistungen nach den Absätzen 1 bis 4 nur erforderlich, soweit eine erstmalige oder erneute ärztliche Diagnose oder Therapieentscheidung medizinisch geboten ist. [2]Abweichend von Satz 1 können die Krankenkassen eine vertragsärztliche Verordnung als Voraussetzung für die Kostenübernahme verlangen, soweit sie auf die Genehmigung der beantragten Hilfsmittelversorgung verzichtet haben. [3]§ 18 Absatz 6a des Elften Buches ist zu beachten.

(5b) [1]Sofern die Krankenkassen nicht auf die Genehmigung der beantragten Hilfsmittelversorgung verzichten, haben sie den Antrag auf Bewilligung eines Hilfsmittels mit eigenem weisungsgebundenem Personal zu prüfen. [2]Sie können in geeigneten Fällen durch den Medizinischen Dienst vor Bewilligung eines Hilfsmittels nach § 275 Absatz 3 Nummer 1 prüfen lassen, ob das Hilfsmittel erforderlich ist. [3]Eine Beauftragung Dritter ist nicht zulässig.

(6) [1]Die Versicherten können alle Leistungserbringer in Anspruch nehmen, die Vertragspartner ihrer Krankenkasse sind. [2]Vertragsärzte oder Krankenkassen dürfen, soweit gesetzlich nicht etwas anderes bestimmt ist oder aus medizinischen Gründen im Einzelfall eine Empfehlung geboten ist, weder Verordnungen bestimmten Leistungserbringern zuweisen, noch die Versicherten dahingehend beeinflussen, Verordnungen bei einem bestimmten Leistungserbringer einzulösen. [3]Die Sätze 1 und 2 gelten auch bei der Einlösung von elektronischen Verordnungen.

(7) Die Krankenkasse übernimmt die jeweils vertraglich vereinbarten Preise.

(8) [1]Versicherte, die das 18. Lebensjahr vollendet haben, leisten zu jedem zu Lasten der gesetzlichen Krankenversicherung abgegebenen Hilfsmittel als Zuzahlung den sich nach § 61 Satz 1 ergebenden Betrag zu dem von der Krankenkasse zu übernehmenden Betrag an die abgebende Stelle. [2]Der Ver-

gütungsanspruch nach Absatz 7 verringert sich um die Zuzahlung; § 43c Abs. 1 Satz 2 findet keine Anwendung. [3]Die Zuzahlung bei zum Verbrauch bestimmten Hilfsmitteln beträgt 10 vom Hundert des insgesamt von der Krankenkasse zu übernehmenden Betrags, jedoch höchstens 10 Euro für den gesamten Monatsbedarf.

(9) Absatz 1 Satz 6 gilt entsprechend für Intraokularlinsen beschränkt auf die Kosten der Linsen.

§ 33a Digitale Gesundheitsanwendungen. (1) [1]Versicherte haben Anspruch auf Versorgung mit Medizinprodukten niedriger Risikoklasse, deren Hauptfunktion wesentlich auf digitalen Technologien beruht und die dazu bestimmt sind, bei den Versicherten oder in der Versorgung durch Leistungserbringer die Erkennung, Überwachung, Behandlung oder Linderung von Krankheiten oder die Erkennung, Behandlung, Linderung oder Kompensierung von Verletzungen oder Behinderungen zu unterstützen (digitale Gesundheitsanwendungen). [2]Der Anspruch umfasst nur solche digitalen Gesundheitsanwendungen, die

1. vom Bundesinstitut für Arzneimittel und Medizinprodukte in das Verzeichnis für digitale Gesundheitsanwendungen nach § 139e aufgenommen wurden und
2. entweder nach Verordnung des behandelnden Arztes oder des behandelnden Psychotherapeuten oder mit Genehmigung der Krankenkasse angewendet werden.

[3]Für die Genehmigung nach Satz 2 Nummer 2 ist das Vorliegen der medizinischen Indikation nachzuweisen, für die die digitale Gesundheitsanwendung bestimmt ist. [4]Wählen Versicherte Medizinprodukte, deren Funktionen oder Anwendungsbereiche über die in das Verzeichnis für digitale Gesundheitsanwendungen nach § 139e aufgenommenen digitalen Gesundheitsanwendungen hinausgehen oder deren Kosten die Vergütungsbeträge nach § 134 übersteigen, haben sie die Mehrkosten selbst zu tragen.

(2) Medizinprodukte mit niedriger Risikoklasse nach Absatz 1 Satz 1 sind solche, die der Risikoklasse I oder IIa nach § 13 Absatz 1 des Medizinproduktegesetzes in Verbindung mit Anhang IX der Richtlinie 93/42/EWG des Rates vom 14. Juni 1993 über Medizinprodukte (ABl. L 169 vom 12.7.1993, S. 1), die zuletzt durch die Verordnung (EU) 2020/561 des Europäischen Parlaments und des Rates vom 23. April 2020 zur Änderung der Verordnung (EU) 2017/745 über Medizinprodukte hinsichtlich des Geltungsbeginns einiger ihrer Bestimmungen (ABl. L 130 vom 24.4.2020, S. 18) geändert worden ist oder nach Artikel 51 in Verbindung mit Anhang VIII der Verordnung (EU) 2017/745 des Europäischen Parlaments und des Rates vom 5. April 2017 über Medizinprodukte, zur Änderung der Richtlinie 2001/83/EG, der Verordnung (EG) Nr. 178/2002 und der Verordnung (EG) Nr. 1223/2009 und zur Aufhebung der Richtlinien 90/385/EWG und 93/42/EWG des Rates (ABl. L 117 vom 5.5.2017, S. 1; L 117 vom 3.5.2019, S. 9) zugeordnet und als solche bereits in den Verkehr gebracht sind, als Medizinprodukt der Risikoklasse IIa auf Grund der Übergangsbestimmungen in Artikel 120 Absatz 3 oder Absatz 4 der Verordnung (EU) 2017/745 in Verkehr gebracht wurden oder als Medizinprodukt der Risikoklasse I auf Grund unionsrechtlicher Vorschriften zunächst verkehrsfähig bleiben und im Verkehr sind.

(3) [1] Die Hersteller stellen den Versicherten digitale Gesundheitsanwendungen im Wege elektronischer Übertragung über öffentlich zugängliche Netze oder auf maschinell lesbaren Datenträgern zur Verfügung. [2] Ist eine Übertragung oder Abgabe nach Satz 1 nicht möglich, können digitale Gesundheitsanwendungen auch über öffentlich zugängliche digitale Vertriebsplattformen zur Verfügung gestellt werden; in diesen Fällen erstattet die Krankenkasse dem Versicherten die tatsächlichen Kosten bis zur Höhe der Vergütungsbeträge nach § 134.

(4) [1] Leistungsansprüche nach anderen Vorschriften dieses Buches bleiben unberührt. [2] Der Leistungsanspruch nach Absatz 1 besteht unabhängig davon, ob es sich bei der digitalen Gesundheitsanwendung um eine neue Untersuchungs- oder Behandlungsmethode handelt; es bedarf keiner Richtlinie nach § 135 Absatz 1 Satz 1. [3] Ein Leistungsanspruch nach Absatz 1 auf digitale Gesundheitsanwendungen, die Leistungen enthalten, die nach dem Dritten Kapitel ausgeschlossen sind oder über die der Gemeinsame Bundesausschuss bereits eine ablehnende Entscheidung nach den §§ 92, 135 oder 137c getroffen hat, besteht nicht.

§ 34 Ausgeschlossene Arznei-, Heil- und Hilfsmittel. (1) [1] Nicht verschreibungspflichtige Arzneimittel sind von der Versorgung nach § 31 ausgeschlossen. [2] Der Gemeinsame Bundesausschuss legt in den Richtlinien nach § 92 Abs. 1 Satz 2 Nr. 6 fest, welche nicht verschreibungspflichtigen Arzneimittel, die bei der Behandlung schwerwiegender Erkrankungen als Therapiestandard gelten, zur Anwendung bei diesen Erkrankungen mit Begründung vom Vertragsarzt ausnahmsweise verordnet werden können. [3] Dabei ist der therapeutischen Vielfalt Rechnung zu tragen. [4] Der Gemeinsame Bundesausschuss hat auf der Grundlage der Richtlinie nach Satz 2 dafür Sorge zu tragen, dass eine Zusammenstellung der verordnungsfähigen Fertigarzneimittel erstellt, regelmäßig aktualisiert wird und im Internet abruffähig sowie in elektronisch weiterverarbeitbarer Form zur Verfügung steht. [5] Satz 1 gilt nicht für:

1. versicherte Kinder bis zum vollendeten 12. Lebensjahr,
2. versicherte Jugendliche bis zum vollendeten 18. Lebensjahr mit Entwicklungsstörungen.

[6] Für Versicherte, die das achtzehnte Lebensjahr vollendet haben, sind von der Versorgung nach § 31 folgende verschreibungspflichtige Arzneimittel bei Verordnung in den genannten Anwendungsgebieten ausgeschlossen:

1. Arzneimittel zur Anwendung bei Erkältungskrankheiten und grippalen Infekten einschließlich der bei diesen Krankheiten anzuwendenden Schnupfenmittel, Schmerzmittel, hustendämpfenden und hustenlösenden Mittel,
2. Mund- und Rachentherapeutika, ausgenommen bei Pilzinfektionen,
3. Abführmittel,
4. Arzneimittel gegen Reisekrankheit.

[7] Von der Versorgung sind außerdem Arzneimittel ausgeschlossen, bei deren Anwendung eine Erhöhung der Lebensqualität im Vordergrund steht. [8] Ausgeschlossen sind insbesondere Arzneimittel, die überwiegend zur Behandlung der erektilen Dysfunktion, der Anreizung sowie Steigerung der sexuellen Potenz, zur Raucherentwöhnung, zur Abmagerung oder zur Zügelung des Appetits, zur Regulierung des Körpergewichts oder zur Verbesserung des

Haarwuchses dienen. [9]Das Nähere regeln die Richtlinien nach § 92 Abs. 1 Satz 2 Nr. 6.

(2) *(aufgehoben)*

(3) [1]Der Ausschluss der Arzneimittel, die in Anlage 2 Nummer 2 bis 6 der Verordnung über unwirtschaftliche Arzneimittel in der gesetzlichen Krankenversicherung vom 21. Februar 1990 (BGBl. I S. 301), die zuletzt durch die Verordnung vom 9. Dezember 2002 (BGBl. I S. 4554) geändert worden ist, aufgeführt sind, gilt als Verordnungsausschluss des Gemeinsamen Bundesausschusses und ist Teil der Richtlinien nach § 92 Absatz 1 Satz 2 Nummer 6. [2]Bei der Beurteilung von Arzneimitteln der besonderen Therapierichtungen wie homöopathischen, phytotherapeutischen und anthroposophischen Arzneimitteln ist der besonderen Wirkungsweise dieser Arzneimittel Rechnung zu tragen.

(4) [1]Das Bundesministerium für Gesundheit kann durch Rechtsverordnung mit Zustimmung des Bundesrates Hilfsmittel von geringem oder umstrittenem therapeutischen Nutzen oder geringem Abgabepreis bestimmen, deren Kosten die Krankenkasse nicht übernimmt. [2]Die Rechtsverordnung kann auch bestimmen, inwieweit geringfügige Kosten der notwendigen Änderung, Instandsetzung und Ersatzbeschaffung sowie der Ausbildung im Gebrauch der Hilfsmittel von der Krankenkasse nicht übernommen werden. [3]Die Sätze 1 und 2 gelten nicht für die Instandsetzung von Hörgeräten und ihre Versorgung mit Batterien bei Versicherten, die das achtzehnte Lebensjahr noch nicht vollendet haben. [4]Für nicht durch Rechtsverordnung nach Satz 1 ausgeschlossene Hilfsmittel bleibt § 92 unberührt.

(5) *(aufgehoben)*

(6) [1]Pharmazeutische Unternehmer können beim Gemeinsamen Bundesausschuss Anträge zur Aufnahme von Arzneimitteln in die Zusammenstellung nach Absatz 1 Satz 2 und 4 stellen. [2]Die Anträge sind ausreichend zu begründen; die erforderlichen Nachweise sind dem Antrag beizufügen. [3]Sind die Angaben zur Begründung des Antrags unzureichend, teilt der Gemeinsame Bundesausschuss dem Antragsteller unverzüglich mit, welche zusätzlichen Einzelangaben erforderlich sind. [4]Der Gemeinsame Bundesausschuss hat über ausreichend begründete Anträge nach Satz 1 innerhalb von 90 Tagen zu bescheiden und den Antragsteller über Rechtsmittel und Rechtsmittelfristen zu belehren. [5]Eine ablehnende Entscheidung muss eine auf objektiven und überprüfbaren Kriterien beruhende Begründung enthalten. [6]Für das Antragsverfahren sind Gebühren zu erheben. [7]Das Nähere insbesondere zur ausreichenden Begründung und zu den erforderlichen Nachweisen regelt der Gemeinsame Bundesausschuss.

§ 34a *(aufgehoben)*

§ 35 Festbeträge für Arznei- und Verbandmittel. (1) [1]Der Gemeinsame Bundesausschuss bestimmt in den Richtlinien nach § 92 Abs. 1 Satz 2 Nr. 6, für welche Gruppen von Arzneimitteln Festbeträge festgesetzt werden können. [2]In den Gruppen sollen Arzneimittel mit

1. denselben Wirkstoffen,
2. pharmakologisch-therapeutisch vergleichbaren Wirkstoffen, insbesondere mit chemisch verwandten Stoffen,

3. therapeutisch vergleichbarer Wirkung, insbesondere Arzneimittelkombinationen,

zusammengefaßt werden; unterschiedliche Bioverfügbarkeiten wirkstoffgleicher Arzneimittel sind zu berücksichtigen, sofern sie für die Therapie bedeutsam sind. [3] Bei der Bildung von Gruppen nach Satz 1 soll bei Arzneimitteln mit Wirkstoffen zur Behandlung bakterieller Infektionskrankheiten (Antibiotika) die Resistenzsituation berücksichtigt werden. [4] Arzneimittel, die als Reserveantibiotika für die Versorgung von Bedeutung sind, können von der Bildung von Gruppen nach Satz 1 ausgenommen werden. [5] Die nach Satz 2 Nr. 2 und 3 gebildeten Gruppen müssen gewährleisten, daß Therapiemöglichkeiten nicht eingeschränkt werden und medizinisch notwendige Verordnungsalternativen zur Verfügung stehen; insbesondere können altersgerechte Darreichungsformen für Kinder berücksichtigt werden. [6] Ausgenommen von den nach Satz 2 Nummer 2 und 3 gebildeten Gruppen sind Arzneimittel mit patentgeschützten Wirkstoffen, deren Wirkungsweise neuartig ist oder die eine therapeutische Verbesserung, auch wegen geringerer Nebenwirkungen, bedeuten. [7] Als neuartig gilt ein Wirkstoff, solange derjenige Wirkstoff, der als erster dieser Gruppe in Verkehr gebracht worden ist, unter Patentschutz steht. [8] Der Gemeinsame Bundesausschuss ermittelt auch die nach Absatz 3 notwendigen rechnerischen mittleren Tages- oder Einzeldosen oder anderen geeigneten Vergleichsgrößen. [9] Für die Vorbereitung der Beschlüsse nach Satz 1 durch die Geschäftsstelle des Gemeinsamen Bundesausschusses gilt § 106 Absatz 3 Satz 1 entsprechend. [10] Soweit der Gemeinsame Bundesausschuss Dritte beauftragt, hat er zu gewährleisten, dass diese ihre Bewertungsgrundsätze und die Begründung für ihre Bewertungen einschließlich der verwendeten Daten offen legen. [11] Die Namen beauftragter Gutachter dürfen nicht genannt werden.

(1a) *(aufgehoben)*

(1b) [1] Eine therapeutische Verbesserung nach Absatz 1 Satz 6 liegt vor, wenn das Arzneimittel einen therapierelevanten höheren Nutzen als andere Arzneimittel dieser Wirkstoffgruppe hat und deshalb als zweckmäßige Therapie regelmäßig oder auch für relevante Patientengruppen oder Indikationsbereiche den anderen Arzneimitteln dieser Gruppe vorzuziehen ist. [2] Bewertungen nach Satz 1 erfolgen für gemeinsame Anwendungsgebiete der Arzneimittel der Wirkstoffgruppe. [3] Ein höherer Nutzen nach Satz 1 kann auch eine Verringerung der Häufigkeit oder des Schweregrads therapierelevanter Nebenwirkungen sein. [4] Der Nachweis einer therapeutischen Verbesserung erfolgt aufgrund der Fachinformationen und durch Bewertung von klinischen Studien nach methodischen Grundsätzen der evidenzbasierten Medizin, soweit diese Studien allgemein verfügbar sind oder gemacht werden und ihre Methodik internationalen Standards entspricht. [5] Vorrangig sind klinische Studien, insbesondere direkte Vergleichsstudien mit anderen Arzneimitteln dieser Wirkstoffgruppe mit patientenrelevanten Endpunkten, insbesondere Mortalität, Morbidität und Lebensqualität, zu berücksichtigen. [6] Die Ergebnisse der Bewertung sind in der Begründung zu dem Beschluss nach Absatz 1 Satz 1 fachlich und methodisch aufzubereiten, sodass die tragenden Gründe des Beschlusses nachvollziehbar sind. [7] Vor der Entscheidung sind die Sachverständigen nach Absatz 2 auch mündlich anzuhören. [8] Vorbehaltlich einer abweichenden Entscheidung des Gemeinsamen Bundesausschusses aus wichtigem Grund ist die Begründung des Beschlusses bekannt zu machen, sobald die Vorlage nach § 94 Abs. 1 erfolgt, spätestens jedoch mit Bekanntgabe des Beschlusses im Bundesanzeiger. [9] Ein

Arzneimittel, das von einer Festbetragsgruppe freigestellt ist, weil es einen therapierelevanten höheren Nutzen nur für einen Teil der Patienten oder Indikationsbereiche des gemeinsamen Anwendungsgebietes nach Satz 1 hat, ist nur für diese Anwendungen wirtschaftlich; das Nähere ist in den Richtlinien nach § 92 Abs. 1 Satz 2 Nr. 6 zu regeln.

(2) [1] Sachverständigen der medizinischen und pharmazeutischen Wissenschaft und Praxis sowie der Arzneimittelhersteller und der Berufsvertretungen der Apotheker ist vor der Entscheidung des Gemeinsamen Bundesausschusses Gelegenheit zur Stellungnahme zu geben; bei der Beurteilung von Arzneimitteln der besonderen Therapierichtungen sind auch Stellungnahmen von Sachverständigen dieser Therapierichtungen einzuholen. [2] Die Stellungnahmen sind in die Entscheidung einzubeziehen.

(3) [1] Der Spitzenverband Bund der Krankenkassen setzt den jeweiligen Festbetrag auf der Grundlage von rechnerischen mittleren Tages- oder Einzeldosen oder anderen geeigneten Vergleichsgrößen fest. [2] Der Spitzenverband Bund der Krankenkassen kann einheitliche Festbeträge für Verbandmittel festsetzen. [3] Für die Stellungnahmen der Sachverständigen gilt Absatz 2 entsprechend.

(4) *(aufgehoben)*

(5) [1] Die Festbeträge sind so festzusetzen, daß sie im allgemeinen eine ausreichende, zweckmäßige und wirtschaftliche sowie in der Qualität gesicherte Versorgung gewährleisten. [2] Sie haben Wirtschaftlichkeitsreserven auszuschöpfen, sollen einen wirksamen Preiswettbewerb auslösen und haben sich deshalb an möglichst preisgünstigen Versorgungsmöglichkeiten auszurichten; soweit wie möglich ist eine für die Therapie hinreichende Arzneimittelauswahl sicherzustellen. [3] Die Festbeträge sind mindestens einmal im Jahr zu überprüfen; sie sind in geeigneten Zeitabständen an eine veränderte Marktlage anzupassen. [4] Der Festbetrag für die Arzneimittel in einer Festbetragsgruppe nach Absatz 1 Satz 2 soll den höchsten Abgabepreis des unteren Drittels des Intervalls zwischen dem niedrigsten und dem höchsten Preis einer Standardpackung nicht übersteigen. [5] Dabei müssen mindestens ein Fünftel aller Verordnungen und mindestens ein Fünftel aller Packungen zum Festbetrag verfügbar sein; zugleich darf die Summe der jeweiligen Vomhundertsätze der Verordnungen und Packungen, die nicht zum Festbetrag erhältlich sind, den Wert von 160 nicht überschreiten. [6] Bei der Berechnung nach Satz 4 sind hochpreisige Packungen mit einem Anteil von weniger als 1 vom Hundert an den verordneten Packungen in der Festbetragsgruppe nicht zu berücksichtigen. [7] Für die Zahl der Verordnungen sind die zum Zeitpunkt des Berechnungsstichtages zuletzt verfügbaren Jahresdaten nach § 84 Abs. 5 zu Grunde zu legen.

(6) [1] Sofern zum Zeitpunkt der Anpassung des Festbetrags ein gültiger Beschluss nach § 31 Absatz 3 Satz 4 vorliegt und tatsächlich Arzneimittel auf Grund dieses Beschlusses von der Zuzahlung freigestellt sind, soll der Festbetrag so angepasst werden, dass auch nach der Anpassung eine hinreichende Versorgung mit Arzneimitteln ohne Zuzahlung gewährleistet werden kann. [2] In diesem Fall darf die Summe nach Absatz 5 Satz 5 den Wert von 100 nicht überschreiten, wenn zu erwarten ist, dass anderenfalls keine hinreichende Anzahl zuvor auf Grund von § 31 Absatz 3 Satz 4 von der Zuzahlung freigestellter Arzneimittel weiterhin freigestellt wird.

(7) [1] Die Festbeträge sind im Bundesanzeiger bekanntzumachen. [2] Klagen gegen die Festsetzung der Festbeträge haben keine aufschiebende Wirkung.

[3]Ein Vorverfahren findet nicht statt. [4]Eine gesonderte Klage gegen die Gruppeneinteilung nach Absatz 1 Satz 1 bis 6, gegen die rechnerischen mittleren Tages- oder Einzeldosen oder anderen geeigneten Vergleichsgrößen nach Absatz 1 Satz 8 oder gegen sonstige Bestandteile der Festsetzung der Festbeträge ist unzulässig.

(8) [1]Der Spitzenverband Bund der Krankenkassen erstellt und veröffentlicht Übersichten über sämtliche Festbeträge und die betroffenen Arzneimittel und übermittelt diese im Wege der Datenübertragung dem Bundesinstitut für Arzneimittel und Medizinprodukte zur abruffähigen Veröffentlichung im Internet. [2]Die Übersichten sind vierteljährlich zu aktualisieren.

(9) [1]Der Spitzenverband Bund der Krankenkassen rechnet die nach Absatz 7 Satz 1 bekannt gemachten Festbeträge für verschreibungspflichtige Arzneimittel entsprechend den Handelszuschlägen der Arzneimittelpreisverordnung in der ab dem 1. Januar 2012 geltenden Fassung um und macht die umgerechneten Festbeträge bis zum 30. Juni 2011 bekannt. [2]Für die Umrechnung ist die Einholung von Stellungnahmen Sachverständiger nicht erforderlich. [3]Die umgerechneten Festbeträge finden ab dem 1. Januar 2012 Anwendung.

§ 35a Bewertung des Nutzens von Arzneimitteln mit neuen Wirkstoffen, Verordnungsermächtigung. (1) [1]Der Gemeinsame Bundesausschuss bewertet den Nutzen von erstattungsfähigen Arzneimitteln mit neuen Wirkstoffen. [2]Hierzu gehört insbesondere die Bewertung des Zusatznutzens gegenüber der zweckmäßigen Vergleichstherapie, des Ausmaßes des Zusatznutzens und seiner therapeutischen Bedeutung. [3]Die Nutzenbewertung erfolgt auf Grund von Nachweisen des pharmazeutischen Unternehmers, die er einschließlich aller von ihm durchgeführten oder in Auftrag gegebenen klinischen Prüfungen spätestens zum Zeitpunkt des erstmaligen Inverkehrbringens sowie vier Wochen nach Zulassung neuer Anwendungsgebiete des Arzneimittels an den Gemeinsamen Bundesausschuss elektronisch zu übermitteln hat, und die insbesondere folgende Angaben enthalten müssen:

1. zugelassene Anwendungsgebiete,
2. medizinischer Nutzen,
3. medizinischer Zusatznutzen im Verhältnis zur zweckmäßigen Vergleichstherapie,
4. Anzahl der Patienten und Patientengruppen, für die ein therapeutisch bedeutsamer Zusatznutzen besteht,
5. Kosten der Therapie für die gesetzliche Krankenversicherung,
6. Anforderung an eine qualitätsgesicherte Anwendung.

[4]Bei Arzneimitteln, die pharmakologisch-therapeutisch vergleichbar mit Festbetragsarzneimitteln sind, ist der medizinische Zusatznutzen nach Satz 3 Nummer 3 als therapeutische Verbesserung entsprechend § 35 Absatz 1b Satz 1 bis 5 nachzuweisen. [5]Legt der pharmazeutische Unternehmer die erforderlichen Nachweise trotz Aufforderung durch den Gemeinsamen Bundesausschuss nicht rechtzeitig oder nicht vollständig vor, gilt ein Zusatznutzen als nicht belegt. [6]Der Gemeinsame Bundesausschuss bestimmt in seiner Verfahrensordnung, wann die Voraussetzungen nach Satz 5 vorliegen. [7]Das Bundesministerium für Gesundheit regelt durch Rechtsverordnung ohne Zustimmung des Bundesrats das Nähere zur Nutzenbewertung. [8]Darin sind insbesondere festzulegen:

1. Anforderungen an die Übermittlung der Nachweise nach Satz 3,

2. Grundsätze für die Bestimmung der zweckmäßigen Vergleichstherapie und des Zusatznutzens, und dabei auch die Fälle, in denen zusätzliche Nachweise erforderlich sind, und die Voraussetzungen, unter denen Studien bestimmter Evidenzstufen zu verlangen sind; Grundlage sind die internationalen Standards der evidenzbasierten Medizin und der Gesundheitsökonomie,
3. Verfahrensgrundsätze,
4. Grundsätze der Beratung nach Absatz 7,
5. die Veröffentlichung der Nachweise, die der Nutzenbewertung zu Grunde liegen, sowie
6. Übergangsregelungen für Arzneimittel mit neuen Wirkstoffen, die bis zum 31. Juli 2011 erstmals in den Verkehr gebracht werden.

[9] Der Gemeinsame Bundesausschuss regelt weitere Einzelheiten in seiner Verfahrensordnung. [10] Zur Bestimmung der zweckmäßigen Vergleichstherapie kann er verlangen, dass der pharmazeutische Unternehmer Informationen zu den Anwendungsgebieten des Arzneimittels übermittelt, für die eine Zulassung beantragt wird. [11] Für Arzneimittel, die zur Behandlung eines seltenen Leidens nach der Verordnung (EG) Nr. 141/2000 des Europäischen Parlaments und des Rates vom 16. Dezember 1999 über Arzneimittel für seltene Leiden (ABl. L 18 vom 22.1.2000, S. 1) zugelassen sind, gilt der medizinische Zusatznutzen durch die Zulassung als belegt; Nachweise nach Satz 3 Nummer 2 und 3 müssen vorbehaltlich eines Beschlusses nach Absatz 3b nicht vorgelegt werden. [12] Übersteigt der Umsatz des Arzneimittels nach Satz 11 mit der gesetzlichen Krankenversicherung zu Apothekenverkaufspreisen sowie außerhalb der vertragsärztlichen Versorgung einschließlich Umsatzsteuer in den letzten zwölf Kalendermonaten einen Betrag von 50 Millionen Euro, so hat der pharmazeutische Unternehmer innerhalb von drei Monaten nach Aufforderung durch den Gemeinsamen Bundesausschuss Nachweise nach Satz 3 Nummer 2 und 3 zu übermitteln und darin den Zusatznutzen gegenüber der zweckmäßigen Vergleichstherapie abweichend von Satz 11 nachzuweisen. [13] Der Umsatz nach Satz 12 ist auf Grund der Angaben nach § 84 Absatz 5 Satz 4 sowie durch geeignete Erhebungen zu ermitteln. [14] Zu diesem Zweck teilt der pharmazeutische Unternehmer dem Gemeinsamen Bundesausschuss auf Verlangen die erzielten Umsätze des Arzneimittels mit der gesetzlichen Krankenversicherung außerhalb der vertragsärztlichen Versorgung mit. [15] Abweichend von Satz 11 kann der pharmazeutische Unternehmer für Arzneimittel, die zur Behandlung eines seltenen Leidens nach der Verordnung (EG) Nr. 141/2000 zugelassen sind, dem Gemeinsamen Bundesausschuss unwiderruflich anzeigen, dass eine Nutzenbewertung nach Satz 2 unter Vorlage der Nachweise nach Satz 3 Nummer 2 und 3 durchgeführt werden soll.

(1a) [1] Der Gemeinsame Bundesausschuss hat den pharmazeutischen Unternehmer von der Verpflichtung zur Vorlage der Nachweise nach Absatz 1 und das Arzneimittel von der Nutzenbewertung nach Absatz 3 auf Antrag freizustellen, wenn zu erwarten ist, dass den gesetzlichen Krankenkassen nur geringfügige Ausgaben für das Arzneimittel entstehen werden. [2] Der pharmazeutische Unternehmer hat seinen Antrag entsprechend zu begründen. [3] Der Gemeinsame Bundesausschuss kann die Freistellung befristen. [4] Ein Antrag auf Freistellung nach Satz 1 ist nur vor der erstmaligen Verpflichtung zur Vorlage der Nachweise nach Absatz 1 Satz 3 zulässig. [5] Das Nähere regelt der Gemeinsame Bundesausschuss in seiner Verfahrensordnung.

(1b) [1] Für zugelassene Arzneimittel für neuartige Therapien im Sinne von § 4 Absatz 9 des Arzneimittelgesetzes besteht die Verpflichtung zur Vorlage von Nachweisen nach Absatz 1 Satz 3; die ärztliche Behandlung mit einem solchen Arzneimittel unterliegt nicht der Bewertung von Untersuchungs- und Behandlungsmethoden nach den §§ 135, 137c oder 137h. [2] Satz 1 gilt nicht für biotechnologisch bearbeitete Gewebeprodukte. [3] Für folgende Arzneimittel besteht keine Verpflichtung zur Vorlage von Nachweisen nach Absatz 1 Satz 3:

1. für Arzneimittel, die nach § 34 Absatz 1 Satz 5 für versicherte Kinder und Jugendliche nicht von der Versorgung nach § 31 ausgeschlossen sind,
2. für verschreibungspflichtige Arzneimittel, die nach § 34 Absatz 1 Satz 6 von der Versorgung nach § 31 ausgeschlossen sind.

(1c) [1] Der Gemeinsame Bundesausschuss hat den pharmazeutischen Unternehmer von der Verpflichtung zur Vorlage der Nachweise nach Absatz 1 Satz 3 Nummer 2 und 3 auf Antrag freizustellen, wenn es sich um ein Antibiotikum handelt, das gegen durch multiresistente bakterielle Krankheitserreger verursachte Infektionen, für die nur eingeschränkte alternative Therapiemöglichkeiten zur Verfügung stehen, wirksam ist und der Einsatz dieses Antibiotikums einer strengen Indikationsstellung unterliegt (Reserveantibiotikum). [2] Der pharmazeutische Unternehmer hat seinen Antrag nach Satz 1 entsprechend zu begründen. [3] Ein Antrag auf Freistellung nach Satz 1 ist nur vor der erstmaligen Verpflichtung zur Vorlage der Nachweise nach Absatz 1 Satz 3 zulässig. [4] Das Nähere zur Ausgestaltung des Antragsverfahrens regelt der Gemeinsame Bundesausschuss in seiner Verfahrensordnung bis zum 31. Dezember 2020. [5] Das Robert Koch-Institut bestimmt im Einvernehmen mit dem Bundesinstitut für Arzneimittel und Medizinprodukte dem jeweiligen Stand der medizinischen Wissenschaft entsprechende Kriterien zur Einordnung eines Antibiotikums als Reserveantibiotikum bis zum 31. Dezember 2020 und veröffentlicht diese Kriterien auf seiner Internetseite. [6] Das Robert Koch-Institut hat zu diesen Kriterien im Einvernehmen mit dem Bundesinstitut für Arzneimittel und Medizinprodukte eine nicht abschließende Liste von multiresistenten bakteriellen Krankheitserregern nach Satz 1 zu veröffentlichen. [7] Hat der Gemeinsame Bundesauschuss eine Freistellung für ein Reserveantibiotikum nach Satz 1 beschlossen, gilt der Zusatznutzen als belegt; das Ausmaß des Zusatznutzens und seine therapeutische Bedeutung sind vom Gemeinsamen Bundesausschuss nicht zu bewerten. [8] Bei dem Beschluss nach Absatz 3 Satz 1 hat der Gemeinsame Bundesausschuss Anforderungen an eine qualitätsgesicherte Anwendung des Reserveantibiotikums unter Berücksichtigung der Auswirkungen auf die Resistenzsituation festzulegen. [9] Dazu holt er eine Stellungnahme beim Robert Koch-Institut ein, die im Einvernehmen mit dem Bundesinstitut für Arzneimittel und Medizinprodukte zu erstellen ist.

(2) [1] Der Gemeinsame Bundesausschuss prüft die Nachweise nach Absatz 1 Satz 3 und entscheidet, ob er die Nutzenbewertung selbst durchführt oder hiermit das Institut für Qualität und Wirtschaftlichkeit im Gesundheitswesen oder Dritte beauftragt. [2] Der Gemeinsame Bundesausschuss und das Institut für Qualität und Wirtschaftlichkeit im Gesundheitswesen erhalten auf Verlangen Einsicht in die Zulassungsunterlagen bei der zuständigen Bundesoberbehörde. [3] Die Nutzenbewertung ist spätestens innerhalb von drei Monaten nach dem nach Absatz 1 Satz 3 maßgeblichen Zeitpunkt für die Einreichung der Nachweise abzuschließen und im Internet zu veröffentlichen.

(3) [1]Der Gemeinsame Bundesausschuss beschließt über die Nutzenbewertung innerhalb von drei Monaten nach ihrer Veröffentlichung. [2]§ 92 Absatz 3a gilt entsprechend mit der Maßgabe, dass Gelegenheit auch zur mündlichen Stellungnahme zu geben ist. [3]Mit dem Beschluss wird insbesondere der Zusatznutzen des Arzneimittels festgestellt. [4]Die Geltung des Beschlusses über die Nutzenbewertung kann befristet werden. [5]Der Beschluss ist im Internet zu veröffentlichen. [6]Der Beschluss ist Teil der Richtlinie nach § 92 Absatz 1 Satz 2 Nummer 6; § 94 Absatz 1 gilt nicht. [7]Innerhalb eines Monats nach der Beschlussfassung veröffentlicht die Geschäftsstelle des Gemeinsamen Bundesausschusses zur Information der Öffentlichkeit zudem den Beschluss und die tragenden Gründe in englischer Sprache auf der Internetseite des Gemeinsamen Bundesausschusses.

(3a) [1]Der Gemeinsame Bundesausschuss veröffentlicht innerhalb eines Monats nach dem Beschluss nach Absatz 3 eine maschinenlesbare Fassung zu dem Beschluss, die zur Abbildung in elektronischen Programmen nach § 73 Absatz 9 geeignet ist. [2]Das Bundesministerium für Gesundheit wird ermächtigt, durch Rechtsverordnung ohne Zustimmung des Bundesrates weitere Vorgaben zur Veröffentlichung der Beschlüsse nach Satz 1 zu regeln. [3]Das Nähere regelt der Gemeinsame Bundesausschuss erstmals innerhalb von drei Monaten nach Inkrafttreten der Rechtsverordnung nach Satz 2 in seiner Verfahrensordnung. [4]Vor der erstmaligen Beschlussfassung nach Satz 3 findet § 92 Absatz 3a mit der Maßgabe entsprechende Anwendung, dass auch den für die Wahrnehmung der Interessen der Industrie maßgeblichen Bundesverbänden aus dem Bereich der Informationstechnologie im Gesundheitswesen Gelegenheit zur Stellungnahme zu geben ist. [5]Zu den vor der erstmaligen Änderung der Verfahrensordnung nach Satz 3 gefassten Beschlüssen nach Absatz 3 veröffentlicht der Gemeinsame Bundesausschuss die maschinenlesbare Fassung nach Satz 1 innerhalb von sechs Monaten nach der erstmaligen Änderung der Verfahrensordnung nach Satz 3.

(3b) [1]Der Gemeinsame Bundesausschuss kann frühestens mit Wirkung zum Zeitpunkt des erstmaligen Inverkehrbringens bei den folgenden Arzneimitteln vom pharmazeutischen Unternehmer innerhalb einer angemessenen Frist die Vorlage anwendungsbegleitender Datenerhebungen und Auswertungen zum Zweck der Nutzenbewertung fordern:

1. bei Arzneimitteln, deren Inverkehrbringen nach dem Verfahren des Artikels 14 Absatz 8 der Verordnung (EG) Nr. 726/2004 des Europäischen Parlaments und des Rates vom 31. März 2004 zur Festlegung von Gemeinschaftsverfahren für die Genehmigung und Überwachung von Human- und Tierarzneimitteln und zur Errichtung einer Europäischen Arzneimittel-Agentur (ABl. L 136 vom 30.4.2004, S. 1), die zuletzt durch die Verordnung (EU) 2019/5 (ABl. L 4 vom 7.1.2019, S. 24) geändert worden ist, genehmigt wurde oder für die nach Artikel 14-a der Verordnung (EG) Nr. 726/2004 eine Zulassung erteilt wurde, sowie
2. bei Arzneimitteln, die zur Behandlung eines seltenen Leidens nach der Verordnung (EG) Nr. 141/2000 zugelassen sind.

[2]Der Gemeinsame Bundesausschuss kann die Befugnis zur Versorgung der Versicherten mit einem solchen Arzneimittel zu Lasten der gesetzlichen Krankenversicherung auf solche Leistungserbringer beschränken, die an der geforderten anwendungsbegleitenden Datenerhebung mitwirken. [3]Die näheren Vorgaben an die Dauer, die Art und den Umfang der Datenerhebung und

Auswertung, einschließlich der zu verwendenden Formate, werden vom Gemeinsamen Bundesausschuss bestimmt. [4] Er hat dabei insbesondere Vorgaben zur Methodik sowie zu patientenrelevanten Endpunkten und deren Erfassung zu bestimmen. [5] Dabei soll er laufende und geplante Datenerhebungen zu dem Arzneimittel berücksichtigen, insbesondere solche, die sich aus Auflagen oder sonstigen Nebenbestimmungen der Zulassungs- oder Genehmigungsbehörden ergeben. [6] Der Gemeinsame Bundesausschuss kann dabei auch indikationsbezogene Datenerhebungen ohne Randomisierung fordern. [7] Das Bundesinstitut für Arzneimittel und Medizinprodukte und das Paul-Ehrlich-Institut sind vor Erlass einer Maßnahme nach Satz 1 zu beteiligen. [8] Unter Beachtung von Betriebs- und Geschäftsgeheimnissen sollen auch die wissenschaftlich-medizinischen Fachgesellschaften, die Arzneimittelkommission der deutschen Ärzteschaft und der betroffene pharmazeutische Unternehmer vor Erlass einer Maßnahme nach Satz 1 schriftlich beteiligt werden. [9] Das Nähere zum Verfahren der Anforderung von anwendungsbegleitenden Datenerhebungen und Auswertungen, einschließlich der Beteiligung nach Satz 4, regelt der Gemeinsame Bundesausschuss in seiner Verfahrensordnung. [10] Die gewonnenen Daten und die Verpflichtung zur Datenerhebung sind in regelmäßigen Abständen, mindestens jedoch alle achtzehn Monate, vom Gemeinsamen Bundesausschuss zu überprüfen. [11] Für Beschlüsse nach den Sätzen 1 und 2 gilt Absatz 3 Satz 4 bis 6 entsprechend. [12] Klagen gegen eine Maßnahme nach Satz 1 haben keine aufschiebende Wirkung; ein Vorverfahren findet nicht statt.

(4) [1] Wurde für ein Arzneimittel nach Absatz 1 Satz 4 keine therapeutische Verbesserung festgestellt, ist es in dem Beschluss nach Absatz 3 in die Festbetragsgruppe nach § 35 Absatz 1 mit pharmakologisch-therapeutisch vergleichbaren Arzneimitteln einzuordnen. [2] § 35 Absatz 1b Satz 6 gilt entsprechend. [3] § 35 Absatz 1b Satz 7 und 8 sowie Absatz 2 gilt nicht.

(5) [1] Für ein Arzneimittel, für das ein Beschluss nach Absatz 3 vorliegt, kann der pharmazeutische Unternehmer eine erneute Nutzenbewertung beantragen, wenn er die Erforderlichkeit wegen neuer wissenschaftlicher Erkenntnisse nachweist. [2] Der Gemeinsame Bundesausschuss entscheidet über diesen Antrag innerhalb von acht Wochen. [3] Der pharmazeutische Unternehmer übermittelt dem Gemeinsamen Bundesausschuss auf Anforderung die Nachweise nach Absatz 1 Satz 3 innerhalb von drei Monaten. [4] Die erneute Nutzenbewertung beginnt frühestens ein Jahr nach Veröffentlichung des Beschlusses nach Absatz 3. [5] Die Absätze 1 bis 4 und 5a bis 8 gelten entsprechend.

(5a) [1] Stellt der Gemeinsame Bundesausschuss in seinem Beschluss nach Absatz 3 keinen Zusatznutzen oder nach Absatz 4 keine therapeutische Verbesserung fest, hat er auf Verlangen des pharmazeutischen Unternehmers eine Bewertung nach § 35b oder nach § 139a Absatz 3 Nummer 6 in Auftrag zu geben, wenn der pharmazeutische Unternehmer die Kosten hierfür trägt. [2] Die Verpflichtung zur Festsetzung eines Festbetrags oder eines Erstattungsbetrags bleibt unberührt.

(5b) [1] Der Gemeinsame Bundesausschuss kann den für die Vorlage der erforderlichen Nachweise maßgeblichen Zeitpunkt auf Antrag des pharmazeutischen Unternehmers abweichend von Absatz 1 Satz 3 bestimmen, wenn innerhalb eines Zeitraums von sechs Monaten ab dem nach Absatz 1 Satz 3 maßgeblichen Zeitpunkt die Zulassung von mindestens einem neuen Anwendungsgebiet zu erwarten ist. [2] Der vom Gemeinsamen Bundesausschuss bestimmte maßgebliche Zeitpunkt darf nicht mehr als sechs Monate nach dem maßgeblichen Zeitpunkt nach Absatz 1 Satz 3 liegen. [3]Der pharmazeutische Unternehmer hat den Antrag spätestens drei Monate vor dem maßgeblichen Zeitpunkt nach Absatz 1 Satz 3 zu stellen. [4]Der Gemeinsame Bundesausschuss entscheidet über den Antrag innerhalb von acht Wochen. [5]Er regelt das Nähere in seiner Verfahrensordnung. [6]§ 130b Absatz 3a Satz 2 und 3 und Absatz 4 Satz 3 bleiben unberührt.

(6) [1]Für ein Arzneimittel mit einem Wirkstoff, der kein neuer Wirkstoff im Sinne des Absatzes 1 Satz 1 ist, kann der Gemeinsame Bundesausschuss eine Nutzenbewertung nach Absatz 1 veranlassen, wenn für das Arzneimittel eine neue Zulassung mit neuem Unterlagenschutz erteilt wird. [2]Satz 1 gilt auch für Arzneimittel mit einem neuen Wirkstoff im Sinne des Absatzes 1 Satz 1, wenn für das Arzneimittel eine neue Zulassung mit neuem Unterlagenschutz erteilt wird. [3]Das Nähere regelt der Gemeinsame Bundesausschuss in seiner Verfahrensordnung.

(7) [1]Der Gemeinsame Bundesausschuss berät den pharmazeutischen Unternehmer insbesondere zu vorzulegenden Unterlagen und Studien sowie zur Vergleichstherapie. [2]Er kann hierüber Vereinbarungen mit dem pharmazeutischen Unternehmer treffen. [3]Eine Beratung vor Beginn von Zulassungsstudien der Phase drei, zur Planung klinischer Prüfungen oder zu anwendungsbegleitenden Datenerhebungen soll unter Beteiligung des Bundesinstituts für Arzneimittel und Medizinprodukte oder des Paul-Ehrlich-Instituts stattfinden. [4]Zu Fragen der Vergleichstherapie sollen unter Beachtung der Betriebs- und Geschäftsgeheimnisse des pharmazeutischen Unternehmers die wissenschaftlich-medizinischen Fachgesellschaften und die Arzneimittelkommission der deutschen Ärzteschaft schriftlich beteiligt werden. [5]Der pharmazeutische Unternehmer erhält eine Niederschrift über das Beratungsgespräch. [6]Für die pharmazeutischen Unternehmer ist die Beratung gebührenpflichtig. [7]Der Gemeinsame Bundesausschuss hat dem Bundesinstitut für Arzneimittel und Medizinprodukte und dem Paul-Ehrlich-Institut die Kosten zu erstatten, die diesen im Rahmen der Beratung von pharmazeutischen Unternehmern nach den Sätzen 1 und 3 entstehen, soweit diese Kosten vom pharmazeutischen Unternehmer getragen werden. [8]Das Nähere einschließlich der Erstattung der für diese Beratung entstandenen Kosten ist in der Verfahrensordnung zu regeln.

(8) [1]Eine gesonderte Klage gegen die Aufforderung zur Übermittlung der Nachweise nach Absatz 1, die Nutzenbewertung nach Absatz 2, den Beschluss nach Absatz 3 und die Einbeziehung eines Arzneimittels in eine Festbetragsgruppe nach Absatz 4 ist unzulässig. [2]§ 35 Absatz 7 Satz 1 bis 3 gilt entsprechend.

§ 35b Kosten-Nutzen-Bewertung von Arzneimitteln. (1) [1]Der Gemeinsame Bundesausschuss beauftragt auf Grund eines Antrags nach § 130b Absatz 8 das Institut für Qualität und Wirtschaftlichkeit im Gesundheitswesen mit einer Kosten-Nutzen-Bewertung. [2]In dem Auftrag ist insbesondere festzulegen, für welche zweckmäßige Vergleichstherapie und Patientengruppen die Bewertung erfolgen soll sowie welcher Zeitraum, welche Art von Nutzen und Kosten und welches Maß für den Gesamtnutzen bei der Bewertung zu berücksichtigen sind; das Nähere regelt der Gemeinsame Bundesausschuss in seiner Verfahrensordnung; für die Auftragserteilung gilt § 92 Absatz 3a entsprechend mit der Maßgabe, dass der Gemeinsame Bundesausschuss auch eine mündliche Anhörung durchführt. [3]Die Bewertung erfolgt durch Vergleich mit anderen

Arzneimitteln und Behandlungsformen unter Berücksichtigung des therapeutischen Zusatznutzens für die Patienten im Verhältnis zu den Kosten; Basis für die Bewertung sind die Ergebnisse klinischer Studien sowie derjenigen Versorgungsstudien, die mit dem Gemeinsamen Bundesausschuss nach Absatz 2 vereinbart wurden oder die der Gemeinsame Bundesausschuss auf Antrag des pharmazeutischen Unternehmens anerkennt; § 35a Absatz 1 Satz 3 und Absatz 2 Satz 2 gilt entsprechend. [4]Beim Patienten-Nutzen sollen insbesondere die Verbesserung des Gesundheitszustandes, eine Verkürzung der Krankheitsdauer, eine Verlängerung der Lebensdauer, eine Verringerung der Nebenwirkungen sowie eine Verbesserung der Lebensqualität, bei der wirtschaftlichen Bewertung auch die Angemessenheit und Zumutbarkeit einer Kostenübernahme durch die Versichertengemeinschaft angemessen berücksichtigt werden. [5]Das Institut bestimmt auftragsbezogen über die Methoden und Kriterien für die Erarbeitung von Bewertungen nach Satz 1 auf der Grundlage der in den jeweiligen Fachkreisen anerkannten internationalen Standards der evidenzbasierten Medizin und der Gesundheitsökonomie. [6]Das Institut gewährleistet vor Abschluss von Bewertungen hohe Verfahrenstransparenz und eine angemessene Beteiligung der in § 35 Abs. 2 und § 139a Abs. 5 Genannten. [7]Das Institut veröffentlicht die jeweiligen Methoden und Kriterien im Internet.

(2) [1]Der Gemeinsame Bundesausschuss kann mit dem pharmazeutischen Unternehmer Versorgungsstudien und die darin zu behandelnden Schwerpunkte vereinbaren. [2]Die Frist zur Vorlage dieser Studien bemisst sich nach der Indikation und dem nötigen Zeitraum zur Bereitstellung valider Daten; sie soll drei Jahre nicht überschreiten. [3]Das Nähere regelt der Gemeinsame Bundesausschuss in seiner Verfahrensordnung. [4]Die Studien sind auf Kosten des pharmazeutischen Unternehmers bevorzugt in Deutschland durchzuführen.

(3) [1]Auf Grundlage der Kosten-Nutzen-Bewertung nach Absatz 1 beschließt der Gemeinsame Bundesausschuss über die Kosten-Nutzen-Bewertung und veröffentlicht den Beschluss im Internet. [2]§ 92 Absatz 3a gilt entsprechend. [3]Mit dem Beschluss werden insbesondere der Zusatznutzen sowie die Therapiekosten bei Anwendung des jeweiligen Arzneimittels festgestellt. [4]Der Beschluss ist Teil der Richtlinie nach § 92 Absatz 1 Satz 2 Nummer 6; der Beschluss kann auch Therapiehinweise nach § 92 Absatz 2 enthalten. [5]§ 94 Absatz 1 gilt nicht.

(4) [1]Gesonderte Klagen gegen den Auftrag nach Absatz 1 Satz 1 oder die Bewertung nach Absatz 1 Satz 3 sind unzulässig. [2]Klagen gegen eine Feststellung des Kosten-Nutzen-Verhältnisses nach Absatz 3 haben keine aufschiebende Wirkung.

§ 35c Zulassungsüberschreitende Anwendung von Arzneimitteln.

(1) [1]Für die Abgabe von Bewertungen zum Stand der wissenschaftlichen Erkenntnis über die Anwendung von zugelassenen Arzneimitteln für Indikationen und Indikationsbereiche, für die sie nach dem Arzneimittelgesetz nicht zugelassen sind, beruft das Bundesministerium für Gesundheit Expertengruppen beim Bundesinstitut für Arzneimittel und Medizinprodukte, davon mindestens eine ständige Expertengruppe, die fachgebietsbezogen ergänzt werden kann. [2]Das Nähere zur Organisation und Arbeitsweise der Expertengruppen regelt eine Geschäftsordnung des Bundesinstituts für Arzneimittel und Medizinprodukte, die der Zustimmung des Bundesministeriums für Gesundheit bedarf. [3]Zur Sicherstellung der fachlichen Unabhängigkeit der Experten gilt

§ 139b Absatz 3 Satz 2 entsprechend. [4] Der Gemeinsame Bundesausschuss kann die Expertengruppen mit Bewertungen nach Satz 1 beauftragen; das Nähere regelt er in seiner Verfahrensordnung. [5] Bewertungen nach Satz 1 kann auch das Bundesministerium für Gesundheit beauftragen. [6] Die Bewertungen werden dem Gemeinsamen Bundesausschuss als Empfehlung zur Beschlussfassung nach § 92 Absatz 1 Satz 2 Nummer 6 zugeleitet. [7] Bewertungen sollen nur mit Zustimmung der betroffenen pharmazeutischen Unternehmer erstellt werden. [8] Gesonderte Klagen gegen diese Bewertungen sind unzulässig.

(2) [1] Außerhalb des Anwendungsbereichs des Absatzes 1 haben Versicherte Anspruch auf Versorgung mit zugelassenen Arzneimitteln in klinischen Studien, sofern hierdurch eine therapierelevante Verbesserung der Behandlung einer schwerwiegenden Erkrankung im Vergleich zu bestehenden Behandlungsmöglichkeiten zu erwarten ist, damit verbundene Mehrkosten in einem angemessenen Verhältnis zum erwarteten medizinischen Zusatznutzen stehen, die Behandlung durch einen Arzt erfolgt, der an der vertragsärztlichen Versorgung oder an der ambulanten Versorgung nach den §§ 116b und 117 teilnimmt, und der Gemeinsame Bundesausschuss der Arzneimittelverordnung nicht widerspricht. [2] Eine Leistungspflicht der Krankenkasse ist ausgeschlossen, sofern das Arzneimittel auf Grund arzneimittelrechtlicher Vorschriften vom pharmazeutischen Unternehmer kostenlos bereitzustellen ist. [3] Der Gemeinsame Bundesausschuss ist mindestens zehn Wochen vor dem Beginn der Arzneimittelverordnung zu informieren; er kann innerhalb von acht Wochen nach Eingang der Mitteilung widersprechen, sofern die Voraussetzungen nach Satz 1 nicht erfüllt sind. [4] Das Nähere, auch zu den Nachweisen und Informationspflichten, regelt der Gemeinsame Bundesausschuss in den Richtlinien nach § 92 Abs. 1 Satz 2 Nr. 6. [5] Leisten Studien nach Satz 1 für die Erweiterung einer Zulassung einen entscheidenden Beitrag, hat der pharmazeutische Unternehmer den Krankenkassen die Verordnungskosten zu erstatten. [6] Dies gilt auch für eine Genehmigung für das Inverkehrbringen nach europäischem Recht.

§ 36 Festbeträge für Hilfsmittel. (1) [1] Der Spitzenverband Bund der Krankenkassen bestimmt Hilfsmittel, für die Festbeträge festgesetzt werden. [2] Dabei sollen unter Berücksichtigung des Hilfsmittelverzeichnisses nach § 139 in ihrer Funktion gleichartige und gleichwertige Mittel in Gruppen zusammengefasst und die Einzelheiten der Versorgung festgelegt werden. [3] Den maßgeblichen Spitzenorganisationen der betroffenen Hersteller und Leistungserbringer auf Bundesebene ist unter Übermittlung der hierfür erforderlichen Informationen innerhalb einer angemessenen Frist vor der Entscheidung Gelegenheit zur Stellungnahme zu geben; die Stellungnahmen sind in die Entscheidung einzubeziehen.

(2) [1] Der Spitzenverband Bund der Krankenkassen setzt für die Versorgung mit den nach Absatz 1 bestimmten Hilfsmitteln einheitliche Festbeträge fest. [2] Absatz 1 Satz 3 gilt entsprechend. [3] Die Hersteller und Leistungserbringer sind verpflichtet, dem Spitzenverband Bund der Krankenkassen auf Verlangen die zur Wahrnehmung der Aufgaben nach Satz 1 und nach Absatz 1 Satz 1 und 2 erforderlichen Informationen und Auskünfte, insbesondere auch zu den Abgabepreisen der Hilfsmittel, zu erteilen.

(3) § 35 Abs. 5 und 7 gilt entsprechend.

§ 37 Häusliche Krankenpflege. (1) [1]Versicherte erhalten in ihrem Haushalt, ihrer Familie oder sonst an einem geeigneten Ort, insbesondere in betreuten Wohnformen, Schulen und Kindergärten, bei besonders hohem Pflegebedarf auch in Werkstätten für behinderte Menschen neben der ärztlichen Behandlung häusliche Krankenpflege durch geeignete Pflegekräfte, wenn Krankenhausbehandlung geboten, aber nicht ausführbar ist, oder wenn sie durch die häusliche Krankenpflege vermieden oder verkürzt wird. [2]§ 10 der Werkstättenverordnung bleibt unberührt. [3]Die häusliche Krankenpflege umfaßt die im Einzelfall erforderliche Grund- und Behandlungspflege sowie hauswirtschaftliche Versorgung. [4]Der Anspruch besteht bis zu vier Wochen je Krankheitsfall. [5]In begründeten Ausnahmefällen kann die Krankenkasse die häusliche Krankenpflege für einen längeren Zeitraum bewilligen, wenn der Medizinische Dienst (§ 275) festgestellt hat, daß dies aus den in Satz 1 genannten Gründen erforderlich ist.

(1a) [1]Versicherte erhalten an geeigneten Orten im Sinne von Absatz 1 Satz 1 wegen schwerer Krankheit oder wegen akuter Verschlimmerung einer Krankheit, insbesondere nach einem Krankenhausaufenthalt, nach einer ambulanten Operation oder nach einer ambulanten Krankenhausbehandlung, soweit keine Pflegebedürftigkeit mit Pflegegrad 2, 3, 4 oder 5 im Sinne des Elften Buches[1)] vorliegt, die erforderliche Grundpflege und hauswirtschaftliche Versorgung. [2]Absatz 1 Satz 4 und 5 gilt entsprechend.

(2) [1]Versicherte erhalten in ihrem Haushalt, ihrer Familie oder sonst an einem geeigneten Ort, insbesondere in betreuten Wohnformen, Schulen und Kindergärten, bei besonders hohem Pflegebedarf auch in Werkstätten für behinderte Menschen als häusliche Krankenpflege Behandlungspflege, wenn diese zur Sicherung des Ziels der ärztlichen Behandlung erforderlich ist. [2]§ 10 der Werkstättenverordnung bleibt unberührt. [3]Der Anspruch nach Satz 1 besteht über die dort genannten Fälle hinaus ausnahmsweise auch für solche Versicherte in zugelassenen Pflegeeinrichtungen im Sinne des § 43 des Elften Buches, die auf Dauer, voraussichtlich für mindestens sechs Monate, einen besonders hohen Bedarf an medizinischer Behandlungspflege haben; § 37c Absatz 3 gilt entsprechend. [4]Die Satzung kann bestimmen, dass die Krankenkasse zusätzlich zur Behandlungspflege nach Satz 1 als häusliche Krankenpflege auch Grundpflege und hauswirtschaftliche Versorgung erbringt. [5]Die Satzung kann dabei Dauer und Umfang der Grundpflege und der hauswirtschaftlichen Versorgung nach Satz 4 bestimmen. [6]Leistungen nach den Sätzen 4 und 5 sind nach Eintritt von Pflegebedürftigkeit mit mindestens Pflegegrad 2 im Sinne des Elften Buches nicht zulässig. [7]Versicherte, die nicht auf Dauer in Einrichtungen nach § 71 Abs. 2 oder 4 des Elften Buches aufgenommen sind, erhalten Leistungen nach Satz 1 und den Sätzen 4 bis 6 auch dann, wenn ihr Haushalt nicht mehr besteht und ihnen nur zur Durchführung der Behandlungspflege vorübergehender Aufenthalt in einer Einrichtung oder in einer anderen geeigneten Unterkunft zur Verfügung gestellt wird. [8]Versicherte erhalten in stationären Einrichtungen im Sinne des § 43a des Elften Buches Leistungen nach Satz 1, wenn der Bedarf an Behandlungspflege eine ständige Überwachung und Versorgung durch eine qualifizierte Pflegefachkraft erfordert.

(2a) [1]Zur pauschalen Abgeltung der Vergütungszuschläge der Pflegekassen nach § 8 Absatz 6 des Elften Buches leisten die Krankenkassen jährlich 640

[1)] Nr. **11**.

Millionen Euro an den Ausgleichsfonds der sozialen Pflegeversicherung. [2]Der Spitzenverband Bund der Krankenkassen erhebt hierzu von den Krankenkassen eine Umlage gemäß dem Anteil der Versicherten der Krankenkassen an der Gesamtzahl der Versicherten aller Krankenkassen. [3]Das Nähere zum Umlageverfahren und zur Zahlung an die Pflegeversicherung bestimmt der Spitzenverband Bund der Krankenkassen.

(2b) [1]Die häusliche Krankenpflege nach den Absätzen 1 und 2 umfasst auch die ambulante Palliativversorgung. [2]Für Leistungen der ambulanten Palliativversorgung ist regelmäßig ein begründeter Ausnahmefall im Sinne von Absatz 1 Satz 5 anzunehmen. [3]§ 37b Absatz 4 gilt für die häusliche Krankenpflege zur ambulanten Palliativversorgung entsprechend.

(3) Der Anspruch auf häusliche Krankenpflege besteht nur, soweit eine im Haushalt lebende Person den Kranken in dem erforderlichen Umfang nicht pflegen und versorgen kann.

(4) Kann die Krankenkasse keine Kraft für die häusliche Krankenpflege stellen oder besteht Grund, davon abzusehen, sind den Versicherten die Kosten für eine selbstbeschaffte Kraft in angemessener Höhe zu erstatten.

(5) Versicherte, die das 18. Lebensjahr vollendet haben, leisten als Zuzahlung den sich nach § 61 Satz 3 ergebenden Betrag, begrenzt auf die für die ersten 28 Kalendertage der Leistungsinanspruchnahme je Kalenderjahr anfallenden Kosten an die Krankenkasse.

(6) Der Gemeinsame Bundesausschuss legt in Richtlinien nach § 92 fest, an welchen Orten und in welchen Fällen Leistungen nach den Absätzen 1 und 2 auch außerhalb des Haushalts und der Familie des Versicherten erbracht werden können.

(7) [1]Der Gemeinsame Bundesausschuss regelt in Richtlinien nach § 92 unter Berücksichtigung bestehender Therapieangebote das Nähere zur Versorgung von chronischen und schwer heilenden Wunden. [2]Die Versorgung von chronischen und schwer heilenden Wunden kann auch in spezialisierten Einrichtungen an einem geeigneten Ort außerhalb der Häuslichkeit von Versicherten erfolgen.

§ 37a Soziotherapie. (1) [1]Versicherte, die wegen schwerer psychischer Erkrankung nicht in der Lage sind, ärztliche oder ärztlich verordnete Leistungen selbständig in Anspruch zu nehmen, haben Anspruch auf Soziotherapie, wenn dadurch Krankenhausbehandlung vermieden oder verkürzt wird oder wenn diese geboten, aber nicht ausführbar ist. [2]Die Soziotherapie umfasst im Rahmen des Absatzes 2 die im Einzelfall erforderliche Koordinierung der verordneten Leistungen sowie Anleitung und Motivation zu deren Inanspruchnahme. [3]Der Anspruch besteht für höchstens 120 Stunden innerhalb von drei Jahren je Krankheitsfall.

(2) Der Gemeinsame Bundesausschuss bestimmt in den Richtlinien nach § 92 das Nähere über Voraussetzungen, Art und Umfang der Versorgung nach Absatz 1, insbesondere

1. die Krankheitsbilder, bei deren Behandlung im Regelfall Soziotherapie erforderlich ist,
2. die Ziele, den Inhalt, den Umfang, die Dauer und die Häufigkeit der Soziotherapie,

3. die Voraussetzungen, unter denen Ärzte zur Verordnung von Soziotherapie berechtigt sind,
4. die Anforderungen an die Therapiefähigkeit des Patienten,
5. Inhalt und Umfang der Zusammenarbeit des verordnenden Arztes mit dem Leistungserbringer.

(3) Versicherte, die das 18. Lebensjahr vollendet haben, leisten als Zuzahlung je Kalendertag der Leistungsinanspruchnahme den sich nach § 61 Satz 1 ergebenden Betrag an die Krankenkasse.

§ 37b Spezialisierte ambulante Palliativversorgung. (1) [1]Versicherte mit einer nicht heilbaren, fortschreitenden und weit fortgeschrittenen Erkrankung bei einer zugleich begrenzten Lebenserwartung, die eine besonders aufwändige Versorgung benötigen, haben Anspruch auf spezialisierte ambulante Palliativversorgung. [2]Die Leistung ist von einem Vertragsarzt oder Krankenhausarzt zu verordnen. [3]Die spezialisierte ambulante Palliativversorgung umfasst ärztliche und pflegerische Leistungen einschließlich ihrer Koordination insbesondere zur Schmerztherapie und Symptomkontrolle und zielt darauf ab, die Betreuung der Versicherten nach Satz 1 in der vertrauten Umgebung des häuslichen oder familiären Bereichs zu ermöglichen; hierzu zählen beispielsweise Einrichtungen der Eingliederungshilfe für behinderte Menschen und der Kinder- und Jugendhilfe. [4]Versicherte in stationären Hospizen haben einen Anspruch auf die Teilleistung der erforderlichen ärztlichen Versorgung im Rahmen der spezialisierten ambulanten Palliativversorgung. [5]Dies gilt nur, wenn und soweit nicht andere Leistungsträger zur Leistung verpflichtet sind. [6]Dabei sind die besonderen Belange von Kindern zu berücksichtigen.

(2) [1]Versicherte in stationären Pflegeeinrichtungen im Sinne von § 72 Abs. 1 des Elften Buches[1)] haben in entsprechender Anwendung des Absatzes 1 einen Anspruch auf spezialisierte Palliativversorgung. [2]Die Verträge nach § 132d Abs. 1 regeln, ob die Leistung nach Absatz 1 durch Vertragspartner der Krankenkassen in der Pflegeeinrichtung oder durch Personal der Pflegeeinrichtung erbracht wird; § 132d Abs. 2 gilt entsprechend.

(3) Der Gemeinsame Bundesausschuss bestimmt in den Richtlinien nach § 92 das Nähere über die Leistungen, insbesondere

1. die Anforderungen an die Erkrankungen nach Absatz 1 Satz 1 sowie an den besonderen Versorgungsbedarf der Versicherten,
2. Inhalt und Umfang der spezialisierten ambulanten Palliativversorgung einschließlich von deren Verhältnis zur ambulanten Versorgung und der Zusammenarbeit der Leistungserbringer mit den bestehenden ambulanten Hospizdiensten und stationären Hospizen (integrativer Ansatz); die gewachsenen Versorgungsstrukturen sind zu berücksichtigen,
3. Inhalt und Umfang der Zusammenarbeit des verordnenden Arztes mit dem Leistungserbringer.

(4) [1]Der Spitzenverband Bund der Krankenkassen berichtet dem Bundesministerium für Gesundheit alle drei Jahre über die Entwicklung der spezialisierten ambulanten Palliativversorgung und die Umsetzung der dazu erlassenen Richtlinien des Gemeinsamen Bundesausschusses. [2]Er bestimmt zu diesem Zweck die von seinen Mitgliedern zu übermittelnden statistischen Informatio-

---

[1)] Nr. **11**.

nen über die geschlossenen Verträge und die erbrachten Leistungen der spezialisierten ambulanten Palliativversorgung.

§ 37c Außerklinische Intensivpflege. (1) [1] Versicherte mit einem besonders hohen Bedarf an medizinischer Behandlungspflege haben Anspruch auf außerklinische Intensivpflege. [2] Ein besonders hoher Bedarf an medizinischer Behandlungspflege liegt vor, wenn die ständige Anwesenheit einer geeigneten Pflegefachkraft zur individuellen Kontrolle und Einsatzbereitschaft oder ein vergleichbar intensiver Einsatz einer Pflegefachkraft erforderlich ist. [3] Der Anspruch auf außerklinische Intensivpflege umfasst die medizinische Behandlungspflege, die zur Sicherung des Ziels der ärztlichen Behandlung erforderlich ist, sowie eine Beratung durch die Krankenkasse, insbesondere zur Auswahl des geeigneten Leistungsorts nach Absatz 2. [4] Die Leistung bedarf der Verordnung durch eine Vertragsärztin oder einen Vertragsarzt, die oder der für die Versorgung dieser Versicherten besonders qualifiziert ist. [5] Die verordnende Vertragsärztin oder der verordnende Vertragsarzt hat das Therapieziel mit dem Versicherten zu erörtern und individuell festzustellen, bei Bedarf unter Einbeziehung palliativmedizinischer Fachkompetenz. [6] Bei Versicherten, die beatmet werden oder tracheotomiert sind, sind mit jeder Verordnung einer außerklinischen Intensivpflege das Potenzial zur Reduzierung der Beatmungszeit bis hin zur vollständigen Beatmungsentwöhnung und Dekanülierung sowie die zu deren Umsetzung notwendigen Maßnahmen zu erheben, zu dokumentieren und auf deren Umsetzung hinzuwirken. [7] Zur Erhebung und Dokumentation nach Satz 6 sind auch nicht an der vertragsärztlichen Versorgung teilnehmende Ärztinnen oder Ärzte oder nicht an der vertragsärztlichen Versorgung teilnehmende Krankenhäuser berechtigt; sie nehmen zu diesem Zweck an der vertragsärztlichen Versorgung teil. [8] Der Gemeinsame Bundesausschuss bestimmt in den Richtlinien nach § 92 Absatz 1 Satz 2 Nummer 6 bis zum 31. Oktober 2021 jeweils für Kinder und Jugendliche bis zur Vollendung des 18. Lebensjahres, für junge Volljährige, bei denen ein Krankheitsbild des Kinder- und Jugendalters weiterbesteht oder ein typisches Krankheitsbild des Kinder- und Jugendalters neu auftritt oder ein dem Kindesalter entsprechender psychomotorischer Entwicklungsstand vorliegt, und für volljährige Versicherte getrennt das Nähere zu Inhalt und Umfang der Leistungen sowie die Anforderungen

1. an den besonders hohen Bedarf an medizinischer Behandlungspflege nach Satz 2,
2. an die Zusammenarbeit der an der medizinischen und pflegerischen Versorgung beteiligten ärztlichen und nichtärztlichen Leistungserbringer, insbesondere zur Sicherstellung der ärztlichen und pflegerischen Versorgungskontinuität und Versorgungskoordination,
3. an die Verordnung der Leistungen einschließlich des Verfahrens zur Feststellung des Therapieziels nach Satz 5 sowie des Verfahrens zur Erhebung und Dokumentation des Entwöhnungspotenzials bei Versicherten, die beatmet werden oder tracheotomiert sind und
4. an die besondere Qualifikation der Vertragsärztinnen oder Vertragsärzte, die die Leistung verordnen dürfen.

(2) [1] Versicherte erhalten außerklinische Intensivpflege

1. in vollstationären Pflegeeinrichtungen, die Leistungen nach § 43 des Elften Buches[1)] erbringen,
2. in Einrichtungen im Sinne des § 43a Satz 1 in Verbindung mit § 71 Absatz 4 Nummer 1 des Elften Buches oder Räumlichkeiten im Sinne des § 43a Satz 3 in Verbindung mit § 71 Absatz 4 Nummer 3 des Elften Buches,
3. in einer Wohneinheit im Sinne des § 132l Absatz 5 Nummer 1 oder
4. in ihrem Haushalt oder in ihrer Familie oder sonst an einem geeigneten Ort, insbesondere in betreuten Wohnformen, in Schulen, Kindergärten und in Werkstätten für behinderte Menschen.

[2] Berechtigten Wünschen der Versicherten ist zu entsprechen. [3] Hierbei ist zu prüfen, ob und wie die medizinische und pflegerische Versorgung am Ort der Leistung nach Satz 1 sichergestellt ist oder durch entsprechende Nachbesserungsmaßnahmen in angemessener Zeit sichergestellt werden kann; dabei sind die persönlichen, familiären und örtlichen Umstände zu berücksichtigen. [4] Über die Nachbesserungsmaßnahmen nach Satz 3 schließt die Krankenkasse mit dem Versicherten eine Zielvereinbarung, an der sich nach Maßgabe des individuell festgestellten Bedarfs weitere Leistungsträger zu beteiligen haben. [5] Zur Umsetzung der Zielvereinbarung schuldet die Krankenkasse nur Leistungen nach diesem Buch. [6] Die Feststellung, ob die Voraussetzungen nach Absatz 1 und den Sätzen 1 bis 3 erfüllt sind, wird durch die Krankenkasse nach persönlicher Begutachtung des Versicherten am Leistungsort durch den Medizinischen Dienst getroffen. [7] Die Krankenkasse hat ihre Feststellung jährlich zu überprüfen und hierzu eine persönliche Begutachtung des Medizinischen Dienstes zu veranlassen. [8] Liegen der Krankenkasse Anhaltspunkte vor, dass die Voraussetzungen nach Absatz 1 und den Sätzen 1 bis 3 nicht mehr vorliegen, kann sie die Überprüfung nach Satz 7 zu einem früheren Zeitpunkt durchführen. [9] Ist die Feststellung nach Satz 6 oder die Überprüfung nach den Sätzen 7 und 8 nicht möglich, weil der oder die Versicherte oder eine andere an den Wohnräumen berechtigte Person sein oder ihr Einverständnis zu der nach den Sätzen 6 bis 8 gebotenen Begutachtung durch den Medizinischen Dienst in den Wohnräumen nicht erteilt hat, so kann in den Fällen, in denen Leistungen der außerklinischen Intensivpflege an einem Leistungsort nach Satz 1 Nummer 3 oder Nummer 4 erbracht oder gewünscht werden, die Leistung an diesem Ort versagt und der oder die Versicherte auf Leistungen an einem Ort im Sinne des Satzes 1 Nummer 1 oder Nummer 2 verwiesen werden.

(3) [1] Erfolgt die außerklinische Intensivpflege in einer vollstationären Pflegeeinrichtung, die Leistungen nach § 43 des Elften Buches erbringt, umfasst der Anspruch die pflegebedingten Aufwendungen einschließlich der Aufwendungen für die Betreuung und die Aufwendungen für Leistungen der medizinischen Behandlungspflege in der Einrichtung unter Anrechnung des Leistungsbetrags nach § 43 des Elften Buches, die betriebsnotwendigen Investitionskosten sowie die Entgelte für Unterkunft und Verpflegung nach § 87 des Elften Buches. [2] Entfällt der Anspruch auf außerklinische Intensivpflege auf Grund einer Besserung des Gesundheitszustandes, sind die Leistungen nach Satz 1 für sechs Monate weiter zu gewähren, wenn eine Pflegebedürftigkeit des Pflegegrades 2, 3, 4 oder 5 im Sinne des § 15 Absatz 3 Satz 4 Nummer 2 bis 5

[1)] Nr. **11**.

des Elften Buches festgestellt ist. [3] Die Krankenkassen können in ihrer Satzung bestimmen, dass die Leistungen nach Satz 1 unter den in Satz 2 genannten Voraussetzungen auch über den in Satz 2 genannten Zeitraum hinaus weitergewährt werden.

(4) [1] Kann die Krankenkasse keine qualifizierte Pflegefachkraft für die außerklinische Intensivpflege stellen, sind dem Versicherten die Kosten für eine selbstbeschaffte Pflegefachkraft in angemessener Höhe zu erstatten. [2] Die Möglichkeit der Leistungserbringung im Rahmen eines persönlichen Budgets nach § 2 Absatz 2 Satz 2, § 11 Absatz 1 Nummer 5 des Fünften Buches in Verbindung mit § 29 des Neunten Buches[1)] bleibt davon unberührt.

(5) [1] Versicherte, die das 18. Lebensjahr vollendet haben, leisten als Zuzahlung an die Krankenkasse den sich nach § 61 Satz 2 ergebenden Betrag, begrenzt auf die ersten 28 Kalendertage der Leistungsinanspruchnahme je Kalenderjahr. [2] Versicherte, die außerklinische Intensivpflege an einem Leistungsort nach Absatz 2 Satz 1 Nummer 4 erhalten und die das 18. Lebensjahr vollendet haben, leisten als Zuzahlung an die Krankenkasse abweichend von Satz 1 den sich nach § 61 Satz 3 ergebenden Betrag, begrenzt auf die für die ersten 28 Kalendertrage der Leistungsinanspruchnahme je Kalenderjahr anfallenden Kosten.

(6) [1] Der Spitzenverband Bund der Krankenkassen legt über das Bundesministerium für Gesundheit dem Deutschen Bundestag bis Ende des Jahres 2026 einen Bericht über die Erfahrungen mit der Umsetzung des Anspruchs auf außerklinische Intensivpflege vor. [2] Darin sind insbesondere aufzuführen:

1. die Entwicklung der Anzahl der Leistungsfälle,
2. Angaben zur Leistungsdauer,
3. Angaben zum Leistungsort einschließlich Angaben zur Berücksichtigung von Wünschen der Versicherten,
4. Angaben zu Widerspruchsverfahren in Bezug auf die Leistungsbewilligung und deren Ergebnis sowie
5. Angaben zu Satzungsleistungen der Krankenkassen nach Absatz 3 Satz 3.

§ 38 Haushaltshilfe. (1) [1] Versicherte erhalten Haushaltshilfe, wenn ihnen wegen Krankenhausbehandlung oder wegen einer Leistung nach § 23 Abs. 2 oder 4, §§ 24, 37, 40 oder § 41 die Weiterführung des Haushalts nicht möglich ist. [2] Voraussetzung ist ferner, daß im Haushalt ein Kind lebt, das bei Beginn der Haushaltshilfe das zwölfte Lebensjahr noch nicht vollendet hat oder das behindert und auf Hilfe angewiesen ist. [3] Darüber hinaus erhalten Versicherte, soweit keine Pflegebedürftigkeit mit Pflegegrad 2, 3, 4 oder 5 im Sinne des Elften Buches[2)] vorliegt, auch dann Haushaltshilfe, wenn ihnen die Weiterführung des Haushalts wegen schwerer Krankheit oder wegen akuter Verschlimmerung einer Krankheit, insbesondere nach einem Krankenhausaufenthalt, nach einer ambulanten Operation oder nach einer ambulanten Krankenhausbehandlung, nicht möglich ist, längstens jedoch für die Dauer von vier Wochen. [4] Wenn im Haushalt ein Kind lebt, das bei Beginn der Haushaltshilfe das zwölfte Lebensjahr noch nicht vollendet hat oder das behindert und auf Hilfe angewiesen ist, verlängert sich der Anspruch nach Satz 3 auf längstens 26 Wochen. [5] Die

---

[1)] Nr. **9**.
[2)] Nr. **11**.

Pflegebedürftigkeit von Versicherten schließt Haushaltshilfe nach den Sätzen 3 und 4 zur Versorgung des Kindes nicht aus.

(2) [1]Die Satzung kann bestimmen, daß die Krankenkasse in anderen als den in Absatz 1 genannten Fällen Haushaltshilfe erbringt, wenn Versicherten wegen Krankheit die Weiterführung des Haushalts nicht möglich ist. [2]Sie kann dabei von Absatz 1 Satz 2 bis 4 abweichen sowie Umfang und Dauer der Leistung bestimmen.

(3) Der Anspruch auf Haushaltshilfe besteht nur, soweit eine im Haushalt lebende Person den Haushalt nicht weiterführen kann.

(4) [1]Kann die Krankenkasse keine Haushaltshilfe stellen oder besteht Grund, davon abzusehen, sind den Versicherten die Kosten für eine selbstbeschaffte Haushaltshilfe in angemessener Höhe zu erstatten. [2]Für Verwandte und Verschwägerte bis zum zweiten Grad werden keine Kosten erstattet; die Krankenkasse kann jedoch die erforderlichen Fahrkosten und den Verdienstausfall erstatten, wenn die Erstattung in einem angemessenen Verhältnis zu den sonst für eine Ersatzkraft entstehenden Kosten steht.

(5) Versicherte, die das 18. Lebensjahr vollendet haben, leisten als Zuzahlung je Kalendertag der Leistungsinanspruchnahme den sich nach § 61 Satz 1 ergebenden Betrag an die Krankenkasse.

§ 39 Krankenhausbehandlung. (1) [1]Die Krankenhausbehandlung wird vollstationär, stationsäquivalent, teilstationär, vor- und nachstationär sowie ambulant erbracht; sie umfasst auch Untersuchungs- und Behandlungsmethoden, zu denen der Gemeinsame Bundesausschuss bisher keine Entscheidung nach § 137c Absatz 1 getroffen hat und die das Potential einer erforderlichen Behandlungsalternative bieten. [2]Versicherte haben Anspruch auf vollstationäre oder stationsäquivalente Behandlung durch ein nach § 108 zugelassenes Krankenhaus, wenn die Aufnahme oder die Behandlung im häuslichen Umfeld nach Prüfung durch das Krankenhaus erforderlich ist, weil das Behandlungsziel nicht durch teilstationäre, vor- und nachstationäre oder ambulante Behandlung einschließlich häuslicher Krankenpflege erreicht werden kann. [3]Die Krankenhausbehandlung umfaßt im Rahmen des Versorgungsauftrags des Krankenhauses alle Leistungen, die im Einzelfall nach Art und Schwere der Krankheit für die medizinische Versorgung der Versicherten im Krankenhaus notwendig sind, insbesondere ärztliche Behandlung (§ 28 Abs. 1), Krankenpflege, Versorgung mit Arznei-, Heil- und Hilfsmitteln, Unterkunft und Verpflegung; die akutstationäre Behandlung umfasst auch die im Einzelfall erforderlichen und zum frühestmöglichen Zeitpunkt einsetzenden Leistungen zur Frührehabilitation. [4]Die stationsäquivalente Behandlung umfasst eine psychiatrische Behandlung im häuslichen Umfeld durch mobile ärztlich geleitete multiprofessionelle Behandlungsteams. [5]Sie entspricht hinsichtlich der Inhalte sowie der Flexibilität und Komplexität der Behandlung einer vollstationären Behandlung. [6]Zur Krankenhausbehandlung gehört auch eine qualifizierte ärztliche Einschätzung des Beatmungsstatus im Laufe der Behandlung und vor der Verlegung oder Entlassung von Beatmungspatienten.

(1a) [1]Die Krankenhausbehandlung umfasst ein Entlassmanagement zur Unterstützung einer sektorenübergreifenden Versorgung der Versicherten beim Übergang in die Versorgung nach Krankenhausbehandlung. [2]§ 11 Absatz 4 Satz 4 gilt. [3]Das Krankenhaus kann mit Leistungserbringern nach § 95 Absatz 1 Satz 1 vereinbaren, dass diese Aufgaben des Entlassmanagements wahrnehmen.

[4] § 11 des Apothekengesetzes bleibt unberührt. [5] Der Versicherte hat gegenüber der Krankenkasse einen Anspruch auf Unterstützung des Entlassmanagements nach Satz 1; soweit Hilfen durch die Pflegeversicherung in Betracht kommen, kooperieren Kranken- und Pflegekassen miteinander. [6] Das Entlassmanagement umfasst alle Leistungen, die für die Versorgung nach Krankenhausbehandlung erforderlich sind, insbesondere die Leistungen nach den §§ 37b, 38, 39c sowie alle dafür erforderlichen Leistungen nach dem Elften Buch. [7] Das Entlassmanagement umfasst auch die Verordnung einer erforderlichen Anschlussversorgung durch Krankenhausbehandlung in einem anderen Krankenhaus. [8] Soweit dies für die Versorgung des Versicherten unmittelbar nach der Entlassung erforderlich ist, können die Krankenhäuser Leistungen nach § 33a und die in § 92 Absatz 1 Satz 2 Nummer 6 und 12 genannten Leistungen verordnen und die Arbeitsunfähigkeit feststellen; hierfür gelten die Bestimmungen über die vertragsärztliche Versorgung mit der Maßgabe, dass bis zur Verwendung der Arztnummer nach § 293 Absatz 7 Satz 3 Nummer 1 eine im Rahmenvertrag nach Satz 9 erster Halbsatz zu vereinbarende alternative Kennzeichnung zu verwenden ist. [9] Bei der Verordnung von Arzneimitteln können Krankenhäuser eine Packung mit dem kleinsten Packungsgrößenkennzeichen gemäß der Packungsgrößenverordnung verordnen; im Übrigen können die in § 92 Absatz 1 Satz 2 Nummer 6 genannten Leistungen für die Versorgung in einem Zeitraum von bis zu sieben Tagen verordnet und die Arbeitsunfähigkeit festgestellt werden (§ 92 Absatz 1 Satz 2 Nummer 7). [10] Der Gemeinsame Bundesausschuss bestimmt in den Richtlinien nach § 92 Absatz 1 Satz 2 Nummer 6, 7 und 12 die weitere Ausgestaltung des Verordnungsrechts nach Satz 7. [11] Die weiteren Einzelheiten zu den Sätzen 1 bis 8, insbesondere zur Zusammenarbeit der Leistungserbringer mit den Krankenkassen, regeln der Spitzenverband Bund der Krankenkassen auch als Spitzenverband Bund der Pflegekassen, die Kassenärztliche Bundesvereinigung und die Deutsche Krankenhausgesellschaft unter Berücksichtigung der Richtlinien des Gemeinsamen Bundesausschusses in einem Rahmenvertrag. [12] Wird der Rahmenvertrag ganz oder teilweise beendet und kommt bis zum Ablauf des Vertrages kein neuer Rahmenvertrag zustande, entscheidet das sektorenübergreifende Schiedsgremium auf Bundesebene gemäß § 89a. [13] Vor Abschluss des Rahmenvertrages ist der für die Wahrnehmung der wirtschaftlichen Interessen gebildeten maßgeblichen Spitzenorganisation der Apotheker sowie den Vereinigungen der Träger der Pflegeeinrichtungen auf Bundesebene Gelegenheit zur Stellungnahme zu geben. [14] Das Entlassmanagement und eine dazu erforderliche Verarbeitung personenbezogener Daten dürfen nur mit Einwilligung und nach vorheriger Information des Versicherten erfolgen. [15] Die Information sowie die Einwilligung müssen schriftlich oder elektronisch erfolgen.

(2) Wählen Versicherte ohne zwingenden Grund ein anderes als ein in der ärztlichen Einweisung genanntes Krankenhaus, können ihnen die Mehrkosten ganz oder teilweise auferlegt werden.

(3) [1] Die Landesverbände der Krankenkassen, die Ersatzkassen und die Deutsche Rentenversicherung Knappschaft-Bahn-See gemeinsam erstellen unter Mitwirkung der Landeskrankenhausgesellschaft und der Kassenärztlichen Vereinigung ein Verzeichnis der Leistungen und Entgelte für die Krankenhausbehandlung in den zugelassenen Krankenhäusern im Land oder in einer Region und passen es der Entwicklung an (Verzeichnis stationärer Leistungen und Entgelte). [2] Dabei sind die Entgelte so zusammenzustellen, daß sie miteinander

verglichen werden können. [3] Die Krankenkassen haben darauf hinzuwirken, daß Vertragsärzte und Versicherte das Verzeichnis bei der Verordnung und Inanspruchnahme von Krankenhausbehandlung beachten.

(4) [1] Versicherte, die das achtzehnte Lebensjahr vollendet haben, zahlen vom Beginn der vollstationären Krankenhausbehandlung an innerhalb eines Kalenderjahres für längstens 28 Tage den sich nach § 61 Satz 2 ergebenden Betrag je Kalendertag an das Krankenhaus. [2] Die innerhalb des Kalenderjahres bereits an einen Träger der gesetzlichen Rentenversicherung geleistete Zahlung nach § 32 Abs. 1 Satz 2 des Sechsten Buches[1)] sowie die nach § 40 Abs. 6 Satz 1 geleistete Zahlung sind auf die Zahlung nach Satz 1 anzurechnen.

§ 39a Stationäre und ambulante Hospizleistungen. (1) [1] Versicherte, die keiner Krankenhausbehandlung bedürfen, haben im Rahmen der Verträge nach Satz 4 Anspruch auf einen Zuschuß zu stationärer oder teilstationärer Versorgung in Hospizen, in denen palliativ-medizinische Behandlung erbracht wird, wenn eine ambulante Versorgung im Haushalt oder der Familie des Versicherten nicht erbracht werden kann. [2] Die Krankenkasse trägt die zuschussfähigen Kosten nach Satz 1 unter Anrechnung der Leistungen nach dem Elften Buch[2)] zu 95 Prozent. [3] Der Zuschuss darf kalendertäglich 9 Prozent der monatlichen Bezugsgröße nach § 18 Abs. 1 des Vierten Buches[3)] nicht unterschreiten und unter Anrechnung der Leistungen anderer Sozialleistungsträger die tatsächlichen kalendertäglichen Kosten nach Satz 1 nicht überschreiten. [4] Der Spitzenverband Bund der Krankenkassen vereinbart mit den für die Wahrnehmung der Interessen der stationären Hospize maßgeblichen Spitzenorganisationen das Nähere über Art und Umfang der Versorgung nach Satz 1. [5] Dabei ist den besonderen Belangen der Versorgung in Kinderhospizen und in Erwachsenenhospizen durch jeweils gesonderte Vereinbarungen nach Satz 4 ausreichend Rechnung zu tragen. [6] In den Vereinbarungen nach Satz 4 sind bundesweit geltende Standards zum Leistungsumfang und zur Qualität der zuschussfähigen Leistungen festzulegen. [7] Der besondere Verwaltungsaufwand stationärer Hospize ist dabei zu berücksichtigen. [8] Die Vereinbarungen nach Satz 4 sind mindestens alle vier Jahre zu überprüfen und an aktuelle Versorgungs- und Kostenentwicklungen anzupassen. [9] In den Vereinbarungen ist auch zu regeln, in welchen Fällen Bewohner einer stationären Pflegeeinrichtung in ein stationäres Hospiz wechseln können; dabei sind die berechtigten Wünsche der Bewohner zu berücksichtigen. [10] Der Kassenärztlichen Bundesvereinigung ist Gelegenheit zur Stellungnahme zu geben. [11] In den über die Einzelheiten der Versorgung nach Satz 1 zwischen Krankenkassen und Hospizen abzuschließenden Verträgen ist zu regeln, dass im Falle von Nichteinigung eine von den Parteien zu bestimmende unabhängige Schiedsperson den Vertragsinhalt festlegt. [12] Einigen sich die Vertragspartner nicht auf eine Schiedsperson, so wird diese von der für die vertragschließende Krankenkasse zuständigen Aufsichtsbehörde bestimmt. [13] Die Kosten des Schiedsverfahrens tragen die Vertragspartner zu gleichen Teilen.

(2) [1] Die Krankenkasse hat ambulante Hospizdienste zu fördern, die für Versicherte, die keiner Krankenhausbehandlung und keiner stationären oder teilstationären Versorgung in einem Hospiz bedürfen, qualifizierte ehrenamtliche

---

1) Nr. 6.
2) Nr. 11.
3) Nr. 4.

Sterbebegleitung in deren Haushalt, in der Familie, in stationären Pflegeeinrichtungen, in Einrichtungen der Eingliederungshilfe für behinderte Menschen oder der Kinder- und Jugendhilfe erbringen. [2] Satz 1 gilt entsprechend, wenn ambulante Hospizdienste für Versicherte in Krankenhäusern Sterbebegleitung im Auftrag des jeweiligen Krankenhausträgers erbringen. [3] Voraussetzung der Förderung ist außerdem, dass der ambulante Hospizdienst

1. mit palliativ-medizinisch erfahrenen Pflegediensten und Ärzten zusammenarbeitet sowie
2. unter der fachlichen Verantwortung einer Krankenschwester, eines Krankenpflegers oder einer anderen fachlich qualifizierten Person steht, die über mehrjährige Erfahrung in der palliativ-medizinischen Pflege oder über eine entsprechende Weiterbildung verfügt und eine Weiterbildung als verantwortliche Pflegefachkraft oder in Leitungsfunktionen nachweisen kann.

[4] Der ambulante Hospizdienst erbringt palliativ-pflegerische Beratung durch entsprechend ausgebildete Fachkräfte und stellt die Gewinnung, Schulung, Koordination und Unterstützung der ehrenamtlich tätigen Personen, die für die Sterbebegleitung zur Verfügung stehen, sicher. [5] Die Förderung nach Satz 1 erfolgt durch einen angemessenen Zuschuss zu den notwendigen Personal- und Sachkosten. [6] Der Zuschuss bezieht sich auf Leistungseinheiten, die sich aus dem Verhältnis der Zahl der qualifizierten Ehrenamtlichen zu der Zahl der Sterbebegleitungen bestimmen. [7] Die Ausgaben der Krankenkassen für die Förderung nach Satz 1 betragen je Leistungseinheit 13 vom Hundert der monatlichen Bezugsgröße nach § 18 Absatz 1 des Vierten Buches, sie dürfen die zuschussfähigen Personal- und Sachkosten des Hospizdienstes nicht überschreiten. [8] Der Spitzenverband Bund der Krankenkassen vereinbart mit den für die Wahrnehmung der Interessen der ambulanten Hospizdienste maßgeblichen Spitzenorganisationen das Nähere zu den Voraussetzungen der Förderung sowie zu Inhalt, Qualität und Umfang der ambulanten Hospizarbeit. [9] Dabei ist den besonderen Belangen der Versorgung von Kindern durch ambulante Hospizdienste und der ambulanten Hospizarbeit in Pflegeeinrichtungen nach § 72 des Elften Buches ausreichend Rechnung zu tragen. [10] Es ist sicherzustellen, dass ein bedarfsgerechtes Verhältnis von ehrenamtlichen und hauptamtlichen Mitarbeitern gewährleistet ist, und dass die Förderung zeitnah ab dem Zeitpunkt erfolgt, in dem der ambulante Hospizdienst zuschussfähige Sterbebegleitung leistet. [11] Die Vereinbarung ist mindestens alle vier Jahre zu überprüfen und an aktuelle Versorgungs- und Kostenentwicklungen anzupassen. [12] Pflegeeinrichtungen nach § 72 des Elften Buches sollen mit ambulanten Hospizdiensten zusammenarbeiten.

§ 39b Hospiz- und Palliativberatung durch die Krankenkassen.

(1) [1] Versicherte haben Anspruch auf individuelle Beratung und Hilfestellung durch die Krankenkasse zu den Leistungen der Hospiz- und Palliativversorgung. [2] Der Anspruch umfasst auch die Erstellung einer Übersicht der Ansprechpartner der regional verfügbaren Beratungs- und Versorgungsangebote. [3] Die Krankenkasse leistet bei Bedarf Hilfestellung bei der Kontaktaufnahme und Leistungsinanspruchnahme. [4] Die Beratung soll mit der Pflegeberatung nach § 7a des Elften Buches[1)] und anderen bereits in Anspruch genommenen

[1)] Nr. 11.

Beratungsangeboten abgestimmt werden. [5] Auf Verlangen des Versicherten sind Angehörige und andere Vertrauenspersonen an der Beratung zu beteiligen. [6] Im Auftrag des Versicherten informiert die Krankenkasse die Leistungserbringer und Einrichtungen, die an der Versorgung des Versicherten mitwirken, über die wesentlichen Beratungsinhalte und Hilfestellungen oder händigt dem Versicherten zu diesem Zweck ein entsprechendes Begleitschreiben aus. [7] Maßnahmen nach dieser Vorschrift und die dazu erforderliche Verarbeitung personenbezogener Daten dürfen nur mit schriftlicher oder elektronischer Einwilligung und nach vorheriger schriftlicher oder elektronischer Information des Versicherten erfolgen. [8] Die Krankenkassen dürfen ihre Aufgaben nach dieser Vorschrift an andere Krankenkassen, deren Verbände oder Arbeitsgemeinschaften übertragen.

(2) [1] Die Krankenkasse informiert ihre Versicherten in allgemeiner Form über die Möglichkeiten persönlicher Vorsorge für die letzte Lebensphase, insbesondere zu Patientenverfügung, Vorsorgevollmacht und Betreuungsverfügung. [2] Der Spitzenverband Bund der Krankenkassen regelt für seine Mitglieder das Nähere zu Form und Inhalt der Informationen und berücksichtigt dabei das Informationsmaterial und die Formulierungshilfen anderer öffentlicher Stellen.

§ 39c Kurzzeitpflege bei fehlender Pflegebedürftigkeit. [1] Reichen Leistungen der häuslichen Krankenpflege nach § 37 Absatz 1a bei schwerer Krankheit oder wegen akuter Verschlimmerung einer Krankheit, insbesondere nach einem Krankenhausaufenthalt, nach einer ambulanten Operation oder nach einer ambulanten Krankenhausbehandlung, nicht aus, erbringt die Krankenkasse die erforderliche Kurzzeitpflege entsprechend § 42 des Elften Buches[1)] für eine Übergangszeit, wenn keine Pflegebedürftigkeit mit Pflegegrad 2, 3, 4 oder 5 im Sinne des Elften Buches festgestellt ist. [2] Im Hinblick auf die Leistungsdauer und die Leistungshöhe gilt § 42 Absatz 2 Satz 1 und 2 des Elften Buches entsprechend. [3] Die Leistung kann in zugelassenen Einrichtungen nach dem Elften Buch oder in anderen geeigneten Einrichtungen erbracht werden.

§ 40 Leistungen zur medizinischen Rehabilitation. (1) [1] Reicht bei Versicherten eine ambulante Krankenbehandlung nicht aus, um die in § 11 Abs. 2 beschriebenen Ziele zu erreichen, erbringt die Krankenkasse aus medizinischen Gründen erforderliche ambulante Rehabilitationsleistungen in Rehabilitationseinrichtungen, für die ein Versorgungsvertrag nach § 111c besteht; dies schließt mobile Rehabilitationsleistungen durch wohnortnahe Einrichtungen ein. [2] Leistungen nach Satz 1 sind auch in stationären Pflegeeinrichtungen nach § 72 Abs. 1 des Elften Buches[1)] zu erbringen.

(2) [1] Reicht die Leistung nach Absatz 1 nicht aus, so erbringt die Krankenkasse erforderliche stationäre Rehabilitation mit Unterkunft und Verpflegung in einer nach § 37 Absatz 3 des Neunten Buches[2)] zertifizierten Rehabilitationseinrichtung, mit der ein Vertrag nach § 111 besteht. [2] Für pflegende Angehörige erbringt die Krankenkasse stationäre Rehabilitation unabhängig davon, ob die Leistung nach Absatz 1 ausreicht. [3] Die Krankenkasse kann für pflegende Angehörige diese stationäre Rehabilitation mit Unterkunft und Verpflegung auch in einer nach § 37 Absatz 3 des Neunten Buches zertifizierten

---

[1)] Nr. **11**.
[2)] Nr. **9**.

Rehabilitationseinrichtung erbringen, mit der ein Vertrag nach § 111a besteht. [4]Wählt der Versicherte eine andere zertifizierte Einrichtung, so hat er die dadurch entstehenden Mehrkosten zur Hälfte zu tragen; dies gilt nicht für solche Mehrkosten, die im Hinblick auf die Beachtung des Wunsch- und Wahlrechts nach § 8 des Neunten Buches von der Krankenkasse zu übernehmen sind. [5]Die Krankenkasse führt nach Geschlecht differenzierte statistische Erhebungen über Anträge auf Leistungen nach Satz 1 und Absatz 1 sowie deren Erledigung durch. [6]§ 39 Absatz 1a gilt entsprechend mit der Maßgabe, dass bei dem Rahmenvertrag entsprechend § 39 Absatz 1a die für die Erbringung von Leistungen zur medizinischen Rehabilitation maßgeblichen Verbände auf Bundesebene zu beteiligen sind. [7]Kommt der Rahmenvertrag ganz oder teilweise nicht zustande oder wird der Rahmenvertrag ganz oder teilweise beendet und kommt bis zum Ablauf des Vertrages kein neuer Rahmenvertrag zustande, entscheidet das sektorenübergreifende Schiedsgremium auf Bundesebene gemäß § 89a auf Antrag einer Vertragspartei. [8]Abweichend von § 89a Absatz 5 Satz 1 und 4 besteht das sektorenübergreifende Schiedsgremium auf Bundesebene in diesem Fall aus je zwei Vertretern der Ärzte, der Krankenkassen und der zertifizierten Rehabilitationseinrichtungen sowie einem unparteiischen Vorsitzenden und einem weiteren unparteiischen Mitglied. [9]Die Vertreter und Stellvertreter der zertifizierten Rehabilitationseinrichtungen werden durch die für die Erbringer von Leistungen zur medizinischen Rehabilitation maßgeblichen Verbände auf Bundesebene bestellt.

(3) [1]Die Krankenkasse bestimmt nach den medizinischen Erfordernissen des Einzelfalls unter Beachtung des Wunsch- und Wahlrechts der Leistungsberechtigten nach § 8 des Neunten Buches Art, Dauer, Umfang, Beginn und Durchführung der Leistungen nach den Absätzen 1 und 2 sowie die Rehabilitationseinrichtung nach pflichtgemäßem Ermessen; die Krankenkasse berücksichtigt bei ihrer Entscheidung die besonderen Belange pflegender Angehöriger. [2]Von der Krankenkasse wird bei einer vertragsärztlich verordneten geriatrischen Rehabilitation nicht überprüft, ob diese medizinisch erforderlich ist, sofern die geriatrische Indikation durch dafür geeignete Abschätzungsinstrumente vertragsärztlich überprüft wurde. [3]Bei der Übermittlung der Verordnung an die Krankenkasse ist die Anwendung der geeigneten Abschätzungsinstrumente nachzuweisen und das Ergebnis der Abschätzung beizufügen. [4]Von der vertragsärztlichen Verordnung anderer Leistungen nach den Absätzen 1 und 2 darf die Krankenkasse hinsichtlich der medizinischen Erforderlichkeit nur dann abweichen, wenn eine von der Verordnung abweichende gutachterliche Stellungnahme des Medizinischen Dienstes vorliegt. [5]Die gutachterliche Stellungnahme des Medizinischen Dienstes ist den Versicherten und mit deren Einwilligung in Textform auch den verordnenden Ärztinnen und Ärzten zur Verfügung zu stellen. [6]Die Krankenkasse teilt den Versicherten und den verordnenden Ärztinnen und Ärzten das Ergebnis ihrer Entscheidung in schriftlicher oder elektronischer Form mit und begründet die Abweichungen von der Verordnung. [7]Mit Einwilligung der Versicherten in Textform übermittelt die Krankenkasse ihre Entscheidung schriftlich oder elektronisch den Angehörigen und Vertrauenspersonen der Versicherten sowie Pflege- und Betreuungseinrichtungen, die die Versicherten versorgen. [8]Vor der Verordnung informieren die Ärztinnen und Ärzte die Versicherten über die Möglichkeit, eine Einwilligung nach Satz 5 zu erteilen, fragen die Versicherten, ob sie in eine Übermittlung der Krankenkassenentscheidung durch die Krankenkasse an die in Satz 7

genannten Personen oder Einrichtungen einwilligen und teilen der Krankenkasse anschließend den Inhalt einer abgegebenen Einwilligung mit. [9]Die Aufgaben der Krankenkasse als Rehabilitationsträger nach dem Neunten Buch bleiben von den Sätzen 1 bis 4 unberührt. [10]Der Gemeinsame Bundesausschuss regelt in Richtlinien nach § 92 bis zum 31. Dezember 2021 das Nähere zu Auswahl und Einsatz geeigneter Abschätzungsinstrumente im Sinne des Satzes 2 und zum erforderlichen Nachweis von deren Anwendung nach Satz 3 und legt fest, in welchen Fällen Anschlussrehabilitationen nach Absatz 6 Satz 1 ohne vorherige Überprüfung der Krankenkasse erbracht werden können. [11]Bei einer stationären Rehabilitation haben pflegende Angehörige auch Anspruch auf die Versorgung der Pflegebedürftigen, wenn diese in derselben Einrichtung aufgenommen werden. [12]Sollen die Pflegebedürftigen in einer anderen als in der Einrichtung der pflegenden Angehörigen aufgenommen werden, koordiniert die Krankenkasse mit der Pflegekasse der Pflegebedürftigen deren Versorgung auf Wunsch der pflegenden Angehörigen und mit Einwilligung der Pflegebedürftigen. [13]Leistungen nach Absatz 1 sollen für längstens 20 Behandlungstage, Leistungen nach Absatz 2 für längstens drei Wochen erbracht werden, mit Ausnahme von Leistungen der geriatrischen Rehabilitation, die als ambulante Leistungen nach Absatz 1 in der Regel für 20 Behandlungstage oder als stationäre Leistungen nach Absatz 2 in der Regel für drei Wochen erbracht werden sollen. [14]Eine Verlängerung der Leistungen nach Satz 13 ist möglich, wenn dies aus medizinischen Gründen dringend erforderlich ist. [15]Satz 13 gilt nicht, soweit der Spitzenverband Bund der Krankenkassen nach Anhörung der für die Wahrnehmung der Interessen der ambulanten und stationären Rehabilitationseinrichtungen auf Bundesebene maßgeblichen Spitzenorganisationen in Leitlinien Indikationen festgelegt und diesen jeweils eine Regeldauer zugeordnet hat; von dieser Regeldauer kann nur abgewichen werden, wenn dies aus dringenden medizinischen Gründen im Einzelfall erforderlich ist. [16]Leistungen nach den Absätzen 1 und 2 können für Versicherte, die das 18. Lebensjahr vollendet haben, nicht vor Ablauf von vier Jahren nach Durchführung solcher oder ähnlicher Leistungen erbracht werden, deren Kosten auf Grund öffentlich-rechtlicher Vorschriften getragen oder bezuschusst worden sind, es sei denn, eine vorzeitige Leistung ist aus medizinischen Gründen dringend erforderlich. [17]§ 23 Abs. 7 gilt entsprechend. [18]Die Krankenkasse zahlt der Pflegekasse einen Betrag in Höhe von 3 072 Euro für pflegebedürftige Versicherte, für die innerhalb von sechs Monaten nach Antragstellung keine notwendigen Leistungen zur medizinischen Rehabilitation erbracht worden sind. [19]Satz 18 gilt nicht, wenn die Krankenkasse die fehlende Leistungserbringung nicht zu vertreten hat. [20]Der Spitzenverband Bund der Krankenkassen legt über das Bundesministerium für Gesundheit dem Deutschen Bundestag erstmalig für das Jahr 2021 bis zum 30. Juni 2022 und danach jährlich bis zum 30. Juni 2024 einen Bericht vor, in dem die Erfahrungen mit der vertragsärztlichen Verordnung von geriatrischen Rehabilitationen wiedergegeben werden.

(4) Leistungen nach den Absätzen 1 und 2 werden nur erbracht, wenn nach den für andere Träger der Sozialversicherung geltenden Vorschriften mit Ausnahme der §§ 14, 15a, 17 und 31 des Sechsten Buches[1)] solche Leistungen nicht erbracht werden können.

[1)] Nr. **6**.

(5) [1] Versicherte, die eine Leistung nach Absatz 1 oder 2 in Anspruch nehmen und das achtzehnte Lebensjahr vollendet haben, zahlen je Kalendertag den sich nach § 61 Satz 2 ergebenden Betrag an die Einrichtung. [2] Die Zahlungen sind an die Krankenkasse weiterzuleiten.

(6) [1] Versicherte, die das achtzehnte Lebensjahr vollendet haben und eine Leistung nach Absatz 1 oder 2 in Anspruch nehmen, deren unmittelbarer Anschluß an eine Krankenhausbehandlung medizinisch notwendig ist (Anschlußrehabilitation), zahlen den sich nach § 61 Satz 2 ergebenden Betrag für längstens 28 Tage je Kalenderjahr an die Einrichtung; als unmittelbar gilt der Anschluß auch, wenn die Maßnahme innerhalb von 14 Tagen beginnt, es sei denn, die Einhaltung dieser Frist ist aus zwingenden tatsächlichen oder medizinischen Gründen nicht möglich. [2] Die innerhalb des Kalenderjahres bereits an einen Träger der gesetzlichen Rentenversicherung geleistete kalendertägliche Zahlung nach § 32 Abs. 1 Satz 2 des Sechsten Buches sowie die nach § 39 Abs. 4 geleistete Zahlung sind auf die Zahlung nach Satz 1 anzurechnen. [3] Die Zahlungen sind an die Krankenkasse weiterzuleiten.

(7) [1] Der Spitzenverband Bund der Krankenkassen legt unter Beteiligung der Arbeitsgemeinschaft nach § 282 (Medizinischer Dienst der Spitzenverbände der Krankenkassen) Indikationen fest, bei denen für eine medizinisch notwendige Leistung nach Absatz 2 die Zuzahlung nach Absatz 6 Satz 1 Anwendung findet, ohne daß es sich um Anschlußrehabilitation handelt. [2] Vor der Festlegung der Indikationen ist den für die Wahrnehmung der Interessen der stationären Rehabilitation auf Bundesebene maßgebenden Organisationen Gelegenheit zur Stellungnahme zu geben; die Stellungnahmen sind in die Entscheidung einzubeziehen.

§ 41 Medizinische Rehabilitation für Mütter und Väter. (1) [1] Versicherte haben unter den in § 27 Abs. 1 genannten Voraussetzungen Anspruch auf aus medizinischen Gründen erforderliche Rehabilitationsleistungen in einer Einrichtung des Müttergenesungswerks oder einer gleichartigen Einrichtung; die Leistung kann in Form einer Mutter-Kind-Maßnahme erbracht werden. [2] Satz 1 gilt auch für Vater-Kind-Maßnahmen in dafür geeigneten Einrichtungen. [3] Rehabilitationsleistungen nach den Sätzen 1 und 2 werden in Einrichtungen erbracht, mit denen ein Versorgungsvertrag nach § 111a besteht. [4] § 40 Absatz 2 Satz 1 und 4 gilt nicht; § 40 Absatz 2 Satz 5 und 6 gilt entsprechend.

(2) § 40 Abs. 3 und 4 gilt entsprechend.

(3) [1] Versicherte, die das achtzehnte Lebensjahr vollendet haben und eine Leistung nach Absatz 1 in Anspruch nehmen, zahlen je Kalendertag den sich nach § 61 Satz 2 ergebenden Betrag an die Einrichtung. [2] Die Zahlungen sind an die Krankenkasse weiterzuleiten.

§ 42 Belastungserprobung und Arbeitstherapie. Versicherte haben Anspruch auf Belastungserprobung und Arbeitstherapie, wenn nach den für andere Träger der Sozialversicherung geltenden Vorschriften solche Leistungen nicht erbracht werden können.

§ 43 Ergänzende Leistungen zur Rehabilitation. (1) Die Krankenkasse kann neben den Leistungen, die nach § 64 Abs. 1 Nr. 2 bis 6 sowie nach §§ 73 und 74 des Neunten Buches[1] als ergänzende Leistungen zu erbringen sind,

1. solche Leistungen zur Rehabilitation ganz oder teilweise erbringen oder fördern, die unter Berücksichtigung von Art oder Schwere der Behinderung erforderlich sind, um das Ziel der Rehabilitation zu erreichen oder zu sichern, aber nicht zu den Leistungen zur Teilhabe am Arbeitsleben oder den Leistungen zur allgemeinen sozialen Eingliederung gehören,
2. wirksame und effiziente Patientenschulungsmaßnahmen für chronisch Kranke erbringen; Angehörige und ständige Betreuungspersonen sind einzubeziehen, wenn dies aus medizinischen Gründen erforderlich ist,

wenn zuletzt die Krankenkasse Krankenbehandlung geleistet hat oder leistet.

(2) [1] Die Krankenkasse erbringt aus medizinischen Gründen in unmittelbarem Anschluss an eine Krankenhausbehandlung nach § 39 Abs. 1 oder stationäre Rehabilitation erforderliche sozialmedizinische Nachsorgemaßnahmen für chronisch kranke oder schwerstkranke Kinder und Jugendliche, die das 14. Lebensjahr, in besonders schwerwiegenden Fällen das 18. Lebensjahr, noch nicht vollendet haben, wenn die Nachsorge wegen der Art, Schwere und Dauer der Erkrankung notwendig ist, um den stationären Aufenthalt zu verkürzen oder die anschließende ambulante ärztliche Behandlung zu sichern. [2] Die Nachsorgemaßnahmen umfassen die im Einzelfall erforderliche Koordinierung der verordneten Leistungen sowie Anleitung und Motivation zu deren Inanspruchnahme. [3] Angehörige und ständige Betreuungspersonen sind einzubeziehen, wenn dies aus medizinischen Gründen erforderlich ist. [4] Der Spitzenverband Bund der Krankenkassen bestimmt das Nähere zu den Voraussetzungen sowie zu Inhalt und Qualität der Nachsorgemaßnahmen.

§ 43a Nichtärztliche sozialpädiatrische Leistungen. (1) Versicherte Kinder haben Anspruch auf nichtärztliche sozialpädiatrische Leistungen, insbesondere auf psychologische, heilpädagogische und psychosoziale Leistungen, wenn sie unter ärztlicher Verantwortung erbracht werden und erforderlich sind, um eine Krankheit zum frühestmöglichen Zeitpunkt zu erkennen und einen Behandlungsplan aufzustellen; § 46 des Neunten Buches[1] bleibt unberührt.

(2) Versicherte Kinder haben Anspruch auf nichtärztliche sozialpädiatrische Leistungen, die unter ärztlicher Verantwortung in der ambulanten psychiatrischen Behandlung erbracht werden.

§ 43b Nichtärztliche Leistungen für Erwachsene mit geistiger Behinderung oder schweren Mehrfachbehinderungen. [1] Versicherte Erwachsene mit geistiger Behinderung oder schweren Mehrfachbehinderungen haben Anspruch auf nichtärztliche Leistungen, insbesondere auf psychologische, therapeutische und psychosoziale Leistungen, wenn sie unter ärztlicher Verantwortung durch ein medizinisches Behandlungszentrum nach § 119c erbracht werden und erforderlich sind, um eine Krankheit zum frühestmöglichen Zeitpunkt zu erkennen und einen Behandlungsplan aufzustellen. [2] Dies umfasst auch die im Einzelfall erforderliche Koordinierung von Leistungen.

---

[1] Nr. **9**.

§ 43c Zahlungsweg. (1) [1] Leistungserbringer haben Zahlungen, die Versicherte zu entrichten haben, einzuziehen und mit ihrem Vergütungsanspruch gegenüber der Krankenkasse zu verrechnen. [2] Zahlt der Versicherte trotz einer gesonderten schriftlichen Aufforderung durch den Leistungserbringer nicht, hat die Krankenkasse die Zahlung einzuziehen.

(2) *(aufgehoben)*

(3) [1] Zuzahlungen, die Versicherte nach § 39 Abs. 4 zu entrichten haben, hat das Krankenhaus einzubehalten; sein Vergütungsanspruch gegenüber der Krankenkasse verringert sich entsprechend. [2] Absatz 1 Satz 2 gilt nicht. [3] Zahlt der Versicherte trotz einer gesonderten schriftlichen Aufforderung durch das Krankenhaus nicht, hat dieses im Auftrag der Krankenkasse die Zuzahlung einzuziehen. [4] Die Krankenhäuser werden zur Durchführung des Verwaltungsverfahrens nach Satz 3 beliehen. [5] Sie können hierzu Verwaltungsakte gegenüber den Versicherten erlassen; Klagen gegen diese Verwaltungsakte haben keine aufschiebende Wirkung; ein Vorverfahren findet nicht statt. [6] Die zuständige Krankenkasse erstattet dem Krankenhaus je durchgeführtem Verwaltungsverfahren nach Satz 3 eine angemessene Kostenpauschale. [7] Die dem Krankenhaus für Klagen von Versicherten gegen den Verwaltungsakt entstehenden Kosten werden von den Krankenkassen getragen. [8] Das Vollstreckungsverfahren für Zuzahlungen nach § 39 Absatz 4 wird von der zuständigen Krankenkasse durchgeführt. [9] Das Nähere zur Umsetzung der Kostenerstattung nach den Sätzen 6 und 7 vereinbaren der Spitzenverband Bund und die Deutsche Krankenhausgesellschaft. [10] Soweit die Einziehung der Zuzahlung durch das Krankenhaus erfolglos bleibt, verringert sich abweichend von Satz 1 der Vergütungsanspruch des Krankenhauses gegenüber der Krankenkasse nicht. [11] Zwischen dem Krankenhaus und der Krankenkasse können abweichende Regelungen zum Zahlungsweg vereinbart werden, soweit dies wirtschaftlich ist.

Zweiter Titel. Krankengeld

§ 44 Krankengeld. (1) Versicherte haben Anspruch auf Krankengeld, wenn die Krankheit sie arbeitsunfähig macht oder sie auf Kosten der Krankenkasse stationär in einem Krankenhaus, einer Vorsorge- oder Rehabilitationseinrichtung (§ 23 Abs. 4, §§ 24, 40 Abs. 2 und § 41) behandelt werden.

(2) [1] Keinen Anspruch auf Krankengeld haben

1. die nach § 5 Abs. 1 Nr. 2a, 5, 6, 9, 10 oder 13 sowie die nach § 10 Versicherten; dies gilt nicht für die nach § 5 Abs. 1 Nr. 6 Versicherten, wenn sie Anspruch auf Übergangsgeld haben, und für Versicherte nach § 5 Abs. 1 Nr. 13, sofern sie abhängig beschäftigt und nicht nach den §§ 8 und 8a des Vierten Buches[1)] geringfügig beschäftigt sind oder sofern sie hauptberuflich selbständig erwerbstätig sind und eine Wahlerklärung nach Nummer 2 abgegeben haben,
2. hauptberuflich selbständig Erwerbstätige, es sei denn, das Mitglied erklärt gegenüber der Krankenkasse, dass die Mitgliedschaft den Anspruch auf Krankengeld umfassen soll (Wahlerklärung),
3. Versicherte nach § 5 Absatz 1 Nummer 1, die bei Arbeitsunfähigkeit nicht mindestens sechs Wochen Anspruch auf Fortzahlung des Arbeitsentgelts auf Grund des Entgeltfortzahlungsgesetzes, eines Tarifvertrags, einer Betriebsver-

---

[1)] Nr. 4.

einbarung oder anderer vertraglicher Zusagen oder auf Zahlung einer die Versicherungspflicht begründenden Sozialleistung haben, es sei denn, das Mitglied gibt eine Wahlerklärung ab, dass die Mitgliedschaft den Anspruch auf Krankengeld umfassen soll. Dies gilt nicht für Versicherte, die nach § 10 des Entgeltfortzahlungsgesetzes Anspruch auf Zahlung eines Zuschlages zum Arbeitsentgelt haben,

4. Versicherte, die eine Rente aus einer öffentlich-rechtlichen Versicherungseinrichtung oder Versorgungseinrichtung ihrer Berufsgruppe oder von anderen vergleichbaren Stellen beziehen, die ihrer Art nach den in § 50 Abs. 1 genannten Leistungen entspricht. Für Versicherte nach Satz 1 Nr. 4 gilt § 50 Abs. 2 entsprechend, soweit sie eine Leistung beziehen, die ihrer Art nach den in dieser Vorschrift aufgeführten Leistungen entspricht.

[2] Für die Wahlerklärung nach Satz 1 Nummer 2 und 3 gilt § 53 Absatz 8 Satz 1 entsprechend. [3] Für die nach Nummer 2 und 3 aufgeführten Versicherten bleibt § 53 Abs. 6 unberührt. [4] Geht der Krankenkasse die Wahlerklärung nach Satz 1 Nummer 2 und 3 zum Zeitpunkt einer bestehenden Arbeitsunfähigkeit zu, wirkt die Wahlerklärung erst zu dem Tag, der auf das Ende dieser Arbeitsunfähigkeit folgt.

(3) Der Anspruch auf Fortzahlung des Arbeitsentgelts bei Arbeitsunfähigkeit richtet sich nach arbeitsrechtlichen Vorschriften.

(4) [1] Versicherte haben Anspruch auf individuelle Beratung und Hilfestellung durch die Krankenkasse, welche Leistungen und unterstützende Angebote zur Wiederherstellung der Arbeitsfähigkeit erforderlich sind. [2] Maßnahmen nach Satz 1 und die dazu erforderliche Verarbeitung personenbezogener Daten dürfen nur mit schriftlicher oder elektronischer Einwilligung und nach vorheriger schriftlicher oder elektronischer Information des Versicherten erfolgen. [3] Die Einwilligung kann jederzeit schriftlich oder elektronisch widerrufen werden. [4] Die Krankenkassen dürfen ihre Aufgaben nach Satz 1 an die in § 35 des Ersten Buches[1)] genannten Stellen übertragen.

§ 44a Krankengeld bei Spende von Organen, Geweben oder Blut zur Separation von Blutstammzellen oder anderen Blutbestandteilen.

[1] Spender von Organen, Geweben oder Blut zur Separation von Blutstammzellen oder anderen Blutbestandteilen nach § 27 Absatz 1a Satz 1 haben Anspruch auf Krankengeld, wenn die Spende an Versicherte sie arbeitsunfähig macht. [2] Das Krankengeld wird den Spendern von der Krankenkasse der Empfänger in Höhe des vor Beginn der Arbeitsunfähigkeit regelmäßig erzielten Nettoarbeitsentgelts oder Arbeitseinkommens bis zur Höhe des Betrages der kalendertäglichen Beitragsbemessungsgrenze geleistet. [3] Für nach dem Künstlersozialversicherungsgesetz versicherungspflichtige Spender ist das ausgefallene Arbeitseinkommen im Sinne von Satz 2 aus demjenigen Arbeitseinkommen zu berechnen, das der Beitragsbemessung für die letzten zwölf Kalendermonate vor Beginn der Arbeitsunfähigkeit im Hinblick auf die Spende zugrunde gelegen hat. [4] § 44 Absatz 3, § 47 Absatz 2 bis 4, die §§ 47b, 49 und 50 gelten entsprechend; Ansprüche nach § 44 sind gegenüber Ansprüchen nach dieser Vorschrift ausgeschlossen. [5] Ansprüche nach dieser Vorschrift haben auch nicht gesetzlich krankenversicherte Personen.

---

1) Nr. 1.

§ 45 Krankengeld bei Erkrankung des Kindes. (1) [1] Versicherte haben Anspruch auf Krankengeld, wenn es nach ärztlichem Zeugnis erforderlich ist, daß sie zur Beaufsichtigung, Betreuung oder Pflege ihres erkrankten und versicherten Kindes der Arbeit fernbleiben, eine andere in ihrem Haushalt lebende Person das Kind nicht beaufsichtigen, betreuen oder pflegen kann und das Kind das zwölfte Lebensjahr noch nicht vollendet hat oder behindert und auf Hilfe angewiesen ist. [2] § 10 Abs. 4 und § 44 Absatz 2 gelten.

(2) [1] Anspruch auf Krankengeld nach Absatz 1 besteht in jedem Kalenderjahr für jedes Kind längstens für 10 Arbeitstage, für alleinerziehende Versicherte längstens für 20 Arbeitstage. [2] Der Anspruch nach Satz 1 besteht für Versicherte für nicht mehr als 25 Arbeitstage, für alleinerziehende Versicherte für nicht mehr als 50 Arbeitstage je Kalenderjahr. [3] Das Krankengeld nach Absatz 1 beträgt 90 Prozent des ausgefallenen Nettoarbeitsentgelts aus beitragspflichtigem Arbeitsentgelt der Versicherten, bei Bezug von beitragspflichtigem einmalig gezahltem Arbeitsentgelt (§ 23a des Vierten Buches[1]) in den der Freistellung von Arbeitsleistung nach Absatz 3 vorangegangenen zwölf Kalendermonaten 100 Prozent des ausgefallenen Nettoarbeitsentgelts aus beitragspflichtigem Arbeitsentgelt; es darf 70 Prozent der Beitragsbemessungsgrenze nach § 223 Absatz 3 nicht überschreiten. [4] Erfolgt die Berechnung des Krankengeldes nach Absatz 1 aus Arbeitseinkommen, beträgt dies 70 Prozent des erzielten regelmäßigen Arbeitseinkommens, soweit es der Beitragsberechnung unterliegt. [5] § 47 Absatz 1 Satz 6 bis 8 und Absatz 4 Satz 3 bis 5 gilt entsprechend.

[Abs. 2a bis 31.12.2021:]

(2a) [1] Abweichend von Absatz 2 Satz 1 besteht der Anspruch auf Krankengeld nach Absatz 1 für das Kalenderjahr 2021 für jedes Kind längstens für 20 Arbeitstage, für alleinerziehende Versicherte längstens für 40 Arbeitstage. [2] Der Anspruch nach Satz 1 besteht für Versicherte für nicht mehr als 45 Arbeitstage, für alleinerziehende Versicherte für nicht mehr als 90 Arbeitstage. [3] Der Anspruch nach Absatz 1 besteht für das Kalenderjahr 2021 auch dann, wenn Einrichtungen zur Betreuung von Kindern, Schulen oder Einrichtungen für Menschen mit Behinderung von der zuständigen Behörde zur Verhinderung der Verbreitung von Infektionen oder übertragbaren Krankheiten auf Grund des Infektionsschutzgesetzes vorübergehend geschlossen werden, oder deren Betreten, auch auf Grund einer Absonderung, untersagt wird, oder wenn von der zuständigen Behörde aus Gründen des Infektionsschutzes Schul- oder Betriebsferien angeordnet oder verlängert werden oder die Präsenzpflicht in einer Schule aufgehoben wird oder der Zugang zum Kinderbetreuungsangebot eingeschränkt wird, oder das Kind auf Grund einer behördlichen Empfehlung die Einrichtung nicht besucht. [4] Die Schließung der Schule, der Einrichtung zur Betreuung von Kindern oder der Einrichtung für Menschen mit Behinderung, das Betretungsverbot, die Verlängerung der Schul- oder Betriebsferien, die Aussetzung der Präsenzpflicht in einer Schule, die Einschränkung des Zugangs zum Kinderbetreuungsangebot oder das Vorliegen einer behördlichen Empfehlung, vom Besuch der Einrichtung abzusehen, ist der Krankenkasse auf geeignete Weise nachzuweisen; die Krankenkasse kann die Vorlage einer Bescheinigung der Einrichtung oder der Schule verlangen.

---

[1] Nr. 4.

[Abs. 2b bis 31.12.2021:]

(2b) Für die Zeit des Bezugs von Krankengeld nach Absatz 1 in Verbindung mit Absatz 2a Satz 3 ruht für beide Elternteile der Anspruch nach § 56 Absatz 1a des Infektionsschutzgesetzes.

(3) [1] Versicherte mit Anspruch auf Krankengeld nach Absatz 1 haben für die Dauer dieses Anspruchs gegen ihren Arbeitgeber Anspruch auf unbezahlte Freistellung von der Arbeitsleistung, soweit nicht aus dem gleichen Grund Anspruch auf bezahlte Freistellung besteht. [2] Wird der Freistellungsanspruch nach Satz 1 geltend gemacht, bevor die Krankenkasse ihre Leistungsverpflichtung nach Absatz 1 anerkannt hat, und sind die Voraussetzungen dafür nicht erfüllt, ist der Arbeitgeber berechtigt, die gewährte Freistellung von der Arbeitsleistung auf einen späteren Freistellungsanspruch zur Beaufsichtigung, Betreuung oder Pflege eines erkrankten Kindes anzurechnen. [3] Der Freistellungsanspruch nach Satz 1 kann nicht durch Vertrag ausgeschlossen oder beschränkt werden.

(4) [1] Versicherte haben ferner Anspruch auf Krankengeld, wenn sie zur Beaufsichtigung, Betreuung oder Pflege ihres erkrankten und versicherten Kindes der Arbeit fernbleiben, sofern das Kind das zwölfte Lebensjahr noch nicht vollendet hat oder behindert und auf Hilfe angewiesen ist und nach ärztlichem Zeugnis an einer Erkrankung leidet,

a) die progredient verläuft und bereits ein weit fortgeschrittenes Stadium erreicht hat,
b) bei der eine Heilung ausgeschlossen und eine palliativ-medizinische Behandlung notwendig oder von einem Elternteil erwünscht ist und
c) die lediglich eine begrenzte Lebenserwartung von Wochen oder wenigen Monaten erwarten lässt.

[2] Der Anspruch besteht nur für ein Elternteil. [3] Absatz 1 Satz 2, Absatz 3 und § 47 gelten entsprechend.

(5) Anspruch auf unbezahlte Freistellung nach den Absätzen 3 und 4 haben auch Arbeitnehmer, die nicht Versicherte mit Anspruch auf Krankengeld nach Absatz 1 sind.

§ 46 Entstehen des Anspruchs auf Krankengeld. [1] Der Anspruch auf Krankengeld entsteht

1. bei Krankenhausbehandlung oder Behandlung in einer Vorsorge- oder Rehabilitationseinrichtung (§ 23 Abs. 4, §§ 24, 40 Abs. 2 und § 41) von ihrem Beginn an,
2. im Übrigen von dem Tag der ärztlichen Feststellung der Arbeitsunfähigkeit an.

[2] Der Anspruch auf Krankengeld bleibt jeweils bis zu dem Tag bestehen, an dem die weitere Arbeitsunfähigkeit wegen derselben Krankheit ärztlich festgestellt wird, wenn diese ärztliche Feststellung spätestens am nächsten Werktag nach dem zuletzt bescheinigten Ende der Arbeitsunfähigkeit erfolgt; Samstage gelten insoweit nicht als Werktage. [3] Für Versicherte, deren Mitgliedschaft nach § 192 Absatz 1 Nummer 2 vom Bestand des Anspruchs auf Krankengeld abhängig ist, bleibt der Anspruch auf Krankengeld auch dann bestehen, wenn die weitere Arbeitsunfähigkeit wegen derselben Krankheit nicht am nächsten Werktag im Sinne von Satz 2, aber spätestens innerhalb eines Monats nach dem

zuletzt bescheinigten Ende der Arbeitsunfähigkeit ärztlich festgestellt wird. [4]Für die nach dem Künstlersozialversicherungsgesetz Versicherten sowie für Versicherte, die eine Wahlerklärung nach § 44 Absatz 2 Satz 1 Nummer 2 abgegeben haben, entsteht der Anspruch von der siebten Woche der Arbeitsunfähigkeit an. [5]Der Anspruch auf Krankengeld für die in Satz 3 genannten Versicherten nach dem Künstlersozialversicherungsgesetz entsteht bereits vor der siebten Woche der Arbeitsunfähigkeit zu dem von der Satzung bestimmten Zeitpunkt, spätestens jedoch mit Beginn der dritten Woche der Arbeitsunfähigkeit, wenn der Versicherte bei seiner Krankenkasse einen Tarif nach § 53 Abs. 6 gewählt hat.

§ 47 Höhe und Berechnung des Krankengeldes. (1) [1]Das Krankengeld beträgt 70 vom Hundert des erzielten regelmäßigen Arbeitsentgelts und Arbeitseinkommens, soweit es der Beitragsberechnung unterliegt (Regelentgelt). [2]Das aus dem Arbeitsentgelt berechnete Krankengeld darf 90 vom Hundert des bei entsprechender Anwendung des Absatzes 2 berechneten Nettoarbeitsentgelts nicht übersteigen. [3]Für die Berechnung des Nettoarbeitsentgelts nach Satz 2 ist der sich aus dem kalendertäglichen Hinzurechnungsbetrag nach Absatz 2 Satz 6 ergebende Anteil am Nettoarbeitsentgelt mit dem Vomhundertsatz anzusetzen, der sich aus dem Verhältnis des kalendertäglichen Regelentgeltbetrages nach Absatz 2 Satz 1 bis 5 zu dem sich aus diesem Regelentgeltbetrag ergebenden Nettoarbeitsentgelt ergibt. [4]Das nach Satz 1 bis 3 berechnete kalendertägliche Krankengeld darf das sich aus dem Arbeitsentgelt nach Absatz 2 Satz 1 bis 5 ergebende kalendertägliche Nettoarbeitsentgelt nicht übersteigen. [5]Das Regelentgelt wird nach den Absätzen 2, 4 und 6 berechnet. [6]Das Krankengeld wird für Kalendertage gezahlt. [7]Ist es für einen ganzen Kalendermonat zu zahlen, ist dieser mit dreißig Tagen anzusetzen. [8]Bei der Berechnung des Regelentgelts nach Satz 1 und des Nettoarbeitsentgelts nach den Sätzen 2 und 4 sind die für die jeweilige Beitragsbemessung und Beitragstragung geltenden Besonderheiten des Übergangsbereichs nach § 20 Abs. 2 des Vierten Buches[1)] nicht zu berücksichtigen.

(2) [1]Für die Berechnung des Regelentgelts ist das von dem Versicherten im letzten vor Beginn der Arbeitsunfähigkeit abgerechneten Entgeltabrechnungszeitraum, mindestens das während der letzten abgerechneten vier Wochen (Bemessungszeitraum) erzielte und um einmalig gezahltes Arbeitsentgelt verminderte Arbeitsentgelt durch die Zahl der Stunden zu teilen, für die es gezahlt wurde.[2)] [2]Das Ergebnis ist mit der Zahl der sich aus dem Inhalt des Arbeitsverhältnisses ergebenden regelmäßigen wöchentlichen Arbeitsstunden zu vervielfachen und durch sieben zu teilen. [3]Ist das Arbeitsentgelt nach Monaten bemessen oder ist eine Berechnung des Regelentgelts nach den Sätzen 1 und 2 nicht möglich, gilt der dreißigste Teil des im letzten vor Beginn der Arbeitsunfähigkeit abgerechneten Kalendermonat erzielten und um einmalig gezahltes Arbeitsentgelt verminderten Arbeitsentgelts als Regelentgelt. [4]Wenn mit einer Arbeitsleistung Arbeitsentgelt erzielt wird, das für Zeiten einer Freistellung vor oder nach dieser Arbeitsleistung fällig wird (Wertguthaben nach § 7b des

---

1) Nr. 4.

2) Die Regelungen des § 47 Abs. 2 Satz 1 sind gemäß BVerfGE v. 24.5.2000 – 1 BvL 1/98, 1 BvL 4/98, 1 BvL 15/99 (BGBl. 2000 I S. 1082) – mit Art. 3 Abs. 1 des Grundgesetzes unvereinbar, soweit danach einmalig gezahltes Arbeitsentgelt zu Sozialversicherungsbeiträgen herangezogen wird, ohne dass es bei der Berechnung sämtlicher beitragsfinanzierter Lohnersatzleistungen berücksichtigt wird.

Vierten Buches), ist für die Berechnung des Regelentgelts das im Bemessungszeitraum der Beitragsberechnung zugrundeliegende und um einmalig gezahltes Arbeitsentgelt verminderte Arbeitsentgelt maßgebend; Wertguthaben, die nicht gemäß einer Vereinbarung über flexible Arbeitszeitregelungen verwendet werden (§ 23b Abs. 2 des Vierten Buches), bleiben außer Betracht. [5]Bei der Anwendung des Satzes 1 gilt als regelmäßige wöchentliche Arbeitszeit die Arbeitszeit, die dem gezahlten Arbeitsentgelt entspricht. [6]Für die Berechnung des Regelentgelts ist der dreihundertsechzigste Teil des einmalig gezahlten Arbeitsentgelts, das in den letzten zwölf Kalendermonaten vor Beginn der Arbeitsunfähigkeit nach § 23a des Vierten Buches der Beitragsberechnung zugrunde gelegen hat, dem nach Satz 1 bis 5 berechneten Arbeitsentgelt hinzuzurechnen.

(3) Die Satzung kann bei nicht kontinuierlicher Arbeitsverrichtung und -vergütung abweichende Bestimmungen zur Zahlung und Berechnung des Krankengeldes vorsehen, die sicherstellen, daß das Krankengeld seine Entgeltersatzfunktion erfüllt.

(4) [1]Für Seeleute gelten als Regelentgelt die beitragspflichtigen Einnahmen nach § 233 Abs. 1. [2]Für Versicherte, die nicht Arbeitnehmer sind, gilt als Regelentgelt der kalendertägliche Betrag, der zuletzt vor Beginn der Arbeitsunfähigkeit für die Beitragsbemessung aus Arbeitseinkommen maßgebend war. [3]Für nach dem Künstlersozialversicherungsgesetz Versicherte ist das Regelentgelt aus dem Arbeitseinkommen zu berechnen, das der Beitragsbemessung für die letzten zwölf Kalendermonate vor Beginn der Arbeitsunfähigkeit zugrunde gelegen hat; dabei ist für den Kalendertag der dreihundertsechzigste Teil dieses Betrages anzusetzen. [4]Die Zahl dreihundertsechzig ist um die Zahl der Kalendertage zu vermindern, in denen eine Versicherungspflicht nach dem Künstlersozialversicherungsgesetz nicht bestand oder für die nach § 234 Abs. 1 Satz 3 Arbeitseinkommen nicht zugrunde zu legen ist. [5]Die Beträge nach § 226 Abs. 1 Satz 1 Nr. 2 und 3 bleiben außer Betracht.

(5) *(aufgehoben)*

(6) Das Regelentgelt wird bis zur Höhe des Betrages der kalendertäglichen Beitragsbemessungsgrenze berücksichtigt.

§ 47a Beitragszahlungen der Krankenkassen an berufsständische Versorgungseinrichtungen. (1) [1]Für Bezieher von Krankengeld, die wegen einer Pflichtmitgliedschaft in einer berufsständischen Versorgungseinrichtung von der Versicherungspflicht in der gesetzlichen Rentenversicherung befreit sind, zahlen die Krankenkassen auf Antrag des Mitglieds diejenigen Beiträge an die zuständige berufsständische Versorgungseinrichtung, wie sie bei Eintritt von Versicherungspflicht nach § 3 Satz 1 Nummer 3 des Sechsten Buches[1)] an die gesetzliche Rentenversicherung zu entrichten wären. [2]Die von der Krankenkasse zu zahlenden Beiträge sind auf die Höhe der Beiträge begrenzt, die die Krankenkasse ohne die Befreiung von der Versicherungspflicht in der gesetzlichen Rentenversicherung für die Dauer des Leistungsbezugs zu tragen hätte; sie dürfen die Hälfte der in der Zeit des Leistungsbezugs vom Mitglied an die berufsständische Versorgungseinrichtung zu zahlenden Beiträge nicht übersteigen.

[1)] Nr. 6.

(2) [1]Die Krankenkassen haben der zuständigen berufsständischen Versorgungseinrichtung den Beginn und das Ende der Beitragszahlung sowie die Höhe der der Beitragsberechnung zugrunde liegenden beitragspflichtigen Einnahmen und den zu zahlenden Beitrag für das Mitglied zu übermitteln; ab dem 1. Januar 2017 erfolgt die Übermittlung durch elektronischen Nachweis. [2]Das Nähere zum Verfahren, zu notwendigen weiteren Angaben und den Datensatz regeln der Spitzenverband Bund der Krankenkassen und die Arbeitsgemeinschaft berufsständischer Versorgungseinrichtungen bis zum 31. Juli 2016 in gemeinsamen Grundsätzen, die vom Bundesministerium für Gesundheit zu genehmigen sind.

§ 47b Höhe und Berechnung des Krankengeldes bei Beziehern von Arbeitslosengeld, Unterhaltsgeld oder Kurzarbeitergeld. (1) Das Krankengeld für Versicherte nach § 5 Abs. 1 Nr. 2 wird in Höhe des Betrages des Arbeitslosengeldes oder des Unterhaltsgeldes gewährt, den der Versicherte zuletzt bezogen hat.

(2) [1]Ändern sich während des Bezuges von Krankengeld die für den Anspruch auf Arbeitslosengeld oder Unterhaltsgeld maßgeblichen Verhältnisse des Versicherten, so ist auf Antrag des Versicherten als Krankengeld derjenige Betrag zu gewähren, den der Versicherte als Arbeitslosengeld oder Unterhaltsgeld erhalten würde, wenn er nicht erkrankt wäre. [2]Änderungen, die zu einer Erhöhung des Krankengeldes um weniger als zehn vom Hundert führen würden, werden nicht berücksichtigt.

(3) Für Versicherte, die während des Bezuges von Kurzarbeitergeld arbeitsunfähig erkranken, wird das Krankengeld nach dem regelmäßigen Arbeitsentgelt, das zuletzt vor Eintritt des Arbeitsausfalls erzielt wurde (Regelentgelt), berechnet.

(4) [1]Für Versicherte, die arbeitsunfähig erkranken, bevor in ihrem Betrieb die Voraussetzungen für den Bezug von Kurzarbeitergeld nach dem Dritten Buch[1)] erfüllt sind, wird, solange Anspruch auf Fortzahlung des Arbeitsentgelts im Krankheitsfalle besteht, neben dem Arbeitsentgelt als Krankengeld der Betrag des Kurzarbeitergeldes gewährt, den der Versicherte erhielte, wenn er nicht arbeitsunfähig wäre. [2]Der Arbeitgeber hat das Krankengeld kostenlos zu errechnen und auszuzahlen. [3]Der Arbeitnehmer hat die erforderlichen Angaben zu machen.

(5) Bei der Ermittlung der Bemessungsgrundlage für die Leistungen der gesetzlichen Krankenversicherung ist von dem Arbeitsentgelt auszugehen, das bei der Bemessung der Beiträge zur gesetzlichen Krankenversicherung zugrunde gelegt wurde.

(6) [1]In den Fällen des § 232a Abs. 3 wird das Krankengeld abweichend von Absatz 3 nach dem Arbeitsentgelt unter Hinzurechnung des Winterausfallgeldes berechnet. [2]Die Absätze 4 und 5 gelten entsprechend.

§ 48 Dauer des Krankengeldes. (1) [1]Versicherte erhalten Krankengeld ohne zeitliche Begrenzung, für den Fall der Arbeitsunfähigkeit wegen derselben Krankheit jedoch für längstens achtundsiebzig Wochen innerhalb von je drei Jahren, gerechnet vom Tage des Beginns der Arbeitsunfähigkeit an. [2]Tritt

---

[1)] Nr. 3.

während der Arbeitsunfähigkeit eine weitere Krankheit hinzu, wird die Leistungsdauer nicht verlängert.

(2) Für Versicherte, die im letzten Dreijahreszeitraum wegen derselben Krankheit für achtundsiebzig Wochen Krankengeld bezogen haben, besteht nach Beginn eines neuen Dreijahreszeitraums ein neuer Anspruch auf Krankengeld wegen derselben Krankheit, wenn sie bei Eintritt der erneuten Arbeitsunfähigkeit mit Anspruch auf Krankengeld versichert sind und in der Zwischenzeit mindestens sechs Monate

1. nicht wegen dieser Krankheit arbeitsunfähig waren und
2. erwerbstätig waren oder der Arbeitsvermittlung zur Verfügung standen.

(3) [1] Bei der Feststellung der Leistungsdauer des Krankengeldes werden Zeiten, in denen der Anspruch auf Krankengeld ruht oder für die das Krankengeld versagt wird, wie Zeiten des Bezugs von Krankengeld berücksichtigt. [2] Zeiten, für die kein Anspruch auf Krankengeld besteht, bleiben unberücksichtigt. [3] Satz 2 gilt nicht für Zeiten des Bezuges von Verletztengeld nach dem Siebten Buch[1)].

§ 49 Ruhen des Krankengeldes. (1) Der Anspruch auf Krankengeld ruht,

1. soweit und solange Versicherte beitragspflichtiges Arbeitsentgelt oder Arbeitseinkommen erhalten; dies gilt nicht für einmalig gezahltes Arbeitsentgelt,
2. solange Versicherte Elternzeit nach dem Bundeselterngeld- und Elternzeitgesetz in Anspruch nehmen; dies gilt nicht, wenn die Arbeitsunfähigkeit vor Beginn der Elternzeit eingetreten ist oder das Krankengeld aus dem Arbeitsentgelt zu berechnen ist, das aus einer versicherungspflichtigen Beschäftigung während der Elternzeit erzielt worden ist,
3. soweit und solange Versicherte Versorgungskrankengeld, Übergangsgeld, Unterhaltsgeld oder Kurzarbeitergeld beziehen,

3a. solange Versicherte Mutterschaftsgeld oder Arbeitslosengeld beziehen oder der Anspruch wegen einer Sperrzeit nach dem Dritten Buch[2)] ruht,

4. soweit und solange Versicherte Entgeltersatzleistungen, die ihrer Art nach den in Nummer 3 genannten Leistungen vergleichbar sind, von einem Träger der Sozialversicherung oder einer staatlichen Stelle im Ausland erhalten,
5. solange die Arbeitsunfähigkeit der Krankenkasse nicht gemeldet wird; dies gilt nicht, wenn die Meldung innerhalb einer Woche nach Beginn der Arbeitsunfähigkeit oder die Übermittlung der Arbeitsunfähigkeitsdaten im elektronischen Verfahren nach § 295 Absatz 1 Satz 7 erfolgt,
6. soweit und solange für Zeiten einer Freistellung von der Arbeitsleistung (§ 7 Abs. 1a des Vierten Buches[3)]) eine Arbeitsleistung nicht geschuldet wird,
7. während der ersten sechs Wochen der Arbeitsunfähigkeit für Versicherte, die eine Wahlerklärung nach § 44 Absatz 2 Satz 1 Nummer 3 abgegeben haben,

---

1) Nr. 7.
2) Nr. 3.
3) Nr. 4.

8. solange bis die weitere Arbeitsunfähigkeit wegen derselben Krankheit nach § 46 Satz 3 ärztlich festgestellt wurde.

(2) *(aufgehoben)*

(3) Auf Grund gesetzlicher Bestimmungen gesenkte Entgelt- oder Entgeltersatzleistungen dürfen bei der Anwendung des Absatzes 1 nicht aufgestockt werden.

§ 50 Ausschluß und Kürzung des Krankengeldes. (1) [1] Für Versicherte, die

1. Rente wegen voller Erwerbsminderung oder Vollrente wegen Alters aus der gesetzlichen Rentenversicherung,
2. Ruhegehalt, das nach beamtenrechtlichen Vorschriften oder Grundsätzen gezahlt wird,
3. Vorruhestandsgeld nach § 5 Abs. 3,
4. Leistungen, die ihrer Art nach den in den Nummern 1 und 2 genannten Leistungen vergleichbar sind, wenn sie von einem Träger der gesetzlichen Rentenversicherung oder einer staatlichen Stelle im Ausland gezahlt werden,
5. Leistungen, die ihrer Art nach den in den Nummern 1 und 2 genannten Leistungen vergleichbar sind, wenn sie nach den ausschließlich für das in Artikel 3 des Einigungsvertrages genannte Gebiet geltenden Bestimmungen gezahlt werden,

beziehen, endet ein Anspruch auf Krankengeld vom Beginn dieser Leistungen an; nach Beginn dieser Leistungen entsteht ein neuer Krankengeldanspruch nicht. [2] Ist über den Beginn der in Satz 1 genannten Leistungen hinaus Krankengeld gezahlt worden und übersteigt dieses den Betrag der Leistungen, kann die Krankenkasse den überschießenden Betrag vom Versicherten nicht zurückfordern. [3] In den Fällen der Nummer 4 gilt das überzahlte Krankengeld bis zur Höhe der dort genannten Leistungen als Vorschuß des Trägers oder der Stelle; es ist zurückzuzahlen. [4] Wird eine der in Satz 1 genannten Leistungen nicht mehr gezahlt, entsteht ein Anspruch auf Krankengeld, wenn das Mitglied bei Eintritt einer erneuten Arbeitsunfähigkeit mit Anspruch auf Krankengeld versichert ist.

(2) Das Krankengeld wird um den Zahlbetrag

1. der Altersrente, der Rente wegen Erwerbsminderung oder der Landabgaberente aus der Alterssicherung der Landwirte,
2. der Rente wegen teilweiser Erwerbsminderung oder der Teilrente wegen Alters aus der gesetzlichen Rentenversicherung,
3. der Knappschaftsausgleichsleistung oder der Rente für Bergleute oder
4. einer vergleichbaren Leistung, die von einem Träger oder einer staatlichen Stelle im Ausland gezahlt wird,
5. von Leistungen, die ihrer Art nach den in den Nummern 1 bis 3 genannten Leistungen vergleichbar sind, wenn sie nach den ausschließlich für das in dem in Artikel 3 des Einigungsvertrages genannten Gebiets geltenden Bestimmungen gezahlt werden,

gekürzt, wenn die Leistung von einem Zeitpunkt nach dem Beginn der Arbeitsunfähigkeit oder der stationären Behandlung an zuerkannt wird.

§ 51 Wegfall des Krankengeldes, Antrag auf Leistungen zur Teilhabe.

(1) [1] Versicherten, deren Erwerbsfähigkeit nach ärztlichem Gutachten erheblich gefährdet oder gemindert ist, kann die Krankenkasse eine Frist von zehn Wochen setzen, innerhalb der sie einen Antrag auf Leistungen zur medizinischen Rehabilitation und zur Teilhabe am Arbeitsleben zu stellen haben. [2] Haben diese Versicherten ihren Wohnsitz oder gewöhnlichen Aufenthalt im Ausland, kann ihnen die Krankenkasse eine Frist von zehn Wochen setzen, innerhalb der sie entweder einen Antrag auf Leistungen zur medizinischen Rehabilitation und zur Teilhabe am Arbeitsleben bei einem Leistungsträger mit Sitz im Inland oder einen Antrag auf Rente wegen voller Erwerbsminderung bei einem Träger der gesetzlichen Rentenversicherung mit Sitz im Inland zu stellen haben.

(1a) Beziehen Versicherte eine Teilrente wegen Alters aus der gesetzlichen Rentenversicherung und ist absehbar, dass die Hinzuverdienstgrenze nach § 34 Absatz 2 des Sechsten Buches[1)] nicht überschritten wird, so kann die Krankenkasse eine Frist von vier Wochen setzen, innerhalb derer die Versicherten einen Antrag nach § 34 Absatz 3e des Sechsten Buches zu stellen haben.

(2) Erfüllen Versicherte die Voraussetzungen für den Bezug der Regelaltersrente der gesetzlichen Rentenversicherung oder der Alterssicherung der Landwirte mit Erreichen der Regelaltersgrenze, kann ihnen die Krankenkasse eine Frist von zehn Wochen setzen, innerhalb der sie den Antrag auf diese Leistung zu stellen haben.

(3) [1] Stellen Versicherte innerhalb der Frist den Antrag nicht, entfällt der Anspruch auf Krankengeld mit Ablauf der Frist. [2] Wird der Antrag später gestellt, lebt der Anspruch auf Krankengeld mit dem Tag der Antragstellung wieder auf. [3] Ergibt sich im Falle des Absatzes 1a, dass die Hinzuverdienstgrenze nach Feststellung des Rentenversicherungsträgers überschritten wird, besteht abweichend von Satz 1 rückwirkend ein Anspruch auf Krankengeld ab Ablauf der Frist.

Dritter Titel. Leistungsbeschränkungen

§ 52 Leistungsbeschränkung bei Selbstverschulden. (1) Haben sich Versicherte eine Krankheit vorsätzlich oder bei einem von ihnen begangenen Verbrechen oder vorsätzlichen Vergehen zugezogen, kann die Krankenkasse sie an den Kosten der Leistungen in angemessener Höhe beteiligen und das Krankengeld ganz oder teilweise für die Dauer dieser Krankheit versagen und zurückfordern.

(2) Haben sich Versicherte eine Krankheit durch eine medizinisch nicht indizierte ästhetische Operation, eine Tätowierung oder ein Piercing zugezogen, hat die Krankenkasse die Versicherten in angemessener Höhe an den Kosten zu beteiligen und das Krankengeld für die Dauer dieser Behandlung ganz oder teilweise zu versagen oder zurückzufordern.

§ 52a Leistungsausschluss. [1] Auf Leistungen besteht kein Anspruch, wenn sich Personen in den Geltungsbereich dieses Gesetzbuchs begeben, um in einer Versicherung nach § 5 Abs. 1 Nr. 13 oder auf Grund dieser Versicherung in einer Versicherung nach § 10 missbräuchlich Leistungen in Anspruch zu

[1)] Nr. 6.

nehmen. [2]Das Nähere zur Durchführung regelt die Krankenkasse in ihrer Satzung.

Sechster Abschnitt. Selbstbehalt, Beitragsrückzahlung

§ 53 Wahltarife. (1) [1]Die Krankenkasse kann in ihrer Satzung vorsehen, dass Mitglieder jeweils für ein Kalenderjahr einen Teil der von der Krankenkasse zu tragenden Kosten übernehmen können (Selbstbehalt). [2]Die Krankenkasse hat für diese Mitglieder Prämienzahlungen vorzusehen.

(2) [1]Die Krankenkasse kann in ihrer Satzung für Mitglieder, die im Kalenderjahr länger als drei Monate versichert waren, eine Prämienzahlung vorsehen, wenn sie und ihre nach § 10 mitversicherten Angehörigen in diesem Kalenderjahr Leistungen zu Lasten der Krankenkasse nicht in Anspruch genommen haben. [2]Die Prämienzahlung darf ein Zwölftel der jeweils im Kalenderjahr gezahlten Beiträge nicht überschreiten und wird innerhalb eines Jahres nach Ablauf des Kalenderjahres an das Mitglied gezahlt. [3]Die im dritten und vierten Abschnitt genannten Leistungen mit Ausnahme der Leistungen nach § 23 Abs. 2 und den §§ 24 bis 24b sowie Leistungen für Versicherte, die das 18. Lebensjahr noch nicht vollendet haben, bleiben unberücksichtigt.

(3) [1]Die Krankenkasse hat in ihrer Satzung zu regeln, dass für Versicherte, die an besonderen Versorgungsformen nach § 63, § 73b, § 137f oder § 140a teilnehmen, Tarife angeboten werden. [2]Für diese Versicherten kann die Krankenkasse eine Prämienzahlung oder Zuzahlungsermäßigungen vorsehen. [3]Für Versicherte, die an einer hausarztzentrierten Versorgung nach § 73b teilnehmen, hat die Krankenkasse Prämienzahlungen oder Zuzahlungsermäßigungen vorzusehen, wenn die zu erwartenden Einsparungen und Effizienzsteigerungen die zu erwartenden Aufwendungen für den Wahltarif übersteigen. [4]Die Aufwendungen für Zuzahlungsermäßigungen und Prämienzahlungen müssen in diesem Fall mindestens die Hälfte des Differenzbetrags betragen, um den die Einsparungen und Effizienzsteigerungen die sonstigen Aufwendungen für den Wahltarif übersteigen. [5]Die Berechnung der zu erwartenden Einsparungen, Effizienzsteigerungen und Aufwendungen nach Satz 3 hat die jeweilige Krankenkasse ihrer Aufsichtsbehörde vorzulegen. [6]Werden keine Effizienzsteigerungen erwartet, die die Aufwendungen übersteigen, ist dies gesondert zu begründen.

(4) [1]Die Krankenkasse kann in ihrer Satzung vorsehen, dass Mitglieder für sich und ihre nach § 10 mitversicherten Angehörigen Tarife für Kostenerstattung wählen. [2]Sie kann die Höhe der Kostenerstattung variieren und hierfür spezielle Prämienzahlungen durch die Versicherten vorsehen. [3]§ 13 Abs. 2 Satz 2 und 3 gilt nicht.

(5) *(aufgehoben)*

(6) [1]Die Krankenkasse hat in ihrer Satzung für die in § 44 Absatz 2 Nummer 2 und 3 genannten Versicherten gemeinsame Tarife sowie Tarife für die nach dem Künstlersozialversicherungsgesetz Versicherten anzubieten, die einen Anspruch auf Krankengeld entsprechend § 46 Satz 1 oder zu einem späteren Zeitpunkt entstehen lassen, für die Versicherten nach dem Künstlersozialversicherungsgesetz jedoch spätestens mit Beginn der dritten Woche der Arbeitsunfähigkeit. [2]Von § 47 kann abgewichen werden. [3]Die Krankenkasse hat entsprechend der Leistungserweiterung Prämienzahlungen des Mitglieds vorzusehen. [4]Die Höhe der Prämienzahlung ist unabhängig von Alter, Geschlecht

oder Krankheitsrisiko des Mitglieds festzulegen. [5]Die Krankenkasse kann durch Satzungsregelung die Durchführung von Wahltarifen nach Satz 1 auf eine andere Krankenkasse oder einen Landesverband übertragen. [6]In diesen Fällen erfolgt die Prämienzahlung weiterhin an die übertragende Krankenkasse. [7]Die Rechenschaftslegung erfolgt durch die durchführende Krankenkasse oder den durchführenden Landesverband.

(7) Die Krankenkasse kann in ihrer Satzung für bestimmte Mitgliedergruppen, für die sie den Umfang der Leistungen nach Vorschriften dieses Buches beschränkt, der Leistungsbeschränkung entsprechende Prämienzahlung vorsehen.

(8) [1]Die Mindestbindungsfrist beträgt für die Wahltarife nach den Absätzen 2 und 4 ein Jahr und für die Wahltarife nach den Absätzen 1 und 6 drei Jahre; für die Wahltarife nach Absatz 3 gilt keine Mindestbindungsfrist. [2]Die Mitgliedschaft kann frühestens zum Ablauf der Mindestbindungsfrist nach Satz 1, aber nicht vor Ablauf der Mindestbindungsfrist nach § 175 Absatz 4 Satz 1 gekündigt werden; § 175 Absatz 4 Satz 6 gilt mit Ausnahme für Mitglieder in Wahltarifen nach Absatz 6. [3]Die Satzung hat für Tarife ein Sonderkündigungsrecht in besonderen Härtefällen vorzusehen. [4]Die Prämienzahlung an Versicherte darf bis zu 20 vom Hundert, für einen oder mehrere Tarife 30 vom Hundert der vom Mitglied im Kalenderjahr getragenen Beiträge mit Ausnahme der Beitragszuschüsse nach § 106 des Sechsten Buches[1)] sowie § 257 Abs. 1 Satz 1, jedoch nicht mehr als 600 Euro, bei einem oder mehreren Tarifen 900 Euro jährlich betragen. [5]Satz 4 gilt nicht für Versicherte, die Teilkostenerstattung nach § 14 gewählt haben. [6]Mitglieder, deren Beiträge vollständig von Dritten getragen werden, können nur Tarife nach Absatz 3 wählen.

(9) [1]Die Aufwendungen für jeden Wahltarif müssen jeweils aus Einnahmen, Einsparungen und Effizienzsteigerungen aus diesen Wahltarifen auf Dauer finanziert werden. [2]Kalkulatorische Einnahmen, die allein durch das Halten oder die Neugewinnung von Mitgliedern erzielt werden, dürfen dabei nicht berücksichtigt werden; wurden solche Einnahmen bei der Kalkulation von Wahltarifen berücksichtigt, ist die Kalkulation unverzüglich, spätestens bis zum 31. Dezember 2013 entsprechend umzustellen. [3]Die Krankenkassen haben über die Berechnung nach den Sätzen 1 und 2 der zuständigen Aufsichtsbehörde regelmäßig, mindestens alle drei Jahre, Rechenschaft abzulegen. [4]Sie haben hierzu ein versicherungsmathematisches Gutachten vorzulegen über die wesentlichen versicherungsmathematischen Annahmen, die der Berechnung der Beiträge und der versicherungstechnischen Rückstellungen der Wahltarife zugrunde liegen.

§ 54 *(aufgehoben)*

Siebter Abschnitt. Zahnersatz

§ 55 Leistungsanspruch. (1) [1]Versicherte haben nach den Vorgaben in den Sätzen 2 bis 7 Anspruch auf befundbezogene Festzuschüsse bei einer medizinisch notwendigen Versorgung mit Zahnersatz einschließlich Zahnkronen und Suprakonstruktionen (zahnärztliche und zahntechnische Leistungen) in den Fällen, in denen eine zahnprothetische Versorgung notwendig ist und die

[1)] Nr. **6**.

geplante Versorgung einer Methode entspricht, die gemäß § 135 Abs. 1 anerkannt ist. [2]Die Festzuschüsse umfassen 60 Prozent der nach § 57 Abs. 1 Satz 6 und Absatz 2 Satz 5 und 6 festgesetzten Beträge für die jeweilige Regelversorgung. [3]Für eigene Bemühungen zur Gesunderhaltung der Zähne erhöhen sich die Festzuschüsse nach Satz 2 auf 70 Prozent. [4]Die Erhöhung entfällt, wenn der Gebisszustand des Versicherten regelmäßige Zahnpflege nicht erkennen lässt und der Versicherte während der letzten fünf Jahre vor Beginn der Behandlung

1. die Untersuchungen nach § 22 Abs. 1 nicht in jedem Kalenderhalbjahr in Anspruch genommen hat und
2. sich nach Vollendung des 18. Lebensjahres nicht wenigstens einmal in jedem Kalenderjahr hat zahnärztlich untersuchen lassen.

[5]Die Festzuschüsse nach Satz 2 erhöhen sich auf 75 Prozent, wenn der Versicherte seine Zähne regelmäßig gepflegt und in den letzten zehn Kalenderjahren vor Beginn der Behandlung die Untersuchungen nach Satz 4 Nr. 1 und 2 ohne Unterbrechung in Anspruch genommen hat. [6]In begründeten Ausnahmefällen können die Krankenkassen abweichend von Satz 5 die Festzuschüsse nach Satz 2 auf 75 Prozent erhöhen, wenn der Versicherte seine Zähne regelmäßig gepflegt und in den letzten zehn Jahren vor Beginn der Behandlungen die Untersuchungen nach Satz 4 Nummer 1 und 2 nur mit einer einmaligen Unterbrechung in Anspruch genommen hat. [7]Dies gilt nicht in den Fällen des Absatzes 2. [8]Für Versicherte, die nach dem 31. Dezember 1978 geboren sind, gilt der Nachweis für eigene Bemühungen zur Gesunderhaltung der Zähne für die Jahre 1997 und 1998 als erbracht.

(2) [1]Versicherte haben bei der Versorgung mit Zahnersatz zusätzlich zu den Festzuschüssen nach Absatz 1 Satz 2 Anspruch auf einen Betrag in Höhe von 40 Prozent der nach § 57 Absatz 1 Satz 6 und Absatz 2 Satz 5 und 6 festgesetzten Beträge für die jeweilige Regelversorgung, angepasst an die Höhe der für die Regelversorgungsleistungen tatsächlich anfallenden Kosten, höchstens jedoch in Höhe der tatsächlich entstandenen Kosten, wenn sie ansonsten unzumutbar belastet würden; wählen Versicherte, die unzumutbar belastet würden, nach Absatz 4 oder 5 einen über die Regelversorgung hinausgehenden gleich- oder andersartigen Zahnersatz, leisten die Krankenkassen nur den Festzuschuss nach Absatz 1 Satz 2 und den Betrag in Höhe von 40 Prozent der nach § 57 Absatz 1 Satz 6 und Absatz 2 Satz 5 und 6 festgesetzten Beträge für die jeweilige Regelversorgung. [2]Eine unzumutbare Belastung liegt vor, wenn

1. die monatlichen Bruttoeinnahmen zum Lebensunterhalt des Versicherten 40 vom Hundert der monatlichen Bezugsgröße nach § 18 des Vierten Buches[1)] nicht überschreiten,
2. der Versicherte Hilfe zum Lebensunterhalt nach dem Zwölften Buch[2)] oder im Rahmen der Kriegsopferfürsorge nach dem Bundesversorgungsgesetz, Leistungen nach dem Recht der bedarfsorientierten Grundsicherung, Leistungen zur Sicherung des Lebensunterhalts nach dem Zweiten Buch[3)], Aus-

---

[1)] Nr. **4**.
[2)] Nr. **12**.
[3)] Nr. **2**.

bildungsförderung nach dem Bundesausbildungsförderungsgesetz oder dem Dritten Buch[1] erhält oder

3. die Kosten der Unterbringung in einem Heim oder einer ähnlichen Einrichtung von einem Träger der Sozialhilfe oder der Kriegsopferfürsorge getragen werden.

[3] Als Einnahmen zum Lebensunterhalt der Versicherten gelten auch die Einnahmen anderer in dem gemeinsamen Haushalt lebender Angehöriger und Angehöriger des Lebenspartners. [4] Zu den Einnahmen zum Lebensunterhalt gehören nicht Grundrenten, die Beschädigte nach dem Bundesversorgungsgesetz oder nach anderen Gesetzen in entsprechender Anwendung des Bundesversorgungsgesetzes erhalten, sowie Renten oder Beihilfen, die nach dem Bundesentschädigungsgesetz für Schäden an Körper und Gesundheit gezahlt werden, bis zur Höhe der vergleichbaren Grundrente nach dem Bundesversorgungsgesetz. [5] Der in Satz 2 Nr. 1 genannte Vomhundertsatz erhöht sich für den ersten in dem gemeinsamen Haushalt lebenden Angehörigen des Versicherten um 15 vom Hundert und für jeden weiteren in dem gemeinsamen Haushalt lebenden Angehörigen des Versicherten und des Lebenspartners um 10 vom Hundert der monatlichen Bezugsgröße nach § 18 des Vierten Buches.

(3) [1] Versicherte haben bei der Versorgung mit Zahnersatz zusätzlich zu den Festzuschüssen nach Absatz 1 Satz 2 Anspruch auf einen weiteren Betrag. [2] Die Krankenkasse erstattet den Versicherten den Betrag, um den die Festzuschüsse nach Absatz 1 Satz 2 das Dreifache der Differenz zwischen den monatlichen Bruttoeinnahmen zum Lebensunterhalt und der zur Gewährung eines Gesamtbetrages aus dem Festzuschuss nach Absatz 1 Satz 2 und des zusätzlichen Betrages nach Absatz 2 Satz 1 maßgebenden Einnahmegrenze übersteigen. [3] Die Beteiligung an den Kosten umfasst höchstens einen Betrag in Höhe eines Gesamtbetrages bestehend aus dem Festzuschuss nach Absatz 1 Satz 2 und des zusätzlichen Betrages nach Absatz 2 Satz 1, jedoch nicht mehr als die tatsächlich entstandenen Kosten.

(4) Wählen Versicherte einen über die Regelversorgung gemäß § 56 Abs. 2 hinausgehenden gleichartigen Zahnersatz, haben sie die Mehrkosten gegenüber den in § 56 Abs. 2 Satz 10 aufgelisteten Leistungen selbst zu tragen.

(5) Die Krankenkassen haben die bewilligten Festzuschüsse nach Absatz 1 Satz 2 bis 7, den Absätzen 2 und 3 in den Fällen zu erstatten, in denen eine von der Regelversorgung nach § 56 Abs. 2 abweichende, andersartige Versorgung durchgeführt wird.

§ 56 Festsetzung der Regelversorgungen. (1) Der Gemeinsame Bundesausschuss bestimmt in Richtlinien, erstmalig bis zum 30. Juni 2004, die Befunde, für die Festzuschüsse nach § 55 gewährt werden und ordnet diesen prothetische Regelversorgungen zu.

(2) [1] Die Bestimmung der Befunde erfolgt auf der Grundlage einer international anerkannten Klassifikation des Lückengebisses. [2] Dem jeweiligen Befund wird eine zahnprothetische Regelversorgung zugeordnet. [3] Diese hat sich an zahnmedizinisch notwendigen zahnärztlichen und zahntechnischen Leistungen zu orientieren, die zu einer ausreichenden, zweckmäßigen und wirtschaftlichen Versorgung mit Zahnersatz einschließlich Zahnkronen und Suprakonstruktio-

[1] Nr. 3.

nen bei einem Befund im Sinne von Satz 1 nach dem allgemein anerkannten Stand der zahnmedizinischen Erkenntnisse gehören. [4]Bei der Zuordnung der Regelversorgung zum Befund sind insbesondere die Funktionsdauer, die Stabilität und die Gegenbezahnung zu berücksichtigen. [5]Zumindest bei kleinen Lücken ist festsitzender Zahnersatz zu Grunde zu legen. [6]Bei großen Brücken ist die Regelversorgung auf den Ersatz von bis zu vier fehlenden Zähnen je Kiefer und bis zu drei fehlenden Zähnen je Seitenzahngebiet begrenzt. [7]Bei Kombinationsversorgungen ist die Regelversorgung auf zwei Verbindungselemente je Kiefer, bei Versicherten mit einem Restzahnbestand von höchstens drei Zähnen je Kiefer auf drei Verbindungselemente je Kiefer begrenzt. [8]Regelversorgungen umfassen im Oberkiefer Verblendungen bis einschließlich Zahn fünf, im Unterkiefer bis einschließlich Zahn vier. [9]In die Festlegung der Regelversorgung einzubeziehen sind die Befunderhebung, die Planung, die Vorbereitung des Restgebisses, die Beseitigung von groben Okklusionshindernissen und alle Maßnahmen zur Herstellung und Eingliederung des Zahnersatzes einschließlich der Nachbehandlung sowie die Unterweisung im Gebrauch des Zahnersatzes. [10]Bei der Festlegung der Regelversorgung für zahnärztliche Leistungen und für zahntechnische Leistungen sind jeweils die einzelnen Leistungen nach § 87 Abs. 2 und § 88 Abs. 1 getrennt aufzulisten. [11]Inhalt und Umfang der Regelversorgungen sind in geeigneten Zeitabständen zu überprüfen und an die zahnmedizinische Entwicklung anzupassen. [12]Der Gemeinsame Bundesausschuss kann von den Vorgaben der Sätze 5 bis 8 abweichen und die Leistungsbeschreibung fortentwickeln.

(3) Vor der Entscheidung des Gemeinsamen Bundesausschusses nach Absatz 2 ist dem Verband Deutscher Zahntechniker-Innungen Gelegenheit zur Stellungnahme zu geben; die Stellungnahme ist in die Entscheidung über die Regelversorgung hinsichtlich der zahntechnischen Leistungen einzubeziehen.

(4) Der Gemeinsame Bundesausschuss hat jeweils bis zum 30. November eines Kalenderjahres die Befunde, die zugeordneten Regelversorgungen einschließlich der nach Absatz 2 Satz 10 aufgelisteten zahnärztlichen und zahntechnischen Leistungen sowie die Höhe der auf die Regelversorgung entfallenden Beträge nach § 57 Abs. 1 Satz 6 und Absatz 2 Satz 5 und 6 in den Abstaffelungen nach § 55 Abs. 1 Satz 2, 3 und 5 sowie Abs. 2 im Bundesanzeiger bekannt zu machen.

(5) [1]§ 94 Abs. 1 Satz 2 gilt mit der Maßgabe, dass die Beanstandungsfrist einen Monat beträgt. [2]Erlässt das Bundesministerium für Gesundheit die Richtlinie nach § 94 Abs. 1 Satz 5, gilt § 87 Abs. 6 Satz 4 zweiter Halbsatz und Satz 6 entsprechend.

§ 57 Beziehungen zu Zahnärzten und Zahntechnikern. (1) [1]Der Spitzenverband Bund der Krankenkassen und die Kassenzahnärztliche Bundesvereinigung vereinbaren jeweils bis zum 30. September eines Kalenderjahres für das Folgejahr, erstmalig bis zum 30. September 2004 für das Jahr 2005, die Höhe der Vergütungen für die zahnärztlichen Leistungen bei den Regelversorgungen nach § 56 Abs. 2 Satz 2. [2]Für die erstmalige Vereinbarung ermitteln die Vertragspartner nach Satz 1 den bundeseinheitlichen durchschnittlichen Punktwert des Jahres 2004 für zahnärztliche Leistungen beim Zahnersatz einschließlich Zahnkronen gewichtet nach der Zahl der Versicherten. [3]Soweit Punktwerte für das Jahr 2004 bis zum 30. Juni 2004 von den Partnern der Gesamtverträge nicht vereinbart sind, werden die Punktwerte des Jahres 2003 unter Anwendung der für das Jahr 2004 nach § 71 Abs. 3 maßgeblichen durchschnittlichen Veränderungsrate der beitragspflichtigen Einnahmen aller Mitglieder der Krankenkassen je Mitglied für das gesamte Bundesgebiet festgelegt. [4] Für das Jahr 2005 wird der durchschnittliche Punktwert nach den Sätzen 2 und 3 unter Anwendung der für das Jahr 2005 nach § 71 Abs. 3 maßgeblichen durchschnittlichen Veränderungsrate der beitragspflichtigen Einnahmen aller Mitglieder der Krankenkassen je Mitglied für das gesamte Bundesgebiet festgelegt. [5] Für die folgenden Kalenderjahre gelten § 71 Abs. 1 bis 3 sowie § 85 Abs. 3. [6] Die Beträge nach Satz 1 ergeben sich jeweils aus der Summe der Punktzahlen der nach § 56 Abs. 2 Satz 10 aufgelisteten zahnärztlichen Leistungen, multipliziert mit den jeweils vereinbarten Punktwerten. [7] Die Vertragspartner nach Satz 1 informieren den Gemeinsamen Bundesausschuss über die Beträge nach Satz 6. [8] Kommt eine Vereinbarung nicht zustande oder kündigt eine Vereinbarungspartei die Vereinbarung und kommt bis zum Ablauf der Vereinbarungszeit keine neue Vereinbarung zustande, setzt das Schiedsamt nach § 89 den Vertragsinhalt fest. [9] Die Festsetzungsfristen nach § 89 Absatz 3, 4 und 9 für die Festsetzungen nach den Sätzen 2 bis 4 betragen zwei Monate.

(2) [1] Der Spitzenverband Bund der Krankenkassen und der Verband Deutscher Zahntechniker-Innungen vereinbaren jeweils zum 30. September eines Kalenderjahres die Veränderung der erstmalig für das Jahr 2005 ermittelten bundeseinheitlichen durchschnittlichen Preise. [2] § 71 Absatz 1 bis 3 gilt. [3] Die Landesverbände der Krankenkassen und die Ersatzkassen gemeinsam und einheitlich vereinbaren mit den Innungsverbänden der Zahntechniker-Innungen die Höchstpreise für die zahntechnischen Leistungen bei den Regelversorgungen nach § 56 Absatz 2 Satz 2; sie dürfen die für das jeweilige Kalenderjahr nach Satz 1 festgesetzten bundeseinheitlichen Preise um bis zu 5 Prozent unter- oder überschreiten. [4] Für die Vereinbarungen nach Satz 3 gilt § 71 nicht. [5] Die für die Festlegung der Festzuschüsse nach § 55 Absatz 1 Satz 2 maßgeblichen Beträge für die zahntechnischen Leistungen bei den Regelversorgungen, die nicht von Zahnärzten erbracht werden, ergeben sich als Summe der bundeseinheitlichen Preise nach Satz 1 für die nach § 56 Absatz 2 Satz 10 aufgelisteten zahntechnischen Leistungen. [6] Die Höchstpreise nach Satz 3 und die Beträge nach Satz 5 vermindern sich um 5 Prozent für zahntechnische Leistungen, die von Zahnärzten erbracht werden. [7] Die Vertragspartner nach Satz 1 informieren den Gemeinsamen Bundesausschuss über die Beträge für die zahntechnischen Leistungen bei Regelversorgungen. [8] Kommt eine Vereinbarung nach Satz 1 nicht zustande oder kündigt eine Vereinbarungspartei die Vereinbarung und kommt bis zum Ablauf der Vereinbarungszeit keine neue Vereinbarung zustande, setzt das Schiedsamt nach § 89 den Vertragsinhalt fest. [9] Die Festsetzungsfristen nach § 89 Absatz 3, 4 und 9 für die Festsetzungen nach Satz 1 betragen einen Monat.

§§ 58, 59 *(aufgehoben)*

Achter Abschnitt. Fahrkosten

§ 60 Fahrkosten. (1) [1] Die Krankenkasse übernimmt nach den Absätzen 2 und 3 die Kosten für Fahrten einschließlich der Transporte nach § 133 (Fahrkosten), wenn sie im Zusammenhang mit einer Leistung der Krankenkasse aus zwingenden medizinischen Gründen notwendig sind. [2] Welches Fahrzeug benutzt werden kann, richtet sich nach der medizinischen Notwendigkeit im

Einzelfall. [3]Die Krankenkasse übernimmt Fahrkosten zu einer ambulanten Behandlung unter Abzug des sich nach § 61 Satz 1 ergebenden Betrages in besonderen Ausnahmefällen, die der Gemeinsame Bundesausschuss in den Richtlinien nach § 92 Abs. 1 Satz 2 Nr. 12 festgelegt hat. [4]Die Übernahme von Fahrkosten nach Satz 3 und nach Absatz 2 Satz 1 Nummer 3 für Fahrten zur ambulanten Behandlung erfolgt nur nach vorheriger Genehmigung durch die Krankenkasse. [5]Für Krankenfahrten zur ambulanten Behandlung gilt die Genehmigung nach Satz 4 als erteilt, wenn eine der folgenden Voraussetzungen vorliegt:

1. ein Schwerbehindertenausweis mit dem Merkzeichen „aG", „Bl" oder „H",
2. eine Einstufung gemäß § 15 des Elften Buches[1)] in den Pflegegrad 3, 4 oder 5, bei Einstufung in den Pflegegrad 3 zusätzlich eine dauerhafte Beeinträchtigung der Mobilität, oder
3. bis zum 31. Dezember 2016 eine Einstufung in die Pflegestufe 2 gemäß § 15 des Elften Buches in der am 31. Dezember 2016 geltenden Fassung und seit dem 1. Januar 2017 mindestens eine Einstufung in den Pflegegrad 3.

(2) [1]Die Krankenkasse übernimmt die Fahrkosten in Höhe des sich nach § 61 Satz 1 ergebenden Betrages je Fahrt übersteigenden Betrages

1. bei Leistungen, die stationär erbracht werden; dies gilt bei einer Verlegung in ein anderes Krankenhaus nur, wenn die Verlegung aus zwingenden medizinischen Gründen erforderlich ist, oder bei einer mit Einwilligung der Krankenkasse erfolgten Verlegung in ein wohnortnahes Krankenhaus,
2. bei Rettungsfahrten zum Krankenhaus auch dann, wenn eine stationäre Behandlung nicht erforderlich ist,
3. bei anderen Fahrten von Versicherten, die während der Fahrt einer fachlichen Betreuung oder der besonderen Einrichtungen eines Krankenkraftwagens bedürfen oder bei denen dies auf Grund ihres Zustandes zu erwarten ist (Krankentransport),
4. bei Fahrten von Versicherten zu einer ambulanten Krankenbehandlung sowie zu einer Behandlung nach § 115a oder § 115b, wenn dadurch eine an sich gebotene vollstationäre oder teilstationäre Krankenhausbehandlung (§ 39) vermieden oder verkürzt wird oder diese nicht ausführbar ist, wie bei einer stationären Krankenhausbehandlung.

[2]Soweit Fahrten nach Satz 1 von Rettungsdiensten durchgeführt werden, zieht die Krankenkasse die Zuzahlung in Höhe des sich nach § 61 Satz 1 ergebenden Betrages je Fahrt von dem Versicherten ein.

(3) Als Fahrkosten werden anerkannt

1. bei Benutzung eines öffentlichen Verkehrsmittels der Fahrpreis unter Ausschöpfen von Fahrpreisermäßigungen,
2. bei Benutzung eines Taxis oder Mietwagens, wenn ein öffentliches Verkehrsmittel nicht benutzt werden kann, der nach § 133 berechnungsfähige Betrag,
3. bei Benutzung eines Krankenkraftwagens oder Rettungsfahrzeugs, wenn ein öffentliches Verkehrsmittel, ein Taxi oder ein Mietwagen nicht benutzt werden kann, der nach § 133 berechnungsfähige Betrag,

---

1) Nr. **11**.

4. bei Benutzung eines privaten Kraftfahrzeugs für jeden gefahrenen Kilometer den jeweils auf Grund des Bundesreisekostengesetzes festgesetzten Höchstbetrag für Wegstreckenentschädigung, höchstens jedoch die Kosten, die bei Inanspruchnahme des nach Nummer 1 bis 3 erforderlichen Transportmittels entstanden wären.

(4) [1] Die Kosten des Rücktransports in das Inland werden nicht übernommen. [2] § 18 bleibt unberührt.

(5) [1] Im Zusammenhang mit Leistungen zur medizinischen Rehabilitation werden Reisekosten nach § 73 Absatz 1 und 3 des Neunten Buches[1)] übernommen. [2] Zu den Reisekosten nach Satz 1 gehören bei pflegenden Angehörigen auch die Reisekosten, die im Zusammenhang mit der Versorgung Pflegebedürftiger nach § 40 Absatz 3 Satz 2 und 3 entstehen. [3] Die Reisekosten von Pflegebedürftigen, die gemäß § 40 Absatz 3 Satz 3 während einer stationären Rehabilitation ihres pflegenden Angehörigen eine Kurzzeitpflege nach § 42 des Elften Buches erhalten, hat die Pflegekasse des Pflegebedürftigen der Krankenkasse des pflegenden Angehörigen zu erstatten.

Neunter Abschnitt. Zuzahlungen, Belastungsgrenze

§ 61 Zuzahlungen. [1] Zuzahlungen, die Versicherte zu leisten haben, betragen 10 vom Hundert des Abgabepreises, mindestens jedoch 5 Euro und höchstens 10 Euro; allerdings jeweils nicht mehr als die Kosten des Mittels. [2] Als Zuzahlungen zu stationären Maßnahmen und zur außerklinischen Intensivpflege in vollstationären Pflegeeinrichtungen, in Einrichtungen oder Räumlichkeiten im Sinne des § 43a des Elften Buches[2)] in Verbindung mit § 71 Absatz 4 des Elften Buches sowie in Wohneinheiten nach § 132l Absatz 5 Nummer 1 werden je Kalendertag 10 Euro erhoben. [3] Bei Heilmitteln, häuslicher Krankenpflege und außerklinischer Intensivpflege an den in § 37c Absatz 2 Satz 1 Nummer 4 genannten Orten beträgt die Zuzahlung 10 vom Hundert der Kosten sowie 10 Euro je Verordnung. [4] Geleistete Zuzahlungen sind von dem zum Einzug Verpflichteten gegenüber dem Versicherten zu quittieren; ein Vergütungsanspruch hierfür besteht nicht.

§ 62 Belastungsgrenze. (1) [1] Versicherte haben während jedes Kalenderjahres nur Zuzahlungen bis zur Belastungsgrenze zu leisten; wird die Belastungsgrenze bereits innerhalb eines Kalenderjahres erreicht, hat die Krankenkasse eine Bescheinigung darüber zu erteilen, dass für den Rest des Kalenderjahres keine Zuzahlungen mehr zu leisten sind. [2] Die Belastungsgrenze beträgt 2 vom Hundert der jährlichen Bruttoeinnahmen zum Lebensunterhalt; für chronisch Kranke, die wegen derselben schwerwiegenden Krankheit in Dauerbehandlung sind, beträgt sie 1 vom Hundert der jährlichen Bruttoeinnahmen zum Lebensunterhalt. [3] Abweichend von Satz 2 beträgt die Belastungsgrenze 2 vom Hundert der jährlichen Bruttoeinnahmen zum Lebensunterhalt für nach dem 1. April 1972 geborene chronisch kranke Versicherte, die ab dem 1. Januar 2008 die in § 25 Absatz 1 genannten Gesundheitsuntersuchungen vor der Erkrankung nicht regelmäßig in Anspruch genommen haben. [4] Für Versicherte nach Satz 3, die an einem für ihre Erkrankung bestehenden strukturierten Behandlungsprogramm teilnehmen, beträgt die Belastungsgrenze 1 vom Hun-

---

1) Nr. **9**.
2) Nr. **11**.

dert der jährlichen Bruttoeinnahmen zum Lebensunterhalt. [5]Der Gemeinsame Bundesausschuss legt in seinen Richtlinien fest, in welchen Fällen Gesundheitsuntersuchungen ausnahmsweise nicht zwingend durchgeführt werden müssen. [6]Die weitere Dauer der in Satz 2 genannten Behandlung ist der Krankenkasse jeweils spätestens nach Ablauf eines Kalenderjahres nachzuweisen und vom Medizinischen Dienst, soweit erforderlich, zu prüfen; die Krankenkasse kann auf den jährlichen Nachweis verzichten, wenn bereits die notwendigen Feststellungen getroffen worden sind und im Einzelfall keine Anhaltspunkte für einen Wegfall der chronischen Erkrankung vorliegen. [7]Die Krankenkassen sind verpflichtet, ihre Versicherten zu Beginn eines Kalenderjahres auf die für sie in diesem Kalenderjahr maßgeblichen Untersuchungen nach § 25 Abs. 1 hinzuweisen. [8]Das Nähere zur Definition einer schwerwiegenden chronischen Erkrankung bestimmt der Gemeinsame Bundesausschuss in den Richtlinien nach § 92.

(2) [1]Bei der Ermittlung der Belastungsgrenzen nach Absatz 1 werden die Zuzahlungen und die Bruttoeinnahmen zum Lebensunterhalt des Versicherten, seines Ehegatten oder Lebenspartners, der minderjährigen oder nach § 10 versicherten Kinder des Versicherten, seines Ehegatten oder Lebenspartners sowie der Angehörigen im Sinne des § 8 Absatz 4 des Zweiten Gesetzes über die Krankenversicherung der Landwirte jeweils zusammengerechnet, soweit sie im gemeinsamen Haushalt leben. [2]Hierbei sind die jährlichen Bruttoeinnahmen für den ersten in dem gemeinsamen Haushalt lebenden Angehörigen des Versicherten um 15 vom Hundert und für jeden weiteren in dem gemeinsamen Haushalt lebenden Angehörigen des Versicherten und des Lebenspartners um 10 vom Hundert der jährlichen Bezugsgröße nach § 18 des Vierten Buches[1)] zu vermindern. [3]Für jedes Kind des Versicherten und des Lebenspartners sind die jährlichen Bruttoeinnahmen um den sich aus den Freibeträgen nach § 32 Abs. 6 Satz 1 und 2 des Einkommensteuergesetzes ergebenden Betrag zu vermindern; die nach Satz 2 bei der Ermittlung der Belastungsgrenze vorgesehene Berücksichtigung entfällt. [4]Zu den Einnahmen zum Lebensunterhalt gehören nicht Grundrenten, die Beschädigte nach dem Bundesversorgungsgesetz oder nach anderen Gesetzen in entsprechender Anwendung des Bundesversorgungsgesetzes erhalten, sowie Renten oder Beihilfen, die nach dem Bundesentschädigungsgesetz für Schäden an Körper und Gesundheit gezahlt werden, bis zur Höhe der vergleichbaren Grundrente nach dem Bundesversorgungsgesetz. [5]Abweichend von den Sätzen 1 bis 3 ist bei Versicherten,

1. die Hilfe zum Lebensunterhalt oder Grundsicherung im Alter und bei Erwerbsminderung nach dem Zwölften Buch[2)] oder die ergänzende Hilfe zum Lebensunterhalt nach dem Bundesversorgungsgesetz oder nach einem Gesetz, das dieses für anwendbar erklärt, erhalten,
2. bei denen die Kosten der Unterbringung in einem Heim oder einer ähnlichen Einrichtung von einem Träger der Sozialhilfe oder der Kriegsopferfürsorge getragen werden

sowie für den in § 264 genannten Personenkreis als Bruttoeinnahmen zum Lebensunterhalt für die gesamte Bedarfsgemeinschaft nur der Regelsatz für die Regelbedarfsstufe 1 nach der Anlage zu § 28 des Zwölften Buches maßgeblich. [6]Bei Versicherten, die Leistungen zur Sicherung des Lebensunterhalts nach

[1)] Nr. **4**.
[2)] Nr. **12**.

dem Zweiten Buch erhalten, ist abweichend von den Sätzen 1 bis 3 als Bruttoeinnahmen zum Lebensunterhalt für die gesamte Bedarfsgemeinschaft nur der Regelbedarf nach § 20 Absatz 2 Satz 1 des Zweiten Buches[1)] maßgeblich. [7]Bei Ehegatten und Lebenspartnern ist ein gemeinsamer Haushalt im Sinne des Satzes 1 auch dann anzunehmen, wenn ein Ehegatte oder Lebenspartner dauerhaft in eine vollstationäre Einrichtung aufgenommen wurde, in der Leistungen gemäß § 43 oder § 43a des Elften Buches[2)] erbracht werden.

(3) [1]Die Krankenkasse stellt dem Versicherten eine Bescheinigung über die Befreiung nach Absatz 1 aus. [2]Diese darf keine Angaben über das Einkommen des Versicherten oder anderer zu berücksichtigender Personen enthalten.

(4) *(aufgehoben)*

(5) Die Spitzenverbände der Krankenkassen evaluieren für das Jahr 2006 die Ausnahmeregelungen von der Zuzahlungspflicht hinsichtlich ihrer Steuerungswirkung und legen dem Deutschen Bundestag hierzu über das Bundesministerium für Gesundheit spätestens bis zum 30. Juni 2007 einen Bericht vor.

§ 62a *(aufgehoben)*

Zehnter Abschnitt. Weiterentwicklung der Versorgung

§ 63 Grundsätze. (1) Die Krankenkassen und ihre Verbände können im Rahmen ihrer gesetzlichen Aufgabenstellung zur Verbesserung der Qualität und der Wirtschaftlichkeit der Versorgung Modellvorhaben zur Weiterentwicklung der Verfahrens-, Organisations-, Finanzierungs- und Vergütungsformen der Leistungserbringung durchführen oder nach § 64 vereinbaren.

(2) Die Krankenkassen können Modellvorhaben zu Leistungen zur Verhütung und Früherkennung von Krankheiten, zur Krankenbehandlung sowie bei Schwangerschaft und Mutterschaft, die nach den Vorschriften dieses Buches oder auf Grund hiernach getroffener Regelungen keine Leistungen der Krankenversicherung sind, durchführen oder nach § 64 vereinbaren.

(3) [1]Bei der Vereinbarung und Durchführung von Modellvorhaben nach Absatz 1 kann von den Vorschriften des Vierten und des Zehnten Kapitels dieses Buches, soweit es für die Modellvorhaben erforderlich ist, und des Krankenhausfinanzierungsgesetzes, des Krankenhausentgeltgesetzes sowie den nach diesen Vorschriften getroffenen Regelungen abgewichen werden; der Grundsatz der Beitragssatzstabilität gilt entsprechend. [2]Gegen diesen Grundsatz wird insbesondere für den Fall nicht verstoßen, daß durch ein Modellvorhaben entstehende Mehraufwendungen durch nachzuweisende Einsparungen auf Grund der in dem Modellvorhaben vorgesehenen Maßnahmen ausgeglichen werden. [3]Einsparungen nach Satz 2 können, soweit sie die Mehraufwendungen überschreiten, auch an die an einem Modellvorhaben teilnehmenden Versicherten weitergeleitet werden. [4]Satz 1 gilt mit der Maßgabe, dass von § 284 Abs. 1 Satz 5 nicht abgewichen werden darf.

(3a) [1]Gegenstand von Modellvorhaben nach Absatz 1, in denen von den Vorschriften des Zehnten Kapitels dieses Buches abgewichen wird, können insbesondere informationstechnische und organisatorische Verbesserungen der Datenverarbeitung, einschließlich der Erweiterungen der Befugnisse zur Ver-

---

[1)] Nr. **2**.
[2)] Nr. **11**.

arbeitung von personenbezogenen Daten sein. [2]Von den Vorschriften des Zehnten Kapitels dieses Buches zur Verarbeitung personenbezogener Daten darf nur mit schriftlicher oder elektronischer Einwilligung des Versicherten und nur in dem Umfang abgewichen werden, der erforderlich ist, um die Ziele des Modellvorhabens zu erreichen. [3]Der Versicherte ist vor Erteilung der Einwilligung schriftlich oder elektronisch darüber zu unterrichten, inwieweit das Modellvorhaben von den Vorschriften des Zehnten Kapitels dieses Buches abweicht und aus welchen Gründen diese Abweichungen erforderlich sind. [4]Die Einwilligung des Versicherten hat sich auf Zweck, Inhalt, Art, Umfang und Dauer der Verarbeitung seiner personenbezogenen Daten sowie die daran Beteiligten zu erstrecken.

(3b) Modellvorhaben nach Absatz 1 können vorsehen, dass Angehörige der im Pflegeberufegesetz, im Krankenpflegegesetz und im Altenpflegegesetz geregelten Berufe

1. die Verordnung von Verbandsmitteln und Pflegehilfsmitteln sowie
2. die inhaltliche Ausgestaltung der häuslichen Krankenpflege einschließlich deren Dauer

vornehmen, soweit diese auf Grund ihrer Ausbildung qualifiziert sind und es sich bei der Tätigkeit nicht um selbständige Ausübung von Heilkunde handelt.

(3c) [1]Modellvorhaben nach Absatz 1 können eine Übertragung der ärztlichen Tätigkeiten, bei denen es sich um selbstständige Ausübung von Heilkunde handelt und für die die Angehörigen des im Pflegeberufegesetz geregelten Berufs auf Grundlage einer Ausbildung nach § 14 des Pflegeberufegesetzes qualifiziert sind, auf diese vorsehen. [2]Die Krankenkassen und ihre Verbände sollen entsprechende Vorhaben spätestens bis zum Ablauf des 31. Dezember 2020 vereinbaren oder durchführen. [3]Der Gemeinsame Bundesausschuss legt in Richtlinien fest, bei welchen Tätigkeiten eine Übertragung von Heilkunde auf die Angehörigen des in Satz 1 genannten Berufs im Rahmen von Modellvorhaben erfolgen kann. [4]Vor der Entscheidung des Gemeinsamen Bundesausschusses ist der Bundesärztekammer sowie den maßgeblichen Verbänden der Pflegeberufe Gelegenheit zur Stellungnahme zu geben. [5]Die Stellungnahmen sind in die Entscheidungen einzubeziehen. [6]Durch den Gemeinsamen Bundesausschuss nach den Sätzen 2 bis 4 festgelegte Richtlinien gelten für die Angehörigen des in Satz 1 geregelten Berufs fort.

(3d) Die Anwendung von Heilmitteln, die nach der Richtlinie des Gemeinsamen Bundesausschusses gemäß § 92 Absatz 1 Satz 2 Nummer 6 zur Behandlung krankheitsbedingter Schädigungen nur verordnungsfähig sind, wenn die Schädigungen auf Grund bestimmter Grunderkrankungen eintreten, kann auch bei anderen ursächlichen Grunderkrankungen Gegenstand von Modellvorhaben nach Absatz 2 sein.

(4) [1]Gegenstand von Modellvorhaben nach Absatz 2 können nur solche Leistungen sein, über deren Eignung als Leistung der Krankenversicherung der Gemeinsame Bundesausschuss nach § 91 im Rahmen der Beschlüsse nach § 92 Abs. 1 Satz 2 Nr. 5 oder im Rahmen der Beschlüsse nach § 137c Abs. 1 keine ablehnende Entscheidung getroffen hat. [2]Fragen der biomedizinischen Forschung sowie Forschungen zur Entwicklung und Prüfung von Arzneimitteln und Medizinprodukten können nicht Gegenstand von Modellvorhaben sein.

(5) [1]Die Modellvorhaben sind im Regelfall auf längstens acht Jahre zu befristen. [2]Verträge nach § 64 Abs. 1 sind den für die Vertragsparteien zuständigen

Aufsichtsbehörden vorzulegen. [3]Modellvorhaben nach Absatz 1, in denen von den Vorschriften des Zehnten Kapitels dieses Buches abgewichen werden kann, sind auf längstens fünf Jahre zu befristen. [4]Über Modellvorhaben nach Absatz 1, in denen von den Vorschriften des Zehnten Kapitels dieses Buches abgewichen wird, sind der Bundesbeauftragte für den Datenschutz oder die Landesbeauftragten für den Datenschutz, soweit diese zuständig sind, rechtzeitig vor Beginn des Modellvorhabens zu unterrichten.

(6) [1]Modellvorhaben nach den Absätzen 1 und 2 können auch von den Kassenärztlichen Vereinigungen im Rahmen ihrer gesetzlichen Aufgabenstellung mit den Krankenkassen oder ihren Verbänden vereinbart werden. [2]Die Vorschriften dieses Abschnitts gelten entsprechend.

§ 64 Vereinbarungen mit Leistungserbringern. (1) [1]Die Krankenkassen und ihre Verbände können mit den in der gesetzlichen Krankenversicherung zugelassenen Leistungserbringern oder Gruppen von Leistungserbringern Vereinbarungen über die Durchführung von Modellvorhaben nach § 63 Abs. 1 oder 2 schließen. [2]Soweit die ärztliche Behandlung im Rahmen der vertragsärztlichen Versorgung betroffen ist, können sie nur mit einzelnen Vertragsärzten, mit Gemeinschaften dieser Leistungserbringer oder mit Kassenärztlichen Vereinigungen Verträge über die Durchführung von Modellvorhaben nach § 63 Abs. 1 oder 2 schließen.

(2) *(aufgehoben)*

(3) [1]Werden in einem Modellvorhaben nach § 63 Abs. 1 oder § 64a Leistungen außerhalb der für diese Leistungen geltenden Vergütungen nach § 85 oder § 87a, der Ausgabenvolumen nach § 84 oder der Krankenhausbudgets vergütet, sind die Vergütungen oder der Behandlungsbedarf nach § 87a Absatz 3 Satz 2, die Ausgabenvolumen oder die Budgets, in denen die Ausgaben für diese Leistungen enthalten sind, entsprechend der Zahl und der Morbiditäts- oder Risikostruktur der am Modellversuch teilnehmenden Versicherten sowie dem in den Verträgen nach Absatz 1 jeweils vereinbarten Inhalt des Modellvorhabens zu bereinigen; die Budgets der teilnehmenden Krankenhäuser sind dem geringeren Leistungsumfang anzupassen. [2]Kommt eine Einigung der zuständigen Vertragsparteien über die Bereinigung der Vergütungen, Ausgabenvolumen oder Budgets nach Satz 1 nicht zustande, können auch die Krankenkassen oder ihre Verbände, die Vertragspartner der Vereinbarung nach Absatz 1 sind, das Schiedsamt nach § 89 oder die Schiedsstelle nach § 18a Abs. 1 des Krankenhausfinanzierungsgesetzes anrufen. [3]Vereinbaren alle gemäß § 18 Abs. 2 des Krankenhausfinanzierungsgesetzes an der Pflegesatzvereinbarung beteiligten Krankenkassen gemeinsam ein Modellvorhaben, das die gesamten nach der Bundespflegesatzverordnung oder dem Krankenhausentgeltgesetz vergüteten Leistungen eines Krankenhauses für Versicherte erfaßt, sind die vereinbarten Entgelte für alle Benutzer des Krankenhauses einheitlich zu berechnen. [4]Bei der Ausgliederung nach Satz 1 sind nicht auf die einzelne Leistung bezogene, insbesondere periodenfremde, Finanzierungsverpflichtungen in Höhe der ausgegliederten Belegungsanteile dem Modellvorhaben zuzuordnen. [5]Für die Bereinigung des Behandlungsbedarfs nach § 87a Absatz 3 Satz 2 gilt § 73b Absatz 7 entsprechend; falls eine Vorabeinschreibung der teilnehmenden Versicherten nicht möglich ist, kann eine rückwirkende Bereinigung vereinbart werden. [6]Die Krankenkasse kann bei Verträgen nach Satz 1 auf die Bereinigung verzichten, wenn das voraussichtliche Bereinigungsvolumen einer Krankenkasse

für ein Modellvorhaben geringer ist als der Aufwand für die Durchführung dieser Bereinigung. [7]Der Bewertungsausschuss hat in seinen Vorgaben gemäß § 87a Absatz 5 Satz 7 zur Bereinigung und zur Ermittlung der kassenspezifischen Aufsatzwerte des Behandlungsbedarfs auch Vorgaben zur Höhe des Schwellenwertes für das voraussichtliche Bereinigungsvolumen, unterhalb dessen von einer basiswirksamen Bereinigung abgesehen werden kann, zu der pauschalen Ermittlung und Übermittlung des voraussichtlichen Bereinigungsvolumens an die Vertragspartner nach § 73b Absatz 7 Satz 1 sowie zu dessen Anrechnung beim Aufsatzwert der betroffenen Krankenkasse zu machen.

(4) [1]Die Vertragspartner nach Absatz 1 Satz 1 können Modellvorhaben zur Vermeidung einer unkoordinierten Mehrfachinanspruchnahme von Vertragsärzten durch die Versicherten durchführen. [2]Sie können vorsehen, daß der Vertragsarzt, der vom Versicherten weder als erster Arzt in einem Behandlungsquartal noch mit Überweisung noch zur Einholung einer Zweitmeinung in Anspruch genommen wird, von diesem Versicherten verlangen kann, daß die bei ihm in Anspruch genommenen Leistungen im Wege der Kostenerstattung abgerechnet werden.

§ 64a Modellvorhaben zur Arzneimittelversorgung. (1) [1]Die Kassenärztliche Vereinigung und die für die Wahrnehmung der wirtschaftlichen Interessen maßgebliche Organisation der Apotheker auf Landesebene gemeinsam können mit den für ihren Bezirk zuständigen Landesverbänden der Krankenkassen und den Ersatzkassen gemeinsam die Durchführung eines Modellvorhabens nach § 63 zur Verbesserung der Qualität und Wirtschaftlichkeit der Arzneimittelversorgung für eine Zeitdauer von bis zu drei Jahren vereinbaren. [2]Werden Modellvorhaben in mehreren Bezirken der Kassenärztlichen Vereinigungen vereinbart, sollen sich die Kassenärztlichen Vereinigungen auf die Durchführung des Modellvorhabens in einem Bezirk einigen. [3]Überschüsse aufgrund von Minderaufwendungen, die durch Maßnahmen des Modellvorhabens nach Satz 1 bei den Krankenkassen realisiert werden, sind in Teilen an die Leistungserbringer weiterzuleiten. [4]Die durch das Modellvorhaben den Krankenkassen entstehenden Mehraufwendungen sind auszugleichen. [5]Die Vereinbarung nach Satz 1 umfasst das Nähere zu dem Modellvorhaben, insbesondere

1. einen Katalog für eine wirtschaftliche Wirkstoffauswahl in allen versorgungsrelevanten Indikationen,
2. die im Modellprojekt zu erbringenden Leistungen und deren Dokumentation,
3. die Grundsätze zur Ermittlung von Überschüssen und deren teilweise Weiterleitung an die Leistungserbringer nach Satz 3 sowie zum Ausgleichsverfahren nach Satz 4.

[6]Im Übrigen gilt für die Vereinbarung nach Satz 1 § 63 Absatz 3 und 4 bis 6 entsprechend. [7]§ 65 gilt entsprechend mit der Maßgabe, dass die Begleitung und Auswertung von den Vertragspartnern nach Satz 1 veranlasst wird. [8]Für das Modellvorhaben ist eine Vereinbarung nach § 106b Absatz 1 Satz 1 zu treffen. [9]Die Kassenärztliche Bundesvereinigung und die Vertragspartner nach § 129 Absatz 2 können gemeinsame Empfehlungen insbesondere zum Inhalt und zur Durchführung des Modellvorhabens vereinbaren, die in der Vereinbarung nach Satz 1 zu beachten sind.

(2) [1]Sofern keine Einigung über die Durchführung eines Modellvorhabens erzielt wird, kann jede Vertragspartei das Schiedsgremium nach den Sätzen 2 und 3 zur Festsetzung des Inhalts einer Vereinbarung nach Absatz 1 anrufen. [2]Das Schiedsgremium wird von den in Absatz 1 Satz 1 genannten Beteiligten gebildet. [3]§ 89a Absatz 3 bis 10 sowie die Rechtsverordnung nach § 89a Absatz 11 gelten entsprechend. [4]Die Festsetzung soll unterbleiben, wenn in dem Bezirk einer anderen Kassenärztlichen Vereinigung bereits ein Modellvorhaben vereinbart wurde.

§ 64b Modellvorhaben zur Versorgung psychisch kranker Menschen.

(1) [1]Gegenstand von Modellvorhaben nach § 63 Absatz 1 oder 2 kann auch die Weiterentwicklung der Versorgung psychisch kranker Menschen sein, die auf eine Verbesserung der Patientenversorgung oder der sektorenübergreifenden Leistungserbringung ausgerichtet ist, einschließlich der komplexen psychiatrischen Behandlung im häuslichen Umfeld. [2]In jedem Land soll unter besonderer Berücksichtigung der Kinder- und Jugendpsychiatrie mindestens ein Modellvorhaben nach Satz 1 durchgeführt werden; dabei kann ein Modellvorhaben auf mehrere Länder erstreckt werden. [3]Eine bestehende Verpflichtung der Leistungserbringer zur Versorgung bleibt unberührt. [4]§ 63 Absatz 3 ist für Modellvorhaben nach Satz 1 mit der Maßgabe anzuwenden, dass von den Vorgaben der §§ 295, 300, 301 und 302 sowie des § 17d Absatz 9 des Krankenhausfinanzierungsgesetzes nicht abgewichen werden darf. [5]§ 63 Absatz 5 Satz 1 gilt nicht. [6]Die Meldung nach Absatz 3 Satz 2 hat vor der Vereinbarung zu erfolgen.

(2) [1]Die Modellvorhaben nach Absatz 1 sind im Regelfall auf längstens 15 Jahre zu befristen. [2]Unter Vorlage des Berichts nach § 65 können die Krankenkassen und die Vertragsparteien bei den zuständigen Aufsichtsbehörden eine Verlängerung beantragen.

(3) [1]Dem DRG-Institut der Selbstverwaltungspartner nach § 17b Absatz 2 des Krankenhausfinanzierungsgesetzes sind neben den nach § 21 des Krankenhausentgeltgesetzes zu übermittelnden Daten von den Vertragsparteien des Modellvorhabens insbesondere auch Informationen zur vereinbarten Art und Anzahl der Patientinnen und Patienten, zu spezifischen Leistungsinhalten und den der verhandelten Vergütungen zugrunde gelegten Kosten sowie zu strukturellen Merkmalen des jeweiligen Modellvorhabens einschließlich der Auswertung nach § 65 mitzuteilen. [2]Über Art und Umfang der zu meldenden Daten sowie zur Meldung von Modellvorhaben beim DRG-Institut schließen die Selbstverwaltungspartner nach § 17b Absatz 2 des Krankenhausfinanzierungsgesetzes bis zum 31. Dezember 2012 eine Vereinbarung. [3]§ 21 Absatz 4, 5 Satz 1 und 2 sowie Absatz 6 des Krankenhausentgeltgesetzes ist für die Vereinbarung und die Datenübermittlung entsprechend anzuwenden. [4]Für die Finanzierung der Aufgaben des DRG-Instituts gilt § 17d Absatz 5 des Krankenhausfinanzierungsgesetzes entsprechend.

(4) Private Krankenversicherungen und der Verband der privaten Krankenversicherung können sich an Modellvorhaben nach Absatz 1 und deren Finanzierung beteiligen.

§ 64c Modellvorhaben zum Screening auf 4MRGN. (1) [1]Die in § 115 Absatz 1 Satz 1 genannten Vertragspartner vereinbaren gemeinsam und einheitlich im Einvernehmen mit dem Robert Koch-Institut die Durchführung eines

Modellvorhabens nach § 63, um Erkenntnisse zur Effektivität und zum Aufwand eines Screenings auf 4MRGN (Multiresistente gramnegative Stäbchen mit einer Resistenz gegen vier der vier Antibiotikagruppen) im Vorfeld eines planbaren Krankenhausaufenthaltes zu gewinnen. [2]Das Modellvorhaben ist insbesondere auf die Risikopersonen nach Maßgabe der Empfehlungen der Kommission für Krankenhaushygiene und Infektionsprävention auszurichten. [3]Die Kassenärztlichen Vereinigungen verständigen sich auf die Durchführung eines Modellvorhabens in mindestens einer Kassenärztlichen Vereinigung. [4]Soweit eine überbezirkliche Versorgung besteht, soll das Modellvorhaben in den betroffenen Kassenärztlichen Vereinigungen gemeinsam durchgeführt werden. [5]Das Modellvorhaben kann in mehreren Kassenärztlichen Vereinigungen durchgeführt werden, insbesondere um ausreichende Fallzahlen zu gewährleisten und um regionale Unterschiede in der Bevölkerungsstruktur zu berücksichtigen. [6]§ 65 gilt mit der Maßgabe, dass die wissenschaftliche Begleitung und Auswertung des Modellvorhabens im Einvernehmen mit dem Robert Koch-Institut zu erfolgen hat.

(2) [1]Sofern keine Einigung über die Durchführung eines Modellvorhabens nach Absatz 1 erzielt wird, kann jede Vertragspartei das zuständige sektorenübergreifende Schiedsgremium gemäß § 89a anrufen. [2]Die Anrufung des Schiedsgremiums soll unterbleiben, wenn in einer anderen Kassenärztlichen Vereinigung bereits ein Modellvorhaben nach Absatz 1 vereinbart wurde, keine überbezirkliche Versorgung besteht oder eine Durchführung eines Modellvorhabens in mehreren Kassenärztlichen Vereinigungen aus wissenschaftlichen Gründen nicht erforderlich ist.

§ 64d *(aufgehoben)*

§ 65 Auswertung der Modellvorhaben. [1]Die Krankenkassen oder ihre Verbände haben eine wissenschaftliche Begleitung und Auswertung der Modellvorhaben im Hinblick auf die Erreichung der Ziele der Modellvorhaben nach § 63 Abs. 1 oder Abs. 2 nach allgemein anerkannten wissenschaftlichen Standards zu veranlassen. [2]Der von unabhängigen Sachverständigen zu erstellende Bericht über die Ergebnisse der Auswertung ist zu veröffentlichen.

§ 65a Bonus für gesundheitsbewusstes Verhalten. (1) [1]Die Krankenkasse bestimmt in ihrer Satzung, unter welchen Voraussetzungen Versicherte, die Leistungen zur Erfassung von gesundheitlichen Risiken und Früherkennung von Krankheiten nach den §§ 25, 25a und 26 oder Leistungen für Schutzimpfungen nach § 20i in Anspruch nehmen, Anspruch auf einen Bonus haben, der zusätzlich zu der in § 62 Absatz 1 Satz 2 genannten abgesenkten Belastungsgrenze zu gewähren ist. [2]Um den Nachweis über das Vorliegen der Anspruchsvoraussetzungen nach Satz 1 führen zu können, dürfen Krankenkassen die nach § 284 Absatz 1 von ihnen rechtmäßig erhobenen und gespeicherten versichertenbezogenen Daten mit schriftlicher oder elektronischer Einwilligung der betroffenen Versicherten im erforderlichen Umfang verarbeiten.

(1a) [1]Die Krankenkasse soll in ihrer Satzung bestimmen, unter welchen Voraussetzungen Versicherte, die regelmäßig Leistungen der Krankenkassen zur verhaltensbezogenen Prävention nach § 20 Absatz 5 in Anspruch nehmen oder an vergleichbaren, qualitätsgesicherten Angeboten zur Förderung eines gesundheitsbewussten Verhaltens teilnehmen, Anspruch auf einen Bonus haben, der zusätzlich zu der in § 62 Absatz 1 Satz 2 genannten abgesenkten Belastungsgrenze zu gewähren ist. [2] Absatz 1 Satz 2 gilt entsprechend.

(2) Die Krankenkasse soll in ihrer Satzung auch vorsehen, dass bei Maßnahmen zur betrieblichen Gesundheitsförderung durch Arbeitgeber sowohl der Arbeitgeber als auch die teilnehmenden Versicherten einen Bonus erhalten.

(3) [1] Die Aufwendungen für Maßnahmen nach Absatz 1a müssen mittelfristig aus Einsparungen und Effizienzsteigerungen, die durch diese Maßnahmen erzielt werden, finanziert werden. [2] Die Krankenkassen haben regelmäßig, mindestens alle drei Jahre, über diese Einsparungen gegenüber der zuständigen Aufsichtsbehörde Rechenschaft abzulegen. [3] Werden keine Einsparungen erzielt, dürfen keine Boni für die entsprechenden Versorgungsformen gewährt werden.

§ 65b Förderung von Einrichtungen zur Verbraucher- und Patientenberatung. (1) [1] Der Spitzenverband Bund der Krankenkassen fördert Einrichtungen, die Verbraucherinnen und Verbraucher sowie Patientinnen und Patienten in gesundheitlichen und gesundheitsrechtlichen Fragen qualitätsgesichert und kostenfrei informieren und beraten, mit dem Ziel, die Patientenorientierung im Gesundheitswesen zu stärken und Problemlagen im Gesundheitssystem aufzuzeigen. [2] Der Spitzenverband Bund der Krankenkassen darf auf den Inhalt oder den Umfang der Beratungstätigkeit keinen Einfluss nehmen. [3] Die Förderung einer Einrichtung zur Verbraucher- und Patientenberatung setzt deren Nachweis über ihre Neutralität und Unabhängigkeit voraus. [4] Die Vorbereitung der Vergabe der Fördermittel und die Entscheidung darüber erfolgt durch den Spitzenverband Bund der Krankenkassen im Einvernehmen mit der oder dem Beauftragten der Bundesregierung für die Belange der Patientinnen und Patienten; die Fördermittel werden jeweils für eine Laufzeit von sieben Jahren vergeben. [5] Die oder der Beauftragte der Bundesregierung für die Belange der Patientinnen und Patienten und der Spitzenverband Bund der Krankenkassen werden bei der Vergabe und während der Förderphase durch einen Beirat beraten. [6] Der Beirat tagt unter der Leitung der oder des Beauftragten der Bundesregierung für die Belange der Patientinnen und Patienten mindestens zweimal jährlich; ihm gehören Vertreterinnen und Vertreter der Wissenschaften und Patientenorganisationen, zwei Vertreterinnen oder Vertreter des Bundesministeriums für Gesundheit und eine Vertreterin oder ein Vertreter des Bundesministeriums der Justiz und für Verbraucherschutz sowie im Fall einer angemessenen finanziellen Beteiligung der privaten Krankenversicherungen an der Förderung nach Satz 1 eine Vertreterin oder ein Vertreter des Verbandes der privaten Krankenversicherung an. [7] Der Spitzenverband Bund der Krankenkassen hat den Beirat jährlich über Angelegenheiten betreffend die Förderung nach Satz 1 zu unterrichten. [8] Der nach Satz 1 geförderten Beratungseinrichtung ist auf Antrag die Gelegenheit zu geben, sich gegenüber dem Beirat zu äußern.

(2) [1] Die Fördersumme nach Absatz 1 Satz 1 beträgt im Jahr 2016 insgesamt 9 000 000 Euro und ist in den Folgejahren entsprechend der prozentualen Veränderung der monatlichen Bezugsgröße nach § 18 Absatz 1 des Vierten Buches[1)] anzupassen. [2] Sie umfasst auch die für die Qualitätssicherung und die Berichterstattung notwendigen Aufwendungen. [3] Die Fördermittel nach Satz 1

[1)] Nr. 4.

werden durch eine Umlage der Krankenkassen gemäß dem Anteil ihrer eigenen Mitglieder an der Gesamtzahl der Mitglieder aller Krankenkassen erbracht. [4]Die Zahl der Mitglieder der Krankenkassen ist nach dem Vordruck KM6 der Statistik über die Versicherten in der gesetzlichen Krankenversicherung jeweils zum 1. Juli eines Jahres zu bestimmen.

§ 65c Klinische Krebsregister. (1) [1]Zur Verbesserung der Qualität der onkologischen Versorgung richten die Länder klinische Krebsregister ein. [2]Die klinischen Krebsregister haben insbesondere folgende Aufgaben:

1. die personenbezogene Erfassung der Daten aller in einem regional festgelegten Einzugsgebiet stationär und ambulant versorgten Patientinnen und Patienten über das Auftreten, die Behandlung und den Verlauf von bösartigen Neubildungen einschließlich ihrer Frühstadien sowie von gutartigen Tumoren des zentralen Nervensystems nach Kapitel II der Internationalen statistischen Klassifikation der Krankheiten und verwandter Gesundheitsprobleme (ICD) mit Ausnahme der Daten von Erkrankungsfällen, die an das Deutsche Kinderkrebsregister zu melden sind,
2. die Auswertung der erfassten klinischen Daten und die Rückmeldung der Auswertungsergebnisse an die einzelnen Leistungserbringer,
3. den Datenaustausch mit anderen regionalen klinischen Krebsregistern bei solchen Patientinnen und Patienten, bei denen Hauptwohnsitz und Behandlungsort in verschiedenen Einzugsgebieten liegen, sowie mit Auswertungsstellen der klinischen Krebsregistrierung auf Landesebene,
4. die Förderung der interdisziplinären, direkt patientenbezogenen Zusammenarbeit bei der Krebsbehandlung,
5. die Beteiligung an der einrichtungs- und sektorenübergreifenden Qualitätssicherung des Gemeinsamen Bundesausschusses nach § 136 Absatz 1 Satz 1 Nummer 1 in Verbindung mit § 135a Absatz 2 Nummer 1,
6. die Zusammenarbeit mit Zentren in der Onkologie,
7. die Erfassung von Daten für die epidemiologischen Krebsregister,
8. die Bereitstellung notwendiger Daten zur Herstellung von Versorgungstransparenz und zu Zwecken der Versorgungsforschung.

[3]Die klinische Krebsregistrierung erfolgt auf der Grundlage des bundesweit einheitlichen Datensatzes der Arbeitsgemeinschaft Deutscher Tumorzentren und der Gesellschaft der epidemiologischen Krebsregister in Deutschland zur Basisdokumentation für Tumorkranke und ihn ergänzender Module flächendeckend sowie möglichst vollzählig. [4]Die Daten sind jährlich landesbezogen auszuwerten. [5]Eine flächendeckende klinische Krebsregistrierung kann auch länderübergreifend erfolgen. [6]Die für die Einrichtung und den Betrieb der klinischen Krebsregister nach Satz 2 notwendigen Bestimmungen einschließlich datenschutzrechtlicher Regelungen bleiben dem Landesrecht vorbehalten.

(2) [1]Die Krankenkassen fördern den Betrieb klinischer Krebsregister nach Absatz 1 Satz 2, indem sie eine Pauschale nach Absatz 4 Satz 2 bis 4 zahlen. [2]Der Spitzenverband Bund der Krankenkassen beschließt bis zum 31. Dezember 2013 einheitliche Voraussetzungen für diese Förderung. [3]Er hat in den Fördervoraussetzungen insbesondere Folgendes festzulegen:

1. die sachgerechte Organisation und Ausstattung der klinischen Krebsregister einschließlich eines einheitlichen Datenformates und entsprechender Schnittstellen zur Annahme, Verarbeitung und Weiterleitung der Daten,

2. die Mindestanforderungen an den Grad der Erfassung und an die Vollständigkeit der verschiedenen Datenkategorien nach Absatz 1 Satz 2 Nummer 1 sowie über notwendige Verfahren zur Datenvalidierung,
3. ein einheitliches Verfahren zur Rückmeldung der Auswertungsergebnisse an die Leistungserbringer,
4. die notwendigen Verfahren zur Qualitätsverbesserung der Krebsbehandlung,
5. die erforderlichen Instrumente zur Unterstützung der interdisziplinären Zusammenarbeit nach Absatz 1 Satz 2 Nummer 4,
6. die Kriterien, Inhalte und Indikatoren für eine landesbezogene Auswertung, die eine länderübergreifende Vergleichbarkeit garantieren,
7. die Modalitäten für die Abrechnung der klinischen Krebsregister mit den Krankenkassen.

[4] Über die Festlegungen nach den Sätzen 2 und 3 entscheidet der Spitzenverband Bund der Krankenkassen im Benehmen mit zwei von der Gesundheitsministerkonferenz der Länder zu bestimmenden Vertretern. [5] Soweit die Länder Einwände gegen die Festlegungen haben, sind diese dem Bundesministerium für Gesundheit vorzulegen, das in diesem Fall die entsprechenden Fördervoraussetzungen festlegen kann.

(3) [1] Bei der Erarbeitung der Fördervoraussetzungen hat der Spitzenverband Bund der Krankenkassen folgende Organisationen und Personen zu beteiligen:

1. die Kassenärztlichen Bundesvereinigungen,
2. die Deutsche Krankenhausgesellschaft,
3. den Gemeinsamen Bundesausschuss,
4. die Deutsche Krebsgesellschaft,
5. die Deutsche Krebshilfe,
6. die Arbeitsgemeinschaft Deutscher Tumorzentren,
7. die Gesellschaft der epidemiologischen Krebsregister in Deutschland,
8. die Bundesärztekammer,
9. die Arbeitsgemeinschaft der Wissenschaftlichen Medizinischen Fachgesellschaften sowie
10. die für die Wahrnehmung der Interessen der Patientinnen und Patienten und der Selbsthilfe chronisch kranker und behinderter Menschen maßgeblichen Organisationen.

[2] Der Verband der Privaten Krankenversicherung ist an der Erarbeitung der Fördervoraussetzungen zu beteiligen, wenn die privaten Krankenversicherungsunternehmen den Betrieb der klinischen Krebsregister fördern, indem sie die Pauschale nach Absatz 4 Satz 2 bis 4 für Meldungen in Bezug auf privat krankenversicherte Personen zahlen. [3] Gleiches gilt für die Träger der Kosten in Krankheits-, Pflege- und Geburtsfällen nach beamtenrechtlichen Vorschriften, wenn sie für Meldungen in Bezug auf die nach diesen Vorschriften berechtigten Personen einen Teil der fallbezogenen Krebsregisterpauschale nach Absatz 4 Satz 2 bis 4 zahlen.

(4) [1] Auf Antrag eines klinischen Krebsregisters oder dessen Trägers stellen die Landesverbände der Krankenkassen und die Ersatzkassen gemeinsam und einheitlich mit Wirkung für ihre Mitgliedskassen fest, dass

1. das klinische Krebsregister die Fördervoraussetzungen nach Absatz 2 Satz 2 und 3 erfüllt und

2. in dem Land, in dem das klinische Krebsregister seinen Sitz hat, eine flächendeckende klinische Krebsregistrierung und eine Zusammenarbeit mit den epidemiologischen Krebsregistern gewährleistet sind.

2 Weist ein klinisches Krebsregister auf Grund der Feststellungen nach Satz 1 nach, dass die Fördervoraussetzungen erfüllt sind, so zahlt die Krankenkasse an dieses Register oder dessen Träger einmalig für jede verarbeitete Meldung zur Neuerkrankung an einem Tumor nach Absatz 1 Nummer 1 mit Ausnahme der Meldungen von nicht-melanotischen Hautkrebsarten und ihrer Frühstadien eine fallbezogene Krebsregisterpauschale in Höhe von 119 Euro. 3 Ab dem Jahr 2015 erhöht sich die fallbezogene Krebsregisterpauschale nach Satz 2 jährlich entsprechend der prozentualen Veränderung der monatlichen Bezugsgröße nach § 18 Absatz 1 des Vierten Buches[1]. 4 Die Landesverbände der Krankenkassen und die Ersatzkassen gemeinsam und einheitlich können mit Wirkung für ihre Mitgliedskassen mit dem Land eine von Satz 2 abweichende Höhe der fallbezogenen Krebsregisterpauschale vereinbaren, wenn dies auf Grund regionaler Besonderheiten erforderlich ist. 5 Im Falle des Absatzes 3 Satz 2 tritt der jeweilige Landesausschuss des Verbandes der Privaten Krankenversicherung bei der Vereinbarung nach Satz 4 an die Seite der Landesverbände der Krankenkassen und der Ersatzkassen. 6 Der Spitzenverband Bund der Krankenkassen passt die Pauschale nach Satz 2 an, wenn die Anpassung erforderlich ist, um 90 Prozent der durchschnittlichen Betriebskosten der nach Absatz 2 Satz 1 geförderten klinischen Krebsregister abzudecken. 7 Die erstmalige Überprüfung der Pauschale erfolgt spätestens bis zum Ablauf des Jahres 2019; Absatz 2 Satz 4 und 5 gilt entsprechend.

(5) 1 In einer Übergangsphase bis zum 31. Dezember 2017 zahlt die Krankenkasse die Pauschale nach Absatz 4 Satz 2 bis 4 unabhängig von den Feststellungen nach Absatz 4 Satz 1 an die klinischen Krebsregister, die von den Ländern für ein festgelegtes Einzugsgebiet als zuständig bestimmt worden sind. 2 Eine anderweitige Finanzierung der klinischen Krebsregister aus Mitteln der gesetzlichen Krankenversicherung ist in diesen Fällen ausgeschlossen. 3 Die Landesverbände der Krankenkassen und die Ersatzkassen gemeinsam und einheitlich können mit dem Land für die Übergangsphase Vereinbarungen über den Prozess zur Einrichtung und Weiterentwicklung der klinischen Krebsregister treffen. 4 Erfüllt ein klinisches Krebsregister die Anforderungen nach Absatz 4 Satz 1 Nummer 1 nach Ablauf der Übergangsphase nach Satz 1 oder zu einem späteren Zeitpunkt nicht, hat das klinische Krebsregister die Möglichkeit der Nachbesserung innerhalb von drei Jahren. 5 Für diesen Zeitraum gilt Satz 1 entsprechend.

(6) 1 Für jede landesrechtlich vorgesehene Meldung der zu übermittelnden klinischen Daten an ein klinisches Krebsregister, das nach Absatz 4 Satz 1 förderfähig ist, ist den Leistungserbringern vom jeweiligen klinischen Krebsregister eine Meldevergütung zu zahlen, wenn die zu übermittelnden Daten vollständig gemeldet wurden. 2 Satz 1 gilt nicht für Meldungen, die nicht-melanotische Hautkrebsarten und ihre Frühstadien betreffen. 3 Die Krankenkasse des gemeldeten Versicherten hat dem klinischen Krebsregister die nach Satz 1 entstandenen Kosten zu erstatten. 4 Die Übergangsregelung nach Absatz 5 gilt entsprechend. 5 Die Höhe der einzelnen Meldevergütungen vereinbart der

[1] Nr. 4.

Spitzenverband Bund der Krankenkassen mit der Deutschen Krankenhausgesellschaft und den Kassenärztlichen Bundesvereinigungen. [6] Wenn die privaten Krankenversicherungsunternehmen den klinischen Krebsregistern die Kosten für Vergütungen von Meldungen von Daten privat krankenversicherter Personen erstatten, tritt der Verband der Privaten Krankenversicherung bei der Vereinbarung nach Satz 5 an die Seite des Spitzenverbandes Bund der Krankenkassen. [7] Gleiches gilt für die Träger der Kosten in Krankheits-, Pflege- und Geburtsfällen nach beamtenrechtlichen Vorschriften, wenn sie den klinischen Krebsregistern einen Teil der Kosten für Vergütungen von Meldungen von Daten der nach diesen Vorschriften berechtigten Personen erstatten. [8] Wird eine Vereinbarung nach Satz 5 ganz oder teilweise beendet und kommt bis zum Ablauf der Vereinbarungszeit keine neue Vereinbarung zustande, entscheidet das sektorenübergreifende Schiedsgremium auf Bundesebene gemäß § 89a.

(7) [1] Klinische Krebsregister und Auswertungsstellen der klinischen Krebsregistrierung auf Landesebene arbeiten mit dem Gemeinsamen Bundesausschuss bei der Qualitätssicherung der onkologischen Versorgung zusammen. [2] Der Gemeinsame Bundesausschuss lässt notwendige bundesweite Auswertungen der klinischen Krebsregisterdaten durchführen. [3] Hierfür übermitteln die Auswertungsstellen der klinischen Krebsregistrierung auf Landesebene dem Gemeinsamen Bundesausschuss oder dem nach Satz 4 benannten Empfänger auf Anforderung die erforderlichen Daten in anonymisierter Form. [4] Der Gemeinsame Bundesausschuss bestimmt durch Beschluss die von den Auswertungsstellen der klinischen Krebsregistrierung auf Landesebene zu übermittelnden Daten, den Empfänger dieser Daten sowie Inhalte und Kriterien für Auswertungen nach Satz 2; § 92 Absatz 7e gilt entsprechend. [5] Bei der Erarbeitung und Festlegung von Kriterien und Inhalten der bundesweiten Auswertungen nach Satz 2 ist der Deutschen Krebsgesellschaft, der Deutschen Krebshilfe und der Arbeitsgemeinschaft Deutscher Tumorzentren Gelegenheit zum Einbringen von Vorschlägen zu geben.

(8) [1] Bei Maßnahmen der einrichtungs- und sektorenübergreifenden Qualitätssicherung nach § 135a Absatz 2 Nummer 1 in Verbindung mit § 136 Absatz 1 Satz 1 Nummer 1 in der onkologischen Versorgung soll der Gemeinsame Bundesausschuss die klinischen Krebsregister unter Einhaltung der Vorgaben des § 299 bei der Aufgabenerfüllung einbeziehen. [2] Soweit den klinischen Krebsregistern Aufgaben nach Satz 1 übertragen werden, sind sie an Richtlinien nach § 92 Absatz 1 Nummer 13 gebunden.

(9) [1] Der Gemeinsame Bundesausschuss gleicht erstmals bis zum 31. Dezember 2013 die Dokumentationsanforderungen, die für die Zulassung von strukturierten Behandlungsprogrammen für Brustkrebs nach § 137f Absatz 2 Satz 2 Nummer 5 geregelt sind, an den bundesweit einheitlichen Datensatz der Arbeitsgemeinschaft Deutscher Tumorzentren und der Gesellschaft der epidemiologischen Krebsregister in Deutschland zur Basisdokumentation für Tumorkranke und ihn ergänzende Module an. [2] Leistungserbringer, die an einem nach § 137g Absatz 1 zugelassenen, strukturierten Behandlungsprogramm für Brustkrebs in koordinierender Funktion teilnehmen, können die in dem Programm für die Annahme der Dokumentationsdaten nach § 137f Absatz 2 Satz 2 Nummer 5 zuständige Stelle mit der Meldung der entsprechenden Daten an das klinische Krebsregister beauftragen, wenn die Versicherte nach umfassender Information hierin schriftlich oder elektronisch eingewilligt hat. [3] Macht der

Leistungserbringer von der Möglichkeit nach Satz 2 Gebrauch, erhält er insoweit keine Meldevergütungen nach Absatz 6.

(10) [1] Der Spitzenverband Bund der Krankenkassen veröffentlicht ab dem Jahr 2018 alle fünf Jahre einen Bericht über die bundesweiten Ergebnisse der klinischen Krebsregistrierung in patientenverständlicher Form, wozu auch die barrierefreie Bereitstellung des Berichtes gehört. [2] Der Bericht ist auf der Grundlage der Landesauswertungen nach Absatz 1 Satz 3 und der Ergebnisse von Bundesauswertungen des Gemeinsamen Bundesausschusses nach Absatz 9 Satz 2 zu erstellen. [3] Die Auswertungsstellen der klinischen Krebsregistrierung auf Landesebene und der Gemeinsame Bundesausschuss liefern dem Spitzenverband Bund der Krankenkassen die Auswertungen, die zum Erstellen des Berichts benötigt werden.

§ 65d Förderung besonderer Therapieeinrichtungen. (1) [1] Der Spitzenverband Bund der Krankenkassen fördert ab 1. Januar 2017 mit insgesamt fünf Millionen Euro je Kalenderjahr im Rahmen von Modellvorhaben Leistungserbringer, die Patienten mit pädophilen Sexualstörungen behandeln. [2] Förderungsfähig sind an der vertragsärztlichen Versorgung teilnehmende Leistungserbringer, die ein freiwilliges Therapieangebot vorhalten und die vom Spitzenverband Bund der Krankenkassen als förderungsfähig anerkannt werden. [3] Für die Verarbeitung personenbezogener Daten im Rahmen der Modellvorhaben gilt § 63 Absatz 3 Satz 1 und 4, Absatz 3a und 5 entsprechend mit der Maßgabe, dass die Anonymität der Patienten zu gewährleisten ist. [4] Die Anonymität darf nur eingeschränkt werden, soweit die Patienten dazu ihre Einwilligung erteilen.

(2) [1] Der Spitzenverband Bund der Krankenkassen hat eine wissenschaftliche Begleitung und Auswertung der Modellvorhaben im Hinblick auf die Erreichung der Ziele der Modellvorhaben nach allgemein anerkannten wissenschaftlichen Standards zu veranlassen. [2] Ziel dieser wissenschaftlichen Begleitung und Auswertung ist die Erreichung möglichst hochwertiger Evidenz zur Wirksamkeit der Therapieangebote nach Absatz 1 unter Berücksichtigung der Besonderheiten der pädophilen Sexualstörungen.

(3) [1] Der von unabhängigen Sachverständigen zu erstellende Bericht über die Ergebnisse der Auswertung nach Absatz 2 ist zu veröffentlichen. [2] Die Sachverständigen dürfen nicht für Krankenkassen, Kassenärztliche Vereinigungen oder deren Verbände tätig oder als Leistungserbringer oder deren Angestellte am Modellvorhaben beteiligt sein.

(4) [1] Die Finanzierung der Fördermittel nach Absatz 1 erfolgt durch eine Umlage der Krankenkassen gemäß dem Anteil ihrer Versicherten an der Gesamtzahl der in der gesetzlichen Krankenversicherung Versicherten. [2] Das Nähere zur Umlage und zur Vergabe der Fördermittel bestimmt der Spitzenverband Bund der Krankenkassen. [3] An Modellvorhaben nach Absatz 1 und ihrer Finanzierung können sich über die Fördersumme nach Absatz 1 Satz 1 hinaus weitere Einrichtungen beteiligen, insbesondere private Krankenversicherungen und der Verband der Privaten Krankenversicherung sowie öffentliche Stellen. [4] Das Verfahren nach § 64 Absatz 3 ist nicht anzuwenden.

§ 65e[1] **Ambulante Krebsberatungsstellen.** (1) [1]Der Spitzenverband Bund der Krankenkassen fördert ab dem 1. Juli 2020 mit Wirkung vom 1. Januar 2020 ambulante Krebsberatungsstellen mit einem Gesamtbetrag von jährlich bis zu 21 Millionen Euro. [2]Die privaten Krankenversicherungsunternehmen beteiligen sich ab dem 1. Juli 2020 mit Wirkung vom 1. Januar 2020 mit einem Anteil von 7 Prozent an der Förderung nach Satz 1. [3]Der Spitzenverband Bund der Krankenkassen und der Verband der Privaten Krankenversicherung mit Wirkung für die privaten Krankenversicherungsunternehmen vereinbaren bis zum 1. Juli 2020 das Nähere zur gemeinsamen Förderung nach den Sätzen 1 und 2, insbesondere über Zahlung, Rückzahlung und Abrechnung des Finanzierungsanteils der privaten Krankenversicherungsunternehmen. [4]Ab dem Jahr 2023 erhöht sich der Betrag nach Satz 1 jährlich entsprechend der prozentualen Veränderung der Bezugsgröße nach § 18 Absatz 1 des Vierten Buches[2].

(2) [1]Gefördert werden ambulante Krebsberatungsstellen, soweit sie an Krebs erkrankten Personen und ihren Angehörigen psychoonkologische Beratung und Unterstützung anbieten. [2]Der Spitzenverband Bund der Krankenkassen bestimmt bis zum 1. Juli 2020 Grundsätze zu den Voraussetzungen und zum Verfahren der Förderung. [3]Er setzt sich hierzu mit dem Verband der Privaten Krankenversicherung ins Benehmen. [4]In den Grundsätzen sind insbesondere zu regeln:

1. Anforderungen an ein bedarfsgerechtes und wirtschaftliches Leistungsangebot der ambulanten Krebsberatungsstellen,
2. sächliche und personelle Anforderungen an die Krebsberatungsstellen,
3. Maßnahmen zur Qualitätssicherung einschließlich Dokumentation, Qualitätsmanagement sowie Fortbildung und
4. das Nähere zu Verteilung und Auszahlung der Fördermittel sowie der Umgang mit nicht abgerufenen und zurückgezahlten Fördermitteln.

[5]Die für die Wahrnehmung der Interessen der ambulanten Krebsberatungsstellen auf Bundesebene maßgeblichen Organisationen sind zu beteiligen. [6]Für bereits am 1. Januar 2020 bestehende Krebsberatungsstellen sind im Hinblick auf die Erfüllung der Fördervoraussetzungen nach Satz 1 Übergangsregelungen vorzusehen.

(3) Die Förderung erfolgt auf Antrag und wird jeweils für eine Dauer von drei Jahren vergeben.

(4) [1]Der Spitzenverband Bund der Krankenkassen erhebt zur Finanzierung der Fördermittel nach Absatz 1 Satz 1 von den Krankenkassen eine Umlage gemäß dem Anteil ihrer Versicherten an der Gesamtzahl der Versicherten aller Krankenkassen. [2]Das Nähere zum Umlageverfahren bestimmt der Spitzenverband Bund der Krankenkassen.

(5) Der Spitzenverband Bund der Krankenkassen berichtet im Benehmen mit dem Verband der Privaten Krankenversicherung dem Bundesministerium für Gesundheit bis zum 31. Dezember 2022 über die Erfahrungen mit der Umsetzung der Förderung.

---

[1] § 65e amtlich mit unterschiedlichem Inhalt zweimal eingefügt.
[2] Nr. 4.

§ 65e[1)] Vereinbarung zur Suche und Auswahl nichtverwandter Spender von Blutstammzellen aus dem Knochenmark oder aus dem peripheren Blut. [1]Der Spitzenverband Bund der Krankenkassen vereinbart mit den für die nationale und internationale Suche nach nichtverwandten Spendern von Blutstammzellen aus dem Knochenmark oder aus dem peripheren Blut maßgeblichen Organisationen die Grundlagen, Abläufe, Finanzierung und Weiterentwicklung der Suche und Auswahl nichtverwandter Spender für die Versorgung der Versicherten mit Blutstammzellen. [2]Die Vereinbarung nach Satz 1 hat der Sicherung der Qualität und Transparenz des Auswahlverfahrens zur Bestimmung des am besten geeigneten Blutstammzelltransplantats angemessen Rechnung zu tragen. [3]Die Vereinbarung nach Satz 1 hat folgende Bereiche näher zu regeln:

1. die Benennung einer zentralen Stelle zur Koordinierung der Spendersuche und Spenderauswahl einschließlich der Zusammenführung der bei den beteiligten maßgeblichen Organisationen vorhandenen Spenderdaten und Suchanfragen,
2. das Zusammenwirken dieser zentralen Stelle mit den beteiligten maßgeblichen Organisationen bei der Suche und Auswahl geeigneter Spender sowie
3. die Vergütung für Leistungen im Rahmen der Suche und Auswahl nichtverwandter Spender durch die Krankenkassen sowie ein Verfahren zur Abrechnung.

[4]Die Vereinbarung nach Satz 1 kann zusätzlich insbesondere folgende Regelungen enthalten:

1. Vorgaben für Datensatzbeschreibungen und Übermittlungsverfahren zur Vereinheitlichung des Datenaustausches zwischen den in Satz 1 genannten Organisationen sowie zur Zusammenführung der vorhandenen Spenderdaten und Suchanfragen und
2. Vorgaben für die übergreifende Evaluation und Qualitätssicherung des Such- und Auswahlverfahrens.

[5]§ 27 Absatz 1a Satz 6 sowie die rechtlichen Vorgaben für die Entnahme, Untersuchung, Herstellung, das Inverkehrbringen und die Anwendung von Blutstammzelltransplantaten aus dem Knochenmark oder aus dem peripheren Blut bleiben unberührt.

§ 66 Unterstützung der Versicherten bei Behandlungsfehlern. [1]Die Krankenkassen sollen die Versicherten bei der Verfolgung von Schadensersatzansprüchen, die bei der Inanspruchnahme von Versicherungsleistungen aus Behandlungsfehlern entstanden sind und nicht nach § 116 des Zehnten Buches[2)] auf die Krankenkassen übergehen, unterstützen. [2]Die Unterstützung der Krankenkassen nach Satz 1 kann insbesondere die Prüfung der von den Versicherten vorgelegten Unterlagen auf Vollständigkeit und Plausibilität, mit Einwilligung der Versicherten die Anforderung weiterer Unterlagen bei den Leistungserbringern, die Veranlassung einer sozialmedizinischen Begutachtung durch den Medizinischen Dienst nach § 275 Absatz 3 Nummer 4 sowie eine abschließende Gesamtbewertung aller vorliegenden Unterlagen umfassen. [3]Die auf Grundlage der Einwilligung des Versicherten bei den Leistungserbringern

---

[1)] § 65e amtlich mit unterschiedlichem Inhalt zweimal eingefügt.

[2)] Nr. **10**.

erhobenen Daten dürfen ausschließlich zum Zwecke der Unterstützung des Versicherten bei Behandlungsfehlern verarbeitet werden.

§ 67 Elektronische Kommunikation. (1) Zur Verbesserung der Qualität und Wirtschaftlichkeit der Versorgung soll die Kommunikation sowie der Daten- und Informationsfluss unter den Leistungserbringern, zwischen den Krankenkassen und Leistungserbringern sowie im Verhältnis von Krankenkassen und Leistungserbringern zu den Versicherten durch vernetzte digitale Anwendungen und Dienste ausgebaut werden, insbesondere zur

1. elektronischen und maschinell verwertbaren Übermittlung von Befunden, Diagnosen, Therapieempfehlungen, Behandlungsberichten und Unterlagen in Genehmigungsverfahren,
2. Förderung der aktiven und informierten Mitwirkung der Versicherten am Behandlungs- und Rehabilitationsprozess sowie
3. Unterstützung der Versicherten bei einer gesundheitsbewussten Lebensführung.

(2) Die Krankenkassen und Leistungserbringer sowie ihre Verbände sollen den Übergang zur elektronischen Kommunikation nach Absatz 1 finanziell unterstützen.

(3) [1] Krankenkassen und ihre Verbände dürfen im Rahmen von Pilotprojekten für die Dauer von bis zu zwei Jahren, längstens bis zu dem in Satz 4 genannten Zeitpunkt, Verfahren zur elektronischen Übermittlung von Verordnungen und zur Abrechnung von Leistungen nach § 33a erproben, bei denen eine Übermittlung von Verordnungen in Textform erfolgt. [2] Die Pilotvorhaben müssen den Anforderungen der Richtlinie nach § 217f Absatz 4b entsprechen. [3] Im Rahmen der Verfahren nach Satz 1 darf nicht in die ärztliche Therapiefreiheit eingegriffen oder die Wahlfreiheit der Versicherten beschränkt werden. [4] Für die elektronische Übermittlung von Verordnungen von Leistungen nach § 33a sind ausschließlich geeignete Dienste der Telematikinfrastruktur zu verwenden, sobald diese zur Verfügung stehen.

§ 68 Finanzierung einer persönlichen elektronischen Gesundheitsakte. [1] Zur Verbesserung der Qualität und der Wirtschaftlichkeit der Versorgung können die Krankenkassen ihren Versicherten zu von Dritten angebotenen Dienstleistungen der elektronischen Speicherung und Übermittlung patientenbezogener Gesundheitsdaten finanzielle Unterstützung gewähren. [2] Das Nähere ist durch die Satzung zu regeln.

§ 68a Förderung der Entwicklung digitaler Innovationen durch Krankenkassen. (1) [1] Zur Verbesserung der Qualität und der Wirtschaftlichkeit der Versorgung können Krankenkassen die Entwicklung digitaler Innovationen fördern. [2] Die Förderung muss möglichst bedarfsgerecht und zielgerichtet sein und soll insbesondere zur Verbesserung der Versorgungsqualität und Versorgungseffizienz, zur Behebung von Versorgungsdefiziten sowie zur verbesserten Patientenorientierung in der Versorgung beitragen.

(2) Digitale Innovationen im Sinne des Absatzes 1 sind insbesondere

1. digitale Medizinprodukte,
2. telemedizinische Verfahren oder
3. IT-gestützte Verfahren in der Versorgung.

(3) [1] Krankenkassen können digitale Innovationen in Zusammenarbeit mit Dritten entwickeln oder von diesen entwickeln lassen. [2] Dritte sind insbesondere

1. Hersteller von Medizinprodukten,
2. Unternehmen aus dem Bereich der Informationstechnologie,
3. Forschungseinrichtungen sowie
4. Leistungserbringer und Gemeinschaften von Leistungserbringern.

(4) Die Förderung erfolgt entweder durch eine fachlich-inhaltliche Kooperation mit Dritten nach Absatz 3 oder durch einen Erwerb von Anteilen an Investmentvermögen nach § 263a, soweit sie mit einer fachlich-inhaltlichen Kooperation zwischen Krankenkasse und Kapitalverwaltungsgesellschaft verbunden wird.

(5) [1] Um den konkreten Versorgungsbedarf und den möglichen Einfluss digitaler Innovationen auf die Versorgung zu ermitteln und um positive Versorgungseffekte digitaler Anwendungen zu evaluieren, können Krankenkassen die versichertenbezogenen Daten, die sie nach § 284 Absatz 1 rechtmäßig erhoben und gespeichert haben, im erforderlichen Umfang auswerten. [2] Vor der Auswertung sind die Daten zu pseudonymisieren. [3] Die Krankenkasse hat die pseudonymisierten Daten zu anonymisieren, wenn den Zwecken der Datenauswertung auch mit anonymisierten Daten entsprochen werden kann. [4] Eine Übermittlung dieser Daten an Dritte nach den Absätzen 3 und 4 ist ausgeschlossen.

§ 68b Förderung von Versorgungsinnovationen. (1) [1] Die Krankenkassen können Versorgungsinnovationen fördern. [2] Diese sollen insbesondere ermöglichen,

1. die Versorgung der Versicherten anhand des Bedarfs, der aufgrund der Datenauswertung ermittelt worden ist, weiterzuentwickeln und
2. Verträge mit Leistungserbringern unter Berücksichtigung der Erkenntnisse nach Nummer 1 abzuschließen.

[3] Ein Eingreifen in die ärztliche Therapiefreiheit oder eine Beschränkung der Wahlfreiheit der Versicherten im Rahmen von Maßnahmen nach Satz 1 ist unzulässig. [4] Für die Vorbereitung von Versorgungsinnovationen nach Satz 1 und für die Gewinnung von Versicherten für diese Versorgungsinnovationen können Krankenkassen die versichertenbezogenen Daten, die sie nach § 284 Absatz 1 rechtmäßig erhoben und gespeichert haben, im erforderlichen Umfang auswerten. [5] Vor der Auswertung sind die Daten zu pseudonymisieren. [6] Die Krankenkasse hat die pseudonymisierten Daten zu anonymisieren, wenn den Zwecken der Datenauswertung auch mit anonymisierten Daten entsprochen werden kann. [7] Eine Übermittlung dieser Daten an Dritte ist ausgeschlossen.

(2) [1] Die Krankenkassen können ihren Versicherten Informationen zu individuell geeigneten Versorgungsinnovationen und zu sonstigen individuell geeigneten Versorgungsleistungen zur Verfügung stellen und individuell geeignete Versorgungsinnovationen oder sonstige individuell geeignete Versorgungsleistungen anbieten. [2] Ein Eingreifen in die ärztliche Therapiefreiheit oder eine Beschränkung der Wahlfreiheit der Versicherten im Rahmen von Maßnahmen nach Satz 1 ist unzulässig.

(3) [1] Die Teilnahme an Maßnahmen nach Absatz 2 ist freiwillig. [2] Die Versicherten können der gezielten Information oder der Unterbreitung von Angeboten nach Absatz 2 durch die Krankenkassen jederzeit schriftlich oder elektronisch widersprechen. [3] Die Krankenkassen informieren die Versicherten bei der ersten Kontaktaufnahme zum Zwecke der Information oder des Unterbreitens von Angeboten nach Absatz 2 über die Möglichkeit des Widerspruchs.

(4) [1] Der Spitzenverband Bund der Krankenkassen berichtet dem Bundesministerium für Gesundheit jährlich, erstmals bis zum 31. Dezember 2021, wie und in welchem Umfang seine Mitglieder Versorgungsinnovationen fördern und welche Auswirkungen die geförderten Versorgungsinnovationen auf die Versorgung haben. [2] Der Spitzenverband Bund der Krankenkassen bestimmt zu diesem Zweck die von seinen Mitgliedern zu übermittelnden statistischen Informationen.

§ 68c Förderung digitaler Innovationen durch die Kassenärztlichen Vereinigungen und die Kassenärztlichen Bundesvereinigungen.

(1) [1] Zur Verbesserung der Qualität und Wirtschaftlichkeit der vertragsärztlichen und der vertragszahnärztlichen Versorgung können die Kassenärztlichen Vereinigungen und die Kassenärztlichen Bundesvereinigungen die Entwicklung digitaler Innovationen im Sinne des § 68a Absatz 1 und 2 fördern. [2] Die Förderung muss möglichst bedarfsgerecht und zielgerichtet sein und soll insbesondere zur Verbesserung der Versorgungsqualität und Versorgungseffizienz, zur Behebung von Versorgungsdefiziten sowie zur verbesserten Patientenorientierung in der vertragsärztlichen und vertragszahnärztlichen Versorgung beitragen. [3] Im Rahmen der Förderung können die Kassenärztlichen Vereinigungen und die Kassenärztlichen Bundesvereinigungen digitale Innovationen in Zusammenarbeit mit Dritten im Sinne des § 68 Absatz 3 entwickeln oder von diesen entwickeln lassen.

(2) [1] Um den Bedarf für eine Förderung digitaler Innovationen in der vertragsärztlichen und der vertragszahnärztlichen Versorgung und den möglichen Einfluss digitaler Innovationen auf die vertragsärztliche und die vertragszahnärztliche Versorgung zu ermitteln sowie die Auswirkungen digitaler Innovationen auf die vertragsärztliche und die vertragszahnärztliche Versorgung zu evaluieren, dürfen die Kassenärztlichen Vereinigungen die versichertenbezogenen Daten, die sie nach § 285 Absatz 1 rechtmäßig erhoben und gespeichert haben, im erforderlichen Umfang auswerten. [2] Vor der Auswertung sind die Daten zu pseudonymisieren. [3] Die Kassenärztlichen Vereinigungen haben die pseudonymisierten Daten zu anonymisieren, wenn den Zwecken der Datenauswertung auch mit anonymisierten Daten entsprochen werden kann. [4] Eine Übermittlung der Daten an Dritte im Sinne des Absatzes 1 ist ausgeschlossen.

(3) [1] Um den Bedarf für eine Förderung digitaler Innovationen in der vertragsärztlichen und der vertragszahnärztlichen Versorgung und den möglichen Einfluss digitaler Innovationen auf die vertragsärztliche und die vertragszahnärztliche Versorgung zu ermitteln sowie die Auswirkungen digitaler Innovationen auf die vertragsärztliche und die vertragszahnärztliche Versorgung zu evaluieren, dürfen die Kassenärztlichen Bundesvereinigungen versichertenbezogene Daten im erforderlichen Umfang auswerten. [2] Für die Bedarfsermittlung durch die Kassenärztlichen Bundesvereinigungen übermitteln die Kassenärztlichen Vereinigungen an die Kassenärztlichen Bundesvereinigungen die für diesen

Zweck erforderlichen anonymisierten Daten. [3]Absatz 2 Satz 4 gilt entsprechend.

Viertes Kapitel. Beziehungen der Krankenkassen zu den Leistungserbringern

Erster Abschnitt. Allgemeine Grundsätze

§ 69 Anwendungsbereich. (1) [1]Dieses Kapitel sowie die §§ 63 und 64 regeln abschließend die Rechtsbeziehungen der Krankenkassen und ihrer Verbände zu Ärzten, Zahnärzten, Psychotherapeuten, Apotheken sowie sonstigen Leistungserbringern und ihren Verbänden, einschließlich der Beschlüsse des Gemeinsamen Bundesausschusses und der Landesausschüsse nach den §§ 90 bis 94. [2]Die Rechtsbeziehungen der Krankenkassen und ihrer Verbände zu den Krankenhäusern und ihren Verbänden werden abschließend in diesem Kapitel, in den §§ 63, 64 und in dem Krankenhausfinanzierungsgesetz, dem Krankenhausentgeltgesetz sowie den hiernach erlassenen Rechtsverordnungen geregelt. [3]Für die Rechtsbeziehungen nach den Sätzen 1 und 2 gelten im Übrigen die Vorschriften des Bürgerlichen Gesetzbuches entsprechend, soweit sie mit den Vorgaben des § 70 und den übrigen Aufgaben und Pflichten der Beteiligten nach diesem Kapitel vereinbar sind. [4]Die Sätze 1 bis 3 gelten auch, soweit durch diese Rechtsbeziehungen Rechte Dritter betroffen sind.

(2) [1]Die §§ 1 bis 3 Absatz 1, die §§ 19 bis 21, 32 bis 34a, 48 bis 81 Absatz 2 Nummer 1, 2 Buchstabe a und Nummer 6 bis 11, Absatz 3 Nummer 1 und 2 sowie die §§ 81a bis 95 des Gesetzes gegen Wettbewerbsbeschränkungen gelten für die in Absatz 1 genannten Rechtsbeziehungen entsprechend. [2]Satz 1 gilt nicht für Verträge und sonstige Vereinbarungen von Krankenkassen oder deren Verbänden mit Leistungserbringern oder deren Verbänden, zu deren Abschluss die Krankenkassen oder deren Verbände gesetzlich verpflichtet sind. [3]Satz 1 gilt auch nicht für Beschlüsse, Empfehlungen, Richtlinien oder sonstige Entscheidungen der Krankenkassen oder deren Verbände, zu denen sie gesetzlich verpflichtet sind, sowie für Beschlüsse, Richtlinien und sonstige Entscheidungen des Gemeinsamen Bundesausschusses, zu denen er gesetzlich verpflichtet ist.

(3) Auf öffentliche Aufträge nach diesem Buch sind die Vorschriften des Teils 4 des Gesetzes gegen Wettbewerbsbeschränkungen anzuwenden.

(4) [1]Bei der Vergabe öffentlicher Dienstleistungsaufträge nach den §§ 63 und 140a über soziale und andere besondere Dienstleistungen im Sinne des Anhangs XIV der Richtlinie 2014/24/EU des Europäischen Parlaments und des Rates vom 26. Februar 2014, die im Rahmen einer heilberuflichen Tätigkeit erbracht werden, kann der öffentliche Auftraggeber abweichend von § 119 Absatz 1 und § 130 Absatz 1 Satz 1 des Gesetzes gegen Wettbewerbsbeschränkungen sowie von § 14 Absatz 1 bis 3 der Vergabeverordnung andere Verfahren vorsehen, die die Grundsätze der Transparenz und der Gleichbehandlung gewährleisten. [2]Ein Verfahren ohne Teilnahmewettbewerb und ohne vorherige Veröffentlichung nach § 66 der Vergabeverordnung darf der öffentliche Auftraggeber nur in den Fällen des § 14 Absatz 4 und 6 der Vergabeverordnung vorsehen. [3]Von den Vorgaben der §§ 15 bis 36 und 42 bis 65 der Vergabeverordnung, mit Ausnahme der §§ 53, 58, 60 und 63, kann abgewichen werden. [4]Der Spitzenverband Bund der Krankenkassen berichtet dem Bundesministerium für Ge-

sundheit bis zum 17. April 2019 über die Anwendung dieses Absatzes durch seine Mitglieder.

§ 70 Qualität, Humanität und Wirtschaftlichkeit. (1) [1]Die Krankenkassen und die Leistungserbringer haben eine bedarfsgerechte und gleichmäßige, dem allgemein anerkannten Stand der medizinischen Erkenntnisse entsprechende Versorgung der Versicherten zu gewährleisten. [2]Die Versorgung der Versicherten muß ausreichend und zweckmäßig sein, darf das Maß des Notwendigen nicht überschreiten und muß in der fachlich gebotenen Qualität sowie wirtschaftlich erbracht werden.

(2) Die Krankenkassen und die Leistungserbringer haben durch geeignete Maßnahmen auf eine humane Krankenbehandlung ihrer Versicherten hinzuwirken.

§ 71 Beitragssatzstabilität, besondere Aufsichtsmittel. (1) [1]Die Vertragspartner auf Seiten der Krankenkassen und der Leistungserbringer haben die Vereinbarungen über die Vergütungen nach diesem Buch so zu gestalten, dass Beitragserhöhungen ausgeschlossen werden, es sei denn, die notwendige medizinische Versorgung ist auch nach Ausschöpfung von Wirtschaftlichkeitsreserven nicht zu gewährleisten (Grundsatz der Beitragssatzstabilität). [2]Ausgabensteigerungen auf Grund von gesetzlich vorgeschriebenen Vorsorge- und Früherkennungsmaßnahmen oder für zusätzliche Leistungen, die im Rahmen zugelassener strukturierter Behandlungsprogramme (§ 137g) auf Grund der Anforderungen der Richtlinien des Gemeinsamen Bundesausschusses nach § 137f oder der Rechtsverordnung nach § 266 Absatz 8 Satz 1 erbracht werden, verletzen nicht den Grundsatz der Beitragssatzstabilität.

(2) [1]Um den Vorgaben nach Absatz 1 Satz 1 Halbsatz 1 zu entsprechen, darf die vereinbarte Veränderung der jeweiligen Vergütung die sich bei Anwendung der Veränderungsrate für das gesamte Bundesgebiet nach Absatz 3 ergebende Veränderung der Vergütung nicht überschreiten. [2]Abweichend von Satz 1 ist eine Überschreitung zulässig, wenn die damit verbundenen Mehrausgaben durch vertraglich abgesicherte oder bereits erfolgte Einsparungen in anderen Leistungsbereichen ausgeglichen werden.

(3) [1]Das Bundesministerium für Gesundheit stellt bis zum 15. September eines jeden Jahres für die Vereinbarungen der Vergütungen des jeweils folgenden Kalenderjahres die nach den Absätzen 1 und 2 anzuwendende durchschnittliche Veränderungsrate der beitragspflichtigen Einnahmen aller Mitglieder der Krankenkassen je Mitglied für den gesamten Zeitraum der zweiten Hälfte des Vorjahres und der ersten Hälfte des laufenden Jahres gegenüber dem entsprechenden Zeitraum der jeweiligen Vorjahre fest. [2]Grundlage sind die monatlichen Erhebungen der Krankenkassen und die vierteljährlichen Rechnungsergebnisse des Gesundheitsfonds, die die beitragspflichtigen Einnahmen aller Mitglieder der Krankenkassen ausweisen. [3]Die Feststellung wird durch Veröffentlichung im Bundesanzeiger bekannt gemacht. [4]Bei der Ermittlung der durchschnittlichen Veränderungsrate nach Satz 1 werden für die Jahre 2017 und 2018 die Mitglieder nicht berücksichtigt, die nach § 5 Absatz 1 Nummer 2a in der am 31. Dezember 2015 geltenden Fassung vorrangig familienversichert gewesen wären.

(3a) *(aufgehoben)*

(4) [1]Die Vereinbarungen über die Vergütung der Leistungen nach § 57 Abs. 1 und 2, §§ 83 und 85 sind den für die Vertragsparteien zuständigen Aufsichtsbehörden vorzulegen. [2]Die Aufsichtsbehörden können die Vereinbarungen bei einem Rechtsverstoß innerhalb von zwei Monaten nach Vorlage beanstanden. [3]Klagen der Vertragspartner gegen die Beanstandung haben keine aufschiebende Wirkung.

(5) Die Vereinbarungen nach Absatz 4 Satz 1 und die Verträge nach den §§ 73b und 140a sind unabhängig von Absatz 4 auch den für die Sozialversicherung zuständigen obersten Verwaltungsbehörden der Länder, in denen sie wirksam werden, zu übermitteln, soweit diese nicht die Aufsicht über die vertragsschließende Krankenkasse führen.

(6) [1]Wird durch einen der in den §§ 73b, 127 und 140a genannten Verträge das Recht erheblich verletzt, kann die Aufsichtsbehörde abweichend von § 89 Absatz 1 Satz 1 und 2 des Vierten Buches[1)] alle Anordnungen treffen, die für eine sofortige Behebung der Rechtsverletzung geeignet und erforderlich sind. [2]Sie kann gegenüber der Krankenkasse oder der Arbeitsgemeinschaft der Krankenkassen insbesondere anordnen, den Vertrag dafür zu ändern oder aufzuheben. [3]Die Krankenkasse oder Arbeitsgemeinschaft der Krankenkassen kann bei einer solchen Anordnung den Vertrag auch außerordentlich kündigen. [4]Besteht die Gefahr eines schweren, nicht wieder gutzumachenden Schadens insbesondere für die Belange der Versicherten, kann die Aufsichtsbehörde einstweilige Maßnahmen anordnen. [5]Ein Zwangsgeld kann bis zu einer Höhe von 10 Millionen Euro zugunsten des Gesundheitsfonds nach § 271 festgesetzt werden. [6]Die Aufsichtsbehörde kann eine erhebliche Rechtsverletzung auch feststellen, nachdem diese beendet ist, sofern ein berechtigtes Interesse an der Feststellung besteht. [7]Rechtsbehelfe gegen Anordnungen nach den Sätzen 1 bis 4 haben keine aufschiebende Wirkung. [8]Die Sätze 1 bis 7 gelten auch für Verträge nach § 140a Absatz 1 Satz 3. [9]Die Sätze 1 und 4 bis 7 gelten entsprechend bei Verstößen gegen die Pflicht nach § 127 Absatz 1 Satz 2 und Absatz 2 Satz 2, Vertragsverhandlungen zu ermöglichen. [10]Verträge zwischen Krankenkassen und Leistungserbringern dürfen keine Vorschläge in elektronischer oder maschinell verwertbarer Form für die Vergabe und Dokumentation von Diagnosen für den Vertragspartner beinhalten. [11]Die Krankenkassen haben auf Verlangen der zuständigen Aufsichtsbehörde bezüglich der Einhaltung Nachweise zu erbringen.

Zweiter Abschnitt. Beziehungen zu Ärzten, Zahnärzten und Psychotherapeuten

Erster Titel. Sicherstellung der vertragsärztlichen und vertragszahnärztlichen Versorgung

§ 72 Sicherstellung der vertragsärztlichen und vertragszahnärztlichen Versorgung. (1) [1]Ärzte, Zahnärzte, Psychotherapeuten, medizinische Versorgungszentren und Krankenkassen wirken zur Sicherstellung der vertragsärztlichen Versorgung der Versicherten zusammen. [2]Soweit sich die Vorschriften dieses Kapitels auf Ärzte beziehen, gelten sie entsprechend für Zahnärzte, Psychotherapeuten und medizinische Versorgungszentren, sofern nichts Abweichendes bestimmt ist.

[1)] Nr. 4.

(2) Die vertragsärztliche Versorgung ist im Rahmen der gesetzlichen Vorschriften und der Richtlinien des Gemeinsamen Bundesausschusses durch schriftliche Verträge der Kassenärztlichen Vereinigungen mit den Verbänden der Krankenkassen so zu regeln, daß eine ausreichende, zweckmäßige und wirtschaftliche Versorgung der Versicherten unter Berücksichtigung des allgemein anerkannten Standes der medizinischen Erkenntnisse gewährleistet ist und die ärztlichen Leistungen angemessen vergütet werden.

(3) Für die knappschaftliche Krankenversicherung gelten die Absätze 1 und 2 entsprechend, soweit das Verhältnis zu den Ärzten nicht durch die Deutsche Rentenversicherung Knappschaft-Bahn-See nach den örtlichen Verhältnissen geregelt ist.

§ 72a Übergang des Sicherstellungsauftrags auf die Krankenkassen.

(1) Haben mehr als 50 vom Hundert aller in einem Zulassungsbezirk oder einem regionalen Planungsbereich niedergelassenen Vertragsärzte auf ihre Zulassung nach § 95b Abs. 1 verzichtet oder die vertragsärztliche Versorgung verweigert und hat die Aufsichtsbehörde nach Anhörung der Landesverbände der Krankenkassen, der Ersatzkassen und der Kassenärztlichen Vereinigung festgestellt, daß dadurch die vertragsärztliche Versorgung nicht mehr sichergestellt ist, erfüllen insoweit die Krankenkassen und ihre Verbände den Sicherstellungsauftrag.

(2) An der Erfüllung des Sicherstellungsauftrags nach Absatz 1 wirkt die Kassenärztliche Vereinigung insoweit mit, als die vertragsärztliche Versorgung weiterhin durch zugelassene oder ermächtigte Ärzte sowie durch ermächtigte Einrichtungen durchgeführt wird.

(3) [1] Erfüllen die Krankenkassen den Sicherstellungsauftrag, schließen die Krankenkassen oder die Landesverbände der Krankenkassen und die Ersatzkassen gemeinsam und einheitlich Einzel- oder Gruppenverträge mit Ärzten, Zahnärzten, Krankenhäusern oder sonstigen geeigneten Einrichtungen. [2] Sie können auch Eigeneinrichtungen gemäß § 140 Abs. 2 errichten. [3] Mit Ärzten oder Zahnärzten, die in einem mit anderen Vertragsärzten aufeinander abgestimmten Verfahren oder Verhalten auf ihre Zulassung als Vertragsarzt verzichteten (§ 95b Abs. 1), dürfen keine Verträge nach Satz 1 abgeschlossen werden.

(4) [1] Die Verträge nach Absatz 3 dürfen mit unterschiedlichem Inhalt abgeschlossen werden. [2] Die Höhe der vereinbarten Vergütung an Ärzte oder Zahnärzte soll sich an Inhalt, Umfang und Schwierigkeit der zugesagten Leistungen, an erweiterten Gewährleistungen oder eingeräumten Garantien oder vereinbarten Verfahren zur Qualitätssicherung orientieren. [3] Ärzten, die unmittelbar nach der Feststellung der Aufsichtsbehörde nach Absatz 1 Verträge nach Absatz 3 abschließen, können höhere Vergütungsansprüche eingeräumt werden als Ärzten, mit denen erst später Verträge abgeschlossen werden.

(5) Soweit für die Sicherstellung der Versorgung Verträge nach Absatz 3 nicht ausreichen, können auch mit Ärzten und geeigneten Einrichtungen mit Sitz im Ausland Verträge zur Versorgung der Versicherten geschlossen werden.

(6) Ärzte oder Einrichtungen, mit denen nach Absatz 3 und 5 Verträge zur Versorgung der Versicherten geschlossen worden sind, sind verpflichtet und befugt, die für die Erfüllung der Aufgaben der Krankenkassen und die für die Abrechnung der vertraglichen Vergütung notwendigen Angaben, die aus der

Erbringung, der Verordnung sowie der Abgabe von Versicherungsleistungen entstehen, aufzuzeichnen und den Krankenkassen mitzuteilen.

§ 73 Kassenärztliche Versorgung, Verordnungsermächtigung.

(1) [1]Die vertragsärztliche Versorgung gliedert sich in die hausärztliche und die fachärztliche Versorgung. [2]Die hausärztliche Versorgung beinhaltet insbesondere

1. die allgemeine und fortgesetzte ärztliche Betreuung eines Patienten in Diagnostik und Therapie bei Kenntnis seines häuslichen und familiären Umfeldes; Behandlungsmethoden, Arznei- und Heilmittel der besonderen Therapierichtungen sind nicht ausgeschlossen,
2. die Koordination diagnostischer, therapeutischer und pflegerischer Maßnahmen einschließlich der Vermittlung eines aus medizinischen Gründen dringend erforderlichen Behandlungstermins bei einem an der fachärztlichen Versorgung teilnehmenden Leistungserbringer,
3. die Dokumentation, insbesondere Zusammenführung, Bewertung und Aufbewahrung der wesentlichen Behandlungsdaten, Befunde und Berichte aus der ambulanten und stationären Versorgung,
4. die Einleitung oder Durchführung präventiver und rehabilitativer Maßnahmen sowie die Integration nichtärztlicher Hilfen und flankierender Dienste in die Behandlungsmaßnahmen.

(1a) [1]An der hausärztlichen Versorgung nehmen

1. Allgemeinärzte,
2. Kinder- und Jugendärzte,
3. Internisten ohne Schwerpunktbezeichnung, die die Teilnahme an der hausärztlichen Versorgung gewählt haben,
4. Ärzte, die nach § 95a Abs. 4 und 5 Satz 1 in das Arztregister eingetragen sind und
5. Ärzte, die am 31. Dezember 2000 an der hausärztlichen Versorgung teilgenommen haben,

teil (Hausärzte). [2]Die übrigen Fachärzte nehmen an der fachärztlichen Versorgung teil. [3]Der Zulassungsausschuss kann für Kinder- und Jugendärzte und Internisten ohne Schwerpunktbezeichnung eine von Satz 1 abweichende befristete Regelung treffen, wenn eine bedarfsgerechte Versorgung nicht gewährleistet ist. [4]Hat der Landesausschuss der Ärzte und Krankenkassen für die Arztgruppe der Hausärzte, der Kinder- und Jugendärzte oder der Fachinternisten eine Feststellung nach § 100 Absatz 1 Satz 1 getroffen, fasst der Zulassungsausschuss innerhalb von sechs Monaten den Beschluss, ob eine Regelung nach Satz 3 getroffen wird. [5]Kinder- und Jugendärzte mit Schwerpunktbezeichnung können auch an der fachärztlichen Versorgung teilnehmen. [6]Der Zulassungsausschuss kann Allgemeinärzten und Ärzten ohne Gebietsbezeichnung, die im Wesentlichen spezielle Leistungen erbringen, auf deren Antrag die Genehmigung zur ausschließlichen Teilnahme an der fachärztlichen Versorgung erteilen.

(1b) [1]Die einen Versicherten behandelnden Leistungserbringer sind verpflichtet, den Versicherten nach dem von ihm gewählten Hausarzt zu fragen; sie sind verpflichtet, die den Versicherten betreffenden Behandlungsdaten und Befunde mit dessen Zustimmung zum Zwecke der bei dem Hausarzt durchzuführenden Dokumentation und der weiteren Behandlung zu übermitteln.

[2]Der Hausarzt ist mit Zustimmung des Versicherten verpflichtet, die für die Behandlung erforderlichen Daten und Befunde an die den Versicherten behandelnden Leistungserbringer zu übermitteln. [3]Bei einem Hausarztwechsel ist der bisherige Hausarzt mit Zustimmung des Versicherten verpflichtet, dem neuen Hausarzt die bei ihm über den Versicherten gespeicherten Unterlagen vollständig zu übermitteln.

(1c) *(aufgehoben)*

(2) [1]Die vertragsärztliche Versorgung umfaßt die

1. ärztliche Behandlung,
2. zahnärztliche Behandlung und kieferorthopädische Behandlung nach Maßgabe des § 28 Abs. 2,

2a. Versorgung mit Zahnersatz einschließlich Zahnkronen und Suprakonstruktionen, soweit sie § 56 Abs. 2 entspricht,

3. Maßnahmen zur Früherkennung von Krankheiten,
4. ärztliche Betreuung bei Schwangerschaft und Mutterschaft,
5. Verordnung von Leistungen zur medizinischen Rehabilitation,
6. Anordnung der Hilfeleistung anderer Personen,
7. Verordnung von Arznei-, Verband-, Heil- und Hilfsmitteln, Krankentransporten sowie Krankenhausbehandlung oder Behandlung in Vorsorge- oder Rehabilitationseinrichtungen,

7a. Verordnung von digitalen Gesundheitsanwendungen,

8. Verordnung häuslicher Krankenpflege und außerklinischer Intensivpflege,
9. Ausstellung von Bescheinigungen und Erstellung von Berichten, die die Krankenkassen oder der Medizinische Dienst (§ 275) zur Durchführung ihrer gesetzlichen Aufgaben oder die die Versicherten für den Anspruch auf Fortzahlung des Arbeitsentgelts benötigen; die Bescheinigung über eine Arbeitsunfähigkeit ist auch auszustellen, wenn die Arbeitsunfähigkeitsdaten nach § 295 Absatz 1 Satz 1 Nummer 1 übermittelt werden,
10. medizinische Maßnahmen zur Herbeiführung einer Schwangerschaft nach § 27a Abs. 1,
11. ärztlichen Maßnahmen nach den §§ 24a und 24b,
12. Verordnung von Soziotherapie,
13. Zweitmeinung nach § 27b,
14. Verordnung von spezialisierter ambulanter Palliativversorgung nach § 37b.

[2]Satz 1 Nummer 2 bis 4, 6, 10, 11 und 14 gilt nicht für Psychotherapeuten; Satz 1 Nummer 9 gilt nicht für Psychotherapeuten, soweit sich diese Regelung auf die Feststellung und die Bescheinigung von Arbeitsunfähigkeit bezieht. [3]Satz 1 Nummer 5 gilt für Psychotherapeuten in Bezug auf die Verordnung von Leistungen zur psychotherapeutischen Rehabilitation. [4]Satz 1 Nummer 7 gilt für Psychotherapeuten in Bezug auf die Verordnung von Ergotherapie, Krankentransporten sowie Krankenhausbehandlung. [5]Satz 1 Nummer 8 gilt für Psychotherapeuten in Bezug auf die Verordnung von Leistungen der psychiatrischen häuslichen Krankenpflege. [6]Das Nähere zu den Verordnungen durch Psychotherapeuten bestimmt der Gemeinsame Bundesausschuss in seinen Richtlinien nach § 92 Absatz 1 Satz 2 Nummer 6, 8 und 12.

(3) In den Gesamtverträgen ist zu vereinbaren, inwieweit Maßnahmen zur Vorsorge und Rehabilitation, soweit sie nicht zur kassenärztlichen Versorgung nach Absatz 2 gehören, Gegenstand der kassenärztlichen Versorgung sind.

(4) [1] Krankenhausbehandlung darf nur verordnet werden, wenn eine ambulante Versorgung der Versicherten zur Erzielung des Heil- oder Linderungserfolgs nicht ausreicht. [2] Die Notwendigkeit der Krankenhausbehandlung ist bei der Verordnung zu begründen. [3] In der Verordnung von Krankenhausbehandlung sind in den geeigneten Fällen auch die beiden nächsterreichbaren, für die vorgesehene Krankenhausbehandlung geeigneten Krankenhäuser anzugeben. [4] Das Verzeichnis nach § 39 Abs. 3 ist zu berücksichtigen.

(5) [1] Der an der kassenärztlichen Versorgung teilnehmende Arzt und die ermächtigte Einrichtung sollen bei der Verordnung von Arzneimitteln die Preisvergleichsliste nach § 92 Abs. 2 beachten. [2] Sie können auf dem Verordnungsblatt oder in dem elektronischen Verordnungsdatensatz ausschließen, dass die Apotheken ein preisgünstigeres wirkstoffgleiches Arzneimittel anstelle des verordneten Mittels abgeben. [3] Verordnet der Arzt ein Arzneimittel, dessen Preis den Festbetrag nach § 35 überschreitet, hat der Arzt den Versicherten über die sich aus seiner Verordnung ergebende Pflicht zur Übernahme der Mehrkosten hinzuweisen.

(6) Zur kassenärztlichen Versorgung gehören Maßnahmen zur Früherkennung von Krankheiten nicht, wenn sie im Rahmen der Krankenhausbehandlung oder der stationären Entbindung durchgeführt werden, es sei denn, die ärztlichen Leistungen werden von einem Belegarzt erbracht.

(7) [1] Es ist Vertragsärzten nicht gestattet, für die Zuweisung von Versicherten oder für die Vergabe und Dokumentation von Diagnosen ein Entgelt oder sonstige wirtschaftliche Vorteile sich versprechen oder sich gewähren zu lassen oder selbst zu versprechen oder zu gewähren. [2] § 128 Absatz 2 Satz 3 gilt entsprechend.

(8) [1] Zur Sicherung der wirtschaftlichen Verordnungsweise haben die Kassenärztlichen Vereinigungen und die Kassenärztlichen Bundesvereinigungen sowie die Krankenkassen und ihre Verbände die Vertragsärzte auch vergleichend über preisgünstige verordnungsfähige Leistungen und Bezugsquellen, einschließlich der jeweiligen Preise und Entgelte zu informieren sowie nach dem allgemeinen anerkannten Stand der medizinischen Erkenntnisse Hinweise zu Indikation und therapeutischen Nutzen zu geben. [2] Die Informationen und Hinweise für die Verordnung von Arznei-, Verband- und Heilmitteln erfolgen insbesondere auf der Grundlage der Hinweise nach § 92 Abs. 2 Satz 3, der Rahmenvorgaben nach § 84 Abs. 7 Satz 1 und der getroffenen Arzneimittelvereinbarungen nach § 84 Abs. 1. [3] In den Informationen und Hinweisen sind Handelsbezeichnung, Indikationen und Preise sowie weitere für die Verordnung von Arzneimitteln bedeutsame Angaben insbesondere auf Grund der Richtlinien nach § 92 Abs. 1 Satz 2 Nr. 6 in einer Weise anzugeben, die unmittelbar einen Vergleich ermöglichen; dafür können Arzneimittel ausgewählt werden, die einen maßgeblichen Anteil an der Versorgung der Versicherten im Indikationsgebiet haben. [4] Die Kosten der Arzneimittel je Tagesdosis sind nach den Angaben der anatomisch-therapeutisch-chemischen Klassifikation anzugeben. [5] Es gilt die vom Bundesinstitut für Arzneimittel und Medizinprodukte im Auftrage des Bundesministeriums für Gesundheit herausgegebene Klassifikation in der jeweils gültigen Fassung. [6] Die Übersicht ist für

einen Stichtag zu erstellen und in geeigneten Zeitabständen, im Regelfall jährlich, zu aktualisieren.

(9) [1] Vertragsärzte dürfen für die Verordnung von Arzneimitteln, von Verbandmitteln und von Produkten, die gemäß den Richtlinien nach § 92 Absatz 1 Satz 2 Nummer 6 zu Lasten der gesetzlichen Krankenversicherung verordnet werden können, nur solche elektronischen Programme nutzen, die mindestens folgende Inhalte mit dem jeweils aktuellen Stand enthalten:

1. die Informationen nach Absatz 8 Satz 2 und 3,
2. die Informationen über das Vorliegen von Rabattverträgen nach § 130a Absatz 8,
3. die Informationen nach § 131 Absatz 4 Satz 2,
4. die zur Erstellung und Aktualisierung des Medikationsplans nach § 31a und des elektronischen Medikationsplans nach § 334 Absatz 1 Satz 2 Nummer 4 notwendigen Funktionen und Informationen sowie
5. die Informationen nach § 35a Absatz 3a Satz 1

und die von der Kassenärztlichen Bundesvereinigung für die vertragsärztliche Versorgung zugelassen sind. [2] Das Bundesministerium für Gesundheit wird ermächtigt, durch Rechtsverordnung ohne Zustimmung des Bundesrates das Nähere insbesondere zu den Mindestanforderungen der Informationen nach Satz 1 Nummer 5 zu regeln. [3] Es kann in der Rechtsverordnung auch das Nähere zu den weiteren Anforderungen nach Satz 1 regeln. [4] Es kann dabei Vorgaben zur Abbildung der für die vertragsärztliche Versorgung geltenden Regelungen zur Zweckmäßigkeit und Wirtschaftlichkeit der Verordnung von Arzneimitteln im Vergleich zu anderen Therapiemöglichkeiten machen. [5] Es kann auch Vorgaben zu semantischen und technischen Voraussetzungen zur Interoperabilität machen. [6] Weitere Einzelheiten sind in den Verträgen nach § 82 Absatz 1 zu vereinbaren. [7] Die Vereinbarungen in den Verträgen nach § 82 Absatz 1 sind innerhalb von drei Monaten nach dem erstmaligen Inkrafttreten der Rechtsverordnung nach den Sätzen 2 bis 4 sowie nach dem jeweiligen Inkrafttreten einer Änderung der Rechtsverordnung anzupassen. [8] Sie sind davon unabhängig in regelmäßigen Abständen zu überprüfen und bei Bedarf anzupassen.

(10) [1] Für die Verordnung von Heilmitteln dürfen Vertragsärzte ab dem 1. Januar 2017 nur solche elektronischen Programme nutzen, die die Informationen der Richtlinien nach § 92 Absatz 1 Satz 2 Nummer 6 in Verbindung mit § 92 Absatz 6 und über besondere Verordnungsbedarfe nach § 106b Absatz 2 Satz 4 sowie die sich aus den Verträgen nach § 125a ergebenden Besonderheiten enthalten und die von der Kassenärztlichen Bundesvereinigung für die vertragsärztliche Versorgung zugelassen sind. [2] Das Nähere ist in den Verträgen nach § 82 Absatz 1 zu vereinbaren.

(11) [1] Stellt ein Vertragsarzt bei einem Versicherten eine Diagnose nach § 125a und die Indikation für ein Heilmittel, sind Auswahl und Dauer der Therapie sowie die Frequenz der Behandlungseinheiten vom Heilmittelerbringer festzulegen. [2] In medizinisch begründeten Fällen kann der Vertragsarzt auch bei Vorliegen einer Diagnose nach § 125a selbst über die Auswahl und Dauer der Therapie sowie die Frequenz der Behandlungseinheiten entscheiden. [3] Die Vertragsärzte sollen zum Beginn des auf den rechtskräftigen Abschluss des Vertrages nach § 125a folgenden Quartals, frühestens jedoch nach sechs Wochen, nach den Regelungen dieses Absatzes verordnen.

§ 73a *(aufgehoben)*

§ 73b Hausarztzentrierte Versorgung. (1) Die Krankenkassen haben ihren Versicherten eine besondere hausärztliche Versorgung (hausarztzentrierte Versorgung) anzubieten.

(2) Dabei ist sicherzustellen, dass die hausarztzentrierte Versorgung insbesondere folgenden Anforderungen genügt, die über die vom Gemeinsamen Bundesausschuss sowie in den Bundesmantelverträgen geregelten Anforderungen an die hausärztliche Versorgung nach § 73 hinausgehen:

1. Teilnahme der Hausärzte an strukturierten Qualitätszirkeln zur Arzneimitteltherapie unter Leitung entsprechend geschulter Moderatoren,
2. Behandlung nach für die hausärztliche Versorgung entwickelten, evidenzbasierten, praxiserprobten Leitlinien,
3. Erfüllung der Fortbildungspflicht nach § 95d durch Teilnahme an Fortbildungen, die sich auf hausarzttypische Behandlungsprobleme konzentrieren, wie patientenzentrierte Gesprächsführung, psychosomatische Grundversorgung, Palliativmedizin, allgemeine Schmerztherapie, Geriatrie,
4. Einführung eines einrichtungsinternen, auf die besonderen Bedingungen einer Hausarztpraxis zugeschnittenen, indikatorengestützten und wissenschaftlich anerkannten Qualitätsmanagements.

(3) [1] Die Teilnahme an der hausarztzentrierten Versorgung ist freiwillig. [2] Die Teilnehmer verpflichten sich schriftlich oder elektronisch gegenüber ihrer Krankenkasse, nur einen von ihnen aus dem Kreis der Hausärzte nach Absatz 4 gewählten Hausarzt in Anspruch zu nehmen sowie ambulante fachärztliche Behandlung mit Ausnahme der Leistungen der Augenärzte und Frauenärzte nur auf dessen Überweisung; die direkte Inanspruchnahme eines Kinder- und Jugendarztes bleibt unberührt. [3] Die Versicherten können die Teilnahmeerklärung innerhalb von zwei Wochen nach deren Abgabe schriftlich, elektronisch oder zur Niederschrift bei der Krankenkasse ohne Angabe von Gründen widerrufen. [4] Zur Fristwahrung genügt die rechtzeitige Absendung der Widerrufserklärung an die Krankenkasse. [5] Die Widerrufsfrist beginnt, wenn die Krankenkasse dem Versicherten eine Belehrung über sein Widerrufsrecht schriftlich oder elektronisch mitgeteilt hat, frühestens jedoch mit der Abgabe der Teilnahmeerklärung. [6] Wird das Widerrufsrecht nicht ausgeübt, ist der Versicherte an seine Teilnahmeerklärung und an die Wahl seines Hausarztes mindestens ein Jahr gebunden; er darf den gewählten Hausarzt nur bei Vorliegen eines wichtigen Grundes wechseln. [7] Das Nähere zur Durchführung der Teilnahme der Versicherten, insbesondere zur Bindung an den gewählten Hausarzt, zu weiteren Ausnahmen von dem Überweisungsgebot und zu den Folgen bei Pflichtverstößen der Versicherten, regeln die Krankenkassen in den Teilnahmeerklärungen. [8] Die Satzung der Krankenkasse hat Regelungen zur Abgabe der Teilnahmeerklärung zu enthalten; die Regelungen sind auf der Grundlage der Richtlinie nach § 217f Absatz 4a zu treffen.

(4) [1] Zur flächendeckenden Sicherstellung des Angebots nach Absatz 1 haben Krankenkassen allein oder in Kooperation mit anderen Krankenkassen spätestens bis zum 30. Juni 2009 Verträge mit Gemeinschaften zu schließen, die mindestens die Hälfte der an der hausärztlichen Versorgung teilnehmenden Allgemeinärzte des Bezirks der Kassenärztlichen Vereinigung vertreten. [2] Können sich die Vertragsparteien nicht einigen, kann die Gemeinschaft die Ein-

leitung eines Schiedsverfahrens nach Absatz 4a beantragen. [3] Ist ein Vertrag nach Satz 1 zustande gekommen oder soll ein Vertrag zur Versorgung von Kindern und Jugendlichen geschlossen werden, können Verträge auch abgeschlossen werden mit

1. vertragsärztlichen Leistungserbringern, die an der hausärztlichen Versorgung nach § 73 Abs. 1a teilnehmen,
2. Gemeinschaften dieser Leistungserbringer,
3. Trägern von Einrichtungen, die eine hausarztzentrierte Versorgung durch vertragsärztliche Leistungserbringer, die an der hausärztlichen Versorgung nach § 73 Abs. 1a teilnehmen, anbieten,
4. Kassenärztlichen Vereinigungen, soweit Gemeinschaften nach Nummer 2 sie hierzu ermächtigt haben.

[4] Finden die Krankenkassen in dem Bezirk einer Kassenärztlichen Vereinigung keinen Vertragspartner, der die Voraussetzungen nach Satz 1 erfüllt, haben sie zur flächendeckenden Sicherstellung des Angebots nach Absatz 1 Verträge mit einem oder mehreren der in Satz 3 genannten Vertragspartner zu schließen. [5] In den Fällen der Sätze 3 und 4 besteht kein Anspruch auf Vertragsabschluss; die Aufforderung zur Abgabe eines Angebots ist unter Bekanntgabe objektiver Auswahlkriterien auszuschreiben. [6] Soweit die hausärztliche Versorgung der Versicherten durch Verträge nach diesem Absatz durchgeführt wird, ist der Sicherstellungsauftrag nach § 75 Abs. 1 eingeschränkt. [7] Satz 6 gilt nicht für die Organisation der vertragsärztlichen Versorgung zu den sprechstundenfreien Zeiten.

(4a) [1] Beantragt eine Gemeinschaft gemäß Absatz 4 Satz 2 die Einleitung eines Schiedsverfahrens, haben sich die Parteien auf eine unabhängige Schiedsperson zu verständigen, die den Inhalt des Vertrages nach Absatz 4 Satz 1 festlegt. [2] Einigen sich die Parteien nicht auf eine Schiedsperson, so wird diese von der für die Krankenkasse zuständigen Aufsichtsbehörde bestimmt. [3] Die Kosten des Schiedsverfahrens tragen die Vertragspartner zu gleichen Teilen. [4] Klagen gegen die Bestimmung der Schiedsperson haben keine aufschiebende Wirkung. [5] Klagen gegen die Festlegung des Vertragsinhalts richten sich gegen eine der beiden Vertragsparteien, nicht gegen die Schiedsperson.

(5) [1] In den Verträgen nach Absatz 4 sind das Nähere über den Inhalt und die Durchführung der hausarztzentrierten Versorgung, insbesondere die Ausgestaltung der Anforderungen nach Absatz 2, sowie die Vergütung zu regeln; in Verträgen, die nach dem 31. März 2014 zustande kommen, sind zudem Wirtschaftlichkeitskriterien und Maßnahmen bei Nichteinhaltung der vereinbarten Wirtschaftlichkeitskriterien sowie Regelungen zur Qualitätssicherung zu vereinbaren. [2] Eine Beteiligung der Kassenärztlichen Vereinigung bei der Ausgestaltung und Umsetzung der Anforderungen nach Absatz 2 ist möglich. [3] Die Verträge können auch Abweichendes von den im Dritten Kapitel benannten Leistungen beinhalten, soweit sie die in § 11 Absatz 6 genannten Leistungen, Leistungen nach den §§ 20i, 25, 26, 37a und 37b sowie ärztliche Leistungen einschließlich neuer Untersuchungs- und Behandlungsmethoden betreffen, soweit der Gemeinsame Bundesausschuss nach § 91 im Rahmen der Beschlüsse nach § 92 Absatz 1 Satz 2 Nummer 5 keine ablehnende Entscheidung getroffen hat. [4] Die Einzelverträge können Abweichendes von den Vorschriften dieses Kapitels sowie den nach diesen Vorschriften getroffenen Regelungen regeln. [5] § 106d Absatz 3 gilt hinsichtlich der arzt- und versichertenbezogenen Prüfung

der Abrechnungen auf Rechtmäßigkeit entsprechend. [6]Zugelassene strukturierte Behandlungsprogramme nach §§ 137f und 137g sind, soweit sie die hausärztliche Versorgung betreffen, Bestandteil der Verträge nach Absatz 4. [7]Vereinbarungen über zusätzliche Vergütungen für Diagnosen können nicht Gegenstand der Verträge sein.

(5a) [1]Kündigt die Krankenkasse einen Vertrag nach Absatz 4 und kommt bis zum Ablauf dieses Vertrages kein neuer Vertrag zustande, gelten die Bestimmungen des bisherigen Vertrages vorläufig bis zum Zustandekommen eines neuen Vertrages weiter. [2]Dies gilt nicht bei einer außerordentlichen Kündigung nach § 71 Absatz 6 Satz 3.

(6) Die Krankenkassen haben ihre Versicherten in geeigneter Weise umfassend über Inhalt und Ziele der hausarztzentrierten Versorgung sowie über die jeweils wohnortnah teilnehmenden Hausärzte zu informieren.

(7) [1]Die Vertragspartner der Gesamtverträge haben den Behandlungsbedarf nach § 87a Absatz 3 Satz 2 zu bereinigen. [2]Die Bereinigung erfolgt rechtzeitig zu dem Kalendervierteljahr, für welches die Gesamtvergütung bereinigt werden soll, entsprechend der Zahl und der Morbiditätsstruktur der für dieses Kalendervierteljahr eingeschriebenen Versicherten sowie dem vertraglich vereinbarten Inhalt der hausarztzentrierten Versorgung nach Maßgabe der Vorgaben des Bewertungsausschusses nach § 87a Absatz 5 Satz 7. [3]Dabei können die Bereinigungsbeträge unter Beachtung der Maßgaben nach Satz 2 auch pauschaliert ermittelt werden. [4]Kommt eine rechtzeitige Einigung über die Bereinigung des Behandlungsbedarfs nicht zustande, können auch die Vertragspartner der Verträge über eine hausarztzentrierte Versorgung das Schiedsamt nach § 89 anrufen. [5]Die für die Bereinigungsverfahren erforderlichen arzt- und versichertenbezogenen Daten übermitteln die Krankenkassen den zuständigen Gesamtvertragspartnern bis spätestens drei Wochen vor dem Kalendervierteljahr, für welches die Gesamtvergütung für die in diesem Kalendervierteljahr eingeschriebenen Versicherten bereinigt werden soll. [6]Die Krankenkasse kann, falls eine rechtzeitige Bereinigung nicht festgesetzt worden ist, den Behandlungsbedarf unter Beachtung der Maßgaben nach Satz 2 vorläufig bereinigen. [7]Sie kann auch die Anerkennung und Umsetzung des geltenden Bereinigungsverfahrens für die Bereinigung der Gesamtvergütung für an der hausarztzentrierten Versorgung teilnehmende Versicherte mit Wohnort im Bezirk anderer Kassenärztlichen Vereinigungen von diesen Kassenärztlichen Vereinigungen verlangen. [8]Für die Bereinigung des Behandlungsbedarfs nach Satz 7 sowie für den Fall der Rückführung von Bereinigungsbeträgen bei Beendigung der Teilnahme eines Versicherten sind die Verfahren gemäß § 87a Absatz 5 Satz 9 anzuwenden. [9]Die Kassenärztlichen Vereinigungen haben die zur Bereinigung erforderlichen Vorgaben im Rahmen ihrer gesetzlichen Aufgaben umzusetzen.

(8) Die Vertragsparteien nach Absatz 4 können vereinbaren, dass Aufwendungen für Leistungen, die über die hausärztliche Versorgung nach § 73 hinausgehen und insoweit nicht unter die Bereinigungspflicht nach Absatz 7 fallen, aus Einsparungen und Effizienzsteigerungen, die aus den Maßnahmen von Verträgen nach Absatz 4 erzielt werden, finanziert werden.

(9) Die Einhaltung der nach Absatz 5 Satz 1 vereinbarten Wirtschaftlichkeitskriterien muss spätestens vier Jahre nach dem Wirksamwerden der zugrun-

de liegenden Verträge nachweisbar sein; § 88 Absatz 2 des Vierten Buches[1)] gilt entsprechend.

§§ 73c, 73d *(aufgehoben)*

§ 74 Stufenweise Wiedereingliederung. [1]Können arbeitsunfähige Versicherte nach ärztlicher Feststellung ihre bisherige Tätigkeit teilweise verrichten und können sie durch eine stufenweise Wiederaufnahme ihrer Tätigkeit voraussichtlich besser wieder in das Erwerbsleben eingegliedert werden, soll der Arzt auf der Bescheinigung über die Arbeitsunfähigkeit Art und Umfang der möglichen Tätigkeiten angeben und dabei in geeigneten Fällen die Stellungnahme des Betriebsarztes oder mit Zustimmung der Krankenkasse die Stellungnahme des Medizinischen Dienstes (§ 275) einholen. [2]Spätestens ab einer Dauer der Arbeitsunfähigkeit von sechs Wochen hat die ärztliche Feststellung nach Satz 1 regelmäßig mit der Bescheinigung über die Arbeitsunfähigkeit zu erfolgen. [3]Der Gemeinsame Bundesausschuss legt in seinen Richtlinien nach § 92 bis zum 30. November 2019 das Verfahren zur regelmäßigen Feststellung über eine stufenweise Wiedereingliederung nach Satz 2 fest.

§ 75 Inhalt und Umfang der Sicherstellung. (1) [1]Die Kassenärztlichen Vereinigungen und die Kassenärztlichen Bundesvereinigungen haben die vertragsärztliche Versorgung in dem in § 73 Abs. 2 bezeichneten Umfang sicherzustellen und den Krankenkassen und ihren Verbänden gegenüber die Gewähr dafür zu übernehmen, daß die vertragsärztliche Versorgung den gesetzlichen und vertraglichen Erfordernissen entspricht. [2]Kommt die Kassenärztliche Vereinigung ihrem Sicherstellungsauftrag aus Gründen, die sie zu vertreten hat, nicht nach, können die Krankenkassen die in den Gesamtverträgen nach § 85 oder § 87a vereinbarten Vergütungen teilweise zurückbehalten. [3]Die Einzelheiten regeln die Partner der Bundesmantelverträge.

(1a) [1]Der Sicherstellungsauftrag nach Absatz 1 umfasst auch die angemessene und zeitnahe Zurverfügungstellung der vertragsärztlichen Versorgung. [2]Hierzu informieren die Kassenärztlichen Vereinigungen die Versicherten im Internet in geeigneter Weise bundesweit einheitlich über die Sprechstundenzeiten der Vertragsärzte und über die Zugangsmöglichkeiten von Menschen mit Behinderungen zur Versorgung (Barrierefreiheit) und richten Terminservicestellen ein, die spätestens zum 1. Januar 2020 für 24 Stunden täglich an sieben Tagen in der Woche unter einer bundesweit einheitlichen Telefonnummer erreichbar sein müssen; die Terminservicestellen können in Kooperation mit den Landesverbänden der Krankenkassen und den Ersatzkassen betrieben werden und mit den Rettungsleitstellen der Länder kooperieren. [3]Die Terminservicestelle hat

1. Versicherten innerhalb einer Woche einen Behandlungstermin bei einem Leistungserbringer nach § 95 Absatz 1 Satz 1 zu vermitteln,
2. Versicherte bei der Suche nach einem Hausarzt zu unterstützen, den sie nach § 76 Absatz 3 Satz 2 wählen möchten, und
3. Versicherten spätestens zum 1. Januar 2020 in Akutfällen auf der Grundlage eines bundesweit einheitlichen, standardisierten Ersteinschätzungsverfahrens eine unmittelbare ärztliche Versorgung in der medizinisch gebotenen Versorgungsebene zu vermitteln.

[1)] Nr. 4.

[4]Für die Vermittlung von Behandlungsterminen bei einem Facharzt muss mit Ausnahme von Behandlungsterminen bei einem Augenarzt oder einem Frauenarzt und mit Ausnahme der Vermittlung in Akutfällen nach Satz 3 Nummer 3 eine Überweisung vorliegen; eine Überweisung muss auch in den Fällen des Satzes 11 Nummer 2 vorliegen. [5]Die Wartezeit auf einen Behandlungstermin darf vier Wochen nicht überschreiten. [6]Die Entfernung zwischen Wohnort des Versicherten und dem vermittelten Arzt muss zumutbar sein. [7]Kann die Terminservicestelle keinen Behandlungstermin bei einem Leistungserbringer nach § 95 Absatz 1 Satz 1 innerhalb der Frist nach Satz 5 vermitteln, hat sie einen ambulanten Behandlungstermin in einem zugelassenen Krankenhaus anzubieten; Satz 3 Nummer 1 und die Sätze 4, 5 und 6 gelten entsprechend. [8]Satz 7 gilt nicht bei verschiebbaren Routineuntersuchungen, sofern es sich nicht um termingebundene Gesundheitsuntersuchungen für Kinder handelt, und in Fällen von Bagatellerkrankungen sowie bei weiteren vergleichbaren Fällen. [9]Für die ambulante Behandlung im Krankenhaus gelten die Bestimmungen über die vertragsärztliche Versorgung. [10]In den Fällen von Satz 8 hat die Terminservicestelle einen Behandlungstermin bei einem Leistungserbringer nach § 95 Absatz 1 Satz 1 in einer angemessenen Frist zu vermitteln. [11]Im Bundesmantelvertrag nach § 82 Absatz 1 sind insbesondere Regelungen zu treffen

1. zum Nachweis des Vorliegens einer Überweisung,
2. zu den Fällen, in denen es für die Vermittlung von einem Behandlungstermin bei einem Haus- oder einem Kinder- und Jugendarzt einer Überweisung bedarf,
3. zur zumutbaren Entfernung nach Satz 6, differenziert nach Arztgruppen,
4. über das Nähere zu den Fällen nach Satz 8,
5. zur Notwendigkeit weiterer Behandlungen nach § 76 Absatz 1a Satz 2.

[12]Im Bundesmantelvertrag können zudem ergänzende Regelungen insbesondere zu weiteren Ausnahmen von der Notwendigkeit des Vorliegens einer Überweisung getroffen werden. [13]Die Sätze 2 bis 12 gelten nicht für Behandlungen nach § 28 Absatz 2 und § 29. [14]Für Behandlungen nach § 28 Absatz 3 gelten die Sätze 2 und 3 Nummer 1 sowie die Sätze 5 bis 12 hinsichtlich der Vermittlung eines Termins für ein Erstgespräch im Rahmen der psychotherapeutischen Sprechstunden und hinsichtlich der sich aus der Abklärung ergebenden zeitnah erforderlichen Behandlungstermine sowie hinsichtlich der Vermittlung eines Termins im Rahmen der Versorgung nach § 92 Absatz 6b; einer Überweisung bedarf es nicht. [15]Die Wartezeit auf eine psychotherapeutische Akutbehandlung darf zwei Wochen nicht überschreiten. [16]Die Kassenärztliche Bundesvereinigung unterstützt die Kassenärztlichen Vereinigungen durch das Angebot einer Struktur für ein elektronisch gestütztes Wartezeitenmanagement und für ein elektronisch gestütztes Dispositionsmanagement bei der Terminvermittlung; sie hat ein elektronisches Programm zur Verfügung zu stellen, mit dem die Versicherten auf die Internetseite der zuständigen Kassenärztlichen Vereinigung geleitet werden, um sich über die Sprechstundenzeiten der Ärzte informieren zu können. [17]Die Kassenärztlichen Vereinigungen können darüber hinaus zur Erfüllung ihrer Aufgaben nach Satz 3 auch eigene digitale Angebote bereitstellen. [18]Die Kassenärztliche Bundesvereinigung evaluiert die Auswirkungen der Tätigkeit der Terminservicestellen insbesondere im Hinblick auf die Erreichung der fristgemäßen Vermittlung von Arztterminen, auf die Häufigkeit der Inanspruchnahme und auf die Vermittlungsquote. [19]Über die Ergeb-

nisse hat die Kassenärztliche Bundesvereinigung dem Bundesministerium für Gesundheit jährlich, erstmals zum 30. Juni 2017, zu berichten. [20] Die Vertragsärzte sind verpflichtet, der Terminservicestelle freie Termine zu melden.

(1b) [1] Der Sicherstellungsauftrag nach Absatz 1 umfasst auch die vertragsärztliche Versorgung zu den sprechstundenfreien Zeiten (Notdienst), nicht jedoch die notärztliche Versorgung im Rahmen des Rettungsdienstes, soweit Landesrecht nichts anderes bestimmt. [2] Die Kassenärztlichen Vereinigungen sollen den Notdienst auch durch Kooperation und eine organisatorische Verknüpfung mit zugelassenen Krankenhäusern sicherstellen; hierzu sollen sie entweder Notdienstpraxen in oder an Krankenhäusern einrichten oder Notfallambulanzen der Krankenhäuser unmittelbar in den Notdienst einbinden. [3] Nicht an der vertragsärztlichen Versorgung teilnehmende zugelassene Krankenhäuser und Ärzte, die aufgrund einer Kooperationsvereinbarung mit der Kassenärztlichen Vereinigung in den Notdienst einbezogen sind, sind zur Leistungserbringung im Rahmen des Notdienstes berechtigt und nehmen zu diesem Zweck an der vertragsärztlichen Versorgung teil. [4] Satz 3 gilt entsprechend für nicht an der vertragsärztlichen Versorgung teilnehmende Ärzte im Rahmen der notärztlichen Versorgung des Rettungsdienstes, soweit entsprechend Satz 1 durch Landesrecht bestimmt ist, dass auch diese Versorgung vom Sicherstellungsauftrag der Kassenärztlichen Vereinigung umfasst ist. [5] Die Kassenärztlichen Vereinigungen sollen mit den Landesapothekerkammern in einen Informationsaustausch über die Organisation des Notdienstes treten, um die Versorgung der Versicherten im Notdienst zu verbessern; die Ergebnisse aus diesem Informationsaustausch sind in die Kooperationen nach Satz 2 einzubeziehen. [6] Die Kassenärztlichen Vereinigungen sollen mit den Rettungsleitstellen der Länder kooperieren.

(2) [1] Die Kassenärztlichen Vereinigungen und die Kassenärztlichen Bundesvereinigungen haben die Rechte der Vertragsärzte gegenüber den Krankenkassen wahrzunehmen. [2] Sie haben die Erfüllung der den Vertragsärzten obliegenden Pflichten zu überwachen und die Vertragsärzte, soweit notwendig, unter Anwendung der in § 81 Abs. 5 vorgesehenen Maßnahmen zur Erfüllung dieser Pflichten anzuhalten.

(3) [1] Die Kassenärztlichen Vereinigungen und die Kassenärztlichen Bundesvereinigungen haben auch die ärztliche Versorgung von Personen sicherzustellen, die auf Grund dienstrechtlicher Vorschriften über die Gewährung von Heilfürsorge einen Anspruch auf unentgeltliche ärztliche Versorgung haben, soweit die Erfüllung dieses Anspruchs nicht auf andere Weise gewährleistet ist. [2] Die ärztlichen Leistungen sind so zu vergüten, wie die Ersatzkassen die vertragsärztlichen Leistungen vergüten. [3] Die Sätze 1 und 2 gelten entsprechend für ärztliche Untersuchungen zur Durchführung der allgemeinen Wehrpflicht sowie Untersuchungen zur Vorbereitung von Personalentscheidungen und betriebs- und fürsorgeärztliche Untersuchungen, die von öffentlich-rechtlichen Kostenträgern veranlaßt werden.

(3a) [1] Die Kassenärztlichen Vereinigungen und die Kassenärztlichen Bundesvereinigungen haben auch die ärztliche Versorgung der in den brancheneinheitlichen Standardtarifen nach § 257 Abs. 2a in Verbindung mit § 401 und nach § 257 Abs. 2a in Verbindung mit § 402 sowie dem brancheneinheitlichen Basistarif nach § 152 Absatz 1 des Versicherungsaufsichtsgesetzes und dem Notlagentarif nach § 153 des Versicherungsaufsichtsgesetzes Versicherten mit den in diesen Tarifen versicherten ärztlichen Leistungen sicherzustellen. [2] Solange und soweit nach Absatz 3b nichts Abweichendes vereinbart oder festgesetzt wird, sind die in Satz 1 genannten Leistungen einschließlich der belegärztlichen Leistungen nach § 121 nach der Gebührenordnung für Ärzte oder der Gebührenordnung für Zahnärzte mit der Maßgabe zu vergüten, dass Gebühren für die in Abschnitt M des Gebührenverzeichnisses der Gebührenordnung für Ärzte genannten Leistungen sowie für die Leistung nach Nummer 437 des Gebührenverzeichnisses der Gebührenordnung für Ärzte nur bis zum 1,16fachen des Gebührensatzes der Gebührenordnung für Ärzte, Gebühren für die in den Abschnitten A, E und O des Gebührenverzeichnisses der Gebührenordnung für Ärzte genannten Leistungen nur bis zum 1,38fachen des Gebührensatzes der Gebührenordnung für Ärzte, Gebühren für die übrigen Leistungen des Gebührenverzeichnisses der Gebührenordnung für Ärzte nur bis zum 1,8fachen des Gebührensatzes der Gebührenordnung für Ärzte und Gebühren für die Leistungen des Gebührenverzeichnisses der Gebührenordnung für Zahnärzte nur bis zum 2fachen des Gebührensatzes der Gebührenordnung für Zahnärzte berechnet werden dürfen. [3] Für die Vergütung von in den §§ 115b und 116b bis 119 genannten Leistungen gilt Satz 2 entsprechend, wenn diese für die in Satz 1 genannten Versicherten im Rahmen der dort genannten Tarife erbracht werden.

(3b) [1] Die Vergütung für die in Absatz 3a Satz 2 genannten Leistungen kann in Verträgen zwischen dem Verband der privaten Krankenversicherung einheitlich mit Wirkung für die Unternehmen der privaten Krankenversicherung und im Einvernehmen mit den Trägern der Kosten in Krankheits-, Pflege- und Geburtsfällen nach beamtenrechtlichen Vorschriften mit den Kassenärztlichen Vereinigungen oder den Kassenärztlichen Bundesvereinigungen ganz oder teilweise abweichend von den Vorgaben des Absatzes 3a Satz 2 geregelt werden. [2] Für den Verband der privaten Krankenversicherung gilt § 158 Absatz 2 des Versicherungsaufsichtsgesetzes entsprechend. [3] Wird zwischen den Beteiligten nach Satz 1 keine Einigung über eine von Absatz 3a Satz 2 abweichende Vergütungsregelung erzielt, kann der Beteiligte, der die Abweichung verlangt, die Schiedsstelle nach Absatz 3c anrufen. [4] Diese hat innerhalb von drei Monaten über die Gegenstände, über die keine Einigung erzielt werden konnte, zu entscheiden und den Vertragsinhalt festzusetzen. [5] Die Schiedsstelle hat ihre Entscheidung so zu treffen, dass der Vertragsinhalt

1. den Anforderungen an eine ausreichende, zweckmäßige, wirtschaftliche und in der Qualität gesicherte ärztliche Versorgung der in Absatz 3a Satz 1 genannten Versicherten entspricht,
2. die Vergütungsstrukturen vergleichbarer Leistungen aus dem vertragsärztlichen und privatärztlichen Bereich berücksichtigt und
3. die wirtschaftlichen Interessen der Vertragsärzte sowie die finanziellen Auswirkungen der Vergütungsregelungen auf die Entwicklung der Prämien für die Tarife der in Absatz 3a Satz 1 genannten Versicherten angemessen berücksichtigt.

[6] Wird nach Ablauf einer von den Vertragsparteien nach Satz 1 vereinbarten oder von der Schiedsstelle festgesetzten Vertragslaufzeit keine Einigung über die Vergütung erzielt, gilt der bisherige Vertrag bis zu der Entscheidung der Schiedsstelle weiter. [7] Für die in Absatz 3a Satz 1 genannten Versicherten und Tarife kann die Vergütung für die in den §§ 115b und 116b bis 119 genannten Leistungen in Verträgen zwischen dem Verband der privaten Krankenversiche-

rung einheitlich mit Wirkung für die Unternehmen der privaten Krankenversicherung und im Einvernehmen mit den Trägern der Kosten in Krankheits-, Pflege- und Geburtsfällen nach beamtenrechtlichen Vorschriften mit den entsprechenden Leistungserbringern oder den sie vertretenden Verbänden ganz oder teilweise abweichend von den Vorgaben des Absatzes 3a Satz 2 und 3 geregelt werden; Satz 2 gilt entsprechend. [8] Wird nach Ablauf einer von den Vertragsparteien nach Satz 7 vereinbarten Vertragslaufzeit keine Einigung über die Vergütung erzielt, gilt der bisherige Vertrag weiter.

(3c) [1] Die Kassenärztlichen Bundesvereinigungen bilden mit dem Verband der privaten Krankenversicherung je eine gemeinsame Schiedsstelle. [2] Sie besteht aus Vertretern der Kassenärztlichen Bundesvereinigung oder der Kassenzahnärztlichen Bundesvereinigung einerseits und Vertretern des Verbandes der privaten Krankenversicherung und der Träger der Kosten in Krankheits-, Pflege- und Geburtsfällen nach beamtenrechtlichen Vorschriften andererseits in gleicher Zahl, einem unparteiischen Vorsitzenden und zwei weiteren unparteiischen Mitgliedern sowie je einem Vertreter des Bundesministeriums der Finanzen und des Bundesministeriums für Gesundheit. [3] Die Amtsdauer beträgt vier Jahre. [4] Über den Vorsitzenden und die weiteren unparteiischen Mitglieder sowie deren Stellvertreter sollen sich die Vertragsparteien einigen. [5] Kommt eine Einigung nicht zu Stande, gilt § 134a Absatz 4 Satz 5 und 6 entsprechend. [6] Im Übrigen gilt § 129 Abs. 9 entsprechend. [7] Die Aufsicht über die Geschäftsführung der Schiedsstelle führt das Bundesministerium der Finanzen; § 129 Abs. 10 Satz 2 gilt entsprechend.

(4) [1] Die Kassenärztlichen Vereinigungen und die Kassenärztlichen Bundesvereinigungen haben auch die ärztliche Behandlung von Gefangenen in Justizvollzugsanstalten in Notfällen außerhalb der Dienstzeiten der Anstaltsärzte und Anstaltszahnärzte sicherzustellen, soweit die Behandlung nicht auf andere Weise gewährleistet ist. [2] Absatz 3 Satz 2 gilt entsprechend.

(5) Soweit die ärztliche Versorgung in der knappschaftlichen Krankenversicherung nicht durch Knappschaftsärzte sichergestellt wird, gelten die Absätze 1 und 2 entsprechend.

(6) Mit Zustimmung der Aufsichtsbehörden können die Kassenärztlichen Vereinigungen und Kassenärztlichen Bundesvereinigungen weitere Aufgaben der ärztlichen Versorgung insbesondere für andere Träger der Sozialversicherung übernehmen.

(7) [1] Die Kassenärztlichen Bundesvereinigungen haben

1. die erforderlichen Richtlinien für die Durchführung der von ihnen im Rahmen ihrer Zuständigkeit geschlossenen Verträge aufzustellen,
2. in Richtlinien die überbezirkliche Durchführung der vertragsärztlichen Versorgung und den Zahlungsausgleich hierfür zwischen den Kassenärztlichen Vereinigungen zu regeln, soweit nicht in Bundesmantelverträgen besondere Vereinbarungen getroffen sind,
3. Richtlinien über die Betriebs-, Wirtschafts- und Rechnungsführung der Kassenärztlichen Vereinigungen aufzustellen,
4. Richtlinien für die Umsetzung einer bundeseinheitlichen Telefonnummer nach Absatz 1a Satz 2 aufzustellen,
5. Richtlinien für ein digitales Angebot zur Vermittlung von Behandlungsterminen nach Absatz 1a Satz 3 Nummer 1 sowie zur Vermittlung einer unmittelbaren ärztlichen Versorgung in Akutfällen nach Absatz 1a Satz 3

Nummer 3 und für ein Angebot eines elektronisch gestützten Dispositionsmanagements aufzustellen und

6. Richtlinien für ein bundesweit einheitliches, standardisiertes Ersteinschätzungsverfahren aufzustellen, auf dessen Grundlage die Vermittlung in Akutfällen nach Absatz 1a Satz 3 Nummer 3 erfolgt.

[2]Die Richtlinie nach Satz 1 Nr. 2 muss sicherstellen, dass die für die erbrachte Leistung zur Verfügung stehende Vergütung die Kassenärztliche Vereinigung erreicht, in deren Bezirk die Leistung erbracht wurde; eine Vergütung auf der Basis bundesdurchschnittlicher Verrechnungspunktwerte ist zulässig. [3]Die Richtlinie nach Satz 1 Nr. 2 kann auch Regelungen über die Abrechnungs-, Wirtschaftlichkeits- und Qualitätsprüfung sowie über Verfahren bei Disziplinarangelegenheiten bei überörtlichen Berufsausübungsgemeinschaften, die Mitglieder in mehreren Kassenärztlichen Vereinigungen haben, treffen, soweit hierzu nicht in den Bundesmantelverträgen besondere Vereinbarungen getroffen sind. [4]Die Richtlinien nach Satz 1 Nummer 4 und 5 müssen auch sicherstellen, dass die von Vertragsärzten in Umsetzung der Richtlinienvorgaben genutzten elektronischen Programme von der Kassenärztlichen Bundesvereinigung zugelassen sind.

(7a) [1]Abweichend von Absatz 7 Satz 2 muss die für die ärztliche Versorgung geltende Richtlinie nach Absatz 7 Satz 1 Nr. 2 sicherstellen, dass die Kassenärztliche Vereinigung, in deren Bezirk die Leistungen erbracht wurden (Leistungserbringer-KV), von der Kassenärztlichen Vereinigung, in deren Bezirk der Versicherte seinen Wohnort hat (Wohnort-KV), für die erbrachten Leistungen jeweils die entsprechenden Vergütungen der in der Leistungserbringer-KV geltenden Euro-Gebührenordnung nach § 87a Abs. 2 erhält. [2]Dabei ist das Benehmen mit dem Spitzenverband Bund der Krankenkassen herzustellen.

(8) Die Kassenärztlichen Vereinigungen und die Kassenärztlichen Bundesvereinigungen haben durch geeignete Maßnahmen darauf hinzuwirken, daß die zur Ableistung der Vorbereitungszeiten von Ärzten sowie die zur allgemeinmedizinischen Weiterbildung in den Praxen niedergelassener Vertragsärzte benötigten Plätze zur Verfügung stehen.

(9) Die Kassenärztlichen Vereinigungen sind verpflichtet, mit Einrichtungen nach § 13 des Schwangerschaftskonfliktgesetzes auf deren Verlangen Verträge über die ambulante Erbringung der in § 24b aufgeführten ärztlichen Leistungen zu schließen und die Leistungen außerhalb des Verteilungsmaßstabes nach den zwischen den Kassenärztlichen Vereinigungen und den Einrichtungen nach § 13 des Schwangerschaftskonfliktgesetzes oder deren Verbänden vereinbarten Sätzen zu vergüten.

§ 75a Förderung der Weiterbildung. (1) [1]Die Kassenärztlichen Vereinigungen und die Krankenkassen sind zur Sicherung der hausärztlichen Versorgung verpflichtet, die allgemeinmedizinische Weiterbildung in den Praxen zugelassener Ärzte und zugelassener medizinischer Versorgungszentren zu fördern. [2]Die Kassenärztlichen Vereinigungen und die Krankenkassen tragen die Kosten der Förderung für die Weiterbildung in der Allgemeinmedizin im ambulanten Bereich je zur Hälfte. [3]Die Zuschüsse der Krankenkassen werden außerhalb der Gesamtvergütung für die vertragsärztliche Versorgung gewährt. [4]Die Förderung ist von der Weiterbildungsstelle auf die im Krankenhaus übliche Vergütung anzuheben und an den Weiterzubildenden in voller Höhe auszuzahlen.

(2) [1]Die Krankenkassen sind zur Sicherung der hausärztlichen Versorgung auch verpflichtet, die allgemeinmedizinische Weiterbildung in zugelassenen Krankenhäusern und in Vorsorge- und Rehabilitationseinrichtungen, für die ein Versorgungsvertrag nach § 111 besteht, zu fördern. [2]Die Zuschüsse der Krankenkassen werden außerhalb der mit den Krankenhäusern vereinbarten Budgets gewährt.

(3) [1]Die Anzahl der zu fördernden Stellen soll bundesweit insgesamt mindestens 7 500 betragen. [2]Die Kassenärztlichen Vereinigungen dürfen die Anzahl der zu fördernden Weiterbildungsstellen nicht begrenzen.

(4) [1]Die Kassenärztliche Bundesvereinigung vereinbart mit dem Spitzenverband Bund der Krankenkassen und der Deutschen Krankenhausgesellschaft das Nähere über den Umfang und die Durchführung der finanziellen Förderung nach den Absätzen 1 bis 3. [2]Sie haben insbesondere Vereinbarungen zu treffen über

1. die Höhe der finanziellen Förderung,
2. die Sicherstellung einer durchgängigen Förderung auch bei einem Wechsel in eine andere Weiterbildungsstelle in einem Bezirk einer anderen Kassenärztlichen Vereinigung,
3. die Verteilung der zu fördernden Stellen auf die Kassenärztlichen Vereinigungen,
4. ein finanzielles Ausgleichverfahren, wenn in einem Bezirk einer Kassenärztlichen Vereinigung mehr oder weniger Weiterbildungsstellen gefördert werden, als nach Nummer 3 vorgesehen sind, sowie
5. die zu fördernden Fachärzte aus dem Bereich der allgemeinen fachärztlichen Versorgung, die an der Grundversorgung teilnehmen (grundversorgende Fachärzte).

[3]Mit der Bundesärztekammer ist das Benehmen herzustellen. [4]Wird eine Vereinbarung ganz oder teilweise beendet und kommt bis zum Ablauf der Vereinbarungszeit keine neue Vereinbarung zustande, entscheidet das sektorenübergreifende Schiedsgremium auf Bundesebene gemäß § 89a.

(5) [1]Die Höhe der finanziellen Beteiligung der Krankenkassen an den Kosten der Förderung der allgemeinmedizinischen Weiterbildung vermindert sich um den von den privaten Krankenversicherungsunternehmen gezahlten Betrag. [2]Über die Verträge nach Absatz 4 ist das Einvernehmen mit dem Verband der Privaten Krankenversicherung anzustreben.

(6) [1]Die nach Absatz 4 Satz 2 Nummer 1 zu vereinbarende Höhe der finanziellen Förderung ist so zu bemessen, dass die Weiterzubildenden in allen Weiterbildungseinrichtungen nach den Absätzen 1 und 2 eine angemessene Vergütung erhalten. [2]In Gebieten, für die der Landesausschuss der Ärzte und Krankenkassen für den Bereich der hausärztlichen Versorgung eine Feststellung nach § 100 Absatz 1 Satz 1 getroffen hat, soll eine höhere finanzielle Förderung vorgesehen werden. [3]Die Vertragspartner haben die Angemessenheit der Förderung regelmäßig zu überprüfen und soweit erforderlich anzupassen.

(7) In den Verträgen nach Absatz 4 kann auch vereinbart werden, dass

1. die Fördermittel durch eine zentrale Stelle auf Landes- oder Bundesebene verwaltet werden,
2. eine finanzielle Beteiligung an regionalen Projekten zur Förderung der Allgemeinmedizin erfolgt,

3. bis zu 5 Prozent der vorgesehenen Fördermittel überregional für die Errichtung und Organisation von Einrichtungen, die die Qualität und Effizienz der Weiterbildung verbessern können, und für die Qualifizierung von Weiterbildern bereitgestellt werden,
4. in einem Förderungszeitraum nicht abgerufene Fördermittel in den darauffolgenden Förderzeitraum übertragen sowie überregional und unabhängig von der Art der Weiterbildungseinrichtung bereitgestellt werden.

(8) Die Kassenärztlichen Vereinigungen können zur Erfüllung der in Absatz 1 genannten Aufgaben kooperieren oder eine Kassenärztliche Vereinigung mit der Durchführung der Aufgaben nach Absatz 1 beauftragen.

(9) [1] Die Absätze 1 und 4 bis 8 gelten für die Förderung der Weiterbildung in der ambulanten grundversorgenden fachärztlichen Versorgung nach Maßgabe der Vereinbarung nach Absatz 4 Satz 2 Nummer 5 entsprechend. [2] Es sind bundesweit bis zu 2 000 Weiterbildungsstellen, davon mindestens 250 Weiterbildungsstellen in der Kinder- und Jugendmedizin, zu fördern.

§ 75b Richtlinie zur IT-Sicherheit in der vertragsärztlichen und vertragszahnärztlichen Versorgung. (1) [1] Die Kassenärztlichen Bundesvereinigungen legen bis zum 30. Juni 2020 in einer Richtlinie die Anforderungen zur Gewährleistung der IT-Sicherheit in der vertragsärztlichen und vertragszahnärztlichen Versorgung fest. [2] Die Richtlinie umfasst auch Anforderungen an die sichere Installation und Wartung von Komponenten und Diensten der Telematikinfrastruktur, die in der vertragsärztlichen und vertragszahnärztlichen Versorgung genutzt werden.

(2) Die in der Richtlinie festzulegenden Anforderungen müssen geeignet sein, abgestuft im Verhältnis zum Gefährdungspotential und dem Schutzbedarf der verarbeiteten Informationen, Störungen der informationstechnischen Systeme, Komponenten oder Prozesse der vertragsärztlichen Leistungserbringer in Bezug auf Verfügbarkeit, Integrität und Vertraulichkeit sowie der weiteren Sicherheitsziele zu vermeiden.

(3) [1] Die in der Richtlinie festzulegenden Anforderungen müssen dem Stand der Technik entsprechen und sind jährlich an den Stand der Technik und an das Gefährdungspotential anzupassen. [2] Die in der Richtlinie festzulegenden Anforderungen sowie deren Anpassungen erfolgen im Einvernehmen mit dem Bundesamt für Sicherheit in der Informationstechnik sowie im Benehmen mit dem oder der Bundesbeauftragten für den Datenschutz und die Informationsfreiheit, der Bundesärztekammer, der Bundeszahnärztekammer, der Deutschen Krankenhausgesellschaft und den für die Wahrnehmung der Interessen der Industrie maßgeblichen Bundesverbänden aus dem Bereich der Informationstechnologie im Gesundheitswesen. [3] Die Anforderungen nach Absatz 1 Satz 2 legen die Kassenärztlichen Bundesvereinigungen zusätzlich im Benehmen mit der Gesellschaft für Telematik fest.

(4) [1] Die Richtlinie ist für die an der vertragsärztlichen und vertragszahnärztlichen Versorgung teilnehmenden Leistungserbringer verbindlich. [2] Die Richtlinie ist nicht anzuwenden für die vertragsärztliche und vertragszahnärztliche Versorgung im Krankenhaus, soweit dort bereits angemessene Vorkehrungen getroffen werden. [3] Angemessene Vorkehrungen im Sinne von Satz 2 gelten als getroffen, wenn die organisatorischen und technischen Vorkehrungen nach

§ 8a Absatz 1 des BSI-Gesetzes oder entsprechende branchenspezifische Sicherheitsstandards umgesetzt wurden.

(5) [1]Die Kassenärztlichen Bundesvereinigungen müssen ab dem 30. Juni 2020 die Mitarbeiterinnen und Mitarbeiter der Anbieter im Einvernehmen mit dem Bundesamt für Sicherheit in der Informationstechnik auf deren Antrag zertifizieren, wenn diese Personen über die notwendige Eignung verfügen, um die an der vertragsärztlichen und vertragszahnärztlichen Versorgung teilnehmenden Leistungserbringer bei der Umsetzung der Richtlinie sowie deren Anpassungen zu unterstützen. [2]Die Vorgaben für die Zertifizierung werden von den Kassenärztlichen Bundesvereinigungen im Einvernehmen mit dem Bundesamt für Sicherheit in der Informationstechnik sowie im Benehmen mit den für die Wahrnehmung der Interessen der Industrie maßgeblichen Bundesverbänden aus dem Bereich der Informationstechnologie im Gesundheitswesen bis zum 31. März 2020 erstellt. [3]In Bezug auf die Anforderungen nach Absatz 1 Satz 2 legen die Kassenärztlichen Bundesvereinigungen die Vorgaben für die Zertifizierung der Mitarbeiterinnen und Mitarbeiter der Anbieter nach Satz 1 im Benehmen mit der Gesellschaft für Telematik fest.

§ 75c IT-Sicherheit in Krankenhäusern. (1) [1]Ab dem 1. Januar 2022 sind Krankenhäuser verpflichtet, nach dem Stand der Technik angemessene organisatorische und technische Vorkehrungen zur Vermeidung von Störungen der Verfügbarkeit, Integrität und Vertraulichkeit sowie der weiteren Sicherheitsziele ihrer informationstechnischen Systeme, Komponenten oder Prozesse zu treffen, die für die Funktionsfähigkeit des jeweiligen Krankenhauses und die Sicherheit der verarbeiteten Patienteninformationen maßgeblich sind. [2]Organisatorische und technische Vorkehrungen sind angemessen, wenn der dafür erforderliche Aufwand nicht außer Verhältnis zu den Folgen eines Ausfalls oder einer Beeinträchtigung des Krankenhauses oder der Sicherheit der verarbeiteten Patienteninformationen steht. [3]Die informationstechnischen Systeme sind spätestens alle zwei Jahre an den aktuellen Stand der Technik anzupassen.

(2) Die Krankenhäuser können die Verpflichtungen nach Absatz 1 insbesondere erfüllen, indem sie einen branchenspezifischen Sicherheitsstandard für die informationstechnische Sicherheit der Gesundheitsversorgung im Krankenhaus in der jeweils gültigen Fassung anwenden, dessen Eignung vom Bundesamt für Sicherheit in der Informationstechnik nach § 8a Absatz 2 des BSI-Gesetzes festgestellt wurde.

(3) Die Verpflichtung nach Absatz 1 gilt für alle Krankenhäuser, soweit sie nicht ohnehin als Betreiber Kritischer Infrastrukturen gemäß § 8a des BSI-Gesetzes angemessene technische Vorkehrungen zu treffen haben.

§ 76 Freie Arztwahl. (1) [1]Die Versicherten können unter den zur vertragsärztlichen Versorgung zugelassenen Ärzten, den medizinischen Versorgungszentren, den ermächtigten Ärzten, den ermächtigten oder nach § 116b an der ambulanten Versorgung teilnehmenden Einrichtungen, den Zahnkliniken der Krankenkassen, den Eigeneinrichtungen der Krankenkassen nach § 140 Abs. 2 Satz 2, den nach § 72a Abs. 3 vertraglich zur ärztlichen Behandlung verpflichteten Ärzten und Zahnärzten, den zum ambulanten Operieren zugelassenen Krankenhäusern sowie den Einrichtungen nach § 75 Abs. 9 frei wählen. [2]Andere Ärzte dürfen nur in Notfällen in Anspruch genommen werden. [3]Die Inanspruchnahme der Eigeneinrichtungen der Krankenkassen nach § 140 Abs. 1

und 2 Satz 1 richtet sich nach den hierüber abgeschlossenen Verträgen. [4]Die Zahl der Eigeneinrichtungen darf auf Grund vertraglicher Vereinbarung vermehrt werden, wenn die Voraussetzungen des § 140 Abs. 2 Satz 1 erfüllt sind.

(1a) [1]In den Fällen des § 75 Absatz 1a Satz 7 können Versicherte auch zugelassene Krankenhäuser in Anspruch nehmen, die nicht an der vertragsärztlichen Versorgung teilnehmen; dies gilt auch, wenn die Terminservicestelle Versicherte in den Fällen des § 75 Absatz 1a Satz 3 Nummer 3 in eine Notfallambulanz vermittelt. [2]Die Inanspruchnahme umfasst auch weitere auf den Termin folgende notwendige Behandlungen, die dazu dienen, den Behandlungserfolg zu sichern oder zu festigen.

(2) Wird ohne zwingenden Grund ein anderer als einer der nächsterreichbaren an der vertragsärztlichen Versorgung teilnehmenden Ärzte, Einrichtungen oder medizinische Versorgungszentren in Anspruch genommen, hat der Versicherte die Mehrkosten zu tragen.

(3) [1]Die Versicherten sollen den an der vertragsärztlichen Versorgung teilnehmenden Arzt innerhalb eines Kalendervierteljahres nur bei Vorliegen eines wichtigen Grundes wechseln. [2]Der Versicherte wählt einen Hausarzt. [3]Der Arzt hat den Versicherten vorab über Inhalt und Umfang der hausärztlichen Versorgung (§ 73) zu unterrichten; eine Teilnahme an der hausärztlichen Versorgung hat er auf seinem Praxisschild anzugeben.

(3a) Die Partner der Verträge nach § 82 Abs. 1 haben geeignete Maßnahmen zu vereinbaren, die einer unkoordinierten Mehrfachinanspruchnahme von Vertragsärzten entgegenwirken und den Informationsaustausch zwischen vor- und nachbehandelnden Ärzten gewährleisten.

(4) Die Übernahme der Behandlung verpflichtet die in Absatz 1 genannten Personen oder Einrichtungen dem Versicherten gegenüber zur Sorgfalt nach den Vorschriften des bürgerlichen Vertragsrechts.

(5) [1]Die Versicherten der knappschaftlichen Krankenversicherung können unter den Knappschaftsärzten und den in Absatz 1 genannten Personen und Einrichtungen frei wählen. [2]Die Absätze 2 bis 4 gelten entsprechend.

Zweiter Titel. Kassenärztliche und Kassenzahnärztliche Vereinigungen

§ 77 Kassenärztliche Vereinigungen und Bundesvereinigungen.

(1) [1]Zur Erfüllung der ihnen durch dieses Buch übertragenen Aufgaben der vertragsärztlichen Versorgung bilden die Vertragsärzte für den Bereich jedes Landes eine Kassenärztliche und eine Kassenzahnärztliche Vereinigung (Kassenärztliche Vereinigungen). [2]Bestehen in einem Land mehrere Kassenärztliche Vereinigungen, können sich diese nach Absatz 2 vereinigen.

(2) [1]Mit Zustimmung der für die Sozialversicherung zuständigen obersten Verwaltungsbehörden der Länder können sich Kassenärztliche Vereinigungen auf Beschluss ihrer Vertreterversammlungen auch für den Bereich mehrerer Länder vereinigen. [2]Der Beschluss bedarf der Genehmigung der vor der Vereinigung zuständigen Aufsichtsbehörden. [3]§ 155 Absatz 2, 5 und 6 gilt entsprechend. [4]Die Bundesvereinigung nach Absatz 4 ist vor der Vereinigung zu hören. [5]Die gemeinsame Kassenärztliche Vereinigung kann nach Bereichen der an der Vereinigung beteiligten Kassenärztlichen Vereinigungen getrennte Gesamtverträge längstens für bis zu vier Quartale anwenden. [6]Darüber hinaus können die Vertragspartner der Gesamtverträge unterschiedliche Vergütungen im Einvernehmen mit der zuständigen Aufsichtsbehörde vereinbaren, soweit es

zum Ausgleich unterschiedlicher landesrechtlicher Bestimmungen oder aus anderen besonderen Gründen erforderlich ist.

(3) [1] Die zugelassenen Ärzte, die im Rahmen der vertragsärztlichen Versorgung in den zugelassenen medizinischen Versorgungszentren tätigen angestellten Ärzte, die bei Vertragsärzten nach § 95 Abs. 9 und 9a angestellten Ärzte, die in Eigeneinrichtungen nach § 105 Absatz 1a und Absatz 5 Satz 1 angestellten Ärzte und die an der vertragsärztlichen Versorgung teilnehmenden ermächtigten Krankenhausärzte sind Mitglieder der für ihren Arztsitz zuständigen Kassenärztlichen Vereinigung. [2] Voraussetzung der Mitgliedschaft angestellter Ärzte in der für ihren Arztsitz zuständigen Kassenärztlichen Vereinigung ist, dass sie mindestens zehn Stunden pro Woche beschäftigt sind.

(4) [1] Die Kassenärztlichen Vereinigungen bilden die Kassenärztliche Bundesvereinigung und die Kassenzahnärztliche Bundesvereinigung (Kassenärztliche Bundesvereinigungen). [2] Die Kassenärztlichen Vereinigungen und Kassenärztlichen Bundesvereinigungen können die für sie zuständigen obersten Bundes- und Landesbehörden insbesondere in Fragen der Rechtsetzung kurzzeitig personell unterstützen. [3] Dadurch entstehende Kosten sind ihnen grundsätzlich zu erstatten; Ausnahmen werden in den jeweiligen Gesetzen zur Feststellung der Haushalte von Bund und Ländern festgelegt.

(5) Die Kassenärztlichen Vereinigungen und die Kassenärztlichen Bundesvereinigungen sind Körperschaften des öffentlichen Rechts.

(6) [1] §§ 88, 94 Abs. 1a bis 4 und § 97 Abs. 1 Satz 1 bis 4 des Zehnten Buches[1)] gelten entsprechend. [2] Wenn eine Kassenärztliche Vereinigung eine andere Kassenärztliche Vereinigung nach Satz 1 in Verbindung mit § 88 des Zehnten Buches beauftragt, eine ihr obliegende Aufgabe wahrzunehmen und hiermit eine Verarbeitung von Sozialdaten durch die Beauftragte verbunden ist, wird die Beauftragte mit dem Empfang der ihr nach § 285 Absatz 3 Satz 7 übermittelten Sozialdaten Verantwortliche. [3] § 80 Absatz 1 Satz 1 Nummer 1 bis 3 und Satz 2 des Zehnten Buches gilt entsprechend, Satz 1 Nummer 1 jedoch mit der Maßgabe, dass nur der Auftragsverarbeiter anzuzeigen ist.

§ 77a Dienstleistungsgesellschaften. (1) Die Kassenärztlichen Vereinigungen und die Kassenärztlichen Bundesvereinigungen können zur Erfüllung der in Absatz 2 aufgeführten Aufgaben Gesellschaften gründen.

(2) Gesellschaften nach Absatz 1 können gegenüber vertragsärztlichen Leistungserbringern folgende Aufgaben erfüllen:

1. Beratung beim Abschluss von Verträgen, die die Versorgung von Versicherten mit Leistungen der gesetzlichen Krankenversicherung betreffen,
2. Beratung in Fragen der Datenverarbeitung, der Datensicherung und des Datenschutzes,
3. Beratung in allgemeinen wirtschaftlichen Fragen, die die Vertragsarzttätigkeit betreffen,
4. Vertragsabwicklung für Vertragspartner von Verträgen, die die Versorgung von Versicherten mit Leistungen der gesetzlichen Krankenversicherung betreffen,
5. Übernahme von Verwaltungsaufgaben für Praxisnetze.

[1)] Nr. **10**.

(3) [1] Gesellschaften nach Absatz 1 dürfen nur gegen Kostenersatz tätig werden. [2] Eine Finanzierung aus Mitteln der Kassenärztlichen Vereinigungen oder Kassenärztlichen Bundesvereinigungen ist ausgeschlossen.

§ 77b Besondere Regelungen zu Einrichtungen und Arbeitsgemeinschaften der Kassenärztlichen Bundesvereinigungen. (1) [1] Vor der Entscheidung des Vorstandes der Kassenärztlichen Bundesvereinigungen über die Errichtung, Übernahme oder wesentliche Erweiterung von Einrichtungen im Sinne des § 85 Absatz 1 des Vierten Buches[1)] sowie über eine unmittelbare oder mittelbare Beteiligung an solchen Einrichtungen ist die Vertreterversammlung der Kassenärztlichen Bundesvereinigungen durch den Vorstand auf der Grundlage geeigneter Daten umfassend über die Chancen und Risiken der beabsichtigten Betätigung zu unterrichten. [2] Die Entscheidung des Vorstandes nach Satz 1 bedarf der Zustimmung der Vertreterversammlung.

(2) [1] Der Vorstand hat zur Information der Vertreterversammlung der Kassenärztlichen Bundesvereinigungen jährlich einen Bericht über die Einrichtungen zu erstellen, an denen die Kassenärztlichen Bundesvereinigungen beteiligt sind. [2] Der Beteiligungsbericht muss zu jeder Einrichtung mindestens Angaben enthalten über

1. den Gegenstand der Einrichtung, die Beteiligungsverhältnisse, die Besetzung der Organe der Einrichtung und die Beteiligungen der Einrichtung an weiteren Einrichtungen,
2. den fortbestehenden Zusammenhang zwischen der Beteiligung an der Einrichtung und den gesetzlichen Aufgaben der Kassenärztlichen Bundesvereinigungen,
3. die Grundzüge des Geschäftsverlaufs der Einrichtung, die Ertragslage der Einrichtung, die Kapitalzuführungen an und die Kapitalentnahmen aus der Einrichtung durch die Kassenärztlichen Bundesvereinigungen, die Auswirkungen der Kapitalzuführungen und Kapitalentnahmen auf die Haushaltswirtschaft der Kassenärztlichen Bundesvereinigungen und die von den Kassenärztlichen Bundesvereinigungen der Einrichtung gewährten Sicherheiten,
4. die im Geschäftsjahr gewährten Gesamtbezüge der Mitglieder der Geschäftsführung, des Aufsichtsrates, des Beirates oder eines ähnlichen Gremiums der Einrichtung für jedes einzelne Gremium sowie die im Geschäftsjahr gewährten Bezüge eines jeden Mitglieds dieser Gremien unter Namensnennung.

[3] Der Bericht über das abgelaufene Geschäftsjahr ist der Vertreterversammlung der Kassenärztlichen Bundesvereinigungen und der Aufsichtsbehörde spätestens am 1. Oktober des folgenden Jahres vorzulegen.

(3) Die Absätze 1 und 2 gelten entsprechend für Dienstleistungsgesellschaften nach § 77a, an denen die Kassenärztlichen Bundesvereinigungen beteiligt sind, und für Arbeitsgemeinschaften nach § 94 Absatz 1a des Zehnten Buches[2)] in Verbindung mit § 77 Absatz 6 Satz 1, an denen die Kassenärztlichen Bundesvereinigungen beteiligt sind.

§ 78 Aufsicht, Haushalts- und Rechnungswesen, Vermögen, Statistiken. (1) Die Aufsicht über die Kassenärztlichen Bundesvereinigungen führt das

---

1) Nr. **4**.
2) Nr. **10**.

Bundesministerium für Gesundheit, die Aufsicht über die Kassenärztlichen Vereinigungen führen die für die Sozialversicherung zuständigen obersten Verwaltungsbehörden der Länder.

(2) [1]Die Aufsicht über die für den Bereich mehrerer Länder gebildeten gemeinsamen Kassenärztlichen Vereinigungen führt die für die Sozialversicherung zuständige oberste Verwaltungsbehörde des Landes, in dem diese Vereinigungen ihren Sitz haben. [2]Die Aufsicht ist im Benehmen mit den zuständigen obersten Verwaltungsbehörden der beteiligten Länder wahrzunehmen.

(3) [1]Die Aufsicht erstreckt sich auf die Beachtung von Gesetz und sonstigem Recht. [2]Die §§ 88 und 89 des Vierten Buches[1)] gelten entsprechend.

(4) Für die Vollstreckung von Aufsichtsverfügungen gegen die Kassenärztlichen Bundesvereinigungen kann die Aufsichtsbehörde ein Zwangsgeld bis zu einer Höhe von 10 000 000 Euro zugunsten des Gesundheitsfonds nach § 271 festsetzen.

(5) [1]Die Kosten der Tätigkeit der Kassenärztlichen Bundesvereinigungen werden nach Maßgabe des Haushaltsplans durch die Beiträge der Kassenärztlichen Vereinigungen gemäß den Vorgaben der Satzungen der Kassenärztlichen Bundesvereinigungen aufgebracht, soweit sie nicht durch sonstige Einnahmen gedeckt werden. [2]Für die Kassenärztlichen Bundesvereinigungen gelten für das Haushalts- und Rechnungswesen einschließlich der Statistiken die §§ 67 bis 70 Absatz 1 und 5, die §§ 72 bis 77 Absatz 1 und 1a und die §§ 78 und 79 Absatz 1 und 2 in Verbindung mit Absatz 3a, für das Vermögen die §§ 80 bis 83 und 85 des Vierten Buches sowie § 220 Absatz 1 Satz 2 und für die Verwendung der Mittel § 305b entsprechend. [3]Die Jahresrechnung nach § 77 Absatz 1a des Vierten Buches ist für das abgelaufene Haushaltsjahr bis zum 1. Oktober des Folgejahres aufzustellen und der Aufsichtsbehörde vorzulegen. [4]Betriebsmittel dürfen die Ausgaben nicht übersteigen, die nach dem Haushaltsplan der Kassenärztlichen Bundesvereinigungen auf eineinhalb Monate entfallen. [5]Rücklagen sind zulässig, sofern sie angemessen sind und für einen den gesetzlichen Aufgaben dienenden Zweck bestimmt sind. [6]Soweit Vermögen nicht zur Rücklagenbildung erforderlich ist, ist es zur Senkung der Beiträge der Kassenärztlichen Vereinigungen zu verwenden oder an die Kassenärztlichen Vereinigungen zurückzuzahlen.

(6) Für die Kassenärztlichen Vereinigungen gelten für das Haushalts- und Rechnungswesen einschließlich der Statistiken die §§ 67 bis 70 Absatz 1 und 5, die §§ 72 bis 77 Absatz 1 und die §§ 78 und 79 Absatz 1 und 2 in Verbindung mit Absatz 3a, für das Vermögen die §§ 80 und 85 des Vierten Buches und für die Verwendung der Mittel § 305b entsprechend.

§ 78a Aufsichtsmittel in besonderen Fällen bei den Kassenärztlichen Bundesvereinigungen. (1) [1]Ergibt sich nachträglich, dass eine Satzung nicht hätte genehmigt werden dürfen, oder bedarf eine Satzung wegen nachträglich eingetretener rechtlicher oder tatsächlicher Umstände, die zur Rechtswidrigkeit der Satzung führen, einer Änderung, so kann die Aufsichtsbehörde anordnen, dass die Kassenärztlichen Bundesvereinigungen innerhalb einer bestimmten Frist die erforderlichen Änderungen vornehmen. [2]Kommen die Kassenärztlichen Bundesvereinigungen der Anordnung innerhalb der Frist

[1)] Nr. 4.

nicht nach, so kann die Aufsichtsbehörde die erforderlichen Änderungen selbst vornehmen.

(2) [1] Ist zur Umsetzung von gesetzlichen Vorschriften oder aufsichtsrechtlichen Verfügungen ein Beschluss der Vertreterversammlung erforderlich, so kann die Aufsichtsbehörde anordnen, dass dieser Beschluss innerhalb einer bestimmten Frist gefasst wird. [2] Wird der erforderliche Beschluss innerhalb der Frist nicht gefasst, so kann die Aufsichtsbehörde den Beschluss der Vertreterversammlung ersetzen.

(3) [1] Verstößt ein Beschluss der Vertreterversammlung der Kassenärztlichen Bundesvereinigungen gegen ein Gesetz oder gegen sonstiges für die Kassenärztlichen Bundesvereinigungen maßgebendes Recht, so kann die Aufsichtsbehörde anordnen, den Beschluss innerhalb einer bestimmten Frist aufzuheben. [2] Mit Zugang der Anordnung darf der Beschluss nicht vollzogen werden. [3] Die Aufsichtsbehörde kann verlangen, dass Maßnahmen, die aufgrund des Beschlusses getroffen wurden, rückgängig gemacht werden. [4] Kommen die Kassenärztlichen Bundesvereinigungen der Anordnung innerhalb der Frist nicht nach, so kann die Aufsichtsbehörde den Beschluss aufheben.

(4) [1] Einer Anordnung mit Fristsetzung bedarf es nicht, wenn ein Beschluss nach Absatz 1 oder Absatz 2 auf Grund gesetzlicher Regelungen innerhalb einer bestimmten Frist zu fassen ist. [2] Klagen gegen Anordnungen und Maßnahmen der Aufsichtsbehörde nach den Absätzen 1 bis 3 haben keine aufschiebende Wirkung.

§ 78b Entsandte Person für besondere Angelegenheiten bei den Kassenärztlichen Bundesvereinigungen. (1) [1] Solange und soweit die ordnungsgemäße Verwaltung bei den Kassenärztlichen Bundesvereinigungen gefährdet ist, kann die Aufsichtsbehörde eine Person an die Kassenärztlichen Bundesvereinigungen entsenden, diese Person mit der Wahrnehmung von Aufgaben bei den Kassenärztlichen Bundesvereinigungen betrauen und ihr hierfür die erforderlichen Befugnisse übertragen. [2] Die ordnungsgemäße Verwaltung ist insbesondere gefährdet, wenn

1. ein Mitglied des Vorstandes interne oder externe Maßnahmen ergreift, die nicht im Einklang mit den eigenen Verwaltungsvorschriften oder satzungsrechtlichen oder gesetzlichen Vorschriften stehen,
2. ein Mitglied des Vorstandes Handlungen vornimmt, die die interne Organisation der Verwaltung oder auch die Zusammenarbeit der Organe untereinander erheblich beeinträchtigen,
3. die Umsetzung von Aufsichtsverfügungen nicht gewährleistet ist oder
4. hinreichende Anhaltspunkte dafür vorliegen, dass eine Pflichtverletzung eines Organmitglieds oder eines ehemaligen Organmitglieds einen Schaden der Körperschaft verursacht hat.

[3] Die Aufsichtsbehörde kann die Person in diesen Fällen zur Beratung und Unterstützung des Vorstandes oder der Vertreterversammlung, zur Überwachung der Umsetzung von Aufsichtsverfügungen oder zur Prüfung von Schadensersatzansprüchen gegen Organmitglieder oder ehemalige Organmitglieder entsenden. [4] Die Aufsichtsbehörde bestimmt, in welchem Umfang die entsandte Person im Innenverhältnis anstelle der Organe handeln darf. [5] Die Befugnisse der Organe im Außenverhältnis bleiben unberührt. [6] Die Entsen-

dung erfolgt durch Verwaltungsakt gegenüber den Kassenärztlichen Bundesvereinigungen.

(2) [1]Die nach Absatz 1 entsandte Person ist im Rahmen ihrer Aufgaben berechtigt, von den Mitgliedern der Organe und von den Beschäftigten der Kassenärztlichen Bundesvereinigungen Auskünfte und die Vorlage von Unterlagen zu verlangen. [2]Sie kann an allen Sitzungen der Organe und sonstigen Gremien der Kassenärztlichen Bundesvereinigungen in beratender Funktion teilnehmen, die Geschäftsräume der Kassenärztlichen Bundesvereinigungen betreten und Nachforschungen zur Erfüllung ihrer Aufgaben anstellen. [3]Die Organe und Organmitglieder haben die entsandte Person bei der Wahrnehmung von deren Aufgaben zu unterstützen. [4]Die entsandte Person ist verpflichtet, der Aufsichtsbehörde Auskunft über alle Erkenntnisse zu geben, die sie im Rahmen ihrer Tätigkeit gewonnen hat.

(3) [1]Die Kassenärztlichen Bundesvereinigungen gewähren der nach Absatz 1 entsandten Person eine Vergütung und angemessene Auslagen. [2]Die Höhe der Vergütung wird von der Aufsichtsbehörde durch Verwaltungsakt gegenüber den Kassenärztlichen Bundesvereinigungen festgesetzt. [3]Die Kassenärztlichen Bundesvereinigungen tragen zudem die übrigen Kosten, die durch die Entsendung entstehen.

(4) [1]Der Entsendung der Person hat eine Anordnung vorauszugehen, mit der die Aufsichtsbehörde den Kassenärztlichen Bundesvereinigungen aufgibt, innerhalb einer bestimmten Frist das Erforderliche zur Gewährleistung einer ordnungsgemäßen Verwaltung zu veranlassen. [2]Klagen gegen die Anordnung nach Satz 1 oder gegen die Entsendung der Person haben keine aufschiebende Wirkung.

§ 78c Berichtspflicht des Bundesministeriums für Gesundheit. Sofern schutzwürdige Belange Dritter nicht entgegenstehen, hat das Bundesministerium für Gesundheit dem Ausschuss für Gesundheit des Deutschen Bundestages jährlich zum 1. März, erstmalig zum 1. März 2018, einen Bericht über aufsichtsrechtliche Maßnahmen nach § 78a Absatz 1 bis 3, § 78b Absatz 1 und 4 Satz 1 und § 79a Absatz 1a und 2 Satz 1, über den Erlass von Verpflichtungsbescheiden nach § 89 Absatz 1 Satz 2 des Vierten Buches[1)] in Verbindung mit § 78 Absatz 3 Satz 2 sowie über den Sachstand der Aufsichtsverfahren vorzulegen.

§ 79 Organe. (1) [1]Bei den Kassenärztlichen Vereinigungen und den Kassenärztlichen Bundesvereinigungen werden eine Vertreterversammlung als Selbstverwaltungsorgan sowie ein hauptamtlicher Vorstand gebildet. [2]Für die Mitglieder der Vertreterversammlung gilt § 40 des Vierten Buches[1)] entsprechend.

(2) [1]Die Satzungen bestimmen die Zahl der Mitglieder der Vertreterversammlung der Kassenärztlichen Vereinigungen und Kassenärztlichen Bundesvereinigungen. [2]Die Vertreterversammlung der Kassenärztlichen Vereinigungen hat bis zu 30 Mitglieder. [3]Bei mehr als 5 000 Mitgliedern der Kassenärztlichen Vereinigung oder mehr als 2 000 Mitgliedern der Kassenzahnärztlichen Vereinigung kann die Zahl der Mitglieder auf bis zu 40, bei mehr als 10 000 Mitgliedern der Kassenärztlichen Vereinigung oder mehr als 5 000 Mitgliedern der Kassenzahnärztlichen Vereinigung auf bis zu 50 erhöht werden. [4]Die Ver-

[1)] Nr. 4.

treterversammlung der Kassenärztlichen Bundesvereinigungen hat bis zu 60 Mitglieder.

(3) [1] Die Vertreterversammlung hat insbesondere

1. die Satzung und sonstiges autonomes Recht zu beschließen,
2. den Vorstand zu überwachen,
3. alle Entscheidungen zu treffen, die für die Körperschaft von grundsätzlicher Bedeutung sind,
4. den Haushaltsplan festzustellen,
5. über die Entlastung des Vorstandes wegen der Jahresrechnung zu beschließen,
6. die Körperschaft gegenüber dem Vorstand und dessen Mitgliedern zu vertreten,
7. über den Erwerb, die Veräußerung oder die Belastung von Grundstücken sowie über die Errichtung von Gebäuden zu beschließen.

[2] Sie kann sämtliche Geschäfts- und Verwaltungsunterlagen einsehen und prüfen. [3] Die Vertreterversammlung der Kassenärztlichen Bundesvereinigungen kann von dem Vorstand jederzeit einen Bericht über die Angelegenheiten der Körperschaft verlangen. [4] Der Bericht ist rechtzeitig und in der Regel schriftlich zu erstatten. [5] Die Vertreterversammlung der Kassenärztlichen Bundesvereinigungen kann die Rechte nach den Sätzen 2 und 3 auch mit einem Viertel der abgegebenen Stimmen ihrer Mitglieder geltend machen. [6] Der Vorstand hat die Vertreterversammlung der Kassenärztlichen Bundesvereinigungen über die Nebentätigkeit in ärztlichen Organisationen zu informieren.

(3a) [1] In der Vertreterversammlung der Kassenärztlichen Bundesvereinigung stimmen über die Belange, die ausschließlich die hausärztliche Versorgung betreffen, nur die Vertreter der Hausärzte, über die Belange, die ausschließlich die fachärztliche Versorgung betreffen, nur die Vertreter der Fachärzte ab. [2] Bei gemeinsamen Abstimmungen einschließlich der Wahlen nach § 80 Absatz 2 sind die Stimmen so zu gewichten, dass insgesamt eine Parität der Stimmen zwischen Vertretern der Hausärzte und Vertretern der Fachärzte in der Vertreterversammlung besteht. [3] Das Nähere zur Abgrenzung der Abstimmungsgegenstände nach Satz 1 und zur Stimmengewichtung nach Satz 2 regelt die Satzung bis spätestens zum 1. November 2015; der Satzungsbeschluss bedarf der Mehrheit von zwei Dritteln der Stimmen der Mitglieder der Vertreterversammlung.

(3b) [1] Die Vertreterversammlung der Kassenärztlichen Bundesvereinigungen hat ihre Beschlüsse nachvollziehbar zu begründen. [2] Sie hat ihre Sitzungen zu protokollieren. [3] Die Vertreterversammlung der Kassenärztlichen Bundesvereinigungen kann ein Wortprotokoll verlangen. [4] Abstimmungen in der Vertreterversammlung der Kassenärztlichen Bundesvereinigungen erfolgen in der Regel nicht geheim. [5] Eine geheime Abstimmung findet nur in besonderen Angelegenheiten statt. [6] Eine namentliche Abstimmung erfolgt über die in der Satzung nach § 81 Absatz 1 festzulegenden haftungsrelevanten Abstimmungsgegenstände. [7] Die Sitzungen der Vertreterversammlung sind in der Regel öffentlich. [8] Die Öffentlichkeit kann nur in besonderen Fällen ausgeschlossen werden, insbesondere wenn berechtigte Interessen Einzelner einer öffentlichen Sitzung entgegenstehen.

(3c) [1]Verpflichtet sich ein Mitglied der Vertreterversammlung der Kassenärztlichen Bundesvereinigungen außerhalb seiner Tätigkeit in der Vertreterversammlung durch einen Dienstvertrag, durch den ein Arbeitsverhältnis nicht begründet wird, oder durch einen Werkvertrag gegenüber den Kassenärztlichen Bundesvereinigungen zu einer Tätigkeit höherer Art, so hängt die Wirksamkeit des Vertrages von der Zustimmung der Vertreterversammlung ab. [2]Gewähren die Kassenärztlichen Bundesvereinigungen aufgrund des Dienstvertrages oder des Werkvertrages dem Mitglied der Vertreterversammlung eine Vergütung, ohne dass die Vertreterversammlung diesem Vertrag zugestimmt hat, so hat das Mitglied der Vertreterversammlung die Vergütung zurückzugewähren, es sei denn, dass die Vertreterversammlung den Vertrag nachträglich genehmigt. [3]Ein Anspruch des Mitglieds der Vertreterversammlung gegen die Kassenärztlichen Bundesvereinigungen auf Herausgabe der durch die geleistete Tätigkeit erlangten Bereicherung bleibt unberührt. [4]Der Anspruch kann jedoch nicht gegen den Rückgewähranspruch aufgerechnet werden.

(3d) Die Höhe der jährlichen Entschädigungen der einzelnen Mitglieder der Vertreterversammlung einschließlich Nebenleistungen sind in einer Übersicht jährlich zum 1. März, erstmals zum 1. März 2017, von den Kassenärztlichen Bundesvereinigungen im Bundesanzeiger und gleichzeitig in den jeweiligen Mitteilungen der Kassenärztlichen Bundesvereinigungen zu veröffentlichen.

[Abs. 3e bis 31.12.2021:]

(3e) Die Vertreterversammlungen der Kassenärztlichen Vereinigungen und der Kassenärztlichen Bundesvereinigungen können aus wichtigen Gründen ohne Sitzung schriftlich abstimmen.

(4) [1]Der Vorstand der Kassenärztlichen Vereinigungen und der Kassenzahnärztlichen Bundesvereinigung besteht aus bis zu drei Mitgliedern. [2]Der Vorstand der Kassenärztlichen Bundesvereinigung besteht aus drei Mitgliedern. [3]Bei Meinungsverschiedenheiten im Vorstand der Kassenärztlichen Bundesvereinigung entscheidet der Vorstand mit der Mehrheit seiner Mitglieder. [4]Bei Stimmengleichheit entscheidet der Vorsitzende. [5]Die Mitglieder des Vorstandes vertreten sich gegenseitig. [6]Sie üben ihre Tätigkeit hauptamtlich aus. [7]Wird ein Arzt in den hauptamtlichen Vorstand gewählt, kann er eine ärztliche Tätigkeit als Nebentätigkeit in begrenztem Umfang weiterführen oder seine Zulassung ruhen lassen. [8]Die Amtszeit beträgt sechs Jahre, es sei denn, ein Vorstandsmitglied wird während der laufenden Amtsdauer der Vertreterversammlung gewählt; die Wiederwahl ist möglich. [9]Die Höhe der jährlichen Vergütungen der einzelnen Vorstandsmitglieder einschließlich aller Nebenleistungen sowie sämtliche Versorgungsregelungen sind betragsmäßig in einer Übersicht jährlich am 1. März im Bundesanzeiger und gleichzeitig getrennt nach den kassenärztlichen und kassenzahnärztlichen Organisationen in den jeweiligen ärztlichen Mitteilungen der Kassenärztlichen Bundesvereinigungen sowie auf der Internetseite der betreffenden Kassenärztlichen Vereinigung oder Kassenärztlichen Bundesvereinigung zu veröffentlichen. [10]Die Art und die Höhe finanzieller Zuwendungen, die den Vorstandsmitgliedern im Zusammenhang mit ihrer Vorstandstätigkeit von Dritten gewährt werden, sind dem Vorsitzenden und den stellvertretenden Vorsitzenden der Vertreterversammlung mitzuteilen.

(5) [1]Der Vorstand verwaltet die Körperschaft und vertritt sie gerichtlich und außergerichtlich, soweit Gesetz oder sonstiges Recht nichts Abweichendes bestimmen. [2]In der Satzung oder im Einzelfall durch den Vorstand kann

bestimmt werden, dass auch einzelne Mitglieder des Vorstandes die Körperschaft vertreten können.

(6) [1] Für den Vorstand gilt § 35a Absatz 1 Satz 3 und 4, Absatz 2, 5 Satz 1, Absatz 6a und 7 des Vierten Buches entsprechend; für die Mitglieder der Vertreterversammlung gilt § 42 Absatz 1 bis 3 des Vierten Buches entsprechend. [2] Die Vertreterversammlung hat bei ihrer Wahl darauf zu achten, dass die Mitglieder des Vorstandes die erforderliche fachliche Eignung für ihren jeweiligen Geschäftsbereich besitzen. [3] Für die Kassenärztlichen Vereinigungen gilt § 35a Absatz 6a Satz 2 des Vierten Buches mit der Maßgabe, dass sich die Bedeutung der Körperschaft insbesondere nach der Zahl der Mitglieder bemisst. [4] Die Aufsichtsbehörde kann vor ihrer Entscheidung nach § 35a Absatz 6a des Vierten Buches in Verbindung mit Satz 1 verlangen, dass ihr die Kassenärztlichen Bundesvereinigungen eine unabhängige rechtliche und wirtschaftliche Bewertung der Vorstandsdienstverträge vorlegen. [5] Vergütungserhöhungen sind während der Dauer der Amtszeit der Vorstandsmitglieder der Kassenärztlichen Bundesvereinigungen unzulässig. [6] Zu Beginn einer neuen Amtszeit eines Vorstandsmitgliedes der Kassenärztlichen Bundesvereinigungen kann eine über die zuletzt nach § 35a Absatz 6a Satz 1 des Vierten Buches gebilligte Vergütung der letzten Amtsperiode oder des Vorgängers im Amt hinausgehende höhere Vergütung nur durch einen Zuschlag auf die Grundvergütung nach Maßgabe der Entwicklung des Verbraucherpreisindexes vereinbart werden. [7] Die Aufsichtsbehörde kann zu Beginn einer neuen Amtszeit eines Vorstandsmitgliedes der Kassenärztlichen Bundesvereinigungen eine niedrigere Vergütung anordnen. [8] Finanzielle Zuwendungen nach Absatz 4 Satz 10 sind auf die Vergütung der Vorstandsmitglieder der Kassenärztlichen Bundesvereinigungen anzurechnen oder an die jeweilige Kassenärztliche Bundesvereinigung abzuführen. [9] Vereinbarungen der Kassenärztlichen Bundesvereinigungen für die Zukunftssicherung der Vorstandsmitglieder sind nur auf der Grundlage von beitragsorientierten Zusagen zulässig.

(7) [1] Der Vorstand der Kassenärztlichen Bundesvereinigungen hat geeignete Maßnahmen zur Herstellung und Sicherung einer ordnungsgemäßen Verwaltungsorganisation zu ergreifen. [2] In der Verwaltungsorganisation ist insbesondere ein angemessenes internes Kontrollverfahren mit einem internen Kontrollsystem und mit einer unabhängigen internen Revision einzurichten. [3] Die interne Revision berichtet in regelmäßigen Abständen dem Vorstand sowie bei festgestellten Verstößen gegen gesetzliche Regelungen oder andere wesentliche Vorschriften auch der Aufsichtsbehörde. [4] Beziehen sich die festgestellten Verstöße auf das Handeln von Vorstandsmitgliedern, so ist auch der Vertreterversammlung zu berichten.

§ 79a Verhinderung von Organen; Bestellung eines Beauftragten.

(1) [1] Solange und soweit die Wahl der Vertreterversammlung und des Vorstandes der Kassenärztlichen Vereinigungen nicht zustande kommt oder die Vertreterversammlung oder der Vorstand der Kassenärztlichen Vereinigungen sich weigert, ihre oder seine Geschäfte zu führen, nimmt auf Kosten der Kassenärztlichen Vereinigungen die Aufsichtsbehörde selbst oder ein von ihr bestellter Beauftragter die Aufgaben der Kassenärztlichen Vereinigungen wahr. [2] Auf deren Kosten werden ihre Geschäfte durch die Aufsichtsbehörde selbst oder durch den von ihr bestellten Beauftragten auch dann geführt, wenn die Vertreterversammlung oder der Vorstand die Funktionsfähigkeit der Körper-

schaft gefährden, insbesondere wenn sie die Körperschaft nicht mehr im Einklang mit den Gesetzen und der Satzung verwalten, die Auflösung der Kassenärztlichen Vereinigung betreiben oder das Vermögen gefährdende Entscheidungen beabsichtigen oder treffen.

(1a) [1] Solange und soweit die Wahl der Vertreterversammlung und des Vorstandes der Kassenärztlichen Bundesvereinigungen nicht zustande kommt oder die Vertreterversammlung oder der Vorstand der Kassenärztlichen Bundesvereinigungen sich weigert, ihre oder seine Geschäfte zu führen, kann die Aufsichtsbehörde die Geschäfte selbst führen oder einen Beauftragten bestellen und ihm ganz oder teilweise die Befugnisse eines oder mehrerer Organe der Kassenärztlichen Bundesvereinigungen übertragen. [2] Dies gilt auch, wenn die Vertreterversammlung oder der Vorstand die Funktionsfähigkeit der Körperschaft gefährdet, insbesondere wenn sie oder er die Körperschaft nicht mehr im Einklang mit den Gesetzen oder mit der Satzung verwaltet, die Auflösung der Kassenärztlichen Bundesvereinigungen betreibt oder das Vermögen gefährdende Entscheidungen beabsichtigt oder trifft.

(1b) [1] Die Bestellung eines Beauftragten nach Absatz 1a erfolgt durch Verwaltungsakt gegenüber den Kassenärztlichen Bundesvereinigungen. [2] Die Befugnisse und Rechte des Organs, für das der Beauftragte bestellt wird, ruhen in dem Umfang und für die Dauer der Bestellung im Innen- und Außenverhältnis. [3] Die Kassenärztlichen Bundesvereinigungen gewähren dem nach Absatz 1a bestellten Beauftragten eine Vergütung und angemessene Auslagen. [4] Die Höhe der Vergütung wird von der Aufsichtsbehörde durch Verwaltungsakt gegenüber den Kassenärztlichen Bundesvereinigungen festgesetzt. [5] Die Kassenärztlichen Bundesvereinigungen tragen zudem die übrigen Kosten, die durch die Bestellung des Beauftragten entstehen. [6] Werden dem Beauftragten Befugnisse des Vorstandes übertragen, ist die Vergütung des Vorstandes entsprechend zu kürzen.

(2) [1] Der Führung der Geschäfte durch die Aufsichtsbehörde oder der Bestellung eines Beauftragten hat eine Anordnung vorauszugehen, mit der die Aufsichtsbehörde den Kassenärztlichen Vereinigungen oder den Kassenärztlichen Bundesvereinigungen aufgibt, innerhalb einer bestimmten Frist das Erforderliche zu veranlassen. [2] Klagen gegen die Anordnung nach Satz 1, gegen die Entscheidung über die Bestellung eines Beauftragten oder gegen die Wahrnehmung der Aufgaben der Kassenärztlichen Vereinigungen oder der Kassenärztlichen Bundesvereinigungen durch die Aufsichtsbehörde haben keine aufschiebende Wirkung. [3] Die Aufsichtsbehörde oder die von ihr bestellten Beauftragten haben die Stellung des Organs der Kassenärztlichen Vereinigung, für das sie die Geschäfte führen.

§ 79b Beratender Fachausschuß für Psychotherapie. [1] Bei den Kassenärztlichen Vereinigungen und der Kassenärztlichen Bundesvereinigung wird ein beratender Fachausschuß für Psychotherapie gebildet. [2] Der Ausschuss besteht aus sechs Psychotherapeuten, von denen einer Kinder- und Jugendlichenpsychotherapeut oder Psychotherapeut mit einer Weiterbildung für die Behandlung von Kindern und Jugendlichen sein muss, sowie Vertretern der Ärzte in gleicher Zahl, die von der Vertreterversammlung aus dem Kreis der Mitglieder ihrer Kassenärztlichen Vereinigung in unmittelbarer und geheimer Wahl gewählt werden. [3] Für die Wahl der Mitglieder des Fachausschusses bei der Kassenärztlichen Bundesvereinigung gilt Satz 2 mit der Maßgabe, daß die von den Psychotherapeuten gestellten Mitglieder des Fachausschusses zugelassene Psychotherapeuten sein müssen. [4] Dem Ausschuß ist vor Entscheidungen der Kassenärztlichen Vereinigungen und der Kassenärztlichen Bundesvereinigung in den die Sicherstellung der psychotherapeutischen Versorgung berührenden wesentlichen Fragen rechtzeitig Gelegenheit zur Stellungnahme zu geben. [5] Seine Stellungnahmen sind in die Entscheidungen einzubeziehen. [6] Das Nähere regelt die Satzung. [7] Die Befugnisse der Vertreterversammlungen der Kassenärztlichen Vereinigungen und der Kassenärztlichen Bundesvereinigung bleiben unberührt.

§ 79c Beratender Fachausschuss für hausärztliche Versorgung; weitere beratende Fachausschüsse. [1] Bei den Kassenärztlichen Vereinigungen und der Kassenärztlichen Bundesvereinigung wird jeweils ein beratender Fachausschuss gebildet für

1. die hausärztliche Versorgung,
2. die fachärztliche Versorgung und
3. angestellte Ärztinnen und Ärzte.

[2] Die Fachausschüsse nach Satz 1 Nummer 1 und 2 bestehen aus Mitgliedern, die an der jeweiligen Versorgung teilnehmen und nicht bereits Mitglied in einem Fachausschuss nach § 79b sind. [3] Der Fachausschuss nach Satz 1 Nummer 3 besteht aus Mitgliedern, die angestellte Ärztinnen und Ärzte nach § 77 Absatz 3 Satz 2 sind. [4] Weitere beratende Fachausschüsse, insbesondere für rehabilitationsmedizinische Fragen können gebildet werden. [5] Die Mitglieder der beratenden Fachausschüsse sind von der Vertreterversammlung aus dem Kreis der Mitglieder der Kassenärztlichen Vereinigungen in unmittelbarer und geheimer Wahl zu wählen. [6] Das Nähere über die beratenden Fachausschüsse und ihre Zusammensetzung regelt die Satzung. [7] § 79b Satz 5 bis 8 gilt entsprechend.

§ 80 Wahl und Abberufung. (1) [1] Die Mitglieder der Kassenärztlichen Vereinigungen wählen in unmittelbarer und geheimer Wahl die Mitglieder der Vertreterversammlung. [2] Die Wahlen erfolgen nach den Grundsätzen der Verhältniswahl auf Grund von Listen- und Einzelwahlvorschlägen. [3] Die Psychotherapeuten wählen ihre Mitglieder der Vertreterversammlung entsprechend den Sätzen 1 und 2 mit der Maßgabe, dass sie höchstens mit einem Zehntel der Mitglieder in der Vertreterversammlung vertreten sind. [4] Das Nähere zur Wahl der Mitglieder der Vertreterversammlung, einschließlich des Anteils der übrigen Mitglieder der Kassenärztlichen Vereinigungen, bestimmt die Satzung.

(1a) [1] Der Vorsitzende und jeweils ein Stellvertreter des Vorsitzenden der Kassenärztlichen Vereinigungen sind Mitglieder der Vertreterversammlung der Kassenärztlichen Bundesvereinigungen. [2] Die Mitglieder der Vertreterversammlungen der Kassenärztlichen Vereinigungen wählen in unmittelbarer und geheimer Wahl aus ihren Reihen die weiteren Mitglieder der Vertreterversammlung der Kassenärztlichen Bundesvereinigungen. [3] Absatz 1 gilt entsprechend mit der Maßgabe, dass die Kassenärztlichen Vereinigungen entsprechend ihrem jeweiligen Anteil ihrer Mitglieder an der Gesamtzahl der Mitglieder der Kassenärztlichen Vereinigungen berücksichtigt werden.

(2) [1] Die Vertreterversammlung wählt in unmittelbarer und geheimer Wahl

1. aus ihrer Mitte einen Vorsitzenden und einen stellvertretenden Vorsitzenden,

2. die Mitglieder des Vorstandes,
3. den Vorsitzenden des Vorstandes und den stellvertretenden Vorsitzenden des Vorstandes.

[2] Der Vorsitzende der Vertreterversammlung und sein Stellvertreter dürfen nicht zugleich Vorsitzender oder stellvertretender Vorsitzender des Vorstandes sein. [3] Für jeweils ein Mitglied des Vorstandes der Kassenärztlichen Vereinigungen und der Kassenärztlichen Bundesvereinigung erfolgt die Wahl auf der Grundlage von getrennten Vorschlägen der Mitglieder der Vertreterversammlung, die an der hausärztlichen Versorgung teilnehmen, und der Mitglieder der Vertreterversammlung, die an der fachärztlichen Versorgung teilnehmen. [4] Mindestens ein Mitglied des Vorstandes der Kassenärztlichen Bundesvereinigung darf weder an der hausärztlichen noch an der fachärztlichen Versorgung teilnehmen. [5] Für die Wahl des Vorstandsvorsitzenden der Kassenärztlichen Bundesvereinigung ist eine Mehrheit von zwei Dritteln der Stimmen der Mitglieder der Vertreterversammlung erforderlich. [6] Kommt eine solche Mehrheit nicht zustande, so genügt im dritten Wahlgang die einfache Mehrheit der Stimmen der Mitglieder der Vertreterversammlung.

(3) [1] Die Mitglieder der Vertreterversammlung der Kassenärztlichen Vereinigungen und der Kassenärztlichen Bundesvereinigungen werden für sechs Jahre gewählt. [2] Die Amtsdauer endet ohne Rücksicht auf den Zeitpunkt der Wahl jeweils mit dem Schluß des sechsten Kalenderjahres. [3] Die Gewählten bleiben nach Ablauf dieser Zeit bis zur Amtsübernahme ihrer Nachfolger im Amt.

(4) [1] Die Vertreterversammlung der Kassenärztlichen Bundesvereinigungen kann ihren Vorsitzenden oder dessen Stellvertreter abberufen, wenn bestimmte Tatsachen das Vertrauen der Mitglieder der Vertreterversammlung zu der Amtsführung des Vorsitzenden oder des stellvertretenden Vorsitzenden ausschließen, insbesondere wenn der Vorsitzende oder der stellvertretende Vorsitzende seine Pflicht als Willensvertreter der Vertreterversammlung verletzt hat oder seine Informationspflichten gegenüber der Vertreterversammlung verletzt hat. [2] Für die Abberufung ist die einfache Mehrheit der abgegebenen Stimmen erforderlich. [3] Mit dem Beschluss über die Abberufung muss die Vertreterversammlung gleichzeitig einen Nachfolger für den Vorsitzenden oder den stellvertretenden Vorsitzenden wählen. [4] Die Amtszeit des abberufenen Vorsitzenden oder des abberufenen stellvertretenden Vorsitzenden endet mit der Abberufung.

§ 81 Satzung. (1) [1] Die Satzung muss insbesondere Bestimmungen enthalten über

1. Namen, Bezirk und Sitz der Vereinigung,
2. Zusammensetzung, Wahl und Zahl der Mitglieder der Organe,
3. Öffentlichkeit und Art der Beschlussfassung der Vertreterversammlung,
4. Rechte und Pflichten der Organe und der Mitglieder,
5. Aufbringung und Verwaltung der Mittel,
6. jährliche Prüfung der Betriebs- und Rechnungsprüfung und Abnahme der Jahresrechnung,
7. Änderung der Satzung,
8. Entschädigungsregelung für Organmitglieder,
9. Art der Bekanntmachungen,
10. die vertragsärztlichen Pflichten zur Ausfüllung des Sicherstellungsauftrags.

[2] Die Satzung bedarf der Genehmigung der Aufsichtsbehörde.

(2) Sollen Verwaltungs- und Abrechnungsstellen errichtet werden, müssen die Satzungen der Kassenärztlichen Vereinigungen Bestimmungen über Errichtung und Aufgaben dieser Stellen enthalten.

(3) Die Satzungen der Kassenärztlichen Vereinigungen müssen Bestimmungen enthalten, nach denen

1. die von den Kassenärztlichen Bundesvereinigungen abzuschließenden Verträge und die dazu gefaßten Beschlüsse sowie die Bestimmungen über die überbezirkliche Durchführung der vertragsärztlichen Versorgung und den Zahlungsausgleich zwischen den Kassenärztlichen Vereinigungen für die Kassenärztlichen Vereinigungen und ihre Mitglieder verbindlich sind,
2. die Richtlinien nach § 75 Abs. 7, § 92,[1)] § 136 Absatz 1 und § 136a Absatz 4 für die Kassenärztlichen Vereinigungen und ihre Mitglieder verbindlich sind.

(4) Die Satzungen der Kassenärztlichen Vereinigungen müssen Bestimmungen enthalten über die Fortbildung der Ärzte auf dem Gebiet der vertragsärztlichen Tätigkeit, das Nähere über die Art und Weise der Fortbildung sowie die Teilnahmepflicht.

(5) [1] Die Satzungen der Kassenärztlichen Vereinigungen müssen ferner die Voraussetzungen und das Verfahren zur Verhängung von Maßnahmen gegen Mitglieder bestimmen, die ihre vertragsärztlichen Pflichten nicht oder nicht ordnungsgemäß erfüllen. [2] Maßnahmen nach Satz 1 sind je nach der Schwere der Verfehlung Verwarnung, Verweis, Geldbuße oder die Anordnung des Ruhens der Zulassung oder der vertragsärztlichen Beteiligung bis zu zwei Jahren. [3] Das Höchstmaß der Geldbußen kann bis zu fünfzigtausend Euro betragen. [4] Ein Vorverfahren (§ 78 des Sozialgerichtsgesetzes[2)]) findet nicht statt.

§ 81a Stellen zur Bekämpfung von Fehlverhalten im Gesundheitswesen. (1) [1] Die Kassenärztlichen Vereinigungen und die Kassenärztlichen Bundesvereinigungen richten organisatorische Einheiten ein, die Fällen und Sachverhalten nachzugehen haben, die auf Unregelmäßigkeiten oder auf rechtswidrige oder zweckwidrige Nutzung von Finanzmitteln im Zusammenhang mit den Aufgaben der jeweiligen Kassenärztlichen Vereinigung oder Kassenärztlichen Bundesvereinigung hindeuten. [2] Sie nehmen Kontrollbefugnisse nach § 67c Abs. 3 des Zehnten Buches[3)] wahr.

(2) [1] Jede Person kann sich in den Angelegenheiten des Absatzes 1 an die Kassenärztlichen Vereinigungen und Kassenärztlichen Bundesvereinigungen wenden. [2] Die Einrichtungen nach Absatz 1 gehen den Hinweisen nach, wenn sie auf Grund der einzelnen Angaben oder der Gesamtumstände glaubhaft erscheinen.

(3) [1] Die Kassenärztlichen Vereinigungen und die Kassenärztlichen Bundesvereinigungen haben zur Erfüllung der Aufgaben nach Absatz 1 untereinander und mit den Krankenkassen und ihren Verbänden zusammenzuarbeiten. [2] Die Kassenärztlichen Bundesvereinigungen organisieren für ihren Bereich einen regelmäßigen Erfahrungsaustausch mit Einrichtungen nach Absatz 1 Satz 1, an

1) Nichtamtliche Zeichensetzung.
2) Nr. **20**.
3) Nr. **10**.

dem die Vertreter der Einrichtungen nach § 197a Absatz 1 Satz 1, der berufsständischen Kammern und der Staatsanwaltschaft in geeigneter Form zu beteiligen sind. [3]Über die Ergebnisse des Erfahrungsaustausches sind die Aufsichtsbehörden zu informieren.

(3a) [1]Die Einrichtungen nach Absatz 1 dürfen personenbezogene Daten, die von ihnen zur Erfüllung ihrer Aufgaben nach Absatz 1 erhoben oder an sie übermittelt wurden, untereinander und an Einrichtungen nach § 197a Absatz 1 übermitteln, soweit dies für die Feststellung und Bekämpfung von Fehlverhalten im Gesundheitswesen beim Empfänger erforderlich ist. [2]Der Empfänger darf diese nur zu dem Zweck verarbeiten, zu dem sie ihm übermittelt worden sind.

(3b) [1]Die Einrichtungen nach Absatz 1 dürfen personenbezogene Daten an die folgenden Stellen übermitteln, soweit dies für die Verhinderung oder Aufdeckung von Fehlverhalten im Gesundheitswesen im Zuständigkeitsbereich der jeweiligen Stelle erforderlich ist:

1. die Zulassungsausschüsse nach § 96,
2. die Stellen, die für die Abrechnungsprüfung nach § 106d zuständig sind,
3. die Stellen, die für die Überwachung der Erfüllung der den Vertragsärzten obliegenden Pflichten nach § 75 Absatz 2 Satz 2 zuständig sind, und
4. die Behörden und berufsständischen Kammern, die für Entscheidungen über die Erteilung, die Rücknahme, den Widerruf oder die Anordnung des Ruhens der Approbation, der Erlaubnis zur vorübergehenden oder der partiellen Berufsausübung oder für berufsrechtliche Verfahren zuständig sind.

[2]Die nach Satz 1 übermittelten Daten dürfen von dem jeweiligen Empfänger nur zu dem Zweck verarbeitet werden, zu dem sie ihm übermittelt worden sind.

(4) Die Kassenärztlichen Vereinigungen und die Kassenärztlichen Bundesvereinigungen sollen die Staatsanwaltschaft unverzüglich unterrichten, wenn die Prüfung ergibt, dass ein Anfangsverdacht auf strafbare Handlungen mit nicht nur geringfügiger Bedeutung für die gesetzliche Krankenversicherung bestehen könnte.

(5) [1]Der Vorstand hat der Vertreterversammlung im Abstand von zwei Jahren über die Arbeit und Ergebnisse der organisatorischen Einheiten nach Absatz 1 zu berichten. [2]In den Berichten sind zusammengefasst auch die Anzahl der Mitglieder der Kassenärztlichen Vereinigung, bei denen es im Berichtszeitraum Hinweise auf Pflichtverletzungen gegeben hat, die Anzahl der nachgewiesenen Pflichtverletzungen, die Art und Schwere der Pflichtverletzung und die dagegen getroffenen Maßnahmen, einschließlich der Maßnahmen nach § 81 Absatz 5, sowie der verhinderte und der entstandene Schaden zu nennen; wiederholt aufgetretene Fälle sowie sonstige geeignete Fälle sind als anonymisierte Fallbeispiele zu beschreiben. [3]Die Berichte sind der zuständigen Aufsichtsbehörde zuzuleiten; die Berichte der Kassenärztlichen Vereinigungen sind auch den Kassenärztlichen Bundesvereinigungen zuzuleiten.

(6) [1]Die Kassenärztlichen Bundesvereinigungen treffen bis zum 1. Januar 2017 nähere Bestimmungen über

1. die einheitliche Organisation der Einrichtungen nach Absatz 1 Satz 1 bei ihren Mitgliedern,
2. die Ausübung der Kontrollen nach Absatz 1 Satz 2,

3. die Prüfung der Hinweise nach Absatz 2,
4. die Zusammenarbeit nach Absatz 3,
5. die Unterrichtung nach Absatz 4 und
6. die Berichte nach Absatz 5.

[2]Die Bestimmungen nach Satz 1 sind dem Bundesministerium für Gesundheit vorzulegen. [3]Die Kassenärztlichen Bundesvereinigungen führen die Berichte nach Absatz 5, die ihnen von ihren Mitgliedern zuzuleiten sind, zusammen, gleichen die Ergebnisse mit dem Spitzenverband Bund der Krankenkassen ab und veröffentlichen ihre eigenen Berichte im Internet.

Dritter Titel. Verträge auf Bundes- und Landesebene

§ 82 Grundsätze. (1) [1]Den allgemeinen Inhalt der Gesamtverträge vereinbaren die Kassenärztlichen Bundesvereinigungen mit dem Spitzenverband Bund der Krankenkassen in Bundesmantelverträgen. [2]Der Inhalt der Bundesmantelverträge ist Bestandteil der Gesamtverträge.

(2) [1]Die Vergütungen der an der vertragsärztlichen Versorgung teilnehmenden Ärzte und Einrichtungen werden von den Landesverbänden der Krankenkassen und den Ersatzkassen mit den Kassenärztlichen Vereinigungen durch Gesamtverträge geregelt. [2]Die Verhandlungen können auch von allen Kassenarten gemeinsam geführt werden.

(3) Die Kassenärztlichen Bundesvereinigungen können mit nicht bundesunmittelbaren Ersatzkassen, der Deutschen Rentenversicherung Knappschaft-Bahn-See und der landwirtschaftlichen Krankenkasse von § 83 Satz 1 abweichende Verfahren zur Vereinbarung der Gesamtverträge, von § 85 Abs. 1 und § 87a Abs. 3 abweichende Verfahren zur Entrichtung der in den Gesamtverträgen vereinbarten Vergütungen sowie von § 291a Absatz 2 Nummer 1 abweichende Kennzeichen vereinbaren.

(4) In den Verträgen ist ebenfalls das Nähere zur erneuten Verordnung eines mangelfreien Arzneimittels für versicherte Personen im Fall des § 31 Absatz 3 Satz 7 zu vereinbaren, insbesondere zur Kennzeichnung entsprechender Ersatzverordnungen.

§ 83 Gesamtverträge. [1]Die Kassenärztlichen Vereinigungen schließen mit den für ihren Bezirk zuständigen Landesverbänden der Krankenkassen und den Ersatzkassen Gesamtverträge über die vertragsärztliche Versorgung der Mitglieder mit Wohnort in ihrem Bezirk einschließlich der mitversicherten Familienangehörigen; die Landesverbände der Krankenkassen schließen die Gesamtverträge mit Wirkung für die Krankenkassen der jeweiligen Kassenart. [2]Für die Deutsche Rentenversicherung Knappschaft-Bahn-See gilt Satz 1 entsprechend, soweit die ärztliche Versorgung durch die Kassenärztliche Vereinigung sichergestellt wird. [3]§ 82 Abs. 2 Satz 2 gilt entsprechend. [4]Kassenindividuelle oder kassenartenspezifische Vereinbarungen über zusätzliche Vergütungen für Diagnosen können nicht Gegenstand der Gesamtverträge sein; § 71 Absatz 6 gilt entsprechend. [5]Satz 4 gilt nicht für vertragszahnärztliche Leistungen.

§ 84 Arznei- und Heilmittelvereinbarung. (1) [1]Die Landesverbände der Krankenkassen und die Ersatzkassen gemeinsam und einheitlich und die Kassenärztliche Vereinigung treffen zur Sicherstellung der vertragsärztlichen Versorgung mit Leistungen nach § 31 bis zum 30. November für das jeweils folgende Kalenderjahr eine Arzneimittelvereinbarung. [2]Die Vereinbarung umfasst

1. ein Ausgabenvolumen für die insgesamt von den Vertragsärzten nach § 31 veranlassten Leistungen,
2. Versorgungs- und Wirtschaftlichkeitsziele und konkrete, auf die Umsetzung dieser Ziele ausgerichtete Maßnahmen, insbesondere Verordnungsanteile für Wirkstoffe und Wirkstoffgruppen im jeweiligen Anwendungsgebiet, Verordnungsanteile für Generika und im Wesentlichen gleiche biotechnologisch hergestellte biologische Arzneimittel im Sinne des Artikels 10 Absatz 4 der Richtlinie 2001/83/EG des Europäischen Parlaments und des Rates vom 6. November 2001 zur Schaffung eines Gemeinschaftskodexes für Humanarzneimittel (ABl. L 311 vom 28.11.2001, S. 67), die zuletzt durch die Verordnung (EU) 2019/5 (ABl. L 4 vom 7.1.2019, S. 24) geändert worden ist, auch zur Verordnung wirtschaftlicher Einzelmengen (Zielvereinbarungen), insbesondere zur Information und Beratung und
3. Kriterien für Sofortmaßnahmen zur Einhaltung des vereinbarten Ausgabenvolumens innerhalb des laufenden Kalenderjahres.

[3]Kommt eine Vereinbarung bis zum Ablauf der in Satz 1 genannten Frist nicht zustande, gilt die bisherige Vereinbarung bis zum Abschluss einer neuen Vereinbarung oder einer Entscheidung durch das Schiedsamt weiter. [4]Die Landesverbände der Krankenkassen und die Ersatzkassen teilen das nach Satz 2 Nr. 1 vereinbarte oder schiedsamtlich festgelegte Ausgabenvolumen dem Spitzenverband Bund der Krankenkassen mit. [5]Die Krankenkasse kann mit Ärzten abweichende oder über die Regelungen nach Satz 2 hinausgehende Vereinbarungen treffen.

(2) Bei der Anpassung des Ausgabenvolumens nach Absatz 1 Nr. 1 sind insbesondere zu berücksichtigen

1. Veränderungen der Zahl und Altersstruktur der Versicherten,
2. Veränderungen der Preise der Leistungen nach § 31,
3. Veränderungen der gesetzlichen Leistungspflicht der Krankenkassen,
4. Änderungen der Richtlinien des Gemeinsamen Bundesausschusses nach § 92 Abs. 1 Nr. 6,
5. der wirtschaftliche und qualitätsgesicherte Einsatz innovativer Arzneimittel,
6. Veränderungen der sonstigen indikationsbezogenen Notwendigkeit und Qualität bei der Arzneimittelverordnung auf Grund von getroffenen Zielvereinbarungen nach Absatz 1 Nr. 2,
7. Veränderungen des Verordnungsumfangs von Leistungen nach § 31 auf Grund von Verlagerungen zwischen den Leistungsbereichen und
8. Ausschöpfung von Wirtschaftlichkeitsreserven entsprechend den Zielvereinbarungen nach Absatz 1 Nr. 2.

(3) [1]Überschreitet das tatsächliche, nach Absatz 5 Satz 1 bis 3 festgestellte Ausgabenvolumen für Leistungen nach § 31 das nach Absatz 1 Nr. 1 vereinbarte Ausgabenvolumen, ist diese Überschreitung Gegenstand der Gesamtverträge. [2]Die Vertragsparteien haben dabei die Ursachen der Überschreitung, insbesondere auch die Erfüllung der Zielvereinbarungen nach Absatz 1 Nr. 2 zu berücksichtigen. [3]Bei Unterschreitung des nach Absatz 1 Nr. 1 vereinbarten Ausgabenvolumens kann diese Unterschreitung Gegenstand der Gesamtverträge werden.

(4) Werden die Zielvereinbarungen nach Absatz 1 Nr. 2 erfüllt, entrichten die beteiligten Krankenkassen auf Grund einer Regelung der Parteien der Gesamtverträge auch unabhängig von der Einhaltung des vereinbarten Ausgabenvolumens nach Absatz 1 Nr. 1 einen vereinbarten Bonus an die Kassenärztliche Vereinigung.

(4a) Die Vorstände der Krankenkassenverbände sowie der Ersatzkassen, soweit sie Vertragspartei nach Absatz 1 sind, und der Kassenärztlichen Vereinigungen haften für eine ordnungsgemäße Umsetzung der vorgenannten Maßnahmen.

(5) [1] Zur Feststellung des tatsächlichen Ausgabenvolumens nach Absatz 3 erfassen die Krankenkassen die während der Geltungsdauer der Arzneimittelvereinbarung veranlassten Ausgaben arztbezogen, nicht versichertenbezogen. [2] Sie übermitteln diese Angaben nach Durchführung der Abrechnungsprüfung dem Spitzenverband Bund der Krankenkassen, der diese Daten kassenartenübergreifend zusammenführt und jeweils der Kassenärztlichen Vereinigung übermittelt, der die Ärzte, welche die Ausgaben veranlasst haben, angehören; zugleich übermittelt der Spitzenverband Bund der Krankenkassen diese Daten den Landesverbänden der Krankenkassen und den Ersatzkassen, die Vertragspartner der jeweiligen Kassenärztlichen Vereinigung nach Absatz 1 sind. [3] Ausgaben nach Satz 1 sind auch Ausgaben für Leistungen nach § 31, die durch Kostenerstattung vergütet worden sind. [4] Zudem erstellt der Spitzenverband Bund der Krankenkassen für jede Kassenärztliche Vereinigung monatliche Berichte über die Entwicklung der Ausgaben von Leistungen nach § 31 und übermitteln diese Berichte als Schnellinformationen den Vertragspartnern nach Absatz 1 insbesondere für Abschluss und Durchführung der Arzneimittelvereinbarung sowie für die Informationen nach § 73 Abs. 8. [5] Für diese Berichte gelten Satz 1 und 2 entsprechend; Satz 2 gilt mit der Maßgabe, dass die Angaben vor Durchführung der Abrechnungsprüfung zu übermitteln sind. [6] Die Kassenärztliche Bundesvereinigung erhält für die Vereinbarung der Rahmenvorgaben nach Absatz 7 und für die Informationen nach § 73 Abs. 8 eine Auswertung dieser Berichte. [7] Die Krankenkassen sowie der Spitzenverband Bund der Krankenkassen können eine Arbeitsgemeinschaft nach § 219 mit der Durchführung der vorgenannten Aufgaben beauftragen. [8] § 304 Abs. 1 Satz 1 Nr. 2 gilt entsprechend.

(6) [1] Die Kassenärztliche Bundesvereinigung und der Spitzenverband Bund der Krankenkassen vereinbaren bis zum 30. September für das jeweils folgende Kalenderjahr Rahmenvorgaben für die Inhalte der Arzneimittelvereinbarungen nach Absatz 1 sowie für die Inhalte der Informationen und Hinweise nach § 73 Abs. 8. [2] Die Rahmenvorgaben haben die Arzneimittelverordnungen zwischen den Kassenärztlichen Vereinigungen zu vergleichen und zu bewerten; dabei ist auf Unterschiede in der Versorgungsqualität und Wirtschaftlichkeit hinzuweisen. [3] Von den Rahmenvorgaben dürfen die Vertragspartner der Arzneimittelvereinbarung nur abweichen, soweit dies durch die regionalen Versorgungsbedingungen begründet ist.

(7) [1] Die Absätze 1 bis 6 sind für Heilmittel unter Berücksichtigung der besonderen Versorgungs- und Abrechnungsbedingungen im Heilmittelbereich entsprechend anzuwenden. [2] Veranlasste Ausgaben im Sinne des Absatzes 5 Satz 1 betreffen die während der Geltungsdauer der Heilmittelvereinbarung mit den Krankenkassen abgerechneten Leistungen. [3] Die in Absatz 5 geregelte Datenübermittlung erfolgt für die Heilmittel in arztbezogener Form sowie

versichertenbezogen in pseudonymisierter Form. [4] Das Nähere zur Datenübermittlung und zum Verfahren der Pseudonymisierung regelt der Spitzenverband Bund der Krankenkassen.

(8) Das Bundesministerium für Gesundheit kann bei Ereignissen mit erheblicher Folgewirkung für die medizinische Versorgung zur Gewährleistung der notwendigen Versorgung mit Leistungen nach § 31 die Ausgabenvolumen nach Absatz 1 Nr. 1 durch Rechtsverordnung mit Zustimmung des Bundesrates erhöhen.

§ 85 Gesamtvergütung. (1) Die Krankenkasse entrichtet nach Maßgabe der Gesamtverträge an die jeweilige Kassenärztliche Vereinigung mit befreiender Wirkung eine Gesamtvergütung für die gesamte vertragsärztliche Versorgung der Mitglieder mit Wohnort im Bezirk der Kassenärztlichen Vereinigung einschließlich der mitversicherten Familienangehörigen.

(2) [1] Die Höhe der Gesamtvergütung wird im Gesamtvertrag vereinbart; die Landesverbände der Krankenkassen treffen die Vereinbarung mit Wirkung für die Krankenkassen der jeweiligen Kassenart. [2] Die Gesamtvergütung ist das Ausgabenvolumen für die Gesamtheit der zu vergütenden vertragsärztlichen Leistungen; sie kann als Festbetrag oder auf der Grundlage des Bewertungsmaßstabes nach Einzelleistungen, nach einer Kopfpauschale, nach einer Fallpauschale oder nach einem System berechnet werden, das sich aus der Verbindung dieser oder weiterer Berechnungsarten ergibt. [3] Die Vereinbarung unterschiedlicher Vergütungen für die Versorgung verschiedener Gruppen von Versicherten ist nicht zulässig. [4] Die Vertragsparteien haben auch eine angemessene Vergütung für nichtärztliche Leistungen im Rahmen sozialpädiatrischer und psychiatrischer Tätigkeit und für eine besonders qualifizierte onkologische Versorgung zu vereinbaren; das Nähere ist jeweils im Bundesmantelvertrag zu vereinbaren. [5] Die Vergütungen der Untersuchungen nach den §§ 22, 25 Abs. 1 und 2, § 26 werden als Pauschalen vereinbart. [6] Beim Zahnersatz sind Vergütungen für die Aufstellung eines Heil- und Kostenplans nicht zulässig. [7] Soweit die Gesamtvergütung auf der Grundlage von Einzelleistungen vereinbart wird, ist der Betrag des Ausgabenvolumens nach Satz 2 zu bestimmen. [8] Ausgaben für Kostenerstattungsleistungen nach § 13 Abs. 2 und nach § 53 Abs. 4 mit Ausnahme der Kostenerstattungsleistungen nach § 13 Abs. 2 Satz 6 und Ausgaben auf Grund der Mehrkostenregelung nach § 28 Abs. 2 Satz 3 sind auf das Ausgabenvolumen nach Satz 2 anzurechnen.

(2a) [1] Für die Vereinbarung der Vergütungen vertragszahnärztlicher Leistungen im Jahr 2013 ermitteln die Landesverbände der Krankenkassen und die Ersatzkassen einmalig gemeinsam und einheitlich mit der jeweiligen Kassenzahnärztlichen Vereinigung bis zum 31. Dezember 2012 die durchschnittlichen Punktwerte des Jahres 2012 für zahnärztliche Leistungen ohne Zahnersatz, gewichtet nach den gegenüber der jeweiligen Kassenzahnärztlichen Vereinigung abgerechneten Punktmengen. [2] Soweit Punktwerte für das Jahr 2012 bis zum 30. September 2012 von den Partnern der Gesamtverträge nicht vereinbart sind, werden die Punktwerte des Jahres 2011 unter Berücksichtigung des Absatzes 3g und unter Anwendung der um 0,5 Prozentpunkte verminderten für das Jahr 2012 nach § 71 Absatz 3 für das gesamte Bundesgebiet festgestellten Veränderungsrate zugrunde gelegt. [3] Erfolgt die Vergütung nicht auf der Grundlage von vereinbarten Punktwerten, legen die Vertragspartner nach Satz 1 für die jeweiligen Leistungsbereiche einen fiktiven Punktwert fest, der sich aus dem Verhältnis der abgerechneten Punktmenge zur vereinbarten Gesamtvergütung im Jahr 2012 ergibt. [4]Die Partner der Gesamtverträge passen die für das Jahr 2012 vereinbarte Gesamtvergütung auf der Grundlage der nach den Sätzen 1 bis 3 festgestellten Punktwerte an und legen diese als Ausgangsbasis für die Vertragsverhandlungen für das Jahr 2013 zugrunde.

(2b) *(aufgehoben)*

(2c) [1]Die Vertragspartner nach § 82 Abs. 1 können vereinbaren, daß für die Gesamtvergütungen getrennte Vergütungsanteile für die an der vertragsärztlichen Versorgung beteiligten Arztgruppen zugrunde gelegt werden; sie können auch die Grundlagen für die Bemessung der Vergütungsanteile regeln. [2]§ 89 Abs. 1 gilt nicht.

(2d) Die am 31. Dezember 2010 geltenden Punktwerte für zahnärztliche Leistungen ohne Zahnersatz dürfen sich im Jahr 2011 höchstens um die um 0,25 Prozentpunkte verminderte und im Jahr 2012 höchstens um die um 0,5 Prozentpunkte verminderte nach § 71 Absatz 3 für das gesamte Bundesgebiet festgestellte Veränderungsrate verändern; dies gilt nicht für Leistungen der Individualprophylaxe und Früherkennung.

(3) [1]In der vertragszahnärztlichen Versorgung vereinbaren die Vertragsparteien des Gesamtvertrages die Veränderungen der Gesamtvergütungen unter Berücksichtigung der Zahl und Struktur der Versicherten, der Morbiditätsentwicklung, der Kosten- und Versorgungsstruktur, der für die vertragszahnärztliche Tätigkeit aufzuwendenden Arbeitszeit sowie der Art und des Umfangs der zahnärztlichen Leistungen, soweit sie auf einer Veränderung des gesetzlichen oder satzungsmäßigen Leistungsumfangs beruhen. [2]Bei der Vereinbarung der Veränderungen der Gesamtvergütungen ist der Grundsatz der Beitragssatzstabilität (§ 71) in Bezug auf das Ausgabenvolumen für die Gesamtheit der zu vergütenden vertragszahnärztlichen Leistungen ohne Zahnersatz neben den Kriterien nach Satz 1 zu berücksichtigen. [3]Absatz 2 Satz 2 bleibt unberührt. [4]Die Krankenkassen haben den Kassenzahnärztlichen Vereinigungen die Zahl ihrer Versicherten vom 1. Juli eines Jahres, die ihren Wohnsitz im Bezirk der jeweiligen Kassenzahnärztlichen Vereinigung haben, gegliedert nach den Altersgruppen des Vordrucks KM 6 der Statistik über die Versicherten in der gesetzlichen Krankenversicherung bis zum 1. Oktober des Jahres mitzuteilen. [5]Bei den Verhandlungen über die Vereinbarungen nach Satz 1 für das Jahr 2013 sind die gegenüber der jeweiligen Kassenzahnärztlichen Vereinigung für das Jahr 2012 abgerechneten Punktmengen für zahnärztliche Leistungen ohne Zahnersatz nach sachlich-rechnerischer Berichtigung angemessen zu berücksichtigen.

(3a)–(3e) *(aufgehoben)*

(3f) Die nach Absatz 3 zu vereinbarenden Veränderungen der Gesamtvergütungen als Ausgabenvolumen für die Gesamtheit der zu vergütenden vertragszahnärztlichen Leistungen ohne Zahnersatz dürfen sich im Jahr 2011 höchstens um die um 0,25 Prozentpunkte verminderte und im Jahr 2012 höchstens um die um 0,5 Prozentpunkte verminderte nach § 71 Absatz 3 für das gesamte Bundesgebiet festgestellte Veränderungsrate verändern; dies gilt nicht für Leistungen der Individualprophylaxe und Früherkennung.

(3g) [1]Zur Angleichung der Vergütung für zahnärztliche Leistungen ohne Zahnersatz werden die für das Jahr 2011 vereinbarten Punktwerte und Gesamtvergütungen im Jahr 2012 zusätzlich zu der nach Absatz 3 in Verbindung mit den Absätzen 2d und 3f vereinbarten Veränderung im Gebiet der in Artikel 1 Absatz 1 des Einigungsvertrages genannten Länder um 2,5 Prozent und im Land Berlin um 2 Prozent erhöht. [2]Die sich daraus ergebenden Punktwerte und Gesamtvergütungen des Jahres 2012 werden im Jahr 2013 im Gebiet der in Artikel 1 Absatz 1 des Einigungsvertrages genannten Länder zusätzlich zu der nach Absatz 3 vereinbarten Veränderung um weitere 2,5 Prozent und im Land Berlin um weitere 2 Prozent erhöht. [3]Die Veränderungen der Gesamtvergütungen des Jahres 2014 sind auf die nach Satz 2 erhöhten Gesamtvergütungen zu beziehen.

(4) [1]Die Kassenzahnärztliche Vereinigung verteilt die Gesamtvergütungen an die Vertragszahnärzte. [2]Sie wendet dabei in der vertragszahnärztlichen Versorgung den im Benehmen mit den Landesverbänden der Krankenkassen und den Ersatzkassen festgesetzten Verteilungsmaßstab an. [3]Bei der Verteilung der Gesamtvergütungen sind Art und Umfang der Leistungen der Vertragszahnärzte zugrunde zu legen; dabei ist jeweils für die von den Krankenkassen einer Kassenart gezahlten Vergütungsbeträge ein Punktwert in gleicher Höhe zugrunde zu legen. [4]Der Verteilungsmaßstab hat sicherzustellen, dass die Gesamtvergütungen gleichmäßig auf das gesamte Jahr verteilt werden. [5]Der Verteilungsmaßstab hat Regelungen zur Verhinderung einer übermäßigen Ausdehnung der Tätigkeit des Vertragszahnarztes entsprechend seinem Versorgungsauftrag nach § 95 Absatz 3 Satz 1 vorzusehen. [6]Widerspruch und Klage gegen die Honorarfestsetzung sowie ihre Änderung oder Aufhebung haben keine aufschiebende Wirkung.

§ 85a Sonderregelungen für Vertragszahnärztinnen und Vertragszahnärzte aus Anlass der COVID-19-Pandemie. (1) [1]Um die finanziellen Auswirkungen zu überbrücken, die sich aus der infolge der COVID-19-Pandemie verminderten Inanspruchnahme zahnärztlicher Leistungen ergeben, wird die Gesamtvergütung vertragszahnärztlicher Leistungen abweichend von § 85 Absatz 2 Satz 1 für das Jahr 2020 und das Jahr 2021 jeweils auf 90 Prozent der gezahlten Gesamtvergütung der vertragszahnärztlichen Leistungen des Jahres 2019 als Abschlagszahlung festgesetzt. [2]Satz 1 gilt für das Jahr 2020 nicht, wenn die jeweilige Kassenzahnärztliche Vereinigung gegenüber den Landesverbänden der Krankenkassen und den Ersatzkassen bis zum 2. Juni 2020 einer solchen Festsetzung schriftlich widersprochen hat. [3]Satz 1 gilt für das Jahr 2021 nicht, wenn die jeweilige Kassenzahnärztliche Vereinigung gegenüber den Landesverbänden der Krankenkassen und den Ersatzkassen bis zum 1. Februar 2021 einer solchen Festsetzung schriftlich widerspricht.

(2) [1]Übersteigt die von den Krankenkassen an eine Kassenzahnärztliche Vereinigung im Jahr 2020 gezahlte Gesamtvergütung nach Absatz 1 die im Jahr 2020 erbrachten vertragszahnärztlichen Leistungen, so hat die Kassenzahnärztliche Vereinigung die dadurch entstandene Überzahlung gegenüber den Krankenkassen in den Jahren 2021 bis 2023 vollständig auszugleichen. [2]Übersteigt die von den Krankenkassen an eine Kassenzahnärztliche Vereinigung im Jahr 2021 gezahlte Gesamtvergütung nach Absatz 1 die im Jahr 2021 erbrachten vertragszahnärztlichen Leistungen, so hat die Kassenzahnärztliche Vereinigung die dadurch entstandene Überzahlung gegenüber den Krankenkassen in den Jahren 2022 und 2023 vollständig auszugleichen. [3]Das Nähere zu dem Ausgleich vereinbaren die Partner der Gesamtverträge nach § 83.

(3) Die Kassenzahnärztlichen Vereinigungen können in den Jahren 2020 bis 2023 im Benehmen mit den Landesverbänden der Krankenkassen und den Ersatzkassen im Verteilungsmaßstab von § 85 Absatz 4 Satz 3 bis 5 abweichende Regelungen vorsehen, um die vertragszahnärztliche Versorgung unter Berücksichtigung der Auswirkungen der COVID-19-Pandemie auf die vertragszahnärztliche Tätigkeit sicherzustellen.

(4) [1] Soweit die vertragszahnärztliche Versorgung mit den Abschlagszahlungen nach Absatz 1 nicht sichergestellt werden kann, können die Partner der Gesamtverträge nach § 83 für die Jahre 2020 und 2021 Abschlagszahlungen bezogen auf den in den Festzuschussbeträgen nach § 55 enthaltenen Anteil für zahnärztliche Leistungen vereinbaren. [2] Übersteigt die von den Krankenkassen an eine Kassenzahnärztliche Vereinigung im Jahr 2020 geleistete Abschlagszahlung die im Jahr 2020 tatsächlich erbrachten zahnärztlichen Leistungen nach Satz 1, so hat die Kassenzahnärztliche Vereinigung die dadurch entstandene Überzahlung gegenüber den Krankenkassen im Jahr 2021 vollständig auszugleichen. [3] Übersteigt die von den Krankenkassen an eine Kassenzahnärztliche Vereinigung im Jahr 2021 geleistete Abschlagszahlung die im Jahr 2021 tatsächlich erbrachten zahnärztlichen Leistungen nach Satz 1, so hat die Kassenzahnärztliche Vereinigung die dadurch entstandene Überzahlung gegenüber den Krankenkassen im Jahr 2022 vollständig auszugleichen. [4] Das Nähere zum Ausgleich vereinbaren die Partner der Gesamtverträge nach § 83.

(5) Die Partner der Gesamtverträge haben in den Jahren 2021 und 2022 bei den nach § 85 Absatz 3 Satz 1 zu vereinbarenden Veränderungen der Gesamtvergütungen auch die infolge der COVID-19-Pandemie verminderte Inanspruchnahme vertragszahnärztlicher Leistungen angemessen zu berücksichtigen.

(6) Für die Vereinbarung der Gesamtvergütung in den Jahren 2021 und 2022 findet § 85 Absatz 2 Satz 7 keine Anwendung.

§§ 85b–85d *(aufgehoben)*

§ 86 Verwendung von Verordnungen und Empfehlungen in elektronischer Form. (1) [1] Die Kassenärztlichen Bundesvereinigungen vereinbaren mit dem Spitzenverband Bund der Krankenkassen als Bestandteil der Bundesmantelverträge

1. bis zum 31. März 2020 die notwendigen Regelungen für die Verwendung von Verordnungen der Leistungen nach § 31 in elektronischer Form und
2. bis zum 31. Dezember 2020 die notwendigen Regelungen für die Verwendung von Verordnungen der sonstigen in der vertragsärztlichen Versorgung verordnungsfähigen Leistungen auch in elektronischer Form.

[2] Die Regelungen nach Satz 1 Nummer 1 müssen mit den Festlegungen des Rahmenvertrags nach § 129 Absatz 4a vereinbar sein und die Regelungen nach Satz 1 Nummer 2 müssen, soweit sie die Verordnung von Heil- oder Hilfsmitteln betreffen, mit den Verträgen nach § 125 Absatz 1 und den Rahmenempfehlungen nach § 127 Absatz 9 vereinbar sein. [3] In den Vereinbarungen nach Satz 1 ist festzulegen, dass die Dienste der Telematikinfrastruktur für die Übermittlung der elektronischen Verordnung nach § 334 Absatz 1 Satz 2 Nummer 6 genutzt werden, sobald diese zur Verfügung stehen.

(2) Der Gemeinsame Bundesausschuss passt die Richtlinien nach § 92 an, um die Verwendung von Verordnungen in elektronischer Form zu ermöglichen.

(3) [1] Die Kassenärztlichen Bundesvereinigungen vereinbaren mit dem Spitzenverband Bund der Krankenkassen als Bestandteil der Bundesmantelverträge bis zum 31. Juli 2021 die notwendigen Regelungen für die Verwendung von Empfehlungen von apothekenpflichtigen, nicht verschreibungspflichtigen Arzneimitteln in elektronischer Form. [2] In den Vereinbarungen ist festzulegen, dass die Dienste der Telematikinfrastruktur für die Übermittlung der elektronischen Empfehlung zu verwenden sind, sobald diese zur Verfügung stehen.

§ 86a Verwendung von Überweisungen in elektronischer Form.

[1] Die Kassenärztlichen Bundesvereinigungen vereinbaren mit dem Spitzenverband Bund der Krankenkassen als Bestandteil der Bundesmantelverträge bis zum 31. Juli 2021 die notwendigen Regelungen zur barrierefreien Verwendung von Überweisungen in elektronischer Form. [2] In den Vereinbarungen ist festzulegen, dass die Dienste der Telematikinfrastruktur für die Übermittlung der elektronischen Überweisung zu verwenden sind, sobald diese zur Verfügung stehen.

§ 87 Bundesmantelvertrag, einheitlicher Bewertungsmaßstab, bundeseinheitliche Orientierungswerte. (1) [1] Die Kassenärztlichen Bundesvereinigungen vereinbaren mit dem Spitzenverband Bund der Krankenkassen durch Bewertungsausschüsse als Bestandteil der Bundesmantelverträge einen einheitlichen Bewertungsmaßstab für die ärztlichen und einen einheitlichen Bewertungsmaßstab für die zahnärztlichen Leistungen, im ärztlichen Bereich einschließlich der Sachkosten. [2] In den Bundesmantelverträgen sind auch die Regelungen, die zur Organisation der vertragsärztlichen Versorgung notwendig sind, insbesondere Vordrucke und Nachweise, zu vereinbaren. [3] Bei der Gestaltung der Arzneiverordnungsblätter ist § 73 Abs. 5 zu beachten. [4] Die Arzneiverordnungsblätter sind so zu gestalten, daß bis zu drei Verordnungen je Verordnungsblatt möglich sind. [5] Dabei ist für jede Verordnung ein Feld für die Auftragung des Kennzeichens nach § 300 Abs. 1 Nr. 1 sowie ein weiteres Feld vorzusehen, in dem der Arzt seine Entscheidung nach § 73 Abs. 5 durch Ankreuzen kenntlich machen kann. [6] Die Kassenärztlichen Bundesvereinigungen und der Spitzenverband Bund der Krankenkassen prüfen, inwieweit bislang papiergebundene Verfahren zur Organisation der vertragsärztlichen Versorgung durch elektronische Kommunikationsverfahren ersetzt werden können. [7] Das Ergebnis der Prüfung ist dem Bundesministerium für Gesundheit spätestens am 31. Dezember 2016 vorzulegen. [8] Die Kassenzahnärztliche Bundesvereinigung und der Spitzenverband Bund der Krankenkassen regeln in dem Bundesmantelvertrag für Zahnärzte bis zum 31. Dezember 2019 das Nähere zu einem elektronischen Beantragungs- und Genehmigungsverfahren für bewilligungspflichtige zahnärztliche Leistungen. [9] Die Kassenzahnärztliche Bundesvereinigung und der Spitzenverband Bund der Krankenkassen können die an der vertragszahnärztlichen Versorgung teilnehmenden Leistungserbringer durch Regelungen im Bundesmantelvertrag für Zahnärzte dazu verpflichten, die für die Beantragung von bewilligungspflichtigen Leistungen notwendigen Angaben an die jeweilige Kassenzahnärztliche Vereinigung und an die jeweilige Krankenkasse im Wege elektronischer Datenübertragung zu übermitteln. [10] Zur Durchführung der elektronischen Antrags- und Genehmigungsverfahren sind die an der vertragszahnärztlichen Versorgung teilnehmenden Leistungserbringer befugt, die hierfür erforderlichen versichertenbezogene Angaben an die jeweilige Kassenzahnärztliche Vereinigung und an die jeweilige Krankenkasse zu übermitteln. [11] Die jeweilige Kassenärztliche Vereinigung ist befugt, die für die Durchführung der elektronischen Antrags- und Genehmigungsverfahren erforderlichen versicherungsbezogenen übermittelten Angaben zu verarbeiten. [12] Für die Übermittlung digitaler Vordrucke und Nachweise sind die Dienste der Telematikinfrastruktur zu nutzen, sobald diese zur Verfügung stehen. [13] Im einheitlichen Bewertungsmaßstab für zahnärztliche Leistungen ist mit Wirkung zum 1. Januar 2021 vorzusehen, dass Leistungen nach § 346 Absatz 1 Satz 1 und 3 zur Unterstützung der Versicherten bei der Verarbeitung medizinischer Daten in der elektronischen Patientenakte im aktuellen Behandlungskontext vergütet werden. [14] Mit Wirkung zum 1. Januar 2022 ist im einheitlichen Bewertungsmaßstab für zahnärztliche Leistungen vorzusehen, dass Leistungen nach § 346 Absatz 3 zur Unterstützung der Versicherten bei der erstmaligen Befüllung der elektronischen Patientenakte im aktuellen Behandlungskontext vergütet werden. [15] Im einheitlichen Bewertungsmaßstab für zahnärztliche Leistungen ist vorzusehen, dass Leistungen im aktuellen Behandlungskontext zur Aktualisierung von Datensätzen nach § 334 Absatz 1 Satz 2 Nummer 4 sowie Leistungen zur Aktualisierung von Datensätzen nach § 334 Absatz 1 Satz 2 Nummer 5 zusätzlich vergütet werden.

(1a) [1] In dem Bundesmantelvertrag haben die Kassenzahnärztliche Bundesvereinigung und der Spitzenverband Bund der Krankenkassen festzulegen, dass die Kosten für Zahnersatz einschließlich Zahnkronen und Suprakonstruktionen, soweit die gewählte Versorgung der Regelversorgung nach § 56 Abs. 2 entspricht, gegenüber den Versicherten nach Absatz 2 abzurechnen sind. [2] Darüber hinaus sind im Bundesmantelvertrag folgende Regelungen zu treffen: Der Vertragszahnarzt hat vor Beginn der Behandlung einen kostenfreien Heil- und Kostenplan zu erstellen, der den Befund, die Regelversorgung und die tatsächlich geplante Versorgung auch in den Fällen des § 55 Abs. 4 und 5 nach Art, Umfang und Kosten beinhaltet. [3] Im Heil- und Kostenplan sind Angaben zum Herstellungsort des Zahnersatzes zu machen. [4] Der Heil- und Kostenplan ist von der Krankenkasse vor Beginn der Behandlung insgesamt zu prüfen. [5] Die Krankenkasse kann den Befund, die Versorgungsnotwendigkeit und die geplante Versorgung begutachten lassen. [6] Bei bestehender Versorgungsnotwendigkeit bewilligt die Krankenkasse die Festzuschüsse gemäß § 55 Abs. 1 oder 2 entsprechend dem im Heil- und Kostenplan ausgewiesenen Befund. [7] Nach Abschluss der Behandlung rechnet der Vertragszahnarzt die von der Krankenkasse bewilligten Festzuschüsse mit Ausnahme der Fälle des § 55 Abs. 5 mit der Kassenzahnärztlichen Vereinigung ab. [8] Der Vertragszahnarzt hat bei Rechnungslegung eine Durchschrift der Rechnung des gewerblichen oder des praxiseigenen Labors über zahntechnische Leistungen und die Erklärung nach Anhang VIII der Richtlinie 93/42/EWG des Rates vom 14. Juni 1993 über Medizinprodukte (ABl. EG Nr. L 169 S. 1) in der jeweils geltenden Fassung beizufügen. [9] Der Bundesmantelvertrag regelt auch das Nähere zur Ausgestaltung des Heil- und Kostenplans, insbesondere muss aus dem Heil- und Kostenplan erkennbar sein, ob die zahntechnischen Leistungen von Zahnärzten erbracht werden oder nicht.

(1b) [1] Die Kassenärztliche Bundesvereinigung und der Spitzenverband Bund der Krankenkassen vereinbaren im Bundesmantelvertrag erstmals bis spätestens zum 30. Juni 2016 die Voraussetzungen für eine besonders qualifizierte und koordinierte palliativ-medizinische Versorgung. [2] Im Bundesmantelvertrag sind insbesondere zu vereinbaren:

1. Inhalte und Ziele der qualifizierten und koordinierten palliativ-medizinischen Versorgung und deren Abgrenzung zu anderen Leistungen,
2. Anforderungen an die Qualifikation der ärztlichen Leistungserbringer,
3. Anforderungen an die Koordination und interprofessionelle Strukturierung der Versorgungsabläufe sowie die aktive Kooperation mit den weiteren an der Palliativversorgung beteiligten Leistungserbringern, Einrichtungen und betreuenden Angehörigen,
4. Maßnahmen zur Sicherung der Versorgungsqualität.

[3] Der Bundesärztekammer und der Bundespsychotherapeutenkammer sowie den in § 92 Absatz 7b genannten Organisationen ist vor Abschluss der Vereinbarung Gelegenheit zur Stellungnahme zu geben. [4] Die Stellungnahmen sind in den Entscheidungsprozess einzubeziehen. [5] Auf der Grundlage der Vereinbarung hat der Bewertungsausschuss den einheitlichen Bewertungsmaßstab für ärztliche Leistungen nach Absatz 2 Satz 2 zu überprüfen und innerhalb von sechs Monaten nach dem in Satz 1 genannten Zeitpunkt anzupassen. [6] Der Bewertungsausschuss hat dem Bundesministerium für Gesundheit erstmals bis zum 31. Dezember 2017 und danach jährlich über die Entwicklung der abgerechneten palliativ-medizinischen Leistungen auch in Kombination mit anderen vertragsärztlichen Leistungen, über die Zahl und Qualifikation der ärztlichen Leistungserbringer, über die Versorgungsqualität sowie über die Auswirkungen auf die Verordnung der spezialisierten ambulanten Palliativversorgung zu berichten. [7] Das Bundesministerium für Gesundheit kann das Nähere zum Inhalt des Berichts und zu den dafür erforderlichen Auswertungen bestimmen.

(1c) [1] Die Krankenkassen können in den in § 275 Absatz 1, 2 und 3 geregelten Fällen insbesondere

1. bei kieferorthopädischen Maßnahmen,
2. bei der Behandlung von Parodontopathien,
3. bei der Versorgung von Zahnersatz und Zahnkronen, einschließlich der Prüfung der Gewährleistung nach § 136a Absatz 4 Satz 3,
4. für implantologische Maßnahmen bei Ausnahmeindikationen gemäß § 28 Absatz 2 Satz 9

abweichend von § 275 Absatz 1, 2 und 3 statt einer gutachterlichen Stellungnahme des Medizinischen Dienstes eine gutachterliche Stellungnahme im Wege des nach Satz 2 im Bundesmantelvertrag für Zahnärzte vorgesehene Gutachterverfahrens einholen. [2] Die Kassenzahnärztliche Bundesvereinigung und der Spitzenverband Bund der Krankenkassen vereinbaren im Bundesmantelvertrag das Nähere zu einem Gutachterverfahren für Zahnärzte insbesondere zur Bestellung der Gutachter, zur Einleitung des Gutachterverfahrens und zur Begutachtung sowie die Maßnahmen und Behandlungen die Gegenstand des Gutachtenverfahrens sein können. [3] Die Kassenzahnärztliche Bundesvereinigung und der Spitzenverband Bund der Krankenkassen sowie für ihren regionalen Zuständigkeitsbereich die Partner der Gesamtverträge können vereinbaren, dass die Krankenkassen einheitlich für die im Bundesmantelvertrag näher bestimmten Maßnahmen und Behandlungen ausschließlich das nach Satz 2 vorgesehene

Gutachterverfahren anwenden oder ausschließlich die Begutachtung durch den Medizinischen Dienst vornehmen lassen. [4] Der behandelnde Vertragszahnarzt ist verpflichtet, dem von der Krankenkasse benannten vertragszahnärztlichen Gutachter die für die gutachterliche Stellungnahme erforderlichen Daten zu übermitteln. [5] Der vertragszahnärztliche Gutachter darf die vom Vertragszahnarzt übermittelten Daten nur zur Erstellung der in Satz 1 genannten gutachterlichen Stellungnahme verarbeiten. [6] Im Übrigen gelten § 275 Absatz 5, § 276 Absatz 1, 2 Satz 2 und Absatz 3 und § 277 Absatz 1 Satz 1 bis 3 für das im Bundesmantelvertrag für Zahnärzte vorgesehene Gutachterwesen entsprechend.

(2) [1] Der einheitliche Bewertungsmaßstab bestimmt den Inhalt der abrechnungsfähigen Leistungen und ihr wertmäßiges, in Punkten ausgedrücktes Verhältnis zueinander; soweit möglich, sind die Leistungen mit Angaben für den zur Leistungserbringung erforderlichen Zeitaufwand des Vertragsarztes zu versehen; dies gilt nicht für vertragszahnärztliche Leistungen. [2] Die Bewertungsmaßstäbe sind in bestimmten Zeitabständen auch daraufhin zu überprüfen, ob die Leistungsbeschreibungen und ihre Bewertungen noch dem Stand der medizinischen Wissenschaft und Technik sowie dem Erfordernis der Rationalisierung im Rahmen wirtschaftlicher Leistungserbringung entsprechen, wobei in die Überprüfung des einheitlichen Bewertungsmaßstabes für ärztliche Leistungen auch die Regelung nach § 33 Absatz 9 erstmalig bis spätestens zum 31. Oktober 2012 einzubeziehen ist; bei der Bewertung der Leistungen ist insbesondere der Aspekt der wirtschaftlichen Nutzung der bei der Erbringung von Leistungen eingesetzten medizinisch-technischen Geräte zu berücksichtigen. [3] Im einheitlichen Bewertungsmaßstab für ärztliche Leistungen sind die Bewertung der Leistungen nach Satz 1 und die Überprüfung der wirtschaftlichen Aspekte nach Satz 2, insbesondere bei medizinisch-technischen Geräten, unter Berücksichtigung der Besonderheiten der betroffenen Arztgruppen auf in bestimmten Zeitabständen zu aktualisierender betriebswirtschaftlicher Basis durchzuführen. [4] Grundlage der Aktualisierung des einheitlichen Bewertungsmaßstabes für ärztliche Leistungen bilden grundsätzlich die vom Statistischen Bundesamt nach dem Gesetz über die Kostenstrukturstatistik bei Arzt- und Zahnarztpraxen sowie bei Praxen von psychologischen Psychotherapeuten erhobenen Daten der Kostenstruktur; ergänzend können sachgerechte Stichproben bei vertragsärztlichen Leistungserbringern verwendet werden. [5] Der Bewertungsausschuss hat die nächste Überprüfung gemäß Satz 3 und die anschließende Aktualisierung des einheitlichen Bewertungsmaßstabes für ärztliche Leistungen spätestens bis zum 29. Februar 2020 mit der Maßgabe durchzuführen, insbesondere die Angemessenheit der Bewertung von Leistungen zu aktualisieren, die einen hohen technischen Leistungsanteil aufweisen. [6] Hierzu legt der Bewertungsausschuss dem Bundesministerium für Gesundheit spätestens bis zum 31. August 2019 ein Konzept vor, wie er die verschiedenen Leistungsbereiche im einheitlichen Bewertungsmaßstab für ärztliche Leistungen einschließlich der Sachkosten anpassen wird. [7] Dabei soll die Bewertung der Leistungen mit einem hohen technischen Leistungsanteil, die in einem bestimmten Zeitraum erbracht werden, insgesamt so festgelegt werden, dass die Punkte, die im einheitlichen Bewertungsmaßstab für diese Leistungen vergeben werden, ab einem bestimmten Schwellenwert mit zunehmender Menge sinken. [8] Die Bewertung der Sachkosten kann abweichend von Satz 1 in Eurobeträgen bestimmt werden.

(2a) [1] Die im einheitlichen Bewertungsmaßstab für ärztliche Leistungen aufgeführten Leistungen sind entsprechend der in § 73 Abs. 1 festgelegten Gliederung der vertragsärztlichen Versorgung in Leistungen der hausärztlichen und Leistungen der fachärztlichen Versorgung zu gliedern mit der Maßgabe, dass unbeschadet gemeinsam abrechenbarer Leistungen Leistungen der hausärztlichen Versorgung nur von den an der hausärztlichen Versorgung teilnehmenden Ärzten und Leistungen der fachärztlichen Versorgung nur von den an der fachärztlichen Versorgung teilnehmenden Ärzten abgerechnet werden dürfen; die Leistungen der fachärztlichen Versorgung sind in der Weise zu gliedern, dass den einzelnen Facharztgruppen die von ihnen ausschließlich abrechenbaren Leistungen zugeordnet werden. [2] Bei der Bestimmung der Arztgruppen nach Satz 1 ist der Versorgungsauftrag der jeweiligen Arztgruppe im Rahmen der vertragsärztlichen Versorgung zugrunde zu legen. [3] Der einheitliche Bewertungsmaßstab für ärztliche Leistungen hat eine Regelung zu enthalten, nach der ärztliche Leistungen zur Diagnostik und ambulanten Eradikationstherapie einschließlich elektronischer Dokumentation von Trägern mit dem Methicillin-resistenten Staphylococcus aureus (MRSA) vergütet werden. [4] Die Kassenärztliche Bundesvereinigung berichtet dem Bundesministerium für Gesundheit quartalsbezogen über Auswertungsergebnisse der Regelung nach Satz 3. [5] Das Bundesministerium für Gesundheit kann das Nähere zum Inhalt des Berichts nach Satz 4 sowie zur Auswertung der anonymisierten Dokumentationen zum Zwecke der Versorgungsforschung und zur Förderung der Qualität bestimmen; es kann auch den Bewertungsausschuss mit der Vorlage des Berichts beauftragen. [6] Im Übrigen gilt die Veröffentlichungspflicht gemäß § 135b Absatz 1 Satz 2. [7] Bei der Überprüfung nach Absatz 2 Satz 2 prüft der Bewertungsausschuss, in welchem Umfang ambulante telemedizinische Leistungen erbracht werden können; auf dieser Grundlage beschließt er, inwieweit der einheitliche Bewertungsmaßstab für ärztliche Leistungen anzupassen ist. [8] In die Überprüfung nach Absatz 2 Satz 2 ist auch einzubeziehen, in welchem Umfang delegationsfähige Leistungen durch Personen nach § 28 Absatz 1 Satz 2 qualifiziert erbracht und angemessen vergütet werden können; auf dieser Grundlage ist eine Anpassung des einheitlichen Bewertungsmaßstabes für ärztliche Leistungen unter Berücksichtigung der unterschiedlichen Versorgungsstrukturen bis zum 23. Januar 2016 zu beschließen. [9] Nach Inkrafttreten der Bestimmungen nach § 27b Absatz 2 Satz 2 ist im einheitlichen Bewertungsmaßstab für ärztliche Leistungen durch den Bewertungsausschuss gemäß Absatz 5a eine Regelung zu treffen, nach der Leistungen und Kosten im Rahmen der Einholung der Zweitmeinungen nach § 27b abgerechnet werden können. [10] Sofern drei Monate nach Inkrafttreten der Bestimmungen des Gemeinsamen Bundesausschusses nach § 27b Absatz 2 keine Regelung im einheitlichen Bewertungsmaßstab für ärztliche Leistungen getroffen wurde, können Versicherte die Leistungen nach § 27b bei den dafür berechtigten Leistungserbringern im Wege der Kostenerstattung nach § 13 Absatz 1 in Anspruch nehmen. [11] Die Kosten sind von der Krankenkasse in der entstandenen Höhe zu erstatten. [12] Die Möglichkeit der Inanspruchnahme im Wege der Kostenerstattung nach § 13 Absatz 1 endet, sobald die Regelung nach Satz 9 in Kraft getreten ist. [13] Mit Wirkung zum 30. September 2020 ist durch den Bewertungsausschuss in der Zusammensetzung nach Absatz 5a im einheitlichen Bewertungsmaßstab für ärztliche Leistungen zu regeln, dass Konsilien in einem weiten Umfang in der vertragsärztlichen und in der sektorenübergreifenden Versorgung als telemedizinische Leistung abgerechnet werden können, wenn bei ihnen sichere elektronische Informations- und Kommunikationstechnologien eingesetzt werden. [14] Die Regelungen erfolgen auf der Grundlage der Vereinbarung nach § 367 Absatz 1. [15] Der Bewertungsausschuss nach Absatz 3 und der Bewertungsausschuss in der Zusammensetzung nach Absatz 5a legen dem Bundesministerium für Gesundheit im Abstand von zwei Jahren, erstmals zum 31. Oktober 2020, einen Bericht über die als telemedizinische Leistungen abrechenbaren Konsilien vor. [16] Das Bundesministerium für Gesundheit leitet den Bericht an den Deutschen Bundestag weiter. [17] Mit Wirkung zum 1. April 2019 ist durch den Bewertungsausschuss eine Regelung im einheitlichen Bewertungsmaßstab für ärztliche Leistungen zu treffen, nach der Videosprechstunden in einem weiten Umfang ermöglicht werden. [18] Die im Hinblick auf Videosprechstunden bisher enthaltene Vorgabe von Krankheitsbildern im einheitlichen Bewertungsmaßstab für ärztliche Leistungen entfällt. [19] Bei der Anpassung sind die Besonderheiten in der Versorgung von Pflegebedürftigen durch Zuschläge und die Besonderheiten in der psychotherapeutischen Versorgung zu berücksichtigen. [20] Die Anpassung erfolgt auf der Grundlage der Vereinbarung nach § 365 Absatz 1 Satz 1. [21] Bis zum 30. Juni 2016 ist mit Wirkung zum 1. Oktober 2016 eine Regelung zu treffen, nach der ärztliche Leistungen nach § 31a vergütet werden. [22] Der einheitliche Bewertungsmaßstab für ärztliche Leistungen hat eine Regelung über die Vergütung von ärztlichen Leistungen zur Erstellung und Aktualisierung von Datensätzen nach § 334 Absatz 1 Satz 2 Nummer 5 zu enthalten; die Vergütung für die Erstellung von Datensätzen nach § 334 Absatz 1 Satz 2 Nummer 5 ist in dem Zeitraum vom 20. Oktober 2020 bis zum 20. Oktober 2021 auf das Zweifache der sich nach dem einheitlichen Bewertungsmaßstab ergebenden Vergütung zu erhöhen. [23] Der Bewertungsausschuss nach Absatz 5a hat bis spätestens zum 31. Dezember 2016 die Regelungen für die Versorgung im Notfall und im Notdienst im einheitlichen Bewertungsmaßstab für ärztliche Leistungen nach dem Schweregrad der Fälle zu differenzieren. [24] Zwei Jahre nach Inkrafttreten dieser Regelungen hat der Bewertungsausschuss nach Absatz 5a die Entwicklung der Leistungen zu evaluieren und hierüber dem Bundesministerium für Gesundheit zu berichten; Absatz 3a gilt entsprechend. [25] Der Bewertungsausschuss überprüft, in welchem Umfang Diagnostika zur schnellen und zur qualitätsgesicherten Antibiotikatherapie eingesetzt werden können, und beschließt auf dieser Grundlage erstmals bis spätestens zum 1. Dezember 2017 entsprechende Anpassungen des einheitlichen Bewertungsmaßstabes für ärztliche Leistungen. [26] Der einheitliche Bewertungsmaßstab für ärztliche Leistungen ist innerhalb von sechs Monaten nach Inkrafttreten der Richtlinie des Gemeinsamen Bundesausschusses nach § 92 Absatz 6b vom Bewertungsausschuss in der Zusammensetzung nach Absatz 5a anzupassen. [27] Im einheitlichen Bewertungsmaßstab für ärztliche Leistungen ist mit Wirkung zum 1. Januar 2021 vorzusehen, dass Leistungen nach § 346 Absatz 1 Satz 1 und 3 zur Unterstützung der Versicherten bei der Verarbeitung medizinischer Daten in der elektronischen Patientenakte im aktuellen Behandlungskontext vergütet werden. [28] Mit Wirkung zum 1. Januar 2022 ist im einheitlichen Bewertungsmaßstab für ärztliche Leistungen vorzusehen, dass ärztliche Leistungen nach § 346 Absatz 3 zur Unterstützung der Versicherten bei der erstmaligen Befüllung der elektronischen Patientenakte im aktuellen Behandlungskontext vergütet werden.

(2b) [1] Die im einheitlichen Bewertungsmaßstab für ärztliche Leistungen aufgeführten Leistungen der hausärztlichen Versorgung sollen als Versichertenpauschalen abgebildet werden; für Leistungen, die besonders gefördert werden sollen oder nach Absatz 2a Satz 7 und 8 telemedizinisch oder im Wege der Delegation erbracht werden können, sind Einzelleistungen oder Leistungskomplexe vorzusehen. [2] Mit den Pauschalen nach Satz 1 sollen die gesamten im Abrechnungszeitraum regelmäßig oder sehr selten und zugleich mit geringem Aufwand im Rahmen der hausärztlichen Versorgung eines Versicherten erbrachten Leistungen einschließlich der anfallenden Betreuungs-, Koordinations- und Dokumentationsleistungen vergütet werden. [3] Mit Wirkung zum 1. September 2019 sind in den einheitlichen Bewertungsmaßstab für ärztliche Leistungen folgende Zuschläge auf die jeweiligen Versichertenpauschalen aufzunehmen:

1. ein Zuschlag in Höhe von 50 Prozent der jeweiligen Versichertenpauschale für den Fall, dass eine Behandlung bis zum Ablauf des ersten Tages nach Ablauf der Wochenfrist nach § 75 Absatz 1a Satz 3 Nummer 1 erfolgt und ein Zuschlag in Höhe von 50 Prozent der jeweiligen Versichertenpauschale für Behandlungen in Akutfällen nach § 75 Absatz 1a Satz 3 Nummer 3,
2. ein Zuschlag in Höhe von 30 Prozent der jeweiligen Versichertenpauschale für den Fall, dass eine Behandlung vom Beginn des zweiten Tages nach Ablauf der Wochenfrist bis zum Ablauf des letzten Tages der ersten Woche nach Ablauf der Wochenfrist nach § 75 Absatz 1a Satz 3 Nummer 1 erfolgt,
3. ein Zuschlag in Höhe von 20 Prozent der jeweiligen Versichertenpauschale für den Fall, dass eine Behandlung vom Beginn des ersten Tages der zweiten Woche nach Ablauf der Wochenfrist bis zum Ablauf des letzten Tages der vierten Woche nach Ablauf der Wochenfrist nach § 75 Absatz 1a Satz 3 Nummer 1 erfolgt, sowie
4. ein Zuschlag in Höhe von mindestens 10 Euro für die erfolgreiche Vermittlung eines Behandlungstermins nach § 73 Absatz 1 Satz 2 Nummer 2.

[4] Zudem können Qualitätszuschläge vorgesehen werden, mit denen die in besonderen Behandlungsfällen erforderliche Qualität vergütet wird.

(2c) [1] Die im einheitlichen Bewertungsmaßstab für ärztliche Leistungen aufgeführten Leistungen der fachärztlichen Versorgung sollen arztgruppenspezifisch und unter Berücksichtigung der Besonderheiten kooperativer Versorgungsformen als Grund- und Zusatzpauschalen abgebildet werden; Einzelleistungen sollen vorgesehen werden, soweit dies medizinisch oder auf Grund von Besonderheiten bei Veranlassung und Ausführung der Leistungserbringung, einschließlich der Möglichkeit telemedizinischer Erbringung gemäß Absatz 2a Satz 7 oder der Erbringung im Wege der Delegation nach Absatz 2a Satz 8, erforderlich ist. [2] Mit den Grundpauschalen nach Satz 1 sollen die regelmäßig oder sehr selten und zugleich mit geringem Aufwand von der Arztgruppe in jedem Behandlungsfall erbrachten Leistungen vergütet werden. [3] Mit Wirkung zum 1. September 2019 sind für die Behandlung von Patienten folgende Zuschläge auf die jeweiligen Grundpauschalen vorzusehen:

1. ein Zuschlag in Höhe von 50 Prozent der jeweiligen Grundpauschale für den Fall, dass eine Behandlung bis zum Ablauf des ersten Tages nach Ablauf der Wochenfrist nach § 75 Absatz 1a Satz 3 Nummer 1 erfolgt und ein Zuschlag in Höhe von 50 Prozent der jeweiligen Grundpauschale für Behandlungen in Akutfällen nach § 75 Absatz 1a Satz 3 Nummer 3,

2. ein Zuschlag in Höhe von 30 Prozent der jeweiligen Grundpauschale für den Fall, dass eine Behandlung vom Beginn des zweiten Tages nach Ablauf der Wochenfrist bis zum Ablauf des letzten Tages der ersten Woche nach Ablauf der Wochenfrist nach § 75 Absatz 1a Satz 3 Nummer 1 erfolgt, sowie
3. ein Zuschlag in Höhe von 20 Prozent der jeweiligen Grundpauschale für den Fall, dass eine Behandlung vom Beginn des ersten Tages der zweiten Woche nach Ablauf der Wochenfrist bis zum Ablauf des letzten Tages der vierten Woche nach Ablauf der Wochenfrist nach § 75 Absatz 1a Satz 3 Nummer 1 erfolgt.

[4] Mit den Zusatzpauschalen nach Satz 1 wird der besondere Leistungsaufwand vergütet, der sich aus den Leistungs-, Struktur- und Qualitätsmerkmalen des Leistungserbringers und, soweit dazu Veranlassung besteht, in bestimmten Behandlungsfällen ergibt. [5] Abweichend von den Sätzen 1 und 2 kann die Behandlung von Versichertengruppen, die mit einem erheblichen therapeutischen Leistungsaufwand und überproportionalen Kosten verbunden ist, mit arztgruppenspezifischen diagnosebezogenen Fallpauschalen vergütet werden. [6] Für die Versorgung im Rahmen von kooperativen Versorgungsformen sind spezifische Fallpauschalen festzulegen, die dem fallbezogenen Zusammenwirken von Ärzten unterschiedlicher Fachrichtungen in diesen Versorgungsformen Rechnung tragen. [7] Die Bewertungen für psychotherapeutische Leistungen haben eine angemessene Höhe der Vergütung je Zeiteinheit zu gewährleisten. [8] Bis zum 29. Februar 2020 ist im einheitlichen Bewertungsmaßstab für ärztliche Leistungen ein Zuschlag in Höhe von 15 Prozent auf diejenigen psychotherapeutischen Leistungen vorzusehen, die im Rahmen des ersten Therapieblocks einer neuen Kurzzeittherapie erbracht werden. [9] Der Zuschlag ist auf die ersten zehn Stunden dieser Leistungen zu begrenzen und für Psychotherapeuten vorzusehen, die für die in § 19a Absatz 1 der Zulassungsverordnung für Vertragsärzte festgelegten Mindestsprechstunden für gesetzlich Versicherte tatsächlich zur Verfügung stehen.

(2d) [1] Im einheitlichen Bewertungsmaßstab für ärztliche Leistungen sind Regelungen einschließlich Prüfkriterien vorzusehen, die sicherstellen, dass der Leistungsinhalt der in den Absätzen 2a bis 2c genannten Leistungen und Pauschalen jeweils vollständig erbracht wird, die jeweiligen notwendigen Qualitätsstandards eingehalten, die abgerechneten Leistungen auf den medizinisch notwendigen Umfang begrenzt sowie bei Abrechnung der Fallpauschalen nach Absatz 2c die Mindestanforderungen zu der institutionellen Ausgestaltung der Kooperation der beteiligten Ärzte eingehalten werden; dazu kann die Abrechenbarkeit der Leistungen an die Einhaltung der vom Gemeinsamen Bundesausschuss und in den Bundesmantelverträgen beschlossenen Qualifikations- und Qualitätssicherungsanforderungen sowie an die Einhaltung der gegenüber der Kassenärztlichen Vereinigung zu erbringenden Dokumentationsverpflichtungen geknüpft werden. [2] Zudem können Regelungen vorgesehen werden, die darauf abzielen, dass die Abrechnung der Versichertenpauschalen nach Absatz 2b Satz 1 sowie der Grundpauschalen nach Absatz 2c Satz 1 für einen Versicherten nur durch einen Arzt im Abrechnungszeitraum erfolgt, oder es können Regelungen zur Kürzung der Pauschalen für den Fall eines Arztwechsels des Versicherten innerhalb des Abrechnungszeitraums vorgesehen werden.

(2e) Im einheitlichen Bewertungsmaßstab für ärztliche Leistungen ist jährlich bis zum 31. August ein bundeseinheitlicher Punktwert als Orientierungswert in Euro zur Vergütung der vertragsärztlichen Leistungen festzulegen.

(2f) *(aufgehoben)*

(2g) Bei der Anpassung des Orientierungswertes nach Absatz 2e sind insbesondere

1. die Entwicklung der für Arztpraxen relevanten Investitions- und Betriebskosten, soweit diese nicht bereits durch die Weiterentwicklung der Bewertungsrelationen nach Absatz 2 Satz 2 erfasst worden sind,
2. Möglichkeiten zur Ausschöpfung von Wirtschaftlichkeitsreserven, soweit diese nicht bereits durch die Weiterentwicklung der Bewertungsrelationen nach Absatz 2 Satz 2 erfasst worden sind, sowie
3. die allgemeine Kostendegression bei Fallzahlsteigerungen, soweit diese nicht durch eine Abstaffelungsregelung nach Absatz 2 Satz 3 berücksichtigt worden ist,

zu berücksichtigen.

(2h) [1] Die im einheitlichen Bewertungsmaßstab für zahnärztliche Leistungen aufgeführten Leistungen können zu Leistungskomplexen zusammengefasst werden. [2] Die Leistungen sind entsprechend einer ursachengerechten, zahnsubstanzschonenden und präventionsorientierten Versorgung insbesondere nach dem Kriterium der erforderlichen Arbeitszeit gleichgewichtig in und zwischen den Leistungsbereichen für Zahnerhaltung, Prävention, Zahnersatz und Kieferorthopädie zu bewerten. [3] Bei der Festlegung der Bewertungsrelationen ist wissenschaftlicher Sachverstand einzubeziehen.

(2i) [1] Im einheitlichen Bewertungsmaßstab für zahnärztliche Leistungen ist eine zusätzliche Leistung vorzusehen für das erforderliche Aufsuchen von Versicherten, die einem Pflegegrad nach § 15 des Elften Buches[1)] zugeordnet sind, Eingliederungshilfe nach § 53 des Zwölften Buches[2)] erhalten und die die Zahnarztpraxis aufgrund ihrer Pflegebedürftigkeit, Behinderung oder Einschränkung nicht oder nur mit hohem Aufwand aufsuchen können. [2] § 71 Absatz 1 Satz 2 gilt entsprechend.

(2j) [1] Für Leistungen, die im Rahmen eines Vertrages nach § 119b Absatz 1 erbracht werden, ist im einheitlichen Bewertungsmaßstab für zahnärztliche Leistungen eine zusätzliche, in der Bewertung über Absatz 2i Satz 1 hinausgehende Leistung vorzusehen. [2] Voraussetzung für die Abrechnung dieser zusätzlichen Leistung ist die Einhaltung der in der Vereinbarung nach § 119b Absatz 2 festgelegten Anforderungen. [3] Die Leistung nach Absatz 2i Satz 1 ist in diesen Fällen nicht berechnungsfähig. [4] § 71 Absatz 1 Satz 2 gilt entsprechend.

(2k) [1] Im einheitlichen Bewertungsmaßstab für zahnärztliche Leistungen sind Videosprechstundenleistungen vorzusehen für die Untersuchung und Behandlung von den in Absatz 2i genannten Versicherten und von Versicherten, an denen zahnärztliche Leistungen im Rahmen eines Vertrages nach § 119b Absatz 1 erbracht werden. [2] Die Videosprechstundenleistungen nach Satz 1 können auch Fallkonferenzen mit dem Pflegepersonal zum Gegenstand haben. [3] § 71 Absatz 1 Satz 2 gilt entsprechend. [4] Die Anpassung erfolgt auf Grundlage der Vereinbarung nach § 366 Absatz 1 Satz 1.

(2l) [1] Mit Wirkung zum 30. September 2020 ist im einheitlichen Bewertungsmaßstab für zahnärztliche Leistungen zu regeln, dass Konsilien in einem weiten Umfang in der vertragszahnärztlichen und in der sektorenübergreifen-

---

1) Nr. **11**.
2) Nr. **12**.

den Versorgung als telemedizinische Leistungen abgerechnet werden können, wenn bei ihnen sichere elektronische Informations- und Kommunikationstechnologien eingesetzt werden. [2]Die Regelungen erfolgen auf der Grundlage der Vereinbarung nach § 367 Absatz 1. [3]Der Bewertungsausschuss legt dem Bundesministerium für Gesundheit im Abstand von zwei Jahren jeweils einen Bericht über die als telemedizinische Leistungen abrechenbaren Konsilien vor.

(2m) [1]Der Bewertungsausschuss hat den einheitlichen Bewertungsmaßstab für ärztliche Leistungen einschließlich der Sachkosten daraufhin zu überprüfen, wie der Aufwand, der den verantwortlichen Gesundheitseinrichtungen im Sinne von § 2 Nummer 5 Buchstabe b und d des Implantateregistergesetzes in der vertragsärztlichen Versorgung auf Grund ihrer Verpflichtungen nach den §§ 16, 17 Absatz 1 sowie den §§ 18, 20, 24, 25 und 33 Absatz 1 Nummer 1 des Implantateregistergesetzes entsteht, angemessen abgebildet werden kann. [2]Auf der Grundlage des Ergebnisses der Prüfung hat der Bewertungsausschuss eine Anpassung des einheitlichen Bewertungsmaßstabs für ärztliche Leistungen bis zum 30. September 2020 mit Wirkung zum 1. Januar 2021 zu beschließen.

(3) [1]Der Bewertungsausschuß besteht aus drei von der Kassenärztlichen Bundesvereinigung bestellten Vertretern sowie drei vom Spitzenverband Bund der Krankenkassen bestellten Vertreter. [2]Den Vorsitz führt abwechselnd ein Vertreter der Ärzte und ein Vertreter der Krankenkassen. [3]Die Beratungen des Bewertungsausschusses einschließlich der Beratungsunterlagen und Niederschriften sind vertraulich. [4]Die Vertraulichkeit gilt auch für die zur Vorbereitung und Durchführung der Beratungen im Bewertungsausschuss dienenden Unterlagen der Trägerorganisationen und des Instituts des Bewertungsausschusses.

(3a) [1]Der Bewertungsausschuss analysiert die Auswirkungen seiner Beschlüsse insbesondere auf die Versorgung der Versicherten mit vertragsärztlichen Leistungen, auf die vertragsärztlichen Honorare sowie auf die Ausgaben der Krankenkassen. [2]Das Bundesministerium für Gesundheit kann das Nähere zum Inhalt der Analysen bestimmen. [3]Absatz 6 gilt entsprechend.

(3b) [1]Der Bewertungsausschuss wird bei der Wahrnehmung seiner Aufgaben von einem Institut unterstützt, das gemäß der vom Bewertungsausschuss nach Absatz 3e zu vereinbarenden Geschäftsordnung die Beschlüsse nach den §§ 87, 87a und 116b Absatz 6 sowie die Analysen nach Absatz 3a vorbereitet. [2]Träger des Instituts sind die Kassenärztliche Bundesvereinigung und der Spitzenverband Bund der Krankenkassen. [3]Erfüllt das Institut seine Aufgaben nicht im vorgesehenen Umfang oder nicht entsprechend den geltenden Vorgaben oder wird es aufgelöst, kann das Bundesministerium für Gesundheit eine oder mehrere der in Satz 2 genannten Organisationen oder einen Dritten mit den Aufgaben nach Satz 1 beauftragen. [4]Absatz 6 gilt entsprechend.

(3c) [1]Die Finanzierung des Instituts oder des beauftragten Dritten nach Absatz 3b erfolgt durch die Erhebung eines Zuschlags auf jeden ambulant-kurativen Behandlungsfall in der vertragsärztlichen Versorgung. [2]Der Zuschlag ist von den Krankenkassen außerhalb der Gesamtvergütung nach § 85 oder der morbiditätsbedingten Gesamtvergütung nach § 87a zu finanzieren. [3]Das Nähere bestimmt der Bewertungsausschuss in seinem Beschluss nach Absatz 3e Satz 1 Nr. 3.

(3d) [1]Über die Ausstattung des Instituts nach Absatz 3b mit den für die Aufgabenwahrnehmung erforderlichen Sach- und Personalmittel und über die

Nutzung der Daten gemäß Absatz 3f durch das Institut entscheidet der Bewertungsausschuss. [2]Die innere Organisation des Instituts ist jeweils so zu gestalten, dass sie den besonderen Anforderungen des Datenschutzes nach den Artikeln 24, 25 und 32 der Verordnung (EU) 2016/679 des Europäischen Parlaments und des Rates vom 27. April 2016 zum Schutz natürlicher Personen bei der Verarbeitung personenbezogener Daten, zum freien Datenverkehr und zur Aufhebung der Richtlinie 95/46/EG (Datenschutz-Grundverordnung) (ABl. L 119 vom 4.5.2016, S. 1; L 314 vom 22.11.2016, S. 72; L 127 vom 23.5.2018, S. 2) in der jeweils geltenden Fassung gerecht wird. [3]Absatz 6 gilt entsprechend. [4]Über die Ausstattung des beauftragten Dritten nach Absatz 3b Satz 3 mit den für die Aufgabenwahrnehmung erforderlichen Sach- und Personalmitteln sowie über die Nutzung der Daten gemäß Absatz 3f entscheidet das Bundesministerium für Gesundheit.

(3e) [1]Der Bewertungsausschuss beschließt

1. bis spätestens zum 31. August 2017 eine Verfahrensordnung, in der er insbesondere die Antragsberechtigten, methodische Anforderungen und Fristen in Bezug auf die Vorbereitung und Durchführung der Beratungen sowie die Beschlussfassung über die Aufnahme in den einheitlichen Bewertungsmaßstab insbesondere solcher neuer Laborleistungen und neuer humangenetischer Leistungen regelt, bei denen es sich jeweils nicht um eine neue Untersuchungs- oder Behandlungsmethode nach § 135 Absatz 1 Satz 1 handelt,
2. eine Geschäftsordnung, in der er Regelungen zur Arbeitsweise des Bewertungsausschusses und des Instituts gemäß Absatz 3b trifft, insbesondere zur Geschäftsführung und zur Art und Weise der Vorbereitung der in Absatz 3b Satz 1 genannten Beschlüsse, Analysen und Berichte, sowie
3. eine Finanzierungsregelung, in der er Näheres zur Erhebung des Zuschlags nach Absatz 3c bestimmt.

[2]Die Verfahrensordnung, die Geschäftsordnung und die Finanzierungsregelung bedürfen der Genehmigung des Bundesministeriums für Gesundheit. [3]Die Verfahrensordnung und die Geschäftsordnung sind im Internet zu veröffentlichen. [4]Der Bewertungsausschuss ist verpflichtet, im Einvernehmen mit dem Gemeinsamen Bundesausschuss hinsichtlich einer neuen Leistung auf Verlangen Auskunft zu erteilen, ob die Aufnahme der neuen Leistung in den einheitlichen Bewertungsmaßstab in eigener Zuständigkeit des Bewertungsausschusses beraten werden kann oder ob es sich dabei um eine neue Methode handelt, die nach § 135 Absatz 1 Satz 1 zunächst einer Bewertung durch den Gemeinsamen Bundesausschuss bedarf. [5]Eine Auskunft können pharmazeutische Unternehmer, Hersteller von Medizinprodukten, Hersteller von Diagnostikleistungen und deren jeweilige Verbände, einschlägige Berufsverbände, medizinische Fachgesellschaften und die für die Wahrnehmung der Interessen der Patientinnen und Patienten und der Selbsthilfe chronisch kranker und behinderter Menschen auf Bundesebene maßgeblichen Organisationen nach § 140f verlangen. [6]Das Nähere regeln der Bewertungsausschuss und der Gemeinsame Bundesausschuss im gegenseitigen Einvernehmen in ihrer jeweiligen Verfahrensordnung.

(3f) [1]Die Kassenärztlichen Vereinigungen und die Krankenkassen erfassen jeweils nach Maßgabe der vom Bewertungsausschuss zu bestimmenden inhaltlichen und verfahrensmäßigen Vorgaben die für die Aufgaben des Bewertungsausschusses nach diesem Gesetz erforderlichen Daten, einschließlich der Daten nach § 73b Absatz 7 Satz 5 und § 140a Absatz 6, arzt- und versichertenbezogen in einheitlicher pseudonymisierter Form. [2]Die Daten nach Satz 1 werden jeweils unentgeltlich von den Kassenärztlichen Vereinigungen an die Kassenärztliche Bundesvereinigung und von den Krankenkassen an den Spitzenverband Bund der Krankenkassen übermittelt, die diese Daten jeweils zusammenführen und sie unentgeltlich dem Institut oder dem beauftragten Dritten gemäß Absatz 3b übermitteln. [3]Soweit erforderlich hat der Bewertungsausschuss darüber hinaus Erhebungen und Auswertungen nicht personenbezogener Daten durchzuführen oder in Auftrag zu geben oder Sachverständigengutachten einzuholen. [4]Für die Verarbeitung der Daten nach den Sätzen 2 und 3 kann der Bewertungsausschuss eine Datenstelle errichten oder eine externe Datenstelle beauftragen; für die Finanzierung der Datenstelle gelten die Absätze 3c und 3e entsprechend. [5]Das Verfahren der Pseudonymisierung nach Satz 1 ist vom Bewertungsausschuss im Einvernehmen mit dem Bundesamt für Sicherheit in der Informationstechnik zu bestimmen.

(3g) Die Regelungen der Absätze 3a bis 3f gelten nicht für den für zahnärztliche Leistungen zuständigen Bewertungsausschuss.

(4) [1]Kommt im Bewertungsausschuß durch übereinstimmenden Beschluß aller Mitglieder eine Vereinbarung ganz oder teilweise nicht zustande, wird der Bewertungsausschuß auf Verlangen von mindestens zwei Mitgliedern um einen unparteiischen Vorsitzenden und zwei weitere unparteiische Mitglieder erweitert. [2]Für die Benennung des unparteiischen Vorsitzenden gilt § 89 Absatz 6 entsprechend. [3]Von den weiteren unparteiischen Mitgliedern wird ein Mitglied von der Kassenärztlichen Bundesvereinigung sowie ein Mitglied vom Spitzenverband Bund der Krankenkassen benannt.

(5) [1]Der erweiterte Bewertungsausschuß setzt mit der Mehrheit seiner Mitglieder die Vereinbarung fest. [2]Die Festsetzung hat die Rechtswirkung einer vertraglichen Vereinbarung im Sinne des § 82 Abs. 1. [3]Zur Vorbereitung von Maßnahmen nach Satz 1 für den Bereich der ärztlichen Leistungen hat das Institut oder der beauftragte Dritte nach Absatz 3b dem zuständigen erweiterten Bewertungsausschuss unmittelbar und unverzüglich nach dessen Weisungen zuzuarbeiten. [4]Absatz 3 Satz 3 und 4 gilt entsprechend; auch für die Unterlagen der unparteiischen Mitglieder gilt Vertraulichkeit.

(5a) [1]Bei Beschlüssen zur Anpassung des einheitlichen Bewertungsmaßstabes zur Vergütung der Leistungen der spezialfachärztlichen Versorgung nach § 116b ist der Bewertungsausschuss für ärztliche Leistungen nach Absatz 3 um drei Vertreter der Deutschen Krankenhausgesellschaft zu ergänzen. [2]Kommt durch übereinstimmenden Beschluss aller Mitglieder eine Vereinbarung des ergänzten Bewertungsausschusses nach Satz 1 ganz oder teilweise nicht zustande, wird der ergänzte Bewertungsausschuss auf Verlangen von mindestens zwei Mitgliedern um einen unparteiischen Vorsitzenden und ein weiteres unparteiisches Mitglied erweitert. [3]Die Benennung der beiden unparteiischen Mitglieder durch die Kassenärztliche Bundesvereinigung, den Spitzenverband Bund der Krankenkassen und die Deutsche Krankenhausgesellschaft soll bis spätestens zum 30. Juni 2019 erfolgen; § 89a Absatz 6 gilt entsprechend. [4]Im ergänzten erweiterten Bewertungsausschuss sind nur jeweils zwei Vertreter der Kassenärztlichen Bundesvereinigung, des Spitzenverbandes Bund der Krankenkassen und der Deutschen Krankenhausgesellschaft sowie die beiden unparteiischen Mitglieder stimmberechtigt. [5]Der ergänzte erweiterte Bewertungsausschuss setzt den Beschluss mit einer Mehrheit von zwei Dritteln seiner stimmberechtigten Mitglieder innerhalb von drei Monaten fest. [6] Wird eine Mehrheit von zwei Dritteln nicht erreicht, setzen die beiden unparteiischen Mitglieder den Beschluss fest. [7] Bei Stimmengleichheit gibt die Stimme des Vorsitzenden den Ausschlag.

(5b) [1] Der einheitliche Bewertungsmaßstab für ärztliche Leistungen ist innerhalb von sechs Monaten nach Inkrafttreten der Beschlüsse des Gemeinsamen Bundesausschusses über die Einführung neuer Untersuchungs- und Behandlungsmethoden nach § 92 Absatz 1 Satz 2 Nummer 5 in Verbindung mit § 135 Absatz 1 anzupassen. [2] Satz 1 gilt entsprechend für weitere Richtlinienbeschlüsse des Gemeinsamen Bundesausschusses, die eine Anpassung des einheitlichen Bewertungsmaßstabes für ärztliche Leistungen erforderlich machen. [3] In diesem Zusammenhang notwendige Vereinbarungen nach § 135 Absatz 2 sind zeitgleich zu treffen. [4] Für Beschlüsse des Gemeinsamen Bundesausschusses, die vor dem 23. Juli 2015 in Kraft getreten sind, gelten die Sätze 1 bis 3 entsprechend mit der Maßgabe, dass die Frist nach Satz 1 mit dem 23. Juli 2015 beginnt. [5] Der einheitliche Bewertungsmaßstab für ärztliche Leistungen ist zeitgleich mit dem Beschluss nach § 35a Absatz 3 Satz 1 anzupassen, sofern die Fachinformation des Arzneimittels zu seiner Anwendung eine zwingend erforderliche Leistung vorsieht, die eine Anpassung des einheitlichen Bewertungsmaßstabes für ärztliche Leistungen erforderlich macht. [6] Das Nähere zu ihrer Zusammenarbeit regeln der Bewertungsausschuss und der Gemeinsame Bundesausschuss im gegenseitigen Einvernehmen in ihrer jeweiligen Verfahrensordnung. [7] Für Beschlüsse nach § 35a Absatz 3 Satz 1, die vor dem 13. Mai 2017 getroffen worden sind, gilt Satz 5 entsprechend mit der Maßgabe, dass der Bewertungsausschuss spätestens bis 13. November 2017 den einheitlichen Bewertungsmaßstab für ärztliche Leistungen anzupassen hat.

(5c) [1] Sind digitale Gesundheitsanwendungen nach § 139e Absatz 3 dauerhaft in das Verzeichnis für digitale Gesundheitsanwendungen nach § 139e aufgenommen worden, so sind entweder der einheitliche Bewertungsmaßstab für ärztliche Leistungen oder der einheitliche Bewertungsmaßstab für zahnärztliche Leistungen innerhalb von drei Monaten nach der Aufnahme anzupassen, soweit ärztliche Leistungen für die Versorgung mit der jeweiligen digitalen Gesundheitsanwendung erforderlich sind. [2] Sind digitale Gesundheitsanwendungen nach § 139e Absatz 4 vorläufig in das Verzeichnis für digitale Gesundheitsanwendungen nach § 139e aufgenommen worden, so vereinbaren die Partner der Bundesmantelverträge innerhalb von drei Monaten nach der vorläufigen Aufnahme eine Vergütung für ärztliche Leistungen, die während der Erprobungszeit nach Festlegung des Bundesinstituts für Arzneimittel und Medizinprodukte nach § 139e Absatz 4 Satz 3 zur Versorgung mit und zur Erprobung der digitalen Gesundheitsanwendung erforderlich sind; die Vereinbarung berücksichtigt die Nachweispflichten für positive Versorgungseffekte, die vom Bundesinstitut für Arzneimittel und Medizinprodukte nach § 139e Absatz 4 Satz 3 festgelegt worden sind. [3] Solange keine Entscheidung über eine Anpassung nach Satz 1 getroffen ist, hat der Leistungserbringer Anspruch auf die nach Satz 2 vereinbarte Vergütung. [4] Soweit und solange keine Vereinbarung nach Satz 2 getroffen ist oder sofern eine Aufnahme in das Verzeichnis für digitale Gesundheitsanwendungen nach § 139e ohne Erprobung erfolgt und keine Entscheidung über eine Anpassung nach Satz 1 getroffen ist, können Versicherte die ärztlichen Leistungen, die für die Versorgung mit oder zur Erprobung der digitalen Gesundheitsanwendung erforderlich sind, im Wege der Kostenerstattung nach § 13 Absatz 1 bei Leistungserbringern in Anspruch nehmen; Absatz 2a Satz 11 gilt entsprechend. [5]Die Möglichkeit der Inanspruchnahme im Wege der Kostenerstattung nach § 13 Absatz 1 endet, sobald eine Entscheidung über die Anpassung nach Satz 1 getroffen ist.

(6) [1]Das Bundesministerium für Gesundheit kann an den Sitzungen der Bewertungsausschüsse, des Instituts oder des beauftragten Dritten nach Absatz 3b sowie der von diesen jeweils gebildeten Unterausschüssen und Arbeitsgruppen teilnehmen; ihm sind die Beschlüsse der Bewertungsausschüsse zusammen mit den den Beschlüssen zugrunde liegenden Beratungsunterlagen und den für die Beschlüsse jeweils entscheidungserheblichen Gründen vorzulegen. [2]Das Bundesministerium für Gesundheit kann die Beschlüsse innerhalb von zwei Monaten beanstanden; es kann im Rahmen der Prüfung eines Beschlusses vom Bewertungsausschuss zusätzliche Informationen und ergänzende Stellungnahmen dazu anfordern; bis zum Eingang der Auskünfte ist der Lauf der Frist unterbrochen. [3]Die Nichtbeanstandung eines Beschlusses kann vom Bundesministerium für Gesundheit mit Auflagen verbunden werden; das Bundesministerium für Gesundheit kann zur Erfüllung einer Auflage eine angemessene Frist setzen. [4]Kommen Beschlüsse der Bewertungsausschüsse ganz oder teilweise nicht oder nicht innerhalb einer vom Bundesministerium für Gesundheit gesetzten Frist zustande oder werden die Beanstandungen des Bundesministeriums für Gesundheit nicht innerhalb einer von ihm gesetzten Frist behoben, kann das Bundesministerium für Gesundheit die Vereinbarungen festsetzen; es kann dazu Datenerhebungen in Auftrag geben oder Sachverständigengutachten einholen. [5]Zur Vorbereitung von Maßnahmen nach Satz 4 für den Bereich der ärztlichen Leistungen hat das Institut oder der beauftragte Dritte oder die vom Bundesministerium für Gesundheit beauftragte Organisation gemäß Absatz 3b dem Bundesministerium für Gesundheit unmittelbar und unverzüglich nach dessen Weisungen zuzuarbeiten. [6]Das Bundesministerium für Gesundheit kann zur Vorbereitung von Maßnahmen nach Satz 4 bereits vor Fristablauf das Institut nach Satz 5 beauftragen, Datenerhebungen in Auftrag geben oder Sachverständigengutachten einholen, sofern die Bewertungsausschüsse die Beratungen sowie die Beschlussfassungen nicht oder nicht in einem angemessenen Umfang vorbereiten oder durchführen. [7]Die mit den Maßnahmen nach Satz 4 verbundenen Kosten sind von dem Spitzenverband Bund der Krankenkassen und der Kassenärztlichen Bundesvereinigung jeweils zur Hälfte zu tragen; das Nähere bestimmt das Bundesministerium für Gesundheit. [8]Abweichend von Satz 4 kann das Bundesministerium für Gesundheit für den Fall, dass Beschlüsse der Bewertungsausschüsse nicht oder teilweise nicht oder nicht innerhalb einer vom Bundesministerium für Gesundheit gesetzten Frist zustande kommen, den erweiterten Bewertungsausschuss nach Absatz 4 mit Wirkung für die Vertragspartner anrufen. [9]Der erweiterte Bewertungsausschuss setzt mit der Mehrheit seiner Mitglieder innerhalb einer vom Bundesministerium für Gesundheit gesetzten Frist die Vereinbarung fest; Satz 1 bis 7 gilt entsprechend. [10]Die Beschlüsse und die entscheidungserheblichen Gründe sind im Deutschen Ärzteblatt oder im Internet bekannt zu machen; falls die Bekanntmachung im Internet erfolgt, muss im Deutschen Ärzteblatt ein Hinweis auf die Fundstelle veröffentlicht werden.

(7) Klagen gegen Maßnahmen des Bundesministeriums für Gesundheit nach Absatz 6 haben keine aufschiebende Wirkung.

§ 87a Regionale Euro-Gebührenordnung, Morbiditätsbedingte Gesamtvergütung, Behandlungsbedarf der Versicherten. (1) Abweichend von § 82 Abs. 2 Satz 2 und § 85 gelten für die Vergütung vertragsärztlicher Leistungen die in Absatz 2 bis 6 getroffenen Regelungen; dies gilt nicht für vertragszahnärztliche Leistungen.

(2) [1] Die Kassenärztliche Vereinigung und die Landesverbände der Krankenkassen und die Ersatzkassen gemeinsam und einheitlich vereinbaren auf der Grundlage des Orientierungswertes gemäß § 87 Absatz 2e jeweils bis zum 31. Oktober eines jeden Jahres einen Punktwert, der zur Vergütung der vertragsärztlichen Leistungen im Folgejahr anzuwenden ist. [2] Die Vertragspartner nach Satz 1 können dabei einen Zuschlag auf den oder einen Abschlag von dem Orientierungswert gemäß § 87 Absatz 2e vereinbaren, um insbesondere regionale Besonderheiten bei der Kosten- und Versorgungsstruktur zu berücksichtigen. [3] Darüber hinaus können auf der Grundlage von durch den Bewertungsausschuss festzulegenden Kriterien zur Verbesserung der Versorgung der Versicherten, insbesondere in Planungsbereichen, für die Feststellungen nach § 100 Absatz 1 oder Absatz 3 getroffen wurden, Zuschläge auf den Orientierungswert nach § 87 Absatz 2e für besonders förderungswürdige Leistungen sowie für Leistungen von besonders zu fördernden Leistungserbringern vereinbart werden. [4] Bei der Festlegung des Zu- oder Abschlags ist zu gewährleisten, dass die medizinisch notwendige Versorgung der Versicherten sichergestellt ist. [5] Aus dem vereinbarten Punktwert nach diesem Absatz und dem einheitlichen Bewertungsmaßstab für ärztliche Leistungen gemäß § 87 Absatz 1 ist eine regionale Gebührenordnung mit Euro-Preisen (regionale Euro-Gebührenordnung) zu erstellen. [6] Besonders förderungswürdige Leistungen nach Satz 3 können auch vertragsärztliche Leistungen sein, die telemedizinisch erbracht werden.

(3) [1] Ebenfalls jährlich bis zum 31. Oktober vereinbaren die in Absatz 2 Satz 1 genannten Vertragsparteien gemeinsam und einheitlich für das Folgejahr mit Wirkung für die Krankenkassen die von den Krankenkassen mit befreiender Wirkung an die jeweilige Kassenärztliche Vereinigung zu zahlenden morbiditätsbedingten Gesamtvergütungen für die gesamte vertragsärztliche Versorgung der Versicherten mit Wohnort im Bezirk der Kassenärztlichen Vereinigung. [2] Hierzu vereinbaren sie als Punktzahlvolumen auf der Grundlage des einheitlichen Bewertungsmaßstabes den mit der Zahl und der Morbiditätsstruktur der Versicherten verbundenen Behandlungsbedarf und bewerten diesen mit dem nach Absatz 2 Satz 1 vereinbarten Punktwert in Euro; der vereinbarte Behandlungsbedarf gilt als notwendige medizinische Versorgung gemäß § 71 Abs. 1 Satz 1. [3] Die im Rahmen des Behandlungsbedarfs erbrachten Leistungen sind mit den Preisen der Euro-Gebührenordnung nach Absatz 2 Satz 5 zu vergüten. [4] Darüber hinausgehende Leistungen, die sich aus einem bei der Vereinbarung der morbiditätsbedingten Gesamtvergütung nicht vorhersehbaren Anstieg des morbiditätsbedingten Behandlungsbedarfs ergeben, sind von den Krankenkassen zeitnah, spätestens im folgenden Abrechnungszeitraum unter Berücksichtigung der Empfehlungen nach Absatz 5 Satz 1 Nr. 1 ebenfalls mit den in der Euro-Gebührenordnung nach Absatz 2 Satz 5 enthaltenen Preisen zu vergüten. [5] Von den Krankenkassen sind folgende Leistungen und Zuschläge außerhalb der nach Satz 1 vereinbarten Gesamtvergütungen mit den Preisen der regionalen Euro-Gebührenordnung nach Absatz 2 Satz 5 zu vergüten:

1. Leistungen im Rahmen der Substitutionsbehandlung der Drogenabhängigkeit gemäß den Richtlinien des Gemeinsamen Bundesausschusses,
2. Zuschläge nach § 87 Absatz 2b Satz 3 sowie Absatz 2c Satz 3,
3. Leistungen im Behandlungsfall, die aufgrund der Vermittlung durch die Terminservicestelle nach § 75 Absatz 1a Satz 3 Nummer 1 und 3 erbracht werden, sofern es sich nicht um Fälle nach § 75 Absatz 1a Satz 8 handelt,
4. Leistungen im Behandlungsfall bei Weiterbehandlung eines Patienten durch einen an der fachärztlichen Versorgung teilnehmenden Leistungserbringer nach Vermittlung durch einen an der hausärztlichen Versorgung teilnehmenden Leistungserbringer nach § 73 Absatz 1 Satz 2 Nummer 2,
5. Leistungen im Behandlungsfall, die von Ärzten, die an der grundversorgenden oder unmittelbaren medizinischen Versorgung teilnehmen, gegenüber Patienten erbracht werden, die in der jeweiligen Arztpraxis erstmals untersucht und behandelt werden oder die mindestens zwei Jahre nicht in der jeweiligen Arztpraxis untersucht und behandelt wurden, und
6. Leistungen im Behandlungsfall, die im Rahmen von bis zu fünf offenen Sprechstunden je Kalenderwoche ohne vorherige Terminvereinbarung gemäß § 19a Absatz 1 Satz 3 der Zulassungsverordnung für Vertragsärzte erbracht werden; bei einem reduzierten Versorgungsauftrag ist die Vergütung außerhalb der Gesamtvergütung auf die jeweils anteilige Zeit offener Sprechstunden je Kalenderwoche gemäß § 19a Absatz 1 Satz 4 der Zulassungsverordnung für Vertragsärzte begrenzt.

[6] Darüber hinaus können Leistungen außerhalb der nach Satz 1 vereinbarten Gesamtvergütungen mit den Preisen der regionalen Euro-Gebührenordnung nach Absatz 2 Satz 5 vergütet werden, wenn sie besonders gefördert werden sollen oder wenn dies medizinisch oder aufgrund von Besonderheiten bei Veranlassung und Ausführung der Leistungserbringung erforderlich ist. [7] Die in Absatz 2 Satz 1 genannten Vertragspartner haben die morbiditätsbedingte Gesamtvergütung in den Vereinbarungen nach Absatz 3 Satz 1 um die in Satz 5 Nummer 3 bis 6 genannten Leistungen unter Berücksichtigung der arztgruppenspezifischen Auszahlungsquoten des jeweiligen Vorjahresquartals, die von den Kassenärztlichen Vereinigungen gegenüber den Krankenkassen nachzuweisen sind, begrenzt auf ein Jahr zu bereinigen. [8] Dabei haben sie die vom Bewertungsausschuss zu beschließenden Vorgaben nach Absatz 5 Satz 7 zu berücksichtigen.

(3a) [1] Für den Fall der überbezirklichen Durchführung der vertragsärztlichen Versorgung sind die Leistungen abweichend von Absatz 3 Satz 3 und 4 von den Krankenkassen mit den Preisen zu vergüten, die in der Kassenärztlichen Vereinigung gelten, deren Mitglied der Leistungserbringer ist. [2] Weichen die nach Absatz 2 Satz 5 vereinbarten Preise von den Preisen nach Satz 1 ab, so ist die Abweichung zeitnah, spätestens bei der jeweils folgenden Vereinbarung der Veränderung der morbiditätsbedingten Gesamtvergütung zu berücksichtigen. [3] Die Zahl der Versicherten nach Absatz 3 Satz 2 ist entsprechend der Zahl der auf den zugrunde gelegten Zeitraum entfallenden Versichertentage zu ermitteln. [4] Weicht die bei der Vereinbarung der morbiditätsbedingten Gesamtvergütung zu Grunde gelegte Zahl der Versicherten von der tatsächlichen Zahl der Versicherten im Vereinbarungszeitraum ab, ist die Abweichung zeitnah, spätestens bei der jeweils folgenden Vereinbarung der Veränderung der morbiditätsbedingten Gesamtvergütung zu berücksichtigen. [5] Ausgaben für Kostenerstattungsleistungen nach § 13 Abs. 2 und nach § 53 Abs. 4 mit Ausnahme der Kostenerstattungsleistungen nach § 13 Abs. 2 Satz 5 sind auf die nach Absatz 3 Satz 1 zu zahlende Gesamtvergütung anzurechnen.

(4) [1] Grundlage der Vereinbarung über die Anpassung des Behandlungsbedarfs jeweils aufsetzend auf dem insgesamt für alle Versicherten mit Wohnort im Bezirk einer Kassenärztlichen Vereinigung für das Vorjahr nach Absatz 3 Satz 2 vereinbarten und bereinigten Behandlungsbedarf sind insbesondere Veränderungen

1. der Zahl der Versicherten der Krankenkasse mit Wohnort im Bezirk der jeweiligen Kassenärztlichen Vereinigung,
2. der Morbiditätsstruktur der Versicherten aller Krankenkassen mit Wohnort im Bezirk der jeweiligen Kassenärztlichen Vereinigung,
3. von Art und Umfang der ärztlichen Leistungen, soweit sie auf einer Veränderung des gesetzlichen oder satzungsmäßigen Leistungsumfangs der Krankenkassen oder auf Beschlüssen des Gemeinsamen Bundesausschusses nach § 135 Absatz 1 beruhen,
4. des Umfangs der vertragsärztlichen Leistungen aufgrund von Verlagerungen von Leistungen zwischen dem stationären und dem ambulanten Sektor und
5. des Umfangs der vertragsärztlichen Leistungen aufgrund der Ausschöpfung von Wirtschaftlichkeitsreserven bei der vertragsärztlichen Leistungserbringung;

dabei sind die Empfehlungen und Vorgaben des Bewertungsausschusses gemäß Absatz 5 zu berücksichtigen. [2] Bei der Ermittlung des Aufsatzwertes für den Behandlungsbedarf nach Satz 1 für eine Krankenkasse ist ihr jeweiliger Anteil an dem insgesamt für alle Versicherten mit Wohnort im Bezirk der Kassenärztlichen Vereinigung für das Vorjahr vereinbarten, bereinigten Behandlungsbedarf entsprechend ihres aktuellen Anteils an der Menge der für vier Quartale abgerechneten Leistungen jeweils nach sachlich-rechnerischer Richtigstellung anzupassen. [3] Die jeweils jahresbezogene Veränderung der Morbiditätsstruktur im Bezirk einer Kassenärztlichen Vereinigung ist auf der Grundlage der vertragsärztlichen Behandlungsdiagnosen gemäß § 295 Absatz 1 Satz 2 einerseits sowie auf der Grundlage demografischer Kriterien (Alter und Geschlecht) andererseits durch eine gewichtete Zusammenfassung der vom Bewertungsausschuss als Empfehlungen nach Absatz 5 Satz 2 bis 4 mitgeteilten Raten zu vereinbaren. [4] Falls erforderlich, können weitere für die ambulante Versorgung relevante Morbiditätskriterien herangezogen werden. [5] Die jeweils jahresbezogene Veränderung der Morbiditätsstruktur im Bezirk einer Kassenärztlichen Vereinigung nach Satz 3 ist ab dem Jahr, in dem die nach Absatz 5 Satz 2 bis 4 mitgeteilte Veränderungsrate auf der Grundlage der Behandlungsdiagnosen der Jahre 2023 bis 2025 ermittelt wird, allein auf der Grundlage dieser Veränderungsrate zu vereinbaren.

(4a) [1] Über eine mit Wirkung ab dem 1. Januar 2017 einmalige basiswirksame Erhöhung des nach Absatz 4 Satz 1 für das Jahr 2016 angepassten Aufsatzwertes ist in den Vereinbarungen nach Absatz 3 Satz 1 im Jahr 2016 zu verhandeln, wenn die jeweils für das Jahr 2014 und jeweils einschließlich der Bereinigungen zu berechnende durchschnittliche an die Kassenärztliche Vereinigung entrichtete morbiditätsbedingte Gesamtvergütung je Versicherten mit Wohnort im Bezirk der Kassenärztlichen Vereinigung die durchschnittliche an alle Kassenärztlichen Vereinigungen im Bundesgebiet entrichtete morbiditätsbedingte Gesamtvergütung je Versicherten unterschreitet. [2]Die Berechnungen nach Satz 1 werden durch das Institut nach § 87 Absatz 3b Satz 1 durchgeführt. [3]Es teilt den Vertragsparteien nach Absatz 2 Satz 1 und dem Bundesministerium für Gesundheit das Ergebnis bis spätestens zum 15. September 2016 mit. [4]Eine einmalige basiswirksame Erhöhung des Aufsatzwertes ist nur dann zu vereinbaren, wenn in den Verhandlungen nach Satz 1 festgestellt wird, dass der Aufsatzwert im Jahr 2014 unbegründet zu niedrig war. [5]Ob und in welchem Umfang der Aufsatzwert im Jahr 2014 unbegründet zu niedrig war, ist von der Kassenärztlichen Vereinigung auch unter Berücksichtigung der Inanspruchnahme des stationären Sektors nachzuweisen. [6]Der Aufsatzwert ist in dem Umfang zu erhöhen, wie der Aufsatzwert im Jahr 2014 unbegründet zu niedrig war. [7]Die durch die vereinbarte Erhöhung des Aufsatzwertes einschließlich der Bereinigungen sich ergebende morbiditätsbedingte Gesamtvergütung je Versicherten mit Wohnort im Bezirk der betroffenen Kassenärztlichen Vereinigung im Jahr 2014 darf die für das Jahr 2014 berechnete durchschnittliche an alle Kassenärztlichen Vereinigungen im Bundesgebiet einschließlich der Bereinigung entrichtete morbiditätsbedingte Gesamtvergütung je Versicherten nicht übersteigen. [8]Die Erhöhung erfolgt um einen im Bezirk der Kassenärztlichen Vereinigung für alle Krankenkassen einheitlichen Faktor. [9]Die vereinbarte Erhöhung kann auch schrittweise über mehrere Jahre verteilt werden. [10]Die zusätzlichen Mittel sind zur Verbesserung der Versorgungsstruktur einzusetzen. [11]Umverteilungen zu Lasten anderer Kassenärztlicher Vereinigungen sind auszuschließen.

(5) [1]Der Bewertungsausschuss beschließt Empfehlungen

1. zur Vereinbarung des Umfangs des nicht vorhersehbaren Anstiegs des morbiditätsbedingten Behandlungsbedarfs nach Absatz 3 Satz 4,
2. zur Vereinbarung von Veränderungen der Morbiditätsstruktur nach Absatz 4 Satz 1 Nummer 2 sowie
3. zur Bestimmung von Vergütungen nach Absatz 3 Satz 6.

[2]Bei der Empfehlung teilt der Bewertungsausschuss den in Absatz 2 Satz 1 genannten Vertragspartnern die Ergebnisse der Berechnungen des Instituts des Bewertungsausschusses zu den Veränderungen der Morbiditätsstruktur nach Absatz 4 Satz 1 Nummer 2 mit. [3]Das Institut des Bewertungsausschusses errechnet für jeden Bezirk einer Kassenärztlichen Vereinigung zwei einheitliche Veränderungsraten, wobei eine Rate insbesondere auf den Behandlungsdiagnosen gemäß § 295 Absatz 1 Satz 2 und die andere Rate auf demografischen Kriterien (Alter und Geschlecht) basiert. [4]Die Veränderungsraten werden auf der Grundlage des Beschlusses des erweiterten Bewertungsausschusses vom 2. September 2009 Teil B Nummer 2.3 bestimmt mit der Maßgabe, die Datengrundlagen zu aktualisieren. [5]Zur Ermittlung der diagnosenbezogenen Rate ist das geltende Modell des Klassifikationsverfahrens anzuwenden. [6]Der Bewertungsausschuss kann das Modell in bestimmten Zeitabständen auf seine weitere Eignung für die Anwendung in der vertragsärztlichen Versorgung überprüfen und fortentwickeln [7]Der Bewertungsausschuss hat zudem Vorgaben für ein Verfahren zur Bereinigung des Behandlungsbedarfs in den durch dieses Gesetz vorgesehenen Fällen sowie zur Ermittlung der Aufsatzwerte nach Absatz 4 Satz 1 und der Anteile der einzelnen Krankenkassen nach Absatz 4 Satz 2 zu beschließen; er kann darüber hinaus insbesondere Empfehlungen zur Vereinbarung von Veränderungen nach Absatz 4 Satz 1 Nummer 3 bis 5 und Satz 3

und 4 sowie ein Verfahren zur Bereinigung der Relativgewichte des Klassifikationsverfahrens im Falle von Vergütungen nach Absatz 3 Satz 5 und 6 beschließen. [8] Die Empfehlungen nach Satz 1 sowie die Vorgaben nach Satz 7 sind jährlich bis spätestens zum 31. August zu beschließen; die Mitteilungen nach Satz 2 erfolgen jährlich bis spätestens zum 15. September. [9] Der Bewertungsausschuss beschließt geeignete pauschalierende Verfahren zur Bereinigung des Behandlungsbedarfs in den Fällen des § 73b Absatz 7 Satz 7 und 8. [10] In den Vorgaben zur Ermittlung der Aufsatzwerte nach Absatz 4 Satz 1 sind auch Vorgaben zu beschließen, die die Aufsatzwerte einmalig und basiswirksam jeweils in dem Umfang erhöhen, der dem jeweiligen Betrag der Honorarerhöhung durch die Aufhebung des Investitionskostenabschlags nach § 120 Absatz 3 Satz 2 in der bis einschließlich 31. Dezember 2015 geltenden Fassung entspricht. [11] Ab dem Jahr, in dem die Veränderungsraten auf der Grundlage der Behandlungsdiagnosen der Jahre 2020 bis 2022 durch das Institut des Bewertungsausschusses nach Satz 3 errechnet werden, sind Kodiereffekte, die insbesondere durch die Einführung und Aktualisierung der verbindlichen Regelungen nach § 295 Absatz 4 Satz 2 zur Vergabe und Übermittlung der Schlüssel nach § 295 Absatz 1 Satz 6 entstehen, in den Berechnungen zu bereinigen. [12] Hierzu hat der Bewertungsausschuss ein entsprechendes Verfahren zu beschließen. [13] Der Bewertungsausschuss hat bis zum 1. September 2019 Vorgaben zu beschließen, bei welchen Arztgruppen, die an der grundversorgenden oder unmittelbaren medizinischen Versorgung teilnehmen, eine Vergütung nach Absatz 3 Satz 5 Nummer 5 vorzusehen ist. [14] Soweit erforderlich, beschließt der Bewertungsausschuss in der Zusammensetzung nach § 87 Absatz 5a für die von ihm beschlossenen Vergütungen für Leistungen die Empfehlungen zur Bestimmung von Vergütungen nach Absatz 3 Satz 6.

(5a) [1] Der Bewertungsausschuss erstellt zum Zwecke der Erhöhung der Transparenz über die der Empfehlung nach Absatz 5 Satz 1 Nummer 2 zugrunde liegenden Datengrundlagen einen Bericht über die Veränderungen der Behandlungsdiagnosen und den Einfluss der jeweiligen Behandlungsdiagnose auf die Veränderungsrate für jeden Bezirk einer Kassenärztlichen Vereinigung. [2] Der Bericht ist dem Bundesministerium für Gesundheit zusammen mit der Empfehlung und den der Empfehlung zugrunde liegenden weiteren Beratungsunterlagen vorzulegen. [3] § 87 Absatz 6 Satz 10 gilt entsprechend.

(6) Der Bewertungsausschuss beschließt erstmals bis zum 31. März 2012 Vorgaben zu Art, Umfang, Zeitpunkt und Verfahren der für die Vereinbarungen und Berechnungen nach den Absätzen 2 bis 4 erforderlichen Datenübermittlungen von den Kassenärztlichen Vereinigungen und Krankenkassen an das Institut des Bewertungsausschusses, welches den Vertragspartnern nach Absatz 2 Satz 1 die jeweils erforderlichen Datengrundlagen bis zum 30. Juni eines jeden Jahres zur Verfügung stellt; § 87 Absatz 3f Satz 2 gilt entsprechend.

§ 87b Vergütung der Ärzte (Honorarverteilung) (1) [1] Die Kassenärztliche Vereinigung verteilt die vereinbarten Gesamtvergütungen an die Ärzte, Psychotherapeuten, medizinischen Versorgungszentren sowie ermächtigten Einrichtungen, die an der vertragsärztlichen Versorgung teilnehmen, getrennt für die Bereiche der hausärztlichen und der fachärztlichen Versorgung; dabei sollen die von fachärztlich tätigen Ärzten erbrachten hausärztlichen Leistungen nicht den hausärztlichen Teil der Gesamtvergütungen und die von hausärztlich tätigen Ärzten erbrachten fachärztlichen Leistungen nicht den fachärztlichen

Teil der Gesamtvergütungen mindern. [2]Die Kassenärztliche Vereinigung wendet bei der Verteilung den Verteilungsmaßstab an, der im Benehmen mit den Landesverbänden der Krankenkassen und den Ersatzkassen festgesetzt worden ist. [3]Die Vergütung der Leistungen im Notfall und im Notdienst erfolgt aus einem vor der Trennung für die Versorgungsbereiche gebildeten eigenen Honorarvolumen mit der Maßgabe, dass für diese Leistungen im Verteilungsmaßstab keine Maßnahmen zur Begrenzung oder Minderung des Honorars angewandt werden dürfen. [4]Bisherige Bestimmungen, insbesondere zur Zuweisung von arzt- und praxisbezogenen Regelleistungsvolumen, gelten bis zur Entscheidung über einen Verteilungsmaßstab vorläufig fort.

(2) [1]Der Verteilungsmaßstab hat Regelungen vorzusehen, die verhindern, dass die Tätigkeit des Leistungserbringers über seinen Versorgungsauftrag nach § 95 Absatz 3 oder seinen Ermächtigungsumfang hinaus übermäßig ausgedehnt wird; dabei soll dem Leistungserbringer eine Kalkulationssicherheit hinsichtlich der Höhe seines zu erwartenden Honorars ermöglicht werden. [2]Der Verteilungsmaßstab hat der kooperativen Behandlung von Patienten in dafür gebildeten Versorgungsformen angemessen Rechnung zu tragen. [3]Für Praxisnetze, die von den Kassenärztlichen Vereinigungen anerkannt sind, müssen gesonderte Vergütungsregelungen vorgesehen werden; für solche Praxisnetze können auch eigene Honorarvolumen als Teil der morbiditätsbedingten Gesamtvergütungen nach § 87a Absatz 3 gebildet werden. [4]Im Verteilungsmaßstab sind Regelungen zur Vergütung psychotherapeutischer Leistungen der Psychotherapeuten, der Fachärzte für Kinder- und Jugendpsychiatrie und -psychotherapie, der Fachärzte für Psychiatrie und Psychotherapie, der Fachärzte für Nervenheilkunde, der Fachärzte für psychosomatische Medizin und Psychotherapie sowie der ausschließlich psychotherapeutisch tätigen Ärzte zu treffen, die eine angemessene Höhe der Vergütung je Zeiteinheit gewährleisten. [5]Im Verteilungsmaßstab dürfen keine Maßnahmen zur Begrenzung oder Minderung des Honorars für anästhesiologische Leistungen angewandt werden, die im Zusammenhang mit vertragszahnärztlichen Behandlungen von Patienten mit mangelnder Kooperationsfähigkeit bei geistiger Behinderung oder schwerer Dyskinesie notwendig sind. [6]Widerspruch und Klage gegen die Honorarfestsetzung sowie gegen deren Änderung oder Aufhebung haben keine aufschiebende Wirkung.

(3) [1]Hat der Landesausschuss der Ärzte und Krankenkassen einen Beschluss nach § 100 Absatz 1 oder 3 getroffen, dürfen für Ärzte der betroffenen Arztgruppe im Verteilungsmaßstab Maßnahmen zur Fallzahlbegrenzung oder -minderung nicht bei der Behandlung von Patienten des betreffenden Planungsbereiches angewendet werden. [2]Darüber hinausgehend hat der Verteilungsmaßstab geeignete Regelungen vorzusehen, nach der die Kassenärztliche Vereinigung im Einzelfall verpflichtet ist, zu prüfen, ob und in welchem Umfang diese Maßnahme ausreichend ist, die Sicherstellung der medizinischen Versorgung zu gewährleisten. [3]Die Kassenärztliche Vereinigung veröffentlicht einmal jährlich in geeigneter Form Informationen über die Grundsätze und Versorgungsziele des Honorarverteilungsmaßstabs.

(4) [1]Die Kassenärztliche Bundesvereinigung hat Vorgaben zur Festlegung und Anpassung des Vergütungsvolumens für die hausärztliche und fachärztliche Versorgung nach Absatz 1 Satz 1 sowie Kriterien und Qualitätsanforderungen für die Anerkennung besonders förderungswürdiger Praxisnetze nach Absatz 2 Satz 3 als Rahmenvorgabe für Richtlinien der Kassenärztlichen Vereinigungen, insbesondere zu Versorgungszielen, im Einvernehmen mit dem Spitzenverband

Bund der Krankenkassen zu bestimmen. [2]Darüber hinaus hat die Kassenärztliche Bundesvereinigung Vorgaben insbesondere zu den Regelungen des Absatzes 2 Satz 1 bis 4 und zur Durchführung geeigneter und neutraler Verfahren zur Honorarbereinigung zu bestimmen; dabei ist das Benehmen mit dem Spitzenverband Bund der Krankenkassen herzustellen. [3]Die Vorgaben nach den Sätzen 1 und 2 sind von den Kassenärztlichen Vereinigungen zu beachten. [4]Die Kassenärztlichen Vereinigungen haben bis spätestens zum 23. Oktober 2015 Richtlinien nach Satz 1 zu beschließen.

(5) Die Regelungen der Absätze 1 bis 4 gelten nicht für vertragszahnärztliche Leistungen.

§ 87c Transparenz der Vergütung vertragsärztlicher Leistungen.

[1]Die Kassenärztliche Bundesvereinigung veröffentlicht für jedes Quartal zeitnah nach Abschluss des jeweiligen Abrechnungszeitraumes sowie für jede Kassenärztliche Vereinigung einen Bericht über die Ergebnisse der Honorarverteilung, über die Gesamtvergütungen, über die Bereinigungssummen und über das Honorar je Arzt und je Arztgruppe. [2]Zusätzlich ist über Arztzahlen, Fallzahlen und Leistungsmengen zu informieren, um mögliche regionale Honorarunterschiede zu erklären. [3]Die Kassenärztlichen Vereinigungen übermitteln der Kassenärztlichen Bundesvereinigung hierzu die erforderlichen Daten. [4]Das Nähere bestimmt die Kassenärztliche Bundesvereinigung.

§ 87d *(aufgehoben)*

§ 87e Zahlungsanspruch bei Mehrkosten. [1]Abrechnungsgrundlage für die Mehrkosten nach § 28 Abs. 2 Satz 2, § 29 Absatz 5 Satz 1 und § 55 Abs. 4 ist die Gebührenordnung für Zahnärzte. [2]Der Zahlungsanspruch des Vertragszahnarztes gegenüber dem Versicherten ist bei den für diese Mehrkosten zu Grunde liegenden Leistungen auf das 2,3fache des Gebührensatzes der Gebührenordnung für Zahnärzte begrenzt. [3]Bei Mehrkosten für lichthärtende Composite-Füllungen in Schicht- und Ätztechnik im Seitenzahnbereich nach § 28 Abs. 2 Satz 2 ist höchstens das 3,5fache des Gebührensatzes der Gebührenordnung für Zahnärzte berechnungsfähig. [4]Die Begrenzung nach den Sätzen 2 und 3 entfällt, wenn der Gemeinsame Bundesausschuss seinen Auftrag gemäß § 92 Abs. 1a und der Bewertungsausschuss seinen Auftrag gemäß § 87 Abs. 2h Satz 2 erfüllt hat. [5]Maßgebend ist der Tag des Inkrafttretens der Richtlinien und der Tag des Beschlusses des Bewertungsausschusses.

Vierter Titel. Zahntechnische Leistungen

§ 88 Bundesleistungsverzeichnis, Vergütungen. (1) [1]Der Spitzenverband Bund der Krankenkassen vereinbart mit dem Verband Deutscher Zahntechniker-Innungen ein bundeseinheitliches Verzeichnis der abrechnungsfähigen zahntechnischen Leistungen. [2]Das bundeseinheitliche Verzeichnis ist im Benehmen mit der Kassenzahnärztlichen Bundesvereinigung zu vereinbaren.

(2) [1]Die Landesverbände der Krankenkassen und die Ersatzkassen vereinbaren mit den Innungsverbänden der Zahntechniker die Vergütungen für die nach dem bundeseinheitlichen Verzeichnis abrechnungsfähigen zahntechnischen Leistungen, ohne die zahntechnischen Leistungen beim Zahnersatz einschließlich Zahnkronen und Suprakonstruktionen. [2]Die vereinbarten Ver-

gütungen sind Höchstpreise. [3]Die Krankenkassen können die Versicherten sowie die Zahnärzte über preisgünstige Versorgungsmöglichkeiten informieren.

(3) [1]Preise für zahntechnische Leistungen nach Absatz 1, ohne die zahntechnischen Leistungen beim Zahnersatz einschließlich Zahnkronen und Suprakonstruktionen, die von einem Zahnarzt erbracht werden, haben die Preise nach Absatz 2 Satz 1 und 2 um mindestens 5 vom Hundert zu unterschreiten. [2]Hierzu können Verträge nach § 83 abgeschlossen werden.

Fünfter Titel. Schiedswesen

§ 89 Schiedsamt, Verordnungsermächtigungen. (1) Die Kassenärztlichen Vereinigungen, die Landesverbände der Krankenkassen sowie die Ersatzkassen bilden je ein gemeinsames Schiedsamt für die vertragsärztliche Versorgung und ein gemeinsames Schiedsamt für die vertragszahnärztliche Versorgung (Landesschiedsämter).

(2) Die Kassenärztlichen Bundesvereinigungen und der Spitzenverband Bund der Krankenkassen bilden ein gemeinsames Schiedsamt für die vertragsärztliche Versorgung und ein gemeinsames Schiedsamt für die vertragszahnärztliche Versorgung (Bundesschiedsämter).

(3) [1]Kommt ein Vertrag über die vertragsärztliche oder die vertragszahnärztliche Versorgung ganz oder teilweise nicht zustande, setzt das zuständige Schiedsamt mit der Mehrheit der Stimmen seiner Mitglieder innerhalb von drei Monaten den Vertragsinhalt fest. [2]Wird ein für die Einleitung des Verfahrens erforderlicher Antrag nicht gestellt, können auch die für das jeweilige Schiedsamt oder die für die Vertragsparteien zuständigen Aufsichtsbehörden, nachdem sie den Organisationen, die das Schiedsamt bilden, eine Frist zur Antragstellung gesetzt haben und die Frist abgelaufen ist oder nach Ablauf einer für das Zustandekommen des Vertrages gesetzlich vorgeschriebenen Frist, das Schiedsamt mit Wirkung für die Vertragsparteien anrufen. [3]Das Schiedsamtsverfahren beginnt mit dem bei dem Schiedsamt gestellten Antrag.

(4) [1]Kündigt eine Vertragspartei einen Vertrag, hat sie die Kündigung dem zuständigen Schiedsamt schriftlich oder elektronisch mitzuteilen. [2]Kommt bis zum Ablauf des Vertrages kein neuer Vertrag zustande, setzt das zuständige Schiedsamt mit der Mehrheit der Stimmen seiner Mitglieder innerhalb von drei Monaten den Inhalt des neuen Vertrages fest. [3]In diesem Fall gelten die Bestimmungen des bisherigen Vertrages bis zur Festsetzung des Inhalts des neuen Vertrages durch das Schiedsamt weiter. [4]Das Schiedsamtsverfahren beginnt mit dem auf den Ablauf der Kündigungsfrist folgenden Tag.

(5) [1]Die Landesschiedsämter und die Bundesschiedsämter bestehen aus je vier Vertretern der Ärzte oder Zahnärzte und vier Vertretern der Krankenkassen sowie einem unparteiischen Vorsitzenden und zwei weiteren unparteiischen Mitgliedern. [2]Bei der Festsetzung des Inhalts eines Vertrages, der nicht alle Kassenarten betrifft, wirken als Vertreter der Krankenkassen nur Vertreter der betroffenen Kassenarten im Schiedsamt mit. [3]Die in Absatz 1 genannten Landesverbände der Krankenkassen und die Ersatzkassen können von Satz 2 abweichende Regelungen vereinbaren. [4]Für jedes Mitglied gibt es zwei Stellvertreter. [5]Die Amtsdauer der Mitglieder beträgt vier Jahre. [6]Die Vertreter und Stellvertreter werden jeweils durch die Organisationen, die das jeweilige Schiedsamt bilden, bestellt. [7]Kommt eine Bestellung durch die Organisationen nicht zustande, bestellt die für das jeweilige Schiedsamt zuständige Aufsichts-

behörde die Vertreter und Stellvertreter, nachdem sie den Organisationen eine Frist zur Bestellung gesetzt hat und diese Frist abgelaufen ist.

(6) [1]Über den unparteiischen Vorsitzenden und die zwei weiteren unparteiischen Mitglieder sowie deren Stellvertreter sollen sich die Vertragsparteien einigen. [2]§ 213 Absatz 2 in der bis zum 31. Dezember 2008 geltenden Fassung gilt für die Landesverbände der Krankenkassen und die Ersatzkassen entsprechend. [3]Kommt eine Einigung nicht zustande, erfolgt eine Bestellung des unparteiischen Vorsitzenden, der weiteren unparteiischen Mitglieder und deren Stellvertreter durch die für das jeweilige Schiedsamt zuständige Aufsichtsbehörde, nachdem sie den Vertragsparteien eine Frist zur Einigung gesetzt hat und diese Frist abgelaufen ist. [4]Die unparteiischen Mitglieder und deren Stellvertreter gelten als bestellt, sobald sie sich den beteiligten Vertragsparteien gegenüber zur Amtsübernahme bereit erklärt haben.

(7) [1]Die Mitglieder des Schiedsamtes führen ihr Amt als Ehrenamt. [2]Sie sind an Weisungen nicht gebunden. [3]Die unparteiischen Mitglieder und ihre Stellvertreter können aus wichtigem Grund von der für das jeweilige Schiedsamt zuständigen Aufsichtsbehörde abberufen werden. [4]Die Vertreter der Ärzte oder Zahnärzte und die Vertreter der Krankenkassen sowie ihre Stellvertreter können von den Organisationen, die sie bestellt haben, abberufen werden. [5]Eine Amtsniederlegung ist gegenüber den Organisationen zu erklären, die das jeweilige Schiedsamt gebildet haben. [6]Die Mitglieder sind verpflichtet, an den Sitzungen des Schiedsamtes teilzunehmen oder bei Verhinderung ihre Stellvertreter zu benachrichtigen. [7]Eine Stimmenthaltung ist unzulässig. [8]Jedes Mitglied hat eine Stimme.

(8) [1]Das Schiedsamt ist beschlussfähig, wenn alle Mitglieder oder deren Stellvertreter anwesend sind. [2]Ist das Schiedsamt in einer Sitzung nicht beschlussfähig, ist innerhalb von 14 Kalendertagen nach dieser Sitzung eine erneute Sitzung einzuberufen. [3]In dieser erneuten Sitzung ist die Beschlussfähigkeit gegeben, wenn die unparteiischen Mitglieder oder deren Stellvertreter und mehr als die Hälfte der weiteren Mitglieder des Schiedsamtes oder deren Stellvertreter anwesend sind. [4]Ist auch in der erneuten Sitzung keine Beschlussfähigkeit nach Satz 3 gegeben, setzen die unparteiischen Mitglieder des Schiedsamtes den Vertragsinhalt fest. [5]Auf diese Folgen ist in der Einladung zur erneuten Sitzung ausdrücklich hinzuweisen.

(9) [1]Setzt das Schiedsamt innerhalb der Frist nach Absatz 3 Satz 1 oder Absatz 4 Satz 2 keinen Vertragsinhalt fest, setzt die für das jeweilige Schiedsamt zuständige Aufsichtsbehörde eine Frist zur Festsetzung des Vertragsinhalts. [2]Nach Ablauf dieser Frist setzen die unparteiischen Mitglieder des Schiedsamtes den Vertragsinhalt fest. [3]Die unparteiischen Mitglieder können auf Kosten der Vertragsparteien Datenerhebungen, Auswertungen oder Sachverständigengutachten in Auftrag geben. [4]Klagen gegen Entscheidungen des Schiedsamtes sowie Klagen gegen Entscheidungen der Aufsichtsbehörden nach diesem Paragraphen haben keine aufschiebende Wirkung. [5]Ein Vorverfahren findet in den Fällen des Satzes 4 nicht statt.

(10) [1]Die Aufsicht über die Landesschiedsämter führen die für die Sozialversicherung zuständigen obersten Verwaltungsbehörden der Länder. [2]Die Landesregierungen können durch Rechtsverordnung eine andere Behörde als Aufsichtsbehörde bestimmen; die Landesregierungen können diese Ermächtigung auf die obersten Landesbehörden weiterübertragen. [3]Die Aufsicht über die Bundesschiedsämter führt das Bundesministerium für Gesundheit. [4]Die

Aufsicht erstreckt sich auf die Beachtung von Gesetz und sonstigem Recht. [5]Die Aufsicht umfasst auch das Recht zur Teilnahme an den Sitzungen der Schiedsämter; das Recht zur Teilnahme an den Sitzungen der Schiedsämter gilt auch für das Bundesversicherungsamt, sofern ihm die Entscheidungen der Schiedsämter gemäß Satz 6 vorzulegen sind. [6]Die Entscheidungen der Schiedsämter über die Vergütung der Leistungen nach § 57 Absatz 1 und 2, den §§ 83, 85 und 87a sind der jeweiligen zuständigen Aufsichtsbehörde vorzulegen. [7]Die Aufsichtsbehörden können die Entscheidungen bei einem Rechtsverstoß innerhalb von zwei Monaten nach Vorlage beanstanden. [8]Für Klagen der Vertragspartner gegen die Beanstandung gilt Absatz 9 Satz 4 und 5 entsprechend.

(11) Das Bundesministerium für Gesundheit bestimmt durch Rechtsverordnung mit Zustimmung des Bundesrates das Nähere über die Bestellung, die Amtsdauer, die Amtsführung, die Erstattung der baren Auslagen und die Entschädigung für Zeitaufwand der Mitglieder der Schiedsämter, die Geschäftsführung, das Verfahren, die Erhebung und die Höhe der Gebühren sowie über die Verteilung der Kosten.

(12) [1]Der Verband Deutscher Zahntechniker-Innungen und der Spitzenverband Bund der Krankenkassen bilden ein weiteres Schiedsamt auf Bundesebene. [2]Das Schiedsamt besteht aus Vertretern des Verbandes Deutscher Zahntechniker-Innungen und des Spitzenverbandes Bund der Krankenkassen in gleicher Zahl sowie einem unparteiischen Vorsitzenden und zwei weiteren unparteiischen Mitgliedern. [3]Im Übrigen gelten die Absätze 3, 4, 5 Satz 4 bis 7, die Absätze 6, 7, 8, 9 und 10 Satz 3, 4 und 5 sowie die aufgrund des Absatzes 11 erlassene Schiedsamtsverordnung entsprechend.

(13) [1]Die Innungsverbände der Zahntechniker, die Landesverbände der Krankenkassen und die Ersatzkassen bilden ein weiteres Schiedsamt auf Landesebene. [2]Das Schiedsamt besteht aus Vertretern der Innungsverbände der Zahntechniker und der Krankenkassen in gleicher Zahl sowie einem unparteiischen Vorsitzenden und zwei weiteren unparteiischen Mitgliedern. [3]Im Übrigen gelten die Absätze 3, 4, 5 Satz 4 bis 7, die Absätze 6, 7, 8, 9 und 10 Satz 1, 2, 4 und 5 sowie die aufgrund des Absatzes 11 erlassene Verordnung entsprechend.

§ 89a Sektorenübergreifendes Schiedsgremium, Verordnungsermächtigungen. (1) Die Kassenärztlichen Vereinigungen, die Landesverbände der Krankenkassen und die Ersatzkassen sowie die Landeskrankenhausgesellschaften oder die Vereinigungen der Krankenhausträger im Land bilden je ein sektorenübergreifendes Schiedsgremium.

(2) Die Kassenärztliche Bundesvereinigung, der Spitzenverband Bund der Krankenkassen und die Deutsche Krankenhausgesellschaft bilden ein sektorenübergreifendes Schiedsgremium auf Bundesebene.

(3) [1]Die sektorenübergreifenden Schiedsgremien nach den Absätzen 1 und 2 entscheiden in den ihnen durch Gesetz oder aufgrund eines Gesetzes zugewiesenen Aufgaben mit einer Mehrheit von zwei Dritteln der Stimmen ihrer Mitglieder innerhalb von drei Monaten. [2]Wird ein für die Einleitung des Verfahrens erforderlicher Antrag nicht gestellt, können auch die für das jeweilige sektorenübergreifende Schiedsgremium oder die für die Vertragsparteien zuständigen Aufsichtsbehörden, nachdem sie den Organisationen, die das sektorenübergreifende Schiedsgremium bilden, eine Frist zur Antragstellung gesetzt haben und die Frist abgelaufen ist oder nach Ablauf einer für das Zu-

standekommen des sektorenübergreifenden Vertrages gesetzlich vorgeschrieben Frist, das sektorenübergreifende Schiedsgremium mit Wirkung für die Vertragsparteien anrufen. [3]Das Schiedsverfahren beginnt mit dem bei dem sektorenübergreifenden Schiedsgremium gestellten Antrag.

(4) [1]Kündigt eine Vertragspartei einen sektorenübergreifenden Vertrag, hat sie die Kündigung dem zuständigen sektorenübergreifenden Schiedsgremium schriftlich oder elektronisch mitzuteilen. [2]Kommt bis zum Ablauf des Vertrages kein neuer Vertrag zustande, setzt das zuständige sektorenübergreifende Schiedsgremium mit einer Mehrheit von zwei Dritteln der Stimmen seiner Mitglieder innerhalb von drei Monaten den Inhalt des neuen Vertrages fest. [3]In diesem Fall gelten die Bestimmungen des bisherigen Vertrages bis zur Festsetzung des Inhalts des neuen Vertrages durch das sektorenübergreifende Schiedsgremium weiter. [4]Das Schiedsverfahren beginnt mit dem auf den Ablauf der Kündigungsfrist folgenden Tag.

(5) [1]Die sektorenübergreifenden Schiedsgremien nach den Absätzen 1 und 2 bestehen aus je zwei Vertretern der Ärzte, der Krankenkassen und der zugelassenen Krankenhäuser sowie einem unparteiischen Vorsitzenden und einem weiteren unparteiischen Mitglied. [2]Für jedes Mitglied gibt es zwei Stellvertreter. [3]Die Amtsdauer der Mitglieder beträgt vier Jahre. [4]Die Vertreter und Stellvertreter werden jeweils durch die Organisationen, die das jeweilige sektorenübergreifende Schiedsgremium bilden, bestellt. [5]Kommt eine Bestellung durch die Organisationen nicht zustande, bestellt die für das sektorenübergreifende Schiedsgremium zuständige Aufsichtsbehörde die Vertreter und Stellvertreter, nachdem sie den Organisationen eine Frist zur Bestellung gesetzt hat und diese Frist abgelaufen ist.

(6) [1]Über den unparteiischen Vorsitzenden und das weitere unparteiische Mitglied sowie deren Stellvertreter sollen sich die Vertragsparteien einigen. [2]Kommt eine Einigung nicht zustande, erfolgt eine Bestellung des unparteiischen Vorsitzenden, des weiteren unparteiischen Mitglieds und von deren Stellvertretern durch die für das sektorenübergreifende Schiedsgremium zuständige Aufsichtsbehörde, nachdem sie den Vertragsparteien eine Frist zur Einigung gesetzt hat und diese Frist abgelaufen ist. [3]Die unparteiischen Mitglieder und deren Stellvertreter gelten als bestellt, sobald sie sich den beteiligten Vertragsparteien gegenüber zur Amtsübernahme bereit erklärt haben.

(7) [1]Die Mitglieder des sektorenübergreifenden Schiedsgremiums führen ihr Amt als Ehrenamt. [2]Sie sind an Weisungen nicht gebunden. [3]Die unparteiischen Mitglieder und ihre Stellvertreter können aus wichtigem Grund von der für das jeweilige sektorenübergreifende Schiedsgremium zuständigen Aufsichtsbehörde abberufen werden. [4]Die Vertreter der Ärzte, der Krankenkassen und der zugelassenen Krankenhäuser sowie deren Stellvertreter können von den Organisationen, die sie bestellt haben, abberufen werden. [5]Eine Amtsniederlegung ist gegenüber den Organisationen zu erklären, die das jeweilige sektorenübergreifende Schiedsgremium gebildet haben. [6]Die Mitglieder sind verpflichtet, an den Sitzungen des sektorenübergreifenden Schiedsgremiums teilzunehmen oder bei Verhinderung ihre Stellvertreter zu benachrichtigen. [7]Eine Stimmenthaltung ist unzulässig. [8]Jedes Mitglied hat eine Stimme.

(8) [1]Das sektorenübergreifende Schiedsgremium ist beschlussfähig, wenn alle Mitglieder oder deren Stellvertreter anwesend sind. [2]Ist das sektorenübergreifende Schiedsgremium in einer Sitzung nicht beschlussfähig, ist innerhalb von 14 Kalendertagen nach dieser Sitzung eine erneute Sitzung einzuberufen. [3]In

dieser erneuten Sitzung ist die Beschlussfähigkeit gegeben, wenn der unparteiische Vorsitzende und das weitere unparteiische Mitglied oder deren Stellvertreter und mehr als die Hälfte der weiteren Mitglieder des sektorenübergreifenden Schiedsgremiums oder deren Stellvertreter anwesend sind. [4] Ist auch in der erneuten Sitzung keine Beschlussfähigkeit nach Satz 3 gegeben, setzen die beiden unparteiischen Mitglieder des sektorenübergreifenden Schiedsgremiums den Vertragsinhalt fest. [5] Bei Stimmengleichheit gibt die Stimme des Vorsitzenden den Ausschlag. [6] Auf diese Folgen ist in der Einladung zur erneuten Sitzung ausdrücklich hinzuweisen.

(9) [1] Setzt das sektorenübergreifende Schiedsgremium innerhalb der Frist nach Absatz 3 Satz 1 oder Absatz 4 Satz 2 keinen Vertragsinhalt fest, setzt die für das jeweilige sektorenübergreifende Schiedsgremium zuständige Aufsichtsbehörde eine Frist zur Festsetzung des Vertragsinhalts. [2] Nach Ablauf dieser Frist setzen die beiden unparteiischen Mitglieder des sektorenübergreifenden Schiedsgremiums den Vertragsinhalt fest. [3] Bei Stimmengleichheit gibt die Stimme des Vorsitzenden den Ausschlag. [4] Die unparteiischen Mitglieder können auf Kosten der Vertragsparteien Datenerhebungen, Auswertungen oder Sachverständigengutachten in Auftrag geben. [5] Klagen gegen Entscheidungen des sektorenübergreifenden Schiedsgremiums sowie Klagen gegen Entscheidungen der Aufsichtsbehörde nach diesem Paragraphen haben keine aufschiebende Wirkung. [6] Ein Vorverfahren findet in den Fällen des Satzes 4 nicht statt.

(10) [1] Die Aufsicht über die sektorenübergreifenden Schiedsgremien nach Absatz 1 führen die für die Sozialversicherung zuständigen obersten Verwaltungsbehörden der Länder. [2] Die Landesregierungen können durch Rechtsverordnung eine andere Behörde als Aufsichtsbehörde bestimmen; die Landesregierungen können diese Ermächtigung auf die obersten Landesbehörden weiterübertragen. [3] Die Aufsicht über das sektorenübergreifende Schiedsgremium auf Bundesebene führt das Bundesministerium für Gesundheit. [4] Die Aufsicht erstreckt sich auf die Beachtung von Gesetz und sonstigem Recht. [5] Das Aufsichtsrecht umfasst auch das Recht zur Teilnahme an den Sitzungen; das Recht zur Teilnahme an den Sitzungen der Schiedsgremien gilt auch für das Bundesversicherungsamt, soweit ihm die Entscheidungen der Schiedsgremien gemäß Satz 6 vorzulegen sind. [6] Die Entscheidungen der Schiedsgremien über die Vergütung der Leistungen nach § 116b Absatz 6 sind der jeweiligen zuständigen Aufsichtsbehörde vorzulegen. [7] Die Aufsichtsbehörden können die Entscheidungen bei einem Rechtsverstoß innerhalb von zwei Monaten nach Vorlage beanstanden. [8] Für Klagen der Vertragspartner gegen die Beanstandung gilt Absatz 9 Satz 5 und 6 entsprechend.

(11) Das Bundesministerium für Gesundheit bestimmt durch Rechtsverordnung mit Zustimmung des Bundesrates das Nähere über die Bestellung, die Amtsdauer, die Amtsführung, die Erstattung der baren Auslagen und die Entschädigungen für Zeitaufwand der Mitglieder der sektorenübergreifenden Schiedsgremien, die Geschäftsführung, das Verfahren, die Erhebung und die Höhe der Gebühren sowie über die Verteilung der Kosten.

(12) Die Regelungen der Absätze 1 bis 11 gelten nicht für die Kassenzahnärztlichen Vereinigungen und die Kassenzahnärztliche Bundesvereinigung.

Sechster Titel. Landesausschüsse und Gemeinsamer Bundesausschuss

§ 90 Landesausschüsse. (1) [1]Die Kassenärztlichen Vereinigungen und die Landesverbände der Krankenkassen sowie die Ersatzkassen bilden für den Bereich jedes Landes einen Landesausschuß der Ärzte und Krankenkassen und einen Landesausschuß der Zahnärzte und Krankenkassen. [2]Die Ersatzkassen können diese Aufgabe auf eine im Bezirk der Kassenärztlichen Vereinigung von den Ersatzkassen gebildete Arbeitsgemeinschaft oder eine Ersatzkasse übertragen.

(2) [1]Die Landesausschüsse bestehen aus einem unparteiischen Vorsitzenden, zwei weiteren unparteiischen Mitgliedern, neun Vertretern der Ärzte, drei Vertretern der Ortskrankenkassen, drei Vertretern der Ersatzkassen, je einem Vertreter der Betriebskrankenkassen und der Innungskrankenkassen sowie einem gemeinsamen Vertreter der landwirtschaftlichen Krankenkasse und der Knappschaft-Bahn-See. [2]Über den Vorsitzenden und die zwei weiteren unparteiischen Mitglieder sowie deren Stellvertreter sollen sich die Kassenärztlichen Vereinigungen und die Landesverbände sowie die Ersatzkassen einigen. [3]Kommt eine Einigung nicht zustande, werden sie durch die für die Sozialversicherung zuständige oberste Verwaltungsbehörde des Landes im Benehmen mit den Kassenärztlichen Vereinigungen, den Landesverbänden der Krankenkassen sowie den Ersatzkassen berufen. [4]Besteht in dem Bereich eines Landesausschusses ein Landesverband einer bestimmten Kassenart nicht und verringert sich dadurch die Zahl der Vertreter der Krankenkassen, verringert sich die Zahl der Ärzte entsprechend. [5]Die Vertreter der Ärzte und ihre Stellvertreter werden von den Kassenärztlichen Vereinigungen, die Vertreter der Krankenkassen und ihre Stellvertreter werden von den Landesverbänden der Krankenkassen sowie den Ersatzkassen bestellt.

(3) [1]Die Mitglieder der Landesausschüsse führen ihr Amt als Ehrenamt. [2]Sie sind an Weisungen nicht gebunden. [3]Die beteiligten Kassenärztlichen Vereinigungen einerseits und die Verbände der Krankenkassen sowie die Ersatzkassen andererseits tragen die Kosten der Landesausschüsse je zur Hälfte. [4]Das Bundesministerium für Gesundheit bestimmt durch Rechtsverordnung mit Zustimmung des Bundesrates nach Anhörung der Kassenärztlichen Bundesvereinigungen und des Spitzenverbandes Bund der Krankenkassen das Nähere über die Amtsdauer, die Amtsführung, die Erstattung der baren Auslagen und die Entschädigung für Zeitaufwand der Ausschußmitglieder sowie über die Verteilung der Kosten.

(4) [1]Die Aufgaben der Landesausschüsse bestimmen sich nach diesem Buch. [2]In den Landesausschüssen sowie den erweiterten Landesausschüssen nach § 116b Absatz 3 wirken die für die Sozialversicherung zuständigen obersten Landesbehörden beratend mit. [3]Das Mitberatungsrecht umfasst auch das Recht zur Anwesenheit bei der Beschlussfassung. [4]In den Landesausschüssen umfasst das Mitberatungsrecht auch das Recht zur Antragstellung.

(5) [1]Die Aufsicht über die Landesausschüsse führen die für die Sozialversicherung zuständigen obersten Verwaltungsbehörden der Länder. [2]§ 87 Absatz 1 Satz 2 und die §§ 88 und 89 des Vierten Buches[1)] gelten entsprechend.

(6) [1]Die von den Landesausschüssen getroffenen Entscheidungen nach § 99 Absatz 2, § 100 Absatz 1 Satz 1 und Absatz 3 sowie § 103 Absatz 1 Satz 1 und

---

[1)] Nr. 4.

Absatz 3 sind den für die Sozialversicherung zuständigen obersten Landesbehörden vorzulegen. [2]Diese können die Entscheidungen innerhalb von zwei Monaten beanstanden. [3]§ 94 Absatz 1 Satz 3 bis 5 gilt entsprechend.

§ 90a Gemeinsames Landesgremium. (1) [1]Nach Maßgabe der landesrechtlichen Bestimmungen kann für den Bereich des Landes ein gemeinsames Gremium aus Vertretern des Landes, der Kassenärztlichen Vereinigung, der Landesverbände der Krankenkassen sowie der Ersatzkassen und der Landeskrankenhausgesellschaft sowie weiteren Beteiligten gebildet werden. [2]Das gemeinsame Landesgremium kann Empfehlungen zu sektorenübergreifenden Versorgungsfragen abgeben; hierzu gehören auch Empfehlungen zu einer sektorenübergreifenden Notfallversorgung.

(2) Soweit das Landesrecht es vorsieht, ist dem gemeinsamen Landesgremium Gelegenheit zu geben, zu der Aufstellung und der Anpassung der Bedarfspläne nach § 99 Absatz 1 und zu den von den Landesausschüssen zu treffenden Entscheidungen nach § 99 Absatz 2, § 100 Absatz 1 Satz 1 und Absatz 3 sowie § 103 Absatz 1 Satz 1 Stellung zu nehmen.

§ 91 Gemeinsamer Bundesausschuss. (1) [1]Die Kassenärztlichen Bundesvereinigungen, die Deutsche Krankenhausgesellschaft und der Spitzenverband Bund der Krankenkassen bilden einen Gemeinsamen Bundesausschuss. [2]Der Gemeinsame Bundesausschuss ist rechtsfähig. [3]Er wird durch den Vorsitzenden des Beschlussgremiums gerichtlich und außergerichtlich vertreten.

(2) [1]Das Beschlussgremium des Gemeinsamen Bundesausschusses besteht aus einem unparteiischen Vorsitzenden, zwei weiteren unparteiischen Mitgliedern, einem von der Kassenzahnärztlichen Bundesvereinigung, jeweils zwei von der Kassenärztlichen Bundesvereinigung und der Deutschen Krankenhausgesellschaft und fünf von dem Spitzenverband Bund der Krankenkassen benannten Mitgliedern. [2]Für die Berufung des unparteiischen Vorsitzenden und der weiteren unparteiischen Mitglieder sowie jeweils zweier Stellvertreter einigen sich die Organisationen nach Absatz 1 Satz 1 jeweils auf einen Vorschlag und legen diese Vorschläge dem Bundesministerium für Gesundheit spätestens zwölf Monate vor Ablauf der Amtszeit vor. [3]Als unparteiische Mitglieder und deren Stellvertreter können nur Personen benannt werden, die im vorangegangenen Jahr nicht bei den Organisationen nach Absatz 1 Satz 1, bei deren Mitgliedern, bei Verbänden von deren Mitgliedern oder in einem Krankenhaus beschäftigt oder selbst als Vertragsarzt, Vertragszahnarzt oder Vertragspsychotherapeut tätig waren [4]Das Bundesministerium für Gesundheit übermittelt die Vorschläge an den Ausschuss für Gesundheit des Deutschen Bundestages. [5]Der Ausschuss für Gesundheit des Deutschen Bundestages kann einem Vorschlag nach nichtöffentlicher Anhörung der jeweils vorgeschlagenen Person innerhalb von sechs Wochen mit einer Mehrheit von zwei Dritteln seiner Mitglieder durch Beschluss widersprechen, sofern er die Unabhängigkeit oder die Unparteilichkeit der vorgeschlagenen Person als nicht gewährleistet ansieht. [6]Die Organisationen nach Absatz 1 Satz 1 legen innerhalb von sechs Wochen, nachdem das Bundesministerium für Gesundheit den Gemeinsamen Bundesausschuss über einen erfolgten Widerspruch unterrichtet hat, einen neuen Vorschlag vor. [7]Widerspricht der Ausschuss für Gesundheit des Deutschen Bundestages nach Satz 5 auch dem neuen Vorschlag innerhalb von sechs Wochen oder haben die Organisationen nach Absatz 1 Satz 1 keinen neuen Vorschlag vorgelegt, erfolgt die Berufung durch das Bundesministerium für Gesundheit. [8]Die Unpar-

teiischen üben ihre Tätigkeit in der Regel hauptamtlich aus; eine ehrenamtliche Ausübung ist zulässig, soweit die Unparteiischen von ihren Arbeitgebern in dem für die Tätigkeit erforderlichen Umfang freigestellt werden. [9]Die Stellvertreter der Unparteiischen sind ehrenamtlich tätig. [10]Hauptamtliche Unparteiische stehen während ihrer Amtszeit in einem Dienstverhältnis zum Gemeinsamen Bundesausschuss. [11]Zusätzlich zu ihren Aufgaben im Beschlussgremium übernehmen die einzelnen Unparteiischen den Vorsitz der Unterausschüsse des Gemeinsamen Bundesausschusses. [12]Der Vorsitzende nach Absatz 1 Satz 3 stellt übergreifend die Einhaltung aller dem Gemeinsamen Bundesausschuss auferlegten gesetzlichen Fristen sicher. [13]Zur Erfüllung dieser Aufgabe nimmt er eine zeitliche Steuerungsverantwortung wahr, er erstattet auch den nach Absatz 11 jährlich vorzulegenden Bericht. [14]Die Organisationen nach Absatz 1 Satz 1 schließen die Dienstvereinbarungen mit den hauptamtlichen Unparteiischen; § 35a Absatz 6 Satz 2 und Absatz 6a Satz 1 und 2 des Vierten Buches[1)] gilt entsprechend. [15]Vergütungserhöhungen sind während der Dauer der Amtszeit der Unparteiischen unzulässig. [16]Zu Beginn einer neuen Amtszeit eines Unparteiischen kann eine über die zuletzt nach § 35a Absatz 6a Satz 1 des Vierten Buches gebilligte Vergütung der letzten Amtsperiode oder des Vorgängers im Amt hinausgehende höhere Vergütung nur durch einen Zuschlag auf die Grundvergütung nach Maßgabe der Entwicklung des Verbraucherpreisindexes vereinbart werden. [17]Die Aufsichtsbehörde kann zu Beginn einer neuen Amtszeit eines Unparteiischen eine niedrigere Vergütung anordnen. [18]Die Art und die Höhe finanzieller Zuwendungen, die den Unparteiischen im Zusammenhang mit ihrer Tätigkeit als Unparteiische von Dritten gewährt werden, sind den Organisationen nach Absatz 1 Satz 1 mitzuteilen und auf die Vergütung der Unparteiischen anzurechnen oder an den Gemeinsamen Bundesausschuss abzuführen. [19]Vereinbarungen der Organisationen nach Absatz 1 Satz 1 für die Zukunftssicherung der Unparteiischen sind nur auf der Grundlage von beitragsorientierten Zusagen zulässig. [20]Die von den Organisationen benannten sonstigen Mitglieder des Beschlussgremiums üben ihre Tätigkeit ehrenamtlich aus; sie sind bei den Entscheidungen im Beschlussgremium an Weisungen nicht gebunden. [21]Die Organisationen nach Absatz 1 Satz 1 benennen für jedes von ihnen benannte Mitglied bis zu drei Stellvertreter. [22]Die Amtszeit im Beschlussgremium beträgt ab der am 1. Juli 2012 beginnenden Amtszeit sechs Jahre.

(2a) [1]Bei Beschlüssen, die allein einen der Leistungssektoren wesentlich betreffen, werden ab dem 1. Februar 2012 alle fünf Stimmen der Leistungserbringerseite anteilig auf diejenigen Mitglieder übertragen, die von der betroffenen Leistungserbringerorganisation nach Absatz 1 Satz 1 benannt worden sind. [2]Bei Beschlüssen, die allein zwei der drei Leistungssektoren wesentlich betreffen, werden ab dem 1. Februar 2012 die Stimmen der von der nicht betroffenen Leistungserbringerorganisation benannten Mitglieder anteilig auf diejenigen Mitglieder übertragen, die von den betroffenen Leistungserbringerorganisationen benannt worden sind. [3]Der Gemeinsame Bundesausschuss legt in seiner Geschäftsordnung erstmals bis zum 31. Januar 2012 fest, welche Richtlinien und Entscheidungen allein einen oder allein zwei der Leistungssektoren wesentlich betreffen. [4]Bei Beschlüssen zur Bewertung ärztlicher Untersuchungs- und Behandlungsmethoden wird die Stimme des von der Kassenzahnärztlichen Bundesvereinigung benannten Mitglieds ab dem 1. Januar 2012

[1)] Nr. **4**.

anteilig auf die von der Kassenärztlichen Bundesvereinigung und der Deutschen Krankenhausgesellschaft benannten Mitglieder übertragen.

(3) [1] Für die Tragung der Kosten des Gemeinsamen Bundesausschusses mit Ausnahme der Kosten der von den Organisationen nach Absatz 1 Satz 1 benannten Mitglieder gilt § 139c entsprechend. [2] Im Übrigen gilt § 90 Abs. 3 Satz 4 entsprechend mit der Maßgabe, dass vor Erlass der Rechtsverordnung außerdem die Deutsche Krankenhausgesellschaft anzuhören ist.

(3a) [1] Verletzen Mitglieder oder deren Stellvertreter, die von den in Absatz 1 Satz 1 genannten Organisationen benannt oder berufen werden, in der ihnen insoweit übertragenen Amtsführung die ihnen einem Dritten gegenüber obliegende Amtspflicht, gilt § 42 Absatz 1 bis 3 des Vierten Buches mit der Maßgabe entsprechend, dass die Verantwortlichkeit den Gemeinsamen Bundesausschuss, nicht aber die in Absatz 1 Satz 1 genannten Organisationen, trifft. [2] Dies gilt auch im Falle einer Berufung der unparteiischen Mitglieder und deren Stellvertreter durch das Bundesministerium für Gesundheit nach Absatz 2 Satz 7. [3] Soweit von den in Absatz 1 Satz 1 genannten Organisationen für die Vorbereitung von Entscheidungen des Gemeinsamen Bundesausschusses Personen für die nach seiner Geschäftsordnung bestehenden Gremien benannt werden und diese Personen zur Wahrung der Vertraulichkeit der für den Gemeinsamen Bundesausschuss geheimhaltungspflichtigen, ihnen zugänglichen Unterlagen und Informationen verpflichtet werden, gilt Satz 1 entsprechend. [4] Das Gleiche gilt für nach § 140f Absatz 2 Satz 1 zweiter Halbsatz benannte sachkundige Personen, denen zur Ausübung ihres Mitberatungsrechts für den Gemeinsamen Bundesausschuss geheimhaltungspflichtige Unterlagen und Informationen zugänglich gemacht werden, wenn sie durch den Gemeinsamen Bundesausschuss zur Wahrung der Vertraulichkeit dieser Unterlagen verpflichtet worden sind. [5] Das Nähere regelt der Gemeinsame Bundesausschuss in seiner Geschäftsordnung.

(4) [1] Der Gemeinsame Bundesausschuss beschließt

1. eine Verfahrensordnung, in der er insbesondere methodische Anforderungen an die wissenschaftliche sektorenübergreifende Bewertung des Nutzens, einschließlich Bewertungen nach den §§ 35a und 35b, der Notwendigkeit und der Wirtschaftlichkeit von Maßnahmen als Grundlage für Beschlüsse sowie die Anforderungen an den Nachweis der fachlichen Unabhängigkeit von Sachverständigen und das Verfahren der Anhörung zu den jeweiligen Richtlinien, insbesondere die Feststellung der anzuhörenden Stellen, die Art und Weise der Anhörung und deren Auswertung, regelt,
2. eine Geschäftsordnung, in der er Regelungen zur Arbeitsweise des Gemeinsamen Bundesausschusses insbesondere zur Geschäftsführung, zur Vorbereitung der Richtlinienbeschlüsse durch Einsetzung von in der Regel sektorenübergreifend gestalteten Unterausschüssen, zum Vorsitz der Unterausschüsse durch die Unparteiischen des Beschlussgremiums sowie zur Zusammenarbeit der Gremien und der Geschäftsstelle des Gemeinsamen Bundesausschusses trifft; in der Geschäftsordnung sind Regelungen zu treffen zur Gewährleistung des Mitberatungsrechts der von den Organisationen nach § 140f Abs. 2 entsandten sachkundigen Personen.

[2] Die Verfahrensordnung und die Geschäftsordnung bedürfen der Genehmigung des Bundesministeriums für Gesundheit. [3] Die Genehmigung gilt als erteilt, wenn das Bundesministerium für Gesundheit sie nicht innerhalb von

drei Monaten nach Vorlage des Beschlusses und der tragenden Gründe ganz oder teilweise versagt. [4]Das Bundesministerium für Gesundheit kann im Rahmen der Genehmigungsprüfung vom Gemeinsamen Bundesausschuss zusätzliche Informationen und ergänzende Stellungnahmen anfordern; bis zum Eingang der Auskünfte ist der Lauf der Frist nach Satz 3 unterbrochen. [5]Wird die Genehmigung ganz oder teilweise versagt, so kann das Bundesministerium für Gesundheit insbesondere zur Sicherstellung einer sach- und funktionsgerechten Ausgestaltung der Arbeitsweise und des Bewertungsverfahrens des Gemeinsamen Bundesausschusses erforderliche Änderungen bestimmen und anordnen, dass der Gemeinsame Bundesausschuss innerhalb einer bestimmten Frist die erforderlichen Änderungen vornimmt. [6]Kommt der Gemeinsame Bundesausschuss der Anordnung innerhalb der Frist nicht nach, so kann das Bundesministerium für Gesundheit die erforderlichen Änderungen selbst vornehmen. [7]Die Sätze 5 und 6 gelten entsprechend, wenn sich die Erforderlichkeit der Änderung einer bereits genehmigten Regelung der Verfahrensordnung oder der Geschäftsordnung erst nachträglich ergibt. [8]Klagen gegen Anordnungen und Maßnahmen des Bundesministeriums für Gesundheit nach den Sätzen 3 bis 7 haben keine aufschiebende Wirkung.

(5) [1]Bei Beschlüssen, deren Gegenstand die Berufsausübung der Ärzte, Psychotherapeuten oder Zahnärzte berührt, ist der jeweiligen Arbeitsgemeinschaft der Kammern dieser Berufe auf Bundesebene Gelegenheit zur Stellungnahme zu geben. [2]§ 136b Absatz 2 Satz 2 bleibt unberührt.

(5a) Bei Beschlüssen des Gemeinsamen Bundesausschusses, die die Verarbeitung personenbezogener Daten regeln oder voraussetzen, ist dem Bundesbeauftragten für den Datenschutz und die Informationsfreiheit Gelegenheit zur Stellungnahme zu geben; die Stellungnahme ist in die Entscheidung einzubeziehen.

(6) Die Beschlüsse des Gemeinsamen Bundesausschusses mit Ausnahme der Beschlüsse zu Entscheidungen nach § 136d sind für die Träger nach Absatz 1 Satz 1, deren Mitglieder und Mitgliedskassen sowie für die Versicherten und die Leistungserbringer verbindlich.

(7) [1]Das Beschlussgremium des Gemeinsamen Bundesausschusses nach Absatz 2 Satz 1 fasst seine Beschlüsse mit der Mehrheit seiner Mitglieder, sofern die Geschäftsordnung nichts anderes bestimmt. [2]Beschlüsse zur Arzneimittelversorgung und zur Qualitätssicherung sind in der Regel sektorenübergreifend zu fassen. [3]Beschlüsse, die nicht allein einen der Leistungssektoren wesentlich betreffen und die zur Folge haben, dass eine bisher zulasten der Krankenkassen erbringbare Leistung zukünftig nicht mehr zu deren Lasten erbracht werden darf, bedürfen einer Mehrheit von neun Stimmen. [4]Der unparteiische Vorsitzende und die weiteren unparteiischen Mitglieder können dem Beschlussgremium gemeinsam einen eigenen Beschlussvorschlag zur Entscheidung vorlegen. [5]Mit der Vorbereitung eines Beschlussvorschlags oder eines Antrags eines Unparteiischen nach § 135 Absatz 1 Satz 1 oder § 137c Absatz 1 Satz 1 können die Unparteiischen oder kann der Unparteiische die Geschäftsführung beauftragen. [6]Die Sitzungen des Beschlussgremiums sind in der Regel öffentlich und werden zeitgleich als Live-Video-Übertragung im Internet angeboten sowie in einer Mediathek zum späteren Abruf verfügbar gehalten. [7]Die nichtöffentlichen Beratungen des Gemeinsamen Bundesausschusses, insbesondere auch die Beratungen in den vorbereitenden Gremien, sind einschließlich der Beratungsunterlagen und Niederschriften vertraulich.

(8) *(aufgehoben)*

(9) [1] Jedem, der berechtigt ist, zu einem Beschluss des Gemeinsamen Bundesausschusses Stellung zu nehmen und eine schriftliche oder elektronische Stellungnahme abgegeben hat, ist in der Regel auch Gelegenheit zu einer mündlichen Stellungnahme zu geben. [2] Der Gemeinsame Bundesausschuss hat in seiner Verfahrensordnung vorzusehen, dass die Teilnahme jeweils eines Vertreters einer zu einem Beschlussgegenstand stellungnahmeberechtigten Organisation an den Beratungen zu diesem Gegenstand in dem zuständigen Unterausschuss zugelassen werden kann.

(10) [1] Der Gemeinsame Bundesausschuss ermittelt spätestens ab dem 1. September 2012 die infolge seiner Beschlüsse zu erwartenden Bürokratiekosten im Sinne des § 2 Absatz 2 des Gesetzes zur Einsetzung eines Nationalen Normenkontrollrates und stellt diese Kosten in der Begründung des jeweiligen Beschlusses nachvollziehbar dar. [2] Bei der Ermittlung der Bürokratiekosten ist die Methodik nach § 2 Absatz 3 des Gesetzes zur Einsetzung eines Nationalen Normenkontrollrates anzuwenden. [3] Das Nähere regelt der Gemeinsame Bundesausschuss bis zum 30. Juni 2012 in seiner Verfahrensordnung.

(11) [1] Der Gemeinsame Bundesausschuss hat dem Ausschuss für Gesundheit des Deutschen Bundestages einmal jährlich zum 31. März über das Bundesministerium für Gesundheit einen Bericht über die Einhaltung der Fristen nach § 135 Absatz 1 Satz 4 und 5, § 137c Absatz 1 Satz 5 und 6 sowie § 137h Absatz 4 Satz 9 vorzulegen, in dem im Falle von Überschreitungen der Fristen nach § 137c Absatz 1 Satz 5 und 6 sowie § 137h Absatz 4 Satz 9 auch die zur Straffung des Verfahrens unternommenen Maßnahmen und die besonderen Schwierigkeiten einer Bewertung, die zu einer Fristüberschreitung geführt haben können, im Einzelnen dargelegt werden müssen. [2] Zudem sind in dem Bericht auch alle anderen Beratungsverfahren über Entscheidungen und Richtlinien des Gemeinsamen Bundesausschusses darzustellen, die seit förmlicher Einleitung des Beratungsverfahrens länger als drei Jahre andauern und in denen noch keine abschließende Beschlussfassung erfolgt ist.

§ 91a Aufsicht über den Gemeinsamen Bundesausschuss, Haushalts- und Rechnungswesen, Vermögen. (1) [1] Die Aufsicht über den Gemeinsamen Bundesausschuss führt das Bundesministerium für Gesundheit. [2] Die §§ 87 bis 89 des Vierten Buches[1)] gelten entsprechend. [3] Für das Haushalts- und Rechnungswesen gelten die §§ 67 bis 69 Absatz 1 und 2, § 70 Absatz 1 und die §§ 76 bis 77 Absatz 1 und 1a des Vierten Buches entsprechend. [4] Der Gemeinsame Bundesausschuss übermittelt seinen Haushaltsplan dem Bundesministerium für Gesundheit. [5] Er teilt dem Bundesministerium für Gesundheit mit, wenn er eine vorläufige Haushaltsführung, die Genehmigung überplanmäßiger oder außerplanmäßiger Ausgaben oder einen Nachtragshaushalt beschließt. [6] Für das Vermögen gelten die §§ 80 bis 83 und 85 Absatz 1 Satz 1 und Absatz 2 bis 5 des Vierten Buches und für die Verwendung der Mittel § 305b entsprechend. [7] Für das Verwaltungsvermögen gilt § 263 entsprechend. [8] Die Betriebsmittel sollen im Durchschnitt des Haushaltsjahres das Eineinhalbfache des nach dem Haushaltsplan des Gemeinsamen Bundesausschusses auf einen Monat entfallenden Betrages der Ausgaben für die gesetzlich vorgesehenen Aufgaben sowie für die Verwaltungskosten nicht übersteigen. [9] Soweit Ver-

---

[1)] Nr. 4.

mögen nicht zur Rücklagenbildung erforderlich ist, ist es zur Senkung der nach § 91 Absatz 3 Satz 1 in Verbindung mit § 139c zu erhebenden Zuschläge zu verwenden.

(2) Für die Vollstreckung von Aufsichtsverfügungen gegen den Gemeinsamen Bundesausschuss kann die Aufsichtsbehörde ein Zwangsgeld bis zu einer Höhe von 10 000 000 Euro zugunsten des Gesundheitsfonds nach § 271 festsetzen.

(3) [1] Der Gemeinsame Bundesausschuss hat geeignete Maßnahmen zur Herstellung und Sicherung einer ordnungsgemäßen Verwaltungsorganisation zu ergreifen. [2] In der Verwaltungsorganisation ist insbesondere ein angemessenes internes Kontrollverfahren mit einem internen Kontrollsystem einzurichten. [3] Die Ergebnisse des internen Kontrollsystems sind dem Beschlussgremium nach § 91 Absatz 2 Satz 1 und dem Innovationsausschuss nach § 92b Absatz 1 in regelmäßigen Abständen sowie bei festgestellten Verstößen gegen gesetzliche Regelungen oder andere wesentliche Vorschriften auch der Aufsichtsbehörde mitzuteilen.

(4) Die Vorschriften über die Errichtung, Übernahme oder wesentliche Erweiterung von Einrichtungen sowie über eine unmittelbare oder mittelbare Beteiligung an Einrichtungen nach § 219 Absatz 2 und 3 gelten entsprechend.

§ 91b Verordnungsermächtigung zur Regelung der Verfahrensgrundsätze der Bewertung von Untersuchungs- und Behandlungsmethoden in der vertragsärztlichen Versorgung und im Krankenhaus. [1] Das Bundesministerium für Gesundheit regelt durch Rechtsverordnung ohne Zustimmung des Bundesrates erstmals bis zum 30. Juni 2020 das Nähere zum Verfahren, das der Gemeinsame Bundesausschuss bei der Bewertung von Untersuchungs- und Behandlungsmethoden in der vertragsärztlichen und vertragszahnärztlichen Versorgung nach § 135 Absatz 1 und bei der Bewertung von Untersuchungs- und Behandlungsmethoden im Rahmen einer Krankenhausbehandlung nach § 137c Absatz 1 zu beachten hat. [2] Es kann in der Rechtsverordnung Folgendes näher regeln:

1. den Ablauf des Verfahrens beim Gemeinsamen Bundesauschuss, insbesondere Fristen und Prozessschritte sowie die Ausgestaltung der Stellungnahmeverfahren und die Ausgestaltung von Beauftragungen des Instituts für Qualität und Wirtschaftlichkeit im Gesundheitswesen,
2. die Anforderungen an die Unterlagen und die Nachweise zur Bewertung von Untersuchungs- und Behandlungsmethoden,
3. die Anforderungen an die Ausgestaltung der tragenden Gründe der Beschlüsse des Gemeinsamen Bundesausschusses, insbesondere zur Darlegung der den Feststellungen und Bewertungen zugrunde liegenden Abwägungsentscheidungen, insbesondere im Hinblick auf fehlende oder unzureichende Behandlungsalternativen, Besonderheiten seltener Erkrankungen und Umstände, wonach Studien nicht oder nicht in angemessener Zeit durchführbar sind.

[3] Innerhalb eines Monats nach Inkrafttreten der Rechtsverordnung nach Satz 1 und jeweils nach Inkrafttreten von Änderungen der Rechtsverordnung hat der Gemeinsame Bundesausschuss seine Verfahrensordnung an die Vorgaben der Rechtsverordnung anzupassen.

§ 92 Richtlinien des Gemeinsamen Bundesausschusses. (1) [1]Der Gemeinsame Bundesausschuss beschließt die zur Sicherung der ärztlichen Versorgung erforderlichen Richtlinien über die Gewähr für eine ausreichende, zweckmäßige und wirtschaftliche Versorgung der Versicherten; dabei ist den besonderen Erfordernissen der Versorgung behinderter oder von Behinderung bedrohter Menschen und psychisch Kranker Rechnung zu tragen, vor allem bei den Leistungen zur Belastungserprobung und Arbeitstherapie; er kann dabei die Erbringung und Verordnung von Leistungen oder Maßnahmen einschränken oder ausschließen, wenn nach allgemein anerkanntem Stand der medizinischen Erkenntnisse der diagnostische oder therapeutische Nutzen, die medizinische Notwendigkeit oder die Wirtschaftlichkeit nicht nachgewiesen sind; er kann die Verordnung von Arzneimitteln einschränken oder ausschließen, wenn die Unzweckmäßigkeit erwiesen oder eine andere, wirtschaftlichere Behandlungsmöglichkeit mit vergleichbarem diagnostischen oder therapeutischen Nutzen verfügbar ist. [2]Er soll insbesondere Richtlinien beschließen über die

1. ärztliche Behandlung,
2. zahnärztliche Behandlung einschließlich der Versorgung mit Zahnersatz sowie kieferorthopädische Behandlung,
3. Maßnahmen zur Früherkennung von Krankheiten und zur Qualitätssicherung der Früherkennungsuntersuchungen sowie zur Durchführung organisierter Krebsfrüherkennungsprogramme nach § 25a einschließlich der systematischen Erfassung, Überwachung und Verbesserung der Qualität dieser Programme,
4. ärztliche Betreuung bei Schwangerschaft und Mutterschaft,
5. Einführung neuer Untersuchungs- und Behandlungsmethoden,
6. Verordnung von Arznei-, Verband-, Heil- und Hilfsmitteln, Krankenhausbehandlung, häuslicher Krankenpflege, Soziotherapie und außerklinischer Intensivpflege sowie zur Anwendung von Arzneimitteln für neuartige Therapien im Sinne von § 4 Absatz 9 des Arzneimittelgesetzes,
7. Beurteilung der Arbeitsunfähigkeit einschließlich der Arbeitsunfähigkeit nach § 44a Satz 1 sowie der nach § 5 Abs. 1 Nr. 2a versicherten erwerbsfähigen Hilfebedürftigen im Sinne des Zweiten Buches[1)],
8. Verordnung von im Einzelfall gebotenen Leistungen zur medizinischen Rehabilitation und die Beratung über Leistungen zur medizinischen Rehabilitation, Leistungen zur Teilhabe am Arbeitsleben und ergänzende Leistungen zur Rehabilitation,
9. Bedarfsplanung,
10. medizinische Maßnahmen zur Herbeiführung einer Schwangerschaft nach § 27a Abs. 1 sowie die Kryokonservierung nach § 27a Absatz 4,
11. Maßnahmen nach den §§ 24a und 24b,
12. Verordnung von Krankentransporten,
13. Qualitätssicherung,
14. spezialisierte ambulante Palliativversorgung,
15. Schutzimpfungen.

(1a) [1]Die Richtlinien nach Absatz 1 Satz 2 Nr. 2 sind auf eine ursachengerechte, zahnsubstanzschonende und präventionsorientierte zahnärztliche Be-

[1)] Nr. 2.

handlung einschließlich der Versorgung mit Zahnersatz sowie kieferorthopädischer Behandlung auszurichten. [2]Der Gemeinsame Bundesausschuss hat die Richtlinien auf der Grundlage auch von externem, umfassendem zahnmedizinisch-wissenschaftlichem Sachverstand zu beschließen. [3]Das Bundesministerium für Gesundheit kann dem Gemeinsamen Bundesausschuss vorgeben, einen Beschluss zu einzelnen dem Bundesausschuss durch Gesetz zugewiesenen Aufgaben zu fassen oder zu überprüfen und hierzu eine angemessene Frist setzen. [4]Bei Nichteinhaltung der Frist fasst eine aus den Mitgliedern des Bundesausschusses zu bildende Schiedsstelle innerhalb von 30 Tagen den erforderlichen Beschluss. [5]Die Schiedsstelle besteht aus dem unparteiischen Vorsitzenden, den zwei weiteren unparteiischen Mitgliedern des Bundesausschusses und je einem von der Kassenzahnärztlichen Bundesvereinigung und dem Spitzenverband Bund der Krankenkassen bestimmten Vertreter. [6]Vor der Entscheidung des Bundesausschusses über die Richtlinien nach Absatz 1 Satz 2 Nr. 2 ist den für die Wahrnehmung der Interessen von Zahntechnikern maßgeblichen Spitzenorganisationen auf Bundesebene Gelegenheit zur Stellungnahme zu geben; die Stellungnahmen sind in die Entscheidung einzubeziehen.

(1b) Vor der Entscheidung des Gemeinsamen Bundesausschusses über die Richtlinien nach Absatz 1 Satz 2 Nr. 4 ist den in § 134a Absatz 1 genannten Organisationen der Leistungserbringer auf Bundesebene Gelegenheit zur Stellungnahme zu geben; die Stellungnahmen sind in die Entscheidung einzubeziehen.

(2) [1]Die Richtlinien nach Absatz 1 Satz 2 Nr. 6 haben Arznei- und Heilmittel unter Berücksichtigung der Bewertungen nach den §§ 35a und 35b so zusammenzustellen, daß dem Arzt die wirtschaftliche und zweckmäßige Auswahl der Arzneimitteltherapie ermöglicht wird. [2]Die Zusammenstellung der Arzneimittel ist nach Indikationsgebieten und Stoffgruppen zu gliedern. [3]Um dem Arzt eine therapie- und preisgerechte Auswahl der Arzneimittel zu ermöglichen, sind zu den einzelnen Indikationsgebieten Hinweise aufzunehmen, aus denen sich für Arzneimittel mit pharmakologisch vergleichbaren Wirkstoffen oder therapeutisch vergleichbarer Wirkung eine Bewertung des therapeutischen Nutzens auch im Verhältnis zu den Therapiekosten und damit zur Wirtschaftlichkeit der Verordnung ergibt; § 73 Abs. 8 Satz 3 bis 6 gilt entsprechend. [4]Um dem Arzt eine therapie- und preisgerechte Auswahl der Arzneimittel zu ermöglichen, können ferner für die einzelnen Indikationsgebiete die Arzneimittel in folgenden Gruppen zusammengefaßt werden:

1. Mittel, die allgemein zur Behandlung geeignet sind,
2. Mittel, die nur bei einem Teil der Patienten oder in besonderen Fällen zur Behandlung geeignet sind,
3. Mittel, bei deren Verordnung wegen bekannter Risiken oder zweifelhafter therapeutischer Zweckmäßigkeit besondere Aufmerksamkeit geboten ist.

[5]Absatz 3a gilt entsprechend. [6]In den Therapiehinweisen nach den Sätzen 1 und 7 können Anforderungen an die qualitätsgesicherte Anwendung von Arzneimitteln festgestellt werden, insbesondere bezogen auf die Qualifikation des Arztes oder auf die zu behandelnden Patientengruppen. [7]In den Richtlinien nach Absatz 1 Satz 2 Nr. 6 können auch Therapiehinweise zu Arzneimitteln außerhalb von Zusammenstellungen gegeben werden; die Sätze 3 und 4 sowie Absatz 1 Satz 1 dritter Halbsatz gelten entsprechend. [8]Die Therapiehinweise nach den Sätzen 1 und 7 können Empfehlungen zu den Anteilen

einzelner Wirkstoffe an den Verordnungen im Indikationsgebiet vorsehen. [9] Der Gemeinsame Bundesausschuss regelt die Grundsätze für die Therapiehinweise nach den Sätzen 1 und 7 in seiner Verfahrensordnung. [10] Verordnungseinschränkungen oder Verordnungsausschlüsse nach Absatz 1 für Arzneimittel beschließt der Gemeinsame Bundesausschuss gesondert in Richtlinien außerhalb von Therapiehinweisen. [11] Der Gemeinsame Bundesausschuss kann die Verordnung eines Arzneimittels nur einschränken oder ausschließen, wenn die Wirtschaftlichkeit nicht durch einen Festbetrag nach § 35 hergestellt werden kann. [12] Verordnungseinschränkungen oder -ausschlüsse eines Arzneimittels wegen Unzweckmäßigkeit nach Absatz 1 Satz 1 dürfen den Feststellungen der Zulassungsbehörde über Qualität, Wirksamkeit und Unbedenklichkeit eines Arzneimittels nicht widersprechen.

(2a) [1] Der Gemeinsame Bundesausschuss kann im Einzelfall mit Wirkung für die Zukunft vom pharmazeutischen Unternehmer im Benehmen mit der Arzneimittelkommission der deutschen Ärzteschaft und dem Bundesinstitut für Arzneimittel und Medizinprodukte oder dem Paul-Ehrlich-Institut innerhalb einer angemessenen Frist ergänzende versorgungsrelevante Studien zur Bewertung der Zweckmäßigkeit eines Arzneimittels fordern. [2] Absatz 3a gilt für die Forderung nach Satz 1 entsprechend. [3] Das Nähere zu den Voraussetzungen, zu der Forderung ergänzender Studien, zu Fristen sowie zu den Anforderungen an die Studien regelt der Gemeinsame Bundesausschuss in seiner Verfahrensordnung. [4] Werden die Studien nach Satz 1 nicht oder nicht rechtzeitig vorgelegt, kann der Gemeinsame Bundesausschuss das Arzneimittel abweichend von Absatz 1 Satz 1 von der Verordnungsfähigkeit ausschließen. [5] Eine gesonderte Klage gegen die Forderung ergänzender Studien ist ausgeschlossen.

(3) [1] Für Klagen gegen die Zusammenstellung der Arzneimittel nach Absatz 2 gelten die Vorschriften über die Anfechtungsklage entsprechend. [2] Die Klagen haben keine aufschiebende Wirkung. [3] Ein Vorverfahren findet nicht statt. [4] Eine gesonderte Klage gegen die Gliederung nach Indikationsgebieten oder Stoffgruppen nach Absatz 2 Satz 2, die Zusammenfassung der Arzneimittel in Gruppen nach Absatz 2 Satz 4 oder gegen sonstige Bestandteile der Zusammenstellung nach Absatz 2 ist unzulässig.

(3a) [1] Vor der Entscheidung über die Richtlinien nach Absatz 1 Satz 2 Nummer 6 zur Verordnung von Arzneimitteln und zur Anwendung von Arzneimitteln für neuartige Therapien im Sinne von § 4 Absatz 9 des Arzneimittelgesetzes und Therapiehinweisen nach Absatz 2 Satz 7 ist den Sachverständigen der medizinischen und pharmazeutischen Wissenschaft und Praxis sowie den für die Wahrnehmung der wirtschaftlichen Interessen gebildeten maßgeblichen Spitzenorganisationen der pharmazeutischen Unternehmer, den betroffenen pharmazeutischen Unternehmern, den Berufsvertretungen der Apotheker und den maßgeblichen Dachverbänden der Ärztegesellschaften der besonderen Therapierichtungen auf Bundesebene Gelegenheit zur Stellungnahme zu geben. [2] Die Stellungnahmen sind in die Entscheidung einzubeziehen. [3] Der Gemeinsame Bundesausschuss hat unter Wahrung der Betriebs- und Geschäftsgeheimnisse Gutachten oder Empfehlungen von Sachverständigen, die er bei Richtlinien nach Absatz 1 Satz 2 Nummer 6 zur Verordnung von Arzneimitteln und zur Anwendung von Arzneimitteln für neuartige Therapien im Sinne von § 4 Absatz 9 des Arzneimittelgesetzes sowie bei Therapiehinweisen nach Absatz 2 Satz 7 zu Grunde legt, bei Einleitung des Stellungnahmeverfahrens zu benennen und zu veröffentlichen sowie in den tragenden Gründen der Beschlüsse zu benennen.

(4) In den Richtlinien nach Absatz 1 Satz 2 Nr. 3 sind insbesondere zu regeln

1. die Anwendung wirtschaftlicher Verfahren und die Voraussetzungen, unter denen mehrere Maßnahmen zur Früherkennung zusammenzufassen sind,
2. das Nähere über die Bescheinigungen und Aufzeichnungen bei Durchführung der Maßnahmen zur Früherkennung von Krankheiten,
3. Einzelheiten zum Verfahren und zur Durchführung von Auswertungen der Aufzeichnungen sowie der Evaluation der Maßnahmen zur Früherkennung von Krankheiten einschließlich der organisierten Krebsfrüherkennungsprogramme nach § 25a.

(5) [1] Vor der Entscheidung des Gemeinsamen Bundesausschusses über die Richtlinien nach Absatz 1 Satz 2 Nr. 8 ist den in § 111b Satz 1 genannten Organisationen der Leistungserbringer, den Rehabilitationsträgern (§ 6 Abs. 1 Nr. 2 bis 7 des Neunten Buches[1)]) sowie der Bundesarbeitsgemeinschaft für Rehabilitation Gelegenheit zur Stellungnahme zu geben; die Stellungnahmen sind in die Entscheidung einzubeziehen. [2] In den Richtlinien ist zu regeln, bei welchen Behinderungen, unter welchen Voraussetzungen und nach welchen Verfahren die Vertragsärzte die Krankenkassen über die Behinderungen von Versicherten zu unterrichten haben.

(6) [1] In den Richtlinien nach Absatz 1 Satz 2 Nr. 6 ist insbesondere zu regeln

1. der Katalog verordnungsfähiger Heilmittel,
2. die Zuordnung der Heilmittel zu Indikationen,
3. die indikationsbezogenen orientierenden Behandlungsmengen und die Zahl der Behandlungseinheiten je Verordnung,
4. Inhalt und Umfang der Zusammenarbeit des verordnenden Vertragsarztes mit dem jeweiligen Heilmittelerbringer,
5. auf welche Angaben bei Verordnungen nach § 73 Absatz 11 Satz 1 verzichtet werden kann sowie
6. die Dauer der Gültigkeit einer Verordnung nach § 73 Absatz 11 Satz 1.

[2] Vor der Entscheidung des Gemeinsamen Bundesausschusses über die Richtlinien zur Verordnung von Heilmitteln nach Absatz 1 Satz 2 Nr. 6 ist den in § 125 Abs. 1 Satz 1 genannten Organisationen der Leistungserbringer Gelegenheit zur Stellungnahme zu geben; die Stellungnahmen sind in die Entscheidung einzubeziehen.

(6a) [1] In den Richtlinien nach Absatz 1 Satz 2 Nr. 1 ist insbesondere das Nähere über die psychotherapeutisch behandlungsbedürftigen Krankheiten, die zur Krankenbehandlung geeigneten Verfahren, das Antrags- und Gutachterverfahren, die probatorischen Sitzungen sowie über Art, Umfang und Durchführung der Behandlung zu regeln; der Gemeinsame Bundesausschuss kann dabei Regelungen treffen, die leitliniengerecht den Behandlungsbedarf konkretisieren. [2] Sofern sich nach einer Krankenhausbehandlung eine ambulante psychotherapeutische Behandlung anschließen soll, können erforderliche probatorische Sitzungen bereits frühzeitig auch in den Räumen des Krankenhauses

1) Nr. 9.

durchgeführt werden; das Nähere regelt der Gemeinsame Bundesausschuss in den Richtlinien nach Satz 1 und nach Absatz 6b. [3] Die Richtlinien nach Satz 1 haben darüber hinaus Regelungen zu treffen über die inhaltlichen Anforderungen an den Konsiliarbericht und an die fachlichen Anforderungen des den Konsiliarbericht (§ 28 Abs. 3) abgebenden Vertragsarztes. [4] Der Gemeinsame Bundesausschuss beschließt in den Richtlinien nach Satz 1 Regelungen zur Flexibilisierung des Therapieangebotes, insbesondere zur Einrichtung von psychotherapeutischen Sprechstunden, zur Förderung der frühzeitigen diagnostischen Abklärung und der Akutversorgung, zur Förderung von Gruppentherapien und der Rezidivprophylaxe sowie zur Vereinfachung des Antrags- und Gutachterverfahrens. [5] Der Gemeinsame Bundesausschuss beschließt bis spätestens zum 31. Dezember 2020 in einer Ergänzung der Richtlinien nach Satz 1 Regelungen zur weiteren Förderung der Gruppentherapie und der weiteren Vereinfachung des Gutachterverfahrens; für Gruppentherapien findet ab dem 23. November 2019 kein Gutachterverfahren mehr statt. [6] Der Gemeinsame Bundesausschuss hat sämtliche Regelungen zum Antrags- und Gutachterverfahren aufzuheben, sobald er ein Verfahren zur Qualitätssicherung nach § 136a Absatz 2a eingeführt hat.

(6b) [1] Der Gemeinsame Bundesausschuss beschließt bis spätestens zum 31. Dezember 2020 in einer Richtlinie nach Absatz 1 Satz 2 Nummer 1 Regelungen für eine berufsgruppenübergreifende, koordinierte und strukturierte Versorgung, insbesondere für schwer psychisch kranke Versicherte mit einem komplexen psychiatrischen oder psychotherapeutischen Behandlungsbedarf. [2] Der Gemeinsame Bundesausschuss kann dabei Regelungen treffen, die diagnoseorientiert und leitliniengerecht den Behandlungsbedarf konkretisieren. [3] In der Richtlinie sind auch Regelungen zur Erleichterung des Übergangs von der stationären in die ambulante Versorgung zu treffen.

(7) [1] In den Richtlinien nach Absatz 1 Satz 2 Nr. 6 sind insbesondere zu regeln

1. die Verordnung der häuslichen Krankenpflege und deren ärztliche Zielsetzung,
2. Inhalt und Umfang der Zusammenarbeit des verordnenden Vertragsarztes mit dem jeweiligen Leistungserbringer und dem Krankenhaus,
3. die Voraussetzungen für die Verordnung häuslicher Krankenpflege und für die Mitgabe von Arzneimitteln im Krankenhaus im Anschluss an einen Krankenhausaufenthalt,
4. Näheres zur Verordnung häuslicher Krankenpflege zur Dekolonisation von Trägern mit dem Methicillin-resistenten Staphylococcus aureus (MRSA),
5. Näheres zur Verordnung häuslicher Krankenpflege zur ambulanten Palliativversorgung.

[2] Vor der Entscheidung des Gemeinsamen Bundesausschusses über die Richtlinien zur Verordnung von häuslicher Krankenpflege nach Absatz 1 Satz 2 Nr. 6 ist den in § 132a Abs. 1 Satz 1 genannten Leistungserbringern und zu den Regelungen gemäß Satz 1 Nummer 5 zusätzlich den maßgeblichen Spitzenorganisationen der Hospizarbeit und der Palliativversorgung auf Bundesebene Gelegenheit zur Stellungnahme zu geben; die Stellungnahmen sind in die Entscheidung einzubeziehen.

(7a) Vor der Entscheidung des Gemeinsamen Bundesausschusses über die Richtlinien zur Verordnung von Hilfsmitteln nach Absatz 1 Satz 2 Nr. 6 ist den in § 127 Absatz 9 Satz 1 genannten Organisationen der Leistungserbringer und den Spitzenorganisationen der betroffenen Hilfsmittelhersteller auf Bundesebene Gelegenheit zur Stellungnahme zu geben; die Stellungnahmen sind in die Entscheidung einzubeziehen.

(7b) [1] Vor der Entscheidung über die Richtlinien zur Verordnung von spezialisierter ambulanter Palliativversorgung nach Absatz 1 Satz 2 Nr. 14 ist den maßgeblichen Organisationen der Hospizarbeit und der Palliativversorgung sowie den in § 132a Abs. 1 Satz 1 genannten Organisationen Gelegenheit zur Stellungnahme zu geben. [2] Die Stellungnahmen sind in die Entscheidung einzubeziehen.

(7c) Vor der Entscheidung über die Richtlinien zur Verordnung von Soziotherapie nach Absatz 1 Satz 2 Nr. 6 ist den maßgeblichen Organisationen der Leistungserbringer der Soziotherapieversorgung Gelegenheit zur Stellungnahme zu geben; die Stellungnahmen sind in die Entscheidung einzubeziehen.

(7d) [1] Vor der Entscheidung über die Richtlinien nach den §§ 135, 137c und § 137e ist den jeweils einschlägigen wissenschaftlichen Fachgesellschaften Gelegenheit zur Stellungnahme zu geben; bei Methoden, deren technische Anwendung maßgeblich auf dem Einsatz eines Medizinprodukts beruht, ist auch den für die Wahrnehmung der wirtschaftlichen Interessen gebildeten maßgeblichen Spitzenorganisationen der Medizinproduktehersteller und den jeweils betroffenen Medizinprodukteherstellern Gelegenheit zur Stellungnahme zu geben. [2] Bei Methoden, bei denen radioaktive Stoffe oder ionisierende Strahlung am Menschen angewandt werden, ist auch der Strahlenschutzkommission Gelegenheit zur Stellungnahme zu geben. [3] Die Stellungnahmen sind in die Entscheidung einzubeziehen.

(7e) [1] Bei den Richtlinien nach Absatz 1 Satz 2 Nummer 9 erhalten die Länder ein Antrags- und Mitberatungsrecht. [2] Es wird durch zwei Vertreter der Länder ausgeübt, die von der Gesundheitsministerkonferenz der Länder benannt werden. [3] Die Mitberatung umfasst auch das Recht, Beratungsgegenstände auf die Tagesordnung setzen zu lassen und das Recht zur Anwesenheit bei der Beschlussfassung. [4] Der Gemeinsame Bundesausschuss hat über Anträge der Länder in der nächsten Sitzung des jeweiligen Gremiums zu beraten. [5] Wenn über einen Antrag nicht entschieden werden kann, soll in der Sitzung das Verfahren hinsichtlich der weiteren Beratung und Entscheidung festgelegt werden. [6] Entscheidungen über die Einrichtung einer Arbeitsgruppe und die Bestellung von Sachverständigen durch den zuständigen Unterausschuss sind nur im Einvernehmen mit den beiden Vertretern der Länder zu treffen. [7] Dabei haben diese ihr Votum einheitlich abzugeben.

(7f) [1] Bei den Richtlinien nach Absatz 1 Satz 2 Nummer 13 und den Beschlüssen nach den §§ 136b und 136c erhalten die Länder ein Antrags- und Mitberatungsrecht; Absatz 7e Satz 2 bis 7 gilt entsprechend. [2] Vor der Entscheidung über die Richtlinien nach § 136 Absatz 1 in Verbindung mit § 136a Absatz 1 Satz 1 bis 3 ist dem Robert Koch-Institut Gelegenheit zur Stellungnahme zu geben. [3] Das Robert Koch-Institut hat die Stellungnahme mit den wissenschaftlichen Kommissionen am Robert Koch-Institut nach § 23 des Infektionsschutzgesetzes abzustimmen. [4] Die Stellungnahme ist in die Entscheidung einzubeziehen.

(7g) Vor der Entscheidung über die Richtlinien zur Verordnung außerklinischer Intensivpflege nach Absatz 1 Satz 2 Nummer 6 ist den in § 132l Absatz 1

Satz 1 genannten Organisationen der Leistungserbringer sowie den für die Wahrnehmung der Interessen der betroffenen Versicherten maßgeblichen Spitzenorganisationen auf Bundesebene Gelegenheit zur Stellungnahme zu geben; die Stellungnahmen sind in die Entscheidung einzubeziehen.

(8) Die Richtlinien des Gemeinsamen Bundesausschusses sind Bestandteil der Bundesmantelverträge.

§ 92a Innovationsfonds, Grundlagen der Förderung von neuen Versorgungsformen zur Weiterentwicklung der Versorgung und von Versorgungsforschung durch den Gemeinsamen Bundesausschuss.

(1) [1]Der Gemeinsame Bundesausschuss fördert neue Versorgungsformen, die über die bisherige Regelversorgung hinausgehen. [2]Gefördert werden insbesondere Vorhaben, die eine Verbesserung der sektorenübergreifenden Versorgung zum Ziel haben und hinreichendes Potential aufweisen, dauerhaft in die Versorgung aufgenommen zu werden. [3]Voraussetzung für eine Förderung ist, dass eine wissenschaftliche Begleitung und Auswertung der Vorhaben erfolgt. [4]Förderkriterien sind insbesondere:

1. Verbesserung der Versorgungsqualität und Versorgungseffizienz,
2. Behebung von Versorgungsdefiziten,
3. Optimierung der Zusammenarbeit innerhalb und zwischen verschiedenen Versorgungsbereichen, Versorgungseinrichtungen und Berufsgruppen,
4. interdisziplinäre und fachübergreifende Versorgungsmodelle,
5. Übertragbarkeit der Erkenntnisse, insbesondere auf andere Regionen oder Indikationen,
6. Verhältnismäßigkeit von Implementierungskosten und Nutzen,
7. Evaluierbarkeit.

[5]Förderfähig sind nur diejenigen Kosten, die dem Grunde nach nicht von den Vergütungssystemen der Regelversorgung umfasst sind. [6]Bei der Antragstellung ist in der Regel eine Krankenkasse zu beteiligen. [7]Die Förderung erfolgt in der Regel in einem zweistufigen Verfahren. [8]In der ersten Stufe wird die Konzeptentwicklung von Vorhaben zur Ausarbeitung qualifizierter Anträge für bis zu sechs Monate gefördert. [9]In der zweiten Stufe wird die Durchführung von in der Regel nicht mehr als 20 dieser Vorhaben mit der jährlich verfügbaren Fördersumme nach Absatz 3 gefördert. [10]Ein Anspruch auf Förderung besteht nicht.

(2) [1]Der Gemeinsame Bundesausschuss fördert Versorgungsforschung, die auf einen Erkenntnisgewinn zur Verbesserung der bestehenden Versorgung in der gesetzlichen Krankenversicherung ausgerichtet ist. [2]Antragsteller für eine Förderung von Versorgungsforschung können insbesondere universitäre und nichtuniversitäre Forschungseinrichtungen sein. [3]Ein Anspruch auf Förderung besteht nicht. [4]Die für Versorgungsforschung zur Verfügung stehenden Mittel können auch für Forschungsvorhaben zur Weiterentwicklung und insbesondere Evaluation der Richtlinien des Gemeinsamen Bundesausschusses sowie zur Entwicklung oder Weiterentwicklung ausgewählter medizinischer Leitlinien, für die in der Versorgung besonderer Bedarf besteht, eingesetzt werden.

(3) [1]Die Fördersumme für neue Versorgungsformen und Versorgungsforschung nach den Absätzen 1 und 2 beträgt in den Jahren 2016 bis 2019 jeweils 300 Millionen Euro und in den Jahren 2020 bis 2024 jeweils 200 Millionen

Euro. [2] Sie umfasst auch die für die Verwaltung der Mittel und die Durchführung der Förderung einschließlich der wissenschaftlichen Auswertung nach Absatz 5 notwendigen Aufwendungen. [3] Von der Fördersumme sollen 80 Prozent für die Förderung nach Absatz 1 und 20 Prozent für die Förderung nach Absatz 2 verwendet werden, wobei jeweils höchstens 20 Prozent der jährlich verfügbaren Fördersumme für Vorhaben auf der Grundlage von themenoffenen Förderbekanntmachungen verwendet werden dürfen und mindestens 5 Millionen Euro jährlich für die Entwicklung oder Weiterentwicklung von Leitlinien nach Absatz 2 Satz 4 aufgewendet werden sollen. [4] Mittel, die in den Haushaltsjahren 2016 bis 2019 nicht bewilligt wurden, sind entsprechend Absatz 4 Satz 1 anteilig an die Liquiditätsreserve des Gesundheitsfonds und die Krankenkassen zurückzuführen. [5] Mittel, die in den Haushaltsjahren 2020 bis 2023 nicht bewilligt wurden, und bewilligte Mittel für in den Jahren 2020 bis 2023 beendete Vorhaben, die nicht zur Auszahlung gelangt sind, werden jeweils in das folgende Haushaltsjahr übertragen. [6] Mittel, die im Haushaltsjahr 2024 nicht bewilligt wurden, sowie bewilligte Mittel, die ab dem Haushaltsjahr 2024 bis zur Beendigung eines Vorhabens nicht zur Auszahlung gelangt sind, sind entsprechend Absatz 4 Satz 1 anteilig an die Liquiditätsreserve des Gesundheitsfonds und die Krankenkassen zurückzuführen. [7] Die Laufzeit eines Vorhabens nach den Absätzen 1 und 2 kann bis zu vier Jahre betragen, wobei die Konzeptentwicklung im Rahmen der ersten Stufe der Förderung nach Absatz 1 Satz 8 nicht zur Laufzeit des Vorhabens zählt.

(4) [1] Die Mittel nach Absatz 3, verringert um den Finanzierungsanteil der landwirtschaftlichen Krankenkasse nach § 221 Absatz 3 Satz 1 Nummer 1, werden durch den Gesundheitsfonds (Liquiditätsreserve) und die nach § 266 am Risikostrukturausgleich teilnehmenden Krankenkassen jeweils zur Hälfte getragen. [2] Das Bundesamt für Soziale Sicherung erhebt und verwaltet die Mittel (Innovationsfonds) und zahlt die Fördermittel auf der Grundlage der Entscheidungen des Innovationsausschusses nach § 92b aus. [3] Die dem Bundesamt für Soziale Sicherung im Zusammenhang mit dem Innovationsfonds entstehenden Ausgaben werden aus den Einnahmen des Innovationsfonds gedeckt. [4] Das Nähere zur Erhebung der Mittel für den Innovationsfonds durch das Bundesamt für Soziale Sicherung bei den nach § 266 am Risikostrukturausgleich teilnehmenden Krankenkassen regelt die Rechtsverordnung nach § 266 Absatz 8 Satz 1; § 266 Absatz 7 Satz 7 gilt entsprechend. [5] Das Nähere zur Weiterleitung der Mittel an den Innovationsfonds und zur Verwaltung der Mittel des Innovationsfonds bestimmt das Bundesamt für Soziale Sicherung im Benehmen mit dem Innovationsausschuss und dem Spitzenverband Bund der Krankenkassen.

(5) [1] Das Bundesministerium für Gesundheit veranlasst eine wissenschaftliche Auswertung der Förderung nach dieser Vorschrift im Hinblick auf deren Eignung zur Weiterentwicklung der Versorgung. [2] Die hierfür entstehenden Ausgaben werden aus den Einnahmen des Innovationsfonds gedeckt. [3] Einen abschließenden Bericht über das Ergebnis der wissenschaftlichen Auswertung legt das Bundesministerium für Gesundheit dem Deutschen Bundestag zum 31. März 2022 vor.

§ 92b Durchführung der Förderung von neuen Versorgungsformen zur Weiterentwicklung der Versorgung und von Versorgungsforschung durch den Gemeinsamen Bundesausschuss. (1) [1] Zur Durchführung der

Förderung wird beim Gemeinsamen Bundesausschuss ein Innovationsausschuss eingerichtet. [2]Dem Innovationsausschuss gehören drei vom Spitzenverband Bund der Krankenkassen benannte Mitglieder des Beschlussgremiums nach § 91 Absatz 2, jeweils ein von der Kassenärztlichen Bundesvereinigung, der Kassenzahnärztlichen Bundesvereinigung und der Deutschen Krankenhausgesellschaft benanntes Mitglied des Beschlussgremiums nach § 91 Absatz 2, der unparteiische Vorsitzende des Gemeinsamen Bundesausschusses sowie zwei Vertreter des Bundesministeriums für Gesundheit und ein Vertreter des Bundesministeriums für Bildung und Forschung an. [3]Die für die Wahrnehmung der Interessen der Patientinnen und Patienten und der Selbsthilfe chronisch kranker und behinderter Menschen auf Bundesebene maßgeblichen Organisationen erhalten ein Mitberatungs- und Antragsrecht. [4]§ 140f Absatz 2 Satz 2 bis 7, Absatz 5 sowie 6 gilt entsprechend.

(2) [1]Der Innovationsausschuss legt nach einem Konsultationsverfahren unter Einbeziehung externer Expertise in Förderbekanntmachungen die Schwerpunkte und Kriterien für die Förderung nach § 92a Absatz 1 und 2 Satz 1 bis 4 erste Alternative fest. [2]Soweit der Innovationsausschuss bis zum 15. Dezember 2019 keine Schwerpunkte und Kriterien für das Bewilligungsjahr 2020 festgelegt hat, werden diese abweichend von Satz 1 durch das Bundesministerium für Gesundheit bis zum 31. Januar 2020 festgelegt. [3]Der Innovationsausschuss übernimmt die vom Bundesministerium für Gesundheit nach Satz 2 festgelegten Schwerpunkte und Kriterien unverzüglich in Förderbekanntmachungen. [4]Für die Förderbekanntmachungen für das Bewilligungsjahr 2020 und die entsprechenden Förderverfahren finden § 92a Absatz 1 Satz 7 bis 9 sowie das Konsultationsverfahren nach Satz 1 keine Anwendung. [5]Die Schwerpunkte für die Entwicklung und Weiterentwicklung von Leitlinien nach § 92a Absatz 2 Satz 4 zweite Alternative legt das Bundesministerium für Gesundheit fest. [6]Dabei kann die Arbeitsgemeinschaft der Wissenschaftlichen Medizinischen Fachgesellschaften dem Bundesministerium für Gesundheit Schwerpunkte zur Entwicklung oder Weiterentwicklung von Leitlinien vorschlagen. [7]Jedem Vorschlag ist eine Begründung des jeweiligen Förderbedarfs beizufügen. [8]Der Innovationsausschuss übernimmt die vom Bundesministerium für Gesundheit festgelegten Schwerpunkte in Förderbekanntmachungen und legt in diesen die Kriterien für die Förderung nach § 92a Absatz 2 Satz 4 zweite Alternative fest. [9]Der Innovationsausschuss führt auf der Grundlage der Förderbekanntmachungen nach den Sätzen 1 bis 8 Interessenbekundungsverfahren durch und entscheidet über die eingegangenen Anträge auf Förderung. [10]Er beschließt nach Abschluss der geförderten Vorhaben Empfehlungen zur Überführung in die Regelversorgung nach Absatz 3. [11]Der Innovationsausschuss entscheidet auch über die Verwendung der Mittel nach § 92a Absatz 2 Satz 4. [12]Entscheidungen des Innovationsausschusses bedürfen einer Mehrheit von sieben Stimmen. [13]Der Innovationsausschuss beschließt eine Geschäfts- und Verfahrensordnung, in der er insbesondere seine Arbeitsweise und die Zusammenarbeit mit der Geschäftsstelle nach Absatz 4, das zweistufige Förderverfahren nach § 92a Absatz 1 Satz 7 bis 9, das Konsultationsverfahren nach Satz 1, das Förderverfahren nach Satz 9, die Benennung und Beauftragung von Experten aus dem Expertenpool nach Absatz 6 sowie die Beteiligung der Arbeitsgemeinschaft der Wissenschaftlichen Medizinischen Fachgesellschaften nach Absatz 7 regelt. [14]Die Geschäfts- und Verfahrensordnung bedarf der Genehmigung des Bundesministeriums für Gesundheit.

(3) [1] Der Innovationsausschuss beschließt jeweils spätestens drei Monate nach Eingang des jeweiligen Berichts zur wissenschaftlichen Begleitung und Auswertung nach § 92a Absatz 1 Satz 3 von geförderten Vorhaben zu neuen Versorgungsformen eine Empfehlung zur Überführung der neuen Versorgungsform oder wirksamer Teile aus einer neuen Versorgungsform in die Regelversorgung. [2] Er berät innerhalb der in Satz 1 genannten Frist die jeweiligen Ergebnisberichte der geförderten Vorhaben zur Versorgungsforschung nach § 92a Absatz 2 Satz 1 und kann eine Empfehlung zur Überführung von Erkenntnissen in die Regelversorgung beschließen. [3] In den Beschlüssen nach den Sätzen 1 und 2 muss konkretisiert sein, wie die Überführung in die Regelversorgung erfolgen soll, und festgestellt werden, welche Organisation der Selbstverwaltung oder welche andere Einrichtung für die Überführung zuständig ist. [4] Wird empfohlen, eine neue Versorgungsform nicht in die Regelversorgung zu überführen, ist dies zu begründen. [5] Die Beschlüsse nach den Sätzen 1 und 2 werden veröffentlicht. [6] Stellt der Innovationsausschuss die Zuständigkeit des Gemeinsamen Bundesausschusses fest, hat dieser innerhalb von zwölf Monaten nach dem jeweiligen Beschluss der Empfehlung die Regelungen zur Aufnahme in die Versorgung zu beschließen.

(4) [1] Zur Vorbereitung und Umsetzung der Entscheidungen des Innovationsausschusses wird eine Geschäftsstelle eingerichtet. [2] Der personelle und sachliche Bedarf des Innovationsausschusses und seiner Geschäftsstelle wird vom Innovationsausschuss bestimmt und ist vom Gemeinsamen Bundesausschuss in seinen Haushalt einzustellen.

(5) [1] Die Geschäftsstelle nach Absatz 4 untersteht der fachlichen Weisung des Innovationsausschusses und der dienstlichen Weisung des unparteiischen Vorsitzenden des Gemeinsamen Bundesausschusses und hat insbesondere folgende Aufgaben:

1. Erarbeitung von Entwürfen für Förderbekanntmachungen,
2. Möglichkeit zur Einholung eines Zweitgutachtens, insbesondere durch das Institut für Qualität und Wirtschaftlichkeit im Gesundheitswesen nach § 139a oder das Institut für Qualitätssicherung und Transparenz im Gesundheitswesen nach § 137a,
3. Erlass von Förderbescheiden,
4. administrative und fachliche Beratung von Förderinteressenten, Antragstellern und Zuwendungsempfängern,
5. Unterstützung bei der Ausarbeitung qualifizierter Anträge nach § 92a Absatz 1 Satz 8,
6. administrative Bearbeitung und fachliche Begleitung von Vorhaben, die mit Mitteln des Innovationsfonds gefördert werden oder gefördert werden sollen,
7. Veranlassung der Auszahlung der Fördermittel durch das Bundesversicherungsamt,
8. kontinuierliche projektbegleitende Erfolgskontrolle geförderter Vorhaben,
9. Erarbeitung von Entwürfen für Empfehlungen des Innovationsausschusses nach Absatz 3,
10. Prüfung der ordnungsgemäßen Verwendung der Fördermittel und eventuelle Rückforderung der Fördermittel,

11. Veröffentlichung der aus dem Innovationsfonds geförderten Vorhaben sowie daraus gewonnener Erkenntnisse und Ergebnisse.

[2] Die Beratung und die Unterstützung der Förderinteressenten, Antragsteller und Zuwendungsempfänger nach Satz 1 Nummer 4 und 5 lösen keine weitergehenden Ansprüche aus.

(6) [1] Zur Einbringung wissenschaftlichen und versorgungspraktischen Sachverstands in die Beratungsverfahren des Innovationsausschusses wird ein Expertenpool gebildet. [2] Die Mitglieder des Expertenpools sind Vertreter aus Wissenschaft und Versorgungspraxis. [3] Sie werden auf Basis eines Vorschlagsverfahrens vom Innovationsausschuss jeweils für einen Zeitraum von zwei Jahren benannt; eine Wiederbenennung ist möglich. [4] Sie sind ehrenamtlich tätig. [5] Die Geschäftsstelle nach Absatz 4 beauftragt die einzelnen Mitglieder des Expertenpools entsprechend ihrer jeweiligen wissenschaftlichen und versorgungspraktischen Expertise mit der Durchführung von Kurzbegutachtungen einzelner Anträge auf Förderung und mit der Abgabe von Empfehlungen zur Förderentscheidung. [6] Für die Wahrnehmung der Aufgaben kann eine Aufwandsentschädigung gezahlt werden, deren Höhe in der Geschäftsordnung des Innovationsausschusses festgelegt wird. [7] Die Empfehlungen der Mitglieder des Expertenpools sind vom Innovationsausschuss in seine Entscheidungen einzubeziehen. [8] Abweichungen von den Empfehlungen der Mitglieder des Expertenpools sind vom Innovationsausschuss schriftlich zu begründen. [9] Mitglieder des Expertenpools dürfen für den Zeitraum ihrer Benennung keine Anträge auf Förderung durch den Innovationsfonds stellen und auch nicht an einer Antragstellung beteiligt sein.

(7) Bei der Beratung der Anträge zur Entwicklung oder Weiterentwicklung ausgewählter medizinischer Leitlinien nach § 92a Absatz 2 Satz 4 ist die Arbeitsgemeinschaft der Wissenschaftlichen Medizinischen Fachgesellschaften durch den Innovationsausschuss zu beteiligen.

(8) [1] Klagen bei Streitigkeiten nach dieser Vorschrift haben keine aufschiebende Wirkung. [2] Ein Vorverfahren findet nicht statt.

§ 93 Übersicht über ausgeschlossene Arzneimittel. (1) [1] Der Gemeinsame Bundesausschuss soll in regelmäßigen Zeitabständen die nach § 34 Abs. 1 oder durch Rechtsverordnung auf Grund des § 34 Abs. 2 und 3 ganz oder für bestimmte Indikationsgebiete von der Versorgung nach § 31 ausgeschlossenen Arzneimittel in einer Übersicht zusammenstellen. [2] Die Übersicht ist im Bundesanzeiger bekanntzumachen.

(2) Kommt der Gemeinsame Bundesausschuss seiner Pflicht nach Absatz 1 nicht oder nicht in einer vom Bundesministerium für Gesundheit gesetzten Frist nach, kann das Bundesministerium für Gesundheit die Übersicht zusammenstellen und im Bundesanzeiger bekannt machen.

§ 94 Wirksamwerden der Richtlinien. (1) [1] Die vom Gemeinsamen Bundesausschuss beschlossenen Richtlinien sind dem Bundesministerium für Gesundheit vorzulegen. [2] Es kann sie innerhalb von zwei Monaten beanstanden; bei Beschlüssen nach § 20i Absatz 1 und bei Beschlüssen nach § 35 Absatz 1 innerhalb von vier Wochen. [3] Das Bundesministerium für Gesundheit kann im Rahmen der Richtlinienprüfung vom Gemeinsamen Bundesausschuss zusätzliche Informationen und ergänzende Stellungnahmen anfordern; bis zum Eingang der Auskünfte ist der Lauf der Frist nach Satz 2 unterbrochen. [4] Die

Nichtbeanstandung einer Richtlinie kann vom Bundesministerium für Gesundheit mit Auflagen verbunden werden; das Bundesministerium für Gesundheit kann zur Erfüllung einer Auflage eine angemessene Frist setzen. [5] Kommen die für die Sicherstellung der ärztlichen Versorgung erforderlichen Beschlüsse des Gemeinsamen Bundesausschusses nicht oder nicht innerhalb einer vom Bundesministerium für Gesundheit gesetzten Frist zustande oder werden die Beanstandungen des Bundesministeriums für Gesundheit nicht innerhalb der von ihm gesetzten Frist behoben, erläßt das Bundesministerium für Gesundheit die Richtlinien.

(2) [1] Die Richtlinien sind im Bundesanzeiger und deren tragende Gründe im Internet bekanntzumachen. [2] Die Bekanntmachung der Richtlinien muss auch einen Hinweis auf die Fundstelle der Veröffentlichung der tragenden Gründe im Internet enthalten.

(3) Klagen gegen Maßnahmen des Bundesministeriums für Gesundheit nach Absatz 1 haben keine aufschiebende Wirkung.

Siebter Titel. Voraussetzungen und Formen der Teilnahme von Ärzten und Zahnärzten an der Versorgung

§ 95 Teilnahme an der vertragsärztlichen Versorgung. (1) [1] An der vertragsärztlichen Versorgung nehmen zugelassene Ärzte und zugelassene medizinische Versorgungszentren sowie ermächtigte Ärzte und ermächtigte Einrichtungen teil. [2] Medizinische Versorgungszentren sind ärztlich geleitete Einrichtungen, in denen Ärzte, die in das Arztregister nach Absatz 2 Satz 3 eingetragen sind, als Angestellte oder Vertragsärzte tätig sind. [3] Der ärztliche Leiter muss in dem medizinischen Versorgungszentrum selbst als angestellter Arzt oder als Vertragsarzt tätig sein; er ist in medizinischen Fragen weisungsfrei. [4] Sind in einem medizinischen Versorgungszentrum Angehörige unterschiedlicher Berufsgruppen, die an der vertragsärztlichen Versorgung teilnehmen, tätig, ist auch eine kooperative Leitung möglich. [5] Die Zulassung erfolgt für den Ort der Niederlassung als Arzt oder den Ort der Niederlassung als medizinisches Versorgungszentrum (Vertragsarztsitz).

(1a) [1] Medizinische Versorgungszentren können von zugelassenen Ärzten, von zugelassenen Krankenhäusern, von Erbringern nichtärztlicher Dialyseleistungen nach § 126 Absatz 3, von anerkannten Praxisnetzen nach § 87b Absatz 2 Satz 3, von gemeinnützigen Trägern, die aufgrund von Zulassung oder Ermächtigung an der vertragsärztlichen Versorgung teilnehmen, oder von Kommunen gegründet werden. [2] Erbringer nichtärztlicher Dialyseleistungen nach § 126 Absatz 3 sind jedoch nur zur Gründung fachbezogener medizinischer Versorgungszentren berechtigt; ein Fachbezug besteht auch für die mit Dialyseleistungen zusammenhängenden ärztlichen Leistungen im Rahmen einer umfassenden Versorgung der Dialysepatienten. [3] Die Gründung eines medizinischen Versorgungszentrums ist nur in der Rechtsform der Personengesellschaft, der eingetragenen Genossenschaft oder der Gesellschaft mit beschränkter Haftung oder in einer öffentlich rechtlichen Rechtsform möglich. [4] Die Zulassung von medizinischen Versorgungszentren, die am 1. Januar 2012 bereits zugelassen sind, gilt unabhängig von der Trägerschaft und der Rechtsform des medizinischen Versorgungszentrums unverändert fort; die Zulassung von medizinischen Versorgungszentren, die von Erbringern nichtärztlicher Dialyseleistungen nach § 126 Absatz 3 gegründet wurden und am 10. Mai 2019 bereits zugelassen sind, gilt unabhängig von ihrem Versorgungsangebot unverändert fort. [5]Für die Gründung von medizinischen Versorgungszentren durch Kommunen findet § 105 Absatz 5 Satz 1 bis 4 keine Anwendung.

(1b) [1]Ein zahnärztliches medizinisches Versorgungszentrum kann von einem Krankenhaus nur gegründet werden, soweit der Versorgungsanteil der vom Krankenhaus damit insgesamt gegründeten zahnärztlichen medizinischen Versorgungszentren an der vertragszahnärztlichen Versorgung in dem Planungsbereich der Kassenzahnärztlichen Vereinigung, in dem die Gründung des zahnärztlichen medizinischen Versorgungszentrums beabsichtigt ist, 10 Prozent nicht überschreitet. [2]In Planungsbereichen, in denen der allgemeine bedarfsgerechte Versorgungsgrad um bis zu 50 Prozent unterschritten ist, umfasst die Gründungsbefugnis des Krankenhauses für zahnärztliche medizinische Versorgungszentren mindestens fünf Vertragszahnarztsitze oder Anstellungen. [3]Abweichend von Satz 1 kann ein Krankenhaus ein zahnärztliches medizinisches Versorgungszentrum unter den folgenden Voraussetzungen gründen:

1. in einem Planungsbereich, in dem der allgemeine bedarfsgerechte Versorgungsgrad um mehr als 50 Prozent unterschritten ist, sofern der Versorgungsanteil der vom Krankenhaus damit insgesamt gegründeten zahnärztlichen medizinischen Versorgungszentren an der vertragszahnärztlichen Versorgung in diesem Planungsbereich 20 Prozent nicht überschreitet,
2. in einem Planungsbereich, in dem der allgemeine bedarfsgerechte Versorgungsgrad um mehr als 10 Prozent überschritten ist, sofern der Versorgungsanteil der vom Krankenhaus gegründeten zahnärztlichen medizinischen Versorgungszentren an der vertragszahnärztlichen Versorgung in diesem Planungsbereich 5 Prozent nicht überschreitet.

[4]Der Zulassungsausschuss ermittelt den jeweils geltenden Versorgungsanteil auf Grundlage des allgemeinen bedarfsgerechten Versorgungsgrades und des Standes der vertragszahnärztlichen Versorgung. [5]Hierzu haben die Kassenzahnärztlichen Vereinigungen umfassende und vergleichbare Übersichten zum allgemeinen bedarfsgerechten Versorgungsgrad und zum Stand der vertragszahnärztlichen Versorgung am 31. Dezember eines jeden Jahres zu erstellen. [6]Die Übersichten sind bis zum 30. Juni des jeweils folgenden Jahres zu erstellen und in geeigneter Weise in den amtlichen Mitteilungsblättern der Kassenzahnärztlichen Vereinigungen zu veröffentlichen. [7]Die Sätze 1 bis 6 gelten auch für die Erweiterung bestehender zahnärztlicher medizinischer Versorgungszentren eines Krankenhauses.

(2) [1]Um die Zulassung als Vertragsarzt kann sich jeder Arzt bewerben, der seine Eintragung in ein Arzt- oder Zahnarztregister (Arztregister) nachweist. [2]Die Arztregister werden von den Kassenärztlichen Vereinigungen für jeden Zulassungsbezirk geführt. [3]Die Eintragung in ein Arztregister erfolgt auf Antrag

1. nach Erfüllung der Voraussetzungen nach § 95a für Vertragsärzte und nach § 95c für Psychotherapeuten,
2. nach Ableistung einer zweijährigen Vorbereitungszeit für Vertragszahnärzte.

[4]Das Nähere regeln die Zulassungsverordnungen. [5]Um die Zulassung kann sich ein medizinisches Versorgungszentrum bewerben, dessen Ärzte in das Arztregister nach Satz 3 eingetragen sind. [6]Für die Zulassung eines medizinischen Versorgungszentrums in der Rechtsform einer Gesellschaft mit beschränkter Haftung ist außerdem Voraussetzung, dass die Gesellschafter entwe-

der selbstschuldnerische Bürgschaftserklärungen oder andere Sicherheitsleistungen nach § 232 des Bürgerlichen Gesetzbuchs für Forderungen von Kassenärztlichen Vereinigungen und Krankenkassen gegen das medizinische Versorgungszentrum aus dessen vertragsärztlicher Tätigkeit abgeben; dies gilt auch für Forderungen, die erst nach Auflösung des medizinischen Versorgungszentrums fällig werden. [7]Die Anstellung eines Arztes in einem zugelassenen medizinischen Versorgungszentrum bedarf der Genehmigung des Zulassungsausschusses. [8]Die Genehmigung ist zu erteilen, wenn die Voraussetzungen des Satzes 5 erfüllt sind; Absatz 9b gilt entsprechend. [9]Anträge auf Zulassung eines Arztes und auf Zulassung eines medizinischen Versorgungszentrums sowie auf Genehmigung der Anstellung eines Arztes in einem zugelassenen medizinischen Versorgungszentrum sind abzulehnen, wenn bei Antragstellung für die dort tätigen Ärzte Zulassungsbeschränkungen nach § 103 Abs. 1 Satz 2 angeordnet sind oder der Zulassung oder der Anstellungsgenehmigung Festlegungen nach § 101 Absatz 1 Satz 8 entgegenstehen. [10]Abweichend von Satz 9 ist einem Antrag trotz einer nach § 103 Absatz 1 Satz 2 angeordneten Zulassungsbeschränkung stattzugeben, wenn mit der Zulassung oder Anstellungsgenehmigung Festlegungen nach § 101 Absatz 1 Satz 8 befolgt werden. [11]Für die in den medizinischen Versorgungszentren angestellten Ärzte gilt § 135 entsprechend.

(3) [1]Die Zulassung bewirkt, daß der Vertragsarzt Mitglied der für seinen Kassenarztsitz zuständigen Kassenärztlichen Vereinigung wird und zur Teilnahme an der vertragsärztlichen Versorgung im Umfang seines aus der Zulassung folgenden Versorgungsauftrages berechtigt und verpflichtet ist. [2]Die Zulassung des medizinischen Versorgungszentrums bewirkt, dass die in dem Versorgungszentrum angestellten Ärzte Mitglieder der für den Vertragsarztsitz des Versorgungszentrums zuständigen Kassenärztlichen Vereinigung sind und dass das zugelassene medizinische Versorgungszentrum insoweit zur Teilnahme an der vertragsärztlichen Versorgung berechtigt und verpflichtet ist. [3]Die vertraglichen Bestimmungen über die vertragsärztliche Versorgung sind verbindlich. [4]Die Einhaltung der sich aus den Sätzen 1 und 2 ergebenden Versorgungsaufträge sind von der Kassenärztlichen Vereinigung bundeseinheitlich, insbesondere anhand der abgerechneten Fälle und anhand der Gebührenordnungspositionen mit den Angaben für den zur ärztlichen Leistungserbringung erforderlichen Zeitaufwand nach § 87 Absatz 2 Satz 1 zweiter Halbsatz, zu prüfen. [5]Die Ergebnisse sowie eine Übersicht über die gegebenenfalls getroffenen Maßnahmen sind den Landes- und Zulassungsausschüssen sowie der für die jeweilige Kassenärztliche Vereinigung zuständigen Aufsichtsbehörde jeweils zum 30. Juni des Jahres zu übermitteln.

(4) [1]Die Ermächtigung bewirkt, daß der ermächtigte Arzt oder die ermächtigte Einrichtung zur Teilnahme an der vertragsärztlichen Versorgung berechtigt und verpflichtet ist. [2]Die vertraglichen Bestimmungen über die vertragsärztliche Versorgung sind für sie verbindlich. [3]Die Absätze 5 bis 7, § 75 Abs. 2 und § 81 Abs. 5 gelten entsprechend.

(5) [1]Die Zulassung ruht auf Beschluß des Zulassungsausschusses, wenn der Vertragsarzt seine Tätigkeit nicht aufnimmt oder nicht ausübt, ihre Aufnahme aber in angemessener Frist zu erwarten ist, oder auf Antrag eines Vertragsarztes, der in den hauptamtlichen Vorstand nach § 79 Abs. 1 gewählt worden ist. [2]Unter den gleichen Voraussetzungen kann bei vollem Versorgungsauftrag das Ruhen der Hälfte oder eines Viertels der Zulassung beschlossen werden; bei

einem drei Viertel Versorgungsauftrag kann das Ruhen eines Viertels der Zulassung beschlossen werden.

(6) [1]Die Zulassung ist zu entziehen, wenn ihre Voraussetzungen nicht oder nicht mehr vorliegen, der Vertragsarzt die vertragsärztliche Tätigkeit nicht aufnimmt oder nicht mehr ausübt oder seine vertragsärztlichen Pflichten gröblich verletzt. [2]Der Zulassungsausschuss kann in diesen Fällen statt einer vollständigen auch die Entziehung der Hälfte oder eines Viertels der Zulassung beschließen. [3]Einem medizinischen Versorgungszentrum ist die Zulassung auch dann zu entziehen, wenn die Gründungsvoraussetzungen des Absatzes 1a Satz 1 bis 3 länger als sechs Monate nicht mehr vorliegen. [4]Die Gründereigenschaft nach Absatz 1a Satz 1 bleibt auch für die angestellten Ärzte bestehen, die auf ihre Zulassung zugunsten der Anstellung in einem medizinischen Versorgungszentrum verzichtet haben, solange sie in dem medizinischen Versorgungszentrum tätig sind und Gesellschafter des medizinischen Versorgungszentrums sind. [5]Die Gründungsvoraussetzung nach Absatz 1a Satz 1 liegt weiterhin vor, sofern angestellte Ärzte die Gesellschafteranteile der Ärzte nach Absatz 1a Satz 1 oder der Ärzte nach Satz 4 übernehmen und solange sie in dem medizinischen Versorgungszentrum tätig sind; die Übernahme von Gesellschafteranteilen durch angestellte Ärzte ist jederzeit möglich. [6]Medizinischen Versorgungszentren, die unter den in Absatz 1a Satz 4 erster Halbsatz geregelten Bestandsschutz fallen, ist die Zulassung zu entziehen, wenn die Gründungsvoraussetzungen des Absatzes 1 Satz 6 zweiter Halbsatz in der bis zum 31. Dezember 2011 geltenden Fassung seit mehr als sechs Monaten nicht mehr vorliegen oder das medizinische Versorgungszentrum gegenüber dem Zulassungsausschuss nicht bis zum 30. Juni 2012 nachweist, dass die ärztliche Leitung den Voraussetzungen des Absatzes 1 Satz 3 entspricht.

(7) [1]Die Zulassung endet, wenn die vertragsärztliche Tätigkeit in einem von Zulassungsbeschränkungen betroffenen Planungsbereich nicht innerhalb von drei Monaten nach Zustellung des Beschlusses über die Zulassung aufgenommen wird, mit dem Tod, mit dem Wirksamwerden eines Verzichts, mit dem Ablauf des Befristungszeitraumes oder mit dem Wegzug des Berechtigten aus dem Bezirk seines Kassenarztsitzes. [2]Die Zulassung eines medizinischen Versorgungszentrums endet mit dem Wirksamwerden eines Verzichts, der Auflösung, dem Ablauf des Befristungszeitraumes oder mit dem Wegzug des zugelassenen medizinischen Versorgungszentrums aus dem Bezirk des Vertragsarztsitzes.

(8) *(aufgehoben)*

(9) [1]Der Vertragsarzt kann mit Genehmigung des Zulassungsausschusses Ärzte, die in das Arztregister eingetragen sind, anstellen, sofern für die Arztgruppe, der der anzustellende Arzt angehört, keine Zulassungsbeschränkungen angeordnet sind und der Anstellung keine Festlegungen nach § 101 Absatz 1 Satz 8 entgegenstehen; hiervon abweichend ist eine Anstellungsgenehmigung trotz einer angeordneten Zulassungsbeschränkung zu erteilen, wenn mit der Anstellung Festlegungen nach § 101 Absatz 1 Satz 8 befolgt werden. [2]Sind Zulassungsbeschränkungen angeordnet, gilt Satz 1 mit der Maßgabe, dass die Voraussetzungen des § 101 Abs. 1 Satz 1 Nr. 5 erfüllt sein müssen. [3]Das Nähere zu der Anstellung von Ärzten bei Vertragsärzten bestimmen die Zulassungsverordnungen. [4]Absatz 5 gilt entsprechend.

(9a) [1]Der an der hausärztlichen Versorgung teilnehmende Vertragsarzt kann mit Genehmigung des Zulassungsausschusses Ärzte, die von einer Hochschule mindestens halbtags als angestellte oder beamtete Hochschullehrer für Allgemeinmedizin oder als deren wissenschaftliche Mitarbeiter beschäftigt werden und in das Arztregister eingetragen sind, unabhängig von Zulassungsbeschränkungen anstellen. [2]Bei der Ermittlung des Versorgungsgrades in einem Planungsbereich sind diese angestellten Ärzte nicht mitzurechnen.

(9b) Eine genehmigte Anstellung nach Absatz 9 Satz 1 ist auf Antrag des anstellenden Vertragsarztes vom Zulassungsausschuss in eine Zulassung umzuwandeln, sofern der Umfang der Tätigkeit des angestellten Arztes einem ganzen, einem halben oder einem drei Viertel Versorgungsauftrag entspricht; beantragt der anstellende Vertragsarzt nicht zugleich bei der Kassenärztlichen Vereinigung die Durchführung eines Nachbesetzungsverfahrens nach § 103 Absatz 3a, wird der bisher angestellte Arzt Inhaber der Zulassung.

(10)–(12) *(aufgehoben)*

(13) [1]In Zulassungssachen der Psychotherapeuten und der überwiegend oder ausschließlich psychotherapeutisch tätigen Ärzte (§ 101 Abs. 4 Satz 1) treten abweichend von § 96 Abs. 2 Satz 1 und § 97 Abs. 2 Satz 1 an die Stelle der Vertreter der Ärzte Vertreter der Psychotherapeuten und der Ärzte in gleicher Zahl; unter den Vertretern der Psychotherapeuten muß mindestens ein Kinder- und Jugendlichenpsychotherapeut oder ein Psychotherapeut mit einer Weiterbildung für die Behandlung von Kindern und Jugendlichen sein. [2]Für die erstmalige Besetzung der Zulassungsausschüsse und der Berufungsausschüsse nach Satz 1 werden die Vertreter der Psychotherapeuten von der zuständigen Aufsichtsbehörde auf Vorschlag der für die beruflichen Interessen maßgeblichen Organisationen der Psychotherapeuten auf Landesebene berufen.

§ 95a Voraussetzung für die Eintragung in das Arztregister für Vertragsärzte. (1) Bei Ärzten setzt die Eintragung in das Arztregister voraus:

1. die Approbation als Arzt,
2. den erfolgreichen Abschluß entweder einer allgemeinmedizinischen Weiterbildung oder einer Weiterbildung in einem anderen Fachgebiet mit der Befugnis zum Führen einer entsprechenden Gebietsbezeichnung oder den Nachweis einer Qualifikation, die gemäß den Absätzen 4 und 5 anerkannt ist.

(2) [1]Eine allgemeinmedizinische Weiterbildung im Sinne des Absatzes 1 Nr. 2 ist nachgewiesen, wenn der Arzt nach landesrechtlichen Vorschriften zum Führen der Facharztbezeichnung für Allgemeinmedizin berechtigt ist und diese Berechtigung nach einer mindestens fünfjährigen erfolgreichen Weiterbildung in der Allgemeinmedizin bei zur Weiterbildung ermächtigten Ärzten und in dafür zugelassenen Einrichtungen erworben hat. [2]Bis zum 31. Dezember 2008 ist eine dem Satz 1 entsprechende mindestens dreijährige Weiterbildung ausnahmsweise ausreichend, wenn nach den entsprechenden landesrechtlichen Vorschriften eine begonnene Weiterbildung in der Allgemeinmedizin, für die eine Dauer von mindestens drei Jahren vorgeschrieben war, wegen der Erziehung eines Kindes in den ersten drei Lebensjahren, für das dem Arzt die Personensorge zustand und mit dem er in einem Haushalt gelebt hat, die Weiterbildung unterbrochen worden ist und nach den landesrechtlichen Vorschriften als mindestens dreijährige Weiterbildung fortgesetzt werden darf. [3]Satz 2 gilt entsprechend, wenn aus den dort genannten Gründen der Kindererziehung die Aufnahme einer vertragsärztlichen Tätigkeit in der Allgemein-

medizin vor dem 1. Januar 2006 nicht möglich war und ein entsprechender Antrag auf Eintragung in das Arztregister auf der Grundlage einer abgeschlossenen mindestens dreijährigen Weiterbildung bis zum 31. Dezember 2008 gestellt wird.

(3) [1] Die allgemeinmedizinische Weiterbildung muß unbeschadet ihrer mindestens fünfjährigen Dauer inhaltlich mindestens den Anforderungen nach Artikel 28 der Richtlinie 2005/36/EG des Europäischen Parlaments und des Rates vom 7. September 2005 über die Anerkennung von Berufsqualifikationen (ABl. EU Nr. L 255 S. 22, 2007 Nr. L 271 S. 18) entsprechen und mit dem Erwerb der Facharztbezeichnung für Allgemeinmedizin abschließen. [2] Sie hat insbesondere folgende Tätigkeiten einzuschließen:

1. mindestens sechs Monate in der Praxis eines zur Weiterbildung in der Allgemeinmedizin ermächtigten niedergelassenen Arztes,
2. mindestens sechs Monate in zugelassenen Krankenhäusern,
3. höchstens sechs Monate in anderen zugelassenen Einrichtungen oder Diensten des Gesundheitswesens, die sich mit Allgemeinmedizin befassen, soweit der Arzt mit einer patientenbezogenen Tätigkeit betraut ist.

(4) Die Voraussetzungen zur Eintragung sind auch erfüllt, wenn der Arzt auf Grund von landesrechtlichen Vorschriften zur Ausführung des Artikels 30 der Richtlinie 2005/36/EG des Europäischen Parlaments und des Rates vom 7. September 2005 über die Anerkennung von Berufsqualifikationen (ABl. EU Nr. L 255 S. 22, 2007 Nr. L 271 S. 18) bis zum 31. Dezember 1995 die Bezeichnung „Praktischer Arzt" erworben hat.

(5) [1] Einzutragen sind auf ihren Antrag auch im Inland zur Berufsausübung zugelassene Ärzte, wenn sie Inhaber eines Ausbildungsnachweises über eine inhaltlich mindestens den Anforderungen nach Artikel 28 der Richtlinie 2005/36/EG des Europäischen Parlaments und des Rates vom 7. September 2005 über die Anerkennung von Berufsqualifikationen (ABl. EU Nr. L 255 S. 22, 2007 Nr. L 271 S. 18) entsprechende besondere Ausbildung in der Allgemeinmedizin sind und dieser Ausbildungsnachweis in einem Mitgliedstaat der Europäischen Union oder einem anderen Vertragsstaat des Abkommens über den Europäischen Wirtschaftsraum oder einem Vertragsstaat, dem Deutschland und die Europäische Gemeinschaft oder Deutschland und die Europäische Union vertraglich einen entsprechenden Rechtsanspruch eingeräumt haben, ausgestellt worden ist. [2] Einzutragen sind auch Inhaber von Bescheinigungen über besondere erworbene Rechte von praktischen Ärzten nach Artikel 30 der in Satz 1 genannten Richtlinie, Inhaber eines Ausbildungsnachweises über eine inhaltlich mindestens den Anforderungen nach Artikel 25 dieser Richtlinie entsprechende fachärztliche Weiterbildung oder Inhaber einer Bescheinigung über besondere erworbene Rechte von Fachärzten nach Artikel 27 dieser Richtlinie.

§ 95b Kollektiver Verzicht auf die Zulassung. (1) Mit den Pflichten eines Vertragsarztes ist es nicht vereinbar, in einem mit anderen Ärzten aufeinander abgestimmten Verfahren oder Verhalten auf die Zulassung als Vertragsarzt zu verzichten.

(2) Verzichten Vertragsärzte in einem mit anderen Vertragsärzten aufeinander abgestimmten Verfahren oder Verhalten auf ihre Zulassung als Vertragsarzt und kommt es aus diesem Grund zur Feststellung der Aufsichtsbehörde nach § 72a

Abs. 1, kann eine erneute Zulassung frühestens nach Ablauf von sechs Jahren nach Abgabe der Verzichtserklärung erteilt werden.

(3) [1] Nimmt ein Versicherter einen Arzt oder Zahnarzt in Anspruch, der auf seine Zulassung nach Absatz 1 verzichtet hat, zahlt die Krankenkasse die Vergütung mit befreiender Wirkung an den Arzt oder Zahnarzt. [2] Der Vergütungsanspruch gegen die Krankenkasse ist auf das 1,0fache des Gebührensatzes der Gebührenordnung für Ärzte oder der Gebührenordnung für Zahnärzte beschränkt. [3] Ein Vergütungsanspruch des Arztes oder Zahnarztes gegen den Versicherten besteht nicht. [4] Abweichende Vereinbarungen sind nichtig.

§ 95c Voraussetzung für die Eintragung von Psychotherapeuten in das Arztregister. (1) [1] Bei Psychotherapeuten setzt die Eintragung in das Arztregister voraus:

1. die Approbation als Psychotherapeut nach § 2 des Psychotherapeutengesetzes und
2. den erfolgreichen Abschluss einer Weiterbildung
   a) für die Behandlung von Erwachsenen in einem durch den Gemeinsamen Bundesausschuss nach § 92 Absatz 6a anerkannten Behandlungsverfahren,
   b) für die Behandlung von Kindern und Jugendlichen in einem durch den Gemeinsamen Bundesausschuss nach § 92 Absatz 6a anerkannten Behandlungsverfahren oder
   c) in einem anderen Fachgebiet mit der Befugnis zum Führen einer entsprechenden Gebietsbezeichnung, sofern dem Fachgebiet Methoden oder Techniken zugrunde liegen, die vom Gemeinsamen Bundesausschuss anerkannt worden sind.

[2] Ziel der Weiterbildung ist der Erwerb der in den Weiterbildungsordnungen festgelegten Kenntnisse, Erfahrungen und Fertigkeiten, um nach Abschluss der Berufsausbildung besondere psychotherapeutische Kompetenzen zu erlangen. [3] Die Weiterbildung dient, orientiert an einer von der Bundespsychotherapeutenkammer entwickelten Musterweiterbildungsordnung, der Sicherung der Qualität der psychotherapeutischen Berufsausübung. [4] Sie wird durch eine erfolgreich abgelegte Prüfung abgeschlossen.

(2) [1] Bei Psychotherapeuten, die ihre Approbation nach § 2 des Psychotherapeutengesetzes in der bis zum 31. August 2020 geltenden Fassung oder nach § 12 des Psychotherapeutengesetzes in der bis zum 31. August 2020 geltenden Fassung erworben haben, setzt die Eintragung in das Arztregister neben der Approbation nach § 2 des Psychotherapeutengesetzes in der bis zum 31. August 2020 geltenden Fassung oder nach § 12 des Psychotherapeutengesetzes in der bis zum 31. August 2020 geltenden Fassung den Fachkundenachweis voraus. [2] Der Fachkundenachweis setzt voraus:

1. für den nach § 2 Absatz 1 des Psychotherapeutengesetzes in der bis zum 31. August 2020 geltenden Fassung approbierten Psychotherapeuten, dass der Psychotherapeut die vertiefte Ausbildung gemäß § 8 Absatz 3 Nummer 1 des Psychotherapeutengesetzes in der bis zum 31. August 2020 geltenden Fassung in einem durch den Gemeinsamen Bundesausschuss nach § 92 Absatz 6a anerkannten Behandlungsverfahren erfolgreich abgeschlossen hat;
2. für den nach § 2 Absatz 2 und 3 des Psychotherapeutengesetzes in der bis zum 31. August 2020 geltenden Fassung approbierten Psychotherapeuten, dass die der Approbation zugrunde liegende Ausbildung und Prüfung in

einem durch den Gemeinsamen Bundesausschuss nach § 92 Absatz 6a anerkannten Behandlungsverfahren abgeschlossen wurden;

3. für den nach § 12 des Psychotherapeutengesetzes in der bis zum 31. August 2020 geltenden Fassung approbierten Psychotherapeuten, dass er die für eine Approbation geforderte Qualifikation, Weiterbildung oder Behandlungsstunden, Behandlungsfälle und die theoretische Ausbildung in einem durch den Gemeinsamen Bundesausschuss nach § 92 Absatz 1 Satz 2 Nummer 1 anerkannten Behandlungsverfahren nachweist.

§ 95d Pflicht zur fachlichen Fortbildung. (1) [1]Der Vertragsarzt ist verpflichtet, sich in dem Umfang fachlich fortzubilden, wie es zur Erhaltung und Fortentwicklung der zu seiner Berufsausübung in der vertragsärztlichen Versorgung erforderlichen Fachkenntnisse notwendig ist. [2]Die Fortbildungsinhalte müssen dem aktuellen Stand der wissenschaftlichen Erkenntnisse auf dem Gebiet der Medizin, Zahnmedizin oder Psychotherapie entsprechen. [3]Sie müssen frei von wirtschaftlichen Interessen sein.

(2) [1]Der Nachweis über die Fortbildung kann durch Fortbildungszertifikate der Kammern der Ärzte, der Zahnärzte sowie der Psychotherapeuten erbracht werden. [2]Andere Fortbildungszertifikate müssen den Kriterien entsprechen, die die jeweilige Arbeitsgemeinschaft der Kammern dieser Berufe auf Bundesebene aufgestellt hat. [3]In Ausnahmefällen kann die Übereinstimmung der Fortbildung mit den Anforderungen nach Absatz 1 Satz 2 und 3 auch durch sonstige Nachweise erbracht werden; die Einzelheiten werden von den Kassenärztlichen Bundesvereinigungen nach Absatz 6 Satz 2 geregelt.

(3) [1]Ein Vertragsarzt hat alle fünf Jahre gegenüber der Kassenärztlichen Vereinigung den Nachweis zu erbringen, dass er in dem zurückliegenden Fünfjahreszeitraum seiner Fortbildungspflicht nach Absatz 1 nachgekommen ist; für die Zeit des Ruhens der Zulassung ist die Frist unterbrochen. [2]Endet die bisherige Zulassung infolge Wegzugs des Vertragsarztes aus dem Bezirk seines Vertragsarztsitzes, läuft die bisherige Frist weiter. [3]Erbringt ein Vertragsarzt den Fortbildungsnachweis nicht oder nicht vollständig, ist die Kassenärztliche Vereinigung verpflichtet, das an ihn zu zahlende Honorar aus der Vergütung vertragsärztlicher Tätigkeit für die ersten vier Quartale, die auf den Fünfjahreszeitraum folgen, um 10 vom Hundert zu kürzen, ab dem darauf folgenden Quartal um 25 vom Hundert. [4]Ein Vertragsarzt kann die für den Fünfjahreszeitraum festgelegte Fortbildung binnen zwei Jahren ganz oder teilweise nachholen; die nachgeholte Fortbildung wird auf den folgenden Fünfjahreszeitraum nicht angerechnet. [5]Die Honorarkürzung endet nach Ablauf des Quartals, in dem der vollständige Fortbildungsnachweis erbracht wird. [6]Erbringt ein Vertragsarzt den Fortbildungsnachweis nicht spätestens zwei Jahre nach Ablauf des Fünfjahreszeitraums, soll die Kassenärztliche Vereinigung unverzüglich gegenüber dem Zulassungsausschuss einen Antrag auf Entziehung der Zulassung stellen. [7]Wird die Zulassungsentziehung abgelehnt, endet die Honorarkürzung nach Ablauf des Quartals, in dem der Vertragsarzt den vollständigen Fortbildungsnachweis des folgenden Fünfjahreszeitraums erbringt.

(4) Die Absätze 1 bis 3 gelten für ermächtigte Ärzte entsprechend.

(5) [1]Die Absätze 1 und 2 gelten entsprechend für angestellte Ärzte eines medizinischen Versorgungszentrums, eines Vertragsarztes oder einer Einrichtung nach § 105 Absatz 1 Satz 2, Absatz 5 oder nach § 119b. [2]Den Fortbildungsnachweis nach Absatz 3 für die von ihm angestellten Ärzte führt das

medizinische Versorgungszentrum oder der Vertragsarzt; für die in einer Einrichtung nach § 105 Absatz 5 oder nach § 119b angestellten Ärzte wird der Fortbildungsnachweis nach Absatz 3 von der Einrichtung geführt. [3]Übt ein angestellter Arzt die Beschäftigung länger als drei Monate nicht aus, hat die Kassenärztliche Vereinigung auf Antrag den Fünfjahreszeitraum um die Fehlzeiten zu verlängern. [4]Absatz 3 Satz 2 bis 5 und 7 gilt entsprechend mit der Maßgabe, dass das Honorar des medizinischen Versorgungszentrums, des Vertragsarztes oder der Einrichtung nach § 105 Absatz 1 Satz 2, Absatz 5 oder nach § 119b gekürzt wird. [5]Die Honorarkürzung endet auch dann, wenn der Kassenärztlichen Vereinigung die Beendigung des Beschäftigungsverhältnisses nachgewiesen wird, nach Ablauf des Quartals, in dem das Beschäftigungsverhältnis endet. [6]Besteht das Beschäftigungsverhältnis fort und wird nicht spätestens zwei Jahre nach Ablauf des Fünfjahreszeitraums für einen angestellten Arzt der Fortbildungsnachweis gemäß Satz 2 erbracht, soll die Kassenärztliche Vereinigung unverzüglich gegenüber dem Zulassungsausschuss einen Antrag auf Widerruf der Genehmigung der Anstellung stellen.

(6) [1]Die Kassenärztlichen Bundesvereinigungen regeln im Einvernehmen mit den zuständigen Arbeitsgemeinschaften der Kammern auf Bundesebene den angemessenen Umfang der im Fünfjahreszeitraum notwendigen Fortbildung. [2]Die Kassenärztlichen Bundesvereinigungen regeln das Verfahren des Fortbildungsnachweises und der Honorarkürzung. [3]Es ist insbesondere festzulegen, in welchen Fällen Vertragsärzte bereits vor Ablauf des Fünfjahreszeitraums Anspruch auf eine schriftliche oder elektronische Anerkennung abgeleisteter Fortbildung haben. [4]Die Regelungen sind für die Kassenärztlichen Vereinigungen verbindlich.

§ 96 Zulassungsausschüsse. (1) Zur Beschlußfassung und Entscheidung in Zulassungssachen errichten die Kassenärztlichen Vereinigungen und die Landesverbände der Krankenkassen sowie die Ersatzkassen für den Bezirk jeder Kassenärztlichen Vereinigung oder für Teile dieses Bezirks (Zulassungsbezirk) einen Zulassungsausschuß für Ärzte und einen Zulassungsausschuß für Zahnärzte.

(2) [1]Die Zulassungsausschüsse bestehen aus Vertretern der Ärzte und der Krankenkassen in gleicher Zahl. [2]Die Vertreter der Ärzte und ihre Stellvertreter werden von den Kassenärztlichen Vereinigungen, die Vertreter der Krankenkassen und ihre Stellvertreter von den Landesverbänden der Krankenkassen und den Ersatzkassen bestellt. [3]Die Mitglieder der Zulassungsausschüsse führen ihr Amt als Ehrenamt. [4]Sie sind an Weisungen nicht gebunden. [5]Den Vorsitz führt abwechselnd ein Vertreter der Ärzte und der Krankenkassen. [6]Die Zulassungsausschüsse beschließen mit einfacher Stimmenmehrheit, bei Stimmengleichheit gilt ein Antrag als abgelehnt.

(2a) [1]Die für die Sozialversicherung zuständigen obersten Landesbehörden haben in den Verfahren, in denen der Zulassungsausschuss für Ärzte eine der folgenden Entscheidungen trifft, ein Mitberatungsrecht:

1. ausnahmsweise Besetzung zusätzlicher Vertragsarztsitze nach § 101 Absatz 1 Satz 1 Nummer 3,
2. Durchführung eines Nachbesetzungsverfahrens nach § 103 Absatz 3a,
3. Besetzung zusätzlicher Vertragsarztsitze auf Grundlage der Entscheidungen der für die Sozialversicherung zuständigen obersten Landesbehörden nach § 103 Absatz 2 Satz 4,

4. Ablehnung einer Nachbesetzung nach § 103 Absatz 4 Satz 10,
5. Ermächtigung von Ärzten und Einrichtungen,
6. Befristung einer Zulassung nach § 19 Absatz 4 der Zulassungsverordnung für Vertragsärzte und
7. Verlegung eines Vertragsarztsitzes oder einer genehmigten Anstellung nach § 24 Absatz 7 der Zulassungsverordnung für Vertragsärzte.

[2] Das Mitberatungsrecht umfasst auch das Recht auf frühzeitige Information über die Verfahrensgegenstände, das Recht zur Teilnahme an den Sitzungen einschließlich des Rechts zur Anwesenheit bei der Beschlussfassung sowie das Recht zur Stellung verfahrensleitender Anträge.

(3) [1] Die Geschäfte der Zulassungsausschüsse werden bei den Kassenärztlichen Vereinigungen geführt. [2] Die Kosten der Zulassungsausschüsse werden, soweit sie nicht durch Gebühren gedeckt sind, je zur Hälfte von den Kassenärztlichen Vereinigungen einerseits und den Landesverbänden der Krankenkassen und den Ersatzkassen andererseits getragen.

(4) [1] Gegen die Entscheidungen der Zulassungsausschüsse können die am Verfahren beteiligten Ärzte und Einrichtungen, die Kassenärztlichen Vereinigungen und die Landesverbände der Krankenkassen sowie die Ersatzkassen den Berufungsausschuß anrufen. [2] Die Anrufung hat aufschiebende Wirkung.

§ 97 Berufungsausschüsse. (1) [1] Die Kassenärztlichen Vereinigungen und die Landesverbände der Krankenkassen sowie die Ersatzkassen errichten für den Bezirk jeder Kassenärztlichen Vereinigung einen Berufungsausschuß für Ärzte und einen Berufungsausschuß für Zahnärzte. [2] Sie können nach Bedarf mehrere Berufungsausschüsse für den Bezirk einer Kassenärztlichen Vereinigung oder einen gemeinsamen Berufungsausschuß für die Bezirke mehrerer Kassenärztlicher Vereinigungen errichten.

(2) [1] Die Berufungsausschüsse bestehen aus einem Vorsitzenden mit der Befähigung zum Richteramt und aus Vertretern der Ärzte einerseits und der Landesverbände der Krankenkassen sowie der Ersatzkassen andererseits in gleicher Zahl als Beisitzern. [2] Über den Vorsitzenden sollen sich die Beisitzer einigen. [3] Kommt eine Einigung nicht zustande, beruft ihn die für die Sozialversicherung zuständige oberste Verwaltungsbehörde im Benehmen mit den Kassenärztlichen Vereinigungen und den Landesverbänden der Krankenkassen sowie den Ersatzkassen. [4] § 96 Abs. 2 Satz 2 bis 5 und 7 und Abs. 3 gilt entsprechend.

(3) [1] Für das Verfahren sind § 84 Abs. 1 und § 85 Abs. 3 des Sozialgerichtsgesetzes[1)] anzuwenden. [2] Das Verfahren vor dem Berufungsausschuß gilt als Vorverfahren (§ 78 des Sozialgerichtsgesetzes).

(4) Der Berufungsausschuß kann die sofortige Vollziehung seiner Entscheidung im öffentlichen Interesse anordnen.

(5) [1] Die Aufsicht über die Geschäftsführung der Zulassungsausschüsse und der Berufungsausschüsse führen die für die Sozialversicherung zuständigen obersten Verwaltungsbehörden der Länder. [2] Sie berufen die Vertreter der Ärzte und der Krankenkassen, wenn und solange die Kassenärztlichen Vereinigungen, die Landesverbände der Krankenkassen oder die Ersatzkassen diese nicht bestellen.

[1)] Nr. **20**.

§ 98 Zulassungsverordnungen. (1) [1]Die Zulassungsverordnungen regeln das Nähere über die Teilnahme an der vertragsärztlichen Versorgung sowie die zu ihrer Sicherstellung erforderliche Bedarfsplanung (§ 99) und die Beschränkung von Zulassungen. [2]Sie werden vom Bundesministerium für Gesundheit mit Zustimmung des Bundesrates als Rechtsverordnung erlassen.

(2) Die Zulassungsverordnungen müssen Vorschriften enthalten über

1. die Zahl, die Bestellung und die Abberufung der Mitglieder der Ausschüsse sowie ihrer Stellvertreter, ihre Amtsdauer, ihre Amtsführung und die ihnen zu gewährende Erstattung der baren Auslagen und Entschädigung für Zeitaufwand,
2. die Geschäftsführung der Ausschüsse,
3. das Verfahren der Ausschüsse entsprechend den Grundsätzen des Vorverfahrens in der Sozialgerichtsbarkeit,
4. die Verfahrensgebühren unter Berücksichtigung des Verwaltungsaufwandes und der Bedeutung der Angelegenheit für den Gebührenschuldner sowie über die Verteilung der Kosten der Ausschüsse auf die beteiligten Verbände,
5. die Führung der Arztregister durch die Kassenärztlichen Vereinigungen und die Führung von Bundesarztregistern durch die Kassenärztlichen Bundesvereinigungen sowie das Recht auf Einsicht in diese Register und die Registerakten, insbesondere durch die betroffenen Ärzte und Krankenkassen,
6. das Verfahren für die Eintragung in die Arztregister sowie über die Verfahrensgebühren unter Berücksichtigung des Verwaltungsaufwandes und der Bedeutung der Angelegenheit für den Gebührenschuldner,
7. die Bildung und Abgrenzung der Zulassungsbezirke,
8. die Aufstellung, Abstimmung, Fortentwicklung und Auswertung der für die mittel- und langfristige Sicherstellung der vertragsärztlichen Versorgung erforderlichen Bedarfspläne sowie die hierbei notwendige Zusammenarbeit mit anderen Stellen, deren Unterrichtung und die Beratung in den Landesausschüssen der Ärzte und Krankenkassen,
9. die Ausschreibung von Vertragsarztsitzen,
10. die Voraussetzungen für die Zulassung hinsichtlich der Vorbereitung und der Eignung zur Ausübung der vertragsärztlichen Tätigkeit sowie die nähere Bestimmung des zeitlichen Umfangs des Versorgungsauftrages aus der Zulassung,
11. die Voraussetzungen, unter denen Ärzte, insbesondere in Krankenhäusern und Einrichtungen der beruflichen Rehabilitation, oder in besonderen Fällen Einrichtungen durch die Zulassungsausschüsse zur Teilnahme an der vertragsärztlichen Versorgung ermächtigt werden können, die Rechte und Pflichten der ermächtigten Ärzte und ermächtigten Einrichtungen sowie die Zulässigkeit einer Vertretung von ermächtigten Krankenhausärzten durch Ärzte mit derselben Gebietsbezeichnung,
12. die Voraussetzungen für eine Befristung von Zulassungen,
13. die Voraussetzungen, unter denen nach den Grundsätzen der Ausübung eines freien Berufes die Vertragsärzte angestellte Ärzte, Assistenten und Vertreter in der vertragsärztlichen Versorgung beschäftigen dürfen oder die vertragsärztliche Tätigkeit an weiteren Orten ausüben können,

13a. die Voraussetzungen, unter denen die zur vertragsärztlichen Versorgung zugelassenen Leistungserbringer die vertragsärztliche Tätigkeit gemeinsam ausüben können,
14. die Teilnahme an der vertragsärztlichen Versorgung durch Ärzte, denen die zuständige deutsche Behörde eine Erlaubnis zur vorübergehenden Ausübung des ärztlichen Berufes erteilt hat, sowie durch Ärzte, die zur vorübergehenden Erbringung von Dienstleistungen im Sinne des Artikels 50 des Vertrages zur Gründung der Europäischen Gemeinschaft oder des Artikels 37 des Abkommens über den Europäischen Wirtschaftsraum im Inland tätig werden,
15. die zur Sicherstellung der vertragsärztlichen Versorgung notwendigen angemessenen Fristen für die Beendigung der vertragsärztlichen Tätigkeit bei Verzicht.

(3) Absatz 2 Nummer 12 gilt nicht für die Zulassungsverordnung für Vertragszahnärzte.

Achter Titel. Bedarfsplanung, Unterversorgung, Überversorgung

§ 99 Bedarfsplan. (1) [1]Die Kassenärztlichen Vereinigungen haben im Einvernehmen mit den Landesverbänden der Krankenkassen und den Ersatzkassen nach Maßgabe der vom Gemeinsamen Bundesausschuss erlassenen Richtlinien auf Landesebene einen Bedarfsplan zur Sicherstellung der vertragsärztlichen Versorgung aufzustellen und jeweils der Entwicklung anzupassen. [2]Die Ziele und Erfordernisse der Raumordnung und Landesplanung sowie der Krankenhausplanung sind zu beachten. [3]Soweit es zur Berücksichtigung regionaler Besonderheiten, insbesondere der regionalen Demografie und Morbidität, für eine bedarfsgerechte Versorgung erforderlich ist, kann von den Richtlinien des Gemeinsamen Bundesausschusses abgewichen werden. [4]Den zuständigen Landesbehörden und den auf Landesebene für die Wahrnehmung der Interessen der Patientinnen und Patienten und der Selbsthilfe chronisch kranker und behinderter Menschen maßgeblichen Organisationen ist Gelegenheit zur Stellungnahme zu geben. [5]Der aufgestellte oder angepasste Bedarfsplan ist der für die Sozialversicherung zuständigen obersten Landesbehörde vorzulegen. [6]Sie kann den Bedarfsplan innerhalb einer Frist von zwei Monaten beanstanden. [7]Der Bedarfsplan ist in geeigneter Weise zu veröffentlichen.

(2) [1]Kommt das Einvernehmen zwischen den Kassenärztlichen Vereinigungen, den Landesverbänden der Krankenkassen und den Ersatzkassen nicht zustande, kann jeder der Beteiligten den Landesausschuß der Ärzte und Krankenkassen anrufen. [2]Dies gilt auch für den Fall, dass kein Einvernehmen darüber besteht, wie einer Beanstandung des Bedarfsplans abzuhelfen ist.

(3) Die Landesausschüsse beraten die Bedarfspläne nach Absatz 1 und entscheiden im Falle des Absatzes 2.

§ 100 Unterversorgung. (1) [1]Den Landesausschüssen der Ärzte und Krankenkassen obliegt die Feststellung, daß in bestimmten Gebieten eines Zulassungsbezirks eine ärztliche Unterversorgung eingetreten ist oder in absehbarer Zeit droht; die durch Ermächtigung an der vertragsärztlichen Versorgung teilnehmenden Ärzte und die Ärzte, die in ermächtigten Einrichtungen tätig sind, sind bei der Feststellung einer Unterversorgung nicht zu berücksichtigen. [2]Sie haben den für die betroffenen Gebiete zuständigen Kassenärztlichen Vereinigungen eine angemessene Frist zur Beseitigung oder Abwendung der Unterversorgung einzuräumen.

(2) Konnte durch Maßnahmen einer Kassenärztlichen Vereinigung oder durch andere geeignete Maßnahmen die Sicherstellung nicht gewährleistet werden und dauert die Unterversorgung auch nach Ablauf der Frist an, haben die Landesausschüsse mit verbindlicher Wirkung für die Zulassungsausschüsse nach deren Anhörung Zulassungsbeschränkungen in anderen Gebieten nach den Zulassungsverordnungen anzuordnen.

(3) Den Landesausschüssen der Ärzte und Krankenkassen obliegt nach Maßgabe der Richtlinien nach § 101 Abs. 1 Nr. 3a die Feststellung, dass in einem nicht unterversorgten Planungsbereich zusätzlicher lokaler Versorgungsbedarf besteht.

(4) Absatz 1 Satz 2 und Absatz 2 gelten nicht für Zahnärzte.

§ 101 Überversorgung. (1) [1] Der Gemeinsame Bundesausschuss beschließt in Richtlinien Bestimmungen über

1. einheitliche Verhältniszahlen für den allgemeinen bedarfsgerechten Versorgungsgrad in der vertragsärztlichen Versorgung,
2. Maßstäbe für eine ausgewogene hausärztliche und fachärztliche Versorgungsstruktur,
2a. Regelungen, mit denen bei der Berechnung des Versorgungsgrades die von Ärzten erbrachten spezialfachärztlichen Leistungen nach § 116b berücksichtigt werden,
2b. Regelungen, mit denen bei der Berechnung des Versorgungsgrades die durch Ermächtigung an der vertragsärztlichen Versorgung teilnehmenden Ärzte und die Ärzte, die in ermächtigten Einrichtungen tätig sind, berücksichtigt werden, einschließlich Vorgaben zum Inhalt und zum Verfahren der Meldungen der ermächtigten Einrichtungen an die Kassenärztlichen Vereinigungen nach Satz 12,
3. Vorgaben für die ausnahmsweise Besetzung zusätzlicher Vertragsarztsitze, soweit diese zur Gewährleistung der vertragsärztlichen Versorgung in einem Versorgungsbereich unerläßlich sind, um einen zusätzlichen lokalen oder einen qualifikationsbezogenen Versorgungsbedarf insbesondere innerhalb einer Arztgruppe zu decken,
3a. allgemeine Voraussetzungen, nach denen die Landesausschüsse der Ärzte und Krankenkassen nach § 100 Abs. 3 einen zusätzlichen lokalen Versorgungsbedarf in nicht unterversorgten Planungsbereichen feststellen können,
4. Ausnahmeregelungen für die Zulassung eines Arztes in einem Planungsbereich, für den Zulassungsbeschränkungen angeordnet sind, sofern der Arzt die vertragsärztliche Tätigkeit gemeinsam mit einem dort bereits tätigen Vertragsarzt desselben Fachgebiets oder, sofern die Weiterbildungsordnungen Facharztbezeichnungen vorsehen, derselben Facharztbezeichnung ausüben will und sich die Partner der Berufsausübungsgemeinschaft gegenüber dem Zulassungsausschuß zu einer Leistungsbegrenzung verpflichten, die den bisherigen Praxisumfang nicht wesentlich überschreitet, dies gilt für die Anstellung eines Arztes in einer Einrichtung nach § 400 Abs. 2 Satz 1 und in einem medizinischen Versorgungszentrum entsprechend; bei der Ermittlung des Versorgungsgrades ist der Arzt nicht mitzurechnen,

5. Regelungen für die Anstellung von Ärzten bei einem Vertragsarzt desselben Fachgebiets oder, sofern die Weiterbildungsordnungen Facharztbezeichnungen vorsehen, mit derselben Facharztbezeichnung in einem Planungsbereich, für den Zulassungsbeschränkungen angeordnet sind, sofern sich der Vertragsarzt gegenüber dem Zulassungsausschuß zu einer Leistungsbegrenzung verpflichtet, die den bisherigen Praxisumfang nicht wesentlich überschreitet, und Ausnahmen von der Leistungsbegrenzung, soweit und solange dies zur Deckung eines zusätzlichen lokalen Versorgungsbedarfs erforderlich ist; bei der Ermittlung des Versorgungsgrades sind die angestellten Ärzte nicht mitzurechnen,
6. Ausnahmeregelungen zur Leistungsbegrenzung nach den Nummern 4 und 5 im Fall eines unterdurchschnittlichen Praxisumfangs; für psychotherapeutische Praxen mit unterdurchschnittlichem Praxisumfang soll eine Vergrößerung des Praxisumfangs nicht auf den Fachgruppendurchschnitt begrenzt werden.

[2] Sofern die Weiterbildungsordnungen mehrere Facharztbezeichnungen innerhalb desselben Fachgebiets vorsehen, bestimmen die Richtlinien nach Nummer 4 und 5 auch, welche Facharztbezeichnungen bei der gemeinschaftlichen Berufsausübung nach Nummer 4 und bei der Anstellung nach Nummer 5 vereinbar sind. [3] Überversorgung ist anzunehmen, wenn der allgemeine bedarfsgerechte Versorgungsgrad um 10 vom Hundert überschritten ist. [4] Der allgemeine bedarfsgerechte Versorgungsgrad ist erstmals bundeseinheitlich zum Stand vom 31. Dezember 1990 zu ermitteln. [5] Bei der Ermittlung des Versorgungsgrades ist die Entwicklung des Zugangs zur vertragsärztlichen Versorgung seit dem 31. Dezember 1980 arztgruppenspezifisch angemessen zu berücksichtigen. [6] Die regionalen Planungsbereiche sind mit Wirkung zum 1. Januar 2013 so festzulegen, dass eine flächendeckende Versorgung sichergestellt wird. [7] Der Gemeinsame Bundesausschuss trifft mit Wirkung zum 1. Juli 2019 die erforderlichen Anpassungen für eine bedarfsgerechte Versorgung nach Prüfung der Verhältniszahlen gemäß Absatz 2 Nummer 3 und unter Berücksichtigung der Möglichkeit zu einer kleinräumigen Planung, insbesondere für die Arztgruppe nach Absatz 4. [8] Er kann innerhalb der einzelnen Arztgruppen nach Fachgebieten, Facharztkompetenzen oder Schwerpunktkompetenzen differenzierte Mindest- oder Höchstversorgungsanteile für Ärzte dieser Fachgebiete oder für Ärzte mit entsprechenden Facharztkompetenzen oder Schwerpunktkompetenzen festlegen; die Festlegung von Mindest- oder Höchstversorgungsanteilen hat keine Auswirkungen auf die für die betreffenden Arztgruppen festgesetzten Verhältniszahlen. [9] Bei der Berechnung des Versorgungsgrades in einem Planungsbereich sind Vertragsärzte mit einem hälftigen Versorgungsauftrag mit dem Faktor 0,5 sowie die bei einem Vertragsarzt nach § 95 Abs. 9 Satz 1 angestellten Ärzte, die in einem medizinischen Versorgungszentrum angestellten Ärzte und die in einer Einrichtung nach § 105 Absatz 1 Satz 2 angestellten Ärzte entsprechend ihrer Arbeitszeit anteilig zu berücksichtigen. [10] Erbringen die in Satz 9 genannten Ärzte spezialfachärztliche Leistungen nach § 116b, ist dies bei der Berechnung des Versorgungsgrades nach Maßgabe der Bestimmungen nach Satz 1 Nummer 2a zu berücksichtigen. [11] Die Berücksichtigung ermächtigter Ärzte und der in ermächtigten Einrichtungen tätigen Ärzte erfolgt nach Maßgabe der Bestimmungen nach Satz 1 Nummer 2b. [12] Die Anzahl der in ermächtigten Einrichtungen tätigen Ärzte sowie geeignete Angaben zur Ermittlung des auf den Versorgungsgrad anzurechnenden Leistungs-

umfangs werden von den ermächtigten Einrichtungen quartalsweise an die Kassenärztlichen Vereinigungen gemeldet und in den Bedarfsplänen gemäß § 99 erfasst. [13]Der Gemeinsame Bundesausschuss kann im Rahmen einer befristeten Übergangsregelung zur Umsetzung des Auftrags nach Satz 7 bestimmen, dass die Landesausschüsse der Ärzte und Krankenkassen Zulassungsbeschränkungen für einzelne Arztgruppen und Planungsbereiche zur Sicherstellung einer gleichmäßigen Versorgung in verschiedenen Planungsbereichen auf gemeinsamen Antrag der Kassenärztlichen Vereinigungen, der Landesverbände der Krankenkassen sowie der Ersatzkassen auch bei einem Versorgungsgrad zwischen 100 Prozent und 110 Prozent anordnen können. [14]Festlegungen nach Satz 8 sind bei der Ermittlung des Versorgungsgrades nur zu berücksichtigen, sofern die entsprechenden Sitze besetzt sind. [15]Der Gemeinsame Bundesausschuss bestimmt, ob die nach Satz 8 festgelegten Mindestversorgungsanteile im Fall der Überversorgung auch durch Erteilung zusätzlicher Zulassungen und Anstellungsgenehmigungen aufzufüllen sind.

(2) Der Gemeinsame Bundesausschuss hat die auf der Grundlage des Absatzes 1 Satz 4 und 5 ermittelten Verhältniszahlen anzupassen oder neue Verhältniszahlen festzulegen, wenn dies erforderlich ist

1. wegen der Änderung der fachlichen Ordnung der Arztgruppen,
2. weil die Zahl der Ärzte einer Arztgruppe bundesweit die Zahl 1 000 übersteigt oder
3. zur Sicherstellung der bedarfsgerechten Versorgung; dabei sind insbesondere die demografische Entwicklung sowie die Sozial- und Morbiditätsstruktur zu berücksichtigen.

(3) [1]Im Falle des Absatzes 1 Satz 1 Nr. 4 erhält der Arzt eine auf die Dauer der gemeinsamen vertragsärztlichen Tätigkeit beschränkte Zulassung. [2]Die Beschränkung und die Leistungsbegrenzung nach Absatz 1 Satz 1 Nr. 4 enden bei Aufhebung der Zulassungsbeschränkungen nach § 103 Abs. 3, spätestens jedoch nach zehnjähriger gemeinsamer vertragsärztlicher Tätigkeit. [3]Endet die Beschränkung, wird der Arzt bei der Ermittlung des Versorgungsgrades mitgerechnet. [4]Im Falle der Praxisfortführung nach § 103 Abs. 4 ist bei der Auswahl der Bewerber die gemeinschaftliche Praxisausübung des in Absatz 1 Satz 1 Nr. 4 genannten Arztes erst nach mindestens fünfjähriger gemeinsamer vertragsärztlicher Tätigkeit zu berücksichtigen. [5]Für die Einrichtungen nach § 400 Abs. 2 Satz 1 gelten die Sätze 2 und 3 entsprechend.

(3a) [1]Die Leistungsbegrenzung nach Absatz 1 Satz 1 Nr. 5 endet bei Aufhebung der Zulassungsbeschränkungen. [2]Endet die Leistungsbegrenzung, wird der angestellte Arzt bei der Ermittlung des Versorgungsgrades mitgerechnet.

(4) [1]Überwiegend oder ausschließlich psychotherapeutisch tätige Ärzte und Psychotherapeuten bilden eine Arztgruppe im Sinne des Absatzes 2. [2]Der allgemeine bedarfsgerechte Versorgungsgrad ist für diese Arztgruppe erstmals zum Stand vom 1. Januar 1999 zu ermitteln. [3]Zu zählen sind die zugelassenen Ärzte sowie die Psychotherapeuten, die nach § 95 Abs. 10 in der bis zum 31. August 2020 geltenden Fassung zugelassen werden. [4]Dabei sind überwiegend psychotherapeutisch tätige Ärzte mit dem Faktor 0,7 zu berücksichtigen. [5]In den Richtlinien nach Absatz 1 ist für die Zeit bis zum 31. Dezember 2015 sicherzustellen, dass mindestens ein Versorgungsanteil in Höhe von 25 Prozent der regional maßgeblichen Verhältniszahl den überwiegend oder ausschließlich psychotherapeutisch tätigen Ärzten und mindestens ein Versorgungsanteil in

Höhe von 20 Prozent der regional maßgeblichen Verhältniszahl den Leistungserbringern nach Satz 1, die ausschließlich Kinder und Jugendliche psychotherapeutisch betreuen, vorbehalten ist. [6] Ab dem 1. Januar 2016 gelten die in Satz 5 vorgesehenen Mindestversorgungsanteile mit der Maßgabe fort, dass der Gemeinsame Bundesausschuss ihre Höhe aus Versorgungsgründen bedarfsgerecht anpassen kann; zudem können innerhalb des Mindestversorgungsanteils für überwiegend oder ausschließlich psychotherapeutisch tätige Ärzte weitere nach Fachgebieten differenzierte Mindestversorgungsanteile vorgesehen werden. [7] Bei der Feststellung der Überversorgung nach § 103 Abs. 1 sind die ermächtigten Psychotherapeuten nach § 95 Abs. 11 in der bis zum 31. August 2020 geltenden Fassung mitzurechnen.

(5) [1] Hausärzte (§ 73 Abs. 1a) bilden ab dem 1. Januar 2001 mit Ausnahme der Kinder- und Jugendärzte eine Arztgruppe im Sinne des Absatzes 2; Absatz 4 bleibt unberührt. [2] Der allgemeine bedarfsgerechte Versorgungsgrad ist für diese Arztgruppe erstmals zum Stand vom 31. Dezember 1995 zu ermitteln. [3] Die Verhältniszahlen für die an der fachärztlichen Versorgung teilnehmenden Internisten sind zum Stand vom 31. Dezember 1995 neu zu ermitteln. [4] Der Gemeinsame Bundesausschuss hat die neuen Verhältniszahlen bis zum 31. März 2000 zu beschließen. [5] Der Landesausschuss hat die Feststellungen nach § 103 Abs. 1 Satz 1 erstmals zum Stand vom 31. Dezember 2000 zu treffen. [6] Ein Wechsel für Internisten ohne Schwerpunktbezeichnung in die hausärztliche oder fachärztliche Versorgung ist nur dann zulässig, wenn dafür keine Zulassungsbeschränkungen nach § 103 Abs. 1 angeordnet sind.

(6) Absatz 1 Satz 1 Nummer 2a, 2b, 3, 4, 5 und 6 und die Absätze 3 und 3a gelten nicht für Zahnärzte.

§ 102 *(aufgehoben)*

§ 103 Zulassungsbeschränkungen. (1) [1] Die Landesausschüsse der Ärzte und Krankenkassen stellen fest, ob eine Überversorgung vorliegt; die durch Ermächtigung an der vertragsärztlichen Versorgung teilnehmenden Ärzte und die Ärzte, die in ermächtigten Einrichtungen tätig sind, sind bei der Feststellung einer Überversorgung nicht zu berücksichtigen. [2] Wenn dies der Fall ist, hat der Landesausschuß nach den Vorschriften der Zulassungsverordnungen und unter Berücksichtigung der Richtlinien des Gemeinsamen Bundesausschusses Zulassungsbeschränkungen anzuordnen. [3] Darüber hinaus treffen die Landesausschüsse eine Feststellung, wenn der allgemeine bedarfsgerechte Versorgungsgrad um 40 Prozent überschritten ist.

(2) [1] Die Zulassungsbeschränkungen sind räumlich zu begrenzen. [2] Sie können einen oder mehrere Planungsbereiche einer Kassenärztlichen Vereinigung umfassen. [3] Sie sind arztgruppenbezogen unter angemessener Berücksichtigung der Besonderheiten bei den Kassenarten anzuordnen. [4] Die für die Sozialversicherung zuständigen obersten Landesbehörden können ländliche oder strukturschwache Teilgebiete eines Planungsbereichs bestimmen, die auf ihren Antrag für einzelne Arztgruppen oder Fachrichtungen von den Zulassungsbeschränkungen auszunehmen sind; in dem Antrag ist die Anzahl der zusätzlichen Zulassungsmöglichkeiten arztgruppenbezogen festzulegen. [5] Die zusätzlichen Zulassungsmöglichkeiten sind an das nach Satz 4 bestimmte Teilgebiet gebunden. [6] Für die Bestimmung der ländlichen und strukturschwachen Teilgebiete stellt der Landesausschuss im Einvernehmen mit der für die Sozial-

versicherung zuständigen obersten Landesbehörde allgemeingültige Kriterien auf, die den jeweiligen Entscheidungen zugrunde zu legen sind. [7]Der Landesausschuss hat sich dabei an den laufenden Raumbeobachtungen und Raumabgrenzungen des Bundesinstituts für Bau-, Stadt- und Raumforschung zu orientieren oder eine vergleichbare Abgrenzung ländlicher Gebiete durch die für die Landesplanung zuständigen Stellen zugrunde zu legen. [8]Die zusätzlichen Arztsitze sind in den von den Kassenärztlichen Vereinigungen im Einvernehmen mit den Landesverbänden der Krankenkassen und den Ersatzkassen gemäß § 99 aufzustellenden Bedarfsplänen auszuweisen.

(3) Die Zulassungsbeschränkungen sind aufzuheben, wenn die Voraussetzungen für eine Überversorgung entfallen sind.

(3a) [1]Wenn die Zulassung eines Vertragsarztes in einem Planungsbereich, für den Zulassungsbeschränkungen angeordnet sind, durch Tod, Verzicht oder Entziehung endet und die Praxis von einem Nachfolger weitergeführt werden soll, entscheidet der Zulassungsausschuss auf Antrag des Vertragsarztes oder seiner zur Verfügung über die Praxis berechtigten Erben, ob ein Nachbesetzungsverfahren nach Absatz 4 für den Vertragsarztsitz durchgeführt werden soll. [2]Satz 1 gilt auch bei Verzicht auf die Hälfte oder eines Viertels der Zulassung oder bei Entziehung der Hälfte oder eines Viertels der Zulassung; Satz 1 gilt nicht, wenn ein Vertragsarzt, dessen Zulassung befristet ist, vor Ablauf der Frist auf seine Zulassung verzichtet. [3]Der Zulassungsausschuss kann den Antrag ablehnen, wenn eine Nachbesetzung des Vertragsarztsitzes aus Versorgungsgründen nicht erforderlich ist; dies gilt nicht, sofern die Praxis von einem Nachfolger weitergeführt werden soll, der dem in Absatz 4 Satz 5 Nummer 4, 5 und 6 bezeichneten Personenkreis angehört oder der sich verpflichtet, die Praxis in ein anderes Gebiet des Planungsbereichs zu verlegen, in dem nach Mitteilung der Kassenärztlichen Vereinigung aufgrund einer zu geringen Ärztedichte ein Versorgungsbedarf besteht oder sofern mit der Nachbesetzung Festlegungen nach § 101 Absatz 1 Satz 8 befolgt werden. [4]Für einen Nachfolger, der dem in Absatz 4 Satz 5 Nummer 4 bezeichneten Personenkreis angehört, gilt Satz 3 zweiter Halbsatz mit der Maßgabe, dass dieser Nachfolger die vertragsärztliche Tätigkeit in einem Gebiet, in dem der Landesausschuss nach § 100 Absatz 1 das Bestehen von Unterversorgung festgestellt hat, nach dem 23. Juli 2015 erstmals aufgenommen hat. [5]Für einen Nachfolger, der dem in Absatz 4 Satz 5 Nummer 6 bezeichneten Personenkreis angehört, gilt Satz 3 zweiter Halbsatz mit der Maßgabe, dass das Anstellungsverhältnis oder der gemeinschaftliche Betrieb der Praxis mindestens drei Jahre lang angedauert haben muss. [6]Satz 5 gilt nicht, wenn das Anstellungsverhältnis oder der gemeinschaftliche Praxisbetrieb vor dem 5. März 2015 begründet wurde. [7]Hat der Landesausschuss eine Feststellung nach Absatz 1 Satz 3 getroffen, soll der Zulassungsausschuss den Antrag auf Durchführung eines Nachbesetzungsverfahrens ablehnen, wenn eine Nachbesetzung des Vertragsarztsitzes aus Versorgungsgründen nicht erforderlich ist. [8]Im Fall des Satzes 7 gelten Satz 3 zweiter Halbsatz sowie die Sätze 4 bis 6 entsprechend; Absatz 4 Satz 9 gilt mit der Maßgabe, dass die Nachbesetzung abgelehnt werden soll. [9]Der Zulassungsausschuss beschließt mit einfacher Stimmenmehrheit; bei Stimmengleichheit ist dem Antrag abweichend von § 96 Absatz 2 Satz 6 zu entsprechen. [10]§ 96 Absatz 4 findet keine Anwendung. [11]Ein Vorverfahren (§ 78 des Sozialgerichtsgesetzes[1]) findet nicht statt. [12]Klagen gegen einen Beschluss des Zulassungsausschusses, mit dem einem Antrag auf Durchführung eines Nachbesetzungsverfahrens entsprochen wird, haben keine aufschiebende Wirkung. [13]Hat der Zulassungsausschuss den Antrag abgelehnt, hat die Kassenärztliche Vereinigung dem Vertragsarzt oder seinen zur Verfügung über die Praxis berechtigten Erben eine Entschädigung in der Höhe des Verkehrswertes der Arztpraxis zu zahlen. [14]Bei der Ermittlung des Verkehrswertes ist auf den Verkehrswert abzustellen, der nach Absatz 4 Satz 8 bei Fortführung der Praxis maßgeblich wäre.

(4) [1]Hat der Zulassungsausschuss in einem Planungsbereich, für den Zulassungsbeschränkungen angeordnet sind, nach Absatz 3a einem Antrag auf Durchführung eines Nachbesetzungsverfahrens entsprochen, hat die Kassenärztliche Vereinigung den Vertragsarztsitz in den für ihre amtlichen Bekanntmachungen vorgesehenen Blättern unverzüglich auszuschreiben und eine Liste der eingehenden Bewerbungen zu erstellen. [2]Satz 1 gilt auch bei hälftigem Verzicht oder bei hälftiger Entziehung der Zulassung oder bei der Festlegung zusätzlicher Zulassungsmöglichkeiten nach Absatz 2 Satz 4. [3]Dem Zulassungsausschuß sowie dem Vertragsarzt oder seinen Erben ist eine Liste der eingehenden Bewerbungen zur Verfügung zu stellen. [4]Unter mehreren Bewerbern, die die ausgeschriebene Praxis als Nachfolger des bisherigen Vertragsarztes fortführen wollen, hat der Zulassungsausschuß den Nachfolger nach pflichtgemäßem Ermessen auszuwählen. [5]Bei der Auswahl der Bewerber sind folgende Kriterien zu berücksichtigen:

1. die berufliche Eignung,
2. das Approbationsalter,
3. die Dauer der ärztlichen Tätigkeit,
4. eine mindestens fünf Jahre dauernde vertragsärztliche Tätigkeit in einem Gebiet, in dem der Landesausschuss nach § 100 Absatz 1 das Bestehen von Unterversorgung festgestellt hat,
5. ob der Bewerber Ehegatte, Lebenspartner oder ein Kind des bisherigen Vertragsarztes ist,
6. ob der Bewerber ein angestellter Arzt des bisherigen Vertragsarztes oder ein Vertragsarzt ist, mit dem die Praxis bisher gemeinschaftlich betrieben wurde,
7. ob der Bewerber bereit ist, besondere Versorgungsbedürfnisse, die in der Ausschreibung der Kassenärztlichen Vereinigung definiert worden sind, zu erfüllen,
8. Belange von Menschen mit Behinderung beim Zugang zur Versorgung,
9. bei medizinischen Versorgungszentren die Ergänzung des besonderen Versorgungsangebots; dies gilt entsprechend für Vertragsärzte und Berufsausübungsgemeinschaften mit einem besonderen Versorgungsangebot.

[6]Die Festlegungen nach § 101 Absatz 1 Satz 8 sind zu beachten. [7]Ab dem 1. Januar 2006 sind für ausgeschriebene Hausarztsitze vorrangig Allgemeinärzte zu berücksichtigen. [8]Die Dauer der ärztlichen Tätigkeit nach Satz 5 Nummer 3 wird verlängert um Zeiten, in denen die ärztliche Tätigkeit wegen der Erziehung von Kindern oder der Pflege pflegebedürftiger naher Angehöriger in häuslicher Umgebung unterbrochen worden ist. [9]Die wirtschaftlichen Interessen des ausscheidenden Vertragsarztes oder seiner Erben sind nur insoweit zu

[1]) Nr. **20**.

berücksichtigen, als der Kaufpreis die Höhe des Verkehrswerts der Praxis nicht übersteigt. [10] Kommt der Zulassungsausschuss in den Fällen des Absatzes 3a Satz 3 zweiter Halbsatz bei der Auswahlentscheidung nach Satz 4 zu dem Ergebnis, dass ein Bewerber auszuwählen ist, der nicht dem in Absatz 3a Satz 3 zweiter Halbsatz bezeichneten Personenkreis angehört, kann er die Nachbesetzung des Vertragsarztsitzes mit der Mehrheit seiner Stimmen ablehnen, wenn eine Nachbesetzung aus Versorgungsgründen nicht erforderlich ist; Absatz 3a Satz 10, 11, 13 und 14 gilt in diesem Fall entsprechend. [11] Hat sich ein Bewerber nach Satz 5 Nummer 7 bereit erklärt, besondere Versorgungsbedürfnisse zu erfüllen, kann der Zulassungsausschuss die Zulassung unter der Voraussetzung erteilen, dass sich der Bewerber zur Erfüllung dieser Versorgungsbedürfnisse verpflichtet.

(4a) [1] Verzichtet ein Vertragsarzt in einem Planungsbereich, für den Zulassungsbeschränkungen angeordnet sind, auf seine Zulassung, um in einem medizinischen Versorgungszentrum tätig zu werden, so hat der Zulassungsausschuss die Anstellung zu genehmigen, wenn Gründe der vertragsärztlichen Versorgung dem nicht entgegenstehen; eine Fortführung der Praxis nach Absatz 4 ist nicht möglich. [2] Bei der Prüfung, ob der Anstellung Gründe der vertragsärztlichen Versorgung entgegenstehen, ist die Ergänzung des besonderen Versorgungsangebots des medizinischen Versorgungszentrums durch den Arzt zu berücksichtigen. [3] Der Arzt kann in dem Planungsbereich, für den er zugelassen war, weiter tätig sein, auch wenn der Sitz des anstellenden medizinischen Versorgungszentrums in einem anderen Planungsbereich liegt. [4] Nach einer Tätigkeit von mindestens fünf Jahren in einem medizinischen Versorgungszentrum, dessen Sitz in einem Planungsbereich liegt, für den Zulassungsbeschränkungen angeordnet sind, erhält ein Arzt unbeschadet der Zulassungsbeschränkungen auf Antrag eine Zulassung in diesem Planungsbereich; dies gilt nicht für Ärzte, die auf Grund einer Nachbesetzung nach Satz 5 oder erst seit dem 1. Januar 2007 in einem medizinischen Versorgungszentrum tätig sind. [5] Medizinischen Versorgungszentren ist die Nachbesetzung einer Arztstelle möglich, auch wenn Zulassungsbeschränkungen angeordnet sind; dies gilt nicht, soweit der Nachbesetzung Festlegungen nach § 101 Absatz 1 Satz 8 entgegenstehen. [6] § 95 Absatz 9b gilt entsprechend.

(4b) [1] Verzichtet ein Vertragsarzt in einem Planungsbereich, für den Zulassungsbeschränkungen angeordnet sind, auf seine Zulassung, um bei einem Vertragsarzt als nach § 95 Abs. 9 Satz 1 angestellter Arzt tätig zu werden, so hat der Zulassungsausschuss die Anstellung zu genehmigen, wenn Gründe der vertragsärztlichen Versorgung dem nicht entgegenstehen; eine Fortführung der Praxis nach Absatz 4 ist nicht möglich. [2] Bei der Prüfung, ob der Anstellung Gründe der vertragsärztlichen Versorgung entgegenstehen, ist die Ergänzung des besonderen Versorgungsangebots des anstellenden Vertragsarztes durch den anzustellenden Arzt zu berücksichtigen. [3] Im Fall des Satzes 1 kann der angestellte Arzt in dem Planungsbereich, für den er zugelassen war, weiter tätig sein, auch wenn der Sitz des anstellenden Vertragsarztes in einem anderen Planungsbereich liegt. [4] Soll die vertragsärztliche Tätigkeit in den Fällen der Beendigung der Zulassung durch Tod, Verzicht oder Entziehung von einem Praxisnachfolger weitergeführt werden, kann die Praxis auch in der Form weitergeführt werden, dass ein Vertragsarzt den Vertragsarztsitz übernimmt und die vertragsärztliche Tätigkeit durch einen angestellten Arzt in seiner Praxis weiterführt, wenn Gründe der vertragsärztlichen Versorgung dem nicht entgegenstehen. [5] Die

Nachbesetzung der Stelle eines nach § 95 Abs. 9 Satz 1 angestellten Arztes ist möglich, auch wenn Zulassungsbeschränkungen angeordnet sind; dies gilt nicht, soweit der Nachbesetzung Festlegungen nach § 101 Absatz 1 Satz 8 entgegenstehen. [6] § 95 Absatz 9b gilt entsprechend.

(4c) [1] Soll die vertragsärztliche Tätigkeit in den Fällen der Beendigung der Zulassung durch Tod, Verzicht oder Entziehung von einem Praxisnachfolger weitergeführt werden, kann die Praxis auch in der Form weitergeführt werden, dass ein medizinisches Versorgungszentrum den Vertragsarztsitz übernimmt und die vertragsärztliche Tätigkeit durch einen angestellten Arzt in der Einrichtung weiterführt, wenn Gründe der vertragsärztlichen Versorgung dem nicht entgegenstehen. [2] Die Absätze 3a, 4 und 5 gelten entsprechend. [3] Absatz 4 gilt mit der Maßgabe, dass bei der Auswahl des Praxisnachfolgers ein medizinisches Versorgungszentrum, bei dem die Mehrheit der Geschäftsanteile und der Stimmrechte nicht bei Ärzten liegt, die in dem medizinischen Versorgungszentrum als Vertragsärzte tätig sind, gegenüber den übrigen Bewerbern nachrangig zu berücksichtigen ist. [4] Dieser Nachrang gilt nicht für ein medizinisches Versorgungszentrum, das am 31. Dezember 2011 zugelassen war und bei dem die Mehrheit der Geschäftsanteile und der Stimmrechte bereits zu diesem Zeitpunkt nicht bei den dort tätigen Vertragsärzten lag.

(5) [1] Die Kassenärztlichen Vereinigungen (Registerstelle) führen für jeden Planungsbereich eine Warteliste. [2] In die Warteliste werden auf Antrag die Ärzte, die sich um einen Vertragsarztsitz bewerben und in das Arztregister eingetragen sind, aufgenommen. [3] Bei der Auswahl der Bewerber für die Übernahme einer Vertragsarztpraxis nach Absatz 4 ist die Dauer der Eintragung in die Warteliste zu berücksichtigen.

(6) [1] Endet die Zulassung eines Vertragsarztes, der die Praxis bisher mit einem oder mehreren Vertragsärzten gemeinschaftlich ausgeübt hat, so gelten die Absätze 4 und 5 entsprechend. [2] Die Interessen des oder der in der Praxis verbleibenden Vertragsärzte sind bei der Bewerberauswahl angemessen zu berücksichtigen.

(7) [1] In einem Planungsbereich, für den Zulassungsbeschränkungen angeordnet sind, haben Krankenhausträger das Angebot zum Abschluß von Belegarztverträgen auszuschreiben. [2] Kommt ein Belegarztvertrag mit einem im Planungsbereich niedergelassenen Vertragsarzt nicht zustande, kann der Krankenhausträger mit einem bisher im Planungsbereich nicht niedergelassenen geeigneten Arzt einen Belegarztvertrag schließen. [3] Dieser erhält eine auf die Dauer der belegärztlichen Tätigkeit beschränkte Zulassung; die Beschränkung entfällt bei Aufhebung der Zulassungsbeschränkungen nach Absatz 3, spätestens nach Ablauf von zehn Jahren.

(8) Die Absätze 1 bis 7 gelten nicht für Zahnärzte.

§ 104 Verfahren bei Zulassungsbeschränkungen. (1) Die Zulassungsverordnungen bestimmen, unter welchen Voraussetzungen, in welchem Umfang und für welche Dauer zur Sicherstellung einer bedarfsgerechten ärztlichen Versorgung in solchen Gebieten eines Zulassungsbezirks, in denen eine vertragsärztliche Unterversorgung eingetreten ist oder in absehbarer Zeit droht, Beschränkungen der Zulassungen in hiervon nicht betroffenen Gebieten von Zulassungsbezirken nach vorheriger Ausschöpfung anderer geeigneter Maßnahmen vorzusehen und inwieweit hierbei die Zulassungsausschüsse an die

Anordnung der Landesausschüsse gebunden sind und Härtefälle zu berücksichtigen haben.

(2) Die Zulassungsverordnungen bestimmen nach Maßgabe des § 101 auch das Nähere über das Verfahren bei der Anordnung von Zulassungsbeschränkungen bei vertragsärztlicher Überversorgung.

(3) Die Absätze 1 und 2 gelten nicht für Zahnärzte.

§ 105 Förderung der vertragsärztlichen Versorgung. (1) Die Kassenärztlichen Vereinigungen haben mit Unterstützung der Kassenärztlichen Bundesvereinigungen entsprechend den Bedarfsplänen alle geeigneten finanziellen und sonstigen Maßnahmen zu ergreifen, um die Sicherstellung der vertragsärztlichen Versorgung zu gewährleisten, zu verbessern oder zu fördern.

(1a) [1] Die Kassenärztliche Vereinigung hat zur Finanzierung von Fördermaßnahmen zur Sicherstellung der vertragsärztlichen Versorgung einen Strukturfonds zu bilden, für den sie mindestens 0,1 Prozent und höchstens 0,2 Prozent der nach § 87a Absatz 3 Satz 1 vereinbarten morbiditätsbedingten Gesamtvergütungen zur Verfügung stellt. [2] Die Landesverbände der Krankenkassen und die Ersatzkassen haben zusätzlich einen Betrag in gleicher Höhe in den Strukturfonds zu entrichten. [3] Mittel des Strukturfonds sollen insbesondere für folgende Maßnahmen verwendet werden:

1. Zuschüsse zu den Investitionskosten bei der Neuniederlassung, bei Praxisübernahmen oder bei der Gründung von Zweigpraxen,
2. Zuschläge zur Vergütung und zur Ausbildung,
3. Vergabe von Stipendien,
4. Förderung von Eigeneinrichtungen nach Absatz 1c und von lokalen Gesundheitszentren für die medizinische Grundversorgung,
5. Förderung der Erteilung von Sonderbedarfszulassungen,
6. Förderung des freiwilligen Verzichts auf die Zulassung als Vertragsarzt, insbesondere bei Verzicht auf einen Nachbesetzungsantrag nach § 103 Absatz 3a Satz 1, und Entschädigungszahlungen nach § 103 Absatz 3a Satz 13,
7. Förderung des Betriebs der Terminservicestellen.

[4] Es ist sicherzustellen, dass die für den Strukturfonds bereitgestellten Mittel vollständig zur Förderung der Sicherstellung der vertragsärztlichen Versorgung verwendet werden. [5] Die Kassenärztliche Vereinigung erstellt jährlich einen im Internet zu veröffentlichenden Bericht über die Verwendung der Mittel des Strukturfonds. [6] Auch die Kassenzahnärztliche Vereinigung kann zur Finanzierung von Fördermaßnahmen zur Sicherstellung der vertragszahnärztlichen Versorgung einen Strukturfonds bilden, für den sie bis zu 0,2 Prozent der nach § 85 vereinbarten Gesamtvergütungen zur Verfügung stellt. [7] Die Sätze 2, 3 Nummer 1 bis 4 sowie die Sätze 4 und 5 gelten in diesem Fall entsprechend. [8] Die Kassenzahnärztliche Vereinigung kann in den Jahren 2021 und 2022 aus Mitteln des Strukturfonds eine Förderung von in den Jahren 2019 bis 2021 neu niedergelassenen Praxen vorsehen.

(1b) Die Kassenärztlichen Vereinigungen, die Landesverbände der Krankenkassen und die Ersatzkassen gemeinsam und einheitlich können vereinbaren, über die Mittel nach Absatz 1a hinaus einen zusätzlichen Betrag zweckgebunden zur Förderung der Sicherstellung der Strukturen des Notdienstes bereitzustellen.

(1c) [1] Die Kassenärztlichen Vereinigungen können eigene Einrichtungen betreiben, die der unmittelbaren medizinischen Versorgung von Versicherten dienen, oder sich an solchen Einrichtungen beteiligen. [2] Die Kassenärztlichen Vereinigungen können die Einrichtungen auch durch Kooperationen untereinander und gemeinsam mit Krankenhäusern sowie in Form von mobilen oder telemedizinischen Versorgungsangebotsformen betreiben. [3] In Gebieten, in denen der Landesausschuss der Ärzte und Krankenkassen nach § 100 Absatz 1 Satz 1 eine ärztliche Unterversorgung festgestellt hat, sind die Kassenärztlichen Vereinigungen nach Ablauf der Frist nach § 100 Absatz 1 Satz 2, spätestens jedoch nach sechs Monaten, zum Betreiben von Einrichtungen verpflichtet. [4] Für die Vergütung der ärztlichen Leistungen, die in diesen Einrichtungen erbracht werden, sind die Regelungen der §§ 87 bis 87c anzuwenden. [5] Für die Vergütung der zahnärztlichen Leistungen, die in diesen Einrichtungen erbracht werden, sind die Regelungen der §§ 57, 87 und 87e anzuwenden.

(1d) Die Kassenärztlichen Vereinigungen wirken, sofern Landesrecht dies bestimmt, an der Umsetzung der von Studienplatzbewerbern im Zusammenhang mit der Vergabe des Studienplatzes eingegangenen Verpflichtungen mit.

(2) [1] Die Kassenärztlichen Vereinigungen haben darauf hinzuwirken, daß medizinisch-technische Leistungen, die der Arzt zur Unterstützung seiner Maßnahmen benötigt, wirtschaftlich erbracht werden. [2] Die Kassenärztlichen Vereinigungen sollen ermöglichen, solche Leistungen im Rahmen der vertragsärztlichen Versorgung von Gemeinschaftseinrichtungen der niedergelassenen Ärzte zu beziehen, wenn eine solche Erbringung medizinischen Erfordernissen genügt.

(3) [1] Die Krankenkassen haben der Kassenärztlichen Vereinigung die zusätzlichen Kosten für außerordentliche Maßnahmen, die zur Sicherstellung der medizinischen Versorgung während des Bestehens einer epidemischen Lage von nationaler Tragweite nach § 5 Absatz 1 des Infektionsschutzgesetzes erforderlich sind, zu erstatten. [2] Die Erstattung ist ausgeschlossen, soweit die Finanzierung der betreffenden Maßnahme durch ein Gesetz oder auf Grund eines Gesetzes anderweitig vorgesehen ist. Zum Zweck der Abrechnung der Erstattung nach Satz 1 übermittelt die Kassenärztliche Vereinigung den Krankenkassen rechnungsbegründende Unterlagen, aus denen sich die Art und die Höhe der zu erstattenden Kosten im Einzelnen ergeben.

(4) [1] Hat der Landesausschuss der Ärzte und Krankenkassen oder der Landesausschuss der Zahnärzte und Krankenkassen eine Feststellung nach § 100 Absatz 1 oder Absatz 3 getroffen, sind von der Kassenärztlichen Vereinigung oder der Kassenzahnärztlichen Vereinigung in diesen Gebieten Sicherstellungszuschläge an bestimmte dort tätige vertragsärztliche oder vertragszahnärztliche Leistungserbringer zu zahlen. [2] Über die Anforderungen, die an die berechtigen vertragsärztlichen oder vertragszahnärztlichen Leistungserbringer gestellt werden, und über die Höhe der Sicherstellungszuschläge je berechtigten vertragsärztlichen oder vertragszahnärztlichen Leistungserbringer entscheidet der Landesausschuss der Ärzte und Krankenkassen oder der Landesausschuss der Zahnärzte und Krankenkassen. [3] Die für den Vertragsarzt oder den Vertragszahnarzt zuständige Kassenärztliche Vereinigung oder die Kassenzahnärztliche Vereinigung und die Krankenkassen, die an diese Kassenärztliche Vereinigung oder die Kassenzahnärztliche Vereinigung eine Vergütung nach Maßgabe des Gesamtvertrages nach den §§ 83, 85 oder § 87a entrichten, tragen den sich aus Satz 1 ergebenden Zahlbetrag an den Vertragsarzt oder den Vertragszahnarzt jeweils

zur Hälfte. [4]Über das Nähere zur Aufteilung des auf die Krankenkassen entfallenden Betrages nach Satz 2 auf die einzelnen Krankenkassen entscheidet der Landesausschuss der Ärzte und Krankenkassen oder der Landesausschuss der Zahnärzte und Krankenkassen.

(5) [1]Kommunen können mit Zustimmung der Kassenärztlichen Vereinigung in begründeten Ausnahmefällen eigene Einrichtungen zur unmittelbaren medizinischen Versorgung der Versicherten betreiben. [2]Ein begründeter Ausnahmefall kann insbesondere dann vorliegen, wenn eine Versorgung auf andere Weise nicht sichergestellt werden kann. [3]Sind die Voraussetzungen nach Satz 1 erfüllt, hat der Zulassungsausschuss die Einrichtung auf Antrag zur Teilnahme an der vertragsärztlichen Versorgung mit angestellten Ärzten, die in das Arztregister eingetragen sind, zu ermächtigen. [4]§ 95 Absatz 2 Satz 7 bis 10 gilt entsprechend. [5]In der kommunalen Eigeneinrichtung tätige Ärzte sind bei ihren ärztlichen Entscheidungen nicht an Weisungen von Nichtärzten gebunden.

Neunter Titel. Wirtschaftlichkeits- und Abrechnungsprüfung

§ 106 Wirtschaftlichkeitsprüfung. (1) [1]Die Krankenkassen und die Kassenärztlichen Vereinigungen überwachen die Wirtschaftlichkeit der vertragsärztlichen Versorgung durch Beratungen und Prüfungen. [2]Die Landesverbände der Krankenkassen und die Ersatzkassen gemeinsam und einheitlich und die Kassenärztlichen Vereinigungen vereinbaren Inhalt und Durchführung der Beratungen und Prüfungen nach Absatz 2 sowie die Voraussetzungen für Einzelfallprüfungen. [3]Die Vertragspartner können die Prüfungsstelle mit der Prüfung ärztlich verordneter Leistungen in der ambulanten Versorgung außerhalb der vertragsärztlichen Versorgung beauftragen und tragen die Kosten. [4]Die Krankenkassen übermitteln der Prüfungsstelle die Daten der in der ambulanten Versorgung außerhalb der vertragsärztlichen Versorgung verordneten Leistungen; dabei sind zusätzlich die Zahl der Behandlungsfälle und eine Zuordnung der verordneten Leistungen zum Datum der Behandlung zu übermitteln. [5]Die §§ 296 und 297 gelten entsprechend.

(2) [1]Die Wirtschaftlichkeit der Versorgung wird von der Prüfungsstelle nach § 106c geprüft durch

1. arztbezogene Prüfungen ärztlicher Leistungen nach § 106a,
2. arztbezogene Prüfungen ärztlich verordneter Leistungen nach § 106b.

[2]Die Prüfungen werden auf der Grundlage der Daten durchgeführt, die der Prüfungsstelle nach § 106c gemäß § 296 Absatz 1, 2 und 4 sowie § 297 Absatz 2 übermittelt werden. [3]Hat die Prüfungsstelle Zweifel an der Richtigkeit der übermittelten Daten, ermittelt sie die Datengrundlagen für die Prüfung aus einer Stichprobe der abgerechneten Behandlungsfälle des Arztes und rechnet die so ermittelten Teildaten nach einem statistisch zulässigen Verfahren auf die Grundgesamtheit der Arztpraxis hoch.

(3) [1]Die Prüfungsstelle nach § 106c bereitet die für die Prüfungen nach Absatz 2 erforderlichen Daten und sonstigen Unterlagen auf, trifft Feststellungen zu den für die Beurteilung der Wirtschaftlichkeit wesentlichen Sachverhalten und entscheidet unter Beachtung der Vereinbarungen nach den §§ 106a und 106b, ob der Vertragsarzt, der ermächtigte Arzt oder die ermächtigte Einrichtung gegen das Wirtschaftlichkeitsgebot verstoßen hat und welche Maßnahmen zu treffen sind. [2]Eine Maßnahme kann insbesondere auch die Festsetzung einer Nachforderung oder einer Kürzung sein. [3]Die Festsetzung

einer Nachforderung oder einer Kürzung muss für ärztliche Leistungen innerhalb von zwei Jahren ab Erlass des Honorarbescheides und für ärztlich verordnete Leistungen innerhalb von zwei Jahren ab dem Schluss des Kalenderjahres, in dem die Leistungen verordnet worden sind, erfolgen; § 45 Absatz 2 des Ersten Buches[1)] gilt entsprechend. [4]Gezielte Beratungen sollen weiteren Maßnahmen in der Regel vorangehen. [5]Die Prüfungsstelle berät die Vertragsärzte auf der Grundlage von Übersichten über die von ihnen im Zeitraum eines Jahres oder in einem kürzeren Zeitraum erbrachten, verordneten oder veranlassten Leistungen über Fragen der Wirtschaftlichkeit und Qualität der Versorgung.

(4) [1]Werden Wirtschaftlichkeitsprüfungen nicht in dem vorgesehenen Umfang oder nicht entsprechend den für ihre Durchführung geltenden Vorgaben durchgeführt, haften die zuständigen Vorstandsmitglieder der Krankenkassenverbände und Kassenärztlichen Vereinigungen für eine ordnungsgemäße Umsetzung. [2]Können Wirtschaftlichkeitsprüfungen nicht in dem vorgesehenen Umfang oder nicht entsprechend den für ihre Durchführung geltenden Vorgaben durchgeführt werden, weil die erforderlichen Daten nach den §§ 296 und 297 nicht oder nicht im vorgesehenen Umfang oder nicht fristgerecht übermittelt worden sind, haften die zuständigen Vorstandsmitglieder der Krankenkassen oder der Kassenärztlichen Vereinigungen. [3]Die zuständige Aufsichtsbehörde hat nach Anhörung der Vorstandsmitglieder und der jeweils entsandten Vertreter im Ausschuss den Verwaltungsrat oder die Vertreterversammlung zu veranlassen, das Vorstandsmitglied auf Ersatz des aus der Pflichtverletzung entstandenen Schadens in Anspruch zu nehmen, falls der Verwaltungsrat oder die Vertreterversammlung das Regressverfahren nicht bereits von sich aus eingeleitet hat.

(5) Die Absätze 1 bis 4 gelten auch für die Prüfung der Wirtschaftlichkeit der im Krankenhaus erbrachten ambulanten ärztlichen und belegärztlichen Leistungen.

§ 106a Wirtschaftlichkeitsprüfung ärztlicher Leistungen. (1) [1]Die Wirtschaftlichkeit der erbrachten ärztlichen Leistungen kann auf begründeten Antrag einer einzelnen Krankenkasse, mehrerer Krankenkassen gemeinsam oder der Kassenärztlichen Vereinigung arztbezogen durch die jeweilige Prüfungsstelle nach § 106c geprüft werden. [2]Die Prüfung kann neben dem zur Abrechnung vorgelegten Leistungsvolumen auch Überweisungen sowie sonstige veranlasste ärztliche Leistungen, insbesondere aufwändige medizinisch-technische Leistungen umfassen; honorarwirksame Begrenzungsregelungen haben keinen Einfluss auf die Prüfungen.

(2) Veranlassung für die Prüfung der Wirtschaftlichkeit nach Absatz 1 besteht insbesondere

1. bei begründetem Verdacht auf fehlende medizinische Notwendigkeit der Leistungen (Fehlindikation),
2. bei begründetem Verdacht auf fehlende Eignung der Leistungen zur Erreichung des therapeutischen oder diagnostischen Ziels (Ineffektivität),
3. bei begründetem Verdacht auf mangelnde Übereinstimmung der Leistungen mit den anerkannten Kriterien für ihre fachgerechte Erbringung (Qualitäts-

[1)] Nr. 1.

mangel), insbesondere in Bezug auf die in den Richtlinien des Gemeinsamen Bundesausschusses enthaltenen Vorgaben,

4. bei begründetem Verdacht auf Unangemessenheit der durch die Leistungen verursachten Kosten im Hinblick auf das Behandlungsziel oder
5. bei begründetem Verdacht, dass Leistungen des Zahnersatzes und der Kieferorthopädie unvereinbar mit dem Heil- und Kostenplan sind.

(3) [1]Die Kassenärztlichen Bundesvereinigungen und der Spitzenverband Bund der Krankenkassen vereinbaren bis zum 30. November 2019 das Nähere zu den Voraussetzungen nach Absatz 2 in Rahmenempfehlungen. [2]Die Rahmenempfehlungen sind bei den Vereinbarungen nach § 106 Absatz 1 Satz 2 zu berücksichtigen.

(4) [1]Die in § 106 Absatz 1 Satz 2 genannten Vertragspartner können über die Prüfung nach Absatz 1 hinaus Prüfungen ärztlicher Leistungen nach Durchschnittswerten oder andere arztbezogene Prüfungsarten vereinbaren. [2]Hat der Landesausschuss der Ärzte und Krankenkassen eine Feststellung nach § 100 Absatz 1 oder Absatz 3 getroffen, dürfen bei Ärzten der betroffenen Arztgruppe keine Prüfungen nach Durchschnittswerten durchgeführt werden. [3]In den Vereinbarungen nach § 106 Absatz 1 Satz 2 sind die Zahl der je Quartal höchstens zu prüfenden Ärzte in einer Kassenärztlichen Vereinigung sowie im Rahmen der Prüfungen nach Absatz 1 und der Prüfungen nach Satz 1 als Kriterien zur Unterscheidung Praxisbesonderheiten festzulegen, die sich aus besonderen Standort- und Strukturmerkmalen des Leistungserbringers oder bei besonderen Behandlungsfällen ergeben. [4]Die Praxisbesonderheiten sind vor Durchführung der Prüfungen als besonderer Versorgungsbedarf durch die Prüfungsstellen anzuerkennen; dies gilt insbesondere auch bei der Beurteilung der Wirtschaftlichkeit von Besuchsleistungen.

§ 106b Wirtschaftlichkeitsprüfung ärztlich verordneter Leistungen.

(1) [1]Die Wirtschaftlichkeit der Versorgung mit ärztlich verordneten Leistungen wird ab dem 1. Januar 2017 anhand von Vereinbarungen geprüft, die von den Landesverbänden der Krankenkassen und den Ersatzkassen gemeinsam und einheitlich mit den Kassenärztlichen Vereinigungen zu treffen sind. [2]Auf Grundlage dieser Vereinbarungen können Nachforderungen wegen unwirtschaftlicher Verordnungsweise nach § 106 Absatz 3 festgelegt werden. [3]In den Vereinbarungen müssen Regelungen zu Wirtschaftlichkeitsprüfungen in allen Bereichen ärztlich verordneter Leistungen enthalten sein. [4]Die Vereinbarungen nach Satz 1 gelten für Leistungen, die ab dem 1. Januar 2017 verordnet werden.

(1a) [1]Bei Verordnungen saisonaler Grippeimpfstoffe gilt eine angemessene Überschreitung der Menge gegenüber den tatsächlich erbrachten Impfungen grundsätzlich nicht als unwirtschaftlich. [2]Bei Verordnungen saisonaler Grippeimpfstoffe in der Impfsaison 2020/2021 gilt eine Überschreitung der Menge von bis zu 30 Prozent gegenüber den tatsächlich erbrachten Impfungen nicht als unwirtschaftlich. [3]Das Nähere ist in den Vereinbarungen nach Absatz 1 Satz 1 zu regeln.

(1b) Muss für ein Arzneimittel auf Grund eines Arzneimittelrückrufs oder einer von der zuständigen Behörde bekannt gemachten Einschränkung der Verwendbarkeit erneut ein Arzneimittel verordnet werden, ist die erneute Verordnung des Arzneimittels oder eines vergleichbaren Arzneimittels bei der

Wirtschaftlichkeitsprüfung nach § 106 als Praxisbesonderheit zu berücksichtigen.

(2) [1]Die Kassenärztlichen Bundesvereinigungen und der Spitzenverband Bund der Krankenkassen vereinbaren einheitliche Rahmenvorgaben für die Prüfungen nach Absatz 1. [2]Darin ist insbesondere festzulegen, in welchem Umfang Wirtschaftlichkeitsprüfungen mindestens durchgeführt werden sollen. [3]Festzulegen ist auch ein Verfahren, das sicherstellt, dass individuelle Beratungen bei statistischen Prüfungen der Ärztinnen und Ärzte der Festsetzung einer Nachforderung bei erstmaliger Auffälligkeit vorgehen; dies gilt nicht für Einzelfallprüfungen. [4]Die Vereinbarungspartner nach Satz 1 legen zudem besondere Verordnungsbedarfe für die Verordnung von Heilmitteln fest, die bei den Prüfungen nach Absatz 1 anzuerkennen sind. [5]Die Vertragspartner nach Absatz 1 Satz 1 können darüber hinaus weitere anzuerkennende besondere Verordnungsbedarfe vereinbaren. [6]Kommt eine Vereinbarung nach Satz 1 erstmalig bis zum 31. Oktober 2015 nicht zustande, entscheidet das zuständige Schiedsamt gemäß § 89.

(2a) [1]Nachforderungen nach Absatz 1 Satz 2 sind auf die Differenz der Kosten zwischen der wirtschaftlichen und der tatsächlich ärztlich verordneten Leistung zu begrenzen. [2]Etwaige Einsparungen begründen keinen Anspruch zugunsten des verordnenden Arztes. [3]Das Nähere wird in den einheitlichen Rahmenvorgaben nach Absatz 2 vereinbart.

(3) [1]Sofern Vereinbarungen nach Absatz 1 bis zum 31. Juli 2016 ganz oder teilweise nicht zustande kommen, wird der Vertragsinhalt durch das zuständige Schiedsamt gemäß § 89 festgesetzt. [2]Bis zu einer Vereinbarung nach Absatz 1 gelten die Regelungen in den §§ 84, 106, 296 und 297 in der am 31. Dezember 2016 geltenden Fassung fort.

(4) Wirtschaftlichkeitsprüfungen unterliegen nicht:

1. Verordnungen von Heilmitteln für Versicherte mit langfristigem Behandlungsbedarf nach § 32 Absatz 1a;
2. Verordnungen von Arzneimitteln, für die der Arzt einem Vertrag nach § 130a Absatz 8 beigetreten ist; die Krankenkasse übermittelt der Prüfungsstelle die notwendigen Angaben, insbesondere die Arzneimittelkennzeichen, die teilnehmenden Ärzte und die Laufzeit der Verträge;
3. Verordnungen von Krankenhausbehandlung oder Behandlung in Vorsorge- oder Rehabilitationseinrichtungen nach § 73 Absatz 2 Satz 1 Nummer 7;
4. Verordnungen von Heilmitteln nach § 73 Absatz 11 Satz 1.

(5) § 130b Absatz 2 und § 130c Absatz 4 bleiben unberührt.

§ 106c Prüfungsstelle und Beschwerdeausschuss bei Wirtschaftlichkeitsprüfungen. (1) [1]Die Landesverbände der Krankenkassen und die Ersatzkassen sowie die Kassenärztlichen Vereinigungen bilden jeweils eine gemeinsame Prüfungsstelle und einen gemeinsamen Beschwerdeausschuss. [2]Der Beschwerdeausschuss besteht aus Vertretern der Kassenärztlichen Vereinigung und der Krankenkassen in gleicher Zahl sowie einem unparteiischen Vorsitzenden. [3]Die Amtsdauer beträgt zwei Jahre. [4]Bei Stimmengleichheit gibt die Stimme des Vorsitzenden den Ausschlag. [5]Über den Vorsitzenden, dessen Stellvertreter sowie den Sitz des Beschwerdeausschusses sollen sich die Vertragspartner nach Satz 1 einigen. [6]Kommt eine Einigung nicht zustande, beruft die Aufsichtsbehörde nach Absatz 5 im Benehmen mit den Vertragspartnern nach Satz 1 den

Vorsitzenden und dessen Stellvertreter und entscheidet über den Sitz des Beschwerdeausschusses.

(2) [1] Die Prüfungsstelle und der Beschwerdeausschuss nehmen ihre Aufgaben jeweils eigenverantwortlich wahr; der Beschwerdeausschuss wird bei der Erfüllung seiner laufenden Geschäfte von der Prüfungsstelle organisatorisch unterstützt. [2] Die Prüfungsstelle wird bei der Kassenärztlichen Vereinigung, einem Landesverband der Krankenkassen oder bei einer bereits bestehenden Arbeitsgemeinschaft im Land errichtet. [3] Über die Errichtung, den Sitz und den Leiter der Prüfungsstelle einigen sich die Vertragspartner nach Absatz 1 Satz 1; sie einigen sich auf Vorschlag des Leiters jährlich bis zum 30. November über die personelle, sachliche sowie finanzielle Ausstattung der Prüfungsstelle für das folgende Kalenderjahr. [4] Der Leiter führt die laufenden Verwaltungsgeschäfte der Prüfungsstelle und gestaltet die innere Organisation so, dass sie den besonderen Anforderungen des Datenschutzes nach den Artikeln 24, 25 und 32 der Verordnung (EU) 2016/679 gerecht wird. [5] Kommt eine Einigung nach den Sätzen 2 und 3 nicht zustande, entscheidet die Aufsichtsbehörde nach Absatz 5. [6] Die Kosten der Prüfungsstelle und des Beschwerdeausschusses tragen die Kassenärztliche Vereinigung und die beteiligten Krankenkassen je zur Hälfte. [7] Das Bundesministerium für Gesundheit bestimmt durch Rechtsverordnung mit Zustimmung des Bundesrates das Nähere zur Geschäftsführung der Prüfungsstellen und der Beschwerdeausschüsse einschließlich der Entschädigung der Vorsitzenden der Ausschüsse und zu den Pflichten der von den in Absatz 1 Satz 1 genannten Vertragspartnern entsandten Vertreter. [8] Die Rechtsverordnung kann auch die Voraussetzungen und das Verfahren zur Verhängung von Maßnahmen gegen Mitglieder der Ausschüsse bestimmen, die ihre Pflichten nach diesem Gesetzbuch nicht oder nicht ordnungsgemäß erfüllen.

(3) [1] Gegen die Entscheidungen der Prüfungsstelle können die betroffenen Ärzte und ärztlich geleiteten Einrichtungen, die Krankenkassen, die betroffenen Landesverbände der Krankenkassen sowie die Kassenärztlichen Vereinigungen die Beschwerdeausschüsse anrufen. [2] Die Anrufung hat aufschiebende Wirkung. [3] Für das Verfahren sind § 84 Absatz 1 und § 85 Absatz 3 des Sozialgerichtsgesetzes[1)] anzuwenden. [4] Das Verfahren vor dem Beschwerdeausschuss gilt als Vorverfahren im Sinne des § 78 des Sozialgerichtsgesetzes. [5] Die Klage gegen eine vom Beschwerdeausschuss festgesetzte Maßnahme hat keine aufschiebende Wirkung. [6] Abweichend von Satz 1 findet in Fällen der Festsetzung einer Ausgleichspflicht für den Mehraufwand bei Leistungen, die durch das Gesetz oder durch die Richtlinien nach § 92 ausgeschlossen sind, eine Anrufung des Beschwerdeausschusses nicht statt.

(4) [1] Die Vertragspartner nach Absatz 1 Satz 1 können mit Zustimmung der für sie zuständigen Aufsichtsbehörde die gemeinsame Bildung einer Prüfungsstelle und eines Beschwerdeausschusses über den Bereich eines Landes oder einer anderen Kassenärztlichen Vereinigung hinaus vereinbaren. [2] Die Aufsicht über eine für den Bereich mehrerer Länder tätige Prüfungsstelle und einen für den Bereich mehrerer Länder tätigen Beschwerdeausschuss führt die für die Sozialversicherung zuständige oberste Verwaltungsbehörde des Landes, in dem der Ausschuss oder die Stelle ihren Sitz hat. [3] Die Aufsicht ist im Benehmen mit den zuständigen obersten Verwaltungsbehörden der beteiligten Länder wahrzunehmen.

---

1) Nr. **20**.

(5) [1] Die Aufsicht über die Prüfungsstellen und Beschwerdeausschüsse führen die für die Sozialversicherung zuständigen obersten Verwaltungsbehörden der Länder. [2] Die Prüfungsstellen und die Beschwerdeausschüsse erstellen einmal jährlich eine Übersicht über die Zahl der durchgeführten Beratungen und Prüfungen sowie die von ihnen festgesetzten Maßnahmen. [3] Die Übersicht ist der Aufsichtsbehörde vorzulegen.

§ 106d Abrechnungsprüfung in der vertragsärztlichen Versorgung.

(1) Die Kassenärztlichen Vereinigungen und die Krankenkassen prüfen die Rechtmäßigkeit und Plausibilität der Abrechnungen in der vertragsärztlichen Versorgung.

(2) [1] Die Kassenärztliche Vereinigung stellt die sachliche und rechnerische Richtigkeit der Abrechnungen der an der vertragsärztlichen Versorgung teilnehmenden Ärzte und Einrichtungen fest; dazu gehört auch die arztbezogene Prüfung der Abrechnungen auf Plausibilität auf Einhaltung der Vorgaben nach § 295 Absatz 4 Satz 3 sowie die Prüfung der abgerechneten Sachkosten. [2] Gegenstand der arztbezogenen Plausibilitätsprüfung ist insbesondere der Umfang der je Tag abgerechneten Leistungen im Hinblick auf den damit verbundenen Zeitaufwand des Arztes; Vertragsärzte und angestellte Ärzte sind entsprechend des jeweiligen Versorgungsauftrages gleich zu behandeln. [3] Bei der Prüfung nach Satz 2 ist ein Zeitrahmen für das pro Tag höchstens abrechenbare Leistungsvolumen zu Grunde zu legen; zusätzlich können Zeitrahmen für die in längeren Zeitperioden höchstens abrechenbaren Leistungsvolumina zu Grunde gelegt werden. [4] Soweit Angaben zum Zeitaufwand nach § 87 Abs. 2 Satz 1 zweiter Halbsatz bestimmt sind, sind diese bei den Prüfungen nach Satz 2 zu Grunde zu legen. [5] Satz 2 bis 4 gilt nicht für die vertragszahnärztliche Versorgung. [6] Bei den Prüfungen ist von dem jeweils angeforderten Punktzahlvolumen unabhängig von honorarwirksamen Begrenzungsregelungen auszugehen. [7] Soweit es für den jeweiligen Prüfungsgegenstand erforderlich ist, sind die Abrechnungen vorangegangener Abrechnungszeiträume in die Prüfung einzubeziehen. [8] Die Kassenärztliche Vereinigung unterrichtet die in Absatz 5 genannten Verbände der Krankenkassen sowie die Ersatzkassen unverzüglich über die Durchführung der Prüfungen und deren Ergebnisse. [9] Satz 2 gilt auch für Verfahren, die am 31. Dezember 2014 noch nicht rechtskräftig abgeschlossen waren.

(3) [1] Die Krankenkassen prüfen die Abrechnungen der an der vertragsärztlichen Versorgung teilnehmenden Ärzte und Einrichtungen insbesondere hinsichtlich

1. des Bestehens und des Umfangs ihrer Leistungspflicht,
2. der Plausibilität von Art und Umfang der für die Behandlung eines Versicherten abgerechneten Leistungen in Bezug auf die angegebene Diagnose, bei zahnärztlichen Leistungen in Bezug auf die angegebenen Befunde,
3. der Plausibilität der Zahl der vom Versicherten in Anspruch genommenen Ärzte, unter Berücksichtigung ihrer Fachgruppenzugehörigkeit.

[2] Sie unterrichten die Kassenärztlichen Vereinigungen unverzüglich über die Durchführung der Prüfungen und deren Ergebnisse.

(4) [1] Die Krankenkassen oder ihre Verbände können, sofern dazu Veranlassung besteht, gezielte Prüfungen durch die Kassenärztliche Vereinigung nach Absatz 2 beantragen. [2] Die Kassenärztliche Vereinigung kann, sofern dazu Ver-

anlassung besteht, Prüfungen durch die Krankenkassen nach Absatz 3 beantragen. [3]Bei festgestellter Unplausibilität nach Absatz 3 Satz 1 Nr. 2 oder 3 kann die Krankenkasse oder ihr Verband eine Wirtschaftlichkeitsprüfung ärztlicher Leistungen beantragen; dies gilt für die Kassenärztliche Vereinigung bei festgestellter Unplausibilität nach Absatz 2 entsprechend. [4]Wird ein Antrag nach Satz 1 von der Kassenärztlichen Vereinigung nicht innerhalb von sechs Monaten bearbeitet, kann die Krankenkasse einen Betrag in Höhe der sich unter Zugrundelegung des Antrags ergebenden Honorarberichtigung auf die zu zahlende Gesamtvergütung anrechnen.

(5) [1]Die Kassenärztlichen Vereinigungen und die Landesverbände der Krankenkassen und die Ersatzkassen gemeinsam und einheitlich vereinbaren Inhalt und Durchführung der Prüfungen nach den Absätzen 2 bis 4. [2]In den Vereinbarungen sind auch Maßnahmen für den Fall von Verstößen gegen Abrechnungsbestimmungen, einer Überschreitung der Zeitrahmen nach Absatz 2 Satz 3 sowie des Nichtbestehens einer Leistungspflicht der Krankenkassen, soweit dies dem Leistungserbringer bekannt sein musste, vorzusehen. [3]Die Maßnahmen, die aus den Prüfungen nach den Absätzen 2 bis 4 folgen, müssen innerhalb von zwei Jahren ab Erlass des Honorarbescheides festgesetzt werden; § 45 Absatz 2 des Ersten Buches[1)] gilt entsprechend. [4]Der Inhalt der Richtlinien nach Absatz 6 ist Bestandteil der Vereinbarungen.

(6) [1]Die Kassenärztlichen Bundesvereinigungen und der Spitzenverband Bund der Krankenkassen vereinbaren Richtlinien zum Inhalt und zur Durchführung der Prüfungen nach den Absätzen 2 und 3 einschließlich der Voraussetzungen für die Einhaltung der Ausschlussfrist nach Absatz 5 Satz 3 und des Einsatzes eines elektronisch gestützten Regelwerks; die Richtlinien enthalten insbesondere Vorgaben zu den Kriterien nach Absatz 2 Satz 2 und 3. [2]Die Richtlinien sind dem Bundesministerium für Gesundheit vorzulegen. [3]Es kann sie innerhalb von zwei Monaten beanstanden. [4]Kommen die Richtlinien nicht zu Stande oder werden die Beanstandungen des Bundesministeriums für Gesundheit nicht innerhalb einer von ihm gesetzten Frist behoben, kann das Bundesministerium für Gesundheit die Richtlinien erlassen.

(7) § 106 Absatz 4 gilt entsprechend.

Dritter Abschnitt. Beziehungen zu Krankenhäusern und anderen Einrichtungen

§ 107 Krankenhäuser, Vorsorge- oder Rehabilitationseinrichtungen.

(1) Krankenhäuser im Sinne dieses Gesetzbuchs sind Einrichtungen, die

1. der Krankenhausbehandlung oder Geburtshilfe dienen,
2. fachlich-medizinisch unter ständiger ärztlicher Leitung stehen, über ausreichende, ihrem Versorgungsauftrag entsprechende diagnostische und therapeutische Möglichkeiten verfügen und nach wissenschaftlich anerkannten Methoden arbeiten,
3. mit Hilfe von jederzeit verfügbarem ärztlichem, Pflege-, Funktions- und medizinisch-technischem Personal darauf eingerichtet sind, vorwiegend durch ärztliche und pflegerische Hilfeleistung Krankheiten der Patienten zu

1) Nr. 1.

erkennen, zu heilen, ihre Verschlimmerung zu verhüten, Krankheitsbeschwerden zu lindern oder Geburtshilfe zu leisten,

und in denen

4. die Patienten untergebracht und verpflegt werden können.

(2) Vorsorge- oder Rehabilitationseinrichtungen im Sinne dieses Gesetzbuchs sind Einrichtungen, die

1. der stationären Behandlung der Patienten dienen, um
   a) eine Schwächung der Gesundheit, die in absehbarer Zeit voraussichtlich zu einer Krankheit führen würde, zu beseitigen oder einer Gefährdung der gesundheitlichen Entwicklung eines Kindes entgegenzuwirken (Vorsorge) oder
   b) eine Krankheit zu heilen, ihre Verschlimmerung zu verhüten oder Krankheitsbeschwerden zu lindern oder im Anschluß an Krankenhausbehandlung den dabei erzielten Behandlungserfolg zu sichern oder zu festigen, auch mit dem Ziel, eine drohende Behinderung oder Pflegebedürftigkeit abzuwenden, zu beseitigen, zu mindern, auszugleichen, ihre Verschlimmerung zu verhüten oder ihre Folgen zu mildern (Rehabilitation), wobei Leistungen der aktivierenden Pflege nicht von den Krankenkassen übernommen werden dürfen,
2. fachlich-medizinisch unter ständiger ärztlicher Verantwortung und unter Mitwirkung von besonders geschultem Personal darauf eingerichtet sind, den Gesundheitszustand der Patienten nach einem ärztlichen Behandlungsplan vorwiegend durch Anwendung von Heilmitteln einschließlich Krankengymnastik, Bewegungstherapie, Sprachtherapie oder Arbeits- und Beschäftigungstherapie, ferner durch andere geeignete Hilfen, auch durch geistige und seelische Einwirkungen, zu verbessern und den Patienten bei der Entwicklung eigener Abwehr- und Heilungskräfte zu helfen,

und in denen

3. die Patienten untergebracht und verpflegt werden können.

§ 108 Zugelassene Krankenhäuser. Die Krankenkassen dürfen Krankenhausbehandlung nur durch folgende Krankenhäuser (zugelassene Krankenhäuser) erbringen lassen:

1. Krankenhäuser, die nach den landesrechtlichen Vorschriften als Hochschulklinik anerkannt sind,
2. Krankenhäuser, die in den Krankenhausplan eines Landes aufgenommen sind (Plankrankenhäuser), oder
3. Krankenhäuser, die einen Versorgungsvertrag mit den Landesverbänden der Krankenkassen und den Verbänden der Ersatzkassen abgeschlossen haben.

§ 108a Krankenhausgesellschaften. [1] Die Landeskrankenhausgesellschaft ist ein Zusammenschluß von Trägern zugelassener Krankenhäuser im Land. [2] In der Deutschen Krankenhausgesellschaft sind die Landeskrankenhausgesellschaften zusammengeschlossen. [3] Bundesverbände oder Landesverbände der Krankenhausträger können den Krankenhausgesellschaften angehören.

§ 109 Abschluß von Versorgungsverträgen mit Krankenhäusern.

(1) [1]Der Versorgungsvertrag nach § 108 Nr. 3 kommt durch Einigung zwischen den Landesverbänden der Krankenkassen und den Ersatzkassen gemeinsam und dem Krankenhausträger zustande; er bedarf der Schriftform. [2]Bei den Hochschulkliniken gilt die Anerkennung nach den landesrechtlichen Vorschriften, bei den Plankrankenhäusern die Aufnahme in den Krankenhausbedarfsplan nach § 8 Abs. 1 Satz 2 des Krankenhausfinanzierungsgesetzes als Abschluss des Versorgungsvertrages. [3]Dieser ist für alle Krankenkassen im Inland unmittelbar verbindlich. [4]Die Vertragsparteien nach Satz 1 können im Einvernehmen mit der für die Krankenhausplanung zuständigen Landesbehörde eine gegenüber dem Krankenhausplan geringere Bettenzahl vereinbaren, soweit die Leistungsstruktur des Krankenhauses nicht verändert wird; die Vereinbarung kann befristet werden. [5]Enthält der Krankenhausplan keine oder keine abschließende Festlegung der Bettenzahl oder der Leistungsstruktur des Krankenhauses, werden diese durch die Vertragsparteien nach Satz 1 im Benehmen mit der für die Krankenhausplanung zuständigen Landesbehörde ergänzend vereinbart.

(2) [1]Ein Anspruch auf Abschluß eines Versorgungsvertrags nach § 108 Nr. 3 besteht nicht. [2]Bei notwendiger Auswahl zwischen mehreren geeigneten Krankenhäusern, die sich um den Abschluß eines Versorgungsvertrags bewerben, entscheiden die Landesverbände der Krankenkassen und die Ersatzkassen gemeinsam unter Berücksichtigung der öffentlichen Interessen und der Vielfalt der Krankenhausträger nach pflichtgemäßem Ermessen, welches Krankenhaus den Erfordernissen einer qualitativ hochwertigen, patienten- und bedarfsgerechten sowie leistungsfähigen und wirtschaftlichen Krankenhausbehandlung am besten gerecht wird.

(3) [1]Ein Versorgungsvertrag nach § 108 Nr. 3 darf nicht abgeschlossen werden, wenn das Krankenhaus

1. nicht die Gewähr für eine leistungsfähige und wirtschaftliche Krankenhausbehandlung bietet,
2. bei den maßgeblichen planungsrelevanten Qualitätsindikatoren nach § 6 Absatz 1a des Krankenhausfinanzierungsgesetzes auf der Grundlage der vom Gemeinsamen Bundesausschuss nach § 136c Absatz 2 übermittelten Maßstäbe und Bewertungskriterien nicht nur vorübergehend eine in einem erheblichen Maß unzureichende Qualität aufweist, die im jeweiligen Landesrecht vorgesehenen Qualitätsanforderungen nicht nur vorübergehend und in einem erheblichen Maß nicht erfüllt, höchstens drei Jahre in Folge Qualitätsabschlägen nach § 5 Absatz 3a des Krankenhausentgeltgesetzes unterliegt oder
3. für eine bedarfsgerechte Krankenhausbehandlung der Versicherten nicht erforderlich ist.

[2]Abschluß und Ablehnung des Versorgungsvertrags werden mit der Genehmigung durch die zuständigen Landesbehörden wirksam. [3]Verträge, die vor dem 1. Januar 1989 nach § 371 Abs. 2 der Reichsversicherungsordnung abgeschlossen worden sind, gelten bis zu ihrer Kündigung nach § 110 weiter.

(4) [1]Mit einem Versorgungsvertrag nach Absatz 1 wird das Krankenhaus für die Dauer des Vertrages zur Krankenhausbehandlung der Versicherten zugelassen. [2]Das zugelassene Krankenhaus ist im Rahmen seines Versorgungsauftrags zur Krankenhausbehandlung (§ 39) der Versicherten verpflichtet. [3]Die Kran-

kenkassen sind verpflichtet, unter Beachtung der Vorschriften dieses Gesetzbuchs mit dem Krankenhausträger Pflegesatzverhandlungen nach Maßgabe des Krankenhausfinanzierungsgesetzes, des Krankenhausentgeltgesetzes und der Bundespflegesatzverordnung zu führen.

(5) [1] Ansprüche der Krankenhäuser auf Vergütung erbrachter Leistungen und Ansprüche der Krankenkassen auf Rückzahlung von geleisteten Vergütungen verjähren in zwei Jahren nach Ablauf des Kalenderjahrs, in dem sie entstanden sind. [2] Dies gilt auch für Ansprüche der Krankenkassen auf Rückzahlung von geleisteten Vergütungen, die vor dem 1. Januar 2019 entstanden sind. [3] Satz 1 gilt nicht für Ansprüche der Krankenhäuser auf Vergütung erbrachter Leistungen, die vor dem 1. Januar 2019 entstanden sind. [4] Für die Hemmung, die Ablaufhemmung, den Neubeginn und die Wirkung der Verjährung gelten die Vorschriften des Bürgerlichen Gesetzbuchs entsprechend.

(6) [1] Gegen Forderungen von Krankenhäusern, die aufgrund der Versorgung von ab dem 1. Januar 2020 aufgenommenen Patientinnen und Patienten entstanden sind, können Krankenkassen nicht mit Ansprüchen auf Rückforderung geleisteter Vergütungen aufrechnen. [2] Die Aufrechnung ist abweichend von Satz 1 möglich, wenn die Forderung der Krankenkasse vom Krankenhaus nicht bestritten wird oder rechtskräftig festgestellt wurde. [3] In der Vereinbarung nach § 17c Absatz 2 Satz 1 des Krankenhausfinanzierungsgesetzes können abweichende Regelungen vorgesehen werden.

§ 110 Kündigung von Versorgungsverträgen mit Krankenhäusern.

(1) [1] Ein Versorgungsvertrag nach § 109 Abs. 1 kann von jeder Vertragspartei mit einer Frist von einem Jahr ganz oder teilweise gekündigt werden, von den Landesverbänden der Krankenkassen und den Ersatzkassen nur gemeinsam und nur aus den in § 109 Abs. 3 Satz 1 genannten Gründen. [2] Die Kündigung hat zu erfolgen, wenn der in § 109 Absatz 3 Satz 1 Nummer 2 genannte Kündigungsgrund vorliegt. [3] Eine Kündigung ist nur zulässig, wenn die Kündigungsgründe nicht nur vorübergehend bestehen. [4] Bei Plankrankenhäusern ist die Kündigung mit einem Antrag an die zuständige Landesbehörde auf Aufhebung oder Änderung des Feststellungsbescheids nach § 8 Abs. 1 Satz 2 des Krankenhausfinanzierungsgesetzes zu verbinden, mit dem das Krankenhaus in den Krankenhausplan des Landes aufgenommen worden ist. [5] Kommt ein Beschluss über die Kündigung eines Versorgungsvertrags durch die Landesverbände der Krankenkassen und der Ersatzkassen nicht zustande, entscheidet eine unabhängige Schiedsperson über die Kündigung, wenn dies von Kassenarten beantragt wird, die mindestens ein Drittel der landesweiten Anzahl der Versicherten auf sich vereinigen. [6] Einigen sich die Landesverbände der Krankenkassen und die Ersatzkassen nicht auf eine Schiedsperson, wird diese von der für die Landesverbände der Krankenkassen zuständigen Aufsichtsbehörde bestimmt. [7] Klagen gegen die Bestimmung der Schiedsperson haben keine aufschiebende Wirkung. [8] Die Kosten des Schiedsverfahrens tragen die Landesverbände der Krankenkassen und die Ersatzkassen entsprechend der landesweiten Anzahl ihrer Versicherten. [9] Klagen gegen die Entscheidung der Schiedsperson über die Kündigung richten sich gegen die Landesverbände der Krankenkassen und die Ersatzkassen, nicht gegen die Schiedsperson.

(2) [1] Die Kündigung durch die in Absatz 1 Satz 1 genannten Verbände wird mit der Genehmigung durch die zuständige Landesbehörde wirksam. [2] Diese hat ihre Entscheidung zu begründen. [3] Bei Plankrankenhäusern kann die Ge-

nehmigung nur versagt werden, wenn und soweit das Krankenhaus für die Versorgung unverzichtbar ist und die zuständige Landesbehörde die Unabweisbarkeit des Bedarfs schriftlich oder elektronisch dargelegt hat. [4] Die Genehmigung gilt als erteilt, wenn die zuständige Landesbehörde nicht innerhalb von drei Monaten nach Mitteilung der Kündigung widersprochen hat. [5] Die Landesbehörde hat einen Widerspruch spätestens innerhalb von drei weiteren Monaten schriftlich oder elektronisch zu begründen. [6] Mit Wirksamwerden der Kündigung gilt ein Plankrankenhaus insoweit nicht mehr als zugelassenes Krankenhaus.

§ 110a Qualitätsverträge. (1) [1] Krankenkassen oder Zusammenschlüsse von Krankenkassen sollen zu den vom Gemeinsamen Bundesausschuss nach § 136b Absatz 1 Nummer 4 festgelegten Leistungen oder Leistungsbereichen mit dem Krankenhausträger Verträge schließen zur Förderung einer qualitativ hochwertigen stationären Versorgung (Qualitätsverträge). [2] Ziel der Qualitätsverträge ist die Erprobung, inwieweit sich eine weitere Verbesserung der Versorgung mit stationären Behandlungsleistungen, insbesondere durch die Vereinbarung von Anreizen sowie höherwertigen Qualitätsanforderungen erreichen lässt. [3] Die Qualitätsverträge sind zu befristen. [4] In den Qualitätsverträgen darf nicht vereinbart werden, dass der Abschluss von Qualitätsverträgen mit anderen Krankenkassen oder Zusammenschlüssen von Krankenkassen unzulässig ist. [5] Ein Anspruch auf Abschluss eines Qualitätsvertrags besteht nicht.

(2) [1] Der Spitzenverband Bund der Krankenkassen und die Deutsche Krankenhausgesellschaft vereinbaren für die Qualitätsverträge nach Absatz 1 bis spätestens zum 31. Juli 2018 die verbindlichen Rahmenvorgaben für den Inhalt der Verträge. [2] Die Rahmenvorgaben, insbesondere für die Qualitätsanforderungen, sind nur soweit zu vereinheitlichen, wie dies für eine aussagekräftige Evaluierung der Qualitätsverträge erforderlich ist. [3] Kommt eine Vereinbarung nach Satz 1 ganz oder teilweise nicht zustande, setzt die Schiedsstelle nach § 18a Absatz 6 des Krankenhausfinanzierungsgesetzes auf Antrag einer Vertragspartei oder des Bundesministeriums für Gesundheit den Inhalt der Rahmenvorgaben fest.

§ 111 Versorgungsverträge mit Vorsorge- oder Rehabilitationseinrichtungen, Verordnungsermächtigung. (1) Die Krankenkassen dürfen medizinische Leistungen zur Vorsorge (§ 23 Abs. 4) oder Leistungen zur medizinischen Rehabilitation einschließlich der Anschlußheilbehandlung (§ 40), die eine stationäre Behandlung, aber keine Krankenhausbehandlung erfordern, nur in Vorsorge- oder Rehabilitationseinrichtungen erbringen lassen, mit denen ein Versorgungsvertrag nach Absatz 2 besteht; für pflegende Angehörige dürfen die Krankenkassen diese Leistungen auch in Vorsorge- und Rehabilitationseinrichtungen erbringen lassen, mit denen ein Vertrag nach § 111a besteht.

(2) [1] Die Landesverbände der Krankenkassen und die Ersatzkassen gemeinsam schließen mit Wirkung für ihre Mitgliedskassen einheitliche Versorgungsverträge über die Durchführung der in Absatz 1 genannten Leistungen mit Vorsorge- oder Rehabilitationseinrichtungen, die

1. die Anforderungen des § 107 Abs. 2 erfüllen und
2. für eine bedarfsgerechte, leistungsfähige und wirtschaftliche Versorgung der Versicherten ihrer Mitgliedskassen mit stationären medizinischen Leistungen

zur Vorsorge oder Leistungen zur medizinischen Rehabilitation einschließlich der Anschlußheilbehandlung notwendig sind.

[2] § 109 Abs. 1 Satz 1 gilt entsprechend. [3] Die Landesverbände der Krankenkassen eines anderen Bundeslandes und die Ersatzkassen können einem nach Satz 1 geschlossenen Versorgungsvertrag beitreten, soweit für die Behandlung der Versicherten ihrer Mitgliedskassen in der Vorsorge- oder Rehabilitationseinrichtung ein Bedarf besteht. [4] Absatz 5 Satz 5 und 6 gilt entsprechend.

(3) [1] Bei Vorsorge- oder Rehabilitationseinrichtungen, die vor dem 1. Januar 1989 stationäre medizinische Leistungen für die Krankenkassen erbracht haben, gilt ein Versorgungsvertrag in dem Umfang der in den Jahren 1986 bis 1988 erbrachten Leistungen als abgeschlossen. [2] Satz 1 gilt nicht, wenn die Einrichtung die Anforderungen nach Absatz 2 Satz 1 nicht erfüllt und die zuständigen Landesverbände der Krankenkassen und die Ersatzkassen gemeinsam dies bis zum 30. Juni 1989 gegenüber dem Träger der Einrichtung schriftlich geltend machen.

(4) [1] Mit dem Versorgungsvertrag wird die Vorsorge- oder Rehabilitationseinrichtung für die Dauer des Vertrages zur Versorgung der Versicherten mit stationären medizinischen Leistungen zur Vorsorge oder Rehabilitation zugelassen. [2] Der Versorgungsvertrag kann von den Landesverbänden der Krankenkassen und den Ersatzkassen gemeinsam mit einer Frist von einem Jahr gekündigt werden, wenn die Voraussetzungen für seinen Abschluß nach Absatz 2 Satz 1 nicht mehr gegeben sind. [3] Mit der für die Krankenhausplanung zuständigen Landesbehörde ist Einvernehmen über Abschluß und Kündigung des Versorgungsvertrags anzustreben.

(5) [1] Die Vergütungen für die in Absatz 1 genannten Leistungen werden zwischen den Krankenkassen und den Trägern der zugelassenen Vorsorge- oder Rehabilitationseinrichtungen vereinbart. [2] Für Vereinbarungen nach Satz 1 gilt § 71 nicht. [3] Die Bezahlung von Gehältern bis zur Höhe tarifvertraglicher Vergütungen sowie entsprechender Vergütungen nach kirchlichen Arbeitsrechtsregelungen kann nicht als unwirtschaftlich abgelehnt werden. [4] Auf Verlangen der Krankenkasse ist die Zahlung dieser Vergütungen nachzuweisen. [5] Die Vertragsparteien haben die Vereinbarungen für den Zeitraum vom 1. Oktober 2020 bis zum 31. März 2021 an die durch die COVID-19-Pandemie bedingte besondere Situation der Vorsorge- oder Rehabilitationseinrichtungen anzupassen, um die Leistungsfähigkeit der Einrichtungen bei wirtschaftlicher Betriebsführung zu gewährleisten. [6] Das Bundesministerium für Gesundheit kann durch Rechtsverordnung mit Zustimmung des Bundesrates die in Satz 5 genannte Frist bis zum 31. Dezember 2021 verlängern. [7] Kommt eine Vereinbarung innerhalb von zwei Monaten, nachdem eine Vertragspartei nach Satz 1 schriftlich zur Aufnahme von Verhandlungen aufgefordert hat, nicht oder teilweise nicht zustande, wird ihr Inhalt auf Antrag einer Vertragspartei durch die Landesschiedsstelle nach § 111b festgesetzt. [8] Die Landesschiedsstelle ist dabei an die für die Vertragsparteien geltenden Rechtsvorschriften gebunden.

(6) Soweit eine wirtschaftlich und organisatorisch selbständige, gebietsärztlich geleitete Vorsorge- oder Rehabilitationseinrichtung an einem zugelassenen Krankenhaus die Anforderungen des Absatzes 2 Satz 1 erfüllt, gelten im übrigen die Absätze 1 bis 5.

(7) [1] Der Spitzenverband Bund der Krankenkassen und die für die Erbringer von Leistungen zur medizinischen Rehabilitation maßgeblichen Verbände auf

Bundesebene vereinbaren unter Berücksichtigung der Richtlinien nach § 92 Absatz 1 Satz 2 Nummer 8 in Rahmenempfehlungen

1. das Nähere zu Inhalt, Umfang und Qualität der Leistungen nach Absatz 1,
2. Grundsätze einer leistungsgerechten Vergütung und ihrer Strukturen und
3. die Anforderungen an das Nachweisverfahren nach Absatz 5 Satz 4.

[2] Vereinbarungen nach § 137d Absatz 1 bleiben unberührt. [3] Die Inhalte der Rahmenempfehlungen sind den Versorgungsverträgen nach Absatz 2 und den Vergütungsverträgen nach Absatz 5 zugrunde zu legen. [4] Kommen Rahmenempfehlungen ganz oder teilweise nicht zustande, können die Rahmenempfehlungspartner die Schiedsstelle nach § 111b Absatz 6 anrufen. [5] Sie setzt innerhalb von drei Monaten den Rahmenempfehlungsinhalt fest.

§ 111a Versorgungsverträge mit Einrichtungen des Müttergenesungswerks oder gleichartigen Einrichtungen. (1) [1] Die Krankenkassen dürfen stationäre medizinische Leistungen zur Vorsorge für Mütter und Väter (§ 24) oder Rehabilitation für Mütter und Väter (§ 41) nur in Einrichtungen des Müttergenesungswerks oder gleichartigen Einrichtungen oder für Vater-Kind-Maßnahmen geeigneten Einrichtungen erbringen lassen, mit denen ein Versorgungsvertrag besteht. [2] § 111 Absatz 2, 4 Satz 1 und 2, Absatz 5 und 7 sowie § 111b gelten entsprechend.

(2) [1] Bei Einrichtungen des Müttergenesungswerks oder gleichartigen Einrichtungen, die vor dem 1. August 2002 stationäre medizinische Leistungen für die Krankenkassen erbracht haben, gilt ein Versorgungsvertrag in dem Umfang der im Jahr 2001 erbrachten Leistungen als abgeschlossen. [2] Satz 1 gilt nicht, wenn die Einrichtung die Anforderungen nach § 111 Abs. 2 Satz 1 nicht erfüllt und die zuständigen Landesverbände der Krankenkassen und die Ersatzkassen gemeinsam dies bis zum 1. Januar 2004 gegenüber dem Träger der Einrichtung schriftlich geltend machen.

§ 111b Landesschiedsstelle für Versorgungs- und Vergütungsvereinbarungen zwischen Krankenkassen und Trägern von Vorsorge- oder Rehabilitationseinrichtungen und Bundesschiedsstelle für Rahmenempfehlungen, Verordnungsermächtigung. (1) [1] Die Landesverbände der Krankenkassen und die Ersatzkassen gemeinsam und die für die Wahrnehmung der Interessen der Vorsorge- und Rehabilitationseinrichtungen auf Landesebene maßgeblichen Verbände bilden miteinander für jedes Land eine Schiedsstelle. [2] Diese entscheidet in den Angelegenheiten, die ihr nach diesem Buch zugewiesen sind.

(2) [1] Die Schiedsstelle besteht aus einem unparteiischen Vorsitzenden und zwei weiteren unparteiischen Mitgliedern sowie aus Vertretern der jeweiligen Vertragsparteien nach § 111 Absatz 5 Satz 1 oder im Falle ambulanter Rehabilitationseinrichtungen nach § 111c Absatz 3 Satz 1 in gleicher Zahl; für den Vorsitzenden und die unparteiischen Mitglieder können Stellvertreter bestellt werden. [2] Der Vorsitzende und die unparteiischen Mitglieder werden von den beteiligten Verbänden nach Absatz 1 gemeinsam bestellt. [3] Kommt eine Einigung nicht zustande, werden sie von den zuständigen Landesbehörden bestellt.

(3) [1] Die Mitglieder der Schiedsstelle führen ihr Amt als Ehrenamt. [2] Sie sind an Weisungen nicht gebunden. [3] Jedes Mitglied hat eine Stimme. [4] Die Ent-

scheidungen werden von der Mehrheit der Mitglieder getroffen. [5] Ergibt sich keine Mehrheit, gibt die Stimme des Vorsitzenden den Ausschlag.

(4) Die Rechtsaufsicht über die Schiedsstelle führt die zuständige Landesbehörde.

(5) [1] Die Landesregierungen werden ermächtigt, durch Rechtsverordnung das Nähere über die Zahl, die Bestellung, die Amtsdauer und die Amtsführung, die Erstattung der baren Auslagen und die Entschädigung für Zeitaufwand der Mitglieder der Schiedsstelle, die Geschäftsführung, das Verfahren, die Erhebung und die Höhe der Gebühren sowie über die Verteilung der Kosten zu bestimmen. [2] Sie können diese Ermächtigung durch Rechtsverordnung auf oberste Landesbehörden übertragen.

(6) [1] Der Spitzenverband Bund der Krankenkassen und die für die Erbringer von Leistungen zur medizinischen Rehabilitation maßgeblichen Verbände auf Bundesebene bilden erstmals bis zum 1. Mai 2021 eine gemeinsame Schiedsstelle, die in Angelegenheiten nach § 111 Absatz 7, § 111a Absatz 1 Satz 2 in Verbindung mit § 111 Absatz 7 sowie nach § 111c Absatz 5 entscheidet. [2] Die Schiedsstelle besteht aus einem unparteiischen Vorsitzenden und zwei weiteren unparteiischen Mitgliedern sowie aus Vertretern der jeweiligen Rahmenempfehlungspartner nach § 111 Absatz 7 Satz 1 oder § 111c Absatz 5 Satz 1 in gleicher Zahl; für den Vorsitzenden und die unparteiischen Mitglieder können Stellvertreter bestellt werden. [3] Die Amtsdauer beträgt vier Jahre. [4] Die jeweiligen Rahmenempfehlungspartner sollen sich über den Vorsitzenden und die zwei weiteren unparteiischen Mitglieder sowie deren Stellvertreter einigen. [5] Kommt eine Einigung nicht zustande, erfolgt eine Bestellung des unparteiischen Vorsitzenden, der weiteren unparteiischen Mitglieder und von deren Stellvertretern durch das Bundesministerium für Gesundheit, nachdem es den Rahmenempfehlungspartnern eine Frist zur Einigung gesetzt hat und diese Frist abgelaufen ist. [6] Das Bundesministerium für Gesundheit kann durch Rechtsverordnung mit Zustimmung des Bundesrates das Nähere über die Zahl und die Bestellung der Mitglieder, die Erstattung der baren Auslagen und die Entschädigung für den Zeitaufwand der Mitglieder, das Verfahren sowie über die Verteilung der Kosten regeln. [7] § 129 Absatz 9 und 10 Satz 1 gilt entsprechend.

§ 111c Versorgungsverträge mit Rehabilitationseinrichtungen, Verordnungsermächtigung. (1) Die Landesverbände der Krankenkassen und die Ersatzkassen gemeinsam schließen mit Wirkung für ihre Mitgliedskassen einheitliche Versorgungsverträge über die Durchführung der in § 40 Absatz 1 genannten ambulanten Leistungen zur medizinischen Rehabilitation mit Rehabilitationseinrichtungen,

1. für die ein Versorgungsvertrag nach § 111 Absatz 2 besteht und
2. die für eine bedarfsgerechte, leistungsfähige und wirtschaftliche Versorgung der Versicherten ihrer Mitgliedskassen mit ambulanten Leistungen zur medizinischen Rehabilitation einschließlich der Anschlussrehabilitation notwendig sind. Soweit es für die Erbringung wohnortnaher ambulanter Leistungen zur medizinischen Rehabilitation erforderlich ist, können Verträge nach Satz 1 auch mit Einrichtungen geschlossen werden, die die in Satz 1 genannten Voraussetzungen erfüllen, ohne dass für sie ein Versorgungsvertrag nach § 111 besteht.

(2) [1] § 109 Absatz 1 Satz 1 gilt entsprechend. [2] Die Landesverbände der Krankenkassen eines anderen Bundeslandes und die Ersatzkassen können einem nach Absatz 1 geschlossenen Versorgungsvertrag beitreten, soweit für die Behandlung der Versicherten ihrer Mitgliedskassen in der Rehabilitationseinrichtung ein Bedarf besteht. [3] Mit dem Versorgungsvertrag wird die Rehabilitationseinrichtung für die Dauer des Vertrages zur Versorgung der Versicherten mit ambulanten medizinischen Leistungen zur Rehabilitation zugelassen. [4] Der Versorgungsvertrag kann von den Landesverbänden der Krankenkassen und den Ersatzkassen gemeinsam mit einer Frist von einem Jahr gekündigt werden, wenn die Voraussetzungen für seinen Abschluss nach Absatz 1 nicht mehr gegeben sind. [5] Mit der für die Krankenhausplanung zuständigen Landesbehörde ist Einvernehmen über Abschluss und Kündigung des Versorgungsvertrags anzustreben.

(3) [1] Die Vergütungen für die in § 40 Absatz 1 genannten Leistungen werden zwischen den Krankenkassen und den Trägern der zugelassenen Rehabilitationseinrichtungen vereinbart. [2] Für Vereinbarungen nach Satz 1 gilt § 71 nicht. [3] Die Bezahlung von Gehältern bis zur Höhe tarifvertraglicher Vergütungen sowie entsprechender Vergütungen nach kirchlichen Arbeitsrechtsregelungen kann nicht als unwirtschaftlich abgelehnt werden. [4] Auf Verlangen der Krankenkasse ist die Zahlung dieser Vergütungen nachzuweisen. [5] Die Vertragsparteien haben die Vereinbarungen für den Zeitraum vom 1. Oktober 2020 bis zum 31. März 2021 an die durch die COVID-19-Pandemie bedingte besondere Situation der Rehabilitationseinrichtungen anzupassen, um die Leistungsfähigkeit der Einrichtungen bei wirtschaftlicher Betriebsführung zu gewährleisten. [6] Das Bundesministerium für Gesundheit kann durch Rechtsverordnung mit Zustimmung des Bundesrats die in Satz 5 genannte Frist bis zum 31. Dezember 2021 verlängern. [7] Kommt eine Vereinbarung innerhalb von zwei Monaten, nachdem eine Vertragspartei nach Satz 1 schriftlich zur Aufnahme von Verhandlungen aufgefordert hat, nicht oder teilweise nicht zustande, wird ihr Inhalt auf Antrag einer Vertragspartei durch die Landesschiedsstelle nach § 111b festgesetzt. [8] Diese ist dabei an die für die Vertragsparteien geltenden Rechtsvorschriften gebunden.

(4) [1] Bei Einrichtungen, die vor dem 1. Januar 2012 ambulante Leistungen zur medizinischen Rehabilitation erbracht haben, gilt ein Versorgungsvertrag nach § 111c in dem Umfang der bis dahin erbrachten Leistungen als abgeschlossen. [2] Satz 1 gilt nicht, wenn die Einrichtung die Anforderungen nach Absatz 1 nicht erfüllt und die zuständigen Landesverbände der Krankenkassen und die Ersatzkassen gemeinsam dies bis zum 31. Dezember 2012 gegenüber dem Träger der Einrichtung schriftlich geltend machen.

(5) [1] Der Spitzenverband Bund der Krankenkassen und die für die Erbringer von Leistungen zur medizinischen Rehabilitation maßgeblichen Verbände auf Bundesebene vereinbaren unter Berücksichtigung der Richtlinien nach § 92 Absatz 1 Satz 2 Nummer 8 in Rahmenempfehlungen

1. das Nähere zu Inhalt, Umfang und Qualität der Leistungen nach § 40 Absatz 1,
2. Grundsätze einer leistungsgerechten Vergütung und ihrer Strukturen und
3. die Anforderungen an das Nachweisverfahren nach Absatz 3 Satz 4.

[2] Vereinbarungen nach § 137d Absatz 1 bleiben unberührt. [3] Die Inhalte der Rahmenempfehlungen sind den Versorgungsverträgen nach Absatz 1 und den

Vergütungsverträgen nach Absatz 3 zugrunde zu legen. [4]Kommen Rahmenempfehlungen ganz oder teilweise nicht zustande, können die Rahmenempfehlungspartner die Schiedsstelle nach § 111b Absatz 6 anrufen. [5]Sie setzt innerhalb von drei Monaten den Rahmenempfehlungsinhalt fest.

§ 111d Ausgleichszahlungen an Vorsorge- und Rehabilitationseinrichtungen aufgrund von Einnahmeausfällen durch das neuartige Coronavirus SARS-CoV-2, Verordnungsermächtigung. (1) Vorsorge- und Rehabilitationseinrichtungen mit einem Versorgungsvertrag nach § 111 Absatz 2 oder nach § 111a Absatz 1 erhalten für die Ausfälle der Einnahmen, die zwischen dem 16. März und dem 30. September 2020 sowie seit dem 18. November 2020 dadurch entstehen, dass Betten nicht so belegt werden können, wie es vor dem Auftreten der SARS-CoV-2-Pandemie geplant war, Ausgleichszahlungen aus der Liquiditätsreserve des Gesundheitsfonds.

(2) [1]Die Vorsorge- und Rehabilitationseinrichtungen ermitteln die Höhe der Ausgleichszahlungen nach Absatz 1, indem sie täglich, erstmals für den 16. März 2020, von der Zahl der im Jahresdurchschnitt 2019 pro Tag stationär behandelten Patientinnen und Patienten der Krankenkassen (Referenzwert) die Zahl der am jeweiligen Tag stationär behandelten Patientinnen und Patienten der Krankenkassen sowie die Zahl der nach § 22 des Krankenhausfinanzierungsgesetzes behandelten oder nach § 149 des Elften Buches[1)] oder § 39c zur Kurzzeitpflege aufgenommenen Patienten abziehen. [2]Sofern das Ergebnis größer als Null ist, ist dieses mit der tagesbezogenen Pauschale nach Absatz 3 zu multiplizieren. [3]Die Vorsorge- und Rehabilitationseinrichtungen melden den sich für sie jeweils aus der Berechnung nach Satz 2 ergebenden Betrag differenziert nach Kalendertagen wöchentlich an die für die Krankenhausplanung zuständige Landesbehörde oder an eine von dieser Landesbehörde benannte Krankenkasse, die alle von den Vorsorge- und Rehabilitationseinrichtungen im Land gemeldeten Beträge summiert. [4]Die Ermittlung nach Satz 1 ist letztmalig für den 31. Januar 2021 durchzuführen.

(3) [1]Die tagesbezogene Pauschale beträgt 60 Prozent des mit Krankenkassen vereinbarten durchschnittlichen Vergütungssatzes der Einrichtung nach § 111 Absatz 5. [2]Die tagesbezogene Pauschale für ab dem 18. November 2020 gemeldete Beträge beträgt 50 Prozent des mit Krankenkassen vereinbarten durchschnittlichen Vergütungssatzes der Einrichtung nach § 111 Absatz 5.

(4) [1]Die Länder oder die benannten Krankenkassen übermitteln die für ihre Vorsorge- und Rehabilitationseinrichtungen aufsummierten Beträge nach Absatz 2 Satz 3 jeweils unverzüglich an das Bundesamt für Soziale Sicherung. [2]Das Bundesamt für Soziale Sicherung zahlt auf Grundlage der nach Satz 1 angemeldeten Mittelbedarfe die Beträge an das jeweilige Land oder die benannte Krankenkasse zur Weiterleitung an die Vorsorge- und Rehabilitationseinrichtungen aus der Liquiditätsreserve des Gesundheitsfonds. [3]Um eine schnellstmögliche Zahlung zu gewährleisten, kann das Land oder die benannte Krankenkasse beim Bundesamt für Soziale Sicherung ab dem 28. März 2020 Abschlagszahlungen beantragen. [4]Das Bundesamt für Soziale Sicherung bestimmt das Nähere zum Verfahren der Übermittlung der aufsummierten Beträge sowie der Zahlung aus der Liquiditätsreserve des Gesundheitsfonds einschließlich der Abschlagszahlungen.

[1)] Nr. **11**.

(5) Der Spitzenverband Bund der Krankenkassen und die für die Erbringer von Leistungen zur medizinischen Rehabilitation maßgeblichen Verbände auf Bundesebene vereinbaren bis zum 10. April 2020 das Nähere zum Verfahren des Nachweises der Zahl der täglich stationär behandelten oder aufgenommenen Patientinnen und Patienten im Vergleich zum Referenzwert für die Ermittlung und Meldung nach Absatz 2 sowie der Ermittlung des mit Krankenkassen vereinbarten durchschnittlichen Vergütungssatzes nach Absatz 3.

(6) [1] Die Vorsorge- und Rehabilitationseinrichtungen erstatten dem Land oder der benannten Krankenkasse die nach dieser Vorschrift erhaltenen Ausgleichszahlungen, soweit sie vorrangige Mittel aus Vergütungen oder Ausgleichszahlungen aus anderen Rechtsverhältnissen beanspruchen können. [2] Das Land oder die benannte Krankenkasse leiten die Zahlungen an die Liquiditätsreserve des Gesundheitsfonds weiter.

(7) Nach Abschluss der Zahlungen nach Absatz 4 Satz 2 durch das Bundesamt für Soziale Sicherung übermitteln die Länder oder die benannten Krankenkassen dem Bundesministerium für Gesundheit bis zum Ende des darauffolgenden Kalendermonats eine einrichtungsbezogene Aufstellung der ausgezahlten und zurückerstatteten Finanzmittel.

(8) [1] Das Bundesamt für Soziale Sicherung teilt dem Bundesministerium für Gesundheit unverzüglich die Höhe des jeweils nach Absatz 4 Satz 2 ab dem 18. November 2020 an die Länder oder die benannte Krankenkasse überwiesenen Betrags mit. [2] Das Bundesministerium für Gesundheit übermittelt dem Bundesministerium der Finanzen wöchentlich die Mitteilungen des Bundesamtes für Soziale Sicherung nach Satz 1. [3] Der Bund erstattet den Betrag an die Liquiditätsreserve des Gesundheitsfonds innerhalb von einer Woche nach der Mitteilung gemäß Satz 1.

(9) Das Bundesministerium für Gesundheit kann durch Rechtsverordnung ohne Zustimmung des Bundesrats die in Absatz 2 Satz 4 genannte Frist um bis zu neun Monate verlängern.

§ 112 Zweiseitige Verträge und Rahmenempfehlungen über Krankenhausbehandlung. (1) Die Landesverbände der Krankenkassen und die Ersatzkassen gemeinsam schließen mit der Landeskrankenhausgesellschaft oder mit den Vereinigungen der Krankenhausträger im Land gemeinsam Verträge, um sicherzustellen, daß Art und Umfang der Krankenhausbehandlung den Anforderungen dieses Gesetzbuchs entsprechen.

(2) [1] Die Verträge regeln insbesondere

1. die allgemeinen Bedingungen der Krankenhausbehandlung einschließlich der
   a) Aufnahme und Entlassung der Versicherten,
   b) Kostenübernahme, Abrechnung der Entgelte, Berichte und Bescheinigungen,
2. die Überprüfung der Notwendigkeit und Dauer der Krankenhausbehandlung einschließlich eines Kataloges von Leistungen, die in der Regel teilstationär erbracht werden können,
3. Verfahrens- und Prüfungsgrundsätze für Wirtschaftlichkeits- und Qualitätsprüfungen,
4. die soziale Betreuung und Beratung der Versicherten im Krankenhaus,

5. den nahtlosen Übergang von der Krankenhausbehandlung zur Rehabilitation oder Pflege,
6. das Nähere über Voraussetzungen, Art und Umfang der medizinischen Maßnahmen zur Herbeiführung einer Schwangerschaft nach § 27a Abs. 1.

[2] Sie sind für die Krankenkassen und die zugelassenen Krankenhäuser im Land unmittelbar verbindlich.

(3) Kommt ein Vertrag nach Absatz 1 bis zum 31. Dezember 1989 ganz oder teilweise nicht zustande, wird sein Inhalt auf Antrag einer Vertragspartei durch die Landesschiedsstelle nach § 114 festgesetzt.

(4) [1] Die Verträge nach Absatz 1 können von jeder Vertragspartei mit einer Frist von einem Jahr ganz oder teilweise gekündigt werden. [2] Satz 1 gilt entsprechend für die von der Landesschiedsstelle nach Absatz 3 getroffenen Regelungen. [3] Diese können auch ohne Kündigung jederzeit durch einen Vertrag nach Absatz 1 ersetzt werden.

(5) Der Spitzenverband Bund der Krankenkassen und die Deutsche Krankenhausgesellschaft oder die Bundesverbände der Krankenhausträger gemeinsam sollen Rahmenempfehlungen zum Inhalt der Verträge nach Absatz 1 abgeben.

(6) Beim Abschluß der Verträge nach Absatz 1 und bei Abgabe der Empfehlungen nach Absatz 5 sind, soweit darin Regelungen nach Absatz 2 Nr. 5 getroffen werden, die Spitzenorganisationen der Vorsorge- und Rehabilitationseinrichtungen zu beteiligen.

§ 113 Qualitäts- und Wirtschaftlichkeitsprüfung der Krankenhausbehandlung. (1) [1] Die Landesverbände der Krankenkassen, die Ersatzkassen und der Landesausschuß des Verbandes der privaten Krankenversicherung können gemeinsam die Wirtschaftlichkeit, Leistungsfähigkeit und Qualität der Krankenhausbehandlung eines zugelassenen Krankenhauses durch einvernehmlich mit dem Krankenhausträger bestellte Prüfer untersuchen lassen. [2] Kommt eine Einigung über den Prüfer nicht zustande, wird dieser auf Antrag innerhalb von zwei Monaten von der Landesschiedsstelle nach § 114 Abs. 1 bestimmt. [3] Der Prüfer ist unabhängig und an Weisungen nicht gebunden.

(2) Die Krankenhäuser und ihre Mitarbeiter sind verpflichtet, dem Prüfer und seinen Beauftragten auf Verlangen die für die Wahrnehmung ihrer Aufgaben notwendigen Unterlagen vorzulegen und Auskünfte zu erteilen.

(3) [1] Das Prüfungsergebnis ist, unabhängig von den sich daraus ergebenden Folgerungen für eine Kündigung des Versorgungsvertrags nach § 110, in der nächstmöglichen Pflegesatzvereinbarung mit Wirkung für die Zukunft zu berücksichtigen. [2] Die Vorschriften über Wirtschaftlichkeitsprüfungen nach der Bundespflegesatzverordnung bleiben unberührt.

(4) [1] Die Wirtschaftlichkeit und Qualität der Versorgung durch Hochschulambulanzen nach § 117, psychiatrische Institutsambulanzen nach § 118, sozialpädiatrische Zentren nach § 119 sowie medizinische Behandlungszentren nach § 119c werden von den Krankenkassen in entsprechender Anwendung der nach §§ 106 bis 106b und 106d und § 135b geltenden Regelungen geprüft. [2] Die Wirtschaftlichkeit der ärztlich verordneten Leistungen im Rahmen des Entlassmanagements nach § 39 Absatz 1a Satz 5 und der Inanspruchnahme eines Krankenhauses nach § 76 Absatz 1a wird durch die Prüfungsstellen nach

§ 106c entsprechend §§ 106 bis 106b gegen Kostenersatz durchgeführt, soweit die Krankenkasse mit dem Krankenhaus nichts anderes vereinbart hat.

§ 114 Landesschiedsstelle. (1) [1] Die Landesverbände der Krankenkassen und die Ersatzkassen gemeinsam und die Landeskrankenhausgesellschaften oder die Vereinigungen der Krankenhausträger im Land gemeinsam bilden für jedes Land eine Schiedsstelle. [2] Diese entscheidet in den ihr nach diesem Buch zugewiesenen Aufgaben.

(2) [1] Die Landesschiedsstelle besteht aus Vertretern der Krankenkassen und zugelassenen Krankenhäuser in gleicher Zahl sowie einem unparteiischen Vorsitzenden und zwei weiteren unparteiischen Mitgliedern. [2] Die Vertreter der Krankenkassen und deren Stellvertreter werden von den Landesverbänden der Krankenkassen und den Ersatzkassen, die Vertreter der zugelassenen Krankenhäuser und deren Stellvertreter von der Landeskrankenhausgesellschaft bestellt. [3] Der Vorsitzende und die weiteren unparteiischen Mitglieder werden von den beteiligten Organisationen gemeinsam bestellt. [4] Kommt eine Einigung nicht zustande, werden sie in entsprechender Anwendung des Verfahrens nach § 89 Absatz 6 Satz 3 bestellt. [5] Soweit beteiligte Organisationen keine Vertreter bestellen oder im Verfahren nach Satz 3 keine Kandidaten für das Amt des Vorsitzenden oder der weiteren unparteiischen Mitglieder benennen, bestellt die zuständige Landesbehörde auf Antrag einer beteiligten Organisation die Vertreter und benennt die Kandidaten; die Amtsdauer der Mitglieder der Schiedsstelle beträgt in diesem Fall ein Jahr.

(3) [1] Die Mitglieder der Schiedsstelle führen ihr Amt als Ehrenamt. [2] Sie sind an Weisungen nicht gebunden. [3] Jedes Mitglied hat eine Stimme. [4] Die Entscheidungen werden mit der Mehrheit der Mitglieder getroffen. [5] Ergibt sich keine Mehrheit, gibt die Stimme des Vorsitzenden den Ausschlag.

(4) Die Aufsicht über die Geschäftsführung der Schiedsstelle führt die zuständige Landesbehörde.

(5) Die Landesregierungen werden ermächtigt, durch Rechtsverordnung das Nähere über die Zahl, die Bestellung, die Amtsdauer und die Amtsführung, die Erstattung der baren Auslagen und die Entschädigung für Zeitaufwand der Mitglieder der Schiedsstelle, die Geschäftsführung, das Verfahren, die Erhebung und die Höhe der Gebühren sowie über die Verteilung der Kosten zu bestimmen.

Vierter Abschnitt. Beziehungen zu Krankenhäusern und Vertragsärzten

§ 115 Dreiseitige Verträge und Rahmenempfehlungen zwischen Krankenkassen, Krankenhäusern und Vertragsärzten. (1) Die Landesverbände der Krankenkassen und die Ersatzkassen gemeinsam und die Kassenärztlichen Vereinigungen schließen mit der Landeskrankenhausgesellschaft oder mit den Vereinigungen der Krankenhausträger im Land gemeinsam Verträge mit dem Ziel, durch enge Zusammenarbeit zwischen Vertragsärzten und zugelassenen Krankenhäusern eine nahtlose ambulante und stationäre Behandlung der Versicherten zu gewährleisten.

(2) [1] Die Verträge regeln insbesondere

1. die Förderung des Belegarztwesens und der Behandlung in Einrichtungen, in denen die Versicherten durch Zusammenarbeit mehrerer Vertragsärzte ambulant und stationär versorgt werden (Praxiskliniken),
2. die gegenseitige Unterrichtung über die Behandlung der Patienten sowie über die Überlassung und Verwendung von Krankenunterlagen,
3. die Zusammenarbeit bei der Gestaltung und Durchführung eines ständig einsatzbereiten Notdienstes; darüber hinaus können auf Grundlage des einheitlichen Bewertungsmaßstabs für ärztliche Leistungen ergänzende Regelungen zur Vergütung vereinbart werden,
4. die Durchführung einer vor- und nachstationären Behandlung im Krankenhaus nach § 115a einschließlich der Prüfung der Wirtschaftlichkeit und der Verhinderung von Mißbrauch; in den Verträgen können von § 115a Abs. 2 Satz 1 bis 3 abweichende Regelungen vereinbart werden,
5. die allgemeinen Bedingungen der ambulanten Behandlung im Krankenhaus,
6. ergänzende Vereinbarungen zu Voraussetzungen, Art und Umfang des Entlassmanagements nach § 39 Absatz 1a.

[2] Sie sind für die Krankenkassen, die Vertragsärzte und die zugelassenen Krankenhäuser im Land unmittelbar verbindlich.

(3) Kommt ein Vertrag nach Absatz 1 ganz oder teilweise nicht zustande, entscheidet auf Antrag einer Vertragspartei das zuständige sektorenübergreifende Schiedsgremium gemäß § 89a.

(4) [1] Kommt eine Regelung nach Absatz 1 bis 3 bis zum 31. Dezember 1990 ganz oder teilweise nicht zustande, wird ihr Inhalt durch Rechtsverordnung der Landesregierung bestimmt. [2] Eine Regelung nach den Absätzen 1 bis 3 ist zulässig, solange und soweit die Landesregierung eine Rechtsverordnung nicht erlassen hat.

(5) Der Spitzenverband Bund der Krankenkassen, die Kassenärztlichen Bundesvereinigungen und die Deutsche Krankenhausgesellschaft oder die Bundesverbände der Krankenhausträger gemeinsam sollen Rahmenempfehlungen zum Inhalt der Verträge nach Absatz 1 abgeben.

§ 115a Vor- und nachstationäre Behandlung im Krankenhaus.

(1) [1] Das Krankenhaus kann bei Verordnung von Krankenhausbehandlung Versicherte in medizinisch geeigneten Fällen ohne Unterkunft und Verpflegung behandeln, um

1. die Erforderlichkeit einer vollstationären Krankenhausbehandlung zu klären oder die vollstationäre Krankenhausbehandlung vorzubereiten (vorstationäre Behandlung) oder
2. im Anschluß an eine vollstationäre Krankenhausbehandlung den Behandlungserfolg zu sichern oder zu festigen (nachstationäre Behandlung).

[2] Das Krankenhaus kann die Behandlung nach Satz 1 auch durch hierzu ausdrücklich beauftragte niedergelassene Vertragsärzte in den Räumen des Krankenhauses oder der Arztpraxis erbringen. [3] Absatz 2 Satz 5 findet insoweit keine Anwendung.

(2) [1] Die vorstationäre Behandlung ist auf längstens drei Behandlungstage innerhalb von fünf Tagen vor Beginn der stationären Behandlung begrenzt. [2] Die nachstationäre Behandlung darf sieben Behandlungstage innerhalb von 14 Tagen, bei Organübertragungen nach § 9 Absatz 2 des Transplantationsgesetzes

drei Monate nach Beendigung der stationären Krankenhausbehandlung nicht überschreiten. [3]Die Frist von 14 Tagen oder drei Monaten kann in medizinisch begründeten Einzelfällen im Einvernehmen mit dem einweisenden Arzt verlängert werden. [4]Kontrolluntersuchungen bei Organübertragungen nach § 9 Absatz 2 des Transplantationsgesetzes dürfen vom Krankenhaus auch nach Beendigung der nachstationären Behandlung fortgeführt werden, um die weitere Krankenbehandlung oder Maßnahmen der Qualitätssicherung wissenschaftlich zu begleiten oder zu unterstützen. [5]Eine notwendige ärztliche Behandlung außerhalb des Krankenhauses während der vor- und nachstationären Behandlung wird im Rahmen des Sicherstellungsauftrags durch die an der vertragsärztlichen Versorgung teilnehmenden Ärzte gewährleistet. [6]Das Krankenhaus hat den einweisenden Arzt über die vor- oder nachstationäre Behandlung sowie diesen und die an der weiteren Krankenbehandlung jeweils beteiligten Ärzte über die Kontrolluntersuchungen und deren Ergebnis unverzüglich zu unterrichten. [7]Die Sätze 2 bis 6 gelten für die Nachbetreuung von Organspendern nach § 8 Abs. 3 Satz 1 des Transplantationsgesetzes entsprechend.

(3) [1]Die Landesverbände der Krankenkassen, die Ersatzkassen und der Landesausschuß des Verbandes der privaten Krankenversicherung gemeinsam vereinbaren mit der Landeskrankenhausgesellschaft oder mit den Vereinigungen der Krankenhausträger im Land gemeinsam und im Benehmen mit der Kassenärztlichen Vereinigung die Vergütung der Leistungen mit Wirkung für die Vertragsparteien nach § 18 Abs. 2 des Krankenhausfinanzierungsgesetzes. [2]Die Vergütung soll pauschaliert werden und geeignet sein, eine Verminderung der stationären Kosten herbeizuführen. [3]Der Spitzenverband Bund der Krankenkassen und die Deutsche Krankenhausgesellschaft oder die Bundesverbände der Krankenhausträger gemeinsam geben im Benehmen mit der Kassenärztlichen Bundesvereinigung Empfehlungen zur Vergütung ab. [4]Diese gelten bis zum Inkrafttreten einer Vereinbarung nach Satz 1. [5]Kommt eine Vereinbarung über die Vergütung innerhalb von drei Monaten nicht zustande, nachdem eine Vertragspartei schriftlich zur Aufnahme der Verhandlungen aufgefordert hat, setzt die Schiedsstelle nach § 18a Abs. 1 des Krankenhausfinanzierungsgesetzes auf Antrag einer Vertragspartei oder der zuständigen Landesbehörde die Vergütung fest.

§ 115b Ambulantes Operieren im Krankenhaus. (1) [1]Der Spitzenverband Bund der Krankenkassen, die Deutsche Krankenhausgesellschaft und die Kassenärztlichen Bundesvereinigungen vereinbaren auf der Grundlage des Gutachtens nach Absatz 1a bis zum 31. Januar 2022

1. einen Katalog ambulant durchführbarer Operationen, sonstiger stationsersetzender Eingriffe und stationsersetzender Behandlungen,
2. einheitliche Vergütungen für Krankenhäuser und Vertragsärzte.

[2]Die Vereinbarung nach Satz 1 tritt mit ihrem Wirksamwerden an die Stelle der am 31. Dezember 2019 geltenden Vereinbarung. [3]In die Vereinbarung nach Satz 1 Nummer 1 sind die in dem Gutachten nach Absatz 1a benannten ambulant durchführbaren Operationen und die stationsersetzenden Eingriffe und stationsersetzenden Behandlungen aufzunehmen, die in der Regel ambulant durchgeführt werden können, sowie allgemeine Tatbestände zu bestimmen, bei deren Vorliegen eine stationäre Durchführung erforderlich sein kann. [4]Die Vergütung nach Satz 1 Nummer 2 ist nach dem Schweregrad der Fälle zu differenzieren und erfolgt auf betriebswirtschaftlicher Grundlage, ausgehend

vom einheitlichen Bewertungsmaßstab für ärztliche Leistungen unter ergänzender Berücksichtigung der nichtärztlichen Leistungen, der Sachkosten sowie der spezifischen Investitionsbedingungen. [5] In der Vereinbarung sind die Qualitätsvoraussetzungen nach § 135 Abs. 2 sowie die Richtlinien und Beschlüsse des Gemeinsamen Bundesausschusses nach § 92 Abs. 1 Satz 2 und den §§ 136 bis 136b zu berücksichtigen. [6] In der Vereinbarung ist vorzusehen, dass die Leistungen nach Satz 1 auch auf der Grundlage einer vertraglichen Zusammenarbeit des Krankenhauses mit niedergelassenen Vertragsärzten ambulant im Krankenhaus erbracht werden können. [7] Die Vereinbarung nach Satz 1 ist mindestens alle zwei Jahre, erstmals zum 31. Dezember 2023, durch Vereinbarung an den Stand der medizinischen Erkenntnisse anzupassen. [8] Der Vereinbarungsteil nach Satz 1 Nummer 1 bedarf der Genehmigung des Bundesministeriums für Gesundheit.

(1a) [1] Der Spitzenverband Bund der Krankenkassen, die Deutsche Krankenhausgesellschaft und die Kassenärztlichen Bundesvereinigungen leiten bis zum 30. Juni 2020 das Verfahren für die Vergabe eines gemeinsamen Gutachtens ein, in dem der Stand der medizinischen Erkenntnisse zu ambulant durchführbaren Operationen, stationsersetzenden Eingriffen und stationsersetzenden Behandlungen untersucht wird. [2] Das Gutachten hat ambulant durchführbare Operationen, stationsersetzende Eingriffe und stationsersetzende Behandlungen konkret zu benennen und in Verbindung damit verschiedene Maßnahmen zur Differenzierung der Fälle nach dem Schweregrad zu analysieren. [3] Im Gutachtensauftrag ist vorzusehen, dass das Gutachten spätestens innerhalb eines Jahres, nachdem das Gutachten in Auftrag gegeben worden ist, fertigzustellen ist.

(2) [1] Die Krankenhäuser sind zur ambulanten Durchführung der in dem Katalog genannten Operationen, stationsersetzenden Eingriffe und stationsersetzenden Behandlungen zugelassen. [2] Hierzu bedarf es einer Mitteilung des Krankenhauses an die Landesverbände der Krankenkassen und die Ersatzkassen, die Kassenärztliche Vereinigung und den Zulassungsausschuß (§ 96); die Kassenärztliche Vereinigung unterrichtet die Landeskrankenhausgesellschaft über den Versorgungsgrad in der vertragsärztlichen Versorgung. [3] Das Krankenhaus ist zur Einhaltung des Vertrages nach Absatz 1 verpflichtet. [4] Die Leistungen werden unmittelbar von den Krankenkassen vergütet. [5] Die Prüfung der Wirtschaftlichkeit und Qualität erfolgt durch die Krankenkassen; die Krankenhäuser übermitteln den Krankenkassen die Daten nach § 301, soweit dies für die Erfüllung der Aufgaben der Krankenkassen erforderlich ist. [6] Leistungen, die Krankenhäuser auf Grundlage des Katalogs nach Absatz 1 Satz 1 Nummer 1 ambulant erbringen, unterliegen nicht der Prüfung durch den Medizinischen Dienst nach § 275c Absatz 1 in Verbindung mit § 275 Absatz 1 Nummer 1.

(3) [1] Kommt eine der Vereinbarungen nach Absatz 1 nicht fristgerecht zustande oder wird eine Vereinbarung nach Absatz 1 ganz oder teilweise beendet und kommt bis zum Ablauf der Vereinbarungszeit keine neue Vereinbarung zustande, entscheidet auf Antrag einer Vertragspartei das sektorenübergreifende Schiedsgremium auf Bundesebene gemäß § 89a. [2] Absatz 1 Satz 7 gilt entsprechend für die Festsetzung nach Satz 1 durch das sektorenübergreifende Schiedsgremium auf Bundesebene gemäß § 89a.

(4) [1] In der Vereinbarung nach Absatz 1 können Regelungen über ein gemeinsames Budget zur Vergütung der ambulanten Operationsleistungen der Krankenhäuser und der Vertragsärzte getroffen werden. [2] Die Mittel sind aus

der Gesamtvergütung und den Budgets der zum ambulanten Operieren zugelassenen Krankenhäuser aufzubringen.

§ 115c Fortsetzung der Arzneimitteltherapie nach Krankenhausbehandlung. (1) [1] Ist im Anschluss an eine Krankenhausbehandlung die Verordnung von Arzneimitteln erforderlich, hat das Krankenhaus dem weiterbehandelnden Vertragsarzt die Therapievorschläge unter Verwendung der Wirkstoffbezeichnungen mitzuteilen. [2] Falls preisgünstigere Arzneimittel mit pharmakologisch vergleichbaren Wirkstoffen oder therapeutisch vergleichbarer Wirkung verfügbar sind, ist mindestens ein preisgünstigerer Therapievorschlag anzugeben. [3] Abweichungen in den Fällen der Sätze 1 und 2 sind in medizinisch begründeten Ausnahmefällen zulässig.

(2) Ist im Anschluss an eine Krankenhausbehandlung die Fortsetzung der im Krankenhaus begonnenen Arzneimitteltherapie in der vertragsärztlichen Versorgung für einen längeren Zeitraum notwendig, soll das Krankenhaus bei der Entlassung Arzneimittel anwenden, die auch bei Verordnung in der vertragsärztlichen Versorgung zweckmäßig und wirtschaftlich sind, soweit dies ohne eine Beeinträchtigung der Behandlung im Einzelfall oder ohne eine Verlängerung der Verweildauer möglich ist.

§ 115d Stationsäquivalente psychiatrische Behandlung. (1) [1] Psychiatrische Krankenhäuser mit regionaler Versorgungsverpflichtung sowie Allgemeinkrankenhäuser mit selbständigen, fachärztlich geleiteten psychiatrischen Abteilungen mit regionaler Versorgungsverpflichtung können in medizinisch geeigneten Fällen, wenn eine Indikation für eine stationäre psychiatrische Behandlung vorliegt, anstelle einer vollstationären Behandlung eine stationsäquivalente psychiatrische Behandlung im häuslichen Umfeld erbringen. [2] Der Krankenhausträger stellt sicher, dass die erforderlichen Ärzte und nichtärztlichen Fachkräfte und die notwendigen Einrichtungen für eine stationsäquivalente Behandlung bei Bedarf zur Verfügung stehen. [3] In geeigneten Fällen, insbesondere wenn dies der Behandlungskontinuität dient oder aus Gründen der Wohnortnähe sachgerecht ist, kann das Krankenhaus an der ambulanten psychiatrischen Versorgung teilnehmende Leistungserbringer oder ein anderes zur Erbringung der stationsäquivalenten Behandlung berechtigtes Krankenhaus mit der Durchführung von Teilen der Behandlung beauftragen.

(2) [1] Der Spitzenverband Bund der Krankenkassen, der Verband der Privaten Krankenversicherung und die Deutsche Krankenhausgesellschaft vereinbaren im Benehmen mit der Kassenärztlichen Bundesvereinigung bis zum 30. Juni 2017

1. die Anforderungen an die Dokumentation; dabei ist sicherzustellen, dass für die stationsäquivalente psychiatrische Behandlung die Krankenhausbehandlungsbedürftigkeit dokumentiert wird,
2. die Anforderungen an die Qualität der Leistungserbringung,
3. die Anforderungen an die Beauftragung von an der ambulanten psychiatrischen Behandlung teilnehmenden Leistungserbringern oder anderen, zur Erbringung der stationsäquivalenten Behandlung berechtigten Krankenhäusern.

[2] Kommt eine Vereinbarung nach Satz 1 ganz oder teilweise nicht fristgerecht zustande, entscheidet die Schiedsstelle nach § 18a Absatz 6 des Krankenhaus-

finanzierungsgesetzes ohne Antrag einer Vertragspartei innerhalb von sechs Wochen.

(3) Die Vertragsparteien nach Absatz 2 Satz 1 vereinbaren bis zum 28. Februar 2017 im Benehmen mit den maßgeblichen medizinischen Fachgesellschaften die Leistungsbeschreibung der stationsäquivalenten psychiatrischen Behandlung als Grundlage für die Verschlüsselung der Leistungen nach § 301 Absatz 2 Satz 2.

(4) [1] Der Spitzenverband Bund der Krankenkassen, der Verband der Privaten Krankenversicherung und die Deutsche Krankenhausgesellschaft legen dem Bundesministerium für Gesundheit bis zum 31. Dezember 2021 einen gemeinsamen Bericht über die Auswirkungen der stationsäquivalenten psychiatrischen Behandlung im häuslichen Umfeld auf die Versorgung der Patientinnen und Patienten einschließlich der finanziellen Auswirkungen vor. [2] Die für den Bericht erforderlichen Daten sind ihnen von den Krankenkassen, den Unternehmen der privaten Krankenversicherung und den Krankenhäusern in anonymisierter Form zu übermitteln.

§ 116 Ambulante Behandlung durch Krankenhausärzte. [1] Ärzte, die in einem Krankenhaus, einer Vorsorge- oder Rehabilitationseinrichtung, mit der ein Versorgungsvertrag nach § 111 Absatz 2 besteht, oder nach § 119b Absatz 1 Satz 3 oder 4 in einer stationären Pflegeeinrichtung tätig sind, können, soweit sie über eine abgeschlossene Weiterbildung verfügen, mit Zustimmung des jeweiligen Trägers der Einrichtung, in der der Arzt tätig ist, vom Zulassungsausschuß (§ 96) zur Teilnahme an der vertragsärztlichen Versorgung der Versicherten ermächtigt werden. [2] Die Ermächtigung ist zu erteilen, soweit und solange eine ausreichende ärztliche Versorgung der Versicherten ohne die besonderen Untersuchungs- und Behandlungsmethoden oder Kenntnisse von hierfür geeigneten Ärzten der in Satz 1 genannten Einrichtungen nicht sichergestellt wird.

§ 116a Ambulante Behandlung durch Krankenhäuser bei Unterversorgung. [1] Der Zulassungsausschuss muss zugelassene Krankenhäuser für das entsprechende Fachgebiet in den Planungsbereichen, in denen der Landesausschuss der Ärzte und Krankenkassen eingetretene Unterversorgung nach § 100 Absatz 1 oder einen zusätzlichen lokalen Versorgungsbedarf nach § 100 Absatz 3 festgestellt hat, auf deren Antrag zur vertragsärztlichen Versorgung ermächtigen, soweit und solange dies zur Beseitigung der Unterversorgung oder zur Deckung des zusätzlichen lokalen Versorgungsbedarfs erforderlich ist. [2] Der Ermächtigungsbeschluss ist nach zwei Jahren zu überprüfen.

§ 116b Ambulante spezialfachärztliche Versorgung. (1) [1] Die ambulante spezialfachärztliche Versorgung umfasst die Diagnostik und Behandlung komplexer, schwer therapierbarer Krankheiten, die je nach Krankheit eine spezielle Qualifikation, eine interdisziplinäre Zusammenarbeit und besondere Ausstattungen erfordern. [2] Hierzu gehören nach Maßgabe der Absätze 4 und 5 insbesondere folgende Erkrankungen mit besonderen Krankheitsverläufen, seltene Erkrankungen und Erkrankungszustände mit entsprechend geringen Fallzahlen sowie hochspezialisierte Leistungen:

1. Erkrankungen mit besonderen Krankheitsverläufen wie
   a) onkologische Erkrankungen,

b) rheumatologische Erkrankungen,
c) HIV/AIDS,
d) Herzinsuffizienz (NYHA Stadium 3–4),
e) Multiple Sklerose,
f) zerebrale Anfallsleiden (Epilepsie),
g) komplexe Erkrankungen im Rahmen der pädiatrischen Kardiologie,
h) Folgeschäden bei Frühgeborenen oder
i) Querschnittslähmung bei Komplikationen, die eine interdisziplinäre Versorgung erforderlich machen;

bei Erkrankungen nach den Buchstaben c bis i umfasst die ambulante spezialfachärztliche Versorgung nur schwere Verlaufsformen der jeweiligen Erkrankungen mit besonderen Krankheitsverläufen;

2. seltene Erkrankungen und Erkrankungszustände mit entsprechend geringen Fallzahlen wie
   a) Tuberkulose,
   b) Mukoviszidose,
   c) Hämophilie,
   d) Fehlbildungen, angeborene Skelettsystemfehlbildungen und neuromuskuläre Erkrankungen,
   e) schwerwiegende immunologische Erkrankungen,
   f) biliäre Zirrhose,
   g) primär sklerosierende Cholangitis,
   h) Morbus Wilson,
   i) Transsexualismus,
   j) Versorgung von Kindern mit angeborenen Stoffwechselstörungen,
   k) Marfan-Syndrom,
   l) pulmonale Hypertonie,
   m) Kurzdarmsyndrom oder
   n) Versorgung von Patienten vor oder nach Organtransplantation und von lebenden Spendern sowie
3. hochspezialisierte Leistungen wie
   a) CT/MRT-gestützte interventionelle schmerztherapeutische Leistungen oder
   b) Brachytherapie.

[3] Untersuchungs- und Behandlungsmethoden können Gegenstand des Leistungsumfangs in der ambulanten spezialfachärztlichen Versorgung sein, soweit der Gemeinsame Bundesausschuss im Rahmen der Beschlüsse nach § 137c für die Krankenhausbehandlung keine ablehnende Entscheidung getroffen hat.

(2) [1] An der vertragsärztlichen Versorgung teilnehmende Leistungserbringer und nach § 108 zugelassene Krankenhäuser sind berechtigt, Leistungen der ambulanten spezialfachärztlichen Versorgung nach Absatz 1, deren Behandlungsumfang der Gemeinsame Bundesausschuss nach den Absätzen 4 und 5 bestimmt hat, zu erbringen, soweit sie die hierfür jeweils maßgeblichen Anforderungen und Voraussetzungen nach den Absätzen 4 und 5 erfüllen und dies gegenüber dem nach Maßgabe des Absatzes 3 Satz 1 erweiterten Landesaus-

schuss der Ärzte und Krankenkassen nach § 90 Absatz 1 unter Beifügung entsprechender Belege anzeigen. [2]Soweit der Abschluss von Vereinbarungen nach Absatz 4 Satz 9 und 10 zwischen den in Satz 1 genannten Leistungserbringern erforderlich ist, sind diese im Rahmen des Anzeigeverfahrens nach Satz 1 ebenfalls vorzulegen. [3]Dies gilt nicht, wenn der Leistungserbringer glaubhaft versichert, dass ihm die Vorlage aus den in Absatz 4 Satz 11 zweiter Halbsatz genannten Gründen nicht möglich ist. [4]Der Leistungserbringer ist nach Ablauf einer Frist von zwei Monaten nach Eingang seiner Anzeige zur Teilnahme an der ambulanten spezialfachärztlichen Versorgung berechtigt, es sei denn, der Landesausschuss nach Satz 1 teilt ihm innerhalb dieser Frist mit, dass er die Anforderungen und Voraussetzungen hierfür nicht erfüllt. [5]Der Landesausschuss nach Satz 1 kann von dem anzeigenden Leistungserbringer zusätzlich erforderliche Informationen und ergänzende Stellungnahmen anfordern; bis zum Eingang der Auskünfte ist der Lauf der Frist nach Satz 4 unterbrochen. [6]Danach läuft die Frist weiter; der Zeitraum der Unterbrechung wird in die Frist nicht eingerechnet. [7]Nach Satz 4 berechtigte Leistungserbringer haben ihre Teilnahme an der ambulanten spezialfachärztlichen Versorgung den Landesverbänden der Krankenkassen und den Ersatzkassen, der Kassenärztlichen Vereinigung sowie der Landeskrankenhausgesellschaft zu melden und dabei den Erkrankungs- und Leistungsbereich anzugeben, auf den sich die Berechtigung erstreckt. [8]Erfüllt der Leistungserbringer die für ihn nach den Sätzen 1 und 2 maßgeblichen Voraussetzungen für die Berechtigung zur Teilnahme an der ambulanten spezialfachärztlichen Versorgung nicht mehr, hat er dies unverzüglich unter Angabe des Zeitpunkts ihres Wegfalls gegenüber dem Landesausschuss nach Satz 1 anzuzeigen sowie den in Satz 7 genannten Stellen zu melden. [9]Der Landesausschuss nach Satz 1 kann einen an der ambulanten spezialfachärztlichen Versorgung teilnehmenden Leistungserbringer aus gegebenem Anlass sowie unabhängig davon nach Ablauf von mindestens fünf Jahren seit seiner erstmaligen Teilnahmeanzeige oder der letzten späteren Überprüfung seiner Teilnahmeberechtigung auffordern, ihm gegenüber innerhalb einer Frist von zwei Monaten nachzuweisen, dass er die Voraussetzungen für seine Teilnahme an der ambulanten spezialfachärztlichen Versorgung weiterhin erfüllt. [10]Die Sätze 4, 5 und 8 gelten entsprechend.

(3) [1]Für die Wahrnehmung der Aufgaben nach Absatz 2 wird der Landesausschuss der Ärzte und Krankenkassen nach § 90 Absatz 1 um Vertreter der Krankenhäuser in der gleichen Zahl erweitert, wie sie nach § 90 Absatz 2 jeweils für die Vertreter der Krankenkassen und die Vertreter der Ärzte vorgesehen ist (erweiterter Landesausschuss). [2]Die Vertreter der Krankenhäuser werden von der Landeskrankenhausgesellschaft bestellt. [3]Über den Vorsitzenden des erweiterten Landesausschusses und die zwei weiteren unparteiischen Mitglieder sowie deren Stellvertreter sollen sich die beteiligten Kassenärztlichen Vereinigungen, die Landesverbände der Krankenkassen und die Ersatzkassen sowie die Landeskrankenhausgesellschaft einigen. [4]Kommt eine Einigung nicht zustande, werden sie durch die für die Sozialversicherung zuständige oberste Verwaltungsbehörde des Landes im Benehmen mit den beteiligten Kassenärztlichen Vereinigungen, den Landesverbänden der Krankenkassen und den Ersatzkassen sowie der Landeskrankenhausgesellschaft berufen. [5]Die dem Landesausschuss durch die Wahrnehmung der Aufgaben nach Absatz 2 entstehenden Kosten werden zur Hälfte von den Verbänden der Krankenkassen und den Ersatzkassen sowie zu je einem Viertel von den beteiligten Kassenärztlichen

Vereinigungen und der Landeskrankenhausgesellschaft getragen. [6] Der erweiterte Landesausschuss beschließt mit einfacher Mehrheit; bei der Gewichtung der Stimmen zählen die Stimmen der Vertreter der Krankenkassen doppelt. [7] Der erweiterte Landesausschuss kann für die Beschlussfassung über Entscheidungen im Rahmen des Anzeigeverfahrens nach Absatz 2 in seiner Geschäftsordnung abweichend von Satz 1 die Besetzung mit einer kleineren Zahl von Mitgliedern festlegen; die Mitberatungsrechte nach § 90 Absatz 4 Satz 2 sowie § 140f Absatz 3 bleiben unberührt. [8] Er ist befugt, geeignete Dritte ganz oder teilweise mit der Durchführung von Aufgaben nach Absatz 2 zu beauftragen und kann hierfür nähere Vorgaben beschließen.

(4) [1] Der Gemeinsame Bundesausschuss regelt in einer Richtlinie bis zum 31. Dezember 2012 das Nähere zur ambulanten spezialfachärztlichen Versorgung nach Absatz 1. [2] Er konkretisiert die Erkrankungen nach Absatz 1 Satz 2 nach der Internationalen Klassifikation der Krankheiten in der jeweiligen vom Bundesinstitut für Arzneimittel und Medizinprodukte im Auftrag des Bundesministeriums für Gesundheit herausgegebenen deutschen Fassung oder nach weiteren von ihm festzulegenden Merkmalen und bestimmt den Behandlungsumfang. [3] In Bezug auf Krankenhäuser, die an der ambulanten spezialfachärztlichen Versorgung teilnehmen, hat der Gemeinsame Bundesausschuss für Leistungen, die sowohl ambulant spezialfachärztlich als auch teilstationär oder stationär erbracht werden können, allgemeine Tatbestände zu bestimmen, bei deren Vorliegen eine ambulante spezialfachärztliche Leistungserbringung ausnahmsweise nicht ausreichend ist und eine teilstationäre oder stationäre Durchführung erforderlich sein kann. [4] Er regelt die sächlichen und personellen Anforderungen an die ambulante spezialfachärztliche Leistungserbringung sowie sonstige Anforderungen an die Qualitätssicherung unter Berücksichtigung der Ergebnisse nach § 137a Absatz 3. [5] Bei Erkrankungen mit besonderen Krankheitsverläufen setzt die ambulante spezialfachärztliche Versorgung die Überweisung durch einen Vertragsarzt voraus; das Nähere hierzu regelt der Gemeinsame Bundesausschuss in seiner Richtlinie nach Satz 1. [6] Satz 5 gilt nicht bei Zuweisung von Versicherten aus dem stationären Bereich. [7] Für seltene Erkrankungen und Erkrankungszustände mit entsprechend geringen Fallzahlen sowie hochspezialisierte Leistungen regelt der Gemeinsame Bundesausschuss, in welchen Fällen die ambulante spezialfachärztliche Leistungserbringung die Überweisung durch den behandelnden Arzt voraussetzt. [8] Für die Behandlung von Erkrankungen mit besonderen Krankheitsverläufen nach Absatz 1 Satz 2 Nummer 1, bei denen es sich nicht zugleich um seltene Erkrankungen oder Erkrankungszustände mit entsprechend geringen Fallzahlen handelt, kann er Empfehlungen als Entscheidungshilfe für den behandelnden Arzt abgeben, in welchen medizinischen Fallkonstellationen bei der jeweiligen Krankheit von einem besonderen Krankheitsverlauf auszugehen ist. [9] Zudem kann er für die Versorgung bei Erkrankungen mit besonderen Krankheitsverläufen Regelungen zu Vereinbarungen treffen, die eine Kooperation zwischen den beteiligten Leistungserbringern nach Absatz 2 Satz 1 in diesem Versorgungsbereich fördern. [10] Für die Versorgung von Patienten mit onkologischen Erkrankungen hat er Regelungen für solche Vereinbarungen zu treffen. [11] Diese Vereinbarungen nach den Sätzen 9 und 10 sind Voraussetzung für die Teilnahme an der ambulanten spezialfachärztlichen Versorgung, es sei denn, dass ein Leistungserbringer eine Vereinbarung nach den Sätzen 9 oder 10 nicht

abschließen kann, weil in seinem für die ambulante spezialfachärztliche Versorgung relevanten Einzugsbereich

a) kein geeigneter Kooperationspartner vorhanden ist oder

b) er dort trotz ernsthaften Bemühens innerhalb eines Zeitraums von mindestens zwei Monaten keinen zur Kooperation mit ihm bereiten geeigneten Leistungserbringer finden konnte.

[12] Der Gemeinsame Bundesausschuss hat spätestens jeweils zwei Jahre nach dem Inkrafttreten eines Richtlinienbeschlusses, der für eine Erkrankung nach Absatz 1 Satz 2 Nummer 1 Buchstabe a oder Buchstabe b getroffen wurde, die Auswirkungen dieses Beschlusses hinsichtlich Qualität, Inanspruchnahme und Wirtschaftlichkeit der ambulanten spezialfachärztlichen Versorgung sowie die Erforderlichkeit einer Anpassung dieses Beschlusses zu prüfen. [13] Über das Ergebnis der Prüfung berichtet der Gemeinsame Bundesausschuss dem Bundesministerium für Gesundheit.

(5) [1] Der Gemeinsame Bundesausschuss ergänzt den Katalog nach Absatz 1 Satz 2 auf Antrag eines Unparteiischen nach § 91 Absatz 2 Satz 1, einer Trägerorganisation des Gemeinsamen Bundesausschusses oder der für die Wahrnehmung der Interessen der Patientinnen und Patienten und der Selbsthilfe chronisch kranker und behinderter Menschen auf Bundesebene maßgeblichen Organisationen nach § 140f nach Maßgabe des Absatzes 1 Satz 1 um weitere Erkrankungen mit besonderen Krankheitsverläufen, seltene Erkrankungen und Erkrankungszustände mit entsprechend geringen Fallzahlen sowie hochspezialisierte Leistungen. [2] Im Übrigen gilt Absatz 4 entsprechend.

(6) [1] Die Leistungen der ambulanten spezialfachärztlichen Versorgung werden unmittelbar von der Krankenkasse vergütet; Leistungserbringer können die Kassenärztliche Vereinigung gegen Aufwendungsersatz mit der Abrechnung von Leistungen der ambulanten spezialfachärztlichen Versorgung beauftragen. [2] Für die Vergütung der Leistungen der ambulanten spezialfachärztlichen Versorgung vereinbaren der Spitzenverband Bund der Krankenkassen, die Deutsche Krankenhausgesellschaft und die Kassenärztliche Bundesvereinigung gemeinsam und einheitlich die Kalkulationssystematik, diagnosebezogene Gebührenpositionen in Euro sowie deren jeweilige verbindliche Einführungszeitpunkte nach Inkrafttreten der entsprechenden Richtlinien gemäß den Absätzen 4 und 5. [3] Die Kalkulation erfolgt auf betriebswirtschaftlicher Grundlage ausgehend vom einheitlichen Bewertungsmaßstab für ärztliche Leistungen unter ergänzender Berücksichtigung der nichtärztlichen Leistungen, der Sachkosten sowie der spezifischen Investitionsbedingungen. [4] Bei den seltenen Erkrankungen und Erkrankungszuständen mit entsprechend geringen Fallzahlen sollen die Gebührenpositionen für die Diagnostik und die Behandlung getrennt kalkuliert werden. [5] Die Vertragspartner können einen Dritten mit der Kalkulation beauftragen. [6] Die Gebührenpositionen sind in regelmäßigen Zeitabständen daraufhin zu überprüfen, ob sie noch dem Stand der medizinischen Wissenschaft und Technik sowie dem Grundsatz der wirtschaftlichen Leistungserbringung entsprechen. [7] Kommt eine Vereinbarung nach Satz 2 ganz oder teilweise nicht zustande, entscheidet auf Antrag einer Vertragspartei das sektorenübergreifende Schiedsgremium auf Bundesebene gemäß § 89a. [8] Bis zum Inkrafttreten einer Vereinbarung nach Satz 2 erfolgt die Vergütung auf der Grundlage der vom Bewertungsausschuss gemäß § 87 Absatz 5a bestimmten abrechnungsfähigen ambulanten spezialfachärztlichen Leistungen des einheitli-

chen Bewertungsmaßstabs für ärztliche Leistungen mit dem Preis der jeweiligen regionalen Euro-Gebührenordnung. [9] Der Bewertungsausschuss gemäß § 87 Absatz 5a hat den einheitlichen Bewertungsmaßstab für ärztliche Leistungen bis zum Inkrafttreten einer Vereinbarung nach Satz 2 und jeweils bis spätestens sechs Monate nach Inkrafttreten der Richtlinien gemäß den Absätzen 4 und 5 insbesondere so anzupassen, dass die Leistungen nach Absatz 1 unter Berücksichtigung der Vorgaben nach den Absätzen 4 und 5 angemessen bewertet sind und nur von den an der ambulanten spezialfachärztlichen Versorgung teilnehmenden Leistungserbringern abgerechnet werden können. [10] Die Prüfung der Abrechnung und der Wirtschaftlichkeit sowie der Qualität, soweit der Gemeinsame Bundesausschuss hierzu in der Richtlinie nach Absatz 4 keine abweichende Regelung getroffen hat, erfolgt durch die Krankenkassen, die hiermit eine Arbeitsgemeinschaft oder den Medizinischen Dienst beauftragen können; ihnen sind die für die Prüfungen erforderlichen Belege und Berechtigungsdaten nach Absatz 2 auf Verlangen vorzulegen. [11] Für die Abrechnung gilt § 295 Absatz 1b Satz 1 entsprechend. [12] Das Nähere über Form und Inhalt des Abrechnungsverfahrens sowie über die erforderlichen Vordrucke wird von den Vertragsparteien nach Satz 2 vereinbart; Satz 7 gilt entsprechend. [13] Die morbiditätsbedingte Gesamtvergütung ist nach Maßgabe der Vorgaben des Bewertungsausschusses nach § 87a Absatz 5 Satz 7 in den Vereinbarungen nach § 87a Absatz 3 um die Leistungen zu bereinigen, die Bestandteil der ambulanten spezialfachärztlichen Versorgung sind. [14] Die Bereinigung darf nicht zulasten des hausärztlichen Vergütungsanteils und der fachärztlichen Grundversorgung gehen. [15] In den Vereinbarungen zur Bereinigung ist auch über notwendige Korrekturverfahren zu entscheiden.

(7) [1] Die ambulante spezialfachärztliche Versorgung nach Absatz 1 schließt die Verordnung von Leistungen nach § 73 Absatz 2 Nummer 5 bis 8 und 12 ein, soweit diese zur Erfüllung des Behandlungsauftrags nach Absatz 2 erforderlich sind; § 73 Absatz 2 Nummer 9 gilt entsprechend. [2] Die Richtlinien nach § 92 Absatz 1 Satz 2 gelten entsprechend. [3] Die Vereinbarungen über Vordrucke und Nachweise nach § 87 Absatz 1 Satz 2 sowie die Richtlinien nach § 75 Absatz 7 gelten entsprechend, soweit sie Regelungen zur Verordnung von Leistungen nach Satz 1 betreffen. [4] Verordnungen im Rahmen der Versorgung nach Absatz 1 sind auf den Vordrucken gesondert zu kennzeichnen. [5] Leistungserbringer nach Absatz 2 erhalten ein Kennzeichen nach § 293 Absatz 1 und Absatz 4 Satz 2 Nummer 1, das eine eindeutige Zuordnung im Rahmen der Abrechnung nach den §§ 300 und 302 ermöglicht, und tragen dieses auf die Vordrucke auf. [6] Das Nähere zu Form und Zuweisung der Kennzeichen nach den Sätzen 4 und 5, zur Bereitstellung der Vordrucke sowie zur Auftragung der Kennzeichen auf die Vordrucke ist in der Vereinbarung nach Absatz 6 Satz 12 zu regeln. [7] Für die Prüfung der Wirtschaftlichkeit der Verordnungen nach Satz 1 gilt § 113 Absatz 4 entsprechend mit der Maßgabe, dass die Prüfung durch die Prüfungsstellen gegen Kostenersatz durchgeführt wird, soweit die Krankenkasse mit dem Leistungserbringer nach Absatz 2 nichts anderes vereinbart hat.

(8) [1] Bestimmungen, die von einem Land nach § 116b Absatz 2 Satz 1 in der bis zum 31. Dezember 2011 geltenden Fassung getroffen wurden, gelten weiter. [2] Bestimmungen nach Satz 1 für eine Erkrankung nach Absatz 1 Satz 2 Nummer 1 oder Nummer 2 oder eine hochspezialisierte Leistung nach Absatz 1 Satz 2 Nummer 3, für die der Gemeinsame Bundesausschuss das Nähere zur

ambulanten spezialfachärztlichen Versorgung in der Richtlinie nach Absatz 4 Satz 1 geregelt hat, werden unwirksam, wenn das Krankenhaus zu dieser Erkrankung oder hochspezialisierten Leistung zur Teilnahme an der ambulanten spezialfachärztlichen Versorgung berechtigt ist, spätestens jedoch drei Jahre nach Inkrafttreten des entsprechenden Richtlinienbeschlusses des Gemeinsamen Bundesausschusses. [3]Die von zugelassenen Krankenhäusern aufgrund von Bestimmungen nach Satz 1 erbrachten Leistungen werden nach § 116b Absatz 5 in der bis zum 31. Dezember 2011 geltenden Fassung vergütet.

(9) [1]Die Auswirkungen der ambulanten spezialfachärztlichen Versorgung auf die Kostenträger, die Leistungserbringer sowie auf die Patientenversorgung sind fünf Jahre nach Inkrafttreten des Gesetzes zu bewerten. [2]Gegenstand der Bewertung sind insbesondere der Stand der Versorgungsstruktur, der Qualität sowie der Abrechnung der Leistungen in der ambulanten spezialfachärztlichen Versorgung auch im Hinblick auf die Entwicklung in anderen Versorgungsbereichen. [3]Die Ergebnisse der Bewertung sind dem Bundesministerium für Gesundheit zum 31. März 2017 zuzuleiten. [4]Die Bewertung und die Berichtspflicht obliegen dem Spitzenverband Bund, der Kassenärztlichen Bundesvereinigung und der Deutschen Krankenhausgesellschaft gemeinsam.

§ 117 Hochschulambulanzen. (1) [1]Ambulanzen, Institute und Abteilungen der Hochschulkliniken (Hochschulambulanzen) sind zur ambulanten ärztlichen Behandlung der Versicherten und der in § 75 Absatz 3 genannten Personen

1. in dem für Forschung und Lehre erforderlichen Umfang sowie
2. für solche Personen, die wegen Art, Schwere oder Komplexität ihrer Erkrankung einer Untersuchung oder Behandlung durch die Hochschulambulanz bedürfen,

ermächtigt. [2]In den Fällen von Satz 1 Nummer 2 kann die ambulante ärztliche Behandlung nur auf Überweisung eines Facharztes in Anspruch genommen werden. [3]Der Spitzenverband Bund der Krankenkassen, die Kassenärztliche Bundesvereinigung und die Deutsche Krankenhausgesellschaft vereinbaren die Gruppe derjenigen Patienten, die wegen Art, Schwere oder Komplexität der Erkrankung einer Versorgung durch die Hochschulambulanzen bedürfen. [4]Sie können zudem Ausnahmen von dem fachärztlichen Überweisungsgebot in den Fällen von Satz 1 Nummer 2 vereinbaren. [5]Wird eine Vereinbarung ganz oder teilweise beendet und kommt bis zum Ablauf der Vereinbarungszeit keine neue Vereinbarung zustande, entscheidet auf Antrag einer Vertragspartei das sektorenübergreifende Schiedsgremium auf Bundesebene gemäß § 89a. [6]Ist ein Vertrag nach Satz 3 zustande gekommen, können Hochschulen oder Hochschulkliniken zur Berücksichtigung regionaler Besonderheiten mit den Kassenärztlichen Vereinigungen im Einvernehmen mit den Landesverbänden der Krankenkassen und der Ersatzkassen gemeinsam und einheitlich durch Vertrag Abweichendes von dem Vertrag nach Satz 3 regeln.

(2) [1]Absatz 1 gilt entsprechend für die Ermächtigung der Hochschulambulanzen

1. an Psychologischen Universitätsinstituten und
2. an Universitätsinstituten, an denen das für die Erteilung einer Approbation als Psychotherapeut notwendige Studium absolviert werden kann,

im Rahmen des für Forschung und Lehre erforderlichen Umfangs sowie für solche Personen, die wegen Art, Schwere oder Komplexität ihrer Erkrankung einer Untersuchung oder Behandlung durch die Hochschulambulanzen bedürfen. [2] Für die Vergütung gilt § 120 Abs. 2 bis 4 entsprechend.

(3) Ambulanzen an Ausbildungsstätten nach § 28 des Psychotherapeutengesetzes sind zur ambulanten psychotherapeutischen Behandlung der Versicherten und der in § 75 Absatz 3 genannten Personen in Behandlungsverfahren, die vom Gemeinsamen Bundesausschuss nach § 92 Absatz 6a anerkannt sind, ermächtigt, sofern die Krankenbehandlung unter der Verantwortung von Personen stattfindet, die die fachliche Qualifikation für die psychotherapeutische Behandlung im Rahmen der vertragsärztlichen Versorgung erfüllen.

(3a) [1] Die folgenden Ambulanzen im Sinne des Absatzes 3 bedürfen abweichend von Absatz 3 einer Ermächtigung durch den Zulassungsausschuss:

1. Ambulanzen, die vor dem 26. September 2019 nach § 6 des Psychotherapeutengesetzes in der bis zum 31. August 2020 geltenden Fassung staatlich anerkannt wurden, aber noch keine Behandlungsleistungen zu Lasten der gesetzlichen Krankenversicherung erbracht haben, weil das von ihnen angewandte psychotherapeutische Behandlungsverfahren noch nicht vom Gemeinsamen Bundesausschuss nach § 92 Absatz 6a anerkannt war, oder
2. Ambulanzen, die nach dem 26. September 2019 nach § 6 des Psychotherapeutengesetzes in der bis zum 31. August 2020 geltenden Fassung staatlich anerkannt werden.

[2] Eine Ermächtigung ist auf Antrag zu erteilen,

1. soweit sie notwendig ist, um eine ausreichende Versorgung der Versicherten, insbesondere in neuen vom Gemeinsamen Bundesausschuss nach § 92 Absatz 6a anerkannten Psychotherapieverfahren, sicherzustellen, und
2. sofern die Krankenbehandlung unter der Verantwortung von Personen stattfindet, die die fachliche Qualifikation für die psychotherapeutische Behandlung im Rahmen der vertragsärztlichen Versorgung erfüllen.

(3b) [1] Ambulanzen an Einrichtungen, die nach Landesrecht für die Weiterbildung von Psychotherapeuten oder Ärzten in psychotherapeutischen Fachgebieten zugelassen sind, sind vom Zulassungsausschuss auf Antrag zur ambulanten psychotherapeutischen Behandlung der Versicherten und der in § 75 Absatz 3 genannten Personen in Behandlungsverfahren, die vom Gemeinsamen Bundesausschuss nach § 92 Absatz 6a anerkannt sind, zu ermächtigen,

1. soweit die Ermächtigung notwendig ist, um eine ausreichende psychotherapeutische Versorgung der Versicherten sicherzustellen, und
2. sofern die Krankenbehandlung unter der Verantwortung von Personen stattfindet, die die fachliche Qualifikation für die psychotherapeutische Behandlung im Rahmen der vertragsärztlichen Versorgung erfüllen.

[2] Die Ermächtigung ist ohne Bedarfsprüfung zu erteilen, wenn die jeweilige Ambulanz bereits nach Absatz 3 oder Absatz 3a zur ambulanten psychotherapeutischen Behandlung ermächtigt war.

(3c) [1] Für die Vergütung der in den Ambulanzen nach den Absätzen 3 bis 3b erbrachten Leistungen gilt § 120 Absatz 2 Satz 1 und 2 entsprechend mit der Maßgabe, dass

1. dabei eine Abstimmung mit Entgelten für vergleichbare Leistungen erfolgen soll und
2. ein Anteil an der Vergütung zu vereinbaren ist, mit dem die von den Ausbildungs- oder Weiterbildungsteilnehmern geleistete Krankenbehandlung angemessen abgegolten wird; der zu vereinbarende Anteil beträgt mindestens 40 Prozent der Vergütung.

[2] Die Ambulanzen sind verpflichtet, den Anteil nach Satz 1 Nummer 2 jeweils an die Ausbildungs- oder Weiterbildungsteilnehmer weiterzuleiten und dies den Krankenkassen nachzuweisen. [3] Im Übrigen gilt § 120 Absatz 3 Satz 2 und 3 und Absatz 4 Satz 1 entsprechend.

(4) [1] Untersuchungs- und Behandlungsmethoden können Gegenstand des Leistungsumfangs der Hochschulambulanzen nach den Absätzen 1 und 2 sein, soweit der Gemeinsame Bundesausschuss im Rahmen der Beschlüsse nach § 137c für die Krankenhausbehandlung keine ablehnende Entscheidung getroffen hat. [2] § 137c Absatz 3 gilt entsprechend.

§ 118 Psychiatrische Institutsambulanzen. (1) [1] Psychiatrische Krankenhäuser sind vom Zulassungsausschuss zur ambulanten psychiatrischen und psychotherapeutischen Versorgung der Versicherten zu ermächtigen. [2] Die Behandlung ist auf diejenigen Versicherten auszurichten, die wegen Art, Schwere oder Dauer ihrer Erkrankung oder wegen zu großer Entfernung zu geeigneten Ärzten auf die Behandlung durch diese Krankenhäuser angewiesen sind. [3] Der Krankenhausträger stellt sicher, dass die für die ambulante psychiatrische und psychotherapeutische Behandlung erforderlichen Ärzte und nichtärztlichen Fachkräfte sowie die notwendigen Einrichtungen bei Bedarf zur Verfügung stehen.

(2) [1] Allgemeinkrankenhäuser mit selbständigen, fachärztlich geleiteten psychiatrischen Abteilungen mit regionaler Versorgungsverpflichtung sind zur psychiatrischen und psychotherapeutischen Behandlung der im Vertrag nach Satz 2 vereinbarten Gruppe von Kranken ermächtigt. [2] Der Spitzenverband Bund der Krankenkassen mit der Deutschen Krankenhausgesellschaft und der Kassenärztlichen Bundesvereinigung legen in einem Vertrag die Gruppe psychisch Kranker fest, die wegen ihrer Art, Schwere oder Dauer ihrer Erkrankung der ambulanten Behandlung durch die Einrichtungen nach Satz 1 bedürfen. [3] Wird der Vertrag ganz oder teilweise beendet und kommt bis zum Ablauf des Vertrages kein neuer Vertrag zustande, entscheidet auf Antrag einer Vertragspartei das sektorenübergreifende Schiedsgremium auf Bundesebene gemäß § 89a. [4] Absatz 1 Satz 3 gilt. [5] Für die Qualifikation der Krankenhausärzte gilt § 135 Abs. 2 entsprechend.

(3) [1] Absatz 2 gilt für psychosomatische Krankenhäuser sowie für psychiatrische Krankenhäuser und Allgemeinkrankenhäuser mit selbständigen, fachärztlich geleiteten psychosomatischen Abteilungen entsprechend. [2] In dem Vertrag nach Absatz 2 Satz 2 regeln die Vertragsparteien auch,

1. unter welchen Voraussetzungen eine ambulante psychosomatische Versorgung durch die Einrichtungen nach Satz 1 als bedarfsgerecht anzusehen ist, insbesondere weil sie eine zentrale Versorgungsfunktion wahrnehmen,
2. besondere Anforderungen an eine qualitativ hochwertige Leistungserbringung sowie

3. das Verfahren, in dem nachzuweisen ist, ob diese vertraglichen Vorgaben erfüllt sind.

[3] Die ambulante ärztliche Behandlung in einer Einrichtung nach Satz 1 kann nur auf Überweisung in Anspruch genommen werden. [4] Die Überweisung soll in der Regel durch einen Facharzt für psychosomatische Medizin und Psychotherapie oder durch Ärzte mit äquivalenter Weiterbildung oder Zusatzweiterbildung erfolgen.

(4) Die in den Absätzen 1 und 2 genannten Krankenhäuser sind vom Zulassungsausschuss auch dann zur ambulanten psychiatrischen und psychotherapeutischen Versorgung zu ermächtigen, wenn die Versorgung durch räumlich und organisatorisch nicht angebundene Einrichtungen der Krankenhäuser erfolgt, soweit und solange die Ermächtigung notwendig ist, um eine Versorgung nach Maßgabe der Absätze 1 und 2 sicherzustellen.

§ 118a Geriatrische Institutsambulanzen. (1) [1] Geriatrische Fachkrankenhäuser, Allgemeinkrankenhäuser mit selbstständigen geriatrischen Abteilungen, geriatrische Rehabilitationskliniken und dort angestellte Ärzte sowie Krankenhausärzte können vom Zulassungsausschuss zu einer strukturierten und koordinierten ambulanten geriatrischen Versorgung der Versicherten ermächtigt werden. [2] Die Ermächtigung ist zu erteilen, soweit und solange sie notwendig ist, um eine ausreichende ambulante geriatrische Versorgung nach Absatz 2 Satz 1 Nummer 1 sicherzustellen. [3] Voraussetzung für die Erteilung einer Ermächtigung ist, dass die Einrichtung unter fachärztlich geriatrischer Leitung steht; die Ermächtigung eines in der geriatrischen Rehabilitationsklinik angestellten Arztes oder eines Krankenhausarztes setzt voraus, dass dieser über eine geriatrische Weiterbildung verfügt.

(2) [1] Der Spitzenverband Bund der Krankenkassen und die Kassenärztliche Bundesvereinigung vereinbaren im Einvernehmen mit der Deutschen Krankenhausgesellschaft:

1. Inhalt und Umfang einer strukturierten und koordinierten Versorgung geriatrischer Patienten nach Nummer 2,
2. die Gruppe derjenigen geriatrischen Patienten, die wegen Art, Schwere und Komplexität ihrer Krankheitsverläufe einer Versorgung nach Nummer 1 bedürfen,
3. sächliche und personelle Voraussetzungen an die Leistungserbringung sowie sonstige Anforderungen an die Qualitätssicherung und
4. in welchen Fällen die ermächtigte Einrichtung oder der ermächtigte Krankenhausarzt unmittelbar oder auf Überweisung in Anspruch genommen werden kann.

[2] Wird eine Vereinbarung ganz oder teilweise beendet und kommt bis zum Ablauf der Vereinbarungszeit keine neue Vereinbarung zustande, entscheidet auf Antrag einer Vertragspartei das sektorenübergreifende Schiedsgremium auf Bundesebene gemäß § 89a.

§ 119 Sozialpädiatrische Zentren. (1) [1] Sozialpädiatrische Zentren, die fachlich-medizinisch unter ständiger ärztlicher Leitung stehen und die Gewähr für eine leistungsfähige und wirtschaftliche sozialpädiatrische Behandlung bieten, können vom Zulassungsausschuß (§ 96) zur ambulanten sozialpädiatrischen Behandlung von Kindern ermächtigt werden. [2] Die Ermächtigung ist zu erteilen, soweit und solange sie notwendig ist, um eine ausreichende sozialpädiatrische Behandlung sicherzustellen.

(2) [1] Die Behandlung durch sozialpädiatrische Zentren ist auf diejenigen Kinder auszurichten, die wegen der Art, Schwere oder Dauer ihrer Krankheit oder einer drohenden Krankheit nicht von geeigneten Ärzten oder in geeigneten Frühförderstellen behandelt werden können. [2] Die Zentren sollen mit den Ärzten und den Frühförderstellen eng zusammenarbeiten.

§ 119a Ambulante Behandlung in Einrichtungen der Behindertenhilfe. [1] Einrichtungen der Behindertenhilfe, die über eine ärztlich geleitete Abteilung verfügen, sind vom Zulassungsausschuss zur ambulanten ärztlichen Behandlung von Versicherten mit geistiger Behinderung zu ermächtigen, soweit und solange eine ausreichende ärztliche Versorgung dieser Versicherten ohne die besonderen Untersuchungs- und Behandlungsmethoden oder Kenntnisse der Ärzte in den Einrichtungen durch niedergelassene Ärzte nicht sichergestellt ist. [2] Die Behandlung ist auf diejenigen Versicherten auszurichten, die wegen der Art oder Schwere ihrer Behinderung auf die ambulante Behandlung in diesen Einrichtungen angewiesen sind. [3] In dem Zulassungsbescheid ist zu regeln, ob und in welchen Fällen die Ärzte in den Einrichtungen unmittelbar oder auf Überweisung in Anspruch genommen werden können. [4] Die ärztlich geleiteten Abteilungen sollen mit den übrigen Leistungserbringern eng zusammenarbeiten.

§ 119b Ambulante Behandlung in stationären Pflegeeinrichtungen.

(1) [1] Stationäre Pflegeeinrichtungen haben einzeln oder gemeinsam bei entsprechendem Bedarf unbeschadet des § 75 Abs. 1 Kooperationsverträge mit dafür geeigneten vertragsärztlichen Leistungserbringern zu schließen. [2] Auf Antrag der Pflegeeinrichtung hat die Kassenärztliche Vereinigung zur Sicherstellung einer ausreichenden ärztlichen Versorgung von pflegebedürftigen Versicherten in der Pflegeeinrichtung Verträge nach Satz 1 innerhalb von drei Monaten zu vermitteln. [3] Kommt ein Vertrag nach Satz 1 nicht innerhalb einer Frist von sechs Monaten nach Zugang des Antrags der Pflegeeinrichtung zustande, ist die Pflegeeinrichtung vom Zulassungsausschuss zur Teilnahme an der vertragsärztlichen Versorgung der pflegebedürftigen Versicherten in der Pflegeeinrichtung mit angestellten Ärzten, die in das Arztregister eingetragen sind und geriatrisch fortgebildet sein sollen, zu ermächtigen; die Anstellung bedarf der Genehmigung des Zulassungsausschusses. [4] Soll die Versorgung der pflegebedürftigen Versicherten durch einen in mehreren Pflegeeinrichtungen angestellten Arzt erfolgen, ist der angestellte Arzt zur Teilnahme an der vertragsärztlichen Versorgung der pflegebedürftigen Versicherten in den Pflegeeinrichtungen zu ermächtigen. [5] Das Recht auf freie Arztwahl der Versicherten in der Pflegeeinrichtung bleibt unberührt. [6] Der in der Pflegeeinrichtung tätige Arzt ist bei seinen ärztlichen Entscheidungen nicht an Weisungen von Nichtärzten gebunden. [7] Er soll mit den übrigen Leistungserbringern eng zusammenarbeiten. [8] Stationäre Pflegeeinrichtungen benennen eine verantwortliche Pflegefachkraft für die Zusammenarbeit mit den vertragsärztlichen Leistungserbringern im Rahmen der Verträge nach Satz 1.

(2) Die Vertragsparteien der Verträge nach § 82 Absatz 1 und § 87 Absatz 1 vereinbaren im Benehmen mit den Vereinigungen der Träger der Pflegeeinrichtungen auf Bundesebene sowie den Verbänden der Pflegeberufe auf Bun-

desebene insbesondere zur Verbesserung der Qualität der Versorgung Anforderungen an eine kooperative und koordinierte ärztliche und pflegerische Versorgung von pflegebedürftigen Versicherten in stationären Pflegeeinrichtungen.

(2a) [1] Die Vertragsparteien nach Absatz 2 haben erstmals bis zum 30. Juni 2019 im Benehmen mit den Vereinigungen der Träger der Pflegeeinrichtungen auf Bundesebene verbindliche Anforderungen für die Informations- und Kommunikationstechnik zum elektronischen Datenaustausch im Rahmen der Zusammenarbeit zwischen den stationären Pflegeeinrichtungen und geeigneten vertragsärztlichen Leistungserbringern nach Absatz 1 Satz 1 zu vereinbaren. [2] In der Vereinbarung können auf Verlangen der für die Interessensvertretung maßgeblichen Verbände auf Bundesebene auch technische Anforderungen an den elektronischen Datenaustausch mit ambulanten Pflegeeinrichtungen, Krankenhäusern, Apotheken sowie mit Heil- und Hilfsmittelerbringern berücksichtigt werden. [3] Sobald die Dienste der Anwendungen der Telematikinfrastruktur nach § 334 Absatz 1 Satz 2 für den Bereich der Altenpflege zur Verfügung stehen, sollen sie in der Vereinbarung berücksichtigt werden.

(2b) Telemedizinische Dienste, insbesondere Videosprechstunden sollen im Rahmen der Zusammenarbeit zwischen den stationären Pflegeeinrichtungen und geeigneten vertragsärztlichen Leistungserbringern nach Absatz 1 Satz 1 Verwendung finden.

(3) [1] Der Bewertungsausschuss für ärztliche Leistungen evaluiert die mit der Vergütungsregelung nach § 87 Absatz 2a verbundenen Auswirkungen auf das Versorgungsgeschehen im Bereich der vertragsärztlichen Versorgung einschließlich der finanziellen Auswirkungen auf die Krankenkassen und berichtet der Bundesregierung bis zum 31. Dezember 2017 über die Ergebnisse. [2] Die für die Durchführung der Evaluation erforderlichen Daten sind von den Kassenärztlichen Vereinigungen, den Krankenkassen und den Pflegekassen zu erfassen und jeweils über die Kassenärztliche Bundesvereinigung und den Spitzenverband Bund der Krankenkassen an den Bewertungsausschuss nach Satz 1 zu übermitteln; § 87 Absatz 3f gilt entsprechend. [3] Die Kassenzahnärztliche Bundesvereinigung und der Spitzenverband Bund der Krankenkassen evaluieren auf Grundlage einer von ihnen zu treffenden Vereinbarung die mit den Kooperationsverträgen nach Absatz 1 verbundenen Auswirkungen auf die vertragszahnärztliche Versorgung von Versicherten in stationären Pflegeeinrichtungen. [4] Über die Ergebnisse berichten sie der Bundesregierung im Abstand von drei Jahren, erstmals bis zum 30. Juni 2019.

§ 119c Medizinische Behandlungszentren. (1) [1] Medizinische Behandlungszentren für Erwachsene mit geistiger Behinderung oder schweren Mehrfachbehinderungen, die fachlich unter ständiger ärztlicher Leitung stehen und die Gewähr für eine leistungsfähige und wirtschaftliche Behandlung bieten, können vom Zulassungsausschuss zur ambulanten Behandlung von Erwachsenen mit geistiger Behinderung oder schweren Mehrfachbehinderungen ermächtigt werden. [2] Die Ermächtigung ist zu erteilen, soweit und solange sie notwendig ist, um eine ausreichende Versorgung von Erwachsenen mit geistiger Behinderung oder schweren Mehrfachbehinderungen sicherzustellen.

(2) [1] Die Behandlung durch medizinische Behandlungszentren ist auf diejenigen Erwachsenen auszurichten, die wegen der Art, Schwere oder Komplexität ihrer Behinderung auf die ambulante Behandlung in diesen Einrichtungen angewiesen sind. [2] Die medizinischen Behandlungszentren sollen dabei mit

anderen behandelnden Ärzten, den Einrichtungen und Diensten der Eingliederungshilfe und mit dem Öffentlichen Gesundheitsdienst eng zusammenarbeiten.

§ 120 Vergütung ambulanter Krankenhausleistungen. (1) [1]Die im Krankenhaus erbrachten ambulanten ärztlichen Leistungen der ermächtigten Krankenhausärzte, die in stationären Pflegeeinrichtungen erbrachten ambulanten ärztlichen Leistungen von nach § 119b Absatz 1 Satz 4 ermächtigten Ärzten, ambulante ärztliche Leistungen, die in ermächtigten Einrichtungen erbracht werden, und Leistungen, die im Rahmen einer Inanspruchnahme nach § 27b Absatz 3 Nummer 4 oder nach § 76 Absatz 1a sowie nach § 87 Absatz 2a Satz 13 erbracht werden, werden nach den für Vertragsärzte geltenden Grundsätzen aus der vertragsärztlichen Gesamtvergütung vergütet. [2]Die mit diesen Leistungen verbundenen allgemeinen Praxiskosten, die durch die Anwendung von ärztlichen Geräten entstehenden Kosten sowie die sonstigen Sachkosten sind mit den Gebühren abgegolten, soweit in den einheitlichen Bewertungsmaßstäben nichts Abweichendes bestimmt ist. [3]Die den ermächtigten Krankenhausärzten zustehende Vergütung wird für diese vom Krankenhausträger mit der Kassenärztlichen Vereinigung abgerechnet und nach Abzug der anteiligen Verwaltungskosten sowie der dem Krankenhaus nach Satz 2 entstehenden Kosten an die berechtigten Krankenhausärzte weitergeleitet. [4]Die Vergütung der von nach § 119b Absatz 1 Satz 4 ermächtigten Ärzten erbrachten Leistungen wird von der stationären Pflegeeinrichtung mit der Kassenärztlichen Vereinigung abgerechnet. [5]Die Vergütung der Leistungen, die im Rahmen einer Inanspruchnahme nach § 76 Absatz 1a erbracht werden, wird vom Krankenhausträger nach Maßgabe der regionalen Euro-Gebührenordnung mit der Kassenärztlichen Vereinigung abgerechnet.

(1a) [1]Ergänzend zur Vergütung nach Absatz 1 sollen die Landesverbände der Krankenkassen und die Ersatzkassen gemeinsam und einheitlich für die in kinder- und jugendmedizinischen, kinderchirurgischen und kinderorthopädischen sowie insbesondere pädaudiologischen und kinderradiologischen Fachabteilungen von Krankenhäusern erbrachten ambulanten Leistungen mit dem Krankenhausträger fall- oder einrichtungsbezogene Pauschalen vereinbaren, wenn diese erforderlich sind, um die Behandlung von Kindern und Jugendlichen, die auf Überweisung erfolgt, angemessen zu vergüten. [2]Die Pauschalen werden von der Krankenkasse unmittelbar vergütet. [3]§ 295 Absatz 1b Satz 1 gilt entsprechend. [4]Das Nähere über Form und Inhalt der Abrechnungsunterlagen und der erforderlichen Vordrucke wird in der Vereinbarung nach § 301 Absatz 3 geregelt. [5]Soweit für ein Jahr für diese Leistungen erstmals Pauschalen nach Satz 1 vereinbart werden, sind bei besonderen Einrichtungen einmalig die Erlössumme nach § 6 Absatz 3 des Krankenhausentgeltgesetzes für dieses Jahr in Höhe der Summe der nach Satz 1 vereinbarten Pauschalen zu vermindern. [6]Der jeweilige Minderungsbetrag ist bereits bei der Vereinbarung der Vergütung nach Satz 1 festzulegen. [7]Bei der Vereinbarung des Landesbasisfallwerts nach § 10 des Krankenhausentgeltgesetzes ist die Summe der für das jeweilige Jahr erstmalig vereinbarten ambulanten Pauschalen ausgabenmindernd zu berücksichtigen.

(2) [1]Die Leistungen der Hochschulambulanzen, der psychiatrischen Institutsambulanzen, der sozialpädiatrischen Zentren und der medizinischen Behandlungszentren werden unmittelbar von der Krankenkasse vergütet. [2]Die

Vergütung wird von den Landesverbänden der Krankenkassen und den Ersatzkassen gemeinsam und einheitlich mit den Hochschulen oder Hochschulkliniken, den Krankenhäusern oder den sie vertretenden Vereinigungen im Land vereinbart; die Höhe der Vergütung für die Leistungen der jeweiligen Hochschulambulanz gilt auch für andere Krankenkassen im Inland, wenn deren Versicherte durch diese Hochschulambulanz behandelt werden. [3] Sie muss die Leistungsfähigkeit der Hochschulambulanzen, der psychiatrischen Institutsambulanzen, der sozialpädiatrischen Zentren und der medizinischen Behandlungszentren bei wirtschaftlicher Betriebsführung gewährleisten. [4] Bei der Vergütung der Leistungen der Hochschulambulanzen sind die Grundsätze nach Absatz 3 Satz 4 erstmals bis zum 1. Juli 2017 und danach jeweils innerhalb von sechs Monaten nach Inkrafttreten der Anpassung der Grundsätze nach Absatz 3 Satz 4 zu berücksichtigen. [5] Bei den Vergütungsvereinbarungen für Hochschulambulanzen nach Satz 2 sind Vereinbarungen nach Absatz 1a Satz 1 zu berücksichtigen. [6] Die Vereinbarungen nach Satz 2 über die Vergütung von Leistungen der sozialpädiatrischen Zentren und medizinischen Behandlungszentren sind, auf Grund der besonderen Situation dieser Einrichtungen durch die SARS-CoV-2-Pandemie, bis zum 20. Juni 2020 vorübergehend anzupassen. [7] Die Vergütung der Leistungen der psychiatrischen Institutsambulanzen soll der Vergütung entsprechen, die sich aus der Anpassung des einheitlichen Bewertungsmaßstabes für ärztliche Leistungen nach § 87 Absatz 2a Satz 26 ergibt.

(3) [1] Die Vergütung der Leistungen der Hochschulambulanzen, der psychiatrischen Institutsambulanzen, der sozialpädiatrischen Zentren, der medizinischen Behandlungszentren und sonstiger ermächtigter ärztlich geleiteter Einrichtungen kann pauschaliert werden. [2] § 295 Absatz 1b Satz 1 gilt entsprechend. [3] Das Nähere über Form und Inhalt der Abrechnungsunterlagen und der erforderlichen Vordrucke wird für die Hochschulambulanzen, die psychiatrischen Institutsambulanzen, die sozial-pädiatrischen Zentren und die medizinischen Behandlungszentren von den Vertragsparteien nach § 301 Absatz 3, für die sonstigen ermächtigten ärztlich geleiteten Einrichtungen von den Vertragsparteien nach § 83 Satz 1 vereinbart. [4] Die Vertragsparteien nach § 301 Absatz 3 vereinbaren bis zum 23. Januar 2016 bundeseinheitliche Grundsätze, die die Besonderheiten der Hochschulambulanzen angemessen abbilden, insbesondere zur Vergütungsstruktur und zur Leistungsdokumentation.

(3a) [1] Die Vergütung der Leistungen, die im Rahmen einer Inanspruchnahme nach § 76 Absatz 1a erbracht werden, erfolgt mit den festen Preisen der regionalen Euro-Gebührenordnung zu Lasten des Anteils der morbiditätsbedingten Gesamtvergütungen, der für den Bereich der fachärztlichen Versorgung zu bilden ist, es sei denn, die Vertragsparteien nach § 87a Absatz 2 Satz 1 haben für diese Leistungen Vergütungen nach § 87a Absatz 2 Satz 3 oder § 87a Absatz 3 Satz 5 und 6 vereinbart. [2] Eine Prüfung der Abrechnungen auf Plausibilität ist nicht vorzunehmen. [3] Das Nähere über Form und Inhalt der Abrechnungsunterlagen und der erforderlichen Vordrucke bestimmt die Kassenärztliche Vereinigung im Einvernehmen mit der Landeskrankenhausgesellschaft und den Landesverbänden der Krankenkassen und den Ersatzkassen gemeinsam und einheitlich unter Berücksichtigung der Regelungen nach § 87 Absatz 1 Satz 2 bis zum 23. Januar 2016; § 115 Absatz 3 gilt entsprechend. [4] Die in § 112 Absatz 1 genannten Vertragspartner treffen eine Vereinbarung über eine pauschale Vergütung und Abrechnung des Sprechstundenbedarfs mit den

Krankenkassen im Rahmen der Inanspruchnahme nach § 76 Absatz 1a; § 112 Absatz 5 gilt entsprechend.

(4) [1] Kommt eine Vereinbarung nach Absatz 1a Satz 1 oder nach Absatz 2 Satz 2 oder eine Berücksichtigung der Grundsätze nach Absatz 2 Satz 4 ganz oder teilweise nicht zustande, setzt die Schiedsstelle nach § 18a Abs. 1 des Krankenhausfinanzierungsgesetzes auf Antrag einer Vertragspartei die Vergütung fest; im Falle von Vereinbarungen nach Absatz 1a Satz 1 hat die Schiedsstelle zunächst festzustellen, ob die Vereinbarung erforderlich ist, um die Behandlung von Kindern und Jugendlichen, die auf Überweisung erfolgt, angemessen zu vergüten. [2] Kommt die Vereinbarung nach Absatz 3 Satz 4 ganz oder teilweise nicht zustande, setzt die Schiedsstelle nach § 18a Absatz 6 des Krankenhausfinanzierungsgesetzes in der Besetzung ohne den Vertreter des Verbandes der privaten Krankenversicherung auf Antrag einer Vertragspartei den Inhalt innerhalb von sechs Wochen fest. [3] Kommt die Vereinbarung nach Absatz 3a Satz 4 ganz oder teilweise nicht zustande, setzt die Schiedsstelle nach § 114 auf Antrag einer Vertragspartei den Inhalt innerhalb von sechs Wochen fest.

(5) Beamtenrechtliche Vorschriften über die Entrichtung eines Entgelts bei der Inanspruchnahme von Einrichtungen, Personal und Material des Dienstherrn oder vertragliche Regelungen über ein weitergehendes Nutzungsentgelt, das neben der Kostenerstattung auch einen Vorteilsausgleich umfaßt, und sonstige Abgaben der Ärzte werden durch die Absätze 1 bis 4 nicht berührt.

§ 121 Belegärztliche Leistungen. (1) [1] Die Vertragsparteien nach § 115 Abs. 1 wirken gemeinsam mit Krankenkassen und zugelassenen Krankenhäusern auf eine leistungsfähige und wirtschaftliche belegärztliche Behandlung der Versicherten hin. [2] Die Krankenhäuser sollen Belegärzten gleicher Fachrichtung die Möglichkeit geben, ihre Patienten gemeinsam zu behandeln (kooperatives Belegarztwesen).

(2) Belegärzte im Sinne dieses Gesetzbuchs sind nicht am Krankenhaus angestellte Vertragsärzte, die berechtigt sind, ihre Patienten (Belegpatienten) im Krankenhaus unter Inanspruchnahme der hierfür bereitgestellten Dienste, Einrichtungen und Mittel vollstationär oder teilstationär zu behandeln, ohne hierfür vom Krankenhaus eine Vergütung zu erhalten.

(3) [1] Die belegärztlichen Leistungen werden aus der vertragsärztlichen Gesamtvergütung vergütet. [2] Die Vergütung hat die Besonderheiten der belegärztlichen Tätigkeit zu berücksichtigen. [3] Hierzu gehören auch leistungsgerechte Entgelte für

1. den ärztlichen Bereitschaftsdienst für Belegpatienten und
2. die vom Belegarzt veranlaßten Leistungen nachgeordneter Ärzte des Krankenhauses, die bei der Behandlung seiner Belegpatienten in demselben Fachgebiet wie der Belegarzt tätig werden.

(4) Der Bewertungsausschuss hat in einem Beschluss nach § 87 mit Wirkung zum 1. April 2007 im einheitlichen Bewertungsmaßstab für ärztliche Leistungen Regelungen zur angemessenen Bewertung der belegärztlichen Leistungen unter Berücksichtigung der Vorgaben nach Absatz 3 Satz 2 und 3 zu treffen.

(5) Abweichend von den Vergütungsregelungen in Absatz 2 bis 4 können Krankenhäuser mit Belegbetten zur Vergütung der belegärztlichen Leistungen mit Belegärzten Honorarverträge schließen.

(6) [1] Für belegärztliche Leistungen gelten die Richtlinien und Beschlüsse des Gemeinsamen Bundesausschusses nach den §§ 136 bis 136b zur Qualitätssicherung im Krankenhaus bis zum Inkrafttreten vergleichbarer Regelungen für die vertragsärztliche oder sektorenübergreifende Qualitätssicherung. [2] Die in der stationären Qualitätssicherung für belegärztliche Leistungen erhobenen Qualitätsdaten werden bei der Auswertung der planungsrelevanten Qualitätsindikatoren nach § 136c Absatz 1 und 2 sowie bei der qualitätsabhängigen Vergütung eines Krankenhauses nach § 5 Absatz 3a des Krankenhausentgeltgesetzes berücksichtigt. [3] Die Folgen, die diese Berücksichtigung im Verhältnis zwischen dem Krankenhaus und dem Belegarzt haben soll, werden zwischen diesen vertraglich vereinbart.

§ 121a Genehmigung zur Durchführung künstlicher Befruchtungen.

(1) [1] Die Krankenkassen dürfen Maßnahmen zur Herbeiführung einer Schwangerschaft (§ 27a Abs. 1) nur erbringen lassen durch

1. Vertragsärzte,
2. zugelassene medizinische Versorgungszentren,
3. ermächtigte Ärzte,
4. ermächtigte ärztlich geleitete Einrichtungen oder
5. zugelassene Krankenhäuser,

denen die zuständige Behörde eine Genehmigung nach Absatz 2 zur Durchführung dieser Maßnahmen erteilt hat. [2] Satz 1 gilt bei Inseminationen nur dann, wenn sie nach Stimulationsverfahren durchgeführt werden, bei denen dadurch ein erhöhtes Risiko von Schwangerschaften mit drei oder mehr Embryonen besteht.

(2) Die Genehmigung darf den im Absatz 1 Satz 1 genannten Ärzten oder Einrichtungen nur erteilt werden, wenn sie

1. über die für die Durchführung der Maßnahmen zur Herbeiführung einer Schwangerschaft (§ 27a Abs. 1) notwendigen diagnostischen und therapeutischen Möglichkeiten verfügen und nach wissenschaftlich anerkannten Methoden arbeiten und
2. die Gewähr für eine bedarfsgerechte, leistungsfähige und wirtschaftliche Durchführung von Maßnahmen zur Herbeiführung einer Schwangerschaft (§ 27a Abs. 1) bieten.

(3) [1] Ein Anspruch auf Genehmigung besteht nicht. [2] Bei notwendiger Auswahl zwischen mehreren geeigneten Ärzten oder Einrichtungen, die sich um die Genehmigung bewerben, entscheidet die zuständige Behörde unter Berücksichtigung der öffentlichen Interessen und der Vielfalt der Bewerber nach pflichtgemäßem Ermessen, welche Ärzte oder welche Einrichtungen den Erfordernissen einer bedarfsgerechten, leistungsfähigen und wirtschaftlichen Durchführung von Maßnahmen zur Herbeiführung einer Schwangerschaft (§ 27a Abs. 1) am besten gerecht werden.

(4) Die zur Erteilung der Genehmigung zuständigen Behörden bestimmt die nach Landesrecht zuständige Stelle, mangels einer solchen Bestimmung die Landesregierung; diese kann die Ermächtigung weiter übertragen.

§ 122 Behandlung in Praxiskliniken. [1] Der Spitzenverband Bund der Krankenkassen und die für die Wahrnehmung der Interessen der in Praxiskliniken tätigen Vertragsärzte gebildete Spitzenorganisation vereinbaren in einem Rahmenvertrag

1. einen Katalog von in Praxiskliniken nach § 115 Absatz 2 Satz 1 Nr. 1 ambulant oder stationär durchführbaren stationsersetzenden Behandlungen,
2. Maßnahmen zur Sicherung der Qualität der Behandlung, der Versorgungsabläufe und der Behandlungsergebnisse.

[2] Die Praxiskliniken nach § 115 Absatz 2 Satz 1 Nr. 1 sind zur Einhaltung des Vertrages nach Satz 1 verpflichtet.

§ 123 *(aufgehoben)*

Fünfter Abschnitt. Beziehungen zu Leistungserbringern von Heilmitteln

§ 124 Zulassung. (1) Heilmittel, die als Dienstleistungen abgegeben werden, insbesondere Leistungen der Physiotherapie, der Stimm-, Sprech- und Sprachtherapie, der Ergotherapie, der Podologie oder der Ernährungstherapie, dürfen an Versicherte nur von zugelassenen Leistungserbringern abgegeben werden, die

1. die für die Leistungserbringung erforderliche Ausbildung sowie eine entsprechende zur Führung der Berufsbezeichnung berechtigende Erlaubnis oder einen vergleichbaren akademischen Abschluss besitzen,
2. über eine Praxisausstattung verfügen, die eine zweckmäßige und wirtschaftliche Leistungserbringung gewährleistet, und
3. die für die Versorgung mit Heilmitteln geltenden Verträge nach § 125 Absatz 1 und § 125a anerkennen.

(2) [1] Die Landesverbände der Krankenkassen und die Ersatzkassen bilden gemeinsam und einheitlich bei einem der Landesverbände oder den Ersatzkassen eine Arbeitsgemeinschaft, die mit Wirkung für alle Krankenkassen die Entscheidungen über die Zulassungen trifft. [2] Die Arbeitsgemeinschaften sind berechtigt, zur Erfüllung dieser Aufgabe Verwaltungsakte zu erlassen, zu ändern oder aufzuheben. [3] Die Möglichkeit der Änderung oder Aufhebung gilt auch für Verwaltungsakte, die von den Landesverbänden der Krankenkassen oder den Ersatzkassen erteilt worden sind. [4] Die Arbeitsgemeinschaft kann sich dabei auch auf mehrere Bundesländer erstrecken. [5] Die Kosten tragen die Landesverbände und die Ersatzkassen anteilig nach Versicherten nach der Statistik KM 6. [6] Die Arbeitsgemeinschaft darf die für die Überprüfung der Anforderungen nach den Absätzen 1 und 2a erforderlichen Daten von Leistungserbringern erheben, verarbeiten und nutzen. [7] Sie hat die maßgeblichen Daten zur Zulassung nach Satz 6 an den Spitzenverband Bund der Krankenkassen zu übermitteln, der die Krankenkassen regelmäßig über die zugelassenen Leistungserbringer informiert. [8] Das Nähere zur Datenübermittlung und zum Verfahren regelt der Spitzenverband Bund der Krankenkassen. [9] Die Arbeitsgemeinschaften sind bis zum 31. August 2019 zu bilden. [10] Bis zu diesem Zeitpunkt gilt § 124 Absatz 5 in der bis zum 10. Mai 2019 geltenden Fassung. [11] Der Spitzenverband Bund der Krankenkassen hat auf Grundlage der Daten nach Satz 7 eine Liste über die zugelassenen Leistungserbringer mit den maßgeblichen Daten des jeweils zugelassenen Leistungserbringers zu veröffentlichen; über den Um-

fang der zu veröffentlichenden Daten verständigen sich die Vertragspartner in den jeweiligen Verträgen nach § 125 Absatz 1.

(2a) [1] Die Arbeitsgemeinschaften nach Absatz 2 prüfen zudem, ob Leistungserbringer die Voraussetzungen nach § 125 Absatz 2 Satz 1 Nummer 3 für die Durchführung von besonderen Maßnahmen der Physiotherapie unter Berücksichtigung der Richtlinien nach § 92 Absatz 1 Satz 2 Nummer 6 erfüllen. [2] Bei Erfüllung der Anforderungen erteilt die Arbeitsgemeinschaft eine entsprechende Abrechnungserlaubnis. [3] Absatz 2 Satz 2 und 3 gilt entsprechend.

(3) [1] Die Arbeitsgemeinschaft nach Absatz 2 ist berechtigt, die zuzulassenden Leistungserbringer im Hinblick auf die vertraglich vereinbarten räumlichen, sachlichen und personellen Voraussetzungen zu überprüfen. [2] Die Leistungserbringer haben hierzu den Zutritt zu ihrer Praxis zu den üblichen Praxiszeiten zu gewähren. [3] Mehrfache Praxisprüfungen durch die Arbeitsgemeinschaft sind zu vermeiden.

(4) [1] Die am 30. Juni 2008 bestehenden Zulassungen, die von den Verbänden der Ersatzkassen erteilt wurden, gelten als für die Ersatzkassen gemäß Absatz 2 erteilte Zulassung weiter. [2] Absatz 2 Satz 3 gilt entsprechend.

(5) [1] Krankenhäuser, Rehabilitationseinrichtungen und ihnen vergleichbare Einrichtungen dürfen die in Absatz 1 genannten Heilmittel durch Personen abgeben, die die Voraussetzung nach Absatz 1 Nummer 1 erfüllen, wenn sie über eine Praxisausstattung im Sinne des Absatzes 1 Nummer 2 verfügen. [2] Einer Zulassung bedarf es nicht. [3] Für die in Satz 1 genannten Einrichtungen gelten die nach § 125 Absatz 1 abgeschlossenen Verträge entsprechend, ohne dass es einer Anerkennung dieser Verträge bedarf. [4] § 125b gilt entsprechend.

(6) [1] Leistungserbringer, die ihre Zulassung vor dem Inkrafttreten des jeweiligen bundesweit geltenden Vertrages nach § 125 Absatz 1 erteilt bekommen haben, haben diesen Vertrag gegenüber der Arbeitsgemeinschaft nach Satz 2 innerhalb von sechs Monaten ab Inkrafttreten des Vertrages oder ab der Entscheidung durch die Schiedsstelle anzuerkennen. [2] Die Zulassung gilt innerhalb dieses Zeitraums fort. [3] Bis zum Inkrafttreten des jeweiligen bundesweit geltenden Vertrages nach § 125 Absatz 1 sind die geltenden Vereinbarungen nach § 125 Absatz 2 in der bis zum 10. Mai 2019 geltenden Fassung anzuerkennen. [4] Die Sätze 1 und 2 gelten für die Anerkennung der Vereinbarung nach § 125a über die Heilmittelversorgung mit erweiterter Versorgungsverantwortung entsprechend. [5] Bis zum Inkrafttreten der Vereinbarung nach § 125a oder bis zur Entscheidung durch die Schiedsstelle ist die Anerkennung dieser Vereinbarung keine Zulassungsvoraussetzung nach Absatz 1 Nummer 3. [6] Die Empfehlungen des Spitzenverbandes Bund der Krankenkassen für eine einheitliche Anwendung der Zulassungsbedingungen nach § 124 Absatz 4 in der bis zum 10. Mai 2019 geltenden Fassung gelten bis zum Inkrafttreten des Vertrages nach § 125 Absatz 1 oder bis zur Entscheidung durch die Schiedsstelle fort.

§ 125 Verträge. (1) [1] Der Spitzenverband Bund der Krankenkassen schließt mit bindender Wirkung für die Krankenkassen mit den für die Wahrnehmung der Interessen der Heilmittelerbringer maßgeblichen Spitzenorganisationen auf Bundesebene für jeden Heilmittelbereich einen Vertrag über die Einzelheiten der Versorgung mit dem jeweiligen Heilmittel. [2] Die für den jeweiligen Heilmittelbereich zuständigen maßgeblichen Spitzenorganisationen haben den Vertrag gemeinsam zu schließen. [3] Die Verträge sind mit Wirkung ab dem 1. Januar 2021 zu schließen. [4] Die Richtlinie des Gemeinsamen Bundesausschusses nach

§ 92 Absatz 1 Satz 2 Nummer 6 ist zu berücksichtigen. [5]Der Spitzenverband Bund der Krankenkassen hat die Verträge sowie die jeweils geltenden Preislisten zu veröffentlichen.

(2) In den Verträgen nach Absatz 1 ist insbesondere Folgendes zu regeln:

1. die Preise der einzelnen Leistungspositionen sowie einheitliche Regelungen für deren Abrechnung,

1a. die notwendigen Regelungen für die Verwendung von Verordnungen von Leistungen nach § 32 in elektronischer Form, die
   a) festzulegen haben, dass für die Übermittlung der elektronischen Verordnung die Dienste der Anwendungen der Telematikinfrastruktur nach § 334 Absatz 1 Satz 2 genutzt werden, sobald diese zur Verfügung stehen, und
   b) mit den Festlegungen der Bundesmantelverträge nach § 86 vereinbar sein müssen,

2. die Verpflichtung der Leistungserbringer zur Fortbildung,
3. die erforderlichen Weiterbildungen der Leistungserbringer für besondere Maßnahmen der Physiotherapie,
4. der Inhalt der einzelnen Maßnahmen des jeweiligen Heilmittels einschließlich der Regelleistungszeit, die sich aus der Durchführung der einzelnen Maßnahme und der Vor- und Nachbereitung einschließlich der erforderlichen Dokumentation zusammensetzt,
5. Maßnahmen zur Sicherung der Qualität der Behandlung, der Versorgungsabläufe und der Behandlungsergebnisse,
6. der Inhalt und Umfang der Zusammenarbeit der Leistungserbringer mit dem verordnenden Vertragsarzt,
7. die notwendigen Angaben auf der Heilmittelverordnung durch den Leistungserbringer,
8. Maßnahmen der Wirtschaftlichkeit der Leistungserbringung und deren Prüfung,
9. Vergütungsstrukturen für die Arbeitnehmer unter Berücksichtigung der tatsächlich gezahlten Arbeitsentgelte; zum Nachweis der tatsächlich gezahlten Arbeitsentgelte hat die Berufsgenossenschaft für Gesundheitsdienst und Wohlfahrtspflege dem Spitzenverband Bund der Krankenkassen auf dessen Anforderung eine Statistik über die im Rahmen von § 165 des Siebten Buches[1)] erfolgten Meldungen zu übersenden, die insbesondere die Anzahl der Arbeitnehmer, deren geleistete Arbeitsstunden sowie die geleisteten Entgelte enthalten soll, sowie
10. personelle, räumliche und sachliche Voraussetzungen, die eine zweckmäßige und wirtschaftliche Leistungserbringung im Sinne des § 124 Absatz 1 Nummer 2 gewährleisten, wobei insbesondere im Hinblick auf die räumlichen Voraussetzungen Richtwerte vereinbart werden können.

(3) [1]Die Vertragspartner haben zu beachten, dass die auszuhandelnden Preise eine leistungsgerechte und wirtschaftliche Versorgung ermöglichen. [2]Sie haben bei der Vereinbarung der Preise für die einzelnen Leistungspositionen unter Zugrundelegung eines wirtschaftlich zu führenden Praxisbetriebes insbesondere Folgendes zu berücksichtigen:

[1)] Nr. 7.

1. die Entwicklung der Personalkosten,
2. die Entwicklung der Sachkosten für die Leistungserbringung sowie
3. die durchschnittlichen laufenden Kosten für den Betrieb der Heilmittelpraxis.

[3] § 71 findet keine Anwendung.

(4) Die Vertragspartner nach Absatz 1 sollen eine gemeinsame Empfehlung zur Ausgestaltung einer barrierefreien Praxis abgeben.

(5) [1] Kommt ein Vertrag nach Absatz 1 ganz oder teilweise nicht bis zum 1. Januar 2021 oder bis zum Ablauf einer von den Vertragspartnern vereinbarten Vertragslaufzeit zustande oder können sich die Vertragspartner nicht bis zum Ablauf dieser Fristen auf die Preise für die einzelnen Leistungspositionen oder eine Anpassung dieser Preise einigen, werden der Inhalt des Vertrages oder die Preise innerhalb von drei Monaten durch die Schiedsstelle nach Absatz 6 festgesetzt. [2] Das Schiedsverfahren beginnt vor den in Satz 1 genannten Zeitpunkten, wenn mindestens eine Vertragspartei die Verhandlungen ganz oder teilweise für gescheitert erklärt und die Schiedsstelle anruft. [3] Trifft die Schiedsstelle erst nach Ablauf von drei Monaten ihre Entscheidung, sind neben der Festsetzung der Preise auch Zahlbeträge zu beschließen, durch die Vergütungsausfälle ausgeglichen werden, die bei den Leistungserbringern durch die verzögerte Entscheidung der Schiedsstelle entstanden sind. [4] Der bisherige Vertrag oder die bisherigen Preise gelten bis zur Entscheidung durch die Schiedsstelle fort.

(6) [1] Der Spitzenverband Bund der Krankenkassen und die für die Wahrnehmung der Interessen der Heilmittelerbringer maßgeblichen Spitzenorganisationen auf Bundesebene bilden bis zum 15. November 2019 eine gemeinsame Schiedsstelle. [2] Sie besteht aus Vertretern der Krankenkassen und der Heilmittelerbringer in gleicher Zahl sowie aus einem unparteiischen Vorsitzenden und zwei weiteren unparteiischen Mitgliedern. [3] Auf Seiten der Heilmittelerbringer erfolgt die Besetzung der Schiedsstelle für jeden Leistungsbereich getrennt voneinander. [4] Die Amtsdauer der Mitglieder beträgt vier Jahre. [5] Für jedes Mitglied gibt es zwei Stellvertreter. [6] Über den unparteiischen Vorsitzenden und die zwei weiteren unparteiischen Mitglieder sowie deren Stellvertreter sollen sich die Vertragspartner einigen. [7] Kommt eine Einigung nicht zustande, gilt § 89 Absatz 6 Satz 3 entsprechend. [8] Für eine Abberufung der unparteiischen Mitglieder aus wichtigem Grund gilt § 89 Absatz 7 Satz 3 entsprechend. [9] Die Kosten der Schiedsstelle tragen die Vertragsparteien je zur Hälfte; die Kosten für die von ihnen bestellten Vertreter tragen die Vertragsparteien selbst. [10] § 129 Absatz 9 und 10 Satz 1 gilt entsprechend. [11] Das Bundesministerium für Gesundheit kann durch Rechtsverordnung mit Zustimmung des Bundesrates das Nähere über die Zahl und die Bestellung der Mitglieder, die Erstattung der baren Auslagen und die Entschädigung für den Zeitaufwand der Mitglieder, das Verfahren sowie über die Verteilung der Kosten regeln. [12] Klagen gegen Entscheidungen der Aufsichtsbehörde nach diesem Paragraphen haben keine aufschiebende Wirkung. [13] Ein Vorverfahren findet bei Klagen gegen Entscheidungen der Schiedsstelle und der Aufsichtsbehörde nicht statt.

(7) [1] Die Landesverbände der Krankenkassen und die Ersatzkassen können mit den Leistungserbringern, deren Verbänden oder sonstigen Zusammenschlüssen Verträge über die Einzelheiten der Versorgung mit kurortspezifischen Heilmitteln schließen. [2] Die Absätze 2 und 3 gelten entsprechend.

(8) Die Krankenkassen oder ihre Verbände können mit den für den jeweiligen Heilmittelbereich für die Wahrnehmung der Interessen der Heilmittelerbringer zuständigen maßgeblichen Spitzenorganisationen auf Landesebene Vereinbarungen zur Weiterentwicklung der Qualität und Struktur der Versorgung der Versicherten mit Heilmitteln schließen, soweit die Verträge nach Absatz 1 dem nicht entgegenstehen.

(9) Die Vertragspartner nach Absatz 1 Satz 1 schließen einen Vertrag über eine zentrale und bundeseinheitliche Prüfung und Listung der Weiterbildungsträger, der Weiterbildungsstätten sowie der Fachlehrer hinsichtlich der Erfüllung der Anforderungen an die Durchführung von besonderen Maßnahmen der Physiotherapie unter Berücksichtigung der Richtlinien nach § 92 Absatz 1 Satz 2 Nummer 6.

§ 125a Heilmittelversorgung mit erweiterter Versorgungsverantwortung. (1) [1]Der Spitzenverband Bund der Krankenkassen schließt mit bindender Wirkung für die Krankenkassen mit den für die Wahrnehmung der Interessen der Heilmittelerbringer maßgeblichen Spitzenorganisationen auf Bundesebene für jeden Heilmittelbereich einen Vertrag über die Heilmittelversorgung mit erweiterter Versorgungsverantwortung. [2]Die für den jeweiligen Heilmittelbereich zuständigen maßgeblichen Spitzenorganisationen haben den Vertrag gemeinsam zu schließen. [3]Die Verträge sind bis zum 15. März 2021 zu schließen. [4]Gegenstand der Verträge ist eine Versorgungsform, bei der die Heilmittelerbringer aufgrund einer durch einen Vertragsarzt festgestellten Diagnose und der Indikation für eine Heilmittelbehandlung selbst über die Auswahl und die Dauer der Therapie sowie die Frequenz der Behandlungseinheiten bestimmen können. [5]Die Auswahl der Therapie darf dabei nur im Rahmen der in der Richtlinie des Gemeinsamen Bundesausschusses nach § 92 Absatz 1 Satz 2 Nummer 6 für die jeweilige Diagnosegruppe vorgegebenen verordnungsfähigen Heilmittel erfolgen. [6]Im Übrigen sind Abweichungen von dieser Richtlinie nur in dem von den Vertragspartnern nach Absatz 2 Nummer 2 vereinbarten Umfang möglich. [7]Vor Abschluss der Vereinbarung ist den Kassenärztlichen Bundesvereinigungen Gelegenheit zur Stellungnahme zu geben. [8]Davon abweichend ist zu den Regelungen nach Absatz 2 Nummer 1 und 7 mit den Kassenärztlichen Bundesvereinigungen Einvernehmen herzustellen.

(2) In den Verträgen nach Absatz 1 ist insbesondere Folgendes zu regeln:

1. alle Indikationen der Richtlinien des Gemeinsamen Bundesausschusses nach § 92 Absatz 1 Satz 2 Nummer 6, die unter medizinisch-therapeutischen Gesichtspunkten für eine Heilmittelversorgung mit erweiterter Versorgungsverantwortung geeignet sind,
2. Möglichkeiten der Heilmittelerbringer, bei der Leistungserbringung von den Vorgaben der Richtlinien des Gemeinsamen Bundesausschusses nach § 92 Absatz 1 Satz 2 Nummer 6 abzuweichen,
3. einheitliche Regelungen zur Abrechnung, soweit diese von dem Vertrag nach § 125 Absatz 1 abweichen,
4. Möglichkeiten zur Bestimmung der Dauer der einzelnen Behandlungseinheiten durch den Leistungserbringer sowie Regelungen zu der daraus resultierenden Preisstruktur,
5. Richtwerte zur Versorgungsgestaltung durch die Heilmittelerbringer, die der Spitzenverband Bund der Krankenkassen quartalsweise im Rahmen von § 84 Absatz 7 in Verbindung mit § 84 Absatz 5 zu veröffentlichen hat,

6. Maßnahmen zur Vermeidung einer unverhältnismäßigen Mengenausweitung in der Anzahl der Behandlungseinheiten je Versicherten, die medizinisch nicht begründet sind; diese Maßnahmen können auch Vergütungsabschläge vorsehen, sofern eine durchschnittliche Anzahl an Behandlungseinheiten deutlich überschritten ist, sowie
7. Vorgaben zur Information des Arztes durch den Heilmittelerbringer über die erfolgte Behandlung sowie zur Notwendigkeit eines erneuten Arztkontaktes.

(3) Kommt ein Vertrag nach Absatz 1 ganz oder teilweise nicht bis zum 15. März 2021 zustande, wird der Inhalt des Vertrages innerhalb von drei Monaten durch die Schiedsstelle nach § 125 Absatz 6 festgesetzt.

(4) Der Spitzenverband Bund der Krankenkassen hat die Verträge nach Absatz 1 zu veröffentlichen und dem Gemeinsamen Bundesausschuss zu übermitteln.

(5) Der Spitzenverband Bund der Krankenkassen hat aus den nach § 84 Absatz 7 in Verbindung mit § 84 Absatz 5 zu übermittelnden Daten auch entsprechende Schnellinformationen für die Versorgungsform der erweiterten Versorgungsverantwortung sowie die nach Absatz 2 vereinbarten Richtwerte zur Versorgungsgestaltung zu erstellen und zu veröffentlichen.

(6) [1] Unter Berücksichtigung der nach § 84 Absatz 7 in Verbindung mit § 84 Absatz 5 erhobenen und der nach Absatz 5 veröffentlichten Daten evaluieren die Vertragspartner nach Absatz 1 insbesondere die mit der Versorgungsform verbundenen Auswirkungen auf das Versorgungsgeschehen im Bereich der Heilmittel, der Mengenentwicklung, der finanziellen Auswirkungen auf die Krankenkassen sowie die Auswirkungen auf die Behandlungs- und Ergebnisqualität innerhalb der ersten vier Jahre nach Abschluss der Verträge nach Absatz 1. [2] Die Evaluierung hat durch einen durch die Vertragspartner gemeinsam zu beauftragenden unabhängigen Dritten zu erfolgen. [3] Dem Bundesministerium für Gesundheit ist jährlich über die Ergebnisse Bericht zu erstatten.

§ 125b Bundesweit geltende Preise, Verordnungsermächtigung.

(1) [1] Die Verträge nach § 125 Absatz 2 in der bis zum 10. Mai 2019 geltenden Fassung gelten unabhängig von der vereinbarten Laufzeit nur bis zum Inkrafttreten des Vertrages nach § 125 Absatz 1 des jeweiligen Heilmittelbereichs oder bis zur Entscheidung durch die Schiedsstelle mit der Maßgabe fort, dass ab dem 1. Juli 2019 die nach Absatz 2 zu bildenden Preise gelten. [2] Einer Kündigung dieser Verträge bedarf es nicht.

(2) [1] Ab dem 1. Juli 2019 gilt für jedes Bundesland und jede Kassenart der jeweils höchste Preis, der für die jeweilige Leistungsposition in einer Region des Bundesgebietes vereinbart worden ist. [2] Der Spitzenverband Bund der Krankenkassen hat sich mit den für die Wahrnehmung der Interessen der Heilmittelerbringer maßgeblichen Spitzenorganisationen auf Bundesebene auf die bundesweit geltenden Preise zu verständigen. [3] § 71 findet keine Anwendung. [4] Der Spitzenverband Bund der Krankenkassen hat die nach diesem Absatz festgesetzten Preise bis zum 30. Juni 2019 zu veröffentlichen. [5] Erfolgt keine Veröffentlichung der Preise bis zum Ablauf der in Satz 4 genannten Frist, kann das Bundesministerium für Gesundheit die Preise festsetzen; es kann dazu die Übermittlung aller bis zu diesem Zeitpunkt vereinbarten Preise oder der bereits abgeschlossenen Vergütungsvereinbarungen vom Spitzenverband Bund der

Krankenkassen verlangen. [6] Die Preise gelten mindestens bis zum 30. Juni 2020. [7] Einer gesonderten Kündigung bedarf es nicht.

(2a) [1] Das Bundesministerium für Gesundheit wird ermächtigt, durch Rechtsverordnung ohne Zustimmung des Bundesrates zu bestimmen, dass nach § 124 Absatz 2 in Verbindung mit Absatz 1 zugelassene Leistungserbringer zur pauschalen Abgeltung der ihnen infolge der COVID-19-Pandemie entstehenden Kosten für erhöhte Hygienemaßnahmen für jede Heilmittelverordnung, die sie längstens bis zum 31. Dezember 2021 abrechnen, einen zusätzlichen Betrag in Höhe von 1,50 Euro gegenüber den Krankenkassen geltend machen können. [2] Die Vertragsparteien nach § 125 Absatz 1 Satz 1 können in ihren Verträgen davon abweichende Vereinbarungen treffen.

(3) [1] Die Rahmenempfehlungen nach § 125 Absatz 1 in der bis zum 10. Mai 2019 geltenden Fassung gelten unabhängig von der vereinbarten Laufzeit nur bis zum Inkrafttreten des jeweiligen Vertrages nach § 125 Absatz 1 oder bis zur Entscheidung durch die Schiedsstelle. [2] Einer Kündigung der Rahmenempfehlungen bedarf es nicht.

Sechster Abschnitt. Beziehungen zu Leistungserbringern von Hilfsmitteln

§ 126 Versorgung durch Vertragspartner. (1) [1] Hilfsmittel dürfen an Versicherte nur auf der Grundlage von Verträgen nach § 127 Absatz 1 und 3 abgegeben werden. [2] Vertragspartner der Krankenkassen können nur Leistungserbringer sein, die die Voraussetzungen für eine ausreichende, zweckmäßige und funktionsgerechte Herstellung, Abgabe und Anpassung der Hilfsmittel erfüllen. [3] Der Spitzenverband Bund der Krankenkassen gibt Empfehlungen für eine einheitliche Anwendung der Anforderungen nach Satz 2, einschließlich der Fortbildung der Leistungserbringer, ab.

(1a) [1] Die Krankenkassen stellen sicher, dass die Voraussetzungen nach Absatz 1 Satz 2 erfüllt sind. [2] Die Leistungserbringer führen den Nachweis der Erfüllung der Voraussetzungen nach Absatz 1 Satz 2 durch Vorlage eines Zertifikats einer geeigneten, unabhängigen Stelle (Präqualifizierungsstelle); bei Verträgen nach § 127 Absatz 3 kann der Nachweis im Einzelfall auch durch eine Feststellung der Krankenkasse erfolgen. [3] Die Leistungserbringer haben einen Anspruch auf Erteilung des Zertifikats oder eine Feststellung der Krankenkasse nach Satz 2 zweiter Halbsatz, wenn sie die Voraussetzungen nach Absatz 1 Satz 2 erfüllen. [4] Bei der Prüfung der Voraussetzungen nach Absatz 1 Satz 2 haben die Präqualifizierungsstelle im Rahmen ihrer Zertifizierungstätigkeit und die Krankenkasse bei ihrer Feststellung die Empfehlungen nach Absatz 1 Satz 3 zu beachten. [5] Die Zertifikate sind auf höchstens fünf Jahre zu befristen. [6] Erteilte Zertifikate sind einzuschränken, auszusetzen oder zurückzuziehen, wenn die erteilende Stelle oder die Stelle nach Absatz 2 Satz 6 auf Grund von Überwachungstätigkeiten im Sinne der DIN EN ISO/IEC 17065, Ausgabe Januar 2013, feststellt, dass die Voraussetzungen nach Absatz 1 Satz 2 nicht oder nicht mehr erfüllt sind, soweit der Leistungserbringer nicht innerhalb einer angemessenen Frist die Übereinstimmung herstellt. [7] Die erteilenden Stellen dürfen die für den Nachweis der Erfüllung der Anforderungen nach Absatz 1 Satz 2 erforderlichen Daten von Leistungserbringern verarbeiten. [8] Sie haben den Spitzenverband Bund der Krankenkassen entsprechend seiner Vorgaben über ausgestellte sowie über verweigerte, eingeschränkte, ausgesetzte und zurückgezogene Zertifikate einschließlich der für die Identifizierung der jeweiligen Leistungserbringer erforderlichen Daten zu unterrichten. [9] Der Spitzenverband Bund der Krankenkassen ist befugt, die übermittelten Daten zu verarbeiten und den Krankenkassen sowie der nationalen Akkreditierungsstelle nach Absatz 2 Satz 1 bekannt zu geben.

(2) [1] Als Präqualifizierungsstellen dürfen nur Zertifizierungsstellen für Produkte, Prozesse und Dienstleistungen gemäß DIN EN ISO/IEC 17065, Ausgabe Januar 2013, tätig werden, die die Vorgaben nach Absatz 1a Satz 4 bis 8 beachten und von einer nationalen Akkreditierungsstelle im Sinne der Verordnung (EG) Nr. 765/2008 des Europäischen Parlaments und des Rates vom 9. Juli 2008 über die Vorschriften für die Akkreditierung und Marktüberwachung im Zusammenhang mit der Vermarktung von Produkten und zur Aufhebung der Verordnung (EWG) Nr. 339/93 des Rates (ABl. L 218 vom 13.8.2008, S. 30) in der jeweils geltenden Fassung akkreditiert worden sind. [2] Die Akkreditierung ist auf höchstens fünf Jahre zu befristen. [3] Die Akkreditierung erlischt mit dem Ablauf der Frist, mit der Einstellung des Betriebes der Präqualifizierungsstelle oder durch Verzicht der Präqualifizierungsstelle. [4] Die Einstellung und der Verzicht sind der nationalen Akkreditierungsstelle unverzüglich mitzuteilen. [5] Die bisherige Präqualifizierungsstelle ist verpflichtet, die Leistungserbringer, denen sie Zertifikate erteilt hat, über das Erlöschen ihrer Akkreditierung zu informieren. [6] Die Leistungserbringer haben umgehend mit einer anderen Präqualifizierungsstelle die Fortführung des Präqualifizierungsverfahrens zu vereinbaren, der die bisherige Präqualifizierungsstelle die ihr vorliegenden Antragsunterlagen in elektronischer Form zur Verfügung zu stellen hat. [7] Das Bundesministerium für Gesundheit übt im Anwendungsbereich dieses Gesetzes die Fachaufsicht über die nationale Akkreditierungsstelle aus. [8] Präqualifizierungsstellen, die seit dem 1. Juli 2010 Aufgaben nach Absatz 1a wahrnehmen, haben spätestens bis zum 31. Juli 2017 einen Antrag auf Akkreditierung nach Satz 1 zu stellen und spätestens bis zum 30. April 2019 den Nachweis über eine erfolgreiche Akkreditierung zu erbringen. [9] Die nationale Akkreditierungsstelle überwacht die Einhaltung der sich aus der DIN EN ISO/IEC 17065 und den Vorgaben nach Absatz 1a Satz 4 bis 8 für die Präqualifizierungsstellen ergebenden Anforderungen und Verpflichtungen. [10] Sie hat die Akkreditierung einzuschränken, auszusetzen oder zurückzunehmen, wenn die Präqualifizierungsstelle die Anforderungen für die Akkreditierung nicht oder nicht mehr erfüllt oder ihre Verpflichtungen erheblich verletzt; die Sätze 5 und 6 gelten entsprechend. [11] Für die Prüfung, ob die Präqualifizierungsstellen ihren Verpflichtungen nachkommen, kann die nationale Akkreditierungsstelle nach Absatz 2 Satz 1 auf Informationen der Krankenkassen oder des Spitzenverbandes Bund der Krankenkassen, berufsständischer Organisationen und Aufsichtsbehörden zurückgreifen.

(3) Für nichtärztliche Dialyseleistungen, die nicht in der vertragsärztlichen Versorgung erbracht werden, gelten die Regelungen dieses Abschnitts entsprechend.

§ 127 Verträge. (1) [1] Krankenkassen, ihre Landesverbände oder Arbeitsgemeinschaften schließen im Wege von Vertragsverhandlungen Verträge mit Leistungserbringern oder Verbänden oder sonstigen Zusammenschlüssen der Leistungserbringer über die Einzelheiten der Versorgung mit Hilfsmitteln, deren Wiedereinsatz, die Qualität der Hilfsmittel und zusätzlich zu erbringender Leistungen, die Anforderungen an die Fortbildung der Leistungserbringer, die Preise und die Abrechnung. [2]Darüber hinaus können die Vertragsparteien in den Verträgen nach Satz 1 auch einen Ausgleich der Kosten für erhöhte Hygienemaßnahmen infolge der COVID-19-Pandemie vereinbaren. [3]Dabei haben Krankenkassen, ihre Landesverbände oder Arbeitsgemeinschaften jedem Leistungserbringer oder Verband oder sonstigen Zusammenschlüssen der Leistungserbringer Vertragsverhandlungen zu ermöglichen. [4]In den Verträgen nach Satz 1 sind eine hinreichende Anzahl an mehrkostenfreien Hilfsmitteln, die Qualität der Hilfsmittel, die notwendige Beratung der Versicherten und die sonstigen zusätzlichen Leistungen im Sinne des § 33 Absatz 1 Satz 5 sicherzustellen und ist für eine wohnortnahe Versorgung der Versicherten zu sorgen. [5]Den Verträgen sind mindestens die im Hilfsmittelverzeichnis nach § 139 Absatz 2 festgelegten Anforderungen an die Qualität der Versorgung und Produkte zugrunde zu legen. [6]Die Absicht, über die Versorgung mit bestimmten Hilfsmitteln Verträge zu schließen, ist auf einem geeigneten Portal der Europäischen Union oder mittels einem vergleichbaren unionsweit publizierenden Medium unionsweit öffentlich bekannt zu machen. [7]Der Spitzenverband Bund der Krankenkassen legt bis zum 30. September 2020 ein einheitliches, verbindliches Verfahren zur unionsweiten Bekanntmachung der Absicht, über die Versorgung mit bestimmten Hilfsmitteln Verträge zu schließen, fest. [8]Über die Inhalte abgeschlossener Verträge einschließlich der Vertragspartner sind andere Leistungserbringer auf Nachfrage unverzüglich zu informieren. [9]Werden nach Abschluss des Vertrages die Anforderungen an die Qualität der Versorgung und der Produkte nach § 139 Absatz 2 durch Fortschreibung des Hilfsmittelverzeichnisses verändert, liegt darin eine wesentliche Änderung der Verhältnisse, die die Vertragsparteien zur Vertragsanpassung oder Kündigung berechtigt.

(1a) [1]Im Fall der Nichteinigung wird der streitige Inhalt der Verträge nach Absatz 1 auf Anruf einer der Verhandlungspartner durch eine von den jeweiligen Vertragspartnern zu bestimmende unabhängige Schiedsperson innerhalb von drei Monaten ab Bestimmung der Schiedsperson festgelegt. [2]Eine Nichteinigung nach Satz 1 liegt vor, wenn mindestens einer der Vertragspartner intensive Bemühungen zur Erreichung eines Vertrages auf dem Verhandlungswege nachweisen kann. [3]Einigen sich die Vertragspartner nicht auf eine Schiedsperson, so wird diese von der für die vertragschließende Krankenkasse zuständigen Aufsichtsbehörde innerhalb eines Monats nach Vorliegen der für die Bestimmung der Schiedsperson notwendigen Informationen bestimmt. [4]Die Schiedsperson gilt als bestimmt, sobald sie sich gegenüber den Vertragspartnern zu ihrer Bestellung bereiterklärt hat. [5]Legt die Schiedsperson Preise fest, hat sie diese so festzusetzen, dass eine in der Qualität gesicherte, ausreichende, zweckmäßige sowie wirtschaftliche Versorgung gewährleistet ist. [6]Zur Ermittlung hat die Schiedsperson insbesondere die Kalkulationsgrundlagen der jeweiligen Verhandlungspartner und die marktüblichen Preise zu berücksichtigen. [7]Die Verhandlungspartner sind verpflichtet, der Schiedsperson auf Verlangen alle für die zu treffende Festlegung erforderlichen Unterlagen zur Verfügung zu stellen. [8]Die Kosten des Schiedsverfahrens tragen die Vertragspartner zu gleichen Teilen. [9]Widerspruch und Klage gegen die Bestimmung der Schiedsperson durch die Aufsichtsbehörde haben keine aufschiebende Wirkung. [10]Klagen gegen die Festlegung des Vertragsinhalts sind gegen den Vertragspartner zu richten. [11]Der von der Schiedsperson festgelegte Vertragsinhalt oder von der Schiedsperson festgelegte einzelne Bestimmungen des Vertrages gelten bis zur gerichtlichen Ersetzung oder gerichtlichen Feststellung der Unbilligkeit weiter.

(2) [1] Den Verträgen nach Absatz 1 Satz 1 können Leistungserbringer zu den gleichen Bedingungen als Vertragspartner beitreten, soweit sie nicht auf Grund bestehender Verträge bereits zur Versorgung der Versicherten berechtigt sind. [2] Hierbei sind entsprechend Absatz 1 Satz 1 Vertragsverhandlungen zu ermöglichen. [3] Verträgen, die mit Verbänden oder sonstigen Zusammenschlüssen der Leistungserbringer abgeschlossen wurden, können auch Verbände und sonstige Zusammenschlüsse der Leistungserbringer beitreten. [4] Die Sätze 1 und 2 gelten entsprechend für fortgeltende Verträge, die vor dem 1. April 2007 abgeschlossen wurden. [5] § 126 Abs. 1a und 2 bleibt unberührt.

(3) [1] Soweit für ein erforderliches Hilfsmittel keine Verträge der Krankenkasse nach Absatz 1 mit Leistungserbringern bestehen oder durch Vertragspartner eine Versorgung der Versicherten in einer für sie zumutbaren Weise nicht möglich ist, trifft die Krankenkasse eine Vereinbarung im Einzelfall mit einem Leistungserbringer; Absatz 1 Satz 2, 4 und 5 gilt entsprechend. [2] Sie kann vorher auch bei anderen Leistungserbringern in pseudonymisierter Form Preisangebote einholen. [3] In den Fällen des § 33 Abs. 1 Satz 5 und Abs. 6 Satz 3 gilt Satz 1 entsprechend.

(4) Für Hilfsmittel, für die ein Festbetrag festgesetzt wurde, können in den Verträgen nach den Absätzen 1 und 3 Preise höchstens bis zur Höhe des Festbetrags vereinbart werden.

(5) [1] Die Leistungserbringer haben die Versicherten vor Inanspruchnahme der Leistung zu beraten, welche Hilfsmittel und zusätzlichen Leistungen nach § 33 Absatz 1 Satz 1 und 5 für die konkrete Versorgungssituation im Einzelfall geeignet und notwendig sind. [2] Die Leistungserbringer haben die Beratung nach Satz 1 schriftlich oder elektronisch zu dokumentieren und sich durch Unterschrift der Versicherten bestätigen zu lassen. [3] Das Nähere ist in den Verträgen nach § 127 zu regeln. [4] Im Falle des § 33 Absatz 1 Satz 6 sind die Versicherten vor der Wahl der Hilfsmittel oder zusätzlicher Leistungen auch über die von ihnen zu tragenden Mehrkosten zu informieren. [5] Satz 2 gilt entsprechend.

(6) [1] Die Krankenkassen haben ihre Versicherten über die zur Versorgung berechtigten Vertragspartner und über die wesentlichen Inhalte der Verträge zu informieren. [2] Abweichend von Satz 1 informieren die Krankenkassen ihre Versicherten auf Nachfrage, wenn diese bereits einen Leistungserbringer gewählt oder die Krankenkassen auf die Genehmigung der beantragten Hilfsmittelversorgung verzichtet haben. [3] Sie können auch den Vertragsärzten entsprechende Informationen zur Verfügung stellen. [4] Die Krankenkassen haben die wesentlichen Inhalte der Verträge nach Satz 1 für Versicherte anderer Krankenkassen im Internet zu veröffentlichen.

(7) [1] Die Krankenkassen überwachen die Einhaltung der vertraglichen und gesetzlichen Pflichten der Leistungserbringer nach diesem Gesetz. [2] Zur Sicherung der Qualität in der Hilfsmittelversorgung führen sie Auffälligkeits- und Stichprobenprüfungen durch. [3] Die Leistungserbringer sind verpflichtet, den Krankenkassen auf Verlangen die für die Prüfungen nach Satz 1 erforderlichen einrichtungsbezogenen Informationen und Auskünfte zu erteilen und die von den Versicherten unterzeichnete Bestätigung über die Durchführung der Beratung nach Absatz 5 Satz 1 vorzulegen. [4] Soweit es für Prüfungen nach Satz 1

erforderlich ist und der Versicherte schriftlich oder elektronisch eingewilligt hat, können die Krankenkassen von den Leistungserbringern auch die personenbezogene Dokumentation über den Verlauf der Versorgung einzelner Versicherter anfordern. [5] Die Leistungserbringer sind insoweit zur Datenübermittlung verpflichtet. [6] Die Krankenkassen stellen vertraglich sicher, dass Verstöße der Leistungserbringer gegen ihre vertraglichen und gesetzlichen Pflichten nach diesem Gesetz angemessen geahndet werden. [7] Schwerwiegende Verstöße sind der Stelle, die das Zertifikat nach § 126 Absatz 1a Satz 2 erteilt hat, mitzuteilen.

(8) Der Spitzenverband Bund der Krankenkassen gibt bis zum 30. Juni 2017 Rahmenempfehlungen zur Sicherung der Qualität in der Hilfsmittelversorgung ab, in denen insbesondere Regelungen zum Umfang der Stichprobenprüfungen in den jeweiligen Produktbereichen, zu möglichen weiteren Überwachungsinstrumenten und darüber getroffen werden, wann Auffälligkeiten anzunehmen sind.

(9) [1] Der Spitzenverband Bund der Krankenkassen und die für die Wahrnehmung der Interessen der Leistungserbringer maßgeblichen Spitzenorganisationen auf Bundesebene geben bis zum 31. Dezember 2017 gemeinsam Rahmenempfehlungen zur Vereinfachung und Vereinheitlichung der Durchführung und Abrechnung der Versorgung mit Hilfsmitteln ab. [2] Kommt eine Einigung bis zum Ablauf der nach Satz 1 bestimmten Frist nicht zustande, wird der Empfehlungsinhalt durch eine von den Empfehlungspartnern nach Satz 1 gemeinsam zu benennende unabhängige Schiedsperson festgelegt. [3] Einigen sich die Empfehlungspartner nicht auf eine Schiedsperson, so wird diese von der für den Spitzenverband Bund der Krankenkassen zuständigen Aufsichtsbehörde bestimmt. [4] Die Kosten des Schiedsverfahrens tragen der Spitzenverband Bund der Krankenkassen und die für die Wahrnehmung der Interessen der Leistungserbringer maßgeblichen Spitzenorganisationen auf Bundesebene je zur Hälfte. [5] In den Empfehlungen können auch Regelungen über die in § 302 Absatz 2 Satz 1 und Absatz 3 genannten Inhalte getroffen werden. [6] § 139 Absatz 2 bleibt unberührt. [7] In den Empfehlungen sind auch die notwendigen Regelungen für die Verwendung von Verordnungen von Leistungen nach § 33 in elektronischer Form zu treffen. [8] Es ist festzulegen, dass für die Übermittlung der elektronischen Verordnung die Dienste der Anwendungen der Telematikinfrastruktur nach § 334 Absatz 1 Satz 2 genutzt werden, sobald diese Dienste zur Verfügung stehen. [9] Die Regelungen müssen vereinbar sein mit den Festlegungen der Bundesmantelverträge nach § 86. [10] Die Empfehlungen nach Satz 1 sind den Verträgen nach den Absätzen 1 und 3 zugrunde zu legen.

§ 128 Unzulässige Zusammenarbeit zwischen Leistungserbringern und Vertragsärzten. (1) [1] Die Abgabe von Hilfsmitteln an Versicherte über Depots bei Vertragsärzten ist unzulässig, soweit es sich nicht um Hilfsmittel handelt, die zur Versorgung in Notfällen benötigt werden. [2] Satz 1 gilt entsprechend für die Abgabe von Hilfsmitteln in Krankenhäusern und anderen medizinischen Einrichtungen.

(2) [1] Leistungserbringer dürfen Vertragsärzte sowie Ärzte in Krankenhäusern und anderen medizinischen Einrichtungen nicht gegen Entgelt oder Gewährung sonstiger wirtschaftlicher Vorteile an der Durchführung der Versorgung mit Hilfsmitteln beteiligen oder solche Zuwendungen im Zusammenhang mit der Verordnung von Hilfsmitteln gewähren. [2] Unzulässig ist ferner die Zahlung

einer Vergütung für zusätzliche privatärztliche Leistungen, die im Rahmen der Versorgung mit Hilfsmitteln von Vertragsärzten erbracht werden, durch Leistungserbringer. [3]Unzulässige Zuwendungen im Sinne des Satzes 1 sind auch die unentgeltliche oder verbilligte Überlassung von Geräten und Materialien und Durchführung von Schulungsmaßnahmen, die Gestellung von Räumlichkeiten oder Personal oder die Beteiligung an den Kosten hierfür sowie Einkünfte aus Beteiligungen an Unternehmen von Leistungserbringern, die Vertragsärzte durch ihr Verordnungs- oder Zuweisungsverhalten selbst maßgeblich beeinflussen.

(3) [1]Die Krankenkassen stellen vertraglich sicher, dass Verstöße gegen die Verbote nach den Absätzen 1 und 2 angemessen geahndet werden. [2]Für den Fall schwerwiegender und wiederholter Verstöße ist vorzusehen, dass Leistungserbringer für die Dauer von bis zu zwei Jahren von der Versorgung der Versicherten ausgeschlossen werden können.

(4) [1]Vertragsärzte dürfen nur auf der Grundlage vertraglicher Vereinbarungen mit Krankenkassen über die ihnen im Rahmen der vertragsärztlichen Versorgung obliegenden Aufgaben hinaus an der Durchführung der Versorgung mit Hilfsmitteln mitwirken. [2]Die Absätze 1 bis 3 bleiben unberührt. [3]Über eine Mitwirkung nach Satz 1 informieren die Krankenkassen die für die jeweiligen Vertragsärzte zuständige Ärztekammer.

(4a) [1]Krankenkassen können mit Vertragsärzten Verträge nach Absatz 4 abschließen, wenn die Wirtschaftlichkeit und die Qualität der Versorgung dadurch nicht eingeschränkt werden. [2]§ 126 Absatz 1 Satz 2 und 3 sowie Absatz 1a gilt entsprechend auch für die Vertragsärzte. [3]In den Verträgen sind die von den Vertragsärzten zusätzlich zu erbringenden Leistungen und welche Vergütung sie dafür erhalten eindeutig festzulegen. [4]Die zusätzlichen Leistungen sind unmittelbar von den Krankenkassen an die Vertragsärzte zu vergüten. [5]Jede Mitwirkung der Leistungserbringer an der Abrechnung und der Abwicklung der Vergütung der von den Vertragsärzten erbrachten Leistungen ist unzulässig.

(4b) [1]Vertragsärzte, die auf der Grundlage von Verträgen nach Absatz 4 an der Durchführung der Hilfsmittelversorgung mitwirken, haben die von ihnen ausgestellten Verordnungen der jeweils zuständigen Krankenkasse zur Genehmigung der Versorgung zu übersenden. [2]Die Verordnungen sind den Versicherten von den Krankenkassen zusammen mit der Genehmigung zu übermitteln. [3]Dabei haben die Krankenkassen die Versicherten in geeigneter Weise über die verschiedenen Versorgungswege zu beraten.

(5) [1]Absatz 4 Satz 3 gilt entsprechend, wenn Krankenkassen Auffälligkeiten bei der Ausführung von Verordnungen von Vertragsärzten bekannt werden, die auf eine mögliche Zuweisung von Versicherten an bestimmte Leistungserbringer oder eine sonstige Form unzulässiger Zusammenarbeit hindeuten. [2]In diesen Fällen ist auch die zuständige Kassenärztliche Vereinigung zu informieren. [3]Gleiches gilt, wenn Krankenkassen Hinweise auf die Forderung oder Annahme unzulässiger Zuwendungen oder auf eine unzulässige Beeinflussung von Versicherten nach Absatz 5a vorliegen.

(5a) Vertragsärzte, die unzulässige Zuwendungen fordern oder annehmen oder Versicherte zur Inanspruchnahme einer privatärztlichen Versorgung anstelle der ihnen zustehenden Leistung der gesetzlichen Krankenversicherung beeinflussen, verstoßen gegen ihre vertragsärztlichen Pflichten.

(5b) Die Absätze 2, 3, 5 und 5a gelten für die Versorgung mit Heilmitteln entsprechend.

(6) [1] Ist gesetzlich nichts anderes bestimmt, gelten bei der Erbringung von Leistungen nach den §§ 31 und 116b Absatz 7 die Absätze 1 bis 3 sowohl zwischen pharmazeutischen Unternehmern, Apotheken, pharmazeutischen Großhändlern und sonstigen Anbietern von Gesundheitsleistungen als auch jeweils gegenüber Vertragsärzten, Ärzten in Krankenhäusern und Krankenhausträgern entsprechend. [2] Hiervon unberührt bleiben gesetzlich zulässige Vereinbarungen von Krankenkassen mit Leistungserbringern über finanzielle Anreize für die Mitwirkung an der Erschließung von Wirtschaftlichkeitsreserven und die Verbesserung der Qualität der Versorgung bei der Verordnung von Leistungen nach den §§ 31 und 116b Absatz 7. [3] Die Sätze 1 und 2 gelten auch bei Leistungen zur Versorgung von chronischen und schwer heilenden Wunden nach § 37 Absatz 7 gegenüber den Leistungserbringern, die diese Leistungen erbringen.

Siebter Abschnitt. Beziehungen zu Apotheken und pharmazeutischen Unternehmern

§ 129 Rahmenvertrag über die Arzneimittelversorgung, Verordnungsermächtigung. (1) [1] Die Apotheken sind bei der Abgabe verordneter Arzneimittel an Versicherte nach Maßgabe des Rahmenvertrages nach Absatz 2 verpflichtet zur

1. Abgabe eines preisgünstigen Arzneimittels in den Fällen, in denen der verordnende Arzt
   a) ein Arzneimittel nur unter seiner Wirkstoffbezeichnung verordnet oder
   b) die Ersetzung des Arzneimittels durch ein wirkstoffgleiches Arzneimittel nicht ausgeschlossen hat,
2. Abgabe von preisgünstigen importierten Arzneimitteln, wenn deren für den Versicherten maßgeblicher Abgabepreis unter Berücksichtigung der Abschläge nach § 130a Absatz 1, 1a, 2, 3a und 3b um den folgenden Prozentwert oder Betrag niedriger ist als der Abgabepreis des Bezugsarzneimittels:
   a) bei Bezugsarzneimitteln mit einem Abgabepreis bis einschließlich 100 Euro: mindestens 15 Prozent niedriger,
   b) bei Bezugsarzneimitteln mit einem Abgabepreis von über 100 Euro bis einschließlich 300 Euro: mindestens 15 Euro niedriger,
   c) bei Bezugsarzneimitteln mit einem Abgabepreis von über 300 Euro: mindestens 5 Prozent niedriger;

   in dem Rahmenvertrag nach Absatz 2 können Regelungen vereinbart werden, die zusätzliche Wirtschaftlichkeitsreserven erschließen,
3. Abgabe von wirtschaftlichen Einzelmengen und
4. Angabe des Apothekenabgabepreises auf der Arzneimittelpackung.

[2] Bei der Abgabe eines Arzneimittels nach Satz 1 Nummer 1 haben die Apotheken ein Arzneimittel abzugeben, das mit dem verordneten in Wirkstärke und Packungsgröße identisch ist, für ein gleiches Anwendungsgebiet zugelassen ist und die gleiche oder eine austauschbare Darreichungsform besitzt; als identisch gelten dabei Packungsgrößen mit dem gleichen Packungsgrößenkennzeichen nach der in § 31 Absatz 4 genannten Rechtsverordnung. [3] Dabei ist die Ersetzung durch ein wirkstoffgleiches Arzneimittel vorzunehmen, für das

eine Vereinbarung nach § 130a Abs. 8 mit Wirkung für die Krankenkasse besteht, soweit hierzu in Verträgen nach Absatz 5 nichts anderes vereinbart ist. [4] Eine Ersetzung durch ein wirkstoffgleiches Arzneimittel ist auch bei Fertigarzneimitteln vorzunehmen, die für in Apotheken hergestellte parenterale Zubereitungen verwendet werden, wenn für das wirkstoffgleiche Arzneimittel eine Vereinbarung nach § 130a Absatz 8a mit Wirkung für die Krankenkasse besteht und sofern in Verträgen nach Absatz 5 nichts anderes vereinbart ist. [5] Besteht keine entsprechende Vereinbarung nach § 130a Abs. 8, hat die Apotheke die Ersetzung durch ein preisgünstigeres Arzneimittel nach Maßgabe des Rahmenvertrages vorzunehmen. [6] Abweichend von den Sätzen 3 und 5 können Versicherte gegen Kostenerstattung ein anderes Arzneimittel erhalten, wenn die Voraussetzungen nach Satz 2 erfüllt sind. [7] § 13 Absatz 2 Satz 2 und 12 findet keine Anwendung. [8] Bei der Abgabe von importierten Arzneimitteln und ihren Bezugsarzneimitteln gelten die Sätze 3 und 5 entsprechend; dabei hat die Abgabe eines Arzneimittels, für das eine Vereinbarung nach § 130a Absatz 8 besteht, Vorrang vor der Abgabe nach Satz 1 Nummer 2. [9] Satz 1 Nummer 2 gilt nicht für biotechnologisch hergestellte Arzneimittel und antineoplatische Arzneimittel zur parenteralen Anwendung. [10] Der Spitzenverband Bund der Krankenkassen hat dem Bundesministerium für Gesundheit bis zum 31. Dezember 2021 einen Bericht über die Auswirkungen von Satz 1 Nummer 2 vorzulegen. [11] Das Bundesministerium für Gesundheit leitet diesen Bericht an den Deutschen Bundestag weiter mit einer eigenen Bewertung zur Beschlussfassung, ob eine Regelung nach Satz 1 Nummer 2 unter Berücksichtigung des Berichts weiterhin notwendig ist.

(1a) [1] Der Gemeinsame Bundesausschuss gibt in den Richtlinien nach § 92 Abs. 1 Satz 2 Nr. 6 unverzüglich Hinweise zur Austauschbarkeit von Darreichungsformen unter Berücksichtigung ihrer therapeutischen Vergleichbarkeit. [2] Der Gemeinsame Bundesausschuss bestimmt in den Richtlinien nach § 92 Absatz 1 Satz 2 Nummer 6 die Arzneimittel, bei denen die Ersetzung durch ein wirkstoffgleiches Arzneimittel abweichend von Absatz 1 Satz 1 Nummer 1 Buchstabe b ausgeschlossen ist; dabei sollen insbesondere Arzneimittel mit geringer therapeutischer Breite berücksichtigt werden. [3] Der Gemeinsame Bundesausschuss gibt in den Richtlinien nach § 92 Absatz 1 Satz 2 Nummer 6 für die ärztliche Verordnung Hinweise zur Austauschbarkeit von biologischen Referenzarzneimitteln durch im Wesentlichen gleiche biotechnologisch hergestellte biologische Arzneimittel im Sinne des Artikels 10 Absatz 4 der Richtlinie 2001/83/EG unter Berücksichtigung ihrer therapeutischen Vergleichbarkeit. [4] Die Hinweise sind erstmals bis zum 16. August 2020 zu bestimmen. [5] Spätestens bis zum 16. August 2022 gibt der Gemeinsame Bundesausschuss in den Richtlinien nach § 92 Absatz 1 Satz 2 Nummer 6 ebenfalls Hinweise zur Austauschbarkeit von biologischen Referenzarzneimitteln durch Apotheken. [6] Zur Umsetzung des Regelungsauftrags erhält der Gemeinsame Bundesausschuss auf Verlangen Einsicht in die Zulassungsunterlagen bei der zuständigen Bundesoberbehörde. [7] Das Nähere regelt der Gemeinsame Bundesausschuss in seiner Verfahrensordnung.

(2) Der Spitzenverband Bund der Krankenkassen und die für die Wahrnehmung der wirtschaftlichen Interessen gebildete maßgebliche Spitzenorganisation der Apotheker regeln in einem gemeinsamen Rahmenvertrag das Nähere.

(3) [1] Der Rahmenvertrag nach Absatz 2 hat Rechtswirkung für Apotheken, wenn sie

1. einem Mitgliedsverband der Spitzenorganisation angehören und die Satzung des Verbandes vorsieht, daß von der Spitzenorganisation abgeschlossene Verträge dieser Art Rechtswirkung für die dem Verband angehörenden Apotheken haben, oder
2. dem Rahmenvertrag beitreten.

[2] Apotheken dürfen verordnete Arzneimittel an Versicherte als Sachleistungen nur abgeben und können unmittelbar mit den Krankenkassen nur abrechnen, wenn der Rahmenvertrag für sie Rechtswirkung hat. [3] Bei der Abgabe verordneter Arzneimittel an Versicherte als Sachleistungen sind Apotheken, für die der Rahmenvertrag Rechtswirkungen hat, zur Einhaltung der in der nach § 78 des Arzneimittelgesetzes erlassenen Rechtsverordnung festgesetzten Preisspannen und Preise verpflichtet und dürfen Versicherten keine Zuwendungen gewähren.

(4) [1] Im Rahmenvertrag nach Absatz 2 ist zu regeln, welche Maßnahmen die Vertragspartner auf Landesebene ergreifen können, wenn Apotheken gegen ihre Verpflichtungen nach Absatz 1, 2 oder 5 verstoßen. [2] In dem Rahmenvertrag ist zu regeln, in welchen Fällen einer Beanstandung der Abrechnung durch Krankenkassen, insbesondere bei Formfehlern, eine Retaxation vollständig oder teilweise unterbleibt; kommt eine Regelung nicht zustande, entscheidet die Schiedsstelle nach Absatz 8. [3] Bei gröblichen und wiederholten Verstößen ist vorzusehen, daß Apotheken von der Versorgung der Versicherten bis zur Dauer von zwei Jahren ausgeschlossen werden können. [4] Ferner ist vorzusehen, dass Apotheken bei einem gröblichen oder einem wiederholten Verstoß gegen Absatz 3 Satz 3 Vertragsstrafen von bis zu 50 000 Euro für jeden Verstoß erhalten, wobei die Gesamtvertragsstrafe für gleichgeartete und in unmittelbarem zeitlichem Zusammenhang begangene Verstöße 250 000 Euro nicht überschreiten darf. [5] Wird eine Vertragsstrafe nach Satz 4 ausgesprochen, kann vorgesehen werden, dass die Berechtigung zur weiteren Versorgung bis zur vollständigen Begleichung der Vertragsstrafe ausgesetzt wird. [6] Die Vertragspartner bestimmen im Rahmenvertrag die für die Ahndung von Verstößen gegen ihre Verpflichtungen nach Absatz 1, 2 oder 5 oder gegen Absatz 3 Satz 3 zuständige Stelle oder die zuständigen Stellen und regeln das Nähere zur Einleitung und Durchführung des Verfahrens, einschließlich der Verwendung der vereinnahmten Vertragsstrafen. [7] Kommt eine Regelung nach Satz 4 oder Satz 6 nicht bis zum 30. Juni 2021 zustande, entscheidet die Schiedsstelle nach Absatz 8.

(4a) [1] Im Rahmenvertrag nach Absatz 2 sind bis zum 31. März 2020 die notwendigen Regelungen für die Verwendung von Verschreibungen von Leistungen nach § 31 in elektronischer Form zu treffen. [2] Es ist festzulegen, dass für die Übermittlung der elektronischen Verordnung die Dienste der Anwendungen der Telematikinfrastruktur nach § 334 Absatz 1 Satz 2 genutzt werden, sobald diese zur Verfügung stehen. [3] Die Regelungen müssen vereinbar sein mit den Festlegungen der Bundesmantelverträge nach § 86.

(4b) Im Rahmenvertrag nach Absatz 2 ist ebenfalls das Nähere zur erneuten Abgabe und Abrechnung eines mangelfreien Arzneimittels für versicherte Personen im Fall des § 31 Absatz 3 Satz 7 zu vereinbaren, insbesondere zur Kennzeichnung entsprechender Ersatzverordnungen und zur Mitwirkungspflicht der Apotheken nach § 131a Absatz 1 Satz 3.

(4c) [1] Eine bedarfsgerechte Versorgung der Versicherten mit rabattierten Arzneimitteln ist von den Vertragspartnern nach Absatz 2 sicherzustellen. [2] Ist ein rabattiertes Arzneimittel bei Vorlage der ärztlichen Verordnung nicht verfügbar, ist die Apotheke unmittelbar zur Abgabe eines lieferbaren wirkstoffgleichen Arzneimittels nach Maßgabe des § 129 Absatz 1 Satz 2 berechtigt. [3] Ist bei einer Abgabe nach Satz 2 kein Arzneimittel zum Festbetrag verfügbar, trägt die Krankenkasse abweichend von § 31 Absatz 2 Satz 1 die Mehrkosten. [4] Das Nähere zur unmittelbaren Abgabe nach den Sätzen 2 und 3 und zur Abrechnung ist im Rahmenvertrag nach Absatz 2 festzulegen.

(5) [1] Die Krankenkassen oder ihre Verbände können mit der für die Wahrnehmung der wirtschaftlichen Interessen maßgeblichen Organisation der Apotheker auf Landesebene ergänzende Verträge schließen. [2] Absatz 3 gilt entsprechend. [3] In dem Vertrag nach Satz 1 kann abweichend vom Rahmenvertrag nach Absatz 2 vereinbart werden, dass die Apotheke die Ersetzung wirkstoffgleicher Arzneimittel so vorzunehmen hat, dass der Krankenkasse Kosten nur in Höhe eines zu vereinbarenden durchschnittlichen Betrags je Arzneimittel entstehen. [4] Verträge nach Satz 3 in der bis zum 12. Mai 2017 geltenden Fassung werden mit Ablauf des 31. August 2017 unwirksam.

(5a) Bei Abgabe eines nicht verschreibungspflichtigen Arzneimittels gilt bei Abrechnung nach § 300 ein für die Versicherten maßgeblicher Arzneimittelabgabepreis in Höhe des Abgabepreises des pharmazeutischen Unternehmens zuzüglich der Zuschläge nach den §§ 2 und 3 der Arzneimittelpreisverordnung in der am 31. Dezember 2003 gültigen Fassung.

(5b) [1] Apotheken können an vertraglich vereinbarten Versorgungsformen beteiligt werden; die Angebote sind öffentlich auszuschreiben. [2] In Verträgen nach Satz 1 sollen auch Maßnahmen zur qualitätsgesicherten Beratung des Versicherten durch die Apotheke vereinbart werden. [3] In der besonderen Versorgung kann in Verträgen nach Satz 1 das Nähere über Qualität und Struktur der Arzneimittelversorgung für die an der besonderen Versorgung teilnehmenden Versicherten auch abweichend von Vorschriften dieses Buches vereinbart werden.

(5c) [1] Für Zubereitungen aus Fertigarzneimitteln gelten die Preise, die zwischen der mit der Wahrnehmung der wirtschaftlichen Interessen gebildeten maßgeblichen Spitzenorganisation der Apotheker und dem Spitzenverband Bund der Krankenkassen auf Grund von Vorschriften nach dem Arzneimittelgesetz vereinbart sind. [2] Für parenterale Zubereitungen aus Fertigarzneimitteln in der Onkologie haben die Vertragspartner nach Satz 1 die Höhe der Preise nach Satz 1 neu zu vereinbaren. [3] Kommt eine Vereinbarung nach Satz 1 oder 2 ganz oder teilweise nicht zustande, entscheidet die Schiedsstelle nach Absatz 8. [4] Die Vereinbarung nach Satz 2 ist bis zum 31. August 2017 zu treffen. [5] Die Vereinbarung oder der Schiedsspruch gilt bis zum Wirksamwerden einer neuen Vereinbarung fort. [6] Gelten für Fertigarzneimittel in parenteralen Zubereitungen keine Vereinbarungen über die zu berechnenden Einkaufspreise nach Satz 1, berechnet die Apotheke ihre tatsächlich vereinbarten Einkaufspreise, höchstens jedoch die Apothekeneinkaufspreise, die bei Abgabe an Verbraucher auf Grund der Preisvorschriften nach dem Arzneimittelgesetz, nach Absatz 3 Satz 3 oder auf Grund von Satz 1 gelten, jeweils abzüglich der Abschläge nach § 130a Absatz 1. [7] Kostenvorteile durch die Verwendung von Teilmengen von Fertigarzneimitteln sind zu berücksichtigen. [8] Der Spitzenverband Bund der Krankenkassen und die Krankenkasse können von der Apotheke Nachweise über Bezugsquellen und verarbeitete Mengen sowie die tatsächlich vereinbarten Einkaufspreise und vom pharmazeutischen Unternehmer über die Abnehmer, die abgegebenen Mengen und die vereinbarten Preise für Fertigarzneimittel in parenteralen Zubereitungen verlangen. [9] Sofern eine Apotheke bei der parenteralen Zubereitung aus Fertigarzneimitteln in der Onkologie einen Betrieb, der nach § 21 Absatz 2 Nummer 1b Buchstabe a erste Alternative des Arzneimittelgesetzes tätig wird, beauftragt, können der Spitzenverband Bund der Krankenkassen und die Krankenkasse von der Apotheke auch einen Nachweis über den tatsächlichen Einkaufspreis dieses Betriebs verlangen. [10] Der Anspruch nach Satz 8 umfasst jeweils auch die auf das Fertigarzneimittel und den Gesamtumsatz bezogenen Rabatte. [11] Klagen über den Auskunftsanspruch haben keine aufschiebende Wirkung; ein Vorverfahren findet nicht statt. [12] Die Krankenkasse kann ihren Landesverband mit der Prüfung beauftragen.

(5d) [1] Für Leistungen nach § 31 Absatz 6 vereinbaren die für die Wahrnehmung der wirtschaftlichen Interessen gebildete maßgebliche Spitzenorganisation der Apotheker und der Spitzenverband Bund der Krankenkassen die Apothekenzuschläge für die Abgabe als Stoff und für Zubereitungen aus Stoffen gemäß der auf Grund des § 78 des Arzneimittelgesetzes erlassenen Rechtsverordnung. [2] Die Vereinbarung nach Satz 1 ist bis zum 29. Februar 2020 zu treffen. [3] Kommt eine Vereinbarung nach Satz 1 ganz oder teilweise nicht zustande, entscheidet die Schiedsstelle nach Absatz 8. [4] Die Vereinbarung oder der Schiedsspruch gilt bis zum Wirksamwerden einer neuen Vereinbarung fort. [5] Absatz 5c Satz 8 und 10 bis 12 gilt entsprechend. [6] Der Spitzenverband Bund der Krankenkassen und die Krankassen können auch von Arzneimittelgroßhändlern und Arzneimittelimporteuren Nachweise über die Abnehmer, die abgegebenen Mengen und die vereinbarten Preise für Leistungen nach § 31 Absatz 6 verlangen.

(5e) [1] Versicherte haben Anspruch auf pharmazeutische Dienstleistungen durch Apotheken, die über die Verpflichtung zur Information und Beratung gemäß § 20 der Apothekenbetriebsordnung hinausgehen und die die Versorgung der Versicherten verbessern. [2] Diese pharmazeutischen Dienstleistungen umfassen insbesondere Maßnahmen der Apotheken zur Verbesserung der Sicherheit und Wirksamkeit einer Arzneimitteltherapie, insbesondere bei

1. der Anwendung bestimmter Wirkstoffe, die nur in besonderen Therapiesituationen verordnet werden,
2. der Behandlung chronischer schwerwiegender Erkrankungen,
3. der Behandlung von Patienten mit Mehrfacherkrankungen und Mehrfachmedikation und
4. der Behandlung bestimmter Patientengruppen, die besondere Aufmerksamkeit und fachliche Unterstützung bei der Arzneimitteltherapie benötigen.

[3] Diese pharmazeutischen Dienstleistungen können auch Maßnahmen der Apotheken zur Vermeidung von Krankheiten und deren Verschlimmerung sein und sollen insbesondere die pharmazeutische Betreuung von Patientinnen und Patienten in Gebieten mit geringer Apothekendichte berücksichtigen. [4] Die für die Wahrnehmung der wirtschaftlichen Interessen gebildete maßgebliche Spitzenorganisation der Apotheker vereinbart mit dem Spitzenverband Bund der Krankenkassen im Benehmen mit dem Verband der Privaten Krankenversicherung die pharmazeutischen Dienstleistungen nach den Sätzen 1 bis 3 sowie das Nähere zu den jeweiligen Anspruchsvoraussetzungen, zur Vergütung der er-

brachten Dienstleistungen und zu deren Abrechnung. [5] Die Vereinbarung nach Satz 4 ist bis zum 30. Juni 2021 zu treffen. [6] Kommt eine Vereinbarung bis zu diesem Zeitpunkt ganz oder teilweise nicht zustande, entscheidet die Schiedsstelle nach Absatz 8. [7] Die Vereinbarung oder der Schiedsspruch gilt bis zum Wirksamwerden einer neuen Vereinbarung fort.

(5f) Das Bundesministerium für Gesundheit evaluiert im Einvernehmen mit dem Bundesministerium für Wirtschaft und Energie bis zum 31. Dezember 2023 die Auswirkungen der Regelung des Absatzes 3 Satz 2 und 3 auf die Marktanteile von Apotheken und des Versandhandels mit verschreibungspflichtigen Arzneimitteln.

(5g) Apotheken können bei der Abgabe verschreibungspflichtiger Arzneimittel im Wege des Botendienstes je Lieferort und Tag einen zusätzlichen Zuschlag in Höhe von 2,50 Euro zuzüglich Umsatzsteuer erheben.

(6) [1] Die für die Wahrnehmung der wirtschaftlichen Interessen gebildete maßgebliche Spitzenorganisation der Apotheker ist verpflichtet, die zur Wahrnehmung der Aufgaben nach Absatz 1 Satz 4 und Absatz 1a, die zur Herstellung einer pharmakologisch-therapeutischen und preislichen Transparenz im Rahmen der Richtlinien nach § 92 Abs. 1 Satz 2 Nr. 6 und die zur Festsetzung von Festbeträgen nach § 35 Abs. 1 und 2 oder zur Erfüllung der Aufgaben nach § 35a Abs. 1 Satz 2 und Abs. 5 erforderlichen Daten dem Gemeinsamen Bundesausschuss sowie dem Spitzenverband Bund der Krankenkassen zu übermitteln und auf Verlangen notwendige Auskünfte zu erteilen. [2] Das Nähere regelt der Rahmenvertrag nach Absatz 2.

(7) Kommt der Rahmenvertrag nach Absatz 2 ganz oder teilweise nicht oder nicht innerhalb einer vom Bundesministerium für Gesundheit bestimmten Frist zustande, wird der Vertragsinhalt durch die Schiedsstelle nach Absatz 8 festgesetzt.

(8) [1] Der Spitzenverband Bund der Krankenkassen und die für die Wahrnehmung der wirtschaftlichen Interessen gebildete maßgebliche Spitzenorganisation der Apotheker bilden eine gemeinsame Schiedsstelle. [2] Sie besteht aus Vertretern der Krankenkassen und der Apotheker in gleicher Zahl sowie aus einem unparteiischen Vorsitzenden und zwei weiteren unparteiischen Mitgliedern. [3] Über den Vorsitzenden und die zwei weiteren unparteiischen Mitglieder sowie deren Stellvertreter sollen sich die Vertragspartner einigen. [4] Kommt eine Einigung nicht zustande, gilt § 89 Absatz 6 Satz 3 entsprechend.

(9) [1] Die Schiedsstelle gibt sich eine Geschäftsordnung. [2] Die Mitglieder der Schiedsstelle führen ihr Amt als Ehrenamt. [3] Sie sind an Weisungen nicht gebunden. [4] Jedes Mitglied hat eine Stimme. [5] Die Entscheidungen werden mit der Mehrheit der Mitglieder getroffen. [6] Ergibt sich keine Mehrheit, gibt die Stimme des Vorsitzenden den Ausschlag. [7] Klagen gegen Festsetzungen der Schiedsstelle haben keine aufschiebende Wirkung.

(10) [1] Die Aufsicht über die Geschäftsführung der Schiedsstelle führt das Bundesministerium für Gesundheit. [2] Es kann durch Rechtsverordnung mit Zustimmung des Bundesrates das Nähere über die Zahl und die Bestellung der Mitglieder, die Erstattung der baren Auslagen und die Entschädigung für Zeitaufwand der Mitglieder, das Verfahren, sein Teilnahmerecht an den Sitzungen sowie über die Verteilung der Kosten regeln.

§ 129a Krankenhausapotheken. [1]Die Krankenkassen oder ihre Verbände vereinbaren mit dem Träger des zugelassenen Krankenhauses das Nähere über die Abgabe verordneter Arzneimittel durch die Krankenhausapotheke an Versicherte, insbesondere die Höhe des für den Versicherten maßgeblichen Abgabepreises. [2]Die nach § 300 Abs. 3 getroffenen Regelungen sind Teil der Vereinbarungen nach Satz 1. [3]Eine Krankenhausapotheke darf verordnete Arzneimittel zu Lasten von Krankenkassen nur abgeben, wenn für sie eine Vereinbarung nach Satz 1 besteht. [4]Die Regelungen des § 129 Absatz 5c Satz 8 und 12 gelten für Vereinbarungen nach Satz 1 entsprechend.

§ 130 Rabatt. (1) Die Krankenkassen erhalten von den Apotheken für verschreibungspflichtige Fertigarzneimittel sowie für Zubereitungen nach § 5 Absatz 3 der Arzneimittelpreisverordnung, die nicht § 5 Absatz 6 der Arzneimittelpreisverordnung unterfallen, einen Abschlag von 1,77 Euro je Arzneimittel, für sonstige Arzneimittel einen Abschlag in Höhe von 5 vom Hundert auf den für den Versicherten maßgeblichen Arzneimittelabgabepreis.

(2) [1]Ist für das Arzneimittel ein Festbetrag nach § 35 festgesetzt, bemißt sich der Abschlag nach dem Festbetrag. [2]Liegt der maßgebliche Arzneimittelabgabepreis nach Absatz 1 unter dem Festbetrag, bemißt sich der Abschlag nach dem niedrigeren Abgabepreis.

(3) [1]Die Gewährung des Abschlags setzt voraus, daß die Rechnung des Apothekers innerhalb von zehn Tagen nach Eingang bei der Krankenkasse beglichen wird. [2]Das Nähere regelt der Rahmenvertrag nach § 129.

§ 130a Rabatte der pharmazeutischen Unternehmer. (1) [1]Die Krankenkassen erhalten von Apotheken für zu ihren Lasten abgegebene Arzneimittel einen Abschlag in Höhe von 7 vom Hundert des Abgabepreises des pharmazeutischen Unternehmers ohne Mehrwertsteuer. [2]Für Arzneimittel nach Absatz 3b Satz 1 beträgt der Abschlag nach Satz 1 6 vom Hundert. [3]Pharmazeutische Unternehmer sind verpflichtet, den Apotheken den Abschlag zu erstatten. [4]Soweit pharmazeutische Großhändler nach Absatz 5 bestimmt sind, sind pharmazeutische Unternehmer verpflichtet, den Abschlag den pharmazeutischen Großhändlern zu erstatten. [5]Der Abschlag ist den Apotheken und pharmazeutischen Großhändlern innerhalb von zehn Tagen nach Geltendmachung des Anspruches zu erstatten. [6]Satz 1 gilt für Fertigarzneimittel, deren Apothekenabgabepreise aufgrund der Preisvorschriften nach dem Arzneimittelgesetz oder aufgrund des § 129 Absatz 3 Satz 3 oder Absatz 5a bestimmt sind, sowie für Arzneimittel, die nach § 129a abgegeben werden. [7]Die Krankenkassen erhalten den Abschlag nach Satz 1 für Fertigarzneimittel in parenteralen Zubereitungen, für Fertigarzneimittel, aus denen Teilmengen entnommen und abgegeben werden, sowie für Arzneimittel, die nach § 129a abgegeben werden, auf den Abgabepreis des pharmazeutischen Unternehmers ohne Mehrwertsteuer, der bei Abgabe an Verbraucher auf Grund von Preisvorschriften nach dem Arzneimittelgesetz oder nach § 129 Absatz 3 Satz 3 gilt. [8]Wird nur eine Teilmenge des Fertigarzneimittels abgerechnet, wird der Abschlag nur für diese Mengeneinheiten erhoben.

(1a) [1]Vom 1. August 2010 bis zum 31. Dezember 2013 beträgt der Abschlag für verschreibungspflichtige Arzneimittel einschließlich Fertigarzneimittel in parenteralen Zubereitungen abweichend von Absatz 1 16 Prozent. [2]Satz 1 gilt nicht für Arzneimittel nach Absatz 3b Satz 1. [3]Die Differenz des Abschlags nach Satz 1 zu dem Abschlag nach Absatz 1 mindert die am 30. Juli 2010 bereits vertraglich vereinbarten Rabatte nach Absatz 8 entsprechend. [4] Eine Absenkung des Abgabepreises des pharmazeutischen Unternehmers ohne Mehrwertsteuer gegenüber dem Preisstand am 1. August 2009, die ab dem 1. August 2010 vorgenommen wird, mindert den Abschlag nach Satz 1 in Höhe des Betrags der Preissenkung, höchstens in Höhe der Differenz des Abschlags nach Satz 1 zu dem Abschlag nach Absatz 1; § 130a Absatz 3b Satz 2 zweiter Halbsatz gilt entsprechend. [5] Für Arzneimittel, die nach dem 1. August 2009 in den Markt eingeführt wurden, gilt Satz 4 mit der Maßgabe, dass der Preisstand der Markteinführung Anwendung findet. [6] Hat ein pharmazeutischer Unternehmer für ein Arzneimittel, das im Jahr 2010 zu Lasten der gesetzlichen Krankenversicherung abgegeben wurde und das dem erhöhten Abschlag nach Satz 1 unterliegt, auf Grund einer Preissenkung ab dem 1. August 2010 nicht den Abschlag gezahlt, obwohl die Preissenkung nicht zu einer Unterschreitung des am 1. August 2009 geltenden Abgabepreises des pharmazeutischen Unternehmers um mindestens 10 Prozent geführt hat, gilt für die im Jahr 2011 abgegebenen Arzneimittel abweichend von Satz 1 ein Abschlag von 20,5 Prozent. [7] Das gilt nicht, wenn der pharmazeutische Unternehmer den nach Satz 6 nicht gezahlten Abschlag spätestens bis zu dem Tag vollständig leistet, an dem der Abschlag für die im Dezember 2010 abgegebenen Arzneimittel zu zahlen ist. [8] Der erhöhte Abschlag von 20,5 Prozent wird durch eine erneute Preissenkung gegenüber dem am 1. August 2009 geltenden Abgabepreis des pharmazeutischen Unternehmers gemindert; Satz 4 gilt entsprechend.

(2) [1] Die Krankenkassen erhalten von den Apotheken für die zu ihren Lasten abgegebenen Impfstoffe für Schutzimpfungen nach § 20i einen Abschlag auf den Abgabepreis des pharmazeutischen Unternehmers ohne Mehrwertsteuer, mit dem der Unterschied zu einem geringeren durchschnittlichen Preis nach Satz 2 je Mengeneinheit ausgeglichen wird. [2] Der durchschnittliche Preis je Mengeneinheit ergibt sich aus den tatsächlich gültigen Abgabepreisen des pharmazeutischen Unternehmers in den vier Mitgliedstaaten der Europäischen Union oder den anderen Vertragsstaaten des Abkommens über den Europäischen Wirtschaftsraum, in denen der wirkstoffidentische Impfstoff abgegeben wird, mit den am nächsten kommenden Bruttonationaleinkommen, gewichtet nach den jeweiligen Umsätzen und Kaufkraftparitäten. [3] Absatz 1 Satz 3 bis 5, Absätze 6 und 7 sowie § 131 Absatz 4 gelten entsprechend. [4] Der pharmazeutische Unternehmer ermittelt die Höhe des Abschlags nach Satz 1 und den durchschnittlichen Preis nach Satz 2 und übermittelt dem Spitzenverband Bund der Krankenkassen auf Anfrage die Angaben zu der Berechnung. [5] Kann der Abschlag nach Satz 1 nicht ermittelt werden, gilt Absatz 1 Satz 1 entsprechend. [6] Das Nähere regelt der Spitzenverband Bund der Krankenkassen. [7] Bei Preisvereinbarungen für Impfstoffe, für die kein einheitlicher Apothekenabgabepreis nach den Preisvorschriften auf Grund des Arzneimittelgesetzes oder nach § 129 Absatz 3 Satz 3 gilt, darf höchstens ein Betrag vereinbart werden, der dem entsprechenden Apothekenabgabepreis abzüglich des Abschlags nach Satz 1 entspricht.

(3) Die Absätze 1, 1a und 2 gelten nicht für Arzneimittel, für die ein Festbetrag auf Grund des § 35 festgesetzt ist.

(3a) [1] Erhöht sich der Abgabepreis des pharmazeutischen Unternehmers ohne Mehrwertsteuer gegenüber dem Preisstand am 1. August 2009, erhalten die Krankenkassen für die zu ihren Lasten abgegebenen Arzneimittel ab dem

1. August 2010 bis zum 31. Dezember 2022 einen Abschlag in Höhe des Betrages der Preiserhöhung; dies gilt nicht für Arzneimittel, für die ein Festbetrag auf Grund des § 35 festgesetzt ist. [2] Zur Berechnung des Abschlags nach Satz 1 ist der Preisstand vom 1. August 2009 erstmalig am 1. Juli 2018 und jeweils am 1. Juli der Folgejahre um den Betrag anzuheben, der sich aus der Veränderung des vom Statistischen Bundesamt festgelegten Verbraucherpreisindex für Deutschland im Vergleich zum Vorjahr ergibt. [3] Für Arzneimittel, die nach dem 1. August 2010 in den Markt eingeführt werden, gilt Satz 1 mit der Maßgabe, dass der Preisstand der Markteinführung Anwendung findet. [4] Bei Neueinführungen eines Arzneimittels, für das der pharmazeutische Unternehmer bereits ein Arzneimittel mit gleichem Wirkstoff und vergleichbarer Darreichungsform in Verkehr gebracht hat, ist der Abschlag auf Grundlage des Preises je Mengeneinheit der Packung zu berechnen, die dem neuen Arzneimittel in Bezug auf die Packungsgröße unter Berücksichtigung der Wirkstärke am nächsten kommt. [5] Satz 4 gilt entsprechend bei Änderungen zu den Angaben des pharmazeutischen Unternehmers oder zum Mitvertrieb durch einen anderen pharmazeutischen Unternehmer. [6] Für importierte Arzneimittel, die nach § 129 Absatz 1 Satz 1 Nummer 2 abgegeben werden, gilt abweichend von Satz 1 ein Abrechnungsbetrag von höchstens dem Betrag, welcher entsprechend den Vorgaben des § 129 Absatz 1 Satz 1 Nummer 2 niedriger ist als der Arzneimittelabgabepreis des Bezugsarzneimittels einschließlich Mehrwertsteuer, unter Berücksichtigung von Abschlägen für das Bezugsarzneimittel aufgrund dieser Vorschrift. [7] Abschläge nach Absatz 1, 1a und 3b werden zusätzlich zu dem Abschlag nach den Sätzen 1 bis 5 erhoben. [8] Rabattbeträge, die auf Preiserhöhungen nach Absatz 1 und 3b zu gewähren sind, vermindern den Abschlag nach den Sätzen 1 bis 6 entsprechend. [9] Für die Abrechnung des Abschlags nach den Sätzen 1 bis 6 gelten die Absätze 1, 5 bis 7 und 9 entsprechend. [10] Absatz 4 findet Anwendung. [11] Das Nähere regelt der Spitzenverband Bund der Krankenkassen ab dem 13. Mai 2017 im Benehmen mit den für die Wahrnehmung der wirtschaftlichen Interessen gebildeten maßgeblichen Spitzenorganisationen der pharmazeutischen Unternehmer auf Bundesebene. [12] Der Abschlag nach Satz 1 gilt entsprechend für Arzneimittel, die nach § 129a abgegeben werden; Absatz 1 Satz 7 gilt entsprechend. [13] Für Arzneimittel zur spezifischen Therapie von Gerinnungsstörungen bei Hämophilie gilt Satz 1 mit der Maßgabe, dass der Preisstand des 1. September 2020 Anwendung findet.

(3b) [1] Für patentfreie, wirkstoffgleiche Arzneimittel erhalten die Krankenkassen ab dem 1. April 2006 einen Abschlag von 10 vom Hundert des Abgabepreises des pharmazeutischen Unternehmers ohne Mehrwertsteuer; für preisgünstige importierte Arzneimittel gilt Absatz 3a Satz 6 entsprechend. [2] Eine Absenkung des Abgabepreises des pharmazeutischen Unternehmers ohne Mehrwertsteuer, die ab dem 1. Januar 2007 vorgenommen wird, vermindert den Abschlag nach Satz 1 in Höhe des Betrages der Preissenkung; wird der Preis innerhalb der folgenden 36 Monate erhöht, erhöht sich der Abschlag nach Satz 1 um den Betrag der Preiserhöhung ab der Wirksamkeit der Preiserhöhung bei der Abrechnung mit der Krankenkasse. [3] Die Sätze 1 und 2 gelten nicht für Arzneimittel, deren Abgabepreis des pharmazeutischen Unternehmers ohne Mehrwertsteuer mindestens um 30 vom Hundert niedriger als der jeweils gültige Festbetrag ist, der diesem Preis zugrunde liegt. [4] Satz 2 zweiter Halbsatz gilt nicht für Preiserhöhungen, die sich aus der Anhebung des Preisstands vom 1. August 2009 nach Absatz 3a Satz 2 ergeben. [5] Absatz 3a Satz 8 bis 11 gilt entsprechend. [6] Satz 2 gilt nicht für ein Arzneimittel, dessen Abgabepreis nach Satz 1 im Zeitraum von 36 Monaten vor der Preissenkung erhöht worden ist; Preiserhöhungen vor dem 1. Dezember 2006 sind nicht zu berücksichtigen. [7] Für ein Arzneimittel, dessen Preis einmalig zwischen dem 1. Dezember 2006 und dem 1. April 2007 erhöht und anschließend gesenkt worden ist, kann der pharmazeutische Unternehmer den Abschlag nach Satz 1 durch eine ab 1. April 2007 neu vorgenommene Preissenkung von mindestens 10 vom Hundert des Abgabepreises des pharmazeutischen Unternehmers ohne Mehrwertsteuer ablösen, sofern er für die Dauer von zwölf Monaten ab der neu vorgenommenen Preissenkung einen weiteren Abschlag von 2 vom Hundert des Abgabepreises nach Satz 1 gewährt.

(4) [1] Das Bundesministerium für Gesundheit hat nach einer Überprüfung der Erforderlichkeit der Abschläge nach den Absätzen 1, 1a und 3a nach Maßgabe des Artikels 4 der Richtlinie 89/105/EWG des Rates vom 21. Dezember 1988 betreffend die Transparenz von Maßnahmen zur Regelung der Preisfestsetzung bei Arzneimitteln für den menschlichen Gebrauch und ihre Einbeziehung in die staatlichen Krankenversicherungssysteme die Abschläge durch Rechtsverordnung mit Zustimmung des Bundesrates aufzuheben oder zu verringern, wenn und soweit diese nach der gesamtwirtschaftlichen Lage, einschließlich ihrer Auswirkung auf die gesetzliche Krankenversicherung, nicht mehr gerechtfertigt sind. [2] Über Anträge pharmazeutischer Unternehmer nach Artikel 4 der in Satz 1 genannten Richtlinie auf Ausnahme von den nach den Absätzen 1, 1a und 3a vorgesehenen Abschlägen entscheidet das Bundesministerium für Gesundheit. [3] Das Vorliegen eines Ausnahmefalls und der besonderen Gründe sind im Antrag hinreichend darzulegen. [4] § 34 Absatz 6 Satz 3 bis 5 und 7 gilt entsprechend. [5] Das Bundesministerium für Gesundheit kann Sachverständige mit der Prüfung der Angaben des pharmazeutischen Unternehmers beauftragen. [6] Dabei hat es die Wahrung der Betriebs- und Geschäftsgeheimnisse sicherzustellen. [7] § 137g Absatz 1 Satz 7 bis 9 und 13 gilt entsprechend mit der Maßgabe, dass die tatsächlich entstandenen Kosten auf der Grundlage pauschalierter Kostensätze berechnet werden können. [8] Das Bundesministerium für Gesundheit kann die Aufgaben nach den Sätzen 2 bis 7 auf eine Bundesoberbehörde übertragen.

(5) Der pharmazeutische Unternehmer kann berechtigte Ansprüche auf Rückzahlung der Abschläge nach den Absätzen 1, 1a, 2, 3a und 3b gegenüber der begünstigten Krankenkasse geltend machen.

(6) [1] Zum Nachweis des Abschlags übermitteln die Apotheken die Arzneimittelkennzeichen über die abgegebenen Arzneimittel sowie deren Abgabedatum auf der Grundlage der den Krankenkassen nach § 300 Abs. 1 übermittelten Angaben maschinenlesbar an die pharmazeutischen Unternehmer oder, bei einer Vereinbarung nach Absatz 5, an die pharmazeutischen Großhändler. [2] Die pharmazeutischen Unternehmer sind verpflichtet, die erforderlichen Angaben zur Bestimmung des Abschlags an die für die Wahrnehmung der wirtschaftlichen Interessen maßgeblichen Organisationen der Apotheker sowie den Spitzenverband Bund der Krankenkassen zur Erfüllung ihrer gesetzlichen Aufgaben auf maschinell lesbaren Datenträgern zu übermitteln. [3] Die für die Wahrnehmung der wirtschaftlichen Interessen gebildeten maßgeblichen Spitzenorganisationen der Apotheker, der pharmazeutischen Großhändler und der pharmazeutischen Unternehmer können in einem gemeinsamen Rahmenvertrag das Nähere regeln.

(7) [1] Die Apotheke kann den Abschlag nach Ablauf der Frist nach Absatz 1 Satz 4 gegenüber pharmazeutischen Großhändlern verrechnen. [2] Pharmazeutische Großhändler können den nach Satz 1 verrechneten Abschlag, auch in pauschalierter Form, gegenüber den pharmazeutischen Unternehmern verrechnen.

(8) [1] Die Krankenkassen oder ihre Verbände können mit pharmazeutischen Unternehmern Rabatte für die zu ihren Lasten abgegebenen Arzneimittel vereinbaren. [2] Dabei kann insbesondere eine mengenbezogene Staffelung des Preisnachlasses, ein jährliches Umsatzvolumen mit Ausgleich von Mehrerlösen oder eine Erstattung in Abhängigkeit von messbaren Therapieerfolgen vereinbart werden. [3] Verträge nach Satz 1 über patentfreie Arzneimittel sind so zu vereinbaren, dass die Pflicht des pharmazeutischen Unternehmers zur Gewährleistung der Lieferfähigkeit frühestens sechs Monate nach Versendung der Information nach § 134 Absatz 1 des Gesetzes gegen Wettbewerbsbeschränkungen und frühestens drei Monate nach Zuschlagserteilung beginnt. [4] Der Bieter, dessen Angebot berücksichtigt werden soll, ist zeitgleich zur Information nach § 134 Absatz 1 des Gesetzes gegen Wettbewerbsbeschränkungen über die geplante Annahme des Angebots zu informieren. [5] Rabatte nach Satz 1 sind von den pharmazeutischen Unternehmern an die Krankenkassen zu vergüten. [6] Eine Vereinbarung nach Satz 1 berührt die Abschläge nach den Absätzen 3a und 3b nicht; Abschläge nach den Absätzen 1, 1a und 2 können abgelöst werden, sofern dies ausdrücklich vereinbart ist. [7] Die Krankenkassen oder ihre Verbände können Leistungserbringer oder Dritte am Abschluss von Verträgen nach Satz 1 beteiligen oder diese mit dem Abschluss solcher Verträge beauftragen. [8] Die Vereinbarung von Rabatten nach Satz 1 soll für eine Laufzeit von zwei Jahren erfolgen. [9] In den Vereinbarungen nach Satz 1 sind die Vielfalt der Anbieter und die Sicherstellung einer bedarfsgerechten Versorgung der Versicherten zu berücksichtigen. [10] Satz 1 gilt nicht für Impfstoffe für Schutzimpfungen nach § 20i.

(8a) [1] Die Landesverbände der Krankenkassen und die Ersatzkassen können zur Versorgung ihrer Versicherten mit in Apotheken hergestellten parenteralen Zubereitungen aus Fertigarzneimitteln in der Onkologie zur unmittelbaren ärztlichen Anwendung bei Patienten mit pharmazeutischen Unternehmern Rabatte für die jeweils verwendeten Fertigarzneimittel vereinbaren. [2] Vereinbarungen nach Satz 1 müssen von den Landesverbänden der Krankenkassen und den Ersatzkassen gemeinsam und einheitlich geschlossen werden. [3] Absatz 8 Satz 2 bis 9 gilt entsprechend. [4] In den Vereinbarungen nach Satz 1 ist die Sicherstellung einer bedarfsgerechten Versorgung der Versicherten zu berücksichtigen.

(9) [1] Pharmazeutische Unternehmer können einen Antrag nach Absatz 4 Satz 2 auch für ein Arzneimittel stellen, das zur Behandlung eines seltenen Leidens nach der Verordnung (EG) Nr. 141/2000 des Europäischen Parlaments und des Rates vom 16. Dezember 1999 zugelassen ist. [2] Dem Antrag ist stattzugeben, wenn der Antragsteller nachweist, dass durch einen Abschlag nach den Absätzen 1, 1a und 3a seine Aufwendungen insbesondere für Forschung und Entwicklung für das Arzneimittel nicht mehr finanziert werden.

§ 130b Vereinbarungen zwischen dem Spitzenverband Bund der Krankenkassen und pharmazeutischen Unternehmern über Erstattungsbeträge für Arzneimittel, Verordnungsermächtigung. (1) [1] Der

Spitzenverband Bund der Krankenkassen vereinbart mit pharmazeutischen Unternehmern im Benehmen mit dem Verband der privaten Krankenversicherung auf Grundlage des Beschlusses des Gemeinsamen Bundesausschusses über die Nutzenbewertung nach § 35a Absatz 3 mit Wirkung für alle Krankenkassen Erstattungsbeträge für Arzneimittel, die mit diesem Beschluss keiner Festbetragsgruppe zugeordnet wurden. [2]Dabei soll jeweils ein Vertreter einer Krankenkasse an der Verhandlung teilnehmen; das Nähere regelt der Spitzenverband Bund der Krankenkassen in seiner Satzung. [3]Für Arzneimittel nach § 129a kann mit dem pharmazeutischen Unternehmer höchstens der Erstattungsbetrag vereinbart werden. [4]§ 130a Absatz 8 Satz 6 gilt entsprechend. [5]Die Vereinbarung soll auch Anforderungen an die Zweckmäßigkeit, Qualität und Wirtschaftlichkeit einer Verordnung beinhalten. [6]Der pharmazeutische Unternehmer soll dem Spitzenverband Bund der Krankenkassen die Angaben zur Höhe seines tatsächlichen Abgabepreises in anderen europäischen Ländern übermitteln. [7]Die Verhandlungen und deren Vorbereitung einschließlich der Beratungsunterlagen und Niederschriften zur Vereinbarung des Erstattungsbetrages sind vertraulich.

(1a) [1]Bei einer Vereinbarung nach Absatz 1 können insbesondere auch mengenbezogene Aspekte, wie eine mengenbezogene Staffelung oder ein jährliches Gesamtvolumen, vereinbart werden. [2]Eine Vereinbarung nach Absatz 1 kann auch das Gesamtausgabenvolumen des Arzneimittels unter Beachtung seines Stellenwerts in der Versorgung berücksichtigen. [3]Dies kann eine Begrenzung des packungsbezogenen Erstattungsbetrags oder die Berücksichtigung mengenbezogener Aspekte erforderlich machen. [4]Das Nähere zur Abwicklung solcher Vereinbarungen, insbesondere im Verhältnis zu den Krankenkassen und im Hinblick auf deren Mitwirkungspflichten, regelt der Spitzenverband Bund der Krankenkassen in seiner Satzung.

(2) [1]Eine Vereinbarung nach Absatz 1 soll vorsehen, dass Verordnungen des Arzneimittels von der Prüfungsstelle als bei den Wirtschaftlichkeitsprüfungen nach den §§ 106 bis 106c zu berücksichtigende Praxisbesonderheiten anerkannt werden, wenn der Arzt bei der Verordnung im Einzelfall die dafür vereinbarten Anforderungen an die Verordnung eingehalten hat. [2]Diese Anforderungen sind in den Programmen zur Verordnung von Arzneimitteln nach § 73 Absatz 9 Satz 1 zu hinterlegen. [3]Das Nähere ist in den Verträgen nach § 82 Absatz 1 zu vereinbaren.

(3) [1]Für ein Arzneimittel, das nach dem Beschluss des Gemeinsamen Bundesausschusses nach § 35a Absatz 3 keinen Zusatznutzen hat und keiner Festbetragsgruppe zugeordnet werden kann, soll ein Erstattungsbetrag nach Absatz 1 vereinbart werden, der nicht zu höheren Jahrestherapiekosten führt als die nach § 35a Absatz 1 Satz 7 bestimmte zweckmäßige Vergleichstherapie. [2]Sind nach § 35a Absatz 1 Satz 7 mehrere Alternativen für die zweckmäßige Vergleichstherapie bestimmt, soll der Erstattungsbetrag nicht zu höheren Jahrestherapiekosten führen als die wirtschaftlichste Alternative. [3]Absatz 2 findet keine Anwendung. [4]Soweit nichts anderes vereinbart wird, kann der Spitzenverband Bund der Krankenkassen zur Festsetzung eines Festbetrags nach § 35 Absatz 3 die Vereinbarung abweichend von Absatz 7 außerordentlich kündigen. [5]Für ein Arzneimittel, für das ein Zusatznutzen nach § 35a Absatz 1 Satz 5 als nicht belegt gilt, ist ein Erstattungsbetrag zu vereinbaren, der zu in angemessenem Umfang geringeren Jahrestherapiekosten führt als die nach § 35a Absatz 1 Satz 7 bestimmte zweckmäßige Vergleichstherapie. [6]Sind nach § 35a Absatz 1 Satz 7

mehrere Alternativen für die zweckmäßige Vergleichstherapie bestimmt, ist ein Erstattungsbetrag zu vereinbaren, der zu in angemessenem Umfang geringeren Jahrestherapiekosten führt als die wirtschaftlichste Alternative. [7]Für Arzneimittel nach § 35a Absatz 3b Satz 1 wird der Erstattungsbetrag regelmäßig nach Ablauf der vom Gemeinsamen Bundesausschuss gesetzten Frist zur Durchführung einer anwendungsbegleitenden Datenerhebung und nach erneutem Beschluss über die Nutzenbewertung neu verhandelt. [8]Sofern sich im Fall der Arzneimittel, die zur Behandlung eines seltenen Leidens nach der Verordnung (EG) Nr. 141/2000 zugelassen sind, anhand der gewonnenen Daten keine Quantifizierung des Zusatznutzens belegen lässt, ist ein Erstattungsbetrag zu vereinbaren, der in angemessenem Umfang zu geringeren Jahrestherapiekosten führt als der zuvor vereinbarte Erstattungsbetrag. [9]Der Spitzenverband Bund der Krankenkassen kann auch vor Ablauf der vom Gemeinsamen Bundesausschuss gesetzten Frist eine Neuverhandlung des Erstattungsbetrags nach Maßgabe der Sätze 7 und 8 verlangen, wenn der Gemeinsame Bundesausschuss im Rahmen der Überprüfung nach § 35a Absatz 3b Satz 9 zu dem Ergebnis kommt, dass die Datenerhebung

1. nicht durchgeführt werden wird oder nicht durchgeführt werden kann oder
2. aus sonstigen Gründen keine hinreichenden Belege zur Neubewertung des Zusatznutzens erbringen wird.

(3a) [1]Der nach Absatz 1 vereinbarte Erstattungsbetrag gilt einschließlich der Vereinbarungen für die Anerkennung von Praxisbesonderheiten nach Absatz 2 für alle Arzneimittel mit dem gleichen neuen Wirkstoff, die ab dem 1. Januar 2011 in Verkehr gebracht worden sind. [2]Er gilt ab dem 13. Monat nach dem erstmaligen Inverkehrbringen eines Arzneimittels mit dem Wirkstoff. [3]Wird auf Grund einer Nutzenbewertung nach Zulassung eines neuen Anwendungsgebiets ein neuer Erstattungsbetrag vereinbart, gilt dieser ab dem 13. Monat nach Zulassung des neuen Anwendungsgebiets. [4]In den Fällen, in denen die Geltung des für ein anderes Arzneimittel mit dem gleichen Wirkstoff vereinbarten Erstattungsbetrags im Hinblick auf die Versorgung nicht sachgerecht wäre oder eine unbillige Härte darstellen würde, vereinbart der GKV-Spitzenverband mit dem pharmazeutischen Unternehmer abweichend von Satz 1 insbesondere einen eigenen Erstattungsbetrag. [5]Der darin vereinbarte Erstattungsbetrag gilt ebenfalls ab dem 13. Monat nach dem erstmaligen Inverkehrbringen eines Arzneimittels mit dem Wirkstoff mit der Maßgabe, dass die Differenz zwischen dem Erstattungsbetrag und dem bis zu dessen Vereinbarung tatsächlich gezahlten Abgabepreis auszugleichen ist. [6]Das Nähere, insbesondere zur Abgrenzung der Fälle nach Satz 4, ist in der Vereinbarung nach Absatz 9 zu regeln.

(4) [1]Kommt eine Vereinbarung nach Absatz 1 oder 3 nicht innerhalb von sechs Monaten nach Veröffentlichung des Beschlusses nach § 35a Absatz 3 oder nach § 35b Absatz 3 zustande, setzt die Schiedsstelle nach Absatz 5 den Vertragsinhalt innerhalb von drei Monaten fest. [2]Die Schiedsstelle entscheidet unter freier Würdigung aller Umstände des Einzelfalls und berücksichtigt dabei die Besonderheiten des jeweiligen Therapiegebietes. [3]Der im Schiedsspruch festgelegte Erstattungsbetrag gilt ab dem 13. Monat nach dem in § 35a Absatz 1 Satz 3 genannten Zeitpunkt mit der Maßgabe, dass die Preisdifferenz zwischen dem von der Schiedsstelle festgelegten Erstattungsbetrag und dem tatsächlich gezahlten Abgabepreis bei der Festsetzung auszugleichen ist. [4]Die Schiedsstelle

gibt dem Verband der privaten Krankenversicherung vor ihrer Entscheidung Gelegenheit zur Stellungnahme. [5] Klagen gegen Entscheidungen der Schiedsstelle haben keine aufschiebende Wirkung. [6] Ein Vorverfahren findet nicht statt. [7] Absatz 1 Satz 7 gilt entsprechend.

(5) [1] Der Spitzenverband Bund der Krankenkassen und die für die Wahrnehmung der wirtschaftlichen Interessen gebildeten maßgeblichen Spitzenorganisationen der pharmazeutischen Unternehmer auf Bundesebene bilden eine gemeinsame Schiedsstelle. [2] Sie besteht aus einem unparteiischen Vorsitzenden und zwei weiteren unparteiischen Mitgliedern sowie aus jeweils zwei Vertretern der Vertragsparteien nach Absatz 1. [3] Das Bundesministerium für Gesundheit kann an der Beratung und Beschlussfassung der Schiedsstelle teilnehmen. [4] Die Patientenorganisationen nach § 140f können beratend an den Sitzungen der Schiedsstelle teilnehmen. [5] Über den Vorsitzenden und die zwei weiteren unparteiischen Mitglieder sowie deren Stellvertreter sollen sich die Verbände nach Satz 1 einigen. [6] Kommt eine Einigung nicht zustande, gilt § 89 Absatz 6 Satz 3 entsprechend.

(6) [1] Die Schiedsstelle gibt sich eine Geschäftsordnung. [2] Über die Geschäftsordnung entscheiden die unparteiischen Mitglieder im Benehmen mit den Verbänden nach Absatz 5 Satz 1. [3] Die Geschäftsordnung bedarf der Genehmigung des Bundesministeriums für Gesundheit. [4] Im Übrigen gilt § 129 Absatz 9 und 10 entsprechend. [5] In der Rechtsverordnung nach § 129 Absatz 10 Satz 2 kann das Nähere über die Zahl und die Bestellung der Mitglieder, die Erstattung der baren Auslagen und die Entschädigung für Zeitaufwand der Mitglieder, das Verfahren, das Teilnahmerecht des Bundesministeriums für Gesundheit an den Sitzungen sowie über die Verteilung der Kosten geregelt werden.

(7) [1] Eine Vereinbarung nach Absatz 1 oder 3 oder ein Schiedsspruch nach Absatz 4 kann von einer Vertragspartei frühestens nach einem Jahr gekündigt werden. [2] Die Vereinbarung oder der Schiedsspruch gilt bis zum Wirksamwerden einer neuen Vereinbarung fort. [3] Bei Veröffentlichung eines neuen Beschlusses zur Nutzenbewertung nach § 35a Absatz 3 oder zur Kosten-Nutzen-Bewertung nach § 35b Absatz 3 für das Arzneimittel sowie bei Vorliegen der Voraussetzungen für die Bildung einer Festbetragsgruppe nach § 35 Absatz 1 ist eine Kündigung vor Ablauf eines Jahres möglich. [4] Der Erstattungsbetrag nach Absatz 1 oder Absatz 4 gilt ungeachtet des Wegfalls des Unterlagenschutzes des erstmalig zugelassenen Arzneimittels für alle Arzneimittel mit dem gleichen Wirkstoff fort. [5] Abweichend von Satz 4 gelten die Absätze 1 und 4 ungeachtet des Wegfalls des Unterlagenschutzes des erstmalig zugelassenen Arzneimittels entsprechend, soweit und solange für den Wirkstoff noch Patentschutz besteht. [6] Wird für das Arzneimittel ein Festbetrag nach § 35 Absatz 3 festgesetzt, gelten die Sätze 4 und 5 nicht. [7] Der Spitzenverband Bund der Krankenkassen kann von der nach § 77 des Arzneimittelgesetzes zuständigen Bundesoberbehörde Auskunft über das Datum des Wegfalls des Unterlagenschutzes des erstmalig zugelassenen Arzneimittels verlangen. [8] Der pharmazeutische Unternehmer übermittelt dem Spitzenverband Bund der Krankenkassen auf Anfrage die Laufzeit des Patentschutzes nach Satz 5.

(7a) [1] Für Arzneimittel zur spezifischen Therapie von Gerinnungsstörungen bei Hämophilie, für die ein Erstattungsbetrag nach Absatz 3 vereinbart oder nach Absatz 4 festgesetzt wurde, kann die Vereinbarung oder der Schiedsspruch von jeder Vertragspartei innerhalb von drei Monaten nach dem 1. September 2020 gekündigt werden, auch wenn sich das Arzneimittel im Geltungsbereich dieses Gesetzes nicht im Verkehr befindet. [2]Im Fall einer Kündigung nach Satz 1 ist unverzüglich erneut ein Erstattungsbetrag nach Absatz 3 zu vereinbaren.

(8) [1]Nach einem Schiedsspruch nach Absatz 4 kann jede Vertragspartei beim Gemeinsamen Bundesausschuss eine Kosten-Nutzen-Bewertung nach § 35b beantragen. [2]Die Geltung des Schiedsspruchs bleibt hiervon unberührt. [3]Der Erstattungsbetrag ist auf Grund des Beschlusses über die Kosten-Nutzen-Bewertung nach § 35b Absatz 3 neu zu vereinbaren. [4]Die Absätze 1 bis 7 gelten entsprechend.

(9) [1]Die Verbände nach Absatz 5 Satz 1 treffen eine Rahmenvereinbarung über die Maßstäbe für Vereinbarungen nach Absatz 1. [2]Darin legen sie insbesondere Kriterien fest, die neben dem Beschluss nach § 35a und den Vorgaben nach Absatz 1 zur Vereinbarung eines Erstattungsbetrags nach Absatz 1 heranzuziehen sind. [3]Für Arzneimittel, für die der Gemeinsame Bundesausschuss nach § 35a Absatz 3 einen Zusatznutzen festgestellt hat, sollen die Jahrestherapiekosten vergleichbarer Arzneimittel sowie die tatsächlichen Abgabepreise in anderen europäischen Ländern gewichtet nach den jeweiligen Umsätzen und Kaufkraftparitäten berücksichtigt werden. [4]In der Vereinbarung nach Satz 1 sind auch Maßstäbe für die Angemessenheit der Abschläge nach Absatz 3 Satz 5, 6 und 8 zu vereinbaren. [5]In der Vereinbarung nach Satz 1 ist auch das Nähere zu Inhalt, Form und Verfahren der jeweils erforderlichen Auswertung der Daten nach § 217f Absatz 7 und der Übermittlung der Auswertungsergebnisse an den pharmazeutischen Unternehmer sowie zur Aufteilung der entstehenden Kosten zu vereinbaren. [6]Kommt eine Rahmenvereinbarung nicht zustande, setzen die unparteiischen Mitglieder der Schiedsstelle die Rahmenvereinbarung im Benehmen mit den Verbänden auf Antrag einer Vertragspartei nach Satz 1 fest. [7]Kommt eine Rahmenvereinbarung nicht innerhalb einer vom Bundesministerium für Gesundheit gesetzten Frist zustande, gilt Satz 6 entsprechend. [8]Eine Klage gegen Entscheidungen der Schiedsstelle hat keine aufschiebende Wirkung. [9]Ein Vorverfahren findet nicht statt. [10]Absatz 1 Satz 7 gilt entsprechend.

(10) Der Gemeinsame Bundesausschuss, der Spitzenverband Bund der Krankenkassen und das Institut für Qualität und Wirtschaftlichkeit im Gesundheitswesen schließen mit dem Verband der privaten Krankenversicherung eine Vereinbarung über die von den Unternehmen der privaten Krankenversicherung zu erstattenden Kosten für die Nutzen-Bewertung nach § 35a und für die Kosten-Nutzen-Bewertung nach § 35b sowie für die Festsetzung eines Erstattungsbetrags nach Absatz 4.

§ 130c Verträge von Krankenkassen mit pharmazeutischen Unternehmern. (1) [1]Krankenkassen oder ihre Verbände können abweichend von bestehenden Vereinbarungen oder Schiedssprüchen nach § 130b mit pharmazeutischen Unternehmern Vereinbarungen über die Erstattung von Arzneimitteln sowie zur Versorgung ihrer Versicherten mit Arzneimitteln treffen. [2]Dabei kann insbesondere eine mengenbezogene Staffelung des Preisnachlasses, ein jährliches Umsatzvolumen mit Ausgleich von Mehrerlösen oder eine Erstattung in Abhängigkeit von messbaren Therapieerfolgen vereinbart werden. [3]Durch eine Vereinbarung nach Satz 1 kann eine Vereinbarung nach § 130b ergänzt oder ganz oder teilweise abgelöst werden; dabei können auch zusätzliche Rabatte auf den Erstattungsbetrag vereinbart werden. [4]§ 78 Absatz 3a des

Arzneimittelgesetzes bleibt unberührt. [5] Die Ergebnisse der Bewertungen nach den §§ 35a und 35b, die Richtlinien nach § 92, die Vereinbarungen nach § 84 und die Informationen nach § 73 Absatz 8 Satz 1 sind zu berücksichtigen. [6] § 130a Absatz 8 gilt entsprechend.

(2) Die Krankenkassen informieren ihre Versicherten und die an der vertragsärztlichen Versorgung teilnehmenden Ärzte umfassend über die vereinbarten Versorgungsinhalte.

(3) Die Krankenkassen oder ihre Verbände können mit Ärzten, kassenärztlichen Vereinigungen oder Verbänden von Ärzten Regelungen zur bevorzugten Verordnung von Arzneimitteln nach Absatz 1 Satz 1 entsprechend § 84 Absatz 1 Satz 5 treffen.

(4) Arzneimittelverordnungen im Rahmen einer Vereinbarung nach Absatz 3 Satz 1 sind von der Prüfungsstelle als bei den Wirtschaftlichkeitsprüfungen nach den §§ 106 bis 106c zu berücksichtigende Praxisbesonderheiten anzuerkennen, soweit dies vereinbart wurde und die vereinbarten Voraussetzungen zur Gewährleistung von Zweckmäßigkeit, Qualität und Wirtschaftlichkeit der Versorgung eingehalten sind.

(5) [1] Informationen über die Regelungen nach Absatz 3 sind in den Programmen zur Verordnung von Arzneimitteln nach § 73 Absatz 9 Satz 1 zu hinterlegen. [2] Das Nähere ist in den Verträgen nach § 82 Absatz 1 zu vereinbaren.

§ 130d Preise für Arzneimittel zur Therapie von Gerinnungsstörungen bei Hämophilie. (1) [1] Pharmazeutische Unternehmer haben dem Spitzenverband Bund der Krankenkassen für Arzneimittel zur spezifischen Therapie von Gerinnungsstörungen bei Hämophilie bis zum 30. November 2019 als Herstellerabgabepreis einen mengengewichteten arithmetischen Mittelwert unter Übermittlung der dem ermittelten Mittelwert zugrundeliegenden Preise, die für die Jahre 2017 und 2018 bei der Direktabgabe durch den pharmazeutischen Unternehmer nach § 47 Absatz 1 Satz 1 Nummer 2 Buchstabe a des Arzneimittelgesetzes tatsächlich vereinbart worden sind, sowie der zu diesen Preisen abgegebenen Mengen zu melden. [2] Satz 1 gilt nicht für Arzneimittel, für die ein Erstattungsbetrag nach § 130b vereinbart oder festgesetzt worden ist. [3] Die Übermittlung der Preise und Mengen erfolgt in maschinell verwertbarer Weise unter Angabe des jeweiligen Vertragspartners.

(2) Die Krankenkassen haben dem Spitzenverband Bund der Krankenkassen für Arzneimittel zur spezifischen Therapie von Gerinnungsstörungen bei Hämophilie bis zum 30. November 2019 für die Jahre 2017 und 2018 die Preise und die dazugehörigen Mengen in maschinell verwertbarer Weise unter Angabe der Betriebsstättennummer zu melden, die bisher im Direktbezug über den pharmazeutischen Unternehmer nach § 47 Absatz 1 Satz 1 Nummer 2 Buchstabe a des Arzneimittelgesetzes abgerechnet wurden.

(3) [1] Der Spitzenverband Bund der Krankenkassen prüft den vom pharmazeutischen Unternehmer gemeldeten Herstellerabgabepreis nach Absatz 1 unter Berücksichtigung der von den Krankenkassen nach Absatz 2 gemeldeten Daten auf Plausibilität. [2] Kann die Plausibilität des gemeldeten Herstellerabgabepreises nicht festgestellt werden oder kommt ein pharmazeutischer Unternehmer seiner Verpflichtung nach Absatz 1 nicht nach, setzt der Spitzenverband Bund der Krankenkassen den mengengewichteten arithmetischen Mittelwert unter Berücksichtigung der Daten nach Absatz 2 als Herstellerabgabepreis fest. [3] Dem

pharmazeutischen Unternehmer ist zuvor Gelegenheit zur Stellungnahme zu geben.

(4) Das Nähere, insbesondere zur Gewährleistung der einheitlichen Ermittlung des Herstellerabgabepreises durch die pharmazeutischen Unternehmer, zu Art und Umfang der Datenübermittlung von Preisen und Mengen nach den Absätzen 1 und 2 und zur Meldung des ermittelten Herstellerabgabepreises nach Absatz 1, regelt der Spitzenverband Bund der Krankenkassen im Benehmen mit den für die Wahrnehmung der wirtschaftlichen Interessen gebildeten maßgeblichen Spitzenorganisationen der pharmazeutischen Unternehmer auf Bundesebene.

(5) [1] Der Herstellerabgabepreis nach Absatz 1 oder Absatz 3 gilt ab dem 1. September 2020. [2] Klagen gegen die Festsetzung nach Absatz 3 haben keine aufschiebende Wirkung; ein Vorverfahren findet nicht statt.

§ 131 Rahmenverträge mit pharmazeutischen Unternehmern.

(1) Der Spitzenverband Bund der Krankenkassen und die für die Wahrnehmung der wirtschaftlichen Interessen gebildeten maßgeblichen Spitzenorganisationen der pharmazeutischen Unternehmer auf Bundesebene können einen Vertrag über die Arzneimittelversorgung in der gesetzlichen Krankenversicherung schließen.

(2) Der Vertrag kann sich erstrecken auf

1. die Bestimmung therapiegerechter und wirtschaftlicher Packungsgrößen und die Ausstattung der Packungen,
2. Maßnahmen zur Erleichterung der Erfassung und Auswertung von Arzneimittelpreisdaten, Arzneimittelverbrauchsdaten und Arzneimittelverordnungsdaten einschließlich des Datenaustausches, insbesondere für die Ermittlung der Preisvergleichsliste (§ 92 Abs. 2) und die Festsetzung von Festbeträgen.

(3) § 129 Abs. 3 gilt für pharmazeutische Unternehmer entsprechend.

(4) [1] Die pharmazeutischen Unternehmer sind verpflichtet, die zur Herstellung einer pharmakologisch-therapeutischen und preislichen Transparenz im Rahmen der Richtlinien nach § 92 Abs. 1 Satz 2 Nr. 6 und die zur Festsetzung von Festbeträgen nach § 35 Abs. 1 und 2 oder zur Erfüllung der Aufgaben nach § 35a Abs. 1 Satz 2 und Abs. 5 sowie die zur Wahrnehmung der Aufgaben nach § 129 Abs. 1a erforderlichen Daten dem Gemeinsamen Bundesausschuss sowie dem Spitzenverband Bund der Krankenkassen zu übermitteln und auf Verlangen notwendige Auskünfte zu erteilen. [2] Für die Abrechnung von Fertigarzneimitteln, von Verbandmitteln und von Produkten, die gemäß den Richtlinien nach § 92 Absatz 1 Satz 2 Nummer 6 zu Lasten der gesetzlichen Krankenversicherung verordnet werden können, übermitteln die pharmazeutischen Unternehmer und sonstigen Hersteller die für die Abrechnung nach § 300 erforderlichen Preis- und Produktangaben, die nach § 130b vereinbarten Erstattungsbeträge und die nach § 130d ermittelten oder festgesetzten Herstellerabgabepreise einschließlich der Rabatte nach § 130a an die in § 129 Absatz 2 genannten Verbände sowie an die Kassenärztliche Bundesvereinigung und den Gemeinsamen Bundesausschuss im Wege elektronischer Datenübertragung und maschinell verwertbar auf Datenträgern; dabei ist auch der für den Versicherten maßgebliche Arzneimittelabgabepreis nach § 129 Absatz 5a sowie für Produkte nach § 31 Absatz 1 Satz 2 und Absatz 1a Satz 1 und 4 ein Kennzeichen zur Verordnungsfähigkeit zu Lasten der gesetzlichen Krankenversicherung anzuge-

ben. [3] Das Nähere zur Übermittlung der in Satz 2 genannten Angaben vereinbaren die Verbände nach § 129 Absatz 2. [4] Sie können die Übermittlung der Angaben nach Satz 2 innerhalb angemessener Frist unmittelbar von dem pharmazeutischen Unternehmer verlangen. [5] Sie können fehlerhafte Angaben selbst korrigieren und die durch eine verspätete Übermittlung oder erforderliche Korrektur entstandenen Aufwendungen geltend machen. [6] Die nach Satz 2 übermittelten Angaben oder, im Falle einer Korrektur nach Satz 5, die korrigierten Angaben sind verbindlich. [7] Die Abrechnung der Apotheken gegenüber den Krankenkassen und die Erstattung der Abschläge nach § 130a Absatz 1, 1a, 2, 3a und 3b durch die pharmazeutischen Unternehmer an die Apotheken erfolgt auf Grundlage der Angaben nach Satz 2. [8] Die Korrektur fehlerhafter Angaben und die Geltendmachung der Ansprüche kann auf Dritte übertragen werden. [9] Zur Sicherung der Ansprüche nach Satz 4 können einstweilige Verfügungen auch ohne die Darlegung und Glaubhaftmachung der in den §§ 935 und 940 der Zivilprozessordnung bezeichneten Voraussetzungen erlassen werden. [10] Entsprechendes gilt für einstweilige Anordnungen nach § 86b Absatz 2 Satz 1 und 2 des Sozialgerichtsgesetzes[1)].

(5) [1] Die pharmazeutischen Unternehmer sind verpflichtet, auf den äußeren Umhüllungen der Arzneimittel das Arzneimittelkennzeichen nach § 300 Abs. 1 Nr. 1 in einer für Apotheken maschinell erfaßbaren bundeseinheitlichen Form anzugeben. [2] Das Nähere regelt der Spitzenverband Bund der Krankenkassen und die für die Wahrnehmung der wirtschaftlichen Interessen gebildeten maßgeblichen Spitzenorganisationen der pharmazeutischen Unternehmer auf Bundesebene in Verträgen.

§ 131a Ersatzansprüche der Krankenkassen. (1) [1] Ist ein zu Lasten der gesetzlichen Krankenkasse abgegebenes Arzneimittel mangelhaft und erfolgt aus diesem Grund ein Arzneimittelrückruf oder eine von der zuständigen Behörde bekannt gemachte Einschränkung der Verwendbarkeit des Arzneimittels, gehen die in § 437 des Bürgerlichen Gesetzbuchs bezeichneten Rechte des Abgebenden gegen seinen Lieferanten auf die Krankenkasse über, soweit diese dem Abgebenden für die Abgabe des Arzneimittels eine Vergütung gezahlt hat. [2] Für den Rücktritt, die Minderung oder den Schadensersatz bedarf es einer sonst nach § 323 Absatz 1 des Bürgerlichen Gesetzbuchs oder § 281 Absatz 1 Satz 1 des Bürgerlichen Gesetzbuchs erforderlichen Fristsetzung nicht. [3] Der Abgebende hat seinen Ersatzanspruch oder ein zur Sicherung dieses Anspruchs dienendes Recht unter Beachtung der geltenden Form- und Fristvorschriften zu wahren und bei dessen Durchsetzung durch die Krankenkasse soweit erforderlich mitzuwirken.

(2) [1] Der Spitzenverband Bund der Krankenkassen vereinbart mit den für die Wahrnehmung der wirtschaftlichen Interessen gebildeten maßgeblichen Spitzenorganisationen der pharmazeutischen Unternehmer auf Bundesebene und Vertretern des pharmazeutischen Großhandels die näheren Einzelheiten für die Geltendmachung und Abwicklung der Ersatzansprüche der Krankenkassen. [2] In den Vereinbarungen können insbesondere Pauschbeträge und eine Abtretung von Regressansprüchen vereinbart werden.

[1)] Nr. **20**.

Achter Abschnitt. Beziehungen zu sonstigen Leistungserbringern

§ 132 Versorgung mit Haushaltshilfe. (1) [1] Über Inhalt, Umfang, Vergütung sowie Prüfung der Qualität und Wirtschaftlichkeit der Dienstleistungen zur Versorgung mit Haushaltshilfe schließen die Krankenkassen Verträge mit geeigneten Personen, Einrichtungen oder Unternehmen. [2] Im Fall der Nichteinigung wird der Vertragsinhalt durch eine von den Vertragspartnern zu bestimmende unabhängige Schiedsperson festgelegt. [3] Einigen sich die Vertragspartner nicht auf eine Schiedsperson, so wird diese von der für die Vertrag schließende Krankenkasse zuständigen Aufsichtsbehörde bestimmt. [4] Die Kosten des Schiedsverfahrens tragen die Vertragsparteien zu gleichen Teilen. [5] Abweichend von Satz 1 kann die Krankenkasse zur Gewährung von Haushaltshilfe auch geeignete Personen anstellen.

(2) [1] Die Krankenkasse hat darauf zu achten, daß die Leistungen wirtschaftlich und preisgünstig erbracht werden. [2] Bei der Auswahl der Leistungserbringer ist ihrer Vielfalt, insbesondere der Bedeutung der freien Wohlfahrtspflege, Rechnung zu tragen.

§ 132a Versorgung mit häuslicher Krankenpflege. (1) [1] Der Spitzenverband Bund der Krankenkassen und die für die Wahrnehmung der Interessen von Pflegediensten maßgeblichen Spitzenorganisationen auf Bundesebene haben unter Berücksichtigung der Richtlinien nach § 92 Abs. 1 Satz 2 Nr. 6 gemeinsam Rahmenempfehlungen über die einheitliche und flächendeckende Versorgung mit häuslicher Krankenpflege abzugeben; für Pflegedienste, die einer Kirche oder einer Religionsgemeinschaft des öffentlichen Rechts oder einem sonstigen freigemeinnützigen Träger zuzuordnen sind, können die Rahmenempfehlungen gemeinsam mit den übrigen Partnern der Rahmenempfehlungen auch von der Kirche oder der Religionsgemeinschaft oder von dem Wohlfahrtsverband abgeschlossen werden, dem die Einrichtung angehört. [2] Vor Abschluß der Vereinbarung ist der Kassenärztlichen Bundesvereinigung und der Deutschen Krankenhausgesellschaft Gelegenheit zur Stellungnahme zu geben. [3] Die Stellungnahmen sind in den Entscheidungsprozeß der Partner der Rahmenempfehlungen einzubeziehen. [4] In den Rahmenempfehlungen sind insbesondere zu regeln:

1. Eignung der Leistungserbringer einschließlich Anforderungen an die Eignung zur Versorgung nach § 37 Absatz 7,
2. Maßnahmen zur Qualitätssicherung und Fortbildung,
3. Inhalt und Umfang der Zusammenarbeit des Leistungserbringers mit dem verordnenden Vertragsarzt und dem Krankenhaus,
4. Grundsätze der Wirtschaftlichkeit der Leistungserbringung einschließlich deren Prüfung,
5. Grundsätze der Vergütungen und ihrer Strukturen einschließlich der Transparenzvorgaben für die Vergütungsverhandlungen zum Nachweis der tatsächlich gezahlten Tariflöhne oder Arbeitsentgelte sowie erstmals bis zum 30. Juni 2019 Grundsätze für die Vergütung von längeren Wegezeiten, insbesondere in ländlichen Räumen, durch Zuschläge unter Einbezug der ambulanten Pflege nach dem Elften Buch[1] und

---

[1] Nr. **11**.

6. Grundsätze zum Verfahren der Prüfung der Leistungspflicht der Krankenkassen sowie zum Abrechnungsverfahren einschließlich der für diese Zwecke jeweils zu übermittelnden Daten.

[5] Um den Besonderheiten der intensivpflegerischen Versorgung im Rahmen der häuslichen Krankenpflege Rechnung zu tragen, sind in den Rahmenempfehlungen auch Regelungen über die behandlungspflegerische Versorgung von Versicherten, die auf Grund eines besonders hohen Bedarfs an diesen Leistungen oder einer Bedrohung ihrer Vitalfunktion einer ununterbrochenen Anwesenheit einer Pflegekraft bedürfen, vorzusehen. [6] In den Rahmenempfehlungen nach Satz 4 Nummer 6 können auch Regelungen über die nach § 302 Absatz 2 Satz 1 und Absatz 3 in Richtlinien geregelten Inhalte getroffen werden; in diesem Fall gilt § 302 Absatz 4. [7] Die Inhalte der Rahmenempfehlungen sind den Verträgen nach Absatz 4 zugrunde zu legen.

(2) [1] Kommt eine Rahmenempfehlung nach Absatz 1 ganz oder teilweise nicht zu Stande, können die Rahmenempfehlungspartner die Schiedsstelle nach Absatz 3 anrufen. [2] Die Schiedsstelle kann auch vom Bundesministerium für Gesundheit angerufen werden. [3] Sie setzt innerhalb von drei Monaten den betreffenden Rahmenempfehlungsinhalt fest.

(3) [1] Der Spitzenverband Bund der Krankenkassen und die für die Wahrnehmung der Interessen von Pflegediensten maßgeblichen Spitzenorganisationen auf Bundesebene bilden erstmals bis zum 1. Juli 2017 eine gemeinsame Schiedsstelle. [2] Sie besteht aus Vertretern der Krankenkassen und der Pflegedienste in gleicher Zahl sowie aus einem unparteiischen Vorsitzenden und zwei weiteren unparteiischen Mitgliedern. [3] Die Amtsdauer beträgt vier Jahre. [4] Über den Vorsitzenden und die zwei weiteren unparteiischen Mitglieder sowie deren Stellvertreter sollen sich die Rahmenempfehlungspartner einigen. [5] Kommt eine Einigung nicht zu Stande, gilt § 89 Absatz 6 Satz 3 entsprechend. [6] Das Bundesministerium für Gesundheit kann durch Rechtsverordnung mit Zustimmung des Bundesrates das Nähere über die Zahl und die Bestellung der Mitglieder, die Erstattung der baren Auslagen und die Entschädigung für den Zeitaufwand der Mitglieder, das Verfahren sowie über die Verteilung der Kosten regeln. [7] § 129 Absatz 9 und 10 Satz 1 gilt entsprechend.

(4) [1] Über die Einzelheiten der Versorgung mit häuslicher Krankenpflege, über die Preise und deren Abrechnung und die Verpflichtung der Leistungserbringer zur Fortbildung schließen die Krankenkassen Verträge mit den Leistungserbringern. [2] Wird die Fortbildung nicht nachgewiesen, sind Vergütungsabschläge vorzusehen. [3] Dem Leistungserbringer ist eine Frist zu setzen, innerhalb derer er die Fortbildung nachholen kann. [4] Erbringt der Leistungserbringer in diesem Zeitraum die Fortbildung nicht, ist der Vertrag zu kündigen. [5] Die Krankenkassen haben darauf zu achten, dass die Leistungen wirtschaftlich und preisgünstig erbracht werden. [6] Verträge dürfen nur mit Leistungserbringern abgeschlossen werden, die die Gewähr für eine leistungsgerechte und wirtschaftliche Versorgung bieten. [7] Die Bezahlung von Gehältern bis zur Höhe tarifvertraglich vereinbarter Vergütungen sowie entsprechender Vergütungen nach kirchlichen Arbeitsrechtsregelungen kann dabei nicht als unwirtschaftlich abgelehnt werden; insoweit gilt § 71 nicht. [8] Der Leistungserbringer ist verpflichtet, die entsprechende Bezahlung der Beschäftigten nach Satz 6 jederzeit einzuhalten und sie auf Verlangen einer Vertragspartei nachzuweisen. [9] Im Fall der Nichteinigung wird der Vertragsinhalt durch eine von den Vertragspartnern

zu bestimmende unabhängige Schiedsperson innerhalb von drei Monaten festgelegt. [10] Einigen sich die Vertragspartner nicht auf eine Schiedsperson, so wird diese von der für die vertragschließende Krankenkasse zuständigen Aufsichtsbehörde innerhalb eines Monats nach Vorliegen der für die Bestimmung der Schiedsperson notwendigen Informationen bestimmt. [11] Die Kosten des Schiedsverfahrens tragen die Vertragspartner zu gleichen Teilen. [12] Bei der Auswahl der Leistungserbringer ist ihrer Vielfalt, insbesondere der Bedeutung der freien Wohlfahrtspflege, Rechnung zu tragen. [13] Die Leistungserbringer sind verpflichtet, an Qualitäts- und Abrechnungsprüfungen nach § 275b teilzunehmen; § 114 Absatz 2 des Elften Buches bleibt unberührt. [14] Der Leistungserbringer hat der Krankenkasse anzuzeigen, dass er behandlungspflegerische Leistungen im Sinne des Absatzes 1 Satz 5 erbringt, wenn er diese Leistungen für mindestens zwei Versicherte in einer durch den Leistungserbringer oder einen Dritten organisierten Wohneinheit erbringt. [15] Abweichend von Satz 1 kann die Krankenkasse zur Gewährung von häuslicher Krankenpflege geeignete Personen anstellen.

§ 132b Versorgung mit Soziotherapie. (1) Die Krankenkassen oder die Landesverbände der Krankenkassen können unter Berücksichtigung der Richtlinien nach § 37a Abs. 2 mit geeigneten Personen oder Einrichtungen Verträge über die Versorgung mit Soziotherapie schließen, soweit dies für eine bedarfsgerechte Versorgung notwendig ist.

(2) [1] Im Fall der Nichteinigung wird der Vertragsinhalt durch eine von den Vertragspartnern zu bestimmende unabhängige Schiedsperson festgelegt. [2] Einigen sich die Vertragspartner nicht auf eine Schiedsperson, so wird diese von der für die vertragsschließende Krankenkasse zuständigen Aufsichtsbehörde innerhalb eines Monats nach Vorliegen der für die Bestimmung der Schiedsperson notwendigen Informationen bestimmt. [3] Die Kosten des Schiedsverfahrens tragen die Vertragspartner zu gleichen Teilen.

§ 132c Versorgung mit sozialmedizinischen Nachsorgemaßnahmen.

(1) Die Krankenkassen oder die Landesverbände der Krankenkassen können mit geeigneten Personen oder Einrichtungen Verträge über die Erbringung sozialmedizinischer Nachsorgemaßnahmen schließen, soweit dies für eine bedarfsgerechte Versorgung notwendig ist.

(2) Der Spitzenverband Bund der Krankenkassen legt in Empfehlungen die Anforderungen an die Leistungserbringer der sozialmedizinischen Nachsorgemaßnahmen fest.

§ 132d Spezialisierte ambulante Palliativversorgung. (1) [1] Der Spitzenverband Bund der Krankenkassen vereinbart mit den maßgeblichen Spitzenorganisationen der Hospizarbeit und Palliativversorgung auf Bundesebene unter Berücksichtigung der Richtlinien nach § 37b Absatz 3 erstmals bis zum 30. September 2019 einen einheitlichen Rahmenvertrag über die Durchführung der Leistungen nach § 37b. [2] Den besonderen Belangen von Kindern ist durch einen gesonderten Rahmenvertrag Rechnung zu tragen. [3] In den Rahmenverträgen sind die sächlichen und personellen Anforderungen an die Leistungserbringung, Maßnahmen zur Qualitätssicherung und die wesentlichen Elemente der Vergütung festzulegen. [4] Der Deutschen Krankenhausgesellschaft, der Vereinigung der Pflegeeinrichtungen auf Bundesebene sowie der Kassenärztlichen Bundesvereinigung ist Gelegenheit zur Stellungnahme zu geben. [5] Die

Rahmenverträge sind in geeigneter Form öffentlich bekannt zu machen. [6]Personen oder Einrichtungen, die die in den Rahmenverträgen festgelegten Voraussetzungen erfüllen, haben Anspruch auf Abschluss eines zur Versorgung berechtigenden Vertrages mit den Krankenkassen einzeln oder gemeinsam nach Maßgabe des Rahmenvertrages nach Satz 1 oder Satz 2 und unter Wahrung des Gleichbehandlungsgrundsatzes. [7]In dem Vertrag nach Satz 6 werden die Einzelheiten der Versorgung festgelegt. [8]Dabei sind die regionalen Besonderheiten angemessen zu berücksichtigen.

(2) [1]Im Fall der Nichteinigung wird der Inhalt der Verträge nach Absatz 1 durch eine von den jeweiligen Vertragspartnern zu bestimmende unabhängige Schiedsperson festgelegt. [2]Einigen sich die Vertragspartner nicht auf eine Schiedsperson, so wird diese im Fall der Rahmenverträge nach Absatz 1 Satz 1 oder Satz 2 vom Bundesversicherungsamt und im Fall der Verträge nach Absatz 1 Satz 6 von der für die vertragschließenden Krankenkassen zuständigen Aufsichtsbehörde bestimmt. [3]Die Kosten des Schiedsverfahrens tragen die Vertragspartner zu gleichen Teilen. [4]Widerspruch und Klage gegen die Bestimmung der Schiedsperson haben keine aufschiebende Wirkung.

(3) [1]Krankenkassen können Verträge, die eine ambulante Palliativversorgung und die spezialisierte ambulante Palliativversorgung umfassen, auch auf Grundlage der §§ 73b oder 140a abschließen. [2]Die Qualitätsanforderungen in den Rahmenverträgen nach Absatz 1 und in den Richtlinien nach § 37b Absatz 3 und § 92 Absatz 7 Satz 1 Nummer 5 gelten entsprechend.

§ 132e Versorgung mit Schutzimpfungen. (1) [1]Die Krankenkassen oder ihre Verbände schließen mit Kassenärztlichen Vereinigungen, Ärzten, Einrichtungen mit ärztlichem Personal, deren Gemeinschaften, den obersten Landesgesundheitsbehörden oder den von ihnen bestimmten Stellen, Verträge über die Durchführung von Schutzimpfungen nach § 20i. [2]Als Gemeinschaften im Sinne des Satzes 1 gelten auch Vereinigungen zur Unterstützung von Mitgliedern, die Schutzimpfungen nach § 20i durchführen. [3]Es sind insbesondere Verträge abzuschließen mit

1. den an der vertragsärztlichen Versorgung teilnehmenden Ärzten oder deren Gemeinschaften,
2. den Fachärzten für Arbeitsmedizin und Ärzten mit der Zusatzbezeichnung „Betriebsmedizin", die nicht an der vertragsärztlichen Versorgung teilnehmen, oder deren Gemeinschaften und
3. den obersten Landesgesundheitsbehörden oder den von ihnen bestimmten Stellen.

[4]In Verträgen mit den Fachärzten für Arbeitsmedizin, Ärzten mit der Zusatzbezeichnung „Betriebsmedizin" und sonstigen Ärzten, die nicht an der vertragsärztlichen Versorgung teilnehmen, oder deren Gemeinschaften sind insbesondere Regelungen zur vereinfachten Umsetzung der Durchführung von Schutzimpfungen, insbesondere durch die pauschale Bereitstellung von Impfstoffen, sowie Regelungen zur vereinfachten Abrechnung, insbesondere durch die Erstattung von Pauschalbeträgen oder anteilig nach den Versichertenzahlen (Umlageverfahren) vorzusehen. [5]In Verträgen mit den obersten Landesgesundheitsbehörden oder den von ihnen bestimmten Stellen sind insbesondere folgende Regelungen vorzusehen:

1. Regelungen zur Förderung von Schutzimpfungen durch den öffentlichen Gesundheitsdienst,
2. Regelungen zur vereinfachten Umsetzung der Durchführung von Schutzimpfungen nach § 20 Absatz 5 Satz 1 und 2 des Infektionsschutzgesetzes, insbesondere durch die pauschale Bereitstellung von Impfstoffen, soweit die Krankenkassen zur Tragung der Kosten nach § 20 Absatz 5 Satz 3 des Infektionsschutzgesetzes verpflichtet sind,
3. Regelungen zur vereinfachten Erstattung der Kosten nach § 69 Absatz 1 Satz 3 des Infektionsschutzgesetzes, soweit die Krankenkassen zur Tragung der Kosten nach § 20 Absatz 5 Satz 3 und 4 des Infektionsschutzgesetzes verpflichtet sind und die Länder die Kosten vorläufig aus öffentlichen Mitteln bestreiten, insbesondere durch die Erstattung von Pauschalbeträgen oder anteilig nach den Versichertenzahlen (Umlageverfahren) und
4. Regelungen zur Übernahme der für die Beschaffung von Impfstoffen anfallenden Kosten des öffentlichen Gesundheitsdienstes durch die Krankenkassen für Personen bis zum vollendeten 18. Lebensjahr aus Mitgliedstaaten der Europäischen Union, deren Versicherteneigenschaft in der gesetzlichen Krankenversicherung zum Zeitpunkt der Durchführung der Schutzimpfung noch nicht festgestellt ist und die nicht privat krankenversichert sind.

[6] Einigen sich die Vertragsparteien nach Satz 1 nicht innerhalb einer Frist von drei Monaten nach einer Entscheidung gemäß § 20i Absatz 1 Satz 3 oder nach Erlass oder Änderung der Rechtsverordnung nach § 20i Absatz 3 Satz 1, legt eine von den Vertragsparteien zu bestimmende unabhängige Schiedsperson den jeweiligen Vertragsinhalt fest. [7] Einigen sich die Vertragsparteien nicht auf eine Schiedsperson, so wird diese von der für die vertragsschließende Krankenkasse oder für den vertragsschließenden Verband zuständigen Aufsichtsbehörde bestimmt. [8] Die Kosten des Schiedsverfahrens tragen die Vertragspartner zu gleichen Teilen. [9] Endet ein Vertrag nach Satz 1 oder endet eine Rahmenvereinbarung nach § 20i Absatz 3 Satz 3 in der bis zum 10. Mai 2019 geltenden Fassung, so gelten seine oder ihre Bestimmungen bis zum Abschluss eines neuen Vertrages oder bis zur Entscheidung der Schiedsperson vorläufig weiter.

(2) [1] Die Kassenärztliche Bundesvereinigung meldet bis zum 15. Januar eines Kalenderjahres den Bedarf an saisonalen Grippeimpfstoffen auf Grundlage der durch die Vertragsärztinnen und Vertragsärzte geplanten Bestellungen an das Paul-Ehrlich-Institut. [2] Das Paul-Ehrlich-Institut prüft den nach Satz 1 übermittelten Bedarf unter Berücksichtigung einer zusätzlichen Reserve von 10 Prozent, im Jahr 2020 von 30 Prozent, durch Vergleich mit den nach § 29 Absatz 1d des Arzneimittelgesetzes mitgeteilten Daten von Inhabern der Zulassungen von saisonalen Grippeimpfstoffen bis zum 15. März eines Kalenderjahres. [3] Die Prüfung nach Satz 2 erfolgt im Benehmen mit dem Robert Koch-Institut. [4] Das Ergebnis der Prüfung teilt das Paul-Ehrlich-Institut unverzüglich der Kassenärztlichen Bundesvereinigung und den Inhabern der Zulassungen von saisonalen Grippeimpfstoffen mit.

(3) Die Inhaber von Zulassungen von saisonalen Grippeimpfstoffen melden die voraussichtlichen Preise für Grippeimpfstoffe für die kommende Impfsaison bis spätestens zum 1. März eines Jahres an die Kassenärztliche Bundesvereinigung.

§ 132f Versorgung durch Betriebsärzte. Die Krankenkassen oder ihre Verbände können in Ergänzung zur vertragsärztlichen Versorgung und unter Berücksichtigung der Richtlinien nach § 25 Absatz 4 Satz 2 mit geeigneten Fachärzten für Arbeitsmedizin oder den über die Zusatzbezeichnung „Betriebsmedizin" verfügenden Ärzten oder deren Gemeinschaften Verträge über die Durchführung von Gesundheitsuntersuchungen nach § 25 Absatz 1, über Maßnahmen zur betrieblichen Gesundheitsförderung, über Präventionsempfehlungen, Empfehlungen medizinischer Vorsorgeleistungen und über die Heilmittelversorgung schließen, soweit diese in Ergänzung zur arbeitsmedizinischen Vorsorge erbracht werden.

§ 132g Gesundheitliche Versorgungsplanung für die letzte Lebensphase. (1) [1] Zugelassene Pflegeeinrichtungen im Sinne des § 43 des Elften Buches[1)] und Einrichtungen der Eingliederungshilfe für behinderte Menschen können den Versicherten in den Einrichtungen eine gesundheitliche Versorgungsplanung für die letzte Lebensphase anbieten. [2] Versicherte sollen über die medizinisch-pflegerische Versorgung und Betreuung in der letzten Lebensphase beraten werden, und ihnen sollen Hilfen und Angebote der Sterbebegleitung aufgezeigt werden. [3] Im Rahmen einer Fallbesprechung soll nach den individuellen Bedürfnissen des Versicherten insbesondere auf medizinische Abläufe in der letzten Lebensphase und während des Sterbeprozesses eingegangen, sollen mögliche Notfallsituationen besprochen und geeignete einzelne Maßnahmen der palliativ-medizinischen, palliativ-pflegerischen und psychosozialen Versorgung dargestellt werden. [4] Die Fallbesprechung kann bei wesentlicher Änderung des Versorgungs- oder Pflegebedarfs auch mehrfach angeboten werden.

(2) [1] In die Fallbesprechung ist der den Versicherten behandelnde Hausarzt oder sonstige Leistungserbringer der vertragsärztlichen Versorgung nach § 95 Absatz 1 Satz 1 einzubeziehen. [2] Auf Wunsch des Versicherten sind Angehörige und weitere Vertrauenspersonen zu beteiligen. [3] Für mögliche Notfallsituationen soll die erforderliche Übergabe des Versicherten an relevante Rettungsdienste und Krankenhäuser vorbereitet werden. [4] Auch andere regionale Betreuungs- und Versorgungsangebote sollen einbezogen werden, um die umfassende medizinische, pflegerische, hospizliche und seelsorgerische Begleitung nach Maßgabe der individuellen Versorgungsplanung für die letzte Lebensphase sicherzustellen. [5] Die Einrichtungen nach Absatz 1 Satz 1 können das Beratungsangebot selbst oder in Kooperation mit anderen regionalen Beratungsstellen durchführen.

(3) [1] Der Spitzenverband Bund der Krankenkassen vereinbart mit den Vereinigungen der Träger der in Absatz 1 Satz 1 genannten Einrichtungen auf Bundesebene erstmals bis zum 31. Dezember 2016 das Nähere über die Inhalte und Anforderungen der Versorgungsplanung nach den Absätzen 1 und 2. [2] Den Kassenärztlichen Bundesvereinigungen, der Deutschen Krankenhausgesellschaft, den für die Wahrnehmung der Interessen der Hospizdienste und stationären Hospize maßgeblichen Spitzenorganisationen, den Verbänden der Pflegeberufe auf Bundesebene, den maßgeblichen Organisationen für die Wahrnehmung der Interessen und der Selbsthilfe der pflegebedürftigen und behinderten Menschen, dem Medizinischen Dienst Bund, dem Verband der Privaten Krankenversicherung e.V., der Bundesarbeitsgemeinschaft der überörtlichen

---

1) Nr. **11**.

Träger der Sozialhilfe sowie der Bundesvereinigung der kommunalen Spitzenverbände ist Gelegenheit zur Stellungnahme zu geben. [3] § 132d Absatz 1 Satz 3 bis 5 gilt entsprechend.

(4) [1] Die Krankenkasse des Versicherten trägt die notwendigen Kosten für die nach Maßgabe der Vereinbarung nach Absatz 3 erbrachten Leistungen der Einrichtung nach Absatz 1 Satz 1. [2] Die Kosten sind für Leistungseinheiten zu tragen, die die Zahl der benötigten qualifizierten Mitarbeiter und die Zahl der durchgeführten Beratungen berücksichtigen. [3] Das Nähere zu den erstattungsfähigen Kosten und zu der Höhe der Kostentragung ist in der Vereinbarung nach Absatz 3 zu regeln. [4] Der Spitzenverband Bund der Krankenkassen regelt für seine Mitglieder das Erstattungsverfahren. [5] Die ärztlichen Leistungen nach den Absätzen 1 und 2 sind unter Berücksichtigung der Vereinbarung nach Absatz 3 aus der vertragsärztlichen Gesamtvergütung zu vergüten. [6] Sofern diese ärztlichen Leistungen im Rahmen eines Vertrages nach § 132d Absatz 1 erbracht werden, ist deren Vergütung in diesen Verträgen zu vereinbaren.

(5) [1] Der Spitzenverband Bund der Krankenkassen berichtet dem Bundesministerium für Gesundheit alle drei Jahre über die Entwicklung der gesundheitlichen Versorgungsplanung für die letzte Lebensphase und die Umsetzung der Vereinbarung nach Absatz 3. [2] Er legt zu diesem Zweck die von seinen Mitgliedern zu übermittelnden statistischen Informationen über die erstatteten Leistungen fest.

§ 132h Versorgungsverträge mit Kurzzeitpflegeeinrichtungen. Die Krankenkassen oder die Landesverbände der Krankenkassen können mit geeigneten Einrichtungen Verträge über die Erbringung von Kurzzeitpflege nach § 39c schließen, soweit dies für eine bedarfsgerechte Versorgung notwendig ist.

§ 132i Versorgungsverträge mit Hämophiliezentren. [1] Die Krankenkassen oder ihre Landesverbände schließen mit ärztlichen Einrichtungen, die auf die qualitätsgesicherte Behandlung von Gerinnungsstörungen bei Hämophilie durch hämostaseologisch qualifizierte Ärztinnen oder Ärzte spezialisiert sind, oder mit deren Verbänden Verträge über die Behandlung von Versicherten mit Gerinnungsstörungen bei Hämophilie. [2] In diesen Verträgen soll die Vergütung von zusätzlichen, besonderen ärztlichen Aufwendungen zur medizinischen Versorgung und Betreuung von Patientinnen und Patienten mit Gerinnungsstörungen bei Hämophilie, insbesondere für die Beratung über die Langzeitfolgen von Gerinnungsstörungen, die Begleitung und Kontrolle der Selbstbehandlung, die Dokumentation nach § 14 des Transfusionsgesetzes und die Meldung an das Deutsche Hämophilieregister nach § 21 Absatz 1a des Transfusionsgesetzes sowie für die Notfallvorsorge und -behandlung geregelt werden. [3] Im Fall der Nichteinigung wird der Vertragsinhalt durch eine von den Vertragspartnern nach Satz 1 gemeinsam zu benennende unabhängige Schiedsperson innerhalb von drei Monaten festgelegt. [4] Einigen sich die Vertragspartner nicht auf eine Schiedsperson, so wird diese von der für die vertragschließende Krankenkasse oder für den vertragsschließenden Verband zuständigen Aufsichtsbehörde innerhalb eines Monats nach Vorliegen der für die Bestimmung der Schiedsperson notwendigen Informationen bestimmt. [5] Die Kosten des Schiedsverfahrens tragen die Vertragsparteien zu gleichen Teilen.

§ 132j Regionale Modellvorhaben zur Durchführung von Grippeschutzimpfungen in Apotheken. (1) [1] Die Krankenkassen oder ihre Landesverbände haben mit Apotheken, Gruppen von Apotheken oder mit den für die Wahrnehmung der wirtschaftlichen Interessen maßgeblichen Organisationen der Apotheker auf Landesebene, wenn diese sie dazu auffordern, Verträge über die Durchführung von Modellvorhaben in ausgewählten Regionen zur Durchführung von Grippeschutzimpfungen bei Personen, die das 18. Lebensjahr vollendet haben, in Apotheken mit dem Ziel der Verbesserung der Impfquote abzuschließen. [2] In den Verträgen ist zu den Grippeschutzimpfungen in Apotheken insbesondere Folgendes zu regeln:

1. die Voraussetzungen für deren Durchführung,
2. deren Durchführung,
3. deren Vergütung und
4. deren Abrechnung.

[3] § 63 Absatz 3, 3a Satz 2 bis 4 und Absatz 5 Satz 3 und 4 ist entsprechend anzuwenden.

(2) Vor Abschluss eines Vertrages nach Absatz 1 sind zu den jeweiligen Vertragsinhalten Stellungnahmen des Robert Koch-Instituts und des Paul-Ehrlich-Instituts einzuholen; die Stellungnahmen sind zu berücksichtigen.

(3) Die Verträge nach Absatz 1 sind der für die Krankenkasse oder den Landesverband zuständigen Aufsichtsbehörde und der für die Überwachung der Apotheken zuständigen Behörde vor Beginn der Durchführung des Modellvorhabens vorzulegen.

(4) Im Rahmen der Modellvorhaben dürfen Apothekerinnen und Apotheker Grippeschutzimpfungen bei Personen durchführen, die das 18. Lebensjahr vollendet haben,

1. soweit Berufsrecht dem nicht entgegensteht und
2. wenn
   a) die Apothekerinnen und Apotheker hierfür ärztlich geschult sind und ihnen die erfolgreiche Teilnahme an der Schulung bestätigt wurde und
   b) in der jeweiligen Apotheke eine geeignete Räumlichkeit mit der Ausstattung vorhanden ist, die für die Durchführung einer Grippeschutzimpfung erforderlich ist.

(5) Die ärztliche Schulung, an der Apothekerinnen und Apotheker teilnehmen müssen, um Grippeschutzimpfungen durchführen zu dürfen, hat insbesondere die Vermittlung der folgenden Kenntnisse, Fähigkeiten und Fertigkeiten zu umfassen:

1. Kenntnisse, Fähigkeiten und Fertigkeiten zur Durchführung von Grippeschutzimpfungen einschließlich der Aufklärung und Einholung der Einwilligung der zu impfenden Person,
2. Kenntnis von Kontraindikationen sowie Fähigkeiten und Fertigkeiten zu deren Beachtung und
3. Kenntnis von Notfallmaßnahmen bei eventuellen akuten Impfreaktionen sowie Fähigkeiten und Fertigkeiten zur Durchführung dieser Notfallmaßnahmen.

(6) [1] Über die Schulung schließen die Vertragspartner nach Absatz 1 Satz 1 gemeinsam Verträge mit Anbietern der Schulung. [2] Vor Abschluss der Verträge sind zu den jeweiligen Vertragsinhalten Stellungnahmen des Robert Koch-

Instituts und des Paul-Ehrlich-Instituts einzuholen; die Stellungnahmen sind zu berücksichtigen.

(7) [1] Die Modellvorhaben sind im Regelfall auf längstens fünf Jahre zu befristen. [2] Sie sind nach allgemein anerkannten wissenschaftlichen Standards zu begleiten und auszuwerten.

§ 132k Vertrauliche Spurensicherung. [1] Die Krankenkassen oder ihre Landesverbände schließen gemeinsam und einheitlich auf Antrag des jeweiligen Landes mit dem Land sowie mit einer hinreichenden Anzahl von geeigneten Einrichtungen oder Ärzten Verträge über die Erbringung von Leistungen nach § 27 Absatz 1 Satz 6. [2] In den Verträgen sind insbesondere die Einzelheiten zu Art und Umfang der Leistungen, die Voraussetzungen für die Ausführung und Abrechnung sowie die Vergütung und Form und Inhalt des Abrechnungsverfahrens zu regeln. [3] Die Leistungen werden unmittelbar mit den Krankenkassen abgerechnet, die Vergütung kann pauschaliert werden. [4] Das Abrechnungsverfahren ist so zu gestalten, dass die Anonymität des Versicherten gewährleistet ist. [5] Kommt ein Vertrag ganz oder teilweise nicht binnen sechs Monaten nach Antragstellung durch das Land zustande, gilt § 132i Satz 3 bis 5 entsprechend mit den Maßgaben, dass Widerspruch und Klage gegen die Bestimmung der Schiedsperson keine aufschiebende Wirkung haben.

§ 132l Versorgung mit außerklinischer Intensivpflege, Verordnungsermächtigung. (1) [1] Der Spitzenverband Bund der Krankenkassen und die Vereinigungen der Träger von vollstationären Pflegeeinrichtungen auf Bundesebene, die Leistungen nach § 43 des Elften Buches[1)] erbringen, die für die Wahrnehmung der Interessen der Erbringer von Leistungen nach Absatz 5 Nummer 3 maßgeblichen Spitzenorganisationen auf Bundesebene und die für die Wahrnehmung der Interessen von Pflegediensten maßgeblichen Spitzenorganisationen auf Bundesebene haben unter Einbeziehung des Medizinischen Dienstes Bund und unter Berücksichtigung der Richtlinien nach § 92 Absatz 1 Satz 2 Nummer 6 bis zum 31. Oktober 2022 gemeinsame Rahmenempfehlungen über die einheitliche und flächendeckende Versorgung mit außerklinischer Intensivpflege zu vereinbaren. [2] Vor Abschluss der Vereinbarung ist der Kassenärztlichen Bundesvereinigung und der Deutschen Krankenhausgesellschaft Gelegenheit zur Stellungnahme zu geben. [3] Die Stellungnahmen sind in den Entscheidungsprozess der Partner der Rahmenempfehlungen einzubeziehen. [4] Die Inhalte der Rahmenempfehlungen sind den Verträgen nach Absatz 5 zugrunde zu legen.

(2) In den Rahmenempfehlungen sind im Hinblick auf den jeweiligen Leistungsort nach § 37c Absatz 2 Satz 1 insbesondere zu regeln:

1. personelle Anforderungen an die pflegerische Versorgung einschließlich der Grundsätze zur Festlegung des Personalbedarfs,
2. strukturelle Anforderungen an Wohneinheiten nach Absatz 5 Nummer 1 einschließlich baulicher Qualitätsanforderungen,
3. Einzelheiten zu Inhalt und Umfang der Zusammenarbeit des Leistungserbringers mit der verordnenden Vertragsärztin oder dem verordnenden Vertragsarzt, dem Krankenhaus und mit weiteren nichtärztlichen Leistungserbringern,

[1)] Nr. **11**.

4. Maßnahmen zur Qualitätssicherung einschließlich von Anforderungen an ein einrichtungsinternes Qualitätsmanagement und Maßnahmen zur Fortbildung,
5. Grundsätze der Wirtschaftlichkeit der Leistungserbringung einschließlich deren Prüfung,
6. Grundsätze zum Verfahren der Prüfung der Leistungspflicht der Krankenkassen sowie zum Abrechnungsverfahren einschließlich der für diese Zwecke nach § 302 jeweils zu übermittelnden Daten,
7. Grundsätze der Vergütungen und ihrer Strukturen einschließlich der Transparenzvorgaben für die Vergütungsverhandlungen zum Nachweis der tatsächlich gezahlten Tariflöhne oder Arbeitsentgelte und
8. Maßnahmen bei Vertragsverstößen.

(3) [1] Kommt eine Rahmenempfehlung nach Absatz 2 ganz oder teilweise nicht zustande, können die Rahmenempfehlungspartner die Schiedsstelle nach Absatz 4 anrufen. [2] Die Schiedsstelle kann auch vom Bundesministerium für Gesundheit angerufen werden. [3] Sie setzt innerhalb von drei Monaten den betreffenden Rahmenempfehlungsinhalt fest.

(4) [1] Der Spitzenverband Bund der Krankenkassen, die Vereinigungen der Träger von vollstationären Pflegeeinrichtungen auf Bundesebene, die Leistungen nach § 43 des Elften Buches erbringen, die für die Wahrnehmung der Interessen von Leistungserbringern nach Absatz 5 Nummer 3 maßgeblichen Spitzenorganisationen auf Bundesebene und die für die Wahrnehmung der Interessen von Pflegediensten maßgeblichen Spitzenorganisationen auf Bundesebene bilden eine gemeinsame Schiedsstelle. [2] Sie besteht aus sechs Vertretern der Krankenkassen, je zwei Vertretern der vollstationären Pflegeeinrichtungen, der Leistungserbringer nach Absatz 5 Nummer 3 und der Pflegedienste sowie aus einem unparteiischen Vorsitzenden und einem weiteren unparteiischen Mitglied. [3] Für jedes Mitglied werden zwei Stellvertreter bestellt. [4] Die beiden unparteiischen Mitglieder haben je drei Stimmen. [5] Jedes andere Mitglied hat eine Stimme. [6] Eine Stimmenthaltung ist unzulässig. [7] Die gemeinsame Schiedsstelle trifft ihre Entscheidung mit der einfachen Mehrheit der Stimmen ihrer Mitglieder. [8] Ergibt sich keine Mehrheit, geben die Stimmen des Vorsitzenden den Ausschlag. [9] Die Amtsdauer der Mitglieder beträgt vier Jahre. [10] Die Rahmenempfehlungspartner nach Absatz 1 Satz 1 sollen sich über den Vorsitzenden und das weitere unparteiische Mitglied sowie deren Stellvertreter einigen. [11] Kommt eine Einigung nicht zustande, erfolgt eine Bestellung des unparteiischen Vorsitzenden, des weiteren unparteiischen Mitglieds und deren Stellvertreter durch das Bundesministerium für Gesundheit, nachdem es den Rahmenempfehlungspartnern eine Frist zur Einigung gesetzt hat und diese Frist abgelaufen ist. [12] Das Bundesministerium für Gesundheit kann durch Rechtsverordnung mit Zustimmung des Bundesrates das Nähere über die Bestellung der Mitglieder, die Erstattung der baren Auslagen und die Entschädigung für den Zeitaufwand der Mitglieder, das Verfahren sowie über die Verteilung der Kosten regeln. [13] § 129 Absatz 9 Satz 1 bis 3 und 7 sowie Absatz 10 Satz 1 gilt entsprechend.

(5) [1] Über die außerklinische Intensivpflege einschließlich deren Vergütung und Abrechnung schließen die Landesverbände der Krankenkassen und die Ersatzkassen gemeinsam und einheitlich Verträge mit zuverlässigen Leistungserbringern, die

1. eine Wohneinheit für mindestens zwei Versicherte betreiben, die Leistungen nach § 37c in Anspruch nehmen,
2. Leistungen nach § 43 des Elften Buches erbringen,
3. Leistungen nach § 103 Absatz 1 des Neunten Buches[1)] in Einrichtungen oder Räumlichkeiten im Sinne des § 43a des Elften Buches in Verbindung mit § 71 Absatz 4 des Elften Buches erbringen oder
4. außerklinische Intensivpflege an den in § 37c Absatz 2 Satz 1 Nummer 4 genannten Orten erbringen.

[2] Die Bezahlung von Gehältern bis zur Höhe tarifvertraglich vereinbarter Vergütungen sowie entsprechender Vergütungen nach kirchlichen Arbeitsrechtsregelungen kann dabei nicht als unwirtschaftlich abgelehnt werden. [3] Auf Verlangen der Landesverbände der Krankenkassen und der Ersatzkassen oder einer Krankenkasse ist die Zahlung dieser Vergütungen nachzuweisen. [4] Die Leistungserbringer sind verpflichtet, ein einrichtungsinternes Qualitätsmanagement durchzuführen, das den Anforderungen des Absatzes 2 Nummer 4 entspricht, und an Qualitäts- und Abrechnungsprüfungen nach § 275b teilzunehmen; § 114 Absatz 2 des Elften Buches bleibt unberührt. [5] Verträge nach § 132a Absatz 4 gelten so lange fort, bis sie durch Verträge nach Satz 1 abgelöst werden, längstens jedoch für zwölf Monate nach Vereinbarung der Rahmenempfehlungen nach Absatz 1.

(6) [1] Im Fall der Nichteinigung wird der Inhalt des Versorgungsvertrages nach Absatz 5 durch eine von den Vertragspartnern zu bestimmende unabhängige Schiedsperson innerhalb von drei Monaten festgelegt. [2] Einigen sich die Vertragspartner nicht auf eine Schiedsperson, so wird diese vom Bundesamt für Soziale Sicherung innerhalb eines Monats bestimmt. [3] Die Kosten des Schiedsverfahrens tragen die Vertragspartner zu gleichen Teilen.

(7) Die Krankenkassen informieren die für die infektionshygienische Überwachung nach § 23 Absatz 6 Satz 1 und Absatz 6a Satz 1 des Infektionsschutzgesetzes zuständigen Gesundheitsämter über jeden Leistungserbringer, der in ihrem Auftrag Leistungen der außerklinischen Intensivpflege erbringt.

(8) [1] Die Landesverbände der Krankenkassen und die Ersatzkassen erstellen gemeinsam und einheitlich eine Liste der Leistungserbringer, mit denen Verträge nach Absatz 5 bestehen und veröffentlichen sie barrierefrei auf einer eigenen Internetseite. [2] Die Liste ist einmal in jedem Quartal zu aktualisieren. [3] Sie hat Angaben zu Art, Inhalt und Umfang der mit dem Leistungserbringer vertraglich vereinbarten Leistungen der außerklinischen Intensivpflege zu enthalten; sie kann personenbezogene Daten zum Zweck der Kontaktaufnahme mit dem Leistungserbringer enthalten. [4] Die Liste darf keine versichertenbezogenen Angaben enthalten und leistungserbringerbezogene Angaben nur, soweit diese für die Kontaktaufnahme mit dem Leistungserbringer erforderlich sind. [5] Versicherte, die Anspruch auf Leistungen der außerklinischen Intensivpflege nach § 37c haben, erhalten auf Anforderung von ihrer Krankenkasse einen barrierefreien Auszug aus der Liste nach Satz 1 für den Einzugsbereich, in dem die außerklinische Intensivpflege stattfinden soll.

§ 133 Versorgung mit Krankentransportleistungen. (1) [1] Soweit die Entgelte für die Inanspruchnahme von Leistungen des Rettungsdienstes und

---

[1)] Nr. **9**.

anderer Krankentransporte nicht durch landesrechtliche oder kommunalrechtliche Bestimmungen festgelegt werden, schließen die Krankenkassen oder ihre Landesverbände Verträge über die Vergütung dieser Leistungen unter Beachtung des § 71 Abs. 1 bis 3 mit dafür geeigneten Einrichtungen oder Unternehmen. [2]Kommt eine Vereinbarung nach Satz 1 nicht zu Stande und sieht das Landesrecht für diesen Fall eine Festlegung der Vergütungen vor, ist auch bei dieser Festlegung § 71 Abs. 1 bis 3 zu beachten. [3]Sie haben dabei die Sicherstellung der flächendeckenden rettungsdienstlichen Versorgung und die Empfehlungen der Konzertierten Aktion im Gesundheitswesen zu berücksichtigen. [4]Die vereinbarten Preise sind Höchstpreise. [5]Die Preisvereinbarungen haben sich an möglichst preisgünstigen Versorgungsmöglichkeiten auszurichten.

(2) Werden die Entgelte für die Inanspruchnahme von Leistungen des Rettungsdienstes durch landesrechtliche oder kommunalrechtliche Bestimmungen festgelegt, können die Krankenkassen ihre Leistungspflicht zur Übernahme der Kosten auf Festbeträge an die Versicherten in Höhe vergleichbarer wirtschaftlich erbrachter Leistungen beschränken, wenn

1. vor der Entgeltfestsetzung den Krankenkassen oder ihren Verbänden keine Gelegenheit zur Erörterung gegeben wurde,
2. bei der Entgeltbemessung Investitionskosten und Kosten der Reservevorhaltung berücksichtigt worden sind, die durch eine über die Sicherstellung der Leistungen des Rettungsdienstes hinausgehende öffentliche Aufgabe der Einrichtungen bedingt sind, oder
3. die Leistungserbringung gemessen an den rechtlich vorgegebenen Sicherstellungsverpflichtungen unwirtschaftlich ist.

(3) Absatz 1 gilt auch für Leistungen des Rettungsdienstes und andere Krankentransporte im Rahmen des Personenbeförderungsgesetzes.

(4) § 127 Absatz 9 gilt entsprechend.

§ 134 Vereinbarung zwischen dem Spitzenverband Bund der Krankenkassen und den Herstellern digitaler Gesundheitsanwendungen über Vergütungsbeträge; Verordnungsermächtigung. (1) [1]Der Spitzenverband Bund der Krankenkassen vereinbart mit den Herstellern digitaler Gesundheitsanwendungen mit Wirkung für alle Krankenkassen Vergütungsbeträge für digitale Gesundheitsanwendungen. [2]Die Vergütungsbeträge gelten nach dem ersten Jahr nach Aufnahme der jeweiligen digitalen Gesundheitsanwendung in das Verzeichnis für digitale Gesundheitsanwendungen nach § 139e. [3]Gegenstand der Vereinbarungen sollen auch erfolgsabhängige Preisbestandteile sein. [4]Die Hersteller übermitteln dem Spitzenverband Bund der Krankenkassen

1. die Nachweise nach § 139e Absatz 2 und die Ergebnisse einer Erprobung nach § 139e Absatz 4 sowie
2. die Angaben zur Höhe des tatsächlichen Vergütungsbetrags bei Abgabe an Selbstzahler und in anderen europäischen Ländern.

[5]Die Verhandlungen und deren Vorbereitung einschließlich der Beratungsunterlagen und Niederschriften zur Vereinbarung des Vergütungsbetrags sind vertraulich. [6]Eine Vereinbarung nach diesem Absatz kann von einer Vertragspartei frühestens nach einem Jahr gekündigt werden. [7]Die bisherige Vereinbarung gilt bis zum Wirksamwerden einer neuen Vereinbarung fort.

(2) [1]Kommt eine Vereinbarung nach Absatz 1 nicht innerhalb eines Jahres nach Aufnahme der jeweiligen digitalen Gesundheitsanwendung in das Verzeichnis für digitale Gesundheitsanwendungen nach § 139e zustande, setzt die Schiedsstelle nach Absatz 3 innerhalb von drei Monaten die Vergütungsbeträge fest. [2]Dabei ist ein Ausgleich der Differenz zum Abgabepreis nach Absatz 5 für die Zeit nach Ablauf der Jahresfrist nach Satz 1 festzusetzen. [3]Die Schiedsstelle entscheidet unter freier Würdigung aller Umstände des Einzelfalls und berücksichtigt dabei die Besonderheiten des jeweiligen Anwendungsgebietes. [4]Die Schiedsstelle gibt dem Verband der Privaten Krankenversicherung vor ihrer Entscheidung Gelegenheit zur Stellungnahme. [5]Absatz 1 Satz 4 gilt entsprechend. [6]Klagen gegen Entscheidungen der Schiedsstelle haben keine aufschiebende Wirkung. [7]Ein Vorverfahren findet nicht statt. [8]Frühestens ein Jahr nach Festsetzung der Vergütungsbeträge durch die Schiedsstelle können die Vertragsparteien eine neue Vereinbarung über die Vergütungsbeträge nach Absatz 1 schließen. [9]Der Schiedsspruch gilt bis zum Wirksamwerden einer neuen Vereinbarung fort.

(3) [1]Der Spitzenverband Bund der Krankenkassen und die für die Wahrnehmung der wirtschaftlichen Interessen gebildeten maßgeblichen Spitzenorganisationen der Hersteller von digitalen Gesundheitsanwendungen auf Bundesebene bilden eine gemeinsame Schiedsstelle. [2]Sie besteht aus einem unparteiischen Vorsitzenden und zwei weiteren unparteiischen Mitgliedern sowie aus jeweils zwei Vertretern der Krankenkassen und der Hersteller digitaler Gesundheitsanwendungen. [3]Für die unparteiischen Mitglieder sind Stellvertreter zu benennen. [4]Über den Vorsitzenden und die zwei weiteren unparteiischen Mitglieder sowie deren Stellvertreter sollen sich die Verbände nach Satz 1 einigen. [5]Kommt eine Einigung nicht zustande, erfolgt eine Bestellung des unparteiischen Vorsitzenden, der weiteren unparteiischen Mitglieder und deren Stellvertreter durch das Bundesministerium für Gesundheit, nachdem es den Vertragsparteien eine Frist zur Einigung gesetzt hat und diese Frist abgelaufen ist. [6]Die Mitglieder der Schiedsstelle führen ihr Amt als Ehrenamt. [7]Sie sind an Weisungen nicht gebunden. [8]Jedes Mitglied hat eine Stimme. [9]Die Entscheidungen werden mit der Mehrheit der Stimmen der Mitglieder getroffen. [10]Ergibt sich keine Mehrheit, gibt die Stimme des Vorsitzenden den Ausschlag. [11]Das Bundesministerium für Gesundheit kann an der Beratung und Beschlussfassung der Schiedsstelle teilnehmen. [12]Die Patientenorganisationen nach § 140f können beratend an den Sitzungen der Schiedsstelle teilnehmen. [13]Die Schiedsstelle gibt sich eine Geschäftsordnung. [14]Über die Geschäftsordnung entscheiden die unparteiischen Mitglieder im Benehmen mit den Verbänden nach Satz 1. [15]Die Geschäftsordnung bedarf der Genehmigung des Bundesministeriums für Gesundheit. [16]Die Aufsicht über die Geschäftsführung der Schiedsstelle führt das Bundesministerium für Gesundheit. [17]Das Nähere regelt die Rechtsverordnung nach § 139e Absatz 9 Nummer 7.

(4) [1]Die Verbände nach Absatz 3 Satz 1 treffen eine Rahmenvereinbarung über die Maßstäbe für die Vereinbarungen der Vergütungsbeträge. [2]Bei der Rahmenvereinbarung über die Maßstäbe ist zu berücksichtigen, ob und inwieweit der Nachweis positiver Versorgungseffekte nach § 139e Absatz 2 Satz 2 Nummer 3 erbracht ist. [3]Kommt eine Rahmenvereinbarung nicht zustande, setzen die unparteiischen Mitglieder der Schiedsstelle nach Absatz 3 die Rahmenvereinbarung im Benehmen mit den Verbänden auf Antrag einer Vertragspartei nach Absatz 3 Satz 1 fest. [4]Kommt eine Rahmenvereinbarung nicht

innerhalb einer vom Bundesministerium für Gesundheit gesetzten Frist zustande, gilt Satz 3 entsprechend. [5]Absatz 2 Satz 4 bis 7 und 9 gilt entsprechend.

(5) [1]Bis zur Festlegung der Vergütungsbeträge nach Absatz 1 gelten die tatsächlichen Preise der Hersteller von digitalen Gesundheitsanwendungen. [2]In der Rahmenvereinbarung nach Absatz 4 ist das Nähere zu der Ermittlung der tatsächlichen Preise der Hersteller zu regeln. [3]In der Rahmenvereinbarung nach Absatz 4 kann auch Folgendes festgelegt werden:

1. Schwellenwerte für Vergütungsbeträge, unterhalb derer eine dauerhafte Vergütung ohne Vereinbarung nach Absatz 1 erfolgt, und
2. Höchstbeträge für die vorübergehende Vergütung nach Satz 1 für Gruppen vergleichbarer digitaler Gesundheitsanwendungen, auch in Abhängigkeit vom Umfang der Leistungsinanspruchnahme durch Versicherte.

[4]Höchstbeträge nach Satz 3 Nummer 2 müssen für Gruppen vergleichbarer digitaler Gesundheitsanwendungen auch in Abhängigkeit davon festgelegt werden, ob und inwieweit der Nachweis positiver Versorgungseffekte nach § 139e Absatz 2 Satz 2 Nummer 3 bereits erbracht ist. [5]Die nach Satz 3 Nummer 2 für den Fall der vorläufigen Aufnahme in das Verzeichnis für digitale Gesundheitsanwendungen zur Erprobung nach § 139e Absatz 4 zu vereinbarenden Höchstpreise müssen dabei geringer sein als bei einer unmittelbaren dauerhaften Aufnahme nach § 139e Absatz 2 und 3.

§ 134a Versorgung mit Hebammenhilfe. (1) [1]Der Spitzenverband Bund der Krankenkassen schließt mit den für die Wahrnehmung der wirtschaftlichen Interessen gebildeten maßgeblichen Berufsverbänden der Hebammen und den Verbänden der von Hebammen geleiteten Einrichtungen auf Bundesebene mit bindender Wirkung für die Krankenkassen Verträge über die Versorgung mit Hebammenhilfe, die abrechnungsfähigen Leistungen unter Einschluss einer Betriebskostenpauschale bei ambulanten Entbindungen in von Hebammen geleiteten Einrichtungen, die Anforderungen an die Qualitätssicherung in diesen Einrichtungen, die Anforderungen an die Qualität der Hebammenhilfe einschließlich der Verpflichtung der Hebammen zur Teilnahme an Qualitätssicherungsmaßnahmen sowie über die Höhe der Vergütung und die Einzelheiten der Vergütungsabrechnung durch die Krankenkassen. [2]Die Vertragspartner haben dabei den Bedarf der Versicherten an Hebammenhilfe unter Einbeziehung der in § 24f Satz 2 geregelten Wahlfreiheit der Versicherten und deren Qualität, den Grundsatz der Beitragssatzstabilität sowie die berechtigten wirtschaftlichen Interessen der freiberuflich tätigen Hebammen zu berücksichtigen. [3]Bei der Berücksichtigung der wirtschaftlichen Interessen der freiberuflich tätigen Hebammen nach Satz 2 sind insbesondere Kostensteigerungen zu beachten, die die Berufsausübung betreffen.

(1a) [1]Die Vereinbarungen nach Absatz 1 Satz 1 zu den Anforderungen an die Qualität der Hebammenhilfe sind bis zum 31. Dezember 2014 zu treffen. [2]Sie sollen Mindestanforderungen an die Struktur-, Prozess- und Ergebnisqualität umfassen sowie geeignete verwaltungsunaufwendige Verfahren zum Nachweis der Erfüllung dieser Qualitätsanforderungen festlegen.

(1b) [1]Hebammen, die Leistungen der Geburtshilfe erbringen und die Erfüllung der Qualitätsanforderungen nach Absatz 1a nachgewiesen haben, erhalten für Geburten ab dem 1. Juli 2015 einen Sicherstellungszuschlag nach Maßgabe der Vereinbarungen nach Satz 3, wenn ihre wirtschaftlichen Interessen wegen zu geringer Geburtenzahlen bei der Vereinbarung über die Höhe der Vergütung nach Absatz 1 nicht ausreichend berücksichtigt sind. [2] Die Auszahlung des Sicherstellungszuschlags erfolgt nach Ende eines Abrechnungszeitraums auf Antrag der Hebamme durch den Spitzenverband Bund der Krankenkassen. [3] In den Vereinbarungen, die nach Absatz 1 Satz 1 zur Höhe der Vergütung getroffen werden, sind bis zum 1. Juli 2015 die näheren Einzelheiten der Anspruchsvoraussetzungen und des Verfahrens nach Satz 1 zu regeln. [4] Zu treffen sind insbesondere Regelungen über die Höhe des Sicherstellungszuschlags in Abhängigkeit von der Anzahl der betreuten Geburten, der Anzahl der haftpflichtversicherten Monate für Hebammen mit Geburtshilfe ohne Vorschäden und der Höhe der zu entrichtenden Haftpflichtprämie, die Anforderungen an die von der Hebamme zu erbringenden Nachweise sowie die Auszahlungsmodalitäten. [5] Dabei muss die Hebamme gewährleisten, dass sie bei geringer Geburtenzahl unterjährige Wechselmöglichkeiten der Haftpflichtversicherungsform in Anspruch nimmt. [6] Die erforderlichen Angaben nach den Sätzen 3 bis 5 hat die Hebamme im Rahmen ihres Antrags nach Satz 2 zu übermitteln. [7] Für die Erfüllung der Aufgaben nach Satz 2 übermitteln die Krankenkassen dem Spitzenverband Bund der Krankenkassen leistungserbringer- und nicht versichertenbezogen die erforderlichen Daten nach § 301a Absatz 1 Satz 1 Nummer 2 bis 6.

(1c) Die Vertragspartner vereinbaren in den Verträgen nach Absatz 1 Satz 1 bis zum 30. September 2014 zusätzlich zu den nach Absatz 1 Satz 3 vorzunehmenden Vergütungsanpassungen einen Zuschlag auf die Abrechnungspositionen für Geburtshilfeleistungen bei Hausgeburten, außerklinischen Geburten in von Hebammen geleiteten Einrichtungen sowie Geburten durch Beleghebammen in einer Eins-zu-eins-Betreuung ohne Schichtdienst, der von den Krankenkassen für Geburten vom 1. Juli 2014 bis zum 30. Juni 2015 an die Hebammen zu zahlen ist.

(1d) [1] Die Vertragspartner vereinbaren in den Verträgen nach Absatz 1 Satz 1 Pauschalen, die im Verfahren zur Finanzierung von Kosten für die Ausbildung von Hebammenstudierenden in ambulanten hebammengeleiteten Einrichtungen und bei freiberuflichen Hebammen Bestandteil des nach § 17a Absatz 3 des Krankenhausfinanzierungsgesetzes zu vereinbarenden Ausbildungsbudgets werden. [2] Die Pauschalen nach Satz 1 sind erstmals bis zum 31. Dezember 2019 mit Wirkung für diejenigen Hebammen und hebammengeleiteten Einrichtungen, die sich zur berufspraktischen ambulanten Ausbildung von Hebammenstudierenden verpflichtet haben, zu vereinbaren. [3] Für die Kosten der Weiterqualifizierung, die dazu dient, die Hebamme erstmals für die Praxisanleitung nach § 14 des Hebammengesetzes zu qualifizieren, ist eine eigene Pauschale zu bilden. [4] Der Spitzenverband Bund der Krankenkassen veröffentlicht die Pauschalen auf seiner Internetseite; dies gilt auch für eine Festlegung durch die Schiedsstelle gemäß Absatz 3 Satz 3.

(2) [1] Die Verträge nach Absatz 1 haben Rechtswirkung für freiberuflich tätige Hebammen, wenn sie

1. einem Verband nach Absatz 1 Satz 1 auf Bundes- oder Landesebene angehören und die Satzung des Verbandes vorsieht, dass die von dem Verband nach Absatz 1 abgeschlossenen Verträge Rechtswirkung für die dem Verband angehörenden Hebammen haben, oder
2. einem nach Absatz 1 geschlossenen Vertrag beitreten.

[2]Hebammen, für die die Verträge nach Absatz 1 keine Rechtswirkung haben, sind nicht als Leistungserbringer zugelassen. [3]Das Nähere über Form und Verfahren des Nachweises der Mitgliedschaft in einem Verband nach Satz 1 Nr. 1 sowie des Beitritts nach Satz 1 Nr. 2 regelt der Spitzenverband Bund der Krankenkassen.

(2a) [1]Der Spitzenverband Bund der Krankenkassen führt eine Vertragspartnerliste, in der alle zur Leistungserbringung zugelassenen freiberuflichen Hebammen nach Absatz 2 geführt werden. [2]Diese enthält folgende Angaben:

1. Bestehen einer Mitgliedschaft in einem Berufsverband und Name des Berufsverbandes oder
2. Beitritt nach Absatz 2 Nummer 2 und dessen Widerruf sowie
3. Unterbrechung und Beendigung der Tätigkeit,
4. Vorname und Name der Hebamme,
5. Anschrift der Hebamme beziehungsweise der Einrichtung,
6. Telefonnummer der Hebamme,
7. E-Mail-Adresse der Hebamme, soweit vorhanden,
8. Art der Tätigkeit,
9. Kennzeichen nach § 293.

[3]Die Hebammen sind verpflichtet, die Daten nach Satz 2 sowie Änderungen unverzüglich über den Berufsverband, in dem sie Mitglied sind, an den Spitzenverband Bund der Krankenkassen zu übermitteln. [4]Hebammen, die nicht Mitglied in einem Berufsverband sind, haben die Daten sowie Änderungen unmittelbar an den Spitzenverband Bund der Krankenkassen zu übermitteln. [5]Nähere Einzelheiten über die Vertragspartnerliste und die Datenübermittlungen vereinbaren die Vertragspartner im Vertrag nach Absatz 1. [6]Sie können im Vertrag nach Absatz 1 die Übermittlung weiterer, über die Angaben nach Satz 2 hinausgehender Angaben vereinbaren, soweit dies für die Aufgabenerfüllung des Spitzenverbandes Bund der Krankenkassen erforderlich ist.

(2b) [1]Der Spitzenverband Bund der Krankenkassen informiert über die zur Leistungserbringung zugelassenen Hebammen. [2]Er stellt auf seiner Internetseite ein elektronisches Programm zur Verfügung, mit dem die Angaben nach Absatz 2a Satz 2 Nummer 4 und 6 bis 8 sowie gegebenenfalls weitere freiwillig gemeldete Angaben abgerufen werden können.

(2c) [1]Der Spitzenverband Bund der Krankenkassen ist befugt, die Daten nach Absatz 2 zur Erfüllung seiner Aufgaben nach dieser Vorschrift zu verarbeiten. [2]Er ist befugt und verpflichtet, die Daten nach Absatz 2a an die Krankenkassen zu übermitteln.

(3) [1]Kommt ein Vertrag nach Absatz 1 ganz oder teilweise nicht zu Stande, wird der Vertragsinhalt durch die Schiedsstelle nach Absatz 4 festgesetzt. [2]Der bisherige Vertrag gilt bis zur Entscheidung durch die Schiedsstelle vorläufig weiter. [3]Kommt im Fall des Absatzes 1d bis zum 31. Dezember 2019 eine Vereinbarung nicht zustande, haben die Vertragspartner nach Absatz 1 die Schiedsstelle nach Absatz 4 hierüber unverzüglich zu informieren; diese hat von Amts wegen ein Schiedsverfahren einzuleiten und innerhalb von sechs Wochen die Pauschalen nach Absatz 1d festzulegen. [4]Für die nach dem erstmaligen Zustandekommen einer Vereinbarung nach Absatz 1d oder einer Schiedsstellenentscheidung nach Satz 2 zu treffenden Folgeverträge gelten die Sätze 1 und 2.

(4) [1]Der Spitzenverband Bund der Krankenkassen und die für die Wahrnehmung der wirtschaftlichen Interessen gebildeten maßgeblichen Berufsverbände der Hebammen sowie die Verbände der von Hebammen geleiteten Einrichtungen auf Bundesebene bilden eine gemeinsame Schiedsstelle. [2]Sie besteht aus Vertretern der Krankenkassen und der Hebammen in gleicher Zahl sowie aus einem unparteiischen Vorsitzenden und zwei weiteren unparteiischen Mitgliedern. [3]Die Amtsdauer beträgt vier Jahre. [4]Über den Vorsitzenden und die zwei weiteren unparteiischen Mitglieder sowie deren Stellvertreter sollen sich die Vertragspartner einigen. [5]Kommt es nicht zu einer Einigung über die unparteiischen Mitglieder oder deren Stellvertreter, entscheidet das Los, wer das Amt des unparteiischen Vorsitzenden, der weiteren unparteiischen Mitglieder und der Stellvertreter auszuüben hat; die Amtsdauer beträgt in diesem Fall ein Jahr. [6]Im Übrigen gilt § 129 Abs. 9 und 10 entsprechend.

(5) [1]Ein Ersatzanspruch nach § 116 Absatz 1 des Zehnten Buches[1)] wegen Schäden aufgrund von Behandlungsfehlern in der Geburtshilfe kann von Kranken- und Pflegekassen gegenüber freiberuflich tätigen Hebammen nur geltend gemacht werden, wenn der Schaden vorsätzlich oder grob fahrlässig verursacht wurde. [2]Im Fall einer gesamtschuldnerischen Haftung können Kranken- und Pflegekassen einen nach § 116 Absatz 1 des Zehnten Buches übergegangenen Ersatzanspruch im Umfang des Verursachungs- und Verschuldensanteils der nach Satz 1 begünstigten Hebamme gegenüber den übrigen Gesamtschuldnern nicht geltend machen.

(6) Als Hebammen im Sinne dieser Vorschrift gelten auch Entbindungspfleger.

Neunter Abschnitt. Sicherung der Qualität der Leistungserbringung

§ 135 Bewertung von Untersuchungs- und Behandlungsmethoden.

(1) [1]Neue Untersuchungs- und Behandlungsmethoden dürfen in der vertragsärztlichen und vertragszahnärztlichen Versorgung zu Lasten der Krankenkassen nur erbracht werden, wenn der Gemeinsame Bundesausschuss auf Antrag eines Unparteiischen nach § 91 Abs. 2 Satz 1, einer Kassenärztlichen Bundesvereinigung, einer Kassenärztlichen Vereinigung oder des Spitzenverbandes Bund der Krankenkassen in Richtlinien nach § 92 Abs. 1 Satz 2 Nr. 5 Empfehlungen abgegeben hat über

1. die Anerkennung des diagnostischen und therapeutischen Nutzens der neuen Methode sowie deren medizinische Notwendigkeit und Wirtschaftlichkeit – auch im Vergleich zu bereits zu Lasten der Krankenkassen erbrachte Methoden – nach dem jeweiligen Stand der wissenschaftlichen Erkenntnisse in der jeweiligen Therapierichtung,
2. die notwendige Qualifikation der Ärzte, die apparativen Anforderungen sowie Anforderungen an Maßnahmen der Qualitätssicherung, um eine sachgerechte Anwendung der neuen Methode zu sichern, und
3. die erforderlichen Aufzeichnungen über die ärztliche Behandlung.

[2]Der Gemeinsame Bundesausschuss überprüft die zu Lasten der Krankenkassen erbrachten vertragsärztlichen und vertragszahnärztlichen Leistungen daraufhin, ob sie den Kriterien nach Satz 1 Nr. 1 entsprechen. [3]Falls die Überprüfung

---

[1)] Nr. **10**.

ergibt, daß diese Kriterien nicht erfüllt werden, dürfen die Leistungen nicht mehr als vertragsärztliche oder vertragszahnärztliche Leistungen zu Lasten der Krankenkassen erbracht werden. [4]Die Beschlussfassung über die Annahme eines Antrags nach Satz 1 muss spätestens drei Monate nach Antragseingang erfolgen. [5]Das sich anschließende Methodenbewertungsverfahren ist innerhalb von zwei Jahren abzuschließen. [6]Bestehen nach dem Beratungsverlauf im Gemeinsamen Bundesausschuss ein halbes Jahr vor Fristablauf konkrete Anhaltspunkte dafür, dass eine fristgerechte Beschlussfassung nicht zustande kommt, haben die unparteiischen Mitglieder gemeinsam einen eigenen Beschlussvorschlag für eine fristgerechte Entscheidung vorzulegen; die Geschäftsführung ist mit der Vorbereitung des Beschlussvorschlags zu beauftragen. [7]Der Beschlussvorschlag der unparteiischen Mitglieder muss Regelungen zu den notwendigen Anforderungen nach Satz 1 Nummer 2 und 3 enthalten, wenn die unparteiischen Mitglieder vorschlagen, dass die Methode die Kriterien nach Satz 1 Nummer 1 erfüllt. [8]Der Beschlussvorschlag der unparteiischen Mitglieder muss Vorgaben für einen Beschluss einer Richtlinie nach § 137e Absatz 1 und 2 enthalten, wenn die unparteiischen Mitglieder vorschlagen, dass die Methode das Potential einer erforderlichen Behandlungsalternative bietet, ihr Nutzen aber noch nicht hinreichend belegt ist. [9]Der Gemeinsame Bundesausschuss hat innerhalb der in Satz 5 genannten Frist über den Vorschlag der unparteiischen Mitglieder zu entscheiden.

(1a) Für ein Methodenbewertungsverfahren, für das der Antrag nach Absatz 1 Satz 1 vor dem 31. Dezember 2018 angenommen wurde, gilt Absatz 1 mit der Maßgabe, dass das Methodenbewertungsverfahren abweichend von Absatz 1 Satz 5 erst bis zum 31. Dezember 2020 abzuschließen ist.

(2) [1]Für ärztliche und zahnärztliche Leistungen, welche wegen der Anforderungen an ihre Ausführung oder wegen der Neuheit des Verfahrens besonderer Kenntnisse und Erfahrungen (Fachkundenachweis), einer besonderen Praxisausstattung oder anderer Anforderungen an die Versorgungsqualität bedürfen, können die Partner der Bundesmantelverträge einheitlich entsprechende Voraussetzungen für die Ausführung und Abrechnung dieser Leistungen vereinbaren. [2]Soweit für die notwendigen Kenntnisse und Erfahrungen, welche als Qualifikation vorausgesetzt werden müssen, in landesrechtlichen Regelungen zur ärztlichen Berufsausübung, insbesondere solchen des Facharztrechts, bundesweit inhaltsgleich und hinsichtlich der Qualitätsvoraussetzungen nach Satz 1 gleichwertige Qualifikationen eingeführt sind, sind diese notwendige und ausreichende Voraussetzung. [3]Wird die Erbringung ärztlicher Leistungen erstmalig von einer Qualifikation abhängig gemacht, so können die Vertragspartner für Ärzte, welche entsprechende Qualifikationen nicht während einer Weiterbildung erworben haben, übergangsweise Qualifikationen einführen, welche dem Kenntnis- und Erfahrungsstand der facharztrechtlichen Regelungen entsprechen müssen. [4]Abweichend von Satz 2 können die Vertragspartner nach Satz 1 zur Sicherung der Qualität und der Wirtschaftlichkeit der Leistungserbringung Regelungen treffen, nach denen die Erbringung bestimmter medizinisch-technischer Leistungen den Fachärzten vorbehalten ist, für die diese Leistungen zum Kern ihres Fachgebietes gehören. [5]Die nach der Rechtsverordnung nach § 140g anerkannten Organisationen sind vor dem Abschluss von Vereinbarungen nach Satz 1 in die Beratungen der Vertragspartner einzubeziehen; die Organisationen benennen hierzu sachkundige Personen. [6]§ 140f Absatz 5 gilt entsprechend. [7]Das Nähere zum Verfahren vereinbaren die Vertragspartner

nach Satz 1. [8] Für die Vereinbarungen nach diesem Absatz gilt § 87 Absatz 6 Satz 10 entsprechend.

§ 135a Verpflichtung der Leistungserbringer zur Qualitätssicherung.

(1) [1] Die Leistungserbringer sind zur Sicherung und Weiterentwicklung der Qualität der von ihnen erbrachten Leistungen verpflichtet. [2] Die Leistungen müssen dem jeweiligen Stand der wissenschaftlichen Erkenntnisse entsprechen und in der fachlich gebotenen Qualität erbracht werden.

(2) Vertragsärzte, medizinische Versorgungszentren, zugelassene Krankenhäuser, Erbringer von Vorsorgeleistungen oder Rehabilitationsmaßnahmen und Einrichtungen, mit denen ein Versorgungsvertrag nach § 111a besteht, sind nach Maßgabe der §§ 136 bis 136b und 137d verpflichtet,

1. sich an einrichtungsübergreifenden Maßnahmen der Qualitätssicherung zu beteiligen, die insbesondere zum Ziel haben, die Ergebnisqualität zu verbessern und
2. einrichtungsintern ein Qualitätsmanagement einzuführen und weiterzuentwickeln, wozu in Krankenhäusern auch die Verpflichtung zur Durchführung eines patientenorientierten Beschwerdemanagements gehört.

(3) [1] Meldungen und Daten aus einrichtungsinternen und einrichtungsübergreifenden Risikomanagement- und Fehlermeldesystemen nach Absatz 2 in Verbindung mit § 136a Absatz 3 dürfen im Rechtsverkehr nicht zum Nachteil des Meldenden verwendet werden. [2] Dies gilt nicht, soweit die Verwendung zur Verfolgung einer Straftat, die im Höchstmaß mit mehr als fünf Jahren Freiheitsstrafe bedroht ist und auch im Einzelfall besonders schwer wiegt, erforderlich ist und die Erforschung des Sachverhalts oder die Ermittlung des Aufenthaltsorts des Beschuldigten auf andere Weise aussichtslos oder wesentlich erschwert wäre.

§ 135b Förderung der Qualität durch die Kassenärztlichen Vereinigungen. (1) [1] Die Kassenärztlichen Vereinigungen haben Maßnahmen zur Förderung der Qualität der vertragsärztlichen Versorgung durchzuführen. [2] Die Ziele und Ergebnisse dieser Qualitätssicherungsmaßnahmen sind von den Kassenärztlichen Vereinigungen zu dokumentieren und jährlich zu veröffentlichen.

(2) [1] Die Kassenärztlichen Vereinigungen prüfen die Qualität der in der vertragsärztlichen Versorgung erbrachten Leistungen einschließlich der belegärztlichen Leistungen im Einzelfall durch Stichproben; in Ausnahmefällen sind auch Vollerhebungen zulässig. [2] Der Gemeinsame Bundesausschuss entwickelt in Richtlinien nach § 92 Absatz 1 Satz 2 Nummer 13 Kriterien zur Qualitätsbeurteilung in der vertragsärztlichen Versorgung sowie nach Maßgabe des § 299 Absatz 1 und 2 Vorgaben zu Auswahl, Umfang und Verfahren der Qualitätsprüfungen nach Satz 1; dabei sind die Ergebnisse nach § 137a Absatz 3 zu berücksichtigen.

(3) Die Absätze 1 und 2 gelten auch für die im Krankenhaus erbrachten ambulanten ärztlichen Leistungen.

(4) [1] Zur Förderung der Qualität der vertragsärztlichen Versorgung können die Kassenärztlichen Vereinigungen mit einzelnen Krankenkassen oder mit den für ihren Bezirk zuständigen Landesverbänden der Krankenkassen oder den Verbänden der Ersatzkassen unbeschadet der Regelungen des § 87a gesamtvertragliche Vereinbarungen schließen, in denen für bestimmte Leistungen

einheitlich strukturierte und elektronisch dokumentierte besondere Leistungs-, Struktur- oder Qualitätsmerkmale festgelegt werden, bei deren Erfüllung die an dem jeweiligen Vertrag teilnehmenden Ärzte Zuschläge zu den Vergütungen erhalten. [2] In den Verträgen nach Satz 1 ist ein Abschlag von dem nach § 87a Absatz 2 Satz 1 vereinbarten Punktwert für die an dem jeweiligen Vertrag beteiligten Krankenkassen und die von dem Vertrag erfassten Leistungen, die von den an dem Vertrag nicht teilnehmenden Ärzten der jeweiligen Facharztgruppe erbracht werden, zu vereinbaren, durch den die Mehrleistungen nach Satz 1 für die beteiligten Krankenkassen ausgeglichen werden.

§ 135c Förderung der Qualität durch die Deutsche Krankenhausgesellschaft. (1) [1] Die Deutsche Krankenhausgesellschaft fördert im Rahmen ihrer Aufgaben die Qualität der Versorgung im Krankenhaus. [2] Sie hat in ihren Beratungs- und Formulierungshilfen für Verträge der Krankenhäuser mit leitenden Ärzten im Einvernehmen mit der Bundesärztekammer Empfehlungen abzugeben, die sicherstellen, dass Zielvereinbarungen ausgeschlossen sind, die auf finanzielle Anreize insbesondere für einzelne Leistungen, Leistungsmengen, Leistungskomplexe oder Messgrößen hierfür abstellen. [3] Die Empfehlungen sollen insbesondere die Unabhängigkeit medizinischer Entscheidungen sichern.

(2) [1] Der Qualitätsbericht des Krankenhauses nach § 136b Absatz 1 Satz 1 Nummer 3 hat eine Erklärung zu enthalten, die unbeschadet der Rechte Dritter Auskunft darüber gibt, ob sich das Krankenhaus bei Verträgen mit leitenden Ärzten an die Empfehlungen nach Absatz 1 Satz 2 hält. [2] Hält sich das Krankenhaus nicht an die Empfehlungen, hat es unbeschadet der Rechte Dritter anzugeben, welche Leistungen oder Leistungsbereiche von solchen Zielvereinbarungen betroffen sind.

§ 136 Richtlinien des Gemeinsamen Bundesausschusses zur Qualitätssicherung. (1) [1] Der Gemeinsame Bundesausschuss bestimmt für die vertragsärztliche Versorgung und für zugelassene Krankenhäuser grundsätzlich einheitlich für alle Patienten durch Richtlinien nach § 92 Absatz 1 Satz 2 Nummer 13 insbesondere

1. die verpflichtenden Maßnahmen der Qualitätssicherung nach § 135a Absatz 2, § 115b Absatz 1 Satz 3 und § 116b Absatz 4 Satz 4 unter Beachtung der Ergebnisse nach § 137a Absatz 3 sowie die grundsätzlichen Anforderungen an ein einrichtungsinternes Qualitätsmanagement und
2. Kriterien für die indikationsbezogene Notwendigkeit und Qualität der durchgeführten diagnostischen und therapeutischen Leistungen, insbesondere aufwändiger medizintechnischer Leistungen; dabei sind auch Mindestanforderungen an die Struktur-, Prozess- und Ergebnisqualität festzulegen.

[2] Soweit erforderlich erlässt der Gemeinsame Bundesausschuss die notwendigen Durchführungsbestimmungen. [3] Er kann dabei die Finanzierung der notwendigen Strukturen zur Durchführung von Maßnahmen der einrichtungsübergreifenden Qualitätssicherung insbesondere über Qualitätssicherungszuschläge regeln.

(2) [1] Die Richtlinien nach Absatz 1 sind sektorenübergreifend zu erlassen, es sei denn, die Qualität der Leistungserbringung kann nur durch sektorbezogene Regelungen angemessen gesichert werden. [2] Die Regelungen nach § 136a Absatz 4 und § 136b bleiben unberührt.

(3) Der Verband der Privaten Krankenversicherung, die Bundesärztekammer sowie die Berufsorganisationen der Pflegeberufe sind bei den Richtlinien nach § 92 Absatz 1 Satz 2 Nummer 13 zu beteiligen; die Bundespsychotherapeutenkammer und die Bundeszahnärztekammer sind, soweit jeweils die Berufsausübung der Psychotherapeuten oder der Zahnärzte berührt ist, zu beteiligen.

§ 136a Richtlinien des Gemeinsamen Bundesausschusses zur Qualitätssicherung in ausgewählten Bereichen. (1) [1]Der Gemeinsame Bundesausschuss legt in seinen Richtlinien nach § 136 Absatz 1 geeignete Maßnahmen zur Sicherung der Hygiene in der Versorgung fest und bestimmt insbesondere für die einrichtungsübergreifende Qualitätssicherung der Krankenhäuser Indikatoren zur Beurteilung der Hygienequalität. [2]Er hat die Festlegungen nach Satz 1 erstmalig bis zum 31. Dezember 2016 zu beschließen. [3]Der Gemeinsame Bundesausschuss berücksichtigt bei den Festlegungen etablierte Verfahren zur Erfassung, Auswertung und Rückkopplung von nosokomialen Infektionen, antimikrobiellen Resistenzen und zum Antibiotika-Verbrauch sowie die Empfehlungen der nach § 23 Absatz 1 und 2 des Infektionsschutzgesetzes beim Robert Koch-Institut eingerichteten Kommissionen. [4]Die nach der Einführung mit den Indikatoren nach Satz 1 gemessenen und für eine Veröffentlichung geeigneten Ergebnisse sind in den Qualitätsberichten nach § 136b Absatz 1 Satz 1 Nummer 3 darzustellen. [5]Der Gemeinsame Bundesausschuss soll ihm bereits zugängliche Erkenntnisse zum Stand der Hygiene in den Krankenhäusern unverzüglich in die Qualitätsberichte aufnehmen lassen sowie zusätzliche Anforderungen nach § 136b Absatz 6 zur Verbesserung der Informationen über die Hygiene stellen.

(2) [1]Der Gemeinsame Bundesausschuss legt in seinen Richtlinien nach § 136 Absatz 1 geeignete Maßnahmen zur Sicherung der Qualität in der psychiatrischen und psychosomatischen Versorgung fest. [2]Dazu bestimmt er insbesondere verbindliche Mindestvorgaben für die Ausstattung der stationären Einrichtungen mit dem für die Behandlung erforderlichen therapeutischen Personal sowie Indikatoren zur Beurteilung der Struktur-, Prozess- und Ergebnisqualität für die einrichtungs- und sektorenübergreifende Qualitätssicherung in der psychiatrischen und psychosomatischen Versorgung. [3]Die Mindestvorgaben zur Personalausstattung nach Satz 2 sollen möglichst evidenzbasiert sein und zu einer leitliniengerechten Behandlung beitragen. [4]Der Gemeinsame Bundesausschuss bestimmt zu den Mindestvorgaben zur Personalausstattung nach Satz 2 notwendige Ausnahmetatbestände und Übergangsregelungen. [5]Den betroffenen medizinischen Fachgesellschaften ist Gelegenheit zur Stellungnahme zu geben. [6]Die Stellungnahmen sind durch den Gemeinsamen Bundesauschuss in die Entscheidung einzubeziehen. [7]Bei Festlegungen nach den Sätzen 1 und 2 für die kinder- und jugendpsychiatrische Versorgung hat er die Besonderheiten zu berücksichtigen, die sich insbesondere aus den altersabhängigen Anforderungen an die Versorgung von Kindern und Jugendlichen ergeben. [8]Der Gemeinsame Bundesausschuss hat die verbindlichen Mindestvorgaben und Indikatoren nach Satz 2 erstmals bis spätestens zum 30. September 2019 mit Wirkung zum 1. Januar 2020 zu beschließen. [9]Der Gemeinsame Bundesausschuss hat als notwendige Anpassung der Mindestvorgaben erstmals bis zum 30. September 2021 mit Wirkung zum 1. Januar 2022 sicherzustellen, dass die Psychotherapie entsprechend ihrer Bedeutung in der Versorgung psychisch und psychosomatisch Erkrankter durch Mindestvorgaben für die Zahl der vorzuhaltenden Psychotherapeuten abgebildet wird. [10]Informationen über

die Umsetzung der verbindlichen Mindestvorgaben zur Ausstattung mit therapeutischem Personal und die nach der Einführung mit den Indikatoren nach Satz 2 gemessenen und für eine Veröffentlichung geeigneten Ergebnisse sind in den Qualitätsberichten nach § 136b Absatz 1 Satz 1 Nummer 3 darzustellen.

(2a) [1] Der Gemeinsame Bundesausschuss beschließt bis spätestens zum 31. Dezember 2022 in einer Richtlinie nach Absatz 2 Satz 1 ein einrichtungsübergreifendes sektorspezifisches Qualitätssicherungsverfahren für die ambulante psychotherapeutische Versorgung. [2] Er hat dabei insbesondere geeignete Indikatoren zur Beurteilung der Struktur-, Prozess- und Ergebnisqualität sowie Mindestvorgaben für eine einheitliche und standardisierte Dokumentation, die insbesondere eine Beurteilung des Therapieverlaufs ermöglicht, festzulegen. [3] Der Gemeinsame Bundesausschuss beschließt bis zum 31. Dezember 2022 zusätzlich Regelungen, die eine interdisziplinäre Zusammenarbeit in der ambulanten psychotherapeutischen Versorgung unterstützen.

(3) [1] Der Gemeinsame Bundesausschuss bestimmt in seinen Richtlinien über die grundsätzlichen Anforderungen an ein einrichtungsinternes Qualitätsmanagement nach § 136 Absatz 1 Satz 1 Nummer 1 wesentliche Maßnahmen zur Verbesserung der Patientensicherheit und legt insbesondere Mindeststandards für Risikomanagement- und Fehlermeldesysteme fest. [2] Über die Umsetzung von Risikomanagement- und Fehlermeldesystemen in Krankenhäusern ist in den Qualitätsberichten nach § 136b Absatz 1 Satz 1 Nummer 3 zu informieren. [3] Als Grundlage für die Vereinbarung von Vergütungszuschlägen nach § 17b Absatz 1a Nummer 4 des Krankenhausfinanzierungsgesetzes bestimmt der Gemeinsame Bundesausschuss Anforderungen an einrichtungsübergreifende Fehlermeldesysteme, die in besonderem Maße geeignet erscheinen, Risiken und Fehlerquellen in der stationären Versorgung zu erkennen, auszuwerten und zur Vermeidung unerwünschter Ereignisse beizutragen.

(4) [1] Der Gemeinsame Bundesausschuss hat auch Qualitätskriterien für die Versorgung mit Füllungen und Zahnersatz zu beschließen. [2] Bei der Festlegung von Qualitätskriterien für Zahnersatz ist der Verband Deutscher Zahntechniker-Innungen zu beteiligen; die Stellungnahmen sind in die Entscheidung einzubeziehen. [3] Der Zahnarzt übernimmt für Füllungen und die Versorgung mit Zahnersatz eine zweijährige Gewähr. [4] Identische und Teilwiederholungen von Füllungen sowie die Erneuerung und Wiederherstellung von Zahnersatz einschließlich Zahnkronen sind in diesem Zeitraum vom Zahnarzt kostenfrei vorzunehmen. [5] Ausnahmen hiervon bestimmen die Kassenzahnärztliche Bundesvereinigung und der Spitzenverband Bund der Krankenkassen. [6] § 195 des Bürgerlichen Gesetzbuchs bleibt unberührt. [7] Längere Gewährleistungsfristen können zwischen den Kassenzahnärztlichen Vereinigungen und den Landesverbänden der Krankenkassen und den Ersatzkassen sowie in Einzel- oder Gruppenverträgen zwischen Zahnärzten und Krankenkassen vereinbart werden. [8] Die Krankenkassen können hierfür Vergütungszuschläge gewähren; der Eigenanteil der Versicherten bei Zahnersatz bleibt unberührt. [9] Die Zahnärzte, die ihren Patienten eine längere Gewährleistungsfrist einräumen, können dies ihren Patienten bekannt machen.

(5) [1] Der Gemeinsame Bundesausschuss kann im Benehmen mit dem Paul-Ehrlich-Institut in seinen Richtlinien nach § 92 Absatz 1 Satz 2 Nummer 6 für die vertragsärztliche Versorgung und für zugelassene Krankenhäuser Anforderungen an die Qualität der Anwendung von Arzneimitteln für neuartige Therapien im Sinne von § 4 Absatz 9 des Arzneimittelgesetzes festlegen. [2] Er

kann insbesondere Mindestanforderungen an die Struktur-, Prozess- und Ergebnisqualität regeln, die auch indikationsbezogen oder bezogen auf Arzneimittelgruppen festgelegt werden können. [3]Zu den Anforderungen nach den Sätzen 1 und 2 gehören, um eine sachgerechte Anwendung der Arzneimittel für neuartige Therapien im Sinne von § 4 Absatz 9 des Arzneimittelgesetzes zu sichern, insbesondere

1. die notwendige Qualifikation der Leistungserbringer,
2. strukturelle Anforderungen und
3. Anforderungen an sonstige Maßnahmen der Qualitätssicherung.

[4]Soweit erforderlich erlässt der Gemeinsame Bundesausschuss die notwendigen Durchführungsbestimmungen. [5]§ 136 Absatz 2 und 3 gilt entsprechend. [6]Arzneimittel für neuartige Therapien im Sinne von § 4 Absatz 9 des Arzneimittelgesetzes dürfen ausschließlich von Leistungserbringern angewendet werden, die die vom Gemeinsamen Bundesausschuss beschlossenen Mindestanforderungen nach den Sätzen 1 bis 3 erfüllen.

§ 136b Beschlüsse des Gemeinsamen Bundesausschusses zur Qualitätssicherung im Krankenhaus. (1) [1]Der Gemeinsame Bundesausschuss fasst für zugelassene Krankenhäuser grundsätzlich einheitlich für alle Patientinnen und Patienten auch Beschlüsse über

1. die im Abstand von fünf Jahren zu erbringenden Nachweise über die Erfüllung der Fortbildungspflichten der Fachärzte und der Psychotherapeuten,
2. einen Katalog planbarer Leistungen, bei denen die Qualität des Behandlungsergebnisses von der Menge der erbrachten Leistungen abhängig ist, sowie Mindestmengen für die jeweiligen Leistungen je Arzt oder Standort eines Krankenhauses oder je Arzt und Standort eines Krankenhauses und Ausnahmetatbestände,
3. Inhalt, Umfang und Datenformat eines jährlich zu veröffentlichenden strukturierten Qualitätsberichts der zugelassenen Krankenhäuser,
4. vier Leistungen oder Leistungsbereiche, zu denen Verträge nach § 110a mit Anreizen für die Einhaltung besonderer Qualitätsanforderungen erprobt werden sollen,
5. einen Katalog von Leistungen oder Leistungsbereichen, die sich für eine qualitätsabhängige Vergütung mit Zu- und Abschlägen eignen, sowie Qualitätsziele und Qualitätsindikatoren.

[2]§ 136 Absatz 1 Satz 2 gilt entsprechend. [3]Der Verband der Privaten Krankenversicherung, die Bundesärztekammer sowie die Berufsorganisationen der Pflegeberufe sind bei den Beschlüssen nach den Nummern 1 bis 5 zu beteiligen; bei den Beschlüssen nach den Nummern 1 und 3 ist zusätzlich die Bundespsychotherapeutenkammer zu beteiligen.

(2) [1]Die Beschlüsse nach Absatz 1 Satz 1 sind für zugelassene Krankenhäuser unmittelbar verbindlich. [2]Sie haben Vorrang vor Verträgen nach § 112 Absatz 1, soweit diese keine ergänzenden Regelungen zur Qualitätssicherung enthalten. [3]Verträge zur Qualitätssicherung nach § 112 Absatz 1 gelten bis zum Inkrafttreten von Beschlüssen nach Absatz 1 und Richtlinien nach § 136 Absatz 1 fort. [4]Ergänzende Qualitätsanforderungen im Rahmen der Krankenhausplanung der Länder sind zulässig.

(3) [1] Der Gemeinsame Bundesausschuss soll bei den Mindestmengenfestlegungen nach Absatz 1 Satz 1 Nummer 2 Ausnahmetatbestände und Übergangsregelungen vorsehen, um unbillige Härten insbesondere bei nachgewiesener, hoher Qualität unterhalb der festgelegten Mindestmenge zu vermeiden. [2] Er regelt in seiner Verfahrensordnung das Nähere insbesondere zur Auswahl einer planbaren Leistung nach Absatz 1 Satz 1 Nummer 2 sowie zur Festlegung der Höhe einer Mindestmenge. [3] Der Gemeinsame Bundesausschuss soll insbesondere die Auswirkungen von neu festgelegten Mindestmengen möglichst zeitnah evaluieren und die Festlegungen auf der Grundlage des Ergebnisses anpassen.

(4) [1] Wenn die nach Absatz 1 Satz 1 Nummer 2 erforderliche Mindestmenge bei planbaren Leistungen voraussichtlich nicht erreicht wird, dürfen entsprechende Leistungen nicht bewirkt werden. [2] Einem Krankenhaus, das die Leistungen dennoch bewirkt, steht kein Vergütungsanspruch zu. [3] Für die Zulässigkeit der Leistungserbringung muss der Krankenhausträger gegenüber den Landesverbänden der Krankenkassen und der Ersatzkassen jährlich darlegen, dass die erforderliche Mindestmenge im jeweils nächsten Kalenderjahr auf Grund berechtigter mengenmäßiger Erwartungen voraussichtlich erreicht wird (Prognose). [4] Eine berechtigte mengenmäßige Erwartung liegt in der Regel vor, wenn das Krankenhaus im vorausgegangenen Kalenderjahr die maßgebliche Mindestmenge je Arzt oder Standort eines Krankenhauses oder je Arzt und Standort eines Krankenhauses erreicht hat. [5] Der Gemeinsame Bundesausschuss regelt im Beschluss nach Absatz 1 Satz 1 Nummer 2 das Nähere zur Darlegung der Prognose. [6] Die Landesverbände der Krankenkassen und der Ersatzkassen können bei begründeten erheblichen Zweifeln an der Richtigkeit die vom Krankenhausträger getroffene Prognose widerlegen. [7] Gegen die Entscheidung nach Satz 6 ist der Rechtsweg vor den Gerichten der Sozialgerichtsbarkeit gegeben. [8] Ein Vorverfahren findet nicht statt.

(5) [1] Die für die Krankenhausplanung zuständige Landesbehörde kann Leistungen aus dem Katalog nach Absatz 1 Satz 1 Nummer 2 bestimmen, bei denen die Anwendung des Absatzes 4 Satz 1 und 2 die Sicherstellung einer flächendeckenden Versorgung der Bevölkerung gefährden könnte. [2] Die Landesbehörde entscheidet auf Antrag des Krankenhauses für diese Leistungen über die Nichtanwendung des Absatzes 4 Satz 1 und 2.

(6) [1] In dem Bericht nach Absatz 1 Satz 1 Nummer 3 ist der Stand der Qualitätssicherung insbesondere unter Berücksichtigung der Anforderungen nach § 136 Absatz 1 und § 136a sowie der Umsetzung der Regelungen nach Absatz 1 Satz 1 Nummer 1 und 2 darzustellen. [2] Der Bericht hat auch Art und Anzahl der Leistungen des Krankenhauses auszuweisen sowie Informationen zu Nebendiagnosen, die mit wesentlichen Hauptdiagnosen häufig verbunden sind, zu enthalten. [3] Ergebnisse von Patientenbefragungen, soweit diese vom Gemeinsamen Bundesausschuss veranlasst werden, sind in den Qualitätsbericht aufzunehmen. [4] Der Bericht ist in einem für die Abbildung aller Kriterien geeigneten standardisierten Datensatzformat zu erstellen. [5] In einem speziellen Berichtsteil sind die besonders patientenrelevanten Informationen in übersichtlicher Form und in allgemein verständlicher Sprache zusammenzufassen. [6] Besonders patientenrelevant sind insbesondere Informationen zur Patientensicherheit und hier speziell zur Umsetzung des Risiko- und Fehlermanagements, zu Maßnahmen der Arzneimitteltherapiesicherheit, zur Einhaltung von Hygiene-

standards sowie zu Maßzahlen der Personalausstattung in den Fachabteilungen des jeweiligen Krankenhauses.

(7) [1] Die Qualitätsberichte nach Absatz 1 Satz 1 Nummer 3 sind über den in dem Beschluss festgelegten Empfängerkreis hinaus vom Gemeinsamen Bundesausschuss, von den Landesverbänden der Krankenkassen und den Ersatzkassen im Internet zu veröffentlichen. [2] Zum Zwecke der Erhöhung von Transparenz und Qualität der stationären Versorgung können die Kassenärztlichen Vereinigungen sowie die Krankenkassen und ihre Verbände die Vertragsärzte und die Versicherten auf der Basis der Qualitätsberichte auch vergleichend über die Qualitätsmerkmale der Krankenhäuser informieren und Empfehlungen aussprechen. [3] Das Krankenhaus hat den Qualitätsbericht auf der eigenen Internetseite leicht auffindbar zu veröffentlichen.

(8) [1] Der Gemeinsame Bundesauschuss hat das Institut nach § 137a bei den nach Absatz 1 Satz 1 Nummer 4 ausgewählten vier Leistungen oder Leistungsbereichen mit einer Untersuchung zur Entwicklung der Versorgungsqualität nach Abschluss des Erprobungszeitraums zu beauftragen. [2] Gegenstand der Untersuchung ist auch ein Vergleich der Versorgungsqualität von Krankenhäusern mit und ohne Vertrag nach § 110a.

(9) [1] Der Gemeinsame Bundesausschuss hat die Festlegungen zu den Leistungen oder Leistungsbereichen nach Absatz 1 Satz 1 Nummer 5, die sich für eine qualitätsabhängige Vergütung eignen, erstmals bis spätestens zum 31. Dezember 2017 zu beschließen. [2] Qualitätszu- und -abschläge für die Einhaltung oder Nichteinhaltung von Mindestanforderungen nach § 136 Absatz 1 Satz 1 Nummer 2 sind ausgeschlossen. [3] Der Gemeinsame Bundesausschuss regelt ein Verfahren, das den Krankenkassen und den Krankenhäusern ermöglicht, auf der Grundlage der beschlossenen Festlegungen Qualitätszuschläge für außerordentlich gute und Qualitätsabschläge für unzureichende Leistungen zu vereinbaren. [4] Hierfür hat er insbesondere jährlich Bewertungskriterien für außerordentlich gute und unzureichende Qualität zu veröffentlichen, möglichst aktuelle Datenübermittlungen der Krankenhäuser zu den festgelegten Qualitätsindikatoren an das Institut nach § 137a vorzusehen und die Auswertung der Daten sicherzustellen. [5] Die Auswertungsergebnisse sind den Krankenkassen und den Krankenhäusern jeweils zeitnah zur Verfügung zu stellen; dies kann über eine Internetplattform erfolgen. [6] Die Krankenkassen geben in das Informationsangebot nach Satz 5 regelmäßig Angaben ein, welche Krankenhäuser Qualitätszu- oder -abschläge für welche Leistungen oder Leistungsbereiche erhalten; den für die Krankenhausplanung zuständigen Landesbehörden ist der Zugang zu diesen Informationen zu eröffnen.

§ 136c Beschlüsse des Gemeinsamen Bundesausschusses zu Qualitätssicherung und Krankenhausplanung. (1) [1] Der Gemeinsame Bundesausschuss beschließt Qualitätsindikatoren zur Struktur-, Prozess- und Ergebnisqualität, die als Grundlage für qualitätsorientierte Entscheidungen der Krankenhausplanung geeignet sind und nach § 6 Absatz 1a des Krankenhausfinanzierungsgesetzes Bestandteil des Krankenhausplans werden. [2] Der Gemeinsame Bundesausschuss übermittelt die Beschlüsse zu diesen planungsrelevanten Qualitätsindikatoren als Empfehlungen an die für die Krankenhausplanung zuständigen Landesbehörden; § 91 Absatz 6 bleibt unberührt.

(2) [1] Der Gemeinsame Bundesausschuss übermittelt den für die Krankenhausplanung zuständigen Landesbehörden sowie den Landesverbänden der

Krankenkassen und den Ersatzkassen regelmäßig einrichtungsbezogen Auswertungsergebnisse der einrichtungsübergreifenden Qualitätssicherung zu nach Absatz 1 Satz 1 beschlossenen planungsrelevanten Qualitätsindikatoren sowie Maßstäbe und Kriterien zur Bewertung der Qualitätsergebnisse von Krankenhäusern. [2]Die Maßstäbe und Kriterien müssen eine Bewertung der Qualitätsergebnisse von Krankenhäusern insbesondere im Hinblick darauf ermöglichen, ob eine in einem erheblichen Maß unzureichende Qualität im Sinne von § 8 Absatz 1a Satz 1 und Absatz 1b des Krankenhausfinanzierungsgesetzes und § 109 Absatz 3 Satz 1 Nummer 2 vorliegt. [3]Hierfür hat der Gemeinsame Bundesausschuss sicherzustellen, dass die Krankenhäuser dem Institut nach § 137a zu den planungsrelevanten Qualitätsindikatoren quartalsweise Daten der einrichtungsübergreifenden Qualitätssicherung liefern. [4]Er soll das Auswertungsverfahren einschließlich des strukturierten Dialogs für diese Indikatoren um sechs Monate verkürzen.

(3) [1]Der Gemeinsame Bundesausschuss beschließt erstmals bis zum 31. Dezember 2016 bundeseinheitliche Vorgaben für die Vereinbarung von Sicherstellungszuschlägen nach § 17b Absatz 1a Nummer 6 des Krankenhausfinanzierungsgesetzes in Verbindung mit § 5 Absatz 2 des Krankenhausentgeltgesetzes. [2]Der Gemeinsame Bundesausschuss hat insbesondere Vorgaben zu beschließen

1. zur Erreichbarkeit (Minutenwerte) für die Prüfung, ob die Leistungen durch ein anderes geeignetes Krankenhaus, das die Leistungsart erbringt, ohne Zuschlag erbracht werden können,
2. zur Frage, wann ein geringer Versorgungsbedarf besteht, und
3. zur Frage, für welche Leistungen die notwendige Vorhaltung für die Versorgung der Bevölkerung sicherzustellen ist.

[3]Bei dem Beschluss sind die planungsrelevanten Qualitätsindikatoren nach Absatz 1 Satz 1 zu berücksichtigen. [4]Der Gemeinsame Bundesausschuss legt in dem Beschluss auch das Nähere über die Prüfung der Einhaltung der Vorgaben durch die zuständige Landesbehörde nach § 5 Absatz 2 Satz 5 des Krankenhausentgeltgesetzes fest. [5]Den betroffenen medizinischen Fachgesellschaften ist Gelegenheit zur Stellungnahme zu geben. [6]Die Stellungnahmen sind bei der Beschlussfassung zu berücksichtigen.

(4) [1]Der Gemeinsame Bundesausschuss beschließt bis zum 31. Dezember 2017 ein gestuftes System von Notfallstrukturen in Krankenhäusern, einschließlich einer Stufe für die Nichtteilnahme an der Notfallversorgung. [2]Hierbei sind für jede Stufe der Notfallversorgung insbesondere Mindestvorgaben zur Art und Anzahl von Fachabteilungen, zur Anzahl und Qualifikation des vorzuhaltenden Fachpersonals sowie zum zeitlichen Umfang der Bereitstellung von Notfallleistungen differenziert festzulegen. [3]Der Gemeinsame Bundesausschuss berücksichtigt bei diesen Festlegungen planungsrelevante Qualitätsindikatoren nach Absatz 1 Satz 1, soweit diese für die Notfallversorgung von Bedeutung sind. [4]Den betroffenen medizinischen Fachgesellschaften ist Gelegenheit zur Stellungnahme zu geben. [5]Die Stellungnahmen sind bei der Beschlussfassung zu berücksichtigen. [6]Der Gemeinsame Bundesausschuss führt vor Beschlussfassung eine Folgenabschätzung durch und berücksichtigt deren Ergebnisse.

(5) [1]Der Gemeinsame Bundesausschuss beschließt bis zum 31. Dezember 2019 Vorgaben zur Konkretisierung der besonderen Aufgaben von Zentren und Schwerpunkten nach § 2 Absatz 2 Satz 2 Nummer 4 des Krankenhaus-

entgeltgesetzes. [2] Die besonderen Aufgaben können sich insbesondere ergeben aus

a) einer überörtlichen und krankenhausübergreifenden Aufgabenwahrnehmung,
b) der Erforderlichkeit von besonderen Vorhaltungen eines Krankenhauses, insbesondere in Zentren für seltene Erkrankungen, oder
c) der Notwendigkeit der Konzentration der Versorgung an einzelnen Standorten wegen außergewöhnlicher technischer und personeller Voraussetzungen.

[3] Zu gewährleisten ist, dass es sich nicht um Aufgaben handelt, die bereits durch Entgelte nach dem Krankenhausentgeltgesetz oder nach den Regelungen dieses Buches finanziert werden. [4] § 17b Absatz 1 Satz 10 des Krankenhausfinanzierungsgesetzes bleibt unberührt. [5] Soweit dies für die Erfüllung der besonderen Aufgaben erforderlich ist, sind zu erfüllende Qualitätsanforderungen festzulegen, insbesondere Vorgaben zur Art und Anzahl von Fachabteilungen, zu einzuhaltenden Mindestfallzahlen oder zur Zusammenarbeit mit anderen Einrichtungen. [6] Den betroffenen medizinischen Fachgesellschaften ist Gelegenheit zur Stellungnahme zu geben. [7] Die Stellungnahmen sind bei der Beschlussfassung zu berücksichtigen.

(6) Für Beschlüsse nach den Absätzen 1 bis 5 gilt § 94 entsprechend.

§ 136d Evaluation und Weiterentwicklung der Qualitätssicherung durch den Gemeinsamen Bundesausschuss. [1] Der Gemeinsame Bundesausschuss hat den Stand der Qualitätssicherung im Gesundheitswesen festzustellen, sich daraus ergebenden Weiterentwicklungsbedarf zu benennen, eingeführte Qualitätssicherungsmaßnahmen auf ihre Wirksamkeit hin zu bewerten und Empfehlungen für eine an einheitlichen Grundsätzen ausgerichtete sowie sektoren- und berufsgruppenübergreifende Qualitätssicherung im Gesundheitswesen einschließlich ihrer Umsetzung zu erarbeiten. [2] Er erstellt in regelmäßigen Abständen einen Bericht über den Stand der Qualitätssicherung.

§ 137 Durchsetzung und Kontrolle der Qualitätsanforderungen des Gemeinsamen Bundesausschusses. (1) [1] Der Gemeinsame Bundesausschuss hat zur Förderung der Qualität ein gestuftes System von Folgen der Nichteinhaltung von Qualitätsanforderungen nach den §§ 136 bis 136c festzulegen. [2] Er ist ermächtigt, neben Maßnahmen zur Beratung und Unterstützung bei der Qualitätsverbesserung je nach Art und Schwere von Verstößen gegen wesentliche Qualitätsanforderungen angemessene Durchsetzungsmaßnahmen vorzusehen. [3] Solche Maßnahmen können insbesondere sein

1. Vergütungsabschläge,
2. der Wegfall des Vergütungsanspruchs für Leistungen, bei denen Mindestanforderungen nach § 136 Absatz 1 Satz 1 Nummer 2 nicht erfüllt sind,
3. die Information Dritter über die Verstöße,
4. die einrichtungsbezogene Veröffentlichung von Informationen zur Nichteinhaltung von Qualitätsanforderungen.

[4] Die Maßnahmen sind verhältnismäßig zu gestalten und anzuwenden. [5] Der Gemeinsame Bundesausschuss trifft die Festlegungen nach den Sätzen 1 bis 4 und zu den Stellen, denen die Durchsetzung der Maßnahmen obliegt, in grundsätzlicher Weise in einer Richtlinie nach § 92 Absatz 1 Satz 2 Num-

mer 13. [6] Die Festlegungen nach Satz 5 sind vom Gemeinsamen Bundesausschuss in einzelnen Richtlinien und Beschlüssen jeweils für die in ihnen geregelten Qualitätsanforderungen zu konkretisieren. [7] Bei wiederholten oder besonders schwerwiegenden Verstößen kann er von dem nach Satz 1 vorgegebenen gestuften Verfahren abweichen.

(2) [1] Der Gemeinsame Bundesausschuss legt in seinen Richtlinien über Maßnahmen der einrichtungsübergreifenden Qualitätssicherung eine Dokumentationsrate von 100 Prozent für dokumentationspflichtige Datensätze der Krankenhäuser fest. [2] Er hat bei der Unterschreitung dieser Dokumentationsrate Vergütungsabschläge nach § 8 Absatz 4 des Krankenhausentgeltgesetzes oder § 8 Absatz 4 der Bundespflegesatzverordnung vorzusehen, es sei denn, das Krankenhaus weist nach, dass die Unterschreitung unverschuldet ist.

(3) [1] Der Gemeinsame Bundesausschuss regelt in einer Richtlinie die Einzelheiten zu den Kontrollen des Medizinischen Dienstes der Krankenversicherung nach § 275a, die durch Anhaltspunkte begründet sein müssen, die die Einhaltung der Qualitätsanforderungen nach § 136 Absatz 1 Satz 1 Nummer 2 oder § 136a Absatz 5 zum Gegenstand haben, oder als Stichprobenprüfungen erforderlich sind. [2] Er trifft insbesondere Festlegungen, welche Stellen die Kontrollen beauftragen, welche Anhaltspunkte Kontrollen auch unangemeldet rechtfertigen, zu Art, Umfang und zum Verfahren der Kontrollen sowie zum Umgang mit den Ergebnissen und zu deren Folgen. [3] Die Krankenkassen und die die Kontrollen beauftragenden Stellen sind befugt und verpflichtet, die für das Verfahren zur Durchführung von Stichprobenprüfungen erforderlichen einrichtungsbezogenen Daten an die vom Gemeinsamen Bundesausschuss zur Auswahl der zu prüfenden Leistungserbringer bestimmte Stelle zu übermitteln, und diese Stelle ist befugt, die ihr übermittelten Daten zu diesem Zweck zu verarbeiten, soweit dies in der Richtlinie nach Satz 1 vorgesehen ist. [4] Der Gemeinsame Bundesausschuss hat bei den Festlegungen nach Satz 2 vorzusehen, dass die nach Absatz 1 Satz 5 für die Durchsetzung der Qualitätsanforderungen zuständigen Stellen zeitnah einrichtungsbezogen über die Prüfergebnisse informiert werden. [5] Er legt fest, in welchen Fällen der Medizinische Dienst der Krankenversicherung die Prüfergebnisse wegen erheblicher Verstöße gegen Qualitätsanforderungen unverzüglich einrichtungsbezogen an Dritte, insbesondere an jeweils zuständige Behörden der Länder zu übermitteln hat. [6] Die Festlegungen des Gemeinsamen Bundesausschusses nach den Sätzen 1 und 2 sollen eine möglichst aufwandsarme Durchführung der Kontrollen nach § 275a unterstützen.

§ 137a Institut für Qualitätssicherung und Transparenz im Gesundheitswesen. (1) [1] Der Gemeinsame Bundesausschuss nach § 91 gründet ein fachlich unabhängiges, wissenschaftliches Institut für Qualitätssicherung und Transparenz im Gesundheitswesen. [2] Hierzu errichtet er eine Stiftung des privaten Rechts, die Trägerin des Instituts ist.

(2) [1] Der Vorstand der Stiftung bestellt die Institutsleitung mit Zustimmung des Bundesministeriums für Gesundheit. [2] Das Bundesministerium für Gesundheit entsendet ein Mitglied in den Vorstand der Stiftung.

(3) [1] Das Institut arbeitet im Auftrag des Gemeinsamen Bundesausschusses an Maßnahmen zur Qualitätssicherung und zur Darstellung der Versorgungsqualität im Gesundheitswesen. [2] Es soll insbesondere beauftragt werden,

1. für die Messung und Darstellung der Versorgungsqualität möglichst sektorenübergreifend abgestimmte risikoadjustierte Indikatoren und Instrumente einschließlich Module für ergänzende Patientenbefragungen zu entwickeln,
2. die notwendige Dokumentation für die einrichtungsübergreifende Qualitätssicherung unter Berücksichtigung des Gebotes der Datensparsamkeit zu entwickeln,
3. sich an der Durchführung der einrichtungsübergreifenden Qualitätssicherung zu beteiligen und dabei, soweit erforderlich, die weiteren Einrichtungen nach Satz 3 einzubeziehen,
4. die Ergebnisse der Qualitätssicherungsmaßnahmen in geeigneter Weise und in einer für die Allgemeinheit verständlichen Form zu veröffentlichen,
5. auf der Grundlage geeigneter Daten, die in den Qualitätsberichten der Krankenhäuser veröffentlicht werden, einrichtungsbezogen vergleichende risikoadjustierte Übersichten über die Qualität in maßgeblichen Bereichen der stationären Versorgung zu erstellen und in einer für die Allgemeinheit verständlichen Form im Internet zu veröffentlichen; Ergebnisse nach Nummer 6 sollen einbezogen werden,
6. für die Weiterentwicklung der Qualitätssicherung zu ausgewählten Leistungen die Qualität der ambulanten und stationären Versorgung zusätzlich auf der Grundlage geeigneter Sozialdaten darzustellen, die dem Institut von den Krankenkassen nach § 299 Absatz 1a auf der Grundlage von Richtlinien und Beschlüssen des Gemeinsamen Bundesausschusses übermittelt werden, sowie
7. Kriterien zur Bewertung von Zertifikaten und Qualitätssiegeln, die in der ambulanten und stationären Versorgung verbreitet sind, zu entwickeln und anhand dieser Kriterien über die Aussagekraft dieser Zertifikate und Qualitätssiegel in einer für die Allgemeinheit verständlichen Form zu informieren.

[3] In den Fällen, in denen weitere Einrichtungen an der Durchführung der verpflichtenden Maßnahmen der Qualitätssicherung nach § 136 Absatz 1 Satz 1 Nummer 1 mitwirken, haben diese dem Institut nach Absatz 1 auf der Grundlage der Richtlinien des Gemeinsamen Bundesausschusses zur einrichtungsübergreifenden Qualitätssicherung die für die Wahrnehmung seiner Aufgaben nach Satz 2 erforderlichen Daten zu übermitteln.

(4) [1] Die den Gemeinsamen Bundesausschuss bildenden Institutionen, die unparteiischen Mitglieder des Gemeinsamen Bundesausschusses, das Bundesministerium für Gesundheit und die für die Wahrnehmung der Interessen der Patientinnen und Patienten und der Selbsthilfe chronisch kranker und behinderter Menschen maßgeblichen Organisationen auf Bundesebene können die Beauftragung des Instituts beim Gemeinsamen Bundesausschuss beantragen. [2] Das Bundesministerium für Gesundheit kann das Institut unmittelbar mit Untersuchungen und Handlungsempfehlungen zu den Aufgaben nach Absatz 3 für den Gemeinsamen Bundesausschuss beauftragen. [3] Das Institut kann einen Auftrag des Bundesministeriums für Gesundheit ablehnen, es sei denn, das Bundesministerium für Gesundheit übernimmt die Finanzierung der Bearbeitung des Auftrags. [4] Das Institut kann sich auch ohne Auftrag mit Aufgaben nach Absatz 3 befassen; der Vorstand der Stiftung ist hierüber von der Institutsleitung unverzüglich zu informieren. [5] Für die Tätigkeit nach Satz 4 können jährlich bis zu 10 Prozent der Haushaltsmittel eingesetzt werden, die dem Institut zur Verfügung stehen. [6] Die Ergebnisse der Arbeiten nach Satz 4 sind

dem Gemeinsamen Bundesausschuss und dem Bundesministerium für Gesundheit vor der Veröffentlichung vorzulegen.

(5) [1]Das Institut hat zu gewährleisten, dass die Aufgaben nach Absatz 3 auf Basis der maßgeblichen, international anerkannten Standards der Wissenschaften erfüllt werden. [2]Hierzu ist in der Stiftungssatzung ein wissenschaftlicher Beirat aus unabhängigen Sachverständigen vorzusehen, der das Institut in grundsätzlichen Fragen berät. [3]Die Mitglieder des wissenschaftlichen Beirats werden auf Vorschlag der Institutsleitung einvernehmlich vom Vorstand der Stiftung bestellt. [4]Der wissenschaftliche Beirat kann dem Institut Vorschläge für eine Befassung nach Absatz 4 Satz 4 machen.

(6) Zur Erledigung der Aufgaben nach Absatz 3 kann das Institut im Einvernehmen mit dem Gemeinsamen Bundesausschuss insbesondere Forschungs- und Entwicklungsaufträge an externe Sachverständige vergeben; soweit hierbei personenbezogene Daten übermittelt werden sollen, gilt § 299.

(7) Bei der Entwicklung der Inhalte nach Absatz 3 sind zu beteiligen:

1. die Kassenärztlichen Bundesvereinigungen,
2. die Deutsche Krankenhausgesellschaft,
3. der Spitzenverband Bund der Krankenkassen,
4. der Verband der Privaten Krankenversicherung,
5. die Bundesärztekammer, die Bundeszahnärztekammer und die Bundespsychotherapeutenkammer,
6. die Berufsorganisationen der Krankenpflegeberufe,
7. die wissenschaftlichen medizinischen Fachgesellschaften,
8. das Deutsche Netzwerk Versorgungsforschung,
9. die für die Wahrnehmung der Interessen der Patientinnen und Patienten und der Selbsthilfe chronisch kranker und behinderter Menschen maßgeblichen Organisationen auf Bundesebene,
10. der oder die Beauftragte der Bundesregierung für die Belange der Patientinnen und Patienten,
11. zwei von der Gesundheitsministerkonferenz der Länder zu bestimmende Vertreter sowie
12. die Bundesoberbehörden im Geschäftsbereich des Bundesministeriums für Gesundheit, soweit ihre Aufgabenbereiche berührt sind.

(8) Für die Finanzierung des Instituts gilt § 139c entsprechend.

(9) Zur Sicherstellung der fachlichen Unabhängigkeit des Instituts hat der Stiftungsvorstand dafür Sorge zu tragen, dass Interessenkonflikte von Beschäftigten des Instituts sowie von allen anderen an der Aufgabenerfüllung nach Absatz 3 beteiligten Personen und Institutionen vermieden werden.

(10) [1]Der Gemeinsame Bundesausschuss kann das Institut oder eine andere an der einrichtungsübergreifenden Qualitätssicherung beteiligte Stelle beauftragen, die bei den verpflichtenden Maßnahmen der Qualitätssicherung nach § 136 Absatz 1 Satz 1 Nummer 1 erhobenen Daten auf Antrag eines Dritten für Zwecke der wissenschaftlichen Forschung und der Weiterentwicklung der Qualitätssicherung auszuwerten. [2]Jede natürliche oder juristische Person kann hierzu beim Gemeinsamen Bundesausschuss oder bei einer nach Satz 1 beauftragten Stelle einen Antrag auf Auswertung und Übermittlung der Auswertungsergebnisse stellen. [3]Das Institut oder eine andere nach Satz 1 beauftragte

Stelle übermittelt dem Antragstellenden nach Prüfung des berechtigten Interesses die anonymisierten Auswertungsergebnisse, wenn dieser sich bei der Antragstellung zur Übernahme der entstehenden Kosten bereit erklärt hat. [4] Der Gemeinsame Bundesausschuss regelt in der Verfahrensordnung für die Auswertung der nach § 136 Absatz 1 Satz 1 Nummer 1 erhobenen Daten und die Übermittlung der Auswertungsergebnisse unter Beachtung datenschutzrechtlicher Vorgaben und des Gebotes der Datensicherheit ein transparentes Verfahren sowie das Nähere zum Verfahren der Kostenübernahme nach Satz 3. [5] Der Gemeinsame Bundesausschuss hat zur Verbesserung des Datenschutzes und der Datensicherheit das für die Wahrnehmung der Aufgaben nach den Sätzen 1 und 3 notwendige Datenschutzkonzept regelmäßig durch unabhängige Gutachter prüfen und bewerten zu lassen; das Ergebnis der Prüfung ist zu veröffentlichen.

(11) [1] Der Gemeinsame Bundesausschuss beauftragt das Institut, die bei den verpflichtenden Maßnahmen der Qualitätssicherung nach § 136 Absatz 1 Satz 1 Nummer 1 erhobenen Daten den für die Krankenhausplanung zuständigen Landesbehörden oder von diesen bestimmten Stellen auf Antrag für konkrete Zwecke der qualitätsorientierten Krankenhausplanung oder ihrer Weiterentwicklung, soweit erforderlich auch einrichtungsbezogen sowie versichertenbezogen, in pseudonymisierter Form zu übermitteln. [2] Die Landesbehörde hat ein berechtigtes Interesse an der Verarbeitung der Daten darzulegen und sicherzustellen, dass die Daten nur für die im Antrag genannten konkreten Zwecke verarbeitet werden. [3] Eine Übermittlung der Daten durch die Landesbehörden oder von diesen bestimmten Stellen an Dritte ist nicht zulässig. [4] In dem Antrag ist der Tag, bis zu dem die übermittelten Daten aufbewahrt werden dürfen, genau zu bezeichnen. [5] Absatz 10 Satz 3 bis 5 gilt entsprechend.

§ 137b Aufträge des Gemeinsamen Bundesausschusses an das Institut nach § 137a. (1) [1] Der Gemeinsame Bundesausschuss beschließt zur Entwicklung und Durchführung der Qualitätssicherung sowie zur Verbesserung der Transparenz über die Qualität der ambulanten und stationären Versorgung Aufträge nach § 137a Absatz 3 an das Institut nach § 137a. [2] Soweit hierbei personenbezogene Daten verarbeitet werden sollen, gilt § 299.

(2) [1] Das Institut nach § 137a leitet die Arbeitsergebnisse der Aufträge nach § 137a Absatz 3 Satz 1 und 2 und Absatz 4 Satz 2 dem Gemeinsamen Bundesausschuss als Empfehlungen zu. [2] Der Gemeinsame Bundesausschuss hat die Empfehlungen im Rahmen seiner Aufgabenstellung zu berücksichtigen.

§ 137c Bewertung von Untersuchungs- und Behandlungsmethoden im Krankenhaus. (1) [1] Der Gemeinsame Bundesausschuss nach § 91 überprüft auf Antrag eines Unparteiischen nach § 91 Absatz 2 Satz 1, des Spitzenverbandes Bund der Krankenkassen, der Deutschen Krankenhausgesellschaft oder eines Bundesverbandes der Krankenhausträger Untersuchungs- und Behandlungsmethoden, die zu Lasten der gesetzlichen Krankenkassen im Rahmen einer Krankenhausbehandlung angewandt werden oder angewandt werden sollen, daraufhin, ob sie für eine ausreichende, zweckmäßige und wirtschaftliche Versorgung der Versicherten unter Berücksichtigung des allgemein anerkannten Standes der medizinischen Erkenntnisse erforderlich sind. [2] Ergibt die Überprüfung, dass der Nutzen einer Methode nicht hinreichend belegt ist und sie nicht das Potenzial einer erforderlichen Behandlungsalternative bietet, insbesondere weil sie schädlich oder unwirksam ist, erlässt der Gemeinsame

Bundesausschuss eine entsprechende Richtlinie, wonach die Methode im Rahmen einer Krankenhausbehandlung nicht mehr zulasten der Krankenkassen erbracht werden darf. [3] Ergibt die Überprüfung, dass der Nutzen einer Methode noch nicht hinreichend belegt ist, sie aber das Potenzial einer erforderlichen Behandlungsalternative bietet, beschließt der Gemeinsame Bundesausschuss eine Richtlinie zur Erprobung nach § 137e. [4] Nach Abschluss der Erprobung erlässt der Gemeinsame Bundesausschuss eine Richtlinie, wonach die Methode im Rahmen einer Krankenhausbehandlung nicht mehr zulasten der Krankenkassen erbracht werden darf, wenn die Überprüfung unter Hinzuziehung der durch die Erprobung gewonnenen Erkenntnisse ergibt, dass die Methode nicht den Kriterien nach Satz 1 entspricht. [5] Die Beschlussfassung über die Annahme eines Antrags nach Satz 1 muss spätestens drei Monate nach Antragseingang erfolgen. [6] Das sich anschließende Methodenbewertungsverfahren ist in der Regel innerhalb von spätestens drei Jahren abzuschließen, es sei denn, dass auch bei Straffung des Verfahrens im Einzelfall eine längere Verfahrensdauer erforderlich ist.

(2) [1] Wird eine Beanstandung des Bundesministeriums für Gesundheit nach § 94 Abs. 1 Satz 2 nicht innerhalb der von ihm gesetzten Frist behoben, kann das Bundesministerium die Richtlinie erlassen. [2] Ab dem Tag des Inkrafttretens einer Richtlinie nach Absatz 1 Satz 2 oder 4 darf die ausgeschlossene Methode im Rahmen einer Krankenhausbehandlung nicht mehr zu Lasten der Krankenkassen erbracht werden; die Durchführung klinischer Studien bleibt von einem Ausschluss nach Absatz 1 Satz 4 unberührt.

(3) [1] Untersuchungs- und Behandlungsmethoden, zu denen der Gemeinsame Bundesausschuss bisher keine Entscheidung nach Absatz 1 getroffen hat, dürfen im Rahmen einer Krankenhausbehandlung angewandt und von den Versicherten beansprucht werden, wenn sie das Potential einer erforderlichen Behandlungsalternative bieten und ihre Anwendung nach den Regeln der ärztlichen Kunst erfolgt, sie also insbesondere medizinisch indiziert und notwendig ist. [2] Dies gilt sowohl für Methoden, für die noch kein Antrag nach Absatz 1 Satz 1 gestellt wurde, als auch für Methoden, deren Bewertung nach Absatz 1 noch nicht abgeschlossen ist.

§ 137d Qualitätssicherung bei der ambulanten und stationären Vorsorge oder Rehabilitation. (1) [1] Für stationäre Rehabilitationseinrichtungen, mit denen ein Vertrag nach § 111 oder § 111a und für ambulante Rehabilitationseinrichtungen, mit denen ein Vertrag über die Erbringung ambulanter Leistungen zur medizinischen Rehabilitation nach § 111c Absatz 1 besteht, vereinbart der Spitzenverband Bund der Krankenkassen auf der Grundlage der Empfehlungen nach § 37 Absatz 1 des Neunten Buches[1)] mit den für die Wahrnehmung der Interessen der ambulanten und stationären Rehabilitationseinrichtungen und der Einrichtungen des Müttergenesungswerks oder gleichartiger Einrichtungen auf Bundesebene maßgeblichen Spitzenorganisationen die Maßnahmen der Qualitätssicherung nach § 135a Abs. 2 Nr. 1. [2] Die Kosten der Auswertung von Maßnahmen der einrichtungsübergreifenden Qualitätssicherung tragen die Krankenkassen anteilig nach ihrer Belegung der Einrichtungen oder Fachabteilungen. [3] Das einrichtungsinterne Qualitätsmanagement

[1)] Nr. 9.

und die Verpflichtung zur Zertifizierung für stationäre Rehabilitationseinrichtungen richten sich nach § 37 des Neunten Buches.

(2) [1] Für stationäre Vorsorgeeinrichtungen, mit denen ein Versorgungsvertrag nach § 111 und für Einrichtungen, mit denen ein Versorgungsvertrag nach § 111a besteht, vereinbart der Spitzenverband Bund der Krankenkassen mit den für die Wahrnehmung der Interessen der stationären Vorsorgeeinrichtungen und der Einrichtungen des Müttergenesungswerks oder gleichartiger Einrichtungen auf Bundesebene maßgeblichen Spitzenorganisationen die Maßnahmen der Qualitätssicherung nach § 135a Abs. 2 Nr. 1 und die Anforderungen an ein einrichtungsinternes Qualitätsmanagement nach § 135a Abs. 2 Nr. 2. [2] Dabei sind die gemeinsamen Empfehlungen nach § 37 Absatz 1 des Neunten Buches zu berücksichtigen und in ihren Grundzügen zu übernehmen. [3] Die Kostentragungspflicht nach Absatz 1 Satz 3 gilt entsprechend.

(3) Für Leistungserbringer, die ambulante Vorsorgeleistungen nach § 23 Abs. 2 erbringen, vereinbart der Spitzenverband Bund der Krankenkassen mit der Kassenärztlichen Bundesvereinigung und den maßgeblichen Bundesverbänden der Leistungserbringer, die ambulante Vorsorgeleistungen durchführen, die grundsätzlichen Anforderungen an ein einrichtungsinternes Qualitätsmanagement nach § 135a Abs. 2 Nr. 2.

(4) [1] Die Vertragspartner haben durch geeignete Maßnahmen sicherzustellen, dass die Anforderungen an die Qualitätssicherung für die ambulante und stationäre Vorsorge und Rehabilitation einheitlichen Grundsätzen genügen, und die Erfordernisse einer sektor- und berufsgruppenübergreifenden Versorgung angemessen berücksichtigt sind. [2] Bei Vereinbarungen nach den Absätzen 1 und 2 ist der Bundesärztekammer, der Bundespsychotherapeutenkammer und der Deutschen Krankenhausgesellschaft Gelegenheit zur Stellungnahme zu geben.

§ 137e Erprobung von Untersuchungs- und Behandlungsmethoden.

(1) [1] Gelangt der Gemeinsame Bundesausschuss bei der Prüfung von Untersuchungs- und Behandlungsmethoden nach § 135 oder § 137c zu der Feststellung, dass eine Methode das Potenzial einer erforderlichen Behandlungsalternative bietet, ihr Nutzen aber noch nicht hinreichend belegt ist, muss der Gemeinsame Bundesausschuss unter Aussetzung seines Bewertungsverfahrens gleichzeitig eine Richtlinie zur Erprobung beschließen, um die notwendigen Erkenntnisse für die Bewertung des Nutzens der Methode zu gewinnen. [2] Aufgrund der Richtlinie wird die Untersuchungs- oder Behandlungsmethode in einem befristeten Zeitraum im Rahmen der Krankenbehandlung oder der Früherkennung zulasten der Krankenkassen erbracht.

(2) [1] Der Gemeinsame Bundesausschuss regelt in der Richtlinie nach Absatz 1 Satz 1 die in die Erprobung einbezogenen Indikationen und die sächlichen, personellen und sonstigen Anforderungen an die Qualität der Leistungserbringung im Rahmen der Erprobung. [2] Er legt zudem Anforderungen an die Durchführung, die wissenschaftliche Begleitung und die Auswertung der Erprobung fest. [3] Für Krankenhäuser, die nicht an der Erprobung teilnehmen, kann der Gemeinsame Bundesausschuss nach den §§ 136 bis 136b Anforderungen an die Qualität der Leistungserbringung regeln. [4] Die Anforderungen an die Erprobung haben unter Berücksichtigung der Versorgungsrealität zu gewährleisten, dass die Erprobung und die Leistungserbringung durchgeführt werden können. [5] Die Erprobung hat innerhalb von 18 Monaten nach Inkraft-

treten des Beschlusses über die Erprobungsrichtlinie zu beginnen. [6]Eine Erprobung beginnt mit der Behandlung der Versicherten im Rahmen der Erprobung. [7]Kommt eine Erprobung nicht fristgerecht zustande, hat der Gemeinsame Bundesausschuss seine Vorgaben in der Erprobungsrichtlinie innerhalb von drei Monaten zu überprüfen und anzupassen und dem Bundesministerium für Gesundheit über die Überprüfung und Anpassung der Erprobungsrichtlinie und Maßnahmen zur Förderung der Erprobung zu berichten.

(3) An der vertragsärztlichen Versorgung teilnehmende Leistungserbringer und nach § 108 zugelassene Krankenhäuser können in dem erforderlichen Umfang an der Erprobung einer Untersuchungs- oder Behandlungsmethode teilnehmen, wenn sie gegenüber der wissenschaftlichen Institution nach Absatz 5 nachweisen, dass sie die Anforderungen nach Absatz 2 erfüllen.

(4) [1]Die von den Leistungserbringern nach Absatz 3 im Rahmen der Erprobung erbrachten und verordneten Leistungen werden unmittelbar von den Krankenkassen vergütet. [2]Bei voll- und teilstationären Krankenhausleistungen werden diese durch Entgelte nach § 17b oder § 17d des Krankenhausfinanzierungsgesetzes oder nach der Bundespflegesatzverordnung vergütet. [3]Kommt für eine neue Untersuchungs- oder Behandlungsmethode, die mit pauschalierten Pflegesätzen nach § 17 Absatz 1a des Krankenhausfinanzierungsgesetzes noch nicht sachgerecht vergütet werden kann, eine sich auf den gesamten Erprobungszeitraum beziehende Vereinbarung nach § 6 Absatz 2 Satz 1 des Krankenhausentgeltgesetzes oder nach § 6 Absatz 4 Satz 1 der Bundespflegesatzverordnung nicht innerhalb von drei Monaten nach Inkrafttreten des Beschlusses über die Erprobungsrichtlinie zustande, wird ihr Inhalt durch die Schiedsstelle nach § 13 des Krankenhausentgeltgesetzes oder nach § 13 der Bundespflegesatzverordnung festgelegt. [4]Bei Methoden, die auch ambulant angewandt werden können, wird die Höhe der Vergütung für die ambulante Leistungserbringung durch den ergänzten Bewertungsausschuss in der Zusammensetzung nach § 87 Absatz 5a im einheitlichen Bewertungsmaßstab für ärztliche Leistungen innerhalb von drei Monaten nach Inkrafttreten des Beschlusses über die Erprobungsrichtlinie geregelt. [5]Kommt ein Beschluss des ergänzten Bewertungsausschusses nicht fristgerecht zustande, entscheidet der ergänzte erweiterte Bewertungsausschuss im Verfahren nach § 87 Absatz 5a Satz 2 bis 7. [6]Klagen gegen die Festlegung des Vertragsinhalts haben keine aufschiebende Wirkung.

(5) [1]Für die wissenschaftliche Begleitung und Auswertung der Erprobung schließt der Gemeinsame Bundesausschuss mit den maßgeblichen Wissenschaftsverbänden einen Rahmenvertrag, der insbesondere die Unabhängigkeit der beteiligten wissenschaftlichen Institutionen gewährleistet, oder beauftragt eigenständig eine unabhängige wissenschaftliche Institution. [2]An der Erprobung beteiligte Medizinproduktehersteller oder Unternehmen, die als Anbieter der zu erprobenden Methode ein wirtschaftliches Interesse an einer Erbringung zulasten der Krankenkassen haben, können auch selbst eine unabhängige wissenschaftliche Institution auf eigene Kosten mit der wissenschaftlichen Begleitung und Auswertung der Erprobung beauftragen, wenn sie diese Absicht innerhalb eines vom Gemeinsamen Bundesausschuss bestimmten Zeitraums nach Inkrafttreten der Richtlinie nach Absatz 1, der zwei Monate nicht unterschreiten darf, dem Gemeinsamen Bundesausschuss mitteilen. [3]Die an der Erprobung teilnehmenden Leistungserbringer sind verpflichtet, die für die wissenschaftliche Begleitung und Auswertung erforderlichen Daten zu doku-

mentieren und der beauftragten Institution zur Verfügung zu stellen. [4]Sofern hierfür personenbezogene Daten der Versicherten benötigt werden, ist vorher deren Einwilligung einzuholen. [5]Für den zusätzlichen Aufwand im Zusammenhang mit der Durchführung der Erprobung erhalten die an der Erprobung teilnehmenden Leistungserbringer von der beauftragten Institution eine angemessene Aufwandsentschädigung.

(6) Die Kosten einer von ihm nach Absatz 5 Satz 1 rahmenvertraglich veranlassten oder eigenständig beauftragten wissenschaftlichen Begleitung und Auswertung der Erprobung trägt der Gemeinsame Bundesausschuss.

(7) [1]Unabhängig von einem Beratungsverfahren nach § 135 oder § 137c können Hersteller eines Medizinprodukts, auf dessen Einsatz die technische Anwendung einer neuen Untersuchungs- oder Behandlungsmethode maßgeblich beruht, und Unternehmen, die in sonstiger Weise als Anbieter einer neuen Methode ein wirtschaftliches Interesse an einer Erbringung zulasten der Krankenkassen haben, beim Gemeinsamen Bundesausschuss beantragen, dass dieser eine Richtlinie zur Erprobung der neuen Methode nach Absatz 1 beschließt. [2]Der Antragsteller hat aussagekräftige Unterlagen vorzulegen, aus denen hervorgeht, dass die Methode hinreichendes Potenzial für eine Erprobung bietet. [3]Der Gemeinsame Bundesausschuss entscheidet innerhalb von drei Monaten nach Antragstellung auf der Grundlage der vom Antragsteller zur Begründung seines Antrags vorgelegten Unterlagen. [4]Beschließt der Gemeinsame Bundesausschuss eine Erprobung, entscheidet er im Anschluss an die Erprobung auf der Grundlage der gewonnenen Erkenntnisse unverzüglich über eine Richtlinie nach § 135 oder § 137c. [5]Die Möglichkeit einer Aussetzung des Bewertungsverfahrens im Falle des Fehlens noch erforderlicher Erkenntnisse bleibt unberührt. [6]Die Kostentragung hinsichtlich der wissenschaftlichen Begleitung und Auswertung der Erprobung richtet sich nach Absatz 5 Satz 2 oder Absatz 6. [7]Wenn der Gemeinsame Bundesausschuss die Durchführung einer Erprobung ablehnt, weil er den Nutzen der Methode bereits als hinreichend belegt ansieht, gilt Satz 4 entsprechend.

(8) [1]Der Gemeinsame Bundesausschuss berät Hersteller von Medizinprodukten und sonstige Unternehmen im Sinne von Absatz 7 Satz 1 zu den Voraussetzungen der Erbringung einer Untersuchungs- oder Behandlungsmethode zulasten der Krankenkassen, zu dem Verfahren der Erprobung sowie zu der Möglichkeit, anstelle des Gemeinsamen Bundesausschusses eine unabhängige wissenschaftliche Institution auf eigene Kosten mit der wissenschaftlichen Begleitung und Auswertung der Erprobung zu beauftragen. [2]Das Nähere einschließlich der Erstattung der für diese Beratung entstandenen Kosten ist in der Verfahrensordnung zu regeln.

§ 137f Strukturierte Behandlungsprogramme bei chronischen Krankheiten. (1) [1]Der Gemeinsame Bundesausschuss nach § 91 legt in Richtlinien nach Maßgabe von Satz 2 geeignete chronische Krankheiten fest, für die strukturierte Behandlungsprogramme entwickelt werden sollen, die den Behandlungsablauf und die Qualität der medizinischen Versorgung chronisch Kranker verbessern. [2]Bei der Auswahl der chronischen Krankheiten sind insbesondere die folgenden Kriterien zu berücksichtigen:

1. Zahl der von der Krankheit betroffenen Versicherten,
2. Möglichkeiten zur Verbesserung der Qualität der Versorgung,
3. Verfügbarkeit von evidenzbasierten Leitlinien,

4. sektorenübergreifender Behandlungsbedarf,
5. Beeinflussbarkeit des Krankheitsverlaufs durch Eigeninitiative des Versicherten und
6. hoher finanzieller Aufwand der Behandlung.

[3] Bis zum 31. Dezember 2016 legt der Gemeinsame Bundesausschuss weitere in § 408 Satz 1 nicht genannte, geeignete chronische Krankheiten fest und erlässt insbesondere für die Behandlung von Rückenleiden und Depressionen jeweils entsprechende Richtlinien nach Absatz 2.

(2) [1] Der Gemeinsame Bundesausschuss nach § 91 erlässt Richtlinien zu den Anforderungen an die Ausgestaltung von Behandlungsprogrammen nach Absatz 1. [2] Zu regeln sind insbesondere Anforderungen an die

1. Behandlung nach dem aktuellen Stand der medizinischen Wissenschaft unter Berücksichtigung von evidenzbasierten Leitlinien oder nach der jeweils besten, verfügbaren Evidenz sowie unter Berücksichtigung des jeweiligen Versorgungssektors,
2. durchzuführenden Qualitätssicherungsmaßnahmen unter Berücksichtigung der Ergebnisse nach § 137a Absatz 3,
3. Voraussetzungen für die Einschreibung des Versicherten in ein Programm,
4. Schulungen der Leistungserbringer und der Versicherten,
5. Dokumentation einschließlich der für die Durchführung der Programme erforderlichen personenbezogenen Daten und deren Aufbewahrungsfristen,
6. Bewertung der Auswirkungen der Versorgung in den Programmen (Evaluation).

[3] Soweit diese Anforderungen Inhalte der ärztlichen Therapie betreffen, schränken sie den zur Erfüllung des ärztlichen Behandlungsauftrags im Einzelfall erforderlichen ärztlichen Behandlungsspielraum nicht ein. [4] Der Spitzenverband Bund der Krankenkassen hat den Medizinischen Dienst Bund zu beteiligen. [5] Den für die Wahrnehmung der Interessen der ambulanten und stationären Vorsorge- und Rehabilitationseinrichtungen und der Selbsthilfe sowie den für die sonstigen Leistungserbringer auf Bundesebene maßgeblichen Spitzenorganisationen, soweit ihre Belange berührt sind, sowie dem Bundesamt für Soziale Sicherung und den jeweils einschlägigen wissenschaftlichen Fachgesellschaften ist Gelegenheit zur Stellungnahme zu geben; die Stellungnahmen sind in die Entscheidungen mit einzubeziehen. [6] Der Gemeinsame Bundesausschuss nach § 91 hat seine Richtlinien regelmäßig zu überprüfen.

(3) [1] Für die Versicherten ist die Teilnahme an Programmen nach Absatz 1 freiwillig. [2] Voraussetzung für die Einschreibung ist die nach umfassender Information durch die Krankenkasse erteilte schriftliche oder elektronische Einwilligung zur Teilnahme an dem Programm, zur Verarbeitung der in den Richtlinien des Gemeinsamen Bundesausschusses nach Absatz 2 festgelegten Daten durch die Krankenkasse, die Sachverständigen nach Absatz 4 und die beteiligten Leistungserbringer sowie zur Übermittlung dieser Daten an die Krankenkasse. [3] Die Einwilligung kann widerrufen werden.

(4) [1] Die Krankenkassen oder ihre Verbände haben nach den Richtlinien des Gemeinsamen Bundesausschusses nach Absatz 2 eine externe Evaluation der für dieselbe Krankheit nach Absatz 1 zugelassenen Programme nach Absatz 1 durch einen vom Bundesamt für Soziale Sicherung im Benehmen mit der Krankenkasse oder dem Verband auf deren Kosten bestellten unabhängigen

Sachverständigen auf der Grundlage allgemein anerkannter wissenschaftlicher Standards zu veranlassen, die zu veröffentlichen ist. [2] Die Krankenkassen oder ihre Verbände erstellen für die Programme zudem für jedes volle Kalenderjahr Qualitätsberichte nach den Vorgaben der Richtlinien des Gemeinsamen Bundesausschusses nach Absatz 2, die dem Bundesamt für Soziale Sicherung jeweils bis zum 1. Oktober des Folgejahres vorzulegen sind.

(5) [1] Die Verbände der Krankenkassen und der Spitzenverband Bund der Krankenkassen unterstützen ihre Mitglieder bei dem Aufbau und der Durchführung von Programmen nach Absatz 1; hierzu gehört auch, dass die in Satz 2 genannten Aufträge auch von diesen Verbänden erteilt werden können, soweit hierdurch bundes- oder landeseinheitliche Vorgaben umgesetzt werden sollen. [2] Die Krankenkassen können ihre Aufgaben zur Durchführung von mit zugelassenen Leistungserbringern vertraglich vereinbarten Programmen nach Absatz 1 auf Dritte übertragen. [3] § 80 des Zehnten Buches[1)] bleibt unberührt.

(6) *(aufgehoben)*

(7) [1] Die Krankenkassen oder ihre Landesverbände können mit zugelassenen Krankenhäusern, die an der Durchführung eines strukturierten Behandlungsprogramms nach Absatz 1 teilnehmen, Verträge über ambulante ärztliche Behandlung schließen, soweit die Anforderungen an die ambulante Leistungserbringung in den Verträgen zu den strukturierten Behandlungsprogrammen dies erfordern. [2] Für die sächlichen und personellen Anforderungen an die ambulante Leistungserbringung des Krankenhauses gelten als Mindestvoraussetzungen die Anforderungen nach § 135 entsprechend.

(8) [1] Der Gemeinsame Bundesausschuss prüft bei der Erstfassung einer Richtlinie zu den Anforderungen nach Absatz 2 sowie bei jeder regelmäßigen Überprüfung seiner Richtlinien nach Absatz 2 Satz 6 die Aufnahme geeigneter digitaler medizinischer Anwendungen. [2] Den für die Wahrnehmung der Interessen der Anbieter digitaler medizinischer Anwendungen auf Bundesebene maßgeblichen Spitzenorganisationen ist Gelegenheit zur Stellungnahme zu geben; die Stellungnahmen sind in die Entscheidungen einzubeziehen. [3] Die Krankenkassen oder ihre Landesverbände können den Einsatz digitaler medizinischer Anwendungen in den Programmen auch dann vorsehen, wenn sie bisher nicht vom Gemeinsamen Bundesausschuss in die Richtlinien zu den Anforderungen nach Absatz 2 aufgenommen wurden.

§ 137g Zulassung strukturierter Behandlungsprogramme. (1) [1] Das Bundesamt für Soziale Sicherung hat auf Antrag einer oder mehrerer Krankenkassen oder eines Verbandes der Krankenkassen die Zulassung von Programmen nach § 137f Abs. 1 zu erteilen, wenn die Programme und die zu ihrer Durchführung geschlossenen Verträge die in den Richtlinien des Gemeinsamen Bundesausschusses nach § 137f und in der Rechtsverordnung nach § 266 Absatz 8 Satz 1 genannten Anforderungen erfüllen. [2] Dabei kann es wissenschaftliche Sachverständige hinzuziehen. [3] Die Zulassung kann mit Auflagen und Bedingungen versehen werden. [4] Die Zulassung ist innerhalb von drei Monaten zu erteilen. [5] Die Frist nach Satz 4 gilt als gewahrt, wenn die Zulassung aus Gründen, die von der Krankenkasse zu vertreten sind, nicht innerhalb dieser Frist erteilt werden kann. [6] Die Zulassung wird mit dem Tage wirksam, an dem die in den Richtlinien des Gemeinsamen Bundesausschusses

---

[1)] Nr. **10**.

nach § 137f und in der Rechtsverordnung nach § 266 Absatz 8 Satz 1 genannten Anforderungen erfüllt und die Verträge nach Satz 1 geschlossen sind, frühestens mit dem Tag der Antragstellung, nicht jedoch vor dem Inkrafttreten dieser Richtlinien und Verordnungsregelungen. [7] Für die Bescheiderteilung sind Kosten deckende Gebühren zu erheben. [8] Die Kosten werden nach dem tatsächlich entstandenen Personal- und Sachaufwand berechnet. [9] Zusätzlich zu den Personalkosten entstehende Verwaltungsausgaben sind den Kosten in ihrer tatsächlichen Höhe hinzuzurechnen. [10] Soweit dem Bundesamt für Soziale Sicherung im Zusammenhang mit der Zulassung von Programmen nach § 137f Abs. 1 notwendige Vorhaltekosten entstehen, die durch die Gebühren nach Satz 7 nicht gedeckt sind, sind diese aus dem Gesundheitsfonds zu finanzieren. [11] Das Nähere über die Berechnung der Kosten nach den Sätzen 8 und 9 und über die Berücksichtigung der Kosten nach Satz 10 im Risikostrukturausgleich regelt das Bundesministerium für Gesundheit ohne Zustimmung des Bundesrates in der Rechtsverordnung nach § 266 Absatz 8 Satz 1. [12] In der Rechtsverordnung nach § 266 Absatz 8 Satz 1 kann vorgesehen werden, dass die tatsächlich entstandenen Kosten nach den Sätzen 8 und 9 auf der Grundlage pauschalierter Kostensätze zu berechnen sind. [13] Klagen gegen die Gebührenbescheide des Bundesamtes für Soziale Sicherung haben keine aufschiebende Wirkung.

(2) [1] Die Programme und die zu ihrer Durchführung geschlossenen Verträge sind unverzüglich, spätestens innerhalb eines Jahres an Änderungen der in den Richtlinien des Gemeinsamen Bundesausschusses nach § 137f und der in der Rechtsverordnung nach § 266 Absatz 8 Satz 1 genannten Anforderungen anzupassen. [2] Satz 1 gilt entsprechend für Programme, deren Zulassung bei Inkrafttreten von Änderungen der in den Richtlinien des Gemeinsamen Bundesausschusses nach § 137f und der in der Rechtsverordnung nach § 266 Absatz 8 Satz 1 genannten Anforderungen bereits beantragt ist. [3] Die Krankenkasse hat dem Bundesamt für Soziale Sicherung die angepassten Verträge unverzüglich vorzulegen und es über die Anpassung der Programme unverzüglich zu unterrichten. [4] Abweichend von § 140a Absatz 1 Satz 4 müssen Verträge, die nach § 73a, § 73c oder § 140a in der jeweils am 22. Juli 2015 geltenden Fassung zur Durchführung der Programme geschlossen wurden, nicht bis zum 31. Dezember 2024 durch Verträge nach § 140a ersetzt oder beendet werden; wird ein solcher Vertrag durch einen Vertrag nach § 140a ersetzt, folgt daraus allein keine Pflicht zur Vorlage oder Unterrichtung nach Satz 3.

(3) [1] Die Zulassung eines Programms ist mit Wirkung zum Zeitpunkt der Änderung der Verhältnisse aufzuheben, wenn das Programm und die zu seiner Durchführung geschlossenen Verträge die rechtlichen Anforderungen nicht mehr erfüllen. [2] Die Zulassung ist mit Wirkung zum Beginn des Bewertungszeitraums aufzuheben, für den die Evaluation nach § 137f Absatz 4 Satz 1 nicht gemäß den Anforderungen nach den Richtlinien des Gemeinsamen Bundesausschusses nach § 137f durchgeführt wurde. [3] Sie ist mit Wirkung zum Beginn des Kalenderjahres aufzuheben, für das ein Qualitätsbericht nach § 137f Absatz 4 Satz 2 nicht fristgerecht vorgelegt worden ist.

§ 137h Bewertung neuer Untersuchungs- und Behandlungsmethoden mit Medizinprodukten hoher Risikoklasse. (1) [1] Wird hinsichtlich einer neuen Untersuchungs- oder Behandlungsmethode, deren technische Anwendung maßgeblich auf dem Einsatz eines Medizinprodukts mit hoher Risikoklasse beruht, erstmalig eine Anfrage nach § 6 Absatz 2 Satz 3 des

Krankenhausentgeltgesetzes gestellt, hat das anfragende Krankenhaus im Einvernehmen mit dem Hersteller des Medizinprodukts dem Gemeinsamen Bundesausschuss zugleich Informationen über den Stand der wissenschaftlichen Erkenntnisse zu dieser Methode sowie zu der Anwendung des Medizinprodukts, insbesondere Daten zum klinischen Nutzen und vollständige Daten zu durchgeführten klinischen Studien mit dem Medizinprodukt, zu übermitteln. [2]Nur wenn die Methode ein neues theoretisch-wissenschaftliches Konzept aufweist, erfolgt eine Bewertung nach Satz 4. [3]Vor der Bewertung gibt der Gemeinsame Bundesausschuss innerhalb von zwei Wochen nach Eingang der Informationen im Wege einer öffentlichen Bekanntmachung im Internet allen Krankenhäusern, die eine Erbringung der neuen Untersuchungs- oder Behandlungsmethode vorsehen, sowie weiteren betroffenen Medizinprodukteherstellern in der Regel einen Monat Gelegenheit, weitere Informationen im Sinne von Satz 1 an ihn zu übermitteln. [4]Der Gemeinsame Bundesausschuss nimmt auf Grundlage der übermittelten Informationen innerhalb von drei Monaten eine Bewertung vor, ob

1. der Nutzen der Methode unter Anwendung des Medizinprodukts als hinreichend belegt anzusehen ist,
2. die Schädlichkeit oder die Unwirksamkeit der Methode unter Anwendung des Medizinprodukts als belegt anzusehen ist oder
3. weder der Nutzen noch die Schädlichkeit oder die Unwirksamkeit der Methode unter Anwendung des Medizinprodukts als belegt anzusehen ist.

[5]Für den Beschluss des Gemeinsamen Bundesausschusses nach Satz 4 gilt § 94 Absatz 2 Satz 1 entsprechend. [6]Das Nähere zum Verfahren ist erstmals innerhalb von drei Monaten nach Inkrafttreten der Rechtsverordnung nach Absatz 2 in der Verfahrensordnung zu regeln. [7]Satz 1 ist erst ab dem Zeitpunkt des Inkrafttretens der Verfahrensordnung anzuwenden.

(2) [1]Medizinprodukte mit hoher Risikoklasse nach Absatz 1 Satz 1 sind solche, die der Risikoklasse IIb oder III nach Artikel 9 in Verbindung mit Anhang IX der Richtlinie 93/42/EWG des Rates vom 14. Juni 1993 über Medizinprodukte (ABl. L 169 vom 12.7.1993, S. 1), die zuletzt durch Artikel 2 der Richtlinie 2007/47/EG (ABl. L 247 vom 21.9.2007, S. 21) geändert worden ist, oder den aktiven implantierbaren Medizinprodukten zuzuordnen sind und deren Anwendung einen besonders invasiven Charakter aufweist. [2]Eine Methode weist ein neues theoretisch-wissenschaftliches Konzept im Sinne von Absatz 1 Satz 2 auf, wenn sich ihr Wirkprinzip oder ihr Anwendungsgebiet von anderen, in der stationären Versorgung bereits eingeführten systematischen Herangehensweisen wesentlich unterscheidet. [3]Nähere Kriterien zur Bestimmung der in den Sätzen 1 und 2 genannten Voraussetzungen regelt das Bundesministerium für Gesundheit im Benehmen mit dem Bundesministerium für Bildung und Forschung erstmals bis zum 31. Dezember 2015 durch Rechtsverordnung ohne Zustimmung des Bundesrates.

(3) [1]Für eine Methode nach Absatz 1 Satz 4 Nummer 1 prüft der Gemeinsame Bundesausschuss, ob Anforderungen an die Qualität der Leistungserbringung nach den §§ 136 bis 136b zu regeln sind. [2]Wenn die Methode mit pauschalierten Pflegesätzen nach § 17 Absatz 1a des Krankenhausfinanzierungsgesetzes noch nicht sachgerecht vergütet werden kann und eine Vereinbarung nach § 6 Absatz 2 Satz 1 des Krankenhausentgeltgesetzes oder nach § 6 Absatz 4 Satz 1 der Bundespflegesatzverordnung nicht innerhalb von drei Monaten nach

dem Beschluss nach Absatz 1 Satz 4 zustande kommt, ist ihr Inhalt durch die Schiedsstelle nach § 13 des Krankenhausentgeltgesetzes oder nach § 13 der Bundespflegesatzverordnung festzulegen. [3]Der Anspruch auf die vereinbarte oder durch die Schiedsstelle festgelegte Vergütung gilt für Behandlungsfälle, die ab dem Zeitpunkt der Anfrage nach § 6 Absatz 2 Satz 3 des Krankenhausentgeltgesetzes oder nach § 6 Absatz 4 Satz 2 der Bundespflegesatzverordnung in das Krankenhaus aufgenommen worden sind. [4]Für die Abwicklung des Vergütungsanspruchs, der zwischen dem Zeitpunkt nach Satz 3 und der Abrechnung der vereinbarten oder durch die Schiedsstelle festgelegten Vergütung entstanden ist, ermitteln die Vertragsparteien nach § 11 des Krankenhausentgeltgesetzes oder nach § 11 der Bundespflegesatzverordnung die Differenz zwischen der vereinbarten oder durch die Schiedsstelle festgelegten Vergütung und der für die Behandlungsfälle bereits gezahlten Vergütung; für die ermittelte Differenz ist § 15 Absatz 3 des Krankenhausentgeltgesetzes oder § 15 Absatz 2 der Bundespflegesatzverordnung entsprechend anzuwenden.

(4) [1]Für eine Methode nach Absatz 1 Satz 4 Nummer 3 entscheidet der Gemeinsame Bundesausschuss innerhalb von sechs Monaten nach dem Beschluss nach Absatz 1 Satz 4 über eine Richtlinie zur Erprobung nach § 137e; eine Prüfung des Potentials der Methode erfolgt nicht. [2]Wenn die Methode mit pauschalierten Pflegesätzen nach § 17 Absatz 1a des Krankenhausfinanzierungsgesetzes noch nicht sachgerecht vergütet werden kann und eine Vereinbarung nach § 6 Absatz 2 Satz 1 des Krankenhausentgeltgesetzes oder nach § 6 Absatz 4 Satz 1 der Bundespflegesatzverordnung nicht innerhalb von drei Monaten nach dem Beschluss nach Absatz 1 Satz 4 zustande kommt, ist ihr Inhalt durch die Schiedsstelle nach § 13 des Krankenhausentgeltgesetzes oder nach § 13 der Bundespflegesatzverordnung festzulegen. [3]Der Anspruch auf die vereinbarte oder durch die Schiedsstelle festgelegte Vergütung gilt für die Behandlungsfälle, die ab dem Zeitpunkt der Anfrage nach § 6 Absatz 2 Satz 3 des Krankenhausentgeltgesetzes oder nach § 6 Absatz 4 Satz 2 der Bundespflegesatzverordnung in das Krankenhaus aufgenommen worden sind. [4]Für die Abwicklung des Vergütungsanspruchs, der zwischen dem Zeitpunkt nach Satz 3 und der Abrechnung der vereinbarten oder durch die Schiedsstelle festgelegten Vergütung entstanden ist, ermitteln die Vertragsparteien nach § 11 des Krankenhausentgeltgesetzes oder nach § 11 der Bundespflegesatzverordnung die Differenz zwischen der vereinbarten oder durch die Schiedsstelle festgelegten Vergütung und der für die Behandlungsfälle bereits gezahlten Vergütung; für die ermittelte Differenz ist § 15 Absatz 3 des Krankenhausentgeltgesetzes oder § 15 Absatz 2 der Bundespflegesatzverordnung entsprechend anzuwenden. [5]Die Methode wird im Rahmen der Krankenhausbehandlung zu Lasten der Krankenkassen erbracht. [6]Der Gemeinsame Bundesausschuss kann die Voraussetzungen für die Abrechnungsfähigkeit des Medizinprodukts regeln, das im Rahmen der neuen Untersuchungs- und Behandlungsmethode angewendet wird, insbesondere einen befristeten Zeitraum für dessen Abrechnungsfähigkeit festlegen. [7]Die betroffenen Hersteller haben dem Gemeinsamen Bundesausschuss unverzüglich nach Fertigstellung die Sicherheitsberichte nach Artikel 86 der Verordnung (EU) 2017/745 des Europäischen Parlaments und des Rates vom 5. April 2017 über Medizinprodukte, zur Änderung der Richtlinie 2001/83/EG, der Verordnung (EG) Nr. 178/2002 und der Verordnung (EG) Nr. 1223/2009 und zur Aufhebung der Richtlinien 90/385/EWG und 93/42/EWG des Rates (ABl. L 117 vom 5.5.2017, S. 1) sowie weitere klinische

Daten, die sie im Rahmen der ihnen nach Artikel 83 der Verordnung (EU) 2017/745 obliegenden Überwachung nach dem Inverkehrbringen oder aus klinischen Prüfungen nach dem Inverkehrbringen gewonnen haben, zu übermitteln. [8]Die Anforderungen an die Erprobung nach § 137e Absatz 2 haben unter Berücksichtigung der Versorgungsrealität die tatsächliche Durchführbarkeit der Erprobung und der Leistungserbringung zu gewährleisten. [9]Die Erprobung ist in der Regel innerhalb von zwei Jahren abzuschließen, es sei denn, dass auch bei Straffung des Verfahrens im Einzelfall eine längere Erprobungszeit erforderlich ist. [10]Nach Abschluss der Erprobung oder im Falle einer vorzeitigen Beendigung entscheidet der Gemeinsame Bundesausschuss auf Grundlage der vorliegenden Erkenntnisse innerhalb von drei Monaten über eine Richtlinie nach § 137c. [11]Die Möglichkeit einer Aussetzung des Bewertungsverfahrens im Falle des Fehlens noch erforderlicher Erkenntnisse bleibt unberührt.

(5) Für eine Methode nach Absatz 1 Satz 4 Nummer 2 ist eine Vereinbarung nach § 6 Absatz 2 Satz 1 des Krankenhausentgeltgesetzes oder nach § 6 Absatz 4 Satz 1 der Bundespflegesatzverordnung ausgeschlossen; der Gemeinsame Bundesausschuss entscheidet unverzüglich über eine Richtlinie nach § 137c Absatz 1 Satz 2.

(6) [1]Der Gemeinsame Bundesausschuss berät Krankenhäuser und Hersteller von Medizinprodukten, auf deren Wunsch auch unter Beteiligung des Bundesinstituts für Arzneimittel und Medizinprodukte oder des Instituts für das Entgeltsystem im Krankenhaus, im Vorfeld des Verfahrens nach Absatz 1 über dessen Voraussetzungen und Anforderungen im Hinblick auf konkrete Methoden sowie zu dem Verfahren einer Erprobung einschließlich der Möglichkeit, anstelle des Gemeinsamen Bundesausschusses eine unabhängige wissenschaftliche Institution auf eigene Kosten mit der wissenschaftlichen Begleitung und Auswertung der Erprobung nach § 137e Absatz 5 Satz 2 zu beauftragen. [2]Der Gemeinsame Bundesausschuss kann im Rahmen der Beratung prüfen, ob eine Methode dem Verfahren nach Absatz 1 unterfällt, insbesondere ob sie ein neues theoretisch-wissenschaftliches Konzept aufweist, und hierzu eine Feststellung treffen. [3]Vor einem solchen Beschluss gibt er im Wege einer öffentlichen Bekanntmachung im Internet weiteren betroffenen Krankenhäusern sowie den jeweils betroffenen Medizinprodukteherstellern Gelegenheit zur Stellungnahme. [4]Die Stellungnahmen sind in die Entscheidung einzubeziehen. [5]Für den Beschluss gilt § 94 Absatz 2 Satz 1 entsprechend. [6]Für die Hersteller von Medizinprodukten ist die Beratung gebührenpflichtig. [7]Der Gemeinsame Bundesausschuss hat dem Bundesinstitut für Arzneimittel und Medizinprodukte und dem Institut für das Entgeltsystem im Krankenhaus die diesen im Rahmen der Beratung von Medizinprodukteherstellern nach Satz 1 entstandenen Kosten zu erstatten, soweit diese Kosten vom Medizinproduktehersteller getragen werden. [8]Das Nähere einschließlich der Erstattung der entstandenen Kosten ist in der Verfahrensordnung zu regeln.

(7) [1]Klagen bei Streitigkeiten nach dieser Vorschrift haben keine aufschiebende Wirkung. [2]Ein Vorverfahren findet nicht statt.

§ 137i Pflegepersonaluntergrenzen in pflegesensitiven Bereichen in Krankenhäusern; Verordnungsermächtigung. (1) [1]Der Spitzenverband Bund der Krankenkassen und die Deutsche Krankenhausgesellschaft überprüfen bis zum 31. August 2019 im Benehmen mit dem Verband der Privaten

Krankenversicherung die in § 6 der Pflegepersonaluntergrenzen-Verordnung festgelegten Pflegepersonaluntergrenzen und vereinbaren im Benehmen mit dem Verband der Privaten Krankenversicherung mit Wirkung zum 1. Januar 2020 eine Weiterentwicklung der in der Pflegepersonaluntergrenzen-Verordnung festgelegten pflegesensitiven Bereiche in Krankenhäusern sowie der zugehörigen Pflegepersonaluntergrenzen. [2]Darüber hinaus

1. vereinbaren sie im Benehmen mit dem Verband der Privaten Krankenversicherung bis zum 31. August 2019 mit Wirkung zum 1. Januar 2020 Pflegepersonaluntergrenzen mit Wirkung für alle gemäß § 108 zugelassenen Krankenhäuser für die pflegesensitiven Bereiche der Neurologie und Herzchirurgie,
2. legen sie im Benehmen mit dem Verband der Privaten Krankenversicherung bis zum 1. Januar eines Jahres, erstmals bis zum 1. Januar 2020, weitere pflegesensitive Bereiche in Krankenhäusern fest, für die sie Pflegepersonaluntergrenzen mit Wirkung für alle gemäß § 108 zugelassenen Krankenhäuser bis zum 31. August des jeweils selben Jahres mit Wirkung für das Folgejahr, erstmals bis zum 31. August 2020 mit Wirkung zum 1. Januar 2021, im Benehmen mit dem Verband der Privaten Krankenversicherung vereinbaren.

[3]Für jeden pflegesensitiven Bereich im Krankenhaus sind die Pflegepersonaluntergrenzen nach den Sätzen 1 und 2 differenziert nach Schweregradgruppen nach dem jeweiligen Pflegeaufwand, der sich nach dem vom Institut für das Entgeltsystem im Krankenhaus entwickelten Katalog zur Risikoadjustierung für Pflegeaufwand bestimmt, festzulegen. [4]Das Institut für das Entgeltsystem im Krankenhaus hat den Katalog zur Risikoadjustierung für Pflegeaufwand zum Zweck der Weiterentwicklung und Differenzierung der Pflegepersonaluntergrenzen in pflegesensitiven Bereichen in Krankenhäusern jährlich zu aktualisieren. [5]Für die Ermittlung der Pflegepersonaluntergrenzen sind alle Patientinnen und Patienten gleichermaßen zu berücksichtigen. [6]Die Mindestvorgaben zur Personalausstattung nach § 136a Absatz 2 Satz 2 bleiben unberührt. [7]In den pflegesensitiven Bereichen sind die dazugehörigen Intensiveinheiten, in begründeten Fällen auch Intensiveinheiten außerhalb von pflegesensitiven Krankenhausbereichen, sowie die Besetzungen im Nachtdienst zu berücksichtigen. [8]Die Vertragsparteien nach Satz 1 haben geeignete Maßnahmen vorzusehen, um Personalverlagerungseffekte aus anderen Krankenhausbereichen zu vermeiden. [9]Sie bestimmen notwendige Ausnahmetatbestände und Übergangsregelungen sowie die Anforderungen an deren Nachweis. [10]Für den Fall der Nichterfüllung, der nicht vollständigen oder nicht rechtzeitigen Erfüllung von Mitteilungs- oder Datenübermittlungspflichten sowie für den Fall der Nichteinhaltung der Pflegepersonaluntergrenzen bestimmen die Vertragsparteien nach Satz 1 mit Wirkung für die Vertragsparteien nach § 11 des Krankenhausentgeltgesetzes insbesondere die Höhe und die nähere Ausgestaltung von Sanktionen nach den Absätzen 4b und 5 und schreiben die zu diesem Zweck zwischen dem Spitzenverband Bund der Krankenkassen und der Deutschen Krankenhausgesellschaft getroffene Vereinbarung über Sanktionen bei Nichteinhaltung der Pflegepersonaluntergrenzen vom 26. März 2019, die auf der Internetseite des Instituts für das Entgeltsystem im Krankenhaus veröffentlicht ist, entsprechend fort. [11]Kommt eine Fortschreibung der in Satz 10 genannten Vereinbarung nicht zustande, trifft die Schiedsstelle nach § 18a Absatz 6 des Krankenhausfinanzierungsgesetzes auf Antrag einer Vertragspartei nach Satz 1 innerhalb von sechs Wochen die ausstehenden Entscheidungen. [12]Zur Unterstützung bei

der Festlegung der pflegesensitiven Bereiche sowie zur Ermittlung der Pflegepersonaluntergrenzen können sie im Bedarfsfall fachlich unabhängige wissenschaftliche Einrichtungen oder Sachverständige beauftragen. [13]Bei der Ausarbeitung und Festlegung der Pflegepersonaluntergrenzen in pflegesensitiven Bereichen sind insbesondere der Deutsche Pflegerat e.V. – DPR, Vertreter der für Personalfragen der Krankenhäuser maßgeblichen Gewerkschaften und Arbeitgeberverbände, die in § 2 Absatz 1 der Patientenbeteiligungsverordnung genannten Organisationen sowie die Arbeitsgemeinschaft der Wissenschaftlichen Medizinischen Fachgesellschaften e.V. qualifiziert zu beteiligen, indem ihnen insbesondere in geeigneter Weise die Teilnahme an und die Mitwirkung in Beratungen zu ermöglichen sind und ihre Stellungnahmen zu berücksichtigen und bei der Entscheidungsfindung miteinzubeziehen sind.

(2) [1]Bei der Umsetzung der Vorgaben nach Absatz 1 steht das Bundesministerium für Gesundheit im ständigen fachlichen Austausch mit den Vertragsparteien nach Absatz 1 Satz 1 und beteiligt den Beauftragten der Bundesregierung für die Belange der Patientinnen und Patienten sowie Bevollmächtigten für Pflege bei dem in Satz 4 vorgesehenen Verfahrensschritt. [2]Das Bundesministerium für Gesundheit kann zur Unterstützung der Vertragsparteien nach Absatz 1 Satz 1 das Institut nach § 137a mit Gutachten beauftragen; § 137a Absatz 4 Satz 3 gilt entsprechend. [3]Das Bundesministerium für Gesundheit ist berechtigt, an den Sitzungen der Vertragsparteien nach Absatz 1 Satz 1 teilzunehmen, und erhält deren fachliche Unterlagen. [4]Die Vertragsparteien nach Absatz 1 Satz 1 sind verpflichtet, dem Bundesministerium für Gesundheit fortlaufend, insbesondere wenn die Umsetzung der Vorgaben nach Absatz 1 gefährdet ist, und auf dessen Verlangen unverzüglich Auskunft über den Bearbeitungsstand der Beratungen zu geben und mögliche Lösungen für Vereinbarungshindernisse vorzulegen.

(3) [1]Kommt eine der Vereinbarungen nach Absatz 1 ganz oder teilweise nicht zustande, erlässt das Bundesministerium für Gesundheit nach Fristablauf die Vorgaben nach Absatz 1 Satz 1 bis 9 durch Rechtsverordnung ohne Zustimmung des Bundesrates. [2]In der Rechtsverordnung nach Satz 1 können Mitteilungspflichten der Krankenhäuser zur Ermittlung der pflegesensitiven Bereiche sowie Regelungen zu Sanktionen für den Fall geregelt werden, dass ein Krankenhaus Verpflichtungen, die sich aus der Rechtsverordnung oder dieser Vorschrift ergeben, nicht einhält. [3]Das Bundesministerium für Gesundheit kann auf Kosten der Vertragsparteien nach Absatz 1 Satz 1 Datenerhebungen oder Auswertungen in Auftrag geben oder Sachverständigengutachten einholen. [4]Das Bundesministerium für Gesundheit kann insbesondere das Institut für das Entgeltsystem im Krankenhaus und das Institut nach § 137a mit Auswertungen oder Sachverständigengutachten beauftragen. [5]Wird das Institut für das Entgeltsystem im Krankenhaus beauftragt, sind die notwendigen Aufwendungen des Instituts aus dem Zuschlag nach § 17b Absatz 5 Satz 1 Nummer 1 des Krankenhausfinanzierungsgesetzes zu finanzieren. [6]Für die Aufgaben, die dem Institut für das Entgeltsystem im Krankenhaus nach der Pflegepersonaluntergrenzen-Verordnung oder nach einer Rechtsverordnung nach Satz 1 und nach dieser Vorschrift übertragen sind, gilt das Institut für das Entgeltsystem im Krankenhaus als von den Vertragsparteien nach § 17b Absatz 2 Satz 1 des Krankenhausfinanzierungsgesetzes beauftragt. [7]Die notwendigen Aufwendungen des Instituts für die Erfüllung dieser Aufgaben sind aus dem Zuschlag nach § 17b Absatz 5 Satz 1 Nummer 1 des Krankenhausfinanzie-

rungsgesetzes zu finanzieren, der erforderlichenfalls entsprechend zu erhöhen ist. [8] Für die Aufwendungen des Instituts nach § 137a gilt § 137a Absatz 4 Satz 3 entsprechend.

(3a) [1] Das Institut für das Entgeltsystem im Krankenhaus erarbeitet das Konzept zur Abfrage und Übermittlung von Daten, die für die Festlegung von pflegesensitiven Bereichen und zugehörigen Pflegepersonaluntergrenzen im Sinne des Absatzes 1 als Datengrundlage erforderlich sind. [2] Soweit für die Herstellung der repräsentativen Datengrundlage nicht Daten aller Krankenhäuser erforderlich sind, legt das Institut für das Entgeltsystem im Krankenhaus in dem Konzept nach Satz 1 auch die Auswahl der Krankenhäuser und die von ihnen zu übermittelnden Daten fest. [3] Das Institut für das Entgeltsystem im Krankenhaus bestimmt auf der Grundlage des Konzepts nach Satz 1, welche Krankenhäuser an der Herstellung der repräsentativen Datengrundlage teilnehmen, und verpflichtet sie zur Übermittlung der für die Festlegung von pflegesensitiven Bereichen und zugehörigen Pflegepersonaluntergrenzen erforderlichen Daten. [4] Die für die Festlegung von pflegesensitiven Bereichen und zugehörigen Pflegepersonaluntergrenzen erforderlichen Daten, die von den Krankenhäusern nicht bereits nach § 21 des Krankenhausentgeltgesetzes übermittelt werden, sind erstmals spätestens bis zum 31. Mai 2019 an das Institut für das Entgeltsystem im Krankenhaus auf maschinenlesbaren Datenträgern zu übermitteln. [5] Die Vertragsparteien nach § 17b Absatz 2 Satz 1 des Krankenhausfinanzierungsgesetzes vereinbaren Pauschalen, mit denen der Aufwand, der bei den ausgewählten Krankenhäusern bei der Übermittlung der Daten nach Satz 2 entsteht, abgegolten wird. [6] Die Pauschalen sollen in Abhängigkeit von Anzahl und Qualität der übermittelten Datensätze gezahlt werden. [7] Die Pauschalen nach Satz 4 sind aus dem Zuschlag nach § 17b Absatz 5 Satz 1 Nummer 1 des Krankenhausfinanzierungsgesetzes zu finanzieren, der entsprechend zu erhöhen ist. [8] Das Institut bereitet diese Daten in einer Form auf, die eine stations- und schichtbezogene sowie eine nach dem Pflegeaufwand gemäß Absatz 1 Satz 3 entsprechend differenzierte Festlegung der Pflegepersonaluntergrenzen ermöglicht, und stellt sie für die Festlegung von pflegesensitiven Bereichen und zugehörigen Pflegepersonaluntergrenzen im Sinne des Absatzes 1 zur Erfüllung der Aufgaben nach Absatz 1 zur Verfügung.

(4) [1] Für die Jahre ab 2019 haben die Krankenhäuser durch Bestätigung eines Wirtschaftsprüfers, einer Wirtschaftsprüfungsgesellschaft, eines vereidigten Buchprüfers oder einer Buchprüfungsgesellschaft den Vertragsparteien nach Absatz 1 Satz 1, den Vertragsparteien nach § 11 des Krankenhausentgeltgesetzes und der jeweiligen für die Krankenhausplanung zuständigen Behörde den Erfüllungsgrad der Einhaltung der Pflegepersonaluntergrenzen, die in § 6 der Pflegepersonaluntergrenzen-Verordnung, in einer Vereinbarung nach Absatz 1 oder in einer Verordnung nach Absatz 3 Satz 1 festgelegt wurden, differenziert nach Berufsbezeichnungen und unter Berücksichtigung des Ziels der Vermeidung von Personalverlagerungseffekten, nachzuweisen. [2] Zu diesem Zweck schreiben die Vertragsparteien nach Absatz 1 Satz 1 mit Wirkung für die Vertragsparteien nach § 11 des Krankenhausentgeltgesetzes die zwischen dem Spitzenverband Bund der Krankenkassen und der Deutschen Krankenhausgesellschaft getroffene Vereinbarung über den Nachweis zur Einhaltung von Pflegepersonaluntergrenzen vom 28. November 2018, die auf der Internetseite des Instituts für das Entgeltsystem im Krankenhaus veröffentlicht ist, jährlich bis zum 1. November, erstmals für das Jahr 2020 zum 1. November 2019, ent-

sprechend den in einer Vereinbarung nach Absatz 1 oder in einer Verordnung nach Absatz 3 Satz 1 festgelegten Vorgaben zu den Pflegepersonaluntergrenzen fort. [3] Die Krankenhäuser übermitteln den Nachweis zum 30. Juni jeden Jahres für das jeweils vorangegangene Kalenderjahr, erstmals für das Jahr 2019 zum 30. Juni 2020. [4] Der Erfüllungsgrad der Einhaltung der in § 6 der Pflegepersonaluntergrenzen-Verordnung, in einer Vereinbarung nach Absatz 1 oder in einer Verordnung nach Absatz 3 Satz 1 festgelegten Vorgaben, differenziert nach Berufsbezeichnungen, ist in den Qualitätsberichten der Krankenhäuser nach § 136b Absatz 1 Satz 1 Nummer 3 darzustellen. [5] Kommt eine Fortschreibung der in Satz 2 genannten Vereinbarung bis zum 1. November des jeweiligen Jahres nicht zustande, trifft die Schiedsstelle nach § 18a Absatz 6 des Krankenhausfinanzierungsgesetzes auf Antrag einer Vertragspartei nach Satz 1 innerhalb von sechs Wochen die ausstehenden Entscheidungen. [6] Die Krankenhäuser teilen zusätzlich den jeweiligen Vertragsparteien nach § 11 des Krankenhausentgeltgesetzes und dem Institut für das Entgeltsystem im Krankenhaus einmal je Quartal die Anzahl der Schichten mit, in denen die in § 6 der Pflegepersonaluntergrenzen-Verordnung, in einer Vereinbarung nach Absatz 1 oder in einer Verordnung nach Absatz 3 Satz 1 festgelegten Pflegepersonaluntergrenzen nicht eingehalten worden sind. [7] Die Mitteilung muss spätestens bis zum Ablauf von zwei Wochen nach Beginn des folgenden Quartals, aufgeschlüsselt nach Monaten und nach der Art der Schicht, erfolgen. [8] Das Institut für das Entgeltsystem im Krankenhaus übermittelt den Vertragsparteien nach Absatz 1 Satz 1, den jeweils zuständigen Landesbehörden, den Landesverbänden der Krankenkassen und den Ersatzkassen sowie auf Anforderung dem Bundesministerium für Gesundheit einmal je Quartal eine Zusammenstellung der Angaben nach Satz 6.

(4a) [1] Das Institut für das Entgeltsystem im Krankenhaus veröffentlicht bis zum 15. Februar eines Jahres, erstmals zum 15. Februar 2019, auf seiner Internetseite für jedes Krankenhaus unter Nennung des Namens und des Institutionskennzeichens des jeweiligen Krankenhauses und soweit möglich für jeden Standort eines Krankenhauses gesondert

1. die Angaben der Krankenhäuser über die pflegesensitiven Bereiche in den Krankenhäusern, die diese auf Grund der in § 5 Absatz 3 und 4 der Pflegepersonaluntergrenzen-Verordnung, in einer Vereinbarung der Vertragsparteien nach Absatz 1 oder in einer Verordnung nach Absatz 3 Satz 1 festgelegten Mitteilungspflichten übermittelt haben,
2. die jeweils geltenden Pflegepersonaluntergrenzen und
3. den auf der Grundlage des Katalogs zur Risikoadjustierung für Pflegeaufwand ermittelten Pflegeaufwand in den pflegesensitiven Bereichen in den Krankenhäusern.

[2] Der Standort eines Krankenhauses bestimmt sich nach § 2 der zwischen dem Spitzenverband Bund der Krankenkassen und der Deutschen Krankenhausgesellschaft nach § 2a Absatz 1 des Krankenhausfinanzierungsgesetzes getroffenen Vereinbarung über die Definition von Standorten der Krankenhäuser und ihrer Ambulanzen vom 29. August 2017, die auf der Internetseite der Deutschen Krankenhausgesellschaft veröffentlicht ist.

(4b) [1] Für Krankenhäuser, die ihre nach § 5 Absatz 3 und 4 der Pflegepersonaluntergrenzen-Verordnung, ihre in einer Vereinbarung der Vertragsparteien nach Absatz 1 oder ihre in einer Verordnung nach Absatz 3 Satz 1 festgelegten

Mitteilungspflichten nicht, nicht vollständig oder nicht rechtzeitig erfüllen, haben die Vertragsparteien nach § 11 des Krankenhausentgeltgesetzes entsprechend der Bestimmung nach Absatz 1 Satz 10 Vergütungsabschläge zu vereinbaren. [2] Zudem haben die Vertragsparteien nach § 11 des Krankenhausentgeltgesetzes entsprechend der Bestimmung nach Absatz 1 Satz 10 Vergütungsabschläge für Krankenhäuser, die nach Absatz 3a Satz 2 vom Institut für das Entgeltsystem im Krankenhaus zur Lieferung von Daten ausgewählt wurden und ihre Pflicht zur Übermittlung von Daten nach Absatz 3a Satz 3 nicht, nicht vollständig oder nicht rechtzeitig erfüllen, zu vereinbaren. [3] Das Institut für das Entgeltsystem im Krankenhaus unterrichtet jeweils die Vertragsparteien nach § 11 des Krankenhausentgeltgesetzes über Verstöße gegen die in den Sätzen 1 und 2 genannten Pflichten der Krankenhäuser.

(4c) Widerspruch und Klage gegen Maßnahmen zur Ermittlung der pflegesensitiven Bereiche in den Krankenhäusern, gegen Maßnahmen zur Festlegung von Pflegepersonaluntergrenzen für die pflegesensitiven Bereiche in den Krankenhäusern sowie gegen Maßnahmen zur Begründung der Verpflichtung der Krankenhäuser zur Übermittlung von Daten nach Absatz 3a Satz 2 und 3 haben keine aufschiebende Wirkung.

(5) [1] Hält ein Krankenhaus die in einer Vereinbarung nach Absatz 1 oder in einer Verordnung nach Absatz 3 Satz 1 oder in der Pflegepersonaluntergrenzen-Verordnung festgelegten verbindlichen Pflegepersonaluntergrenzen nicht ein, ohne dass ein nach Absatz 1 Satz 9 oder Absatz 3 oder in der Pflegepersonaluntergrenzen-Verordnung bestimmter Ausnahmetatbestand vorliegt oder die Voraussetzungen einer nach Absatz 1 Satz 9 oder Absatz 3 oder in der Pflegepersonaluntergrenzen-Verordnung bestimmten Übergangsregelung erfüllt sind, haben die Vertragsparteien nach § 11 des Krankenhausentgeltgesetzes ab dem 1. April 2019 entsprechend der Bestimmung nach Absatz 1 Satz 10 Sanktionen in Form von Vergütungsabschlägen oder einer Verringerung der Fallzahl zu vereinbaren. [2] Verringerungen der Fallzahl sind mindestens in dem Umfang zu vereinbaren, der erforderlich ist, um die Unterschreitung der jeweiligen Pflegepersonaluntergrenze auszugleichen. [3] Vergütungsabschläge sind in einer Höhe zu vereinbaren, die in einem angemessenen Verhältnis zum Grad der Nichteinhaltung der jeweiligen Pflegepersonaluntergrenze steht. [4] Die in Satz 1 genannten Sanktionen können durch die Vereinbarung von Maßnahmen ergänzt werden, die das Krankenhaus zur Gewinnung zusätzlichen Pflegepersonals zu ergreifen hat. [5] In begründeten Ausnahmefällen können die Vertragsparteien nach § 11 des Krankenhausentgeltgesetzes vereinbaren, dass bereits vereinbarte Sanktionen ausgesetzt werden.

(6) Die Vertragsparteien nach Absatz 1 Satz 1 legen dem Deutschen Bundestag über das Bundesministerium für Gesundheit bis zum 31. Dezember 2022 einen wissenschaftlich evaluierten Bericht über die Auswirkungen der festgelegten Pflegepersonaluntergrenzen in den pflegesensitiven Bereichen in Krankenhäusern vor.

§ 137j Pflegepersonalquotienten, Verordnungsermächtigung.

(1) [1] Zur Verbesserung der Pflegepersonalausstattung der Krankenhäuser und Sicherung der pflegerischen Versorgungsqualität ermittelt das Institut für das Entgeltsystem im Krankenhaus jährlich, erstmals zum 31. Mai 2020, für jedes nach § 108 zugelassene Krankenhaus einen Pflegepersonalquotienten, der das Verhältnis der Anzahl der Vollzeitkräfte in der unmittelbaren Patientenversor-

gung auf bettenführenden Stationen zu dem Pflegeaufwand eines Krankenhauses beschreibt. [2]Der Pflegepersonalquotient ist für jeden Standort eines Krankenhauses zu ermitteln. [3]Der Standort eines Krankenhauses bestimmt sich nach § 2 der zwischen dem Spitzenverband Bund der Krankenkassen und der Deutschen Krankenhausgesellschaft gemäß § 2a Absatz 1 des Krankenhausfinanzierungsgesetzes getroffenen Vereinbarung über die Definition von Standorten der Krankenhäuser und ihrer Ambulanzen vom 29. August 2017, die auf der Internetseite der Deutschen Krankenhausgesellschaft veröffentlicht ist. [4]Für die Zahl der in Satz 1 genannten Vollzeitkräfte sind die dem Institut nach § 21 Absatz 2 Nummer 1 Buchstabe e des Krankenhausentgeltgesetzes übermittelten Daten zu Grunde zu legen, mit Ausnahme der den Mindestvorgaben zu Personalausstattung nach § 136a Absatz 2 Satz 2 unterfallenden Vollzeitkräfte in der unmittelbaren Patientenversorgung auf bettenführenden Stationen. [5]Für die Ermittlung des Pflegeaufwands erstellt das Institut bis zum 31. Mai 2020 einen Katalog zur Risikoadjustierung des Pflegeaufwands, mit dem für die Entgelte nach § 17b Absatz 1 des Krankenhausfinanzierungsgesetzes tagesbezogen die durchschnittlichen pflegerischen Leistungen abbildbar sind. [6]Das Institut aktualisiert den Katalog jährlich und veröffentlicht ihn auf seiner Internetseite. [7]Für die Ermittlung des Pflegeaufwands ermittelt das Institut auf der Grundlage dieses Katalogs aus den ihm nach § 21 Absatz 2 des Krankenhausentgeltgesetzes übermittelten Daten für jeden Standort eines Krankenhauses die Summe seiner Bewertungsrelationen. [8]Das Institut übermittelt eine vergleichende Zusammenstellung der Pflegepersonalquotienten der einzelnen Krankenhäuser nach Satz 1 an das Bundesministerium für Gesundheit sowie an die Vertragsparteien nach § 9 des Krankenhausentgeltgesetzes. [9]Die Vertragsparteien nach § 9 des Krankenhausentgeltgesetzes leiten die Zusammenstellung an die betroffenen Vertragsparteien nach § 11 des Krankenhausentgeltgesetzes und an die jeweils zuständigen Landesbehörden weiter.

(2) [1]Das Bundesministerium für Gesundheit wird ermächtigt, auf der Grundlage der durch das Institut für das Entgeltsystem im Krankenhaus nach Absatz 1 ermittelten Pflegepersonalquotienten der Krankenhäuser durch Rechtsverordnung mit Zustimmung des Bundesrates eine Untergrenze für das erforderliche Verhältnis zwischen Pflegepersonal und Pflegeaufwand festzulegen, bei der widerlegbar vermutet wird, dass eine nicht patientengefährdende pflegerische Versorgung noch gewährleistet ist. [2]Für den Fall, dass der Pflegepersonalquotient eines Krankenhauses die in der Rechtsverordnung nach Satz 1 festgelegte Untergrenze unterschreitet, vereinbaren der Spitzenverband Bund der Krankenkassen und die Deutsche Krankenhausgesellschaft im Benehmen mit dem Verband der Privaten Krankenversicherung mit Wirkung für die Vertragspartner nach § 11 des Krankenhausentgeltgesetzes die Höhe und nähere Ausgestaltung der Sanktionen nach Absatz 2a. [3]Kommt eine Vereinbarung über die Sanktionen nach Satz 2 bis zum 30. Juni 2019 nicht zustande, trifft die Schiedsstelle nach § 18a Absatz 6 des Krankenhausfinanzierungsgesetzes ohne Antrag einer Vertragspartei nach Satz 2 innerhalb von sechs Wochen die ausstehenden Entscheidungen. [4]Die Rechtsverordnung nach Satz 1 regelt das Nähere

1. zur Festlegung der Untergrenze, die durch den Pflegepersonalquotienten eines Krankenhauses nicht unterschritten werden darf und
2. zur Veröffentlichung der Pflegepersonalquotienten der Krankenhäuser.

[5] Das Bundesministerium für Gesundheit prüft spätestens nach Ablauf von drei Jahren die Notwendigkeit einer Anpassung der Untergrenze. [6] In der Rechtsverordnung nach Satz 1 kann auch geregelt werden, dass die nach Satz 2 von den Vertragspartnern nach § 11 des Krankenhausentgeltgesetzes vereinbarten Sanktionen vorübergehend ausgesetzt werden.

(2a) [1] Unterschreitet der Pflegepersonalquotient eines Krankenhauses die in der Rechtsverordnung nach Absatz 2 Satz 1 festgelegte Untergrenze, haben die Vertragsparteien nach § 11 des Krankenhausentgeltgesetzes entsprechend der Vereinbarung nach Absatz 2 Satz 2 erstmals für das Budgetjahr 2020 Sanktionen in Form von Vergütungsabschlägen oder einer Verringerung der Fallzahl zu vereinbaren. [2] Verringerungen der Fallzahl sind mindestens in dem Umfang zu vereinbaren, der erforderlich ist, um die Unterschreitung des Pflegepersonalquotienten auszugleichen. [3] Vergütungsabschläge sind in einer Höhe zu vereinbaren, die in einem angemessenen Verhältnis zum Grad der Unterschreitung steht. [4] Die in Satz 1 genannten Sanktionen können durch die Vereinbarung von Maßnahmen ergänzt werden, die das Krankenhaus zur Gewinnung zusätzlichen Pflegepersonals zu ergreifen hat. [5] In begründeten Ausnahmefällen können die Vertragsparteien nach § 11 des Krankenhausentgeltgesetzes vereinbaren, dass bereits vereinbarte Sanktionen vorübergehend ausgesetzt werden.

(3) [1] Für die Aufgaben nach Absatz 1 gilt das Institut für das Entgeltsystem im Krankenhaus als von den Vertragsparteien nach § 17b Absatz 2 Satz 1 des Krankenhausfinanzierungsgesetzes beauftragt. [2] Die notwendigen Aufwendungen des Instituts für die Erfüllung dieser Aufgaben sind aus dem Zuschlag nach § 17b Absatz 5 Satz 1 Nummer 1 des Krankenhausfinanzierungsgesetzes zu finanzieren, der erforderlichenfalls entsprechend zu erhöhen ist.

§ 138 Neue Heilmittel. Die an der vertragsärztlichen Versorgung teilnehmenden Ärzte dürfen neue Heilmittel nur verordnen, wenn der Gemeinsame Bundesausschuss zuvor ihren therapeutischen Nutzen anerkannt und in den Richtlinien nach § 92 Abs. 1 Satz 2 Nr. 6 Empfehlungen für die Sicherung der Qualität bei der Leistungserbringung abgegeben hat.

§ 139 Hilfsmittelverzeichnis, Qualitätssicherung bei Hilfsmitteln.

(1) [1] Der Spitzenverband Bund der Krankenkassen erstellt ein systematisch strukturiertes Hilfsmittelverzeichnis. [2] In dem Verzeichnis sind von der Leistungspflicht umfasste Hilfsmittel aufzuführen. [3] Das Hilfsmittelverzeichnis ist im Bundesanzeiger bekannt zu machen.

(2) [1] Soweit dies zur Gewährleistung einer ausreichenden, zweckmäßigen und wirtschaftlichen Versorgung erforderlich ist, sind im Hilfsmittelverzeichnis indikations- oder einsatzbezogen besondere Qualitätsanforderungen für Hilfsmittel festzulegen. [2] Besondere Qualitätsanforderungen nach Satz 1 können auch festgelegt werden, um eine ausreichend lange Nutzungsdauer oder in geeigneten Fällen den Wiedereinsatz von Hilfsmitteln bei anderen Versicherten zu ermöglichen. [3] Im Hilfsmittelverzeichnis sind auch die Anforderungen an die zusätzlich zur Bereitstellung des Hilfsmittels zu erbringenden Leistungen zu regeln.

(3) [1] Die Aufnahme eines Hilfsmittels in das Hilfsmittelverzeichnis erfolgt auf Antrag des Herstellers. [2] Über die Aufnahme entscheidet der Spitzenverband Bund der Krankenkassen; er kann vom Medizinischen Dienst prüfen lassen, ob die Voraussetzungen nach Absatz 4 erfüllt sind. [3] Hält der Spitzenverband Bund

der Krankenkassen bei der Prüfung des Antrags eine Klärung durch den Gemeinsamen Bundesausschuss für erforderlich, ob der Einsatz des Hilfsmittels untrennbarer Bestandteil einer neuen Untersuchungs- oder Behandlungsmethode ist, holt er hierzu unter Vorlage der ihm vorliegenden Unterlagen sowie einer Begründung seiner Einschätzung eine Auskunft des Gemeinsamen Bundesausschusses ein. [4] Der Gemeinsame Bundesausschuss hat die Auskunft innerhalb von sechs Monaten zu erteilen. [5] Kommt der Gemeinsame Bundesausschuss zu dem Ergebnis, dass das Hilfsmittel untrennbarer Bestandteil einer neuen Untersuchungs- oder Behandlungsmethode ist, beginnt unmittelbar das Verfahren zur Bewertung der Methode nach § 135 Absatz 1 Satz 1, wenn der Hersteller den Antrag auf Eintragung des Hilfsmittels in das Hilfsmittelverzeichnis nicht innerhalb eines Monats zurücknimmt, nachdem ihm der Spitzenverband Bund der Krankenkassen das Ergebnis der Auskunft mitgeteilt hat.

(4) [1] Das Hilfsmittel ist aufzunehmen, wenn der Hersteller die Funktionstauglichkeit und Sicherheit, die Erfüllung der Qualitätsanforderungen nach Absatz 2 und, soweit erforderlich, den medizinischen Nutzen nachgewiesen hat und es mit den für eine ordnungsgemäße und sichere Handhabung erforderlichen Informationen in deutscher Sprache versehen ist. [2] Auf Anfrage des Herstellers berät der Spitzenverband Bund der Krankenkassen den Hersteller im Rahmen eines Antragsverfahrens zur Aufnahme von neuartigen Produkten in das Hilfsmittelverzeichnis über Qualität und Umfang der vorzulegenden Antragsunterlagen. [3] Die Beratung erstreckt sich insbesondere auf die grundlegenden Anforderungen an den Nachweis des medizinischen Nutzens des Hilfsmittels. [4] Sofern Produkte untrennbarer Bestandteil einer neuen Untersuchungs- und Behandlungsmethode sind, bezieht sich die Beratung nicht auf das Verfahren nach § 135 Absatz 1 Satz 1. [5] Erfordert der Nachweis des medizinischen Nutzens klinische Studien, kann die Beratung unter Beteiligung der für die Durchführung der Studie vorgesehenen Institution erfolgen. [6] Das Nähere regelt der Spitzenverband Bund der Krankenkassen in der Verfahrensordnung nach Absatz 7 Satz 1. [7] Für die Beratung kann der Spitzenverband Bund der Krankenkassen Gebühren nach pauschalierten Gebührensätzen erheben. [8] Hat der Hersteller Nachweise nach Satz 1 nur für bestimmte Indikationen erbracht, ist die Aufnahme in das Hilfsmittelverzeichnis auf diese Indikationen zu beschränken. [9] Nimmt der Hersteller an Hilfsmitteln, die im Hilfsmittelverzeichnis aufgeführt sind, Änderungen vor, hat er diese dem Spitzenverband Bund der Krankenkassen unverzüglich mitzuteilen. [10] Die Mitteilungspflicht gilt auch, wenn ein Hilfsmittel nicht mehr hergestellt wird.

(5) [1] Für Medizinprodukte im Sinne des § 3 Nr. 1 des Medizinproduktegesetzes gilt der Nachweis der Funktionstauglichkeit und der Sicherheit durch die CE-Kennzeichnung grundsätzlich als erbracht. [2] Der Spitzenverband Bund der Krankenkassen vergewissert sich von der formalen Rechtmäßigkeit der CE-Kennzeichnung anhand der Konformitätserklärung und, soweit zutreffend, der Zertifikate der an der Konformitätsbewertung beteiligten Benannten Stelle. [3] Aus begründetem Anlass können zusätzliche Prüfungen vorgenommen und hierfür erforderliche Nachweise verlangt werden. [4] Prüfungen nach Satz 3 können nach erfolgter Aufnahme des Produkts auch auf der Grundlage von Stichproben vorgenommen werden. [5] Ergeben sich bei den Prüfungen nach Satz 2 bis 4 Hinweise darauf, dass Vorschriften des Medizinprodukterechts nicht beachtet sind, sind unbeschadet sonstiger Konsequenzen die danach zuständigen Behörden hierüber zu informieren.

(6) [1] Legt der Hersteller unvollständige Antragsunterlagen vor, ist ihm eine angemessene Frist, die insgesamt sechs Monate nicht übersteigen darf, zur Nachreichung fehlender Unterlagen einzuräumen. [2] Wenn nach Ablauf der Frist die für die Entscheidung über den Antrag erforderlichen Unterlagen nicht vollständig vorliegen, ist der Antrag abzulehnen. [3] Ansonsten entscheidet der Spitzenverband Bund der Krankenkassen innerhalb von drei Monaten nach Vorlage der vollständigen Unterlagen. [4] Bis zum Eingang einer im Einzelfall nach Absatz 3 Satz 3 angeforderten Auskunft des Gemeinsamen Bundesausschusses ist der Lauf der Frist nach Satz 3 unterbrochen. [5] Über die Entscheidung ist ein Bescheid zu erteilen. [6] Die Aufnahme ist zu widerrufen, wenn die Anforderungen nach Absatz 4 Satz 1 nicht mehr erfüllt sind.

(7) [1] Der Spitzenverband Bund der Krankenkassen beschließt bis zum 31. Dezember 2017 eine Verfahrensordnung, in der er nach Maßgabe der Absätze 3 bis 6, 8 und 9 das Nähere zum Verfahren zur Aufnahme von Hilfsmitteln in das Hilfsmittelverzeichnis, zu deren Streichung und zur Fortschreibung des Hilfsmittelverzeichnisses sowie das Nähere zum Verfahren der Auskunftseinholung beim Gemeinsamen Bundesausschuss regelt. [2] Er kann dabei vorsehen, dass von der Erfüllung bestimmter Anforderungen ausgegangen wird, sofern Prüfzertifikate geeigneter Institutionen vorgelegt werden oder die Einhaltung einschlägiger Normen oder Standards in geeigneter Weise nachgewiesen wird. [3] In der Verfahrensordnung legt er insbesondere Fristen für die regelmäßige Fortschreibung des Hilfsmittelverzeichnisses fest. [4] Den maßgeblichen Spitzenorganisationen der betroffenen Hersteller und Leistungserbringer auf Bundesebene ist vor Beschlussfassung innerhalb einer angemessenen Frist Gelegenheit zur Stellungnahme zu geben; die Stellungnahmen sind in die Entscheidung einzubeziehen. [5] Die Verfahrensordnung bedarf der Genehmigung des Bundesministeriums für Gesundheit. [6] Für Änderungen der Verfahrensordnung gelten die Sätze 4 und 5 entsprechend. [7] Sofern dies in einer Rechtsverordnung nach Absatz 8 vorgesehen ist, erhebt der Spitzenverband Bund der Krankenkassen Gebühren zur Deckung seiner Verwaltungsausgaben nach Satz 1.

(8) [1] Das Bundesministerium für Gesundheit kann durch Rechtsverordnung ohne Zustimmung des Bundesrates bestimmen, dass für das Verfahren zur Aufnahme von Hilfsmitteln in das Hilfsmittelverzeichnis Gebühren von den Herstellern zu erheben sind. [2] Es legt die Höhe der Gebühren unter Berücksichtigung des Verwaltungsaufwandes und der Bedeutung der Angelegenheit für den Gebührenschuldner fest. [3] In der Rechtsverordnung kann vorgesehen werden, dass die tatsächlich entstandenen Kosten auf der Grundlage pauschalierter Kostensätze zu berechnen sind.

(9) [1] Das Hilfsmittelverzeichnis ist regelmäßig fortzuschreiben. [2] Der Spitzenverband Bund der Krankenkassen hat bis zum 31. Dezember 2018 sämtliche Produktgruppen, die seit dem 30. Juni 2015 nicht mehr grundlegend aktualisiert wurden, einer systematischen Prüfung zu unterziehen und sie im erforderlichen Umfang fortzuschreiben. [3] Er legt dem Ausschuss für Gesundheit des Deutschen Bundestages über das Bundesministerium für Gesundheit einmal jährlich zum 1. März einen Bericht über die im Berichtszeitraum erfolgten sowie über die begonnenen, aber noch nicht abgeschlossenen Fortschreibungen vor. [4] Die Fortschreibung umfasst die Weiterentwicklung und Änderungen der Systematik und der Anforderungen nach Absatz 2, die Aufnahme neuer Hilfsmittel sowie die Streichung von Hilfsmitteln.

(10) [1] Zum Zweck der Fortschreibung nach Absatz 9 Satz 1, 2 und 4 kann der Spitzenverband Bund der Krankenkassen von dem Hersteller für seine im Hilfsmittelverzeichnis aufgeführten Produkte innerhalb einer in der Verfahrensordnung festgelegten angemessenen Frist die zur Prüfung der Anforderungen nach Absatz 4 Satz 1 erforderlichen Unterlagen anfordern. [2] Bringt der Hersteller die angeforderten Unterlagen nicht fristgemäß bei, verliert die Aufnahme des Produktes in das Hilfsmittelverzeichnis ihre Wirksamkeit und das Produkt ist unmittelbar aus dem Hilfsmittelverzeichnis zu streichen. [3] Ergibt die Prüfung, dass die Anforderungen nach Absatz 4 Satz 1 nicht oder nicht mehr erfüllt sind, ist die Aufnahme zurückzunehmen oder zu widerrufen. [4] Nach Eintritt der Bestandskraft des Rücknahme- oder Widerrufsbescheids ist das Produkt aus dem Hilfsmittelverzeichnis zu streichen. [5] Für die Prüfung, ob ein Hilfsmittel noch hergestellt wird, gelten die Sätze 1 bis 3 entsprechend mit der Maßgabe, dass die Streichung auch zu einem späteren Zeitpunkt erfolgen kann.

(11) [1] Vor einer Weiterentwicklung und Änderungen der Systematik und der Anforderungen nach Absatz 2 ist den maßgeblichen Spitzenorganisationen der betroffenen Hersteller und Leistungserbringer auf Bundesebene unter Übermittlung der hierfür erforderlichen Informationen innerhalb einer angemessenen Frist Gelegenheit zur Stellungnahme zu geben; die Stellungnahmen sind in die Entscheidung einzubeziehen. [2] Der Spitzenverband Bund der Krankenkassen kann auch Stellungnahmen von medizinischen Fachgesellschaften sowie Sachverständigen aus Wissenschaft und Technik einholen. [3] Soweit vor einer Weiterentwicklung und Änderungen der Systematik und der Anforderungen nach Absatz 2 mögliche Berührungspunkte des voraussichtlichen Fortschreibungsbedarfs mit digitalen oder technischen Assistenzsystemen festgestellt werden, ist zusätzlich mindestens eine Stellungnahme eines Sachverständigen oder unabhängigen Forschungsinstituts aus dem Bereich der Technik einzuholen; die Stellungnahmen sind in die Entscheidung einzubeziehen.

§ 139a Institut für Qualität und Wirtschaftlichkeit im Gesundheitswesen. (1) [1] Der Gemeinsame Bundesausschuss nach § 91 gründet ein fachlich unabhängiges, rechtsfähiges, wissenschaftliches Institut für Qualität und Wirtschaftlichkeit im Gesundheitswesen und ist dessen Träger. [2] Hierzu kann eine Stiftung des privaten Rechts errichtet werden.

(2) [1] Die Bestellung der Institutsleitung hat im Einvernehmen mit dem Bundesministerium für Gesundheit zu erfolgen. [2] Wird eine Stiftung des privaten Rechts errichtet, erfolgt das Einvernehmen innerhalb des Stiftungsvorstands, in den das Bundesministerium für Gesundheit einen Vertreter entsendet.

(3) Das Institut wird zu Fragen von grundsätzlicher Bedeutung für die Qualität und Wirtschaftlichkeit der im Rahmen der gesetzlichen Krankenversicherung erbrachten Leistungen insbesondere auf folgenden Gebieten tätig:

1. Recherche, Darstellung und Bewertung des aktuellen medizinischen Wissensstandes zu diagnostischen und therapeutischen Verfahren bei ausgewählten Krankheiten,
2. Erstellung von wissenschaftlichen Ausarbeitungen, Gutachten und Stellungnahmen zu Fragen der Qualität und Wirtschaftlichkeit der im Rahmen der gesetzlichen Krankenversicherung erbrachten Leistungen unter Berücksichtigung alters-, geschlechts- und lebenslagenspezifischer Besonderheiten,
3. Recherche des aktuellen medizinischen Wissensstandes als Grundlage für die Entwicklung oder Weiterentwicklung von Leitlinien,

4. Bewertungen evidenzbasierter Leitlinien für die epidemiologisch wichtigsten Krankheiten,
5. Abgabe von Empfehlungen zu Disease-Management-Programmen,
6. Bewertung des Nutzens und der Kosten von Arzneimitteln,
7. Bereitstellung von für alle Bürgerinnen und Bürger verständlichen allgemeinen Informationen zur Qualität und Effizienz in der Gesundheitsversorgung sowie zu Diagnostik und Therapie von Krankheiten mit erheblicher epidemiologischer Bedeutung,
8. Beteiligung an internationalen Projekten zur Zusammenarbeit und Weiterentwicklung im Bereich der evidenzbasierten Medizin.

(4) [1] Das Institut hat zu gewährleisten, dass die Bewertung des medizinischen Nutzens nach den international anerkannten Standards der evidenzbasierten Medizin und die ökonomische Bewertung nach den hierfür maßgeblichen international anerkannten Standards, insbesondere der Gesundheitsökonomie erfolgt. [2] Es hat in regelmäßigen Abständen über die Arbeitsprozesse und -ergebnisse einschließlich der Grundlagen für die Entscheidungsfindung öffentlich zu berichten.

(5) [1] Das Institut hat in allen wichtigen Abschnitten des Bewertungsverfahrens Sachverständigen der medizinischen, pharmazeutischen und gesundheitsökonomischen Wissenschaft und Praxis, den Arzneimittelherstellern sowie den für die Wahrnehmung der Interessen der Patientinnen und Patienten und der Selbsthilfe chronisch Kranker und behinderter Menschen maßgeblichen Organisationen sowie der oder dem Beauftragten der Bundesregierung für die Belange der Patientinnen und Patienten Gelegenheit zur Stellungnahme zu geben. [2] Die Stellungnahmen sind in die Entscheidung einzubeziehen. [3] Bei der Bearbeitung von Aufträgen zur Bewertung von Untersuchungs- und Behandlungsmethoden nach Absatz 3 Nummer 1 findet lediglich ein Stellungnahmeverfahren zum Vorbericht statt.

(6) Zur Sicherstellung der fachlichen Unabhängigkeit des Instituts haben die Beschäftigten vor ihrer Einstellung alle Beziehungen zu Interessenverbänden, Auftragsinstituten, insbesondere der pharmazeutischen Industrie und der Medizinprodukteindustrie, einschließlich Art und Höhe von Zuwendungen offen zu legen.

§ 139b Aufgabendurchführung. (1) [1] Der Gemeinsame Bundesausschuss nach § 91 beauftragt das Institut mit Arbeiten nach § 139a Abs. 3. [2] Die den Gemeinsamen Bundesausschuss bildenden Institutionen, das Bundesministerium für Gesundheit und die für die Wahrnehmung der Interessen der Patientinnen und Patienten und der Selbsthilfe chronisch kranker und behinderter Menschen maßgeblichen Organisationen sowie die oder der Beauftragte der Bundesregierung für die Belange der Patientinnen und Patienten können die Beauftragung des Instituts beim Gemeinsamen Bundesausschuss beantragen.

(2) [1] Das Bundesministerium für Gesundheit kann die Bearbeitung von Aufgaben nach § 139a Abs. 3 unmittelbar beim Institut beantragen. [2] Das Institut kann einen Antrag des Bundesministeriums für Gesundheit als unbegründet ablehnen, es sei denn, das Bundesministerium für Gesundheit übernimmt die Finanzierung der Bearbeitung des Auftrags.

(3) [1] Zur Erledigung der Aufgaben nach § 139a Absatz 3 Nummer 1 bis 6 soll das Institut wissenschaftliche Forschungsaufträge an externe Sachverständi-

ge vergeben. [2]Diese haben alle Beziehungen zu Interessenverbänden, Auftragsinstituten, insbesondere der pharmazeutischen Industrie und der Medizinprodukteindustrie, einschließlich Art und Höhe von Zuwendungen offen zu legen.

(4) [1]Das Institut leitet die Arbeitsergebnisse der Aufträge nach den Absätzen 1 und 2 dem Gemeinsamen Bundesausschuss nach § 91 als Empfehlungen zu. [2]Der Gemeinsame Bundesausschuss hat die Empfehlungen im Rahmen seiner Aufgabenstellung zu berücksichtigen.

(5) [1]Versicherte und sonstige interessierte Einzelpersonen können beim Institut Bewertungen nach § 139a Absatz 3 Nummer 1 und 2 zu medizinischen Verfahren und Technologien vorschlagen. [2]Das Institut soll die für die Versorgung von Patientinnen und Patienten besonders bedeutsamen Vorschläge auswählen und bearbeiten.

(6) [1]Die Arbeitsgemeinschaft der Wissenschaftlichen Medizinischen Fachgesellschaften kann dem Bundesministerium für Gesundheit für Beauftragungen des Instituts mit Recherchen nach § 139a Absatz 3 Nummer 3 Themen zur Entwicklung oder Weiterentwicklung von Leitlinien vorschlagen; sie hat den Förderbedarf für diese Leitlinienthemen zu begründen. [2]Das Bundesministerium für Gesundheit wählt Themen für eine Beauftragung des Instituts mit Evidenzrecherchen nach § 139a Absatz 3 Nummer 3 aus. [3]Für die Beauftragung des Instituts durch das Bundesministerium für Gesundheit können jährlich bis zu 2 Millionen Euro aus Mitteln zur Finanzierung des Instituts nach § 139c aufgewendet werden. [4]Absatz 2 Satz 2 findet keine Anwendung.

§ 139c Finanzierung. [1]Die Finanzierung des Instituts nach § 139a Abs. 1 erfolgt jeweils zur Hälfte durch die Erhebung eines Zuschlags für jeden abzurechnenden Krankenhausfall und durch die zusätzliche Anhebung der Vergütungen für die ambulante vertragsärztliche und vertragszahnärztliche Versorgung nach den §§ 85 und 87a um einen entsprechenden Vomhundertsatz. [2]Die im stationären Bereich erhobenen Zuschläge werden in der Rechnung des Krankenhauses gesondert ausgewiesen; sie gehen nicht in den Gesamtbetrag oder die Erlösausgleiche nach dem Krankenhausentgeltgesetz oder der Bundespflegesatzverordnung ein. [3]Der Zuschlag für jeden Krankenhausfall, die Anteile der Kassenärztlichen und der Kassenzahnärztlichen Vereinigungen sowie das Nähere zur Weiterleitung dieser Mittel an eine zu benennende Stelle werden durch den Gemeinsamen Bundesausschuss festgelegt.

§ 139d Erprobung von Leistungen und Maßnahmen zur Krankenbehandlung. [1]Gelangt der Gemeinsame Bundesausschuss bei seinen Beratungen über eine Leistung oder Maßnahme zur Krankenbehandlung, die kein Arzneimittel ist und die nicht der Bewertung nach § 135 oder § 137c unterliegt, zu der Feststellung, dass sie das Potential einer erforderlichen Behandlungsalternative bietet, ihr Nutzen aber noch nicht hinreichend belegt ist, kann der Gemeinsame Bundesausschuss unter Aussetzung seines Bewertungsverfahrens im Einzelfall und nach Maßgabe der hierzu in seinen Haushalt eingestellten Mittel eine wissenschaftliche Untersuchung zur Erprobung der Leistung oder Maßnahme in Auftrag geben oder sich an einer solchen beteiligen. [2]Das Nähere regelt der Gemeinsame Bundesausschuss in seiner Verfahrensordnung.

§ 139e Verzeichnis für digitale Gesundheitsanwendungen; Verordnungsermächtigung. (1) [1]Das Bundesinstitut für Arzneimittel und Medizinprodukte führt ein Verzeichnis erstattungsfähiger digitaler Gesundheitsanwendungen nach § 33a. [2] Das Verzeichnis ist nach Gruppen von digitalen Gesundheitsanwendungen zu strukturieren, die in ihren Funktionen und Anwendungsbereichen vergleichbar sind. [3] Das Verzeichnis und seine Änderungen sind vom Bundesinstitut für Arzneimittel und Medizinprodukte im Bundesanzeiger bekannt zu machen und im Internet zu veröffentlichen.

(2) [1] Die Aufnahme in das Verzeichnis erfolgt auf elektronischen Antrag des Herstellers beim Bundesinstitut für Arzneimittel und Medizinprodukte. [2] Der Hersteller hat dem Antrag Nachweise darüber beizufügen, dass die digitale Gesundheitsanwendung

1. den Anforderungen an Sicherheit, Funktionstauglichkeit und Qualität des Medizinproduktes entspricht,
2. den Anforderungen an den Datenschutz entspricht und die Datensicherheit nach dem Stand der Technik gewährleistet und
3. positive Versorgungseffekte aufweist.

[3] Ein positiver Versorgungseffekt nach Satz 2 Nummer 3 ist entweder ein medizinischer Nutzen oder eine patientenrelevante Struktur- und Verfahrensverbesserung in der Versorgung. [4] Der Hersteller hat die nach Absatz 8 Satz 1 veröffentlichten Antragsformulare für seinen Antrag zu verwenden.

(3) [1] Das Bundesinstitut für Arzneimittel und Medizinprodukte entscheidet über den Antrag des Herstellers innerhalb von drei Monaten nach Eingang der vollständigen Antragsunterlagen durch Bescheid. [2] Die Entscheidung umfasst auch die Bestimmung der ärztlichen Leistungen, die zur Versorgung mit der jeweiligen digitalen Gesundheitsanwendung erforderlich sind. [3] Legt der Hersteller unvollständige Antragsunterlagen vor, hat ihn das Bundesinstitut für Arzneimittel und Medizinprodukte aufzufordern, den Antrag innerhalb einer Frist von drei Monaten zu ergänzen. [4] Liegen nach Ablauf der Frist keine vollständigen Antragsunterlagen vor und hat der Hersteller keine Erprobung nach Absatz 4 beantragt, ist der Antrag abzulehnen.

(4) [1] Ist dem Hersteller der Nachweis positiver Versorgungseffekte nach Absatz 2 Satz 2 Nummer 3 noch nicht möglich, kann er nach Absatz 2 auch beantragen, dass die digitale Gesundheitsanwendung für bis zu zwölf Monate in das Verzeichnis zur Erprobung aufgenommen wird. [2] Der Hersteller hat dem Antrag neben den Nachweisen nach Absatz 2 Satz 2 Nummer 1 und 2 eine plausible Begründung des Beitrags der digitalen Gesundheitsanwendung zur Verbesserung der Versorgung und ein von einer herstellerunabhängigen Institution erstelltes wissenschaftliches Evaluationskonzept zum Nachweis positiver Versorgungseffekte beizufügen. [3] Im Bescheid nach Absatz 3 Satz 1 hat das Bundesinstitut für Arzneimittel und Medizinprodukte den Hersteller zum Nachweis der positiven Versorgungseffekte zu verpflichten und das Nähere zu den entsprechenden erforderlichen Nachweisen, einschließlich der zur Erprobung erforderlichen ärztlichen Leistungen, zu bestimmen. [4] Die Erprobung und deren Dauer sind im Verzeichnis für digitale Gesundheitsanwendungen kenntlich zu machen. [5] Der Hersteller hat dem Bundesinstitut für Arzneimittel und Medizinprodukte spätestens nach Ablauf des Erprobungszeitraums die Nachweise für positive Versorgungseffekte der erprobten digitalen Gesundheitsanwendung vorzulegen. [6] Das Bundesinstitut für Arzneimittel und Medizinprodukte entscheidet über die endgültige Aufnahme der erprobten digitalen Gesundheitsanwendung innerhalb von drei Monaten nach Eingang der vollständi-

gen Nachweise durch Bescheid. [7] Sind positive Versorgungseffekte nicht hinreichend belegt, besteht aber aufgrund der vorgelegten Erprobungsergebnisse eine überwiegende Wahrscheinlichkeit einer späteren Nachweisführung, kann das Bundesinstitut für Arzneimittel und Medizinprodukte den Zeitraum der vorläufigen Aufnahme in das Verzeichnis zur Erprobung um bis zu zwölf Monate verlängern. [8] Lehnt das Bundesinstitut für Arzneimittel und Medizinprodukte eine endgültige Aufnahme in das Verzeichnis ab, so hat es die zur Erprobung vorläufig aufgenommene digitale Gesundheitsanwendung aus dem Verzeichnis zu streichen. [9] Eine erneute Antragstellung nach Absatz 2 ist frühestens zwölf Monate nach dem ablehnenden Bescheid des Bundesinstituts für Arzneimittel und Medizinprodukte und auch nur dann zulässig, wenn neue Nachweise für positive Versorgungseffekte vorgelegt werden. [10] Eine wiederholte vorläufige Aufnahme in das Verzeichnis zur Erprobung ist nicht zulässig.

(5) Das Bundesinstitut für Arzneimittel und Medizinprodukte informiert die Vertragspartner nach § 87 Absatz 1 zeitgleich mit der Aufnahme digitaler Gesundheitsanwendungen in das Verzeichnis über die ärztlichen Leistungen, die als erforderlich für die Versorgung mit der jeweiligen digitalen Gesundheitsanwendung oder für deren Erprobung bestimmt wurden.

(6) [1] Hersteller digitaler Gesundheitsanwendungen, die in das Verzeichnis aufgenommen wurden, sind verpflichtet, dem Bundesinstitut für Arzneimittel und Medizinprodukte unverzüglich anzuzeigen,

1. dass sie wesentliche Veränderungen an den digitalen Gesundheitsanwendungen vorgenommen haben oder
2. dass Änderungen an den im Verzeichnis veröffentlichten Informationen notwendig sind.

[2] Der Hersteller hat die nach Absatz 8 Satz 1 veröffentlichten Anzeigeformulare für seine Anzeigen zu verwenden. [3] Das Bundesinstitut für Arzneimittel und Medizinprodukte entscheidet innerhalb von drei Monaten nach der Anzeige durch Bescheid darüber, ob das Verzeichnis anzupassen ist oder ob die digitale Gesundheitsanwendung aus dem Verzeichnis zu streichen ist. [4] Erlangt das Bundesinstitut für Arzneimittel und Medizinprodukte Kenntnis von anzeigepflichtigen Veränderungen einer digitalen Gesundheitsanwendung, so hat es dem jeweiligen Hersteller eine Frist zur Anzeige zu setzen, die in der Regel nicht mehr als vier Wochen betragen darf. [5] Das Bundesinstitut für Arzneimittel und Medizinprodukte kann dem Hersteller gleichzeitig ein Zwangsgeld von bis zu 100 000 Euro androhen und dieses Zwangsgeld im Falle der Nichteinhaltung der Frist zur Anzeige festsetzen. [6] Kommt der Hersteller der Aufforderung zur Anzeige wesentlicher Veränderungen nicht innerhalb der gesetzten Frist nach, kann das Bundesinstitut für Arzneimittel und Medizinprodukte die digitale Gesundheitsanwendung aus dem Verzeichnis streichen. [7] Auf Antrag des Herstellers ist eine digitale Gesundheitsanwendung aus dem Verzeichnis zu streichen.

(7) [1] Die Kosten des Verwaltungsverfahrens nach den Absätzen 2, 3, 4 und 6, einschließlich des Widerspruchsverfahrens gegen einen auf Grund dieser Vorschriften erlassenen Verwaltungsakt oder gegen die auf Grund der Rechtsverordnung nach Absatz 9 erfolgte Festsetzung von Gebühren und Auslagen, trägt der Hersteller. [2] Die Verwaltungskosten werden nach pauschalierten Gebührensätzen erhoben. [3] Kosten für individuell zurechenbare öffentliche Leistungen, die nicht in die Gebühren einbezogen sind, werden als Auslagen gesondert in

der tatsächlich entstandenen Höhe erhoben. [4] Für die Erhebung der Gebühren und Auslagen durch das Bundesinstitut für Arzneimittel und Medizinprodukte gelten die §§ 13 bis 21 des Bundesgebührengesetzes entsprechend.

(8) [1] Das Bundesinstitut für Arzneimittel und Medizinprodukte veröffentlicht im Internet einen Leitfaden zu Antrags- und Anzeigeverfahren sowie elektronische Formulare für vollständige Antrags- und Anzeigeunterlagen in deutscher und englischer Sprache. [2] Das Bundesinstitut für Arzneimittel und Medizinprodukte berät die Hersteller digitaler Gesundheitsanwendungen zu den Antrags- und Anzeigeverfahren sowie zu den Voraussetzungen, die erfüllt sein müssen, damit die Versorgung mit der jeweiligen digitalen Gesundheitsanwendung nach § 33a zu Lasten der Krankenkassen erbracht werden kann. [3] Für die Beratung können Gebühren nach pauschalierten Gebührensätzen erhoben werden; Absatz 7 Satz 4 gilt entsprechend.

(9) [1] Das Bundesministerium für Gesundheit wird ermächtigt, durch Rechtsverordnung ohne Zustimmung des Bundesrates das Nähere zu regeln zu

1. den Inhalten des Verzeichnisses und dessen Veröffentlichung,
2. den nach Absatz 2 Satz 2 nachzuweisenden Anforderungen und positiven Versorgungseffekten,
3. den nach Absatz 4 Satz 2 zu begründenden Versorgungsverbesserungen und zu dem nach Absatz 4 Satz 2 beizufügenden Evaluationskonzept zum Nachweis positiver Versorgungseffekte,
4. den nach Absatz 6 Satz 1 anzeigepflichtigen Veränderungen,
5. den Einzelheiten der Antrags- und Anzeigeverfahren und des Formularwesens beim Bundesinstitut für Arzneimittel und Medizinprodukte,
6. den Gebühren und Gebührensätzen für die von den Herstellern zu tragenden Kosten sowie den Auslagen nach den Absätzen 7 und 8 Satz 3,
7. der Bestellung der Mitglieder der Schiedsstelle nach § 134, der Erstattung der baren Auslagen und der Entschädigung für den Zeitaufwand der Mitglieder der Schiedsstelle nach § 134, dem Verfahren, dem Teilnahmerecht des Bundesministeriums für Gesundheit und der Patientenorganisationen nach § 140f an den Sitzungen der Schiedsstelle nach § 134 sowie der Verteilung der Kosten.

[2] Die Regelungen nach Satz 1 Nummer 2 und 3 erfolgen unter Berücksichtigung der Grundsätze der evidenzbasierten Medizin.

Zehnter Abschnitt. Eigeneinrichtungen der Krankenkassen

§ 140 Eigeneinrichtungen. (1) [1] Krankenkassen dürfen der Versorgung der Versicherten dienende Eigeneinrichtungen, die am 1. Januar 1989 bestehen, weiterbetreiben. [2] Die Eigeneinrichtungen können nach Art, Umfang und finanzieller Ausstattung an den Versorgungsbedarf unter Beachtung der Landeskrankenhausplanung und der Zulassungsbeschränkungen im vertragsärztlichen Bereich angepasst werden; sie können Gründer von medizinischen Versorgungszentren nach § 95 Abs. 1 sein.

(2) [1] Sie dürfen neue Eigeneinrichtungen nur errichten, soweit sie die Durchführung ihrer Aufgaben bei der Gesundheitsvorsorge und der Rehabilitation auf andere Weise nicht sicherstellen können. [2] Die Krankenkassen oder ihre Verbände dürfen Eigeneinrichtungen auch dann errichten, wenn mit ihnen der Sicherstellungsauftrag nach § 72a Abs. 1 erfüllt werden soll.

Elfter Abschnitt. Sonstige Beziehungen zu den Leistungserbringern

§ 140a Besondere Versorgung. (1) [1] Die Krankenkassen können Verträge mit den in Absatz 3 genannten Leistungserbringern über eine besondere Versorgung der Versicherten abschließen. [2] Die Verträge ermöglichen eine verschiedene Leistungssektoren übergreifende oder eine interdisziplinär fachübergreifende Versorgung (integrierte Versorgung) sowie besondere Versorgungsaufträge unter Beteiligung der Leistungserbringer oder deren Gemeinschaften. [3] Die Verträge können auch Regelungen enthalten, die die besondere Versorgung regional beschränken. [4] Verträge, die nach den §§ 73a, 73c und 140a in der am 22. Juli 2015 geltenden Fassung geschlossen wurden, sind spätestens bis zum 31. Dezember 2024 durch Verträge nach dieser Vorschrift zu ersetzen oder zu beenden. [5] Soweit die Versorgung der Versicherten nach diesen Verträgen durchgeführt wird, ist der Sicherstellungsauftrag nach § 75 Absatz 1 eingeschränkt. [6] Satz 4 gilt nicht für die Organisation der vertragsärztlichen Versorgung zu den sprechstundenfreien Zeiten.

(2) [1] Die Verträge können Abweichendes von den Vorschriften dieses Kapitels, des Krankenhausfinanzierungsgesetzes, des Krankenhausentgeltgesetzes sowie den nach diesen Vorschriften getroffenen Regelungen beinhalten. [2] Die Verträge können auch Abweichendes von den im Dritten Kapitel benannten Leistungen beinhalten, soweit sie die in § 11 Absatz 6 genannten Leistungen, Leistungen nach den §§ 20i, 25, 26, 27b, 37a und 37b sowie ärztliche Leistungen einschließlich neuer Untersuchungs- und Behandlungsmethoden betreffen. [3] Die Sätze 1 und 2 gelten insoweit, als über die Eignung der Vertragsinhalte als Leistung der gesetzlichen Krankenversicherung der Gemeinsame Bundesausschuss nach § 91 im Rahmen der Beschlüsse nach § 92 Absatz 1 Satz 2 Nummer 5 oder im Rahmen der Beschlüsse nach § 137c Absatz 1 keine ablehnende Entscheidung getroffen hat. [4] Die abweichende Regelung muss dem Sinn und der Eigenart der besonderen Versorgung entsprechen, sie muss insbesondere darauf ausgerichtet sein, die Qualität, die Wirksamkeit und die Wirtschaftlichkeit der Versorgung zu verbessern. [5] Wenn Verträge über eine besondere Versorgung zur Durchführung von nach § 92a Absatz 1 Satz 1 und 2 geförderten neuen Versorgungsformen abgeschlossen werden, gelten die Anforderungen an eine besondere Versorgung nach Absatz 1 Satz 1 und 2 und die Anforderungen nach Satz 4 als erfüllt. [6] Das gilt auch für Verträge zur Fortführung von nach § 92a Absatz 1 Satz 1 und 2 geförderten neuen Versorgungsformen oder wesentlicher Teile daraus sowie für Verträge zur Übertragung solcher Versorgungsformen in andere Regionen. [7] Für die Qualitätsanforderungen zur Durchführung der Verträge gelten die vom Gemeinsamen Bundesausschuss sowie die in den Bundesmantelverträgen für die Leistungserbringung in der vertragsärztlichen Versorgung beschlossenen Anforderungen als Mindestvoraussetzungen entsprechend. [8] Gegenstand der Verträge dürfen auch Vereinbarungen sein, die allein die Organisation der Versorgung betreffen. [9] Die Partner eines Vertrages nach Absatz 1 können sich darauf verständigen, dass Beratungs-, Koordinierungs- und Managementleistungen der Leistungserbringer und der Krankenkassen zur Versorgung der Versicherten im Rahmen der besonderen Versorgung durch die Vertragspartner oder Dritte erbracht werden; § 11 Absatz 4 Satz 5 gilt entsprechend. [10] Vereinbarungen über zusätzliche Vergütungen für Diagnosen können nicht Gegenstand der Verträge sein.

(3) [1] Die Krankenkassen können nach Maßgabe von Absatz 1 Satz 2 Verträge abschließen mit:

1. nach diesem Kapitel zur Versorgung der Versicherten berechtigten Leistungserbringern oder deren Gemeinschaften,
2. Trägern von Einrichtungen, die eine besondere Versorgung durch zur Versorgung der Versicherten nach dem Vierten Kapitel berechtigte Leistungserbringer anbieten,
3. Pflegekassen und zugelassenen Pflegeeinrichtungen auf der Grundlage des § 92b des Elften Buches[1)],

3a. anderen Leistungsträgern nach § 12 des Ersten Buches[2)] und den Leistungserbringern, die nach den für diese Leistungsträger geltenden Bestimmungen zur Versorgung berechtigt sind,

3b. privaten Kranken- und Pflegeversicherungen, um Angebote der besonderen Versorgung für Versicherte in der gesetzlichen und in der privaten Krankenversicherung zu ermöglichen,

4. Praxiskliniken nach § 115 Absatz 2 Satz 1 Nummer 1,
5. pharmazeutischen Unternehmern,
6. Herstellern von Medizinprodukten im Sinne des Gesetzes über Medizinprodukte,
7. Kassenärztlichen Vereinigungen oder Berufs- und Interessenverbänden der Leistungserbringer nach Nummer 1 zur Unterstützung von Mitgliedern, die an der besonderen Versorgung teilnehmen,
8. Anbietern von digitalen Diensten und Anwendungen nach § 68a Absatz 3 Satz 2 Nummer 2 und 3.

[2] Die Partner eines Vertrages über eine besondere Versorgung nach Absatz 1 können sich auf der Grundlage ihres jeweiligen Zulassungsstatus für die Durchführung der besonderen Versorgung darauf verständigen, dass Leistungen auch dann erbracht werden können, wenn die Erbringung dieser Leistungen vom Zulassungs-, Ermächtigungs- oder Berechtigungsstatus des jeweiligen Leistungserbringers nicht gedeckt ist. [3] Bei Verträgen mit Anbietern von digitalen Diensten und Anwendungen nach Nummer 8 sind die Zugänglichkeitskriterien für Menschen mit Behinderungen zu berücksichtigen.

(3a) [1] Gegenstand der Verträge kann sein

1. die Förderung einer besonderen Versorgung, die von den in Absatz 3 genannten Leistungserbringern selbständig durchgeführt wird, oder
2. die Beteiligung an Versorgungsaufträgen anderer Leistungsträger nach § 12 des Ersten Buches.

[2] Die Förderung und Beteiligung nach Satz 1 dürfen erfolgen, soweit sie dem Zweck der gesetzlichen Krankenversicherung dienen.

(3b) [1] Gegenstand der Verträge kann eine besondere Versorgung im Wege der Sach- oder Dienstleistung sein

1. im Einzelfall, wenn medizinische oder soziale Gründe dies rechtfertigen, oder
2. in den Fällen, in denen die Voraussetzungen für eine Kostenerstattung der vom Versicherten selbst beschafften Leistungen vorliegen.

---

1) Nr. **11**.
2) Nr. **1**.

[2]Verträge nach Satz 1 können auch mit nicht zur vertragsärztlichen Versorgung zugelassenen Leistungserbringern geschlossen werden, wenn eine dem Versorgungsniveau in der gesetzlichen Krankenversicherung gleichwertige Versorgung gewährleistet ist.

(4) [1]Die Versicherten erklären ihre freiwillige Teilnahme an der besonderen Versorgung schriftlich oder elektronisch gegenüber ihrer Krankenkasse. [2]Die Versicherten können die Teilnahmeerklärung innerhalb von zwei Wochen nach deren Abgabe schriftlich, elektronisch oder zur Niederschrift bei der Krankenkasse ohne Angabe von Gründen widerrufen. [3]Zur Fristwahrung genügt die rechtzeitige Absendung der Widerrufserklärung an die Krankenkasse. [4]Die Widerrufsfrist beginnt, wenn die Krankenkasse dem Versicherten eine Belehrung über sein Widerrufsrecht schriftlich oder elektronisch mitgeteilt hat, frühestens jedoch mit der Abgabe der Teilnahmeerklärung. [5]Das Nähere zur Durchführung der Teilnahme der Versicherten, insbesondere zur zeitlichen Bindung an die Teilnahmeerklärung, zur Bindung an die vertraglich gebundenen Leistungserbringer und zu den Folgen bei Pflichtverstößen der Versicherten, regeln die Krankenkassen in den Teilnahmeerklärungen. [6]Die Satzung der Krankenkasse hat Regelungen zur Abgabe der Teilnahmeerklärungen zu enthalten. [7]Die Regelungen sind auf der Grundlage der Richtlinie nach § 217f Absatz 4a zu treffen.

(4a) [1]Krankenkassen können Verträge auch mit Herstellern von Medizinprodukten nach Absatz 3 Satz 1 Nummer 6 über die besondere Versorgung der Versicherten mit digitalen Versorgungsangeboten schließen. [2]Absatz 1 Satz 2 ist nicht anzuwenden. [3]In den Verträgen ist sicherzustellen, dass über eine individualisierte medizinische Beratung einschließlich von Therapievorschlägen hinausgehende diagnostische Feststellungen durch einen Arzt zu treffen sind. [4]Bei dem einzubeziehenden Arzt muss es sich in der Regel um einen an der vertragsärztlichen Versorgung teilnehmenden Arzt handeln.

(5) Die Verarbeitung der für die Durchführung der Verträge nach Absatz 1 erforderlichen personenbezogenen Daten durch die Vertragspartner nach Absatz 1 darf nur mit Einwilligung und nach vorheriger Information der Versicherten erfolgen.

(6) [1]Für die Bereinigung des Behandlungsbedarfs nach § 87a Absatz 3 Satz 2 gilt § 73b Absatz 7 entsprechend; falls eine Vorabeinschreibung der teilnehmenden Versicherten nicht möglich ist, kann eine rückwirkende Bereinigung vereinbart werden. [2]Die Krankenkasse kann bei Verträgen nach Absatz 1 auf die Bereinigung verzichten, wenn das voraussichtliche Bereinigungsvolumen einer Krankenkasse für einen Vertrag nach Absatz 1 geringer ist als der Aufwand für die Durchführung dieser Bereinigung. [3]Der Bewertungsausschuss hat in seinen Vorgaben gemäß § 87a Absatz 5 Satz 7 zur Bereinigung und zur Ermittlung der kassenspezifischen Aufsatzwerte des Behandlungsbedarfs auch Vorgaben zur Höhe des Schwellenwertes für das voraussichtliche Bereinigungsvolumen, unterhalb dessen von einer basiswirksamen Bereinigung abgesehen werden kann, zu der pauschalen Ermittlung und Übermittlung des voraussichtlichen Bereinigungsvolumens an die Vertragspartner nach § 73b Absatz 7 Satz 1 sowie zu dessen Anrechnung beim Aufsatzwert der betroffenen Krankenkasse zu machen.

§§ 140b–140d *(nicht mehr belegt)*

Zwölfter Abschnitt. Beziehungen zu Leistungserbringern europäischer Staaten

§ 140e Verträge mit Leistungserbringern europäischer Staaten. Krankenkassen dürfen zur Versorgung ihrer Versicherten nach Maßgabe des Dritten Kapitels und des dazugehörigen untergesetzlichen Rechts Verträge mit Leistungserbringern nach § 13 Absatz 4 Satz 2 in anderen Mitgliedstaaten der Europäischen Union, in den Vertragsstaaten des Abkommens über den Europäischen Wirtschaftsraum oder in der Schweiz abschließen.

Dreizehnter Abschnitt. Beteiligung von Patientinnen und Patienten, Beauftragte oder Beauftragter der Bundesregierung für die Belange der Patientinnen und Patienten

§ 140f Beteiligung von Interessenvertretungen der Patientinnen und Patienten. (1) Die für die Wahrnehmung der Interessen der Patientinnen und Patienten und der Selbsthilfe chronisch kranker und behinderter Menschen maßgeblichen Organisationen sind in Fragen, die die Versorgung betreffen, nach Maßgabe der folgenden Vorschriften zu beteiligen.

(2) [1] Im Gemeinsamen Bundesausschuss nach § 91 und in der Nationalen Präventionskonferenz nach § 20e Absatz 1 erhalten die für die Wahrnehmung der Interessen der Patientinnen und Patienten und der Selbsthilfe chronisch kranker und behinderter Menschen auf Bundesebene maßgeblichen Organisationen ein Mitberatungsrecht; die Organisationen benennen hierzu sachkundige Personen. [2] Das Mitberatungsrecht beinhaltet auch das Recht zur Anwesenheit bei der Beschlussfassung. [3] Die Zahl der sachkundigen Personen soll höchstens der Zahl der von dem Spitzenverband Bund der Krankenkassen entsandten Mitglieder in diesem Gremium entsprechen. [4] Die sachkundigen Personen werden einvernehmlich von den in der Verordnung nach § 140g genannten oder nach der Verordnung anerkannten Organisationen benannt. [5] Bei Beschlüssen des Gemeinsamen Bundesausschusses nach § 56 Abs. 1, § 92 Abs. 1 Satz 2, § 116b Abs. 4, § 135b Absatz 2 Satz 2, den §§ 136 bis 136b, 136d, 137a, 137b, 137c und 137f erhalten die Organisationen das Recht, Anträge zu stellen. [6] Der Gemeinsame Bundesausschuss hat über Anträge der Organisationen nach Satz 5 in der nächsten Sitzung des jeweiligen Gremiums zu beraten. [7] Wenn über einen Antrag nicht entschieden werden kann, soll in der Sitzung das Verfahren hinsichtlich der weiteren Beratung und Entscheidung festgelegt werden. [8] Entscheidungen über die Einrichtung einer Arbeitsgruppe und die Bestellung von Sachverständigen durch einen Unterausschuss sind nur im Einvernehmen mit den benannten Personen zu treffen. [9] Dabei haben diese ihr Votum einheitlich abzugeben.

(3) [1] Die auf Landesebene für die Wahrnehmung der Interessen der Patientinnen und Patienten und der Selbsthilfe chronisch kranker und behinderter Menschen maßgeblichen Organisationen erhalten in

1. den Landesausschüssen nach § 90 sowie den erweiterten Landesausschüssen nach § 116b Absatz 3,
2. dem gemeinsamen Landesgremium nach § 90a,
3. den Zulassungsausschüssen nach § 96 und den Berufungsausschüssen nach § 97, soweit Entscheidungen betroffen sind über
   a) die ausnahmeweise Besetzung zusätzlicher Vertragsarztsitze nach § 101 Absatz 1 Satz 1 Nummer 3,

b) die Befristung einer Zulassung nach § 19 Absatz 4 der Zulassungsverordnung für Vertragsärzte,

c) die Ermächtigung von Ärzten und Einrichtungen,

4. den Zulassungsausschüssen nach § 96, soweit Entscheidungen betroffen sind über

a) die Durchführung eines Nachbesetzungsverfahrens nach § 103 Absatz 3a,

b) die Ablehnung einer Nachbesetzung nach § 103 Absatz 4 Satz 10,

ein Mitberatungsrecht; die Organisationen benennen hierzu sachkundige Personen. [2] Das Mitberatungsrecht beinhaltet auch das Recht zur Anwesenheit bei der Beschlussfassung. [3] Die Zahl der sachkundigen Personen soll höchstens der Zahl der von den Krankenkassen entsandten Mitglieder in diesen Gremien entsprechen. [4] Die sachkundigen Personen werden einvernehmlich von den in der Verordnung nach § 140g genannten oder nach der Verordnung anerkannten Organisationen benannt.

(4) [1] Bei einer Änderung, Neufassung oder Aufhebung der in § 21 Abs. 2, § 111 Absatz 7 Satz 1, § 111c Absatz 5 Satz 1, § 112 Absatz 5, § 115 Abs. 5, § 126 Abs. 1 Satz 3, § 127 Absatz 8 und 9, §§ 132a, 132c Absatz 2, § 132d Abs. 2, § 132l Absatz 1 Satz 1, § 133 Absatz 4 und § 217f Absatz 4a vorgesehenen Rahmenempfehlungen, Empfehlungen und Richtlinien des Spitzenverbandes Bund der Krankenkassen, des Hilfsmittelverzeichnisses nach § 139 sowie bei der Bestimmung der Festbetragsgruppen nach § 36 Abs. 1 und der Festsetzung der Festbeträge nach § 36 Abs. 2 wirken die in der Verordnung nach § 140g genannten oder nach der Verordnung anerkannten Organisationen beratend mit. [2] Das Mitberatungsrecht beinhaltet auch das Recht zur Anwesenheit bei der Beschlussfassung. [3] Wird ihrem schriftlichen Anliegen nicht gefolgt, sind ihnen auf Verlangen die Gründe dafür schriftlich mitzuteilen.

(5) [1] Die sachkundigen Personen erhalten Reisekosten nach dem Bundesreisekostengesetz oder nach den Vorschriften des Landes über Reisekostenvergütung, Ersatz des Verdienstausfalls in entsprechender Anwendung des § 41 Abs. 2 des Vierten Buches[1)] sowie einen Pauschbetrag für Zeitaufwand in Höhe eines Fünfzigstels der monatlichen Bezugsgröße (§ 18 des Vierten Buches) für jeden Kalendertag einer Sitzung. [2] Der Anspruch richtet sich gegen die Gremien, in denen sie als sachkundige Personen mitberatend tätig sind.

(6) [1] Die in der Verordnung nach § 140g genannten oder nach der Verordnung anerkannten Organisationen sowie die sachkundigen Personen werden bei der Durchführung ihres Mitberatungsrechts nach Absatz 2 vom Gemeinsamen Bundesausschuss durch geeignete Maßnahmen organisatorisch und inhaltlich unterstützt. [2] Hierzu kann der Gemeinsame Bundesausschuss eine Stabstelle Patientenbeteiligung einrichten. [3] Die Unterstützung erfolgt insbesondere durch Organisation von Fortbildung und Schulungen, Aufbereitung von Sitzungsunterlagen, koordinatorische Leitung des Benennungsverfahrens auf Bundesebene und bei der Ausübung des in Absatz 2 Satz 4 genannten Antragsrechts. [4] Der Anspruch auf Unterstützung durch den Gemeinsamen Bundesausschuss gilt ebenso für die Wahrnehmung der Antrags-, Beteiligungs- und Stellungnahmerechte nach § 137a Absatz 4 und 7, § 139a Absatz 5 sowie § 139b Absatz 1. [5] Der Anspruch auf Übernahme von Reisekosten, Aufwandsentschädigung und Verdienstausfall nach Absatz 5 besteht auch für die Teilnahme der

1) Nr. 4.

sachkundigen Personen an Koordinierungs- und Abstimmungstreffen sowie an Fortbildungen und Schulungen nach Satz 3.

(7) [1] Die in der Verordnung nach § 140g genannten oder nach der Verordnung anerkannten Organisationen sowie die sachkundigen Personen werden bei der Durchführung ihrer gesetzlich vorgesehenen Beteiligungsrechte auf Landesebene von den Landesausschüssen nach § 90 durch geeignete Maßnahmen organisatorisch und inhaltlich unterstützt. [2] Hierzu kann der Landesausschuss nach § 90 eine Stabsstelle Patientenbeteiligung einrichten. [3] Die Unterstützung erstreckt sich insbesondere auf die Organisation von Fortbildungen und Schulungen, auf die Aufbereitung von Sitzungsunterlagen sowie die Durchführung des Benennungsverfahrens nach Absatz 3 Satz 4. [4] Wird durch den Landesausschuss nach § 90 keine Stabsstelle Patientenbeteiligung eingerichtet, erstattet er den in Satz 1 genannten Organisationen die Aufwendungen für die anfallenden koordinierenden Maßnahmen. [5] Die sachkundigen Personen haben gegenüber dem Landesausschuss nach § 90 einen Anspruch auf Übernahme von Reisekosten, Aufwandsentschädigung und Verdienstausfall nach Absatz 5 für jährlich bis zu sechs Koordinierungs- und Abstimmungstreffen sowie für Fortbildungen und Schulungen nach Satz 3.

(8) [1] Die in der Verordnung nach § 140g genannten oder nach der Verordnung nach § 140g anerkannten Organisationen erhalten für den Aufwand zur Koordinierung ihrer Beteiligungsrechte einen Betrag in Höhe von 120 Euro für jede neu für ein Gremium benannte sachkundige Person. [2] Der Anspruch richtet sich gegen das jeweilige Gremium, in dem die sachkundige Person tätig ist. [3] Der Anspruch ist durch den von den anerkannten Organisationen gebildeten Koordinierungsausschuss geltend zu machen.

§ 140g Verordnungsermächtigung. Das Bundesministerium für Gesundheit wird ermächtigt, durch Rechtsverordnung mit Zustimmung des Bundesrates Näheres zu den Voraussetzungen der Anerkennung der für die Wahrnehmung der Interessen der Patientinnen und Patienten und der Selbsthilfe chronisch kranker und behinderter Menschen maßgeblichen Organisationen auf Bundesebene, insbesondere zu den Erfordernissen an die Organisationsform und die Offenlegung der Finanzierung, sowie zum Verfahren der Patientenbeteiligung zu regeln.

§ 140h Amt, Aufgabe und Befugnisse der oder des Beauftragten der Bundesregierung für die Belange der Patientinnen und Patienten.

(1) [1] Die Bundesregierung bestellt eine Beauftragte oder einen Beauftragten für die Belange der Patientinnen und Patienten. [2] Der beauftragten Person ist die für die Erfüllung ihrer Aufgabe notwendige Personal- und Sachausstattung zur Verfügung zu stellen. [3] Das Amt endet, außer im Falle der Entlassung, mit dem Zusammentreten eines neuen Bundestages.

(2) [1] Aufgabe der beauftragten Person ist es, darauf hinzuwirken, dass die Belange von Patientinnen und Patienten besonders hinsichtlich ihrer Rechte auf umfassende und unabhängige Beratung und objektive Information durch Leistungserbringer, Kostenträger und Behörden im Gesundheitswesen und auf die Beteiligung bei Fragen der Sicherstellung der medizinischen Versorgung berücksichtigt werden. [2] Sie setzt sich bei der Wahrnehmung dieser Aufgabe dafür ein, dass unterschiedliche Lebensbedingungen und Bedürfnisse von Frauen und Männern beachtet und in der medizinischen Versorgung sowie in der

Forschung geschlechtsspezifische Aspekte berücksichtigt werden. [3]Die beauftragte Person soll die Rechte der Patientinnen und Patienten umfassend, in allgemein verständlicher Sprache und in geeigneter Form zusammenstellen und zur Information der Bevölkerung bereithalten.

(3) [1]Zur Wahrnehmung der Aufgabe nach Absatz 2 beteiligen die Bundesministerien die beauftragte Person bei allen Gesetzes-, Verordnungs- und sonstigen wichtigen Vorhaben, soweit sie Fragen der Rechte und des Schutzes von Patientinnen und Patienten behandeln oder berühren. [2]Alle Bundesbehörden und sonstigen öffentlichen Stellen im Bereich des Bundes unterstützen die beauftragte Person bei der Erfüllung der Aufgabe.

Fünftes Kapitel. Sachverständigenrat zur Begutachtung der Entwicklung im Gesundheitswesen

§ 141 *(aufgehoben)*

§ 142 Sachverständigenrat. (1) [1]Das Bundesministerium für Gesundheit beruft einen Sachverständigenrat zur Begutachtung der Entwicklung im Gesundheitswesen. [2]Zur Unterstützung der Arbeiten des Sachverständigenrates richtet das Bundesministerium für Gesundheit eine Geschäftsstelle ein.

(2) [1]Der Sachverständigenrat hat die Aufgabe, Gutachten zur Entwicklung der gesundheitlichen Versorgung mit ihren medizinischen und wirtschaftlichen Auswirkungen zu erstellen. [2]Im Rahmen der Gutachten entwickelt der Sachverständigenrat unter Berücksichtigung der finanziellen Rahmenbedingungen und vorhandener Wirtschaftlichkeitsreserven Prioritäten für den Abbau von Versorgungsdefiziten und bestehenden Überversorgungen und zeigt Möglichkeiten und Wege zur Weiterentwicklung des Gesundheitswesens auf; er kann in seine Gutachten Entwicklungen in anderen Zweigen der Sozialen Sicherung einbeziehen. [3]Das Bundesministerium für Gesundheit kann den Gegenstand der Gutachten näher bestimmen sowie den Sachverständigenrat mit der Erstellung von Sondergutachten beauftragen.

(3) [1]Der Sachverständigenrat erstellt das Gutachten im Abstand von zwei Jahren und leitet es dem Bundesministerium für Gesundheit in der Regel zum 15. April eines Jahres zu. [2]Das Bundesministerium für Gesundheit legt das Gutachten den gesetzgebenden Körperschaften des Bundes unverzüglich vor.

Sechstes Kapitel. Organisation der Krankenkassen

Erster Abschnitt. Errichtung, Vereinigung und Beendigung von Krankenkassen

Erster Titel. Arten der Krankenkassen

§ 143 Ortskrankenkassen. (1) Ortskrankenkassen bestehen für abgegrenzte Regionen.

(2) [1]Die Landesregierung kann die Abgrenzung der Regionen durch Rechtsverordnung regeln. [2]Die Landesregierung kann die Ermächtigung auf die nach Landesrecht zuständige Behörde übertragen.

(3) Die betroffenen Länder können durch Staatsvertrag vereinbaren, dass sich die Region über mehrere Länder erstreckt.

§ 144 Betriebskrankenkassen. (1) Betriebskrankenkassen sind Krankenkassen, die durch den Arbeitgeber für einen oder mehrere Betriebe errichtet wurden.

(2) [1] Eine Betriebskrankenkasse kann in ihrer Satzung vorsehen, dass sie durch alle Versicherungspflichtigen und Versicherungsberechtigten gewählt werden kann. [2] Die Satzungsregelung darf das Wahlrecht nicht auf bestimmte Personen beschränken oder von Bedingungen abhängig machen und kann nicht widerrufen werden. [3] Satz 1 gilt nicht für Betriebskrankenkassen, die für Betriebe privater Kranken- oder Lebensversicherungen errichtet oder aus einer Vereinigung mit solchen Betriebskrankenkassen hervorgegangen sind, wenn die Satzung dieser Krankenkassen am 26. September 2003 keine Regelung nach Satz 1 enthalten hat.

(3) Falls die Satzung eine Regelung nach Absatz 2 Satz 1 enthält, gilt diese für die Gebiete der Länder, in denen Betriebe bestehen und die Zuständigkeit für diese Betriebe sich aus der Satzung der Betriebskrankenkasse ergibt; soweit eine Satzungsregelung am 31. März 2007 für ein darüber hinausgehendes Gebiet gegolten hat, bleibt dies unberührt.

§ 145 Innungskrankenkassen. (1) [1] Innungskrankenkassen sind Krankenkassen, die durch eine Handwerksinnung allein oder gemeinsam mit anderen Handwerksinnungen für die Handwerksbetriebe ihrer Mitglieder, die in die Handwerksrolle eingetragen sind, errichtet wurden. [2] § 144 Absatz 3 gilt entsprechend.

(2) Eine Satzungsregelung nach § 173 Absatz 2 Satz 1 Nummer 4 in der bis zum 31. März 2020 geltenden Fassung darf das Wahlrecht nicht auf bestimmte Personen beschränken oder von Bedingungen abhängig machen und kann nicht widerrufen werden.

§ 146 Landwirtschaftliche Krankenkasse. Die Sozialversicherung für Landwirtschaft, Forsten und Gartenbau als Träger der Krankenversicherung der Landwirte führt die Krankenversicherung nach dem Zweiten Gesetz über die Krankenversicherung der Landwirte durch; sie führt in Angelegenheiten der Krankenversicherung die Bezeichnung landwirtschaftliche Krankenkasse.

§ 147 Deutsche Rentenversicherung Knappschaft-Bahn-See. Die Deutsche Rentenversicherung Knappschaft-Bahn-See führt die Krankenversicherung nach den Vorschriften dieses Buches durch.

§ 148 Ersatzkassen. [1] Ersatzkassen sind am 31. Dezember 1992 bestehende Krankenkassen, bei denen Versicherte die Mitgliedschaft bis zum 31. Dezember 1995 durch Ausübung des Wahlrechts erlangen konnten. [2] Der Zuständigkeitsbereich von Ersatzkrankenkassen erstreckt sich auf das gesamte Bundesgebiet.

Zweiter Titel. Besondere Vorschriften zur Errichtung, zur Ausdehnung und zur Auflösung von Betriebskrankenkassen sowie zum Ausscheiden von Betrieben aus Betriebskrankenkassen

§ 149 Errichtung von Betriebskrankenkassen. (1) Der Arbeitgeber kann für einen oder mehrere Betriebe eine Betriebskrankenkasse errichten, wenn

1. in diesen Betrieben regelmäßig mindestens 5 000 Versicherungspflichtige beschäftigt werden und

2. die Leistungsfähigkeit der Betriebskrankenkasse auf Dauer gesichert ist.

(2) [1]Bei Betriebskrankenkassen, deren Satzung keine Regelung nach § 144 Absatz 2 Satz 1 enthält, kann der Arbeitgeber auf seine Kosten die für die Führung der Geschäfte erforderlichen Personen bestellen. [2]Nicht bestellt werden dürfen Personen, die im Personalbereich des Betriebes tätig sein dürfen. [3]In der dem Antrag auf Genehmigung nach § 150 Absatz 2 beigefügten Satzung ist zu bestimmen, ob der Arbeitgeber auf seine Kosten das Personal bestellt. [4]Lehnt der Arbeitgeber die weitere Übernahme der Kosten des für die Führung der Geschäfte erforderlichen Personals durch unwiderrufliche Erklärung gegenüber dem Vorstand der Betriebskrankenkasse ab, übernimmt die Betriebskrankenkasse spätestens zum 1. Januar des auf den Zugang der Erklärung folgenden übernächsten Kalenderjahres die bisher mit der Führung der Geschäfte der Betriebskrankenkasse beauftragten Personen, wenn diese nicht widersprechen. [5]Die Betriebskrankenkasse tritt in die Rechte und Pflichten aus den Dienst- oder Arbeitsverhältnissen der übernommenen Personen ein; § 613a des Bürgerlichen Gesetzbuchs ist entsprechend anzuwenden. [6]Neueinstellungen nimmt vom Tag des Zugangs der Erklärung nach Satz 4 an die Betriebskrankenkasse vor. [7]Die Sätze 4 bis 6 gelten entsprechend, wenn die Betriebskrankenkasse in ihrer Satzung eine Regelung nach § 144 Absatz 2 Satz 1 vorsieht, vom Tag des Wirksamwerdens dieser Satzungsbestimmung an.

(3) [1]Betriebskrankenkassen nach Absatz 2 Satz 1, bei denen der Arbeitgeber auf seine Kosten die für die Führung der Geschäfte erforderlichen Personen bestellt, leiten 85 Prozent ihrer Zuweisungen, die sie nach § 270 Absatz 1 Satz 1 Nummer 3 erhalten, an den Arbeitgeber weiter. [2]Trägt der Arbeitgeber die Kosten der für die Führung der Geschäfte der Betriebskrankenkasse erforderlichen Personen nur anteilig, reduziert sich der von der Betriebskrankenkasse an den Arbeitgeber weiterzuleitende Betrag entsprechend. [3]Die weitergeleiteten Beträge sind gesondert auszuweisen. [4]Der weiterzuleitende Betrag nach den Sätzen 1 und 2 ist auf die Höhe der Kosten begrenzt, die der Arbeitgeber tatsächlich trägt.

(4) [1]Absatz 1 gilt nicht für Betriebe, die als Leistungserbringer zugelassen sind oder deren maßgebliche Zielsetzung die Wahrnehmung wirtschaftlicher Interessen von Leistungserbringern ist, soweit sie nach diesem Buch Verträge mit den Krankenkassen oder deren Verbänden zu schließen haben. [2]Satz 1 gilt nicht für Leistungserbringer, die nicht überwiegend Leistungen auf Grund von Verträgen mit den Krankenkassen oder deren Verbänden erbringen.

§ 150 Verfahren bei Errichtung. (1) [1]Die Errichtung der Betriebskrankenkasse bedarf der Genehmigung der nach der Errichtung zuständigen Aufsichtsbehörde. [2]Die Genehmigung darf nur versagt werden, wenn eine der in § 149 Absatz 1 genannten Voraussetzungen nicht vorliegt oder die Krankenkasse zum Errichtungszeitpunkt nicht 2 500 Mitglieder haben wird.

(2) [1]Der Arbeitgeber hat dem Antrag auf Genehmigung eine Satzung beizufügen. [2]Die Aufsichtsbehörde genehmigt die Satzung und bestimmt den Zeitpunkt, zu dem die Errichtung wirksam wird.

§ 151 Ausdehnung auf weitere Betriebe. [1]Die Zuständigkeit einer Betriebskrankenkasse, deren Satzung keine Regelung nach § 144 Absatz 2 Satz 1 enthält, kann auf Antrag des Arbeitgebers auf weitere Betriebe desselben Arbeitgebers ausgedehnt werden. [2]§ 150 gilt entsprechend.

§ 152 Ausscheiden von Betrieben. (1) Geht von mehreren Betrieben desselben Arbeitgebers, für die eine gemeinsame Betriebskrankenkasse besteht, ein Betrieb auf einen anderen Arbeitgeber über, kann jeder beteiligte Arbeitgeber das Ausscheiden des übergegangenen Betriebes aus der gemeinsamen Betriebskrankenkasse beantragen.

(2) [1] Besteht für mehrere Betriebe verschiedener Arbeitgeber eine gemeinsame Betriebskrankenkasse, kann jeder beteiligte Arbeitgeber beantragen, mit seinem Betrieb aus der gemeinsamen Betriebskrankenkasse auszuscheiden. [2] Satz 1 gilt nicht für gemeinsame Betriebskrankenkassen mehrerer Arbeitgeber, deren Satzung eine Regelung nach § 144 Absatz 2 Satz 1 enthält.

(3) [1] Über den Antrag auf Ausscheiden des Betriebes aus der gemeinsamen Betriebskrankenkasse entscheidet die Aufsichtsbehörde. [2] Sie bestimmt den Zeitpunkt, zu dem das Ausscheiden wirksam wird.

§ 153 Auflösung. (1) Eine Betriebskrankenkasse kann auf Antrag des Arbeitgebers aufgelöst werden, wenn der Verwaltungsrat mit einer Mehrheit von mehr als drei Vierteln der stimmberechtigten Mitglieder zustimmt.

(2) [1] Über den Antrag entscheidet die Aufsichtsbehörde. [2] Sie bestimmt den Zeitpunkt, an dem die Auflösung wirksam wird.

(3) Absatz 1 gilt nicht, wenn die Satzung der Betriebskrankenkasse eine Regelung nach § 144 Absatz 2 Satz 1 enthält.

(4) Für die gemeinsame Betriebskrankenkasse mehrerer Arbeitgeber ist der Antrag nach Absatz 1 von allen beteiligten Arbeitgebern zu stellen.

§ 154 Betriebskrankenkassen öffentlicher Verwaltungen. [1] Die §§ 149 bis 153, 159 Absatz 2, § 166 Absatz 2 und § 167 Absatz 4 gelten entsprechend für Dienstbetriebe von Verwaltungen des Bundes, der Länder, der Gemeindeverbände oder der Gemeinden. [2] An die Stelle des Arbeitgebers tritt die Verwaltung.

Dritter Titel. Vereinigung, Schließung und Insolvenz von Krankenkassen

§ 155 Freiwillige Vereinigung. (1) [1] Ortskrankenkassen, Betriebskrankenkassen, Innungskrankenkassen und Ersatzkassen können sich auf Beschluss ihrer Verwaltungsräte vereinigen. [2] Der Beschluss bedarf der Genehmigung der vor der Vereinigung zuständigen Aufsichtsbehörden.

(2) [1] Die beteiligten Krankenkassen fügen dem Antrag auf Genehmigung eine Satzung, einen Vorschlag zur Berufung der Mitglieder der Organe, ein Konzept zur Organisations-, Personal- und Finanzstruktur der neuen Krankenkasse einschließlich der Zahl und der Verteilung ihrer Geschäftsstellen sowie eine Vereinbarung über die Rechtsbeziehungen zu Dritten bei. [2] Bei einer kassenartenübergreifenden Vereinigung ist dem Antrag auf Genehmigung auch eine Erklärung beizufügen, welche Kassenartzugehörigkeit aufrechterhalten bleiben soll.

(3) [1] Die beteiligten Krankenkassen können Verträge über die Gewährung von Hilfeleistungen schließen, die notwendig sind, um ihre Leistungs- und Wettbewerbsfähigkeit bis zum Zeitpunkt der Wirksamkeit der Vereinigung zu erhalten. [2] In den Verträgen ist Näheres über Umfang, Finanzierung und

Durchführung der Hilfeleistungen zu regeln. [3] § 60 des Zehnten Buches[1)] gilt entsprechend. [4] Die Verträge sind von den für die am Vertrag beteiligten Krankenkassen zuständigen Aufsichtsbehörden zu genehmigen.

(4) Ist bei einer Vereinigung von Betriebskrankenkassen eine Krankenkasse mit einer Satzungsregelung nach § 144 Absatz 2 Satz 1 beteiligt, gilt diese Satzungsregelung auch für die vereinigte Krankenkasse; § 144 Absatz 2 Satz 3 gilt entsprechend.

(5) Die Aufsichtsbehörde genehmigt die Satzung und die Vereinbarung, beruft die Mitglieder der Organe und bestimmt den Zeitpunkt, zu dem die Vereinigung wirksam wird.

(6) [1] Mit dem nach Absatz 5 bestimmten Zeitpunkt sind die bisherigen Krankenkassen geschlossen. [2] Die neue Krankenkasse tritt in die Rechte und Pflichten der bisherigen Krankenkassen ein.

§ 156 Vereinigung auf Antrag. (1) Das Bundesministerium für Gesundheit kann auf Antrag einer bundesunmittelbaren Krankenkasse durch Rechtsverordnung mit Zustimmung des Bundesrates einzelne Krankenkassen dieser Kassenart nach Anhörung der betroffenen Krankenkassen vereinigen, wenn

1. durch die Vereinigung die Leistungsfähigkeit der betroffenen Krankenkassen erhöht werden kann und
2. eine freiwillige Vereinigung innerhalb von zwölf Monaten nach Antragstellung nicht zustande gekommen ist.

(2) Die Landesregierung kann auf Antrag einer landesunmittelbaren Krankenkasse durch Rechtsverordnung einzelne oder alle Krankenkassen dieser Kassenart des Landes nach Anhörung der betroffenen Krankenkassen vereinigen, wenn

1. durch die Vereinigung die Leistungsfähigkeit der betroffenen Krankenkassen erhöht werden kann und
2. eine freiwillige Vereinigung innerhalb von zwölf Monaten nach Antragstellung nicht zustande gekommen ist.

(3) Die Absätze 1 und 2 gelten nicht für Betriebskrankenkassen, deren Satzungen keine Regelung nach § 144 Absatz 2 Satz 1 enthalten.

§ 157 Verfahren bei Vereinigung auf Antrag. (1) Werden Krankenkassen nach § 156 vereinigt, legen sie der Aufsichtsbehörde eine Satzung, einen Vorschlag zur Berufung der Mitglieder der Organe und eine Vereinbarung über die Neuordnung der Rechtsbeziehungen zu Dritten vor.

(2) Die Aufsichtsbehörde genehmigt die Satzung und die Vereinbarung, beruft die Mitglieder der Organe und bestimmt den Zeitpunkt, zu dem die Vereinigung wirksam wird.

(3) Kommen die beteiligten Krankenkassen ihrer Verpflichtung nach Absatz 1 nicht innerhalb einer von der Aufsichtsbehörde gesetzten Frist nach, setzt die Aufsichtsbehörde die Satzung fest, bestellt die Mitglieder der Organe, regelt die Neuordnung der Rechtsbeziehungen zu Dritten und bestimmt den Zeitpunkt, zu dem die Vereinigung wirksam wird.

---

1) Nr. **10**.

(4) [1] Mit dem nach Absatz 2 oder Absatz 3 bestimmten Zeitpunkt sind die bisherigen Krankenkassen geschlossen. [2] Die neue Krankenkasse tritt in die Rechte und Pflichten der bisherigen Krankenkassen ein.

§ 158 Zusammenschlusskontrolle bei Vereinigungen von Krankenkassen. (1) Bei der freiwilligen Vereinigung von Krankenkassen finden die Vorschriften über die Zusammenschlusskontrolle nach Kapitel Sieben des Ersten Teils des Gesetzes gegen Wettbewerbsbeschränkungen nach Maßgabe des Absatzes 2 sowie die §§ 48, 49, 50f Absatz 2, die §§ 54 bis 81 Absatz 2 und 3 Nummer 3, die §§ 81a bis 81g, 82 und die §§ 83 bis 86a des Gesetzes gegen Wettbewerbsbeschränkungen entsprechende Anwendung.

(2) [1] Finden die Vorschriften über die Zusammenschlusskontrolle Anwendung, darf die Genehmigung nach § 155 Absatz 5 erst erfolgen, wenn das Bundeskartellamt die Vereinigung nach § 40 des Gesetzes gegen Wettbewerbsbeschränkungen freigegeben hat oder sie als freigegeben gilt. [2] Hat der Vorstand einer an der Vereinigung beteiligten Krankenkasse eine Anzeige nach § 160 Absatz 2 Satz 1 abgegeben, beträgt die Frist nach § 40 Absatz 2 Satz 2 des Gesetzes gegen Wettbewerbsbeschränkungen sechs Wochen. [3] Vor einer Untersagung ist mit den zuständigen Aufsichtsbehörden nach § 90 des Vierten Buches[1)] das Benehmen herzustellen. [4] Neben die obersten Landesbehörden nach § 42 Absatz 5 Satz 1 des Gesetzes gegen Wettbewerbsbeschränkungen treten die zuständigen Aufsichtsbehörden nach § 90 des Vierten Buches. [5] § 41 Absatz 3 und 4 des Gesetzes gegen Wettbewerbsbeschränkungen gilt nicht.

§ 159 Schließung. (1) Eine Krankenkasse wird von der Aufsichtsbehörde geschlossen, wenn ihre Leistungsfähigkeit nicht mehr auf Dauer gesichert ist.

(2) Eine Betriebskrankenkasse wird auch dann von der Aufsichtsbehörde geschlossen, wenn

1. der Betrieb schließt, für den sie errichtet worden ist, und die Satzung keine Regelung nach § 144 Absatz 2 Satz 1 enthält oder
2. sie nicht hätte errichtet werden dürfen und die Voraussetzungen der Errichtung auch zum Zeitpunkt der Schließung nicht vorliegen.

(3) Eine Innungskrankenkasse wird auch dann von der Aufsichtsbehörde geschlossen, wenn sie nicht hätte errichtet werden dürfen und die Voraussetzungen der Errichtung auch zum Zeitpunkt der Schließung nicht vorliegen.

(4) Die Aufsichtsbehörde bestimmt den Zeitpunkt, zu dem die Schließung wirksam wird, wobei zwischen diesem Zeitpunkt und der Zustellung des Schließungsbescheids mindestens acht Wochen liegen müssen.

§ 160 Insolvenz von Krankenkassen. (1) Die Insolvenzordnung gilt für Krankenkassen nach Maßgabe der nachfolgenden Absätze.

(2) [1] Wird eine Krankenkasse zahlungsunfähig oder ist sie voraussichtlich nicht in der Lage, die bestehenden Zahlungspflichten im Zeitpunkt der Fälligkeit zu erfüllen (drohende Zahlungsunfähigkeit), oder tritt Überschuldung ein, so hat der Vorstand der Krankenkasse dies der zuständigen Aufsichtsbehörde unverzüglich anzuzeigen. [2] Der Anzeige sind aussagefähige Unterlagen beizufügen. [3] Verbindlichkeiten der Krankenkasse, für die nach § 169 Absatz 1 der

---

1) Nr. 4.

Spitzenverband Bund der Krankenkassen haftet, sind bei der Feststellung der Überschuldung nicht zu berücksichtigen.

(3) [1]Der Antrag auf Eröffnung des Insolvenzverfahrens über das Vermögen der Krankenkasse kann nur von der Aufsichtsbehörde gestellt werden. [2]Liegen zugleich die Voraussetzungen für eine Schließung wegen auf Dauer nicht mehr gesicherter Leistungsfähigkeit vor, soll die Aufsichtsbehörde keinen Antrag nach Satz 1 stellen, sondern die Krankenkasse schließen. [3]Stellt die Aufsichtsbehörde den Antrag nach Satz 1 nicht innerhalb von drei Monaten nach Eingang der in Absatz 2 Satz 1 genannten Anzeige, ist die spätere Stellung eines Insolvenzantrages solange ausgeschlossen, wie der Insolvenzgrund, der zu der Anzeige geführt hat, fortbesteht. [4]§ 165 Absatz 2 Satz 5 bis 7 gilt entsprechend, wenn die Aufsichtsbehörde den Antrag auf Eröffnung des Insolvenzverfahrens gestellt hat.

(4) [1]Die Aufsichtsbehörde hat den Spitzenverband Bund der Krankenkassen unverzüglich über die Anzeige nach Absatz 2 Satz 1 und die Antragstellung nach Absatz 3 Satz 1 zu unterrichten. [2]Der Spitzenverband Bund der Krankenkassen unterrichtet hierüber unverzüglich die Krankenkassen. [3]Vor der Bestellung des Insolvenzverwalters hat das Insolvenzgericht die Aufsichtsbehörde zu hören. [4]Der Aufsichtsbehörde ist der Eröffnungsbeschluss gesondert zuzustellen. [5]Die Aufsichtsbehörde und der Spitzenverband Bund der Krankenkassen können jederzeit vom Insolvenzgericht und vom Insolvenzverwalter Auskünfte über den Stand des Verfahrens verlangen.

(5) [1]Mit dem Tag der Eröffnung des Insolvenzverfahrens oder dem Tag der Rechtskraft des Beschlusses, durch den die Eröffnung des Insolvenzverfahrens mangels Masse abgelehnt worden ist, ist die Krankenkasse geschlossen. [2]Im Falle der Eröffnung des Insolvenzverfahrens erfolgt die Abwicklung der Geschäfte der Krankenkasse nach den Vorschriften der Insolvenzordnung.

(6) [1]Zum Vermögen einer Krankenkasse gehören die Betriebsmittel, die Rücklage und das Verwaltungsvermögen. [2]Abweichend von § 260 Absatz 2 Satz 3 bleiben die Beitragsforderungen der Krankenkasse außer Betracht, soweit sie dem Gesundheitsfonds als Sondervermögen zufließen.

(7) Für die bis zum 31. Dezember 2009 entstandenen Wertguthaben aus Altersteilzeitvereinbarungen sind die Verpflichtungen nach § 8a des Altersteilzeitgesetzes vollständig spätestens ab dem 1. Januar 2015 zu erfüllen.

§ 161 Aufhebung der Haftung nach § 12 Absatz 2 der Insolvenzordnung. Die Länder haften nicht nach § 12 Absatz 2 der Insolvenzordnung für die Ansprüche der Beschäftigten von Krankenkassen auf Leistungen der Altersversorgung und auf Insolvenzgeld.

§ 162 Insolvenzfähigkeit von Krankenkassenverbänden. Die §§ 160, 161, 169 und 170 gelten für die Verbände der Krankenkassen entsprechend.

§ 163 Vermeidung der Schließung oder Insolvenz von Krankenkassen. (1) [1]Der Spitzenverband Bund der Krankenkassen hat die Finanzlage der Krankenkassen auf der Grundlage der jährlichen und der vierteljährlichen Rechnungsergebnisse zu überprüfen und ihre Leistungsfähigkeit zu bewerten. [2]Hierbei sind insbesondere das Vermögen, das Rechnungsergebnis, die Liquidität und die Versichertenentwicklung zu berücksichtigen. [3]Der Spitzenverband Bund der Krankenkassen informiert die Krankenkassen über das Ergebnis seiner Bewertung. [4]Bewertet der Spitzenverband Bund der Krankenkassen die Leistungsfähigkeit einer Krankenkasse als gefährdet, so hat die Krankenkasse dem Spitzenverband Bund der Krankenkassen auf Verlangen

1. unverzüglich die Unterlagen vorzulegen und die Auskünfte zu erteilen, die dieser zur Beurteilung ihrer dauerhaften Leistungsfähigkeit für erforderlich hält, oder
2. ihm die Einsichtnahme in diese Unterlagen in ihren Räumen zu gestatten.

[5]Der Spitzenverband Bund der Krankenkassen kann verlangen, dass die Krankenkassen die Unterlagen elektronisch und in einer bestimmten Form zur Verfügung stellen. [6]Kommt eine Krankenkasse den Verpflichtungen nach den Sätzen 4 und 5 nicht nach, ist die Aufsichtsbehörde der Krankenkasse hierüber zu unterrichten.

(2) [1]Hält der Spitzenverband Bund der Krankenkassen auf der Grundlage dieser Unterlagen und Auskünfte die dauerhafte Leistungsfähigkeit einer Krankenkasse für bedroht, so hat er die Krankenkasse über geeignete Maßnahmen zur Sicherung ihrer dauerhaften Leistungsfähigkeit zu beraten. [2]Zudem hat er umgehend die Aufsichtsbehörde der Krankenkasse über die finanzielle Situation, die Ergebnisse und die Bewertungen der Überprüfung nach Satz 1 sowie über die vorgeschlagenen Maßnahmen zu unterrichten. [3]Das konkrete Verfahren zur Bewertung der Leistungsfähigkeit der Krankenkassen hat der Spitzenverband Bund der Krankenkassen in seiner Satzung zu veröffentlichen.

(3) [1]Stellt eine Aufsichtsbehörde im Benehmen mit dem Spitzenverband Bund der Krankenkassen fest, dass bei einer Krankenkasse nur durch die Vereinigung mit einer anderen Krankenkasse die Leistungsfähigkeit auf Dauer gesichert oder der Eintritt der Zahlungsunfähigkeit oder Überschuldung vermieden werden kann, kann der Spitzenverband Bund der Krankenkassen der Aufsichtsbehörde Vorschläge für eine Vereinigung dieser Krankenkasse mit einer anderen Krankenkasse vorlegen. [2]Kommt bei der in ihrer Leistungsfähigkeit gefährdeten Krankenkasse ein Beschluss über eine freiwillige Vereinigung innerhalb einer von der Aufsichtsbehörde gesetzten Frist nicht zustande, ersetzt die Aufsichtsbehörde diesen Beschluss.

§ 164 Vorübergehende finanzielle Hilfen. (1) [1]Die Satzung des Spitzenverbandes Bund der Krankenkassen hat Bestimmungen über die Gewährung vorübergehender finanzieller Hilfen an Krankenkassen vorzusehen, die für notwendig erachtet werden, um

1. Vereinigungen von Krankenkassen zur Abwendung von Haftungsrisiken zu erleichtern oder zu ermöglichen sowie
2. die Leistungs- und Wettbewerbsfähigkeit einer Krankenkasse zu erhalten.

[2]Näheres über Voraussetzungen, Umfang, Dauer, Finanzierung und Durchführung der Hilfen regelt die Satzung des Spitzenverbandes Bund der Krankenkassen. [3]Die Satzungsregelungen werden mit 70 Prozent der Stimmen der Mitglieder des Verwaltungsrates beschlossen.

(2) [1]Der Antrag auf Gewährung einer finanziellen Hilfe nach Absatz 1 kann nur von der Aufsichtsbehörde gestellt werden. [2]Der Vorstand des Spitzenverbandes Bund der Krankenkassen entscheidet über die Gewährung der Hilfe nach Absatz 1. [3]Die Hilfen können auch als Darlehen gewährt werden. [4]Sie

sind zu befristen und mit Auflagen zu versehen, die der Verbesserung der Wirtschaftlichkeit und Leistungsfähigkeit dienen.

(3) [1]Der Spitzenverband Bund der Krankenkassen macht die zur Finanzierung der Hilfen erforderlichen Beträge durch Bescheid bei seinen Mitgliedskassen mit Ausnahme der landwirtschaftlichen Krankenkasse geltend. [2]Bei der Aufteilung der Finanzierung der Hilfen ist die unterschiedliche Leistungsfähigkeit der Krankenkassen angemessen zu berücksichtigen. [3]Klagen gegen die Bescheide, mit denen die Beträge zur Finanzierung der Hilfeleistungen angefordert werden, haben keine aufschiebende Wirkung. [4]Der Spitzenverband Bund der Krankenkassen kann zur Zwischenfinanzierung der finanziellen Hilfen ein nicht zu verzinsendes Darlehen in Höhe von bis zu 350 Millionen Euro aus der Liquiditätsreserve des Gesundheitsfonds nach § 271 Absatz 2 aufnehmen; § 167 Absatz 6 Satz 2 bis 6 gilt entsprechend.

(4) Ansprüche und Verpflichtungen auf Grund des § 265a in der bis zum 31. Dezember 2008 geltenden Fassung bleiben unberührt.

Vierter Titel. Folgen der Auflösung, der Schließung und der Insolvenz

§ 165 Abwicklung der Geschäfte. (1) [1]Der Vorstand einer aufgelösten oder geschlossenen Krankenkasse wickelt die Geschäfte ab. [2]Bis die Geschäfte abgewickelt sind, gilt die Krankenkasse als fortbestehend, soweit es der Zweck der Abwicklung erfordert. [3]Scheidet ein Vorstand nach Auflösung oder Schließung aus dem Amt, bestimmt die Aufsichtsbehörde nach Anhörung des Spitzenverbandes Bund der Krankenkassen und des Landesverbandes den Abwicklungsvorstand. [4]§ 35a Absatz 7 des Vierten Buches[1)] gilt entsprechend.

(2) [1]Der Vorstand macht die Auflösung oder Schließung öffentlich bekannt. [2]Die Befriedigung von Gläubigern, die ihre Forderungen nicht innerhalb von sechs Monaten nach der Bekanntmachung anmelden, kann verweigert werden, wenn die Bekanntmachung einen entsprechenden Hinweis enthält. [3]Bekannte Gläubiger sind unter Hinweis auf diese Folgen zur Anmeldung besonders aufzufordern. [4]Die Sätze 2 und 3 gelten nicht für Ansprüche aus der Versicherung sowie für Forderungen auf Grund zwischen- oder überstaatlichen Rechts. [5]Der Vorstand hat unverzüglich nach Zustellung des Schließungsbescheids jedem Mitglied einen Vordruck mit den für die Erklärung nach § 175 Absatz 1 Satz 1 erforderlichen und den von der gewählten Krankenkasse für die Erbringung von Leistungen benötigten Angaben sowie eine wettbewerbsneutral gestaltete Übersicht über die wählbaren Krankenkassen zu übermitteln und darauf hinzuweisen, dass der ausgefüllte Vordruck an ihn zur Weiterleitung an die gewählte Krankenkasse zurückgesandt werden kann. [6]Er hat die einzelnen Mitgliedergruppen ferner auf die besonderen Fristen für die Ausübung des Kassenwahlrechts nach § 175 Absatz 3a hinzuweisen sowie auf die Folgen einer nicht rechtzeitigen Ausübung des Wahlrechts. [7]Der Vorstand hat außerdem die zur Meldung verpflichtete Stelle über die Schließung zu informieren sowie über die Fristen für die Ausübung des Kassenwahlrechts und für die Anmeldung des Mitglieds, wenn das Wahlrecht nicht rechtzeitig ausgeübt wird.

(3) Verbleibt nach Abwicklung der Geschäfte noch Vermögen, geht dieses auf den Spitzenverband Bund der Krankenkassen über, der dieses auf die übrigen Krankenkassen verteilt.

[1)] Nr. 4.

§ 166 Haftung für Verpflichtungen bei Auflösung oder Schließung.

(1) Reicht das Vermögen einer aufgelösten oder geschlossenen Krankenkasse nicht aus, um die Gläubiger zu befriedigen, haften die übrigen Krankenkassen.

(2) [1] Reicht das Vermögen einer aufgelösten oder geschlossenen Betriebskrankenkasse, deren Satzung keine Regelung nach § 144 Absatz 2 Satz 1 enthält, nicht aus, um die Gläubiger zu befriedigen, hat der Arbeitgeber die Verpflichtungen zu erfüllen. [2] Sind mehrere Arbeitgeber beteiligt, haften sie als Gesamtschuldner. [3] Reicht das Vermögen des Arbeitgebers nicht aus, um die Gläubiger zu befriedigen, findet Absatz 1 Anwendung. [4] Übersteigen die Verpflichtungen einer Krankenkasse ihr Vermögen zum Zeitpunkt des Inkrafttretens einer Satzungsbestimmung nach § 144 Absatz 2 Satz 1, hat der Arbeitgeber den Unterschiedsbetrag innerhalb von sechs Monaten nach dem Inkrafttreten der Satzungsbestimmung auszugleichen. [5] Dies gilt auch bei Vereinigungsverfahren gemäß § 155, wenn Betriebskrankenkassen beteiligt sind, deren Satzung keine Regelung nach § 144 Absatz 2 Satz 1 enthält.

§ 167 Verteilung der Haftungssumme auf die Krankenkassen.

(1) [1] Die Erfüllung der Verpflichtungen nach § 166 Absatz 1 und 2 Satz 3 kann nur vom Spitzenverband Bund der Krankenkassen verlangt werden, der die Verteilung auf die einzelnen Krankenkassen vornimmt und die zur Tilgung erforderlichen Beträge von den Krankenkassen anfordert. [2] Der auf die einzelne Krankenkasse entfallende Betrag wird vom Spitzenverband Bund der Krankenkassen wie folgt ermittelt:

1. der aufzuteilende Betrag wird durch die Summe der Mitglieder aller Krankenkassen geteilt;
2. das Ergebnis nach Nummer 1 wird mit der Zahl der Mitglieder jeder einzelnen Krankenkasse vervielfacht; maßgebend ist die Zahl der Mitglieder, die von den Krankenkassen für den Monat, der dem Monat vorausgeht, in dem die Aufteilung durchgeführt wird, erfasst wird.

(2) [1] Übersteigen die Verpflichtungen innerhalb eines Kalenderjahres einen Betrag von 350 Millionen Euro, sind zur Erfüllung der darüber hinausgehenden Beträge die Finanzreserven der Krankenkassen nach § 260 Absatz 2 Satz 1 heranzuziehen, soweit diese den durchschnittlich auf einen Monat entfallenden Betrag der Ausgaben für die in § 260 Absatz 1 Nummer 1 genannten Zwecke übersteigen; § 260 Absatz 2 Satz 2 gilt entsprechend. [2] Maßgebend für die Rechengrößen nach Satz 1 sind die vierteljährlichen Rechnungsergebnisse, die von den Krankenkassen vor dem Zeitpunkt, an dem die Aufteilung durchgeführt wird, zuletzt vorgelegt wurden. [3] Der auf die einzelne Krankenkasse entfallende Betrag wird wie folgt berechnet:

1. für jede Krankenkasse wird der Betrag an Finanzreserven ermittelt, der gemäß den Sätzen 1 und 2 die Obergrenze überschreitet;
2. übersteigt die Summe der Überschreitungsbeträge aller Krankenkassen nach Nummer 1 die noch zu erfüllenden Verpflichtungen, werden die noch zu erfüllenden Verpflichtungen durch die Summe der Überschreitungsbeträge nach Nummer 1 geteilt;
3. der aus Nummer 2 resultierende Faktor wird für jede Krankenkasse mit dem Betrag nach Nummer 1 multipliziert;

4. übersteigen die noch zu erfüllenden Verpflichtungen die Summe der nach Nummer 1 ermittelten Beträge, sind für jede Krankenkasse die Überschreitungsbeträge nach Nummer 1 zugrunde zu legen.

[4]Reicht die Summe der Überschreitungsbeträge nach Satz 3 Nummer 1 nicht aus, um die Verpflichtungen zu erfüllen, oder verfügt keine Krankenkasse über Finanzreserven oberhalb des 1,0fachen einer Monatsausgabe nach den Sätzen 1 und 2, werden die Finanzreserven oberhalb von 0,75 Monatsausgaben in entsprechender Anwendung der Sätze 1 bis 3 herangezogen, um die verbleibenden Verpflichtungen zu erfüllen.

(3) Reicht der nach den Absätzen 1 und 2 ermittelte Betrag nicht aus, um die Verpflichtungen zu erfüllen, beziehungsweise verfügt keine Krankenkasse über Finanzreserven oberhalb des 0,75fachen einer Monatsausgabe, wird der verbleibende Betrag auf alle Krankenkassen gemäß Absatz 1 Satz 2 aufgeteilt.

(4) [1]Für Betriebskrankenkassen, deren Satzung keine Regelung nach § 144 Absatz 2 Satz 1 enthält, wird der nach den Absätzen 1 bis 3 ermittelte Betrag auf 20 Prozent dieses Betrags begrenzt. [2]Die Summe der sich aus Satz 1 ergebenden Beträge wird auf die übrigen Krankenkassen gemäß Absatz 1 Satz 2 aufgeteilt.

(5) [1]Der Spitzenverband Bund der Krankenkassen macht die auf die einzelnen Krankenkassen nach den Absätzen 1 bis 4 entfallenden Beträge durch Bescheid geltend. [2]Er kann Beträge zu unterschiedlichen Zeitpunkten fällig stellen und Teilbeträge verlangen. [3]Die Krankenkasse hat die geltend gemachten Beträge innerhalb von zwei Monaten an den Spitzenverband Bund der Krankenkassen zu überweisen. [4]Der Spitzenverband Bund der Krankenkassen kann eine kürzere Frist festlegen, wenn er hierauf zur Erfüllung seiner Zahlungsverpflichtungen angewiesen ist. [5]Die Zahlung gilt mit der belastenden Wertstellung und Ausführung vor Bankannahmeschluss am jeweiligen Fälligkeitstag als erfüllt. [6]Nach Überschreiten der Frist nach Satz 3 tritt ohne Mahnung Verzug ein. [7]Im Falle des Verzugs sind Verzugszinsen in Höhe von acht Prozentpunkten über dem Basiszinssatz zu zahlen. [8]Klagen gegen die Geltendmachung der Beträge und gegen ihre Vollstreckung haben keine aufschiebende Wirkung.

(6) [1]Wird der Spitzenverband Bund der Krankenkassen nach dieser Vorschrift von Gläubigern einer Krankenkasse in Anspruch genommen, kann er zur Zwischenfinanzierung des Haftungsbetrags ein nicht zu verzinsendes Darlehen in Höhe von bis zu 750 Millionen Euro aus der Liquiditätsreserve des Gesundheitsfonds nach § 271 Absatz 2 aufnehmen. [2]Das Nähere zur Darlehensaufnahme vereinbart der Spitzenverband Bund der Krankenkassen mit dem Bundesamt für Soziale Sicherung. [3]Ein zum 31. Dezember eines Jahres noch nicht getilgter Darlehensbetrag ist bis zum 28. Februar des Folgejahres zurückzuzahlen. [4]Überschreitet der zum Ende eines Kalendermonats festgestellte, für einen Schließungsfall aufgenommene Darlehensbetrag den Betrag von 50 Millionen Euro, ist dieser Betrag bis zum Ende des übernächsten Kalendermonats zurückzuzahlen. [5]Die Inanspruchnahme eines Darlehens des Gesundheitsfonds für Zwecke dieses Absatzes darf insgesamt den in Satz 1 genannten Betrag nicht übersteigen. [6]§ 271 Absatz 3 gilt entsprechend.

§ 168 Personal. (1) Die Versorgungsansprüche der am Tag der Auflösung oder Schließung einer Krankenkasse vorhandenen Versorgungsempfänger und ihrer Hinterbliebenen bleiben unberührt.

(2) [1]Die dienstordnungsmäßigen Angestellten sind verpflichtet, eine von einer anderen Krankenkasse nachgewiesene dienstordnungsmäßige Stellung anzutreten, wenn die Stellung nicht in auffälligem Missverhältnis zu den Fähigkeiten der Angestellten steht. [2]Entstehen hierdurch geringere Besoldungs- oder Versorgungsansprüche, sind diese auszugleichen. [3]Den übrigen Beschäftigten, deren Arbeitsverhältnis nicht durch ordentliche Kündigung beendet werden kann, ist bei einem Landesverband der Krankenkassen oder einer anderen Krankenkasse eine Stellung anzubieten, die ihnen unter Berücksichtigung ihrer Fähigkeiten und ihrer bisherigen Dienststellung zuzumuten ist. [4]Jede Krankenkasse ist verpflichtet, entsprechend ihrem Anteil an der Zahl der Mitglieder aller Krankenkassen dienstordnungsmäßige Stellungen nach Satz 1 nachzuweisen und Anstellungen nach Satz 3 anzubieten; die Nachweise und Angebote sind dem Spitzenverband Bund der Krankenkassen mitzuteilen, der diese den Beschäftigten in geeigneter Form zugänglich macht.

(3) [1]Die Vertragsverhältnisse der Beschäftigten, die nicht nach Absatz 2 untergebracht werden, enden mit dem Tag der Auflösung oder Schließung. [2]Vertragsmäßige Rechte, zu einem früheren Zeitpunkt zu kündigen, werden hierdurch nicht berührt.

§ 169 Haftung im Insolvenzfall. (1) [1]Wird über das Vermögen einer Krankenkasse das Insolvenzverfahren eröffnet oder die Eröffnung mangels Masse rechtskräftig abgewiesen (Insolvenzfall), haftet der Spitzenverband Bund der Krankenkassen für die bis zum 31. Dezember 2009 entstandenen Altersversorgungsverpflichtungen dieser Krankenkasse und für Verpflichtungen aus Darlehen, die zur Ablösung von Verpflichtungen gegenüber einer öffentlich-rechtlichen Einrichtung zur betrieblichen Altersversorgung aufgenommen worden sind, soweit die Erfüllung dieser Verpflichtungen durch den Insolvenzfall beeinträchtigt oder unmöglich wird. [2]Soweit der Träger der Insolvenzsicherung nach dem Betriebsrentengesetz die unverfallbaren Altersversorgungsverpflichtungen einer Krankenkasse zu erfüllen hat, ist ein Rückgriff gegen die anderen Krankenkassen oder ihre Verbände ausgeschlossen. [3]Der Spitzenverband Bund der Krankenkassen macht die zur Erfüllung seiner Haftungsverpflichtung erforderlichen Beträge bei den übrigen Krankenkassen geltend. [4]Für die Ermittlung der auf die einzelnen Krankenkassen entfallenden Beträge und das Verfahren zur Geltendmachung der Beträge durch den Spitzenverband Bund der Krankenkassen gilt § 167 entsprechend. [5]Für das Personal gilt § 168 entsprechend.

(2) [1]Im Fall der Insolvenz einer Krankenkasse, bei der vor dem 1. Januar 2010 das Insolvenzverfahren nicht zulässig war, umfasst der Insolvenzschutz nach dem Vierten Abschnitt des Betriebsrentengesetzes nur die Ansprüche und Anwartschaften aus Versorgungszusagen, die nach dem 31. Dezember 2009 entstanden sind. [2]Die §§ 7 bis 15 des Betriebsrentengesetzes gelten nicht für Krankenkassen, die aufgrund Landesgesetz Pflichtmitglied beim Kommunalen Versorgungsverband Baden-Württemberg oder Sachsen sind. [3]Hiervon ausgenommen ist die AOK Baden-Württemberg. [4]Falls die Mitgliedschaft endet, gilt Satz 1 entsprechend.

(3) [1]Hat der Spitzenverband Bund der Krankenkassen aufgrund des Absatzes 1 Leistungen zu erbringen, gehen die Ansprüche der Berechtigten auf ihn über; § 9 Absatz 2 bis 3a mit Ausnahme des Absatzes 3 Satz 1 zweiter Halbsatz des Betriebsrentengesetzes gilt entsprechend für den Spitzenverband Bund der

Krankenkassen. [2]Der Spitzenverband Bund der Krankenkassen macht die Ansprüche nach Satz 1 im Insolvenzverfahren zu Gunsten der Krankenkassen nach Absatz 1 Satz 3 geltend.

(4) [1]Für die Ansprüche der Leistungserbringer und die Ansprüche aus der Versicherung sowie für die Forderungen aufgrund zwischen- und überstaatlichen Rechts haften im Insolvenzfall die übrigen Krankenkassen. [2]Für die Ermittlung der auf die einzelnen Krankenkassen entfallenden Beträge gilt § 167 entsprechend. [3]Soweit Krankenkassen nach Satz 1 Leistungen zu erbringen haben, gehen die Ansprüche der Versicherten und der Leistungserbringer auf sie über. [4]Absatz 3 Satz 2 gilt entsprechend.

(5) Wird der Spitzenverband Bund der Krankenkassen nach dieser Vorschrift von Gläubigern einer Krankenkasse in Anspruch genommen, gilt § 167 Absatz 6 entsprechend.

§ 170 Deckungskapital für Altersversorgungsverpflichtungen, Verordnungsermächtigung. (1) [1]Krankenkassen haben für Versorgungszusagen, die eine direkte Einstandspflicht nach § 1 Absatz 1 Satz 3 des Betriebsrentengesetzes auslösen, sowie für ihre Beihilfeverpflichtungen durch mindestens jährliche Zuführungen vom 1. Januar 2010 an bis spätestens zum 31. Dezember 2049 ein wertgleiches Deckungskapital zu bilden, mit dem der voraussichtliche Barwert dieser Verpflichtungen an diesem Tag vollständig ausfinanziert wird. [2]Auf der Passivseite der Vermögensrechnung sind Rückstellungen in Höhe des vorhandenen Deckungskapitals zu bilden. [3]Satz 1 gilt nicht, soweit eine Krankenkasse der Aufsichtsbehörde durch ein versicherungsmathematisches Gutachten nachweist, dass für ihre Verpflichtungen aus Versorgungsanwartschaften und -ansprüchen sowie für ihre Beihilfeverpflichtungen ein Deckungskapital besteht, das die in Satz 1 und in der Rechtsverordnung nach Absatz 4 genannten Voraussetzungen erfüllt. [4]Der Nachweis ist bei wesentlichen Änderungen der Berechnungsgrundlagen, in der Regel alle fünf Jahre, zu aktualisieren. [5]Das Deckungskapital darf nur zweckentsprechend verwendet werden.

(2) [1]Soweit Krankenversicherungsträger vor dem 31. Dezember 2009 Mitglied einer öffentlich-rechtlichen Versorgungseinrichtung geworden sind, werden die zu erwartenden Versorgungsleistungen im Rahmen der Verpflichtungen nach Absatz 1 entsprechend berücksichtigt. [2]Wurde vor dem 31. Dezember 2009 Deckungskapital bei aufsichtspflichtigen Unternehmen im Sinne des § 1 Absatz 1 Nummer 1 und 5 des Versicherungsaufsichtsgesetzes gebildet, wird dieses anteilig berücksichtigt, sofern es sich um Versorgungszusagen nach Absatz 1 Satz 1 handelt. [3]Soweit Krankenversicherungsträger dem Versorgungsrücklagegesetz des Bundes oder entsprechender Landesgesetze unterliegen, ist das nach den Vorgaben dieser Gesetze gebildete Kapital ebenfalls zu berücksichtigen.

(3) [1]Für die Anlage der Mittel zur Finanzierung des Deckungskapitals für Altersrückstellungen gelten die Vorschriften des Vierten Titels des Vierten Abschnitts des Vierten Buches[1)] mit der Maßgabe, dass eine Anlage auch in Euro-denominierten Aktien im Rahmen eines passiven, indexorientierten Managements zulässig ist. [2]Die Anlageentscheidungen sind jeweils so zu treffen, dass der Anteil an Aktien maximal 20 Prozent des Deckungskapitals beträgt. [3]Änderungen des Aktienkurses können vorübergehend zu einem höheren

---

1) Nr. 4.

Anteil an Aktien am Deckungskapital führen. [4]Die Sätze 1 bis 3 gelten auch für das Deckungskapital für Altersrückstellungen nach § 12 der Sozialversicherungs-Rechnungsverordnung.

(4) [1]Das Bundesministerium für Gesundheit regelt durch Rechtsverordnung mit Zustimmung des Bundesrates das Nähere über

1. die Abgrenzung der Versorgungsverpflichtungen, für die das Deckungskapital zu bilden ist,
2. die allgemeinen versicherungsmathematischen Vorgaben für die Ermittlung des Barwertes der Versorgungsverpflichtungen,
3. die Höhe der für die Bildung des Deckungskapitals erforderlichen Zuweisungsbeträge und die Überprüfung und Anpassung der Höhe der Zuweisungsbeträge,
4. das Zahlverfahren der Zuweisungen zum Deckungskapital,
5. die Anrechnung von Deckungskapital bei den jeweiligen Durchführungswegen der betrieblichen Altersversorgung.

[2]Das Bundesministerium für Gesundheit kann die Befugnis nach Satz 1 durch Rechtsverordnung mit Zustimmung des Bundesrates auf das Bundesamt für Soziale Sicherung übertragen. [3]In diesem Fall gilt für die dem Bundesamt für Soziale Sicherung entstehenden Ausgaben § 271 Absatz 6 entsprechend.

§§ 171–172a *(aufgehoben)*

Zweiter Abschnitt. Wahlrechte der Mitglieder

§ 173 Allgemeine Wahlrechte. (1) Versicherungspflichtige (§ 5) und Versicherungsberechtigte (§ 9) sind Mitglied der von ihnen gewählten Krankenkasse, soweit in den nachfolgenden Vorschriften, im Zweiten Gesetz über die Krankenversicherung der Landwirte oder im Künstlersozialversicherungsgesetz nichts Abweichendes bestimmt ist.

(2) Versicherungspflichtige und Versicherungsberechtigte können wählen

1. die Ortskrankenkasse des Beschäftigungs- oder Wohnorts,
2. jede Ersatzkasse,
3. die Betriebskrankenkasse, wenn sie in dem Betrieb beschäftigt sind, für den die Betriebskrankenkasse besteht,
4. jede Betriebs- oder Innungskrankenkasse des Beschäftigungs- oder Wohnorts, deren Satzung eine Regelung nach § 144 Absatz 2 Satz 1 oder § 145 Absatz 2 enthält,

4a. die Deutsche Rentenversicherung Knappschaft-Bahn-See,

5. die Krankenkasse, bei der vor Beginn der Versicherungspflicht oder Versicherungsberechtigung zuletzt eine Mitgliedschaft oder eine Versicherung nach § 10 bestanden hat,
6. die Krankenkasse, bei der der Ehegatte oder der Lebenspartner versichert ist.

(2a) § 2 Abs. 1 der Verordnung über den weiteren Ausbau der knappschaftlichen Versicherung in der im Bundesgesetzblatt Teil III, Gliederungsnummer 822-4, veröffentlichten bereinigten Fassung, die zuletzt durch Artikel 22 Nr. 1 des Gesetzes vom 22. Dezember 1983 (BGBl. I S. 1532) geändert worden ist, gilt nicht für Personen, die nach dem 31. März 2007 Versicherte der Deutschen Rentenversicherung Knappschaft-Bahn-See werden.

(3) Studenten können zusätzlich die Ortskrankenkasse an dem Ort wählen, in dem die Hochschule ihren Sitz hat.

(4) Nach § 5 Abs. 1 Nr. 5 bis 8 versicherungspflichtige Jugendliche, Teilnehmer an Leistungen zur Teilhabe am Arbeitsleben, behinderte Menschen und nach § 5 Abs. 1 Nr. 11 und 12 oder nach § 9 versicherte Rentner sowie nach § 9 Abs. 1 Nr. 4 versicherte behinderte Menschen können zusätzlich die Krankenkasse wählen, bei der ein Elternteil versichert ist.

(5) Versicherte Rentner können zusätzlich die Betriebs- oder Innungskrankenkasse wählen, wenn sie in dem Betrieb beschäftigt gewesen sind, für den die Betriebs- oder Innungskrankenkasse besteht.

(6) Für nach § 10 Versicherte gilt die Wahlentscheidung des Mitglieds.

(7) War an einer Vereinigung nach § 155 eine Betriebskrankenkasse ohne Satzungsregelung nach § 144 Absatz 2 Satz 1 beteiligt und handelt es sich bei der aus der Vereinigung hervorgegangenen Krankenkasse um eine Innungskrankenkasse, ist die neue Krankenkasse auch für die Versicherungspflichtigen und Versicherungsberechtigten wählbar, die ein Wahlrecht zu der Betriebskrankenkasse gehabt hätten, wenn deren Satzung vor der Vereinigung eine Regelung nach § 144 Absatz 2 Satz 1 enthalten hätte.

§ 174 Besondere Wahlrechte. (1) Für Versicherungspflichtige und Versicherungsberechtigte, die bei einer Betriebskrankenkasse beschäftigt sind oder vor dem Rentenbezug beschäftigt waren, gilt § 173 Abs. 2 Satz 1 Nr. 3 entsprechend.

(2) Versicherungspflichtige und Versicherungsberechtigte, die bei einem Verband der Betriebskrankenkassen beschäftigt sind oder vor dem Rentenbezug beschäftigt waren, können eine Betriebskrankenkasse am Wohn- oder Beschäftigungsort wählen.

(3) Abweichend von § 173 werden Versicherungspflichtige nach § 5 Abs. 1 Nr. 13 Mitglied der Krankenkasse oder des Rechtsnachfolgers der Krankenkasse, bei der sie zuletzt versichert waren, andernfalls werden sie Mitglied der von ihnen nach § 173 Abs. 1 gewählten Krankenkasse; § 173 gilt.

§ 175 Ausübung des Wahlrechts. (1) [1]Die Ausübung des Wahlrechts ist gegenüber der gewählten Krankenkasse zu erklären. [2]Diese darf die Mitgliedschaft nicht ablehnen oder die Erklärung nach Satz 1 durch falsche oder unvollständige Beratung verhindern oder erschweren. [3]Das Wahlrecht kann nach Vollendung des 15. Lebensjahres ausgeübt werden.

(2) [1]Hat vor der Ausübung des Wahlrechts zuletzt eine Mitgliedschaft bei einer anderen Krankenkasse bestanden, informiert die gewählte Krankenkasse die bisherige Krankenkasse im elektronischen Meldeverfahren unverzüglich über die Wahlentscheidung des Mitgliedes. [2]Die bisherige Krankenkasse bestätigt der gewählten Krankenkasse im elektronischen Meldeverfahren unverzüglich, spätestens jedoch innerhalb von zwei Wochen nach Eingang der Meldung, das Ende der Mitgliedschaft; ist der Zeitraum nach Absatz 4 Satz 1 oder § 53 Absatz 8 Satz 1 noch nicht abgelaufen, ist als Zeitpunkt der Beendigung der Mitgliedschaft das Datum des Ablaufs des Zeitraums anzugeben.

(2a) [1]Liegen der Aufsichtsbehörde Anhaltspunkte dafür vor, dass eine Krankenkasse entgegen Absatz 1 Satz 2 eine Mitgliedschaft rechtswidrig abgelehnt hat oder die Abgabe der Erklärung nach Absatz 1 Satz 1 verhindert oder erschwert, hat sie diesen Anhaltspunkten unverzüglich nachzugehen und die Krankenkasse zur Behebung einer festgestellten Rechtsverletzung und zur Unterlassung künftiger Rechtsverletzungen zu verpflichten. [2]Das gilt auch, wenn die bisherige Krankenkasse einen Krankenkassenwechsel behindert oder die Meldung nach Absatz 2 Satz 1 nicht fristgerecht beantwortet. [3]Als rechtswidrig ist insbesondere eine Beratung durch die angegangene Krankenkasse anzusehen, die dazu führt, dass von der Erklärung nach Absatz 1 Satz 1 ganz abgesehen wird oder diese nur unter erschwerten Bedingungen abgegeben werden kann. [4]Die Verpflichtung der Krankenkasse nach den Sätzen 1 und 2 ist mit der Androhung eines Zwangsgeldes von bis zu 50 000 Euro für jeden Fall der Zuwiderhandlung zu verbinden. [5]Rechtsbehelfe gegen Maßnahmen der Aufsichtsbehörde nach den Sätzen 1, 2 und 4 haben keine aufschiebende Wirkung. [6]Vorstandsmitglieder, die vorsätzlich oder fahrlässig nicht verhindern, dass die Krankenkasse entgegen Absatz 1 Satz 2 eine Mitgliedschaft rechtswidrig ablehnt oder die Abgabe der Erklärung nach Absatz 1 Satz 1 verhindert oder erschwert, sind der Krankenkasse zum Ersatz des daraus entstehenden Schadens als Gesamtschuldner verpflichtet. [7]Die zuständige Aufsichtsbehörde hat nach Anhörung des Vorstandsmitglieds den Verwaltungsrat zu veranlassen, das Vorstandsmitglied in Anspruch zu nehmen, falls der Verwaltungsrat das Regressverfahren nicht bereits von sich aus eingeleitet hat.

(3) [1]Versicherungspflichtige haben der zur Meldung verpflichteten Stelle unverzüglich Angaben über die gewählte Krankenkasse zu machen. [2]Hat der Versicherungspflichtige der zur Meldung verpflichteten Stelle nicht spätestens zwei Wochen nach Eintritt der Versicherungspflicht Angaben über die gewählte Krankenkasse gemacht, hat die zur Meldung verpflichtete Stelle den Versicherungspflichtigen ab Eintritt der Versicherungspflicht bei der Krankenkasse anzumelden, bei der zuletzt eine Versicherung bestand; bestand vor Eintritt der Versicherungspflicht keine Versicherung, hat die zur Meldung verpflichtete Stelle den Versicherungspflichtigen bei einer nach § 173 wählbaren Krankenkasse anzumelden und den Versicherungspflichtigen unverzüglich über die gewählte Krankenkasse in Textform zu unterrichten. [3]Nach Eingang der Anmeldung hat die Krankenkasse der zur Meldung verpflichteten Stelle im elektronischen Meldeverfahren das Bestehen oder Nichtbestehen der Mitgliedschaft zurückzumelden. [4]Für die Fälle, in denen der Versicherungspflichtige keine Angaben über die gewählte Krankenkasse macht und keine Meldung nach Satz 2 erfolgt, legt der Spitzenverband Bund der Krankenkassen Regeln über die Zuständigkeit fest.

(3a) [1]Bei Schließung oder Insolvenz einer Krankenkasse haben Versicherungspflichtige spätestens innerhalb von sechs Wochen nach Zustellung des Schließungsbescheids oder der Stellung des Insolvenzantrags (§ 160 Absatz 3 Satz 1) der zur Meldung verpflichteten Stelle Angaben über die gewählte Krankenkasse zu machen. [2]Werden die Angaben nach Satz 1 über die gewählte Krankenkasse nicht oder nicht rechtzeitig gemacht, gilt Absatz 3 Satz 2 entsprechend mit der Maßgabe, dass die Anmeldung durch die zur Meldung verpflichtete Stelle innerhalb von weiteren zwei Wochen mit Wirkung zu dem Zeitpunkt zu erfolgen hat, an dem die Schließung wirksam wird. [3]Bei Stellung eines Insolvenzantrags erfolgt die Meldung zum ersten Tag des laufenden

Monats, spätestens zu dem Zeitpunkt, an dem das Insolvenzverfahren eröffnet oder der Antrag mangels Masse abgewiesen wird. [4]Wird die Krankenkasse nicht geschlossen, bleibt die Mitgliedschaft bei dieser Krankenkasse bestehen. [5]Die gewählten Krankenkassen haben die geschlossene oder insolvente Krankenkasse im elektronischen Meldeverfahren unverzüglich über die Wahlentscheidung des Mitglieds zu informieren. [6]Mitglieder, bei denen keine zur Meldung verpflichtete Stelle besteht, haben der geschlossenen Krankenkasse innerhalb von drei Monaten nach dem in Satz 1 genannten Zeitpunkt über die gewählte Krankenkasse zu informieren.

(4) [1]Versicherungspflichtige und Versicherungsberechtigte sind an die von ihnen gewählte Krankenkasse mindestens zwölf Monate gebunden. [2]Satz 1 gilt nicht bei Ende der Mitgliedschaft kraft Gesetzes. [3]Zum oder nach Ablauf des in Satz 1 festgelegten Zeitraums ist eine Kündigung der Mitgliedschaft zum Ablauf des übernächsten Kalendermonats möglich, gerechnet von dem Monat, in dem das Mitglied die Kündigung erklärt. [4]Bei einem Wechsel in eine andere Krankenkasse ersetzt die Meldung der neuen Krankenkasse über die Ausübung des Wahlrechts nach Absatz 2 Satz 1 die Kündigungserklärung des Mitglieds. [5]Erfolgt die Kündigung, weil keine Mitgliedschaft bei einer Krankenkasse begründet werden soll, hat die Krankenkasse dem Mitglied unverzüglich, spätestens jedoch innerhalb von zwei Wochen nach Eingang der Kündigungserklärung eine Kündigungsbestätigung auszustellen; die Kündigung wird wirksam, wenn das Mitglied innerhalb der Kündigungsfrist das Bestehen einer anderweitigen Absicherung im Krankheitsfall nachweist. [6]Erhebt die Krankenkasse nach § 242 Absatz 1 erstmals einen Zusatzbeitrag oder erhöht sie ihren Zusatzbeitragssatz, kann die Kündigung der Mitgliedschaft abweichend von Satz 1 bis zum Ablauf des Monats erklärt werden, für den der Zusatzbeitrag erstmals erhoben wird oder für den der Zusatzbeitragssatz erhöht wird; Satz 4 gilt entsprechend. [7]Die Krankenkasse hat spätestens einen Monat vor dem in Satz 6 genannten Zeitpunkt ihre Mitglieder in einem gesonderten Schreiben auf das Kündigungsrecht nach Satz 6, auf die Höhe des durchschnittlichen Zusatzbeitragssatzes nach § 242a sowie auf die Übersicht des Spitzenverbandes Bund der Krankenkassen zu den Zusatzbeitragssätzen der Krankenkassen nach § 242 Absatz 5 hinzuweisen; überschreitet der neu erhobene Zusatzbeitrag oder der erhöhte Zusatzbeitragssatz den durchschnittlichen Zusatzbeitragssatz, so sind die Mitglieder auf die Möglichkeit hinzuweisen, in eine günstigere Krankenkasse zu wechseln. [8]Kommt die Krankenkasse ihrer Hinweispflicht nach Satz 7 gegenüber einem Mitglied verspätet nach, gilt eine erfolgte Kündigung als in dem Monat erklärt, für den der Zusatzbeitrag erstmalig erhoben wird oder für den der Zusatzbeitragssatz erhöht wird; hiervon ausgenommen sind Kündigungen, die bis zu dem in Satz 6 genannten Zeitpunkt ausgeübt worden sind. [9]Satz 1 gilt nicht, wenn die Kündigung eines Versicherungsberechtigten erfolgt, weil die Voraussetzungen einer Versicherung nach § 10 erfüllt sind, oder wenn die Kündigung erfolgt, weil keine Mitgliedschaft bei einer Krankenkasse begründet werden soll. [10]Die Krankenkassen können in ihren Satzungen vorsehen, dass die Frist nach Satz 1 nicht gilt, wenn eine Mitgliedschaft bei einer anderen Krankenkasse der gleichen Kassenart begründet werden soll.

(5) Absatz 4 gilt nicht für Versicherungspflichtige, die durch die Errichtung oder Ausdehnung einer Betriebs- oder Innungskrankenkasse oder durch betriebliche Veränderungen Mitglieder einer Betriebs- oder Innungskrankenkasse werden können, wenn sie die Wahl innerhalb von zwei Wochen nach dem

Zeitpunkt der Errichtung, Ausdehnung oder betrieblichen Veränderung ausüben; Absatz 2 gilt entsprechend.

(6) Der Spitzenverband Bund der Krankenkassen legt für die Meldungen und Informationspflichten nach dieser Vorschrift einheitliche Verfahren und Vordrucke fest und bestimmt die Inhalte für das elektronische Meldeverfahren zwischen den Krankenkassen nach den Absätzen 2, 3a, 4 und 5 sowie für das elektronische Meldeverfahren zwischen den Krankenkassen und den zur Meldung verpflichteten Stellen nach Absatz 3.

§§ 176–185 *(aufgehoben)*

Dritter Abschnitt. Mitgliedschaft und Verfassung

Erster Titel. Mitgliedschaft

§ 186 Beginn der Mitgliedschaft Versicherungspflichtiger. (1) Die Mitgliedschaft versicherungspflichtig Beschäftigter beginnt mit dem Tag des Eintritts in das Beschäftigungsverhältnis.

(2) [1] Die Mitgliedschaft unständig Beschäftigter (§ 179 Abs. 2) beginnt mit dem Tag der Aufnahme der unständigen Beschäftigung, für die die zuständige Krankenkasse erstmalig Versicherungspflicht festgestellt hat, wenn die Feststellung innerhalb eines Monats nach Aufnahme der Beschäftigung erfolgt, andernfalls mit dem Tag der Feststellung. [2] Die Mitgliedschaft besteht auch an den Tagen fort, an denen der unständig Beschäftigte vorübergehend, längstens für drei Wochen nicht beschäftigt wird.

(2a) Die Mitgliedschaft der Bezieher von Arbeitslosengeld II nach dem Zweiten Buch[1)] und Arbeitslosengeld oder Unterhaltsgeld nach dem Dritten Buch[2)] beginnt mit dem Tag, von dem an die Leistung bezogen wird.

(3) [1] Die Mitgliedschaft der nach dem Künstlersozialversicherungsgesetz Versicherten beginnt mit dem Tage, an dem die Versicherungspflicht auf Grund der Feststellung der Künstlersozialkasse beginnt. [2] Ist die Versicherungspflicht nach dem Künstlersozialversicherungsgesetz durch eine unständige Beschäftigung (§ 179 Abs. 2) unterbrochen worden, beginnt die Mitgliedschaft mit dem Tage nach dem Ende der unständigen Beschäftigung. [3] Kann nach § 9 des Künstlersozialversicherungsgesetzes ein Versicherungsvertrag gekündigt werden, beginnt die Mitgliedschaft mit dem auf die Kündigung folgenden Monat, spätestens zwei Monate nach der Feststellung der Versicherungspflicht.

(4) Die Mitgliedschaft von Personen, die in Einrichtungen der Jugendhilfe für eine Erwerbstätigkeit befähigt werden, beginnt mit dem Beginn der Maßnahme.

(5) Die Mitgliedschaft versicherungspflichtiger Teilnehmer an Leistungen zur Teilhabe am Arbeitsleben beginnt mit dem Beginn der Maßnahme.

(6) Die Mitgliedschaft versicherungspflichtiger behinderter Menschen beginnt mit dem Beginn der Tätigkeit in den anerkannten Werkstätten für behinderte Menschen, Anstalten, Heimen oder gleichartigen Einrichtungen.

(7) [1] Die Mitgliedschaft versicherungspflichtiger Studenten beginnt mit dem Semester, frühestens mit dem Tag der Einschreibung oder der Rückmeldung

---

[1)] Nr. 2.
[2)] Nr. 3.

an der Hochschule. [2]Bei Hochschulen, in denen das Studienjahr in Trimester eingeteilt ist, tritt an die Stelle des Semesters das Trimester. [3]Für Hochschulen, die keine Semestereinteilung haben, gelten als Semester im Sinne des Satzes 1 die Zeiten vom 1. April bis 30. September und vom 1. Oktober bis 31. März.

(8) [1]Die Mitgliedschaft versicherungspflichtiger Praktikanten beginnt mit dem Tag der Aufnahme der berufspraktischen Tätigkeit. [2]Die Mitgliedschaft von zu ihrer Berufsausbildung ohne Arbeitsentgelt Beschäftigten beginnt mit dem Tag des Eintritts in die Beschäftigung.

(9) Die Mitgliedschaft versicherungspflichtiger Rentner beginnt mit dem Tag der Stellung des Rentenantrags.

(10) Wird die Mitgliedschaft Versicherungspflichtiger zu einer Krankenkasse gekündigt (§ 175), beginnt die Mitgliedschaft bei der neugewählten Krankenkasse abweichend von den Absätzen 1 bis 9 mit dem Tag nach Eintritt der Rechtswirksamkeit der Kündigung.

(11) [1]Die Mitgliedschaft der nach § 5 Abs. 1 Nr. 13 Versicherungspflichtigen beginnt mit dem ersten Tag ohne anderweitigen Anspruch auf Absicherung im Krankheitsfall im Inland. [2]Die Mitgliedschaft von Ausländern, die nicht Angehörige eines Mitgliedstaates der Europäischen Union, eines Vertragsstaates des Abkommens über den Europäischen Wirtschaftsraum oder Staatsangehörige der Schweiz sind, beginnt mit dem ersten Tag der Geltung der Niederlassungserlaubnis oder der Aufenthaltserlaubnis. [3]Für Personen, die am 1. April 2007 keinen anderweitigen Anspruch auf Absicherung im Krankheitsfall haben, beginnt die Mitgliedschaft an diesem Tag.

§ 187 Beginn der Mitgliedschaft bei einer neu errichteten Krankenkasse. Die Mitgliedschaft bei einer neu errichteten Krankenkasse beginnt für Versicherungspflichtige, für die diese Krankenkasse zuständig ist, mit dem Zeitpunkt, an dem die Errichtung der Krankenkasse wirksam wird.

§ 188 Beginn der freiwilligen Mitgliedschaft. (1) Die Mitgliedschaft Versicherungsberechtigter beginnt mit dem Tag ihres Beitritts zur Krankenkasse.

(2) [1]Die Mitgliedschaft der in § 9 Abs. 1 Nr. 1 und 2 genannten Versicherungsberechtigten beginnt mit dem Tag nach dem Ausscheiden aus der Versicherungspflicht oder mit dem Tag nach dem Ende der Versicherung nach § 10. [2]Die Mitgliedschaft der in § 9 Absatz 1 Satz 1 Nummer 3 und 5 genannten Versicherungsberechtigten beginnt mit dem Tag der Aufnahme der Beschäftigung. [3]Die Mitgliedschaft der in § 9 Absatz 1 Satz 1 Nummer 8 genannten Versicherungsberechtigten beginnt mit dem Tag nach dem Ausscheiden aus dem Dienst.

(3) [1]Der Beitritt ist in Textform zu erklären. [2]Die Krankenkassen haben sicherzustellen, dass die Mitgliedschaftsberechtigten vor Abgabe ihrer Erklärung in geeigneter Weise in Textform über die Rechtsfolgen ihrer Beitrittserklärung informiert werden.

(4) [1]Für Personen, deren Versicherungspflicht oder Familienversicherung endet, setzt sich die Versicherung mit dem Tag nach dem Ausscheiden aus der Versicherungspflicht oder mit dem Tag nach dem Ende der Familienversicherung als freiwillige Mitgliedschaft fort, es sei denn, das Mitglied erklärt innerhalb von zwei Wochen nach Hinweis der Krankenkasse über die Austrittsmöglichkeiten seinen Austritt. [2]Der Austritt wird nur wirksam, wenn das Mitglied das Bestehen eines anderweitigen Anspruchs auf Absicherung im Krank-

heitsfall nachweist. [3]Satz 1 gilt nicht für Personen, deren Versicherungspflicht endet, wenn die übrigen Voraussetzungen für eine Familienversicherung erfüllt sind oder ein Anspruch auf Leistungen nach § 19 Absatz 2 besteht, sofern im Anschluss daran das Bestehen eines anderweitigen Anspruchs auf Absicherung im Krankheitsfall nachgewiesen wird. [4]Satz 1 gilt nicht, wenn die Krankenkasse trotz Ausschöpfung der ihr zur Verfügung stehenden Ermittlungsmöglichkeiten weder den Wohnsitz noch den gewöhnlichen Aufenthalt des Mitglieds im Geltungsbereich des Sozialgesetzbuches ermitteln konnte. [5]Bei Saisonarbeitnehmern, deren Versicherungspflicht mit der Beendigung der Saisonarbeitnehmertätigkeit endet, setzt sich die Versicherung nur dann nach Satz 1 fort, wenn diese Personen innerhalb von drei Monaten nach dem Ende der Versicherungspflicht ihren Beitritt zur freiwilligen Versicherung gegenüber ihrer bisherigen Krankenkasse erklären und ihren Wohnsitz oder gewöhnlichen Aufenthalt in der Bundesrepublik Deutschland nachweisen. [6]Ein Saisonarbeitnehmer nach Satz 5 ist ein Arbeitnehmer, der vorübergehend für eine versicherungspflichtige auf bis zu acht Monate befristete Beschäftigung in die Bundesrepublik Deutschland gekommen ist, um mit seiner Tätigkeit einen jahreszeitlich bedingten jährlich wiederkehrenden erhöhten Arbeitskräftebedarf des Arbeitgebers abzudecken. [7]Der Arbeitgeber hat den Saisonarbeitnehmer nach Satz 5 im Meldeverfahren nach § 28a des Vierten Buches[1)] gesondert zu kennzeichnen. [8]Die Krankenkasse hat den Saisonarbeitnehmer nach Satz 5, nachdem der Arbeitgeber der Krankenkasse den Beginn der Beschäftigungsaufnahme gemeldet hat, unverzüglich auf das Beitrittsrecht und seine Nachweispflicht nach Satz 5 hinzuweisen.

(5) [1]Der Spitzenverband Bund der Krankenkassen regelt das Nähere zu den Ermittlungspflichten der Krankenkassen nach Absatz 4 Satz 4 und § 191 Nummer 4. [2]Die Regelungen nach Satz 1 bedürfen zu ihrer Wirksamkeit der Zustimmung des Bundesministeriums für Gesundheit.

§ 189 Mitgliedschaft von Rentenantragstellern. (1) [1]Als Mitglieder gelten Personen, die eine Rente der gesetzlichen Rentenversicherung beantragt haben und die Voraussetzungen nach § 5 Absatz 1 Nummer 11 bis 12 und Absatz 2, jedoch nicht die Voraussetzungen für den Bezug der Rente erfüllen. [2]Satz 1 gilt nicht für Personen, die nach anderen Vorschriften versicherungspflichtig oder nach § 6 Abs. 1 versicherungsfrei sind.

(2) [1]Die Mitgliedschaft beginnt mit dem Tag der Stellung des Rentenantrags. [2]Sie endet mit dem Tod oder mit dem Tag, an dem der Antrag zurückgenommen oder die Ablehnung des Antrags unanfechtbar wird.

§ 190 Ende der Mitgliedschaft Versicherungspflichtiger. (1) Die Mitgliedschaft Versicherungspflichtiger endet mit dem Tod des Mitglieds.

(2) Die Mitgliedschaft versicherungspflichtig Beschäftigter endet mit Ablauf des Tages, an dem das Beschäftigungsverhältnis gegen Arbeitsentgelt endet.

(3) *(aufgehoben)*

(4) Die Mitgliedschaft unständig Beschäftigter endet, wenn das Mitglied die berufsmäßige Ausübung der unständigen Beschäftigung nicht nur vorübergehend aufgibt, spätestens mit Ablauf von drei Wochen nach dem Ende der letzten unständigen Beschäftigung.

[1)] Nr. 4.

(5) Die Mitgliedschaft der nach dem Künstlersozialversicherungsgesetz Versicherten endet mit dem Tage, an dem die Versicherungspflicht auf Grund der Feststellung der Künstlersozialkasse endet; § 192 Abs. 1 Nr. 2 und 3 bleibt unberührt.

(6) Die Mitgliedschaft von Personen, die in Einrichtungen der Jugendhilfe für eine Erwerbstätigkeit befähigt werden, endet mit dem Ende der Maßnahme.

(7) Die Mitgliedschaft versicherungspflichtiger Teilnehmer an Leistungen zur Teilhabe am Arbeitsleben endet mit dem Ende der Maßnahme, bei Weiterzahlung des Übergangsgeldes mit Ablauf des Tages, bis zu dem Übergangsgeld gezahlt wird.

(8) Die Mitgliedschaft von versicherungspflichtigen behinderten Menschen in anerkannten Werkstätten für behinderte Menschen, Anstalten, Heimen oder gleichartigen Einrichtungen endet mit Aufgabe der Tätigkeit.

(9) [1] Die Mitgliedschaft versicherungspflichtiger Studenten endet mit Ablauf des Semesters, für das sie sich zuletzt eingeschrieben oder zurückgemeldet haben, wenn sie

1. bis zum Ablauf oder mit Wirkung zum Ablauf dieses Semesters exmatrikuliert worden sind oder
2. bis zum Ablauf dieses Semesters das 30. Lebensjahr vollendet haben.

[2] Bei Anerkennung von Hinderungsgründen, die eine Überschreitung der Altersgrenze nach Satz 1 Nummer 2 rechtfertigen, endet die Mitgliedschaft mit Ablauf des Verlängerungszeitraums zum Semesterende. [3] Abweichend von Satz 1 Nummer 1 endet im Fall der Exmatrikulation die Mitgliedschaft mit Ablauf des Tages, an dem der Student seinen Wohnsitz oder gewöhnlichen Aufenthalt im Geltungsbereich des Sozialgesetzbuchs aufgegeben hat oder an dem er dauerhaft an seinen Wohnsitz oder Ort des gewöhnlichen Aufenthalts außerhalb des Geltungsbereichs des Sozialgesetzbuchs zurückkehrt. [4] Satz 1 Nummer 1 gilt nicht, wenn sich der Student nach Ablauf des Semesters, in dem oder mit Wirkung zu dessen Ablauf er exmatrikuliert wurde, innerhalb eines Monats an einer staatlichen oder staatlich anerkannten Hochschule einschreibt. [5] § 186 Absatz 7 Satz 2 und 3 gilt entsprechend.

(10) [1] Die Mitgliedschaft versicherungspflichtiger Praktikanten endet mit dem Tag der Aufgabe der berufspraktischen Tätigkeit oder vor Aufgabe des Praktikums mit Vollendung des 30. Lebensjahres. [2] Die Mitgliedschaft von zu ihrer Berufsausbildung ohne Arbeitsentgelt Beschäftigten endet mit dem Tag der Aufgabe der Beschäftigung.

(11) Die Mitgliedschaft versicherungspflichtiger Rentner endet

1. mit Ablauf des Monats, in dem der Anspruch auf Rente wegfällt oder die Entscheidung über den Wegfall oder den Entzug der Rente unanfechtbar geworden ist, frühestens mit Ablauf des Monats, für den letztmalig Rente zu zahlen ist,
2. bei Gewährung einer Rente für zurückliegende Zeiträume mit Ablauf des Monats, in dem die Entscheidung unanfechtbar wird.

(11a) Die Mitgliedschaft der in § 9 Abs. 1 Satz 1 Nummer 6 in der am 10. Mai 2019 geltenden Fassung genannten Personen, die das Beitrittsrecht ausgeübt haben, sowie ihrer Familienangehörigen, die nach dem 31. März 2002 nach § 5 Abs. 1 Nr. 11 versicherungspflichtig geworden sind, deren Anspruch auf Rente schon an diesem Tag bestand, die aber nicht die Vorversicherungszeit des § 5 Abs. 1 Nr. 11 in der seit dem 1. Januar 1993 geltenden Fassung erfüllt hatten und die bis zum 31. März 2002 nach § 10 oder nach § 7 des Zweiten Gesetzes über die Krankenversicherung der Landwirte versichert waren, endet mit dem Eintritt der Versicherungspflicht nach § 5 Abs. 1 Nr. 11.

(12) Die Mitgliedschaft der Bezieher von Arbeitslosengeld II nach dem Zweiten Buch[1)] und Arbeitslosengeld oder Unterhaltsgeld nach dem Dritten Buch[2)] endet mit Ablauf des letzten Tages, für den die Leistung bezogen wird.

(13) [1] Die Mitgliedschaft der in § 5 Abs. 1 Nr. 13 genannten Personen endet mit Ablauf des Vortages, an dem

1. ein anderweitiger Anspruch auf Absicherung im Krankheitsfall begründet wird oder
2. der Wohnsitz oder gewöhnliche Aufenthalt in einen anderen Staat verlegt wird.

[2] Satz 1 Nr. 1 gilt nicht für Mitglieder, die Empfänger von Leistungen nach dem Dritten, Vierten, Sechsten und Siebten Kapitel des Zwölften Buches[3)] sind.

§ 191 Ende der freiwilligen Mitgliedschaft. Die freiwillige Mitgliedschaft endet

1. mit dem Tod des Mitglieds,
2. mit Beginn einer Pflichtmitgliedschaft,
3. mit dem Wirksamwerden der Kündigung (§ 175 Abs. 4); die Satzung kann einen früheren Zeitpunkt bestimmen, wenn das Mitglied die Voraussetzungen einer Versicherung nach § 10 erfüllt oder
4. mit Ablauf eines Zeitraums von mindestens sechs Monaten rückwirkend ab dem Beginn dieses Zeitraums, in dem für die Mitgliedschaft keine Beiträge geleistet wurden, das Mitglied und familienversicherte Angehörige keine Leistungen in Anspruch genommen haben und die Krankenkasse trotz Ausschöpfung der ihr zur Verfügung stehenden Ermittlungsmöglichkeiten weder einen Wohnsitz noch einen gewöhnlichen Aufenthalt des Mitglieds im Geltungsbereich des Sozialgesetzbuches ermitteln konnte.

§ 192 Fortbestehen der Mitgliedschaft Versicherungspflichtiger.

(1) Die Mitgliedschaft Versicherungspflichtiger bleibt erhalten, solange

1. sie sich in einem rechtmäßigen Arbeitskampf befinden,
2. Anspruch auf Krankengeld oder Mutterschaftsgeld besteht oder eine dieser Leistungen oder nach gesetzlichen Vorschriften Erziehungsgeld oder Elterngeld bezogen oder Elternzeit in Anspruch genommen oder Pflegeunterstützungsgeld bezogen wird,

2a. von einem privaten Krankenversicherungsunternehmen, von einem Beihilfeträger des Bundes, von sonstigen öffentlich-rechtlichen Trägern von Kosten in Krankheitsfällen auf Bundesebene, von dem Träger der Heilfürsorge im Bereich des Bundes, von dem Träger der truppenärztlichen Ver-

---

1) Nr. 2.
2) Nr. 3.
3) Nr. 12.

sorgung oder von einem öffentlich-rechtlichen Träger von Kosten in Krankheitsfällen auf Landesebene, soweit das Landesrecht dies vorsieht, Leistungen für den Ausfall von Arbeitseinkünften im Zusammenhang mit einer nach den §§ 8 und 8a des Transplantationsgesetzes erfolgenden Spende von Organen oder Geweben oder im Zusammenhang mit einer Spende von Blut zur Separation von Blutstammzellen oder anderen Blutbestandteilen im Sinne von § 9 des Transfusionsgesetzes bezogen werden oder diese beansprucht werden können,

3. von einem Rehabilitationsträger während einer Leistung zur medizinischen Rehabilitation Verletztengeld, Versorgungskrankengeld oder Übergangsgeld gezahlt wird oder
4. Kurzarbeitergeld nach dem Dritten Buch[1)] bezogen wird.

(2) Während der Schwangerschaft bleibt die Mitgliedschaft Versicherungspflichtiger auch erhalten, wenn das Beschäftigungsverhältnis vom Arbeitgeber zulässig aufgelöst oder das Mitglied unter Wegfall des Arbeitsentgelts beurlaubt worden ist, es sei denn, es besteht eine Mitgliedschaft nach anderen Vorschriften.

§ 193 Fortbestehen der Mitgliedschaft bei Wehrdienst oder Zivildienst. (1) [1] Bei versicherungspflichtig Beschäftigten, denen nach § 1 Abs. 2 des Arbeitsplatzschutzgesetzes Entgelt weiterzugewähren ist, gilt das Beschäftigungsverhältnis als durch den Wehrdienst nach § 4 Abs. 1 und § 6b Abs. 1 des Wehrpflichtgesetzes nicht unterbrochen. [2] Dies gilt auch für Personen in einem Wehrdienstverhältnis besonderer Art nach § 6 des Einsatz-Weiterverwendungsgesetzes, wenn sie den Einsatzunfall in einem Versicherungsverhältnis erlitten haben.

(2) [1] Bei Versicherungspflichtigen, die nicht unter Absatz 1 fallen, sowie bei freiwilligen Mitgliedern berührt der Wehrdienst nach § 4 Abs. 1 und § 6b Abs. 1 des Wehrpflichtgesetzes eine bestehende Mitgliedschaft bei einer Krankenkasse nicht. [2] Die versicherungspflichtige Mitgliedschaft gilt als fortbestehend, wenn die Versicherungspflicht am Tag vor dem Beginn des Wehrdienstes endet oder wenn zwischen dem letzten Tag der Mitgliedschaft und dem Beginn des Wehrdienstes ein Samstag, Sonntag oder gesetzlicher Feiertag liegt. [3] Absatz 1 Satz 2 gilt entsprechend.

(3) Die Absätze 1 und 2 gelten für den Zivildienst entsprechend.

(4) [1] Die Absätze 1 und 2 gelten für Personen, die Dienstleistungen oder Übungen nach dem Vierten Abschnitt des Soldatengesetzes leisten. [2] Die Dienstleistungen und Übungen gelten nicht als Beschäftigungen im Sinne des § 5 Abs. 1 Nr. 1 und § 6 Abs. 1 Nr. 3.

(5) Die Zeit in einem Wehrdienstverhältnis besonderer Art nach § 6 des Einsatz-Weiterverwendungsgesetzes gilt nicht als Beschäftigung im Sinne von § 5 Abs. 1 Nr. 1 und § 6 Abs. 1 Nr. 3.

Zweiter Titel. Satzung, Organe

§ 194 Satzung der Krankenkassen. (1) Die Satzung muß insbesondere Bestimmungen enthalten über

1. Namen und Sitz der Krankenkasse,

---

1) Nr. 3.

2. Bezirk der Krankenkasse und Kreis der Mitglieder,
3. Art und Umfang der Leistungen, soweit sie nicht durch Gesetz bestimmt sind,
4. Festsetzung des Zusatzbeitrags nach § 242,
5. Zahl der Mitglieder der Organe,
6. Rechte und Pflichten der Organe,
7. Art der Beschlußfassung des Verwaltungsrates,
8. Bemessung der Entschädigungen für Organmitglieder,
9. jährliche Prüfung der Betriebs- und Rechnungsführung und Abnahme der Jahresrechnung,
10. Zusammensetzung und Sitz der Widerspruchsstelle und
11. Art der Bekanntmachungen.

(1a) [1] Die Satzung kann eine Bestimmung enthalten, nach der die Krankenkasse den Abschluss privater Zusatzversicherungsverträge zwischen ihren Versicherten und privaten Krankenversicherungsunternehmen vermitteln kann. [2] Gegenstand dieser Verträge können alle Leistungen sein, die den gesetzlichen Krankenversicherungsschutz ergänzen, insbesondere Ergänzungstarife zur Kostenerstattung, Wahlarztbehandlung im Krankenhaus, Ein- oder Zweibettzuschlag im Krankenhaus sowie eine Auslandskrankenversicherung.

(2) [1] Die Satzung darf keine Bestimmungen enthalten, die den Aufgaben der gesetzlichen Krankenversicherung widersprechen. [2] Sie darf Leistungen nur vorsehen, soweit dieses Buch sie zuläßt.

§ 194a Modellprojekt zur Durchführung von Online-Wahlen bei den Krankenkassen. (1) [1] Bei den Sozialversicherungswahlen im Jahr 2023 können im Rahmen eines Modellprojektes abweichend von § 54 Absatz 1 des Vierten Buches[1)] die Wahlen der Vertreter der Versicherten bei den in § 35a Absatz 1 Satz 1 des Vierten Buches genannten Krankenkassen auch in einem elektronischen Wahlverfahren über das Internet (Online-Wahl) durchgeführt werden. [2] Eine Stimmabgabe per Online-Wahl ist nur möglich, wenn die jeweilige Krankenkasse in ihrer Satzung vorsieht, dass alternativ zu der brieflichen Stimmabgabe auch eine Stimmabgabe per Online-Wahl vorgenommen werden kann. [3] Eine entsprechende Satzungsregelung muss spätestens bis zum 30. September 2020 in Kraft treten.

(2) [1] Die am Modellprojekt teilnehmenden Krankenkassen haben die Stimmabgabe per Online-Wahl gemeinsam und einheitlich vorzubereiten und durchzuführen. [2] Nehmen mehrere Krankenkassen an dem Modellprojekt teil, bilden sie hierfür eine Arbeitsgemeinschaft nach § 94 Absatz 1a Satz 1 des Zehnten Buches[2)].

(3) Die nachgewiesenen Kosten der am Modellprojekt teilnehmenden Krankenkassen für die Vorbereitung und Durchführung der Stimmabgabe per Online-Wahl werden auf alle in § 35a Absatz 1 Satz 1 des Vierten Buches genannten Krankenkassen in entsprechender Anwendung von § 83 Absatz 1 Satz 2 der Wahlordnung für die Sozialversicherung umgelegt.

[1)] Nr. **4**.
[2)] Nr. **10**.

(4) Die für Sozialversicherungswahlen geltenden allgemeinen Wahlgrundsätze nach § 45 Absatz 2 des Vierten Buches sind unter Berücksichtigung der technischen Besonderheiten auch bei Online-Wahlen entsprechend zu wahren.

§ 194b Durchführung der Stimmabgabe per Online-Wahl. (1) Für die Durchführung der Stimmabgabe per Online-Wahl gelten die Vorschriften des Zweiten Titels des Vierten Abschnitts des Vierten Buches[1)] sowie die Wahlordnung für die Sozialversicherung entsprechend, sofern in den Absätzen 2 bis 4 nichts Abweichendes bestimmt ist.

(2) [1] § 53 Absatz 4 des Vierten Buches gilt bei der Durchführung der Stimmabgabe per Online-Wahl mit der Maßgabe, dass die Wahlbeauftragten und ihre Stellvertreter berechtigt sind, die räumlichen und technischen Infrastrukturen, die von den in § 35a Absatz 1 Satz 1 des Vierten Buches genannten Krankenkassen oder den von diesen beauftragten Dritten für die Durchführung der Wahl genutzt werden, in geeigneter Weise zu überprüfen. [2] Die Wahlbeauftragten sind befugt, Dritte mit der Prüfung zu beauftragen.

(3) Für die Durchführung der Wahlen gelten im Übrigen folgende Vorgaben:

1. ein Wahlberechtigter darf seine Stimme entweder per Briefwahl oder per Online-Wahl abgeben,
2. bei doppelter Stimmabgabe durch einen Wahlberechtigten per Briefwahl und per Online-Wahl zählt die per Online-Wahl abgegebene Stimme, die per Briefwahl abgegebene Stimme ist ohne weitere Prüfung ungültig,
3. die Krankenkassen, die eine Stimmabgabe per Online-Wahl ermöglichen, können die zugelassenen Vorschlagslisten und die Darstellung der Listenträger abweichend von § 26 Absatz 1 der Wahlordnung für die Sozialversicherung zusätzlich auch im Internet veröffentlichen,
4. die Information der Wahlberechtigten nach § 27 Absatz 3 Satz 1 der Wahlordnung für die Sozialversicherung hat insbesondere Folgendes zu enthalten:
   a) eine Beschreibung des Verfahrens für die Stimmabgabe per Online-Wahl einschließlich der für die Authentisierung des Wahlberechtigten zu verwendenden Authentisierungsmittel und der technischen Mechanismen, mit Hilfe derer sich der Wahlberechtigte von der Authentizität der Wahlplattform überzeugen kann, sowie
   b) den Hinweis, dass eine Stimmabgabe nur einmal erfolgen kann und dass bei doppelt abgegebener Stimme sowohl per Briefwahl als auch per Online-Wahl die per Briefwahl abgegebene Stimme ungültig ist,
5. die Wahlbekanntmachung hat ergänzend zu § 31 Absatz 2 der Wahlordnung für die Sozialversicherung den Tag zu bezeichnen, bis zu dem eine Stimme per Online-Wahl abgegeben sein muss,
6. der Stimmzettel für die Stimmabgabe per Online-Wahl muss dem Stimmzettel nach § 41 Absatz 1 der Wahlordnung für die Sozialversicherung im Hinblick auf Darstellung und Inhalt entsprechen,
7. die Wahlunterlagen müssen zusätzlich Folgendes enthalten:
   a) eine Beschreibung des Verfahrens für die Stimmabgabe per Online-Wahl einschließlich der für die Authentisierung des Wahlberechtigten zu ver-

1) Nr. 4.

wendenden Authentisierungsmittel und der technischen Mechanismen, mit Hilfe derer sich der Wahlberechtigte von der Authentizität der Wahlplattform überzeugen kann, sowie
   b) den Hinweis, dass eine Stimmabgabe nur einmal erfolgen kann und dass bei doppelt abgegebener Stimme sowohl per Briefwahl als auch per Online-Wahl die per Briefwahl abgegebene Stimme ungültig ist,
8. der Wahlberechtigte, der seine Stimme per Online-Wahl abgibt, hat
   a) die für den Zugang zur Wahlplattform erforderliche Authentisierung unter Verwendung der zur Verfügung gestellten Authentisierungsmittel durchzuführen,
   b) den elektronischen Stimmzettel persönlich zu kennzeichnen,
   c) den Wahlvorgang durch Versenden des elektronischen Stimmzettels innerhalb der Wahlplattform abzuschließen und
   d) keine weitere Stimme per Briefwahl abzugeben,
9. die Krankenkassen haben sicherzustellen, dass eine Stimmabgabe per Online-Wahl barrierefrei durchgeführt werden kann,
10. ergänzend zu der Prüfung nach § 45 Absatz 1 der Wahlordnung für die Sozialversicherung hat der Wahlausschuss zu ermitteln, ob durch Wahlberechtigte eine doppelte Stimmabgabe sowohl per Briefwahl als auch per Online-Wahl erfolgt ist,
11. eine Stimmabgabe per Online-Wahl ist ungültig, wenn sie zu spät erfolgt, keine Kennzeichnung auf dem elektronischen Stimmzettel erfolgt ist oder die Kennzeichnung den Willen des Wählers nicht zweifelsfrei erkennen lässt.

(4) [1] Bei Krankenkassen, die eine Stimmabgabe per Online-Wahl ermöglichen, beginnt die Ermittlung des Wahlergebnisses erst nach dem Wahltag. [2] Die Wahlleitungen ermitteln unverzüglich getrennt nach Wählergruppen sowie jeweils für die Stimmabgabe per Briefwahl und die Stimmabgabe per Online-Wahl, wie viele Stimmen für die einzelnen Vorschlagslisten abgegeben worden sind. [3] Die Auswertung der per Online-Wahl abgegebenen Stimmen muss vor der Auswertung der per Briefwahl abgegebenen Stimmen vorgenommen werden. [4] Bei der Ermittlung der abgegebenen Stimmen ist über deren Gültigkeit zu entscheiden. [5] Auf den Stimmzetteln der ungültigen per Briefwahl abgegebenen Stimmen ist der Grund der Ungültigkeit zu vermerken. [6] Ungültige per Online-Wahl abgegebene Stimmen sind im Wahlergebnis jeweils mit dem Grund der Ungültigkeit auszuweisen.

§ 194c Verordnungsermächtigung. (1) [1] Das Bundesministerium für Gesundheit wird ermächtigt, in einer Rechtsverordnung bis zum 30. September 2020 die technischen und organisatorischen Vorgaben für die Durchführung der Online-Wahl im Rahmen des Modellprojektes nach § 194a im Einvernehmen mit dem Bundesamt für Sicherheit in der Informationstechnik zu regeln. [2] In der Verordnung ist Folgendes festzulegen:

1. die technischen Vorgaben einschließlich der Vorgaben für die Erstellung und Umsetzung eines angemessenen Informationssicherheitskonzeptes nach dem IT-Grundschutz des Bundesamtes für Sicherheit in der Informationstechnik,
2. die Vorgaben für die Erstellung und Umsetzung eines gemäß dem IT-Grundschutz des Bundesamtes für Sicherheit in der Informationstechnik angemes-

senen Notfallkonzeptes, das sowohl die Notfallvorsorge als auch die Notfallbewältigung einschließt,

3. die Vorgaben für die sichere Wahlvorbereitung und Wahldurchführung einschließlich Stimmauszählung, für die Überwachung der Wahlplattform und für die sichere Archivierung der Wahldurchführungs- und Ergebnisdaten,
4. die notwendigen Dokumentations-, Test-, Übungs-, Freigabe- und Zertifizierungsmaßnahmen,
5. geeignete Verfahren für die Authentisierung des Wahlberechtigten gegenüber der Wahlplattform mittels geeigneter Authentisierungsmittel und die Authentifizierung des Wahlberechtigten durch die Wahlplattform,
6. informationstechnische Anforderungen an die Nachvollziehbarkeit der Stimmauswertung zur Herstellung einer im Rahmen der technischen Möglichkeiten möglichst weitgehenden Transparenz bei der Wahlauswertung und
7. die Vorgaben für Kommunikations- und Meldewege, insbesondere bei Sicherheitsvorfällen.

[3] Das Bundesamt für Sicherheit in der Informationstechnik ist bei der Erstellung und Prüfung der Umsetzung der Vorgaben angemessen zu beteiligen.

(2) [1] Die Festlegung der Vorgaben, Maßnahmen und Verfahren nach Absatz 1 erfolgt auf der Grundlage der vom Bundesamt für Sicherheit in der Informationstechnik erstellten (Technischen) Richtlinien und sonstigen Sicherheitsanforderungen für Online-Wahlen und Online-Wahlprodukte. [2] Darüber hinausgehende Sicherheitsanforderungen für Online-Wahlen im Rahmen der Sozialversicherungswahlen werden vom Bundesministerium für Gesundheit insbesondere unter Berücksichtigung des konkreten Sicherheitsrisikos und einer auf der Grundlage des BSI-Standards 200-3 erstellten Risikoanalyse im Einvernehmen mit dem Bundesamt für Sicherheit in der Informationstechnik entwickelt und in der Rechtsverordnung festgelegt.

§ 194d Evaluierung. (1) [1] Das Modellprojekt nach § 194a wird durch das Bundesministerium für Gesundheit wissenschaftlich begleitet und im Einvernehmen mit dem Bundesministerium für Arbeit und Soziales evaluiert. [2] Dabei sind insbesondere folgende Aspekte zu berücksichtigen:

1. die Zahl der bei der jeweiligen Krankenkasse per Online-Wahl und per Briefwahl abgegebenen Stimmen,
2. die Anzahl von doppelten Stimmabgaben sowohl per Briefwahl als auch per Online-Wahl,
3. die Zahl der Versuche von manipulativen Angriffen auf die Sicherheitsarchitektur und deren Manipulationsresistenz,
4. die Möglichkeit, durch das gewählte Verfahren eine möglichst weitgehende Nachvollziehbarkeit und Überprüfbarkeit der Wahlauswertung und damit Transparenz in der Öffentlichkeit zu erreichen sowie
5. die Systemverfügbarkeit im Wahlzeitraum.

(2) [1] Die für die Stimmabgabe per Online-Wahl eingesetzte Software hat eine wissenschaftliche Begleitung und Evaluierung zu ermöglichen. [2] Dies schließt Sicherheits- und Datenschutzaspekte ein. [3] Die Krankenkassen haben dem Bundesministerium für Gesundheit die für die wissenschaftliche Begleitung und Evaluierung notwendigen Informationen und Daten zur Verfügung zu stellen.

§ 195 Genehmigung der Satzung. (1) Die Satzung bedarf der Genehmigung der Aufsichtsbehörde.

(2) [1] Ergibt sich nachträglich, daß eine Satzung nicht hätte genehmigt werden dürfen, kann die Aufsichtsbehörde anordnen, daß die Krankenkasse innerhalb einer bestimmten Frist die erforderliche Änderung vornimmt. [2] Kommt die Krankenkasse der Anordnung nicht innerhalb dieser Frist nach, kann die Aufsichtsbehörde die erforderliche Änderung anstelle der Krankenkasse selbst vornehmen. [3] Klagen gegen Maßnahmen der Aufsichtsbehörde nach den Sätzen 1 und 2 haben keine aufschiebende Wirkung.

(3) Absatz 2 gilt entsprechend, wenn die Satzung wegen nachträglich eingetretener Umstände einer Änderung bedarf.

§ 196 Einsichtnahme in die Satzung. (1) Die geltende Satzung kann in den Geschäftsräumen der Krankenkasse während der üblichen Geschäftsstunden eingesehen werden.

(2) Jedes Mitglied erhält unentgeltlich ein Merkblatt über Beginn und Ende der Mitgliedschaft bei Pflichtversicherung und freiwilliger Versicherung, über Beitrittsrechte sowie die von der Krankenkasse zu gewährenden Leistungen und über die Beiträge.

§ 197 Verwaltungsrat. (1) Der Verwaltungsrat hat insbesondere

1. die Satzung und sonstiges autonomes Recht zu beschließen,

1a. den Vorstand zu überwachen,

1b. alle Entscheidungen zu treffen, die für die Krankenkasse von grundsätzlicher Bedeutung sind,

2. den Haushaltsplan festzustellen,
3. über die Entlastung des Vorstands wegen der Jahresrechnung zu beschließen,
4. die Krankenkasse gegenüber dem Vorstand und dessen Mitgliedern zu vertreten,
5. über den Erwerb, die Veräußerung oder die Belastung von Grundstücken sowie über die Errichtung von Gebäuden zu beschließen und
6. über die Auflösung der Krankenkasse oder die freiwillige Vereinigung mit anderen Krankenkassen zu beschließen.

(2) Der Verwaltungsrat kann sämtliche Geschäfts- und Verwaltungsunterlagen einsehen und prüfen.

(3) Der Verwaltungsrat soll zur Erfüllung seiner Aufgaben Fachausschüsse bilden.

§ 197a Stellen zur Bekämpfung von Fehlverhalten im Gesundheitswesen. (1) [1] Die Krankenkassen, wenn angezeigt ihre Landesverbände, und der Spitzenverband Bund der Krankenkassen richten organisatorische Einheiten ein, die Fällen und Sachverhalten nachzugehen haben, die auf Unregelmäßigkeiten oder auf rechtswidrige oder zweckwidrige Nutzung von Finanzmitteln im Zusammenhang mit den Aufgaben der jeweiligen Krankenkasse oder des jeweiligen Verbandes hindeuten. [2] Sie nehmen Kontrollbefugnisse nach § 67c Abs. 3 des Zehnten Buches[1)] wahr.

[1)] Nr. **10**.

(2) [1]Jede Person kann sich in Angelegenheiten des Absatzes 1 an die Krankenkassen und die weiteren in Absatz 1 genannten Organisationen wenden. [2]Die Einrichtungen nach Absatz 1 gehen den Hinweisen nach, wenn sie auf Grund der einzelnen Angaben oder der Gesamtumstände glaubhaft erscheinen.

(3) [1]Die Krankenkassen und die weiteren in Absatz 1 genannten Organisationen haben zur Erfüllung der Aufgaben nach Absatz 1 untereinander und mit den Kassenärztlichen Vereinigungen und Kassenärztlichen Bundesvereinigungen zusammenzuarbeiten. [2]Der Spitzenverband Bund der Krankenkassen organisiert einen regelmäßigen Erfahrungsaustausch mit Einrichtungen nach Absatz 1 Satz 1, an dem die Vertreter der Einrichtungen nach § 81a Absatz 1 Satz 1, der berufsständischen Kammern und der Staatsanwaltschaft in geeigneter Form zu beteiligen sind. [3]Über die Ergebnisse des Erfahrungsaustausches sind die Aufsichtsbehörden zu informieren.

(3a) [1]Die Einrichtungen nach Absatz 1 dürfen personenbezogene Daten, die von ihnen zur Erfüllung ihrer Aufgaben nach Absatz 1 erhoben oder an sie übermittelt wurden, untereinander und an Einrichtungen nach § 81a übermitteln, soweit dies für die Feststellung und Bekämpfung von Fehlverhalten im Gesundheitswesen beim Empfänger erforderlich ist. [2]Der Empfänger darf diese nur zu dem Zweck verarbeiten, zu dem sie ihm übermittelt worden sind.

(3b) [1]Die Einrichtungen nach Absatz 1 dürfen personenbezogene Daten an die folgenden Stellen übermitteln, soweit dies für die Verhinderung oder Aufdeckung von Fehlverhalten im Gesundheitswesen im Zuständigkeitsbereich der jeweiligen Stelle erforderlich ist:

1. die Stellen, die für die Entscheidung über die Teilnahme von Leistungserbringern an der Versorgung in der gesetzlichen Krankenversicherung zuständig sind,
2. die Stellen, die für die Leistungsgewährung in der gesetzlichen Krankenversicherung zuständig sind,
3. die Stellen, die für die Abrechnung von Leistungen in der gesetzlichen Krankenversicherung zuständig sind,
4. den Medizinischen Dienst und
5. die Behörden und berufsständischen Kammern, die für Entscheidungen über die Erteilung, die Rücknahme, den Widerruf oder die Anordnung des Ruhens einer Approbation, einer Erlaubnis zur vorübergehenden oder der partiellen Berufsausübung oder einer Erlaubnis zum Führen der Berufsbezeichnung oder für berufsrechtliche Verfahren zuständig sind.

[2]Die nach Satz 1 übermittelten Daten dürfen von dem jeweiligen Empfänger nur zu dem Zweck verarbeitet werden, zu dem sie ihm übermittelt worden sind. [3]Der Medizinische Dienst darf personenbezogene Daten, die von ihm zur Erfüllung seiner Aufgaben erhoben oder an ihn übermittelt wurden, an die Einrichtungen nach Absatz 1 übermitteln, soweit dies für die Feststellung und Bekämpfung von Fehlverhalten im Gesundheitswesen durch die Einrichtungen nach Absatz 1 erforderlich ist. [4]Die nach Satz 3 übermittelten Daten dürfen von den Einrichtungen nach Absatz 1 nur zu dem Zweck verarbeitet werden, zu dem sie ihnen übermittelt worden sind.

(4) Die Krankenkassen und die weiteren in Absatz 1 genannten Organisationen sollen die Staatsanwaltschaft unverzüglich unterrichten, wenn die Prüfung

ergibt, dass ein Anfangsverdacht auf strafbare Handlungen mit nicht nur geringfügiger Bedeutung für die gesetzliche Krankenversicherung bestehen könnte.

(5) [1] Der Vorstand der Krankenkassen und der weiteren in Absatz 1 genannten Organisationen hat dem Verwaltungsrat im Abstand von zwei Jahren über die Arbeit und Ergebnisse der organisatorischen Einheiten nach Absatz 1 zu berichten. [2] Der Bericht ist der zuständigen Aufsichtsbehörde und dem Spitzenverband Bund der Krankenkassen zuzuleiten. [3] In dem Bericht sind zusammengefasst auch die Anzahl der Leistungserbringer und Versicherten, bei denen es im Berichtszeitraum Hinweise auf Pflichtverletzungen oder Leistungsmissbrauch gegeben hat, die Anzahl der nachgewiesenen Fälle, die Art und Schwere des Pflichtverstoßes und die dagegen getroffenen Maßnahmen sowie der verhinderte und der entstandene Schaden zu nennen; wiederholt aufgetretene Fälle sowie sonstige geeignete Fälle sind als anonymisierte Fallbeispiele zu beschreiben.

(6) [1] Der Spitzenverband Bund der Krankenkassen trifft bis zum 1. Januar 2017 nähere Bestimmungen über

1. die einheitliche Organisation der Einrichtungen nach Absatz 1 Satz 1 bei seinen Mitgliedern,
2. die Ausübung der Kontrollen nach Absatz 1 Satz 2,
3. die Prüfung der Hinweise nach Absatz 2,
4. die Zusammenarbeit nach Absatz 3,
5. die Unterrichtung nach Absatz 4 und
6. die Berichte nach Absatz 5.

[2] Die Bestimmungen nach Satz 1 sind dem Bundesministerium für Gesundheit vorzulegen. [3] Der Spitzenverband Bund der Krankenkassen führt die Berichte nach Absatz 5, die ihm von seinen Mitgliedern zuzuleiten sind, zusammen, gleicht die Ergebnisse mit den Kassenärztlichen Bundesvereinigungen ab und veröffentlicht seinen eigenen Bericht im Internet.

§ 197b Aufgabenerledigung durch Dritte. [1] Krankenkassen können die ihnen obliegenden Aufgaben durch Arbeitsgemeinschaften oder durch Dritte mit deren Zustimmung wahrnehmen lassen, wenn die Aufgabenwahrnehmung durch die Arbeitsgemeinschaften oder den Dritten wirtschaftlicher ist, es im wohlverstandenen Interesse der Betroffenen liegt und Rechte der Versicherten nicht beeinträchtigt werden. [2] Wesentliche Aufgaben zur Versorgung der Versicherten dürfen nicht in Auftrag gegeben werden. [3] § 88 Abs. 3 und 4 und die §§ 89, 90 bis 92 und 97 des Zehnten Buches[1)] gelten entsprechend.

Vierter Abschnitt. Meldungen

§ 198 Meldepflicht des Arbeitgebers für versicherungspflichtig Beschäftigte. Der Arbeitgeber hat die versicherungspflichtig Beschäftigten nach den §§ 28a bis 28c des Vierten Buches[2)] an die zuständige Krankenkasse zu melden.

§ 199 Meldepflichten bei unständiger Beschäftigung. (1) [1] Unständig Beschäftigte haben der nach § 179 Abs. 1 zuständigen Krankenkasse Beginn

---

[1)] Nr. **10**.
[2)] Nr. **4**.

und Ende der berufsmäßigen Ausübung von unständigen Beschäftigungen unverzüglich zu melden. [2] Der Arbeitgeber hat die unständig Beschäftigten auf ihre Meldepflicht hinzuweisen.

(2) [1] Gesamtbetriebe, in denen regelmäßig unständig Beschäftigte beschäftigt werden, haben die sich aus diesem Buch ergebenden Pflichten der Arbeitgeber zu übernehmen. [2] Welche Einrichtungen als Gesamtbetriebe gelten, richtet sich nach Landesrecht.

§ 199a Informationspflichten bei krankenversicherten Studenten.

(1) [1] Die staatlichen oder staatlich anerkannten Hochschulen sowie die Stiftung für Hochschulzulassung haben Studienbewerber und Studenten über die Versicherungspflicht in der gesetzlichen Krankenversicherung, die Befreiungsmöglichkeiten und das zur Durchführung des Versicherungsverhältnisses einzuhaltende Verfahren in geeigneter Form zu informieren. [2] Inhalt und Ausgestaltung dieser Informationen werden durch den Spitzenverband Bund der Krankenkassen festgelegt.

(2) [1] Jeder Studieninteressierte hat gegenüber der staatlichen oder staatlich anerkannten Hochschule vor der Einschreibung nachzuweisen, dass er in der gesetzlichen Krankenversicherung versichert ist oder mit Beginn des Semesters, frühestens mit dem Tag der Einschreibung sein wird, oder dass er nicht gesetzlich versichert ist, weil er versicherungsfrei, von der Versicherungspflicht befreit oder nicht versicherungspflichtig ist. [2] Der Studieninteressierte fordert bei der Krankenkasse an, dass die Krankenkasse den Nachweis über seinen Versichertenstatus nach Satz 1 an die staatliche oder staatlich anerkannte Hochschule meldet. [3] Die Meldung enthält neben dem Versichertenstatus nach Satz 1 auch Angaben über Name, Geschlecht, Anschrift und Geburtsdatum des Studieninteressierten sowie dessen Krankenversicherungsnummer, soweit diese zum Zeitpunkt der Meldung vorliegt und für das weitere Verfahren erforderlich ist. [4] Für die Ausstellung der Versicherungsbescheinigung und die Abgabe der Meldung des Versicherungsstatus sind zuständig:

1. für einen bereits bei einer Krankenkasse Versicherten die Krankenkasse, bei der er versichert ist oder mit Beginn des Semesters, frühestens mit dem Tag der Einschreibung sein wird,
2. für einen nach § 6 versicherungsfreien oder für einen nicht versicherungspflichtigen Studenten die Krankenkasse, bei der zuletzt eine Versicherung bestand,
3. für einen Studenten, der nach § 8 Absatz 1 Satz 1 Nummer 5 von der Versicherungspflicht befreit worden ist, die Krankenkasse, die die Befreiung vorgenommen hat,
4. im Übrigen eine der Krankenkassen, die bei Versicherungspflicht gewählt werden könnte.

(3) Ist der Student gesetzlich versichert, meldet die staatliche oder staatlich anerkannte Hochschule der zuständigen Krankenkasse unverzüglich

1. nach Eingang der Meldung der Krankenkasse zum Versicherungsstatus oder der Vorlage einer Versicherungsbescheinigung nach Absatz 2 das Datum der Einschreibung des Studenten und den Beginn des Semesters,
2. den Ablauf des Semesters, in dem oder mit Wirkung zu dessen Ablauf der Student exmatrikuliert wurde oder das der Aufnahme eines Promotionsstudiums bei fortgesetzter Einschreibung unmittelbar vorangeht.

(4) [1]Bei einem Krankenkassenwechsel eines Studenten meldet die gewählte Krankenkasse der Hochschule unverzüglich den Beginn der Versicherung bei der gewählten Krankenkasse. [2]Die Hochschule meldet der gewählten Krankenkasse unverzüglich nach Eingang der Meldung das Datum der Einschreibung und den Beginn des Semesters.

(5) Bei versicherungspflichtigen Studenten nach § 5 Absatz 1 Nummer 9 hat die Krankenkasse den Hochschulen darüber hinaus unverzüglich zu melden:

1. den Verzug mit der Zahlung der Beiträge und
2. die Begleichung der rückständigen Beiträge.

(6) [1]Die Meldungen der Hochschulen nach den Absätzen 2 bis 4 sind durch gesicherte und verschlüsselte Datenübertragung zu erstatten. [2]Nimmt die staatliche oder staatlich anerkannte Hochschule noch nicht an der Datenübertragung teil, tritt an die Stelle der maschinellen Meldungen nach den Absätzen 2 bis 5 eine Meldung in Textform. [3]Zur Teilnahme am elektronischen Meldeverfahren haben die staatlichen oder staatlich anerkannten Hochschulen eine Absendernummer nach § 18n des Vierten Buches[1)] beim Spitzenverband Bund der Krankenkassen zu beantragen. [4]Die gesonderte Absendernummer und alle Angaben, die zur Vergabe der Absendernummer notwendig sind, werden in einer elektronischen Hochschuldatei beim Spitzenverband Bund der Krankenkassen verarbeitet. [5]Die Krankenkassen dürfen die Hochschuldatei und deren Inhalte verarbeiten, soweit dies für die Durchführung des Meldeverfahrens erforderlich ist.

(7) [1]Das Nähere zu den Datensätzen, den Verfahren und die zu übermittelnden Daten für die Anträge und Meldungen sowie Bescheinigungen regeln der Spitzenverband Bund der Krankenkassen und die Hochschulrektorenkonferenz in Gemeinsamen Grundsätzen. [2]§ 95 des Vierten Buches ist anzuwenden. [3]Die Gemeinsamen Grundsätze bedürfen der Genehmigung des Bundesministeriums für Gesundheit, das vorher den Verband der Privaten Hochschulen e.V. anzuhören hat.

§ 200 Meldepflichten bei sonstigen versicherungspflichtigen Personen. (1) [1]Eine Meldung nach § 28a Abs. 1 bis 3 des Vierten Buches[1)] hat zu erstatten

1. für Personen, die in Einrichtungen der Jugendhilfe für eine Erwerbstätigkeit befähigt werden sollen oder in Werkstätten für behinderte Menschen, Blindenwerkstätten, Anstalten, Heimen oder gleichartigen Einrichtungen tätig sind, der Träger dieser Einrichtung,
2. für Personen, die an Leistungen zur Teilhabe am Arbeitsleben teilnehmen, der zuständige Rehabilitationsträger,
3. für Personen, die Vorruhestandsgeld beziehen, der zur Zahlung des Vorruhestandsgeldes Verpflichtete.

[2]§ 28a Abs. 5 sowie die §§ 28b und 28c des Vierten Buches gelten entsprechend.

(2) [1]Auszubildende des Zweiten Bildungswegs nach § 5 Absatz 1 Nummer 10 zweiter Halbsatz haben ihrer Ausbildungsstätte eine Versicherungsbescheinigung vorzulegen, in der anzugeben ist, ob sie als Auszubildende

---

[1)] Nr. 4.

gesetzlich versichert oder versicherungsfrei, von der Versicherungspflicht befreit oder nicht versicherungspflichtig sind. [2] Die Versicherungsbescheinigung ist in Textform auszustellen. [3] Die für die Ausstellung der Versicherungsbescheinigung zuständige Krankenkasse ergibt sich in entsprechender Anwendung von § 199a Absatz 2 Satz 4.

(3) [1] Die Ausbildungsstätten von versicherungspflichtigen Auszubildenden des Zweiten Bildungswegs nach § 5 Absatz 1 Nummer 10 zweiter Halbsatz haben der zuständigen Krankenkasse den Beginn der Ausbildung in einem förderungsfähigen Teil eines Ausbildungsabschnitts nach dem Bundesausbildungsförderungsgesetz sowie das Ende der Ausbildung unverzüglich mitzuteilen. [2] Das Weitere zu Inhalt, Form und Verfahren der Mitteilung legt der Spitzenverband Bund der Krankenkassen fest.

§ 201 Meldepflichten bei Rentenantragstellung und Rentenbezug.

(1) [1] Wer eine Rente der gesetzlichen Rentenversicherung beantragt, hat mit dem Antrag eine Meldung für die zuständige Krankenkasse einzureichen. [2] Der Rentenversicherungsträger hat die Meldung unverzüglich an die zuständige Krankenkasse weiterzugeben.

(2) Wählen versicherungspflichtige Rentner oder Hinterbliebene eine andere Krankenkasse, hat die gewählte Krankenkasse dies der bisherigen Krankenkasse und dem zuständigen Rentenversicherungsträger unverzüglich mitzuteilen.

(3) [1] Nehmen versicherungspflichtige Rentner oder Hinterbliebene eine versicherungspflichtige Beschäftigung auf, für die eine andere als die bisherige Krankenkasse zuständig ist, hat die für das versicherungspflichtige Beschäftigungsverhältnis zuständige Krankenkasse dies der bisher zuständigen Krankenkasse und dem Rentenversicherungsträger mitzuteilen. [2] Satz 1 gilt entsprechend, wenn das versicherungspflichtige Beschäftigungsverhältnis endet.

(4) Der Rentenversicherungsträger hat der zuständigen Krankenkasse unverzüglich mitzuteilen

1. Beginn und Höhe einer Rente der gesetzlichen Rentenversicherung, den Monat, für den die Rente erstmalig laufend gezahlt wird,
2. den Tag der Rücknahme des Rentenantrags,
3. bei Ablehnung des Rentenantrags den Tag, an dem über den Rentenantrag verbindlich entschieden worden ist,
4. Ende, Entzug, Wegfall und sonstige Nichtleistung der Rente sowie
5. Beginn und Ende der Beitragszahlung aus der Rente.

(5) [1] Wird der Bezieher einer Rente der gesetzlichen Rentenversicherung versicherungspflichtig, hat die Krankenkasse dies dem Rentenversicherungsträger unverzüglich mitzuteilen. [2] Satz 1 gilt entsprechend, wenn die Versicherungspflicht aus einem anderen Grund als den in Absatz 4 Nr. 4 genannten Gründen endet.

(6) [1] Die Meldungen sind auf maschinell verwertbaren Datenträgern oder durch Datenübertragung zu erstatten. [2] Der Spitzenverband Bund der Krankenkassen vereinbart mit der Deutschen Rentenversicherung Bund das Nähere über das Verfahren im Benehmen mit dem Bundesamt für Soziale Sicherung.

§ 202 Meldepflichten bei Versorgungsbezügen. (1) [1] Die Zahlstelle hat bei der erstmaligen Bewilligung von Versorgungsbezügen sowie bei Mitteilung über die Beendigung der Mitgliedschaft eines Versorgungsempfängers und in den Fällen des § 5 Absatz 1 Nummer 11b die zuständige Krankenkasse des Versorgungsempfängers zu ermitteln und dieser Beginn, Höhe, Veränderungen und Ende der Versorgungsbezüge und in den Fällen des § 5 Absatz 1 Nummer 11b den Tag der Antragstellung sowie in den Fällen von Versorgungsbezügen nach § 229 Absatz 1 Satz 1 Nummer 5 erster Halbsatz deren Vorliegen unverzüglich mitzuteilen. [2]Bei den am 1. Januar 1989 vorhandenen Versorgungsempfängern hat die Ermittlung der Krankenkasse innerhalb von sechs Monaten zu erfolgen. [3]Der Versorgungsempfänger hat der Zahlstelle seine Krankenkasse anzugeben und einen Kassenwechsel sowie die Aufnahme einer versicherungspflichtigen Beschäftigung anzuzeigen. [4]Die Krankenkasse hat der Zahlstelle von Versorgungsbezügen und dem Bezieher von Versorgungsbezügen unverzüglich die Beitragspflicht des Versorgungsempfängers und, soweit die Summe der beitragspflichtigen Einnahmen nach § 237 Satz 1 Nummer 1 und 2 die Beitragsbemessungsgrenze überschreitet, deren Umfang mitzuteilen. [5]Die Krankenkasse hat der Zahlstelle im Falle des Mehrfachbezugs von Versorgungsbezügen nach § 229 Absatz 1 Satz 1 Nummer 5 erster Halbsatz zusätzlich mitzuteilen, ob und in welcher Höhe der Freibetrag nach § 226 Absatz 2 Satz 2 anzuwenden ist.

(2) [1]Die Zahlstelle hat der zuständigen Krankenkasse die Meldung durch gesicherte und verschlüsselte Datenübertragung aus systemgeprüften Programmen oder mittels maschineller Ausfüllhilfen zu erstatten. [2]Die Krankenkasse hat nach inhaltlicher Prüfung alle fehlerfreien Angaben elektronisch zu verarbeiten. [3]Alle Rückmeldungen der Krankenkasse an die Zahlstelle erfolgen arbeitstäglich durch Datenübertragung. [4]Den Aufbau des Datensatzes, notwendige Schlüsselzahlen und Angaben legt der Spitzenverband Bund der Krankenkassen in Grundsätzen fest, die vom Bundesministerium für Arbeit und Soziales im Einvernehmen mit dem Bundesministerium für Gesundheit zu genehmigen sind; die Bundesvereinigung der Deutschen Arbeitgeberverbände ist anzuhören.

(3) [1]Die Zahlstellen haben für die Durchführung der Meldeverfahren nach diesem Gesetzbuch eine Zahlstellennummer beim Spitzenverband Bund der Krankenkassen elektronisch zu beantragen. [2]Die Zahlstellennummern und alle Angaben, die zur Vergabe der Zahlstellennummer notwendig sind, werden in einer gesonderten elektronischen Datei beim Spitzenverband Bund der Krankenkassen gespeichert. [3]Die Sozialversicherungsträger, ihre Verbände und ihre Arbeitsgemeinschaften, die Künstlersozialkasse, die Behörden der Zollverwaltung, soweit sie Aufgaben nach § 2 des Schwarzarbeitsbekämpfungsgesetzes oder nach § 66 des Zehnten Buches[1)] wahrnehmen, sowie die zuständigen Aufsichtsbehörden und die Arbeitgeber dürfen die ihnen von den Zahlstellen zur Erfüllung einer gesetzlichen Aufgabe nach diesem Buch übermittelten Zahlstellennummern verarbeiten, soweit dies für die Erfüllung einer gesetzlichen Aufgabe nach diesem Gesetzbuch erforderlich ist. [4]Andere Behörden, Gerichte oder Dritte dürfen die Zahlstellennummern verarbeiten, sofern sie nach anderen gesetzlichen Vorschriften zu deren Erhebung befugt sind und soweit dies für die Erfüllung einer gesetzlichen Aufgabe einer der in Satz 3 genannten Stellen erforderlich ist. [5]Das Nähere zum Verfahren und den Aufbau der Zahlstellennummer regeln die Grundsätze nach Absatz 2 Satz 4.

[1)] Nr. **10**.

[§ 203 bis 31.12.2021:]

§ 203 Meldepflichten bei Bezug von Erziehungsgeld oder Elterngeld. Die Zahlstelle des Erziehungsgeldes oder Elterngeldes hat der zuständigen Krankenkasse Beginn und Ende der Zahlung des Erziehungsgeldes oder Elterngeldes unverzüglich mitzuteilen.

[§ 203 ab 1.1.2022:]

§ 203 Meldepflichten bei Leistung von Mutterschaftsgeld, Elterngeld oder Erziehungsgeld. *(1) Die zuständige Krankenkasse übermittelt der nach § 12 Absatz 1 des Bundeselterngeld- und Elternzeitgesetzes zuständigen Behörde unverzüglich auf deren Aufforderung hin die Angaben zum Zeitraum und zur Höhe des bewilligten Mutterschaftsgeldes, wenn*

1. die Empfängerin des Mutterschaftsgeldes Elterngeld für den Zeitpunkt ab der Geburt des Kindes beantragt hat sowie in diese Datenübermittlung gegenüber der für die Antragsbearbeitung zuständigen Behörde eingewilligt hat und
2. die zuständige Krankenkasse über die nach Nummer 1 erteilte Einwilligung im Rahmen der Aufforderung zur Datenübermittlung informiert wird.

(2) Die nach § 12 Absatz 1 des Bundeselterngeld- und Elternzeitgesetzes oder die nach dem jeweiligen Landesrecht zuständigen Behörden haben der zuständigen Krankenkasse Beginn und Ende der Zahlung des Elterngeldes oder des Erziehungsgeldes unverzüglich zu übermitteln.

(3) Die Aufforderung nach Absatz 1 einschließlich der Information über die Erteilung der Einwilligung und die Übermittlung der Daten nach Absatz 1 oder Absatz 2 müssen elektronisch durch eine gesicherte und verschlüsselte Datenübertragung erfolgen.

(4) Der Spitzenverband Bund der Krankenkassen legt in Grundsätzen, die der Genehmigung des Bundesministeriums für Gesundheit im Einvernehmen mit dem Bundesministerium für Familie, Senioren, Frauen und Jugend bedürfen, fest:

1. den Übertragungsweg und
2. die Einzelheiten des Übertragungsverfahrens, wie den Aufbau der Datensätze für
   a) die elektronischen Aufforderungen einschließlich der elektronischen Information über die Erteilung der Einwilligung durch die nach § 12 Absatz 1 des Bundeselterngeld- und Elternzeitgesetzes zuständigen Behörden nach Absatz 1,
   b) die elektronischen Übermittlungen der Krankenkassen nach Absatz 1 und
   c) die elektronischen Übermittlungen der nach § 12 Absatz 1 des Bundeselterngeld- und Elternzeitgesetzes zuständigen Behörden oder der nach dem jeweiligen Landesrecht zuständigen Behörden nach Absatz 2.

§ 203a Meldepflicht bei Bezug von Arbeitslosengeld, Arbeitslosengeld II oder Unterhaltsgeld. Die Agenturen für Arbeit oder in den Fällen des § 6a des Zweiten Buches[1] die zugelassenen kommunalen Träger erstatten die Meldungen hinsichtlich der nach § 5 Abs. 1 Nr. 2 und Nr. 2a Versicherten entsprechend §§ 28a bis 28c des Vierten Buches[2].

§ 204 Meldepflichten bei Einberufung zum Wehrdienst oder Zivildienst. (1) [1] Bei Einberufung zu einem Wehrdienst hat bei versicherungspflich-

[1] Nr. 2.
[2] Nr. 4.

tig Beschäftigten der Arbeitgeber und bei Arbeitslosen die Agentur für Arbeit den Beginn des Wehrdienstes sowie das Ende des Grundwehrdienstes und einer Wehrübung oder einer Dienstleistung oder Übung nach dem Vierten Abschnitt des Soldatengesetzes der zuständigen Krankenkasse unverzüglich zu melden. [2]Das Ende eines Wehrdienstes nach § 4 Abs. 1 Nr. 6 des Wehrpflichtgesetzes hat das Bundesministerium der Verteidigung oder die von ihm bestimmte Stelle zu melden. [3]Sonstige Versicherte haben die Meldungen nach Satz 1 selbst zu erstatten.

(2) [1]Absatz 1 gilt für den Zivildienst entsprechend. [2]An die Stelle des Bundesministeriums der Verteidigung tritt das Bundesamt für den Zivildienst.

§ 205 Meldepflichten bestimmter Versicherungspflichtiger. Versicherungspflichtige, die eine Rente der gesetzlichen Rentenversicherung oder der Rente vergleichbare Einnahmen (Versorgungsbezüge) beziehen, haben ihrer Krankenkasse unverzüglich zu melden

1. Beginn und Höhe der Rente,
2. Beginn, Höhe, Veränderungen und die Zahlstelle der Versorgungsbezüge sowie
3. Beginn, Höhe und Veränderungen des Arbeitseinkommens.

§ 206 Auskunfts- und Mitteilungspflichten der Versicherten. (1) [1]Wer versichert ist oder als Versicherter in Betracht kommt, hat der Krankenkasse, soweit er nicht nach § 28o des Vierten Buches[1)] auskunftspflichtig ist,

1. auf Verlangen über alle für die Feststellung der Versicherungs- und Beitragspflicht und für die Durchführung der der Krankenkasse übertragenen Aufgaben erforderlichen Tatsachen unverzüglich Auskunft zu erteilen,
2. Änderungen in den Verhältnissen, die für die Feststellung der Versicherungs- und Beitragspflicht erheblich sind und nicht durch Dritte gemeldet werden, unverzüglich mitzuteilen.

[2]Er hat auf Verlangen die Unterlagen, aus denen die Tatsachen oder die Änderung der Verhältnisse hervorgehen, der Krankenkasse in deren Geschäftsräumen unverzüglich vorzulegen.

(2) Entstehen der Krankenkasse durch eine Verletzung der Pflichten nach Absatz 1 zusätzliche Aufwendungen, kann sie von dem Verpflichteten die Erstattung verlangen.

Siebtes Kapitel. Verbände der Krankenkassen

§ 207 Bildung und Vereinigung von Landesverbänden. (1) [1]In jedem Land bilden

die Ortskrankenkassen einen Landesverband der Ortskrankenkassen,
die Betriebskrankenkassen einen Landesverband der Betriebskrankenkassen,
die Innungskrankenkassen einen Landesverband der Innungskrankenkassen.

[2]Die Landesverbände der Krankenkassen sind Körperschaften des öffentlichen Rechts. [3]Die Krankenkassen gehören mit Ausnahme der Betriebskrankenkassen der Dienstbetriebe des Bundes dem Landesverband des Landes an, in dem

---

[1)] Nr. 4.

sie ihren Sitz haben. [4] Andere Krankenkassen können den Landesverbänden beitreten.

(2) [1] Bestehen in einem Land am 1. Januar 1989 mehrere Landesverbände, bestehen diese fort, wenn die für die Sozialversicherung zuständige oberste Verwaltungsbehörde des Landes ihre Zustimmung nicht bis zum 31. Dezember 1989 versagt. [2] Die für die Sozialversicherung zuständigen obersten Verwaltungsbehörden der Länder können ihre Zustimmung nach Satz 1 unter Einhaltung einer einjährigen Frist zum Ende eines Kalenderjahres widerrufen. [3] Versagen oder widerrufen sie die Zustimmung, regeln sie die Durchführung der erforderlichen Organisationsänderungen.

(2a) Vereinigen sich in einem Land alle Mitglieder eines Landesverbandes oder werden alle Mitglieder eines Landesverbandes durch die Landesregierung zu einer Krankenkasse vereinigt, tritt diese Krankenkasse in die Rechte und Pflichten des Landesverbandes ein.

(3) [1] Länderübergreifende Landesverbände bestehen fort, wenn nicht eine der für die Sozialversicherung zuständigen obersten Verwaltungsbehörden in den betroffenen Ländern ihre Zustimmung bis zum 31. Dezember 1989 versagt. [2] Jede dieser obersten Verwaltungsbehörden der Länder kann ihre Zustimmung unter Einhaltung einer einjährigen Frist zum Ende eines Kalenderjahres widerrufen. [3] Wird die Zustimmung versagt oder widerrufen, regeln die beteiligten Länder die Durchführung der erforderlichen Organisationsänderungen einvernehmlich.

(4) [1] Besteht in einem Land nur eine Krankenkasse der gleichen Art, nimmt sie zugleich die Aufgaben eines Landesverbandes wahr. [2] Sie hat insoweit die Rechtsstellung eines Landesverbands.

(4a) [1] Besteht in einem Land für eine Kassenart kein Landesverband, nimmt ein anderer Landesverband dieser Kassenart mit Zustimmung der für die Sozialversicherung zuständigen obersten Verwaltungsbehörden der beteiligten Länder die Aufgabe eines Landesverbandes in diesem Land wahr. [2] Kommt eine Einigung der Beteiligten nicht innerhalb von drei Monaten nach Wegfall des Landesverbandes zustande, nimmt der Bundesverband der Kassenart diese Aufgabe wahr.

(5) [1] Mit Zustimmung der für die Sozialversicherung zuständigen obersten Verwaltungsbehörden der Länder können sich Landesverbände der gleichen Krankenkassenart zu einem Verband zusammenschließen. [2] Das gilt auch, wenn die Landesverbände ihren Sitz in verschiedenen Ländern haben.

§ 208 Aufsicht, Haushalts- und Rechnungswesen, Vermögen, Statistiken. (1) Die Landesverbände unterstehen der Aufsicht der für die Sozialversicherung zuständigen obersten Verwaltungsbehörde des Landes, in dem sie ihren Sitz haben.

(2) [1] Für die Aufsicht gelten die §§ 87 bis 89 des Vierten Buches[1)]. [2] Für das Haushalts- und Rechnungswesen einschließlich der Statistiken gelten die §§ 67 bis 70 Abs. 1 und 5, §§ 72 bis 77 Abs. 1, §§ 78 und 79 Abs. 1 und 2, für das Vermögen die §§ 80 und 85 des Vierten Buches. [3] Für das Verwaltungsvermögen gilt § 263 entsprechend.

[1)] Nr. 4.

§ 209 Verwaltungsrat der Landesverbände. (1) [1]Bei den Landesverbänden der Krankenkassen wird als Selbstverwaltungsorgan ein Verwaltungsrat nach näherer Bestimmung der Satzungen gebildet. [2]Der Verwaltungsrat hat höchstens 30 Mitglieder. [3]In dem Verwaltungsrat müssen, soweit möglich, alle Mitgliedskassen vertreten sein.

(2) [1]Der Verwaltungsrat setzt sich je zur Hälfte aus Vertretern der Versicherten und der Arbeitgeber zusammen. [2]Die Versicherten wählen die Vertreter der Versicherten, die Arbeitgeber wählen die Vertreter der Arbeitgeber. [3]§ 44 Abs. 4 des Vierten Buches[1)] gilt entsprechend.

(3) Die Mitglieder des Verwaltungsrats werden von dem Verwaltungsrat der Mitgliedskassen aus dessen Reihen gewählt.

(4) [1]Für den Verwaltungsrat gilt § 197 entsprechend. [2]§ 33 Abs. 3, § 37 Abs. 1, die §§ 40, 41, 42 Abs. 1 bis 3, § 51 Abs. 1 Satz 1 Nr. 3, die §§ 58, 59, 62, 63 Abs. 1, 3, 4, § 64 Abs. 3 und § 66 Abs. 1 des Vierten Buches gelten entsprechend.

§ 209a Vorstand bei den Landesverbänden. [1]Bei den Landesverbänden der Orts-, Betriebs- und Innungskrankenkassen wird ein Vorstand gebildet. [2]Er besteht aus höchstens drei Personen. [3]§ 35a Abs. 1 bis 3 und 5 bis 7 des Vierten Buches[1)] gilt entsprechend.

§ 210 Satzung der Landesverbände. (1) [1]Jeder Landesverband hat durch seinen Verwaltungsrat eine Satzung aufzustellen. [2]Die Satzung bedarf der Genehmigung der für die Sozialversicherung zuständigen obersten Verwaltungsbehörde des Landes. [3]Die Satzung muß Bestimmungen enthalten über

1. Namen, Bezirk und Sitz des Verbandes,
2. Zahl und Wahl der Mitglieder des Verwaltungsrats und ihrer Vertreter,
3. Entschädigungen für Organmitglieder,
4. Öffentlichkeit des Verwaltungsrats,
5. Rechte und Pflichten der Mitgliedskassen,
6. Aufbringung und Verwaltung der Mittel,
7. jährliche Prüfung der Betriebs- und Rechnungsführung,
8. Art der Bekanntmachungen.

[4]§ 34 Abs. 2 des Vierten Buches[1)] gilt entsprechend.

(2) Die Satzung muß ferner Bestimmungen darüber enthalten, daß die von dem Spitzenverband Bund der Krankenkassen abzuschließenden Verträge und die Richtlinien nach den *§ 92, und § 283 Absatz 2*[2)] für die Landesverbände und ihre Mitgliedskassen verbindlich sind.

§ 211 Aufgaben der Landesverbände. (1) Die Landesverbände haben die ihnen gesetzlich zugewiesenen Aufgaben zu erfüllen.

(2) Die Landesverbände unterstützen die Mitgliedskassen bei der Erfüllung ihrer Aufgaben und bei der Wahrnehmung ihrer Interessen, insbesondere durch

1. Beratung und Unterrichtung,

[1)] Nr. 4.

[2)] Amtliche Zeichensetzung und amtlicher Wortlaut.

2. Sammlung und Aufbereitung von statistischem Material zu Verbandszwecken,
3. Abschluß und Änderung von Verträgen, insbesondere mit anderen Trägern der Sozialversicherung, soweit sie von der Mitgliedskasse hierzu bevollmächtigt worden sind,
4. Übernahme der Vertretung der Mitgliedskassen gegenüber anderen Trägern der Sozialversicherung, Behörden und Gerichten,
5. Entscheidung von Zuständigkeitskonflikten zwischen den Mitgliedskassen,
6. Förderung und Mitwirkung bei der beruflichen Aus-, Fort- und Weiterbildung der bei den Mitgliedskassen Beschäftigten,
7. Arbeitstagungen,
8. Entwicklung und Abstimmung von Verfahren und Programmen für die automatische Datenverarbeitung, den Datenschutz und die Datensicherung sowie den Betrieb von Rechenzentren in Abstimmung mit den Mitgliedskassen.

(3) Die Landesverbände sollen die zuständigen Behörden in Fragen der Gesetzgebung und Verwaltung unterstützen; § 30 Abs. 3 des Vierten Buches[1)] ist entsprechend anzuwenden.

(4) [1]Die für die Finanzierung der Aufgaben eines Landesverbandes erforderlichen Mittel werden von seinen Mitgliedskassen sowie von den Krankenkassen derselben Kassenart mit Mitgliedern mit Wohnsitz im Zuständigkeitsbereich des Landesverbandes aufgebracht. [2]Die mitgliedschaftsrechtliche Zuordnung der Krankenkassen nach § 207 Abs. 1 Satz 3 bleibt unberührt. [3]Das Nähere zur Aufbringung der Mittel nach Satz 1 vereinbaren die Landesverbände. [4]Kommt die Vereinbarung nach Satz 3 nicht bis zum 1. November eines Jahres zustande, wird der Inhalt der Vereinbarung durch eine von den Vertragsparteien zu bestimmende Schiedsperson festgelegt.

§ 211a Entscheidungen auf Landesebene. [1]Die Landesverbände der Krankenkassen und die Ersatzkassen sollen sich über die von ihnen nach diesem Gesetz gemeinsam und einheitlich zu treffenden Entscheidungen einigen. [2]Kommt eine Einigung nicht zustande, erfolgt die Beschlussfassung durch je einen Vertreter der Kassenart, dessen Stimme mit der landesweiten Anzahl der Versicherten nach der Statistik KM6 seiner Kassenart zu gewichten ist. [3]Die Gewichtung ist entsprechend der Entwicklung der Versichertenzahlen nach der Statistik KM6 jährlich zum 1. Januar anzupassen.

§ 212 Bundesverbände, Deutsche Rentenversicherung Knappschaft-Bahn-See, Verbände der Ersatzkassen. (1) [1]Die nach § 212 Abs. 1 in der bis zum 31. Dezember 2008 geltenden Fassung bestehenden Bundesverbände werden kraft Gesetzes zum 1. Januar 2009 in Gesellschaften des bürgerlichen Rechts umgewandelt. [2]Gesellschafter der Gesellschaften sind die am 31. Dezember 2008 vorhandenen Mitglieder des jeweiligen Bundesverbandes. [3]Die Gesellschaften sind bis zum 31. Dezember 2012 verpflichtet, den bei den bis zum 31. Dezember 2008 bestehenden Bundesverbänden unbefristet tätigen Angestellten ein neues Beschäftigungsverhältnis zu vermitteln. [4]So lange sind betriebsbedingte Kündigungen unzulässig [5]Nach dem 31. Dezember 2012

[1)] Nr. 4.

steht es den Gesellschaftern frei, über den Fortbestand der Gesellschaft und die Gestaltung der Gesellschaftsverhältnisse zu entscheiden. [6]Soweit sich aus den folgenden Vorschriften nichts anderes ergibt, finden die Vorschriften des Bürgerlichen Gesetzbuchs über die Gesellschaft bürgerlichen Rechts Anwendung. [7]Der Gesellschaft nach Satz 1 können Krankenkassen der jeweiligen Kassenart beitreten.

(2) *(aufgehoben)*

(3) Für die knappschaftliche Krankenversicherung nimmt die Deutsche Rentenversicherung Knappschaft-Bahn-See die Aufgaben eines Landesverbands wahr.

(4) [1]Die Gesellschaften nach Absatz 1 sind Rechtsnachfolger der nach § 212 in der bis zum 31. Dezember 2008 geltenden Fassung bestehenden Bundesverbände. [2]Zweck der Gesellschaft ist die Erfüllung ihrer sich nach § 214 ergebenden oder zusätzlich vertraglich vereinbarten Aufgaben. [3]Bis zum Abschluss eines Gesellschaftsvertrages gelten die zur Erreichung des Gesellschaftszwecks erforderlichen Pflichten und Rechte als vereinbart. [4]Das Betriebsverfassungsgesetz findet Anwendung.

(5) [1]Die Ersatzkassen können sich zu Verbänden zusammenschließen. [2]Die Verbände haben in der Satzung ihre Zwecke und Aufgaben festzusetzen. [3]Die Satzungen bedürfen der Genehmigung, der Antrag auf Eintragung in das Vereinsregister der Einwilligung der Aufsichtsbehörde. [4]Die Ersatzkassen haben für alle Verträge auf Landesebene, die nicht gemeinsam und einheitlich abzuschließen sind, jeweils einen Bevollmächtigten mit Abschlussbefugnis zu benennen. [5]Ersatzkassen können sich auf eine gemeinsame Vertretung auf Landesebene einigen. [6]Für gemeinsam und einheitlich abzuschließende Verträge auf Landesebene müssen sich die Ersatzkassen auf einen gemeinsamen Bevollmächtigten mit Abschlussbefugnis einigen. [7]In den Fällen der Sätze 5 und 6 können die Ersatzkassen die Verbände der Ersatzkassen als Bevollmächtigte benennen. [8]Sofern nichts anderes bestimmt ist, haben die Ersatzkassen für sonstige Maßnahmen und Entscheidungen einen gemeinsamen Vertreter zu benennen. [9]Können sich die Ersatzkassen in den Fällen der Sätze 6 und 8 nicht auf einen gemeinsamen Vertreter einigen, bestimmt die Aufsicht den Vertreter. [10]Soweit für die Aufgabenerfüllung der Erlass von Verwaltungsakten notwendig ist, haben im Falle der Bevollmächtigung die Verbände der Ersatzkassen hierzu die Befugnis.

(6) [1]Absatz 5 Satz 6, 8 und 9 gilt für die Krankenkassen der anderen Kassenarten entsprechend. [2]Besteht in einem Land ein Landesverband, gilt abweichend von Satz 1 der Landesverband als Bevollmächtigter der Kassenart. [3]Satz 2 gilt entsprechend, wenn die Aufgaben eines Landesverbandes von einer Krankenkasse oder einem anderen Landesverband nach § 207 wahrgenommen werden. [4]Bestehen in einem Land mehrere Landesverbände, gelten diese in ihrem jeweiligen Zuständigkeitsbereich als Bevollmächtigte.

§ 213 Rechtsnachfolge, Vermögensübergang, Arbeitsverhältnisse.

(1) [1]Das den bis zum 31. Dezember 2008 bestehenden Bundesverbänden zustehende Vermögen wandelt sich in Gesamthandsvermögen der Gesellschaften des bürgerlichen Rechts um. [2]Für die Arbeitsverhältnisse findet § 613a des Bürgerlichen Gesetzbuchs entsprechend Anwendung. [3]Für Ansprüche aus Dienst- und Arbeitsvertrag einschließlich der Ansprüche auf Versorgung haften die Gesellschafter zeitlich unbeschränkt. [4]Bei Auflösung eines Verbandes der

Ersatzkassen oder des Austritts eines Mitglieds aus einem Verband der Ersatzkassen haften die Vereinsmitglieder für Ansprüche aus Dienst- und Arbeitsvertrag einschließlich der Ansprüche auf Versorgung zeitlich unbeschränkt. [5]Die bei den bis zum 31. Dezember 2008 bestehenden Bundesverbänden tätigen Angestellten, für die die Dienstordnung gilt, werden unter Wahrung ihrer Rechtsstellung und Fortgeltung der jeweiligen Dienstordnungen bei den Gesellschaften beschäftigt. [6]§ 168 Absatz 1 und 2 gilt entsprechend. [7]Angestellte, für die die Dienstordnung gilt, haben einen Anspruch auf Anstellung bei einem Landesverband ihrer Wahl; der Landesverband muss zuvor Mitglied des Bundesverbandes nach § 212 in der bis zum 31. Dezember 2008 geltenden Fassung gewesen sein, bei dem der Dienstordnungsangestellte angestellt war. [8]Der Landesverband oder die Krankenkasse, der oder die einen Dienstordnungsangestellten oder einen übrigen Beschäftigten anstellt, dessen Arbeitsplatz bei einem der bis zum 31. Dezember 2008 bestehenden Bundesverbände oder bei einer der in Satz 1 genannten Gesellschaften bürgerlichen Rechts weggefallen ist, hat einen Ausgleichsanspruch gegen die übrigen Landesverbände oder Krankenkassen der Kassenart. [9]Für die Vergütungs- und Versorgungsansprüche haften die Gesellschafter zeitlich unbeschränkt. [10]Die Sätze 6 bis 9 gelten auch für die Beschäftigten der Verbände der Ersatzkassen.

(2) [1]Die in den Bundesverbänden bis zum 31. Dezember 2008 bestehenden Personalräte nehmen ab dem 1. Januar 2009 die Aufgaben eines Betriebsrates mit dessen Rechten und Pflichten nach dem Betriebsverfassungsgesetz übergangsweise wahr. [2]Das Übergangsmandat endet, sobald ein Betriebsrat gewählt und das Wahlergebnis bekannt gegeben ist; es besteht längstens bis zum 31. Mai 2010.

(3) Die in den Bundesverbänden am 31. Dezember 2008 jeweils bestehenden Dienstvereinbarungen gelten in den Gesellschaften des bürgerlichen Rechts als Betriebsvereinbarungen für längstens 24 Monate fort, soweit sie nicht durch andere Regelungen ersetzt werden.

(4) [1]Auf die bis zum 31. Dezember 2008 förmlich eingeleiteten Beteiligungsverfahren im Bereich der Bundesverbände finden bis zu deren Abschluss die Bestimmungen des Bundespersonalvertretungsgesetzes sinngemäß Anwendung. [2]Dies gilt auch für Verfahren vor der Einigungsstelle und den Verwaltungsgerichten. [3]In den Fällen der Sätze 1 und 2 tritt in diesen Verfahren an die Stelle der Personalvertretung die nach dem Betriebsverfassungsgesetz zuständige Arbeitnehmervertretung.

(5) Bei der Fusion von Landesverbänden wird die Gesellschaft mit dem Rechtsnachfolger des fusionierten Landesverbandes fortgeführt.

(6) [1]Der Spitzenverband Bund soll den Beschäftigten der nach § 212 Abs. 1 in der bis zum 31. Dezember 2008 geltenden Fassung bestehenden Bundesverbände sowie den Beschäftigten der Verbände der Ersatzkassen eine Anstellung anbieten, soweit dies für eine ordnungsgemäße Erfüllung der Aufgaben des Spitzenverbandes Bund erforderlich ist. [2]Einer vorherigen Ausschreibung bedarf es nicht.

§ 214 Aufgaben. [1]Die Gesellschaft hat die Aufgabe, die Verpflichtungen auf Grund der Rechtsnachfolge oder aus Gesetz zu erfüllen. [2]Die Gesellschafter können im Gesellschaftsvertrag weitere Aufgaben zur Unterstützung der Durchführung der gesetzlichen Krankenversicherung vereinbaren.

§§ 215–217 *(aufgehoben)*

§ 217a Errichtung des Spitzenverbandes Bund der Krankenkassen.

(1) Die Krankenkassen bilden den Spitzenverband Bund der Krankenkassen.

(2) Der Spitzenverband Bund der Krankenkassen ist eine Körperschaft des öffentlichen Rechts.

§ 217b Organe. (1) [1] Bei dem Spitzenverband Bund der Krankenkassen wird als Selbstverwaltungsorgan ein Verwaltungsrat gebildet. [2] Ein Mitglied des Verwaltungsrates muss dem Verwaltungsrat, dem ehrenamtlichen Vorstand oder der Vertreterversammlung einer Mitgliedskasse angehören. [3] § 33 Abs. 3, die §§ 40, 41, 42 Abs. 1 bis 3, die §§ 58, 59, 62 Absatz 1 bis 4 und 6, § 63 Abs. 1, 3, 4, ***[bis 31.12.2021:*** § 64 Abs. 1 bis 3a***][ab 1.1.2022:*** *§ 64 Absatz 1 bis 3****]*** und § 66 Abs. 1 des Vierten Buches[1)] und § 197 gelten entsprechend.

(1a) [1] Der Verwaltungsrat kann sämtliche Geschäfts- und Verwaltungsunterlagen einsehen und prüfen. [2] Der Verwaltungsrat kann von dem Vorstand jederzeit einen Bericht über Angelegenheiten der Körperschaften verlangen. [3] Der Bericht ist rechtzeitig und in der Regel schriftlich zu erstatten. [4] Die Rechte nach den Sätzen 1 und 2 können auch mit einem Viertel der abgegebenen Stimmen im Verwaltungsrat geltend gemacht werden.

(1b) [1] Der Verwaltungsrat hat seine Beschlüsse nachvollziehbar zu begründen. [2] Er hat seine Sitzungen zu protokollieren. [3] Der Verwaltungsrat kann ein Wortprotokoll verlangen. [4] Abstimmungen erfolgen in der Regel nicht geheim. [5] Eine geheime Abstimmung findet nur in besonderen Angelegenheiten statt. [6] Eine namentliche Abstimmung erfolgt über die in der Satzung nach § 217e Absatz 1 festzulegenden haftungsrelevanten Abstimmungsgegenstände.

(1c) [1] Verpflichtet sich ein Mitglied des Verwaltungsrates außerhalb seiner Tätigkeit im Verwaltungsrat durch einen Dienstvertrag, durch den ein Arbeitsverhältnis nicht begründet wird, oder durch einen Werkvertrag gegenüber dem Spitzenverband Bund der Krankenkassen zu einer Tätigkeit höherer Art, so hängt die Wirksamkeit des Vertrages von der Zustimmung des Verwaltungsrates ab. [2] Gewährt der Spitzenverband Bund der Krankenkassen auf Grund des Dienstvertrages oder des Werkvertrages dem Mitglied des Verwaltungsrates eine Vergütung, ohne dass der Verwaltungsrat diesem Vertrag zugestimmt hat, so hat das Mitglied des Verwaltungsrates die Vergütung zurückzugewähren, es sei denn, dass der Verwaltungsrat den Vertrag nachträglich genehmigt. [3] Ein Anspruch des Mitglieds des Verwaltungsrates gegen den Spitzenverband Bund der Krankenkassen auf Herausgabe der durch die geleistete Tätigkeit erlangten Bereicherung bleibt unberührt. [4] Der Anspruch kann jedoch nicht gegen den Rückgewähranspruch aufgerechnet werden.

(1d) Die Höhe der jährlichen Entschädigungen der einzelnen Mitglieder des Verwaltungsrates einschließlich Nebenleistungen sind in einer Übersicht jährlich zum 1. März, erstmals zum 1. März 2017, vom Spitzenverband Bund der Krankenkassen im Bundesanzeiger und gleichzeitig in den Mitteilungen des Spitzenverbandes Bund der Krankenkassen zu veröffentlichen.

(1e) [1] Der Verwaltungsrat kann seinen Vorsitzenden oder dessen Stellvertreter abberufen, wenn bestimmte Tatsachen das Vertrauen der Mitglieder des Ver-

---

[1)] Nr. 4.

waltungsrates zu der Amtsführung des Vorsitzenden oder des stellvertretenden Vorsitzenden ausschließen, insbesondere wenn der Vorsitzende oder der stellvertretende Vorsitzende seine Pflicht als Willensvertreter des Verwaltungsrates verletzt hat oder seine Informationspflichten gegenüber dem Verwaltungsrat verletzt hat. [2] Für die Abberufung ist die einfache Mehrheit der abgegebenen Stimmen erforderlich. [3] Mit dem Beschluss über die Abberufung muss der Verwaltungsrat gleichzeitig einen Nachfolger für den Vorsitzenden oder den stellvertretenden Vorsitzenden wählen. [4] Die Amtszeit des abberufenen Vorsitzenden oder des abberufenen stellvertretenden Vorsitzenden endet mit der Abberufung.

(2) [1] Bei dem Spitzenverband Bund der Krankenkassen wird ein Vorstand gebildet. [2] Der Vorstand besteht aus höchstens drei Personen; besteht der Vorstand aus mehreren Personen, müssen ihm mindestens eine Frau und mindestens ein Mann angehören. [3] Der Vorstand sowie aus seiner Mitte der Vorstandsvorsitzende und dessen Stellvertreter werden von dem Verwaltungsrat gewählt. [4] Der Vorstand verwaltet den Spitzenverband und vertritt den Spitzenverband gerichtlich und außergerichtlich, soweit Gesetz oder sonstiges für den Spitzenverband maßgebendes Recht nichts Abweichendes bestimmen. [5] Die Mitglieder des Vorstandes üben ihre Tätigkeit hauptamtlich aus. [6] § 35a Abs. 1 bis 3, 6 bis 7 des Vierten Buches gilt entsprechend. [7] Die Aufsichtsbehörde kann vor ihrer Entscheidung nach § 35a Absatz 6a des Vierten Buches in Verbindung mit Satz 6 verlangen, dass ihr der Spitzenverband Bund der Krankenkassen eine unabhängige rechtliche und wirtschaftliche Bewertung der Vorstandsdienstverträge vorlegt. [8] Vergütungserhöhungen sind während der Dauer der Amtszeit der Vorstandsmitglieder unzulässig. [9] Zu Beginn einer neuen Amtszeit eines Vorstandsmitgliedes kann eine über die zuletzt nach § 35a Absatz 6a Satz 1 des Vierten Buches gebilligte Vergütung der letzten Amtsperiode oder des Vorgängers im Amt hinausgehende höhere Vergütung nur durch einen Zuschlag auf die Grundvergütung nach Maßgabe der Entwicklung des Verbraucherpreisindexes vereinbart werden. [10] Die Aufsichtsbehörde kann zu Beginn einer neuen Amtszeit eines Vorstandsmitgliedes eine niedrigere Vergütung anordnen. [11] Finanzielle Zuwendungen nach § 35a Absatz 6 Satz 3 des Vierten Buches sind auf die Vergütungen der Vorstandsmitglieder anzurechnen oder an den Spitzenverband Bund der Krankenkassen abzuführen. [12] Vereinbarungen des Spitzenverbandes Bund der Krankenkassen für die Zukunftssicherung der Vorstandsmitglieder sind nur auf der Grundlage von beitragsorientierten Zusagen zulässig.

(2a) [1] Der Vorstand hat geeignete Maßnahmen zur Herstellung und Sicherung einer ordnungsgemäßen Verwaltungsorganisation zu ergreifen. [2] In der Verwaltungsorganisation ist insbesondere ein angemessenes internes Kontrollverfahren mit einem internen Kontrollsystem und mit einer unabhängigen internen Revision einzurichten. [3] Die interne Revision berichtet in regelmäßigen Abständen dem Vorstand und bei festgestellten Verstößen gegen gesetzliche Regelungen oder andere wesentliche Vorschriften auch der Aufsichtsbehörde. [4] Beziehen sich die festgestellten Verstöße auf das Handeln von Vorstandsmitgliedern, so ist auch dem Verwaltungsrat zu berichten.

(3) [1] Bei dem Spitzenverband Bund der Krankenkassen wird eine Mitgliederversammlung gebildet. [2] Die Mitgliederversammlung wählt den Verwaltungsrat. [3] In die Mitgliederversammlung entsendet jede Mitgliedskasse jeweils einen Vertreter der Versicherten und der Arbeitgeber aus ihrem Verwaltungsrat, ihrem

ehrenamtlichen Vorstand oder ihrer Vertreterversammlung. [4]Eine Ersatzkasse, deren Verwaltungsrat nicht zur Hälfte mit Vertretern der Arbeitgeber besetzt ist, entsendet jeweils zwei Vertreter der Versicherten aus ihrem Verwaltungsrat. [5]§ 64 Abs. 1 und 3 des Vierten Buches gilt entsprechend.

(4) [1]Bei dem Spitzenverband Bund der Krankenkassen wird ein Lenkungs- und Koordinierungsausschuss gebildet. [2]Die Amtsdauer entspricht derjenigen des Vorstandes. [3]Der Lenkungs- und Koordinierungsausschuss setzt sich zusammen aus je einem weiblichen und einem männlichen hauptamtlichen Vorstandsmitglied der Ortskrankenkassen, der Ersatzkassen, der Betriebskrankenkassen und der Innungskrankenkassen sowie je einem Mitglied der Geschäftsführung der Deutschen Rentenversicherung Knappschaft-Bahn-See und der landwirtschaftlichen Krankenkasse. [4]Kann eine Besetzung nach den Vorgaben des Satzes 2 nicht erfolgen, bleibt der entsprechende Sitz frei. [5]Die Mitglieder des Lenkungs- und Koordinierungsausschusses werden von den Mitgliedern des Verwaltungsrates der jeweiligen Kassenart im Spitzenverband Bund der Krankenkassen gewählt. [6]Der Stimmenanteil der Vertreter der Kassenart im Lenkungs- und Koordinierungsausschuss bemisst sich nach den bundesweiten Versichertenzahlen der Mitgliedskassen der Kassenarten zum 1. Januar des Kalenderjahres, in dem die neue Wahlperiode des Lenkungs- und Koordinierungsausschusses beginnt. [7]Der Stimmenanteil der Kassenart wird auf die Anzahl der Sitze verteilt. [8]Kann ein Sitz nicht besetzt werden, entfällt dessen Stimmenanteil.

(5) [1]Versorgungsbezogene Entscheidungen des Vorstandes zu Verträgen sowie Richtlinien und Rahmenvorgaben oder vergleichbare Entscheidungen sind im Benehmen mit dem Lenkungs- und Koordinierungsausschuss zu treffen. [2]Der Vorstand hat die vom Lenkungs- und Koordinierungsausschuss abgegebenen Empfehlungen zu beachten. [3]Dies gilt nicht für Entscheidungen, mit denen der Vorstand Beschlüsse, die der Verwaltungsrat im Rahmen seiner Zuständigkeit getroffen hat, umsetzt. [4]In begründeten Fällen kann der Vorstand von den Empfehlungen des Lenkungs- und Koordinierungsausschusses abweichen; in diesen Fällen teilt der Vorstand dem Lenkungs- und Koordinierungsausschuss seine Gründe schriftlich mit. [5]Zu sonstigen Entscheidungen des Vorstandes kann der Lenkungs- und Koordinierungsausschuss eine Stellungnahme abgeben. [6]Das Nähere zum Verfahren und zur Beschlussfassung kann er im Einvernehmen mit dem Verwaltungsrat in einer Geschäftsordnung regeln. [7]Vertreter des Lenkungs- und Koordinierungsausschusses können an Sitzungen gesetzlicher Gremien, denen der Vorstand des Spitzenverbandes Bund der Krankenkassen angehört, teilnehmen.

(6) [1]Der Lenkungs- und Koordinierungsausschuss kann zu Themen, die in die Zuständigkeit des Verwaltungsrates des Spitzenverbandes Bund der Krankenkassen fallen, vor Beschlussfassungen Stellungnahmen abgeben. [2]Fordert der Verwaltungsrat mit der Mehrheit seiner Stimmen eine Stellungnahme des Lenkungs- und Koordinierungsausschusses an, muss der Lenkungs- und Koordinierungsausschuss die angeforderte Stellungnahme abgeben. [3]Mitglieder des Lenkungs- und Koordinierungsausschusses sind berechtigt, an nicht öffentlichen Sitzungen des Verwaltungsrates teilzunehmen.

§ 217c Wahl des Verwaltungsrates und des Vorsitzenden der Mitgliederversammlung. (1) [1]Der Verwaltungsrat besteht aus höchstens 52 Mitgliedern. [2]Zu wählen sind als Mitglieder des Verwaltungsrates Versichertenvertreter und Arbeitgebervertreter für die Allgemeinen Ortskrankenkassen, die Ersatzkassen, die Betriebskrankenkassen und die Innungskrankenkassen sowie gemeinsame Versicherten- und Arbeitgebervertreter für die Deutsche Rentenversicherung Knappschaft-Bahn-See und die landwirtschaftliche Krankenkasse. [3]Abweichend von Satz 2 sind für die Ersatzkassen, deren Verwaltungsrat nicht zur Hälfte mit Vertretern der Arbeitgeber besetzt ist, nur Versichertenvertreter zu wählen. [4]Für jedes Mitglied ist ein Stellvertreter zu wählen. [5]§ 43 Absatz 2 des Vierten Buches[1)] gilt entsprechend. [6]Die Verteilung der Sitze bestimmt sich nach den bundesweiten Versichertenzahlen der Kassenarten zum 1. Januar des Kalenderjahres, in dem die Mitgliederversammlung den Verwaltungsrat für die neue Wahlperiode wählt.

(2) [1]Die für die Krankenkassen einer Kassenart zu wählenden Mitglieder des Verwaltungsrates müssen jeweils zur Hälfte der Gruppe der Versicherten und der Gruppe der Arbeitgeber angehören. [2]Abweichend von Satz 1 ist für die Festlegung der Zahl der Arbeitgebervertreter, die für die Ersatzkassen zu wählen sind, deren Verwaltungsrat mit Arbeitgebervertretern besetzt ist, die Hälfte des Anteils der Versichertenzahlen dieser Ersatzkassen an den bundesweiten Versichertenzahlen aller Ersatzkassen zum 1. Januar des Kalenderjahres zu Grunde zu legen, in dem der Verwaltungsrat gewählt wird. [3]Bei Abstimmungen des Verwaltungsrates sind die Stimmen zu gewichten, soweit dies erforderlich ist, um insgesamt eine Parität der Stimmen zwischen Versichertenvertretern und Arbeitgebervertretern im Verwaltungsrat herzustellen. [4]Die Verteilung der Sitze und die Gewichtung der Stimmen zwischen den Kassenarten haben zu einer größtmöglichen Annäherung an den prozentualen Versichertenanteil der jeweiligen Kassenart zu führen. [5]Die Einzelheiten zur Sitzverteilung und Stimmengewichtung regelt die Satzung spätestens sechs Monate vor dem Ende der Amtsdauer des Verwaltungsrates. [6]Die Satzung kann vorsehen, dass die Stimmenverteilung während einer Wahlperiode an die Entwicklung der Versichertenzahlen angepasst wird.

(3) [1]Die Wahl des Verwaltungsrates wird nach Vorschlagslisten durchgeführt. [2]Jede Vorschlagsliste hat mindestens 40 Prozent weibliche und 40 Prozent männliche Bewerberinnen und Bewerber zu enthalten. [3]Jede Kassenart soll eine Vorschlagsliste erstellen, die mindestens so viele Bewerber enthält, wie ihr Sitze nach der Satzung zugeordnet sind. [4]Entsprechendes gilt für die nach Absatz 1 gemeinsam zu wählenden Mitglieder für die Deutsche Rentenversicherung Knappschaft-Bahn-See und die landwirtschaftliche Krankenkasse. [5]Verständigt sich eine Kassenart nicht auf eine Vorschlagsliste, benennt jede Krankenkasse dieser Kassenart einen Bewerber als Versichertenvertreter und einen Bewerber als Arbeitgebervertreter; die Ersatzkassen, deren Verwaltungsrat nicht zur Hälfte mit Vertretern der Arbeitgeber besetzt ist, benennen jeweils bis zu drei Versichertenvertreter. [6]Aus den eingereichten Einzelvorschlägen erstellt der Vorsitzende der Mitgliederversammlung die kassenartbezogene Vorschlagsliste mit den Bewerbern. [7]Entsprechendes gilt für die Erstellung der Vorschlagslisten mit den zu wählenden Stellvertretern. [8]Die Vorschlagslisten werden getrennt für die Vertreter der Versicherten und der Arbeitgeber sowie jeweils deren Stellvertreter erstellt. [9]Die Wahl erfolgt jeweils getrennt für die Vertreter der Versicherten und der Arbeitgeber, getrennt für deren Stellvertreter sowie getrennt nach Kassenarten. [10]Die Versichertenvertreter in der Mitgliederver-

---

[1)] Nr. 4.

sammlung wählen die Versichertenvertreter und deren Stellvertreter aus den Vorschlagslisten für den Verwaltungsrat. [11] Die Arbeitgebervertreter in der Mitgliederversammlung wählen die Arbeitgebervertreter und deren Stellvertreter aus den Vorschlagslisten für den Verwaltungsrat. [12] Bei den nach Satz 9 getrennten Wahlgängen hat ein wahlberechtigter Vertreter der Mitgliedskasse bei einem Wahlgang so viele Stimmen, wie jeweils Sitze nach der Satzung zur Verfügung stehen.

(4) [1] Gewählt sind jeweils die Bewerber auf der Vorschlagsliste, die die höchste der nach Absatz 4 gewichteten, abgegebenen Stimmenzahl erhalten (Höchstzahlen). [2] Dabei sind so viele Bewerber mit den Höchstzahlen gewählt, wie Sitze je Kassenart nach der Satzung zu verteilen sind. [3] Entsprechendes gilt für die Wahl der Stellvertreter.

(5) [1] Bei der Wahl der Mitglieder des Verwaltungsrates durch die Mitgliederversammlung sind die Stimmen der Mitgliedskassen des Spitzenverbandes Bund zu gewichten. [2] Die Gewichtung orientiert sich an der bundesweiten Anzahl der Versicherten eines Mitgliedes am 1. Januar eines Jahres. [3] Die Gewichtung ist entsprechend der Entwicklung der Versichertenzahlen jährlich zum 1. Februar anzupassen. [4] Das Nähere regelt die Satzung.

(6) [1] Die Mitgliederversammlung wählt aus ihren Reihen einen Vorsitzenden und dessen Stellvertreter. [2] Die Wahl des Vorsitzenden der Mitgliederversammlung erfolgt mit einer Mehrheit von zwei Dritteln der abgegebenen Stimmen der Mitgliedskassen. [3] Für die Mitgliedskasse kann nur eine einheitliche Stimmabgabe erfolgen. [4] Das Bundesministerium für Gesundheit lädt die Mitglieder des Spitzenverbandes Bund zu der ersten konstituierenden Mitgliederversammlung ein und leitet in dieser ersten Sitzung die Wahl des Vorsitzenden der Mitgliederversammlung. [5] Für die erste Sitzung der Mitgliederversammlung gilt § 76 der Wahlordnung für die Sozialversicherung entsprechend mit der Maßgabe, dass der Vertreter des Bundesministeriums für Gesundheit die Aufgaben des Wahlausschusses wahrnimmt. [6] Zu den nachfolgenden Sitzungen der Mitgliederversammlung beruft der Vorsitzende ein. [7] Er leitet die Wahl des Verwaltungsrates und stellt das Wahlergebnis fest. [8] Das Nähere regelt die Satzung.

(7) [1] Der Vorsitzende der Mitgliederversammlung lädt den gewählten Verwaltungsrat zu seiner konstituierenden Sitzung ein und leitet die Wahl des Vorsitzenden des Verwaltungsrates. [2] Für die erste Sitzung des Verwaltungsrates gelten die §§ 75 und 76 der Wahlordnung für die Sozialversicherung entsprechend mit der Maßgabe, dass der Vorsitzende der Mitgliederversammlung die Aufgaben des Wahlausschusses wahrnimmt.

(8) Das Nähere zur Durchführung der Wahl des Verwaltungsrates und der Wahl des Vorsitzenden der Mitgliederversammlung sowohl für die Wahl im Errichtungsstadium wie auch für die folgenden Wahlen nach Ablauf der jeweiligen Amtsperioden kann das Bundesministerium für Gesundheit durch Rechtsverordnung ohne Zustimmung des Bundesrates in einer Wahlordnung regeln.

§ 217d Aufsicht, Haushalts- und Rechnungswesen, Vermögen, Statistiken. (1) [1] Der Spitzenverband Bund der Krankenkassen untersteht der Aufsicht des Bundesministeriums für Gesundheit, bei Ausführung des § 217f Abs. 3 der Aufsicht des Bundesministeriums für Arbeit und Soziales. [2] Die Aufsicht über den Spitzenverband Bund der Krankenkassen in seiner Funktion als Verbindungsstelle nach § 219a wird vom Bundesministerium für Gesundheit im Einvernehmen mit dem Bundesministerium für Arbeit und Soziales ausgeübt.

(2) [1] Die Kosten der Tätigkeit des Spitzenverbandes Bund der Krankenkassen werden nach Maßgabe des Haushaltsplans durch die Beiträge der Mitgliedskassen gemäß den Vorgaben der Satzung aufgebracht, soweit sie nicht durch sonstige Einnahmen gedeckt werden. [2] Für die Aufsicht über den Spitzenverband Bund der Krankenkassen gelten die §§ 87 bis 89 des Vierten Buches[1)] entsprechend. [3] Für das Haushalts- und Rechnungswesen einschließlich der Statistiken gelten die §§ 67 bis 69, die §§ 72 bis 77 Absatz 1 und 1a und die §§ 78 und 79 Absatz 1 und 2 in Verbindung mit Absatz 3a, für das Vermögen die §§ 80 bis 83 und 85 des Vierten Buches sowie § 220 Absatz 1 Satz 2 und für die Verwendung der Mittel § 305b entsprechend. [4] Die Jahresrechnung nach § 77 Absatz 1a des Vierten Buches ist für das abgelaufene Haushaltsjahr bis zum 1. Oktober des Folgejahres aufzustellen und der Aufsichtsbehörde vorzulegen. [5] Betriebsmittel dürfen die Ausgaben nicht übersteigen, die nach dem Haushaltsplan des Spitzenverbandes Bund der Krankenkassen auf eineinhalb Monate entfallen. [6] Rücklagen sind zulässig, sofern sie angemessen sind und für einen den gesetzlichen Aufgaben dienenden Zweck bestimmt sind. [7] Soweit Vermögen nicht zur Rücklagenbildung erforderlich ist, ist es zur Senkung der Beiträge der Mitgliedskassen zu verwenden oder an die Mitgliedskassen zurückzuzahlen.

(3) Für die Vollstreckung von Aufsichtsverfügungen gegen den Spitzenverband Bund der Krankenkassen kann die Aufsichtsbehörde ein Zwangsgeld bis zu einer Höhe von 10 000 000 Euro zugunsten des Gesundheitsfonds nach § 271 festsetzen.

(4) [1] Der Haushaltsplan wird vom Vorstand aufgestellt. [2] Der Verwaltungsrat stellt ihn fest. [3] Der Haushaltsplan bedarf der Genehmigung der Aufsichtsbehörde. [4] Der Spitzenverband Bund der Krankenkassen hat den vom Vorstand aufgestellten Haushaltsplan spätestens am 1. Oktober vor Beginn des Kalenderjahres, für das er gelten soll, der Aufsichtsbehörde vorzulegen. [5] Diese kann die Genehmigung auch für einzelne Ansätze versagen, soweit der Haushaltsplan gegen Gesetz oder sonstiges für den Spitzenverband Bund der Krankenkassen maßgebendes Recht verstößt oder die Bewertungs- und Bewirtschaftungsmaßstäbe des Bundes nicht beachtet sind.

§ 217e Satzung. (1) [1] Der Verwaltungsrat hat eine Satzung zu beschließen. [2] Die Satzung bedarf der Genehmigung der zuständigen Aufsichtsbehörde. [3] Der Spitzenverband Bund hat seinen Sitz in Berlin; die Satzung kann einen davon abweichenden Sitz bestimmen. [4] Die Verbindungsstelle (§ 219a) hat ihren Sitz in Bonn; die Satzung kann einen davon abweichenden Sitz in Berücksichtigung der spezifischen Aufgabenstellung festlegen. [5] Die Satzung muss Bestimmungen enthalten über

1. die Wahl des Verwaltungsrates und des Vorstandes sowie die Ergänzung des Verwaltungsrates bei vorzeitigem Ausscheiden eines Mitglieds,
2. die Entschädigung der Mitglieder des Verwaltungsrates,
3. die Aufbringung und Verwaltung der Mittel,
4. die Beurkundung der Beschlüsse des Verwaltungsrates,

[1)] Nr. 4.

5. die Herstellung der Öffentlichkeit der Sitzungen des Verwaltungsrates,
6. das Nähere über die Entsendung der Vertreter der Mitgliedskassen in die Mitgliederversammlung, über die Wahl des Vorsitzenden der Mitgliederversammlung sowie dessen Aufgaben,
7. die Rechte und Pflichten der Mitgliedskassen,
8. die jährliche Prüfung der Betriebs- und Rechnungsführung,
9. die Art der Bekanntmachung.

[6] § 34 Abs. 2 des Vierten Buches[1)] gilt entsprechend.

(2) Die vom Spitzenverband Bund der Krankenkassen abgeschlossenen Verträge und seine sonstigen Entscheidungen gelten für die Mitgliedskassen des Spitzenverbandes, die Landesverbände der Krankenkassen und die Versicherten.

§ 217f Aufgaben des Spitzenverbandes Bund der Krankenkassen.

(1) [1] Der Spitzenverband Bund der Krankenkassen hat ab dem 1. Juli 2008 die ihm gesetzlich zugewiesenen Aufgaben zu erfüllen. [2] Der Vorstand hat dem Bundesministerium für Gesundheit zu berichten, wenn die dem Spitzenverband Bund der Krankenkassen gesetzlich zugewiesenen Aufgaben nicht rechtzeitig umgesetzt werden. [3] Der Bericht ist dem Bundesministerium für Gesundheit spätestens innerhalb eines Monats nach dem für die Umsetzung der gesetzlichen Aufgabe vorgegebenen Zeitpunkt schriftlich vorzulegen. [4] In dem Bericht sind insbesondere die Gründe für die nicht rechtzeitige Umsetzung, der Sachstand und das weitere Verfahren darzulegen.

(2) [1] Der Spitzenverband Bund der Krankenkassen unterstützt die Krankenkassen und ihre Landesverbände bei der Erfüllung ihrer Aufgaben und bei der Wahrnehmung ihrer Interessen, insbesondere durch die Entwicklung von und Abstimmung zu Datendefinitionen (Formate, Strukturen und Inhalte) und Prozessoptimierungen (Vernetzung der Abläufe) für den elektronischen Datenaustausch in der gesetzlichen Krankenversicherung, mit den Versicherten und mit den Arbeitgebern. [2] Die Wahrnehmung der Interessen der Krankenkassen bei über- und zwischenstaatlichen Organisationen und Einrichtungen ist Aufgabe des Spitzenverbandes Bund der Krankenkassen.

(2a) [1] Der Spitzenverband Bund der Krankenkassen berichtet dem Bundesministerium für Gesundheit und den zuständigen Aufsichtsbehörden erstmals zum 31. März 2020 und danach jährlich über den aktuellen Stand und Fortschritt der Digitalisierung der Verwaltungsleistungen der Krankenkassen für Versicherte und bestimmt die dafür von seinen Mitgliedern zu übermittelnden Informationen. [2] Dabei ist für jede Verwaltungsleistung bei jeder Krankenkasse darzustellen, ob und inwieweit diese elektronisch über eigene Verwaltungsportale und gemeinsame Portalverbünde für digitale Verwaltungsleistungen abgewickelt werden können. [3] Der Spitzenverband Bund der Krankenkassen unterstützt die Anbindung der Krankenkassen an gemeinsame Portalverbünde für digitale Verwaltungsleistungen und gibt Empfehlungen für die Umsetzung gesetzlicher Verpflichtungen nach den für diese Portalverbünde geltenden Bestimmungen. [4] Er legt für seine Mitglieder fest, welche einheitlichen Informationen, Dokumente und Anwendungen in gemeinsamen Portalverbünden zu den Verwaltungsleistungen der Krankenkassen für Versicherte angeboten werden und welche technischen Standards und sozialdatenschutzrechtlichen An-

---

[1)] Nr. 4.

forderungen unter Beachtung der Richtlinie nach Absatz 4b Satz 1 die Krankenkassen einhalten müssen, damit diese ihre Verwaltungsleistungen elektronisch über gemeinsame Portalverbünde anbieten können. [5] Er stellt seinen Mitgliedern geeignete Softwarelösungen zur Verfügung, um den erforderlichen Datenaustausch zwischen dem Verwaltungsportal der jeweils für den Versicherten zuständigen Krankenkasse und gemeinsamen Portalverbünden zu ermöglichen. [6] Das Nähere einschließlich der gemeinsamen Kostentragung für die Entwicklung und Bereitstellung von Softwarelösungen durch die Mitglieder regelt der Spitzenverband Bund der Krankenkassen.

(3) [1] Der Spitzenverband Bund der Krankenkassen trifft in grundsätzlichen Fach- und Rechtsfragen Entscheidungen zum Beitrags- und Meldeverfahren und zur einheitlichen Erhebung der Beiträge (§§ 23, 76 des Vierten Buches[1)]). [2] Der Spitzenverband Bund der Krankenkassen gibt Empfehlungen zur Benennung und Verteilung von beauftragten Stellen nach § 28f Abs. 4 des Vierten Buches.

(4) Der Spitzenverband Bund der Krankenkassen trifft Entscheidungen zur Organisation des Qualitäts- und Wirtschaftlichkeitswettbewerbs der Krankenkassen, insbesondere zu dem Erlass von Rahmenrichtlinien für den Aufbau und die Durchführung eines zielorientierten Benchmarking der Leistungs- und Qualitätsdaten.

(4a) [1] Der Spitzenverband Bund der Krankenkassen legt in einer Richtlinie allgemeine Vorgaben zu den Regelungen nach § 73b Absatz 3 Satz 8 und § 140a Absatz 4 Satz 6 und 7 fest. [2] Die Richtlinie bedarf der Genehmigung des Bundesministeriums für Gesundheit.

(4b) [1] Der Spitzenverband Bund der Krankenkassen legt bis zum 31. Januar 2018 in einer Richtlinie Maßnahmen zum Schutz von Sozialdaten der Versicherten vor unbefugter Kenntnisnahme fest, die von den Krankenkassen bei Kontakten mit ihren Versicherten anzuwenden sind. [2] Die Maßnahmen müssen geeignet sein, im Verhältnis zum Gefährdungspotential mit abgestuften Verfahren den Schutz der Sozialdaten zu gewährleisten und dem Stand der Technik entsprechen. [3] Insbesondere für die elektronische Übermittlung von Sozialdaten hat die Richtlinie Maßnahmen zur sicheren Identifizierung und zur sicheren Datenübertragung vorzusehen; hierbei sollen bereits vorhandene Verfahren für einen sicheren elektronischen Identitätsnachweis nach § 36a Absatz 2 Satz 5 des Ersten Buches[2)] berücksichtigt werden. [4] Die Richtlinie muss zusätzlich zum 1. Januar 2021 Regelungen zu dem Abgleich der Anschrift der Versicherten mit den Daten aus dem Melderegister vor dem Versand der elektronischen Gesundheitskarte und deren persönlicher Identifikationsnummer (PIN) an die Versicherten enthalten. [5] Die Richtlinie hat Konzepte zur Umsetzung der Maßnahmen durch die Krankenkassen und Vorgaben für eine Zertifizierung durch unabhängige Gutachter vorzusehen. [6] Sie ist in Abstimmung mit der oder dem Bundesbeauftragten für den Datenschutz und die Informationsfreiheit und dem Bundesamt für Sicherheit in der Informationstechnik zu erstellen und bedarf der Genehmigung des Bundesministeriums für Gesundheit. [7] Die Richtlinie ist erstmalig zum 1. Januar 2021 und dann fortlaufend zu evaluieren und spätestens alle zwei Jahre unter Einbeziehung eines vom Spitzenverband Bund der Krankenkassen zu beauftragenden unabhängigen geeigneten Sicherheitsgutachters

---

[1)] Nr. 4.
[2)] Nr. 1.

im Benehmen mit dem Bundesbeauftragten für den Datenschutz und die Informationsfreiheit und dem Bundesamt für Sicherheit in der Informationstechnik an den Stand der Technik anzupassen. [8]Die geänderte Richtlinie bedarf jeweils der Genehmigung des Bundesministeriums für Gesundheit.

(5) Die von den bis zum 31. Dezember 2008 bestehenden Bundesverbänden sowie der Deutschen Rentenversicherung Knappschaft-Bahn-See, den Verbänden der Ersatzkassen und der See-Krankenkasse bis zum 30. Juni 2008 zu treffenden Vereinbarungen, Regelungen und Entscheidungen gelten so lange fort, bis der Spitzenverband Bund im Rahmen seiner Aufgabenstellung neue Vereinbarungen, Regelungen oder Entscheidungen trifft oder Schiedsämter den Inhalt von Verträgen neu festsetzen.

(6) Der Spitzenverband Bund der Krankenkassen trifft Entscheidungen, die bei Schließung oder Insolvenz einer Krankenkasse im Zusammenhang mit dem Mitgliederübergang der Versicherten erforderlich sind, um die Leistungsansprüche der Versicherten sicherzustellen und die Leistungen abzurechnen.

(7) Der Spitzenverband Bund der Krankenkassen kann zur Durchführung seiner gesetzlichen Aufgaben nach § 130b die Daten nach § 267 Absatz 1 Satz 1 und Absatz 2 anonymisiert und ohne Krankenkassenbezug verarbeiten.

(8) Der Spitzenverband Bund der Krankenkassen hat zur Sicherheit des Zahlungsverkehrs und der Buchführung für die Krankenkassen in Abstimmung mit dem Bundesversicherungsamt eine Musterkassenordnung nach § 3 der Sozialversicherungs-Rechnungsverordnung aufzustellen.

§ 217g Aufsichtsmittel in besonderen Fällen bei dem Spitzenverband Bund der Krankenkassen. (1) [1]Ergibt sich nachträglich, dass eine Satzung nicht hätte genehmigt werden dürfen, oder bedarf eine Satzung wegen nachträglich eingetretener rechtlicher oder tatsächlicher Umstände, die zur Rechtswidrigkeit der Satzung führen, einer Änderung, so kann die Aufsichtsbehörde anordnen, dass der Spitzenverband Bund der Krankenkassen innerhalb einer bestimmten Frist die erforderlichen Änderungen vornimmt. [2]Kommt der Spitzenverband Bund der Krankenkassen der Anordnung innerhalb der Frist nicht nach, so kann die Aufsichtsbehörde die erforderlichen Änderungen selbst vornehmen.

(2) [1]Ist zur Umsetzung von gesetzlichen Vorschriften oder aufsichtsrechtlichen Verfügungen ein Beschluss des Verwaltungsrates erforderlich, so kann die Aufsichtsbehörde anordnen, dass dieser Beschluss innerhalb einer bestimmten Frist gefasst wird. [2]Wird der erforderliche Beschluss innerhalb der Frist nicht gefasst, so kann die Aufsichtsbehörde den Beschluss des Verwaltungsrates ersetzen.

(3) [1]Verstößt ein Beschluss des Verwaltungsrates des Spitzenverbandes Bund der Krankenkassen gegen ein Gesetz oder gegen sonstiges für den Spitzenverband Bund der Krankenkassen maßgebendes Recht, so kann die Aufsichtsbehörde anordnen, den Beschluss innerhalb einer bestimmten Frist aufzuheben. [2]Mit Zugang der Anordnung darf der Beschluss nicht vollzogen werden. [3]Die Aufsichtsbehörde kann verlangen, dass Maßnahmen, die auf Grund des Beschlusses getroffen wurden, rückgängig gemacht werden. [4]Kommt der Spitzenverband Bund der Krankenkassen der Anordnung innerhalb der Frist nicht nach, so kann die Aufsichtsbehörde den Beschluss aufheben.

(4) [1] Einer Anordnung mit Fristsetzung bedarf es nicht, wenn ein Beschluss nach Absatz 1 oder Absatz 2 auf Grund gesetzlicher Regelungen innerhalb einer bestimmten Frist zu fassen ist. [2] Klagen gegen Anordnungen und Maßnahmen der Aufsichtsbehörde nach den Absätzen 1 bis 3 haben keine aufschiebende Wirkung.

§ 217h Entsandte Person für besondere Angelegenheiten bei dem Spitzenverband Bund der Krankenkassen. (1) [1] Solange und soweit die ordnungsgemäße Verwaltung bei dem Spitzenverband Bund der Krankenkassen gefährdet ist, kann die Aufsichtsbehörde eine Person an den Spitzenverband Bund der Krankenkassen entsenden, diese Person mit der Wahrnehmung von Aufgaben bei dem Spitzenverband Bund der Krankenkassen betrauen und ihr hierfür die erforderlichen Befugnisse übertragen. [2] Die ordnungsgemäße Verwaltung ist insbesondere gefährdet, wenn

1. ein Mitglied des Vorstandes interne oder externe Maßnahmen ergreift, die nicht im Einklang mit den eigenen Verwaltungsvorschriften oder satzungsrechtlichen oder gesetzlichen Vorschriften stehen,
2. ein Mitglied des Vorstandes Handlungen vornimmt, die die interne Organisation der Verwaltung oder auch die Zusammenarbeit der Organe untereinander erheblich beeinträchtigen,
3. die Umsetzung von Aufsichtsverfügungen nicht gewährleistet ist oder
4. hinreichende Anhaltspunkte dafür vorliegen, dass eine Pflichtverletzung eines Organmitglieds oder eines ehemaligen Organmitglieds einen Schaden der Körperschaft verursacht hat.

[3] Die Aufsichtsbehörde kann die Person in diesen Fällen zur Beratung und Unterstützung des Vorstandes oder des Verwaltungsrates, zur Überwachung der Umsetzung von Aufsichtsverfügungen oder zur Prüfung von Schadensersatzansprüchen gegen Organmitglieder oder ehemalige Organmitglieder entsenden. [4] Die Aufsichtsbehörde bestimmt, in welchem Umfang die entsandte Person im Innenverhältnis anstelle der Organe handeln darf. [5] Die Befugnisse der Organe im Außenverhältnis bleiben unberührt. [6] Die Entsendung erfolgt durch Verwaltungsakt gegenüber dem Spitzenverband Bund der Krankenkassen.

(2) [1] Die nach Absatz 1 entsandte Person ist im Rahmen ihrer Aufgaben berechtigt, von den Mitgliedern der Organe und von den Beschäftigten des Spitzenverbandes Bund der Krankenkassen Auskünfte und die Vorlage von Unterlagen zu verlangen. [2] Sie kann an allen Sitzungen der Organe und sonstigen Gremien des Spitzenverbandes Bund der Krankenkassen in beratender Funktion teilnehmen, die Geschäftsräume des Spitzenverbandes Bund der Krankenkassen betreten und Nachforschungen zur Erfüllung ihrer Aufgaben anstellen. [3] Die Organe und Organmitglieder haben die entsandte Person bei der Wahrnehmung von deren Aufgaben zu unterstützen. [4] Die entsandte Person ist verpflichtet, der Aufsichtsbehörde Auskunft über alle Erkenntnisse zu geben, die sie im Rahmen ihrer Tätigkeit gewonnen hat.

(3) [1] Der Spitzenverband Bund der Krankenkassen gewährt der nach Absatz 1 entsandten Person eine Vergütung und angemessene Auslagen. [2] Die Höhe der Vergütung wird von der Aufsichtsbehörde durch Verwaltungsakt gegenüber dem Spitzenverband Bund der Krankenkassen festgesetzt. [3] Der Spitzenverband

Bund der Krankenkassen trägt zudem die übrigen Kosten, die durch die Entsendung entstehen.

(4) [1]Der Entsendung der Person hat eine Anordnung vorauszugehen, mit der die Aufsichtsbehörde dem Spitzenverband Bund der Krankenkassen aufgibt, innerhalb einer bestimmten Frist das Erforderliche zur Gewährleistung einer ordnungsgemäßen Verwaltung zu veranlassen. [2]Klagen gegen die Anordnung nach Satz 1 oder gegen die Entsendung der Person haben keine aufschiebende Wirkung.

§ 217i Verhinderung von Organen, Bestellung eines Beauftragten.

(1) [1]Solange und soweit die Wahl des Verwaltungsrates und des Vorstandes des Spitzenverbandes Bund der Krankenkassen nicht zustande kommt oder der Verwaltungsrat oder der Vorstand des Spitzenverbandes Bund der Krankenkassen sich weigert, seine Geschäfte zu führen, kann die Aufsichtsbehörde die Geschäfte selbst führen oder einen Beauftragten bestellen und ihm ganz oder teilweise die Befugnisse eines oder mehrerer Organe des Spitzenverbandes Bund der Krankenkassen übertragen. [2]Dies gilt auch, wenn der Verwaltungsrat oder der Vorstand die Funktionsfähigkeit der Körperschaft gefährdet, insbesondere wenn er die Körperschaft nicht mehr im Einklang mit den Gesetzen oder mit der Satzung verwaltet, die Auflösung des Spitzenverbandes Bund der Krankenkassen betreibt oder das Vermögen gefährdende Entscheidungen beabsichtigt oder trifft.

(2) [1]Die Bestellung eines Beauftragten nach Absatz 1 erfolgt durch Verwaltungsakt gegenüber dem Spitzenverband Bund der Krankenkassen. [2]Die Befugnisse und Rechte des Organs, für das der Beauftragte bestellt wird, ruhen in dem Umfang und für die Dauer der Bestellung im Innen- und Außenverhältnis. [3]Der Spitzenverband Bund der Krankenkassen gewährt dem nach Absatz 1 bestellten Beauftragten eine Vergütung und angemessene Auslagen. [4]Die Höhe der Vergütung wird von der Aufsichtsbehörde durch Verwaltungsakt gegenüber dem Spitzenverband Bund der Krankenkassen festgesetzt. [5]Der Spitzenverband Bund der Krankenkassen trägt zudem die übrigen Kosten, die durch die Bestellung des Beauftragten entstehen. [6]Werden dem Beauftragten Befugnisse des Vorstandes übertragen, ist die Vergütung des Vorstandes entsprechend zu kürzen.

(3) [1]Der Führung der Geschäfte durch die Aufsichtsbehörde oder der Bestellung eines Beauftragten hat eine Anordnung vorauszugehen, mit der die Aufsichtsbehörde dem Spitzenverband Bund der Krankenkassen aufgibt, innerhalb einer bestimmten Frist das Erforderliche zu veranlassen. [2]Klagen gegen die Anordnung nach Satz 1, gegen die Entscheidung über die Bestellung eines Beauftragten oder gegen die Wahrnehmung der Aufgaben des Spitzenverbandes Bund der Krankenkassen durch die Aufsichtsbehörde haben keine aufschiebende Wirkung.

§ 217j Berichtspflicht des Bundesministeriums für Gesundheit.

Sofern schutzwürdige Belange Dritter nicht entgegenstehen, hat das Bundesministerium für Gesundheit dem Ausschuss für Gesundheit des Deutschen Bundestages jährlich zum 1. März, erstmalig zum 1. März 2018, einen Bericht über aufsichtsrechtliche Maßnahmen nach § 217g Absatz 1 bis 3, § 217h Absatz 1 und 4 Satz 1 und § 217i Absatz 1 und 3 Satz 1 und den Erlass von

Verpflichtungsbescheiden nach § 89 Absatz 1 Satz 2 des Vierten Buches[1] in Verbindung mit § 217d Absatz 2 Satz 2 sowie über den Sachstand der Aufsichtsverfahren vorzulegen.

§ 218 Regionale Kassenverbände. (1) Orts-, Betriebs- und Innungskrankenkassen können sich durch übereinstimmenden Beschluß ihrer Verwaltungsräte zu einem Kassenverband vereinigen, wenn sie ihren Sitz im Bezirk desselben Versicherungsamts haben.

(2) Mit Genehmigung der für die Sozialversicherung zuständigen obersten Verwaltungsbehörde des Landes kann sich ein Kassenverband über die Bezirke oder Bezirksteile mehrerer Versicherungsämter erstrecken.

§ 219 Besondere Regelungen zu Einrichtungen und Arbeitsgemeinschaften des Spitzenverbandes Bund der Krankenkassen. (1) Die Krankenkassen und ihre Verbände können insbesondere mit Kassenärztlichen Vereinigungen und anderen Leistungserbringern sowie mit dem öffentlichen Gesundheitsdienst zur Förderung der Gesundheit, Prävention, Versorgung chronisch Kranker und Rehabilitation Arbeitsgemeinschaften zur Wahrnehmung der in § 94 Abs. 1a Satz 1 des Zehnten Buches[2] genannten Aufgaben bilden.

(2) [1] Vor der Entscheidung des Vorstandes des Spitzenverbandes Bund der Krankenkassen über die Errichtung, Übernahme oder wesentliche Erweiterung von Einrichtungen im Sinne des § 85 Absatz 1 des Vierten Buches[1] sowie über eine unmittelbare oder mittelbare Beteiligung an solchen Einrichtungen ist der Verwaltungsrat des Spitzenverbandes Bund der Krankenkassen durch den Vorstand auf der Grundlage geeigneter Daten umfassend über die Chancen und Risiken der beabsichtigten Betätigung zu unterrichten. [2] Die Entscheidung des Vorstandes nach Satz 1 bedarf der Zustimmung des Verwaltungsrates.

(3) [1] Der Vorstand hat zur Information des Verwaltungsrates des Spitzenverbandes Bund der Krankenkassen jährlich einen Bericht über die Einrichtungen zu erstellen, an denen der Spitzenverband Bund der Krankenkassen beteiligt ist. [2] Der Beteiligungsbericht muss zu jeder Einrichtung mindestens Angaben enthalten über

1. den Gegenstand der Einrichtung, die Beteiligungsverhältnisse, die Besetzung der Organe der Einrichtung und die Beteiligungen der Einrichtung an weiteren Einrichtungen,
2. den fortbestehenden Zusammenhang zwischen der Beteiligung an der Einrichtung und den gesetzlichen Aufgaben des Spitzenverbandes Bund der Krankenkassen,
3. die Grundzüge des Geschäftsverlaufs der Einrichtung, die Ertragslage der Einrichtung, die Kapitalzuführungen an und die Kapitalentnahmen aus der Einrichtung durch den Spitzenverband Bund der Krankenkassen, die Auswirkungen der Kapitalzuführungen und Kapitalentnahmen auf die Haushaltswirtschaft des Spitzenverbandes Bund der Krankenkassen und die von dem Spitzenverband Bund der Krankenkassen der Einrichtung gewährten Sicherheiten,
4. die im Geschäftsjahr gewährten Gesamtbezüge der Mitglieder der Geschäftsführung, des Aufsichtsrates, des Beirates oder eines ähnlichen Gremiums der

---

[1] Nr. **4**.
[2] Nr. **10**.

Einrichtung für jedes einzelne Gremium sowie die im Geschäftsjahr gewährten Bezüge eines jeden Mitglieds dieser Gremien unter Namensnennung.

[3]Der Bericht über das abgelaufene Geschäftsjahr ist dem Verwaltungsrat des Spitzenverbandes Bund der Krankenkassen und der Aufsichtsbehörde spätestens am 1. Oktober des folgenden Jahres vorzulegen.

(4) *(aufgehoben)*

(5) Die Absätze 2 und 3 gelten entsprechend für Arbeitsgemeinschaften nach § 94 Absatz 1a des Zehnten Buches in Verbindung mit Absatz 1, an denen der Spitzenverband Bund der Krankenkassen beteiligt ist.

§ 219a Deutsche Verbindungsstelle Krankenversicherung – Ausland.

(1) [1]Der Spitzenverband Bund der Krankenkassen nimmt die Aufgaben der Deutschen Verbindungsstelle Krankenversicherung – Ausland (Verbindungsstelle) wahr. [2]Er erfüllt dabei die ihm durch über- und zwischenstaatliches sowie durch innerstaatliches Recht übertragenen Aufgaben. [3]Insbesondere gehören hierzu

1. Vereinbarungen mit ausländischen Verbindungsstellen,
2. Kostenabrechnungen mit in- und ausländischen Stellen,
3. Festlegung des anzuwendenden Versicherungsrechts,
4. Koordinierung der Verwaltungshilfe und Durchführung des Datenaustauschs in grenzüberschreitenden Fällen,
5. Aufklärung, Beratung und Information,
6. Wahrnehmung der Aufgaben der nationalen Kontaktstelle nach § 219d.

[4]Die Festlegung des anzuwendenden Versicherungsrechts erfolgt für in Deutschland wohnende und gewöhnlich in mehreren Mitgliedstaaten der Europäischen Union erwerbstätige Personen im Benehmen mit der Arbeitsgemeinschaft Berufsständischer Versorgungseinrichtungen oder der Sozialversicherung für Landwirtschaft, Forsten und Gartenbau, soweit es sich um Mitglieder einer berufsständischen Versorgungseinrichtung oder der landwirtschaftlichen Sozialversicherung handelt oder eine solche Mitgliedschaft bei Anwendbarkeit des deutschen Rechts gegeben wäre. [5]Die Satzung des Spitzenverbandes kann Einzelheiten zur Aufgabenerfüllung regeln und dabei im Rahmen der Zuständigkeit des Spitzenverbandes Bund der Verbindungsstelle auch weitere Aufgaben übertragen.

(2) [1]Der Spitzenverband Bund der Krankenkassen ist Rechtsnachfolger der Deutschen Verbindungsstelle Krankenversicherung – Ausland (Verbindungsstelle) nach § 219a in der bis zum 31. Dezember 2007 geltenden Fassung. [2]§ 613a des Bürgerlichen Gesetzbuchs findet entsprechend Anwendung. [3]Der für das Jahr 2008 aufgestellte Haushaltsplan gilt als Teil des Haushalts des Spitzenverbandes fort.

(3) [1]Der Verwaltungsrat hat für die Erfüllung der Aufgaben nach Absatz 1 einen Geschäftsführer und seinen Stellvertreter zu bestellen. [2]Der Geschäftsführer verwaltet den Spitzenverband Bund in allen Angelegenheiten nach Absatz 1 und vertritt den Spitzenverband Bund in diesen Angelegenheiten gerichtlich und außergerichtlich, soweit Gesetz oder sonstiges maßgebendes Recht nichts anderes bestimmen. [3]Für den Abschluss des Dienstvertrages gilt

§ 35a Abs. 6 Satz 1 des Vierten Buches[1)] entsprechend. [4]Das Nähere über die Grundsätze der Geschäftsführung durch den Geschäftsführer bestimmt die Satzung.

(4) [1]Der Verwaltungsrat hat den Gesamthaushaltsplan des Spitzenverbandes Bund für den Aufgabenbereich der Verbindungsstelle zu untergliedern. [2]Die Haushaltsführung hat getrennt nach den Aufgabenbereichen zu erfolgen.

(5) [1]Die zur Finanzierung der Verbindungsstelle erforderlichen Mittel werden durch eine Umlage, deren Berechnungskriterien in der Satzung festgelegt werden (§ 217e Abs. 1 Nr. 3), und durch die sonstigen Einnahmen der Verbindungsstelle aufgebracht. [2]Die Satzung muss insbesondere Bestimmungen zur ausschließlichen Verwendung der für die Aufgabenerfüllung verfügbaren Mittel für Zwecke der Verbindungsstelle enthalten.

(6) [1]Auf Personen nach Artikel 2 der Verordnung (EG) Nr. 883/2004 des Europäischen Parlaments und des Rates vom 29. April 2004 zur Koordinierung der Systeme der sozialen Sicherheit (ABl. L 166 vom 30.4.2004, S. 1), die zuletzt durch die Verordnung (EU) 2019/1149 (ABl. L 186 vom 11.7.2019, S. 21) geändert worden ist, denen in dem Wohnmitgliedstaat eine Behandlung wegen des Coronavirus SARS-CoV-2 nicht innerhalb eines in Anbetracht ihres aktuellen Gesundheitszustands und des voraussichtlichen Verlaufs ihrer Krankheit medizinisch vertretbaren Zeitraums gewährt werden kann und die auf Grund einer Absprache zwischen einem Land oder dem Bund und einem Mitgliedstaat der Europäischen Union oder dem Vereinigten Königreich von Großbritannien und Nordirland wegen des Coronavirus SARS-CoV-2 in Deutschland in einem zugelassenen Krankenhaus behandelt werden, findet das Verfahren nach den Artikeln 20, 27 und 35 der Verordnung (EG) Nr. 883/2004 in Verbindung mit Artikel 26 und Titel IV der Verordnung (EG) Nr. 987/2009 des Europäischen Parlaments und des Rates vom 16. September 2009 zur Festlegung der Modalitäten für die Durchführung der Verordnung (EG) Nr. 883/2004 über die Koordinierung der Systeme der sozialen Sicherheit (ABl. L 284 vom 30.10.2009, S. 1), die zuletzt durch die Verordnung (EU) 2017/492 (ABl. L 76 vom 22.3.2017, S. 13) geändert worden ist, mit den Maßgaben Anwendung, dass

1. die an der Absprache Beteiligten auf die Genehmigung nach Artikel 20 der Verordnung (EG) Nr. 883/2004 in Verbindung mit Artikel 26 der Verordnung (EG) Nr. 987/2009 verzichten können,
2. der Bund die Behandlungskosten übernimmt,
3. die Verbindungsstelle die Kostenabrechnung abweichend von Titel IV der Verordnung (EG) Nr. 987/2009 gegenüber dem Bund durchführt.

[2]Dies gilt für alle Behandlungen, die bis zum 31. März 2021 begonnen werden. [3]Bei Personen, die ihren Wohnsitz oder gewöhnlichen Aufenthalt im Vereinigten Königreich von Großbritannien und Nordirland haben, gilt dies für alle Behandlungen, die bis zum 31. Dezember 2020 begonnen werden.

§ 219b Datenaustausch im automatisierten Verfahren zwischen den Trägern der sozialen Sicherheit und der Deutschen Verbindungsstelle Krankenversicherung – Ausland. [1]Der Datenaustausch der Krankenkassen und der anderen Träger der sozialen Sicherheit mit dem Spitzenverband Bund

---

[1)] Nr. 4.

der Krankenkassen, Deutsche Verbindungsstelle Krankenversicherung – Ausland, erfolgt im automatisierten Verfahren, soweit hierfür strukturierte Dokumente zur Verfügung stehen, die von der bei der Kommission der Europäischen Union eingesetzten Verwaltungskommission für die Koordinierung der Systeme der sozialen Sicherheit festgelegt worden sind. [2]Der Austausch weiterer Daten zwischen den in Satz 1 genannten Stellen im automatisierten Verfahren zur Erfüllung der in § 219a genannten Aufgaben erfolgt nach Gemeinsamen Verfahrensgrundsätzen, die vom Spitzenverband Bund der Krankenkassen, der Deutschen Rentenversicherung Bund und der Deutschen Gesetzlichen Unfallversicherung e.V. bestimmt werden.

§ 219c *(aufgehoben)*

§ 219d Nationale Kontaktstellen. (1) [1]Die Aufgaben der nationalen Kontaktstelle nach der Richtlinie 2011/24/EU des Europäischen Parlaments und des Rates vom 9. März 2011 über die Ausübung der Patientenrechte in der grenzüberschreitenden Gesundheitsversorgung (ABl. L 88 vom 4.4.2011, S. 45) nimmt der Spitzenverband Bund der Krankenkassen, Deutsche Verbindungsstelle Krankenversicherung – Ausland, ab dem 25. Oktober 2013 wahr. [2]Sie stellt insbesondere Informationen über

1. nationale Gesundheitsdienstleister, geltende Qualitäts- und Sicherheitsbestimmungen, Patientenrechte einschließlich der Möglichkeiten ihrer Durchsetzung sowie die Zugänglichkeit von Krankenhäusern für Menschen mit Behinderungen,
2. die Rechte und Ansprüche des Versicherten bei Inanspruchnahme grenzüberschreitender Leistungen in anderen Mitgliedstaaten,
3. Mindestanforderungen an eine im grenzüberschreitenden Verkehr anerkennungsfähige Verschreibung,
4. Kontaktstellen in anderen Mitgliedstaaten und
5. Möglichkeiten des grenzüberschreitenden Austauschs von Gesundheitsdaten

zur Verfügung. [3]In den Informationen nach Satz 2 Nummer 2 ist klar zu unterscheiden zwischen den Rechten, die Versicherte nach § 13 Absatz 4 und 5 in Umsetzung der Richtlinie 2011/24/EU geltend machen können, und den Rechten, die Versicherte aus der Verordnung (EG) Nr. 883/2004 des Europäischen Parlaments und des Rates vom 29. April 2004 zur Koordinierung der Systeme der sozialen Sicherheit (ABl. L 166 vom 30.4.2004, S. 1) geltend machen können. [4]Die Deutsche Krankenhausgesellschaft, die Kassenärztliche Bundesvereinigung, die Kassenzahnärztliche Bundesvereinigung und die privaten Krankenversicherungen stellen der nationalen Kontaktstelle die zur Aufgabenerfüllung erforderlichen Informationen zur Verfügung. [5]Soweit es zur Bearbeitung der Anfrage erforderlich ist, darf die nationale Kontaktstelle die von dem anfragenden Versicherten übermittelten personenbezogenen Daten verarbeiten; eine Übermittlung darf nur mit schriftlicher oder elektronischer Einwilligung des Versicherten erfolgen.

(2) Der Spitzenverband Bund der Krankenkassen, Deutsche Verbindungsstelle Krankenversicherung – Ausland, und die in Absatz 1 Satz 3 genannten Organisationen vereinbaren das Nähere zur Bereitstellung der Informationen durch die nationale Kontaktstelle gemäß Absatz 1 Satz 2 in einem Vertrag.

(3) [1]An den zur Finanzierung der Aufgaben der nationalen Kontaktstelle erforderlichen Kosten sind die in Absatz 1 Satz 3 genannten Organisationen zu

beteiligen. [2]Das Nähere zur Finanzierung, insbesondere auch zur Höhe der jährlich erforderlichen Mittel, vereinbaren der Spitzenverband Bund der Krankenkassen, Deutsche Verbindungsstelle Krankenversicherung – Ausland, und die in Absatz 1 Satz 3 genannten Organisationen in dem Vertrag nach Absatz 2. [3]Wird nichts Abweichendes vereinbart, beteiligen sich die privaten Krankenversicherungen zu 5 Prozent, die Deutsche Krankenhausgesellschaft zu 20 Prozent, die Kassenärztliche Bundesvereinigung zu 20 Prozent sowie die Kassenzahnärztliche Bundesvereinigung zu 10 Prozent an den zur Aufgabenerfüllung erforderlichen Kosten.

(4) Die in Absatz 1 Satz 2 genannten Informationen müssen leicht zugänglich sein und, soweit erforderlich, auf elektronischem Wege und in barrierefreien Formaten bereitgestellt werden.

(5) Die nationale Kontaktstelle arbeitet mit den nationalen Kontaktstellen anderer Mitgliedstaaten und der Europäischen Kommission in Fragen grenzüberschreitender Gesundheitsversorgung zusammen.

(6) [1]Über die Aufgaben nach Absatz 1 hinaus übernimmt der Spitzenverband Bund der Krankenkassen, Deutsche Verbindungsstelle Krankenversicherung – Ausland, auf der Grundlage der technischen Festlegungen der Gesellschaft für Telematik hierzu, Aufbau und Betrieb der organisatorischen und technischen Verbindungsstelle für die Bereitstellung von Diensten für den grenzüberschreitenden Austausch von Gesundheitsdaten (nationale eHealth-Kontaktstelle). [2]Datenschutz und Datensicherheit sind dabei nach dem Stand der Technik zu gewährleisten. [3]Der Spitzenverband Bund der Krankenkassen, Deutsche Verbindungsstelle Krankenversicherung – Ausland, kann die Aufgabe nach Satz 1 an eine geeignete Arbeitsgemeinschaft der gesetzlichen Krankenkassen nach § 94 Absatz 1a Satz 1 des Zehnten Buches[1)] oder nach § 219 übertragen. [4]Die Gesellschaft für Telematik nimmt die in diesem Zusammenhang entstehenden Aufgaben auf europäischer Ebene wahr. [5]Über den Aufbau und den laufenden Betrieb der nationalen eHealth-Kontaktstelle stimmt sich der Spitzenverband Bund der Krankenkassen, Deutsche Verbindungsstelle Krankenversicherung – Ausland, kontinuierlich mit der Gesellschaft für Telematik ab.

(7) An der Finanzierung der nationalen eHealth-Kontaktstelle nach Absatz 6 sind die privaten Krankenversicherungen zu 10 Prozent zu beteiligen.

Achtes Kapitel. Finanzierung

Erster Abschnitt. Beiträge

Erster Titel. Aufbringung der Mittel

§ 220 Grundsatz. (1) [1]Die Mittel der Krankenversicherung werden durch Beiträge und sonstige Einnahmen aufgebracht; als Beiträge gelten auch Zusatzbeiträge nach § 242. [2]Darlehensaufnahmen sind nicht zulässig. [3]Die Aufsichtsbehörde kann im Einzelfall Darlehensaufnahmen bei Kreditinstituten zur Finanzierung des Erwerbs von Grundstücken für Eigeneinrichtungen nach § 140 sowie der Errichtung, der Erweiterung oder des Umbaus von Gebäuden für Eigeneinrichtungen nach § 140 genehmigen.

---

1) Nr. **10**.

(2) [1]Der beim Bundesamt für Soziale Sicherung gebildete Schätzerkreis schätzt jedes Jahr bis zum 15. Oktober für das jeweilige Jahr und für das Folgejahr

1. die Höhe der voraussichtlichen beitragspflichtigen Einnahmen der Mitglieder der Krankenkassen,
2. die Höhe der voraussichtlichen jährlichen Einnahmen des Gesundheitsfonds,
3. die Höhe der voraussichtlichen jährlichen Ausgaben der Krankenkassen sowie
4. die voraussichtliche Zahl der Versicherten und der Mitglieder der Krankenkassen.

[2]Die Schätzung für das Folgejahr dient als Grundlage für die Festlegung des durchschnittlichen Zusatzbeitragssatzes nach § 242a, für die Zuweisungen aus dem Gesundheitsfonds nach den §§ 266 und 270 sowie für die Durchführung des Einkommensausgleichs nach § 270a. [3]Bei der Schätzung der Höhe der voraussichtlichen jährlichen Einnahmen bleiben die Beträge nach § 271 Absatz 1a außer Betracht.

(3) [1]Für das Haushalts- und Rechnungswesen einschließlich der Statistiken bei der Verwaltung des Gesundheitsfonds durch das Bundesamt für Soziale Sicherung gelten die §§ 67 bis 69, 70 Abs. 5, § 72 Abs. 1 und 2 Satz 1 erster Halbsatz, die §§ 73 bis 77 Absatz 1a Satz 1 bis 6 und § 79 Abs. 1 und 2 in Verbindung mit Abs. 3a des Vierten Buches[1)] sowie die auf Grund des § 78 des Vierten Buches erlassenen Rechtsverordnungen entsprechend. [2]Für das Vermögen gelten die §§ 80 und 85 des Vierten Buches entsprechend. [3]Die Bestellung des Wirtschaftsprüfers oder des vereidigten Buchprüfers zur Prüfung der Jahresrechnung des Gesundheitsfonds erfolgt durch die beim Bundesamt für Soziale Sicherung eingerichtete Prüfstelle im Einvernehmen mit dem Bundesministerium für Gesundheit und dem Bundesministerium der Finanzen. [4]Die Entlastung des Präsidenten oder der Präsidentin des Bundesamtes für Soziale Sicherung als Verwalter des Gesundheitsfonds erfolgt durch das Bundesministerium für Gesundheit im Einvernehmen mit dem Bundesministerium der Finanzen.

§ 221 Beteiligung des Bundes an Aufwendungen. (1) Der Bund leistet zur pauschalen Abgeltung der Aufwendungen der Krankenkassen für versicherungsfremde Leistungen jährlich 14,5 Milliarden Euro in monatlich zum ersten Bankarbeitstag zu überweisenden Teilbeträgen an den Gesundheitsfonds.

(2) [1]Der Gesundheitsfonds überweist von den ihm zufließenden Leistungen des Bundes nach Absatz 1 der landwirtschaftlichen Krankenkasse den auf sie entfallenden Anteil an der Beteiligung des Bundes. [2]Der Überweisungsbetrag nach Satz 1 bemisst sich nach dem Verhältnis der Anzahl der Versicherten dieser Krankenkasse zu der Anzahl der Versicherten aller Krankenkassen; maßgebend sind die Verhältnisse am 1. Juli des Vorjahres.

(3) [1]Der Überweisungsbetrag nach Absatz 2 Satz 1 reduziert sich

1. in den Jahren 2016 bis 2024 um den auf die landwirtschaftliche Krankenkasse entfallenden Anteil an der Finanzierung des Innovationsfonds nach § 92a Absatz 3 und 4 und

---

[1)] Nr. 4.

2. ab dem Jahr 2016 um den auf die landwirtschaftliche Krankenkasse entfallenden Anteil an der Finanzierung des Strukturfonds nach Maßgabe der §§ 12 bis 14 des Krankenhausfinanzierungsgesetzes.

[2] Absatz 2 Satz 2 gilt entsprechend. [3] Der Anteil nach Satz 1 Nummer 1 wird dem Innovationsfonds und der Anteil nach Satz 1 Nummer 2 dem Strukturfonds zugeführt. [4] Die auf die landwirtschaftliche Krankenkasse nach Satz 1 Nummer 1 und 2 entfallenden Anteile an den Mitteln für den Innovationsfonds nach § 92a und den Strukturfonds nach den §§ 12 und 12a des Krankenhausfinanzierungsgesetzes werden nach Vorliegen der Geschäfts- und Rechnungsergebnisse des Gesundheitsfonds für das abgelaufene Kalenderjahr festgesetzt und mit der landwirtschaftlichen Krankenkasse abgerechnet. [5] Solange ein Anteil nach Satz 4 noch nicht feststeht, kann das Bundesversicherungsamt einen vorläufigen Betrag festsetzen. [6] Das Nähere zur Festsetzung des Betrags und zur Abrechnung mit der landwirtschaftlichen Krankenkasse bestimmt das Bundesversicherungsamt.

§ 221a Ergänzende Bundeszuschüsse an den Gesundheitsfonds im Jahr 2021. (1) [1] Unbeschadet des § 221 Absatz 1 leistet der Bund im Jahr 2021 zur Stabilisierung des durchschnittlichen Zusatzbeitragssatzes gemäß § 242a im Jahr 2021 einen ergänzenden Bundeszuschuss in Höhe von 5 Milliarden Euro an den Gesundheitsfonds. [2] Der Gesundheitsfonds überweist von den ihm zufließenden Leistungen nach Satz 1 der landwirtschaftlichen Krankenkasse einen Betrag von 30 Millionen Euro.

(2) [1] Der Bund leistet bis zum 1. April 2021 unbeschadet der Bundeszuschüsse nach Absatz 1 und nach § 221 Absatz 1 einen ergänzenden Bundeszuschuss in Höhe von 300 Millionen Euro an die Liquiditätsreserve des Gesundheitsfonds als Beitrag zum Ausgleich für die Mehrausgaben der gesetzlichen Krankenversicherung in Folge der Regelung zum Kinderkrankengeld nach § 45 Absatz 2a. [2] Überschreiten die in Satz 1 genannten Mehrausgaben im Jahr 2021 einen Betrag von 300 Millionen Euro, leistet der Bund zum 1. Juli 2022 einen weiteren ergänzenden Bundeszuschuss an die Liquiditätsreserve des Gesundheitsfonds in Höhe des Betrags, um den die in Satz 1 genannten Mehrausgaben den Betrag von 300 Millionen Euro überschreiten. [3] Der nach Satz 2 zu leistende Betrag wird aus der Differenz zwischen den Ausgaben aller gesetzlichen Krankenkassen für das Kinderkrankengeld ausweislich der Jahresrechnungsergebnisse (Statistik KJ 1) für das Jahr 2021 und für das Jahr 2019 einschließlich der jeweils darauf zu entrichtenden Beiträge zur Renten-, Arbeitslosen- und sozialen Pflegeversicherung in Höhe von 24,05 Prozent abzüglich der bereits geleisteten 300 Millionen Euro ermittelt. [4] Der Bund leistet zum 1. Oktober 2021 eine Abschlagszahlung an die Liquiditätsreserve des Gesundheitsfonds auf den nach Satz 2 zu entrichtenden ergänzenden Bundeszuschuss in Höhe eines Betrags, der unter entsprechender Anwendung der Berechnung nach Satz 3 auf der Grundlage der vorläufigen Rechnungsergebnisse des ersten Halbjahres 2021 bestimmt wird. [5] Das Bundesministerium für Gesundheit ermittelt die Überschreitungsbeträge nach den Sätzen 3 und 4 und meldet diese unverzüglich an das Bundesministerium der Finanzen.

§§ 221b, 222 *(aufgehoben)*

§ 223 Beitragspflicht, beitragspflichtige Einnahmen, Beitragsbemessungsgrenze. (1) Die Beiträge sind für jeden Kalendertag der Mitgliedschaft zu zahlen, soweit dieses Buch nichts Abweichendes bestimmt.

(2) [1] Die Beiträge werden nach den beitragspflichtigen Einnahmen der Mitglieder bemessen. [2] Für die Berechnung ist die Woche zu sieben, der Monat zu dreißig und das Jahr zu dreihundertsechzig Tagen anzusetzen.

(3) [1] Beitragspflichtige Einnahmen sind bis zu einem Betrag von einem Dreihundertsechzigstel der Jahresarbeitsentgeltgrenze nach § 6 Abs. 7 für den Kalendertag zu berücksichtigen (Beitragsbemessungsgrenze). [2] Einnahmen, die diesen Betrag übersteigen, bleiben außer Ansatz, soweit dieses Buch nichts Abweichendes bestimmt.

§ 224 Beitragsfreiheit bei Krankengeld, Mutterschaftsgeld oder Elterngeld. (1) [1] Beitragsfrei ist ein Mitglied für die Dauer des Anspruchs auf Krankengeld oder Mutterschaftsgeld oder des Bezugs von Elterngeld. [2] Die Beitragsfreiheit erstreckt sich nur auf die in Satz 1 genannten Leistungen. [3] Für die Dauer des Bezugs von Krankengeld oder Mutterschaftsgeld gilt § 240 Absatz 4 Satz 1 nicht.

(2) Durch die Beitragsfreiheit wird ein Anspruch auf Schadensersatz nicht ausgeschlossen oder gemindert.

§ 225 Beitragsfreiheit bestimmter Rentenantragsteller. [1] Beitragsfrei ist ein Rentenantragsteller bis zum Beginn der Rente, wenn er

1. als hinterbliebener Ehegatte oder hinterbliebener Lebenspartner eines nach § 5 Abs. 1 Nr. 11 oder 12 versicherungspflichtigen Rentners, der bereits Rente bezogen hat, Hinterbliebenenrente beantragt,
2. als Waise die Voraussetzungen nach § 5 Absatz 1 Nummer 11b erfüllt und die dort genannten Leistungen vor Vollendung des achtzehnten Lebensjahres beantragt oder
3. ohne die Versicherungspflicht nach § 5 Absatz 1 Nummer 11 bis 12 nach § 10 dieses Buches oder nach § 7 des Zweiten Gesetzes über die Krankenversicherung der Landwirte versichert wäre.

[2] Satz 1 gilt nicht, wenn der Rentenantragsteller Arbeitseinkommen oder Versorgungsbezüge erhält. [3] § 226 Abs. 2 gilt entsprechend.

Zweiter Titel. Beitragspflichtige Einnahmen der Mitglieder

§ 226 Beitragspflichtige Einnahmen versicherungspflichtig Beschäftigter. (1) [1] Bei versicherungspflichtig Beschäftigten werden der Beitragsbemessung zugrunde gelegt

1. das Arbeitsentgelt aus einer versicherungspflichtigen Beschäftigung,
2. der Zahlbetrag der Rente der gesetzlichen Rentenversicherung,
3. der Zahlbetrag der der Rente vergleichbaren Einnahmen (Versorgungsbezüge),
4. das Arbeitseinkommen, soweit es neben einer Rente der gesetzlichen Rentenversicherung oder Versorgungsbezügen erzielt wird.

[2] Dem Arbeitsentgelt steht das Vorruhestandsgeld gleich. [3] Bei Auszubildenden, die in einer außerbetrieblichen Einrichtung im Rahmen eines Berufsausbil-

dungsvertrages nach dem Berufsbildungsgesetz ausgebildet werden, steht die Ausbildungsvergütung dem Arbeitsentgelt gleich.

(2) [1] Die nach Absatz 1 Satz 1 Nr. 3 und 4 zu bemessenden Beiträge sind nur zu entrichten, wenn die monatlichen beitragspflichtigen Einnahmen nach Absatz 1 Satz 1 Nr. 3 und 4 insgesamt ein Zwanzigstel der monatlichen Bezugsgröße nach § 18 des Vierten Buches[1)] übersteigen. [2] Überschreiten die monatlichen beitragspflichtigen Einnahmen nach Absatz 1 Satz 1 Nummer 3 und 4 insgesamt ein Zwanzigstel der monatlichen Bezugsgröße nach § 18 des Vierten Buches, ist von den monatlichen beitragspflichtigen Einnahmen nach § 229 Absatz 1 Satz 1 Nummer 5 ein Freibetrag in Höhe von einem Zwanzigstel der monatlichen Bezugsgröße nach § 18 des Vierten Buches abzuziehen; der abzuziehende Freibetrag ist der Höhe nach begrenzt auf die monatlichen beitragspflichtigen Einnahmen nach § 229 Absatz 1 Satz 1 Nummer 5; bis zum 31. Dezember 2020 ist § 27 Absatz 1 des Vierten Buches nicht anzuwenden.

(3) Für Schwangere, deren Mitgliedschaft nach § 192 Abs. 2 erhalten bleibt, gelten die Bestimmungen der Satzung.

(4) Bei Arbeitnehmern, die gegen ein monatliches Arbeitsentgelt bis zum oberen Grenzbetrag des Übergangsbereichs (§ 20 Absatz 2 des Vierten Buches) mehr als geringfügig beschäftigt sind, gilt der Betrag der beitragspflichtigen Einnahme nach § 163 Absatz 10 des Sechsten Buches[2)] entsprechend.

§ 227 Beitragspflichtige Einnahmen versicherungspflichtiger Rückkehrer in die gesetzliche Krankenversicherung und bisher nicht Versicherter. Für die nach § 5 Abs. 1 Nr. 13 Versicherungspflichtigen gilt § 240 entsprechend.

§ 228 Rente als beitragspflichtige Einnahmen. (1) [1] Als Rente der gesetzlichen Rentenversicherung gelten Renten der allgemeinen Rentenversicherung sowie Renten der knappschaftlichen Rentenversicherung einschließlich der Steigerungsbeträge aus Beiträgen der Höherversicherung. [2] Satz 1 gilt auch, wenn vergleichbare Renten aus dem Ausland bezogen werden.

(2) [1] Bei der Beitragsbemessung sind auch Nachzahlungen einer Rente nach Absatz 1 zu berücksichtigen, soweit sie auf einen Zeitraum entfallen, in dem der Rentner Anspruch auf Leistungen nach diesem Buch hatte. [2] Die Beiträge aus der Nachzahlung gelten als Beiträge für die Monate, für die die Rente nachgezahlt wird. [3] Ein Beitragsbescheid ist abweichend von § 48 Absatz 1 Satz 2 des Zehnten Buches[3)] mit Wirkung für die Vergangenheit aufzuheben, soweit Nachzahlungen nach den Sätzen 1 und 2 bei der Beitragsbemessung zu berücksichtigen sind.

§ 229 Versorgungsbezüge als beitragspflichtige Einnahmen. (1) [1] Als der Rente vergleichbare Einnahmen (Versorgungsbezüge) gelten, soweit sie wegen einer Einschränkung der Erwerbsfähigkeit oder zur Alters- oder Hinterbliebenenversorgung erzielt werden,

---

[1)] Nr. **4**.
[2)] Nr. **6**.
[3)] Nr. **10**.

1. Versorgungsbezüge aus einem öffentlich-rechtlichen Dienstverhältnis oder aus einem Arbeitsverhältnis mit Anspruch auf Versorgung nach beamtenrechtlichen Vorschriften oder Grundsätzen; außer Betracht bleiben
   a) lediglich übergangsweise gewährte Bezüge,
   b) unfallbedingte Leistungen und Leistungen der Beschädigtenversorgung,
   c) bei einer Unfallversorgung ein Betrag von 20 vom Hundert des Zahlbetrags und
   d) bei einer erhöhten Unfallversorgung der Unterschiedsbetrag zum Zahlbetrag der Normalversorgung, mindestens 20 vom Hundert des Zahlbetrags der erhöhten Unfallversorgung,
2. Bezüge aus der Versorgung der Abgeordneten, Parlamentarischen Staatssekretäre und Minister,
3. Renten der Versicherungs- und Versorgungseinrichtungen, die für Angehörige bestimmter Berufe errichtet sind,
4. Renten und Landabgaberenten nach dem Gesetz über die Alterssicherung der Landwirte mit Ausnahme einer Übergangshilfe,
5. Renten der betrieblichen Altersversorgung einschließlich der Zusatzversorgung im öffentlichen Dienst und der hüttenknappschaftlichen Zusatzversorgung; außer Betracht bleiben Leistungen aus Altersvorsorgevermögen im Sinne des § 92 des Einkommensteuergesetzes sowie Leistungen, die der Versicherte nach dem Ende des Arbeitsverhältnisses als alleiniger Versicherungsnehmer aus nicht durch den Arbeitgeber finanzierten Beiträgen erworben hat.

[2] Satz 1 gilt auch, wenn Leistungen dieser Art aus dem Ausland oder von einer zwischenstaatlichen oder überstaatlichen Einrichtung bezogen werden. [3] Tritt an die Stelle der Versorgungsbezüge eine nicht regelmäßig wiederkehrende Leistung oder ist eine solche Leistung vor Eintritt des Versicherungsfalls vereinbart oder zugesagt worden, gilt ein Einhundertzwanzigstel der Leistung als monatlicher Zahlbetrag der Versorgungsbezüge, längstens jedoch für einhundertzwanzig Monate.

(2) Für Nachzahlungen von Versorgungsbezügen gilt § 228 Abs. 2 entsprechend.

§ 230 Rangfolge der Einnahmearten versicherungspflichtig Beschäftigter. [1] Erreicht das Arbeitsentgelt nicht die Beitragsbemessungsgrenze, werden nacheinander der Zahlbetrag der Versorgungsbezüge und das Arbeitseinkommen des Mitglieds bis zur Beitragsbemessungsgrenze berücksichtigt. [2] Der Zahlbetrag der Rente der gesetzlichen Rentenversicherung wird getrennt von den übrigen Einnahmearten bis zur Beitragsbemessungsgrenze berücksichtigt.

§ 231 Erstattung von Beiträgen. (1) Beiträge aus Versorgungsbezügen oder Arbeitseinkommen werden dem Mitglied durch die Krankenkasse auf Antrag erstattet, soweit sie auf Beträge entfallen, um die die Versorgungsbezüge und das Arbeitseinkommen zusammen mit dem Arbeitsentgelt einschließlich des einmalig gezahlten Arbeitsentgelts die anteilige Jahresarbeitsentgeltgrenze nach § 6 Abs. 7 überschritten haben.

(2) [1] Die zuständige Krankenkasse erstattet dem Mitglied auf Antrag die von ihm selbst getragenen Anteile an den Beiträgen aus der Rente der gesetzlichen Rentenversicherung, soweit sie auf Beträge entfallen, um die die Rente zu-

sammen mit den übrigen der Beitragsbemessung zugrunde gelegten Einnahmen des Mitglieds die Beitragsbemessungsgrenze überschritten hat. [2]Die Satzung der Krankenkasse kann Näheres über die Durchführung der Erstattung bestimmen. [3]Wenn dem Mitglied auf Antrag von ihm getragene Beitragsanteile nach Satz 1 erstattet werden, werden dem Träger der gesetzlichen Rentenversicherung die von diesem insoweit getragenen Beitragsanteile erstattet.

(3) Weist ein Mitglied, dessen Beiträge nach § 240 Absatz 4a Satz 6 festgesetzt wurden, innerhalb von drei Jahren nach Ablauf des Kalenderjahres, für das die Beiträge zu zahlen waren, beitragspflichtige Einnahmen nach, die für den Kalendertag unterhalb des 30. Teils der monatlichen Beitragsbemessungsgrenze liegen, wird dem Mitglied der Anteil der gezahlten Beiträge erstattet, der die Beiträge übersteigt, die das Mitglied auf der Grundlage der tatsächlich erzielten beitragspflichtigen Einnahmen nach § 240 hätte zahlen müssen.

§ 232 Beitragspflichtige Einnahmen unständig Beschäftigter.

(1) [1]Für unständig Beschäftigte ist als beitragspflichtige Einnahmen ohne Rücksicht auf die Beschäftigungsdauer das innerhalb eines Kalendermonats erzielte Arbeitsentgelt bis zur Höhe von einem Zwölftel der Jahresarbeitsentgeltgrenze nach § 6 Abs. 7 zugrunde zu legen. [2]Die §§ 226 und 228 bis 231 dieses Buches sowie § 23a des Vierten Buches[1)] gelten.

(2) [1]Bestanden innerhalb eines Kalendermonats mehrere unständige Beschäftigungen und übersteigt das Arbeitsentgelt insgesamt die genannte monatliche Bemessungsgrenze nach Absatz 1, sind bei der Berechnung der Beiträge die einzelnen Arbeitsentgelte anteilmäßig nur zu berücksichtigen, soweit der Gesamtbetrag die monatliche Bemessungsgrenze nicht übersteigt. [2]Auf Antrag des Mitglieds oder eines Arbeitgebers verteilt die Krankenkasse die Beiträge nach den anrechenbaren Arbeitsentgelten.

(3) Unständig ist die Beschäftigung, die auf weniger als eine Woche entweder nach der Natur der Sache befristet zu sein pflegt oder im Voraus durch den Arbeitsvertrag befristet ist.

§ 232a Beitragspflichtige Einnahmen der Bezieher von Arbeitslosengeld, Unterhaltsgeld oder Kurzarbeitergeld. (1) [1]Als beitragspflichtige Einnahmen gelten

1. bei Personen, die Arbeitslosengeld oder Unterhaltsgeld nach dem Dritten Buch[2)] beziehen, 80 vom Hundert des der Leistung zugrunde liegenden, durch sieben geteilten wöchentlichen Arbeitsentgelts nach § 226 Abs. 1 Satz 1 Nr. 1, soweit es ein Dreihundertsechzigstel der Jahresarbeitsentgeltgrenze nach § 6 Abs. 7 nicht übersteigt; 80 vom Hundert des beitragspflichtigen Arbeitsentgelts aus einem nicht geringfügigen Beschäftigungsverhältnis sind abzuziehen,
2. bei Personen, die Arbeitslosengeld II beziehen, das 0,2155fache der monatlichen Bezugsgröße; abweichend von § 223 Absatz 1 sind die Beiträge für jeden Kalendermonat, in dem mindestens für einen Tag eine Mitgliedschaft besteht, zu zahlen.

[1)] Nr. 4.
[2)] Nr. 3.

[2]Bei Personen, die Teilarbeitslosengeld oder Teilunterhaltsgeld nach dem Dritten Buch beziehen, ist Satz 1 Nr. 1 zweiter Teilsatz nicht anzuwenden. [3]Ab Beginn des zweiten Monats bis zur zwölften Woche einer Sperrzeit oder ab Beginn des zweiten Monats eines Ruhenszeitraumes wegen einer Urlaubsabgeltung gelten die Leistungen als bezogen.

(1a) [1]Der Faktor nach Absatz 1 Satz 1 Nummer 2 ist im Jahr 2018 im Hinblick auf die für die Berechnung maßgebliche Struktur der Bezieherinnen und Bezieher von Arbeitslosengeld II zu überprüfen. [2]Bei Veränderungen ist der Faktor nach Absatz 1 Satz 1 Nummer 2 mit Wirkung zum 1. Januar 2018 neu zu bestimmen. [3]Das Nähere über das Verfahren einer nachträglichen Korrektur bestimmen das Bundesministerium für Gesundheit und das Bundesministerium für Arbeit und Soziales im Einvernehmen mit dem Bundesministerium der Finanzen.

(2) Soweit Kurzarbeitergeld nach dem Dritten Buch gewährt wird, gelten als beitragspflichtige Einnahmen nach § 226 Abs. 1 Satz 1 Nr. 1 80 vom Hundert des Unterschiedsbetrages zwischen dem Sollentgelt und dem Istentgelt nach § 106 des Dritten Buches.

(3) § 226 gilt entsprechend.

§ 232b Beitragspflichtige Einnahmen der Bezieher von Pflegeunterstützungsgeld. (1) Bei Personen, die Pflegeunterstützungsgeld nach § 44a Absatz 3 des Elften Buches[1)] beziehen, gelten 80 Prozent des während der Freistellung ausgefallenen, laufenden Arbeitsentgelts als beitragspflichtige Einnahmen.

(2) [1]Für Personen, deren Mitgliedschaft nach § 192 Absatz 1 Nummer 2 erhalten bleibt, gelten § 226 Absatz 1 Nummer 2 bis 4 und Absatz 2 sowie die §§ 228 bis 231 entsprechend. [2]Die Einnahmen nach § 226 Absatz 1 Satz 1 Nummer 2 bis 4 unterliegen höchstens in dem Umfang der Beitragspflicht, in dem zuletzt vor dem Bezug des Pflegeunterstützungsgeldes Beitragspflicht bestand. [3]Für freiwillige Mitglieder gilt Satz 2 entsprechend.

§ 233 Beitragspflichtige Einnahmen der Seeleute. (1) Für Seeleute gilt als beitragspflichtige Einnahme der Betrag, der nach dem Recht der gesetzlichen Unfallversicherung für die Beitragsberechnung maßgebend ist.

(2) § 226 Abs. 1 Satz 1 Nr. 2 bis 4 und Abs. 2 sowie die §§ 228 bis 231 gelten entsprechend.

§ 234 Beitragspflichtige Einnahmen der Künstler und Publizisten.

(1) [1]Für die nach dem Künstlersozialversicherungsgesetz versicherungspflichtigen Mitglieder wird der Beitragsbemessung der dreihundertsechzigste Teil des voraussichtlichen Jahresarbeitseinkommens (§ 12 des Künstlersozialversicherungsgesetzes), mindestens jedoch der einhundertachtzigste Teil der monatlichen Bezugsgröße nach § 18 des Vierten Buches Sozialgesetzbuch[2)] zugrunde gelegt. [2]Für die Dauer des Bezugs von Elterngeld oder Erziehungsgeld oder für die Zeit, in der Erziehungsgeld nur wegen des zu berücksichtigenden Einkommens nicht bezogen wird, wird auf Antrag des Mitglieds das in dieser Zeit voraussichtlich erzielte Arbeitseinkommen nach Satz 1 mit dem auf

---

[1)] Nr. **11**.
[2)] Nr. **4**.

den Kalendertag entfallenden Teil zugrunde gelegt, wenn es im Durchschnitt monatlich 325 Euro übersteigt. [3] Für Kalendertage, für die Anspruch auf Krankengeld oder Mutterschaftsgeld besteht oder für die Beiträge nach § 251 Abs. 1 zu zahlen sind, wird Arbeitseinkommen nicht zugrunde gelegt. [4] Arbeitseinkommen sind auch die Vergütungen für die Verwertung und Nutzung urheberrechtlich geschützter Werke oder Leistungen.

(2) § 226 Abs. 1 Satz 1 Nr. 2 bis 4 und Abs. 2 sowie die §§ 228 bis 231 gelten entsprechend.

§ 235 Beitragspflichtige Einnahmen von Rehabilitanden, Jugendlichen und Menschen mit Behinderungen in Einrichtungen. (1) [1] Für die nach § 5 Abs. 1 Nr. 6 versicherungspflichtigen Teilnehmer an Leistungen zur Teilhabe am Arbeitsleben gelten als beitragspflichtige Einnahmen 80 Prozent des Regelentgelts, das der Berechnung des Übergangsgeldes zugrunde liegt. [2] Das Entgelt ist um den Zahlbetrag der Rente wegen verminderter Erwerbsfähigkeit sowie um das Entgelt zu kürzen, das aus einer die Versicherungspflicht begründenden Beschäftigung erzielt wird. [3] Bei Personen, die Teilübergangsgeld nach dem Dritten Buch[1)] beziehen, ist Satz 2 nicht anzuwenden. [4] Wird das Übergangsgeld, das Verletztengeld oder das Versorgungskrankengeld angepaßt, ist das Entgelt um den gleichen Vomhundertsatz zu erhöhen. [5] Für Teilnehmer, die kein Übergangsgeld erhalten, sowie für die nach § 5 Abs. 1 Nr. 5 Versicherungspflichtigen gilt als beitragspflichtige Einnahmen ein Arbeitsentgelt in Höhe von 20 vom Hundert der monatlichen Bezugsgröße nach § 18 des Vierten Buches[2)].

(2) [1] Für Personen, deren Mitgliedschaft nach § 192 Abs. 1 Nr. 3 erhalten bleibt, sind die vom zuständigen Rehabilitationsträger nach § 251 Abs. 1 zu tragenden Beiträge nach 80 vom Hundert des Regelentgelts zu bemessen, das der Berechnung des Übergangsgeldes, des Verletztengeldes oder des Versorgungskrankengeldes zugrunde liegt. [2] Absatz 1 Satz 4 gilt. [3] Bei Personen, die Verletztengeld nach § 45 Absatz 4 des Siebten Buches[3)] in Verbindung mit § 45 Absatz 1 beziehen, gelten abweichend von Satz 1 als beitragspflichtige Einnahmen 80 Prozent des während der Freistellung ausgefallenen laufenden Arbeitsentgelts oder des der Leistung zugrunde liegenden Arbeitseinkommens.

(3) Für die nach § 5 Abs. 1 Nr. 7 und 8 versicherungspflichtigen behinderten Menschen ist als beitragspflichtige Einnahmen das tatsächlich erzielte Arbeitsentgelt, mindestens jedoch ein Betrag in Höhe von 20 vom Hundert der monatlichen Bezugsgröße nach § 18 des Vierten Buches zugrunde zu legen.

(4) § 226 Abs. 1 Satz 1 Nr. 2 bis 4 und Abs. 2 sowie die §§ 228 bis 231 gelten entsprechend; bei Anwendung des § 230 Satz 1 ist das Arbeitsentgelt vorrangig zu berücksichtigen.

§ 236 Beitragspflichtige Einnahmen der Studenten und Praktikanten.

(1) [1] Für die nach § 5 Abs. 1 Nr. 9 und 10 Versicherungspflichtigen gilt als beitragspflichtige Einnahmen ein Dreißigstel des Betrages, der als monatlicher Bedarf nach § 13 Abs. 1 Nr. 2 und Abs. 2 des Bundesausbildungsförderungsgesetzes für Studenten festgesetzt ist, die nicht bei ihren Eltern wohnen. [2] An-

---

1) Nr. 3.
2) Nr. 4.
3) Nr. 7.

derungen des Bedarfsbetrags sind vom Beginn des auf die Änderung folgenden Semesters an zu berücksichtigen; als Semester gelten die Zeiten vom 1. April bis 30. September und vom 1. Oktober bis 31. März.

(2) [1] § 226 Abs. 1 Satz 1 Nr. 2 bis 4 und Abs. 2 sowie die §§ 228 bis 231 gelten entsprechend. [2] Die nach § 226 Abs. 1 Satz 1 Nr. 3 und 4 zu bemessenden Beiträge sind nur zu entrichten, soweit sie die nach Absatz 1 zu bemessenden Beiträge übersteigen.

§ 237 Beitragspflichtige Einnahmen versicherungspflichtiger Rentner. [1] Bei versicherungspflichtigen Rentnern werden der Beitragsbemessung zugrunde gelegt

1. der Zahlbetrag der Rente der gesetzlichen Rentenversicherung,
2. der Zahlbetrag der der Rente vergleichbaren Einnahmen und
3. das Arbeitseinkommen.

[2] Bei Versicherungspflichtigen nach § 5 Absatz 1 Nummer 11b sind die dort genannten Leistungen bis zum Erreichen der Altersgrenzen des § 10 Absatz 2 beitragsfrei. [3] Dies gilt entsprechend für die Leistungen der Hinterbliebenenversorgung nach § 229 Absatz 1 Satz 1 Nummer 1 und für die Waisenrente nach § 15 des Gesetzes über die Alterssicherung der Landwirte. [4] § 226 Abs. 2 und die §§ 228, 229 und 231 gelten entsprechend.

§ 238 Rangfolge der Einnahmearten versicherungspflichtiger Rentner. Erreicht der Zahlbetrag der Rente der gesetzlichen Rentenversicherung nicht die Beitragsbemessungsgrenze, werden nacheinander der Zahlbetrag der Versorgungsbezüge und das Arbeitseinkommen des Mitglieds bis zur Beitragsbemessungsgrenze berücksichtigt.

§ 238a Rangfolge der Einnahmearten freiwillig versicherter Rentner.

Bei freiwillig versicherten Rentnern werden der Beitragsbemessung nacheinander der Zahlbetrag der Rente, der Zahlbetrag der Versorgungsbezüge, das Arbeitseinkommen und die sonstigen Einnahmen, die die wirtschaftliche Leistungsfähigkeit des freiwilligen Mitglieds bestimmen (§ 240 Abs. 1), bis zur Beitragsbemessungsgrenze zugrunde gelegt.

§ 239 Beitragsbemessung bei Rentenantragstellern. [1] Bei Rentenantragstellern wird die Beitragsbemessung für die Zeit der Rentenantragstellung bis zum Beginn der Rente durch den Spitzenverband Bund der Krankenkassen geregelt. [2] Dies gilt auch für Personen, bei denen die Rentenzahlung eingestellt wird, bis zum Ablauf des Monats, in dem die Entscheidung über Wegfall oder Entzug der Rente unanfechtbar geworden ist. [3] § 240 gilt entsprechend.

§ 240 Beitragspflichtige Einnahmen freiwilliger Mitglieder. (1) [1] Für freiwillige Mitglieder wird die Beitragsbemessung einheitlich durch den Spitzenverband Bund der Krankenkassen geregelt. [2] Dabei ist sicherzustellen, daß die Beitragsbelastung die gesamte wirtschaftliche Leistungsfähigkeit des freiwilligen Mitglieds berücksichtigt; sofern und solange Mitglieder Nachweise über die beitragspflichtigen Einnahmen auf Verlangen der Krankenkasse nicht vorlegen, gilt als beitragspflichtige Einnahmen für den Kalendertag der dreißigste Teil der monatlichen Beitragsbemessungsgrenze (§ 223). [3] Weist ein Mitglied innerhalb einer Frist von zwölf Monaten, nachdem die Beiträge nach Satz 2 auf

Grund nicht vorgelegter Einkommensnachweise unter Zugrundelegung der monatlichen Beitragsbemessungsgrenze festgesetzt wurden, geringere Einnahmen nach, sind die Beiträge für die nachgewiesenen Zeiträume neu festzusetzen. [4] Für Zeiträume, für die der Krankenkasse hinreichende Anhaltspunkte dafür vorliegen, dass die beitragspflichtigen Einnahmen des Mitglieds die jeweils anzuwendende Mindestbeitragsbemessungsgrundlage nicht überschreiten, hat sie die Beiträge des Mitglieds neu festzusetzen. [5] Wird der Beitrag nach den Sätzen 3 oder 4 festgesetzt, gilt § 24 des Vierten Buches[1)] nur im Umfang der veränderten Beitragsfestsetzung.

(2) [1] Bei der Bestimmung der wirtschaftlichen Leistungsfähigkeit sind mindestens die Einnahmen des freiwilligen Mitglieds zu berücksichtigen, die bei einem vergleichbaren versicherungspflichtig Beschäftigten der Beitragsbemessung zugrunde zu legen sind. [2] Abstufungen nach dem Familienstand oder der Zahl der Angehörigen, für die eine Versicherung nach § 10 besteht, sind unzulässig. [3] Der zur sozialen Sicherung vorgesehene Teil des Gründungszuschusses nach § 94 des Dritten Buches[2)] in Höhe von monatlich 300 Euro darf nicht berücksichtigt werden. [4] Ebenfalls nicht zu berücksichtigen ist das an eine Pflegeperson weitergereichte Pflegegeld bis zur Höhe des Pflegegeldes nach § 37 Absatz 1 des Elften Buches[3)]. [5] Die §§ 223 und 228 Abs. 2, § 229 Abs. 2 und die §§ 238a, 247 Satz 1 und 2 und § 248 Satz 1 und 2 dieses Buches sowie § 23a des Vierten Buches gelten entsprechend.

(3) [1] Für freiwillige Mitglieder, die neben dem Arbeitsentgelt eine Rente der gesetzlichen Rentenversicherung beziehen, ist der Zahlbetrag der Rente getrennt von den übrigen Einnahmen bis zur Beitragsbemessungsgrenze zu berücksichtigen. [2] Soweit dies insgesamt zu einer über der Beitragsbemessungsgrenze liegenden Beitragsbelastung führen würde, ist statt des entsprechenden Beitrags aus der Rente nur der Zuschuß des Rentenversicherungsträgers einzuzahlen.

(4) [1] Als beitragspflichtige Einnahmen gilt für den Kalendertag mindestens der neunzigste Teil der monatlichen Bezugsgröße. [2] Für freiwillige Mitglieder, die Schüler einer Fachschule oder Berufsfachschule oder als Studenten an einer ausländischen staatlichen oder staatlich anerkannten Hochschule eingeschrieben sind oder regelmäßig als Arbeitnehmer ihre Arbeitsleistung im Umherziehen anbieten (Wandergesellen), gilt § 236 in Verbindung mit § 245 Abs. 1 entsprechend. [3] Satz 1 gilt nicht für freiwillige Mitglieder, die die Voraussetzungen für den Anspruch auf eine Rente aus der gesetzlichen Rentenversicherung erfüllen und diese Rente beantragt haben, wenn sie seit der erstmaligen Aufnahme einer Erwerbstätigkeit bis zur Stellung des Rentenantrags mindestens neun Zehntel der zweiten Hälfte dieses Zeitraums Mitglied oder nach § 10 versichert waren; § 5 Abs. 2 Satz 1 gilt entsprechend.

(4a) [1] Die nach dem Arbeitseinkommen zu bemessenden Beiträge werden auf der Grundlage des zuletzt erlassenen Einkommensteuerbescheides vorläufig festgesetzt; dabei ist der Einkommensteuerbescheid für die Beitragsbemessung ab Beginn des auf die Ausfertigung folgenden Monats heranzuziehen; Absatz 1 Satz 2 zweiter Halbsatz gilt entsprechend. [2] Bei Aufnahme einer selbstständigen Tätigkeit werden die Beiträge auf der Grundlage der nachgewiesenen voraus-

---

[1)] Nr. 4.
[2)] Nr. 3.
[3)] Nr. 11.

sichtlichen Einnahmen vorläufig festgesetzt. [3]Die nach den Sätzen 1 und 2 vorläufig festgesetzten Beiträge werden auf Grundlage der tatsächlich erzielten beitragspflichtigen Einnahmen für das jeweilige Kalenderjahr nach Vorlage des jeweiligen Einkommensteuerbescheides endgültig festgesetzt. [4]Weist das Mitglied seine tatsächlichen Einnahmen auf Verlangen der Krankenkasse nicht innerhalb von drei Jahren nach Ablauf des jeweiligen Kalenderjahres nach, gilt für die endgültige Beitragsfestsetzung nach Satz 3 als beitragspflichtige Einnahme für den Kalendertag der 30. Teil der monatlichen Beitragsbemessungsgrenze. [5]Für die Bemessung der Beiträge aus Einnahmen aus Vermietung und Verpachtung gelten die Sätze 1, 3 und 4 entsprechend. [6]Die Sätze 1 bis 5 gelten nicht, wenn auf Grund des zuletzt erlassenen Einkommensteuerbescheides oder einer Erklärung des Mitglieds für den Kalendertag beitragspflichtige Einnahmen in Höhe des 30. Teils der monatlichen Beitragsbemessungsgrenze zugrunde gelegt werden.

(4b) [1]Der Beitragsbemessung für freiwillige Mitglieder sind 10 vom Hundert der monatlichen Bezugsgröße nach § 18 des Vierten Buches zugrunde zu legen, wenn der Anspruch auf Leistungen für das Mitglied und seine nach § 10 versicherten Angehörigen während eines Auslandsaufenthaltes, der durch die Berufstätigkeit des Mitglieds, seines Ehegatten, seines Lebenspartners oder eines seiner Elternteile bedingt ist, oder nach § 16 Abs. 1 Nr. 3 ruht. [2]Satz 1 gilt entsprechend, wenn nach § 16 Abs. 1 der Anspruch auf Leistungen aus anderem Grund für länger als drei Kalendermonate ruht, sowie für Versicherte während einer Tätigkeit für eine internationale Organisation im Geltungsbereich dieses Gesetzes.

(5) Soweit bei der Beitragsbemessung freiwilliger Mitglieder das Einkommen von Ehegatten oder Lebenspartnern nach dem Lebenspartnerschaftsgesetz, die nicht einer Krankenkasse nach § 4 Absatz 2 angehören, berücksichtigt wird, ist von diesem Einkommen für jedes gemeinsame unterhaltsberechtigte Kind, für das eine Familienversicherung wegen der Regelung des § 10 Absatz 3 nicht besteht, ein Betrag in Höhe von einem Drittel der monatlichen Bezugsgröße, für nach § 10 versicherte Kinder ein Betrag in Höhe von einem Fünftel der monatlichen Bezugsgröße abzusetzen.

Dritter Titel. Beitragssätze, Zusatzbeitrag

§ 241 Allgemeiner Beitragssatz. Der allgemeine Beitragssatz beträgt 14,6 Prozent der beitragspflichtigen Einnahmen der Mitglieder.

§ 241a *(aufgehoben)*

§ 242 Zusatzbeitrag. (1) [1]Soweit der Finanzbedarf einer Krankenkasse durch die Zuweisungen aus dem Gesundheitsfonds nicht gedeckt ist, hat sie in ihrer Satzung zu bestimmen, dass von ihren Mitgliedern ein einkommensabhängiger Zusatzbeitrag erhoben wird. [2]Die Krankenkassen haben den einkommensabhängigen Zusatzbeitrag als Prozentsatz der beitragspflichtigen Einnahmen jedes Mitglieds zu erheben (kassenindividueller Zusatzbeitragssatz). [3]Der Zusatzbeitragssatz ist so zu bemessen, dass die Einnahmen aus dem Zusatzbeitrag zusammen mit den Zuweisungen aus dem Gesundheitsfonds und den sonstigen Einnahmen die im Haushaltsjahr voraussichtlich zu leistenden Ausgaben und die vorgeschriebene Höhe der Rücklage decken; dabei ist die Höhe der voraussichtlichen beitragspflichtigen Einnahmen aller Krankenkassen nach § 220 Absatz 2 Satz 2 je Mitglied zugrunde zu legen. [4]Krankenkassen dürfen ihren Zusatzbeitragssatz nicht anheben, solange ausweislich der zuletzt vorgelegten vierteljährlichen Rechnungsergebnisse ihre nicht für die laufenden Ausgaben benötigten Betriebsmittel zuzüglich der Rücklage nach § 261 sowie der zur Anschaffung und Erneuerung der Vermögensteile bereitgehaltenen Geldmittel nach § 263 Absatz 1 Satz 1 Nummer 2 das 0,8-Fache des durchschnittlich auf einen Monat entfallenden Betrags der Ausgaben für die in § 260 Absatz 1 Nummer 1 genannten Zwecke überschreiten; § 260 Absatz 2 Satz 2 gilt entsprechend.

(1a) [1]Krankenkassen, deren Finanzreserven gemäß § 260 Absatz 2 Satz 1 nach ihrem Haushaltsplan für das Jahr 2021 zum Ende des Jahres 2021 einen Betrag von 0,4 Monatsausgaben unterschreiten würden, wenn keine Anhebung des Zusatzbeitragssatzes erfolgt, dürfen ihren Zusatzbeitragssatz abweichend von Absatz 1 Satz 4 zum 1. Januar 2021 anheben; diese Zusatzbeitragssatzanhebung ist begrenzt auf einen Zusatzbeitragssatz, der der Absicherung dieser Finanzreserven in Höhe von 0,4 Monatsausgaben am Ende des Jahres 2021 entspricht. [2]Die zuständige Aufsichtsbehörde kann einer Krankenkasse, die zum Zeitpunkt der Haushaltsaufstellung für das Jahr 2021 über weniger als 50 000 Mitglieder verfügt, auf Antrag eine Anhebung des Zusatzbeitragssatzes zum 1. Januar 2021 genehmigen, die über die nach Satz 1 zulässige Anhebung hinausgeht, soweit dies erforderlich ist, um den für diese Krankenkasse notwendigen Betrag an Finanzreserven zur Absicherung gegen unvorhersehbare Ausgabenrisiken nicht zu unterschreiten. [3]Bei der Anhebung und der Genehmigung der Anhebung der Zusatzbeitragssätze nach den Sätzen 1 und 2 soll die Entwicklung der Ausgaben zugrunde gelegt werden, die der Schätzerkreis nach § 220 Absatz 2 Satz 1 Nummer 3 für das Jahr 2021 erwartet. [4]Die in den Haushaltsplänen der Krankenkassen für das Jahr 2021 vorzusehenden Beträge der Zuführungen nach § 170 Absatz 1 Satz 1 und zum Deckungskapital für Verpflichtungen nach § 12 Absatz 1 der Sozialversicherungs-Rechnungsverordnung sind 2021 auf die für das Haushaltsjahr notwendigen Beträge begrenzt.

(2) [1]Ergibt sich während des Haushaltsjahres, dass die Betriebsmittel der Krankenkassen einschließlich der Zuführung aus der Rücklage zur Deckung der Ausgaben nicht ausreichen, ist der Zusatzbeitragssatz nach Absatz 1 durch Änderung der Satzung zu erhöhen. [2]Muss eine Krankenkasse kurzfristig ihre Leistungsfähigkeit erhalten, so hat der Vorstand zu beschließen, dass der Zusatzbeitragssatz bis zur satzungsmäßigen Neuregelung erhöht wird; der Beschluss bedarf der Genehmigung der Aufsichtsbehörde. [3]Kommt kein Beschluss zustande, ordnet die Aufsichtsbehörde die notwendige Erhöhung des Zusatzbeitragssatzes an. [4]Klagen gegen die Anordnung nach Satz 3 haben keine aufschiebende Wirkung.

(3) [1]Die Krankenkasse hat den Zusatzbeitrag abweichend von Absatz 1 in Höhe des durchschnittlichen Zusatzbeitragssatzes nach § 242a zu erheben für

1. Mitglieder nach § 5 Absatz 1 Nummer 2a,
2. Mitglieder nach § 5 Absatz 1 Nummer 5 und 6,
3. Mitglieder nach § 5 Absatz 1 Nummer 7 und 8, wenn das tatsächliche Arbeitsentgelt den nach § 235 Absatz 3 maßgeblichen Mindestbetrag nicht übersteigt,
4. Mitglieder, deren Mitgliedschaft nach § 192 Absatz 1 Nummer 3 oder nach § 193 Absatz 2 bis 5 oder nach § 8 des Eignungsübungsgesetzes fortbesteht,

5. Mitglieder, die Verletztengeld nach dem Siebten Buch[1], Versorgungskrankengeld nach dem Bundesversorgungsgesetz oder vergleichbare Entgeltersatzleistungen beziehen, sowie
6. Beschäftigte, bei denen § 20 Absatz 3 Satz 1 Nummer 1 oder Nummer 2 oder Satz 2 des Vierten Buches[2] angewendet wird.

[2]Auf weitere beitragspflichtige Einnahmen dieser Mitglieder findet der Beitragssatz nach Absatz 1 Anwendung.

(4) Die Vorschriften des Zweiten und Dritten Abschnitts des Vierten Buches gelten entsprechend.

(5) [1]Die Krankenkassen melden die Zusatzbeitragssätze nach Absatz 1 dem Spitzenverband Bund der Krankenkassen. [2]Der Spitzenverband Bund der Krankenkassen führt eine laufend aktualisierte Übersicht, welche Krankenkassen einen Zusatzbeitrag erheben und in welcher Höhe, und veröffentlicht diese Übersicht im Internet. [3]Das Nähere zu Zeitpunkt, Form und Inhalt der Meldungen sowie zur Veröffentlichung regelt der Spitzenverband Bund der Krankenkassen.

§ 242a Durchschnittlicher Zusatzbeitragssatz. (1) Der durchschnittliche Zusatzbeitragssatz ergibt sich aus der Differenz zwischen den voraussichtlichen jährlichen Ausgaben der Krankenkassen und den voraussichtlichen jährlichen Einnahmen des Gesundheitsfonds, die für die Zuweisungen nach den §§ 266 und 270 zur Verfügung stehen, geteilt durch die voraussichtlichen jährlichen beitragspflichtigen Einnahmen der Mitglieder aller Krankenkassen, multipliziert mit 100.

(2) Das Bundesministerium für Gesundheit legt nach Auswertung der Ergebnisse des Schätzerkreises nach § 220 Absatz 2 die Höhe des durchschnittlichen Zusatzbeitragssatzes für das Folgejahr fest und gibt diesen Wert in Prozent jeweils bis zum 1. November eines Kalenderjahres im Bundesanzeiger bekannt.

§ 242b *(aufgehoben)*

§ 243 Ermäßigter Beitragssatz. [1]Für Mitglieder, die keinen Anspruch auf Krankengeld haben, gilt ein ermäßigter Beitragssatz. [2]Dies gilt nicht für die Beitragsbemessung nach § 240 Absatz 4b. [3]Der ermäßigte Beitragssatz beträgt 14,0 Prozent der beitragspflichtigen Einnahmen der Mitglieder.

§ 244 Ermäßigter Beitrag für Wehrdienstleistende und Zivildienstleistende. (1) [1]Bei Einberufung zu einem Wehrdienst wird der Beitrag für
1. Wehrdienstleistende nach § 193 Abs. 1 auf ein Drittel,
2. Wehrdienstleistende nach § 193 Abs. 2 auf ein Zehntel

des Beitrags ermäßigt, der vor der Einberufung zuletzt zu entrichten war. [2]Dies gilt nicht für aus Renten der gesetzlichen Rentenversicherung, Versorgungsbezügen und Arbeitseinkommen zu bemessende Beiträge.

(2) Das Bundesministerium für Gesundheit kann im Einvernehmen mit dem Bundesministerium der Verteidigung und dem Bundesministerium der Finanzen durch Rechtsverordnung mit Zustimmung des Bundesrates für die Bei-

---

[1] Nr. 7.
[2] Nr. 4.

tragszahlung nach Absatz 1 Satz 1 Nr. 2 eine pauschale Beitragsberechnung vorschreiben und die Zahlungsweise regeln.

(3) [1] Die Absätze 1 und 2 gelten für Zivildienstleistende entsprechend. [2] Bei einer Rechtsverordnung nach Absatz 2 tritt an die Stelle des Bundesministeriums der Verteidigung das Bundesministerium für Familie, Senioren, Frauen und Jugend.

§ 245 Beitragssatz für Studenten und Praktikanten. Für die nach § 5 Abs. 1 Nr. 9 und 10 Versicherungspflichtigen gelten als Beitragssatz sieben Zehntel des allgemeinen Beitragssatzes.

§ 246 Beitragssatz für Bezieher von Arbeitslosengeld II. Für Personen, die Arbeitslosengeld II beziehen, gilt als Beitragssatz der ermäßigte Beitragssatz nach § 243.

§ 247 Beitragssatz aus der Rente. [1] Für Versicherungspflichtige findet für die Bemessung der Beiträge aus Renten der gesetzlichen Rentenversicherung der allgemeine Beitragssatz nach § 241 Anwendung. [2] Abweichend von Satz 1 gilt bei Versicherungspflichtigen für die Bemessung der Beiträge aus ausländischen Renten nach § 228 Absatz 1 Satz 2 die Hälfte des allgemeinen Beitragssatzes und abweichend von § 242 Absatz 1 Satz 2 die Hälfte des kassenindividuellen Zusatzbeitragssatzes. [3] Veränderungen des Zusatzbeitragssatzes gelten jeweils vom ersten Tag des zweiten auf die Veränderung folgenden Kalendermonats an; dies gilt nicht für ausländische Renten nach § 228 Absatz 1 Satz 2.

§ 248 Beitragssatz aus Versorgungsbezügen und Arbeitseinkommen. [1] Bei Versicherungspflichtigen gilt für die Bemessung der Beiträge aus Versorgungsbezügen und Arbeitseinkommen der allgemeine Beitragssatz. [2] Abweichend von Satz 1 gilt bei Versicherungspflichtigen für die Bemessung der Beiträge aus Versorgungsbezügen nach § 229 Absatz 1 Satz 1 Nummer 4 die Hälfte des allgemeinen Beitragssatzes und abweichend von § 242 Absatz 1 Satz 2 die Hälfte des kassenindividuellen Zusatzbeitragssatzes. [3] Veränderungen des Zusatzbeitragssatzes gelten für Versorgungsbezüge nach § 229 in den Fällen des § 256 Absatz 1 Satz 1 jeweils vom ersten Tag des zweiten auf die Veränderung folgenden Kalendermonats an.

Vierter Titel. Tragung der Beiträge

§ 249 Tragung der Beiträge bei versicherungspflichtiger Beschäftigung. (1) [1] Beschäftigte, die nach § 5 Absatz 1 Nummer 1 oder Nummer 13 versicherungspflichtig sind, und ihre Arbeitgeber tragen die nach dem Arbeitsentgelt zu bemessenden Beiträge jeweils zur Hälfte. [2] Bei geringfügig Beschäftigten gilt § 249b.

(2) Der Arbeitgeber trägt den Beitrag allein für Beschäftigte, soweit Beiträge für Kurzarbeitergeld zu zahlen sind.

(3) [1] Abweichend von Absatz 1 werden die Beiträge bei versicherungspflichtig Beschäftigten mit einem monatlichen Arbeitsentgelt innerhalb des Übergangsbereichs nach § 20 Abs. 2 des Vierten Buches[1)] vom Arbeitgeber in Höhe der Hälfte des Betrages, der sich ergibt, wenn der allgemeine oder ermäßigte

[1)] Nr. 4.

Beitragssatz zuzüglich des kassenindividuellen Zusatzbeitragssatzes auf das der Beschäftigung zugrunde liegende Arbeitsentgelt angewendet wird, im Übrigen vom Versicherten getragen. [2]Dies gilt auch für Personen, für die § 7 Absatz 3 Anwendung findet.

§ 249a Tragung der Beiträge bei Versicherungspflichtigen mit Rentenbezug. [1]Versicherungspflichtige, die eine Rente nach § 228 Absatz 1 Satz 1 beziehen, und die Träger der Rentenversicherung tragen die nach der Rente zu bemessenden Beiträge jeweils zur Hälfte. [2]Bei Versicherungspflichtigen, die eine für sie nach § 237 Satz 2 beitragsfreie Waisenrente nach § 48 des Sechsten Buches[1)] beziehen, trägt der Träger der Rentenversicherung die Hälfte der nach dieser Rente zu bemessenden Beiträge, wie er sie ohne die Beitragsfreiheit zu tragen hätte. [3]Die Beiträge aus ausländischen Renten nach § 228 Absatz 1 Satz 2 tragen die Rentner allein.

§ 249b Beitrag des Arbeitgebers bei geringfügiger Beschäftigung.

[1]Der Arbeitgeber einer Beschäftigung nach § 8 Abs. 1 Nr. 1 des Vierten Buches[2)] hat für Versicherte, die in dieser Beschäftigung versicherungsfrei oder nicht versicherungspflichtig sind, einen Beitrag in Höhe von 13 vom Hundert des Arbeitsentgelts dieser Beschäftigung zu tragen. [2]Für Beschäftigte in Privathaushalten nach § 8a Satz 1 des Vierten Buches, die in dieser Beschäftigung versicherungsfrei oder nicht versicherungspflichtig sind, hat der Arbeitgeber einen Beitrag in Höhe von 5 vom Hundert des Arbeitsentgelts dieser Beschäftigung zu tragen. [3]Für den Beitrag des Arbeitgebers gelten der Dritte Abschnitt des Vierten Buches sowie § 111 Abs. 1 Nr. 2 bis 4, 8 und Abs. 2 und 4 des Vierten Buches entsprechend.

§ 249c Tragung der Beiträge bei Bezug von Pflegeunterstützungsgeld. [1]Bei Bezug von Pflegeunterstützungsgeld werden die Beiträge, soweit sie auf das Pflegeunterstützungsgeld entfallen, getragen

1. bei Personen, die einen in der sozialen Pflegeversicherung versicherten Pflegebedürftigen pflegen, von den Versicherten und der Pflegekasse je zur Hälfte,
2. bei Personen, die einen in der privaten Pflege-Pflichtversicherung versicherungspflichtigen Pflegebedürftigen pflegen, von den Versicherten und dem privaten Versicherungsunternehmen je zur Hälfte,
3. bei Personen, die einen Pflegebedürftigen pflegen, der wegen Pflegebedürftigkeit Beihilfeleistungen oder Leistungen der Heilfürsorge und Leistungen einer Pflegekasse oder eines privaten Versicherungsunternehmens erhält, von den Versicherten zur Hälfte und von der Festsetzungsstelle für die Beihilfe oder vom Dienstherrn und der Pflegekasse oder dem privaten Versicherungsunternehmen jeweils anteilig,

im Übrigen von der Pflegekasse, dem privaten Versicherungsunternehmen oder anteilig von der Festsetzungsstelle für die Beihilfe oder dem Dienstherrn und der Pflegekasse oder dem privaten Versicherungsunternehmen. [2]Die Beiträge werden von der Pflegekasse oder dem privaten Versicherungsunternehmen allein oder anteilig von der Festsetzungsstelle für die Beihilfe oder dem Dienst-

[1)] Nr. 6.
[2)] Nr. 4.

herrn und der Pflegekasse oder dem privaten Versicherungsunternehmen getragen, wenn das dem Pflegeunterstützungsgeld zugrunde liegende monatliche Arbeitsentgelt 450 Euro nicht übersteigt.

§ 250 Tragung der Beiträge durch das Mitglied. (1) Versicherungspflichtige tragen die Beiträge aus

1. den Versorgungsbezügen,
2. dem Arbeitseinkommen,
3. den beitragspflichtigen Einnahmen nach § 236 Abs. 1

allein.

(2) Freiwillige Mitglieder, in § 189 genannte Rentenantragsteller sowie Schwangere, deren Mitgliedschaft nach § 192 Abs. 2 erhalten bleibt, tragen den Beitrag allein.

(3) Versicherungspflichtige nach § 5 Abs. 1 Nr. 13 tragen ihre Beiträge mit Ausnahme der aus Arbeitsentgelt und nach § 228 Absatz 1 Satz 1 zu tragenden Beiträge allein.

§ 251 Tragung der Beiträge durch Dritte. (1) Der zuständige Rehabilitationsträger trägt die auf Grund der Teilnahme an Leistungen zur Teilhabe am Arbeitsleben sowie an Berufsfindung oder Arbeitserprobung (§ 5 Abs. 1 Nr. 6) oder des Bezugs von Übergangsgeld, Verletztengeld oder Versorgungskrankengeld (§ 192 Abs. 1 Nr. 3) zu zahlenden Beiträge.

(2) [1] Der Träger der Einrichtung trägt den Beitrag allein

1. für die nach § 5 Abs. 1 Nr. 5 versicherungspflichtigen Jugendlichen,
2. für die nach § 5 Abs. 1 Nr. 7 oder 8 versicherungspflichtigen behinderten Menschen, wenn das tatsächliche Arbeitsentgelt den nach § 235 Abs. 3 maßgeblichen Mindestbetrag nicht übersteigt; im übrigen gilt § 249 Abs. 1 entsprechend.

[2] Für die nach § 5 Abs. 1 Nr. 7 versicherungspflichtigen behinderten Menschen sind die Beiträge, die der Träger der Einrichtung zu tragen hat, von den für die behinderten Menschen zuständigen Leistungsträgern zu erstatten. [3] Satz 1 Nummer 2 und Satz 2 gelten für einen anderen Leistungsanbieter nach § 60 des Neunten Buches[1)] entsprechend.

(3) [1] Die Künstlersozialkasse trägt die Beiträge für die nach dem Künstlersozialversicherungsgesetz versicherungspflichtigen Mitglieder. [2] Hat die Künstlersozialkasse nach § 16 Abs. 2 Satz 2 des Künstlersozialversicherungsgesetzes das Ruhen der Leistungen festgestellt, entfällt für die Zeit des Ruhens die Pflicht zur Entrichtung des Beitrages, es sei denn, das Ruhen endet nach § 16 Abs. 2 Satz 5 des Künstlersozialversicherungsgesetzes. [3] Bei einer Vereinbarung nach § 16 Abs. 2 Satz 6 des Künstlersozialversicherungsgesetzes ist die Künstlersozialkasse zur Entrichtung der Beiträge für die Zeit des Ruhens insoweit verpflichtet, als der Versicherte seine Beitragsanteile zahlt.

(4) [1] Der Bund trägt die Beiträge für Wehrdienst- und Zivildienstleistende im Falle des § 193 Abs. 2 und 3 sowie für die nach § 5 Abs. 1 Nr. 2a versicherungspflichtigen Bezieher von Arbeitslosengeld II. [2] Die Höhe der vom Bund zu tragenden Zusatzbeiträge für die nach § 5 Absatz 1 Nummer 2a

---

[1)] Nr. **9**.

versicherungspflichtigen Bezieher von Arbeitslosengeld II wird für ein Kalenderjahr jeweils im Folgejahr abschließend festgestellt. [3] Hierzu ermittelt das Bundesministerium für Gesundheit den rechnerischen Zusatzbeitragssatz, der sich als Durchschnitt der im Kalenderjahr geltenden Zusatzbeitragssätze der Krankenkassen nach § 242 Absatz 1 unter Berücksichtigung der Zahl ihrer Mitglieder ergibt. [4] Weicht der durchschnittliche Zusatzbeitragssatz nach § 242a von dem für das Kalenderjahr nach Satz 2 ermittelten rechnerischen Zusatzbeitragssatz ab, so erfolgt zwischen dem Gesundheitsfonds und dem Bundeshaushalt ein finanzieller Ausgleich des sich aus der Abweichung ergebenden Differenzbetrags. [5] Den Ausgleich führt das Bundesamt für Soziale Sicherung für den Gesundheitsfonds nach § 271 und das Bundesministerium für Arbeit und Soziales im Einvernehmen mit dem Bundesministerium der Finanzen für den Bund durch. [6] Ein Ausgleich findet nicht statt, wenn sich ein Betrag von weniger als einer Million Euro ergibt.

(4a) Die Bundesagentur für Arbeit trägt die Beiträge für die Bezieher von Arbeitslosengeld und Unterhaltsgeld nach dem Dritten Buch[1)].

(4b) Für Personen, die als nicht satzungsmäßige Mitglieder geistlicher Genossenschaften oder ähnlicher religiöser Gemeinschaften für den Dienst in einer solchen Genossenschaft oder ähnlichen religiösen Gemeinschaft außerschulisch ausgebildet werden, trägt die geistliche Genossenschaft oder ähnliche religiöse Gemeinschaft die Beiträge.

(4c) *(aufgehoben)*

(5) [1] Die Krankenkassen sind zur Prüfung der Beitragszahlung berechtigt. [2] In den Fällen der Absätze 3, 4 und 4a ist das Bundesamt für Soziale Sicherung zur Prüfung der Beitragszahlung berechtigt. [3] Ihm sind die für die Durchführung der Prüfung erforderlichen Unterlagen vorzulegen und die erforderlichen Auskünfte zu erteilen. [4] Das Bundesamt für Soziale Sicherung kann die Prüfung durch eine Krankenkasse oder einen Landesverband wahrnehmen lassen; der Beauftragte muss zustimmen. [5] Dem Beauftragten sind die erforderlichen Unterlagen vorzulegen und die erforderlichen Auskünfte zu erteilen. [6] Der Beauftragte darf die erhobenen Daten nur zum Zweck der Durchführung der Prüfung verarbeiten. [7] Im Übrigen gelten für die Datenverarbeitung die Vorschriften des Ersten[2)] und Zehnten Buches[3)].

Fünfter Titel. Zahlung der Beiträge

§ 252 Beitragszahlung. (1) [1] Soweit gesetzlich nichts Abweichendes bestimmt ist, sind die Beiträge von demjenigen zu zahlen, der sie zu tragen hat. [2] Abweichend von Satz 1 zahlen die Bundesagentur für Arbeit oder in den Fällen des § 6a des Zweiten Buches[4)] die zugelassenen kommunalen Träger die Beiträge für die Bezieher von Arbeitslosengeld II nach dem Zweiten Buch.

(2) [1] Die Beitragszahlung erfolgt in den Fällen des § 251 Abs. 3, 4 und 4a an den Gesundheitsfonds. [2] Ansonsten erfolgt die Beitragszahlung an die nach § 28i des Vierten Buches[5)] zuständige Einzugsstelle. [3] Die Einzugsstellen leiten die nach Satz 2 gezahlten Beiträge einschließlich der Zinsen auf Beiträge und

---

1) Nr. **3**.
2) Nr. **1**.
3) Nr. **10**.
4) Nr. **2**.
5) Nr. **4**.

Säumniszuschläge arbeitstäglich an den Gesundheitsfonds weiter. [4]Das Weitere zum Verfahren der Beitragszahlungen nach Satz 1 und Beitragsweiterleitungen nach Satz 3 wird durch Rechtsverordnung nach den §§ 28c und 28n des Vierten Buches geregelt.

(2a) [1]Die Pflegekassen zahlen für Bezieher von Pflegeunterstützungsgeld die Beiträge nach § 249c Satz 1 Nummer 1 und 3. [2]Die privaten Versicherungsunternehmen, die Festsetzungsstellen für die Beihilfe oder die Dienstherren zahlen die Beiträge nach § 249c Satz 1 Nummer 2 und 3; der Verband der privaten Krankenversicherung e.V., die Festsetzungsstellen für die Beihilfe und die Dienstherren vereinbaren mit dem Spitzenverband Bund der Krankenkassen und dem Bundesamt für Soziale Sicherung Näheres über die Zahlung und Abrechnung der Beiträge. [3]Für den Beitragsabzug gilt § 28g Satz 1 und 2 des Vierten Buches entsprechend.

(3) [1]Schuldet ein Mitglied Auslagen, Gebühren, insbesondere Mahn- und Vollstreckungsgebühren sowie wie Gebühren zu behandelnde Entgelte für Rücklastschriften, Beiträge, den Zusatzbeitrag nach § 242 in der bis zum 31. Dezember 2014 geltenden Fassung, Prämien nach § 53, Säumniszuschläge, Zinsen, Bußgelder oder Zwangsgelder, kann es bei Zahlung bestimmen, welche Schuld getilgt werden soll. [2]Trifft das Mitglied keine Bestimmung, werden die Schulden in der genannten Reihenfolge getilgt. [3]Innerhalb der gleichen Schuldenart werden die einzelnen Schulden nach ihrer Fälligkeit, bei gleichzeitiger Fälligkeit anteilmäßig getilgt.

(4) Für die Haftung der Einzugsstellen wegen schuldhafter Pflichtverletzung beim Einzug von Beiträgen nach Absatz 2 Satz 2 gilt § 28r Abs. 1 und 2 des Vierten Buches entsprechend.

(5) Das Bundesministerium für Gesundheit regelt durch Rechtsverordnung mit Zustimmung des Bundesrates das Nähere über die Prüfung der von den Krankenkassen mitzuteilenden Daten durch die mit der Prüfung nach § 274 befassten Stellen einschließlich der Folgen fehlerhafter Datenlieferungen oder nicht prüfbarer Daten sowie das Verfahren der Prüfung und der Prüfkriterien für die Bereiche der Beitragsfestsetzung, des Beitragseinzugs und der Weiterleitung von Beiträgen nach Absatz 2 Satz 2 durch die Krankenkassen, auch abweichend von § 274.

(6) Stellt die Aufsichtsbehörde fest, dass eine Krankenkasse die Monatsabrechnungen über die Sonstigen Beiträge gegenüber dem Bundesamt für Soziale Sicherung als Verwalter des Gesundheitsfonds entgegen der Rechtsverordnung auf Grundlage der §§ 28n und 28p des Vierten Buches nicht, nicht vollständig, nicht richtig oder nicht fristgerecht abgibt, kann sie die Aufforderung zur Behebung der festgestellten Rechtsverletzung und zur Unterlassung künftiger Rechtsverletzungen mit der Androhung eines Zwangsgeldes bis zu 50 000 Euro für jeden Fall der Zuwiderhandlung verbinden.

§ 253 Beitragszahlung aus dem Arbeitsentgelt. Für die Zahlung der Beiträge aus Arbeitsentgelt bei einer versicherungspflichtigen Beschäftigung gelten die Vorschriften über den Gesamtsozialversicherungsbeitrag nach den §§ 28d bis 28n und § 28r des Vierten Buches[1)].

[1)] Nr. 4.

§ 254 Beitragszahlung der Studenten. [1]Versicherungspflichtige Studenten haben vor der Einschreibung oder Rückmeldung an der Hochschule die Beiträge für das Semester im voraus an die zuständige Krankenkasse zu zahlen. [2]Der Spitzenverband Bund der Krankenkassen kann andere Zahlungsweisen vorsehen. [3]Weist ein als Student zu Versichernder die Erfüllung der ihm gegenüber der Krankenkasse auf Grund dieses Gesetzbuchs auferlegten Verpflichtungen nicht nach, verweigert die Hochschule die Einschreibung oder die Annahme der Rückmeldung.

§ 255 Beitragszahlung aus der Rente. (1) [1]Beiträge, die Versicherungspflichtige aus ihrer Rente nach § 228 Absatz 1 Satz 1 zu tragen haben, sind von den Trägern der Rentenversicherung bei der Zahlung der Rente einzubehalten und zusammen mit den von den Trägern der Rentenversicherung zu tragenden Beiträgen an die Deutsche Rentenversicherung Bund für die Krankenkassen mit Ausnahme der landwirtschaftlichen Krankenkasse zu zahlen. [2]Bei einer Änderung in der Höhe der Beiträge ist die Erteilung eines besonderen Bescheides durch den Träger der Rentenversicherung nicht erforderlich.

(2) [1]Ist bei der Zahlung der Rente die Einbehaltung von Beiträgen nach Absatz 1 unterblieben, sind die rückständigen Beiträge durch den Träger der Rentenversicherung aus der weiterhin zu zahlenden Rente einzubehalten; § 51 Abs. 2 des Ersten Buches[1] gilt entsprechend. [2]Wird die Rente nicht mehr gezahlt, obliegt der Einzug von rückständigen Beiträgen der zuständigen Krankenkasse. [3]Der Träger der Rentenversicherung haftet mit dem von ihm zu tragenden Anteil an den Aufwendungen für die Krankenversicherung.

(3) [1]Soweit im Folgenden nichts Abweichendes bestimmt ist, werden die Beiträge nach den Absätzen 1 und 2 am letzten Bankarbeitstag des Monats fällig, der dem Monat folgt, für den die Rente gezahlt wird. [2]Wird eine Rente am letzten Bankarbeitstag des Monats ausgezahlt, der dem Monat vorausgeht, in dem sie fällig wird (§ 272a des Sechsten Buches[2]), werden die Beiträge nach den Absätzen 1 und 2 abweichend von Satz 1 am letzten Bankarbeitstag des Monats, für den die Rente gezahlt wird, fällig. [3]Am Achten eines Monats wird ein Betrag in Höhe von 300 Millionen Euro fällig; die im selben Monat fälligen Beträge nach den Sätzen 1 und 2 verringern sich um diesen Betrag. [4]Die Deutsche Rentenversicherung Bund leitet die Beiträge nach den Absätzen 1 und 2 an den Gesundheitsfonds weiter und teilt dem Bundesamt für Soziale Sicherung bis zum 15. des Monats die voraussichtliche Höhe der am letzten Bankarbeitstag fälligen Beträge mit.

§ 256 Beitragszahlung aus Versorgungsbezügen. (1) [1]Für Versicherungspflichtige haben die Zahlstellen der Versorgungsbezüge die Beiträge aus Versorgungsbezügen einzubehalten und an die zuständige Krankenkasse zu zahlen. [2]Die zu zahlenden Beiträge werden am 15. des Folgemonats der Auszahlung der Versorgungsbezüge fällig. [3]Die Zahlstellen haben der Krankenkasse die einbehaltenen Beiträge nachzuweisen; § 28f Absatz 3 Satz 1 und 2 des Vierten Buches[3] gilt entsprechend. [4]Die Beitragsnachweise sind von den Zahlstellen durch Datenübertragung zu übermitteln; § 202 Absatz 2 gilt entsprechend. [5]Bezieht das Mitglied Versorgungsbezüge von mehreren Zahlstellen

---

[1] Nr. 1.
[2] Nr. 6.
[3] Nr. 4.

und übersteigen die Versorgungsbezüge zusammen mit dem Zahlbetrag der Rente der gesetzlichen Rentenversicherung die Beitragsbemessungsgrenze, verteilt die Krankenkasse auf Antrag des Mitglieds oder einer der Zahlstellen die Beiträge.

(2) [1] § 255 Abs. 2 Satz 1 und 2 gilt entsprechend. [2] Die Krankenkasse zieht die Beiträge aus nachgezahlten Versorgungsbezügen ein. [3] Dies gilt nicht für Beiträge aus Nachzahlungen aufgrund von Anpassungen der Versorgungsbezüge an die wirtschaftliche Entwicklung. [4] Die Erstattung von Beiträgen obliegt der zuständigen Krankenkasse. [5] Die Krankenkassen können mit den Zahlstellen der Versorgungsbezüge Abweichendes vereinbaren.

(3) [1] Die Krankenkasse überwacht die Beitragszahlung. [2] Sind für die Überwachung der Beitragszahlung durch eine Zahlstelle mehrere Krankenkassen zuständig, haben sie zu vereinbaren, daß eine dieser Krankenkassen die Überwachung für die beteiligten Krankenkassen übernimmt. [3] § 98 Abs. 1 Satz 2 des Zehnten Buches[1)] gilt entsprechend.

§ 256a Ermäßigung und Erlass von Beitragsschulden und Säumniszuschlägen. (1) Zeigt ein Versicherter das Vorliegen der Voraussetzungen der Versicherungspflicht nach § 5 Absatz 1 Nummer 13 erst nach einem der in § 186 Absatz 11 Satz 1 und 2 genannten Zeitpunkte an, soll die Krankenkasse die für die Zeit seit dem Eintritt der Versicherungspflicht nachzuzahlenden Beiträge angemessen ermäßigen; darauf entfallende Säumniszuschläge nach § 24 des Vierten Buches[2)] sind vollständig zu erlassen.

(2) [1] Erfolgt die Anzeige nach Absatz 1 bis zum 31. Dezember 2013, soll die Krankenkasse den für die Zeit seit dem Eintritt der Versicherungspflicht nachzuzahlenden Beitrag und die darauf entfallenden Säumniszuschläge nach § 24 des Vierten Buches erlassen. [2] Satz 1 gilt für bis zum 31. Juli 2013 erfolgte Anzeigen der Versicherungspflicht nach § 5 Absatz 1 Nummer 13 für noch ausstehende Beiträge und Säumniszuschläge entsprechend.

(3) Die Krankenkasse hat für Mitglieder nach § 5 Absatz 1 Nummer 13 sowie für freiwillige Mitglieder noch nicht gezahlte Säumniszuschläge in Höhe der Differenz zwischen dem nach § 24 Absatz 1a des Vierten Buches in der bis zum 31. Juli 2013 geltenden Fassung erhobenen Säumniszuschlag und dem sich bei Anwendung des in § 24 Absatz 1 des Vierten Buches ergebenden Säumniszuschlag zu erlassen.

(4) [1] Der Spitzenverband Bund der Krankenkassen regelt das Nähere zur Ermäßigung und zum Erlass von Beiträgen und Säumniszuschlägen nach den Absätzen 1 bis 3, insbesondere zu einem Verzicht auf die Inanspruchnahme von Leistungen als Voraussetzung für die Ermäßigung oder den Erlass. [2] Die Regelungen nach Satz 1 bedürfen zu ihrer Wirksamkeit der Zustimmung des Bundesministeriums für Gesundheit und sind diesem spätestens bis zum 15. September 2013 vorzulegen.

Zweiter Abschnitt. Beitragszuschüsse

§ 257 Beitragszuschüsse für Beschäftigte. (1) [1] Freiwillig in der gesetzlichen Krankenversicherung versicherte Beschäftigte, die nur wegen Überschrei-

[1)] Nr. **10**.
[2)] Nr. **4**.

tens der Jahresarbeitsentgeltgrenze versicherungsfrei sind, erhalten von ihrem Arbeitgeber als Beitragszuschuß den Betrag, den der Arbeitgeber entsprechend § 249 Absatz 1 oder 2 bei Versicherungspflicht des Beschäftigten zu tragen hätte. [2] Satz 1 gilt für freiwillig in der gesetzlichen Krankenversicherung versicherte Beschäftigte, deren Mitgliedschaft auf der Versicherungsberechtigung nach § 9 Absatz 1 Satz 1 Nummer 8 beruht, entsprechend. [3] Bestehen innerhalb desselben Zeitraums mehrere Beschäftigungsverhältnisse, sind die beteiligten Arbeitgeber anteilig nach dem Verhältnis der Höhe der jeweiligen Arbeitsentgelte zur Zahlung des Beitragszuschusses verpflichtet.

(2) [1] Beschäftigte, die nur wegen Überschreitens der Jahresarbeitsentgeltgrenze oder auf Grund von § 6 Abs. 3a versicherungsfrei oder die von der Versicherungspflicht befreit und bei einem privaten Krankenversicherungsunternehmen versichert sind und für sich und ihre Angehörigen, die bei Versicherungspflicht des Beschäftigten nach § 10 versichert wären, Vertragsleistungen beanspruchen können, die der Art nach den Leistungen dieses Buches entsprechen, erhalten von ihrem Arbeitgeber einen Beitragszuschuß. [2] Der Zuschuss wird in Höhe des Betrages gezahlt, der sich bei Anwendung der Hälfte des Beitragssatzes nach § 241 zuzüglich der Hälfte des durchschnittlichen Zusatzbeitragssatzes nach § 242a und der nach § 226 Absatz 1 Satz 1 Nummer 1 bei Versicherungspflicht zugrunde zu legenden beitragspflichtigen Einnahmen als Beitrag ergibt, höchstens jedoch in Höhe der Hälfte des Betrages, den der Beschäftigte für seine Krankenversicherung zu zahlen hat. [3] Für Beschäftigte, die bei Versicherungspflicht keinen Anspruch auf Krankengeld hätten, tritt an die Stelle des Beitragssatzes nach § 241 der Beitragssatz nach § 243. [4] Soweit Kurzarbeitergeld bezogen wird, ist der Beitragszuschuss in Höhe des Betrages zu zahlen, den der Arbeitgeber bei Versicherungspflicht des Beschäftigten entsprechend § 249 Absatz 2 zu tragen hätte, höchstens jedoch in Höhe des Betrages, den der Beschäftigte für seine Krankenversicherung zu zahlen hat; für die Berechnung gilt der um den durchschnittlichen Zusatzbeitragssatz nach § 242a erhöhte allgemeine Beitragssatz nach § 241. [5] Absatz 1 Satz 3 gilt.

(2a) [1] Der Zuschuss nach Absatz 2 wird ab 1. Januar 2009 für eine private Krankenversicherung nur gezahlt, wenn das Versicherungsunternehmen

1. diese Krankenversicherung nach Art der Lebensversicherung betreibt,
2. einen Basistarif im Sinne des § 152 Absatz 1 des Versicherungsaufsichtsgesetzes anbietet,

2a. sich verpflichtet, Interessenten vor Abschluss der Versicherung das amtliche Informationsblatt der Bundesanstalt für Finanzdienstleistungsaufsicht gemäß § 146 Absatz 1 Nummer 6 des Versicherungsaufsichtsgesetzes auszuhändigen, welches über die verschiedenen Prinzipien der gesetzlichen sowie der privaten Krankenversicherung aufklärt,

3. soweit es über versicherte Personen im brancheneinheitlichen Standardtarif im Sinne von § 257 Abs. 2a in der bis zum 31. Dezember 2008 geltenden Fassung verfügt, sich verpflichtet, die in § 257 Abs. 2a in der bis zum 31. Dezember 2008 geltenden Fassung in Bezug auf den Standardtarif genannten Pflichten einzuhalten,
4. sich verpflichtet, den überwiegenden Teil der Überschüsse, die sich aus dem selbst abgeschlossenen Versicherungsgeschäft ergeben, zugunsten der Versicherten zu verwenden,
5. vertraglich auf das ordentliche Kündigungsrecht verzichtet,

6. die Krankenversicherung nicht zusammen mit anderen Versicherungssparten betreibt, wenn das Versicherungsunternehmen seinen Sitz im Geltungsbereich dieses Gesetzes hat.

[2] Der Versicherungsnehmer hat dem Arbeitgeber jeweils nach Ablauf von drei Jahren eine Bescheinigung des Versicherungsunternehmens darüber vorzulegen, dass die Aufsichtsbehörde dem Versicherungsunternehmen bestätigt hat, dass es die Versicherung, die Grundlage des Versicherungsvertrages ist, nach den in Satz 1 genannten Voraussetzungen betreibt.

(2b), (2c) *(aufgehoben)*

(3) [1] Für Bezieher von Vorruhestandsgeld nach § 5 Abs. 3, die als Beschäftigte bis unmittelbar vor Beginn der Vorruhestandsleistungen Anspruch auf den vollen oder anteiligen Beitragszuschuß nach Absatz 1 hatten, bleibt der Anspruch für die Dauer der Vorruhestandsleistungen gegen den zur Zahlung des Vorruhestandsgeldes Verpflichteten erhalten. [2] Der Zuschuss wird in Höhe des Betrages gezahlt, den der Arbeitgeber bei Versicherungspflicht des Beziehers von Vorruhestandsgeld zu tragen hätte. [3] Absatz 1 Satz 2 gilt entsprechend.

(4) [1] Für Bezieher von Vorruhestandsgeld nach § 5 Abs. 3, die als Beschäftigte bis unmittelbar vor Beginn der Vorruhestandsleistungen Anspruch auf den vollen oder anteiligen Beitragszuschuß nach Absatz 2 hatten, bleibt der Anspruch für die Dauer der Vorruhestandsleistungen gegen den zur Zahlung des Vorruhestandsgeldes Verpflichteten erhalten. [2] Der Zuschuss wird in Höhe des Betrages gezahlt, der sich bei Anwendung der Hälfte des Beitragssatzes nach § 243 und des Vorruhestandsgeldes bis zur Beitragsbemessungsgrenze (§ 223 Absatz 3) als Beitrag ergibt, höchstens jedoch in Höhe der Hälfte des Betrages, den der Bezieher von Vorruhestandsgeld für seine Krankenversicherung zu zahlen hat; Absatz 1 Satz 2 gilt entsprechend.

§ 258 Beitragszuschüsse für andere Personen. [1] In § 5 Abs. 1 Nr. 6, 7 oder 8 genannte Personen, die nach § 6 Abs. 3a versicherungsfrei sind, sowie Bezieher von Übergangsgeld, die nach § 8 Abs. 1 Nr. 4 von der Versicherungspflicht befreit sind, erhalten vom zuständigen Leistungsträger einen Zuschuß zu ihrem Krankenversicherungsbeitrag. [2] Als Zuschuß ist der Betrag zu zahlen, der von dem Leistungsträger als Beitrag bei Krankenversicherungspflicht zu zahlen wäre, höchstens jedoch der Betrag, der an das private Krankenversicherungsunternehmen zu zahlen ist. [3] § 257 Abs. 2a gilt entsprechend.

Dritter Abschnitt. Verwendung und Verwaltung der Mittel

§ 259 Mittel der Krankenkasse. Die Mittel der Krankenkasse umfassen die Betriebsmittel, die Rücklage und das Verwaltungsvermögen.

§ 260 Betriebsmittel. (1) Betriebsmittel dürfen nur verwendet werden

1. für die gesetzlich oder durch die Satzung vorgesehenen Aufgaben sowie für die Verwaltungskosten; die Aufgaben der Krankenkassen als Pflegekassen sind keine gesetzlichen Aufgaben im Sinne dieser Vorschrift,
2. zur Auffüllung der Rücklage und zur Bildung von Verwaltungsvermögen.

(2) [1] Die nicht für die laufenden Ausgaben benötigten Betriebsmittel zuzüglich der Rücklage nach § 261 sowie der zur Anschaffung und Erneuerung der Vermögensteile bereitgehaltenen Geldmittel nach § 263 Absatz 1 Satz 1 Nummer 2 dürfen im Durchschnitt des Haushaltsjahres das 0,8-Fache des nach dem

Haushaltsplan der Krankenkasse auf einen Monat entfallenden Betrages der Ausgaben für die in Absatz 1 Nummer 1 genannten Zwecke nicht übersteigen. [2] Auf Antrag einer Krankenkasse, die zum Zeitpunkt der Haushaltsaufstellung über weniger als 50 000 Mitglieder verfügt, kann die zuständige Aufsichtsbehörde eine Obergrenze zulassen, die das 0,8-Fache des Betrages nach Satz 1 übersteigt, soweit dies erforderlich ist. [3] Bei der Feststellung der vorhandenen Betriebsmittel sind die Forderungen und Verpflichtungen der Krankenkasse zu berücksichtigen, soweit sie nicht der Rücklage oder dem Verwaltungsvermögen zuzuordnen sind. [4] Durchlaufende Gelder bleiben außer Betracht.

(2a) [1] Die den Betrag nach Absatz 2 Satz 1 oder Satz 2 übersteigenden Mittel sind innerhalb der drei folgenden Haushaltsjahre schrittweise mindestens in Höhe eines Drittels des Überschreitungsbetrages pro Jahr durch Absenkung des kassenindividuellen Zusatzbeitragssatzes zu vermindern. [2] Die zuständige Aufsichtsbehörde kann die Frist nach Satz 1 auf Antrag der Krankenkasse um bis zu zwei Haushaltsjahre verlängern, wenn die übersteigenden Mittel voraussichtlich nicht innerhalb der Frist nach Satz 1 durch einen Verzicht auf die Erhebung eines Zusatzbeitrags abgebaut werden können.

(3) Die Betriebsmittel sind im erforderlichen Umfang bereitzuhalten und im übrigen so anzulegen, daß sie für die in Absatz 1 genannten Zwecke verfügbar sind.

(4) Übersteigen die nicht für die laufenden Ausgaben benötigten Betriebsmittel zuzüglich der Rücklage nach § 261 nach Ablauf der Frist nach Absatz 2a den nach Absatz 2 Satz 1 oder Satz 2 vorgegebenen Betrag, hat die Krankenkasse den übersteigenden Betrag an den Gesundheitsfonds abzuführen.

§ 261 Rücklage. (1) Die Krankenkasse hat zur Sicherstellung ihrer Leistungsfähigkeit eine Rücklage zu bilden.

(2) [1] Die Satzung bestimmt die Höhe der Rücklage in einem Vomhundertsatz des nach dem Haushaltsplan durchschnittlich auf den Monat entfallenden Betrages der Ausgaben für die in § 260 Abs. 1 Nr. 1 genannten Zwecke (Rücklagesoll). [2] Die Rücklage muß mindestens ein Fünftel des Betrages der auf den Monat entfallenden Ausgaben nach Satz 1 betragen.

(3) [1] Die Krankenkasse kann Mittel aus der Rücklage den Betriebsmitteln zuführen, wenn Einnahme- und Ausgabeschwankungen innerhalb eines Haushaltsjahres nicht durch die Betriebsmittel ausgeglichen werden können. [2] In diesem Fall soll die Rücklage in Anspruch genommen werden, wenn dadurch Erhöhungen des Zusatzbeitragssatzes nach § 242 während des Haushaltsjahres vermieden werden.

(4) Ergibt sich bei der Aufstellung des Haushaltsplans, daß die Rücklage geringer ist als das Rücklagesoll, ist bis zur Erreichung des Rücklagesolls die Auffüllung der Rücklage im Regelfall mit einem Betrag in Höhe von mindestens der Hälfte des Rücklagesolls im Haushaltsplan vorzusehen.

(5) Übersteigt die Rücklage das Rücklagesoll, ist der übersteigende Betrag den Betriebsmitteln zuzuführen.

(6) [1] Die Rücklage ist getrennt von den sonstigen Mitteln so anzulegen, daß sie für den nach Absatz 1 genannten Zweck verfügbar ist. [2] Sie wird vorbehaltlich des § 262 von der Krankenkasse verwaltet.

§ 262 Gesamtrücklage. (1) [1]Die Satzungen der Landesverbände können bestimmen, daß die von den Verbandsmitgliedern zu bildenden Rücklagen bis zu einem Drittel des Rücklagesolls von dem Landesverband als Sondervermögen (Gesamtrücklage) verwaltet werden. [2]Die Gesamtrücklage ist vorrangig vor dem von der Krankenkasse verwalteten Teil der Rücklage aufzufüllen.

(2) [1]Die im Laufe eines Jahres entstehenden Kapitalerträge und die aus den Veräußerungen erwachsenden Gewinne der Gesamtrücklage werden gegen die aus Veräußerungen entstehenden Verluste ausgeglichen. [2]Der Unterschied wird auf die beteiligten Krankenkassen nach der Höhe ihres Rücklageguthabens beim Landesverband im Jahresdurchschnitt umgelegt.

(3) [1]Ergibt sich nach Absatz 2 ein Überschuß, wird er den Krankenkassen ausgezahlt, deren Rücklageguthaben beim Landesverband den nach Absatz 1 bestimmten Anteil erreicht hat. [2]Ist dieses Rücklageguthaben noch nicht erreicht, wird der Überschuß bis zur Höhe des fehlenden Betrages nicht ausgezahlt, sondern gutgeschrieben. [3]Ergibt sich nach Absatz 2 ein Fehlbetrag, wird er dem Rücklageguthaben der Krankenkassen zur Last geschrieben.

(4) [1]Die Krankenkasse kann über ihr Rücklageguthaben beim Landesverband erst verfügen, wenn die von ihr selbst verwalteten Rücklagemittel verbraucht sind. [2]Hat die Krankenkasse ihr Rücklageguthaben verbraucht, kann sie von dem Landesverband ein Darlehen aus der Gesamtrücklage erhalten. [3]Die Satzung des Landesverbands trifft Regelungen über die Voraussetzungen der Darlehensgewährung, die Rückzahlung und die Verzinsung.

(5) Die Gesamtrücklage ist so anzulegen, daß sie für die in § 261 Abs. 1 und 4 genannten Zwecke verfügbar ist.

§ 263 Verwaltungsvermögen. (1) [1]Das Verwaltungsvermögen der Krankenkasse umfaßt

1. Vermögensanlagen, die der Verwaltung der Krankenkasse sowie der Führung ihrer betrieblichen Einrichtungen (Eigenbetriebe) zu dienen bestimmt sind,
2. die zur Anschaffung und Erneuerung dieser Vermögensteile und für künftig zu zahlende Versorgungsbezüge der Bediensteten und ihrer Hinterbliebenen bereitgehaltenen Geldmittel,

soweit sie für die Erfüllung der Aufgaben der Krankenkasse erforderlich sind. [2]Zum Verwaltungsvermögen gehören auch Grundstücke, die nur teilweise für Zwecke der Verwaltung der Krankenkasse oder für Eigenbetriebe erforderlich sind.

(2) Als Verwaltungsvermögen gelten auch sonstige Vermögensanlagen auf Grund rechtlicher Verpflichtung oder Ermächtigung, soweit sie nicht den Betriebsmitteln, der Rücklage oder einem Sondervermögen zuzuordnen sind.

§ 263a Anlagen in Investmentvermögen zur Förderung der Entwicklung digitaler Innovationen. (1) [1]Zur Förderung der Entwicklung digitaler Innovationen nach § 68a können Krankenkassen insgesamt bis zu 2 Prozent ihrer Finanzreserven nach § 260 Absatz 2 Satz 1 in Anteile an Investmentvermögen nach § 1 Absatz 1 des Kapitalanlagegesetzbuchs anlegen. [2]§ 83 Absatz 2 und 4 des Vierten Buches[1)] gilt entsprechend.

[1)] Nr. 4.

(2) [1] Die Mittel sind so anzulegen, dass die Kapitalbindungsdauer zehn Jahre nicht überschreitet, ein Verlust ausgeschlossen erscheint und ein angemessener Ertrag erzielt wird. [2] Die Krankenkassen müssen die mit dem Erwerb der Anteile an Investmentvermögen einhergehenden Risiken unter Berücksichtigung entsprechender Absicherungen im Rahmen ihres Anlage- und Risikomanagements bewerten.

(3) [1] Die Absicht, nach Absatz 1 Anteile an Investmentvermögen zu erwerben, ist der Aufsichtsbehörde vor Abschluss verbindlicher Vereinbarungen umfassend und rechtzeitig anzuzeigen. [2] Über eine Anlage nach Absatz 1 ist der Verwaltungsrat der Krankenkasse unverzüglich zu unterrichten. [3] Anlagen nach Absatz 1 sind in den Jahresrechnungen der Krankenkassen gesondert auszuweisen.

§ 264 Übernahme der Krankenbehandlung für nicht Versicherungspflichtige gegen Kostenerstattung. (1) [1] Die Krankenkasse kann für Arbeits- und Erwerbslose, die nicht gesetzlich gegen Krankheit versichert sind, für andere Hilfeempfänger sowie für die vom Bundesministerium für Gesundheit bezeichneten Personenkreise die Krankenbehandlung übernehmen, sofern der Krankenkasse Ersatz der vollen Aufwendungen für den Einzelfall sowie eines angemessenen Teils ihrer Verwaltungskosten gewährleistet wird. [2] Die Krankenkasse ist zur Übernahme der Krankenbehandlung nach Satz 1 für Empfänger von Gesundheitsleistungen nach den §§ 4 und 6 des Asylbewerberleistungsgesetzes verpflichtet, wenn sie durch die Landesregierung oder die von der Landesregierung beauftragte oberste Landesbehörde dazu aufgefordert wird und mit ihr eine entsprechende Vereinbarung mindestens auf Ebene der Landkreise oder kreisfreien Städte geschlossen wird. [3] Die Vereinbarung über die Übernahme der Krankenbehandlung nach Satz 1 für den in Satz 2 genannten Personenkreis hat insbesondere Regelungen zur Erbringung der Leistungen sowie zum Ersatz der Aufwendungen und Verwaltungskosten nach Satz 1 zu enthalten; die Ausgabe einer elektronischen Gesundheitskarte kann vereinbart werden. [4] Wird von der Landesregierung oder der von ihr beauftragten obersten Landesbehörde eine Rahmenvereinbarung auf Landesebene zur Übernahme der Krankenbehandlung für den in Satz 2 genannten Personenkreis gefordert, sind die Landesverbände der Krankenkassen und die Ersatzkassen gemeinsam zum Abschluss einer Rahmenvereinbarung verpflichtet. [5] Zudem vereinbart der Spitzenverband Bund der Krankenkassen mit den auf Bundesebene bestehenden Spitzenorganisationen der nach dem Asylbewerberleistungsgesetz zuständigen Behörden Rahmenempfehlungen zur Übernahme der Krankenbehandlung für den in Satz 2 genannten Personenkreis. [6] Die Rahmenempfehlungen nach Satz 5, die von den zuständigen Behörden nach dem Asylbewerberleistungsgesetz und den Krankenkassen nach den Sätzen 1 bis 3 sowie von den Vertragspartnern auf Landesebene nach Satz 4 übernommen werden sollen, regeln insbesondere die Umsetzung der leistungsrechtlichen Regelungen nach den §§ 4 und 6 des Asylbewerberleistungsgesetzes, die Abrechnung und die Abrechnungsprüfung der Leistungen sowie den Ersatz der Aufwendungen und der Verwaltungskosten der Krankenkassen nach Satz 1. [7] Bis zum Inkrafttreten einer Regelung, wonach die elektronische Gesundheitskarte bei Vereinbarungen nach Satz 3 zweiter Halbsatz die Angabe zu enthalten hat, dass es sich um einen Empfänger von Gesundheitsleistungen nach den §§ 4 und 6 des Asylbewerberleistungsgesetzes handelt, stellen die Vereinbarungspartner die Erkennbarkeit dieses Status in anderer geeigneter Weise sicher.

(2) [1]Die Krankenbehandlung von Empfängern von Leistungen nach dem Dritten bis Neunten Kapitel des Zwölften Buches[1)], nach dem Teil 2 des Neunten Buches[2)], von Empfängern laufender Leistungen nach § 2 des Asylbewerberleistungsgesetzes und von Empfängern von Krankenhilfeleistungen nach dem Achten Buch[3)], die nicht versichert sind, wird von der Krankenkasse übernommen. [2]Satz 1 gilt nicht für Empfänger, die voraussichtlich nicht mindestens einen Monat ununterbrochen Hilfe zum Lebensunterhalt beziehen, für Personen, die ausschließlich Leistungen nach § 11 Abs. 5 Satz 3 und § 33 des Zwölften Buches beziehen sowie für die in § 24 des Zwölften Buches genannten Personen.

(3) [1]Die in Absatz 2 Satz 1 genannten Empfänger haben unverzüglich eine Krankenkasse im Bereich des für die Hilfe zuständigen Trägers der Sozialhilfe oder der öffentlichen Jugendhilfe zu wählen, die ihre Krankenbehandlung übernimmt. [2]Leben mehrere Empfänger in häuslicher Gemeinschaft, wird das Wahlrecht vom Haushaltsvorstand für sich und für die Familienangehörigen ausgeübt, die bei Versicherungspflicht des Haushaltsvorstands nach § 10 versichert wären. [3]Wird das Wahlrecht nach den Sätzen 1 und 2 nicht ausgeübt, gelten § 28i des Vierten Buches[4)] und § 175 Abs. 3 Satz 2 entsprechend.

(4) [1]Für die in Absatz 2 Satz 1 genannten Empfänger gelten § 11 Abs. 1 sowie die §§ 61 und 62 entsprechend. [2]Sie erhalten eine elektronische Gesundheitskarte nach § 291. [3]Als Versichertenstatus nach § 291a Absatz 2 Nummer 7 gilt für Empfänger bis zur Vollendung des 65. Lebensjahres die Statusbezeichnung „Mitglied", für Empfänger nach Vollendung des 65. Lebensjahres die Statusbezeichnung „Rentner". [4]Empfänger, die das 65. Lebensjahr noch nicht vollendet haben, in häuslicher Gemeinschaft leben und nicht Haushaltsvorstand sind, erhalten die Statusbezeichnung „Familienversicherte".

(5) [1]Wenn Empfänger nicht mehr bedürftig im Sinne des Zwölften Buches oder des Achten Buches sind, meldet der Träger der Sozialhilfe oder der öffentlichen Jugendhilfe diese bei der jeweiligen Krankenkasse ab. [2]Bei der Abmeldung hat der Träger der Sozialhilfe oder der öffentlichen Jugendhilfe die elektronische Gesundheitskarte vom Empfänger einzuziehen und an die Krankenkasse zu übermitteln. [3]Aufwendungen, die der Krankenkasse nach Abmeldung durch eine missbräuchliche Verwendung der Karte entstehen, hat der Träger der Sozialhilfe oder der öffentlichen Jugendhilfe zu erstatten. [4]Satz 3 gilt nicht in den Fällen, in denen die Krankenkasse auf Grund gesetzlicher Vorschriften oder vertraglicher Vereinbarungen verpflichtet ist, ihre Leistungspflicht vor der Inanspruchnahme der Leistung zu prüfen.

(6) [1]Bei der Bemessung der Vergütungen nach § 85 oder § 87a ist die vertragsärztliche Versorgung der Empfänger zu berücksichtigen. [2]Werden die Gesamtvergütungen nach § 85 nach Kopfpauschalen berechnet, gelten die Empfänger als Mitglieder. [3]Leben mehrere Empfänger in häuslicher Gemeinschaft, gilt abweichend von Satz 2 nur der Haushaltsvorstand nach Absatz 3 als Mitglied; die vertragsärztliche Versorgung der Familienangehörigen, die nach § 10 versichert wären, wird durch die für den Haushaltsvorstand zu zahlende Kopfpauschale vergütet.

---

1) Nr. 12.
2) Nr. 9.
3) Nr. 8.
4) Nr. 4.

(7) [1] Die Aufwendungen, die den Krankenkassen durch die Übernahme der Krankenbehandlung nach den Absätzen 2 bis 6 entstehen, werden ihnen von den für die Hilfe zuständigen Trägern der Sozialhilfe oder der öffentlichen Jugendhilfe vierteljährlich erstattet. [2] Als angemessene Verwaltungskosten einschließlich Personalaufwand für den Personenkreis nach Absatz 2 werden bis zu 5 vom Hundert der abgerechneten Leistungsaufwendungen festgelegt. [3] Wenn Anhaltspunkte für eine unwirtschaftliche Leistungserbringung oder –gewährung vorliegen, kann der zuständige Träger der Sozialhilfe oder der öffentlichen Jugendhilfe von der jeweiligen Krankenkasse verlangen, die Angemessenheit der Aufwendungen zu prüfen und nachzuweisen.

Vierter Abschnitt. Finanzausgleiche und Zuweisungen aus dem Gesundheitsfonds

§ 265 Finanzausgleich für aufwendige Leistungsfälle. [1] Die Satzungen der Landesverbände und der Verbände der Ersatzkassen können eine Umlage der Verbandsmitglieder vorsehen, um die Kosten für aufwendige Leistungsfälle und für andere aufwendige Belastungen ganz oder teilweise zu decken. [2] Die Hilfen können auch als Darlehen gewährt werden; Näheres über Voraussetzungen, Rückzahlung und Verzinsung regelt die Satzung des Verbandes.

§ 266 Zuweisungen aus dem Gesundheitsfonds (Risikostrukturausgleich), Verordnungsermächtigung. (1) [1] Die Krankenkassen erhalten als Zuweisungen aus dem Gesundheitsfonds (§ 271) zur Deckung ihrer Ausgaben eine Grundpauschale und risikoadjustierte Zu- und Abschläge zum Ausgleich der unterschiedlichen Risikostrukturen und Zuweisungen für sonstige Ausgaben (§ 270). [2] Mit den risikoadjustierten Zuweisungen wird jährlich ein Risikostrukturausgleich durchgeführt. [3] Durch diesen werden die finanziellen Auswirkungen von Unterschieden zwischen den Krankenkassen ausgeglichen, die sich aus der Verteilung der Versicherten auf nach Risikomerkmalen getrennte Risikogruppen gemäß Absatz 2 ergeben.

(2) [1] Die Zuordnung der Versicherten zu Risikogruppen erfolgt anhand der Risikomerkmale Alter, Geschlecht, Morbidität, regionalen Merkmalen und danach, ob die Mitglieder Anspruch auf Krankengeld haben. [2] Die Morbidität der Versicherten wird auf der Grundlage von Diagnosen, Diagnosegruppen, Indikationen, Indikationengruppen, medizinischen Leistungen oder Kombinationen dieser Merkmale unmittelbar berücksichtigt. [3] Regionale Merkmale sind solche, die die unterschiedliche Ausgabenstruktur der Region beeinflussen können.

(3) Die Grundpauschale und die risikoadjustierten Zu- und Abschläge dienen zur Deckung der standardisierten Leistungsausgaben der Krankenkassen.

(4) [1] Die Ermittlung der standardisierten Leistungsausgaben nach Absatz 3 orientiert sich an der Höhe der durchschnittlichen krankheitsspezifischen Leistungsausgaben der den Risikogruppen zugeordneten Versicherten. [2] Dabei bleiben außer Betracht

1. die von Dritten erstatteten Ausgaben,
2. Aufwendungen für satzungsgemäße Mehr- und Erprobungsleistungen sowie für Leistungen, auf die kein Rechtsanspruch besteht.

[3] Die Aufwendungen für die Leistungen der Knappschaftsärzte und -zahnärzte werden in der gleichen Weise berechnet wie für Vertragsärzte und -zahnärzte.

(5) Die Bildung der Risikogruppen nach Absatz 2 und die Ermittlung der standardisierten Leistungsausgaben nach Absatz 3 erfolgt nach Kriterien, die zugleich

1. Anreize zu Risikoselektion verringern und
2. keine Anreize zu medizinisch nicht gerechtfertigten Leistungsausweitungen setzen.

(6) [1]Das Bundesamt für Soziale Sicherung ermittelt die Höhe der Zuweisungen und weist die entsprechenden Mittel den Krankenkassen zu. [2]Es gibt für die Ermittlung der Höhe der Zuweisungen nach Absatz 3 jährlich bekannt

1. die Höhe der standardisierten Leistungsausgaben aller am Ausgleich beteiligten Krankenkassen je Versicherten, getrennt nach Risikogruppen nach Absatz 2, und
2. die Höhe der risikoadjustierten Zu- und Abschläge.

[3]Das Bundesamt für Soziale Sicherung kann zum Zwecke der einheitlichen Zuordnung und Erfassung der für die Berechnung maßgeblichen Daten über die Vorlage der Geschäfts- und Rechnungsergebnisse hinaus weitere Auskünfte und Nachweise verlangen.

(7) [1]Das Bundesamt für Soziale Sicherung stellt im Voraus für ein Kalenderjahr die Werte nach Absatz 6 Satz 2 Nr. 1 und 2 vorläufig fest. [2]Es legt bei der Berechnung der Höhe der monatlichen Zuweisungen die Werte nach Satz 1 und die zuletzt erhobenen Versichertenzahlen der Krankenkassen je Risikogruppe nach Absatz 2 zugrunde. [3]Nach Ablauf des Kalenderjahres ist die Höhe der Zuweisungen für jede Krankenkasse vom Bundesamt für Soziale Sicherung aus den für dieses Jahr erstellten Geschäfts- und Rechnungsergebnissen und den für dieses Jahr erhobenen Versichertenzahlen der beteiligten Krankenkassen zu ermitteln. [4]Die nach Satz 2 erhaltenen Zuweisungen gelten als Abschlagszahlungen. [5]Sie sind nach der Ermittlung der endgültigen Höhe der Zuweisung für das Geschäftsjahr nach Satz 3 auszugleichen. [6]Werden nach Abschluss der Ermittlung der Werte nach Satz 3 sachliche oder rechnerische Fehler in den Berechnungsgrundlagen festgestellt, hat das Bundesamt für Soziale Sicherung diese bei der nächsten Ermittlung der Höhe der Zuweisungen nach den dafür geltenden Vorschriften zu berücksichtigen. [7]Klagen gegen die Höhe der Zuweisungen im Risikostrukturausgleich einschließlich der hierauf entfallenden Nebenkosten haben keine aufschiebende Wirkung.

(8) [1]Das Bundesministerium für Gesundheit regelt durch Rechtsverordnung mit Zustimmung des Bundesrates das Nähere über

1. die Ermittlung der Höhe der Grundpauschale nach Absatz 1 Satz 1, der Werte nach Absatz 6 sowie die Art, den Umfang und den Zeitpunkt der Bekanntmachung der für die Durchführung des Risikoausgleichsverfahrens erforderlichen Berechnungswerte,
2. die Abgrenzung und die Verfahren der Standardisierung der Leistungsausgaben nach den Absätzen 3 bis 6; dabei können für Risikogruppen, die nach dem Anspruch der Mitglieder auf Krankengeld zu bilden sind, besondere Standardisierungsverfahren und Abgrenzungen für die Berücksichtigung des Krankengeldes geregelt werden,

2a. die Abgrenzung und die Verfahren der Standardisierung der sonstigen Ausgaben nach § 270, die Kriterien der Zuweisung der Mittel zur Deckung dieser Ausgaben sowie das Verfahren der Verarbeitung der nach § 270 Absatz 2 zu übermittelnden Daten,

2b. die Abgrenzung der zu berücksichtigenden Risikogruppen nach Absatz 2 einschließlich der Altersabstände zwischen den Altersgruppen, auch abweichend von Absatz 2; hierzu gehört auch die Festlegung des Verfahrens zur Auswahl der regionalen Merkmale,
3. die Festlegung der Anforderungen an die Zulassung der Programme nach § 137g hinsichtlich des Verfahrens der Einschreibung der Versicherten einschließlich der Dauer der Teilnahme und des Verfahrens der Verarbeitung der für die Durchführung der Programme erforderlichen personenbezogenen Daten,
4. die Berechnungsverfahren sowie die Durchführung des Zahlungsverkehrs,
5. die Fälligkeit der Beträge und die Erhebung von Säumniszuschlägen,
6. das Verfahren und die Durchführung des Ausgleichs einschließlich des Ausschlusses von Risikogruppen, die anhand der Morbidität der Versicherten gebildet werden, mit den höchsten relativen Steigerungsraten,
7. die Umsetzung der Vorgaben nach Absatz 5 und 12,
8. die Vergütung des wissenschaftlichen Beirats zur Weiterentwicklung des Risikostrukturausgleichs beim Bundesamt für Soziale Sicherung für die Erstellung von Gutachten nach Absatz 10,
9. die Prüfung der von den Krankenkassen mitzuteilenden Daten durch die mit der Prüfung nach § 274 befassten Stellen einschließlich der Folgen fehlerhafter Datenlieferungen oder nicht prüfbarer Daten sowie das Verfahren der Prüfung und der Prüfkriterien, auch abweichend von § 274.

[2] Abweichend von Satz 1 können die Verordnungsregelungen zu Satz 1 Nr. 3 ohne Zustimmung des Bundesrates erlassen werden.

(9) Die landwirtschaftliche Krankenkasse nimmt am Risikostrukturausgleich nicht teil.

(10) [1] Die Wirkungen des Risikostrukturausgleichs insbesondere auf den Wettbewerb der Krankenkassen und die Manipulationsresistenz des Risikostrukturausgleichs sind regelmäßig, mindestens alle vier Jahre, durch den wissenschaftlichen Beirat zur Weiterentwicklung des Risikostrukturausgleichs beim Bundesamt für Soziale Sicherung in einem Gutachten zu überprüfen. [2] Das Bundesministerium für Gesundheit kann den Gegenstand des Gutachtens näher bestimmen; im Jahr 2023 sind gesondert die Wirkungen der regionalen Merkmale als Risikomerkmal im Risikostrukturausgleich zu untersuchen. [3] Die Wirkungen des Ausschlusses von Risikogruppen nach § 18 Absatz 1 Satz 4 der Risikostruktur-Ausgleichsverordnung insbesondere auf die Manipulationsresistenz und Zielgenauigkeit des Risikostrukturausgleichs einschließlich der Einhaltung der Vorgaben des § 266 Absatz 5 sind zusätzlich zu dem Gutachten nach Satz 2 zweiter Halbsatz durch den wissenschaftlichen Beirat zur Weiterentwicklung des Risikostrukturausgleichs beim Bundesamt für Soziale Sicherung im Jahr 2023 zu untersuchen. [4] Für den Zweck des Gutachtens nach Satz 3 ist auch die Veränderung der Häufigkeit der Diagnosen nach § 295 Absatz 1 Satz 1 Nummer 2 unter Berücksichtigung der Zuordnung der Versicherten zu Risikogruppen zu untersuchen.

(11) [1] Die Krankenkassen erhalten die Zuweisungen aus dem Gesundheitsfonds für die Ausgleichsjahre 2019 und 2020 nach Maßgabe der §§ 266 bis 270

in der bis zum 31. März 2020 geltenden Fassung. [2]Die Anpassung der Datenmeldung nach § 7 Absatz 1 Satz 1 Nummer 7 der Risikostruktur-Ausgleichsverordnung gemäß § 7 Absatz 1 Satz 3 der Risikostruktur-Ausgleichsverordnung ist ab dem Ausgleichsjahr 2021 bei den Zuweisungen nach Absatz 3 zu berücksichtigen.

(12) [1]Bei den Zuweisungen nach Absatz 3 werden die finanziellen Auswirkungen der Bildung von Risikogruppen anhand von regionalen Merkmalen nach Absatz 2 durch Zu- und Abschläge im Ausgleichsjahr 2021 auf 75 Prozent begrenzt. [2]Die Begrenzung erfolgt für alle Länder jeweils einheitlich für die Summe der Zuweisungen nach Absatz 3 für die Versicherten mit Wohnsitz in einem Land. [3]Durch die Zu- und Abschläge werden 25 Prozent der Differenz der hypothetischen Höhe der Zuweisungen nach Absatz 3 ohne Bildung von Risikogruppen anhand von regionalen Merkmalen und der Höhe der Zuweisungen nach Absatz 3 einheitlich auf die Versicherten mit Wohnsitz in einem Land verteilt.

§ 267 Datenverarbeitung für die Durchführung und Weiterentwicklung des Risikostrukturausgleichs. (1) [1]Für die Durchführung und Weiterentwicklung des Risikostrukturausgleichs übermitteln die Krankenkassen für jedes Jahr bis zum 15. August des jeweiligen Folgejahres je Versicherten

1. die Versichertentage
   a) mit den Risikomerkmalen nach § 266 Absatz 2 mit Ausnahme der Morbidität und der regionalen Merkmale,
   b) mit Wohnsitz oder gewöhnlichem Aufenthalt außerhalb des Gebietes der Bundesrepublik Deutschland,
   c) mit Wahl der Kostenerstattung für den Bereich der ärztlichen Versorgung, differenziert nach § 13 Absatz 2 und § 53 Absatz 4,
2. den amtlichen Gemeindeschlüssel des Wohnorts,
3. die Leistungsausgaben in der Gliederung und nach den Bestimmungen des Kontenrahmens,
4. die bei Krankenhausentlassung maßgeblichen Haupt- und Nebendiagnosen nach § 301 Absatz 1 Satz 1 Nummer 7 in der Verschlüsselung nach § 301 Absatz 2 Satz 1,
5. die Diagnosen nach § 295 Absatz 1 Satz 1 Nummer 2 sowie die Angaben nach § 295 Absatz 1 Satz 4, bei der Abrechnung von Leistungen im Rahmen von Verträgen nach den §§ 73b und 140a einschließlich der Vertragsnummer nach § 293a Absatz 1 Satz 4,
6. die Arzneimittelkennzeichen nach § 300 Absatz 3 Satz 1 einschließlich der vereinbarten Sonderkennzeichen sowie jeweils die Anzahl der Verordnungen,
7. die Angabe über die Durchführung von extrakorporalen Blutreinigungsverfahren

nach Maßgabe dieser Vorschrift an das Bundesamt für Soziale Sicherung. [2]Eine unmittelbare oder mittelbare Einwirkung der Krankenkassen auf den Inhalt der Leistungsdaten nach den §§ 294 bis 303 und die Art und Weise der Aufzeichnung insbesondere unter Verstoß gegen § 71 Absatz 6 Satz 9, § 73b Absatz 5 Satz 7, § 83 Satz 4, § 140a Absatz 2 Satz 7 und § 303 Absatz 4 ist unzulässig, soweit sie in diesem Buch nicht vorgeschrieben oder zugelassen ist.

(2) Für die Weiterentwicklung des Risikostrukturausgleichs übermitteln die Krankenkassen für jedes Jahr bis zum 15. August des jeweiligen Folgejahres je Versicherten die Versichertentage mit Bezug einer Erwerbsminderungsrente an das Bundesamt für Soziale Sicherung.

(3) [1] Die Krankenkassen übermitteln die Daten nach Absatz 1 Satz 1 und Absatz 2 in pseudonymisierter und maschinenlesbarer Form über den Spitzenverband Bund der Krankenkassen an das Bundesamt für Soziale Sicherung. [2] Der Schlüssel für die Herstellung des Pseudonyms ist vom Beauftragten für den Datenschutz der Krankenkasse aufzubewahren und darf anderen Personen nicht zugänglich gemacht werden. [3] Die Herstellung des Versichertenbezugs ist bei den Daten nach Absatz 1 Satz 1 zulässig, soweit dies für die Klärung doppelter Versicherungsverhältnisse oder für die Prüfung der Richtigkeit der Daten erforderlich ist. [4] Über die Pseudonymisierung in der Krankenkasse und über jede Herstellung des Versichertenbezugs ist ein Protokoll anzufertigen, das bei dem Beauftragten für den Datenschutz der Krankenkasse aufzubewahren ist.

(4) [1] Das Bundesministerium für Gesundheit bestimmt in der Rechtsverordnung nach § 266 Absatz 8 Satz 1 das Nähere zu den Fristen der Datenübermittlung und zum Verfahren der Verarbeitung der nach Absatz 1 Satz 1 und Absatz 2 zu übermittelnden Daten. [2] Der Spitzenverband Bund der Krankenkassen bestimmt im Einvernehmen mit dem Bundesamt für Soziale Sicherung das Nähere zum Verfahren nach Absatz 3 Satz 1.

(5) Die Kosten für die Datenübermittlung nach dieser Vorschrift werden von den betroffenen Krankenkassen getragen.

(6) [1] Zur Weiterentwicklung des Risikostrukturausgleichs analysiert das Bundesamt für Soziale Sicherung den Zusammenhang zwischen den Leistungsausgaben eines Versicherten in den vorangegangenen drei Jahren und den Leistungsausgaben eines Versicherten im Ausgleichsjahr 2019. [2] Hierfür übermitteln die Krankenkassen bis zum 15. August 2020 für die Berichtsjahre 2016 bis 2018 die Daten nach § 7 Absatz 1 Satz 1 Nummer 7 der Risikostruktur-Ausgleichsverordnung an das Bundesamt für Soziale Sicherung; Absatz 3 gilt entsprechend. [3] Das Nähere über das Verfahren der Datenmeldung bestimmt der Spitzenverband Bund der Krankenkassen im Einvernehmen mit dem Bundesamt für Soziale Sicherung in der Bestimmung nach Absatz 4 Satz 2. [4] Das Ergebnis der Untersuchung nach Satz 1 ist dem Bundesministerium für Gesundheit spätestens mit Übergabe des ersten Gutachtens nach § 266 Absatz 10 vorzulegen.

(7) Die Absätze 1 bis 6 gelten nicht für die landwirtschaftliche Krankenkasse.

§ 268 Risikopool. (1) [1] Ergänzend zum Risikostrukturausgleich gemäß § 266 werden die finanziellen Belastungen für aufwendige Leistungsfälle teilweise über einen Risikopool ausgeglichen. [2] Übersteigt die Summe der im Risikopool ausgleichsfähigen Leistungsausgaben eines Versicherten bei einer Krankenkasse innerhalb eines Ausgleichsjahres den Schwellenwert nach Satz 3, werden 80 Prozent des den Schwellenwert übersteigenden Betrags über den Risikopool ausgeglichen. [3] Der Schwellenwert beträgt 100 000 Euro und ist in den Folgejahren anhand der jährlichen Veränderungsrate der im Risikopool ausgleichsfähigen Leistungsausgaben je Versicherten anzupassen.

(2) Im Risikopool sind die Leistungsausgaben ausgleichsfähig, die bei der Ermittlung der standardisierten Leistungsausgaben nach § 266 Absatz 3 zu

berücksichtigen sind, abzüglich der Aufwendungen für Krankengeld nach den §§ 44 und 45.

(3) Bei der Ermittlung der Höhe der Zuweisungen nach § 266 Absatz 7 Satz 3 und 6 sind die Leistungsausgaben, die im Risikopool ausgeglichen werden, nicht bei der Ermittlung der standardisierten Leistungsausgaben nach § 266 Absatz 3 zu berücksichtigen.

(4) [1] Das Bundesamt für Soziale Sicherung ermittelt für jede Krankenkasse den Ausgleichsbetrag nach Absatz 1 Satz 2 und weist die entsprechenden Mittel den Krankenkassen zu. [2] § 266 Absatz 6 Satz 3, Absatz 7 Satz 3, 6 und 7 sowie Absatz 9 gilt für den Risikopool entsprechend.

(5) Das Bundesministerium für Gesundheit regelt in der Rechtsverordnung nach § 266 Absatz 8 Satz 1 das Nähere über

1. die jährliche Anpassung des Schwellenwertes,
2. die Berechnung und die Durchführung des Risikopoolverfahrens sowie
3. die Art, den Umfang und den Zeitpunkt der Bekanntmachung der für die Durchführung des Risikopoolverfahrens erforderlichen Rechenwerte.

§ 269 Sonderregelungen für Krankengeld und Auslandsversicherte.

(1) Für Risikogruppen nach § 266 Absatz 2, die nach dem Anspruch der Mitglieder auf Krankengeld zu bilden sind, kann das bestehende Standardisierungsverfahren für die Berücksichtigung des Krankengeldes ab dem Ausgleichsjahr 2013 um ein Verfahren ergänzt werden, das die tatsächlichen Leistungsausgaben der einzelnen Krankenkassen für Krankengeld anteilig berücksichtigt.

(2) Für Versicherte, die während des überwiegenden Teils des dem Ausgleichsjahr vorangegangenen Jahres ihren Wohnsitz oder gewöhnlichen Aufenthalt außerhalb des Gebiets der Bundesrepublik Deutschland hatten, ist ab dem Ausgleichsjahr 2013 die Höhe der Zuweisungen zur Deckung ihrer standardisierten Leistungsausgaben auf die tatsächlichen Leistungsausgaben aller Krankenkassen für diese Risikogruppen zu begrenzen.

(3) [1] Das Bundesamt für Soziale Sicherung gibt Gutachten in Auftrag, mit denen Modelle für eine zielgerichtetere Ermittlung der Zuweisungen zur Deckung der Aufwendungen für Krankengeld und für Versicherte, die während des überwiegenden Teils des dem Ausgleichsjahr vorangegangenen Jahres ihren Wohnsitz oder gewöhnlichen Aufenthalt außerhalb des Gebiets der Bundesrepublik Deutschland hatten, entwickelt werden sollen. [2] Dabei ist auch zu untersuchen, ob zusätzliche Daten erforderlich sind, um das in Satz 1 genannte Ziel zu erreichen. [3] § 268 Absatz 1 Satz 1 Nummer 2 bis 4 ist bei der Entwicklung der Modelle zu beachten. [4] Zur Erfüllung des jeweiligen Gutachtenauftrags ist der beauftragten Person oder Personengruppe beim Bundesamt für Soziale Sicherung Einsicht in die diesem nach § 268 Absatz 3 Satz 7 übermittelten pseudonymisierten versichertenbezogenen Daten zu geben. [5] Zu diesem Zweck ist der beauftragten Person oder Personengruppe bei der Deutschen Verbindungsstelle Krankenversicherung – Ausland ebenso Einsicht in die dieser nach Artikel 35 der Verordnung (EG) Nr. 883/2004 des Europäischen Parlaments und des Rates vom 29. April 2004 zur Koordinierung der Systeme der sozialen Sicherheit (ABl. L 166 vom 30.4.2004, S. 1, L 200 vom 7.6.2004, S. 1, L 204 vom 4.8.2007, S. 30) in Verbindung mit Titel IV der Verordnung (EG) Nr. 987/2009 des Europäischen Parlaments und des Rates vom 16. September 2009 zur Festlegung der Modalitäten für die Durchführung der Verordnung

(EG) Nr. 883/2004 über die Koordinierung der Systeme der sozialen Sicherheit (ABl. L 284 vom 30.10.2009, S. 1) vorliegenden Daten zu geben; Einsicht ist nur in pseudonymisierte oder anonymisierte Daten zu geben.

(3a) [1] Das Bundesamt für Soziale Sicherung gibt Folgegutachten in Auftrag, mit denen insbesondere die in den Gutachten nach Absatz 3 Satz 1 entwickelten Modelle auf Grundlage der nach § 30 Absatz 1 der Risikostruktur-Ausgleichsverordnung sowie nach den Absätzen 3b und 3c erhobenen Daten überprüft und zur Umsetzungsreife weiterentwickelt werden sollen. [2] Zur Erfüllung des jeweiligen Gutachtenauftrags ist der beauftragten Person oder Personengruppe beim Bundesamt für Soziale Sicherung Einsicht in die diesem nach § 30 Absatz 4 Satz 1 der Risikostruktur-Ausgleichsverordnung sowie nach Absatz 3d übermittelten pseudonymisierten versichertenbezogenen Daten zu gewähren. [3] Absatz 3 Satz 5 gilt entsprechend. [4] § 266 Absatz 4 Satz 1 und Absatz 5 ist bei der Entwicklung der Modelle zu beachten.

(3b) [1] Im Folgegutachten zu den Zuweisungen zur Deckung der Aufwendungen für Krankengeld sind die im Gutachten nach Absatz 3 Satz 1 entwickelten Modelle für eine zielgerichtetere Ermittlung der Zuweisungen zur Deckung der Aufwendungen für Krankengeld insbesondere auf Grundlage der Daten, mit welchen sich die für die Höhe der Krankengeldausgaben der Krankenkassen maßgeblichen Bestimmungsfaktoren gemäß dem Gutachten nach Absatz 3 Satz 1 abbilden lassen, zu überprüfen und zur Umsetzungsreife weiterzuentwickeln. [2] Dazu erheben die Krankenkassen für die Berichtsjahre 2016 und 2017 versichertenbezogen folgende zur Abbildung der Bestimmungsfaktoren nach Satz 1 erforderliche Angaben:

1. die beitragspflichtigen Einnahmen aus nichtselbständiger Tätigkeit gemäß der Jahresarbeitsentgeltmeldung nach § 28a Absatz 3 Satz 2 Nummer 2 Buchstabe b des Vierten Buches[1)] sowie den Zeitraum, in dem diese Einnahmen erzielt wurden,
2. die beitragspflichtigen Einnahmen aus selbständiger Tätigkeit sowie den Zeitraum, in dem diese erzielt wurden,
3. die beitragspflichtigen Einnahmen aus dem Bezug von Arbeitslosengeld nach § 136 des Dritten Buches[2)] sowie die jeweiligen Bezugstage,
4. die Diagnosen nach § 295 Absatz 1 Satz 1 Nummer 1 einschließlich des Datums der Feststellung der Arbeitsunfähigkeit und des Beginns der Arbeitsunfähigkeit,
5. die Leistungsausgaben für Krankengeld nach § 44 sowie das Datum des Beginns und des Endes des Krankengeldbezugs,
6. die Leistungsausgaben für Krankengeld nach § 45 sowie das Datum des Beginns und des Endes des Krankengeldbezugs,
7. den Tätigkeitsschlüssel nach § 28a Absatz 3 Satz 1 Nummer 5 des Vierten Buches sowie
8. die dem Beschäftigungsbetrieb des Versicherten zugeordnete Betriebsnummer nach § 28a Absatz 3 Satz 1 Nummer 6 des Vierten Buches.

(3c) [1] Im Folgegutachten zu den Zuweisungen für Versicherte, die während des überwiegenden Teils des dem Ausgleichsjahr vorangegangenen Jahres ihren

---

[1)] Nr. 4.
[2)] Nr. 3.

Wohnsitz oder gewöhnlichen Aufenthalt außerhalb des Gebiets der Bundesrepublik Deutschland hatten, sind die im Gutachten nach Absatz 3 Satz 1 entwickelten Modelle für eine zielgerichtetere Ermittlung der Zuweisungen zur Deckung der Aufwendungen für diese Versichertengruppe insbesondere auf Grundlage der Daten, mit welchen sich die für die Höhe der Ausgaben einer Krankenkasse für diese Versichertengruppen maßgeblichen Bestimmungsfaktoren gemäß dem Gutachten nach Absatz 3 Satz 1 abbilden lassen, zu überprüfen und zur Umsetzungsreife weiterzuentwickeln. [2]Dazu erheben die Krankenkassen für die Berichtsjahre 2016 und 2017 versichertenbezogen folgende zur Abbildung der Bestimmungsfaktoren nach Satz 1 erforderliche Angaben:

1. das Grenzgängerkennzeichen,
2. das Länderkennzeichen des Wohnstaats.

[3]Darüber hinaus erhebt der Spitzenverband Bund der Krankenkassen, Deutsche Verbindungsstelle Krankenversicherung – Ausland –, nicht personenbezogen die mit den Krankenkassen abgerechneten Rechnungssummen, differenziert nach dem Wohnstaat, dem Abrechnungsjahr und der leistungspflichtigen Krankenkasse, und übermittelt diese an das Bundesamt für Soziale Sicherung. [4]Das Nähere zur Erhebung und Übermittlung sowie zum Umfang der Datenerhebung nach Satz 3 bestimmt das Bundesamt für Soziale Sicherung im Einvernehmen mit dem Spitzenverband Bund der Krankenkassen. [5]Es kann auch bestimmt werden, dass der Spitzenverband Bund der Krankenkassen, Deutsche Verbindungsstelle Krankenversicherung – Ausland –, weitere für das Gutachten nach Satz 1 erforderliche nicht personenbezogene Daten zu Abrechnungen von Versicherten nach Satz 1 erhebt und an das Bundesamt für Soziale Sicherung übermittelt.

(3d) [1]Die Daten nach den Absätzen 3b und 3c Satz 1 und 2 sind dem Bundesamt für Soziale Sicherung erstmals bis zum 15. Juni 2018 und letztmals bis zum 15. April 2019 zu übermitteln; für die Erhebung und Übermittlung der Daten gilt § 267 Absatz 1 Satz 2 und Absatz 3 entsprechend. [2]Das Nähere über die zeitliche Zuordnung, zum Umfang sowie zum Verfahren der Erhebung und Übermittlung der Daten nach Satz 1 bestimmt der Spitzenverband Bund der Krankenkassen im Einvernehmen mit dem Bundesamt für Soziale Sicherung in der Bestimmung nach § 267 Absatz 4 Satz 2. [3]Die Verarbeitung der Daten nach den Absätzen 3b und 3c ist auf die Zwecke nach den Absätzen 3b und 3c beschränkt. [4]Das Bundesamt für Soziale Sicherung oder der Spitzenverband Bund der Krankenkassen, Deutsche Verbindungsstelle Krankenversicherung – Ausland –, kann den nach Absatz 3a beauftragten Personen oder Personengruppen ausschließlich für die Zwecke der Folgegutachten nach den Absätzen 3b und 3c die jeweils erforderlichen versichertenbezogenen Daten nach Absatz 3a Satz 2 und 3 in pseudonymisierter oder anonymisierter Form übermitteln, wenn eine ausschließliche Nutzung der Daten über eine Einsichtnahme nach Absatz 3a Satz 2 und 3 aus organisatorischen oder technischen Gründen nicht ausreichend ist. [5]Die nach Satz 4 übermittelten Daten sind von den nach Absatz 3a beauftragten Personen oder Personengruppen jeweils unverzüglich nach Übergabe der Gutachten an das Bundesamt für Soziale Sicherung zu löschen. [6]Die Löschung ist von den nach Absatz 3a beauftragten Personen oder Personengruppen dem Bundesamt für Soziale Sicherung oder dem Spitzenverband Bund der Krankenkassen, Deutsche Verbindungsstelle Krankenversicherung – Ausland –, nachzuweisen.

(4) Das Nähere zur Umsetzung der Vorgaben der Absätze 1 bis 3d, insbesondere zur Abgrenzung der Leistungsausgaben, zum Verfahren einschließlich der Durchführung des Zahlungsverkehrs sowie zur Festlegung der Vorgaben für die Gutachten regelt die Rechtsverordnung nach § 266 Absatz 8 Satz 1.

§ 270 Zuweisungen aus dem Gesundheitsfonds für sonstige Ausgaben. (1) [1] Die Krankenkassen erhalten aus dem Gesundheitsfonds Zuweisungen zur Deckung

1. ihrer standardisierten Aufwendungen nach § 266 Abs. 4 Satz 2 Nr. 2 mit Ausnahme der Leistungen nach § 11 Absatz 6 und § 53,
2. ihrer standardisierten Aufwendungen, die auf Grund der Entwicklung und Durchführung von Programmen nach § 137g entstehen und die in der Rechtsverordnung nach § 266 Absatz 8 Satz 1 näher zu bestimmen sind, sowie
3. ihrer standardisierten Verwaltungsausgaben.

[2] § 266 Absatz 6 Satz 1 und 3, Absatz 7 und 9 gilt entsprechend.

(2) [1] Für die Ermittlung der Höhe der Zuweisungen nach den Absätzen 1 und 4 erheben die Krankenkassen für jedes Jahr

1. je Versicherten die Versichertentage mit Einschreibung in ein nach § 137g zugelassenes strukturiertes Behandlungsprogramm und Angaben über die Teilnahme an den in Absatz 4 Satz 1 genannten Leistungen,
2. nicht versichertenbezogen die Aufwendungen nach § 266 Absatz 4 Satz 2 Nummer 2 und die Verwaltungsausgaben; § 266 Absatz 4 Satz 2 Nummer 1 gilt entsprechend.

[2] Die Krankenkassen übermitteln die Daten nach Satz 1 Nummer 1 bis zum 15. August des Folgejahres in pseudonymisierter und maschinenlesbarer Form über den Spitzenverband Bund der Krankenkassen an das Bundesamt für Soziale Sicherung; § 267 Absatz 3 Satz 2 bis 4 und Absatz 4 Satz 2 gilt entsprechend. [3] Die Krankenkassen übermitteln die Daten nach Satz 1 Nummer 2 bis zum 30. Juni des Folgejahres in maschinenlesbarer Form über den Spitzenverband Bund der Krankenkassen an das Bundesamt für Soziale Sicherung.

(3) [1] Das Bundesamt für Soziale Sicherung mindert für eine Krankenkasse, die laut erstmaliger Mitteilung des Spitzenverbandes Bund der Krankenkassen nach § 342 Absatz 5 Satz 5 ihrer Verpflichtung nach § 342 Absatz 1 nicht nachgekommen ist, die nach § 18 Absatz 3 der Risikostruktur-Ausgleichsverordnung im Jahresausgleich für das Ausgleichsjahr 2020 berechnete Höhe der Zuweisungen nach Absatz 1 Satz 1 Nummer 3 um 2,5 Prozent. [2] Die nach § 18 Absatz 3 der Risikostruktur-Ausgleichsverordnung im Jahresausgleich berechnete Höhe der Zuweisungen nach Absatz 1 Satz 1 Nummer 3 ist ab dem Ausgleichsjahr 2021 für eine Krankenkasse um 7,5 Prozent zu mindern, wenn in dem auf das jeweilige Ausgleichsjahr folgenden Jahr eine weitere Mitteilung nach § 342 Absatz 5 Satz 5 und 6 zu derselben Krankenkasse erfolgt. [3] Das Bundesamt für Soziale Sicherung teilt den Sanktionsbetrag der Krankenkasse in einem Bescheid mit. [4] Klagen gegen die Höhe der Sanktion haben keine aufschiebende Wirkung.

(4) [1] Zur Förderung der Durchführung von Vorsorge- und Früherkennungsmaßnahmen erhalten die Krankenkassen aus dem Gesundheitsfonds jährlich eine Pauschale für jeden Versicherten, der an einer vom Gemeinsamen Bundesausschuss in Richtlinien nach § 92 Absatz 1 Satz 2 Nummer 2, 3, 4 und 15 vorgesehenen Mutterschaftsvorsorge, Gesundheits- oder Früherkennungsuntersuchung nach § 25 Absatz 1, 2 und den §§ 25a und 26, Individualprophylaxe nach § 22 Absatz 1, 3 und § 22a Absatz 1 oder Schutzimpfung nach § 20i Absatz 1 teilgenommen hat. [2] Das Bundesamt für Soziale Sicherung ermittelt die Höhe der Zuweisungen und weist die entsprechenden Mittel den Krankenkassen zu. [3] § 266 Absatz 9 gilt entsprechend. [4] Das Nähere über die Kriterien der Vergabe und das Verfahren bestimmt das Bundesministerium für Gesundheit in der Rechtsverordnung nach § 266 Absatz 8 Satz 1.

§ 270a Einkommensausgleich. (1) Zwischen den Krankenkassen wird im Hinblick auf die von ihnen erhobenen Zusatzbeiträge nach § 242 nach Maßgabe der folgenden Absätze ein vollständiger Ausgleich der beitragspflichtigen Einnahmen ihrer Mitglieder durchgeführt.

(2) [1] Die Krankenkassen, die einen Zusatzbeitrag nach § 242 erheben, erhalten aus dem Gesundheitsfonds die Beträge aus den Zusatzbeiträgen ihrer Mitglieder in der Höhe, die sich nach dem Einkommensausgleich ergibt. [2] Die Höhe dieser Mittel für jede Krankenkasse wird ermittelt, indem der Zusatzbeitragssatz der Krankenkasse nach § 242 Absatz 1 mit den voraussichtlichen durchschnittlichen beitragspflichtigen Einnahmen je Mitglied aller Krankenkassen und ihrer Mitgliederzahl multipliziert wird.

(3) Weicht der Gesamtbetrag aus den Zusatzbeiträgen nach § 242 von den notwendigen Aufwendungen für die Mittel nach Absatz 2 ab, wird der Abweichungsbetrag entweder aus den Mitteln der Liquiditätsreserve des Gesundheitsfonds nach § 271 Absatz 2 aufgebracht oder der Liquiditätsreserve zugeführt.

(4) [1] Das Bundesamt für Soziale Sicherung verwaltet für die Zwecke der Durchführung des Einkommensausgleichs die eingehenden Beträge aus den Zusatzbeiträgen; § 271 Absatz 6 Satz 1 ist entsprechend anzuwenden. [2] Das Bundesamt für Soziale Sicherung ermittelt die Höhe der Mittel nach Absatz 2 und weist sie den Krankenkassen zu. [3] § 266 Absatz 6 Satz 3 und Absatz 7 Satz 7 ist entsprechend anzuwenden. [4] Das Nähere zur Ermittlung der vorläufigen und endgültigen Mittel, die die Krankenkassen im Rahmen des Einkommensausgleichs erhalten, zur Durchführung, zum Zahlungsverkehr und zur Fälligkeit der Beiträge regelt die Rechtsverordnung nach § 266 Absatz 8 Satz 1.

§ 271 Gesundheitsfonds. (1) [1] Das Bundesamt für Soziale Sicherung verwaltet als Sondervermögen (Gesundheitsfonds) die eingehenden Beträge aus:

1. den von den Einzugsstellen nach § 28k Abs. 1 Satz 1 des Vierten Buches[1] und nach § 252 Abs. 2 Satz 3 eingezogenen Beiträgen für die gesetzliche Krankenversicherung,
2. den Beiträgen aus Rentenzahlungen nach § 255,
3. den Beiträgen nach § 28k Abs. 2 des Vierten Buches,
4. der Beitragszahlung nach § 252 Abs. 2 und
5. den Bundesmitteln nach § 221.

---

[1] Nr. 4.

[2]Die Mittel des Gesundheitsfonds sind so anzulegen, dass sie für den in den §§ 266, 268 und 270 bis 271 genannten Zweck verfügbar sind. [3]Die im Laufe eines Jahres entstehenden Kapitalerträge werden dem Sondervermögen gutgeschrieben.

(1a) [1]Die eingehenden Beträge nach Absatz 1 Satz 1 sind, soweit es sich dabei um Zusatzbeiträge nach § 242 handelt, für die Durchführung des Einkommensausgleichs nach § 270a zu verwenden. [2]Sie sind dem Bundesamt für Soziale Sicherung als Verwalter der eingehenden Beträge aus den Zusatzbeiträgen nachzuweisen.

(2) [1]Der Gesundheitsfonds hat liquide Mittel als Liquiditätsreserve vorzuhalten. [2]Aus der Liquiditätsreserve sind unterjährige Schwankungen in den Einnahmen, nicht berücksichtigte Einnahmeausfälle in den nach § 242a Absatz 1 zugrunde gelegten voraussichtlichen jährlichen Einnahmen des Gesundheitsfonds und die erforderlichen Aufwendungen für die Durchführung des Einkommensausgleichs nach § 270a zu decken. [3]Die Höhe der Liquiditätsreserve muss nach Ablauf eines Geschäftsjahres mindestens 20 Prozent der durchschnittlich auf den Monat entfallenden Ausgaben des Gesundheitsfonds auf Grundlage der für die Festlegung des durchschnittlichen Zusatzbeitragssatzes nach § 242a maßgeblichen Werte für dieses Geschäftsjahr betragen. [4]Sie darf einen Betrag von 50 Prozent der durchschnittlich auf den Monat entfallenden Ausgaben des Gesundheitsfonds nicht überschreiten. [5]Überschreitet die Höhe der Liquiditätsreserve diesen Betrag auf Grundlage der Prognose des Schätzerkreises nach § 220 Absatz 2 für das jeweilige Folgejahr abzüglich der gesetzlich vorgesehenen Entnahmen aus der Liquiditätsreserve für die Folgejahre, sind die überschüssigen Mittel jährlich bis zu einer Höhe entsprechend eines Finanzvolumens von 0,1 Beitragssatzpunkten der beitragspflichtigen Einnahmen in die Einnahmen des Gesundheitsfonds zu überführen.

(2a) [1]Bei Schließung oder Insolvenz einer Krankenkasse kann das Bundesamt für Soziale Sicherung einer leistungsaushelfenden Krankenkasse auf Antrag ein Darlehen aus der Liquiditätsreserve gewähren, wenn dies erforderlich ist, um Leistungsansprüche von Versicherten zu finanzieren, deren Mitgliedschaftsverhältnisse noch nicht geklärt sind. [2]Das Darlehen ist innerhalb von sechs Monaten zurückzuzahlen. [3]Das Nähere zur Darlehensgewährung, Verzinsung und Rückzahlung regelt das Bundesamt für Soziale Sicherung im Benehmen mit dem Spitzenverband Bund der Krankenkassen.

(3) [1]Reicht die Liquiditätsreserve nicht aus, um alle Zuweisungen nach den §§ 266, 268, 270 und 270a zu erfüllen, leistet der Bund dem Gesundheitsfonds ein nicht zu verzinsendes Liquiditätsdarlehen in Höhe der fehlenden Mittel. [2]Das Darlehen ist im Haushaltsjahr zurückzuzahlen. [3]Die jahresendliche Rückzahlung ist durch geeignete Maßnahmen sicherzustellen.

(4) [1]Den Einnahmen des Gesundheitsfonds nach Absatz 1 Satz 1 werden im Jahr 2020 225 Millionen Euro aus der Liquiditätsreserve zugeführt. [2]Den Einnahmen des Gesundheitsfonds nach Absatz 1 Satz 1 werden im Jahr 2021 900 Millionen Euro, im Jahr 2022 600 Millionen Euro und im Jahr 2023 300 Millionen Euro aus der Liquiditätsreserve zugeführt, um die Mindereinnahmen, die sich aus der Anwendung von § 226 Absatz 2 Satz 2 ergeben, zu kompensieren.

(5) Zur Finanzierung der Fördermittel nach § 92a Absatz 3 und 4 werden dem Innovationsfonds aus der Liquiditätsreserve des Gesundheitsfonds in den

Jahren 2016 bis 2019 jährlich 150 Millionen Euro und in den Jahren 2020 bis 2024 jährlich 100 Millionen Euro, jeweils abzüglich der Hälfte des anteiligen Betrages der landwirtschaftlichen Krankenkasse gemäß § 221 Absatz 3 Satz 1 Nummer 1 zugeführt; Finanzmittel aus der Liquiditätsreserve werden nach § 92a Absatz 3 Satz 4 und 6 anteilig an die Liquiditätsreserve des Gesundheitsfonds zurückgeführt.

(6) Zur Finanzierung der Fördermittel nach den §§ 12 und 12a des Krankenhausfinanzierungsgesetzes werden dem Strukturfonds aus der Liquiditätsreserve des Gesundheitsfonds ab dem Jahr 2016 Finanzmittel in Höhe von bis zu 500 Millionen Euro und in den Jahren 2019 bis 2024 Finanzmittel in Höhe von insgesamt bis zu 2 Milliarden Euro, jeweils abzüglich des anteiligen Betrags der landwirtschaftlichen Krankenkasse gemäß § 221 Absatz 3 Satz 1 Nummer 2 und Satz 5 und 6 zugeführt, soweit die Fördermittel von den Ländern nach Maßgabe der §§ 12 bis 14 des Krankenhausfinanzierungsgesetzes abgerufen werden.

(7) Die dem Bundesamt für Soziale Sicherung bei der Verwaltung des Fonds entstehenden Ausgaben einschließlich der Ausgaben für die Durchführung und Weiterentwicklung des Risikostrukturausgleichs werden aus den Einnahmen des Gesundheitsfonds gedeckt.

§ 271a Sicherstellung der Einnahmen des Gesundheitsfonds.

(1) [1] Steigen die Beitragsrückstände einer Krankenkasse erheblich an, so hat die Krankenkasse nach Aufforderung durch das Bundesamt für Soziale Sicherung diesem die Gründe hierfür zu berichten und innerhalb einer Frist von vier Wochen glaubhaft zu machen, dass der Anstieg nicht auf eine Pflichtverletzung zurückzuführen ist. [2] Entscheidungserhebliche Tatsachen sind durch geeignete Unterlagen glaubhaft zu machen.

(2) [1] Werden die entscheidungserheblichen Unterlagen nicht vorgelegt oder reichen diese nicht zur Glaubhaftmachung eines unverschuldeten Beitragsrückstandes aus, wird die Krankenkasse säumig. [2] Für jeden angefangenen Monat nach Aufforderung zur Berichtslegung wird vorläufig ein Säumniszuschlag in Höhe von 10 Prozent von dem Betrag erhoben, der sich aus der Rückstandsquote des die Berichtspflicht auslösenden Monats abzüglich der des Vorjahresmonats oder der des Vorjahresdurchschnitts der Krankenkasse, multipliziert mit den insgesamt zum Soll gestellten Beiträgen der Krankenkasse des die Berichtspflicht auslösenden Monats, ergibt. [3] Es wird der jeweils niedrigere Wert zur Berechnung der Säumniszuschläge in Ansatz gebracht.

(3) [1] Die Krankenkasse erhält ihre Säumniszuschläge zurück, wenn sie innerhalb einer angemessenen, vom Bundesamt für Soziale Sicherung festzusetzenden Frist, die im Regelfall drei Monate nach Eintritt der Säumnis nach Absatz 2 nicht unterschreiten soll, glaubhaft macht, dass die Beitragsrückstände nicht auf eine Pflichtverletzung ihrerseits zurückzuführen sind. [2] Anderenfalls werden die Säumniszuschläge endgültig festgesetzt und verbleiben dem Gesundheitsfonds.

(4) [1] Bleiben die Beitragsrückstände auch nach Ablauf der Frist nach Absatz 3 erheblich im Sinne des Absatzes 1 und ist die Krankenkasse säumig im Sinne des Absatzes 2, ist von einer fortgesetzten Pflichtverletzung auszugehen. [2] In diesem Fall soll das Bundesamt für Soziale Sicherung den Säumniszuschlag um weitere 10 Prozentpunkte pro Monat bis zur vollen Höhe des für die Berechnung der Säumniszuschläge zu Grunde gelegten Differenzbetrages nach Ab-

satz 2 erhöhen. [3]Diese Säumniszuschläge gelten als endgültig festgesetzt und verbleiben dem Gesundheitsfonds.

(5) Klagen gegen die Erhebung von Säumniszuschlägen haben keine aufschiebende Wirkung.

(6) § 28r des Vierten Buches[1)] und § 251 Abs. 5 Satz 2 bleiben unberührt.

§ 272 Sonderregelungen für den Gesundheitsfonds im Jahr 2021.

(1) [1]Den Einnahmen des Gesundheitsfonds nach § 271 Absatz 1 Satz 1 werden im Jahr 2021 Mittel aus den Finanzreserven der Krankenkassen nach § 260 Absatz 2 Satz 1 zugeführt, indem 66,1 Prozent der Finanzreserven nach § 260 Absatz 2 Satz 1 jeder Krankenkasse, die zwei Fünftel des durchschnittlich auf einen Monat entfallenden Betrags der Ausgaben für die in § 260 Absatz 1 Nummer 1 genannten Zwecke überschreiten, herangezogen werden. [2]Abweichend von Satz 1 werden 66,1 Prozent der Finanzreserven nach § 260 Absatz 2 Satz 1 einer Krankenkasse, die ein Fünftel des durchschnittlich auf einen Monat entfallenden Betrags der Ausgaben für die in § 260 Absatz 1 Nummer 1 genannten Zwecke zuzüglich von 3 Millionen Euro überschreiten, herangezogen, wenn dieser Betrag geringer als der sich nach Satz 1 für die Krankenkasse ergebende Betrag ist. [3]Maßgebend für die Rechengrößen nach den Sätzen 1 und 2 sind die von den Krankenkassen für das erste Halbjahr 2020 nach Abschluss des zweiten Quartals 2020 vorgelegten vierteljährlichen Rechnungsergebnisse, die der Spitzenverband Bund der Krankenkassen dem Bundesministerium für Gesundheit am 14. August 2020 übermittelt hat.

(2) [1]Das Bundesamt für Soziale Sicherung berechnet den Betrag nach Absatz 1, der sich für jede betroffene Krankenkasse ergibt, und macht ihn durch Bescheid gegenüber der Krankenkasse geltend. [2]Es verrechnet den festgesetzten Betrag mit den nach § 16 Absatz 5 der Risikostruktur-Ausgleichsverordnung für das Ausgleichsjahr 2021 an die Krankenkasse auszuzahlenden Zuweisungen in der Höhe, in der sich die Forderungen decken. [3]Das Bundesamt für Soziale Sicherung verteilt die Verrechnung nach Satz 2 in monatlich gleichen Teilbeträgen auf alle Ausgleichsmonate des Jahres 2021, die auf den Monat, in dem der Bescheid nach Satz 1 erlassen wird, folgen. [4]Klagen gegen die Geltendmachung der Beträge haben keine aufschiebende Wirkung. [5]Das Bundesamt für Soziale Sicherung soll die Bescheide nach Satz 1 bis zum 31. März 2021 erlassen.

(3) [1]Vereinigen sich Krankenkassen nach § 155 ab dem 15. August 2020 und hätte sich für eine, einen Teil oder alle der an der Vereinigung beteiligten Krankenkassen ein Betrag nach Absatz 1 ergeben, macht das Bundesamt für Soziale Sicherung den Betrag oder die Summe der Beträge gegenüber der neuen Krankenkasse nach § 155 Absatz 6 Satz 2 durch Bescheid geltend. [2]Es verrechnet den festgesetzten Betrag mit den nach § 16 Absatz 5 der Risikostruktur-Ausgleichsverordnung für das Ausgleichsjahr 2021 an die neue Krankenkasse nach § 155 Absatz 6 Satz 2 auszuzahlenden Zuweisungen in der Höhe, in der sich die Forderungen decken; Absatz 2 Satz 3 bis 5 gilt entsprechend. [3]Satz 1 gilt nicht, wenn das Bundesamt für Soziale Sicherung zum nach § 155 Absatz 5 bestimmten Zeitpunkt bereits den Bescheid oder die Bescheide nach Absatz 2 Satz 1 gegenüber den an der Vereinigung beteiligten Krankenkassen erlassen hat.

[1)] Nr. 4.

§ 273 Sicherung der Datengrundlagen für den Risikostrukturausgleich. (1) [1]Das Bundesamt für Soziale Sicherung prüft im Rahmen der Durchführung des Risikostrukturausgleichs nach Maßgabe der Absätze 2 bis 7 die Datenmeldungen der Krankenkassen nach § 267 Absatz 1 Satz 1 auf ihre Rechtmäßigkeit. [2]§ 266 Absatz 8 Satz 1 Nummer 9 und § 274 bleiben unberührt.

(2) [1]Das Bundesamt für Soziale Sicherung prüft die Daten nach § 267 Absatz 1 Satz 1 Nummer 5 auf auffällige Steigerungen im Hinblick auf die Häufigkeit und Schwere der übermittelten Diagnosen, die nicht auf demografische Veränderungen des Versichertenbestandes zurückzuführen sind. [2]Die übrigen Daten nach § 267 Absatz 1 Satz 1 kann das Bundesamt für Soziale Sicherung einer Prüfung zur Feststellung einer Auffälligkeit unterziehen. [3]Das Nähere, insbesondere einen Schwellenwert für die Feststellung einer Auffälligkeit, bestimmt das Bundesamt für Soziale Sicherung im Benehmen mit dem Spitzenverband Bund der Krankenkassen.

(3) [1]Das Bundesamt für Soziale Sicherung prüft bei nach Absatz 2 auffälligen Krankenkassen, ob die Auffälligkeit für die betroffene Krankenkasse zu erheblich erhöhten Zuweisungen aus dem Gesundheitsfonds nach § 266 Absatz 1 Satz 1 geführt haben kann. [2]§ 18 Absatz 1 Satz 4 der Risikostruktur-Ausgleichsverordnung in der ab dem 1. April 2020 geltenden Fassung bleibt dabei außer Betracht. [3]Das Bundesamt für Soziale Sicherung teilt eine Feststellung nach Satz 1 der betroffenen Krankenkasse mit. [4]Absatz 2 Satz 3 gilt entsprechend.

(4) [1]Die Krankenkasse hat innerhalb von drei Monaten ab Eingang der Mitteilung nach Absatz 3 Satz 3 Tatsachen darzulegen, die die Auffälligkeit begründen. [2]Erfolgt keine ausreichende Darlegung nach Satz 1, wird ein Verstoß gegen die Vorgabe des § 267 Absatz 1 Satz 2 vermutet. [3]Macht die Krankenkasse als Grund für die Auffälligkeit einen tatsächlichen Anstieg der Morbidität ihrer Versicherten geltend, muss sie einen aus den Leistungsdaten nach den §§ 294 bis 303 ersichtlichen entsprechenden Anstieg der erbrachten Leistungen darlegen. [4]Legt die Krankenkasse zur Begründung der Auffälligkeit einen Versorgungsvertrag vor, prüft das Bundesamt für Soziale Sicherung die Rechtmäßigkeit dieses Vertrages hinsichtlich der Vorgabe des § 267 Absatz 1 Satz 2.

(5) [1]Das Bundesamt für Soziale Sicherung kann auch dann eine Einzelfallprüfung durchführen, wenn bestimmte Tatsachen den Verdacht begründen, dass eine Krankenkasse eine rechtswidrige Datenmeldung abgegeben hat. [2]Die Krankenkasse hat dem Bundesamt für Soziale Sicherung auf dessen Verlangen innerhalb von drei Monaten alle Angaben zu machen, derer es zur Überprüfung des Sachverhalts bedarf. [3]Kommt die Krankenkasse einem zumutbaren Verlangen des Bundesamts für Soziale Sicherung nicht, nur teilweise oder nicht in der verlangten Aufbereitung nach, wird ein Verstoß gegen die Vorgabe des § 267 Absatz 1 Satz 2 vermutet. [4]Eine Prüfung der Leistungserbringer, insbesondere im Hinblick auf Diagnosedaten, ist ausgeschlossen. [5]Absatz 4 Satz 4 gilt entsprechend.

(6) [1]Stellt das Bundesamt für Soziale Sicherung als Ergebnis der Prüfung nach Absatz 4 oder Absatz 5 einen Rechtsverstoß fest, ermittelt es einen Korrekturbetrag, um den die Zuweisungen nach § 266 Absatz 3 für die betroffene Krankenkasse zu kürzen sind. [2]§ 18 Absatz 1 Satz 4 der Risikostruktur-Ausgleichsverordnung in der ab dem 1. April 2020 geltenden Fassung bleibt dabei außer Betracht. [3]Das Nähere über die Ermittlung des Korrektur-

betrags bestimmt das Bundesministerium für Gesundheit in der Rechtsverordnung nach § 266 Absatz 8 Satz 1. [4]Klagen bei Streitigkeiten nach dieser Vorschrift haben keine aufschiebende Wirkung.

(7) [1]Das Bundesamt für Soziale Sicherung führt die Prüfungen nach den Absätzen 2 bis 5 ab dem Berichtsjahr 2013 durch. [2]Im Rahmen der Prüfung nach Absatz 4 oder Absatz 5 kann sich die Krankenkasse nicht darauf berufen, dass die zuständige Aufsichtsbehörde den Vertrag nicht innerhalb der Frist gemäß § 71 Absatz 4 Satz 2, § 71 Absatz 4 Satz 3 in der bis zum 22. Juli 2015 geltenden Fassung oder § 73b Absatz 9 Satz 2 in der bis zum 22. Juli 2015 geltenden Fassung beanstandet hat. [3]Satz 1 gilt nicht für abgeschlossene Einzelfallprüfungen nach § 273 Absatz 3 Satz 1 und 2 in der bis zum 31. März 2020 geltenden Fassung; für die Ermittlung des Korrekturbetrags gilt Absatz 6.

Fünfter Abschnitt. Prüfung der Krankenkassen und ihrer Verbände

§ 274 Prüfung der Geschäfts-, Rechnungs- und Betriebsführung.

(1) [1]Das Bundesamt für Soziale Sicherung und die für die Sozialversicherung zuständigen obersten Verwaltungsbehörden der Länder haben mindestens alle fünf Jahre die Geschäfts-, Rechnungs- und Betriebsführung der ihrer Aufsicht unterstehenden Krankenkassen und deren Arbeitsgemeinschaften zu prüfen. [2]Das Bundesministerium für Gesundheit hat mindestens alle fünf Jahre die Geschäfts-, Rechnungs- und Betriebsführung des Spitzenverbandes Bund der Krankenkassen und der Kassenärztlichen Bundesvereinigungen, die für die Sozialversicherung zuständigen obersten Verwaltungsbehörden der Länder haben mindestens alle fünf Jahre die Geschäfts-, Rechnungs- und Betriebsführung der Landesverbände der Krankenkassen und der Kassenärztlichen Vereinigungen sowie der Prüfstelle und des Beschwerdeausschusses nach § 106c zu prüfen. [3]Das Bundesministerium für Gesundheit kann die Prüfung der bundesunmittelbaren Krankenkassen und deren Arbeitsgemeinschaften, die der Aufsicht des Bundesamtes für Soziale Sicherung unterstehen, des Spitzenverbandes Bund der Krankenkassen und der Kassenärztlichen Bundesvereinigungen, die für die Sozialversicherung zuständigen obersten Verwaltungsbehörden der Länder können die Prüfung der landesunmittelbaren Krankenkassen und deren Arbeitsgemeinschaften, die ihrer Aufsicht unterstehen, der Landesverbände der Krankenkassen und der Kassenärztlichen Vereinigungen auf eine öffentlich-rechtliche Prüfungseinrichtung übertragen, die bei der Durchführung der Prüfung unabhängig ist, oder eine solche Prüfungseinrichtung errichten. [4]Die Prüfung hat sich auf den gesamten Geschäftsbetrieb zu erstrecken; sie umfaßt die Prüfung seiner Gesetzmäßigkeit und Wirtschaftlichkeit. [5]Die Krankenkassen, die Verbände und Arbeitsgemeinschaften der Krankenkassen, die Kassenärztlichen Vereinigungen und die Kassenärztlichen Bundesvereinigungen haben auf Verlangen alle Unterlagen vorzulegen und alle Auskünfte zu erteilen, die zur Durchführung der Prüfung erforderlich sind. [6]Die mit der Prüfung nach diesem Absatz befassten Stellen können nach Anhörung des Spitzenverbandes Bund der Krankenkassen bestimmen, dass die Krankenkassen die zu prüfenden Daten elektronisch und in einer bestimmten Form zur Verfügung stellen. [7]Die mit der Prüfung nach diesem Absatz befassten Stellen können in besonderen Fällen Wirtschaftsprüfer, vereidigte Buchprüfer, spezialisierte Rechtsanwaltskanzleien oder IT-Berater mit einzelnen Bereichen der Prüfung beauftragen. [8]Die durch die Beauftragung entstehenden Kosten sind Kosten der Prüfung im Sinne von Absatz 2.

(2) [1]Die Kosten, die den mit der Prüfung befaßten Stellen entstehen, tragen die Krankenkassen ab dem Jahr 2009 nach der Zahl ihrer Mitglieder. [2]Das Nähere über die Erstattung der Kosten einschließlich der zu zahlenden Vorschüsse regeln für die Prüfung der bundesunmittelbaren Krankenkassen und des Spitzenverbandes Bund der Krankenkassen das Bundesministerium für Gesundheit, für die Prüfung der landesunmittelbaren Krankenkassen und der Landesverbände die für die Sozialversicherung zuständigen obersten Verwaltungsbehörden der Länder. [3]Die Kassenärztlichen Vereinigungen, die Kassenärztlichen Bundesvereinigungen sowie die Verbände und Arbeitsgemeinschaften der Krankenkassen tragen die Kosten der bei ihnen durchgeführten Prüfungen selbst. [4]Die Kosten werden nach dem tatsächlich entstandenen Personal- und Sachaufwand berechnet. [5]Der Berechnung der Kosten für die Prüfung der Kassenärztlichen Bundesvereinigungen sind die vom Bundesministerium des Innern, für Bau und Heimat erstellten Übersichten über die Personalkostenansätze des laufenden Rechnungsjahres für Beamte, Angestellte und Lohnempfänger einschließlich der Sachkostenpauschale eines Arbeitsplatzes/Beschäftigten in der Bundesverwaltung, der Berechnung der Kosten für die Prüfung der Kassenärztlichen Vereinigungen die entsprechenden, von der zuständigen obersten Landesbehörde erstellten Übersichten zugrunde zu legen. [6]Fehlt es in einem Land an einer solchen Übersicht, gilt die Übersicht des Bundesministeriums des Innern, für Bau und Heimat entsprechend. [7]Zusätzlich zu den Personalkosten entstehende Verwaltungsausgaben sind den Kosten in ihrer tatsächlichen Höhe hinzuzurechnen. [8]Die Personalkosten sind pro Prüfungsstunde anzusetzen. [9]Die Kosten der Vor- und Nachbereitung der Prüfung einschließlich der Abfassung des Prüfberichts und einer etwaigen Beratung sind einzubeziehen. [10]Die Prüfungskosten nach Satz 1 werden um die Prüfungskosten vermindert, die von den in Satz 3 genannten Stellen zu tragen sind.

(3) [1]Das Bundesministerium für Gesundheit kann mit Zustimmung des Bundesrates allgemeine Verwaltungsvorschriften für die Durchführung der Prüfungen erlassen. [2]Dabei ist ein regelmäßiger Erfahrungsaustausch zwischen den Prüfungseinrichtungen vorzusehen.

(4) Der Bundesrechnungshof prüft die Haushalts- und Wirtschaftsführung der gesetzlichen Krankenkassen, ihrer Verbände und Arbeitsgemeinschaften.

Neuntes Kapitel. Medizinischer Dienst

Erster Abschnitt. Aufgaben

§ 275 Begutachtung und Beratung. (1) [1]Die Krankenkassen sind in den gesetzlich bestimmten Fällen oder wenn es nach Art, Schwere, Dauer oder Häufigkeit der Erkrankung oder nach dem Krankheitsverlauf erforderlich ist, verpflichtet,

1. bei Erbringung von Leistungen, insbesondere zur Prüfung von Voraussetzungen, Art und Umfang der Leistung, sowie bei Auffälligkeiten zur Prüfung der ordnungsgemäßen Abrechnung,
2. zur Einleitung von Leistungen zur Teilhabe, insbesondere zur Koordinierung der Leistungen nach den §§ 14 bis 24 des Neunten Buches[1)], im Benehmen mit dem behandelnden Arzt,

---

[1)] Nr. **9**.

3. bei Arbeitsunfähigkeit
   a) zur Sicherung des Behandlungserfolgs, insbesondere zur Einleitung von Maßnahmen der Leistungsträger für die Wiederherstellung der Arbeitsfähigkeit, oder
   b) zur Beseitigung von Zweifeln an der Arbeitsunfähigkeit

eine gutachtliche Stellungnahme des Medizinischen Dienstes einzuholen. [2]Die Regelungen des § 87 Absatz 1c zu dem im Bundesmantelvertrag für Zahnärzte vorgesehenen Gutachterverfahren bleiben unberührt.

(1a) [1]Zweifel an der Arbeitsunfähigkeit nach Absatz 1 Nr. 3 Buchstabe b sind insbesondere in Fällen anzunehmen, in denen

a) Versicherte auffällig häufig oder auffällig häufig nur für kurze Dauer arbeitsunfähig sind oder der Beginn der Arbeitsunfähigkeit häufig auf einen Arbeitstag am Beginn oder am Ende einer Woche fällt oder
b) die Arbeitsunfähigkeit von einem Arzt festgestellt worden ist, der durch die Häufigkeit der von ihm ausgestellten Bescheinigungen über Arbeitsunfähigkeit auffällig geworden ist.

[2]Die Prüfung hat unverzüglich nach Vorlage der ärztlichen Feststellung über die Arbeitsunfähigkeit zu erfolgen. [3]Der Arbeitgeber kann verlangen, daß die Krankenkasse eine gutachtliche Stellungnahme des Medizinischen Dienstes zur Überprüfung der Arbeitsunfähigkeit einholt. [4]Die Krankenkasse kann von einer Beauftragung des Medizinischen Dienstes absehen, wenn sich die medizinischen Voraussetzungen der Arbeitsunfähigkeit eindeutig aus den der Krankenkasse vorliegenden ärztlichen Unterlagen ergeben.

(2) Die Krankenkassen haben durch den Medizinischen Dienst prüfen zu lassen

1. die Notwendigkeit der Leistungen nach den §§ 23, 24, 40 und 41, mit Ausnahme von Verordnungen nach § 40 Absatz 3 Satz 2, unter Zugrundelegung eines ärztlichen Behandlungsplans in Stichproben vor Bewilligung und regelmäßig bei beantragter Verlängerung; der Spitzenverband Bund der Krankenkassen regelt in Richtlinien den Umfang und die Auswahl der Stichprobe und kann Ausnahmen zulassen, wenn Prüfungen nach Indikation und Personenkreis nicht notwendig erscheinen; dies gilt insbesondere für Leistungen zur medizinischen Rehabilitation im Anschluß an eine Krankenhausbehandlung (Anschlußheilbehandlung),
2. bei Kostenübernahme einer Behandlung im Ausland, ob die Behandlung einer Krankheit nur im Ausland möglich ist (§ 18),
3. ob und für welchen Zeitraum häusliche Krankenpflege länger als vier Wochen erforderlich ist (§ 37 Abs. 1),
4. ob Versorgung mit Zahnersatz aus medizinischen Gründen ausnahmsweise unaufschiebbar ist (§ 27 Abs. 2),
5. den Anspruch auf Leistungen der außerklinischen Intensivpflege nach § 37c Absatz 2 Satz 1.

(3) [1]Die Krankenkassen können in geeigneten Fällen durch den Medizinischen Dienst prüfen lassen

1. vor Bewilligung eines Hilfsmittels, ob das Hilfsmittel erforderlich ist (§ 33); der Medizinische Dienst hat hierbei den Versicherten zu beraten; er hat mit den Orthopädischen Versorgungsstellen zusammenzuarbeiten,

2. bei Dialysebehandlung, welche Form der ambulanten Dialysebehandlung unter Berücksichtigung des Einzelfalls notwendig und wirtschaftlich ist,
3. die Evaluation durchgeführter Hilfsmittelversorgungen,
4. ob Versicherten bei der Inanspruchnahme von Versicherungsleistungen aus Behandlungsfehlern ein Schaden entstanden ist (§ 66).

[2] Der Medizinische Dienst hat den Krankenkassen das Ergebnis seiner Prüfung nach Satz 1 Nummer 4 durch eine gutachterliche Stellungnahme mitzuteilen, die auch in den Fällen nachvollziehbar zu begründen ist, in denen gutachterlich kein Behandlungsfehler festgestellt wird, wenn dies zur angemessenen Unterrichtung des Versicherten im Einzelfall erforderlich ist.

(3a) Ergeben sich bei der Auswertung der Unterlagen über die Zuordnung von Patienten zu den Behandlungsbereichen nach § 4 der Psychiatrie-Personalverordnung in vergleichbaren Gruppen Abweichungen, so können die Landesverbände der Krankenkassen und die Verbände der Ersatzkassen die Zuordnungen durch den Medizinischen Dienst überprüfen lassen; das zu übermittelnde Ergebnis der Überprüfung darf keine Sozialdaten enthalten.

(3b) Hat in den Fällen des Absatzes 3 die Krankenkasse den Leistungsantrag des Versicherten ohne vorherige Prüfung durch den Medizinischen Dienst wegen fehlender medizinischer Erforderlichkeit abgelehnt, hat sie vor dem Erlass eines Widerspruchsbescheids eine gutachterliche Stellungnahme des Medizinischen Dienstes einzuholen.

(3c) Lehnt die Krankenkasse einen Leistungsantrag einer oder eines Versicherten ab und liegt dieser Ablehnung eine gutachtliche Stellungnahme des Medizinischen Dienstes nach den Absätzen 1 bis 3 zugrunde, ist die Krankenkasse verpflichtet, in ihrem Bescheid der oder dem Versicherten das Ergebnis der gutachtlichen Stellungnahme des Medizinischen Dienstes und die wesentlichen Gründe für dieses Ergebnis in einer verständlichen und nachvollziehbaren Form mitzuteilen sowie auf die Möglichkeit hinzuweisen, sich bei Beschwerden vertraulich an die Ombudsperson nach § 278 Absatz 3 zu wenden.

(4) [1] Die Krankenkassen und ihre Verbände sollen bei der Erfüllung anderer als der in Absatz 1 bis 3 genannten Aufgaben im notwendigen Umfang den Medizinischen Dienst oder andere Gutachterdienste zu Rate ziehen, insbesondere für allgemeine medizinische Fragen der gesundheitlichen Versorgung und Beratung der Versicherten, für Fragen der Qualitätssicherung, für Vertragsverhandlungen mit den Leistungserbringern und für Beratungen der gemeinsamen Ausschüsse von Ärzten und Krankenkassen, insbesondere der Prüfungsausschüsse. [2] Der Medizinische Dienst führt die Aufgaben nach § 116b Absatz 2 durch, wenn der erweiterte Landesausschuss ihn hiermit nach § 116b Absatz 3 Satz 8 ganz oder teilweise beauftragt.

(4a) [1] Soweit die Erfüllung der sonstigen dem Medizinischen Dienst obliegenden Aufgaben nicht beeinträchtigt wird, kann er Beamte nach den §§ 44 bis 49 des Bundesbeamtengesetzes ärztlich untersuchen und ärztliche Gutachten fertigen. [2] Die hierdurch entstehenden Kosten sind von der Behörde, die den Auftrag erteilt hat, zu erstatten. [3] § 280 Absatz 2 Satz 2 gilt entsprechend. [4] Der Medizinische Dienst Bund und das Bundesministerium des Innern, für Bau und Heimat vereinbaren unter Beteiligung der Medizinischen Dienste, die ihre grundsätzliche Bereitschaft zur Durchführung von Untersuchungen und zur Fertigung von Gutachten nach Satz 1 erklärt haben, das Nähere über das Verfahren und die Höhe der Kostenerstattung. [5] Die Medizinischen Dienste legen die Vereinbarung ihrer Aufsichtsbehörde vor, die der Vereinbarung innerhalb von drei Monaten nach Vorlage widersprechen kann, wenn die Erfüllung der sonstigen Aufgaben des Medizinischen Dienstes gefährdet wäre.

(4b) [1] Soweit die Erfüllung der dem Medizinischen Dienst gesetzlich obliegenden Aufgaben nicht beeinträchtigt wird, kann der Medizinische Dienst, sofern der Deutsche Bundestag nach § 5 Absatz 1 Satz 1 des Infektionsschutzgesetzes eine epidemische Lage von nationaler Tragweite festgestellt hat, Mitarbeiterinnen und Mitarbeitern auf Ersuchen insbesondere einer für die Bekämpfung übertragbarer Krankheiten zuständigen Einrichtung des öffentlichen Gesundheitsdienstes, eines zugelassenen Krankenhauses im Sinne des § 108, eines nach § 95 Absatz 1 Satz 1 an der vertragsärztlichen Versorgung teilnehmenden Leistungserbringers sowie eines Trägers einer zugelassenen Pflegeeinrichtung im Sinne des § 72 des Elften Buches[1)] befristet, höchstens für die Zeit der Feststellung nach § 5 Absatz 1 des Infektionsschutzgesetzes, eine unterstützende Tätigkeit bei diesen Behörden, Einrichtungen oder Leistungserbringern zuweisen. [2] Die hierdurch dem Medizinischen Dienst entstehenden Personal- und Sachkosten sind von der Behörde, der Einrichtung, dem Einrichtungsträger oder dem Leistungserbringer, die oder der die Unterstützung erbeten hat, zu erstatten. [3] Das Nähere über den Umfang der Unterstützungsleistung sowie zu Verfahren und Höhe der Kostenerstattung vereinbaren der Medizinische Dienst und die um Unterstützung bittende Behörde oder Einrichtung oder der um Unterstützung bittende Einrichtungsträger oder Leistungserbringer. [4] Eine Verwendung von Umlagemitteln nach § 280 Absatz 1 Satz 1 zur Finanzierung der Unterstützung nach Satz 1 ist auszuschließen. [5] Der Medizinische Dienst legt die Zuweisungsverfügung seiner Aufsichtsbehörde vor, die dieser innerhalb einer Woche nach Vorlage widersprechen kann, wenn die Erfüllung der dem Medizinischen Dienst gesetzlich obliegenden Aufgaben beeinträchtigt wäre.

(5) [1] Die Gutachterinnen und Gutachter des Medizinischen Dienstes sind bei der Wahrnehmung ihrer fachlichen Aufgaben nur ihrem Gewissen unterworfen. [2] Sie sind nicht berechtigt, in die Behandlung und pflegerische Versorgung der Versicherten einzugreifen.

§ 275a Durchführung und Umfang von Qualitätskontrollen in Krankenhäusern durch den Medizinischen Dienst. (1) [1] Der Medizinische Dienst führt nach Maßgabe der folgenden Absätze und der Richtlinie des Gemeinsamen Bundesausschusses nach § 137 Absatz 3 Kontrollen zur Einhaltung von Qualitätsanforderungen in den nach § 108 zugelassenen Krankenhäusern durch. [2] Voraussetzung für die Durchführung einer solchen Kontrolle ist, dass der Medizinische Dienst hierzu von einer vom Gemeinsamen Bundesausschuss in der Richtlinie nach § 137 Absatz 3 festgelegten Stelle oder einer Stelle nach Absatz 4 beauftragt wurde. [3] Die Kontrollen sind aufwandsarm zu gestalten und können unangemeldet durchgeführt werden.

(2) [1] Art und Umfang der vom Medizinischen Dienst durchzuführenden Kontrollen bestimmen sich abschließend nach dem konkreten Auftrag, den die in den Absätzen 3 und 4 genannten Stellen erteilen. [2] Der Auftrag muss bei Kontrollen, die durch Anhaltspunkte begründet sein müssen, in einem an-

---

1) Nr. 11.

gemessenen Verhältnis zu den Anhaltspunkten stehen, die Auslöser für die Kontrollen sind. [3] Gegenstand der Aufträge können sein

1. die Einhaltung der Qualitätsanforderungen nach den §§ 135b und 136 bis 136c,
2. die Kontrolle der Richtigkeit der Dokumentation der Krankenhäuser im Rahmen der externen stationären Qualitätssicherung und
3. die Einhaltung der Qualitätsanforderungen der Länder, soweit dies landesrechtlich vorgesehen ist.

[4] Werden bei Durchführung der Kontrollen Anhaltspunkte für erhebliche Qualitätsmängel offenbar, die außerhalb des Kontrollauftrags liegen, so teilt der Medizinische Dienst diese dem Auftraggeber nach Absatz 3 oder Absatz 4 sowie dem Krankenhaus unverzüglich mit. [5] Satz 2 gilt nicht für Stichprobenprüfungen zur Validierung der Qualitätssicherungsdaten nach § 137 Absatz 3 Satz 1.

(3) [1] Die vom Gemeinsamen Bundesausschuss hierfür bestimmten Stellen beauftragen den Medizinischen Dienst nach Maßgabe der Richtlinie nach § 137 Absatz 3 mit Kontrollen nach Absatz 1 in Verbindung mit Absatz 2 Satz 3 Nummer 1 und 2. [2] Soweit der Auftrag auch eine Kontrolle der Richtigkeit der Dokumentation nach Absatz 2 Satz 3 Nummer 2 beinhaltet, sind dem Medizinischen Dienst vom Gemeinsamen Bundesausschuss die Datensätze zu übermitteln, die das Krankenhaus im Rahmen der externen stationären Qualitätssicherung den zuständigen Stellen gemeldet hat und deren Richtigkeit der Medizinische Dienst im Rahmen der Kontrolle zu prüfen hat.

(4) Der Medizinische Dienst kann auch von den für die Krankenhausplanung zuständigen Stellen der Länder mit Kontrollen nach Absatz 1 in Verbindung mit Absatz 2 Satz 3 Nummer 3 beauftragt werden.

§ 275b Durchführung und Umfang von Qualitäts- und Abrechnungsprüfungen bei Leistungen der häuslichen Krankenpflege und außerklinischen Intensivpflege durch den Medizinischen Dienst und Verordnungsermächtigung. (1) [1] Die Landesverbände der Krankenkassen und die Ersatzkassen gemeinsam und einheitlich veranlassen bei Leistungserbringern, mit denen die Krankenkassen Verträge nach § 132a Absatz 4 oder nach § 132l Absatz 5 abgeschlossen haben und die keiner Regelprüfung nach § 114 Absatz 2 des Elften Buches[1)] unterliegen, Regelprüfungen durch den Medizinischen Dienst; § 114 Absatz 2 und 3 des Elften Buches gilt entsprechend. [2] Abweichend von Satz 1 haben die Landesverbände der Krankenkassen und die Ersatzkassen gemeinsam und einheitlich auch Regelprüfungen bei Leistungserbringern zu veranlassen, mit denen die Landesverbände der Krankenkassen und die Ersatzkassen Verträge nach § 132l Absatz 5 Nummer 1 oder Nummer 2 abgeschlossen haben und die einer Regelprüfung nach § 114 Absatz 2 des Elften Buches unterliegen. [3] Der Medizinische Dienst führt bei Leistungserbringern, mit denen die Krankenkassen Verträge nach § 132a Absatz 4 oder die Landesverbände der Krankenkassen und Ersatzkassen Verträge nach § 132l Absatz 5 abgeschlossen haben, im Auftrag der Krankenkassen oder der Landesverbände der Krankenkassen auch anlassbezogen Prüfungen durch, ob die Leistungs- und Qualitätsanforderungen nach diesem Buch und den nach diesem Buch abge-

---

[1)] Nr. **11**.

schlossenen vertraglichen Vereinbarungen für Leistungen nach § 37 oder nach § 37c erfüllt sind und ob die Abrechnung ordnungsgemäß erfolgt ist; § 114 Absatz 4 des Elften Buches gilt entsprechend. [4]Das Nähere, insbesondere zu den Prüfanlässen, den Inhalten der Prüfungen, der Durchführung der Prüfungen, der Beteiligung der Krankenkassen an den Prüfungen sowie zur Abstimmung der Prüfungen nach den Sätzen 1 und 2 mit den Prüfungen nach § 114 des Elften Buches bestimmt der Medizinische Dienst Bund in Richtlinien nach § 283 Absatz 2 Satz 1 Nummer 1 und 2. [5]§ 114a Absatz 7 Satz 5 bis 8 und 11 des Elften Buches gilt entsprechend mit der Maßgabe, dass auch den für die Wahrnehmung der Interessen von Pflegediensten maßgeblichen Spitzenorganisationen auf Bundesebene Gelegenheit zur Stellungnahme zu geben ist.

(2) [1]Für die Durchführung der Prüfungen nach Absatz 1 gilt § 114a Absatz 1 bis 3a des Elften Buches entsprechend. [2]Prüfungen nach Absatz 1 bei Leistungserbringern, mit denen die Krankenkassen Verträge nach § 132a Absatz 4 abgeschlossen haben und die in einer Wohneinheit behandlungspflegerische Leistungen erbringen, die nach § 132a Absatz 4 Satz 14 anzeigepflichtig sind, sind grundsätzlich unangemeldet durchzuführen; dies gilt auch für Prüfungen bei Leistungserbringern, die Wohneinheiten nach § 132l Absatz 5 Nummer 1 betreiben, und bei Leistungserbringern, mit denen die Krankenkassen Verträge nach § 132l Absatz 5 Nummer 2 abgeschlossen haben. [3]Räume der Wohneinheiten und vollstationären Pflegeeinrichtungen nach Satz 2, die einem Wohnrecht der Versicherten unterliegen, dürfen vom Medizinischen Dienst ohne deren Einwilligung nur betreten werden, soweit dies zur Verhütung dringender Gefahren für die öffentliche Sicherheit und Ordnung erforderlich ist; das Grundrecht der Unverletzlichkeit der Wohnung (Artikel 13 Absatz 1 des Grundgesetzes) wird insoweit eingeschränkt. [4]Der Medizinische Dienst ist im Rahmen der Prüfungen nach Absatz 1 befugt, zu den üblichen Geschäfts- und Betriebszeiten die Räume des Leistungserbringers, mit dem die Krankenkassen Verträge nach § 132a Absatz 4 oder nach § 132l Absatz 5 abgeschlossen haben, zu betreten, die erforderlichen Unterlagen einzusehen und personenbezogene Daten zu verarbeiten, soweit dies für die Prüfungen nach Absatz 1 erforderlich und in den Richtlinien nach Absatz 1 Satz 3 festgelegt ist; für die Einwilligung der Betroffenen gilt § 114a Absatz 3 Satz 5 des Elften Buches entsprechend. [5]Der Leistungserbringer, mit dem die Krankenkassen Verträge nach § 132a Absatz 4 oder nach § 132l Absatz 5 abgeschlossen haben, ist zur Mitwirkung bei den Prüfungen nach Absatz 1 verpflichtet und hat dem Medizinischen Dienst Zugang zu den Räumen und den Unterlagen zu verschaffen sowie die Voraussetzungen dafür zu schaffen, dass der Medizinische Dienst die Prüfungen nach Absatz 1 ordnungsgemäß durchführen kann. [6]Im Rahmen der Mitwirkung ist der Leistungserbringer befugt und verpflichtet, dem Medizinischen Dienst Einsicht in personenbezogene Daten zu gewähren oder diese Daten dem Medizinischen Dienst auf dessen Anforderung zu übermitteln. [7]Für die Einwilligung der Betroffenen gilt § 114a Absatz 3 Satz 5 des Elften Buches entsprechend. [8]§ 114a Absatz 4 Satz 2 und 3 des Elften Buches sowie § 277 Absatz 1 Satz 4 gelten entsprechend.

(3) [1]Der Medizinische Dienst berichtet dem Medizinischen Dienst Bund über seine Erfahrungen mit den nach den Absätzen 1 und 2 durchzuführenden Prüfungen, über die Ergebnisse seiner Prüfungen sowie über seine Erkenntnisse zum Stand und zur Entwicklung der Pflegequalität und der Qualitätssicherung in der häuslichen Krankenpflege und der außerklinischen Intensivpflege. [2]Die

Medizinischen Dienste stellen unter Beteiligung des Medizinischen Dienstes Bund die Vergleichbarkeit der gewonnenen Daten sicher. [3]Der Medizinische Dienst Bund hat die Erfahrungen und Erkenntnisse der Medizinischen Dienste zu den nach den Absätzen 1 und 2 durchzuführenden Prüfungen sowie die Ergebnisse dieser Prüfungen in den Bericht nach § 114a Absatz 6 des Elften Buches einzubeziehen.

(4) Abweichend von Absatz 1 finden bis einschließlich 30. September 2020 keine Regelprüfungen statt.

(5) Das Bundesministerium für Gesundheit kann nach einer erneuten Risikobeurteilung bei Fortbestehen oder erneutem Risiko für ein Infektionsgeschehen im Zusammenhang mit dem neuartigen Coronarvirus SARS-CoV-2 den Befristungszeitraum nach Absatz 4 durch Rechtsverordnung mit Zustimmung des Bundesrates um jeweils bis zu einem halben Jahr verlängern.

§ 275c Durchführung und Umfang von Prüfungen bei Krankenhausbehandlung durch den Medizinischen Dienst. (1) [1]Bei Krankenhausbehandlung nach § 39 ist eine Prüfung der Rechnung des Krankenhauses spätestens vier Monate nach deren Eingang bei der Krankenkasse einzuleiten und durch den Medizinischen Dienst dem Krankenhaus anzuzeigen. [2]Falls die Prüfung nicht zu einer Minderung des Abrechnungsbetrages führt, hat die Krankenkasse dem Krankenhaus eine Aufwandspauschale in Höhe von 300 Euro zu entrichten. [3]Als Prüfung nach Satz 1 ist jede Prüfung der Abrechnung eines Krankenhauses anzusehen, mit der die Krankenkasse den Medizinischen Dienst zum Zwecke der Erstellung einer gutachtlichen Stellungnahme nach § 275 Absatz 1 Nummer 1 beauftragt und die eine Datenerhebung durch den Medizinischen Dienst beim Krankenhaus erfordert. [4]Die Prüfungen nach Satz 1 sind, soweit in den Richtlinien nach § 283 Absatz 2 Satz 1 Nummer 1 und 2 nichts Abweichendes bestimmt ist, bei dem Medizinischen Dienst einzuleiten, der örtlich für das zu prüfende Krankenhaus zuständig ist.

(2) [1]Im Jahr 2020 darf eine Krankenkasse in jedem Quartal von den nach Absatz 1 Satz 1 prüfbaren Schlussrechnungen für vollstationäre Krankenhausbehandlung bis zu 5 Prozent der Anzahl der bei ihr im vorvergangenen Quartal eingegangenen Schlussrechnungen für vollstationäre Krankenhausbehandlung eines Krankenhauses nach Absatz 1 durch den Medizinischen Dienst prüfen lassen (quartalsbezogene Prüfquote); im Jahr 2021 gilt eine quartalsbezogene Prüfquote von bis zu 12,5 Prozent. [2]Ab dem Jahr 2022 gilt für eine Krankenkasse bei der Prüfung von Schlussrechnungen für vollstationäre Krankenhausbehandlung durch den Medizinischen Dienst eine quartalsbezogene Prüfquote je Krankenhaus in Abhängigkeit von dem Anteil unbeanstandeter Abrechnungen je Krankenhaus nach Absatz 4 Satz 3 Nummer 2. [3]Maßgeblich für die Zuordnung einer Prüfung zu einem Quartal und zu der maßgeblichen quartalsbezogenen Prüfquote ist das Datum der Einleitung der Prüfung. [4]Die quartalsbezogene Prüfquote nach Satz 2 wird vom Spitzenverband Bund der Krankenkassen für jedes Quartal auf der Grundlage der Prüfergebnisse des vorvergangenen Quartals ermittelt und beträgt:

1. bis zu 5 Prozent für ein Krankenhaus, wenn der Anteil unbeanstandeter Abrechnungen an allen durch den Medizinischen Dienst geprüften Schlussrechnungen für vollstationäre Krankenhausbehandlung bei 60 Prozent oder mehr liegt,

2. bis zu 10 Prozent für ein Krankenhaus, wenn der Anteil unbeanstandeter Abrechnungen an allen durch den Medizinischen Dienst geprüften Schlussrechnungen für vollstationäre Krankenhausbehandlung zwischen 40 Prozent und unterhalb von 60 Prozent liegt,
3. bis zu 15 Prozent für ein Krankenhaus, wenn der Anteil unbeanstandeter Abrechnungen an allen durch den Medizinischen Dienst geprüften Schlussrechnungen für vollstationäre Krankenhausbehandlung unterhalb von 40 Prozent liegt.

[5] Der Medizinische Dienst hat eine nach Absatz 1 Satz 3 eingeleitete Prüfung einer Schlussrechnung für vollstationäre Krankenhausbehandlung abzulehnen, wenn die nach Satz 1 oder Satz 4 zulässige quartalsbezogene Prüfquote eines Krankenhauses von der Krankenkasse überschritten wird; dafür ist die nach Absatz 4 Satz 3 Nummer 4 veröffentlichte Anzahl der Schlussrechnungen für vollstationäre Krankenhausbehandlung, die die einzelne Krankenkasse vom einzelnen Krankenhaus im vorvergangenen Quartal erhalten hat, heranzuziehen. [6] Liegt der Anteil unbeanstandeter Abrechnungen eines Krankenhauses unterhalb von 20 Prozent oder besteht ein begründeter Verdacht einer systematisch überhöhten Abrechnung, ist die Krankenkasse bei diesem Krankenhaus auch nach Erreichen der Prüfquote vor Ende eines Quartals zu weiteren Prüfungen nach Absatz 1 befugt. [7] Die anderen Vertragsparteien nach § 18 Absatz 2 Nummer 1 und 2 des Krankenhausfinanzierungsgesetzes haben das Vorliegen der Voraussetzungen nach Satz 6 unter Angabe der Gründe vor der Einleitung der Prüfung bei der für die Krankenhausversorgung zuständigen Landesbehörde gemeinsam anzuzeigen. [8] Krankenkassen, die in einem Quartal von einem Krankenhaus weniger als 20 Schlussrechnungen für vollstationäre Krankenhausbehandlung erhalten, können mindestens eine Schlussrechnung und höchstens die aus der quartalsbezogenen Prüfquote resultierende Anzahl an Schlussrechnungen für vollstationäre Krankenhausbehandlung durch den Medizinischen Dienst prüfen lassen; die Übermittlung und Auswertung der Daten nach Absatz 4 bleibt davon unberührt. [9] Die Prüfung von Rechnungen im Vorfeld einer Beauftragung des Medizinischen Dienstes nach § 17c Absatz 2 Satz 2 Nummer 3 des Krankenhausfinanzierungsgesetzes unterliegt nicht der quartalsbezogenen Prüfquote.

(3) [1] Ab dem Jahr 2022 haben die Krankenhäuser bei einem Anteil unbeanstandeter Abrechnungen unterhalb von 60 Prozent neben der Rückzahlung der Differenz zwischen dem ursprünglichen und dem geminderten Abrechnungsbetrag einen Aufschlag auf diese Differenz an die Krankenkassen zu zahlen. [2] Dieser Aufschlag beträgt

1. 25 Prozent im Falle des Absatzes 2 Satz 4 Nummer 2,
2. 50 Prozent im Falle des Absatzes 2 Satz 4 Nummer 3 und im Falle des Absatzes 2 Satz 6,

jedoch mindestens 300 Euro und höchstens 10 Prozent des auf Grund der Prüfung durch den Medizinischen Dienst geminderten Abrechnungsbetrages, wobei der Mindestbetrag von 300 Euro nicht unterschritten werden darf. [3] In dem Verfahren zwischen Krankenkassen und Krankenhäusern im Vorfeld einer Beauftragung des Medizinischen Dienstes nach § 17c Absatz 2 Satz 2 Nummer 3 des Krankenhausfinanzierungsgesetzes wird kein Aufschlag erhoben.

(4) [1] Zur Umsetzung der Einzelfallprüfung nach den Vorgaben der Absätze 1 bis 3 wird der Spitzenverband Bund der Krankenkassen verpflichtet, bundes-

einheitliche quartalsbezogene Auswertungen zu erstellen. [2]Die Krankenkassen übermitteln dem Spitzenverband Bund der Krankenkassen zum Ende des ersten Monats, der auf ein Quartal folgt, die folgenden Daten je Krankenhaus:

1. Anzahl der eingegangenen Schlussrechnungen für vollstationäre Krankenhausbehandlung,
2. Anzahl der beim Medizinischen Dienst eingeleiteten Prüfungen von Schlussrechnungen für vollstationäre Krankenhausbehandlung nach Absatz 1,
3. Anzahl der nach Absatz 1 durch den Medizinischen Dienst abgeschlossenen Prüfungen von Schlussrechnungen für vollstationäre Krankenhausbehandlung,
4. Anzahl der Schlussrechnungen für vollstationäre Krankenhausbehandlung, die nach der Prüfung gemäß Absatz 1 nicht zu einer Minderung des Abrechnungsbetrages geführt haben und insoweit unbeanstandet geblieben sind.

[3]Ab dem Jahr 2020 sind vom Spitzenverband Bund der Krankenkassen auf der Grundlage der nach Satz 2 übermittelten Daten bis jeweils zum Ende des zweiten Monats, der auf das Ende des jeweiligen betrachteten Quartals folgt, für das einzelne Krankenhaus insbesondere auszuweisen und zu veröffentlichen:

1. Anteil der beim Medizinischen Dienst in dem betrachteten Quartal eingeleiteten Prüfungen von Schlussrechnungen für vollstationäre Krankenhausbehandlung an allen Schlussrechnungen für vollstationäre Krankenhausbehandlung, die, ausgehend vom betrachteten Quartal, im vorvergangenen Quartal eingegangen sind,
2. Anteil der Schlussrechnungen für vollstationäre Krankenhausbehandlung, die nach der Prüfung durch den Medizinischen Dienst nicht zu einer Minderung des Abrechnungsbetrages in dem betrachteten Quartal führen und insoweit durch den Medizinischen Dienst unbeanstandet geblieben sind, an allen in dem betrachteten Quartal abgeschlossenen Prüfungen von Schlussrechnungen für vollstationäre Krankenhausbehandlung,
3. zulässige Prüfquote nach Absatz 2 und die Höhe des Aufschlags nach Absatz 3, die sich aus dem Ergebnis nach Nummer 2 des betrachteten Quartals ergibt,
4. Werte nach Satz 2 Nummer 1, die nach den einzelnen Krankenkassen zu gliedern sind.

[4]Die Ergebnisse sind auch in zusammengefasster Form, bundesweit und gegliedert nach Medizinischen Diensten, zu veröffentlichen. [5]Die näheren Einzelheiten, insbesondere zu den zu übermittelnden Daten, deren Lieferung, deren Veröffentlichung sowie zu den Konsequenzen, sofern Daten nicht oder nicht fristgerecht übermittelt werden, legt der Spitzenverband Bund der Krankenkassen bis zum 31. März 2020 fest. [6]Bei der Festlegung sind die Stellungnahmen der Deutschen Krankenhausgesellschaft und der Medizinischen Dienste einzubeziehen.

(5) [1]Widerspruch und Klage gegen die Geltendmachung des Aufschlags nach Absatz 3 und gegen die Ermittlung der Prüfquote nach Absatz 4 haben keine aufschiebende Wirkung. [2]Einwendungen gegen die Ergebnisse einzelner Prüfungen nach Absatz 1 sind bei der Ermittlung der Prüfquote nicht zu berücksichtigen. [3]Behördliche oder gerichtliche Feststellungen zu einzelnen Prüfungen nach Absatz 1 lassen die für das jeweilige betrachtete Quartal ermittelte Prüfquote nach Absatz 2 unberührt.

(6) Eine einzelfallbezogene Prüfung nach Absatz 1 Satz 1 ist nicht zulässig

1. bei der Abrechnung von tagesbezogenen Pflegeentgelten nach § 7 Absatz 1 Satz 1 Nummer 6a des Krankenhausentgeltgesetzes; Prüfergebnisse aus anderweitigen Prüfanlässen werden insoweit umgesetzt, dass in Fällen, in denen es nach einer Prüfung bei der Abrechnung von voll- oder teilstationären Entgelten verbleibt, für die Ermittlung der tagesbezogenen Pflegeentgelte die ursprünglich berücksichtigten Belegungstage beibehalten werden und in Fällen, in denen eine Prüfung zur Abrechnung einer ambulanten oder vorstationären Vergütung nach § 8 Absatz 3 des Krankenhausentgeltgesetzes führt, die Abrechnung tagesbezogener Pflegeentgelte entfällt,
2. bei der Prüfung der Einhaltung von Strukturmerkmalen, die nach § 275d geprüft wurden.

(7) [1] Vereinbarungen zwischen Krankenkassen und Krankenhäusern über pauschale Abschläge auf die Abrechnung geltender Entgelte für Krankenhausleistungen zur Abbedingung der Prüfung der Wirtschaftlichkeit erbrachter Krankenhausleistungen oder der Rechtmäßigkeit der Krankenhausabrechnung sind nicht zulässig. [2] Vereinbarungen auf Grundlage von § 17c Absatz 2 Satz 1 und 2 Nummer 3 und 7 sowie Absatz 2b des Krankenhausfinanzierungsgesetzes bleiben unberührt.

§ 275d Prüfung von Strukturmerkmalen. (1) [1] Krankenhäuser haben die Einhaltung von Strukturmerkmalen auf Grund des vom Bundesinstitut für Arzneimittel und Medizinprodukte herausgegebenen Operationen- und Prozedurenschlüssels nach § 301 Absatz 2 durch den Medizinischen Dienst begutachten zu lassen, bevor sie entsprechende Leistungen abrechnen. [2] Grundlage der Begutachtung nach Satz 1 ist die Richtlinie nach § 283 Absatz 2 Satz 1 Nummer 3. [3] Krankenhäuser haben die für die Begutachtung erforderlichen personen- und einrichtungsbezogenen Daten an den Medizinischen Dienst zu übermitteln. [4] Die Begutachtungen nach Satz 1 erfolgen, soweit in den Richtlinien nach § 283 Absatz 2 Satz 1 Nummer 3 nichts Abweichendes bestimmt wird, durch den Medizinischen Dienst, der örtlich für das zu begutachtende Krankenhaus zuständig ist.

(2) Die Krankenhäuser erhalten vom Medizinischen Dienst in schriftlicher oder elektronischer Form das Gutachten und bei Einhaltung der Strukturmerkmale eine Bescheinigung über das Ergebnis der Prüfung, die auch Angaben darüber enthält, für welchen Zeitraum die Einhaltung der jeweiligen Strukturmerkmale als erfüllt angesehen wird.

(3) [1] Die Krankenhäuser haben die Bescheinigung nach Absatz 2 den Landesverbänden der Krankenkassen und den Ersatzkassen jeweils anlässlich der Vereinbarungen nach § 11 des Krankenhausentgeltgesetzes oder nach § 11 der Bundespflegesatzverordnung auf elektronischem Wege zu übermitteln. [2] Für die Vereinbarung für das Jahr 2022 ist die Bescheinigung spätestens bis zum 31. Dezember 2021 zu übermitteln. [3] Krankenhäuser, die eines oder mehrere der nachgewiesenen Strukturmerkmale über einen Zeitraum von mehr als einem Monat nicht mehr einhalten, haben dies unverzüglich den Landesverbänden der Krankenkassen und den Ersatzkassen sowie dem zuständigen Medizinischen Dienst mitzuteilen.

(4) [1] Krankenhäuser, die die strukturellen Voraussetzungen nach Absatz 1 nicht erfüllen, dürfen die Leistungen ab dem Jahr 2022 nicht vereinbaren und

nicht abrechnen. ²Soweit Krankenhäusern die Bescheinigung über die Einhaltung der Strukturmerkmale nach Absatz 2 aus von ihnen nicht zu vertretenden Gründen erst nach dem 31. Dezember 2021 vorliegt, können diese Krankenhäuser bis zum Abschluss einer Strukturprüfung bislang erbrachte Leistungen weiterhin vereinbaren und abrechnen.

(5) Die Kosten des Medizinischen Dienstes für eine Begutachtung werden entsprechend § 280 Absatz 1 durch eine Umlage aufgebracht.

§ 276 Zusammenarbeit. (1) ¹Die Krankenkassen sind verpflichtet, dem Medizinischen Dienst die für die Beratung und Begutachtung erforderlichen Unterlagen vorzulegen und Auskünfte zu erteilen. ²Unterlagen, die der Versicherte über seine Mitwirkungspflicht nach den §§ 60 und 65 des Ersten Buches[1] hinaus seiner Krankenkasse freiwillig selbst überlassen hat, dürfen an den Medizinischen Dienst nur weitergegeben werden, soweit der Versicherte eingewilligt hat. ³Für die Einwilligung gilt § 67b Abs. 2 des Zehnten Buches[2].

(2) ¹Der Medizinische Dienst darf Sozialdaten erheben und speichern sowie einem anderen Medizinischen Dienst übermitteln, soweit dies für die Prüfungen, Beratungen und gutachtlichen Stellungnahmen nach den §§ 275 bis 275d erforderlich ist. ²Haben die Krankenkassen oder der Medizinische Dienst für eine gutachtliche Stellungnahme oder Prüfung nach § 275 Absatz 1 bis 3 und 3b, § 275c oder § 275d erforderliche versichertenbezogene Daten bei den Leistungserbringern angefordert, so sind die Leistungserbringer verpflichtet, diese Daten unmittelbar an den Medizinischen Dienst zu übermitteln. ³Die rechtmäßig erhobenen und gespeicherten Sozialdaten dürfen nur für die in den §§ 275 bis 275d genannten Zwecke verarbeitet werden, für andere Zwecke, soweit dies durch Rechtsvorschriften des Sozialgesetzbuchs angeordnet oder erlaubt ist. ⁴Die Sozialdaten sind nach fünf Jahren zu löschen. ⁵Die §§ 286, 287 und 304 Abs. 1 Satz 2 und 3 und Absatz 2 sowie § 35 des Ersten Buches gelten für den Medizinischen Dienst entsprechend. ⁶Der Medizinische Dienst hat Sozialdaten zur Identifikation des Versicherten getrennt von den medizinischen Sozialdaten des Versicherten zu speichern. ⁷Durch technische und organisatorische Maßnahmen ist sicherzustellen, dass die Sozialdaten nur den Personen zugänglich sind, die sie zur Erfüllung ihrer Aufgaben benötigen. ⁸Der Schlüssel für die Zusammenführung der Daten ist vom Beauftragten für den Datenschutz des Medizinischen Dienstes aufzubewahren und darf anderen Personen nicht zugänglich gemacht werden. ⁹Jede Zusammenführung ist zu protokollieren.

(2a) ¹Ziehen die Krankenkassen den Medizinischen Dienst oder einen anderen Gutachterdienst nach § 275 Abs. 4 zu Rate, können sie ihn mit Erlaubnis der Aufsichtsbehörde beauftragen, Datenbestände leistungserbringer- oder fallbezogen für zeitlich befristete und im Umfang begrenzte Aufträge nach § 275 Abs. 4 auszuwerten; die versichertenbezogenen Sozialdaten sind vor der Übermittlung an den Medizinischen Dienst oder den anderen Gutachterdienst zu anonymisieren. ²Absatz 2 Satz 2 gilt entsprechend.

(2b) Beauftragt der Medizinische Dienst einen Gutachter (§ 278 Absatz 2), ist die Übermittlung von erforderlichen Daten zwischen Medizinischem Dienst und dem Gutachter zulässig, soweit dies zur Erfüllung des Auftrages erforderlich ist.

---

[1] Nr. **1**.
[2] Nr. **10**.

(3) Für das Akteneinsichtsrecht des Versicherten gilt § 25 des Zehnten Buches entsprechend.

(4) [1] Wenn es im Einzelfall zu einer gutachtlichen Stellungnahme über die Notwendigkeit, Dauer und ordnungsgemäße Abrechnung der stationären Behandlung des Versicherten erforderlich ist, sind die Gutachterinnen und Gutachter des Medizinischen Dienstes befugt, zwischen 8.00 und 18.00 Uhr die Räume der Krankenhäuser und Vorsorge- oder Rehabilitationseinrichtungen zu betreten, um dort die Krankenunterlagen einzusehen und, soweit erforderlich, den Versicherten untersuchen zu können. [2] In den Fällen des § 275 Abs. 3a sind die Gutachterinnen und Gutachter des Medizinischen Dienstes befugt, zwischen 8.00 und 18.00 Uhr die Räume der Krankenhäuser zu betreten, um dort die zur Prüfung erforderlichen Unterlagen einzusehen.

(4a) [1] Der Medizinische Dienst ist im Rahmen der Kontrollen nach § 275a befugt, zu den üblichen Geschäfts- und Betriebszeiten die Räume des Krankenhauses zu betreten, die erforderlichen Unterlagen einzusehen und personenbezogene Daten zu verarbeiten, soweit dies in der Richtlinie des Gemeinsamen Bundesausschusses nach § 137 Absatz 3 festgelegt und für die Kontrollen erforderlich ist. [2] Absatz 2 Satz 3 bis 9 gilt für die Durchführung von Kontrollen nach § 275a entsprechend. [3] Das Krankenhaus ist zur Mitwirkung verpflichtet und hat dem Medizinischen Dienst Zugang zu den Räumen und den Unterlagen zu verschaffen sowie die Voraussetzungen dafür zu schaffen, dass er die Kontrollen nach § 275a ordnungsgemäß durchführen kann; das Krankenhaus ist hierbei befugt und verpflichtet, dem Medizinischen Dienst Einsicht in personenbezogene Daten zu gewähren oder diese auf Anforderung des Medizinischen Dienstes zu übermitteln. [4] Die Sätze 1 und 2 gelten für Kontrollen nach § 275a Absatz 4 nur unter der Voraussetzung, dass das Landesrecht entsprechende Mitwirkungspflichten und datenschutzrechtliche Befugnisse der Krankenhäuser zur Gewährung von Einsicht in personenbezogene Daten vorsieht.

(5) [1] Wenn sich im Rahmen der Überprüfung der Feststellungen von Arbeitsunfähigkeit (§ 275 Abs. 1 Nr. 3b, Abs. 1a und Abs. 1b) aus den ärztlichen Unterlagen ergibt, daß der Versicherte auf Grund seines Gesundheitszustandes nicht in der Lage ist, einer Vorladung des Medizinischen Dienstes Folge zu leisten oder wenn der Versicherte einen Vorladungstermin unter Berufung auf seinen Gesundheitszustand absagt und der Untersuchung fernbleibt, soll die Untersuchung in der Wohnung des Versicherten stattfinden. [2] Verweigert er hierzu seine Zustimmung, kann ihm die Leistung versagt werden. [3] Die §§ 65, 66 des Ersten Buches bleiben unberührt.

(6) Die Aufgaben des Medizinischen Dienstes im Rahmen der sozialen Pflegeversicherung ergeben sich zusätzlich zu den Bestimmungen dieses Buches aus den Vorschriften des Elften Buches[1)].

§ 277 Mitteilungspflichten. (1) [1] Der Medizinische Dienst hat dem an der vertragsärztlichen Versorgung teilnehmenden Arzt, sonstigen Leistungserbringern, über deren Leistungen er eine gutachtliche Stellungnahme abgegeben hat, und der Krankenkasse das Ergebnis der Begutachtung und der Krankenkasse die erforderlichen Angaben über den Befund mitzuteilen. [2] Er ist befugt, den an der vertragsärztlichen Versorgung teilnehmenden Ärzten und den sonstigen

---

1) Nr. **11**.

Leistungserbringern, über deren Leistungen er eine gutachtliche Stellungnahme abgegeben hat, die erforderlichen Angaben über den Befund mitzuteilen. [3] Der Versicherte kann der Mitteilung über den Befund an die Leistungserbringer widersprechen. [4] Nach Abschluss der Kontrollen nach § 275a hat der Medizinische Dienst die Kontrollergebnisse dem geprüften Krankenhaus und dem jeweiligen Auftraggeber mitzuteilen. [5] Soweit in der Richtlinie nach § 137 Absatz 3 Fälle festgelegt sind, in denen Dritte wegen erheblicher Verstöße gegen Qualitätsanforderungen unverzüglich einrichtungsbezogen über das Kontrollergebnis zu informieren sind, hat der Medizinische Dienst sein Kontrollergebnis unverzüglich an die in dieser Richtlinie abschließend benannten Dritten zu übermitteln. [6] Soweit erforderlich und in der Richtlinie des Gemeinsamen Bundesausschusses nach § 137 Absatz 3 vorgesehen, dürfen diese Mitteilungen auch personenbezogene Angaben enthalten; in der Mitteilung an den Auftraggeber und den Dritten sind personenbezogene Daten zu anonymisieren.

(2) [1] Die Krankenkasse hat, solange ein Anspruch auf Fortzahlung des Arbeitsentgelts besteht, dem Arbeitgeber und dem Versicherten das Ergebnis des Gutachtens des Medizinischen Dienstes über die Arbeitsunfähigkeit mitzuteilen, wenn das Gutachten mit der Bescheinigung des Kassenarztes im Ergebnis nicht übereinstimmt. [2] Die Mitteilung darf keine Angaben über die Krankheit des Versicherten enthalten.

Zweiter Abschnitt. Organisation

§ 278 Medizinischer Dienst. (1) [1] In jedem Land wird ein Medizinischer Dienst als Körperschaft des öffentlichen Rechts errichtet. [2] Für mehrere Länder kann durch Beschluss der Verwaltungsräte der betroffenen Medizinischen Dienste ein gemeinsamer Medizinischer Dienst errichtet werden. [3] Dieser Beschluss bedarf der Zustimmung der zuständigen Aufsichtsbehörden der betroffenen Länder. [4] In Ländern, in denen bereits mehrere Medizinische Dienste oder ein gemeinsamer Medizinischer Dienst bestehen, kann die jeweilige Aufteilung beibehalten werden. [5] § 94 Absatz 1a bis 4 des Zehnten Buches[1)] gilt entsprechend.

(2) [1] Die Fachaufgaben des Medizinischen Dienstes werden von Ärztinnen und Ärzten, Pflegefachkräften sowie Angehörigen anderer geeigneter Berufe im Gesundheitswesen wahrgenommen. [2] Die Medizinischen Dienste stellen sicher, dass bei der Beteiligung unterschiedlicher Berufsgruppen die Gesamtverantwortung bei der Begutachtung medizinischer Sachverhalte bei ärztlichen Gutachterinnen und Gutachtern und bei ausschließlich pflegefachlichen Sachverhalten bei Pflegefachkräften liegt. [3] § 18 Absatz 7 des Elften Buches[2)] bleibt unberührt.

(3) [1] Bei jedem Medizinischen Dienst wird eine unabhängige Ombudsperson bestellt, an die sich sowohl Beschäftigte des Medizinischen Dienstes bei Beobachtung von Unregelmäßigkeiten, insbesondere Beeinflussungsversuchen durch Dritte, als auch Versicherte bei Beschwerden über die Tätigkeit des Medizinischen Dienstes vertraulich wenden können. [2] Die Ombudsperson berichtet dem Verwaltungsrat und der zuständigen Aufsichtsbehörde in anonymi-

---

[1)] Nr. **10**.
[2)] Nr. **11**.

sierter Form jährlich und bei gegebenem Anlass und veröffentlicht den Bericht drei Monate nach Zuleitung an den Verwaltungsrat und die Aufsichtsbehörde auf ihrer Internetseite. [3]Das Nähere regelt die Satzung nach § 279 Absatz 2 Satz 1 Nummer 1.

(4) [1]Die Medizinischen Dienste berichten dem Medizinischen Dienst Bund zweijährlich zum 1. April über

1. die Anzahl und die Ergebnisse der Begutachtungen nach § 275 und der Prüfungen nach den §§ 275a bis 275d,
2. die Personalausstattung der Medizinischen Dienste und
3. die Ergebnisse der systematischen Qualitätssicherung der Begutachtungen und Prüfungen der Medizinischen Dienste für die gesetzliche Krankenversicherung.

[2]Das Nähere zum Verfahren regeln die Richtlinien nach § 283 Absatz 2 Satz 1 Nummer 7 und 8.

§ 279 Verwaltungsrat und Vorstand. (1) Organe des Medizinischen Dienstes sind der Verwaltungsrat und der Vorstand.

(2) [1]Der Verwaltungsrat hat

1. die Satzung zu beschließen,
2. den Haushaltsplan festzustellen,
3. die jährliche Betriebs- und Rechnungsführung zu prüfen,
4. die Richtlinien für die Erfüllung der Aufgaben des Medizinischen Dienstes unter Beachtung der Richtlinien und Empfehlungen des Medizinischen Dienstes Bund nach § 283 Absatz 2 aufzustellen,
5. Nebenstellen zu errichten und aufzulösen und
6. den Vorstand zu wählen und zu entlasten.

[2]§ 210 Absatz 1 gilt entsprechend.

(3) [1]Der Verwaltungsrat besteht aus 23 Vertretern. [2]Beschlüsse des Verwaltungsrates werden mit einfacher Mehrheit der stimmberechtigten Mitglieder gefasst. [3]Beschlüsse über Haushaltsangelegenheiten und über die Aufstellung und Änderung der Satzung bedürfen einer Mehrheit von zwei Dritteln der stimmberechtigten Mitglieder.

(4) [1]16 Vertreter werden von den Verwaltungsräten oder Vertreterversammlungen der Landesverbände der Orts-, Betriebs- und Innungskrankenkassen, der landwirtschaftlichen Krankenkasse, der Ersatzkassen und der BAHN-BKK gewählt. [2]Die Krankenkassen haben sich über die Zahl der Vertreter, die auf die einzelne Kassenart entfällt, zu einigen. [3]Kommt eine Einigung nicht zustande, entscheidet die für die Sozialversicherung zuständige oberste Verwaltungsbehörde des Landes. [4]Als Vertreter nach Satz 1 sind je zur Hälfte Frauen und Männer zu wählen. [5]Jeder Wahlberechtigte nach Satz 1 wählt auf der Grundlage der von der oder dem Vorsitzenden des Verwaltungsrates erstellten Bewerberliste eine Frau und einen Mann. [6]Die acht Bewerberinnen und acht Bewerber mit den meisten Stimmen sind gewählt. [7]Eine Wahl unter Verstoß gegen Satz 4 ist nichtig. [8]Ist nach dem dritten Wahlgang die Vorgabe nach Satz 4 nicht erfüllt, gelten nur so viele Personen des Geschlechts, das nach dem Ergebnis der Wahl mehrheitlich vertreten ist, als gewählt, wie Personen des anderen Geschlechts gewählt wurden; die Anzahl der Vertreter nach Absatz 4 reduziert sich entsprechend. [9]Das Nähere zur Durchführung der Wahl regelt

die Satzung. [10] Die Amtszeit der Vertreter nach Satz 1 darf zwei Amtsperioden nicht überschreiten. [11] Personen, die am 1. Januar 2020 bereits Mitglieder im Verwaltungsrat eines Medizinischen Dienstes der Krankenversicherung sind, können einmalig wiedergewählt werden.

(5) [1] Sieben Vertreter werden von der für die Sozialversicherung zuständigen obersten Verwaltungsbehörde des Landes benannt, davon

1. fünf Vertreter auf Vorschlag der Verbände und Organisationen für die Wahrnehmung der Interessen und der Selbsthilfe der Patienten, der pflegebedürftigen und behinderten Menschen und der pflegenden Angehörigen sowie der im Bereich der Kranken- und Pflegeversorgung tätigen Verbraucherschutzorganisationen jeweils auf Landesebene sowie
2. zwei Vertreter jeweils zur Hälfte auf Vorschlag der Landespflegekammern oder der maßgeblichen Verbände der Pflegeberufe auf Landesebene und der Landesärztekammern.

[2] Die Vertreter nach Satz 1 Nummer 2 haben kein Stimmrecht. [3] Die für die Sozialversicherung zuständige oberste Verwaltungsbehörde des Landes legt die Einzelheiten für das Verfahren der Übermittlung und der Bearbeitung der Vorschläge nach Satz 1 fest. [4] Sie bestimmt die Voraussetzungen der Anerkennung der Organisationen und Verbände nach Satz 1 Nummer 1 sowie der maßgeblichen Verbände der Pflegeberufe auf Landesebene, insbesondere die Erfordernisse an die fachlichen Qualifikationen, die Unabhängigkeit, die Organisationsform und die Offenlegung der Finanzierung. [5] Als Vertreter nach Satz 1 Nummer 1 sind mindestens zwei Frauen und zwei Männer, als Vertreter nach Satz 1 Nummer 2 sind jeweils eine Frau und ein Mann zu benennen. [6] Ist eine Satz 5 entsprechende Benennung nicht möglich, gelten nur so viele Personen des Geschlechts, das mehrheitlich vertreten ist, als benannt, dass dem Verhältnis nach Satz 5 entsprochen wird; die Anzahl der Vertreter nach Satz 1 Nummer 1 und 2 reduziert sich entsprechend. [7] Die Vertreter nach Satz 1 dürfen nicht zu mehr als 10 Prozent von Dritten finanziert werden, die Leistungen für die gesetzliche Krankenversicherung oder für die soziale Pflegeversicherung erbringen. [8] Die Bekanntgabe der Benennung erfolgt gegenüber der oder dem amtierenden Vorsitzenden des Verwaltungsrates, die oder der diese den Benannten zur Kenntnis gibt.

(6) [1] Beschäftigte des Medizinischen Dienstes, der Krankenkassen oder ihrer Verbände sind nicht wähl- oder benennbar. [2] Personen, die bereits mehr als ein Ehrenamt in einem Selbstverwaltungsorgan eines Versicherungsträgers, eines Verbandes der Versicherungsträger oder eines anderen Medizinischen Dienstes innehaben, können nicht gewählt oder benannt werden. [3] § 51 Absatz 1 Satz 1 Nummer 2 bis 4 und Absatz 6 Nummer 2 bis 6 des Vierten Buches[1)] gilt entsprechend. [4] Rechtsbehelfe gegen die Benennung oder die Wahl der Mitglieder des Verwaltungsrates haben keine aufschiebende Wirkung. [5] § 57 Absatz 5 bis 7 des Vierten Buches und § 131 Absatz 4 des Sozialgerichtsgesetzes[2)] gelten entsprechend.

(7) [1] Der Vorstand wird aus der oder dem Vorstandsvorsitzenden und der Stellvertreterin oder dem Stellvertreter gebildet. [2] Der Vorstand führt die Geschäfte des Medizinischen Dienstes nach den Richtlinien des Verwaltungsrates.

---

1) Nr. **4**.
2) Nr. **20**.

[3] Der Vorstand stellt den Haushaltsplan auf und vertritt den Medizinischen Dienst gerichtlich und außergerichtlich. [4] Die Höhe der jährlichen Vergütungen der oder des Vorstandsvorsitzenden und der Stellvertreterin oder des Stellvertreters einschließlich aller Nebenleistungen sowie sämtliche Versorgungsregelungen sind betragsmäßig in einer Übersicht jährlich am 1. März im Bundesanzeiger sowie gleichzeitig auf der Internetseite des betreffenden Medizinischen Dienstes zu veröffentlichen. [5] Die Art und die Höhe finanzieller Zuwendungen, die der oder dem Vorstandsvorsitzenden und der Stellvertreterin oder dem Stellvertreter im Zusammenhang mit ihrer Vorstandstätigkeit von Dritten gewährt werden, sind der oder dem Vorsitzenden und der oder dem stellvertretenden Vorsitzenden des Verwaltungsrates mitzuteilen. [6] § 35a Absatz 3 und 6a des Vierten Buches gilt entsprechend.

(8) Folgende Vorschriften des Vierten Buches gelten entsprechend: die §§ 37, 38, 40 Absatz 1 Satz 1 und 2, Absatz 2 und 3, die §§ 41, 42 Absatz 1 bis 3, § 43 Absatz 2, die §§ 58, 59 Absatz 1 bis 3, 5 und 6, die §§ 60, 62 Absatz 1 Satz 1 erster Halbsatz, Absatz 2, 3 Satz 1 und 4 und Absatz 4 bis 6, § 63 Absatz 1 und 2, 3 Satz 2 und 3, Absatz 3a bis 5, § 64 Absatz 1 und 2 Satz 2, Absatz 3 Satz 2 und 3 und § 66.

[Abs. 9 bis 31.12.2021:]

(9) Der Verwaltungsrat kann aus wichtigen Gründen ohne Sitzung schriftlich abstimmen.

§ 280 Finanzierung, Haushalt, Aufsicht. (1) [1] Die erforderlichen Mittel zur Finanzierung der Aufgaben des Medizinischen Dienstes nach § 275 Absatz 1 bis 3b und den §§ 275a bis 275d werden von den Krankenkassen nach § 279 Absatz 4 Satz 1 durch eine Umlage aufgebracht. [2] Die Mittel sind im Verhältnis der Zahl der Mitglieder der einzelnen Krankenkassen mit Wohnort im Einzugsbereich des Medizinischen Dienstes aufzuteilen. [3] Die Zahl der nach Satz 2 maßgeblichen Mitglieder der Krankenkassen ist nach dem Vordruck KM 6 der Statistik über die Versicherten in der gesetzlichen Krankenversicherung jeweils zum 1. Juli eines Jahres zu bestimmen. [4] Die Pflegekassen tragen die Hälfte der Umlage nach Satz 1.

(2) [1] Die Leistungen des Medizinischen Dienstes oder anderer Gutachterdienste im Rahmen der ihnen nach § 275 Absatz 4 von den Krankenkassen übertragenen Aufgaben sind von dem jeweiligen Auftraggeber durch aufwandsorientierte Nutzerentgelte zu vergüten. [2] Dies gilt auch für Kontrollen des Medizinischen Dienstes nach § 275a Absatz 4. [3] Eine Verwendung von Umlagemitteln nach Absatz 1 Satz 1 zur Finanzierung dieser Aufgaben ist auszuschließen. [4] Werden dem Medizinischen Dienst Aufgaben übertragen, die die Prüfung von Ansprüchen gegenüber anderen Stellen betreffen, die nicht zur Leistung der Umlage nach Absatz 1 Satz 1 verpflichtet sind, sind ihm die hierdurch entstehenden Kosten von diesen Stellen zu erstatten.

(3) [1] Für das Haushalts- und Rechnungswesen einschließlich der Statistiken gelten die §§ 67 bis 69 und 70 Absatz 5 des Vierten Buches[1)] mit der Maßgabe, dass der Haushaltsplan der Genehmigung der zuständigen Aufsichtsbehörde bedarf, § 72 Absatz 1 und 2 Satz 1 erster Halbsatz des Vierten Buches, § 73 Absatz 1, 2 Satz 1 erster Halbsatz und Absatz 3 des Vierten Buches, die §§ 74 bis 76 Absatz 1 und 2 des Vierten Buches, § 77 Absatz 1 Satz 1 und 2 des

[1)] Nr. 4.

Vierten Buches und § 79 Absatz 1 und 2 in Verbindung mit Absatz 3a des Vierten Buches sowie die auf Grund des § 78 des Vierten Buches erlassenen Rechtsverordnungen entsprechend. [2] Für die Bildung von Rückstellungen und Deckungskapital von Altersversorgungsverpflichtungen gilt § 171e sowie § 12 Absatz 1 und 1a der Sozialversicherungs-Rechnungsverordnung entsprechend. [3] Für das Vermögen gelten die §§ 80 und 85 des Vierten Buches sowie § 220 Absatz 1 Satz 2 entsprechend.

(4) [1] Der Medizinische Dienst untersteht der Aufsicht der für die Sozialversicherung zuständigen obersten Verwaltungsbehörde des Landes, in dem er seinen Sitz hat. [2] Die Aufsicht erstreckt sich auf die Beachtung von Gesetzen und sonstigem Recht. [3] Die §§ 88 und 89 des Vierten Buches sowie § 274 gelten entsprechend. [4] § 275 Absatz 5 ist zu beachten.

§ 281 Medizinischer Dienst Bund, Rechtsform, Finanzen, Aufsicht.

(1) [1] Der Medizinische Dienst Bund ist eine Körperschaft des öffentlichen Rechts. [2] Mitglieder des Medizinischen Dienstes Bund sind die Medizinischen Dienste.

(2) [1] Die zur Finanzierung der Aufgaben des Medizinischen Dienstes Bund erforderlichen Mittel werden von den Medizinischen Diensten und der Deutschen Rentenversicherung Knappschaft-Bahn-See durch eine Umlage aufgebracht. [2] Die Mittel sind im Verhältnis der Zahl der Mitglieder der Krankenkassen nach § 279 Absatz 4 Satz 1 mit Wohnort im Einzugsbereich des Medizinischen Dienstes einerseits und der Mitglieder der Deutschen Rentenversicherung Knappschaft-Bahn-See andererseits aufzubringen. [3] Die Zahl der nach Satz 2 maßgeblichen Mitglieder ist nach dem Vordruck KM 6 der Statistik über die Versicherten in der gesetzlichen Krankenversicherung jeweils zum 1. Juli eines Jahres zu bestimmen. [4] § 217d Absatz 2 gilt entsprechend. [5] § 70 Absatz 5 des Vierten Buches[1)] gilt mit der Maßgabe entsprechend, dass der Haushaltsplan der Genehmigung der zuständigen Aufsichtsbehörde bedarf. [6] Das Nähere zur Finanzierung regelt die Satzung nach § 282 Absatz 3 Satz 1 Nummer 1. [7] Für die Bildung von Rückstellungen und Deckungskapital von Altersversorgungsverpflichtungen gilt § 171e sowie § 12 Absatz 1 und 1a der Sozialversicherungs-Rechnungsverordnung entsprechend.

(3) [1] Der Medizinische Dienst Bund untersteht der Aufsicht des Bundesministeriums für Gesundheit. [2] Die Aufsicht erstreckt sich auf die Beachtung von Gesetzen und sonstigem Recht. [3] § 217d Absatz 3, die §§ 217g bis 217j, 219 und 274 gelten entsprechend. [4] § 275 Absatz 5 ist zu beachten.

§ 282 Medizinischer Dienst Bund, Verwaltungsrat und Vorstand.

(1) Organe des Medizinischen Dienstes Bund sind der Verwaltungsrat und der Vorstand.

(2) [1] Der Verwaltungsrat besteht aus 23 Vertretern. [2] Die Vertreter werden gewählt durch die Verwaltungsräte der Medizinischen Dienste, davon

1. 16 Vertreter durch die Vertreter nach § 279 Absatz 4 Satz 1,
2. fünf Vertreter durch die Vertreter nach § 279 Absatz 5 Satz 1 Nummer 1 und
3. zwei Vertreter durch die Vertreter nach § 279 Absatz 5 Satz 1 Nummer 2.

---

1) Nr. 4.

[3]Bei der Wahl verteilt sich das Stimmgewicht innerhalb der jeweiligen Vertretergruppen nach Satz 2 im Verhältnis der Zahl der Mitglieder der Krankenkassen nach § 279 Absatz 4 Satz 1 mit Wohnort im Einzugsbereich des Medizinischen Dienstes. [4]Das Stimmgewicht beträgt mindestens drei Stimmen; für Medizinische Dienste mit mehr als zwei Millionen Mitgliedern in ihrem Einzugsbereich beträgt es vier, für Medizinische Dienste mit mehr als sechs Millionen Mitgliedern fünf und für Medizinische Dienste mit mehr als sieben Millionen Mitgliedern sechs Stimmen. [5]Die Abgabe der Stimmen der einzelnen Vertreter durch eine von der entsprechenden Vertretergruppe des jeweiligen Medizinischen Dienstes zur Wahl entsandte Person ist möglich. [6]Das Nähere, insbesondere zur Wahl der oder des Vorsitzenden und der Stellvertreterin oder des Stellvertreters, regelt die Satzung nach Absatz 3 Satz 1 Nummer 1. [7]§ 40 Absatz 1 Satz 1 und 2, Absatz 2 und 3, die §§ 41, 42 Absatz 1 bis 3 des Vierten Buches[1)], § 217b Absatz 1 Satz 3 und Absatz 1a bis 1e und § 279 Absatz 4 Satz 4 bis 11, Absatz 5 Satz 5 und Absatz 6 gelten entsprechend. [8]Die Vertreter nach Satz 2 Nummer 3 sind nicht stimmberechtigt. [9]Personen, die Mitglieder des Verwaltungsrates des Spitzenverbandes Bund der Krankenkassen sind, können nicht gewählt werden.

(3) [1]Der Verwaltungsrat hat

1. die Satzung zu beschließen,
2. den Haushaltsplan festzustellen,
3. die jährliche Betriebs- und Rechnungsführung zu prüfen und
4. den Vorstand zu wählen und zu entlasten.

[2]§ 210 Absatz 1 und § 279 Absatz 3 Satz 2 und 3 gelten entsprechend.

(4) [1]Der Vorstand wird aus der oder dem Vorstandsvorsitzenden und der Stellvertreterin oder dem Stellvertreter gebildet. [2]Er führt die Geschäfte des Medizinischen Dienstes Bund, soweit nicht der Verwaltungsrat zuständig ist, und vertritt den Medizinischen Dienst Bund gerichtlich und außergerichtlich. [3]In der Satzung nach Absatz 3 Satz 1 Nummer 1 können die Aufgaben des Vorstandes näher konkretisiert werden. [4]§ 217b Absatz 2 Satz 7 und Absatz 2a, § 279 Absatz 7 Satz 4 und 5 sowie § 35a Absatz 1 bis 3, 6 Satz 1, Absatz 6a und 7 des Vierten Buches gelten entsprechend. [5]Vergütungserhöhungen sind während der Dauer der Amtszeit der Vorstandsmitglieder unzulässig. [6]Zu Beginn einer neuen Amtszeit eines Vorstandsmitgliedes kann eine über die zuletzt nach § 35 Absatz 6a Satz 1 des Vierten Buches gebilligte Vergütung der letzten Amtsperiode oder des Vorgängers im Amt hinausgehende höhere Vergütung nur durch einen Zuschlag auf die Grundvergütung nach Maßgabe der Entwicklung des Verbraucherpreisindexes vereinbart werden. [7]Die Aufsichtsbehörde kann zu Beginn einer neuen Amtszeit eines Vorstandsmitgliedes eine niedrigere Vergütung anordnen. [8]Finanzielle Zuwendungen nach Satz 4 in Verbindung mit § 279 Absatz 7 Satz 5 sind auf die Vergütung der oder des Vorstandsvorsitzenden oder der Stellvertreterin oder des Stellvertreters anzurechnen oder an den Medizinischen Dienst Bund abzuführen. [9]Vereinbarungen des Medizinischen Dienstes Bund für die Zukunftssicherung der oder des Vorstandsvorsitzenden oder der Stellvertreterin oder des Stellvertreters sind nur auf der Grundlage von beitragsorientierten Zusagen zulässig.

[1)] Nr. **4**.

(5) [1]Bei dem Medizinischen Dienst Bund wird eine unabhängige Ombudsperson bestellt, an die sich sowohl die Beschäftigten des Medizinischen Dienstes Bund bei Beobachtung von Unregelmäßigkeiten, insbesondere Beeinflussungsversuchen durch Dritte, als auch Versicherte bei Beschwerden über die Tätigkeit des Medizinischen Dienstes Bund vertraulich wenden können. [2]Die Ombudsperson berichtet dem Verwaltungsrat und dem Bundesministerium für Gesundheit in anonymisierter Form jährlich oder bei gegebenem Anlass und veröffentlicht den Bericht drei Monate nach Zuleitung an den Verwaltungsrat und die Aufsichtsbehörde auf ihrer Internetseite. [3]Das Nähere regelt die Satzung nach Absatz 3 Satz 1 Nummer 1.

§ 283 Aufgaben des Medizinischen Dienstes Bund. (1) [1]Der Medizinische Dienst Bund koordiniert und fördert die Durchführung der Aufgaben und die Zusammenarbeit der Medizinischen Dienste in medizinischen und organisatorischen Fragen und trägt Sorge für eine einheitliche Aufgabenwahrnehmung. [2]Er berät den Spitzenverband Bund der Krankenkassen in allen medizinischen Fragen der diesem zugewiesenen Aufgaben.

(2) [1]Der Medizinische Dienst Bund erlässt unter Beachtung des geltenden Leistungs- und Leistungserbringungsrechts und unter fachlicher Beteiligung der Medizinischen Dienste und des Sozialmedizinischen Dienstes Deutsche Rentenversicherung Knappschaft-Bahn-See Richtlinien für die Tätigkeit der Medizinischen Dienste nach diesem Buch

1. über die Zusammenarbeit der Krankenkassen mit den Medizinischen Diensten im Benehmen mit dem Spitzenverband Bund der Krankenkassen,
2. zur Sicherstellung einer einheitlichen Begutachtung,
3. über die regelmäßigen Begutachtungen zur Einhaltung von Strukturmerkmalen nach § 275d einschließlich der Festlegung der fachlich erforderlichen Zeitabstände für die Begutachtung und der Folgen, wenn Strukturmerkmale nach Mitteilung durch das Krankenhaus nicht mehr eingehalten werden; diese Richtlinie ist erstmals bis zum 28. Februar 2021 zu erlassen und bei Bedarf anzupassen,
4. zur Personalbedarfsermittlung mit für alle Medizinischen Dienste einheitlichen aufgabenbezogenen Richtwerten für die ihnen übertragenen Aufgaben,
5. zur Beauftragung externer Gutachterinnen und Gutachter durch die Medizinischen Dienste für die ihnen übertragenen Aufgaben sowie zur Bestellung, unabhängigen Aufgabenwahrnehmung und Vergütung der Ombudsperson nach § 278 Absatz 3,
6. zur systematischen Qualitätssicherung der Tätigkeit der Medizinischen Dienste,
7. zur einheitlichen statistischen Erfassung der Leistungen und Ergebnisse der Tätigkeit der Medizinischen Dienste sowie des hierfür eingesetzten Personals,
8. über die regelmäßige Berichterstattung der Medizinischen Dienste und des Medizinischen Dienstes Bund über ihre Tätigkeit und Personalausstattung sowie
9. über Grundsätze zur Fort- und Weiterbildung.

[2]Der Medizinische Dienst Bund hat folgenden Stellen Gelegenheit zur Stellungnahme zu geben, soweit sie von der jeweiligen Richtlinie betroffen sind:

1. dem Spitzenverband Bund der Krankenkassen,
2. der Bundesärztekammer, der Bundespsychotherapeutenkammer und der Bundeszahnärztekammer sowie den Verbänden der Pflegeberufe auf Bundesebene und den für die Wahrnehmung der Interessen der Patientinnen und Patienten und der Selbsthilfe chronisch kranker und behinderter Menschen maßgeblichen Organisationen,
3. den Vereinigungen der Leistungserbringer auf Bundesebene,
4. den maßgeblichen Verbänden und Fachkreisen auf Bundesebene und
5. der oder dem Bundesbeauftragten für den Datenschutz und die Informationsfreiheit.

[3] Er hat die Stellungnahmen in die Entscheidung einzubeziehen. [4] Der Medizinische Dienst Bund hat die Richtlinien nach Satz 1 Nummer 6 bis 8 bis zum 30. Juni 2022 zu erlassen. [5] Die Richtlinien sind für die Medizinischen Dienste verbindlich und bedürfen der Genehmigung des Bundesministeriums für Gesundheit. [6] Im Übrigen kann der Medizinische Dienst Bund Empfehlungen abgeben. [7] Das Nähere zum Verfahren regelt die Satzung nach § 282 Absatz 3 Satz 1 Nummer 1. [8] Richtlinien und Empfehlungen, die der Spitzenverband Bund der Krankenkassen nach § 282 Absatz 2 Satz 3 und 4 in der bis zum 31. Dezember 2019 geltenden Fassung erlassen und abgegeben hat, gelten bis zu ihrer Änderung oder Aufhebung durch den Medizinischen Dienst Bund fort.

(3) [1] Der Medizinische Dienst Bund nimmt auch die ihm nach § 53d des Elften Buches[1)] zugewiesenen Aufgaben wahr. [2] Insoweit richten sich die Verfahren nach den Vorschriften des Elften Buches.

(4) [1] Der Medizinische Dienst Bund fasst die Berichte der Medizinischen Dienste nach § 278 Absatz 4 in einem Bericht zusammen, legt diesen dem Bundesministerium für Gesundheit zweijährlich zum 1. Juni vor und veröffentlicht den Bericht zweijährlich zum 1. September. [2] Das Nähere regelt die Richtlinie nach Absatz 2 Satz 1 Nummer 8.

(5) Die Medizinischen Dienste haben den Medizinischen Dienst Bund bei der Wahrnehmung seiner Aufgaben zu unterstützen.

§ 283a Aufgaben des Sozialmedizinischen Dienstes Deutsche Rentenversicherung Knappschaft-Bahn-See. (1) [1] Die Aufgaben des Medizinischen Dienstes nimmt für die Krankenversicherung der Deutschen Rentenversicherung Knappschaft-Bahn-See deren Sozialmedizinischer Dienst wahr. [2] Für den Sozialmedizinischen Dienst gelten bei Wahrnehmung dieser Aufgaben insbesondere die Vorschriften nach § 128 Absatz 1 Satz 2 des Neunten Buches[2)], § 53c Absatz 1 und 3 des Elften Buches[1)], § 53d Absatz 2 Satz 2 und Absatz 3 Satz 4 und 5 des Elften Buches, den §§ 62a und 78 Absatz 1 des Zwölften Buches[3)] sowie nach § 13 Absatz 3a, § 116b Absatz 6 Satz 10, § 197a Absatz 3b Satz 3, den §§ 275 bis 277, 278 Absatz 2 bis 4 und § 283 Absatz 2 Satz 5 und Absatz 5 entsprechend. [3] Die Unabhängigkeit des Sozialmedizinischen Dienstes in der Begutachtung und Beratung wird mit einer eigenen Geschäftsordnung gewährleistet.

[1)] Nr. **11**.
[2)] Nr. **9**.
[3)] Nr. **12**.

(2) [1] Bei der Deutschen Rentenversicherung Knappschaft-Bahn-See wird ein Beirat für den Sozialmedizinischen Dienst errichtet, der den Vorstand in Aufgabenstellungen bei seinen Entscheidungen berät und durch Vorschläge und Stellungnahmen unterstützt. [2] Er ist vor allen Entscheidungen des Vorstandes in Angelegenheiten des Sozialmedizinischen Dienstes zu hören. [3] Stellungnahmen des Beirates sind Gegenstand der Beratungen des Vorstandes und in die Entscheidungsfindung einzubeziehen. [4] Der Beirat besteht aus neun Vertretern und deren persönlichen Stellvertretern. [5] Die Vertreter und deren persönliche Stellvertreter werden auf Vorschlag der für die Wahrnehmung der Interessen der Patientinnen und Patienten und der Selbsthilfe chronisch kranker und behinderter Menschen maßgeblichen Organisationen und der für die Wahrnehmung der Interessen und der Selbsthilfe der pflegebedürftigen und behinderten Menschen sowie der pflegenden Angehörigen maßgeblichen Organisationen vom Vorstand der Deutschen Rentenversicherung Knappschaft-Bahn-See ernannt. [6] Die Dauer der Amtszeit des Beirates von bis zu sechs Jahren richtet sich nach der des Vorstandes. [7] Das Nähere, insbesondere zum Verfahren der Beteiligung des Beirates, regelt die Geschäftsordnung des Beirates, die im Einvernehmen zwischen dem Vorstand und dem Beirat aufgestellt wird.

(3) [1] Die Deutsche Rentenversicherung Knappschaft-Bahn-See trägt die Kosten der Tätigkeit des Beirates. [2] Die Vertreter und deren persönliche Stellvertreter erhalten Reisekosten nach den Vorschriften des Bundes über Reisekostenvergütungen, Ersatz des Verdienstausfalls in entsprechender Anwendung des § 41 Absatz 2 des Vierten Buches[1)] sowie einen Pauschbetrag für Zeitaufwand in Höhe eines Fünfzigstels der monatlichen Bezugsgröße (§ 18 des Vierten Buches) für jeden Kalendertag einer Sitzung.

Zehntes Kapitel. Versicherungs- und Leistungsdaten, Datenschutz, Datentransparenz

Erster Abschnitt. Informationsgrundlagen

Erster Titel. Grundsätze der Datenverarbeitung

§ 284 Sozialdaten bei den Krankenkassen. (1) [1] Die Krankenkassen dürfen Sozialdaten für Zwecke der Krankenversicherung nur erheben und speichern, soweit diese für

1. die Feststellung des Versicherungsverhältnisses und der Mitgliedschaft, einschließlich der für die Anbahnung eines Versicherungsverhältnisses erforderlichen Daten,
2. die Ausstellung des Berechtigungsscheines und der elektronischen Gesundheitskarte,
3. die Feststellung der Beitragspflicht und der Beiträge, deren Tragung und Zahlung,
4. die Prüfung der Leistungspflicht und der Erbringung von Leistungen an Versicherte einschließlich der Voraussetzungen von Leistungsbeschränkungen, die Bestimmung des Zuzahlungsstatus und die Durchführung der Ver-

1) Nr. 4.

fahren bei Kostenerstattung, Beitragsrückzahlung und der Ermittlung der Belastungsgrenze,

5. die Unterstützung der Versicherten bei Behandlungsfehlern,
6. die Übernahme der Behandlungskosten in den Fällen des § 264,
7. die Beteiligung des Medizinischen Dienstes oder das Gutachterverfahren nach § 87 Absatz 1c,
8. die Abrechnung mit den Leistungserbringern, einschließlich der Prüfung der Rechtmäßigkeit und Plausibilität der Abrechnung,
9. die Überwachung der Wirtschaftlichkeit der Leistungserbringung,
10. die Abrechnung mit anderen Leistungsträgern,
11. die Durchführung von Erstattungs- und Ersatzansprüchen,
12. die Vorbereitung, Vereinbarung und Durchführung von von ihnen zu schließenden Vergütungsverträgen,
13. die Vorbereitung und Durchführung von Modellvorhaben, die Durchführung des Versorgungsmanagements nach § 11 Abs. 4, die Durchführung von Verträgen zur hausarztzentrierten Versorgung, zu besonderen Versorgungsformen und zur ambulanten Erbringung hochspezialisierter Leistungen, einschließlich der Durchführung von Wirtschaftlichkeitsprüfungen und Qualitätsprüfungen,
14. die Durchführung des Risikostrukturausgleichs nach den §§ 266 und 267 sowie zur Gewinnung von Versicherten für die Programme nach § 137g und zur Vorbereitung und Durchführung dieser Programme,
15. die Durchführung des Entlassmanagements nach § 39 Absatz 1a,
16. die Auswahl von Versicherten für Maßnahmen nach § 44 Absatz 4 Satz 1 und nach § 39b sowie zu deren Durchführung,
17. die Überwachung der Einhaltung der vertraglichen und gesetzlichen Pflichten der Leistungserbringer von Hilfsmitteln nach § 127 Absatz 7,
18. die Erfüllung der Aufgaben der Krankenkassen als Rehabilitationsträger nach dem Neunten Buch[1],
19. die Vorbereitung von Versorgungsinnovationen, die Information der Versicherten und die Unterbreitung von Angeboten nach § 68b Absatz 1 und 2 sowie
20. die administrative Zurverfügungstellung der elektronischen Patientenakte sowie für das Angebot zusätzlicher Anwendungen im Sinne des § 345 Absatz 1 Satz 1

erforderlich sind. [2] Versichertenbezogene Angaben über ärztliche Leistungen dürfen auch auf maschinell verwertbaren Datenträgern gespeichert werden, soweit dies für die in Satz 1 Nr. 4, 8, 9, 10, 11, 12, 13, 14 und § 305 Absatz 1 bezeichneten Zwecke erforderlich ist. [3] Versichertenbezogene Angaben über ärztlich verordnete Leistungen dürfen auf maschinell verwertbaren Datenträgern gespeichert werden, soweit dies für die in Satz 1 Nr. 4, 8, 9, 10, 11, 12, 13, 14 und § 305 Abs. 1 bezeichneten Zwecke erforderlich ist. [4] Im Übrigen gelten für die Datenerhebung und -speicherung die Vorschriften des Ersten[2] und Zehnten Buches[3].

---

[1] Nr. **9**.
[2] Nr. **1**.
[3] Nr. **10**.

(2) Im Rahmen der Überwachung der Wirtschaftlichkeit der vertragsärztlichen Versorgung dürfen versichertenbezogene Leistungs- und Gesundheitsdaten auf maschinell verwertbaren Datenträgern nur gespeichert werden, soweit dies für Stichprobenprüfungen nach § 106a Absatz 1 Satz 1 oder § 106b Absatz 1 Satz 1 erforderlich ist.

(3) [1] Die rechtmäßig erhobenen und gespeicherten versichertenbezogenen Daten dürfen nur für die Zwecke der Aufgaben nach Absatz 1 in dem jeweils erforderlichen Umfang verarbeitet werden, für andere Zwecke, soweit dies durch Rechtsvorschriften des Sozialgesetzbuchs angeordnet oder erlaubt ist. [2] Die Daten, die nach § 295 Abs. 1b Satz 1 an die Krankenkasse übermittelt werden, dürfen nur zu Zwecken nach Absatz 1 Satz 1 Nr. 4, 8, 9, 10, 11, 12, 13, 14, 19 und § 305 Abs. 1 versichertenbezogen verarbeitet werden und nur, soweit dies für diese Zwecke erforderlich ist; für die Verarbeitung dieser Daten zu anderen Zwecken ist der Versichertenbezug vorher zu löschen.

(4) [1] Zur Gewinnung von Mitgliedern dürfen die Krankenkassen Daten verarbeiten, wenn die Daten allgemein zugänglich sind, es sei denn, dass das schutzwürdige Interesse der betroffenen Person an dem Ausschluss der Verarbeitung überwiegt. [2] Ein Abgleich der erhobenen Daten mit den Angaben nach § 291a Absatz 2 Nummer 2 bis 5 ist zulässig. [3] Im Übrigen gelten für die Datenverarbeitung die Vorschriften des Ersten und Zehnten Buches.

§ 285 Personenbezogene Daten bei den Kassenärztlichen Vereinigungen. (1) Die Kassenärztlichen Vereinigungen dürfen Einzelangaben über die persönlichen und sachlichen Verhältnisse der Ärzte nur erheben und speichern, soweit dies zur Erfüllung der folgenden Aufgaben erforderlich ist:

1. Führung des Arztregisters (§ 95),
2. Sicherstellung und Vergütung der vertragsärztlichen Versorgung einschließlich der Überprüfung der Zulässigkeit und Richtigkeit der Abrechnung,
3. Vergütung der ambulanten Krankenhausleistungen (§ 120),
4. Vergütung der belegärztlichen Leistungen (§ 121),
5. Durchführung von Wirtschaftlichkeitsprüfungen (§ 106 bis § 106c),
6. Durchführung von Qualitätsprüfungen (§ 135b).

(2) Einzelangaben über die persönlichen und sachlichen Verhältnisse der Versicherten dürfen die Kassenärztlichen Vereinigungen nur erheben und speichern, soweit dies zur Erfüllung der in Absatz 1 Nr. 2, 5, 6 sowie den §§ 106d und 305 genannten Aufgaben erforderlich ist.

(3) [1] Die rechtmäßig erhobenen und gespeicherten Sozialdaten dürfen nur für die Zwecke der Aufgaben nach Absatz 1 in dem jeweils erforderlichen Umfang verarbeitet werden, für andere Zwecke, soweit dies durch Rechtsvorschriften des Sozialgesetzbuchs oder nach § 13 Absatz 5 des Infektionsschutzgesetzes angeordnet oder erlaubt ist. [2] Die nach Absatz 1 Nr. 6 rechtmäßig erhobenen und gespeicherten Daten dürfen den ärztlichen und zahnärztlichen Stellen nach § 128 Absatz 1 der Strahlenschutzverordnung übermittelt werden, soweit dies für die Durchführung von Qualitätsprüfungen erforderlich ist. [3] Die beteiligten Kassenärztlichen Vereinigungen dürfen die nach Absatz 1 und 2 rechtmäßig erhobenen und gespeicherten Sozialdaten der für die überörtliche Berufsausübungsgemeinschaft zuständigen Kassenärztlichen Vereinigung übermitteln, soweit dies zur Erfüllung der in Absatz 1 Nr. 1, 2, 4, 5 und 6 genannten Aufgaben erforderlich ist. [4] Sie dürfen die nach den Absätzen 1

und 2 rechtmäßig erhobenen Sozialdaten der nach § 24 Abs. 3 Satz 3 der Zulassungsverordnung für Vertragsärzte und § 24 Abs. 3 Satz 3 der Zulassungsverordnung für Vertragszahnärzte ermächtigten Vertragsärzte und Vertragszahnärzte auf Anforderung auch untereinander übermitteln, soweit dies zur Erfüllung der in Absatz 1 Nr. 2 genannten Aufgaben erforderlich ist. [5]Die zuständige Kassenärztliche und die zuständige Kassenzahnärztliche Vereinigung dürfen die nach Absatz 1 und 2 rechtmäßig erhobenen und gespeicherten Sozialdaten der Leistungserbringer, die vertragsärztliche und vertragszahnärztliche Leistungen erbringen, auf Anforderung untereinander übermitteln, soweit dies zur Erfüllung der in Absatz 1 Nr. 2 sowie in § 106a genannten Aufgaben erforderlich ist. [6]Sie dürfen rechtmäßig erhobene und gespeicherte Sozialdaten auf Anforderung auch untereinander übermitteln, soweit dies zur Erfüllung der in § 32 Abs. 1 der Zulassungsverordnung für Vertragsärzte und § 32 Abs. 1 der Zulassungsverordnung für Vertragszahnärzte genannten Aufgaben erforderlich ist. [7]Die Kassenärztlichen Vereinigungen dürfen rechtmäßig erhobene und gespeicherte Sozialdaten auch untereinander übermitteln, soweit dies im Rahmen eines Auftrags nach § 77 Absatz 6 Satz 2 dieses Buches in Verbindung mit § 88 des Zehnten Buches[1)] erforderlich ist. [8]Versichertenbezogene Daten sind vor ihrer Übermittlung zu pseudonymisieren.

(3a) [1]Die Kassenärztlichen Vereinigungen sind befugt, personenbezogene Daten der Ärzte, von denen sie bei Erfüllung ihrer Aufgaben nach Absatz 1 Kenntnis erlangt haben, und soweit diese

1. für Entscheidungen über die Rücknahme, den Widerruf oder die Anordnung des Ruhens der Approbation oder
2. für berufsrechtliche Verfahren

erheblich sind, den hierfür zuständigen Behörden und Heilberufskammern zu übermitteln. [2]Die Kassenärztlichen Vereinigungen sind befugt, auf Anforderung der zuständigen Heilberufskammer personenbezogene Angaben der Ärzte nach § 293 Absatz 4 Satz 2 Nummer 2 bis 12 an die jeweils zuständige Heilberufskammer für die Prüfung der Erfüllung der berufsrechtlich vorgegebenen Verpflichtung zur Meldung der ärztlichen Berufstätigkeit zu übermitteln.

(4) Soweit sich die Vorschriften dieses Kapitels auf Ärzte und Kassenärztliche Vereinigungen beziehen, gelten sie entsprechend für Psychotherapeuten, Zahnärzte und Kassenzahnärztliche Vereinigungen.

§ 286 Datenübersicht. Die Krankenkassen und die Kassenärztlichen Vereinigungen regeln in Dienstanweisungen das Nähere insbesondere über

1. die zulässigen Verfahren der Verarbeitung der Daten,
2. Art, Form, Inhalt und Kontrolle der einzugebenden und der auszugebenden Daten,
3. die Abgrenzung der Verantwortungsbereiche bei der Datenverarbeitung,
4. die weiteren zur Gewährleistung von Datenschutz und Datensicherheit zu treffenden Maßnahmen.

§ 287 Forschungsvorhaben. (1) Die Krankenkassen und die Kassenärztlichen Vereinigungen dürfen mit Erlaubnis der Aufsichtsbehörde die Daten-

---

1) Nr. 10.

bestände leistungserbringer- oder fallbeziehbar für zeitlich befristete und im Umfang begrenzte Forschungsvorhaben, insbesondere zur Gewinnung epidemiologischer Erkenntnisse, von Erkenntnissen über Zusammenhänge zwischen Erkrankungen und Arbeitsbedingungen oder von Erkenntnissen über örtliche Krankheitsschwerpunkte, selbst auswerten oder über die sich aus § 304 ergebenden Fristen hinaus aufbewahren.

(2) Sozialdaten sind zu anonymisieren.

§ 287a Federführende Datenschutzaufsicht in der Versorgungs- und Gesundheitsforschung. [1] Bei länderübergreifenden Vorhaben der Versorgungs- und Gesundheitsforschung, an denen nicht-öffentliche Stellen oder öffentliche Stellen des Bundes oder der Länder aus zwei oder mehr Ländern als Verantwortliche beteiligt sind, findet § 27 des Bundesdatenschutzgesetzes Anwendung. [2] Die beteiligten Verantwortlichen benennen einen Hauptverantwortlichen und melden diesen der für die Hauptniederlassung des Hauptverantwortlichen zuständigen Aufsichtsbehörde. [3] Die Artikel 56 und 60 der Verordnung (EU) 2016/679 sind entsprechend anzuwenden.

Zweiter Titel. Informationsgrundlagen der Krankenkassen

§ 288 Versichertenverzeichnis. [1] Die Krankenkasse hat ein Versichertenverzeichnis zu führen. [2] Das Versichertenverzeichnis hat alle Angaben zu enthalten, die zur Feststellung der Versicherungspflicht oder -berechtigung, zur Bemessung und Einziehung der Beiträge, soweit nach der Art der Versicherung notwendig, sowie zur Feststellung des Leistungsanspruchs einschließlich der Versicherung nach § 10 erforderlich sind.

§ 289 Nachweispflicht bei Familienversicherung. [1] Für die Eintragung in das Versichertenverzeichnis hat die Krankenkasse die Versicherung nach § 10 bei deren Beginn festzustellen. [2] Sie kann die dazu erforderlichen Daten vom Angehörigen oder mit dessen Zustimmung vom Mitglied erheben. [3] Der Fortbestand der Voraussetzungen der Versicherung nach § 10 ist auf Verlangen der Krankenkasse nachzuweisen.

§ 290 Krankenversichertennummer. (1) [1] Die Krankenkasse verwendet für jeden Versicherten eine Krankenversichertennummer. [2] Die Krankenversichertennummer besteht aus einem unveränderbaren Teil zur Identifikation des Versicherten und einem veränderbaren Teil, der bundeseinheitliche Angaben zur Kassenzugehörigkeit enthält und aus dem bei Vergabe der Nummer an Versicherte nach § 10 sicherzustellen ist, dass der Bezug zu dem Angehörigen, der Mitglied ist, hergestellt werden kann. [3] Der Aufbau und das Verfahren der Vergabe der Krankenversichertennummer haben den Richtlinien nach Absatz 2 zu entsprechen. [4] Die Rentenversicherungsnummer darf nicht als Krankenversichertennummer verwendet werden. [5] Eine Verwendung der Rentenversicherungsnummer zur Bildung der Krankenversichertennummer entsprechend den Richtlinien nach Absatz 2 ist zulässig, wenn nach dem Stand von Wissenschaft und Technik sichergestellt ist, dass nach Vergabe der Krankenversichertennummer weder aus der Krankenversichertennummer auf die Rentenversicherungsnummer noch aus der Rentenversicherungsnummer auf die Krankenversichertennummer zurückgeschlossen werden kann; dieses Erfordernis gilt auch in Bezug auf die vergebende Stelle. [6] Die Prüfung einer Mehrfachvergabe der Krankenversichertennummer durch die Vertrauensstelle bleibt davon unberührt. [7] Wird die Rentenversicherungsnummer zur Bildung der Krankenversichertennummer verwendet, ist für Personen, denen eine Krankenversichertennummer zugewiesen werden muss und die noch keine Rentenversicherungsnummer erhalten haben, eine Rentenversicherungsnummer zu vergeben.

(2) [1] Der Spitzenverband Bund der Krankenkassen hat den Aufbau und das Verfahren der Vergabe der Krankenversichertennummer durch Richtlinien zu regeln. [2] Die Krankenversichertennummer ist von einer von den Krankenkassen und ihren Verbänden räumlich, organisatorisch und personell getrennten Vertrauensstelle zu vergeben. [3] Die Vertrauensstelle gilt als öffentliche Stelle und unterliegt dem Sozialgeheimnis nach § 35 des Ersten Buches[1)]. [4] Sie untersteht der Rechtsaufsicht des Bundesministeriums für Gesundheit. [5] § 274 Abs. 1 Satz 2 gilt entsprechend. [6] Die Richtlinien sind dem Bundesministerium für Gesundheit vorzulegen. [7] Es kann sie innerhalb von zwei Monaten beanstanden. [8] Kommen die Richtlinien nicht innerhalb der gesetzten Frist zu Stande oder werden die Beanstandungen nicht innerhalb der vom Bundesministerium für Gesundheit gesetzten Frist behoben, kann das Bundesministerium für Gesundheit die Richtlinien erlassen.

(3) [1] Die Vertrauensstelle nach Absatz 2 Satz 2 führt ein Verzeichnis der Krankenversichertennummern. [2] Das Verzeichnis enthält für jeden Versicherten den unveränderbaren und den veränderbaren Teil der Krankenversichertennummer sowie die erforderlichen Angaben, um zu gewährleisten, dass der unveränderbare Teil der Krankenversichertennummer nicht mehrfach vergeben wird. [3] Der Spitzenverband Bund der Krankenkassen legt das Nähere zu dem Verzeichnis im Einvernehmen mit der oder dem Bundesbeauftragten für den Datenschutz und die Informationsfreiheit in den Richtlinien nach Absatz 2 Satz 1 fest, insbesondere ein Verfahren des Datenabgleichs zur Gewährleistung eines tagesaktuellen Standes des Verzeichnisses. [4] Das Verzeichnis darf ausschließlich zum Ausschluss und zur Korrektur von Mehrfachvergaben derselben Krankenversichertennummer verwendet werden.

§ 291 Elektronische Gesundheitskarte. (1) Die Krankenkasse stellt für jeden Versicherten eine elektronische Gesundheitskarte aus.

(2) Die elektronische Gesundheitskarte muss technisch geeignet sein,

1. Authentifizierung, Verschlüsselung und elektronische Signatur barrierefrei zu ermöglichen,
2. die Anwendungen der Telematikinfrastruktur nach § 334 Absatz 1 zu unterstützen und
3. die Speicherung von Daten nach den §§ 291a und 334 Absatz 1 Satz 2 Nummer 5 in Verbindung mit § 358 Absatz 4 zu ermöglichen.

(3) [1] Elektronische Gesundheitskarten, die die Krankenkassen nach dem 30. November 2019 ausgeben, müssen mit einer kontaktlosen Schnittstelle ausgestattet sein. [2] Die Krankenkassen sind verpflichtet, Versicherten auf deren Verlangen unverzüglich eine elektronische Gesundheitskarte mit kontaktloser Schnittstelle zur Verfügung zu stellen.

(4) [1] Die elektronische Gesundheitskarte gilt nur für die Dauer der Mitgliedschaft bei der ausstellenden Krankenkasse und ist nicht übertragbar. [2] Die Krankenkasse kann die Gültigkeit der Karte befristen.

[1)] Nr. 1.

(5) Spätestens bei der Versendung der elektronischen Gesundheitskarte an den Versicherten hat die Krankenkasse den Versicherten umfassend und in allgemein verständlicher, barrierefreier Form zu informieren über die Funktionsweise der elektronischen Gesundheitskarte und die Art der personenbezogenen Daten, die nach § 291a auf der elektronischen Gesundheitskarte oder durch sie zu verarbeiten sind.

(6) [1] Die Krankenkasse hat bei der Ausstellung der elektronischen Gesundheitskarte die in der Richtlinie gemäß § 217f Absatz 4b vorgesehenen Maßnahmen und Vorgaben zum Schutz von Sozialdaten der Versicherten vor unbefugter Kenntnisnahme umzusetzen. [2] Dazu gehört insbesondere auch der in die Richtlinie aufzunehmende Ausschluss von Ersatzzustellung und Niederlegung bei Nutzung des Postzustellungsauftrages mit Postzustellungsurkunde. [3] Die Krankenkasse kann zum Zwecke des in der Richtlinie zum 1. Januar 2021 vorzusehenden Abgleichs der Versichertenanschrift mit den Daten aus dem Melderegister vor dem Versand der elektronischen Gesundheitskarte und deren persönlicher Identifikationsnummer (PIN) an den Versicherten die Daten nach § 34 Absatz 1 Satz 1 Nummer 1 bis 6 und 10 des Bundesmeldegesetzes aus dem Melderegister abrufen.

§ 291a Elektronische Gesundheitskarte als Versicherungsnachweis und Mittel zur Abrechnung. (1) [1] Die elektronische Gesundheitskarte dient mit den in den Absätzen 2 bis 5 genannten Angaben dem Nachweis der Berechtigung zur Inanspruchnahme von Leistungen im Rahmen der vertragsärztlichen Versorgung (Versicherungsnachweis) sowie der Abrechnung mit den Leistungserbringern. [2] Bei der Inanspruchnahme einer ärztlichen Behandlung bestätigt der Versicherte auf dem Abrechnungsschein des Arztes das Bestehen der Mitgliedschaft bei der Krankenkasse durch seine Unterschrift.

(2) Die folgenden Daten müssen auf der elektronischen Gesundheitskarte gespeichert sein:

1. die Bezeichnung der ausstellenden Krankenkasse, einschließlich eines Kennzeichens für die Kassenärztliche Vereinigung, in deren Bezirk der Versicherte seinen Wohnsitz hat,
2. der Familienname und der Vorname des Versicherten,
3. das Geburtsdatum des Versicherten,
4. das Geschlecht des Versicherten,
5. die Anschrift des Versicherten,
6. die Krankenversichertennummer des Versicherten,
7. der Versichertenstatus, für die Personengruppen nach § 264 Absatz 2 der Status der auftragsweisen Betreuung,
8. der Zuzahlungsstatus des Versicherten,
9. der Tag des Beginns des Versicherungsschutzes,
10. bei befristeter Gültigkeit der elektronischen Gesundheitskarte das Datum des Fristablaufs,
11. bei Vereinbarungen nach § 264 Absatz 1 Satz 3 zweiter Halbsatz die Angabe, dass es sich um einen Empfänger von Gesundheitsleistungen nach den §§ 4 und 6 des Asylbewerberleistungsgesetzes handelt.

(3) Über die Daten nach Absatz 2 hinaus kann die elektronische Gesundheitskarte auch folgende Daten enthalten:

1. Angaben zu Wahltarifen nach § 53,
2. Angaben zu zusätzlichen Vertragsverhältnissen,
3. in den Fällen des § 16 Absatz 1 Satz 1 Nummer 2 bis 4 und Absatz 3a Angaben zum Ruhen des Anspruchs auf Leistungen,
4. weitere Angaben, soweit die Verarbeitung dieser Daten zur Erfüllung von Aufgaben erforderlich ist, die den Krankenkassen gesetzlich zugewiesen sind sowie
5. Angaben für den Nachweis der Berechtigung zur Inanspruchnahme von Leistungen in einem anderen Mitgliedstaat der Europäischen Union, einem anderen Vertragsstaat des Abkommens über den Europäischen Wirtschaftsraum oder in der Schweiz.

(4) Die Angaben nach den Absätzen 2 und 3 Nummer 1 bis 4 sind auf der elektronischen Gesundheitskarte in einer Form zu speichern, die geeignet ist für eine maschinelle Übertragung auf die für die vertragsärztliche Versorgung vorgesehenen Abrechnungsunterlagen und Vordrucke nach § 295 Absatz 3 Nummer 1 und 2.

(5) [1]Die elektronische Gesundheitskarte ist mit einem Lichtbild des Versicherten zu versehen. [2]Versicherte, die jünger als 15 Jahre sind sowie Versicherte, deren Mitwirkung bei der Erstellung des Lichtbildes nicht möglich ist, erhalten eine elektronische Gesundheitskarte ohne Lichtbild.

(6) [1]Die Krankenkassen dürfen das Lichtbild für die Dauer des Versicherungsverhältnisses des Versicherten, jedoch längstens für zehn Jahre, für Ersatz- und Folgeausstellungen der elektronischen Gesundheitskarte speichern. [2]Nach dem Ende des Versicherungsverhältnisses hat die bisherige Krankenkasse das Lichtbild unverzüglich, spätestens aber nach drei Monaten, zu löschen.

(7) Die elektronische Gesundheitskarte ist von dem Versicherten zu unterschreiben.

§ 291b Verfahren zur Nutzung der elektronischen Gesundheitskarte als Versicherungsnachweis. (1) Die Krankenkassen haben Dienste zur Verfügung zu stellen, mit denen die an der vertragsärztlichen Versorgung teilnehmenden Leistungserbringer und Einrichtungen die Gültigkeit und die Aktualität der Angaben nach § 291a Absatz 2 und 3 bei den Krankenkassen online überprüfen und diese Angaben online auf der elektronischen Gesundheitskarte aktualisieren können.

(2) [1]Die an der vertragsärztlichen Versorgung teilnehmenden Leistungserbringer haben bei der erstmaligen Inanspruchnahme ihrer Leistungen durch einen Versicherten im Quartal die Leistungspflicht der Krankenkasse durch die Nutzung der Dienste nach Absatz 1 zu prüfen. [2]Dazu ermöglichen sie den Online-Abgleich der auf der elektronischen Gesundheitskarte gespeicherten Daten nach § 291a Absatz 2 und 3 mit den bei der Krankenkasse vorliegenden aktuellen Daten und die Online-Aktualisierung der auf der elektronischen Gesundheitskarte gespeicherten Daten. [3]Die Tatsache, dass die Prüfung durchgeführt worden ist, haben die an der vertragsärztlichen Versorgung teilnehmenden Leistungserbringer auf der elektronischen Gesundheitskarte zu speichern. [4]Die technischen Einzelheiten zur Durchführung der Prüfung nach den Sätzen 1 bis 3 sind in den Vereinbarungen nach § 295 Absatz 3 zu regeln.

(3) [1]Die Mitteilung der durchgeführten Prüfung nach Absatz 2 erfolgt als Bestandteil der an die Kassenärztlichen Vereinigungen zu übermittelnden Ab-

rechnungsunterlagen nach § 295. [2]Einrichtungen, die an der vertragsärztlichen Versorgung teilnehmen und die vertragsärztlichen Leistungen direkt mit den Krankenkassen abrechnen, teilen den Krankenkassen die Durchführung der Prüfung nach Absatz 2 bei der Übermittlung der Abrechnungsunterlagen mit.

(4) [1]An der vertragsärztlichen Versorgung teilnehmende Leistungserbringer, die Versicherte ohne persönlichen Kontakt behandeln oder die ohne persönlichen Kontakt in die Behandlung des Versicherten einbezogen sind, sind von der Pflicht zur Durchführung der Prüfung nach Absatz 2 ausgenommen. [2]Die an der vertragsärztlichen Versorgung teilnehmenden Leistungserbringer nach Satz 1 haben sich bis zum 30. Juni 2020 an die Telematikinfrastruktur nach § 306 anzuschließen und über die für die Prüfung nach Absatz 2 erforderliche Ausstattung zu verfügen, es sei denn, sie sind hierzu bereits als an der vertragsärztlichen Versorgung teilnehmende Leistungserbringer nach Absatz 2 Satz 1 verpflichtet.

(5) [1]Den an der vertragsärztlichen Versorgung teilnehmenden Leistungserbringern, die ab dem 1. Januar 2019 ihrer Pflicht zur Prüfung nach Absatz 2 nicht nachkommen, ist die Vergütung vertragsärztlicher Leistungen pauschal um 1 Prozent zu kürzen; an der vertragsärztlichen Versorgung teilnehmenden Leistungserbringern, die ihrer Pflicht zur Prüfung nach Absatz 2 ab dem 1. März 2020 nicht nachkommen, ist die Vergütung vertragsärztlicher Leistungen pauschal um 2,5 Prozent zu kürzen. [2]Die Vergütung ist so lange zu kürzen, bis sich der betroffene an der vertragsärztlichen Versorgung teilnehmende Leistungserbringer an die Telematikinfrastruktur angeschlossen hat und über die für die Prüfung nach Absatz 2 erforderliche Ausstattung verfügt. [3]Von der Kürzung der Vergütung vertragsärztlicher Leistungen ist abzusehen, wenn der an der vertragsärztlichen Versorgung teilnehmende Leistungserbringer gegenüber der jeweils zuständigen Kassenärztlichen oder Kassenzahnärztlichen Vereinigung nachweist, bereits vor dem 1. April 2019 die Anschaffung der für die Prüfung nach Absatz 2 erforderlichen Ausstattung vertraglich vereinbart zu haben. [4]Die zur Teilnahme an der vertragsärztlichen Versorgung ermächtigten Ärzte, die in einem Krankenhaus tätig sind, und die zur Teilnahme an der vertragsärztlichen Versorgung ermächtigten Krankenhäuser sowie die nach § 75 Absatz 1b Satz 3 auf Grund einer Kooperationsvereinbarung mit der Kassenärztlichen Vereinigung in den Notdienst einbezogenen zugelassenen Krankenhäuser sind von der Kürzung der Vergütung vertragsärztlicher Leistungen bis zum 31. Dezember 2020 ausgenommen.

(6) Das Nähere zur bundesweiten Verwendung der elektronischen Gesundheitskarte als Versicherungsnachweis vereinbaren die Vertragspartner im Rahmen der Verträge nach § 87 Absatz 1.

§ 291c Einzug, Sperrung oder weitere Nutzung der elektronischen Gesundheitskarte nach Krankenkassenwechsel; Austausch der elektronischen Gesundheitskarte. (1) Bei Beendigung des Versicherungsschutzes oder bei einem Krankenkassenwechsel ist die elektronische Gesundheitskarte von der Krankenkasse, die diese elektronische Gesundheitskarte ausgestellt hat, einzuziehen oder zu sperren und nach dem Stand der Technik zu vernichten.

(2) [1]Der Spitzenverband Bund der Krankenkassen kann zur Verbesserung der Wirtschaftlichkeit und zur Optimierung der Verfahrensabläufe beschließen, dass elektronische Gesundheitskarten abweichend von Absatz 1 von den Versicherten nach einem Krankenkassenwechsel weiter genutzt werden. [2]Der

Spitzenverband Bund der Krankenkassen muss dabei sicherstellen, dass die Daten nach § 291a Absatz 2 Nummer 1 und 6 bis 9 fristgerecht aktualisiert werden. [3]Der Beschluss des Spitzenverbandes Bund der Krankenkassen bedarf der Genehmigung des Bundesministeriums für Gesundheit. [4]Vor der Erteilung der Genehmigung ist der oder dem Bundesbeauftragten für den Datenschutz und die Informationsfreiheit Gelegenheit zur Stellungnahme zu geben. [5]Das Bundesministerium für Gesundheit kann für die Stellungnahme eine angemessene Frist setzen.

(3) Wird die elektronische Gesundheitskarte eines Versicherten eingezogen, gesperrt oder im Rahmen eines bestehenden Versicherungsverhältnisses ausgetauscht, so hat die Krankenkasse sicherzustellen, dass der Versicherte weiterhin auf die Daten in den Anwendungen nach § 334 Absatz 1 Nummer 1 und 6 zugreifen und diese Daten verarbeiten kann.

(4) Vor dem Einzug der elektronischen Gesundheitskarte und vor dem Austausch der elektronischen Gesundheitskarte im Rahmen eines bestehenden Versicherungsverhältnisses hat die einziehende Krankenkasse über Möglichkeiten zur Löschung der Daten nach § 334 Absatz 1 Satz 2 Nummer 2 bis 5 auf der elektronischen Gesundheitskarte zu informieren.

§§ 291d–291h *(aufgehoben)*

§ 292 Angaben über Leistungsvoraussetzungen. [1]Die Krankenkasse hat Angaben über Leistungen, die zur Prüfung der Voraussetzungen späterer Leistungsgewährung erforderlich sind, aufzuzeichnen. [2]Hierzu gehören insbesondere Angaben zur Feststellung der Voraussetzungen von Leistungsansprüchen bei Krankenhausbehandlung, medizinischen Leistungen zur Gesundheitsvorsorge und Rehabilitation sowie zur Feststellung der Voraussetzungen der Kostenerstattung und zur Leistung von Zuschüssen. [3]Im Falle der Arbeitsunfähigkeit sind auch die Diagnosen aufzuzeichnen.

§ 293 Kennzeichen für Leistungsträger und Leistungserbringer.

(1) [1]Die Krankenkassen verwenden im Schriftverkehr, einschließlich des Einsatzes elektronischer Datenübertragung oder maschinell verwertbarer Datenträger, beim Datenaustausch, für Maßnahmen zur Qualitätssicherung und für Abrechnungszwecke mit den anderen Trägern der Sozialversicherung, der Bundesagentur für Arbeit und den Versorgungsverwaltungen der Länder sowie mit ihren Vertragspartnern einschließlich deren Mitgliedern bundeseinheitliche Kennzeichen. [2]Der Spitzenverband Bund der Krankenkassen, die Spitzenorganisationen der anderen Träger der Sozialversicherung, die Postbeamtenkrankenkasse, die Bundesagentur für Arbeit und die Versorgungsverwaltungen der Länder bilden für die Vergabe der Kennzeichen nach Satz 1 eine Arbeitsgemeinschaft.

(2) Die Mitglieder der Arbeitsgemeinschaft nach Absatz 1 Satz 2 gemeinsam vereinbaren mit den Spitzenorganisationen der Leistungserbringer einheitlich Art und Aufbau der Kennzeichen und das Verfahren der Vergabe und ihre Verwendung.

(3) Kommt eine Vereinbarung nach Absatz 2 nicht oder nicht innerhalb einer vom Bundesministerium für Gesundheit gesetzten Frist zustande, kann dieses im Einvernehmen mit dem Bundesministerium für Arbeit und Soziales nach Anhörung der Beteiligten das Nähere der Regelungen über Art und

Aufbau der Kennzeichen und das Verfahren der Vergabe und ihre Verwendung durch Rechtsverordnung mit Zustimmung des Bundesrates bestimmen.

(4) [1]Die Kassenärztliche und die Kassenzahnärztliche Bundesvereinigung führen jeweils ein bundesweites Verzeichnis der an der vertragsärztlichen Versorgung teilnehmenden Ärzte und Zahnärzte sowie Einrichtungen. [2]Das Verzeichnis enthält folgende Angaben:

1. Arzt- oder Zahnarztnummer (unverschlüsselt),
2. Hausarzt- oder Facharztkennung,
3. Teilnahmestatus,
4. Geschlecht des Arztes oder Zahnarztes,
5. Titel des Arztes oder Zahnarztes,
6. Name des Arztes oder Zahnarztes,
7. Vorname des Arztes oder Zahnarztes,
8. Geburtsdatum des Arztes oder Zahnarztes,
9. Straße der Arzt- oder Zahnarztpraxis oder der Einrichtung,
10. Hausnummer der Arzt- oder Zahnarztpraxis oder der Einrichtung,
11. Postleitzahl der Arzt- oder Zahnarztpraxis oder der Einrichtung,
12. Ort der Arzt- oder Zahnarztpraxis oder der Einrichtung,
13. Beginn der Gültigkeit der Arzt- oder Zahnarztnummer und
14. Ende der Gültigkeit der Arzt- oder Zahnarztnummer.

[3]Das Verzeichnis ist in monatlichen oder kürzeren Abständen zu aktualisieren. [4]Die Arzt- und Zahnarztnummer ist so zu gestalten, dass sie ohne zusätzliche Daten über den Arzt oder Zahnarzt nicht einem bestimmten Arzt oder Zahnarzt zugeordnet werden kann; dabei ist zu gewährleisten, dass die Arzt- und Zahnarztnummer eine Identifikation des Arztes oder Zahnarztes auch für die Krankenkassen und ihre Verbände für die gesamte Dauer der vertragsärztlichen oder vertragszahnärztlichen Tätigkeit ermöglicht. [5]Die Kassenärztliche Bundesvereinigung und die Kassenzahnärztliche Bundesvereinigung stellen sicher, dass das Verzeichnis die Arzt- und Zahnarztnummern enthält, welche Vertragsärzte und -zahnärzte im Rahmen der Abrechnung ihrer erbrachten und verordneten Leistungen mit den Krankenkassen nach den Vorschriften des Zweiten Abschnitts verwenden. [6]Die Kassenärztliche Bundesvereinigung und die Kassenzahnärztliche Bundesvereinigung stellen dem Spitzenverband Bund der Krankenkassen das Verzeichnis bis zum 31. März 2004 im Wege elektronischer Datenübertragung oder maschinell verwertbar auf Datenträgern zur Verfügung; Änderungen des Verzeichnisses sind dem Spitzenverband Bund der Krankenkassen in monatlichen oder kürzeren Abständen unentgeltlich zu übermitteln. [7]Der Spitzenverband Bund der Krankenkassen stellt seinen Mitgliedsverbänden und den Krankenkassen das Verzeichnis zur Erfüllung ihrer Aufgaben, insbesondere im Bereich der Gewährleistung der Qualität und der Wirtschaftlichkeit der Versorgung sowie der Aufbereitung der dafür erforderlichen Datengrundlagen, zur Verfügung; für andere Zwecke darf der Spitzenverband Bund der Krankenkassen die in dem Verzeichnis enthaltenen Angaben nicht verarbeiten.

(4a) [1]Die Kassenärztliche und die Kassenzahnärztliche Bundesvereinigung übermitteln dem Statistischen Bundesamt für die Erhebung nach dem Gesetz über Kostenstrukturstatistik in der jeweils geltenden Fassung bei Arzt- und Zahnarztpraxen sowie Praxen von Psychotherapeuten auf Anforderung jährlich die in Absatz 4 Satz 2 Nummer 1 bis 3, 5 bis 7 sowie 9 bis 12 genannten Daten. [2] Die in Satz 1 genannten Daten sind innerhalb von 30 Arbeitstagen zu übermitteln. [3] Die Übermittlung der Daten an das Statistische Bundesamt erfolgt nach den vom Statistischen Bundesamt angebotenen sicheren elektronischen Verfahren. [4] Die übermittelten Daten dürfen auch verwendet werden zur Pflege und Führung des Statistikregisters nach § 13 des Bundesstatistikgesetzes (BGBl. I S. 2394), das zuletzt durch Artikel 6 des Gesetzes vom 10. Juli 2020 (BGBl. I S. 1648) geändert worden ist.

(5) [1] Die für die Wahrnehmung der wirtschaftlichen Interessen gebildete maßgebliche Spitzenorganisation der Apotheker führt ein bundeseinheitliches Verzeichnis über die Apotheken und stellt dieses dem Spitzenverband Bund der Krankenkassen im Wege elektronischer Datenübertragung oder maschinell verwertbar auf Datenträgern unentgeltlich zur Verfügung. [2] Änderungen des Verzeichnisses sind dem Spitzenverband Bund der Krankenkassen in monatlichen oder kürzeren Abständen unentgeltlich zu übermitteln. [3] Das Verzeichnis enthält den Namen des Apothekers, die Anschrift und das Kennzeichen der Apotheke; es ist in monatlichen oder kürzeren Abständen zu aktualisieren. [4] Die für die Wahrnehmung der wirtschaftlichen Interessen gebildete maßgebliche Spitzenorganisation der Apotheker stellt das Verzeichnis und die Änderungen nach Satz 2 auch der nach § 2 Satz 1 des Gesetzes über Rabatte für Arzneimittel gebildeten zentralen Stelle im Wege elektronischer Datenübertragung oder maschinell verwertbar auf Datenträgern zur Verfügung; die zentrale Stelle hat die Übermittlungskosten zu tragen. [5] Der Spitzenverband Bund der Krankenkassen stellt seinen Mitgliedsverbänden und den Krankenkassen das Verzeichnis zur Erfüllung ihrer Aufgaben im Zusammenhang mit der Abrechnung der Apotheken, der in den §§ 129 und 300 getroffenen Regelungen sowie der damit verbundenen Datenaufbereitungen zur Verfügung; für andere Zwecke darf der Spitzenverband Bund der Krankenkassen die in dem Verzeichnis enthaltenen Angaben nicht verarbeiten. [6] Die zentrale Stelle darf das Verzeichnis an die Träger der Kosten in Krankheits-, Pflege- und Geburtsfällen nach beamtenrechtlichen Vorschriften, die Unternehmen der privaten Krankenversicherung sowie die sonstigen Träger von Kosten in Krankheitsfällen übermitteln. [7] Die in dem Verzeichnis enthaltenen Angaben dürfen nur für die in § 2 des Gesetzes über Rabatte für Arzneimittel genannten Zwecke verarbeitet werden. [8] Apotheken nach Satz 1 sind verpflichtet, die für das Verzeichnis erforderlichen Auskünfte zu erteilen. [9] Weitere Anbieter von Arzneimitteln sind gegenüber dem Spitzenverband Bund der Krankenkassen entsprechend auskunftspflichtig.

(6) [1] Der Spitzenverband Bund der Krankenkassen und die Deutsche Krankenhausgesellschaft führen auf der Grundlage der Vereinbarung nach § 2a Absatz 1 Satz 1 des Krankenhausfinanzierungsgesetzes ein bundesweites Verzeichnis der Standorte der nach § 108 zugelassenen Krankenhäuser und ihrer Ambulanzen. [2] Sie können das Institut für das Entgeltsystem im Krankenhaus mit der Aufgabe nach Satz 1 beauftragen. [3] In diesem Fall sind die notwendigen Aufwendungen des Instituts aus dem Zuschlag nach § 17b Absatz 5 Satz 1 Nummer 1 des Krankenhausfinanzierungsgesetzes zu finanzieren. [4] Die zugelassenen Krankenhäuser sind verpflichtet, der das Verzeichnis führenden Stelle auf Anforderung die für den Aufbau und die Durchführung des Verzeichnisses erforderlichen Daten sowie Veränderungen dieser Daten auch ohne Anforderung zu übermitteln. [5] Das Verzeichnis ist in nach Satz 10 Nummer 3 zu vereinbarenden Abständen zeitnah zu aktualisieren und im Internet zu ver-

öffentlichen. [6] Die Krankenhäuser verwenden die im Verzeichnis enthaltenen Kennzeichen zu Abrechnungszwecken, für Datenübermittlungen an die Datenstelle nach § 21 Absatz 1 des Krankenhausentgeltgesetzes sowie zur Erfüllung der Anforderungen der Richtlinien und Beschlüsse zur Qualitätssicherung des Gemeinsamen Bundesausschusses. [7] Die Kostenträger nutzen das Verzeichnis zur Erfüllung ihrer Aufgaben insbesondere im Zusammenhang mit der Abrechnung von Leistungen sowie mit Anforderungen der Richtlinien und Beschlüsse des Gemeinsamen Bundesausschusses zur Qualitätssicherung. [8] Der Gemeinsame Bundesausschuss nutzt das Verzeichnis, sofern dies zur Erfüllung der ihm nach diesem Gesetzbuch übertragenen Aufgaben insbesondere im Rahmen der Qualitätssicherung erforderlich ist. [9] Das Bundeskartellamt erhält die Daten des Verzeichnisses von der das Verzeichnis führenden Stelle im Wege elektronischer Datenübertragung oder maschinell verwertbar auf Datenträgern zur Erfüllung seiner Aufgaben nach dem Gesetz gegen Wettbewerbsbeschränkungen. [10] Die Deutsche Krankenhausgesellschaft und der Spitzenverband Bund der Krankenkassen vereinbaren bis zum 30. Juni 2017 das Nähere zu dem Verzeichnis nach Satz 1, insbesondere

1. die Art und den Aufbau des Verzeichnisses,
2. die Art und den Aufbau der im Verzeichnis enthaltenen Kennzeichen sowie die Voraussetzungen und das Verfahren für die Vergabe der Kennzeichen,
3. die geeigneten Abstände einer zeitnahen Aktualisierung und das Verfahren der kontinuierlichen Fortschreibung,
4. die sächlichen und personellen Voraussetzungen für die Verwendung der Kennzeichen sowie die sonstigen Anforderungen an die Verwendung der Kennzeichen und
5. die Finanzierung der Aufwände, die durch die Führung und die Aktualisierungen des Verzeichnisses entstehen.

[11] § 2a Absatz 2 des Krankenhausfinanzierungsgesetzes gilt entsprechend für die Auftragserteilung nach Satz 2 und die Vereinbarung nach Satz 10.

(7) [1] Der Spitzenverband Bund der Krankenkassen und die Deutsche Krankenhausgesellschaft führen ein bundesweites Verzeichnis aller in den nach § 108 zugelassenen Krankenhäusern und ihren Ambulanzen tätigen Ärzte. [2] Sie können einen Dritten mit der Aufgabe nach Satz 1 beauftragen; für eine das Verzeichnis führende Stelle, die nicht zu den in § 35 des Ersten Buches[1)] genannten Stellen gehört, gilt § 35 des Ersten Buches entsprechend. [3] Das Verzeichnis enthält für alle Ärzte nach Satz 1 folgende Angaben:

1. Arztnummer (unverschlüsselt),
2. Angaben des Arztes nach Absatz 4 Satz 2 Nummer 4 bis 8,
3. Datum des Staatsexamens,
4. Datum der Approbation,
5. Datum der Promotion,
6. Datum der Facharztanerkennung und Fachgebiet,
7. Kennzeichen im Verzeichnis nach Absatz 6 des Krankenhauses, in dem der Arzt beschäftigt ist,
8. Datum des Beginns der Tätigkeit des Arztes im Krankenhaus und

---

[1)] Nr. **1**.

9. Datum des Endes der Tätigkeit des Arztes im Krankenhaus.

[4]Die Arztnummer nach Satz 3 Nummer 1 folgt in ihrer Struktur der Arztnummer nach Absatz 4 Satz 2 Nummer 1. [5]Die zugelassenen Krankenhäuser sind verpflichtet, der das Verzeichnis führenden Stelle auf Anforderung die für den Aufbau und die Durchführung des Verzeichnisses erforderlichen Daten sowie Veränderungen dieser Daten auch ohne Anforderung zu übermitteln. [6]Die Kosten zur Führung des Verzeichnisses tragen der Spitzenverband Bund der Krankenkassen und die Deutsche Krankenhausgesellschaft je zur Hälfte. [7]Wird das Institut für das Entgeltsystem im Krankenhaus mit der Führung des Verzeichnisses beauftragt, sind die notwendigen Aufwendungen des Instituts aus dem Zuschlag nach § 17b Absatz 5 Satz 1 Nummer 1 des Krankenhausfinanzierungsgesetzes zu finanzieren. [8]Der Spitzenverband Bund der Krankenkassen stellt seinen Mitgliedern das Verzeichnis zur Erfüllung ihrer gesetzlichen Aufgaben zur Verfügung; für andere Zwecke darf der Spitzenverband Bund der Krankenkassen die in dem Verzeichnis enthaltenen Angaben nicht verarbeiten. [9]Die Krankenhäuser und die Krankenkassen verarbeiten die im Verzeichnis enthaltenen Angaben spätestens zum 1. Januar 2019 in den gesetzlich bestimmten Fällen. [10]Der Spitzenverband Bund der Krankenkassen und die Deutsche Krankenhausgesellschaft vereinbaren im Einvernehmen mit der Kassenärztlichen Bundesvereinigung bis zum 31. Dezember 2017 das Nähere zu dem Verzeichnis nach Satz 1, insbesondere

1. die Art und den Aufbau des Verzeichnisses,
2. die Art, den Abgleich und den Aufbau der im Verzeichnis enthaltenen Angaben sowie die Voraussetzungen und das Verfahren für die Vergabe der Angaben nach Satz 3 Nummer 1 sowie der Verarbeitung der Angaben nach Satz 3 Nummer 2 bis 9,
3. die geeigneten Abstände einer zeitnahen Aktualisierung und das Verfahren der kontinuierlichen Fortschreibung sowie das Verfahren zur Löschung von Einträgen und
4. die sächlichen und personellen Voraussetzungen für die Verarbeitung der Angaben sowie die sonstigen Anforderungen an die Verarbeitung der Angaben.

[11]Die Vereinbarung nach Satz 10 ist für den Spitzenverband Bund der Krankenkassen, die Deutsche Krankenhausgesellschaft, die Kassenärztliche Bundesvereinigung sowie deren jeweiligen Mitglieder und für die Leistungserbringer verbindlich. [12]Kommt eine Vereinbarung nach Satz 10 ganz oder teilweise nicht zustande, entscheidet auf Antrag einer Vertragspartei das sektorenübergreifende Schiedsgremium auf Bundesebene gemäß § 89a.

(8) [1]Das Bundesinstitut für Arzneimittel und Medizinprodukte errichtet bis zum 31. Dezember 2021 im Benehmen mit dem Spitzenverband Bund der Krankenkassen, dem Spitzenverband Bund der Pflegekassen und den für die Wahrnehmung der Interessen der Träger von ambulanten Pflegediensten und Betreuungsdiensten nach § 71 Absatz 1a des Elften Buches[1)] maßgeblichen Vereinigungen auf Bundesebene ein bundesweites Verzeichnis

1. der ambulanten Leistungserbringer, mit denen die Krankenkassen Verträge nach § 132a Absatz 4 Satz 1 abgeschlossen haben, oder bei denen es sich um

---

[1)] Nr. **11**.

zugelassene Pflegeeinrichtungen im Sinne des § 72 Absatz 1 Satz 1 des Elften Buches handelt,

2. der Personen, die durch die in Nummer 1 genannten Leistungserbringer beschäftigt sind und häusliche Krankenpflege nach § 37, außerklinische Intensivpflege nach § 37c oder Leistungen der häuslichen Pflegehilfe im Sinne des § 36 Absatz 1 des Elften Buches erbringen, sowie
3. der Pflegekräfte, mit denen die Pflegekassen Verträge nach § 77 Absatz 1 des Elften Buches abgeschlossen haben.

[2] Das Bundesinstitut für Arzneimittel und Medizinprodukte legt hierbei für jede in das Verzeichnis aufzunehmende Person nach Satz 1 Nummer 2 und Pflegekraft nach Satz 1 Nummer 3 eine Beschäftigtennummer fest. [3] Die Beschäftigtennummer folgt in ihrer Struktur der Arztnummer nach Absatz 4 Satz 2 Nummer 1. [4] Das Verzeichnis nach Satz 1 enthält für die Personen nach Satz 1 Nummer 2 und für die Pflegekräfte nach Satz 1 Nummer 3 folgende Angaben:

1. die Beschäftigtennummer (unverschlüsselt),
2. den Vornamen und den Namen,
3. das Geburtsdatum,
4. die Bezeichnung der abgeschlossenen Berufsausbildungen und das Datum des jeweiligen Abschlusses sowie
5. die Bezeichnung abgeschlossener Zusatzqualifikationen und das Datum des jeweiligen Abschlusses.

[5] Für die Personen nach Satz 1 Nummer 2 enthält das Verzeichnis zusätzlich zu den Angaben nach Satz 4

1. das Kennzeichen des Arbeitgebers oder des Trägers des Leistungserbringers nach Satz 1 Nummer 1,
2. das Kennzeichen des Leistungserbringers nach Satz 1 Nummer 1, in dem die Person beschäftigt ist, oder, wenn ein solches nicht vorhanden ist, ersatzweise die Anschrift des Leistungserbringers, bei dem die Person beschäftigt ist, und
3. den Beginn und das Ende der Tätigkeit beim Leistungserbringer nach Nummer 2.

[6] Für die Pflegekräfte nach Satz 1 Nummer 3 enthält das Verzeichnis zusätzlich zu den Angaben nach Satz 4

1. die Anschrift der Pflegekraft und
2. den Beginn und das Ende des mit der Pflegekasse geschlossenen Vertrages.

[7] Die Leistungserbringer, mit denen die Krankenkassen Verträge nach § 132a Absatz 4 Satz 1 oder die Landesverbände der Krankenkassen und die Ersatzkassen Verträge nach § 132l Absatz 5 abgeschlossen haben oder bei denen es sich um zugelassene Pflegeeinrichtungen im Sinne des § 72 Absatz 1 Satz 1 des Elften Buches handelt, und die Pflegekräfte nach Satz 1 Nummer 3 sind verpflichtet, dem Bundesinstitut für Arzneimittel und Medizinprodukte ab dem 1. August 2022 die Angaben nach Satz 4 Nummer 2 bis 5 und den Sätzen 5 und 6 zu übermitteln sowie unverzüglich jede Veränderung dieser Angaben mitzuteilen. [8] Die Kosten für die Führung des Verzeichnisses trägt der Spitzenverband Bund der Krankenkassen. [9] Das Bundesinstitut für Arzneimittel und Medizinprodukte stellt den Kranken- und Pflegekassen die zur Erfüllung ihrer gesetzlichen Aufgaben nach diesem und nach dem Elften Buch erforderlichen Angaben aus dem Verzeichnis zur Verfügung; für andere Zwecke dürfen die

Angaben nicht verwendet werden. [10]Das Bundesinstitut für Arzneimittel und Medizinprodukte stellt den in Satz 7 genannten Leistungserbringern und den Pflegekräften nach Satz 1 Nummer 3 die Beschäftigtennummer zur Verfügung. [11]Die Beschäftigtennummer ist spätestens ab dem 1. Januar 2023 für die Abrechnung der von der Person nach Satz 1 Nummer 2 oder der Pflegekraft nach Satz 1 Nummer 3 erbrachten Leistungen zu verwenden.

§ 293a Transparenzstelle für Verträge über eine hausarztzentrierte Versorgung und über eine besondere Versorgung. (1) [1]Das Bundesamt für Soziale Sicherung richtet eine bundesweite Transparenzstelle für Verträge nach den §§ 73b und 140a einschließlich der Verträge nach § 140a Absatz 1 Satz 3 (Vertragstransparenzstelle) ein. [2]Die Vertragstransparenzstelle dient dem Zweck der Sicherung der Datengrundlagen für den Risikostrukturausgleich nach § 273 und der Information der Öffentlichkeit. [3]Die Vertragstransparenzstelle führt ein Verzeichnis, das zu den Verträgen nach Satz 1 insbesondere Angaben enthält über

1. die Vertragsform,
2. die vertragschließende Krankenkasse,
3. bei einem Vertrag nach § 140a die Art der vertragschließenden Leistungserbringer,
4. den Tag des Vertragsbeginns,
5. soweit erfolgt, den Tag der Wirksamkeit von Vertragsänderungen,
6. den Tag des Vertragsendes,
7. den räumlichen Geltungsbereich des Vertrages,
8. soweit vorhanden, die dem Vertrag als Einschlusskriterien zugrunde liegenden Diagnosen und
9. die Vertragsnummer nach Satz 4.

[4]Jeder Vertrag ist durch die Vertragstransparenzstelle mit einer Vertragsnummer zu kennzeichnen. [5]Das Verzeichnis nach Satz 3 ist vierteljährlich zu aktualisieren und in der jeweiligen aktuellen Fassung im Internet zu veröffentlichen.

(2) [1]Die erstmalige Veröffentlichung des Verzeichnisses umfasst mindestens die Angaben nach Absatz 1 Satz 3 Nummer 1, 2 und 9 und erfolgt bis spätestens zum 30. September 2020. [2]Die Veröffentlichung des Verzeichnisses mit sämtlichen Angaben nach Absatz 1 Satz 3 erfolgt bis spätestens zum 30. September 2021.

(3) [1]Die Vertragstransparenzstelle bestimmt erstmalig bis zum 31. Juli 2020 das Nähere zu dem Verzeichnis nach Absatz 1 Satz 3 in Verbindung mit Absatz 2 Satz 1, insbesondere

1. Art und Aufbau des Verzeichnisses,
2. das Verfahren für die Eintragung der Verträge in das Verzeichnis,
3. Art und Aufbau der im Verzeichnis enthaltenen Vertragsnummer und
4. das Verfahren für die Vergabe der Vertragsnummer.

[2]Bei der Bestimmung nach Satz 1 Nummer 3 und 4 sollen bereits bestehende Vertragskennzeichen berücksichtigt werden. [3]Die Vertragstransparenzstelle bestimmt das Nähere zu dem Verzeichnis nach Absatz 1 Satz 3 in Verbindung mit Absatz 2 Satz 2 bis zum 31. März 2021. [4]Satz 1 Nummer 1 und 2 gilt entsprechend.

(4) [1] Die Krankenkassen sind verpflichtet, der Vertragstransparenzstelle auf Anforderung spätestens bis zum 31. August 2020 die für die erstmalige Veröffentlichung des Verzeichnisses erforderlichen Angaben nach Absatz 2 Satz 1 zu übermitteln. [2] Veränderungen der Angaben nach Absatz 2 Satz 1 und die Angaben zu nach der erstmaligen Übermittlung vereinbarten Verträgen sind von den Krankenkassen ohne Anforderung zu übermitteln.

(5) [1] Die Krankenkassen sind verpflichtet, der Vertragstransparenzstelle auf Anforderung spätestens bis zum 30. Juni 2021 die für die Veröffentlichung des Verzeichnisses nach Absatz 2 Satz 2 erforderlichen Angaben zu übermitteln. [2] Veränderungen der Angaben und die Angaben zu nach der erstmaligen Übermittlung vereinbarten Verträgen sind von den Krankenkassen ohne Anforderung zu übermitteln.

(6) Innerhalb von drei Monaten nach Bekanntgabe der Vertragsnummer nach Absatz 1 Satz 4 schaffen die Vertragspartner die Voraussetzungen für die softwaretechnische Umsetzung der ärztlichen Übermittlungspflicht nach § 295 Absatz 1b Satz 1 und 8.

(7) Die dem Bundesamt für Soziale Sicherung bei der Verwaltung der Vertragstransparenzstelle entstehenden Ausgaben werden aus den Einnahmen des Gesundheitsfonds gedeckt.

Zweiter Abschnitt. Übermittlung und Aufbereitung von Leistungsdaten, Datentransparenz

Erster Titel. Übermittlung von Leistungsdaten

§ 294 Pflichten der Leistungserbringer. Die an der vertragsärztlichen Versorgung teilnehmenden Ärzte und die übrigen Leistungserbringer sind verpflichtet, die für die Erfüllung der Aufgaben der Krankenkassen sowie der Kassenärztlichen Vereinigungen notwendigen Angaben, die aus der Erbringung, der Verordnung sowie der Abgabe von Versicherungsleistungen entstehen, aufzuzeichnen und gemäß den nachstehenden Vorschriften den Krankenkassen, den Kassenärztlichen Vereinigungen oder den mit der Datenverarbeitung beauftragten Stellen mitzuteilen.

§ 294a Mitteilung von Krankheitsursachen und drittverursachten Gesundheitsschäden. (1) [1] Liegen Anhaltspunkte dafür vor, dass eine Krankheit eine Berufskrankheit im Sinne der gesetzlichen Unfallversicherung oder deren Spätfolgen oder die Folge oder Spätfolge eines Arbeitsunfalls, eines sonstigen Unfalls, einer Körperverletzung, einer Schädigung im Sinne des Bundesversorgungsgesetzes oder eines Impfschadens im Sinne des Infektionsschutzgesetzes ist oder liegen Hinweise auf drittverursachte Gesundheitsschäden vor, sind die an der vertragsärztlichen Versorgung teilnehmenden Ärzte und Einrichtungen sowie die Krankenhäuser nach § 108 verpflichtet, die erforderlichen Daten, einschließlich der Angaben über Ursachen und den möglichen Verursacher, den Krankenkassen mitzuteilen. [2] Bei Hinweisen auf drittverursachte Gesundheitsschäden, die Folge einer Misshandlung, eines sexuellen Missbrauchs, eines sexuellen Übergriffs, einer sexuellen Nötigung, einer Vergewaltigung oder einer Vernachlässigung von Kindern und Jugendlichen sein können, besteht keine Mitteilungspflicht nach Satz 1. [3] Bei Hinweisen auf drittverursachte Gesundheitsschäden, die Folge einer Misshandlung, eines sexuellen Missbrauchs, eines sexuellen Übergriffs, einer sexuellen Nötigung oder einer Vergewaltigung einer oder eines volljährigen Versicherten sein können, besteht die Mitteilungspflicht nach Satz 1 nur dann, wenn die oder der Versicherte in die Mitteilung ausdrücklich eingewilligt hat.

(2) [1] Liegen Anhaltspunkte für ein Vorliegen der Voraussetzungen des § 52 Abs. 2 vor, sind die an der vertragsärztlichen Versorgung teilnehmenden Ärzte und Einrichtungen sowie die Krankenhäuser nach § 108 verpflichtet, den Krankenkassen die erforderlichen Daten mitzuteilen. [2] Die Versicherten sind über den Grund der Meldung nach Satz 1 und die gemeldeten Daten zu informieren.

§ 295 Übermittlungspflichten und Abrechnung bei ärztlichen Leistungen. (1) [1] Die an der vertragsärztlichen Versorgung teilnehmenden Ärzte und Einrichtungen sind verpflichtet,

1. die von ihnen festgestellten Arbeitsunfähigkeitsdaten,
2. in den Abrechnungsunterlagen für die vertragsärztlichen Leistungen die von ihnen erbrachten Leistungen einschließlich des Tages und, soweit für die Überprüfung der Zulässigkeit und Richtigkeit der Abrechnung erforderlich, der Uhrzeit der Behandlung, bei ärztlicher Behandlung mit Diagnosen, bei zahnärztlicher Behandlung mit Zahnbezug und Befunden,
3. in den Abrechnungsunterlagen sowie auf den Vordrucken für die vertragsärztliche Versorgung ihre Arztnummer, in Überweisungsfällen die Arztnummer des überweisenden Arztes und bei der Abrechnung von Leistungen nach § 73 Absatz 1 Satz 2 Nummer 2 die Arztnummer des Arztes, bei dem der Termin vermittelt wurde, sowie die Angaben nach § 291a Absatz 2 Nummer 1 bis 10 maschinenlesbar

aufzuzeichnen und zu übermitteln. [2] Die Diagnosen nach Satz 1 Nr. 1 und 2 sind nach der Internationalen Klassifikation der Krankheiten in der jeweiligen vom Bundesinstitut für Arzneimittel und Medizinprodukte im Auftrag des Bundesministeriums für Gesundheit herausgegebenen deutschen Fassung zu verschlüsseln. [3] Das Bundesministerium für Gesundheit kann das Bundesinstitut für Arzneimittel und Medizinprodukte beauftragen, den in Satz 2 genannten Schlüssel um Zusatzkennzeichen zur Gewährleistung der für die Erfüllung der Aufgaben der Krankenkassen notwendigen Aussagefähigkeit des Schlüssels zu ergänzen. [4] Von Vertragsärzten durchgeführte Operationen und sonstige Prozeduren sind nach dem vom Bundesinstitut für Arzneimittel und Medizinprodukte im Auftrag des Bundesministeriums für Gesundheit herausgegebenen Schlüssel zu verschlüsseln. [5] In dem Schlüssel nach Satz 4 können durch das Bundesinstitut für Arzneimittel und Medizinprodukte auch Voraussetzungen für die Abrechnung der Operationen und sonstigen Prozeduren festgelegt werden. [6] Das Bundesministerium für Gesundheit gibt den Zeitpunkt des Inkrafttretens der jeweiligen Fassung des Diagnosenschlüssels nach Satz 2 sowie des Prozedurenschlüssels nach Satz 4 im Bundesanzeiger bekannt. [7] Von dem in Satz 6 genannten Zeitpunkt an sind der Diagnoseschlüssel nach Satz 2 sowie der Operationen- und Prozedurenschlüssel nach Satz 4 verbindlich und für die Abrechnung der erbrachten Leistungen zu verwenden. [8] Das Bundesinstitut für Arzneimittel und Medizinprodukte kann bei Auslegungsfragen zu den Diagnoseschlüsseln nach Satz 2 und den Prozedurenschlüsseln nach Satz 4 Klarstellungen und Änderungen mit Wirkung auch für die Vergangenheit vornehmen, soweit diese nicht zu erweiterten Anforderungen an die Verschlüsselung erbrachter Leistungen führen. [9] Für das Verfahren der Festlegung des Diagnoseschlüssels nach Satz 2 sowie des Operationen- und Prozedurenschlüssels nach Satz 4 gibt sich das Bundesinstitut für Arzneimittel und Medizinprodukte eine Verfahrensordnung, die der Genehmigung des Bundesministeriums für Gesundheit bedarf und die auf der Internetseite des Bundesinstituts für Arzneimittel und Medizinprodukte zu veröffentlichen ist. [10] Die Angaben nach Satz 1 Nummer 1 sind unter Angabe der Diagnosen sowie unter Nutzung der Telematikinfrastruktur nach § 291a unmittelbar elektronisch an die Krankenkasse zu übermitteln; dies gilt nicht für Vorsorge- und Rehabilitationseinrichtungen, die nicht an die Telematikinfrastruktur angeschlossen sind.

(1a) Für die Erfüllung der Aufgaben nach § 106d sind die an der vertragsärztlichen Versorgung teilnehmenden Ärzte verpflichtet und befugt, auf Verlangen der Kassenärztlichen Vereinigungen die für die Prüfung erforderlichen Befunde vorzulegen.

(1b) [1] Ärzte, Einrichtungen und medizinische Versorgungszentren, die ohne Beteiligung der Kassenärztlichen Vereinigungen mit den Krankenkassen oder ihren Verbänden Verträge zu besonderen Versorgungsformen (§ 140a) oder zur Versorgung nach den §§ 73b, 132e oder 132f abgeschlossen haben, psychiatrische Institutsambulanzen sowie Leistungserbringer, die gemäß § 116b Abs. 2 an der ambulanten spezialfachärztlichen Versorgung teilnehmen, übermitteln die in Absatz 1 genannten Angaben, bei Krankenhäusern einschließlich ihres Institutionskennzeichens, an die jeweiligen Krankenkassen im Wege elektronischer Datenübertragung oder maschinell verwertbar auf Datenträgern; vertragsärztliche Leistungserbringer können in den Fällen des § 116b die Angaben über die Kassenärztliche Vereinigung übermitteln. [2] Das Nähere regelt der Spitzenverband Bund der Krankenkassen mit Ausnahme der Datenübermittlung der Leistungserbringer, die gemäß § 116b Absatz 2 an der ambulanten spezialärztlichen Versorgung teilnehmen, sowie der psychiatrischen Institutsambulanzen. [3] Die psychiatrischen Institutsambulanzen übermitteln die Angaben nach Satz 1 zusätzlich an die Datenstelle nach § 21 Absatz 1 Satz 1 des Krankenhausentgeltgesetzes. [4] Die Selbstverwaltungspartner nach § 17b Absatz 2 des Krankenhausfinanzierungsgesetzes vereinbaren für die Dokumentation der Leistungen der psychiatrischen Institutsambulanzen nach Satz 1 sowie für die Durchführung der vom Gemeinsamen Bundesausschuss nach § 101 Absatz 1 Satz 1 Nummer 2b zu beschließenden Bestimmungen bis spätestens zum 1. Januar 2018 einen bundeseinheitlichen Katalog, der nach Art und Umfang der Leistung sowie der zur Leistungserbringung eingesetzten personellen Kapazitäten getrennt nach Berufsgruppen und Fachgebieten differenziert, sowie das Nähere zur Datenübermittlung nach Satz 3; für die Umsetzung des Prüfauftrags nach § 17d Absatz 1 Satz 3 des Krankenhausfinanzierungsgesetzes vereinbaren sie dabei auch, ob und wie der Prüfauftrag auf der Grundlage der Daten einer Vollerhebung oder einer repräsentativen Stichprobe der Leistungen psychiatrischer Institutsambulanzen sachgerecht zu erfüllen ist. [5] § 21 Absatz 4, Absatz 5 Satz 1 und 2 sowie Absatz 6 des Krankenhausentgeltgesetzes ist für die Vereinbarung zur Datenübermittlung entsprechend anzuwenden. [6] Für die Vereinbarung einer bundeseinheitlichen Dokumentation der Leistungen der psychiatrischen Institutsambulanzen gilt § 21 Absatz 4 und 6 des Krankenhausentgeltgesetzes entsprechend mit der Maßgabe, dass die Schiedsstelle innerhalb von sechs Wochen entscheidet. [7] Die Schiedsstelle entscheidet innerhalb von sechs Wochen nach Antrag einer Vertragspartei auch über die Tatbestände nach Satz 4 zweiter Halbsatz, zu denen keine Einigung zustande gekommen ist. [8] In

Fällen der Verträge nach den §§ 73b und 140a sind als zusätzliche Angabe auch die Vertragsnummern nach § 293a Absatz 1 Satz 4 zu übermitteln; Satz 1 gilt entsprechend.

(2) [1] Für die Abrechnung der Vergütung übermitteln die Kassenärztlichen Vereinigungen im Wege elektronischer Datenübertragung oder maschinell verwertbar auf Datenträgern den Krankenkassen für jedes Quartal für jeden Behandlungsfall folgende Daten:

1. Angaben nach § 291a Absatz 2 Nummer 1, 6 und 7,
2. Arzt- oder Zahnarztnummer, in Überweisungsfällen die Arzt- oder Zahnarztnummer des überweisenden Arztes und bei der Abrechnung von Leistungen nach § 73 Absatz 1 Satz 2 Nummer 2 die Arztnummer des Arztes, bei dem der Termin vermittelt wurde,
3. Art der Inanspruchnahme,
4. Art der Behandlung,
5. Tag und, soweit für die Überprüfung der Zulässigkeit und Richtigkeit der Abrechnung erforderlich, die Uhrzeit der Behandlung,
6. abgerechnete Gebührenpositionen mit den Schlüsseln nach Absatz 1 Satz 5, bei zahnärztlicher Behandlung mit Zahnbezug und Befunden,
7. Kosten der Behandlung,
8. den Nachweis über die Erfüllung der Meldepflicht nach § 36 des Implantateregistergesetzes,
9. bei der Abrechnung von Leistungen im Rahmen von Verträgen nach den §§ 73b und 140a, an denen eine Kassenärztliche Vereinigung beteiligt ist, die Angabe der jeweiligen Vertragsnummer nach § 293a Absatz 1 Satz 4.

[2] Die Kassenärztlichen Vereinigungen übermitteln für die Durchführung der Programme nach § 137g die in den Richtlinien des Gemeinsamen Bundesausschusses nach § 137f festgelegten Angaben versichertenbezogen an die Krankenkassen, soweit sie an der Durchführung dieser Programme beteiligt sind. [3] Die Kassenärztlichen Vereinigungen übermitteln den Krankenkassen die Angaben nach Satz 1 für Versicherte, die an den Programmen nach § 137f teilnehmen, versichertenbezogen. [4] § 137f Abs. 3 Satz 2 bleibt unberührt.

(2a) Die an der vertragsärztlichen Versorgung teilnehmenden Ärzte und Einrichtungen sowie Leistungserbringer, die ohne Beteiligung der Kassenärztlichen Vereinigungen mit den Krankenkassen oder ihren Verbänden Verträge zu besonderen Versorgungsformen (§ 140a) oder zur Versorgung nach § 73b abgeschlossen haben, sowie Leistungserbringer, die gemäß § 116b Abs. 2 an der ambulanten spezialfachärztlichen Versorgung teilnehmen, sind verpflichtet, die Angaben gemäß § 292 aufzuzeichnen und den Krankenkassen zu übermitteln; vertragsärztliche Leistungserbringer können in den Fällen des § 116b die Angaben über die Kassenärztliche Vereinigung übermitteln.

(3) Die Vertragsparteien der Verträge nach § 82 Abs. 1 und § 87 Abs. 1 vereinbaren als Bestandteil dieser Verträge das Nähere über

1. Form und Inhalt der Abrechnungsunterlagen für die vertragsärztlichen Leistungen,
2. Form und Inhalt der im Rahmen der vertragsärztlichen Versorgung erforderlichen Vordrucke,
3. die Erfüllung der Pflichten der Vertragsärzte nach Absatz 1,

4. die Erfüllung der Pflichten der Kassenärztlichen Vereinigungen nach Absatz 2, insbesondere auch Form, Frist und Umfang der Übermittlung der Abrechnungsunterlagen an die Krankenkassen oder deren Verbände,
5. Einzelheiten der Datenübermittlung einschließlich einer einheitlichen Datensatzstruktur und der Aufbereitung von Abrechnungsunterlagen nach den §§ 296 und 297.

(4) [1] Die an der vertragsärztlichen Versorgung teilnehmenden Ärzte, Einrichtungen und medizinischen Versorgungszentren haben die für die Abrechnung der Leistungen notwendigen Angaben der Kassenärztlichen Vereinigung im Wege elektronischer Datenübertragung oder maschinell verwertbar auf Datenträgern zu übermitteln. [2] Das Nähere regelt die Kassenärztliche Bundesvereinigung. [3] Dies umfasst im Benehmen mit dem Spitzenverband Bund der Krankenkassen, der Deutschen Krankenhausgesellschaft und dem Bundesinstitut für Arzneimittel und Medizinprodukte für die Abrechnung und Vergütung der vertragsärztlichen Leistungen die Vorgabe von verbindlichen Regelungen zur Vergabe und Übermittlung der Schlüssel nach Absatz 1 Satz 6 sowie von Prüfmaßstäben erstmals bis zum 30. Juni 2020 mit Wirkung zum 1. Januar 2022. [4] Die Regelungen und die Prüfmaßstäbe nach Satz 3 sind danach jährlich zu aktualisieren. [5] Die Regelungen und die Prüfmaßstäbe nach Satz 3 gelten auch für Leistungserbringer nach § 27b Absatz 3, den §§ 73b, 76 Absatz 1a, den §§ 116, 116a, 116b Absatz 2, den §§ 117 bis 119, 119c, 120 Absatz 1a, den §§ 121a, 137f und 140a sowie für die Leistungserbringung nach § 115b. [6] Die Regelungen und die Prüfmaßstäbe nach Satz 3 sind auch Gegenstand der durch die Kassenärztliche Bundesvereinigung durchzuführenden Zertifizierung von Software, Softwareteilen und Komponenten, soweit diese außerhalb der vertragsärztlichen Versorgung zur Anwendung kommen sollen; das Zertifizierungsverfahren hat zudem die Einhaltung der ärztlichen Pflicht zur Übermittlung der Vertragsnummer nach Absatz 1b Satz 8 in Verträgen nach den §§ 73b und 140a zu gewährleisten. [7] Die Vorgabe von verbindlichen Regelungen zur Vergabe und Übermittlung der Schlüssel sowie von Prüfmaßstäben nach Satz 3 und die jährliche Aktualisierung nach Satz 4 sind im Einvernehmen mit der Deutschen Krankenhausgesellschaft zu beschließen, sofern Schlüssel nach Absatz 1 Satz 6 wesentlich von Leistungserbringern nach Satz 5, mit Ausnahme von Leistungserbringern nach den §§ 73b und 140a, vergeben werden.

§ 295a Abrechnung der im Rahmen von Verträgen nach § 73b, § 132e, § 132f und § 140a sowie vom Krankenhaus im Notfall erbrachten Leistungen. (1) [1] Für die Abrechnung der im Rahmen von Verträgen nach den §§ 73b, 132e, 132f und 140a erbrachten Leistungen sind die an diesen Versorgungsformen teilnehmenden Leistungserbringer befugt, die nach den Vorschriften dieses Kapitels erforderlichen Angaben an den Vertragspartner auf Leistungserbringerseite als Verantwortlichen oder an eine nach Absatz 2 beauftragte andere Stelle zu übermitteln; für den Vertragspartner auf Leistungserbringerseite gilt § 35 des Ersten Buches[1)] entsprechend. [2] Voraussetzung ist, dass der Versicherte vor Abgabe der Teilnahmeerklärung an der Versorgungsform umfassend über die vorgesehene Datenübermittlung informiert worden ist und mit der Einwilligung in die Teilnahme zugleich in die damit verbundene Datenübermittlung schriftlich oder elektronisch eingewilligt hat. [3] Der Ver-

[1)] Nr. **1**.

tragspartner auf Leistungserbringerseite oder die beauftragte andere Stelle dürfen die übermittelten Daten nur zu Abrechnungszwecken verarbeiten; sie übermitteln die Daten im Wege elektronischer Datenübertragung oder maschinell verwertbar auf Datenträgern an den jeweiligen Vertragspartner auf Krankenkassenseite.

(2) [1] Der Vertragspartner auf Leistungserbringerseite darf eine andere Stelle mit der Verarbeitung der für die Abrechnung der in Absatz 1 genannten Leistungen erforderlichen personenbezogenen Daten beauftragen; die Vorschriften des Fünften Abschnitts bleiben unberührt. [2] § 80 des Zehnten Buches[1)] ist anzuwenden mit der weiteren Maßgabe, dass Unterauftragsverhältnisse ausgeschlossen sind. [3] Für Auftraggeber und Auftragsverarbeiter, die nicht zu den in § 35 des Ersten Buches genannten Stellen gehören, gilt diese Vorschrift entsprechend; sie haben insbesondere die technischen und organisatorischen Maßnahmen nach den Artikeln 24, 25 und 32 der Verordnung (EU) 2016/679 zu treffen.

(3) [1] Für die Abrechnung von im Notfall erbrachten ambulanten ärztlichen Leistungen darf das Krankenhaus eine andere Stelle mit der Verarbeitung der erforderlichen personenbezogenen Daten beauftragen, sofern der Versicherte schriftlich oder elektronisch in die Datenübermittlung eingewilligt hat; § 334 bleibt unberührt. [2] Der Auftragsverarbeiter darf diese Daten nur zu Abrechnungszwecken verarbeiten. [3] Absatz 2 Satz 2 und 3 gilt entsprechend.

§ 296 Datenübermittlung für Wirtschaftlichkeitsprüfungen. (1) [1] Für die arztbezogenen Prüfungen nach § 106 übermitteln die Kassenärztlichen Vereinigungen im Wege elektronischer Datenübertragung oder maschinell verwertbar auf Datenträgern den Prüfungsstellen nach § 106c aus den Abrechnungsunterlagen der Vertragsärzte für jedes Quartal folgende Daten:

1. Arztnummer, einschließlich von Angaben nach § 293 Abs. 4 Satz 1 Nr. 2, 3, 6, 7 und 9 bis 14 und Angaben zu Schwerpunkt- und Zusatzbezeichnungen sowie zusätzlichen Abrechnungsgenehmigungen,
2. Kassennummer,
3. die abgerechneten Behandlungsfälle sowie deren Anzahl, getrennt nach Mitgliedern und Rentnern sowie deren Angehörigen,
4. die Überweisungsfälle sowie die Notarzt- und Vertreterfälle sowie deren Anzahl, jeweils in der Aufschlüsselung nach Nummer 3,
5. durchschnittliche Anzahl der Fälle der vergleichbaren Fachgruppe in der Gliederung nach den Nummern 3 und 4,
6. Häufigkeit der abgerechneten Gebührenposition unter Angabe des entsprechenden Fachgruppendurchschnitts,
7. in Überweisungsfällen die Arztnummer des überweisenden Arztes.

[2] Soweit es zur Durchführung der in den Vereinbarungen nach § 106b Absatz 1 Satz 1 vorgesehenen Wirtschaftlichkeitsprüfungen erforderlich ist, sind die Daten nach Satz 1 Nummer 3 jeweils unter Angabe der nach § 295 Absatz 1 Satz 2 verschlüsselten Diagnose zu übermitteln.

(2) [1] Für die arztbezogenen Prüfungen nach § 106 übermitteln die Krankenkassen im Wege elektronischer Datenübertragung oder maschinell verwertbar

[1)] Nr. **10**.

auf Datenträgern den Prüfungsstellen nach § 106c über die von allen Vertragsärzten verordneten Leistungen (Arznei-, Verband-, Heil- und Hilfsmittel sowie Krankenhausbehandlungen) für jedes Quartal folgende Daten:

1. Arztnummer des verordnenden Arztes,
2. Kassennummer,
3. Art, Menge und Kosten verordneter Arznei-, Verband-, Heil- und Hilfsmittel, getrennt nach Mitgliedern und Rentnern sowie deren Angehörigen, oder bei Arzneimitteln einschließlich des Kennzeichens nach § 300 Abs. 3 Nr. 1,
4. Häufigkeit von Krankenhauseinweisungen sowie Dauer der Krankenhausbehandlung.

[2] Soweit es zur Durchführung der in den Vereinbarungen nach § 106b Absatz 1 Satz 1 vorgesehenen Wirtschaftlichkeitsprüfungen erforderlich ist, sind der Prüfungsstelle auf Anforderung auch die Versichertennummern arztbezogen zu übermitteln.

(3) [1] Die Kassenärztliche Bundesvereinigung und der Spitzenverband Bund der Krankenkassen bestimmen im Vertrag nach § 295 Abs. 3 Nr. 5 Näheres über die nach Absatz 2 Nr. 3 anzugebenden Arten und Gruppen von Arznei-, Verband- und Heilmitteln. [2] Sie können auch vereinbaren, dass jedes einzelne Mittel oder dessen Kennzeichen angegeben wird. [3] Zu vereinbaren ist ferner Näheres zu den Fristen der Datenübermittlungen nach den Absätzen 1 und 2 sowie zu den Folgen der Nichteinhaltung dieser Fristen.

(4) Soweit es zur Durchführung der in den Vereinbarungen nach § 106b Absatz 1 Satz 1 vorgesehenen Wirtschaftlichkeitsprüfungen erforderlich ist, sind die an der vertragsärztlichen Versorgung teilnehmenden Ärzte und Einrichtungen verpflichtet und befugt, auf Verlangen der Prüfungsstelle nach § 106c die für die Prüfung erforderlichen Befunde vorzulegen.

§ 297 Weitere Regelungen zur Datenübermittlung für Wirtschaftlichkeitsprüfungen. (1) Die Kassenärztlichen Vereinigungen übermitteln im Wege der elektronischen Datenübertragung oder maschinell verwertbar auf Datenträgern den Prüfungsstellen nach § 106c aus den Abrechnungsunterlagen der in die Prüfung einbezogenen Vertragsärzte folgende Daten:

1. Arztnummer,
2. Kassennummer,
3. Krankenversichertennummer,
4. abgerechnete Gebührenpositionen je Behandlungsfall einschließlich des Tages der Behandlung, bei ärztlicher Behandlung mit der nach dem in § 295 Abs. 1 Satz 2 genannten Schlüssel verschlüsselten Diagnose, bei zahnärztlicher Behandlung mit Zahnbezug und Befunden, bei Überweisungen mit dem Auftrag des überweisenden Arztes.

(2) [1] Soweit es zur Durchführung der in den Vereinbarungen nach § 106b Absatz 1 Satz 1 vorgesehenen Wirtschaftlichkeitsprüfungen erforderlich ist, übermitteln die Krankenkassen im Wege der elektronischen Datenübertragung oder maschinell verwertbar auf Datenträgern den Prüfungsstellen nach § 106c die Daten über die von den in die Prüfung einbezogenen Vertragsärzten verordneten Leistungen unter Angabe der Arztnummer, der Kassennummer und der Krankenversichertennummer. [2] Die Daten über die verordneten Arznei-

mittel enthalten zusätzlich jeweils das Kennzeichen nach § 300 Absatz 3 Satz 1. [3]Die Daten über die Verordnungen von Krankenhausbehandlungen enthalten zusätzlich jeweils die gemäß § 301 übermittelten Angaben über den Tag und den Grund der Aufnahme, die Einweisungsdiagnose, die Aufnahmediagnose, die Art der durchgeführten Operationen und sonstigen Prozeduren sowie die Dauer der Krankenhausbehandlung.

§ 298 Übermittlung versichertenbezogener Daten. Im Rahmen eines Prüfverfahrens ist die versichertenbezogene Übermittlung von Angaben über ärztliche oder ärztlich verordnete Leistungen zulässig, soweit die Wirtschaftlichkeit oder Qualität der ärztlichen Behandlungs- oder Verordnungsweise im Einzelfall zu beurteilen ist.

§ 299 Datenverarbeitung für Zwecke der Qualitätssicherung.

(1) [1]Die an der vertragsärztlichen Versorgung teilnehmenden Ärzte, zugelassenen Krankenhäuser und übrigen Leistungserbringer gemäß § 135a Absatz 2 sowie die nach Satz 2 festgelegten Empfänger der Daten sind befugt und verpflichtet, personen- oder einrichtungsbezogene Daten der Versicherten und der Leistungserbringer für Zwecke der Qualitätssicherung nach § 135a Absatz 2, § 135b Absatz 2 oder § 137a Absatz 3 zu verarbeiten, soweit dies erforderlich und in Richtlinien und Beschlüssen des Gemeinsamen Bundesausschusses nach § 27b Absatz 2, § 135b Absatz 2, § 136 Absatz 1 Satz 1, den §§ 136b, 136c Absatz 1 und 2 sowie in Vereinbarungen nach § 137d vorgesehen ist. [2]In den Richtlinien, Beschlüssen und Vereinbarungen nach Satz 1 sind diejenigen Daten, die von den Leistungserbringern zu verarbeiten sind, sowie deren Empfänger festzulegen und die Erforderlichkeit darzulegen. [3]Der Gemeinsame Bundesausschuss hat bei der Festlegung der Daten nach Satz 2 in Abhängigkeit von der jeweiligen Maßnahme der Qualitätssicherung insbesondere diejenigen Daten zu bestimmen, die für die Ermittlung der Qualität von Diagnostik oder Behandlung mit Hilfe geeigneter Qualitätsindikatoren, für die Erfassung möglicher Begleiterkrankungen und Komplikationen, für die Feststellung der Sterblichkeit sowie für eine geeignete Validierung oder Risikoadjustierung bei der Auswertung der Daten medizinisch oder methodisch notwendig sind. [4]Die Richtlinien und Beschlüsse sowie Vereinbarungen nach Satz 1 haben darüber hinaus sicherzustellen, dass

1. in der Regel die Datenerhebung auf eine Stichprobe der betroffenen Patienten begrenzt wird und die versichertenbezogenen Daten pseudonymisiert werden,
2. die Auswertung der Daten, soweit sie nicht im Rahmen der Qualitätsprüfungen durch die Kassenärztlichen Vereinigungen erfolgt, von einer unabhängigen Stelle vorgenommen wird und
3. eine qualifizierte Information der betroffenen Patienten in geeigneter Weise stattfindet.

[5]Abweichend von Satz 4 Nummer 1 können die Richtlinien, Beschlüsse und Vereinbarungen

1. auch eine Vollerhebung der Daten aller betroffenen Patienten vorsehen, sofern dies aus gewichtigen medizinisch fachlichen oder gewichtigen methodischen Gründen, die als Bestandteil der Richtlinien, Beschlüsse und Vereinbarungen dargelegt werden müssen, erforderlich ist;

2. auch vorsehen, dass von einer Pseudonymisierung der versichertenbezogenen Daten abgesehen werden kann, wenn für die Qualitätssicherung die Überprüfung der ärztlichen Behandlungsdokumentation fachlich oder methodisch erforderlich ist und
   a) die technische Beschaffenheit des die versichertenbezogenen Daten speichernden Datenträgers eine Pseudonymisierung nicht zulässt und die Anfertigung einer Kopie des speichernden Datenträgers, um auf dieser die versichertenbezogenen Daten zu pseudonymisieren, mit für die Qualitätssicherung nicht hinnehmbaren Qualitätsverlusten verbunden wäre oder
   b) die Richtigkeit der Behandlungsdokumentation Gegenstand der Qualitätsprüfung nach § 135b Absatz 2 ist;

   die Gründe sind in den Richtlinien, Beschlüssen und Vereinbarungen darzulegen.

[6] Auch Auswahl, Umfang und Verfahren der Stichprobe sind in den Richtlinien und Beschlüssen sowie den Vereinbarungen nach Satz 1 festzulegen und von den an der vertragsärztlichen Versorgung teilnehmenden Ärzten und den übrigen Leistungserbringern zu erheben und zu übermitteln. [7] Es ist auszuschließen, dass die Krankenkassen, Kassenärztlichen Vereinigungen oder deren jeweilige Verbände Kenntnis von Daten erlangen, die über den Umfang der ihnen nach den §§ 295, 300, 301, 301a und 302 zu übermittelnden Daten hinausgeht; dies gilt nicht für die Kassenärztlichen Vereinigungen in Bezug auf die für die Durchführung der Qualitätsprüfung nach § 135b Absatz 2 sowie die für die Durchführung der Aufgaben einer Datenannahmestelle oder für Einrichtungsbefragungen zur Qualitätssicherung aus Richtlinien nach § 136 Absatz 1 Satz 1 erforderlichen Daten. [8] Eine über die in den Richtlinien nach § 136 Absatz 1 Satz 1 festgelegten Zwecke hinausgehende Verarbeitung dieser Daten, insbesondere eine Zusammenführung mit anderen Daten, ist unzulässig. [9] Aufgaben zur Qualitätssicherung sind von den Kassenärztlichen Vereinigungen räumlich und personell getrennt von ihren anderen Aufgaben wahrzunehmen. [10] Abweichend von Satz 4 Nummer 1 zweiter Halbsatz können die Richtlinien und Beschlüsse des Gemeinsamen Bundesausschusses nach § 135b Absatz 2, § 136 Absatz 1 Satz 1 und § 136b und die Vereinbarungen nach § 137d vorsehen, dass den Leistungserbringern nach Satz 1 die Daten der von ihnen behandelten Versicherten versichertenbezogen für Zwecke der Qualitätssicherung im erforderlichen Umfang übermittelt werden. [11] Die Leistungserbringer dürfen diese versichertenbezogenen Daten mit den Daten, die bei ihnen zu den Versicherten bereits vorliegen, zusammenführen und für die in den Richtlinien, Beschlüssen oder Vereinbarungen nach Satz 1 festgelegten Zwecke verarbeiten.

(1a) [1] Die Krankenkassen sind befugt und verpflichtet, nach § 284 Absatz 1 erhobene und gespeicherte Sozialdaten für Zwecke der Qualitätssicherung nach § 135a Absatz 2, § 135b Absatz 2 oder § 137a Absatz 3 zu verarbeiten, soweit dies erforderlich und in Richtlinien und Beschlüssen des Gemeinsamen Bundesausschusses nach § 27b Absatz 2, § 135b Absatz 2, § 136 Absatz 1 Satz 1, den §§ 136b, 136c Absatz 1 und 2, § 137 Absatz 3 und § 137b Absatz 1 sowie in Vereinbarungen nach § 137d vorgesehen ist. [2] In den Richtlinien, Beschlüssen und Vereinbarungen nach Satz 1 sind diejenigen Daten, die von den Krankenkassen für Zwecke der Qualitätssicherung zu verarbeiten sind, sowie deren Empfänger festzulegen und die Erforderlichkeit darzulegen. [3] Absatz 1 Satz 3 bis 7 gilt entsprechend.

(2) [1] Das Verfahren zur Pseudonymisierung der Daten wird durch die an der vertragsärztlichen Versorgung teilnehmenden Ärzte und übrigen Leistungserbringer gemäß § 135a Absatz 2 angewendet. [2] Es ist in den Richtlinien und Beschlüssen sowie den Vereinbarungen nach Absatz 1 Satz 1 unter Berücksichtigung der Empfehlungen des Bundesamtes für Sicherheit in der Informationstechnik festzulegen. [3] Das Verfahren zur Pseudonymisierung der Daten kann in den Richtlinien, Beschlüssen und Vereinbarungen auch auf eine von den Krankenkassen, Kassenärztlichen Vereinigungen oder deren jeweiligen Verbänden räumlich, organisatorisch und personell getrennte Stelle übertragen werden, wenn das Verfahren für die in Satz 1 genannten Leistungserbringer einen unverhältnismäßig hohen Aufwand bedeuten würde; für Verfahren zur Qualitätsprüfung nach § 135b Absatz 2 kann dies auch eine gesonderte Stelle bei den Kassenärztlichen Vereinigungen sein. [4] Die Gründe für die Übertragung sind in den Richtlinien, Beschlüssen und Vereinbarungen darzulegen. [5] Bei einer Vollerhebung nach Absatz 1 Satz 5 hat die Pseudonymisierung durch eine von den Krankenkassen, Kassenärztlichen Vereinigungen oder deren jeweiligen Verbänden räumlich organisatorisch und personell getrennten Vertrauensstelle zu erfolgen.

(2a) [1] Enthalten die für Zwecke des Absatz 1 Satz 1 verarbeiteten Daten noch keine den Anforderungen des § 290 Absatz 1 Satz 2 entsprechende Krankenversichertennummer und ist in Richtlinien des Gemeinsamen Bundesausschusses vorgesehen, dass die Pseudonymisierung auf der Grundlage der Krankenversichertennummer nach § 290 Absatz 1 Satz 2 erfolgen soll, kann der Gemeinsame Bundesausschuss in den Richtlinien ein Übergangsverfahren regeln, das einen Abgleich der für einen Versicherten vorhandenen Krankenversichertennummern ermöglicht. [2] In diesem Fall hat er in den Richtlinien eine von den Krankenkassen und ihren Verbänden räumlich, organisatorisch und personell getrennte eigenständige Vertrauensstelle zu bestimmen, die dem Sozialgeheimnis nach § 35 Absatz 1 des Ersten Buches[1)] unterliegt, an die die Krankenkassen für die in das Qualitätssicherungsverfahren einbezogenen Versicherten die vorhandenen Krankenversichertennummern übermitteln. [3] Weitere Daten dürfen nicht übermittelt werden. [4] Der Gemeinsame Bundesausschuss hat in den Richtlinien die Dauer der Übergangsregelung und den Zeitpunkt der Löschung der Daten bei der Stelle nach Satz 2 festzulegen.

(3) [1] Zur Auswertung der für Zwecke der Qualitätssicherung nach § 135a Abs. 2 erhobenen Daten bestimmen in den Fällen des § 136 Absatz 1 Satz 1 und § 136b der Gemeinsame Bundesausschuss und im Falle des § 137d die Vereinbarungspartner eine unabhängige Stelle. [2] Diese darf Auswertungen nur für Qualitätssicherungsverfahren mit zuvor in den Richtlinien, Beschlüssen oder Vereinbarungen festgelegten Auswertungszielen durchführen. [3] Daten, die für Zwecke der Qualitätssicherung nach § 135a Abs. 2 für ein Qualitätssicherungsverfahren verarbeitet werden, dürfen nicht mit für andere Zwecke als die Qualitätssicherung erhobenen Datenbeständen zusammengeführt und ausgewertet werden. [4] Für die unabhängige Stelle gilt § 35 Absatz 1 des Ersten Buches entsprechend.

(4) [1] Der Gemeinsame Bundesausschuss kann zur Durchführung von Patientenbefragungen für Zwecke der Qualitätssicherung in den Richtlinien und Beschlüssen nach den §§ 136 bis 136b eine zentrale Stelle (Versendestelle)

[1)] Nr. 1.

bestimmen, die die Auswahl der zu befragenden Versicherten und die Versendung der Fragebögen übernimmt. [2] In diesem Fall regelt er in den Richtlinien oder Beschlüssen die Einzelheiten des Verfahrens; insbesondere legt er die Auswahlkriterien fest und bestimmt, wer welche Daten an die Versendestelle zu übermitteln hat. [3] Dabei kann er auch die Übermittlung nicht pseudonymisierter personenbezogener Daten der Versicherten und nicht pseudonymisierter personen- oder einrichtungsbezogener Daten der Leistungserbringer vorsehen, soweit dies für die Auswahl der Versicherten oder die Versendung der Fragebögen erforderlich ist. [4] Der Rücklauf der ausgefüllten Fragebögen darf nicht über die Versendestelle erfolgen. [5] Die Versendestelle muss von den Krankenkassen und ihren Verbänden, den Kassenärztlichen Vereinigungen und ihren Verbänden, der Vertrauensstelle nach Absatz 2 Satz 5, dem Institut nach § 137a und sonstigen nach Absatz 1 Satz 2 festgelegten Datenempfängern räumlich, organisatorisch und personell getrennt sein und darf über die Daten nach Satz 2 hinaus keine Behandlungs-, Leistungs- oder Sozialdaten von Versicherten verarbeiten. [6] Die Versendestelle hat die ihr übermittelten Identifikationsmerkmale der Versicherten in gleicher Weise geheim zu halten wie derjenige, von dem sie sie erhalten hat; sie darf diese Daten anderen Personen oder Stellen nicht zugänglich machen. [7] Die an der vertragsärztlichen Versorgung teilnehmenden Ärzte, zugelassenen Krankenhäuser und übrigen Leistungserbringer gemäß § 135a Absatz 2 sowie die Krankenkassen sind befugt und verpflichtet, die vom Gemeinsamen Bundesausschuss nach Satz 2 festgelegten Daten an die Stelle nach Satz 1 zu übermitteln. [8] Die Daten nach Satz 7 sind von der Versendestelle spätestens sechs Monate nach Versendung der Fragebögen zu löschen.

(5) Der Gemeinsame Bundesausschuss ist befugt und berechtigt, abweichend von Absatz 3 Satz 3 transplantationsmedizinische Qualitätssicherungsdaten, die aufgrund der Richtlinien nach § 136 Absatz 1 Satz 1 Nummer 1 erhoben werden, nach § 15e des Transplantationsgesetzes an die Transplantationsregisterstelle zu übermitteln sowie von der Transplantationsregisterstelle nach § 15f des Transplantationsgesetzes übermittelte Daten für die Weiterentwicklung von Richtlinien und Beschlüssen zur Qualitätssicherung transplantationsmedizinischer Leistungen nach den §§ 136 bis 136c zu verarbeiten.

(6) Der Gemeinsame Bundesausschuss ist befugt und berechtigt, abweichend von Absatz 3 Satz 3 die Daten, die ihm von der Registerstelle des Implantateregisters Deutschland nach § 29 Absatz 1 Nummer 4 des Implantateregistergesetzes übermittelt werden, für die Umsetzung und Weiterentwicklung von Richtlinien und Beschlüssen zur Qualitätssicherung implantationsmedizinischer Leistungen nach den §§ 136 bis 136c zu verarbeiten.

§ 300 Abrechnung der Apotheken und weiterer Stellen. (1) [1] Die Apotheken und weitere Anbieter von Arzneimitteln sind verpflichtet, unabhängig von der Höhe der Zuzahlung (oder dem Eigenanteil),

1. bei Abgabe von Fertigarzneimitteln für Versicherte das nach Absatz 3 Nr. 1 zu verwendende Kennzeichen maschinenlesbar auf das für die vertragsärztliche Versorgung verbindliche Verordnungsblatt oder in den elektronischen Verordnungsdatensatz zu übertragen,
2. die Verordnungsblätter oder die elektronischen Verordnungsdatensätze an die Krankenkassen weiterzuleiten und diesen die nach Maßgabe der nach Ab-

satz 3 Nr. 2 getroffenen Vereinbarungen erforderlichen Abrechnungsdaten zu übermitteln.

[2] Satz 1 gilt auch für Apotheken und weitere Anbieter, die sonstige Leistungen nach § 31 sowie Impfstoffe nach § 20i Absatz 1 und 2 abrechnen, im Rahmen der jeweils vereinbarten Abrechnungsverfahren.

(2) [1] Die Apotheken und weitere Anbieter von Leistungen nach § 31 können zur Erfüllung ihrer Verpflichtungen nach Absatz 1 Rechenzentren in Anspruch nehmen. [2] Die Rechenzentren dürfen die ihnen hierzu übermittelten Daten für im Sozialgesetzbuch bestimmte Zwecke und nur in einer auf diese Zwecke ausgerichteten Weise verarbeiten, soweit sie dazu von einer berechtigten Stelle beauftragt worden sind; anonymisierte Daten dürfen auch für andere Zwecke verarbeitet werden. [3] Die Rechenzentren übermitteln die Daten nach Absatz 1 auf Anforderung den Kassenärztlichen Vereinigungen, soweit diese Daten zur Erfüllung ihrer Aufgaben nach § 73 Abs. 8, den §§ 84 und 305a erforderlich sind, sowie dem Bundesministerium für Gesundheit oder einer von ihm benannten Stelle im Wege elektronischer Datenübertragung oder maschinell verwertbar auf Datenträgern. [4] Dem Bundesministerium für Gesundheit oder der von ihm benannten Stelle sind die Daten nicht arzt- und nicht versichertenbezogen zu übermitteln. [5] Vor der Verarbeitung der Daten durch die Kassenärztlichen Vereinigungen ist der Versichertenbezug durch eine von der jeweiligen Kassenärztlichen Vereinigung räumlich, organisatorisch und personell getrennten Stelle zu pseudonymisieren. [6] Für die Datenübermittlung an die Kassenärztlichen Vereinigungen erhalten die Rechenzentren einen dem Arbeitsaufwand entsprechenden Aufwandsersatz. [7] Der Arbeitsaufwand für die Datenübermittlung ist auf Nachfrage der Kassenärztlichen Vereinigungen diesen in geeigneter Form nachzuweisen.

(3) [1] Der Spitzenverband Bund der Krankenkassen und die für die Wahrnehmung der wirtschaftlichen Interessen gebildete maßgebliche Spitzenorganisation der Apotheker regeln in einer Arzneimittelabrechnungsvereinbarung das Nähere insbesondere über

1. die Verwendung eines bundeseinheitlichen Kennzeichens für das verordnete Fertigarzneimittel als Schlüssel zu Handelsname, Hersteller, Darreichungsform, Wirkstoffstärke und Packungsgröße des Arzneimittels,
2. die Einzelheiten der Übertragung des Kennzeichens und der Abrechnung, die Voraussetzungen und Einzelheiten der Übermittlung der Abrechnungsdaten im Wege elektronischer Datenübertragung oder maschinell verwertbar auf Datenträgern sowie die Weiterleitung der Verordnungsblätter an die Krankenkassen, spätestens zum 1. Januar 2006 auch die Übermittlung des elektronischen Verordnungsdatensatzes,
3. die Übermittlung des Apothekenverzeichnisses nach § 293 Abs. 5,
4. die Verwendung von Verordnungen in elektronischer Form für die Arzneimittelabrechnung bis zum 31. März 2020,
5. die Verwendung eines gesonderten bundeseinheitlichen Kennzeichens für Arzneimittel, die auf Grund einer Ersatzverordnung im Fall des § 31 Absatz 3 Satz 7 an Versicherte abgegeben werden.

[2] Bei der nach Absatz 1 Satz 1 Nummer 2 genannten Datenübermittlung sind das bundeseinheitliche Kennzeichen der Fertigarzneimittel in parenteralen Zubereitungen sowie die enthaltenen Mengeneinheiten von Fertigarzneimitteln

zu übermitteln. [3]Satz 2 gilt auch für Fertigarzneimittel, aus denen wirtschaftliche Einzelmengen nach § 129 Absatz 1 Satz 1 Nummer 3 abgegeben werden. [4]Für Fertigarzneimittel in parenteralen Zubereitungen sind zusätzlich die mit dem pharmazeutischen Unternehmer vereinbarten Preise ohne Mehrwertsteuer zu übermitteln. [5]Besteht eine parenterale Zubereitung aus mehr als drei Fertigarzneimitteln, können die Vertragsparteien nach Satz 1 vereinbaren, Angaben für Fertigarzneimittel von der Übermittlung nach den Sätzen 1 und 2 auszunehmen, wenn eine Übermittlung unverhältnismäßig aufwändig wäre.

(4) Kommt eine Vereinbarung nach Absatz 3 nicht oder nicht innerhalb einer vom Bundesministerium für Gesundheit gesetzten Frist zustande, wird ihr Inhalt durch die Schiedsstelle nach § 129 Abs. 8 festgesetzt.

§ 301 Krankenhäuser. (1) [1]Die nach § 108 zugelassenen Krankenhäuser oder ihre Krankenhausträger sind verpflichtet, den Krankenkassen bei Krankenhausbehandlung folgende Angaben im Wege elektronischer Datenübertragung oder maschinell verwertbar auf Datenträgern zu übermitteln:

1. die Angaben nach § 291a Absatz 2 Nummer 1 bis 10 sowie das krankenhausinterne Kennzeichen des Versicherten,
2. das Institutionskennzeichen der Krankenkasse und des Krankenhauses sowie ab dem 1. Januar 2020 dessen Kennzeichen nach § 293 Absatz 6,
3. den Tag, die Uhrzeit und den Grund der Aufnahme sowie die Einweisungsdiagnose, die Aufnahmediagnose, bei einer Änderung der Aufnahmediagnose die nachfolgenden Diagnosen, die voraussichtliche Dauer der Krankenhausbehandlung sowie, falls diese überschritten wird, auf Verlangen der Krankenkasse die medizinische Begründung, bei Kleinkindern bis zu einem Jahr das Aufnahmegewicht,
4. bei ärztlicher Verordnung von Krankenhausbehandlung die Arztnummer des einweisenden Arztes, bei Verlegung das Institutionskennzeichen des veranlassenden Krankenhauses, bei Notfallaufnahme die die Aufnahme veranlassende Stelle,
5. die Bezeichnung der aufnehmenden Fachabteilung, bei Verlegung die der weiterbehandelnden Fachabteilungen,
6. Datum und Art der im oder vom jeweiligen Krankenhaus durchgeführten Operationen und sonstigen Prozeduren,
7. den Tag, die Uhrzeit und den Grund der Entlassung oder der Verlegung, bei externer Verlegung das Institutionskennzeichen der aufnehmenden Institution, bei Entlassung oder Verlegung die für die Krankenhausbehandlung maßgebliche Hauptdiagnose und die Nebendiagnosen,
8. Aussagen zur Arbeitsfähigkeit und Vorschläge zur erforderlichen weiteren Behandlung für Zwecke des Entlassmanagements nach § 39 Absatz 1a mit Angabe geeigneter Einrichtungen und bei der Verlegung von Versicherten, die beatmet werden, die Angabe der aufnehmenden Einrichtung sowie bei der Entlassung von Versicherten, die beatmet werden, die Angabe, ob eine weitere Beatmung geplant ist,
9. die nach den §§ 115a und 115b sowie nach dem Krankenhausentgeltgesetz und der Bundespflegesatzverordnung berechneten Entgelte,
10. den Nachweis über die Erfüllung der Meldepflicht nach § 36 des Implantateregistergesetzes.

[2]Die Übermittlung der medizinischen Begründung von Verlängerungen der Verweildauer nach Satz 1 Nr. 3 sowie der Angaben nach Satz 1 Nr. 8 ist auch in nicht maschinenlesbarer Form zulässig.

(2) [1]Die Diagnosen nach Absatz 1 Satz 1 Nr. 3 und 7 sind nach der Internationalen Klassifikation der Krankheiten in der jeweiligen vom Bundesinstitut für Arzneimittel und Medizinprodukte im Auftrag des Bundesministeriums für Gesundheit herausgegebenen deutschen Fassung zu verschlüsseln. [2]Die Operationen und sonstigen Prozeduren nach Absatz 1 Satz 1 Nr. 6 sind nach dem vom Bundesinstitut für Arzneimittel und Medizinprodukte im Auftrag des Bundesministeriums für Gesundheit herausgegebenen Schlüssel zu verschlüsseln; der Schlüssel hat die sonstigen Prozeduren zu umfassen, die nach § 17b und § 17d des Krankenhausfinanzierungsgesetzes abgerechnet werden können. [3]In dem Operationen- und Prozedurenschlüssel nach Satz 2 können durch das Bundesinstitut für Arzneimittel und Medizinprodukte auch Voraussetzungen für die Abrechnung der Operationen und sonstigen Prozeduren festgelegt werden. [4]Das Bundesministerium für Gesundheit gibt den Zeitpunkt der Inkraftsetzung der jeweiligen Fassung des Diagnosenschlüssels nach Satz 1 sowie des Prozedurenschlüssels nach Satz 2 im Bundesanzeiger bekannt; es kann das Bundesinstitut für Arzneimittel und Medizinprodukte beauftragen, den in Satz 1 genannten Schlüssel um Zusatzkennzeichen zur Gewährleistung der für die Erfüllung der Aufgaben der Krankenkassen notwendigen Aussagefähigkeit des Schlüssels zu ergänzen. [5]Von dem in Satz 4 genannten Zeitpunkt an sind der Diagnoseschlüssel nach Satz 1 sowie der Operationen- und Prozedurenschlüssel nach Satz 2 verbindlich und für die Abrechnung der erbrachten Leistungen zu verwenden. [6]Das Bundesinstitut für Arzneimittel und Medizinprodukte kann bei Auslegungsfragen zu den Diagnosenschlüsseln nach Satz 1 und den Prozedurenschlüsseln nach Satz 2 Klarstellungen und Änderungen mit Wirkung auch für die Vergangenheit vornehmen, soweit diese nicht zu erweiterten Anforderungen an die Verschlüsselung erbrachter Leistungen führen. [7]Für das Verfahren der Festlegung des Diagnoseschlüssels nach Satz 1 sowie des Operationen- und Prozedurenschlüssels nach Satz 2 gibt sich das Bundesinstitut für Arzneimittel und Medizinprodukte eine Verfahrensordnung, die der Genehmigung des Bundesministeriums für Gesundheit bedarf und die auf der Internetseite des Bundesinstituts für Arzneimittel und Medizinprodukte zu veröffentlichen ist.

(2a) [1]Die Krankenkassen haben den nach § 108 zugelassenen Krankenhäusern einen bestehenden Pflegegrad gemäß § 15 des Elften Buches[1)] eines Patienten oder einer Patientin unverzüglich zu übermitteln, sobald ihnen das Krankenhaus anzeigt, dass es den Patienten oder die Patientin zur Behandlung aufgenommen hat. [2]Während des Krankenhausaufenthaltes eines Patienten oder einer Patientin haben die Krankenkassen dem Krankenhaus Änderungen eines bestehenden Pflegegrades des Patienten oder der Patientin sowie beantragte Einstufungen in einen Pflegegrad durch einen Patienten oder eine Patientin zu übermitteln. [3]Die Übermittlung nach den Sätzen 1 und 2 hat im Wege elektronischer Datenübertragung zu erfolgen.

(3) Das Nähere über Form und Inhalt der erforderlichen Vordrucke, die Zeitabstände für die Übermittlung der Angaben nach Absatz 1 und das Verfahren der Abrechnung im Wege elektronischer Datenübertragung oder ma-

---

[1)] Nr. **11**.

schinell verwertbar auf Datenträgern sowie das Nähere zum Verfahren und zu den Zeitabständen der Übermittlung im Wege elektronischer Datenübertragungen nach Absatz 2a vereinbart der Spitzenverband Bund der Krankenkassen mit der Deutschen Krankenhausgesellschaft oder den Bundesverbänden der Krankenhausträger gemeinsam.

(4) [1] Vorsorge- oder Rehabilitationseinrichtungen, für die ein Versorgungsvertrag nach § 111 oder § 111c besteht, sind verpflichtet, den Krankenkassen bei stationärer oder ambulanter Behandlung folgende Angaben im Wege elektronischer Datenübertragung oder maschinell verwertbar auf Datenträgern zu übermitteln:

1. die Angaben nach § 291a Absatz 2 Nummer 1 bis 10 sowie das interne Kennzeichen der Einrichtung für den Versicherten,
2. das Institutionskennzeichen der Vorsorge- oder Rehabilitationseinrichtung und der Krankenkasse,
3. den Tag der Aufnahme, die Einweisungsdiagnose, die Aufnahmediagnose, die voraussichtliche Dauer der Behandlung sowie, falls diese überschritten wird, auf Verlangen der Krankenkasse die medizinische Begründung,
4. bei ärztlicher Verordnung von Vorsorge- oder Rehabilitationsmaßnahmen die Arztnummer des einweisenden Arztes,
5. den Tag, die Uhrzeit und den Grund der Entlassung oder der externen Verlegung sowie die Entlassungs- oder Verlegungsdiagnose; bei externer Verlegung das Institutionskennzeichen der aufnehmenden Institution,
6. Angaben über die durchgeführten Vorsorge- und Rehabilitationsmaßnahmen sowie Vorschläge für die Art der weiteren Behandlung mit Angabe geeigneter Einrichtungen,
7. die berechneten Entgelte.

[2] Die Übermittlung der medizinischen Begründung von Verlängerungen der Verweildauer nach Satz 1 Nr. 3 sowie Angaben nach Satz 1 Nr. 6 ist auch in nicht maschinenlesbarer Form zulässig. [3] Für die Angabe der Diagnosen nach Satz 1 Nr. 3 und 5 gilt Absatz 2 entsprechend. [4] Absatz 3 gilt entsprechend.

(5) [1] Die ermächtigten Krankenhausärzte sind verpflichtet, dem Krankenhausträger im Rahmen des Verfahrens nach § 120 Abs. 1 Satz 3 die für die Abrechnung der vertragsärztlichen Leistungen erforderlichen Unterlagen zu übermitteln; § 295 gilt entsprechend. [2] Der Krankenhausträger hat den Kassenärztlichen Vereinigungen die Abrechnungsunterlagen zum Zweck der Abrechnung vorzulegen.

§ 301a Abrechnung der Hebammen und der von ihnen geleiteten Einrichtungen. (1) [1] Freiberuflich tätige Hebammen und von Hebammen geleitete Einrichtungen sind verpflichtet, den Krankenkassen folgende Angaben im Wege elektronischer Datenübertragung oder maschinell verwertbar auf Datenträgern zu übermitteln:

1. die Angaben nach § 291 Abs. 2 Satz 1 Nr. 1 bis 3, 5 und 6,
2. die erbrachten Leistungen mit dem Tag der Leistungserbringung,
3. die Zeit und die Dauer der erbrachten Leistungen, soweit dies für die Höhe der Vergütung von Bedeutung ist,
4. bei der Abrechnung von Wegegeld Datum, Zeit und Ort der Leistungserbringung sowie die zurückgelegte Entfernung,

5. bei der Abrechnung von Auslagen die Art der Auslage und, soweit Auslagen für Arzneimittel abgerechnet werden, eine Auflistung der einzelnen Arzneimittel,
6. das Kennzeichen nach § 293; rechnet die Hebamme ihre Leistungen über eine zentrale Stelle ab, so ist in der Abrechnung neben dem Kennzeichen der abrechnenden Stelle das Kennzeichen der Hebamme anzugeben.

[2] Ist eine ärztliche Anordnung für die Abrechnung der Leistung vorgeschrieben, ist diese der Rechnung beizufügen. [3] § 134a Absatz 5 gilt entsprechend.

(2) § 302 Abs. 2 Satz 1 bis 3 und Abs. 3 gilt entsprechend.

§ 302 Abrechnung der sonstigen Leistungserbringer. (1) [1] Die Leistungserbringer im Bereich der Heil- und Hilfsmittel sowie der digitalen Gesundheitsanwendungen und die weiteren Leistungserbringer sind verpflichtet, den Krankenkassen im Wege elektronischer Datenübertragung oder maschinell verwertbar auf Datenträgern die von ihnen erbrachten Leistungen nach Art, Menge und Preis zu bezeichnen und den Tag der Leistungserbringung sowie die Arztnummer des verordnenden Arztes, die Verordnung des Arztes mit der Diagnose und den erforderlichen Angaben über den Befund und die Angaben nach § 291a Absatz 2 Nummer 1 bis 10 anzugeben; bei der Abrechnung über die Abgabe von Hilfsmitteln sind dabei die Bezeichnungen des Hilfsmittelverzeichnisses nach § 139 zu verwenden und die Höhe der mit dem Versicherten abgerechneten Mehrkosten nach § 33 Absatz 1 Satz 6 anzugeben. [2] Bei der Abrechnung von Leistungen der häuslichen Krankenpflege nach § 37 sowie der außerklinischen Intensivpflege nach § 37c ist zusätzlich zu den Angaben nach Satz 1 die Zeit der Leistungserbringung und nach § 293 Absatz 8 Satz 11 spätestens ab dem 1. Januar 2023 die Beschäftigtennummer der Person, die die Leistung erbracht hat, anzugeben.

(2) [1] Das Nähere über Form und Inhalt des Abrechnungsverfahrens bestimmt der Spitzenverband Bund der Krankenkassen in Richtlinien, die in den Leistungs- oder Lieferverträgen zu beachten sind. [2] Die Leistungserbringer nach Absatz 1 können zur Erfüllung ihrer Verpflichtungen Rechenzentren in Anspruch nehmen. [3] Die Rechenzentren dürfen die ihnen hierzu übermittelten Daten für im Sozialgesetzbuch bestimmte Zwecke und nur in einer auf diese Zwecke ausgerichteten Weise verarbeiten, soweit sie dazu von einer berechtigten Stelle beauftragt worden sind; anonymisierte Daten dürfen auch für andere Zwecke verarbeitet werden. [4] Die Rechenzentren dürfen die Daten nach Absatz 1 den Kassenärztlichen Vereinigungen übermitteln, soweit diese Daten zur Erfüllung ihrer Aufgaben nach § 73 Absatz 8 und § 84 erforderlich sind. [5] Soweit die Daten nach Absatz 1 für die Aufgabenerfüllung nach § 305a erforderlich sind, haben die Rechenzentren den Kassenärztlichen Vereinigungen diese Daten auf Anforderung im Wege elektronischer Datenübertragung oder maschinell verwertbar auf Datenträgern zu übermitteln. [6] § 300 Absatz 2 Satz 5 bis 7 gilt entsprechend. [7] Im Rahmen der Abrechnung von Leistungen der häuslichen Krankenpflege nach § 37 sowie der außerklinischen Intensivpflege nach § 37c sind vorbehaltlich des Satzes 8 von den Krankenkassen und den Leistungserbringern ab dem 1. März 2021 ausschließlich elektronische Verfahren zur Übermittlung von Abrechnungsunterlagen einschließlich des Leistungsnachweises zu nutzen, wenn der Leistungserbringer

1. an die Telematikinfrastruktur angebunden ist,

2. ein von der Gesellschaft für Telematik nach § 311 Absatz 6 zugelassenes Verfahren zur Übermittlung der Daten nutzt und
3. der Krankenkasse die für die elektronische Abrechnung erforderlichen Angaben übermittelt hat.

[8] Die Verpflichtung nach Satz 7 besteht nach Ablauf von drei Monaten, nachdem der Leistungserbringer die für die elektronische Übermittlung von Abrechnungsunterlagen erforderlichen Angaben an die Krankenkasse übermittelt hat.

(3) Die Richtlinien haben auch die Voraussetzungen und das Verfahren bei Teilnahme an einer Abrechnung im Wege elektronischer Datenübertragung oder maschinell verwertbar auf Datenträgern sowie bis zum 31. Dezember 2020 das Verfahren bei der Verwendung von Verordnungen in elektronischer Form zu regeln.

(4) Soweit der Spitzenverband Bund der Krankenkassen und die für die Wahrnehmung der Interessen der Leistungserbringer maßgeblichen Spitzenorganisationen auf Bundesebene in Rahmenempfehlungen oder in den Verträgen nach § 125 Regelungen zur Abrechnung der Leistungen getroffen haben, die von den Richtlinien nach den Absätzen 2 und 3 abweichen, sind die Rahmenempfehlungen oder die Verträge nach § 125 maßgeblich; dies gilt nicht für Abrechnungen nach Absatz 2 Satz 7 und 8.

(5) [1] Der Spitzenverband Bund der Krankenkassen veröffentlicht erstmals bis zum 30. Juni 2018 und danach jährlich einen nach Produktgruppen differenzierten Bericht über die Entwicklung der Mehrkostenvereinbarungen für Versorgungen mit Hilfsmittelleistungen. [2] Der Bericht informiert ohne Versicherten- oder Einrichtungsbezug insbesondere über die Zahl der abgeschlossenen Mehrkostenvereinbarungen und die durchschnittliche Höhe der mit ihnen verbundenen Aufzahlungen der Versicherten. [3] Der Spitzenverband Bund der Krankenkassen bestimmt zu diesem Zweck die von seinen Mitgliedern zu übermittelnden statistischen Informationen sowie Art und Umfang der Übermittlung.

(6) [1] Sind im Rahmen der Abrechnung nach Absatz 1 Auszahlungen für Lieferungen und Dienstleistungen durch Rechnungen des Leistungserbringers als zahlungsbegründende Unterlage zu belegen, darf die Rechnung des Leistungserbringers durch eine von den Krankenkassen ausgestellte Rechnung (Gutschrift) ersetzt werden, wenn dies zuvor zwischen dem Leistungserbringer und der Krankenkasse vereinbart wurde. [2] Die Krankenkassen sind verpflichtet, dem Leistungserbringer die Gutschrift schriftlich oder elektronisch zur Prüfung zu übermitteln. [3] Widerspricht der Leistungserbringer der von der Krankenkasse übermittelten Gutschrift, verliert diese ihre Wirkung als zahlungsbegründende Unterlage. [4] Das Nähere zu dem Verfahren nach den Sätzen 1 bis 3 einschließlich einer zeitlichen Begrenzung des Widerspruchsrechts der Leistungserbringer regelt der Spitzenverband Bund der Krankenkassen in seinen Richtlinien nach Absatz 2 Satz 1.

§ 303 Ergänzende Regelungen. (1) Die Landesverbände der Krankenkassen und die Verbände der Ersatzkassen können mit den Leistungserbringern oder ihren Verbänden vereinbaren, daß

1. der Umfang der zu übermittelnden Abrechnungsbelege eingeschränkt,

2. bei der Abrechnung von Leistungen von einzelnen Angaben ganz oder teilweise abgesehen

wird, wenn dadurch eine ordnungsgemäße Abrechnung und die Erfüllung der gesetzlichen Aufgaben der Krankenkassen nicht gefährdet werden.

(2) [1] Die Krankenkassen können zur Vorbereitung und Kontrolle der Umsetzung der Vereinbarungen nach § 84, zur Vorbereitung der Prüfungen nach § 112 Absatz 2 Satz 1 Nummer 2 und § 113 sowie zur Vorbereitung der Unterrichtung der Versicherten nach § 305 Arbeitsgemeinschaften nach § 219 mit der Verarbeitung mit Ausnahme des Erhebens von dafür erforderlichen Daten beauftragen. [2] Die den Arbeitsgemeinschaften übermittelten versichertenbezogenen Daten sind vor der Übermittlung zu anonymisieren. [3] Die Identifikation des Versicherten durch die Krankenkasse ist dabei zu ermöglichen; sie ist zulässig, soweit sie für die in Satz 1 genannten Zwecke erforderlich ist. [4] § 286 gilt entsprechend.

(3) [1] Werden die den Krankenkassen nach § 291a Absatz 2 Nummer 1 bis 10, § 295 Abs. 1 und 2, § 300 Abs. 1, § 301 Absatz 1 und 4, §§ 301a und 302 Abs. 1 zu übermittelnden Daten nicht im Wege elektronischer Datenübertragung oder maschinell verwertbar auf Datenträgern übermittelt, haben die Krankenkassen die Daten nachzuerfassen. [2] Erfolgt die nicht maschinell verwertbare Datenübermittlung aus Gründen, die der Leistungserbringer zu vertreten hat, haben die Krankenkassen die mit der Nacherfassung verbundenen Kosten den betroffenen Leistungserbringern durch eine pauschale Rechnungskürzung in Höhe von bis zu 5 vom Hundert des Rechnungsbetrages in Rechnung zu stellen. [3] Für die Angabe der Diagnosen nach § 295 Abs. 1 gilt Satz 1 ab dem Zeitpunkt der Inkraftsetzung der überarbeiteten Zehnten Fassung des Schlüssels gemäß § 295 Abs. 1 Satz 3.

(4) [1] Sofern Datenübermittlungen zu Diagnosen nach den §§ 295 und 295a fehlerhaft oder unvollständig sind, ist eine erneute Übermittlung in korrigierter oder ergänzter Form nur im Falle technischer Übermittlungs- oder formaler Datenfehler zulässig. [2] Eine nachträgliche Änderung oder Ergänzung von Diagnosedaten insbesondere auch auf Grund von Prüfungen gemäß den §§ 106 bis 106c, Unterrichtungen nach § 106d Absatz 3 Satz 2 und Anträgen nach § 106d Absatz 4 ist unzulässig. [3] Das Nähere regeln die Vertragspartner nach § 82 Absatz 1 Satz 1.

Zweiter Titel. Datentransparenz

§ 303a Wahrnehmung der Aufgaben der Datentransparenz; Verordnungsermächtigung. (1) [1] Die Aufgaben der Datentransparenz werden von öffentlichen Stellen des Bundes als Vertrauensstelle nach § 303c und als Forschungsdatenzentrum nach § 303d sowie vom Spitzenverband Bund der Krankenkassen als Datensammelstelle wahrgenommen. [2] Das Bundesministerium für Gesundheit bestimmt im Benehmen mit dem Bundesministerium für Bildung und Forschung durch Rechtsverordnung ohne Zustimmung des Bundesrates zur Wahrnehmung der Aufgaben der Datentransparenz eine öffentliche Stelle des Bundes als Vertrauensstelle nach § 303c und eine öffentliche Stelle des Bundes als Forschungsdatenzentrum nach § 303d.

(2) [1] Die Vertrauensstelle und das Forschungsdatenzentrum sind räumlich, organisatorisch und personell eigenständig zu führen. [2] Sie unterliegen dem

Sozialgeheimnis nach § 35 des Ersten Buches[1)] und unterstehen der Rechtsaufsicht des Bundesministeriums für Gesundheit.

(3) Die Kosten, die den öffentlichen Stellen nach Absatz 1 durch die Wahrnehmung der Aufgaben der Datentransparenz entstehen, tragen die Krankenkassen nach der Zahl ihrer Mitglieder.

(4) In der Rechtsverordnung nach Absatz 1 Satz 2 ist auch das Nähere zu regeln

1. zu spezifischen Festlegungen zu Art und Umfang der nach § 303b Absatz 1 Satz 1 zu übermittelnden Daten und zu den Fristen der Datenübermittlung nach § 303b Absatz 1 Satz 1,
2. zur Datenverarbeitung durch den Spitzenverband Bund der Krankenkassen nach § 303b Absatz 2 und 3 Satz 1 und 2,
3. zum Verfahren der Pseudonymisierung der Versichertendaten nach § 303c Absatz 1 und 2 und zum Verfahren der Übermittlung der Pseudonyme an das Forschungsdatenzentrum nach § 303c Absatz 3 durch die Vertrauensstelle,
4. zur Wahrnehmung der Aufgaben nach § 303d Absatz 1 und § 303e einschließlich der Bereitstellung von Einzeldatensätzen nach § 303e Absatz 4 durch das Forschungsdatenzentrum,
5. zur Verkürzung der Höchstfrist für die Aufbewahrung von Einzeldatensätzen nach § 303d Absatz 3,
6. zur Evaluation und Weiterentwicklung der Datentransparenz,
7. zur Erstattung der Kosten nach Absatz 3 einschließlich der zu zahlenden Vorschüsse.

§ 303b Datenzusammenführung und -übermittlung. (1) [1]Für die in § 303e Absatz 2 genannten Zwecke übermitteln die Krankenkassen an den Spitzenverband Bund der Krankenkassen als Datensammelstelle für jeden Versicherten jeweils in Verbindung mit einem Versichertenpseudonym, das eine kassenübergreifende eindeutige Identifizierung im Berichtszeitraum erlaubt (Lieferpseudonym),

1. Angaben zu Alter, Geschlecht und Wohnort,
2. Angaben zum Versicherungsverhältnis,
3. die Kosten- und Leistungsdaten nach den §§ 295, 295a, 300, 301, 301a und 302,
4. Angaben zum Vitalstatus und zum Sterbedatum und
5. Angaben zu den abrechnenden Leistungserbringern.

[2]Das Nähere zur technischen Ausgestaltung der Datenübermittlung nach Satz 1 regelt der Spitzenverband Bund der Krankenkassen spätestens bis zum 31. Dezember 2021.

(2) Der Spitzenverband Bund der Krankenkassen führt die Daten nach Absatz 1 zusammen, prüft die Daten auf Vollständigkeit, Plausibilität und Konsistenz und klärt Auffälligkeiten jeweils mit der die Daten liefernden Stelle.

(3) [1]Der Spitzenverband Bund der Krankenkassen übermittelt

[1)] Nr. 1.

1. an das Forschungsdatenzentrum nach § 303d die Daten nach Absatz 1 ohne das Lieferpseudonym, wobei jeder einem Lieferpseudonym zuzuordnende Einzeldatensatz mit einer Arbeitsnummer gekennzeichnet wird,
2. an die Vertrauensstelle nach § 303c eine Liste mit den Lieferpseudonymen einschließlich der Arbeitsnummern, die zu den nach Nummer 1 übermittelten Einzeldatensätzen für das jeweilige Lieferpseudonym gehören.

[2] Die Angaben zu den Leistungserbringern sind vor der Übermittlung an das Forschungsdatenzentrum zu pseudonymisieren. [3] Das Nähere zur technischen Ausgestaltung der Datenübermittlung nach Satz 1 vereinbart der Spitzenverband Bund der Krankenkassen mit den nach § 303a Absatz 1 Satz 2 bestimmten Stellen spätestens bis zum 31. Dezember 2021.

(4) Der Spitzenverband Bund der Krankenkassen kann eine Arbeitsgemeinschaft nach § 219 mit der Durchführung der Aufgaben nach den Absätzen 1 bis 3 beauftragen.

§ 303c Vertrauensstelle. (1) Die Vertrauensstelle überführt die ihr nach § 303b Absatz 3 Satz 1 Nummer 2 übermittelten Lieferpseudonyme nach einem einheitlich anzuwendenden Verfahren nach Absatz 2 in periodenübergreifende Pseudonyme.

(2) [1] Die Vertrauensstelle hat im Einvernehmen mit dem Bundesamt für Sicherheit in der Informationstechnik ein schlüsselabhängiges Verfahren zur Pseudonymisierung festzulegen, das dem jeweiligen Stand der Technik und Wissenschaft entspricht. [2] Das Verfahren zur Pseudonymisierung ist so zu gestalten, dass für das jeweilige Lieferpseudonym eines jeden Versicherten periodenübergreifend immer das gleiche Pseudonym erstellt wird, aus dem Pseudonym aber nicht auf das Lieferpseudonym oder die Identität des Versicherten geschlossen werden kann.

(3) [1] Die Vertrauensstelle hat die Liste der Pseudonyme dem Forschungsdatenzentrum mit den Arbeitsnummern zu übermitteln. [2] Nach der Übermittlung dieser Liste an das Forschungsdatenzentrum hat sie die diesen Pseudonymen zugrunde liegenden Lieferpseudonyme und Arbeitsnummern sowie die Pseudonyme zu löschen.

§ 303d Forschungsdatenzentrum. (1) Das Forschungsdatenzentrum hat folgende Aufgaben:

1. die ihm vom Spitzenverband Bund der Krankenkassen und von der Vertrauensstelle übermittelten Daten nach § 303b Absatz 3 und § 303c Absatz 3 für die Auswertung für Zwecke nach § 303e Absatz 2 aufzubereiten,
2. Qualitätssicherungen der Daten vorzunehmen,
3. Anträge auf Datennutzung zu prüfen,
4. die beantragten Daten den Nutzungsberechtigten nach § 303e zugänglich zu machen,
5. das spezifische Reidentifikationsrisiko in Bezug auf die durch Nutzungsberechtigte nach § 303e beantragten Daten zu bewerten und unter angemessener Wahrung des angestrebten wissenschaftlichen Nutzens durch geeignete Maßnahmen zu minimieren,
6. ein öffentliches Antragsregister mit Informationen zu den antragstellenden Nutzungsberechtigten, zu den Vorhaben, für die Daten beantragt wurden, und deren Ergebnissen aufzubauen und zu pflegen,

7. die Verfahren der Datentransparenz zu evaluieren und weiterzuentwickeln,
8. Nutzungsberechtigte nach § 303e Absatz 1 zu beraten,
9. Schulungsmöglichkeiten für Nutzungsberechtigte anzubieten sowie
10. die wissenschaftliche Erschließung der Daten zu fördern.

(2) [1] Das Forschungsdatenzentrum richtet im Benehmen mit dem Bundesministerium für Gesundheit und dem Bundesministerium für Bildung und Forschung einen Arbeitskreis der Nutzungsberechtigten nach § 303e Absatz 1 ein. [2] Der Arbeitskreis wirkt beratend an der Ausgestaltung, Weiterentwicklung und Evaluation des Datenzugangs mit.

(3) Das Forschungsdatenzentrum hat die versichertenbezogenen Einzeldatensätze spätestens nach 30 Jahren zu löschen.

§ 303e Datenverarbeitung. (1) Das Forschungsdatenzentrum macht die ihm vom Spitzenverband Bund der Krankenkassen und von der Vertrauensstelle übermittelten Daten nach Maßgabe der Absätze 3 bis 6 folgenden Nutzungsberechtigten zugänglich, soweit diese nach Absatz 2 zur Verarbeitung der Daten berechtigt sind:

1. dem Spitzenverband Bund der Krankenkassen,
2. den Bundes- und Landesverbänden der Krankenkassen,
3. den Krankenkassen,
4. den Kassenärztlichen Bundesvereinigungen und den Kassenärztlichen Vereinigungen,
5. den für die Wahrnehmung der wirtschaftlichen Interessen gebildeten maßgeblichen Spitzenorganisationen der Leistungserbringer auf Bundesebene,
6. den Institutionen der Gesundheitsberichterstattung des Bundes und der Länder,
7. den Institutionen der Gesundheitsversorgungsforschung,
8. den Hochschulen, den nach landesrechtlichen Vorschriften anerkannten Hochschulkliniken, öffentlich geförderten außeruniversitären Forschungseinrichtungen und sonstigen Einrichtungen mit der Aufgabe unabhängiger wissenschaftlicher Forschung, sofern die Daten wissenschaftlichen Vorhaben dienen,
9. dem Gemeinsamen Bundesausschuss,
10. dem Institut für Qualität und Wirtschaftlichkeit im Gesundheitswesen,
11. dem Institut des Bewertungsausschusses,
12. der oder dem Beauftragten der Bundesregierung und der Landesregierungen für die Belange der Patientinnen und Patienten,
13. den für die Wahrnehmung der Interessen der Patientinnen und Patienten und der Selbsthilfe chronisch kranker und behinderter Menschen maßgeblichen Organisationen auf Bundesebene,
14. dem Institut für Qualitätssicherung und Transparenz im Gesundheitswesen,
15. dem Institut für das Entgeltsystem im Krankenhaus,
16. den für die gesetzliche Krankenversicherung zuständigen obersten Bundes- und Landesbehörden und deren jeweiligen nachgeordneten Bereichen sowie den übrigen obersten Bundesbehörden,
17. der Bundesärztekammer, der Bundeszahnärztekammer, der Bundespsychotherapeutenkammer sowie der Bundesapothekerkammer,

18. der Deutschen Krankenhausgesellschaft.

(2) Soweit die Datenverarbeitung jeweils für die Erfüllung von Aufgaben der nach Absatz 1 Nutzungsberechtigten erforderlich ist, dürfen die Nutzungsberechtigten Daten für folgende Zwecke verarbeiten:

1. Wahrnehmung von Steuerungsaufgaben durch die Kollektivvertragspartner,
2. Verbesserung der Qualität der Versorgung,
3. Planung von Leistungsressourcen, zum Beispiel Krankenhausplanung,
4. Forschung, insbesondere für Längsschnittanalysen über längere Zeiträume, Analysen von Behandlungsabläufen oder Analysen des Versorgungsgeschehens,
5. Unterstützung politischer Entscheidungsprozesse zur Weiterentwicklung der gesetzlichen Krankenversicherung,
6. Analyse und Entwicklung von sektorenübergreifenden Versorgungsformen sowie von Einzelverträgen der Krankenkassen,
7. Wahrnehmung von Aufgaben der Gesundheitsberichterstattung.

(3) [1] Das Forschungsdatenzentrum macht einem Nutzungsberechtigten auf Antrag Daten zugänglich, wenn die Voraussetzungen nach Absatz 2 erfüllt sind. [2] In dem Antrag hat der antragstellende Nutzungsberechtigte nachvollziehbar darzulegen, dass Umfang und Struktur der beantragten Daten geeignet und erforderlich sind, um die zu untersuchende Frage zu beantworten. [3] Liegen die Voraussetzungen nach Absatz 2 vor, übermittelt das Forschungsdatenzentrum dem antragstellenden Nutzungsberechtigten die entsprechend den Anforderungen des Nutzungsberechtigten ausgewählten Daten anonymisiert und aggregiert. [4] Das Forschungsdatenzentrum kann einem Nutzungsberechtigten entsprechend seinen Anforderungen auch anonymisierte und aggregierte Daten mit kleinen Fallzahlen übermitteln, wenn der antragstellende Nutzungsberechtigte nachvollziehbar darlegt, dass ein nach Absatz 2 zulässiger Nutzungszweck, insbesondere die Durchführung eines Forschungsvorhabens, die Übermittlung dieser Daten erfordert.

(4) [1] Das Forschungsdatenzentrum kann einem Nutzungsberechtigten entsprechend seinen Anforderungen auch pseudonymisierte Einzeldatensätze bereitstellen, wenn der antragstellende Nutzungsberechtigte nachvollziehbar darlegt, dass die Nutzung der pseudonymisierten Einzeldatensätze für einen nach Absatz 2 zulässigen Nutzungszweck, insbesondere für die Durchführung eines Forschungsvorhabens, erforderlich ist. [2] Das Forschungsdatenzentrum stellt einem Nutzungsberechtigten die pseudonymisierten Einzeldatensätze ohne Sichtbarmachung der Pseudonyme für die Verarbeitung unter Kontrolle des Forschungsdatenzentrums bereit, soweit

1. gewährleistet ist, dass diese Daten nur solchen Personen bereitgestellt werden, die einer Geheimhaltungspflicht nach § 203 des Strafgesetzbuches unterliegen, und
2. durch geeignete technische und organisatorische Maßnahmen sichergestellt wird, dass die Verarbeitung durch den Nutzungsberechtigten auf das erforderliche Maß beschränkt und insbesondere ein Kopieren der Daten verhindert werden kann.

[3] Personen, die nicht der Geheimhaltungspflicht nach § 203 des Strafgesetzbuches unterliegen, können pseudonymisierte Einzeldatensätze nach Satz 2

bereitgestellt werden, wenn sie vor dem Zugang zur Geheimhaltung verpflichtet wurden. [4] § 1 Absatz 2, 3 und 4 Nummer 2 des Verpflichtungsgesetzes gilt entsprechend.

(5) [1] Die Nutzungsberechtigten dürfen die nach Absatz 3 oder Absatz 4 zugänglich gemachten Daten

1. nur für die Zwecke nutzen, für die sie zugänglich gemacht werden,
2. nicht an Dritte weitergeben, es sei denn, das Forschungsdatenzentrum genehmigt auf Antrag eine Weitergabe an einen Dritten im Rahmen eines nach Absatz 2 zulässigen Nutzungszwecks.

[2] Die Nutzungsberechtigten haben bei der Verarbeitung der nach Absatz 3 oder Absatz 4 zugänglich gemachten Daten darauf zu achten, keinen Bezug zu Personen, Leistungserbringern oder Leistungsträgern herzustellen. [3] Wird ein Bezug zu Personen, Leistungserbringern oder Leistungsträgern unbeabsichtigt hergestellt, so ist dies dem Forschungsdatenzentrum zu melden. [4] Die Verarbeitung der bereitgestellten Daten zum Zwecke der Herstellung eines Personenbezugs, zum Zwecke der Identifizierung von Leistungserbringern oder Leistungsträgern sowie zum Zwecke der bewussten Verschaffung von Kenntnissen über fremde Betriebs- und Geschäftsgeheimnisse ist untersagt.

(6) [1] Wenn die zuständige Datenschutzaufsichtsbehörde feststellt, dass Nutzungsberechtigte die vom Forschungsdatenzentrum nach Absatz 3 oder Absatz 4 zugänglich gemachten Daten in einer Art und Weise verarbeitet haben, die nicht den geltenden datenschutzrechtlichen Vorschriften oder den Auflagen des Forschungsdatenzentrums entspricht, und wegen eines solchen Verstoßes eine Maßnahme nach Artikel 58 Absatz 2 Buchstabe b bis j der Verordnung (EU) 2016/679 gegenüber dem Nutzungsberechtigten ergriffen hat, informiert sie das Forschungsdatenzentrum. [2] In diesem Fall schließt das Forschungsdatenzentrum den Nutzungsberechtigten für einen Zeitraum von bis zu zwei Jahren vom Datenzugang aus.

§ 303f Gebührenregelung; Verordnungsermächtigung. (1) [1] Das Forschungsdatenzentrum erhebt von den Nutzungsberechtigten nach § 303e Absatz 1 Gebühren und Auslagen für individuell zurechenbare öffentliche Leistungen nach § 303d zur Deckung des Verwaltungsaufwandes. [2] Die Gebührensätze sind so zu bemessen, dass sie den auf die Leistungen entfallenden durchschnittlichen Personal- und Sachaufwand nicht übersteigen. [3] Die Krankenkassen, ihre Verbände, der Spitzenverband Bund der Krankenkassen sowie das Bundesministerium für Gesundheit als Aufsichtsbehörde sind von der Zahlung der Gebühren befreit.

(2) [1] Das Bundesministerium für Gesundheit wird ermächtigt, durch Rechtsverordnung ohne Zustimmung des Bundesrates die gebührenpflichtigen Tatbestände zu bestimmen und dabei feste Sätze oder Rahmensätze vorzusehen sowie Regelungen über die Gebührenentstehung, die Gebührenerhebung, die Erstattung von Auslagen, den Gebührenschuldner, Gebührenbefreiungen, die Fälligkeit, die Stundung, die Niederschlagung, den Erlass, Säumniszuschläge, die Verjährung und die Erstattung zu treffen. [2] Das Bundesministerium für Gesundheit kann die Ermächtigung durch Rechtsverordnung auf die öffentliche Stelle, die vom Bundesministerium für Gesundheit nach § 303a Absatz 1 als Forschungsdatenzentrum nach § 303d bestimmt ist, übertragen.

Dritter Abschnitt. Datenlöschung, Auskunftspflicht

§ 304 Aufbewahrung von Daten bei Krankenkassen, Kassenärztlichen Vereinigungen und Geschäftsstellen der Prüfungsausschüsse. (1) [1]Die für Aufgaben der gesetzlichen Krankenversicherung bei Krankenkassen, Kassenärztlichen Vereinigungen und Geschäftsstellen der Prüfungsausschüsse gespeicherten Sozialdaten sind nach folgender Maßgabe zu löschen:

1. die Daten nach den §§ 292, 295 Absatz 1a, 1b und 2 sowie Daten, die für die Prüfungsausschüsse und ihre Geschäftsstellen für die Prüfungen nach den §§ 106 bis 106c erforderlich sind, spätestens nach zehn Jahren,
2. die Daten, die auf Grund der nach § 266 Absatz 8 Satz 1 erlassenen Rechtsverordnung für die Durchführung des Risikostrukturausgleichs nach den §§ 266 und 267 erforderlich sind, spätestens nach den in der Rechtsverordnung genannten Fristen.

[2]Die Aufbewahrungsfristen beginnen mit dem Ende des Geschäftsjahres, in dem die Leistungen gewährt oder abgerechnet wurden. [3]Abweichend von Satz 1 Nummer 2 können Krankenkassen die rechtmäßig gespeicherten ärztlichen Abrechnungsdaten für Zwecke der Weiterentwicklung und Durchführung des Risikostrukturausgleichs länger aufbewahren; sie sind nach spätestens vier Jahren in der Verarbeitung einzuschränken und spätestens nach den in der Rechtsverordnung genannten Fristen zu löschen. [4]Die Krankenkassen können für Zwecke der Krankenversicherung Leistungsdaten länger aufbewahren, wenn sichergestellt ist, daß ein Bezug zum Arzt und Versicherten nicht mehr herstellbar ist. [5]Die Löschfristen gelten nicht für den Nachweis über die Erfüllung der Meldepflicht nach § 36 des Implantateregistergesetzes, dessen Speicherung für die Erfüllung der Meldepflicht nach § 17 Absatz 2 des Implantateregistergesetzes erforderlich ist. [6]Dieser Nachweis ist unverzüglich zu löschen, sobald die Registerstelle des Implantateregisters Deutschland die Krankenkasse über die Anonymisierung des Registerdatensatzes der oder des Versicherten unterrichtet hat.

(2) Im Falle des Wechsels der Krankenkasse ist die bisher zuständige Krankenkasse verpflichtet, den Nachweis über die Erfüllung der Meldepflicht nach § 36 des Implantateregistergesetzes an die neue Krankenkasse zu übermitteln sowie die für die Fortführung der Versicherung erforderlichen Angaben nach den §§ 288 und 292 der neuen Krankenkasse zu übermitteln.

(3) Für die Aufbewahrung der Kranken- und sonstigen Berechtigungsscheine für die Inanspruchnahme von Leistungen einschließlich der Verordnungsblätter für Arznei-, Verband-, Heil- und Hilfsmittel gilt § 84 Absatz 6 des Zehnten Buches[1)].

§ 305 Auskünfte an Versicherte. (1) [1]Die Krankenkassen unterrichten die Versicherten auf deren Antrag über die in Anspruch genommenen Leistungen und deren Kosten. [2]Auf Verlangen der Versicherten und mit deren ausdrücklicher Einwilligung sollen die Krankenkassen an Dritte, die die Versicherten benannt haben, Daten nach Satz 1 auch elektronisch übermitteln. [3]Die Krankenkassen dürfen auf Verlangen und mit ausdrücklicher Einwilligung der Versicherten Daten über die von diesem Versicherten in Anspruch genommenen Leistungen an Anbieter elektronischer Patientenakten oder anderer persönli-

[1)] Nr. **10**.

cher Gesundheitsakten zur Erfüllung ihrer Pflichten nach § 344 Absatz 1 Satz 2 und § 350 Absatz 1 übermitteln. [4]Bei der Übermittlung an Anbieter elektronischer Patientenakten oder anderer persönlicher elektronischer Gesundheitsakten muss sichergestellt werden, dass die Daten nach Satz 1 nicht ohne ausdrückliche Einwilligung der Versicherten von Dritten eingesehen werden können. [5]Zum Schutz vor unbefugter Kenntnisnahme der Daten der Versicherten, insbesondere zur sicheren Identifizierung des Versicherten und des Dritten nach den Sätzen 2 und 3 sowie zur sicheren Datenübertragung, ist die Richtlinie nach § 217f Absatz 4b entsprechend anzuwenden. [6]Auf Antrag der Versicherten haben die Krankenkassen abweichend von § 303 Absatz 4 Diagnosedaten, die ihnen nach den §§ 295 und 295a übermittelt wurden und deren Unrichtigkeit durch einen ärztlichen Nachweis belegt wird, in berichtigter Form bei der Unterrichtung nach Satz 1 und bei der Übermittlung nach den Sätzen 2 und 3 zu verwenden. [7]Den Antrag nach Satz 6 haben die Krankenkassen innerhalb von vier Wochen nach Erhalt des Antrags zu bescheiden. [8]Die für die Unterrichtung nach Satz 1 und für die Übermittlung nach den Sätzen 2 und 3 erforderlichen Daten dürfen ausschließlich für diese Zwecke verarbeitet werden. [9]Eine Mitteilung an die Leistungserbringer über die Unterrichtung des Versicherten und die Übermittlung der Daten ist nicht zulässig. [10]Die Krankenkassen können in ihrer Satzung das Nähere über das Verfahren der Unterrichtung nach Satz 1 und über die Übermittlung nach den Sätzen 2 und 3 regeln.

(2) [1]Die an der vertragsärztlichen Versorgung teilnehmenden Ärzte, Einrichtungen und medizinischen Versorgungszentren haben die Versicherten auf Verlangen in verständlicher Form entweder schriftlich oder elektronisch, direkt im Anschluss an die Behandlung oder mindestens quartalsweise spätestens vier Wochen nach Ablauf des Quartals, in dem die Leistungen in Anspruch genommen worden sind, über die zu Lasten der Krankenkassen erbrachten Leistungen und deren vorläufige Kosten (Patientenquittung) zu unterrichten. [2]Satz 1 gilt auch für die vertragszahnärztliche Versorgung. [3]Der Versicherte erstattet für eine quartalsweise schriftliche Unterrichtung nach Satz 1 eine Aufwandspauschale in Höhe von 1 Euro zuzüglich Versandkosten. [4]Das Nähere regelt die Kassenärztliche Bundesvereinigung. [5]Die Krankenhäuser unterrichten die Versicherten auf Verlangen in verständlicher Form entweder schriftlich oder elektronisch innerhalb von vier Wochen nach Abschluss der Krankenhausbehandlung über die erbrachten Leistungen und die dafür von den Krankenkassen zu zahlenden Entgelte. [6]Das Nähere regelt der Spitzenverband Bund der Krankenkassen und die Deutsche Krankenhausgesellschaft durch Vertrag.

(3) [1]Die Krankenkassen informieren ihre Versicherten auf Verlangen umfassend über in der gesetzlichen Krankenversicherung zugelassene Leistungserbringer einschließlich medizinische Versorgungszentren und Leistungserbringer in der besonderen Versorgung sowie über die verordnungsfähigen Leistungen und Bezugsquellen, einschließlich der Informationen nach § 73 Abs. 8, § 127 Absatz 3 und 5. [2]Die Krankenkasse hat Versicherte vor deren Entscheidung über die Teilnahme an besonderen Versorgungsformen in Wahltarifen nach § 53 Abs. 3 umfassend über darin erbrachte Leistungen und die beteiligten Leistungserbringer zu informieren. [3]§ 69 Absatz 1 Satz 3 gilt entsprechend.

§ 305a Beratung der Vertragsärzte. [1] Die Kassenärztlichen Vereinigungen beraten in erforderlichen Fällen die Vertragsärzte auf der Grundlage von Übersichten über die von ihnen im Zeitraum eines Jahres oder in einem kürzeren Zeitraum erbrachten, verordneten oder veranlassten Leistungen über Fragen der Wirtschaftlichkeit. [2] Ergänzend können die Vertragsärzte den Kassenärztlichen Vereinigungen die Daten über die von ihnen verordneten Leistungen nicht versichertenbezogen übermitteln, die Kassenärztlichen Vereinigungen können diese Daten für ihre Beratung des Vertragsarztes auswerten und auf der Grundlage dieser Daten erstellte vergleichende Übersichten den Vertragsärzten nicht arztbezogen zur Verfügung stellen. [3] Die Vertragsärzte und die Kassenärztlichen Vereinigungen dürfen die Daten nach Satz 2 nur für im Sozialgesetzbuch bestimmte Zwecke verarbeiten. [4] Ist gesetzlich oder durch Vereinbarung nach § 130a Abs. 8 nichts anderes bestimmt, dürfen Vertragsärzte Daten über von ihnen verordnete Arzneimittel nur solchen Stellen übermitteln, die sich verpflichten, die Daten ausschließlich als Nachweis für die in einer Kassenärztlichen Vereinigung oder einer Region mit mindestens jeweils 300 000 Einwohnern oder mit jeweils mindestens 1 300 Ärzten insgesamt in Anspruch genommenen Leistungen zu verarbeiten; eine Verarbeitung dieser Daten mit regionaler Differenzierung innerhalb einer Kassenärztlichen Vereinigung, für einzelne Vertragsärzte oder Einrichtungen sowie für einzelne Apotheken ist unzulässig. [5] Satz 4 gilt auch für die Übermittlung von Daten über die nach diesem Buch verordnungsfähigen Arzneimittel durch Apotheken, den Großhandel, Krankenkassen sowie deren Rechenzentren. [6] Abweichend von Satz 4 dürfen Leistungserbringer und Krankenkassen Daten über verordnete Arzneimittel in vertraglichen Versorgungsformen nach den §§ 63, 73b, 137f oder 140a nutzen.

§ 305b Veröffentlichung der Jahresrechnungsergebnisse. [1] Die Krankenkassen, mit Ausnahme der landwirtschaftlichen Krankenkasse, veröffentlichen im elektronischen Bundesanzeiger sowie auf der eigenen Internetpräsenz zum 30. November des dem Berichtsjahr folgenden Jahres die wesentlichen Ergebnisse ihrer Rechnungslegung in einer für die Versicherten verständlichen Weise. [2] Die Satzung hat weitere Arten der Veröffentlichung zu regeln, die sicherstellen, dass alle Versicherten der Krankenkasse davon Kenntnis erlangen können. [3] Zu veröffentlichen sind insbesondere Angaben zur Entwicklung der Zahl der Mitglieder und Versicherten, zur Höhe und Struktur der Einnahmen, zur Höhe und Struktur der Ausgaben sowie zur Vermögenssituation. [4] Ausgaben für Prävention und Gesundheitsförderung sowie Verwaltungsausgaben sind gesondert auszuweisen. [5] Das Nähere zu den zu veröffentlichenden Angaben wird in der Allgemeinen Verwaltungsvorschrift über das Rechnungswesen in der Sozialversicherung geregelt.

Elftes Kapitel. Telematikinfrastruktur

Erster Abschnitt. Anforderungen an die Telematikinfrastruktur

§ 306 Telematikinfrastruktur. (1) [1] Die Bundesrepublik Deutschland, vertreten durch das Bundesministerium für Gesundheit, der Spitzenverband Bund der Krankenkassen, die Kassenärztliche Bundesvereinigung, die Kassenzahnärztliche Bundesvereinigung, die Bundesärztekammer, die Bundeszahnärztekammer, die Deutsche Krankenhausgesellschaft sowie die für die Wahrnehmung der wirtschaftlichen Interessen gebildete maßgebliche Spitzenorganisation der Apotheker auf Bundesebene schaffen die Telematikinfrastruktur. [2]Die Telematikinfrastruktur ist die interoperable und kompatible Informations-, Kommunikations- und Sicherheitsinfrastruktur, die der Vernetzung von Leistungserbringern, Kostenträgern, Versicherten und weiteren Akteuren des Gesundheitswesens sowie der Rehabilitation und der Pflege dient und insbesondere

1. erforderlich ist für die Nutzung der elektronischen Gesundheitskarte und der Anwendungen der Telematikinfrastruktur,
2. geeignet ist
   a) für die Nutzung weiterer Anwendungen der Telematikinfrastruktur ohne Nutzung der elektronischen Gesundheitskarte nach § 327 und
   b) für die Verwendung für Zwecke der Gesundheits- und pflegerischen Forschung.

[3]Die Bundesrepublik Deutschland, vertreten durch das Bundesministerium für Gesundheit, und die in Satz 1 genannten Spitzenorganisationen nehmen die Aufgabe nach Satz 1 nach Maßgabe des § 310 durch eine Gesellschaft für Telematik wahr.

(2) Die Telematikinfrastruktur umfasst

1. eine dezentrale Infrastruktur bestehend aus Komponenten zur Authentifizierung und zur sicheren Übermittlung von Daten in die zentrale Infrastruktur,
2. eine zentrale Infrastruktur bestehend aus
   a) sicheren Zugangsdiensten als Schnittstelle zur dezentralen Infrastruktur und
   b) einem gesicherten Netz einschließlich der für den Betrieb notwendigen Dienste sowie
3. eine Anwendungsinfrastruktur bestehend aus Diensten für die Anwendungen nach diesem Kapitel.

(3) Für die Verarbeitung der zu den besonderen Kategorien im Sinne von Artikel 9 der Verordnung (EU) 2016/679 gehörenden personenbezogenen Daten in der Telematikinfrastruktur gilt ein dem besonderen Schutzbedarf entsprechendes hohes Schutzniveau, dem durch entsprechende technische und organisatorische Maßnahmen im Sinne des Artikels 32 der Verordnung (EU) 2016/679 Rechnung zu tragen ist.

(4) [1]Anwendungen im Sinne dieses Kapitels sind nutzerbezogene Funktionalitäten auf der Basis von nach § 325 zugelassenen Diensten und Komponenten zur Verarbeitung von Gesundheitsdaten in der Telematikinfrastruktur sowie weitere nutzerbezogene Funktionalitäten nach § 327. [2]Dienste im Sinne von Satz 1 sind zentral bereitgestellte und in der Telematikinfrastruktur betriebene technische Systeme, die einzelne Funktionalitäten der Telematikinfrastruktur umsetzen. [3]Komponenten sind dezentrale technische Systeme oder deren Bestandteile.

§ 307 Datenschutzrechtliche Verantwortlichkeiten. (1) [1]Die Verarbeitung personenbezogener Daten mittels der Komponenten der dezentralen Infrastruktur nach § 306 Absatz 2 Nummer 1 liegt in der Verantwortung derjenigen, die diese Komponenten für die Zwecke der Authentifizierung und zur sicheren Verarbeitung von Daten über die zentrale Infrastruktur nutzen, soweit sie über die Mittel der Datenverarbeitung mit entscheiden. [2] Dies gilt für die ordnungsgemäße Inbetriebnahme, Wartung und Verwendung der Komponenten.

(2) [1] Der Betrieb der durch die Gesellschaft für Telematik spezifizierten und zugelassenen Zugangsdienste nach § 306 Absatz 2 Nummer 2 Buchstabe a liegt in der Verantwortung des jeweiligen Anbieters des Zugangsdienstes. [2] Der Anbieter eines Zugangsdienstes darf personenbezogene Daten der Versicherten ausschließlich für Zwecke des Aufbaus und des Betriebs seines Zugangsdienstes verarbeiten. [3] § 88 des Telekommunikationsgesetzes ist entsprechend anzuwenden.

(3) [1] Die Gesellschaft für Telematik erteilt einen Auftrag nach § 323 Absatz 2 Satz 1 zum alleinverantwortlichen Betrieb des gesicherten Netzes nach § 306 Absatz 2 Nummer 2 Buchstabe b, einschließlich der für den Betrieb notwendigen Dienste. [2] Der Anbieter des gesicherten Netzes ist innerhalb des gesicherten Netzes verantwortlich für die Übertragung von personenbezogenen Daten, insbesondere von Gesundheitsdaten der Versicherten, zwischen Leistungserbringern, Kostenträgern sowie Versicherten und für die Übertragung im Rahmen der Anwendungen der elektronischen Gesundheitskarte. [3] Der Anbieter des gesicherten Netzes darf die Daten ausschließlich zum Zweck der Datenübertragung verarbeiten. [4] § 88 des Telekommunikationsgesetzes ist entsprechend anzuwenden.

(4) [1] Der Betrieb der Dienste der Anwendungsinfrastruktur nach § 306 Absatz 2 Nummer 3 erfolgt durch den jeweiligen Anbieter. [2] Die Anbieter sind für die Verarbeitung personenbezogener Daten, insbesondere von Gesundheitsdaten der Versicherten, zum Zweck der Nutzung des jeweiligen Dienstes der Anwendungsinfrastruktur verantwortlich.

(5) [1] Die Gesellschaft für Telematik ist Verantwortliche für die Verarbeitung personenbezogener Daten in der Telematikinfrastruktur, soweit sie im Rahmen ihrer Aufgaben nach § 311 Absatz 1 die Mittel der Datenverarbeitung bestimmt und insoweit keine Verantwortlichkeit nach den vorstehenden Absätzen begründet ist. [2] Die Gesellschaft für Telematik richtet für die Betroffenen eine koordinierende Stelle ein. [3] Die koordinierende Stelle erteilt den Betroffenen allgemeine Informationen zur Telematikinfrastruktur sowie Auskunft über Zuständigkeiten innerhalb der Telematikinfrastruktur, insbesondere zur datenschutzrechtlichen Verantwortlichkeit nach dieser Vorschrift.

§ 308 Vorrang von technischen Schutzmaßnahmen. (1) [1] Die Rechte der betroffenen Person nach den Artikeln 12 bis 22 der Verordnung (EU) 2016/679 sind gegenüber den Verantwortlichen nach § 307 ausgeschlossen, soweit diese Rechte von dem Verantwortlichen nach § 307 und dessen Auftragsverarbeiter nicht oder nur unter Umgehung von Schutzmechanismen wie insbesondere der Verschlüsselung oder der Anonymisierung gewährleistet werden können. [2] Ist es einem Verantwortlichen nach § 307 nur unter Umgehung von Schutzmechanismen wie insbesondere der Verschlüsselung oder der Anonymisierung, die eine Kenntnisnahme oder Identifizierung ausschließen, möglich, Rechte der betroffenen Person zu befriedigen, so ist der Verantwortliche nicht verpflichtet, zur bloßen Einhaltung datenschutzrechtlicher Betroffenenrechte zusätzliche Informationen aufzubewahren, einzuholen oder zu verarbeiten oder Sicherheitsvorkehrungen aufzuheben.

(2) Absatz 1 gilt nicht, wenn die Datenverarbeitung unrechtmäßig ist oder berechtigte Zweifel an der behaupteten Unmöglichkeit nach Absatz 1 bestehen.

§ 309 Protokollierung. (1) Die Verantwortlichen nach § 307 haben durch geeignete technische Maßnahmen sicherzustellen, dass für Zwecke der Datenschutzkontrolle bei Anwendungen nach den §§ 327 und 334 Absatz 1 nachträglich für den Zeitraum der regelmäßigen dreijährigen Verjährungsfrist nach § 195 des Bürgerlichen Gesetzbuchs die Zugriffe und die versuchten Zugriffe auf personenbezogene Daten der Versicherten in diesen Anwendungen überprüft werden können und festgestellt werden kann, ob, von wem und welche Daten des Versicherten in dieser Anwendung verarbeitet worden sind.

(2) Eine Verwendung der Protokolldaten nach Absatz 1 für andere als die dort genannten Zwecke ist unzulässig.

(3) Die Protokolldaten sind nach Ablauf der in Absatz 1 genannten Frist unverzüglich zu löschen.

Zweiter Abschnitt. Gesellschaft für Telematik

Erster Titel. Aufgaben, Verfassung und Finanzierung der Gesellschaft für Telematik

§ 310 Gesellschaft für Telematik. (1) Die Bundesrepublik Deutschland, vertreten durch das Bundesministerium für Gesundheit, und die in § 306 Absatz 1 Satz 1 genannten Spitzenorganisationen sind Gesellschafter der Gesellschaft für Telematik.

(2) Die Geschäftsanteile entfallen

1. zu 51 Prozent auf die Bundesrepublik Deutschland, vertreten durch das Bundesministerium für Gesundheit,
2. zu 24,5 Prozent auf den Spitzenverband Bund der Krankenkassen und
3. zu 24,5 Prozent auf die anderen in § 306 Absatz 1 Satz 1 genannten Spitzenorganisationen.

(3) [1] Die Gesellschafter können den Beitritt weiterer Spitzenorganisationen der Leistungserbringer auf Bundesebene und des Verbandes der Privaten Krankenversicherung auf deren Wunsch beschließen. [2] Im Fall eines Beitritts sind die Geschäftsanteile innerhalb der Gruppen der Kostenträger und Leistungserbringer entsprechend anzupassen.

(4) Unbeschadet zwingender gesetzlicher Mehrheitserfordernisse entscheiden die Gesellschafter mit der einfachen Mehrheit der sich aus den Geschäftsanteilen ergebenden Stimmen.

§ 311 Aufgaben der Gesellschaft für Telematik. (1) Im Rahmen des Auftrags nach § 306 Absatz 1 hat die Gesellschaft für Telematik nach Maßgabe der Anforderungen gemäß § 306 Absatz 3 folgende Aufgaben:

1. zur Schaffung der Telematikinfrastruktur:
   a) Erstellung der funktionalen und technischen Vorgaben einschließlich eines Sicherheitskonzepts,
   b) Festlegung von Inhalt und Struktur der Datensätze für deren Bereitstellung und Nutzung, soweit diese Festlegung nicht nach § 355 durch

die Kassenärztliche Bundesvereinigung oder die Deutsche Krankenhausgesellschaft erfolgt,
c) Erstellung von Vorgaben für den sicheren Betrieb der Telematikinfrastruktur und Überwachung der Umsetzung dieser Vorgaben,
d) Sicherstellung der notwendigen Test-, Bestätigungs- und Zertifizierungsmaßnahmen und
e) Festlegung von Verfahren einschließlich der dafür erforderlichen Authentisierungsverfahren zur Verwaltung
aa) der Zugriffsberechtigungen nach dem Fünften Abschnitt und
bb) der Steuerung der Zugriffe auf Daten nach § 334 Absatz 1 Satz 2,
2. Aufbau der Telematikinfrastruktur und insoweit Festlegung der Rahmenbedingungen für Betriebsleistungen sowie Vergabe von Aufträgen für deren Erbringung an Anbieter von Betriebsleistungen oder Zulassung von Betriebsleistungen,
3. Betrieb des elektronischen Verzeichnisdienstes nach § 313,
4. Zulassung der Komponenten und Dienste der Telematikinfrastruktur einschließlich der Verfahren zum Zugriff auf diese Komponenten und Dienste,
5. Zulassung der sicheren Dienste für Verfahren zur Übermittlung medizinischer und pflegerischer Dokumente über die Telematikinfrastruktur,
6. Festlegung der Voraussetzungen für die Nutzung der Telematikinfrastruktur für weitere Anwendungen und für Zwecke der Gesundheitsforschung nach § 306 Absatz 1 Satz 2 Nummer 2 und Durchführung der Verfahren zur Bestätigung des Vorliegens dieser Voraussetzungen,
7. Gewährleistung einer diskriminierungsfreien Nutzung der Telematikinfrastruktur für weitere Anwendungen und für Zwecke der Gesundheitsforschung nach § 306 Absatz 1 Satz 2 Nummer 2 unter vorrangiger Berücksichtigung der elektronischen Anwendungen, die der Erfüllung von gesetzlichen Aufgaben der Kranken- und Pflegeversicherung, der Rentenversicherung und der Unfallversicherung dienen,
8. Aufbau, Pflege und Betrieb des Interoperabilitätsverzeichnisses nach § 384,
9. Koordinierung der Ausgabeprozesse der in der Telematikinfrastruktur genutzten Identifikations- und Authentifizierungsmittel, insbesondere der Karten und Ausweise gemäß den §§ 291 und 340, im Benehmen mit den Kartenherausgebern, Überwachung der Ausgabeprozesse und Vorgabe von verbindlichen Maßnahmen, die bei Sicherheitsmängeln zu ergreifen sind,
10. Entwicklung und Zurverfügungstellung der Komponenten der Telematikinfrastruktur, die den Zugriff der Versicherten auf die Anwendung zur Übermittlung ärztlicher Verordnungen nach § 334 Absatz 1 Satz 2 Nummer 6 nach Maßgabe des § 360 Absatz 5 ermöglichen, als Dienstleistungen von allgemeinem wirtschaftlichem Interesse und
11. Unterstützung des Robert Koch-Instituts bei der Entwicklung und dem Betrieb des elektronischen Melde- und Informationssystems nach § 14 des Infektionsschutzgesetzes.

(2) [1] Die Gesellschaft für Telematik hat Festlegungen und Maßnahmen nach Absatz 1 Nummer 1, die Fragen der Datensicherheit berühren, im Einvernehmen mit dem Bundesamt für Sicherheit in der Informationstechnik zu treffen und Festlegungen und Maßnahmen nach Absatz 1 Nummer 1, die Fragen des Datenschutzes berühren, im Einvernehmen mit der oder dem Bundesbeauf-

tragten für den Datenschutz und die Informationsfreiheit zu treffen. [2]Bei der Gestaltung der Verfahren nach Absatz 1 Nummer 1 Buchstabe e berücksichtigt die Gesellschaft für Telematik, dass die Telematikinfrastruktur schrittweise ausgebaut wird und die Zugriffsberechtigungen künftig auf weitere Leistungserbringergruppen ausgedehnt werden können.

(3) [1]Die Gesellschaft für Telematik nimmt auf europäischer Ebene, insbesondere im Zusammenhang mit dem grenzüberschreitenden Austausch von Gesundheitsdaten, Aufgaben wahr. [2]Dabei hat sie darauf hinzuwirken, dass einerseits die auf europäischer Ebene getroffenen Festlegungen mit den Vorgaben für die Telematikinfrastruktur und ihre Anwendungen vereinbar sind und dass andererseits die Vorgaben für die Telematikinfrastruktur und ihre Anwendungen mit den europäischen Vorgaben vereinbar sind. [3]Die Gesellschaft für Telematik hat die für den grenzüberschreitenden Austausch von Gesundheitsdaten erforderlichen Festlegungen zu treffen und hierbei die auf europäischer Ebene hierzu getroffenen Festlegungen zu berücksichtigen. [4]Die Datensicherheit ist dabei nach dem Stand der Technik zu gewährleisten.

(4) [1]Bei der Wahrnehmung ihrer Aufgaben hat die Gesellschaft für Telematik die Interessen von Patienten zu wahren und die Einhaltung der Vorschriften zum Schutz personenbezogener Daten sowie zur Barrierefreiheit sicherzustellen. [2]Sie hat Aufgaben nur insoweit wahrzunehmen, als dies zur Schaffung einer interoperablen, kompatiblen und sicheren Telematikinfrastruktur erforderlich ist.

(5) [1]Mit Teilaufgaben der Gesellschaft für Telematik können einzelne Gesellschafter mit Ausnahme der Bundesrepublik Deutschland oder Dritte beauftragt werden. [2]Hierbei hat die Gesellschaft für Telematik die Interoperabilität, die Kompatibilität und das notwendige Sicherheitsniveau der Telematikinfrastruktur zu gewährleisten.

(6) [1]Die Gesellschaft für Telematik legt in Abstimmung mit dem Bundesamt für Sicherheit in der Informationstechnik und mit der oder dem Bundesbeauftragten für den Datenschutz und die Informationsfreiheit sichere Verfahren zur Übermittlung medizinischer Daten über die Telematikinfrastruktur fest. [2]Die festgelegten Verfahren veröffentlicht die Gesellschaft für Telematik auf ihrer Internetseite. [3]Der Anbieter eines Dienstes für ein Übermittlungsverfahren muss die Anwendung der festgelegten Verfahren gegenüber der Gesellschaft für Telematik in einem Zulassungsverfahren nachweisen. [4]Die Kassenärztlichen Bundesvereinigungen können Anbieter eines zugelassenen Dienstes für ein sicheres Verfahren zur Übermittlung medizinischer Dokumente nach Satz 1 sein, sofern der Dienst nur Kassenärztlichen Vereinigungen sowie deren Mitgliedern zur Verfügung gestellt wird. [5]Für das Zulassungsverfahren nach Satz 3 gilt § 325. [6]Die für das Zulassungsverfahren erforderlichen Festlegungen hat die Gesellschaft für Telematik zu treffen und auf ihrer Internetseite zu veröffentlichen. [7]Die Kosten, die nach diesem Absatz bei dem Bundesamt für Sicherheit in der Informationstechnik und bei der oder dem Bundesbeauftragten für den Datenschutz und die Informationsfreiheit entstehen, sind durch die Gesellschaft für Telematik zu erstatten. [8]Die Gesellschaft für Telematik legt die Einzelheiten der Kostenerstattung einvernehmlich mit der oder dem Bundesbeauftragten für den Datenschutz und die Informationsfreiheit und dem Bundesamt für Sicherheit in der Informationstechnik fest.

(7) [1]Bei der Vergabe von Aufträgen durch die Gesellschaft für Telematik ist unterhalb der Schwellenwerte nach § 106 des Gesetzes gegen Wettbewerbs-

beschränkungen die Unterschwellenvergabeordnung in der Fassung der Bekanntmachung vom 2. Februar 2017 (BAnz. AT 07.02.2017 B1; BAnz. AT 07.02.2017 B2) anzuwenden. [2] Für die Verhandlungsvergabe von Leistungen gemäß § 8 Absatz 4 Nummer 17 der Unterschwellenvergabeordnung werden die Ausführungsbestimmungen vom Bundesministerium für Gesundheit festgelegt. [3] Teil 4 des Gesetzes gegen Wettbewerbsbeschränkungen bleibt unberührt.

§ 312 Aufträge an die Gesellschaft für Telematik. (1) [1] Die Gesellschaft für Telematik hat im Rahmen ihrer Aufgaben nach § 311 Absatz 1 Nummer 1

1. bis zum 30. Juni 2020 die Maßnahmen durchzuführen, die erforderlich sind, damit ärztliche Verordnungen für apothekenpflichtige Arzneimittel in elektronischer Form übermittelt werden können,
2. bis zum 30. Juni 2021 die Maßnahmen durchzuführen, die erforderlich sind, damit ärztliche Verordnungen für Betäubungsmittel sowie für Arzneimittel nach § 3a Absatz 1 Satz 1 der Arzneimittelverschreibungsverordnung in elektronischer Form übermittelt werden können,
3. bis zum 30. Juni 2021 die Maßnahmen durchzuführen, die erforderlich sind, damit Informationen über das auf der Grundlage der ärztlichen Verordnung nach Nummer 1 oder 2 abgegebene Arzneimittel, dessen Chargennummer und, falls auf der Verordnung angegeben, dessen Dosierung den Versicherten in elektronischer Form verfügbar gemacht werden können,
4. bis zum 30. Juni 2022 die Maßnahmen durchzuführen, die erforderlich sind, damit ärztliche Verordnungen von häuslicher Krankenpflege nach § 37 sowie außerklinischer Intensivpflege nach § 37c in elektronischer Form übermittelt werden können und
5. bis zum 30. Juni 2023 die Maßnahmen durchzuführen, die erforderlich sind, damit ärztliche und psychotherapeutische Verordnungen von Soziotherapien nach § 37a in elektronischer Form übermittelt werden können.

[2] Bei der Durchführung der Maßnahmen nach Satz 1 berücksichtigt die Gesellschaft für Telematik, dass die Telematikinfrastruktur schrittweise ausgebaut wird und die Verfahren schrittweise auf sonstige in der ärztlichen Versorgung verordnungsfähige Leistungen und auf Verordnungen ohne direkten Kontakt zwischen den Ärzten oder den Zahnärzten und den Versicherten ausgedehnt werden sollen. [3] Bei der Durchführung der Maßnahmen nach Satz 1 Nummer 2 sind darüber hinaus die Vorgaben der Betäubungsmittel-Verschreibungsverordnung und entsprechende Vorgaben des Betäubungsmittelgesetzes in der jeweils geltenden Fassung zu beachten.

(2) Die Gesellschaft für Telematik hat im Rahmen ihrer Aufgaben nach § 311 Absatz 1 Nummer 1 bis zum 15. Oktober 2020 die Voraussetzungen dafür zu schaffen, dass Pflegeeinrichtungen nach dem Elften Buch und Leistungserbringer, die Leistungen nach den §§ 24g, 37, 37b, 37c, 39a Absatz 1 und § 39c erbringen, sowie Zugriffsberechtigte nach § 352 Nummer 9 bis 18 die Telematikinfrastruktur nutzen können.

(3) Die Gesellschaft für Telematik hat im Rahmen ihrer Aufgaben nach § 311 Absatz 1 Nummer 1 die Voraussetzungen dafür zu schaffen, dass Zugriffsberechtigte nach § 359 Absatz 1 Daten nach § 334 Absatz 1 Satz 2 Nummer 4 und 5 nutzen können.

(4) Die Gesellschaft für Telematik hat im Rahmen ihrer Aufgabenzuweisung nach § 311 Absatz 1 Nummer 10 bis zum 30. Juni 2021 die entsprechenden Komponenten der Telematikinfrastruktur anzubieten.

(5) Die Gesellschaft für Telematik hat im Rahmen ihrer Aufgabenzuweisung nach § 311 Absatz 1 Nummer 1 die Maßnahmen durchzuführen, damit Überweisungen in elektronischer Form übermittelt werden können.

(6) [1]Die Gesellschaft für Telematik hat im Rahmen ihrer Aufgabenzuweisung nach § 311 Absatz 1 Nummer 1 die Maßnahmen durchzuführen, die erforderlich sind, damit das Auslesen der Protokolldaten gemäß § 309 Absatz 1 und der Daten in Anwendungen nach § 334 Absatz 1 Satz 2 Nummer 2, 3 und 6 mittels einer Benutzeroberfläche eines geeigneten Endgeräts erfolgen kann. [2]Dabei ist ein technisches Verfahren vorzusehen, das zur Authentifizierung einen hohen Sicherheitsstandard gewährleistet.

§ 313 Elektronischer Verzeichnisdienst der Telematikinfrastruktur.

(1) [1]Die Gesellschaft für Telematik betreibt den elektronischen Verzeichnisdienst der Telematikinfrastruktur. [2]Sie kann Dritte mit dem Betrieb beauftragen. [3]Der elektronische Verzeichnisdienst kann die Daten enthalten, die erforderlich sind für die Suche, Identifikation und Adressierung von

1. Leistungserbringern,
2. organisatorischen Einheiten von Leistungserbringern und
3. anderen juristischen Personen oder deren Mitarbeitern, die die Telematikinfrastruktur nutzen.

[4]Die Daten nach Satz 3 umfassen den Namen, die Adressdaten, technische Adressierungsdaten, die eindeutige Identifikationsnummer, das Fachgebiet und den öffentlichen Teil der technischen Identität des Nutzers. [5]Die Daten von Versicherten sind nicht Teil des Verzeichnisdienstes.

(2) [1]Für jeden Nutzer wird im Verzeichnisdienst nach Absatz 1 eine Identifikationsnummer vergeben. [2]Bei der Vergabe ist sicherzustellen, dass der Bezug der Identifikationsnummer zu dem jeweiligen Nutzer nach ihrer Struktur eineindeutig hergestellt werden kann.

(3) [1]Der Verzeichnisdienst darf ausschließlich zum Zwecke der Suche, Identifikation und Adressierung der in Absatz 1 Satz 3 genannten Nutzer im Rahmen der Nutzung von Anwendungen und Diensten der Telematikinfrastruktur verwendet werden. [2]Für jeden Nutzer wird im Verzeichnisdienst vermerkt, welche Anwendungen und Dienste adressiert werden können.

(4) [1]Die Gesellschaft für Telematik hat durch geeignete organisatorische Maßnahmen und nach dem aktuellen Stand der Technik sicherzustellen, dass die Verfügbarkeit, Integrität, Authentizität und Vertraulichkeit der Daten gewährleistet wird. [2]Dazu legt sie die Vorgaben für die Datenübermittlung durch die in Absatz 5 Satz 1 benannten Stellen in einer verbindlichen Richtlinie fest.

(5) [1]Die Landesärztekammern, die Landeszahnärztekammern, die Kassenärztlichen Vereinigungen, die Kassenzahnärztlichen Vereinigungen, die Apothekerkammern der Länder, die Psychotherapeutenkammern, die Deutsche Krankenhausgesellschaft und die von den Ländern nach § 340 sowie von der Gesellschaft für Telematik nach § 315 Absatz 1 bestimmten Stellen übermitteln fortlaufend in einem automatisierten Verfahren die bei ihnen vorliegenden, im elektronischen Verzeichnisdienst nach Absatz 1 zu speichernden aktuellen Da-

ten der Nutzer nach Absatz 1 Satz 3 an den Verzeichnisdienst der Telematikinfrastruktur. [2] Die in Satz 1 Genannten oder ein von ihnen beauftragter Dritter können oder kann der Gesellschaft für Telematik die für die Suche, Identifikation und Adressierung erforderlichen Daten über ein von ihnen für ihre Mitgliederverwaltung betriebenes standardbasiertes System zur Verwaltung von Identitäten und Zugriffsrechten zur Verfügung stellen. [3] Nutzer nach Absatz 1 Satz 3, die Anwendungen und Dienste der Telematikinfrastruktur nutzen und deren Daten nach Absatz 1 Satz 3 nicht bei den in Satz 1 Genannten oder einer sie vertretenden Organisation vorliegen, übermitteln fortlaufend die aktuellen Daten nach Absatz 1 Satz 3 an die Gesellschaft für Telematik, die sie in einem automatisierten Verfahren im Verzeichnisdienst speichert. [4] Die Verpflichtung nach den Sätzen 1 und 2 gilt ab dem 1. Dezember 2020.

(6) [1] Die örtlich zuständige Kassenärztliche Vereinigung hat die für den Anschluss an die Telematikinfrastruktur erforderlichen Identifikationsmerkmale nach Absatz 1 für Eigeneinrichtungen der Krankenkassen nach § 140 zu vergeben. [2] Satz 1 gilt auch für niedergelassene Ärzte und Psychotherapeuten, die nicht bereits auf Grund anderer Vorschriften entsprechende Identifikationsmerkmale erhalten können. [3] Die örtlich zuständige Ärztekammer oder die örtlich zuständige Psychotherapeutenkammer stellen der Kassenärztlichen Vereinigung die für die Wahrnehmung der Aufgaben nach den Sätzen 1 und 2 notwendigen Informationen zur Verfügung und informieren die zuständige Kassenärztliche Vereinigung unverzüglich über für die Vergabe der Arztnummer und der im Bundesmantelvertrag für Ärzte vorgesehenen Betriebsstättennummer relevante Änderungen.

§ 314 Informationspflichten der Gesellschaft für Telematik. [1] Die Gesellschaft für Telematik ist verpflichtet, auf ihrer Internetseite und in analogem Format Informationen für die Versicherten in präziser, transparenter, verständlicher, leicht zugänglicher und barrierefreier Form zur Verfügung zu stellen über

1. die Struktur und die Funktionsweise der Telematikinfrastruktur,
2. die grundlegenden Anwendungsfälle und Funktionalitäten der elektronischen Patientenakte,
3. die Rechte der Versicherten im Umgang mit Daten in der elektronischen Patientenakte,
4. den besonderen Schutz von Gesundheitsdaten nach der Verordnung (EU) 2016/679,
5. Art und Umfang der Zugriffsrechte zugriffsberechtigter Personen nach dem Vierten Abschnitt sowie die Zwecke der Verarbeitung von Daten in der elektronischen Patientenakte durch diese zugriffsberechtigten Personen,
6. die Datenverarbeitungsvorgänge bei der Übermittlung von Daten in die elektronische Patientenakte und bei der Erhebung und Verarbeitung von Daten aus der elektronischen Patientenakte durch zugriffsberechtigte Personen,
7. die Benennung der Verantwortlichen für die Daten im Hinblick auf die verschiedenen Datenverarbeitungsvorgänge,
8. die Pflichten der datenschutzrechtlich Verantwortlichen und die Rechte des Versicherten gegenüber den datenschutzrechtlich Verantwortlichen nach der Verordnung (EU) 2016/679,
9. die Maßnahmen zur Datensicherheit und

10. die Aufgaben der koordinierenden Stelle gemäß § 307 Absatz 5 Satz 2 und 3.

[2] Für Informationen nach Satz 1, die die elektronische Patientenakte betreffen, hat die Gesellschaft für Telematik das hierzu durch den Spitzenverband Bund der Krankenkassen im Einvernehmen mit der oder dem Bundesbeauftragten für den Datenschutz und die Informationsfreiheit nach § 343 erstellte Informationsmaterial zu nutzen.

§ 315 Verbindlichkeit der Beschlüsse der Gesellschaft für Telematik.

(1) [1] Die Beschlüsse der Gesellschaft für Telematik zu den Regelungen, dem Aufbau und dem Betrieb der Telematikinfrastruktur sind für die Leistungserbringer und die Krankenkassen sowie ihre Verbände nach diesem Buch verbindlich. [2] Beschlüsse der Gesellschaft für Telematik über die Zuständigkeit für die Bereitstellung von Komponenten zur Authentifizierung von Leistungserbringerinstitutionen gelten auch für die Apothekerkammern der Länder, soweit diese Zuständigkeit nicht durch Bundes- oder Landesrecht geregelt ist.

(2) Vor der Beschlussfassung hat die Gesellschaft für Telematik der oder dem Bundesbeauftragten für den Datenschutz und die Informationsfreiheit und dem Bundesamt für Sicherheit in der Informationstechnik Gelegenheit zur Stellungnahme zu geben, sofern Belange des Datenschutzes oder der Datensicherheit berührt sind.

§ 316 Finanzierung der Gesellschaft für Telematik; Verordnungsermächtigung. (1) [1] Zur Finanzierung der Gesellschaft für Telematik zahlt der Spitzenverband Bund der Krankenkassen an die Gesellschaft für Telematik jährlich einen Betrag in Höhe von 1 Euro je Mitglied der gesetzlichen Krankenversicherung. [2] Das Bundesministerium für Gesundheit kann entsprechend dem Mittelbedarf der Gesellschaft für Telematik unter Beachtung des Gebotes der Wirtschaftlichkeit durch Rechtsverordnung ohne Zustimmung des Bundesrates einen von Satz 1 abweichenden Betrag je Mitglied der gesetzlichen Krankenversicherung festsetzen.

(2) [1] Die Zahlungen nach Absatz 1 sind quartalsweise, spätestens drei Wochen vor Beginn des jeweiligen Quartals, zu leisten. [2] Diese Zahlungen zählen nicht zu den Ausgaben nach § 4 Absatz 4 Satz 2 und 6.

Zweiter Titel. Beirat der Gesellschaft für Telematik

§ 317 Beirat der Gesellschaft für Telematik. (1) [1] Die Gesellschaft für Telematik hat einen Beirat einzurichten. [2] Der Beirat hat eine Vorsitzende oder einen Vorsitzenden. [3] Der Beirat besteht aus

1. vier Vertretern der Länder,
2. vier Vertretern der Organisationen, die für die Wahrnehmung der Interessen der Patienten, der Pflegebedürftigen und der Selbsthilfe chronisch Kranker und behinderter Menschen maßgeblich sind,
3. drei Vertretern der für die Wahrnehmung der Interessen der Industrie maßgeblichen Bundesverbände aus dem Bereich der Informationstechnologie im Gesundheitswesen,
4. drei Vertretern der Wissenschaft,

5. einem Vertreter der Spitzenorganisation, die für die Wahrnehmung der Interessen der an der hausarztzentrierten Versorgung teilnehmenden Vertragsärzte maßgeblich ist,
6. einem Vertreter aus dem Bereich der Hochschulmedizin,
7. je einem Vertreter der Vereinigungen der Träger der Pflegeeinrichtungen auf Bundesebene und der Verbände der Pflegeberufe auf Bundesebene,
8. der oder dem Bundesbeauftragten für den Datenschutz und die Informationsfreiheit,
9. der oder dem Beauftragten der Bundesregierung für die Belange der Patientinnen und Patienten.

(2) [1]Die Mitglieder nach Absatz 1 Satz 3 Nummer 1 werden von den Ländern benannt. [2]Die Mitglieder nach Absatz 1 Satz 3 Nummer 2 bis 5 und 7 werden von der Gesellschafterversammlung der Gesellschaft für Telematik benannt. [3]Der Vertreter nach Absatz 1 Satz 3 Nummer 6 wird durch das Bundesministerium für Gesundheit im Einvernehmen mit dem Bundesministerium für Bildung und Forschung benannt.

(3) Die Gesellschafterversammlung der Gesellschaft für Telematik kann Vertreter weiterer Gruppen und Bundesbehörden sowie bis zu fünf unabhängige Experten als Mitglieder des Beirats berufen.

(4) [1]Jeweils ein Vertreter für jeden Gesellschafter sowie die Geschäftsführung der Gesellschaft für Telematik können an den Sitzungen des Beirats teilnehmen. [2]Die oder der Vorsitzende des Beirats oder bei deren oder dessen Verhinderung die zur Stellvertretung berechtigte Person kann an den Gesellschafterversammlungen der Gesellschaft für Telematik teilnehmen.

(5) Der Beirat gibt sich eine Geschäftsordnung.

§ 318 Aufgaben des Beirats. (1) [1]Der Beirat hat die Gesellschaft für Telematik in fachlichen Belangen zu beraten. [2]Er vertritt die Interessen der im Beirat Vertretenen gegenüber der Gesellschaft für Telematik und fördert den fachlichen Austausch zwischen der Gesellschaft für Telematik und den im Beirat Vertretenen.

(2) [1]Der Beirat ist vor der Beschlussfassung der Gesellschafterversammlung der Gesellschaft für Telematik zu Angelegenheiten von grundsätzlicher Bedeutung zu hören. [2]Er kann hierzu vor der Beschlussfassung innerhalb von zwei Wochen nach Erhalt der erforderlichen Informationen und Unterlagen schriftlich Stellung nehmen. [3]Auf Verlangen des Beirats ist dessen Stellungnahme auf der Internetseite der Gesellschaft für Telematik zu veröffentlichen.

(3) Der Beirat kann der Gesellschafterversammlung der Gesellschaft für Telematik Angelegenheiten von grundsätzlicher Bedeutung zur Befassung vorlegen.

(4) Zu Angelegenheiten von grundsätzlicher Bedeutung gehören insbesondere

1. Fachkonzepte zu Anwendungen der elektronischen Gesundheitskarte,
2. Planungen und Konzepte für die Erprobung und den Betrieb der Telematikinfrastruktur sowie
3. Konzepte zur Evaluation von Erprobungsphasen und Anwendungen.

(5) [1]Um dem Beirat die Wahrnehmung seiner Aufgaben nach den Absätzen 1 bis 3 zu ermöglichen, hat die Gesellschaft für Telematik dem Beirat alle hierzu erforderlichen Informationen und Unterlagen in für die Beiratsmitglieder ver-

ständlicher Form zur Verfügung zu stellen. [2]Die Informationen und Unterlagen sind so rechtzeitig zur Verfügung zu stellen, dass der Beirat sich mit ihnen inhaltlich befassen und innerhalb der Frist nach Absatz 2 Satz 2 Stellung nehmen kann.

(6) [1]Die Gesellschaft für Telematik prüft die Stellungnahmen des Beirats nach den Absätzen 2 und 3 fachlich. [2]Das Ergebnis der Prüfung, einschließlich Aussagen darüber, inwieweit sie die Empfehlungen des Beirats berücksichtigt, teilt sie dem Beirat schriftlich mit. [3]Die Gesellschafterversammlung ist ebenfalls über das Ergebnis der Prüfung zu unterrichten.

Dritter Titel. Schlichtungsstelle der Gesellschaft für Telematik

§ 319 Schlichtungsstelle der Gesellschaft für Telematik. (1) [1]Bei der Gesellschaft für Telematik ist eine Schlichtungsstelle einzurichten. [2]Die Schlichtungsstelle wird tätig, soweit dies gesetzlich bestimmt ist.

(2) Die Gesellschaft für Telematik ist verpflichtet, der Schlichtungsstelle nach deren Vorgaben unverzüglich zuzuarbeiten.

(3) Die Schlichtungsstelle gibt sich eine Geschäftsordnung.

§ 320 Zusammensetzung der Schlichtungsstelle; Finanzierung.

(1) [1]Die Schlichtungsstelle besteht aus einer oder einem unparteiischen Vorsitzenden und zwei weiteren Mitgliedern. [2]Die Amtsdauer der Mitglieder der Schlichtungsstelle beträgt zwei Jahre. [3]Die Wiederbenennung ist zulässig.

(2) [1]Über die unparteiische Vorsitzende oder den unparteiischen Vorsitzenden der Schlichtungsstelle sollen sich die Gesellschafter der Gesellschaft für Telematik einigen. [2]Das Bundesministerium für Gesundheit kann hierfür eine angemessene Frist setzen. [3]Kommt bis zum Ablauf der Frist keine Einigung zustande, benennt das Bundesministerium für Gesundheit den Vorsitzenden oder die Vorsitzende.

(3) [1]Der Spitzenverband Bund der Krankenkassen benennt einen Vertreter als Mitglied der Schlichtungsstelle. [2]Die übrigen in § 306 Absatz 1 genannten Spitzenorganisationen benennen einen gemeinsamen Vertreter als Mitglied der Schlichtungsstelle.

(4) [1]Die in § 306 Absatz 1 genannten Spitzenorganisationen tragen die Kosten für die von ihnen benannten Vertreter jeweils selbst. [2]Die Kosten für den Vorsitzenden sowie die sonstigen Kosten der Schlichtungsstelle werden aus den Finanzmitteln der Gesellschaft für Telematik finanziert.

§ 321 Beschlussfassung der Schlichtungsstelle. (1) [1]Jedes Mitglied der Schlichtungsstelle hat eine Stimme. [2]Eine Stimmenthaltung ist nicht zulässig.

(2) Die Schlichtungsstelle entscheidet mit einfacher Stimmenmehrheit.

§ 322 Rechtsaufsicht des Bundesministeriums für Gesundheit über die Schlichtungsstelle. (1) Die Entscheidung der Schlichtungsstelle ist dem Bundesministerium für Gesundheit zur Prüfung vorzulegen.

(2) [1]Bei der Prüfung der Entscheidung hat das Bundesministerium für Gesundheit der oder dem Bundesbeauftragten für den Datenschutz und die Informationsfreiheit Gelegenheit zur Stellungnahme zu geben. [2]Das Bundesministerium für Gesundheit setzt für die Stellungnahme eine angemessene Frist.

(3) [1]Das Bundesministerium für Gesundheit kann die Entscheidung, soweit sie gegen Gesetz oder sonstiges Recht verstößt, innerhalb von einem Monat beanstanden. [2]Werden die Beanstandungen nicht innerhalb einer vom Bundesministerium für Gesundheit gesetzten Frist behoben, so kann das Bundesministerium für Gesundheit anstelle der Schlichtungsstelle entscheiden.

(4) Die Gesellschaft für Telematik ist verpflichtet, dem Bundesministerium für Gesundheit zur Vorbereitung seiner Entscheidung unverzüglich nach dessen Weisungen zuzuarbeiten.

(5) Die Entscheidungen nach den Absätzen 1 und 3 Satz 2 sind für die Leistungserbringer und Krankenkassen sowie für ihre Verbände nach diesem Buch verbindlich.

Dritter Abschnitt. Betrieb der Telematikinfrastruktur

§ 323 Betriebsleistungen. (1) Betriebsleistungen sind auf der Grundlage der von der Gesellschaft für Telematik nach Maßgabe des § 306 Absatz 3 festzulegenden Rahmenbedingungen zu erbringen.

(2) [1]Zur Durchführung des Betriebs der Telematikinfrastruktur vergibt die Gesellschaft für Telematik Aufträge oder erteilt in einem transparenten und diskriminierungsfreien Verfahren Zulassungen. [2]Sind nach § 311 Absatz 5 einzelne Gesellschafter oder Dritte beauftragt worden, so sind die Beauftragten für die Vergabe und für die Erteilung der Zulassung zuständig; § 311 Absatz 7 gilt entsprechend.

§ 324 Zulassung von Anbietern von Betriebsleistungen. (1) [1]Anbieter von Betriebsleistungen haben einen Anspruch auf Zulassung, wenn

1. die zu verwendenden Komponenten und Dienste nach Maßgabe von § 311 Absatz 6 und § 325 zugelassen sind,
2. der Anbieter den Nachweis erbringt, dass die Verfügbarkeit und Sicherheit der Betriebsleistungen gewährleistet sind und
3. der Anbieter sich verpflichtet, die Rahmenbedingungen für Betriebsleistungen der Gesellschaft für Telematik einzuhalten.

[2]Die Zulassung kann mit Nebenbestimmungen versehen werden.

(2) Die Gesellschaft für Telematik kann die Anzahl der Zulassungen beschränken, soweit dies zur Gewährleistung von Funktionalität, Interoperabilität und des notwendigen Sicherheitsniveaus erforderlich ist.

(3) Die Gesellschaft für Telematik oder die von ihr beauftragten Organisationen veröffentlicht oder veröffentlichen

1. die fachlichen und sachlichen Voraussetzungen, die für den Nachweis nach Absatz 1 Satz 1 Nummer 2 erfüllt sein müssen sowie
2. eine Liste mit den zugelassenen Anbietern.

§ 325 Zulassung von Komponenten und Diensten der Telematikinfrastruktur. (1) Die Komponenten und Dienste der Telematikinfrastruktur bedürfen der Zulassung durch die Gesellschaft für Telematik.

(2) [1]Die Gesellschaft für Telematik lässt die Komponenten und Dienste der Telematikinfrastruktur auf Antrag der Anbieter zu, wenn die Komponenten und Dienste funktionsfähig, interoperabel und sicher sind. [2]Die Zulassung kann mit Nebenbestimmungen versehen werden.

(3) [1]Die Gesellschaft für Telematik prüft die Funktionsfähigkeit und Interoperabilität von Komponenten und Diensten der Telematikinfrastruktur auf der Grundlage der von ihr veröffentlichten Prüfkriterien. [2]Der Nachweis der Sicherheit erfolgt durch eine Sicherheitszertifizierung nach den Vorgaben des Bundesamtes für Sicherheit in der Informationstechnik. [3]Abweichend von Satz 2 kann die Gesellschaft für Telematik im Einvernehmen mit dem Bundesamt für Sicherheit in der Informationstechnik eine andere Form des Nachweises der Sicherheit festlegen, wenn eine Sicherheitszertifizierung auf Grund des geringen Gefährdungspotentials der zu prüfenden Dienste und Komponenten nicht erforderlich ist oder der hierfür erforderliche Aufwand außer Verhältnis steht und die andere Form des Nachweises die Sicherheit gleichwertig gewährleistet. [4]Die Vorgaben müssen geeignet sein, abgestuft im Verhältnis zum Gefährdungspotential Verfügbarkeit, Integrität, Authentizität und Vertraulichkeit der Dienste und Komponenten sicherzustellen. [5]Das Nähere zum Zulassungsverfahren und zu den Prüfkriterien wird von der Gesellschaft für Telematik im Benehmen mit dem Bundesamt für Sicherheit in der Informationstechnik festgelegt.

(4) [1]Die Gesellschaft für Telematik kann eine befristete Genehmigung zur Verwendung von nicht zugelassenen Komponenten und Diensten in der Telematikinfrastruktur erteilen, wenn dies zur Aufrechterhaltung der Funktionsfähigkeit, der Sicherheit der Telematikinfrastruktur oder wesentlicher Teile hiervon erforderlich ist. [2]Soweit die befristete Genehmigung der Aufrechterhaltung der Sicherheit dient, ist die Genehmigung im Einvernehmen mit dem Bundesamt für Sicherheit in der Informationstechnik zu erteilen.

(5) Die Gesellschaft für Telematik veröffentlicht eine Liste mit den zugelassenen Komponenten und Diensten auf ihrer Internetseite.

(6) [1]Die für die Aufgaben nach Absatz 3 Satz 2 und 4 sowie nach Absatz 4 Satz 2 beim Bundesamt für Sicherheit in der Informationstechnik entstehenden Kosten sind diesem durch die Gesellschaft für Telematik zu erstatten. [2]Die Gesellschaft für Telematik legt die Einzelheiten der Kostenerstattung im Einvernehmen mit dem Bundesamt für Sicherheit in der Informationstechnik fest.

§ 326 Verbot der Nutzung der Telematikinfrastruktur ohne Zulassung oder Bestätigung. Anbieter von Betriebsleistungen oder von Komponenten und Diensten der Telematikinfrastruktur müssen über die nach § 323 Absatz 2 und § 325 Absatz 1 erforderliche Zulassung oder über die nach § 327 Absatz 2 Satz 1 erforderliche Bestätigung verfügen, bevor sie die Telematikinfrastruktur nutzen.

§ 327 Weitere Anwendungen der Telematikinfrastruktur; Bestätigungsverfahren. (1) Für weitere Anwendungen ohne Nutzung der elektronischen Gesundheitskarte nach § 306 Absatz 1 Satz 2 Nummer 2 Buchstabe a darf die Telematikinfrastruktur nur verwendet werden, wenn

1. es sich um eine Anwendung des Gesundheitswesens, der Rehabilitation, der Pflege oder um eine Anwendung zum Zwecke der Gesundheits- und Pflegeforschung handelt,
2. die Wirksamkeit der Maßnahmen zur Gewährleistung von Datenschutz und Datensicherheit sowie die Verfügbarkeit und Nutzbarkeit der Telematikinfrastruktur nicht beeinträchtigt werden,

3. im Fall der Verarbeitung personenbezogener Daten die dafür geltenden Vorschriften zum Datenschutz eingehalten und die erforderlichen technischen und organisatorischen Maßnahmen entsprechend dem Stand der Technik getroffen werden, um die Anforderungen an die Sicherheit der Anwendung im Hinblick auf die Schutzbedürftigkeit der Daten zu gewährleisten und
4. bei den dafür erforderlichen technischen Systemen und Verfahren Barrierefreiheit für den Versicherten gewährleistet ist.

(2) [1] Weitere Anwendungen nach § 306 Absatz 1 Satz 2 Nummer 2 Buchstabe a bedürfen zur Nutzung der Telematikinfrastruktur der Bestätigung durch die Gesellschaft für Telematik. [2] Die Gesellschaft für Telematik legt im Einvernehmen mit dem Bundesamt für Sicherheit in der Informationstechnik und der oder dem Bundesbeauftragten für den Datenschutz und die Informationsfreiheit das Nähere zu den erforderlichen Voraussetzungen für die Nutzung der Telematikinfrastruktur fest und veröffentlicht diese Voraussetzungen auf ihrer Internetseite.

(3) [1] Die Erfüllung der Voraussetzungen muss der Anbieter einer Anwendung in einem Bestätigungsverfahren nachweisen. [2] Das Bestätigungsverfahren wird auf Antrag eines Anbieters einer Anwendung durchgeführt. [3] Die Bestätigung kann mit Nebenbestimmungen versehen werden.

(4) Die Einzelheiten des Bestätigungsverfahrens nach Absatz 2 sowie die dazu erforderlichen Prüfkriterien legt die Gesellschaft für Telematik im Benehmen mit dem Bundesamt für Sicherheit in der Informationstechnik fest und veröffentlicht sie auf ihrer Internetseite.

(5) Die Gesellschaft für Telematik veröffentlicht eine Liste mit den bestätigten Anwendungen auf ihrer Internetseite.

(6) Für Leistungserbringer in der gesetzlichen Kranken- und Pflegeversicherung, die die Telematikinfrastruktur für Anwendungen nach § 306 Absatz 1 Satz 2 Nummer 2 Buchstabe a nutzen wollen und für die noch keine sicheren Authentisierungsverfahren nach § 311 Absatz 1 Satz 1 Nummer 1 Buchstabe e festgelegt sind, legt die Gesellschaft für Telematik diese Verfahren im Einvernehmen mit dem Bundesamt für Sicherheit in der Informationstechnik fest und veröffentlicht diese auf ihrer Internetseite.

(7) [1] Die für die Wahrnehmung von Aufgaben nach Absatz 2 beim Bundesamt für Sicherheit in der Informationstechnik sowie bei der oder dem Bundesbeauftragten für den Datenschutz und die Informationsfreiheit entstehenden Kosten sowie die für die Wahrnehmung von Aufgaben nach den Absätzen 4 und 6 beim Bundesamt für Sicherheit in der Informationstechnik entstehenden Kosten sind durch die Gesellschaft für Telematik zu erstatten. [2] Die Gesellschaft für Telematik legt die Einzelheiten der Kostenerstattung jeweils im Einvernehmen mit dem Bundesamt für Sicherheit in der Informationstechnik sowie der oder dem Bundesbeauftragten für den Datenschutz und die Informationsfreiheit fest.

(8) [1] Für die Nutzung der Telematikinfrastruktur für Anwendungen nach § 306 Absatz 1 Satz 2 Nummer 2 Buchstabe a kann die Gesellschaft für Telematik von dem jeweiligen Anbieter Entgelte verlangen. [2] Die Nutzung ist unentgeltlich, sofern die Anwendungen in diesem, im Elften Buch oder im Implantateregistergesetz geregelt sind oder zur Erfüllung einer gesetzlichen Verpflichtung, insbesondere gesetzlicher Meldepflichten im Gesundheitswesen, genutzt werden. [3] Davon unberührt bleibt die Verpflichtung eines Anbieters

von Anwendungen nach § 306 Absatz 1 Satz 2 Nummer 2 Buchstabe a, die Kosten für seinen Anschluss an die zentrale Telematikinfrastruktur zu tragen.

§ 328 Gebühren und Auslagen; Verordnungsermächtigung. (1) [1]Die Gesellschaft für Telematik kann für die Zulassungen und Bestätigungen nach den §§ 324, 325 und 327 Gebühren und Auslagen erheben. [2]Die Gebührensätze sind so zu bemessen, dass sie den auf die Leistungen entfallenden durchschnittlichen Personal- und Sachaufwand nicht übersteigen.

(2) Das Bundesministerium für Gesundheit wird ermächtigt, durch Rechtsverordnung ohne Zustimmung des Bundesrates die gebührenpflichtigen Tatbestände zu bestimmen und dabei feste Sätze oder Rahmensätze vorzusehen sowie Regelungen über die Gebührenentstehung, die Gebührenerhebung, die Erstattung von Auslagen, den Gebührenschuldner, Gebührenbefreiungen, die Fälligkeit, die Stundung, die Niederschlagung, den Erlass, Säumniszuschläge, die Verjährung und die Erstattung zu treffen.

Vierter Abschnitt. Überwachung von Funktionsfähigkeit und Sicherheit

§ 329 Maßnahmen zur Abwehr von Gefahren für die Funktionsfähigkeit und Sicherheit der Telematikinfrastruktur. (1) [1]Soweit von Komponenten und Diensten eine Gefahr für die Funktionsfähigkeit oder Sicherheit der Telematikinfrastruktur ausgeht, ist die Gesellschaft für Telematik verpflichtet, unverzüglich die erforderlichen technischen und organisatorischen Maßnahmen zur Abwehr dieser Gefahr entsprechend dem Stand der Technik zu treffen. [2]Die Gesellschaft für Telematik informiert das Bundesamt für Sicherheit in der Informationstechnik unverzüglich über die Gefahr und die getroffenen Maßnahmen.

(2) [1]Anbieter von nach § 311 Absatz 6 sowie § 325 zugelassenen Komponenten oder Diensten und Anbieter von Anwendungen für nach § 327 bestätigte Anwendungen haben erhebliche Störungen der Verfügbarkeit, Integrität, Authentizität und Vertraulichkeit dieser Komponenten oder Dienste unverzüglich an die Gesellschaft für Telematik zu melden. [2]Erheblich sind Störungen, die zum Ausfall oder zur Beeinträchtigung der Sicherheit oder Funktionsfähigkeit dieser Komponenten oder Dienste oder zum Ausfall oder zur Beeinträchtigung der Sicherheit oder Funktionsfähigkeit der Telematikinfrastruktur oder wesentlicher Teile führen können oder bereits geführt haben.

(3) [1]Die Gesellschaft für Telematik kann zur Gefahrenabwehr im Einzelfall insbesondere Komponenten und Dienste für den Zugang zur Telematikinfrastruktur sperren oder den weiteren Zugang zur Telematikinfrastruktur nur unter der Bedingung gestatten, dass die von der Gesellschaft für Telematik angeordneten Maßnahmen zur Beseitigung der Gefahr umgesetzt werden. [2]Die Gesellschaft für Telematik kann Anbietern, die eine Zulassung für Komponenten oder Dienste der Telematikinfrastruktur nach § 311 Absatz 6 sowie § 325 oder eine Bestätigung nach § 327 besitzen, zur Beseitigung oder Vermeidung von Störungen nach Absatz 2 verbindliche Anweisungen erteilen.

(4) Die Gesellschaft für Telematik hat die ihr nach Absatz 2 gemeldeten Störungen sowie darüber hinausgehende bedeutende Störungen, die zu beträchtlichen Auswirkungen auf die Sicherheit oder Funktionsfähigkeit der

Telematikinfrastruktur führen können oder bereits geführt haben, unverzüglich an das Bundesamt für Sicherheit in der Informationstechnik zu melden.

(5) Die Gesellschaft für Telematik hat das Bundesministerium für Gesundheit unverzüglich über Meldungen nach Absatz 4 zu informieren.

§ 330 Vermeidung von Störungen der informationstechnischen Systeme, Komponenten und Prozesse der Telematikinfrastruktur.

(1) [1] Die Gesellschaft für Telematik sowie die gemäß § 307 verantwortlichen Anbieter, die eine Zulassung für Komponenten oder Dienste nach § 311 Absatz 6 sowie § 325 oder eine Bestätigung nach § 327 besitzen, sind verpflichtet, angemessene organisatorische und technische Vorkehrungen zur Vermeidung von Störungen der Verfügbarkeit, Integrität, Authentizität und Vertraulichkeit der informationstechnischen Systeme, Komponenten oder Prozesse der Telematikinfrastruktur zu treffen und fortlaufend zu aktualisieren. [2] Dabei ist der jeweilige Stand der Technik zu berücksichtigen. [3] Organisatorische und technische Vorkehrungen sind dann angemessen, wenn der dafür erforderliche Aufwand nicht außer Verhältnis zu den Folgen eines Ausfalls oder einer Beeinträchtigung der Telematikinfrastruktur insgesamt oder von solchen Diensten der Telematikinfrastruktur steht, die durch Störungen verursacht werden können.

(2) [1] Die Gesellschaft für Telematik hat mindestens alle zwei Jahre über die Erfüllung der Anforderungen an die Vermeidung von Störungen der Verfügbarkeit, Integrität, Authentizität und Vertraulichkeit der informationstechnischen Systeme, Komponenten oder Prozesse der Telematikinfrastruktur geeignete Nachweise zu erbringen. [2] Der Nachweis kann jeweils insbesondere durch Audits, Prüfungen oder Zertifizierungen erfolgen, die von geeigneten und unabhängigen externen Stellen durchgeführt werden.

(3) [1] Die Gesellschaft für Telematik informiert das Bundesministerium für Gesundheit und das Bundesamt für Sicherheit in der Informationstechnik in geeigneter Weise über erkannte Sicherheitsmängel und die Nachweise nach Absatz 2. [2] Die Gesellschaft für Telematik kann von den Inhabern einer Zulassung für Komponenten oder Dienste der Telematikinfrastruktur nach § 311 Absatz 6 sowie § 325 oder Inhabern einer Bestätigung nach § 327 geeignete Nachweise zur Erfüllung ihrer Pflichten nach Absatz 1 verlangen.

(4) Die Meldepflichten nach Artikel 33 der Verordnung (EU) 2016/679 bleiben unberührt.

§ 331 Maßnahmen zur Überwachung des Betriebs zur Gewährleistung der Sicherheit, Verfügbarkeit und Nutzbarkeit der Telematikinfrastruktur. (1) Die Gesellschaft für Telematik hat ab dem 1. Januar 2021 für Komponenten und Dienste der Telematikinfrastruktur sowie für Komponenten und Dienste, die die Telematikinfrastruktur nutzen, aber außerhalb der Telematikinfrastruktur betrieben werden, im Benehmen mit dem Bundesamt für Sicherheit in der Informationstechnik solche Maßnahmen zur Überwachung des Betriebs zu treffen, die erforderlich sind, um die Sicherheit, Verfügbarkeit und Nutzbarkeit der Telematikinfrastruktur zu gewährleisten.

(2) Die Gesellschaft für Telematik legt fest, welche näheren Angaben ihr die Anbieter der Komponenten und Dienste offenzulegen haben, damit die Überwachung nach Absatz 1 durchgeführt werden kann.

(3) [1] Die Verpflichtung der Gesellschaft für Telematik nach § 330 Absatz 1 Satz 1, zur Vermeidung von Störungen angemessene organisatorische und technische Vorkehrungen zu treffen, umfasst auch den Einsatz von geeigneten Systemen zur Erkennung von Störungen und Angriffen. [2] Der Einsatz der Systeme erfolgt im Benehmen mit der oder dem Bundesbeauftragten für den Datenschutz und die Informationsfreiheit und dem Bundesamt für Sicherheit in der Informationstechnik.

(4) [1] Die Gesellschaft für Telematik darf die für den Einsatz der Systeme nach Absatz 3 erforderlichen Daten verarbeiten. [2] Die im Rahmen des Einsatzes dieser Systeme verarbeiteten Daten sind unverzüglich zu löschen, wenn sie für die Vermeidung von Störungen nach § 330 Absatz 1 Satz 1 nicht mehr erforderlich sind, spätestens jedoch nach zehn Jahren.

(5) [1] Die für die Aufgaben nach den Absätzen 1 und 3 beim Bundesamt für Sicherheit in der Informationstechnik entstehenden Kosten sind diesem durch die Gesellschaft für Telematik zu erstatten. [2] Die Gesellschaft für Telematik legt die Einzelheiten der Kostenerstattung im Einvernehmen mit dem Bundesamt für Sicherheit in der Informationstechnik fest.

§ 332 Anforderungen an die Wartung von Diensten. (1) Dienstleister, die mit der Herstellung und der Wartung des Anschlusses von informationstechnischen Systemen der Leistungserbringer an die Telematikinfrastruktur einschließlich der Wartung hierfür benötigter Komponenten sowie der Anbindung an Dienste der Telematikinfrastruktur beauftragt werden, müssen besondere Sorgfalt bei der Herstellung und Wartung des Anschlusses an die Telematikinfrastruktur walten lassen und über die notwendige Fachkunde verfügen, um die Verfügbarkeit, Integrität, Authentizität und Vertraulichkeit der informationstechnischen Systeme und Komponenten zu gewährleisten.

(2) Die Erfüllung der Anforderungen nach Absatz 1 muss den Leistungserbringern auf Verlangen auf geeignete Weise nachgewiesen werden.

(3) [1] Zur Erfüllung der Anforderungen nach Absatz 1 und des Nachweises nach Absatz 2 können die maßgeblichen Spitzenorganisationen der Leistungserbringer auf Bundesebene den von ihnen vertretenen Leistungserbringern in Abstimmung mit der Gesellschaft für Telematik Hinweise geben. [2] Der Gesellschaft für Telematik obliegt hierbei die Beachtung der notwendigen sicherheitstechnischen und betrieblichen Voraussetzungen zur Wahrung der Sicherheit und Funktionsfähigkeit der Telematikinfrastruktur.

§ 333 Überprüfung durch das Bundesamt für Sicherheit in der Informationstechnik. (1) Die Gesellschaft für Telematik legt dem Bundesamt für Sicherheit in der Informationstechnik auf Verlangen die folgenden Unterlagen und Informationen unverzüglich, spätestens aber innerhalb von zwei Wochen vor:

1. die Zulassungen nach § 311 Absatz 6 sowie den §§ 324 und 325 und Bestätigungen nach § 327 einschließlich der zugrunde gelegten Dokumentation,
2. eine Aufstellung der nach den §§ 329 bis 331 getroffenen Maßnahmen einschließlich der festgestellten Sicherheitsmängel und Ergebnisse der Maßnahmen und

3. sonstige für die Bewertung der Sicherheit der Telematikinfrastruktur sowie der zugelassenen Dienste und bestätigten Anwendungen erforderliche Informationen.

(2) Ergibt die Bewertung der in Absatz 1 genannten Informationen Sicherheitsmängel, so kann das Bundesamt für Sicherheit in der Informationstechnik der Gesellschaft für Telematik verbindliche Anweisungen zur Beseitigung der festgestellten Sicherheitsmängel erteilen.

(3) Die Gesellschaft für Telematik ist befugt, Anbietern von zugelassenen Diensten und bestätigten Anwendungen nach § 311 Absatz 6 sowie nach den §§ 325 und 327 verbindliche Anweisungen zur Beseitigung der Sicherheitsmängel zu erteilen, die von der Gesellschaft für Telematik oder vom Bundesamt für Sicherheit in der Informationstechnik festgestellt wurden.

(4) Die dem Bundesamt für Sicherheit in der Informationstechnik entstandenen Kosten der Überprüfung tragen

1. die Gesellschaft für Telematik, sofern das Bundesamt für Sicherheit in der Informationstechnik auf Grund von Anhaltspunkten tätig geworden ist, die berechtigte Zweifel an der Sicherheit der Telematikinfrastruktur begründeten,
2. der Anbieter von zugelassenen Diensten und bestätigten Anwendungen nach § 311 Absatz 6 sowie den §§ 325 und 327, sofern das Bundesamt für Sicherheit in der Informationstechnik auf Grund von Anhaltspunkten tätig geworden ist, die berechtigte Zweifel an der Sicherheit der zugelassenen Dienste und bestätigten Anwendungen begründeten.

Fünfter Abschnitt. Anwendungen der Telematikinfrastruktur

Erster Titel. Allgemeine Vorschriften

§ 334 Anwendungen der Telematikinfrastruktur. (1) [1]Die Anwendungen der Telematikinfrastruktur dienen der Verbesserung der Wirtschaftlichkeit, der Qualität und der Transparenz der Versorgung. [2]Anwendungen sind:

1. die elektronische Patientenakte nach § 341,
2. Erklärungen der Versicherten zur Organ- und Gewebespende (elektronische Erklärung zur Organ- und Gewebespende) und Hinweise der Versicherten auf das Vorhandensein und den Aufbewahrungsort von Erklärungen zur Organ- und Gewebespende,
3. Hinweise der Versicherten auf das Vorhandensein und den Aufbewahrungsort von Vorsorgevollmachten oder Patientenverfügungen nach § 1901a des Bürgerlichen Gesetzbuchs,
4. der Medikationsplan nach § 31a einschließlich Daten zur Prüfung der Arzneimitteltherapiesicherheit (elektronischer Medikationsplan),
5. medizinische Daten, soweit sie für die Notfallversorgung erforderlich sind (elektronische Notfalldaten) sowie
6. elektronische Verordnungen.

(2) Die Anwendungen nach Absatz 1 Satz 2 Nummer 1 bis 5 werden von der elektronischen Gesundheitskarte unterstützt.

(3) [1]Die Gesellschaft für Telematik kann über die in Absatz 1 genannten Anwendungen hinaus bereits Festlegungen und Maßnahmen zu zusätzlichen Anwendungen der Telematikinfrastruktur treffen, die insbesondere dem wei-

teren Ausbau des elektronischen Austausches von Befunden, Diagnosen, Therapieempfehlungen, Behandlungsberichten, Formularen, Erklärungen und Unterlagen dienen. [2]Die Zulassung gemäß § 325 Absatz 1 darf erst erfolgen, wenn die insoweit erforderlichen gesetzlichen Rahmenbedingungen, wie insbesondere die Bestimmung als Anwendung der Telematikinfrastruktur in Absatz 1 sowie die Zugriffsberechtigungen auf Daten der Anwendung, in Kraft getreten sind.

(4) [1]Beim Bundesinstitut für Arzneimittel und Medizinprodukte wird zum 1. Januar 2021 eine Meldestelle für die Nutzer von Anwendungen nach Absatz 1 eingerichtet, die versorgungsrelevante Fehlerkonstellationen bei der Nutzung dieser Anwendungen im medizinischen Versorgungsalltag in nicht personenbezogener Form erfasst und systematisch bewertet. [2]Das Bundesinstitut für Arzneimittel und Medizinprodukte übermittelt seine Bewertung der Gesellschaft für Telematik, die diese bei der Weiterentwicklung der Anwendungen nach Absatz 1 zu berücksichtigen hat.

§ 335 Diskriminierungsverbot. (1) Von Versicherten darf der Zugriff auf Daten in einer Anwendung nach § 334 Absatz 1 Satz 2 nicht verlangt werden.

(2) Mit den Versicherten darf nicht vereinbart werden, den Zugriff auf Daten in einer Anwendung nach § 334 Absatz 1 Satz 2 anderen als den in den §§ 352, 356 Absatz 1, in § 357 Absatz 1, § 359 Absatz 1, § 361 Absatz 2 Satz 1 und § 363 genannten Personen oder zu anderen als den dort genannten Zwecken, einschließlich der Abrechnung der zum Zweck der Versorgung erbrachten Leistungen, zu gestatten.

(3) Die Versicherten dürfen nicht bevorzugt oder benachteiligt werden, weil sie einen Zugriff auf Daten in einer Anwendung nach § 334 Absatz 1 Satz 2 bewirkt oder verweigert haben.

§ 336 Zugriffsrechte der Versicherten. (1) Jeder Versicherte ist berechtigt, auf Daten in einer Anwendung nach § 334 Absatz 1 Satz 2 Nummer 1 bis 3 und 6 mittels seiner elektronischen Gesundheitskarte barrierefrei zuzugreifen, wenn er sich für diesen Zugriff jeweils durch ein geeignetes technisches Verfahren authentifiziert hat.

(2) Jeder Versicherte ist berechtigt, auf Daten in einer Anwendung nach § 334 Absatz 1 Satz 2 Nummer 1 auch ohne den Einsatz seiner elektronischen Gesundheitskarte mittels einer Benutzeroberfläche eines geeigneten Endgeräts zuzugreifen, wenn

1. der Versicherte nach umfassender Information durch seine Krankenkasse über die Besonderheiten eines Zugriffs ohne den Einsatz der elektronischen Gesundheitskarte gegenüber seiner Krankenkasse schriftlich oder elektronisch erklärt hat, dieses Zugriffsverfahren auf Daten in einer Anwendung nach § 334 Absatz 1 Satz 2 Nummer 1 nutzen zu wollen und
2. der Versicherte sich für diesen Zugriff auf Daten in einer Anwendung nach § 334 Absatz 1 Satz 2 Nummer 1 jeweils durch ein geeignetes technisches Verfahren, das einen hohen Sicherheitsstandard gewährleistet, authentifiziert hat.

(3) Jeder Versicherte ist berechtigt, Daten in einer Anwendung nach § 334 Absatz 1 Satz 2 Nummer 4 und 5 bei einem Leistungserbringer einzusehen, der

mittels seines elektronischen Heilberufsausweises nach Maßgabe des § 339 Absatz 3 zugreift.

(4) Jeder Versicherte ist berechtigt, auf Daten in einer Anwendung nach § 334 Absatz 1 Satz 2 Nummer 6 mittels eines geeigneten technischen Verfahrens, das zur Authentifizierung einen hohen Sicherheitsstandard gewährleistet, zuzugreifen.

(5) Der Zugriff eines Versicherten auf Daten in Anwendungen nach § 334 Absatz 1 Satz 2 Nummer 1 und 6 durch das geeignete technische Verfahren nach Absatz 1 mittels der elektronischen Gesundheitskarte darf erst erfolgen, wenn

1. die elektronische Gesundheitskarte des Versicherten oder deren persönliche Identifikationsnummer (PIN) mit einem sicheren Verfahren, insbesondere mittels eines Postzustellungsauftrags, persönlich an den Versicherten zugestellt wurde oder
2. eine Übergabe der elektronischen Gesundheitskarte oder deren PIN in einer Geschäftsstelle der Krankenkasse erfolgt ist, oder
3. eine nachträgliche, sichere Identifikation des Versicherten und seiner bereits ausgegebenen elektronischen Gesundheitskarte erfolgt ist.

(6) [1] Soweit ein technisches Verfahren ohne Einsatz der elektronischen Gesundheitskarte nach den Absätzen 2 und 4 für den Zugriff auf Anwendungen nach § 334 Absatz 1 Satz 2 Nummer 1 und 6 genutzt wird, ist eine einmalige sichere Identifikation des Versicherten notwendig, die einen hohen Sicherheitsstandard gewährleistet. [2] Dafür kann eine elektronische Gesundheitskarte genutzt werden, die den Anforderungen an eine sichere Identifikation nach Absatz 5 genügt.

(7) Der Spitzenverband Bund der Krankenkassen kann im Einvernehmen mit dem Bundesamt für Sicherheit in der Informationstechnik und der oder dem Bundesbeauftragten für den Datenschutz und die Informationsfreiheit in der Richtlinie nach § 217f Absatz 4b Satz 1 abweichend von Absatz 5 zusätzliche Maßnahmen festlegen, wenn dies auf Grund des Gefährdungspotentials erforderlich ist.

§ 337 Recht der Versicherten auf Verarbeitung von Daten sowie auf Erteilung von Zugriffsberechtigungen auf Daten. (1) Jeder Versicherte ist berechtigt, Daten in einer Anwendung nach § 334 Absatz 1 Satz 2 Nummer 1 auszulesen und zu übermitteln sowie Daten in einer Anwendung nach § 334 Absatz 1 Satz 2 Nummer 1, soweit es sich um Daten nach § 341 Absatz 2 Satz 2 Nummer 6 handelt, und Daten in einer Anwendung nach § 334 Absatz 1 Satz 2 Nummer 2 und 3 zu verarbeiten.

(2) [1] Der Versicherte ist berechtigt, Daten in einer Anwendung nach § 334 Absatz 1 Satz 2 Nummer 1 bis 3 und 6 eigenständig zu löschen. [2] Im Übrigen müssen Daten in einer Anwendung nach § 334 Absatz 1 Satz 2 Nummer 1 bis 6 auf Verlangen der Versicherten durch die nach Maßgabe der §§ 352, 356, 357, 359 und 361 insoweit Zugriffsberechtigten gelöscht werden.

(3) Der Versicherte ist berechtigt, gemäß § 339 Zugriffsberechtigungen auf Daten in einer Anwendung nach § 334 Absatz 1 Satz 2 zu erteilen.

§ 338 Komponenten zur Wahrnehmung der Versichertenrechte.

(1) [1]Die Krankenkassen haben spätestens bis zum 1. Januar 2022 ihren Versicherten nach § 325 Absatz 1 von der Gesellschaft für Telematik zugelassene Komponenten zur Verfügung zu stellen, die das Auslesen der Protokolldaten gemäß § 309 Absatz 1 und der Daten in Anwendungen nach § 334 Absatz 1 Satz 2 Nummer 2, 3 und 6 ermöglichen. [2]Dabei sind technische Verfahren vorzusehen, die zur Authentifizierung einen hohen Sicherheitsstandard gewährleisten.

(2) [1]Die Gesellschaft für Telematik evaluiert bis zum 31. Dezember 2022, ob Bedarf für eine flächendeckende Schaffung technischer Einrichtungen durch die Krankenkassen in ihren Geschäftsstellen besteht, die das Auslesen der Protokolldaten gemäß § 309 Absatz 1 und der Daten in Anwendungen nach § 334 Absatz 1 Satz 2 Nummer 1 bis 3 und 6 sowie das Erteilen von Zugriffsberechtigungen auf Daten in einer Anwendung nach § 334 Absatz 1 Satz 2 Nummer 1 ermöglichen. [2]Hierbei ist die nach Absatz 1 ab dem 1. Januar 2022 bestehende Verpflichtung der Krankenkassen zu berücksichtigen.

§ 339 Voraussetzungen für den Zugriff von Leistungserbringern und anderen zugriffsberechtigten Personen. (1) [1]Zugriffsberechtigte Leistungserbringer und andere zugriffsberechtigte Personen dürfen nach Maßgabe der §§ 352, 356, 357 und 359 auf personenbezogene Daten, insbesondere Gesundheitsdaten, der Versicherten in einer Anwendung nach § 334 Absatz 1 Satz 2 Nummer 1 bis 5 zugreifen, soweit die Versicherten hierzu ihre vorherige Einwilligung erteilt haben. [2]Hierzu bedarf es einer eindeutigen bestätigenden Handlung durch technische Zugriffsfreigabe.

(2) Zugriffsberechtigte Leistungserbringer und andere zugriffsberechtigte Personen dürfen nach Maßgabe des § 361 auf personenbezogene Daten, insbesondere Gesundheitsdaten, der Versicherten in einer Anwendung nach § 334 Absatz 1 Satz 2 Nummer 6 zugreifen.

(3) [1]Auf Daten in einer Anwendung nach § 334 Absatz 1 Satz 2 Nummer 1 bis 5 dürfen zugriffsberechtigte Leistungserbringer nach Maßgabe der §§ 352, 356, 357 und 359 mittels der elektronischen Gesundheitskarte der Versicherten nur mit einem ihrer Berufszugehörigkeit entsprechenden elektronischen Heilberufsausweis in Verbindung mit einer Komponente zur Authentifizierung von Leistungserbringerinstitutionen zugreifen. [2]Es ist nachprüfbar elektronisch zu protokollieren, wer auf die Daten zugegriffen hat und auf welche Daten zugegriffen wurde.

(4) Abweichend von Absatz 3 dürfen zugriffsberechtigte Leistungserbringer auch ohne den Einsatz der elektronischen Gesundheitskarte durch die Versicherten auf Daten in einer Anwendung nach § 334 Absatz 1 Satz 2 Nummer 1 zugreifen, wenn die Versicherten in diesen Zugriff über eine Benutzeroberfläche eines geeigneten Endgeräts im Sinne von § 336 Absatz 2 eingewilligt haben.

(5) [1]Die in den §§ 352, 356, 357 und 359 genannten zugriffsberechtigten Personen, die nicht über einen elektronischen Heilberufsausweis verfügen, dürfen auf Daten in einer Anwendung nach § 334 Absatz 1 Satz 2 Nummer 1 bis 5 nach Maßgabe der §§ 352, 356, 357 und 359 mittels der elektronischen Gesundheitskarte der Versicherten oder gemäß Absatz 4 nur zugreifen, wenn sie für diesen Zugriff von einer Person autorisiert werden, die über einen ihrer Berufszugehörigkeit entsprechenden elektronischen Heilberufsausweis verfügt.

[2]Es ist nachprüfbar elektronisch zu protokollieren, wer auf welche Daten zugegriffen hat und von welcher Person die zugreifende Person für den Zugriff autorisiert wurde.

(6) Der elektronische Heilberufsausweis muss über eine Möglichkeit zur sicheren Authentifizierung und zur Erstellung qualifizierter elektronischer Signaturen verfügen.

§ 340 Ausgabe von elektronischen Heilberufs- und Berufsausweisen sowie von Komponenten zur Authentifizierung von Leistungserbringerinstitutionen. (1) [1]Die Länder bestimmen

1. die Stellen, die für die Ausgabe elektronischer Heilberufsausweise und elektronischer Berufsausweise zuständig sind und
2. die Stellen, die bestätigen, dass eine Person
   a) befugt ist,
      aa) einen der in den §§ 352, 356, 357, 359 und 361 erfassten Berufe im Geltungsbereich dieses Gesetzes auszuüben oder
      bb) die Berufsbezeichnung im Geltungsbereich dieses Gesetzes zu führen, wenn für einen der in den §§ 352, 356, 357, 359 und 361 genannten Berufe lediglich das Führen der Berufsbezeichnung geschützt ist oder
   b) zu den weiteren zugriffsberechtigten Personen nach den §§ 352, 356, 357, 359 und 361 gehört,
3. die Stellen, die für die Ausgabe der Komponenten zur Authentifizierung von Leistungserbringerinstitutionen an Angehörige der Berufsgruppen nach Nummer 2 Buchstabe a Doppelbuchstabe bb und Buchstabe b zuständig sind und
4. die Stellen, die bestätigen, dass eine Leistungserbringerinstitution berechtigt ist, eine Komponente zur Authentifizierung nach Nummer 3 zu erhalten.

[2]Berechtigt im Sinne von Satz 1 Nummer 4 sind Leistungserbringerinstitutionen, mit denen nach diesem Buch oder nach dem Elften Buch Verträge zur Leistungserbringung bestehen; bis die Stellen und das Verfahren eingerichtet sind, jedoch längstens bis zum 30. Juni 2022, kann der Nachweis der Berechtigung einer Leistungserbringerinstitution auch gegenüber den Stellen nach Satz 1 Nummer 3 durch Vorlage des Vertrages zur Leistungserbringung oder durch Vorlage einer Bestätigung der vertragsschließenden Kasse oder eines Landesverbandes der vertragsschließenden Kasse erbracht werden.

(2) Abweichend von einer Bestimmung durch die Länder nach Absatz 1 kann für die Betriebe der Handwerke nach den Nummern 33 bis 37 der Anlage A zur Handwerksordnung die Zuständigkeit nach Absatz 1 Satz 1 auf der Grundlage von § 91 Absatz 1 der Handwerksordnung auf die Handwerkskammern übertragen werden.

(3) [1]Die Länder können zur Wahrnehmung der Aufgaben nach Absatz 1 Satz 1 gemeinsame Stellen bestimmen. [2]Die nach Absatz 1 Satz 1 Nummer 2 und 4 jeweils zuständige Stelle hat der nach Absatz 1 Satz 1 Nummer 1 und 3 zuständigen Stelle die Daten, die für die Ausgabe elektronischer Heilberufsausweise, elektronischer Berufsausweise und von Komponenten zur Authentifizierung von Leistungserbringerinstitutionen erforderlich sind, auf Anforderung zu übermitteln. [3]Entfällt die Befugnis zur Ausübung des Berufs, zum Führen der Berufsbezeichnung, die Zugehörigkeit zu den in den §§ 352, 356, 357, 359

und 361 genannten Zugriffsberechtigten oder die Berechtigung zum Erhalt einer Komponente zur Authentifizierung von Leistungserbringerinstitutionen nach Absatz 1 Satz 1 Nummer 3, so hat die jeweilige Stelle nach Absatz 1 Satz 1 Nummer 2 und 4 die herausgebende Stelle darüber in Kenntnis zu setzen; die herausgebende Stelle hat unverzüglich die Sperrung der Authentifizierungsfunktion des elektronischen Heilberufs- oder Berufsausweises oder der Komponente zur Authentifizierung von Leistungserbringerinstitutionen zu veranlassen.

(4) Die Ausgabe elektronischer Heilberufs- und Berufsausweise sowie die Ausgabe von Komponenten zur Authentifizierung von Leistungserbringerinstitutionen an Leistungserbringerinstitutionen, für die weder die Länder nach Absatz 1 Satz 1 Nummer 3 eine Stelle zu bestimmen haben noch die Gesellschaft für Telematik eine Stelle nach § 315 Absatz 1 bestimmen kann, erfolgt durch die Gesellschaft für Telematik.

(5) Komponenten zur Authentifizierung von Leistungserbringerinstitutionen dürfen nur an Leistungserbringerinstitutionen ausgegeben werden, denen ein Leistungserbringer, der Inhaber eines elektronischen Heilberufs- oder Berufsausweises ist, zugeordnet werden kann.

Zweiter Titel. Elektronische Patientenakte

§ 341 Elektronische Patientenakte. (1) [1]Die elektronische Patientenakte ist eine versichertengeführte elektronische Akte, die den Versicherten von den Krankenkassen auf Antrag zur Verfügung gestellt wird. [2]Die Nutzung ist für die Versicherten freiwillig. [3]Mit ihr sollen den Versicherten auf Verlangen Informationen, insbesondere zu Befunden, Diagnosen, durchgeführten und geplanten Therapiemaßnahmen sowie zu Behandlungsberichten, für eine einrichtungs-, fach- und sektorenübergreifende Nutzung für Zwecke der Gesundheitsversorgung, insbesondere zur gezielten Unterstützung von Anamnese und Befunderhebung, barrierefrei elektronisch bereitgestellt werden.

(2) Es besteht die Möglichkeit zur Einstellung folgender Daten in die elektronische Patientenakte:

1. medizinische Informationen über den Versicherten für eine einrichtungsübergreifende, fachübergreifende und sektorenübergreifende Nutzung, insbesondere
   a) Daten zu Befunden, Diagnosen, durchgeführten und geplanten Therapiemaßnahmen, Früherkennungsuntersuchungen, Behandlungsberichten und sonstige untersuchungs- und behandlungsbezogene medizinische Informationen,
   b) Daten des elektronischen Medikationsplans nach § 334 Absatz 1 Satz 2 Nummer 4,
   c) Daten der elektronischen Notfalldaten nach § 334 Absatz 1 Satz 2 Nummer 5,
   d) Daten in elektronischen Briefen zwischen den an der Versorgung der Versicherten teilnehmenden Ärzten und Einrichtungen (elektronische Arztbriefe),
2. Daten zum Nachweis der regelmäßigen Inanspruchnahme zahnärztlicher Vorsorgeuntersuchungen gemäß § 55 Absatz 1 in Verbindung mit § 92 Absatz 1 Satz 2 Nummer 2 (elektronisches Zahn-Bonusheft),

3. Daten gemäß der nach § 92 Absatz 1 Satz 2 Nummer 3 und Absatz 4 in Verbindung mit § 26 beschlossenen Richtlinie des Gemeinsamen Bundesausschusses zur Früherkennung von Krankheiten bei Kindern (elektronisches Untersuchungsheft für Kinder),
4. Daten gemäß der nach § 92 Absatz 1 Satz 2 Nummer 4 in Verbindung mit den §§ 24c bis 24f beschlossenen Richtlinie des Gemeinsamen Bundesausschusses über die ärztliche Betreuung während der Schwangerschaft und nach der Entbindung (elektronischer Mutterpass),
5. Daten der Impfdokumentation nach § 22 des Infektionsschutzgesetzes (elektronische Impfdokumentation),
6. Gesundheitsdaten, die durch den Versicherten zur Verfügung gestellt werden,
7. Daten des Versicherten aus einer von den Krankenkassen nach § 68 finanzierten elektronischen Akte des Versicherten,
8. bei den Krankenkassen gespeicherte Daten über die in Anspruch genommenen Leistungen des Versicherten,
9. Daten, die der Versicherte seiner Krankenkasse für die Nutzung in zusätzlichen von der Krankenkasse angebotenen Anwendungen nach § 345 Absatz 1 Satz 1 zur Verfügung stellen kann,
10. Daten zur pflegerischen Versorgung des Versicherten nach den §§ 24g, 37, 37b, 37c, 39a und 39c und der Haus- oder Heimpflege nach § 44 des Siebten Buches[1)] und nach dem Elften Buch,
11. Daten elektronischer Verordnungen nach § 360 Absatz 1,
12. die nach § 73 Absatz 2 Satz 1 Nummer 9 ausgestellte Bescheinigung über eine Arbeitsunfähigkeit und
13. sonstige von den Leistungserbringern für den Versicherten bereitgestellte Daten.

(3) Die für die elektronische Patientenakte erforderlichen Komponenten und Dienste werden auf Antrag des jeweiligen Anbieters der Komponenten und Dienste nach § 325 von der Gesellschaft für Telematik zugelassen.

(4) [1] Die Krankenkassen, die ihren Versicherten eine elektronische Patientenakte zur Verfügung stellen, sind gemäß § 307 Absatz 4 die für die Verarbeitung der Daten zum Zweck der Nutzung der elektronischen Patientenakte Verantwortlichen nach Artikel 4 Nummer 7 der Verordnung (EU) 2016/679. [2] § 307 Absatz 1 bis 3 bleibt unberührt. [3] Unbeschadet ihrer Verantwortlichkeit nach Satz 1 können die Krankenkassen mit der Zurverfügungstellung von elektronischen Patientenakten für ihre Versicherten Anbieter von elektronischen Patientenakten als Auftragsverarbeiter beauftragen.

(5) Die Telematikinfrastruktur darf nur für solche nach § 325 zugelassenen elektronischen Patientenakten verwendet werden, die von einer Krankenkasse, von Unternehmen der privaten Krankenversicherung oder von den sonstigen Einrichtungen gemäß § 362 Absatz 1 angeboten werden.

(6) [1] Die an der vertragsärztlichen Versorgung teilnehmenden Leistungserbringer haben gegenüber der jeweils zuständigen Kassenärztlichen Vereinigung oder Kassenzahnärztlichen Vereinigung nachzuweisen, dass sie über die für den Zugriff auf die elektronische Patientenakte erforderlichen Komponen-

---

[1)] Nr. 7.

ten und Dienste verfügen. [2] Wird der Nachweis nicht bis zum 30. Juni 2021 erbracht, ist die Vergütung vertragsärztlicher Leistungen pauschal um 1 Prozent zu kürzen; die Vergütung ist so lange zu kürzen, bis der Nachweis gegenüber der Kassenärztlichen Vereinigung erbracht ist. [3] Das Bundesministerium für Gesundheit kann die Frist nach Satz 1 durch Rechtsverordnung mit Zustimmung des Bundesrates verlängern. [4] Die Kürzungsregelung nach Satz 2 findet im Fall, dass bereits eine Kürzung der Vergütung nach § 291b Absatz 5 erfolgt, keine Anwendung.

(7) [1] Die Krankenhäuser haben sich bis zum 1. Januar 2021 mit den für den Zugriff auf die elektronische Patientenakte erforderlichen Komponenten und Diensten auszustatten und sich an die Telematikinfrastruktur nach § 306 anzuschließen. [2] Soweit Krankenhäuser ihrer Verpflichtung zum Anschluss an die Telematikinfrastruktur nach Satz 1 nicht nachkommen, sind § 5 Absatz 3e Satz 1 des Krankenhausentgeltgesetzes oder § 5 Absatz 5 der Bundespflegesatzverordnung anzuwenden. [3] Die Kürzungsregelung nach Satz 2 findet im Fall, dass bereits eine Kürzung der Vergütung nach § 291b Absatz 5 erfolgt, keine Anwendung.

Erster Untertitel. Angebot und Einrichtung der elektronischen Patientenakte

§ 342 Angebot und Nutzung der elektronischen Patientenakte.

(1) Die Krankenkassen sind verpflichtet, jedem Versicherten spätestens ab dem 1. Januar 2021 auf Antrag und mit Einwilligung des Versicherten eine nach § 325 Absatz 1 von der Gesellschaft für Telematik zugelassene elektronische Patientenakte zur Verfügung zu stellen, die jeweils rechtzeitig den Anforderungen gemäß Absatz 2 entspricht.

(2) Die elektronische Patientenakte muss technisch insbesondere gewährleisten, dass

1. spätestens ab dem 1. Januar 2021
   a) die Daten nach § 341 Absatz 2 Nummer 1 und 6 barrierefrei bereitgestellt werden können;
   b) die Versicherten über eine Benutzeroberfläche eines geeigneten Endgeräts ihre Rechte gemäß den §§ 336 und 337 barrierefrei wahrnehmen können;
   c) die Versicherten über eine Benutzeroberfläche eines geeigneten Endgeräts oder mittels der dezentralen Infrastruktur der Leistungserbringer eine Einwilligung nicht nur in den Zugriff durch zugriffsberechtigte Leistungserbringer auf Daten in der elektronischen Patientenakte insgesamt, sondern auch in den Zugriff entweder ausschließlich auf Daten nach § 341 Absatz 2 Nummer 1 oder auf Daten nach § 341 Absatz 2 Nummer 6 barrierefrei erteilen können;
   d) den Versicherten über die Benutzeroberfläche eines geeigneten Endgeräts die Protokolldaten gemäß § 309 Absatz 1 in präziser, transparenter, verständlicher und leicht zugänglicher Form in einer klaren und einfachen Sprache und in auswertbarer Form sowie barrierefrei bereitgestellt werden;
   e) durch eine entsprechende technische Voreinstellung die Dauer der Zugriffsberechtigung durch zugriffsberechtigte Leistungserbringer standardmäßig auf eine Woche beschränkt ist;

f) die Versicherten die Dauer der Zugriffsberechtigungen auf einen Zeitraum von mindestens einem Tag bis zu höchstens 18 Monate selbst festlegen können;

g) die Versicherten bis einschließlich 31. Dezember 2021 jeweils bei ihrem Zugriff auf die elektronische Patientenakte mittels der Benutzeroberfläche eines geeigneten Endgeräts gemäß § 336 Absatz 2 vor der Speicherung eigener Dokumente in der elektronischen Patientenakte auf die fehlende Möglichkeit hingewiesen werden, die Einwilligung zum Zugriff durch zugriffsberechtigte Leistungserbringer sowohl auf spezifische Dokumente und Datensätze als auch auf Gruppen von Dokumenten und Datensätzen der elektronischen Patientenakte nach Nummer 2 Buchstabe b und c zu beschränken;

h) die Versicherten bis einschließlich 31. Dezember 2021 über eine Benutzeroberfläche eines geeigneten Endgeräts gemäß § 336 Absatz 2 vor Erteilung einer Einwilligung in den Zugriff durch zugriffsberechtigte Leistungserbringer auf die fehlende Möglichkeit hingewiesen werden, die Zugriffsberechtigung sowohl auf spezifische Dokumente und Datensätze als auch auf Gruppen von Dokumenten und Datensätzen der elektronischen Patientenakte nach Nummer 2 Buchstabe b zu beschränken und

2. zusätzlich spätestens ab dem 1. Januar 2022

a) die Daten nach § 341 Absatz 2 Nummer 2 bis 5, 7, 8 und 11 zur Verfügung gestellt werden können;

b) die Versicherten oder durch sie befugte Vertreter über die Benutzeroberfläche eines geeigneten Endgeräts gemäß § 336 Absatz 2 eine Einwilligung gegenüber Zugriffsberechtigten nach § 352 in den Zugriff sowohl auf spezifische Dokumente und Datensätze als auch auf Gruppen von Dokumenten und Datensätzen der elektronischen Patientenakte barrierefrei erteilen können;

c) die Versicherten, die nicht gemäß § 336 die Benutzeroberfläche eines geeigneten Endgeräts nutzen möchten, den Zugriffsberechtigten nach § 352 mittels der dezentralen Infrastruktur der Leistungserbringer eine Einwilligung in den Zugriff mindestens auf Kategorien von Dokumenten und Datensätzen, insbesondere medizinische Fachgebietskategorien, erteilen können;

d) bei einem Wechsel der Krankenkasse die Daten nach § 341 Absatz 2 Nummer 1 bis 8, 10 bis 13 aus der bisherigen elektronischen Patientenakte in der elektronischen Patientenakte der gewählten Krankenkasse zur Verfügung gestellt werden können;

e) durch die Versicherten befugte Vertreter die Rechte gemäß Nummer 1 Buchstabe b, d und f wahrnehmen können;

f) die Versicherten die Dauer der Zugriffsberechtigungen abweichend von Nummer 1 Buchstabe f auf einen Zeitraum von mindestens einem Tag bis zu einer frei gewählten Dauer oder auch unbefristet selbst festlegen können;

g) die Versicherten jeweils bei ihrem Zugriff auf die elektronische Patientenakte mittels der Benutzeroberfläche eines geeigneten Endgeräts gemäß § 336 Absatz 2 vor dem Löschen von Daten in der elektronischen Patientenakte auf die möglichen versorgungsrelevanten Folgen hingewiesen werden und

3. zusätzlich spätestens ab dem 1. Januar 2023 die Daten nach § 341 Absatz 2 Nummer 9, 10, 12 und 13 zur Verfügung gestellt werden können und
4. zusätzlich spätestens ab dem 1. Januar 2023 die Versicherten oder durch sie befugte Vertreter die Daten, die in der elektronischen Patientenakte gespeichert sind, gemäß § 363 zu Forschungszwecken zur Verfügung stellen können.

(3) [1]Jede Krankenkasse richtet eine Ombudsstelle ein. [2]Die Versicherten können sich mit ihren Anliegen im Zusammenhang mit der elektronischen Patientenakte an die Ombudsstelle ihrer Krankenkasse wenden. [3]Die Ombudsstellen beraten die Versicherten bei allen Fragen und Problemen bei der Nutzung der elektronischen Patientenakte. [4]Sie informieren insbesondere über das Verfahren bei der Beantragung der elektronischen Patientenakte, Ansprüche der Versicherten nach diesem Titel, die Funktionsweise und die möglichen Inhalte der elektronischen Patientenakte.

(4) Die Krankenkasse hat sicherzustellen, dass die Anbieter die nach § 325 Absatz 1 zugelassenen Komponenten und Dienste der elektronischen Patientenakte laufend in der Weise weiterentwickeln, dass die elektronische Patientenakte dem jeweils aktuellen Stand der Technik und den jeweils aktuellen Festlegungen der Gesellschaft für Telematik nach § 354 entspricht.

(5) [1]Bis alle Krankenkassen ihren jeweiligen Verpflichtungen nach den Absätzen 1, 2 und 4 nachgekommen sind, prüft der Spitzenverband Bund der Krankenkassen jährlich zum Stichtag 1. Januar eines Jahres, erstmals zum 1. Januar 2021, ob die Krankenkassen ihren Versicherten eine von der Gesellschaft für Telematik zugelassene elektronische Patientenakte nach Maßgabe der Absätze 1, 2 und 4 zur Verfügung gestellt haben. [2]Ist eine Krankenkasse ihrer jeweiligen Verpflichtung nach den Absätzen 1, 2 und 4 nicht nachgekommen, so stellt der Spitzenverband Bund der Krankenkassen dies durch Bescheid fest. [3]In dem Bescheid ist die betroffene Krankenkasse über die Sanktionierung gemäß § 270 Absatz 3 zu informieren. [4]Klagen gegen den Bescheid haben keine aufschiebende Wirkung. [5]Der Spitzenverband Bund der Krankenkassen teilt dem Bundesamt für Soziale Sicherung erstmals bis zum 15. Januar 2021 mit, welche Krankenkassen ihrer Verpflichtung nach Absatz 1 nicht nachgekommen sind. [6]Die Mitteilung nach Satz 5 erfolgt jeweils zum 15. Januar des Jahres, an dem der Spitzenverband Bund der Krankenkassen durch Bescheid festgestellt hat, dass eine Krankenkasse ihrer jeweiligen Verpflichtung nach den Absätzen 1, 2 und 4 nicht nachgekommen ist. [7]Der Spitzenverband Bund der Krankenkassen veröffentlicht ab dem 1. Januar 2021 eine Übersicht derjenigen Krankenkassen, die ihren Versicherten eine von der Gesellschaft für Telematik zugelassene elektronische Patientenakte nach Maßgabe der Absätze 1, 2 und 4 zur Verfügung stellen, auf seiner Internetseite. [8]Die Übersicht ist laufend zu aktualisieren.

(6) [1]Die Krankenkassen dürfen von ihnen genutzte Komponenten und Dienste der elektronischen Patientenakte Unternehmen der privaten Krankenversicherung oder den sonstigen Einrichtungen gemäß § 362 Absatz 1 zur Verfügung stellen und in deren Auftrag betreiben. [2]Soweit auch der Betrieb der elektronischen Patientenakte für das Unternehmen der privaten Krankenversicherung oder der sonstigen Einrichtung gemäß § 362 Absatz 1 erfolgt, sind geeignete technische und organisatorische Maßnahmen zur sicheren Trennung der Datenbestände zu treffen. [3]Die Entwicklungs- und Betriebskosten für die

elektronische Patientenakte sind dem Unternehmen der privaten Krankenversicherung oder der sonstigen Einrichtung gemäß § 362 Absatz 1 in angemessener Höhe anteilig in Rechnung zu stellen.

§ 343 Informationspflichten der Krankenkassen. (1) [1] Die Krankenkassen haben den Versicherten, bevor sie ihnen gemäß § 342 Absatz 1 Satz 1 eine elektronische Patientenakte anbieten, umfassendes, geeignetes Informationsmaterial über die elektronische Patientenakte in präziser, transparenter, verständlicher und leicht zugänglicher Form in einer klaren und einfachen Sprache und barrierefrei zur Verfügung zu stellen. [2] Das Informationsmaterial muss über alle relevanten Umstände der Datenverarbeitung für die Einrichtung der elektronischen Patientenakte, die Übermittlung von Daten in die elektronische Patientenakte und die Verarbeitung von Daten in der elektronischen Patientenakte durch Leistungserbringer einschließlich der damit verbundenen Datenverarbeitungsvorgänge in den verschiedenen Bestandteilen der Telematikinfrastruktur und die für die Datenverarbeitung datenschutzrechtlich Verantwortlichen informieren. [3] Das Informationsmaterial enthält insbesondere Informationen über

1. den jeweiligen Anbieter der von der Krankenkasse zur Verfügung gestellten elektronischen Patientenakte,
2. die Funktionsweise der elektronischen Patientenakte, einschließlich der Art der in ihr zu verarbeitenden Daten gemäß § 341 Absatz 2,
3. die Freiwilligkeit der Einrichtung der elektronischen Patientenakte und das Recht auf jederzeitige teilweise oder vollständige Löschung,
4. das Erfordernis der vorherigen Einwilligung in die Datenverarbeitung in der elektronischen Patientenakte gegenüber Krankenkassen, Anbietern und Leistungserbringern sowie die Möglichkeit des Widerrufs der Einwilligung,
5. die für den Zweck der Einrichtung der elektronischen Patientenakte erforderliche Datenverarbeitung durch die Krankenkassen und die Anbieter gemäß § 344 Absatz 1,
6. den Anspruch gemäß § 337 auf selbständige Speicherung und Löschung von Daten in der elektronischen Patientenakte und über die Verarbeitung dieser Daten durch die Krankenkassen und Anbieter in der elektronischen Patientenakte einschließlich des Hinweises, dass die Krankenkassen keinen Zugriff auf die in der elektronischen Patientenakte gespeicherten Daten haben,
7. den Anspruch auf Übertragung von bei der Krankenkasse gespeicherten Daten in die elektronische Patientenakte nach § 350 Absatz 1 und die Verarbeitung dieser Daten durch die Krankenkassen und Anbieter in der elektronischen Patientenakte,
8. den Anspruch auf Übertragung von Behandlungsdaten in die elektronische Patientenakte durch Leistungserbringer nach den §§ 347 bis 349 und die Verarbeitung dieser Daten durch die Leistungserbringer, Krankenkassen und Anbieter in der elektronischen Patientenakte,
9. den Anspruch auf Übertragung von Daten aus elektronischen Gesundheitsakten in die elektronische Patientenakte nach § 351 und die Verarbeitung dieser Daten durch die Krankenkassen und Anbieter in der elektronischen Patientenakte,

10. die Voraussetzungen für den Zugriff von Leistungserbringern auf Daten in der elektronischen Patientenakte nach § 352 und die Verarbeitung dieser Daten durch den Leistungserbringer,
11. die Möglichkeit, bei der Datenverarbeitung nach Nummer 10 beim Leistungserbringer durch technische Zugriffsfreigabe in die konkrete Datenverarbeitung einzuwilligen,
12. die fehlende Möglichkeit, vor dem 1. Januar 2022 die Einwilligung sowohl auf spezifische Dokumente und Datensätze als auch auf Gruppen von Dokumenten und Datensätzen der elektronischen Patientenakte nach § 342 Absatz 2 Nummer 2 Buchstabe b zu beschränken,
13. die fehlende Möglichkeit, die Einwilligung mittels der dezentralen Infrastruktur der Leistungserbringer auf spezifische Dokumente und Datensätze zu beschränken,
14. das Angebot von zusätzlichen Anwendungen nach § 345 Absatz 1 und über deren Funktionsweise einschließlich der Art der in ihr zu verarbeitenden Daten, den Speicherort und die Zugriffsrechte,
15. die sichere Nutzung von Komponenten, die den Zugriff der Versicherten auf die elektronische Patientenakte über eine Benutzeroberfläche geeigneter Endgeräte ermöglichen,
16. die Möglichkeit und die Voraussetzungen, gemäß § 363 Daten der elektronischen Patientenakte freiwillig für die in § 303e Absatz 2 Nummer 2, 4, 5 und 7 aufgeführten Forschungszwecke freizugeben,
17. die Rechte der Versicherten gegenüber der Krankenkasse als dem für die Datenverarbeitung Verantwortlichen nach Artikel 4 Nummer 7 der Verordnung (EU) 2016/679,
18. die Möglichkeit, den Zugriff von Leistungserbringern nach Nummer 10 auf Daten in der elektronischen Patientenakte nach § 352 auch Ärzten, die bei einer für den Öffentlichen Gesundheitsdienst zuständigen Behörde tätig sind, und Fachärzten für Arbeitsmedizin sowie Ärzten, die über die Zusatzbezeichnung „Betriebsmedizin" verfügen, zu erteilen,
19. die Möglichkeit, ab dem 1. Januar 2022 über die Benutzeroberfläche eines geeigneten Endgeräts einem Vertreter die Befugnis zu erteilen, die Rechte des Versicherten im Rahmen der Führung seiner elektronischen Patientenakte innerhalb der erteilten Vertretungsbefugnis wahrzunehmen, und
20. mögliche versorgungsrelevante Folgen, die daraus resultieren können, dass der Versicherte von seinen Rechten Gebrauch macht, sich gegen die Nutzung einer elektronischen Patientenakte zu entscheiden, Zugriffe auf Daten der elektronischen Patientenakte nicht zu erteilen oder Daten der elektronischen Patientenakte zu löschen.

(2) Zur Unterstützung der Krankenkassen bei der Erfüllung ihrer Informationspflichten nach Absatz 1 hat der Spitzenverband Bund der Krankenkassen im Einvernehmen mit der oder dem Bundesbeauftragten für den Datenschutz und die Informationsfreiheit spätestens bis zum 30. November 2020 geeignetes Informationsmaterial, auch in elektronischer Form, zu erstellen und den Krankenkassen zur verbindlichen Nutzung zur Verfügung zu stellen.

§ 344 Einwilligung der Versicherten und Zulässigkeit der Datenverarbeitung durch die Krankenkassen und Anbieter der elektronischen Patientenakte. (1) [1] Hat der Versicherte nach vorheriger Information gemäß

§ 343 gegenüber der Krankenkasse in die Einrichtung der elektronischen Patientenakte eingewilligt, so dürfen die Krankenkasse, der Anbieter der elektronischen Patientenakte sowie der Anbieter von einzelnen Diensten und Komponenten der elektronischen Patientenakte die zum Zweck der Einrichtung erforderlichen administrativen personenbezogenen Daten verarbeiten. [2]Die Krankenkasse darf versichertenbezogene Daten über den Anbieter der elektronischen Patientenakte in die elektronische Patientenakte übermitteln.

(2) [1]Macht der Versicherte nach vorheriger Information gemäß § 343 von seinen Ansprüchen gemäß den §§ 347 bis 351 Gebrauch, dürfen auf Grund der Einwilligung des Versicherten die Krankenkassen, der Anbieter der elektronischen Patientenakte und die Anbieter von einzelnen Diensten und Komponenten der elektronischen Patientenakte die zu diesem Zweck übermittelten personenbezogenen Daten speichern. [2]Die Kenntnisnahme der Daten und der Zugriff auf die Daten nach den §§ 347 bis 351 ist nicht zulässig.

(3) Auf Verlangen des Versicherten gegenüber der Krankenkasse hat der Anbieter auf Veranlassung der Krankenkasse die elektronische Patientenakte vollständig zu löschen.

(4) Sofern es für die Durchsetzung von datenschutzrechtlichen Ansprüchen der Versicherten gegenüber den für die Verarbeitung von Daten in der elektronischen Patientenakte Verantwortlichen notwendig ist, sind die in § 352 genannten Leistungserbringer verpflichtet, die Verantwortlichen bei der Umsetzung zu unterstützen.

§ 345 Angebot und Nutzung zusätzlicher Inhalte und Anwendungen.

(1) [1]Versicherte können den Krankenkassen Daten aus der elektronischen Patientenakte zum Zweck der Nutzung zusätzlicher von den Krankenkassen angebotener Anwendungen zur Verfügung stellen. [2]Die Krankenkassen dürfen die Daten nach Satz 1 zu diesem Zweck verarbeiten, soweit die Versicherten hierzu ihre vorherige Einwilligung erteilt haben. [3]Diese zusätzlichen Anwendungen der Krankenkassen dürfen die Wirksamkeit der Maßnahmen zur Gewährleistung von Datenschutz und Datensicherheit sowie die Verfügbarkeit und Nutzbarkeit der nach § 325 zugelassenen elektronischen Patientenakte nicht beeinträchtigen. [4]Die Krankenkassen müssen die erforderlichen Maßnahmen zur Gewährleistung von Datenschutz und Datensicherheit der zusätzlichen Anwendungen ergreifen.

(2) [1]Die Zurverfügungstellung von Daten nach Absatz 1 ist nur nach Erhalt des Informationsmaterials nach § 343 Absatz 1 zulässig. [2]§ 335 Absatz 3 gilt entsprechend.

Zweiter Untertitel. Nutzung der elektronischen Patientenakte durch den Versicherten

§ 346 Unterstützung bei der elektronischen Patientenakte. (1) [1]Ärzte, Zahnärzte und Psychotherapeuten, die an der vertragsärztlichen Versorgung teilnehmen oder in Einrichtungen, die an der vertragsärztlichen Versorgung teilnehmen oder in zugelassen Krankenhäusern tätig sind, haben auf der Grundlage der Informationspflichten der Krankenkassen nach § 343 die Versicherten auf deren Verlangen bei der Verarbeitung medizinischer Daten in der elektronischen Patientenakte ausschließlich im aktuellen Behandlungskontext zu unterstützen. [2]Die Unterstützungsleistung nach Satz 1 umfasst die Übermittlung von medizinischen Daten in die elektronische Patientenakte und ist ausschließlich auf medizinische Daten aus der konkreten aktuellen Behandlung beschränkt. [3] § 630c Absatz 4 des Bürgerlichen Gesetzbuchs bleibt unberührt. [4] Die in Satz 1 genannten Ärzte, Zahnärzte, Psychotherapeuten, Einrichtungen und zugelassenen Krankenhäuser können Aufgaben in diesem Zusammenhang, soweit diese übertragbar sind, auf Personen übertragen, die als berufsmäßige Gehilfen oder zur Vorbereitung auf den Beruf bei ihnen tätig sind.

(2) [1] Auf Verlangen der Versicherten haben Apotheker bei der Abgabe eines Arzneimittels die Versicherten bei der Verarbeitung arzneimittelbezogener Daten in der elektronischen Patientenakte zu unterstützen. [2] Apotheker können Aufgaben in diesem Zusammenhang auf zum pharmazeutischen Personal der Apotheke gehörende Personen übertragen.

(3) [1] Ärzte, Zahnärzte und Psychotherapeuten, die an der vertragsärztlichen Versorgung teilnehmen oder in Einrichtungen, die an der vertragsärztlichen Versorgung teilnehmen oder in zugelassen Krankenhäusern tätig sind, haben auf der Grundlage der Informationspflichten der Krankenkassen nach § 343 die Versicherten auf deren Verlangen bei der erstmaligen Befüllung der elektronischen Patientenakte ausschließlich im aktuellen Behandlungskontext zu unterstützen. [2] Die Unterstützungsleistung nach Satz 1 umfasst die Übermittlung von medizinischen Daten in die elektronische Patientenakte und ist ausschließlich auf medizinische Daten aus der konkreten aktuellen Behandlung beschränkt. [3] Die in Satz 1 genannten Leistungserbringer können Aufgaben in diesem Zusammenhang, soweit diese übertragbar sind, auf Personen übertragen, die als berufsmäßige Gehilfen oder zur Vorbereitung auf den Beruf bei ihnen oder in an der vertragsärztlichen Versorgung teilnehmenden Einrichtungen oder in zugelassenen Krankenhäusern tätig sind.

(4) [1] Für Leistungen nach Absatz 2 zur Unterstützung der Versicherten bei der Verarbeitung arzneimittelbezogener Daten in der elektronischen Patientenakte erhalten Apotheken eine zusätzliche Vergütung. [2] Das Nähere zu den Abrechnungsvoraussetzungen für Leistungen der Apotheken nach Absatz 2 vereinbaren der Spitzenverband Bund der Krankenkassen und die für die Wahrnehmung der wirtschaftlichen Interessen gebildete maßgebliche Spitzenorganisation der Apotheker auf Bundesebene mit Wirkung zum 1. Januar 2021. [3] Kommt eine Vereinbarung nach Satz 2 ganz oder teilweise nicht zustande, gilt § 129 Absatz 8.

(5) Für Leistungen nach Absatz 3 erhalten die an der vertragsärztlichen Versorgung teilnehmenden Leistungserbringer sowie Krankenhäuser ab dem 1. Januar 2021 über einen Zeitraum von zwölf Monaten eine einmalige Vergütung je Erstbefüllung in Höhe von 10 Euro.

(6) [1] Die Leistungen nach Absatz 3 dürfen im Rahmen der gesetzlichen Krankenversicherung je Versichertem und elektronischer Patientenakte insgesamt nur einmal erbracht und abgerechnet werden. [2] Das Nähere zu den Abrechnungsvoraussetzungen und -verfahren für Leistungen nach Absatz 3 vereinbaren der Spitzenverband Bund der Krankenkassen, die Kassenärztlichen Bundesvereinigungen sowie die Deutsche Krankenhausgesellschaft mit Wirkung zum 1. Januar 2021. [3] Die Vereinbarung stellt sicher, dass nur eine einmalige Abrechnung der Vergütung für die Leistungen nach Absatz 3 möglich ist.

§ 347 Anspruch der Versicherten auf Übertragung von Behandlungsdaten in die elektronische Patientenakte durch Leistungserbringer.

(1) [1] Versicherte haben Anspruch auf Übermittlung von Daten nach § 341 Absatz 2 Nummer 1 bis 5 und 10 bis 13 in die elektronische Patientenakte und dortige Speicherung, soweit diese Daten im Rahmen der vertragsärztlichen Versorgung bei der Behandlung des Versicherten durch die an der vertragsärztlichen Versorgung teilnehmenden Leistungserbringer elektronisch verarbeitet werden und soweit andere Rechtsvorschriften nicht entgegenstehen. [2] Die in § 342 Absatz 1 und 2 geregelten Fristen bleiben unberührt.

(2) Die an der vertragsärztlichen Versorgung teilnehmenden Leistungserbringer haben

1. die Versicherten im Rahmen der vertragsärztlichen Versorgung über den Anspruch nach Absatz 1 zu informieren und
2. die Daten nach Absatz 1 auf Verlangen des Versicherten in die elektronische Patientenakte nach § 341 zu übermitteln und dort zu speichern.

§ 348 Anspruch der Versicherten auf Übertragung von Behandlungsdaten in die elektronische Patientenakte durch Krankenhäuser.

(1) [1] Versicherte haben Anspruch auf Übermittlung von Daten nach § 341 Absatz 2 Nummer 1 bis 5, 10, 11 und 13 in die elektronische Patientenakte und dortige Speicherung, soweit diese Daten im Rahmen der Krankenhausbehandlung des Versicherten elektronisch erhoben wurden und soweit andere Rechtsvorschriften nicht entgegenstehen. [2] Die in § 342 Absatz 1 und 2 geregelten Fristen bleiben unberührt.

(2) Die Leistungserbringer in den zugelassenen Krankenhäusern haben

1. die Versicherten über den Anspruch nach Absatz 1 zu informieren und
2. die Daten nach Absatz 1 auf Verlangen des Versicherten in die elektronische Patientenakte nach § 341 zu übermitteln und dort zu speichern.

§ 349 Anspruch der Versicherten auf Übertragung von Daten aus Anwendungen der Telematikinfrastruktur nach § 334 und von elektronischen Arztbriefen in die elektronische Patientenakte. (1) [1] Über die in den §§ 347 und 348 geregelten Ansprüche hinaus haben Versicherte einen Anspruch auf Übermittlung von Daten in einer Anwendung nach § 334 Absatz 1 Satz 2 Nummer 2 bis 6 und von elektronischen Arztbriefen nach § 383 Absatz 2 in die elektronische Patientenakte und dortige Speicherung gegen Personen, die

1. nach § 352 zum Zugriff auf die elektronische Patientenakte berechtigt sind und
2. Daten des Versicherten in einer Anwendung nach § 334 Absatz 1 Satz 2 Nummer 2 bis 6 und § 383 verarbeiten.

[2] Die in § 342 Absatz 1 und 2 geregelten Fristen bleiben unberührt.

(2) Nach Absatz 1 verpflichtete Personen haben

1. die Versicherten über den Anspruch nach Absatz 1 zu informieren und
2. die verarbeiteten Daten nach Absatz 1 auf Verlangen des Versicherten in die elektronische Patientenakte nach § 341 zu übermitteln und dort zu speichern.

(3) [1] Ändern sich Daten nach § 334 Absatz 1 Satz 2 Nummer 4 und 5 und werden diese Daten in der elektronischen Patientenakte verfügbar gemacht, haben Versicherte neben dem Anspruch auf Anpassung der Daten auf der elektronischen Gesundheitskarte auch einen Anspruch auf Speicherung der geänderten Daten in der elektronischen Patientenakte. [2] Der Anspruch richtet sich gegen den Leistungserbringer, der die Änderung der Daten nach § 334 Absatz 1 Satz 2 Nummer 4 oder 5 vorgenommen hat.

(4) Nach Absatz 3 verpflichtete Leistungserbringer haben
1. die Versicherten über den Anspruch nach Absatz 3 zu informieren und
2. die geänderten Daten auf Verlangen des Versicherten in die elektronische Patientenakte nach § 341 Absatz 2 Nummer 1 Buchstabe b und c einzustellen.

§ 350 Anspruch der Versicherten auf Übertragung von bei der Krankenkasse gespeicherten Daten in die elektronische Patientenakte. (1) Versicherte haben ab dem 1. Januar 2022 einen Anspruch darauf, dass die Krankenkasse Daten des Versicherten nach § 341 Absatz 2 Nummer 8 über die bei ihr in Anspruch genommenen Leistungen über den Anbieter der elektronischen Patientenakte in die elektronische Patientenakte nach § 341 übermittelt und dort speichert.

(2) [1] Das Nähere zu Inhalt und Struktur der relevanten Datensätze haben der Spitzenverband Bund der Krankenkassen und die Kassenärztliche Bundesvereinigung im Benehmen mit der Kassenzahnärztlichen Bundesvereinigung, der Bundesärztekammer, der Bundeszahnärztekammer und der Deutschen Krankenhausgesellschaft bis zum 31. Dezember 2020 zu vereinbaren. [2] Dabei ist sicherzustellen, dass in der elektronischen Patientenakte erkennbar ist, dass es sich um Daten der Krankenkassen handelt.

(3) Die Krankenkasse hat die Versicherten
1. über den Anspruch nach Absatz 1 umfassend und leicht verständlich zu informieren und
2. darüber aufzuklären, dass die Übermittlung der Daten über den Anbieter der elektronischen Patientenakte erfolgt und nur auf Antrag der Versicherten gegenüber der Krankenkasse zulässig ist.

(4) Auf Verlangen der Versicherten
1. hat die Krankenkasse Daten der Versicherten nach § 341 Absatz 2 Nummer 8 über die bei ihr in Anspruch genommenen Leistungen an den Anbieter der elektronischen Patientenakte zu übermitteln und
2. hat die Krankenkasse, abweichend von § 303 Absatz 4, Diagnosedaten, die ihr nach den §§ 295 und 295a übermittelt wurden und deren Unrichtigkeit durch einen ärztlichen Nachweis bestätigt wird, in berichtigter Form an den Anbieter der elektronischen Patientenakte bei der Übermittlung nach Nummer 1 zu verwenden und
3. hat der Anbieter die nach den Nummern 1 und 2 übermittelten Daten in der elektronischen Patientenakte nach § 341 zu speichern.

§ 351 Übertragung von Daten aus der elektronischen Gesundheitsakte in die elektronische Patientenakte. Die Krankenkasse hat ab dem 1. Januar 2022 sicherzustellen, dass Daten der Versicherten nach § 341 Absatz 2 Nummer 7, die in einer von der Krankenkasse nach § 68 finanzierten elektronischen Gesundheitsakte der Versicherten gespeichert sind, auf Antrag der Versicherten vom Anbieter der elektronischen Gesundheitsakte über den Anbieter der elektronischen Patientenakte in die elektronische Patientenakte der Versicherten nach § 341 übermittelt und dort gespeichert werden.

Dritter Untertitel. Zugriff von Leistungserbringern auf Daten in der elektronischen Patientenakte

§ 352 Verarbeitung von Daten in der elektronischen Patientenakte durch Leistungserbringer und andere zugriffsberechtigte Personen.

Auf die Daten in der elektronischen Patientenakte nach § 341 Absatz 1 Satz 1 dürfen mit Einwilligung der Versicherten nach § 339 ausschließlich folgende Personen zugreifen:

1. Ärzte, die zur Versorgung der Versicherten in deren Behandlung eingebunden sind, mit einem Zugriff, der die Verarbeitung von Daten nach § 341 Absatz 2 ermöglicht, soweit dies für die Versorgung der Versicherten erforderlich ist;
2. im Rahmen der jeweiligen Zugriffsberechtigung nach Nummer 1 auch Personen,
   a) die als berufsmäßige Gehilfen oder zur Vorbereitung auf den Beruf tätig sind
      aa) bei Ärzten nach Nummer 1,
      bb) in einem Krankenhaus oder
      cc) in einer Vorsorge- oder Rehabilitationseinrichtung nach § 107 Absatz 2 oder in einer Rehabilitationseinrichtung nach § 15 Absatz 2 des Sechsten Buches[1] oder bei einem Leistungserbringer der Heilbehandlung einschließlich medizinischer Rehabilitation nach § 26 Absatz 1 Satz 1 des Siebten Buches[2] oder in der Haus- oder Heimpflege nach § 44 des Siebten Buches und
   b) deren Zugriff im Rahmen der von ihnen zulässigerweise zu erledigenden Tätigkeiten erforderlich ist und unter Aufsicht eines Arztes erfolgt;
3. Zahnärzte, die zur Versorgung der Versicherten in deren Behandlung eingebunden sind, mit einem Zugriff, der die Verarbeitung von Daten nach § 341 Absatz 2 ermöglicht, soweit dies für die Versorgung der Versicherten erforderlich ist;
4. im Rahmen der jeweiligen Zugriffsberechtigung nach Nummer 3 auch Personen,
   a) die als berufsmäßige Gehilfen oder zur Vorbereitung auf den Beruf tätig sind
      aa) bei Zahnärzten nach Nummer 3,
      bb) in einem Krankenhaus oder
      cc) in einer Vorsorge- oder Rehabilitationseinrichtung nach § 107 Absatz 2 oder in einer Rehabilitationseinrichtung nach § 15 Absatz 2 des Sechsten Buches oder bei einem Leistungserbringer der Heilbehandlung einschließlich medizinischer Rehabilitation nach § 26 Ab-

[1] Nr. 6.
[2] Nr. 7.

satz 1 Satz 1 des Siebten Buches oder in der Haus- oder Heimpflege nach § 44 des Siebten Buches und

b) deren Zugriff im Rahmen der von ihnen zulässigerweise zu erledigenden Tätigkeiten erforderlich ist und der Zugriff unter Aufsicht eines Zahnarztes erfolgt;

5. Apotheker mit einem Zugriff, der das Auslesen, die Speicherung und die Verwendung von Daten nach § 341 Absatz 2 Nummer 1, 3 bis 8, 10 und 11 sowie die Verarbeitung von Daten nach § 341 Absatz 2 Nummer 1 Buchstabe b und Nummer 5 und 11 ermöglicht, soweit dies für die Versorgung der Versicherten erforderlich ist;
6. im Rahmen der jeweiligen Zugriffsberechtigung nach Nummer 5 auch zum pharmazeutischen Personal der Apotheke gehörende Personen, deren Zugriff
   a) im Rahmen der von ihnen zulässigerweise zu erledigenden Tätigkeiten erforderlich ist und
   b) unter Aufsicht eines Apothekers erfolgt, soweit nach apothekenrechtlichen Vorschriften eine Beaufsichtigung der mit dem Zugriff verbundenen pharmazeutischen Tätigkeit vorgeschrieben ist;
7. Psychotherapeuten, die in die Behandlung der Versicherten eingebunden sind, mit einem Zugriff, der die Verarbeitung von Daten nach § 341 Absatz 2 ermöglicht, soweit dies für die Versorgung der Versicherten erforderlich ist;
8. im Rahmen der jeweiligen Zugriffsberechtigung nach Nummer 7 auch Personen,
   a) die als berufsmäßige Gehilfen oder zur Vorbereitung auf den Beruf tätig sind
      aa) bei Psychotherapeuten nach Nummer 7,
      bb) in einem Krankenhaus oder
      cc) in einer Vorsorge- oder Rehabilitationseinrichtung nach § 107 Absatz 2 oder in einer Rehabilitationseinrichtung nach § 15 Absatz 2 des Sechsten Buches oder bei einem Leistungserbringer der Heilbehandlung einschließlich medizinischer Rehabilitation nach § 26 Absatz 1 Satz 1 des Siebten Buches oder in der Haus- oder Heimpflege nach § 44 des Siebten Buches und
   b) deren Zugriff im Rahmen der von ihnen zulässigerweise zu erledigenden Tätigkeiten erforderlich ist und deren Zugriff unter Aufsicht eines Psychotherapeuten erfolgt;
9. Gesundheits- und Krankenpfleger sowie Gesundheits- und Kinderkrankenpfleger, die in die medizinische oder pflegerische Versorgung der Versicherten eingebunden sind, mit einem Zugriff, der das Auslesen, die Speicherung und die Verwendung von Daten nach § 341 Absatz 2 Nummer 1 bis 8, 10 und 11 sowie die Verarbeitung von Daten nach § 341 Absatz 2 Nummer 10, die sich aus der pflegerischen Versorgung ergeben, ermöglicht, soweit dies für die Versorgung der Versicherten erforderlich ist;
10. Altenpfleger, die in die medizinische oder pflegerische Versorgung der Versicherten eingebunden sind, mit einem Zugriff, der das Auslesen, die Speicherung und die Verwendung von Daten nach § 341 Absatz 2 Nummer 1 bis 8, 10 und 11 sowie die Verarbeitung von Daten nach § 341

Absatz 2 Nummer 10, die sich aus der pflegerischen Versorgung ergeben, ermöglicht, soweit dies für die Versorgung der Versicherten erforderlich ist;

11. Pflegefachfrauen und Pflegefachmänner, die in die medizinische und pflegerische Versorgung der Versicherten eingebunden sind, mit einem Zugriff, der das Auslesen, die Speicherung und die Verwendung von Daten nach § 341 Absatz 2 Nummer 1 bis 8, 10 und 11 sowie die Verarbeitung von Daten nach § 341 Absatz 2 Nummer 10, die sich aus der pflegerischen Versorgung ergeben, ermöglicht, soweit dies für die Versorgung der Versicherten erforderlich ist;
12. im Rahmen der jeweiligen Zugriffsberechtigung nach den Nummern 9 bis 11, soweit deren Zugriff im Rahmen der von ihnen zulässigerweise zu erledigenden Tätigkeiten erforderlich ist und unter Aufsicht eines Zugriffsberechtigten nach den Nummern 9 bis 11 erfolgt,
    a) Personen, die erfolgreich eine landesrechtlich geregelte Assistenz- oder Helferausbildung in der Pflege von mindestens einjähriger Dauer abgeschlossen haben,
    b) Personen, die erfolgreich eine landesrechtlich geregelte Ausbildung in der Krankenpflegehilfe oder in der Altenpflegehilfe von mindestens einjähriger Dauer abgeschlossen haben,
    c) Personen, denen auf der Grundlage des Krankenpflegegesetzes vom 4. Juni 1985 (BGBl. I S. 893) in der bis zum 31. Dezember 2003 geltenden Fassung eine Erlaubnis als Krankenpflegehelferin oder Krankenpflegehelfer erteilt worden ist;
13. Hebammen, die nach § 134a Absatz 2 zur Leistungserbringung zugelassen oder im Rahmen eines Anstellungsverhältnisses tätig und in die Versorgung der Versicherten eingebunden sind, mit einem Zugriff, der das Auslesen, die Speicherung und die Verwendung von Daten nach § 341 Absatz 2 Nummer 1, 3 bis 8, 10 und 11 sowie die Verarbeitung von Daten nach § 341 Absatz 2 Nummer 3 und 4, die sich aus der Versorgung mit Hebammenhilfe ergeben, ermöglicht, soweit dies für die Versorgung des Versicherten erforderlich ist;
14. Physiotherapeuten, die nach § 124 Absatz 1 zur Leistungserbringung zugelassen sind und die zur Versorgung des Versicherten in dessen Behandlung eingebunden sind, mit einem Zugriff, der das Auslesen, die Speicherung und die Verwendung von Daten nach § 341 Absatz 2 Nummer 1, 3, 4, 6 bis 8, 10 und 11 sowie die Verarbeitung von Daten nach § 341 Absatz 2 Nummer 1 Buchstabe a, die sich aus der physiotherapeutischen Behandlung ergeben, ermöglicht, soweit dies für die Versorgung des Versicherten erforderlich ist;
15. im Rahmen der jeweiligen Zugriffsberechtigung nach Nummer 14 auch Personen,
    a) die als berufsmäßige Gehilfen oder zur Vorbereitung auf den Beruf tätig sind,
        aa) bei Personen nach Nummer 14 oder
        bb) in einem Krankenhaus und
    b) deren Zugriff im Rahmen der von ihnen zulässigerweise zu erledigenden Tätigkeiten erforderlich ist und unter Aufsicht eines Zugriffsberechtigten nach Nummer 14 erfolgt;

16. Ärzte, die bei einer für den Öffentlichen Gesundheitsdienst zuständigen Behörde tätig sind, mit einem Zugriff, der die Verarbeitung von Daten nach § 341 Absatz 2 ermöglicht, soweit diese Datenverarbeitung erforderlich ist für die Erfüllung von Aufgaben, die der für den Öffentlichen Gesundheitsdienst zuständigen Behörde zugewiesen sind;
17. im Rahmen der jeweiligen Zugriffsberechtigung nach Nummer 16 auch Personen, die bei einer für den Öffentlichen Gesundheitsdienst zuständigen Behörde tätig sind, soweit der Zugriff im Rahmen der von ihnen zulässigerweise zu erledigenden Tätigkeiten erforderlich ist und der Zugriff unter Aufsicht eines Arztes erfolgt;
18. Fachärzte für Arbeitsmedizin und Ärzte, die über die Zusatzbezeichnung „Betriebsmedizin" verfügen (Betriebsärzte), außerhalb einer Tätigkeit nach Nummer 1, mit einem Zugriff, der das Auslesen, die Speicherung und die Verwendung von Daten nach § 341 Absatz 2 sowie die Verarbeitung von Daten nach § 341 Absatz 2 Nummer 5 ermöglicht.

§ 353 Erteilung der Einwilligung. (1) [1]Die Versicherten erteilen die nach § 352 erforderliche Einwilligung in den Zugriff auf Daten der elektronischen Patientenakte nach § 341. [2]Hierzu bedarf es einer eindeutigen bestätigenden Handlung durch technische Zugriffsfreigabe über die Benutzeroberfläche eines geeigneten Endgeräts.

(2) [1]Abweichend von Absatz 1 können die Versicherten die Einwilligung auch gegenüber einem nach § 352 zugriffsberechtigten Leistungserbringer unter Nutzung der dezentralen Infrastruktur der Leistungserbringer erteilen. [2]Hierzu bedarf es

1. einer eindeutigen bestätigenden Handlung durch technische Zugriffsfreigabe und
2. vor der Einwilligung in einen konkreten Datenzugriff einer Information der Versicherten durch den betreffenden Leistungserbringer über die fehlende Möglichkeit der Beschränkung der Zugriffsrechte nach § 342 Absatz 2 Nummer 2 Buchstabe b und die Bedeutung der Zugriffsberechtigung auf Kategorien von Dokumenten und Datensätzen nach § 342 Absatz 2 Nummer 2 Buchstabe c.

Vierter Untertitel. Festlegungen für technische Voraussetzungen und semantische und syntaktische Interoperabilität von Daten

§ 354 Festlegungen der Gesellschaft für Telematik für die elektronische Patientenakte. (1) Die Gesellschaft für Telematik hat jeweils nach dem Stand der Technik die erforderlichen technischen und organisatorischen Verfahren festzulegen oder technischen Voraussetzungen zu schaffen dafür, dass

1. in einer elektronischen Patientenakte Daten nach § 341 Absatz 2 barrierefrei zur Verfügung gestellt und durch die Versicherten nach den §§ 336 und 337 und die Zugriffsberechtigten nach § 352 barrierefrei verarbeitet werden können,
2. die Versicherten für die elektronische Patientenakte Daten barrierefrei zur Verfügung stellen können und diese Daten in der elektronischen Patientenakte barrierefrei verarbeitet werden können,

3. die Versicherten Daten, die in der elektronischen Patientenakte nach § 341 Absatz 2 Nummer 9 sowie nach § 345 gespeichert sind, barrierefrei elektronisch an ihre Krankenkasse übermitteln können,
4. bei der Zulassung der Komponenten und Dienste der elektronischen Patientenakte nach § 325 sichergestellt wird, dass den Versicherten von den Anbietern der elektronischen Patientenakte Dienste zur Erteilung von technischen Zugriffsfreigaben gegenüber den in § 352 genannten Leistungserbringern barrierefrei zur Verfügung gestellt werden und
5. die Möglichkeiten der Versicherten im Falle des § 342 Absatz 2 Nummer 2 Buchstabe c zur Zugriffsfreigabe unter Berücksichtigung der Verhältnismäßigkeit des dafür erforderlichen Aufwandes an die Möglichkeiten der Zugriffsfreigabe nach § 342 Absatz 2 Nummer 2 Buchstabe b angeglichen werden.

(2) Über die Festlegungen und Voraussetzungen nach Absatz 1 hinaus hat die Gesellschaft für Telematik

1. die Festlegungen dafür zu treffen, dass Daten nach § 341 Absatz 2 Nummer 2 bis 5 in der elektronischen Patientenakte verarbeitet werden können,
2. die Festlegungen dafür zu treffen, dass eine technische Zugriffsfreigabe nach § 342 Absatz 2 Nummer 2 Buchstabe b mittels der Benutzeroberfläche eines geeigneten Endgeräts auf Daten der elektronischen Patientenakte nach § 341 Absatz 2 sowohl auf spezifische Dokumente und Datensätze als auch auf Gruppen von Dokumenten und Datensätzen der elektronischen Patientenakte barrierefrei ermöglicht wird und hierbei in Abstimmung mit der Kassenärztlichen Bundesvereinigung sowie der Kassenzahnärztlichen Bundesvereinigung weitere Kategorien in der elektronischen Patientenakte festzulegen, die eine Zuordnung von Dokumenten und Datensätzen zu medizinischen Fachgebieten, die als besonders versorgungsrelevant erachtet werden, zulässt,
3. die Festlegungen dafür zu treffen, dass eine technische Zugriffsfreigabe nach § 342 Absatz 2 Nummer 2 Buchstabe c mittels der dezentralen Infrastruktur der Leistungserbringer auf Daten der elektronischen Patientenakte nach § 341 Absatz 2 mindestens auf Kategorien von Dokumenten und Datensätzen, insbesondere medizinische Fachgebietskategorien, ermöglicht wird; in Abstimmung mit der Kassenärztlichen Bundesvereinigung sowie der Kassenzahnärztlichen Bundesvereinigung sind hierzu weitere Kategorien in der elektronischen Patientenakte festzulegen, die eine Zuordnung zu medizinischen Fachgebieten, die als besonders versorgungsrelevant erachtet werden, ermöglichen,
4. bis zum 30. Juni 2021 die Festlegungen dafür zu treffen, dass Zugriffsberechtigte nach § 352 Nummer 9 bis 18 auf Daten der elektronischen Patientenakte barrierefrei zugreifen können,
5. bis zum 30. Juni 2021 im Benehmen mit den für die Wahrnehmung der Interessen der Forschung im Gesundheitswesen maßgeblichen Bundesverbänden die Festlegungen dafür zu treffen, dass die Versicherten gemäß § 363 Daten, die in der elektronischen Patientenakte nach § 341 Absatz 2 gespeichert sind, für die Nutzung zu Forschungszwecken zur Verfügung stellen und diese übermittelt werden können.

(3) Die Gesellschaft für Telematik hat zu prüfen, inwieweit die Vorgaben des § 22 Absatz 3 des Infektionsschutzgesetzes in der elektronischen Patientenakte umgesetzt werden können.

§ 355 Festlegungen für die semantische und syntaktische Interoperabilität von Daten in der elektronischen Patientenakte, des elektronischen Medikationsplans und der elektronischen Notfalldaten.

(1) [1] Die Kassenärztliche Bundesvereinigung trifft die notwendigen Festlegungen für die Inhalte der elektronischen Patientenakte sowie die für eine Fortschreibung der Inhalte des elektronischen Medikationsplans und der elektronischen Notfalldaten notwendigen Festlegungen, um deren semantische und syntaktische Interoperabilität zu gewährleisten, im Benehmen mit

1. der Gesellschaft für Telematik,
2. den übrigen Spitzenorganisationen nach § 306 Absatz 1 Satz 1,
3. den maßgeblichen, fachlich betroffenen medizinischen Fachgesellschaften,
4. der Bundespsychotherapeutenkammer,
5. den maßgeblichen Bundesverbänden der Pflege,
6. den für die Wahrnehmung der Interessen der Industrie maßgeblichen Bundesverbänden aus dem Bereich der Informationstechnologie im Gesundheitswesen,
7. den für die Wahrnehmung der Interessen der Forschung im Gesundheitswesen maßgeblichen Bundesverbänden und
8. dem Bundesinstitut für Arzneimittel und Medizinprodukte.

[2] Über die Festlegungen nach Satz 1 entscheidet für die Kassenärztliche Bundesvereinigung der Vorstand.

(2) Um einen strukturierten Prozess zu gewährleisten, erstellt die Kassenärztliche Bundesvereinigung eine Verfahrensordnung zur Herstellung des Benehmens nach Absatz 1 und stellt im Anschluss das Benehmen mit den nach Absatz 1 Satz 1 zu Beteiligenden hierzu her.

(3) Bei der Fortschreibung der Vorgaben zum elektronischen Medikationsplan hat die Kassenärztliche Bundesvereinigung die Festlegungen nach § 31a Absatz 4 und § 31b Absatz 2 zu berücksichtigen und sicherzustellen, dass Daten nach § 31a Absatz 2 Satz 1 sowie Daten des elektronischen Medikationsplans nach § 334 Absatz 1 Satz 2 Nummer 4 in den von den Vertragsärzten und den Ärzten in zugelassenen Krankenhäusern zur Verordnung genutzten elektronischen Programmen und in den Programmen der Apotheken einheitlich abgebildet und zur Prüfung der Arzneimitteltherapiesicherheit genutzt werden können.

(4) Die semantischen und syntaktischen Vorgaben zu den elektronischen Notfalldaten nach § 334 Absatz 1 Satz 2 Nummer 5 sind unter Berücksichtigung der entsprechenden Festlegungen der Gesellschaft für Telematik so fortzuschreiben, dass diese bei einer Bereitstellung in der elektronischen Patientenakte nach § 341 Absatz 2 Nummer 1 Buchstabe c mit internationalen Standards interoperabel sind.

(5) [1] Festlegungen nach Absatz 1 müssen, sofern sie die Fortschreibung des elektronischen Medikationsplans nach § 334 Absatz 1 Satz 2 Nummer 4 zum Gegenstand haben, im Benehmen mit der für die Wahrnehmung der wirtschaftlichen Interessen gebildeten maßgeblichen Spitzenorganisation der Apotheker auf Bundesebene, der Bundesärztekammer und der Deutschen Krankenhausgesellschaft erfolgen. [2] Festlegungen nach Absatz 1 müssen, sofern sie die Fortschreibung der elektronischen Notfalldaten nach § 334 Absatz 1 Satz 2 Nummer 5 zum Gegenstand haben, im Benehmen mit der Bundesärztekam-

mer und der Deutschen Krankenhausgesellschaft erfolgen. [3] Festlegungen nach Absatz 1 müssen, sofern sie Daten zur pflegerischen Versorgung nach § 341 Absatz 2 Nummer 10 zum Gegenstand haben, im Benehmen mit den in Absatz 1 Satz 1 Nummer 5 genannten Organisationen erfolgen.

(6) [1] Die Kassenärztliche Bundesvereinigung hat bei ihren Festlegungen nach Absatz 1 grundsätzlich internationale Standards zu nutzen. [2] Zur Gewährleistung der semantischen Interoperabilität hat die Kassenärztliche Bundesvereinigung die vom Bundesinstitut für Arzneimittel und Medizinprodukte für diese Zwecke verbindlich zur Verfügung gestellten medizinischen Klassifikationen, Terminologien und Nomenklaturen zu verwenden.

(7) Das Bundesinstitut für Arzneimittel und Medizinprodukte ergreift bis zum 1. Januar 2021 die notwendigen Maßnahmen, damit eine medizinische Terminologie und eine Nomenklatur kostenfrei für alle Nutzer zur Verfügung steht und unterhält dafür ein nationales Kompetenzzentrum für medizinische Terminologien.

(8) [1] Die Gesellschaft für Telematik kann der Kassenärztlichen Bundesvereinigung zur Erfüllung ihrer Aufgabe nach Absatz 1 entsprechend dem Projektstand zur Umsetzung und Fortschreibung der mit der elektronischen Patientenakte, dem elektronischen Medikationsplan sowie den elektronischen Notfalldaten vorgesehenen Inhalte angemessene Fristen setzen. [2] Hält die Kassenärztliche Bundesvereinigung die jeweils gesetzte Frist nicht ein, kann die Gesellschaft für Telematik die Deutsche Krankenhausgesellschaft mit der Erstellung der jeweiligen Festlegungen nach Absatz 1 im Benehmen mit den in Absatz 1 Satz 1 genannten Organisationen beauftragen. [3] Das Verfahren für das Vorgehen nach Fristablauf legt die Gesellschaft für Telematik fest.

(9) [1] Die Festlegungen, die nach Absatz 1 von der Kassenärztlichen Bundesvereinigung oder nach Absatz 8 Satz 2 von der Deutschen Krankenhausgesellschaft getroffen werden, sind für alle Gesellschafter, für die Leistungserbringer und die Krankenkassen sowie für ihre Verbände verbindlich. [2] Die Festlegungen können nur durch eine alternative Entscheidung der in der Gesellschaft für Telematik vertretenen Spitzenorganisationen der Leistungserbringer nach § 306 Absatz 1 Satz 1 in gleicher Sache ersetzt werden. [3] Eine Entscheidung der Spitzenorganisationen nach Satz 2 erfolgt mit der einfachen Mehrheit der sich aus deren Geschäftsanteilen ergebenden Stimmen.

(10) Die Festlegungen, die nach Absatz 1 von der Kassenärztlichen Bundesvereinigung, nach Absatz 8 Satz 2 von der Deutschen Krankenhausgesellschaft oder nach Absatz 9 Satz 2 von den in der Gesellschaft für Telematik vertretenen Spitzenorganisationen der Leistungserbringer nach § 306 Absatz 1 Satz 1 getroffen werden, sind in das Interoperabilitätsverzeichnis nach § 384 aufzunehmen.

(11) [1] Die Gesellschaft für Telematik hat der Kassenärztlichen Bundesvereinigung die Kosten zu erstatten, die ihr bei der Erfüllung ihrer Aufgaben nach Absatz 1 entstehen. [2] Beauftragt die Gesellschaft für Telematik die Deutsche Krankenhausgesellschaft nach Absatz 8 Satz 2 mit der Erstellung von Festlegungen nach Absatz 1, hat die Gesellschaft für Telematik der Deutschen Krankenhausgesellschaft die Kosten zu erstatten, die ihr bei der Erfüllung ihrer Aufgaben nach Absatz 1 entstehen.

Dritter Titel. Erklärungen des Versicherten zur Organ- und Gewebespende sowie Hinweise auf deren Vorhandensein und Aufbewahrungsort

§ 356 Zugriff auf Erklärungen der Versicherten zur Organ- und Gewebespende sowie auf Hinweise auf deren Vorhandensein und Aufbewahrungsort. (1) Auf Daten in elektronischen Erklärungen des Versicherten zur Organ- und Gewebespende in einer Anwendung nach § 334 Absatz 1 Satz 2 Nummer 2 dürfen mit Einwilligung des Versicherten, wozu es einer eindeutigen bestätigenden Handlung durch technische Zugriffsfreigabe bedarf, ausschließlich folgende Personen zugreifen:

1. Ärzte, die in die Behandlung des Versicherten eingebunden sind, mit einem Zugriff, der die Verarbeitung von Daten ermöglicht, soweit dies für die Erstellung und Aktualisierung der elektronischen Erklärung des Versicherten zur Organ- und Gewebespende erforderlich ist;
2. im Rahmen der Zugriffsberechtigung nach Nummer 1 Personen, die als berufsmäßige Gehilfen oder zur Vorbereitung auf den Beruf tätig sind, soweit dies im Rahmen der von ihnen zulässigerweise zu erledigenden Tätigkeiten erforderlich ist und der Zugriff unter Aufsicht einer Person nach Nummer 1 erfolgt,
   a) bei Personen nach Nummer 1 oder
   b) in einem Krankenhaus.

(2) Auf Daten zu Hinweisen des Versicherten auf das Vorhandensein und den Aufbewahrungsort von Erklärungen zur Organ- und Gewebespende in einer Anwendung nach § 334 Absatz 1 Satz 2 Nummer 2 dürfen mit Einwilligung des Versicherten, die abweichend von § 339 Absatz 1 hierzu keiner eindeutigen bestätigenden Handlung durch technische Zugriffsfreigabe des Versicherten bedarf, folgende Personen zugreifen:

1. Ärzte, die in die Behandlung des Versicherten eingebunden sind, mit einem Zugriff, der die Verarbeitung von Daten ermöglicht, soweit dies für die Erstellung und Aktualisierung der Hinweise des Versicherten auf das Vorhandensein und den Aufbewahrungsort von Erklärungen zur Organ- und Gewebespende erforderlich ist;
2. im Rahmen der Zugriffsberechtigung nach Absatz 1 Nummer 1 Personen, die als berufsmäßige Gehilfen oder zur Vorbereitung auf den Beruf tätig sind, soweit dies im Rahmen der von ihnen zulässigerweise zu erledigenden Tätigkeiten erforderlich ist und der Zugriff unter Aufsicht einer Person nach Nummer 1 erfolgt,
   a) bei Personen nach Absatz 1 Nummer 1 oder
   b) in einem Krankenhaus.

(3) Der Zugriff auf Daten in einer Anwendung nach § 334 Absatz 1 Satz 2 Nummer 2 ist abweichend von § 339 Absatz 1 ohne eine Einwilligung der betroffenen Person nur zulässig,

1. nachdem der Tod des Versicherten nach § 3 Absatz 1 Satz 1 Nummer 2 des Transplantationsgesetzes festgestellt wurde und
2. wenn der Zugriff zur Klärung erforderlich ist, ob die verstorbene Person in die Entnahme von Organen oder Gewebe eingewilligt hat.

(4) Die Authentizität der elektronischen Erklärung zur Organ- und Gewebespende muss sichergestellt sein.

Vierter Titel. Hinweis des Versicherten auf das Vorhandensein und den Aufbewahrungsort von Vorsorgevollmachten oder Patientenverfügungen

§ 357 Zugriff auf Hinweise der Versicherten auf das Vorhandensein und den Aufbewahrungsort von Vorsorgevollmachten oder Patientenverfügungen. (1) Auf Daten in einer Anwendung nach § 334 Absatz 1 Satz 2 Nummer 3 dürfen ausschließlich folgende Personen zugreifen:

1. Ärzte und Psychotherapeuten, die in die Behandlung des Versicherten eingebunden sind, mit einem Zugriff, der die Verarbeitung von Daten ermöglicht, soweit dies für die Versorgung des Versicherten erforderlich ist,
2. im Rahmen der Zugriffsberechtigung nach Nummer 1 Personen,
   a) die als berufsmäßige Gehilfen oder zur Vorbereitung auf den Beruf tätig sind
      aa) bei Personen nach Nummer 1 oder
      bb) in einem Krankenhaus und
   b) deren Zugriff im Rahmen der von ihnen zulässigerweise zu erledigenden Tätigkeiten erforderlich ist und deren Zugriff unter Aufsicht einer Person nach Nummer 1 erfolgt,
3. Personen nach § 352 Nummer 9 bis 12, die in einer Pflegeeinrichtung, einem Hospiz oder einer Palliativeinrichtung tätig sind.

(2) [1]Der Zugriff auf Daten in einer Anwendung nach § 334 Absatz 1 Satz 2 Nummer 3 ist mit Einwilligung des Versicherten zulässig. [2]Abweichend von § 339 Absatz 1 bedarf es hierzu keiner eindeutigen bestätigenden Handlung durch technische Zugriffsfreigabe des Versicherten.

(3) Der Zugriff auf Daten in einer Anwendung nach § 334 Absatz 1 Satz 2 Nummer 3 ist abweichend von § 339 Absatz 1 ohne Einwilligung des Versicherten nur zulässig, wenn eine ärztlich indizierte Maßnahme unmittelbar bevorsteht und der Versicherte nicht fähig ist, in die Maßnahme einzuwilligen.

Fünfter Titel. Elektronischer Medikationsplan und elektronische Notfalldaten

§ 358 Elektronischer Medikationsplan und elektronische Notfalldaten. (1) [1]Die elektronische Gesundheitskarte muss geeignet sein, das Verarbeiten von medizinischen Daten, soweit sie für die Notfallversorgung erforderlich sind (elektronische Notfalldaten), zu unterstützen. [2]Die elektronischen Notfalldaten können Daten zu Befunden, Daten zur Medikation oder Zusatzinformationen über den Versicherten enthalten und sind für die Versicherten freiwillig.

(2) [1]Die elektronische Gesundheitskarte muss geeignet sein, die Verarbeitung von Daten des Medikationsplans nach § 31a einschließlich der Daten zur Prüfung der Arzneimitteltherapiesicherheit zu unterstützen (elektronischer Medikationsplan). [2]Der elektronische Medikationsplan ist für den Versicherten freiwillig.

(3) Versicherte haben gegenüber Ärzten, die an der vertragsärztlichen Versorgung teilnehmen oder in Einrichtungen, die an der vertragsärztlichen Versorgung teilnehmen oder in zugelassenen Krankenhäusern oder in einer Vorsorgeeinrichtung oder Vorsorgeeinrichtungen und Rehabilitationseinrichtungen tätig und in deren Behandlung eingebunden sind, einen Anspruch

1. auf die Erstellung von elektronischen Notfalldaten und die Speicherung dieser Daten auf ihrer elektronischen Gesundheitskarte sowie
2. auf die Aktualisierung von elektronischen Notfalldaten und die Speicherung dieser Daten auf ihrer elektronischen Gesundheitskarte.

(4) Die Verarbeitung von elektronischen Notfalldaten muss auch auf der elektronischen Gesundheitskarte ohne Netzzugang möglich sein.

(5) Die Krankenkassen, die ihren Versicherten elektronische Gesundheitskarten mit der Möglichkeit zur Speicherung der elektronischen Notfalldaten und des elektronischen Medikationsplans ausgeben, sind die für die Verarbeitung von Daten in diesen Anwendungen Verantwortlichen nach Artikel 4 Nummer 7 der Verordnung (EU) 2016/679.

(6) [1] Mit der Einführung der elektronischen Notfalldaten und des elektronischen Medikationsplans haben die Krankenkassen den Versicherten geeignetes Informationsmaterial in präziser, transparenter, verständlicher und leicht zugänglicher Form in einer klaren und einfachen Sprache barrierefrei zur Verfügung zu stellen. [2] Dieses muss über alle relevanten Umstände der Datenverarbeitung bei der Erstellung der elektronischen Notfalldaten und des elektronischen Medikationsplans sowie bei der Speicherung von Daten in den elektronischen Notfalldaten und dem elektronischen Medikationsplan durch Leistungserbringer informieren. [3] Das Material enthält insbesondere Hinweise über

1. die Funktionsweise der elektronischen Notfalldaten und des elektronischen Medikationsplans einschließlich der darin zu verarbeitenden Daten,
2. die Freiwilligkeit der Nutzung der elektronischen Notfalldaten und des elektronischen Medikationsplans und der Speicherung von Daten in diesen Anwendungen,
3. das Recht auf jederzeitige vollständige Löschung der Anwendungen und der darin gespeicherten Daten,
4. die Voraussetzungen für den Zugriff der Leistungserbringer auf die elektronischen Notfalldaten und den elektronischen Medikationsplan und die Verarbeitung dieser Daten durch die Leistungserbringer.

(7) Zur Unterstützung der Krankenkassen bei der Erfüllung ihrer Informationspflichten nach Absatz 6 hat der Spitzenverband Bund der Krankenkassen im Einvernehmen mit der oder dem Bundesbeauftragten für den Datenschutz und die Informationsfreiheit rechtzeitig geeignetes Informationsmaterial zu erstellen und den Krankenkassen zur verbindlichen Nutzung zur Verfügung zu stellen.

§ 359 Zugriff auf den elektronischen Medikationsplan und die elektronischen Notfalldaten. (1) Auf Daten in Anwendungen nach § 334 Absatz 1 Satz 2 Nummer 4 und 5 dürfen ausschließlich folgende Personen zugreifen:

1. Ärzte sowie Zahnärzte, die in die Behandlung des Versicherten eingebunden sind, jeweils mit einem Zugriff, der die Verarbeitung von Daten nach § 334 Absatz 1 Satz 2 Nummer 4 und 5 ermöglicht, soweit dies für die Versorgung der Versicherten erforderlich ist;
2. Apotheker mit einem Zugriff, der die Verarbeitung von Daten nach § 334 Absatz 1 Satz 2 Nummer 4 sowie das Auslesen, die Speicherung und die Verwendung von Daten nach § 334 Absatz 1 Satz 2 Nummer 5 ermöglicht, soweit dies für die Versorgung der Versicherten erforderlich ist;

3. Psychotherapeuten, die in die Behandlung der Versicherten eingebunden sind, mit einem Zugriff, der die Verarbeitung von Daten nach § 334 Absatz 1 Satz 2 Nummer 5 sowie das Auslesen, die Speicherung und die Verwendung von Daten nach § 334 Absatz 1 Satz 2 Nummer 4 ermöglicht, soweit dies für die Versorgung der Versicherten erforderlich ist;
4. im Rahmen der jeweiligen Zugriffsberechtigung nach den Nummern 1 und 3 auch Personen,
   a) die als berufsmäßige Gehilfen oder zur Vorbereitung auf den Beruf tätig sind
      aa) bei Personen nach Nummer 1 oder 3,
      bb) in einem Krankenhaus oder
      cc) in einer Vorsorgeeinrichtung oder Rehabilitationseinrichtung nach § 107 Absatz 2 oder in einer Rehabilitationseinrichtung nach § 15 Absatz 2 des Sechsten Buches[1] oder bei einem Leistungserbringer der Heilbehandlung einschließlich medizinischer Rehabilitation nach § 26 Absatz 1 Satz 1 des Siebten Buches[2] oder in der Haus- oder Heimpflege nach § 44 des Siebten Buches und
   b) deren Zugriff im Rahmen der von ihnen zulässigerweise zu erledigenden Tätigkeiten erforderlich ist und deren Zugriff unter Aufsicht einer Person nach Nummer 1 oder 3 erfolgt;
5. im Rahmen der jeweiligen Zugriffsberechtigung nach Nummer 2 auch zum pharmazeutischen Personal der Apotheke gehörende Personen, deren Zugriff
   a) im Rahmen der von ihnen zulässigerweise zu erledigenden Tätigkeiten erforderlich ist und
   b) unter Aufsicht eines Apothekers erfolgt, soweit nach apothekenrechtlichen Vorschriften eine Beaufsichtigung der mit dem Zugriff verbundenen pharmazeutischen Tätigkeit vorgeschrieben ist;
6. Angehörige eines Heilberufes, der für die Berufsausübung oder die Führung der Berufsbezeichnung eine staatlich geregelte Ausbildung erfordert, und die in die medizinische oder pflegerische Versorgung des Versicherten eingebunden sind mit einem Zugriff der das Auslesen, die Speicherung und die Verwendung von Daten nach § 334 Absatz 1 Satz 2 Nummer 4 und 5 ermöglicht, soweit dies für die Versorgung der Versicherten erforderlich ist;
7. im Rahmen der jeweiligen Zugriffsberechtigung nach Nummer 6 auch, soweit deren Zugriff im Rahmen der von ihnen zulässigerweise zu erledigenden Tätigkeiten erforderlich ist und unter Aufsicht eines Zugriffsberechtigten nach Nummer 6 erfolgt,
   a) Personen, die erfolgreich eine landesrechtlich geregelte Assistenz- oder Helferausbildung in der Pflege von mindestens einjähriger Dauer abgeschlossen haben,
   b) Personen, die erfolgreich eine landesrechtlich geregelte Ausbildung in der Krankenpflegehilfe oder in der Altenpflegehilfe von mindestens einjähriger Dauer abgeschlossen haben,
   c) Personen, denen auf der Grundlage des Krankenpflegegesetzes vom 4. Juni 1985 (BGBl. I S. 893) in der bis zum 31. Dezember 2003 geltenden

---

[1] Nr. 6.
[2] Nr. 7.

Fassung eine Erlaubnis als Krankenpflegehelferin oder Krankenpflegehelfer erteilt worden ist.

(2) [1] Der Zugriff auf den elektronischen Medikationsplan nach § 334 Absatz 1 Satz 2 Nummer 4 ist mit Einwilligung des Versicherten zulässig. [2] Abweichend von § 339 Absatz 1 bedarf es hierzu keiner eindeutigen bestätigenden Handlung durch technische Zugriffsfreigabe des Versicherten, wenn der Versicherte auf das Erfordernis einer technischen Zugriffsfreigabe verzichtet hat und die Zugriffsberechtigten nachprüfbar in ihrer Behandlungsdokumentation protokollieren, dass der Zugriff mit Einwilligung des Versicherten erfolgt ist.

(3) [1] Der Zugriff auf die elektronischen Notfalldaten nach § 334 Absatz 1 Satz 2 Nummer 5 ist abweichend von § 339 Absatz 1 zulässig

1. ohne eine Einwilligung der Versicherten, soweit es zur Versorgung der Versicherten in einem Notfall erforderlich ist, und
2. mit Einwilligung der Versicherten, die die Zugriffsberechtigten nachprüfbar in ihrer Behandlungsdokumentation zu protokollieren haben, soweit es zur Versorgung des Versicherten außerhalb eines Notfalls erforderlich ist.

[2] Im Fall des Satzes 1 Nummer 2 bedarf es keiner eindeutigen bestätigenden Handlung durch technische Zugriffsfreigabe des Versicherten.

Sechster Titel. Übermittlung ärztlicher Verordnungen

§ 360 Übermittlung vertragsärztlicher Verordnungen in elektronischer Form. (1) Sobald die hierfür erforderlichen Dienste und Komponenten flächendeckend zur Verfügung stehen, ist für die Übermittlung und Verarbeitung vertragsärztlicher Verordnungen von apothekenpflichtigen Arzneimitteln, einschließlich Betäubungsmitteln, sowie von sonstigen in der vertragsärztlichen Versorgung verordnungsfähigen Leistungen in elektronischer Form die Telematikinfrastruktur zu nutzen.

(2) [1] Ab dem 1. Januar 2022 sind Ärzte und Zahnärzte, die an der vertragsärztlichen Versorgung teilnehmen oder in Einrichtungen tätig sind, die an der vertragsärztlichen Versorgung teilnehmen oder in zugelassenen Krankenhäusern, Vorsorgeeinrichtungen oder Rehabilitationseinrichtungen tätig sind, verpflichtet, Verordnungen von verschreibungspflichtigen Arzneimitteln in elektronischer Form auszustellen und für die Übermittlung der Verordnungen von verschreibungspflichtigen Arzneimitteln Dienste und Komponenten nach Absatz 1 zu nutzen. [2] Dies gilt nicht, wenn die Ausstellung von Verordnungen von verschreibungspflichtigen Arzneimitteln in elektronischer Form technisch nicht möglich ist oder die zur Übermittlung von Verordnungen von verschreibungspflichtigen Arzneimitteln erforderlichen Dienste und Komponenten nach Absatz 1 technisch nicht zur Verfügung stehen. [3] Die Verpflichtung nach Satz 1 gilt nicht für die ärztliche Verordnung von Betäubungsmitteln und von Arzneimitteln nach § 3a Absatz 1 Satz 1 der Arzneimittelverschreibungsverordnung.

(3) [1] Ab dem 1. Januar 2022 sind Apotheken verpflichtet, verschreibungspflichtige Arzneimittel auf der Grundlage ärztlicher Verordnungen nach Absatz 2 unter Nutzung der Dienste und Komponenten nach Absatz 1 abzugeben. [2] Dies gilt nicht, wenn die erforderlichen Dienste und Komponenten nach Absatz 1 technisch nicht zur Verfügung stehen. [3] Die Vorschriften der Apothekenbetriebsordnung bleiben unberührt.

(4) Versicherte können gegenüber Leistungserbringern nach Absatz 2 wählen, ob ihnen die für den Zugriff auf ihre ärztliche Verordnung nach Absatz 2 erforderlichen Zugangsdaten entweder durch einen Ausdruck in Papierform oder elektronisch bereitgestellt werden sollen.

(5) [1] Die Gesellschaft für Telematik ist verpflichtet, die Komponenten der Telematikinfrastruktur, die den Zugriff der Versicherten auf die elektronische ärztliche Verordnung nach § 334 Absatz 1 Satz 2 Nummer 6 ermöglichen, als Dienstleistung von allgemeinem wirtschaftlichem Interesse zu entwickeln und zur Verfügung zu stellen. [2] Das Bundesministerium für Gesundheit wird ermächtigt, durch Rechtsverordnung ohne Zustimmung des Bundesrates Schnittstellen in den Komponenten nach Satz 1 und ihre Nutzung durch Drittanbieter zu regeln. [3] Die Funktionsfähigkeit und Interoperabilität der Komponenten sind durch die Gesellschaft für Telematik sicherzustellen. [4] Die Sicherheit der Komponenten des Systems zur Übermittlung ärztlicher Verordnungen einschließlich der Zugriffsmöglichkeiten für Versicherte ist durch ein externes Sicherheitsgutachten nachzuweisen. [5] Dabei ist abgestuft im Verhältnis zum Gefährdungspotential nachzuweisen, dass die Verfügbarkeit, Integrität, Authentizität und Vertraulichkeit der Komponente sichergestellt wird. [6] Die Festlegung der Prüfverfahren und die Auswahl des Sicherheitsgutachters für das externe Sicherheitsgutachten erfolgt durch die Gesellschaft für Telematik im Einvernehmen mit dem Bundesamt für Sicherheit in der Informationstechnik. [7] Das externe Sicherheitsgutachten muss dem Bundesamt für Sicherheit in der Informationstechnik zur Prüfung vorgelegt und durch dieses bestätigt werden. [8] Erst mit der Bestätigung des externen Sicherheitsgutachtens durch das Bundesamt für Sicherheit in der Informationstechnik dürfen die Komponenten durch die Gesellschaft für Telematik zur Verfügung gestellt werden.

(6) Verordnungs- und Dispensierdaten sind mit Ablauf von 100 Tagen nach Dispensierung der Verordnung zu löschen.

§ 361 Zugriff auf ärztliche Verordnungen in der Telematikinfrastruktur. (1) Auf Daten der Versicherten in ärztlichen Verordnungen in elektronischer Form dürfen folgende Personen zugreifen:

1. Ärzte, Zahnärzte sowie Psychotherapeuten, die in die Behandlung der Versicherten eingebunden sind, mit einem Zugriff, der die Verarbeitung von Daten, die von ihnen nach § 360 übermittelt wurden, ermöglicht, soweit dies für die Versorgung des Versicherten erforderlich ist;
2. im Rahmen der jeweiligen Zugriffsberechtigung nach Nummer 1 auch Personen, die als berufsmäßige Gehilfen oder zur Vorbereitung auf den Beruf tätig sind, soweit der Zugriff im Rahmen der von ihnen zulässigerweise zu erledigenden Tätigkeiten erforderlich ist und der Zugriff unter Aufsicht einer Person nach Nummer 1 erfolgt,
   a) bei Personen nach Nummer 1,
   b) in einem Krankenhaus oder
   c) in einer Vorsorgeeinrichtung oder Rehabilitationseinrichtung nach § 107 Absatz 2 oder in einer Rehabilitationseinrichtung nach § 15 Absatz 2 des Sechsten Buches[1] oder bei einem Leistungserbringer der Heilbehandlung einschließlich medizinischer Rehabilitation nach § 26 Absatz 1 Satz 1 des

---

[1] Nr. 6.

Siebten Buches[1)] oder in der Haus- oder Heimpflege nach § 44 des Siebten Buches;

3. Apotheker mit einem Zugriff, der die Verarbeitung von Daten ermöglicht, soweit dies für die Versorgung des Versicherten mit verordneten Arzneimitteln erforderlich ist und ihnen die für den Zugriff erforderlichen Zugangsdaten nach § 360 Absatz 4 vorliegen;
4. im Rahmen der jeweiligen Zugriffsberechtigung nach Nummer 3 auch zum pharmazeutischen Personal der Apotheke gehörende Personen, deren Zugriff
   a) im Rahmen der von ihnen zulässigerweise zu erledigenden Tätigkeiten erforderlich ist und
   b) unter Aufsicht eines Apothekers erfolgt, soweit nach apothekenrechtlichen Vorschriften eine Beaufsichtigung der mit dem Zugriff verbundenen pharmazeutischen Tätigkeit vorgeschrieben ist;
5. sonstige Erbringer ärztlich verordneter Leistungen nach diesem Buch mit einem Zugriff, der die Verarbeitung von Daten ermöglicht, soweit dies für die Versorgung der Versicherten mit der ärztlich verordneten Leistung erforderlich ist und ihnen die für den Zugriff erforderlichen Zugangsdaten nach § 360 Absatz 4 vorliegen.

(2) [1] Auf Daten der Versicherten in ärztlichen Verordnungen in elektronischer Form dürfen zugriffsberechtigte Leistungserbringer und andere zugriffsberechtigte Personen nach Absatz 1 und nach Maßgabe des § 339 Absatz 2 nur zugreifen mit

1. einem ihrer Berufszugehörigkeit entsprechenden elektronischen Heilberufsausweis in Verbindung mit einer Komponente zur Authentifizierung von Leistungserbringerinstitutionen oder
2. einem ihrer Berufszugehörigkeit entsprechenden elektronischen Berufsausweis in Verbindung mit einer Komponente zur Authentifizierung von Leistungserbringerinstitutionen.

[2] Es ist nachprüfbar elektronisch zu protokollieren, wer auf die Daten zugegriffen hat.

(3) Die in Absatz 1 genannten zugriffsberechtigten Personen, die weder über einen elektronischen Heilberufsausweis noch über einen elektronischen Berufsausweis verfügen, dürfen nach Maßgabe des Absatz 1 nur zugreifen, wenn

1. sie für diesen Zugriff von Personen autorisiert sind, die verfügen über
   a) einen ihrer Berufszugehörigkeit entsprechenden elektronischen Heilberufsausweis oder
   b) einen ihrer Berufszugehörigkeit entsprechenden elektronischen Berufsausweis und
2. nachprüfbar elektronisch protokolliert wird,
   a) wer auf die Daten zugegriffen hat und
   b) von welcher Person nach Nummer 1 die zugreifende Person autorisiert wurde.

[1)] Nr. 7.

(4) Der elektronische Heilberufsausweis und der elektronische Berufsausweis müssen über eine Möglichkeit zur sicheren Authentifizierung und zur Erstellung qualifizierter elektronischer Signaturen verfügen.

Siebter Titel. Nutzung der Anwendungen der Telematikinfrastruktur in der privaten Krankenversicherung

§ 362 Nutzung von elektronischen Gesundheitskarten für Versicherte von Unternehmen der privaten Krankenversicherung, der Postbeamtenkrankenkasse, der Krankenversorgung der Bundesbahnbeamten, für Polizeivollzugsbeamte der Bundespolizei oder für Soldaten der Bundeswehr. (1) Werden von Unternehmen der privaten Krankenversicherung, der Postbeamtenkrankenkasse, der Krankenversorgung der Bundesbahnbeamten, der Bundespolizei oder von der Bundeswehr elektronische Gesundheitskarten für die Verarbeitung von Daten einer Anwendung nach § 334 Absatz 1 Satz 2 an ihre Versicherten, an Polizeivollzugsbeamte der Bundespolizei oder an Soldaten ausgegeben, sind die §§ 334 bis 337, 339, 341 Absatz 1 bis 4, § 342 Absatz 2 und 3, § 343 Absatz 1, die §§ 344, 352, 353, 356 bis 359 und 361 entsprechend anzuwenden.

(2) [1] Für den Einsatz elektronischer Gesundheitskarten nach Absatz 1 können Unternehmen der privaten Krankenversicherung, der Postbeamtenkrankenkasse, der Krankenversorgung der Bundesbahnbeamten, die Bundespolizei oder die Bundeswehr als Versichertennummer den unveränderbaren Teil der Krankenversichertennummer nach § 290 Absatz 1 Satz 2 nutzen. [2] § 290 Absatz 1 Satz 4 bis 7 ist entsprechend anzuwenden. [3] Die Vergabe der Versichertennummer erfolgt durch die Vertrauensstelle nach § 290 Absatz 2 Satz 2 und hat den Vorgaben der Richtlinien nach § 290 Absatz 2 Satz 1 für den unveränderbaren Teil der Krankenversichertennummer zu entsprechen.

(3) Die Kosten zur Bildung der Versichertennummer und, sofern die Vergabe einer Rentenversicherungsnummer erforderlich ist, zur Vergabe der Rentenversicherungsnummer tragen jeweils die Unternehmen der privaten Krankenversicherung, die Postbeamtenkrankenkasse, die Krankenversorgung der Bundesbahnbeamten, die Bundespolizei oder die Bundeswehr.

Achter Titel. Verfügbarkeit von Daten aus Anwendungen der Telematikinfrastruktur für Forschungszwecke

§ 363 Verarbeitung von Daten der elektronischen Patientenakte zu Forschungszwecken. (1) Versicherte können die Daten ihrer elektronischen Patientenakte freiwillig für die in § 303e Absatz 2 Nummer 2, 4, 5 und 7 aufgeführten Forschungszwecke freigeben.

(2) [1] Die Übermittlung der freigegebenen Daten nach Absatz 1 erfolgt an das Forschungsdatenzentrum nach § 303d und bedarf als Verarbeitungsbedingung einer informierten Einwilligung des Versicherten. [2] Die Einwilligung erklärt der Versicherte über die Benutzeroberfläche eines geeigneten Endgeräts. [3] Den Umfang der Datenfreigabe können Versicherte frei wählen und auf bestimmte Kategorien oder auf Gruppen von Dokumenten und Datensätzen oder auf spezifische Dokumente und Datensätze beschränken. [4] Die Freigabe wird in der elektronischen Patientenakte dokumentiert.

(3) [1] Die nach § 341 Absatz 4 für die Datenverarbeitung in der elektronischen Patientenakte Verantwortlichen pseudonymisieren und verschlüsseln

die mit der informierten Einwilligung nach den Absätzen 1 und 2 freigegebenen Daten, versehen diese mit einer Arbeitsnummer und übermitteln

1. an das Forschungsdatenzentrum die pseudonymisierten und verschlüsselten Daten samt Arbeitsnummer,
2. an die Vertrauensstellen nach § 303c das Lieferpseudonym zu den freigegebenen Daten und die entsprechende Arbeitsnummer.

[2] Die Vertrauensstelle überführt die Lieferpseudonyme in periodenübergreifende Pseudonyme und übermittelt dem Forschungsdatenzentrum eine Liste der periodenübergreifenden Pseudonyme mit den dazugehörigen Arbeitsnummern. [3] Mit dem periodenübergreifenden Pseudonym und der bereits übersandten Arbeitsnummer verknüpft das Forschungsdatenzentrum die freigegebenen Daten mit den im Forschungsdatenzentrum vorliegenden Daten vorheriger Übermittlungen.

(4) [1] Die an das Forschungsdatenzentrum freigegebenen Daten dürfen von diesem für die Erfüllung seiner Aufgaben verarbeitet und auf Antrag den Nutzungsberechtigten nach § 303e Absatz 1 Nummer 6, 7, 8, 10, 13, 14, 15 und 16 bereitgestellt werden. [2] § 303a Absatz 3, § 303c Absatz 1 und 2, die §§ 303d, 303e Absatz 3 bis 6 sowie die §§ 303f und 397 Absatz 1 Nummer 2 und 3 gelten entsprechend.

(5) [1] Vor Erteilung der informierten Einwilligung ist der Versicherte umfassend nach Maßgabe des § 343 Absatz 1 Satz 1 über die Freiwilligkeit der Datenfreigabe, die pseudonymisierte Datenübermittlung an das Forschungsdatenzentrum, die möglichen Nutzungsberechtigten, die Zwecke, die Aufgaben des Forschungsdatenzentrums, die Arten der Datenbereitstellung an Nutzungsberechtigte, das Verbot der Re-Identifizierung von Versicherten und Leistungserbringern sowie die Widerrufsmöglichkeiten zu informieren. [2] Diese Informationen sind gemäß § 343 Absatz 1 Satz 3 Nummer 16 Bestandteile des geeigneten Informationsmaterials der Krankenkassen.

(6) [1] Im Fall des Widerrufs der informierten Einwilligung nach Absatz 2 werden die entsprechenden Daten, die bereits an das Forschungsdatenzentrum übermittelt wurden, im Forschungsdatenzentrum gelöscht. [2] Das Löschverfahren erfolgt analog zur Datenübermittlung und Verknüpfung in Absatz 3. [3] Die bis zum Widerruf der Einwilligung nach Absatz 2 übermittelten und für konkrete Forschungsvorhaben bereits verwendeten Daten dürfen weiterhin für diese Forschungsvorhaben verarbeitet werden. [4] Die Rechte der betroffenen Person nach den Artikeln 17, 18 und 21 der Verordnung (EU) 2016/679 sind insoweit für diese Forschungsvorhaben ausgeschlossen. [5] Der Widerruf der Einwilligung kann ebenso wie deren Erteilung über die Benutzeroberfläche eines geeigneten Endgeräts erfolgen.

(7) Das Bundesministerium für Gesundheit wird ermächtigt, im Benehmen mit dem Bundesministerium für Bildung und Forschung ohne Zustimmung des Bundesrates durch Rechtsverordnung das Nähere zu regeln zu

1. den angemessenen und spezifischen Maßnahmen zur Wahrung der Interessen der betroffenen Person im Sinne von Artikel 9 Absatz 2 Buchstabe i und j in Verbindung mit Artikel 89 der Verordnung (EU) 2016/679,
2. den technischen und organisatorischen Einzelheiten der Datenfreigabe, der Datenübermittlung und der Pseudonymisierung nach den Absätzen 2 und 3.

(8) Unbeschadet der nach den vorstehenden Absätzen vorgesehenen Datenfreigabe an das Forschungsdatenzentrum können Versicherte die Daten ihrer elektronischen Patientenakte auch auf der alleinigen Grundlage einer informierten Einwilligung für ein bestimmtes Forschungsvorhaben oder für bestimmte Bereiche der wissenschaftlichen Forschung zur Verfügung stellen.

Sechster Abschnitt. Telemedizinische Verfahren

§ 364 Vereinbarung über technische Verfahren zur konsiliarischen Befundbeurteilung von Röntgenaufnahmen. (1) Die Kassenärztliche Bundesvereinigung vereinbart mit dem Spitzenverband Bund der Krankenkassen im Benehmen mit der Gesellschaft für Telematik die Anforderungen an die technischen Verfahren zur telemedizinischen Erbringung der konsiliarischen Befundbeurteilung von Röntgenaufnahmen in der vertragsärztlichen Versorgung, insbesondere Einzelheiten hinsichtlich der Qualität und der Sicherheit, und die Anforderungen an die technische Umsetzung.

(2) Kommt die Vereinbarung nach Absatz 1 nicht zustande, so ist auf Antrag eines der Vereinbarungspartner ein Schlichtungsverfahren nach § 370 bei der Schlichtungsstelle nach § 319 einzuleiten.

§ 365 Vereinbarung über technische Verfahren zur Videosprechstunde in der vertragsärztlichen Versorgung. (1) [1] Die Kassenärztliche Bundesvereinigung vereinbart mit dem Spitzenverband Bund der Krankenkassen im Benehmen mit der Gesellschaft für Telematik die Anforderungen an die technischen Verfahren zu Videosprechstunden, insbesondere Einzelheiten hinsichtlich der Qualität und der Sicherheit, und die Anforderungen an die technische Umsetzung. [2] § 630e des Bürgerlichen Gesetzbuchs ist zu beachten.

(2) Kommt die Vereinbarung nach Absatz 1 nicht zustande, so ist auf Antrag eines der Vereinbarungspartner ein Schlichtungsverfahren nach § 370 bei der Schlichtungsstelle nach § 319 einzuleiten.

§ 366 Vereinbarung über technische Verfahren zur Videosprechstunde in der vertragszahnärztlichen Versorgung. (1) [1] Die Kassenzahnärztliche Bundesvereinigung vereinbart mit dem Spitzenverband Bund der Krankenkassen im Benehmen mit der Gesellschaft für Telematik die Anforderungen an die technischen Verfahren zu Videosprechstunden, insbesondere Einzelheiten hinsichtlich der Qualität und der Sicherheit, und die Anforderungen an die technische Umsetzung. [2] § 630e des Bürgerlichen Gesetzbuchs ist zu beachten.

(2) Kommt die Vereinbarung nach Absatz 1 nicht zustande, so ist auf Antrag eines der Vereinbarungspartner ein Schlichtungsverfahren nach § 370 bei der Schlichtungsstelle nach § 319 einzuleiten.

§ 367 Vereinbarung über technische Verfahren zu telemedizinischen Konsilien. (1) Die Kassenärztlichen Bundesvereinigungen und die Deutsche Krankenhausgesellschaft vereinbaren bis zum 31. März 2020 mit dem Spitzenverband Bund der Krankenkassen in Abstimmung mit dem Bundesamt für Sicherheit in der Informationstechnik und der Gesellschaft für Telematik die Anforderungen an die technischen Verfahren zu telemedizinischen Konsilien, insbesondere Einzelheiten hinsichtlich der Qualität und der Sicherheit, und die Anforderungen an die technische Umsetzung.

(2) Kommt die Vereinbarung nach Absatz 1 nicht zustande, so ist auf Antrag eines der Vereinbarungspartner ein Schlichtungsverfahren nach § 370 bei der Schlichtungsstelle nach § 319 einzuleiten.

§ 368 Vereinbarung über ein Authentifizierungsverfahren im Rahmen der Videosprechstunde. (1) [1]Die Kassenärztliche Bundesvereinigung und der Spitzenverband Bund der Krankenkassen vereinbaren bis zum 31. Dezember 2020 im Benehmen mit der Gesellschaft für Telematik und dem Bundesamt für Sicherheit in der Informationstechnik ein technisches Verfahren zur Authentifizierung der Versicherten im Rahmen der Videosprechstunde in der vertragsärztlichen Versorgung. [2]Soweit dies zur Durchführung der Authentifizierung der Versicherten im Rahmen der Videosprechstunde in der vertragsärztlichen Versorgung erforderlich ist, sind die Krankenkassen verpflichtet, der mit der Durchführung beauftragten Stelle Zugriff auf Dienste nach § 291b Absatz 1 zu ermöglichen.

(2) Kommt die Vereinbarung nach Absatz 1 nicht zustande, so ist auf Antrag eines der Vereinbarungspartner ein Schlichtungsverfahren nach § 370 bei der Schlichtungsstelle nach § 319 einzuleiten.

§ 369 Prüfung der Vereinbarungen durch das Bundesministerium für Gesundheit. (1) Die Vereinbarung über die technischen Verfahren zur telemedizinischen Erbringung der konsiliarischen Befundbeurteilung nach § 364, die Vereinbarung über technische Verfahren zu Videosprechstunden nach den §§ 365 und 366 sowie die Vereinbarung über technische Verfahren zu telemedizinischen Konsilien nach § 367 und die Vereinbarung zum Authentifizierungsverfahren im Rahmen der Videosprechstunde nach § 368 sind dem Bundesministerium für Gesundheit jeweils zur Prüfung vorzulegen.

(2) [1]Bei der Prüfung einer Vereinbarung nach Absatz 1 hat das Bundesministerium für Gesundheit der oder dem Bundesbeauftragten für den Datenschutz und die Informationsfreiheit und dem Bundesamt für Sicherheit in der Informationstechnik Gelegenheit zur Stellungnahme zu geben. [2]Das Bundesministerium für Gesundheit kann für die Stellungnahme eine angemessene Frist setzen.

(3) Das Bundesministerium für Gesundheit kann die Vereinbarung innerhalb von einem Monat beanstanden.

§ 370 Entscheidung der Schlichtungsstelle. (1) Wird auf Antrag eines Vereinbarungspartners nach den §§ 364 bis 368 ein Schlichtungsverfahren bei der Schlichtungsstelle nach § 319 eingeleitet, so hat die Schlichtungsstelle innerhalb von vier Wochen nach Einleitung des Schlichtungsverfahrens einen Entscheidungsvorschlag vorzulegen.

(2) Vor ihrem Entscheidungsvorschlag hat die Schlichtungsstelle den jeweiligen Vereinbarungspartnern nach den §§ 364 bis 368 und der Gesellschaft für Telematik Gelegenheit zur Stellungnahme zu geben.

(3) Kommt innerhalb von zwei Wochen nach Vorlage des Entscheidungsvorschlags keine Entscheidung der Vereinbarungspartner nach den §§ 364 bis 368 zustande, entscheidet die Schlichtungsstelle anstelle der Vereinbarungspartner innerhalb von zwei Wochen.

(4) [1]Die Entscheidung der Schlichtungsstelle ist für die Vereinbarungspartner nach den §§ 364 bis 368 und für die Leistungserbringer und Krankenkassen

sowie für ihre Verbände nach diesem Buch verbindlich. [2]Die Entscheidung der Schlichtungsstelle kann nur durch eine alternative Entscheidung der Vereinbarungspartner nach Absatz 1 in gleicher Sache ersetzt werden.

Siebter Abschnitt. Anforderungen an Schnittstellen in informationstechnischen Systemen

§ 371 Integration offener und standardisierter Schnittstellen in informationstechnische Systeme. (1) In informationstechnische Systeme in der vertragsärztlichen Versorgung, in der vertragszahnärztlichen Versorgung und in Krankenhäusern, die zur Verarbeitung von personenbezogenen Patientendaten eingesetzt werden, sind folgende offene und standardisierte Schnittstellen zu integrieren:

1. Schnittstellen zur systemneutralen Archivierung von Patientendaten sowie zur Übertragung von Patientendaten bei einem Systemwechsel,
2. Schnittstellen für elektronische Programme, die nach § 73 Absatz 9 Satz 1 für die Verordnung von Arzneimitteln zugelassen sind,
3. Schnittstellen für elektronische Programme, die auf Grund der Rechtsverordnung nach § 14 Absatz 8 Satz 1 des Infektionsschutzgesetzes zur Durchführung von Meldungen und Benachrichtigungen zugelassen sind und
4. Schnittstellen für die Anbindung vergleichbarer versorgungsorientierter informationstechnischer Systeme, insbesondere ambulante und klinische Anwendungs- und Datenbanksysteme nach diesem Buch.

(2) Absatz 1 Nummer 1 und 4 gilt entsprechend für informationstechnische Systeme, die zur Verarbeitung von personenbezogenen Daten zur pflegerischen Versorgung von Versicherten nach diesem Buch oder in einer nach § 72 Absatz 1 des Elften Buches[1)] zugelassenen Pflegeeinrichtung eingesetzt werden.

(3) Die Integration der Schnittstellen muss spätestens zwei Jahre nachdem die jeweiligen Festlegungen nach den §§ 372 und 373 erstmals in das Interoperabilitätsverzeichnis nach § 384 aufgenommen worden sind, erfolgt sein.

(4) Bei einer Fortschreibung der Schnittstellen kann in den Festlegungen nach den §§ 372 und 373 in Verbindung mit der nach § 375 zu erlassenden Rechtsverordnung eine Frist vorgegeben werden, die von der in Absatz 3 genannten Frist abweicht.

§ 372 Festlegungen zu den offenen und standardisierten Schnittstellen für informationstechnische Systeme in der vertragsärztlichen und vertragszahnärztlichen Versorgung. (1) [1]Für die in der vertragsärztlichen und vertragszahnärztlichen Versorgung eingesetzten informationstechnischen Systeme treffen die Kassenärztlichen Bundesvereinigungen im Benehmen mit der Gesellschaft für Telematik sowie mit den für die Wahrnehmung der Interessen der Industrie maßgeblichen Bundesverbänden aus dem Bereich der Informationstechnologie im Gesundheitswesen die erforderlichen Festlegungen zu den offenen und standardisierten Schnittstellen nach § 371 sowie nach Maßgabe der nach § 375 zu erlassenden Rechtsverordnung. [2]Über die Festlegungen nach Satz 1 entscheidet für die Kassenärztliche Bundesvereinigung der Vorstand. [3]Bei den Festlegungen zu den offenen und standardisierten Schnittstellen nach § 371 Absatz 1 Nummer 2 sind die Vorgaben nach § 73 Absatz 9 und der

[1)] Nr. 11.

Rechtsverordnung nach § 73 Absatz 9 Satz 2 zu berücksichtigen. [4]Bei den Festlegungen zu den offenen und standardisierten Schnittstellen nach § 371 Absatz 1 Nummer 3 sind die Vorgaben der Rechtsverordnung nach § 14 Absatz 8 Satz 1 des Infektionsschutzgesetzes zu berücksichtigen; diese Festlegungen sind im Einvernehmen mit dem Robert Koch-Institut zu treffen.

(2) Die Festlegungen nach Absatz 1 sind in das Interoperabilitätsverzeichnis nach § 384 aufzunehmen.

(3) [1]Für die abrechnungsbegründende Dokumentation von vertragsärztlichen und vertragszahnärztlichen Leistungen dürfen Vertragsärzte und Vertragszahnärzte ab dem 1. Januar 2021 nur solche informationstechnischen Systeme einsetzen, die von den Kassenärztlichen Bundesvereinigungen in einem Bestätigungsverfahren nach Satz 2 bestätigt wurden. [2]Die Kassenärztlichen Bundesvereinigungen legen im Einvernehmen mit der Gesellschaft für Telematik die Vorgaben für das Bestätigungsverfahren so fest, dass im Rahmen des Bestätigungsverfahrens sichergestellt wird, dass die vorzunehmende Integration der offenen und standardisierten Schnittstellen in das jeweilige informationstechnische System innerhalb der Frist nach § 371 Absatz 3 und nach Maßgabe des § 371 sowie nach Maßgabe der nach § 375 zu erlassenden Rechtsverordnung erfolgt ist. [3]Die Kassenärztlichen Bundesvereinigungen veröffentlichen die Vorgaben zu dem Bestätigungsverfahren sowie eine Liste mit den nach Satz 1 bestätigten informationstechnischen Systemen.

§ 373 Festlegungen zu den offenen und standardisierten Schnittstellen für informationstechnische Systeme in Krankenhäusern und in der pflegerischen Versorgung. (1) [1]Für die in den Krankenhäusern eingesetzten informationstechnischen Systeme trifft die Gesellschaft für Telematik im Benehmen mit der Deutschen Krankenhausgesellschaft sowie mit den für die Wahrnehmung der Interessen der Industrie maßgeblichen Bundesverbänden aus dem Bereich der Informationstechnologie im Gesundheitswesen die erforderlichen Festlegungen zu den offenen und standardisierten Schnittstellen nach § 371 sowie nach Maßgabe der nach § 375 zu erlassenden Rechtsverordnung. [2]Bei den Festlegungen zu den offenen und standardisierten Schnittstellen nach § 371 Absatz 1 Nummer 2 sind die Vorgaben nach § 73 Absatz 9 und der Rechtsverordnung nach § 73 Absatz 9 Satz 2 zu berücksichtigen. [3]Bei den Festlegungen zu den offenen und standardisierten Schnittstellen nach § 371 Absatz 1 Nummer 3 sind die Vorgaben der Rechtsverordnung nach § 14 Absatz 8 Satz 1 des Infektionsschutzgesetzes zu berücksichtigen; diese Festlegungen sind im Einvernehmen mit dem Robert Koch-Institut zu treffen.

(2) Im Rahmen der Festlegungen nach Absatz 1 definiert die Deutsche Krankenhausgesellschaft auch, welche Subsysteme eines informationstechnischen Systems im Krankenhaus die Schnittstellen integrieren müssen.

(3) Für die informationstechnischen Systeme nach § 371 Absatz 2 trifft die Gesellschaft für Telematik im Benehmen mit den Vereinigungen der Träger der Pflegeeinrichtungen auf Bundesebene sowie der Verbände der Pflegeberufe auf Bundesebene sowie den für die Wahrnehmung der Interessen der Industrie maßgeblichen Bundesverbänden aus dem Bereich der Informationstechnologie im Gesundheitswesen und in der pflegerischen Versorgung die erforderlichen Festlegungen zu den offenen und standardisierten Schnittstellen nach § 371 sowie nach Maßgabe der nach § 375 zu erlassenden Rechtsverordnung.

(4) Die Festlegungen nach den Absätzen 1 bis 3 sind in das Interoperabilitätsverzeichnis nach § 384 aufzunehmen.

(5) [1] Der Einsatz von informationstechnischen Systemen nach den Absätzen 1 bis 3, die von der Gesellschaft für Telematik in einem Bestätigungsverfahren nach Satz 2 bestätigt wurden, ist wie folgt verpflichtend:

1. für Krankenhäuser ab dem 30. Juni 2021;
2. für die in § 312 Absatz 2 genannten Leistungserbringer sowie die zugelassenen Pflegeeinrichtungen im Sinne des § 72 Absatz 1 Satz 1 des Elften Buches[1)] zwei Jahre nachdem die jeweiligen Festlegungen nach den §§ 372 und 373 erstmals in das Interoperabilitätsverzeichnis nach § 384 aufgenommen worden sind.

[2] Die Gesellschaft für Telematik legt die Vorgaben für das Bestätigungsverfahren so fest, dass im Rahmen des Bestätigungsverfahrens sichergestellt wird, dass die vorzunehmende Integration der offenen und standardisierten Schnittstellen in das jeweilige informationstechnische System innerhalb der Frist nach § 371 Absatz 3 und nach Maßgabe des § 371 sowie nach Maßgabe der nach § 375 zu erlassenden Rechtsverordnung erfolgt ist; sie veröffentlicht bis zum 30. April 2021 Einzelheiten zum Bestätigungsverfahren. [3] Die Gesellschaft für Telematik veröffentlicht eine Liste mit den nach Satz 1 bestätigten informationstechnischen Systemen.

(6) Abweichend von Absatz 5 ist in der vertragsärztlichen Versorgung in Krankenhäusern eine Bestätigung für eine offene und standardisierte Schnittstelle nach § 371 Absatz 1 Nummer 2 entbehrlich, wenn hierfür ein Nachweis einer Bestätigung nach § 372 Absatz 3 vorliegt.

§ 374 Abstimmung zur Festlegung sektorenübergreifender einheitlicher Vorgaben. [1] Die Kassenärztliche Bundesvereinigung, die Kassenzahnärztliche Bundesvereinigung, die Deutsche Krankenhausgesellschaft, die Gesellschaft für Telematik und die Vereinigungen der Träger der Pflegeeinrichtungen auf Bundesebene sowie der Verbände der Pflegeberufe auf Bundesebene stimmen sich bei den Festlegungen für offene und standardisierte Schnittstellen nach den §§ 371 bis 373 mit dem Ziel ab, bei inhaltlichen Gemeinsamkeiten der Schnittstellen sektorenübergreifende einheitliche Vorgaben zu treffen. [2] Betreffen die Festlegungen nach Satz 1 pflegerelevante Inhalte, so sind die Vereinigungen der Träger der Pflegeeinrichtungen auf Bundesebene sowie der Verbände der Pflegeberufe auf Bundesebene mit einzubeziehen.

§ 375 Verordnungsermächtigung. (1) Das Bundesministerium für Gesundheit wird ermächtigt, durch Rechtsverordnung ohne Zustimmung des Bundesrates zur Förderung der Interoperabilität zwischen informationstechnischen Systemen nähere Vorgaben für die Festlegung der offenen und standardisierten Schnittstellen für informationstechnische Systeme nach den §§ 371 bis 373 sowie verbindliche Fristen für deren Integration und Fortschreibung festzulegen; insbesondere soll es vorgeben, welche Standards, Profile und Leitfäden, die im Interoperabilitätsverzeichnis nach § 384 verzeichnet sind, bei der Festlegung der offenen und standardisierten Schnittstellen nach den §§ 371 bis 373 berücksichtigt werden müssen.

[1)] Nr. **11**.

(2) Das Bundesministerium für Gesundheit kann in der Rechtsverordnung nach § 73 Absatz 9 Satz 2 für die Integration von Schnittstellen nach § 371 Absatz 1 Nummer 2 eine Frist festlegen, die von der in § 371 Absatz 3 genannten Frist abweicht.

(3) Das Bundesministerium für Gesundheit kann in der Rechtsverordnung nach § 14 Absatz 8 Satz 1 des Infektionsschutzgesetzes für die Integration von Schnittstellen nach § 371 Absatz 1 Nummer 3 eine Frist festlegen, die von der in § 371 Absatz 3 genannten Frist abweicht.

Achter Abschnitt. Finanzierung und Kostenerstattung

§ 376 Finanzierungsvereinbarung. [1]Nach den §§ 377 bis 382 sind Vereinbarungen zu treffen über die Erstattung

1. der erforderlichen erstmaligen Ausstattungskosten, die den Leistungserbringern in der Festlegungs-, Erprobungs- und Einführungsphase der Telematikinfrastruktur entstehen sowie
2. der erforderlichen Betriebskosten, die den Leistungserbringern im laufenden Betrieb der Telematikinfrastruktur entstehen, einschließlich der Aufteilung dieser Kosten auf die in den §§ 377, 378 und 379 genannten Leistungssektoren.

[2]Die genannten Kosten zählen nicht zu den Ausgaben nach § 4 Absatz 4 Satz 2 und 6.

§ 377 Finanzierung der den Krankenhäusern entstehenden Ausstattungs- und Betriebskosten. (1) Zum Ausgleich der in § 376 Satz 1 genannten Ausstattungs- und Betriebskosten erhalten die Krankenhäuser einen Zuschlag von den Krankenkassen (Telematikzuschlag).

(2) [1]Der Telematikzuschlag ist in der Rechnung des Krankenhauses gesondert auszuweisen. [2]Der Telematikzuschlag geht nicht in den Gesamtbetrag oder die Erlösausgleiche nach dem Krankenhausentgeltgesetz oder der Bundespflegesatzverordnung ein.

(3) [1]Das Nähere zur Höhe und Abrechnung des Telematikzuschlags regelt der Spitzenverband Bund der Krankenkassen gemeinsam mit der Deutschen Krankenhausgesellschaft in einer gesonderten Vereinbarung. [2]In der Vereinbarung ist mit Wirkung zum 1. Oktober 2020 insbesondere ein Ausgleich vorzusehen

1. für die Nutzung der elektronischen Patientenakte im Sinne des § 334 Absatz 1 Satz 2 Nummer 1 durch die Krankenhäuser und
2. für die Nutzung elektronischer vertragsärztlicher Verordnungen im Sinne des § 334 Absatz 1 Satz 2 Nummer 6 für apothekenpflichtige Arzneimittel durch die Krankenhäuser.

(4) [1]Kommt eine Vereinbarung nach Absatz 3 innerhalb einer vom Bundesministerium für Gesundheit gesetzten Frist nicht oder nicht vollständig zustande, legt die Schiedsstelle nach § 18a Absatz 6 des Krankenhausfinanzierungsgesetzes auf Antrag einer Vertragspartei oder des Bundesministeriums für Gesundheit innerhalb einer Frist von zwei Monaten den Vereinbarungsinhalt fest. [2]Die Klage gegen die Festlegung der Schiedsstelle hat keine aufschiebende Wirkung.

(5) Die Absätze 1 bis 4 gelten auch für Krankenhäuser, wenn sie Leistungen nach § 115b Absatz 2 Satz 1, § 116b Absatz 2 Satz 1 und § 120 Absatz 2 Satz 1 erbringen sowie für Notfallambulanzen in Krankenhäusern, wenn sie Leistungen für die Versorgung im Notfall erbringen.

§ 378 Finanzierung der den an der vertragsärztlichen Versorgung teilnehmenden Leistungserbringern entstehenden Ausstattungs- und Betriebskosten. (1) Zum Ausgleich der in § 376 Satz 1 genannten Ausstattungs- und Betriebskosten erhalten die an der vertragsärztlichen Versorgung teilnehmenden Leistungserbringer Erstattungen von den Krankenkassen.

(2) [1]Das Nähere zur Höhe und Abrechnung der Erstattungen vereinbaren der Spitzenverband Bund der Krankenkassen und die Kassenärztlichen Bundesvereinigungen in den Bundesmantelverträgen. [2]In den Bundesmantelverträgen ist mit Wirkung zum 1. Oktober 2020 insbesondere ein Ausgleich vorzusehen

1. für die Nutzung der elektronischen Patientenakte im Sinne des § 334 Absatz 1 Satz 2 Nummer 1 durch die an der vertragsärztlichen Versorgung teilnehmenden Leistungserbringer und
2. für die Nutzung elektronischer ärztlicher Verordnungen im Sinne des § 334 Absatz 1 Satz 2 Nummer 6 für apothekenpflichtige Arzneimittel durch die an der vertragsärztlichen Versorgung teilnehmenden Leistungserbringer.

(3) [1]Kommt eine Vereinbarung nach Absatz 2 innerhalb einer vom Bundesministerium für Gesundheit gesetzten Frist nicht oder nicht vollständig zustande, legt das jeweils zuständige Schiedsamt nach § 89 Absatz 2 auf Antrag einer Vertragspartei oder des Bundesministeriums für Gesundheit innerhalb einer Frist von zwei Monaten den Vereinbarungsinhalt fest. [2]Das Schiedsamt hat die für die Sozialversicherung zuständigen obersten Landesbehörden vor einer Entscheidung nach Satz 1 anzuhören. [3]Die Klage gegen die Festlegung des Schiedsamtes hat keine aufschiebende Wirkung.

§ 379 Finanzierung der den Apotheken entstehenden Ausstattungs- und Betriebskosten. (1) Zum Ausgleich der in § 376 Satz 1 genannten Ausstattungs- und Betriebskosten erhalten Apotheken Erstattungen von den Krankenkassen.

(2) [1]Das Nähere zur Höhe und Abrechnung der Erstattungen vereinbaren der Spitzenverband Bund der Krankenkassen und die für die Wahrnehmung der wirtschaftlichen Interessen gebildete maßgebliche Spitzenorganisation der Apotheker auf Bundesebene bis zum 1. Oktober 2020. [2]In der Vereinbarung ist insbesondere ein Ausgleich vorzusehen

1. für die Nutzung der elektronischen Patientenakte im Sinne des § 334 Absatz 1 Satz 2 Nummer 1 durch die Apotheken und
2. für die Nutzung elektronischer ärztlicher Verordnungen im Sinne des § 334 Absatz 1 Satz 2 Nummer 6 für apothekenpflichtige Arzneimittel durch die Apotheken.

(3) Die Vereinbarung hat Rechtswirkung für die Apotheken, für die der Rahmenvertrag nach § 129 Absatz 2 Rechtswirkung hat.

(4) [1]Kommt eine Vereinbarung nach Absatz 2 nicht oder nicht vollständig innerhalb der Frist nach Absatz 2 Satz 1 zustande, legt die Schiedsstelle nach § 129 Absatz 8 auf Antrag einer Vertragspartei oder des Bundesministeriums für Gesundheit innerhalb einer Frist von zwei Monaten den Vereinbarungsinhalt

fest. [2]Die Klage gegen die Festlegung der Schiedsstelle hat keine aufschiebende Wirkung.

§ 380 Finanzierung der den Hebammen und Physiotherapeuten entstehenden Ausstattungs- und Betriebskosten. (1) Zum Ausgleich der in § 376 Satz 1 genannten Ausstattungs- und Betriebskosten erhalten Hebammen, für die gemäß § 134a Absatz 2 Satz 1 die Verträge nach § 134a Absatz 1 Rechtswirkung haben, sowie Physiotherapeuten, die nach § 124 Absatz 1 zur Abgabe von Leistungen berechtigt sind, ab dem 1. Juli 2021 die in der Vereinbarung nach § 378 Absatz 2 in der jeweils geltenden Fassung für die an der vertragsärztlichen Versorgung teilnehmenden Leistungserbringer vereinbarten Erstattungen von den Krankenkassen.

(2) Das Nähere zur Abrechnung der Erstattungen vereinbaren bis zum 31. März 2021

1. für die Hebammen die Vertragspartner nach § 134a Absatz 1 Satz 1 und
2. für die Physiotherapeuten der Spitzenverband Bund der Krankenkassen mit den für die Wahrnehmung der wirtschaftlichen Interessen maßgeblichen Spitzenorganisationen der Physiotherapeuten auf Bundesebene.

§ 381 Finanzierung der den Vorsorgeeinrichtungen und Rehabilitationseinrichtungen entstehenden Ausstattungs- und Betriebskosten.

(1) Zur Finanzierung der in § 376 Satz 1 genannten Ausstattungs- und Betriebskosten erhalten

1. die Einrichtungen, mit denen ein Versorgungsvertrag nach § 111 Absatz 2 Satz 1, § 111a Absatz 1 Satz 1 oder § 111c Absatz 1 besteht, ab dem 1. Januar 2021 einen Ausgleich von den Krankenkassen und
2. die Rehabilitationseinrichtungen der gesetzlichen Rentenversicherung, die Leistungen nach den §§ 15, 15a oder § 31 Absatz 1 Nummer 2 des Sechsten Buches[1)] erbringen, ab dem 1. Januar 2021 einen Ausgleich von den Trägern der gesetzlichen Rentenversicherung.

(2) [1]Das Nähere zum Ausgleich der Kosten nach Absatz 1 vereinbaren der Spitzenverband Bund der Krankenkassen, die Deutsche Rentenversicherung Bund, die für die Wahrnehmung der Interessen der Vorsorgeeinrichtungen und Rehabilitationseinrichtungen nach diesem Buch maßgeblichen Bundesverbände und die für die Wahrnehmung der Interessen der Rehabilitationseinrichtungen maßgeblichen Vereinigungen der gesetzlichen Rentenversicherung bis zum 1. Oktober 2020. [2]Dabei gilt für die Rehabilitationseinrichtungen der gesetzlichen Rentenversicherung das Verfahren zur Verhandlung und Anpassung von Vergütungssätzen.

(3) Über die Aufteilung der Kosten zwischen den Krankenkassen und den Trägern der gesetzlichen Rentenversicherung treffen der Spitzenverband Bund der Krankenkassen und die Deutsche Rentenversicherung Bund eine gesonderte Vereinbarung bis zum 1. Januar 2021.

(4) [1]Zur Finanzierung der den Krankenkassen nach Absatz 1 Nummer 1 in Verbindung mit Absatz 3 entstehenden Kosten erhebt der Spitzenverband Bund der Krankenkassen von den Krankenkassen eine Umlage gemäß dem Anteil ihrer Versicherten an der Gesamtzahl der in der gesetzlichen Krankenversiche-

[1)] Nr. 6.

rung Versicherten. [2]Das Nähere zum Umlageverfahren bestimmt der Spitzenverband Bund der Krankenkassen.

§ 382 Erstattung der dem Öffentlichen Gesundheitsdienst entstehenden Ausstattungs- und Betriebskosten. (1) Zum Ausgleich der in § 376 Satz 1 genannten Ausstattungs- und Betriebskosten erhalten die Rechtsträger der für den Öffentlichen Gesundheitsdienst zuständigen Behörden ab dem 1. Januar 2021 die in der Vereinbarung nach § 378 Absatz 2 in der jeweils geltenden Fassung für die an der vertragsärztlichen Versorgung teilnehmenden Leistungserbringer vereinbarten Erstattungen von den Krankenkassen.

(2) Das Nähere zur Abrechnung der Erstattungen vereinbart der Spitzenverband Bund der Krankenkassen mit den obersten Landesbehörden oder den von ihnen jeweils bestimmten Stellen bis zum 1. Oktober 2020.

§ 383 Erstattung der Kosten für die Übermittlung elektronischer Briefe in der vertragsärztlichen Versorgung. (1) [1]Die Erstattung nach § 378 Absatz 1 erhöht sich um eine Pauschale pro Übermittlung eines elektronischen Briefes zwischen den an der vertragsärztlichen Versorgung teilnehmenden Leistungserbringern, wenn

1. die Übermittlung durch sichere elektronische Verfahren erfolgt und dadurch der Versand durch Post-, Boten- oder Kurierdienste entfällt,
2. der an der vertragsärztlichen Versorgung teilnehmende Leistungserbringer gegenüber der Abrechnungsstelle den Nachweis einer Bestätigung nach Absatz 4 erbringt und
3. der elektronische Brief mit einer qualifizierten elektronischen Signatur versehen worden ist, die mit einem elektronischen Heilberufsausweis erzeugt wurde.

[2]Die Höhe der Pauschale wird durch die Vertragspartner nach § 378 Absatz 2 Satz 1 vereinbart. [3]Ein sicheres elektronisches Verfahren erfordert, dass der elektronische Brief durch geeignete technische Maßnahmen entsprechend dem aktuellen Stand der Technik gegen unberechtigte Zugriffe geschützt wird. [4]Der Wegfall des Versands durch Post-, Boten- oder Kurierdienste ist bei der Anpassung des Behandlungsbedarfes nach § 87a Absatz 4 zu berücksichtigen.

(2) Die Kassenärztliche Bundesvereinigung regelt im Benehmen mit dem Spitzenverband Bund der Krankenkassen, der Gesellschaft für Telematik und dem Bundesamt für Sicherheit in der Informationstechnik in einer Richtlinie Einzelheiten zu den Anforderungen an ein sicheres elektronisches Verfahren sowie an informationstechnische Systeme für an der vertragsärztlichen Versorgung teilnehmende Leistungserbringer sowie das Nähere

1. über Inhalt und Struktur des elektronischen Briefes,
2. zur Abrechnung der Pauschale und
3. zur Vermeidung einer nicht bedarfsgerechten Mengenausweitung.

(3) [1]In der Richtlinie ist festzulegen, dass für die Übermittlung des elektronischen Briefes die nach § 311 Absatz 6 Satz 1 festgelegten sicheren Verfahren genutzt werden, sobald diese zur Verfügung stehen. [2]Die Richtlinie ist dem Bundesministerium für Gesundheit zur Prüfung vorzulegen. [3]Bei der Prüfung der Richtlinie hat das Bundesministerium für Gesundheit der oder dem Bundesbeauftragten für den Datenschutz und die Informationsfreiheit und dem Bundesamt für Sicherheit in der Informationstechnik Gelegenheit zur Stellung-

nahme zu geben. [4]Das Bundesministerium für Gesundheit kann für die Stellungnahme eine angemessene Frist setzen. [5]Das Bundesministerium für Gesundheit kann die Richtlinie innerhalb von einem Monat beanstanden und eine Frist zur Behebung der Beanstandungen setzen.

(4) [1]Die Kassenärztliche Bundesvereinigung bestätigt auf Antrag eines Anbieters eines informationstechnischen Systems für an der vertragsärztlichen Versorgung teilnehmende Leistungserbringer, dass sein System die Vorgaben der Richtlinie erfüllt. [2]Die Kassenärztliche Bundesvereinigung veröffentlicht eine Liste mit denjenigen informationstechnischen Systemen, für die die Anbieter eine Bestätigung nach Satz 1 erhalten haben.

(5) [1]Durch den Bewertungsausschuss nach § 87 Absatz 1 ist durch Beschluss festzulegen, dass die für die Versendung eines Telefax im einheitlichen Bewertungsmaßstab für ärztliche Leistungen vereinbarte Kostenpauschale folgende Beträge nicht überschreiten darf:

1. mit Wirkung zum 31. März 2020 die Hälfte der Vergütung, die für die Versendung eines elektronischen Briefes nach Satz 1 vereinbart ist und
2. mit Wirkung zum 31. März 2021 ein Viertel der Vergütung, die für die Versendung eines elektronischen Briefes nach Satz 1 vereinbart ist.

[2]Abweichend von Satz 1 darf die Pauschale bis zum 30. Juni 2020 auch für den Fall vereinbart werden, dass für die Übermittlung des elektronischen Briefes ein Dienst genutzt wird, der von der Kassenärztlichen Bundesvereinigung angeboten wird.

(6) Die Absätze 1 bis 5 gelten nicht für die Vertragszahnärzte.

Zwölftes Kapitel. Interoperabilitätsverzeichnis

§ 384 Interoperabilitätsverzeichnis. (1) [1]Die Gesellschaft für Telematik hat ein elektronisches Interoperabilitätsverzeichnis zu pflegen und zu betreiben, in dem technische und semantische Standards, Profile und Leitfäden für informationstechnische Systeme im Gesundheitswesen aufgeführt werden. [2]Das elektronische Interoperabilitätsverzeichnis umfasst auch technische und semantische Standards, Profile und Leitfäden der Pflege.

(2) Das Interoperabilitätsverzeichnis dient der Förderung der Interoperabilität zwischen informationstechnischen Systemen.

(3) Als Bestandteil des Interoperabilitätsverzeichnisses hat die Gesellschaft für Telematik ein Informationsportal nach § 391 aufzubauen.

(4) Das Interoperabilitätsverzeichnis ist für die Nutzung öffentlich zur Verfügung zu stellen.

(5) Die Gesellschaft für Telematik hat die Fachöffentlichkeit über den Stand der Pflege und der Weiterentwicklung des Interoperabilitätsverzeichnisses auf der Internetseite des Interoperabilitätsverzeichnisses zu informieren.

§ 385 Beratung durch Experten. (1) [1]Die Gesellschaft für Telematik benennt Experten, die über Fachwissen im Bereich der Gesundheitsversorgung und im Bereich der Informationstechnik und Standardisierung im Gesundheitswesen verfügen. [2]Die Experten können der Gesellschaft für Telematik für die Pflege und die Weiterentwicklung des Interoperabilitätsverzeichnisses Empfehlungen geben. [3]Die Gesellschaft für Telematik hat die Empfehlungen in ihre Entscheidungen einzubeziehen.

(2) Die Gesellschaft für Telematik wählt die zu benennenden Experten aus folgenden Gruppen aus:
1. Anwender informationstechnischer Systeme,
2. für die Wahrnehmung der Interessen der Industrie maßgebliche Bundesverbände aus dem Bereich der Informationstechnologie im Gesundheitswesen,
3. Länder,
4. fachlich betroffene Bundesbehörden,
5. fachlich betroffene nationale und internationale Standardisierungs- und Normungsorganisationen,
6. fachlich betroffene Fachgesellschaften sowie
7. Vertreter wissenschaftlicher Einrichtungen.

(3) Die Gesellschaft für Telematik erstattet den Experten die ihnen durch die Mitarbeit entstehenden Kosten.

§ 386 Aufnahme von Standards, Profilen und Leitfäden der Gesellschaft für Telematik. (1) Technische und semantische Standards, Profile und Leitfäden, die die Gesellschaft für Telematik nach den §§ 291, 291a, 312 und 334 Absatz 1 Satz 2 festgelegt hat (Interoperabilitätsfestlegungen), sind frühestmöglich in das Interoperabilitätsverzeichnis aufzunehmen, jedoch spätestens dann, wenn sie für den flächendeckenden Wirkbetrieb der Telematikinfrastruktur freigegeben sind.

(2) [1] Bevor die Gesellschaft für Telematik eine Festlegung nach Absatz 1 trifft, hat sie den Experten nach § 385 Gelegenheit zur Stellungnahme zu geben. [2] In ihren Stellungnahmen können die Experten weitere Empfehlungen zur Umsetzung und Nutzung der in das Interoperabilitätsverzeichnis aufzunehmenden Inhalte sowie zu anwendungsspezifischen Konkretisierungen und Ergänzungen abgeben. [3] Die Gesellschaft für Telematik hat die Stellungnahmen in ihre Entscheidung einzubeziehen.

(3) Die Stellungnahmen der Experten nach § 385 sind auf der Internetseite des Interoperabilitätsverzeichnisses zu veröffentlichen.

§ 387 Aufnahme von Standards, Profilen und Leitfäden für informationstechnische Systeme im Gesundheitswesen. (1) Technische und semantische Standards, Profile und Leitfäden für informationstechnische Systeme, die im Gesundheitswesen angewendet werden und die nicht von der Gesellschaft für Telematik festgelegt werden, nimmt die Gesellschaft für Telematik auf Antrag in das Interoperabilitätsverzeichnis auf.

(2) [1] Für die Aufnahme von technischen und semantischen Standards, Profilen und Leitfäden nach Absatz 1 in das Interoperabilitätsverzeichnis kann die Gesellschaft für Telematik Entgelte verlangen. [2] Hierfür hat die Gesellschaft für Telematik einen Entgeltkatalog zu erstellen.

(3) Einen Antrag nach Absatz 1 können folgende Personen, Verbände, Einrichtungen und Organisationen stellen:
1. die Anwender von informationstechnischen Systemen, die im Gesundheitswesen angewendet werden,
2. die Interessenvertretungen der Anwender von informationstechnischen Systemen, die im Gesundheitswesen angewendet werden,

3. die Anbieter informationstechnischer Systeme, die im Gesundheitswesen angewendet werden,
4. wissenschaftliche Einrichtungen,
5. fachlich betroffene Fachgesellschaften sowie
6. Standardisierungs- und Normungsorganisationen.

(4) Anbieter einer elektronischen Anwendung im Gesundheitswesen nach § 306 Absatz 1 Satz 2 Nummer 2 oder einer elektronischen Anwendung, die aus Mitteln der gesetzlichen Krankenversicherung ganz oder teilweise finanziert wird, sind verpflichtet, einen Antrag nach Absatz 1 zu stellen.

(5) Vor Aufnahme in das Interoperabilitätsverzeichnis bewertet die Gesellschaft für Telematik, inwieweit die technischen und semantischen Standards, Profile und Leitfäden nach Absatz 1 den Interoperabilitätsfestlegungen nach § 386 Absatz 1 entsprechen.

(6) [1] Nach der Bewertung nach Absatz 5 gibt die Gesellschaft für Telematik den Experten nach § 385 Gelegenheit zur Stellungnahme. [2] In ihren Stellungnahmen können die Experten weitere Empfehlungen zur Umsetzung und Nutzung der in das Interoperabilitätsverzeichnis aufgenommenen Inhalte sowie zu anwendungsspezifischen Konkretisierungen und Ergänzungen abgeben. [3] Die Gesellschaft für Telematik hat die Stellungnahmen der Experten nach § 385 in ihre Entscheidung einzubeziehen.

(7) Die Stellungnahmen der Experten nach § 385 sowie das Ergebnis der Prüfung der Gesellschaft für Telematik sind auf der Internetseite des Interoperabilitätsverzeichnisses zu veröffentlichen.

§ 388 Empfehlung von Standards, Profilen und Leitfäden von informationstechnischen Systemen im Gesundheitswesen als Referenz.

(1) Die Gesellschaft für Telematik kann die Zusammenarbeit der Standardisierungs- und Normungsorganisationen unterstützen und in das Interoperabilitätsverzeichnis aufgenommene technische und semantische Standards, Profile und Leitfäden nach § 387 Absatz 1 als Referenz für informationstechnische Systeme im Gesundheitswesen empfehlen.

(2) [1] Vor ihrer Empfehlung hat die Gesellschaft für Telematik den Experten nach § 385 sowie bei Empfehlungen zur Datensicherheit und zum Datenschutz auch dem Bundesamt für Sicherheit in der Informationstechnik sowie der oder dem Bundesbeauftragten für den Datenschutz und die Informationsfreiheit Gelegenheit zur Stellungnahme zu geben. [2] Die Gesellschaft für Telematik hat die Stellungnahmen und Vorschläge in ihre Entscheidung einzubeziehen.

(3) Die Stellungnahmen und Vorschläge der Experten nach § 385 sowie die Empfehlungen der Gesellschaft für Telematik sind auf der Internetseite des Interoperabilitätsverzeichnisses zu veröffentlichen.

§ 389 Beachtung der Festlegungen und Empfehlungen bei Finanzierung aus Mitteln der gesetzlichen Krankenversicherung. Elektronische Anwendungen im Gesundheitswesen dürfen aus Mitteln der gesetzlichen Krankenversicherung nur ganz oder teilweise finanziert werden, wenn die Anbieter der elektronischen Anwendungen die Festlegungen nach § 386 Absatz 1 sowie die Empfehlungen nach § 388 Absatz 1 beachten.

§ 390 Beteiligung der Fachöffentlichkeit. (1) Die Gesellschaft für Telematik hat die Fachöffentlichkeit mittels elektronischer Informationstechnologien zu beteiligen bei

1. Festlegungen nach § 386 Absatz 1,
2. Bewertungen nach § 387 Absatz 5 und
3. Empfehlungen nach § 388 Absatz 1.

(2) [1] Zur Beteiligung der Fachöffentlichkeit hat die Gesellschaft für Telematik die Entwürfe der Festlegungen nach § 386 Absatz 1, die Entwürfe der Bewertungen nach § 387 Absatz 5 und die Entwürfe der Empfehlungen nach § 388 Absatz 1 auf der Internetseite des Interoperabilitätsverzeichnisses zu veröffentlichen. [2] Die Entwürfe sind mit dem Hinweis zu veröffentlichen, dass Stellungnahmen während der Veröffentlichung abgegeben werden können.

(3) Die eingegangenen Stellungnahmen hat die Gesellschaft für Telematik auf der Internetseite des Interoperabilitätsverzeichnisses zu veröffentlichen.

(4) [1] Die Gesellschaft für Telematik stellt sicher, dass die Stellungnahmen bei der weiteren Prüfung der Entwürfe angemessen berücksichtigt werden. [2] Dabei berücksichtigt die Gesellschaft für Telematik insbesondere diejenigen Anforderungen an elektronische Informationstechnologien, die die Interoperabilität sowie einen standardkonformen nationalen und internationalen Austausch von Daten und Informationen betreffen.

§ 391 Informationsportal. (1) [1] Als Bestandteil des Interoperabilitätsverzeichnisses hat die Gesellschaft für Telematik ein barrierefreies Informationsportal zu pflegen und zu betreiben. [2] In das Informationsportal werden auf Antrag von Projektträgern oder von Anbietern elektronischer Anwendungen insbesondere Informationen über den Inhalt, den Verwendungszweck und die Finanzierung von elektronischen Anwendungen im Gesundheitswesen, insbesondere von telemedizinischen Anwendungen, sowie von elektronischen Anwendungen in der Pflege aufgenommen.

(2) Projektträger und Anbieter einer elektronischen Anwendung, die ganz oder teilweise aus Mitteln der gesetzlichen Krankenversicherung finanziert wird, sind verpflichtet, einen Antrag auf Aufnahme der Informationen nach Absatz 1 in das Informationsportal zu stellen.

(3) Das Nähere zu den Inhalten des Informationsportals und zu den Mindestinhalten des Antrags nach Absatz 2 legt die Gesellschaft für Telematik in der Geschäfts- und Verfahrensordnung für das Interoperabilitätsverzeichnis fest.

§ 392 Geschäfts- und Verfahrensordnung für das Interoperabilitätsverzeichnis. [1] Die Gesellschaft für Telematik erstellt für das Interoperabilitätsverzeichnis eine Geschäfts- und Verfahrensordnung. [2] Die Geschäfts- und Verfahrensordnung regelt das Nähere

1. zur Pflege und zum Betrieb sowie zur Nutzung des Interoperabilitätsverzeichnisses,
2. zur Benennung der Experten und zu deren Kostenerstattung nach § 385,
3. zum Verfahren der Aufnahme von Informationen nach den §§ 386 bis 388 in das Interoperabilitätsverzeichnis und
4. zum Verfahren der Aufnahme von Informationen in das Informationsportal nach § 391.

§ 393 Bericht über das Interoperabilitätsverzeichnis. (1) [1]Die Gesellschaft für Telematik legt dem Bundesministerium für Gesundheit alle zwei Jahre, erstmals zum 2. Januar 2018, einen Bericht vor. [2]Der Bericht enthält

1. Informationen über den Aufbau des Interoperabilitätsverzeichnisses,
2. Anwendungserfahrungen,
3. Vorschläge zur Weiterentwicklung des Interoperabilitätsverzeichnisses,
4. eine Einschätzung zur Standardisierung im Gesundheitswesen und
5. Empfehlungen zur Harmonisierung der Standards.

(2) Das Bundesministerium für Gesundheit kann weitere Inhalte für den Bericht bestimmen.

(3) Das Bundesministerium für Gesundheit leitet den Bericht an den Deutschen Bundestag weiter.

Dreizehntes Kapitel. Straf- und Bußgeldvorschriften

§ 394 Zusammenarbeit zur Verfolgung und Ahndung von Ordnungswidrigkeiten. [1]Zur Verfolgung und Ahndung von Ordnungswidrigkeiten arbeiten die Krankenkassen insbesondere mit der Bundesagentur für Arbeit, den Behörden der Zollverwaltung, den Rentenversicherungsträgern, den Trägern der Sozialhilfe, den in § 71 des Aufenthaltsgesetzes genannten Behörden, den Finanzbehörden, den nach Landesrecht für die Verfolgung und Ahndung von Ordnungswidrigkeiten nach dem Schwarzarbeitsbekämpfungsgesetz zuständigen Behörden, den Trägern der Unfallversicherung und den für den Arbeitsschutz zuständigen Landesbehörden zusammen, wenn sich im Einzelfall konkrete Anhaltspunkte ergeben für

1. Verstöße gegen das Schwarzarbeitsbekämpfungsgesetz,
2. eine Beschäftigung oder Tätigkeit von nichtdeutschen Arbeitnehmern ohne den erforderlichen Aufenthaltstitel nach § 4 Abs. 3 des Aufenthaltsgesetzes, eine Aufenthaltsgestattung oder eine Duldung, die zur Ausübung der Beschäftigung berechtigen, oder eine Genehmigung nach § 284 Abs. 1 des Dritten Buches[1)],
3. Verstöße gegen die Mitwirkungspflicht nach § 60 Abs. 1 Satz 1 Nr. 2 des Ersten Buches[2)] gegenüber einer Dienststelle der Bundesagentur für Arbeit, einem Träger der gesetzlichen Unfall- oder Rentenversicherung oder einem Träger der Sozialhilfe oder gegen die Meldepflicht nach § 8a des Asylbewerberleistungsgesetzes,
4. Verstöße gegen das Arbeitnehmerüberlassungsgesetz,
5. Verstöße gegen die Vorschriften des Vierten[3)] und des Siebten Buches[4)] über die Verpflichtung zur Zahlung von Beiträgen, soweit sie im Zusammenhang mit den in den Nummern 1 bis 4 genannten Verstößen stehen,
6. Verstöße gegen Steuergesetze,
7. Verstöße gegen das Aufenthaltsgesetz.

---

1) Nr. 3.
2) Nr. 1.
3) Nr. 4.
4) Nr. 7.

[2] Sie unterrichten die für die Verfolgung und Ahndung zuständigen Behörden, die Träger der Sozialhilfe sowie die Behörden nach § 71 des Aufenthaltsgesetzes. [3] Die Unterrichtung kann auch Angaben über die Tatsachen enthalten, die für die Einziehung der Beiträge zur Kranken- und Rentenversicherung erforderlich sind. [4] Die Übermittlung von Sozialdaten, die nach den §§ 284 bis 302 sowie nach dem Elften Kapitel von Versicherten erhoben werden, ist unzulässig.

§ 395 Bußgeldvorschriften. (1) Ordnungswidrig handelt, wer entgegen § 335 Absatz 1 oder 2 einen Zugriff auf dort genannte Daten verlangt oder mit dem Versicherten die Gestattung eines solchen Zugriffs vereinbart.

(2) Ordnungswidrig handelt, wer vorsätzlich oder leichtfertig

1. a) als Arbeitgeber entgegen § 204 Abs. 1 Satz 1, auch in Verbindung mit Absatz 2 Satz 1, oder

   b) entgegen § 204 Abs. 1 Satz 3, auch in Verbindung mit Absatz 2 Satz 1, oder § 205 Nr. 3 oder

   c) als für die Zahlstelle Verantwortlicher entgegen § 202 Absatz 1 Satz 1

   eine Meldung nicht, nicht richtig, nicht vollständig oder nicht rechtzeitig erstattet,
2. entgegen § 206 Abs. 1 Satz 1 eine Auskunft oder eine Änderung nicht, nicht richtig, nicht vollständig oder nicht rechtzeitig erteilt oder mitteilt oder
3. entgegen § 206 Abs. 1 Satz 2 die erforderlichen Unterlagen nicht, nicht vollständig oder nicht rechtzeitig vorlegt.

(2a) Ordnungswidrig handelt, wer vorsätzlich oder fahrlässig

1. entgegen § 326 nicht bestätigte oder zertifizierte Komponenten oder Dienste der Telematikinfrastruktur in Verkehr bringt oder zur Verfügung stellt,
2. entgegen § 329 Absatz 2 Satz 1 eine Meldung nicht, nicht richtig, nicht vollständig oder nicht rechtzeitig macht oder
3. einer vollziehbaren Anordnung nach § 329 Absatz 3 Satz 2 oder § 333 Absatz 3 zuwiderhandelt.

(3) Die Ordnungswidrigkeit kann in den Fällen des Absatzes 2a mit einer Geldbuße bis zu dreihunderttausend Euro, in den Fällen des Absatzes 1 mit einer Geldbuße bis zu fünfzigtausend Euro, in den übrigen Fällen mit einer Geldbuße bis zu Zweitausendfünfhundert Euro geahndet werden.

(4) Verwaltungsbehörde im Sinne des § 36 Absatz 1 Nummer 1 des Gesetzes über Ordnungswidrigkeiten ist in den Fällen des Absatzes 2a das Bundesamt für Sicherheit in der Informationstechnik.

§ 396 Strafvorschriften. (1) Mit Freiheitsstrafe bis zu drei Jahren oder mit Geldstrafe wird bestraft, wer entgegen § 171b Absatz 2 Satz 1 die Zahlungsunfähigkeit oder die Überschuldung nicht, nicht richtig oder nicht rechtzeitig anzeigt.

(2) Handelt der Täter fahrlässig, so ist die Strafe Freiheitsstrafe bis zu einem Jahr oder Geldstrafe.

§ 397 Strafvorschriften. (1) Mit Freiheitsstrafe bis zu einem Jahr oder mit Geldstrafe wird bestraft, wer

1. entgegen den §§ 352, 356, 357, 359 oder 361 auf dort genannte Daten zugreift,
2. entgegen § 303e Absatz 5 Satz 1 Nummer 2 Daten weitergibt oder
3. entgegen § 303e Absatz 5 Satz 4 dort genannte Daten verarbeitet.

(2) Handelt der Täter gegen Entgelt oder in der Absicht, sich oder einen Anderen zu bereichern oder einen Anderen zu schädigen, so ist die Strafe Freiheitsstrafe bis zu drei Jahren oder Geldstrafe.

(3) [1] Die Tat wird nur auf Antrag verfolgt. [2] Antragsberechtigt sind der Betroffene, der Bundesbeauftragte für den Datenschutz oder die zuständige Aufsichtsbehörde.

Vierzehntes Kapitel. Überleitungsregelungen aus Anlaß der Herstellung der Einheit Deutschlands

§ 398 Versicherter Personenkreis. (1) Soweit Vorschriften dieses Buches

1. an die Bezugsgröße anknüpfen, gilt vom 1. Januar 2001 an die Bezugsgröße nach § 18 Abs. 1 des Vierten Buches[1)] auch in dem in Artikel 3 des Einigungsvertrages genannten Gebiet,
2. an die Beitragsbemessungsgrenze in der allgemeinen Rentenversicherung anknüpfen, gilt von dem nach Nummer 1 maßgeblichen Zeitpunkt an die Beitragsbemessungsgrenze nach § 159 des Sechsten Buches[2)] auch in dem in Artikel 3 des Einigungsvertrages genannten Gebiet.

(2)–(4) *(aufgehoben)*

(5) [1] Zeiten der Versicherung, die in dem in Artikel 3 des Einigungsvertrages genannten Gebiet bis zum 31. Dezember 1990 in der Sozialversicherung oder in der Freiwilligen Krankheitskostenversicherung der Staatlichen ehemaligen Versicherung der Deutschen Demokratischen Republik oder in einem Sonderversorgungssystem (§ 1 Abs. 3 des Anspruchs- und Anwartschaftsüberführungsgesetzes) zurückgelegt wurden, gelten als Zeiten einer Pflichtversicherung bei einer Krankenkasse im Sinne dieses Buches. [2] Für die Anwendung des § 5 Abs. 1 Nr. 11 gilt Satz 1 vom 1. Januar 1991 an entsprechend für Personen, die ihren Wohnsitz und ihre Versicherung im Gebiet der Bundesrepublik Deutschland nach dem Stand vom 2. Oktober 1990 hatten und in dem in Artikel 3 des Einigungsvertrages genannten Gebiet beschäftigt waren, wenn sie nur wegen Überschreitung der in diesem Gebiet geltenden Jahresarbeitsentgeltgrenze versicherungsfrei waren und die Jahresarbeitsentgeltgrenze nach § 6 Abs. 1 Nr. 1 nicht überschritten wurde.

§ 399 Leistungen. (1), (2) *(aufgehoben)*

(3) Die erforderlichen Untersuchungen gemäß § 30 Abs. 2 Satz 2 und Abs. 7 gelten für den Zeitraum der Jahre 1989 bis 1991 als in Anspruch genommen.

§ 400 Beziehungen der Krankenkassen zu den Leistungserbringern.

(1) *(aufgehoben)*

---

1) Nr. 4.

2) Nr. 6.

(2) [1]Die im Beitrittsgebiet bestehenden ärztlich geleiteten kommunalen, staatlichen und freigemeinnützigen Gesundheitseinrichtungen einschließlich der Einrichtungen des Betriebsgesundheitswesens (Polikliniken, Ambulatorien, Arztpraxen) sowie diabetologische, nephrologische, onkologische und rheumatologische Fachambulanzen nehmen in dem Umfang, in dem sie am 31. Dezember 2003 zur vertragsärztlichen Versorgung zugelassen sind, weiterhin an der vertragsärztlichen Versorgung teil. [2]Im Übrigen gelten für die Einrichtungen nach Satz 1 die Vorschriften dieses Buches, die sich auf medizinische Versorgungszentren beziehen, entsprechend.

(2a)–(4) *(aufgehoben)*

(5) § 83 gilt mit der Maßgabe, daß die Verbände der Krankenkassen mit den ermächtigten Einrichtungen oder ihren Verbänden im Einvernehmen mit den Kassenärztlichen Vereinigungen besondere Verträge schließen können.

(6) *(aufgehoben)*

(7) Bei Anwendung des § 95 gilt das Erfordernis des Absatzes 2 Satz 3 dieser Vorschrift nicht

a) für Ärzte, die bei Inkrafttreten dieses Gesetzes in dem in Artikel 3 des Einigungsvertrages genannten Gebiet die Facharztanerkennung besitzen,

b) für Zahnärzte, die bereits zwei Jahre in dem in Artikel 3 des Einigungsvertrages genannten Gebiet zahnärztlich tätig sind.

(8) Die Absätze 5 und 7 gelten nicht in dem in Artikel 3 des Einigungsvertrages genannten Teil des Landes Berlin.

Fünfzehntes Kapitel. Weitere Übergangsvorschriften

§ 401 Beitragszuschüsse für Beschäftigte. (1) Versicherungsverträge, die den Standardtarif nach § 257 Abs. 2a in der bis zum 31. Dezember 2008 geltenden Fassung zum Gegenstand haben, werden auf Antrag der Versicherten auf Versicherungsverträge nach dem Basistarif gemäß § 152 Absatz 1 des Versicherungsaufsichtsgesetzes umgestellt.

(2) [1]Zur Gewährleistung der in § 257 Abs. 2a Satz 1 Nr. 2 und 2a bis 2c in der bis zum 31. Dezember 2008 geltenden Fassung genannten Begrenzung bleiben im Hinblick auf die ab 1. Januar 2009 weiterhin im Standardtarif Versicherten alle Versicherungsunternehmen, die die nach § 257 Abs. 2 zuschussberechtigte Krankenversicherung betreiben, verpflichtet, an einem finanziellen Spitzenausgleich teilzunehmen, dessen Ausgestaltung zusammen mit den Einzelheiten des Standardtarifs zwischen der Bundesanstalt für Finanzdienstleistungsaufsicht und dem Verband der privaten Krankenversicherung mit Wirkung für die beteiligten Unternehmen zu vereinbaren ist und der eine gleichmäßige Belastung dieser Unternehmen bewirkt. [2]Für in Absatz 2a Satz 1 Nr. 2c in der bis 31. Dezember 2008 geltenden Fassung genannte Personen, bei denen eine Behinderung nach § 4 Abs. 1 des Gesetzes zur Eingliederung Schwerbehinderter in Arbeit, Beruf und Gesellschaft festgestellt worden ist, wird ein fiktiver Zuschlag von 100 vom Hundert auf die Bruttoprämie angerechnet, der in den Ausgleich nach Satz 1 einbezogen wird.

§ 402 Standardtarif für Personen ohne Versicherungsschutz. (1) [1]Personen, die weder

1. in der gesetzlichen Krankenversicherung versichert oder

versicherungspflichtig sind,

2. über eine private Krankheitsvollversicherung verfügen,
3. einen Anspruch auf freie Heilfürsorge haben, beihilfeberechtigt sind oder vergleichbare Ansprüche haben,
4. Anspruch auf Leistungen nach dem Asylbewerberleistungsgesetz haben noch
5. Leistungen nach dem Dritten, Vierten, Sechsten und Siebten Kapitel des Zwölften Buches[1] beziehen,

können bis zum 31. Dezember 2008 Versicherungsschutz im Standardtarif gemäß § 257 Abs. 2a verlangen; in den Fällen der Nummern 4 und 5 begründen Zeiten einer Unterbrechung des Leistungsbezugs von weniger als einem Monat keinen entsprechenden Anspruch. [2]Der Antrag darf nicht abgelehnt werden. [3]Die in § 257 Abs. 2a Nr. 2b genannten Voraussetzungen gelten für Personen nach Satz 1 nicht; Risikozuschläge dürfen für sie nicht verlangt werden. [4]Abweichend von Satz 1 Nr. 3 können auch Personen mit Anspruch auf Beihilfe nach beamtenrechtlichen Grundsätzen, die bisher nicht über eine auf Ergänzung der Beihilfe beschränkte private Krankenversicherung verfügen und auch nicht freiwillig in der gesetzlichen Krankenversicherung versichert sind, eine die Beihilfe ergänzende Absicherung im Standardtarif gemäß § 257 Abs. 2a Nr. 2b verlangen.

(2) [1]Der Beitrag von im Standardtarif nach Absatz 1 versicherten Personen darf den durchschnittlichen Höchstbeitrag der gesetzlichen Krankenversicherung gemäß § 257 Abs. 2a Satz 1 Nr. 2 nicht überschreiten; die dort für Ehegatten oder Lebenspartner vorgesehene besondere Beitragsbegrenzung gilt für nach Absatz 1 versicherte Personen nicht. [2]§ 152 Absatz 4 des Versicherungsaufsichtsgesetzes, § 26 Absatz 1 Satz 1 und Absatz 2 Satz 1 Nummer 2 des Zweiten Buches[2] sowie § 32 Absatz 5 des Zwölften Buches gelten für nach Absatz 1 im Standardtarif versicherte Personen entsprechend.

(3) [1]Eine Risikoprüfung ist nur zulässig, soweit sie für Zwecke des finanziellen Spitzenausgleichs nach § 257 Abs. 2b oder für spätere Tarifwechsel erforderlich ist. [2]Abweichend von § 257 Abs. 2b sind im finanziellen Spitzenausgleich des Standardtarifs für Versicherte nach Absatz 1 die Begrenzungen gemäß Absatz 2 sowie die durch das Verbot von Risikozuschlägen gemäß Absatz 1 Satz 3 auftretenden Mehraufwendungen zu berücksichtigen.

(4) Die gemäß Absatz 1 abgeschlossenen Versicherungsverträge im Standardtarif werden zum 1. Januar 2009 auf Verträge im Basistarif nach § 152 Absatz 1 des Versicherungsaufsichtsgesetzes umgestellt.

§ 403 Übergangsregelung zur enteralen Ernährung. Versicherte haben bis zur Veröffentlichung der Zusammenstellung nach § 31 Abs. 5 Satz 2 im Bundesanzeiger Anspruch auf enterale Ernährung nach Maßgabe des Kapitels E der Arzneimittel-Richtlinien in der Fassung vom 25. August 2005 (BAnz. S. 13 241).

§ 404 *(aufgehoben)*

---

[1] Nr. **12**.
[2] Nr. **2**.

§ 405 Übergangsregelung für die knappschaftliche Krankenversicherung. [1] Die Regelung des § 13 Absatz 2 der Risikostruktur-Ausgleichsverordnung ist nicht anzuwenden, wenn die Deutsche Rentenversicherung Knappschaft- Bahn-See die Verwaltungsausgaben der knappschaftlichen Krankenversicherung abweichend von § 71 Abs. 1 Satz 2 des Vierten Buches[1)] getrennt im Haushaltsplan ausweist sowie die Rechnungslegung und den Jahresabschluss nach § 77 des Vierten Buches für die Verwaltungsausgaben der knappschaftlichen Krankenversicherung getrennt durchführt. [2] Satz 1 gilt nur, wenn das Bundesamt für Soziale Sicherung rechtzeitig vor Durchführung des Jahresausgleichs nach § 18 der Risikostruktur-Ausgleichsverordnung auf der Grundlage eines von der Deutschen Rentenversicherung Knappschaft-Bahn-See erbrachten ausreichenden Nachweises feststellt, dass die Rechnungslegung und der Jahresabschluss nach § 77 des Vierten Buches für die Verwaltungsausgaben der knappschaftlichen Krankenversicherung getrennt durchgeführt wurden.

§ 406 Übergangsregelung zum Krankengeldwahltarif. (1) Wahltarife, die Versicherte auf der Grundlage der bis zum 31. Juli 2009 geltenden Fassung des § 53 Absatz 6 abgeschlossen haben, enden zu diesem Zeitpunkt.

(2) [1] Versicherte, die am 31. Juli 2009 Leistungen aus einem Wahltarif nach § 53 Absatz 6 bezogen haben, haben Anspruch auf Leistungen nach Maßgabe ihres Wahltarifs bis zum Ende der Arbeitsunfähigkeit, die den Leistungsanspruch ausgelöst hat. [2] Aufwendungen nach Satz 1 bleiben bei der Anwendung des § 53 Absatz 9 Satz 1 unberücksichtigt.

(3) [1] Die Wahlerklärung nach § 44 Absatz 2 Satz 1 Nummer 2 oder Nummer 3 kann bis zum 30. September 2009 mit Wirkung vom 1. August 2009 abgegeben werden. [2] Wahltarife nach § 53 Absatz 6 können bis zum 30. September 2009 oder zu einem in der Satzung der Krankenkasse festgelegten späteren Zeitpunkt mit Wirkung vom 1. August 2009 neu abgeschlossen werden. [3] Abweichend von den Sätzen 1 und 2 können Versicherte nach Absatz 2 innerhalb von acht Wochen nach dem Ende des Leistungsbezugs rückwirkend zu dem Tag, der auf den letzten Tag des Leistungsbezugs folgt, die Wahlerklärung nach § 44 Absatz 2 Satz 1 Nummer 2 oder Nummer 3 abgeben oder einen Wahltarif wählen.

§ 407 Übergangsregelung zur befristeten Weiteranwendung aufgehobener Vorschriften. § 120 Absatz 6 und § 295 Absatz 1b Satz 5 bis 8 in der Fassung des Artikels 15 Nummer 6a Buchstabe c und Nummer 13a Buchstabe b des Gesetzes vom 17. Juli 2009 (BGBl. I S. 1990) sind bis zum 1. Juli 2011 weiter anzuwenden.

§ 408 Übergangsregelung für die Anforderungen an die strukturierten Behandlungsprogramme nach § 137g Absatz 1. [1] Die in § 28b Absatz 1, den §§ 28c, 28e sowie in den Anlagen der Risikostruktur-Ausgleichsverordnung in der bis zum 31. Dezember 2011 geltenden Fassung geregelten Anforderungen an die Zulassung von strukturierten Behandlungsprogrammen nach § 137g Absatz 1 für Diabetes mellitus Typ 2, Brustkrebs, koronare Herzkrankheit, Diabetes mellitus Typ 1 und chronisch obstruktive Atemwegserkrankungen gelten jeweils weiter bis zum Inkrafttreten der für die jeweilige Krankheit vom Gemeinsamen Bundesausschuss nach § 137f Absatz 2 zu erlassenden

---

[1)] Nr. 4.

Richtlinien. [2] Dies gilt auch für die in den §§ 28d und 28f der Risikostruktur-Ausgleichsverordnung in der bis zum 31. Dezember 2011 geltenden Fassung geregelten Anforderungen, soweit sie auf die in Satz 1 genannten Anforderungen verweisen. [3] Die in § 28f Absatz 1 Nummer 3 und Absatz 1a und § 28g der Risikostruktur-Ausgleichsverordnung in der bis zum 31. Dezember 2011 geltenden Fassung geregelten Anforderungen an die Aufbewahrungsfristen gelten weiter bis zum Inkrafttreten der in den Richtlinien des Gemeinsamen Bundesausschusses nach § 137f Absatz 2 Satz 1 Nummer 5 zu regelnden Anforderungen an die Aufbewahrungsfristen. [4] Die in § 28g der Risikostruktur-Ausgleichsverordnung in der bis zum 31. Dezember 2011 geltenden Fassung geregelten Anforderungen an die Evaluation gelten weiter bis zum Inkrafttreten der in den Richtlinien des Gemeinsamen Bundesausschusses nach § 137f Absatz 2 Satz 1 Nummer 6 zu regelnden Anforderungen an die Evaluation.

§ 409 Übergangsregelung zur Beitragsbemessung aus Renten und aus Versorgungsbezügen. Für Versicherungspflichtige findet für die Bemessung der Beiträge aus Renten der gesetzlichen Rentenversicherung sowie aus Versorgungsbezügen nach § 229 Absatz 1 Satz 1 Nummer 1, 2, 3 und 5 für die Zeit vom 1. Januar 2015 bis 28. Februar 2015 übergangsweise ein Gesamtbeitragssatz in Höhe von 15,5 Prozent sowie für die Bemessung der Beiträge aus Versorgungsbezügen nach § 229 Absatz 1 Satz 1 Nummer 4 für die Zeit vom 1. Januar 2015 bis 28. Februar 2015 übergangsweise weiter ein Gesamtbeitragssatz in Höhe von 8,2 Prozent Anwendung; von diesen gelten jeweils 0,9 Prozentpunkte als Zusatzbeitrag gemäß § 242.

§ 410 Bestandsbereinigung bei der freiwilligen Versicherung.

(1) Die Krankenkassen haben ihren Mitgliederbestand für den Zeitraum vom 1. August 2013 bis zum 1. Januar 2019 nach Maßgabe der folgenden Absätze zu überprüfen und ihn bis zum 15. Juni 2019 zu bereinigen.

(2) Mitgliedschaften, die nach dem Ausscheiden aus der Versicherungspflicht oder nach dem Ende der Familienversicherung als freiwillige Mitgliedschaften fortgesetzt wurden, sowie davon abgeleitete Familienversicherungen sind mit Wirkung ab dem Tag ihrer Begründung aufzuheben, wenn seit diesem Zeitpunkt die Krankenkasse keinen Kontakt zum Mitglied herstellen konnte, für die Mitgliedschaft keine Beiträge geleistet wurden und das Mitglied und familienversicherte Angehörige keine Leistungen in Anspruch genommen haben.

(3) [1] Für das Verfahren nach Absatz 4 und die Prüfung nach Absatz 5 melden die Krankenkassen dem Bundesamt für Soziale Sicherung und den mit der Prüfung nach § 274 befassten Stellen versichertenbezogen und je Berichtsjahr

1. die Versichertentage der Mitgliedschaften und der davon abgeleiteten Familienversicherungen, die nach Absatz 2 aufgehoben wurden, und
2. die Versichertentage der Mitgliedschaften und der davon abgeleiteten Familienversicherungen, die seit der letzten Datenmeldung nach § 30 Absatz 4 Satz 2 zweiter Halbsatz der Risikostruktur-Ausgleichsverordnung des betreffenden Berichtsjahres aufgehoben wurden und die die Kriterien des Absatzes 2 erfüllen.

[2] Für die Prüfung nach Absatz 5 melden die Krankenkassen den mit der Prüfung nach § 274 befassten Stellen außerdem die Mitgliedschaften und die davon abgeleiteten Familienversicherungen je Berichtsjahr, die die Kriterien des Absatzes 2 insoweit erfüllen, als die Mitglieder keine Beiträge geleistet und die

Mitglieder und ihre familienversicherten Angehörigen keine Leistungen in Anspruch genommen haben. [3]Die Datenmeldungen haben bis zum 15. Juni 2019 zu erfolgen. [4]§ 268 Absatz 3 Satz 3, 4, 7 und 9 gilt für die nach den Sätzen 1 und 2 zu meldenden Daten entsprechend. [5]Die Herstellung des Versichertenbezugs ist zulässig, sofern dies für die Prüfung nach Absatz 5 erforderlich ist. [6]Das Nähere zum Verfahren der Datenmeldung nach Satz 1 für das Verfahren nach Absatz 4 bestimmt das Bundesamt für Soziale Sicherung nach Anhörung des Spitzenverbandes Bund der Krankenkassen. [7]Das Nähere zum Verfahren der Datenmeldung nach den Sätzen 1 und 2 für die Prüfung nach Absatz 5 regelt das Bundesamt für Soziale Sicherung nach Anhörung der mit der Prüfung nach § 274 befassten Stellen und des Spitzenverbandes Bund der Krankenkassen.

(4) [1]Für Ausgleichsjahre, für die der korrigierte Jahresausgleich bereits durchgeführt oder die Datenmeldung nach § 30 Absatz 4 Satz 2 zweiter Halbsatz der Risikostruktur-Ausgleichsverordnung durch die Krankenkassen bereits abgegeben wurde, ermittelt das Bundesamt für Soziale Sicherung einen Bereinigungsbetrag und macht diesen durch Bescheid geltend. [2]§ 6 der Risikostruktur-Ausgleichsverordnung gilt entsprechend. [3]Die Einnahmen nach diesem Absatz fließen in den Gesundheitsfonds und werden im nächsten Jahresausgleich bei der Ermittlung nach § 18 Absatz 2 der Risikostruktur-Ausgleichsverordnung zu dem Wert nach § 17 Absatz 2 der Risikostruktur-Ausgleichsverordnung hinzugerechnet. [4]Klagen bei Streitigkeiten nach diesem Absatz haben keine aufschiebende Wirkung.

(5) [1]Die mit der Prüfung nach § 274 befassten Stellen überprüfen nach Abschluss der Bestandsbereinigung in einer Sonderprüfung, ob die Vorgaben nach den Absätzen 1 und 2 eingehalten worden sind, und teilen dem Bundesamt für Soziale Sicherung und der Krankenkasse das Ergebnis ihrer Prüfung mit. [2]Das Bundesamt für Soziale Sicherung ermittelt auf Grundlage dieser Mitteilung einen Korrekturbetrag, der mit einem Aufschlag in Höhe von 25 Prozent zu versehen ist, und macht diesen durch Bescheid geltend. [3]Absatz 4 Satz 2 bis 4 gilt entsprechend. [4]Die Prüfung ist spätestens bis zum 31. Dezember 2020 durchzuführen. [5]Die Krankenkassen sind verpflichtet, die Daten nach § 7 Absatz 2 Satz 3 der Risikostruktur-Ausgleichsverordnung für das Berichtsjahr 2013 bis zum 31. Dezember 2020 aufzubewahren.

§ 411 *(aufgehoben)*

§ 412 Übergangsregelung zur Neuregelung der Verjährungsfrist für die Ansprüche von Krankenhäusern und Krankenkassen. Die Geltendmachung von Ansprüchen der Krankenkassen auf Rückzahlung von geleisteten Vergütungen ist ausgeschlossen, soweit diese vor dem 1. Januar 2017 entstanden sind und bis zum 9. November 2018 nicht gerichtlich geltend gemacht wurden.

§ 413 Übergangsregelung zur Vergütung der Vorstandsmitglieder der Kassenärztlichen Bundesvereinigungen, der unparteiischen Mitglieder des Beschlussgremiums des Gemeinsamen Bundesausschusses, der Vorstandsmitglieder des Spitzenverbandes Bund der Krankenkassen und des Geschäftsführers des Medizinischen Dienstes des Spitzenverbandes Bund der Krankenkassen sowie von dessen Stellvertreter.

(1) [1] § 79 Absatz 6 Satz 4, § 91 Absatz 2 Satz 15, § 217b Absatz 2 Satz 8 und § 282 Absatz 2d Satz 6 in der bis zum 31. Dezember 2019 gültigen Fassung gelten auch für die Verträge, denen die Aufsichtsbehörde bereits bis zum 10. Mai 2019 zugestimmt hat, sofern diesen Verträgen nicht bereits eine Zusage über konkrete Vergütungserhöhungen zu entnehmen ist. [2] § 79 Absatz 6 Satz 5 bis 8, § 91 Absatz 2 Satz 16 bis 19, § 217b Absatz 2 Satz 9 bis 12, § 282 Absatz 2d Satz 7 bis 10 in der bis zum 31. Dezember 2019 gültigen Fassung gelten nicht für die Verträge, denen die Aufsichtsbehörde bereits bis zum 10. Mai 2019 zugestimmt hat. [3] Die zur Zukunftssicherung vertraglich vereinbarten nicht beitragsorientierten Zusagen, denen die Aufsichtsbehörde bereits bis zum 10. Mai 2019 zugestimmt hat, dürfen auch bei Abschluss eines neuen Vertrages mit derselben Person in dem im vorhergehenden Vertrag vereinbarten Durchführungsweg und Umfang fortgeführt werden.

(2) [1] Abweichend von § 79 Absatz 6 Satz 5, § 91 Absatz 2 Satz 16, § 217b Absatz 2 Satz 9 und § 282 Absatz 4 Satz 6 kann bis zum 31. Dezember 2027 keine höhere Vergütung vereinbart werden. [2] Zu Beginn der darauf folgenden Amtszeiten kann bei der Erhöhung der Grundvergütung nur die Entwicklung des Verbraucherpreisindexes ab dem 1. Januar 2028 berücksichtigt werden.

§ 414 Übergangsregelung für die Medizinischen Dienste der Krankenversicherung und den Medizinischen Dienst des Spitzenverbandes Bund der Krankenkassen. (1) [1] Für die Medizinischen Dienste der Krankenversicherung gelten die §§ 275 bis 283 in der bis zum 31. Dezember 2019 gültigen Fassung mit Ausnahme des § 275 Absatz 1c und 5, § 276 Absatz 2 und 4 und § 281 Absatz 2 bis zu dem nach § 415 Absatz 1 Satz 4 bekannt zu machenden Datum fort. [2] Bis zu diesem Zeitpunkt nehmen die am 31. Dezember 2019 bestehenden Organe der Medizinischen Dienste der Krankenversicherung nach diesen Vorschriften die Aufgaben des Medizinischen Dienstes wahr. [3] Die §§ 275 bis 283a in der ab dem 1. Januar 2020 geltenden Fassung finden mit Ausnahme des § 275 Absatz 3b und 5, der §§ 275c, 275d, 276 Absatz 2 und 4 ***[bis 31.12.2021:*** , des § 279 Absatz 9***]*** und des § 280 Absatz 3 bis zu dem nach § 415 Absatz 1 Satz 4 bekannt zu machenden Datum keine Anwendung. [4] Bis zu dem nach § 415 Absatz 1 Satz 4 bekannt zu machenden Datum findet für die Aufgaben des Medizinischen Dienstes nach den §§ 275c und 275d die Regelung des § 281 Absatz 1 in der bis zum 31. Dezember 2019 geltenden Fassung entsprechende Anwendung.

(2) [1] Für den Medizinischen Dienst des Spitzenverbandes Bund der Krankenkassen sowie für den Spitzenverband Bund der Krankenkassen gelten die §§ 275 bis 283 und 413 Absatz 2 Satz 1 in der bis zum 31. Dezember 2019 geltenden Fassung mit Ausnahme des § 275 Absatz 5 bis zum 31. Dezember 2021 fort; nach diesen Vorschriften nehmen ihre am 31. Dezember 2019 bestehenden Organe ihre Aufgaben bis zu diesem Zeitpunkt wahr. [2] Die §§ 275 bis 283a in der am 1. Januar 2020 geltenden Fassung sind für den Medizinischen Dienst des Spitzenverbandes Bund der Krankenkassen mit Ausnahme des § 275 Absatz 5,

der §§ 275c und 281 Absatz 2 Satz 5 bis zum 31. Dezember 2021 nicht anwendbar. [3] § 283 Absatz 2 Satz 1 Nummer 3 in der am 1. Januar 2020 geltenden Fassung ist mit der Maßgabe anwendbar, dass der Medizinische Dienst des Spitzenverbandes Bund der Krankenkassen die Richtlinie nach § 283 Absatz 2 Satz 1 Nummer 3 bis zum 28. Februar 2021 erlässt. [4] Diese Richtlinie bedarf der Genehmigung des Bundesministeriums für Gesundheit.

(2a) [1] § 283 Absatz 2 Satz 1 Nummer 4 in der am 1. Januar 2020 geltenden Fassung ist mit der Maßgabe anwendbar, dass der Medizinische Dienst des Spitzenverbandes Bund der Krankenkassen die Richtlinie nach § 283 Absatz 2 Satz 1 Nummer 4 bis zum 31. Dezember 2021 erlässt. [2] In der Richtlinie ist eine bundeseinheitliche Methodik und Vorgehensweise nach angemessenen und anerkannten Methoden der Personalbedarfsermittlung vorzugeben. [3] Hierfür sind geeignete Gruppen der Aufgaben der Medizinischen Dienste (Begutachtungsaufträge) zu definieren. [4] Die für den Erlass der Richtlinie nach Satz 1 erforderlichen Daten sind von allen Medizinischen Diensten unter Koordinierung des Medizinischen Dienstes des Spitzenverbandes Bund der Krankenkassen nach einer bundeseinheitlichen Methodik und Vorgehensweise spätestens ab dem 1. März 2021 zu erheben und für alle Medizinischen Dienste einheitlich durch den Medizinischen Dienst des Spitzenverbandes Bund der Krankenkassen unter fachlicher Beteiligung der Medizinischen Dienste anonymisiert auszuwerten. [5] Die Richtlinie hat mindestens aufgabenbezogene Richtwerte für die Aufgabengruppen der Begutachtungen von Krankenhausleistungen nach § 275c, Arbeitsunfähigkeit nach § 275 Absatz 1 Satz 1 Nummer 3 Buchstabe b sowie von Rehabilitations- und Vorsorgeleistungen nach § 275 Absatz 2 Nummer 1 einzubeziehen. [6] Sie bedarf der Genehmigung des Bundesministeriums für Gesundheit.

(3) [1] Endet die Amtszeit eines bestehenden Verwaltungsrates eines Medizinischen Dienstes der Krankenversicherung vor dem Zeitpunkt des § 415 Absatz 1 Satz 4, verlängert sie sich bis zu diesem Zeitpunkt. [2] Die Verwaltungsräte der Medizinischen Dienste der Krankenversicherung werden mit Wirkung zum Zeitpunkt des § 415 Absatz 1 Satz 4 aufgelöst, der Verwaltungsrat des Medizinischen Dienstes des Spitzenverbandes Bund der Krankenkassen wird mit Wirkung zum Zeitpunkt des § 415 Absatz 5 Satz 5 in Verbindung mit Absatz 1 Satz 4 aufgelöst.

§ 415 Errichtung der Medizinischen Dienste und des Medizinischen Dienstes Bund. (1) [1] Die für die Sozialversicherung zuständige oberste Verwaltungsbehörde des Landes hat die Vertreter des Verwaltungsrates nach § 279 Absatz 5 bis zum 31. Dezember 2020 gemäß den Vorgaben des § 279 Absatz 3, 5 und 6 zu benennen; die Verwaltungsräte oder Vertreterversammlungen der in § 279 Absatz 4 Satz 1 genannten Krankenkassenverbände und Krankenkassen haben bis zum 31. Dezember 2020 ihre Vertreter gemäß den Vorgaben des § 279 Absatz 3, 4 und 6 zu wählen. [2] Der gemäß Satz 1 besetzte Verwaltungsrat hat bis zum 31. März 2021 die Satzung nach § 279 Absatz 2 Satz 1 Nummer 1 und Satz 2 zu beschließen. [3] Die für die Sozialversicherung zuständige oberste Verwaltungsbehörde des Landes hat über die Genehmigung der Satzung bis zum 30. Juni 2021 zu entscheiden und das Datum der Genehmigung öffentlich bekannt zu machen. [4] Sie hat das Datum des Ablaufs des Monats, in dem die Genehmigung erteilt wurde, öffentlich bekannt zu machen. [5] Die oder der amtierende Vorsitzende des Verwaltungsrates des Medizinischen Dienstes der

Krankenversicherung lädt zur konstituierenden Sitzung ein und regelt das Nähere. [6]In der konstituierenden Sitzung des Verwaltungsrates des Medizinischen Dienstes sind die oder der Vorsitzende und die oder der stellvertretende Vorsitzende zu wählen. [7]Der jeweils amtierende Geschäftsführer des Medizinischen Dienstes der Krankenversicherung und sein Stellvertreter gelten bis zum 31. Dezember 2021 als durch den neu konstituierten Verwaltungsrat gewählter Vorstand.

(2) [1]Die Medizinischen Dienste, die als eingetragene Vereine organisiert sind, werden im Zeitpunkt des Absatzes 1 Satz 4 als Körperschaften des öffentlichen Rechts neu konstituiert. [2]Die jeweiligen eingetragenen Vereine erlöschen mit Wirkung zum Zeitpunkt des Absatzes 1 Satz 4.

(3) [1]Die Rechte und Pflichten einschließlich des Vermögens der Medizinischen Dienste nach Absatz 2 gehen im Zeitpunkt des nach Absatz 1 Satz 4 bekannt gemachten Datums auf die in den jeweiligen Bezirken als Körperschaften des öffentlichen Rechts errichteten Medizinischen Dienste über. [2]Die Körperschaften des öffentlichen Rechts treten in diesem Zeitpunkt in die Rechte und Pflichten der eingetragenen Vereine aus den Arbeits- und Ausbildungsverhältnissen mit den bei ihnen beschäftigten Personen ein. [3]Die Arbeitsbedingungen der einzelnen Arbeitnehmer und Auszubildenden dürfen bis zum 31. Dezember 2022 nicht verschlechtert werden. [4]Die Körperschaften des öffentlichen Rechts können bis zum 31. Dezember 2022 ein Arbeits- oder Ausbildungsverhältnis nur aus einem in der Person oder im Verhalten des Arbeitnehmers oder Auszubildenden liegenden wichtigen Grund kündigen. [5]Die bestehenden Tarifverträge gelten fort. [6]Der bei dem jeweiligen Medizinischen Dienst bestehende Betriebsrat nimmt ab dem nach Absatz 1 Satz 4 bekannt gemachten Zeitpunkt übergangsweise die Aufgaben eines Personalrats nach dem jeweiligen Personalvertretungsrecht wahr. [7]Im Rahmen seines Übergangsmandats hat der Betriebsrat insbesondere die Aufgabe, unverzüglich den Wahlvorstand zur Einleitung der Personalratswahl zu bestellen. [8]Das Übergangsmandat des jeweiligen Betriebsrates endet, sobald ein Personalrat gewählt und das Wahlergebnis bekannt gegeben worden ist, spätestens jedoch zwölf Monate nach dem in Absatz 1 Satz 4 bestimmten Zeitpunkt. [9]Die in dem nach Absatz 1 Satz 4 bekannt gemachten Zeitpunkt bestehenden Betriebsvereinbarungen gelten längstens für die Dauer von zwölf Monaten als Dienstvereinbarungen fort, soweit sie nicht durch eine andere Regelung ersetzt werden. [10]Auf die bis zum nach Absatz 1 Satz 4 bekannt gemachten Datum förmlich eingeleiteten Beteiligungsverfahren finden bis zu deren Abschluss die Bestimmungen des Betriebsverfassungsgesetzes sinngemäß Anwendung. [11]Gleiches gilt für Verfahren vor der Einigungsstelle und den Arbeitsgerichten. [12]Die Sätze 2 bis 4 gelten für Ausbildungsverhältnisse entsprechend. [13]Die Sätze 6 bis 8 gelten für die Jugend- und Auszubildendenvertretung entsprechend mit der Maßgabe, dass der das Übergangsmandat innehabende Betriebsrat unverzüglich einen Wahlvorstand und seine vorsitzende Person zur Wahl einer Jugend- und Auszubildendenvertretung zu bestimmen hat.

(4) [1]Die Medizinischen Dienste, die gemäß § 278 Absatz 1 Satz 2 in Verbindung mit Artikel 73 Absatz 4 des Gesundheits-Reformgesetzes Körperschaften des öffentlichen Rechts mit Dienstherrenfähigkeit sind, verlieren ihre Dienstherrenfähigkeit, wenn die Notwendigkeit hierfür nach Artikel 73 Absatz 4 Satz 1 und Absatz 5 des Gesundheits-Reformgesetzes nicht mehr besteht. [2]Die für die Sozialversicherung zuständige oberste Verwaltungsbehörde des

Landes stellt den Zeitpunkt fest, zu dem die Dienstherrenfähigkeit entfällt, und macht ihn öffentlich bekannt.

(5) [1]Der Medizinische Dienst Bund tritt als Körperschaft des öffentlichen Rechts an die Stelle des Medizinischen Dienstes des Spitzenverbandes Bund der Krankenkassen. [2]Die Verwaltungsräte der Medizinischen Dienste haben nach § 282 Absatz 2 die Vertreter des Verwaltungsrates des Medizinischen Dienstes Bund, die von den jeweils Wahlberechtigten nach § 282 Absatz 2 Satz 2 vorgeschlagen werden, bis zum 31. März 2021 zu wählen. [3]Der amtierende Vorsitzende des Verwaltungsrates des Medizinischen Dienstes des Spitzenverbandes Bund der Krankenkassen sammelt die Vorschläge für die Wahl nach Satz 2 in nach Vertretergruppen gemäß § 279 Absatz 4 Satz 1 und Absatz 5 Satz 1 und nach Geschlecht getrennten Listen und versendet diese an die jeweiligen Vertretergruppen der Medizinischen Dienste. [4]Jede Vertretergruppe eines Medizinischen Dienstes entsendet einen Vertreter, der die Stimmen jedes Mitglieds der Vertretergruppe entsprechend dessen Weisungen abgibt. [5]Der amtierende Vorsitzende des Verwaltungsrates des Medizinischen Dienstes des Spitzenverbandes Bund der Krankenkassen lädt zur Wahl, leitet die Wahl und regelt das Nähere. [6]Gewählt ist, wer die meisten Stimmen auf sich vereinigt; bei Stimmengleichheit entscheidet das Los. [7]Der amtierende Vorsitzende des Verwaltungsrates des Medizinischen Dienstes des Spitzenverbandes Bund der Krankenkassen lädt zur konstituierenden Sitzung des Verwaltungsrates des Medizinischen Dienstes Bund und leitet diese. [8]In der konstituierenden Sitzung sind die oder der Vorsitzende und die oder der stellvertretende Vorsitzende zu wählen. [9]Absatz 1 Satz 2 bis 4 und 7 und die Absätze 2 und 3 gelten entsprechend mit der Maßgabe, dass die Frist nach Absatz 1 Satz 7 am 30. Juni 2022 endet, die Frist nach Absatz 1 Satz 2 am 30. September 2021 endet, die Frist nach Absatz 1 Satz 3 am 31. Dezember 2021 endet und die Satzung vom Bundesministerium für Gesundheit zu genehmigen ist.

§ 416 Übergangsregelung zur Tragung der Beiträge durch Dritte für Auszubildende in einer außerbetrieblichen Einrichtung. § 251 Absatz 4c in der bis zum 31. Dezember 2019 geltenden Fassung sowie § 242 Absatz 3 Satz 1 Nummer 1 in der bis zum 30. Juni 2020 geltenden Fassung sind weiterhin anzuwenden, wenn die Berufsausbildung in einer außerbetrieblichen Einrichtung vor dem 1. Januar 2020 begonnen wurde.

§ 416[1)] Übergangsregelung für am 1. April 2020 bereits geschlossene Krankenkassen. Auf die am 1. April 2020 bereits geschlossenen Krankenkassen sind die §§ 155, 171d Absatz 2 in der bis zum 31. März 2020 geltenden Fassung anwendbar.

§ 417 Übergangsregelung zur Zahlungsfrist von Krankenhausrechnungen, Verordnungsermächtigung. [1]Die von den Krankenhäusern bis zum 30. Juni 2021 erbrachten und in Rechnung gestellten Leistungen sind von den Krankenkassen innerhalb von fünf Tagen nach Rechnungseingang zu bezahlen. [2]Als Tag der Zahlung gilt der Tag der Übergabe des Überweisungsauftrages an ein Geldinstitut oder der Übersendung von Zahlungsmitteln an das Krankenhaus. [3]Ist der Fälligkeitstag ein Samstag, Sonntag oder gesetzlicher Feiertag, so verschiebt er sich auf den nächstfolgenden Arbeitstag. [4]Das Bun-

[1)] Doppelte Paragrafenzählung „§ 416“ amtlich.

desministerium für Gesundheit kann durch Rechtsverordnung ohne Zustimmung des Bundesrates die in Satz 1 genannte Frist verlängern.

§ 418 Übergangsregelung zur Versicherungspflicht bei praxisintegrierter Ausbildung. [1] § 5 Absatz 4a Satz 1 Nummer 3 findet grundsätzlich nur Anwendung auf Ausbildungen, die nach dem 30. Juni 2020 begonnen werden. [2] Wurde die Ausbildung vor diesem Zeitpunkt begonnen und wurden

1. Beiträge gezahlt, gilt § 5 Absatz 4a Satz 1 Nummer 3 ab Beginn der Beitragszahlung,
2. keine Beiträge gezahlt, gilt § 5 Absatz 4a Satz 1 Nummer 3 ab dem Zeitpunkt, zu dem der Arbeitgeber mit Zustimmung der Teilnehmerin oder des Teilnehmers Beiträge zahlt.

6. Sozialgesetzbuch (SGB) Sechstes Buch (VI) – Gesetzliche Rentenversicherung –[1)]

In der Fassung der Bekanntmachung vom 19. Februar 2002[2)]
(BGBl. I S. 754, ber. S. 1404, 3384)

FNA 860-6

zuletzt geänd. durch Art. 3 Gesetz Digitale Rentenübersicht v. 11.2.2021 (BGBl. I S. 154)

Inhaltsübersicht

[1)] Die Änderungen durch G v. 17.7.2017 (BGBl. I S. 2575), die teilweise erst **mWv 1.7.2024**, **mWv 1.1.2025**, **mWv 1.1.2026** bzw. **mWv 1.2.2026**, die Änderungen durch G v. 28.11.2018 (BGBl. I S. 2016), die teilweise erst **mWv 1.1.2026**, die Änderungen durch G v. 12.12.2019 (BGBl. I S. 2652), die teilweise erst **mWv 1.1.2024**, die Änderungen durch G v. 12.6.2020 (BGBl. I S. 1248), die teilweise erst **mWv 1.7.2024** und die Änderungen durch G v. 11.2.2021 (BGBl. I S. 154), die teilweise erst **mWv 1.7.2023** in Kraft treten, sind im Text noch nicht berücksichtigt.

[2)] Neubekanntmachung des SGB VI vom 18.12.1989 (BGBl. I S. 2261, ber. 1990 I S. 1337) in der ab 1.1.2002 geltenden Fassung.

Erstes Kapitel. Versicherter Personenkreis

Erster Abschnitt. Versicherung kraft Gesetzes

§ 1 Beschäftigte [1] Versicherungspflichtig sind

1. Personen, die gegen Arbeitsentgelt oder zu ihrer Berufsausbildung beschäftigt sind; während des Bezugs von Kurzarbeitergeld nach dem Dritten Buch[1)] besteht die Versicherungspflicht fort,
2. behinderte Menschen, die
   a) in anerkannten Werkstätten für behinderte Menschen oder in Blindenwerkstätten im Sinne des § 226 des Neunten Buches[2)] oder für diese Einrichtungen in Heimarbeit oder bei einem anderen Leistungsanbieter nach § 60 des Neunten Buches tätig sind,
   b) in Anstalten, Heimen oder gleichartigen Einrichtungen in gewisser Regelmäßigkeit eine Leistung erbringen, die einem Fünftel der Leistung eines voll erwerbsfähigen Beschäftigten in gleichartiger Beschäftigung entspricht; hierzu zählen auch Dienstleistungen für den Träger der Einrichtung,
3. Personen, die in Einrichtungen der Jugendhilfe oder in Berufsbildungswerken oder ähnlichen Einrichtungen für behinderte Menschen für eine Erwerbstätigkeit befähigt werden sollen; dies gilt auch für Personen während der individuellen betrieblichen Qualifizierung im Rahmen der Unterstützten Beschäftigung nach § 55 des Neunten Buches,
4. Mitglieder geistlicher Genossenschaften, Diakonissen und Angehörige ähnlicher Gemeinschaften während ihres Dienstes für die Gemeinschaft und während der Zeit ihrer außerschulischen Ausbildung.

[2] Personen, die Wehrdienst leisten und nicht in einem Dienstverhältnis als Berufssoldat oder Soldat auf Zeit stehen, sind in dieser Beschäftigung nicht nach Satz 1 Nr. 1 versicherungspflichtig; sie gelten als Wehrdienstleistende im Sinne des § 3 Satz 1 Nr. 2 oder 2a und Satz 4. [3] Mitglieder des Vorstandes einer Aktiengesellschaft sind in dem Unternehmen, dessen Vorstand sie angehören, nicht versicherungspflichtig beschäftigt, wobei Konzernunternehmen im Sinne des § 18 des Aktiengesetzes als ein Unternehmen gelten. [4] Die in Satz 1 Nr. 2 bis 4 genannten Personen gelten als Beschäftigte im Sinne des Rechts der Rentenversicherung. [5] Die folgenden Personen stehen den Beschäftigten zur Berufsausbildung im Sinne des Satzes 1 Nummer 1 gleich:

1. Auszubildende, die in einer außerbetrieblichen Einrichtung im Rahmen eines Berufsausbildungsvertrages nach dem Berufsbildungsgesetz ausgebildet werden,
2. Teilnehmer an dualen Studiengängen und
3. Teilnehmer an Ausbildungen mit Abschnitten des schulischen Unterrichts und der praktischen Ausbildung, für die ein Ausbildungsvertrag und Anspruch auf Ausbildungsvergütung besteht (praxisintegrierte Ausbildungen).

§ 2 Selbständig Tätige. [1] Versicherungspflichtig sind selbständig tätige

---

1) Nr. 3.
2) Nr. 9.

1. Lehrer und Erzieher, die im Zusammenhang mit ihrer selbständigen Tätigkeit regelmäßig keinen versicherungspflichtigen Arbeitnehmer beschäftigen,
2. Pflegepersonen, die in der Kranken-, Wochen-, Säuglings- oder Kinderpflege tätig sind und im Zusammenhang mit ihrer selbständigen Tätigkeit regelmäßig keinen versicherungspflichtigen Arbeitnehmer beschäftigen,
3. Hebammen und Entbindungspfleger,
4. Seelotsen der Reviere im Sinne des Gesetzes über das Seelotswesen,
5. Künstler und Publizisten nach näherer Bestimmung des Künstlersozialversicherungsgesetzes,
6. Hausgewerbetreibende,
7. Küstenschiffer und Küstenfischer, die zur Besatzung ihres Fahrzeuges gehören oder als Küstenfischer ohne Fahrzeug fischen und regelmäßig nicht mehr als vier versicherungspflichtige Arbeitnehmer beschäftigen,
8. Gewerbetreibende, die in die Handwerksrolle eingetragen sind und in ihrer Person die für die Eintragung in die Handwerksrolle erforderlichen Voraussetzungen erfüllen, wobei Handwerksbetriebe im Sinne der §§ 2 und 3 der Handwerksordnung sowie Betriebsfortführungen auf Grund von § 4 der Handwerksordnung außer Betracht bleiben; ist eine Personengesellschaft in die Handwerksrolle eingetragen, gilt als Gewerbetreibender, wer als Gesellschafter in seiner Person die Voraussetzungen für die Eintragung in die Handwerksrolle erfüllt,
9. Personen, die
   a) im Zusammenhang mit ihrer selbständigen Tätigkeit regelmäßig keinen versicherungspflichtigen Arbeitnehmer beschäftigen und
   b) auf Dauer und im Wesentlichen nur für einen Auftraggeber tätig sind; bei Gesellschaftern gelten als Auftraggeber die Auftraggeber der Gesellschaft.

[2] Als Arbeitnehmer im Sinne des Satzes 1 Nr. 1, 2, 7 und 9 gelten

1. auch Personen, die berufliche Kenntnisse, Fertigkeiten oder Erfahrungen im Rahmen beruflicher Bildung erwerben,
2. nicht Personen, die geringfügig beschäftigt sind,
3. für Gesellschafter auch die Arbeitnehmer der Gesellschaft.

§ 3 Sonstige Versicherte. [1] Versicherungspflichtig sind Personen in der Zeit,

1. für die ihnen Kindererziehungszeiten anzurechnen sind (§ 56),

1a. in der sie eine oder mehrere pflegebedürftige Personen mit mindestens Pflegegrad 2 wenigstens zehn Stunden wöchentlich, verteilt auf regelmäßig mindestens zwei Tage in der Woche, in ihrer häuslichen Umgebung nicht erwerbsmäßig pflegen (nicht erwerbsmäßig tätige Pflegepersonen), wenn der Pflegebedürftige Anspruch auf Leistungen aus der sozialen Pflegeversicherung oder einer privaten Pflege-Pflichtversicherung hat,

2. in der sie aufgrund gesetzlicher Pflicht Wehrdienst oder Zivildienst leisten,

2a. in der sie sich in einem Wehrdienstverhältnis besonderer Art nach § 6 des Einsatz-Weiterverwendungsgesetzes befinden, wenn sich der Einsatzunfall während einer Zeit ereignet hat, in der sie nach Nummer 2 versicherungspflichtig waren; sind zwischen dem Einsatzunfall und der Einstellung in ein Wehrdienstverhältnis besonderer Art nicht mehr als sechs Wochen vergangen, gilt das Wehrdienstverhältnis besonderer Art als mit dem Tag nach Ende einer Versicherungspflicht nach Nummer 2 begonnen,

2b. in der sie als ehemalige Soldaten auf Zeit Übergangsgebührnisse beziehen,

3. für die sie von einem Leistungsträger Krankengeld, Verletztengeld, Versorgungskrankengeld, Übergangsgeld, Arbeitslosengeld oder von der sozialen oder einer privaten Pflegeversicherung Pflegeunterstützungsgeld beziehen, wenn sie im letzten Jahr vor Beginn der Leistung zuletzt versicherungspflichtig waren; der Zeitraum von einem Jahr verlängert sich um Anrechnungszeiten wegen des Bezugs von Arbeitslosengeld II,

3a. für die sie von einem privaten Krankenversicherungsunternehmen, von einem Beihilfeträger des Bundes, von einem sonstigen öffentlich-rechtlichen Träger von Kosten in Krankheitsfällen auf Bundesebene, von dem Träger der Heilfürsorge im Bereich des Bundes, von dem Träger der truppenärztlichen Versorgung oder von einem öffentlich-rechtlichen Träger von Kosten in Krankheitsfällen auf Landesebene, soweit das Landesrecht dies vorsieht, Leistungen für den Ausfall von Arbeitseinkünften im Zusammenhang mit einer nach den §§ 8 und 8a des Transplantationsgesetzes erfolgenden Spende von Organen oder Geweben oder im Zusammenhang mit einer im Sinne von § 9 des Transfusionsgesetzes erfolgenden Spende von Blut zur Separation von Blutstammzellen oder anderen Blutbestandteilen beziehen, wenn sie im letzten Jahr vor Beginn dieser Zahlung zuletzt versicherungspflichtig waren; der Zeitraum von einem Jahr verlängert sich um Anrechnungszeiten wegen des Bezugs von Arbeitslosengeld II,

4. für die sie Vorruhestandsgeld beziehen, wenn sie unmittelbar vor Beginn der Leistung versicherungspflichtig waren.

[2] Pflegepersonen, die für ihre Tätigkeit von dem oder den Pflegebedürftigen ein Arbeitsentgelt erhalten, das das dem Umfang der jeweiligen Pflegetätigkeit entsprechende Pflegegeld im Sinne des § 37 des Elften Buches[1)] nicht übersteigt, gelten als nicht erwerbsmäßig tätig; sie sind insoweit nicht nach § 1 Satz 1 Nr. 1 versicherungspflichtig. [3] Nicht erwerbsmäßig tätige Pflegepersonen, die daneben regelmäßig mehr als 30 Stunden wöchentlich beschäftigt oder selbständig tätig sind, sind nicht nach Satz 1 Nr. 1a versicherungspflichtig. [4] Wehrdienstleistende oder Zivildienstleistende, die für die Zeit ihres Dienstes Arbeitsentgelt weitererhalten oder Leistungen an Selbständige nach § 6 des Unterhaltssicherungsgesetzes erhalten, sind nicht nach Satz 1 Nr. 2 versicherungspflichtig; die Beschäftigung oder selbständige Tätigkeit gilt in diesen Fällen als nicht unterbrochen. [5] Trifft eine Versicherungspflicht nach Satz 1 Nr. 3 im Rahmen von Leistungen zur Teilhabe am Arbeitsleben mit einer Versicherungspflicht nach § 1 Satz 1 Nr. 2 oder 3 zusammen, geht die Versicherungspflicht vor, nach der die höheren Beiträge zu zahlen sind. [6] Die Versicherungspflicht nach Satz 1 Nr. 3 und 4 erstreckt sich auch auf Personen, die ihren gewöhnlichen Aufenthalt im Ausland haben.

§ 4 Versicherungspflicht auf Antrag. (1) [1] Auf Antrag versicherungspflichtig sind folgende Personen, wenn die Versicherung von einer Stelle beantragt wird, die ihren Sitz im Inland hat:

[1)] Nr. **11**.

1. Entwicklungshelfer im Sinne des Entwicklungshelfer-Gesetzes, die Entwicklungsdienst oder Vorbereitungsdienst leisten,
2. Angehörige eines Mitgliedstaates der Europäischen Union, Angehörige eines Vertragsstaates des Abkommens über den Europäischen Wirtschaftsraum oder Staatsangehörige der Schweiz, die für eine begrenzte Zeit im Ausland beschäftigt sind,
3. sekundierte Personen nach dem Sekundierungsgesetz.

[2] Auf Antrag ihres Arbeitgebers versicherungspflichtig sind auch Angehörige eines Mitgliedstaates der Europäischen Union, Angehörige eines Vertragsstaates des Abkommens über den Europäischen Wirtschaftsraum oder Staatsangehörige der Schweiz, die im Ausland bei einer amtlichen Vertretung des Bundes oder der Länder oder bei einem Leiter, Mitglied oder Bediensteten einer amtlichen Vertretung des Bundes oder der Länder beschäftigt sind. [3] Personen, denen für die Zeit des Dienstes oder der Beschäftigung im Ausland Versorgungsanwartschaften gewährleistet sind, gelten im Rahmen der Nachversicherung auch ohne Antrag als versicherungspflichtig.

(2) Auf Antrag versicherungspflichtig sind Personen, die nicht nur vorübergehend selbständig tätig sind, wenn sie die Versicherungspflicht innerhalb von fünf Jahren nach der Aufnahme der selbständigen Tätigkeit oder dem Ende einer Versicherungspflicht aufgrund dieser Tätigkeit beantragen.

(3) [1] Auf Antrag versicherungspflichtig sind Personen, die

1. eine der in § 3 Satz 1 Nr. 3 genannten Sozialleistungen oder Leistungen für den Ausfall von Arbeitseinkünften nach § 3 Satz 1 Nummer 3a beziehen und nicht nach diesen Vorschriften versicherungspflichtig sind,
2. nur deshalb keinen Anspruch auf Krankengeld haben, weil sie nicht in der gesetzlichen Krankenversicherung versichert sind oder in der gesetzlichen Krankenversicherung ohne Anspruch auf Krankengeld versichert sind, für die Zeit der Arbeitsunfähigkeit oder der Ausführung von Leistungen zur medizinischen Rehabilitation oder zur Teilhabe am Arbeitsleben, wenn sie im letzten Jahr vor Beginn der Arbeitsunfähigkeit oder der Ausführung von Leistungen zur medizinischen Rehabilitation oder zur Teilhabe am Arbeitsleben zuletzt versicherungspflichtig waren, längstens jedoch für 18 Monate.

[2] Dies gilt auch für Personen, die ihren gewöhnlichen Aufenthalt im Ausland haben.

(3a) [1] Die Vorschriften über die Versicherungsfreiheit und die Befreiung von der Versicherungspflicht gelten auch für die Versicherungspflicht auf Antrag nach Absatz 3. [2] Bezieht sich die Versicherungsfreiheit oder die Befreiung von der Versicherungspflicht auf jede Beschäftigung oder selbständige Tätigkeit, kann ein Antrag nach Absatz 3 nicht gestellt werden. [3] Bezieht sich die Versicherungsfreiheit oder die Befreiung von der Versicherungspflicht auf eine bestimmte Beschäftigung oder bestimmte selbständige Tätigkeit, kann ein Antrag nach Absatz 3 nicht gestellt werden, wenn die Versicherungsfreiheit oder die Befreiung von der Versicherungspflicht auf der Zugehörigkeit zu einem anderweitigen Alterssicherungssystem, insbesondere einem abgeschlossenen Lebensversicherungsvertrag oder der Mitgliedschaft in einer öffentlich-rechtlichen Versicherungseinrichtung oder Versorgungseinrichtung einer Berufsgruppe (§ 6 Abs. 1 Satz 1 Nr. 1), beruht und die Zeit des Bezugs der jeweiligen Sozialleistung in dem anderweitigen Alterssicherungssystem abgesichert ist oder abgesichert werden kann.

(4) [1]Die Versicherungspflicht beginnt

1. in den Fällen der Absätze 1 und 2 mit dem Tag, an dem erstmals die Voraussetzungen nach den Absätzen 1 und 2 vorliegen, wenn sie innerhalb von drei Monaten danach beantragt wird, sonst mit dem Tag, der dem Eingang des Antrags folgt,
2. in den Fällen des Absatzes 3 Satz 1 Nr. 1 mit Beginn der Leistung und in den Fällen des Absatzes 3 Satz 1 Nr. 2 mit Beginn der Arbeitsunfähigkeit oder Rehabilitation, wenn der Antrag innerhalb von drei Monaten danach gestellt wird, andernfalls mit dem Tag, der dem Eingang des Antrags folgt, frühestens jedoch mit dem Ende der Versicherungspflicht aufgrund einer vorausgehenden versicherungspflichtigen Beschäftigung oder Tätigkeit.

[2]Sie endet mit Ablauf des Tages, an dem die Voraussetzungen weggefallen sind.

§ 5 Versicherungsfreiheit. (1) [1]Versicherungsfrei sind

1. Beamte und Richter auf Lebenszeit, auf Zeit oder auf Probe, Berufssoldaten und Soldaten auf Zeit sowie Beamte auf Widerruf im Vorbereitungsdienst,
2. sonstige Beschäftigte von Körperschaften, Anstalten oder Stiftungen des öffentlichen Rechts, deren Verbänden einschließlich der Spitzenverbände oder ihrer Arbeitsgemeinschaften, wenn ihnen nach beamtenrechtlichen Vorschriften oder Grundsätzen Anwartschaft auf Versorgung bei verminderter Erwerbsfähigkeit und im Alter sowie auf Hinterbliebenenversorgung gewährleistet und die Erfüllung der Gewährleistung gesichert ist,
3. Beschäftigte im Sinne von Nummer 2, wenn ihnen nach kirchenrechtlichen Regelungen eine Anwartschaft im Sinne von Nummer 2 gewährleistet und die Erfüllung der Gewährleistung gesichert ist, sowie satzungsmäßige Mitglieder geistlicher Genossenschaften, Diakonissen und Angehörige ähnlicher Gemeinschaften, wenn ihnen nach den Regeln der Gemeinschaft Anwartschaft auf die in der Gemeinschaft übliche Versorgung bei verminderter Erwerbsfähigkeit und im Alter gewährleistet und die Erfüllung der Gewährleistung gesichert ist,

in dieser Beschäftigung und in weiteren Beschäftigungen, auf die die Gewährleistung einer Versorgungsanwartschaft erstreckt wird. [2]Für Personen nach Satz 1 Nr. 2 gilt dies nur, wenn sie

1. nach beamtenrechtlichen Vorschriften oder Grundsätzen Anspruch auf Vergütung und bei Krankheit auf Fortzahlung der Bezüge haben oder
2. nach beamtenrechtlichen Vorschriften oder Grundsätzen bei Krankheit Anspruch auf Beihilfe oder Heilfürsorge haben oder
3. innerhalb von zwei Jahren nach Beginn des Beschäftigungsverhältnisses in ein Rechtsverhältnis nach Nummer 1 berufen werden sollen oder
4. in einem öffentlich-rechtlichen Ausbildungsverhältnis stehen.

[3]Über das Vorliegen der Voraussetzungen nach Satz 1 Nr. 2 und 3 sowie nach Satz 2 und die Erstreckung der Gewährleistung auf weitere Beschäftigungen entscheidet für Beschäftigte beim Bund und bei Dienstherren oder anderen Arbeitgebern, die der Aufsicht des Bundes unterstehen, das zuständige Bundesministerium, im Übrigen die oberste Verwaltungsbehörde des Landes, in dem die Arbeitgeber, Genossenschaften oder Gemeinschaften ihren Sitz haben. [4]Die

Gewährleistung von Anwartschaften begründet die Versicherungsfreiheit von Beginn des Monats an, in dem die Zusicherung der Anwartschaften vertraglich erfolgt.

(2) [1] Versicherungsfrei sind Personen, die eine

1. Beschäftigung nach § 8 Absatz 1 Nummer 2 oder § 8a in Verbindung mit § 8 Absatz 1 Nummer 2 des Vierten Buches[1)] oder
2. geringfügige selbständige Tätigkeit nach § 8 Absatz 3 in Verbindung mit § 8 Absatz 1 oder nach § 8 Absatz 3 in Verbindung mit den §§ 8a und 8 Absatz 1 des Vierten Buches

ausüben, in dieser Beschäftigung oder selbständigen Tätigkeit. [2] § 8 Absatz 2 des Vierten Buches ist mit der Maßgabe anzuwenden, dass eine Zusammenrechnung mit einer nicht geringfügigen selbständigen Tätigkeit nur erfolgt, wenn diese versicherungspflichtig ist. [3] Satz 1 Nummer 1 gilt nicht für Personen, die im Rahmen betrieblicher Berufsbildung beschäftigt sind.

(3) Versicherungsfrei sind Personen, die während der Dauer eines Studiums als ordentliche Studierende einer Fachschule oder Hochschule ein Praktikum ableisten, das in ihrer Studienordnung oder Prüfungsordnung vorgeschrieben ist.

(4) [1] Versicherungsfrei sind Personen, die

1. nach Ablauf des Monats, in dem die Regelaltersgrenze erreicht wurde, eine Vollrente wegen Alters beziehen,
2. nach beamtenrechtlichen Vorschriften oder Grundsätzen oder entsprechenden kirchenrechtlichen Regelungen oder nach den Regelungen einer berufsständischen Versorgungseinrichtung eine Versorgung nach Erreichen einer Altersgrenze beziehen oder die in der Gemeinschaft übliche Versorgung im Alter nach Absatz 1 Satz 1 Nr. 3 erhalten oder
3. bis zum Erreichen der Regelaltersgrenze nicht versichert waren oder nach Erreichen der Regelaltersgrenze eine Beitragserstattung aus ihrer Versicherung erhalten haben.

[2] Satz 1 gilt nicht für Beschäftigte in einer Beschäftigung, in der sie durch schriftliche Erklärung gegenüber dem Arbeitgeber auf die Versicherungsfreiheit verzichten. [3] Der Verzicht kann nur mit Wirkung für die Zukunft erklärt werden und ist für die Dauer der Beschäftigung bindend. [4] Die Sätze 2 und 3 gelten entsprechend für selbständig Tätige, die den Verzicht gegenüber dem zuständigen Träger der Rentenversicherung erklären.

§ 6 Befreiung von der Versicherungspflicht. (1) [1] Von der Versicherungspflicht werden befreit

1. Beschäftigte und selbständig Tätige für die Beschäftigung oder selbständige Tätigkeit, wegen der sie aufgrund einer durch Gesetz angeordneten oder auf Gesetz beruhenden Verpflichtung Mitglied einer öffentlich-rechtlichen Versicherungseinrichtung oder Versorgungseinrichtung ihrer Berufsgruppe (berufsständische Versorgungseinrichtung) und zugleich kraft gesetzlicher Verpflichtung Mitglied einer berufsständischen Kammer sind, wenn

---

1) Nr. 4.

a) am jeweiligen Ort der Beschäftigung oder selbständigen Tätigkeit für ihre Berufsgruppe bereits vor dem 1. Januar 1995 eine gesetzliche Verpflichtung zur Mitgliedschaft in der berufsständischen Kammer bestanden hat,
b) für sie nach näherer Maßgabe der Satzung einkommensbezogene Beiträge unter Berücksichtigung der Beitragsbemessungsgrenze zur berufsständischen Versorgungseinrichtung zu zahlen sind und
c) aufgrund dieser Beiträge Leistungen für den Fall verminderter Erwerbsfähigkeit und des Alters sowie für Hinterbliebene erbracht und angepasst werden, wobei auch die finanzielle Lage der berufsständischen Versorgungseinrichtung zu berücksichtigen ist,

2. Lehrer oder Erzieher, die an nichtöffentlichen Schulen beschäftigt sind, wenn ihnen nach beamtenrechtlichen Grundsätzen oder entsprechenden kirchenrechtlichen Regelungen Anwartschaft auf Versorgung bei verminderter Erwerbsfähigkeit und im Alter sowie auf Hinterbliebenenversorgung gewährleistet und die Erfüllung der Gewährleistung gesichert ist und wenn diese Personen die Voraussetzungen nach § 5 Abs. 1 Satz 2 Nr. 1 und 2 erfüllen,
3. nichtdeutsche Besatzungsmitglieder deutscher Seeschiffe, die ihren Wohnsitz oder gewöhnlichen Aufenthalt nicht in einem Mitgliedstaat der Europäischen Union, einem Vertragsstaat des Abkommens über den Europäischen Wirtschaftsraum oder der Schweiz haben,
4. Gewerbetreibende in Handwerksbetrieben, wenn für sie mindestens 18 Jahre lang Pflichtbeiträge gezahlt worden sind.

[2] Die gesetzliche Verpflichtung für eine Berufsgruppe zur Mitgliedschaft in einer berufsständischen Kammer im Sinne des Satzes 1 Nr. 1 gilt mit dem Tag als entstanden, an dem das die jeweilige Kammerzugehörigkeit begründende Gesetz verkündet worden ist. [3] Wird der Kreis der Pflichtmitglieder einer berufsständischen Kammer nach dem 31. Dezember 1994 erweitert, werden diejenigen Pflichtmitglieder des berufsständischen Versorgungswerks nicht nach Satz 1 Nr. 1 befreit, die nur wegen dieser Erweiterung Pflichtmitglieder ihrer Berufskammer geworden sind. [4] Für die Bestimmung des Tages, an dem die Erweiterung des Kreises der Pflichtmitglieder erfolgt ist, ist Satz 2 entsprechend anzuwenden. [5] Personen, die nach bereits am 1. Januar 1995 geltenden versorgungsrechtlichen Regelungen verpflichtet sind, für die Zeit der Ableistung eines gesetzlich vorgeschriebenen Vorbereitungs- oder Anwärterdienstes Mitglied einer berufsständischen Versorgungseinrichtung zu sein, werden auch dann nach Satz 1 Nr. 1 von der Versicherungspflicht befreit, wenn eine gesetzliche Verpflichtung zur Mitgliedschaft in einer berufsständischen Kammer für die Zeit der Ableistung des Vorbereitungs- oder Anwärterdienstes nicht besteht. [6] Satz 1 Nr. 1 gilt nicht für die in Satz 1 Nr. 4 genannten Personen.

(1a) [1] Personen, die nach § 2 Satz 1 Nr. 9 versicherungspflichtig sind, werden von der Versicherungspflicht befreit

1. für einen Zeitraum von drei Jahren nach erstmaliger Aufnahme einer selbständigen Tätigkeit, die die Merkmale des § 2 Satz 1 Nr. 9 erfüllt,
2. nach Vollendung des 58. Lebensjahres, wenn sie nach einer zuvor ausgeübten selbständigen Tätigkeit erstmals nach § 2 Satz 1 Nr. 9 versicherungspflichtig werden.

[2] Satz 1 Nr. 1 gilt entsprechend für die Aufnahme einer zweiten selbständigen Tätigkeit, die die Merkmale des § 2 Satz 1 Nr. 9 erfüllt. [3] Eine Aufnahme einer

selbständigen Tätigkeit liegt nicht vor, wenn eine bestehende selbständige Existenz lediglich umbenannt oder deren Geschäftszweck gegenüber der vorangegangenen nicht wesentlich verändert worden ist.

(1b) [1] Personen, die eine geringfügige Beschäftigung nach § 8 Absatz 1 Nummer 1 oder § 8a in Verbindung mit § 8 Absatz 1 Nummer 1 des Vierten Buches[1)] ausüben, werden auf Antrag von der Versicherungspflicht befreit. [2] Der schriftliche Befreiungsantrag ist dem Arbeitgeber zu übergeben. [3] § 8 Absatz 2 des Vierten Buches ist mit der Maßgabe anzuwenden, dass eine Zusammenrechnung mit einer nicht geringfügigen Beschäftigung nur erfolgt, wenn diese versicherungspflichtig ist. [4] Der Antrag kann bei mehreren geringfügigen Beschäftigungen nur einheitlich gestellt werden und ist für die Dauer der Beschäftigungen bindend. [5] Satz 1 gilt nicht für Personen, die im Rahmen betrieblicher Berufsbildung, nach dem Jugendfreiwilligendienstegesetz, nach dem Bundesfreiwilligendienstgesetz oder nach § 1 Satz 1 Nummer 2 bis 4 beschäftigt sind oder von der Möglichkeit einer stufenweisen Wiederaufnahme einer nicht geringfügigen Tätigkeit (§ 74 des Fünften Buches[2)]) Gebrauch machen.

(2) Die Befreiung erfolgt auf Antrag des Versicherten, in den Fällen des Absatzes 1 Nr. 2 und 3 auf Antrag des Arbeitgebers. ***[Sätze 2–7 ab 1.1.2022:]*** *[2] In den Fällen des Absatzes 1 Satz 1 Nummer 1 hat der Versicherte den Antrag elektronisch über die zuständige berufsständische Versorgungseinrichtung zu stellen. [3] Diese leitet den Antrag durch Datenübertragung an den Träger der Rentenversicherung zusammen mit den Bestätigungen über das Vorliegen einer Pflichtmitgliedschaft in einer berufsständischen Versorgungseinrichtung, über das Bestehen einer Pflichtmitgliedschaft in der berufsständischen Kammer und über die Pflicht zur Zahlung einkommensbezogener Beiträge zur Entscheidung unverzüglich weiter. [7] Die technische Ausgestaltung des Verfahrens regeln die Deutsche Rentenversicherung Bund und die Arbeitsgemeinschaft berufsständischer Versorgungseinrichtungen e. V. in gemeinsamen Grundsätzen, die vom Bundesministerium für Arbeit und Soziales zu genehmigen sind.*

(3) [1] Über die Befreiung entscheidet der Träger der Rentenversicherung. [2] Abweichend von Satz 1 entscheidet in den Fällen des Absatzes 1 Satz 1 Nummer 1 und 2 die Deutsche Rentenversicherung Bund, nachdem das Vorliegen der Voraussetzungen bestätigt worden ist

1. in den Fällen des Absatzes 1 Satz 1 Nummer 1 von der für die berufsständische Versorgungseinrichtung zuständigen obersten Verwaltungsbehörde und
2. in den Fällen des Absatzes 1 Satz 1 Nummer 2 von der obersten Verwaltungsbehörde desjenigen Landes, in dem der Arbeitgeber seinen Sitz hat.

[3] In den Fällen des Absatzes 1b gilt die Befreiung als erteilt, wenn die nach § 28i Satz 5 des Vierten Buches zuständige Einzugsstelle nicht innerhalb eines Monats nach Eingang der Meldung des Arbeitgebers nach § 28a des Vierten Buches dem Befreiungsantrag des Beschäftigten widerspricht. [4] Die Vorschriften des Zehnten Buches[3)] über die Bestandskraft von Verwaltungsakten und über das Rechtsbehelfsverfahren gelten entsprechend.

[1)] Nr. **4**.
[2)] Nr. **5**.
[3)] Nr. **10**.

(4) [1]Die Befreiung wirkt vom Vorliegen der Befreiungsvoraussetzungen an, wenn sie innerhalb von drei Monaten beantragt wird, sonst vom Eingang des Antrags an. [2]In den Fällen des Absatzes 1b wirkt die Befreiung bei Vorliegen der Befreiungsvoraussetzungen nach Eingang der Meldung des Arbeitgebers nach § 28a des Vierten Buches bei der zuständigen Einzugsstelle rückwirkend vom Beginn des Monats, in dem der Antrag des Beschäftigten dem Arbeitgeber zugegangen ist, wenn der Arbeitgeber den Befreiungsantrag der Einzugsstelle mit der ersten folgenden Entgeltabrechnung, spätestens aber innerhalb von sechs Wochen nach Zugang, gemeldet und die Einzugsstelle innerhalb eines Monats nach Eingang der Meldung des Arbeitgebers nicht widersprochen hat. [3]Erfolgt die Meldung des Arbeitgebers später, wirkt die Befreiung vom Beginn des auf den Ablauf der Widerspruchsfrist nach Absatz 3 folgenden Monats. [4]In den Fällen, in denen bei einer Mehrfachbeschäftigung die Befreiungsvoraussetzungen vorliegen, hat die Einzugsstelle die weiteren Arbeitgeber über den Zeitpunkt der Wirkung der Befreiung unverzüglich durch eine Meldung zu unterrichten.

(5) [1]Die Befreiung ist auf die jeweilige Beschäftigung oder selbständige Tätigkeit beschränkt. [2]Sie erstreckt sich in den Fällen des Absatzes 1 Nr. 1 und 2 auch auf eine andere versicherungspflichtige Tätigkeit, wenn diese infolge ihrer Eigenart oder vertraglich im Voraus zeitlich begrenzt ist und der Versorgungsträger für die Zeit der Tätigkeit den Erwerb einkommensbezogener Versorgungsanwartschaften gewährleistet.

Zweiter Abschnitt. Freiwillige Versicherung

§ 7 Freiwillige Versicherung. (1) [1]Personen, die nicht versicherungspflichtig sind, können sich für Zeiten von der Vollendung des 16. Lebensjahres an freiwillig versichern. [2]Dies gilt auch für Deutsche, die ihren gewöhnlichen Aufenthalt im Ausland haben.

(2) Nach bindender Bewilligung einer Vollrente wegen Alters oder für Zeiten des Bezugs einer solchen Rente ist eine freiwillige Versicherung nicht zulässig, wenn der Monat abgelaufen ist, in dem die Regelaltersgrenze erreicht wurde.

Dritter Abschnitt. Nachversicherung, Versorgungsausgleich und Rentensplitting

§ 8 Nachversicherung, Versorgungsausgleich und Rentensplitting.

(1) [1]Versichert sind auch Personen,

1. die nachversichert sind oder
2. für die aufgrund eines Versorgungsausgleichs oder eines Rentensplittings Rentenanwartschaften übertragen oder begründet sind.

[2]Nachversicherte stehen den Personen gleich, die versicherungspflichtig sind.

(2) [1]Nachversichert werden Personen, die als

1. Beamte oder Richter auf Lebenszeit, auf Zeit oder auf Probe, Berufssoldaten und Soldaten auf Zeit sowie Beamte auf Widerruf im Vorbereitungsdienst,
2. sonstige Beschäftigte von Körperschaften, Anstalten oder Stiftungen des öffentlichen Rechts, deren Verbänden einschließlich der Spitzenverbände oder ihrer Arbeitsgemeinschaften,

3. satzungsmäßige Mitglieder geistlicher Genossenschaften, Diakonissen oder Angehörige ähnlicher Gemeinschaften oder
4. Lehrer oder Erzieher an nichtöffentlichen Schulen oder Anstalten

versicherungsfrei waren oder von der Versicherungspflicht befreit worden sind, wenn sie ohne Anspruch oder Anwartschaft auf Versorgung aus der Beschäftigung ausgeschieden sind oder ihren Anspruch auf Versorgung verloren haben und Gründe für einen Aufschub der Beitragszahlung (§ 184 Abs. 2) nicht gegeben sind. [2]Die Nachversicherung erstreckt sich auf den Zeitraum, in dem die Versicherungsfreiheit oder die Befreiung von der Versicherungspflicht vorgelegen hat (Nachversicherungszeitraum). [3]Bei einem Ausscheiden durch Tod erfolgt eine Nachversicherung nur, wenn ein Anspruch auf Hinterbliebenenrente geltend gemacht werden kann.

Zweites Kapitel. Leistungen

Erster Abschnitt. Leistungen zur Teilhabe

Erster Unterabschnitt. Voraussetzungen für die Leistungen

§ 9 Aufgabe der Leistungen zur Teilhabe. (1) [1]Die Träger der Rentenversicherung erbringen Leistungen zur Prävention, Leistungen zur medizinischen Rehabilitation, Leistungen zur Teilhabe am Arbeitsleben, Leistungen zur Nachsorge sowie ergänzende Leistungen, um

1. den Auswirkungen einer Krankheit oder einer körperlichen, geistigen oder seelischen Behinderung auf die Erwerbsfähigkeit der Versicherten vorzubeugen, entgegenzuwirken oder sie zu überwinden und
2. dadurch Beeinträchtigungen der Erwerbsfähigkeit der Versicherten oder ihr vorzeitiges Ausscheiden aus dem Erwerbsleben zu verhindern oder sie möglichst dauerhaft in das Erwerbsleben wiedereinzugliedern.

[2]Die Leistungen zur Prävention haben Vorrang vor den Leistungen zur Teilhabe. [3]Die Leistungen zur Teilhabe haben Vorrang vor Rentenleistungen, die bei erfolgreichen Leistungen zur Teilhabe nicht oder voraussichtlich erst zu einem späteren Zeitpunkt zu erbringen sind.

(2) Die Leistungen nach Absatz 1 sind zu erbringen, wenn die persönlichen und versicherungsrechtlichen Voraussetzungen dafür erfüllt sind.

§ 10 Persönliche Voraussetzungen. (1) Für Leistungen zur Teilhabe haben Versicherte die persönlichen Voraussetzungen erfüllt,

1. deren Erwerbsfähigkeit wegen Krankheit oder körperlicher, geistiger oder seelischer Behinderung erheblich gefährdet oder gemindert ist und
2. bei denen voraussichtlich
   a) bei erheblicher Gefährdung der Erwerbsfähigkeit eine Minderung der Erwerbsfähigkeit durch Leistungen zur medizinischen Rehabilitation oder zur Teilhabe am Arbeitsleben abgewendet werden kann,
   b) bei geminderter Erwerbsfähigkeit diese durch Leistungen zur medizinischen Rehabilitation oder zur Teilhabe am Arbeitsleben wesentlich gebessert oder wiederhergestellt oder hierdurch deren wesentliche Verschlechterung abgewendet werden kann,

c) bei teilweiser Erwerbsminderung ohne Aussicht auf eine wesentliche Besserung der Erwerbsfähigkeit durch Leistungen zur Teilhabe am Arbeitsleben

aa) der bisherige Arbeitsplatz erhalten werden kann oder

bb) ein anderer in Aussicht stehender Arbeitsplatz erlangt werden kann, wenn die Erhaltung des bisherigen Arbeitsplatzes nach Feststellung des Trägers der Rentenversicherung nicht möglich ist.

(2) Für Leistungen zur Teilhabe haben auch Versicherte die persönlichen Voraussetzungen erfüllt,

1. die im Bergbau vermindert berufsfähig sind und bei denen voraussichtlich durch die Leistungen die Erwerbsfähigkeit wesentlich gebessert oder wiederhergestellt werden kann oder
2. bei denen der Eintritt von im Bergbau verminderter Berufsfähigkeit droht und bei denen voraussichtlich durch die Leistungen der Eintritt der im Bergbau verminderten Berufsfähigkeit abgewendet werden kann.

(3) Für die Leistungen nach den §§ 14, 15a und 17 haben die Versicherten oder die Kinder die persönlichen Voraussetzungen bei Vorliegen der dortigen Anspruchsvoraussetzungen erfüllt.

§ 11 Versicherungsrechtliche Voraussetzungen. (1) Für Leistungen zur Teilhabe haben Versicherte die versicherungsrechtlichen Voraussetzungen erfüllt, die bei Antragstellung

1. die Wartezeit von 15 Jahren erfüllt haben oder
2. eine Rente wegen verminderter Erwerbsfähigkeit beziehen.

(2) [1] Für die Leistungen zur Prävention und zur medizinischen Rehabilitation haben Versicherte die versicherungsrechtlichen Voraussetzungen auch erfüllt, die

1. in den letzten zwei Jahren vor der Antragstellung sechs Kalendermonate mit Pflichtbeiträgen für eine versicherte Beschäftigung oder Tätigkeit haben,
2. innerhalb von zwei Jahren nach Beendigung einer Ausbildung eine versicherte Beschäftigung oder selbständige Tätigkeit aufgenommen und bis zum Antrag ausgeübt haben oder nach einer solchen Beschäftigung oder Tätigkeit bis zum Antrag arbeitsunfähig oder arbeitslos gewesen sind oder
3. vermindert erwerbsfähig sind oder bei denen dies in absehbarer Zeit zu erwarten ist, wenn sie die allgemeine Wartezeit erfüllt haben.

[2] § 55 Abs. 2 ist entsprechend anzuwenden. [3] Der Zeitraum von zwei Jahren nach Nummer 1 verlängert sich um Anrechnungszeiten wegen des Bezugs von Arbeitslosengeld II. [4] Für die Leistungen nach § 15a an Kinder von Versicherten sind die versicherungsrechtlichen Voraussetzungen erfüllt, wenn der Versicherte die allgemeine Wartezeit oder die in Satz 1 oder in Absatz 1 genannten versicherungsrechtlichen Voraussetzungen erfüllt hat.

(2a) Leistungen zur Teilhabe am Arbeitsleben werden an Versicherte auch erbracht,

1. wenn ohne diese Leistungen Rente wegen verminderter Erwerbsfähigkeit zu leisten wäre oder

2. wenn sie für eine voraussichtlich erfolgreiche Rehabilitation unmittelbar im Anschluss an Leistungen zur medizinischen Rehabilitation der Träger der Rentenversicherung erforderlich sind.

(3) [1] Die versicherungsrechtlichen Voraussetzungen haben auch überlebende Ehegatten erfüllt, die Anspruch auf große Witwenrente oder große Witwerrente wegen verminderter Erwerbsfähigkeit haben. [2] Sie gelten für die Vorschriften dieses Abschnitts als Versicherte.

§ 12 Ausschluss von Leistungen. (1) Leistungen zur Teilhabe werden nicht für Versicherte erbracht, die

1. wegen eines Arbeitsunfalls, einer Berufskrankheit, einer Schädigung im Sinne des sozialen Entschädigungsrechts oder wegen eines Einsatzunfalls, der Ansprüche nach dem Einsatz-Weiterverwendungsgesetz begründet, gleichartige Leistungen eines anderen Rehabilitationsträgers oder Leistungen zur Eingliederung nach dem Einsatz-Weiterverwendungsgesetz erhalten können,
2. eine Rente wegen Alters von wenigstens zwei Dritteln der Vollrente beziehen oder beantragt haben,
3. eine Beschäftigung ausüben, aus der ihnen nach beamtenrechtlichen oder entsprechenden Vorschriften Anwartschaft auf Versorgung gewährleistet ist,
4. als Bezieher einer Versorgung wegen Erreichens einer Altersgrenze versicherungsfrei sind,

4a. eine Leistung beziehen, die regelmäßig bis zum Beginn einer Rente wegen Alters gezahlt wird, oder

5. sich in Untersuchungshaft oder im Vollzug einer Freiheitsstrafe oder freiheitsentziehenden Maßregel der Besserung und Sicherung befinden oder einstweilig nach § 126a Abs.1 der Strafprozessordnung untergebracht sind. Dies gilt nicht für Versicherte im erleichterten Strafvollzug bei Leistungen zur Teilhabe am Arbeitsleben.

(2) [1] Leistungen zur medizinischen Rehabilitation werden nicht vor Ablauf von vier Jahren nach Durchführung solcher oder ähnlicher Leistungen zur Rehabilitation erbracht, deren Kosten aufgrund öffentlich-rechtlicher Vorschriften getragen oder bezuschusst worden sind. [2] Dies gilt nicht, wenn vorzeitige Leistungen aus gesundheitlichen Gründen dringend erforderlich sind.

Zweiter Unterabschnitt. Umfang der Leistungen

Erster Titel. Allgemeines

§ 13 Leistungsumfang. (1) [1] Der Träger der Rentenversicherung bestimmt im Einzelfall unter Beachtung des Wunsch- und Wahlrechts des Versicherten im Sinne des § 8 des Neunten Buches[1)] und der Grundsätze der Wirtschaftlichkeit und Sparsamkeit Art, Dauer, Umfang, Beginn und Durchführung dieser Leistungen sowie die Rehabilitationseinrichtung nach pflichtgemäßem Ermessen. [2] Die Leistungen werden auf Antrag durch ein Persönliches Budget erbracht; § 29 des Neunten Buches gilt entsprechend.

(2) Der Träger der Rentenversicherung erbringt nicht

[1)] Nr. 9.

1. Leistungen zur medizinischen Rehabilitation in der Phase akuter Behandlungsbedürftigkeit einer Krankheit, es sei denn, die Behandlungsbedürftigkeit tritt während der Ausführung von Leistungen zur medizinischen Rehabilitation ein,
2. Leistungen zur medizinischen Rehabilitation anstelle einer sonst erforderlichen Krankenhausbehandlung,
3. Leistungen zur medizinischen Rehabilitation, die dem allgemein anerkannten Stand medizinischer Erkenntnisse nicht entsprechen.

(3) [1]Der Träger der Rentenversicherung erbringt nach Absatz 2 Nr. 1 im Benehmen mit dem Träger der Krankenversicherung für diesen Krankenbehandlung und Leistungen bei Schwangerschaft und Mutterschaft. [2]Der Träger der Rentenversicherung kann von dem Träger der Krankenversicherung Erstattung der hierauf entfallenden Aufwendungen verlangen.

(4) Die Träger der Rentenversicherung vereinbaren mit den Spitzenverbänden der Krankenkassen gemeinsam und einheitlich im Benehmen mit dem Bundesministerium für Arbeit und Soziales Näheres zur Durchführung von Absatz 2 Nr. 1 und 2.

Zweiter Titel. Leistungen zur Prävention, zur medizinischen Rehabilitation, zur Teilhabe am Arbeitsleben und zur Nachsorge

§ 14 Leistungen zur Prävention. (1) [1]Die Träger der Rentenversicherung erbringen medizinische Leistungen zur Sicherung der Erwerbsfähigkeit an Versicherte, die erste gesundheitliche Beeinträchtigungen aufweisen, die die ausgeübte Beschäftigung gefährden. [2]Wird ein Anspruch auf Leistungen zur medizinischen Rehabilitation nach § 15 Absatz 1 in Verbindung mit § 10 Absatz 1 abgelehnt, hat der Träger der Rentenversicherung über die Leistungen zur Prävention zu beraten. [3]Die Leistungen können zeitlich begrenzt werden.

(2) [1]Um eine einheitliche Rechtsanwendung durch alle Träger der Rentenversicherung sicherzustellen, erlässt die Deutsche Rentenversicherung Bund bis zum 1. Juli 2018 im Benehmen mit dem Bundesministerium für Arbeit und Soziales eine gemeinsame Richtlinie der Träger der Rentenversicherung, die insbesondere die Ziele, die persönlichen Voraussetzungen sowie Art und Umfang der medizinischen Leistungen näher ausführt. [2]Die Deutsche Rentenversicherung Bund hat die Richtlinie im Bundesanzeiger zu veröffentlichen. [3]Die Richtlinie ist regelmäßig an den medizinischen Fortschritt und die gewonnenen Erfahrungen im Benehmen mit dem Bundesministerium für Arbeit und Soziales anzupassen.

(3) [1]Die Träger der Rentenversicherung beteiligen sich mit den Leistungen nach Absatz 1 an der nationalen Präventionsstrategie nach den §§ 20d bis 20g des Fünften Buches[1)]. [2]Sie wirken darauf hin, dass die Einführung einer freiwilligen, individuellen, berufsbezogenen Gesundheitsvorsorge für Versicherte ab Vollendung des 45. Lebensjahres trägerübergreifend in Modellprojekten erprobt wird.

§ 15 Leistungen zur medizinischen Rehabilitation. (1) [1]Die Träger der Rentenversicherung erbringen im Rahmen von Leistungen zur medizinischen

---

[1)] Nr. 5.

Rehabilitation Leistungen nach den §§ 42 bis 47 des Neunten Buches[1)], ausgenommen Leistungen nach § 42 Abs. 2 Nr. 2 und § 46 des Neunten Buches. [2] Zahnärztliche Behandlung einschließlich der Versorgung mit Zahnersatz wird nur erbracht, wenn sie unmittelbar und gezielt zur wesentlichen Besserung oder Wiederherstellung der Erwerbsfähigkeit, insbesondere zur Ausübung des bisherigen Berufs, erforderlich und soweit sie nicht als Leistung der Krankenversicherung oder als Hilfe nach dem Fünften Kapitel des Zwölften Buches[2)] zu erbringen ist.

(2) [1] Die stationären Leistungen zur medizinischen Rehabilitation werden einschließlich der erforderlichen Unterkunft und Verpflegung in Einrichtungen erbracht, die unter ständiger ärztlicher Verantwortung und unter Mitwirkung von besonders geschultem Personal entweder von dem Träger der Rentenversicherung selbst betrieben werden oder mit denen ein Vertrag nach § 38 des Neunten Buches besteht. [2] Die Einrichtung braucht nicht unter ständiger ärztlicher Verantwortung zu stehen, wenn die Art der Behandlung dies nicht erfordert. [3] Die Leistungen der Einrichtungen der medizinischen Rehabilitation müssen nach Art oder Schwere der Erkrankung erforderlich sein.

(3) [1] Die stationären Leistungen zur medizinischen Rehabilitation sollen für längstens drei Wochen erbracht werden. [2] Sie können für einen längeren Zeitraum erbracht werden, wenn dies erforderlich ist, um das Rehabilitationsziel zu erreichen.

(4)–(8) *(noch nicht in Kraft)*

(9) [1] Die Deutsche Rentenversicherung Bund hat in Wahrnehmung der ihr nach § 138 Absatz 1 Satz 2 Nummer 4a[3)] zugewiesenen Aufgaben für alle Rehabilitationseinrichtungen, die entweder vom Träger der Rentenversicherung selbst oder von anderen betrieben werden, folgende verbindliche Entscheidungen herbeizuführen:

1. zur näheren inhaltlichen Ausgestaltung der Anforderungen nach Absatz 3 für die Zulassung einer Rehabilitationseinrichtung für die Erbringung von Leistungen zur medizinischen Rehabilitation,
2. zu einem verbindlichen, transparenten, nachvollziehbaren und diskriminierungsfreien Vergütungssystem für alle zugelassenen Rehabilitationseinrichtungen nach Absatz 3; dabei sind insbesondere zu berücksichtigen:
   a) die Indikation,
   b) die Form der Leistungserbringung,
   c) spezifische konzeptuelle Aspekte und besondere medizinische Bedarfe,
   d) ein geeignetes Konzept der Bewertungsrelationen zur Gewichtung der Rehabilitationsleistungen und
   e) eine geeignete Datengrundlage für die Kalkulation der Bewertungsrelationen,
3. zu den objektiven sozialmedizinischen Kriterien, die für die Bestimmung einer Rehabilitationseinrichtung im Rahmen einer Inanspruchnahme nach Absatz 6 maßgebend sind, um die Leistung für den Versicherten in der nachweislich besten Qualität zu erbringen; dabei sind insbesondere zu berücksichtigen:

---

1) Nr. **9**.
2) Nr. **12**.
3) Nr. **6**.

a) die Indikation,
b) die Nebenindikation,
c) die unabdingbaren Sonderanforderungen,
d) die Qualität der Rehabilitationseinrichtung,
e) die Entfernung zum Wohnort und
f) die Wartezeit bis zur Aufnahme;

das Wunsch- und Wahlrecht der Versicherten nach § 8 des Neunten Buches sowie der Grundsatz der Wirtschaftlichkeit und Sparsamkeit sind zu berücksichtigen,

4. zum näheren Inhalt und Umfang der Daten der externen Qualitätssicherung bei den zugelassenen Rehabilitationseinrichtungen nach Absatz 7 und deren Form der Veröffentlichung; dabei sollen die Empfehlungen nach § 37 Absatz 1 des Neunten Buches beachtet werden.

[2] Die verbindlichen Entscheidungen zu Satz 1 Nummer 1 bis 4 erfolgen bis zum 30. Juni 2023. [3] Die für die Wahrnehmung der Interessen der Rehabilitationseinrichtungen maßgeblichen Vereinigungen der Rehabilitationseinrichtungen und die für die Wahrnehmung der Interessen der Rehabilitandinnen und Rehabilitanden maßgeblichen Verbände erhalten die Gelegenheit zur Stellungnahme. [4] Die Stellungnahmen sind bei der Beschlussfassung durch eine geeignete Organisationsform mit dem Ziel einzubeziehen, eine konsensuale Regelung zu erreichen.

(10) Das Bundesministerium für Arbeit und Soziales untersucht die Wirksamkeit der Regelungen nach den Absätzen 3 bis 9 ab dem 1. Januar 2026.

§ 15a Leistungen zur Kinderrehabilitation. (1) [1] Die Träger der Rentenversicherung erbringen Leistungen zur medizinischen Rehabilitation für

1. Kinder von Versicherten,
2. Kinder von Beziehern einer Rente wegen Alters oder verminderter Erwerbsfähigkeit und
3. Kinder, die eine Waisenrente beziehen.

[2] Voraussetzung ist, dass hierdurch voraussichtlich eine erhebliche Gefährdung der Gesundheit beseitigt oder die insbesondere durch chronische Erkrankungen beeinträchtigte Gesundheit wesentlich gebessert oder wiederhergestellt werden kann und dies Einfluss auf die spätere Erwerbsfähigkeit haben kann.

(2) [1] Kinder haben Anspruch auf Mitaufnahme

1. einer Begleitperson, wenn diese für die Durchführung oder den Erfolg der Leistung zur Kinderrehabilitation notwendig ist und
2. der Familienangehörigen, wenn die Einbeziehung der Familie in den Rehabilitationsprozess notwendig ist.

[2] Leistungen zur Nachsorge nach § 17 sind zu erbringen, wenn sie zur Sicherung des Rehabilitationserfolges erforderlich sind.

(3) [1] Als Kinder werden auch Kinder im Sinne des § 48 Absatz 3 berücksichtigt. [2] Für die Dauer des Anspruchs gilt § 48 Absatz 4 und 5 entsprechend.

(4) [1] Die Leistungen einschließlich der erforderlichen Unterkunft und Verpflegung werden in der Regel für mindestens vier Wochen erbracht. [2] § 12 Absatz 2 Satz 1 findet keine Anwendung.

(5) [1]Um eine einheitliche Rechtsanwendung durch alle Träger der Rentenversicherung sicherzustellen, erlässt die Deutsche Rentenversicherung Bund bis zum 1. Juli 2018 im Benehmen mit dem Bundesministerium für Arbeit und Soziales eine gemeinsame Richtlinie der Träger der Rentenversicherung, die insbesondere die Ziele, die persönlichen Voraussetzungen sowie Art und Umfang der Leistungen näher ausführt. [2]Die Deutsche Rentenversicherung Bund hat die Richtlinie im Bundesanzeiger zu veröffentlichen. [3]Die Richtlinie ist regelmäßig an den medizinischen Fortschritt und die gewonnenen Erfahrungen der Träger der Rentenversicherung im Benehmen mit dem Bundesministerium für Arbeit und Soziales anzupassen.

§ 16 Leistungen zur Teilhabe am Arbeitsleben. [1]Die Träger der gesetzlichen Rentenversicherung erbringen die Leistungen zur Teilhabe am Arbeitsleben nach den §§ 49 bis 54 des Neunten Buches[1)], im Eingangsverfahren und im Berufsbildungsbereich der Werkstätten für behinderte Menschen nach § 57 des Neunten Buches, entsprechende Leistungen bei anderen Leistungsanbietern nach § 60 des Neunten Buches sowie das Budget für Ausbildung nach § 61a des Neunten Buches. [2]Das Budget für Ausbildung wird nur für die Erstausbildung erbracht; ein Anspruch auf Übergangsgeld nach § 20 besteht während der Erbringung des Budgets für Ausbildung nicht. [3]§ 61a Absatz 5 des Neunten Buches findet keine Anwendung.

§ 17 Leistungen zur Nachsorge. (1) [1]Die Träger der Rentenversicherung erbringen im Anschluss an eine von ihnen erbrachte Leistung zur Teilhabe nachgehende Leistungen, wenn diese erforderlich sind, um den Erfolg der vorangegangenen Leistung zur Teilhabe zu sichern (Leistungen zur Nachsorge). [2]Die Leistungen zur Nachsorge können zeitlich begrenzt werden.

(2) [1]Um eine einheitliche Rechtsanwendung durch alle Träger der Rentenversicherung sicherzustellen, erlässt die Deutsche Rentenversicherung Bund bis zum 1. Juli 2018 im Benehmen mit dem Bundesministerium für Arbeit und Soziales eine gemeinsame Richtlinie der Träger der Rentenversicherung, die insbesondere die Ziele, die persönlichen Voraussetzungen sowie Art und Umfang der Leistungen näher ausführt. [2]Die Deutsche Rentenversicherung Bund hat die Richtlinie im Bundesanzeiger zu veröffentlichen. [3]Die Richtlinie ist regelmäßig an den medizinischen Fortschritt und die gewonnenen Erfahrungen im Benehmen mit dem Bundesministerium für Arbeit und Soziales anzupassen.

§§ 18, 19 (weggefallen)

Dritter Titel. Übergangsgeld

§ 20 Anspruch. (1) Anspruch auf Übergangsgeld haben Versicherte, die

1. von einem Träger der Rentenversicherung Leistungen zur Prävention, Leistungen zur medizinischen Rehabilitation, Leistungen zur Teilhabe am Arbeitsleben, Leistungen zur Nachsorge oder sonstige Leistungen zur Teilhabe erhalten, sofern die Leistungen nicht dazu geeignet sind, neben einer Beschäftigung oder selbständigen Tätigkeit erbracht zu werden,
2. (weggefallen)

---

1) Nr. 9.

3. bei Leistungen zur Prävention, Leistungen zur medizinischen Rehabilitation, Leistungen zur Nachsorge oder sonstigen Leistungen zur Teilhabe unmittelbar vor Beginn der Arbeitsunfähigkeit oder, wenn sie nicht arbeitsunfähig sind, unmittelbar vor Beginn der Leistungen
   a) Arbeitsentgelt oder Arbeitseinkommen erzielt und im Bemessungszeitraum Beiträge zur Rentenversicherung gezahlt haben oder
   b) Krankengeld, Verletztengeld, Versorgungskrankengeld, Übergangsgeld, Kurzarbeitergeld, Arbeitslosengeld, Arbeitslosengeld II oder Mutterschaftsgeld bezogen haben und für die von dem der Sozialleistung zugrunde liegenden Arbeitsentgelt oder Arbeitseinkommen oder im Falle des Bezugs von Arbeitslosengeld II zuvor aus Arbeitsentgelt oder Arbeitseinkommen Beiträge zur Rentenversicherung gezahlt worden sind.

(2) Versicherte, die Anspruch auf Arbeitslosengeld nach dem Dritten Buch[1] oder Anspruch auf Arbeitslosengeld II nach dem Zweiten Buch[2] haben, haben abweichend von Absatz 1 Nummer 1 Anspruch auf Übergangsgeld, wenn sie wegen der Inanspruchnahme der Leistungen zur Teilhabe keine ganztägige Erwerbstätigkeit ausüben können.

(3) Versicherte, die Anspruch auf Krankengeld nach § 44 des Fünften Buches[3] haben und ambulante Leistungen zur Prävention und Nachsorge in einem zeitlich geringen Umfang erhalten, haben abweichend von Absatz 1 Nummer 1 ab Inkrafttreten der Vereinbarung nach Absatz 4 nur Anspruch auf Übergangsgeld, sofern die Vereinbarung dies vorsieht.

(4) [1] Die Deutsche Rentenversicherung Bund und der Spitzenverband Bund der Krankenkassen vereinbaren im Benehmen mit dem Bundesministerium für Arbeit und Soziales und dem Bundesministerium für Gesundheit bis zum 31. Dezember 2017, unter welchen Voraussetzungen Versicherte nach Absatz 3 einen Anspruch auf Übergangsgeld haben. [2] Unzuständig geleistete Zahlungen von Entgeltersatzleistungen sind vom zuständigen Träger der Leistung zu erstatten.

§ 21 Höhe und Berechnung. (1) Höhe und Berechnung des Übergangsgeldes bestimmen sich nach Teil 1 Kapitel 11 des Neunten Buches[4], soweit die Absätze 2 bis 4 nichts Abweichendes bestimmen.

(2) Die Berechnungsgrundlage für das Übergangsgeld wird für Versicherte, die Arbeitseinkommen erzielt haben, und für freiwillig Versicherte, die Arbeitsentgelt erzielt haben, aus 80 vom Hundert des Einkommens ermittelt, das den vor Beginn der Leistungen für das letzte Kalenderjahr (Bemessungszeitraum) gezahlten Beiträgen zugrunde liegt.

(3) § 69 des Neunten Buches wird mit der Maßgabe angewendet, dass Versicherte unmittelbar vor dem Bezug der dort genannten Leistungen Pflichtbeiträge geleistet haben.

(4) [1] Versicherte, die unmittelbar vor Beginn der Arbeitsunfähigkeit oder, wenn sie nicht arbeitsunfähig sind, unmittelbar vor Beginn der medizinischen Leistungen Arbeitslosengeld bezogen und die zuvor Pflichtbeiträge gezahlt

---

[1] Nr. 3.
[2] Nr. 2.
[3] Nr. 5.
[4] Nr. 9.

haben, erhalten Übergangsgeld bei medizinischen Leistungen in Höhe des bei Krankheit zu erbringenden Krankengeldes (§ 47b Fünftes Buch[1]); Versicherte, die unmittelbar vor Beginn der Arbeitsunfähigkeit oder, wenn sie nicht arbeitsunfähig sind, unmittelbar vor Beginn der medizinischen Leistungen Arbeitslosengeld II bezogen und die zuvor Pflichtbeiträge gezahlt haben, erhalten Übergangsgeld bei medizinischen Leistungen in Höhe des Betrages des Arbeitslosengeldes II. ² Dies gilt nicht für Empfänger der Leistung,

a) die Arbeitslosengeld II nur darlehensweise oder
b) die nur Leistungen nach § 24 Absatz 3 Satz 1 des Zweiten Buches[2] beziehen, oder
c) die auf Grund von § 2 Abs. 1a des Bundesausbildungsförderungsgesetzes keinen Anspruch auf Ausbildungsförderung haben oder
d) deren Bedarf sich nach § 12 Absatz 1 Nummer 1 des Bundesausbildungsförderungsgesetzes, nach § 62 Absatz 1 oder § 124 Absatz 1 Nummer 1 des Dritten Buches[3] bemisst oder
e) die Arbeitslosengeld II als ergänzende Leistungen zum Einkommen erhalten.

(5) Für Versicherte, die im Bemessungszeitraum eine Bergmannsprämie bezogen haben, wird die Berechnungsgrundlage um einen Betrag in Höhe der gezahlten Bergmannsprämie erhöht.

§§ 22–27 (weggefallen)

Vierter Titel. Ergänzende Leistungen

§ 28 Ergänzende Leistungen. (1) Die Leistungen zur Teilhabe werden außer durch das Übergangsgeld ergänzt durch die Leistungen nach § 64 Absatz 1 Nummer 2 bis 6 und Absatz 2 sowie nach den §§ 73 und 74 des Neunten Buches[4].

(2) ¹ Für ambulante Leistungen zur Prävention und Nachsorge gilt Absatz 1 mit der Maßgabe, dass die Leistungen nach den §§ 73 und 74 des Neunten Buches im Einzelfall bewilligt werden können, wenn sie zur Durchführung der Leistungen notwendig sind. ² Fahrkosten nach § 73 Absatz 4 des Neunten Buches können pauschaliert bewilligt werden.

§§ 29, 30 (weggefallen)

Fünfter Titel. Sonstige Leistungen

§ 31 Sonstige Leistungen. (1) Als sonstige Leistungen zur Teilhabe können erbracht werden:

1. Leistungen zur Eingliederung von Versicherten in das Erwerbsleben, die von den Leistungen nach den §§ 14, 15, 15a, 16 und 17 sowie den ergänzenden Leistungen nach § 64 des Neunten Buches[4] nicht umfasst sind,
2. Leistungen zur onkologischen Nachsorge für Versicherte, Bezieher einer Rente und ihre jeweiligen Angehörigen sowie

---

[1] Nr. 5.
[2] Nr. 2.
[3] Nr. 3.
[4] Nr. 9.

3. Zuwendungen für Einrichtungen, die auf dem Gebiet der Rehabilitation forschen oder die Rehabilitation fördern.

(2) [1]Die Leistungen nach Absatz 1 Nummer 1 setzen voraus, dass die persönlichen und versicherungsrechtlichen Voraussetzungen erfüllt sind. [2]Die Leistungen für Versicherte nach Absatz 1 Nummer 2 setzen voraus, dass die versicherungsrechtlichen Voraussetzungen erfüllt sind. [3]Die Deutsche Rentenversicherung Bund kann im Benehmen mit dem Bundesministerium für Arbeit und Soziales Richtlinien erlassen, die insbesondere die Ziele sowie Art und Umfang der Leistungen näher ausführen.

Sechster Titel. Zuzahlung bei Leistungen zur medizinischen Rehabilitation und bei sonstigen Leistungen

§ 32 Zuzahlung bei Leistungen zur medizinischen Rehabilitation und bei sonstigen Leistungen. (1) [1]Versicherte, die das 18. Lebensjahr vollendet haben und Leistungen zur medizinischen Rehabilitation nach § 15 einschließlich der erforderlichen Unterkunft und Verpflegung in Anspruch nehmen, zahlen für jeden Kalendertag dieser Leistungen den sich nach § 40 Abs. 5 des Fünften Buches[1)] ergebenden Betrag. [2]Die Zuzahlung ist für längstens 14 Tage und in Höhe des sich nach § 40 Abs. 6 des Fünften Buches ergebenden Betrages zu leisten, wenn der unmittelbare Anschluss der stationären Heilbehandlung an eine Krankenhausbehandlung medizinisch notwendig ist (Anschlussrehabilitation); als unmittelbar gilt auch, wenn die Maßnahme innerhalb von 14 Tagen beginnt, es sei denn, die Einhaltung dieser Frist ist aus zwingenden tatsächlichen oder medizinischen Gründen nicht möglich. [3]Hierbei ist eine innerhalb eines Kalenderjahres an einen Träger der gesetzlichen Krankenversicherung geleistete Zuzahlung anzurechnen.

(2) Absatz 1 gilt auch für Versicherte oder Bezieher einer Rente, die das 18. Lebensjahr vollendet haben und für sich, ihre Ehegatten oder Lebenspartner sonstige Leistungen einschließlich der erforderlichen Unterkunft und Verpflegung in Anspruch nehmen.

(3) Bezieht ein Versicherter Übergangsgeld, das nach § 66 Absatz 1 des Neunten Buches[2)] begrenzt ist, hat er für die Zeit des Bezugs von Übergangsgeld eine Zuzahlung nicht zu leisten.

(4) Der Träger der Rentenversicherung bestimmt, unter welchen Voraussetzungen von der Zuzahlung nach Absatz 1 oder 2 abgesehen werden kann, wenn sie den Versicherten oder den Rentner unzumutbar belasten würde.

(5) Die Zuzahlung steht der Annahme einer vollen Übernahme der Aufwendungen für die Leistungen zur Teilhabe im Sinne arbeitsrechtlicher Vorschriften nicht entgegen.

Zweiter Abschnitt. Renten

Erster Unterabschnitt. Rentenarten und Voraussetzungen für einen Rentenanspruch

§ 33 Rentenarten. (1) Renten werden geleistet wegen Alters, wegen verminderter Erwerbsfähigkeit oder wegen Todes.

---

1) Nr. 5.
2) Nr. 9.

(2) Renten wegen Alters sind
1. Regelaltersrente,
2. Altersrente für langjährig Versicherte,
3. Altersrente für schwerbehinderte Menschen,
3a. Altersrente für besonders langjährig Versicherte,
4. Altersrente für langjährig unter Tage beschäftigte Bergleute

sowie nach den Vorschriften des Fünften Kapitels
5. Altersrente wegen Arbeitslosigkeit oder nach Altersteilzeitarbeit,
6. Altersrente für Frauen.

(3) Renten wegen verminderter Erwerbsfähigkeit sind
1. Rente wegen teilweiser Erwerbsminderung,
2. Rente wegen voller Erwerbsminderung,
3. Rente für Bergleute.

(4) Renten wegen Todes sind
1. kleine Witwenrente oder Witwerrente,
2. große Witwenrente oder Witwerrente,
3. Erziehungsrente,
4. Waisenrente.

(5) Renten nach den Vorschriften des Fünften Kapitels sind auch die Knappschaftsausgleichsleistung, Rente wegen teilweiser Erwerbsminderung bei Berufsunfähigkeit und Witwenrente und Witwerrente an vor dem 1. Juli 1977 geschiedene Ehegatten.

§ 34 Voraussetzungen für einen Rentenanspruch und Hinzuverdienstgrenze. (1) Versicherte und ihre Hinterbliebenen haben Anspruch auf Rente, wenn die für die jeweilige Rente erforderliche Mindestversicherungszeit (Wartezeit) erfüllt ist und die jeweiligen besonderen versicherungsrechtlichen und persönlichen Voraussetzungen vorliegen.

(2) Anspruch auf eine Rente wegen Alters als Vollrente besteht vor Erreichen der Regelaltersgrenze nur, wenn die kalenderjährliche Hinzuverdienstgrenze von 6 300 Euro nicht überschritten wird.

(3) [1] Wird die Hinzuverdienstgrenze überschritten, besteht ein Anspruch auf Teilrente. [2] Die Teilrente wird berechnet, indem ein Zwölftel des die Hinzuverdienstgrenze übersteigenden Betrages zu 40 Prozent von der Vollrente abgezogen wird. [3] Überschreitet der sich dabei ergebende Rentenbetrag zusammen mit einem Zwölftel des kalenderjährlichen Hinzuverdienstes den Hinzuverdienstdeckel nach Absatz 3a, wird der überschreitende Betrag von dem sich nach Satz 2 ergebenden Rentenbetrag abgezogen. [4] Der Rentenanspruch besteht nicht, wenn der von der Rente abzuziehende Hinzuverdienst den Betrag der Vollrente erreicht.

(3a) [1] Der Hinzuverdienstdeckel wird berechnet, indem die monatliche Bezugsgröße mit den Entgeltpunkten (§ 66 Absatz 1 Nummer 1 bis 3) des Kalenderjahres mit den höchsten Entgeltpunkten aus den letzten 15 Kalenderjahren vor Beginn der ersten Rente wegen Alters vervielfältigt wird. [2] Er beträgt mindestens die Summe aus einem Zwölftel von 6 300 Euro und dem Monatsbetrag der Vollrente. [3]Der Hinzuverdienstdeckel wird jährlich zum 1. Juli neu berechnet.

(3b) [1]Als Hinzuverdienst sind Arbeitsentgelt, Arbeitseinkommen und vergleichbares Einkommen zu berücksichtigen. [2]Diese Einkünfte sind zusammenzurechnen. [3]Nicht als Hinzuverdienst gilt das Entgelt, das

1. eine Pflegeperson von der pflegebedürftigen Person erhält, wenn es das dem Umfang der Pflegetätigkeit entsprechende Pflegegeld im Sinne des § 37 des Elften Buches[1)] nicht übersteigt, oder
2. ein behinderter Mensch von dem Träger einer in § 1 Satz 1 Nummer 2 genannten Einrichtung erhält.

(3c) [1]Als Hinzuverdienst ist der voraussichtliche kalenderjährliche Hinzuverdienst zu berücksichtigen. [2]Dieser ist jeweils vom 1. Juli an neu zu bestimmen, wenn sich dadurch eine Änderung ergibt, die den Rentenanspruch betrifft. [3]Satz 2 gilt nicht in einem Kalenderjahr, in dem erstmals Hinzuverdienst oder nach Absatz 3e Hinzuverdienst in geänderter Höhe berücksichtigt wurde.

(3d) [1]Von dem Kalenderjahr an, das dem folgt, in dem erstmals Hinzuverdienst berücksichtigt wurde, ist jeweils zum 1. Juli für das vorige Kalenderjahr der tatsächliche Hinzuverdienst statt des bisher berücksichtigten Hinzuverdienstes zu berücksichtigen, wenn sich dadurch rückwirkend eine Änderung ergibt, die den Rentenanspruch betrifft. [2]In dem Kalenderjahr, in dem die Regelaltersgrenze erreicht wird, ist dies abweichend von Satz 1 nach Ablauf des Monats durchzuführen, in dem die Regelaltersgrenze erreicht wurde; dabei ist der tatsächliche Hinzuverdienst bis zum Ablauf des Monats des Erreichens der Regelaltersgrenze zu berücksichtigen. [3]Kann der tatsächliche Hinzuverdienst noch nicht nachgewiesen werden, ist er zu berücksichtigen, sobald der Nachweis vorliegt.

(3e) [1]Änderungen des nach Absatz 3c berücksichtigten Hinzuverdienstes sind auf Antrag zu berücksichtigen, wenn der voraussichtliche kalenderjährliche Hinzuverdienst um mindestens 10 Prozent vom bisher berücksichtigten Hinzuverdienst abweicht und sich dadurch eine Änderung ergibt, die den Rentenanspruch betrifft. [2]Eine Änderung im Sinne von Satz 1 ist auch der Hinzutritt oder der Wegfall von Hinzuverdienst. [3]Ein Hinzutritt von Hinzuverdienst oder ein höherer als der bisher berücksichtigte Hinzuverdienst wird dabei mit Wirkung für die Zukunft berücksichtigt.

(3f) [1]Ergibt sich nach den Absätzen 3c bis 3e eine Änderung, die den Rentenanspruch betrifft, sind die bisherigen Bescheide von dem sich nach diesen Absätzen ergebenden Zeitpunkt an aufzuheben. [2]Soweit Bescheide aufgehoben wurden, sind bereits erbrachte Leistungen zu erstatten; § 50 Absatz 3 und 4 des Zehnten Buches[2)] bleibt unberührt. [3]Nicht anzuwenden sind die Vorschriften zur Anhörung Beteiligter (§ 24 des Zehnten Buches), zur Rücknahme eines rechtswidrigen begünstigenden Verwaltungsaktes (§ 45 des Zehnten Buches) und zur Aufhebung eines Verwaltungsaktes mit Dauerwirkung bei Änderung der Verhältnisse (§ 48 des Zehnten Buches).

(3g) [1]Ein nach Absatz 3f Satz 2 zu erstattender Betrag in Höhe von bis zu 200 Euro ist von der laufenden Rente bis zu deren Hälfte einzubehalten, wenn das Einverständnis dazu vorliegt. [2]Der Aufhebungsbescheid ist mit dem Hin-

---

1) Nr. **11**.
2) Nr. **10**.

weis zu versehen, dass das Einverständnis jederzeit durch schriftliche Erklärung mit Wirkung für die Zukunft widerrufen werden kann.

(4) Nach bindender Bewilligung einer Rente wegen Alters oder für Zeiten des Bezugs einer solchen Rente ist der Wechsel in eine

1. Rente wegen verminderter Erwerbsfähigkeit,
2. Erziehungsrente oder
3. andere Rente wegen Alters

ausgeschlossen.

Zweiter Unterabschnitt. Anspruchsvoraussetzungen für einzelne Renten

Erster Titel. Renten wegen Alters

§ 35 Regelaltersrente. [1]Versicherte haben Anspruch auf Regelaltersrente, wenn sie

1. die Regelaltersgrenze erreicht und
2. die allgemeine Wartezeit erfüllt

haben. [2]Die Regelaltersgrenze wird mit Vollendung des 67. Lebensjahres erreicht.

§ 36 Altersrente für langjährig Versicherte. [1]Versicherte haben Anspruch auf Altersrente für langjährig Versicherte, wenn sie

1. das 67. Lebensjahr vollendet und
2. die Wartezeit von 35 Jahren erfüllt

haben. [2]Die vorzeitige Inanspruchnahme dieser Altersrente ist nach Vollendung des 63. Lebensjahres möglich.

§ 37 Altersrente für schwerbehinderte Menschen. [1]Versicherte haben Anspruch auf Altersrente für schwerbehinderte Menschen, wenn sie

1. das 65. Lebensjahr vollendet haben,
2. bei Beginn der Altersrente als schwerbehinderte Menschen (§ 2 Abs. 2 Neuntes Buch[1)]) anerkannt sind und
3. die Wartezeit von 35 Jahren erfüllt haben.

[2]Die vorzeitige Inanspruchnahme dieser Altersrente ist nach Vollendung des 62. Lebensjahres möglich.

§ 38 Altersrente für besonders langjährig Versicherte. Versicherte haben Anspruch auf Altersrente für besonders langjährig Versicherte, wenn sie

1. das 65. Lebensjahr vollendet und
2. die Wartezeit von 45 Jahren erfüllt

haben.

§ 39 (weggefallen)

§ 40 Altersrente für langjährig unter Tage beschäftigte Bergleute.

Versicherte haben Anspruch auf Altersrente für langjährig unter Tage beschäftigte Bergleute, wenn sie

---

[1)] Nr. 9.

1. das 62. Lebensjahr vollendet und
2. die Wartezeit von 25 Jahren erfüllt

haben.

§ 41 Altersrente und Kündigungsschutz. [1] Der Anspruch des Versicherten auf eine Rente wegen Alters ist nicht als ein Grund anzusehen, der die Kündigung eines Arbeitsverhältnisses durch den Arbeitgeber nach dem Kündigungsschutzgesetz bedingen kann. [2] Eine Vereinbarung, die die Beendigung des Arbeitsverhältnisses eines Arbeitnehmers ohne Kündigung zu einem Zeitpunkt vorsieht, zu dem der Arbeitnehmer vor Erreichen der Regelaltersgrenze eine Rente wegen Alters beantragen kann, gilt dem Arbeitnehmer gegenüber als auf das Erreichen der Regelaltersgrenze abgeschlossen, es sei denn, dass die Vereinbarung innerhalb der letzten drei Jahre vor diesem Zeitpunkt abgeschlossen oder von dem Arbeitnehmer innerhalb der letzten drei Jahre vor diesem Zeitpunkt bestätigt worden ist. [3] Sieht eine Vereinbarung die Beendigung des Arbeitsverhältnisses mit dem Erreichen der Regelaltersgrenze vor, können die Arbeitsvertragsparteien durch Vereinbarung während des Arbeitsverhältnisses den Beendigungszeitpunkt, gegebenenfalls auch mehrfach, hinausschieben.

§ 42 Vollrente und Teilrente. (1) Versicherte können eine Rente wegen Alters in voller Höhe (Vollrente) oder als Teilrente in Anspruch nehmen.

(2) [1] Eine unabhängig vom Hinzuverdienst gewählte Teilrente beträgt mindestens 10 Prozent der Vollrente. [2] Sie kann höchstens in der Höhe in Anspruch genommen werden, die sich nach Anwendung von § 34 Absatz 3 ergibt.

(3) [1] Versicherte, die wegen der beabsichtigten Inanspruchnahme einer Teilrente ihre Arbeitsleistung einschränken wollen, können von ihrem Arbeitgeber verlangen, dass er mit ihnen die Möglichkeiten einer solchen Einschränkung erörtert. [2] Macht der Versicherte hierzu für seinen Arbeitsbereich Vorschläge, hat der Arbeitgeber zu diesen Vorschlägen Stellung zu nehmen.

Zweiter Titel. Renten wegen verminderter Erwerbsfähigkeit

§ 43 Rente wegen Erwerbsminderung. (1) [1] Versicherte haben bis zum Erreichen der Regelaltersgrenze Anspruch auf Rente wegen teilweiser Erwerbsminderung, wenn sie

1. teilweise erwerbsgemindert sind,
2. in den letzten fünf Jahren vor Eintritt der Erwerbsminderung drei Jahre Pflichtbeiträge für eine versicherte Beschäftigung oder Tätigkeit haben und
3. vor Eintritt der Erwerbsminderung die allgemeine Wartezeit erfüllt haben.

[2] Teilweise erwerbsgemindert sind Versicherte, die wegen Krankheit oder Behinderung auf nicht absehbare Zeit außerstande sind, unter den üblichen Bedingungen des allgemeinen Arbeitsmarktes mindestens sechs Stunden täglich erwerbstätig zu sein.

(2) [1] Versicherte haben bis zum Erreichen der Regelaltersgrenze Anspruch auf Rente wegen voller Erwerbsminderung, wenn sie

1. voll erwerbsgemindert sind,
2. in den letzten fünf Jahren vor Eintritt der Erwerbsminderung drei Jahre Pflichtbeiträge für eine versicherte Beschäftigung oder Tätigkeit haben und
3. vor Eintritt der Erwerbsminderung die allgemeine Wartezeit erfüllt haben.

[2] Voll erwerbsgemindert sind Versicherte, die wegen Krankheit oder Behinderung auf nicht absehbare Zeit außerstande sind, unter den üblichen Bedingungen des allgemeinen Arbeitsmarktes mindestens drei Stunden täglich erwerbstätig zu sein. [3] Voll erwerbsgemindert sind auch

1. Versicherte nach § 1 Satz 1 Nr. 2, die wegen Art oder Schwere der Behinderung nicht auf dem allgemeinen Arbeitsmarkt tätig sein können, und
2. Versicherte, die bereits vor Erfüllung der allgemeinen Wartezeit voll erwerbsgemindert waren, in der Zeit einer nicht erfolgreichen Eingliederung in den allgemeinen Arbeitsmarkt.

(3) Erwerbsgemindert ist nicht, wer unter den üblichen Bedingungen des allgemeinen Arbeitsmarktes mindestens sechs Stunden täglich erwerbstätig sein kann; dabei ist die jeweilige Arbeitsmarktlage nicht zu berücksichtigen.

(4) Der Zeitraum von fünf Jahren vor Eintritt der Erwerbsminderung verlängert sich um folgende Zeiten, die nicht mit Pflichtbeiträgen für eine versicherte Beschäftigung oder Tätigkeit belegt sind:

1. Anrechnungszeiten und Zeiten des Bezugs einer Rente wegen verminderter Erwerbsfähigkeit,
2. Berücksichtigungszeiten,
3. Zeiten, die nur deshalb keine Anrechnungszeiten sind, weil durch sie eine versicherte Beschäftigung oder selbständige Tätigkeit nicht unterbrochen ist, wenn in den letzten sechs Kalendermonaten vor Beginn dieser Zeiten wenigstens ein Pflichtbeitrag für eine versicherte Beschäftigung oder Tätigkeit oder eine Zeit nach Nummer 1 oder 2 liegt,
4. Zeiten einer schulischen Ausbildung nach Vollendung des 17. Lebensjahres bis zu sieben Jahren, gemindert um Anrechnungszeiten wegen schulischer Ausbildung.

(5) Eine Pflichtbeitragszeit von drei Jahren für eine versicherte Beschäftigung oder Tätigkeit ist nicht erforderlich, wenn die Erwerbsminderung aufgrund eines Tatbestandes eingetreten ist, durch den die allgemeine Wartezeit vorzeitig erfüllt ist.

(6) Versicherte, die bereits vor Erfüllung der allgemeinen Wartezeit voll erwerbsgemindert waren und seitdem ununterbrochen voll erwerbsgemindert sind, haben Anspruch auf Rente wegen voller Erwerbsminderung, wenn sie die Wartezeit von 20 Jahren erfüllt haben.

§ 44 (weggefallen)

§ 45 Rente für Bergleute. (1) Versicherte haben bis zum Erreichen der Regelaltersgrenze Anspruch auf Rente für Bergleute, wenn sie

1. im Bergbau vermindert berufsfähig sind,
2. in den letzten fünf Jahren vor Eintritt der im Bergbau verminderten Berufsfähigkeit drei Jahre knappschaftliche Pflichtbeitragszeiten haben und
3. vor Eintritt der im Bergbau verminderten Berufsfähigkeit die allgemeine Wartezeit in der knappschaftlichen Rentenversicherung erfüllt haben.

(2) [1] Im Bergbau vermindert berufsfähig sind Versicherte, die wegen Krankheit oder Behinderung nicht imstande sind,

1. die von ihnen bisher ausgeübte knappschaftliche Beschäftigung und

2. eine andere wirtschaftlich im Wesentlichen gleichwertige knappschaftliche Beschäftigung, die von Personen mit ähnlicher Ausbildung sowie gleichwertigen Kenntnissen und Fähigkeiten ausgeübt wird,

auszuüben. [2]Die jeweilige Arbeitsmarktlage ist nicht zu berücksichtigen. [3]Nicht im Bergbau vermindert berufsfähig sind Versicherte, die eine im Sinne des Satzes 1 Nr. 2 wirtschaftlich und qualitativ gleichwertige Beschäftigung oder selbständige Tätigkeit außerhalb des Bergbaus ausüben.

(3) Versicherte haben bis zum Erreichen der Regelaltersgrenze auch Anspruch auf Rente für Bergleute, wenn sie

1. das 50. Lebensjahr vollendet haben,
2. im Vergleich zu der von ihnen bisher ausgeübten knappschaftlichen Beschäftigung eine wirtschaftlich gleichwertige Beschäftigung oder selbständige Tätigkeit nicht mehr ausüben und
3. die Wartezeit von 25 Jahren erfüllt haben.

(4) § 43 Abs. 4 und 5 ist anzuwenden.

Dritter Titel. Renten wegen Todes

§ 46 Witwenrente und Witwerrente. (1) [1]Witwen oder Witwer, die nicht wieder geheiratet haben, haben nach dem Tod des versicherten Ehegatten Anspruch auf kleine Witwenrente oder kleine Witwerrente, wenn der versicherte Ehegatte die allgemeine Wartezeit erfüllt hat. [2]Der Anspruch besteht längstens für 24 Kalendermonate nach Ablauf des Monats, in dem der Versicherte verstorben ist.

(2) [1]Witwen oder Witwer, die nicht wieder geheiratet haben, haben nach dem Tod des versicherten Ehegatten, der die allgemeine Wartezeit erfüllt hat, Anspruch auf große Witwenrente oder große Witwerrente, wenn sie

1. ein eigenes Kind oder ein Kind des versicherten Ehegatten, das das 18. Lebensjahr noch nicht vollendet hat, erziehen,
2. das 47. Lebensjahr vollendet haben oder
3. erwerbsgemindert sind.

[2]Als Kinder werden auch berücksichtigt:

1. Stiefkinder und Pflegekinder (§ 56 Abs. 2 Nr. 1 und 2 Erstes Buch[1)]), die in den Haushalt der Witwe oder des Witwers aufgenommen sind,
2. Enkel und Geschwister, die in den Haushalt der Witwe oder des Witwers aufgenommen sind oder von diesen überwiegend unterhalten werden.

[3]Der Erziehung steht die in häuslicher Gemeinschaft ausgeübte Sorge für ein eigenes Kind oder ein Kind des versicherten Ehegatten, das wegen körperlicher, geistiger oder seelischer Behinderung außerstande ist, sich selbst zu unterhalten, auch nach dessen vollendetem 18. Lebensjahr gleich.

(2a) Witwen oder Witwer haben keinen Anspruch auf Witwenrente oder Witwerrente, wenn die Ehe nicht mindestens ein Jahr gedauert hat, es sei denn, dass nach den besonderen Umständen des Falles die Annahme nicht gerechtfertigt ist, dass es der alleinige oder überwiegende Zweck der Heirat war, einen Anspruch auf Hinterbliebenenversorgung zu begründen.

[1)] Nr. 1.

(2b) [1] Ein Anspruch auf Witwenrente oder Witwerrente besteht auch nicht von dem Kalendermonat an, zu dessen Beginn das Rentensplitting durchgeführt ist. [2] Der Rentenbescheid über die Bewilligung der Witwenrente oder Witwerrente ist mit Wirkung von diesem Zeitpunkt an aufzuheben; die §§ 24 und 48 des Zehnten Buches[1)] sind nicht anzuwenden.

(3) Überlebende Ehegatten, die wieder geheiratet haben, haben unter den sonstigen Voraussetzungen der Absätze 1 bis 2b Anspruch auf kleine oder große Witwenrente oder Witwerrente, wenn die erneute Ehe aufgelöst oder für nichtig erklärt ist (Witwenrente oder Witwerrente nach dem vorletzten Ehegatten).

(4) [1] Für einen Anspruch auf Witwenrente oder Witwerrente gelten als Heirat auch die Begründung einer Lebenspartnerschaft, als Ehe auch eine Lebenspartnerschaft, als Witwe und Witwer auch ein überlebender Lebenspartner und als Ehegatte auch ein Lebenspartner. [2] Der Auflösung oder Nichtigkeit einer erneuten Ehe entspricht die Aufhebung oder Auflösung einer erneuten Lebenspartnerschaft.

§ 47 Erziehungsrente. (1) Versicherte haben bis zum Erreichen der Regelaltersgrenze Anspruch auf Erziehungsrente, wenn

1. ihre Ehe nach dem 30. Juni 1977 geschieden und ihr geschiedener Ehegatte gestorben ist,
2. sie ein eigenes Kind oder ein Kind des geschiedenen Ehegatten erziehen (§ 46 Abs. 2),
3. sie nicht wieder geheiratet haben und
4. sie bis zum Tod des geschiedenen Ehegatten die allgemeine Wartezeit erfüllt haben.

(2) Geschiedenen Ehegatten stehen Ehegatten gleich, deren Ehe für nichtig erklärt oder aufgehoben ist.

(3) Anspruch auf Erziehungsrente besteht bis zum Erreichen der Regelaltersgrenze auch für verwitwete Ehegatten, für die ein Rentensplitting durchgeführt wurde, wenn

1. sie ein eigenes Kind oder ein Kind des verstorbenen Ehegatten erziehen (§ 46 Abs. 2),
2. sie nicht wieder geheiratet haben und
3. sie bis zum Tod des Ehegatten die allgemeine Wartezeit erfüllt haben.

(4) Für einen Anspruch auf Erziehungsrente gelten als Scheidung einer Ehe auch die Aufhebung einer Lebenspartnerschaft, als geschiedener Ehegatte auch der frühere Lebenspartner, als Heirat auch die Begründung einer Lebenspartnerschaft, als verwitweter Ehegatte auch ein überlebender Lebenspartner und als Ehegatte auch der Lebenspartner.

§ 48 Waisenrente. (1) Kinder haben nach dem Tod eines Elternteils Anspruch auf Halbwaisenrente, wenn

1. sie noch einen Elternteil haben, der unbeschadet der wirtschaftlichen Verhältnisse unterhaltspflichtig ist, und
2. der verstorbene Elternteil die allgemeine Wartezeit erfüllt hat.

[1)] Nr. **10**.

(2) Kinder haben nach dem Tod eines Elternteils Anspruch auf Vollwaisenrente, wenn

1. sie einen Elternteil nicht mehr haben, der unbeschadet der wirtschaftlichen Verhältnisse unterhaltspflichtig war, und
2. der verstorbene Elternteil die allgemeine Wartezeit erfüllt hat.

(3) Als Kinder werden auch berücksichtigt:

1. Stiefkinder und Pflegekinder (§ 56 Abs. 2 Nr. 1 und 2 Erstes Buch[1)]), die in den Haushalt des Verstorbenen aufgenommen waren,
2. Enkel und Geschwister, die in den Haushalt des Verstorbenen aufgenommen waren oder von ihm überwiegend unterhalten wurden.

(4) [1] Der Anspruch auf Halb- oder Vollwaisenrente besteht längstens

1. bis zur Vollendung des 18. Lebensjahres oder
2. bis zur Vollendung des 27. Lebensjahres, wenn die Waise
   a) sich in Schulausbildung oder Berufsausbildung befindet oder
   b) sich in einer Übergangszeit von höchstens vier Kalendermonaten befindet, die zwischen zwei Ausbildungsabschnitten oder zwischen einem Ausbildungsabschnitt und der Ableistung des gesetzlichen Wehr- oder Zivildienstes oder der Ableistung eines freiwilligen Dienstes im Sinne des Buchstabens c liegt, oder
   c) einen freiwilligen Dienst im Sinne des § 32 Absatz 4 Satz 1 Nummer 2 Buchstabe d des Einkommensteuergesetzes leistet oder
   d) wegen körperlicher, geistiger oder seelischer Behinderung außerstande ist, sich selbst zu unterhalten.

[2] Eine Schulausbildung oder Berufsausbildung im Sinne des Satzes 1 liegt nur vor, wenn die Ausbildung einen tatsächlichen zeitlichen Aufwand von wöchentlich mehr als 20 Stunden erfordert. [3] Der tatsächliche zeitliche Aufwand ist ohne Bedeutung für Zeiten, in denen das Ausbildungsverhältnis trotz einer Erkrankung fortbesteht und damit gerechnet werden kann, dass die Ausbildung fortgesetzt wird. [4] Das gilt auch für die Dauer der Schutzfristen nach dem Mutterschutzgesetz.

(5) [1] In den Fällen des Absatzes 4 Nr. 2 Buchstabe a erhöht sich die für den Anspruch auf Waisenrente maßgebende Altersbegrenzung bei Unterbrechung oder Verzögerung der Schulausbildung oder Berufsausbildung durch den gesetzlichen Wehrdienst, Zivildienst oder einen gleichgestellten Dienst um die Zeit dieser Dienstleistung, höchstens um einen der Dauer des gesetzlichen Grundwehrdienstes oder Zivildienstes entsprechenden Zeitraum. [2] Die Ableistung eines freiwilligen Dienstes im Sinne von Absatz 4 Nr. 2 Buchstabe c ist kein gleichgestellter Dienst im Sinne von Satz 1.

(6) Der Anspruch auf Waisenrente endet nicht dadurch, dass die Waise als Kind angenommen wird.

§ 49 Renten wegen Todes bei Verschollenheit. [1] Sind Ehegatten, geschiedene Ehegatten oder Elternteile verschollen, gelten sie als verstorben, wenn die Umstände ihren Tod wahrscheinlich machen und seit einem Jahr Nachrichten über ihr Leben nicht eingegangen sind. [2] Der Träger der Rentenversicherung

---

[1)] Nr. 1.

kann von den Berechtigten die Versicherung an Eides statt verlangen, dass ihnen weitere als die angezeigten Nachrichten über den Verschollenen nicht bekannt sind. [3]Der Träger der Rentenversicherung ist berechtigt, für die Rentenleistung den nach den Umständen mutmaßlichen Todestag festzustellen. [4]Dieser bleibt auch bei gerichtlicher Feststellung oder Beurkundung eines abweichenden Todesdatums maßgeblich.

Vierter Titel. Wartezeiterfüllung

§ 50 Wartezeiten. (1) [1]Die Erfüllung der allgemeinen Wartezeit von fünf Jahren ist Voraussetzung für einen Anspruch auf

1. Regelaltersrente,
2. Rente wegen verminderter Erwerbsfähigkeit und
3. Rente wegen Todes.

[2]Die allgemeine Wartezeit gilt als erfüllt für einen Anspruch auf

1. Regelaltersrente, wenn der Versicherte bis zum Erreichen der Regelaltersgrenze eine Rente wegen verminderter Erwerbsfähigkeit oder eine Erziehungsrente bezogen hat,
2. Hinterbliebenenrente, wenn der verstorbene Versicherte bis zum Tod eine Rente bezogen hat.

(2) Die Erfüllung der Wartezeit von 20 Jahren ist Voraussetzung für einen Anspruch auf Rente wegen voller Erwerbsminderung an Versicherte, die die allgemeine Wartezeit vor Eintritt der vollen Erwerbsminderung nicht erfüllt haben.

(3) Die Erfüllung der Wartezeit von 25 Jahren ist Voraussetzung für einen Anspruch auf

1. Altersrente für langjährig unter Tage beschäftigte Bergleute und
2. Rente für Bergleute vom 50. Lebensjahr an.

(4) Die Erfüllung der Wartezeit von 35 Jahren ist Voraussetzung für einen Anspruch auf

1. Altersrente für langjährig Versicherte und
2. Altersrente für schwerbehinderte Menschen.

(5) Die Erfüllung der Wartezeit von 45 Jahren ist Voraussetzung für einen Anspruch auf Altersrente für besonders langjährig Versicherte.

§ 51 Anrechenbare Zeiten. (1) Auf die allgemeine Wartezeit und auf die Wartezeiten von 15 und 20 Jahren werden Kalendermonate mit Beitragszeiten angerechnet.

(2) [1]Auf die Wartezeit von 25 Jahren werden Kalendermonate mit Beitragszeiten aufgrund einer Beschäftigung mit ständigen Arbeiten unter Tage angerechnet. [2]Kalendermonate nach § 52 werden nicht angerechnet.

(3) Auf die Wartezeit von 35 Jahren werden alle Kalendermonate mit rentenrechtlichen Zeiten angerechnet.

(3a) [1]Auf die Wartezeit von 45 Jahren werden Kalendermonate angerechnet mit

1. Pflichtbeiträgen für eine versicherte Beschäftigung oder Tätigkeit,
2. Berücksichtigungszeiten,

3. Zeiten des Bezugs von
   a) Entgeltersatzleistungen der Arbeitsförderung,
   b) Leistungen bei Krankheit und
   c) Übergangsgeld,

   soweit sie Pflichtbeitragszeiten oder Anrechnungszeiten sind; dabei werden Zeiten nach Buchstabe a in den letzten zwei Jahren vor Rentenbeginn nicht berücksichtigt, es sei denn, der Bezug von Entgeltersatzleistungen der Arbeitsförderung ist durch eine Insolvenz oder vollständige Geschäftsaufgabe des Arbeitgebers bedingt, und
4. freiwilligen Beiträgen, wenn mindestens 18 Jahre mit Zeiten nach Nummer 1 vorhanden sind; dabei werden Zeiten freiwilliger Beitragszahlung in den letzten zwei Jahren vor Rentenbeginn nicht berücksichtigt, wenn gleichzeitig Anrechnungszeiten wegen Arbeitslosigkeit vorliegen.

[2] Kalendermonate, die durch Versorgungsausgleich oder Rentensplitting ermittelt werden, werden nicht angerechnet.

(4) Auf die Wartezeiten werden auch Kalendermonate mit Ersatzzeiten (Fünftes Kapitel) angerechnet; auf die Wartezeit von 25 Jahren jedoch nur, wenn sie der knappschaftlichen Rentenversicherung zuzuordnen sind.

§ 52 Wartezeiterfüllung durch Versorgungsausgleich, Rentensplitting und Zuschläge an Entgeltpunkten für Arbeitsentgelt aus geringfügiger Beschäftigung. (1) [1] Ist ein Versorgungsausgleich in der gesetzlichen Rentenversicherung allein zugunsten von Versicherten durchgeführt, wird auf die Wartezeit die volle Anzahl an Monaten angerechnet, die sich ergibt, wenn die Entgeltpunkte für übertragene oder begründete Rentenanwartschaften durch die Zahl 0,0313 geteilt werden. [2] Ist ein Versorgungsausgleich sowohl zugunsten als auch zu Lasten von Versicherten durchgeführt und ergibt sich hieraus nach Verrechnung ein Zuwachs an Entgeltpunkten, wird auf die Wartezeit die volle Anzahl an Monaten angerechnet, die sich ergibt, wenn die Entgeltpunkte aus dem Zuwachs durch die Zahl 0,0313 geteilt werden. [3] Ein Versorgungsausgleich ist durchgeführt, wenn die Entscheidung des Familiengerichts wirksam ist. [4] Ergeht eine Entscheidung zur Abänderung des Wertausgleichs nach der Scheidung, entfällt eine bereits von der ausgleichsberechtigten Person erfüllte Wartezeit nicht. [5] Die Anrechnung erfolgt nur insoweit, als die in die Ehezeit oder Lebenspartnerschaftszeit fallenden Kalendermonate nicht bereits auf die Wartezeit anzurechnen sind.

(1a) [1] Ist ein Rentensplitting durchgeführt, wird dem Ehegatten oder Lebenspartner, der einen Splittingzuwachs erhalten hat, auf die Wartezeit die volle Anzahl an Monaten angerechnet, die sich ergibt, wenn die Entgeltpunkte aus dem Splittingzuwachs durch die Zahl 0,0313 geteilt werden. [2] Die Anrechnung erfolgt nur insoweit, als die in die Splittingzeit fallenden Kalendermonate nicht bereits auf die Wartezeit anzurechnen sind.

(2) [1] Sind Zuschläge an Entgeltpunkten für Arbeitsentgelt aus geringfügiger Beschäftigung, für die Beschäftigte nach § 6 Absatz 1b von der Versicherungspflicht befreit sind, ermittelt, wird auf die Wartezeit die volle Anzahl an Monaten angerechnet, die sich ergibt, wenn die Zuschläge an Entgeltpunkten durch die Zahl 0,0313 geteilt werden. [2] Zuschläge an Entgeltpunkten aus einer geringfügigen Beschäftigung, die in Kalendermonaten ausgeübt wurde, die bereits auf die Wartezeit anzurechnen sind, bleiben unberücksichtigt. [3] Warte-

zeitmonate für in die Ehezeit, Lebenspartnerschaftszeit oder Splittingzeit fallende Kalendermonate einer geringfügigen Beschäftigung sind vor Anwendung von Absatz 1 oder 1a gesondert zu ermitteln.

§ 53 Vorzeitige Wartezeiterfüllung. (1) [1] Die allgemeine Wartezeit ist vorzeitig erfüllt, wenn Versicherte

1. wegen eines Arbeitsunfalls oder einer Berufskrankheit,
2. wegen einer Wehrdienstbeschädigung nach dem Soldatenversorgungsgesetz als Wehrdienstleistende oder Soldaten auf Zeit,
3. wegen einer Zivildienstbeschädigung nach dem Zivildienstgesetz als Zivildienstleistende oder
4. wegen eines Gewahrsams (§ 1 Häftlingshilfegesetz)

vermindert erwerbsfähig geworden oder gestorben sind. [2] Satz 1 Nr. 1 findet nur Anwendung für Versicherte, die bei Eintritt des Arbeitsunfalls oder der Berufskrankheit versicherungspflichtig waren oder in den letzten zwei Jahren davor mindestens ein Jahr Pflichtbeiträge für eine versicherte Beschäftigung oder Tätigkeit haben. [3] Die Sätze 1 und 2 finden für die Rente für Bergleute nur Anwendung, wenn der Versicherte vor Eintritt der im Bergbau verminderten Berufsfähigkeit zuletzt in der knappschaftlichen Rentenversicherung versichert war.

(2) [1] Die allgemeine Wartezeit ist auch vorzeitig erfüllt, wenn Versicherte vor Ablauf von sechs Jahren nach Beendigung einer Ausbildung voll erwerbsgemindert geworden oder gestorben sind und in den letzten zwei Jahren vorher mindestens ein Jahr Pflichtbeiträge für eine versicherte Beschäftigung oder Tätigkeit haben. [2] Der Zeitraum von zwei Jahren vor Eintritt der vollen Erwerbsminderung oder des Todes verlängert sich um Zeiten einer schulischen Ausbildung nach Vollendung des 17. Lebensjahres bis zu sieben Jahren.

(3) Pflichtbeiträge für eine versicherte Beschäftigung oder Tätigkeit im Sinne der Absätze 1 und 2 liegen auch vor, wenn

1. freiwillige Beiträge gezahlt worden sind, die als Pflichtbeiträge gelten, oder
2. Pflichtbeiträge aus den in § 3 oder § 4 genannten Gründen gezahlt worden sind oder als gezahlt gelten oder
3. für Anrechnungszeiten Beiträge gezahlt worden sind, die ein Leistungsträger mitgetragen hat.

Fünfter Titel. Rentenrechtliche Zeiten

§ 54 Begriffsbestimmungen. (1) Rentenrechtliche Zeiten sind

1. Beitragszeiten,
   a) als Zeiten mit vollwertigen Beiträgen,
   b) als beitragsgeminderte Zeiten,
2. beitragsfreie Zeiten und
3. Berücksichtigungszeiten.

(2) Zeiten mit vollwertigen Beiträgen sind Kalendermonate, die mit Beiträgen belegt und nicht beitragsgeminderte Zeiten sind.

(3) [1] Beitragsgeminderte Zeiten sind Kalendermonate, die sowohl mit Beitragszeiten als auch Anrechnungszeiten, einer Zurechnungszeit oder Ersatzzeiten (Fünftes Kapitel) belegt sind. [2] Als beitragsgeminderte Zeiten gelten

Kalendermonate mit Pflichtbeiträgen für eine Berufsausbildung (Zeiten einer beruflichen Ausbildung).

(4) Beitragsfreie Zeiten sind Kalendermonate, die mit Anrechnungszeiten, mit einer Zurechnungszeit oder mit Ersatzzeiten belegt sind, wenn für sie nicht auch Beiträge gezahlt worden sind.

§ 55 Beitragszeiten. (1) [1] Beitragszeiten sind Zeiten, für die nach Bundesrecht Pflichtbeiträge (Pflichtbeitragszeiten) oder freiwillige Beiträge gezahlt worden sind. [2] Pflichtbeitragszeiten sind auch Zeiten, für die Pflichtbeiträge nach besonderen Vorschriften als gezahlt gelten. [3] Als Beitragszeiten gelten auch Zeiten, für die Entgeltpunkte gutgeschrieben worden sind, weil gleichzeitig Berücksichtigungszeiten wegen Kindererziehung oder Zeiten der Pflege eines pflegebedürftigen Kindes für mehrere Kinder vorliegen.

(2) Soweit ein Anspruch auf Rente eine bestimmte Anzahl an Pflichtbeiträgen für eine versicherte Beschäftigung oder Tätigkeit voraussetzt, zählen hierzu auch

1. freiwillige Beiträge, die als Pflichtbeiträge gelten, oder
2. Pflichtbeiträge, für die aus den in § 3 oder § 4 genannten Gründen Beiträge gezahlt worden sind oder als gezahlt gelten, oder
3. Beiträge für Anrechnungszeiten, die ein Leistungsträger mitgetragen hat.

§ 56 Kindererziehungszeiten. (1) [1] Kindererziehungszeiten sind Zeiten der Erziehung eines Kindes in dessen ersten drei Lebensjahren. [2] Für einen Elternteil (§ 56 Abs. 1 Satz 1 Nr. 3 und Abs. 3 Nr. 2 und 3 Erstes Buch[1)]) wird eine Kindererziehungszeit angerechnet, wenn

1. die Erziehungszeit diesem Elternteil zuzuordnen ist,
2. die Erziehung im Gebiet der Bundesrepublik Deutschland erfolgt ist oder einer solchen gleichsteht und
3. der Elternteil nicht von der Anrechnung ausgeschlossen ist.

(2) [1] Eine Erziehungszeit ist dem Elternteil zuzuordnen, der sein Kind erzogen hat. [2] Haben mehrere Elternteile das Kind gemeinsam erzogen, wird die Erziehungszeit einem Elternteil zugeordnet. [3] Haben die Eltern ihr Kind gemeinsam erzogen, können sie durch eine übereinstimmende Erklärung bestimmen, welchem Elternteil sie zuzuordnen ist. [4] Die Zuordnung kann auf einen Teil der Erziehungszeit beschränkt werden. [5] Die übereinstimmende Erklärung der Eltern ist mit Wirkung für künftige Kalendermonate abzugeben. [6] Die Zuordnung kann rückwirkend für bis zu zwei Kalendermonate vor Abgabe der Erklärung erfolgen, es sei denn, für einen Elternteil ist unter Berücksichtigung dieser Zeiten eine Leistung bindend festgestellt, ein Versorgungsausgleich oder ein Rentensplitting durchgeführt. [7] Für die Abgabe der Erklärung gilt § 16 des Ersten Buches über die Antragstellung entsprechend. [8] Haben die Eltern eine übereinstimmende Erklärung nicht abgegeben, wird die Erziehungszeit dem Elternteil zugeordnet, der das Kind überwiegend erzogen hat. [9] Liegt eine überwiegende Erziehung durch einen Elternteil nicht vor, erfolgt die Zuordnung zur Mutter, bei gleichgeschlechtlichen Elternteilen zum Elternteil nach den §§ 1591 oder 1592 des Bürgerlichen Gesetzbuchs, oder wenn es einen solchen nicht gibt, zu demjenigen Elternteil, der seine Elternstellung zuerst

[1)] Nr. 1.

erlangt hat. [10]Ist eine Zuordnung nach den Sätzen 8 und 9 nicht möglich, werden die Erziehungszeiten zu gleichen Teilen im kalendermonatlichen Wechsel zwischen den Elternteilen aufgeteilt, wobei der erste Kalendermonat dem älteren Elternteil zuzuordnen ist.

(3) [1]Eine Erziehung ist im Gebiet der Bundesrepublik Deutschland erfolgt, wenn der erziehende Elternteil sich mit dem Kind dort gewöhnlich aufgehalten hat. [2]Einer Erziehung im Gebiet der Bundesrepublik Deutschland steht gleich, wenn der erziehende Elternteil sich mit seinem Kind im Ausland gewöhnlich aufgehalten hat und während der Erziehung oder unmittelbar vor der Geburt des Kindes wegen einer dort ausgeübten Beschäftigung oder selbständigen Tätigkeit Pflichtbeitragszeiten hat. [3]Dies gilt bei einem gemeinsamen Aufenthalt von Ehegatten oder Lebenspartnern im Ausland auch, wenn der Ehegatte oder Lebenspartner des erziehenden Elternteils solche Pflichtbeitragszeiten hat oder nur deshalb nicht hat, weil er zu den in § 5 Abs. 1 und 4 genannten Personen gehörte oder von der Versicherungspflicht befreit war.

(4) Elternteile sind von der Anrechnung ausgeschlossen, wenn sie

1. während der Erziehungszeit oder unmittelbar vor der Geburt des Kindes eine Beschäftigung oder selbständige Tätigkeit im Gebiet der Bundesrepublik Deutschland ausgeübt haben, die aufgrund
   a) einer zeitlich begrenzten Entsendung in dieses Gebiet (§ 5 Viertes Buch[1)]) oder
   b) einer Regelung des zwischen- oder überstaatlichen Rechts oder einer für Bedienstete internationaler Organisationen getroffenen Regelung (§ 6 Viertes Buch)

   den Vorschriften über die Versicherungspflicht nicht unterliegt,
2. während der Erziehungszeit zu den in § 5 Absatz 4 genannten Personen gehören oder
3. während der Erziehungszeit Anwartschaften auf Versorgung im Alter aufgrund der Erziehung erworben haben, wenn diese nach den für sie geltenden besonderen Versorgungsregelungen systembezogen annähernd gleichwertig berücksichtigt wird wie die Kindererziehung nach diesem Buch; als in diesem Sinne systembezogen annähernd gleichwertig gilt eine Versorgung nach beamtenrechtlichen Vorschriften oder Grundsätzen oder entsprechenden kirchenrechtlichen Regelungen.

(5) [1]Die Kindererziehungszeit beginnt nach Ablauf des Monats der Geburt und endet nach 36 Kalendermonaten. [2]Wird während dieses Zeitraums vom erziehenden Elternteil ein weiteres Kind erzogen, für das ihm eine Kindererziehungszeit anzurechnen ist, wird die Kindererziehungszeit für dieses und jedes weitere Kind um die Anzahl an Kalendermonaten der gleichzeitigen Erziehung verlängert.

§ 57 Berücksichtigungszeiten. [1]Die Zeit der Erziehung eines Kindes bis zu dessen vollendetem zehnten Lebensjahr ist bei einem Elternteil eine Berücksichtigungszeit, soweit die Voraussetzungen für die Anrechnung einer Kindererziehungszeit auch in dieser Zeit vorliegen. [2]Dies gilt für Zeiten einer mehr als geringfügig ausgeübten selbständigen Tätigkeit nur, soweit diese Zeiten auch Pflichtbeitragszeiten sind.

[1)] Nr. 4.

§ 58 Anrechnungszeiten. (1) [1] Anrechnungszeiten sind Zeiten, in denen Versicherte

1. wegen Krankheit arbeitsunfähig gewesen sind oder Leistungen zur medizinischen Rehabilitation oder zur Teilhabe am Arbeitsleben erhalten haben,

1a. nach dem vollendeten 17. und vor dem vollendeten 25. Lebensjahr mindestens einen Kalendermonat krank gewesen sind, soweit die Zeiten nicht mit anderen rentenrechtlichen Zeiten belegt sind,

2. wegen Schwangerschaft oder Mutterschaft während der Schutzfristen nach dem Mutterschutzgesetz eine versicherte Beschäftigung oder selbständige Tätigkeit nicht ausgeübt haben,

3. wegen Arbeitslosigkeit bei einer deutschen Agentur für Arbeit oder einem zugelassenen kommunalen Träger nach § 6a des Zweiten Buches[1)] als Arbeitsuchende gemeldet waren und eine öffentlich-rechtliche Leistung bezogen oder nur wegen des zu berücksichtigenden Einkommens oder Vermögens nicht bezogen haben,

3a. nach dem vollendeten 17. Lebensjahr mindestens einen Kalendermonat bei einer deutschen Agentur für Arbeit oder einem zugelassenen kommunalen Träger nach § 6a des Zweiten Buches als Ausbildungsuchende gemeldet waren, soweit die Zeiten nicht mit anderen rentenrechtlichen Zeiten belegt sind,

4. nach dem vollendeten 17. Lebensjahr eine Schule, Fachschule oder Hochschule besucht oder an einer berufsvorbereitenden Bildungsmaßnahme im Sinne des Rechts der Arbeitsförderung teilgenommen haben (Zeiten einer schulischen Ausbildung), insgesamt jedoch höchstens bis zu acht Jahren, oder

5. eine Rente bezogen haben, soweit diese Zeiten auch als Zurechnungszeit in der Rente berücksichtigt waren, und die vor dem Beginn dieser Rente liegende Zurechnungszeit,

6. nach dem 31. Dezember 2010 Arbeitslosengeld II bezogen haben; dies gilt nicht für Empfänger der Leistung,
   a) die Arbeitslosengeld II nur darlehensweise oder
   b) nur Leistungen nach § 24 Absatz 3 Satz 1 des Zweiten Buches bezogen haben.

[2] Zeiten, in denen Versicherte nach Vollendung des 25. Lebensjahres wegen des Bezugs von Sozialleistungen versicherungspflichtig waren, sind nicht Anrechnungszeiten nach Satz 1 Nummer 1 und 3. [3] Nach Vollendung des 25. Lebensjahres schließen Anrechnungszeiten wegen des Bezugs von Arbeitslosengeld II Anrechnungszeiten wegen Arbeitslosigkeit aus.

(2) [1] Anrechnungszeiten nach Absatz 1 Satz 1 Nr. 1 und 2 bis 3a liegen nur vor, wenn dadurch eine versicherte Beschäftigung oder selbständige Tätigkeit oder ein versicherter Wehrdienst oder Zivildienst oder ein versichertes Wehrdienstverhältnis besonderer Art nach § 6 des Einsatz-Weiterverwendungsgesetzes unterbrochen ist; dies gilt nicht für Zeiten nach Vollendung des 17. und vor Vollendung des 25. Lebensjahres. [2] Eine selbständige Tätigkeit ist nur dann unterbrochen, wenn sie ohne die Mitarbeit des Versicherten nicht weiter ausgeübt werden kann.

---

1) Nr. 2.

(3) Anrechnungszeiten wegen Arbeitsunfähigkeit oder der Ausführung der Leistungen zur medizinischen Rehabilitation oder zur Teilhabe am Arbeitsleben liegen bei Versicherten, die nach § 4 Abs. 3 Satz 1 Nr. 2 versicherungspflichtig werden konnten, erst nach Ablauf der auf Antrag begründeten Versicherungspflicht vor.

(4) Anrechnungszeiten liegen bei Beziehern von Arbeitslosengeld oder Übergangsgeld nicht vor, wenn die Bundesagentur für Arbeit für sie Beiträge an eine Versicherungseinrichtung oder Versorgungseinrichtung, an ein Versicherungsunternehmen oder an sie selbst gezahlt haben.

(4a) Zeiten der schulischen Ausbildung neben einer versicherten Beschäftigung oder Tätigkeit sind nur Anrechnungszeiten wegen schulischer Ausbildung, wenn der Zeitaufwand für die schulische Ausbildung unter Berücksichtigung des Zeitaufwands für die Beschäftigung oder Tätigkeit überwiegt.

(5) Anrechnungszeiten sind nicht für die Zeit der Leistung einer Rente wegen Alters zu berücksichtigen.

§ 59 Zurechnungszeit. (1) Zurechnungszeit ist die Zeit, die bei einer Rente wegen Erwerbsminderung oder einer Rente wegen Todes hinzugerechnet wird, wenn die versicherte Person das 67. Lebensjahr noch nicht vollendet hat.

(2) [1] Die Zurechnungszeit beginnt

1. bei einer Rente wegen Erwerbsminderung mit dem Eintritt der hierfür maßgebenden Erwerbsminderung,
2. bei einer Rente wegen voller Erwerbsminderung, auf die erst nach Erfüllung einer Wartezeit von 20 Jahren ein Anspruch besteht, mit Beginn dieser Rente,
3. bei einer Witwenrente, Witwerrente oder Waisenrente mit dem Tod der versicherten Person und
4. bei einer Erziehungsrente mit Beginn dieser Rente.

[2] Die Zurechnungszeit endet mit Vollendung des 67. Lebensjahres.

(3) Hat die verstorbene versicherte Person eine Altersrente bezogen, ist bei einer nachfolgenden Hinterbliebenenrente eine Zurechnungszeit nicht zu berücksichtigen.

§ 60 Zuordnung beitragsfreier Zeiten zur knappschaftlichen Rentenversicherung. (1) Anrechnungszeiten und eine Zurechnungszeit werden der knappschaftlichen Rentenversicherung zugeordnet, wenn vor dieser Zeit der letzte Pflichtbeitrag zur knappschaftlichen Rentenversicherung gezahlt worden ist.

(2) Anrechnungszeiten wegen einer schulischen Ausbildung werden der knappschaftlichen Rentenversicherung auch dann zugeordnet, wenn während oder nach dieser Zeit die Versicherung beginnt und der erste Pflichtbeitrag zur knappschaftlichen Rentenversicherung gezahlt worden ist.

§ 61 Ständige Arbeiten unter Tage. (1) Ständige Arbeiten unter Tage sind solche Arbeiten nach dem 31. Dezember 1967, die nach ihrer Natur ausschließlich unter Tage ausgeübt werden.

(2) Den ständigen Arbeiten unter Tage werden gleichgestellt:

1. Arbeiten, die nach dem Tätigkeitsbereich der Versicherten sowohl unter Tage als auch über Tage ausgeübt werden, wenn sie während eines Kalendermonats in mindestens 18 Schichten überwiegend unter Tage ausgeübt worden sind; Schichten, die in einem Kalendermonat wegen eines auf einen Arbeitstag fallenden Feiertags ausfallen, gelten als überwiegend unter Tage verfahrene Schichten,
2. Arbeiten als Mitglieder der für den Einsatz unter Tage bestimmten Grubenwehr, mit Ausnahme als Gerätewarte, für die Dauer der Zugehörigkeit,
3. Arbeiten als Mitglieder des Betriebsrats, wenn die Versicherten bisher ständige Arbeiten unter Tage oder nach Nummer 1 oder 2 gleichgestellte Arbeiten ausgeübt haben und im Anschluss daran wegen der Betriebsratstätigkeit von diesen Arbeiten freigestellt worden sind.

(3) Als überwiegend unter Tage verfahren gelten auch Schichten, die in einem Kalendermonat wegen

1. krankheitsbedingter Arbeitsunfähigkeit,
2. bezahlten Urlaubs oder
3. Inanspruchnahme einer Leistung zur medizinischen Rehabilitation oder zur Teilhabe am Arbeitsleben oder einer Vorsorgekur

ausfallen, wenn in diesem Kalendermonat aufgrund von ständigen Arbeiten unter Tage oder gleichgestellten Arbeiten Beiträge gezahlt worden sind und die Versicherten in den drei voraufgegangenen Kalendermonaten mindestens einen Kalendermonat ständige Arbeiten unter Tage oder gleichgestellte Arbeiten ausgeübt haben.

§ 62 Schadenersatz bei rentenrechtlichen Zeiten. Durch die Berücksichtigung rentenrechtlicher Zeiten wird ein Anspruch auf Schadenersatz wegen verminderter Erwerbsfähigkeit nicht ausgeschlossen oder gemindert.

Dritter Unterabschnitt. Rentenhöhe und Rentenanpassung

Erster Titel. Grundsätze

§ 63 Grundsätze. (1) Die Höhe einer Rente richtet sich vor allem nach der Höhe der während des Versicherungslebens durch Beiträge versicherten Arbeitsentgelte und Arbeitseinkommen.

(2) [1] Das in den einzelnen Kalenderjahren durch Beiträge versicherte Arbeitsentgelt und Arbeitseinkommen wird in Entgeltpunkte umgerechnet. [2] Die Versicherung eines Arbeitsentgelts oder Arbeitseinkommens in Höhe des Durchschnittsentgelts eines Kalenderjahres (Anlage 1) ergibt einen vollen Entgeltpunkt.

(3) Für beitragsfreie Zeiten werden Entgeltpunkte angerechnet, deren Höhe von der Höhe der in der übrigen Zeit versicherten Arbeitsentgelte und Arbeitseinkommen abhängig ist.

(4) Das Sicherungsziel der jeweiligen Rentenart im Verhältnis zu einer Altersrente wird durch den Rentenartfaktor bestimmt.

(5) Vorteile und Nachteile einer unterschiedlichen Rentenbezugsdauer werden durch einen Zugangsfaktor vermieden.

(6) Der Monatsbetrag einer Rente ergibt sich, indem die unter Berücksichtigung des Zugangsfaktors ermittelten persönlichen Entgeltpunkte mit dem Rentenartfaktor und dem aktuellen Rentenwert vervielfältigt werden.

(7) Der aktuelle Rentenwert[1)] wird entsprechend der Entwicklung des Durchschnittsentgelts unter Berücksichtigung der Veränderung des Beitragssatzes zur allgemeinen Rentenversicherung jährlich angepasst.

Zweiter Titel. Berechnung und Anpassung der Renten

§ 64 Rentenformel für Monatsbetrag der Rente. Der Monatsbetrag der Rente ergibt sich, wenn

1. die unter Berücksichtigung des Zugangsfaktors ermittelten persönlichen Entgeltpunkte,
2. der Rentenartfaktor und
3. der aktuelle Rentenwert

mit ihrem Wert bei Rentenbeginn miteinander vervielfältigt werden.

§ 65 Anpassung der Renten. Zum 1. Juli eines jeden Jahres werden die Renten angepasst, indem der bisherige aktuelle Rentenwert durch den neuen aktuellen Rentenwert[1)] ersetzt wird.

§ 66 Persönliche Entgeltpunkte. (1) [1] Die persönlichen Entgeltpunkte für die Ermittlung des Monatsbetrags der Rente ergeben sich, indem die Summe aller Entgeltpunkte für

1. Beitragszeiten,
2. beitragsfreie Zeiten,
3. Zuschläge für beitragsgeminderte Zeiten,
4. Zuschläge oder Abschläge aus einem durchgeführten Versorgungsausgleich oder Rentensplitting,
5. Zuschläge aus Zahlung von Beiträgen bei vorzeitiger Inanspruchnahme einer Rente wegen Alters oder bei Abfindungen von Anwartschaften auf betriebliche Altersversorgung oder von Anrechten bei der Versorgungsausgleichskasse,
6. Zuschläge an Entgeltpunkten für Arbeitsentgelt aus geringfügiger Beschäftigung,
7. Arbeitsentgelt aus nach § 23b Abs. 2 Satz 1 bis 4 des Vierten Buches[2)] aufgelösten Wertguthaben,
8. Zuschläge an Entgeltpunkten aus Beiträgen nach Beginn einer Rente wegen Alters,
9. Zuschläge an Entgeltpunkten für Zeiten einer besonderen Auslandsverwendung,
10. Zuschläge an Entgeltpunkten für nachversicherte Soldaten auf Zeit und
11. Zuschläge an Entgeltpunkten für langjährige Versicherung

mit dem Zugangsfaktor vervielfältigt und bei Witwenrenten und Witwerrenten sowie bei Waisenrenten um einen Zuschlag erhöht wird. [2] Persönliche Entgeltpunkte nach Satz 1 Nummer 11 sind für die Anwendung von § 97a von den übrigen persönlichen Entgeltpunkten getrennt zu ermitteln, indem der Zu-

---

[1)] Der aktuelle Rentenwert beträgt ab dem 1. Juli 2020 34,19 Euro, der aktuelle Rentenwert (Ost) beträgt ab dem 1. Juli 2020 33,23 Euro; vgl. § 1 Abs. 1 und 2 Rentenwertbestimmungsverordnung 2020 v. 8.6.2020 (BGBl. I S. 1220).

[2)] Nr. 4.

schlag an Entgeltpunkten für langjährige Versicherung mit dem Zugangsfaktor vervielfältigt wird.

(2) Grundlage für die Ermittlung der persönlichen Entgeltpunkte sind die Entgeltpunkte

1. des Versicherten bei einer Rente wegen Alters, wegen verminderter Erwerbsfähigkeit und bei einer Erziehungsrente,
2. des verstorbenen Versicherten bei einer Witwenrente, Witwerrente und Halbwaisenrente,
3. der zwei verstorbenen Versicherten mit den höchsten Renten bei einer Vollwaisenrente.

(3) [1] Bei einer unabhängig vom Hinzuverdienst gewählten Teilrente (§ 42 Absatz 2) ergeben sich die in Anspruch genommenen Entgeltpunkte aus der Summe aller Entgeltpunkte entsprechend dem Verhältnis der Teilrente zu der Vollrente. [2] Bei einer vom Hinzuverdienst abhängigen Teilrente (§ 34 Absatz 3) ergeben sich die jeweils in Anspruch genommenen Entgeltpunkte aus dem Monatsbetrag der Rente nach Anrechnung des Hinzuverdienstes im Wege einer Rückrechnung unter Berücksichtigung des maßgeblichen aktuellen Rentenwerts, des Rentenartfaktors und des jeweiligen Zugangsfaktors.

(3a) [1] Zuschläge an Entgeltpunkten aus Beiträgen nach Beginn einer Rente wegen Alters werden mit Ablauf des Kalendermonats des Erreichens der Regelaltersgrenze und anschließend jährlich zum 1. Juli berücksichtigt. [2] Dabei sind für die jährliche Berücksichtigung zum 1. Juli die für das vergangene Kalenderjahr ermittelten Zuschläge maßgebend.

(4) Bei einer nur teilweise zu leistenden Rente wegen verminderter Erwerbsfähigkeit ergeben sich die jeweils in Anspruch genommenen Entgeltpunkte aus dem Monatsbetrag der Rente nach Anrechnung des Hinzuverdienstes im Wege einer Rückrechnung unter Berücksichtigung des maßgeblichen aktuellen Rentenwerts, des Rentenartfaktors und des jeweiligen Zugangsfaktors.

§ 67 Rentenartfaktor. Der Rentenartfaktor beträgt für persönliche Entgeltpunkte bei

1. Renten wegen Alters	1,0
2. Renten wegen teilweiser Erwerbsminderung	0,5
3. Renten wegen voller Erwerbsminderung	1,0
4. Erziehungsrenten	1,0
5. kleinen Witwenrenten und kleinen Witwerrenten bis zum Ende des dritten Kalendermonats nach Ablauf des Monats, in dem der Ehegatte verstorben ist,	1,0
anschließend	0,25
6. großen Witwenrenten und großen Witwerrenten bis zum Ende des dritten Kalendermonats nach Ablauf des Monats, in dem der Ehegatte verstorben ist,	1,0
anschließend	0,55
7. Halbwaisenrenten	0,1
8. Vollwaisenrenten	0,2.

§ 68 Aktueller Rentenwert. (1) [1]Der aktuelle Rentenwert ist der Betrag, der einer monatlichen Rente wegen Alters der allgemeinen Rentenversicherung entspricht, wenn für ein Kalenderjahr Beiträge aufgrund des Durchschnittsentgelts gezahlt worden sind. [2]Am 30. Juni 2005 beträgt der aktuelle Rentenwert 26,13 Euro.[1)] [3]Er verändert sich zum 1. Juli eines jeden Jahres, indem der bisherige aktuelle Rentenwert mit den Faktoren für die Veränderung

1. der Bruttolöhne und -gehälter je Arbeitnehmer,
2. des Beitragssatzes zur allgemeinen Rentenversicherung und
3. dem Nachhaltigkeitsfaktor

vervielfältigt wird.

(2) [1]Bruttolöhne und -gehälter je Arbeitnehmer sind die durch das Statistische Bundesamt ermittelten Bruttolöhne und -gehälter je Arbeitnehmer ohne Personen in Arbeitsgelegenheiten mit Entschädigungen für Mehraufwendungen jeweils nach der Systematik der Volkswirtschaftlichen Gesamtrechnungen. [2]Der Faktor für die Veränderung der Bruttolöhne und -gehälter je Arbeitnehmer wird ermittelt, indem deren Wert für das vergangene Kalenderjahr durch den Wert für das vorvergangene Kalenderjahr geteilt wird. [3]Dabei wird der Wert für das vorvergangene Kalenderjahr an die Entwicklung der Einnahmen der gesetzlichen Rentenversicherung angepasst, indem er mit dem Faktor vervielfältigt wird, der sich aus dem Verhältnis der Veränderung der Bruttolöhne und -gehälter je Arbeitnehmer im vorvergangenen Kalenderjahr gegenüber dem dritten zurückliegenden Kalenderjahr und der Veränderung der aus der Versichertenstatistik der Deutschen Rentenversicherung Bund ermittelten beitragspflichtigen Bruttolöhne und -gehälter je Arbeitnehmer ohne Beamte einschließlich der Bezieher von Arbeitslosengeld im vorvergangenen Kalenderjahr gegenüber dem dritten zurückliegenden Kalenderjahr ergibt.

(3) [1]Der Faktor, der sich aus der Veränderung des Beitragssatzes zur allgemeinen Rentenversicherung ergibt, wird ermittelt, indem

1. der durchschnittliche Beitragssatz in der allgemeinen Rentenversicherung des vergangenen Kalenderjahres von der Differenz aus 100 vom Hundert und dem Altersvorsorgeanteil für das Jahr 2012 subtrahiert wird,
2. der durchschnittliche Beitragssatz in der allgemeinen Rentenversicherung für das vorvergangene Kalenderjahr von der Differenz aus 100 vom Hundert und dem Altersvorsorgeanteil für das Jahr 2012 subtrahiert wird,

und anschließend der nach Nummer 1 ermittelte Wert durch den nach Nummer 2 ermittelten Wert geteilt wird. [2]Altersvorsorgeanteil für das Jahr 2012 ist der Wert, der im Fünften Kapitel für das Jahr 2012 als Altersvorsorgeanteil bestimmt worden ist.

(4) [1]Der Nachhaltigkeitsfaktor wird ermittelt, indem der um die Veränderung des Rentnerquotienten im vergangenen Kalenderjahr gegenüber dem vorvergangenen Kalenderjahr verminderte Wert eins mit einem Parameter α vervielfältigt und um den Wert eins erhöht wird. [2]Der Rentnerquotient wird ermittelt, indem die Anzahl der Äquivalenzrentner durch die Anzahl der Äquivalenzbeitragszahler dividiert wird. [3]Die Anzahl der Äquivalenzrentner

---

[1)] Der aktuelle Rentenwert beträgt ab dem 1. Juli 2020 34,19 Euro, der aktuelle Rentenwert (Ost) beträgt ab dem 1. Juli 2020 33,23 Euro; vgl. § 1 Abs. 1 und 2 Rentenwertbestimmungsverordnung 2020 v. 8.6.2020 (BGBl. I S. 1220).

wird ermittelt, indem das aus den Rechnungsergebnissen auf 1 000 Euro genau bestimmte Gesamtvolumen der Renten abzüglich erstatteter Aufwendungen für Renten und Rententeile eines Kalenderjahres durch eine Regelaltersrente desselben Kalenderjahres aus der allgemeinen Rentenversicherung mit 45 Entgeltpunkten dividiert wird. [4]Die Anzahl der Äquivalenzbeitragszahler wird ermittelt, indem das aus den Rechnungsergebnissen auf 1 000 Euro genau bestimmte Gesamtvolumen der Beiträge aller in der allgemeinen Rentenversicherung versicherungspflichtig Beschäftigten, der geringfügig Beschäftigten (§ 8 Viertes Buch[1)]) und der Bezieher von Arbeitslosengeld eines Kalenderjahres durch den auf das Durchschnittsentgelt nach Anlage 1 entfallenden Beitrag der allgemeinen Rentenversicherung desselben Kalenderjahres dividiert wird. [5]Die jeweilige Anzahl der Äquivalenzrentner und der Äquivalenzbeitragszahler ist auf 1 000 Personen genau zu berechnen. [6]Der Parameter α beträgt 0,25.

(5) Der nach den Absätzen 1 bis 4 anstelle des bisherigen aktuellen Rentenwerts zu bestimmende neue aktuelle Rentenwert wird nach folgender Formel ermittelt:

$$AR_t = AR_{t-1} \times \frac{BE_{t-1}}{BE_{t-2}} \times \frac{100 - AVA_{2012} - RVB_{t-1}}{100 - AVA_{2012} - RVB_{t-2}} \times \left(\left(1 - \frac{RQ_{t-1}}{RQ_{t-2}} \right) \times \alpha + 1 \right)$$

Dabei sind:

AR_t	=	zu bestimmender aktueller Rentenwert ab dem 1. Juli,
AR_{t-1}	=	bisheriger aktueller Rentenwert,
BE_{t-1}	=	Bruttolöhne und -gehälter je Arbeitnehmer im vergangenen Kalenderjahr,
BE_{t-2}	=	Bruttolöhne und -gehälter je Arbeitnehmer im vorvergangenen Kalenderjahr unter Berücksichtigung der Veränderung der beitragspflichtigen Bruttolöhne und -gehälter je Arbeitnehmer ohne Beamte einschließlich der Bezieher von Arbeitslosengeld,
AVA_{2012}	=	Altersvorsorgeanteil für das Jahr 2012 in Höhe von 4 vom Hundert,
RVB_{t-1}	=	durchschnittlicher Beitragssatz in der allgemeinen Rentenversicherung im vergangenen Kalenderjahr,
RVB_{t-2}	=	durchschnittlicher Beitragssatz in der allgemeinen Rentenversicherung im vorvergangenen Kalenderjahr.
RQ_{t-1}	=	Rentnerquotient im vergangenen Kalenderjahr,
RQ_{t-2}	=	Rentnerquotient im vorvergangenen Kalenderjahr.

(6) *(aufgehoben)*

(7) [1]Bei der Bestimmung des neuen aktuellen Rentenwerts werden für die Bruttolöhne und -gehälter je Arbeitnehmer nach Absatz 2 Satz 2 die dem Statistischen Bundesamt zu Beginn des Kalenderjahres vorliegenden Daten für das vergangene und das vorvergangene Kalenderjahr zugrunde gelegt. [2]Bei der Ermittlung des Faktors nach Absatz 2 Satz 3 werden für die Veränderung der Bruttolöhne und -gehälter je Arbeitnehmer für das vorvergangene und das

---

[1)] Nr. 4.

dritte zurückliegende Kalenderjahr die bei der Bestimmung des bisherigen aktuellen Rentenwerts verwendeten Daten zu den Bruttolöhnen und -gehältern je Arbeitnehmer zugrunde gelegt. [3] Für die Bestimmung der beitragspflichtigen Bruttolöhne und -gehälter je Arbeitnehmer ohne Beamte einschließlich der Bezieher von Arbeitslosengeld nach Absatz 2 Satz 3 sind die der Deutschen Rentenversicherung Bund vorliegenden Daten aus der Versichertenstatistik zu verwenden. [4] Dabei sind für das vorvergangene Kalenderjahr die zu Beginn des Kalenderjahres vorliegenden Daten zu den beitragspflichtigen Bruttolöhnen und -gehältern je Arbeitnehmer ohne Beamte einschließlich der Bezieher von Arbeitslosengeld und für das dritte zurückliegende Kalenderjahr die bei der Bestimmung des bisherigen aktuellen Rentenwerts verwendeten Daten zu den beitragspflichtigen Bruttolöhnen und -gehältern je Arbeitnehmer ohne Beamte einschließlich der Bezieher von Arbeitslosengeld zugrunde zu legen. [5] Bei der Ermittlung des Rentnerquotienten für das vergangene Kalenderjahr sind die der Deutschen Rentenversicherung Bund im ersten Vierteljahr des Kalenderjahres vorliegenden Daten und für das vorvergangene Kalenderjahr die bei der Bestimmung des bisherigen aktuellen Rentenwerts verwendeten Daten zugrunde zu legen.

§ 68a Schutzklausel. (1) [1] Abweichend von § 68 vermindert sich der bisherige aktuelle Rentenwert nicht, wenn der nach § 68 berechnete aktuelle Rentenwert geringer ist als der bisherige aktuelle Rentenwert. [2] Die unterbliebene Minderungswirkung (Ausgleichsbedarf) wird mit Erhöhungen des aktuellen Rentenwerts verrechnet. [3] Die Verrechnung darf nicht zu einer Minderung des bisherigen aktuellen Rentenwerts führen.

(2) [1] In den Jahren, in denen Absatz 1 Satz 1 anzuwenden ist, wird der Ausgleichsbedarf ermittelt, indem der nach § 68 berechnete aktuelle Rentenwert durch den bisherigen aktuellen Rentenwert geteilt wird (Ausgleichsfaktor). [2] Der Wert des Ausgleichsbedarfs verändert sich, indem der im Vorjahr bestimmte Wert mit dem Ausgleichsfaktor des laufenden Jahres vervielfältigt wird.

(3) [1] Ist der nach § 68 berechnete aktuelle Rentenwert höher als der bisherige aktuelle Rentenwert und ist der im Vorjahr bestimmte Wert des Ausgleichsbedarfs kleiner als 1,0000, wird der neue aktuelle Rentenwert abweichend von § 68 ermittelt, indem der bisherige aktuelle Rentenwert mit dem hälftigen Anpassungsfaktor vervielfältigt wird. [2] Der hälftige Anpassungsfaktor wird ermittelt, indem der nach § 68 berechnete aktuelle Rentenwert durch den bisherigen aktuellen Rentenwert geteilt wird (Anpassungsfaktor) und dieser Anpassungsfaktor um 1 vermindert, durch 2 geteilt und um 1 erhöht wird. [3] Der Wert des Ausgleichsbedarfs verändert sich, indem der im Vorjahr bestimmte Wert mit dem hälftigen Anpassungsfaktor vervielfältigt wird. [4] Übersteigt der Ausgleichsbedarf nach Anwendung von Satz 3 den Wert 1,0000, wird der bisherige aktuelle Rentenwert abweichend von Satz 1 mit dem Faktor vervielfältigt, der sich ergibt, wenn der Anpassungsfaktor mit dem im Vorjahr bestimmten Wert des Ausgleichsbedarfs vervielfältigt wird; der Wert des Ausgleichsbedarfs beträgt dann 1,0000.

(4) Sind weder Absatz 1 noch Absatz 3 anzuwenden, bleibt der Wert des Ausgleichsbedarfs unverändert.

§ 69 Verordnungsermächtigung. (1) Die Bundesregierung hat durch Rechtsverordnung mit Zustimmung des Bundesrates den zum 1. Juli eines Jahres maßgebenden aktuellen Rentenwert[1)] und den Ausgleichsbedarf bis zum 30. Juni des jeweiligen Jahres zu bestimmen.

(2) [1]Die Bundesregierung hat durch Rechtsverordnung mit Zustimmung des Bundesrates zum Ende eines jeden Jahres

1. für das vergangene Kalenderjahr das auf volle Euro gerundete Durchschnittsentgelt in Anlage 1 entsprechend der Entwicklung der Bruttolöhne und -gehälter je Arbeitnehmer (§ 68 Abs. 2 Satz 1),
2. für das folgende Kalenderjahr das auf volle Euro gerundete vorläufige Durchschnittsentgelt, das sich ergibt, wenn das Durchschnittsentgelt für das vergangene Kalenderjahr um das Doppelte des Vomhundertsatzes verändert wird, um den sich das Durchschnittsentgelt des vergangenen Kalenderjahres gegenüber dem Durchschnittsentgelt des vorvergangenen Kalenderjahres verändert hat,

zu bestimmen. [2]Die Bestimmung soll bis zum 31. Dezember des jeweiligen Jahres erfolgen.

Dritter Titel. Ermittlung der persönlichen Entgeltpunkte

§ 70 Entgeltpunkte für Beitragszeiten. (1) [1]Für Beitragszeiten werden Entgeltpunkte ermittelt, indem die Beitragsbemessungsgrundlage durch das Durchschnittsentgelt (Anlage 1) für dasselbe Kalenderjahr geteilt wird. [2]Für das Kalenderjahr des Rentenbeginns und für das davor liegende Kalenderjahr wird als Durchschnittsentgelt der Betrag zugrunde gelegt, der für diese Kalenderjahre vorläufig bestimmt ist.

(1a) Abweichend von Absatz 1 Satz 1 werden Entgeltpunkte für Beitragszeiten aus einer Beschäftigung im Übergangsbereich (§ 20 Absatz 2 des Vierten Buches[2)]) ab dem 1. Juli 2019 aus dem Arbeitsentgelt ermittelt.

(2) [1]Kindererziehungszeiten erhalten für jeden Kalendermonat 0,0833 Entgeltpunkte (Entgeltpunkte für Kindererziehungszeiten). [2]Entgeltpunkte für Kindererziehungszeiten sind auch Entgeltpunkte, die für Kindererziehungszeiten mit sonstigen Beitragszeiten ermittelt werden, indem die Entgeltpunkte für sonstige Beitragszeiten um 0,0833 erhöht werden, höchstens um die Entgeltpunkte bis zum Erreichen der jeweiligen Höchstwerte nach Anlage 2b.

(3) [1]Aus der Zahlung von Beiträgen für Arbeitsentgelt aus nach § 23b Abs. 2 Satz 1 bis 4 des Vierten Buches aufgelösten Wertguthaben werden zusätzliche Entgeltpunkte ermittelt, indem dieses Arbeitsentgelt durch das vorläufige Durchschnittsentgelt (Anlage 1) für das Kalenderjahr geteilt wird, dem das Arbeitsentgelt zugeordnet ist. [2]Die so ermittelten Entgeltpunkte gelten als Entgeltpunkte für Zeiten mit vollwertigen Pflichtbeiträgen nach dem 31. Dezember 1991.

(3a) [1]Sind mindestens 25 Jahre mit rentenrechtlichen Zeiten vorhanden, werden für nach dem Jahr 1991 liegende Kalendermonate mit Berücksichtigungszeiten wegen Kindererziehung oder mit Zeiten der nicht erwerbsmäßi-

---

[1)] Der aktuelle Rentenwert beträgt ab dem 1. Juli 2020 34,19 Euro, der aktuelle Rentenwert (Ost) beträgt ab dem 1. Juli 2020 33,23 Euro; vgl. § 1 Abs. 1 und 2 Rentenwertbestimmungsverordnung 2020 v. 8.6.2020 (BGBl. I S. 1220).

[2)] Nr. 4.

gen Pflege eines pflegebedürftigen Kindes bis zur Vollendung des 18. Lebensjahres Entgeltpunkte zusätzlich ermittelt oder gutgeschrieben. [2]Diese betragen für jeden Kalendermonat

a) mit Pflichtbeiträgen die Hälfte der hierfür ermittelten Entgeltpunkte, höchstens 0,0278 an zusätzlichen Entgeltpunkten,

b) in dem für den Versicherten Berücksichtigungszeiten wegen Kindererziehung oder Zeiten der Pflege eines pflegebedürftigen Kindes für ein Kind mit entsprechenden Zeiten für ein anderes Kind zusammentreffen, 0,0278 an gutgeschriebenen Entgeltpunkten, abzüglich des Wertes der zusätzlichen Entgeltpunkte nach Buchstabe a.

[3]Die Summe der zusätzlich ermittelten und gutgeschriebenen Entgeltpunkte ist zusammen mit den für Beitragszeiten und Kindererziehungszeiten ermittelten Entgeltpunkten auf einen Wert von höchstens 0,0833 Entgeltpunkte begrenzt.

(4) [1]Ist für eine Rente wegen Alters die voraussichtliche beitragspflichtige Einnahme für den verbleibenden Zeitraum bis zum Beginn der Rente wegen Alters vom Rentenversicherungsträger errechnet worden (§ 194 Absatz 1 Satz 6, Abs. 2 Satz 2), sind für diese Rente Entgeltpunkte daraus wie aus der Beitragsbemessungsgrundlage zu ermitteln. [2]Weicht die tatsächlich erzielte beitragspflichtige Einnahme von der durch den Rentenversicherungsträger errechneten voraussichtlichen beitragspflichtigen Einnahme ab, bleibt sie für diese Rente außer Betracht. [3]Bei einer Beschäftigung im Übergangsbereich (§ 20 Absatz 2 des Vierten Buches) ab dem 1. Juli 2019 treten an die Stelle der voraussichtlichen beitragspflichtigen Einnahme nach Satz 1 das voraussichtliche Arbeitsentgelt und an die Stelle der tatsächlich erzielten beitragspflichtigen Einnahme nach Satz 2 das tatsächlich erzielte Arbeitsentgelt.

(5) Für Zeiten, für die Beiträge aufgrund der Vorschriften des Vierten Kapitels über die Nachzahlung gezahlt worden sind, werden Entgeltpunkte ermittelt, indem die Beitragsbemessungsgrundlage durch das Durchschnittsentgelt des Jahres geteilt wird, in dem die Beiträge gezahlt worden sind.

§ 71 Entgeltpunkte für beitragsfreie und beitragsgeminderte Zeiten (Gesamtleistungsbewertung) (1) [1]Beitragsfreie Zeiten erhalten den Durchschnittswert an Entgeltpunkten, der sich aus der Gesamtleistung an Beiträgen im belegungsfähigen Zeitraum ergibt. [2]Dabei erhalten sie den höheren Durchschnittswert aus der Grundbewertung aus allen Beiträgen oder der Vergleichsbewertung aus ausschließlich vollwertigen Beiträgen.

(2) [1]Für beitragsgeminderte Zeiten ist die Summe der Entgeltpunkte um einen Zuschlag so zu erhöhen, dass mindestens der Wert erreicht wird, den diese Zeiten jeweils als beitragsfreie Anrechnungszeiten wegen Krankheit und Arbeitslosigkeit, wegen einer schulischen Ausbildung und als Zeiten wegen einer beruflichen Ausbildung oder als sonstige beitragsfreie Zeiten hätten. [2]Diese zusätzlichen Entgeltpunkte werden den jeweiligen Kalendermonaten mit beitragsgeminderten Zeiten zu gleichen Teilen zugeordnet.

(3) [1]Für die Gesamtleistungsbewertung werden jedem Kalendermonat

1. an Berücksichtigungszeit die Entgeltpunkte zugeordnet, die sich ergeben würden, wenn diese Kalendermonate Kindererziehungszeiten wären,
2. mit Zeiten einer beruflichen Ausbildung mindestens 0,0833 Entgeltpunkte zugrunde gelegt und diese Kalendermonate insoweit nicht als beitragsgeminderte Zeiten berücksichtigt.

[2] Bei der Anwendung von Satz 1 Nr. 2 gelten die ersten 36 Kalendermonate mit Pflichtbeiträgen für Zeiten einer versicherten Beschäftigung oder selbständigen Tätigkeit bis zur Vollendung des 25. Lebensjahres stets als Zeiten einer beruflichen Ausbildung. [3] Eine Zuordnung an Entgeltpunkten für Kalendermonate mit Berücksichtigungszeiten unterbleibt in dem Umfang, in dem bereits nach § 70 Abs. 3a Entgeltpunkte zusätzlich ermittelt oder gutgeschrieben worden sind. [4] Satz 1 Nr. 2 gilt nicht für Kalendermonate mit Zeiten der beruflichen Ausbildung, für die bereits Entgeltpunkte nach Satz 1 Nr. 1 zugeordnet werden.

(4) Soweit beitragsfreie Zeiten mit Zeiten zusammentreffen, die bei einer Versorgung aus einem

1. öffentlich-rechtlichen Dienstverhältnis oder
2. Arbeitsverhältnis mit Anspruch auf Versorgung nach beamtenrechtlichen Vorschriften oder Grundsätzen oder entsprechenden kirchenrechtlichen Regelungen

ruhegehaltfähig sind oder bei Eintritt des Versorgungsfalls als ruhegehaltfähig anerkannt werden, bleiben sie bei der Gesamtleistungsbewertung unberücksichtigt.

§ 72 Grundbewertung. (1) Bei der Grundbewertung werden für jeden Kalendermonat Entgeltpunkte in der Höhe zugrunde gelegt, die sich ergibt, wenn die Summe der Entgeltpunkte für Beitragszeiten und Berücksichtigungszeiten durch die Anzahl der belegungsfähigen Monate geteilt wird.

(2) [1] Der belegungsfähige Gesamtzeitraum umfasst die Zeit vom vollendeten 17. Lebensjahr bis zum

1. Kalendermonat vor Beginn der zu berechnenden Rente bei einer Rente wegen Alters, bei einer Rente wegen voller Erwerbsminderung, auf die erst nach Erfüllung einer Wartezeit von 20 Jahren ein Anspruch besteht, oder bei einer Erziehungsrente,
2. Eintritt der maßgebenden Minderung der Erwerbsfähigkeit bei einer Rente wegen verminderter Erwerbsfähigkeit,
3. Tod des Versicherten bei einer Hinterbliebenenrente.

[2] Der belegungsfähige Gesamtzeitraum verlängert sich um Kalendermonate mit rentenrechtlichen Zeiten vor Vollendung des 17. Lebensjahres.

(3) Nicht belegungsfähig sind Kalendermonate mit

1. beitragsfreien Zeiten, die nicht auch Berücksichtigungszeiten sind, und
2. Zeiten, in denen eine Rente aus eigener Versicherung bezogen worden ist, die nicht auch Beitragszeiten oder Berücksichtigungszeiten sind.

§ 73 Vergleichsbewertung. [1] Bei der Vergleichsbewertung werden für jeden Kalendermonat Entgeltpunkte in der Höhe zugrunde gelegt, die sich ergibt, wenn die Summe der Entgeltpunkte aus der Grundbewertung ohne Entgeltpunkte für

1. beitragsgeminderte Zeiten,
2. Berücksichtigungszeiten, die auch beitragsfreie Zeiten sind, und
3. Beitragszeiten oder Berücksichtigungszeiten, in denen eine Rente aus eigener Versicherung bezogen worden ist,

durch die Anzahl der belegungsfähigen Monate geteilt wird; bei Renten wegen verminderter Erwerbsfähigkeit werden außerdem Entgeltpunkte für die letzten vier Jahre bis zum Eintritt der hierfür maßgebenden Minderung der Erwerbsfähigkeit nicht berücksichtigt, wenn sich dadurch ein höherer Wert aus der Vergleichsbewertung ergibt. [2]Dabei sind von den belegungsfähigen Monaten aus der Grundbewertung die bei der Vergleichsbewertung außer Betracht gebliebenen Kalendermonate mit Entgeltpunkten abzusetzen.

§ 74 Begrenzte Gesamtleistungsbewertung. [1]Der sich aus der Gesamtleistungsbewertung ergebende Wert wird für jeden Kalendermonat mit Zeiten einer beruflichen Ausbildung, Fachschulausbildung oder der Teilnahme an einer berufsvorbereitenden Bildungsmaßnahme auf 75 vom Hundert begrenzt. [2]Der so begrenzte Gesamtleistungswert darf für einen Kalendermonat 0,0625 Entgeltpunkte nicht übersteigen. [3]Zeiten einer beruflichen Ausbildung, Fachschulausbildung oder der Teilnahme an einer berufsvorbereitenden Bildungsmaßnahme werden insgesamt für höchstens drei Jahre bewertet, vorrangig die beitragsfreien Zeiten der Fachschulausbildung und der Teilnahme an einer berufsvorbereitenden Bildungsmaßnahme. [4]Zeiten einer Schul- oder Hochschulausbildung und Kalendermonate, die nur deshalb Anrechnungszeiten sind, weil

1. Arbeitslosigkeit nach dem 30. Juni 1978 vorgelegen hat, für die Arbeitslosengeld oder Arbeitslosengeld II nicht oder Arbeitslosengeld II nur darlehensweise gezahlt worden ist oder nur Leistungen nach § 24 Absatz 3 Satz 1 des Zweiten Buches[1)] erbracht worden sind,

1a. Arbeitslosengeld II bezogen worden ist,

2. Krankheit nach dem 31. Dezember 1983 vorgelegen hat und nicht Beiträge gezahlt worden sind,

3. Ausbildungssuche vorgelegen hat,

werden nicht bewertet.

§ 75 Entgeltpunkte für Zeiten nach Rentenbeginn. (1) Für Zeiten nach Beginn der zu berechnenden Rente werden Entgeltpunkte nur für eine Zurechnungszeit und für Zuschläge an Entgeltpunkten aus Beiträgen nach Beginn einer Rente wegen Alters ermittelt.

(2) [1]Bei Renten wegen verminderter Erwerbsfähigkeit werden für

1. Beitragszeiten und Anrechnungszeiten, die nach Eintritt der hierfür maßgebenden Minderung der Erwerbsfähigkeit liegen,
2. freiwillige Beiträge, die nach Eintritt der hierfür maßgebenden Minderung der Erwerbsfähigkeit gezahlt worden sind,

Entgeltpunkte nicht ermittelt. [2]Dies gilt nicht für

1. eine Rente wegen voller Erwerbsminderung, auf die erst nach Erfüllung einer Wartezeit von 20 Jahren ein Anspruch besteht,
2. freiwillige Beiträge nach Satz 1 Nr. 2, wenn die Minderung der Erwerbsfähigkeit während eines Beitragsverfahrens oder eines Verfahrens über einen Rentenanspruch eingetreten ist.

[1)] Nr. 2.

(3) Für eine Rente wegen voller Erwerbsminderung werden auf Antrag Entgeltpunkte auch für Beitragszeiten und Anrechnungszeiten nach Eintritt der vollen Erwerbsminderung ermittelt, wenn diese Beitragszeiten 20 Jahre umfassen.

(4) Für eine Rente wegen Alters besteht Anspruch auf Ermittlung von Entgeltpunkten auch für Pflichtbeiträge nach § 119 des Zehnten Buches[1)], wenn diese nach dem Beginn der Rente aufgrund eines Schadensereignisses vor Rentenbeginn gezahlt worden sind; § 34 Abs. 4 Nr. 3 gilt nicht.

§ 76 Zuschläge oder Abschläge beim Versorgungsausgleich. (1) Ein zugunsten oder zulasten von Versicherten durchgeführter Versorgungsausgleich wird durch einen Zuschlag oder Abschlag an Entgeltpunkten berücksichtigt.

(2) [1] Die Übertragung oder Begründung von Rentenanwartschaften zugunsten von Versicherten führt zu einem Zuschlag an Entgeltpunkten. [2] Der Begründung von Rentenanwartschaften stehen gleich

1. die Wiederauffüllung geminderter Rentenanwartschaften (§ 187 Abs. 1 Nr. 1),
2. die Abwendung einer Kürzung der Versorgungsbezüge, wenn später eine Nachversicherung durchgeführt worden ist (§ 183 Abs. 1).

(3) Die Übertragung von Rentenanwartschaften zu Lasten von Versicherten führt zu einem Abschlag an Entgeltpunkten.

(4) [1] Die Entgeltpunkte werden in der Weise ermittelt, dass der Monatsbetrag der Rentenanwartschaften durch den aktuellen Rentenwert mit seinem Wert bei Ende der Ehezeit oder Lebenspartnerschaftszeit geteilt wird. [2] Entgeltpunkte aus einer Begründung durch externe Teilung nach § 14 des Versorgungsausgleichsgesetzes werden ermittelt, indem der vom Familiengericht nach § 222 Abs. 3 des Gesetzes über das Verfahren in Familiensachen und in den Angelegenheiten der freiwilligen Gerichtsbarkeit festgesetzte Kapitalbetrag mit dem zum Ende der Ehezeit maßgebenden Umrechnungsfaktor für die Ermittlung von Entgeltpunkten im Rahmen des Versorgungsausgleichs vervielfältigt wird. [3] An die Stelle des Endes der Ehezeit oder Lebenspartnerschaftszeit tritt in Fällen, in denen der Versorgungsausgleich nicht Folgesache im Sinne von § 137 Abs. 2 Satz 1 Nr. 1 des Gesetzes über das Verfahren in Familiensachen und in den Angelegenheiten der freiwilligen Gerichtsbarkeit ist oder im Abänderungsverfahren der Eingang des Antrags auf Durchführung oder Abänderung des Versorgungsausgleichs beim Familiengericht, in Fällen der Aussetzung des Verfahrens über den Versorgungsausgleich der Zeitpunkt der Wiederaufnahme des Verfahrens über den Versorgungsausgleich. [4] Ist nach der Entscheidung des Familiengerichts der Kapitalbetrag zu verzinsen, tritt an die Stelle der in den Sätzen 2 und 3 genannten Umrechnungszeitpunkte der Zeitpunkt, bis zu dem nach der Entscheidung des Familiengerichts Zinsen zu berechnen sind.

(5) Ein Zuschlag an Entgeltpunkten, die sich aus der Zahlung von Beiträgen zur Begründung einer Rentenanwartschaft oder zur Wiederauffüllung einer geminderten Rentenanwartschaft ergeben, erfolgt nur, wenn die Beiträge bis zu einem Zeitpunkt gezahlt worden sind, bis zu dem Entgeltpunkte für freiwillig gezahlte Beiträge zu ermitteln sind.

[1)] Nr. **10**.

(6) Der Zuschlag an Entgeltpunkten entfällt zu gleichen Teilen auf die in der Ehezeit oder Lebenspartnerschaftszeit liegenden Kalendermonate, der Abschlag zu gleichen Teilen auf die in der Ehezeit oder Lebenspartnerschaftszeit liegenden Kalendermonate mit Beitragszeiten und beitragsfreien Zeiten.

(7) Ist eine Rente um einen Zuschlag oder Abschlag aus einem durchgeführten Versorgungsausgleich zu verändern, ist von der Summe der bisher der Rente zugrunde liegenden Entgeltpunkte auszugehen.

§ 76a Zuschläge an Entgeltpunkten aus Zahlung von Beiträgen bei vorzeitiger Inanspruchnahme einer Rente wegen Alters oder bei Abfindungen einer Anwartschaft auf betriebliche Altersversorgung oder von Anrechten bei der Versorgungsausgleichskasse. (1) Entgeltpunkte aus der Zahlung von Beiträgen bei vorzeitiger Inanspruchnahme einer Rente wegen Alters werden ermittelt, indem gezahlte Beiträge mit dem zum Zeitpunkt der Zahlung maßgebenden Umrechnungsfaktor für die Ermittlung von Entgeltpunkten im Rahmen des Versorgungsausgleichs vervielfältigt werden.

(2) Entgeltpunkte aus der Zahlung von Beiträgen bei Abfindungen von Anwartschaften auf betriebliche Altersversorgung oder von Anrechten bei der Versorgungsausgleichskasse werden ermittelt, indem aus dem Abfindungsbetrag gezahlte Beiträge mit dem zum Zeitpunkt der Zahlung maßgebenden Umrechnungsfaktor für die Ermittlung von Entgeltpunkten im Rahmen des Versorgungsausgleichs vervielfältigt werden.

(3) Ein Zuschlag aus der Zahlung solcher Beiträge erfolgt nur, wenn sie bis zu einem Zeitpunkt gezahlt worden sind, bis zu dem Entgeltpunkte für freiwillig gezahlte Beiträge zu ermitteln sind.

§ 76b Zuschläge an Entgeltpunkten für Arbeitsentgelt aus geringfügiger Beschäftigung. (1) Für Arbeitsentgelt aus geringfügiger Beschäftigung, für die Beschäftigte nach § 6 Absatz 1b von der Versicherungspflicht befreit sind, und für das der Arbeitgeber einen Beitragsanteil getragen hat, werden Zuschläge an Entgeltpunkten ermittelt.

(2) [1] Die Zuschläge an Entgeltpunkten werden ermittelt, indem das Arbeitsentgelt, das beitragspflichtig wäre, wenn die Beschäftigung versicherungspflichtig wäre, durch das Durchschnittsentgelt (Anlage 1) für dasselbe Kalenderjahr geteilt und mit dem Verhältnis vervielfältigt wird, das dem vom Arbeitgeber gezahlten Beitragsanteil und dem Beitrag entspricht, der zu zahlen wäre, wenn das Arbeitsentgelt beitragspflichtig wäre. [2] Für das Kalenderjahr des Rentenbeginns und für das davor liegende Kalenderjahr wird als Durchschnittsentgelt der Betrag zugrunde gelegt, der für diese Kalenderjahre vorläufig bestimmt ist.

(3) Für den Zuschlag an Entgeltpunkten gelten die §§ 75 und 124 entsprechend.

(4) Absatz 1 gilt nicht für Beschäftigte, die versicherungsfrei sind wegen

1. des Bezugs einer Vollrente wegen Alters nach Erreichen der Regelaltersgrenze,
2. des Bezugs einer Versorgung,
3. des Erreichens der Regelaltersgrenze oder
4. einer Beitragserstattung.

§ 76c Zuschläge oder Abschläge beim Rentensplitting. (1) Ein durchgeführtes Rentensplitting wird beim Versicherten durch Zuschläge oder Abschläge an Entgeltpunkten berücksichtigt.

(2) Zuschläge an Entgeltpunkten aus einem durchgeführten Rentensplitting entfallen zu gleichen Teilen auf die in der Splittingzeit liegenden Kalendermonate, Abschläge zu gleichen Teilen auf die in der Splittingzeit liegenden Kalendermonate mit Beitragszeiten und beitragsfreien Zeiten.

(3) Ist eine Rente um Zuschläge oder Abschläge aus einem durchgeführten Rentensplitting zu verändern, ist von der Summe der bisher der Rente zugrunde liegenden Entgeltpunkte auszugehen.

§ 76d Zuschläge an Entgeltpunkten aus Beiträgen nach Beginn einer Rente wegen Alters. Für die Ermittlung von Zuschlägen an Entgeltpunkten aus Beiträgen nach Beginn einer Rente wegen Alters gelten die Regelungen zur Ermittlung von Entgeltpunkten für Beitragszeiten oder von Zuschlägen für Arbeitsentgelt aus geringfügiger Beschäftigung entsprechend.

§ 76e Zuschläge an Entgeltpunkten für Zeiten einer besonderen Auslandsverwendung. (1) Für Zeiten einer besonderen Auslandsverwendung nach § 63c Absatz 1 des Soldatenversorgungsgesetzes oder § 31a Absatz 1 des Beamtenversorgungsgesetzes ab dem 13. Dezember 2011 werden Zuschläge an Entgeltpunkten ermittelt, wenn während dieser Zeiten Pflichtbeitragszeiten vorliegen und nach dem 30. November 2002 insgesamt mindestens 180 Tage an Zeiten einer besonderen Auslandsverwendung vorliegen, die jeweils ununterbrochen mindestens 30 Tage gedauert haben.

(2) Die Zuschläge an Entgeltpunkten betragen für jeden Kalendermonat der besonderen Auslandsverwendung 0,18 Entgeltpunkte, wenn diese Zeiten jeweils ununterbrochen mindestens 30 Tage gedauert haben; für jeden Teilzeitraum wird der entsprechende Anteil zugrunde gelegt.

§ 76f Zuschläge an Entgeltpunkten für nachversicherte Soldaten auf Zeit. Für die Ermittlung von Zuschlägen an Entgeltpunkten aus Beiträgen für beitragspflichtige Einnahmen von nachversicherten Soldaten auf Zeit, die über dem Betrag der Beitragsbemessungsgrenze liegen, gelten die Regelungen zur Ermittlung von Entgeltpunkten für Beitragszeiten entsprechend.

§ 76g Zuschlag an Entgeltpunkten für langjährige Versicherung.

(1) Ein Zuschlag an Entgeltpunkten wird ermittelt, wenn mindestens 33 Jahre mit Grundrentenzeiten vorhanden sind und sich aus den Kalendermonaten mit Grundrentenbewertungszeiten ein Durchschnittswert an Entgeltpunkten ergibt, der unter dem nach Absatz 4 maßgebenden Höchstwert liegt.

(2) [1] Grundrentenzeiten sind Kalendermonate mit anrechenbaren Zeiten nach § 51 Absatz 3a Satz 1 Nummer 1 bis 3; § 55 Absatz 2 gilt entsprechend. [2] Grundrentenzeiten sind auch Kalendermonate mit Ersatzzeiten. [3] Abweichend von Satz 1 sind Kalendermonate mit Pflichtbeitragszeiten oder Anrechnungszeiten wegen des Bezugs von Arbeitslosengeld keine Grundrentenzeiten.

(3) [1] Grundrentenbewertungszeiten sind Kalendermonate mit Zeiten nach Absatz 2, wenn auf diese Zeiten Entgeltpunkte entfallen, die für den Kalendermonat mindestens 0,025 Entgeltpunkte betragen. [2] Berücksichtigt werden für

die Grundrentenbewertungszeiten auch Zuschläge an Entgeltpunkten nach den §§ 76e und 76f.

(4) [1] Der Zuschlag an Entgeltpunkten wird ermittelt aus dem Durchschnittswert an Entgeltpunkten aus allen Kalendermonaten mit Grundrentenbewertungszeiten und umfasst zunächst diesen Durchschnittswert. [2] Übersteigt das Zweifache dieses Durchschnittswertes den jeweils maßgeblichen Höchstwert an Entgeltpunkten nach den Sätzen 3 bis 5, wird der Zuschlag aus dem Differenzbetrag zwischen dem jeweiligen Höchstwert und dem Durchschnittswert nach Satz 1 ermittelt. [3] Der Höchstwert beträgt 0,0334 Entgeltpunkte, wenn 33 Jahre mit Grundrentenzeiten vorliegen. [4] Liegen mehr als 33, aber weniger als 35 Jahre mit Grundrentenzeiten vor, wird der Höchstwert nach Satz 3 je zusätzlichen Kalendermonat mit Grundrentenzeiten um 0,001389 Entgeltpunkte erhöht; das Ergebnis ist auf vier Dezimalstellen zu runden. [5] Liegen mindestens 35 Jahre mit Grundrentenzeiten vor, beträgt der Höchstwert 0,0667 Entgeltpunkte. [6] Zur Berechnung der Höhe des Zuschlags an Entgeltpunkten wird der nach den Sätzen 1 bis 5 ermittelte Entgeltpunktewert mit dem Faktor 0,875 und anschließend mit der Anzahl der Kalendermonate mit Grundrentenbewertungszeiten, höchstens jedoch mit 420 Kalendermonaten, vervielfältigt.

(5) Der Zuschlag an Entgeltpunkten wird den Kalendermonaten mit Grundrentenbewertungszeiten zu gleichen Teilen zugeordnet; dabei werden Kalendermonaten mit Entgeltpunkten (Ost) Zuschläge an Entgeltpunkten (Ost) zugeordnet.

§ 77 Zugangsfaktor. (1) Der Zugangsfaktor richtet sich nach dem Alter der Versicherten bei Rentenbeginn oder bei Tod und bestimmt, in welchem Umfang Entgeltpunkte bei der Ermittlung des Monatsbetrags der Rente als persönliche Entgeltpunkte zu berücksichtigen sind.

(2) [1] Der Zugangsfaktor ist für Entgeltpunkte, die noch nicht Grundlage von persönlichen Entgeltpunkten einer Rente waren,

1. bei Renten wegen Alters, die mit Ablauf des Kalendermonats des Erreichens der Regelaltersgrenze oder eines für den Versicherten maßgebenden niedrigeren Rentenalters beginnen, 1,0,
2. bei Renten wegen Alters, die
   a) vorzeitig in Anspruch genommen werden, für jeden Kalendermonat um 0,003 niedriger als 1,0 und
   b) nach Erreichen der Regelaltersgrenze trotz erfüllter Wartezeit nicht in Anspruch genommen werden, für jeden Kalendermonat um 0,005 höher als 1,0,
3. bei Renten wegen verminderter Erwerbsfähigkeit und bei Erziehungsrenten für jeden Kalendermonat, für den eine Rente vor Ablauf des Kalendermonats der Vollendung des 65. Lebensjahres in Anspruch genommen wird, um 0,003 niedriger als 1,0,
4. bei Hinterbliebenenrenten für jeden Kalendermonat,
   a) der sich vom Ablauf des Monats, in dem der Versicherte verstorben ist, bis zum Ablauf des Kalendermonats der Vollendung des 65. Lebensjahres des Versicherten ergibt, um 0,003 niedriger als 1,0 und

b) für den Versicherte trotz erfüllter Wartezeit eine Rente wegen Alters nach Erreichen der Regelaltersgrenze nicht in Anspruch genommen haben, um 0,005 höher als 1,0.

[2]Beginnt eine Rente wegen verminderter Erwerbsfähigkeit oder eine Erziehungsrente vor Vollendung des 62. Lebensjahres oder ist bei Hinterbliebenenrenten der Versicherte vor Vollendung des 62. Lebensjahres verstorben, ist die Vollendung des 62. Lebensjahres für die Bestimmung des Zugangsfaktors maßgebend. [3]Die Zeit des Bezugs einer Rente vor Vollendung des 62. Lebensjahres des Versicherten gilt nicht als Zeit einer vorzeitigen Inanspruchnahme. [4]Dem Beginn und der vorzeitigen oder späteren Inanspruchnahme einer Rente wegen Alters stehen für die Ermittlung des Zugangsfaktors für Zuschläge an Entgeltpunkten aus Beiträgen nach Beginn einer Rente wegen Alters die Zeitpunkte nach § 66 Absatz 3a Satz 1 gleich, zu denen die Zuschläge berücksichtigt werden.

(3) [1]Für diejenigen Entgeltpunkte, die bereits Grundlage von persönlichen Entgeltpunkten einer früheren Rente waren, bleibt der frühere Zugangsfaktor maßgebend. [2]Dies gilt nicht für die Hälfte der Entgeltpunkte, die Grundlage einer Rente wegen teilweiser Erwerbsminderung waren. [3]Der Zugangsfaktor wird für Entgeltpunkte, die Versicherte bei

1. einer Rente wegen Alters nicht mehr vorzeitig in Anspruch genommen haben, um 0,003 oder
2. einer Rente wegen verminderter Erwerbsfähigkeit oder einer Erziehungsrente mit einem Zugangsfaktor kleiner als 1,0 nach Ablauf des Kalendermonats der Vollendung des 62. Lebensjahres bis zum Ende des Kalendermonats der Vollendung des 65. Lebensjahres nicht in Anspruch genommen haben, um 0,003,
3. einer Rente nach Erreichen der Regelaltersgrenze nicht in Anspruch genommen haben, um 0,005

je Kalendermonat erhöht.

(4) Bei Renten wegen verminderter Erwerbsfähigkeit und bei Hinterbliebenenrenten, deren Berechnung 40 Jahre mit den in § 51 Abs. 3a und 4 und mit den in § 52 Abs. 2 genannten Zeiten zugrunde liegen, sind die Absätze 2 und 3 mit der Maßgabe anzuwenden, dass an die Stelle der Vollendung des 65. Lebensjahres die Vollendung des 63. Lebensjahres und an die Stelle der Vollendung des 62. Lebensjahres die Vollendung des 60. Lebensjahres tritt.

(5) Die Absätze 1 bis 4 gelten entsprechend für die Ermittlung des Zugangsfaktors für die nach § 66 Absatz 1 Satz 2 gesondert zu bestimmenden persönlichen Entgeltpunkte aus dem Zuschlag an Entgeltpunkten für langjährige Versicherung.

§ 78 Zuschlag bei Waisenrenten. (1) [1]Der Zuschlag an persönlichen Entgeltpunkten bei Waisenrenten richtet sich nach der Anzahl an Kalendermonaten mit rentenrechtlichen Zeiten und dem Zugangsfaktor des verstorbenen Versicherten. [2]Dabei wird der Zuschlag für jeden Kalendermonat mit Beitragszeiten in vollem Umfang berücksichtigt. [3]Für jeden Kalendermonat mit sonstigen rentenrechtlichen Zeiten wird der Zuschlag in dem Verhältnis berücksichtigt, in dem die Anzahl der Kalendermonate mit Beitragszeiten und Berücksichtigungszeiten zur Anzahl der für die Grundbewertung belegungsfähigen Monate steht.

(2) Bei einer Halbwaisenrente sind der Ermittlung des Zuschlags für jeden Kalendermonat 0,0833 Entgeltpunkte zugrunde zu legen.

(3) [1] Bei einer Vollwaisenrente sind der Ermittlung des Zuschlags für jeden Kalendermonat des verstorbenen Versicherten mit der höchsten Rente 0,075 Entgeltpunkte zugrunde zu legen. [2] Auf den Zuschlag werden die persönlichen Entgeltpunkte des verstorbenen Versicherten mit der zweithöchsten Rente angerechnet.

§ 78a Zuschlag bei Witwenrenten und Witwerrenten. (1) [1] Der Zuschlag an persönlichen Entgeltpunkten bei Witwenrenten und Witwerrenten richtet sich nach der Dauer der Erziehung von Kindern bis zur Vollendung ihres dritten Lebensjahres. [2] Die Dauer ergibt sich aus der Summe der Anzahl an Kalendermonaten mit Berücksichtigungszeiten wegen Kindererziehung, die der Witwe oder dem Witwer zugeordnet worden sind, beginnend nach Ablauf des Monats der Geburt, bei Geburten am Ersten eines Monats jedoch vom Monat der Geburt an. [3] Für die ersten 36 Kalendermonate sind jeweils 0,1010 Entgeltpunkte, für jeden weiteren Kalendermonat 0,0505 Entgeltpunkte zugrunde zu legen. [4] Witwenrenten und Witwerrenten werden nicht um einen Zuschlag erhöht, solange der Rentenartfaktor mindestens 1,0 beträgt.

(1a) Absatz 1 gilt entsprechend, soweit Berücksichtigungszeiten nur deshalb nicht angerechnet werden, weil

1. die Voraussetzungen des § 56 Absatz 4 vorliegen,
2. die Voraussetzung nach § 56 Absatz 3 oder § 57 Satz 2 nicht erfüllt wird oder
3. sie auf Grund einer Beitragserstattung nach § 210 untergegangen sind.

(2) [1] Sterben Versicherte vor der Vollendung des dritten Lebensjahres des Kindes, wird mindestens der Zeitraum zugrunde gelegt, der zum Zeitpunkt des Todes an der Vollendung des dritten Lebensjahres des Kindes fehlt. [2] Sterben Versicherte vor der Geburt des Kindes, werden 36 Kalendermonate zugrunde gelegt, wenn das Kind innerhalb von 300 Tagen nach dem Tod geboren wird. [3] Wird das Kind nach Ablauf dieser Frist geboren, erfolgt der Zuschlag mit Beginn des Monats, der auf den letzten Monat der zu berücksichtigenden Kindererziehung folgt.

(3) Absatz 1 gilt nicht, wenn eine Leistung, die dem Zuschlag gleichwertig ist, nach beamtenrechtlichen Vorschriften oder Grundsätzen oder nach entsprechenden kirchenrechtlichen Regelungen erbracht wird.

Vierter Titel. Knappschaftliche Besonderheiten

§ 79 Grundsatz. Für die Berechnung von Renten mit Zeiten in der knappschaftlichen Rentenversicherung sind die vorangehenden Vorschriften über die Rentenhöhe und die Rentenanpassung anzuwenden, soweit nicht im Folgenden etwas anderes bestimmt ist.

§ 80 Monatsbetrag der Rente. Liegen der Rente persönliche Entgeltpunkte sowohl der knappschaftlichen Rentenversicherung als auch der allgemeinen Rentenversicherung zugrunde, sind aus den persönlichen Entgeltpunkten der knappschaftlichen Rentenversicherung und denen der allgemeinen Rentenversicherung Monatsteilbeträge zu ermitteln, deren Summe den Monatsbetrag der Rente ergibt.

§ 81 Persönliche Entgeltpunkte. (1) Zur Summe aller Entgeltpunkte der knappschaftlichen Rentenversicherung gehören auch Entgeltpunkte aus dem Leistungszuschlag.

(2) Grundlage für die Ermittlung des Monatsbetrags einer Rente für Bergleute sind nur die persönlichen Entgeltpunkte, die auf die knappschaftliche Rentenversicherung entfallen.

§ 82 Rentenartfaktor. [1]Der Rentenartfaktor beträgt für persönliche Entgeltpunkte in der knappschaftlichen Rentenversicherung bei:

1. Renten wegen Alters	1,3333
2. Renten wegen teilweiser Erwerbsminderung	
a) solange eine in der knappschaftlichen Rentenversicherung versicherte Beschäftigung ausgeübt wird	0,6
b) in den übrigen Fällen	0,9
3. Renten wegen voller Erwerbsminderung	1,3333
4. Renten für Bergleute	0,5333
5. Erziehungsrenten	1,3333
6. kleinen Witwenrenten und kleinen Witwerrenten bis zum Ablauf des dritten Kalendermonats nach Ablauf des Monats, in dem der Ehegatte verstorben ist,	1,3333
anschließend	0,3333
7. großen Witwenrenten und großen Witwerrenten bis zum Ablauf des dritten Kalendermonats nach Ablauf des Monats, in dem der Ehegatte verstorben ist,	1,3333
anschließend	0,7333
8. Halbwaisenrenten	0,1333
9. Vollwaisenrenten	0,2667.

[2]Der Rentenartfaktor beträgt abweichend von Satz 1 für persönliche Entgeltpunkte aus zusätzlichen Entgeltpunkten für ständige Arbeiten unter Tage bei

1. Renten wegen teilweiser Erwerbsminderung	1,3333
2. Renten für Bergleute	1,3333
3. kleinen Witwenrenten und kleinen Witwerrenten bis zum Ablauf des dritten Kalendermonats nach Ablauf des Monats, in dem der Ehegatte verstorben ist,	1,3333
anschließend	0,7333.

§ 83 Entgeltpunkte für Beitragszeiten. (1) [1]Kindererziehungszeiten erhalten für jeden Kalendermonat 0,0625 Entgeltpunkte (Entgeltpunkte für Kindererziehungszeiten). [2]Entgeltpunkte für Kindererziehungszeiten sind auch Entgeltpunkte, die für Kindererziehungszeiten mit sonstigen Beitragszeiten der knappschaftlichen Rentenversicherung ermittelt werden, indem die Entgeltpunkte für diese sonstigen Beitragszeiten um 0,0625 erhöht werden, höchstens aber um drei Viertel des Unterschiedsbetrags. [3]Der Unterschiedsbetrag ergibt sich, indem die ermittelten Entgeltpunkte für sonstige Beitragszeiten um 0,0833, höchstens aber auf den jeweiligen Höchstbetrag nach Anlage 2b für die knappschaftliche Rentenversicherung erhöht und um die ermittelten Entgeltpunkte für sonstige Beitragszeiten gemindert werden. [4] Kindererziehungszeiten in der knappschaftlichen Rentenversicherung werden bei Anwendung des § 70 Abs. 3a wie Kindererziehungszeiten in der allgemeinen Rentenversicherung bewertet.

(2) [1] Für Zeiten nach dem 31. Dezember 1971, in denen Versicherte eine Bergmannsprämie bezogen haben, wird die Beitragsbemessungsgrundlage, aus der die Entgeltpunkte ermittelt werden, bis zur Beitragsbemessungsgrenze um einen Betrag in Höhe der gezahlten Bergmannsprämie erhöht. [2] Dies gilt nicht für die Berechnung einer Rente für Bergleute.

§ 84 Entgeltpunkte für beitragsfreie und beitragsgeminderte Zeiten (Gesamtleistungsbewertung) (1) Für die Gesamtleistungsbewertung werden jedem Kalendermonat mit Beitragszeiten der knappschaftlichen Rentenversicherung, der gleichzeitig Kindererziehungszeit ist, die um ein Drittel erhöhten Entgeltpunkte für Kindererziehungszeiten zugeordnet.

(2) Bei Kalendermonaten mit Beitragszeiten der allgemeinen Rentenversicherung, die beitragsgeminderte Zeiten sind, weil sie auch mit Anrechnungszeiten oder einer Zurechnungszeit belegt sind, die der knappschaftlichen Rentenversicherung zugeordnet sind, werden für die Ermittlung des Wertes für beitragsgeminderte Zeiten die Entgeltpunkte für diese Beitragszeiten zuvor mit 0,75 vervielfältigt.

(3) Bei Kalendermonaten mit Beitragszeiten der knappschaftlichen Rentenversicherung, die beitragsgeminderte Zeiten sind, weil sie auch mit Anrechnungszeiten oder einer Zurechnungszeit belegt sind, die der allgemeinen Rentenversicherung zugeordnet sind, werden für die Ermittlung des Wertes für beitragsgeminderte Zeiten die ohne Anwendung des Absatzes 1 ermittelten Entgeltpunkte für diese Beitragszeiten zuvor mit 1,3333 vervielfältigt.

§ 85 Entgeltpunkte für ständige Arbeiten unter Tage (Leistungszuschlag) (1) [1] Versicherte erhalten nach sechs Jahren ständiger Arbeiten unter Tage für jedes volle Jahr mit solchen Arbeiten

vom sechsten bis zum zehnten Jahr	0,125
vom elften bis zum zwanzigsten Jahr	0,25
für jedes weitere Jahr	0,375

zusätzliche Entgeltpunkte. [2] Dies gilt nicht für Zeiten, in denen eine Rente wegen Erwerbsminderung bezogen worden ist.

(2) Die zusätzlichen Entgeltpunkte werden den Kalendermonaten mit ständigen Arbeiten unter Tage zu gleichen Teilen zugeordnet.

§ 86 *(aufgehoben)*

§ 86a Zugangsfaktor. [1] Bei Renten für Bergleute ist als niedrigstes Lebensalter für die Bestimmung des Zugangsfaktors (§ 77) die Vollendung des 64. Lebensjahres zugrunde zu legen. [2] § 77 Abs. 3 Satz 2 ist bei Renten für Bergleute mit der Maßgabe anzuwenden, dass an die Stelle der Hälfte der Entgeltpunkte drei Fünftel der Entgeltpunkte treten. [3] § 77 Abs. 4 ist bei Renten für Bergleute mit der Maßgabe anzuwenden, dass als niedrigstes Lebensalter für die Bestimmung des Zugangsfaktors die Vollendung des 62. Lebensjahres zugrunde zu legen ist.

§ 87 Zuschlag bei Waisenrenten. (1) Bei der Ermittlung des Zuschlags bei Waisenrenten mit Entgeltpunkten der knappschaftlichen Rentenversicherung sind für jeden Kalendermonat mit Beitragszeiten des verstorbenen Versicherten

1. bei einer Halbwaisenrente 0,0625 Entgeltpunkte,
2. bei einer Vollwaisenrente 0,0563 Entgeltpunkte

zugrunde zu legen.

(2) Sind persönliche Entgeltpunkte der allgemeinen Rentenversicherung auf den Zuschlag für eine Vollwaisenrente mit Entgeltpunkten der knappschaftlichen Rentenversicherung anzurechnen, sind sie zuvor mit 0,75 zu vervielfältigen.

(3) Sind persönliche Entgeltpunkte der knappschaftlichen Rentenversicherung auf den Zuschlag für eine Vollwaisenrente mit Entgeltpunkten der allgemeinen Rentenversicherung anzurechnen, sind sie zuvor mit 1,3333 zu vervielfältigen.

Fünfter Titel. Ermittlung des Monatsbetrags der Rente in Sonderfällen

§ 88 Persönliche Entgeltpunkte bei Folgerenten. (1) [1] Hat ein Versicherter eine Rente wegen Alters bezogen, werden ihm für eine spätere Rente mindestens die bisherigen persönlichen Entgeltpunkte zugrunde gelegt. [2] Hat ein Versicherter eine Rente wegen verminderter Erwerbsfähigkeit oder eine Erziehungsrente bezogen und beginnt spätestens innerhalb von 24 Kalendermonaten nach Ende des Bezugs dieser Rente erneut eine Rente, werden ihm für diese Rente mindestens die bisherigen persönlichen Entgeltpunkte zugrunde gelegt. [3] Satz 2 gilt bei Renten für Bergleute nur, wenn ihnen eine Rente für Bergleute vorausgegangen ist.

(2) [1] Hat der verstorbene Versicherte eine Rente aus eigener Versicherung bezogen und beginnt spätestens innerhalb von 24 Kalendermonaten nach Ende des Bezugs dieser Rente eine Hinterbliebenenrente, werden ihr mindestens die bisherigen persönlichen Entgeltpunkte des verstorbenen Versicherten zugrunde gelegt. [2] Haben eine Witwe, ein Witwer oder eine Waise eine Hinterbliebenenrente bezogen und beginnt spätestens innerhalb von 24 Kalendermonaten nach Ende des Bezugs dieser Rente erneut eine solche Rente, werden ihr mindestens die bisherigen persönlichen Entgeltpunkte zugrunde gelegt.

(3) Haben Beiträge nach Beginn einer Rente wegen Alters noch nicht zu Zuschlägen an Entgeltpunkten geführt, werden bei der Folgerente zusätzlich zu den bisherigen persönlichen Entgeltpunkten auch persönliche Entgeltpunkte aus Zuschlägen an Entgeltpunkten aus Beiträgen nach Beginn der Rente wegen Alters zugrunde gelegt.

(4) Wird die Rente unter Anwendung der Absätze 1 bis 3 berechnet, entfällt auf den Zuschlag an Entgeltpunkten für langjährige Versicherung der Anteil an persönlichen Entgeltpunkten, der in der Rente enthalten war, aus der sich der Besitzschutz an persönlichen Entgeltpunkten ergab.

§ 88a Höchstbetrag bei Witwenrenten und Witwerrenten. [1] Der Monatsbetrag einer Witwenrente oder Witwerrente darf den Monatsbetrag der Rente wegen voller Erwerbsminderung oder die Vollrente wegen Alters des Verstorbenen nicht überschreiten. [2] Anderenfalls ist der Zuschlag an persönlichen Entgeltpunkten bei Witwenrenten und Witwerrenten entsprechend zu verringern.

Vierter Unterabschnitt. Zusammentreffen von Renten und Einkommen

§ 89 Mehrere Rentenansprüche. (1) [1]Bestehen für denselben Zeitraum Ansprüche auf mehrere Renten aus eigener Versicherung, wird nur die höchste Rente geleistet. [2]Bei gleich hohen Renten ist folgende Rangfolge maßgebend:

1. Regelaltersrente,
2. Altersrente für langjährig Versicherte,
3. Altersrente für schwerbehinderte Menschen,
3a. Altersrente für besonders langjährig Versicherte,
4. Altersrente wegen Arbeitslosigkeit oder nach Altersteilzeitarbeit (Fünftes Kapitel),
5. Altersrente für Frauen (Fünftes Kapitel),
6. Altersrente für langjährig unter Tage beschäftigte Bergleute,
7. Rente wegen voller Erwerbsminderung,
8. *(aufgehoben)*
9. Erziehungsrente,
10. *(aufgehoben)*
11. Rente wegen teilweiser Erwerbsminderung,
12. Rente für Bergleute.

[3]Ist eine Rente gezahlt worden und wird für denselben Zeitraum eine höhere oder ranghöhere Rente bewilligt, ist der Bescheid über die niedrigere oder rangniedrigere Rente vom Beginn der laufenden Zahlung der höheren oder ranghöheren Rente an aufzuheben. [4]Nicht anzuwenden sind die Vorschriften zur Anhörung Beteiligter (§ 24 des Zehnten Buches[1)]), zur Rücknahme eines rechtswidrigen begünstigenden Verwaltungsaktes (§ 45 des Zehnten Buches) und zur Aufhebung eines Verwaltungsaktes mit Dauerwirkung bei Änderung der Verhältnisse (§ 48 des Zehnten Buches). [5]Für den Zeitraum des Zusammentreffens der Rentenansprüche bis zum Beginn der laufenden Zahlung nach Satz 3 gilt der Anspruch auf die höhere oder ranghöhere Rente nach Berücksichtigung von Erstattungsansprüchen anderer Leistungsträger bis zur Höhe der gezahlten niedrigeren oder rangniedrigeren Rente als erfüllt. [6]Ein unter Berücksichtigung von Erstattungsansprüchen anderer Leistungsträger verbleibender Nachzahlungsbetrag aus der höheren oder ranghöheren Rente ist nur auszuzahlen, soweit er die niedrigere oder rangniedrigere Rente übersteigt. [7]Übersteigen die vom Rentenversicherungsträger anderen Leistungsträgern zu erstattenden Beträge zusammen mit der niedrigeren oder rangniedrigeren Rente den Betrag der höheren oder ranghöheren Rente, wird der übersteigende Betrag nicht von den Versicherten zurückgefordert.

(2) [1]Für den Zeitraum, für den Anspruch auf große Witwenrente oder große Witwerrente besteht, wird eine kleine Witwenrente oder eine kleine Witwerrente nicht geleistet. [2]Absatz 1 Satz 3 bis 7 gilt entsprechend.

(3) [1]Besteht für denselben Zeitraum Anspruch auf mehrere Waisenrenten, wird nur die höchste Waisenrente geleistet. [2]Bei gleich hohen Waisenrenten wird nur die zuerst beantragte Rente geleistet. [3]Absatz 1 Satz 3 bis 7 gilt entsprechend.

[1)] Nr. **10**.

§ 90 Witwenrente und Witwerrente nach dem vorletzten Ehegatten und Ansprüche infolge Auflösung der letzten Ehe. (1) Auf eine Witwenrente oder Witwerrente nach dem vorletzten Ehegatten werden für denselben Zeitraum bestehende Ansprüche auf Witwenrente oder Witwerrente, auf Versorgung, auf Unterhalt oder auf sonstige Renten nach dem letzten Ehegatten angerechnet; dabei werden die Vorschriften über die Einkommensanrechnung auf Renten wegen Todes nicht berücksichtigt.

(2) [1] Wurde bei der Wiederheirat eine Rentenabfindung geleistet und besteht nach Auflösung oder Nichtigerklärung der erneuten Ehe Anspruch auf Witwenrente oder Witwerrente nach dem vorletzten Ehegatten, wird für jeden Kalendermonat, der auf die Zeit nach Auflösung oder Nichtigerklärung der erneuten Ehe bis zum Ablauf des 24. Kalendermonats nach Ablauf des Monats der Wiederheirat entfällt, von dieser Rente ein Vierundzwanzigstel der Rentenabfindung in angemessenen Teilbeträgen einbehalten. [2] Wurde die Rentenabfindung nach kleiner Witwenrente oder kleiner Witwerrente in verminderter Höhe geleistet, vermindert sich der Zeitraum des Einbehalts um die Kalendermonate, für die eine kleine Witwenrente oder kleine Witwerrente geleistet wurde. [3] Als Teiler zur Ermittlung der Höhe des Einbehalts ist dabei die Anzahl an Kalendermonaten maßgebend, für die die Abfindung geleistet wurde. [4] Wird die Rente verspätet beantragt, mindert sich die einzubehaltende Rentenabfindung um den Betrag, der dem Berechtigten bei frühestmöglicher Antragstellung an Witwenrente oder Witwerrente nach dem vorletzten Ehegatten zugestanden hätte.

(3) Als Witwenrente oder Witwerrente nach dem vorletzten Ehegatten gelten auch eine Witwenrente oder Witwerrente nach dem vorletzten Lebenspartner, als letzter Ehegatte auch der letzte Lebenspartner, als Wiederheirat auch die erstmalige oder erneute Begründung einer Lebenspartnerschaft und als erneute Ehe auch die erstmalige oder erneute Lebenspartnerschaft.

§ 91 Aufteilung von Witwenrenten und Witwerrenten auf mehrere Berechtigte. [1] Besteht für denselben Zeitraum aus den Rentenanwartschaften eines Versicherten Anspruch auf Witwenrente oder Witwerrente für mehrere Berechtigte, erhält jeder Berechtigte den Teil der Witwenrente oder Witwerrente, der dem Verhältnis der Dauer seiner Ehe mit dem Versicherten zu der Dauer der Ehen des Versicherten mit allen Berechtigten entspricht. [2] Dies gilt nicht für Witwen oder Witwer, solange der Rentenartfaktor der Witwenrente oder Witwerrente mindestens 1,0 beträgt. [3] Ergibt sich aus der Anwendung des Rechts eines anderen Staates, dass mehrere Berechtigte vorhanden sind, erfolgt die Aufteilung nach § 34 Abs. 2 des Ersten Buches[1)].

§ 92 Waisenrente und andere Leistungen an Waisen. [1] Besteht für denselben Zeitraum Anspruch auf Waisenrente aus der Rentenanwartschaft eines verstorbenen Elternteils und auf eine Leistung an Waisen, weil ein anderer verstorbener Elternteil oder bei einer Vollwaisenrente der Elternteil mit der zweithöchsten Rente zu den in § 5 Abs. 1 oder § 6 Abs. 1 Satz 1 Nr. 1 und 2 genannten Personen gehörte, wird der Zuschlag zur Waisenrente nur insoweit gezahlt, als er diese Leistung übersteigt. [2] Änderungen der Höhe der anrechen-

1) Nr. 1.

baren Leistung an Waisen aufgrund einer regelmäßigen Anpassung sind erst zum Zeitpunkt der Anpassung der Waisenrente zu berücksichtigen.

§ 93 Rente und Leistungen aus der Unfallversicherung. (1) Besteht für denselben Zeitraum Anspruch

1. auf eine Rente aus eigener Versicherung und auf eine Verletztenrente aus der Unfallversicherung oder
2. auf eine Hinterbliebenenrente und eine entsprechende Hinterbliebenenrente aus der Unfallversicherung,

wird die Rente insoweit nicht geleistet, als die Summe der zusammentreffenden Rentenbeträge vor Einkommensanrechnung nach § 97 dieses Buches und nach § 65 Absatz 3 und 4 des Siebten Buches[1)] den jeweiligen Grenzbetrag übersteigt.

(2) Bei der Ermittlung der Summe der zusammentreffenden Rentenbeträge bleiben unberücksichtigt

1. bei dem Monatsteilbetrag der Rente, der auf persönlichen Entgeltpunkten der knappschaftlichen Rentenversicherung beruht,
   a) der auf den Leistungszuschlag für ständige Arbeiten unter Tage entfallende Anteil und
   b) 15 vom Hundert des verbleibenden Anteils,
2. bei der Verletztenrente aus der Unfallversicherung

   [Buchst. a bis 30.6.2021:]

   a) ein der Grundrente nach dem Bundesversorgungsgesetz entsprechender Betrag, bei einer Minderung der Erwerbsfähigkeit um 20 vom Hundert zwei Drittel der Mindestgrundrente, bei einer Minderung der Erwerbsfähigkeit um 10 vom Hundert ein Drittel der Mindestgrundrente, und

   [Buchst. a ab 1.7.2021:]

   a) ein verletzungsbedingte Mehraufwendungen und den immateriellen Schaden ausgleichender Betrag nach den Absätzen 2a und 2b, und

   b) je 16,67 ***[bis 30.6.2021:*** vom Hundert***][ab 1.7.2021:*** *Prozent]* des aktuellen Rentenwerts für jeden Prozentpunkt der Minderung der Erwerbsfähigkeit, wenn diese mindestens 60 vom Hundert beträgt und die Rente aufgrund einer entschädigungspflichtigen Berufskrankheit nach den Nummern 4101, 4102 oder 4111 der Anlage zur Berufskrankheiten-Verordnung vom 31. Oktober 1997 geleistet wird.

[Abs. 2a ab 1.7.2021:]

(2a) [1] Der die verletzungsbedingten Mehraufwendungen und den immateriellen Schaden ausgleichende Betrag beträgt bei einer Minderung der Erwerbsfähigkeit von

1. 10 Prozent das 1,51fache,
2. 20 Prozent das 3,01fache,
3. 30 Prozent das 4,52fache,
4. 40 Prozent das 6,20fache,
5. 50 Prozent das 8,32fache,
6. 60 Prozent das 10,51fache,
7. 70 Prozent das 14,58fache,

---

1) Nr. 7.

8. 80 Prozent das 17,63fache,
9. 90 Prozent das 21,19fache,
10. 100 Prozent das 23,72fache

des aktuellen Rentenwerts. [2] Liegt der Wert der Minderung der Erwerbsfähigkeit zwischen vollen 10 Prozent, gilt der Faktor für die nächsthöheren 10 Prozent.

[Abs. 2b ab 1.7.2021:]

(2b) [1] Bei einer Minderung der Erwerbsfähigkeit von mindestens 50 Prozent erhöht sich der Betrag nach Absatz 2a zum Ersten des Monats, in dem das 65. Lebensjahr vollendet wird, bei Geburten am Ersten eines Monats jedoch vom Monat der Geburt an. [2] Die Erhöhung beträgt bei einer Minderung der Erwerbsfähigkeit
1. von 50 und 60 Prozent das 0,92fache,
2. von 70 und 80 Prozent das 1,16fache,
3. von mindestens 90 Prozent das 1,40fache

des aktuellen Rentenwerts. [3] Liegt der Wert der Minderung der Erwerbsfähigkeit zwischen vollen 10 Prozent, gilt der Faktor für die nächsthöheren 10 Prozent.

(3) [1] Der Grenzbetrag beträgt 70 vom Hundert eines Zwölftels des Jahresarbeitsverdienstes, der der Berechnung der Rente aus der Unfallversicherung zugrunde liegt, vervielfältigt mit dem jeweiligen Rentenartfaktor für persönliche Entgeltpunkte der allgemeinen Rentenversicherung; bei einer Rente für Bergleute beträgt der Faktor 0,4. [2] Mindestgrenzbetrag ist der Monatsbetrag der Rente ohne die Beträge nach Absatz 2 Nr. 1.

(4) [1] Die Absätze 1 bis 3 werden auch angewendet,
1. soweit an die Stelle der Rente aus der Unfallversicherung eine Abfindung getreten ist,
2. soweit die Rente aus der Unfallversicherung für die Dauer einer Heimpflege gekürzt worden ist,
3. wenn nach § 10 Abs. 1 des Entwicklungshelfer-Gesetzes eine Leistung erbracht wird, die einer Rente aus der Unfallversicherung vergleichbar ist,
4. wenn von einem Träger mit Sitz im Ausland eine Rente wegen eines Arbeitsunfalls oder einer Berufskrankheit geleistet wird, die einer Rente aus der Unfallversicherung nach diesem Gesetzbuch vergleichbar ist.

[2] Die Abfindung tritt für den Zeitraum, für den sie bestimmt ist, an die Stelle der Rente. [3] Im Fall des Satzes 1 Nr. 4 wird als Jahresarbeitsverdienst der 18fache Monatsbetrag der Rente wegen Arbeitsunfalls oder Berufskrankheit zugrunde gelegt. [4] Wird die Rente für eine Minderung der Erwerbsfähigkeit von weniger als 100 vom Hundert geleistet, ist von dem Rentenbetrag auszugehen, der sich für eine Minderung der Erwerbsfähigkeit von 100 vom Hundert ergeben würde.

(5) [1] Die Absätze 1 bis 4 werden nicht angewendet, wenn die Rente aus der Unfallversicherung
1. für einen Versicherungsfall geleistet wird, der sich nach Rentenbeginn oder nach Eintritt der für die Rente maßgebenden Minderung der Erwerbsfähigkeit ereignet hat, oder
2. ausschließlich nach dem Arbeitseinkommen des Unternehmers oder seines Ehegatten oder Lebenspartners oder nach einem festen Betrag, der für den Unternehmer oder seinen Ehegatten oder Lebenspartner bestimmt ist, berechnet wird.

[2] Als Zeitpunkt des Versicherungsfalls gilt bei Berufskrankheiten der letzte Tag, an dem der Versicherte versicherte Tätigkeiten verrichtet hat, die ihrer Art nach geeignet waren, die Berufskrankheit zu verursachen. [3] Satz 1 Nr. 1 gilt nicht für Hinterbliebenenrenten.

§ 94 *(aufgehoben)*

§ 95 (weggefallen)

§ 96 Nachversicherte Versorgungsbezieher. Nachversicherten, die ihren Anspruch auf Versorgung ganz und auf Dauer verloren haben, wird die Rente oder die höhere Rente für den Zeitraum nicht geleistet, für den Versorgungsbezüge zu leisten sind.

§ 96a Rente wegen verminderter Erwerbsfähigkeit und Hinzuverdienst. (1) Eine Rente wegen verminderter Erwerbsfähigkeit wird nur in voller Höhe geleistet, wenn die kalenderjährliche Hinzuverdienstgrenze nach Absatz 1c nicht überschritten wird.

(1a) [1] Wird die Hinzuverdienstgrenze überschritten, wird die Rente nur teilweise geleistet. [2] Die teilweise zu leistende Rente wird berechnet, indem ein Zwölftel des die Hinzuverdienstgrenze übersteigenden Betrages zu 40 Prozent von der Rente in voller Höhe abgezogen wird. [3] Überschreitet der sich dabei ergebende Rentenbetrag zusammen mit einem Zwölftel des kalenderjährlichen Hinzuverdienstes den Hinzuverdienstdeckel nach Absatz 1b, wird der überschreitende Betrag von dem sich nach Satz 2 ergebenden Rentenbetrag abgezogen. [4] Die Rente wird nicht geleistet, wenn der von der Rente abzuziehende Hinzuverdienst den Betrag der Rente in voller Höhe erreicht.

(1b) [1] Der Hinzuverdienstdeckel wird berechnet, indem die monatliche Bezugsgröße mit den Entgeltpunkten (§ 66 Absatz 1 Nummer 1 bis 3) des Kalenderjahres mit den höchsten Entgeltpunkten aus den letzten 15 Kalenderjahren vor Eintritt der Erwerbsminderung vervielfältigt wird. [2] Er beträgt mindestens

1. bei einer Rente wegen teilweiser Erwerbsminderung die Summe aus einem Zwölftel des nach Absatz 1c Satz 1 Nummer 1 berechneten Betrags und dem Monatsbetrag der Rente in voller Höhe,
2. bei einer Rente wegen voller Erwerbsminderung die Summe aus einem Zwölftel von 6 300 Euro und dem Monatsbetrag der Rente in voller Höhe,
3. bei einer Rente für Bergleute die Summe aus einem Zwölftel des nach Absatz 1c Satz 1 Nummer 3 berechneten Betrags und dem Monatsbetrag der Rente in voller Höhe.

[3] Der Hinzuverdienstdeckel wird jährlich zum 1. Juli neu berechnet. [4] Bei einer Rente für Bergleute tritt an die Stelle des Eintritts der Erwerbsminderung der Eintritt der im Bergbau verminderten Berufsfähigkeit oder die Erfüllung der Voraussetzungen nach § 45 Absatz 3.

(1c) [1] Die Hinzuverdienstgrenze beträgt

1. bei einer Rente wegen teilweiser Erwerbsminderung das 0,81fache der jährlichen Bezugsgröße, vervielfältigt mit den Entgeltpunkten (§ 66 Absatz 1 Nummer 1 bis 3) des Kalenderjahres mit den höchsten Entgeltpunkten aus den letzten 15 Kalenderjahren vor Eintritt der Erwerbsminderung, mindestens jedoch mit 0,5 Entgeltpunkten,

2. bei einer Rente wegen voller Erwerbsminderung in voller Höhe 6 300 Euro,
3. bei einer Rente für Bergleute das 0,89fache der jährlichen Bezugsgröße, vervielfältigt mit den Entgeltpunkten (§ 66 Absatz 1 Nummer 1 bis 3) des Kalenderjahres mit den höchsten Entgeltpunkten aus den letzten 15 Kalenderjahren vor Eintritt der im Bergbau verminderten Berufsfähigkeit oder der Erfüllung der Voraussetzungen nach § 45 Absatz 3, mindestens jedoch mit 0,5 Entgeltpunkten.

[2] Die nach Satz 1 Nummer 1 und 3 ermittelten Hinzuverdienstgrenzen werden jährlich zum 1. Juli neu berechnet.

(2) [1] Als Hinzuverdienst sind Arbeitsentgelt, Arbeitseinkommen und vergleichbares Einkommen zu berücksichtigen. [2] Diese Einkünfte sind zusammenzurechnen. [3] Nicht als Hinzuverdienst gilt das Entgelt,

1. das eine Pflegeperson von der pflegebedürftigen Person erhält, wenn es das dem Umfang der Pflegetätigkeit entsprechende Pflegegeld im Sinne des § 37 des Elften Buches[1)] nicht übersteigt, oder
2. das ein behinderter Mensch von dem Träger einer in § 1 Satz 1 Nummer 2 genannten Einrichtung erhält.

(3) [1] Bei einer Rente wegen teilweiser Erwerbsminderung oder einer Rente für Bergleute sind zusätzlich zu dem Hinzuverdienst nach Absatz 2 Satz 1 als Hinzuverdienst zu berücksichtigen:

1. Krankengeld,
   a) das aufgrund einer Arbeitsunfähigkeit geleistet wird, die nach dem Beginn der Rente eingetreten ist, oder
   b) das aufgrund einer stationären Behandlung geleistet wird, die nach dem Beginn der Rente begonnen worden ist,
2. Versorgungskrankengeld,
   a) das aufgrund einer Arbeitsunfähigkeit geleistet wird, die nach dem Beginn der Rente eingetreten ist, oder
   b) das während einer stationären Behandlungsmaßnahme geleistet wird, wenn diesem ein nach Beginn der Rente erzieltes Arbeitsentgelt oder Arbeitseinkommen zugrunde liegt,
3. Übergangsgeld,
   a) dem ein nach Beginn der Rente erzieltes Arbeitsentgelt oder Arbeitseinkommen zugrunde liegt oder
   b) das aus der gesetzlichen Unfallversicherung geleistet wird und
4. die weiteren in § 18a Absatz 3 Satz 1 Nummer 1 des Vierten Buches[2)] genannten Sozialleistungen.

[2] Bei einer Rente wegen voller Erwerbsminderung sind zusätzlich zu dem Hinzuverdienst nach Absatz 2 Satz 1 als Hinzuverdienst zu berücksichtigen:

1. Verletztengeld und
2. Übergangsgeld aus der gesetzlichen Unfallversicherung.

[3] Als Hinzuverdienst ist das der Sozialleistung zugrunde liegende Arbeitsentgelt oder Arbeitseinkommen zu berücksichtigen. [4] Die Sätze 1 und 2 sind auch für

---

[1)] Nr. 11.
[2)] Nr. 4.

eine Sozialleistung anzuwenden, die aus Gründen ruht, die nicht im Rentenbezug liegen.

(4) Absatz 3 wird auch für vergleichbare Leistungen einer Stelle mit Sitz im Ausland angewendet.

(5) § 34 Absatz 3c bis 3g gilt sinngemäß.

§ 97 Einkommensanrechnung auf Renten wegen Todes. (1) [1]Einkommen (§ 18a des Vierten Buches[1)]) von Berechtigten, das mit einer Witwenrente, Witwerrente oder Erziehungsrente zusammentrifft, wird hierauf angerechnet. [2]Dies gilt nicht bei Witwenrenten oder Witwerrenten, solange deren Rentenartfaktor mindestens 1,0 beträgt.

(2) [1]Anrechenbar ist das Einkommen, das monatlich das 26,4fache des aktuellen Rentenwerts übersteigt. [2]Das nicht anrechenbare Einkommen erhöht sich um das 5,6fache des aktuellen Rentenwerts für jedes Kind des Berechtigten, das Anspruch auf Waisenrente hat oder nur deshalb nicht hat, weil es nicht ein Kind des Verstorbenen ist. [3]Von dem danach verbleibenden anrechenbaren Einkommen werden 40 vom Hundert angerechnet. [4]Führt das Einkommen auch zur Kürzung oder zum Wegfall einer vergleichbaren Rente in einem Mitgliedstaat der Europäischen Union, einem Vertragsstaat des Abkommens über den Europäischen Wirtschaftsraum oder der Schweiz, ist der anrechenbare Betrag mit dem Teil zu berücksichtigen, der dem Verhältnis entspricht, in dem die Entgeltpunkte für Zeiten im Inland zu den Entgeltpunkten für alle in einem Mitgliedstaat der Europäischen Union, einem Vertragsstaat des Abkommens über den Europäischen Wirtschaftsraum und der Schweiz zurückgelegten Zeiten stehen.

(3) [1]Für die Einkommensanrechnung ist bei Anspruch auf mehrere Renten folgende Rangfolge maßgebend:

1. *(aufgehoben)*
2. Witwenrente oder Witwerrente,
3. Witwenrente oder Witwerrente nach dem vorletzten Ehegatten.

[2]Die Einkommensanrechnung auf eine Hinterbliebenenrente aus der Unfallversicherung hat Vorrang vor der Einkommensanrechnung auf eine entsprechende Rente wegen Todes. [3]Das auf eine Hinterbliebenenrente anzurechnende Einkommen mindert sich um den Betrag, der bereits zu einer Einkommensanrechnung auf eine vorrangige Hinterbliebenenrente geführt hat.

(4) Trifft eine Erziehungsrente mit einer Hinterbliebenenrente zusammen, ist der Einkommensanrechnung auf die Hinterbliebenenrente das Einkommen zugrunde zu legen, das sich nach Durchführung der Einkommensanrechnung auf die Erziehungsrente ergibt.

§ 97a Einkommensanrechnung beim Zuschlag an Entgeltpunkten für langjährige Versicherung. (1) Auf den Rentenanteil aus dem Zuschlag an Entgeltpunkten für langjährige Versicherung wird Einkommen des Berechtigten und seines Ehegatten angerechnet.

(2) [1]Als Einkommen zu berücksichtigen sind

[1)] Nr. 4.

1. das zu versteuernde Einkommen nach § 2 Absatz 5 des Einkommensteuergesetzes,
2. der steuerfreie Teil von Renten nach § 22 Nummer 1 Satz 3 Buchstabe a Doppelbuchstabe aa Satz 4 des Einkommensteuergesetzes sowie der nach § 19 Absatz 2 und § 22 Nummer 4 Satz 4 Buchstabe b des Einkommensteuergesetzes steuerfreie Betrag von Versorgungsbezügen und
3. die versteuerten Einkünfte aus Kapitalvermögen nach § 20 des Einkommensteuergesetzes, soweit diese nicht bereits in dem Einkommen nach Nummer 1 enthalten sind; im Falle der Kapitalerträge nach § 20 Absatz 1 Nummer 6 Satz 1 bis 3 des Einkommensteuergesetzes gilt als Einkommen ein Zehntel des Ertrags, längstens jedoch für zehn Jahre.

[2] Als Einkommen nach Satz 1 Nummer 1 und 2 sind grundsätzlich die von den Trägern der Rentenversicherung nach § 151b automatisiert abzurufenden, bei den Finanzbehörden jeweils bis zum 30. September für das vorvergangene Kalenderjahr vorliegenden Festsetzungsdaten zugrunde zu legen. [3] Liegen für das vorvergangene Kalenderjahr keine Festsetzungsdaten nach Satz 1 Nummer 1 vor, sind die Festsetzungsdaten nach Satz 1 Nummer 1 und 2 des vorvorvergangenen Kalenderjahres maßgeblich. [4] Liegen keine Festsetzungsdaten des vorvorvergangenen Kalenderjahres nach Satz 1 Nummer 1 vor, sind

1. die jeweils in entsprechender Anwendung von § 18b Absatz 5 Satz 1 Nummer 3, 6 und 8 des Vierten Buches[1)] gekürzten Renten nach § 22 Nummer 1 Satz 3 Buchstabe a Doppelbuchstabe aa Satzteil vor Satz 2 des Einkommensteuergesetzes,
2. die jeweils in entsprechender Anwendung von § 18b Absatz 5 Satz 1 Nummer 4 des Vierten Buches gekürzten Versorgungsbezüge nach § 19 Absatz 2 Satz 2 und nach § 22 Nummer 4 Satzteil vor Satz 2 des Einkommensteuergesetzes,
3. die in entsprechender Anwendung von § 18b Absatz 5 Satz 1 Nummer 5 des Vierten Buches gekürzten Leistungen nach § 22 Nummer 5 Satzteil vor Satz 2 sowie Satz 2 und 3 des Einkommensteuergesetzes sowie
4. das Einkommen nach Satz 1 Nummer 3

des vorvergangenen Kalenderjahres zu berücksichtigen. [5] Bei Anwendung von Satz 4 ist für Hinterbliebenenleistungen für die Bestimmung des maßgeblichen Kürzungsbetrages auf den Beginn der Leistung abzustellen, von der die Hinterbliebenenleistung abgeleitet wurde. [6] Die Träger der Rentenversicherung sind an die übermittelten Festsetzungsdaten gebunden. [7] Von dem Einkommen nach Satz 1 Nummer 1 und 2 sowie den Renten nach den Sätzen 4 und 5 ist der darin enthaltene Rentenanteil, der auf dem Zuschlag an Entgeltpunkten für langjährige Versicherung beruht, abzuziehen.

(3) [1] Als monatliches Einkommen gilt ein Zwölftel des Einkommens, das nach Absatz 2 zu berücksichtigen ist. [2] Für Berechtigte mit Wohnsitz oder gewöhnlichem Aufenthalt im Inland, die vergleichbare ausländische Einkommen haben, gilt Absatz 2 sinngemäß. [3] Berechtigte und deren Ehegatten mit Wohnsitz oder gewöhnlichem Aufenthalt im Ausland haben vergleichbare ausländische Einkommen durch geeignete Unterlagen gegenüber dem Träger der Rentenversicherung nachzuweisen; bei fehlendem Nachweis ist kein Renten-

---

1) Nr. **4**.

anteil aus dem Zuschlag an Entgeltpunkten für langjährige Versicherung zu zahlen.

(4) [1]Anrechenbar ist dasjenige Einkommen des Berechtigten und seines Ehegatten, das monatlich die in den Sätzen 2 bis 4 genannten, jeweils auf einen vollen Eurobetrag aufgerundeten Beträge übersteigt. [2]Übersteigt das anrechenbare Einkommen des Berechtigten monatlich das 36,56fache des aktuellen Rentenwertes, werden 60 vom Hundert angerechnet, solange das anrechenbare Einkommen nicht mehr als das 46,78fache des aktuellen Rentenwertes beträgt. [3]Übersteigt das anrechenbare Einkommen des Berechtigten das 46,78fache des aktuellen Rentenwertes, wird das diesen Betrag übersteigende anrechenbare Einkommen in voller Höhe angerechnet; Satz 2 bleibt unberührt. [4]Ist neben dem Einkommen des Berechtigten auch Einkommen seines Ehegatten zu berücksichtigen, sind die Sätze 2 und 3 mit der Maßgabe anzuwenden, dass anstelle des 36,56fachen des aktuellen Rentenwertes das 57,03fache des aktuellen Rentenwertes und anstelle des 46,78fachen des aktuellen Rentenwertes das 67,27fache des aktuellen Rentenwertes tritt. [5]Änderungen der Höhe der Beträge nach den Sätzen 2 bis 4 werden mit Beginn des Kalendermonats wirksam, zu dessen Beginn Einkommensänderungen nach Absatz 5 zu berücksichtigen sind.

(5) [1]Einkommen nach Absatz 2 ist auch dann abschließend zu berücksichtigen, wenn die Einkommensteuer vorläufig oder unter Vorbehalt der Nachprüfung festgesetzt oder die Entscheidung der Finanzbehörde angefochten wurde, es sei denn, die Vollziehung des Einkommensteuerbescheides wurde ausgesetzt. [2]Einkommensänderungen, die dem Träger der Rentenversicherung jeweils bis zum 31. Oktober vorliegen, sind vom darauffolgenden 1. Januar an zu berücksichtigen; Absatz 6 bleibt unberührt.

(6) [1]Die jährliche Einkommensanrechnung ist zunächst nur unter Berücksichtigung von Einkommen nach Absatz 2 Satz 1 Nummer 1 und 2 durchzuführen. [2]Ist ein Rentenanteil aus dem Zuschlag an Entgeltpunkten für langjährige Versicherung zu leisten, haben der Berechtigte und sein Ehegatte über Einkommen nach Absatz 2 Satz 1 Nummer 3 innerhalb von drei Monaten nach Bekanntgabe des Bescheides über den Rentenanteil aus dem Zuschlag an Entgeltpunkten für langjährige Versicherung dem Träger der Rentenversicherung mitzuteilen, wenn solches Einkommen in dem nach Absatz 2 Satz 3 und 4 maßgeblichen Kalenderjahr erzielt wurde und dessen Höhe nachzuweisen. [3]Der Berechtigte ist auf die Überprüfungsrechte nach § 151c hinzuweisen. [4]Erfolgt keine Mitteilung nach Satz 2, gilt Einkommen nach Absatz 2 Satz 1 Nummer 3 als nicht erzielt. [5]Teilen der Berechtigte und sein Ehegatte Einkommen nach Absatz 2 Satz 1 Nummer 3 mit und ergibt sich nach erneuter Einkommensprüfung ein veränderter Rentenanteil aus dem Zuschlag an Entgeltpunkten für langjährige Versicherung, ist der Bescheid mit Wirkung für die Zukunft aufzuheben. [6]Im Fall einer zu Unrecht unterbliebenen oder unrichtigen Auskunft ist der Bescheid vom Beginn des Zeitraumes der Anrechnung von Einkommen nach Satz 1 aufzuheben. [7]Soweit Bescheide aufgehoben wurden, sind zu viel erbrachte Leistungen zu erstatten; § 50 Absatz 2a bis 5 des Zehnten Buches[1)] bleibt unberührt. [8]Nicht anzuwenden ist die Vorschrift zur Anhörung Beteiligter (§ 24 des Zehnten Buches).

[1)] Nr. **10**.

(7) [1] Ist in einer Rente ein Zuschlag an Entgeltpunkten für langjährige Versicherung enthalten, sind auf den hierauf beruhenden Rentenanteil die Regelungen zu Renten und Hinzuverdienst sowie zur Einkommensanrechnung auf Renten wegen Todes nicht anzuwenden. [2] Auf diesen Rentenanteil finden ausschließlich die Absätze 1 bis 6 Anwendung.

§ 98 Reihenfolge bei der Anwendung von Berechnungsvorschriften. [1] Für die Berechnung einer Rente, deren Leistung sich aufgrund eines Versorgungsausgleichs, eines Rentensplittings, eines Aufenthalts von Berechtigten im Ausland oder aufgrund eines Zusammentreffens mit Renten oder mit sonstigem Einkommen erhöht, mindert oder entfällt, sind, soweit nichts anderes bestimmt ist, die entsprechenden Vorschriften in folgender Reihenfolge anzuwenden:

1. Versorgungsausgleich und Rentensplitting,
2. Leistungen an Berechtigte im Ausland,
3. Aufteilung von Witwenrenten oder Witwerrenten auf mehrere Berechtigte,
4. Waisenrente und andere Leistungen an Waisen,

4a. Einkommensanrechnung beim Zuschlag an Entgeltpunkten für langjährige Versicherung,

5. Rente und Leistungen aus der Unfallversicherung,
6. Witwenrente und Witwerrente nach dem vorletzten Ehegatten und Ansprüche infolge Auflösung der letzten Ehe,
7. *(aufgehoben)*

7a. Renten wegen verminderter Erwerbsfähigkeit und Hinzuverdienst,

8. Einkommensanrechnung auf Renten wegen Todes,
9. mehrere Rentenansprüche.

[2] Einkommen, das bei der Berechnung einer Rente aufgrund einer Regelung über das Zusammentreffen von Renten und Einkommen bereits berücksichtigt wurde, wird bei der Berechnung dieser Rente aufgrund einer weiteren solchen Regelung nicht nochmals berücksichtigt.

Fünfter Unterabschnitt. Beginn, Änderung und Ende von Renten

§ 99 Beginn. (1) [1] Eine Rente aus eigener Versicherung wird von dem Kalendermonat an geleistet, zu dessen Beginn die Anspruchsvoraussetzungen für die Rente erfüllt sind, wenn die Rente bis zum Ende des dritten Kalendermonats nach Ablauf des Monats beantragt wird, in dem die Anspruchsvoraussetzungen erfüllt sind. [2] Bei späterer Antragstellung wird eine Rente aus eigener Versicherung von dem Kalendermonat an geleistet, in dem die Rente beantragt wird.

(2) [1] Eine Hinterbliebenenrente wird von dem Kalendermonat an geleistet, zu dessen Beginn die Anspruchsvoraussetzungen für die Rente erfüllt sind. [2] Sie wird bereits vom Todestag an geleistet, wenn an den Versicherten eine Rente im Sterbemonat nicht zu leisten ist. [3] Eine Hinterbliebenenrente wird nicht für mehr als zwölf Kalendermonate vor dem Monat, in dem die Rente beantragt wird, geleistet.

§ 100 Änderung und Ende. (1) [1] Ändern sich aus tatsächlichen oder rechtlichen Gründen die Voraussetzungen für die Höhe einer Rente nach ihrem

Beginn, wird die Rente in neuer Höhe von dem Kalendermonat an geleistet, zu dessen Beginn die Änderung wirksam ist. [2]Satz 1 gilt nicht beim Zusammentreffen von Renten und Einkommen mit Ausnahme von § 96a.

(2) *(aufgehoben)*

(3) [1]Fallen aus tatsächlichen oder rechtlichen Gründen die Anspruchsvoraussetzungen für eine Rente weg, endet die Rentenzahlung mit dem Beginn des Kalendermonats, zu dessen Beginn der Wegfall wirksam ist. [2]Entfällt ein Anspruch auf Rente, weil sich die Erwerbsfähigkeit der Berechtigten nach einer Leistung zur medizinischen Rehabilitation oder zur Teilhabe am Arbeitsleben gebessert hat, endet die Rentenzahlung erst mit Beginn des vierten Kalendermonats nach der Besserung der Erwerbsfähigkeit. [3]Die Rentenzahlung nach Satz 2 endet mit Beginn eines dem vierten Kalendermonat vorangehenden Monats, wenn zu dessen Beginn eine Beschäftigung oder selbständige Tätigkeit ausgeübt wird, die mehr als geringfügig ist.

(4) Liegen die in § 44 Abs. 1 Satz 1 des Zehnten Buches[1)] genannten Voraussetzungen für die Rücknahme eines rechtswidrigen nicht begünstigenden Verwaltungsaktes vor, weil er auf einer Rechtsnorm beruht, die nach Erlass des Verwaltungsaktes für nichtig oder für unvereinbar mit dem Grundgesetz erklärt oder in ständiger Rechtsprechung anders als durch den Rentenversicherungsträger ausgelegt worden ist, so ist der Verwaltungsakt, wenn er unanfechtbar geworden ist, nur mit Wirkung für die Zeit ab dem Beginn des Kalendermonats nach Wirksamwerden der Entscheidung des Bundesverfassungsgerichts oder dem Bestehen der ständigen Rechtsprechung zurückzunehmen.

§ 101 Beginn und Änderung in Sonderfällen. (1) Befristete Renten wegen verminderter Erwerbsfähigkeit werden nicht vor Beginn des siebten Kalendermonats nach dem Eintritt der Minderung der Erwerbsfähigkeit geleistet.

(1a) [1]Befristete Renten wegen voller Erwerbsminderung, auf die Anspruch unabhängig von der jeweiligen Arbeitsmarktlage besteht, werden vor Beginn des siebten Kalendermonats nach dem Eintritt der Minderung der Erwerbsfähigkeit geleistet, wenn

1. entweder
   a) die Feststellung der verminderten Erwerbsfähigkeit durch den Träger der Rentenversicherung zur Folge hat, dass ein Anspruch auf Arbeitslosengeld entfällt, oder
   b) nach Feststellung der verminderten Erwerbsfähigkeit durch den Träger der Rentenversicherung ein Anspruch auf Krankengeld nach § 48 des Fünften Buches[2)] oder auf Krankentagegeld von einem privaten Krankenversicherungsunternehmen endet und
2. der siebte Kalendermonat nach dem Eintritt der Minderung der Erwerbsfähigkeit noch nicht erreicht ist.

[2]In diesen Fällen werden die Renten von dem Tag an geleistet, der auf den Tag folgt, an dem der Anspruch auf Arbeitslosengeld, Krankengeld oder Krankentagegeld endet.

(2) Befristete große Witwenrenten oder befristete große Witwerrenten wegen Minderung der Erwerbsfähigkeit werden nicht vor Beginn des siebten

[1)] Nr. **10**.
[2)] Nr. **5**.

Kalendermonats nach dem Eintritt der Minderung der Erwerbsfähigkeit geleistet.

(3) [1] Ist nach Beginn der Rente ein Versorgungsausgleich durchgeführt, wird die Rente der leistungsberechtigten Person von dem Kalendermonat an um Zuschläge oder Abschläge an Entgeltpunkten verändert, zu dessen Beginn der Versorgungsausgleich durchgeführt ist. [2] Der Rentenbescheid ist mit Wirkung von diesem Zeitpunkt an aufzuheben; die §§ 24 und 48 des Zehnten Buches[1)] sind nicht anzuwenden. [3] Bei einer rechtskräftigen Abänderung des Versorgungsausgleichs gelten die Sätze 1 und 2 mit der Maßgabe, dass auf den Zeitpunkt nach § 226 Abs. 4 des Gesetzes über das Verfahren in Familiensachen und in den Angelegenheiten der freiwilligen Gerichtsbarkeit abzustellen ist. [4] § 30 des Versorgungsausgleichsgesetzes bleibt unberührt.

(3a) [1] Hat das Familiengericht über eine Abänderung der Anpassung nach § 33 des Versorgungsausgleichsgesetzes rechtskräftig entschieden und mindert sich der Anpassungsbetrag, ist dieser in der Rente der leistungsberechtigten Person von dem Zeitpunkt an zu berücksichtigen, der sich aus § 34 Abs. 3 des Versorgungsausgleichsgesetzes ergibt. [2] Der Rentenbescheid ist mit Wirkung von diesem Zeitpunkt an aufzuheben; die §§ 24 und 48 des Zehnten Buches sind nicht anzuwenden.

(3b) [1] Der Rentenbescheid der leistungsberechtigten Person ist aufzuheben

1. in den Fällen des § 33 Abs. 1 des Versorgungsausgleichsgesetzes mit Wirkung vom Zeitpunkt
   a) des Beginns einer Leistung an die ausgleichsberechtigte Person aus einem von ihr im Versorgungsausgleich erworbenen Anrecht (§ 33 Abs. 1 des Versorgungsausgleichsgesetzes),
   b) des Beginns einer Leistung an die ausgleichspflichtige Person aus einem von ihr im Versorgungsausgleich erworbenen Anrecht (§ 33 Abs. 3 des Versorgungsausgleichsgesetzes) oder
   c) der vollständigen Einstellung der Unterhaltszahlungen der ausgleichspflichtigen Person (§ 34 Abs. 5 des Versorgungsausgleichsgesetzes),
2. in den Fällen des § 35 Abs. 1 des Versorgungsausgleichsgesetzes mit Wirkung vom Zeitpunkt des Beginns einer Leistung an die ausgleichspflichtige Person aus einem von ihr im Versorgungsausgleich erworbenen Anrecht (§ 36 Abs. 4 des Versorgungsausgleichsgesetzes) und
3. in den Fällen des § 37 Abs. 3 des Versorgungsausgleichsgesetzes mit Wirkung vom Zeitpunkt der Aufhebung der Kürzung des Anrechts (§ 37 Abs. 1 des Versorgungsausgleichsgesetzes).

[2] Die §§ 24 und 48 des Zehnten Buches sind nicht anzuwenden.

(4) [1] Ist nach Beginn der Rente ein Rentensplitting durchgeführt, wird die Rente von dem Kalendermonat an um Zuschläge oder Abschläge an Entgeltpunkten verändert, zu dessen Beginn das Rentensplitting durchgeführt ist. [2] Der Rentenbescheid ist mit Wirkung von diesem Zeitpunkt an aufzuheben; die §§ 24 und 48 des Zehnten Buches sind nicht anzuwenden. [3] Entsprechendes gilt bei einer Abänderung des Rentensplittings.

(5) [1] Ist nach Beginn einer Waisenrente ein Rentensplitting durchgeführt, durch das die Waise nicht begünstigt ist, wird die Rente erst zu dem Zeitpunkt

---

1) Nr. **10**.

um Abschläge oder Zuschläge an Entgeltpunkten verändert, zu dem eine Rente aus der Versicherung des überlebenden Ehegatten oder Lebenspartners, der durch das Rentensplitting begünstigt ist, beginnt. [2]Der Rentenbescheid der Waise ist mit Wirkung von diesem Zeitpunkt an aufzuheben; die §§ 24 und 48 des Zehnten Buches sind nicht anzuwenden. [3]Entsprechendes gilt bei einer Abänderung des Rentensplittings.

§ 102 Befristung und Tod. (1) [1]Sind Renten befristet, enden sie mit Ablauf der Frist. [2]Dies schließt eine vorherige Änderung oder ein Ende der Rente aus anderen Gründen nicht aus. [3]Renten dürfen nur auf das Ende eines Kalendermonats befristet werden.

(2) [1]Renten wegen verminderter Erwerbsfähigkeit und große Witwenrenten oder große Witwerrenten wegen Minderung der Erwerbsfähigkeit werden auf Zeit geleistet. [2]Die Befristung erfolgt für längstens drei Jahre nach Rentenbeginn. [3]Sie kann verlängert werden; dabei verbleibt es bei dem ursprünglichen Rentenbeginn. [4]Verlängerungen erfolgen für längstens drei Jahre nach dem Ablauf der vorherigen Frist. [5]Renten, auf die ein Anspruch unabhängig von der jeweiligen Arbeitsmarktlage besteht, werden unbefristet geleistet, wenn unwahrscheinlich ist, dass die Minderung der Erwerbsfähigkeit behoben werden kann; hiervon ist nach einer Gesamtdauer der Befristung von neun Jahren auszugehen. [6]Wird unmittelbar im Anschluss an eine auf Zeit geleistete Rente diese Rente unbefristet geleistet, verbleibt es bei dem ursprünglichen Rentenbeginn.

(2a) Werden Leistungen zur medizinischen Rehabilitation oder zur Teilhabe am Arbeitsleben erbracht, ohne dass zum Zeitpunkt der Bewilligung feststeht, wann die Leistung enden wird, kann bestimmt werden, dass Renten wegen verminderter Erwerbsfähigkeit oder große Witwenrenten oder große Witwerrenten wegen Minderung der Erwerbsfähigkeit mit Ablauf des Kalendermonats enden, in dem die Leistung zur medizinischen Rehabilitation oder zur Teilhabe am Arbeitsleben beendet wird.

(3) [1]Große Witwenrenten oder große Witwerrenten wegen Kindererziehung und Erziehungsrenten werden auf das Ende des Kalendermonats befristet, in dem die Kindererziehung voraussichtlich endet. [2]Die Befristung kann verlängert werden; dabei verbleibt es bei dem ursprünglichen Rentenbeginn.

(4) [1]Waisenrenten werden auf das Ende des Kalendermonats befristet, in dem voraussichtlich der Anspruch auf die Waisenrente entfällt. [2]Die Befristung kann verlängert werden; dabei verbleibt es bei dem ursprünglichen Rentenbeginn.

(5) Renten werden bis zum Ende des Kalendermonats geleistet, in dem die Berechtigten gestorben sind.

(6) [1]Renten an Verschollene werden längstens bis zum Ende des Monats geleistet, in dem sie nach Feststellung des Rentenversicherungsträgers als verstorben gelten; § 49 gilt entsprechend. [2]Widerspruch und Anfechtungsklage gegen die Feststellung des Rentenversicherungsträgers haben keine aufschiebende Wirkung. [3]Kehren Verschollene zurück, lebt der Anspruch auf die Rente wieder auf; die für den Zeitraum des Wiederauflebens geleisteten Renten wegen Todes an Hinterbliebene sind auf die Nachzahlung anzurechnen.

Sechster Unterabschnitt. Ausschluss und Minderung von Renten

§ 103 Absichtliche Minderung der Erwerbsfähigkeit. Anspruch auf Rente wegen verminderter Erwerbsfähigkeit, Altersrente für schwerbehinderte Menschen oder große Witwenrente oder große Witwerrente besteht nicht für Personen, die die für die Rentenleistung erforderliche gesundheitliche Beeinträchtigung absichtlich herbeigeführt haben.

§ 104 Minderung der Erwerbsfähigkeit bei einer Straftat. (1) [1] Renten wegen verminderter Erwerbsfähigkeit, Altersrenten für schwerbehinderte Menschen oder große Witwenrenten oder große Witwerrenten können ganz oder teilweise versagt werden, wenn die Berechtigten sich die für die Rentenleistung erforderliche gesundheitliche Beeinträchtigung bei einer Handlung zugezogen haben, die nach strafgerichtlichem Urteil ein Verbrechen oder vorsätzliches Vergehen ist. [2] Dies gilt auch, wenn aus einem in der Person der Berechtigten liegenden Grunde ein strafgerichtliches Urteil nicht ergeht. [3] Zuwiderhandlungen gegen Bergverordnungen oder bergbehördliche Anordnungen gelten nicht als Vergehen im Sinne des Satzes 1.

(2) [1] Soweit die Rente versagt wird, kann sie an unterhaltsberechtigte Ehegatten, Lebenspartner und Kinder geleistet werden. [2] Die Vorschriften der §§ 48 und 49 des Ersten Buches[1)] über die Auszahlung der Rente an Dritte werden entsprechend angewendet.

§ 105 Tötung eines Angehörigen. Anspruch auf Rente wegen Todes und auf Versichertenrente, soweit der Anspruch auf dem Rentensplitting beruht, besteht nicht für die Personen, die den Tod vorsätzlich herbeigeführt haben.

§ 105a *(aufgehoben)*

Dritter Abschnitt. Zusatzleistungen

§ 106 Zuschuss zur Krankenversicherung. (1) [1] Rentenbezieher, die freiwillig in der gesetzlichen Krankenversicherung oder bei einem Krankenversicherungsunternehmen, das der deutschen Aufsicht unterliegt, versichert sind, erhalten zu ihrer Rente einen Zuschuss zu den Aufwendungen für die Krankenversicherung. [2] Dies gilt nicht, wenn sie gleichzeitig in einer in- oder ausländischen gesetzlichen Krankenversicherung pflichtversichert sind.

(2) [1] Für Rentenbezieher, die freiwillig in der gesetzlichen Krankenversicherung versichert sind, wird der monatliche Zuschuss in Höhe des halben Betrages geleistet, der sich aus der Anwendung des allgemeinen Beitragssatzes der gesetzlichen Krankenversicherung zuzüglich des kassenindividuellen Zusatzbeitragssatzes nach § 242 des Fünften Buches[2)] auf den Zahlbetrag der Rente ergibt. [2] § 247 Satz 3 des Fünften Buches ist entsprechend anzuwenden.

(3) [1] Für Rentenbezieher, die bei einem Krankenversicherungsunternehmen versichert sind, das der deutschen Aufsicht unterliegt, wird der monatliche Zuschuss in Höhe des halben Betrages geleistet, der sich aus der Anwendung des allgemeinen Beitragssatzes der gesetzlichen Krankenversicherung zuzüglich des durchschnittlichen Zusatzbeitragssatzes nach § 242a des Fünften Buches auf den Zahlbetrag der Rente ergibt. [2] Der monatliche Zuschuss wird auf die

---

[1)] Nr. 1.
[2)] Nr. 5.

Hälfte der tatsächlichen Aufwendungen für die Krankenversicherung begrenzt. [3]Beziehen Rentner mehrere Renten, wird ein begrenzter Zuschuss von den Rentenversicherungsträgern anteilig nach dem Verhältnis der Höhen der Renten geleistet. [4]Er kann auch in einer Summe zu einer dieser Renten geleistet werden.

(4) Rentenbezieher, die freiwillig in der gesetzlichen Krankenversicherung und bei einem Krankenversicherungsunternehmen versichert sind, das der deutschen Aufsicht unterliegt, erhalten zu ihrer Rente ausschließlich einen Zuschuss nach Absatz 2.

§ 106a *(aufgehoben)*

§ 107 Rentenabfindung. (1) [1]Witwenrenten oder Witwerrenten werden bei der ersten Wiederheirat der Berechtigten mit dem 24fachen Monatsbetrag abgefunden. [2]Für die Ermittlung anderer Witwenrenten oder Witwerrenten aus derselben Rentenanwartschaft wird bis zum Ablauf des 24. Kalendermonats nach Ablauf des Kalendermonats der Wiederheirat unterstellt, dass ein Anspruch auf Witwenrente oder Witwerrente besteht. [3]Bei kleinen Witwenrenten oder kleinen Witwerrenten vermindert sich das 24fache des abzufindenden Monatsbetrags um die Anzahl an Kalendermonaten, für die eine kleine Witwenrente oder kleine Witwerrente geleistet wurde. [4]Entsprechend vermindert sich die Anzahl an Kalendermonaten nach Satz 2.

(2) [1]Monatsbetrag ist der Durchschnitt der für die letzten zwölf Kalendermonate geleisteten Witwenrente oder Witwerrente. [2]Bei Wiederheirat vor Ablauf des 15. Kalendermonats nach dem Tod des Versicherten ist Monatsbetrag der Durchschnittsbetrag der Witwenrente oder Witwerrente, die nach Ablauf des dritten auf den Sterbemonat folgenden Kalendermonats zu leisten war. [3]Bei Wiederheirat vor Ablauf dieses Kalendermonats ist Monatsbetrag der Betrag der Witwenrente oder Witwerrente, der für den vierten auf den Sterbemonat folgenden Kalendermonat zu leisten wäre.

(3) Für eine Rentenabfindung gelten als erste Wiederheirat auch die erste Wiederbegründung einer Lebenspartnerschaft, die erste Heirat nach einer Lebenspartnerschaft sowie die erste Begründung einer Lebenspartnerschaft nach einer Ehe.

§ 108 Beginn, Änderung und Ende von Zusatzleistungen. (1) Für laufende Zusatzleistungen sind die Vorschriften über Beginn, Änderung und Ende von Renten entsprechend anzuwenden.

(2) [1]Sind die Anspruchsvoraussetzungen für den Zuschuss zu den Aufwendungen für die freiwillige gesetzliche Krankenversicherung entfallen, weil die Krankenkasse rückwirkend eine Pflichtmitgliedschaft in der gesetzlichen Krankenversicherung festgestellt hat, ist der Bescheid über die Bewilligung des Zuschusses vom Beginn der Pflichtmitgliedschaft an aufzuheben. [2]Dies gilt nicht für Zeiten, für die freiwillige Beiträge gezahlt wurden, die wegen § 27 Absatz 2 des Vierten Buches[1)] nicht erstattet werden. [3]Nicht anzuwenden sind die Vorschriften zur Anhörung Beteiligter (§ 24 des Zehnten Buches[2)]), die Vorschriften zur Rücknahme eines rechtswidrigen begünstigenden Verwal-

[1)] Nr. **4**.
[2)] Nr. **10**.

tungsaktes (§ 45 des Zehnten Buches) und die Vorschriften zur Aufhebung eines Verwaltungsaktes mit Dauerwirkung bei Änderung der Verhältnisse (§ 48 des Zehnten Buches).

Vierter Abschnitt. Serviceleistungen

§ 109 Renteninformation und Rentenauskunft. (1) [1] Versicherte, die das 27. Lebensjahr vollendet haben, erhalten jährlich eine schriftliche oder elektronische Renteninformation. [2] Nach Vollendung des 55. Lebensjahres wird diese alle drei Jahre durch eine Rentenauskunft ersetzt. [3] Besteht ein berechtigtes Interesse, kann die Rentenauskunft auch jüngeren Versicherten erteilt werden oder in kürzeren Abständen erfolgen. [4] Der Versand von Renteninformation und Rentenauskunft endet, sobald eine Rente aus eigener Versicherung gezahlt wird, spätestens, wenn die Regelaltersgrenze erreicht ist. [5] Auf Antrag erhalten Bezieher einer Erziehungs- oder Erwerbsminderungsrente eine unverbindliche Auskunft über die voraussichtliche Höhe einer späteren Altersrente.

(2) [1] Die Renteninformation und die Rentenauskunft sind mit dem Hinweis zu versehen, dass sie auf der Grundlage des geltenden Rechts und der im Versicherungskonto gespeicherten rentenrechtlichen Zeiten erstellt sind und damit unter dem Vorbehalt künftiger Rechtsänderungen sowie der Richtigkeit und Vollständigkeit der im Versicherungskonto gespeicherten rentenrechtlichen Zeiten stehen. [2] Mit dem Versand der zuletzt vor Vollendung des 50. Lebensjahres zu erteilenden Renteninformation ist darauf hinzuweisen, dass eine Rentenauskunft auch vor Vollendung des 55. Lebensjahres erteilt werden kann und dass eine Rentenauskunft auf Antrag auch die Höhe der Beitragszahlung zum Ausgleich einer Rentenminderung bei vorzeitiger Inanspruchnahme einer Rente wegen Alters enthält.

(3) Die Renteninformation hat insbesondere zu enthalten:

1. Angaben über die Grundlage der Rentenberechnung,
2. Angaben über die Höhe einer Rente wegen verminderter Erwerbsfähigkeit, die zu zahlen wäre, würde der Leistungsfall der vollen Erwerbsminderung vorliegen,
3. eine Prognose über die Höhe der zu erwartenden Regelaltersrente,
4. Informationen über die Auswirkungen künftiger Rentenanpassungen,
5. eine Übersicht über die Höhe der Beiträge, die für Beitragszeiten vom Versicherten, dem Arbeitgeber oder von öffentlichen Kassen gezahlt worden sind.

(4) Die Rentenauskunft hat insbesondere zu enthalten:

1. eine Übersicht über die im Versicherungskonto gespeicherten rentenrechtlichen Zeiten,
2. eine Darstellung über die Ermittlung der persönlichen Entgeltpunkte mit der Angabe ihres derzeitigen Wertes und dem Hinweis, dass sich die Berechnung der Entgeltpunkte aus beitragsfreien und beitragsgeminderten Zeiten nach der weiteren Versicherungsbiografie richtet,
3. Angaben über die Höhe der Rente, die auf der Grundlage des geltenden Rechts und der im Versicherungskonto gespeicherten rentenrechtlichen Zeiten ohne den Erwerb weiterer Beitragszeiten
   a) bei verminderter Erwerbsfähigkeit als Rente wegen voller Erwerbsminderung,

b) bei Tod als Witwen- oder Witwerrente,
c) nach Erreichen der Regelaltersgrenze als Regelaltersrente

zu zahlen wäre,

4. eine Prognose über die Höhe der zu erwartenden Regelaltersrente,
5. allgemeine Hinweise
   a) zur Erfüllung der persönlichen und versicherungsrechtlichen Voraussetzungen für einen Rentenanspruch,
   b) zum Ausgleich von Abschlägen bei vorzeitiger Inanspruchnahme einer Altersrente,
   c) zu den Auswirkungen der Inanspruchnahme einer Teilrente und zu den Folgen für den Hinzuverdienst,
6. Hinweise
   a) zu den Auswirkungen der vorzeitigen Inanspruchnahme einer Rente wegen Alters,
   b) zu den Auswirkungen eines Hinausschiebens des Rentenbeginns über die Regelaltersgrenze.

(5) [1] Auf Antrag erhalten Versicherte Auskunft über die Höhe ihrer auf die Ehezeit oder Lebenspartnerschaftszeit entfallenden Rentenanwartschaft. [2] Diese Auskunft erhält auf Antrag auch der Ehegatte oder geschiedene Ehegatte oder der Lebenspartner oder frühere Lebenspartner eines Versicherten, wenn der Träger der Rentenversicherung diese Auskunft nach § 74 Absatz 1 Satz 1 Nummer 2 Buchstabe b des Zehnten Buches[1)] erteilen darf, weil der Versicherte seine Auskunftspflicht gegenüber dem Ehegatten oder Lebenspartner nicht oder nicht vollständig erfüllt hat. [3] Die nach Satz 2 erteilte Auskunft wird auch dem Versicherten mitgeteilt. [4] Ferner enthält die Rentenauskunft auf Antrag die Höhe der Beitragszahlung, die zum Ausgleich einer Rentenminderung bei vorzeitiger Inanspruchnahme einer Rente wegen Alters erforderlich ist, und Angaben über die ihr zugrunde liegende Altersrente. [5] Diese Auskunft unterbleibt, wenn die Erfüllung der versicherungsrechtlichen Voraussetzungen für eine vorzeitige Rente wegen Alters offensichtlich ausgeschlossen ist.

(6) Für die Auskunft an das Familiengericht nach § 220 Abs. 4 des Gesetzes über das Verfahren in Familiensachen und in den Angelegenheiten der freiwilligen Gerichtsbarkeit ergeben sich die nach § 39 des Versorgungsausgleichsgesetzes zu ermittelnden Entgeltpunkte aus der Berechnung einer Vollrente wegen Erreichens der Regelaltersgrenze.

§ 109a Hilfen in Angelegenheiten der Grundsicherung. (1) [1] Die Träger der Rentenversicherung informieren und beraten Personen, die

1. die Regelaltersgrenze erreicht haben oder
2. das 18. Lebensjahr vollendet haben, unabhängig von der jeweiligen Arbeitsmarktlage voll erwerbsgemindert im Sinne des § 43 Abs. 2 sind und bei denen es unwahrscheinlich ist, dass die volle Erwerbsminderung behoben werden kann,

über die Leistungsvoraussetzungen nach dem Vierten Kapitel des Zwölften Buches[2)], soweit die genannten Personen rentenberechtigt sind. [2] Personen nach

---

[1)] Nr. **10**.
[2)] Nr. **12**.

Satz 1, die nicht rentenberechtigt sind, werden auf Anfrage beraten und informiert. [3] Liegt eine Rente unter dem 27fachen des aktuellen Rentenwertes, ist der Information zusätzlich ein Antragsformular beizufügen. [4] Es ist darauf hinzuweisen, dass der Antrag auf Leistungen der Grundsicherung im Alter und bei Erwerbsminderung nach dem Vierten Kapitel des Zwölften Buches auch bei dem zuständigen Träger der Rentenversicherung gestellt werden kann, der den Antrag an den zuständigen Träger der Sozialhilfe weiterleitet. [5] Darüber hinaus sind die Träger der Rentenversicherung verpflichtet, mit den zuständigen Trägern der Sozialhilfe zur Zielerreichung der Grundsicherung im Alter und bei Erwerbsminderung nach dem Vierten Kapitel des Zwölften Buches zusammenzuarbeiten. [6] Eine Verpflichtung nach Satz 1 besteht nicht, wenn eine Inanspruchnahme von Leistungen der genannten Art wegen der Höhe der gezahlten Rente sowie der im Rentenverfahren zu ermittelnden weiteren Einkünfte nicht in Betracht kommt.

(2) [1] Die Träger der Rentenversicherung prüfen und entscheiden auf ein Ersuchen nach § 45 des Zwölften Buches durch den zuständigen Träger der Sozialhilfe, ob Personen, die das 18. Lebensjahr vollendet haben, unabhängig von der jeweiligen Arbeitsmarktlage voll erwerbsgemindert im Sinne des § 43 Abs. 2 sind und es unwahrscheinlich ist, dass die volle Erwerbsminderung behoben werden kann. [2] Ergibt die Prüfung, dass keine volle Erwerbsminderung vorliegt, ist ergänzend eine gutachterliche Stellungnahme abzugeben, ob hilfebedürftige Personen, die das 15. Lebensjahr vollendet haben, erwerbsfähig im Sinne des § 8 des Zweiten Buches[1)] sind.

(3) [1] Die Träger der Rentenversicherung geben nach § 44a Absatz 1 Satz 5 des Zweiten Buches eine gutachterliche Stellungnahme ab, ob hilfebedürftige Personen, die das 15. Lebensjahr vollendet haben, erwerbsfähig im Sinne des § 8 des Zweiten Buches sind. [2] Ergibt die gutachterliche Stellungnahme, dass Personen, die das 18. Lebensjahr vollendet haben, unabhängig von der jeweiligen Arbeitsmarktlage voll erwerbsgemindert im Sinne des § 43 Absatz 2 Satz 2 sind, ist ergänzend zu prüfen, ob es unwahrscheinlich ist, dass die volle Erwerbsminderung behoben werden kann.

(4) Zuständig für die Prüfung und Entscheidung nach Absatz 2 und die Erstellung der gutachterlichen Stellungnahme nach Absatz 3 ist

1. bei Versicherten der Träger der Rentenversicherung, der für die Erbringung von Leistungen an den Versicherten zuständig ist,
2. bei sonstigen Personen der Regionalträger, der für den Sitz des Trägers der Sozialhilfe oder der Agentur für Arbeit örtlich zuständig ist.

(5) Die kommunalen Spitzenverbände, die Bundesagentur für Arbeit und die Deutsche Rentenversicherung Bund können Vereinbarungen über das Verfahren nach den Absätzen 2 und 3 schließen.

Fünfter Abschnitt. Leistungen an Berechtigte im Ausland

§ 110 Grundsatz. (1) Berechtigte, die sich nur vorübergehend im Ausland aufhalten, erhalten für diese Zeit Leistungen wie Berechtigte, die ihren gewöhnlichen Aufenthalt im Inland haben.

---

1) Nr. 2.

(2) Berechtigte, die ihren gewöhnlichen Aufenthalt im Ausland haben, erhalten diese Leistungen, soweit nicht die folgenden Vorschriften über Leistungen an Berechtigte im Ausland etwas anderes bestimmen.

(3) Die Vorschriften dieses Abschnitts sind nur anzuwenden, soweit nicht nach über- oder zwischenstaatlichem Recht etwas anderes bestimmt ist.

§ 111 Rehabilitationsleistungen und Krankenversicherungszuschuss. (1) Berechtigte erhalten die Leistungen zur medizinischen Rehabilitation oder zur Teilhabe am Arbeitsleben nur, wenn für sie für den Kalendermonat, in dem der Antrag gestellt ist, Pflichtbeiträge gezahlt oder nur deshalb nicht gezahlt worden sind, weil sie im Anschluss an eine versicherte Beschäftigung oder selbständige Tätigkeit arbeitsunfähig waren.

(2) Berechtigte erhalten keinen Zuschuss zu den Aufwendungen für die Krankenversicherung.

§ 112 Renten bei verminderter Erwerbsfähigkeit. [1]Berechtigte erhalten wegen verminderter Erwerbsfähigkeit eine Rente nur, wenn der Anspruch unabhängig von der jeweiligen Arbeitsmarktlage besteht. [2]Für eine Rente für Bergleute ist zusätzlich erforderlich, dass die Berechtigten auf diese Rente bereits für die Zeit, in der sie ihren gewöhnlichen Aufenthalt noch im Inland gehabt haben, einen Anspruch hatten.

§ 113 Höhe der Rente. (1) [1]Die persönlichen Entgeltpunkte von Berechtigten werden ermittelt aus

1. Entgeltpunkten für Bundesgebiets-Beitragszeiten,
2. dem Leistungszuschlag für Bundesgebiets-Beitragszeiten,
3. Zuschlägen an Entgeltpunkten aus einem durchgeführten Versorgungsausgleich oder Rentensplitting,
4. Abschlägen an Entgeltpunkten aus einem durchgeführten Versorgungsausgleich oder Rentensplitting, soweit sie auf Bundesgebiets-Beitragszeiten entfallen,
5. Zuschlägen aus Zahlung von Beiträgen bei vorzeitiger Inanspruchnahme einer Rente wegen Alters oder bei Abfindungen von Anwartschaften auf betriebliche Altersversorgung oder von Anrechten bei der Versorgungsausgleichskasse,
6. Zuschlägen an Entgeltpunkten für Arbeitsentgelt aus geringfügiger Beschäftigung,
7. zusätzlichen Entgeltpunkten für Arbeitsentgelt aus nach § 23b Abs. 2 Satz 1 bis 4 des Vierten Buches[1)] aufgelösten Wertguthaben,
8. Zuschlägen an Entgeltpunkten bei Witwenrenten und Witwerrenten,
9. Zuschlägen an Entgeltpunkten aus Beiträgen nach Beginn einer Rente wegen Alters,
10. Zuschlägen an Entgeltpunkten für Zeiten einer besonderen Auslandsverwendung,
11. Zuschlägen an Entgeltpunkten für nachversicherte Soldaten auf Zeit und
12. Zuschlägen an Entgeltpunkten für langjährige Versicherung.

[1)] Nr. 4.

[2] Bundesgebiets-Beitragszeiten sind Beitragszeiten, für die Beiträge nach Bundesrecht nach dem 8. Mai 1945 gezahlt worden sind, und die diesen im Fünften Kapitel gleichgestellten Beitragszeiten.

(2) Der Zuschlag an persönlichen Entgeltpunkten bei Waisenrenten von Berechtigten wird allein aus Bundesgebiets-Beitragszeiten ermittelt.

§ 114 Besonderheiten. (1) [1] Die persönlichen Entgeltpunkte von Berechtigten werden zusätzlich ermittelt aus

1. Entgeltpunkten für beitragsfreie Zeiten,
2. dem Zuschlag an Entgeltpunkten für beitragsgeminderte Zeiten und
3. Abschlägen an Entgeltpunkten aus einem durchgeführten Versorgungsausgleich oder Rentensplitting, soweit sie auf beitragsfreie Zeiten oder einen Zuschlag an Entgeltpunkten für beitragsgeminderte Zeiten entfallen.

[2] Die nach Satz 1 ermittelten Entgeltpunkte werden dabei in dem Verhältnis berücksichtigt, in dem die Entgeltpunkte für Bundesgebiets-Beitragszeiten und die nach § 272 Abs. 1 Nr. 1 sowie § 272 Abs. 3 Satz 1 ermittelten Entgeltpunkte zu allen Entgeltpunkten für Beitragszeiten einschließlich Beschäftigungszeiten nach dem Fremdrentengesetz stehen.

(2) Der Zuschlag an persönlichen Entgeltpunkten bei Waisenrenten von Berechtigten wird zusätzlich aus

1. beitragsfreien Zeiten in dem sich nach Absatz 1 Satz 2 ergebenden Verhältnis und
2. Berücksichtigungszeiten im Inland

ermittelt.

Sechster Abschnitt. Durchführung

Erster Unterabschnitt. Beginn und Abschluss des Verfahrens

§ 115 Beginn. (1) [1] Das Verfahren beginnt mit dem Antrag, wenn nicht etwas anderes bestimmt ist. [2] Eines Antrags bedarf es nicht, wenn eine Rente wegen der Änderung der tatsächlichen oder rechtlichen Verhältnisse in niedrigerer als der bisherigen Höhe zu leisten ist.

(2) Anträge von Witwen oder Witwern auf Zahlung eines Vorschusses auf der Grundlage der für den Sterbemonat an den verstorbenen Ehegatten geleisteten Rente gelten als Anträge auf Leistung einer Witwenrente oder Witwerrente.

(3) [1] Haben Versicherte bis zum Erreichen der Regelaltersgrenze eine Rente wegen verminderter Erwerbsfähigkeit oder eine Erziehungsrente bezogen, ist anschließend eine Regelaltersrente zu leisten, wenn sie nicht etwas anderes bestimmen. [2] Haben Witwen oder Witwer bis zum Erreichen der Altersgrenze für eine große Witwenrente oder große Witwerrente eine kleine Witwenrente oder kleine Witwerrente bezogen, ist anschließend eine große Witwenrente oder große Witwerrente zu leisten.

(4) [1] Leistungen zur Teilhabe können auch von Amts wegen erbracht werden, wenn die Versicherten zustimmen. [2] Die Zustimmung gilt als Antrag auf Leistungen zur Teilhabe.

(5) Rentenauskünfte werden auch von Amts wegen erteilt.

(6) [1] Die Träger der Rentenversicherung sollen die Berechtigten in geeigneten Fällen darauf hinweisen, dass sie eine Leistung erhalten können, wenn sie diese beantragen. [2] In Richtlinien der Deutschen Rentenversicherung Bund kann bestimmt werden, unter welchen Voraussetzungen solche Hinweise erfolgen sollen.

§ 116 Besonderheiten bei Leistungen zur Teilhabe. (1) (weggefallen)

(2) Der Antrag auf Leistungen zur medizinischen Rehabilitation oder zur Teilhabe am Arbeitsleben gilt als Antrag auf Rente, wenn Versicherte vermindert erwerbsfähig sind und

1. ein Erfolg von Leistungen zur medizinischen Rehabilitation oder zur Teilhabe am Arbeitsleben nicht zu erwarten ist oder
2. Leistungen zur medizinischen Rehabilitation oder zur Teilhabe am Arbeitsleben nicht erfolgreich gewesen sind, weil sie die verminderte Erwerbsfähigkeit nicht verhindert haben.

(3) [1] Ist Übergangsgeld gezahlt worden und wird nachträglich für denselben Zeitraum der Anspruch auf eine Rente wegen verminderter Erwerbsfähigkeit festgestellt, gilt dieser Anspruch bis zur Höhe des gezahlten Übergangsgeldes als erfüllt. [2] Übersteigt das Übergangsgeld den Betrag der Rente, kann der übersteigende Betrag nicht zurückgefordert werden.

§ 117 Abschluss. Die Entscheidung über einen Anspruch auf Leistung bedarf der Schriftform.

§ 117a Besonderheiten beim Zuschlag an Entgeltpunkten für langjährige Versicherung. Über den Anspruch auf Rente kann hinsichtlich der Rentenhöhe auch unter Außerachtlassung des Zuschlags an Entgeltpunkten für langjährige Versicherung entschieden werden.

Zweiter Unterabschnitt. Auszahlung und Anpassung

§ 118 Fälligkeit und Auszahlung. (1) [1] Laufende Geldleistungen mit Ausnahme des Übergangsgeldes werden am Ende des Monats fällig, zu dessen Beginn die Anspruchsvoraussetzungen erfüllt sind; sie werden am letzten Bankarbeitstag dieses Monats ausgezahlt. [2] Bei Zahlung auf ein Konto im Inland ist die Gutschrift der laufenden Geldleistung, auch wenn sie nachträglich erfolgt, so vorzunehmen, dass die Wertstellung des eingehenden Überweisungsbetrages auf dem Empfängerkonto unter dem Datum des Tages erfolgt, an dem der Betrag dem Geldinstitut zur Verfügung gestellt worden ist. [3] Für die rechtzeitige Auszahlung im Sinne von Satz 1 genügt es, wenn nach dem gewöhnlichen Verlauf die Wertstellung des Betrages der laufenden Geldleistung unter dem Datum des letzten Bankarbeitstages erfolgen kann.

(2) Laufende Geldleistungen, die bei Auszahlungen

1. im Inland den aktuellen Rentenwert,
2. im Ausland das Dreifache des aktuellen Rentenwerts

nicht übersteigen, können für einen angemessenen Zeitraum im Voraus ausgezahlt werden.

(2a) Nachzahlungsbeträge, die ein Zehntel des aktuellen Rentenwerts nicht übersteigen, sollen nicht ausgezahlt werden.

[Abs. 2b ab 1.12.2021:]

(2b) In Fällen des § 47 Absatz 1 Satz 3 des Ersten Buches[1)] erfolgt eine kostenfreie Übermittlung von Geldleistungen an den Wohnsitz oder an den gewöhnlichen Aufenthalt spätestens ab dem zweiten Monat, der auf den Monat folgt, in dem der Nachweis erbracht worden ist.

(3) [1] Geldleistungen, die für die Zeit nach dem Tod des Berechtigten auf ein Konto bei einem Geldinstitut, für das die Verordnung (EU) Nr. 260/2012 des Europäischen Parlaments und des Rates vom 14. März 2012 zur Festlegung der technischen Vorschriften und der Geschäftsanforderungen für Überweisungen und Lastschriften in Euro und zur Änderung der Verordnung (EG) Nr. 924/2009 (ABl. L 94 vom 30.3.2012, S. 22) gilt, überwiesen wurden, gelten als unter Vorbehalt erbracht. [2] Das Geldinstitut hat sie der überweisenden Stelle oder dem Träger der Rentenversicherung zurückzuüberweisen, wenn diese sie als zu Unrecht erbracht zurückfordern. [3] Eine Verpflichtung zur Rücküberweisung besteht nicht, soweit über den entsprechenden Betrag bei Eingang der Rückforderung bereits anderweitig verfügt wurde, es sei denn, dass die Rücküberweisung aus einem Guthaben erfolgen kann. [4] Das Geldinstitut darf den überwiesenen Betrag nicht zur Befriedigung eigener Forderungen verwenden.

(4) [1] Soweit Geldleistungen für die Zeit nach dem Tod des Berechtigten zu Unrecht erbracht worden sind, sind sowohl die Personen, die die Geldleistungen unmittelbar in Empfang genommen haben oder an die der entsprechende Betrag durch Dauerauftrag, Lastschrifteinzug oder sonstiges bankübliches Zahlungsgeschäft auf ein Konto weitergeleitet wurde (Empfänger), als auch die Personen, die als Verfügungsberechtigte über den entsprechenden Betrag ein bankübliches Zahlungsgeschäft zu Lasten des Kontos vorgenommen oder zugelassen haben (Verfügende), dem Träger der Rentenversicherung zur Erstattung des entsprechenden Betrages verpflichtet. [2] Der Träger der Rentenversicherung hat Erstattungsansprüche durch Verwaltungsakt geltend zu machen. [3] Ein Geldinstitut, das eine Rücküberweisung mit dem Hinweis abgelehnt hat, dass über den entsprechenden Betrag bereits anderweitig verfügt wurde, hat der überweisenden Stelle oder dem Träger der Rentenversicherung auf Verlangen Name und Anschrift des Empfängers oder Verfügenden und etwaiger neuer Kontoinhaber zu benennen. [4] Ein Anspruch gegen die Erben nach § 50 des Zehnten Buches[2)] bleibt unberührt.

(4a) [1] Die Ansprüche nach den Absätzen 3 und 4 verjähren in vier Jahren nach Ablauf des Kalenderjahres, in dem der Träger der Rentenversicherung Kenntnis von der Überzahlung und in den Fällen des Absatzes 4 zusätzlich Kenntnis von dem Erstattungspflichtigen erlangt hat. [2] Für die Hemmung, die Ablaufhemmung, den Neubeginn und die Wirkung der Verjährung gelten die Vorschriften des Bürgerlichen Gesetzbuchs sinngemäß.

(5) Sind laufende Geldleistungen, die nach Absatz 1 auszuzahlen und in dem Monat fällig geworden sind, in dem der Berechtigte verstorben ist, auf das bisherige Empfängerkonto bei einem Geldinstitut überwiesen worden, ist der Anspruch der Erben gegenüber dem Träger der Rentenversicherung erfüllt.

§ 118a Anpassungsmitteilung. Rentenbezieher erhalten eine Anpassungsmitteilung, wenn sich die Höhe des aktuellen Rentenwerts verändert.

[1)] Nr. **1**.
[2)] Nr. **10**.

§ 119 Wahrnehmung von Aufgaben durch die Deutsche Post AG.

(1) [1]Die Träger der allgemeinen Rentenversicherung zahlen die laufenden Geldleistungen mit Ausnahme des Übergangsgeldes durch die Deutsche Post AG aus. [2]Im Übrigen können die Träger der Rentenversicherung Geldleistungen durch die Deutsche Post AG auszahlen lassen.

(2) [1]Soweit die Deutsche Post AG laufende Geldleistungen für die Träger der Rentenversicherung auszahlt, führt sie auch Arbeiten zur Anpassung der Leistungen durch. [2]Die Anpassungsmitteilungen ergehen im Namen des Trägers der Rentenversicherung.

(3) Die Auszahlung und die Durchführung der Anpassung von Geldleistungen durch die Deutsche Post AG umfassen auch die Wahrnehmung der damit im Zusammenhang stehenden Aufgaben der Träger der Rentenversicherung, insbesondere

1. die Überwachung der Zahlungsvoraussetzungen durch die Auswertung der Sterbefallmitteilungen nach § 101a des Zehnten Buches[1)] und durch die Einholung von Lebensbescheinigungen im Rahmen des § 60 Abs. 1 und des § 65 Abs. 1 Nr. 3 des Ersten Buches[2)],
2. die Erstellung statistischen Materials und dessen Übermittlung an das Bundesministerium für Arbeit und Soziales und an die Deutsche Rentenversicherung Bund sowie
3. die Ausstellung von Ausweisen, mit denen eine Rentenberechtigung nachgewiesen werden kann, sofern dies nicht durch die Träger der Rentenversicherung erfolgt.

(4) [1]Die Träger der Rentenversicherung werden von ihrer Verantwortung gegenüber dem Leistungsberechtigten nicht entbunden. [2]Der Leistungsberechtigte soll jedoch Änderungen in den tatsächlichen oder rechtlichen Verhältnissen, die für die Auszahlung oder die Durchführung der Anpassung der von der Deutschen Post AG gezahlten Geldleistungen erheblich sind, unmittelbar der Deutschen Post AG mitteilen.

(5) [1]Zur Auszahlung der Geldleistungen erhält die Deutsche Post AG von den Trägern der Rentenversicherung monatlich rechtzeitig angemessene Vorschüsse. [2]Die Deutsche Rentenversicherung Bund setzt für die Träger der allgemeinen Rentenversicherung die Vorschüsse fest.

(6) [1]Die Deutsche Post AG erhält für ihre Tätigkeit von den Trägern der Rentenversicherung eine angemessene Vergütung und auf die Vergütung monatlich rechtzeitig angemessene Vorschüsse. [2]Die Deutsche Rentenversicherung Bund setzt für die Träger der allgemeinen Rentenversicherung die Vorschüsse fest.

§ 120 Verordnungsermächtigung. Das Bundesministerium für Arbeit und Soziales wird ermächtigt, durch Rechtsverordnung mit Zustimmung des Bundesrates

1. den Inhalt der von der Deutschen Post AG wahrzunehmenden Aufgaben der Träger der Rentenversicherung nach § 119 Abs. 1 bis 3 näher zu bestimmen und die Rechte und Pflichten der Beteiligten festzulegen,

---

1) Nr. **10**.
2) Nr. **1**.

2. die Höhe und Fälligkeit der Vorschüsse, die die Deutsche Post AG von den Trägern der Rentenversicherung nach § 119 Abs. 5 erhält, näher zu bestimmen,
3. das Verfahren zur Bestimmung der Höhe sowie die Fälligkeit der Vergütung und der Vorschüsse, die die Deutsche Post AG von den Trägern der Rentenversicherung nach § 119 Abs. 6 erhält, näher zu bestimmen.

Dritter Unterabschnitt. Rentensplitting

§ 120a Grundsätze für das Rentensplitting unter Ehegatten. (1) Ehegatten können gemeinsam bestimmen, dass die von ihnen in der Ehe erworbenen Ansprüche auf eine anpassungsfähige Rente zwischen ihnen aufgeteilt werden (Rentensplitting unter Ehegatten).

(2) Die Durchführung des Rentensplittings unter Ehegatten ist zulässig, wenn
1. die Ehe nach dem 31. Dezember 2001 geschlossen worden ist oder
2. die Ehe am 31. Dezember 2001 bestand und beide Ehegatten nach dem 1. Januar 1962 geboren sind.

(3) Anspruch auf Durchführung des Rentensplittings unter Ehegatten besteht, wenn
1. erstmalig beide Ehegatten nach Ablauf des Monats, in dem die Regelaltersgrenze erreicht wurde, Anspruch auf Leistung einer Vollrente wegen Alters aus der gesetzlichen Rentenversicherung haben oder
2. erstmalig ein Ehegatte nach Ablauf des Monats, in dem die Regelaltersgrenze erreicht wurde, Anspruch auf Leistung einer Vollrente wegen Alters aus der gesetzlichen Rentenversicherung und der andere Ehegatte die Regelaltersgrenze erreicht hat oder
3. ein Ehegatte verstirbt, bevor die Voraussetzungen der Nummern 1 und 2 vorliegen. In diesem Fall kann der überlebende Ehegatte das Rentensplitting unter Ehegatten allein herbeiführen.

(4) [1] Anspruch auf Durchführung des Rentensplittings unter Ehegatten besteht nur, wenn am Ende der Splittingzeit
1. in den Fällen von Absatz 3 Nr. 1 und 2 bei beiden Ehegatten und
2. im Fall von Absatz 3 Nr. 3 beim überlebenden Ehegatten

25 Jahre an rentenrechtlichen Zeiten vorhanden sind. [2] Im Fall von Satz 1 Nr. 2 gilt als rentenrechtliche Zeit auch die Zeit vom Zeitpunkt des Todes des verstorbenen Ehegatten bis zum Erreichen der Regelaltersgrenze des überlebenden Ehegatten in dem Verhältnis, in dem die Kalendermonate an rentenrechtlichen Zeiten des überlebenden Ehegatten in der Zeit von seinem vollendeten 17. Lebensjahr bis zum Tod des verstorbenen Ehegatten zu allen Kalendermonaten in dieser Zeit stehen.

(5) Anspruch auf Durchführung des Rentensplittings unter Ehegatten besteht nicht, wenn der überlebende Ehegatte eine Rentenabfindung erhalten hat.

(6) [1] Der Anspruch auf Durchführung des Rentensplittings unter Ehegatten besteht für die Zeit vom Beginn des Monats, in dem die Ehe geschlossen worden ist, bis zum Ende des Monats, in dem der Anspruch entstanden ist (Splittingzeit). [2] Entsteht der Anspruch auf Durchführung des Rentensplittings

unter Ehegatten nach Ablauf des Monats, in dem die Regelaltersgrenze erreicht wurde, durch Leistung einer Vollrente wegen Alters, endet die Splittingzeit mit dem Ende des Monats vor Leistungsbeginn.

(7) [1] Die Höhe der Ansprüche richtet sich nach den Entgeltpunkten der Ehegatten, getrennt nach

1. Entgeltpunkten der allgemeinen Rentenversicherung und
2. Entgeltpunkten der knappschaftlichen Rentenversicherung,

die mit demselben aktuellen Rentenwert für die Berechnung einer Rente zu vervielfältigen sind. [2] Der Ehegatte mit der jeweils niedrigeren Summe solcher Entgeltpunkte hat Anspruch auf Übertragung der Hälfte des Unterschieds zwischen den gleichartigen Entgeltpunkten der Ehegatten (Einzelsplitting).

(8) Besteht zwischen den jeweiligen Summen aller Entgeltpunkte der Ehegatten in der Splittingzeit ein Unterschied, ergibt sich für den Ehegatten mit der niedrigeren Summe aller Entgeltpunkte ein Zuwachs an Entgeltpunkten in Höhe der Hälfte des Unterschieds zwischen der Summe aller Entgeltpunkte für den Ehegatten mit der höheren Summe an Entgeltpunkten und der Summe an Entgeltpunkten des anderen Ehegatten (Splittingzuwachs).

(9) Das Rentensplitting unter Ehegatten ist durchgeführt, wenn die Entscheidung des Rentenversicherungsträgers über das Rentensplitting

1. in den Fällen von Absatz 3 Nr. 1 und 2 für beide Ehegatten und
2. im Fall von Absatz 3 Nr. 3 für den überlebenden Ehegatten

unanfechtbar geworden ist.

§ 120b Tod eines Ehegatten vor Empfang angemessener Leistungen.

(1) [1] Ist ein Ehegatte verstorben und sind ihm aus dem Rentensplitting unter Ehegatten nicht länger als 36 Monate Rentenleistungen erbracht worden, wird die Rente des überlebenden Ehegatten auf Antrag nicht länger auf Grund des Rentensplittings gekürzt. [2] Satz 1 gilt nicht, wenn ein Rentensplitting nach § 120a Absatz 3 Nummer 3 herbeigeführt wurde.

(2) Antragsberechtigt ist der überlebende Ehegatte.

(3) Die Anpassung wirkt ab dem ersten Tag des Monats, der auf den Monat der Antragstellung folgt.

§ 120c Abänderung des Rentensplittings unter Ehegatten. (1) Ehegatten haben Anspruch auf Abänderung des Rentensplittings, wenn sich für sie eine Abweichung des Wertunterschieds von dem bisher zugrunde liegenden Wertunterschied ergibt.

(2) [1] Die Änderung der Anspruchshöhe kommt nur in Betracht, wenn durch sie Versicherte

1. eine Übertragung von Entgeltpunkten erhalten, deren Wert insgesamt vom Wert der bislang insgesamt übertragenen Entgeltpunkte wesentlich abweicht, oder
2. eine maßgebende Wartezeit erfüllen.

[2] Eine Abweichung ist wesentlich, wenn sie 10 vom Hundert der durch die abzuändernde Entscheidung insgesamt übertragenen Entgeltpunkte, mindestens jedoch 0,5 Entgeltpunkte übersteigt, wobei Entgeltpunkte der knappschaftlichen Rentenversicherung zuvor mit 1,3333 zu vervielfältigen sind.

(3) Für den Ehegatten, der einen Splittingzuwachs erhalten hat, entfällt durch die Abänderung eine bereits erfüllte Wartezeit nicht.

(4) [1] Antragsberechtigt zur Abänderung des Rentensplittings unter Ehegatten sind neben den Ehegatten auch ihre Hinterbliebenen. [2] Eine Abänderung von Amts wegen ist möglich.

(5) Das Verfahren endet mit dem Tod des antragstellenden Ehegatten oder des antragstellenden Hinterbliebenen, wenn nicht ein Antragsberechtigter binnen drei Monaten gegenüber dem Rentenversicherungsträger erklärt, das Verfahren fortsetzen zu wollen.

(6) [1] Die Ehegatten oder ihre Hinterbliebenen sind verpflichtet, einander die Auskünfte zu erteilen, die zur Wahrnehmung ihrer Rechte nach den vorstehenden Vorschriften erforderlich sind. [2] Sofern ein Ehegatte oder seine Hinterbliebenen die erforderlichen Auskünfte von dem anderen Ehegatten oder dessen Hinterbliebenen nicht erhalten, haben sie einen entsprechenden Auskunftsanspruch gegen die betroffenen Rentenversicherungsträger. [3] § 74 Absatz 1 Satz 1 Nummer 2 Buchstabe b des Zehnten Buches[1)] findet entsprechende Anwendung. [4] Die Ehegatten und ihre Hinterbliebenen haben den betroffenen Rentenversicherungsträgern die erforderlichen Auskünfte zu erteilen.

(7) Die Abänderung des Rentensplittings unter Ehegatten ist durchgeführt, wenn die Entscheidung des Rentenversicherungsträgers über die Abänderung für die Ehegatten und ihre Hinterbliebenen unanfechtbar geworden ist.

§ 120d Verfahren und Zuständigkeit. (1) [1] Die Erklärung der Ehegatten zum Rentensplitting kann frühestens sechs Monate vor der voraussichtlichen Erfüllung der Anspruchsvoraussetzungen abgegeben werden. [2] In den Fällen des § 120a Abs. 3 Nr. 3 ist die Erklärung zum Rentensplitting von dem überlebenden Ehegatten spätestens bis zum Ablauf von zwölf Kalendermonaten nach Ablauf des Monats abzugeben (Ausschlussfrist), in dem der Ehegatte verstorben ist. [3] Die Ausschlussfrist gilt nur für Todesfälle ab dem 1. Januar 2008. [4] Die Frist des Satzes 2 wird durch ein Verfahren bei einem Rentenversicherungsträger unterbrochen; die Frist beginnt erneut nach Abschluss des Verfahrens. [5] Eine Wiedereinsetzung in den vorigen Stand ist ausgeschlossen.

(2) [1] Erklärungen zum Rentensplitting können von einem oder von beiden Ehegatten widerrufen werden, bis das Rentensplitting durchgeführt ist. [2] Nach diesem Zeitpunkt sind die Erklärungen unwiderruflich.

(3) [1] Für die Durchführung des Rentensplittings ist der Rentenversicherungsträger des jüngeren Ehegatten zuständig. [2] Hat ein Ehegatte keine eigenen Anwartschaften in der gesetzlichen Rentenversicherung erworben, ist der Rentenversicherungsträger des anderen Ehegatten zuständig. [3] In den Fällen des § 120a Abs. 3 Nr. 3 ist der Rentenversicherungsträger des verstorbenen Ehegatten zuständig. [4] Ist für einen Ehegatten die Zuständigkeit der Deutschen Rentenversicherung Knappschaft-Bahn-See gegeben, ist dieser Rentenversicherungsträger für die Durchführung des Rentensplittings zuständig.

(4) Der am Verfahren über das Rentensplitting unter Ehegatten beteiligte, nicht zuständige Rentenversicherungsträger ist an die Entscheidung des zuständigen Rentenversicherungsträgers gebunden.

[1)] Nr. **10**.

§ 120e Rentensplitting unter Lebenspartnern. [1] Lebenspartner können gemeinsam bestimmen, dass die von ihnen in der Lebenspartnerschaft erworbenen Ansprüche auf eine anpassungsfähige Rente zwischen ihnen aufgeteilt werden (Rentensplitting unter Lebenspartnern). [2] Die Durchführung des Rentensplittings, der Anspruch auf eine nicht aufgrund des Rentensplittings gekürzte Rente, die Abänderung des Rentensplittings unter Lebenspartnern und das Verfahren sowie die Zuständigkeit richten sich nach den vorangegangenen Vorschriften dieses Unterabschnitts. [3] Dabei gelten als Eheschließung die Begründung einer Lebenspartnerschaft, als Ehe eine Lebenspartnerschaft und als Ehegatte ein Lebenspartner.

Vierter Unterabschnitt. Besonderheiten beim Versorgungsausgleich

§ 120f Interne Teilung und Verrechnung von Anrechten. (1) Als erworbene Anrechte gleicher Art im Sinne des § 10 Abs. 2 des Versorgungsausgleichsgesetzes gelten die in der gesetzlichen Rentenversicherung erworbenen Anrechte.

(2) Als Anrechte gleicher Art im Sinne des § 10 Abs. 2 des Versorgungsausgleichsgesetzes gelten nicht

1. die bis zum 30. Juni 2024 im Beitrittsgebiet und im übrigen Bundesgebiet erworbenen Anrechte,
2. die in der allgemeinen Rentenversicherung und in der knappschaftlichen Rentenversicherung erworbenen Anrechte,
3. die in der Rentenversicherung als Zuschläge für langjährige Versicherung gewährten Entgeltpunkte und die übrigen Entgeltpunkte.

§ 120g Externe Teilung. Wählt die ausgleichsberechtigte Person bei der externen Teilung von Anrechten nach dem Versorgungsausgleichsgesetz keine Zielversorgung aus und erfolgt der Ausgleich nach § 15 Abs. 5 des Versorgungsausgleichsgesetzes in der gesetzlichen Rentenversicherung, werden Anrechte mit Zahlungseingang des Betrags erworben, der vom Familiengericht nach § 222 Abs. 3 des Gesetzes über das Verfahren in Familiensachen und in den Angelegenheiten der freiwilligen Gerichtsbarkeit festgesetzt wurde.

§ 120h Abzuschmelzende Anrechte. Abzuschmelzende Anrechte im Sinne des § 19 Abs. 2 Nr. 2 des Versorgungsausgleichsgesetzes, die Ausgleichsansprüchen nach der Scheidung nach den §§ 20 bis 24 des Versorgungsausgleichsgesetzes unterliegen, sind

1. der Auffüllbetrag (§ 315a),
2. der Rentenzuschlag (§ 319a),
3. der Übergangszuschlag (§ 319b) und
4. der weiterzuzahlende Betrag oder der besitzgeschützte Zahlbetrag der nach dem Anspruchs- und Anwartschaftsüberführungsgesetz oder nach dem Zusatzversorgungssystem-Gleichstellungsgesetz überführten Rente des Beitrittsgebiets, soweit dieser den Monatsbetrag der Renten nach § 307b Abs. 1 Satz 3 übersteigt (§ 307b Abs. 6).

Fünfter Unterabschnitt. Berechnungsgrundsätze

§ 121 Allgemeine Berechnungsgrundsätze. (1) Berechnungen werden auf vier Dezimalstellen durchgeführt, wenn nicht etwas anderes bestimmt ist.

(2) Bei einer auf Dezimalstellen vorzunehmenden Berechnung wird die letzte Dezimalstelle um 1 erhöht, wenn sich in der folgenden Dezimalstelle eine der Zahlen 5 bis 9 ergeben würde.

(3) Bei einer Berechnung, die auf volle Werte vorzunehmen ist, wird der Wert vor der ersten Dezimalstelle um 1 erhöht, wenn sich in den ersten vier Dezimalstellen eine der Zahlen 1 bis 9 ergeben würde.

(4) Bei einer Berechnung werden vor einer Division zunächst die anderen Rechengänge durchgeführt.

§ 122 Berechnung von Zeiten. (1) Ein Kalendermonat, der nur zum Teil mit rentenrechtlichen Zeiten belegt ist, zählt als voller Monat.

(2) [1] Ein Zeitraum, der in Jahren bestimmt ist, umfasst für jedes zu berücksichtigende Jahr zwölf Monate. [2] Ist für den Beginn oder das Ende eines Zeitraums ein bestimmtes Ereignis maßgebend, wird auch der Kalendermonat, in den das Ereignis fällt, berücksichtigt.

(3) Sind Zeiten bis zu einer Höchstdauer zu berücksichtigen, werden die am weitesten zurückliegenden Kalendermonate zunächst berücksichtigt.

§ 123 Berechnung von Geldbeträgen. (1) Berechnungen von Geldbeträgen werden auf zwei Dezimalstellen durchgeführt.

(2) Bei der Ermittlung von Geldbeträgen, für die ausdrücklich ein voller Betrag vorgegeben oder bestimmt ist, wird der Betrag nur dann um 1 erhöht, wenn sich in der ersten Dezimalstelle eine der Zahlen 5 bis 9 ergeben würde.

(3) [1] Der auf einen Teilzeitraum entfallende Betrag ergibt sich, wenn der Gesamtbetrag mit dem Teilzeitraum vervielfältigt und durch den Gesamtzeitraum geteilt wird. [2] Dabei werden das Kalenderjahr mit 360 Tagen, der Kalendermonat außer bei der anteiligen Ermittlung einer Monatsrente mit 30 Tagen und die Kalenderwoche mit sieben Tagen gerechnet.

§ 124 Berechnung von Durchschnittswerten und Rententeilen. (1) Durchschnittswerte werden aus der Summe der Einzelwerte und der für ihre Ermittlung zugrunde gelegten Summe der jeweiligen Zeiteinheiten ermittelt, soweit nicht eine andere Summe von Zeiteinheiten ausdrücklich bestimmt ist.

(2) Die Rente oder Rentenanwartschaft, die auf einen Zeitabschnitt entfällt, ergibt sich, wenn nach der Ermittlung der Entgeltpunkte für alle rentenrechtlichen Zeiten die Rente oder Rentenanwartschaft aus den Entgeltpunkten berechnet wird, die auf diesen Zeitabschnitt entfallen.

Drittes Kapitel. Organisation, Datenschutz und Datensicherheit

Erster Abschnitt. Organisation

Erster Unterabschnitt. Deutsche Rentenversicherung

§ 125 Träger der gesetzlichen Rentenversicherung. (1) [1] Die Aufgaben der gesetzlichen Rentenversicherung (allgemeine Rentenversicherung und knappschaftliche Rentenversicherung) werden von Regionalträgern und Bundesträgern wahrgenommen. [2]Der Name der Regionalträger der gesetzlichen Rentenversicherung besteht aus der Bezeichnung „Deutsche Rentenversicherung" und einem Zusatz für ihre jeweilige regionale Zuständigkeit.

(2) [1]Bundesträger sind die Deutsche Rentenversicherung Bund und die Deutsche Rentenversicherung Knappschaft-Bahn-See. [2]Die Deutsche Rentenversicherung Bund nimmt auch die Grundsatz- und Querschnittsaufgaben und die gemeinsamen Angelegenheiten der Träger der Rentenversicherung wahr.

Zweiter Unterabschnitt. Zuständigkeit in der allgemeinen Rentenversicherung

§ 126 Zuständigkeit der Träger der Rentenversicherung. [1]Für die Erfüllung der Aufgaben der Rentenversicherung sind in der allgemeinen Rentenversicherung die Regionalträger, die Deutsche Rentenversicherung Bund und die Deutsche Rentenversicherung Knappschaft-Bahn-See zuständig. [2]Dies gilt auch für die Anwendung des über- und zwischenstaatlichen Rechts.

§ 127 Zuständigkeit für Versicherte und Hinterbliebene. (1) [1]Zuständig für Versicherte ist der Träger der Rentenversicherung, der durch die Datenstelle der Rentenversicherung bei der Vergabe der Versicherungsnummer festgelegt worden ist. [2]Ist eine Versicherungsnummer noch nicht vergeben, ist bis zur Vergabe der Versicherungsnummer die Deutsche Rentenversicherung Bund zuständig.

(2) Das Erweiterte Direktorium der Deutschen Rentenversicherung Bund bestimmt die Zuordnung von Versicherten zu einem Träger der Rentenversicherung nach folgenden Grundsätzen:

1. Die Versicherten werden zu 55 vom Hundert den Regionalträgern, zu 40 vom Hundert der Deutschen Rentenversicherung Bund und zu 5 vom Hundert der Deutschen Rentenversicherung Knappschaft-Bahn-See zugeordnet.
2. Im ersten Schritt werden Versicherte gemäß § 129 oder § 133 der Deutschen Rentenversicherung Knappschaft-Bahn-See unter Anrechnung auf ihre Quote nach Nummer 1 zugeordnet.
3. Im zweiten Schritt werden den Regionalträgern so viele der verbleibenden Versicherten zugeordnet, dass, für jeden örtlichen Zuständigkeitsbereich eines Regionalträgers gesondert, jeweils die Quote nach Nummer 1 hergestellt wird.
4. Im dritten Schritt werden die übrigen Versicherten zur Herstellung der Quote nach Nummer 1 zwischen der Deutschen Rentenversicherung Bund und, unter Anrechnung der Vorwegzuordnung nach Nummer 2, der Deutschen Rentenversicherung Knappschaft-Bahn-See verteilt. Dabei werden der Deutschen Rentenversicherung Knappschaft-Bahn-See Versicherte in Brandenburg, Hamburg, Hessen, Nordrhein-Westfalen, Oberbayern, Sachsen und im Saarland gleichmäßig zugewiesen.

(3) [1]Für Personen, die als Hinterbliebene eines verstorbenen Versicherten Ansprüche gegen die Rentenversicherung geltend machen, ist der Träger der Rentenversicherung zuständig, an den zuletzt Beiträge für den verstorbenen Versicherten gezahlt worden sind. [2]Der so zuständige Träger bleibt auch zuständig, wenn nach dem Tod eines weiteren Versicherten ein anderer Träger

zuständig wäre. [3]Bei gleichzeitigem Tod mehrerer Versicherter ist der Träger der Rentenversicherung zuständig, an den der letzte Beitrag gezahlt worden ist. [4]Sind zuletzt an mehrere Träger der Rentenversicherung Beiträge gezahlt worden, ergibt sich die Zuständigkeit nach folgender Reihenfolge:

1. Deutsche Rentenversicherung Knappschaft-Bahn-See,
2. Deutsche Rentenversicherung Bund,
3. Regionalträger.

§ 127a Verbindungsstelle für Leistungen bei Invalidität, bei Alter und an Hinterbliebene sowie für Vorruhestandsleistungen. (1) [1]Die Zuständigkeit der Träger der gesetzlichen Rentenversicherung erstreckt sich auch auf die Wahrnehmung der Aufgaben einer Verbindungsstelle, die durch über- und zwischenstaatliches Recht festgelegt sind. [2]Hierzu gehören insbesondere

1. die Prüfung und Entscheidung über die weitere Anwendbarkeit der deutschen Rechtsvorschriften für eine Person, die
   a) vorübergehend in einen anderen Mitgliedstaat der Europäischen Union, in einen anderen Vertragsstaat des Abkommens über den Europäischen Wirtschaftsraum oder in die Schweiz entsandt ist oder dort vorübergehend selbstständig tätig ist und
   b) die nicht Mitglied einer gesetzlichen Krankenkasse und nicht Mitglied einer berufsständischen Versorgungseinrichtung ist,
2. die Koordinierung der Verwaltungshilfe und des Datenaustauschs bei grenzüberschreitenden Sachverhalten,
3. Aufklärung, Beratung und Information.

(2) [1]Im Anwendungsbereich der Verordnung (EG) Nr. 883/2004 des Europäischen Parlaments und des Rates vom 29. April 2004 zur Koordinierung der Systeme der sozialen Sicherheit (ABl. L 166 vom 30.4.2004, S. 1, L 200 vom 7.6.2004, S. 1), die zuletzt durch die Verordnung (EG) Nr. 988/2009 (ABl. L 284 vom 30.10.2009, S. 43) geändert worden ist, handelt die Deutsche Rentenversicherung Bund auch als Verbindungsstelle für den Bereich der Pensionen eines Sondersystems für Beamte. [2]Sie arbeitet hierbei mit der Generalzolldirektion eng zusammen und unterstützt diese. [3]Sie darf personenbezogene Daten verarbeiten, soweit dies zur Erfüllung ihrer Aufgaben erforderlich ist.

(3) [1]Im Anwendungsbereich der Verordnung (EG) Nr. 883/2004 handelt die Deutsche Rentenversicherung Knappschaft-Bahn-See auch als Verbindungsstelle für den Bereich der Vorruhestandsleistungen. [2]Hierzu gehören insbesondere

1. das Anpassungsgeld für entlassene Arbeitnehmer des Bergbaus,

1a. das Anpassungsgeld für Arbeitnehmerinnen und Arbeitnehmer der Braunkohleanlagen und -tagebaue sowie Steinkohleanlagen, die aus den in § 57 Absatz 1 Satz 1 des Kohleverstromungsbeendigungsgesetzes genannten Gründen ihren Arbeitsplatz verloren haben, und

2. das Überbrückungsgeld der Seemannskasse.

§ 128 Örtliche Zuständigkeit der Regionalträger. (1) [1]Die örtliche Zuständigkeit der Regionalträger richtet sich, soweit nicht nach Absatz 3 oder nach über- und zwischenstaatlichem Recht etwas anderes bestimmt ist, nach folgender Reihenfolge:

1. Wohnsitz,
2. gewöhnlicher Aufenthalt,
3. Beschäftigungsort,
4. Tätigkeitsort

der Versicherten oder der Hinterbliebenen im Inland. [2]Bei Leistungsansprüchen ist für die örtliche Zuständigkeit der Zeitpunkt der Antragstellung maßgebend. [3]Bei Halbwaisenrenten ist der für den überlebenden Ehegatten, bei Waisenrenten, bei denen ein überlebender Ehegatte nicht vorhanden ist, der für die jüngste Waise bestimmte Regionalträger zuständig. [4]Wären bei Leistungsansprüchen von Hinterbliebenen mehrere Regionalträger zuständig, ist der Regionalträger zuständig, bei dem zuerst ein Antrag gestellt worden ist.

(2) Liegt der nach Absatz 1 maßgebende Ort nicht im Inland, ist der Regionalträger zuständig, der zuletzt nach Absatz 1 zuständig war.

(3) Die örtliche Zuständigkeit der Regionalträger richtet sich für Berechtigte, die

1. in einem der in der nachfolgenden Tabelle genannten Staaten wohnen,
2. die Staatsangehörigkeit eines dieser Staaten besitzen und in einem Gebiet außerhalb der genannten Staaten wohnen oder
3. in Deutschland oder als Deutsche in einem Gebiet außerhalb der genannten Staaten wohnen und der letzte nach den Rechtsvorschriften eines Mitgliedstaates der Europäischen Union, eines Vertragsstaates des Abkommens über den Europäischen Wirtschaftsraum oder der Schweiz entrichtete ausländische Beitrag an einen Rentenversicherungsträger dieser Staaten gezahlt wurde,

nach der folgenden Tabelle:

Belgien	Deutsche Rentenversicherung Rheinland,
Bulgarien	Deutsche Rentenversicherung Mitteldeutschland,
Dänemark	Deutsche Rentenversicherung Nord,
Estland	Deutsche Rentenversicherung Nord,
Finnland	Deutsche Rentenversicherung Nord,
Frankreich	Deutsche Rentenversicherung Rheinland-Pfalz,
Griechenland	Deutsche Rentenversicherung Baden-Württemberg,
Großbritannien	Deutsche Rentenversicherung Nord,
Irland	Deutsche Rentenversicherung Nord,
Island	Deutsche Rentenversicherung Westfalen,
Italien	Deutsche Rentenversicherung Schwaben,
Kroatien	Deutsche Rentenversicherung Bayern Süd,
Lettland	Deutsche Rentenversicherung Nord,
Liechtenstein	Deutsche Rentenversicherung Baden-Württemberg,
Litauen	Deutsche Rentenversicherung Nord,
Luxemburg	Deutsche Rentenversicherung Rheinland-Pfalz,
Malta	Deutsche Rentenversicherung Schwaben,
Niederlande	Deutsche Rentenversicherung Westfalen,
Norwegen	Deutsche Rentenversicherung Nord,
Österreich	Deutsche Rentenversicherung Bayern Süd,

Polen	Deutsche Rentenversicherung Berlin-Brandenburg; in Fällen, in denen allein das Abkommen vom 9. Oktober 1975 über Renten- und Unfallversicherung anzuwenden ist, der nach § 128 Absatz 1 örtlich zuständige Regionalträger,
Portugal	Deutsche Rentenversicherung Nordbayern,
Rumänien	Deutsche Rentenversicherung Nordbayern,
Schweden	Deutsche Rentenversicherung Nord,
Schweiz	Deutsche Rentenversicherung Baden-Württemberg,
Slowakei	Deutsche Rentenversicherung Bayern Süd,
Slowenien	Deutsche Rentenversicherung Bayern Süd,
Spanien	Deutsche Rentenversicherung Rheinland,
Tschechische Republik	Deutsche Rentenversicherung Bayern Süd,
Ungarn	Deutsche Rentenversicherung Mitteldeutschland,
Zypern	Deutsche Rentenversicherung Baden-Württemberg.

(4) Ist kein Rentenversicherungsträger nach den Absätzen 1 bis 3 zuständig, so ist die Deutsche Rentenversicherung Rheinland zuständig.

§ 128a Sonderzuständigkeit der Deutschen Rentenversicherung Saarland. (1) [1]Die Deutsche Rentenversicherung Saarland ist örtlich zuständig, wenn

1. vor dem 1. Januar 2009 deutsche Beiträge gezahlt worden sind und der letzte deutsche Beitrag vor diesem Stichtag an die Deutsche Rentenversicherung Saarland entrichtet worden ist oder
2. vor dem 1. Januar 2009 keine deutschen Beiträge gezahlt worden sind und die Deutsche Rentenversicherung Saarland zuletzt das Versicherungskonto geführt hat.

[2]Satz 1 gilt unter der Voraussetzung, dass die Berechtigten

1. in Frankreich, Italien oder Luxemburg wohnen,
2. die Staatsangehörigkeit dieser Staaten besitzen und außerhalb eines Mitgliedstaates der Europäischen Union, eines Vertragsstaates des Abkommens über den Europäischen Wirtschaftsraum oder der Schweiz wohnen oder
3. als Deutsche außerhalb eines Mitgliedstaates der Europäischen Union, eines Vertragsstaates des Abkommens über den Europäischen Wirtschaftsraum oder der Schweiz wohnen und der letzte nach den Rechtsvorschriften eines nicht deutschen Mitgliedstaates der Europäischen Union, eines nicht deutschen Vertragsstaates des Abkommens über den Europäischen Wirtschaftsraum oder der Schweiz entrichtete Beitrag an einen französischen, italienischen oder luxemburgischen Rentenversicherungsträger entrichtet worden ist.

(2) Bei Wohnsitz im Saarland ist die Deutsche Rentenversicherung Saarland auch zuständig, wenn der letzte nach den Rechtsvorschriften eines anderen Mitgliedstaates der Europäischen Union, eines anderen Vertragsstaates des Abkommens über den Europäischen Wirtschaftsraum oder nach den Rechtsvorschriften der Schweiz entrichtete Beitrag an einen französischen, italienischen oder luxemburgischen Rentenversicherungsträger entrichtet worden ist.

(3) Die Deutsche Rentenversicherung Saarland nimmt die Funktion der Verbindungsstelle für die hüttenknappschaftliche Zusatzversicherung auf der Grundlage des über- und zwischenstaatlichen Rechts wahr.

§ 129 Zuständigkeit der Deutschen Rentenversicherung Knappschaft-Bahn-See für Versicherte. (1) Die Deutsche Rentenversicherung Knappschaft-Bahn-See ist zuständig, wenn die Versicherten

1. beim Bundeseisenbahnvermögen,
2. bei der Deutschen Bahn Aktiengesellschaft oder den gemäß § 2 Abs. 1 des Deutsche Bahn Gründungsgesetzes vom 27. Dezember 1993 (BGBl. I S. 2378, 2386) ausgegliederten Aktiengesellschaften,
3. bei Unternehmen, die gemäß § 3 Abs. 3 des genannten Gesetzes aus den Aktiengesellschaften ausgegliedert worden sind, von diesen überwiegend beherrscht werden und unmittelbar und überwiegend Eisenbahnverkehrsleistungen erbringen oder eine Eisenbahninfrastruktur betreiben,
4. bei den Bahn-Versicherungsträgern, der Krankenversorgung der Bundesbahnbeamten und dem Bahnsozialwerk,
5. in der Seefahrt (Seeschifffahrt und Seefischerei) oder
6. bei der Deutschen Rentenversicherung Knappschaft-Bahn-See

beschäftigt sind.

(2) Die Deutsche Rentenversicherung Knappschaft-Bahn-See ist auch zuständig für selbständig Tätige, die als Seelotse, Küstenschiffer oder Küstenfischer versicherungspflichtig sind.

§ 130 Sonderzuständigkeit der Deutschen Rentenversicherung Knappschaft-Bahn-See. [1]Die Deutsche Rentenversicherung Knappschaft-Bahn-See ist für Leistungen zuständig, wenn ein Beitrag auf Grund einer Beschäftigung oder selbständigen Tätigkeit nach § 129 Abs. 1 oder Abs. 2 gezahlt worden ist. [2]In diesen Fällen führt die Deutsche Rentenversicherung Knappschaft-Bahn-See auch die Versicherung durch.

§ 131 Auskunfts- und Beratungsstellen. Die Regionalträger unterhalten für den Bereich der Auskunft und Beratung ein Dienststellennetz für die Deutsche Rentenversicherung.

Dritter Unterabschnitt. Zuständigkeit in der knappschaftlichen Rentenversicherung

§ 132 Versicherungsträger. Träger der knappschaftlichen Rentenversicherung ist die Deutsche Rentenversicherung Knappschaft-Bahn-See.

§ 133 Zuständigkeit der Deutschen Rentenversicherung Knappschaft-Bahn-See für Beschäftigte. Die Deutsche Rentenversicherung Knappschaft-Bahn-See ist zuständig, wenn die Versicherten

1. in einem knappschaftlichen Betrieb beschäftigt sind,
2. ausschließlich oder überwiegend knappschaftliche Arbeiten verrichten oder
3. bei Arbeitnehmerorganisationen oder Arbeitgeberorganisationen, die berufsständische Interessen des Bergbaus wahrnehmen, oder bei den Bergämtern, Oberbergämtern oder bergmännischen Prüfstellen, Forschungsstellen oder Rettungsstellen beschäftigt sind und für sie vor Aufnahme dieser Beschäfti-

gung fünf Jahre Beiträge zur knappschaftlichen Rentenversicherung gezahlt worden sind.

§ 134 Knappschaftliche Betriebe und Arbeiten. (1) Knappschaftliche Betriebe sind Betriebe, in denen Mineralien oder ähnliche Stoffe bergmännisch gewonnen werden, Betriebe der Industrie der Steine und Erden jedoch nur dann, wenn sie überwiegend unterirdisch betrieben werden.

(2) Als knappschaftliche Betriebe gelten auch Versuchsgruben des Bergbaus.

(3) Knappschaftliche Betriebe sind auch Betriebsanstalten oder Gewerbeanlagen, die als Nebenbetriebe eines knappschaftlichen Betriebs mit diesem räumlich und betrieblich zusammenhängen.

(4) Knappschaftliche Arbeiten sind nachstehende Arbeiten, wenn sie räumlich und betrieblich mit einem Bergwerksbetrieb zusammenhängen, aber von einem anderen Unternehmer ausgeführt werden:

1. alle Arbeiten unter Tage mit Ausnahme von vorübergehenden Montagearbeiten,
2. Abraumarbeiten zum Aufschließen der Lagerstätte,
3. die Gewinnung oder das Verladen von Versatzmaterial innerhalb des Zechengeländes in Betrieb befindlicher Werke mit Ausnahme der Arbeiten an Baggern,
4. das Umarbeiten (Aufbereiten) von Bergehalden (Erzgruben) innerhalb des Zechengeländes in Betrieb befindlicher Werke,
5. laufende Unterhaltungsarbeiten an Grubenbahnen sowie Grubenanschlussbahnen innerhalb des Zechengeländes,
6. das Rangieren der Wagen auf den Grubenanlagen,
7. Arbeiten in den zur Zeche gehörenden Reparaturwerkstätten,
8. Arbeiten auf den Zechenholzplätzen, die nur dem Betrieb von Zechen dienen, soweit das Holz in das Eigentum der Zeche übergegangen ist,
9. Arbeiten in den Lampenstuben,
10. das Stapeln des Geförderten, das Verladen von gestürzten Produkten, das Aufhalden und das Abhalden von Produkten, von Bergen und von sonstigen Abfällen innerhalb des Zechengeländes,
11. Sanierungsarbeiten wie beispielsweise Aufräumungsarbeiten und Ebnungsarbeiten sowie das Laden von Schutt und dergleichen, wenn diese Arbeiten regelmäßig innerhalb des Zechengeländes ausgeführt werden.

(5) Knappschaftliche Arbeiten stehen für die knappschaftliche Versicherung einem knappschaftlichen Betrieb gleich.

(6) Montagearbeiten unter Tage sind knappschaftliche Arbeiten im Sinne von Absatz 4 Nr. 1, wenn sie die Dauer von drei Monaten überschreiten.

§ 135 Nachversicherung. [1] Für die Nachversicherung ist die Deutsche Rentenversicherung Knappschaft-Bahn-See als Träger der knappschaftlichen Rentenversicherung nur zuständig, soweit diese für die Zeit einer Beschäftigung bei dem Träger der knappschaftlichen Rentenversicherung durchgeführt wird. [2] Sie ist auch zuständig für die Nachversicherung einer Beschäftigung bei einem Bergamt, Oberbergamt oder einer bergmännischen Prüfstelle, wenn vor Aufgabe dieser Beschäftigung für fünf Jahre Beiträge zur knappschaftlichen Rentenversicherung gezahlt worden sind.

§ 136 Sonderzuständigkeit der Deutschen Rentenversicherung Knappschaft-Bahn-See. [1]Die Deutsche Rentenversicherung Knappschaft-Bahn-See ist für Leistungen zuständig, wenn ein Beitrag auf Grund einer Beschäftigung zur knappschaftlichen Rentenversicherung gezahlt worden ist. [2]In diesen Fällen führt die Deutsche Rentenversicherung Knappschaft-Bahn-See auch die Versicherung durch. [3]Dies gilt auch bei Anwendung des über- und zwischenstaatlichen Rechts.

§ 136a Verbindungsstelle für Leistungen bei Invalidität, bei Alter und an Hinterbliebene der knappschaftlichen Rentenversicherung. [1]Die Zuständigkeit der Deutschen Rentenversicherung Knappschaft-Bahn-See erstreckt sich auch auf die Wahrnehmung der durch über- und zwischenstaatliches Recht festgelegten Aufgaben einer Verbindungsstelle. [2]§ 127a Absatz 1 Satz 2 gilt entsprechend.

§ 137 Besonderheit bei der Durchführung der Versicherung und bei den Leistungen. Die Deutsche Rentenversicherung Knappschaft-Bahn-See führt die Versicherung für Personen, die wegen

1. einer Kindererziehung,
2. eines Wehrdienstes oder Zivildienstes,
3. eines Bezuges von Sozialleistungen oder von Vorruhestandsgeld

bei ihr versichert sind, in der knappschaftlichen Rentenversicherung durch, wenn diese im letzten Jahr vor Beginn dieser Zeiten zuletzt wegen einer Beschäftigung in der knappschaftlichen Rentenversicherung versichert waren.

Unterabschnitt 3a. Zuständigkeit der Deutschen Rentenversicherung Knappschaft-Bahn-See für die Seemannskasse

§ 137a Zuständigkeit der Deutschen Rentenversicherung Knappschaft-Bahn-See für die Seemannskasse. Die Seemannskasse, die von der See-Berufsgenossenschaft gemäß § 891a der Reichsversicherungsordnung in der Fassung des Artikels 1 § 4 Nr. 2 des Rentenreformgesetzes vom 16. Oktober 1972 (BGBl. I S. 1965) und den dieses ändernden oder ergänzenden Gesetzen errichtet wurde und durchgeführt wird, wird mit Wirkung vom 1. Januar 2009 unter ihrem Namen durch die Deutsche Rentenversicherung Knappschaft-Bahn-See als Träger der allgemeinen Rentenversicherung nach den §§ 137b bis 137e weitergeführt.

§ 137b Besonderheiten bei den Leistungen und bei der Durchführung der Versicherung. (1) [1]Aufgabe der Seemannskasse ist die Gewährung eines Überbrückungsgeldes nach Vollendung des 55. Lebensjahres an die bei ihr versicherten Seeleute sowie an Küstenschiffer und Küstenfischer, die aus der Seefahrt ausgeschieden sind. [2]Die Satzung kann ergänzende Leistungen für Versicherte nach Erreichen der Regelaltersgrenze und bei Bezug einer Altersrente mit ungemindertem Zugangsfaktor vor Erreichen der Regelaltersgrenze vorsehen.

(2) Versicherungspflichtig sind in der Seemannskasse

1. Seeleute nach § 13 Absatz 1 des Vierten Buches[1)], die an Bord von Kauffahrteischiffen oder Fischereifahrzeugen gegen Arbeitsentgelt oder zu ihrer Berufsausbildung beschäftigt und bei der Deutschen Rentenversicherung Knappschaft-Bahn-See rentenversichert sind, sofern diese Beschäftigung nicht geringfügig im Sinne von § 8 des Vierten Buches ausgeübt wird,
2. Küstenschiffer und Küstenfischer, die nach § 2 Satz 1 Nr. 7 oder nach § 229a Abs. 1 rentenversichert sind und ihre Tätigkeit nicht im Nebenerwerb ausüben.

(2a) Für deutsche Seeleute, für die vor dem 21. April 2015 nach § 2 Absatz 3 Satz 1 Nummer 1 des Vierten Buches Versicherungspflicht bestand und die nicht bei einer gewerblichen Berufsgenossenschaft unfallversichert sind, gilt Absatz 2 Nummer 1 nicht, es sei denn, der Arbeitgeber stellt für diese Personen einen Antrag auf Versicherungspflicht in der Seemannskasse.

(2b) [1] Auf Antrag des öffentlichen Arbeitgebers werden alle von ihm beschäftigten Seeleute nach § 13 Absatz 1 des Vierten Buches, die bei der Deutschen Rentenversicherung Knappschaft-Bahn-See rentenversichert sind, in der Seemannskasse versichert. [2] Die Satzung der Seemannskasse kann bestimmen, dass eine Versicherungspflicht, die bei öffentlichen Arbeitgebern am 21. April 2015 bestand, bestehen bleibt sowie dass diese sich auch auf Seeleute erstreckt, deren Beschäftigung bei diesen Arbeitgebern nach dem 21. April 2015 beginnt.

(3) Die Meldungen zur Seemannskasse sind mit den Meldungen zur Sozialversicherung (§ 28a des Vierten Buches) zu verbinden.

§ 137c Vermögen, Haftung. (1) Das Vermögen der Seemannskasse geht zum 1. Januar 2009 mit allen Rechten und Pflichten auf die Deutsche Rentenversicherung Knappschaft-Bahn-See über.

(2) [1] Das Vermögen der Seemannskasse ist als Sondervermögen getrennt von dem sonstigen Vermögen der Deutschen Rentenversicherung Knappschaft-Bahn-See zu verwalten. [2] Der Überschuss der Einnahmen über die Ausgaben ist dem Vermögen zuzuführen; ein etwaiger Fehlbetrag ist aus diesem zu decken. [3] Der Bewirtschaftungsplan über Einnahmen und Ausgaben einschließlich der Aufwendungen für Verwaltungskosten ist in einem Einzelplan des Haushaltsplans der Deutschen Rentenversicherung Knappschaft-Bahn-See zu führen.

(3) [1] Die Mittel der Seemannskasse sind im Wege der Umlage durch die Unternehmer aufzubringen, die bei ihr versichert sind oder die bei ihr Versicherte beschäftigen. [2] Das Nähere, insbesondere die Voraussetzungen und den Umfang der Leistungen sowie die Festsetzung und die Zahlung der Beiträge, bestimmt die Satzung der Seemannskasse. [3] Sie kann auch eine Beteiligung der Seeleute an der Aufbringung der Mittel vorsehen.

(4) Die Haftung der Deutschen Rentenversicherung Knappschaft-Bahn-See für Verbindlichkeiten der Seemannskasse ist auf das Sondervermögen der Seemannskasse beschränkt; dieses haftet nicht für Verbindlichkeiten der übrigen Aufgabenbereiche der Deutschen Rentenversicherung Knappschaft-Bahn-See.

(5) Die Seemannskasse wird von der Aufsichtsbehörde geschlossen, wenn die Erfüllbarkeit der satzungsmäßigen Leistungspflichten nicht mehr auf Dauer gewährleistet ist.

[1)] Nr. 4.

§ 137d Organe. Die Selbstverwaltungsorgane und die Geschäftsführung der Deutschen Rentenversicherung Knappschaft-Bahn-See vertreten und verwalten die Seemannskasse nach dem für die Deutsche Rentenversicherung Knappschaft-Bahn-See als Rentenversicherungsträger geltenden Recht und nach Maßgabe der Satzung der Seemannskasse.

§ 137e Beirat. (1) [1]Die Deutsche Rentenversicherung Knappschaft-Bahn-See bildet für die Angelegenheiten der Seemannskasse einen Beirat aus Vertretern der Unternehmer nach § 137c Abs. 3 sowie Vertretern der in der Seemannskasse versicherten Seeleute. [2]Die Mitglieder des Beirats und ihre Stellvertreter werden auf Vorschlag der Tarifvertragsparteien der Seeschifffahrt durch den Vorstand der Deutschen Rentenversicherung Knappschaft-Bahn-See berufen. [3]Für ihre Amtsdauer gilt § 58 Abs. 2 des Vierten Buches[1)] entsprechend. [4]Ein Mitglied des Beirats kann aus wichtigem Grund vor Ablauf der Amtsdauer abberufen werden.

(2) Die §§ 40 bis 42 des Vierten Buches über Ehrenämter, Entschädigung der ehrenamtlich Tätigen und Haftung gelten entsprechend.

(3) [1]Der Beirat berät die Selbstverwaltungsorgane der Deutschen Rentenversicherung Knappschaft-Bahn-See in den Angelegenheiten der Seemannskasse. [2]Er behandelt die Entscheidungsvorlagen und legt eigene Beschlussvorschläge vor. [3]Die Satzung der Seemannskasse kann bestimmen, dass insbesondere in Belangen der Satzung der Seemannskasse, der Versicherung, der Umlage und des Sondervermögens der Vorstand und die Vertreterversammlung der Deutschen Rentenversicherung Knappschaft-Bahn-See nicht abweichend von dem Beschlussvorschlag des Beirats entscheiden dürfen. [4]Gelingt es in derartigen Fällen nicht, eine übereinstimmende Meinungsbildung der am Entscheidungsverfahren beteiligten Gremien herzustellen, entscheidet die Aufsichtsbehörde. [5]Das Nähere regelt die Satzung der Seemannskasse.

Vierter Unterabschnitt. Grundsatz- und Querschnittsaufgaben der Deutschen Rentenversicherung, Erweitertes Direktorium

§ 138 Grundsatz- und Querschnittsaufgaben der Deutschen Rentenversicherung. (1) [1]Die Deutsche Rentenversicherung Bund nimmt die Grundsatz- und Querschnittsaufgaben der Deutschen Rentenversicherung wahr. [2]Dazu gehören:

1. Vertretung der Rentenversicherung in ihrer Gesamtheit gegenüber Politik, Bundes-, Landes-, Europäischen und sonstigen nationalen und internationalen Institutionen sowie Sozialpartnern, Abstimmung mit dem verfahrensführenden Träger der Rentenversicherung in Verfahren vor dem Europäischen Gerichtshof, dem Bundesverfassungsgericht und dem Bundessozialgericht,
2. Öffentlichkeitsarbeit einschließlich der Herausgabe von regelmäßigen Informationen zur Alterssicherung für Arbeitgeber, Versicherte und Rentner und der Grundsätze für regionale Broschüren,
3. Statistik,
4. Klärung von grundsätzlichen Fach- und Rechtsfragen zur Sicherung der einheitlichen Rechtsanwendung aus den Bereichen

---

1) Nr. 4.

a) Rehabilitation und Teilhabe,
b) Sozialmedizin,
c) Versicherung,
d) Beitrag,
e) Beitragsüberwachung,
f) Rente,
g) Auslandsrecht, Sozialversicherungsabkommen, Recht der Europäischen Union, soweit es die Rentenversicherung betrifft,

5. Organisation des Qualitäts- und Wirtschaftlichkeitswettbewerbs zwischen den Trägern, insbesondere Erlass von Rahmenrichtlinien für Aufbau und Durchführung eines zielorientierten Benchmarking der Leistungs- und Qualitätsdaten,
6. Grundsätze für die Aufbau- und Ablauforganisation, das Personalwesen und Investitionen unter Wahrung der Selbständigkeit der Träger,
7. Grundsätze und Steuerung der Finanzausstattung und -verwaltung im Rahmen der Finanzverfassung für das gesamte System,
8. Koordinierung der Planung von Rehabilitationsmaßnahmen, insbesondere der Bettenbedarfs- und Belegungsplanung,
9. Grundsätze und Koordinierung der Datenverarbeitung und Servicefunktionen,
10. Funktion zur Registrierung und Authentifizierung für die elektronischen Serviceangebote der Rentenversicherung,
11. Funktion als Signaturstelle,
12. Grundsätze für die Aus- und Fortbildung,
13. Grundsätze der Organisation und Aufgabenzuweisung der Auskunfts- und Beratungsstellen,
14. Bereitstellung von Informationen für die Träger der Rentenversicherung,
15. Forschung im Bereich der Alterssicherung und der Rehabilitation und
16. Treuhänderschaft gemäß dem Gesetz zur Regelung der Rechtsverhältnisse der unter Artikel 131 des Grundgesetzes fallenden Personen.

(2) [1]Die Entscheidungen der Deutschen Rentenversicherung Bund zu Grundsatz- und Querschnittsaufgaben der Deutschen Rentenversicherung sowie die notwendig werdende Festlegung weiterer Grundsatz- und Querschnittsaufgaben werden durch die Bundesvertreterversammlung der Deutschen Rentenversicherung Bund gemäß § 64 Abs. 4 des Vierten Buches[1)] getroffen; für die Träger der Rentenversicherung sind die Entscheidungen verbindlich. [2]Die Bundesvertreterversammlung kann die Entscheidungsbefugnis gemäß § 64 Abs. 4 des Vierten Buches ganz oder teilweise auf den Bundesvorstand der Deutschen Rentenversicherung Bund übertragen, der gemäß § 64 Abs. 4 des Vierten Buches entscheidet. [3]Entscheidungen über die Auslegung von Rechtsfragen werden von der Bundesvertreterversammlung und vom Bundesvorstand mit der einfachen Mehrheit aller gewichteten Stimmen der satzungsmäßigen Mitgliederzahl getroffen.

(3) [1]Der Bundesvorstand kann die Entscheidungsbefugnis gemäß § 64 Abs. 4 des Vierten Buches ganz oder teilweise auf einen Ausschuss des Bundesvor-

---

[1)] Nr. 4.

standes übertragen. [2]Die Entscheidungen dieses Ausschusses müssen einstimmig ergehen. [3]Der Ausschuss legt dem Bundesvorstand die Entscheidungen vor; der Bundesvorstand kann gemäß § 64 Abs. 4 des Vierten Buches abweichende Entscheidungen treffen.

(4) [1]Soweit das Direktorium Vorlagen an die Bundesvertreterversammlung oder den Bundesvorstand unterbreitet, die verbindliche Entscheidungen oder notwendig werdende Festlegungen weiterer Grundsatz- und Querschnittsaufgaben betreffen, bedürfen diese der vorherigen Zustimmung durch das Erweiterte Direktorium. [2]Beratungsergebnisse der Fachausschüsse, in denen alle Träger der Rentenversicherung vertreten sind, sind an die Bundesvertreterversammlung oder den Bundesvorstand weiterzuleiten. [3]Das Nähere regelt die Satzung.

(5) Die verbindlichen Entscheidungen und die Festlegung weiterer Grundsatz- und Querschnittsaufgaben werden im Amtlichen Mitteilungsblatt der Deutschen Rentenversicherung Bund veröffentlicht.

§ 139 Erweitertes Direktorium. (1) [1]Das Erweiterte Direktorium der Deutschen Rentenversicherung Bund besteht aus fünf Geschäftsführern aus dem Bereich der Regionalträger, den Mitgliedern des Direktoriums der Deutschen Rentenversicherung Bund und einem Mitglied der Geschäftsführung der Deutschen Rentenversicherung Knappschaft-Bahn-See. [2]Das Erweiterte Direktorium wählt aus seiner Mitte mit der Mehrheit von mindestens zwei Dritteln aller gewichteten Stimmen einen Vorsitzenden. [3]Die Geschäftsführer aus dem Bereich der Regionalträger werden durch die Vertreter der Regionalträger in der Bundesvertreterversammlung auf Vorschlag der Vertreter der Regionalträger im Bundesvorstand mit der Mehrheit der abgegebenen Stimmen gewählt. [4]Das Nähere zur Beschlussfassung und zur Geschäftsordnung des Erweiterten Direktoriums bestimmt die Satzung der Deutschen Rentenversicherung Bund.

(2) [1]Beschlüsse des Erweiterten Direktoriums werden mit der Mehrheit von mindestens zwei Dritteln aller gewichteten Stimmen getroffen. [2]Die Stimmen der Regionalträger werden mit insgesamt 55 vom Hundert und die der Bundesträger mit insgesamt 45 vom Hundert gewichtet. [3]Dabei werden die Stimmen der Bundesträger untereinander nach der Anzahl der Versicherten gewichtet. [4]Das Nähere zur Stimmengewichtung nach Satz 2 regelt die Satzung.

§ 140 Arbeitsgruppe Personalvertretung der Deutschen Rentenversicherung. (1) Vor verbindlichen Entscheidungen der Deutschen Rentenversicherung Bund nach § 138 Abs. 1 über

1. Grundsätze für die Aufbau- und Ablauforganisation und das Personalwesen,
2. Grundsätze und Koordinierung der Datenverarbeitung,
3. Grundsätze für die Aus- und Fortbildung,
4. Grundsätze der Organisation der Auskunfts- und Beratungsstellen sowie
5. Entscheidungen, deren Umsetzung in gleicher Weise wie die Umsetzung von Entscheidungen gemäß den Nummern 1 bis 4 Einfluss auf die Arbeitsbedingungen der Beschäftigten haben können,

ist die Arbeitsgruppe Personalvertretung der Deutschen Rentenversicherung anzuhören.

(2) [1]Die Arbeitsgruppe Personalvertretung der Deutschen Rentenversicherung setzt sich wie folgt zusammen:

1. drei Mitglieder aus der Personalvertretung der Deutschen Rentenversicherung Bund und ein Mitglied aus der Personalvertretung der Deutschen Rentenversicherung Knappschaft-Bahn-See; Mitglieder sind jeweils der Vorsitzende des Gesamtpersonalrates oder, falls eine Stufenvertretung besteht, der Vorsitzende des Hauptpersonalrates, bei der Personalvertretung der Deutschen Rentenversicherung Bund auch die beiden weiteren Mitglieder des Vorstandes sowie
2. je ein Mitglied aus der Personalvertretung eines jeden landesunmittelbaren Trägers der Rentenversicherung; die Regelungen zur Auswahl dieser Mitglieder und das Verfahren der Entsendung werden durch Landesrecht bestimmt.

[2]Die Mitglieder der Arbeitsgruppe Personalvertretung beteiligen ihre jeweiligen Hauptpersonalvertretungen, sind diese nicht eingerichtet, ihre Gesamtpersonalvertretungen. [3]Die Arbeitsgruppe Personalvertretung der Deutschen Rentenversicherung beschließt mit der Mehrheit der Stimmen ihrer Mitglieder eine Geschäftsordnung, die Regelungen über den Vorsitz, das Verfahren zur internen Willensbildung und zur Beschlussfassung enthalten muss. [4]Ergänzend finden die Regelungen des Bundespersonalvertretungsgesetzes Anwendung. [5]Kostentragende Dienststelle im Sinne des § 44 des Bundespersonalvertretungsgesetzes ist die Deutsche Rentenversicherung Bund.

Fünfter Unterabschnitt. Vereinigung von Regionalträgern

§ 141 Vereinigung von Regionalträgern auf Beschluss ihrer Vertreterversammlungen. (1) [1]Regionalträger können sich zur Verbesserung der Wirtschaftlichkeit oder Leistungsfähigkeit auf Beschluss ihrer Vertreterversammlungen zu einem Regionalträger vereinigen, wenn sich durch die Vereinigung der Zuständigkeitsbereich des neuen Regionalträgers nicht über mehr als drei Länder erstreckt. [2]Der Vereinigungsbeschluss bedarf der Genehmigung der für die Sozialversicherung zuständigen obersten Landesbehörden der betroffenen Länder.

(2) [1]Im Vereinigungsbeschluss müssen insbesondere Festlegungen über Name und Sitz des neuen Regionalträgers getroffen werden. [2]Auf Verlangen der für die Sozialversicherung zuständigen obersten Landesbehörde mindestens eines betroffenen Landes muss bei länderübergreifenden Vereinigungen zusätzlich eine Festlegung über die Arbeitsmengenverteilung auf die Gebiete der Länder getroffen werden, auf die sich die an der Vereinigung beteiligten Regionalträger erstrecken.

(3) [1]Die beteiligten Regionalträger legen der nach der Vereinigung zuständigen Aufsichtsbehörde eine Satzung, einen Vorschlag zur Berufung der Mitglieder der Organe und eine Vereinbarung über die Rechtsbeziehungen zu Dritten vor. [2]Die Aufsichtsbehörde genehmigt im Einvernehmen mit den Aufsichtsbehörden der übrigen Länder, auf deren Gebiete sich der Regionalträger erstreckt, die Satzung und die Vereinbarung, beruft die Mitglieder der Organe und bestimmt den Zeitpunkt, an dem die Vereinigung wirksam wird. [3]Mit diesem Zeitpunkt tritt der neue Regionalträger in die Rechte und Pflichten des bisherigen Regionalträgers ein.

(4) Beschlüsse der Vertreterversammlung des neuen Regionalträgers, die von der im Vereinigungsbeschluss getroffenen Festlegung über den Namen, den Sitz oder die Arbeitsmengenverteilung wesentlich abweichen, bedürfen der Genehmigung der für die Sozialversicherung zuständigen obersten Landesbehörden der Länder, auf die sich der neue Regionalträger erstreckt.

§ 142 Vereinigung von Regionalträgern durch Rechtsverordnung.

(1) [1]Haben in einem Land mehrere Regionalträger ihren Sitz, kann die Landesregierung zur Verbesserung der Wirtschaftlichkeit oder der Leistungsfähigkeit zwei oder mehrere Regionalträger durch Rechtsverordnung vereinigen. [2]Das Nähere regelt die Landesregierung nach Anhörung der beteiligten Regionalträger in der Rechtsverordnung nach Satz 1.

(2) [1]Die Landesregierungen von höchstens drei Ländern können zu den in Absatz 1 genannten Zwecken durch gleichlautende Rechtsverordnungen sich auf ihre Gebiete erstreckende Regionalträger vereinigen. [2]Absatz 1 Satz 2 gilt entsprechend.

Sechster Unterabschnitt. Beschäftigte der Versicherungsträger

§ 143 Bundesunmittelbare Versicherungsträger. (1) Die Deutsche Rentenversicherung Bund, die Deutsche Rentenversicherung Knappschaft-Bahn-See und die bundesunmittelbaren Regionalträger besitzen Dienstherrnfähigkeit im Sinne des § 2 des Bundesbeamtengesetzes.

(2) [1]Die Mitglieder des Direktoriums der Deutschen Rentenversicherung Bund werden von dem Bundespräsidenten auf Vorschlag der Bundesregierung für die Dauer von sechs Jahren zu Beamten auf Zeit ernannt. [2]Die beamtenrechtlichen Vorschriften über die Laufbahnen und die Probezeit sind nicht anzuwenden.

(3) [1]Ist ein Mitglied des Direktoriums der Deutschen Rentenversicherung Bund aus einem Beamten- oder Richterverhältnis auf Lebenszeit ernannt worden, ruhen für die Dauer der Amtszeit die Rechte und Pflichten aus dem zuletzt im Beamten- oder Richterverhältnis auf Lebenszeit übertragenen Amt mit Ausnahme der Pflicht zur Amtsverschwiegenheit und des Verbots der Annahme von Belohnungen und Geschenken. [2]§ 15a des Beamtenversorgungsgesetzes ist entsprechend anzuwenden.

(4) [1]Ist ein Mitglied des Direktoriums der Deutschen Rentenversicherung Bund nicht aus einem Beamten- oder Richterverhältnis auf Lebenszeit ernannt worden, ist § 66 Abs. 1 des Beamtenversorgungsgesetzes mit der Maßgabe anzuwenden, dass ein Anspruch auf Ruhegehalt aus dem Beamtenverhältnis auf Zeit mit Ablauf des Monats der Vollendung der für Bundesbeamte geltenden Regelaltersgrenze nach § 51 Abs. 1 und 2 des Bundesbeamtengesetzes entsteht. [2]Die Höhe des Ruhegehalts ist entsprechend § 14 Abs. 1 und 3 des Beamtenversorgungsgesetzes zu berechnen.

(5) Wird ein Geschäftsführer der Deutschen Rentenversicherung Bund nach seiner Amtszeit zum Präsidenten der Deutschen Rentenversicherung Bund ernannt, gilt § 66 Abs. 4 Satz 2 des Beamtenversorgungsgesetzes entsprechend.

(6) Die Mitglieder der Geschäftsführungen der Deutschen Rentenversicherung Knappschaft-Bahn-See und der bundesunmittelbaren Regionalträger werden auf Vorschlag der Bundesregierung von dem Bundespräsidenten zu Beamten ernannt.

(7) [1]Das Bundesministerium für Arbeit und Soziales ernennt die übrigen Beamten der Deutschen Rentenversicherung Bund, der Deutschen Rentenversicherung Knappschaft-Bahn-See und der bundesunmittelbaren Regionalträger auf Vorschlag des jeweiligen Vorstandes. [2]Es kann seine Befugnisse auf den Vorstand übertragen, dieser für den einfachen, mittleren und gehobenen Dienst auf das Direktorium oder die Geschäftsführung. [3]Soweit die Ernennungsbefugnis auf den Vorstand oder auf das Direktorium oder die Geschäftsführung übertragen wird, bestimmt die Satzung, durch wen die Ernennungsurkunde zu vollziehen ist.

(8) [1]Oberste Dienstbehörde für die Mitglieder des Direktoriums der Deutschen Rentenversicherung Bund und für die Mitglieder der Geschäftsführungen der Deutschen Rentenversicherung Knappschaft-Bahn-See und der bundesunmittelbaren Regionalträger ist das Bundesministerium für Arbeit und Soziales, für die übrigen Beamten der Vorstand. [2]Dieser kann seine Befugnisse auf den Präsidenten, das Direktorium, den Geschäftsführer oder auf die Geschäftsführung übertragen. [3]§ 144 Abs. 1 des Bundesbeamtengesetzes und § 83 Abs. 1 des Bundesdisziplinargesetzes bleiben unberührt.

§ 144 Landesunmittelbare Versicherungsträger. (1) Die landesunmittelbaren Regionalträger besitzen im Rahmen des Absatzes 2 Dienstherrnfähigkeit im Sinne des § 2 des Beamtenstatusgesetzes.

(2) Die Beamten der landesunmittelbaren Regionalträger sind Beamte des Landes, soweit nicht eine landesgesetzliche Regelung etwas anderes bestimmt.

(3) Die landesunmittelbaren Regionalträger tragen die Bezüge der Beamten und ihrer Hinterbliebenen.

Siebter Unterabschnitt. Datenstelle der Rentenversicherung

§ 145 Aufgaben der Datenstelle der Rentenversicherung. (1) [1]Die Träger der Rentenversicherung unterhalten gemeinsam eine Datenstelle, die von der Deutschen Rentenversicherung Bund verwaltet wird. [2]Dabei ist sicherzustellen, dass die Datenbestände, die die Deutsche Rentenversicherung Bund als Träger der Rentenversicherung führt, und die Datenbestände der Datenstelle der Rentenversicherung dauerhaft getrennt bleiben. [3]Die Träger der Rentenversicherung können die Datenstelle als Vermittlungsstelle einschalten.

(2) Die Deutsche Rentenversicherung Bund darf ein Dateisystem mit Sozialdaten, das nicht ausschließlich einer Versicherungsnummer der bei ihr Versicherten zugeordnet ist, nur bei der Datenstelle und nur dann führen, wenn die Einrichtung dieses Dateisystems gesetzlich bestimmt ist.

(3) [1]Die Deutsche Rentenversicherung Bund kann durch öffentlich-rechtlichen Vertrag die Verpflichtung eingehen, dass die Datenstelle in Versorgungsausgleichssachen die Aufgabe als Vermittlungsstelle zur Durchführung des elektronischen Rechtsverkehrs auch für andere öffentlich-rechtliche Versorgungsträger wahrnimmt. [2]Diese sind verpflichtet, der Deutschen Rentenversicherung Bund den entstehenden Aufwand zu erstatten.

(4) [1]Die Datenstelle untersteht der Aufsicht des Bundesministeriums für Arbeit und Soziales, soweit ihr durch Gesetz oder auf Grund eines Gesetzes Aufgaben zugewiesen worden sind. [2]Für die Aufsicht gelten die §§ 87 bis 89

des Vierten Buches[1]) entsprechend. [3]Das Bundesministerium für Arbeit und Soziales kann die Aufsicht ganz oder teilweise dem Bundesamt für Soziale Sicherung übertragen.

§ 146 *(aufgehoben)*

Zweiter Abschnitt. Datenschutz und Datensicherheit

§ 147 Versicherungsnummer. (1) [1]Die Datenstelle der Rentenversicherung kann für Personen eine Versicherungsnummer vergeben, wenn dies zur personenbezogenen Zuordnung der Daten für die Erfüllung einer gesetzlichen Aufgabe nach diesem Gesetzbuch erforderlich oder dies durch Gesetz oder aufgrund eines Gesetzes bestimmt ist. [2]Für die nach diesem Buche versicherten Personen hat sie eine Versicherungsnummer zu vergeben.

(2) [1]Die Versicherungsnummer einer Person setzt sich zusammen aus

1. der Bereichsnummer des zuständigen Trägers der Rentenversicherung,
2. dem Geburtsdatum,
3. dem Anfangsbuchstaben des Geburtsnamens,
4. der Seriennummer, die auch eine Aussage über das Geschlecht einer Person enthalten darf, und
5. der Prüfziffer.

[2]Weitere personenbezogene Merkmale darf die Versicherungsnummer nicht enthalten.

(3) Jede Person, an die eine Versicherungsnummer vergeben wird, und der für sie zuständige Träger der Rentenversicherung sind unverzüglich über die vergebene Versicherungsnummer sowie über die Zuordnung nach § 127 zu unterrichten.

§ 148 Datenverarbeitung beim Rentenversicherungsträger. (1) [1]Der Träger der Rentenversicherung darf Sozialdaten nur verarbeiten, soweit dies zur Erfüllung seiner gesetzlich zugewiesenen oder zugelassenen Aufgaben erforderlich ist. [2]Aufgaben nach diesem Buche sind

1. die Feststellung eines Versicherungsverhältnisses einschließlich einer Versicherungsfreiheit oder Versicherungsbefreiung,
2. der Nachweis von rentenrechtlichen Zeiten,
3. die Festsetzung und Durchführung von Leistungen zur Teilhabe,
4. die Festsetzung, Zahlung, Anpassung, Überwachung, Einstellung oder Abrechnung von Renten und anderen Geldleistungen,
5. die Erteilung von Auskünften sowie die Führung und Klärung der Versicherungskonten,
6. der Nachweis von Beiträgen und deren Erstattung.

[3]Der Rentenversicherungsträger darf die Versicherungsnummer, den Familiennamen, den Geburtsnamen, die Vornamen, den Geburtsort und die Anschrift, die ihm die zentrale Stelle im Rahmen der Datenanforderung nach § 91 Abs. 1 Satz 1 des Einkommensteuergesetzes übermittelt, zur Aktualisierung der im Versicherungskonto gespeicherten Namens- und Anschriftendaten nutzen.

---

1) Nr. 4.

(2) Der Träger der Rentenversicherung darf Daten, aus denen die Art einer Erkrankung erkennbar ist, zusammen mit anderen Daten in einem gemeinsamen Dateisystem nur speichern, wenn durch technische und organisatorische Maßnahmen sichergestellt ist, dass die Daten über eine Erkrankung nur den Personen zugänglich sind, die sie zur Erfüllung ihrer Aufgaben benötigen.

(3) [1] Die Einrichtung eines automatisierten Verfahrens, das die Übermittlung von Sozialdaten aus Dateisystemen der Träger der Rentenversicherung durch Abruf ermöglicht, ist nur zwischen den Trägern der Rentenversicherung sowie mit der gesetzlichen Krankenversicherung, der landwirtschaftlichen Alterskasse, der Künstlersozialkasse, dem Bundesamt für Soziale Sicherung als Verwalter des Gesundheitsfonds, der Bundesagentur für Arbeit oder in den Fällen des § 6a des Zweiten Buches[1)] den zugelassenen kommunalen Trägern, der Deutschen Rentenversicherung Knappschaft-Bahn-See, soweit sie bei geringfügig Beschäftigten Aufgaben nach dem Einkommensteuergesetz durchführt, der Deutschen Post AG, soweit sie mit der Berechnung oder Auszahlung von Sozialleistungen betraut ist, der Versorgungsanstalt des Bundes und der Länder, den kommunalen und kirchlichen Zusatz- und Beamtenversorgungskassen und der Hüttenknappschaftlichen Zusatzversicherung, soweit diese Daten zur Feststellung von Leistungen erforderlich sind, und den Versicherungsämtern und Gemeindebehörden, soweit sie mit der Aufnahme von Anträgen auf Leistungen aus der gesetzlichen Rentenversicherung betraut sind, zulässig; dabei dürfen auch Vermittlungsstellen eingeschaltet werden. [2] Sie ist mit Leistungsträgern außerhalb des Geltungsbereichs dieses Gesetzbuchs zulässig, soweit diese Daten zur Feststellung von Leistungen nach über- und zwischenstaatlichem Recht erforderlich sind und nicht Grund zur Annahme besteht, dass dadurch schutzwürdige Belange der davon betroffenen Personen beeinträchtigt werden. [3] Die Übermittlung darf auch durch Abruf im automatisierten Verfahren erfolgen, ohne dass es einer Genehmigung nach § 79 Absatz 1 des Zehnten Buches[2)] bedarf.

(4) [1] Die Träger der Rentenversicherung dürfen der Datenstelle der Rentenversicherung Sozialdaten nur übermitteln, soweit dies zur Führung eines Dateisystems oder zur Erfüllung einer anderen gesetzlich vorgeschriebenen oder zugelassenen Aufgabe erforderlich ist. [2] Die Einschränkungen des Satzes 1 gelten nicht, wenn die Sozialdaten in einer anonymisierten Form übermittelt werden.

§ 149 Versicherungskonto. (1) [1] Der Träger der Rentenversicherung führt für jeden Versicherten ein Versicherungskonto, das nach der Versicherungsnummer geordnet ist. [2] In dem Versicherungskonto sind die Daten, die für die Durchführung der Versicherung sowie die Feststellung und Erbringung von Leistungen einschließlich der Rentenauskunft erforderlich sind, zu speichern. [3] Ein Versicherungskonto darf auch für Personen geführt werden, die nicht nach den Vorschriften dieses Buches versichert sind, soweit es für die Feststellung der Versicherungs- oder Beitragspflicht und für Prüfungen bei Arbeitgebern (§ 28p Viertes Buch[3)]) erforderlich ist.

[1)] Nr. **2**.
[2)] Nr. **10**.
[3)] Nr. **4**.

(2) [1] Der Träger der Rentenversicherung hat darauf hinzuwirken, dass die im Versicherungskonto gespeicherten Daten vollständig und geklärt sind. [2] Die Daten sollen so gespeichert werden, dass sie jederzeit abgerufen und auf maschinell verwertbaren Datenträgern oder durch Datenübertragung übermittelt werden können. [3] Stellt der Träger der Rentenversicherung fest, dass für einen Beschäftigten mehrere Beschäftigungen nach § 8 Abs. 1 Nr. 1 oder § 8a des Vierten Buches gemeldet oder die Zeitgrenzen des § 8 Abs. 1 Nr. 2 des Vierten Buches überschritten sind, überprüft er unverzüglich diese Beschäftigungsverhältnisse. [4] Stellen die Träger der Rentenversicherung fest, dass eine Beschäftigung infolge einer Zusammenrechnung versicherungspflichtig ist, sie jedoch nicht oder als versicherungsfrei gemeldet worden ist, teilen sie diese Beschäftigung mit den notwendigen Daten der Einzugsstelle mit. [5] Satz 4 gilt entsprechend, wenn die Träger der Rentenversicherung feststellen, dass beim Zusammentreffen mehrerer Beschäftigungsverhältnisse die Voraussetzungen für die Anwendung der Vorschriften über den Übergangsbereich nicht oder nicht mehr vorliegen.

(3) Der Träger der Rentenversicherung unterrichtet die Versicherten regelmäßig über die in ihrem Versicherungskonto gespeicherten Sozialdaten, die für die Feststellung der Höhe einer Rentenanwartschaft erheblich sind (Versicherungsverlauf).

(4) Versicherte sind verpflichtet, bei der Klärung des Versicherungskontos mitzuwirken, insbesondere den Versicherungsverlauf auf Richtigkeit und Vollständigkeit zu überprüfen, alle für die Kontenklärung erheblichen Tatsachen anzugeben und die notwendigen Urkunden und sonstigen Beweismittel beizubringen.

(5) [1] Hat der Versicherungsträger das Versicherungskonto geklärt oder hat der Versicherte innerhalb von sechs Kalendermonaten nach Versendung des Versicherungsverlaufs seinem Inhalt nicht widersprochen, stellt der Versicherungsträger die im Versicherungsverlauf enthaltenen und nicht bereits festgestellten Daten, die länger als sechs Kalenderjahre zurückliegen, durch Bescheid fest. [2] Bei Änderung der dem Feststellungsbescheid zugrunde liegenden Vorschriften ist der Feststellungsbescheid durch einen neuen Feststellungsbescheid oder im Rentenbescheid mit Wirkung für die Vergangenheit aufzuheben; die §§ 24 und 48 des Zehnten Buches[1)] sind nicht anzuwenden. [3] Über die Anrechnung und Bewertung der im Versicherungsverlauf enthaltenen Daten wird erst bei Feststellung einer Leistung entschieden.

§ 150 Dateisysteme bei der Datenstelle. (1) [1] Bei der Datenstelle darf eine Stammsatzdatei geführt werden, soweit dies erforderlich ist, um

1. sicherzustellen, dass eine Person nur eine Versicherungsnummer erhält und eine vergebene Versicherungsnummer nicht noch einmal für eine andere Person verwendet wird,
2. für eine Person die vergebene Versicherungsnummer festzustellen,
3. zu erkennen, welcher Träger der Rentenversicherung für die Führung eines Versicherungskontos zuständig ist oder war,

---

[1)] Nr. **10**.

4. Daten, die aufgrund eines Gesetzes oder nach über- und zwischenstaatlichem Recht entgegenzunehmen sind, an die zuständigen Stellen weiterleiten zu können,
5. zu erkennen, bei welchen Trägern der Rentenversicherung oder welchen Leistungsträgern im Ausland weitere Daten zu einer Person gespeichert sind,
6. Mütter über die Versicherungspflicht während der Kindererziehung zu unterrichten, wenn bei Geburtsmeldungen eine Versicherungsnummer der Mutter nicht eindeutig zugeordnet werden kann,
7. das Zusammentreffen von Renten aus eigener Versicherung und Hinterbliebenenrenten und Arbeitsentgelt festzustellen, um die ordnungsgemäße Berechnung und Zahlung von Beiträgen der Rentner zur gesetzlichen Krankenversicherung überprüfen zu können,
8. es den Trägern der Rentenversicherung zu ermöglichen, überlebende Ehegatten oder Lebenspartner auf das Bestehen eines Leistungsanspruchs hinzuweisen,
9. es den Trägern der Rentenversicherung zu ermöglichen, die unrechtmäßige Erbringung von Witwenrenten und Witwerrenten sowie Erziehungsrenten nach Eheschließung oder Begründung einer Lebenspartnerschaft zu vermeiden.

[2] Weitere Sozialdaten dürfen in der Stammsatzdatei der Datenstelle nur gespeichert werden, soweit dies zur Erfüllung einer der Deutschen Rentenversicherung Bund zugewiesenen oder übertragenen Aufgabe erforderlich und dafür die Verarbeitung von Sozialdaten in einer anonymisierten Form nicht ausreichend ist.

(2) Die Stammsatzdatei darf außer den personenbezogenen Daten über das Verhältnis einer Person zur Rentenversicherung nur folgende Daten enthalten:

1. Versicherungsnummer, bei Beziehern einer Rente wegen Todes auch die Versicherungsnummer des verstorbenen Versicherten,
2. Familienname und Vornamen einschließlich des Geburtsnamens,
3. Geburtsort einschließlich des Geburtslandes,
4. Staatsangehörigkeit,
5. Tod,
6. Anschrift,
7. Betriebsnummer des Arbeitgebers,
8. Tag der Beschäftigungsaufnahme.

(3) [1] Für die Prüfung, ob eine Beschäftigung oder selbstständige Erwerbstätigkeit innerhalb des Geltungsbereichs dieses Buches die Voraussetzungen erfüllt, nach denen die deutschen Rechtsvorschriften über die soziale Sicherheit nach den Vorschriften des Titels II der Verordnung (EG) Nr. 883/2004 keine Anwendung finden, speichert die Datenstelle der Rentenversicherung folgende Daten:

1. die Daten, die in der von der Verwaltungskommission für die Koordinierung der Systeme der sozialen Sicherheit festgelegten Bescheinigung über das anzuwendende Recht oder in dem entsprechenden strukturierten Dokument des Trägers eines anderen Mitgliedstaates der Europäischen Union, eines anderen Vertragsstaates des Abkommens über den Europäischen Wirtschaftsraum oder der Schweiz enthalten sind,

2. ein Identifikationsmerkmal der Person, für die die Bescheinigung ausgestellt oder das entsprechende strukturierte Dokument erstellt wurde,
3. ein Identifikationsmerkmal des ausländischen Arbeitgebers,
4. ein Identifikationsmerkmal des inländischen Arbeitgebers,
5. die Mitteilung über eine Anfrage beim ausstellenden Träger, einer Bescheinigung nach Nummer 1 oder eines entsprechenden strukturierten Dokuments,
6. das Ergebnis der Überprüfung der Bescheinigung nach Nummer 1 oder des entsprechenden strukturierten Dokuments.

[2] Das Identifikationsmerkmal des Arbeitnehmers oder der Arbeitnehmerin ist die Versicherungsnummer. [3] Ist eine Versicherungsnummer nicht vergeben, vergibt die Datenstelle ein neues Identifikationsmerkmal. [4] Entsprechendes gilt für das Identifikationsmerkmal des Selbständigen. [5] Für die Zusammensetzung dieses Identifikationsmerkmales gilt § 147 Abs. 2 entsprechend. [6] Die Datenstelle vergibt ein Identifikationsmerkmal des ausländischen Arbeitgebers. [7] Das Identifikationsmerkmal des Unternehmens im Inland ist die Betriebsnummer. [8] Ist eine Betriebsnummer noch nicht vergeben, vergibt die Datenstelle ein eindeutiges Identifikationsmerkmal als vorläufige Betriebsnummer. [9] Die Datenstelle verarbeitet die in Satz 1 genannten Daten, soweit dies für den darin genannten Prüfungszweck erforderlich ist. [10] Die Datenstelle übermittelt der Urlaubs- und Lohnausgleichskasse der Bauwirtschaft die in Satz 1 genannten Daten, soweit dies für die Erfüllung einer sich aus einem Tarifvertrag ergebenden Aufgabe der Urlaubs- und Lohnausgleichskasse der Bauwirtschaft zum Zwecke der Einziehung von Beiträgen und der Gewährung von Leistungen erforderlich ist. [11] Die Daten sind spätestens fünf Jahre nach dem Ablauf des in der Bescheinigung oder dem entsprechenden strukturierten Dokument genannten Geltungszeitraums oder, wenn dieser nicht genannt ist, nach Ablauf des Zeitraums auf den sich der Sachverhalt bezieht, zu löschen. [12] Das Nähere regeln die Deutsche Rentenversicherung Bund und die Spitzenverbände der gesetzlichen Unfallversicherung in gemeinsamen Grundsätzen. [13] Die gemeinsamen Grundsätze werden vom Bundesministerium für Arbeit und Soziales im Einvernehmen mit dem Bundesministerium der Finanzen genehmigt.

(4) Bei der Datenstelle darf zu den gesetzlich bestimmten Dateisystemen jeweils ein weiteres Dateisystem geführt werden, soweit dies erforderlich ist, um die Ausführung des Datenschutzes, insbesondere zur Feststellung der Benutzer der Dateisysteme, zu gewährleisten.

(5) [1] Die Einrichtung eines automatisierten Abrufverfahrens für ein Dateisystem der Datenstelle ist nur gegenüber den in § 148 Abs. 3 genannten Stellen, der Deutschen Rentenversicherung Bund, soweit sie als zentrale Stelle Aufgaben nach dem Einkommensteuergesetz durchführt, den Trägern der gesetzlichen Unfallversicherung, soweit sie prüfen, ob eine Beschäftigung den Voraussetzungen entspricht, unter denen die deutschen Rechtsvorschriften über die soziale Sicherheit keine Anwendung finden,[1] oder für eine Beschäftigung die Meldungen nach § 110 Abs. 1a Satz 2 des Siebten Buches[2] prüfen, ob die Meldungen nach § 28a des Vierten Buches[3] erstattet wurden, und den Behörden der Zollverwaltung, soweit diese Aufgaben nach § 2 des Schwarzarbeits-

[1] Satzzeichen redaktionell ergänzt.
[2] Nr. 7.
[3] Nr. 4.

bekämpfungsgesetzes durchführen, zulässig. [2]Die dort enthaltenen besonderen Voraussetzungen für die Deutsche Post AG, für die Versicherungsämter und Gemeindebehörden und für Leistungsträger im Ausland müssen auch bei Satz 1 erfüllt sein. [3]Die Einrichtung eines automatisierten Abrufverfahrens für ein Dateisystem der Datenstelle ist ferner gegenüber dem Bundesamt für Güterverkehr, soweit dieses Aufgaben nach § 11 Absatz 2 Nummer 3 Buchstabe a des Güterkraftverkehrsgesetzes wahrnimmt, zulässig.

§ 151 Auskünfte der Deutschen Post AG. (1) Die Deutsche Post AG darf den für Sozialleistungen zuständigen Leistungsträgern und den diesen Gleichgestellten (§ 35 Erstes Buch[1]) sowie § 69 Absatz 2 Zehntes Buch[2])) von den Sozialdaten, die ihr im Zusammenhang mit der Zahlung, Anpassung, Überwachung, Einstellung oder Abrechnung von Renten oder anderen Geldleistungen nach diesem Buche bekannt geworden sind und die sie nach den Vorschriften des Zweiten Kapitels des Zehnten Buches übermitteln darf, nur folgende Daten übermitteln:

1. Familienname und Vornamen einschließlich des Geburtsnamens,
2. Geburtsdatum,
3. Versicherungsnummer,
4. Daten über den Familienstand,
5. Daten über den Tod einschließlich der Daten, die sich aus den Sterbefallmitteilungen der Meldebehörden nach § 101a des Zehnten Buches ergeben,
6. Daten über das Versicherungsverhältnis,
7. Daten über die Art und Höhe der Geldleistung einschließlich der diese Leistung unmittelbar bestimmenden Daten,
8. Daten über Beginn, Änderung und Ende der Geldleistung einschließlich der diese unmittelbar bestimmenden Daten,
9. Daten über die Zahlung einer Geldleistung,
10. Daten über Mitteilungsempfänger oder nicht nur vorübergehend Bevollmächtigte sowie über weitere Forderungsberechtigte.

(2) Die Deutsche Post AG darf dem Träger der Rentenversicherung von den Sozialdaten, die ihr im Zusammenhang mit der Zahlung, Anpassung, Überwachung, Einstellung oder Abrechnung von Sozialleistungen anderer Sozialleistungsträger sowie von anderen Geldleistungen der den Sozialleistungsträgern Gleichgestellten bekannt geworden sind, nur die Daten des Absatzes 1 übermitteln.

(3) Der Träger der Rentenversicherung darf der Deutschen Post AG die für die Anpassung von Renten oder anderen Geldleistungen erforderlichen Sozialdaten auch dann übermitteln, wenn diese die Anpassung der Renten oder anderen Geldleistungen der Rentenversicherung nicht selbst durchführt, diese Daten aber für Auskünfte nach Absatz 1 oder 2 von anderen Sozialleistungsträgern oder diesen Gleichgestellten benötigt werden.

§ 151a Antragstellung im automatisierten Verfahren beim Versicherungsamt. (1) Für die Aufnahme von Leistungsanträgen bei dem Versiche-

[1]) Nr. 1.
[2]) Nr. **10**.

rungsamt oder der Gemeindebehörde und die Übermittlung der Anträge an den Träger der Rentenversicherung kann ein automatisiertes Verfahren eingerichtet werden, das es dem Versicherungsamt oder der Gemeindebehörde ermöglicht, die für das automatisierte Verfahren erforderlichen Daten der Versicherten aus der Stammsatzdatei der Datenstelle der Rentenversicherung (§ 150 Abs. 2) und dem Versicherungskonto (§ 149 Abs. 1) abzurufen, wenn die Versicherten oder anderen Leistungsberechtigten ihren Wohnsitz oder gewöhnlichen Aufenthalt, ihren Beschäftigungsort oder Tätigkeitsort im Bezirk des Versicherungsamtes oder in der Gemeinde haben.

(2) [1] Aus der Stammsatzdatei dürfen nur die in § 150 Abs. 2 Nr. 1 bis 4 genannten Daten und die Angabe des aktuell kontoführenden Rentenversicherungsträgers abgerufen werden. [2] Aus dem Versicherungskonto dürfen nur folgende Daten abgerufen werden:

1. Datum des letzten Zuzugs aus dem Ausland unter Angabe des Staates,
2. Datum der letzten Kontoklärung,
3. Anschrift,
4. Datum des Eintritts in die Versicherung,
5. Lücken im Versicherungsverlauf, an deren Klärung der Versicherte noch nicht mitgewirkt hat,
6. Kindererziehungszeiten und Berücksichtigungszeiten,
7. Berufsausbildungszeiten,
8. Wartezeitauskunft zu der beantragten Rente einschließlich der Wartezeiterfüllung nach § 52,
9. die zuständigen Einzugsstellen mit Angabe des jeweiligen Zeitraums.

(3) [1] Die Deutsche Rentenversicherung Bund erstellt im Einvernehmen mit dem Bundesamt für Sicherheit in der Informationstechnik ein Sicherheitskonzept für die Einrichtung des automatisierten Verfahrens, das insbesondere die nach den Artikeln 24, 25 und 32 der Verordnung (EU) 2016/679 des Europäischen Parlaments und des Rates vom 27. April 2016 zum Schutz natürlicher Personen bei der Verarbeitung personenbezogener Daten, zum freien Datenverkehr und zur Aufhebung der Richtlinie 95/46/EG (Datenschutz-Grundverordnung) (ABl. L 119 vom 4.5.2016, S. 1; L 314 vom 22.11.2016, S. 72; L 127 vom 23.5.2018, S. 2) in der jeweils geltenden Fassung erforderlichen technischen und organisatorischen Maßnahmen enthalten muss. [2] Wenn sicherheitserhebliche Änderungen am automatisierten Verfahren vorgenommen werden oder das Sicherheitskonzept aus einem sonstigen Grund nicht geeignet ist, die Datensicherheit zu gewährleisten, spätestens jedoch alle vier Jahre, ist das Sicherheitskonzept im Einvernehmen mit dem Bundesamt für Sicherheit in der Informationstechnik zu aktualisieren. [3] Zur Herstellung des Einvernehmens prüft das Bundesamt für Sicherheit in der Informationstechnik das Sicherheitskonzept. [4] Einrichtung des Verfahrens und die Anwendung des aktualisierten Sicherheitskonzeptes nach Satz 2 bedürfen der vorherigen Zustimmung der Aufsichtsbehörden der Stellen, die Daten nach Absatz 1 zum automatisierten Abruf bereitstellen. [5] Die Zustimmung ist unter Vorlage des Sicherheitskonzeptes und Beifügung der Erklärung des Bundesamtes für Sicherheit in der Informationstechnik über die Herstellung des Einvernehmens zu beantragen. [6] Die Zustimmung gilt als erteilt, wenn die Aufsichtsbehörde nicht innerhalb einer Frist von drei Monaten nach Vorlage des Antrags eine andere Entscheidung

trifft. [7]Die Aufsichtsbehörde kann den Betrieb des Verfahrens untersagen, wenn eine Aktualisierung des Sicherheitskonzeptes nach Satz 2 nicht erfolgt.

§ 151b Automatisiertes Abrufverfahren beim Zuschlag an Entgeltpunkten für langjährige Versicherung. (1) [1]Zur Ermittlung und Prüfung der Anrechnung des Einkommens nach § 97a erfolgt der dafür notwendige Datenaustausch zwischen den Trägern der Rentenversicherung und den zuständigen Finanzbehörden in einem automatisierten Abrufverfahren. [2]Die Anfrage der Träger der Rentenversicherung und die Antwort der zuständigen Finanzbehörde sind nach amtlich vorgeschriebenem Datensatz durch Datenfernübertragung über die Datenstelle der Rentenversicherung und über eine Koordinierende Stelle für den Abruf steuerlicher Daten bei der Deutschen Rentenversicherung Bund zu übermitteln. [3]§ 30 der Abgabenordnung steht dem Abrufverfahren nicht entgegen. [4]§ 93c der Abgabenordnung ist für das Verfahren nicht anzuwenden.

(2) [1]Die Träger der Rentenversicherung sind berechtigt, die nach § 22a Absatz 2 des Einkommensteuergesetzes erhobene steuerliche Identifikationsnummer nach § 139b der Abgabenordnung des Berechtigten für die Ermittlung des Einkommens nach § 97a zu nutzen. [2]Das Bundeszentralamt für Steuern hat den Trägern der Rentenversicherung auf deren Anfrage die steuerliche Identifikationsnummer des Ehegatten des Berechtigten aus den nach § 39e Absatz 2 Satz 1 Nummer 2 des Einkommensteuergesetzes gespeicherten Daten sowie dessen Geburtsdatum aus den nach § 139b der Abgabenordnung gespeicherten Daten über die Koordinierende Stelle zu übermitteln; die erhobenen Daten dürfen nur für die Ermittlung des Einkommens nach § 97a genutzt werden.

(3) [1]Die Träger der Rentenversicherung erheben die nach § 97a Absatz 2 Satz 1 Nummer 1 und 2 erforderlichen und bei den Finanzbehörden vorhandenen Daten bei den zuständigen Finanzbehörden unter Angabe der steuerlichen Identifikationsnummer des Berechtigten sowie seines Ehegatten. [2]Werden von der zuständigen Finanzbehörde keine Daten nach § 97a Absatz 2 Satz 1 Nummer 1 und Satz 4 Nummer 1 und 3 übermittelt, können die Träger der Rentenversicherung unter Angabe der steuerlichen Identifikationsnummer des Berechtigten sowie seines Ehegatten die für die Berücksichtigung nach § 97a Absatz 2 Satz 4 erforderliche Übermittlung vorhandener Rentenbezugsmitteilungen nach § 22a Absatz 1 des Einkommensteuergesetzes bei der zentralen Stelle im Sinne des § 81 des Einkommensteuergesetzes anfordern.

(4) Für das automatisierte Abrufverfahren nach den Absätzen 1 bis 3 gilt § 79 Absatz 1, 2 bis 4 des Zehnten Buches[1)] entsprechend mit der Maßgabe, dass es einer Genehmigung nach § 79 Absatz 1 des Zehnten Buches nicht bedarf.

(5) [1]Das Bundesministerium für Arbeit und Soziales bestimmt im Einvernehmen mit dem Bundesministerium der Finanzen den Inhalt und Aufbau der für die Durchführung des automatisierten Datenabrufs zu übermittelnden Datensätze. [2]Das Bundesministerium für Arbeit und Soziales kann im Einvernehmen mit dem Bundesministerium der Finanzen durch Rechtsverordnung mit Zustimmung des Bundesrates das Nähere bestimmen, insbesondere über

1. die Einrichtung und
2. das Verfahren des automatisierten Abrufs.

[1)] Nr. **10**.

§ 151c Auskunftsrechte zur Überprüfung von Einkünften aus Kapitalvermögen beim Zuschlag an Entgeltpunkten für langjährige Versicherung. (1) [1] Die Träger der Rentenversicherung können für Berechtigte, bei denen nach Prüfung des Einkommens nach § 97a ein Rentenanteil aus dem Zuschlag an Entgeltpunkten für langjährige Versicherung geleistet wird, und für deren Ehegatten im Wege des automatisierten Datenabgleichs bei einer durch Zufallsauswahl gewonnenen hinreichenden Anzahl von Fällen das Bundeszentralamt für Steuern nach § 93 Absatz 8 Satz 1 Nummer 1 Buchstabe g der Abgabenordnung ersuchen, bei Kreditinstituten die in § 93b Absatz 1 und 1a der Abgabenordnung bezeichneten Daten für den Berechtigten und dessen Ehegatten abzurufen. [2] § 93 Absatz 8a bis 10 und § 93b Absatz 2 bis 4 der Abgabenordnung gelten entsprechend. [3] Ein Abruf nach Satz 1 ist frühestens nach Ablauf der in § 97a Absatz 6 Satz 2 genannten Auskunftsfrist zulässig. [4] Die Träger der Rentenversicherung dürfen für einen Abruf nach Satz 1 Name, Vornamen, Geburtsdatum und Anschrift des Berechtigten und seines Ehegatten an das Bundeszentralamt für Steuern übermitteln. [5] Das Bundeszentralamt für Steuern darf die ihm nach Satz 4 vom Träger der Rentenversicherung übermittelten Daten nur zur Durchführung des Abrufs nach Satz 1 und zum Zweck der Datenschutzkontrolle verwenden. [6] Die Träger der Rentenversicherung dürfen die vom Bundeszentralamt für Steuern erhobenen Daten nur für die Ermittlung des Einkommens nach § 97a nutzen. [7] Für das Verfahren nach diesem Absatz gilt § 79 Absatz 1, 2 bis 4 des Zehnten Buches[1)] entsprechend mit der Maßgabe, dass es einer Genehmigung nach § 79 Absatz 1 des Zehnten Buches nicht bedarf.

(2) [1] Die Träger der Rentenversicherung sind berechtigt, bei jedem im Verfahren nach Absatz 1 Satz 1 ermittelten Kreditinstitut die Höhe aller bei ihm in dem maßgeblichen Kalenderjahr erzielten, versteuerten Einkünfte aus Kapitalvermögen nach § 20 des Einkommensteuergesetzes von Berechtigten und deren Ehegatten zu erheben, sofern deren Kenntnis für die Einkommensprüfung nach § 97a zur Gewährung eines Zuschlags an Entgeltpunkten für langjährige Versicherung erforderlich ist. [2] Die Träger der Rentenversicherung dürfen hierzu Name, Vornamen, Geburtsdatum und Anschrift des Berechtigten und seines Ehegatten an das betroffene Kreditinstitut übermitteln. [3] Das nach Satz 1 um Auskunft ersuchte Kreditinstitut ist verpflichtet, die ihm bekannten, in Satz 1 bezeichneten Daten an den um Auskunft ersuchenden Träger der Rentenversicherung zu übermitteln. [4] Der Berechtigte und sein Ehegatte sind über die Durchführung der Datenerhebung und deren Ergebnis zu informieren.

§ 152 Verordnungsermächtigung. Das Bundesministerium für Arbeit und Soziales wird ermächtigt, durch Rechtsverordnung mit Zustimmung des Bundesrates

1. Personen, an die eine Versicherungsnummer zu vergeben ist,
2. den Zeitpunkt der Vergabe einer Versicherungsnummer,
3. das Nähere über die Zusammensetzung der Versicherungsnummer sowie über ihre Änderung,
4. die für die Vergabe einer Versicherungsnummer zuständigen Versicherungsträger,

---

1) Nr. **10**.

5. das Nähere über Voraussetzungen, Form und Inhalt sowie Verfahren der Versendung von Versicherungsverläufen,
6. die Art und den Umfang des Datenaustausches zwischen den Trägern der Rentenversicherung sowie mit der Deutschen Post AG sowie die Führung des Versicherungskontos und die Art der Daten, die darin gespeichert werden dürfen,
7. Fristen, mit deren Ablauf Sozialdaten spätestens zu löschen sind,
8. die Behandlung von Versicherungsunterlagen einschließlich der Voraussetzungen, unter denen sie vernichtet werden können, sowie die Art, den Umfang und den Zeitpunkt ihrer Vernichtung

zu bestimmen.

Viertes Kapitel. Finanzierung

Erster Abschnitt. Finanzierungsgrundsatz und Rentenversicherungsbericht

Erster Unterabschnitt. Umlageverfahren

§ 153 Umlageverfahren. (1) In der Rentenversicherung werden die Ausgaben eines Kalenderjahres durch die Einnahmen des gleichen Kalenderjahres und, soweit erforderlich, durch Entnahmen aus der Nachhaltigkeitsrücklage gedeckt.

(2) Einnahmen der allgemeinen Rentenversicherung sind insbesondere die Beiträge und die Zuschüsse des Bundes, Einnahmen der knappschaftlichen Rentenversicherung sind insbesondere die Beiträge und die Mittel des Bundes zum Ausgleich von Einnahmen und Ausgaben.

(3) [1] Nach § 7f Abs. 1 Satz 1 Nr. 2 des Vierten Buches[1)] übertragene Wertguthaben sind nicht Teil des Umlageverfahrens. [2] Insbesondere sind die aus der Übertragung und Verwendung von Wertguthaben fließenden und zu verwaltenden Mittel keine Einnahmen, Ausgaben oder Zahlungsverpflichtungen der allgemeinen Rentenversicherung.

Zweiter Unterabschnitt. Rentenversicherungsbericht und Sozialbeirat

§ 154 Rentenversicherungsbericht, Stabilisierung des Beitragssatzes und Sicherung des Rentenniveaus. (1) [1] Die Bundesregierung erstellt jährlich einen Rentenversicherungsbericht. [2] Der Bericht enthält

1. auf der Grundlage der letzten Ermittlungen der Zahl der Versicherten und Rentner sowie der Einnahmen, der Ausgaben und der Nachhaltigkeitsrücklage insbesondere Modellrechnungen zur Entwicklung von Einnahmen und Ausgaben, der Nachhaltigkeitsrücklage sowie des jeweils erforderlichen Beitragssatzes in den künftigen 15 Kalenderjahren,
2. eine Übersicht über die voraussichtliche finanzielle Entwicklung der Rentenversicherung in den künftigen fünf Kalenderjahren auf der Grundlage der aktuellen Einschätzung der mittelfristigen Wirtschaftsentwicklung,
3. eine Darstellung, wie sich die Anhebung der Altersgrenzen voraussichtlich auf die Arbeitsmarktlage, die Finanzlage der Rentenversicherung und andere öffentliche Haushalte auswirkt.

---

1) Nr. 4.

[3] Die Entwicklung in der allgemeinen Rentenversicherung und in der knappschaftlichen Rentenversicherung ist getrennt darzustellen. [4] Der Bericht ist bis zum 30. November eines jeden Jahres den gesetzgebenden Körperschaften zuzuleiten.

(2) [1] Der Rentenversicherungsbericht ist einmal in jeder Wahlperiode des Deutschen Bundestages um einen Bericht zu ergänzen, der insbesondere darstellt:

1. die Leistungen der anderen ganz oder teilweise öffentlich finanzierten Alterssicherungssysteme sowie deren Finanzierung,
2. die Einkommenssituation der Leistungsbezieher der Alterssicherungssysteme,
3. das Zusammentreffen von Leistungen der Alterssicherungssysteme,
4. in welchem Umfang die steuerliche Förderung nach § 10a oder Abschnitt XI und § 3 Nr. 63 des Einkommensteuergesetzes in Anspruch genommen worden ist und welchen Grad der Verbreitung die betriebliche und private Altersvorsorge dadurch erreicht haben und
5. die Höhe des Gesamtversorgungsniveaus, das für typische Rentner einzelner Zugangsjahrgänge unter Berücksichtigung ergänzender Altersvorsorge in Form einer Rente aus einem geförderten Altersvorsorgevertrag sowie einer Rente aus der Anlage der Nettoeinkommenserhöhung aus den steuerfrei gestellten Beiträgen zur gesetzlichen Rentenversicherung und der steuerlichen Belastung ermittelt wird.

[2] Die Darstellungen zu der Nummer 4 sind erstmals im Jahr 2005 vorzulegen.

(3) [1] In der allgemeinen Rentenversicherung darf das Sicherungsniveau vor Steuern nach Absatz 3a bis zum Jahr 2025 48 Prozent nicht unterschreiten und darf der Beitragssatz bis zum Jahr 2025 20 Prozent nicht überschreiten. [2] Die Bundesregierung hat den gesetzgebenden Körperschaften geeignete Maßnahmen vorzuschlagen, wenn in der allgemeinen Rentenversicherung in der mittleren Variante der 15-jährigen Vorausberechnungen des Rentenversicherungsberichts

1. der Beitragssatz bis zum Jahr 2030 22 Prozent überschreitet oder
2. das Sicherungsniveau vor Steuern nach Absatz 3a bis zum Jahr 2030 43 Prozent unterschreitet.

[3] Die Bundesregierung soll den gesetzgebenden Körperschaften geeignete Maßnahmen vorschlagen, wenn sich zeigt, dass durch die Förderung der freiwilligen zusätzlichen Altersvorsorge eine ausreichende Verbreitung nicht erreicht werden kann.

(3a) [1] Das Sicherungsniveau vor Steuern für das jeweilige Kalenderjahr ist der Verhältniswert aus der verfügbaren Standardrente und dem verfügbaren Durchschnittsentgelt des jeweils betreffenden Kalenderjahres. [2] Die verfügbare Standardrente des jeweiligen Kalenderjahres ist die Standardrente, gemindert um die von den Rentnerinnen und Rentnern zu tragenden Sozialversicherungsbeiträge. [3] Die Standardrente ist die Regelaltersrente aus der allgemeinen Rentenversicherung mit 45 Entgeltpunkten, die sich unter Zugrundelegung des ab dem 1. Juli des betreffenden Kalenderjahres geltenden aktuellen Rentenwerts für zwölf Monate berechnet. [4] Die von den Rentnerinnen und Rentnern zu tragenden Sozialversicherungsbeiträge berechnen sich, indem die Standardrente des betreffenden Kalenderjahres mit der Summe des von den Rentnerinnen und Rentnern zu tragenden allgemeinen Beitragssatzanteils sowie des Anteils des durchschnittlichen Zusatzbeitragssatzes zur Krankenversicherung und des Beitragssatzes zur Pflegeversicherung nach § 55 Absatz 1 Satz 1 des Elften Buches[1)] des betreffenden Kalenderjahres vervielfältigt wird. [5]Das verfügbare Durchschnittsentgelt des jeweiligen Kalenderjahres wird ermittelt, indem das verfügbare Durchschnittsentgelt des Vorjahres mit der für die Rentenanpassung maßgebenden Veränderung der Bruttolöhne und -gehälter je Arbeitnehmer (§ 68 Absatz 2) und der Veränderung der Nettoquote des jeweiligen Kalenderjahres gegenüber dem Vorjahr angepasst wird. [6]Die Nettoquote des jeweiligen Kalenderjahres wird ermittelt, indem vom Wert 100 Prozent der vom Arbeitnehmer zu tragende Anteil des im Bundesanzeiger nach § 163 Absatz 10 Satz 5 bekannt gegebenen Gesamtsozialversicherungsbeitragssatzes des betreffenden Kalenderjahres abgezogen wird. [7]Für die Bestimmung des Sicherungsniveaus vor Steuern für das Jahr 2019 beträgt das verfügbare Durchschnittsentgelt des Vorjahres 32 064 Euro. [8]Die Sätze 1 bis 5 sind für die Vorausberechnungen des Sicherungsniveaus vor Steuern entsprechend anzuwenden.

(4) [1]Die Bundesregierung hat den gesetzgebenden Körperschaften vom Jahre 2010 an alle vier Jahre über die Entwicklung der Beschäftigung älterer Arbeitnehmer zu berichten und eine Einschätzung darüber abzugeben, ob die Anhebung der Regelaltersgrenze unter Berücksichtigung der Entwicklung der Arbeitsmarktlage sowie der wirtschaftlichen und sozialen Situation älterer Arbeitnehmer weiterhin vertretbar erscheint und die getroffenen gesetzlichen Regelungen bestehen bleiben können. [2]In diesem Bericht sind zur Beibehaltung eines Sicherungsniveauziels vor Steuern von 46 vom Hundert über das Jahr 2020 hinaus von der Bundesregierung entsprechende Maßnahmen unter Wahrung der Beitragssatzstabilität vorzuschlagen. [3]Die Bundesregierung berichtet zudem vom Jahre 2018 an über die Auswirkungen der Altersrente für besonders langjährig Versicherte in der Fassung des RV-Leistungsverbesserungsgesetzes, insbesondere über den Umfang der Inanspruchnahme und die Erfüllung der Zugangsvoraussetzungen vor dem Hintergrund der Berücksichtigung von Zeiten des Arbeitslosengeldbezugs und macht Vorschläge für eine Weiterentwicklung dieser Rentenart.

§ 155 Aufgabe des Sozialbeirats. (1) Der Sozialbeirat hat insbesondere die Aufgabe, in einem Gutachten zum Rentenversicherungsbericht der Bundesregierung Stellung zu nehmen.

(2) Das Gutachten des Sozialbeirats ist zusammen mit dem Rentenversicherungsbericht den gesetzgebenden Körperschaften zuzuleiten.

§ 156 Zusammensetzung des Sozialbeirats. (1) [1]Der Sozialbeirat besteht aus

1. vier Vertretern der Versicherten,
2. vier Vertretern der Arbeitgeber,
3. einem Vertreter der Deutschen Bundesbank und
4. drei Vertretern der Wirtschafts- und Sozialwissenschaften.

[2]Seine Geschäfte führt das Bundesministerium für Arbeit und Soziales.

(2) [1]Die Bundesregierung beruft die Mitglieder des Sozialbeirats für die Dauer von vier Jahren. [2]Es werden

1) Nr. **11**.

1. vom Bundesvorstand der Deutschen Rentenversicherung Bund gemäß § 64 Abs. 4 des Vierten Buches[1)] je drei Vertreter der allgemeinen Rentenversicherung und
2. vom Vorstand der Deutschen Rentenversicherung Knappschaft-Bahn-See als Träger der knappschaftlichen Rentenversicherung je ein Vertreter

der Versicherten und der Arbeitgeber vorgeschlagen; hierbei ist sicherzustellen, dass die Regionalträger und die Bundesträger gleichgewichtig im Sozialbeirat vertreten sind.

(3) [1] Die vorgeschlagenen Personen müssen die Voraussetzungen für die Mitgliedschaft in einem Organ der Selbstverwaltung (§ 51 Viertes Buch) erfüllen. [2] Vor der Berufung der Vertreter der Wirtschafts- und Sozialwissenschaften ist die Hochschulrektorenkonferenz anzuhören.

Zweiter Abschnitt. Beiträge und Verfahren

Erster Unterabschnitt. Beiträge

Erster Titel. Allgemeines

§ 157 Grundsatz. Die Beiträge werden nach einem Vomhundertsatz (Beitragssatz) von der Beitragsbemessungsgrundlage erhoben, die nur bis zur jeweiligen Beitragsbemessungsgrenze berücksichtigt wird.

§ 158 Beitragssätze. (1) [1] Der Beitragssatz in der allgemeinen Rentenversicherung ist vom 1. Januar eines Jahres an zu verändern, wenn am 31. Dezember dieses Jahres bei Beibehaltung des bisherigen Beitragssatzes die Mittel der Nachhaltigkeitsrücklage

1. das 0,2fache der durchschnittlichen Ausgaben zu eigenen Lasten der Träger der allgemeinen Rentenversicherung für einen Kalendermonat (Mindestrücklage) voraussichtlich unterschreiten oder
2. das 1,5fache der in Nummer 1 genannten Ausgaben für einen Kalendermonat (Höchstnachhaltigkeitsrücklage) voraussichtlich übersteigen.

[2] Ausgaben zu eigenen Lasten sind alle Ausgaben nach Abzug des Bundeszuschusses nach § 213 Abs. 2, der Erstattungen und der empfangenen Ausgleichszahlungen.

(2) [1] Der Beitragssatz ist so neu festzusetzen, dass die voraussichtlichen Beitragseinnahmen unter Berücksichtigung der voraussichtlichen Entwicklung der Bruttolöhne und -gehälter je Arbeitnehmer (§ 68 Abs. 2 Satz 1) und der Zahl der Pflichtversicherten zusammen mit den Zuschüssen des Bundes und den sonstigen Einnahmen unter Berücksichtigung von Entnahmen aus der Nachhaltigkeitsrücklage ausreichen, um die voraussichtlichen Ausgaben in dem auf die Festsetzung folgenden Kalenderjahr zu decken und sicherzustellen, dass die Mittel der Nachhaltigkeitsrücklage am Ende dieses Kalenderjahres

1. im Falle von Absatz 1 Nr. 1 dem Betrag der Mindestrücklage oder
2. im Falle von Absatz 1 Nr. 2 dem Betrag der Höchstnachhaltigkeitsrücklage

voraussichtlich entsprechen. [2] Der Beitragssatz ist auf eine Dezimalstelle aufzurunden.

[1)] Nr. 4.

(3) Der Beitragssatz in der knappschaftlichen Rentenversicherung wird jeweils in dem Verhältnis verändert, in dem er sich in der allgemeinen Rentenversicherung ändert; der Beitragssatz ist nur für das jeweilige Kalenderjahr auf eine Dezimalstelle aufzurunden.

(4) Wird der Beitragssatz in der allgemeinen Rentenversicherung vom 1. Januar des Jahres an nicht verändert, macht das Bundesministerium für Arbeit und Soziales im Bundesgesetzblatt das Weitergelten der Beitragssätze bekannt.

§ 159 Beitragsbemessungsgrenzen. [1]Die Beitragsbemessungsgrenzen in der allgemeinen Rentenversicherung sowie in der knappschaftlichen Rentenversicherung ändern sich zum 1. Januar eines jeden Jahres in dem Verhältnis, in dem die Bruttolöhne und -gehälter je Arbeitnehmer (§ 68 Abs. 2 Satz 1) im vergangenen zu den entsprechenden Bruttolöhnen und -gehältern im vorvergangenen Kalenderjahr stehen. [2]Die veränderten Beträge werden nur für das Kalenderjahr, für das die Beitragsbemessungsgrenze bestimmt wird, auf das nächsthöhere Vielfache von 600 aufgerundet.

§ 160 Verordnungsermächtigung. Die Bundesregierung hat durch Rechtsverordnung mit Zustimmung des Bundesrates

1. die Beitragssätze in der Rentenversicherung,
2. in Ergänzung der Anlage 2 die Beitragsbemessungsgrenzen

festzusetzen.

Zweiter Titel. Beitragsbemessungsgrundlagen

§ 161 Grundsatz. (1) Beitragsbemessungsgrundlage für Versicherungspflichtige sind die beitragspflichtigen Einnahmen.

(2) Beitragsbemessungsgrundlage für freiwillig Versicherte ist jeder Betrag zwischen der Mindestbeitragsbemessungsgrundlage (§ 167) und der Beitragsbemessungsgrenze.

§ 162 Beitragspflichtige Einnahmen Beschäftigter. Beitragspflichtige Einnahmen sind

1. bei Personen, die gegen Arbeitsentgelt beschäftigt werden, das Arbeitsentgelt aus der versicherungspflichtigen Beschäftigung, jedoch bei Personen, die zu ihrer Berufsausbildung beschäftigt werden, mindestens 1 vom Hundert der Bezugsgröße,
2. bei behinderten Menschen das Arbeitsentgelt, mindestens 80 vom Hundert der Bezugsgröße,

2a. bei behinderten Menschen, die im Anschluss an eine Beschäftigung in einer nach dem Neunten Buch[1)] anerkannten Werkstatt für behinderte Menschen oder nach einer Beschäftigung bei einem anderen Leistungsanbieter nach § 60 des Neunten Buches in einem Inklusionsbetrieb (§ 215 des Neunten Buches) beschäftigt sind, das Arbeitsentgelt, mindestens 80 vom Hundert der Bezugsgröße,

3. bei Personen, die für eine Erwerbstätigkeit befähigt werden sollen oder im Rahmen einer Unterstützten Beschäftigung nach § 55 des Neunten Buches

---

[1)] Nr. 9.

individuell betrieblich qualifiziert werden, ein Arbeitsentgelt in Höhe von 20 vom Hundert der monatlichen Bezugsgröße,

4. bei Mitgliedern geistlicher Genossenschaften, Diakonissen und Angehörigen ähnlicher Gemeinschaften die Geld- und Sachbezüge, die sie persönlich erhalten, jedoch bei Mitgliedern, denen nach Beendigung ihrer Ausbildung eine Anwartschaft auf die in der Gemeinschaft übliche Versorgung nicht gewährleistet oder für die die Gewährleistung nicht gesichert ist (§ 5 Abs. 1 Satz 1 Nr. 3), mindestens 40 vom Hundert der Bezugsgröße,
5. bei Personen, deren Beschäftigung nach dem Einkommensteuerrecht als selbständige Tätigkeit bewertet wird, ein Einkommen in Höhe der Bezugsgröße, bei Nachweis eines niedrigeren oder höheren Einkommens jedoch dieses Einkommen, mindestens jedoch monatlich 450 Euro. § 165 Abs. 1 Satz 2 bis 10 gilt entsprechend.

§ 163 Sonderregelung für beitragspflichtige Einnahmen Beschäftigter. (1) [1] Für unständig Beschäftigte ist als beitragspflichtige Einnahmen ohne Rücksicht auf die Beschäftigungsdauer das innerhalb eines Kalendermonats erzielte Arbeitsentgelt bis zur Höhe der monatlichen Beitragsbemessungsgrenze zugrunde zu legen. [2] Unständig ist die Beschäftigung, die auf weniger als eine Woche entweder nach der Natur der Sache befristet zu sein pflegt oder im Voraus durch den Arbeitsvertrag befristet ist. [3] Bestanden innerhalb eines Kalendermonats mehrere unständige Beschäftigungen und übersteigt das Arbeitsentgelt insgesamt die monatliche Beitragsbemessungsgrenze, sind bei der Berechnung der Beiträge die einzelnen Arbeitsentgelte anteilmäßig nur zu berücksichtigen, soweit der Gesamtbetrag die monatliche Beitragsbemessungsgrenze nicht übersteigt. [4] Soweit Versicherte oder Arbeitgeber dies beantragen, verteilt die zuständige Einzugsstelle die Beiträge nach den zu berücksichtigenden Arbeitsentgelten aus unständigen Beschäftigungen.

(2) [1] Für Seeleute gilt als beitragspflichtige Einnahme der Betrag, der nach dem Recht der gesetzlichen Unfallversicherung für die Beitragsberechnung maßgebend ist. [2] § 215 Abs. 4 des Siebten Buches[1)] gilt entsprechend.

(3) [1] Bei Arbeitnehmern, die ehrenamtlich tätig sind und deren Arbeitsentgelt infolge der ehrenamtlichen Tätigkeit gemindert wird, gilt auch der Betrag zwischen dem tatsächlich erzielten Arbeitsentgelt und dem Arbeitsentgelt, das ohne die ehrenamtliche Tätigkeit erzielt worden wäre, höchstens bis zur Beitragsbemessungsgrenze als Arbeitsentgelt (Unterschiedsbetrag), wenn der Arbeitnehmer dies beim Arbeitgeber beantragt. [2] Satz 1 gilt nur für ehrenamtliche Tätigkeiten für Körperschaften, Anstalten oder Stiftungen des öffentlichen Rechts, deren Verbände einschließlich der Spitzenverbände oder ihrer Arbeitsgemeinschaften, Parteien, Gewerkschaften, sowie Körperschaften, Personenvereinigungen und Vermögensmassen, die wegen des ausschließlichen und unmittelbaren Dienstes für gemeinnützige, mildtätige oder kirchliche Zwecke von der Körperschaftsteuer befreit sind. [3] Der Antrag kann nur für laufende und künftige Lohn- und Gehaltsabrechnungszeiträume gestellt werden.

(4) [1] Bei Versicherten, die eine versicherungspflichtige ehrenamtliche Tätigkeit aufnehmen und für das vergangene Kalenderjahr freiwillige Beiträge gezahlt haben, gilt jeder Betrag zwischen dem Arbeitsentgelt und der Beitrags-

---

[1)] Nr. 7.

bemessungsgrenze als Arbeitsentgelt (Unterschiedsbetrag), wenn die Versicherten dies beim Arbeitgeber beantragen. [2] Satz 1 gilt nur für versicherungspflichtige ehrenamtliche Tätigkeiten für Körperschaften des öffentlichen Rechts. [3] Der Antrag kann nur für laufende und künftige Lohn- und Gehaltsabrechnungszeiträume gestellt werden.

(5) [1] Bei Arbeitnehmern, die nach dem Altersteilzeitgesetz Aufstockungsbeträge zum Arbeitsentgelt erhalten, gilt auch mindestens ein Betrag in Höhe von 80 vom Hundert des Regelarbeitsentgelts für die Altersteilzeitarbeit, begrenzt auf den Unterschiedsbetrag zwischen 90 vom Hundert der monatlichen Beitragsbemessungsgrenze und dem Regelarbeitsentgelt, höchstens jedoch bis zur Beitragsbemessungsgrenze, als beitragspflichtige Einnahme. [2] Für Personen, die nach § 3 Satz 1 Nr. 3 für die Zeit des Bezugs von Krankengeld, Versorgungskrankengeld, Verletztengeld oder Übergangsgeld versichert sind, und für Personen, die für die Zeit der Arbeitsunfähigkeit oder der Ausführung von Leistungen zur Teilhabe, in der sie Krankentagegeld von einem privaten Krankenversicherungsunternehmen erhalten, nach § 4 Abs. 3 Satz 1 Nr. 2 versichert sind, gilt Satz 1 entsprechend.

(6) Soweit Kurzarbeitergeld geleistet wird, gilt als beitragspflichtige Einnahmen 80 vom Hundert des Unterschiedsbetrags zwischen dem Soll-Entgelt und dem Ist-Entgelt nach § 106 des Dritten Buches[1)].

(7) *(aufgehoben)*

(8) Bei Arbeitnehmern, die eine geringfügige Beschäftigung ausüben, ist beitragspflichtige Einnahme das Arbeitsentgelt, mindestens jedoch der Betrag in Höhe von 175 Euro.

(9) *(aufgehoben)*

(10) [1] Bei Arbeitnehmern, die gegen ein monatliches Arbeitsentgelt bis zum oberen Grenzbetrag des Übergangsbereichs (§ 20 Abs. 2 Viertes Buch[2)]) mehr als geringfügig beschäftigt sind, ist beitragspflichtige Einnahme der Betrag, der sich aus folgender Formel ergibt:

$$F \times 450 + \left(\left\{ \frac{1300}{1300-450} \right\} - \left\{ \frac{450}{1300-450} \right\} \times F \right) \times (AE - 450)$$

[2] Dabei ist AE das Arbeitsentgelt und F der Faktor, der sich ergibt, wenn der Wert 30 vom Hundert durch den Gesamtsozialversicherungsbeitragssatz des Kalenderjahres, in dem der Anspruch auf das Arbeitsentgelt entstanden ist, geteilt wird. [3] Der Gesamtsozialversicherungsbeitragssatz eines Kalenderjahres ergibt sich aus der Summe der zum 1. Januar desselben Kalenderjahres geltenden Beitragssätze in der allgemeinen Rentenversicherung, in der gesetzlichen Pflegeversicherung sowie zur Arbeitsförderung und des um den durchschnittlichen Zusatzbeitragssatz erhöhten allgemeinen Beitragssatzes in der gesetzlichen Krankenversicherung. [4] Für die Zeit vom 1. Juli 2006 bis zum 31. Dezember 2006 beträgt der Faktor F 0,7160. [5] Der Gesamtsozialversicherungsbeitragssatz und der Faktor F sind vom Bundesministerium für Arbeit und Soziales bis zum 31. Dezember eines Jahres für das folgende Kalenderjahr im Bundes-

---

1) Nr. 3.
2) Nr. 4.

anzeiger bekannt zu geben. [6] Satz 1 gilt nicht für Personen, die zu ihrer Berufsausbildung beschäftigt sind.

§ 164 (weggefallen)

§ 165 Beitragspflichtige Einnahmen selbständig Tätiger. (1) [1] Beitragspflichtige Einnahmen sind

1. bei selbständig Tätigen ein Arbeitseinkommen in Höhe der Bezugsgröße, bei Nachweis eines niedrigeren oder höheren Arbeitseinkommens jedoch dieses Arbeitseinkommen, mindestens jedoch monatlich 450 Euro,
2. bei Seelotsen das Arbeitseinkommen,
3. bei Künstlern und Publizisten das voraussichtliche Jahresarbeitseinkommen (§ 12 Künstlersozialversicherungsgesetz), mindestens jedoch 3 900 Euro, wobei Arbeitseinkommen auch die Vergütung für die Verwertung und Nutzung urheberrechtlich geschützter Werke oder Leistungen sind,
4. bei Hausgewerbetreibenden das Arbeitseinkommen,
5. bei Küstenschiffern und Küstenfischern das in der Unfallversicherung maßgebende beitragspflichtige Arbeitseinkommen.

[2] Beitragspflichtige Einnahmen sind bei selbständig Tätigen abweichend von Satz 1 Nr. 1 bis zum Ablauf von drei Kalenderjahren nach dem Jahr der Aufnahme der selbständigen Tätigkeit ein Arbeitseinkommen in Höhe von 50 vom Hundert der Bezugsgröße, auf Antrag des Versicherten jedoch ein Arbeitseinkommen in Höhe der Bezugsgröße. [3] Für den Nachweis des von der Bezugsgröße abweichenden Arbeitseinkommens nach Satz 1 Nummer 1 sind die sich aus dem letzten Einkommensteuerbescheid für das zeitnaheste Kalenderjahr ergebenden Einkünfte aus der versicherungspflichtigen selbständigen Tätigkeit so lange maßgebend, bis ein neuer Einkommensteuerbescheid vorgelegt wird; wurden diese Einkünfte nicht während des gesamten Kalenderjahres erzielt, sind sie auf ein Jahresarbeitseinkommen hochzurechnen. [4] Das nach Satz 3 festgestellte Arbeitseinkommen ist mit dem Vomhundertsatz zu vervielfältigen, der sich aus dem Verhältnis des vorläufigen Durchschnittsentgelts (Anlage 1) für das Kalenderjahr, für das das Arbeitseinkommen nachzuweisen ist, zu dem Durchschnittsentgelt (Anlage 1) für das maßgebende Veranlagungsjahr des Einkommensteuerbescheides ergibt. [5] Übersteigt das nach Satz 4 festgestellte Arbeitseinkommen die Beitragsbemessungsgrenze des nachzuweisenden Kalenderjahres, wird ein Arbeitseinkommen in Höhe der jeweiligen Beitragsbemessungsgrenze so lange zugrunde gelegt, bis sich aus einem neuen Einkommensteuerbescheid niedrigere Einkünfte ergeben. [6] Der Einkommensteuerbescheid ist dem Träger der Rentenversicherung spätestens zwei Kalendermonate nach seiner Ausfertigung vorzulegen. [7] Statt des Einkommensteuerbescheides kann auch eine Bescheinigung des Finanzamtes vorgelegt werden, die die für den Nachweis des Arbeitseinkommens erforderlichen Daten des Einkommensteuerbescheides enthält. [8] Änderungen des Arbeitseinkommens werden vom Ersten des auf die Vorlage des Bescheides oder der Bescheinigung folgenden Kalendermonats, spätestens aber vom Beginn des dritten Kalendermonats nach Ausfertigung des Einkommensteuerbescheides, an berücksichtigt. [9] Ist eine Veranlagung zur Einkommensteuer aufgrund der versicherungspflichtigen selbständigen Tätigkeit noch nicht erfolgt, ist für das Jahr des Beginns der Versicherungspflicht ein Jahresarbeitseinkommen zugrunde zu legen, das sich

aus den vom Versicherten vorzulegenden Unterlagen ergibt. [10] Für die Folgejahre ist Satz 4 sinngemäß anzuwenden.

(1a) [1] Abweichend von Absatz 1 Satz 3 ist auf Antrag des Versicherten vom laufenden Arbeitseinkommen auszugehen, wenn dieses im Durchschnitt voraussichtlich um wenigstens 30 vom Hundert geringer ist als das Arbeitseinkommen nach Absatz 1 Satz 3. [2] Das laufende Arbeitseinkommen ist durch entsprechende Unterlagen nachzuweisen. [3] Änderungen des Arbeitseinkommens werden vom Ersten des auf die Vorlage der Nachweise folgenden Kalendermonats an berücksichtigt. [4] Das festgestellte laufende Arbeitseinkommen bleibt so lange maßgebend, bis der Einkommensteuerbescheid über dieses Veranlagungsjahr vorgelegt wird und zu berücksichtigen ist. [5] Für die Folgejahre ist Absatz 1 Satz 4 sinngemäß anzuwenden. [6] Die Sätze 1 bis 3 gelten entsprechend für Küstenschiffer und Küstenfischer, wenn das laufende Arbeitseinkommen im Durchschnitt voraussichtlich um wenigstens 30 vom Hundert geringer ist als das Arbeitseinkommen nach Absatz 1 Satz 1 Nummer 5. [7] Das für Küstenschiffer und Küstenfischer festgestellte laufende Arbeitseinkommen bleibt für ein Jahr maßgebend. [8] Für die Folgejahre sind die Sätze 6 und 7 erneut anzuwenden.

(1b) Bei Künstlern und Publizisten wird für die Dauer des Bezugs von Elterngeld oder Erziehungsgeld oder für die Zeit, in der Erziehungsgeld nur wegen des zu berücksichtigenden Einkommens nicht bezogen wird, auf Antrag des Versicherten das in diesen Zeiten voraussichtlich erzielte Arbeitseinkommen, wenn es im Durchschnitt monatlich 325 Euro übersteigt, zugrunde gelegt.

(2) Für Hausgewerbetreibende, die ehrenamtlich tätig sind, gelten die Regelungen für Arbeitnehmer, die ehrenamtlich tätig sind, entsprechend.

(3) Bei Selbständigen, die auf Antrag versicherungspflichtig sind, gelten als Arbeitseinkommen im Sinne von § 15 des Vierten Buches[1)] auch die Einnahmen, die steuerrechtlich als Einkommen aus abhängiger Beschäftigung behandelt werden.

§ 166 Beitragspflichtige Einnahmen sonstiger Versicherter. (1) Beitragspflichtige Einnahmen sind

1. bei Personen, die als Wehr- oder Zivildienst Leistende versichert sind, 80 Prozent der Bezugsgröße; bei Teilzeitbeschäftigung wird dieser Prozentsatz mit dem Teilzeitanteil vervielfältigt,

1a. bei Personen, die als Wehr- oder Zivildienst Leistende versichert sind und Leistungen nach § 5 oder § 8 Absatz 1 Satz 1 jeweils in Verbindung mit Anlage 1 des Unterhaltssicherungsgesetzes erhalten, das Arbeitsentgelt, das dieser Leistung vor Abzug von Steuern und Beiträgen zugrunde liegt oder läge, mindestens jedoch 80 Prozent der Bezugsgröße; bei Teilzeitbeschäftigung wird dieser Prozentsatz mit dem Teilzeitanteil vervielfältigt,

1b. bei Personen, die in einem Wehrdienstverhältnis besonderer Art nach § 6 des Einsatz-Weiterverwendungsgesetzes versichert sind, die daraus gewährten Dienstbezüge in dem Umfang, in dem sie bei Beschäftigten als Arbeitsentgelt zu berücksichtigen wären,

---

1) Nr. 4.

1c. bei Personen, die als ehemalige Soldaten auf Zeit Übergangsgebührnisse beziehen, die nach § 11 des Soldatenversorgungsgesetzes gewährten Übergangsgebührnisse; liegen weitere Versicherungsverhältnisse vor, ist beitragspflichtige Einnahme höchstens die Differenz aus der Beitragsbemessungsgrenze und den beitragspflichtigen Einnahmen aus den weiteren Versicherungsverhältnissen,

2. bei Personen, die Arbeitslosengeld, Übergangsgeld, Krankengeld, Verletztengeld oder Versorgungskrankengeld beziehen, 80 vom Hundert des der Leistung zugrunde liegenden Arbeitsentgelts oder Arbeitseinkommens, wobei 80 vom Hundert des beitragspflichtigen Arbeitsentgelts aus einem nicht geringfügigen Beschäftigungsverhältnis abzuziehen sind, und bei gleichzeitigem Bezug von Krankengeld neben einer anderen Leistung das dem Krankengeld zugrunde liegende Einkommen nicht zu berücksichtigen ist,

2a. bei Personen, die im Anschluss an den Bezug von Arbeitslosengeld II Übergangsgeld oder Verletztengeld beziehen, monatlich der Betrag von 205 Euro,

2b. bei Personen, die Krankengeld nach § 44a des Fünften Buches[1] beziehen, das der Leistung zugrunde liegende Arbeitsentgelt oder Arbeitseinkommen; wird dieses Krankengeld nach § 47b des Fünften Buches gezahlt, gilt Nummer 2,

2c. bei Personen, die Teilarbeitslosengeld beziehen, 80 vom Hundert des dieser Leistung zugrunde liegenden Arbeitsentgelts,

2d. bei Personen, die von einem privaten Krankenversicherungsunternehmen, von einem Beihilfeträger des Bundes, von einem sonstigen öffentlich-rechtlichen Träger von Kosten in Krankheitsfällen auf Bundesebene, von dem Träger der Heilfürsorge im Bereich des Bundes, von dem Träger der truppenärztlichen Versorgung oder von einem öffentlich-rechtlichen Träger von Kosten in Krankheitsfällen auf Landesebene, soweit Landesrecht dies vorsieht, Leistungen für den Ausfall von Arbeitseinkünften im Zusammenhang mit einer nach den §§ 8 und 8a des Transplantationsgesetzes erfolgenden Spende von Organen oder Geweben oder im Zusammenhang mit einer im Sinne von § 9 des Transfusionsgesetzes erfolgenden Spende von Blut zur Separation von Blutstammzellen oder anderen Blutbestandteilen beziehen, das diesen Leistungen zugrunde liegende Arbeitsentgelt oder Arbeitseinkommen,

2e. bei Personen, die Krankengeld nach § 45 Absatz 1 des Fünften Buches oder Verletztengeld nach § 45 Absatz 4 des Siebten Buches[2] in Verbindung mit § 45 Absatz 1 des Fünften Buches beziehen, 80 vom Hundert des während der Freistellung ausgefallenen, laufenden Arbeitsentgelts oder des der Leistung zugrunde liegenden Arbeitseinkommens,

2f. bei Personen, die Pflegeunterstützungsgeld beziehen, 80 vom Hundert des während der Freistellung ausgefallenen, laufenden Arbeitsentgelts,

3. bei Beziehern von Vorruhestandsgeld das Vorruhestandsgeld,

4. bei Entwicklungshelfern das Arbeitsentgelt oder, wenn dies günstiger ist, der Betrag, der sich ergibt, wenn die Beitragsbemessungsgrenze mit dem Verhältnis vervielfältigt wird, in dem die Summe der Arbeitsentgelte oder

---

[1] Nr. 5.
[2] Nr. 7.

Arbeitseinkommen für die letzten drei vor Aufnahme der nach § 4 Abs. 1 versicherungspflichtigen Beschäftigung oder Tätigkeit voll mit Pflichtbeiträgen belegten Kalendermonate zur Summe der Beträge der Beitragsbemessungsgrenzen für diesen Zeitraum steht; der Verhältniswert beträgt mindestens 0,6667,

4a. bei Personen, die für eine begrenzte Zeit im Ausland beschäftigt sind, das Arbeitsentgelt oder der sich abweichend vom Arbeitsentgelt nach Nummer 4 ergebende Betrag, wenn dies mit der antragstellenden Stelle vereinbart wird; die Vereinbarung kann nur für laufende und künftige Lohn- und Gehaltsabrechnungszeiträume getroffen werden,

4b. bei sekundierten Personen das Arbeitsentgelt und die Leistungen nach § 9 des Sekundierungsgesetzes; im Übrigen gilt Nummer 4 entsprechend,

4c. bei sonstigen im Ausland beschäftigten Personen, die auf Antrag versicherungspflichtig sind, das Arbeitsentgelt,

5. bei Personen, die für Zeiten der Arbeitsunfähigkeit oder der Ausführung von Leistungen zur Teilhabe ohne Anspruch auf Krankengeld versichert sind, 80 vom Hundert des zuletzt für einen vollen Kalendermonat versicherten Arbeitsentgelts oder Arbeitseinkommens.

(2) [1] Beitragspflichtige Einnahmen sind bei nicht erwerbsmäßig tätigen Pflegepersonen bei Pflege einer

1. pflegebedürftigen Person des Pflegegrades 5 nach § 15 Absatz 3 Satz 4 Nummer 5 des Elften Buches[1)]
   a) 100 vom Hundert der Bezugsgröße, wenn die pflegebedürftige Person ausschließlich Pflegegeld nach § 37 des Elften Buches bezieht,
   b) 85 vom Hundert der Bezugsgröße, wenn die pflegebedürftige Person Kombinationsleistungen nach § 38 des Elften Buches bezieht,
   c) 70 vom Hundert der Bezugsgröße, wenn die pflegebedürftige Person ausschließlich Pflegesachleistungen nach § 36 des Elften Buches bezieht,
2. pflegebedürftigen Person des Pflegegrades 4 nach § 15 Absatz 3 Satz 4 Nummer 4 des Elften Buches
   a) 70 vom Hundert der Bezugsgröße, wenn die pflegebedürftige Person ausschließlich Pflegegeld nach § 37 des Elften Buches bezieht,
   b) 59,5 vom Hundert der Bezugsgröße, wenn die pflegebedürftige Person Kombinationsleistungen nach § 38 des Elften Buches bezieht,
   c) 49 vom Hundert der Bezugsgröße, wenn die pflegebedürftige Person ausschließlich Pflegesachleistungen nach § 36 des Elften Buches bezieht,
3. pflegebedürftigen Person des Pflegegrades 3 nach § 15 Absatz 3 Satz 4 Nummer 3 des Elften Buches
   a) 43 vom Hundert der Bezugsgröße, wenn die pflegebedürftige Person ausschließlich Pflegegeld nach § 37 des Elften Buches bezieht,
   b) 36,55 vom Hundert der Bezugsgröße, wenn die pflegebedürftige Person Kombinationsleistungen nach § 38 des Elften Buches bezieht,
   c) 30,1 vom Hundert der Bezugsgröße, wenn die pflegebedürftige Person ausschließlich Pflegesachleistungen nach § 36 des Elften Buches bezieht,

---

[1)] Nr. **11**.

4. pflegebedürftigen Person des Pflegegrades 2 nach § 15 Absatz 3 Satz 4 Nummer 2 des Elften Buches
   a) 27 vom Hundert der Bezugsgröße, wenn die pflegebedürftige Person ausschließlich Pflegegeld nach § 37 des Elften Buches bezieht,
   b) 22,95 vom Hundert der Bezugsgröße, wenn die pflegebedürftige Person Kombinationsleistungen nach § 38 des Elften Buches bezieht,
   c) 18,9 vom Hundert der Bezugsgröße, wenn die pflegebedürftige Person ausschließlich Pflegesachleistungen nach § 36 des Elften Buches bezieht.

[2] Üben mehrere nicht erwerbsmäßig tätige Pflegepersonen die Pflege gemeinsam aus (Mehrfachpflege), sind die beitragspflichtigen Einnahmen nach Satz 1 entsprechend dem nach § 44 Absatz 1 Satz 3 des Elften Buches festgestellten prozentualen Umfang der jeweiligen Pflegetätigkeit im Verhältnis zum Gesamtpflegeaufwand je pflegebedürftiger Person aufzuteilen. [3] Werden mehrere Pflegebedürftige gepflegt, ergeben sich die beitragspflichtigen Einnahmen jeweils nach den Sätzen 1 und 2.

§ 167 Freiwillig Versicherte. Die Mindestbeitragsbemessungsgrundlage beträgt für freiwillig Versicherte monatlich 450 Euro.

Dritter Titel. Verteilung der Beitragslast

§ 168 Beitragstragung bei Beschäftigten. (1) Die Beiträge werden getragen

1. bei Personen, die gegen Arbeitsentgelt beschäftigt werden, von den Versicherten und von den Arbeitgebern je zur Hälfte,

1a. bei Arbeitnehmern, die Kurzarbeitergeld beziehen, vom Arbeitgeber,

1b. bei Personen, die gegen Arbeitsentgelt geringfügig versicherungspflichtig beschäftigt werden, von den Arbeitgebern in Höhe des Betrages, der 15 vom Hundert des der Beschäftigung zugrunde liegenden Arbeitsentgelts entspricht, im Übrigen vom Versicherten,

1c. bei Personen, die gegen Arbeitsentgelt in Privathaushalten geringfügig versicherungspflichtig beschäftigt werden, von den Arbeitgebern in Höhe des Betrages, der 5 vom Hundert des der Beschäftigung zugrunde liegenden Arbeitsentgelts entspricht, im Übrigen vom Versicherten,

1d. bei Arbeitnehmern, deren beitragspflichtige Einnahme sich nach § 163 Abs. 10 Satz 1 bestimmt, von den Arbeitgebern in Höhe der Hälfte des Betrages, der sich ergibt, wenn der Beitragssatz auf das der Beschäftigung zugrunde liegende Arbeitsentgelt angewendet wird, im Übrigen vom Versicherten,

2. bei behinderten Menschen von den Trägern der Einrichtung oder dem anderen Leistungsanbieter nach § 60 des Neunten Buches[1)], wenn ein Arbeitsentgelt nicht bezogen wird oder das monatliche Arbeitsentgelt 20 vom Hundert der monatlichen Bezugsgröße nicht übersteigt, sowie für den Betrag zwischen dem monatlichen Arbeitsentgelt und 80 vom Hundert der monatlichen Bezugsgröße, wenn das monatliche Arbeitsentgelt 80 vom Hundert der monatlichen Bezugsgröße nicht übersteigt, im Übrigen von den Versicherten und den Trägern der Einrichtung oder dem anderen Leistungsanbieter nach § 60 des Neunten Buches je zur Hälfte,

---

[1)] Nr. 9.

2a. bei behinderten Menschen, die im Anschluss an eine Beschäftigung in einer nach dem Neunten Buch anerkannten Werkstatt für behinderte Menschen oder nach einer Beschäftigung bei einem anderen Leistungsanbieter nach § 60 des Neunten Buches in einem Inklusionsbetrieb (§ 215 des Neunten Buches) beschäftigt sind, von den Trägern der Inklusionsbetriebe für den Betrag zwischen dem monatlichen Arbeitsentgelt und 80 vom Hundert der monatlichen Bezugsgröße, wenn das monatliche Arbeitsentgelt 80 vom Hundert der monatlichen Bezugsgröße nicht übersteigt, im Übrigen von den Versicherten und den Trägern der Inklusionsbetriebe je zur Hälfte,

3. bei Personen, die für eine Erwerbstätigkeit befähigt werden sollen, von den Trägern der Einrichtung,

3a. bei behinderten Menschen während der individuellen betrieblichen Qualifizierung im Rahmen der Unterstützten Beschäftigung nach § 55 des Neunten Buches von dem zuständigen Rehabilitationsträger,

4. bei Mitgliedern geistlicher Genossenschaften, Diakonissen und Angehörigen ähnlicher Gemeinschaften von den Genossenschaften oder Gemeinschaften, wenn das monatliche Arbeitsentgelt 40 vom Hundert der monatlichen Bezugsgröße nicht übersteigt, im Übrigen von den Mitgliedern und den Genossenschaften oder Gemeinschaften je zur Hälfte,

5. bei Arbeitnehmern, die ehrenamtlich tätig sind, für den Unterschiedsbetrag von ihnen selbst,

6. bei Arbeitnehmern, die nach dem Altersteilzeitgesetz Aufstockungsbeträge zum Arbeitsentgelt erhalten, für die sich nach § 163 Abs. 5 Satz 1 ergebende beitragspflichtige Einnahme von den Arbeitgebern,

7. bei Arbeitnehmern, die nach dem Altersteilzeitgesetz Aufstockungsbeträge zum Krankengeld, Versorgungskrankengeld, Verletztengeld, Übergangsgeld oder Krankentagegeld erhalten, für die sich nach § 163 Abs. 5 Satz 2 ergebende beitragspflichtige Einnahme
   a) von der Bundesagentur oder, im Fall der Leistungserbringung nach § 10 Abs. 2 Satz 2 des Altersteilzeitgesetzes, von den Arbeitgebern, wenn die Voraussetzungen des § 4 des Altersteilzeitgesetzes vorliegen,
   b) von den Arbeitgebern, wenn die Voraussetzungen des § 4 des Altersteilzeitgesetzes nicht vorliegen.

(2) Wird infolge einmalig gezahlten Arbeitsentgelts die in Absatz 1 Nr. 2 genannte Grenze von 20 vom Hundert der monatlichen Bezugsgröße überschritten, tragen die Versicherten und die Arbeitgeber die Beiträge von dem diese Grenze übersteigenden Teil des Arbeitsentgelts jeweils zur Hälfte; im Übrigen tragen die Arbeitgeber den Beitrag allein.

(3) Personen, die in der knappschaftlichen Rentenversicherung versichert sind, tragen die Beiträge in Höhe des Vomhundertsatzes, den sie zu tragen hätten, wenn sie in der allgemeinen Rentenversicherung versichert wären; im Übrigen tragen die Arbeitgeber die Beiträge.

§ 169 Beitragstragung bei selbständig Tätigen. Die Beiträge werden getragen

1. bei selbständig Tätigen von ihnen selbst,
2. bei Künstlern und Publizisten von der Künstlersozialkasse,

3. bei Hausgewerbetreibenden von den Versicherten und den Arbeitgebern je zur Hälfte,
4. bei Hausgewerbetreibenden, die ehrenamtlich tätig sind, für den Unterschiedsbetrag von ihnen selbst.

§ 170 Beitragstragung bei sonstigen Versicherten. (1) Die Beiträge werden getragen

1. bei Wehr- oder Zivildienst Leistenden, ehemaligen Soldaten auf Zeit während des Bezugs von Übergangsgebührnissen nach § 11 des Soldatenversorgungsgesetzes, Personen in einem Wehrdienstverhältnis besonderer Art nach § 6 des Einsatz-Weiterverwendungsgesetzes und für Kindererziehungszeiten vom Bund,
2. bei Personen, die
   a) Krankengeld oder Verletztengeld beziehen, von den Beziehern der Leistung und den Leistungsträgern je zur Hälfte, soweit sie auf die Leistung entfallen und diese Leistungen nicht in Höhe der Leistungen der Bundesagentur für Arbeit zu zahlen sind, im Übrigen vom Leistungsträger; die Beiträge werden auch dann von den Leistungsträgern getragen, wenn die Bezieher der Leistung zur Berufsausbildung beschäftigt sind und das der Leistung zugrunde liegende Arbeitsentgelt auf den Monat bezogen 450 Euro nicht übersteigt,
   b) Versorgungskrankengeld, Übergangsgeld oder Arbeitslosengeld beziehen, von den Leistungsträgern,
   c) Krankengeld nach § 44a des Fünften Buches[1] beziehen, vom Leistungsträger,
   d) für Personen, die Leistungen für den Ausfall von Arbeitseinkünften im Zusammenhang mit einer nach den §§ 8 und 8a des Transplantationsgesetzes erfolgenden Spende von Organen oder Geweben oder im Zusammenhang mit einer im Sinne von § 9 des Transfusionsgesetzes erfolgenden Spende von Blut zur Separation von Blutstammzellen oder anderen Blutbestandteilen erhalten, von der Stelle, die die Leistung erbringt; wird die Leistung von mehreren Stellen erbracht, sind die Beiträge entsprechend anteilig zu tragen,
   e) Pflegeunterstützungsgeld beziehen, von den Beziehern der Leistung zur Hälfte, soweit sie auf die Leistung entfallen, im Übrigen
      aa) von der Pflegekasse, wenn der Pflegebedürftige in der sozialen Pflegeversicherung versichert ist,
      bb) von dem privaten Versicherungsunternehmen, wenn der Pflegebedürftige in der sozialen Pflegeversicherung versicherungsfrei ist,
      cc) von der Festsetzungsstelle für die Beihilfe oder dem Dienstherrn und der Pflegekasse oder dem privaten Versicherungsunternehmen anteilig, wenn der Pflegebedürftige Anspruch auf Beihilfe oder Heilfürsorge hat und in der sozialen Pflegeversicherung oder bei einem privaten Versicherungsunternehmen versichert ist; ist ein Träger der Rentenversicherung Festsetzungsstelle für die Beihilfe, gelten die Beiträge insoweit als gezahlt; dies gilt auch im Verhältnis der Rentenversicherungsträger untereinander;

---

[1] Nr. 5.

die Beiträge werden von den Stellen, die die Leistung zu erbringen haben, allein getragen, wenn die Bezieher der Leistung zur Berufsausbildung beschäftigt sind und das der Leistung zugrunde liegende Arbeitsentgelt auf den Monat bezogen 450 Euro nicht übersteigt; Doppelbuchstabe cc gilt entsprechend,

3. bei Bezug von Vorruhestandsgeld von den Beziehern und den zur Zahlung des Vorruhestandsgeldes Verpflichteten je zur Hälfte,
4. bei Entwicklungshelfern, bei Personen, die für eine begrenzte Zeit im Ausland beschäftigt sind, bei sekundierten Personen oder bei sonstigen im Ausland beschäftigten Personen von den antragstellenden Stellen,
5. bei Zeiten der Arbeitsunfähigkeit oder der Ausführung von Leistungen zur Teilhabe ohne Anspruch auf Krankengeld von den Versicherten selbst,
6. bei nicht erwerbsmäßig tätigen Pflegepersonen, die einen
   a) in der sozialen Pflegeversicherung versicherten Pflegebedürftigen pflegen, von der Pflegekasse,
   b) in der sozialen Pflegeversicherung versicherungsfreien Pflegebedürftigen pflegen, von dem privaten Versicherungsunternehmen,
   c) Pflegebedürftigen pflegen, der wegen Pflegebedürftigkeit Beihilfeleistungen oder Leistungen der Heilfürsorge und Leistungen einer Pflegekasse oder eines privaten Versicherungsunternehmens erhält, von der Festsetzungsstelle für die Beihilfe oder vom Dienstherrn und der Pflegekasse oder dem privaten Versicherungsunternehmen anteilig; ist ein Träger der Rentenversicherung Festsetzungsstelle für die Beihilfe, gelten die Beiträge insoweit als gezahlt; dies gilt auch im Verhältnis der Rentenversicherungsträger untereinander.

(2) [1]Bezieher von Krankengeld, Pflegeunterstützungsgeld oder Verletztengeld, die in der knappschaftlichen Rentenversicherung versichert sind, tragen die Beiträge in Höhe des Vomhundertsatzes, den sie zu tragen hätten, wenn sie in der allgemeinen Rentenversicherung versichert wären; im Übrigen tragen die Beiträge die Leistungsträger. [2]Satz 1 gilt entsprechend für Bezieher von Vorruhestandsgeld, die in der knappschaftlichen Rentenversicherung versichert sind.

§ 171 Freiwillig Versicherte. Freiwillig Versicherte tragen ihre Beiträge selbst.

§ 172 Arbeitgeberanteil bei Versicherungsfreiheit und Befreiung von der Versicherungspflicht. (1) [1]Für Beschäftigte, die versicherungsfrei sind wegen

1. des Bezugs einer Vollrente wegen Alters nach Ablauf des Monats, in dem die Regelaltersgrenze erreicht wurde,
2. des Bezugs einer Versorgung,
3. des Erreichens der Regelaltersgrenze oder
4. einer Beitragserstattung,

tragen die Arbeitgeber die Hälfte des Beitrags, der zu zahlen wäre, wenn die Beschäftigten versicherungspflichtig wären; in der knappschaftlichen Rentenversicherung ist statt der Hälfte des Beitrags der auf die Arbeitgeber entfallende Beitragsanteil zu zahlen. [2]Satz 1 findet keine Anwendung auf versicherungsfrei geringfügig Beschäftigte und Beschäftigte nach § 1 Satz 1 Nr. 2.

(2) *(aufgehoben)*

(3) [1] Für Beschäftigte nach § 8 Abs. 1 Nr. 1 des Vierten Buches[1)], die in dieser Beschäftigung nach § 6 Absatz 1b oder nach anderen Vorschriften von der Versicherungspflicht befreit sind oder die nach § 5 Abs. 4 versicherungsfrei sind, tragen die Arbeitgeber einen Beitragsanteil in Höhe von 15 vom Hundert des Arbeitsentgelts, das beitragspflichtig wäre, wenn die Beschäftigten versicherungspflichtig wären. [2] Dies gilt nicht für Personen, die während der Dauer eines Studiums als ordentliche Studierende einer Fachschule oder Hochschule ein Praktikum ableisten, das nicht in ihrer Studienordnung oder Prüfungsordnung vorgeschrieben ist.

(3a) Für Beschäftigte in Privathaushalten nach § 8a Satz 1 des Vierten Buches, die in dieser Beschäftigung nach § 6 Absatz 1b oder nach anderen Vorschriften von der Versicherungspflicht befreit sind oder die nach § 5 Abs. 4 versicherungsfrei sind, tragen die Arbeitgeber einen Beitragsanteil in Höhe von 5 vom Hundert des Arbeitsentgelts, das beitragspflichtig wäre, wenn die Beschäftigten versicherungspflichtig wären.

(4) Für den Beitragsanteil des Arbeitgebers gelten die Vorschriften des Dritten Abschnitts des Vierten Buches sowie die Bußgeldvorschriften des § 111 Abs. 1 Nr. 2 bis 4, 8 und Abs. 2 und 4 des Vierten Buches entsprechend.

§ 172a Beitragszuschüsse des Arbeitgebers für Mitglieder berufsständischer Versorgungseinrichtungen. Für Beschäftigte, die nach § 6 Absatz 1 Satz 1 Nummer 1 von der Versicherungspflicht befreit sind, zahlen die Arbeitgeber einen Zuschuss in Höhe der Hälfte des Beitrags zu einer berufsständischen Versorgungseinrichtung, höchstens aber die Hälfte des Beitrags, der zu zahlen wäre, wenn die Beschäftigten nicht von der Versicherungspflicht in der gesetzlichen Rentenversicherung befreit worden wären.

Vierter Titel. Zahlung der Beiträge

§ 173 Grundsatz. Die Beiträge sind, soweit nicht etwas anderes bestimmt ist, von denjenigen, die sie zu tragen haben (Beitragsschuldner), unmittelbar an die Träger der Rentenversicherung zu zahlen.

§ 174 Beitragszahlung aus dem Arbeitsentgelt und Arbeitseinkommen. (1) Für die Zahlung der Beiträge von Versicherungspflichtigen aus Arbeitsentgelt und von Hausgewerbetreibenden gelten die Vorschriften über den Gesamtsozialversicherungsbeitrag (§§ 28d bis 28n und 28r Viertes Buch[1)]).

(2) Für die Beitragszahlung

1. aus dem Arbeitseinkommen von Seelotsen,
2. aus Vorruhestandsgeld,
3. aus der maßgebenden beitragspflichtigen Einnahme für Entwicklungshelfer, für Personen, die für eine begrenzte Zeit im Ausland beschäftigt sind, für sekundierte Personen oder für die sonstigen im Ausland beschäftigten Personen

gilt Absatz 1 entsprechend.

(3) Für die Beitragszahlung nach Absatz 2 gelten als Arbeitgeber

1. die Lotsenbrüderschaften,

[1)] Nr. 4.

2. die zur Zahlung des Vorruhestandsgeldes Verpflichteten,
3. die antragstellenden Stellen.

§ 175 Beitragszahlung bei Künstlern und Publizisten. (1) Die Künstlersozialkasse zahlt für nachgewiesene Zeiten des Bezugs von Krankengeld, Verletztengeld, Versorgungskrankengeld, Übergangsgeld oder Mutterschaftsgeld sowie für nachgewiesene Anrechnungszeiten von Künstlern und Publizisten keine Beiträge.

(2) Die Künstlersozialkasse ist zur Zahlung eines Beitrags für Künstler und Publizisten nur insoweit verpflichtet, als diese ihren Beitragsanteil zur Rentenversicherung nach dem Künstlersozialversicherungsgesetz an die Künstlersozialkasse gezahlt haben.

§ 176 Beitragszahlung und Abrechnung bei Bezug von Sozialleistungen, bei Leistungen im Eingangsverfahren und im Berufsbildungsbereich anerkannter Werkstätten für behinderte Menschen. (1) [1] Soweit Personen, die Krankengeld, Pflegeunterstützungsgeld oder Verletztengeld beziehen, an den Beiträgen zur Rentenversicherung beteiligt sind, zahlen die Leistungsträger die Beiträge an die Träger der Rentenversicherung. [2] Als Leistungsträger gelten bei Bezug von Pflegeunterstützungsgeld auch private Versicherungsunternehmen, Festsetzungsstellen für die Beihilfe und Dienstherren. [3] Für den Beitragsabzug gilt § 28g Satz 1 des Vierten Buches[1)] entsprechend.

(2) [1] Das Nähere über Zahlung und Abrechnung der Beiträge für Bezieher von Sozialleistungen können die Leistungsträger und die Deutsche Rentenversicherung Bund durch Vereinbarung regeln. [2] Bei Bezug von Pflegeunterstützungsgeld gilt § 176a entsprechend.

(3) [1] Ist ein Träger der Rentenversicherung Träger der Rehabilitation, gelten die Beiträge als gezahlt. [2] Satz 1 gilt entsprechend bei Leistungen im Eingangsverfahren und im Berufsbildungsbereich anerkannter Werkstätten für behinderte Menschen oder entsprechenden Leistungen bei einem anderen Leistungsanbieter nach § 60 des Neunten Buches[2)].

§ 176a Beitragszahlung und Abrechnung bei Pflegepersonen. Das Nähere über Zahlung und Abrechnung der Beiträge für nicht erwerbsmäßig tätige Pflegepersonen können die Spitzenverbände der Pflegekassen, der Verband der privaten Krankenversicherung e.V., die Festsetzungsstellen für die Beihilfe und die Deutsche Rentenversicherung Bund durch Vereinbarung regeln.

§ 176b Beitragszahlung und Abrechnung für Bezieher von Übergangsgebührnissen. [1] Das Nähere über Zahlung und Abrechnung der Beiträge für ehemalige Soldaten auf Zeit bei Bezug von Übergangsgebührnissen können das Bundesministerium der Verteidigung oder die von ihm bestimmte Stelle und die Deutsche Rentenversicherung Bund durch Vereinbarung regeln. [2] Die Vereinbarung bedarf der Zustimmung des Bundesministeriums für Arbeit und Soziales.

§ 177 Beitragszahlung für Kindererziehungszeiten. (1) Die Beiträge für Kindererziehungszeiten werden vom Bund gezahlt.

[1)] Nr. 4.
[2)] Nr. 9.

(2) [1]Der Bund zahlt zur pauschalen Abgeltung für die Beitragszahlung für Kindererziehungszeiten an die allgemeine Rentenversicherung für das Jahr 2000 einen Betrag in Höhe von 22,4 Milliarden Deutsche Mark. [2]Dieser Betrag verändert sich im jeweils folgenden Kalenderjahr in dem Verhältnis, in dem

1. die Bruttolöhne und -gehälter je Arbeitnehmer (§ 68 Abs. 2 Satz 1) im vergangenen Kalenderjahr zu den entsprechenden Bruttolöhnen und -gehältern im vorvergangenen Kalenderjahr stehen,
2. bei Veränderungen des Beitragssatzes der Beitragssatz des Jahres, für das er bestimmt wird, zum Beitragssatz des laufenden Kalenderjahres steht,
3. die Anzahl der unter Dreijährigen im vorvergangenen Kalenderjahr zur entsprechenden Anzahl der unter Dreijährigen in dem dem vorvergangenen vorausgehenden Kalenderjahr steht.

(3) [1]Bei der Bestimmung der Bruttolöhne und -gehälter je Arbeitnehmer sind für das vergangene Kalenderjahr und für das vorvergangene Kalenderjahr die Daten zugrunde zu legen, die dem Statistischen Bundesamt zu Beginn des Kalenderjahres, in dem die Bestimmung erfolgt, vorliegen. [2]Bei der Anzahl der unter Dreijährigen in einem Kalenderjahr sind die für das jeweilige Kalenderjahr zum Jahresende vorliegenden Daten des Statistischen Bundesamtes zugrunde zu legen.

(4) [1]Die Beitragszahlung des Bundes erfolgt in zwölf gleichen Monatsraten. [2]Die Festsetzung und Auszahlung der Monatsraten sowie die Abrechnung führt das Bundesamt für Soziale Sicherung entsprechend den haushaltsrechtlichen Vorschriften durch.

§ 178 Verordnungsermächtigung. (1) Das Bundesministerium für Arbeit und Soziales wird ermächtigt, im Einvernehmen mit dem Bundesministerium der Verteidigung, dem Bundesministerium für Familie, Senioren, Frauen und Jugend und dem Bundesministerium der Finanzen durch Rechtsverordnung mit Zustimmung des Bundesrates

1. eine pauschale Berechnung der Beiträge für Wehrdienstleistende und Zivildienstleistende sowie die Berechnung der Beiträge für Personen in einem Wehrdienstverhältnis besonderer Art nach § 6 des Einsatz-Weiterverwendungsgesetzes,
2. die Verteilung des Gesamtbetrags auf die Träger der Rentenversicherung und
3. die Zahlungsweise sowie das Verfahren

zu bestimmen.

(2) Das Bundesministerium für Arbeit und Soziales wird ermächtigt, durch Rechtsverordnung mit Zustimmung des Bundesrates Berechnungs- und Zahlungsweise sowie das Verfahren für die Zahlung der Beiträge außerhalb der Vorschriften über den Einzug des Gesamtsozialversicherungsbeitrags und für die Zahlungsweise von Pflichtbeiträgen und von freiwilligen Beiträgen bei Aufenthalt im Ausland zu bestimmen.

(3) Das Bundesministerium für Arbeit und Soziales macht im Einvernehmen mit dem Bundesministerium der Finanzen den Betrag, der vom Bund für Kindererziehungszeiten an die allgemeine Rentenversicherung pauschal zu zahlen ist, im Bundesanzeiger bekannt.

Fünfter Titel. Erstattungen

§ 179 Erstattung von Aufwendungen. (1) [1] Für behinderte Menschen nach § 1 Satz 1 Nummer 2 Buchstabe a, die im Arbeitsbereich einer anerkannten Werkstatt für behinderte Menschen oder bei einem anderen Leistungsanbieter nach § 60 des Neunten Buches[1)] tätig sind, erstattet der Bund den Trägern der Einrichtung oder dem anderen Anbieter nach § 60 des Neunten Buches die Beiträge, die auf den Betrag zwischen dem tatsächlich erzielten monatlichen Arbeitsentgelt und 80 Prozent der monatlichen Bezugsgröße entfallen, wenn das tatsächlich erzielte monatliche Arbeitsentgelt 80 Prozent der monatlichen Bezugsgröße nicht übersteigt; der Bund erstattet den Trägern der Einrichtung oder dem anderen Leistungsanbieter nach § 60 des Neunten Buches ferner die Beiträge für behinderte Menschen im Eingangsverfahren und im Berufsbildungsbereich einer anerkannten Werkstatt für behinderte Menschen oder in einer entsprechenden Bildungsmaßnahme bei einem anderen Leistungsanbieter nach § 60 des Neunten Buches, soweit Satz 2 nichts anderes bestimmt. [2] Im Übrigen erstatten die Kostenträger den Trägern der Einrichtung oder dem anderen Leistungsanbieter nach § 60 des Neunten Buches die von diesen getragenen Beiträge für behinderte Menschen; das gilt auch, wenn sie im Eingangsverfahren oder im Berufsbildungsbereich anerkannter Werkstätten für behinderte Menschen oder in einer entsprechenden Bildungsmaßnahme bei einem anderen Leistungsanbieter nach § 60 des Neunten Buches tätig sind, soweit die Bundesagentur für Arbeit, die Träger der Unfallversicherung oder die Träger der Rentenversicherung zuständige Kostenträger sind. [3] Für behinderte Menschen, die im Anschluss an eine Beschäftigung in einer nach dem Neunten Buch anerkannten Werkstatt für behinderte Menschen oder im Anschluss an eine Beschäftigung bei einem anderen Leistungsanbieter nach § 60 des Neunten Buches in einem Inklusionsbetrieb (§ 215 des Neunten Buches) beschäftigt sind, gilt Satz 1 entsprechend. [4] Die zuständigen Stellen, die Erstattungen des Bundes nach Satz 1 oder 3 durchführen, können auch nach erfolgter Erstattung bei den davon umfassten Einrichtungen, anderen Leistungsanbietern nach § 60 des Neunten Buches, Inklusionsbetrieben oder bei deren Trägern die Voraussetzungen der Erstattung prüfen. [5] Soweit es im Einzelfall erforderlich ist, haben die von der Erstattung umfassten Einrichtungen, anderen Leistungsanbietern nach § 60 des Neunten Buches, Inklusionsbetriebe oder deren Träger den zuständigen Stellen auf Verlangen über alle Tatsachen Auskunft zu erteilen, die für die Prüfung der Voraussetzungen der Erstattung erforderlich sind. [6] Sie haben auf Verlangen die Geschäftsbücher, Listen oder andere Unterlagen, aus denen die Angaben über die der Erstattung zu Grunde liegende Beschäftigung hervorgehen, während der Betriebszeit nach ihrer Wahl entweder in ihren eigenen Geschäftsräumen oder denen der zuständigen Stelle zur Einsicht vorzulegen. [7] Das Wahlrecht nach Satz 6 entfällt, wenn besondere Gründe eine Prüfung in den Geschäftsräumen der Einrichtungen, anderen Leistungsanbietern nach § 60 des Neunten Buches, Inklusionsbetriebe oder deren Trägern gerechtfertigt erscheinen lassen.

(1a) [1] Ein auf anderen gesetzlichen Vorschriften beruhender Anspruch auf Ersatz eines Schadens geht auf den Bund über, soweit dieser aufgrund des Schadensereignisses Erstattungsleistungen nach Absatz 1 Satz 1 und 3 erbracht hat. [2] Die nach Landesrecht für die Erstattung von Aufwendungen für die

---

[1)] Nr. 9.

gesetzliche Rentenversicherung der in Werkstätten oder bei einem anderen Leistungsanbieter nach § 60 des Neunten Buches beschäftigten behinderten Menschen zuständige Stelle macht den nach Satz 1 übergegangenen Anspruch geltend. [3] § 116 Abs. 2 bis 7, 9 und die §§ 117 und 118 des Zehnten Buches[1)] gelten entsprechend. [4] Werden Beiträge nach Absatz 1 Satz 2 erstattet, gelten die Sätze 1 und 3 entsprechend mit der Maßgabe, dass der Anspruch auf den Kostenträger übergeht. [5] Der Kostenträger erfragt, ob ein Schadensereignis vorliegt und übermittelt diese Antwort an die Stelle, die den Anspruch auf Ersatz von Beiträgen zur Rentenversicherung geltend macht.

(2) [1] Bei den nach § 4 Absatz 1 versicherten Personen sind unbeschadet der Regelung über die Beitragstragung Vereinbarungen zulässig, wonach Versicherte den antragstellenden Stellen die Beiträge ganz oder teilweise zu erstatten haben. [2] Besteht eine Pflicht zur Antragstellung nach § 11 des Entwicklungshelfer-Gesetzes, so ist eine Vereinbarung zulässig, soweit die Entwicklungshelfer von einer Stelle im Sinne des § 5 Abs. 2 des Entwicklungshelfer-Gesetzes Zuwendungen erhalten, die zur Abdeckung von Risiken bestimmt sind, die von der Rentenversicherung abgesichert werden.

§ 180 Verordnungsermächtigung. Das Bundesministerium für Arbeit und Soziales wird ermächtigt, im Einvernehmen mit dem Bundesministerium der Finanzen durch Rechtsverordnung mit Zustimmung des Bundesrates das Nähere über die Erstattung von Beiträgen für behinderte Menschen, die Zahlung von Vorschüssen sowie die Prüfung der Voraussetzungen der Erstattungen bei den Einrichtungen, bei anderen Leistungsanbietern nach § 60 des Neunten Buches[2)], Inklusionsbetrieben und bei deren Trägern einschließlich deren Mitwirkung gemäß § 179 Abs. 1 zu regeln.

Sechster Titel. Nachversicherung

§ 181 Berechnung und Tragung der Beiträge. (1) [1] Die Berechnung der Beiträge erfolgt nach den Vorschriften, die zum Zeitpunkt der Zahlung der Beiträge für versicherungspflichtige Beschäftigte gelten. [2] Als Zeitpunkt der Zahlung gilt der Tag der Wertstellung des Gegenwerts der Beiträge auf dem Konto des Rentenversicherungsträgers.

(2) [1] Beitragsbemessungsgrundlage sind die beitragspflichtigen Einnahmen aus der Beschäftigung im Nachversicherungszeitraum bis zur jeweiligen Beitragsbemessungsgrenze. [2] Ist die Gewährleistung der Versorgungsanwartschaft auf eine weitere Beschäftigung erstreckt worden, werden für diesen Zeitraum auch die beitragspflichtigen Einnahmen aus der weiteren Beschäftigung, bei Entwicklungshelfern und Personen, die für eine begrenzte Zeit im Ausland beschäftigt sind, der sich aus § 166 Absatz 1 Nummer 4 und 4a ergebende Betrag bis zur jeweiligen Beitragsbemessungsgrenze zugrunde gelegt.

(2a) [1] Bei nachzuversichernden Soldaten auf Zeit sind abweichend von Absatz 2 Satz 1 Beitragsbemessungsgrundlage die um 20 vom Hundert erhöhten beitragspflichtigen Einnahmen. [2] Bei der Erhöhung der beitragspflichtigen Einnahmen sind abweichend von § 157 auch beitragspflichtige Einnahmen über der jeweiligen Beitragsbemessungsgrenze zu berücksichtigen, höchstens bis zu einem Betrag der um 20 vom Hundert erhöhten Beitragsbemessungsgrenze.

---

1) Nr. **10**.
2) Nr. **9**.

(3) [1] Mindestbeitragsbemessungsgrundlage ist ein Betrag in Höhe von 40 vom Hundert der jeweiligen Bezugsgröße, für Ausbildungszeiten die Hälfte dieses Betrages und für Zeiten einer Teilzeitbeschäftigung der Teil dieses Betrages, der dem Verhältnis der ermäßigten zur regelmäßigen Arbeitszeit entspricht. [2] Mindestbeitragsbemessungsgrundlage für die dem Grundwehrdienst entsprechenden Dienstzeiten von Zeit- oder Berufssoldaten ist der Betrag, der für die Berechnung der Beiträge für Grundwehrdienstleistende im jeweiligen Zeitraum maßgebend war.

(4) Die Beitragsbemessungsgrundlage und die Mindestbeitragsbemessungsgrundlage werden für die Berechnung der Beiträge um den Vomhundertsatz angepasst, um den das vorläufige Durchschnittsentgelt für das Kalenderjahr, in dem die Beiträge gezahlt werden, das Durchschnittsentgelt für das Kalenderjahr, für das die Beiträge gezahlt werden, übersteigt oder unterschreitet.

(5) [1] Die Beiträge werden von den Arbeitgebern, Genossenschaften oder Gemeinschaften getragen. [2] Ist die Gewährleistung der Versorgungsanwartschaft auf eine weitere Beschäftigung erstreckt worden, werden die Beiträge für diesen Zeitraum von den Arbeitgebern, Genossenschaften oder Gemeinschaften getragen, die die Gewährleistung erstreckt haben; Erstattungsvereinbarungen sind zulässig.

§ 182 Zusammentreffen mit vorhandenen Beiträgen. (1) [1] Sind für den Nachversicherungszeitraum bereits Pflichtbeiträge gezahlt worden, haben die Arbeitgeber, Genossenschaften oder Gemeinschaften die Beiträge für die Nachversicherung nur insoweit zu zahlen, als dadurch die jeweilige Beitragsbemessungsgrenze nicht überschritten wird. [2] Bei nachzuversichernden Soldaten auf Zeit ist eine Überschreitung der Beitragsbemessungsgrenze nach Maßgabe des § 181 Absatz 2a zulässig.

(2) [1] Sind für den Nachversicherungszeitraum bereits freiwillige Beiträge gezahlt worden, werden sie erstattet. [2] Freiwillige Beiträge, die von den Arbeitgebern, Genossenschaften oder Gemeinschaften getragen wurden, gelten als bereits gezahlte Beiträge für die Nachversicherung und werden von dem Gesamtbetrag der Beiträge abgesetzt; ihr Wert erhöht sich um den Vomhundertsatz, um den das vorläufige Durchschnittsentgelt für das Kalenderjahr, in dem die Beiträge für die Nachversicherung gezahlt werden, das Durchschnittsentgelt für das Kalenderjahr, für das die freiwilligen Beiträge gezahlt wurden, übersteigt.

§ 183 Erhöhung und Minderung der Beiträge beim Versorgungsausgleich. (1) [1] Die Beiträge erhöhen sich für Nachzuversichernde, zu deren Lasten ein Versorgungsausgleich durchgeführt worden ist, wenn diese eine Kürzung ihrer Versorgungsbezüge durch die Zahlung eines Kapitalbetrags an den Arbeitgeber oder Träger der Versorgungslast ganz oder teilweise abgewendet haben. [2] Erhöhungsbetrag ist der Betrag, der zum Zeitpunkt der Zahlung der Beiträge für die Nachversicherung erforderlich ist, um Rentenanwartschaften in der gleichen Höhe zu begründen, in der die Minderung der Versorgungsanwartschaften abgewendet wurde.

(2) [1] Die Beiträge mindern sich für Nachzuversichernde, zu deren Lasten ein Versorgungsausgleich durchgeführt worden ist, wenn der Träger der Versorgungslast

1. bereits Aufwendungen des Trägers der Rentenversicherung aus der Versicherung des Ausgleichsberechtigten erstattet hat (§ 225 Abs. 1),
2. zur Ablösung der Erstattungspflicht für die Begründung von Rentenanwartschaften zugunsten des Ausgleichsberechtigten Beiträge gezahlt hat (§ 225 Abs. 2).

[2] Minderungsbetrag ist

1. in den Fällen des Satzes 1 Nr. 1 ein Betrag von zwei Dritteln der erstatteten Aufwendungen,
2. in den Fällen des Satzes 1 Nr. 2 der Betrag der gezahlten Beiträge, erhöht um den Vomhundertsatz, um den das vorläufige Durchschnittsentgelt für das Kalenderjahr, in dem die Beiträge für die Nachversicherung gezahlt werden, das Durchschnittsentgelt übersteigt, das für die Berechnung der Beiträge zur Ablösung der Erstattungspflicht maßgebend war.

§ 184 Fälligkeit der Beiträge und Aufschub. (1) [1] Die Beiträge sind zu zahlen, wenn die Voraussetzungen für die Nachversicherung eingetreten sind, insbesondere Gründe für einen Aufschub der Beitragszahlung nicht gegeben sind. [2] § 24 des Vierten Buches[1)] ist mit der Maßgabe anzuwenden, dass die Säumnis drei Monate nach Eintritt der Fälligkeit beginnt und für die Ermittlung des rückständigen Betrages die zu diesem Zeitpunkt geltenden Rechengrößen anzuwenden sind. [3] Sind die Beiträge vor dem 1. Oktober 1994 fällig geworden, beginnt die Säumnis am 1. Januar 1995; für die Berechnung des rückständigen Betrages sind die zu diesem Zeitpunkt geltenden Rechengrößen anzuwenden.

(2) [1] Die Beitragszahlung wird aufgeschoben, wenn

1. die Beschäftigung nach einer Unterbrechung, die infolge ihrer Eigenart oder vertraglich im Voraus zeitlich begrenzt ist, voraussichtlich wieder aufgenommen wird,
2. eine andere Beschäftigung sofort oder voraussichtlich innerhalb von zwei Jahren nach dem Ausscheiden aufgenommen wird, in der wegen Gewährleistung einer Versorgungsanwartschaft Versicherungsfreiheit besteht oder eine Befreiung von der Versicherungspflicht erfolgt, sofern der Nachversicherungszeitraum bei der Versorgungsanwartschaft aus der anderen Beschäftigung berücksichtigt wird,
3. eine widerrufliche Versorgung gezahlt wird, die der aus einer Nachversicherung erwachsenden Rentenanwartschaft mindestens gleichwertig ist.

[2] Der Aufschub der Beitragszahlung erstreckt sich in den Fällen des Satzes 1 Nr. 1 und 2 auch auf die Zeit der wieder aufgenommenen oder anderen Beschäftigung und endet mit einem Eintritt der Nachversicherungsvoraussetzungen für diese Beschäftigungen.

(3) Über den Aufschub der Beitragszahlung entscheiden die Arbeitgeber, Genossenschaften oder Gemeinschaften.

(4) [1] Wird die Beitragszahlung aufgeschoben, erteilen die Arbeitgeber, Genossenschaften oder Gemeinschaften den ausgeschiedenen Beschäftigten und dem Träger der Rentenversicherung eine Bescheinigung über den Nachversicherungszeitraum und die Gründe für einen Aufschub der Beitragszahlung

---

1) Nr. 4.

(Aufschubbescheinigung). [2]Die ausgeschiedenen Beschäftigten und der Träger der Rentenversicherung können verlangen, dass sich die Aufschubbescheinigung auch auf die beitragspflichtigen Einnahmen erstreckt, die einer Nachversicherung in den einzelnen Kalenderjahren zugrunde zu legen wären.

§ 185 Zahlung der Beiträge und Wirkung der Beitragszahlung.

(1) [1]Die Arbeitgeber, Genossenschaften oder Gemeinschaften zahlen die Beiträge unmittelbar an den Träger der Rentenversicherung. [2]Sie haben dem Träger der Rentenversicherung mit der Beitragszahlung mitzuteilen, ob und in welcher Höhe ein Versorgungsausgleich zu Lasten der Nachversicherten durchgeführt und eine Kürzung der Versorgungsbezüge durch die Zahlung eines Kapitalbetrags abgewendet wurde. [3]Satz 1 gilt nicht, wenn der Arbeitgeber ein Träger der Rentenversicherung ist; in diesen Fällen gelten die Beiträge als zu dem Zeitpunkt gezahlt, zu dem die Voraussetzungen für die Nachversicherung eingetreten sind.

(2) [1]Die gezahlten Beiträge gelten als rechtzeitig gezahlte Pflichtbeiträge. [2]Hat das Familiengericht vor Durchführung der Nachversicherung einen Versorgungsausgleich zu Lasten von Nachversicherten durchgeführt, gilt

1. eine Begründung von Rentenanwartschaften und
2. eine Übertragung von Anrechten aus einer Beamtenversorgung auf Grund einer internen Teilung in der Beamtenversorgung

mit der Zahlung der Beiträge an den Träger der Rentenversicherung oder in den Fällen des Absatzes 1 Satz 3 mit dem Eintritt der Voraussetzungen für die Nachversicherung als in der Rentenversicherung übertragen. [3]In den Fällen des Satzes 2 Nr. 2 gelten für die Ermittlung des Abschlags an Entgeltpunkten § 76 Abs. 4 und § 264a Abs. 2 entsprechend; an die Stelle des Monatsbetrags der Rentenanwartschaft tritt der vom Familiengericht für die ausgleichsberechtigte Person durch interne Teilung festgesetzte monatliche Betrag.

(2a) [1]Beiträge, die für frühere Soldaten auf Zeit während des Bezugs von Übergangsgebührnissen gezahlt worden sind, gelten bis zum Ablauf von 18 Monaten nach Wegfall der Übergangsgebührnisse als widerruflich gezahlt. [2]Der Arbeitgeber ist bis dahin zum Widerruf der Zahlung berechtigt, wenn

1. die Nachversicherten bis zum Ablauf eines Jahres nach Wegfall der Übergangsgebührnisse eine Beschäftigung aufgenommen haben, in der wegen Gewährleistung einer Versorgungsanwartschaft Versicherungsfreiheit besteht oder eine Befreiung von der Versicherungspflicht erfolgt ist,
2. der Nachversicherungszeitraum bei der Versorgungsanwartschaft aus dieser Beschäftigung berücksichtigt wird,
3. bis zum Zeitpunkt des Widerrufs Leistungen der Rentenversicherung unter Berücksichtigung der Nachversicherung weder erbracht wurden noch aufgrund eines bis zum Zeitpunkt des Widerrufs gestellten Antrags zu erbringen sind und
4. bis zum Zeitpunkt des Widerrufs eine Entscheidung über einen Versorgungsausgleich zu Lasten des Nachversicherten unter Berücksichtigung der Nachversicherung nicht getroffen worden ist.

[3]Wird die Zahlung widerrufen, werden die Beiträge zurückgezahlt. [4]Der Anspruch auf Rückzahlung der Beiträge ist nach Ablauf von sechs Monaten fällig. [5]Nach Rückzahlung der Beiträge ist die Nachversicherung als von

Anfang an nicht erfolgt und nach § 184 Abs. 2 Satz 1 Nr. 2 aufgeschoben anzusehen.

(3) [1] Die Arbeitgeber, Genossenschaften oder Gemeinschaften erteilen den Nachversicherten oder den Hinterbliebenen und dem Träger der Rentenversicherung eine Bescheinigung über den Nachversicherungszeitraum und die der Nachversicherung in den einzelnen Kalenderjahren zugrunde gelegten beitragspflichtigen Einnahmen (Nachversicherungsbescheinigung). [2] Der Betrag der beitragspflichtigen Einnahmen, der sich aus der Erhöhung nach § 181 Absatz 2a ergibt, ist in der Nachversicherungsbescheinigung gesondert auszuweisen.

(4) Der Träger der Rentenversicherung teilt den Nachversicherten die aufgrund der Nachversicherung in ihrem Versicherungskonto gespeicherten Daten mit.

§ 186 Zahlung an eine berufsständische Versorgungseinrichtung.

(1) Nachzuversichernde können beantragen, dass die Arbeitgeber, Genossenschaften oder Gemeinschaften die Beiträge an eine berufsständische Versorgungseinrichtung zahlen, wenn sie

1. im Nachversicherungszeitraum ohne die Versicherungsfreiheit die Voraussetzungen für eine Befreiung nach § 6 Abs. 1 Satz 1 Nr. 1 erfüllt hätten oder
2. innerhalb eines Jahres nach dem Eintritt der Voraussetzungen für die Nachversicherung aufgrund einer durch Gesetz angeordneten oder auf Gesetz beruhenden Verpflichtung Mitglied dieser Einrichtung werden.

(2) Nach dem Tod von Nachzuversichernden steht das Antragsrecht nacheinander zu

1. überlebenden Ehegatten oder Lebenspartner,
2. den Waisen gemeinsam,
3. früheren Ehegatten oder Lebenspartner.

(3) Der Antrag kann nur innerhalb eines Jahres nach dem Eintritt der Voraussetzungen für die Nachversicherung gestellt werden.

§ 186a Zeiten einer besonderen Auslandsverwendung im Nachversicherungszeitraum. (1) Liegen Zeiten einer besonderen Auslandsverwendung nach § 76e in einem Nachversicherungszeitraum, gilt § 188 Absatz 1 mit der Maßgabe, dass die Beiträge für die Zuschläge an Entgeltpunkten erst zu zahlen sind, wenn die Voraussetzungen für die Nachversicherung eingetreten sind; § 184 gilt entsprechend.

(2) [1] Der Bund teilt dem Träger der Rentenversicherung die im Nachversicherungszeitraum liegenden Zeiten einer besonderen Auslandsverwendung mit, für die Zuschläge an Entgeltpunkten nach § 76e zu ermitteln sind. [2] Der Nachzuversichernde erhält eine entsprechende Bescheinigung. [3] Der Träger der Rentenversicherung ergänzt die Mitteilung nach § 185 Absatz 4 an den Nachzuversichernden um die Zeiten nach Satz 1.

(3) Werden für Nachzuversichernde Beiträge an eine berufsständische Versorgungseinrichtung nach § 186 gezahlt, sind auch Beiträge nach § 188 Absatz 3 an die berufsständische Versorgungseinrichtung zu zahlen.

Siebter Titel. Zahlung von Beiträgen in besonderen Fällen

§ 187 Zahlung von Beiträgen und Ermittlung von Entgeltpunkten aus Beiträgen beim Versorgungsausgleich. (1) Im Rahmen des Versorgungsausgleichs können Beiträge gezahlt werden, um

1. Rentenanwartschaften, die um einen Abschlag an Entgeltpunkten gemindert worden sind, ganz oder teilweise wieder aufzufüllen,
2. auf Grund
   a) einer Entscheidung des Familiengerichts zum Ausgleich von Anrechten durch externe Teilung (§ 15 des Versorgungsausgleichsgesetzes) oder
   b) einer wirksamen Vereinbarung nach § 6 des Versorgungsausgleichsgesetzes Rentenanwartschaften zu begründen,
3. die Erstattungspflicht für die Begründung von Rentenanwartschaften zugunsten des Ausgleichsberechtigten abzulösen (§ 225 Abs. 2).

(2) [1] Für die Zahlung der Beiträge werden die Rentenanwartschaften in Entgeltpunkte umgerechnet. [2] Die Entgeltpunkte werden in der Weise ermittelt, dass der Monatsbetrag der Rentenanwartschaften durch den aktuellen Rentenwert mit seinem Wert bei Ende der Ehezeit oder Lebenspartnerschaftszeit geteilt wird. [3] Der Monatsbetrag der Rentenanwartschaften der knappschaftlichen Rentenversicherung wird durch das 1,3333fache des aktuellen Rentenwerts geteilt.

(3) [1] Für je einen Entgeltpunkt ist der Betrag zu zahlen, der sich ergibt, wenn der zum Zeitpunkt der Beitragszahlung geltende Beitragssatz auf das für das Kalenderjahr der Beitragszahlung bestimmte vorläufige Durchschnittsentgelt angewendet wird. [2] Der Zahlbetrag wird nach den Rechengrößen zur Durchführung des Versorgungsausgleichs ermittelt, die das Bundesministerium für Arbeit und Soziales im Bundesgesetzblatt bekannt macht. [3] Die Rechengrößen enthalten Faktoren zur Umrechnung von Entgeltpunkten in Beiträge und umgekehrt sowie zur Umrechnung von Kapitalwerten in Entgeltpunkte; dabei können Rundungsvorschriften der Berechnungsgrundsätze unberücksichtigt bleiben, um genauere Ergebnisse zu erzielen.

(3a) Entgeltpunkte aus der Zahlung von Beiträgen nach Absatz 1 Nr. 1 oder Nr. 2 Buchstabe b werden ermittelt, indem die Beiträge mit dem zum Zeitpunkt der Zahlung maßgebenden Faktor nach Absatz 3 vervielfältigt werden.

(4) Nach bindender Bewilligung einer Vollrente wegen Alters ist eine Beitragszahlung zur Wiederauffüllung oder Begründung von Rentenanwartschaften nicht zulässig, wenn der Monat abgelaufen ist, in dem die Regelaltersgrenze erreicht wurde.

(5) [1] Die Beiträge nach Absatz 1 Nr. 1 gelten als zum Zeitpunkt des Endes der Ehezeit oder Lebenspartnerschaftszeit gezahlt, wenn sie von ausgleichspflichtigen Personen, die ihren gewöhnlichen Aufenthalt

1. im Inland haben, bis zum Ende des dritten Kalendermonats,
2. im Ausland haben, bis zum Ende des sechsten Kalendermonats

nach Zugang der Mitteilung über die Rechtskraft der Entscheidung des Familiengerichts gezahlt werden. [2] Ist der Versorgungsausgleich nicht Folgesache im Sinne von § 137 Abs. 2 Nr. 1 des Gesetzes über das Verfahren in Familiensachen und in den Angelegenheiten der freiwilligen Gerichtsbarkeit, tritt an die Stelle des Zeitpunkts des Endes der Ehezeit oder Lebenspartnerschaftszeit der Eingang des Antrags auf Durchführung des Versorgungsausgleichs beim Familiengericht. [3]Im Abänderungsverfahren tritt an die Stelle des Zeitpunkts des Endes der Ehezeit oder Lebenspartnerschaftszeit oder des in Satz 2 genannten Zeitpunkts der Eingang des Abänderungsantrags beim Familiengericht. [4]Hat das Familiengericht das Verfahren über den Versorgungsausgleich ausgesetzt, tritt für die Beitragshöhe an die Stelle des Zeitpunkts des Endes der Ehezeit oder Lebenspartnerschaftszeit oder des in Satz 2 oder 3 genannten Zeitpunkts der Zeitpunkt der Wiederaufnahme des Verfahrens über den Versorgungsausgleich.

(6) [1]Die Beiträge nach Absatz 1 Nr. 2 Buchstabe b gelten zu dem Zeitpunkt als gezahlt, zu dem die Vereinbarung nach § 6 des Versorgungsausgleichsgesetzes geschlossen worden ist, wenn sie bis zum Ende des dritten Kalendermonats nach Zugang der Mitteilung über die Rechtskraft der Entscheidung des Familiengerichts gezahlt werden. [2]An die Stelle der Frist von drei Kalendermonaten tritt die Frist von sechs Kalendermonaten, wenn die ausgleichspflichtige Person ihren gewöhnlichen Aufenthalt im Ausland hat. [3]Liegt der sich aus Satz 1 ergebende Zeitpunkt

1. vor dem Ende der Ehezeit oder der Lebenspartnerschaftszeit, tritt an die Stelle des Zeitpunkts nach Satz 1 das Ende der Ehezeit oder Lebenspartnerschaftszeit;
2. in den Fällen, in denen der Versorgungsausgleich nicht Folgesache im Sinne des § 137 Abs. 2 Satz 1 Nr. 1 des Gesetzes über das Verfahren in Familiensachen und in den Angelegenheiten der freiwilligen Gerichtsbarkeit ist, vor dem Eingang des Antrags auf Durchführung des Versorgungsausgleichs beim Familiengericht, tritt an die Stelle des Zeitpunkts nach Satz 1 der Eingang des Antrags auf Durchführung des Versorgungsausgleichs beim Familiengericht;
3. vor dem Eingang des Abänderungsantrags beim Familiengericht, tritt an die Stelle des Zeitpunkts nach Satz 1 der Eingang des Abänderungsantrags beim Familiengericht;
4. in den Fällen, in denen das Familiengericht den Versorgungsausgleich ausgesetzt hat, vor dem Zeitpunkt der Wiederaufnahme des Verfahrens über den Versorgungsausgleich, tritt für die Beitragshöhe an die Stelle des Zeitpunkts nach Satz 1 der Zeitpunkt der Wiederaufnahme des Verfahrens über den Versorgungsausgleich.

[4]Ist eine Verzinsung der Beiträge vereinbart worden, tritt an die Stelle der in den Sätzen 1 bis 3 genannten Zeitpunkte für die Beitragshöhe der Zeitpunkt, bis zu dem Zinsen zu berechnen sind.

(7) Sind Beiträge nach Absatz 1 Nr. 1 gezahlt worden und ergeht eine Entscheidung zur Abänderung des Wertausgleichs nach der Scheidung, sind im Umfang der Abänderung zuviel gezahlte Beiträge unter Anrechnung der gewährten Leistungen zurückzuzahlen.

§ 187a Zahlung von Beiträgen bei vorzeitiger Inanspruchnahme einer Rente wegen Alters. (1) [1]Bis zum Erreichen der Regelaltersgrenze können Rentenminderungen, die durch die vorzeitige Inanspruchnahme einer Rente wegen Alters entstehen, durch Zahlung von Beiträgen ausgeglichen werden. [2]Die Berechtigung zu dieser Ausgleichszahlung setzt voraus, dass Versicherte zuvor im Rahmen der Auskunft über die Höhe der Beitragszahlung zum Ausgleich einer Rentenminderung bei vorzeitiger Inanspruchnahme einer

Rente wegen Alters (§ 109 Absatz 5 Satz 4) erklärt haben, eine solche Rente in Anspruch nehmen zu wollen. [3]Eine Ausgleichszahlung auf Grundlage einer entsprechenden Auskunft ist ab dem Zeitpunkt nicht mehr zulässig, ab dem Versicherte die Rente wegen Alters, für die die Auskunft erteilt worden ist, nicht beansprucht haben oder ab dem eine Rente wegen Alters ohne Rentenminderungen bezogen werden kann.

(1a) [1]Grundlage für die Ausgleichszahlung ist die Auskunft nach § 109 Absatz 5 Satz 4. [2]Ein berechtigtes Interesse im Sinne des § 109 Absatz 1 Satz 3 für diese Auskunft liegt nach Vollendung des 50. Lebensjahres vor.

(2) [1]Beiträge können bis zu der Höhe gezahlt werden, die sich nach der Auskunft über die Höhe der zum Ausgleich einer Rentenminderung bei vorzeitiger Inanspruchnahme einer Rente wegen Alters als erforderliche Beitragszahlung bei höchstmöglicher Minderung an persönlichen Entgeltpunkten durch eine vorzeitige Inanspruchnahme einer Rente wegen Alters ergibt. [2]Diese Minderung wird auf der Grundlage der Summe aller Entgeltpunkte ermittelt, die mit einem Zugangsfaktor zu vervielfältigen ist und die sich bei Berechnung einer Altersrente unter Zugrundelegung des beabsichtigten Rentenbeginns ergeben würde. [3]Dabei ist für jeden Kalendermonat an bisher nicht bescheinigten künftigen rentenrechtlichen Zeiten bis zum beabsichtigten Rentenbeginn von einer Beitragszahlung nach einem vom Arbeitgeber zu bescheinigenden Arbeitsentgelt auszugehen. [4]Der Bescheinigung ist das gegenwärtige beitragspflichtige Arbeitsentgelt aufgrund der bisherigen Beschäftigung und der bisherigen Arbeitszeit zugrunde zu legen. [5]Soweit eine Vorausbescheinigung nicht vorliegt, ist von den durchschnittlichen monatlichen Entgeltpunkten der Beitragszeiten des Kalenderjahres auszugehen, für das zuletzt Entgeltpunkte ermittelt werden können.

(3) [1]Für je einen geminderten persönlichen Entgeltpunkt ist der Betrag zu zahlen, der sich ergibt, wenn der zur Wiederauffüllung einer im Rahmen des Versorgungsausgleichs geminderten Rentenanwartschaft für einen Entgeltpunkt zu zahlende Betrag durch den jeweiligen Zugangsfaktor geteilt wird. [2]Teilzahlungen sind zulässig. [3]Eine Erstattung gezahlter Beiträge erfolgt nicht.

§ 187b Zahlung von Beiträgen bei Abfindungen von Anwartschaften auf betriebliche Altersversorgung oder von Anrechten bei der Versorgungsausgleichskasse. (1) Versicherte, die bei Beendigung eines Arbeitsverhältnisses nach Maßgabe des Gesetzes zur Verbesserung der betrieblichen Altersversorgung eine Abfindung für eine unverfallbare Anwartschaft auf betriebliche Altersversorgung erhalten haben, können innerhalb eines Jahres nach Zahlung der Abfindung Beiträge zur allgemeinen Rentenversicherung bis zur Höhe der geleisteten Abfindung zahlen.

(1a) Absatz 1 gilt entsprechend für die Abfindung von Anrechten, die bei der Versorgungsausgleichskasse begründet wurden.

(2) Nach bindender Bewilligung einer Vollrente wegen Alters ist eine Beitragszahlung nicht zulässig, wenn der Monat abgelaufen ist, in dem die Regelaltersgrenze erreicht wurde.

§ 188 Beitragszahlung für Zeiten einer besonderen Auslandsverwendung. (1) [1]Für Zuschläge an Entgeltpunkten für Zeiten einer besonderen Auslandsverwendung nach § 76e zahlt der Bund Beiträge. [2]Die Beiträge sind zu zahlen, wenn Versicherte die in § 76e genannten Voraussetzungen für den

Zuschlag an Entgeltpunkten erfüllen, frühestens nach Beendigung der jeweiligen besonderen Auslandsverwendung. [3] Für die Höhe der Beiträge gilt § 187 Absatz 3 entsprechend. [4] § 24 des Vierten Buches[1)] ist mit der Maßgabe anzuwenden, dass die Säumnis drei Monate nach Eintritt der Fälligkeit beginnt und für die Ermittlung des rückständigen Betrages die zu diesem Zeitpunkt geltenden Rechengrößen anzuwenden sind.

(2) [1] Das Nähere über die Zahlung und Abrechnung der Beiträge für Zeiten einer besonderen Auslandsverwendung können das Bundesministerium der Verteidigung und die Deutsche Rentenversicherung Bund durch Vereinbarung regeln. [2] Die Vereinbarung bedarf der Zustimmung des Bundesministeriums für Arbeit und Soziales.

(3) Für Mitglieder von berufsständischen Versorgungseinrichtungen zahlt der Bund für Zeiten einer besonderen Auslandsverwendung an die berufsständische Versorgungseinrichtung Beiträge in der Höhe, die für Zuschläge an Entgeltpunkten nach Absatz 1 zu entrichten gewesen wären.

Achter Titel. Berechnungsgrundsätze

§ 189 Berechnungsgrundsätze. Die Berechnungsgrundsätze des Zweiten Kapitels (§§ 121 bis 124) gelten entsprechend, soweit nicht etwas anderes bestimmt ist.

Zweiter Unterabschnitt. Verfahren

Erster Titel. Meldungen

§ 190 Meldepflichten bei Beschäftigten und Hausgewerbetreibenden.

Versicherungspflichtig Beschäftigte und Hausgewerbetreibende sind nach den Vorschriften über die Meldepflichten der Arbeitgeber nach dem Dritten Abschnitt des Vierten Buches[1)] zu melden, soweit nicht etwas anderes bestimmt ist.

§ 190a Meldepflicht von versicherungspflichtigen selbständig Tätigen. (1) [1] Selbständig Tätige nach § 2 Satz 1 Nr. 1 bis 3 und 9 sind verpflichtet, sich innerhalb von drei Monaten nach der Aufnahme der selbständigen Tätigkeit beim zuständigen Rentenversicherungsträger zu melden. [2] Selbständig Tätige nach § 2 Satz 1 Nummer 8 sind verpflichtet, dem zuständigen Rentenversicherungsträger die Erfüllung der für die Eintragung in die Handwerksrolle erforderlichen Voraussetzungen in ihrer Person sowie die Führung eines Handwerksbetriebs als Hauptbetrieb, der bisher als Nebenbetrieb im Sinne der §§ 2 und 3 der Handwerksordnung geführt wurde, innerhalb von drei Monaten ab Vorliegen der genannten Tatbestände zu melden. [3] Eine Meldung ist nicht erforderlich, soweit eine Eintragung der Tatbestände in die Handwerksrolle bereits erfolgt ist. [4] Die Vordrucke des Rentenversicherungsträgers sind zu verwenden.

(2) Das Bundesministerium für Arbeit und Soziales wird ermächtigt, durch Rechtsverordnung mit Zustimmung des Bundesrates Vorschriften zur Erfassung der nach § 2 Satz 1 Nr. 1 bis 3 und 9 versicherten Selbständigen zu erlassen.

[1)] Nr. 4.

§ 191 Meldepflichten bei sonstigen versicherungspflichtigen Personen. [1]Eine Meldung nach § 28a Abs. 1 bis 3 des Vierten Buches[1)] haben zu erstatten

1. für Seelotsen die Lotsenbrüderschaften,
2. für Personen, für die Beiträge aus Sozialleistungen zu zahlen sind, die Leistungsträger und für Bezieher von Pflegeunterstützungsgeld die soziale oder private Pflegeversicherung,
3. für Personen, die Vorruhestandsgeld beziehen, die zur Zahlung des Vorruhestandsgeldes Verpflichteten,
4. für Entwicklungshelfer, für Personen, die für eine begrenzte Zeit im Ausland beschäftigt sind, für sekundierte Personen oder für sonstige im Ausland beschäftigte Personen die antragstellenden Stellen.

[2]§ 28a Abs. 5 sowie die §§ 28b und 28c des Vierten Buches gelten entsprechend.

§ 192 Meldepflichten bei Einberufung zum Wehrdienst oder Zivildienst. (1) Bei Einberufung zu einem Wehrdienst hat das Bundesministerium der Verteidigung oder die von ihm bestimmte Stelle Beginn und Ende des Wehrdienstes zu melden.

(2) Bei Einberufung zu einem Zivildienst hat das Bundesamt für Familie und zivilgesellschaftliche Aufgaben Beginn und Ende des Zivildienstes zu melden.

(3) § 28a Abs. 5 und § 28c des Vierten Buches[1)] gelten entsprechend.

§ 192a Meldepflicht für Zeiten einer besonderen Auslandsverwendung. (1) Zeiten einer besonderen Auslandsverwendung, für die Zuschläge an Entgeltpunkten nach § 76e zu ermitteln sind, hat das Bundesministerium der Verteidigung oder die von ihm bestimmte Stelle zu melden.

(2) § 28a Absatz 5 und § 28c des Vierten Buches[1)] gelten entsprechend.

§ 192b Meldepflichten bei Bezug von Übergangsgebührnissen.

(1) Bei ehemaligen Soldaten auf Zeit, die Übergangsgebührnisse beziehen, hat das Bundesministerium der Verteidigung oder die von ihm bestimmte Stelle Beginn und Ende des Bezuges der Übergangsgebührnisse zu melden.

(2) § 28a Absatz 1 Satz 2 bis 4, Absatz 2, 3 und 5, § 28b Absatz 1 und 4 und § 28c des Vierten Buches[1)] gelten entsprechend.

§ 193 Meldung von sonstigen rechtserheblichen Zeiten. Anrechnungszeiten sowie Zeiten, die für die Anerkennung von Anrechnungszeiten erheblich sein können, sind für Versicherte durch die zuständige Krankenkasse, die Deutsche Rentenversicherung Knappschaft-Bahn-See, den zugelassenen kommunalen Träger nach § 6a des Zweiten Buches[2)] oder durch die Bundesagentur für Arbeit zu melden.

§ 194 Gesonderte Meldung und Hochrechnung. (1) [1]Arbeitgeber haben auf Verlangen des Rentenantragstellers die beitragspflichtigen Einnahmen und bei einer Beschäftigung im Übergangsbereich (§ 20 Absatz 2 des Vierten Buches[1)]) ab dem 1. Juli 2019 zusätzlich das Arbeitsentgelt ohne Anwendung

---

[1)] Nr. 4.
[2)] Nr. 2.

des § 163 Absatz 10 für abgelaufene Zeiträume frühestens drei Monate vor Rentenbeginn gesondert zu melden. [2]Dies gilt entsprechend bei einem Auskunftsersuchen des Familiengerichts im Versorgungsausgleichsverfahren. [3]Die Aufforderung zur Meldung nach Satz 1 erfolgt elektronisch durch den Träger der Rentenversicherung. [4]Satz 3 gilt nicht für Einzelfälle, in denen ein elektronisches Meldeverfahren nicht wirtschaftlich durchzuführen ist. [5]Die Ausnahmen bestimmt die Deutsche Rentenversicherung Bund in Grundsätzen; diese bedürfen der Genehmigung des Bundesministeriums für Arbeit und Soziales. [6]Erfolgt eine Meldung nach Satz 1, errechnet der Rentenversicherungsträger bei Anträgen auf Altersrente die voraussichtlichen für die Rentenberechnung maßgeblichen Einnahmen für den verbleibenden Beschäftigungszeitraum bis zum Rentenbeginn für bis zu drei Monate nach den in den letzten zwölf Kalendermonaten gemeldeten beitragspflichtigen Einnahmen und bei Beschäftigungen im Übergangsbereich (§ 20 Absatz 2 des Vierten Buches) den gemeldeten Arbeitsentgelten ohne Anwendung des § 163 Absatz 10. [7]Die weitere Meldepflicht nach § 28a des Vierten Buches bleibt unberührt.

(2) [1]Eine gesonderte Meldung nach Absatz 1 Satz 1 und 2 haben auch die Leistungsträger über die beitragspflichtigen Einnahmen von Beziehern von Sozialleistungen, das Bundesministerium der Verteidigung oder die von ihm bestimmte Stelle über die beitragspflichtigen Einnahmen von Beziehern von Übergangsgebührnissen und die Pflegekassen sowie die privaten Versicherungsunternehmen über die beitragspflichtigen Einnahmen nicht erwerbsmäßig tätiger Pflegepersonen zu erstatten. [2]Absatz 1 Satz 6 gilt entsprechend. [3]Die Meldepflicht nach § 191 Satz 1 Nr. 2 und nach § 44 Abs. 3 des Elften Buches[1)] bleibt unberührt.

(3) Die Beitragsberechnung erfolgt nach der tatsächlichen beitragspflichtigen Einnahme.

§ 195 Verordnungsermächtigung. Das Bundesministerium für Arbeit und Soziales wird ermächtigt, für Meldungen nach § 193 durch Rechtsverordnung mit Zustimmung des Bundesrates zu bestimmen

1. die zu meldenden Anrechnungszeiten und die zu meldenden Zeiten, die für die Anrechnung von Anrechnungszeiten erheblich sein können,
2. die Voraussetzungen und die Art und Weise der Meldungen sowie
3. das Nähere über die Bearbeitung, Sicherung und Weiterleitung der in den Meldungen enthaltenen Angaben.

Zweiter Titel. Auskunfts- und Mitteilungspflichten

§ 196 Auskunfts- und Mitteilungspflichten. (1) [1]Versicherte oder Personen, für die eine Versicherung durchgeführt werden soll, haben, soweit sie nicht bereits nach § 28o des Vierten Buches[2)] auskunftspflichtig sind, dem Träger der Rentenversicherung

1. über alle Tatsachen, die für die Feststellung der Versicherungs- und Beitragspflicht und für die Durchführung der den Trägern der Rentenversicherung übertragenen Aufgaben erforderlich sind, auf Verlangen unverzüglich Auskunft zu erteilen,

---

[1)] Nr. **11**.
[2)] Nr. **4**.

2. Änderungen in den Verhältnissen, die für die Feststellung der Versicherungs- und Beitragspflicht erheblich sind und nicht durch Dritte gemeldet werden, unverzüglich mitzuteilen.

[2] Sie haben dem Träger der Rentenversicherung auf dessen Verlangen unverzüglich die Unterlagen vorzulegen, aus denen die Tatsachen oder die Änderungen in den Verhältnissen hervorgehen.

(2) [1] Die zuständigen Meldebehörden haben der Datenstelle der Rentenversicherung zur Durchführung ihrer Aufgaben nach § 150, zur Durchführung der Versicherung wegen Kindererziehung und zur Weiterleitung der Mitteilung nach § 101a des Zehnten Buches[1)] die erstmalige Erfassung und jede Änderung des Vor- und des Familiennamens, des Geschlechts oder eines Doktorgrades, den Tag, den Monat, das Jahr und den Ort der Geburt und die Anschrift der alleinigen oder der Hauptwohnung eines Einwohners mitzuteilen. [2] Bei einer Anschriftenänderung ist zusätzlich die bisherige Anschrift, im Falle einer Geburt sind zusätzlich die Daten der Mutter nach Satz 1, bei Mehrlingsgeburten zusätzlich die Zahl der geborenen Kinder und im Sterbefall zusätzlich der Sterbetag des Verstorbenen mitzuteilen. [3] Die Datenstelle der Rentenversicherung übermittelt die Daten einer erstmaligen Erfassung oder Änderung taggleich an die zuständige Einzugsstelle nach § 28i des Vierten Buches, soweit diese bekannt ist. [4] Satz 1 gilt entsprechend für Sterbefallmitteilungen für deutsche Staatsangehörige aus dem Ausland. [5] In diesen Fällen erfolgt die Übermittlung in elektronischer Form unmittelbar durch die deutschen Auslandsvertretungen an die Datenstelle der Rentenversicherung. [6] Sind der Datenstelle der Rentenversicherung Daten von Personen übermittelt worden, die sie nicht für die Erfüllung ihrer Aufgaben nach Satz 1 benötigt, sind diese Daten von ihr unverzüglich zu löschen.

(2a) [1] Die zuständigen Meldebehörden haben der Datenstelle der Rentenversicherung zur Wahrnehmung ihrer Aufgaben

1. nach § 150 Absatz 1 Satz 1 Nummer 8 zusätzlich zur Sterbefallmitteilung den Familiennamen oder den Lebenspartnerschaftsnamen, den Vornamen, den Tag, den Monat und das Jahr der Geburt und die Anschrift der alleinigen oder der Hauptwohnung des überlebenden Ehegatten oder Lebenspartners des Verstorbenen,
2. nach § 150 Absatz 1 Satz 1 Nummer 9 bei einer Eheschließung oder einer Begründung einer Lebenspartnerschaft eines Einwohners unverzüglich das Datum dieser Eheschließung oder dieser Begründung einer Lebenspartnerschaft

mitzuteilen. [2] Die Datenstelle der Rentenversicherung hat diese Daten an den zuständigen Träger der Rentenversicherung zu übermitteln und anschließend bei sich unverzüglich zu löschen. [3] Stellt die Datenstelle der Rentenversicherung in den Fällen des Satzes 1 Nummer 2 fest, dass der Einwohner keine Witwenrente oder Witwerrente und keine Erziehungsrente bezieht, übermittelt sie die Daten nicht an den zuständigen Träger der Rentenversicherung. [4] Satz 1 Nummer 1 gilt entsprechend für die zuständige deutsche Auslandsvertretung, sofern diese Informationen bekannt sind.

(3) [1] Die Handwerkskammern sind verpflichtet, der Datenstelle der Rentenversicherung unverzüglich Eintragungen, Änderungen und Löschungen in der

---

[1)] Nr. **10**.

Handwerksrolle über natürliche Personen und Gesellschafter einer Personengesellschaft zu melden. [2] Von der Meldepflicht ausgenommen sind Eintragungen, Änderungen und Löschungen zu Handwerksbetrieben im Sinne der §§ 2 und 3 der Handwerksordnung sowie Betriebsfortführungen auf Grund des § 4 der Handwerksordnung. [3] Mit den Meldungen sind, soweit vorhanden, die folgenden Angaben zu übermitteln:

1. Familienname und Vornamen,
2. gegebenenfalls Geburtsname,
3. Geburtsdatum,
4. Staatsangehörigkeit,
5. Wohnanschrift,
6. gegebenenfalls Familienname und Vornamen des gesetzlichen Vertreters,
7. die Bezeichnung der Rechtsvorschriften, nach denen der Gewerbetreibende die Voraussetzungen für die Eintragung in die Handwerksrolle erfüllt,
8. Art und Zeitpunkt der Prüfung eines in die Handwerksrolle bereits eingetragenen Gewerbetreibenden, mittels derer die Kenntnisse und Fertigkeiten nachgewiesen wurden, die zur Ausübung des betriebenen Handwerks notwendig sind,
9. Firma und Anschrift der gewerblichen Niederlassung,
10. das zu betreibende Handwerk oder bei Ausübung mehrerer Handwerke diese Handwerke,
11. Tag der Eintragung in die Handwerksrolle oder Tag der Änderung oder Löschung der Eintragung sowie
12. bei einer Änderung oder Löschung den Grund für diese.

[4] Die Meldungen haben durch elektronische Datenübermittlung im eXTra-Standard durch das sichere Hypertext-Übertragungsprotokoll (https) zu erfolgen. [5] Bis zum 31. Dezember 2021 können die Meldungen abweichend von Satz 2 über eine von der Datenstelle der Rentenversicherung zur Verfügung gestellte Webanwendung unter Nutzung allgemein zugänglicher Netze übermittelt werden. [6] Die Meldungen sind für jeden Gewerbetreibenden und Gesellschafter gesondert zu erteilen. [7] Die Datenstelle der Rentenversicherung hat die gemeldeten Daten an den zuständigen Träger der Rentenversicherung weiterzuleiten.

§ 196a *(aufgehoben)*

Dritter Titel. Wirksamkeit der Beitragszahlung

§ 197 Wirksamkeit von Beiträgen. (1) Pflichtbeiträge sind wirksam, wenn sie gezahlt werden, solange der Anspruch auf ihre Zahlung noch nicht verjährt ist.

(2) Freiwillige Beiträge sind wirksam, wenn sie bis zum 31. März des Jahres, das dem Jahr folgt, für das sie gelten sollen, gezahlt werden.

(3) [1] In Fällen besonderer Härte, insbesondere bei drohendem Verlust der Anwartschaft auf eine Rente, ist auf Antrag der Versicherten die Zahlung von Beiträgen auch nach Ablauf der in den Absätzen 1 und 2 genannten Fristen zuzulassen, wenn die Versicherten an der rechtzeitigen Beitragszahlung ohne Verschulden gehindert waren. [2] Der Antrag kann nur innerhalb von drei Monaten nach Wegfall des Hinderungsgrundes gestellt werden. [3] Die Beitragszahlung

hat binnen einer vom Träger der Rentenversicherung zu bestimmenden angemessenen Frist zu erfolgen.

(4) Die Wiedereinsetzung in den vorigen Stand nach § 27 des Zehnten Buches[1)] ist ausgeschlossen.

§ 198 Neubeginn und Hemmung von Fristen. [1]Die Frist des § 197 Abs. 2 wird durch ein Beitragsverfahren oder ein Verfahren über einen Rentenanspruch unterbrochen; die Frist beginnt erneut nach Abschluss des Verfahrens. [2]Diese Tatsachen hemmen auch die Verjährung des Anspruchs auf Zahlung von Beiträgen (§ 25 Abs.1 Viertes Buch[2)]) und des Anspruchs auf Erstattung von zu Unrecht gezahlten Beiträgen (§ 27 Abs. 2 Viertes Buch); die Hemmung endet sechs Monate nach Abschluss eines der in Satz 1 genannten Verfahren.

§ 199 Vermutung der Beitragszahlung. [1]Bei Beschäftigungszeiten, die den Trägern der Rentenversicherung ordnungsgemäß gemeldet worden sind, wird vermutet, dass während dieser Zeiten ein versicherungspflichtiges Beschäftigungsverhältnis mit dem gemeldeten Arbeitsentgelt bestanden hat und der Beitrag dafür wirksam gezahlt worden ist. [2]Die Versicherten können von den Trägern der Rentenversicherung die Feststellung verlangen, dass während einer ordnungsgemäß gemeldeten Beschäftigungszeit ein gültiges Versicherungsverhältnis bestanden hat. [3]Die Sätze 1 und 2 sind für Zeiten einer nicht erwerbsmäßigen häuslichen Pflege entsprechend anzuwenden.

§ 200 Änderung der Beitragsberechnungsgrundlagen. [1]Bei der Zahlung von freiwilligen Beiträgen für einen zurückliegenden Zeitraum sind

1. die Mindestbeitragsbemessungsgrundlage und der Beitragssatz, die zum Zeitpunkt der Zahlung gelten, und
2. die Beitragsbemessungsgrenze des Jahres, für das die Beiträge gezahlt werden,

maßgebend. [2]Bei Senkung des Beitragssatzes gilt abweichend von Satz 1 der Beitragssatz, der in dem Monat maßgebend war, für den der Beitrag gezahlt wird.

§ 201 Beiträge an nicht zuständige Träger der Rentenversicherung.

(1) [1]Beiträge, die an einen nicht zuständigen Träger der Rentenversicherung gezahlt worden sind, gelten als an den zuständigen Träger der Rentenversicherung gezahlt. [2]Eine Überweisung an den zuständigen Träger der Rentenversicherung findet nur in den Fällen des Absatzes 2 statt.

(2) [1]Sind Beiträge an die Deutsche Rentenversicherung Knappschaft-Bahn-See als Träger der knappschaftlichen Rentenversicherung als nicht zuständigen Träger der Rentenversicherung gezahlt, sind sie dem zuständigen Träger der Rentenversicherung zu überweisen. [2]Beiträge sind vom nicht zuständigen Träger der Rentenversicherung an die Deutsche Rentenversicherung Knappschaft-Bahn-See als Träger der knappschaftlichen Rentenversicherung zu überweisen, soweit sie für die Durchführung der Versicherung zuständig ist.

(3) Unterschiedsbeträge zwischen den Beiträgen zur knappschaftlichen Rentenversicherung und den Beiträgen zur allgemeinen Rentenversicherung sind vom Arbeitgeber nachzuzahlen oder ihm zu erstatten.

---

1) Nr. **10**.
2) Nr. **4**.

§ 202 Irrtümliche Pflichtbeitragszahlung. [1] Beiträge, die in der irrtümlichen Annahme der Versicherungspflicht gezahlt und deshalb beanstandet worden sind, aber nicht zurückgefordert werden, gelten als freiwillige Beiträge. [2] Werden die Beiträge zurückgefordert, dürfen für diese Zeiträume innerhalb von drei Monaten, nachdem die Beanstandung unanfechtbar geworden ist, freiwillige Beiträge gezahlt werden. [3] Die Sätze 1 und 2 gelten nur, wenn die Berechtigung zur freiwilligen Versicherung in der Zeit bestand, in der die Beiträge als gezahlt gelten oder für die Beiträge gezahlt werden sollen. [4] Fordern Arbeitgeber die von ihnen getragenen Beitragsanteile zurück, sind die Versicherten berechtigt, den an die Arbeitgeber zu erstattenden Betrag zu zahlen.

§ 203 Glaubhaftmachung der Beitragszahlung. (1) Machen Versicherte glaubhaft, dass sie eine versicherungspflichtige Beschäftigung gegen Arbeitsentgelt ausgeübt haben und für diese Beschäftigung entsprechende Beiträge gezahlt worden sind, ist die Beschäftigungszeit als Beitragszeit anzuerkennen.

(2) Machen Versicherte glaubhaft, dass der auf sie entfallende Beitragsanteil vom Arbeitsentgelt abgezogen worden ist, so gilt der Beitrag als gezahlt.

Vierter Titel. Nachzahlung

§ 204 Nachzahlung von Beiträgen bei Ausscheiden aus einer internationalen Organisation. (1) [1] Deutsche, die aus den Diensten einer zwischenstaatlichen oder überstaatlichen Organisation ausscheiden, können auf Antrag für Zeiten dieses Dienstes freiwillige Beiträge nachzahlen, wenn

1. der Dienst auf Veranlassung oder im Interesse der Bundesrepublik Deutschland geleistet wurde und
2. ihnen für diese Zeiten eine lebenslange Versorgung oder Anwartschaft auf eine lebenslange Versorgung für den Fall des Alters und auf Hinterbliebenenversorgung durch die Organisation oder eine andere öffentlich-rechtliche juristische Person nicht gewährleistet ist.

[2] Wird die Nachzahlung von freiwilligen Beiträgen für Zeiten beantragt, die bereits mit freiwilligen Beiträgen belegt sind, sind die bereits gezahlten Beiträge zu erstatten.

(2) [1] Der Antrag kann nur innerhalb von sechs Monaten nach Ausscheiden aus den Diensten der Organisation gestellt werden. [2] Ist die Nachzahlung innerhalb dieser Frist ausgeschlossen, weil eine lebenslange Versorgung oder Anwartschaft auf eine lebenslange Versorgung für den Fall des Alters und auf Hinterbliebenenversorgung durch eine andere öffentlich-rechtliche juristische Person gewährleistet ist, kann der Antrag im Fall einer Nachversicherung wegen Ausscheidens aus einer versicherungsfreien Beschäftigung innerhalb von sechs Monaten nach Durchführung der Nachversicherung gestellt werden; diese Antragsfrist läuft frühestens am 31. Dezember 1992 ab. [3] Die Erfüllung der Voraussetzungen für den Bezug einer Rente innerhalb der Antragsfrist steht der Nachzahlung nicht entgegen. [4] Die Beiträge sind spätestens sechs Monate nach Eintritt der Bindungswirkung des Nachzahlungsbescheides nachzuzahlen.

§ 205 Nachzahlung bei Strafverfolgungsmaßnahmen. (1) [1] Versicherte, für die ein Anspruch auf Entschädigung für Zeiten von Strafverfolgungsmaßnahmen nach dem Gesetz über die Entschädigung für Strafverfolgungsmaßnahmen rechtskräftig festgestellt ist, können auf Antrag freiwillige Beiträge für diese Zeiten nachzahlen. [2] Wird für Zeiten der Strafverfolgungsmaßnahme, die bereits mit Beiträgen belegt sind, eine Nachzahlung von freiwilligen Beiträgen beantragt, sind die bereits gezahlten Beiträge denjenigen zu erstatten, die sie getragen haben. [3]Wurde durch die entschädigungspflichtige Strafverfolgungsmaßnahme eine versicherungspflichtige Beschäftigung oder Tätigkeit unterbrochen, gelten die nachgezahlten Beiträge als Pflichtbeiträge. [4]Die Erfüllung der Voraussetzungen für den Bezug einer Rente steht der Nachzahlung nicht entgegen.

(2) [1]Der Antrag kann nur innerhalb eines Jahres nach Ablauf des Kalendermonats des Eintritts der Rechtskraft der die Entschädigungspflicht der Staatskasse feststellenden Entscheidung gestellt werden. [2]Die Beiträge sind innerhalb einer von dem Träger der Rentenversicherung zu bestimmenden angemessenen Frist zu zahlen.

§ 206 Nachzahlung für Geistliche und Ordensleute. (1) Geistliche und sonstige Beschäftigte der als öffentlich-rechtliche Körperschaften anerkannten Religionsgesellschaften, Mitglieder geistlicher Genossenschaften, Diakonissen und Angehörige vergleichbarer karitativer Gemeinschaften, die als Vertriebene anerkannt sind und vor ihrer Vertreibung eine Beschäftigung oder Tätigkeit im Sinne des § 5 Abs. 1 Satz 1 Nr. 2 oder Nr. 3 ausgeübt haben, können, sofern sie eine gleichartige Beschäftigung oder Tätigkeit im Inland nicht wieder aufgenommen haben, auf Antrag für die Zeiten der Versicherungsfreiheit, längstens jedoch bis zum 1. Januar 1943 zurück, freiwillige Beiträge nachzahlen, sofern diese Zeiten nicht bereits mit Beiträgen belegt sind.

(2) Absatz 1 ist nicht anzuwenden, soweit die Zeiten der Versicherungsfreiheit bei einer Versorgung aus einem

1. öffentlich-rechtlichen Dienstverhältnis oder
2. Arbeitsverhältnis mit Anspruch auf Versorgung nach beamtenrechtlichen Vorschriften oder Grundsätzen oder entsprechenden kirchenrechtlichen Regelungen

ruhegehaltfähig sind oder bei Eintritt des Versorgungsfalls als ruhegehaltfähig anerkannt werden.

(3) Die Nachzahlung ist nur zulässig, wenn die allgemeine Wartezeit erfüllt ist oder wenn nach Wohnsitznahme im Inland für mindestens 24 Kalendermonate Pflichtbeiträge gezahlt sind.

§ 207 Nachzahlung für Ausbildungszeiten. (1) Für Zeiten einer schulischen Ausbildung nach dem vollendeten 16. Lebensjahr, die nicht als Anrechnungszeiten berücksichtigt werden, können Versicherte auf Antrag freiwillige Beiträge nachzahlen, sofern diese Zeiten nicht bereits mit Beiträgen belegt sind.

(2) [1]Der Antrag kann nur bis zur Vollendung des 45. Lebensjahres gestellt werden. [2]Bis zum 31. Dezember 2004 kann der Antrag auch nach Vollendung des 45. Lebensjahres gestellt werden. [3]Personen, die aus einer Beschäftigung ausscheiden, in der sie versicherungsfrei waren und für die sie nachversichert werden, sowie Personen, die aus einer Beschäftigung ausscheiden, in der sie von der Versicherungspflicht befreit waren, können den Antrag auch innerhalb von sechs Monaten nach Durchführung der Nachversicherung oder nach Wegfall der Befreiung stellen. [4]Die Träger der Rentenversicherung können Teilzahlungen bis zu einem Zeitraum von fünf Jahren zulassen.

(3) [1] Sind Zeiten einer schulischen Ausbildung, für die Beiträge nachgezahlt worden sind, als Anrechnungszeiten zu bewerten, kann sich der Versicherte die Beiträge erstatten lassen. [2] § 210 Abs. 5 gilt entsprechend.

§ 208 *(aufgehoben)*

§ 209 Berechtigung und Beitragsberechnung zur Nachzahlung.

(1) [1] Zur Nachzahlung berechtigt sind Personen, die

1. versicherungspflichtig oder
2. zur freiwilligen Versicherung berechtigt

sind, sofern sich aus den einzelnen Vorschriften über die Nachzahlung nicht etwas anderes ergibt. [2] Nachzahlungen sind nur für Zeiten von der Vollendung des 16. Lebensjahres an zulässig.

(2) Für die Berechnung der Beiträge sind

1. die Mindestbeitragsbemessungsgrundlage,
2. die Beitragsbemessungsgrenze und
3. der Beitragssatz

maßgebend, die zum Zeitpunkt der Nachzahlung gelten.

Fünfter Titel. Beitragserstattung und Beitragsüberwachung

§ 210 Beitragserstattung. (1) Beiträge werden auf Antrag erstattet

1. Versicherten, die nicht versicherungspflichtig sind und nicht das Recht zur freiwilligen Versicherung haben,
2. Versicherten, die die Regelaltersgrenze erreicht und die allgemeine Wartezeit nicht erfüllt haben,
3. Witwen, Witwern, überlebenden Lebenspartnern oder Waisen, wenn wegen nicht erfüllter allgemeiner Wartezeit ein Anspruch auf Rente wegen Todes nicht besteht, Halbwaisen aber nur, wenn eine Witwe, ein Witwer oder ein überlebender Lebenspartner nicht vorhanden ist. Mehreren Waisen steht der Erstattungsbetrag zu gleichen Teilen zu.

(1a) [1] Beiträge werden auf Antrag auch Versicherten erstattet, die versicherungsfrei oder von der Versicherungspflicht befreit sind, wenn sie die allgemeine Wartezeit nicht erfüllt haben. [2] Dies gilt nicht für Personen, die wegen Geringfügigkeit einer Beschäftigung oder selbständigen Tätigkeit versicherungsfrei oder von der Versicherungspflicht befreit sind. [3] Beiträge werden nicht erstattet,

1. wenn während einer Versicherungsfreiheit oder Befreiung von der Versicherungspflicht von dem Recht der freiwilligen Versicherung nach § 7 Gebrauch gemacht wurde oder
2. solange Versicherte als Beamte oder Richter auf Zeit oder auf Probe, Soldaten auf Zeit, Beamte auf Widerruf im Vorbereitungsdienst versicherungsfrei oder nur befristet von der Versicherungspflicht befreit sind.

[4] Eine freiwillige Beitragszahlung während einer Versicherungsfreiheit oder Befreiung von der Versicherungspflicht im Sinne des Satzes 3 Nummer 2 ist für eine Beitragserstattung nach Satz 1 unbeachtlich.

(2) Beiträge werden nur erstattet, wenn seit dem Ausscheiden aus der Versicherungspflicht 24 Kalendermonate abgelaufen sind und nicht erneut Versicherungspflicht eingetreten ist.

(3) [1]Beiträge werden in der Höhe erstattet, in der die Versicherten sie getragen haben. [2]War mit den Versicherten ein Nettoarbeitsentgelt vereinbart, wird der von den Arbeitgebern getragene Beitragsanteil der Arbeitnehmer erstattet. [3]Beiträge aufgrund einer Beschäftigung nach § 20 Abs. 2 des Vierten Buches[1)], einer selbständigen Tätigkeit oder freiwillige Beiträge werden zur Hälfte erstattet. [4]Beiträge der Höherversicherung werden in voller Höhe erstattet. [5]Erstattet werden nur Beiträge, die im Bundesgebiet für Zeiten nach dem 20. Juni 1948, im Land Berlin für Zeiten nach dem 24. Juni 1948 und im Saarland für Zeiten nach dem 19. November 1947 gezahlt worden sind. [6]Beiträge im Beitrittsgebiet werden nur erstattet, wenn sie für Zeiten nach dem 30. Juni 1990 gezahlt worden sind.

(4) [1]Ist zugunsten oder zulasten der Versicherten ein Versorgungsausgleich durchgeführt, wird der zu erstattende Betrag um die Hälfte des Betrages erhöht oder gemindert, der bei Ende der Ehezeit oder Lebenspartnerschaftszeit als Beitrag für den Zuschlag oder den zum Zeitpunkt der Beitragserstattung noch bestehenden Abschlag zu zahlen gewesen wäre. [2]Dies gilt beim Rentensplitting entsprechend.

(5) Haben Versicherte eine Sach- oder Geldleistung aus der Versicherung in Anspruch genommen, können sie nur die Erstattung der später gezahlten Beiträge verlangen.

(6) [1]Der Antrag auf Erstattung kann nicht auf einzelne Beitragszeiten oder Teile der Beiträge beschränkt werden. [2]Mit der Erstattung wird das bisherige Versicherungsverhältnis aufgelöst. [3]Ansprüche aus den bis zur Erstattung zurückgelegten rentenrechtlichen Zeiten bestehen nicht mehr.

§ 211 Sonderregelung bei der Zuständigkeit zu Unrecht gezahlter Beiträge. [1]Die Erstattung zu Unrecht gezahlter Beiträge (§ 26 Abs. 2 und 3 Viertes Buch[1)]) erfolgt abweichend von den Regelungen des Dritten Kapitels durch

1. die zuständige Einzugsstelle, wenn der Erstattungsanspruch noch nicht verjährt ist und die Beiträge vom Träger der Rentenversicherung noch nicht beanstandet worden sind,
2. den Leistungsträger, wenn die Beitragszahlung auf Versicherungspflicht wegen des Bezugs einer Sozialleistung beruht,

wenn die Träger der Rentenversicherung dies mit den Einzugsstellen oder den Leistungsträgern vereinbart haben. [2]Maßgebend für die Berechnung des Erstattungsbetrags ist die dem Beitrag zugrunde liegende bescheinigte Beitragsbemessungsgrundlage. [3]Der zuständige Träger der Rentenversicherung ist über die Erstattung elektronisch zu benachrichtigen.

§ 212 Beitragsüberwachung. [1]Die Träger der Rentenversicherung überwachen die rechtzeitige und vollständige Zahlung der Pflichtbeiträge, soweit sie unmittelbar an sie zu zahlen sind. [2]Die Träger der Rentenversicherung sind zur Prüfung der Beitragszahlung berechtigt.

[1)] Nr. 4.

§ 212a Prüfung der Beitragszahlungen und Meldungen für sonstige Versicherte, Nachversicherte und für Zeiten einer besonderen Auslandsverwendung. (1) [1]Die Träger der Rentenversicherung prüfen bei den Stellen, die die Pflichtbeiträge für sonstige Versicherte sowie für nachversicherte Personen zu zahlen haben (Zahlungspflichtige), ob diese ihre Meldepflichten und ihre sonstigen Pflichten nach diesem Gesetzbuch im Zusammenhang mit der Zahlung von Pflichtbeiträgen ordnungsgemäß erfüllen. [2]Sie prüfen insbesondere die Richtigkeit der Beitragszahlungen und der Meldungen. [3]Eine Prüfung erfolgt mindestens alle vier Jahre; die Prüfung soll in kürzeren Zeitabständen erfolgen, wenn der Zahlungspflichtige dies verlangt. [4]Die Sätze 1 bis 3 gelten entsprechend für die Stellen, die die Beiträge für Zeiten einer besonderen Auslandsverwendung zu zahlen haben.

(2) [1]Ein Zahlungspflichtiger ist jeweils nur von einem Träger der Rentenversicherung zu prüfen. [2]Die Träger der Rentenversicherung stimmen sich darüber ab, welche Zahlungspflichtigen sie prüfen. [3]Soweit die Prüfungen durch die Regionalträger durchgeführt werden, ist örtlich der Regionalträger zuständig, in dessen Bereich der Zahlungspflichtige seinen Sitz oder Wohnsitz hat. [4]Eine Prüfung beim Arbeitgeber nach § 28p des Vierten Buches[1)] soll zusammen mit einer Prüfung bei den Zahlungspflichtigen durchgeführt werden; eine entsprechende Kennzeichnung des Arbeitgebers im Dateisystem nach § 28p Abs. 8 Satz 1 des Vierten Buches ist zulässig.

(3) [1]Die Zahlungspflichtigen haben angemessene Prüfhilfen zu leisten. [2]Automatisierte Abrechnungsverfahren sind in die Prüfung einzubeziehen. [3]Die Zahlungspflichtigen und die Träger der Rentenversicherung treffen entsprechende Vereinbarungen.

(4) [1]Zu prüfen sind auch Rechenzentren und vergleichbare Stellen, soweit sie im Auftrag der Zahlungspflichtigen oder einer von ihnen beauftragten Stelle die Pflichtbeiträge berechnen, zahlen oder Meldungen erstatten. [2]Soweit die Prüfungen durch die Regionalträger durchgeführt werden, richtet sich die örtliche Zuständigkeit nach dem Sitz der Stelle. [3]Absatz 3 gilt entsprechend.

(5) [1]Die Deutsche Rentenversicherung Bund führt für die Prüfung bei den Zahlungspflichtigen ein Dateisystem, in dem folgende Daten gespeichert werden:

1. der Name,
2. die Anschrift,
3. die Betriebsnummer und, soweit erforderlich, ein weiteres Identifikationsmerkmal der Zahlungspflichtigen,
4. die für die Planung der Prüfung erforderlichen Daten der Zahlungspflichtigen und
5. die Ergebnisse der Prüfung.

[2]Sie darf die in diesem Dateisystem gespeicherten Daten nur für die Prüfung bei den Zahlungspflichtigen und bei den Arbeitgebern verarbeiten. [3]Die Datenstelle der Rentenversicherung führt für die Prüfung der Zahlungspflichtigen ein Dateisystem, in dem

1. die Betriebsnummern und, soweit erforderlich, ein weiteres Identifikationsmerkmal der Zahlungspflichtigen,

---

[1)] Nr. 4.

2. die Versicherungsnummern der Versicherten, für welche die Zahlungspflichtigen Pflichtbeiträge zu zahlen haben und
3. der Beginn und das Ende der Zahlungspflicht

gespeichert werden; im Falle des Satzes 4 darf die Datenstelle die Daten der Stammsatzdatei (§ 150) und der Dateisysteme nach § 28p Abs. 8 Satz 1 und 3 des Vierten Buches für die Prüfung bei den Zahlungspflichtigen speichern, verändern, nutzen, übermitteln oder in der Verarbeitung einschränken. [4] Die Datenstelle der Rentenversicherung ist verpflichtet, auf Anforderung des prüfenden Trägers der Rentenversicherung

1. die in den Dateisystemen nach den Sätzen 1 und 3 gespeicherten Daten,
2. die in den Versicherungskonten der Rentenversicherung gespeicherten, auf den Prüfungszeitraum entfallenden Daten der Versicherten, für die von den Zahlungspflichtigen Pflichtbeiträge zu zahlen waren oder zu zahlen sind, und
3. die bei den Trägern der Rentenversicherung gespeicherten Daten über die Nachweise der unmittelbar an sie zu zahlenden Pflichtbeiträge

zu verarbeiten, soweit dies für die Prüfung nach Absatz 1 erforderlich ist. [5] Die dem prüfenden Träger der Rentenversicherung übermittelten Daten sind unverzüglich nach Abschluss der Prüfung bei der Datenstelle der Rentenversicherung und beim prüfenden Träger der Rentenversicherung zu löschen. [6] Die Zahlungspflichtigen und die Träger der Rentenversicherung sind verpflichtet, der Deutschen Rentenversicherung Bund und der Datenstelle der Rentenversicherung die für die Prüfung nach Absatz 1 erforderlichen Daten zu übermitteln. [7] Die Übermittlung darf auch durch Abruf im automatisierten Verfahren erfolgen, ohne dass es einer Genehmigung nach § 79 Absatz 1 des Zehnten Buches[1)] bedarf.

(6) Die Bundesregierung kann durch Rechtsverordnung mit Zustimmung des Bundesrates das Nähere über

1. die Pflichten der Zahlungspflichtigen und der in Absatz 4 genannten Stellen bei automatisierten Abrechnungsverfahren,
2. die Durchführung der Prüfung sowie die Behebung von Mängeln, die bei der Prüfung festgestellt worden sind, und
3. den Inhalt des Dateisystems nach Absatz 5 Satz 1 hinsichtlich der für die Planung und für die Speicherung der Ergebnisse der Prüfungen bei Zahlungspflichtigen erforderlichen Daten sowie über den Aufbau und die Aktualisierung dieses Dateisystems

bestimmen.

§ 212b Prüfung der Beitragszahlung bei versicherungspflichtigen Selbständigen. [1] Die Träger der Rentenversicherung sind berechtigt, Prüfungen bei den versicherungspflichtigen Selbständigen durchzuführen. [2] § 212a Abs. 2 Satz 1 bis 3, Abs. 3 Satz 1 und Abs. 6 Nr. 1 und 2 gilt entsprechend. [3] § 212a Abs. 4 gilt entsprechend mit der Maßgabe, dass die Prüfung auch bei von den versicherungspflichtigen Selbständigen beauftragten steuerberatenden Stellen durchgeführt werden darf. [4] § 98 Abs. 1 Satz 2 bis 4, Abs. 2, 4 und 5 Satz 1 Nr. 2 und Satz 2 des Zehnten Buches[1)] gilt entsprechend.

---

1) Nr. **10**.

Dritter Abschnitt. Beteiligung des Bundes, Finanzbeziehungen und Erstattungen

Erster Unterabschnitt. Beteiligung des Bundes

§ 213 Zuschüsse des Bundes. (1) Der Bund leistet zu den Ausgaben der allgemeinen Rentenversicherung Zuschüsse.

(2) [1] Der Bundeszuschuss zu den Ausgaben der allgemeinen Rentenversicherung ändert sich im jeweils folgenden Kalenderjahr in dem Verhältnis, in dem die Bruttolöhne und -gehälter je Arbeitnehmer (§ 68 Abs. 2 Satz 1) im vergangenen Kalenderjahr zu den entsprechenden Bruttolöhnen und -gehältern im vorvergangenen Kalenderjahr stehen. [2] Bei Veränderungen des Beitragssatzes ändert sich der Bundeszuschuss zusätzlich in dem Verhältnis, in dem der Beitragssatz des Jahres, für das er bestimmt wird, zum Beitragssatz des Vorjahres steht. [3] Bei Anwendung von Satz 2 ist jeweils der Beitragssatz zugrunde zu legen, der sich ohne Berücksichtigung des zusätzlichen Bundeszuschusses nach Absatz 3 und des Erhöhungsbetrags nach Absatz 4 ergeben würde. [4] Der Bundeszuschuss wird in den Jahren 2019 und 2020 um jeweils 400 Millionen Euro, im Jahr 2021 um 1,5 Milliarden Euro, im Jahr 2022 um 560 Millionen Euro und in den Jahren 2023 bis 2025 um jeweils 480 Millionen Euro erhöht; diese Beträge sind jeweils bei den Änderungen des Bundeszuschusses in den darauf folgenden Kalenderjahren nach den Sätzen 1 bis 3 zu berücksichtigen.

(2a) [1] Der allgemeine Bundeszuschuss wird für das Jahr 2006 um 170 Millionen Euro und ab dem Jahr 2007 um jeweils 340 Millionen Euro pauschal vermindert. [2] Abweichungen des pauschalierten Minderungsbetrages von den tatsächlichen zusätzlichen Einnahmen eines Kalenderjahres durch Mehreinnahmen aus der Begrenzung der Sozialversicherungsfreiheit für Sonn-, Feiertags- und Nachtzuschläge auf einen Stundenlohn bis zu 25 Euro und aufgrund der Erhöhung der Pauschalabgaben für geringfügige Beschäftigung ohne Versicherungspflicht im gewerblichen Bereich von 12 vom Hundert auf 15 vom Hundert des Arbeitsentgelts in der gesetzlichen Rentenversicherung sind mit dem Bundeszuschuss nach Absatz 2 des auf die Abrechnung folgenden Haushaltsjahres zu verrechnen; Ausgangsbetrag für den Bundeszuschuss ist der jeweils zuletzt festgestellte Bundeszuschuss nach Absatz 2 ohne Minderungsbetrag.

(3) [1] Der Bund zahlt zur pauschalen Abgeltung nicht beitragsgedeckter Leistungen an die allgemeine Rentenversicherung in jedem Kalenderjahr einen zusätzlichen Bundeszuschuss. [2] Der zusätzliche Bundeszuschuss beträgt für die Monate April bis Dezember des Jahres 1998 9,6 Milliarden Deutsche Mark und für das Jahr 1999 15,6 Milliarden Deutsche Mark. [3] Für die Kalenderjahre ab 2000 verändert sich der zusätzliche Bundeszuschuss jährlich entsprechend der Veränderungsrate der Steuern vom Umsatz; hierbei bleiben Änderungen der Steuersätze im Jahr ihres Wirksamwerdens unberücksichtigt. [4] Der sich nach Satz 3 ergebende Betrag des zusätzlichen Bundeszuschusses wird für das Jahr 2000 um 1,1 Milliarden Deutsche Mark, für das Jahr 2001 um 1,1 Milliarden Deutsche Mark, für das Jahr 2002 um 664,679 Millionen Euro und für das Jahr 2003 um 102,258 Millionen Euro gekürzt. [5] Auf den zusätzlichen Bundeszuschuss werden die Erstattungen nach § 291b angerechnet. [6] Für die Zahlung, Aufteilung und Abrechnung des zusätzlichen Bundeszuschusses sind die Vorschriften über den Bundeszuschuss anzuwenden.

(4) [1] Der zusätzliche Bundeszuschuss nach Absatz 3 wird um die Einnahmen des Bundes aus dem Gesetz zur Fortführung der ökologischen Steuerreform

abzüglich eines Betrages von 2,5 Milliarden Deutsche Mark im Jahr 2000 sowie eines Betrages von 1,9 Milliarden Deutsche Mark ab dem Jahr 2001 erhöht (Erhöhungsbetrag). [2] Als Erhöhungsbetrag nach Satz 1 werden für das Jahr 2000 2,6 Milliarden Deutsche Mark, für das Jahr 2001 8,14 Milliarden Deutsche Mark, für das Jahr 2002 6,81040 Milliarden Euro und für das Jahr 2003 9,51002 Milliarden Euro festgesetzt. [3] Für die Kalenderjahre nach 2003 verändern sich die Erhöhungsbeträge in dem Verhältnis, in dem die Bruttolöhne und -gehälter im vergangenen Kalenderjahr zu den entsprechenden Bruttolöhnen und -gehältern im vorvergangenen Kalenderjahr stehen; § 68 Abs. 2 Satz 1 gilt entsprechend. [4] Für die Zahlung, Aufteilung und Abrechnung des Erhöhungsbetrags sind die Vorschriften über den Bundeszuschuss anzuwenden.

(5) [1] Ab dem Jahr 2003 verringert sich der Erhöhungsbetrag um 409 Millionen Euro. [2] Bei der Feststellung der Veränderung der Erhöhungsbeträge nach Absatz 4 Satz 3 ist der Abzugsbetrag nach Satz 1 nicht zu berücksichtigen.

(6) Die Festsetzung und Auszahlung der Monatsraten sowie die Abrechnung führt das Bundesamt für Soziale Sicherung durch.

§ 214 Liquiditätssicherung. (1) Reichen in der allgemeinen Rentenversicherung die liquiden Mittel der Nachhaltigkeitsrücklage nicht aus, die Zahlungsverpflichtungen zu erfüllen, leistet der Bund den Trägern der allgemeinen Rentenversicherung eine Liquiditätshilfe in Höhe der fehlenden Mittel (Bundesgarantie).

(2) Die vom Bund als Liquiditätshilfe zur Verfügung gestellten Mittel sind zurückzuzahlen, sobald und soweit sie im laufenden Kalenderjahr zur Erfüllung der Zahlungsverpflichtungen nicht mehr benötigt werden, spätestens bis zum 31. Dezember des auf die Vergabe folgenden Jahres; Zinsen sind nicht zu zahlen.

§ 214a Liquiditätserfassung. (1) [1] Die Deutsche Rentenversicherung Bund erfasst arbeitstäglich die Liquiditätslage der allgemeinen Rentenversicherung. [2] Die Träger der allgemeinen Rentenversicherung melden die hierfür erforderlichen Daten an die Deutsche Rentenversicherung Bund. [3] Das Erweiterte Direktorium bei der Deutschen Rentenversicherung Bund bestimmt die Einzelheiten des Verfahrens.

(2) [1] Die Deutsche Rentenversicherung Bund legt dem Bundesministerium für Arbeit und Soziales und dem Bundesamt für Soziale Sicherung monatlich oder auf Anforderung in einer Schnellmeldung Angaben über die Höhe der aktuellen Liquidität vor. [2] Das Nähere zur Ausgestaltung dieses Meldeverfahrens wird durch eine Vereinbarung zwischen dem Bundesamt für Soziale Sicherung und der Deutschen Rentenversicherung Bund geregelt.

§ 215 Beteiligung des Bundes in der knappschaftlichen Rentenversicherung. In der knappschaftlichen Rentenversicherung trägt der Bund den Unterschiedsbetrag zwischen den Einnahmen und den Ausgaben eines Kalenderjahres; er stellt hiermit zugleich deren dauernde Leistungsfähigkeit sicher.

Zweiter Unterabschnitt. Nachhaltigkeitsrücklage und Finanzausgleich

§ 216 Nachhaltigkeitsrücklage. (1) [1] Die Träger der allgemeinen Rentenversicherung halten eine gemeinsame Nachhaltigkeitsrücklage (Betriebsmittel und Rücklage), der die Überschüsse der Einnahmen über die Ausgaben zugeführt werden und aus der Defizite zu decken sind. [2]Das Verwaltungsvermögen gehört nicht zu der Nachhaltigkeitsrücklage.

(2) [1]Die gemeinsame Nachhaltigkeitsrücklage wird bis zum Umfang von 50 vom Hundert der durchschnittlichen Ausgaben zu eigenen Lasten aller Träger der allgemeinen Rentenversicherung für einen Kalendermonat dauerhaft von der Deutschen Rentenversicherung Bund verwaltet. [2]Überschreitet die gemeinsame Nachhaltigkeitsrücklage über einen längeren Zeitraum diesen Umfang, ist sie insoweit von den Trägern der allgemeinen Rentenversicherung zu verwalten. [3]Das Nähere hierzu regelt das Erweiterte Direktorium bei der Deutschen Rentenversicherung Bund.

§ 217 Anlage der Nachhaltigkeitsrücklage. (1) [1]Die Nachhaltigkeitsrücklage ist liquide anzulegen. [2]Als liquide gelten alle Vermögensanlagen mit einer Laufzeit, Kündigungsfrist oder Restlaufzeit bis zu 380 Tagen, Vermögensanlagen mit einer Kündigungsfrist jedoch nur dann, wenn neben einer angemessenen Verzinsung ein Rückfluss mindestens in Höhe des angelegten Betrages gewährleistet ist. [3]Soweit ein Rückfluss mindestens in Höhe des angelegten Betrages nicht gewährleistet ist, gelten Vermögensanlagen mit einer Kündigungsfrist bis zu 380 Tagen auch dann als liquide, wenn der Unterschiedsbetrag durch eine entsprechend höhere Verzinsung mindestens ausgeglichen wird. [4]Als liquide gelten auch Vermögensanlagen mit einer Laufzeit oder Restlaufzeit von mehr als 380 Tagen, wenn neben einer angemessenen Verzinsung gewährleistet ist, dass die Vermögensanlagen innerhalb von zwölf Monaten mindestens zu einem Preis in Höhe der Anschaffungskosten veräußert werden können oder ein Unterschiedsbetrag zu den Anschaffungskosten durch eine höhere Verzinsung mindestens ausgeglichen wird.

(2) Vermögensanlagen in Anteilscheinen an Sondervermögen gelten als liquide, wenn das Sondervermögen nur aus Vermögensgegenständen besteht, die die Träger der Rentenversicherung auch unmittelbar nach Absatz 1 erwerben können.

(3) Abweichend von den Absätzen 1 und 2 darf die Nachhaltigkeitsrücklage ganz oder teilweise längstens bis zum nächsten gesetzlich vorgegebenen Zahlungstermin festgelegt werden, wenn gemäß der Liquiditätserfassung nach § 214a erkennbar ist, dass der allgemeinen Rentenversicherung die liquiden Mittel der Nachhaltigkeitsrücklage nicht ausreichen, die Zahlungsverpflichtungen zu erfüllen.

§ 218 *(aufgehoben)*

§ 219 Finanzverbund in der allgemeinen Rentenversicherung.

(1) [1]Die Ausgaben für Renten, Beitragserstattungen, die von der allgemeinen Rentenversicherung zu tragenden Beiträge zur Krankenversicherung und die sonstigen Geldleistungen, die nicht Leistungen zur Teilhabe oder Aufwendungen für Verwaltungs- und Verfahrenskosten sowie Investitionen sind, werden von den Trägern der allgemeinen Rentenversicherung nach dem Verhältnis ihrer Beitragseinnahmen jeweils für ein Kalenderjahr gemeinsam getragen. [2]Die Zuschüsse des Bundes, die Beitragszahlung des Bundes für Kindererziehungszeiten und die Erstattungen des Bundes, mit Ausnahme der Erstattung für Kinderzuschüsse nach § 270 und der Erstattung durch den Träger der Versorgungslast im Beitrittsgebiet nach § 290a an die Träger der allgemeinen

Rentenversicherung, werden nach dem Verhältnis ihrer Beitragseinnahmen zugeordnet. [3]Die gemeinsame Nachhaltigkeitsrücklage einschließlich der Erträge hieraus wird den Trägern der allgemeinen Rentenversicherung nach dem Verhältnis ihrer Beitragseinnahmen zugeordnet.

(2) [1]Die Regionalträger und die Deutsche Rentenversicherung Knappschaft-Bahn-See als Träger der allgemeinen Rentenversicherung überweisen monatlich vollständig die von ihnen verwalteten Mittel an den Renten Service der Deutschen Post AG oder an die Deutsche Rentenversicherung Bund, soweit sie nicht unmittelbar für Leistungen zur Teilhabe, Verwaltungs- und Verfahrenskosten, Ausgaben für die Schaffung oder Erhaltung nicht liquider Teile des Anlagevermögens benötigt werden oder von ihnen als Nachhaltigkeitsrücklage zu verwalten sind. [2]Zu den monatlichen Zahlungsterminen zählen insbesondere die Termine für die Vorschüsse zur Auszahlung der Rentenleistungen in das Inland und die Termine für sonstige gemeinsam zu finanzierende Ausgaben. [3]Das Nähere hierzu regelt das Erweiterte Direktorium bei der Deutschen Rentenversicherung Bund.

(3) [1]Die Deutsche Rentenversicherung Bund füllt die für die jeweiligen Zahlungsverpflichtungen der allgemeinen Rentenversicherung fehlenden Mittel unter Berücksichtigung der Zahlungen Dritter auf. [2]Reichen die verfügbaren Mittel aller Träger der allgemeinen Rentenversicherung nicht aus, die jeweiligen Zahlungsverpflichtungen zu erfüllen, beantragt sie zusätzliche finanzielle Hilfen des Bundes.

§ 220 Aufwendungen für Leistungen zur Teilhabe, Verwaltung und Verfahren. (1) [1]Die jährlichen Ausgaben im Bereich der allgemeinen Rentenversicherung und der knappschaftlichen Rentenversicherung für Leistungen zur Teilhabe werden entsprechend der voraussichtlichen Entwicklung der Bruttolöhne und -gehälter je Arbeitnehmer (§ 68 Abs. 2 Satz 1) festgesetzt. [2]Überschreiten die Ausgaben am Ende eines Kalenderjahres den für dieses Kalenderjahr jeweils bestimmten Betrag, wird der sich für den jeweiligen Bereich für das zweite Kalenderjahr nach dem Jahr der Überschreitung der Ausgaben nach Satz 1 ergebende Betrag entsprechend vermindert. [3]Die Ausgaben für die Erstattung von Beiträgen nach § 179 Absatz 1 Satz 2, die auf Grund einer Leistung nach § 16 im Eingangsverfahren und im Berufsbildungsbereich der Werkstätten für behinderte Menschen erbracht werden, gelten nicht als Ausgaben im Sinne des Satzes 2.

(2) [1]Die Träger der allgemeinen Rentenversicherung stimmen die auf sie entfallenden Anteile an dem Gesamtbetrag der Leistungen zur Teilhabe in der Deutschen Rentenversicherung Bund ab. [2]Dabei ist darauf hinzuwirken, dass die Leistungen zur Teilhabe dem Umfang und den Kosten nach einheitlich erbracht werden. [3]Das Nähere hierzu regelt das Erweiterte Direktorium bei der Deutschen Rentenversicherung Bund.

(3) [1]Die Absätze 1 und 2 gelten für Verwaltungs- und Verfahrenskosten mit der Maßgabe entsprechend, dass auch die Veränderungen der Zahl der Rentner und der Rentenzugänge sowie der Verwaltungsaufgaben zu berücksichtigen sind. [2]Die Deutsche Rentenversicherung Bund wirkt darauf hin, dass die jährlichen Verwaltungs- und Verfahrenskosten bis zum Jahr 2010 um 10 vom Hundert der tatsächlichen Ausgaben für Verwaltungs- und Verfahrenskosten für das Kalenderjahr 2004 vermindert werden. [3]Vom Jahr 2007 an hat die Deutsche Rentenversicherung Bund jedes Jahr dem Bundesministerium für Arbeit

und Soziales über die Entwicklung der Verwaltungs- und Verfahrenskosten bei den einzelnen Trägern und in der gesetzlichen Rentenversicherung sowie über die umgesetzten und geplanten Maßnahmen zur Optimierung dieser Kosten zu berichten. [4]Dabei ist gesondert auf die Schlussfolgerungen einzugehen, welche sich aus dem Benchmarking der Versicherungsträger ergeben.

§ 221 Ausgaben für das Anlagevermögen. [1]Für die Schaffung oder Erhaltung nicht liquider Teile des Anlagevermögens dürfen Mittel nur aufgewendet werden, wenn dies erforderlich ist, um die ordnungsgemäße und wirtschaftliche Aufgabenerfüllung der Träger der Rentenversicherung zu ermöglichen oder zu sichern. [2]Mittel für die Errichtung, die Erweiterung und den Umbau von Gebäuden der Eigenbetriebe der Träger der Rentenversicherung dürfen nur unter der zusätzlichen Voraussetzung aufgewendet werden, dass diese Vorhaben auch unter Berücksichtigung des Gesamtbedarfs aller Träger der Rentenversicherung erforderlich sind. [3]Die Träger stellen gemeinsam in der Deutschen Rentenversicherung Bund sicher, dass die Notwendigkeit von Bauvorhaben nach Satz 2 nach einheitlichen Grundsätzen beurteilt wird.

§ 222 Ermächtigung. (1) [1]Das Bundesministerium für Arbeit und Soziales wird ermächtigt, im Einvernehmen mit dem Bundesministerium der Finanzen durch Rechtsverordnung mit Zustimmung des Bundesrates das Nähere über den Umfang der gemäß § 221 Satz 1 zur Verfügung stehenden Mittel zu bestimmen. [2]Dabei kann auch die Zulässigkeit entsprechender Ausgaben zeitlich begrenzt werden.

(2) Das Bundesministerium für Arbeit und Soziales wird ermächtigt, durch allgemeine Verwaltungsvorschrift mit Zustimmung des Bundesrates den Umfang des Verwaltungsvermögens abzugrenzen.

Dritter Unterabschnitt. Erstattungen

§ 223 Wanderversicherungsausgleich und Wanderungsausgleich.

(1) [1]Soweit im Leistungsfall die Deutsche Rentenversicherung Knappschaft-Bahn-See als Träger der knappschaftlichen Rentenversicherung zuständig ist, erstatten ihr die Träger der allgemeinen Rentenversicherung den von ihnen zu tragenden Anteil der Leistungen. [2]Zu tragen ist der Anteil der Leistungen, der auf Zeiten in der allgemeinen Rentenversicherung entfällt.

(2) [1]Soweit im Leistungsfall ein Träger der allgemeinen Rentenversicherung zuständig ist, erstattet ihm die Deutsche Rentenversicherung Knappschaft-Bahn-See als Träger der knappschaftlichen Rentenversicherung den von ihr zu tragenden Anteil der Leistungen. [2]Zu tragen ist der Anteil der Leistungen, der auf Zeiten in der knappschaftlichen Rentenversicherung entfällt.

(3) [1]Ausgaben für Leistungen zur Teilhabe werden im gleichen Verhältnis wie Rentenleistungen erstattet. [2]Dabei werden nur rentenrechtliche Zeiten bis zum Ablauf des Kalenderjahres vor der Antragstellung berücksichtigt. [3]Eine pauschale Erstattung kann vorgesehen werden.

(4) Die Absätze 1 und 2 gelten entsprechend für die von der Rentenversicherung zu tragenden Beiträge zur gesetzlichen Krankenversicherung sowie für die Zuschüsse zur Krankenversicherung.

(5) Bei der Anwendung der Anrechnungsvorschriften bestimmt sich der auf den jeweiligen Träger der Rentenversicherung entfallende Teil des Anrechnungsbetrags nach dem Verhältnis der Höhe dieser Leistungsanteile.

(6) [1] Die Träger der allgemeinen Rentenversicherung zahlen der Deutschen Rentenversicherung Knappschaft-Bahn-See als Träger der knappschaftlichen Rentenversicherung einen Wanderungsausgleich. [2] Der auf die Träger der allgemeinen Rentenversicherung entfallende Anteil am Wanderungsausgleich bestimmt sich nach dem Verhältnis ihrer Beitragseinnahmen. [3] Für die Berechnung des Wanderungsausgleichs werden miteinander vervielfältigt:

1. Die Differenz zwischen der durchschnittlichen Zahl der knappschaftlich Versicherten in dem Jahr, für das der Wanderungsausgleich gezahlt wird, und der Zahl der am 1. Januar 1991 in der knappschaftlichen Rentenversicherung Versicherten (Versichertenverlust),
2. das Durchschnittsentgelt des Jahres, für das der Wanderungsausgleich gezahlt wird,
3. der Beitragssatz in der allgemeinen Rentenversicherung des Jahres, für das der Wanderungsausgleich gezahlt wird,
4. der Faktor, der sich ergibt, wenn der Wanderungsausgleich des Jahres 2018 durch das Produkt aus dem Versichertenverlust des Jahres 2018, dem Durchschnittsentgelt des Jahres 2018 und dem Beitragssatz in der allgemeinen Rentenversicherung des Jahres 2018 dividiert wird.

[4] Als Versicherte der knappschaftlichen Rentenversicherung gelten auch sonstige Versicherte (§ 166). [5] Der Betrag des Wanderungsausgleichs ist mit einem Faktor zu bereinigen, der die längerfristigen Veränderungen der Rentnerzahl und des Rentenvolumens in der knappschaftlichen Rentenversicherung berücksichtigt.

§ 224 Erstattung durch die Bundesagentur für Arbeit. (1) [1] Zum Ausgleich der Aufwendungen, die der Rentenversicherung für Renten wegen voller Erwerbsminderung entstehen, bei denen der Anspruch auch von der jeweiligen Arbeitsmarktlage abhängig ist, zahlt die Bundesagentur für Arbeit den Trägern der Rentenversicherung einen Ausgleichsbetrag. [2] Dieser bemisst sich pauschal nach der Hälfte der Aufwendungen für die Renten wegen voller Erwerbsminderung einschließlich der darauf entfallenden Beteiligung der Rentenversicherung an den Beiträgen zur Krankenversicherung und der durchschnittlichen Dauer des Anspruchs auf Arbeitslosengeld, der anstelle der Rente wegen voller Erwerbsminderung bestanden hätte.

(2) [1] Auf den Ausgleichsbetrag leistet die Bundesagentur für Arbeit Abschlagszahlungen, die in Teilbeträgen am Fälligkeitstag der Rentenvorschüsse in das Inland für den letzten Monat eines Kalendervierteljahres zu zahlen sind. [2] Als Abschlagszahlung werden für das Jahr 2001 185 Millionen Deutsche Mark und für das Jahr 2002 192 Millionen Euro festgesetzt. [3] In den Folgejahren werden die Abschlagszahlungen unter Berücksichtigung der Ergebnisse der Abrechnung für das jeweilige Vorjahr festgesetzt. [4] Die Abrechnung der Erstattungsbeträge erfolgt bis zum 30. September des auf das Jahr der Abschlagszahlung folgenden Jahres.

(3) [1] Das Bundesamt für Soziale Sicherung führt die Abrechnung und den Zahlungsausgleich zwischen den Trägern der allgemeinen Rentenversicherung sowie der knappschaftlichen Rentenversicherung und die Verteilung auf die Träger der allgemeinen Rentenversicherung durch. [2] Es bestimmt erstmals für das Jahr 2003 die Höhe der jährlichen Abschlagszahlungen.

(4) [1]Für die Abrechnung und die Verteilung ist § 227 Abs. 1 entsprechend anzuwenden. [2]Dabei erfolgt die Abrechnung mit dem Träger der knappschaftlichen Rentenversicherung entsprechend dem Verhältnis, in dem die Ausgaben dieses Trägers für Renten wegen voller Erwerbsminderung unter Einbeziehung der im Wanderversicherungsausgleich zu zahlenden und zu erstattenden Beträge zu den entsprechenden Aufwendungen der Träger der allgemeinen Rentenversicherung zusammenstehen.

§ 224a Tragung pauschalierter Beiträge für Renten wegen voller Erwerbsminderung. (1) [1]Das Bundesamt für Soziale Sicherung führt für den Gesamtbeitrag nach § 345a des Dritten Buches[1)] die Verteilung zwischen den Trägern der allgemeinen Rentenversicherung sowie der knappschaftlichen Rentenversicherung durch. [2]Der Gesamtbeitrag ist mit dem Ausgleichsbetrag der Bundesagentur für Arbeit nach § 224 im Rahmen der Jahresabrechnung für diesen Ausgleichsbetrag zu verrechnen.

(2) [1]Für die Verteilung ist § 227 Abs. 1 entsprechend anzuwenden. [2]Dabei erfolgt die Abrechnung mit dem Träger der knappschaftlichen Rentenversicherung entsprechend dem Verhältnis, in dem die Ausgaben dieses Trägers für Renten wegen voller Erwerbsminderung unter Einbeziehung der im Wanderversicherungsausgleich zu zahlenden und zu erstattenden Beträge zu den entsprechenden Aufwendungen der Träger der allgemeinen Rentenversicherung zusammenstehen.

§ 224b Erstattung für Begutachtung in Angelegenheiten der Grundsicherung. (1) [1]Der Bund erstattet der Deutschen Rentenversicherung Bund zum 1. Mai eines Jahres, erstmals zum 1. Mai 2010, die Kosten und Auslagen, die den Trägern der Rentenversicherung durch die Wahrnehmung ihrer Aufgaben nach § 109a Absatz 2 für das vorangegangene Jahr entstanden sind. [2]Das Bundesministerium für Arbeit und Soziales, das Bundesministerium der Finanzen und die Deutsche Rentenversicherung Bund vereinbaren aufwandsgerechte Pauschalbeträge für die nach § 109a Absatz 2 je Fall entstehenden Kosten und Auslagen.

(2) Für Kosten und Auslagen durch die Wahrnehmung der Aufgaben nach § 109a Absatz 3 gilt Absatz 1 entsprechend.

(3) [1]Das Bundesamt für Soziale Sicherung führt die Abrechnung nach den Absätzen 1 und 2 durch. [2]Die Deutsche Rentenversicherung Bund übermittelt dem Bundesamt für Soziale Sicherung bis zum 1. März eines Jahres, erstmals zum 1. März 2010, die Zahl der Fälle des vorangegangenen Jahres. [3]Die Aufteilung des Erstattungsbetrages auf die Träger der Rentenversicherung erfolgt durch die Deutsche Rentenversicherung Bund. [4]Für die Träger der allgemeinen Rentenversicherung erfolgt sie buchhalterisch.

§ 225 Erstattung durch den Träger der Versorgungslast. (1) [1]Die Aufwendungen des Trägers der Rentenversicherung aufgrund von Rentenanwartschaften, die durch Entscheidung des Familiengerichts begründet worden sind, werden von dem zuständigen Träger der Versorgungslast erstattet. [2]Ist der Ehegatte oder Lebenspartner, zu dessen Lasten der Versorgungsausgleich durchgeführt wurde, später nachversichert worden, sind nur die Aufwendungen zu

[1)] Nr. 3.

erstatten, die bis zum Ende des Kalenderjahres entstanden sind, das der Zahlung der Beiträge für die Nachversicherung oder in Fällen des § 185 Abs. 1 Satz 3 dem Eintritt der Voraussetzungen für die Nachversicherung vorausging. [3] Ist die Nachversicherung durch eine Zahlung von Beiträgen an eine berufsständische Versorgungseinrichtung ersetzt worden (§ 186 Abs. 1), geht die Erstattungspflicht nach Satz 1 mit dem Ende des in Satz 2 genannten Kalenderjahres auf die berufsständische Versorgungseinrichtung als neuen Träger der Versorgungslast über.

(2) [1] Wird durch Entscheidung des Familiengerichts eine Rentenanwartschaft begründet, deren Monatsbetrag 1 vom Hundert der bei Ende der Ehezeit oder Lebenspartnerschaftszeit geltenden monatlichen Bezugsgröße nicht übersteigt, hat der Träger der Versorgungslast Beiträge zu zahlen. [2] Absatz 1 ist nicht anzuwenden. [3] Im Fall einer Abänderung einer Entscheidung des Familiengerichts gilt § 187 Abs. 7 entsprechend.

§ 226 Verordnungsermächtigung. (1) Die Bundesregierung wird ermächtigt, durch Rechtsverordnung mit Zustimmung des Bundesrates das Nähere über die Berechnung und Durchführung der Erstattung von Aufwendungen durch den Träger der Versorgungslast zu bestimmen.

(2) Das Bundesministerium für Arbeit und Soziales wird ermächtigt, im Einvernehmen mit dem Bundesministerium der Finanzen durch Rechtsverordnung mit Zustimmung des Bundesrates das Nähere über die Erstattung gemäß § 223 Abs. 3 zu bestimmen.

(3) Das Bundesministerium für Arbeit und Soziales wird ermächtigt, im Einvernehmen mit dem Bundesministerium der Finanzen durch Rechtsverordnung mit Zustimmung des Bundesrates das Nähere zur Ermittlung des Wanderungsausgleichs nach § 223 Abs. 6 zu bestimmen.

(4) Das Bundesministerium für Arbeit und Soziales wird ermächtigt, im Einvernehmen mit dem Bundesministerium der Finanzen durch Rechtsverordnung mit Zustimmung des Bundesrates das Nähere über die Pauschalierung des Ausgleichsbetrags gemäß § 224 zu bestimmen.

(5) Das Bundesministerium für Arbeit und Soziales wird ermächtigt, durch Rechtsverordnung mit Zustimmung des Bundesrates das Nähere über die Verteilung der pauschalierten Beiträge für Renten wegen voller Erwerbsminderung gemäß § 224a zu bestimmen.

Vierter Unterabschnitt. Abrechnung der Aufwendungen

§ 227 Abrechnung der Aufwendungen. (1) [1] Die Deutsche Rentenversicherung Bund verteilt die Beträge nach § 219 Abs. 1 und § 223 auf die Träger der allgemeinen Rentenversicherung und führt die Abrechnung der Träger der allgemeinen Rentenversicherung mit dem Träger der knappschaftlichen Rentenversicherung sowie mit der Deutschen Post AG durch. [2] Die Ausgleiche der Zahlungsverpflichtungen zwischen den Trägern der allgemeinen Rentenversicherung erfolgen ausschließlich buchhalterisch. [3] Die Zahlungsausgleiche der allgemeinen Rentenversicherung mit dem Träger der knappschaftlichen Rentenversicherung und mit der Deutschen Post AG werden von der Deutschen Rentenversicherung Bund innerhalb von vier Wochen nach Bekanntgabe der Abrechnung durchgeführt.

(1a) [1] Das Bundesamt für Soziale Sicherung führt die Abrechnung der Zahlungen des Bundes an die gesetzliche Rentenversicherung durch. [2] Nachzahlungen des Bundes an die allgemeine Rentenversicherung werden zugunsten der Deutschen Rentenversicherung Bund und Nachzahlungen an die knappschaftliche Rentenversicherung werden an den Träger der knappschaftlichen Rentenversicherung innerhalb von vier Wochen nach Bekanntgabe der Abrechnung ausgeführt.

(2) Die Deutsche Post AG teilt der Deutschen Rentenversicherung Bund und dem Bundesamt für Soziale Sicherung zum Ablauf eines Kalenderjahres die Beträge mit, die auf Anweisung der Träger der allgemeinen Rentenversicherung gezahlt worden sind.

(3) Im Übrigen obliegt dem Erweiterten Direktorium bei der Deutschen Rentenversicherung Bund die Aufstellung von Grundsätzen zur und die Steuerung der Finanzausstattung und der Finanzverwaltung im Rahmen des geltenden Rechts für das gesamte System der Deutschen Rentenversicherung.

Fünftes Kapitel. Sonderregelungen

Erster Abschnitt. Ergänzungen für Sonderfälle

Erster Unterabschnitt. Grundsatz

§ 228 Grundsatz. Die Vorschriften dieses Abschnitts ergänzen die Vorschriften der vorangehenden Kapitel für Sachverhalte, die von dem Zeitpunkt des Inkrafttretens der Vorschriften der vorangehenden Kapitel an nicht mehr oder nur noch übergangsweise eintreten können.

§ 228a Besonderheiten für das Beitrittsgebiet. (1) [1] Soweit Vorschriften dieses Buches bei Arbeitsentgelten, Arbeitseinkommen oder Beitragsbemessungsgrundlagen

1. an die Bezugsgröße anknüpfen, ist die Bezugsgröße für das Beitrittsgebiet (Bezugsgröße (Ost)),
2. an die Beitragsbemessungsgrenze anknüpfen, ist die Beitragsbemessungsgrenze für das Beitrittsgebiet (Beitragsbemessungsgrenze (Ost), Anlage 2a)

maßgebend, wenn die Einnahmen aus einer Beschäftigung oder Tätigkeit im Beitrittsgebiet erzielt werden. [2] Satz 1 gilt für die Ermittlung der Beitragsbemessungsgrundlagen bei sonstigen Versicherten entsprechend.

(2) *(aufgehoben)*

(3) Soweit Vorschriften dieses Buches bei Einkommensanrechnung auf Renten wegen Todes an den aktuellen Rentenwert anknüpfen, ist der aktuelle Rentenwert (Ost) maßgebend, wenn der Berechtigte seinen gewöhnlichen Aufenthalt im Beitrittsgebiet hat.

§ 228b Maßgebende Werte in der Anpassungsphase. Bei der Festsetzung von Werten für Zeiten bis einschließlich 31. Dezember 2024 sind, soweit Vorschriften dieses Buches auf die Veränderung der Bruttolöhne und -gehälter je Arbeitnehmer (§ 68 Abs. 2 Satz 1) oder auf das Durchschnittsentgelt abstellen, die für das Bundesgebiet ohne das Beitrittsgebiet ermittelten Werte maßgebend, sofern nicht in den nachstehenden Vorschriften etwas anderes bestimmt ist.

Zweiter Unterabschnitt. Versicherter Personenkreis

§ 229 Versicherungspflicht. (1) [1] Personen, die am 31. Dezember 1991 als
1. Mitglieder des Vorstandes einer Aktiengesellschaft,
2. selbständig tätige Lehrer, Erzieher oder Pflegepersonen im Zusammenhang mit ihrer selbständigen Tätigkeit keinen Angestellten, aber mindestens einen Arbeiter beschäftigt haben und

versicherungspflichtig waren, bleiben in dieser Tätigkeit versicherungspflichtig. [2] Sie werden jedoch auf Antrag von der Versicherungspflicht befreit. [3] Die Befreiung wirkt vom Eingang des Antrags an. [4] Sie ist auf die jeweilige Tätigkeit beschränkt.

(1a) [1] Mitglieder des Vorstandes einer Aktiengesellschaft, die am 6. November 2003 in einer weiteren Beschäftigung oder selbständigen Tätigkeit nicht versicherungspflichtig waren, bleiben in dieser Beschäftigung oder selbständigen Tätigkeit nicht versicherungspflichtig. [2] Sie können bis zum 31. Dezember 2004 die Versicherungspflicht mit Wirkung für die Zukunft beantragen.

(1b) [1] Personen, die am 28. Juni 2011 auf Grund einer Beschäftigung im Ausland bei einer amtlichen Vertretung des Bundes oder der Länder oder bei deren Leitern, deutschen Mitgliedern oder Bediensteten versicherungspflichtig waren, bleiben in dieser Beschäftigung versicherungspflichtig. [2] Die Versicherungspflicht endet, wenn dies von Arbeitgeber und Arbeitnehmer gemeinsam beantragt wird; der Antrag kann bis zum 30. Juni 2012 gestellt werden. [3] Die Versicherungspflicht endet von dem Kalendermonat an, der auf den Tag des Eingangs des Antrags folgt.

(2) Handwerker, die am 31. Dezember 1991 nicht versicherungspflichtig waren, bleiben in dieser Tätigkeit nicht versicherungspflichtig.

(2a) Handwerker, die am 31. Dezember 2003 versicherungspflichtig waren, bleiben in dieser Tätigkeit versicherungspflichtig; § 6 Abs. 1 Satz 1 Nr. 4 bleibt unberührt.

(3) [1] § 2 Satz 1 Nr. 9 Buchstabe b zweiter Halbsatz und Satz 4 Nr. 3 ist auch anzuwenden, soweit die Tätigkeit in der Zeit vom 1. Januar 1999 bis zum 1. Juli 2006 ausgeübt worden ist. [2] § 2 Satz 1 Nr. 1, 2 und 9 Buchstabe a in der ab 1. Mai 2007 geltenden Fassung ist auch anzuwenden, soweit Arbeitnehmer in der Zeit vom 1. Januar 1999 bis zum 30. April 2007 beschäftigt wurden.

(4) Bezieher von Sozialleistungen, die am 31. Dezember 1995 auf Antrag versicherungspflichtig waren und nach § 4 Abs. 3a die Voraussetzungen für die Versicherungspflicht nicht mehr erfüllen, bleiben für die Zeit des Bezugs der jeweiligen Sozialleistung versicherungspflichtig.

(5) Personen, die am 31. Dezember 2012 als Beschäftigte nach § 5 Absatz 2 in der bis zum 31. Dezember 2012 geltenden Fassung wegen Verzichts auf die Versicherungsfreiheit in einer geringfügigen Beschäftigung oder mehreren geringfügigen Beschäftigungen versicherungspflichtig waren, bleiben insoweit versicherungspflichtig; § 6 Absatz 1b in der ab dem 1. Januar 2013 geltenden Fassung gilt für diese Personen bezogen auf die am 31. Dezember 2012 ausgeübte Beschäftigung und weitere Beschäftigungen, auf die sich der Verzicht auf die Versicherungsfreiheit nach § 5 Absatz 2 in der bis zum 31. Dezember 2012 geltenden Fassung erstrecken würde, nicht.

(6) [1] Personen, die am 31. März 2003 in einer Beschäftigung oder selbständigen Tätigkeit ohne einen Verzicht auf die Versicherungsfreiheit (§ 5 Absatz 2

Satz 2 in der bis zum 31. Dezember 2012 geltenden Fassung) versicherungspflichtig waren, die die Merkmale einer geringfügigen Beschäftigung oder selbständigen Tätigkeit in der ab 1. April 2003 geltenden Fassung von § 8 des Vierten Buches[1)] oder die Merkmale einer geringfügigen Beschäftigung oder selbständigen Tätigkeit im Privathaushalt (§ 8a Viertes Buch) erfüllt, bleiben in dieser Beschäftigung oder selbständigen Tätigkeit versicherungspflichtig. [2] Sie werden auf ihren Antrag von der Versicherungspflicht befreit. [3] Die Befreiung wirkt vom 1. April 2003 an, wenn sie bis zum 30. Juni 2003 beantragt wird, sonst vom Eingang des Antrags an. [4] Sie ist auf die jeweilige Beschäftigung oder selbständige Tätigkeit beschränkt. [5] Für Personen, die die Voraussetzungen für die Versicherungspflicht nach § 2 Satz 1 Nr. 10 erfüllen, endet die Befreiung nach Satz 2 am 31. Juli 2004.

(7) [1] Selbständig Tätige, die am 31. Dezember 2012 nicht versicherungspflichtig waren, weil sie versicherungspflichtige Arbeitnehmer beschäftigt haben, bleiben in dieser Tätigkeit nicht versicherungspflichtig, wenn der beschäftigte Arbeitnehmer nicht geringfügig beschäftigt nach § 8 Absatz 1 Nummer 1 des Vierten Buches in der bis zum 31. Dezember 2012 geltenden Fassung ist. [2] Personen, die am 31. Dezember 2012 in einer selbständigen Tätigkeit versicherungspflichtig waren, die die Merkmale einer geringfügigen Tätigkeit in der ab dem 1. Januar 2013 geltenden Fassung von § 8 Absatz 3 in Verbindung mit § 8 Absatz 1 Nummer 1 oder § 8 Absatz 3 in Verbindung mit den §§ 8a und 8 Absatz 1 Nummer 1 des Vierten Buches erfüllt, bleiben in dieser selbständigen Tätigkeit bis zum 31. Dezember 2014 versicherungspflichtig.

(8) Selbstständig tätige Gewerbetreibende, die am 13. Februar 2020 nicht nach § 2 Satz 1 Nummer 8 versicherungspflichtig waren, bleiben in der ausgeübten Tätigkeit nicht versicherungspflichtig, wenn sie allein aufgrund der Änderung der Anlage A zur Handwerksordnung zum 14. Februar 2020 versicherungspflichtig würden.

(9) [1] § 1 Satz 5 Nummer 3 findet grundsätzlich nur Anwendung auf Ausbildungen, die nach dem 30. Juni 2020 begonnen werden. [2] Wurde die Ausbildung vor diesem Zeitpunkt begonnen und wurden

1. Beiträge gezahlt, gilt § 1 Satz 5 Nummer 3 ab Beginn der Beitragszahlung,
2. keine Beiträge gezahlt, gilt § 1 Satz 5 Nummer 3 ab dem Zeitpunkt, zu dem der Arbeitgeber mit Zustimmung des Teilnehmers Beiträge zahlt.

§ 229a Versicherungspflicht im Beitrittsgebiet. (1) Personen, die am 31. Dezember 1991 im Beitrittsgebiet versicherungspflichtig waren, nicht ab 1. Januar 1992 nach den §§ 1 bis 3 versicherungspflichtig geworden sind und nicht bis zum 31. Dezember 1994 beantragt haben, dass die Versicherungspflicht enden soll, bleiben in der jeweiligen Tätigkeit oder für die Zeit des jeweiligen Leistungsbezugs versicherungspflichtig.

(2) Im Beitrittsgebiet selbständig tätige Landwirte, die die Voraussetzungen des § 2 Abs. 1 Nr. 1 des Zweiten Gesetzes über die Krankenversicherung der Landwirte erfüllt haben, in der Krankenversicherung der Landwirte als Unternehmer versichert waren und am 1. Januar 1995 in dieser Tätigkeit versicherungspflichtig waren, bleiben in dieser Tätigkeit versicherungspflichtig.

[1)] Nr. 4.

§ 230 Versicherungsfreiheit. (1) [1] Personen, die am 31. Dezember 1991 als
1. Polizeivollzugsbeamte auf Widerruf,
2. Handwerker oder
3. Mitglieder der Pensionskasse deutscher Eisenbahnen und Straßenbahnen

versicherungsfrei waren, bleiben in dieser Beschäftigung oder selbständigen Tätigkeit versicherungsfrei. [2] Handwerker, die am 31. Dezember 1991 aufgrund eines Lebensversicherungsvertrages versicherungsfrei waren, und Personen, die am 31. Dezember 1991 als Versorgungsbezieher versicherungsfrei waren, bleiben in jeder Beschäftigung und jeder selbständigen Tätigkeit versicherungsfrei.

(2) [1] Personen, die am 31. Dezember 1991 als versicherungspflichtige
1. Beschäftigte von Körperschaften, Anstalten oder Stiftungen des öffentlichen Rechts oder ihrer Verbände oder
2. satzungsmäßige Mitglieder geistlicher Genossenschaften, Diakonissen oder Angehörige ähnlicher Gemeinschaften,

nicht versicherungsfrei und nicht von der Versicherungspflicht befreit waren, bleiben in dieser Beschäftigung versicherungspflichtig. [2] Sie werden jedoch auf Antrag unter den Voraussetzungen des § 5 Abs. 1 Satz 1 von der Versicherungspflicht befreit. [3] Über die Befreiung entscheidet der Träger der Rentenversicherung, nachdem für Beschäftigte beim Bund und bei Arbeitgebern, die der Aufsicht des Bundes unterstehen, das zuständige Bundesministerium, im Übrigen die oberste Verwaltungsbehörde des Landes, in dem die Arbeitgeber, Genossenschaften oder Gemeinschaften ihren Sitz haben, das Vorliegen der Voraussetzungen bestätigt hat. [4] Die Befreiung wirkt vom Eingang des Antrags an. [5] Sie ist auf die jeweilige Beschäftigung beschränkt.

(3) [1] Personen, die am 31. Dezember 1991 als Beschäftigte oder selbständig Tätige nicht versicherungsfrei und nicht von der Versicherungspflicht befreit waren, werden in dieser Beschäftigung oder selbständigen Tätigkeit nicht nach § 5 Abs. 4 Nr. 2 und 3 versicherungsfrei. [2] Sie werden jedoch auf Antrag von der Versicherungspflicht befreit. [3] Die Befreiung wirkt vom Eingang des Antrags an. [4] Sie bezieht sich auf jede Beschäftigung oder selbständige Tätigkeit.

(4) [1] Personen, die am 1. Oktober 1996 in einer Beschäftigung oder selbständigen Tätigkeit als ordentliche Studierende einer Fachschule oder Hochschule versicherungsfrei waren, bleiben in dieser Beschäftigung oder selbständigen Tätigkeit versicherungsfrei. [2] Sie können jedoch beantragen, dass die Versicherungsfreiheit endet.

(5) § 5 Abs. 1 Satz 4 ist nicht anzuwenden, wenn vor dem 1. Februar 2002 aufgrund einer Entscheidung nach § 5 Abs. 1 Satz 3 bereits Versicherungsfreiheit nach § 5 Abs. 1 Satz 1 Nr. 2 oder 3 vorlag.

(6) Personen, die nach § 5 Abs. 1 Satz 1 Nr. 2 in der bis zum 31. Dezember 2008 geltenden Fassung versicherungsfrei waren, bleiben in dieser Beschäftigung versicherungsfrei.

(7) Personen, die eine Versorgung nach § 6 des Streitkräftepersonalstruktur-Anpassungsgesetzes beziehen, sind nicht nach § 5 Absatz 4 Nummer 2 versicherungsfrei.

(8) [1] Personen, die am 31. Dezember 2012 als Beschäftigte nach § 5 Absatz 2 Satz 1 Nummer 1 in der bis zum 31. Dezember 2012 geltenden Fassung versicherungsfrei waren, bleiben in dieser Beschäftigung versicherungsfrei, solange die Voraussetzungen einer geringfügigen Beschäftigung nach § 8 Absatz 1

Nummer 1 oder § 8a in Verbindung mit § 8 Absatz 1 Nummer 1 des Vierten Buches[1)] in der bis zum 31. Dezember 2012 geltenden Fassung vorliegen. [2]Sie können durch schriftliche Erklärung gegenüber dem Arbeitgeber auf die Versicherungsfreiheit verzichten; der Verzicht kann nur mit Wirkung für die Zukunft und bei mehreren Beschäftigungen nur einheitlich erklärt werden und ist für die Dauer der Beschäftigungen bindend.

(9) [1] Personen, die am 31. Dezember 2016 wegen des Bezugs einer Vollrente wegen Alters vor Erreichen der Regelaltersgrenze in einer Beschäftigung oder selbständigen Tätigkeit versicherungsfrei waren, bleiben in dieser Beschäftigung oder selbständigen Tätigkeit versicherungsfrei. [2]Beschäftigte können durch schriftliche Erklärung gegenüber dem Arbeitgeber auf die Versicherungsfreiheit verzichten. [3]Der Verzicht kann nur mit Wirkung für die Zukunft erklärt werden und ist für die Dauer der Beschäftigung bindend. [4]Die Sätze 2 und 3 gelten entsprechend für Selbständige, die den Verzicht gegenüber dem zuständigen Träger der Rentenversicherung erklären.

§ 231 Befreiung von der Versicherungspflicht. (1) [1]Personen, die am 31. Dezember 1991 von der Versicherungspflicht befreit waren, bleiben in derselben Beschäftigung oder selbständigen Tätigkeit von der Versicherungspflicht befreit. [2]Personen, die am 31. Dezember 1991 als

1. Angestellte im Zusammenhang mit der Erhöhung oder dem Wegfall der Jahresarbeitsverdienstgrenze,
2. Handwerker oder
3. Empfänger von Versorgungsbezügen

von der Versicherungspflicht befreit waren, bleiben in jeder Beschäftigung oder selbständigen Tätigkeit und bei Wehrdienstleistungen von der Versicherungspflicht befreit.

(2) Personen, die aufgrund eines bis zum 31. Dezember 1995 gestellten Antrags spätestens mit Wirkung von diesem Zeitpunkt an nach § 6 Abs. 1 Nr. 1 in der zu diesem Zeitpunkt geltenden Fassung von der Versicherungspflicht befreit sind, bleiben in der jeweiligen Beschäftigung oder selbständigen Tätigkeit befreit.

(3) Mitglieder von berufsständischen Versorgungseinrichtungen, die nur deshalb Pflichtmitglied ihrer berufsständischen Kammer sind, weil die am 31. Dezember 1994 für bestimmte Angehörige ihrer Berufsgruppe bestehende Verpflichtung zur Mitgliedschaft in einer berufsständischen Kammer nach dem 31. Dezember 1994 auf weitere Angehörige der jeweiligen Berufsgruppe erstreckt worden ist, werden bei Vorliegen der übrigen Voraussetzungen nach § 6 Abs. 1 von der Versicherungspflicht befreit, wenn

1. die Verkündung des Gesetzes, mit dem die Verpflichtung zur Mitgliedschaft in einer berufsständischen Kammer auf weitere Angehörige der Berufsgruppe erstreckt worden ist, vor dem 1. Juli 1996 erfolgt und
2. mit der Erstreckung der Verpflichtung zur Mitgliedschaft in einer berufsständischen Kammer auf weitere Angehörige der Berufsgruppe hinsichtlich des Kreises der Personen, die der berufsständischen Kammer als Pflichtmitglieder angehören, eine Rechtslage geschaffen worden ist, die am 31. Dezember 1994 bereits in mindestens der Hälfte aller Bundesländer bestanden hat.

[1)] Nr. 4.

(4) Mitglieder von berufsständischen Versorgungseinrichtungen, die nur deshalb Pflichtmitglied einer berufsständischen Versorgungseinrichtung sind, weil eine für ihre Berufsgruppe am 31. Dezember 1994 bestehende Verpflichtung zur Mitgliedschaft in der berufsständischen Versorgungseinrichtung nach dem 31. Dezember 1994 auf diejenigen Angehörigen der Berufsgruppe erstreckt worden ist, die einen gesetzlich vorgeschriebenen Vorbereitungs- oder Anwärterdienst ableisten, werden bei Vorliegen der übrigen Voraussetzungen nach § 6 Abs. 1 von der Versicherungspflicht befreit, wenn

1. die Änderung der versorgungsrechtlichen Regelungen, mit der die Verpflichtung zur Mitgliedschaft in der berufsständischen Versorgungseinrichtung auf Personen erstreckt worden ist, die einen gesetzlich vorgeschriebenen Vorbereitungs- oder Anwärterdienst ableisten, vor dem 1. Juli 1996 erfolgt und
2. mit der Erstreckung der Verpflichtung zur Mitgliedschaft in der berufsständischen Versorgungseinrichtung auf Personen, die einen gesetzlich vorgeschriebenen Vorbereitungs- oder Anwärterdienst ableisten, hinsichtlich des Kreises der Personen, die der berufsständischen Versorgungseinrichtung als Pflichtmitglieder angehören, eine Rechtslage geschaffen worden ist, die für die jeweilige Berufsgruppe bereits am 31. Dezember 1994 in mindestens einem Bundesland bestanden hat.

(4a) Die Änderungen der Bundesrechtsanwaltsordnung und der Patentanwaltsordnung durch Artikel 1 Nummer 3 und Artikel 6 des Gesetzes zur Neuordnung des Rechts der Syndikusanwälte und zur Änderung der Finanzgerichtsordnung vom 21. Dezember 2015 (BGBl. I S. 2517) gelten nicht als Änderungen, mit denen der Kreis der Pflichtmitglieder einer berufsständischen Kammer im Sinne des § 6 Absatz 1 Satz 3 erweitert wird.

(4b) [1] Eine Befreiung von der Versicherungspflicht als Syndikusrechtsanwalt oder Syndikuspatentanwalt nach § 6 Absatz 1 Satz 1 Nummer 1, die unter Berücksichtigung der Bundesrechtsanwaltsordnung in der ab dem 1. Januar 2016 geltenden Fassung oder der Patentanwaltsordnung in der ab dem 1. Januar 2016 geltenden Fassung erteilt wurde, wirkt auf Antrag vom Beginn derjenigen Beschäftigung an, für die die Befreiung von der Versicherungspflicht erteilt wird. [2] Sie wirkt auch vom Beginn davor liegender Beschäftigungen an, wenn während dieser Beschäftigungen eine Pflichtmitgliedschaft in einem berufsständischen Versorgungswerk bestand. [3] Die Befreiung nach den Sätzen 1 und 2 wirkt frühestens ab dem 1. April 2014. [4] Die Befreiung wirkt jedoch auch für Zeiten vor dem 1. April 2014, wenn für diese Zeiten einkommensbezogene Pflichtbeiträge an ein berufsständisches Versorgungswerk gezahlt wurden. [5] Die Sätze 1 bis 4 gelten nicht für Beschäftigungen, für die eine Befreiung von der Versicherungspflicht als Syndikusrechtsanwalt oder Syndikuspatentanwalt auf Grund einer vor dem 4. April 2014 ergangenen Entscheidung bestandskräftig abgelehnt wurde. [6] Der Antrag auf rückwirkende Befreiung nach den Sätzen 1 und 2 kann nur bis zum Ablauf des 1. April 2016 gestellt werden.

(4c) [1] Eine durch Gesetz angeordnete oder auf Gesetz beruhende Verpflichtung zur Mitgliedschaft in einer berufsständischen Versorgungseinrichtung im Sinne des § 6 Absatz 1 Satz 1 Nummer 1 gilt als gegeben für Personen, die

1. nach dem 3. April 2014 auf ihre Rechte aus der Zulassung zur Rechtsanwaltschaft oder Patentanwaltschaft verzichtet haben und

2. bis zum Ablauf des 1. April 2016 die Zulassung als Syndikusrechtsanwalt oder Syndikuspatentanwalt nach der Bundesrechtsanwaltsordnung in der ab dem 1. Januar 2016 geltenden Fassung oder der Patentanwaltsordnung in der ab dem 1. Januar 2016 geltenden Fassung beantragen.

[2]Satz 1 gilt nur, solange die Personen als Syndikusrechtsanwalt oder Syndikuspatentanwalt zugelassen sind und als freiwilliges Mitglied in einem Versorgungswerk einkommensbezogene Beiträge zahlen. [3]Satz 1 gilt nicht, wenn vor dem 1. Januar 2016 infolge eines Ortswechsels der anwaltlichen Tätigkeit eine Pflichtmitgliedschaft in dem neu zuständigen berufsständischen Versorgungswerk wegen Überschreitens einer Altersgrenze nicht mehr begründet werden konnte.

(4d) [1]Tritt in einer berufsständischen Versorgungseinrichtung, in der am 1. Januar 2016 eine Altersgrenze für die Begründung einer Pflichtmitgliedschaft bestand, eine Aufhebung dieser Altersgrenze bis zum Ablauf des 31. Dezember 2018 in Kraft, wirkt eine Befreiung von der Versicherungspflicht bei Personen, die infolge eines Ortswechsels eine Pflichtmitgliedschaft in einer solchen berufsständischen Versorgungseinrichtung bisher nicht begründen konnten und Beiträge als freiwillige Mitglieder entrichtet haben, auf Antrag vom Beginn des 36. Kalendermonats vor Inkrafttreten der Aufhebung der Altersgrenze in der jeweiligen berufsständischen Versorgungseinrichtung. [2]Der Antrag kann nur bis zum Ablauf von drei Kalendermonaten nach Inkrafttreten der Aufhebung der Altersgrenze gestellt werden.

(5) [1]Personen, die am 31. Dezember 1998 eine selbständige Tätigkeit ausgeübt haben, in der sie nicht versicherungspflichtig waren, und danach gemäß § 2 Satz 1 Nr. 9 versicherungspflichtig werden, werden auf Antrag von dieser Versicherungspflicht befreit, wenn sie

1. vor dem 2. Januar 1949 geboren sind oder
2. vor dem 10. Dezember 1998 mit einem öffentlichen oder privaten Versicherungsunternehmen einen Lebens- oder Rentenversicherungsvertrag abgeschlossen haben, der so ausgestaltet ist oder bis zum 30. Juni 2000 oder binnen eines Jahres nach Eintritt der Versicherungspflicht so ausgestaltet wird, dass
   a) Leistungen für den Fall der Invalidität und des Erlebens des 60. oder eines höheren Lebensjahres sowie im Todesfall Leistungen an Hinterbliebene erbracht werden und
   b) für die Versicherung mindestens ebensoviel Beiträge aufzuwenden sind, wie Beiträge zur Rentenversicherung zu zahlen wären, oder
3. vor dem 10. Dezember 1998 eine vergleichbare Form der Vorsorge betrieben haben oder nach diesem Zeitpunkt bis zum 30. Juni 2000 oder binnen eines Jahres nach Eintritt der Versicherungspflicht entsprechend ausgestalten; eine vergleichbare Vorsorge liegt vor, wenn
   a) vorhandenes Vermögen oder
   b) Vermögen, das aufgrund einer auf Dauer angelegten vertraglichen Verpflichtung angespart wird,

insgesamt gewährleisten, dass eine Sicherung für den Fall der Invalidität und des Erlebens des 60. oder eines höheren Lebensjahres sowie im Todesfall für Hinterbliebene vorhanden ist, deren wirtschaftlicher Wert nicht hinter dem einer Lebens- oder Rentenversicherung nach Nummer 2 zurückbleibt. [2]Satz 1 Nr. 2

gilt entsprechend für eine Zusage auf eine betriebliche Altersversorgung, durch die die leistungsbezogenen und aufwandsbezogenen Voraussetzungen des Satzes 1 Nr. 2 erfüllt werden. [3]Die Befreiung ist binnen eines Jahres nach Eintritt der Versicherungspflicht zu beantragen; die Frist läuft nicht vor dem 30. Juni 2000 ab. [4]Die Befreiung wirkt vom Eintritt der Versicherungspflicht an.

(6) [1]Personen, die am 31. Dezember 1998 eine nach § 2 Satz 1 Nr. 1 bis 3 oder § 229a Abs. 1 versicherungspflichtige selbständige Tätigkeit ausgeübt haben, werden auf Antrag von dieser Versicherungspflicht befreit, wenn sie

1. glaubhaft machen, dass sie bis zu diesem Zeitpunkt von der Versicherungspflicht keine Kenntnis hatten, und
2. vor dem 2. Januar 1949 geboren sind oder
3. vor dem 10. Dezember 1998 eine anderweitige Vorsorge im Sinne des Absatzes 5 Satz 1 Nr. 2 oder Nr. 3 oder Satz 2 für den Fall der Invalidität und des Erlebens des 60. oder eines höheren Lebensjahres sowie im Todesfall für Hinterbliebene getroffen haben; Absatz 5 Satz 1 Nr. 2 und 3 und Satz 2 sind mit der Maßgabe anzuwenden, dass an die Stelle des Datums 30. Juni 2000 jeweils das Datum 30. September 2001 tritt.

[2]Die Befreiung ist bis zum 30. September 2001 zu beantragen; sie wirkt vom Eintritt der Versicherungspflicht an.

(7) Personen, die nach § 6 Abs. 1 Satz 1 Nr. 2 in der bis zum 31. Dezember 2008 geltenden Fassung von der Versicherungspflicht befreit waren, bleiben in dieser Beschäftigung von der Versicherungspflicht befreit.

(8) Personen, die die Voraussetzungen für eine Befreiung von der Versicherungspflicht nach § 6 Abs. 1 Satz 1 Nr. 2 in der bis zum 31. Dezember 2008 geltenden Fassung erfüllen, nicht aber die Voraussetzungen nach § 6 Abs. 1 Satz 1 Nr. 2 in der ab 1. Januar 2009 geltenden Fassung, werden von der Versicherungspflicht befreit, wenn ihnen nach beamtenrechtlichen Grundsätzen oder entsprechenden kirchenrechtlichen Regelungen Anwartschaft auf Versorgung bei verminderter Erwerbsfähigkeit und im Alter sowie auf Hinterbliebenenversorgung durch eine für einen bestimmten Personenkreis geschaffene Versorgungseinrichtung gewährleistet ist und sie an einer nichtöffentlichen Schule beschäftigt sind, die vor dem 13. November 2008 Mitglied der Versorgungseinrichtung geworden ist.

(9) § 6 Absatz 1b gilt bis zum 31. Dezember 2014 nicht für Personen, die am 31. Dezember 2012 in einer mehr als geringfügigen Beschäftigung nach § 8 Absatz 1 Nummer 1 oder § 8a in Verbindung mit § 8 Absatz 1 Nummer 1 des Vierten Buches[1)] versicherungspflichtig waren, die die Merkmale einer geringfügigen Beschäftigung nach diesen Vorschriften in der ab dem 1. Januar 2013 geltenden Fassung erfüllt, solange das Arbeitsentgelt aus dieser Beschäftigung 400 Euro monatlich übersteigt.

§ 231a Befreiung von der Versicherungspflicht im Beitrittsgebiet.

Selbständig Tätige, die am 31. Dezember 1991 im Beitrittsgebiet aufgrund eines Versicherungsvertrages von der Versicherungspflicht befreit waren und nicht bis zum 31. Dezember 1994 erklärt haben, dass die Befreiung von der Versicherungspflicht enden soll, bleiben in jeder Beschäftigung oder selbständi-

---

[1)] Nr. 4.

gen Tätigkeit und bei Wehrdienstleistungen von der Versicherungspflicht befreit.

§ 232 Freiwillige Versicherung. (1) [1] Personen, die nicht versicherungspflichtig sind und vor dem 1. Januar 1992 vom Recht der Selbstversicherung, der Weiterversicherung oder der freiwilligen Versicherung Gebrauch gemacht haben, können sich weiterhin freiwillig versichern. [2] Dies gilt für Personen, die von dem Recht der Selbstversicherung oder Weiterversicherung Gebrauch gemacht haben, auch dann, wenn sie nicht Deutsche sind und ihren gewöhnlichen Aufenthalt im Ausland haben.

(2) Nach bindender Bewilligung einer Vollrente wegen Alters oder für Zeiten des Bezugs einer solchen Rente ist eine freiwillige Versicherung nicht zulässig, wenn der Monat abgelaufen ist, in dem die Regelaltersgrenze erreicht wurde.

§ 233 Nachversicherung. (1) [1] Personen, die vor dem 1. Januar 1992 aus einer Beschäftigung ausgeschieden sind, in der sie nach dem jeweils geltenden, dem § 5 Abs. 1, § 6 Abs. 1 Satz 1 Nr. 2, § 230 Abs. 1 Nr. 1 und 3 oder § 231 Abs. 1 Satz 1 sinngemäß entsprechenden Recht nicht versicherungspflichtig, versicherungsfrei oder von der Versicherungspflicht befreit waren, werden weiterhin nach den bisherigen Vorschriften nachversichert, wenn sie ohne Anspruch oder Anwartschaft auf Versorgung aus der Beschäftigung ausgeschieden sind. [2] Dies gilt für Personen, die ihren Anspruch auf Versorgung vor dem 1. Januar 1992 verloren haben, entsprechend. [3] Wehrpflichtige, die während ihres Grundwehrdienstes vom 1. März 1957 bis zum 30. April 1961 nicht versicherungspflichtig waren, werden für die Zeit des Dienstes nachversichert, auch wenn die Voraussetzungen des Satzes 1 nicht vorliegen.

(2) [1] Personen, die nach dem 31. Dezember 1991 aus einer Beschäftigung ausgeschieden sind, in der sie nach § 5 Abs. 1, § 6 Abs. 1 Satz 1 Nr. 2, § 230 Abs. 1 Nr. 1 und 3 oder § 231 Abs. 1 Satz 1 versicherungsfrei oder von der Versicherungspflicht befreit waren, werden nach den vom 1. Januar 1992 an geltenden Vorschriften auch für Zeiträume vorher nachversichert, in denen sie nach dem jeweils geltenden, diesen Vorschriften sinngemäß entsprechenden Recht nicht versicherungspflichtig, versicherungsfrei oder von der Versicherungspflicht befreit waren. [2] Dies gilt für Personen, die ihren Anspruch auf Versorgung nach dem 31. Dezember 1991 verloren haben, entsprechend.

(3) Die Nachversicherung erstreckt sich auch auf Zeiträume, in denen die nachzuversichernden Personen mangels einer dem § 4 Abs. 1 Satz 2 entsprechenden Vorschrift oder in den Fällen des Absatzes 2 wegen Überschreitens der jeweiligen Jahresarbeitsverdienstgrenze nicht versicherungspflichtig oder versicherungsfrei waren.

§ 233a Nachversicherung im Beitrittsgebiet. (1) [1] Personen, die vor dem 1. Januar 1992 aus einer Beschäftigung im Beitrittsgebiet ausgeschieden sind, in der sie nach dem jeweils geltenden, dem § 5 Abs. 1, § 6 Abs. 1 Satz 1 Nr. 2 und § 230 Abs. 1 Nr. 3 sinngemäß entsprechenden Recht nicht versicherungspflichtig, versicherungsfrei oder von der Versicherungspflicht befreit waren, werden nachversichert, wenn sie

1. ohne Anspruch oder Anwartschaft auf Versorgung aus der Beschäftigung ausgeschieden sind und

2. einen Anspruch auf eine nach den Vorschriften dieses Buches zu berechnende Rente haben oder aufgrund der Nachversicherung erwerben würden.

[2] Der Nachversicherung werden die bisherigen Vorschriften, die im Gebiet der Bundesrepublik Deutschland außerhalb des Beitrittsgebiets anzuwenden sind oder anzuwenden waren, fiktiv zugrunde gelegt; Regelungen, nach denen eine Nachversicherung nur erfolgt, wenn sie innerhalb einer bestimmten Frist oder bis zu einem bestimmten Zeitpunkt beantragt worden ist, finden keine Anwendung. [3] Die Sätze 1 und 2 gelten entsprechend

1. für Personen, die aus einer Beschäftigung außerhalb des Beitrittsgebiets ausgeschieden sind, wenn sie aufgrund ihres gewöhnlichen Aufenthalts im Beitrittsgebiet nicht nachversichert werden konnten,
2. für Personen, die ihren Anspruch auf Versorgung vor dem 1. Januar 1992 verloren haben.

[4] Für Personen, die aus einer Beschäftigung mit Anwartschaft auf Versorgung nach kirchenrechtlichen Regelungen oder mit Anwartschaft auf die in der Gemeinschaft übliche Versorgung im Sinne des § 5 Abs. 1 Satz 1 Nr. 3 ausgeschieden sind, erfolgt eine Nachversicherung nach Satz 1 oder 2 nur, wenn sie bis zum 31. Dezember 1994 beantragt wird.

(2) [1] Personen, die nach dem 31. Dezember 1991 aus einer Beschäftigung im Beitrittsgebiet ausgeschieden sind, in der sie nach § 5 Abs. 1 versicherungsfrei waren, werden nach den vom 1. Januar 1992 an geltenden Vorschriften auch für Zeiten vorher nachversichert, in denen sie nach dieser Vorschrift oder dem jeweils geltenden, dieser Vorschrift sinngemäß entsprechenden Recht nicht versicherungspflichtig, versicherungsfrei oder von der Versicherungspflicht befreit waren, wenn sie einen Anspruch auf eine nach den Vorschriften dieses Buches zu berechnende Rente haben oder aufgrund der Nachversicherung erwerben würden. [2] Dies gilt für Personen, die ihren Anspruch auf Versorgung nach dem 31. Dezember 1991 verloren haben, entsprechend.

(3) Pfarrer, Pastoren, Prediger, Vikare und andere Mitarbeiter von Religionsgesellschaften im Beitrittsgebiet, für die aufgrund von Vereinbarungen zwischen den Religionsgesellschaften und der Deutschen Demokratischen Republik Beiträge zur Sozialversicherung für Zeiten im Dienst der Religionsgesellschaften nachgezahlt wurden, gelten für die Zeiträume, für die Beiträge nachgezahlt worden sind, als nachversichert, wenn sie einen Anspruch auf eine nach den Vorschriften dieses Buches zu berechnende Rente haben oder aufgrund der Nachversicherung erwerben würden.

(4) [1] Diakonissen, für die aufgrund von Vereinbarungen zwischen dem Bund der Evangelischen Kirchen im Beitrittsgebiet und der Deutschen Demokratischen Republik Zeiten einer Tätigkeit in den Evangelischen Diakonissenmutterhäusern und Diakoniewerken vor dem 1. Januar 1985 im Beitrittsgebiet bei der Gewährung und Berechnung von Renten aus der Sozialversicherung zu berücksichtigen waren, werden für diese Zeiträume nachversichert, wenn sie einen Anspruch auf eine nach den Vorschriften dieses Buches zu berechnende Rente haben oder aufgrund der Nachversicherung erwerben würden. [2] Dies gilt entsprechend für Mitglieder geistlicher Genossenschaften, die vor dem 1. Januar 1985 im Beitrittsgebiet eine vergleichbare Tätigkeit ausgeübt haben. [3] Für Personen, die nach dem 31. Dezember 1984 aus der Gemeinschaft ausgeschieden sind, geht die Nachversicherung nach Satz 1 oder 2 für Zeiträume vor dem 1. Januar 1985 der Nachversicherung nach Absatz 1 oder 2 vor.

(5) Die Absätze 1 und 2 gelten nicht für Zeiten, für die Ansprüche oder Anwartschaften aus einem Sonderversorgungssystem des Beitrittsgebiets im Sinne des Artikels 3 § 1 Abs. 3 des Renten-Überleitungsgesetzes erworben worden sind.

Dritter Unterabschnitt. Teilhabe

§ 234 Übergangsgeldanspruch und -berechnung bei Arbeitslosenhilfe.

(1) Bei Leistungen zur medizinischen Rehabilitation oder sonstigen Leistungen zur Teilhabe haben Versicherte auch nach dem 31. Dezember 2004 Anspruch auf Übergangsgeld, die unmittelbar vor Beginn der Arbeitsunfähigkeit oder wenn sie nicht arbeitsunfähig waren, unmittelbar vor Beginn der Leistungen Arbeitslosenhilfe bezogen haben, und für die von dem der Arbeitslosenhilfe zugrunde liegenden Arbeitsentgelt oder Arbeitseinkommen Beiträge zur Rentenversicherung gezahlt worden sind.

(2) Für Anspruchsberechtigte nach Absatz 1 ist für die Berechnung des Übergangsgeldes § 21 Abs. 4 in Verbindung mit § 47b des Fünften Buches[1] jeweils in der am 31. Dezember 2004 geltenden Fassung anzuwenden.

§ 234a Übergangsgeldanspruch und -berechnung bei Unterhaltsgeldbezug. (1) Bei Leistungen zur medizinischen Rehabilitation oder sonstigen Leistungen zur Teilhabe haben Versicherte, die unmittelbar vor Beginn der Arbeitsunfähigkeit oder, wenn sie nicht arbeitsunfähig waren, unmittelbar vor Beginn der Leistungen Unterhaltsgeld bezogen haben, und für die von dem dem Unterhaltsgeld zugrunde liegenden Arbeitsentgelt oder Arbeitseinkommen Beiträge zur Rentenversicherung gezahlt worden sind, auch nach dem 31. Dezember 2004 Anspruch auf Übergangsgeld.

(2) Für Anspruchsberechtigte nach Absatz 1 ist für die Berechnung des Übergangsgeldes § 21 Abs. 4 dieses Buches in Verbindung mit § 47b des Fünften Buches[1] jeweils in der am 30. Juni 2004 geltenden Fassung anzuwenden.

Vierter Unterabschnitt. Anspruchsvoraussetzungen für einzelne Renten

§ 235 Regelaltersrente. (1) [1] Versicherte, die vor dem 1. Januar 1964 geboren sind, haben Anspruch auf Regelaltersrente, wenn sie

1. die Regelaltersgrenze erreicht und
2. die allgemeine Wartezeit erfüllt

haben. [2] Die Regelaltersgrenze wird frühestens mit Vollendung des 65. Lebensjahres erreicht.

(2) [1] Versicherte, die vor dem 1. Januar 1947 geboren sind, erreichen die Regelaltersgrenze mit Vollendung des 65. Lebensjahres. [2] Für Versicherte, die nach dem 31. Dezember 1946 geboren sind, wird die Regelaltersgrenze wie folgt angehoben:

Versicherte Geburtsjahr	Anhebung um Monate	auf Alter	
		Jahr	Monat
1947	1	65	1
1948	2	65	2

[1] Nr. 5.

Versicherte Geburtsjahr	Anhebung um Monate	auf Alter Jahr	Monat
1949	3	65	3
1950	4	65	4
1951	5	65	5
1952	6	65	6
1953	7	65	7
1954	8	65	8
1955	9	65	9
1956	10	65	10
1957	11	65	11
1958	12	66	0
1959	14	66	2
1960	16	66	4
1961	18	66	6
1962	20	66	8
1963	22	66	10.

[3] Für Versicherte, die

1. vor dem 1. Januar 1955 geboren sind und vor dem 1. Januar 2007 Altersteilzeitarbeit im Sinne der §§ 2 und 3 Abs. 1 Nr. 1 des Altersteilzeitgesetzes vereinbart haben oder
2. Anpassungsgeld für entlassene Arbeitnehmer des Bergbaus bezogen haben,

wird die Regelaltersgrenze nicht angehoben.

§ 236 Altersrente für langjährig Versicherte. (1) [1] Versicherte, die vor dem 1. Januar 1964 geboren sind, haben frühestens Anspruch auf Altersrente für langjährig Versicherte, wenn sie

1. das 65. Lebensjahr vollendet und
2. die Wartezeit von 35 Jahren erfüllt

haben. [2] Die vorzeitige Inanspruchnahme dieser Altersrente ist nach Vollendung des 63. Lebensjahres möglich.

(2) [1] Versicherte, die vor dem 1. Januar 1949 geboren sind, haben Anspruch auf diese Altersrente nach Vollendung des 65. Lebensjahres. [2] Für Versicherte, die nach dem 31. Dezember 1948 geboren sind, wird die Altersgrenze von 65 Jahren wie folgt angehoben:

Versicherte Geburtsjahr Geburtsmonat	Anhebung um Monate	auf Alter Jahr	Monat
1949			
Januar	1	65	1
Februar	2	65	2
März – Dezember	3	65	3
1950	4	65	4

Versicherte Geburtsjahr Geburtsmonat	Anhebung um Monate	auf Alter	
		Jahr	Monat
1951	5	65	5
1952	6	65	6
1953	7	65	7
1954	8	65	8
1955	9	65	9
1956	10	65	10
1957	11	65	11
1958	12	66	0
1959	14	66	2
1960	16	66	4
1961	18	66	6
1962	20	66	8
1963	22	66	10.

[3] Für Versicherte, die

1. vor dem 1. Januar 1955 geboren sind und vor dem 1. Januar 2007 Altersteilzeitarbeit im Sinne der §§ 2 und 3 Abs. 1 Nr. 1 des Altersteilzeitgesetzes vereinbart haben oder
2. Anpassungsgeld für entlassene Arbeitnehmer des Bergbaus bezogen haben,

wird die Altersgrenze von 65 Jahren nicht angehoben.

(3) Für Versicherte, die

1. nach dem 31. Dezember 1947 geboren sind und
2. entweder
   a) vor dem 1. Januar 1955 geboren sind und vor dem 1. Januar 2007 Altersteilzeitarbeit im Sinne der §§ 2 und 3 Abs. 1 Nr. 1 des Altersteilzeitgesetzes vereinbart haben

   oder

   b) Anpassungsgeld für entlassene Arbeitnehmer des Bergbaus bezogen haben,

bestimmt sich die Altersgrenze für die vorzeitige Inanspruchnahme wie folgt:

Versicherte Geburtsjahr Geburtsmonat	Vorzeitige Inanspruchnahme möglich ab Alter	
	Jahr	Monat
1948		
Januar – Februar	62	11
März – April	62	10
Mai – Juni	62	9
Juli – August	62	8
September – Oktober	62	7
November – Dezember	62	6

Versicherte Geburtsjahr Geburtsmonat	Vorzeitige Inanspruchnahme möglich ab Alter	
	Jahr	Monat
1949		
Januar – Februar	62	5
März – April	62	4
Mai – Juni	62	3
Juli – August	62	2
September – Oktober	62	1
November – Dezember	62	0
1950 – 1963	62	0.

§ 236a Altersrente für schwerbehinderte Menschen. (1) [1]Versicherte, die vor dem 1. Januar 1964 geboren sind, haben frühestens Anspruch auf Altersrente für schwerbehinderte Menschen, wenn sie

1. das 63. Lebensjahr vollendet haben,
2. bei Beginn der Altersrente als schwerbehinderte Menschen (§ 2 Abs. 2 Neuntes Buch[1)]) anerkannt sind und
3. die Wartezeit von 35 Jahren erfüllt haben.

[2]Die vorzeitige Inanspruchnahme dieser Altersrente ist frühestens nach Vollendung des 60. Lebensjahres möglich.

(2) [1]Versicherte, die vor dem 1. Januar 1952 geboren sind, haben Anspruch auf diese Altersrente nach Vollendung des 63. Lebensjahres; für sie ist die vorzeitige Inanspruchnahme nach Vollendung des 60. Lebensjahres möglich. [2]Für Versicherte, die nach dem 31. Dezember 1951 geboren sind, werden die Altersgrenze von 63 Jahren und die Altersgrenze für die vorzeitige Inanspruchnahme wie folgt angehoben:

Versicherte Geburtsjahr Geburtsmonat	Anhebung um Monate	auf Alter		vorzeitige Inanspruchnahme möglich ab Alter	
		Jahr	Monat	Jahr	Monat
1952					
Januar	1	63	1	60	1
Februar	2	63	2	60	2
März	3	63	3	60	3
April	4	63	4	60	4
Mai	5	63	5	60	5
Juni – Dezember	6	63	6	60	6
1953	7	63	7	60	7

[1)] Nr. 9.

Versicherte Geburtsjahr Geburtsmonat	Anhebung um Monate	auf Alter		vorzeitige Inanspruchnahme möglich ab Alter	
		Jahr	Monat	Jahr	Monat
1954	8	63	8	60	8
1955	9	63	9	60	9
1956	10	63	10	60	10
1957	11	63	11	60	11
1958	12	64	0	61	0
1959	14	64	2	61	2
1960	16	64	4	61	4
1961	18	64	6	61	6
1962	20	64	8	61	8
1963	22	64	10	61	10.

[3] Für Versicherte, die

1. am 1. Januar 2007 als schwerbehinderte Menschen (§ 2 Abs. 2 Neuntes Buch) anerkannt waren und
2. entweder
   a) vor dem 1. Januar 1955 geboren sind und vor dem 1. Januar 2007 Altersteilzeitarbeit im Sinne der §§ 2 und 3 Abs. 1 Nr. 1 des Altersteilzeitgesetzes vereinbart haben

   oder

   b) Anpassungsgeld für entlassene Arbeitnehmer des Bergbaus bezogen haben,

werden die Altersgrenzen nicht angehoben.

(3) Versicherte, die vor dem 1. Januar 1951 geboren sind, haben unter den Voraussetzungen nach Absatz 1 Satz 1 Nr. 1 und 3 auch Anspruch auf diese Altersrente, wenn sie bei Beginn der Altersrente berufsunfähig oder erwerbsunfähig nach dem am 31. Dezember 2000 geltenden Recht sind.

(4) Versicherte, die vor dem 17 November 1950 geboren sind und am 16. November 2000 schwerbehindert (§ 2 Abs. 2 Neuntes Buch), berufsunfähig oder erwerbsunfähig nach dem am 31. Dezember 2000 geltenden Recht waren, haben Anspruch auf diese Altersrente, wenn sie

1. das 60. Lebensjahr vollendet haben,
2. bei Beginn der Altersrente
   a) als schwerbehinderte Menschen (§ 2 Abs. 2 Neuntes Buch) anerkannt oder
   b) berufsunfähig oder erwerbsunfähig nach dem am 31. Dezember 2000 geltenden Recht sind und
3. die Wartezeit von 35 Jahren erfüllt haben.

§ 236b Altersrente für besonders langjährig Versicherte. (1) Versicherte, die vor dem 1. Januar 1964 geboren sind, haben frühestens Anspruch auf Altersrente für besonders langjährig Versicherte, wenn sie

1. das 63. Lebensjahr vollendet und

2. die Wartezeit von 45 Jahren erfüllt

haben.

(2) [1] Versicherte, die vor dem 1. Januar 1953 geboren sind, haben Anspruch auf diese Altersrente nach Vollendung des 63. Lebensjahres. [2] Für Versicherte, die nach dem 31. Dezember 1952 geboren sind, wird die Altersgrenze von 63 Jahren wie folgt angehoben:

Versicherte Geburtsjahr	Anhebung um Monate	auf Alter Jahr	Monat
1953	2	63	2
1954	4	63	4
1955	6	63	6
1956	8	63	8
1957	10	63	10
1958	12	64	0
1959	14	64	2
1960	16	64	4
1961	18	64	6
1962	20	64	8
1963	22	64	10.

§ 237 Altersrente wegen Arbeitslosigkeit oder nach Altersteilzeitarbeit. (1) Versicherte haben Anspruch auf Altersrente, wenn sie

1. vor dem 1. Januar 1952 geboren sind,
2. das 60. Lebensjahr vollendet haben,
3. entweder
   a) bei Beginn der Rente arbeitslos sind und nach Vollendung eines Lebensalters von 58 Jahren und 6 Monaten insgesamt 52 Wochen arbeitslos waren oder Anpassungsgeld für entlassene Arbeitnehmer des Bergbaus bezogen haben

   oder

   b) die Arbeitszeit aufgrund von Altersteilzeitarbeit im Sinne der §§ 2 und 3 Abs. 1 Nr. 1 des Altersteilzeitgesetzes für mindestens 24 Kalendermonate vermindert haben,
4. in den letzten zehn Jahren vor Beginn der Rente acht Jahre Pflichtbeiträge für eine versicherte Beschäftigung oder Tätigkeit haben, wobei sich der Zeitraum von zehn Jahren um Anrechnungszeiten, Berücksichtigungszeiten und Zeiten des Bezugs einer Rente aus eigener Versicherung, die nicht auch Pflichtbeitragszeiten aufgrund einer versicherten Beschäftigung oder Tätigkeit sind, verlängert, und
5. die Wartezeit von 15 Jahren erfüllt haben.

(2) [1] Anspruch auf diese Altersrente haben auch Versicherte, die

1. während der Arbeitslosigkeit von 52 Wochen nur deshalb der Arbeitsvermittlung nicht zur Verfügung standen, weil sie nicht arbeitsbereit waren und nicht alle Möglichkeiten nutzten und nutzen wollten, um ihre Beschäftigungslosigkeit zu beenden,

2. nur deswegen nicht 52 Wochen arbeitslos waren, weil sie im Rahmen einer Arbeitsgelegenheit mit Entschädigung für Mehraufwendungen nach dem Zweiten Buch[1)] eine Tätigkeit von 15 Stunden wöchentlich oder mehr ausgeübt haben, oder
3. während der 52 Wochen und zu Beginn der Rente nur deswegen nicht als Arbeitslose galten, weil sie erwerbsfähige Leistungsberechtigte waren, die nach Vollendung des 58. Lebensjahres mindestens für die Dauer von zwölf Monaten Leistungen der Grundsicherung für Arbeitsuchende bezogen haben, ohne dass ihnen eine sozialversicherungspflichtige Beschäftigung angeboten worden ist.

[2]Der Zeitraum von zehn Jahren, in dem acht Jahre Pflichtbeiträge für eine versicherte Beschäftigung oder Tätigkeit vorhanden sein müssen, verlängert sich auch um

1. Arbeitslosigkeitszeiten nach Satz 1,
2. Ersatzzeiten,

soweit diese Zeiten nicht auch Pflichtbeiträge für eine versicherte Beschäftigung oder Tätigkeit sind. [3]Vom 1. Januar 2008 an werden Arbeitslosigkeitszeiten nach Satz 1 Nr. 1 nur berücksichtigt, wenn die Arbeitslosigkeit vor dem 1. Januar 2008 begonnen hat und die Versicherten vor dem 2. Januar 1950 geboren sind.

(3) [1]Die Altersgrenze von 60 Jahren wird bei Altersrenten wegen Arbeitslosigkeit oder nach Altersteilzeitarbeit für Versicherte, die nach dem 31. Dezember 1936 geboren sind, angehoben. [2]Die vorzeitige Inanspruchnahme einer solchen Altersrente ist möglich. [3]Die Anhebung der Altersgrenzen und die Möglichkeit der vorzeitigen Inanspruchnahme der Altersrenten bestimmen sich nach Anlage 19.

(4) [1]Die Altersgrenze von 60 Jahren bei der Altersrente wegen Arbeitslosigkeit oder nach Altersteilzeitarbeit wird für Versicherte, die

1. bis zum 14. Februar 1941 geboren sind und
   a) am 14. Februar 1996 arbeitslos waren oder Anpassungsgeld für entlassene Arbeitnehmer des Bergbaus bezogen haben oder
   b) deren Arbeitsverhältnis aufgrund einer Kündigung oder Vereinbarung, die vor dem 14. Februar 1996 erfolgt ist, nach dem 13. Februar 1996 beendet worden ist,
2. bis zum 14. Februar 1944 geboren sind und aufgrund einer Maßnahme nach Artikel 56 § 2 Buchstabe b des Vertrages über die Gründung der Europäischen Gemeinschaft für Kohle und Stahl (EGKS-V), die vor dem 14. Februar 1996 genehmigt worden ist, aus einem Betrieb der Montanindustrie ausgeschieden sind oder
3. vor dem 1. Januar 1942 geboren sind und 45 Jahre mit Pflichtbeiträgen für eine versicherte Beschäftigung oder Tätigkeit haben, wobei § 55 Abs. 2 nicht für Zeiten anzuwenden ist, in denen Versicherte wegen des Bezugs von Arbeitslosengeld, Arbeitslosenhilfe oder Arbeitslosengeld II versicherungspflichtig waren,

wie folgt angehoben:

[1)] Nr. 2.

Versicherte Geburtsjahr Geburtsmonat	Anhebung um Monate	auf Alter		vorzeitige Inanspruchnahme möglich ab Alter	
		Jahr	Monat	Jahr	Monat
vor 1941	0	60	0	60	0
1941					
Januar-April	1	60	1	60	0
Mai-August	2	60	2	60	0
September-Dezember	3	60	3	60	0
1942					
Januar-April	4	60	4	60	0
Mai-August	5	60	5	60	0
September-Dezember	6	60	6	60	0
1943					
Januar-April	7	60	7	60	0
Mai-August	8	60	8	60	0
September-Dezember	9	60	9	60	0
1944					
Januar-Februar	10	60	10	60	0

[2]Einer vor dem 14. Februar 1996 abgeschlossenen Vereinbarung über die Beendigung des Arbeitsverhältnisses steht eine vor diesem Tag vereinbarte Befristung des Arbeitsverhältnisses oder Bewilligung einer befristeten arbeitsmarktpolitischen Maßnahme gleich. [3]Ein bestehender Vertrauensschutz wird insbesondere durch die spätere Aufnahme eines Arbeitsverhältnisses oder den Eintritt in eine neue arbeitsmarktpolitische Maßnahme nicht berührt.

(5) [1]Die Altersgrenze von 60 Jahren für die vorzeitige Inanspruchnahme wird für Versicherte,

1. die am 1. Januar 2004 arbeitslos waren,
2. deren Arbeitsverhältnis aufgrund einer Kündigung oder Vereinbarung, die vor dem 1. Januar 2004 erfolgt ist, nach dem 31. Dezember 2003 beendet worden ist,
3. deren letztes Arbeitsverhältnis vor dem 1. Januar 2004 beendet worden ist und die am 1. Januar 2004 beschäftigungslos im Sinne des § 138 Abs. 1 Nr. 1 des Dritten Buches[1)] waren,
4. die vor dem 1. Januar 2004 Altersteilzeitarbeit im Sinne der §§ 2 und 3 Abs. 1 Nr. 1 des Altersteilzeitgesetzes vereinbart haben oder
5. die Anpassungsgeld für entlassene Arbeitnehmer des Bergbaus bezogen haben,

nicht angehoben. [2]Einer vor dem 1. Januar 2004 abgeschlossenen Vereinbarung über die Beendigung des Arbeitsverhältnisses steht eine vor diesem Tag vereinbarte Befristung des Arbeitsverhältnisses oder Bewilligung einer befristeten arbeitsmarktpolitischen Maßnahme gleich. [3]Ein bestehender Vertrauensschutz

[1)] Nr. 3.

wird insbesondere durch die spätere Aufnahme eines Arbeitsverhältnisses oder den Eintritt in eine neue arbeitsmarktpolitische Maßnahme nicht berührt.

§ 237a Altersrente für Frauen. (1) Versicherte Frauen haben Anspruch auf Altersrente, wenn sie

1. vor dem 1. Januar 1952 geboren sind,
2. das 60. Lebensjahr vollendet,
3. nach Vollendung des 40. Lebensjahres mehr als zehn Jahre Pflichtbeiträge für eine versicherte Beschäftigung oder Tätigkeit und
4. die Wartezeit von 15 Jahren erfüllt

haben.

(2) [1] Die Altersgrenze von 60 Jahren wird bei Altersrenten für Frauen für Versicherte, die nach dem 31. Dezember 1939 geboren sind, angehoben. [2] Die vorzeitige Inanspruchnahme einer solchen Altersrente ist möglich. [3] Die Anhebung der Altersgrenzen und die Möglichkeit der vorzeitigen Inanspruchnahme der Altersrenten bestimmen sich nach Anlage 20.

(3) [1] Die Altersgrenze von 60 Jahren bei der Altersrente für Frauen wird für Frauen, die

1. bis zum 7. Mai 1941 geboren sind und
   a) am 7. Mai 1996 arbeitslos waren, Anpassungsgeld für entlassene Arbeitnehmer des Bergbaus, Vorruhestandsgeld oder Überbrückungsgeld der Seemannskasse bezogen haben oder
   b) deren Arbeitsverhältnis aufgrund einer Kündigung oder Vereinbarung, die vor dem 7. Mai 1996 erfolgt ist, nach dem 6. Mai 1996 beendet worden ist,
2. bis zum 7. Mai 1944 geboren sind und aufgrund einer Maßnahme nach Artikel 56 § 2 Buchstabe b des Vertrages über die Gründung der Europäischen Gemeinschaft für Kohle und Stahl (EGKS-V), die vor dem 7. Mai 1996 genehmigt worden ist, aus einem Betrieb der Montanindustrie ausgeschieden sind oder
3. vor dem 1. Januar 1942 geboren sind und 45 Jahre mit Pflichtbeiträgen für eine versicherte Beschäftigung oder Tätigkeit haben, wobei § 55 Abs. 2 nicht für Zeiten anzuwenden ist, in denen Versicherte wegen des Bezugs von Arbeitslosengeld oder Arbeitslosenhilfe versicherungspflichtig waren,

wie folgt angehoben:

Versicherte Geburtsjahr Geburtsmonat	Anhebung um Monate	auf Alter		vorzeitige Inanspruchnahme möglich ab Alter	
		Jahr	Monat	Jahr	Monat
vor 1941	0	60	0	60	0
1941					
Januar–April	1	60	1	60	0
Mai–August	2	60	2	60	0
September–Dezember	3	60	3	60	0
1942					
Januar–April	4	60	4	60	0

Versicherte Geburtsjahr Geburtsmonat	Anhebung um Monate	auf Alter		vorzeitige Inanspruchnahme möglich ab Alter	
		Jahr	Monat	Jahr	Monat
Mai–August	5	60	5	60	0
September–Dezember	6	60	6	60	0
1943					
Januar–April	7	60	7	60	0
Mai–August	8	60	8	60	0
September–Dezember	9	60	9	60	0
1944					
Januar–April	10	60	10	60	0
Mai	11	60	11	60	0

[2] Einer vor dem 7. Mai 1996 abgeschlossenen Vereinbarung über die Beendigung des Arbeitsverhältnisses steht eine vor diesem Tag vereinbarte Befristung des Arbeitsverhältnisses oder Bewilligung einer befristeten arbeitsmarktpolitischen Maßnahme gleich. [3] Ein bestehender Vertrauensschutz wird insbesondere durch die spätere Aufnahme eines Arbeitsverhältnisses oder den Eintritt in eine neue arbeitsmarktpolitische Maßnahme nicht berührt.

§ 238 Altersrente für langjährig unter Tage beschäftigte Bergleute.

(1) Versicherte, die vor dem 1. Januar 1964 geboren sind, haben frühestens Anspruch auf Altersrente für langjährig unter Tage beschäftigte Bergleute, wenn sie

1. das 60. Lebensjahr vollendet und
2. die Wartezeit von 25 Jahren erfüllt haben.

(2) [1] Versicherte, die vor dem 1. Januar 1952 geboren sind, haben Anspruch auf diese Altersrente nach Vollendung des 60. Lebensjahres. [2] Für Versicherte, die nach dem 31. Dezember 1951 geboren sind, wird die Altersgrenze von 60 Jahren wie folgt angehoben:

Versicherte Geburtsjahr Geburtsmonat	Anhebung um Monate	auf Alter	
		Jahr	Monat
1952			
Januar	1	60	1
Februar	2	60	2
März	3	60	3
April	4	60	4
Mai	5	60	5
Juni – Dezember	6	60	6
1953	7	60	7
1954	8	60	8
1955	9	60	9

Versicherte Geburtsjahr Geburtsmonat	Anhebung um Monate	auf Alter	
		Jahr	Monat
1956	10	60	10
1957	11	60	11
1958	12	61	0
1959	14	61	2
1960	16	61	4
1961	18	61	6
1962	20	61	8
1963	22	61	10.

[3] Für Versicherte, die Anpassungsgeld für entlassene Arbeitnehmer des Bergbaus oder Knappschaftsausgleichsleistung bezogen haben, wird die Altersgrenze von 60 Jahren nicht angehoben.

(3) *(aufgehoben)*

(4) Die Wartezeit für die Altersrente für langjährig unter Tage beschäftigte Bergleute ist auch erfüllt, wenn die Versicherten 25 Jahre mit knappschaftlichen Beitragszeiten allein oder zusammen mit der knappschaftlichen Rentenversicherung zugeordneten Ersatzzeiten haben und

a) 15 Jahre mit Hauerarbeiten (Anlage 9) beschäftigt waren oder
b) die erforderlichen 25 Jahre mit Beitragszeiten aufgrund einer Beschäftigung mit ständigen Arbeiten unter Tage allein oder zusammen mit der knappschaftlichen Rentenversicherung zugeordneten Ersatzzeiten erfüllen, wenn darauf
   aa) für je zwei volle Kalendermonate mit Hauerarbeiten je drei Kalendermonate und
   bb) für je drei volle Kalendermonate, in denen die Versicherten vor dem 1. Januar 1968 unter Tage mit anderen als Hauerarbeiten beschäftigt waren, je zwei Kalendermonate oder
   cc) die vor dem 1. Januar 1968 verrichteten Arbeiten unter Tage bei Versicherten, die vor dem 1. Januar 1968 Hauerarbeiten verrichtet haben und diese wegen im Bergbau verminderter Berufsfähigkeit aufgeben mussten,

angerechnet werden.

§ 239 Knappschaftsausgleichsleistung. (1) [1] Versicherte haben Anspruch auf Knappschaftsausgleichsleistung, wenn sie

1. nach Vollendung des 55. Lebensjahres aus einem knappschaftlichen Betrieb ausscheiden, nach dem 31. Dezember 1971 ihre bisherige Beschäftigung unter Tage infolge im Bergbau verminderter Berufsfähigkeit wechseln mussten und die Wartezeit von 25 Jahren mit Beitragszeiten aufgrund einer Beschäftigung mit ständigen Arbeiten unter Tage erfüllt haben,
2. aus Gründen, die nicht in ihrer Person liegen, nach Vollendung des 55. Lebensjahres oder nach Vollendung des 50. Lebensjahres, wenn sie bis zur Vollendung des 55. Lebensjahres Anpassungsgeld für entlassene Arbeitneh-

mer des Bergbaus bezogen haben, aus einem knappschaftlichen Betrieb ausscheiden und die Wartezeit von 25 Jahren

a) mit Beitragszeiten aufgrund einer Beschäftigung unter Tage erfüllt haben oder

b) mit Beitragszeiten erfüllt haben, eine Beschäftigung unter Tage ausgeübt haben und diese Beschäftigung wegen Krankheit oder körperlicher, geistiger oder seelischer Behinderung aufgeben mussten,

oder

3. nach Vollendung des 55. Lebensjahres aus einem knappschaftlichen Betrieb ausscheiden und die Wartezeit von 25 Jahren mit knappschaftlichen Beitragszeiten erfüllt haben und

a) vor dem 1. Januar 1972 15 Jahre mit Hauerarbeiten (Anlage 9) beschäftigt waren, wobei der knappschaftlichen Rentenversicherung zugeordnete Ersatzzeiten infolge einer Einschränkung oder Entziehung der Freiheit oder infolge Verfolgungsmaßnahmen angerechnet werden, oder

b) vor dem 1. Januar 1972 Hauerarbeiten infolge im Bergbau verminderter Berufsfähigkeit aufgeben mussten und 25 Jahre mit ständigen Arbeiten unter Tage oder mit Arbeiten unter Tage vor dem 1. Januar 1968 beschäftigt waren oder

c) mindestens fünf Jahre mit Hauerarbeiten beschäftigt waren und insgesamt 25 Jahre mit ständigen Arbeiten unter Tage oder mit Hauerarbeiten beschäftigt waren, wobei auf diese 25 Jahre für je zwei volle Kalendermonate mit Hauerarbeiten je drei Kalendermonate angerechnet werden.

[2] Dem Bezug von Anpassungsgeld für entlassene Arbeitnehmer des Bergbaus nach Nummer 2 steht der Bezug der Bergmannsvollrente für längstens fünf Jahre gleich.

(2) Auf die Wartezeit nach Absatz 1 werden angerechnet

1. Zeiten, in denen Versicherte vor dem 1. Januar 1968 unter Tage beschäftigt waren,
2. Anrechnungszeiten wegen Bezugs von Anpassungsgeld für entlassene Arbeitnehmer des Bergbaus auf die Wartezeit nach Absatz 1 Nr. 2 und 3, auf die Wartezeit nach Absatz 1 Nr. 2 Buchstabe a jedoch nur, wenn zuletzt eine Beschäftigung unter Tage ausgeübt worden ist,
3. Ersatzzeiten, die der knappschaftlichen Rentenversicherung zugeordnet sind, auf die Wartezeit nach Absatz 1 Nr. 2 Buchstabe b und Nr. 3 Buchstabe a.

(3) [1] Für die Feststellung und Zahlung der Knappschaftsausgleichsleistung werden die Vorschriften für die Rente wegen voller Erwerbsminderung mit Ausnahme der §§ 59 und 85 angewendet. [2] Der Zugangsfaktor beträgt 1,0. [3] Grundlage für die Ermittlung des Monatsbetrags der Knappschaftsausgleichsleistung sind nur die persönlichen Entgeltpunkte, die auf die knappschaftliche Rentenversicherung entfallen. [4] An die Stelle des Zeitpunkts von § 99 Abs. 1 tritt der Beginn des Kalendermonats, der dem Monat folgt, in dem die knappschaftliche Beschäftigung endete. [5] Neben der Knappschaftsausgleichsleistung wird eine Rente aus eigener Versicherung nicht geleistet. [6] Anspruch auf eine Knappschaftsausgleichsleistung besteht nur, wenn die kalenderjährliche Hinzuverdienstgrenze von 6 300 Euro nicht überschritten wird.

§ 240 Rente wegen teilweiser Erwerbsminderung bei Berufsunfähigkeit. (1) Anspruch auf Rente wegen teilweiser Erwerbsminderung haben bei Erfüllung der sonstigen Voraussetzungen bis zum Erreichen der Regelaltersgrenze auch Versicherte, die

1. vor dem 2. Januar 1961 geboren und
2. berufsunfähig

sind.

(2) [1]Berufsunfähig sind Versicherte, deren Erwerbsfähigkeit wegen Krankheit oder Behinderung im Vergleich zur Erwerbsfähigkeit von körperlich, geistig und seelisch gesunden Versicherten mit ähnlicher Ausbildung und gleichwertigen Kenntnissen und Fähigkeiten auf weniger als sechs Stunden gesunken ist. [2]Der Kreis der Tätigkeiten, nach denen die Erwerbsfähigkeit von Versicherten zu beurteilen ist, umfasst alle Tätigkeiten, die ihren Kräften und Fähigkeiten entsprechen und ihnen unter Berücksichtigung der Dauer und des Umfangs ihrer Ausbildung sowie ihres bisherigen Berufs und der besonderen Anforderungen ihrer bisherigen Berufstätigkeit zugemutet werden können. [3]Zumutbar ist stets eine Tätigkeit, für die die Versicherten durch Leistungen zur Teilhabe am Arbeitsleben mit Erfolg ausgebildet oder umgeschult worden sind. [4]Berufsunfähig ist nicht, wer eine zumutbare Tätigkeit mindestens sechs Stunden täglich ausüben kann; dabei ist die jeweilige Arbeitsmarktlage nicht zu berücksichtigen.

§ 241 Rente wegen Erwerbsminderung. (1) Der Zeitraum von fünf Jahren vor Eintritt der Erwerbsminderung oder Berufsunfähigkeit (§ 240), in dem Versicherte für einen Anspruch auf Rente wegen Erwerbsminderung drei Jahre Pflichtbeiträge für eine versicherte Beschäftigung oder Tätigkeit haben müssen, verlängert sich auch um Ersatzzeiten.

(2) [1]Pflichtbeiträge für eine versicherte Beschäftigung oder Tätigkeit vor Eintritt der Erwerbsminderung oder Berufsunfähigkeit (§ 240) sind für Versicherte nicht erforderlich, die vor dem 1. Januar 1984 die allgemeine Wartezeit erfüllt haben, wenn jeder Kalendermonat vom 1. Januar 1984 bis zum Kalendermonat vor Eintritt der Erwerbsminderung oder Berufsunfähigkeit (§ 240) mit

1. Beitragszeiten,
2. beitragsfreien Zeiten,
3. Zeiten, die nur deshalb nicht beitragsfreie Zeiten sind, weil durch sie eine versicherte Beschäftigung oder selbständige Tätigkeit nicht unterbrochen ist, wenn in den letzten sechs Kalendermonaten vor Beginn dieser Zeiten wenigstens ein Pflichtbeitrag, eine beitragsfreie Zeit oder eine Zeit nach Nummer 4, 5 oder 6 liegt,
4. Berücksichtigungszeiten,
5. Zeiten des Bezugs einer Rente wegen verminderter Erwerbsfähigkeit oder
6. Zeiten des gewöhnlichen Aufenthalts im Beitrittsgebiet vor dem 1. Januar 1992

(Anwartschaftserhaltungszeiten) belegt ist oder wenn die Erwerbsminderung oder Berufsunfähigkeit (§ 240) vor dem 1. Januar 1984 eingetreten ist. [2]Für Kalendermonate, für die eine Beitragszahlung noch zulässig ist, ist eine Belegung mit Anwartschaftserhaltungszeiten nicht erforderlich.

§ 242 Rente für Bergleute. (1) Der Zeitraum von fünf Jahren vor Eintritt der im Bergbau verminderten Berufsfähigkeit, in dem Versicherte für einen Anspruch auf Rente wegen im Bergbau verminderter Berufsfähigkeit drei Jahre Pflichtbeiträge für eine knappschaftlich versicherte Beschäftigung oder Tätigkeit haben müssen, verlängert sich auch um Ersatzzeiten.

(2) [1] Pflichtbeiträge für eine knappschaftlich versicherte Beschäftigung oder Tätigkeit vor Eintritt der im Bergbau verminderten Berufsfähigkeit sind für Versicherte nicht erforderlich, die vor dem 1. Januar 1984 die allgemeine Wartezeit erfüllt haben, wenn jeder Kalendermonat vom 1. Januar 1984 bis zum Kalendermonat vor Eintritt der im Bergbau verminderten Berufsfähigkeit mit Anwartschaftserhaltungszeiten belegt ist oder wenn die im Bergbau verminderte Berufsfähigkeit vor dem 1. Januar 1984 eingetreten ist. [2] Für Kalendermonate, für die eine Beitragszahlung noch zulässig ist, ist eine Belegung mit Anwartschaftserhaltungszeiten nicht erforderlich.

(3) Die Wartezeit für die Rente für Bergleute wegen Vollendung des 50. Lebensjahres ist auch erfüllt, wenn die Versicherten 25 Jahre mit knappschaftlichen Beitragszeiten allein oder zusammen mit der knappschaftlichen Rentenversicherung zugeordneten Ersatzzeiten haben und

a) 15 Jahre mit Hauerarbeiten (Anlage 9) beschäftigt waren oder
b) die erforderlichen 25 Jahre mit Beitragszeiten aufgrund einer Beschäftigung mit ständigen Arbeiten unter Tage allein oder zusammen mit der knappschaftlichen Rentenversicherung zugeordneten Ersatzzeiten erfüllen, wenn darauf
   aa) für je zwei volle Kalendermonate mit Hauerarbeiten je drei Kalendermonate und
   bb) für je drei volle Kalendermonate, in denen Versicherte vor dem 1. Januar 1968 unter Tage mit anderen als Hauerarbeiten beschäftigt waren, je zwei Kalendermonate oder
   cc) die vor dem 1. Januar 1968 verrichteten Arbeiten unter Tage bei Versicherten, die vor dem 1. Januar 1968 Hauerarbeiten verrichtet haben und diese wegen im Bergbau verminderter Berufsfähigkeit aufgeben mussten,

   angerechnet werden.

§ 242a Witwenrente und Witwerrente. (1) [1] Anspruch auf kleine Witwenrente oder kleine Witwerrente besteht ohne Beschränkung auf 24 Kalendermonate, wenn der Ehegatte vor dem 1. Januar 2002 verstorben ist. [2] Dies gilt auch, wenn mindestens ein Ehegatte vor dem 2. Januar 1962 geboren ist und die Ehe vor dem 1. Januar 2002 geschlossen wurde.

(2) Anspruch auf große Witwenrente oder große Witwerrente haben bei Erfüllung der sonstigen Voraussetzungen auch Witwen oder Witwer, die

1. vor dem 2. Januar 1961 geboren und berufsunfähig (§ 240 Abs. 2) sind oder
2. am 31. Dezember 2000 bereits berufsunfähig oder erwerbsunfähig waren und dies ununterbrochen sind.

(3) Anspruch auf Witwenrente oder Witwerrente haben bei Erfüllung der sonstigen Voraussetzungen auch Witwen oder Witwer, die nicht mindestens ein Jahr verheiratet waren, wenn die Ehe vor dem 1. Januar 2002 geschlossen wurde.

(4) Anspruch auf große Witwenrente oder große Witwerrente besteht ab Vollendung des 45. Lebensjahres, wenn die sonstigen Voraussetzungen erfüllt sind und der Versicherte vor dem 1. Januar 2012 verstorben ist.

(5) Die Altersgrenze von 45 Jahren für die große Witwenrente oder große Witwerrente wird, wenn der Versicherte nach dem 31. Dezember 2011 verstorben ist, wie folgt angehoben:

Todesjahr des Versicherten	Anhebung um Monate	auf Alter	
		Jahr	Monat
2012	1	45	1
2013	2	45	2
2014	3	45	3
2015	4	45	4
2016	5	45	5
2017	6	45	6
2018	7	45	7
2019	8	45	8
2020	9	45	9
2021	10	45	10
2022	11	45	11
2023	12	46	0
2024	14	46	2
2025	16	46	4
2026	18	46	6
2027	20	46	8
2028	22	46	10
ab 2029	24	47	0.

§ 243 Witwenrente und Witwerrente an vor dem 1. Juli 1977 geschiedene Ehegatten. (1) Anspruch auf kleine Witwenrente oder kleine Witwerrente besteht ohne Beschränkung auf 24 Kalendermonate auch für geschiedene Ehegatten,

1. deren Ehe vor dem 1. Juli 1977 geschieden ist,
2. die weder wieder geheiratet noch eine Lebenspartnerschaft begründet haben und
3. die im letzten Jahr vor dem Tod des geschiedenen Ehegatten (Versicherter) Unterhalt von diesem erhalten haben oder im letzten wirtschaftlichen Dauerzustand vor dessen Tod einen Anspruch hierauf hatten,

wenn der Versicherte die allgemeine Wartezeit erfüllt hat und nach dem 30. April 1942 gestorben ist.

(2) Anspruch auf große Witwenrente oder große Witwerrente besteht auch für geschiedene Ehegatten,

1. deren Ehe vor dem 1. Juli 1977 geschieden ist,
2. die weder wieder geheiratet noch eine Lebenspartnerschaft begründet haben und

3. die im letzten Jahr vor dem Tod des Versicherten Unterhalt von diesem erhalten haben oder im letzten wirtschaftlichen Dauerzustand vor dessen Tod einen Anspruch hierauf hatten und
4. die entweder
   a) ein eigenes Kind oder ein Kind des Versicherten erziehen (§ 46 Abs. 2),
   b) das 45. Lebensjahr vollendet haben,
   c) erwerbsgemindert sind,
   d) vor dem 2. Januar 1961 geboren und berufsunfähig (§ 240 Abs. 2) sind oder
   e) am 31. Dezember 2000 bereits berufsunfähig oder erwerbsunfähig waren und dies ununterbrochen sind,

wenn der Versicherte die allgemeine Wartezeit erfüllt hat und nach dem 30. April 1942 gestorben ist.

(3) [1] Anspruch auf große Witwenrente oder große Witwerrente besteht auch ohne Vorliegen der in Absatz 2 Nr. 3 genannten Unterhaltsvoraussetzungen für geschiedene Ehegatten, die

1. einen Unterhaltsanspruch nach Absatz 2 Nr. 3 wegen eines Arbeitsentgelts oder Arbeitseinkommens aus eigener Beschäftigung oder selbständiger Tätigkeit oder entsprechender Ersatzleistungen oder wegen des Gesamteinkommens des Versicherten nicht hatten und
2. zum Zeitpunkt der Scheidung entweder
   a) ein eigenes Kind oder ein Kind des Versicherten erzogen haben (§ 46 Abs. 2) oder
   b) das 45. Lebensjahr vollendet hatten und
3. entweder
   a) ein eigenes Kind oder ein Kind des Versicherten erziehen (§ 46 Abs. 2),
   b) erwerbsgemindert sind,
   c) vor dem 2. Januar 1961 geboren und berufsunfähig (§ 240 Abs. 2) sind,
   d) am 31. Dezember 2000 bereits berufsunfähig oder erwerbsunfähig waren und dies ununterbrochen sind oder
   e) das 60. Lebensjahr vollendet haben,

wenn auch vor Anwendung der Vorschriften über die Einkommensanrechnung auf Renten wegen Todes weder ein Anspruch auf Hinterbliebenenrente für eine Witwe oder einen Witwer noch für einen überlebenden Lebenspartner des Versicherten aus dessen Rentenanwartschaften besteht. [2] Wenn der Versicherte nach dem 31. Dezember 2011 verstorben ist, wird die Altersgrenze von 60 Jahren wie folgt angehoben:

Todesjahr des Versicherten	Anhebung um Monate	auf Alter Jahr	Monat
2012	1	60	1
2013	2	60	2
2014	3	60	3
2015	4	60	4
2016	5	60	5
2017	6	60	6

Todesjahr des Versicherten	Anhebung um Monate	auf Alter Jahr	Monat
2018	7	60	7
2019	8	60	8
2020	9	60	9
2021	10	60	10
2022	11	60	11
2023	12	61	0
2024	14	61	2
2025	16	61	4
2026	18	61	6
2027	20	61	8
2028	22	61	10
ab 2029	24	62	0

(4) Anspruch auf kleine oder große Witwenrente oder Witwerrente nach dem vorletzten Ehegatten besteht unter den sonstigen Voraussetzungen der Absätze 1 bis 3 auch für geschiedene Ehegatten, die wieder geheiratet haben, wenn die erneute Ehe aufgelöst oder für nichtig erklärt ist oder wenn eine Lebenspartnerschaft begründet und diese wieder aufgehoben oder aufgelöst ist.

(5) Geschiedenen Ehegatten stehen Ehegatten gleich, deren Ehe für nichtig erklärt oder aufgehoben ist.

§ 243a Rente wegen Todes an vor dem 1. Juli 1977 geschiedene Ehegatten im Beitrittsgebiet. [1]Bestimmt sich der Unterhaltsanspruch des geschiedenen Ehegatten nach dem Recht, das im Beitrittsgebiet gegolten hat, ist § 243 nicht anzuwenden. [2]In diesen Fällen besteht Anspruch auf Erziehungsrente bei Erfüllung der sonstigen Voraussetzungen auch, wenn die Ehe vor dem 1. Juli 1977 geschieden ist.

§ 243b Wartezeit. Die Erfüllung der Wartezeit von 15 Jahren ist Voraussetzung für einen Anspruch auf

1. Altersrente wegen Arbeitslosigkeit oder nach Altersteilzeitarbeit und
2. Altersrente für Frauen.

§ 244 Anrechenbare Zeiten. (1) Sind auf die Wartezeit von 35 Jahren eine pauschale Anrechnungszeit und Berücksichtigungszeiten wegen Kindererziehung anzurechnen, die vor dem Ende der Gesamtzeit für die Ermittlung der pauschalen Anrechnungszeit liegen, darf die Anzahl an Monaten mit solchen Zeiten nicht die Gesamtlücke für die Ermittlung der pauschalen Anrechnungszeit überschreiten.

(2) Auf die Wartezeit von 15 Jahren werden Kalendermonate mit Beitragszeiten und Ersatzzeiten angerechnet.

(3) [1]Auf die Wartezeit von 45 Jahren werden Zeiten des Bezugs von Arbeitslosenhilfe und Arbeitslosengeld II nicht angerechnet. [2]Zeiten vor dem 1. Januar 2001, für die der Bezug von Leistungen nach § 51 Absatz 3a Nummer 3 Buchstabe a mit Ausnahme der Arbeitslosenhilfe oder nach Buchstabe b glaub-

haft gemacht ist, werden auf die Wartezeit von 45 Jahren angerechnet. [3] Als Mittel der Glaubhaftmachung können auch Versicherungen an Eides statt zugelassen werden. [4] Der Träger der Rentenversicherung ist für die Abnahme eidesstattlicher Versicherungen zuständig.

(4) Auf die Wartezeit von 25 Jahren werden bei der Altersrente für langjährig unter Tage beschäftigte Bergleute auch Anrechnungszeiten wegen des Bezugs von Anpassungsgeld für entlassene Arbeitnehmer des Bergbaus angerechnet, wenn zuletzt vor Beginn dieser Leistung eine Beschäftigung unter Tage ausgeübt worden ist.

(5) [1] Grundrentenzeiten nach § 76g Absatz 2 sind auch Kalendermonate mit Zeiten vor dem 1. Januar 1984, für die der Bezug von Leistungen nach § 51 Absatz 3a Nummer 3 Buchstabe b glaubhaft gemacht ist. [2] Absatz 3 Satz 3 und 4 gilt entsprechend. [3] Zeiten des Bezugs von Arbeitslosenhilfe und Arbeitslosengeld II sind keine Grundrentenzeiten.

§ 244a Wartezeiterfüllung durch Zuschläge an Entgeltpunkten für Arbeitsentgelt aus geringfügiger versicherungsfreier Beschäftigung.

[1] Sind Zuschläge an Entgeltpunkten für Arbeitsentgelt aus geringfügiger versicherungsfreier Beschäftigung nach § 264b ermittelt, wird auf die Wartezeit die volle Anzahl an Monaten angerechnet, die sich ergibt, wenn die Zuschläge an Entgeltpunkten durch die Zahl 0,0313 geteilt werden. [2] Zuschläge an Entgeltpunkten aus einer geringfügigen versicherungsfreien Beschäftigung, die in Kalendermonaten ausgeübt wurde, die bereits auf die Wartezeit anzurechnen sind, bleiben unberücksichtigt. [3] Wartezeitmonate für in die Ehezeit, Lebenspartnerschaftszeit oder Splittingzeit fallende Kalendermonate einer geringfügigen versicherungsfreien Beschäftigung sind vor Anwendung von § 52 Absatz 1 oder 1a gesondert zu ermitteln.

§ 245 Vorzeitige Wartezeiterfüllung. (1) Die Vorschrift über die vorzeitige Wartezeiterfüllung findet nur Anwendung, wenn Versicherte nach dem 31. Dezember 1972 vermindert erwerbsfähig geworden oder gestorben sind.

(2) Sind Versicherte vor dem 1. Januar 1992 vermindert erwerbsfähig geworden oder gestorben, ist die allgemeine Wartezeit auch vorzeitig erfüllt, wenn sie

1. nach dem 30. April 1942 wegen eines Arbeitsunfalls oder einer Berufskrankheit,
2. nach dem 31. Dezember 1956 wegen einer Wehrdienstbeschädigung nach dem Soldatenversorgungsgesetz als Wehrdienstleistender oder als Soldat auf Zeit oder wegen einer Zivildienstbeschädigung nach dem Zivildienstgesetz als Zivildienstleistender,
3. während eines aufgrund gesetzlicher Dienstpflicht oder Wehrpflicht oder während eines Krieges geleisteten militärischen oder militärähnlichen Dienstes (§§ 2 und 3 Bundesversorgungsgesetz),
4. nach dem 31. Dezember 1956 wegen eines Dienstes nach Nummer 3 oder während oder wegen einer anschließenden Kriegsgefangenschaft,
5. wegen unmittelbarer Kriegseinwirkung (§ 5 Bundesversorgungsgesetz),
6. nach dem 29. Januar 1933 wegen Verfolgungsmaßnahmen als Verfolgter des Nationalsozialismus (§§ 1 und 2 Bundesentschädigungsgesetz),
7. nach dem 31. Dezember 1956 während oder wegen eines Gewahrsams (§ 1 Häftlingshilfegesetz),

8. nach dem 31. Dezember 1956 während oder wegen Internierung oder Verschleppung (§ 250 Abs. 1 Nr. 2) oder
9. nach dem 30. Juni 1944 wegen Vertreibung oder Flucht als Vertriebener (§§ 1 bis 5 Bundesvertriebenengesetz),

vermindert erwerbsfähig geworden oder gestorben sind.

(3) Sind Versicherte vor dem 1. Januar 1992 und nach dem 31. Dezember 1972 erwerbsunfähig geworden oder gestorben, ist die allgemeine Wartezeit auch vorzeitig erfüllt, wenn sie

1. wegen eines Unfalls und vor Ablauf von sechs Jahren nach Beendigung einer Ausbildung erwerbsunfähig geworden oder gestorben sind und
2. in den zwei Jahren vor Eintritt der Erwerbsunfähigkeit oder des Todes mindestens sechs Kalendermonate mit Pflichtbeiträgen für eine versicherte Beschäftigung oder Tätigkeit haben.

§ 245a Wartezeiterfüllung bei früherem Anspruch auf Hinterbliebenenrente im Beitrittsgebiet. Die allgemeine Wartezeit gilt für einen Anspruch auf Hinterbliebenenrente als erfüllt, wenn der Berechtigte bereits vor dem 1. Januar 1992 einen Anspruch auf Hinterbliebenenrente nach den Vorschriften des Beitrittsgebiets gehabt hat.

§ 246 Beitragsgeminderte Zeiten. [1] Zeiten, für die für Arbeiter in der Zeit vom 1. Oktober 1921 und für Angestellte in der Zeit vom 1. August 1921 bis zum 31. Dezember 1923 Beiträge gezahlt worden sind, sind beitragsgeminderte Zeiten. [2] Bei Beginn einer Rente vor dem 1. Januar 2009 gelten die ersten 36 Kalendermonate mit Pflichtbeiträgen für Zeiten einer versicherten Beschäftigung oder selbständigen Tätigkeit bis zur Vollendung des 25. Lebensjahres stets als Zeiten einer beruflichen Ausbildung. [3] Auf die ersten 36 Kalendermonate werden Anrechnungszeiten wegen einer Lehre angerechnet.

§ 247 Beitragszeiten. (1) [1] Beitragszeiten sind auch Zeiten, für die in der Zeit vom 1. Januar 1984 bis zum 31. Dezember 1991 für Anrechnungszeiten Beiträge gezahlt worden sind, die der Versicherte ganz oder teilweise getragen hat. [2] Die Zeiten sind Pflichtbeitragszeiten, wenn ein Leistungsträger die Beiträge mitgetragen hat.

(2) Pflichtbeitragszeiten aufgrund einer versicherten Beschäftigung sind auch Zeiten, für die die Bundesagentur für Arbeit in der Zeit vom 1. Juli 1978 bis zum 31. Dezember 1982 oder ein anderer Leistungsträger in der Zeit vom 1. Oktober 1974 bis zum 31. Dezember 1983 wegen des Bezugs von Sozialleistungen Pflichtbeiträge gezahlt hat.

(2a) Pflichtbeitragszeiten aufgrund einer versicherten Beschäftigung sind auch Zeiten, in denen in der Zeit vom 1. Juni 1945 bis 30. Juni 1965 Personen als Lehrling oder sonst zu ihrer Berufsausbildung beschäftigt waren und grundsätzlich Versicherungspflicht bestand, eine Zahlung von Pflichtbeiträgen für diese Zeiten jedoch nicht erfolgte (Zeiten einer beruflichen Ausbildung).

(3) [1] Beitragszeiten sind auch Zeiten, für die nach den Reichsversicherungsgesetzen Pflichtbeiträge (Pflichtbeitragszeiten) oder freiwillige Beiträge gezahlt worden sind. [2] Zeiten vor dem 1. Januar 1924 sind jedoch nur Beitragszeiten, wenn

1. in der Zeit vom 1. Januar 1924 bis zum 30. November 1948 mindestens ein Beitrag für diese Zeit gezahlt worden ist,
2. nach dem 30. November 1948 bis zum Ablauf von drei Jahren nach dem Ende einer Ersatzzeit mindestens ein Beitrag gezahlt worden ist oder
3. mindestens die Wartezeit von 15 Jahren erfüllt ist.

§ 248 Beitragszeiten im Beitrittsgebiet und im Saarland. (1) Pflichtbeitragszeiten sind auch Zeiten, in denen Personen aufgrund gesetzlicher Pflicht nach dem 8. Mai 1945 mehr als drei Tage Wehrdienst oder Zivildienst im Beitrittsgebiet geleistet haben.

(2) Für Versicherte, die bereits vor Erfüllung der allgemeinen Wartezeit voll erwerbsgemindert waren und seitdem ununterbrochen voll erwerbsgemindert sind, gelten Zeiten des gewöhnlichen Aufenthalts im Beitrittsgebiet nach Vollendung des 16. Lebensjahres und nach Eintritt der vollen Erwerbsminderung in der Zeit vom 1. Juli 1975 bis zum 31. Dezember 1991 als Pflichtbeitragszeiten.

(3) [1] Den Beitragszeiten nach Bundesrecht stehen Zeiten nach dem 8. Mai 1945 gleich, für die Beiträge zu einem System der gesetzlichen Rentenversicherung nach vor dem Inkrafttreten von Bundesrecht geltenden Rechtsvorschriften gezahlt worden sind; dies gilt entsprechend für Beitragszeiten im Saarland bis zum 31. Dezember 1956. [2] Beitragszeiten im Beitrittsgebiet sind nicht
1. Zeiten der Schul-, Fach- oder Hochschulausbildung,
2. Zeiten einer Beschäftigung oder selbständigen Tätigkeit neben dem Bezug einer Altersrente oder einer Versorgung wegen Alters,
3. Zeiten der freiwilligen Versicherung vor dem 1. Januar 1991 nach der Verordnung über die freiwillige und zusätzliche Versicherung in der Sozialversicherung vom 28. Januar 1947, in denen Beiträge nicht mindestens in der in Anlage 11 genannten Höhe gezahlt worden sind.

(4) [1] Die Beitragszeiten werden abweichend von den Vorschriften des Dritten Kapitels der knappschaftlichen Rentenversicherung zugeordnet, wenn für die versicherte Beschäftigung Beiträge nach einem Beitragssatz für bergbaulich Versicherte gezahlt worden sind. [2] Zeiten der Versicherungspflicht von selbständig Tätigen im Beitrittsgebiet werden der allgemeinen Rentenversicherung zugeordnet.

§ 249 Beitragszeiten wegen Kindererziehung. (1) Die Kindererziehungszeit für ein vor dem 1. Januar 1992 geborenes Kind endet 30 Kalendermonate nach Ablauf des Monats der Geburt.

(2) [1] Bei der Anrechnung einer Kindererziehungszeit steht der Erziehung im Inland die Erziehung im jeweiligen Geltungsbereich der Reichsversicherungsgesetze gleich. [2] Dies gilt nicht, wenn Beitragszeiten während desselben Zeitraums aufgrund einer Versicherungslastregelung mit einem anderen Staat nicht in die Versicherungslast der Bundesrepublik Deutschland fallen würden.

(3) *(aufgehoben)*

(4) Ein Elternteil ist von der Anrechnung einer Kindererziehungszeit ausgeschlossen, wenn er vor dem 1. Januar 1921 geboren ist.

(5) Für die Feststellung der Tatsachen, die für die Anrechnung von Kindererziehungszeiten vor dem 1. Januar 1986 erheblich sind, genügt es, wenn sie glaubhaft gemacht sind.

(6) Ist die Mutter vor dem 1. Januar 1986 gestorben, wird die Kindererziehungszeit insgesamt dem Vater zugeordnet.

(7) [1]Bei Folgerenten, die die Voraussetzungen nach § 88 Absatz 1 oder 2 erfüllen und für die ein Zuschlag an persönlichen Entgeltpunkten nach § 307d Absatz 1 Satz 1 zu berücksichtigen ist, endet die Kindererziehungszeit für ein vor dem 1. Januar 1992 geborenes Kind zwölf Kalendermonate nach Ablauf des Monats der Geburt. [2]Die Kindererziehungszeit endet 24 Kalendermonate nach Ablauf des Monats der Geburt, wenn ausschließlich ein Zuschlag an persönlichen Entgeltpunkten nach § 307d Absatz 1 Satz 3 oder ein Zuschlag an persönlichen Entgeltpunkten nach § 307d Absatz 1a zu berücksichtigen ist. [3]Eine Kindererziehungszeit wird für den maßgeblichen Zeitraum, für den ein Zuschlag an persönlichen Entgeltpunkten nach § 307d Absatz 5 berücksichtigt wurde, nicht angerechnet.

(8) [1]Die Anrechnung einer Kindererziehungszeit nach Absatz 1 ist ausgeschlossen

1. ab dem 13. bis zum 24. Kalendermonat nach Ablauf des Monats der Geburt, wenn für die versicherte Person für dasselbe Kind ein Zuschlag an persönlichen Entgeltpunkten nach § 307d Absatz 1 Satz 1 zu berücksichtigen ist,
2. ab dem 25. bis zum 30. Kalendermonat nach Ablauf des Monats der Geburt, wenn für die versicherte Person für dasselbe Kind ein Zuschlag an persönlichen Entgeltpunkten nach § 307d Absatz 1 Satz 3 oder nach § 307d Absatz 1a zu berücksichtigen ist.

[2]Satz 1 gilt entsprechend, wenn für andere Versicherte oder Hinterbliebene für dasselbe Kind ein Zuschlag an persönlichen Entgeltpunkten für den maßgeblichen Zeitraum zu berücksichtigen ist oder zu berücksichtigen war.

§ 249a Beitragszeiten wegen Kindererziehung im Beitrittsgebiet.

(1) Elternteile, die am 18. Mai 1990 ihren gewöhnlichen Aufenthalt im Beitrittsgebiet hatten, sind von der Anrechnung einer Kindererziehungszeit ausgeschlossen, wenn sie vor dem 1. Januar 1927 geboren sind.

(2) Ist ein Elternteil bis zum 31. Dezember 1996 gestorben, wird die Kindererziehungszeit im Beitrittsgebiet vor dem 1. Januar 1992 insgesamt der Mutter zugeordnet, es sei denn, es wurde eine wirksame Erklärung zugunsten des Vaters abgegeben.

§ 249b Berücksichtigungszeiten wegen Pflege. [1]Berücksichtigungszeiten sind auf Antrag auch Zeiten der nicht erwerbsmäßigen Pflege eines Pflegebedürftigen in der Zeit vom 1. Januar 1992 bis zum 31. März 1995, solange die Pflegeperson

1. wegen der Pflege berechtigt war, Beiträge zu zahlen oder die Umwandlung von freiwilligen Beiträgen in Pflichtbeiträge zu beantragen, und
2. nicht zu den in § 56 Abs. 4 genannten Personen gehört, die von der Anrechnung einer Kindererziehungszeit ausgeschlossen sind.

²Die Zeit der Pflegetätigkeit wird von der Aufnahme der Pflegetätigkeit an als Berücksichtigungszeit angerechnet, wenn der Antrag bis zum Ablauf von drei Kalendermonaten nach Aufnahme der Pflegetätigkeit gestellt wird.

§ 250 Ersatzzeiten. (1) Ersatzzeiten sind Zeiten vor dem 1. Januar 1992, in denen Versicherungspflicht nicht bestanden hat und Versicherte nach vollendetem 14. Lebensjahr

1. militärischen oder militärähnlichen Dienst im Sinne der §§ 2 und 3 des Bundesversorgungsgesetzes aufgrund gesetzlicher Dienstpflicht oder Wehrpflicht oder während eines Krieges geleistet haben oder aufgrund dieses Dienstes kriegsgefangen gewesen sind oder deutschen Minenräumdienst nach dem 8. Mai 1945 geleistet haben oder im Anschluss an solche Zeiten wegen Krankheit arbeitsunfähig oder unverschuldet arbeitslos gewesen sind,
2. interniert oder verschleppt oder im Anschluss an solche Zeiten wegen Krankheit arbeitsunfähig oder unverschuldet arbeitslos gewesen sind, wenn sie als Deutsche wegen ihrer Volks- oder Staatsangehörigkeit oder in ursächlichem Zusammenhang mit den Kriegsereignissen außerhalb des Gebietes der Bundesrepublik Deutschland interniert oder in ein ausländisches Staatsgebiet verschleppt waren, nach dem 8. Mai 1945 entlassen wurden und innerhalb von zwei Monaten nach der Entlassung im Gebiet der Bundesrepublik Deutschland ständigen Aufenthalt genommen haben, wobei in die Frist von zwei Monaten Zeiten einer unverschuldeten Verzögerung der Rückkehr nicht eingerechnet werden,
3. während oder nach dem Ende eines Krieges, ohne Kriegsteilnehmer zu sein, durch feindliche Maßnahmen bis zum 30. Juni 1945 an der Rückkehr aus Gebieten außerhalb des jeweiligen Geltungsbereichs der Reichsversicherungsgesetze oder danach aus Gebieten außerhalb des Geltungsbereichs dieser Gesetze, soweit es sich nicht um das Beitrittsgebiet handelt, verhindert gewesen oder dort festgehalten worden sind,
4. in ihrer Freiheit eingeschränkt gewesen oder ihnen die Freiheit entzogen worden ist (§§ 43 und 47 Bundesentschädigungsgesetz) oder im Anschluss an solche Zeiten wegen Krankheit arbeitsunfähig oder unverschuldet arbeitslos gewesen sind oder infolge Verfolgungsmaßnahmen
   a) arbeitslos gewesen sind, auch wenn sie der Arbeitsvermittlung nicht zur Verfügung gestanden haben, längstens aber die Zeit bis zum 31. Dezember 1946, oder
   b) bis zum 30. Juni 1945 ihren Aufenthalt in Gebieten außerhalb des jeweiligen Geltungsbereichs der Reichsversicherungsgesetze oder danach in Gebieten außerhalb des Geltungsbereichs der Reichsversicherungsgesetze nach dem Stand vom 30. Juni 1945 genommen oder einen solchen beibehalten haben, längstens aber die Zeit bis zum 31. Dezember 1949,

   wenn sie zum Personenkreis des § 1 des Bundesentschädigungsgesetzes gehören (Verfolgungszeit),
5. in Gewahrsam genommen worden sind oder im Anschluss daran wegen Krankheit arbeitsunfähig oder unverschuldet arbeitslos gewesen sind, wenn sie zum Personenkreis des § 1 des Häftlingshilfegesetzes gehören oder nur deshalb nicht gehören, weil sie vor dem 3. Oktober 1990 ihren gewöhnlichen Aufenthalt im Beitrittsgebiet genommen haben, oder

5a. im Beitrittsgebiet in der Zeit vom 8. Mai 1945 bis zum 30. Juni 1990 einen Freiheitsentzug erlitten haben, soweit eine auf Rehabilitierung oder Kassation erkennende Entscheidung ergangen ist, oder im Anschluss an solche Zeiten wegen Krankheit arbeitsunfähig oder unverschuldet arbeitslos gewesen sind,
6. vertrieben, umgesiedelt oder ausgesiedelt worden oder auf der Flucht oder im Anschluss an solche Zeiten wegen Krankheit arbeitsunfähig oder unverschuldet arbeitslos gewesen sind, mindestens aber die Zeit vom 1. Januar 1945 bis zum 31. Dezember 1946, wenn sie zum Personenkreis der §§ 1 bis 4 des Bundesvertriebenengesetzes gehören.

(2) Ersatzzeiten sind nicht Zeiten,
1. für die eine Nachversicherung durchgeführt oder nur wegen eines fehlenden Antrags nicht durchgeführt worden ist,
2. in denen außerhalb des Gebietes der Bundesrepublik Deutschland ohne das Beitrittsgebiet eine Rente wegen Alters oder anstelle einer solchen eine andere Leistung bezogen worden ist,
3. in denen nach dem 31. Dezember 1956 die Voraussetzungen nach Absatz 1 Nr. 2, 3 und 5 vorliegen und Versicherte eine Beschäftigung oder selbständige Tätigkeit auch aus anderen als den dort genannten Gründen nicht ausgeübt haben.

§ 251 Ersatzzeiten bei Handwerkern. (1) Ersatzzeiten werden bei versicherungspflichtigen Handwerkern, die in diesen Zeiten in die Handwerksrolle eingetragen waren, berücksichtigt, wenn für diese Zeiten Beiträge nicht gezahlt worden sind.

(2) Zeiten, in denen in die Handwerksrolle eingetragene versicherungspflichtige Handwerker im Anschluss an eine Ersatzzeit arbeitsunfähig krank gewesen sind, sind nur dann Ersatzzeiten, wenn sie in ihrem Betrieb mit Ausnahme von Lehrlingen und des Ehegatten oder eines Verwandten ersten Grades, für Zeiten vor dem 1. Mai 1985 mit Ausnahme eines Lehrlings, des Ehegatten oder eines Verwandten ersten Grades, Personen nicht beschäftigt haben, die wegen dieser Beschäftigung versicherungspflichtig waren.

(3) Eine auf eine Ersatzzeit folgende Zeit der unverschuldeten Arbeitslosigkeit vor dem 1. Juli 1969 ist bei Handwerkern nur dann eine Ersatzzeit, wenn und solange sie in der Handwerksrolle gelöscht waren.

§ 252 Anrechnungszeiten. (1) Anrechnungszeiten sind auch Zeiten, in denen Versicherte
1. Anpassungsgeld für entlassene Arbeitnehmer des Bergbaus bezogen haben,
1a. Anpassungsgeld bezogen haben, weil sie als Arbeitnehmerinnen oder Arbeitnehmer der Braunkohleanlagen und -tagebaue sowie der Steinkohleanlagen aus den in § 57 des Kohleverstromungsbeendigungsgesetzes genannten Gründen ihren Arbeitsplatz verloren haben,
2. nach dem 31. Dezember 1991 eine Knappschaftsausgleichsleistung bezogen haben,
3. nach dem vollendeten 17. Lebensjahr als Lehrling nicht versicherungspflichtig oder versicherungsfrei waren und die Lehrzeit abgeschlossen haben, längstens bis zum 28. Februar 1957, im Saarland bis zum 31. August 1957,

4. vor dem vollendeten 55. Lebensjahr eine Rente wegen Berufsunfähigkeit oder Erwerbsunfähigkeit oder eine Erziehungsrente bezogen haben, in der eine Zurechnungszeit nicht enthalten war,
5. vor dem vollendeten 55. Lebensjahr eine Invalidenrente, ein Ruhegeld oder eine Knappschaftsvollrente bezogen haben, wenn diese Leistung vor dem 1. Januar 1957 weggefallen ist,
6. Schlechtwettergeld bezogen haben, wenn dadurch eine versicherte Beschäftigung oder selbständige Tätigkeit unterbrochen worden ist, längstens bis zum 31. Dezember 1978.

(2) Anrechnungszeiten sind auch Zeiten, für die

1. die Bundesagentur für Arbeit in der Zeit vom 1. Januar 1983,
2. ein anderer Leistungsträger in der Zeit vom 1. Januar 1984

bis zum 31. Dezember 1997 wegen des Bezugs von Sozialleistungen Pflichtbeiträge oder Beiträge für Anrechnungszeiten gezahlt hat.

(3) Anrechnungszeiten wegen Arbeitsunfähigkeit oder Leistungen zur medizinischen Rehabilitation oder zur Teilhabe am Arbeitsleben liegen in der Zeit vom 1. Januar 1984 bis zum 31. Dezember 1997 bei Versicherten, die

1. nicht in der gesetzlichen Krankenversicherung versichert waren oder
2. in der gesetzlichen Krankenversicherung ohne Anspruch auf Krankengeld versichert waren,

nur vor, wenn für diese Zeiten, längstens jedoch für 18 Kalendermonate, Beiträge nach mindestens 70 vom Hundert, für die Zeit vom 1. Januar 1995 an 80 vom Hundert des zuletzt für einen vollen Kalendermonat versicherten Arbeitsentgelts oder Arbeitseinkommens gezahlt worden sind.

(4) *(aufgehoben)*

(5) Zeiten einer Arbeitslosigkeit vor dem 1. Juli 1969 sind bei Handwerkern nur dann Anrechnungszeiten, wenn und solange sie in der Handwerksrolle gelöscht waren.

(6) [1] Bei selbständig Tätigen, die auf Antrag versicherungspflichtig waren, und bei Handwerkern sind Zeiten vor dem 1. Januar 1992, in denen sie

1. wegen Krankheit arbeitsunfähig gewesen sind oder Leistungen zur medizinischen Rehabilitation oder zur Teilhabe am Arbeitsleben erhalten haben,
2. wegen Schwangerschaft oder Mutterschaft während der Schutzfristen nach dem Mutterschutzgesetz eine versicherte selbständige Tätigkeit nicht ausgeübt haben,

nur dann Anrechnungszeiten, wenn sie in ihrem Betrieb mit Ausnahme eines Lehrlings, des Ehegatten oder eines Verwandten ersten Grades Personen nicht beschäftigt haben, die wegen dieser Beschäftigung versicherungspflichtig waren. [2] Anrechnungszeiten nach dem 30. April 1985 liegen auch vor, wenn die Versicherten mit Ausnahme von Lehrlingen und des Ehegatten oder eines Verwandten ersten Grades Personen nicht beschäftigt haben, die wegen dieser Beschäftigung versicherungspflichtig waren.

(7) [1] Zeiten, in denen Versicherte

1. vor dem 1. Januar 1984 arbeitsunfähig geworden sind oder Leistungen zur medizinischen Rehabilitation oder zur Teilhabe am Arbeitsleben erhalten haben,
2. vor dem 1. Januar 1979 Schlechtwettergeld bezogen haben,

3. wegen Arbeitslosigkeit bei einer deutschen Agentur für Arbeit als Arbeitsuchende gemeldet waren und
   a) vor dem 1. Juli 1978 eine öffentlich-rechtliche Leistung bezogen haben oder
   b) vor dem 1. Januar 1992 eine öffentlich-rechtliche Leistung nur wegen des zu berücksichtigenden Einkommens oder Vermögens nicht bezogen haben,

werden nur berücksichtigt, wenn sie mindestens einen Kalendermonat andauerten. [2] Folgen mehrere Zeiten unmittelbar aufeinander, werden sie zusammengerechnet.

(8) [1] Anrechnungszeiten sind auch Zeiten nach dem 30. April 2003, in denen Versicherte

1. nach Vollendung des 58. Lebensjahres wegen Arbeitslosigkeit bei einer deutschen Agentur für Arbeit gemeldet waren,
2. der Arbeitsvermittlung nur deshalb nicht zur Verfügung standen, weil sie nicht arbeitsbereit waren und nicht alle Möglichkeiten nutzten und nutzen wollten, um ihre Beschäftigungslosigkeit zu beenden und
3. eine öffentlich-rechtliche Leistung nur wegen des zu berücksichtigenden Einkommens oder Vermögens nicht bezogen haben.

[2] Für Zeiten nach Satz 1 gelten die Vorschriften über Anrechnungszeiten wegen Arbeitslosigkeit. [3] Zeiten nach Satz 1 werden nach dem 31. Dezember 2007 nur dann als Anrechnungszeiten berücksichtigt, wenn die Arbeitslosigkeit vor dem 1. Januar 2008 begonnen hat und der Versicherte vor dem 2. Januar 1950 geboren ist.

(9) Anrechnungszeiten liegen bei Beziehern von Arbeitslosenhilfe, Unterhaltsgeld und Arbeitslosengeld II nicht vor, wenn die Bundesagentur für Arbeit oder in Fällen des § 6a des Zweiten Buches[1)] die zugelassenen kommunalen Träger für sie Beiträge an eine Versicherungseinrichtung oder Versorgungseinrichtung, an ein Versicherungsunternehmen oder an sie selbst gezahlt haben.

(10) Anrechnungszeiten liegen nicht vor bei Beziehern von Arbeitslosengeld II, die in der Zeit vom 1. Januar 2011 bis zum 31. Dezember 2012 versicherungspflichtig beschäftigt oder versicherungspflichtig selbständig tätig gewesen sind oder eine Leistung bezogen haben, wegen der sie nach § 3 Satz 1 Nummer 3 versicherungspflichtig gewesen sind.

§ 252a Anrechnungszeiten im Beitrittsgebiet. (1) [1] Anrechnungszeiten im Beitrittsgebiet sind auch Zeiten nach dem 8. Mai 1945, in denen Versicherte

1. wegen Schwangerschaft oder Mutterschaft während der jeweiligen Schutzfristen eine versicherte Beschäftigung oder selbständige Tätigkeit nicht ausgeübt haben,
2. vor dem 1. Januar 1992
   a) Lohnersatzleistungen nach dem Recht der Arbeitsförderung,
   b) Vorruhestandsgeld, Übergangsrente, Invalidenrente bei Erreichen besonderer Altersgrenzen, befristete erweiterte Versorgung oder
   c) Unterstützung während der Zeit der Arbeitsvermittlung

[1)] Nr. 2.

bezogen haben,

3. vor dem 1. März 1990 arbeitslos waren oder
4. vor dem vollendeten 55. Lebensjahr Invalidenrente, Bergmannsinvalidenrente, Versorgung wegen voller Berufsunfähigkeit oder Teilberufsunfähigkeit, Unfallrente aufgrund eines Körperschadens von 66 ⅔ vom Hundert, Kriegsbeschädigtenrente aus dem Beitrittsgebiet, entsprechende Renten aus einem Sonderversorgungssystem oder eine berufsbezogene Zuwendung an Ballettmitglieder in staatlichen Einrichtungen bezogen haben.

[2] Anrechnungszeiten nach Satz 1 Nr. 1 liegen vor Vollendung des 17. und nach Vollendung des 25. Lebensjahres nur vor, wenn dadurch eine versicherte Beschäftigung oder selbständige Tätigkeit unterbrochen ist. [3] Für Zeiten nach Satz 1 Nr. 2 und 3 gelten die Vorschriften über Anrechnungszeiten wegen Arbeitslosigkeit. [4] Zeiten des Fernstudiums oder des Abendunterrichts in der Zeit vor dem 1. Juli 1990 sind nicht Anrechnungszeiten wegen schulischer Ausbildung, wenn das Fernstudium oder der Abendunterricht neben einer versicherungspflichtigen Beschäftigung oder Tätigkeit ausgeübt worden ist.

(2) [1] Anstelle von Anrechnungszeiten wegen Krankheit, Schwangerschaft oder Mutterschaft vor dem 1. Juli 1990 werden pauschal Anrechnungszeiten für Ausfalltage ermittelt, wenn im Ausweis für Arbeit und Sozialversicherung Arbeitsausfalltage als Summe eingetragen sind. [2] Dazu ist die im Ausweis eingetragene Anzahl der Arbeitsausfalltage mit der Zahl 7 zu vervielfältigen, durch die Zahl 5 zu teilen und dem Ende der für das jeweilige Kalenderjahr bescheinigten Beschäftigung oder selbständigen Tätigkeit als Anrechnungszeit lückenlos zuzuordnen, wobei Zeiten vor dem 1. Januar 1984 nur berücksichtigt werden, wenn nach der Zuordnung mindestens ein Kalendermonat belegt ist. [3] Insoweit ersetzen sie die für diese Zeit bescheinigten Pflichtbeitragszeiten; dies gilt nicht für die Feststellung von Pflichtbeitragszeiten für einen Anspruch auf Rente.

§ 253 Pauschale Anrechnungszeit. (1) [1] Anrechnungszeit für die Zeit vor dem 1. Januar 1957 ist mindestens die volle Anzahl an Monaten, die sich ergibt, wenn

1. der Zeitraum vom Kalendermonat, für den der erste Pflichtbeitrag gezahlt ist, spätestens vom Kalendermonat, in den der Tag nach der Vollendung des 17. Lebensjahres des Versicherten fällt, bis zum Kalendermonat, für den der letzte Pflichtbeitrag vor dem 1. Januar 1957 gezahlt worden ist, ermittelt wird (Gesamtzeit),
2. die Gesamtzeit um die auf sie entfallenden mit Beiträgen und Ersatzzeiten belegten Kalendermonate zur Ermittlung der verbleibenden Zeit gemindert wird (Gesamtlücke) und
3. die Gesamtlücke, höchstens jedoch ein nach unten gerundetes volles Viertel der auf die Gesamtzeit entfallenden Beitragszeiten und Ersatzzeiten, mit dem Verhältnis vervielfältigt wird, in dem die Summe der auf die Gesamtzeit entfallenden mit Beitragszeiten und Ersatzzeiten belegten Kalendermonate zu der Gesamtzeit steht.

[2] Dabei werden Zeiten, für die eine Nachversicherung nur wegen eines fehlenden Antrags nicht durchgeführt worden ist, wie Beitragszeiten berücksichtigt.

(2) Der Anteil der pauschalen Anrechnungszeit, der auf einen Zeitabschnitt entfällt, ist die volle Anzahl an Monaten, die sich ergibt, wenn die pauschale

Anrechnungszeit mit der für ihre Ermittlung maßgebenden verbleibenden Zeit in diesem Zeitabschnitt (Teillücke) vervielfältigt und durch die Gesamtlücke geteilt wird.

§ 253a Zurechnungszeit. (1) Beginnt eine Rente wegen verminderter Erwerbsfähigkeit oder eine Erziehungsrente im Jahr 2018 oder ist bei einer Hinterbliebenenrente die versicherte Person im Jahr 2018 verstorben, endet die Zurechnungszeit mit Vollendung des 62. Lebensjahres und drei Monaten.

(2) Beginnt eine Rente wegen verminderter Erwerbsfähigkeit oder eine Erziehungsrente im Jahr 2019 oder ist bei einer Hinterbliebenenrente die versicherte Person im Jahr 2019 verstorben, endet die Zurechnungszeit mit Vollendung des 65. Lebensjahres und acht Monaten.

(3) Beginnt eine Rente wegen verminderter Erwerbsfähigkeit oder eine Erziehungsrente nach dem 31. Dezember 2019 und vor dem 1. Januar 2031 oder ist bei einer Hinterbliebenenrente die versicherte Person nach dem 31. Dezember 2019 und vor dem 1. Januar 2031 verstorben, wird das Ende der Zurechnungszeit wie folgt angehoben:

Bei Beginn der Rente oder bei Tod der Versicherten im Jahr	Anhebung um Monate	auf Alter	
		Jahre	Monate
2020	1	65	9
2021	2	65	10
2022	3	65	11
2023	4	66	0
2024	5	66	1
2025	6	66	2
2026	7	66	3
2027	8	66	4
2028	10	66	6
2029	12	66	8
2030	14	66	10

(4) Die Zurechnungszeit endet spätestens mit dem Erreichen der Regelaltersgrenze nach § 235 Absatz 2 Satz 2 und 3.

(5) Hatte die verstorbene versicherte Person zum Zeitpunkt des Todes Anspruch auf eine Rente wegen verminderter Erwerbsfähigkeit, ist bei einer nachfolgenden Hinterbliebenenrente eine Zurechnungszeit nur insoweit zu berücksichtigen, wie sie in der vorangegangenen Rente wegen verminderter Erwerbsfähigkeit angerechnet wurde.

§ 254 Zuordnung beitragsfreier Zeiten zur knappschaftlichen Rentenversicherung. (1) Ersatzzeiten werden der knappschaftlichen Rentenversicherung zugeordnet, wenn vor dieser Zeit der letzte Pflichtbeitrag zur knappschaftlichen Rentenversicherung gezahlt worden ist.

(2) Ersatzzeiten und Anrechnungszeiten wegen einer Lehre werden der knappschaftlichen Rentenversicherung auch dann zugeordnet, wenn nach dieser Zeit die Versicherung beginnt und der erste Pflichtbeitrag zur knappschaftlichen Rentenversicherung gezahlt worden ist.

(3) [1]Anrechnungszeiten wegen des Bezugs von Anpassungsgeld und von Knappschaftsausgleichsleistung sind Zeiten der knappschaftlichen Rentenversicherung. [2]Dies gilt für Anrechnungszeiten wegen des Bezugs von Anpassungsgeld nur, wenn zuletzt vor Beginn dieser Leistung eine in der knappschaftlichen Rentenversicherung versicherte Beschäftigung ausgeübt worden ist.

(4) Die pauschale Anrechnungszeit wird der knappschaftlichen Rentenversicherung in dem Verhältnis zugeordnet, in dem die knappschaftlichen Beitragszeiten und die der knappschaftlichen Rentenversicherung zugeordneten Ersatzzeiten bis zur letzten Pflichtbeitragszeit vor dem 1. Januar 1957 zu allen diesen Beitragszeiten und Ersatzzeiten stehen.

§ 254a Ständige Arbeiten unter Tage im Beitrittsgebiet. Im Beitrittsgebiet vor dem 1. Januar 1992 überwiegend unter Tage ausgeübte Tätigkeiten sind ständige Arbeiten unter Tage.

Fünfter Unterabschnitt. Rentenhöhe und Rentenanpassung

§ 254b Rentenformel für den Monatsbetrag der Rente. (1) Bis zum 30. Juni 2024 werden persönliche Entgeltpunkte (Ost) und ein aktueller Rentenwert (Ost) für die Ermittlung des Monatsbetrags der Rente aus Zeiten außerhalb der Bundesrepublik Deutschland ohne das Beitrittsgebiet gebildet, die an die Stelle der persönlichen Entgeltpunkte und des aktuellen Rentenwerts treten.

(2) Liegen der Rente auch persönliche Entgeltpunkte zugrunde, die mit dem aktuellen Rentenwert zu vervielfältigen sind, sind Monatsteilbeträge zu ermitteln, deren Summe den Monatsbetrag der Rente ergibt.

§ 254c Anpassung der Renten. [1]Renten, denen ein aktueller Rentenwert (Ost) zugrunde liegt, werden angepasst, indem der bisherige aktuelle Rentenwert (Ost) durch den neuen aktuellen Rentenwert (Ost)[1)] ersetzt wird. [2]Rentenbezieher erhalten eine Anpassungsmitteilung, wenn sich die Höhe des aktuellen Rentenwerts (Ost) verändert.

§ 254d Entgeltpunkte (Ost) (1) An die Stelle der ermittelten Entgeltpunkte treten Entgeltpunkte (Ost) für

1. Zeiten mit Beiträgen für eine Beschäftigung oder selbständige Tätigkeit,
2. Pflichtbeitragszeiten aufgrund der gesetzlichen Pflicht zur Leistung von Wehrdienst oder Zivildienst oder aufgrund eines Wehrdienstverhältnisses besonderer Art nach § 6 des Einsatz-Weiterverwendungsgesetzes oder aufgrund des Bezugs von Sozialleistungen mit Ausnahme des Bezugs von Arbeitslosengeld II,
3. Zeiten der Erziehung eines Kindes,
4. Zeiten mit freiwilligen Beiträgen vor dem 1. Januar 1992 oder danach bis zum 31. März 1999 zur Aufrechterhaltung des Anspruchs auf Rente wegen verminderter Erwerbsfähigkeit (§ 279b) bei gewöhnlichem Aufenthalt,

4a. Zeiten der nicht erwerbsmäßigen Pflege,

---

1) Der aktuelle Rentenwert beträgt ab dem 1. Juli 2020 34,19 Euro, der aktuelle Rentenwert (Ost) beträgt ab dem 1. Juli 2020 33,23 Euro; vgl. § 1 Abs. 1 und 2 Rentenwertbestimmungsverordnung 2020 v. 8.6.2020 (BGBl. I S. 1220).

4b. zusätzliche Entgeltpunkte für Arbeitsentgelt aus nach § 23b Abs. 2 Satz 1 bis 4 des Vierten Buches[1)] aufgelösten Wertguthaben auf Grund einer Arbeitsleistung

im Beitrittsgebiet und

5. Zeiten mit Beiträgen für eine Beschäftigung oder selbständige Tätigkeit,
6. Zeiten der Erziehung eines Kindes,
7. Zeiten mit freiwilligen Beiträgen bei gewöhnlichem Aufenthalt

im jeweiligen Geltungsbereich der Reichsversicherungsgesetze außerhalb der Bundesrepublik Deutschland (Reichsgebiets-Beitragszeiten).

(2) [1] Absatz 1 findet keine Anwendung auf Zeiten vor dem 19. Mai 1990

1. von Versicherten, die ihren gewöhnlichen Aufenthalt am 18. Mai 1990 oder, falls sie verstorben sind, zuletzt vor dem 19. Mai 1990
   a) im Gebiet der Bundesrepublik Deutschland ohne das Beitrittsgebiet hatten oder
   b) im Ausland hatten und unmittelbar vor Beginn des Auslandsaufenthalts ihren gewöhnlichen Aufenthalt im Gebiet der Bundesrepublik Deutschland ohne das Beitrittsgebiet hatten,
2. mit Beiträgen aufgrund einer Beschäftigung bei einem Unternehmen im Beitrittsgebiet, für das Arbeitsentgelte in Deutsche Mark gezahlt worden sind.

[2] Satz 1 gilt nicht für Zeiten, die von der Wirkung einer Beitragserstattung nach § 286d Abs. 2 nicht erfasst werden.

(3) Für Zeiten mit Beiträgen für eine Beschäftigung oder selbständige Tätigkeit und für Zeiten der Erziehung eines Kindes vor dem 1. Februar 1949 in Berlin gelten ermittelte Entgeltpunkte nicht als Entgeltpunkte (Ost).

§ 255 Rentenartfaktor. (1) Der Rentenartfaktor beträgt für persönliche Entgeltpunkte bei großen Witwenrenten und großen Witwerrenten nach dem Ende des dritten Kalendermonats nach Ablauf des Monats, in dem der Ehegatte verstorben ist, 0,6, wenn der Ehegatte vor dem 1. Januar 2002 verstorben ist oder die Ehe vor diesem Tag geschlossen wurde und mindestens ein Ehegatte vor dem 2. Januar 1962 geboren ist.

(2) Witwenrenten und Witwerrenten aus der Rentenanwartschaft eines vor dem 1. Juli 1977 geschiedenen Ehegatten werden von Beginn an mit dem Rentenartfaktor ermittelt, der für Witwenrenten und Witwerrenten nach dem Ende des dritten Kalendermonats nach Ablauf des Monats, in dem der Ehegatte verstorben ist, maßgebend ist.

§ 255a Bestimmung des aktuellen Rentenwerts (Ost) für die Zeit vom 1. Juli 2018 bis zum 1. Juli 2023. (1) [1] Der aktuelle Rentenwert (Ost) beträgt zum

1. Juli 2018 95,8 Prozent des aktuellen Rentenwerts,
1. Juli 2019 96,5 Prozent des aktuellen Rentenwerts,
1. Juli 2020 97,2 Prozent des aktuellen Rentenwerts,
1. Juli 2021 97,9 Prozent des aktuellen Rentenwerts,

[1)] Nr. 4.

1. Juli 2022 98,6 Prozent des aktuellen Rentenwerts,

1. Juli 2023 99,3 Prozent des aktuellen Rentenwerts.

(2) [1] Für die Zeit vom 1. Juli 2018 bis zum 1. Juli 2023 ist ein Vergleichswert zu dem nach Absatz 1 berechneten aktuellen Rentenwert (Ost) zu ermitteln. [2] Der Vergleichswert wird zum 1. Juli eines jeden Jahres ausgehend von seinem Vorjahreswert nach dem für die Veränderung des aktuellen Rentenwerts geltenden Verfahren nach den §§ 68 und 255d ermittelt. [3] Für die Ermittlung des Vergleichswerts zum 1. Juli 2018 gilt der am 30. Juni 2018 geltende aktuelle Rentenwert (Ost) als Vorjahreswert. [4] Abweichend von § 68 sind für die Ermittlung des Vergleichswerts jeweils die für das Beitrittsgebiet ermittelten Bruttolöhne und -gehälter je Arbeitnehmer (§ 68 Absatz 2 Satz 1) maßgebend. [5] Ferner ist § 68 Absatz 2 Satz 3 mit der Maßgabe anzuwenden, dass die für das Beitrittsgebiet ermittelten beitragspflichtigen Bruttolöhne und -gehälter je Arbeitnehmer ohne Beamte einschließlich der Bezieher von Arbeitslosengeld zugrunde zu legen sind. [6] Übersteigt der Vergleichswert den nach Absatz 1 berechneten aktuellen Rentenwert (Ost), ist der Vergleichswert als aktueller Rentenwert (Ost) zum 1. Juli festzusetzen. [7] Der festzusetzende aktuelle Rentenwert (Ost) ist mindestens um den Prozentsatz anzupassen, um den der aktuelle Rentenwert angepasst wird und darf den zum 1. Juli festzusetzenden aktuellen Rentenwert nicht übersteigen.

§ 255b Verordnungsermächtigung. (1) Die Bundesregierung wird ermächtigt, durch Rechtsverordnung mit Zustimmung des Bundesrates den zum 1. Juli eines Jahres maßgebenden aktuellen Rentenwert (Ost)[1)] bis zum 30. Juni des jeweiligen Jahres zu bestimmen.

(2) [1] Die Bundesregierung wird ermächtigt, durch Rechtsverordnung mit Zustimmung des Bundesrates zum Ende eines jeden Kalenderjahres

1. für das vergangene Kalenderjahr den Wert der Anlage 10,
2. für das folgende Kalenderjahr den vorläufigen Wert der Anlage 10

als das Vielfache des Durchschnittsentgelts der Anlage 1 zum Durchschnittsentgelt im Beitrittsgebiet zu bestimmen. [2] Die Werte nach Satz 1 sind letztmals für das Jahr 2018 zu bestimmen.

§ 255c Anwendung des aktuellen Rentenwerts zum 1. Juli 2024. [1] Zum 1. Juli 2024 tritt der aktuelle Rentenwert an die Stelle des aktuellen Rentenwerts (Ost) und die hiervon betroffenen Renten sind insoweit anzupassen. [2] Hierüber erhalten die Rentnerinnen und Rentner eine Anpassungsmitteilung.

§ 255d Bestimmung des aktuellen Rentenwerts für die Zeit vom 1. Juli 2018 bis zum 1. Juli 2026. (1) [1] Für die Bestimmung des aktuellen Rentenwerts für die Zeit vom 1. Juli 2018 bis zum 1. Juli 2019 wird abweichend von § 68 Absatz 4 die Anzahl der Äquivalenzbeitragszahler für das Bundesgebiet ohne das Beitrittsgebiet und das Beitrittsgebiet für die Jahre 2016 bis 2018 getrennt berechnet. [2] Für die weitere Berechnung nach § 68 Absatz 4 werden die jeweiligen Ergebnisse anschließend addiert. [3] Für die Berechnung sind die

---

1) Der aktuelle Rentenwert beträgt ab dem 1. Juli 2020 34,19 Euro, der aktuelle Rentenwert (Ost) beträgt ab dem 1. Juli 2020 33,23 Euro; vgl. § 1 Abs. 1 und 2 Rentenwertbestimmungsverordnung 2020 v. 8.6.2020 (BGBl. I S. 1220).

Werte für das Gesamtvolumen der Beiträge aller in der allgemeinen Rentenversicherung versicherungspflichtig Beschäftigten, der geringfügig Beschäftigten (§ 8 des Vierten Buches[1]) und der Bezieher von Arbeitslosengeld eines Kalenderjahres und das Durchschnittsentgelt nach Anlage 1 für das Bundesgebiet ohne das Beitrittsgebiet und für das Beitrittsgebiet getrennt zu ermitteln und der Berechnung zugrunde zu legen. [4] Für das Beitrittsgebiet ist dabei als Durchschnittsentgelt für das jeweilige Kalenderjahr der Wert der Anlage 1 dividiert durch den Wert der Anlage 10 zu berücksichtigen.

(2) Für die Bestimmung des aktuellen Rentenwerts zum 1. Juli 2020 wird die Anzahl der Äquivalenzbeitragszahler für das Jahr 2018 abweichend von § 68 Absatz 7 nach § 68 Absatz 4 neu ermittelt.

(3) [1] Für die Bestimmung des aktuellen Rentenwerts für die Zeit vom 1. Juli 2018 bis zum 1. Juli 2025 wird abweichend von § 68 Absatz 4 die Anzahl der Äquivalenzrentner für das Bundesgebiet ohne das Beitrittsgebiet und das Beitrittsgebiet für die Jahre 2016 bis 2024 getrennt berechnet. [2] Für die weitere Berechnung nach § 68 Absatz 4 werden die jeweiligen Ergebnisse anschließend addiert. [3] Für die Berechnung sind die Werte für das Gesamtvolumen der Renten abzüglich erstatteter Aufwendungen für Renten und Rententeile eines Kalenderjahres und eine Regelaltersrente mit 45 Entgeltpunkten für das Bundesgebiet ohne das Beitrittsgebiet und für das Beitrittsgebiet getrennt zu ermitteln und der Berechnung zugrunde zu legen. [4] Für das Beitrittsgebiet ist dabei bei der Berechnung der Regelaltersrente mit 45 Entgeltpunkten der aktuelle Rentenwert (Ost) zugrunde zu legen.

(4) Für die Bestimmung des aktuellen Rentenwerts zum 1. Juli 2025 sind abweichend von § 68 Absatz 7 die folgenden Daten zugrunde zu legen:

1. die dem Statistischen Bundesamt zu Beginn des Jahres 2025 für die Jahre 2022 und 2023 vorliegenden Daten zu den gesamtdeutschen Bruttolöhnen und -gehältern je Arbeitnehmer (§ 68 Absatz 2 Satz 1) und
2. die der Deutschen Rentenversicherung Bund zu Beginn des Jahres 2025 für das Jahr 2022 vorliegenden Daten zu den gesamtdeutschen beitragspflichtigen Bruttolöhnen und -gehältern je Arbeitnehmer ohne Beamte einschließlich der Bezieher von Arbeitslosengeld.

(5) Für die Bestimmung des aktuellen Rentenwerts zum 1. Juli 2026 wird abweichend von § 68 Absatz 4 als Anzahl an Äquivalenzrentnern für das Jahr 2024 der errechnete Wert aus der Rentenwertbestimmungsverordnung 2025 zugrunde gelegt, der sich aus der Summe der Anzahl der Äquivalenzrentner für das Jahr 2024 für das Bundesgebiet ohne das Beitrittsgebiet und der Anzahl der Äquivalenzrentner für das Jahr 2024 für das Beitrittsgebiet ergibt.

§ 255e Niveauschutzklausel für die Zeit vom 1. Juli 2019 bis zum 1. Juli 2025. Wird in der Zeit vom 1. Juli 2019 bis zum 1. Juli 2025 mit dem nach § 68 ermittelten aktuellen Rentenwert das Sicherungsniveau vor Steuern nach § 154 Absatz 3a des laufenden Jahres in Höhe von 48 Prozent unterschritten, ist der aktuelle Rentenwert so anzuheben, dass das Sicherungsniveau vor Steuern mindestens 48 Prozent beträgt.

---

[1] Nr. 4.

§ 255f Verordnungsermächtigung. Die Bundesregierung hat durch Rechtsverordnung mit Zustimmung des Bundesrates zum 1. Juli eines Jahres das Sicherungsniveau vor Steuern des jeweiligen Jahres zu bestimmen.

§ 255g Ausgleichsbedarf bis zum 30. Juni 2026. [1]Der Ausgleichsbedarf beträgt in der Zeit bis zum 30. Juni 2026 1,0000. [2]Eine Berechnung des Ausgleichsbedarfs nach § 68a erfolgt in dieser Zeit nicht.

§ 256 Entgeltpunkte für Beitragszeiten. (1) Für Pflichtbeitragszeiten aufgrund einer Beschäftigung in der Zeit vom 1. Juni 1945 bis 30. Juni 1965 (§ 247 Abs. 2a) werden für jeden Kalendermonat 0,025 Entgeltpunkte zugrunde gelegt.

(2) Für Zeiten vor dem 1. Januar 1992, für die für Anrechnungszeiten Beiträge gezahlt worden sind, die Versicherte ganz oder teilweise getragen haben, ist Beitragsbemessungsgrundlage der Betrag, der sich ergibt, wenn das 100fache des gezahlten Beitrags durch den für die jeweilige Zeit maßgebenden Beitragssatz geteilt wird.

(3) [1]Für Zeiten vom 1. Januar 1982 bis zum 31. Dezember 1991, für die Pflichtbeiträge gezahlt worden sind für Personen, die aufgrund gesetzlicher Pflicht mehr als drei Tage Wehrdienst oder Zivildienst geleistet haben, werden für jedes volle Kalenderjahr 0,75 Entgeltpunkte, für die Zeit vom 1. Mai 1961 bis zum 31. Dezember 1981 1,0 Entgeltpunkte, für jeden Teilzeitraum der entsprechende Anteil zugrunde gelegt. [2]Satz 1 ist für Zeiten vom 1. Januar 1990 bis zum 31. Dezember 1991 nicht anzuwenden, wenn die Pflichtbeiträge bei einer Verdienstausfallentschädigung aus dem Arbeitsentgelt berechnet worden sind. [3]Für Zeiten vor dem 1. Mai 1961 gilt Satz 1 mit der Maßgabe, dass auf Antrag 0,75 Entgeltpunkte zugrunde gelegt werden.

(4) Für Zeiten vor dem 1. Januar 1992, für die Pflichtbeiträge für behinderte Menschen in geschützten Einrichtungen gezahlt worden sind, werden auf Antrag für jedes volle Kalenderjahr mindestens 0,75 Entgeltpunkte, für jeden Teilzeitraum der entsprechende Anteil zugrunde gelegt.

(5) [1]Für Zeiten, für die Beiträge nach Lohn-, Beitrags- oder Gehaltsklassen gezahlt worden sind, werden die Entgeltpunkte der Anlage 3 zugrunde gelegt, wenn die Beiträge nach dem vor dem 1. März 1957 geltenden Recht gezahlt worden sind. [2]Sind die Beiträge nach dem in der Zeit vom 1. März 1957 bis zum 31. Dezember 1976 geltenden Recht gezahlt worden, werden für jeden Kalendermonat Entgeltpunkte aus der in Anlage 4 angegebenen Beitragsbemessungsgrundlage ermittelt.

(6) [1]Für Zeiten vor dem 1. Januar 1957, für die Beiträge aufgrund von Vorschriften außerhalb des Vierten Kapitels nachgezahlt worden sind, werden Entgeltpunkte ermittelt, indem die Beitragsbemessungsgrundlage durch das Durchschnittsentgelt des Jahres 1957 in Höhe von 5 043 Deutsche Mark geteilt wird. [2]Für Zeiten, für die Beiträge nachgezahlt worden sind, ausgenommen die Zeiten, für die Beiträge wegen Heiratserstattung nachgezahlt worden sind, werden Entgeltpunkte ermittelt, indem die Beitragsbemessungsgrundlage durch das Durchschnittsentgelt des Jahres geteilt wird, in dem die Beiträge gezahlt worden sind.

(7) Für Beiträge, die für Arbeiter in der Zeit vom 1. Oktober 1921 und für Angestellte in der Zeit vom 1. August 1921 bis zum 31. Dezember 1923 gezahlt

worden sind, werden für jeden Kalendermonat 0,0625 Entgeltpunkte zugrunde gelegt.

§ 256a Entgeltpunkte für Beitragszeiten im Beitrittsgebiet. (1) [1] Für Beitragszeiten im Beitrittsgebiet nach dem 8. Mai 1945 und vor dem 1. Januar 2025 werden Entgeltpunkte ermittelt, indem der mit den Werten der Anlage 10 vervielfältigte Verdienst (Beitragsbemessungsgrundlage) durch das Durchschnittsentgelt für dasselbe Kalenderjahr geteilt wird. [2] Bei Rentenbeginn im Jahr 2019 ist der Verdienst des Jahres 2018 mit dem Wert der Anlage 10 zu vervielfältigen, der für dieses Kalenderjahr vorläufig bestimmt ist. [3] Die Sätze 1 und 2 sind nicht anzuwenden für Beitragszeiten auf Grund des Bezugs von Arbeitslosengeld II.

(1a) [1] Arbeitsentgelt aus nach § 23b Abs. 2 Satz 1 bis 4 des Vierten Buches[1)] aufgelösten Wertguthaben, das durch Arbeitsleistung im Beitrittsgebiet erzielt wurde, wird mit dem Wert der Anlage 10 für das Kalenderjahr vervielfältigt, dem das Arbeitsentgelt zugeordnet ist. [2] Bei Zuordnung des Arbeitsentgelts für Zeiten bis zum 31. Dezember 2018 ist Satz 1 mit der Maßgabe anzuwenden, dass die vorläufigen Werte der Anlage 10 für das jeweilige Kalenderjahr zu verwenden sind.

(2) [1] Als Verdienst zählen der tatsächlich erzielte Arbeitsverdienst und die tatsächlich erzielten Einkünfte, für die jeweils Pflichtbeiträge gezahlt worden sind, sowie der Verdienst, für den Beiträge zur Freiwilligen Zusatzrentenversicherung oder freiwillige Beiträge zur Rentenversicherung für Zeiten vor dem 1. Januar 1992 oder danach bis zum 31. März 1999 zur Aufrechterhaltung des Anspruchs auf Rente wegen verminderter Erwerbsfähigkeit (§ 279b) gezahlt worden sind. [2] Für Zeiten der Beschäftigung bei der Deutschen Reichsbahn oder bei der Deutschen Post vor dem 1. Januar 1974 gelten für den oberhalb der im Beitrittsgebiet geltenden Beitragsbemessungsgrenzen nachgewiesenen Arbeitsverdienst Beiträge zur Freiwilligen Zusatzrentenversicherung als gezahlt. [3] Für Zeiten der Beschäftigung bei der Deutschen Reichsbahn oder bei der Deutschen Post vom 1. Januar 1974 bis 30. Juni 1990 gelten für den oberhalb der im Beitrittsgebiet geltenden Beitragsbemessungsgrenzen nachgewiesenen Arbeitsverdienst, höchstens bis zu 650 Mark monatlich, Beiträge zur Freiwilligen Zusatzrentenversicherung als gezahlt, wenn ein Beschäftigungsverhältnis bei der Deutschen Reichsbahn oder bei der Deutschen Post am 1. Januar 1974 bereits zehn Jahre ununterbrochen bestanden hat. [4] Für freiwillige Beiträge nach der Verordnung über die freiwillige und zusätzliche Versicherung in der Sozialversicherung vom 28. Januar 1947 gelten die in Anlage 11 genannten Beträge, für freiwillige Beiträge nach der Verordnung über die freiwillige Versicherung auf Zusatzrente bei der Sozialversicherung vom 15. März 1968 (GBl. II Nr. 29 S. 154) gilt das Zehnfache der gezahlten Beiträge als Verdienst. [5] Als Verdienst zählt bei einer Beschäftigung im Übergangsbereich (§ 20 Absatz 2 des Vierten Buches) ab dem 1. Juli 2019 im Beitrittsgebiet das Arbeitsentgelt.

(3) [1] Als Verdienst zählen auch die nachgewiesenen beitragspflichtigen Arbeitsverdienste und Einkünfte vor dem 1. Juli 1990, für die wegen der im Beitrittsgebiet jeweils geltenden Beitragsbemessungsgrenzen oder wegen in einem Sonderversorgungssystem erworbener Anwartschaften Pflichtbeiträge oder Beiträge zur Freiwilligen Zusatzrentenversicherung nicht gezahlt werden

---

[1)] Nr. 4.

konnten. [2] Für Versicherte, die berechtigt waren, der Freiwilligen Zusatzrentenversicherung beizutreten, gilt dies für Beträge oberhalb der jeweiligen Beitragsbemessungsgrenzen zur Freiwilligen Zusatzrentenversicherung nur, wenn die zulässigen Höchstbeiträge zur Freiwilligen Zusatzrentenversicherung gezahlt worden sind. [3] Werden beitragspflichtige Arbeitsverdienste oder Einkünfte, für die nach den im Beitrittsgebiet jeweils geltenden Vorschriften Pflichtbeiträge oder Beiträge zur Freiwilligen Zusatzrentenversicherung nicht gezahlt werden konnten, glaubhaft gemacht, werden diese Arbeitsverdienste oder Einkünfte zu fünf Sechsteln berücksichtigt. [4] Als Mittel der Glaubhaftmachung können auch Versicherungen an Eides statt zugelassen werden. [5] Der Träger der Rentenversicherung ist für die Abnahme eidesstattlicher Versicherungen zuständig.

(3a) [1] Als Verdienst zählen für Zeiten vor dem 1. Juli 1990, in denen Versicherte ihren gewöhnlichen Aufenthalt im Gebiet der Bundesrepublik Deutschland ohne das Beitrittsgebiet hatten und Beiträge zu einem System der gesetzlichen Rentenversicherung des Beitrittsgebiets gezahlt worden sind, die Werte der Anlagen 1 bis 16 zum Fremdrentengesetz. [2] Für jeden Teilzeitraum wird der entsprechende Anteil zugrunde gelegt. [3] Dabei zählen Kalendermonate, die zum Teil mit Anrechnungszeiten wegen Krankheit oder für Ausfalltage belegt sind, als Zeiten mit vollwertigen Beiträgen. [4] Für eine Teilzeitbeschäftigung nach dem 31. Dezember 1949 werden zur Ermittlung der Entgeltpunkte die Beiträge berücksichtigt, die dem Verhältnis der Teilzeitbeschäftigung zu einer Vollzeitbeschäftigung entsprechen. [5] Für Pflichtbeitragszeiten für eine Berufsausbildung werden für jeden Kalendermonat 0,025 Entgeltpunkte zugrunde gelegt. [6] Für glaubhaft gemachte Beitragszeiten werden fünf Sechstel der Entgeltpunkte zugrunde gelegt.

(4) Für Zeiten vor dem 1. Januar 1992, in denen Personen aufgrund gesetzlicher Pflicht mehr als drei Tage Wehrdienst oder Zivildienst im Beitrittsgebiet geleistet haben, werden für jedes volle Kalenderjahr 0,75 Entgeltpunkte, für jeden Teilzeitraum der entsprechende Anteil zugrunde gelegt.

(5) Für Pflichtbeitragszeiten bei Erwerbsunfähigkeit vor dem 1. Januar 1992 werden für jedes volle Kalenderjahr mindestens 0,75 Entgeltpunkte, für jeden Teilzeitraum der entsprechende Anteil zugrunde gelegt.

§ 256b Entgeltpunkte für glaubhaft gemachte Beitragszeiten.

(1) [1] Für glaubhaft gemachte Pflichtbeitragszeiten nach dem 31. Dezember 1949 werden zur Ermittlung von Entgeltpunkten als Beitragsbemessungsgrundlage für ein Kalenderjahr einer Vollzeitbeschäftigung die Durchschnittsverdienste berücksichtigt, die sich

1. nach Einstufung der Beschäftigung in eine der in Anlage 13 genannten Qualifikationsgruppen und
2. nach Zuordnung der Beschäftigung zu einem der in Anlage 14 genannten Bereiche

für dieses Kalenderjahr ergeben, höchstens jedoch fünf Sechstel der jeweiligen Beitragsbemessungsgrenze; für jeden Teilzeitraum wird der entsprechende Anteil zugrunde gelegt. [2] Für glaubhaft gemachte Pflichtbeitragszeiten nach Einführung des Euro werden als Beitragsbemessungsgrundlage Durchschnittsverdienste in Höhe des Betrages in Euro berücksichtigt, der zur selben Anzahl an Entgeltpunkten führt, wie er sich für das Kalenderjahr vor Einführung des Euro nach Satz 1 ergeben hätte. [3] Für eine Teilzeitbeschäftigung werden die Beträge berücksichtigt, die dem Verhältnis der Teilzeitbeschäftigung zu einer Vollzeitbeschäftigung entsprechen. [4]Die Bestimmung des maßgeblichen Bereichs richtet sich danach, welchem Bereich der Betrieb, in dem der Versicherte seine Beschäftigung ausgeübt hat, zuzuordnen ist. [5]War der Betrieb Teil einer größeren Unternehmenseinheit, ist für die Bestimmung des Bereichs diese maßgeblich. [6]Kommen nach dem Ergebnis der Ermittlungen mehrere Bereiche in Betracht, ist von ihnen der Bereich mit den niedrigsten Durchschnittsverdiensten des jeweiligen Jahres maßgeblich. [7]Ist eine Zuordnung zu einem oder zu einem von mehreren Bereichen nicht möglich, erfolgt die Zuordnung zu dem Bereich mit den für das jeweilige Jahr niedrigsten Durchschnittsverdiensten. [8]Die Sätze 6 und 7 gelten entsprechend für die Zuordnung zu einer Qualifikationsgruppe. [9]Für Zeiten vor dem 1. Januar 1950 und für Zeiten im Gebiet der Bundesrepublik Deutschland ohne das Beitrittsgebiet vor dem 1. Januar 1991 werden Entgeltpunkte aus fünf Sechsteln der sich aufgrund der Anlagen 1 bis 16 zum Fremdrentengesetz ergebenden Werte ermittelt, es sei denn, die Höhe der Arbeitsentgelte ist bekannt oder kann auf sonstige Weise festgestellt werden.

(2) Für glaubhaft gemachte Pflichtbeitragszeiten für eine Berufsausbildung werden für jeden Kalendermonat 0,0208, mindestens jedoch die nach Absatz 1 ermittelten Entgeltpunkte zugrunde gelegt.

(3) Für glaubhaft gemachte Beitragszeiten mit freiwilligen Beiträgen werden für Zeiten bis zum 28. Februar 1957 die Entgeltpunkte der Anlage 15 zugrunde gelegt, für Zeiten danach für jeden Kalendermonat die Entgeltpunkte, die sich aus fünf Sechsteln der Mindestbeitragsbemessungsgrundlage für freiwillige Beiträge ergeben.

(4) [1]Für glaubhaft gemachte Pflichtbeitragszeiten im Beitrittsgebiet für die Zeit vom 1. März 1971 bis zum 30. Juni 1990 gilt Absatz 1 nur so weit, wie glaubhaft gemacht ist, dass Beiträge zur Freiwilligen Zusatzrentenversicherung gezahlt worden sind. [2]Kann eine solche Beitragszahlung nicht glaubhaft gemacht werden, ist als Beitragsbemessungsgrundlage für ein Kalenderjahr höchstens ein Verdienst nach Anlage 16 zu berücksichtigen.

(5) Die Absätze 1 bis 4 sind für selbständig Tätige entsprechend anzuwenden.

§ 256c Entgeltpunkte für nachgewiesene Beitragszeiten ohne Beitragsbemessungsgrundlage. (1) [1]Für Zeiten vor dem 1. Januar 1991, für die eine Pflichtbeitragszahlung nachgewiesen ist, werden, wenn die Höhe der Beitragsbemessungsgrundlage nicht bekannt ist oder nicht auf sonstige Weise festgestellt werden kann, zur Ermittlung von Entgeltpunkten als Beitragsbemessungsgrundlage für ein Kalenderjahr einer Vollzeitbeschäftigung die sich nach den folgenden Absätzen ergebenden Beträge zugrunde gelegt. [2]Für jeden Teilzeitraum wird der entsprechende Anteil zugrunde gelegt. [3]Für eine Teilzeitbeschäftigung nach dem 31. Dezember 1949 werden die Werte berücksichtigt, die dem Verhältnis der Teilzeitbeschäftigung zu einer Vollzeitbeschäftigung entsprechen.

(2) Für Zeiten im Gebiet der Bundesrepublik Deutschland ohne das Beitrittsgebiet und für Zeiten im Beitrittsgebiet vor dem 1. Januar 1950 sind die Beträge maßgebend, die sich aufgrund der Anlagen 1 bis 16 zum Fremdrentengesetz für dieses Kalenderjahr ergeben.

(3) [1] Für Zeiten im Beitrittsgebiet nach dem 31. Dezember 1949 sind die um ein Fünftel erhöhten Beträge maßgebend, die sich

a) nach Einstufung der Beschäftigung in eine der in Anlage 13 genannten Qualifikationsgruppen und
b) nach Zuordnung der Beschäftigung zu einem der in Anlage 14 genannten Bereiche

für dieses Kalenderjahr ergeben. [2] § 256b Abs. 1 Satz 4 bis 8 ist anzuwenden. [3] Für Pflichtbeitragszeiten für die Zeit vom 1. März 1971 bis zum 30. Juni 1990 gilt dies nur so weit, wie glaubhaft gemacht ist, dass Beiträge zur Freiwilligen Zusatzrentenversicherung gezahlt worden sind. [4] Kann eine solche Beitragszahlung nicht glaubhaft gemacht werden, ist als Beitragsbemessungsgrundlage für ein Kalenderjahr höchstens ein um ein Fünftel erhöhter Verdienst nach Anlage 16 zu berücksichtigen.

(4) Die Absätze 1 bis 3 sind nicht anzuwenden, wenn für Zeiten vor dem 1. Juli 1990 im Beitrittsgebiet beitragspflichtige Arbeitsverdienste und Einkünfte glaubhaft gemacht werden, für die wegen der im Beitrittsgebiet jeweils geltenden Beitragsbemessungsgrenzen oder wegen in einem Sonderversorgungssystem erworbener Anwartschaften Pflichtbeiträge oder Beiträge zur Freiwilligen Zusatzrentenversicherung nicht gezahlt werden konnten.

(5) Die Absätze 1 bis 4 sind für selbständig Tätige entsprechend anzuwenden.

§ 256d *(aufgehoben)*

§ 257 Entgeltpunkte für Berliner Beitragszeiten. (1) [1] Für Zeiten, für die Beiträge zur

1. einheitlichen Sozialversicherung der Versicherungsanstalt Berlin in der Zeit vom 1. Juli 1945 bis zum 31. Januar 1949,
2. einheitlichen Sozial- oder Rentenversicherung der Versicherungsanstalt Berlin (West) in der Zeit vom 1. Februar 1949 bis zum 31. März 1952 oder
3. Rentenversicherung der Landesversicherungsanstalt Berlin vom 1. April 1952 bis zum 31. August 1952

gezahlt worden sind, werden Entgeltpunkte ermittelt, indem die Beitragsbemessungsgrundlage durch das Durchschnittsentgelt für dasselbe Kalenderjahr geteilt wird. [2] Die Beitragsbemessungsgrundlage beträgt

1. für die Zeit vom 1. Juli 1945 bis zum 31. März 1946 das Fünffache der gezahlten Beiträge,
2. für die Zeit vom 1. April 1946 bis zum 31. Dezember 1950 das Fünffache der gezahlten Beiträge, höchstens jedoch 7 200 Reichsmark oder Deutsche Mark für ein Kalenderjahr.

(2) Für Zeiten, für die freiwillige Beiträge oder Beiträge nach Beitragsklassen gezahlt worden sind, werden die Entgeltpunkte der Anlage 5 zugrunde gelegt.

§ 258 Entgeltpunkte für saarländische Beitragszeiten. (1) Für Zeiten vom 20. November 1947 bis zum 5. Juli 1959, für die Beiträge in Franken gezahlt worden sind, werden Entgeltpunkte ermittelt, indem das mit den Werten der Anlage 6 vervielfältigte Arbeitsentgelt (Beitragsbemessungsgrundlage) durch das Durchschnittsentgelt für dasselbe Kalenderjahr geteilt wird.

(2) [1] Für die für Zeiten vom 31. Dezember 1923 bis zum 3. März 1935 zur Rentenversicherung der Arbeiter und für Zeiten vom 1. Januar 1924 bis zum 28. Februar 1935 zur Rentenversicherung der Angestellten nach Lohn-, Beitrags- oder Gehaltsklassen in Franken gezahlten und nach der Verordnung über die Überleitung der Sozialversicherung des Saarlandes in der im Bundesgesetzblatt Teil III, Gliederungsnummer 826-4, veröffentlichten bereinigten Fassung umgestellten Beiträge werden die Entgeltpunkte der danach maßgebenden Lohn-, Beitrags- oder Gehaltsklasse der Anlage 3 zugrunde gelegt. [2] Für die für Zeiten vor dem 1. März 1935 zur knappschaftlichen Pensionsversicherung gezahlten Einheitsbeiträge werden die aufgrund des § 26 der Verordnung über die Überleitung der Sozialversicherung des Saarlandes ergangenen satzungsrechtlichen Bestimmungen angewendet und Entgeltpunkte der danach maßgebenden Lohn-, Beitrags- oder Gehaltsklasse der Anlage 3 zugrunde gelegt. [3] Für Zeiten, für die Beiträge vom 20. November 1947 bis zum 31. August 1957 zur Rentenversicherung der Arbeiter und vom 1. Dezember 1947 bis zum 31. August 1957 zur Rentenversicherung der Angestellten nach Lohn-, Beitrags- oder Gehaltsklassen in Franken oder vom 1. Januar 1954 bis zum 31. März 1963 zur saarländischen Altersversorgung der Landwirte und mithelfenden Familienangehörigen gezahlt worden sind, werden die Entgeltpunkte der Anlage 7 zugrunde gelegt.

(3) Wird nachgewiesen, dass das Arbeitsentgelt in Franken in der Zeit vom 20. November 1947 bis zum 31. August 1957 höher war als der Betrag, nach dem Beiträge gezahlt worden sind, wird als Beitragsbemessungsgrundlage das tatsächliche Arbeitsentgelt zugrunde gelegt.

(4) Wird glaubhaft gemacht, dass das Arbeitsentgelt in Franken in der Zeit vom 1. Januar 1948 bis zum 31. August 1957 in der Rentenversicherung der Angestellten oder in der Zeit vom 1. Januar 1949 bis zum 31. August 1957 in der Rentenversicherung der Arbeiter höher war als der Betrag, nach dem Beiträge gezahlt worden sind, wird als Beitragsbemessungsgrundlage das um 10 vom Hundert erhöhte nachgewiesene Arbeitsentgelt zugrunde gelegt.

§ 259 Entgeltpunkte für Beitragszeiten mit Sachbezug. [1] Wird glaubhaft gemacht, dass Versicherte vor dem 1. Januar 1957 während mindestens fünf Jahren, für die Pflichtbeiträge aufgrund einer versicherten Beschäftigung in der Rentenversicherung der Arbeiter und der Angestellten gezahlt worden sind, neben Barbezügen in wesentlichem Umfang Sachbezüge erhalten haben, werden für jeden Kalendermonat solcher Zeiten mindestens Entgeltpunkte aufgrund der Beitragsbemessungsgrundlage oder der Lohn-, Gehalts- oder Beitragsklassen der Anlage 8, für jeden Teilzeitraum der entsprechende Anteil zugrunde gelegt. [2] Dies gilt nicht für Zeiten der Ausbildung als Lehrling oder Anlernling. [3] Als Mittel der Glaubhaftmachung können auch Versicherungen an Eides statt zugelassen werden. [4] Der Träger der Rentenversicherung ist für die Abnahme eidesstattlicher Versicherungen zuständig.

§ 259a Besonderheiten für Versicherte der Geburtsjahrgänge vor 1937. (1) [1] Für Versicherte, die vor dem 1. Januar 1937 geboren sind und die ihren gewöhnlichen Aufenthalt am 18. Mai 1990 oder, falls sie verstorben sind, zuletzt vor dem 19. Mai 1990

1. im Gebiet der Bundesrepublik Deutschland ohne das Beitrittsgebiet hatten oder

2. im Ausland hatten und unmittelbar vor Beginn des Auslandsaufenthalts ihren gewöhnlichen Aufenthalt im Gebiet der Bundesrepublik Deutschland ohne das Beitrittsgebiet hatten,

werden für Pflichtbeitragszeiten vor dem 19. Mai 1990 anstelle der nach den §§ 256a bis 256c zu ermittelnden Werte Entgeltpunkte aufgrund der Anlagen 1 bis 16 zum Fremdrentengesetz ermittelt; für jeden Teilzeitraum wird der entsprechende Anteil zugrunde gelegt. [2] Dabei zählen Kalendermonate, die zum Teil mit Anrechnungszeiten wegen Krankheit oder für Ausfalltage belegt sind, als Zeiten mit vollwertigen Beiträgen. [3] Für eine Teilzeitbeschäftigung nach dem 31. Dezember 1949 werden zur Ermittlung der Entgeltpunkte die Beträge berücksichtigt, die dem Verhältnis der Teilzeitbeschäftigung zu einer Vollzeitbeschäftigung entsprechen. [4] Für Pflichtbeitragszeiten für eine Berufsausbildung werden für jeden Kalendermonat 0,025 Entgeltpunkte zugrunde gelegt. [5] Für Zeiten, in denen Personen vor dem 19. Mai 1990 aufgrund gesetzlicher Pflicht mehr als drei Tage Wehrdienst oder Zivildienst im Beitrittsgebiet geleistet haben, werden die Entgeltpunkte nach § 256 Abs. 3 zugrunde gelegt. [6] Für Zeiten mit freiwilligen Beiträgen bis zum 28. Februar 1957 werden Entgeltpunkte aus der jeweils niedrigsten Beitragsklasse für freiwillige Beiträge, für Zeiten danach aus einem Bruttoarbeitsentgelt ermittelt, das für einen Kalendermonat der Mindestbeitragsbemessungsgrundlage entspricht; dabei ist von den Werten im Gebiet der Bundesrepublik Deutschland ohne das Beitrittsgebiet auszugehen. [7] Für glaubhaft gemachte Beitragszeiten werden fünf Sechstel der Entgeltpunkte zugrunde gelegt.

(2) Absatz 1 gilt nicht für Zeiten, die von der Wirkung einer Beitragserstattung nach § 286d Abs. 2 nicht erfasst werden.

§ 259b Besonderheiten bei Zugehörigkeit zu einem Zusatz- oder Sonderversorgungssystem. (1) [1] Für Zeiten der Zugehörigkeit zu einem Zusatz- oder Sonderversorgungssystem im Sinne des Anspruchs- und Anwartschaftsüberführungsgesetzes (AAÜG) vom 25. Juli 1991 (BGBl. I S. 1677) wird bei der Ermittlung der Entgeltpunkte der Verdienst nach dem AAÜG zugrunde gelegt. [2] § 259a ist nicht anzuwenden.

(2) Als Zeiten der Zugehörigkeit zu einem Versorgungssystem gelten auch Zeiten, die vor Einführung eines Versorgungssystems in der Sozialpflichtversicherung oder in der freiwilligen Zusatzrentenversicherung zurückgelegt worden sind, wenn diese Zeiten, hätte das Versorgungssystem bereits bestanden, im Versorgungssystem zurückgelegt worden wären.

§ 259c *(aufgehoben)*

§ 260 Beitragsbemessungsgrenzen. [1] Für Zeiten, für die Beiträge aufgrund einer Beschäftigung oder selbständigen Tätigkeit in den dem Deutschen Reich eingegliederten Gebieten gezahlt worden sind, werden mindestens die im übrigen Deutschen Reich geltenden Beitragsbemessungsgrenzen angewendet. [2] Für Beitragszeiten im Beitrittsgebiet und im Saarland werden die im Bundesgebiet geltenden Beitragsbemessungsgrenzen angewendet. [3] Sind vor dem 1. Januar 1984 liegende Arbeitsausfalltage nicht als Anrechnungszeiten zu berücksichtigen, werden diese Arbeitsausfalltage bei der Bestimmung der Beitragsbemessungsgrenze als Beitragszeiten berücksichtigt.

§ 261 Beitragszeiten ohne Entgeltpunkte. Entgeltpunkte werden nicht ermittelt für

1. Pflichtbeiträge zur Rentenversicherung der Arbeiter für Zeiten vor dem 1. Januar 1957, soweit für dieselbe Zeit und Beschäftigung auch Pflichtbeiträge zur Rentenversicherung der Angestellten oder zur knappschaftlichen Rentenversicherung gezahlt worden sind,
2. Pflichtbeiträge zur Rentenversicherung der Arbeiter oder zur Rentenversicherung der Angestellten für Zeiten vor dem 1. Januar 1943, soweit für dieselbe Zeit und Beschäftigung auch Pflichtbeiträge zur knappschaftlichen Pensionsversicherung der Arbeiter oder der Angestellten gezahlt worden sind.

§ 262 Mindestentgeltpunkte bei geringem Arbeitsentgelt. (1) [1]Sind mindestens 35 Jahre mit rentenrechtlichen Zeiten vorhanden und ergibt sich aus den Kalendermonaten mit vollwertigen Pflichtbeiträgen ein Durchschnittswert von weniger als 0,0625 Entgeltpunkten, wird die Summe der Entgeltpunkte für Beitragszeiten erhöht. [2]Die zusätzlichen Entgeltpunkte sind so zu bemessen, dass sich für die Kalendermonate mit vollwertigen Pflichtbeiträgen vor dem 1. Januar 1992 ein Durchschnittswert in Höhe des 1,5fachen des tatsächlichen Durchschnittswerts, höchstens aber in Höhe von 0,0625 Entgeltpunkten ergibt.

(2) Die zusätzlichen Entgeltpunkte werden den Kalendermonaten mit vollwertigen Pflichtbeiträgen vor dem 1. Januar 1992 zu gleichen Teilen zugeordnet; dabei werden Kalendermonaten mit Entgeltpunkten (Ost) zusätzliche Entgeltpunkte (Ost) zugeordnet.

(3) Bei Anwendung der Absätze 1 und 2 gelten Pflichtbeiträge für Zeiten, in denen eine Rente aus eigener Versicherung bezogen worden ist, nicht als vollwertige Pflichtbeiträge.

§ 263 Gesamtleistungsbewertung für beitragsfreie und beitragsgeminderte Zeiten. (1) [1]Bei der Gesamtleistungsbewertung für beitragsfreie und beitragsgeminderte Zeiten werden Berücksichtigungszeiten wegen Kindererziehung, die in der Gesamtlücke für die Ermittlung der pauschalen Anrechnungszeit liegen, höchstens mit der Anzahl an Monaten berücksichtigt, die zusammen mit der Anzahl an Monaten mit pauschaler Anrechnungszeit die Anzahl an Monaten der Gesamtlücke ergibt. [2]Für die Gesamtleistungsbewertung werden jedem Kalendermonat an Berücksichtigungszeit wegen Pflege 0,0625 Entgeltpunkte zugeordnet, es sei denn, dass er als Beitragszeit bereits einen höheren Wert hat.

(2) *(aufgehoben)*

(2a) [1]Der sich aus der Gesamtleistungsbewertung ergebende Wert wird für jeden Kalendermonat mit Anrechnungszeiten wegen Krankheit und Arbeitslosigkeit auf 80 vom Hundert begrenzt. [2]Kalendermonate, die nur deshalb Anrechnungszeiten sind, weil Arbeitslosigkeit vor dem 1. März 1990 im Beitrittsgebiet, jedoch nicht vor dem 1. Juli 1978, vorgelegen hat, werden nicht bewertet. [3]Kalendermonate, die nur deshalb Anrechnungszeiten sind, weil Arbeitslosigkeit nach dem 30. Juni 1978 vorgelegen hat, für die vor dem 1. Januar 2005 aber keine Arbeitslosenhilfe gezahlt worden ist, werden nicht bewertet.

(3) [1]Der sich aus der Gesamtleistungsbewertung ergebende Wert wird für jeden Kalendermonat mit Anrechnungszeiten wegen einer Schul- oder Hochschulausbildung auf 75 vom Hundert begrenzt. [2]Der so begrenzte Gesamtleistungswert darf für einen Kalendermonat 0,0625 Entgeltpunkte nicht übersteigen. [3]Zeiten einer Schul- oder Hochschulausbildung werden insgesamt für höchstens drei Jahre bewertet; auf die drei Jahre werden Zeiten einer Fachschulausbildung oder der Teilnahme an einer berufsvorbereitenden Bildungsmaßnahme angerechnet. [4]Bei der begrenzten Gesamtleistungsbewertung für die Zeiten der Schul- oder Hochschulausbildung treten an die Stelle

bei Beginn der Rente im		der Werte 75 vom Hundert	der Werte 0,0625 Entgeltpunkte
Jahr	Monat	die Werte	
2005	Januar	75,00	0,0625
	Februar	73,44	0,0612
	März	71,88	0,0599
	April	70,31	0,0586
	Mai	68,75	0,0573
	Juni	67,19	0,0560
	Juli	65,63	0,0547
	August	64,06	0,0534
	September	62,50	0,0521
	Oktober	60,94	0,0508
	November	59,38	0,0495
	Dezember	57,81	0,0482
2006	Januar	56,25	0,0469
	Februar	54,69	0,0456
	März	53,13	0,0443
	April	51,56	0,0430
	Mai	50,00	0,0417
	Juni	48,44	0,0404
	Juli	46,88	0,0391
	August	45,31	0,0378
	September	43,75	0,0365
	Oktober	42,19	0,0352
	November	40,63	0,0339
	Dezember	39,06	0,0326
2007	Januar	37,50	0,0313
	Februar	35,94	0,0299
	März	34,38	0,0286
	April	32,81	0,0273
	Mai	31,25	0,0260

bei Beginn der Rente im		der Werte	
		75 vom Hundert	0,0625 Entgeltpunkte
Jahr	Monat	die Werte	
	Juni	29,69	0,0247
	Juli	28,13	0,0234
	August	26,56	0,0221
	September	25,00	0,0208
	Oktober	23,44	0,0195
	November	21,88	0,0182
	Dezember	20,31	0,0169
2008	Januar	18,75	0,0156
	Februar	17,19	0,0143
	März	15,63	0,0130
	April	14,06	0,0117
	Mai	12,50	0,0104
	Juni	10,94	0,0091
	Juli	9,38	0,0078
	August	7,81	0,0065
	September	6,25	0,0052
	Oktober	4,69	0,0039
	November	3,13	0,0026
	Dezember	1,56	0,0013
2009	Januar	0,00	0,0000.

(4) [1]Die Summe der Entgeltpunkte für Anrechnungszeiten, die vor dem 1. Januar 1957 liegen, muss mindestens den Wert erreichen, der sich für eine pauschale Anrechnungszeit ergeben würde. [2]Die zusätzlichen Entgeltpunkte entfallen zu gleichen Teilen auf die begrenzt zu bewertenden Anrechnungszeiten vor dem 1. Januar 1957.

(5) Die Summe der Entgeltpunkte für Kalendermonate, die als Zeiten einer beruflichen Ausbildung gelten (§ 246 Satz 2), ist um einen Zuschlag so zu erhöhen, dass mindestens der Wert erreicht wird, den diese Zeiten als Zeiten einer Schul- oder Hochschulausbildung nach Absatz 3 hätten.

(6) Zeiten beruflicher Ausbildung, die für sich alleine oder bei Zusammenrechnung mit Anrechnungszeiten wegen einer schulischen Ausbildung bis zu drei Jahren, insgesamt drei Jahre überschreiten, sind um einen Zuschlag so zu erhöhen, dass mindestens der Wert erreicht wird, den diese Zeiten nach Absatz 3 hätten.

(7) [1]Für glaubhaft gemachte Zeiten beruflicher Ausbildung sind höchstens fünf Sechstel der im Rahmen der Gesamtleistungsbewertung ermittelten Entgeltpunkte zu berücksichtigen. [2]Dies gilt auch für die in den Absätzen 5 und 6 genannten Zeiten.

§ 263a Gesamtleistungsbewertung für beitragsfreie und beitragsgeminderte Zeiten mit Entgeltpunkten (Ost) [1] Nach der Gesamtleistungsbewertung ermittelte Entgeltpunkte für beitragsfreie Zeiten und der Zuschlag an Entgeltpunkten für beitragsgeminderte Zeiten werden in dem Verhältnis als Entgeltpunkte (Ost) berücksichtigt, in dem die für die Ermittlung des Gesamtleistungswerts zugrunde gelegten Entgeltpunkte (Ost) zu allen zugrunde gelegten Entgeltpunkten stehen. [2] Dabei ist für Entgeltpunkte für Berücksichtigungszeiten § 254d entsprechend anzuwenden.

§ 264 Zuschläge oder Abschläge beim Versorgungsausgleich. [1] Sind für Rentenanwartschaften Werteinheiten ermittelt worden, ergeben je 100 Werteinheiten einen Entgeltpunkt. [2] Werteinheiten der knappschaftlichen Rentenversicherung sind zuvor mit der allgemeinen Bemessungsgrundlage der knappschaftlichen Rentenversicherung für das Jahr 1991 zu vervielfältigen und durch die allgemeine Bemessungsgrundlage der Rentenversicherung der Arbeiter und der Angestellten für dasselbe Jahr zu teilen.

§ 264a Zuschläge oder Abschläge beim Versorgungsausgleich im Beitrittsgebiet. (1) Ein zugunsten oder zulasten von Versicherten durchgeführter Versorgungsausgleich wird durch einen Zuschlag oder Abschlag an Entgeltpunkten (Ost) berücksichtigt, soweit Entgeltpunkte (Ost) übertragen wurden oder das Familiengericht die Umrechnung des Monatsbetrags der begründeten Rentenanwartschaften in Entgeltpunkte (Ost) nach § 16 Abs. 3 des Versorgungsausgleichsgesetzes angeordnet hat.

(2) Die Entgeltpunkte (Ost) werden in der Weise ermittelt, dass der Monatsbetrag der Rentenanwartschaften durch den aktuellen Rentenwert (Ost) mit seinem Wert bei Ende der Ehezeit oder Lebenspartnerschaftszeit geteilt wird.

(3) Die Entgeltpunkte (Ost) treten bei der Anwendung der Vorschriften über den Versorgungsausgleich an die Stelle von Entgeltpunkten.

§ 264b Zuschläge an Entgeltpunkten für Arbeitsentgelt aus geringfügiger versicherungsfreier Beschäftigung. [1] Für Arbeitsentgelt aus geringfügiger Beschäftigung, in der Beschäftigte nach § 230 Absatz 8 versicherungsfrei sind und für das der Arbeitgeber einen Beitragsanteil getragen hat, werden Zuschläge an Entgeltpunkten ermittelt. [2] Zuschläge an Entgeltpunkten sind auch zu ermitteln, wenn ein Arbeitgeber einen Beitragsanteil für Arbeitsentgelt aus einer vor dem 1. Januar 2013 ausgeübten geringfügigen versicherungsfreien Beschäftigung getragen hat. [3] Für die Ermittlung der Zuschläge an Entgeltpunkten nach Satz 1 und 2 gilt § 76b Absatz 2 bis 4 entsprechend.

§ 264c Zuschlag bei Hinterbliebenenrenten. (1) [1] Der Zuschlag bei Witwenrenten und Witwerrenten besteht aus persönlichen Entgeltpunkten (Ost), wenn den Zeiten der Kindererziehung ausschließlich Entgeltpunkte (Ost) zugrunde liegen. [2] Der Zuschlag bei Waisenrenten besteht aus persönlichen Entgeltpunkten (Ost), wenn der Rente des verstorbenen Versicherten ausschließlich Entgeltpunkte (Ost) zugrunde liegen.

(2) Die Witwenrente oder Witwerrente erhöht sich nicht um einen Zuschlag an persönlichen Entgeltpunkten, wenn der Ehegatte vor dem 1. Januar 2002 verstorben ist oder die Ehe vor diesem Zeitpunkt geschlossen wurde und mindestens ein Ehegatte vor dem 2. Januar 1962 geboren ist.

§ 264d Zugangsfaktor. [1] Beginnt eine Rente wegen verminderter Erwerbsfähigkeit vor dem 1. Januar 2024 oder ist bei einer Rente wegen Todes der Versicherte vor dem 1. Januar 2024 verstorben, ist bei der Ermittlung des Zugangsfaktors anstelle der Vollendung des 65. Lebensjahres und des 62. Lebensjahres jeweils das in der nachfolgenden Tabelle aufgeführte Lebensalter maßgebend:

Bei Beginn der Rente oder bei Tod des Versicherten im		tritt an die Stelle des Lebensalters			
		65 Jahre das Lebensalter		62 Jahre das Lebensalter	
Jahr	Monat	Jahre	Monate	Jahre	Monate
vor 2012		63	0	60	0
2012	Januar	63	1	60	1
2012	Februar	63	2	60	2
2012	März	63	3	60	3
2012	April	63	4	60	4
2012	Mai	63	5	60	5
2012	Juni – Dezember	63	6	60	6
2013		63	7	60	7
2014		63	8	60	8
2015		63	9	60	9
2016		63	10	60	10
2017		63	11	60	11
2018		64	0	61	0
2019		64	2	61	2
2020		64	4	61	4
2021		64	6	61	6
2022		64	8	61	8
2023		64	10	61	10.

[2] § 77 Abs. 4 ist mit der Maßgabe anzuwenden, dass an die Stelle von 40 Jahren 35 Jahre treten.

§ 265 Knappschaftliche Besonderheiten. (1) Für Beiträge zur knappschaftlichen Rentenversicherung, die für Arbeiter in der Zeit vom 1. Oktober 1921 und für Angestellte in der Zeit vom 1. August 1921 bis zum 31. Dezember 1923 gezahlt worden sind, werden für jeden Kalendermonat 0,0625 Entgeltpunkte zugrunde gelegt.

(2) Für Zeiten, in denen Versicherte eine Bergmannsprämie vor dem 1. Januar 1992 bezogen haben, wird die der Ermittlung von Entgeltpunkten zugrunde zu legende Beitragsbemessungsgrundlage für jedes volle Kalenderjahr des Bezugs der Bergmannsprämie um das 200fache der Bergmannsprämie und für jeden Kalendermonat um ein Zwölftel dieses Jahresbetrags erhöht.

(3) Bei Kalendermonaten mit Beitragszeiten der Rentenversicherung der Arbeiter und der Angestellten, die beitragsgeminderte Zeiten sind, weil sie auch mit Ersatzzeiten belegt sind, die der knappschaftlichen Rentenversicherung zugeordnet sind, werden für die Ermittlung des Wertes für beitragsgeminderte Zeiten die Entgeltpunkte für diese Beitragszeiten zuvor mit 0,75 vervielfältigt.

(4) Bei Kalendermonaten mit Beitragszeiten der knappschaftlichen Rentenversicherung, die beitragsgeminderte Zeiten sind, weil sie auch mit Ersatzzeiten belegt sind, die der Rentenversicherung der Arbeiter und der Angestellten zugeordnet sind, werden für die Ermittlung des Wertes für beitragsgeminderte Zeiten die ohne Anwendung des § 84 Abs. 1 ermittelten Entgeltpunkte für diese Beitragszeiten zuvor mit 1,3333 vervielfältigt.

(5) Für die Ermittlung der zusätzlichen Entgeltpunkte des Leistungszuschlags für ständige Arbeiten unter Tage werden auch Zeiten berücksichtigt, in denen Versicherte vor dem 1. Januar 1968 unter Tage beschäftigt waren, wobei für je drei volle Kalendermonate mit anderen als Hauerarbeiten je zwei Kalendermonate angerechnet werden.

(6) § 85 Abs. 1 Satz 1 gilt nicht für Zeiten, in denen eine Rente wegen Berufsunfähigkeit oder wegen Erwerbsunfähigkeit bezogen worden ist.

(7) Der Rentenartfaktor beträgt für persönliche Entgeltpunkte bei großen Witwenrenten und großen Witwerrenten in der knappschaftlichen Rentenversicherung nach dem Ende des dritten Kalendermonats nach Ablauf des Monats, in dem der Ehegatte verstorben ist, 0,8, wenn der Ehegatte vor dem 1. Januar 2002 verstorben ist oder die Ehe vor diesem Tag geschlossen wurde und mindestens ein Ehegatte vor dem 2. Januar 1962 geboren ist.

(8) [1] Beginnt eine Rente für Bergleute vor dem 1. Januar 2024 ist bei der Ermittlung des Zugangsfaktors abhängig vom Rentenbeginn anstelle der Vollendung des 64. Lebensjahres die Vollendung des nachstehend angegebenen Lebensalters maßgebend:

Bei Beginn der Rente im		tritt an die Stelle des Lebensalters 64 Jahre das Lebensalter	
Jahr	Monat	Jahre	Monate
2012	Januar	62	1
2012	Februar	62	1
2012	März	62	3
2012	April	62	4
2012	Mai	62	5
2012	Juni – Dezember	62	6
2013		62	7
2014		62	8
2015		62	9
2016		62	10
2017		62	11
2018		63	0

Bei Beginn der Rente im		tritt an die Stelle des Lebensalters 64 Jahre das Lebensalter	
Jahr	Monat	Jahre	Monate
2019		63	2
2020		63	4
2021		63	6
2022		63	8
2023		63	10.

[2] § 86a ist mit der Maßgabe anzuwenden, dass an die Stelle von 40 Jahren 35 Jahre treten.

§ 265a Knappschaftliche Besonderheiten bei rentenrechtlichen Zeiten im Beitrittsgebiet. Entgeltpunkte aus dem Leistungszuschlag werden in dem Verhältnis als Entgeltpunkte (Ost) berücksichtigt, in dem die Kalendermonate mit ständigen Arbeiten unter Tage, die gleichzeitig Beitragszeiten mit Entgeltpunkten (Ost) sind, zu allen Kalendermonaten mit ständigen Arbeiten unter Tage stehen.

§ 265b *(aufgehoben)*

Sechster Unterabschnitt. Zusammentreffen von Renten und Einkommen

§ 266 Erhöhung des Grenzbetrags. Bestand am 31. Dezember 1991 Anspruch auf eine Rente nach den Vorschriften im Gebiet der Bundesrepublik Deutschland ohne das Beitrittsgebiet und auf eine Rente aus der Unfallversicherung, ist Grenzbetrag für diese und eine sich unmittelbar anschließende Rente mindestens der sich nach den §§ 311 und 312 ergebende, um die Beträge nach § 93 Abs. 2 Nr. 1 Buchstabe b und Nr. 2 Buchstabe a geminderte Betrag.

§ 267 Rente und Leistungen aus der Unfallversicherung. Bei der Ermittlung der Summe der zusammentreffenden Rentenbeträge bleibt bei der Rente aus der Unfallversicherung auch die Kinderzulage unberücksichtigt.

Siebter Unterabschnitt. Beginn von Witwenrenten und Witwerrenten an vor dem 1. Juli 1977 geschiedene Ehegatten und Änderung von Renten beim Versorgungsausgleich

§ 268 Beginn von Witwenrenten und Witwerrenten an vor dem 1. Juli 1977 geschiedene Ehegatten. Witwenrenten und Witwerrenten aus der Rentenanwartschaft eines vor dem 1. Juli 1977 geschiedenen Ehegatten werden vom Ablauf des Kalendermonats an geleistet, in dem die Rente beantragt wird.

§ 268a Änderung von Renten beim Versorgungsausgleich. (1) § 101 Abs. 3 Satz 4 in der am 31. August 2009 geltenden Fassung gilt nicht in den Fällen, in denen vor dem 30. März 2005 die zunächst nicht auf Grund des Versorgungsausgleichs gekürzte Rente begonnen hat und die Entscheidung des Familiengerichts über den Versorgungsausgleich wirksam geworden ist.

(2) § 101 Abs. 3 in der bis zum 31. August 2009 geltenden Fassung ist weiterhin anzuwenden, wenn vor dem 1. September 2009 das Verfahren über den Versorgungsausgleich eingeleitet worden ist und die auf Grund des Versorgungsausgleichs zu kürzende Rente begonnen hat.

Achter Unterabschnitt. Zusatzleistungen

§ 269 Steigerungsbeträge. (1) [1]Für Beiträge der Höherversicherung und für Beiträge nach § 248 Abs. 3 Satz 2 Nr. 3 werden zusätzlich zum Monatsbetrag einer Rente Steigerungsbeträge geleistet. [2]Diese betragen bei einer Rente aus eigener Versicherung bei Zahlung des Beitrags im Alter

bis zu 30 Jahren	1,6667 vom Hundert,
von 31 bis 35 Jahren	1,5 vom Hundert,
von 36 bis 40 Jahren	1,3333 vom Hundert,
von 41 bis 45 Jahren	1,1667 vom Hundert,
von 46 bis 50 Jahren	1,0 vom Hundert,
von 51 bis 55 Jahren	0,9167 vom Hundert,
von 56 und mehr Jahren	0,8333 vom Hundert

des Nennwerts des Beitrags, bei einer Hinterbliebenenrente vervielfältigt mit dem für die Rente maßgebenden Rentenartfaktor der allgemeinen Rentenversicherung. [3]Das Alter des Versicherten bestimmt sich nach dem Unterschied zwischen dem Kalenderjahr der Beitragszahlung und dem Geburtsjahr des Versicherten. [4]Für Beiträge, die für Arbeiter in der Zeit vom 1. Oktober 1921 und für Angestellte in der Zeit vom 1. August 1921 bis zum 31. Dezember 1923 gezahlt worden sind, werden Steigerungsbeträge nicht geleistet.

(2) [1]Werden auf eine Witwenrente oder Witwerrente nach dem vorletzten Ehegatten Ansprüche infolge Auflösung der letzten Ehe angerechnet, werden hierauf auch die zu einer Witwenrente oder Witwerrente nach dem letzten Ehegatten geleisteten Steigerungsbeträge aus Beiträgen der Höherversicherung angerechnet. [2]Werden zu einer Witwenrente oder Witwerrente nach dem vorletzten Ehegatten Steigerungsbeträge aus Beiträgen der Höherversicherung gezahlt, werden hierauf auch Ansprüche infolge Auflösung der letzten Ehe angerechnet, soweit sie noch nicht auf die Witwenrente oder Witwerrente nach dem vorletzten Ehegatten angerechnet worden sind.

(3) Werden Witwenrenten oder Witwerrenten auf mehrere Berechtigte aufgeteilt, werden im gleichen Verhältnis auch hierzu gezahlte Steigerungsbeträge aus Beiträgen der Höherversicherung aufgeteilt.

(4) Werden Witwenrenten oder Witwerrenten bei Wiederheirat des Berechtigten abgefunden, werden auch die hierzu gezahlten Steigerungsbeträge aus Beiträgen der Höherversicherung abgefunden.

§ 269a *(aufgehoben)*

§ 269b Rentenabfindung bei Wiederheirat von Witwen und Witwern. [1]Die Rentenabfindung bei Wiederheirat von Witwen und Witwern erfolgt ohne Anrechnung der bereits geleisteten kleinen Witwenrente oder kleinen Witwerrente, wenn der vorletzte Ehegatte vor dem 1. Januar 2002 verstorben ist. [2]Dies gilt auch, wenn mindestens ein Ehegatte in der vorletzten Ehe vor dem 2. Januar 1962 geboren ist und diese Ehe vor dem 1. Januar 2002 geschlossen wurde.

§ 270 *(aufgehoben)*

§ 270a (weggefallen)

Neunter Unterabschnitt. Leistungen an Berechtigte im Ausland und Auszahlung

§ 270b Rente wegen teilweiser Erwerbsminderung bei Berufsunfähigkeit. Berechtigte erhalten eine Rente wegen teilweiser Erwerbsminderung bei Berufsunfähigkeit (§ 240) nur, wenn sie auf diese Rente bereits für die Zeit, in der sie ihren gewöhnlichen Aufenthalt noch im Inland gehabt haben, einen Anspruch hatten.

§ 271 Höhe der Rente. [1]Bundesgebiets-Beitragszeiten sind auch Zeiten, für die nach den vor dem 9. Mai 1945 geltenden Reichsversicherungsgesetzen

1. Pflichtbeiträge für eine Beschäftigung oder selbständige Tätigkeit im Inland oder
2. freiwillige Beiträge für die Zeit des gewöhnlichen Aufenthalts im Inland oder außerhalb des jeweiligen Geltungsbereichs der Reichsversicherungsgesetze

gezahlt worden sind. [2]Kindererziehungszeiten sind Bundesgebiets-Beitragszeiten, wenn die Erziehung des Kindes im Gebiet der Bundesrepublik Deutschland erfolgt ist.

§ 272 Besonderheiten. (1) Die persönlichen Entgeltpunkte von Berechtigten, die vor dem 19. Mai 1950 geboren sind und vor dem 19. Mai 1990 ihren gewöhnlichen Aufenthalt im Ausland genommen haben, werden zusätzlich ermittelt aus

1. Entgeltpunkten für Beitragszeiten nach dem Fremdrentengesetz, begrenzt auf die Höhe der Entgeltpunkte für Bundesgebiets-Beitragszeiten,
2. dem Leistungszuschlag für Beitragszeiten nach dem Fremdrentengesetz, begrenzt auf die Höhe des Leistungszuschlags für Bundesgebiets-Beitragszeiten,
3. dem Abschlag an Entgeltpunkten aus einem durchgeführten Versorgungsausgleich oder Rentensplitting, der auf Beitragszeiten nach dem Fremdrentengesetz entfällt, in dem Verhältnis, in dem die nach Nummer 1 begrenzten Entgeltpunkte für Beitragszeiten nach dem Fremdrentengesetz zu allen Entgeltpunkten für diese Zeiten stehen und
4. dem Zuschlag an persönlichen Entgeltpunkten bei Waisenrenten aus Beitragszeiten nach dem Fremdrentengesetz in dem sich nach Nummer 3 ergebenden Verhältnis.

(2) Entgeltpunkte für Beitragszeiten nach dem Fremdrentengesetz, die nach Absatz 1 aufgrund von Entgeltpunkten (Ost) zusätzlich zu berücksichtigen sind, gelten als Entgeltpunkte (Ost).

(3) [1]Zu den Entgeltpunkten von Berechtigten im Sinne von Absatz 1, die auf die Höhe der Entgeltpunkte für Bundesgebiets-Beitragszeiten begrenzt zu berücksichtigen sind, gehören auch Reichsgebiets-Beitragszeiten. [2]Bei der Ermittlung von Entgeltpunkten aus einem Leistungszuschlag, aus einem Abschlag aus einem durchgeführten Versorgungsausgleich oder Rentensplitting

und für den Zuschlag bei einer Waisenrente sind Reichsgebiets-Beitragszeiten wie Beitragszeiten nach dem Fremdrentengesetz zu berücksichtigen.

§ 272a Fälligkeit und Auszahlung laufender Geldleistungen bei Beginn vor dem 1. April 2004. (1) [1] Bei Beginn laufender Geldleistungen mit Ausnahme des Übergangsgeldes vor dem 1. April 2004 werden diese zu Beginn des Monats fällig, zu dessen Beginn die Anspruchsvoraussetzungen erfüllt sind; sie werden am letzten Bankarbeitstag des Monats ausgezahlt, der dem Monat der Fälligkeit vorausgeht. [2] § 118 Abs. 1 Satz 2 und 3 gilt entsprechend.

(2) Absatz 1 gilt auch für aufgrund des § 89 zu zahlende Renten, für Regelaltersrenten, die im Anschluss an eine Erziehungsrente oder Rente wegen verminderter Erwerbsfähigkeit zu zahlen sind, und für Renten wegen Todes, die im Anschluss an eine Rente des verstorbenen Versicherten zu zahlen sind, wenn aus einem Versicherungskonto bei ununterbrochen anerkannten Rentenansprüchen der erstmalige Rentenbeginn vor dem 1. April 2004 liegt.

Zehnter Unterabschnitt. Organisation, Datenverarbeitung und Datenschutz

Erster Titel. Organisation

§ 273 Zuständigkeit der Deutschen Rentenversicherung Knappschaft-Bahn-See. (1) [1] Für Beschäftigte ist die Deutsche Rentenversicherung Knappschaft-Bahn-See als Träger der knappschaftlichen Rentenversicherung auch zuständig, wenn die Versicherten auf Grund der Beschäftigung in einem nichtknappschaftlichen Betrieb bereits vor dem 1. Januar 1992 bei der Bundesknappschaft versichert waren, solange diese Beschäftigung andauert. [2] Werden Beschäftigte in einem Betrieb oder Betriebsteil, für dessen Beschäftigte die Bundesknappschaft bereits vor dem 1. Januar 1992 zuständig war, infolge einer Verschmelzung, Umwandlung oder einer sonstigen Maßnahme innerhalb von 18 Kalendermonaten nach dieser Maßnahme in einem anderen Betrieb oder Betriebsteil des Unternehmens tätig, bleibt die Deutsche Rentenversicherung Knappschaft-Bahn-See als Träger der knappschaftlichen Rentenversicherung für die Dauer dieser Beschäftigung zuständig.

(2) Für Versicherte, die

1. bis zum 31. Dezember 1955 von dem Recht der Selbstversicherung oder
2. bis zum 31. Dezember 1967 von dem Recht der Weiterversicherung

in der knappschaftlichen Rentenversicherung Gebrauch gemacht haben, ist die Deutsche Rentenversicherung Knappschaft-Bahn-See als Träger der knappschaftlichen Rentenversicherung für die freiwillige Versicherung zuständig.

(3) [1] Für Personen, die zum Zeitpunkt des Zuständigkeitswechsels nach § 130 und § 136 bereits eine Rente beziehen, bleibt der bisher zuständige Träger der Rentenversicherung für die Dauer des Bezugs dieser Rente weiterhin zuständig. [2] Bestand am 31. Dezember 2004 bei einem bisher zuständigen Träger der Rentenversicherung ein laufender Geschäftsvorfall, bleibt die Zuständigkeit bis zu dessen Abschluss erhalten.

(4) [1] Beschäftigte, die bei der Bundesknappschaft beschäftigt sind, sind bis zum 30. September 2005 in der knappschaftlichen Rentenversicherung versichert. [2] Für Versicherte, die am 30. September 2005 bei der Bundesknappschaft beschäftigt und in der knappschaftlichen Rentenversicherung versichert sind, bleibt die Deutsche Rentenversicherung Knappschaft-Bahn-See als Träger

der knappschaftlichen Rentenversicherung für die Dauer dieser Beschäftigung zuständig. [3]Dies gilt auch für Beschäftigte der Deutschen Rentenversicherung Knappschaft-Bahn-See, deren Beschäftigung unmittelbar an ein am 30. September 2005 bei der Bundesknappschaft bestehendes Ausbildungsverhältnis anschließt.

(5) Für Beschäftigte, die am 31. Dezember 1993 nach § 3 der Satzung der damaligen Bundesbahn-Versicherungsanstalt bei diesem Versicherungsträger versichert waren und nicht zu dem Personenkreis gehören, für den die Deutsche Rentenversicherung Knappschaft-Bahn-See nach § 129 Abs. 1 zuständig ist, bleibt die Deutsche Rentenversicherung Knappschaft-Bahn-See zuständig.

§ 273a Zuständigkeit in Zweifelsfällen. Ob im Beitrittsgebiet ein Betrieb knappschaftlich ist, einem knappschaftlichen Betrieb gleichgestellt ist oder die Zuständigkeit der Deutschen Rentenversicherung Knappschaft-Bahn-See als Träger der knappschaftlichen Rentenversicherung für Arbeitnehmer außerhalb von knappschaftlichen Betrieben, die denen in knappschaftlichen Betrieben gleichgestellt sind, gegeben ist, entscheidet in Zweifelsfällen das Bundesamt für Soziale Sicherung.

§ 273b *(aufgehoben)*

Zweiter Titel. Datenverarbeitung und Datenschutz

§ 274 Dateisysteme bei der Datenstelle hinsichtlich der Verordnung (EWG) Nr. 1408/71 des Rates vom 14. Juni 1971. (1) § 150 Absatz 3 Satz 1 ist nicht im Verhältnis zu Staaten und Personengruppen anzuwenden, auf welche die Verordnung (EWG) Nr. 1408/71 des Rates vom 14. Juni 1971 zur Anwendung der Systeme der sozialen Sicherheit auf Arbeitnehmer und Selbständige sowie deren Familienangehörige, die innerhalb der Gemeinschaft zu- und abwandern (ABl. L 149 vom 5.7.1971, S. 2), die zuletzt durch die Verordnung (EG) Nr. 592/2008 (ABl. L 177 vom 4.7.2008, S. 1) geändert worden ist, weiter Anwendung findet.

(2) Für die Prüfung, ob eine Beschäftigung den Voraussetzungen entspricht, nach denen eine Bescheinigung über weiterhin anzuwendende Rechtsvorschriften (Bescheinigung E 101) nach den Artikeln 11 und 11a der Verordnung (EWG) Nr. 574/72 des Rates vom 21. März 1972 über die Durchführung der Verordnung (EWG) Nr. 1408/71 über die Anwendung der Systeme der sozialen Sicherheit auf Arbeitnehmer und Selbständige sowie deren Familienangehörige, die innerhalb der Gemeinschaft zu- und abwandern (ABl. L 74 vom 27.3.1972, S. 1), die zuletzt durch die Verordnung (EG) Nr. 120/2009 (ABl. L 39 vom 10.2.2009, S. 29) geändert worden ist, ausgestellt werden kann, werden nach § 150 Absatz 3 vom Träger der Rentenversicherung folgende Daten gespeichert:

1. die in der Bescheinigung E 101 enthaltenen Daten,
2. ein Identifikationsmerkmal des Arbeitnehmers, der Arbeitnehmerin oder des Selbstständigen,
3. ein Identifikationsmerkmal des ausländischen Arbeitgebers,
4. ein Identifikationsmerkmal des inländischen Arbeitgebers,
5. die Mitteilung über eine Anfrage beim ausstellenden Träger einer Bescheinigung E 101 und
6. das Ergebnis der Überprüfung einer Bescheinigung E 101.

§ 274a Verarbeitung von Sozialdaten im Zusammenhang mit dem Anpassungsgeld nach § 57 des Kohleverstromungsbeendigungsgesetzes. (1) [1] Auf Ersuchen von Versicherten berechnet die Deutsche Rentenversicherung Knappschaft-Bahn-See den für die Gewährung des Anpassungsgeldes maßgebenden Rentenbetrag im Sinne des § 57 Absatz 1 Satz 1 und Absatz 3 des Kohleverstromungsbeendigungsgesetzes und den frühestmöglichen Zeitpunkt, zu dem Versicherte das Anpassungsgeld beziehen können. [2] Die Ergebnisse der Berechnungen nach Satz 1 sind mit Einwilligung der Versicherten an deren Arbeitgeber zu übermitteln. [3] Dies ist auch anzuwenden für die zur Beantragung von Anpassungsgeld notwendige Auskunft, ob Versicherte unmittelbar im Anschluss an den Bezug von Anpassungsgeld einen Anspruch auf eine Rente nach den §§ 35 bis 38, § 40, den §§ 235 bis 236b oder § 238 haben.

(2) Die Übermittlung von Sozialdaten durch die Deutsche Rentenversicherung Knappschaft-Bahn-See an das Bundesamt für Wirtschaft und Ausfuhrkontrolle ist zulässig, soweit sie für dessen Aufgabenerfüllung nach § 57 Absatz 1 des Kohleverstromungsbeendigungsgesetzes erforderlich ist.

(3) [1] Die Einrichtung eines automatisierten Verfahrens, das die Übermittlung von Sozialdaten aus dem Dateisystem der Deutschen Rentenversicherung Knappschaft-Bahn-See an das Bundesamt für Wirtschaft und Ausfuhrkontrolle ermöglicht, ist zur Leistung der nach § 57 Absatz 1 Satz 2 des Kohleverstromungsbeendigungsgesetzes zu erbringenden Ausgleichszahlungen für Rentenminderungen, die sich durch die vorzeitige Inanspruchnahme einer sich an das Anpassungsgeld anschließenden Rente wegen Alters ergeben, zulässig. [2] § 79 Absatz 2 bis 4 des Zehnten Buches Sozialgesetzbuch[1)] ist entsprechend anzuwenden.

§ 274b *(aufgehoben)*

Dritter Titel. Übergangsvorschriften zur Zuständigkeit der Rentenversicherungsträger

§ 274c Ausgleichsverfahren. (1) [1] Versicherte, die vor dem 1. Januar 2005 eine Versicherungsnummer erhalten haben (Bestandsversicherte), bleiben dem am 31. Dezember 2004 zuständigen Träger zugeordnet. [2] Ausgenommen sind Zuständigkeitswechsel

1. zwischen den Regionalträgern,
2. in die Zuständigkeit der Deutschen Rentenversicherung Knappschaft-Bahn-See und
3. auf Grund des Ausgleichsverfahrens nach Absatz 2 bis 6.

(2) [1] Das Erweiterte Direktorium der Deutschen Rentenversicherung Bund beschließt ein Ausgleichsverfahren, das die Zuständigkeit für Bestandsversicherte so festlegt, dass in einem Zeitraum von 15 Jahren eine Verteilung von 45 zu 55 vom Hundert zwischen den Bundesträgern und den Regionalträgern hergestellt wird. [2] Für das Ausgleichsverfahren wird jährlich für jeden Versichertenjahrgang und jeden örtlichen Zuständigkeitsbereich eines Regionalträgers gesondert die Differenz zwischen der Ist-Verteilung und der Soll-Verteilung zwischen den Bundes- und den Regionalträgern ermittelt und jeweils ein der Restlaufzeit entsprechender Anteil der auszugleichenden Versichertenzahl neu

---

[1)] Nr. **10**.

zugeordnet. [3] Erfasst werden erstmalig im Jahr 2005 Bestandsversicherte der Geburtsjahrgänge ab 1945 und jünger. [4] In den Folgejahren ist der Geburtsjahrgang, ab dem Bestandsversicherte in das Ausgleichsverfahren einbezogen werden, jeweils um eins zu erhöhen.

(3) Ausgenommen von dem Ausgleichsverfahren sind Bestandsversicherte,

1. für die die Deutsche Rentenversicherung Knappschaft-Bahn-See zuständig ist,
2. die bereits einmal von einem Zuständigkeitswechsel nach Absatz 2 betroffen waren,
3. die bereits Leistungen beziehen oder bei denen ein Leistungsverfahren anhängig ist, oder
4. solange deren Anwartschaften oder Rentenansprüche ganz oder teilweise im Sinne der §§ 53 und 54 des Ersten Buches[1)] übertragen, verpfändet oder gepfändet sind.

(4) Bestandsversicherte, für die zwischen- oder überstaatliches Recht zur Anwendung kommt, sind ebenfalls entsprechend der Quote zwischen Bundes- und Landesebene unter Berücksichtigung der Aufgabenentwicklung der Verbindungsstellen auszugleichen.

(5) [1] Die Ausführung des Ausgleichsverfahrens erfolgt durch die Datenstelle der Rentenversicherung; der zur Abwicklung verwendete Stammdatensatz ist entsprechend den Erfordernissen für die Dauer des Ausgleichsverfahrens zu erweitern. [2] Über Zuständigkeitswechsel sind die betroffenen Versicherten und deren Rentenversicherungsträger unverzüglich zu unterrichten.

(6) [1] Bis zum Abschluss des Ausgleichsverfahrens veröffentlicht die Deutsche Rentenversicherung Bund jährlich, erstmals im Jahr 2006, einen Bericht über die tatsächliche Arbeitsmengenverteilung zwischen den Bundes- und den Regionalträgern im Berichtsjahr sowie eine Prognose über die künftige Entwicklung auf beiden Ebenen. [2] Auf dieser Grundlage entscheidet das Erweiterte Direktorium, ob weiterer Bedarf zur Stabilisierung der Arbeitsmengen zwischen den Trägern der Rentenversicherung besteht und beschließt die erforderlichen Maßnahmen.

§ 274d *(aufgehoben)*

Elfter Unterabschnitt. Finanzierung

Erster Titel. (weggefallen)

§ 275 (weggefallen)

Zweiter Titel. Beiträge

§ 275a Beitragsbemessungsgrenzen im Beitrittsgebiet für die Zeit bis zum 31. Dezember 2024. [1] Die Beitragsbemessungsgrenzen (Ost) in der allgemeinen Rentenversicherung sowie in der knappschaftlichen Rentenversicherung verändern sich zum 1. Januar eines jeden Kalenderjahres auf die Werte, die sich ergeben, wenn die für dieses Kalenderjahr jeweils geltenden Werte der Anlage 2 durch den für dieses Kalenderjahr bestimmten Wert der Anlage 10 geteilt werden. [2] Dabei ist von den ungerundeten Beträgen aus-

---

1) Nr. 1.

zugehen, aus denen die Beitragsbemessungsgrenzen errechnet wurden. [3]Die Beitragsbemessungsgrenzen (Ost) sind für das Jahr, für das sie bestimmt werden, auf das nächsthöhere Vielfache von 600 aufzurunden. [4]Für die Zeit ab 1. Januar 2025 sind Beitragsbemessungsgrenzen (Ost) nicht mehr zu bestimmen.

§ 275b Verordnungsermächtigung. Die Bundesregierung wird ermächtigt, durch Rechtsverordnung mit Zustimmung des Bundesrates die Beitragsbemessungsgrenzen in Ergänzung der Anlage 2a festzusetzen.

§ 275c *(aufgehoben)*

§ 276 Übergangsregelung für Auszubildende in einer außerbetrieblichen Einrichtung. § 162 Nummer 3a und § 168 Absatz 1 Nummer 3a in der bis zum 31. Dezember 2019 geltenden Fassung sind weiterhin anzuwenden, wenn die Berufsausbildung in einer außerbetrieblichen Einrichtung vor dem 1. Januar 2020 begonnen wurde.

§ 276a Arbeitgeberanteil bei Versicherungsfreiheit. (1) [1]Für geringfügig Beschäftigte nach § 8 Absatz 1 Nummer 1 des Vierten Buches[1)], die in dieser Beschäftigung nach § 230 Absatz 8 versicherungsfrei sind, tragen die Arbeitgeber einen Beitragsanteil in Höhe von 15 Prozent des Arbeitsentgelts, das beitragspflichtig wäre, wenn die Beschäftigten versicherungspflichtig wären. [2]Für geringfügig Beschäftigte in Privathaushalten nach § 8a Satz 1 des Vierten Buches, die in dieser Beschäftigung nach § 230 Absatz 8 versicherungsfrei sind, tragen die Arbeitgeber einen Beitragsanteil in Höhe von 5 Prozent des Arbeitsentgelts, das beitragspflichtig wäre, wenn die Beschäftigten versicherungspflichtig wären.

(1a) Für Beschäftigte, die nach § 230 Absatz 9 wegen des Bezugs einer Vollrente wegen Alters vor Erreichen der Regelaltersgrenze versicherungsfrei sind, gilt § 172 entsprechend.

(2) Für den Beitragsanteil des Arbeitgebers gelten die Vorschriften des Dritten Abschnitts des Vierten Buches sowie die Bußgeldvorschriften des § 111 Absatz 1 Nummer 2 bis 4, 8 und Absatz 2 und 4 des Vierten Buches entsprechend.

§§ 276b, 276c *(aufgehoben)*

§ 277 Beitragsrecht bei Nachversicherung. (1) [1]Die Durchführung der Nachversicherung von Personen, die vor dem 1. Januar 1992 aus einer nachversicherungspflichtigen Beschäftigung ausgeschieden sind oder ihren Anspruch auf Versorgung verloren haben und bis zum 31. Dezember 1991 nicht nachversichert worden sind, richtet sich nach den vom 1. Januar 1992 an geltenden Vorschriften, soweit nicht nach Vorschriften außerhalb dieses Buches anstelle einer Zahlung von Beiträgen für die Nachversicherung eine Erstattung der Aufwendungen aus der Nachversicherung vorgesehen ist. [2]Eine erteilte Aufschubbescheinigung bleibt wirksam, es sei denn, dass nach den vom 1. Januar 1992 an geltenden Vorschriften Gründe für einen Aufschub der Beitragszahlung nicht mehr gegeben sind.

[1)] Nr. 4.

(2) § 181 Absatz 2a ist nicht anzuwenden, wenn die Nachversicherungsbeiträge vor dem 1. Januar 2016 fällig geworden sind.

§ 277a Durchführung der Nachversicherung im Beitrittsgebiet.

(1) [1]Bei der Durchführung der Nachversicherung von Personen, die eine nachversicherungspflichtige Beschäftigung im Beitrittsgebiet ausgeübt haben, ist die Beitragsbemessungsgrundlage für die Berechnung der Beiträge für Zeiten im Beitrittsgebiet vor dem 1. Januar 1992 mit den entsprechenden Werten der Anlage 10 und mit dem Verhältniswert zu vervielfältigen, in dem zum Zeitpunkt der Zahlung die Bezugsgröße (Ost) zur Bezugsgröße steht; die Beitragsbemessungsgrundlage ist nur bis zu einem Betrag zu berücksichtigen, der dem durch die entsprechenden Werte der Anlage 10 geteilten Betrag der jeweiligen Beitragsbemessungsgrenze in der allgemeinen Rentenversicherung entspricht. [2]§ 181 Abs. 4 bleibt unberührt. [3]Für Personen, die nach § 233a Abs. 1 Satz 2 als nachversichert gelten, erfolgt anstelle einer Zahlung von Beiträgen für die Nachversicherung eine Erstattung der Aufwendungen aus der Nachversicherung; der Durchführung der Nachversicherung und der Erstattung werden die bisherigen Vorschriften, die im Gebiet der Bundesrepublik Deutschland außerhalb des Beitrittsgebiets anzuwenden sind, fiktiv zugrunde gelegt.

(2) [1]Für Pfarrer, Pastoren, Prediger, Vikare und andere Mitarbeiter von Religionsgesellschaften im Beitrittsgebiet, die nach § 233a Abs. 3 als nachversichert gelten, gilt die Nachversicherung mit den Entgelten als durchgeführt, für die Beiträge nachgezahlt worden sind. [2]Die Religionsgesellschaften haben den Nachversicherten die jeweiligen Entgelte zu bescheinigen.

(3) [1]Für Diakonissen und Mitglieder geistlicher Genossenschaften im Beitrittsgebiet, die nach § 233a Abs. 4 nachversichert werden, ist Beitragsbemessungsgrundlage für Zeiten

1. bis zum 31. Mai 1958 ein monatliches Arbeitsentgelt von 270 Deutsche Mark,
2. vom 1. Juni 1958 bis 30. Juni 1967 ein monatliches Arbeitsentgelt von 340 Deutsche Mark,
3. vom 1. Juli 1967 bis 28. Februar 1971 ein monatliches Arbeitsentgelt von 420 Deutsche Mark,
4. vom 1. März 1971 bis 30. September 1976 ein monatliches Arbeitsentgelt von 470 Deutsche Mark und
5. vom 1. Oktober 1976 bis 31. Dezember 1984 ein monatliches Arbeitsentgelt von 520 Deutsche Mark.

[2]Die Beitragsbemessungsgrundlage ist für die Berechnung der Beiträge mit den entsprechenden Werten der Anlage 10 und mit dem Verhältniswert zu vervielfältigen, in dem zum Zeitpunkt der Zahlung die Bezugsgröße (Ost) zur Bezugsgröße steht. [3]§ 181 Abs. 4 bleibt unberührt.

§ 278 Mindestbeitragsbemessungsgrundlage für die Nachversicherung. (1) Mindestbeitragsbemessungsgrundlage ist für Zeiten

1. bis zum 31. Dezember 1956 ein monatliches Arbeitsentgelt von 150 Deutsche Mark,
2. vom 1. Januar 1957 bis zum 31. Dezember 1976 ein monatliches Arbeitsentgelt in Höhe von 20 vom Hundert der jeweiligen Beitragsbemessungsgrenze in der Rentenversicherung der Arbeiter und der Angestellten.

(2) Mindestbeitragsbemessungsgrundlage für Ausbildungszeiten ist
1. bis zum 31. Dezember 1967 ein monatliches Arbeitsentgelt von 150 Deutsche Mark,
2. vom 1. Januar 1968 bis zum 31. Dezember 1976 ein monatliches Arbeitsentgelt in Höhe von 10 vom Hundert der jeweiligen Beitragsbemessungsgrenze in der Rentenversicherung der Arbeiter und der Angestellten.

(3) Mindestbeitragsbemessungsgrundlage für Zeiten einer Teilzeitbeschäftigung ist der Teil des sich aus Absatz 1 ergebenden Betrages, der dem Verhältnis der ermäßigten zur regelmäßigen Arbeitszeit entspricht.

§ 278a Mindestbeitragsbemessungsgrundlage für die Nachversicherung im Beitrittsgebiet. (1) Mindestbeitragsbemessungsgrundlage ist für Zeiten im Beitrittsgebiet
1. bis zum 31. Dezember 1956 ein monatliches Arbeitsentgelt von 150 Deutsche Mark, das durch den jeweiligen Wert der Anlage 10 zu teilen ist,
2. vom 1. Januar 1957 bis zum 30. Juni 1990 ein monatliches Arbeitsentgelt in Höhe von 20 vom Hundert der durch den Wert der Anlage 10 geteilten jeweiligen Beitragsbemessungsgrenze in der Rentenversicherung der Arbeiter und der Angestellten,
3. vom 1. Juli 1990 an ein monatliches Arbeitsentgelt in Höhe von 40 vom Hundert der jeweiligen Bezugsgröße (Ost).

(2) Mindestbeitragsbemessungsgrundlage für Ausbildungszeiten im Beitrittsgebiet ist
1. bis zum 31. Dezember 1967 ein monatliches Arbeitsentgelt von 150 Deutsche Mark, das durch den jeweiligen Wert der Anlage 10 zu teilen ist,
2. vom 1. Januar 1968 bis zum 30. Juni 1990 ein monatliches Arbeitsentgelt in Höhe von 10 vom Hundert der durch den Wert der Anlage 10 geteilten jeweiligen Beitragsbemessungsgrenze in der Rentenversicherung der Arbeiter und der Angestellten,
3. vom 1. Juli 1990 an ein monatliches Arbeitsentgelt in Höhe von 20 vom Hundert der jeweiligen Bezugsgröße (Ost).

(3) Mindestbeitragsbemessungsgrundlage für Zeiten einer Teilzeitbeschäftigung ist der Teil des sich aus Absatz 1 ergebenden Betrages, der dem Verhältnis der ermäßigten zur regelmäßigen Arbeitszeit entspricht.

§ 279 Beitragspflichtige Einnahmen bei Hebammen und Handwerkern. (1) Beitragspflichtige Einnahmen bei selbständig tätigen Hebammen mit Niederlassungserlaubnis sind mindestens 40 vom Hundert der Bezugsgröße.

(2) [1] Beitragspflichtige Einnahmen bei selbständig tätigen Handwerkern, die in ihrem Gewerbebetrieb mit Ausnahme von Lehrlingen und des Ehegatten oder eines Verwandten ersten Grades keine wegen dieser Beschäftigung versicherungspflichtigen Personen beschäftigen (Alleinhandwerker) und die im Jahr 1991 von der Möglichkeit Gebrauch gemacht haben, Pflichtbeiträge für weniger als zwölf Monate zu zahlen, sind für Zeiten, die sich ununterbrochen anschließen, mindestens 50 vom Hundert der Bezugsgröße. [2] Für Alleinhandwerker, die im Jahr 1991 für jeden Monat Beiträge von einem niedrigeren Arbeitseinkommen als dem Durchschnittsentgelt gezahlt haben, sind beitragspflichtige Einnahmen für Zeiten, die sich ununterbrochen anschließen und in

denen die im letzten Einkommensteuerbescheid ausgewiesenen Jahreseinkünfte aus Gewerbebetrieb vor Abzug der Sonderausgaben und Freibeträge weniger als 50 vom Hundert der Bezugsgröße betragen, mindestens 40 vom Hundert der Bezugsgröße. [3]Abweichend von Satz 2 sind beitragspflichtige Einnahmen für Alleinhandwerker, die auch die Voraussetzungen von Satz 1 erfüllen, mindestens 20 vom Hundert der Bezugsgröße. [4]Die Regelungen in den Sätzen 1 bis 3 sind nur anzuwenden, wenn dies bis zum 30. Juni 1992 beantragt wird.

§ 279a Beitragspflichtige Einnahmen mitarbeitender Ehegatten im Beitrittsgebiet. Beitragspflichtige Einnahmen bei im Beitrittsgebiet mitarbeitenden Ehegatten sind die Einnahmen aus der Tätigkeit.

§ 279b Beitragsbemessungsgrundlage für freiwillig Versicherte.

[1]Für freiwillig Versicherte, die ihren gewöhnlichen Aufenthalt im Beitrittsgebiet haben, ist Beitragsbemessungsgrundlage ein Betrag von der Mindestbemessungsgrundlage (§ 167) bis zur Beitragsbemessungsgrenze. [2]§ 228a gilt nicht.

§ 279c Beitragstragung im Beitrittsgebiet. Die Beiträge werden bei mitarbeitenden Ehegatten von diesen und den selbständig Tätigen je zur Hälfte getragen.

§ 279d Beitragszahlung im Beitrittsgebiet. [1]Für die Zahlung der Beiträge von mitarbeitenden Ehegatten gelten die Vorschriften über den Gesamtsozialversicherungsbeitrag. [2]Für die Beitragszahlung gelten die selbständig Tätigen als Arbeitgeber.

§§ 279e, 279f *(aufgehoben)*

§ 279g Sonderregelungen bei Altersteilzeitbeschäftigten. Bei Arbeitnehmern, für die die Vorschriften des Altersteilzeitgesetzes in der bis zum 30. Juni 2004 geltenden Fassung anzuwenden sind, weil mit der Altersteilzeitarbeit vor dem 1. Juli 2004 begonnen wurde (§ 15g des Altersteilzeitgesetzes), sind § 163 Abs. 5 und § 168 Abs. 1 Nr. 6 und 7 in der bis zum 30. Juni 2004 geltenden Fassung anzuwenden.

§ 280 Höherversicherung für Zeiten vor 1998. Beiträge für Zeiten vor 1998 sind zur Höherversicherung gezahlt, wenn sie als solche bezeichnet sind.

§ 281 Nachversicherung. (1) [1]Sind für den Nachversicherungszeitraum bereits freiwillige Beiträge vor dem 1. Januar 1992 gezahlt worden, werden diese Beiträge nicht erstattet. [2]Sie gelten als Beiträge zur Höherversicherung.

(2) Soweit nach dem vor dem 1. Januar 1992 geltenden Recht Beiträge im Rahmen der Nachversicherung nachzuentrichten waren und noch nicht nachentrichtet sind, gelten sie erst mit der Zahlung im Sinne des § 181 Abs. 1 Satz 2 als rechtzeitig entrichtete Pflichtbeiträge.

§ 281a Zahlung von Beiträgen im Rahmen des Versorgungsausgleichs im Beitrittsgebiet. (1) Im Rahmen des Versorgungsausgleichs können Beiträge gezahlt werden, um

1. Rentenanwartschaften, die durch einen Abschlag an Entgeltpunkten (Ost) gemindert worden sind, ganz oder teilweise wieder aufzufüllen,

2. die Erstattungspflicht für die Begründung von Rentenanwartschaften in Entgeltpunkten (Ost) zugunsten des Ausgleichberechtigten abzulösen (§ 225 Abs. 2, § 264a).

(2) [1] Für die Zahlung von Beiträgen werden die Rentenanwartschaften in Entgeltpunkte (Ost) umgerechnet, soweit das Familiengericht dies angeordnet hat (§ 264a Abs. 1). [2] Die Entgeltpunkte (Ost) werden in der Weise ermittelt, dass der Monatsbetrag der Rentenanwartschaften durch den aktuellen Rentenwert (Ost) mit seinem Wert bei Ende der Ehezeit oder Lebenspartnerschaftszeit geteilt wird.

(3) [1] Für je einen Entgeltpunkt (Ost) ist der Betrag zu zahlen, der sich ergibt, wenn der zum Zeitpunkt der Beitragszahlung geltende Beitragssatz auf das für das Kalenderjahr der Beitragszahlung zugrunde zu legende Durchschnittsentgelt im Beitrittsgebiet angewendet wird. [2] Als Durchschnittsentgelt im Beitrittsgebiet ist das durch den Wert der Anlage 10 geteilte vorläufige Durchschnittsentgelt im übrigen Bundesgebiet zugrunde zu legen. [3] Der Zahlbetrag wird nach den Rechengrößen zur Durchführung des Versorgungsausgleichs ermittelt, die das Bundesministerium für Arbeit und Soziales im Bundesgesetzblatt bekannt macht. [4] Die Rechengrößen enthalten Faktoren zur Umrechnung von Entgeltpunkten (Ost) in Beiträge und umgekehrt; dabei können Rundungsvorschriften der Berechnungsgrundsätze unberücksichtigt bleiben, um genauere Ergebnisse zu erzielen.

(4) § 187 Abs. 4, 5 und 7 gilt auch für die Zahlung von Beiträgen im Rahmen des Versorgungsausgleichs im Beitrittsgebiet.

§ 281b Verordnungsermächtigung. Die Bundesregierung wird ermächtigt, durch Rechtsverordnung mit Zustimmung des Bundesrates für die Fälle, in denen nach Vorschriften außerhalb dieses Buches anstelle einer Zahlung von Beiträgen für die Nachversicherung eine Erstattung der Aufwendungen aus der Nachversicherung vorgesehen ist (§ 277), das Nähere über die Berechnung und Durchführung der Erstattung zu regeln.

Dritter Titel. Verfahren

§ 281c Meldepflichten im Beitrittsgebiet. [1] Eine Meldung nach § 28a Abs. 1 bis 3 des Vierten Buches[1)] haben für im Beitrittsgebiet mitarbeitende Ehegatten die selbständig Tätigen zu erstatten. [2] § 28a Abs. 5 sowie die §§ 28b und 28c des Vierten Buches gelten entsprechend.

§ 282 Nachzahlung nach Erreichen der Regelaltersgrenze. (1) [1] Vor dem 1. Januar 1955 geborene Elternteile, denen Kindererziehungszeiten anzurechnen sind oder die von § 286g Satz 1 Nummer 1 erfasst werden und die bis zum Erreichen der Regelaltersgrenze die allgemeine Wartezeit nicht erfüllt haben, können auf Antrag freiwillige Beiträge für so viele Monate nachzahlen, wie zur Erfüllung der allgemeinen Wartezeit noch erforderlich sind. [2] Beiträge können nur für Zeiten nachgezahlt werden, die noch nicht mit Beiträgen belegt sind.

(2) [1] Versicherte, die bis zum Erreichen der Regelaltersgrenze die allgemeine Wartezeit nicht erfüllt haben und am 10. August 2010 aufgrund des § 7 Absatz 2 und des § 232 Absatz 1 in der bis zum 10. August 2010 geltenden Fassung nicht

---

[1)] Nr. 4.

das Recht zur freiwilligen Versicherung hatten, können auf Antrag freiwillige Beiträge für so viele Monate nachzahlen, wie zur Erfüllung der allgemeinen Wartezeit noch erforderlich sind. [2] Beiträge können nur für Zeiten nachgezahlt werden, die noch nicht mit Beiträgen belegt sind. [3] Der Antrag kann nur bis zum 31. Dezember 2015 gestellt werden.

(3) [1] Versicherte, die

1. nach § 1 Absatz 4 des Streitkräftepersonalstruktur-Anpassungsgesetzes oder nach § 3 Absatz 2 des Bundeswehrbeamtinnen- und Bundeswehrbeamten-Ausgliederungsgesetzes beurlaubt worden sind und
2. bis zum Erreichen der Regelaltersgrenze die allgemeine Wartezeit nicht erfüllt haben,

können, wenn zwischen der Beurlaubung und der maßgebenden gesetzlichen oder besonderen Altersgrenze weniger als 60 Kalendermonate liegen, auf Antrag freiwillige Beiträge für so viele Monate nachzahlen, wie zur Erfüllung der allgemeinen Wartezeit noch erforderlich sind. [2] Beiträge können nur für Zeiten nachgezahlt werden, die noch nicht mit Beiträgen belegt sind.

§ 283 (weggefallen)

§ 284 Nachzahlung für Vertriebene, Flüchtlinge und Evakuierte. [1] Personen im Sinne der §§ 1 bis 4 des Bundesvertriebenengesetzes und des § 1 des Bundesevakuiertengesetzes, die

1. vor der Vertreibung, der Flucht oder der Evakuierung selbständig tätig waren und
2. binnen drei Jahren nach der Vertreibung, der Flucht oder der Evakuierung oder nach Beendigung einer Ersatzzeit wegen Vertreibung, Umsiedlung, Aussiedlung oder Flucht einen Pflichtbeitrag gezahlt haben,

können auf Antrag freiwillige Beiträge für Zeiten vor Erreichen der Regelaltersgrenze bis zur Vollendung des 16. Lebensjahres, längstens aber bis zum 1. Januar 1924 zurück, nachzahlen, sofern diese Zeiten nicht bereits mit Beiträgen belegt sind. [2] Nach bindender Bewilligung einer Vollrente wegen Alters ist eine Nachzahlung nicht zulässig, wenn der Monat abgelaufen ist, in dem die Regelaltersgrenze erreicht wurde.

§ 284a *(aufgehoben)*

§ 285 Nachzahlung bei Nachversicherung. [1] Personen, die nachversichert worden sind und die aufgrund der Nachversicherung die allgemeine Wartezeit vor dem 1. Januar 1984 erfüllen, können für Zeiten nach dem 31. Dezember 1983 auf Antrag freiwillige Beiträge nachzahlen, sofern diese Zeiten nicht bereits mit Beiträgen belegt sind. [2] Der Antrag kann nur innerhalb von sechs Monaten nach Durchführung der Nachversicherung gestellt werden. [3] Die Erfüllung der Voraussetzungen für den Bezug einer Rente innerhalb der Antragsfrist steht der Nachzahlung nicht entgegen. [4] Die Beiträge sind spätestens sechs Monate nach Eintritt der Bindungswirkung des Nachzahlungsbescheides nachzuzahlen.

§ 286 Versicherungskarten. (1) Werden nach dem 31. Dezember 1991 Versicherungskarten, die nicht aufgerechnet sind, den Trägern der Rentenversicherung vorgelegt, haben die Träger der Rentenversicherung entsprechend den Regelungen über die Klärung des Versicherungskontos zu verfahren.

(2) Wenn auf einer vor dem 1. Januar 1992 rechtzeitig umgetauschten Versicherungskarte

1. Beschäftigungszeiten, die nicht länger als ein Jahr vor dem Ausstellungstag der Karte liegen, ordnungsgemäß bescheinigt oder
2. Beitragsmarken von Pflichtversicherten oder freiwillig Versicherten ordnungsgemäß verwendet sind,

so wird vermutet, dass während der in Nummer 1 genannten Zeiten ein die Versicherungspflicht begründendes Beschäftigungsverhältnis mit dem angegebenen Arbeitsentgelt bestanden hat und die dafür zu zahlenden Beiträge rechtzeitig gezahlt worden sind und während der mit Beitragsmarken belegten Zeiten ein gültiges Versicherungsverhältnis vorgelegen hat.

(3) [1] Nach Ablauf von zehn Jahren nach Aufrechnung der Versicherungskarte können von den Trägern der Rentenversicherung

1. die Richtigkeit der Eintragung der Beschäftigungszeiten, der Arbeitsentgelte und der Beiträge und
2. die Rechtsgültigkeit der Verwendung der in der Aufrechnung der Versicherungskarte bescheinigten Beitragsmarken

nicht mehr angefochten werden. [2] Dies gilt nicht, wenn Versicherte oder ihre Vertreter oder zur Fürsorge für sie Verpflichtete die Eintragung in die Entgeltbescheinigung oder die Verwendung der Marken in betrügerischer Absicht herbeigeführt haben. [3] Die Sätze 1 und 2 gelten für die knappschaftliche Rentenversicherung entsprechend.

(4) [1] Verlorene, unbrauchbare oder zerstörte Versicherungskarten werden durch die Träger der Rentenversicherung vorbehaltlich des § 286a Abs. 1 ersetzt. [2] Nachgewiesene Beiträge und Arbeitsentgelte werden beglaubigt übertragen.

(5) Machen Versicherte für Zeiten vor dem 1. Januar 1973 glaubhaft, dass sie eine versicherungspflichtige Beschäftigung gegen Arbeitsentgelt ausgeübt haben, die vor dem Ausstellungstag der Versicherungskarte liegt oder nicht auf der Karte bescheinigt ist, und für diese Beschäftigung entsprechende Beiträge gezahlt worden sind, ist die Beschäftigungszeit als Beitragszeit anzuerkennen.

(6) § 203 Abs. 2 gilt für Zeiten vor dem 1. Januar 1973 mit der Maßgabe, dass es einer Eintragung in die Versicherungskarte nicht bedarf.

(7) Die Absätze 1 bis 3 gelten entsprechend für den Nachweis der Seefahrtzeiten und Durchschnittsheuern der Seeleute.

§ 286a Glaubhaftmachung der Beitragszahlung und Aufteilung von Beiträgen. (1) [1] Fehlen für Zeiten vor dem 1. Januar 1950 die Versicherungsunterlagen, die von einem Träger der Rentenversicherung aufzubewahren gewesen sind, und wären diese in einem vernichteten oder nicht erreichbaren Teil des Karten- oder Kontenarchivs aufzubewahren gewesen oder ist glaubhaft gemacht, dass die Versicherungskarten bei dem Arbeitgeber oder Versicherten oder nach den Umständen des Falles auf dem Weg zum Träger der Rentenversicherung verloren gegangen, unbrauchbar geworden oder zerstört worden sind, sind die Zeiten der Beschäftigung oder Tätigkeit als Beitragszeit anzuerkennen, wenn glaubhaft gemacht wird, dass der Versicherte eine versicherungspflichtige Beschäftigung oder Tätigkeit ausgeübt hat und dass dafür Beiträge gezahlt worden sind. [2] Satz 1 gilt auch für freiwillig Versicherte, soweit sie die für die Feststellung rechtserheblichen Zeiten glaubhaft machen. [3] Als Mittel der Glaubhaftmachung können auch Versicherungen an Eides statt zugelassen werden. [4] Der Träger der Rentenversicherung ist für die Abnahme eidesstattlicher Versicherungen zuständig.

(2) [1] Sind in Unterlagen

1. Arbeitsentgelte in einem Gesamtbetrag für die über einen Lohn- oder Gehaltszahlungszeitraum hinausgehende Zeit,
2. Anzahl und Höhe von Beiträgen ohne eine bestimmbare zeitliche Zuordnung

bescheinigt, sind sie gleichmäßig auf die Beitragszahlungszeiträume zu verteilen. [2] Bei der Zahlung von Beiträgen nach Lohn-, Beitrags- oder Gehaltsklassen sind die niedrigsten Beiträge an den Beginn und die höchsten Beiträge an das Ende des Beitragszahlungszeitraums zu legen. [3] Ist der Beginn der Versicherung nicht bekannt, wird vermutet, dass die Versicherung mit der Vollendung des 14. Lebensjahres, frühestens am 1. Januar 1923, begonnen hat. [4] Ist das Ende der Versicherung nicht bekannt, wird vermutet, dass die Versicherung mit dem

1. Kalendermonat vor Beginn der zu berechnenden Rente bei einer Rente wegen Alters, bei einer Rente wegen Erwerbsunfähigkeit, auf die erst nach Erfüllung einer Wartezeit von 20 Jahren ein Anspruch besteht, oder bei einer Erziehungsrente,
2. Eintritt der maßgebenden Minderung der Erwerbsfähigkeit bei einer Rente wegen verminderter Erwerbsfähigkeit,
3. Tod des Versicherten bei einer Hinterbliebenenrente

geendet hat. [5] Für die knappschaftliche Rentenversicherung wird als Beginn der Versicherung die satzungsmäßige Mindestaltersgrenze vermutet.

§ 286b Glaubhaftmachung der Beitragszahlung im Beitrittsgebiet.

[1] Machen Versicherte glaubhaft, dass sie im Beitrittsgebiet in der Zeit vom 9. Mai 1945 bis 31. Dezember 1991 ein beitragspflichtiges Arbeitsentgelt oder Arbeitseinkommen erzielt haben und von diesem entsprechende Beiträge gezahlt worden sind, sind die dem Arbeitsentgelt oder Arbeitseinkommen zugrunde liegenden Zeiträume als Beitragszeit anzuerkennen. [2] Satz 1 gilt auch für freiwillig Versicherte, soweit sie die für die Feststellung rechtserheblichen Zeiten glaubhaft machen. [3] Als Mittel der Glaubhaftmachung können auch Versicherungen an Eides statt zugelassen werden. [4] Der Träger der Rentenversicherung ist für die Abnahme eidesstattlicher Versicherungen zuständig.

§ 286c Vermutung der Beitragszahlung im Beitrittsgebiet. [1] Sind in den Versicherungsunterlagen des Beitrittsgebiets für Zeiten vor dem 1. Januar 1992 Arbeitszeiten oder Zeiten der selbständigen Tätigkeit ordnungsgemäß bescheinigt, wird vermutet, dass während dieser Zeiten Versicherungspflicht bestanden hat und für das angegebene Arbeitsentgelt oder Arbeitseinkommen die Beiträge gezahlt worden sind. [2] Satz 1 gilt nicht für Zeiten, in denen eine Rente aus der Rentenversicherung oder eine Versorgung bezogen wurde, die nach den bis zum 31. Dezember 1991 im Beitrittsgebiet geltenden Vorschriften zur Versicherungs- oder Beitragsfreiheit führte.

§ 286d Beitragserstattung. (1) Sind Beitragszeiten im Beitrittsgebiet zurückgelegt, gilt § 210 Abs. 5 mit der Maßgabe, dass eine Sachleistung, die vor dem 1. Januar 1991 im Beitrittsgebiet in Anspruch genommen worden ist, eine Erstattung nicht ausschließt.

(2) [1]Die Wirkung der Erstattung umfasst nicht Beitragszeiten, die nach dem 20. Juni 1948 und vor dem 19. Mai 1990 im Beitrittsgebiet oder nach dem 31. Januar 1949 und vor dem 19. Mai 1990 in Berlin (Ost) zurückgelegt worden sind, wenn die Erstattung bis zum 31. Dezember 1991 durchgeführt worden ist. [2]Sind für diese Zeiten Beiträge nachgezahlt worden, werden auf Antrag anstelle der Beitragszeiten nach Satz 1 die gesamten nachgezahlten Beiträge berücksichtigt. [3]Werden die nachgezahlten Beiträge nicht berücksichtigt, sind sie zu erstatten.

(3) Für die Verjährung von Ansprüchen, die am 31. Dezember 2001 bestanden haben, gilt Artikel 229 § 6 Abs. 4 des Einführungsgesetzes zum Bürgerlichen Gesetzbuche entsprechend.

(4) Ein Anspruch auf Beitragserstattung nach § 210 Absatz 1a besteht nicht, wenn am 10. August 2010 aufgrund des § 232 Absatz 1 Satz 2 Nummer 2 in der bis zum 10. August 2010 geltenden Fassung das Recht zur freiwilligen Versicherung bestand.

§ 286e Ausweis für Arbeit und Sozialversicherung. [1]Versicherte, die für die Durchführung der Versicherung sowie für die Feststellung und Erbringung von Leistungen einschließlich der Rentenauskunft erforderliche Daten mit Eintragungen im Ausweis für Arbeit und Sozialversicherung nachweisen können, sind berechtigt,

1. in einer beglaubigten Abschrift des vollständigen Ausweises oder von Auszügen des Ausweises die Daten unkenntlich zu machen, die für den Träger der Rentenversicherung nicht erforderlich sind, und
2. diese Abschrift dem Träger der Rentenversicherung als Nachweis vorzulegen.

[2]Satz 1 gilt entsprechend für Beweismittel im Sinne des § 29 Abs. 4 des Zehnten Buches[1)].

§ 286f Erstattung zu Unrecht gezahlter Pflichtbeiträge an die berufsständische Versorgungseinrichtung. [1]Pflichtbeiträge, die auf Grund einer Befreiung nach § 231 Absatz 4b und 4d zu Unrecht entrichtet wurden, werden abweichend von § 211 und abweichend von § 26 Absatz 3 des Vierten Buches[2)] von dem zuständigen Träger der Rentenversicherung beanstandet und unmittelbar an die zuständige berufsständische Versorgungseinrichtung erstattet. [2]Zinsen nach § 27 Absatz 1 des Vierten Buches sind nicht zu zahlen. [3]Sind Beiträge nach Maßgabe der Sätze 1 und 2 erstattet worden, scheidet eine Erstattung nach den allgemeinen Vorschriften aus.

§ 286g Erstattung von nach dem 21. Juli 2009 gezahlten freiwilligen Beiträgen. [1]Nach dem 21. Juli 2009 gezahlte freiwillige Beiträge werden auf Antrag in voller Höhe erstattet, wenn

---

1) Nr. **10**.
2) Nr. **4**.

1. Kindererziehungszeiten durch Bescheid für Elternteile festgestellt wurden, die von der Anrechnung nach § 56 Absatz 4 Nummer 3 in der ab dem 1. Juli 2014 geltenden Fassung ausgeschlossen sind, und
2. ohne diese Kindererziehungszeiten die allgemeine Wartezeit nicht erfüllt ist.

²§ 44 des Ersten Buches[1)] und § 210 Absatz 5 gelten entsprechend. ³Sind freiwillige Beiträge für den Personenkreis nach Satz 1 nach dem 30. Juni 2014 zur Hälfte erstattet worden, wird die andere Hälfte auf Antrag nach dieser Vorschrift erstattet; § 210 Absatz 6 bleibt unberührt.

Vierter Titel. Berechnungsgrundlagen

§ 287 Beitragssatzgarantie bis 2025. (1) ¹Überschreitet der Beitragssatz in der allgemeinen Rentenversicherung bis zum Jahr 2025 nach § 158 20 Prozent, ist dieser abweichend von § 158 auf höchstens 20 Prozent festzusetzen. ²Der Beitragssatz in der allgemeinen Rentenversicherung ist bis zum Jahr 2025 abweichend von § 158 auf mindestens 18,6 Prozent festzusetzen. ³Der Beitragssatz beträgt für das Jahr 2019 in der allgemeinen Rentenversicherung 18,6 Prozent und in der knappschaftlichen Rentenversicherung 24,7 Prozent.

(2) ¹Wenn bis zum Jahr 2025 mit einem Beitragssatz in der allgemeinen Rentenversicherung von 20 Prozent die Mittel der Nachhaltigkeitsrücklage am Ende des Kalenderjahres, für welches der Beitragssatz zu bestimmen ist, den Wert der Mindestrücklage nach § 158 Absatz 1 Satz 1 Nummer 1 unter Berücksichtigung der Sonderzahlungen nach § 287a voraussichtlich unterschreiten, ist der zusätzliche Bundeszuschuss nach § 213 Absatz 3 für das betreffende Jahr so zu erhöhen, dass die Mittel der Nachhaltigkeitsrücklage den Wert der Mindestrücklage voraussichtlich erreichen. ²Der zusätzliche Bundeszuschuss ohne den Betrag nach Satz 1 ist der Ausgangsbetrag für die Festsetzung des zusätzlichen Bundeszuschusses für das folgende Kalenderjahr nach § 213 Absatz 3.

(3) Im Übrigen werden bis zum Jahr 2025 bei der Festsetzung des Beitragssatzes in der allgemeinen Rentenversicherung nach § 158 Absatz 1 und 2 die nach § 287a geleisteten Sonderzahlungen des Bundes nicht berücksichtigt.

§ 287a Sonderzahlungen des Bundes in den Jahren 2022 bis 2025. ¹Der Bund zahlt zusätzlich zu den Zuschüssen des Bundes nach den §§ 213 und 287e in den Kalenderjahren 2022 bis 2025 jeweils 500 Millionen Euro an die allgemeine Rentenversicherung. ²Die Beträge für die Kalenderjahre 2023 bis 2025 sind nach § 213 Absatz 2 Satz 1 bis 3 zu verändern. ³§ 213 Absatz 6 ist entsprechend anzuwenden.

§ 287b Ausgaben für Leistungen zur Teilhabe. (1) Bei der Anwendung von § 220 Abs. 1 ist die Veränderung der Bruttolöhne und -gehälter für die Bundesrepublik Deutschland ohne das Beitrittsgebiet und für das Beitrittsgebiet jeweils getrennt festzustellen.

(2) ¹Die jährlichen Ausgaben für Leistungen zur Teilhabe werden in der Zeit vom 1. Januar 2014 bis zum 31. Dezember 2050 bedarfsgerecht unter Berücksichtigung einer Demografiekomponente fortgeschrieben. ²Die Demografiekomponente ist zusätzlich zur voraussichtlichen Entwicklung der Bruttolöhne

---

1) Nr. 1.

und -gehälter je Arbeitnehmer bei der Festsetzung der jährlichen Ausgaben für Leistungen zur Teilhabe nach § 220 Absatz 1 Satz 1 als gesonderter Faktor zu berücksichtigen. [3] Der Faktor wird wie folgt festgesetzt:

Jahr	Demografiekomponente
2014	1,0192
2015	1,0126
2016	1,0073
2017	1,0026
2018	0,9975
2019	0,9946
2020	0,9938
2021	0,9936
2022	0,9935
2023	0,9938
2024	0,9931
2025	0,9929
2026	0,9943
2027	0,9919
2028	0,9907
2029	0,9887
2030	0,9878
2031	0,9863
2032	0,9875
2033	0,9893
2034	0,9907
2035	0,9914
2036	0,9934
2037	0,9924
2038	0,9948
2039	0,9963
2040	0,9997
2041	1,0033
2042	1,0051
2043	1,0063
2044	1,0044
2045	1,0032
2046	1,0028
2047	1,0009
2048	0,9981
2049	0,9979
2050	0,9978

§ 287c Förderung für sonstige Leistungen der Teilhabe. [1]Der Bund überträgt an die allgemeine Rentenversicherung zusätzlich zu den Zuschüssen des Bundes nach den §§ 213 und 287e in den Kalenderjahren 2021 bis 2023 Mittel in Höhe von jährlich 5 Millionen Euro für sonstige Leistungen zur Teilhabe nach § 31 Absatz 1 Nummer 3. [2]Die Auszahlung führt das Bundesamt für Soziale Sicherung durch.

§ 287d Erstattungen in besonderen Fällen. (1) Der Bund erstattet den Trägern der Rentenversicherung im Beitrittsgebiet die Aufwendungen für Kriegsbeschädigtenrenten und für die Auszahlung der weiteren Sonderleistungen.

(2) [1]Das Bundesamt für Soziale Sicherung verteilt die Beträge nach Absatz 1 auf die allgemeine und die knappschaftliche Rentenversicherung, setzt die Vorschüsse fest und führt die Abrechnung durch. [2]Für die Träger der allgemeinen Rentenversicherung ist § 219 Abs. 1 entsprechend anzuwenden.

(3) § 179 Abs. 1a ist anzuwenden, wenn

1. das Erstattungsverfahren am 1. Januar 2001 noch nicht abschließend entschieden war und
2. das Schadensereignis nach dem 30. Juni 1983 eingetreten ist.

§ 287e Veränderung des Bundeszuschusses im Beitrittsgebiet.

(1) § 213 Abs. 2 gilt für die Bundesrepublik Deutschland ohne das Beitrittsgebiet.

(2) [1]Der Zuschuss des Bundes zu den Ausgaben der allgemeinen Rentenversicherung, soweit sie für das Beitrittsgebiet zuständig ist (Bundeszuschuss-Beitrittsgebiet), wird jeweils für ein Kalenderjahr in der Höhe geleistet, die sich ergibt, wenn die Rentenausgaben für dieses Kalenderjahr einschließlich der Aufwendungen für Kindererziehungsleistungen für Mütter der Geburtsjahrgänge vor 1927 und abzüglich erstatteter Aufwendungen für Renten und Rententeile mit dem Verhältnis vervielfältigt werden, in dem der Bundeszuschuss in der Bundesrepublik Deutschland ohne das Beitrittsgebiet zu den Rentenausgaben desselben Kalenderjahres einschließlich der Aufwendungen aus der Erbringung von Kindererziehungsleistungen für Mütter der Geburtsjahrgänge vor 1921 steht. [2]Der Bundeszuschuss-Beitrittsgebiet ist auf die Träger der allgemeinen Rentenversicherung im Beitrittsgebiet entsprechend ihrem jeweiligen Verhältnis an den Beitragseinnahmen buchhalterisch aufzuteilen.

§ 287f Getrennte Abrechnung. Die Abrechnung und die Verteilung nach § 227 Absatz 1 und 1a erfolgen für Zahlungen bis zum Jahr 2024 für die Bundesrepublik Deutschland ohne das Beitrittsgebiet und für das Beitrittsgebiet getrennt.

§ 288 (weggefallen)

Fünfter Titel. Erstattungen

§ 289 Wanderversicherungsausgleich. (1) Hat ein Träger der allgemeinen Rentenversicherung eine Gesamtleistung mit einem knappschaftlichen Leistungsanteil festgestellt, so erstattet die Deutsche Rentenversicherung Knappschaft-Bahn-See als Träger der knappschaftlichen Rentenversicherung den auf sie entfallenden Leistungsanteil ohne Kinderzuschuss an die Träger der allgemeinen Rentenversicherung.

(2) Hat die Deutsche Rentenversicherung Knappschaft-Bahn-See als Träger der knappschaftlichen Rentenversicherung eine Gesamtleistung mit einem Leistungsanteil der allgemeinen Rentenversicherung festgestellt, erstatten ihr die Träger der allgemeinen Rentenversicherung den von ihnen zu tragenden Leistungsanteil und den Kinderzuschuss.

(3) Die Absätze 1 und 2 gelten entsprechend für die von der Rentenversicherung zu tragenden Beiträge zur gesetzlichen Krankenversicherung sowie für die Zuschüsse zur Krankenversicherung.

(4) Bei der Anwendung der Anrechnungsvorschriften gilt § 223 Abs. 5 entsprechend.

§ 289a Besonderheiten beim Wanderversicherungsausgleich. [1] Wurde der letzte Beitrag bis zum 31. Dezember 1991 im Beitrittsgebiet gezahlt, erstatten die Regionalträger im Beitrittsgebiet der Deutschen Rentenversicherung Knappschaft-Bahn-See als Träger der knappschaftlichen Rentenversicherung den Anteil der Leistungen, der nicht auf Zeiten in der knappschaftlichen Rentenversicherung entfällt. [2] Dabei kann auch eine pauschale Erstattung vorgesehen werden. [3] Die jährliche Abrechnung führt die Deutsche Rentenversicherung Bund entsprechend § 227 durch.

§ 290 Erstattung durch den Träger der Versorgungslast. [1] Die Aufwendungen des Trägers der Rentenversicherung aufgrund von Rentenanwartschaften, die durch Entscheidung des Familiengerichts vor dem 1. Januar 1992 begründet worden sind, werden von dem zuständigen Träger der Versorgungslast erstattet, wenn der Ehegatte, zu dessen Lasten der Versorgungsausgleich durchgeführt worden ist, vor dem 1. Januar 1992 nachversichert wurde. [2] Dies gilt nicht, wenn der Träger der Versorgungslast

1. Beiträge zur Ablösung der Erstattungspflicht gezahlt hat,
2. ungekürzte Beiträge für die Nachversicherung gezahlt hat, weil die Begründung von Rentenanwartschaften durch eine Übertragung von Rentenanwartschaften ersetzt worden ist.

§ 290a Erstattung durch den Träger der Versorgungslast im Beitrittsgebiet. Bei Renten, die nach den Vorschriften des Beitrittsgebiets berechnet worden sind, werden die Aufwendungen der Träger der Rentenversicherung für die Berücksichtigung von Zeiten, für die bei Renten, die nach den Vorschriften dieses Buches berechnet werden, eine Nachversicherung als durchgeführt gilt, pauschal vom Bund und sonstigen Trägern der Versorgungslast erstattet.

§ 291 Erstattungen für Anrechnungszeiten für den Bezug von Anpassungsgeld. (1) [1] Zum Ausgleich der Aufwendungen, die der Rentenversicherung für Anrechnungszeiten nach § 252 Absatz 1 Nummer 1a entstehen, zahlt die für die Auszahlung des Anpassungsgeldes nach dem Kohleverstromungsbeendigungsgesetz zuständige Stelle den Trägern der Rentenversicherung einen Ausgleichsbetrag. [2] Dieser bemisst sich pauschal pro Bezieher von Anpassungsgeld nach dem auf das vorläufige Durchschnittsentgelt nach Anlage 1 entfallenden Rentenversicherungsbeitrag des Bezugsjahres des Anpassungsgeldes. [3] Dabei ist der Beitragssatz in der allgemeinen Rentenversicherung für diejenigen Bezieher von Anpassungsgeld anzuwenden, die vor dem Bezug des Anpassungsgeldes zuletzt in der allgemeinen Rentenversicherung versichert waren und der Beitragssatz in der knappschaftlichen Rentenversicherung für diejenigen Bezieher von Anpassungsgeld anzuwenden, die vor dem Bezug des Anpassungsgeldes zuletzt in der knappschaftlichen Rentenversicherung versichert waren.

(2) [1] Das Bundesamt für Soziale Sicherung führt die Abrechnung nach Absatz 1 durch. [2] Die für die Auszahlung des Anpassungsgeldes nach dem Kohleverstromungsbeendigungsgesetz zuständige Stelle übermittelt dem Bundesamt für Soziale Sicherung bis zum 1. März eines Jahres die Anzahl der Bezieher von Anpassungsgeld des vorangegangenen Jahres und die weiteren nach Absatz 1 erforderlichen Daten. [3] Das Nähere zur Ausgestaltung des Abrechnungsverfahrens wird durch eine Vereinbarung zwischen der für die Auszahlung des Anpassungsgeldes nach dem Kohleverstromungsbeendigungsgesetz zuständigen Stelle und dem Bundesamt für Soziale Sicherung geregelt. [4] Die Abrechnung mit dem Träger der knappschaftlichen Rentenversicherung erfolgt entsprechend dem Anteil der Ausgleichszahlungen auf der Grundlage des Beitragssatzes in der knappschaftlichen Rentenversicherung. [5] Die buchhalterische Aufteilung des Erstattungsbetrages auf die Träger der allgemeinen Rentenversicherung erfolgt durch die Deutsche Rentenversicherung Bund.

§ 291a Erstattung von Invalidenrenten und Aufwendungen für Pflichtbeitragszeiten bei Erwerbsunfähigkeit. (1) Der Bund erstattet den Trägern der Rentenversicherung die Aufwendungen für Rententeile aus der Anrechnung von Pflichtbeitragszeiten bei Erwerbsunfähigkeit im Beitrittsgebiet in der Zeit vom 1. Juli 1975 bis zum 31. Dezember 1991.

(2) Der Bund erstattet den Trägern der Rentenversicherung die Aufwendungen für die Zahlung von Invalidenrenten für behinderte Menschen.

§ 291b Erstattung nicht beitragsgedeckter Leistungen. Der Bund erstattet den Trägern der allgemeinen Rentenversicherung die Aufwendungen für Leistungen nach dem Fremdrentenrecht.

§ 291c *(aufgehoben)*

§ 292 Verordnungsermächtigung. (1) Das Bundesministerium für Arbeit und Soziales wird ermächtigt, im Einvernehmen mit dem Bundesministerium der Finanzen durch Rechtsverordnung mit Zustimmung des Bundesrates das Nähere über die Erstattungen gemäß § 287d zu bestimmen.

(2) Das Bundesministerium für Arbeit und Soziales wird ermächtigt, im Einvernehmen mit dem Bundesministerium der Finanzen durch Rechtsverordnung mit Zustimmung des Bundesrates das Nähere über die Erstattungen gemäß § 289a zu bestimmen.

(3) Das Bundesministerium für Arbeit und Soziales wird ermächtigt, im Einvernehmen mit dem Bundesministerium der Finanzen durch Rechtsverordnung mit Zustimmung des Bundesrates das Nähere über die Erstattungen gemäß § 291a zu bestimmen, wobei eine pauschale Erstattung vorgesehen werden kann.

§ 292a Verordnungsermächtigung für das Beitrittsgebiet. [1]Das Bundesministerium für Arbeit und Soziales wird ermächtigt, im Einvernehmen mit dem Bundesministerium des Innern, für Bau und Heimat und dem Bundesministerium der Finanzen durch Rechtsverordnung mit Zustimmung des Bundesrates das Nähere über die pauschale Erstattung nach § 290a unter Berücksichtigung der besonderen Verhältnisse im Beitrittsgebiet zu bestimmen. [2]Das Bundesamt für Soziale Sicherung führt die Abrechnung mit den Trägern der gesetzlichen Rentenversicherung durch.

Sechster Titel. Vermögensanlagen

§ 293 Vermögensanlagen. (1) [1]Das am 1. Januar 1992 vorhandene Rücklagevermögen der Deutschen Rentenversicherung Knappschaft-Bahn-See als Träger der knappschaftlichen Rentenversicherung ist nicht vor Ablauf von Festlegungsfristen aufzulösen. [2]Rückflüsse aus Vermögensanlagen der Deutschen Rentenversicherung Knappschaft-Bahn-See als Träger der knappschaftlichen Rentenversicherung sind Einnahmen der knappschaftlichen Rentenversicherung.

(2) Die am 31. Dezember 1991 vorhandenen Anteile eines Trägers der allgemeinen Rentenversicherung an Gesellschaften, Genossenschaften, Vereinen und anderen Einrichtungen, deren Zweck der Bau und die Bewirtschaftung von Wohnungen ist und die nicht zum Verwaltungsvermögen gehören, können in dem Umfang, in dem sie am 31. Dezember 1991 bestanden haben, gehalten werden.

Zwölfter Unterabschnitt. Leistungen für Kindererziehung an Mütter der Geburtsjahrgänge vor 1921

§ 294 Anspruchsvoraussetzungen. (1) [1]Eine Mutter, die vor dem 1. Januar 1921 geboren ist, erhält für jedes Kind, das sie im Gebiet der Bundesrepublik Deutschland lebend geboren hat, eine Leistung für Kindererziehung. [2]Der Geburt im Gebiet der Bundesrepublik Deutschland steht die Geburt im jeweiligen Geltungsbereich der Reichsversicherungsgesetze gleich.

(2) Einer Geburt in den in Absatz 1 genannten Gebieten steht die Geburt außerhalb dieser Gebiete gleich, wenn die Mutter im Zeitpunkt der Geburt des Kindes ihren gewöhnlichen Aufenthalt

1. in diesen Gebieten hatte,
2. zwar außerhalb dieser Gebiete hatte, aber zum Zeitpunkt der Geburt des Kindes oder unmittelbar vorher entweder sie selbst oder ihr Ehemann, mit dem sie sich zusammen dort aufgehalten hat, wegen einer dort ausgeübten Beschäftigung oder Tätigkeit Pflichtbeitragszeiten hat oder nur deshalb nicht hat, weil sie selbst oder ihr Ehemann versicherungsfrei oder von der Versicherung befreit war, oder
3. bei Geburten bis zum 31. Dezember 1949 zwar außerhalb dieser Gebiete hatte, aber der gewöhnliche Aufenthalt in den in Absatz 1 genannten Gebieten aus Verfolgungsgründen im Sinne des § 1 des Bundesentschädigungsgesetzes aufgegeben worden ist; dies gilt auch, wenn bei Ehegatten der gemeinsame gewöhnliche Aufenthalt in den in Absatz 1 genannten Gebieten aufgegeben worden ist und nur beim Ehemann Verfolgungsgründe vorgelegen haben.

(3) Absatz 1 Satz 2 gilt nicht, wenn Beitragszeiten zum Zeitpunkt der Geburt aufgrund einer Versicherungslastregelung mit einem anderen Staat nicht in die Versicherungslast der Bundesrepublik Deutschland fallen würden.

(4) Einer Geburt in den in Absatz 1 genannten Gebieten steht bei einer Mutter, die

1. zu den in § 1 des Fremdrentengesetzes genannten Personen gehört oder
2. ihren gewöhnlichen Aufenthalt vor dem 1. September 1939 aus einem Gebiet, in dem Beiträge an einen nichtdeutschen Träger der gesetzlichen Rentenversicherung bei Eintritt des Versicherungsfalls wie nach den Vorschriften der Reichsversicherungsgesetze entrichtete Beiträge zu behandeln waren, in eines der in Absatz 1 genannten Gebiete verlegt hat,

die Geburt in den jeweiligen Herkunftsgebieten gleich.

(5) Eine Mutter, die ihren gewöhnlichen Aufenthalt im Ausland hat, erhält eine Leistung für Kindererziehung nur, wenn sie zu den in den §§ 18 und 19 des Gesetzes zur Regelung der Wiedergutmachung nationalsozialistischen Unrechts in der Sozialversicherung genannten Personen gehört.

§ 294a Besonderheiten für das Beitrittsgebiet. [1] Hatte eine Mutter am 18. Mai 1990 ihren gewöhnlichen Aufenthalt im Beitrittsgebiet und bestand für sie am 31. Dezember 1991 ein Anspruch auf eine Altersrente oder Invalidenrente aufgrund des im Beitrittsgebiet geltenden Rechts, ist § 294 nicht anzuwenden. [2] Bestand ein Anspruch auf eine solche Rente nicht, besteht Anspruch auf die Leistung für Kindererziehung bei Erfüllung der sonstigen Voraussetzungen auch, wenn die Mutter vor dem 1. Januar 1927 geboren ist.

§ 295 Höhe der Leistung. Monatliche Höhe der Leistung für Kindererziehung ist das 2,5-Fache des für die Berechnung von Renten jeweils maßgebenden aktuellen Rentenwerts.

§ 295a Höhe der Leistung im Beitrittsgebiet. [1] Monatliche Höhe der Leistung für Kindererziehung für Geburten im Beitrittsgebiet ist das 2,5-Fache des für die Berechnung von Renten jeweils maßgebenden aktuellen Rentenwerts (Ost). [2] Dies gilt nicht für Mütter, die ihren gewöhnlichen Aufenthalt am 18. Mai 1990 entweder

1. im Gebiet der Bundesrepublik Deutschland ohne das Beitrittsgebiet oder
2. im Ausland hatten und unmittelbar vor Beginn des Auslandsaufenthalts ihren gewöhnlichen Aufenthalt im Gebiet der Bundesrepublik Deutschland ohne das Beitrittsgebiet hatten.

§ 296 Beginn und Ende. (1) Eine Leistung für Kindererziehung wird von dem Kalendermonat an gezahlt, zu dessen Beginn die Anspruchsvoraussetzungen erfüllt sind.

(2) Die Leistung wird monatlich im Voraus gezahlt.

(3) Fallen aus tatsächlichen oder rechtlichen Gründen die Anspruchsvoraussetzungen für die Leistung weg, endet sie mit dem Kalendermonat, zu dessen Beginn der Wegfall wirksam ist.

(4) Die Leistung wird bis zum Ende des Kalendermonats gezahlt, in dem die Berechtigte gestorben ist.

§ 296a *(aufgehoben)*

§ 297 Zuständigkeit. (1) [1] Zuständig für die Leistung für Kindererziehung ist der Versicherungsträger, der der Mutter eine Versichertenrente zahlt. [2] Bezieht eine Mutter nur Hinterbliebenenrente, ist der Versicherungsträger zuständig, der die Hinterbliebenenrente aus der Versicherung des zuletzt verstorbenen Versicherten zahlt. [3] In den übrigen Fällen ist die Deutsche Rentenversicherung Bund zuständig. [4] Wird für Dezember 1991 eine Leistung für Kindererziehung gezahlt, bleibt der zahlende Versicherungsträger zuständig.

(2) [1] Die Leistung für Kindererziehung wird als Zuschlag zur Rente gezahlt, wenn die Mutter eine Rente bezieht, es sei denn, dass die Rente in vollem Umfang übertragen, verpfändet oder gepfändet ist. [2] Bezieht die Mutter mehrere Renten, wird die Leistung für Kindererziehung als Zuschlag zu der Rente gezahlt, für die die Zuständigkeit nach Absatz 1 maßgebend ist.

(3) In den Fällen des § 104 Abs. 1 Satz 4 des Zehnten Buches[1)] ist der Zahlungsempfänger verpflichtet, die Leistung für Kindererziehung an die Mutter weiterzuleiten.

§ 298 Durchführung. (1) [1] Die Mutter hat das Jahr ihrer Geburt, ihren Familiennamen (jetziger und früherer Name mit Namensbestandteilen), ihren Vornamen sowie den Vornamen, das Geburtsdatum und den Geburtsort ihres Kindes nachzuweisen. [2] Für die übrigen anspruchsbegründenden Tatsachen genügt es, wenn sie glaubhaft gemacht werden.

(2) [1] Den Nachweis über den Vornamen, das Geburtsdatum und den Geburtsort ihres Kindes hat die Mutter durch Vorlage einer Personenstandsurkunde oder einer sonstigen öffentlichen Urkunde zu führen. [2] Eine Glaubhaftmachung dieser Tatsachen genügt, wenn die Mutter

1. erklärt, dass sie eine solche Urkunde nicht hat und auch in der Familie nicht beschaffen kann,
2. glaubhaft macht, dass die Anforderung einer Geburtsurkunde bei der für die Führung des Geburtseintrags zuständigen deutschen Stelle erfolglos geblieben ist, wobei die Anforderung auch als erfolglos anzusehen ist, wenn die zuständige Stelle mitteilt, dass für die Erteilung einer Geburtsurkunde der Geburtseintrag erneuert werden müsste, und
3. eine von dem für ihren Wohnort zuständigen Standesamt auszustellende Bescheinigung vorlegt, aus der sich ergibt, dass es ein die Geburt ihres Kindes ausweisendes Personenstandsregister nicht führt und nach seiner Kenntnis bei dem Standesamt I in Berlin ein urkundlicher Nachweis über die Geburt ihres Kindes oder eine Mitteilung hierüber nicht vorliegt.

[3] Als Mittel der Glaubhaftmachung können auch Versicherungen an Eides statt zugelassen werden.

§ 299 Anrechnungsfreiheit. [1] Die Leistung für Kindererziehung bleibt als Einkommen unberücksichtigt, wenn bei Sozialleistungen aufgrund von Rechtsvorschriften der Anspruch auf diese Leistungen oder deren Höhe von anderem Einkommen abhängig ist. [2] Bei Bezug einer Leistung für Kindererziehung findet § 38 des Zwölften Buches[2)] keine Anwendung. [3] Auf Rechtsvor-

---

[1)] Nr. 10.
[2)] Nr. 12.

schriften beruhende Leistungen anderer, auf die ein Anspruch nicht besteht, dürfen nicht deshalb versagt werden, weil die Leistung für Kindererziehung bezogen wird.

Zweiter Abschnitt. Ausnahmen von der Anwendung neuen Rechts

Erster Unterabschnitt. Grundsatz

§ 300 Grundsatz. (1) Vorschriften dieses Gesetzbuchs sind von dem Zeitpunkt ihres Inkrafttretens an auf einen Sachverhalt oder Anspruch auch dann anzuwenden, wenn bereits vor diesem Zeitpunkt der Sachverhalt oder Anspruch bestanden hat.

(2) Aufgehobene Vorschriften dieses Gesetzbuchs und durch dieses Gesetzbuch ersetzte Vorschriften sind auch nach dem Zeitpunkt ihrer Aufhebung noch auf den bis dahin bestehenden Anspruch anzuwenden, wenn der Anspruch bis zum Ablauf von drei Kalendermonaten nach der Aufhebung geltend gemacht wird.

(3) Ist eine bereits vorher geleistete Rente neu festzustellen und sind dabei die persönlichen Entgeltpunkte neu zu ermitteln, sind die Vorschriften maßgebend, die bei erstmaliger Feststellung der Rente anzuwenden waren.

(3a) (weggefallen)

(3b) Ist eine nach den Vorschriften des Beitrittsgebiets berechnete Rente neu festgestellt worden, werden Leistungen für Zeiten vor dem 1. Januar 1992 nicht erbracht.

(4) [1] Der Anspruch auf eine Leistung, der am 31. Dezember 1991 bestand, entfällt nicht allein deshalb, weil die Vorschriften, auf denen er beruht, durch Vorschriften dieses Gesetzbuchs ersetzt worden sind. [2] Verwenden die ersetzenden Vorschriften für den gleichen Sachverhalt oder Anspruch andere Begriffe als die aufgehobenen Vorschriften, treten insoweit diese Begriffe an die Stelle der aufgehobenen Begriffe.

(5) Die Absätze 1 bis 4 gelten nicht, soweit in den folgenden Vorschriften etwas anderes bestimmt ist.

Zweiter Unterabschnitt. Leistungen zur Teilhabe

§ 301 Leistungen zur Teilhabe. (1) [1] Für Leistungen zur Teilhabe sind bis zum Ende der Leistungen die Vorschriften weiter anzuwenden, die zum Zeitpunkt der Antragstellung oder, wenn den Leistungen ein Antrag nicht vorausging, der Inanspruchnahme galten. [2] Werden Leistungen zur Teilhabe nach dem bis zum 31. Dezember 2000 geltenden Recht bewilligt und besteht deshalb ein Anspruch auf Rente wegen verminderter Erwerbsfähigkeit oder auf große Witwenrente oder große Witwerrente wegen Minderung der Erwerbsfähigkeit nicht, besteht der Anspruch auf Rente weiterhin nicht, solange Übergangsgeld, Verletztengeld oder Versorgungskrankengeld geleistet wird.

(2) Die Träger der Rentenversicherung können die am 31. Dezember 1991 bestehenden Fachkliniken zur Behandlung von Erkrankungen der Atmungsorgane, die nicht überwiegend der Behandlung von Tuberkulose dienen, zur Krankenhausbehandlung weiter betreiben.

(3) Für Leistungen zur Teilhabe haben auch Versicherte die persönlichen Voraussetzungen erfüllt, die erwerbsunfähig oder berufsunfähig sind und bei

denen voraussichtlich durch die Leistungen die Erwerbsfähigkeit wesentlich gebessert oder wiederhergestellt werden kann.

§ 301a Einmalzahlungs-Neuregelungsgesetz. (1) [1] Für die Ermittlung der Berechnungsgrundlage für Ansprüche auf Übergangsgeld, die vor dem 1. Januar 2001 entstanden sind, ist § 47 Abs. 1 und 2 des Fünften Buches[1)] in der vor dem 22. Juni 2000 jeweils geltenden Fassung für Zeiten nach dem 31. Dezember 1996 mit der Maßgabe entsprechend anzuwenden, dass sich das Regelentgelt um 10 vom Hundert, höchstens aber bis zur Höhe des Betrages der kalendertäglichen Beitragsbemessungsgrenze, erhöht. [2] Das regelmäßige Nettoarbeitsentgelt ist um denselben Vomhundertsatz zu erhöhen.

(2) [1] Die Erhöhung nach Absatz 1 gilt für Ansprüche, über die vor dem 22. Juni 2000 bereits unanfechtbar entschieden war, nur für Zeiten vom 22. Juni 2000 an bis zum Ende der Leistungsdauer. [2] Entscheidungen über die Ansprüche auf Übergangsgeld, die vor dem 22. Juni 2000 unanfechtbar geworden sind, sind nicht nach § 44 Abs. 1 des Zehnten Buches[2)] zurückzunehmen.

Dritter Unterabschnitt. Anspruchsvoraussetzungen für einzelne Renten

§ 302 Anspruch auf Altersrente in Sonderfällen. (1) Bestand am 31. Dezember 1991 Anspruch auf eine Rente aus eigener Versicherung und ist der Versicherte vor dem 2. Dezember 1926 geboren, wird die Rente vom 1. Januar 1992 an ausschließlich als Regelaltersrente geleistet.

(2) Bestand am 31. Dezember 1991 Anspruch auf eine nach den Vorschriften des Beitrittsgebiets berechnete Rente wegen Alters vor Vollendung des 65. Lebensjahres, gilt diese Rente vom 1. Januar 1992 an als Regelaltersrente; dies gilt nicht für eine Bergmannsvollrente.

(3) Bestand am 31. Dezember 1991 Anspruch auf eine Rente, die vom 1. Januar 1992 an als Regelaltersrente geleistet wird oder gilt, kann diese weiterhin nur in voller Höhe in Anspruch genommen werden.

(4) Bestand am 31. Dezember 2000 Anspruch auf eine Altersrente für schwerbehinderte Menschen, Berufsunfähige oder Erwerbsunfähige, besteht dieser als Anspruch auf Altersrente für schwerbehinderte Menschen weiter.

(5) *(aufgehoben)*

(6) [1] Würde sich nach § 34 in der ab dem 1. Juli 2017 geltenden Fassung am 1. Juli 2017 ein niedrigerer Anspruch auf Teilrente wegen Alters ergeben, besteht ein am 30. Juni 2017 aufgrund von Hinzuverdienst bestehender Anspruch auf Teilrente wegen Alters unter den sonstigen Voraussetzungen des geltenden Rechts so lange weiter, bis

1. die am 30. Juni 2017 für diese Teilrente geltende monatliche Hinzuverdienstgrenze nach § 34 in der bis zum 30. Juni 2017 geltenden Fassung überschritten wird oder
2. sich nach § 34 in der ab dem 1. Juli 2017 geltenden Fassung eine mindestens gleich hohe Rente ergibt.

[2] Als Kalenderjahr nach § 34 Absatz 3c und 3d, in dem erstmals Hinzuverdienst berücksichtigt wurde, gilt das Jahr 2017. [3] Die Hinzuverdienstgrenze nach Satz 1

[1)] Nr. **5**.
[2)] Nr. **10**.

Nummer 1 wird jährlich entsprechend der prozentualen Veränderung der Bezugsgröße angepasst.

(7) Besteht Anspruch auf eine Rente wegen Alters und eine Aufwandsentschädigung für kommunale Ehrenbeamte, für ehrenamtlich in kommunalen Vertretungskörperschaften Tätige oder für Mitglieder der Selbstverwaltungsorgane, Versichertenälteste oder Vertrauenspersonen der Sozialversicherungsträger, gilt die Aufwandsentschädigung bis zum 30. September 2022 weiterhin nicht als Hinzuverdienst, soweit kein konkreter Verdienstausfall ersetzt wird.

(8) § 34 findet in der Zeit vom 1. Januar 2021 bis zum 31. Dezember 2021 mit den Maßgaben Anwendung, dass

1. der Betrag von 6 300 Euro durch den Betrag von 46 060 Euro ersetzt wird und
2. der Hinzuverdienstdeckel keine Anwendung findet.

§ 302a Renten wegen verminderter Erwerbsfähigkeit und Bergmannsvollrenten. (1) Bestand am 31. Dezember 1991 Anspruch auf eine nach den Vorschriften des Beitrittsgebiets berechnete Invalidenrente oder eine Bergmannsinvalidenrente, die am 30. Juni 2017 als Rente wegen Erwerbsunfähigkeit oder als Rente wegen Berufsunfähigkeit geleistet wurde, gilt diese Rente als Rente wegen voller Erwerbsminderung.

(2) *(aufgehoben)*

(3) [1] Eine als Rente wegen voller Erwerbsminderung geleistete Invalidenrente oder Bergmannsinvalidenrente wird bis zum Erreichen der Regelaltersgrenze geleistet, solange

1. Erwerbsunfähigkeit oder Berufsunfähigkeit oder volle oder teilweise Erwerbsminderung oder Berufsunfähigkeit im Sinne von § 240 Absatz 2 vorliegt oder
2. die persönlichen Voraussetzungen für den Bezug von Blindengeld oder Sonderpflegegeld nach den am 31. Dezember 1991 geltenden Vorschriften des Beitrittsgebiets vorliegen.

[2] Bei einer nach § 4 des Anspruchs- und Anwartschaftsüberführungsgesetzes als Invalidenrenten überführten Leistung gilt Satz 1 mit der Maßgabe, dass die Rente auch geleistet wird, solange die Erwerbsminderung vorliegt, die vor der Überführung für die Bewilligung der Leistung maßgebend war; war die Leistung befristet, gilt dies bis zum Ablauf der Frist. [3]
Die zur Anwendung von Satz 2 erforderlichen Feststellungen trifft der Versorgungsträger, der die Leistung vor der Überführung gezahlt hat.

(4) Bestand am 31. Dezember 1991 Anspruch auf eine Bergmannsrente oder eine Bergmannsvollrente aus dem Beitrittsgebiet, wird diese Rente vom 1. Januar 1992 an als Rente für Bergleute geleistet.

§ 302b Renten wegen verminderter Erwerbsfähigkeit. (1) Bestand am 31. Dezember 2000 Anspruch auf eine Rente wegen Berufsunfähigkeit, die am 30. Juni 2017 weiterhin geleistet wurde, gilt diese Rente bis zum Erreichen der Regelaltersgrenze als Rente wegen teilweiser Erwerbsminderung mit dem bisherigen Rentenartfaktor, solange Berufsunfähigkeit oder teilweise Erwerbsminderung oder Berufsunfähigkeit im Sinne von § 240 Absatz 2 vorliegt.

(2) Bestand am 31. Dezember 2000 Anspruch auf eine Rente wegen Erwerbsunfähigkeit, die am 30. Juni 2017 weiterhin geleistet wurde, gilt diese Rente bis zum Erreichen der Regelaltersgrenze als Rente wegen voller Erwerbsminderung, solange Erwerbsunfähigkeit oder volle Erwerbsminderung vorliegt.

(3) Bestand am 31. Dezember 2000 Anspruch auf eine befristete Rente wegen Berufsunfähigkeit oder Erwerbsunfähigkeit, die am 30. Juni 2017 weiterhin geleistet wurde und ist der jeweilige Anspruch nach dem Ablauf der Frist von der jeweiligen Arbeitsmarktlage abhängig, ist die Befristung zu wiederholen, es sei denn, die Versicherten vollenden innerhalb von zwei Jahren nach Beginn der sich anschließenden Frist das 60. Lebensjahr.

§ 303 Witwerrente. [1]Ist eine Versicherte vor dem 1. Januar 1986 gestorben oder haben die Ehegatten bis zum 31. Dezember 1988 eine wirksame Erklärung über die weitere Anwendung des bis zum 31. Dezember 1985 geltenden Hinterbliebenenrentenrechts abgegeben, besteht Anspruch auf eine Witwerrente unter den sonstigen Voraussetzungen des geltenden Rechts nur, wenn die Verstorbene den Unterhalt ihrer Familie im letzten wirtschaftlichen Dauerzustand vor dem Tod überwiegend bestritten hat. [2]Satz 1 findet auch auf vor dem 1. Juli 1977 geschiedene Ehegatten Anwendung, wenn die Verstorbene den Unterhalt des geschiedenen Ehemanns im letzten wirtschaftlichen Dauerzustand vor dem Tod überwiegend bestritten hat.

§ 303a Große Witwenrente und große Witwerrente wegen Berufsunfähigkeit oder Erwerbsunfähigkeit. [1]Bestand am 31. Dezember 2000 Anspruch auf große Witwenrente oder große Witwerrente wegen Berufsunfähigkeit oder Erwerbsunfähigkeit, besteht der Anspruch weiter, solange die Voraussetzungen vorliegen, die für die Bewilligung der Leistung maßgebend waren. [2]Bei befristeten Renten gilt dies auch für einen Anspruch nach Ablauf der Frist.

§ 304 Waisenrente. (1) Bestand am 31. Dezember 1991 Anspruch auf Waisenrente für eine Person über deren 25. Lebensjahr hinaus, weil sie infolge körperlicher oder geistiger Gebrechen außerstande ist, sich selbst zu unterhalten, besteht der Anspruch weiter, solange dieser Zustand andauert.

(2) Anspruch auf eine Waisenrente besteht auch dann, wenn wegen der durch das Coronavirus SARS-CoV-2 verursachten epidemischen Lage von nationaler Tragweite

1. eine Schul- oder Berufsausbildung oder ein freiwilliger Dienst im Sinne des § 48 Absatz 4 Satz 1 Nummer 2 Buchstabe a und c nicht angetreten werden kann oder
2. die Übergangszeit nach § 48 Absatz 4 Satz 1 Nummer 2 Buchstabe b überschritten wird.

§ 305 Wartezeit und sonstige zeitliche Voraussetzungen. War die Wartezeit oder eine sonstige zeitliche Voraussetzung für eine Rente erfüllt und bestand Anspruch auf diese Rente vor dem Zeitpunkt, von dem an geänderte Vorschriften über die Wartezeit oder eine sonstige zeitliche Voraussetzung in Kraft sind, gilt die Wartezeit oder die sonstige zeitliche Voraussetzung auch dann als erfüllt, wenn dies nach der Rechtsänderung nicht mehr der Fall ist.

Vierter Unterabschnitt. Rentenhöhe

§ 306 Grundsatz. (1) Bestand Anspruch auf Leistung einer Rente vor dem Zeitpunkt einer Änderung rentenrechtlicher Vorschriften, werden aus Anlass der Rechtsänderung die einer Rente zugrunde gelegten persönlichen Entgeltpunkte nicht neu bestimmt, soweit nicht in den folgenden Vorschriften etwas anderes bestimmt ist.

(2) Wurde die Leistung einer Rente unterbrochen, so ist, wenn die Unterbrechung weniger als 24 Kalendermonate angedauert hat, die Summe der Entgeltpunkte für diese Rente nur neu zu bestimmen, wenn für die Zeit der Unterbrechung Entgeltpunkte für Beitragszeiten zu ermitteln sind.

(3) Bestand am 31. Dezember 1991 Anspruch auf eine Hinterbliebenenrente, die wegen der Ansprüche weiterer Hinterbliebener auf die Höhe der Versichertenrente gekürzt war, ist die Kürzung aufzuheben, wenn der Anspruch eines Hinterbliebenen wegfällt.

§ 307 Umwertung in persönliche Entgeltpunkte. (1) [1] Besteht am 1. Januar 1992 Anspruch auf eine Rente, werden dafür persönliche Entgeltpunkte ermittelt (Umwertung), indem der Monatsbetrag der zu leistenden anpassungsfähigen Rente einschließlich des Erhöhungsbetrags in einer Halbwaisenrente durch den aktuellen Rentenwert und den für die Rente zu diesem Zeitpunkt maßgebenden Rentenartfaktor geteilt wird. [2] Beruht der Monatsbetrag der Rente sowohl auf Zeiten der allgemeinen Rentenversicherung als auch der knappschaftlichen Rentenversicherung, erfolgt die Umwertung für die jeweiligen Rententeile getrennt. [3] Über die Umwertung ist spätestens in der Mitteilung über die Rentenanpassung zum 1. Juli 1992 zu informieren. [4] Ein besonderer Bescheid ist nicht erforderlich.

(2) Bei der Umwertung ist der Rentenbetrag zugrunde zu legen, der sich vor Anwendung von Vorschriften dieses Gesetzbuchs über die nur anteilige Leistung der Rente ergibt.

(3) Die Absätze 1 und 2 sind für die Ermittlung von persönlichen Entgeltpunkten aus einer vor dem 1. Januar 1992 geleisteten Rente entsprechend anzuwenden.

(4) [1] Abweichend von Absatz 1 sind

1. Erziehungsrenten, auf die am 31. Dezember 1991 ein Anspruch bestand,
2. Renten, die nach Artikel 23 §§ 2 oder 3 des Gesetzes zu dem Vertrag vom 18. Mai 1990 über die Schaffung einer Währungs-, Wirtschafts- und Sozialunion zwischen der Bundesrepublik Deutschland und der Deutschen Demokratischen Republik vom 25. Juni 1990 (BGBl. 1990 II S. 518) berechnet worden sind und nicht mit einer nach den Vorschriften des Beitrittsgebiets berechneten Rente zusammentreffen,

für die Zeit vom 1. Januar 1992 an neu zu berechnen. [2] Dabei sind mindestens die persönlichen Entgeltpunkte zugrunde zu legen, die sich bei einer Umwertung des bisherigen Rentenbetrags ergeben würden.

(5) Renten wegen verminderter Erwerbsfähigkeit, die vom 1. Januar 1992 an als Regelaltersrente geleistet werden, sind auf Antrag neu zu berechnen, wenn nach Eintritt der Minderung der Erwerbsfähigkeit Beitragszeiten zurückgelegt sind.

§ 307a Persönliche Entgeltpunkte aus Bestandsrenten des Beitrittsgebiets. (1) [1]Bestand am 31. Dezember 1991 Anspruch auf eine nach den Vorschriften des Beitrittsgebiets berechnete Rente, werden für den Monatsbetrag der Rente persönliche Entgeltpunkte (Ost) ermittelt. [2]Dafür werden die durchschnittlichen Entgeltpunkte je Arbeitsjahr, höchstens jedoch 1,8 Entgeltpunkte, mit der Anzahl an Arbeitsjahren vervielfältigt. [3]Die Summe der persönlichen Entgeltpunkte erhöht sich für jedes bisher in der Rente berücksichtigte Kind um 0,75.

(2) [1]Die durchschnittlichen Entgeltpunkte je Arbeitsjahr ergeben sich, wenn
1. die Summe aus dem
   a) für Renten der Sozialpflichtversicherung ermittelten 240fachen beitragspflichtigen Durchschnittseinkommen und
   b) für Renten aus der Freiwilligen Zusatzrentenversicherung ermittelten 600 Mark übersteigenden Durchschnittseinkommen, vervielfältigt mit der Anzahl der Monate der Zugehörigkeit zur Freiwilligen Zusatzrentenversicherung,

durch
2. das Gesamtdurchschnittseinkommen, das sich in Abhängigkeit vom Ende des der bisherigen Rentenberechnung zugrunde liegenden 20-Jahreszeitraums aus Anlage 12 ergibt,

geteilt wird. [2]Als Zeiten der Zugehörigkeit zur Freiwilligen Zusatzrentenversicherung gelten auch Beschäftigungszeiten bei der Deutschen Reichsbahn oder bei der Deutschen Post vor dem 1. Januar 1974; für den oberhalb von 600 Mark nachgewiesenen Arbeitsverdienst gelten Beiträge zur Freiwilligen Zusatzrentenversicherung als gezahlt. [3]Als Zeiten der Zugehörigkeit zur Freiwilligen Zusatzrentenversicherung gelten auch Beschäftigungszeiten bei der Deutschen Reichsbahn oder bei der Deutschen Post vom 1. Januar 1974 bis 30. Juni 1990, wenn ein Beschäftigungsverhältnis bei der Deutschen Reichsbahn oder der Deutschen Post am 1. Januar 1974 bereits zehn Jahre ununterbrochen bestanden hat; für den oberhalb von 600 Mark nachgewiesenen Arbeitsverdienst gelten Beiträge zur Freiwilligen Zusatzrentenversicherung höchstens bis zu 650 Mark monatlich als gezahlt. [4]Sind mindestens 35 Arbeitsjahre zugrunde zu legen und ergeben sich durchschnittliche Entgeltpunkte je Arbeitsjahr von weniger als 0,75, wird dieser Wert auf das 1,5fache, höchstens aber auf 0,75 erhöht. [5]Bei den 35 Arbeitsjahren nach Satz 4 ist zusätzlich zu den Arbeitsjahren nach Absatz 3 eine Kindererziehungspauschale zu berücksichtigen. [6]Die Kindererziehungspauschale beträgt bei einem Kind zehn Jahre, bei zwei Kindern 15 Jahre und bei mehr als zwei Kindern 20 Jahre, wenn diese Kinder bisher in der Rente berücksichtigt worden sind.

(3) Als Arbeitsjahre sind zugrunde zu legen
1. die Jahre einer versicherungspflichtigen Tätigkeit und
2. die Zurechnungsjahre wegen Invalidität vom Rentenbeginn bis zur Vollendung des 55. Lebensjahres des Versicherten.

(4) Für die bisher in der Rente
1. als Arbeitsjahre im Bergbau berücksichtigten Zeiten werden Entgeltpunkte der knappschaftlichen Rentenversicherung zugrunde gelegt,
2. als volle Jahre der Untertagetätigkeit berücksichtigte Zeiten werden für jedes volle Jahr vom elften bis zum zwanzigsten Jahr 0,25 und für jedes weitere

Jahr 0,375 zusätzliche Entgeltpunkte für einen Leistungszuschlag ermittelt; die zusätzlichen Entgeltpunkte werden den Kalendermonaten der Untertagetätigkeit zu gleichen Teilen zugeordnet.

(5) [1] Der Zuschlag an persönlichen Entgeltpunkten bei Halbwaisenrenten beträgt 36,8967, derjenige bei Vollwaisenrenten 33,3374 Entgeltpunkte. [2] Liegen der Rente Entgeltpunkte aus Arbeitsjahren im Bergbau zugrunde, beträgt der Zuschlag bei Halbwaisenrenten 27,6795 und bei Vollwaisenrenten 24,9999 Entgeltpunkte der knappschaftlichen Rentenversicherung.

(6) [1] Sind für eine nach den Vorschriften des Beitrittsgebiets berechnete Rente, auf die am 31. Dezember 1991 Anspruch bestand, persönliche Entgeltpunkte nach den Absätzen 1 bis 4 ermittelt worden, sind diese persönlichen Entgeltpunkte einer aus der Rente abgeleiteten Hinterbliebenenrente zugrunde zu legen. [2] Dies gilt nicht, wenn von dem Verstorbenen nach Rentenbeginn rentenrechtliche Zeiten zurückgelegt worden sind oder der Verstorbene eine Rente für Bergleute bezogen hat.

(7) Sind der im Dezember 1991 geleisteten Rente ein beitragspflichtiges Durchschnittseinkommen oder die Jahre der versicherungspflichtigen Tätigkeit nicht zugeordnet, sind sie auf der Grundlage des bis zum 31. Dezember 1991 im Beitrittsgebiet geltenden Rechts zu ermitteln.

(8) [1] Die Träger der Rentenversicherung sind berechtigt, die persönlichen Entgeltpunkte in einem maschinellen Verfahren aus den vorhandenen Daten über den Rentenbeginn und das Durchschnittseinkommen zu ermitteln. [2] Dabei sind Hinterbliebenenrenten mindestens 35 Arbeitsjahre mit jeweils 0,75 Entgeltpunkten zugrunde zu legen. [3] Auf Antrag ist die Rente daraufhin zu überprüfen, ob die zugrunde gelegten Daten der Sach- und Rechtslage entsprechen. [4] Die Anträge von Berechtigten, die Gründe dafür vortragen, dass dies nicht der Fall ist, sind vorrangig zu bearbeiten; dabei sollen zunächst die Anträge älterer Berechtigter bearbeitet werden. [5] Ein Anspruch auf Überprüfung besteht für den Berechtigten nicht vor dem 1. Januar 1994. [6] Eine Überprüfung kann auch von Amts wegen vorgenommen werden. [7] Sie soll dann nach Geburtsjahrgängen gestaffelt erfolgen.

(9) Abweichend von Absatz 1 ist eine Rente nach den Vorschriften dieses Buches neu zu berechnen, wenn eine nach den am 31. Dezember 1991 geltenden Vorschriften des Beitrittsgebiets berechnete Rente

1. mit einer Zusatzrente aus Beiträgen an die Versicherungsanstalt Berlin (West), die Landesversicherungsanstalt Berlin oder die Bundesversicherungsanstalt für Angestellte in der Zeit vom 1. April 1949 bis zum 31. Dezember 1961,
2. mit einer nach Artikel 23 §§ 2 oder 3 des Gesetzes zu dem Vertrag vom 18. Mai 1990 über die Schaffung einer Währungs-, Wirtschafts- und Sozialunion zwischen der Bundesrepublik Deutschland und der Deutschen Demokratischen Republik vom 25. Juni 1990 (BGBl. 1990 II S. 518) berechneten Rente oder
3. mit einer nach den am 31. Dezember 1991 geltenden Vorschriften über die Erbringung von Leistungen an Berechtigte im Ausland berechneten Rente

zusammentrifft oder

4. geleistet wird und der Versicherte seinen gewöhnlichen Aufenthalt am 18. Mai 1990 oder, falls der Versicherte verstorben ist, zuletzt vor dem 19. Mai 1990

a) im Gebiet der Bundesrepublik Deutschland ohne das Beitrittsgebiet hatte oder

b) im Ausland hatte und unmittelbar vor Beginn des Auslandsaufenthalts seinen gewöhnlichen Aufenthalt im Gebiet der Bundesrepublik Deutschland ohne das Beitrittsgebiet hatte.

(10) [1] Abweichend von Absatz 1 ist eine Rente nach den Vorschriften dieses Buches auch neu zu berechnen, wenn aus im Bundesgebiet ohne das Beitrittsgebiet zurückgelegten rentenrechtlichen Zeiten eine Leistung noch nicht erbracht worden ist und die Voraussetzungen für einen Rentenanspruch nach den Vorschriften dieses Buches erfüllt sind. [2] Eine Neuberechnung erfolgt nicht, wenn im Bundesgebiet ohne das Beitrittsgebiet zurückgelegte rentenrechtliche Zeiten bei der Ermittlung der persönlichen Entgeltpunkte (Ost) als Arbeitsjahre berücksichtigt worden sind.

(11) Abweichend von den Absätzen 1 bis 10 sind Übergangshinterbliebenenrenten, auf die am 31. Dezember 1991 ein Anspruch bestand, für die Zeit vom 1. Januar 1992 an neu zu berechnen.

(12) Bestand am 31. Dezember 1991 ein Bescheid nach den Vorschriften des Beitrittsgebiets und findet auf den neuen Rentenbescheid dieses Buch Anwendung, gilt das neue Recht vom Zeitpunkt des Inkrafttretens an ohne Rücksicht auf die Bestandskraft des alten Bescheides.

§ 307b Bestandsrenten aus überführten Renten des Beitrittsgebiets.

(1) [1] Bestand am 31. Dezember 1991 Anspruch auf eine nach dem Anspruchs- und Anwartschaftsüberführungsgesetz überführte Rente des Beitrittsgebiets, ist die Rente nach den Vorschriften dieses Buches neu zu berechnen. [2] Für die Zeit vom 1. Januar 1992 an ist zusätzlich eine Vergleichsrente zu ermitteln. [3] Die höhere der beiden Renten ist zu leisten. [4] Eine Nachzahlung für die Zeit vor dem 1. Januar 1992 erfolgt nur, soweit der Monatsbetrag der neu berechneten Rente den Monatsbetrag der überführten Leistung einschließlich einer Rente aus der Sozialpflichtversicherung übersteigt.

(2) [1] Die neue Rentenberechnung nach den Vorschriften dieses Buches erfolgt für Zeiten des Bezugs der als Rente überführten Leistung, frühestens für die Zeit ab 1. Juli 1990. [2] Dabei tritt anstelle des aktuellen Rentenwerts (Ost) für die Zeit vom 1. Juli 1990 bis 31. Dezember 1990 der Wert 14,93 Deutsche Mark, für die Zeit vom 1. Januar 1991 bis 30. Juni 1991 der Wert 17,18 Deutsche Mark und für die Zeit vom 1. Juli 1991 bis 31. Dezember 1991 der Wert 19,76 Deutsche Mark. [3] Satz 1 und Absatz 1 Satz 2 gelten auch bei Änderung des Bescheides über die Neuberechnung. [4] § 44 Abs. 4 Satz 1 des Zehnten Buches[1)] ist nicht anzuwenden, wenn das Überprüfungsverfahren innerhalb von vier Jahren nach Ablauf des Jahres der erstmaligen Erteilung eines Rentenbescheides nach Absatz 1 begonnen hat.

(3) Für den Monatsbetrag der Vergleichsrente sind persönliche Entgeltpunkte (Ost) aufgrund der vorhandenen Daten des bereits geklärten oder noch zu klärenden Versicherungsverlaufs wie folgt zu ermitteln:

1. Die persönlichen Entgeltpunkte (Ost) ergeben sich, indem die Anzahl der bei der Rentenneuberechnung berücksichtigten Kalendermonate mit rentenrechtlichen Zeiten mit den durchschnittlichen Entgeltpunkten pro Mo-

[1)] Nr. **10**.

nat, höchstens jedoch mit dem Wert 0,15 vervielfältigt wird. Grundlage der zu berücksichtigenden Kalendermonate einer Rente für Bergleute sind nur die Monate, die auf die knappschaftliche Rentenversicherung entfallen.

2. Bei der Anzahl der berücksichtigten Kalendermonate mit rentenrechtlichen Zeiten bleiben Kalendermonate, die ausschließlich Zeiten der Erziehung eines Kindes sind, außer Betracht.
3. Die durchschnittlichen Entgeltpunkte pro Monat ergeben sich, wenn auf der Grundlage der letzten 20 Kalenderjahre vor dem Ende der letzten versicherungspflichtigen Beschäftigung oder Tätigkeit die Summe der Arbeitsentgelte oder Arbeitseinkommen, vervielfältigt mit 240 und geteilt durch die Anzahl der dabei berücksichtigten Kalendermonate mit Pflichtbeiträgen für eine versicherte Beschäftigung oder Tätigkeit, durch das Gesamtdurchschnittseinkommen aus Anlage 12 und durch 12 geteilt wird. Arbeitsentgelte und Arbeitseinkommen sind für Zeiten vor dem 1. März 1971 bis zu höchstens 600 Mark für jeden belegten Kalendermonat zu berücksichtigen. Für Zeiten vor 1946 werden Arbeitsentgelte und Arbeitseinkommen für die Ermittlung der durchschnittlichen Entgeltpunkte pro Monat nicht berücksichtigt.
4. Sind mindestens 35 Jahre mit rentenrechtlichen Zeiten einschließlich Zeiten der Erziehung von Kindern vorhanden und ergeben sich durchschnittliche Entgeltpunkte pro Monat von weniger als 0,0625, wird dieser Wert auf das 1,5fache, höchstens aber auf 0,0625 erhöht.
5. Die Summe der persönlichen Entgeltpunkte (Ost) erhöht sich für jedes Kind, für das Beitragszeiten wegen Kindererziehung anzuerkennen sind, für die Zeit bis zum 30. Juni 1998 um 0,75, für die Zeit vom 1. Juli 1998 bis 30. Juni 1999 um 0,85, für die Zeit vom 1. Juli 1999 bis 30. Juni 2000 um 0,9 und für die Zeit ab 1. Juli 2000 um 1,0.
6. Zuschlag an persönlichen Entgeltpunkten (Ost) bei Waisenrenten ist der bei der Rentenneuberechnung ermittelte Zuschlag.
7. Entgeltpunkte (Ost) für ständige Arbeiten unter Tage sind die bei der Rentenneuberechnung ermittelten zusätzlichen Entgeltpunkte.

(4) [1] Die nach Absatz 1 Satz 3 maßgebende Rente ist mit dem um 6,84 vom Hundert erhöhten Monatsbetrag der am 31. Dezember 1991 überführten Leistung einschließlich einer Rente aus der Sozialpflichtversicherung (weiterzuzahlender Betrag) und dem nach dem Einigungsvertrag besitzgeschützten Zahlbetrag, der sich für den 1. Juli 1990 nach den Vorschriften des im Beitrittsgebiet geltenden Rentenrechts und den maßgebenden leistungsrechtlichen Regelungen des jeweiligen Versorgungssystems ergeben hätte, zu vergleichen. [2] Die höchste Rente ist zu leisten. [3] Bei der Ermittlung des Betrages der überführten Leistung einschließlich der Rente aus der Sozialpflichtversicherung ist das Rentenangleichungsgesetz vom 28. Juni 1990 (GBl. I Nr. 38 S. 495) mit der Maßgabe anzuwenden, dass eine vor Angleichung höhere Rente so lange geleistet wird, bis die anzugleichende Rente den bisherigen Betrag übersteigt.

(5) [1] Der besitzgeschützte Zahlbetrag ist zum 1. Juli eines jeden Jahres mit dem aktuellen Rentenwert anzupassen. [2] Die Anpassung erfolgt, indem aus dem besitzgeschützten Zahlbetrag persönliche Entgeltpunkte ermittelt werden. [3] Hierzu wird der besitzgeschützte Zahlbetrag durch den aktuellen Rentenwert in Höhe von 41,44 Deutsche Mark und den für diese Rente maßgebenden Rentenartfaktor geteilt.

(6) [1] Der weiterzuzahlende Betrag oder der besitzgeschützte Zahlbetrag wird nur so lange gezahlt, bis der Monatsbetrag die Rente nach Absatz 1 Satz 3 erreicht. [2] Eine Aufhebung oder Änderung der bisherigen Bescheide ist nicht erforderlich.

(7) Für die Zeit ab 1. Januar 1992 erfolgt eine Nachzahlung nur, soweit die nach Absatz 4 maßgebende Leistung höher ist als die bereits bezogene Leistung.

(8) Die Absätze 1 bis 7 sind auch anzuwenden, wenn im Einzelfall festgestellt wird, dass in einer nach den Vorschriften des Beitrittsgebiets berechneten Bestandsrente Zeiten der Zugehörigkeit zu einem Zusatz- oder Sonderversorgungssystem berücksichtigt worden sind.

§ 307c Durchführung der Neuberechnung von Bestandsrenten nach § 307b. (1) [1] Für die Neuberechnung von Bestandsrenten nach § 307b sind die erforderlichen Daten auch aus allen dem Berechtigten zur Verfügung stehenden Nachweisen über rentenrechtliche Zeiten und erzielte Arbeitsentgelte oder Arbeitseinkommen zu ermitteln. [2] Der Berechtigte wird aufgefordert, die Nachweise zur Verfügung zu stellen und auch anzugeben, ob er oder die Person, von der sich die Berechtigung ableitet, Zeiten einer Beschäftigung oder Tätigkeit nach § 6 Abs. 2 oder 3 oder § 7 des Anspruchs- und Anwartschaftsüberführungsgesetzes hat. [3] Dabei werden die älteren Berechtigten und die Personen zuerst aufgefordert, deren Leistungen nach § 10 des Anspruchs- und Anwartschaftsüberführungsgesetzes vorläufig begrenzt sind. [4] Die von dem Berechtigten für Zeiten im Sinne des § 259b übersandten Unterlagen werden dem nach § 8 Abs. 4 des Anspruchs- und Anwartschaftsüberführungsgesetzes jeweils zuständigen Versorgungsträger unverzüglich zur Verfügung gestellt, damit dieser die Mitteilung nach § 8 des Anspruchs- und Anwartschaftsüberführungsgesetzes erstellt. [5] Kommt der Berechtigte der Aufforderung nicht nach, wird er nach sechs Monaten hieran erinnert. [6] Gleichzeitig wird der Versorgungsträger aufgefordert, die ihm bekannten Daten mitzuteilen. [7] Weitere Ermittlungen werden nicht durchgeführt.

(2) [1] Stehen bei der Neuberechnung Unterlagen nicht zur Verfügung und erklärt der Berechtigte glaubhaft, dass auch er über Unterlagen nicht verfügt und diese auch nicht beschaffen kann, ist zur Feststellung von Art und Umfang der rentenrechtlichen Zeiten von seinem Vorbringen auszugehen, es sei denn, es liegen Anhaltspunkte vor, dass dieses nicht zutrifft. [2] Lässt sich auch auf diese Weise der Verdienst für Beitragszeiten nicht feststellen, ist § 256c entsprechend anzuwenden. [3] Lässt sich die Art der ausgeübten Beschäftigung oder Tätigkeit nicht feststellen, sind die Zeiten der Rentenversicherung der Angestellten zuzuordnen. [4] Kommt der Berechtigte der Aufforderung nach Absatz 1 nicht nach, teilt jedoch der Versorgungsträger Daten mit, wird die Neuberechnung ohne weitere Ermittlungen aus den bekannten Daten vorgenommen.

(3) Unterschreitet der Monatsbetrag der nach Absatz 1 neu berechneten Rente den Monatsbetrag der zuletzt vor der Neuberechnung gezahlten Rente, wird dieser so lange weitergezahlt, bis die neu berechnete Rente den weiterzuzahlenden Betrag erreicht.

§ 307d Zuschlag an persönlichen Entgeltpunkten für Kindererziehung. (1) [1] Bestand am 30. Juni 2014 Anspruch auf eine Rente, wird ab dem

1. Juli 2014 ein Zuschlag an persönlichen Entgeltpunkten für Kindererziehung für ein vor dem 1. Januar 1992 geborenes Kind berücksichtigt, wenn

1. in der Rente eine Kindererziehungszeit für den zwölften Kalendermonat nach Ablauf des Monats der Geburt angerechnet wurde und
2. kein Anspruch nach den §§ 294 und 294a besteht.

[2] Der Zuschlag beträgt für jedes Kind einen persönlichen Entgeltpunkt. [3] Bestand am 30. Juni 2014 Anspruch auf eine Rente, wird ab dem 1. Januar 2019 ein Zuschlag von 0,5 persönlichen Entgeltpunkten für ein vor dem 1. Januar 1992 geborenes Kind berücksichtigt, wenn

1. in der Rente eine Berücksichtigungszeit wegen Kindererziehung für den 24. Kalendermonat nach Ablauf des Monats der Geburt angerechnet oder wegen § 57 Satz 2 nicht angerechnet wurde und
2. kein Anspruch nach den §§ 294 und 294a besteht.

[4] Die Voraussetzungen des Satzes 3 Nummer 1 gelten als erfüllt, wenn

1. vor dem 1. Januar 1992 Anspruch auf eine Rente bestand, in der für dasselbe Kind ein Zuschlag nach Absatz 1 Satz 1 berücksichtigt wird, und
2. für dasselbe Kind eine Berücksichtigungszeit wegen Kindererziehung für den 24. Kalendermonat nach Ablauf des Monats der Geburt für andere Versicherte oder Hinterbliebene nicht angerechnet wird.

(1a) [1] Ist der Anspruch auf Rente nach dem 30. Juni 2014 und vor dem 1. Januar 2019 entstanden, wird ab dem 1. Januar 2019 ein Zuschlag an persönlichen Entgeltpunkten für Kindererziehung für ein vor dem 1. Januar 1992 geborenes Kind berücksichtigt, wenn

1. in der Rente eine Berücksichtigungszeit wegen Kindererziehung für den 24. Kalendermonat nach Ablauf des Monats der Geburt angerechnet wurde und
2. kein Anspruch nach den §§ 294 und 294a besteht.

[2] Der Zuschlag beträgt für jedes Kind 0,5 persönliche Entgeltpunkte.

(2) [1] Sind für Kindererziehungszeiten ausschließlich Entgeltpunkte (Ost) zugeordnet worden, sind für den Zuschlag persönliche Entgeltpunkte (Ost) zu ermitteln. [2] Ist die Kindererziehungszeit oder Berücksichtigungszeit wegen Kindererziehung nach Absatz 1 Satz 1 Nummer 1, Satz 3 Nummer 1 oder nach Absatz 1a Satz 1 Nummer 1 in der knappschaftlichen Rentenversicherung berücksichtigt worden, wird der Zuschlag an persönlichen Entgeltpunkten und persönlichen Entgeltpunkten (Ost) mit 0,75 vervielfältigt.

(3) Folgt auf eine Rente mit einem Zuschlag nach Absatz 1 oder nach Absatz 1a eine Rente, die die Voraussetzungen nach § 88 Absatz 1 oder 2 erfüllt, ist der Zuschlag an persönlichen Entgeltpunkten nach den Absätzen 1 bis 2 weiter zu berücksichtigen.

(4) Der Zuschlag nach Absatz 1 ist nicht zu berücksichtigen, wenn die Anrechnung von Kindererziehungszeiten nach § 56 Absatz 4 in der Fassung ab dem 1. Juli 2014 ganz oder teilweise ausgeschlossen ist.

(5) [1] Bestand am 31. Dezember 2018 Anspruch auf eine Rente und werden Zuschläge nach Absatz 1 oder nach Absatz 1a nicht berücksichtigt, wird auf Antrag ab dem 1. Januar 2019 für jeden Kalendermonat der Erziehung ein Zuschlag in Höhe von 0,0833 persönlichen Entgeltpunkten berücksichtigt, wenn

1. nach dem zwölften Kalendermonat nach Ablauf des Monats der Geburt innerhalb des jeweils längstens anrechenbaren Zeitraums die Voraussetzungen zur Anerkennung einer Kindererziehungszeit nach den §§ 56 und 249 vorlagen und
2. für dasselbe Kind keine Kindererziehungszeiten oder Zuschläge nach Absatz 1 oder nach Absatz 1a für andere Versicherte oder Hinterbliebene für den maßgeblichen Zeitraum zu berücksichtigen sind.

[2] Sind die Kalendermonate der Erziehung der knappschaftlichen Rentenversicherung zuzuordnen, beträgt der Zuschlag für jeden Kalendermonat 0,0625 persönliche Entgeltpunkte oder persönliche Entgeltpunkte (Ost). [3] Absatz 3 gilt entsprechend. [4] Sind für das Kind keine Berücksichtigungszeiten wegen Kindererziehung anerkannt worden, wird der Zuschlag bei dem Elternteil berücksichtigt, der das Kind überwiegend erzogen hat. [5] Liegt eine überwiegende Erziehung durch einen Elternteil nicht vor, erfolgt die Zuordnung zur Mutter.

§ 307e Zuschlag an Entgeltpunkten für langjährige Versicherung bei Rentenbeginn in den Jahren 1992 bis 2020. (1) [1] Bestand am 31. Dezember 2020 Anspruch auf eine Rente mit einem Rentenbeginn nach dem 31. Dezember 1991, wird ab dem 1. Januar 2021 ein Zuschlag an Entgeltpunkten ermittelt, wenn

1. mindestens 33 Jahre mit Grundrentenzeiten nach § 76g Absatz 2 vorhanden sind und
2. sich aus den Kalendermonaten mit Grundrentenbewertungszeiten nach § 76g Absatz 3 ein Durchschnittswert an Entgeltpunkten ergibt, der unter dem nach § 76g Absatz 4 maßgebenden Höchstwert liegt.

[2] Ein Zuschlag an Entgeltpunkten wird nicht ermittelt, wenn die Rente nicht geleistet wird. [3] Grundrentenzeiten im Sinne von § 76g Absatz 2 sind auch Kalendermonate mit Anrechnungszeiten vor dem 1. Januar 1984, in denen Versicherte wegen Krankheit arbeitsunfähig gewesen sind oder Leistungen zur medizinischen Rehabilitation oder zur Teilhabe am Arbeitsleben erhalten haben. [4] Das gilt auch bei Folgerenten. [5] Bei der Ermittlung von Grundrentenzeiten und Grundrentenbewertungszeiten sind die Zeiten und Entgeltpunkte maßgeblich, die der Rente am 31. Dezember 2020 zugrunde liegen. [6] Als Entgeltpunkte für die Grundrentenbewertungszeiten werden auch Zuschläge an persönlichen Entgeltpunkten für Kindererziehung nach § 307d berücksichtigt.

(2) Für die Höhe und die Zuordnung des Zuschlags an Entgeltpunkten gilt § 76g Absatz 4 und 5 entsprechend.

(3) [1] Für den Zuschlag an Entgeltpunkten gilt der Zugangsfaktor nach § 77. [2] Wird der Zuschlag zu einem Zeitpunkt in Anspruch genommen, zu dem der Zugangsfaktor mindestens 1,0 wäre, ist der Zugangsfaktor für den Zuschlag auf diesen Wert zu begrenzen.

(4) Ist bei einer Rente, die nach dem 31. Dezember 1991 begonnen hat, das Recht anzuwenden, das vor dem 1. Januar 1992 galt, ist für den Zuschlag an Entgeltpunkten § 307f anzuwenden.

§ 307f Zuschlag an Entgeltpunkten für langjährige Versicherung bei Rentenbeginn vor dem 1. Januar 1992. (1) [1] Bestand am 31. Dezember 2020 Anspruch auf eine Rente mit einem Rentenbeginn vor dem 1. Januar

1992, wird ab dem 1. Januar 2021 ein Zuschlag an Entgeltpunkten ermittelt, wenn

1. für Pflichtbeitragszeiten nach dem 31. Dezember 1972 ein Zuschlag an persönlichen Entgeltpunkten nach Artikel 82 des Rentenreformgesetzes 1992 ermittelt wurde und
2. sich aus den Pflichtbeitragszeiten nach Nummer 1 einschließlich des Zuschlags an persönlichen Entgeltpunkten nach Artikel 82 des Rentenreformgesetzes 1992 ein kalendermonatlicher Durchschnittswert ergibt, der unter 0,0625 Entgeltpunkten liegt.

[2] Ein Zuschlag an Entgeltpunkten wird nicht ermittelt, wenn die Rente nicht geleistet wird.

(2) Liegen die Voraussetzungen nach Absatz 1 Satz 1 Nummer 1 vor, gilt das Vorliegen von mindestens 33 Jahren an Grundrentenzeiten nach § 76g Absatz 2 als erfüllt.

(3) [1] Der Zuschlag an Entgeltpunkten wird ermittelt aus dem Durchschnittswert an Entgeltpunkten nach Absatz 1 Satz 1 Nummer 2 und umfasst zunächst diesen Durchschnittswert. [2] Übersteigt das Zweifache dieses Durchschnittswertes 0,0625 Entgeltpunkte, wird der Zuschlag aus dem Differenzbetrag zwischen 0,0625 Entgeltpunkten und dem Durchschnittswert nach Satz 1 ermittelt. [3] Zur Berechnung der Höhe des Zuschlags an Entgeltpunkten wird der nach den Sätzen 1 und 2 ermittelte Entgeltpunktewert mit der Anzahl der Kalendermonate, für die ein Zuschlag an persönlichen Entgeltpunkten nach Artikel 82 des Rentenreformgesetzes 1992 ermittelt wurde, vervielfältigt.

(4) Liegen dem Zuschlag an persönlichen Entgeltpunkten nach Artikel 82 des Rentenreformgesetzes 1992 sowohl Zeiten der allgemeinen Rentenversicherung als auch der knappschaftlichen Rentenversicherung zugrunde, ist der nach Absatz 3 ermittelte Zuschlag an Entgeltpunkten getrennt nach dem jeweiligen Verhältnis aller Entgeltpunkte in der allgemeinen Rentenversicherung und aller Entgeltpunkte in der knappschaftlichen Rentenversicherung zu allen Entgeltpunkten gemäß § 307 aufzuteilen.

(5) [1] Bei einer Rente nach § 307a gelten die Arbeitsjahre nach § 307a Absatz 3 als Grundrentenzeiten und Grundrentenbewertungszeiten im Sinne von § 76g Absatz 2 und 3. [2] Bei den Grundrentenzeiten ist auch eine Kindererziehungspauschale zu berücksichtigen. [3] Die Kindererziehungspauschale beträgt bei einem Kind zehn Jahre, bei zwei Kindern 15 Jahre und bei mehr als zwei Kindern 20 Jahre, wenn diese Kinder bisher in der Rente berücksichtigt worden sind. [4] Für die Höhe des Zuschlags an Entgeltpunkten gilt § 76g Absatz 4 entsprechend mit der Maßgabe, dass sich der Durchschnittswert an Entgeltpunkten für alle Kalendermonate mit Grundrentenbewertungszeiten bestimmt aus der Summe der nach § 307a ermittelten persönlichen Entgeltpunkte (Ost), die der Rente am 31. Dezember 2020 für Arbeitsjahre nach § 307a Absatz 3 zugrunde liegen, einschließlich der Erhöhung an persönlichen Entgeltpunkten für bisher in der Rente berücksichtigte Kinder nach § 307a Absatz 1 Satz 2 und vorhandener Zuschläge an persönlichen Entgeltpunkten für Kindererziehung nach § 307d; der ermittelte Zuschlag an Entgeltpunkten ist dabei ein Zuschlag an Entgeltpunkten (Ost).

(6) [1] Bei einer nach § 307b berechneten Rente wird ab dem 1. Januar 2021 ein Zuschlag an Entgeltpunkten ermittelt, wenn

1. mindestens 33 Jahre mit Grundrentenzeiten nach § 76g Absatz 2 vorhanden sind und
2. sich aus den Kalendermonaten mit Grundrentenbewertungszeiten nach § 76g Absatz 3 ein Durchschnittswert an Entgeltpunkten ergibt, der unter dem nach § 76g Absatz 4 maßgebenden Höchstwert liegt.

[2]Bei der Ermittlung von Grundrentenzeiten und Grundrentenbewertungszeiten sind die Zeiten und Entgeltpunkte maßgeblich, die der neu berechneten Rente oder der Vergleichsrente nach § 307b Absatz 1 Satz 3 am 31. Dezember 2020 zugrunde liegen. [3]Als Entgeltpunkte für die Grundrentenbewertungszeiten werden auch Zuschläge an persönlichen Entgeltpunkten für Kindererziehung nach § 307d berücksichtigt. [4]Für die Höhe und die Zuordnung des Zuschlags an Entgeltpunkten gilt § 76g Absatz 4 und 5 entsprechend; der ermittelte Zuschlag an Entgeltpunkten ist dabei ein Zuschlag an Entgeltpunkten (Ost).

(7) Für den Zuschlag an Entgeltpunkten nach den Absätzen 1 bis 6 gilt § 307e Absatz 3 entsprechend.

(8) Ist bei einer Rente, die vor dem 1. Januar 1992 begonnen hat, das Recht anzuwenden, das nach dem 31. Dezember 1991 gilt, ist für den Zuschlag an Entgeltpunkten § 307e anzuwenden.

§ 307g Prüfung des Zuschlags an Entgeltpunkten für langjährige Versicherung. [1]Ein Anspruch auf Prüfung des Zuschlags an Entgeltpunkten für langjährige Versicherung besteht nicht vor Ablauf des 31. Dezember 2022. [2]Die Träger der Rentenversicherung sollen vorrangig die Ansprüche älterer Berechtigter prüfen.

§ 307h Evaluierung. Bis zum 31. Dezember 2025 wird durch die Bundesregierung evaluiert, ob die mit der Einführung der Grundrente formulierten Ziele erreicht wurden.

§ 308 Umstellungsrenten. (1) Der Rentenartfaktor beträgt für Umstellungsrenten, die als Renten wegen Erwerbsunfähigkeit gelten, 0,8667.

(2) [1]Umstellungsrenten als Renten wegen Erwerbsunfähigkeit werden auf Antrag nach den vom 1. Januar 1992 an geltenden Vorschriften neu berechnet, wenn für Versicherte nach Vollendung des 55. Lebensjahres für zwölf Kalendermonate Beiträge gezahlt worden sind und sie erwerbsunfähig sind. [2]Diese neu berechneten Renten werden nur geleistet, wenn sie um zwei Dreizehntel höher sind als die Umstellungsrenten.

(3) Entgeltpunkte für am 1. Januar 1992 laufende Umstellungsrenten werden zu gleichen Teilen lückenlos auf die Zeit vom Kalendermonat der Vollendung des 15. Lebensjahres bis zum Kalendermonat vor der Vollendung des 55. Lebensjahres der Versicherten verteilt.

§ 309 Neufeststellung auf Antrag. (1) [1]Eine nach den Vorschriften dieses Buches berechnete Rente ist auf Antrag vom Beginn an nach dem am 1. Januar 1996 geltenden Recht neu festzustellen und zu leisten, wenn sie vor diesem Zeitpunkt begonnen hat und

1. beitragsgeminderte Zeiten wegen des Besuchs einer Schule, Fachschule oder Hochschule enthält oder

2. Anrechnungszeiten im Beitrittsgebiet wegen des Bezugs einer Übergangsrente, einer Invalidenrente bei Erreichen besonderer Altersgrenzen, einer befristeten erweiterten Versorgung oder einer berufsbezogenen Zuwendung an Ballettmitglieder in staatlichen Einrichtungen zu berücksichtigen sind oder
3. Verfolgungszeiten nach dem Beruflichen Rehabilitierungsgesetz anerkannt sind.

[2] Bei einem Rentenbeginn nach dem 31. Dezember 1995 ist Satz 1 mit der Maßgabe anzuwenden, dass die Rente auf der Grundlage des Rechts festzustellen und zu leisten ist, das bei erstmaliger Feststellung der Rente anzuwenden war. [3] In Fällen des Satzes 1 Nr. 3 ist bei der Feststellung der Rente nach den Sätzen 1 und 2 der § 11 Satz 2 des Beruflichen Rehabilitierungsgesetzes in der Fassung des Zweiten Gesetzes zur Verbesserung rehabilitierungsrechtlicher Vorschriften für Opfer der politischen Verfolgung in der ehemaligen DDR vom 17. Dezember 1999 (BGBl. I S. 2662) anzuwenden.

(1a) Eine nach den Vorschriften dieses Buches berechnete Rente ist auf Antrag vom Beginn an neu festzustellen und zu leisten, wenn Zeiten nach dem Beruflichen Rehabilitierungsgesetz anerkannt sind oder wenn § 3 Abs. 1 Satz 2 des Beruflichen Rehabilitierungsgesetzes anzuwenden ist.

(2) Eine Rente ist auf Antrag neu festzustellen, wenn sie vor dem 1. Januar 2001 nach den Vorschriften dieses Buches bereits neu festgestellt worden war.

(3) [1] Eine nach den Vorschriften dieses Buches berechnete Rente ist auf Antrag von Beginn an neu festzustellen und zu leisten, wenn der Rentenbeginn vor dem 22. Juli 2017 liegt und Anrechnungszeiten, mit Ausnahme von Anrechnungszeiten wegen Arbeitsunfähigkeit oder Arbeitslosigkeit, aufgrund der Anwendung des § 58 Absatz 1 Satz 3 in der bis zum 21. Juli 2017 geltenden Fassung in der Rente nicht berücksichtigt wurden. [2] Abweichend von § 300 Absatz 3 ist bei der Neufeststellung der Rente nach Satz 1 die Regelung des § 58 Absatz 1 Satz 3 und des § 74 Satz 3 in der jeweils ab dem 22. Juli 2017 geltenden Fassung anzuwenden.

§ 310 Erneute Neufeststellung von Renten. Ist eine Rente, die vor dem 1. Januar 2001 nach den Vorschriften dieses Gesetzbuchs neu festgestellt worden war, erneut neu festzustellen und sind dabei die persönlichen Entgeltpunkte neu zu ermitteln, sind der neu festzustellenden Rente mindestens die bisherigen persönlichen Entgeltpunkte zugrunde zu legen; dies gilt nicht, soweit die bisherigen persönlichen Entgeltpunkte auf einer rechtswidrigen Begünstigung beruhen oder eine wesentliche Änderung der tatsächlichen Verhältnisse zu Ungunsten des Rentenbeziehers eingetreten ist.

§ 310a Neufeststellung von Renten mit Zeiten der Beschäftigung bei der Deutschen Reichsbahn oder bei der Deutschen Post. (1) [1] Eine nach den Vorschriften dieses Buches berechnete Rente mit Zeiten der Beschäftigung bei der Deutschen Reichsbahn oder bei der Deutschen Post und Arbeitsverdiensten oberhalb der im Beitrittsgebiet geltenden Beitragsbemessungsgrenzen ist auf Antrag neu festzustellen, wenn sie vor dem 3. August 2001 begonnen hat. [2] Abweichend von § 300 Abs. 3 sind bei der Neufeststellung der Rente § 256a Abs. 2 und § 307a Abs. 2 in der am 1. Dezember 1998 geltenden Fassung anzuwenden.

(2) Die Neufeststellung erfolgt für die Zeit ab Rentenbeginn, frühestens für die Zeit ab 1. Dezember 1998.

§ 310b Neufeststellung von Renten mit überführten Zeiten nach dem Anspruchs- und Anwartschaftsüberführungsgesetz. [1] Eine nach den Vorschriften dieses Buches berechnete Rente, die Zeiten der Zugehörigkeit zu einem Versorgungssystem nach dem Anspruchs- und Anwartschaftsüberführungsgesetz enthält und für die die Arbeitsentgelte oder Arbeitseinkommen nach § 7 des Anspruchs- und Anwartschaftsüberführungsgesetzes in der Fassung des Renten-Überleitungsgesetzes vom 25. Juli 1991 (BGBl. I S. 1606) begrenzt worden sind, oder die Zeiten enthält, die nach § 22a des Fremdrentengesetzes begrenzt worden sind, ist neu festzustellen. [2] Bei der Neufeststellung der Rente sind § 6 Abs. 2 oder 3 und § 7 des Anspruchs- und Anwartschaftsüberführungsgesetzes, § 22a des Fremdrentengesetzes und § 307b in der am 1. Mai 1999 geltenden Fassung anzuwenden. [3] Die Sätze 1 und 2 gelten auf Antrag entsprechend in den Fällen des § 4 Abs. 4 des Anspruchs- und Anwartschaftsüberführungsgesetzes.

§ 310c Neufeststellung von Renten wegen Beschäftigungszeiten während des Bezugs einer Invalidenrente. [1] Wurden während des Bezugs einer Invalidenrente oder einer Versorgung wegen Invalidität oder wegen des Bezugs von Blindengeld oder Sonderpflegegeld nach den Vorschriften des Beitrittsgebiets bis zum 31. Dezember 1991 Zeiten einer Beschäftigung zurückgelegt, besteht ab 1. September 2001 Anspruch auf Neufeststellung einer nach den Vorschriften dieses Buches berechneten Rente, wenn sie vor dem 1. Juli 2002 begonnen hat. [2] Abweichend von § 300 Abs. 3 sind bei der Neufeststellung der Rente die Regelungen über die Berücksichtigung von Beitragszeiten aufgrund einer Beschäftigung oder selbständigen Tätigkeit während des Bezugs einer Leistung nach Satz 1 in der seit dem 1. Juli 2002 geltenden Fassung anzuwenden. [3] Der neu festgestellten Rente sind mindestens die bisherigen persönlichen Entgeltpunkte zugrunde zu legen; dies gilt nicht, soweit die bisherigen persönlichen Entgeltpunkte auf einer rechtswidrigen Begünstigung beruhen oder eine wesentliche Änderung der tatsächlichen Verhältnisse zu Ungunsten des Rentenbeziehers eingetreten ist.

Fünfter Unterabschnitt. Zusammentreffen von Renten und Einkommen

§ 311 Rente und Leistungen aus der Unfallversicherung. (1) Bestand am 31. Dezember 1991 Anspruch auf eine Rente nach den Vorschriften im Gebiet der Bundesrepublik Deutschland ohne das Beitrittsgebiet und auf eine Rente aus der Unfallversicherung, die für die Leistung der Rente zu berücksichtigen war, wird die Rente insoweit nicht geleistet, als die Summe dieser Renten den Grenzbetrag übersteigt.

(2) Bei der Ermittlung der Summe der zusammentreffenden Renten bleiben unberücksichtigt

1. bei der Rente
   a) der Betrag, der den Grenzbetrag übersteigt,
   b) der auf den Leistungszuschlag für ständige Arbeiten unter Tage entfallende Anteil,
   c) der auf den Erhöhungsbetrag in Waisenrenten entfallende Anteil,

2. bei der Verletztenrente aus der Unfallversicherung je 16,67 vom Hundert des aktuellen Rentenwerts für jeden Prozentpunkt der Minderung der Erwerbsfähigkeit, wenn diese mindestens 60 vom Hundert beträgt und die Rente aufgrund einer entschädigungspflichtigen Silikose oder Siliko-Tuberkulose geleistet wird.

(3) Bestand am 31. Dezember 1991 Anspruch auf eine Rente nach den Vorschriften im Gebiet der Bundesrepublik Deutschland ohne das Beitrittsgebiet und auf eine Rente aus der Unfallversicherung, die für die Leistung der Rente nicht zu berücksichtigen war, verbleibt es für die Leistung dieser Rente dabei.

(4) Bestand am 31. Dezember 1991 Anspruch auf eine Rente nach den Vorschriften im Gebiet der Bundesrepublik Deutschland ohne das Beitrittsgebiet mit Zeiten sowohl der Rentenversicherung der Arbeiter oder der Angestellten als auch der knappschaftlichen Rentenversicherung und ruhte wegen einer Rente aus der Unfallversicherung die Rente mit den Zeiten der knappschaftlichen Rentenversicherung vorrangig, verbleibt es für die Leistung dieser Rente dabei.

(5) [1] Der Grenzbetrag beträgt

1. bei Renten, für die die allgemeine Wartezeit in der knappschaftlichen Rentenversicherung nicht erfüllt ist,
   a) bei Renten aus eigener Versicherung 80 vom Hundert,
   b) bei Witwenrenten oder Witwerrenten 48 vom Hundert,
2. bei Renten, für die die allgemeine Wartezeit in der knappschaftlichen Rentenversicherung erfüllt ist,
   a) bei Renten aus eigener Versicherung 95 vom Hundert,
   b) bei Witwenrenten oder Witwerrenten 57 vom Hundert

eines Zwölftels des Jahresarbeitsverdienstes, der der Berechnung der Rente aus der Unfallversicherung zugrunde liegt, mindestens jedoch des Betrages, der sich ergibt, wenn der im Dezember 1991 zugrunde liegende persönliche Vomhundertsatz mit zwei Dritteln des aktuellen Rentenwerts vervielfältigt wird (Mindestgrenzbetrag). [2] Beruht die Rente ausschließlich auf Zeiten der knappschaftlichen Rentenversicherung, ist der persönliche Vomhundertsatz mit 1,0106 zu vervielfältigen. [3] Beruht sie auch auf Zeiten der Rentenversicherung der Arbeiter oder der Angestellten, ist ein durchschnittlicher persönlicher Vomhundertsatz zu ermitteln, indem der Vomhundertsatz nach Satz 2 und der persönliche Vomhundertsatz der Rentenversicherung der Arbeiter und der Angestellten mit der ihrer Ermittlung zugrunde liegenden jeweiligen Anzahl an Monaten vervielfältigt und die Summe beider Ergebnisse durch die Summe aller Monate geteilt wird. [4] Liegt der Rente ein persönlicher Vomhundertsatz nicht zugrunde, ist Mindestgrenzbetrag bei Renten aus eigener Versicherung das 50fache, bei Witwenrenten oder Witwerrenten das 30fache des aktuellen Rentenwerts. [5] Für die ersten drei Monate nach Beginn der Witwenrente oder Witwerrente wird der Grenzbetrag mit dem für eine Rente aus eigener Versicherung geltenden Vomhundertsatz ermittelt.

(6) Der Grenzbetrag beträgt bei Halbwaisenrenten das 13,33fache, bei Vollwaisenrenten das 20fache des aktuellen Rentenwerts.

(7) [1] Für die von einem Träger mit Sitz außerhalb des Geltungsbereichs dieses Gesetzbuchs geleistete Rente wegen eines Arbeitsunfalls oder einer Berufs-

krankheit ist ein Jahresarbeitsverdienst nicht festzustellen. [2]Bei einer an eine Witwe oder einen Witwer geleisteten Rente gilt ihr um zwei Drittel erhöhter Betrag als Vollrente.

(8) Bestand vor Inkrafttreten von Vorschriften über das Zusammentreffen von Renten und Leistungen aus der Unfallversicherung Anspruch auf eine Rente und auf eine Rente aus der Unfallversicherung, die für die Leistung der Rente nicht zu berücksichtigen war, verbleibt es für die Leistung dieser Rente dabei.

§ 312 Mindestgrenzbetrag bei Versicherungsfällen vor dem 1. Januar 1979. (1) Bestand am 31. Dezember 1991 Anspruch auf eine Rente, die auf einem Versicherungsfall vor dem 1. Januar 1979 beruht, und ruhte diese wegen einer Rente aus der Unfallversicherung, beträgt der Mindestgrenzbetrag

1. bei einer Rente aus eigener Versicherung 85 vom Hundert,
2. bei einer Witwenrente oder Witwerrente 51 vom Hundert

des Betrages, der sich ergibt, wenn der im Dezember 1991 zugrunde liegende persönliche Vomhundertsatz mit zwei Dritteln des aktuellen Rentenwerts vervielfältigt wird.

(2) Bestand am 31. Dezember 1991 Anspruch auf eine Rente, für die die allgemeine Wartezeit in der knappschaftlichen Rentenversicherung erfüllt ist und die auf einem Versicherungsfall vor dem 1. Januar 1979 beruht, und ruhte diese Rente wegen einer Rente aus der Unfallversicherung, die auf einem Unfall oder Tod vor dem 1. Januar 1979 beruht, beträgt der Mindestgrenzbetrag

1. bei einer Rente aus eigener Versicherung 100 vom Hundert,
2. bei einer Witwenrente oder Witwerrente 60 vom Hundert

des Betrages, der sich ergibt, wenn der im Dezember 1991 zugrunde liegende persönliche Vomhundertsatz mit zwei Dritteln des aktuellen Rentenwerts vervielfältigt wird.

(3) § 311 Abs. 5 Satz 2 und 3, Abs. 7 ist anzuwenden.

§ 313 Hinzuverdienst bei Renten wegen verminderter Erwerbsfähigkeit. (1) [1]Würde sich nach den §§ 96a und 313 in der ab dem 1. Juli 2017 geltenden Fassung am 1. Juli 2017 eine niedrigere teilweise zu leistende Rente ergeben, wird eine am 30. Juni 2017 aufgrund von Hinzuverdienst teilweise geleistete Rente wegen verminderter Erwerbsfähigkeit unter den sonstigen Voraussetzungen des geltenden Rechts so lange weitergeleistet, bis

1. die am 30. Juni 2017 für diese anteilig geleistete Rente geltende Hinzuverdienstgrenze nach den §§ 96a und 313 in der bis zum 30. Juni 2017 geltenden Fassung überschritten wird oder
2. sich nach den §§ 96a und 313 in der ab dem 1. Juli 2017 geltenden Fassung eine mindestens gleich hohe Rente ergibt.

[2]Als Kalenderjahr nach § 96a Absatz 5 in Verbindung mit § 34 Absatz 3c und 3d, in dem erstmals Hinzuverdienst berücksichtigt wurde, gilt das Jahr 2017. [3]Die Hinzuverdienstgrenze nach Satz 1 Nummer 1 wird jährlich entsprechend der prozentualen Veränderung der Bezugsgröße angepasst.

(2)–(4) *(aufgehoben)*

(5) Bestand am 31. Dezember 1991 Anspruch auf eine nach den Vorschriften des Beitrittsgebiets berechnete Rente und ist diese Rente nicht nach den Vorschriften dieses Buches neu zu berechnen, werden als Entgeltpunkte im Sinne des § 96a Absatz 1b und 1c die nach § 307a ermittelten durchschnittlichen Entgeltpunkte zugrunde gelegt.

(6) Für Versicherte, die am 31. Dezember 1991 Anspruch auf eine nach den Vorschriften des Beitrittsgebiets berechnete Invalidenrente oder Bergmannsinvalidenrente hatten und die die persönlichen Voraussetzungen für den Bezug von Blindengeld oder Sonderpflegegeld nach den am 31. Dezember 1991 geltenden Vorschriften des Beitrittsgebiets erfüllen, gilt für diese Rente eine Hinzuverdienstgrenze nicht.

(7) *(aufgehoben)*

(8) Besteht Anspruch auf eine Rente wegen verminderter Erwerbsfähigkeit und eine Aufwandsentschädigung für kommunale Ehrenbeamte, für ehrenamtlich in kommunalen Vertretungskörperschaften Tätige oder für Mitglieder der Selbstverwaltungsorgane, Versichertenälteste oder Vertrauenspersonen der Sozialversicherungsträger, gilt die Aufwandsentschädigung bis zum 30. September 2022 weiterhin nicht als Hinzuverdienst, soweit kein konkreter Verdienstausfall ersetzt wird.

§ 313a *(aufgehoben)*

§ 314 Einkommensanrechnung auf Renten wegen Todes. (1) Ist der Versicherte vor dem 1. Januar 1986 gestorben oder haben die Ehegatten bis zum 31. Dezember 1988 eine wirksame Erklärung über die weitere Anwendung des bis zum 31. Dezember 1985 geltenden Hinterbliebenenrentenrechts abgegeben, werden auf eine Witwenrente oder Witwerrente die Vorschriften über die Einkommensanrechnung auf Renten wegen Todes nicht angewendet.

(2) [1] Ist der Versicherte vor dem 1. Januar 1986 gestorben und ist eine erneute Ehe der Witwe oder des Witwers aufgelöst oder für nichtig erklärt worden, werden auf eine Witwenrente oder Witwerrente nach dem vorletzten Ehegatten die Vorschriften über die Einkommensanrechnung auf Renten wegen Todes nicht angewendet. [2] Besteht für denselben Zeitraum Anspruch auf Witwenrente oder Witwerrente oder auf eine solche Rente aus der Unfallversicherung, werden diese Ansprüche in der Höhe berücksichtigt, die sich nach Anwendung der Vorschriften über die Einkommensanrechnung auf Renten wegen Todes ergibt.

(3) [1] Auf eine Witwenrente oder Witwerrente nach dem vorletzten Ehegatten, bei der Einkommen nach § 114 Absatz 1 des Vierten Buches[1)] zu berücksichtigen ist, ist eine Witwenrente oder Witwerrente nach dem letzten Ehegatten in der Höhe anzurechnen, die sich nach Anwendung der Vorschriften über die Einkommensanrechnung auf Renten wegen Todes ergibt. [2] § 97 Absatz 3 Satz 1 und 3 findet in diesen Fällen keine Anwendung.

§ 314a Einkommensanrechnung auf Renten wegen Todes aus dem Beitrittsgebiet. (1) Bestand am 31. Dezember 1991 Anspruch auf Witwenrente oder Witwerrente aufgrund des im Beitrittsgebiet geltenden Rechts oder bestand ein solcher Anspruch nur deshalb nicht, weil die im Beitrittsgebiet

---

[1)] Nr. 4.

geltenden besonderen Voraussetzungen nicht erfüllt waren, werden vom 1. Januar 1992 an auf die Witwenrente oder Witwerrente die Vorschriften über die Einkommensanrechnung auf Renten wegen Todes angewendet.

(2) Hatte der Versicherte oder die Witwe oder der Witwer am 18. Mai 1990 den gewöhnlichen Aufenthalt im Beitrittsgebiet, ist § 314 Absatz 1 und 2 nicht anzuwenden.

§ 314b *(aufgehoben)*

Sechster Unterabschnitt. Zusatzleistungen

§ 315 Zuschuss zur Krankenversicherung. (1) Bestand am 31. Dezember 1991 Anspruch auf einen Zuschuss zu den Aufwendungen für die Krankenversicherung und war der Berechtigte bereits zu diesem Zeitpunkt nicht in der gesetzlichen Krankenversicherung oder bei einem der deutschen Aufsicht unterliegenden Krankenversicherungsunternehmen versichert, wird dieser Zuschuss in der bisherigen Höhe zu der Rente und einer sich unmittelbar daran anschließenden Rente desselben Berechtigten weitergeleistet.

(2) Besteht am 1. Januar 1992 Anspruch auf einen Zuschuss zu den Aufwendungen für die Krankenversicherung, der nicht nur nach Anwendung der Vorschriften eines Rentenanpassungsgesetzes für Dezember 1991 höher als der Beitragsanteil war, den der Träger der Rentenversicherung als Krankenversicherungsbeitrag für pflichtversicherte Rentenbezieher zu tragen hat, wird der Zuschuss zu der Rente und einer sich unmittelbar daran anschließenden Rente desselben Berechtigten mindestens in der bisherigen Höhe, höchstens in Höhe der Hälfte der tatsächlichen Aufwendungen für die Krankenversicherung, weitergeleistet.

(3) [1]Bestand am 31. Dezember 1991 nach einem Rentenanpassungsgesetz Anspruch auf einen Auffüllbetrag, der als Zuschuss zu den Aufwendungen für die Krankenversicherung gilt, wird dieser in der bisherigen Höhe weitergeleistet. [2]Rentenerhöhungen, die sich aufgrund von Rentenanpassungen nach dem 31. Dezember 1991 ergeben, werden hierauf angerechnet.

(4) Bestand am 30. April 2007 Anspruch auf einen Zuschuss zu den Aufwendungen für die Krankenversicherung und war der Berechtigte bereits zu diesem Zeitpunkt in einer ausländischen gesetzlichen Krankenversicherung pflichtversichert, wird dieser Zuschuss zu der Rente und einer sich unmittelbar daran anschließenden Rente desselben Berechtigten weitergeleistet.

§ 315a Auffüllbetrag. [1]Ist der für den Berechtigten nach Anwendung des § 307a ermittelte Monatsbetrag der Rente für Dezember 1991 niedriger als der für denselben Monat ausgezahlte und nach dem am 31. Dezember 1991 geltenden Recht oder nach § 302a Abs. 3 weiterhin zustehende Rentenbetrag einschließlich des Ehegattenzuschlags, wird ein Auffüllbetrag in Höhe der Differenz geleistet. [2]Bei dem Vergleich werden die für Dezember 1991 nach den Vorschriften des Beitrittsgebiets geleisteten Rentenbeträge zuvor um 6,84 vom Hundert erhöht; Zusatzrenten nach § 307a Abs. 9 Nr. 1, Zusatzrenten nach der Verordnung über die freiwillige und zusätzliche Versicherung in der Sozialversicherung vom 28. Januar 1947 und Zusatzrenten nach der Verordnung über die freiwillige Versicherung auf Zusatzrente bei der Sozialversicherung vom 15. März 1968 bleiben außer Betracht. [3]Bei der Ermittlung der für Dezember 1991 nach den Vorschriften des Beitrittsgebiets geleisteten Rentenbeträge ist das Rentenangleichungsgesetz vom 28. Juni 1990 (GBl. I Nr. 38 S. 495) mit der Maßgabe anzuwenden, dass eine vor Angleichung höhere Rente so lange geleistet wird, bis die anzugleichende Rente den bisherigen Betrag übersteigt. [4]Der Auffüllbetrag wird vom 1. Januar 1996 an bei jeder Rentenanpassung um ein Fünftel des Auffüllbetrags, mindestens aber um 20 Deutsche Mark vermindert; durch die Verminderung darf der bisherige Zahlbetrag der Rente nicht unterschritten werden. [5]Ein danach noch verbleibender Auffüllbetrag wird bei den folgenden Rentenanpassungen im Umfang dieser Rentenanpassungen abgeschmolzen.

§ 315b Renten aus freiwilligen Beiträgen des Beitrittsgebiets. Bestand am 31. Dezember 1991 Anspruch auf eine

1. Rente nach der Verordnung über die Neuregelung der freiwilligen Versicherungen in der Sozialversicherung vom 25. Juni 1953 (GBl. Nr. 80 S. 823),
2. Zusatzrente nach der Verordnung über die freiwillige und zusätzliche Versicherung in der Sozialversicherung vom 28. Januar 1947,
3. Zusatzrente nach der Verordnung über die freiwillige Versicherung auf Zusatzrente bei der Sozialversicherung vom 15. März 1968,

wird diese in Höhe des um 6,84 vom Hundert erhöhten bisherigen Betrages weitergeleistet.

§ 316 *(aufgehoben)*

Siebter Unterabschnitt. Leistungen an Berechtigte im Ausland

§ 317 Grundsatz. (1) [1]Bestand Anspruch auf Leistung einer Rente vor dem Zeitpunkt, von dem an geänderte Vorschriften über Leistungen an Berechtigte im Ausland gelten, wird die Rente allein aus Anlass der Rechtsänderung nicht neu berechnet. [2]Dies gilt nicht, wenn dem Berechtigten die Rente aus Beitragszeiten im Beitrittsgebiet nicht oder nicht in vollem Umfang gezahlt werden konnte. [3]Die Rente ist mindestens aus den bisherigen persönlichen Entgeltpunkten weiterzuleisten.

(2) Eine Rente an einen Hinterbliebenen ist mindestens aus den persönlichen Entgeltpunkten des verstorbenen Versicherten zu leisten, aus denen seine Rente geleistet worden ist, wenn er am 31. Dezember 1991 Anspruch auf Leistung einer Rente ins Ausland hatte und diese Rente bis zu seinem Tode bezogen hat.

(2a) [1]Bestand am 31. Dezember 1991 Anspruch auf eine Rente und ist diese Rente aufgrund einer nach dem 31. Dezember 1991 eingetretenen Änderung in den Verhältnissen, die für die Anwendung der Vorschriften über Leistungen an Berechtigte im Ausland von Bedeutung sind, neu festzustellen, ist bei der Neufeststellung das am 1. Januar 1992 geltende Recht anzuwenden. [2]Hierbei sind für Berechtigte mindestens die nach § 307 ermittelten persönlichen Entgeltpunkte in dem in § 114 Abs.1 Satz 2 genannten Verhältnis zugrunde zu legen.

(3) Bestand am 31. Dezember 1991 Anspruch auf eine Rente, bei der der Anspruch oder die Höhe von der Minderung der Erwerbsfähigkeit abhängig war, und wurde hierbei die jeweilige Arbeitsmarktlage berücksichtigt oder hätte sie berücksichtigt werden können, gilt dies auch weiterhin.

(4) Berechtigte erhalten eine Rente wegen Berufsunfähigkeit nur, wenn sie auf diese Rente bereits für die Zeit, in der sie ihren gewöhnlichen Aufenthalt noch im Inland gehabt haben, einen Anspruch hatten.

§ 317a Neufeststellung. (1) [1]Eine nach den Vorschriften dieses Buches berechnete Rente, in der die persönlichen Entgeltpunkte zu 70 vom Hundert berücksichtigt wurden, wird ab dem 1. Oktober 2013 neu festgestellt. [2]Bei der Neufeststellung sind die §§ 113, 114 und 272 in der am 1. Oktober 2013 geltenden Fassung anzuwenden.

(2) [1]Bestand am 31. Dezember 1991 Anspruch auf eine Rente, in der der Rentenbetrag zu 70 vom Hundert berücksichtigt wurde, wird diese auf Antrag ab 1. Oktober 2013 neu festgestellt. [2]Bei der Neufeststellung sind das am 1. Januar 1992 geltende Recht und die §§ 113, 114 und 272 in der am 1. Oktober 2013 geltenden Fassung anzuwenden.

(3) [1]Hatten Versicherte ihren gewöhnlichen Aufenthalt am 18. Mai 1990 oder, falls sie verstorben sind, zuletzt vor dem 19. Mai 1990 im Gebiet der Bundesrepublik Deutschland ohne das Beitrittsgebiet und sind in einer Rente für Zeiten vor dem 19. Mai 1990 an die Stelle von Entgeltpunkten Entgeltpunkte (Ost) getreten, weil sich die berechtigte Person nach dem 18. Mai 1990 nicht mehr gewöhnlich im Inland aufgehalten hat, so ist diese Rente ab 1. Juli 2020 neu festzustellen und zu leisten. [2]Bei der Neufeststellung ist § 254d Absatz 2 Satz 1 Nummer 1 Buchstabe a in der am 1. Juli 2020 geltenden Fassung anzuwenden.

§ 318 *(aufgehoben)*

§ 319 Zusatzleistungen. (1) Bestand am 31. Dezember 1991 bei gewöhnlichem Aufenthalt im Ausland Anspruch auf einen Zuschuss zu den Aufwendungen für die Krankenversicherung, wird dieser Zuschuss in der bisherigen Höhe zu der Rente und einer sich unmittelbar daran anschließenden Rente desselben Berechtigten weitergeleistet.

(2) Berechtigte erhalten für ein Kind einen Kinderzuschuss zu einer Rente nur, wenn sie bei gewöhnlichem Aufenthalt im Ausland hierauf am 31. Dezember 1991 einen Anspruch hatten.

Achter Unterabschnitt. Zusatzleistungen bei gleichzeitigem Anspruch auf Renten nach dem Übergangsrecht für Renten nach den Vorschriften des Beitrittsgebiets

§ 319a Rentenzuschlag bei Rentenbeginn in den Jahren 1992 und 1993. [1]Ist der für den Berechtigten nach Anwendung der Vorschriften dieses Buches ermittelte Monatsbetrag der Rente bei Rentenbeginn in der Zeit vom 1. Januar 1992 bis 31. Dezember 1993 niedriger als der für den Monat des Rentenbeginns nach dem Übergangsrecht für Renten nach den Vorschriften des Beitrittsgebiets einschließlich der darin enthaltenen Vorschriften über das Zusammentreffen von Renten ermittelte Betrag, wird ein Rentenzuschlag in Höhe der Differenz geleistet, solange die rentenrechtlichen Voraussetzungen dafür vorliegen. [2]Der Rentenzuschlag wird vom 1. Januar 1996 an bei jeder Rentenanpassung um ein Fünftel des Rentenzuschlags, mindestens aber um 20 Deutsche Mark vermindert; durch die Verminderung darf der bisherige Zahlbetrag der Rente nicht unterschritten werden. [3]Ein danach noch verbleibender Rentenzuschlag wird bei den folgenden Rentenanpassungen im Umfang dieser Rentenanpassungen abgeschmolzen.

Neunter Unterabschnitt. Leistungen bei gleichzeitigem Anspruch auf Renten nach dem Übergangsrecht für Renten nach den Vorschriften des Beitrittsgebiets

§ 319b Übergangszuschlag. [1] Besteht für denselben Zeitraum Anspruch auf Leistungen nach den Vorschriften dieses Buches und auf solche nach dem Übergangsrecht für Renten nach den Vorschriften des Beitrittsgebiets, werden die Leistungen nach den Vorschriften dieses Buches erbracht. [2] Ist nach Anwendung der jeweiligen Vorschriften über das Zusammentreffen von Renten und Einkommen die Gesamtleistung nach dem Übergangsrecht für Renten nach den Vorschriften des Beitrittsgebiets höher als die Gesamtleistung nach den Vorschriften dieses Buches, wird zusätzlich zu den Leistungen nach den Vorschriften dieses Buches ein Übergangszuschlag geleistet. [3] Bestand am 31. Dezember 1991 Anspruch auf eine Rente nach den Vorschriften des Beitrittsgebiets und liegen die rentenrechtlichen Voraussetzungen danach noch vor, wird für die Feststellung der Gesamtleistung nach dem Übergangsrecht für Renten nach den Vorschriften des Beitrittsgebiets die am 31. Dezember 1991 gezahlte und um 6,84 vom Hundert erhöhte Rente berücksichtigt. [4] Der Übergangszuschlag wird in Höhe der Differenz zwischen der Gesamtleistung nach dem Übergangsrecht für Renten nach den Vorschriften des Beitrittsgebiets und der Gesamtleistung nach den Vorschriften dieses Buches gezahlt.

Zehnter Unterabschnitt. *(aufgehoben)*

§ 319c *(aufgehoben)*

Sechstes Kapitel. Bußgeldvorschriften

§ 320 Bußgeldvorschriften. (1) Ordnungswidrig handelt, wer vorsätzlich oder leichtfertig

1. entgegen § 190a Abs. 1 Satz 1 oder 2 eine Meldung nicht, nicht richtig oder nicht rechtzeitig erstattet,
2. entgegen § 196 Abs. 1 Satz 1 eine Auskunft oder eine Änderung nicht, nicht richtig, nicht vollständig oder nicht rechtzeitig erteilt oder mitteilt oder
3. entgegen § 196 Abs. 1 Satz 2 die erforderlichen Unterlagen nicht, nicht vollständig oder nicht rechtzeitig vorlegt.

(2) Die Ordnungswidrigkeit kann mit einer Geldbuße bis zu zweitausendfünfhundert Euro geahndet werden.

§ 321 Zusammenarbeit zur Verfolgung und Ahndung von Ordnungswidrigkeiten. [1] Zur Verfolgung und Ahndung von Ordnungswidrigkeiten arbeiten die Rentenversicherungsträger im Rahmen der Prüfung bei den Arbeitgebern nach § 28p des Vierten Buches[1)] insbesondere mit der Bundesagentur für Arbeit, den Krankenkassen, den Behörden der Zollverwaltung, den in § 71 des Aufenthaltsgesetzes genannten Behörden, den Finanzbehörden, den nach Landesrecht für die Verfolgung und Ahndung von Ordnungswidrigkeiten

[1)] Nr. 4.

nach dem Schwarzarbeitsbekämpfungsgesetz zuständigen Behörden, den Trägern der Sozialhilfe, den Unfallversicherungsträgern und den für den Arbeitsschutz zuständigen Landesbehörden zusammen, wenn sich im Einzelfall konkrete Anhaltspunkte für

1. Verstöße gegen das Schwarzarbeitsbekämpfungsgesetz,
2. eine Beschäftigung oder Tätigkeit von Ausländern ohne den erforderlichen Aufenthaltstitel nach § 4 Abs. 3 des Aufenthaltsgesetzes, eine Aufenthaltsgestattung oder eine Duldung, die zur Ausübung der Beschäftigung berechtigen, oder eine Genehmigung nach § 284 Abs. 1 des Dritten Buches[1)],
3. Verstöße gegen die Mitwirkungspflicht nach § 60 Abs. 1 Satz 1 Nr. 2 des Ersten Buches[2)] gegenüber einer Dienststelle der Bundesagentur für Arbeit, einem Träger der gesetzlichen Kranken-, Pflege- oder Unfallversicherung oder einem Träger der Sozialhilfe oder gegen die Meldepflicht nach § 8a des Asylbewerberleistungsgesetzes,
4. Verstöße gegen das Arbeitnehmerüberlassungsgesetz,
5. Verstöße gegen die Bestimmungen des Vierten, Fünften[3)] und Siebten Buches[4)] sowie dieses Buches über die Verpflichtung zur Zahlung von Sozialversicherungsbeiträgen, soweit sie im Zusammenhang mit den in den Nummern 1 bis 4 genannten Verstößen stehen,
6. Verstöße gegen die Steuergesetze,
7. Verstöße gegen das Aufenthaltsgesetz

ergeben. [2]Sie unterrichten die für die Verfolgung und Ahndung zuständigen Behörden, die Träger der Sozialhilfe sowie die Behörden nach § 71 des Aufenthaltsgesetzes. [3]Die Unterrichtung kann auch Angaben über die Tatsachen enthalten, die für die Abgabe der Meldungen des Arbeitgebers und die Einziehung der Beiträge zur Sozialversicherung erforderlich sind.

[1)] Nr. **3**.
[2)] Nr. **1**.
[3)] Nr. **5**.
[4)] Nr. **7**.

Anlage 1

Durchschnittsentgelt in Euro/DM/RM

Jahr	Durchschnittsentgelt	
1891	700	
92	700	
93	709	
94	714	
95	714	
96	728	
97	741	
98	755	
99	773	
1900	796	
01	814	
02	841	
03	855	
04	887	
05	910	
06	946	
07	987	
08	1 019	
09	1 046	
1910	1 078	
11	1 119	
12	1 164	
13	1 182	
14	1 219	
15	1 178	
16	1 233	
17	1 446	
18	1 706	
19	2 010	
1920	3 729	
21	9 974	
24	1 233	
25	1 469	
26	1 642	
27	1 742	
28	1 983	
29	2 110	
1930	2 074	
31	1 924	
32	1 651	
33	1 583	
34	1 605	
35	1 692	
36	1 783	
37	1 856	
38	1 947	
39	2 092	
1940	2 156	
41	2 297	

Jahr	Durchschnittsentgelt	
42	2 310	
43	2 324	
44	2 292	
45	1 778	
46	1 778	
47	1 833	
48	2 219	
49	2 838	
1950	3 161	
51	3 579	
52	3 852	
53	4 061	
54	4 234	
55	4 548	
56	4 844	
57	5 043	
58	5 330	
59	5 602	
1960	6 101	
61	6 723	
62	7 328	
63	7 775	
64	8 467	
65	9 229	
66	9 893	
67	10 219	
68	10 842	
69	11 839	
1970	13 343	
71	14 931	
72	16 335	
73	18 295	
74	20 381	
75	21 808	
76	23 335	
77	24 945	
78	26 242	
79	27 685	
1980	29 485	
81	30 900	
82	32 198	
83	33 293	
84	34 292	
85	35 286	
86	36 627	
87	37 726	
88	38 896	
89	40 063	
1990	41 946	
91	44 421	43 917*)
92	46 820	45 889*)
93	48 178	49 663*)

Jahr	Durchschnittsentgelt	
94	49 142	51 877*)
95	50 665	50 972*)
96	51 678	51 108*)
97	52 143	53 806*)
98	52 925	53 745*)
99	53 507	53 082*)
2000	54 256	54 513*)
01	55 216	54 684*)
02	28 626	28 518*)
03	28 938	29 230*)
04	29 060	29 428*)
05	29 202	29 569*)
06	29 494	29 304*)
07	29 951	29 488*)
08	30 625	30 084*)
09	30 506	30 879*)
10	31 144	32 003*)
11	32 100	30 268*)
12	33 002	32 446*)
13	33 659	34 071*)
14	34 514	34 857*)
15	35 363	34 999*)
16	36 187	36 267*)
17	37 077	37 103*)
18	38 212	37 873*)
19	39 301	38 901*)
20	…	40 551*)
21	…	41 541*)

*) **Amtl. Anm.:** vorläufiges Durchschnittsentgelt i.S. des § 69 Abs. 2 Nr. 2.

Anlage 2

Jährliche Beitragsbemessungsgrenzen in Euro/DM/RM

Zeitraum	Allgemeine Rentenversicherung		Knappschaftliche Rentenversicherung
	Arbeiter	Angestellten	
1.1.1924-31.12.1924	1 056	4 080	
1.1.1925-30. 4.1925	1 380	4 080	
1.5.1925-31.12.1925	1 380	6 000	
1.1.1926-31.12.1926	1 908	6 000	
1.1.1927-31.12.1927	2 016	6 000	
1.1.1928-31. 8.1928	2 748	6 000	
1.9.1928-31.12.1928	2 748	8 400	
1.1.1929-31.12.1929	2 928	8 400	
1.1.1930-31.12.1930	2 880	8 400	
1.1.1931-31.12.1931	2 676	8 400	
1.1.1932-31.12.1932	2 292	8 400	
1.1.1933-31.12.1933	2 196	8 400	
1.1.1934-31.12.1934	2 004	7 200	
1.1.1935-31.12.1935	2 112	7 200	
1.1.1936-31.12.1936	2 220	7 200	
1.1.1937-31.12.1937	2 316	7 200	
1.1.1938-31.12.1938	2 700	7 200	
1.1.1939-31.12.1939	3 000	7 200	
1.1.1940-31.12.1940	3 096	7 200	
1.1.1941-31.12.1941	3 300	7 200	
1.1.1942-30. 6.1942	3 312	7 200	
1.7.1942-31.12.1942	3 600	7 200	
1.1.1943-28. 2.1947	3 600	7 200	4 800
1.3.1947-31. 5.1949	3 600	7 200	7 200
1.6.1949-31. 8.1952	7 200		8 400
1.9.1952-31.12.1958	9 000		12 000
1.1.1959-31.12.1959	9 600		12 000
1.1.1960-31.12.1960	10 200		12 000
1.1.1961-31.12.1961	10 800		13 200
1.1.1962-31.12.1962	11 400		13 200
1.1.1963-31.12.1963	12 000		14 400
1.1.1964-31.12.1964	13 200		16 800
1.1.1965-31.12.1965	14 400		18 000
1.1.1966-31.12.1966	15 600		19 200
1.1.1967-31.12.1967	16 800		20 400
1.1.1968-31.12.1968	19 200		22 800
1.1.1969-31.12.1969	20 400		24 000
1.1.1970-31.12.1970	21 600		25 200
1.1.1971-31.12.1971	22 800		27 600
1.1.1972-31.12.1972	25 200		30 000
1.1.1973-31.12.1973	27 600		33 600
1.1.1974-31.12.1974	30 000		37 200
1.1.1975-31.12.1975	33 600		40 800
1.1.1976-31.12.1976	37 200		45 600
1.1.1977-31.12.1977	40 800		50 400
1.1.1978-31.12.1978	44 400		55 200
1.1.1979-31.12.1979	48 000		57 600

Zeitraum	Allgemeine Rentenversicherung Arbeiter / Angestellten	Knappschaftliche Rentenversicherung
1.1.1980-31.12.1980	50 400	61 200
1.1.1981-31.12.1981	52 800	64 800
1.1.1982-31.12.1982	56 400	69 600
1.1.1983-31.12.1983	60 000	73 200
1.1.1984-31.12.1984	62 400	76 800
1.1.1985-31.12.1985	64 800	80 400
1.1.1986-31.12.1986	67 200	82 800
1.1.1987-31.12.1987	68 400	85 200
1.1.1988-31.12.1988	72 000	87 600
1.1.1989-31.12.1989	73 200	90 000
1.1.1990-31.12.1990	75 600	93 600
1.1.1991-31.12.1991	78 000	96 000
1.1.1992-31.12.1992	81 600	100 800
1.1.1993-31.12.1993	86 400	106 800
1.1.1994-31.12.1994	91 200	112 800
1.1.1995-31.12.1995	93 600	115 200
1.1.1996-31.12.1996	96 000	117 600
1.1.1997-31.12.1997	98 400	121 200
1.1.1998-31.12.1998	100 800	123 600
1.1.1999-31.12.1999	102 000	124 800
1.1.2000-31.12.2000	103 200	127 200
1.1.2001-31.12.2001	104 400	128 400
1.1.2002-31.12.2002	54 000	66 600
1.1.2003-31.12.2003	61 200	75 000
1.1.2004-31.12.2004	61 800	76 200
1.1.2005-31.12.2005	62 400	76 800
1.1.2006-31.12.2006	63 000	77 400
1.1.2007-31.12.2007	63 000	77 400
1.1.2008-31.12.2008	63 600	78 600
1.1.2009-31.12.2009	64 800	79 800
1.1.2010-31.12.2010	66 000	81 600
1.1.2011-31.12.2011	66 000	81 000
1.1.2012-31.12.2012	67 200	82 800
1.1.2013-31.12.2013	69 600	85 200
1.1.2014-31.12.2014	71 400	87 600
1.1.2015-31.12.2015	72 600	89 400
1.1.2016-31.12.2016	74 400	91 800
1.1.2017-31.12.2017	76 200	94 200
1.1.2018-31.12.2018	78 000	96 000
1.1.2019-31.12.2019	80 400	98 400
1.1.2020-31.12.2020	82 800	101 400
1.1.2021-31.12.2021	85 200	104 400

Anlage 2a

Jährliche Beitragsbemessungsgrenzen des Beitrittsgebiets in Euro/DM

Zeitraum	Allgemeine Rentenversicherung	Knappschaftliche Rentenversicherung
1.7.1990–31.12.1990	32 400	32 400
1.1.1991–30. 6.1991	36 000	36 000
1.7.1991–31.12.1991	40 800	40 800
1.1.1992–31.12.1992	57 600	70 800
1.1.1993–31.12.1993	63 600	78 000
1.1.1994–31.12.1994	70 800	87 600
1.1.1995–31.12.1995	76 800	93 600
1.1.1996–31.12.1996	81 600	100 800
1.1.1997–31.12.1997	85 200	104 400
1.1.1998–31.12.1998	84 000	103 200
1.1.1999–31.12.1999	86 400	105 600
1.1.2000–31.12.2000	85 200	104 400
1.1.2001–31.12.2001	87 600	108 000
1.1.2002–31.12.2002	45 000	55 800
1.1.2003–31.12.2003	51 000	63 000
1.1.2004–31.12.2004	52 200	64 200
1.1.2005–31.12.2005	52 800	64 800
1.1.2006–31.12.2006	52 800	64 800
1.1.2007–31.12.2007	54 600	66 600
1.1.2008–31.12.2008	54 000	66 600
1.1.2009–31.12.2009	54 600	67 200
1.1.2010–31.12.2010	55 800	68 400
1.1.2011–31.12.2011	57 600	70 800
1.1.2012–31.12.2012	57 600	70 800
1.1.2013–31.12.2013	58 800	72 600
1.1.2014–31.12.2014	60 000	73 800
1.1.2015–31.12.2015	62 400	76 200
1.1.2016–31.12.2016	64 800	79 800
1.1.2017–31.12.2017	68 400	84 000
1.1.2018–31.12.2018	69 600	85 800
1.1.2019–31.12.2019	73 800	91 200
1.1.2020–31.12.2020	77 400	94 800
1.1.2021–31.12.2021	80 400	99 000

Anlage 2b

Jährliche Höchstwerte an Entgeltpunkten

Zeitraum	Allgemeine Rentenversicherung		Knappschaftliche Rentenversicherung
	Arbeiter	Angestellten	
1.1.1935-31.12.1935	1,2482	4,2553	
1.1.1936-31.12.1936	1,2451	4,0381	
1.1.1937-31.12.1937	1,2478	3,8793	
1.1.1938-31.12.1938	1,3867	3,6980	
1.1.1939-31.12.1939	1,4340	3,4417	
1.1.1940-31.12.1940	1,4360	3,3395	
1.1.1941-31.12.1941	1,4367	3,1345	
1.1.1942-30. 6.1942	1,4338	3,1169	
1.7.1942-31.12.1942	1,5584	3,1169	
1.1.1943-31.12.1943	1,5491	3,0981	2,0654
1.1.1944-31.12.1944	1,5707	3,1414	2,0942
1.1.1945-31.12.1945	2,0247	4,0495	2,6997
1.1.1946-31.12.1946	2,0247	4,0495	2,6997
1.1.1947-28. 2.1947	1,9640	3,9280	2,6187
1.3.1947-31.12.1947	1,9640	3,9280	3,9280
1.1.1948-31.12.1948	1,6224	3,2447	3,2447
1.1.1949-31. 5.1949	1,2685	2,5370	2,5370
1.6.1949-31.12.1949	2,5370		2,9598
1.1.1950-31.12.1950	2,2778		2,6574
1.1.1951-31.12.1951	2,0117		2,3470
1.1.1952-31. 8.1952	1,8692		2,1807
1.9.1952-31.12.1952	2,3364		3,1153
1.1.1953-31.12.1953	2,2162		2,9549
1.1.1954-31.12.1954	2,1256		2,8342
1.1.1955-31.12.1955	1,9789		2,6385
1.1.1956-31.12.1956	1,8580		2,4773
1.1.1957-31.12.1957	1,7847		2,3795
1.1.1958-31.12.1958	1,6886		2,2514
1.1.1959-31.12.1959	1,7137		2,1421
1.1.1960-31.12.1960	1,6719		1,9669
1.1.1961-31.12.1961	1,6064		1,9634
1.1.1962-31.12.1962	1,5557		1,8013
1.1.1963-31.12.1963	1,5434		1,8521
1.1.1964-31.12.1964	1,5590		1,9842
1.1.1965-31.12.1965	1,5603		1,9504
1.1.1966-31.12.1966	1,5769		1,9408
1.1.1967-31.12.1967	1,6440		1,9963
1.1.1968-31.12.1968	1,7709		2,1029
1.1.1969-31.12.1969	1,7231		2,0272
1.1.1970-31.12.1970	1,6188		1,8886
1.1.1971-31.12.1971	1,5270		1,8485
1.1.1972-31.12.1972	1,5427		1,8365
1.1.1973-31.12.1973	1,5086		1,8366
1.1.1974-31.12.1974	1,4720		1,8252
1.1.1975-31.12.1975	1,5407		1,8709
1.1.1976-31.12.1976	1,5942		1,9541
1.1.1977-31.12.1977	1,6356		2,0204

Zeitraum	Allgemeine Rentenversicherung		Knappschaftliche Rentenversicherung
	Arbeiter	Angestellten	
1.1.1978-31.12.1978	1,6919		2,1035
1.1.1979-31.12.1979	1,7338		2,0805
1.1.1980-31.12.1980	1,7093		2,0756
1.1.1981-31.12.1981	1,7087		2,0971
1.1.1982-31.12.1982	1,7517		2,1616
1.1.1983-31.12.1983	1,8022		2,1987
1.1.1984-31.12.1984	1,8197		2,2396
1.1.1985-31.12.1985	1,8364		2,2785
1.1.1986-31.12.1986	1,8347		2,2606
1.1.1987-31.12.1987	1,8131		2,2584
1.1.1988-31.12.1988	1,8511		2,2522
1.1.1989-31.12.1989	1,8271		2,2465
1.1.1990-31.12.1990	1,8023		2,2314

Jährliche Höchstwerte an Entgeltpunkten

Zeitraum	Allgemeine Rentenversicherung		Knappschaftliche Rentenversicherung	
	endgültige	vorläufige	endgültige	vorläufige
1.1.1991-31.12.1991	1,7559	1,7761	2,1611	2,1859
1.1.1992-31.12.1992	1,7428	1,7782	2,1529	2,1966
1.1.1993-31.12.1993	1,7933	1,7397	2,2168	2,1505
1.1.1994-31.12.1994	1,8558	1,7580	2,2954	2,1744
1.1.1995-31.12.1995	1,8474	1,8363	2,2738	2,2601
1.1.1996-31.12.1996	1,8577	1,8784	2,2756	2,3010
1.1.1997-31.12.1997	1,8871	1,8288	2,3244	2,2525
1.1.1998-31.12.1998	1,9046	1,8755	2,3354	2,2997
1.1.1999-31.12.1999	1,9063	1,9216	2,3324	2,3511
1.1.2000-31.12.2000	1,9021	1,8931	2,3444	2,3334
1.1.2001-31.12.2001		1,9092		2,3480
1.1.2002-31.12.2002		1,8935		2,3354

Anlage 3

Entgeltpunkte für Beiträge nach Lohn-, Beitrags- oder Gehaltsklassen

1. Rentenversicherung der Arbeiter

Zeitraum	Lohn-oder Beitragsklassen (Wochenbeiträge)											
	I (1)	II (2)	III (3)	IV (4)	V (5)	VI (6)	VII	VIII	IX	X	XI	XII
1.1.1891-31.12.1899	0,0071	0,0118	0,0178	0,0305								
1.1.1900-31.12.1906	0,0061	0,0099	0,0152	0,0220	0,0306							
1.1.1907-30. 9.1921	0,0044	0,0070	0,0108	0,0155	0,0263							
1.1.1924-31.12.1933	0,0029	0,0055	0,0089	0,0122	0,0164	0,0223	0,0267					
1.1.1934-27. 6.1942	0,0026	0,0045	0,0076	0,0108	0,0138	0,0169	0,0200	0,0240	0,0276	0,0292		
28.6.1942-29. 5.1949	0,0024	0,0043	0,0071	0,0100	0,0128	0,0157	0,0185	0,0214	0,0244	0,0271		
30.5.1949-31.12.1954	0,0014	0,0024	0,0041	0,0057	0,0082	0,0114	0,0163	0,0228	0,0294	0,0359	0,0424	0,0534
1.1.1955-31.12.1955	0,0011	0,0020	0,0033	0,0046	0,0066	0,0092	0,0132	0,0185	0,0237	0,0290	0,0343	
1.1.1956-31.12.1956	0,0010	0,0019	0,0031	0,0043	0,0062	0,0087	0,0124	0,0173	0,0223	0,0273	0,0322	
1.1.1957-28. 2.1957	0,0010	0,0018	0,0030	0,0042	0,0059	0,0083	0,0119	0,0167	0,0214	0,0262	0,0309	

2. Rentenversicherung der Angestellten

Zeitraum	Gehalts- oder Beitragsklassen (Monatsbeiträge)											
	I (A)	II (B)	III (C)	IV (D)	V (E)	VI (F)	VII (G)	VIII (H)	IX (J)	X (K)	XI	XII
1.1.1913-31. 7.1921	0,0254	0,0443	0,0632	0,0824	0,1085	0,1400	0,1714	0,2159	0,2824			
1.1.1924-31.12.1933	0,0151	0,0421	0,0835	0,1380	0,1975	0,2441	0,2996	0,3575	0,3982	0,4513		
1.1.1934-30. 6.1942	0,0136	0,0389	0,0761	0,1265	0,1776	0,2291	0,2816	0,3332	0,3844	0,4357		
1.7.1942-31. 5.1949	0,0119	0,0360	0,0716	0,1188	0,1663	0,2143	0,2617	0,3087	0,3562	0,4037		
1.6.1949-31.12.1954	0,0034	0,0102	0,0170	0,0238	0,0340	0,0476	0,0679	0,0951	0,1223	0,1509	0,1809	0,2223
1.1.1955-31.12.1955	0,0027	0,0082	0,0137	0,0192	0,0275	0,0385	0,0550	0,0770	0,0989	0,1237	0,1512	
1.1.1956-31.12.1956	0,0026	0,0077	0,0129	0,0181	0,0258	0,0361	0,0516	0,0723	0,0929	0,1161	0,1419	
1.1.1957-28. 2.1957	0,0025	0,0074	0,0124	0,0174	0,0248	0,0347	0,0496	0,0694	0,0892	0,1115	0,1363	

3. Knappschaftliche Rentenversicherung

Arbeiter

Zeitraum	Beitragsklasse									
	I	II	III	IV	V	VI	VII	VIII	IX	X
bis 30. 9.1921	0,0446	0,0595	0,0743	0,0892	0,1040	0,1189	0,1338			
1.1.1924-30. 6.1926	0,0446	0,0595	0,0743	0,0892	0,1040	0,1189	0,1338			
1.7.1926-31.12.1938	0,0405	0,0541	0,0676	0,0811	0,0946	0,1081	0,1216	0,1387	0,1533	0,1705
1.1.1939-31.12.1942	0,0279	0,0391	0,0503	0,0615	0,0726	0,0838	0,0950	0,1062	0,1173	

Angestellte

Zeitraum	Gehaltsklasse									
	A	B	C	D	E	F	G	H	J	K
bis 31. 7.1921	0,0223	0,0446	0,0892	0,1486	0,2081	0,2378	0,2378	0,2378		
1.1.1924-30. 6.1926	0,0223	0,0446	0,0892	0,1486	0,2081	0,2378	0,2378	0,2378		
1.7.1926-31.12.1938	0,0203	0,0405	0,0811	0,1351	0,1892	0,2162	0,2162	0,2175	0,2173	0,2173
1.1.1939-31.12.1942	0,0168	0,0335	0,0671	0,1118	0,1565	0,1788	0,1788			
Doppelversicherung*) 1.1.1924-30.6.1926	0,0297	0,0595	0,1189	0,1982	0,2774	0,3171	0,3171	0,3171		

*) **Amtl. Anm.:** Diese Werte sind nur anzusetzen, wenn neben Beiträgen zur knappschaftlichen Pensionsversicherung der Angestellten Beiträge zur Rentenversicherung der Angestellten gezahlt sind.

Anlage 4

Beitragsbemessungsgrundlage für Beitragsklassen

Bezeichnung der Beitragsklasse			Beitrags-bemessungsgrundlage DM
I			12,50
II			50
III	A	100	100
IV			150
V	B	200	200
VI			250
VII	C	300	300
VIII			350
IX	D	400	400
X			450
XI	E	500	500
XII			550
XIII	F	600	600
XIV			650
XV	G	700	700
XVI	H		750
XVII	J	800	800
XVIII	K		850
XIX	L	900	900
XX	M		950
XXI	N	1 000	1 000
XXII	O		1 050
XXIII	P	1 100	1 100
XXIV	Q		1 150
XXV	R	1 200	1 200
XXVI	S		1 250
XXVII	T	1 300	1 300
XXVIII	U		1 350
XXIX	V	1 400	1 400
		1 500	1 500
		1 600	1 600
		1 700	1 700
		1 800	1 800
		1 900	1 900
		2 000	2 000
		2 100	2 100
		2 200	2 200
		2 300	2 300
		2 400	2 400
		2 500	2 500
		2 600	2 600
		2 800	2 800
		3 100	3 100

Anlage 5

Entgeltpunkte für Berliner Beiträge

1. Freiwillige Beiträge zur Versicherungsanstalt Berlin

Zeitraum	Beitragswert zur Rentenversicherung (Gesamtbeitragswert zur Kranken- und Rentenversicherung)	
	6 (12) RM/DM	12 (20) RM/DM
1.7.1945-31. 5.1949	0,0360	0,1188
1.6.1949-31.12.1950	0,0170	0,0340

2. Beiträge nach Beitragsklassen

Zeitraum	I/II	III	IV	V	VI	VII	VIII	IX	X	XI	XII
	Monatsbeiträge										
1. 6.1949-31.12.1954	0,0102	0,0170	0,0238	0,0340	0,0476	0,0679	0,0951	0,1223	0,1509	0,1809	0,2223
	Wochenbeiträge										
1.6.1949-31.12.1954	0,0024	0,0041	0,0057	0,0082	0,0114	0,0163	0,0228	0,0294	0,0359	0,0424	0,0534

Anlage 6

Werte zur Umrechnung der Beitragsbemessungsgrundlagen von Franken in Deutsche Mark

Jahr	Umrechnungswert
1947	0,0143
1948	0,0143
1949	0,0147
1950	0,0148
1951	0,0127
1952	0,0113
1953	0,0112
1954	0,0113
1955	0,0113
1956	0,0108
1957	0,0103
1958	0,0093
1959	0,0091

Anlage 7

Entgeltpunkte für saarländische Beiträge

**1. Rentenversicherung der Arbeiter
Beitragsklassen/Beitragswert in Franken
(Wochenbeiträge)**

Zeitraum	Lohn- oder Beitragsklassen									
	I	II	III	IV	V	VI	VII	VIII	IX	X
20.11.1947–30. 4.1948	0,0027	0,0054	0,0080	0,0107	0,0134	0,0161	0,0188	0,0215	0,0241	0,0268
1. 5.1948–31.12.1950	0,0021	0,0041	0,0062	0,0082	0,0103	0,0123	0,0144	0,0164	0,0185	0,0205
1. 1.1951–31. 8.1951	0,0014	0,0028	0,0042	0,0056	0,0070	0,0083	0,0097	0,0111	0,0125	0,0139
1. 9.1951–31.12.1951	0,0015	0,0030	0,0045	0,0067	0,0097	0,0126	0,0156	0,0186	0,0215	0,0245

Zeitraum	Lohn- oder Beitragsklassen									
	XI	XII	XIII	XIV	XV	XVI	XVII	XVIII	XIX	XX
20.11.1947–30. 4.1948										
1. 5.1948–31.12.1950	0,0226	0,0247	0,0267	0,0288	0,0308					
1. 1.1951–31. 8.1951	0,0153	0,0167	0,0181	0,0195	0,0208	0,0223	0,0236	0,0250	0,0355	0,0436
1. 9.1951–31.12.1951	0,0275	0,0304	0,0371	0,0436	0,0516					

(Monatsbeiträge)

Zeitraum	Lohn- oder Beitragsklassen											
	1	2	3	4	5	6	7	8	9	10	11	12
1.1.1952–31.12.1955	0,0098	0,0197	0,0394	0,0591	0,0788	0,0984	0,1181	0,1575	0,1969	0,2363		
1.1.1956–31.12.1956	0,0078	0,0155	0,0310	0,0465	0,0620	0,0776	0,0931	0,1008	0,1241	0,1551	0,1861	0,2482
1.1.1957–31. 8.1957	0,0071	0,0142	0,0284	0,0426	0,0568	0,0710	0,0852	0,0924	0,1137	0,1421	0,1705	0,2273

**2. Rentenversicherung der Angestellten
Beitragsklassen/Beitragswert in Franken
(Monatsbeiträge)**

Zeitraum	Gehalts- oder Beitragklassen									
	A (1)	B (2)	C (3)	D (4)	E (5)	F (6)	G (7)	H (8)	J (9)	K (10)
1.12.1947-30. 4.1948	0,0112	0,0224	0,0336	0,0449	0,0561	0,0673	0,0785	0,0897	0,1009	0,1122
1. 5.1948-31.12.1950	0,0088	0,0176	0,0264	0,0352	0,0440	0,0528	0,0617	0,0705	0,0793	0,0881
1. 1.1951-31. 8.1951	0,0060	0,0119	0,0179	0,0238	0,0298	0,0358	0,0417	0,0477	0,0537	0,0596
1. 9.1951-31.12.1951	0,0064	0,0128	0,0193	0,0289	0,0418	0,0547	0,0676	0,0805	0,0934	0,1063
1. 1.1952-31.12.1955	0,0098	0,0197	0,0394	0,0591	0,0788	0,0984	0,1181	0,1575	0,1969	0,2363
1. 1.1956-31.12.1956	0,0078	0,0155	0,0310	0,0465	0,0620	0,0776	0,0931	0,1008	0,1241	0,1551
1. 1.1957-31. 8.1957	0,0071	0,0142	0,0284	0,0426	0,0568	0,0710	0,0852	0,0924	0,1137	0,1421

Zeitraum	Gehalts- oder Beitragklassen									
	L (11)	(12)	N	O	P	Q	R	S	T	U
1.12.1947-30. 4.1948	0,1335	0,1669	0,2003							
1. 5.1948-31.12.1950	0,0969	0,1057	0,1145	0,1233	0,1321	0,1573	0,1835	0,2097		
1. 1.1951-31. 8.1951	0,0656	0,0715	0,0775	0,0835	0,0894	0,0954	0,1013	0,1129	0,1290	0,1452
1. 9.1951-31.12.1951	0,1193	0,1322	0,1613	0,1936	0,2258					
1. 1.1952-31.12.1955										
1. 1.1956-31.12.1956	0,1861	0,2482								
1. 1.1957-31. 8.1957	0,1705	0,2273								

3. Landwirteversorgung

Zeitraum	Lohn- oder Beitragsklassen										
	2	3	4	5	6	7	8	9	10	11	12
1.1.1954-31.12.1955	0,0197	0,0394	0,0591	0,0788	0,0984	0,1181	0,1575	0,1969	0,2363		
1.1.1956-31.12.1956	0,0155	0,0310	0,0465	0,0620	0,0776	0,0931	0,1008	0,1241	0,1551	0,1861	0,2482
1.1.1957-31. 8.1957	0,0142	0,0284	0,0426	0,0568	0,0710	0,0852	0,0924	0,1137	0,1421	0,1705	0,2273
1.9.1957-31.12.1957	0,0142	0,0284	0,0426	0,0568	0,0710	0,0852	0,0924	0,1137	0,1421	0,1705	0,2273
1.1.1958-31.12.1958	0,0121	0,0243	0,0364	0,0486	0,0607	0,0728	0,0789	0,0971	0,1214	0,1457	0,1942
1.1.1959-31.12.1959	0,0113	0,0226	0,0339	0,0452	0,0565	0,0678	0,0735	0,0904	0,1130	0,1356	0,1808
1.1.1960-31.12.1960	0,0097	0,0194	0,0291	0,0388	0,0485	0,0582	0,0630	0,0776	0,0970	0,1164	0,1552
1.1.1961-31.12.1961	0,0088	0,0176	0,0264	0,0352	0,0440	0,0528	0,0572	0,0704	0,0880	0,1056	0,1408
1.1.1962-31.12.1962	0,0081	0,0162	0,0242	0,0323	0,0404	0,0485	0,0525	0,0646	0,0808	0,0969	0,1292
1.1.1963-31. 3.1963	0,0076	0,0152	0,0228	0,0304	0,0381	0,0457	0,0495	0,0609	0,0761	0,0913	0,1218

Anlage 8

Lohn-, Beitrags- oder Gehaltsklassen und Beitragsbemessungsgrundlagen in RM/DM für Sachbezugszeiten, in denen der Versicherte nicht Lehrling oder Anlernling war

Zeitraum	Rentenversicherung der Arbeiter					Rentenversicherung der Angestellten	
	Arbeiter *)			Arbeiterinnen **)		Angestellte	
	1	2	3	1	2	männlich	weiblich
1.1.1891-31.12.1899	IV	III	III	III	II	D	B
1.1.1900-31.12.1906	IV	IV	III	III	III	D	C
1.1.1907-31. 7.1921	V	V	IV	III	III	E	C
1.8.1921-30. 9.1921	V	V	IV	III	III	–	–
1.1.1924-31.12.1925	V	V	IV	IV	III	C	B
1.1.1926-31.12.1927	VI	V	V	IV	IV	C	C
1.1.1928-31.12.1933	VII	VI	V	IV	IV	C	C
1.1.1934-31.12.1938	VI	V	V	IV	IV	C	C
1.1.1939-28./30.6.1942	VII	VI	V	V	IV	D	C
1942	2 124	1 824	1 500	1 428	1 176	2 604	1 776
1943	2 160	1 860	1 536	1 440	1 188	2 628	1 788
1944	2 160	1 860	1 548	1 452	1 200	2 604	1 764
1945	1 872	1 608	1 368	1 272	1 068	2 028	1 368
1946	1 992	1 716	1 452	1 308	1 116	2 016	1 332
1947	2 088	1 788	1 536	1 344	1 152	2 088	1 380
1948	2 424	2 076	1 776	1 584	1 344	2 544	1 668
1949	2 916	2 508	2 124	1 896	1 620	3 264	2 136
1950	2 976	2 556	2 124	1 992	1 668	3 612	2 604
1951	3 396	2 916	2 412	2 280	1 908	4 092	2 940
1952	3 672	3 156	2 592	2 460	2 052	4 380	3 156
1953	3 828	3 330	2 688	2 568	2 100	4 584	3 324
1954	3 972	3 420	2 772	2 664	2 148	4 740	3 456
1955	4 308	3 708	2 976	2 844	2 328	4 848	3 528
1956	4 596	3 948	3 144	3 048	2 484	5 124	3 744

Anlage 8 Forts.

Zeitraum	Angestellte männlich	Angestellte weiblich
1.1.1891-31.12.1899	IV	II
1.1.1900-31.12.1906	IV	III
1.1.1907-31.12.1912	V	III

***) Arbeiter in der Rentenversicherung der Arbeiter**

Gruppe 1

Arbeiter, die aufgrund ihrer Fachausbildung ihre Arbeiten unter eigener Verantwortung selbständig ausführen.

Hierzu gehören u. a.:

Landwirtschaftsmeister
Melkermeister und Alleinmelker
Meister der Tierzucht, des Brennerei- und Molkereifaches, der Gärtner-, Kellerei- und Weinbauberufe
Handwerksmeister
Hausmeister

Gruppe 2

Arbeiter, die aufgrund einer abgeschlossenen Lehre oder mehr als sechsjähriger Berufserfahrung alle anfallenden Arbeiten beherrschen und ohne Anleitung verrichten, die motorbetriebene landwirtschaftliche Maschinen bedienen, pflegen oder reparieren, sowie Aufsichtskräfte und Arbeiter, die mit Spezialarbeiten beschäftigt werden.

Hierzu gehören u. a.:

landwirtschaftlicher Gehilfe
Gehilfe und Spezialarbeiter der Tierzucht, des Brennerei- und Molkereifaches, der Gärtner-, Kellerei- und Weinbauberufe
Vorarbeiter einschließlich „Baumeister"
Treckerfahrer (früher Gespannführer)
Kraftfahrer
Landarbeiter mit Facharbeiterbrief oder mehr als sechsjähriger Berufserfahrung
Waldarbeiter, Waldarbeitergehilfe und angelernter Waldarbeiter mit mehr als sechsjähriger Berufserfahrung

Gruppe 3

Arbeiter, die mit einfachen, als Hilfsarbeiten zu bewertenden Arbeiten beschäftigt sind, sowie alle sonstigen Arbeiter, die nicht nach der Leistungsgruppe 1 oder 2 einzustufen sind.

Hierzu gehören u. a.:

Landarbeiter mit weniger als sechsjähriger Berufserfahrung
Hilfsarbeiter
angelernter Waldarbeiter mit weniger als sechsjähriger Berufserfahrung
ungelernter Waldarbeiter

****) Arbeiterinnen in der Rentenversicherung der Arbeiter**

Gruppe 1

Arbeiterinnen, die aufgrund einer abgeschlossenen Lehre oder mehr als sechsjähriger Berufserfahrung alle anfallenden Arbeiten beherrschen und ohne Anleitung verrichten, die motorgetriebene landwirtschaftliche Maschinen bedienen, pflegen oder reparieren, sowie Aufsichtskräfte und Arbeiterinnen, die mit Spezialarbeiten beschäftigt werden.

Hierzu gehören u. a.:

Gehilfin
Wirtschafterin
Vorarbeiterin
Spezialarbeiterin
Landarbeiterin mit Facharbeiterbrief oder mehr als sechsjähriger Berufserfahrung
Hausgehilfin (auch außerhalb der Landwirtschaft) mit mehr als sechsjähriger Berufserfahrung
angelernte Waldarbeiterin mit mehr als sechsjähriger Berufserfahrung

Gruppe 2

Arbeiterinnen, die mit einfachen, als Hilfsarbeiten zu bewertenden Arbeiten beschäftigt sind, sowie alle sonstigen Arbeiterinnen, die nicht nach der Leistungsgruppe 1 einzustufen sind.

Hierzu gehören u. a.:

Landarbeiterin mit weniger als sechsjähriger Berufserfahrung
Hausgehilfin (auch außerhalb der Landwirtschaft) mit weniger als sechsjähriger Berufserfahrung
Hilfsarbeiterin
angelernte Waldarbeiterin mit weniger als sechsjähriger Berufserfahrung
ungelernte Waldarbeiterin

Anlage 9

Folgende im Gebiet der Bundesrepublik Deutschland ohne das Beitrittsgebiet ausgeübte Arbeiten vor dem 1. Januar 1969 sind

I. Hauerarbeiten:

1. Bezeichnung des Versicherten und erforderliche Beschäftigungsmerkmale

Übliche Bezeichnung:	Erforderliche Merkmale der Beschäftigung
Abdämmer	Bohr- und Schießarbeiten im Steinkohlenbergbau Saar
Abteilungssteiger	Nummer 8
Anlernhauer	
Anschläger unter Tage	Auffahren beladener Förderwagen ohne mechanische Hilfe in knappschaftlichen Betrieben der Industrie der Steine und Erden und Nummer 1
Aufsichtshauer	Nummern 1, 3 und 4
Ausbildungshauer	überwiegender Einsatz unter Tage
Ausbildungssteiger	überwiegende Beschäftigung unter Tage in der Berufsausbildung
Bandmeister	im Streb- oder Streckenvortrieb
Bandverleger	Nummern 1 und 3
Bediener von Gewinnungs-, Streckenvortriebs- oderLademaschinen	Nummern 1, 3 und 4; 1 und 3
Berauber	im Kali- oder Steinsalzbergbau und Nummer 4
Betriebsführer	unter Tage Nummer 8
Blaser	Nummern 1 und 3
Blindschachtreparaturhauer	ständige Reparaturarbeiten in Blind- oder Schrägschächten und Nummern 2 und 4
Bohrer	Nummern 1, 3 und 4 oder 1 und 3
Bohrmeister	Nummer 5 (einschließlich Streckenvortrieb) oder 6 oder 7
Drittelführer	Nummern 1, 3 und 4
Elektrohauer	Nummer 1, 5 oder 6 oder beim Streckenvortrieb
Elektrosteiger	Nummer 8
Fahrer von Gewinnungs-, Streckenvortriebs- oder Lademaschinen	Nummern 1, 3 und 4; 1 und 3
Fahrhauer	Nummern 1, 3 und 4; 8
Fahrsteiger	Nummer 8
Firstankernagler	im Erz-, Kali- oder Steinsalzbergbau
Firstankerrauber	im Erz-, Kali- oder Steinsalzbergbau
Gedingeschlepper	Nummern 1 und 3
Grubensteiger	Nummer 8
Hauer	Nummern 1, 3 und 4
Kastler	Raub- oder Umsetzarbeiten in unter starkem Druck stehenden abzuwerfenden Strecken in Abbauen oder in Blindschächten und Nummer 2
Knappe	Nummern 1 und 3
Kohlenstoßtränker	Nummern 1, 3 und 4
Lehrhauer	Nummern 1 und 3
Maschinenhauer	Nummern 1, 5 oder 6 oder beim Streckenvortrieb
Maschinensteiger	Nummer 8
Maurer	in knappschaftlichen Betrieben der Industrie der Steine und Erden und Nummer 1
Meister im Elektro- oder Maschinenbetrieb	im Steinkohlenbergbau Saar, Nummer 5 oder 6 oder beim Streckenvortrieb

Meisterhauer	überwiegender Einsatz unter Tage
Neubergmann	Nummern 1 und 3
Oberhauer	
Obersteiger unter Tage	Nummer 8
Partiemann	
Pfeilerrücker	Nummern 1 und 3
Rauber	Nummern 1, 3 und 4; 1 und 3; 2 und Raub- oder Umsetzarbeiten in unter starkem Druck stehenden abzuwerfenden Strecken, in Abbauen oder Blindschächten
Reviersteiger	Nummer 8
Rohrleger	Nummern 1 und 3
Rutschenverleger	Nummern 1 und 3
Rollochmaurer	im Erzbergbau oder in knappschaftlichen Betrieben der Industrie der Steine und Erden und Nummer 1
Rutschenmeister	
Schachthauer	ständige Reparaturarbeiten im Schacht und Nummer 4
Schachtsteiger	Nummer 8
Schießmeister	
Schießsteiger	überwiegende Beaufsichtigung der durchzuführenden Schießarbeiten
Schrapperfahrer	im Kali- oder Steinsalzbergbau und Nummer 1
Stapelreparaturhauer	ständige Reparaturarbeiten in Blind- oder Schrägschächten und Nummern 2 und 4
Stempelwart	
Stückenschießer	im Kali- oder Steinsalzbergbau und Nummer 4
Umsetzer	Nummern 1 und 3
Vermessungssteiger	überwiegend unter Tage
Versetzer	Nummern 1 und 3
Wettermann	im Pech- oder Steinkohlenbergbau
Wettersteiger	im Pech- oder Steinkohlenbergbau
ohne Bezeichnung:	ständige Reparaturarbeiten im Schacht; ständige Reparaturarbeiten in Blind- oder Schrägschächten und Nummer 2; Zimmer-, Reparatur- oder sonstige Instandsetzungsarbeiten im Abbau, beim Streckenvortrieb oder in der Aus- und Vorrichtung und Nummer 2; Aufwältigungs- und Gewältigungsarbeiten und Nummer 2; Erweitern von Strecken und Nummer 2; Nachreißarbeiten und Nummer 2.

Es ist unschädlich, wenn der Versicherte unter einer anderen Bezeichnung als der üblichen beschäftigt war, sofern seine Beschäftigung den erforderlichen Merkmalen entspricht.

2. Beschreibung der in Nummern bezeichneten Beschäftigungsmerkmale

1. Beschäftigung im Gedinge oder zu besonders vereinbartem Lohn (fester Lohn, der infolge besonders gelagerter Verhältnisse an Stelle eines regelrechten Gedinges gezahlt wurde und im Rahmen des möglichen Gedingeverdienstes lag),
2. Beschäftigung gegen einen Lohn, der mindestens dem höchsten tariflichen Schichtlohn entsprach,
3. Beschäftigung im Abbau (bei der Gewinnung, beim Ausbau, bei Raubarbeiten, beim Umbau der Fördermittel oder beim Gewinnen und Einbringen des Versatzes; auch bei planmäßiger Versatzgewinnung in besonderen Bergemühlen unter Tage außerhalb des Abbaues) oder beim Streckenvortrieb oder auch in der Aus- und Vorrichtung,
4. Beschäftigung als Besitzer eines Hauerscheins oder, soweit für die einzelne Bergbauart der Besitz eines Hauerscheins für die Ausübung von Hauerarbeiten nicht eingeführt war, als durch den Betrieb im Einvernehmen mit der Bergbehörde einem Hauer Gleichgestellter,
5. Beschäftigung im Abbau,

6. Beschäftigung in der Aus- und Vorrichtung,
7. Beschäftigung bei der Entgasung,
8. tägliche Beaufsichtigung von Personen, die Arbeiten unter den in den Nummern 1 bis 7 genannten Bedingungen ausführten, und zwar während des überwiegenden Teils der Schicht.

II. Gleichgestellte Arbeiten:

Hauerarbeiten sind auch Zeiten, in denen ein Versicherter

1. vor Ablegen seiner Hauerprüfung als Knappe unter Tage beschäftigt war, wenn er nach der Hauerprüfung eine der unter I. bezeichneten Beschäftigungen ausübte,
2. der für den Einsatz unter Tage bestimmten Grubenwehr – nicht nur als Gerätewart – angehörte,
3. Mitglied des Betriebsrates war, bisher eine der unter I. oder Nummer 1 genannten Beschäftigungen ausübte und wegen der Betriebsratstätigkeit hiervon freigestellt wurde,
4. bis zu drei Monaten im Kalenderjahr eine sonstige Beschäftigung ausübte, wenn er aus betrieblichen Gründen aus einer unter I. oder Nummer 1 genannten Beschäftigung herausgenommen wurde.

Anlage 10

Werte zur Umrechnung der Beitragsbemessungsgrundlagen des Beitrittsgebiets

Jahr	Umrechnungswert	Vorläufiger Umrechnungswert
1945	1,0000	
1946	1,0000	
1947	1,0000	
1948	1,0000	
1949	1,0000	
1950	0,9931	
1951	1,0502	
1952	1,0617	
1953	1,0458	
1954	1,0185	
1955	1,0656	
1956	1,1029	
1957	1,1081	
1958	1,0992	
1959	1,0838	
1960	1,1451	
1961	1,2374	
1962	1,3156	
1963	1,3667	
1964	1,4568	
1965	1,5462	
1966	1,6018	
1967	1,5927	
1968	1,6405	
1969	1,7321	
1970	1,8875	
1971	2,0490	
1972	2,1705	
1973	2,3637	
1974	2,5451	
1975	2,6272	

Jahr	Umrechnungswert	Vorläufiger Umrechnungswert
1976	2,7344	
1977	2,8343	
1978	2,8923	
1979	2,9734	
1980	3,1208	
1981	3,1634	
1982	3,2147	
1983	3,2627	
1984	3,2885	
1985	3,3129	
1986	3,2968	
1987	3,2548	
1988	3,2381	
1989	3,2330	
1. Halbjahr 1990	3,0707	
2. Halbjahr 1990	2,3473	
1991	1,7235	
1992	1,4393	
1993	1,3197	
1994	1,2687	
1995	1,2317	
1996	1,2209	
1997	1,2089	
1998	1,2113	
1999	1,2054	
2000	1,2030	
2001	1,2003	
2002	1,1972	
2003	1,1943	
2004	1,1932	
2005	1,1827	
2006	1,1827	
2007	1,1841	
2008	1,1857	
2009	1,1712	
2010	1,1726	
2011	1,1740	
2012	1,1785	
2013	1,1762	
2014	1,1665	
2015	1,1502	
2016	1,1415	
2017	1,1374	
2018	1,1339	
2019	1,0840	–
2020	1,0700	–
2021	1,0560	–
2022	1,0420	–
2023	1,0280	–
2024	1,0140	–

Anlage 11

Verdienst für freiwillige Beiträge im Beitrittsgebiet

Monatsbeitrag in Mark	entsprechender Verdienst im Zeitraum 1. Februar 1947 bis 31. Dezember 1961	entsprechender Verdienst im Zeitraum 1. Januar 1962 bis 31. Dezember 1990
3	15	keine Beitragszeit nach § 248
6	30	keine Beitragszeit nach § 248
9	45	keine Beitragszeit nach § 248
12	60	keine Beitragszeit nach § 248
15	75	75
18	90	90
21	105	105
24	120	120
27	135	135
30	150	150
36	180	180
42	210	210
48	240	240
54	270	270
60	300	300

Anlage 12

Gesamtdurchschnittseinkommen zur Umwertung der anpassungsfähigen Bestandsrenten des Beitrittsgebiets

Ende des 20-Jahreszeitraumes		Gesamt-durchschnitts-einkommen
Jahr	Monat	
1991	2. Halbjahr	205 278
1991	1. Halbjahr	197 966
1990	2. Halbjahr	192 565
1989		189 270
1988		183 713
1987		178 310
1986		173 135
1985		168 201
1984		163 519
1983		158 903
1982		154 388
1981		149 942
1980		145 607
1979		141 487
1978		137 345
1977		133 121
1976		128 871
1975		124 729
1974		120 696
1973		116 845
1972		112 988
1971		109 090
1970		105 211
1969		101 325
1968		97 328
1967		92 938
1966		88 355
1965		83 957
1964		82 093
1963		80 195
1962		78 220
1961		76 146
1960		73 979
1959		71 651
1958		69 211
1957		66 897
1956		64 704
1955		62 390
1954		59 838
1953		56 925
1952		53 963
1951		50 863
1950		47 404
1949		43 340
1948		38 867
1947		36 110

Ende des 20-Jahreszeitraumes		Gesamt-durchschnitts-einkommen
Jahr	Monat	
1946 und früher		35 560

Anlage 13

Definition der Qualifikationsgruppen

Versicherte sind in eine der nachstehenden Qualifikationsgruppen einzustufen, wenn sie deren Qualifikationsmerkmale erfüllen und eine entsprechende Tätigkeit ausgeübt haben. Haben Versicherte aufgrund langjähriger Berufserfahrung Fähigkeiten erworben, die üblicherweise denen von Versicherten einer höheren Qualifikationsgruppe entsprechen, sind sie in diese Qualifikationsgruppe einzustufen.

Qualifikationsgruppe 1

Hochschulabsolventen

1. Personen, die in Form eines Direkt-, Fern-, Abend- oder externen Studiums an einer Universität, Hochschule, Ingenieurhochschule, Akademie oder an einem Institut mit Hochschulcharakter ein Diplom erworben oder ein Staatsexamen abgelegt haben.
2. Personen, denen aufgrund gesetzlicher Bestimmungen oder wissenschaftlicher Leistungen ein wissenschaftlicher Grad oder Titel zuerkannt worden ist (z.B. Attestation im Bereich Volksbildung, Dr. h. c., Professor).
3. Inhaber gleichwertiger Abschlusszeugnisse staatlich anerkannter höherer Schulen und Universitäten.

Hierzu zählen nicht Teilnehmer an einem verkürzten Sonderstudium (z.B. Teilstudium), das nicht mit dem Erwerb eines Diploms oder Staatsexamens abschloss.

Qualifikationsgruppe 2

Fachschulabsolventen

1. Personen, die an einer Ingenieur- oderFachschule in einer beliebigen Studienform oder extern den Fachschulabschluss entsprechend den geltenden Rechtsvorschriften erworben haben und denen eine Berufsbezeichnung der Fachschulausbildung erteilt worden ist.
2. Personen, denen aufgrund gesetzlicher Bestimmungen im Beitrittsgebiet der Fachschulabschluss bzw. eine Berufsbezeichnung der Fachschulausbildung zuerkannt worden ist.
3. Personen, die an staatlich anerkannten mittleren und höheren Fachschulen außerhalb des Beitrittsgebiets eine Ausbildung abgeschlossen haben, die der Anforderung des Fachschulabschlusses im Beitrittsgebiet entsprach, und ein entsprechendes Zeugnis besitzen.
4. Technische Fachkräfte, die berechtigt die Berufsbezeichnung „Techniker" führten, sowie Fachkräfte, die berechtigt eine dem „Techniker" gleichwertige Berufsbezeichnung entsprechend der Systematik der Berufe im Beitrittsgebiet (z.B. Topograph, Grubensteiger) führten.

Hierzu zählen nicht Teilnehmer an einem Fachschulstudium, das nicht zum Fachschulabschluss führte, und Meister, auch wenn die Ausbildung an einer Ingenieur- oder Fachschule erfolgte.

Qualifikationsgruppe 3

Meister

Personen, die einen urkundlichen Nachweis über eine abgeschlossene Qualifikation als Meister bzw. als Meister des Handwerks besitzen bzw. denen aufgrund langjähriger Berufserfahrung entsprechend den gesetzlichen Bestimmungen im Beitrittsgebiet die Qualifikation als Meister zuerkannt wurde.
Hierzu zählen nicht in Meisterfunktion eingesetzte oder den Begriff „Meister" als Tätigkeitsbezeichnung führende Personen, die einen Meisterabschluss nicht haben (z.B. Platzmeister, Wagenmeister).

Qualifikationsgruppe 4

Facharbeiter

Personen, die über die Berufsausbildung oder im Rahmen der Erwachsenenqualifizierung nach abgeschlossener Ausbildung in einem Ausbildungsberuf die Facharbeiterprüfung bestanden haben und im Besitz eines Facharbeiterzeugnisses (Facharbeiterbrief) sind oder denen aufgrund langjähriger Berufserfahrung entsprechend den gesetzlichen Bestimmungen im Beitrittsgebiet die Facharbeiterqualifikation zuerkannt worden ist.
Hierzu zählen nicht Personen, die im Rahmen der Berufsausbildung oder der Erwachsenenqualifizierung auf Teilgebieten eines Ausbildungsberufes entsprechend der Systematik der Ausbildungsberufe im Beitrittsgebiet ausgebildet worden sind.

Qualifikationsgruppe 5

Angelernte und ungelernte Tätigkeiten

1. Personen, die in der Berufsausbildung oder im Rahmen der Erwachsenenqualifizierung eine Ausbildung auf Teilgebieten eines Ausbildungsberufes abgeschlossen haben und im Besitz eines entsprechenden Zeugnisses sind.
2. Personen, die in einer produktionstechnischen oder anderen speziellen Schulung für eine bestimmte Tätigkeit angelernt worden sind.
3. Personen ohne Ausbildung oder spezielle Schulung für die ausgeübte Tätigkeit.

Anlage 14

Bereich

Energie- und Brennstoffindustrie	Tabelle 1
Chemische Industrie	Tabelle 2
Metallurgie	Tabelle 3
Baumaterialienindustrie	Tabelle 4
Wasserwirtschaft	Tabelle 5
Maschinen- und Fahrzeugbau	Tabelle 6
Elektrotechnik/Elektronik/Gerätebau	Tabelle 7
Leichtindustrie (ohne Textilindustrie)	Tabelle 8
Textilindustrie	Tabelle 9
Lebensmittelindustrie	Tabelle 10
Bauwirtschaft	Tabelle 11
Sonstige produzierende Bereiche	Tabelle 12
Produzierendes Handwerk	Tabelle 13
Land- und Forstwirtschaft	Tabelle 14
Verkehr	Tabelle 15
Post- und Fernmeldewesen	Tabelle 16
Handel	Tabelle 17
Bildung, Gesundheitswesen, Kultur und Sozialwesen	Tabelle 18
Wissenschaft, Hoch- und Fachschulwesen	Tabelle 19
Staatliche Verwaltung und Gesellschaftliche Organisationen	Tabelle 20
Sonstige nichtproduzierende Bereiche	Tabelle 21
Landwirtschaftliche Produktionsgenossenschaften	Tabelle 22
Produktionsgenossenschaften des Handwerks	Tabelle 23

noch Anlage 14 Tabelle 1

Bereich: Energie- und Brennstoffindustrie

Jahr	Qualifikationsgruppe				
	1	2	3	4	5
1950	5 371	4 139	4 377	3 218	2 622
1951	5 995	4 746	4 976	3 675	3 005
1952	6 404	5 178	5 386	3 995	3 278
1953	6 745	5 550	5 728	4 267	3 513
1954	7 028	5 866	6 011	4 495	3 712
1955	7 582	6 406	6 518	4 892	4 052
1956	7 861	6 709	6 782	5 108	4 243
1957	7 981	6 872	6 902	5 216	4 343
1958	8 289	7 193	7 180	5 443	4 543
1959	8 545	7 465	7 408	5 632	4 712
1960	9 290	8 163	8 056	6 142	5 150
1961	10 150	8 966	8 800	6 727	5 651
1962	10 965	9 730	9 502	7 281	6 128
1963	11 689	10 415	10 120	7 773	6 553
1964	12 720	11 376	11 002	8 469	7 150
1965	13 691	12 285	11 826	9 123	7 712
1966	14 484	13 036	12 494	9 657	8 173
1967	14 656	13 227	12 623	9 776	8 282
1968	15 484	14 009	13 315	10 331	8 758
1969	16 593	15 046	14 244	11 071	9 392
1970	18 545	16 850	15 892	12 372	10 499
1971	20 341	18 516	17 400	13 567	11 516
1972	22 349	20 379	19 082	14 902	12 649
1973	25 037	22 866	21 338	16 688	14 161
1974	27 715	25 348	23 576	18 463	15 661
1975	30 138	27 149	24 314	19 244	16 560
1976	32 525	29 544	26 820	21 008	17 732
1977	35 012	32 063	29 439	22 876	18 959
1978	35 781	32 839	30 225	23 890	20 255
1979	36 981	34 055	31 412	25 166	22 029
1980	40 926	37 726	34 514	27 479	23 435
1981	43 557	40 222	36 538	28 911	24 049
1982	44 903	41 417	37 598	29 631	24 572
1983	46 165	42 545	38 570	30 305	25 066

Jahr	Qualifikationsgruppe				
	1	2	3	4	5
1984	46 455	42 785	39 320	30 926	25 773
1985	46 723	43 018	40 297	31 387	26 847
1986	47 542	43 602	41 121	32 148	26 900
1987	49 929	45 662	43 249	34 009	27 929
1988	51 441	46 954	44 762	35 088	28 958
1989	52 290	47 678	45 704	35 757	29 662
I/90	26 612	24 265	23 261	18 199	15 097
II/90	30 833	28 113	26 949	21 084	17 491

Jahr	Qualifikationsgruppe (endgültige Werte)					Qualifikationsgruppe (vorläufige Werte)				
	1	2	3	4	5	1	2	3	4	5
1991	65 305	59 544	57 078	44 656	37 046	64 564	58 868	56 431	44 149	36 626
1992	68 831	62 759	60 160	47 067	39 046	67 463	61 511	58 965	46 132	38 270
1993	70 827	64 579	61 905	48 432	40 178	73 011	66 571	63 814	49 926	41 418
1994	72 244	65 871	63 143	49 401	40 982	76 265	69 537	66 657	52 150	43 263
1995	74 484	67 913	65 100	50 932	42 252	74 935	68 325	65 495	51 241	42 508
1996	75 974	69 271	66 402	51 951	43 097	75 134	68 506	65 669	51 377	42 621
1997	76 658	69 894	67 000	52 419	43 485	79 102	72 124	69 136	54 090	44 872
1998	77 808	70 942	68 005	53 205	44 137	79 013	72 042	69 058	54 029	44 821
1999	78 664	71 722	68 753	53 790	44 623	78 038	71 152	68 206	53 363	44 268
2000	79 765	72 726	69 716	54 543	45 248	80 142	73 070	70 045	54 801	45 461
2001	81 177	74 013	70 950	55 508	46 049	80 395	73 300	70 266	54 973	45 605

noch Anlage 14 — Tabelle 2

Bereich: Chemische Industrie

Jahr	Qualifikationsgruppe				
	1	2	3	4	5
1950	4 993	3 848	4 070	2 992	2 437
1951	5 574	4 412	4 627	3 417	2 794
1952	5 954	4 814	5 008	3 715	3 048
1953	6 272	5 160	5 326	3 967	3 266
1954	6 535	5 454	5 589	4 180	3 452
1955	7 046	5 952	6 056	4 546	3 765
1956	7 311	6 241	6 308	4 751	3 946
1957	7 430	6 398	6 426	4 856	4 044
1958	7 725	6 703	6 691	5 072	4 234
1959	7 971	6 963	6 910	5 253	4 396
1960	8 645	7 596	7 496	5 715	4 792
1961	9 332	8 242	8 090	6 184	5 195
1962	10 126	8 986	8 774	6 724	5 659
1963	10 778	9 603	9 331	7 167	6 042
1964	11 837	10 587	10 238	7 881	6 654
1965	12 824	11 507	11 078	8 546	7 224
1966	13 587	12 229	11 720	9 060	7 667
1967	13 723	12 385	11 819	9 154	7 754
1968	14 458	13 080	12 432	9 646	8 178
1969	15 538	14 089	13 338	10 367	8 794
1970	17 476	15 879	14 976	11 659	9 894
1971	19 219	17 495	16 440	12 819	10 881
1972	20 796	18 963	17 756	13 866	11 770
1973	23 306	21 285	19 863	15 534	13 182
1974	25 855	23 648	21 994	17 225	14 611
1975	28 383	25 568	22 898	18 124	15 596
1976	30 050	27 296	24 780	19 410	16 382
1977	32 282	29 562	27 143	21 092	17 481
1978	33 148	30 423	28 001	22 132	18 764
1979	34 345	31 627	29 173	23 373	20 459
1980	37 178	34 271	31 354	24 962	21 289
1981	39 004	36 018	32 719	25 889	21 535
1982	40 315	37 185	33 756	26 604	22 062
1983	41 639	38 374	34 789	27 334	22 609

Jahr	Qualifikationsgruppe				
	1	2	3	4	5
1984	42 016	38 697	35 563	27 971	23 310
1985	42 427	39 063	36 592	28 501	24 379
1986	43 371	39 777	37 514	29 328	24 541
1987	44 970	41 127	38 954	30 631	25 156
1988	46 006	41 993	40 033	31 381	25 898
1989	47 312	43 139	41 353	32 353	26 839
I/90	24 410	22 257	21 335	16 693	13 847
II/90	27 059	24 673	23 651	18 504	15 350

Jahr	Qualifikationsgruppe (endgültige Werte)					Qualifikationsgruppe (vorläufige Werte)				
	1	2	3	4	5	1	2	3	4	5
1991	57 311	52 258	50 093	39 192	32 511	56 661	51 665	49 525	38 747	32 143
1992	60 406	55 080	52 798	41 308	34 267	59 205	53 985	51 748	40 487	33 586
1993	62 158	56 677	54 329	42 506	35 261	64 074	58 425	56 004	43 817	36 348
1994	63 401	57 811	55 416	43 356	35 966	66 930	61 029	58 500	45 769	37 968
1995	65 366	59 603	57 134	44 700	37 081	65 763	59 964	57 480	44 971	37 306
1996	66 673	60 795	58 277	45 594	37 823	65 937	60 123	57 633	45 090	37 405
1997	67 273	61 342	58 801	46 004	38 163	69 419	63 298	60 676	47 471	39 380
1998	68 282	62 262	59 683	46 694	38 735	69 340	63 227	60 608	47 418	39 336
1999	69 033	62 947	60 340	47 208	39 161	68 484	62 446	59 859	46 832	38 850
2000	69 999	63 828	61 185	47 869	39 709	70 330	64 130	61 473	48 095	39 897
2001	71 238	64 958	62 268	48 716	40 412	70 552	64 332	61 667	48 247	40 023

noch Anlage 14 Tabelle 3

Bereich: Metallurgie

Jahr	Qualifikationsgruppe				
	1	2	3	4	5
1950	5 963	4 598	4 861	3 573	2 911
1951	6 660	5 272	5 528	4 083	3 338
1952	7 117	5 755	5 986	4 440	3 644
1953	7 500	6 171	6 369	4 745	3 906
1954	7 819	6 526	6 687	5 001	4 130
1955	8 430	7 122	7 247	5 440	4 505
1956	8 656	7 388	7 467	5 625	4 672
1957	8 703	7 494	7 526	5 688	4 736
1958	8 952	7 768	7 754	5 878	4 907
1959	9 139	7 984	7 923	6 023	5 040
1960	9 800	8 611	8 498	6 478	5 432
1961	10 578	9 343	9 171	7 010	5 889
1962	11 366	10 086	9 849	7 547	6 352
1963	12 026	10 716	10 412	7 997	6 742
1964	13 225	11 828	11 438	8 805	7 434
1965	14 202	12 744	12 268	9 464	8 000
1966	14 944	13 450	12 890	9 964	8 433
1967	15 043	13 576	12 956	10 034	8 500
1968	15 787	14 283	13 575	10 533	8 930
1969	16 986	15 402	14 581	11 333	9 614
1970	18 919	17 190	16 212	12 622	10 711
1971	20 773	18 909	17 769	13 855	11 760
1972	22 653	20 656	19 342	15 105	12 821
1973	25 204	23 018	21 480	16 799	14 256
1974	27 751	25 381	23 607	18 487	15 682
1975	30 367	27 355	24 498	19 390	16 686
1976	32 171	29 223	26 529	20 780	17 539
1977	34 249	31 364	28 798	22 377	18 546
1978	35 422	32 509	29 921	23 650	20 051
1979	36 662	33 760	31 140	24 949	21 838
1980	39 861	36 744	33 616	26 764	22 826
1981	41 412	38 241	34 739	27 487	22 865
1982	42 765	39 445	35 808	28 220	23 402
1983	43 947	40 501	36 718	28 849	23 862

Jahr	Qualifikationsgruppe				
	1	2	3	4	5
1984	43 989	40 514	37 233	29 284	24 405
1985	44 287	40 775	38 196	29 751	25 447
1986	45 478	41 710	39 336	30 752	25 733
1987	46 911	42 901	40 634	31 953	26 241
1988	47 761	43 594	41 560	32 578	26 886
1989	48 503	44 225	42 394	33 168	27 514
I/90	25 129	22 912	21 963	17 184	14 255
II/90	25 335	23 100	22 144	17 325	14 371

Jahr	Qualifikationsgruppe (endgültige Werte)					Qualifikationsgruppe (vorläufige Werte)				
	1	2	3	4	5	1	2	3	4	5
1991	53 660	48 926	46 901	36 695	30 438	53 051	48 371	46 369	36 278	30 093
1992	56 558	51 568	49 434	38 677	32 082	55 433	50 543	48 451	37 907	31 444
1993	58 198	53 063	50 868	39 799	33 012	59 992	54 700	52 436	41 025	34 030
1994	59 362	54 124	51 885	40 595	33 672	62 666	57 137	54 773	42 854	35 547
1995	61 202	55 802	53 493	41 853	34 716	61 573	56 141	53 818	42 107	34 927
1996	62 426	56 918	54 563	42 690	35 410	61 736	56 289	53 960	42 219	35 019
1997	62 988	57 430	55 054	43 074	35 729	64 997	59 262	56 810	44 448	36 868
1998	63 933	58 291	55 880	43 720	36 265	64 923	59 195	56 746	44 398	36 826
1999	64 636	58 932	56 495	44 201	36 664	64 122	58 464	56 045	43 849	36 372
2000	65 541	59 757	57 286	44 820	37 177	65 851	60 040	57 556	45 032	37 353
2001	66 701	60 815	58 300	45 613	37 835	66 058	60 229	57 738	45 173	37 471

noch Anlage 14

Tabelle 4

Bereich: Baumaterialienindustrie

Jahr	Qualifikationsgruppe				
	1	2	3	4	5
1950	4 437	3 419	3 616	2 658	2 166
1951	4 955	3 922	4 113	3 037	2 484
1952	5 295	4 281	4 453	3 304	2 711
1953	5 580	4 591	4 739	3 530	2 906
1954	5 817	4 855	4 975	3 720	3 072
1955	6 267	5 294	5 387	4 043	3 349
1956	6 592	5 627	5 687	4 284	3 558
1957	6 791	5 848	5 873	4 438	3 696
1958	7 157	6 211	6 199	4 699	3 923
1959	7 486	6 540	6 490	4 934	4 128
1960	8 237	7 238	7 143	5 445	4 566
1961	8 957	7 912	7 766	5 936	4 987
1962	9 687	8 596	8 394	6 432	5 414
1963	10 362	9 233	8 971	6 891	5 809
1964	11 270	10 079	9 747	7 503	6 335
1965	12 291	11 029	10 617	8 190	6 924
1966	13 082	11 774	11 284	8 722	7 382
1967	13 245	11 953	11 408	8 835	7 484
1968	14 038	12 701	12 072	9 366	7 940
1969	15 980	14 489	13 717	10 662	9 044
1970	17 236	15 660	14 770	11 499	9 758
1971	19 104	17 390	16 341	12 742	10 816
1972	20 613	18 796	17 600	13 745	11 666
1973	23 006	21 011	19 607	15 334	13 013
1974	25 677	23 484	21 842	17 105	14 510
1975	28 116	25 328	22 683	17 953	15 449
1976	29 814	27 082	24 585	19 257	16 254
1977	31 398	28 753	26 401	20 515	17 003
1978	32 071	29 434	27 091	21 413	18 155
1979	33 187	30 561	28 189	22 585	19 769
1980	35 943	33 133	30 312	24 133	20 582
1981	37 691	34 805	31 618	25 017	20 810
1982	39 112	36 075	32 749	25 810	21 403
1983	40 236	37 081	33 617	26 413	21 847

Jahr	Qualifikationsgruppe				
	1	2	3	4	5
1984	40 626	37 416	34 386	27 045	22 539
1985	40 611	37 391	35 026	27 281	23 335
1986	41 528	38 086	35 919	28 081	23 498
1987	42 642	38 998	36 937	29 046	23 853
1988	43 310	39 532	37 687	29 542	24 380
1989	44 461	40 540	38 861	30 404	25 221
I/90	23 515	21 442	20 554	16 081	13 340
II/90	26 838	24 470	23 457	18 352	15 224

Jahr	Qualifikationsgruppe (endgültige Werte)					Qualifikationsgruppe (vorläufige Werte)				
	1	2	3	4	5	1	2	3	4	5
1991	56 843	51 828	49 682	38 870	32 245	56 198	51 240	49 118	38 429	31 879
1992	59 913	54 627	52 365	40 969	33 986	58 722	53 540	51 324	40 154	33 310
1993	61 650	56 211	53 884	42 157	34 972	63 551	57 944	55 545	43 457	36 050
1994	62 883	57 335	54 962	43 000	35 671	66 384	60 527	58 020	45 394	37 656
1995	64 832	59 112	56 666	44 333	36 777	65 226	59 471	57 009	44 602	37 000
1996	66 129	60 294	57 799	45 220	37 513	65 398	59 628	57 160	44 720	37 088
1997	66 724	60 837	58 319	45 627	37 851	68 852	62 777	60 179	47 082	39 057
1998	67 725	61 750	59 194	46 311	38 419	68 774	62 706	60 111	47 029	39 014
1999	68 470	62 429	59 845	46 820	38 842	67 925	61 932	59 369	46 448	38 532
2000	69 429	63 303	60 683	47 475	39 386	69 757	63 603	60 970	47 700	39 572
2001	70 658	64 423	61 757	48 315	40 083	69 976	63 802	61 162	47 850	39 697

noch Anlage 14

Tabelle 5

Bereich: Wasserwirtschaft

Jahr	Qualifikationsgruppe				
	1	2	3	4	5
1950	4 491	3 461	3 660	2 690	2 192
1951	5 014	3 969	4 162	3 074	2 513
1952	5 357	4 332	4 506	3 342	2 743
1953	5 645	4 644	4 794	3 571	2 940
1954	5 883	4 910	5 032	3 763	3 107
1955	6 336	5 353	5 446	4 088	3 386
1956	6 632	5 661	5 722	4 310	3 579
1957	6 798	5 854	5 879	4 443	3 700
1958	7 129	6 186	6 175	4 681	3 908
1959	7 420	6 482	6 433	4 891	4 092
1960	8 118	7 134	7 040	5 367	4 500
1961	8 637	7 629	7 488	5 724	4 809
1962	9 268	8 224	8 031	6 154	5 179
1963	9 807	8 738	8 491	6 522	5 498
1964	10 660	9 534	9 220	7 097	5 992
1965	11 735	10 530	10 137	7 820	6 611
1966	12 553	11 298	10 828	8 370	7 083
1967	12 585	11 358	10 839	8 395	7 111
1968	13 362	12 089	11 490	8 915	7 558
1969	14 433	13 087	12 390	9 630	8 169
1970	16 113	14 641	13 808	10 750	9 123
1971	17 895	16 290	15 308	11 936	10 132
1972	19 395	17 686	16 560	12 932	10 977
1973	22 141	20 221	18 689	14 757	12 523
1974	24 532	22 437	20 869	16 343	13 863
1975	27 086	24 400	21 852	17 295	14 883
1976	28 675	26 047	23 646	18 522	15 633
1977	29 592	27 099	24 881	19 334	16 024
1978	29 877	27 421	25 238	19 948	16 913
1979	30 591	28 170	25 984	20 818	18 222
1980	33 218	30 620	28 014	22 303	19 021
1981	35 196	32 501	29 525	23 361	19 433
1982	36 751	33 898	30 772	24 252	20 111
1983	37 611	34 662	31 424	24 690	20 422

Jahr	Qualifikationsgruppe				
	1	2	3	4	5
1984	38 519	35 475	32 602	25 642	21 370
1985	38 176	35 148	32 925	25 645	21 936
1986	39 464	36 194	34 134	26 686	22 330
1987	40 702	37 223	35 256	27 724	22 768
1988	42 154	38 477	36 681	28 754	23 730
1989	43 397	39 570	37 932	29 676	24 618
I/90	23 236	21 187	20 309	15 890	13 181
II/90	25 345	23 110	22 153	17 331	14 378

Jahr	Qualifikationsgruppe (endgültige Werte)					Qualifikationsgruppe (vorläufige Werte)				
	1	2	3	4	5	1	2	3	4	5
1991	53 681	48 947	46 920	36 707	30 453	53 072	48 392	46 388	36 291	30 107
1992	56 580	51 590	49 454	38 689	32 097	55 455	50 565	48 471	37 920	31 459
1993	58 221	53 086	50 888	39 811	33 028	60 016	54 723	52 457	41 039	34 047
1994	59 385	54 148	51 906	40 607	33 689	62 691	57 162	54 795	42 867	35 563
1995	61 226	55 827	53 515	41 866	34 733	61 598	56 165	53 840	42 120	34 944
1996	62 451	56 944	54 585	42 703	35 428	61 760	56 314	53 982	42 231	35 037
1997	63 013	57 456	55 076	43 087	35 747	65 022	59 288	56 833	44 462	36 886
1998	63 958	58 318	55 902	43 733	36 283	64 949	59 222	56 768	44 411	36 845
1999	64 662	58 959	56 517	44 214	36 682	64 147	58 490	56 067	43 863	36 390
2000	65 567	59 784	57 308	44 833	37 196	65 877	60 068	57 579	45 045	37 371
2001	66 728	60 842	58 322	45 627	37 854	66 085	60 256	57 760	45 187	37 489

noch Anlage 14

Tabelle 6

Bereich: Maschinen- und Fahrzeugbau

Jahr	Qualifikationsgruppe				
	1	2	3	4	5
1950	5 191	4 001	4 231	3 110	2 534
1951	5 796	4 588	4 811	3 553	2 906
1952	6 193	5 008	5 209	3 864	3 171
1953	6 525	5 369	5 541	4 128	3 398
1954	6 801	5 676	5 816	4 350	3 592
1955	7 340	6 201	6 309	4 736	3 923
1956	7 543	6 439	6 508	4 902	4 071
1957	7 592	6 537	6 566	4 962	4 132
1958	7 817	6 783	6 771	5 132	4 285
1959	7 988	6 978	6 925	5 265	4 405
1960	8 577	7 537	7 437	5 670	4 754
1961	9 368	8 274	8 122	6 208	5 215
1962	10 221	9 070	8 857	6 787	5 712
1963	10 798	9 621	9 349	7 180	6 053
1964	11 732	10 493	10 147	7 811	6 595
1965	12 757	11 448	11 020	8 501	7 186
1966	13 541	12 187	11 681	9 029	7 641
1967	13 723	12 385	11 819	9 154	7 754
1968	14 458	13 080	12 432	9 646	8 178
1969	15 881	14 400	13 633	10 596	8 989
1970	17 690	16 073	15 159	11 802	10 015
1971	19 392	17 652	16 587	12 934	10 979
1972	21 222	19 352	18 120	14 151	12 011
1973	23 705	21 650	20 203	15 800	13 408
1974	26 213	23 975	22 299	17 463	14 813
1975	28 650	25 809	23 114	18 294	15 742
1976	30 561	27 760	25 201	19 739	16 661
1977	32 242	29 526	27 110	21 065	17 459
1978	33 148	30 423	28 001	22 132	18 764
1979	34 265	31 554	29 105	23 318	20 411
1980	37 093	34 193	31 282	24 905	21 241
1981	39 179	36 180	32 866	26 005	21 632
1982	40 671	37 513	34 055	26 839	22 257
1983	42 046	38 749	35 129	27 601	22 830

Jahr	Qualifikationsgruppe				
	1	2	3	4	5
1984	42 554	39 192	36 018	28 329	23 609
1985	42 914	39 511	37 012	28 828	24 659
1986	43 942	40 301	38 007	29 714	24 864
1987	45 100	41 245	39 066	30 720	25 228
1988	45 920	41 915	39 958	31 323	25 850
1989	46 844	42 712	40 944	32 033	26 573
I/90	23 933	21 822	20 919	16 366	13 576
II/90	27 354	24 942	23 909	18 705	15 517

Jahr	Qualifikationsgruppe (endgültige Werte)					Qualifikationsgruppe (vorläufige Werte)				
	1	2	3	4	5	1	2	3	4	5
1991	57 936	52 827	50 639	39 617	32 865	57 279	52 228	50 065	39 168	32 492
1992	61 065	55 680	53 374	41 756	34 640	59 851	54 573	52 313	40 927	33 951
1993	62 836	57 295	54 922	42 967	35 645	64 773	59 061	56 615	44 292	36 743
1994	64 093	58 441	56 020	43 826	36 358	67 660	61 693	59 138	46 266	38 381
1995	66 080	60 253	57 757	45 185	37 485	66 480	60 618	58 107	45 459	37 712
1996	67 402	61 458	58 912	46 089	38 235	66 657	60 779	58 261	45 579	37 812
1997	68 009	62 011	59 442	46 504	38 579	70 177	63 989	61 338	47 986	39 809
1998	69 029	62 941	60 334	47 202	39 158	70 098	63 916	61 268	47 933	39 764
1999	69 788	63 633	60 998	47 721	39 589	69 233	63 127	60 512	47 341	39 273
2000	70 765	64 524	61 852	48 389	40 143	71 100	64 829	62 144	48 618	40 333
2001	72 018	65 666	62 947	49 245	40 854	71 323	65 033	62 340	48 771	40 460

noch Anlage 14

Tabelle 7

Bereich: Elektrotechnik / Elektronik / Gerätebau

Jahr	Qualifikationsgruppe				
	1	2	3	4	5
1950	4 814	3 710	3 924	2 884	2 350
1951	5 375	4 255	4 462	3 295	2 694
1952	5 743	4 644	4 830	3 583	2 940
1953	6 051	4 978	5 139	3 828	3 151
1954	6 307	5 264	5 394	4 034	3 331
1955	6 803	5 747	5 848	4 390	3 636
1956	6 975	5 953	6 017	4 532	3 764
1957	7 002	6 030	6 056	4 576	3 811
1958	7 192	6 241	6 230	4 722	3 942
1959	7 332	6 405	6 356	4 832	4 043
1960	7 864	6 910	6 819	5 198	4 359
1961	8 584	7 582	7 442	5 688	4 779
1962	9 344	8 292	8 097	6 204	5 222
1963	9 926	8 844	8 594	6 601	5 564
1964	10 891	9 740	9 420	7 251	6 122
1965	11 913	10 690	10 290	7 938	6 711
1966	12 714	11 443	10 967	8 477	7 174
1967	12 881	11 625	11 094	8 592	7 279
1968	13 665	12 363	11 751	9 117	7 729
1969	15 022	13 621	12 896	10 023	8 502
1970	16 781	15 248	14 381	11 196	9 501
1971	18 528	16 866	15 849	12 358	10 490
1972	20 156	18 380	17 210	13 440	11 408
1973	22 707	20 738	19 352	15 134	12 843
1974	25 033	22 895	21 295	16 677	14 146
1975	27 429	24 709	22 129	17 515	15 071
1976	29 068	26 404	23 970	18 775	15 847
1977	30 636	28 055	25 759	20 016	16 589
1978	31 553	28 958	26 653	21 067	17 861
1979	32 868	30 267	27 918	22 367	19 578
1980	35 730	32 936	30 132	23 990	20 460
1981	37 997	35 088	31 875	25 221	20 979
1982	40 003	36 897	33 495	26 398	21 891
1983	41 277	38 040	34 487	27 096	22 412

Jahr	Qualifikationsgruppe				
	1	2	3	4	5
1984	41 927	38 614	35 487	27 911	23 260
1985	42 206	38 859	36 401	28 352	24 251
1986	42 845	39 294	37 058	28 971	24 243
1987	43 806	40 062	37 945	29 838	24 505
1988	44 722	40 821	38 916	30 505	25 175
1989	45 482	41 471	39 754	31 102	25 801
I/90	23 276	21 222	20 344	15 916	13 203
II/90	26 886	24 515	23 500	18 385	15 251

Jahr	Qualifikationsgruppe (endgültige Werte)					Qualifikationsgruppe (vorläufige Werte)				
	1	2	3	4	5	1	2	3	4	5
1991	56 945	51 923	49 773	38 940	32 302	56 299	51 334	49 208	38 498	31 935
1992	60 020	54 727	52 461	41 043	34 046	58 827	53 639	51 418	40 226	33 369
1993	61 761	56 314	53 982	42 233	35 033	63 665	58 050	55 647	43 535	36 114
1994	62 996	57 440	55 062	43 078	35 734	66 502	60 638	58 127	45 476	37 723
1995	64 949	59 221	56 769	44 413	36 842	65 343	59 580	57 113	44 683	37 065
1996	66 248	60 405	57 904	45 301	37 579	65 516	59 738	57 264	44 801	37 163
1997	66 844	60 949	58 425	45 709	37 917	68 976	62 893	60 289	47 167	39 126
1998	67 847	61 863	59 301	46 395	38 486	68 898	62 821	60 220	47 113	39 082
1999	68 593	62 543	59 953	46 905	38 909	68 047	62 046	59 477	46 532	38 600
2000	69 553	63 419	60 792	47 562	39 454	69 882	63 719	61 080	47 787	39 641
2001	70 784	64 542	61 868	48 404	40 152	70 102	63 919	61 272	47 937	39 765

noch Anlage 14 Tabelle 8

Bereich: Leichtindustrie (ohne Textilindustrie)

Jahr	Qualifikationsgruppe				
	1	2	3	4	5
1950	4 024	3 101	3 279	2 410	1 964
1951	4 493	3 556	3 729	2 754	2 252
1952	4 800	3 881	4 037	2 995	2 457
1953	5 058	4 161	4 295	3 199	2 634
1954	5 271	4 400	4 508	3 371	2 784
1955	5 695	4 812	4 896	3 675	3 044
1956	5 930	5 062	5 116	3 854	3 201
1957	6 047	5 207	5 229	3 952	3 291
1958	6 308	5 474	5 464	4 142	3 457
1959	6 531	5 705	5 662	4 304	3 601
1960	7 099	6 238	6 156	4 693	3 935
1961	7 675	6 779	6 654	5 086	4 273
1962	8 314	7 378	7 205	5 521	4 646
1963	8 836	7 873	7 650	5 876	4 954
1964	9 693	8 669	8 383	6 453	5 448
1965	10 468	9 393	9 043	6 976	5 897
1966	11 035	9 932	9 519	7 358	6 227
1967	11 288	10 187	9 722	7 529	6 378
1968	11 916	10 781	10 247	7 950	6 740
1969	12 666	11 485	10 873	8 451	7 169
1970	14 376	13 062	12 320	9 591	8 139
1971	15 939	14 509	13 634	10 631	9 024
1972	17 538	15 992	14 974	11 694	9 926
1973	19 677	17 971	16 770	13 115	11 130
1974	21 850	19 984	18 587	14 556	12 347
1975	24 034	21 650	19 389	15 347	13 206
1976	25 651	23 300	21 152	16 568	13 984
1977	26 982	24 709	22 687	17 629	14 611
1978	27 843	25 554	23 519	18 590	15 761
1979	28 914	26 626	24 560	19 677	17 223
1980	31 429	28 972	26 505	21 102	17 997
1981	33 226	30 682	27 872	22 054	18 345
1982	34 969	32 254	29 280	23 076	19 136
1983	36 298	33 452	30 327	23 828	19 709

Jahr	Qualifikationsgruppe				
	1	2	3	4	5
1984	36 949	34 030	31 274	24 597	20 499
1985	37 246	34 292	32 123	25 020	21 401
1986	38 367	35 188	33 185	25 944	21 709
1987	39 624	36 238	34 323	26 990	22 165
1988	40 485	36 954	35 229	27 615	22 790
1989	41 610	37 940	36 370	28 454	23 604
I/90	20 924	19 078	18 288	14 308	11 869
II/90	22 406	20 430	19 585	15 322	12 711

Jahr	Qualifikationsgruppe (endgültige Werte)					Qualifikationsgruppe (vorläufige Werte)				
	1	2	3	4	5	1	2	3	4	5
1991	47 456	43 271	41 481	32 452	26 922	46 918	42 780	41 011	32 084	26 617
1992	50 019	45 608	43 721	34 204	28 376	49 024	44 701	42 852	33 525	27 812
1993	51 470	46 931	44 989	35 196	29 199	53 056	48 377	46 376	36 282	30 099
1994	52 499	47 870	45 889	35 900	29 783	55 421	50 534	48 443	37 898	31 441
1995	54 126	49 354	47 312	37 013	30 706	54 455	49 653	47 598	37 237	30 893
1996	55 209	50 341	48 258	37 753	31 320	54 599	49 785	47 725	37 336	30 974
1997	55 706	50 794	48 692	38 093	31 602	57 482	52 414	50 245	39 308	32 610
1998	56 542	51 556	49 422	38 664	32 076	57 417	52 355	50 188	39 263	32 573
1999	57 164	52 123	49 966	39 089	32 429	56 709	51 708	49 568	38 779	32 171
2000	57 964	52 853	50 666	39 636	32 883	58 238	53 103	50 905	39 824	33 038
2001	58 990	53 788	51 563	40 338	33 465	58 422	53 270	51 065	39 949	33 142

noch Anlage 14

Tabelle 9

Bereich: Textilindustrie

Jahr	Qualifikationsgruppe				
	1	2	3	4	5
1950	3 539	2 727	2 884	2 120	1 727
1951	3 951	3 128	3 280	2 422	1 981
1952	4 221	3 413	3 551	2 634	2 161
1953	4 448	3 660	3 777	2 814	2 317
1954	4 636	3 869	3 965	2 965	2 449
1955	4 986	4 212	4 286	3 217	2 664
1956	5 246	4 478	4 526	3 409	2 831
1957	5 406	4 655	4 675	3 533	2 942
1958	5 699	4 945	4 936	3 742	3 124
1959	5 963	5 209	5 169	3 930	3 288
1960	6 573	5 776	5 699	4 345	3 643
1961	7 123	6 292	6 176	4 721	3 966
1962	7 761	6 887	6 725	5 153	4 337
1963	8 321	7 414	7 204	5 533	4 665
1964	9 041	8 086	7 819	6 019	5 082
1965	9 779	8 775	8 447	6 517	5 509
1966	10 369	9 332	8 944	6 914	5 851
1967	10 537	9 509	9 075	7 029	5 954
1968	11 124	10 063	9 565	7 421	6 292
1969	12 200	11 062	10 472	8 140	6 905
1970	13 441	12 213	11 518	8 967	7 610
1971	14 961	13 619	12 797	9 979	8 470
1972	16 442	14 993	14 039	10 963	9 306
1973	18 545	16 937	15 805	12 360	10 489
1974	20 634	18 872	17 553	13 746	11 660
1975	22 699	20 448	18 312	14 494	12 472
1976	24 237	22 015	19 986	15 654	13 213
1977	25 898	23 716	21 775	16 921	14 024
1978	26 806	24 602	22 643	17 897	15 174
1979	27 756	25 559	23 576	18 888	16 533
1980	30 152	27 794	25 428	20 244	17 266
1981	32 175	29 712	26 991	21 356	17 765
1982	33 588	30 980	28 124	22 165	18 381
1983	34 804	32 075	29 079	22 848	18 898

Jahr	Qualifikationsgruppe				
	1	2	3	4	5
1984	35 335	32 543	29 908	23 523	19 603
1985	35 651	32 824	30 748	23 949	20 485
1986	37 226	34 141	32 198	25 172	21 063
1987	38 805	35 488	33 613	26 432	21 707
1988	40 357	36 836	35 117	27 528	22 718
1989	41 610	37 940	36 370	28 454	23 604
I/90	20 782	18 949	18 166	14 212	11 789
II/90	22 546	20 557	19 706	15 417	12 790

Jahr	Qualifikationsgruppe (endgültige Werte)					Qualifikationsgruppe (vorläufige Werte)				
	1	2	3	4	5	1	2	3	4	5
1991	47 753	43 540	41 737	32 653	27 089	47 211	43 046	41 264	32 283	26 782
1992	50 332	45 891	43 991	34 416	28 552	49 331	44 979	43 117	33 732	27 985
1993	51 792	47 222	45 267	35 414	29 380	53 388	48 678	46 662	36 506	30 286
1994	52 828	48 166	46 172	36 122	29 968	55 768	50 847	48 742	38 133	31 636
1995	54 466	49 659	47 603	37 242	30 897	54 796	49 961	47 892	37 468	31 084
1996	55 555	50 652	48 555	37 987	31 515	54 941	50 093	48 019	37 567	31 167
1997	56 055	51 108	48 992	38 329	31 799	57 843	52 738	50 554	39 551	32 813
1998	56 896	51 875	49 727	38 904	32 276	57 777	52 678	50 497	39 506	32 776
1999	57 522	52 446	50 274	39 332	32 631	57 064	52 028	49 874	39 019	32 371
2000	58 327	53 180	50 978	39 883	33 088	58 603	53 431	51 219	40 071	33 244
2001	59 359	54 121	51 880	40 589	33 674	58 787	53 600	51 380	40 197	33 349

noch Anlage 14

Tabelle 10

Bereich: Lebensmittelindustrie

Jahr	Qualifikationsgruppe				
	1	2	3	4	5
1950	4 095	3 156	3 338	2 454	1 999
1951	4 573	3 620	3 796	2 803	2 292
1952	4 886	3 951	4 109	3 048	2 501
1953	5 148	4 235	4 372	3 257	2 681
1954	5 365	4 478	4 589	3 432	2 834
1955	5 782	4 885	4 970	3 731	3 090
1956	6 053	5 167	5 222	3 934	3 267
1957	6 206	5 344	5 367	4 056	3 378
1958	6 510	5 649	5 639	4 274	3 568
1959	6 777	5 920	5 875	4 466	3 737
1960	7 405	6 507	6 421	4 895	4 105
1961	7 960	7 031	6 901	5 275	4 432
1962	8 620	7 649	7 469	5 723	4 817
1963	9 114	8 121	7 891	6 060	5 109
1964	9 987	8 932	8 638	6 649	5 614
1965	10 824	9 712	9 350	7 213	6 097
1966	11 587	10 429	9 995	7 726	6 539
1967	11 925	10 762	10 721	7 955	6 738
1968	12 523	11 329	10 768	8 355	7 083
1969	13 550	12 286	11 631	9 040	7 669
1970	15 232	13 839	13 052	10 162	8 623
1971	16 946	15 426	14 496	11 303	9 594
1972	18 634	16 992	15 910	12 425	10 546
1973	20 842	19 035	17 763	13 892	11 789
1974	23 209	21 227	19 743	15 462	13 115
1975	25 827	23 266	20 836	16 491	14 191
1976	27 418	24 905	22 610	17 710	14 948
1977	28 989	26 547	24 375	18 941	15 698
1978	29 638	27 201	25 036	19 788	16 777
1979	30 631	28 207	26 018	20 845	18 246
1980	33 218	30 620	28 014	22 303	19 021
1981	34 889	32 218	29 267	23 158	19 263
1982	36 395	33 569	30 474	24 017	19 916
1983	37 837	34 870	31 613	24 838	20 544

Jahr	Qualifikationsgruppe				
	1	2	3	4	5
1984	38 429	35 393	32 527	25 582	21 320
1985	38 574	35 515	33 269	25 913	22 165
1986	39 464	36 194	34 134	26 686	22 330
1987	40 357	36 908	34 957	27 489	22 575
1988	41 298	37 696	35 936	28 170	23 248
1989	42 674	38 910	37 299	29 182	24 208
I/90	22 128	20 175	19 340	15 131	12 552
II/90	23 889	21 782	20 880	16 335	13 551

Jahr	Qualifikationsgruppe (endgültige Werte)					Qualifikationsgruppe (vorläufige Werte)				
	1	2	3	4	5	1	2	3	4	5
1991	50 597	46 134	44 224	34 598	28 701	50 023	45 611	43 722	34 205	28 375
1992	53 329	48 625	46 612	36 466	30 251	52 269	47 659	45 686	35 741	29 650
1993	54 876	50 035	47 964	37 524	31 128	56 568	51 578	49 443	38 681	32 088
1994	55 974	51 036	48 923	38 274	31 751	59 089	53 877	51 646	40 404	33 518
1995	57 709	52 618	50 440	39 460	32 735	58 059	52 937	50 746	39 700	32 933
1996	58 863	53 670	51 449	40 249	33 390	58 213	53 077	50 880	39 805	33 021
1997	59 393	54 153	51 912	40 611	33 691	61 287	55 880	53 567	41 907	34 765
1998	60 284	54 965	52 691	41 220	34 196	61 218	55 817	53 507	41 859	34 726
1999	60 947	55 570	53 271	41 673	34 572	60 462	55 128	52 846	41 342	34 297
2000	61 800	56 348	54 017	42 256	35 056	62 093	56 614	54 272	42 457	35 222
2001	62 894	57 345	54 973	43 004	35 676	62 288	56 793	54 443	42 590	35 333

noch Anlage 14

Tabelle 11

Bereich: Bauwirtschaft

Jahr	Qualifikationsgruppe				
	1	2	3	4	5
1950	4 347	3 350	3 543	2 604	2 122
1951	4 797	3 797	3 982	2 941	2 405
1952	5 066	4 096	4 261	3 161	2 594
1953	5 276	4 341	4 481	3 338	2 748
1954	5 435	4 537	4 648	3 476	2 871
1955	5 765	4 870	4 955	3 719	3 081
1956	6 210	5 301	5 358	4 035	3 352
1957	6 552	5 642	5 666	4 282	3 566
1958	7 071	6 136	6 125	4 643	3 876
1959	7 575	6 617	6 567	4 992	4 177
1960	8 475	7 447	7 349	5 603	4 698
1961	9 260	8 180	8 029	6 137	5 156
1962	10 012	8 884	8 675	6 648	5 595
1963	10 520	9 374	9 108	6 996	5 898
1964	11 480	10 267	9 929	7 643	6 453
1965	12 646	11 348	10 924	8 427	7 124
1966	13 610	12 250	11 740	9 075	7 680
1967	13 882	12 528	11 957	9 260	7 844
1968	14 901	13 481	12 813	9 942	8 428
1969	16 348	14 823	14 034	10 907	9 253
1970	18 465	16 777	15 823	12 319	10 454
1971	19 996	18 202	17 104	13 337	11 321
1972	21 801	19 879	18 614	14 536	12 339
1973	24 305	22 197	20 714	16 199	13 747
1974	26 821	24 531	22 816	17 868	15 156
1975	29 451	26 530	23 760	18 806	16 182
1976	31 307	28 438	25 816	20 221	17 068
1977	32 804	30 040	27 582	21 433	17 764
1978	33 348	30 606	28 169	22 265	18 877
1979	34 026	31 333	28 902	23 155	20 268
1980	36 497	33 643	30 779	24 505	20 899
1981	38 435	35 493	32 242	25 511	21 221
1982	39 736	36 651	33 271	26 221	21 745
1983	41 141	37 915	34 373	27 007	22 338

Jahr	Qualifikationsgruppe				
	1	2	3	4	5
1984	41 568	38 284	35 183	27 672	23 061
1985	42 206	38 859	36 401	28 352	24 251
1986	43 196	39 616	37 362	29 209	24 441
1987	44 194	40 417	38 281	30 103	24 722
1988	44 936	41 016	39 102	30 651	25 296
1989	45 695	41 665	39 940	31 247	25 921
I/90	23 248	21 197	20 320	15 897	13 187
II/90	28 102	25 623	24 563	19 217	15 941

Jahr	Qualifikationsgruppe (endgültige Werte)					Qualifikationsgruppe (vorläufige Werte)				
	1	2	3	4	5	1	2	3	4	5
1991	59 520	54 270	52 025	40 702	33 763	58 845	53 654	51 434	40 240	33 380
1992	62 734	57 201	54 834	42 900	35 586	61 487	56 063	53 744	42 047	34 879
1993	64 553	58 860	56 424	44 144	36 618	66 544	60 674	58 164	45 505	37 747
1994	65 844	60 037	57 552	45 027	37 350	69 509	63 379	60 756	47 533	39 429
1995	67 885	61 898	59 336	46 423	38 508	68 297	62 274	59 697	46 704	38 742
1996	69 243	63 136	60 523	47 351	39 278	68 478	62 438	59 854	46 828	38 844
1997	69 866	63 704	61 068	47 777	39 632	72 094	65 736	63 015	49 301	40 895
1998	70 914	64 660	61 984	48 494	40 226	72 013	65 661	62 944	49 245	40 849
1999	71 694	65 371	62 666	49 027	40 668	71 124	64 851	62 167	48 637	40 345
2000	72 698	66 286	63 543	49 713	41 237	73 041	66 600	63 844	49 949	41 433
2001	73 985	67 459	64 668	50 593	41 967	73 271	66 809	64 045	50 106	41 563

noch Anlage 14

Tabelle 12

Bereich: Sonstige produzierende Bereiche

Jahr	Qualifikationsgruppe				
	1	2	3	4	5
1950	6 091	4 545	4 844	3 388	2 639
1951	6 530	5 026	5 303	3 737	2 931
1952	6 690	5 277	5 517	3 914	3 087
1953	6 752	5 434	5 631	4 019	3 187
1954	6 749	5 520	5 673	4 071	3 244
1955	6 970	5 781	5 894	4 251	3 402
1956	7 332	6 153	6 227	4 512	3 625
1957	7 551	6 400	6 431	4 680	3 774
1958	7 968	6 812	6 799	4 967	4 019
1959	8 325	7 171	7 111	5 215	4 233
1960	9 155	7 939	7 823	5 757	4 687
1961	9 880	8 618	8 442	6 233	5 088
1962	10 686	9 370	9 126	6 759	5 531
1963	11 299	9 954	9 642	7 162	5 873
1964	12 244	10 831	10 437	7 774	6 388
1965	13 215	11 734	11 250	8 402	6 916
1966	13 972	12 448	11 878	8 893	7 331
1967	14 131	12 628	11 994	9 001	7 430
1968	14 808	13 270	12 547	9 437	7 798
1969	15 910	14 294	13 457	10 143	8 389
1970	17 697	15 936	14 941	11 284	9 338
1971	19 578	17 667	16 497	12 483	10 335
1972	21 203	19 170	17 832	13 518	11 193
1973	23 571	21 349	19 785	15 025	12 439
1974	25 922	23 516	21 715	16 518	13 670
1975	28 308	25 240	22 329	17 125	14 369
1976	29 570	26 611	23 907	18 137	14 884
1977	30 954	28 109	25 579	19 249	15 472
1978	31 667	28 846	26 340	20 266	16 781
1979	32 982	30 174	27 639	21 647	17 712
1980	35 580	32 575	29 560	22 956	18 908
1981	37 108	34 021	30 610	23 548	19 499
1982	38 550	35 297	31 734	24 300	20 226
1983	39 844	36 448	32 720	24 966	20 917

Jahr	Qualifikationsgruppe				
	1	2	3	4	5
1984	40 299	36 870	33 633	25 790	21 579
1985	40 565	37 127	34 602	26 333	22 121
1986	41 643	37 958	35 637	27 244	22 336
1987	42 525	38 649	36 457	28 063	22 540
1988	43 125	39 112	37 152	28 500	23 018
1989	44 281	40 116	38 333	29 349	23 845
I/90	22 856	20 706	19 785	15 149	12 308
II/90	22 490	20 375	19 470	14 907	12 111

Jahr	Qualifikationsgruppe (endgültige Werte)					Qualifikationsgruppe (vorläufige Werte)				
	1	2	3	4	5	1	2	3	4	5
1991	47 634	43 154	41 238	31 573	25 651	47 094	42 665	40 770	31 215	25 360
1992	50 206	45 484	43 465	33 278	27 036	49 208	44 581	42 600	32 617	26 499
1993	51 662	46 803	44 725	34 243	27 820	53 255	48 246	46 104	35 299	28 678
1994	52 695	47 739	45 620	34 928	28 376	55 628	50 396	48 159	36 872	29 956
1995	54 329	49 219	47 034	36 011	29 256	54 658	49 518	47 319	36 229	29 434
1996	55 416	50 203	47 975	36 731	29 841	54 803	49 649	47 445	36 325	29 511
1997	55 915	50 655	48 407	37 062	30 110	57 697	52 271	49 950	38 244	31 070
1998	56 754	51 415	49 133	37 618	30 562	57 633	52 211	49 894	38 200	31 035
1999	57 378	51 981	49 673	38 032	30 898	56 921	51 567	49 278	37 729	30 652
2000	58 181	52 709	50 368	38 564	31 331	58 457	52 957	50 607	38 747	31 479
2001	59 211	53 642	51 260	39 247	31 886	58 640	53 125	50 766	38 869	31 578

noch Anlage 14

Tabelle 13

Bereich: Produzierendes Handwerk

Jahr	Qualifikationsgruppe				
	1	**2**	**3**	**4**	**5**
1950	2 820	2 173	2 299	1 689	1 377
1951	3 081	2 439	2 557	1 889	1 544
1952	3 220	2 604	2 709	2 009	1 649
1953	3 320	2 731	2 819	2 100	1 729
1954	3 385	2 826	2 895	2 165	1 788
1955	3 566	3 013	3 065	2 301	1 906
1956	3 873	3 306	3 341	2 517	2 090
1957	4 119	3 547	3 562	2 692	2 242
1958	4 481	3 889	3 882	2 942	2 456
1959	4 839	4 227	4 195	3 189	2 669
1960	5 486	4 820	4 757	3 627	3 041
1961	6 215	5 490	5 389	4 119	3 460
1962	6 980	6 194	6 048	4 634	3 900
1963	7 370	6 567	6 381	4 901	4 132
1964	7 906	7 070	6 837	5 263	4 444
1965	8 624	7 738	7 449	5 746	4 858
1966	9 541	8 587	8 230	6 362	5 384
1967	9 922	8 955	8 546	6 619	5 607
1968	10 727	9 705	9 224	7 157	6 067
1969	11 267	10 216	9 672	7 517	6 377
1970	12 746	11 581	10 923	8 504	7 216
1971	14 213	12 938	12 158	9 480	8 047
1972	15 589	14 215	13 311	10 395	8 823
1973	17 446	15 933	14 869	11 628	9 868
1974	19 240	17 597	16 366	12 817	10 872
1975	20 944	18 867	16 897	13 373	11 508
1976	22 194	20 160	18 301	14 335	12 099
1977	23 609	21 620	19 851	15 425	12 785
1978	24 253	22 559	20 487	16 193	13 729
1979	24 761	22 801	21 032	16 850	14 749
1980	27 043	24 928	22 806	18 157	15 485
1981	28 323	26 155	23 759	18 799	15 638
1982	29 713	27 406	24 879	19 607	16 260
1983	30 776	28 363	25 714	20 203	16 711

Jahr	Qualifikationsgruppe				
	1	2	3	4	5
1984	31 523	29 033	26 682	20 985	17 489
1985	31 842	29 318	27 463	21 391	18 297
1986	32 485	29 793	28 097	21 966	18 381
1987	33 070	30 244	28 646	22 526	18 499
1988	34 194	31 211	29 755	23 324	19 249
1989	35 867	32 703	31 349	24 527	20 346
I/90	18 821	17 160	16 450	12 870	10 676
II/90	17 816	16 245	15 572	12 183	10 107

Jahr	Qualifikationsgruppe (endgültige Werte)					Qualifikationsgruppe (vorläufige Werte)				
	1	2	3	4	5	1	2	3	4	5
1991	37 734	34 407	32 982	25 804	21 407	37 306	34 017	32 607	25 511	21 164
1992	39 772	36 265	34 763	27 197	22 563	38 981	35 544	34 072	26 656	22 114
1993	40 925	37 317	35 771	27 986	23 217	42 187	38 467	36 874	28 849	23 933
1994	41 744	38 063	36 486	28 546	23 681	44 067	40 182	38 517	30 134	25 000
1995	43 038	39 243	37 617	29 431	24 415	43 299	39 481	37 846	29 609	24 564
1996	43 899	40 028	38 369	30 020	24 903	43 414	39 586	37 945	29 688	24 628
1997	44 294	40 388	38 714	30 290	25 127	45 706	41 676	39 949	31 256	25 929
1998	44 958	40 994	39 295	30 744	25 504	45 655	41 629	39 904	31 221	25 899
1999	45 453	41 445	39 727	31 082	25 785	45 091	41 115	39 411	30 835	25 579
2000	46 089	42 025	40 283	31 517	26 146	46 307	42 224	40 474	31 666	26 269
2001	46 905	42 769	40 996	32 075	26 609	46 453	42 357	40 601	31 766	26 352

noch Anlage 14 Tabelle 14

Bereich: Land- und Forstwirtschaft

Jahr	Qualifikationsgruppe				
	1	**2**	**3**	**4**	**5**
1950	2 793	2 159	2 281	1 684	1 377
1951	3 158	2 506	2 626	1 948	1 598
1952	3 416	2 769	2 879	2 144	1 766
1953	3 644	3 005	3 100	2 319	1 916
1954	3 845	3 216	3 294	2 474	2 050
1955	4 199	3 554	3 616	2 725	2 264
1956	4 605	3 938	3 979	3 009	2 508
1957	4 946	4 266	4 284	3 250	2 716
1958	5 434	4 723	4 714	3 588	3 005
1959	5 926	5 184	5 145	3 927	3 296
1960	6 782	5 968	5 890	4 508	3 792
1961	7 490	6 625	6 504	4 991	4 206
1962	8 172	7 261	7 092	5 455	4 604
1963	8 567	7 643	7 429	5 726	4 841
1964	9 131	8 176	7 910	6 110	5 172
1965	10 345	9 293	8 950	6 927	5 871
1966	11 383	10 257	9 836	7 629	6 475
1967	11 806	10 668	10 187	7 919	6 728
1968	12 815	11 608	11 041	8 600	7 314
1969	14 195	12 888	12 211	9 530	8 112
1970	16 202	14 741	13 916	10 883	9 269
1971	18 243	16 635	15 651	12 274	10 467
1972	19 920	18 187	17 045	13 366	11 383
1973	22 420	20 495	19 139	15 014	12 774
1974	25 169	23 031	21 431	16 813	14 282
1975	27 664	24 933	22 342	17 708	15 255
1976	29 336	26 654	24 203	18 973	16 025
1977	30 791	28 194	25 883	20 102	16 653
1978	31 392	28 810	26 517	20 959	17 769
1979	32 278	29 728	27 424	21 982	19 247
1980	35 005	32 264	29 514	23 488	20 026
1981	36 745	33 923	30 806	24 351	20 237
1982	37 973	35 019	31 784	25 034	20 748
1983	39 601	36 496	33 086	25 996	21 502

Jahr	Qualifikationsgruppe				
	1	2	3	4	5
1984	39 834	36 695	33 731	26 552	22 146
1985	39 944	36 794	34 480	26 905	23 045
1986	40 556	37 213	35 107	27 493	23 040
1987	41 222	37 717	35 736	28 148	23 155
1988	42 192	38 534	36 747	28 859	23 861
1989	43 738	39 903	38 262	29 990	24 922
I/90	21 340	19 469	18 668	14 633	12 160
II/90	21 574	19 683	18 873	14 793	12 293

Jahr	Qualifikationsgruppe (endgültige Werte)					Qualifikationsgruppe (vorläufige Werte)				
	1	2	3	4	5	1	2	3	4	5
1991	45 694	41 689	39 973	31 332	26 037	45 175	41 216	39 520	30 976	25 741
1992	48 161	43 940	42 132	33 024	27 443	47 204	43 066	41 294	32 367	26 897
1993	49 558	45 214	43 354	33 982	28 239	51 086	46 609	44 690	35 029	29 110
1994	50 549	46 118	44 221	34 662	28 804	53 362	48 686	46 682	36 591	30 407
1995	52 116	47 548	45 592	35 737	29 697	52 432	47 836	45 869	35 953	29 877
1996	53 158	48 499	46 504	36 452	30 291	52 571	47 963	45 990	36 048	29 956
1997	53 636	48 935	46 923	36 780	30 564	55 347	50 496	48 419	37 953	31 538
1998	54 441	49 669	47 627	37 332	31 022	55 284	50 439	48 364	37 910	31 503
1999	55 040	50 215	48 151	37 743	31 363	54 601	49 816	47 768	37 442	31 114
2000	55 811	50 918	48 825	38 271	31 802	56 074	51 159	49 056	38 452	31 953
2001	56 799	51 819	49 689	38 948	32 365	56 251	51 320	49 210	38 573	32 053

noch Anlage 14

Tabelle 15

Bereich: Verkehr

Jahr	Qualifikationsgruppe				
	1	2	3	4	5
1950	5 000	3 888	4 103	3 056	2 518
1951	5 545	4 425	4 632	3 465	2 864
1952	5 884	4 792	4 977	3 739	3 101
1953	6 155	5 098	5 256	3 964	3 297
1954	6 370	5 349	5 476	4 145	3 458
1955	6 825	5 799	5 897	4 479	3 746
1956	7 180	6 161	6 225	4 744	3 978
1957	7 396	6 401	6 427	4 913	4 130
1958	7 794	6 795	6 784	5 201	4 381
1959	8 152	7 154	7 101	5 459	4 609
1960	8 973	7 918	7 818	6 026	5 097
1961	10 029	8 894	8 736	6 749	5 719
1962	10 735	9 563	9 345	7 237	6 142
1963	11 292	10 098	9 821	7 621	6 478
1964	12 325	11 061	10 709	8 327	7 086
1965	13 298	11 972	11 540	8 990	7 659
1966	14 295	12 907	12 387	9 668	8 245
1967	14 536	13 158	12 576	9 831	8 390
1968	15 434	14 002	13 329	10 435	8 910
1969	16 741	15 221	14 434	11 317	9 667
1970	18 926	17 243	16 292	12 798	10 938
1971	21 189	19 343	18 214	14 338	12 264
1972	23 049	21 074	19 774	15 582	13 323
1973	26 224	24 007	22 446	17 697	15 117
1974	28 753	26 350	24 550	19 358	16 513
1975	31 734	28 643	25 711	20 468	17 692
1976	33 300	30 298	27 555	21 700	18 400
1977	35 281	32 355	29 752	23 241	19 357
1978	36 206	33 277	30 674	24 368	20 749
1979	37 834	34 892	32 235	25 956	22 801
1980	40 365	37 261	34 146	27 323	23 402
1981	42 411	39 207	35 668	28 339	23 668
1982	43 844	40 482	36 800	29 118	24 239
1983	45 303	41 800	37 954	29 956	24 887

Jahr	Qualifikationsgruppe				
	1	2	3	4	5
1984	45 724	42 164	38 803	30 659	25 661
1985	46 451	42 823	40 159	31 435	26 989
1986	48 009	44 088	41 618	32 686	27 463
1987	50 234	46 004	43 611	34 451	28 424
1988	50 657	46 300	44 172	34 780	28 828
1989	51 518	47 033	45 114	35 443	29 517
I/90	26 681	24 359	23 364	18 355	15 287
II/90	28 100	25 654	24 607	19 332	16 100

Jahr	Qualifikationsgruppe (endgültige Werte)					Qualifikationsgruppe (vorläufige Werte)				
	1	2	3	4	5	1	2	3	4	5
1991	59 516	54 335	52 118	40 945	34 100	58 841	53 719	51 527	40 481	33 713
1992	62 730	57 269	54 932	43 156	35 941	61 483	56 131	53 840	42 298	35 227
1993	64 549	58 930	56 525	44 408	36 983	66 539	60 747	58 268	45 777	38 124
1994	65 840	60 109	57 656	45 296	37 723	69 505	63 454	60 865	47 817	39 823
1995	67 881	61 972	59 443	46 700	38 892	68 293	62 348	59 803	46 984	39 128
1996	69 239	63 211	60 632	47 634	39 670	68 474	62 513	59 962	47 108	39 232
1997	69 862	63 780	61 178	48 063	40 027	72 090	65 814	63 128	49 595	41 303
1998	70 910	64 737	62 096	48 784	40 627	72 009	65 739	63 057	49 539	41 257
1999	71 690	65 449	62 779	49 321	41 074	71 120	64 928	62 279	48 928	40 747
2000	72 694	66 365	63 658	50 011	41 649	73 037	66 679	63 959	50 248	41 846
2001	73 981	67 540	64 785	50 896	42 386	73 267	66 889	64 160	50 406	41 978

noch Anlage 14

Tabelle 16

Bereich: Post- und Fernmeldewesen

Jahr	Qualifikationsgruppe				
	1	2	3	4	5
1950	4 519	3 514	3 708	2 762	2 275
1951	4 796	3 827	4 006	2 997	2 477
1952	4 869	3 966	4 119	3 095	2 566
1953	4 875	4 038	4 163	3 140	2 611
1954	4 828	4 055	4 151	3 142	2 621
1955	4 949	4 205	4 276	3 248	2 717
1956	5 241	4 497	4 544	3 463	2 904
1957	5 435	4 703	4 723	3 610	3 035
1958	5 766	5 027	5 018	3 847	3 241
1959	6 071	5 327	5 288	4 065	3 432
1960	6 765	5 970	5 894	4 543	3 843
1961	8 743	7 754	7 616	5 884	4 986
1962	9 418	8 389	8 199	6 349	5 388
1963	10 066	9 002	8 756	6 794	5 775
1964	10 895	9 778	9 467	7 361	6 264
1965	11 559	10 406	10 030	7 814	6 657
1966	12 189	11 005	10 562	8 243	7 030
1967	12 313	11 145	10 652	8 327	7 106
1968	12 821	11 632	11 073	8 669	7 402
1969	13 892	12 631	11 978	9 391	8 022
1970	15 438	14 065	13 289	10 439	8 922
1971	17 840	16 286	15 335	12 072	10 326
1972	19 479	17 810	16 711	13 169	11 259
1973	21 751	19 912	18 617	14 678	12 538
1974	24 515	22 466	20 932	16 505	14 079
1975	26 180	23 630	21 211	16 886	14 595
1976	27 631	25 139	22 863	18 005	15 267
1977	28 959	26 557	24 421	19 077	15 888
1978	29 475	27 091	24 972	19 838	16 892
1979	30 275	27 921	25 795	20 770	18 246
1980	33 045	30 504	27 954	22 368	19 158
1981	34 958	32 317	29 400	23 359	19 508
1982	35 815	33 069	30 061	23 785	19 800
1983	37 775	34 855	31 648	24 979	20 752

Jahr	Qualifikationsgruppe				
	1	2	3	4	5
1984	39 127	36 081	33 204	26 236	21 958
1985	40 066	36 937	34 638	27 114	23 279
1986	40 394	37 094	35 016	27 501	23 107
1987	41 001	37 548	35 596	28 119	23 200
1988	42 496	38 841	37 056	29 177	24 184
1989	43 068	39 319	37 715	29 629	24 675
I/90	23 690	21 628	20 745	16 297	13 573
II/90	24 566	22 427	21 512	16 901	14 074

Jahr	Qualifikationsgruppe (endgültige Werte)					Qualifikationsgruppe (vorläufige Werte)				
	1	2	3	4	5	1	2	3	4	5
1991	52 031	47 501	45 563	35 796	29 809	51 441	46 962	45 046	35 390	29 471
1992	54 841	50 066	48 023	37 729	31 419	53 750	49 070	47 068	36 979	30 794
1993	56 431	51 518	49 416	38 823	32 330	58 171	53 106	50 940	40 020	33 327
1994	57 560	52 548	50 404	39 599	32 977	60 764	55 473	53 209	41 804	34 812
1995	59 344	54 177	51 967	40 827	33 999	59 704	54 506	52 282	41 075	34 205
1996	60 531	55 261	53 006	41 644	34 679	59 862	54 650	52 420	41 183	34 296
1997	61 076	55 758	53 483	42 019	34 991	63 023	57 536	55 189	43 358	36 107
1998	61 992	56 594	54 285	42 649	35 516	62 952	57 471	55 126	43 310	36 066
1999	62 674	57 217	54 882	43 118	35 907	62 175	56 762	54 446	42 775	35 621
2000	63 551	58 018	55 650	43 722	36 410	63 852	58 292	55 914	43 928	36 581
2001	64 676	59 045	56 635	44 496	37 054	64 053	58 476	56 089	44 067	36 697

noch Anlage 14 Tabelle 17

Bereich: Handel

Jahr	Qualifikationsgruppe				
	1	2	3	4	5
1950	4 275	3 315	3 501	2 597	2 132
1951	4 606	3 687	3 840	2 862	2 359
1952	4 748	3 860	4 010	3 003	2 483
1953	4 826	3 991	4 116	3 095	2 568
1954	4 853	4 070	4 167	3 146	2 619
1955	5 042	4 279	4 352	3 298	2 754
1956	5 375	4 608	4 656	3 541	2 965
1957	5 611	4 853	4 873	3 719	3 121
1958	5 993	5 222	5 213	3 991	3 358
1959	6 352	5 571	5 530	4 246	3 582
1960	7 079	6 244	6 165	4 747	4 013
1961	7 684	6 813	6 691	5 167	4 377
1962	8 352	7 439	7 270	5 628	4 776
1963	8 764	7 838	7 623	5 917	5 029
1964	9 437	8 471	8 201	6 380	5 432
1965	10 227	9 209	8 877	6 920	5 898
1966	10 816	9 767	9 375	7 322	6 248
1967	11 316	10 246	9 794	7 663	6 545
1968	12 070	10 954	10 430	8 174	6 985
1969	13 120	11 935	11 320	8 889	7 602
1970	14 736	13 432	12 695	9 987	8 546
1971	16 430	14 997	14 121	11 112	9 502
1972	17 798	16 263	15 252	11 994	10 239
1973	20 115	18 423	17 232	13 609	11 640
1974	22 233	20 392	19 013	15 035	12 855
1975	24 507	22 142	19 899	15 889	13 765
1976	25 904	23 593	21 471	16 974	14 434
1977	27 160	24 931	22 948	17 988	15 028
1978	27 402	25 204	23 252	18 520	15 805
1979	28 244	26 064	24 094	19 441	17 103
1980	30 550	28 215	25 873	20 740	17 791
1981	31 894	29 501	26 857	21 384	17 895
1982	33 106	30 588	27 830	22 076	18 423
1983	34 363	31 723	28 824	22 795	18 974

Jahr	Qualifikationsgruppe				
	1	2	3	4	5
1984	35 081	32 367	29 805	23 598	19 789
1985	35 909	33 125	31 079	24 382	20 969
1986	36 826	33 839	31 958	25 156	21 178
1987	37 198	34 084	32 323	25 581	21 144
1988	37 761	34 532	32 955	25 993	21 582
1989	38 777	35 422	33 986	26 751	22 317
I/90	20 799	18 999	18 229	14 348	11 971
II/90	20 651	18 865	18 100	14 247	11 885

Jahr	Qualifikationsgruppe (endgültige Werte)					Qualifikationsgruppe (vorläufige Werte)				
	1	2	3	4	5	1	2	3	4	5
1991	43 739	39 956	38 336	30 175	25 173	43 243	39 503	37 901	29 833	24 887
1992	46 101	42 114	40 406	31 804	26 532	45 184	41 277	39 603	31 172	26 004
1993	47 438	43 335	41 578	32 726	27 301	48 901	44 671	42 860	33 736	28 144
1994	48 387	44 202	42 410	33 381	27 847	51 080	46 662	44 770	35 239	29 397
1995	49 887	45 572	43 725	34 416	28 710	50 189	45 848	43 990	34 624	28 884
1996	50 885	46 483	44 600	35 104	29 284	50 322	45 970	44 106	34 716	28 961
1997	51 343	46 901	45 001	35 420	29 548	52 980	48 397	46 436	36 550	30 490
1998	52 113	47 605	45 676	35 951	29 991	52 920	48 342	46 384	36 508	30 455
1999	52 686	48 129	46 178	36 346	30 321	52 267	47 745	45 811	36 058	30 080
2000	53 424	48 803	46 824	36 855	30 745	53 676	49 033	47 046	37 030	30 891
2001	54 370	49 667	47 653	37 507	31 289	53 845	49 188	47 194	37 146	30 988

noch Anlage 14

Tabelle 18

Bereich: Bildung, Kultur, Gesundheits- und Sozialwesen

Jahr	Qualifikationsgruppe				
	1	2	3	4	5
1950	4 635	3 521	3 737	2 687	2 148
1951	4 971	3 888	4 088	2 960	2 380
1952	5 102	4 085	4 257	3 103	2 507
1953	5 166	4 214	4 356	3 193	2 593
1954	5 168	4 282	4 392	3 236	2 639
1955	5 366	4 504	4 586	3 396	2 780
1956	5 719	4 854	4 908	3 651	3 000
1957	5 964	5 111	5 133	3 834	3 162
1958	6 271	5 417	5 407	4 055	3 355
1959	6 615	5 756	5 711	4 298	3 567
1960	7 396	6 476	6 389	4 825	4 015
1961	8 021	7 063	6 929	5 251	4 381
1962	8 677	7 675	7 489	5 686	4 749
1963	9 152	8 127	7 889	6 000	5 017
1964	9 890	8 813	8 513	6 484	5 427
1965	10 682	9 550	9 180	7 002	5 866
1966	11 351	10 177	9 737	7 437	6 234
1967	11 785	10 593	10 090	7 716	6 470
1968	12 367	11 142	10 566	8 089	6 784
1969	13 298	12 006	11 338	8 689	7 287
1970	15 024	13 591	12 781	9 805	8 221
1971	17 448	15 809	14 805	11 363	9 520
1972	18 719	16 986	15 845	12 169	10 187
1973	20 726	18 828	17 491	13 424	11 214
1974	22 914	20 837	19 282	14 796	12 337
1975	24 323	22 116	20 473	15 668	13 044
1976	24 451	22 237	20 583	15 717	13 065
1977	25 682	23 361	21 645	16 474	13 673
1978	26 234	23 869	22 115	16 777	13 905
1979	27 285	24 833	23 007	17 399	14 399
1980	28 301	25 764	23 869	17 995	14 871
1981	30 672	27 930	25 874	19 448	16 050
1982	32 514	29 615	27 434	20 560	16 974
1983	33 283	30 326	28 093	20 971	17 320

Jahr	Qualifikationsgruppe				
	1	2	3	4	5
1984	33 911	30 881	28 608	21 304	17 577
1985	34 265	31 181	28 916	21 499	17 720
1986	35 036	31 750	29 680	22 193	17 816
1987	35 667	32 229	30 285	22 840	17 942
1988	36 969	33 332	31 556	23 715	18 746
1989	39 802	35 844	34 150	25 612	20 381
I/90	21 302	19 184	18 276	13 707	10 908
II/90	20 441	18 409	17 539	13 155	10 468

Jahr	Qualifikationsgruppe (endgültige Werte)					Qualifikationsgruppe (vorläufige Werte)				
	1	2	3	4	5	1	2	3	4	5
1991	43 294	38 990	37 148	27 862	22 171	42 803	38 548	36 726	27 546	21 920
1992	45 632	41 095	39 154	29 367	23 368	44 725	40 279	38 375	28 783	22 904
1993	46 955	42 287	40 289	30 219	24 046	48 403	43 591	41 532	31 150	24 787
1994	47 894	43 133	41 095	30 823	24 527	50 560	45 533	43 383	32 539	25 892
1995	49 379	44 470	42 369	31 779	25 287	49 678	44 740	42 626	31 972	25 441
1996	50 367	45 359	43 216	32 415	25 793	49 810	44 858	42 739	32 056	25 508
1997	50 820	45 767	43 605	32 707	26 025	52 440	47 227	44 996	33 749	26 855
1998	51 582	46 454	44 259	33 198	26 415	52 382	47 173	44 945	33 712	26 825
1999	52 149	46 965	44 746	33 563	26 706	51 735	46 591	44 390	33 296	26 493
2000	52 879	47 623	45 372	34 033	27 080	53 129	47 848	45 587	34 194	27 207
2001	53 815	48 466	46 175	34 635	27 559	53 296	47 998	45 730	34 301	27 294

noch Anlage 14

Tabelle 19

Bereich: Wissenschaft, Hoch- und Fachschulwesen

Jahr	Qualifikationsgruppe				
	1	**2**	**3**	**4**	**5**
1950	5 988	4 548	4 827	3 471	2 774
1951	6 433	5 031	5 290	3 831	3 080
1952	6 624	5 302	5 526	4 027	3 255
1953	6 715	5 477	5 662	4 150	3 370
1954	6 733	5 578	5 722	4 216	3 438
1955	7 012	5 885	5 993	4 437	3 633
1956	7 474	6 343	6 414	4 770	3 921
1957	7 778	6 665	6 694	5 000	4 123
1958	8 220	7 101	7 088	5 315	4 397
1959	8 626	7 506	7 446	5 605	4 651
1960	9 607	8 412	8 298	8 268	5 216
1961	10 495	9 241	9 065	6 870	5 731
1962	11 468	10 143	9 897	7 514	6 277
1963	12 140	10 780	10 485	7 959	6 655
1964	13 145	11 714	11 315	8 618	7 214
1965	14 172	12 669	12 179	9 290	7 782
1966	14 963	13 415	12 835	9 804	8 217
1967	15 635	14 054	13 386	10 237	8 584
1968	16 290	14 677	13 918	10 656	8 937
1969	17 535	15 832	14 950	11 458	9 609
1970	19 661	17 785	16 725	12 831	10 758
1971	22 177	20 093	18 818	14 442	12 100
1972	23 995	21 774	20 312	15 599	13 059
1973	26 534	24 104	22 393	17 185	14 357
1974	29 551	26 873	24 867	19 081	15 911
1975	31 589	28 723	26 590	20 348	16 941
1976	32 116	29 208	27 035	20 644	17 160
1977	33 602	30 566	28 321	21 554	17 890
1978	34 639	31 518	29 202	22 153	18 360
1979	36 058	32 818	30 405	22 993	19 029
1980	37 660	34 285	31 763	23 946	19 790
1981	40 619	36 988	34 265	25 756	21 255
1982	42 164	38 405	35 576	26 662	22 012
1983	43 642	39 765	36 837	27 499	22 711

Jahr	Qualifikationsgruppe				
	1	2	3	4	5
1984	44 824	40 818	37 814	28 160	23 233
1985	45 326	41 247	38 251	28 440	23 441
1986	45 981	41 668	38 951	29 126	23 381
1987	46 815	42 302	39 751	29 979	23 550
1988	48 100	43 368	41 057	30 855	24 390
1989	50 524	45 499	43 349	32 512	25 872
I/90	24 512	22 074	21 032	15 773	12 552
II/90	21 863	19 688	18 757	14 069	11 195

Jahr	Qualifikationsgruppe (endgültige Werte)					Qualifikationsgruppe (vorläufige Werte)				
	1	2	3	4	5	1	2	3	4	5
1991	46 306	41 699	39 727	29 798	23 711	45 781	41 226	39 277	29 460	23 442
1992	48 807	43 951	41 872	31 407	24 991	47 836	43 077	41 040	30 783	24 495
1993	50 222	45 226	43 086	32 318	25 716	51 770	46 620	44 415	33 314	26 509
1994	51 226	46 131	43 948	32 964	26 230	54 078	48 698	46 394	34 799	27 690
1995	52 814	47 561	45 310	33 986	27 043	53 135	47 849	45 585	34 192	27 208
1996	53 870	48 512	46 216	34 666	27 584	53 275	47 976	45 706	34 283	27 279
1997	54 355	48 949	46 632	34 978	27 832	56 088	50 510	48 119	36 093	28 720
1998	55 170	49 683	47 331	35 503	28 249	56 025	50 452	48 065	36 053	28 687
1999	55 777	50 230	47 852	35 894	28 560	55 333	49 830	47 471	35 608	28 333
2000	56 558	50 933	48 522	36 397	28 960	56 825	51 173	48 751	36 568	29 096
2001	57 559	51 835	49 381	37 041	29 473	57 004	51 335	48 905	36 684	29 188

noch Anlage 14

Tabelle 20

Bereich: Staatliche Verwaltung und gesellschaftliche Organisationen

Jahr	Qualifikationsgruppe				
	1	2	3	4	5
1950	5 248	3 972	4 219	3 018	2 401
1951	5 629	4 384	4 614	3 317	2 649
1952	5 755	4 584	4 783	3 455	2 770
1953	5 813	4 716	4 880	3 540	2 849
1954	5 802	4 780	4 907	3 574	2 886
1955	6 001	5 007	5 102	3 730	3 021
1956	6 358	5 364	5 426	3 981	3 233
1957	6 607	5 626	5 653	4 160	3 388
1958	6 926	5 946	5 934	4 381	3 577
1959	7 296	6 308	6 256	4 631	3 790
1960	8 072	7 022	6 922	5 137	4 213
1961	8 820	7 714	7 560	5 625	4 622
1962	9 601	8 439	8 223	6 133	5 047
1963	10 217	9 019	8 741	6 532	5 384
1964	11 022	9 767	9 417	7 052	5 820
1965	11 904	10 585	10 155	7 618	6 295
1966	12 767	11 387	10 871	8 170	6 756
1967	13 252	11 854	11 263	8 478	7 016
1968	14 207	12 741	12 051	9 085	7 522
1969	15 568	13 993	13 178	9 948	8 239
1970	17 491	15 754	14 773	11 167	9 248
1971	19 745	17 818	16 639	12 593	10 427
1972	21 509	19 444	18 085	13 702	11 340
1973	23 706	21 464	19 886	15 083	12 473
1974	26 081	23 648	21 826	16 570	13 690
1975	27 517	24 968	23 068	17 495	14 446
1976	29 238	26 532	24 555	18 625	15 347
1977	30 949	28 091	26 016	19 734	16 229
1978	31 630	28 716	26 637	20 187	16 571
1979	32 960	29 931	27 783	21 064	17 265
1980	34 142	31 013	28 833	21 849	17 881
1981	35 161	31 949	29 723	22 511	18 398
1982	35 861	32 570	30 348	22 979	18 732
1983	37 041	33 656	31 380	23 755	19 346

Jahr	Qualifikationsgruppe				
	1	2	3	4	5
1984	37 939	34 459	32 177	24 361	19 797
1985	40 702	36 956	34 588	26 166	21 220
1986	43 209	39 259	36 770	27 773	22 511
1987	43 506	39 401	37 079	28 191	22 342
1988	43 661	39 454	37 399	28 328	22 580
1989	44 328	39 997	38 144	28 804	23 082
I/90	21 909	19 769	18 854	14 237	11 409
II/90	19 304	17 418	16 611	12 544	10 052

Jahr	Qualifikationsgruppe (endgültige Werte)					Qualifikationsgruppe (vorläufige Werte)				
	1	2	3	4	5	1	2	3	4	5
1991	40 886	36 891	35 182	26 568	21 290	40 422	36 473	34 783	26 267	21 049
1992	43 094	38 883	37 082	28 003	22 440	42 237	38 111	36 345	27 446	21 994
1993	44 344	40 011	38 157	28 815	23 091	45 711	41 244	39 334	29 703	23 802
1994	45 231	40 811	38 920	29 391	23 553	47 748	43 082	41 087	31 027	24 864
1995	46 633	42 076	40 127	30 302	24 283	46 916	42 332	40 370	30 486	24 430
1996	47 566	42 918	40 930	30 908	24 769	47 040	42 443	40 477	30 567	24 495
1997	47 994	43 304	41 298	31 186	24 992	49 524	44 685	42 615	32 181	25 789
1998	48 714	43 954	41 917	31 654	25 367	49 469	44 635	42 567	32 144	25 760
1999	49 250	44 437	42 378	32 002	25 646	48 858	44 083	42 041	31 747	25 442
2000	49 940	45 059	42 971	32 450	26 005	50 175	45 273	43 175	32 604	26 128
2001	50 824	45 857	43 732	33 024	26 465	50 334	45 415	43 310	32 706	26 210

noch Anlage 14

Tabelle 21

Bereich: Sonstige nichtproduzierende Bereiche

Jahr	Qualifikationsgruppe				
	1	2	3	4	5
1950	6 199	4 795	5 067	3 745	3 066
1951	6 621	5 260	5 511	4 094	3 364
1952	6 781	5 502	5 719	4 268	3 520
1953	6 843	5 648	5 827	4 367	3 614
1954	6 820	5 710	5 848	4 402	3 654
1955	7 135	6 046	6 150	4 647	3 870
1956	7 601	6 508	6 576	4 987	4 165
1957	7 809	6 745	6 773	5 154	4 316
1958	8 078	7 031	7 018	5 358	4 499
1959	8 496	7 444	7 388	5 658	4 762
1960	9 364	8 252	8 146	6 257	5 278
1961	10 147	8 989	8 827	6 799	5 748
1962	10 934	9 730	9 507	7 343	6 219
1963	11 458	10 238	9 956	7 709	6 541
1964	12 433	11 151	10 794	8 378	7 120
1965	13 446	12 100	11 661	9 072	7 721
1966	14 332	12 936	12 413	9 679	8 248
1967	14 633	13 241	12 653	9 881	8 425
1968	15 209	13 793	13 128	10 266	8 757
1969	16 152	14 679	13 917	10 897	9 299
1970	17 894	16 293	15 388	12 065	10 296
1971	19 885	18 138	17 068	13 397	11 432
1972	21 185	19 354	18 140	14 260	12 165
1973	23 449	21 453	20 047	15 769	13 446
1974	25 532	23 389	21 783	17 152	14 614
1975	28 085	25 731	23 986	18 855	16 079
1976	27 807	25 490	23 771	18 668	15 934
1977	28 271	25 904	24 195	18 988	16 200
1978	28 078	25 742	24 056	18 866	16 089
1979	29 597	27 176	25 408	19 913	16 975
1980	31 343	28 795	26 935	21 095	17 976
1981	32 602	29 969	28 046	21 952	18 697
1982	33 536	30 844	28 879	22 589	19 263
1983	34 254	31 552	29 527	23 082	19 705

Jahr	Qualifikationsgruppe				
	1	2	3	4	5
1984	34 409	31 682	29 691	23 195	19 824
1985	35 305	32 525	30 483	23 798	20 392
1986	35 811	32 864	31 007	24 293	20 367
1987	36 389	33 299	31 522	24 861	20 459
1988	36 565	33 394	31 845	25 007	20 674
1989	39 454	35 991	34 509	27 039	22 462
I/90	21 533	19 643	18 834	14 757	12 259
II/90	21 356	19 481	18 678	14 635	12 158

Jahr	Qualifikationsgruppe (endgültige Werte)					Qualifikationsgruppe (vorläufige Werte)				
	1	2	3	4	5	1	2	3	4	5
1991	45 232	41 261	39 560	30 997	25 751	44 719	40 793	39 111	30 645	25 459
1992	47 675	43 489	41 696	32 671	27 142	46 727	42 624	40 868	32 021	26 602
1993	49 058	44 750	42 905	33 618	27 929	50 570	46 130	44 228	34 655	28 790
1994	50 039	45 645	43 763	34 290	28 488	52 824	48 186	46 199	36 199	30 073
1995	51 590	47 060	45 120	35 353	29 371	51 903	47 346	45 393	35 568	29 549
1996	52 622	48 001	46 022	36 060	29 958	52 041	47 471	45 514	35 662	29 628
1997	53 096	48 433	46 436	36 385	30 228	54 789	49 978	47 917	37 545	31 192
1998	53 892	49 159	47 133	36 931	30 681	54 727	49 921	47 863	37 502	31 156
1999	54 485	49 700	47 651	37 337	31 018	54 052	49 305	47 272	37 040	30 772
2000	55 248	50 396	48 318	37 860	31 452	55 509	50 634	48 547	38 039	31 601
2001	56 226	51 288	49 173	38 530	32 009	55 684	50 793	48 699	38 158	31 700

noch Anlage 14

Tabelle 22

Bereich: Landwirtschaftliche Produktionsgenossenschaften

Jahr	Qualifikationsgruppe				
	1	2	3	4	5
1952	3 954	3 205	3 332	2 482	2 044
1953	4 060	3 347	3 454	2 584	2 134
1954	4 207	3 519	3 604	2 706	2 243
1955	4 415	3 737	3 802	2 865	2 381
1956	4 636	3 964	4 006	3 030	2 525
1957	4 773	4 117	4 134	3 137	2 621
1958	5 040	4 380	4 373	3 328	2 787
1959	5 262	4 604	4 569	3 487	2 927
1960	5 782	5 088	5 022	3 844	3 233
1961	6 389	5 651	5 548	4 257	3 588
1962	6 961	6 185	6 042	4 647	3 922
1963	7 420	6 620	6 435	4 960	4 193
1964	8 091	7.245	7 009	5 414	4 583
1965	8 819	7 923	7 630	5 905	5 005
1966	9 479	8 541	8 190	6 353	5 392
1967	9 757	8 816	8 419	6 545	5 561
1968	10 406	9 426	8 966	6 984	5 940
1969	11 410	10 359	9 815	7 660	6 520
1970	12 941	11 774	11 115	8 693	7 404
1971	14 976	13 656	12 848	10 076	8 592
1972	16 789	15 328	14 366	11 265	9 594
1973	19 339	17 678	16 509	12 951	11 018
1974	22 016	20 146	18 746	14 706	12 493
1975	25 008	22 539	20 197	16 008	13 790
1976	26 381	23 969	21 765	17 062	14 411
1977	27 543	25 220	23 153	17 982	14 896
1978	28 124	25 811	23 756	18 777	15 919
1979	28 961	26 672	24 606	19 722	17 269
1980	31 652	29 174	26 687	21 239	18 108
1981	33 309	30 751	27 925	22 074	18 345
1982	34 388	31 713	28 784	22 671	18 790
1983	35 978	33 157	30 059	23 618	19 535
1984	37 157	34 229	31 465	24 768	20 657

Jahr	Qualifikationsgruppe				
	1	2	3	4	5
1985	37 591	34 626	32 449	25 320	21 687
1986	37 890	34 767	32 799	25 686	21 526
1987	38 080	34 842	33 012	26 002	21 390
1988	38 688	35 333	33 695	26 463	21 879
1989	39 880	36 383	34 886	27 344	22 723
I/90	25 887	23 618	22 645	17 750	14 750
II/90	19 249	17 561	16 839	13 199	10 968

Jahr	Qualifikationsgruppe (endgültige Werte)					Qualifikationsgruppe (vorläufige Werte)				
	1	2	3	4	5	1	2	3	4	5
1991	40 770	37 194	35 665	27 956	23 230	40 307	36 772	35 260	27 638	22 967
1992	42 972	39 202	37 591	29 466	24 484	42 117	38 424	36 844	28 879	23 998
1993	44 218	40 339	38 681	30 321	25 194	45 581	41 583	39 874	31 255	25 971
1994	45 102	41 146	39 455	30 927	25 698	47 613	43 436	41 651	32 648	27 128
1995	46 500	42 422	40 678	31 886	26 495	46 783	42 679	40 924	32 080	26 655
1996	47 430	43 270	41 492	32 524	27 025	46 906	42 792	41 033	32 164	26 726
1997	47 857	43 659	41 865	32 817	27 268	49 383	45 052	43 200	33 863	28 138
1998	48 575	44 314	42 493	33 309	27 677	49 327	45 001	43 152	33 825	28 106
1999	49 109	44 801	42 960	33 675	27 981	48 718	44 445	42 619	33 408	27 759
2000	49 797	45 428	43 561	34 146	28 373	50 032	45 643	43 768	34 308	28 507
2001	50 678	46 232	44 332	34 750	28 875	50 189	45 787	43 905	34 416	28 597

noch Anlage 14

Tabelle 23

Bereich: Produktionsgenossenschaften des Handwerks

Jahr	Qualifikationsgruppe				
	1	2	3	4	5
1953	7 062	5 810	5 997	4 467	3 678
1954	6 832	5 703	5 843	4 370	3 609
1955	6 838	5 777	5 878	4 412	3 654
1956	7 306	6 236	6 303	4 748	3 943
1957	7 559	6 509	6 537	4 940	4 114
1958	7 885	6 842	6 830	5 177	4 322
1959	8 256	7 212	7 157	5 441	4 553
1960	9 097	7 993	7 888	6 014	5 042
1961	10 146	8 962	8 797	6 724	5 649
1962	11 163	9 906	9 673	7 412	6 238
1963	12 013	10 704	10 401	7 989	6 735
1964	13 201	11 806	11 417	8 789	7 420
1965	14 496	13 008	12 522	9 660	8 166
1966	15 494	13 945	13 365	10 331	8 743
1967	15 865	14 318	13 664	10 583	8 965
1968	16 805	15 204	14 450	11 212	9 505
1969	18 289	16 583	15 700	12 202	10 351
1970	20 574	18 693	17 630	13 726	11 648
1971	21 659	19 716	18 527	14 446	12 262
1972	23 181	21 138	19 793	15 457	13 120
1973	24 677	22 538	21 031	16 448	13 958
1974	26 952	24 650	22 927	17 955	15 230
1975	29 219	26 321	23 572	18 657	16 055
1976	30 487	27 693	25 140	19 692	16 621
1977	32 303	29 582	27 161	21 106	17 492
1978	33 193	30 464	28 039	22 162	18 790
1979	33 044	30 429	28 068	22 487	19 684
1980	35 638	32 851	30 055	23 928	20 407
1981	37 518	34 646	31 473	24 903	20 715
1982	38 991	35 964	32 648	25 730	21 337
1983	40 942	37 731	34 207	26 876	22 230
1984	40 778	37 557	34 515	27 147	22 624
1985	39 130	36 027	33 748	26 286	22 484

Jahr	Qualifikationsgruppe				
	1	2	3	4	5
1986	39 152	35 907	33 864	26 474	22 153
1987	39 704	36 311	34 392	27 044	22 210
1988	40 679	37 130	35 397	27 747	22 899
1989	41 776	38 091	36 514	28 567	23 698
I/90	24 606	22 435	21 507	16 826	13 959
II/90	22 228	20 268	19 428	15 201	12 610

Jahr	Qualifikationsgruppe (endgültige Werte)					Qualifikationsgruppe (vorläufige Werte)				
	1	2	3	4	5	1	2	3	4	5
1991	47 079	42 928	41 149	32 196	26 708	46 545	42 441	40 682	31 831	26 405
1992	49 621	45 246	43 371	33 935	28 150	48 635	44 346	42 509	33 260	27 591
1993	51 060	46 558	44 629	34 919	28 966	52 635	47 994	46 005	35 995	29 860
1994	52 081	47 489	45 522	35 617	29 545	54 980	50 133	48 055	37 600	31 190
1995	53 696	48 961	46 933	36 721	30 461	54 021	49 258	47 217	36 944	30 646
1996	54 770	49 940	47 872	37 455	31 070	54 164	49 389	47 343	37 042	30 727
1997	55 263	50 389	48 303	37 792	31 350	57 025	51 997	49 843	38 998	32 350
1998	56 092	51 145	49 028	38 359	31 820	56 961	51 938	49 787	38 953	32 313
1999	56 709	51 708	49 567	38 781	32 170	56 258	51 296	49 172	38 472	31 914
2000	57 503	52 432	50 261	39 324	32 620	57 775	52 679	50 499	39 510	32 775
2001	58 521	53 360	51 151	40 020	33 197	57 957	52 846	50 657	39 634	32 878

Anlage 15

Entgeltpunkte für glaubhaft gemachte Beitragszeiten mit freiwilligen Beiträgen

Zeitraum	Rentenversicherung der Arbeiter Wochenbeiträge
bis 27.6.1942	0,0038
28.6.1942-29. 5.1949	0,0036
30.5.1949-31.12.1954	0,0020
1.1.1955-31.12.1955	0,0017
1.1.1956-31.12.1956	0,0016
1.1.1957-28. 2.1957	0,0015

Zeitraum	Rentenversicherung der Angestellten Monatsbeiträge
bis 30.6.1942	0,0324
1.7.1942-31. 5.1949	0,0300
1.6.1949-31.12.1954	0,0085
1.1.1955-31.12.1955	0,0068
1.1.1956-31.12.1956	0,0064
1.1.1957-28. 2.1957	0,0062

Zeitraum	Knappschaftliche Rentenversicherung Monatsbeiträge			
	weiterhin		nicht mehr	
	im Bergbau beschäftigte			
	technische Angestellte	kaufmännische Angestellte	Arbeiter	Angestellte
bis 1943	0,1434	0,1434	0,0269	0,0359
1944	0,1454	0,1454	0,0273	0,0364
1945	0,1875	0,1762	0,0352	0,0469
1946	0,1875	0,1762	0,0352	0,0469
1947	0,1819	0,1759	0,0341	0,0455
1948	0,1502	0,1502	0,0282	0,0376
1949	0,1688	0,1688	0,0220	0,0294
1950	0,1845	0,1764	0,0198	0,0264
1951	0,1630	0,1630	0,0175	0,0233
1952	0,1731	0,1731	0,0162	0,0216
1953	0,2052	0,1765	0,0154	0,0205
1954	0,1968	0,1765	0,0148	0,0197
1955	0,1832	0,1763	0,0137	0,0183
1956	0,1720	0,1720	0,0129	0,0172
bis 28. Februar 1957	0,1652	0,1652	0,0124	0,0165

Anlage 16

Höchstverdienste bei glaubhaft gemachten Beitragszeiten ohne Freiwillige Zusatzrentenversicherung

Kalenderjahr	Betrag in Deutsche Mark
1971	12 293,95
1972	13 022,85
1973	14 182,17
1974	15 270,48
1975	15 762,92
1976	16 406,14
1977	17 006,02
1978	17 353,91
1979	17 840,19
1980	18 724,60
1981	18 980,34
1982	19 287,94
1983	19 576,44
1984	19 730,72
1985	19 877,57
1986	19 780,56
1987	19 528,60
1988	19 428,57
1989	19 397,84
1. Januar 1990-30. Juni 1990	9 212,10

Anlage 17
(weggefallen)

Anlage 18
(aufgehoben)

Anlage 19

[Anhebung der Altersgrenze bei der Altersrente wegen Arbeitslosigkeit oder nach Altersteilzeitarbeit]

Anhebung der Altersgrenze bei der Altersrente wegen Arbeitslosigkeit oder nach Altersteilzeitarbeit					
Versicherte Geburtsjahr Geburtsmonat	Anhebung um … Monate	auf Alter		vorzeitige Inanspruchnahme möglich ab Alter	
		Jahr	Monat	Jahr	Monat
1937					
Januar	1	60	1	60	0
Februar	2	60	2	60	0
März	3	60	3	60	0
April	4	60	4	60	0
Mai	5	60	5	60	0
Juni	6	60	6	60	0
Juli	7	60	7	60	0
August	8	60	8	60	0
September	9	60	9	60	0
Oktober	10	60	10	60	0
November	11	60	11	60	0
Dezember	12	61	0	60	0
1938					
Januar	13	61	1	60	0
Februar	14	61	2	60	0
März	15	61	3	60	0
April	16	61	4	60	0
Mai	17	61	5	60	0
Juni	18	61	6	60	0
Juli	19	61	7	60	0
August	20	61	8	60	0
September	21	61	9	60	0
Oktober	22	61	10	60	0
November	23	61	11	60	0
Dezember	24	62	0	60	0
1939					
Januar	25	62	1	60	0
Februar	26	62	2	60	0
März	27	62	3	60	0
April	28	62	4	60	0
Mai	29	62	5	60	0
Juni	30	62	6	60	0
Juli	31	62	7	60	0
August	32	62	8	60	0
September	33	62	9	60	0
Oktober	34	62	10	60	0
November	35	62	11	60	0
Dezember	36	63	0	60	0
1940					
Januar	37	63	1	60	0
Februar	38	63	2	60	0
März	39	63	3	60	0
April	40	63	4	60	0

Anhebung der Altersgrenze bei der Altersrente wegen Arbeitslosigkeit oder nach Altersteilzeitarbeit					
Versicherte Geburtsjahr Geburtsmonat	Anhebung um … Monate	auf Alter		vorzeitige Inanspruchnahme möglich ab Alter	
		Jahr	Monat	Jahr	Monat
Mai	41	63	5	60	0
Juni	42	63	6	60	0
Juli	43	63	7	60	0
August	44	63	8	60	0
September	45	63	9	60	0
Oktober	46	63	10	60	0
November	47	63	11	60	0
Dezember	48	64	0	60	0
1941					
Januar	49	64	1	60	0
Februar	50	64	2	60	0
März	51	64	3	60	0
April	52	64	4	60	0
Mai	53	64	5	60	0
Juni	54	64	6	60	0
Juli	55	64	7	60	0
August	56	64	8	60	0
September	57	64	9	60	0
Oktober	58	64	10	60	0
November	59	64	11	60	0
Dezember	60	65	0	60	0
1942 bis 1945	60	65	0	60	0
1946					
Januar		65	0	60	1
Februar		65	0	60	2
März		65	0	60	3
April		65	0	60	4
Mai		65	0	60	5
Juni		65	0	60	6
Juli		65	0	60	7
August		65	0	60	8
September		65	0	60	9
Oktober		65	0	60	10
November		65	0	60	11
Dezember		65	0	61	0
1947					
Januar		65	0	61	1
Februar		65	0	61	2
März		65	0	61	3
April		65	0	61	4
Mai		65	0	61	5
Juni		65	0	61	6
Juli		65	0	61	7
August		65	0	61	8
September		65	0	61	9
Oktober		65	0	61	10
November		65	0	61	11
Dezember		65	0	62	0

Anhebung der Altersgrenze bei der Altersrente wegen Arbeitslosigkeit oder nach Altersteilzeitarbeit					
Versicherte Geburtsjahr Geburtsmonat	Anhebung um … Monate	auf Alter		vorzeitige Inanspruchnahme möglich ab Alter	
		Jahr	Monat	Jahr	Monat
1948					
Januar		65	0	62	1
Februar		65	0	62	2
März		65	0	62	3
April		65	0	62	4
Mai		65	0	62	5
Juni		65	0	62	6
Juli		65	0	62	7
August		65	0	62	8
September		65	0	62	9
Oktober		65	0	62	10
November		65	0	62	11
Dezember		65	0	63	0
1949 – 1951		65	0	63	0

Anlage 20

[Anhebung der Altersgrenze bei der Altersrente für Frauen]

Anhebung der Altersgrenze bei der Altersrente für Frauen					
Versicherte Geburtsjahr Geburtsmonat	Anhebung um … Monate	auf Alter		vorzeitige Inanspruchnahme möglich ab Alter	
		Jahr	Monat	Jahr	Monat
1940					
Januar	1	60	1	60	0
Februar	2	60	2	60	0
März	3	60	3	60	0
April	4	60	4	60	0
Mai	5	60	5	60	0
Juni	6	60	6	60	0
Juli	7	60	7	60	0
August	8	60	8	60	0
September	9	60	9	60	0
Oktober	10	60	10	60	0
November	11	60	11	60	0
Dezember	12	61	0	60	0
1941					
Januar	13	61	1	60	0
Februar	14	61	2	60	0
März	15	61	3	60	0
April	16	61	4	60	0
Mai	17	61	5	60	0
Juni	18	61	6	60	0
Juli	19	61	7	60	0
August	20	61	8	60	0
September	21	61	9	60	0
Oktober	22	61	10	60	0
November	23	61	11	60	0
Dezember	24	62	0	60	0
1942					
Januar	25	62	1	60	0
Februar	26	62	2	60	0
März	27	62	3	60	0
April	28	62	4	60	0
Mai	29	62	5	60	0
Juni	30	62	6	60	0
Juli	31	62	7	60	0
August	32	62	8	60	0
September	33	62	9	60	0
Oktober	34	62	10	60	0
November	35	62	11	60	0
Dezember	36	63	0	60	0

Anhebung der Altersgrenze bei der Altersrente für Frauen					
Versicherte Geburtsjahr Geburtsmonat	Anhebung um … Monate	auf Alter		vorzeitige Inanspruchnahme möglich ab Alter	
		Jahr	Monat	Jahr	Monat
1943					
Januar	37	63	1	60	0
Februar	38	63	2	60	0
März	39	63	3	60	0
April	40	63	4	60	0
Mai	41	63	5	60	0
Juni	42	63	6	60	0
Juli	43	63	7	60	0
August	44	63	8	60	0
September	45	63	9	60	0
Oktober	46	63	10	60	0
November	47	63	11	60	0
Dezember	48	64	0	60	0
1944					
Januar	49	64	1	60	0
Februar	50	64	2	60	0
März	51	64	3	60	0
April	52	64	4	60	0
Mai	53	64	5	60	0
Juni	54	64	6	60	0
Juli	55	64	7	60	0
August	56	64	8	60	0
September	57	64	9	60	0
Oktober	58	64	10	60	0
November	59	64	11	60	0
Dezember	60	65	0	60	0
1945 bis 1951	60	65	0	60	0

Anl. 21–23
(aufgehoben)

7. Siebtes Buch Sozialgesetzbuch Gesetzliche Unfallversicherung [1)2)]

Vom 7. August 1996
(BGBl. I S. 1254)

FNA 860-7

zuletzt geänd. durch Art. 14c und 14d MTA-Reform-G v. 24.2.2021 (BGBl. I S. 274)

Inhaltsübersicht

[1)] Verkündet als Art. 1 Unfallversicherungs-EinordnungsG v. 7.8.1996 (BGBl. I S. 1254, geänd. durch G v. 12.12.1996, BGBl. I S. 1859); Inkrafttreten gem. Art. 36 Satz 1 dieses G am 1.1.1997 mit Ausnahme des § 1 Nr. 1 und der §§ 14 bis 25, die gem. Art. 36 Satz 2 am 21.8.1996 in Kraft getreten sind.

[2)] Die Änderungen durch G v. 17.7.2017 (BGBl. I S. 2575), die teilweise erst **mWv 1.7.2024** bzw. **mWv 1.1.2025**, die Änderungen durch G v. 15.11.2019 (BGBl. I S. 1602), die teilweise erst **mWv 1.1.2026**, die Änderungen durch G v. 12.12.2019 (BGBl. I S. 2652), die teilweise erst **mWv 1.1. 2024**, die Änderungen durch G v. 12.6.2020 (BGBl. I S. 1248), die teilweise erst **mWv 1.1.2023** und die Änderungen durch G v. 22.12.2020 (BGBl. I S. 3334), die erst **mWv 1.1.2023** in Kraft treten, sind im Text noch nicht berücksichtigt.

Erstes Kapitel. Aufgaben, versicherter Personenkreis, Versicherungsfall

Erster Abschnitt. Aufgaben der Unfallversicherung

§ 1 Prävention, Rehabilitation, Entschädigung Aufgabe der Unfallversicherung ist es, nach Maßgabe der Vorschriften dieses Buches

1. mit allen geeigneten Mitteln Arbeitsunfälle und Berufskrankheiten sowie arbeitsbedingte Gesundheitsgefahren zu verhüten,
2. nach Eintritt von Arbeitsunfällen oder Berufskrankheiten die Gesundheit und die Leistungsfähigkeit der Versicherten mit allen geeigneten Mitteln wiederherzustellen und sie oder ihre Hinterbliebenen durch Geldleistungen zu entschädigen.

Zweiter Abschnitt. Versicherter Personenkreis

§ 2 Versicherung kraft Gesetzes. (1) Kraft Gesetzes sind versichert

1. Beschäftigte,
2. Lernende während der beruflichen Aus- und Fortbildung in Betriebsstätten, Lehrwerkstätten, Schulungskursen und ähnlichen Einrichtungen,
3. Personen, die sich Untersuchungen, Prüfungen oder ähnlichen Maßnahmen unterziehen, die aufgrund von Rechtsvorschriften zur Aufnahme einer versicherten Tätigkeit oder infolge einer abgeschlossenen versicherten Tä-

tigkeit erforderlich sind, soweit diese Maßnahmen vom Unternehmen oder einer Behörde veranlaßt worden sind,

4. behinderte Menschen, die in anerkannten Werkstätten für behinderte Menschen, bei einem anderen Leistungsanbieter nach § 60 des Neunten Buches[1] oder in Blindenwerkstätten im Sinne des § 226 des Neunten Buches oder für diese Einrichtungen in Heimarbeit tätig sind,
5. Personen, die
   a) Unternehmer eines landwirtschaftlichen Unternehmens sind und ihre im Unternehmen mitarbeitenden Ehegatten oder Lebenspartner,
   b) im landwirtschaftlichen Unternehmen nicht nur vorübergehend mitarbeitende Familienangehörige sind,
   c) in landwirtschaftlichen Unternehmen in der Rechtsform von Kapital- oder Personenhandelsgesellschaften regelmäßig wie Unternehmer selbständig tätig sind,
   d) ehrenamtlich in Unternehmen tätig sind, die unmittelbar der Sicherung, Überwachung oder Förderung der Landwirtschaft überwiegend dienen,
   e) ehrenamtlich in den Berufsverbänden der Landwirtschaft tätig sind, wenn für das Unternehmen die landwirtschaftliche Berufsgenossenschaft zuständig ist,
6. Hausgewerbetreibende und Zwischenmeister sowie ihre mitarbeitenden Ehegatten oder Lebenspartner,
7. selbständig tätige Küstenschiffer und Küstenfischer, die zur Besatzung ihres Fahrzeugs gehören oder als Küstenfischer ohne Fahrzeug fischen und regelmäßig nicht mehr als vier Arbeitnehmer beschäftigen, sowie ihre mitarbeitenden Ehegatten oder Lebenspartner,
8. a) Kinder während des Besuchs von Tageseinrichtungen, deren Träger für den Betrieb der Einrichtungen der Erlaubnis nach § 45 des Achten Buches[2] oder einer Erlaubnis aufgrund einer entsprechenden landesrechtlichen Regelung bedürfen, während der Betreuung durch geeignete Tagespflegepersonen im Sinne von § 23 des Achten Buches sowie während der Teilnahme an vorschulischen Sprachförderungskursen, wenn die Teilnahme auf Grund landesrechtlicher Regelungen erfolgt,
   b) Schüler während des Besuchs von allgemein- oder berufsbildenden Schulen und während der Teilnahme an unmittelbar vor oder nach dem Unterricht von der Schule oder im Zusammenwirken mit ihr durchgeführten Betreuungsmaßnahmen,
   c) Studierende während der Aus- und Fortbildung an Hochschulen,
9. Personen, die selbständig oder unentgeltlich, insbesondere ehrenamtlich im Gesundheitswesen oder in der Wohlfahrtspflege tätig sind,
10. Personen, die
    a) für Körperschaften, Anstalten oder Stiftungen des öffentlichen Rechts oder deren Verbände oder Arbeitsgemeinschaften, für die in den Nummern 2 und 8 genannten Einrichtungen oder für privatrechtliche Organisationen im Auftrag oder mit ausdrücklicher Einwilligung, in besonderen Fällen mit schriftlicher Genehmigung von Gebietskörperschaften

[1] Nr. 9.
[2] Nr. 8.

ehrenamtlich tätig sind oder an Ausbildungsveranstaltungen für diese Tätigkeit teilnehmen,

b) für öffentlich-rechtliche Religionsgemeinschaften und deren Einrichtungen oder für privatrechtliche Organisationen im Auftrag oder mit ausdrücklicher Einwilligung, in besonderen Fällen mit schriftlicher Genehmigung von öffentlich-rechtlichen Religionsgemeinschaften ehrenamtlich tätig sind oder an Ausbildungsveranstaltungen für diese Tätigkeit teilnehmen,

11. Personen, die
 a) von einer Körperschaft, Anstalt oder Stiftung des öffentlichen Rechts zur Unterstützung einer Diensthandlung herangezogen werden,
 b) von einer dazu berechtigten öffentlichen Stelle als Zeugen zur Beweiserhebung herangezogen werden,
12. Personen, die in Unternehmen zur Hilfe bei Unglücksfällen oder im Zivilschutz unentgeltlich, insbesondere ehrenamtlich tätig sind oder an Ausbildungsveranstaltungen dieser Unternehmen einschließlich der satzungsmäßigen Veranstaltungen, die der Nachwuchsförderung dienen, teilnehmen,
13. Personen, die
 a) bei Unglücksfällen oder gemeiner Gefahr oder Not Hilfe leisten oder einen anderen aus erheblicher gegenwärtiger Gefahr für seine Gesundheit retten,
 b) Blut oder körpereigene Organe, Organteile oder Gewebe spenden oder bei denen Voruntersuchungen oder Nachsorgemaßnahmen anlässlich der Spende vorgenommen werden,
 c) sich bei der Verfolgung oder Festnahme einer Person, die einer Straftat verdächtig ist oder zum Schutz eines widerrechtlich Angegriffenen persönlich einsetzen,
 d) Tätigkeiten als Notärztin oder Notarzt im Rettungsdienst ausüben, wenn diese Tätigkeiten neben
  aa) einer Beschäftigung mit einem Umfang von regelmäßig mindestens 15 Stunden wöchentlich außerhalb des Rettungsdienstes oder
  bb) einer Tätigkeit als zugelassener Vertragsarzt oder als Arzt in privater Niederlassung

 ausgeübt werden,
14. Personen, die
 a) nach den Vorschriften des Zweiten oder des Dritten Buches[1] der Meldepflicht unterliegen, wenn sie einer besonderen, an sie im Einzelfall gerichteten Aufforderung der Bundesagentur für Arbeit, des nach § 6 Absatz 1 Satz 1 Nummer 2 des Zweiten Buches[2] zuständigen Trägers oder eines nach § 6a des Zweiten Buches zugelassenen kommunalen Trägers nachkommen, diese oder eine andere Stelle aufzusuchen,
 b) an einer Maßnahme teilnehmen, wenn die Person selbst oder die Maßnahme über die Bundesagentur für Arbeit, einen nach § 6 Absatz 1 Satz 1

[1] Nr. 3.
[2] Nr. 2.

Nummer 2 des Zweiten Buches zuständigen Träger oder einen nach § 6a des Zweiten Buches zugelassenen kommunalen Träger gefördert wird,

15. Personen, die
    a) auf Kosten einer Krankenkasse oder eines Trägers der gesetzlichen Rentenversicherung oder der landwirtschaftlichen Alterskasse stationäre oder teilstationäre Behandlung oder stationäre, teilstationäre oder ambulante Leistungen zur medizinischen Rehabilitation erhalten,
    b) zur Vorbereitung von Leistungen zur Teilhabe am Arbeitsleben auf Aufforderung eines Trägers der gesetzlichen Rentenversicherung oder der Bundesagentur für Arbeit einen dieser Träger oder eine andere Stelle aufsuchen,
    c) auf Kosten eines Unfallversicherungsträgers an vorbeugenden Maßnahmen nach § 3 der Berufskrankheiten-Verordnung teilnehmen,
    d) auf Kosten eines Trägers der gesetzlichen Rentenversicherung, der landwirtschaftlichen Alterskasse oder eines Trägers der gesetzlichen Unfallversicherung an Präventionsmaßnahmen teilnehmen,
16. Personen, die bei der Schaffung öffentlich geförderten Wohnraums im Sinne des Zweiten Wohnungsbaugesetzes oder im Rahmen der sozialen Wohnraumförderung bei der Schaffung von Wohnraum im Sinne des § 16 Abs. 1 Nr. 1 bis 3 des Wohnraumförderungsgesetzes oder entsprechender landesrechtlicher Regelungen im Rahmen der Selbsthilfe tätig sind,
17. Pflegepersonen im Sinne des § 19 Satz 1 und 2 des Elften Buches[1)] bei der Pflege eines Pflegebedürftigen mit mindestens Pflegegrad 2 im Sinne der §§ 14 und 15 Absatz 3 des Elften Buches; die versicherte Tätigkeit umfasst pflegerische Maßnahmen in den in § 14 Absatz 2 des Elften Buches genannten Bereichen sowie Hilfen bei der Haushaltsführung nach § 18 Absatz 5a Satz 3 Nummer 2 des Elften Buches.

(1a) [1] Versichert sind auch Personen, die nach Erfüllung der Schulpflicht auf der Grundlage einer schriftlichen Vereinbarung im Dienst eines geeigneten Trägers im Umfang von durchschnittlich mindestens acht Wochenstunden und für die Dauer von mindestens sechs Monaten als Freiwillige einen Freiwilligendienst aller Generationen unentgeltlich leisten. [2] Als Träger des Freiwilligendienstes aller Generationen geeignet sind inländische juristische Personen des öffentlichen Rechts oder unter § 5 Abs. 1 Nr. 9 des Körperschaftsteuergesetzes fallende Einrichtungen zur Förderung gemeinnütziger, mildtätiger oder kirchlicher Zwecke (§§ 52 bis 54 der Abgabenordnung), wenn sie die Haftpflichtversicherung und eine kontinuierliche Begleitung der Freiwilligen und deren Fort- und Weiterbildung im Umfang von mindestens durchschnittlich 60 Stunden je Jahr sicherstellen. [3] Die Träger haben fortlaufende Aufzeichnungen zu führen über die bei ihnen nach Satz 1 tätigen Personen, die Art und den Umfang der Tätigkeiten und die Einsatzorte. [4] Die Aufzeichnungen sind mindestens fünf Jahre lang aufzubewahren.

(2) [1] Ferner sind Personen versichert, die wie nach Absatz 1 Nr. 1 Versicherte tätig werden. [2] Satz 1 gilt auch für Personen, die während einer aufgrund eines Gesetzes angeordneten Freiheitsentziehung oder aufgrund einer strafrichterlichen, staatsanwaltlichen oder jugendbehördlichen Anordnung wie Beschäftigte tätig werden.

[1)] Nr. **11**.

(3) [1]Absatz 1 Nr. 1 gilt auch für

1. Personen, die im Ausland bei einer amtlichen Vertretung des Bundes oder der Länder oder bei deren Leitern, Mitgliedern oder Bediensteten beschäftigt und in der gesetzlichen Rentenversicherung nach § 4 Absatz 1 Satz 2 des Sechsten Buches[1)] pflichtversichert sind,
2. Personen, die
   a) im Sinne des Entwicklungshelfer-Gesetzes Entwicklungsdienst oder Vorbereitungsdienst leisten,
   b) einen entwicklungspolitischen Freiwilligendienst „weltwärts" im Sinne der Richtlinie des Bundesministeriums für wirtschaftliche Zusammenarbeit und Entwicklung vom 1. August 2007 (BAnz. 2008 S. 1297) leisten,
   c) einen Internationalen Jugendfreiwilligendienst im Sinne der Richtlinie Internationaler Jugendfreiwilligendienst des Bundesministeriums für Familie, Senioren, Frauen und Jugend vom 20. Dezember 2010 (GMBl S. 1778) leisten,
3. Personen, die
   a) eine Tätigkeit bei einer zwischenstaatlichen oder überstaatlichen Organisation ausüben und deren Beschäftigungsverhältnis im öffentlichen Dienst während dieser Zeit ruht,
   b) als Lehrkräfte vom Auswärtigen Amt durch das Bundesverwaltungsamt an Schulen im Ausland vermittelt worden sind oder
   c) für ihre Tätigkeit bei internationalen Einsätzen zur zivilen Krisenprävention als Sekundierte nach dem Sekundierungsgesetz abgesichert werden.

[2]Die Versicherung nach Satz 1 Nummer 3 Buchstabe a und c erstreckt sich auch auf Unfälle oder Krankheiten, die infolge einer Verschleppung oder einer Gefangenschaft eintreten oder darauf beruhen, dass der Versicherte aus sonstigen mit seiner Tätigkeit zusammenhängenden Gründen, die er nicht zu vertreten hat, dem Einflussbereich seines Arbeitgebers oder der für die Durchführung seines Einsatzes verantwortlichen Einrichtung entzogen ist. [3]Gleiches gilt, wenn Unfälle oder Krankheiten auf gesundheitsschädigende oder sonst vom Inland wesentlich abweichende Verhältnisse bei der Tätigkeit oder dem Einsatz im Ausland zurückzuführen sind. [4]Soweit die Absätze 1 bis 2 weder eine Beschäftigung noch eine selbständige Tätigkeit voraussetzen, gelten sie abweichend von § 3 Nr. 2 des Vierten Buches[2)] für alle Personen, die die in diesen Absätzen genannten Tätigkeiten im Inland ausüben; § 4 des Vierten Buches gilt entsprechend. [5]Absatz 1 Nr. 13 gilt auch für Personen, die im Ausland tätig werden, wenn sie im Inland ihren Wohnsitz oder gewöhnlichen Aufenthalt haben.

(4) Familienangehörige im Sinne des Absatzes 1 Nr. 5 Buchstabe b sind

1. Verwandte bis zum dritten Grade,
2. Verschwägerte bis zum zweiten Grade,
3. Pflegekinder (§ 56 Abs. 2 Nr. 2 des Ersten Buches[3)])

der Unternehmer, ihrer Ehegatten oder ihrer Lebenspartner.

---

1) Nr. 6.
2) Nr. 4.
3) Nr. 1.

§ 3 Versicherung kraft Satzung. (1) Die Satzung kann bestimmen, daß und unter welchen Voraussetzungen sich die Versicherung erstreckt auf

1. Unternehmer und ihre im Unternehmen mitarbeitenden Ehegatten oder Lebenspartner,
2. Personen, die sich auf der Unternehmensstätte aufhalten; § 2 Abs. 3 Satz 2 erster Halbsatz gilt entsprechend,
3. Personen, die
   a) im Ausland bei einer staatlichen deutschen Einrichtung beschäftigt werden,
   b) im Ausland von einer staatlichen deutschen Einrichtung anderen Staaten zur Arbeitsleistung zur Verfügung gestellt werden;

   Versicherungsschutz besteht nur, soweit die Personen nach dem Recht des Beschäftigungsstaates nicht unfallversichert sind,
4. ehrenamtlich Tätige und bürgerschaftlich Engagierte,
5. Kinder und Jugendliche während der Teilnahme an Sprachförderungskursen, wenn die Teilnahme auf Grund landesrechtlicher Regelungen erfolgt.

(2) Absatz 1 gilt nicht für

1. Haushaltsführende,
2. Unternehmer von nicht gewerbsmäßig betriebenen Binnenfischereien oder Imkereien und ihre im Unternehmen mitarbeitenden Ehegatten oder Lebenspartner,
3. Personen, die aufgrund einer vom Fischerei- oder Jagdausübungsberechtigten erteilten Erlaubnis als Fischerei- oder Jagdgast fischen oder jagen,
4. Reeder, die nicht zur Besatzung des Fahrzeugs gehören, und ihre im Unternehmen mitarbeitenden Ehegatten oder Lebenspartner.

§ 4 Versicherungsfreiheit. (1) Versicherungsfrei sind

1. Personen, soweit für sie beamtenrechtliche Unfallfürsorgevorschriften oder entsprechende Grundsätze gelten; ausgenommen sind Ehrenbeamte und ehrenamtliche Richter,
2. Personen, soweit für sie das Bundesversorgungsgesetz oder Gesetze, die eine entsprechende Anwendung des Bundesversorgungsgesetzes vorsehen, gelten, es sei denn, daß
   a) der Versicherungsfall zugleich die Folge einer Schädigung im Sinne dieser Gesetze ist oder
   b) es sich um eine Schädigung im Sinne des § 5 Abs. 1 Buchstabe e des Bundesversorgungsgesetzes handelt,
3. satzungsmäßige Mitglieder geistlicher Genossenschaften, Diakonissen und Angehörige ähnlicher Gemeinschaften, wenn ihnen nach den Regeln der Gemeinschaft Anwartschaft auf die in der Gemeinschaft übliche Versorgung gewährleistet und die Erfüllung der Gewährleistung gesichert ist.

(2) Von der Versicherung nach § 2 Abs. 1 Nr. 5 sind frei

1. Personen, die aufgrund einer vom Fischerei- oder Jagdausübungsberechtigten erteilten Erlaubnis als Fischerei- oder Jagdgast fischen oder jagen,
2. Unternehmer von Binnenfischereien, Imkereien und Unternehmen nach § 123 Abs. 1 Nr. 2, wenn diese Unternehmen nicht gewerbsmäßig betrieben

werden und nicht Neben- oder Hilfsunternehmen eines anderen landwirtschaftlichen Unternehmens sind, sowie ihre im Unternehmen mitarbeitenden Ehegatten oder Lebenspartner; das gleiche gilt für Personen, die in diesen Unternehmen als Verwandte oder Verschwägerte bis zum zweiten Grad oder als Pflegekind der Unternehmer, ihrer Ehegatten oder Lebenspartner unentgeltlich tätig sind. Ein Unternehmen der Imkerei gilt als nicht gewerbsmäßig betrieben, wenn nicht mehr als 25 Bienenvölker gehalten werden.

(3) Von der Versicherung nach § 2 Abs. 1 Nr. 9 sind frei selbständig tätige Ärzte, Zahnärzte, Tierärzte, Psychotherapeuten, Psychologische Psychotherapeuten, Kinder- und Jugendlichenpsychotherapeuten, Heilpraktiker und Apotheker.

(4) Von der Versicherung nach § 2 Abs. 2 ist frei, wer in einem Haushalt als Verwandter oder Verschwägerter bis zum zweiten Grad oder als Pflegekind der Haushaltsführenden, der Ehegatten oder der Lebenspartner unentgeltlich tätig ist, es sei denn, er ist in einem in § 124 Nr. 1 genannten Haushalt tätig.

(5) Von der Versicherung nach § 2 Abs. 2 sind frei Personen, die als Familienangehörige (§ 2 Abs. 4) der Unternehmer, ihrer Ehegatten oder Lebenspartner in einem Unternehmen nach § 123 Abs. 1 Nr. 1 bis 5 unentgeltlich tätig sind, wenn sie die Voraussetzungen für den Anspruch auf eine Rente wegen Alters nach dem Recht der gesetzlichen Rentenversicherung einschließlich der Alterssicherung der Landwirte erfüllen und die Rente beantragt haben.

§ 5 Versicherungsbefreiung. [1] Von der Versicherung nach § 2 Abs. 1 Nr. 5 werden auf Antrag Unternehmer landwirtschaftlicher Unternehmen im Sinne des § 123 Abs. 1 Nr. 1 bis zu einer Größe von 0,25 Hektar und ihre Ehegatten oder Lebenspartner unwiderruflich befreit; dies gilt nicht für Spezialkulturen. [2] Das Nähere bestimmt die Satzung.

§ 6 Freiwillige Versicherung. (1) [1] Auf schriftlichen oder elektronischen Antrag können sich versichern

1. Unternehmer und ihre im Unternehmen mitarbeitenden Ehegatten oder Lebenspartner; ausgenommen sind Haushaltsführende, Unternehmer von nicht gewerbsmäßig betriebenen Binnenfischereien, von nicht gewerbsmäßig betriebenen Unternehmen nach § 123 Abs. 1 Nr. 2 und ihre Ehegatten oder Lebenspartner sowie Fischerei- und Jagdgäste,
2. Personen, die in Kapital- oder Personenhandelsgesellschaften regelmäßig wie Unternehmer selbständig tätig sind,
3. gewählte oder beauftragte Ehrenamtsträger in gemeinnützigen Organisationen,
4. Personen, die in Verbandsgremien und Kommissionen für Arbeitgeberorganisationen und Gewerkschaften sowie anderen selbständigen Arbeitnehmervereinigungen mit sozial- oder berufspolitischer Zielsetzung (sonstige Arbeitnehmervereinigungen) ehrenamtlich tätig sind oder an Ausbildungsveranstaltungen für diese Tätigkeit teilnehmen,
5. Personen, die ehrenamtlich für Parteien im Sinne des Parteiengesetzes tätig sind oder an Ausbildungsveranstaltungen für diese Tätigkeit teilnehmen.

[2] In den Fällen des Satzes 1 Nummer 3 kann auch die Organisation, für die die Ehrenamtsträger tätig sind, oder ein Verband, in dem die Organisation Mitglied

ist, den Antrag stellen; eine namentliche Bezeichnung der Versicherten ist in diesen Fällen nicht erforderlich. [3] In den Fällen des Satzes 1 Nummer 4 und 5 gilt Satz 2 entsprechend.

(2) [1] Die Versicherung beginnt mit dem Tag, der dem Eingang des Antrags folgt. [2] Die Versicherung erlischt, wenn der Beitrag oder Beitragsvorschuß binnen zwei Monaten nach Fälligkeit nicht gezahlt worden ist. [3] Eine Neuanmeldung bleibt so lange unwirksam, bis der rückständige Beitrag oder Beitragsvorschuß entrichtet worden ist.

Dritter Abschnitt. Versicherungsfall

§ 7 Begriff. (1) Versicherungsfälle sind Arbeitsunfälle und Berufskrankheiten.

(2) Verbotswidriges Handeln schließt einen Versicherungsfall nicht aus.

§ 8 Arbeitsunfall. (1) [1] Arbeitsunfälle sind Unfälle von Versicherten infolge einer den Versicherungsschutz nach § 2, 3 oder 6 begründenden Tätigkeit (versicherte Tätigkeit). [2] Unfälle sind zeitlich begrenzte, von außen auf den Körper einwirkende Ereignisse, die zu einem Gesundheitsschaden oder zum Tod führen.

(2) Versicherte Tätigkeiten sind auch

1. das Zurücklegen des mit der versicherten Tätigkeit zusammenhängenden unmittelbaren Weges nach und von dem Ort der Tätigkeit,
2. das Zurücklegen des von einem unmittelbaren Weg nach und von dem Ort der Tätigkeit abweichenden Weges, um
   a) Kinder von Versicherten (§ 56 des Ersten Buches[1]), die mit ihnen in einem gemeinsamen Haushalt leben, wegen ihrer, ihrer Ehegatten oder ihrer Lebenspartner beruflichen Tätigkeit fremder Obhut anzuvertrauen oder
   b) mit anderen Berufstätigen oder Versicherten gemeinsam ein Fahrzeug zu benutzen,
3. das Zurücklegen des von einem unmittelbaren Weg nach und von dem Ort der Tätigkeit abweichenden Weges der Kinder von Personen (§ 56 des Ersten Buches), die mit ihnen in einem gemeinsamen Haushalt leben, wenn die Abweichung darauf beruht, daß die Kinder wegen der beruflichen Tätigkeit dieser Personen oder deren Ehegatten oder deren Lebenspartner fremder Obhut anvertraut werden,
4. das Zurücklegen des mit der versicherten Tätigkeit zusammenhängenden Weges von und nach der ständigen Familienwohnung, wenn die Versicherten wegen der Entfernung ihrer Familienwohnung von dem Ort der Tätigkeit an diesem oder in dessen Nähe eine Unterkunft haben,
5. das mit einer versicherten Tätigkeit zusammenhängende Verwahren, Befördern, Instandhalten und Erneuern eines Arbeitsgeräts oder einer Schutzausrüstung sowie deren Erstbeschaffung, wenn diese auf Veranlassung der Unternehmer erfolgt.

(3) Als Gesundheitsschaden gilt auch die Beschädigung oder der Verlust eines Hilfsmittels.

---

[1] Nr. 1.

§ 9 Berufskrankheit. (1) [1]Berufskrankheiten sind Krankheiten, die die Bundesregierung durch Rechtsverordnung mit Zustimmung des Bundesrates als Berufskrankheiten bezeichnet und die Versicherte infolge einer den Versicherungsschutz nach § 2, 3 oder 6 begründenden Tätigkeit erleiden. [2]Die Bundesregierung wird ermächtigt, in der Rechtsverordnung solche Krankheiten als Berufskrankheiten zu bezeichnen, die nach den Erkenntnissen der medizinischen Wissenschaft durch besondere Einwirkungen verursacht sind, denen bestimmte Personengruppen durch ihre versicherte Tätigkeit in erheblich höherem Grade als die übrige Bevölkerung ausgesetzt sind; sie kann dabei bestimmen, daß die Krankheiten nur dann Berufskrankheiten sind, wenn sie durch Tätigkeiten in bestimmten Gefährdungsbereichen verursacht worden sind. [3]In der Rechtsverordnung kann ferner bestimmt werden, inwieweit Versicherte in Unternehmen der Seefahrt auch in der Zeit gegen Berufskrankheiten versichert sind, in der sie an Land beurlaubt sind.

(1a) [1]Beim Bundesministerium für Arbeit und Soziales wird ein Ärztlicher Sachverständigenbeirat Berufskrankheiten gebildet. [2]Der Sachverständigenbeirat ist ein wissenschaftliches Gremium, das das Bundesministerium bei der Prüfung der medizinischen Erkenntnisse zur Bezeichnung neuer und zur Erarbeitung wissenschaftlicher Stellungnahmen zu bestehenden Berufskrankheiten unterstützt. [3]Bei der Bundesanstalt für Arbeitsschutz und Arbeitsmedizin wird eine Geschäftsstelle eingerichtet, die den Sachverständigenbeirat bei der Erfüllung seiner Arbeit organisatorisch und wissenschaftlich, insbesondere durch die Erstellung systematischer Reviews, unterstützt. [4]Das Nähere über die Stellung und die Organisation des Sachverständigenbeirats und der Geschäftsstelle regelt die Bundesregierung in der Rechtsverordnung nach Absatz 1.

(2) Die Unfallversicherungsträger haben eine Krankheit, die nicht in der Rechtsverordnung bezeichnet ist oder bei der die dort bestimmten Voraussetzungen nicht vorliegen, wie eine Berufskrankheit als Versicherungsfall anzuerkennen, sofern im Zeitpunkt der Entscheidung nach neuen Erkenntnissen der medizinischen Wissenschaft die Voraussetzungen für eine Bezeichnung nach Absatz 1 Satz 2 erfüllt sind.

(2a) Krankheiten, die bei Versicherten vor der Bezeichnung als Berufskrankheiten bereits entstanden waren, sind rückwirkend frühestens anzuerkennen

1. in den Fällen des Absatzes 1 als Berufskrankheit zu dem Zeitpunkt, in dem die Bezeichnung in Kraft getreten ist,
2. in den Fällen des Absatzes 2 wie eine Berufskrankheit zu dem Zeitpunkt, in dem die neuen Erkenntnisse der medizinischen Wissenschaft vorgelegen haben; hat der Ärztliche Sachverständigenbeirat Berufskrankheiten eine Empfehlung für die Bezeichnung einer neuen Berufskrankheit beschlossen, ist für die Anerkennung maßgebend der Tag der Beschlussfassung.

(3) Erkranken Versicherte, die infolge der besonderen Bedingungen ihrer versicherten Tätigkeit in erhöhtem Maße der Gefahr der Erkrankung an einer in der Rechtsverordnung nach Absatz 1 genannten Berufskrankheit ausgesetzt waren, an einer solchen Krankheit und können Anhaltspunkte für eine Verursachung außerhalb der versicherten Tätigkeit nicht festgestellt werden, wird vermutet, daß diese infolge der versicherten Tätigkeit verursacht worden ist.

(3a) [1]Der Unfallversicherungsträger erhebt alle Beweise, die zur Ermittlung des Sachverhalts erforderlich sind. [2]Dabei hat er neben den in § 21 Absatz 1

Satz 1 des Zehnten Buches[1)] genannten Beweismitteln auch Erkenntnisse zu berücksichtigen, die er oder ein anderer Unfallversicherungsträger an vergleichbaren Arbeitsplätzen oder zu vergleichbaren Tätigkeiten gewonnen hat. [3]Dies gilt insbesondere in den Fällen, in denen die Ermittlungen zu den Einwirkungen während der versicherten Tätigkeit dadurch erschwert sind, dass der Arbeitsplatz des Versicherten nicht mehr oder nur in veränderter Gestaltung vorhanden ist. [4]Die Unfallversicherungsträger sollen zur Erfüllung der Aufgaben nach den Sätzen 2 und 3 einzeln oder gemeinsam tätigkeitsbezogene Expositionskataster erstellen. [5]Grundlage für diese Kataster können die Ergebnisse aus systematischen Erhebungen, aus Ermittlungen in Einzelfällen sowie aus Forschungsvorhaben sein. [6]Die Unfallversicherungsträger können außerdem Erhebungen an vergleichbaren Arbeitsplätzen durchführen.

(4) [1]Besteht für Versicherte, bei denen eine Berufskrankheit anerkannt wurde, die Gefahr, dass bei der Fortsetzung der versicherten Tätigkeit die Krankheit wiederauflebt oder sich verschlimmert und lässt sich diese Gefahr nicht durch andere geeignete Mittel beseitigen, haben die Unfallversicherungsträger darauf hinzuwirken, dass die Versicherten die gefährdende Tätigkeit unterlassen. [2]Die Versicherten sind von den Unfallversicherungsträgern über die mit der Tätigkeit verbundenen Gefahren und mögliche Schutzmaßnahmen umfassend aufzuklären. [3]Zur Verhütung einer Gefahr nach Satz 1 sind die Versicherten verpflichtet, an individualpräventiven Maßnahmen der Unfallversicherungsträger teilzunehmen und an Maßnahmen zur Verhaltensprävention mitzuwirken; die §§ 60 bis 65a des Ersten Buches[2)] gelten entsprechend. [4]Pflichten der Unternehmer und Versicherten nach dem Zweiten Kapitel und nach arbeitsschutzrechtlichen Vorschriften bleiben hiervon unberührt. [5]Kommen Versicherte ihrer Teilnahme- oder Mitwirkungspflicht nach Satz 3 nicht nach, können die Unfallversicherungsträger Leistungen zur Teilhabe am Arbeitsleben oder die Leistung einer danach erstmals festzusetzenden Rente wegen Minderung der Erwerbsfähigkeit oder den Anteil einer Rente, der auf eine danach eingetretene wesentliche Änderung im Sinne des § 73 Absatz 3 zurückgeht, bis zur Nachholung der Teilnahme oder Mitwirkung ganz oder teilweise versagen. [6]Dies setzt voraus, dass infolge der fehlenden Teilnahme oder Mitwirkung der Versicherten die Teilhabeleistungen erforderlich geworden sind oder die Erwerbsminderung oder die wesentliche Änderung eingetreten ist; § 66 Absatz 3 und § 67 des Ersten Buches gelten entsprechend.

(5) Soweit Vorschriften über Leistungen auf den Zeitpunkt des Versicherungsfalls abstellen, ist bei Berufskrankheiten auf den Beginn der Arbeitsunfähigkeit oder der Behandlungsbedürftigkeit oder, wenn dies für den Versicherten günstiger ist, auf den Beginn der rentenberechtigenden Minderung der Erwerbsfähigkeit abzustellen.

(6) Die Bundesregierung regelt durch Rechtsverordnung mit Zustimmung des Bundesrates

1. Voraussetzungen, Art und Umfang von Leistungen zur Verhütung des Entstehens, der Verschlimmerung oder des Wiederauflebens von Berufskrankheiten,

---

1) Nr. **10**.
2) Nr. **1**.

2. die Mitwirkung der für den medizinischen Arbeitsschutz zuständigen Stellen bei der Feststellung von Berufskrankheiten sowie von Krankheiten, die nach Absatz 2 wie Berufskrankheiten zu entschädigen sind; dabei kann bestimmt werden, daß die für den medizinischen Arbeitsschutz zuständigen Stellen berechtigt sind, Zusammenhangsgutachten zu erstellen sowie zur Vorbereitung ihrer Gutachten Versicherte zu untersuchen oder auf Kosten der Unfallversicherungsträger andere Ärzte mit der Vornahme der Untersuchungen zu beauftragen,
3. die von den Unfallversicherungsträgern für die Tätigkeit der Stellen nach Nummer 2 zu entrichtenden Gebühren; diese Gebühren richten sich nach dem für die Begutachtung erforderlichen Aufwand und den dadurch entstehenden Kosten.

(7) Die Unfallversicherungsträger haben die für den medizinischen Arbeitsschutz zuständige Stelle über den Ausgang des Berufskrankheitenverfahrens zu unterrichten, soweit ihre Entscheidung von der gutachterlichen Stellungnahme der zuständigen Stelle abweicht.

(8) [1] Die Unfallversicherungsträger wirken bei der Gewinnung neuer medizinisch-wissenschaftlicher Erkenntnisse insbesondere zur Fortentwicklung des Berufskrankheitenrechts mit; sie sollen durch eigene Forschung oder durch Beteiligung an fremden Forschungsvorhaben dazu beitragen, den Ursachenzusammenhang zwischen Erkrankungshäufigkeiten in einer bestimmten Personengruppe und gesundheitsschädlichen Einwirkungen im Zusammenhang mit der versicherten Tätigkeit aufzuklären. [2] Die Verbände der Unfallversicherungsträger veröffentlichen jährlich einen gemeinsamen Bericht über ihre Forschungsaktivitäten und die Forschungsaktivitäten der Träger der gesetzlichen Unfallversicherung. [3] Der Bericht erstreckt sich auf die Themen der Forschungsvorhaben, die Höhe der aufgewendeten Mittel sowie die Zuwendungsempfänger und Forschungsnehmer externer Projekte.

(9) [1] Die für den medizinischen Arbeitsschutz zuständigen Stellen dürfen zur Feststellung von Berufskrankheiten sowie von Krankheiten, die nach Absatz 2 wie Berufskrankheiten zu entschädigen sind, Daten verarbeiten sowie zur Vorbereitung von Gutachten Versicherte untersuchen, soweit dies im Rahmen ihrer Mitwirkung nach Absatz 6 Nr. 2 erforderlich ist; sie dürfen diese Daten insbesondere an den zuständigen Unfallversicherungsträger übermitteln. [2] Die erhobenen Daten dürfen auch zur Verhütung von Arbeitsunfällen, Berufskrankheiten und arbeitsbedingten Gesundheitsgefahren gespeichert, verändert, genutzt, übermittelt oder in der Verarbeitung eingeschränkt werden. [3] Soweit die in Satz 1 genannten Stellen andere Ärzte mit der Vornahme von Untersuchungen beauftragen, ist die Übermittlung von Daten zwischen diesen Stellen und den beauftragten Ärzten zulässig, soweit dies im Rahmen des Untersuchungsauftrages erforderlich ist.

§ 10 Erweiterung in der See- und Binnenschiffahrt. (1) In der See- und Binnenschiffahrt sind Versicherungsfälle auch Unfälle infolge

1. von Elementarereignissen,
2. der einem Hafen oder dem Liegeplatz eines Fahrzeugs eigentümlichen Gefahren,
3. der Beförderung von Land zum Fahrzeug oder vom Fahrzeug zum Land.

(2) In Unternehmen der Seefahrt gilt als versicherte Tätigkeit auch die freie Rückbeförderung nach dem Seearbeitsgesetz oder tariflichen Vorschriften.

§ 11 Mittelbare Folgen eines Versicherungsfalls. (1) Folgen eines Versicherungsfalls sind auch Gesundheitsschäden oder der Tod von Versicherten infolge

1. der Durchführung einer Heilbehandlung, von Leistungen zur Teilhabe am Arbeitsleben oder einer Maßnahme nach § 3 der Berufskrankheiten-Verordnung,
2. der Wiederherstellung oder Erneuerung eines Hilfsmittels,
3. der zur Aufklärung des Sachverhalts eines Versicherungsfalls angeordneten Untersuchung

einschließlich der dazu notwendigen Wege.

(2) [1] Absatz 1 gilt entsprechend, wenn die Versicherten auf Aufforderung des Unfallversicherungsträgers diesen oder eine von ihm bezeichnete Stelle zur Vorbereitung von Maßnahmen der Heilbehandlung, der Leistungen zur Teilhabe am Arbeitsleben oder von Maßnahmen nach § 3 der Berufskrankheiten-Verordnung aufsuchen. [2] Der Aufforderung durch den Unfallversicherungsträger nach Satz 1 steht eine Aufforderung durch eine mit der Durchführung der genannten Maßnahmen beauftragte Stelle gleich.

§ 12 Versicherungsfall einer Leibesfrucht. [1] Versicherungsfall ist auch der Gesundheitsschaden einer Leibesfrucht infolge eines Versicherungsfalls der Mutter während der Schwangerschaft; die Leibesfrucht steht insoweit einem Versicherten gleich. [2] Bei einer Berufskrankheit als Versicherungsfall genügt, daß der Gesundheitsschaden der Leibesfrucht durch besondere Einwirkungen verursacht worden ist, die generell geeignet sind, eine Berufskrankheit der Mutter zu verursachen.

§ 12a Gesundheitsschaden im Zusammenhang mit der Spende von Blut oder körpereigenen Organen, Organteilen oder Gewebe. (1) [1] Als Versicherungsfall im Sinne des § 7 Absatz 1 gilt bei Versicherten nach § 2 Absatz 1 Nummer 13 Buchstabe b auch der Gesundheitsschaden, der über die durch die Blut-, Organ-, Organteil- oder Gewebeentnahme regelmäßig entstehenden Beeinträchtigungen hinausgeht und in ursächlichem Zusammenhang mit der Spende steht. [2] Werden dadurch Nachbehandlungen erforderlich oder treten Spätschäden auf, die als Aus- oder Nachwirkungen der Spende oder des aus der Spende resultierenden erhöhten Gesundheitsrisikos anzusehen sind, wird vermutet, dass diese hierdurch verursacht worden sind. [3] Dies gilt nicht, wenn offenkundig ist, dass der Gesundheitsschaden nicht im ursächlichen Zusammenhang mit der Spende steht; eine Obduktion zum Zwecke einer solchen Feststellung darf nicht gefordert werden.

(2) [1] Absatz 1 gilt auch bei Gesundheitsschäden im Zusammenhang mit den für die Spende von Blut oder körpereigenen Organen, Organteilen oder Gewebe erforderlichen Voruntersuchungen sowie Nachsorgemaßnahmen. [2] Satz 1 findet auch Anwendung, wenn es nach der Voruntersuchung nicht zur Spende kommt

§ 13 Sachschäden bei Hilfeleistungen. [1] Den nach § 2 Abs. 1 Nr. 11 Buchstabe a, Nr. 12 und Nr. 13 Buchstabe a und c Versicherten sind auf

Antrag Schäden, die infolge einer der dort genannten Tätigkeiten an in ihrem Besitz befindlichen Sachen entstanden sind, sowie die Aufwendungen zu ersetzen, die sie den Umständen nach für erforderlich halten durften, soweit kein anderweitiger öffentlich-rechtlicher Ersatzanspruch besteht. [2] Versicherten nach § 2 Abs. 1 Nr. 12 steht ein Ersatz von Sachschäden nur dann zu, wenn der Einsatz der infolge der versicherten Tätigkeit beschädigten Sache im Interesse des Hilfsunternehmens erfolgte, für das die Tätigkeit erbracht wurde. [3] Die Sätze 1 und 2 finden keine Anwendung bei Teilnahme an Ausbildungsveranstaltungen einschließlich der satzungsmäßigen Veranstaltungen, die der Nachwuchsförderung dienen, nach § 2 Abs. 1 Nr. 12 sowie bei Versicherungsfällen nach § 8 Abs. 2. [4] § 116 des Zehnten Buches[1)] gilt entsprechend.

Zweites Kapitel. Prävention

§ 14 Grundsatz. (1) [1] Die Unfallversicherungsträger haben mit allen geeigneten Mitteln für die Verhütung von Arbeitsunfällen, Berufskrankheiten und arbeitsbedingten Gesundheitsgefahren und für eine wirksame Erste Hilfe zu sorgen. [2] Sie sollen dabei auch den Ursachen von arbeitsbedingten Gefahren für Leben und Gesundheit nachgehen.

(2) Bei der Verhütung arbeitsbedingter Gesundheitsgefahren arbeiten die Unfallversicherungsträger mit den Krankenkassen zusammen.

(3) Die Unfallversicherungsträger nehmen an der Entwicklung, Umsetzung und Fortschreibung der gemeinsamen deutschen Arbeitsschutzstrategie gemäß den Bestimmungen des Fünften Abschnitts des Arbeitsschutzgesetzes und der nationalen Präventionsstrategie nach §§ 20d bis 20f des Fünften Buches[2)] teil.

(4) [1] Die Deutsche Gesetzliche Unfallversicherung e.V. unterstützt die Unfallversicherungsträger bei der Erfüllung ihrer Präventionsaufgaben nach Absatz 1. [2] Sie nimmt insbesondere folgende Aufgaben wahr:

1. Koordinierung, Durchführung und Förderung gemeinsamer Maßnahmen sowie der Forschung auf dem Gebiet der Prävention von Arbeitsunfällen, Berufskrankheiten und arbeitsbedingten Gesundheitsgefahren,
2. Klärung von grundsätzlichen Fach- und Rechtsfragen zur Sicherung der einheitlichen Rechtsanwendung in der Prävention.

§ 15 Unfallverhütungsvorschriften. (1) [1] Die Unfallversicherungsträger können unter Mitwirkung der Deutschen Gesetzlichen Unfallversicherung e.V. als autonomes Recht Unfallverhütungsvorschriften über Maßnahmen zur Verhütung von Arbeitsunfällen, Berufskrankheiten und arbeitsbedingten Gesundheitsgefahren oder für eine wirksame Erste Hilfe erlassen, soweit dies zur Prävention geeignet und erforderlich ist und staatliche Arbeitsschutzvorschriften hierüber keine Regelung treffen; in diesem Rahmen können Unfallverhütungsvorschriften erlassen werden über

1. Einrichtungen, Anordnungen und Maßnahmen, welche die Unternehmer zur Verhütung von Arbeitsunfällen, Berufskrankheiten und arbeitsbedingten Gesundheitsgefahren zu treffen haben, sowie die Form der Übertragung dieser Aufgaben auf andere Personen,

---

1) Nr. **10**.
2) Nr. **5**.

2. das Verhalten der Versicherten zur Verhütung von Arbeitsunfällen, Berufskrankheiten und arbeitsbedingten Gesundheitsgefahren,
3. vom Unternehmer zu veranlassende arbeitsmedizinische Untersuchungen und sonstige arbeitsmedizinische Maßnahmen vor, während und nach der Verrichtung von Arbeiten, die für Versicherte oder für Dritte mit arbeitsbedingten Gefahren für Leben und Gesundheit verbunden sind,
4. Voraussetzungen, die der Arzt, der mit Untersuchungen oder Maßnahmen nach Nummer 3 beauftragt ist, zu erfüllen hat, sofern die ärztliche Untersuchung nicht durch eine staatliche Rechtsvorschrift vorgesehen ist,
5. die Sicherstellung einer wirksamen Ersten Hilfe durch den Unternehmer,
6. die Maßnahmen, die der Unternehmer zur Erfüllung der sich aus dem Gesetz über Betriebsärzte, Sicherheitsingenieure und andere Fachkräfte für Arbeitssicherheit ergebenden Pflichten zu treffen hat,
7. die Zahl der Sicherheitsbeauftragten, die nach § 22 unter Berücksichtigung der in den Unternehmen für Leben und Gesundheit der Versicherten bestehenden arbeitsbedingten Gefahren und der Zahl der Beschäftigten zu bestellen sind.

[2] In der Unfallverhütungsvorschrift nach Satz 1 Nr. 3 kann bestimmt werden, daß arbeitsmedizinische Vorsorgeuntersuchungen auch durch den Unfallversicherungsträger veranlaßt werden können. [3] Die Deutsche Gesetzliche Unfallversicherung e.V. wirkt beim Erlass von Unfallverhütungsvorschriften auf Rechtseinheitlichkeit hin.

(1a) In der landwirtschaftlichen Unfallversicherung ist Absatz 1 mit der Maßgabe anzuwenden, dass Unfallverhütungsvorschriften von der landwirtschaftlichen Berufsgenossenschaft erlassen werden.

(2) [1] Soweit die Unfallversicherungsträger Vorschriften nach Absatz 1 Satz 1 Nr. 3 erlassen, können sie zu den dort genannten Zwecken auch die Verarbeitung von folgenden Daten über die untersuchten Personen durch den Unternehmer vorsehen:

1. Vor- und Familienname, Geburtsdatum sowie Geschlecht,
2. Wohnanschrift,
3. Tag der Einstellung und des Ausscheidens,
4. Ordnungsnummer,
5. zuständige Krankenkasse,
6. Art der vom Arbeitsplatz ausgehenden Gefährdungen,
7. Art der Tätigkeit mit Angabe des Beginns und des Endes der Tätigkeit,
8. Angaben über Art und Zeiten früherer Tätigkeiten, bei denen eine Gefährdung bestand, soweit dies bekannt ist,
9. Datum und Ergebnis der ärztlichen Vorsorgeuntersuchungen; die Übermittlung von Diagnosedaten an den Unternehmer ist nicht zulässig,
10. Datum der nächsten regelmäßigen Nachuntersuchung,
11. Name und Anschrift des untersuchenden Arztes.

[2] Soweit die Unfallversicherungsträger Vorschriften nach Absatz 1 Satz 2 erlassen, gelten Satz 1 sowie § 24 Abs. 1 Satz 3 und 4 entsprechend.

(3) Absatz 1 Satz 1 Nr. 1 bis 5 gilt nicht für die unter bergbehördlicher Aufsicht stehenden Unternehmen.

(4) [1]Die Vorschriften nach Absatz 1 bedürfen der Genehmigung durch das Bundesministerium für Arbeit und Soziales. [2]Die Entscheidung hierüber wird im Benehmen mit den zuständigen obersten Verwaltungsbehörden der Länder getroffen. [3]Soweit die Vorschriften von einem Unfallversicherungsträger erlassen werden, welcher der Aufsicht eines Landes untersteht, entscheidet die zuständige oberste Landesbehörde über die Genehmigung im Benehmen mit dem Bundesministerium für Arbeit und Soziales. [4]Die Genehmigung ist zu erteilen, wenn die Vorschriften sich im Rahmen der Ermächtigung nach Absatz 1 halten und ordnungsgemäß von der Vertreterversammlung beschlossen worden sind. [5]Die Erfüllung der Genehmigungsvoraussetzungen nach Satz 4 ist im Antrag auf Erteilung der Genehmigung darzulegen. [6]Dabei hat der Unfallversicherungsträger insbesondere anzugeben, dass

1. eine Regelung der in den Vorschriften vorgesehenen Maßnahmen in staatlichen Arbeitsschutzvorschriften nicht zweckmäßig ist,
2. das mit den Vorschriften angestrebte Präventionsziel ausnahmsweise nicht durch Regeln erreicht wird, die von einem gemäß § 18 Abs. 2 Nr. 5 des Arbeitsschutzgesetzes eingerichteten Ausschuss ermittelt werden, und
3. die nach Nummer 1 und 2 erforderlichen Feststellungen in einem besonderen Verfahren unter Beteiligung von Arbeitsschutzbehörden des Bundes und der Länder getroffen worden sind.

[7]Für die Angabe nach Satz 6 reicht bei Unfallverhütungsvorschriften nach Absatz 1 Satz 1 Nr. 6 ein Hinweis darauf aus, dass das Bundesministerium für Arbeit und Soziales von der Ermächtigung zum Erlass einer Rechtsverordnung nach § 14 des Gesetzes über Betriebsärzte, Sicherheitsingenieure und andere Fachkräfte für Arbeitssicherheit keinen Gebrauch macht.

(5) Die Unternehmer sind über die Vorschriften nach Absatz 1 zu unterrichten und zur Unterrichtung der Versicherten verpflichtet.

§ 16 Geltung bei Zuständigkeit anderer Unfallversicherungsträger und für ausländische Unternehmen. (1) Die Unfallverhütungsvorschriften eines Unfallversicherungsträgers gelten auch, soweit in dem oder für das Unternehmen Versicherte tätig werden, für die ein anderer Unfallversicherungsträger zuständig ist.

(2) Die Unfallverhütungsvorschriften eines Unfallversicherungsträgers gelten auch für Unternehmer und Beschäftigte von ausländischen Unternehmen, die eine Tätigkeit im Inland ausüben, ohne einem Unfallversicherungsträger anzugehören.

§ 17 Überwachung und Beratung. (1) Die Unfallversicherungsträger haben die Durchführung der Maßnahmen zur Verhütung von Arbeitsunfällen, Berufskrankheiten, arbeitsbedingten Gesundheitsgefahren und für eine wirksame Erste Hilfe in den Unternehmen zu überwachen sowie die Unternehmer und die Versicherten zu beraten.

(2) [1]Soweit in einem Unternehmen Versicherte tätig sind, für die ein anderer Unfallversicherungsträger zuständig ist, kann auch dieser die Durchführung der Maßnahmen zur Verhütung von Arbeitsunfällen, Berufskrankheiten, arbeitsbedingten Gesundheitsgefahren und für eine wirksame Erste Hilfe überwachen. [2]Beide Unfallversicherungsträger sollen, wenn nicht sachliche Gründe ent-

gegenstehen, die Überwachung und Beratung abstimmen und sich mit deren Wahrnehmung auf einen Unfallversicherungsträger verständigen.

(3) Erwachsen dem Unfallversicherungsträger durch Pflichtversäumnis eines Unternehmers bare Auslagen für die Überwachung seines Unternehmens, so kann der Vorstand dem Unternehmer diese Kosten auferlegen.

§ 18 Aufsichtspersonen. (1) Die Unfallversicherungsträger sind verpflichtet, Aufsichtspersonen in der für eine wirksame Überwachung und Beratung gemäß § 17 erforderlichen Zahl zu beschäftigen.

(2) [1] Als Aufsichtsperson darf nur beschäftigt werden, wer seine Befähigung für diese Tätigkeit durch eine Prüfung nachgewiesen hat. [2] Die Unfallversicherungsträger erlassen Prüfungsordnungen. [3] Die Prüfungsordnungen bedürfen der Genehmigung durch die Aufsichtsbehörde.

§ 19 Befugnisse der Aufsichtspersonen. (1) [1] Die Aufsichtspersonen können im Einzelfall anordnen, welche Maßnahmen Unternehmerinnen und Unternehmer oder Versicherte zu treffen haben

1. zur Erfüllung ihrer Pflichten aufgrund der Unfallverhütungsvorschriften nach § 15,
2. zur Abwendung besonderer Unfall- und Gesundheitsgefahren.

[2] Die Aufsichtspersonen sind berechtigt, bei Gefahr im Verzug sofort vollziehbare Anordnungen zur Abwendung von arbeitsbedingten Gefahren für Leben und Gesundheit zu treffen. [3] Anordnungen nach den Sätzen 1 und 2 können auch gegenüber Unternehmerinnen und Unternehmern sowie gegenüber Beschäftigten von ausländischen Unternehmen getroffen werden, die eine Tätigkeit im Inland ausüben, ohne einem Unfallversicherungsträger anzugehören.

(2) [1] Zur Überwachung der Maßnahmen zur Verhütung von Arbeitsunfällen, Berufskrankheiten, arbeitsbedingten Gesundheitsgefahren und für eine wirksame Erste Hilfe sind die Aufsichtspersonen insbesondere befugt,

1. zu den Betriebs- und Geschäftszeiten Grundstücke und Betriebsstätten zu betreten, zu besichtigen und zu prüfen,
2. von dem Unternehmer die zur Durchführung ihrer Überwachungsaufgabe erforderlichen Auskünfte zu verlangen,
3. geschäftliche und betriebliche Unterlagen des Unternehmers einzusehen, soweit es die Durchführung ihrer Überwachungsaufgabe erfordert,
4. Arbeitsmittel und persönliche Schutzausrüstungen sowie ihre bestimmungsgemäße Verwendung zu prüfen,
5. Arbeitsverfahren und Arbeitsabläufe zu untersuchen und insbesondere das Vorhandensein und die Konzentration gefährlicher Stoffe und Zubereitungen zu ermitteln oder, soweit die Aufsichtspersonen und der Unternehmer die erforderlichen Feststellungen nicht treffen können, auf Kosten des Unternehmers ermitteln zu lassen,
6. gegen Empfangsbescheinigung Proben nach ihrer Wahl zu fordern oder zu entnehmen; soweit der Unternehmer nicht ausdrücklich darauf verzichtet, ist ein Teil der Proben amtlich verschlossen oder versiegelt zurückzulassen,
7. zu untersuchen, ob und auf welche betriebliche Ursachen ein Unfall, eine Erkrankung oder ein Schadensfall zurückzuführen ist,

8. die Begleitung durch den Unternehmer oder eine von ihm beauftragte Person zu verlangen.

[2] Der Unternehmer hat die Maßnahmen nach Satz 1 Nr. 1 und 3 bis 7 zu dulden. [3] Zur Verhütung dringender Gefahren können die Maßnahmen nach Satz 1 auch in Wohnräumen und zu jeder Tages- und Nachtzeit getroffen werden. [4] Das Grundrecht der Unverletzlichkeit der Wohnung (Artikel 13 des Grundgesetzes) wird insoweit eingeschränkt. [5] Die Eigentümer und Besitzer der Grundstücke, auf denen der Unternehmer tätig ist, haben das Betreten der Grundstücke zu gestatten.

(3) [1] Der Unternehmer hat die Aufsichtsperson zu unterstützen, soweit dies zur Erfüllung ihrer Aufgaben erforderlich ist. [2] Auskünfte auf Fragen, deren Beantwortung den Unternehmer selbst oder einen seiner in § 383 Abs. 1 Nr. 1 bis 3 der Zivilprozeßordnung bezeichneten Angehörigen der Gefahr der Verfolgung wegen einer Straftat oder Ordnungswidrigkeit aussetzen würde, können verweigert werden.

§ 20 Zusammenarbeit mit Dritten. (1) [1] Die Unfallversicherungsträger und die für den Arbeitsschutz zuständigen Behörden wirken bei der Beratung und Überwachung der Unternehmen auf der Grundlage einer gemeinsamen Beratungs- und Überwachungsstrategie gemäß § 20a Abs. 2 Nr. 4 des Arbeitsschutzgesetzes eng zusammen und stellen den Erfahrungsaustausch sicher. [2] Die gemeinsame Beratungs- und Überwachungsstrategie umfasst die Abstimmung allgemeiner Grundsätze zur methodischen Vorgehensweise bei

1. der Beratung und Überwachung der Betriebe,
2. der Festlegung inhaltlicher Beratungs- und Überwachungsschwerpunkte, aufeinander abgestimmter oder gemeinsamer Schwerpunktaktionen und Arbeitsprogramme und
3. der Förderung eines Daten- und sonstigen Informationsaustausches, insbesondere über Betriebsbesichtigungen und deren wesentliche Ergebnisse.

(2) [1] Zur Förderung der Zusammenarbeit nach Absatz 1 wird für den Bereich eines oder mehrerer Länder eine gemeinsame landesbezogene Stelle bei einem Unfallversicherungsträger oder einem Landesverband mit Sitz im jeweiligen örtlichen Zuständigkeitsbereich eingerichtet. [2] Die Deutsche Gesetzliche Unfallversicherung e.V. koordiniert die organisatorisch und verfahrensmäßig notwendigen Festlegungen für die Bildung, Mandatierung und Tätigkeit der gemeinsamen landesbezogenen Stellen. [3] Die gemeinsame landesbezogene Stelle hat die Aufgabe, mit Wirkung für die von ihr vertretenen Unfallversicherungsträger mit den für den Arbeitsschutz zuständigen Behörden Vereinbarungen über

1. die zur Umsetzung der gemeinsamen Beratungs- und Überwachungsstrategie notwendigen Maßnahmen,
2. gemeinsame Arbeitsprogramme, insbesondere zur Umsetzung der Eckpunkte im Sinne des § 20a Abs. 2 Nr. 2 des Arbeitsschutzgesetzes,

abzuschließen und deren Zielerreichung mit den von der Nationalen Arbeitsschutzkonferenz nach § 20a Abs. 2 Nr. 3 des Arbeitsschutzgesetzes bestimmten Kennziffern zu evaluieren. [4] Die landwirtschaftliche Berufsgenossenschaft wirkt an der Tätigkeit der gemeinsamen landesbezogenen Stelle mit.

(3) [1] Durch allgemeine Verwaltungsvorschriften, die der Zustimmung des Bundesrates bedürfen, wird geregelt das Zusammenwirken

1. der Unfallversicherungsträger mit den Betriebsräten oder Personalräten,
2. der Unfallversicherungsträger einschließlich der gemeinsamen landesbezogenen Stellen nach Absatz 2 mit den für den Arbeitsschutz zuständigen Landesbehörden,
3. der Unfallversicherungsträger mit den für die Bergaufsicht zuständigen Behörden.

[2] Die Verwaltungsvorschriften nach Satz 1 Nr. 1 werden vom Bundesministerium für Arbeit und Soziales im Einvernehmen mit dem Bundesministerium des Innern, für Bau und Heimat, die Verwaltungsvorschriften nach Satz 1 Nr. 2 und 3 werden von der Bundesregierung erlassen. [3] Die Verwaltungsvorschriften nach Satz 1 Nr. 2 werden erst erlassen, wenn innerhalb einer vom Bundesministerium für Arbeit und Soziales gesetzten angemessenen Frist nicht für jedes Land eine Vereinbarung nach Absatz 2 Satz 3 abgeschlossen oder eine unzureichend gewordene Vereinbarung nicht geändert worden ist.

§ 21 Verantwortung des Unternehmers, Mitwirkung der Versicherten.

(1) Der Unternehmer ist für die Durchführung der Maßnahmen zur Verhütung von Arbeitsunfällen und Berufskrankheiten, für die Verhütung von arbeitsbedingten Gesundheitsgefahren sowie für eine wirksame Erste Hilfe verantwortlich.

(2) [1] Ist bei einer Schule der Unternehmer nicht Schulhoheitsträger, ist auch der Schulhoheitsträger in seinem Zuständigkeitsbereich für die Durchführung der in Absatz 1 genannten Maßnahmen verantwortlich. [2] Der Schulhoheitsträger ist verpflichtet, im Benehmen mit dem für die Versicherten nach § 2 Abs. 1 Nr. 8 Buchstabe b zuständigen Unfallversicherungsträger Regelungen über die Durchführung der in Absatz 1 genannten Maßnahmen im inneren Schulbereich zu treffen.

(3) Die Versicherten haben nach ihren Möglichkeiten alle Maßnahmen zur Verhütung von Arbeitsunfällen, Berufskrankheiten und arbeitsbedingten Gesundheitsgefahren sowie für eine wirksame Erste Hilfe zu unterstützen und die entsprechenden Anweisungen des Unternehmers zu befolgen.

§ 22 Sicherheitsbeauftragte. (1) [1] In Unternehmen mit regelmäßig mehr als 20 Beschäftigten hat der Unternehmer unter Beteiligung des Betriebsrates oder Personalrates Sicherheitsbeauftragte unter Berücksichtigung der im Unternehmen für die Beschäftigten bestehenden Unfall- und Gesundheitsgefahren und der Zahl der Beschäftigten zu bestellen. [2] Als Beschäftigte gelten auch die nach § 2 Abs. 1 Nr. 2, 8 und 12 Versicherten. [3] In Unternehmen mit besonderen Gefahren für Leben und Gesundheit kann der Unfallversicherungsträger anordnen, daß Sicherheitsbeauftragte auch dann zu bestellen sind, wenn die Mindestbeschäftigtenzahl nach Satz 1 nicht erreicht wird. [4] Für Unternehmen mit geringen Gefahren für Leben und Gesundheit kann der Unfallversicherungsträger die Zahl 20 in seiner Unfallverhütungsvorschrift erhöhen.

(2) Die Sicherheitsbeauftragten haben den Unternehmer bei der Durchführung der Maßnahmen zur Verhütung von Arbeitsunfällen und Berufskrankheiten zu unterstützen, insbesondere sich von dem Vorhandensein und der ordnungsgemäßen Benutzung der vorgeschriebenen Schutzeinrichtungen und

persönlichen Schutzausrüstungen zu überzeugen und auf Unfall- und Gesundheitsgefahren für die Versicherten aufmerksam zu machen.

(3) Die Sicherheitsbeauftragten dürfen wegen der Erfüllung der ihnen übertragenen Aufgaben nicht benachteiligt werden.

§ 23 Aus- und Fortbildung. (1) [1]Die Unfallversicherungsträger haben für die erforderliche Aus- und Fortbildung der Personen in den Unternehmen zu sorgen, die mit der Durchführung der Maßnahmen zur Verhütung von Arbeitsunfällen, Berufskrankheiten und arbeitsbedingten Gesundheitsgefahren sowie mit der Ersten Hilfe betraut sind. [2]Für nach dem Gesetz über Betriebsärzte, Sicherheitsingenieure und andere Fachkräfte für Arbeitssicherheit zu verpflichtende Betriebsärzte und Fachkräfte für Arbeitssicherheit, die nicht dem Unternehmen angehören, können die Unfallversicherungsträger entsprechende Maßnahmen durchführen. [3]Die Unfallversicherungsträger haben Unternehmer und Versicherte zur Teilnahme an Aus- und Fortbildungslehrgängen anzuhalten.

(2) [1]Die Unfallversicherungsträger haben die unmittelbaren Kosten ihrer Aus- und Fortbildungsmaßnahmen sowie die erforderlichen Fahr-, Verpflegungs- und Unterbringungskosten zu tragen. [2]Bei Aus- und Fortbildungsmaßnahmen für Ersthelfer, die von Dritten durchgeführt werden, haben die Unfallversicherungsträger nur die Lehrgangsgebühren zu tragen.

(3) Für die Arbeitszeit, die wegen der Teilnahme an einem Lehrgang ausgefallen ist, besteht gegen den Unternehmer ein Anspruch auf Fortzahlung des Arbeitsentgelts.

(4) Bei der Ausbildung von Sicherheitsbeauftragten und Fachkräften für Arbeitssicherheit sind die für den Arbeitsschutz zuständigen Landesbehörden zu beteiligen.

§ 24 Überbetrieblicher arbeitsmedizinischer und sicherheitstechnischer Dienst. (1) [1]Unfallversicherungsträger können überbetriebliche arbeitsmedizinische und sicherheitstechnische Dienste einrichten; das Nähere bestimmt die Satzung. [2]Die von den Diensten gespeicherten Daten dürfen nur mit Einwilligung des Betroffenen an die Unfallversicherungsträger übermittelt werden; § 203 bleibt unberührt. [3]Die Dienste sind organisatorisch, räumlich und personell von den übrigen Organisationseinheiten der Unfallversicherungsträger zu trennen. [4]Zugang zu den Daten dürfen nur Beschäftigte der Dienste haben.

(2) [1]In der Satzung nach Absatz 1 kann auch bestimmt werden, daß die Unternehmer verpflichtet sind, sich einem überbetrieblichen arbeitsmedizinischen und sicherheitstechnischen Dienst anzuschließen, wenn sie innerhalb einer vom Unfallversicherungsträger gesetzten angemessenen Frist keine oder nicht in ausreichendem Umfang Betriebsärzte und Fachkräfte für Arbeitssicherheit bestellen. [2]Unternehmer sind von der Anschlußpflicht zu befreien, wenn sie nachweisen, daß sie ihre Pflicht nach dem Gesetz über Betriebsärzte, Sicherheitsingenieure und andere Fachkräfte für Arbeitssicherheit erfüllt haben.

§ 25 Bericht gegenüber dem Bundestag. (1) [1]Die Bundesregierung hat dem Deutschen Bundestag und dem Bundesrat alljährlich bis zum 31. Dezember des auf das Berichtsjahr folgenden Jahres einen statistischen Bericht über den Stand von Sicherheit und Gesundheit bei der Arbeit und über das Unfall- und Berufskrankheitengeschehen in der Bundesrepublik Deutschland zu erstatten, der die Berichte der Unfallversicherungsträger und die Jahresberichte der für den Arbeitsschutz zuständigen Landesbehörden zusammenfaßt. [2]Alle vier Jahre hat der Bericht einen umfassenden Überblick über die Entwicklung der Arbeitsunfälle und Berufskrankheiten, ihre Kosten und die Maßnahmen zur Sicherheit und Gesundheit bei der Arbeit zu enthalten.

(2) [1]Die Unfallversicherungsträger haben dem Bundesministerium für Arbeit und Soziales alljährlich bis zum 31. Juli des auf das Berichtsjahr folgenden Jahres über die Durchführung der Maßnahmen zur Sicherheit und Gesundheit bei der Arbeit sowie über das Unfall- und Berufskrankheitengeschehen zu berichten. [2]Landesunmittelbare Versicherungsträger reichen die Berichte über die für sie zuständigen obersten Verwaltungsbehörden der Länder ein.

Drittes Kapitel. Leistungen nach Eintritt eines Versicherungsfalls

Erster Abschnitt. Heilbehandlung, Leistungen zur Teilhabe am Arbeitsleben, Leistungen zur Sozialen Teilhabe und ergänzende Leistungen, Pflege, Geldleistungen

Erster Unterabschnitt. Anspruch und Leistungsarten

§ 26 Grundsatz. (1) [1]Versicherte haben nach Maßgabe der folgenden Vorschriften und unter Beachtung des Neunten Buches[1)] Anspruch auf Heilbehandlung einschließlich Leistungen zur medizinischen Rehabilitation, auf Leistungen zur Teilhabe am Arbeitsleben und zur Sozialen Teilhabe, auf ergänzende Leistungen, auf Leistungen bei Pflegebedürftigkeit sowie auf Geldleistungen. [2]Die Leistungen werden auf Antrag durch ein Persönliches Budget nach § 29 des Neunten Buches erbracht; dies gilt im Rahmen des Anspruchs auf Heilbehandlung nur für die Leistungen zur medizinischen Rehabilitation.

(2) Der Unfallversicherungsträger hat mit allen geeigneten Mitteln möglichst frühzeitig

1. den durch den Versicherungsfall verursachten Gesundheitsschaden zu beseitigen oder zu bessern, seine Verschlimmerung zu verhüten und seine Folgen zu mildern,
2. den Versicherten einen ihren Neigungen und Fähigkeiten entsprechenden Platz im Arbeitsleben zu sichern,
3. Hilfen zur Bewältigung der Anforderungen des täglichen Lebens und zur Teilhabe am Leben in der Gemeinschaft sowie zur Führung eines möglichst selbständigen Lebens unter Berücksichtigung von Art und Schwere des Gesundheitsschadens bereitzustellen,
4. ergänzende Leistungen zur Heilbehandlung und zu Leistungen zur Teilhabe am Arbeitsleben und zur Sozialen Teilhabe zu erbringen,
5. Leistungen bei Pflegebedürftigkeit zu erbringen.

(3) Die Leistungen zur Heilbehandlung und zur Rehabilitation haben Vorrang vor Rentenleistungen.

(4) [1]Qualität und Wirksamkeit der Leistungen zur Heilbehandlung und Teilhabe haben dem allgemein anerkannten Stand der medizinischen Erkenntnisse zu entsprechen und den medizinischen Fortschritt zu berücksichtigen.

[1)] Nr. 9.

[2]Sie werden als Dienst- und Sachleistungen zur Verfügung gestellt, soweit dieses oder das Neunte Buch keine Abweichungen vorsehen.

(5) [1]Die Unfallversicherungsträger bestimmen im Einzelfall Art, Umfang und Durchführung der Heilbehandlung und der Leistungen zur Teilhabe sowie die Einrichtungen, die diese Leistungen erbringen, nach pflichtgemäßem Ermessen. [2]Dabei prüfen sie auch, welche Leistungen geeignet und zumutbar sind, Pflegebedürftigkeit zu vermeiden, zu überwinden, zu mindern oder ihre Verschlimmerung zu verhüten.

Zweiter Unterabschnitt. Heilbehandlung

§ 27 Umfang der Heilbehandlung. (1) Die Heilbehandlung umfaßt insbesondere

1. Erstversorgung,
2. ärztliche Behandlung,
3. zahnärztliche Behandlung einschließlich der Versorgung mit Zahnersatz,
4. Versorgung mit Arznei-, Verband-, Heil- und Hilfsmitteln,
5. häusliche Krankenpflege,
6. Behandlung in Krankenhäusern und Rehabilitationseinrichtungen,
7. Leistungen zur medizinischen Rehabilitation nach § 42 Abs. 2 Nr. 1 und 3 bis 7 und Abs. 3 des Neunten Buches[1)].

(2) In den Fällen des § 8 Abs. 3 wird ein beschädigtes oder verlorengegangenes Hilfsmittel wiederhergestellt oder erneuert

(3) Während einer aufgrund eines Gesetzes angeordneten Freiheitsentziehung wird Heilbehandlung erbracht, soweit Belange des Vollzugs nicht entgegenstehen.

§ 28 Ärztliche und zahnärztliche Behandlung. (1) [1]Die ärztliche und zahnärztliche Behandlung wird von Ärzten oder Zahnärzten erbracht. [2]Sind Hilfeleistungen anderer Personen erforderlich, dürfen sie nur erbracht werden, wenn sie vom Arzt oder Zahnarzt angeordnet und von ihm verantwortet werden.

(2) Die ärztliche Behandlung umfaßt die Tätigkeit der Ärzte, die nach den Regeln der ärztlichen Kunst erforderlich und zweckmäßig ist.

(3) Die zahnärztliche Behandlung umfaßt die Tätigkeit der Zahnärzte, die nach den Regeln der zahnärztlichen Kunst erforderlich und zweckmäßig ist.

(4) [1]Bei Versicherungsfällen, für die wegen ihrer Art oder Schwere besondere unfallmedizinische Behandlung angezeigt ist, wird diese erbracht. [2]Die freie Arztwahl kann insoweit eingeschränkt werden.

§ 29 Arznei- und Verbandmittel. (1) [1]Arznei- und Verbandmittel sind alle ärztlich verordneten, zur ärztlichen und zahnärztlichen Behandlung erforderlichen Mittel. [2]Ist das Ziel der Heilbehandlung mit Arznei- und Verbandmitteln zu erreichen, für die Festbeträge im Sinne des § 35 oder § 35a des Fünften Buches[2)] festgesetzt sind, trägt der Unfallversicherungsträger die Kosten bis zur Höhe dieser Beträge. [3]Verordnet der Arzt in diesen Fällen ein Arznei- oder

---

1) Nr. **9**.
2) Nr. **5**.

Verbandmittel, dessen Preis den Festbetrag überschreitet, hat der Arzt die Versicherten auf die sich aus seiner Verordnung ergebende Übernahme der Mehrkosten hinzuweisen.

(2) [1] Die Rabattregelungen der §§ 130 und 130a des Fünften Buches gelten entsprechend. [2] Die Erstattungsbeträge nach § 130b des Fünften Buches gelten auch für die Abrechnung mit den Trägern der gesetzlichen Unfallversicherung.

§ 30 Heilmittel. [1] Heilmittel sind alle ärztlich verordneten Dienstleistungen, die einem Heilzweck dienen oder einen Heilerfolg sichern und nur von entsprechend ausgebildeten Personen erbracht werden dürfen. [2] Hierzu gehören insbesondere Maßnahmen der physikalischen Therapie sowie der Sprach- und Beschäftigungstherapie.

§ 31 Hilfsmittel. (1) [1] Hilfsmittel sind alle ärztlich verordneten Sachen, die den Erfolg der Heilbehandlung sichern oder die Folgen von Gesundheitsschäden mildern oder ausgleichen. [2] Dazu gehören insbesondere Körperersatzstücke, orthopädische und andere Hilfsmittel einschließlich der notwendigen Änderung, Instandsetzung und Ersatzbeschaffung sowie der Ausbildung im Gebrauch der Hilfsmittel. [3] Soweit für Hilfsmittel Festbeträge im Sinne des § 36 des Fünften Buches[1)] festgesetzt sind, gilt § 29 Abs. 1 Satz 2 und 3 entsprechend.

(2) [1] Die Bundesregierung wird ermächtigt, durch Rechtsverordnung mit Zustimmung des Bundesrates die Ausstattung mit Körperersatzstücken, orthopädischen und anderen Hilfsmitteln zu regeln sowie bei bestimmten Gesundheitsschäden eine Entschädigung für Kleider- und Wäscheverschleiß vorzuschreiben. [2] Das Nähere regeln die Verbände der Unfallversicherungsträger durch gemeinsame Richtlinien.

§ 32 Häusliche Krankenpflege. (1) Versicherte erhalten in ihrem Haushalt oder ihrer Familie neben der ärztlichen Behandlung häusliche Krankenpflege durch geeignete Pflegekräfte, wenn Krankenhausbehandlung geboten, aber nicht ausführbar ist oder wenn sie durch die häusliche Krankenpflege vermieden oder verkürzt werden kann und das Ziel der Heilbehandlung nicht gefährdet wird.

(2) Die häusliche Krankenpflege umfaßt die im Einzelfall aufgrund ärztlicher Verordnung erforderliche Grund- und Behandlungspflege sowie hauswirtschaftliche Versorgung.

(3) [1] Ein Anspruch auf häusliche Krankenpflege besteht nur, soweit es einer im Haushalt des Versicherten lebenden Person nicht zuzumuten ist, Krankenpflege zu erbringen. [2] Kann eine Pflegekraft nicht gestellt werden oder besteht Grund, von einer Gestellung abzusehen, sind die Kosten für eine selbstbeschaffte Pflegekraft in angemessener Höhe zu erstatten.

(4) Das Nähere regeln die Verbände der Unfallversicherungsträger durch gemeinsame Richtlinien.

§ 33 Behandlung in Krankenhäusern und Rehabilitationseinrichtungen. (1) [1] Stationäre Behandlung in einem Krankenhaus oder in einer Rehabilitationseinrichtung wird erbracht, wenn die Aufnahme erforderlich ist, weil

---

1) Nr. 5.

das Behandlungsziel anders nicht erreicht werden kann. [2]Sie wird voll- oder teilstationär erbracht. [3]Sie umfaßt im Rahmen des Versorgungsauftrags des Krankenhauses oder der Rehabilitationseinrichtung alle Leistungen, die im Einzelfall für die medizinische Versorgung der Versicherten notwendig sind, insbesondere ärztliche Behandlung, Krankenpflege, Versorgung mit Arznei-, Verband-, Heil- und Hilfsmitteln, Unterkunft und Verpflegung.

(2) Krankenhäuser und Rehabilitationseinrichtungen im Sinne des Absatzes 1 sind die Einrichtungen nach § 107 des Fünften Buches[1)].

(3) Bei Gesundheitsschäden, für die wegen ihrer Art oder Schwere besondere unfallmedizinische stationäre Behandlung angezeigt ist, wird diese in besonderen Einrichtungen erbracht.

§ 34 Durchführung der Heilbehandlung. (1) [1]Die Unfallversicherungsträger haben alle Maßnahmen zu treffen, durch die eine möglichst frühzeitig nach dem Versicherungsfall einsetzende und sachgemäße Heilbehandlung und, soweit erforderlich, besondere unfallmedizinische oder Berufskrankheiten-Behandlung gewährleistet wird. [2]Sie können zu diesem Zweck die von den Ärzten und Krankenhäusern zu erfüllenden Voraussetzungen im Hinblick auf die fachliche Befähigung, die sächliche und personelle Ausstattung sowie die zu übernehmenden Pflichten festlegen. [3]Sie können daneben nach Art und Schwere des Gesundheitsschadens besondere Verfahren für die Heilbehandlung vorsehen.

(2) Die Unfallversicherungsträger haben an der Durchführung der besonderen unfallmedizinischen Behandlung die Ärzte und Krankenhäuser zu beteiligen, die den nach Absatz 1 Satz 2 festgelegten Anforderungen entsprechen.

(3) [1]Die Verbände der Unfallversicherungsträger sowie die Kassenärztliche Bundesvereinigung und die Kassenzahnärztliche Bundesvereinigung (Kassenärztliche Bundesvereinigungen) schließen unter Berücksichtigung der von den Unfallversicherungsträgern gemäß Absatz 1 Satz 2 und 3 getroffenen Festlegungen mit Wirkung für ihre Mitglieder Verträge über die Durchführung der Heilbehandlung, die Vergütung der Ärzte und Zahnärzte sowie die Art und Weise der Abrechnung. [2]Dem oder der Bundesbeauftragten für den Datenschutz und die Informationsfreiheit ist rechtzeitig vor Abschluß Gelegenheit zur Stellungnahme zu geben, sofern in den Verträgen die Verarbeitung von personenbezogenen Daten geregelt werden sollen.

(4) Die Kassenärztlichen Bundesvereinigungen haben gegenüber den Unfallversicherungsträgern und deren Verbänden die Gewähr dafür zu übernehmen, daß die Durchführung der Heilbehandlung den gesetzlichen und vertraglichen Erfordernissen entspricht.

(5) [1]Kommt ein Vertrag nach Absatz 3 ganz oder teilweise nicht zustande, setzt ein Schiedsamt mit der Mehrheit seiner Mitglieder innerhalb von drei Monaten den Vertragsinhalt fest. [2]Wird ein Vertrag gekündigt, ist dies dem zuständigen Schiedsamt mitzuteilen. [3]Kommt bis zum Ablauf eines Vertrags ein neuer Vertrag nicht zustande, setzt ein Schiedsamt mit der Mehrheit seiner Mitglieder innerhalb von drei Monaten nach Vertragsablauf den neuen Inhalt fest. [4]In diesem Fall gelten die Bestimmungen des bisherigen Vertrags bis zur Entscheidung des Schiedsamts vorläufig weiter.

[1)] Nr. 5.

(6) [1]Die Verbände der Unfallversicherungsträger und die Kassenärztlichen Bundesvereinigungen bilden je ein Schiedsamt für die medizinische und zahnmedizinische Versorgung. [2]Das Schiedsamt besteht aus drei Vertretern der Kassenärztlichen Bundesvereinigungen und drei Vertretern der Verbände der Unfallversicherungsträger sowie einem unparteiischen Vorsitzenden und zwei weiteren unparteiischen Mitgliedern. [3]§ 89 Absatz 6 des Fünften Buches[1)] sowie die aufgrund des § 89 Absatz 11 des Fünften Buches erlassenen Rechtsverordnungen gelten entsprechend.

(7) Die Aufsicht über die Geschäftsführung der Schiedsämter nach Absatz 6 führt das Bundesministerium für Arbeit und Soziales.

(8) [1]Die Beziehungen zwischen den Unfallversicherungsträgern und anderen als den in Absatz 3 genannten Stellen, die Heilbehandlung durchführen oder an ihrer Durchführung beteiligt sind, werden durch Verträge geregelt. [2]Soweit die Stellen Leistungen zur medizinischen Rehabilitation ausführen oder an ihrer Ausführung beteiligt sind, werden die Beziehungen durch Verträge nach § 38 des Neunten Buches[2)] geregelt.

Dritter Unterabschnitt. Leistungen zur Teilhabe am Arbeitsleben

§ 35 Leistungen zur Teilhabe am Arbeitsleben. (1) [1]Die Unfallversicherungsträger erbringen die Leistungen zur Teilhabe am Arbeitsleben nach den §§ 49 bis 55 des Neunten Buches[2)], in Werkstätten für behinderte Menschen nach den §§ 57 und 58 des Neunten Buches, bei anderen Leistungsanbietern nach § 60 des Neunten Buches, als Budget für Arbeit nach § 61 des Neunten Buches sowie als Budget für Ausbildung nach § 61a des Neunten Buches. [2]Das Budget für Ausbildung wird nur für die Erstausbildung erbracht. [3]Ein Anspruch auf Übergangsgeld nach § 49 besteht während der Erbringung des Budgets für Ausbildung nicht.

(2) Die Leistungen zur Teilhabe am Arbeitsleben umfassen auch Hilfen zu einer angemessenen Schulbildung einschließlich der Vorbereitung hierzu oder zur Entwicklung der geistigen und körperlichen Fähigkeiten vor Beginn der Schulpflicht.

(3) Ist eine von Versicherten angestrebte höherwertige Tätigkeit nach ihrer Leistungsfähigkeit und unter Berücksichtigung ihrer Eignung, Neigung und bisherigen Tätigkeit nicht angemessen, kann eine Maßnahme zur Teilhabe am Arbeitsleben bis zur Höhe des Aufwandes gefördert werden, der bei einer angemessenen Maßnahme entstehen würde.

(4) Während einer auf Grund eines Gesetzes angeordneten Freiheitsentziehung werden Leistungen zur Teilhabe am Arbeitsleben erbracht, soweit Belange des Vollzugs nicht entgegenstehen.

§§ 36–38 *(aufgehoben)*

---

1) Nr. 5.
2) Nr. 9.

Vierter Unterabschnitt. Leistungen zur Sozialen Teilhabe und ergänzende Leistungen

§ 39 Leistungen zur Sozialen Teilhabe und ergänzende Leistungen. (1) Neben den in § 64 Abs. 1 Nr. 2 bis 6 und Abs. 2 sowie in den §§ 73 und 74 des Neunten Buches[1)] genannten Leistungen umfassen die Leistungen zur Sozialen Teilhabe und die ergänzenden Leistungen

1. Kraftfahrzeughilfe,
2. sonstige Leistungen zur Erreichung und zur Sicherstellung des Erfolges der Leistungen zur medizinischen Rehabilitation und zur Teilhabe.

(2) Zum Ausgleich besonderer Härten kann den Versicherten oder deren Angehörigen eine besondere Unterstützung gewährt werden.

§ 40 Kraftfahrzeughilfe. (1) Kraftfahrzeughilfe wird erbracht, wenn die Versicherten infolge Art oder Schwere des Gesundheitsschadens nicht nur vorübergehend auf die Benutzung eines Kraftfahrzeugs angewiesen sind, um die Teilhabe am Arbeitsleben oder am Leben in der Gemeinschaft zu ermöglichen.

(2) Die Kraftfahrzeughilfe umfaßt Leistungen zur Beschaffung eines Kraftfahrzeugs, für eine behinderungsbedingte Zusatzausstattung und zur Erlangung einer Fahrerlaubnis.

(3) [1] Für die Kraftfahrzeughilfe gilt die Verordnung über Kraftfahrzeughilfe zur beruflichen Rehabilitation vom 28. September 1987 (BGBl. I S. 2251), geändert durch Verordnung vom 30. September 1991 (BGBl. I S. 1950), in der jeweils geltenden Fassung. [2] Diese Verordnung ist bei der Kraftfahrzeughilfe zur Teilhabe am Leben in der Gemeinschaft entsprechend anzuwenden.

(4) Der Unfallversicherungsträger kann im Einzelfall zur Vermeidung einer wirtschaftlichen Notlage auch einen Zuschuß zahlen, der über demjenigen liegt, der in den §§ 6 und 8 der Verordnung nach Absatz 3 vorgesehen ist.

(5) Das Nähere regeln die Verbände der Unfallversicherungsträger durch gemeinsame Richtlinien.

§ 41 Wohnungshilfe. (1) Wohnungshilfe wird erbracht, wenn infolge Art oder Schwere des Gesundheitsschadens nicht nur vorübergehend die behindertengerechte Anpassung vorhandenen oder die Bereitstellung behindertengerechten Wohnraums erforderlich ist.

(2) Wohnungshilfe wird ferner erbracht, wenn sie zur Sicherung der beruflichen Eingliederung erforderlich ist.

(3) Die Wohnungshilfe umfaßt auch Umzugskosten sowie Kosten für die Bereitstellung von Wohnraum für eine Pflegekraft.

(4) Das Nähere regeln die Verbände der Unfallversicherungsträger durch gemeinsame Richtlinien.

§ 42 Haushaltshilfe und Kinderbetreuungskosten. Haushaltshilfe und Leistungen zur Kinderbetreuung nach § 74 Abs. 1 bis 3 des Neunten Buches[1)] werden auch bei Leistungen zur Sozialen Teilhabe erbracht.

---

1) Nr. 9.

§ 43 Reisekosten. (1) [1]Die im Zusammenhang mit der Ausführung von Leistungen zur medizinischen Rehabilitation oder zur Teilhabe am Arbeitsleben erforderlichen Reisekosten werden nach § 73 des Neunten Buches[1)] übernommen. [2]Im Übrigen werden Reisekosten zur Ausführung der Heilbehandlung nach den Absätzen 2 bis 5 übernommen.

(2) Zu den Reisekosten gehören

1. Fahr- und Transportkosten,
2. Verpflegungs- und Übernachtungskosten,
3. Kosten des Gepäcktransports,
4. Wegstreckenentschädigung

für die Versicherten und für eine wegen des Gesundheitsschadens erforderliche Begleitperson.

(3) Reisekosten werden im Regelfall für zwei Familienheimfahrten im Monat oder anstelle von Familienheimfahrten für zwei Fahrten eines Angehörigen zum Aufenthaltsort des Versicherten übernommen.

(4) Entgangener Arbeitsverdienst einer Begleitperson wird ersetzt, wenn der Ersatz in einem angemessenen Verhältnis zu den sonst für eine Pflegekraft entstehenden Kosten steht.

(5) Das Nähere regeln die Verbände der Unfallversicherungsträger durch gemeinsame Richtlinien.

Fünfter Unterabschnitt. Leistungen bei Pflegebedürftigkeit

§ 44 Pflege. (1) Solange Versicherte infolge des Versicherungsfalls so hilflos sind, daß sie für die gewöhnlichen und regelmäßig wiederkehrenden Verrichtungen im Ablauf des täglichen Lebens in erheblichem Umfang der Hilfe bedürfen, wird Pflegegeld gezahlt, eine Pflegekraft gestellt oder Heimpflege gewährt.

(2)[2)] [1]Das Pflegegeld ist unter Berücksichtigung der Art oder Schwere des Gesundheitsschadens sowie des Umfangs der erforderlichen Hilfe auf einen Monatsbetrag zwischen 300 Euro und 1 199 Euro (Beträge am 1. Juli 2008) festzusetzen. [2]Diese Beträge werden jeweils zum gleichen Zeitpunkt, zu dem die Renten der gesetzlichen Rentenversicherung angepasst werden, entsprechend dem Faktor angepasst, der für die Anpassung der vom Jahresarbeitsverdienst abhängigen Geldleistungen maßgebend ist. [3]Übersteigen die Aufwendungen für eine Pflegekraft das Pflegegeld, kann es angemessen erhöht werden.

(3) [1]Während einer stationären Behandlung oder der Unterbringung der Versicherten in einer Einrichtung der Teilhabe am Arbeitsleben oder einer Werkstatt für behinderte Menschen wird das Pflegegeld bis zum Ende des ersten auf die Aufnahme folgenden Kalendermonats weitergezahlt und mit dem ersten Tag des Entlassungsmonats wieder aufgenommen. [2]Das Pflegegeld kann in den Fällen des Satzes 1 ganz oder teilweise weitergezahlt werden, wenn das Ruhen eine weitere Versorgung der Versicherten gefährden würde.

[1)] Nr. **9**.

[2)] Für Versicherungsfälle, auf die § 44 Abs. 2 anzuwenden ist, beträgt das Pflegegeld der gesetzlichen Unfallversicherung ab 1.7.2020 zwischen 387 Euro und 1 542 Euro monatlich; vgl. § 5 Nr. 1 RentenwertbestimmungsVO 2020 v. 8.6.2020 (BGBl. I S. 1220).

(4)[1)] Mit der Anpassung der Renten wird das Pflegegeld entsprechend dem Faktor angepaßt, der für die Anpassung der vom Jahresarbeitsverdienst abhängigen Geldleistungen maßgeblich ist.

(5) [1] Auf Antrag der Versicherten kann statt des Pflegegeldes eine Pflegekraft gestellt (Hauspflege) oder die erforderliche Hilfe mit Unterkunft und Verpflegung in einer geeigneten Einrichtung (Heimpflege) erbracht werden. [2] Absatz 3 Satz 2 gilt entsprechend.

(6) Die Bundesregierung setzt mit Zustimmung des Bundesrates die neuen Mindest- und Höchstbeträge nach Absatz 2 und den Anpassungsfaktor nach Absatz 4 in der Rechtsverordnung über die Bestimmung des für die Rentenanpassung in der gesetzlichen Rentenversicherung maßgebenden aktuellen Rentenwertes fest.

Sechster Unterabschnitt. Geldleistungen während der Heilbehandlung und der Leistungen zur Teilhabe am Arbeitsleben

§ 45 Voraussetzungen für das Verletztengeld. (1) Verletztengeld wird erbracht, wenn Versicherte

1. infolge des Versicherungsfalls arbeitsunfähig sind oder wegen einer Maßnahme der Heilbehandlung eine ganztägige Erwerbstätigkeit nicht ausüben können und
2. unmittelbar vor Beginn der Arbeitsunfähigkeit oder der Heilbehandlung Anspruch auf Arbeitsentgelt, Arbeitseinkommen, Krankengeld, Pflegeunterstützungsgeld, Verletztengeld, Versorgungskrankengeld, Übergangsgeld, Unterhaltsgeld, Kurzarbeitergeld, Arbeitslosengeld, nicht nur darlehensweise gewährtes Arbeitslosengeld II oder nicht nur Leistungen für Erstausstattungen für Bekleidung bei Schwangerschaft und Geburt nach dem Zweiten Buch[2)] oder Mutterschaftsgeld hatten.

(2) [1] Verletztengeld wird auch erbracht, wenn

1. Leistungen zur Teilhabe am Arbeitsleben erforderlich sind,
2. diese Maßnahmen sich aus Gründen, die die Versicherten nicht zu vertreten haben, nicht unmittelbar an die Heilbehandlung anschließen,
3. die Versicherten ihre bisherige berufliche Tätigkeit nicht wieder aufnehmen können oder ihnen eine andere zumutbare Tätigkeit nicht vermittelt werden kann oder sie diese aus wichtigem Grund nicht ausüben können und
4. die Voraussetzungen des Absatzes 1 Nr. 2 erfüllt sind.

[2] Das Verletztengeld wird bis zum Beginn der Leistungen zur Teilhabe am Arbeitsleben erbracht. [3] Die Sätze 1 und 2 gelten entsprechend für die Zeit bis zum Beginn und während der Durchführung einer Maßnahme der Berufsfindung und Arbeitserprobung.

(3) Werden in einer Einrichtung Maßnahmen der Heilbehandlung und gleichzeitig Leistungen zur Teilhabe am Arbeitsleben für Versicherte erbracht, erhalten Versicherte Verletztengeld, wenn sie arbeitsunfähig sind oder wegen

---

[1)] Der Anpassungsfaktor für die zum 1.7.2020 anzupassenden Geldleistungen der gesetzlichen Unfallversicherung im Sinne des § 44 Abs. 4 und des § 95 beträgt 1,0345; vgl. § 4 Abs. 1 RentenwertbestimmungsVO 2020 v. 13.6.2019 (BGBl. I S. 791).

[2)] Nr. 2.

der Maßnahmen eine ganztägige Erwerbstätigkeit nicht ausüben können und die Voraussetzungen des Absatzes 1 Nr. 2 erfüllt sind.

(4) [1] Im Fall der Beaufsichtigung, Betreuung oder Pflege eines durch einen Versicherungsfall verletzten Kindes gilt § 45 des Fünften Buches[1)] entsprechend mit der Maßgabe, dass

1. das Verletztengeld 100 Prozent des ausgefallenen Nettoarbeitsentgelts beträgt und
2. das Arbeitsentgelt bis zu einem Betrag in Höhe des 450. Teils des Höchstjahresarbeitsverdienstes zu berücksichtigen ist.

[2] Erfolgt die Berechnung des Verletztengeldes aus Arbeitseinkommen, beträgt dies 80 Prozent des erzielten regelmäßigen Arbeitseinkommens bis zu einem Betrag in Höhe des 450. Teils des Höchstjahresarbeitsverdienstes.

§ 46 Beginn und Ende des Verletztengeldes. (1) Verletztengeld wird von dem Tag an gezahlt, ab dem die Arbeitsunfähigkeit ärztlich festgestellt wird, oder mit dem Tag des Beginns einer Heilbehandlungsmaßnahme, die den Versicherten an der Ausübung einer ganztägigen Erwerbstätigkeit hindert.

(2) [1] Die Satzung kann bestimmen, daß für Unternehmer, ihre Ehegatten oder ihre Lebenspartner und für den Unternehmern nach § 6 Abs. 1 Nr. 2 Gleichgestellte Verletztengeld längstens für die Dauer der ersten 13 Wochen nach dem sich aus Absatz 1 ergebenden Zeitpunkt ganz oder teilweise nicht gezahlt wird. [2] Satz 1 gilt nicht für Versicherte, die bei einer Krankenkasse mit Anspruch auf Krankengeld versichert sind.

(3) [1] Das Verletztengeld endet

1. mit dem letzten Tag der Arbeitsunfähigkeit oder der Hinderung an einer ganztägigen Erwerbstätigkeit durch eine Heilbehandlungsmaßnahme,
2. mit dem Tag, der dem Tag vorausgeht, an dem ein Anspruch auf Übergangsgeld entsteht.

[2] Wenn mit dem Wiedereintritt der Arbeitsfähigkeit nicht zu rechnen ist und Leistungen zur Teilhabe am Arbeitsleben nicht zu erbringen sind, endet das Verletztengeld

1. mit dem Tag, an dem die Heilbehandlung so weit abgeschlossen ist, daß die Versicherten eine zumutbare, zur Verfügung stehende Berufs- oder Erwerbstätigkeit aufnehmen können,
2. mit Beginn der in § 50 Abs. 1 Satz 1 des Fünften Buches[1)] genannten Leistungen, es sei denn, daß diese Leistungen mit dem Versicherungsfall im Zusammenhang stehen,
3. im übrigen mit Ablauf der 78. Woche, gerechnet vom Tag des Beginns der Arbeitsunfähigkeit an, jedoch nicht vor dem Ende der stationären Behandlung.

§ 47 Höhe des Verletztengeldes. (1) [1] Versicherte, die Arbeitsentgelt oder Arbeitseinkommen erzielt haben, erhalten Verletztengeld entsprechend § 47 Abs. 1 und 2 des Fünften Buches[1)] mit der Maßgabe, daß

[1)] Nr. 5.

1. das Regelentgelt aus dem Gesamtbetrag des regelmäßigen Arbeitsentgelts und des Arbeitseinkommens zu berechnen und bis zu einem Betrag in Höhe des 360. Teils des Höchstjahresarbeitsverdienstes zu berücksichtigen ist,
2. das Verletztengeld 80 vom Hundert des Regelentgelts beträgt und das bei Anwendung des § 47 Abs. 1 und 2 des Fünften Buches berechnete Nettoarbeitsentgelt nicht übersteigt.

[2] Arbeitseinkommen ist bei der Ermittlung des Regelentgelts mit dem 360. Teil des im Kalenderjahr vor Beginn der Arbeitsunfähigkeit oder der Maßnahmen der Heilbehandlung erzielten Arbeitseinkommens zugrunde zu legen. [3] Die Satzung hat bei nicht kontinuierlicher Arbeitsverrichtung und -vergütung abweichende Bestimmungen zur Zahlung und Berechnung des Verletztengeldes vorzusehen, die sicherstellen, daß das Verletztengeld seine Entgeltersatzfunktion erfüllt.

(1a) [1] Für Ansprüche auf Verletztengeld, die vor dem 1. Januar 2001 entstanden sind, ist § 47 Abs. 1 und 2 des Fünften Buches in der vor dem 22. Juni 2000 jeweils geltenden Fassung für Zeiten nach dem 31. Dezember 1996 mit der Maßgabe entsprechend anzuwenden, dass sich das Regelentgelt um 10 vom Hundert, höchstens aber bis zu einem Betrag in Höhe des dreihundertsechzigsten Teils des Höchstjahresarbeitsverdienstes erhöht. [2] Das regelmäßige Nettoarbeitsentgelt ist um denselben Vomhundertsatz zu erhöhen. [3] Satz 1 und 2 gilt für Ansprüche, über die vor dem 22. Juni 2000 bereits unanfechtbar entschieden war, nur für Zeiten vom 22. Juni 2000 an bis zum Ende der Leistungsdauer. [4] Entscheidungen über die Ansprüche, die vor dem 22. Juni 2000 unanfechtbar geworden sind, sind nicht nach § 44 Abs. 1 des Zehnten Buches[1)] zurückzunehmen.

(2) [1] Versicherte, die Arbeitslosengeld, Unterhaltsgeld oder Kurzarbeitergeld bezogen haben, erhalten Verletztengeld in Höhe des Krankengeldes nach § 47b des Fünften Buches. [2] Versicherte, die nicht nur darlehensweise gewährtes Arbeitslosengeld II oder nicht nur Leistungen für Erstausstattungen für Bekleidung bei Schwangerschaft und Geburt nach dem Zweiten Buch[2)] bezogen haben, erhalten Verletztengeld in Höhe des Betrages des Arbeitslosengeldes II.

(3) Versicherte, die als Entwicklungshelfer Unterhaltsleistungen nach § 4 Abs. 1 Nr. 1 des Entwicklungshelfer-Gesetzes bezogen haben, erhalten Verletztengeld in Höhe dieses Betrages.

(4) Bei Versicherten, die unmittelbar vor dem Versicherungsfall Krankengeld, Pflegeunterstützungsgeld, Verletztengeld, Versorgungskrankengeld oder Übergangsgeld bezogen haben, wird bei der Berechnung des Verletztengeldes von dem bisher zugrunde gelegten Regelentgelt ausgegangen.

(5) [1] Abweichend von Absatz 1 erhalten Versicherte, die den Versicherungsfall infolge einer Tätigkeit als Unternehmer, mitarbeitende Ehegatten oder Lebenspartner oder den Unternehmern nach § 6 Abs. 1 Nr. 2 Gleichgestellte erlitten haben, Verletztengeld je Kalendertag in Höhe des 450. Teils des Jahresarbeitsverdienstes. [2] Ist das Verletztengeld für einen ganzen Kalendermonat zu zahlen, ist dieser mit 30 Tagen anzusetzen.

(6) Hat sich der Versicherungsfall während einer aufgrund eines Gesetzes angeordneten Freiheitsentziehung ereignet, gilt für die Berechnung des Ver-

---

[1)] Nr. **10**.
[2)] Nr. **2**.

letztengeldes Absatz 1 entsprechend; nach der Entlassung erhalten die Versicherten Verletztengeld je Kalendertag in Höhe des 450. Teils des Jahresarbeitsverdienstes, wenn dies für die Versicherten günstiger ist.

(7) *(aufgehoben)*

(8) Die Regelungen der §§ 90 und 91 über die Neufestsetzung des Jahresarbeitsverdienstes nach Altersstufen oder nach der Schul- oder Berufsausbildung gelten für das Verletztengeld entsprechend.

§ 47a Beitragszahlung der Unfallversicherungsträger an berufsständische Versorgungseinrichtungen und private Krankenversicherungen.

(1) Für Bezieher von Verletztengeld, die wegen einer Pflichtmitgliedschaft in einer berufsständischen Versorgungseinrichtung von der Versicherungspflicht in der gesetzlichen Rentenversicherung befreit sind, gilt § 47a Absatz 1 des Fünftes Buches[1] entsprechend.

(2) [1] Die Unfallversicherungsträger haben der zuständigen berufsständischen Versorgungseinrichtung den Beginn und das Ende der Beitragszahlung sowie die Höhe der der Beitragsberechnung zugrunde liegenden beitragspflichtigen Einnahmen und den zu zahlenden Beitrag für den Versicherten zu übermitteln. [2] Das Nähere zum Verfahren regeln die Deutsche Gesetzliche Unfallversicherung e.V., die Sozialversicherung für Landwirtschaft, Forsten und Gartenbau und die Arbeitsgemeinschaft berufsständischer Versorgungseinrichtungen bis zum 31. Dezember 2017 in gemeinsamen Grundsätzen.

(3) [1] Bezieher von Verletztengeld, die nach § 257 Absatz 2 des Fünften Buches und § 61 Absatz 2 des Elften Buches[2] als Beschäftigte Anspruch auf einen Zuschuss zu dem Krankenversicherungsbeitrag und Pflegeversicherungsbeitrag hatten, die an ein privates Krankenversicherungsunternehmen zu zahlen sind, erhalten einen Zuschuss zu ihrem Krankenversicherungsbeitrag und Pflegeversicherungsbeitrag. [2] Als Zuschuss ist der Betrag zu zahlen, der als Beitrag bei Krankenversicherungspflicht oder Pflegeversicherungspflicht zu zahlen wäre, höchstens jedoch der Betrag, der an das private Versicherungsunternehmen zu zahlen ist.

§ 48 Verletztengeld bei Wiedererkrankung. Im Fall der Wiedererkrankung an den Folgen des Versicherungsfalls gelten die §§ 45 bis 47 mit der Maßgabe entsprechend, daß anstelle des Zeitpunkts der ersten Arbeitsunfähigkeit auf den der Wiedererkrankung abgestellt wird.

§ 49 Übergangsgeld. Übergangsgeld wird erbracht, wenn Versicherte infolge des Versicherungsfalls Leistungen zur Teilhabe am Arbeitsleben erhalten.

§ 50 Höhe und Berechnung des Übergangsgeldes. Höhe und Berechnung des Übergangsgeldes bestimmen sich nach den §§ 66 bis 71 des Neunten Buches[3], soweit dieses Buch nichts Abweichendes bestimmt; im Übrigen gelten die Vorschriften für das Verletztengeld entsprechend.

§ 51 *(aufgehoben)*

---

[1] Nr. **5**.
[2] Nr. **11**.
[3] Nr. **9**.

§ 52 Anrechnung von Einkommen auf Verletzten- und Übergangsgeld. Auf das Verletzten- und Übergangsgeld werden von dem gleichzeitig erzielten Einkommen angerechnet

1. beitragspflichtiges Arbeitsentgelt oder Arbeitseinkommen, das bei Arbeitnehmern um die gesetzlichen Abzüge und bei sonstigen Versicherten um 20 vom Hundert vermindert ist; dies gilt nicht für einmalig gezahltes Arbeitsentgelt,
2. Mutterschaftsgeld, Versorgungskrankengeld, Unterhaltsgeld, Kurzarbeitergeld, Arbeitslosengeld, nicht nur darlehensweise gewährtes Arbeitslosengeld II; dies gilt auch, wenn Ansprüche auf Leistungen nach dem Dritten Buch[1)] wegen einer Sperrzeit ruhen oder der Auszahlungsanspruch auf Arbeitslosengeld II gemindert ist.

Siebter Unterabschnitt. Besondere Vorschriften für die Versicherten in der Seefahrt

§ 53 Vorrang der medizinischen Betreuung durch die Reeder.

(1) [1]Der Anspruch von Versicherten in der Seefahrt auf Leistungen nach diesem Abschnitt ruht, soweit und solange die Reeder ihre Verpflichtung zur medizinischen Betreuung nach dem Seearbeitsgesetz erfüllen. [2]Kommen die Reeder der Verpflichtung nicht nach, kann der Unfallversicherungsträger von den Reedern die Erstattung in Höhe der von ihm erbrachten Leistungen verlangen.

(2) Endet die Verpflichtung der Reeder zur medizinischen Betreuung, haben sie hinsichtlich der Folgen des Versicherungsfalls die medizinische Betreuung auf Kosten des Unfallversicherungsträgers fortzusetzen, soweit dieser sie dazu beauftragt.

Achter Unterabschnitt. Besondere Vorschriften für die Versicherten der landwirtschaftlichen Unfallversicherung

§ 54 Betriebs- und Haushaltshilfe. (1) [1]Betriebshilfe erhalten landwirtschaftliche Unternehmer mit einem Unternehmen im Sinne des § 1 Abs. 2 des Gesetzes über die Alterssicherung der Landwirte während einer stationären Behandlung, wenn ihnen wegen dieser Behandlung die Weiterführung des Unternehmens nicht möglich ist und in dem Unternehmen Arbeitnehmer und mitarbeitende Familienangehörige nicht ständig beschäftigt werden. [2]Betriebshilfe wird für längstens drei Monate erbracht.

(2) [1]Haushaltshilfe erhalten landwirtschaftliche Unternehmer mit einem Unternehmen im Sinne des § 1 Abs. 2 des Gesetzes über die Alterssicherung der Landwirte, ihre im Unternehmen mitarbeitenden Ehegatten oder mitarbeitenden Lebenspartner während einer stationären Behandlung, wenn den Unternehmern, ihren Ehegatten oder Lebenspartnern wegen dieser Behandlung die Weiterführung des Haushalts nicht möglich und diese auf andere Weise nicht sicherzustellen ist. [2]Absatz 1 Satz 2 gilt entsprechend.

(3) Die Satzung kann bestimmen,

1. daß die Betriebshilfe auch an den mitarbeitenden Ehegatten oder Lebenspartner eines landwirtschaftlichen Unternehmers erbracht wird,

---

[1)] Nr. 3.

2. unter welchen Voraussetzungen und für wie lange Betriebs- und Haushaltshilfe den landwirtschaftlichen Unternehmern und ihren Ehegatten oder Lebenspartnern auch während einer nicht stationären Heilbehandlung erbracht wird,
3. unter welchen Voraussetzungen Betriebs- und Haushaltshilfe auch an landwirtschaftliche Unternehmer, deren Unternehmen nicht die Voraussetzungen des § 1 Absatz 5 des Gesetzes über die Alterssicherung der Landwirte erfüllen, und an ihre Ehegatten oder Lebenspartner erbracht wird,
4. daß die Betriebs- und Haushaltshilfe auch erbracht wird, wenn in dem Unternehmen Arbeitnehmer oder mitarbeitende Familienangehörige ständig beschäftigt werden,
5. unter welchen Voraussetzungen die Betriebs- und Haushaltshilfe länger als drei Monate erbracht wird,
6. von welchem Tag der Heilbehandlung an die Betriebs- oder Haushaltshilfe erbracht wird.

(4) [1] Leistungen nach den Absätzen 1 bis 3 müssen wirksam und wirtschaftlich sein; sie dürfen das Maß des Notwendigen nicht übersteigen. [2] Leistungen, die diese Voraussetzungen nicht erfüllen, können nicht beansprucht und dürfen von der landwirtschaftlichen Berufsgenossenschaft nicht bewilligt werden.

§ 55 Art und Form der Betriebs- und Haushaltshilfe. (1) [1] Bei Vorliegen der Voraussetzungen des § 54 wird Betriebs- und Haushaltshilfe in Form der Gestellung einer Ersatzkraft oder durch Erstattung der Kosten für eine selbst beschaffte betriebsfremde Ersatzkraft in angemessener Höhe gewährt. [2] Die Satzung kann die Erstattungsfähigkeit der Kosten für selbst beschaffte Ersatzkräfte begrenzen. [3] Für Verwandte und Verschwägerte bis zum zweiten Grad werden Kosten nicht erstattet; die Berufsgenossenschaft kann jedoch die erforderlichen Fahrkosten und den Verdienstausfall erstatten, wenn die Erstattung in einem angemessenen Verhältnis zu den sonst für eine Ersatzkraft entstehenden Kosten steht.

(2) [1] Die Versicherten haben sich angemessen an den entstehenden Aufwendungen für die Betriebs- und Haushaltshilfe zu beteiligen (Selbstbeteiligung); die Selbstbeteiligung beträgt für jeden Tag der Leistungsgewährung mindestens 10 Euro. [2] Das Nähere zur Selbstbeteiligung bestimmt die Satzung.

§ 55a Sonstige Ansprüche, Verletztengeld. (1) Für regelmäßig wie landwirtschaftliche Unternehmer selbständig Tätige, die kraft Gesetzes versichert sind, gelten die §§ 54 und 55 entsprechend.

(2) Versicherte, die die Voraussetzungen nach § 54 Abs. 1 bis 3 erfüllen, ohne eine Leistung nach § 55 in Anspruch zu nehmen, erhalten auf Antrag Verletztengeld, wenn dies im Einzelfall unter Berücksichtigung der Besonderheiten landwirtschaftlicher Betriebe und Haushalte sachgerecht ist.

(3) [1] Für die Höhe des Verletztengeldes gilt in den Fällen des Absatzes 2 sowie bei den im Unternehmen mitarbeitenden Familienangehörigen, soweit diese nicht nach § 2 Abs. 1 Nr. 1 versichert sind, § 13 Abs. 1 des Zweiten Gesetzes über die Krankenversicherung der Landwirte entsprechend. [2] Die Satzung bestimmt, unter welchen Voraussetzungen die in Satz 1 genannten Personen auf Antrag mit einem zusätzlichen Verletztengeld versichert werden. [3] Abweichend von § 46 Abs. 3 Satz 2 Nr. 3 endet das Verletztengeld vor Ablauf

der 78. Woche mit dem Tage, an dem abzusehen ist, dass mit dem Wiedereintritt der Arbeitsfähigkeit nicht zu rechnen ist und Leistungen zur Teilhabe am Arbeitsleben nicht zu erbringen sind, jedoch nicht vor Ende der stationären Behandlung.

Zweiter Abschnitt. Renten, Beihilfen, Abfindungen

Erster Unterabschnitt. Renten an Versicherte

§ 56 Voraussetzungen und Höhe des Rentenanspruchs. (1) [1] Versicherte, deren Erwerbsfähigkeit infolge eines Versicherungsfalls über die 26. Woche nach dem Versicherungsfall hinaus um wenigstens 20 vom Hundert gemindert ist, haben Anspruch auf eine Rente. [2] Ist die Erwerbsfähigkeit infolge mehrerer Versicherungsfälle gemindert und erreichen die Vomhundertsätze zusammen wenigstens die Zahl 20, besteht für jeden, auch für einen früheren Versicherungsfall, Anspruch auf Rente. [3] Die Folgen eines Versicherungsfalls sind nur zu berücksichtigen, wenn sie die Erwerbsfähigkeit um wenigstens 10 vom Hundert mindern. [4] Den Versicherungsfällen stehen gleich Unfälle oder Entschädigungsfälle nach den Beamtengesetzen, dem Bundesversorgungsgesetz, dem Soldatenversorgungsgesetz, dem Gesetz über den zivilen Ersatzdienst, dem Gesetz über die Abgeltung von Besatzungsschäden, dem Häftlingshilfegesetz und den entsprechenden Gesetzen, die Entschädigung für Unfälle oder Beschädigungen gewähren.

(2) [1] Die Minderung der Erwerbsfähigkeit richtet sich nach dem Umfang der sich aus der Beeinträchtigung des körperlichen und geistigen Leistungsvermögens ergebenden verminderten Arbeitsmöglichkeiten auf dem gesamten Gebiet des Erwerbslebens. [2] Bei jugendlichen Versicherten wird die Minderung der Erwerbsfähigkeit nach den Auswirkungen bemessen, die sich bei Erwachsenen mit gleichem Gesundheitsschaden ergeben würden. [3] Bei der Bemessung der Minderung der Erwerbsfähigkeit werden Nachteile berücksichtigt, die die Versicherten dadurch erleiden, daß sie bestimmte von ihnen erworbene besondere berufliche Kenntnisse und Erfahrungen infolge des Versicherungsfalls nicht mehr oder nur noch in vermindertem Umfang nutzen können, soweit solche Nachteile nicht durch sonstige Fähigkeiten, deren Nutzung ihnen zugemutet werden kann, ausgeglichen werden.

(3) [1] Bei Verlust der Erwerbsfähigkeit wird Vollrente geleistet; sie beträgt zwei Drittel des Jahresarbeitsverdienstes. [2] Bei einer Minderung der Erwerbsfähigkeit wird Teilrente geleistet; sie wird in der Höhe des Vomhundertsatzes der Vollrente festgesetzt, der dem Grad der Minderung der Erwerbsfähigkeit entspricht.

§ 57 Erhöhung der Rente bei Schwerverletzten. Können Versicherte mit Anspruch auf eine Rente nach einer Minderung der Erwerbsfähigkeit von 50 vom Hundert oder mehr oder auf mehrere Renten, deren Vomhundertsätze zusammen wenigstens die Zahl 50 erreichen (Schwerverletzte), infolge des Versicherungsfalls einer Erwerbstätigkeit nicht mehr nachgehen und haben sie keinen Anspruch auf Rente aus der gesetzlichen Rentenversicherung, erhöht sich die Rente um 10 vom Hundert.

§ 58 Erhöhung der Rente bei Arbeitslosigkeit. [1] Solange Versicherte infolge des Versicherungsfalls ohne Anspruch auf Arbeitsentgelt oder Arbeitseinkommen sind und die Rente zusammen mit dem Arbeitslosengeld oder dem Arbeitslosengeld II nicht den sich aus § 66 Abs. 1 des Neunten Buches[1)] ergebenden Betrag des Übergangsgeldes erreicht, wird die Rente längstens für zwei Jahre nach ihrem Beginn um den Unterschiedsbetrag erhöht. [2]Der Unterschiedsbetrag wird bei dem Arbeitslosengeld II nicht als Einkommen berücksichtigt. [3]Satz 1 gilt nicht, solange Versicherte Anspruch auf weiteres Erwerbsersatzeinkommen (§ 18a Abs. 3 des Vierten Buches[2)]) haben, das zusammen mit der Rente das Übergangsgeld erreicht. [4]Wird Arbeitslosengeld II nur darlehensweise gewährt oder erhält der Versicherte nur Leistungen nach § 24 Absatz 3 Satz 1 des Zweiten Buches[3)], finden die Sätze 1 und 2 keine Anwendung.

§ 59 Höchstbetrag bei mehreren Renten. (1) [1]Beziehen Versicherte mehrere Renten, so dürfen diese ohne die Erhöhung für Schwerverletzte zusammen zwei Drittel des höchsten der Jahresarbeitsverdienste nicht übersteigen, die diesen Renten zugrunde liegen. [2]Soweit die Renten den Höchstbetrag übersteigen, werden sie verhältnismäßig gekürzt.

(2) Haben Versicherte eine Rentenabfindung erhalten, wird bei der Feststellung des Höchstbetrages nach Absatz 1 die der Abfindung zugrunde gelegte Rente so berücksichtigt, wie sie ohne die Abfindung noch zu zahlen wäre.

§ 60 Minderung bei Heimpflege. Für die Dauer einer Heimpflege von mehr als einem Kalendermonat kann der Unfallversicherungsträger die Rente um höchstens die Hälfte mindern, soweit dies nach den persönlichen Bedürfnissen und Verhältnissen der Versicherten angemessen ist.

§ 61 Renten für Beamte und Berufssoldaten. (1) [1]Die Renten von Beamten, die nach § 82 Abs. 4 berechnet werden, werden nur insoweit gezahlt, als sie die Dienst- oder Versorgungsbezüge übersteigen; den Beamten verbleibt die Rente jedoch mindestens in Höhe des Betrages, der bei Vorliegen eines Dienstunfalls als Unfallausgleich zu gewähren wäre. [2]Endet das Dienstverhältnis wegen Dienstunfähigkeit infolge des Versicherungsfalls, wird Vollrente insoweit gezahlt, als sie zusammen mit den Versorgungsbezügen aus dem Dienstverhältnis die Versorgungsbezüge, auf die der Beamte bei Vorliegen eines Dienstunfalls Anspruch hätte, nicht übersteigt. [3]Die Höhe dieser Versorgungsbezüge stellt die Dienstbehörde fest. [4]Für die Hinterbliebenen gilt dies entsprechend.

(2) [1]Absatz 1 gilt für die Berufssoldaten entsprechend. [2]Anstelle des Unfallausgleichs wird der Ausgleich nach § 85 des Soldatenversorgungsgesetzes gezahlt.

§ 62 Rente als vorläufige Entschädigung. (1) [1]Während der ersten drei Jahre nach dem Versicherungsfall soll der Unfallversicherungsträger die Rente als vorläufige Entschädigung festsetzen, wenn der Umfang der Minderung der Erwerbsfähigkeit noch nicht abschließend festgestellt werden kann. [2]Innerhalb dieses Zeitraums kann der Vomhundertsatz der Minderung der Erwerbsfähigkeit jederzeit ohne Rücksicht auf die Dauer der Veränderung neu festgestellt werden.

[1)] Nr. 9.
[2)] Nr. 4.
[3)] Nr. 2.

(2) [1] Spätestens mit Ablauf von drei Jahren nach dem Versicherungsfall wird die vorläufige Entschädigung als Rente auf unbestimmte Zeit geleistet. [2] Bei der erstmaligen Feststellung der Rente nach der vorläufigen Entschädigung kann der Vomhundertsatz der Minderung der Erwerbsfähigkeit abweichend von der vorläufigen Entschädigung festgestellt werden, auch wenn sich die Verhältnisse nicht geändert haben.

Zweiter Unterabschnitt. Leistungen an Hinterbliebene

§ 63 Leistungen bei Tod. (1) [1] Hinterbliebene haben Anspruch auf
1. Sterbegeld,
2. Erstattung der Kosten der Überführung an den Ort der Bestattung,
3. Hinterbliebenenrenten,
4. Beihilfe.

[2] Der Anspruch auf Leistungen nach Satz 1 Nr. 1 bis 3 besteht nur, wenn der Tod infolge eines Versicherungsfalls eingetreten ist.

(1a) Die Vorschriften dieses Unterabschnitts über Hinterbliebenenleistungen an Witwen und Witwer gelten auch für Hinterbliebenenleistungen an Lebenspartner.

(2) [1] Dem Tod infolge eines Versicherungsfalls steht der Tod von Versicherten gleich, deren Erwerbsfähigkeit durch die Folgen einer Berufskrankheit nach den Nummern 4101 bis 4104 der Anlage 1 der Berufskrankheiten-Verordnung vom 20. Juni 1968 (BGBl. I S. 721) in der Fassung der Zweiten Verordnung zur Änderung der Berufskrankheiten-Verordnung vom 18. Dezember 1992 (BGBl. I S. 2343) um 50 vom Hundert oder mehr gemindert war. [2] Dies gilt nicht, wenn offenkundig ist, daß der Tod mit der Berufskrankheit nicht in ursächlichem Zusammenhang steht; eine Obduktion zum Zwecke einer solchen Feststellung darf nicht gefordert werden.

(3) Ist ein Versicherter getötet worden, so kann der Unfallversicherungsträger die Entnahme einer Blutprobe zur Feststellung von Tatsachen anordnen, die für die Entschädigungspflicht von Bedeutung sind.

(4) [1] Sind Versicherte im Zusammenhang mit der versicherten Tätigkeit verschollen, gelten sie als infolge eines Versicherungsfalls verstorben, wenn die Umstände ihren Tod wahrscheinlich machen und seit einem Jahr Nachrichten über ihr Leben nicht eingegangen sind. [2] Der Unfallversicherungsträger kann von den Hinterbliebenen die Versicherung an Eides Statt verlangen, daß ihnen weitere als die angezeigten Nachrichten über die Verschollenen nicht bekannt sind. [3] Der Unfallversicherungsträger ist berechtigt, für die Leistungen den nach den Umständen mutmaßlichen Todestag festzustellen. [4] Bei Versicherten in der Seeschiffahrt wird spätestens der dem Ablauf des Heuerverhältnisses folgende Tag als Todestag festgesetzt.

§ 64 Sterbegeld und Erstattung von Überführungskosten. (1) Witwen, Witwer, Kinder, Stiefkinder, Pflegekinder, Enkel, Geschwister, frühere Ehegatten und Verwandte der aufsteigenden Linie der Versicherten erhalten Sterbegeld in Höhe eines Siebtels der im Zeitpunkt des Todes geltenden Bezugsgröße.

(2) Kosten der Überführung an den Ort der Bestattung werden erstattet, wenn der Tod nicht am Ort der ständigen Familienwohnung der Versicherten eingetreten ist und die Versicherten sich dort aus Gründen aufgehalten haben,

die im Zusammenhang mit der versicherten Tätigkeit oder mit den Folgen des Versicherungsfalls stehen.

(3) Das Sterbegeld und die Überführungskosten werden an denjenigen Berechtigten gezahlt, der die Bestattungs- und Überführungskosten trägt.

(4) Ist ein Anspruchsberechtigter nach Absatz 1 nicht vorhanden, werden die Bestattungskosten bis zur Höhe des Sterbegeldes nach Absatz 1 an denjenigen gezahlt, der diese Kosten trägt.

§ 65 Witwen- und Witwerrente. (1) [1] Witwen oder Witwer von Versicherten erhalten eine Witwen- oder Witwerrente, solange sie nicht wieder geheiratet haben. [2] Der Anspruch auf eine Rente nach Absatz 2 Nr. 2 besteht längstens für 24 Kalendermonate nach Ablauf des Monats, in dem der Ehegatte verstorben ist.

(2) Die Rente beträgt

1. zwei Drittel des Jahresarbeitsverdienstes bis zum Ablauf des dritten Kalendermonats nach Ablauf des Monats, in dem der Ehegatte verstorben ist,
2. 30 vom Hundert des Jahresarbeitsverdienstes nach Ablauf des dritten Kalendermonats,
3. 40 vom Hundert des Jahresarbeitsverdienstes nach Ablauf des dritten Kalendermonats,
   a) solange Witwen oder Witwer ein waisenrentenberechtigtes Kind erziehen oder für ein Kind sorgen, das wegen körperlicher, geistiger oder seelischer Behinderung Anspruch auf Waisenrente hat oder nur deswegen nicht hat, weil das 27. Lebensjahr vollendet wurde,
   b) wenn Witwen oder Witwer das 47. Lebensjahr vollendet haben oder
   c) solange Witwen oder Witwer erwerbsgemindert, berufs- oder erwerbsunfähig im Sinne des Sechsten Buches[1)] sind; Entscheidungen des Trägers der Rentenversicherung über Erwerbsminderung, Berufs- oder Erwerbsunfähigkeit sind für den Unfallversicherungsträger bindend.

(3) [1] Einkommen (§§ 18a bis 18e des Vierten Buches[2)]) von Witwen oder Witwern, das mit einer Witwenrente oder Witwerrente nach Absatz 2 Nr. 2 und 3 zusammentrifft, wird hierauf angerechnet. [2] Anrechenbar ist das Einkommen, das monatlich das 26,4fache des aktuellen Rentenwerts der gesetzlichen Rentenversicherung übersteigt. [3] Das nicht anrechenbare Einkommen erhöht sich um das 5,6fache des aktuellen Rentenwerts für jedes waisenrentenberechtigte Kind von Witwen oder Witwern. [4] Von den danach verbleibenden anrechenbaren Einkommen werden 40 vom Hundert angerechnet.

(4) [1] Für die Einkommensanrechnung ist bei Anspruch auf mehrere Renten folgende Rangfolge maßgebend:

1. *(aufgehoben)*
2. Witwenrente oder Witwerrente,
3. Witwenrente oder Witwerrente nach dem vorletzten Ehegatten.

[2] Das auf eine Rente anrechenbare Einkommen mindert sich um den Betrag, der bereits zu einer Einkommensanrechnung auf eine vorrangige Rente geführt hat.

---

1) Nr. 6.
2) Nr. 4.

(5) [1] Witwenrente oder Witwerrente wird auf Antrag auch an überlebende Ehegatten gezahlt, die wieder geheiratet haben, wenn die erneute Ehe aufgelöst oder für nichtig erklärt ist und sie im Zeitpunkt der Wiederheirat Anspruch auf eine solche Rente hatten. [2] Auf eine solche Witwenrente oder Witwerrente nach dem vorletzten Ehegatten werden für denselben Zeitraum bestehende Ansprüche auf Witwenrente oder Witwerrente, auf Versorgung, auf Unterhalt oder auf sonstige Rente nach dem letzten Ehegatten angerechnet, es sei denn, daß die Ansprüche nicht zu verwirklichen sind; dabei werden die Vorschriften über die Einkommensanrechnung auf Renten wegen Todes nicht berücksichtigt.

(6) Witwen oder Witwer haben keinen Anspruch, wenn die Ehe erst nach dem Versicherungsfall geschlossen worden ist und der Tod innerhalb des ersten Jahres dieser Ehe eingetreten ist, es sei denn, daß nach den besonderen Umständen des Einzelfalls die Annahme nicht gerechtfertigt ist, daß es der alleinige oder überwiegende Zweck der Heirat war, einen Anspruch auf Hinterbliebenenversorgung zu begründen.

§ 66 Witwen- und Witwerrente an frühere Ehegatten; mehrere Berechtigte. (1) [1] Frühere Ehegatten von Versicherten, deren Ehe mit ihnen geschieden, für nichtig erklärt oder aufgehoben ist, erhalten auf Antrag eine Rente entsprechend § 65, wenn die Versicherten ihnen während des letzten Jahres vor ihrem Tod Unterhalt geleistet haben oder den früheren Ehegatten im letzten wirtschaftlichen Dauerzustand vor dem Tod der Versicherten ein Anspruch auf Unterhalt zustand; § 65 Abs. 2 Nr. 1 findet keine Anwendung. [2] Beruhte der Unterhaltsanspruch auf § 1572, 1573, 1575 oder 1576 des Bürgerlichen Gesetzbuchs, wird die Rente gezahlt, solange der frühere Ehegatte ohne den Versicherungsfall unterhaltsberechtigt gewesen wäre.

(2) Sind mehrere Berechtigte nach Absatz 1 oder nach Absatz 1 und § 65 vorhanden, erhält jeder von ihnen den Teil der für ihn nach § 65 Abs. 2 zu berechnenden Rente, der im Verhältnis zu den anderen Berechtigten der Dauer seiner Ehe mit dem Verletzten entspricht; anschließend ist § 65 Abs. 3 entsprechend anzuwenden.

(3) Renten nach Absatz 1 und § 65 sind gemäß Absatz 2 zu mindern, wenn nach Feststellung der Rente einem weiteren früheren Ehegatten Rente zu zahlen ist.

§ 67 Voraussetzungen der Waisenrente. (1) Kinder von verstorbenen Versicherten erhalten eine

1. Halbwaisenrente, wenn sie noch einen Elternteil haben,
2. Vollwaisenrente, wenn sie keine Eltern mehr haben.

(2) Als Kinder werden auch berücksichtigt

1. Stiefkinder und Pflegekinder (§ 56 Abs. 2 Nr. 1 und 2 des Ersten Buches[1]), die in den Haushalt der Versicherten aufgenommen waren,
2. Enkel und Geschwister, die in den Haushalt der Versicherten aufgenommen waren oder von ihnen überwiegend unterhalten wurden.

(3) [1] Halb- oder Vollwaisenrente wird gezahlt

---

[1] Nr. 1.

1. bis zur Vollendung des 18. Lebensjahres,
2. bis zur Vollendung des 27. Lebensjahres, wenn die Waise
   a) sich in Schulausbildung oder Berufsausbildung befindet oder
   b) sich in einer Übergangszeit von höchstens vier Kalendermonaten befindet, die zwischen zwei Ausbildungsabschnitten oder zwischen einem Ausbildungsabschnitt und der Ableistung des gesetzlichen Wehr- oder Zivildienstes oder der Ableistung eines freiwilligen Dienstes im Sinne des Buchstabens c liegt, oder
   c) einen freiwilligen Dienst im Sinne des § 32 Absatz 4 Satz 1 Nummer 2 Buchstabe d des Einkommensteuergesetzes leistet oder
   d) wegen körperlicher, geistiger oder seelischer Behinderung außerstande ist, sich selbst zu unterhalten.

[2] Eine Schulausbildung oder Berufsausbildung im Sinne des Satzes 1 liegt nur vor, wenn die Ausbildung einen tatsächlichen zeitlichen Aufwand von wöchentlich mehr als 20 Stunden erfordert. [3] Der tatsächliche zeitliche Aufwand ist ohne Bedeutung für Zeiten, in denen das Ausbildungsverhältnis trotz einer Erkrankung fortbesteht und damit gerechnet werden kann, dass die Ausbildung fortgesetzt wird. [4] Das gilt auch für die Dauer der Schutzfristen nach dem Mutterschutzgesetz.

(4) [1] In den Fällen des Absatzes 3 Nr. 2 Buchstabe a erhöht sich die maßgebende Altersgrenze bei Unterbrechung oder Verzögerung der Schulausbildung oder Berufsausbildung durch den gesetzlichen Wehrdienst, Zivildienst oder einen gleichgestellten Dienst um die Zeit dieser Dienstleistung, höchstens um einen der Dauer des gesetzlichen Grundwehrdienstes oder Zivildienstes entsprechenden Zeitraum. [2] Die Ableistung eines Dienstes im Sinne von Absatz 3 Nr. 2 Buchstabe c ist kein gleichgestellter Dienst im Sinne von Satz 1.

(5) Der Anspruch auf Waisenrente endet nicht dadurch, daß die Waise als Kind angenommen wird.

§ 68 Höhe der Waisenrente. (1) Die Rente beträgt
1. 20 vom Hundert des Jahresarbeitsverdienstes für eine Halbwaise,
2. 30 vom Hundert des Jahresarbeitsverdienstes für eine Vollwaise.

(2) *(aufgehoben)*

(3) Liegen bei einem Kind die Voraussetzungen für mehrere Waisenrenten aus der Unfallversicherung vor, wird nur die höchste Rente gezahlt und bei Renten gleicher Höhe diejenige, die wegen des frühesten Versicherungsfalls zu zahlen ist.

§ 69 Rente an Verwandte der aufsteigenden Linie. (1) Verwandte der aufsteigenden Linie, Stief- oder Pflegeeltern der Verstorbenen, die von den Verstorbenen zur Zeit des Todes aus deren Arbeitsentgelt oder Arbeitseinkommen wesentlich unterhalten worden sind oder ohne den Versicherungsfall wesentlich unterhalten worden wären, erhalten eine Rente, solange sie ohne den Versicherungsfall gegen die Verstorbenen einen Anspruch auf Unterhalt wegen Unterhaltsbedürftigkeit hätten geltend machen können.

(2) [1] Sind aus der aufsteigenden Linie Verwandte verschiedenen Grades vorhanden, gehen die näheren den entfernteren vor. [2] Den Eltern stehen Stief- oder Pflegeeltern gleich.

(3) Liegen bei einem Elternteil oder bei einem Elternpaar die Voraussetzungen für mehrere Elternrenten aus der Unfallversicherung vor, wird nur die höchste Rente gezahlt und bei Renten gleicher Höhe diejenige, die wegen des frühesten Versicherungsfalls zu zahlen ist.

(4) Die Rente beträgt

1. 20 vom Hundert des Jahresarbeitsverdienstes für einen Elternteil,
2. 30 vom Hundert des Jahresarbeitsverdienstes für ein Elternpaar.

(5) Stirbt bei Empfängern einer Rente für ein Elternpaar ein Ehegatte, wird dem überlebenden Ehegatten anstelle der Rente für einen Elternteil die für den Sterbemonat zustehende Elternrente für ein Elternpaar für die folgenden drei Kalendermonate weitergezahlt.

§ 70 Höchstbetrag der Hinterbliebenenrenten. (1) [1]Die Renten der Hinterbliebenen dürfen zusammen 80 vom Hundert des Jahresarbeitsverdienstes nicht übersteigen, sonst werden sie gekürzt, und zwar bei Witwen und Witwern, früheren Ehegatten und Waisen nach dem Verhältnis ihrer Höhe. [2]Bei Anwendung von Satz 1 wird von der nach § 65 Abs. 2 Nr. 2 und 3 oder § 68 Abs. 1 berechneten Rente ausgegangen; anschließend wird § 65 Abs. 3 angewendet. [3]§ 65 Abs. 2 Nr. 1 bleibt unberührt. [4]Verwandte der aufsteigenden Linie, Stief- oder Pflegeeltern sowie Pflegekinder haben nur Anspruch, soweit Witwen und Witwer, frühere Ehegatten oder Waisen den Höchstbetrag nicht ausschöpfen.

(2) Sind für die Hinterbliebenen 80 vom Hundert des Jahresarbeitsverdienstes festgestellt und tritt später ein neuer Berechtigter hinzu, werden die Hinterbliebenenrenten nach Absatz 1 neu berechnet.

(3) Beim Wegfall einer Hinterbliebenenrente erhöhen sich die Renten der übrigen bis zum zulässigen Höchstbetrag.

§ 71 Witwen-, Witwer- und Waisenbeihilfe. (1) [1]Witwen oder Witwer von Versicherten erhalten eine einmalige Beihilfe von 40 vom Hundert des Jahresarbeitsverdienstes, wenn

1. ein Anspruch auf Hinterbliebenenrente nicht besteht, weil der Tod der Versicherten nicht Folge eines Versicherungsfalls war, und
2. die Versicherten zur Zeit ihres Todes Anspruch auf eine Rente nach einer Minderung der Erwerbsfähigkeit von 50 vom Hundert oder mehr oder auf mehrere Renten hatten, deren Vomhundertsätze zusammen mindestens die Zahl 50 erreichen; soweit Renten abgefunden wurden, wird von dem Vomhundertsatz der abgefundenen Rente ausgegangen.

[2]§ 65 Abs. 6 gilt entsprechend.

(2) [1]Beim Zusammentreffen mehrerer Renten oder Abfindungen wird die Beihilfe nach dem höchsten Jahresarbeitsverdienst berechnet, der den Renten oder Abfindungen zugrunde lag. [2]Die Beihilfe zahlt der Unfallversicherungsträger, der die danach berechnete Leistung erbracht hat, bei gleich hohen Jahresarbeitsverdiensten derjenige, der für den frühesten Versicherungsfall zuständig ist.

(3) [1]Für Vollwaisen, die bei Tod der Versicherten infolge eines Versicherungsfalls Anspruch auf Waisenrente hätten, gelten die Absätze 1 und 2 entsprechend, wenn sie zur Zeit des Todes der Versicherten mit ihnen in häuslicher

Gemeinschaft gelebt haben und von ihnen überwiegend unterhalten worden sind. [2] Sind mehrere Waisen vorhanden, wird die Waisenbeihilfe gleichmäßig verteilt.

(4) [1] Haben Versicherte länger als zehn Jahre eine Rente nach einer Minderung der Erwerbsfähigkeit von 80 vom Hundert oder mehr bezogen und sind sie nicht an den Folgen eines Versicherungsfalls gestorben, kann anstelle der Beihilfe nach Absatz 1 oder 3 den Berechtigten eine laufende Beihilfe bis zur Höhe einer Hinterbliebenenrente gezahlt werden, wenn die Versicherten infolge des Versicherungsfalls gehindert waren, eine entsprechende Erwerbstätigkeit auszuüben, und wenn dadurch die Versorgung der Hinterbliebenen um mindestens 10 vom Hundert gemindert ist. [2] Auf die laufende Beihilfe finden im übrigen die Vorschriften für Hinterbliebenenrenten Anwendung.

Dritter Unterabschnitt. Beginn, Änderung und Ende von Renten

§ 72 Beginn von Renten. (1) Renten an Versicherte werden von dem Tag an gezahlt, der auf den Tag folgt, an dem

1. der Anspruch auf Verletztengeld endet,
2. der Versicherungsfall eingetreten ist, wenn kein Anspruch auf Verletztengeld entstanden ist.

(2) [1] Renten an Hinterbliebene werden vom Todestag an gezahlt. [2] Hinterbliebenenrenten, die auf Antrag geleistet werden, werden vom Beginn des Monats an gezahlt, der der Antragstellung folgt.

(3) [1] Die Satzung kann bestimmen, daß für Unternehmer, ihre im Unternehmen mitarbeitenden Ehegatten oder mitarbeitenden Lebenspartner und für den Unternehmern im Versicherungsschutz Gleichgestellte Rente für die ersten 13 Wochen nach dem sich aus § 46 Abs. 1 ergebenden Zeitpunkt ganz oder teilweise nicht gezahlt wird. [2] Die Rente beginnt spätestens am Tag nach Ablauf der 13. Woche, sofern Verletztengeld nicht zu zahlen ist.

§ 73 Änderungen und Ende von Renten. (1) Ändern sich aus tatsächlichen oder rechtlichen Gründen die Voraussetzungen für die Höhe einer Rente nach ihrer Feststellung, wird die Rente in neuer Höhe nach Ablauf des Monats geleistet, in dem die Änderung wirksam geworden ist.

(2) [1] Fallen aus tatsächlichen oder rechtlichen Gründen die Anspruchsvoraussetzungen für eine Rente weg, wird die Rente bis zum Ende des Monats geleistet, in dem der Wegfall wirksam geworden ist. [2] Satz 1 gilt entsprechend, wenn festgestellt wird, daß Versicherte, die als verschollen gelten, noch leben.

(3) Bei der Feststellung der Minderung der Erwerbsfähigkeit ist eine Änderung im Sinne des § 48 Abs. 1 des Zehnten Buches[1)] nur wesentlich, wenn sie mehr als 5 vom Hundert beträgt; bei Renten auf unbestimmte Zeit muß die Veränderung der Minderung der Erwerbsfähigkeit länger als drei Monate andauern.

(4) [1] Sind Renten befristet, enden sie mit Ablauf der Frist. [2] Das schließt eine vorherige Änderung oder ein Ende der Rente aus anderen Gründen nicht aus. [3] Renten dürfen nur auf das Ende eines Kalendermonats befristet werden.

[1)] Nr. **10**.

(5) [1] Witwen- und Witwerrenten nach § 65 Abs. 2 Nr. 3 Buchstabe a wegen Kindererziehung werden auf das Ende des Kalendermonats befristet, in dem die Kindererziehung voraussichtlich endet. [2] Waisenrenten werden auf das Ende des Kalendermonats befristet, in dem voraussichtlich der Anspruch auf die Waisenrente entfällt. [3] Die Befristung kann wiederholt werden.

(6) Renten werden bis zum Ende des Kalendermonats geleistet, in dem die Berechtigten gestorben sind.

§ 74 Ausnahmeregelungen für die Änderung von Renten. (1) [1] Der Anspruch auf eine Rente, die auf unbestimmte Zeit geleistet wird, kann aufgrund einer Änderung der Minderung der Erwerbsfähigkeit zuungunsten der Versicherten nur in Abständen von mindestens einem Jahr geändert werden. [2] Das Jahr beginnt mit dem Zeitpunkt, von dem an die vorläufige Entschädigung Rente auf unbestimmte Zeit geworden oder die letzte Rentenfeststellung bekanntgegeben worden ist.

(2) Renten dürfen nicht für die Zeit neu festgestellt werden, in der Verletztengeld zu zahlen ist oder ein Anspruch auf Verletztengeld wegen des Bezugs von Einkommen oder des Erhalts von Betriebs- und Haushaltshilfe oder wegen der Erfüllung der Voraussetzungen für den Erhalt von Betriebs- und Haushaltshilfe nicht besteht.

Vierter Unterabschnitt. Abfindung

§ 75 Abfindung mit einer Gesamtvergütung. [1] Ist nach allgemeinen Erfahrungen unter Berücksichtigung der besonderen Verhältnisse des Einzelfalles zu erwarten, daß nur eine Rente in Form der vorläufigen Entschädigung zu zahlen ist, kann der Unfallversicherungsträger die Versicherten nach Abschluß der Heilbehandlung mit einer Gesamtvergütung in Höhe des voraussichtlichen Rentenaufwandes abfinden. [2] Nach Ablauf des Zeitraumes, für den die Gesamtvergütung bestimmt war, wird auf Antrag Rente als vorläufige Entschädigung oder Rente auf unbestimmte Zeit gezahlt, wenn die Voraussetzungen hierfür vorliegen.

§ 76 Abfindung bei Minderung der Erwerbsfähigkeit unter 40 vom Hundert. (1) [1] Versicherte, die Anspruch auf eine Rente wegen einer Minderung der Erwerbsfähigkeit von weniger als 40 vom Hundert haben, können auf ihren Antrag mit einem dem Kapitalwert der Rente entsprechenden Betrag abgefunden werden. [2] Versicherte, die Anspruch auf mehrere Renten aus der Unfallversicherung haben, deren Vomhundertsätze zusammen die Zahl 40 nicht erreichen, können auf ihren Antrag mit einem Betrag abgefunden werden, der dem Kapitalwert einer oder mehrerer dieser Renten entspricht. [3] Die Bundesregierung bestimmt durch Rechtsverordnung mit Zustimmung des Bundesrates die Berechnung des Kapitalwertes.

(2) Eine Abfindung darf nur bewilligt werden, wenn nicht zu erwarten ist, daß die Minderung der Erwerbsfähigkeit wesentlich sinkt.

(3) Tritt nach der Abfindung eine wesentliche Verschlimmerung der Folgen des Versicherungsfalls (§ 73 Abs. 3) ein, wird insoweit Rente gezahlt.

§ 77 Wiederaufleben der abgefundenen Rente. (1) Werden Versicherte nach einer Abfindung Schwerverletzte, lebt auf Antrag der Anspruch auf Rente in vollem Umfang wieder auf.

(2) [1] Die Abfindungssumme wird auf die Rente angerechnet, soweit sie die Summe der Rentenbeträge übersteigt, die den Versicherten während des Abfindungszeitraumes zugestanden hätten. [2] Die Anrechnung hat so zu erfolgen, daß den Versicherten monatlich mindestens die halbe Rente verbleibt.

§ 78 Abfindung bei Minderung der Erwerbsfähigkeit ab 40 vom Hundert. (1) [1] Versicherte, die Anspruch auf eine Rente wegen einer Minderung der Erwerbsfähigkeit von 40 vom Hundert oder mehr haben, können auf ihren Antrag durch einen Geldbetrag abgefunden werden. [2] Das gleiche gilt für Versicherte, die Anspruch auf mehrere Renten haben, deren Vomhundertsätze zusammen die Zahl 40 erreichen oder übersteigen.

(2) Eine Abfindung kann nur bewilligt werden, wenn

1. die Versicherten das 18. Lebensjahr vollendet haben und
2. nicht zu erwarten ist, daß innerhalb des Abfindungszeitraumes die Minderung der Erwerbsfähigkeit wesentlich sinkt.

§ 79 Umfang der Abfindung. [1] Eine Rente kann in den Fällen einer Abfindung bei einer Minderung der Erwerbsfähigkeit ab 40 vom Hundert bis zur Hälfte für einen Zeitraum von zehn Jahren abgefunden werden. [2] Als Abfindungssumme wird das Neunfache des der Abfindung zugrundeliegenden Jahresbetrages der Rente gezahlt. [3] Der Anspruch auf den Teil der Rente, an dessen Stelle die Abfindung tritt, erlischt mit Ablauf des Monats der Auszahlung für zehn Jahre.

§ 80 Abfindung bei Wiederheirat. (1) [1] Eine Witwenrente oder Witwerrente wird bei der ersten Wiederheirat der Berechtigten mit dem 24fachen Monatsbetrag abgefunden. [2] In diesem Fall werden Witwenrenten und Witwerrenten an frühere Ehegatten, die auf demselben Versicherungsfall beruhen, erst nach Ablauf von 24 Monaten neu festgesetzt. [3] Bei einer Rente nach § 65 Abs. 2 Nr. 2 vermindert sich das 24fache des abzufindenden Monatsbetrages um die Anzahl an Kalendermonaten, für die die Rente geleistet wurde. [4] Entsprechend vermindert sich die Anzahl an Kalendermonaten nach Satz 2.

(2) [1] Monatsbetrag ist der Durchschnitt der für die letzten zwölf Kalendermonate geleisteten Witwenrente oder Witwerrente. [2] Bei Wiederheirat vor Ablauf des 15. Kalendermonats nach dem Tode des Versicherten ist Monatsbetrag der Durchschnittsbetrag der Witwenrente oder Witwerrente, die nach Ablauf des dritten auf den Sterbemonat folgenden Kalendermonats zu leisten war. [3] Bei Wiederheirat vor Ablauf dieses Kalendermonats ist Monatsbetrag der Betrag der Witwenrente oder Witwerrente, der für den vierten auf den Sterbemonat folgenden Kalendermonat zu leisten wäre.

(3) [1] Wurde bei der Wiederheirat eine Rentenabfindung gezahlt und besteht nach Auflösung oder Nichtigerklärung der erneuten Ehe Anspruch auf Witwenrente oder Witwerrente nach dem vorletzten Ehegatten, wird für jeden Kalendermonat, der auf die Zeit nach Auflösung oder Nichtigerklärung der erneuten Ehe bis zum Ablauf des 24. Kalendermonats nach Ablauf des Monats der Wiederheirat entfällt, von dieser Rente ein Vierundzwanzigstel der Rentenabfindung in angemessenen Teilbeträgen einbehalten. [2] Bei verspäteter Antragstellung mindert sich die einzubehaltende Rentenabfindung um den Betrag, der den Berechtigten bei frühestmöglicher Antragstellung an Witwenrente oder Witwerrente nach dem vorletzten Ehegatten zugestanden hätte.

(4) Die Absätze 1 bis 3 gelten entsprechend für die Bezieher einer Witwen- und Witwerrente an frühere Ehegatten.

(5) Die Absätze 1 bis 4 gelten entsprechend für die Bezieher einer Witwen- oder Witwerrente an Lebenspartner.

Fünfter Unterabschnitt. Besondere Vorschriften für die Versicherten der landwirtschaftlichen Unfallversicherung

§ 80a Voraussetzungen für den Rentenanspruch, Wartezeit. (1) [1] Versicherte im Sinne des § 2 Abs. 1 Nr. 5 Buchstabe a und b haben abweichend von § 56 Abs. 1 Satz 1 Anspruch auf eine Rente, wenn ihre Erwerbsfähigkeit infolge eines Versicherungsfalls über die 26. Woche nach dem Versicherungsfall hinaus um wenigstens 30 vom Hundert gemindert ist. [2] § 56 Abs. 1 Satz 2 gilt mit der Maßgabe, dass die Vomhundertsätze zusammen wenigstens die Zahl 30 erreichen müssen.

(2) Für Versicherte im Sinne des § 2 Abs. 1 Nr. 5 Buchstabe a wird eine Rente für die ersten 26 Wochen nach dem sich aus § 46 Abs. 1 ergebenden Zeitpunkt oder, wenn kein Anspruch auf Verletztengeld entstanden ist, für die ersten 26 Wochen nach Eintritt des Versicherungsfalls, nicht gezahlt.

Dritter Abschnitt. Jahresarbeitsverdienst

Erster Unterabschnitt. Allgemeines

§ 81 Jahresarbeitsverdienst als Berechnungsgrundlage. Die Vorschriften dieses Abschnitts gelten für Leistungen in Geld, die nach dem Jahresarbeitsverdienst berechnet werden.

Zweiter Unterabschnitt. Erstmalige Festsetzung

§ 82 Regelberechnung. (1) [1] Der Jahresarbeitsverdienst ist der Gesamtbetrag der Arbeitsentgelte (§ 14 des Vierten Buches[1)]) und Arbeitseinkommen (§ 15 des Vierten Buches) des Versicherten in den zwölf Kalendermonaten vor dem Monat, in dem der Versicherungsfall eingetreten ist. [2] Zum Arbeitsentgelt nach Satz 1 gehört auch das Arbeitsentgelt, auf das ein nach den zwölf Kalendermonaten abgeschlossener Tarifvertrag dem Versicherten rückwirkend einen Anspruch einräumt.

(2) [1] Für Zeiten, in denen der Versicherte in dem in Absatz 1 Satz 1 genannten Zeitraum kein Arbeitsentgelt oder Arbeitseinkommen bezogen hat, wird das Arbeitsentgelt oder Arbeitseinkommen zugrunde gelegt, das seinem durchschnittlichen Arbeitsentgelt oder Arbeitseinkommen in den mit Arbeitsentgelt oder Arbeitseinkommen belegten Zeiten dieses Zeitraums entspricht. [2] Erleidet jemand, der als Soldat auf Zeit, als Wehr- oder Zivildienstleistender oder als Entwicklungshelfer, beim besonderen Einsatz des Zivilschutzes oder bei einem Dienst nach dem Jugendfreiwilligendienstegesetz oder dem Bundesfreiwilligendienstgesetz tätig wird, einen Versicherungsfall, wird als Jahresarbeitsverdienst das Arbeitsentgelt oder Arbeitseinkommen zugrunde gelegt, das er durch eine Tätigkeit erzielt hätte, die der letzten Tätigkeit vor den genannten Zeiten entspricht, wenn es für ihn günstiger ist. [3] Ereignet sich der Versicherungsfall innerhalb eines Jahres seit Beendigung einer Berufsausbildung, bleibt das wäh-

---

[1)] Nr. 4.

rend der Berufsausbildung erzielte Arbeitsentgelt außer Betracht, wenn es für den Versicherten günstiger ist.

(3) Arbeitsentgelt und Ausbildungsbeihilfe nach den §§ 43 und 44 des Strafvollzugsgesetzes gelten nicht als Arbeitsentgelt im Sinne der Absätze 1 und 2.

(4) [1] Erleidet jemand, dem sonst Unfallfürsorge nach beamtenrechtlichen Vorschriften oder Grundsätzen gewährleistet ist, einen Versicherungsfall, für den ihm Unfallfürsorge nicht zusteht, gilt als Jahresarbeitsverdienst der Jahresbetrag der ruhegehaltsfähigen Dienstbezüge, die der Berechnung eines Unfallruhegehalts zugrunde zu legen wären. [2] Für Berufssoldaten gilt dies entsprechend.

§ 83 Jahresarbeitsverdienst kraft Satzung. [1] Für kraft Gesetzes versicherte selbständig Tätige, für kraft Satzung versicherte Unternehmer und Ehegatten oder Lebenspartner und für freiwillig Versicherte hat die Satzung des Unfallversicherungsträgers die Höhe des Jahresarbeitsverdienstes zu bestimmen. [2] Sie hat ferner zu bestimmen, daß und unter welchen Voraussetzungen die kraft Gesetzes versicherten selbständig Tätigen und die kraft Satzung versicherten Unternehmer und Ehegatten oder Lebenspartner auf ihren Antrag mit einem höheren Jahresarbeitsverdienst versichert werden.

§ 84 Jahresarbeitsverdienst bei Berufskrankheiten. [1] Bei Berufskrankheiten gilt für die Berechnung des Jahresarbeitsverdienstes als Zeitpunkt des Versicherungsfalls der letzte Tag, an dem die Versicherten versicherte Tätigkeiten verrichtet haben, die ihrer Art nach geeignet waren, die Berufskrankheit zu verursachen, wenn diese Berechnung für die Versicherten günstiger ist als eine Berechnung auf der Grundlage des in § 9 Abs. 5 genannten Zeitpunktes. [2] Dies gilt ohne Rücksicht darauf, aus welchen Gründen die schädigende versicherte Tätigkeit aufgegeben worden ist.

§ 85 Mindest- und Höchstjahresarbeitsverdienst. (1) Der Jahresarbeitsverdienst beträgt für Versicherte, die im Zeitpunkt des Versicherungsfalls das 18. Lebensjahr vollendet haben, mindestens 60 Prozent der im Zeitpunkt des Versicherungsfalls maßgebenden Bezugsgröße.

(1a) Der Jahresarbeitsverdienst beträgt mindestens:

1. für Versicherte, die im Zeitpunkt des Versicherungsfalls das sechste Lebensjahr nicht vollendet haben, 25 Prozent,
2. für Versicherte, die im Zeitpunkt des Versicherungsfalls das sechste, aber nicht das 15. Lebensjahr vollendet haben, 33⅓ Prozent,
3. für Versicherte, die im Zeitpunkt des Versicherungsfalls das 15., aber noch nicht das 18. Lebensjahr vollendet haben, 40 Prozent,
4. für Versicherte, die im Zeitpunkt des Versicherungsfalls das 25., aber noch nicht das 30. Lebensjahr vollendet haben, 75 Prozent

der im Zeitpunkt des Versicherungsfalls maßgebenden Bezugsgröße.

(1b) Die Absätze 1 und 1a finden keine Anwendung auf Versicherte nach § 3 Absatz 1 Nummer 3.

(2) [1] Der Jahresarbeitsverdienst beträgt höchstens das Zweifache der im Zeitpunkt des Versicherungsfalls maßgebenden Bezugsgröße. [2] Die Satzung kann eine höhere Obergrenze bestimmen.

§ 86 *(aufgehoben)*

§ 87 Jahresarbeitsverdienst nach billigem Ermessen. [1]Ist ein nach der Regelberechnung, nach den Vorschriften bei Berufskrankheiten oder nach der Regelung über den Mindestjahresarbeitsverdienst festgesetzter Jahresarbeitsverdienst in erheblichem Maße unbillig, wird er nach billigem Ermessen im Rahmen von Mindest- und Höchstjahresarbeitsverdienst festgesetzt. [2]Hierbei werden insbesondere die Fähigkeiten, die Ausbildung, die Lebensstellung und die Tätigkeit der Versicherten im Zeitpunkt des Versicherungsfalls berücksichtigt.

§ 88 Erhöhung des Jahresarbeitsverdienstes für Hinterbliebene. Ist der für die Berechnung von Geldleistungen an Hinterbliebene maßgebende Jahresarbeitsverdienst eines durch einen Versicherungsfall Verstorbenen infolge eines früheren Versicherungsfalls geringer als der für den früheren Versicherungsfall festgesetzte Jahresarbeitsverdienst, wird für den neuen Versicherungsfall dem Arbeitsentgelt und Arbeitseinkommen die an den Versicherten im Zeitpunkt des Todes zu zahlende Rente hinzugerechnet; dabei darf der Betrag nicht überschritten werden, der der Rente infolge des früheren Versicherungsfalls als Jahresarbeitsverdienst zugrunde lag.

§ 89 Berücksichtigung von Anpassungen. Beginnt die vom Jahresarbeitsverdienst abhängige Geldleistung nach dem 30. Juni eines Jahres und ist der Versicherungsfall im vergangenen Kalenderjahr oder früher eingetreten, wird der Jahresarbeitsverdienst entsprechend den für diese Geldleistungen geltenden Regelungen angepaßt.

Dritter Unterabschnitt. Neufestsetzung

§ 90 Neufestsetzung nach Altersstufen. (1) [1]Ist der Versicherungsfall vor Vollendung des 30. Lebensjahres eingetreten, wird, wenn es für die Versicherten günstiger ist, der Jahresarbeitsverdienst mit Vollendung des 30. Lebensjahres auf 100 Prozent der zu diesem Zeitpunkt maßgebenden Bezugsgröße neu festgesetzt. [2]Wurde die Hochschul- oder Fachhochschulreife erworben, tritt an die Stelle des Wertes 100 Prozent der Wert 120 Prozent der Bezugsgröße.

(2) Der Jahresarbeitsverdienst wird mit Vollendung der in § 85 genannten weiteren Lebensjahre entsprechend dem Prozentsatz der zu diesen Zeitpunkten maßgebenden Bezugsgröße neu festgesetzt.

(3) In den Fällen des § 82 Absatz 2 Satz 2 sind die Absätze 1 und 2 entsprechend anzuwenden.

§ 91 Neufestsetzung nach Schul- oder Berufsausbildung. (1) Ist der Versicherungsfall während einer Berufsausbildung eingetreten, wird, wenn es für die Versicherten günstiger ist, der Jahresarbeitsverdienst schon vor Vollendung des 25. Lebensjahres auf 75 Prozent der Bezugsgröße neu festgesetzt

1. von dem Zeitpunkt an, in dem die Berufsausbildung beendet worden ist oder
2. drei Jahre, im Fall einer Hochschul- oder Fachhochschulausbildung fünf Jahre, nach Beginn der Berufsausbildung, wenn diese verzögert oder abgebrochen wurde, es sei denn, dass die Berufsausbildung ohne den Versicherungsfall ebenfalls keinen regelmäßigen Verlauf genommen hätte.

(2) Ist der Versicherungsfall während einer Schul- oder Berufsausbildung nach Vollendung des 30. Lebensjahres eingetreten, wird, wenn es für die Ver-

sicherten günstiger ist, der Jahresarbeitsverdienst auf 100 Prozent der Bezugsgröße neu festgesetzt

1. von dem Zeitpunkt an, in dem die Schul- oder Berufsausbildung beendet worden ist oder
2. drei Jahre nach Beginn der Schul- oder Berufsausbildung, wenn diese verzögert oder abgebrochen wurde, es sei denn, dass die Schul- oder Berufsausbildung ohne den Versicherungsfall ebenfalls keinen regelmäßigen Verlauf genommen hätte.

(3) Ist der Versicherungsfall während einer Hochschul- oder Fachhochschulausbildung nach Vollendung des 30. Lebensjahres eingetreten, wird, wenn es für die Versicherten günstiger ist, der Jahresarbeitsverdienst auf 120 Prozent der Bezugsgröße neu festgesetzt

1. von dem Zeitpunkt an, in dem die Hochschul- oder Fachhochschulausbildung beendet worden ist, oder
2. fünf Jahre nach Beginn der Hochschul- oder Fachhochschulausbildung, wenn diese verzögert oder abgebrochen wurde, es sei denn, dass die Hochschul- oder Fachhochschulausbildung ohne den Versicherungsfall ebenfalls keinen regelmäßigen Verlauf genommen hätte.

(4) [1] Für die Neufestsetzung gilt die zum jeweiligen Zeitpunkt maßgebende Bezugsgröße. [2] § 67 Absatz 3 Nummer 2 Buchstabe b ist für Übergangszeiten entsprechend anzuwenden.

Vierter Unterabschnitt. Besondere Vorschriften für die bei der Berufsgenossenschaft Verkehrswirtschaft Post-Logistik Telekommunikation versicherten Seeleute und ihre Hinterbliebenen

§ 92 Jahresarbeitsverdienst für Seeleute. (1) [1] Als Jahresarbeitsverdienst für Versicherte, die an Bord eines Seeschiffs beschäftigt sind, gilt das Zwölffache des nach Absatz 2 oder 4 festgesetzten monatlichen Durchschnitts des baren Entgelts einschließlich des Durchschnittssatzes des Werts der auf Seeschiffen gewährten Beköstigung oder Verpflegungsvergütung (Durchschnittsentgelt) zur Zeit des Versicherungsfalls. [2] Für Versicherte, die als ausländische Seeleute ohne Wohnsitz oder ständigen Aufenthalt im Inland auf Schiffen beschäftigt werden, die nach § 12 des Flaggenrechtsgesetzes in der Fassung der Bekanntmachung vom 26. Oktober 1994 (BGBl. I S. 3140) in das Internationale Seeschiffahrtsregister eingetragen sind, und denen keine deutschen Tarifheuern gezahlt werden, gelten für die Berechnung des Jahresarbeitsverdienstes die allgemeinen Vorschriften über den Jahresarbeitsverdienst mit Ausnahme der Vorschrift über den Mindestjahresarbeitsverdienst.

(2) Die Satzung kann bestimmen, daß für Versicherte mit stark schwankendem Arbeitsentgelt besondere Durchschnittsentgelte entsprechend dem üblicherweise erzielten Jahresarbeitsentgelt festgesetzt werden.

(3) Als Jahresarbeitsverdienst für die kraft Gesetzes versicherten selbständig tätigen Küstenschiffer und Küstenfischer und ihre mitarbeitenden Ehegatten oder mitarbeitenden Lebenspartner gilt der nach Absatz 4 festgesetzte Durchschnitt des Jahreseinkommens; dabei wird das gesamte Jahreseinkommen berücksichtigt.

(4) Das monatliche Durchschnittsentgelt für die in Absatz 1 Satz 1 und Absatz 2 genannten Versicherten sowie der Durchschnitt des Jahreseinkommens

für die in Absatz 3 genannten Versicherten werden von Ausschüssen festgesetzt, die die Vertreterversammlung bildet.

(5) [1]Die Festsetzung erfolgt im Bereich gleicher Tätigkeiten einheitlich für den Geltungsbereich dieses Gesetzes. [2]Bei der Festsetzung werden die zwischen Reedern und Vereinigungen seemännischer Arbeitnehmer abgeschlossenen Tarifverträge berücksichtigt; ausgenommen bleiben die Entgelte für Versicherte, für deren Jahresarbeitsverdienst Absatz 1 Satz 2 gilt. [3]Für die in Absatz 1 genannten Versicherten, die neben dem baren Entgelt, der Beköstigung oder Verpflegungsvergütung regelmäßige Nebeneinnahmen haben, wird auch deren durchschnittlicher Geldwert bei der Festsetzung des Durchschnitts eingerechnet.

(6) [1]Die Festsetzung bedarf der Genehmigung des Bundesamtes für Soziale Sicherung. [2]Das Bundesamt für Soziale Sicherung kann für die Festsetzung eine Frist bestimmen; nach Ablauf der Frist kann es die Durchschnittssätze selbst festsetzen.

(7) [1]Die Festsetzung wird in jedem Jahr einmal nachgeprüft. [2]Das Bundesamt für Soziale Sicherung kann auch in der Zwischenzeit Nachprüfungen anordnen.

(8) Die Satzung hat zu bestimmen, daß und unter welchen Voraussetzungen die in Absatz 3 genannten Versicherten auf ihren Antrag mit einem höheren Jahresarbeitsverdienst versichert werden.

Fünfter Unterabschnitt. Besondere Vorschriften für die Versicherten der landwirtschaftlichen Unfallversicherung und ihre Hinterbliebenen

§ 93 Jahresarbeitsverdienst für landwirtschaftliche Unternehmer, ihre Ehegatten und Familienangehörigen. (1) [1]Der Jahresarbeitsverdienst der kraft Gesetzes versicherten

1. landwirtschaftlichen Unternehmer,
2. im Unternehmen mitarbeitenden Ehegatten und Lebenspartner der landwirtschaftlichen Unternehmer,
3. regelmäßig wie landwirtschaftliche Unternehmer selbständig Tätigen,

beträgt für Versicherungsfälle, die im Jahre 1996 oder früher eingetreten sind, 19 115 Deutsche Mark. [2]Für Versicherungsfälle, die im Jahre 1997 oder später eintreten, wird der in Satz 1 genannte Betrag, erstmalig zum 1. Juli 1997, entsprechend § 95 angepaßt; § 215 Abs. 5 findet keine Anwendung. [3]Die landwirtschaftliche Berufsgenossenschaft unterrichtet die landwirtschaftlichen Unternehmer über den jeweils geltenden Jahresarbeitsverdienst.

(2) [1]Solange die in Absatz 1 genannten Personen Anspruch auf eine Rente auf unbestimmte Zeit nach einer Minderung der Erwerbsfähigkeit von 50 vom Hundert oder mehr haben, erhöhen sich die in Absatz 1 genannten Beträge um

1. 25 vom Hundert bei einer Minderung der Erwerbsfähigkeit von weniger als 75 vom Hundert,
2. 50 vom Hundert bei einer Minderung der Erwerbsfähigkeit von 75 vom Hundert und mehr.

[2]Haben Versicherte Anspruch auf mehrere Renten auf unbestimmte Zeit, deren Vomhundertsätze zusammen wenigstens die Zahl 50 erreichen und für die ein Jahresarbeitsverdienst nach dieser Vorschrift festzusetzen ist, bestimmt

sich der Jahresarbeitsverdienst nach dem Betrag, der sich aus Satz 1 für die Summe der Vomhundertsätze der Minderung der Erwerbsfähigkeit ergibt.

(3) [1] Für die im landwirtschaftlichen Unternehmen nicht nur vorübergehend mitarbeitenden Familienangehörigen im Sinne des § 2 Abs. 1 Nr. 5 Buchstabe b gilt der Mindestjahresarbeitsverdienst als Jahresarbeitsverdienst. [2] Hatte der mitarbeitende Familienangehörige im Zeitpunkt des Versicherungsfalls das 15. Lebensjahr noch nicht vollendet, gilt die Vorschrift über den Jahresarbeitsverdienst für Kinder entsprechend. [3] Der Jahresarbeitsverdienst wird mit Vollendung des 15. und 18. Lebensjahres entsprechend der Regelung über den Mindestjahresarbeitsverdienst neu festgesetzt.

(4) Ist ein vorübergehend unentgeltlich in einem landwirtschaftlichen Unternehmen Beschäftigter in seinem Hauptberuf auch in einem landwirtschaftlichen Unternehmen tätig, gilt als Jahresarbeitsverdienst für diese Beschäftigung der für den Hauptberuf maßgebende Jahresarbeitsverdienst.

(5) [1] Die Satzung hat zu bestimmen, daß und unter welchen Voraussetzungen die in Absatz 1, 2 oder 3 genannten Versicherten auf ihren Antrag mit einem höheren Jahresarbeitsverdienst versichert werden. [2] Die Satzung kann bestimmen, dass die in Absätzen 1 und 2 genannten Beträge um bis zur Hälfte erhöht werden.

(6) [1] Für Versicherte im Sinne der Absätze 1 und 3, die im Zeitpunkt des Versicherungsfalls das 65. Lebensjahr vollendet haben, wird der sich aus Absatz 1, 2 oder 3 ergebende Jahresarbeitsverdienst verringert. [2] Die Verringerung nach Satz 1 beträgt

1. 65 vom Hundert für Versicherte, die im Zeitpunkt des Versicherungsfalls das 75. Lebensjahr vollendet haben,
2. 50 vom Hundert für Versicherte, die im Zeitpunkt des Versicherungsfalls das 70. Lebensjahr und noch nicht das 75. Lebensjahr vollendet haben,
3. 35 vom Hundert für die übrigen Versicherten.

[3] Für Versicherte, die im Zeitpunkt des Versicherungsfalls das 65. Lebensjahr noch nicht vollendet haben und die Anspruch auf

1. vorzeitige Altersrente oder Rente wegen voller Erwerbsminderung aus der Alterssicherung der Landwirte,
2. Witwen- oder Witwerrente aus der Alterssicherung der Landwirte wegen Erwerbsminderung,
3. Überbrückungsgeld aus der Alterssicherung der Landwirte oder
4. Produktionsaufgaberente nach dem Gesetz zur Förderung der Einstellung der landwirtschaftlichen Erwerbstätigkeit

haben, ist Satz 1 entsprechend anzuwenden; die Verringerung beträgt 35 vom Hundert.

(7) [1] Soweit Geldleistungen nach dem Jahresarbeitsverdienst im Sinne des Absatzes 1 berechnet werden, ist der nach Absatz 1 Satz 1 und 2 am 31. Dezember 2001 geltende, in Euro umzurechnende Jahresarbeitsverdienst auf zwei Dezimalstellen aufzurunden. [2] Absatz 1 Satz 2 gilt entsprechend.

Vierter Abschnitt. Mehrleistungen

§ 94 Mehrleistungen. (1) [1] Die Satzung kann Mehrleistungen bestimmen für

1. Personen, die für ein in § 2 Abs. 1 Nr. 9 oder 12 genanntes Unternehmen unentgeltlich, insbesondere ehrenamtlich tätig sind,
2. Personen, die nach § 2 Abs. 1 Nr. 10, 11 oder 13 oder Abs. 3 Nr. 2 versichert sind.
3. Personen, die nach § 2 Abs. 1 Nr. 1 oder § 2 Absatz 3 Satz 1 Nummer 3 Buchstabe a versichert sind, wenn diese an einer besonderen Auslandsverwendung im Sinne des § 31a des Beamtenversorgungsgesetzes oder des § 63c des Soldatenversorgungsgesetzes teilnehmen, sowie Personen, die nach § 2 Absatz 3 Satz 1 Nummer 3 Buchstabe c versichert sind.

[2] Dabei können die Art der versicherten Tätigkeit, insbesondere ihre Gefährlichkeit, sowie Art und Schwere des Gesundheitsschadens berücksichtigt werden.

(2) Die Mehrleistungen zu Renten dürfen zusammen mit

1. Renten an Versicherte ohne die Zulage für Schwerverletzte 85 vom Hundert,
2. Renten an Hinterbliebene 80 vom Hundert

des Höchstjahresarbeitsverdienstes nicht überschreiten.

(2a) [1] Für die in Absatz 1 Satz 1 Nummer 3 genannten Personen kann die Satzung die Höhe des Jahresarbeitsverdienstes bis zur Höhe des Eineinhalbfachen des Jahresarbeitsverdienstes bestimmen, der nach dem Dritten Abschnitt des Dritten Kapitels maßgebend ist. [2] Absatz 2 ist in diesen Fällen nicht anzuwenden.

(3) Die Mehrleistungen werden auf Geldleistungen, deren Höhe vom Einkommen abhängt, nicht angerechnet.

Fünfter Abschnitt. Gemeinsame Vorschriften für Leistungen

§ 95 Anpassung von Geldleistungen. (1) [1] Jeweils zum gleichen Zeitpunkt, zu dem die Renten der gesetzlichen Rentenversicherung angepasst werden, werden die vom Jahresarbeitsverdienst abhängigen Geldleistungen, mit Ausnahme des Verletzten- und Übergangsgeldes, für Versicherungsfälle, die im vergangenen Kalenderjahr oder früher eingetreten sind, entsprechend dem Vomhundertsatz angepaßt, um den sich die Renten aus der gesetzlichen Rentenversicherung verändern. [2] Die Bundesregierung hat mit Zustimmung des Bundesrates in der Rechtsverordnung über die Bestimmung des für die Rentenanpassung in der gesetzlichen Rentenversicherung maßgebenden aktuellen Rentenwerts den Anpassungsfaktor[1)] entsprechend dem Vomhundertsatz nach Satz 1 zu bestimmen.

(2) [1] Die Geldleistungen werden in der Weise angepaßt, daß sie nach einem mit dem Anpassungsfaktor vervielfältigten Jahresarbeitsverdienst berechnet werden. [2] Die Vorschrift über den Höchstjahresarbeitsverdienst gilt mit der Maßgabe, daß an die Stelle des Zeitpunkts des Versicherungsfalls der Zeitpunkt der Anpassung tritt. [3] Wird bei einer Neufestsetzung des Jahresarbeitsverdienstes nach voraussichtlicher Schul- oder Berufsausbildung oder nach bestimmten Altersstufen auf eine für diese Zeitpunkte maßgebende Berechnungsgrundlage

---

1) Der Anpassungsfaktor für die zum 1.7.2020 anzupassenden Geldleistungen der gesetzlichen Unfallversicherung im Sinne des § 44 Abs. 4 und des § 95 beträgt 1,0345; vgl. § 4 Abs. 1 RentenwertbestimmungsVO 2020 v. 8.6.2020 (BGBl. I S. 1220).

abgestellt, gilt als Eintritt des Versicherungsfalls im Sinne des Absatzes 1 Satz 1 der Tag, an dem die Voraussetzungen für die Neufestsetzung eingetreten sind.

§ 96 Fälligkeit, Auszahlung und Berechnungsgrundsätze. (1) [1]Laufende Geldleistungen mit Ausnahme des Verletzten- und Übergangsgeldes werden am Ende des Monats fällig, zu dessen Beginn die Anspruchsvoraussetzungen erfüllt sind; sie werden am letzten Bankarbeitstag dieses Monats ausgezahlt. [2]Bei Zahlung auf ein Konto ist die Gutschrift der laufenden Geldleistung, auch wenn sie nachträglich erfolgt, so vorzunehmen, dass die Wertstellung des eingehenden Überweisungsbetrages auf dem Empfängerkonto unter dem Datum des Tages erfolgt, an dem der Betrag dem Geldinstitut zur Verfügung gestellt worden ist. [3]Für die rechtzeitige Auszahlung im Sinne von Satz 1 genügt es, wenn nach dem gewöhnlichen Verlauf die Wertstellung des Betrages der laufenden Geldleistung unter dem Datum des letzten Bankarbeitstages erfolgen kann.

(2) Laufende Geldleistungen können mit Zustimmung der Berechtigten für einen angemessenen Zeitraum im voraus ausgezahlt werden.

[Abs. 2a ab 1.12.2021:]

(2a) In Fällen des § 47 Absatz 1 Satz 3 des Ersten Buches[1)] *erfolgt eine kostenfreie Übermittlung von Geldleistungen an den Wohnsitz oder gewöhnlichen Aufenthalt spätestens ab dem zweiten Monat, der auf den Monat folgt, in dem der Nachweis erbracht worden ist.*

(3) [1]Geldleistungen, die für die Zeit nach dem Tod des Berechtigten auf ein Konto bei einem Geldinstitut, für das die Verordnung (EU) Nr. 260/2012 des Europäischen Parlaments und des Rates vom 14. März 2012 zur Festlegung der technischen Vorschriften und der Geschäftsanforderungen für Überweisungen und Lastschriften in Euro und zur Änderung der Verordnung (EG) Nr. 924/2009 (ABl. L 94 vom 30.3.2012, S. 22) gilt, überwiesen wurden, gelten als unter Vorbehalt erbracht. [2]Das Geldinstitut hat sie der überweisenden Stelle oder dem Unfallversicherungsträger zurückzuüberweisen, wenn diese sie als zu Unrecht erbracht zurückfordern. [3]Eine Verpflichtung zur Rücküberweisung besteht nicht, soweit über den entsprechenden Betrag bei Eingang der Rückforderung bereits anderweitig verfügt wurde, es sei denn, daß die Rücküberweisung aus einem Guthaben erfolgen kann. [4]Das Geldinstitut darf den überwiesenen Betrag nicht zur Befriedigung eigener Forderungen verwenden.

(4) [1]Soweit Geldleistungen für die Zeit nach dem Tod des Berechtigten zu Unrecht erbracht worden sind, sind sowohl die Personen, die die Geldleistungen unmittelbar in Empfang genommen haben oder an die der entsprechende Betrag durch Dauerauftrag, Lastschrifteinzug oder sonstiges bankübliches Zahlungsgeschäft auf ein Konto weitergeleitet wurde (Empfänger), als auch die Personen, die als Verfügungsberechtigte über den entsprechenden Betrag ein bankübliches Zahlungsgeschäft zu Lasten des Kontos vorgenommen oder zugelassen haben (Verfügende), dem Träger der Unfallversicherung zur Erstattung des entsprechenden Betrages verpflichtet. [2]Der Träger der Unfallversicherung hat Erstattungsansprüche durch Verwaltungsakt geltend zu machen. [3]Ein Geldinstitut, das eine Rücküberweisung mit dem Hinweis abgelehnt hat, dass über den entsprechenden Betrag bereits anderweitig verfügt wurde, hat der überweisenden Stelle oder dem Träger der Unfallversicherung auf Verlangen Name

---

1) Nr. **1**.

und Anschrift des Empfängers oder Verfügenden und etwaiger neuer Kontoinhaber zu benennen. [4]Ein Anspruch gegen die Erben nach § 50 des Zehnten Buches[1)] bleibt unberührt.

(4a) [1]Die Ansprüche nach den Absätzen 3 und 4 verjähren in vier Jahren nach Ablauf des Kalenderjahres, in dem der erstattungsberechtigte Träger der Unfallversicherung Kenntnis von der Überzahlung und in den Fällen des Absatzes 4 zusätzlich von dem Erstattungspflichtigen erlangt hat. [2]Für die Hemmung, die Ablaufhemmung, den Neubeginn und die Wirkung der Verjährung gelten die Vorschriften des Bürgerlichen Gesetzbuchs sinngemäß.

(5) Die Berechnungsgrundsätze des § 187 gelten mit der Maßgabe, daß bei der anteiligen Ermittlung einer Monatsrente der Kalendermonat mit der Zahl seiner tatsächlichen Tage anzusetzen ist.

(6) Sind laufende Geldleistungen, die nach Absatz 1 auszuzahlen und in dem Monat fällig geworden sind, in dem der Berechtigte verstorben ist, auf das bisherige Empfängerkonto bei einem Geldinstitut überwiesen worden, ist der Anspruch der Erben gegenüber dem Träger der Unfallversicherung erfüllt.

§ 97 Leistungen ins Ausland. Berechtigte, die ihren gewöhnlichen Aufenthalt im Ausland haben, erhalten nach diesem Buch

1. Geldleistungen,
2. für alle sonstigen zu erbringenden Leistungen eine angemessene Erstattung entstandener Kosten einschließlich der Kosten für eine Pflegekraft oder für Heimpflege.

§ 98 Anrechnung anderer Leistungen. (1) Auf Geldleistungen nach diesem Buch werden Geldleistungen eines ausländischen Trägers der Sozialversicherung oder einer ausländischen staatlichen Stelle, die ihrer Art nach den Leistungen nach diesem Buch vergleichbar sind, angerechnet.

(2) Entsteht der Anspruch auf eine Geldleistung nach diesem Buch wegen eines Anspruchs auf eine Leistung nach den Vorschriften des Sechsten Buches[2)] ganz oder teilweise nicht, gilt dies auch hinsichtlich vergleichbarer Leistungen, die von einem ausländischen Träger gezahlt werden.

(3) [1]Auf Geldleistungen, die nach § 2 Abs. 3 Satz 1 Nr. 3 und § 3 Abs. 1 Nr. 3 versicherten Personen wegen eines Körper-, Sach- oder Vermögensschadens nach diesem Buch erbracht werden, sind gleichartige Geldleistungen anzurechnen, die wegen desselben Schadens von Dritten gezahlt werden. [2]Geldleistungen auf Grund privater Versicherungsverhältnisse, die allein auf Beiträgen von Versicherten beruhen, werden nicht angerechnet.

§ 99 Wahrnehmung von Aufgaben durch die Deutsche Post AG.

(1) [1]Die Unfallversicherungsträger zahlen die laufenden Geldleistungen mit Ausnahme des Verletzten- und Übergangsgeldes in der Regel durch die Deutsche Post AG aus. [2]Die Unfallversicherungsträger können die laufenden Geldleistungen auch an das vom Berechtigten angegebene Geldinstitut überweisen. [3]Im übrigen können die Unfallversicherungsträger Geldleistungen durch die Deutsche Post AG auszahlen lassen.

---

1) Nr. **10**.
2) Nr. **6**.

(2) [1]Soweit die Deutsche Post AG laufende Geldleistungen für die Unfallversicherungsträger auszahlt, führt sie auch Arbeiten zur Anpassung der Leistungen durch. [2]Die Anpassungsmitteilungen ergehen im Namen des Unfallversicherungsträgers.

(3) [1]Die Auszahlung und die Durchführung der Anpassung von Geldleistungen durch die Deutsche Post AG umfassen auch die Wahrnehmung der damit im Zusammenhang stehenden Aufgaben der Unfallversicherungsträger, insbesondere die Erstellung statistischen Materials und dessen Übermittlung an das Bundesministerium für Arbeit und Soziales und die Verbände der Unfallversicherungsträger. [2]Die Deutsche Post AG kann entsprechende Aufgaben auch zugunsten der Unfallversicherungsträger wahrnehmen, die die laufenden Geldleistungen nicht durch sie auszahlen.

(4) [1]Die Unfallversicherungsträger werden von ihrer Verantwortung gegenüber den Berechtigten nicht entbunden. [2]Die Berechtigten sollen Änderungen in den tatsächlichen oder rechtlichen Verhältnissen, die für die Auszahlung oder die Durchführung der Anpassung der von der Deutschen Post AG gezahlten Geldleistungen erheblich sind, unmittelbar der Deutschen Post AG mitteilen.

(5) Zur Auszahlung der Geldleistungen erhält die Deutsche Post AG von den Unfallversicherungsträgern monatlich rechtzeitig angemessene Vorschüsse.

(6) Die Deutsche Post AG erhält für ihre Tätigkeit von den Unfallversicherungsträgern eine angemessene Vergütung und auf die Vergütung monatlich rechtzeitig angemessene Vorschüsse.

§ 100 Verordnungsermächtigung. Das Bundesministerium für Arbeit und Soziales wird ermächtigt, durch Rechtsverordnung mit Zustimmung des Bundesrates

1. den Inhalt der von der Deutschen Post AG wahrzunehmenden Aufgaben der Unfallversicherungsträger näher zu bestimmen und die Rechte und Pflichten der Beteiligten festzulegen, insbesondere die Überwachung der Zahlungsvoraussetzungen durch die Auswertung der Sterbefallmitteilungen der Meldebehörden nach § 101a des Zehnten Buches[1)] und durch die Einholung von Lebensbescheinigungen im Rahmen des § 60 Abs. 1 und des § 65 Abs. 1 Nr. 3 des Ersten Buches[2)],
2. die Höhe und Fälligkeit der Vorschüsse, die die Deutsche Post AG von den Unfallversicherungsträgern erhält, näher zu bestimmen,
3. das Verfahren zur Bestimmung der Höhe sowie die Fälligkeit der Vergütung und der Vorschüsse, die die Deutsche Post AG von den Unfallversicherungsträgern erhält, näher zu bestimmen.

§ 101 Ausschluß oder Minderung von Leistungen. (1) Personen, die den Tod von Versicherten vorsätzlich herbeigeführt haben, haben keinen Anspruch auf Leistungen.

(2) [1]Leistungen können ganz oder teilweise versagt oder entzogen werden, wenn der Versicherungsfall bei einer von Versicherten begangenen Handlung eingetreten ist, die nach rechtskräftigem strafgerichtlichen Urteil ein Verbrechen oder vorsätzliches Vergehen ist. [2]Zuwiderhandlungen gegen Bergverord-

---

1) Nr. **10**.
2) Nr. **1**.

nungen oder bergbehördliche Anordnungen gelten nicht als Vergehen im Sinne des Satzes 1. [3] Soweit die Leistung versagt wird, kann sie an unterhaltsberechtigte Ehegatten oder Lebenspartner und Kinder geleistet werden.

§ 102 Schriftform. In den Fällen des § 36a Abs. 1 Satz 1 Nr. 2 des Vierten Buches[1)] wird die Entscheidung über einen Anspruch auf eine Leistung schriftlich erlassen.

§ 103 Zwischennachricht, Unfalluntersuchung. (1) Kann der Unfallversicherungsträger in den Fällen des § 36a Abs. 1 Satz 1 des Vierten Buches[1)] innerhalb von sechs Monaten ein Verfahren nicht abschließen, hat er den Versicherten nach Ablauf dieser Zeit und danach in Abständen von sechs Monaten über den Stand des Verfahrens schriftlich oder elektronisch zu unterrichten.

(2) [1] Der Versicherte ist berechtigt, an der Untersuchung eines Versicherungsfalls, die am Arbeitsplatz oder am Unfallort durchgeführt wird, teilzunehmen. [2] Hinterbliebene, die aufgrund des Versicherungsfalls Ansprüche haben können, können an der Untersuchung teilnehmen, wenn sie dies verlangen.

Viertes Kapitel. Haftung von Unternehmern, Unternehmensangehörigen und anderen Personen

Erster Abschnitt. Beschränkung der Haftung gegenüber Versicherten, ihren Angehörigen und Hinterbliebenen

§ 104 Beschränkung der Haftung der Unternehmer. (1) [1] Unternehmer sind den Versicherten, die für ihre Unternehmen tätig sind oder zu ihren Unternehmen in einer sonstigen die Versicherung begründenden Beziehung stehen, sowie deren Angehörigen und Hinterbliebenen nach anderen gesetzlichen Vorschriften zum Ersatz des Personenschadens, den ein Versicherungsfall verursacht hat, nur verpflichtet, wenn sie den Versicherungsfall vorsätzlich oder auf einem nach § 8 Abs. 2 Nr. 1 bis 4 versicherten Weg herbeigeführt haben. [2] Ein Forderungsübergang nach § 116 des Zehnten Buches[2)] findet nicht statt.

(2) Absatz 1 gilt entsprechend für Personen, die als Leibesfrucht durch einen Versicherungsfall im Sinne des § 12 geschädigt worden sind.

(3) Die nach Absatz 1 oder 2 verbleibenden Ersatzansprüche vermindern sich um die Leistungen, die Berechtigte nach Gesetz oder Satzung infolge des Versicherungsfalls erhalten.

§ 105 Beschränkung der Haftung anderer im Betrieb tätiger Personen. (1) [1] Personen, die durch eine betriebliche Tätigkeit einen Versicherungsfall von Versicherten desselben Betriebs verursachen, sind diesen sowie deren Angehörigen und Hinterbliebenen nach anderen gesetzlichen Vorschriften zum Ersatz des Personenschadens nur verpflichtet, wenn sie den Versicherungsfall vorsätzlich oder auf einem nach § 8 Abs. 2 Nr. 1 bis 4 versicherten Weg herbeigeführt haben. [2] Satz 1 gilt entsprechend bei der Schädigung von

---

1) Nr. 4.
2) Nr. 10.

Personen, die für denselben Betrieb tätig und nach § 4 Abs. 1 Nr. 1 versicherungsfrei sind. [3] § 104 Abs. 1 Satz 2, Abs. 2 und 3 gilt entsprechend.

(2) [1] Absatz 1 gilt entsprechend, wenn nicht versicherte Unternehmer geschädigt worden sind. [2] Soweit nach Satz 1 eine Haftung ausgeschlossen ist, werden die Unternehmer wie Versicherte, die einen Versicherungsfall erlitten haben, behandelt, es sei denn, eine Ersatzpflicht des Schädigers gegenüber dem Unternehmer ist zivilrechtlich ausgeschlossen. [3] Für die Berechnung von Geldleistungen gilt der Mindestjahresarbeitsverdienst als Jahresarbeitsverdienst. [4] Geldleistungen werden jedoch nur bis zur Höhe eines zivilrechtlichen Schadenersatzanspruchs erbracht.

§ 106 Beschränkung der Haftung anderer Personen. (1) In den in § 2 Abs. 1 Nr. 2, 3 und 8 genannten Unternehmen gelten die §§ 104 und 105 entsprechend für die Ersatzpflicht

1. der in § 2 Abs. 1 Nr. 2, 3 und 8 genannten Versicherten untereinander,
2. der in § 2 Abs. 1 Nr. 2, 3 und 8 genannten Versicherten gegenüber den Betriebsangehörigen desselben Unternehmens,
3. der Betriebsangehörigen desselben Unternehmens gegenüber den in § 2 Abs. 1 Nr. 2, 3 und 8 genannten Versicherten.

(2) Im Fall des § 2 Abs. 1 Nr. 17 gelten die §§ 104 und 105 entsprechend für die Ersatzpflicht

1. der Pflegebedürftigen gegenüber den Pflegepersonen,
2. der Pflegepersonen gegenüber den Pflegebedürftigen,
3. der Pflegepersonen desselben Pflegebedürftigen untereinander.

(3) Wirken Unternehmen zur Hilfe bei Unglücksfällen oder Unternehmen des Zivilschutzes zusammen oder verrichten Versicherte mehrerer Unternehmen vorübergehend betriebliche Tätigkeiten auf einer gemeinsamen Betriebsstätte, gelten die §§ 104 und 105 für die Ersatzpflicht der für die beteiligten Unternehmen Tätigen untereinander.

(4) Die §§ 104 und 105 gelten ferner für die Ersatzpflicht von Betriebsangehörigen gegenüber den nach § 3 Abs. 1 Nr. 2 Versicherten.

§ 107 Besonderheiten in der Seefahrt. (1) [1] Bei Unternehmen der Seefahrt gilt § 104 auch für die Ersatzpflicht anderer das Arbeitsentgelt schuldender Personen entsprechend. [2] § 105 gilt für den Lotsen entsprechend.

(2) Beim Zusammenstoß mehrerer Seeschiffe von Unternehmen, für die die Berufsgenossenschaft Verkehrswirtschaft Post-Logistik Telekommunikation zuständig ist, gelten die §§ 104 und 105 entsprechend für die Ersatzpflicht, auch untereinander, der Reeder der dabei beteiligten Fahrzeuge, sonstiger das Arbeitsentgelt schuldender Personen, der Lotsen und der auf den beteiligten Fahrzeugen tätigen Versicherten.

§ 108 Bindung der Gerichte. (1) Hat ein Gericht über Ersatzansprüche der in den §§ 104 bis 107 genannten Art zu entscheiden, ist es an eine unanfechtbare Entscheidung nach diesem Buch oder nach dem Sozialgerichtsgesetz[1)] in der jeweils geltenden Fassung gebunden, ob ein Versicherungsfall vorliegt, in

[1)] Nr. **20**.

welchem Umfang Leistungen zu erbringen sind und ob der Unfallversicherungsträger zuständig ist.

(2) [1] Das Gericht hat sein Verfahren auszusetzen, bis eine Entscheidung nach Absatz 1 ergangen ist. [2] Falls ein solches Verfahren noch nicht eingeleitet ist, bestimmt das Gericht dafür eine Frist, nach deren Ablauf die Aufnahme des ausgesetzten Verfahrens zulässig ist.

§ 109 Feststellungsberechtigung von in der Haftung beschränkten Personen. [1] Personen, deren Haftung nach den §§ 104 bis 107 beschränkt ist und gegen die Versicherte, ihre Angehörigen und Hinterbliebene Schadenersatzforderungen erheben, können statt der Berechtigten die Feststellungen nach § 108 beantragen oder das entsprechende Verfahren nach dem Sozialgerichtsgesetz[1)] betreiben. [2] Der Ablauf von Fristen, die ohne ihr Verschulden verstrichen sind, wirkt nicht gegen sie; dies gilt nicht, soweit diese Personen das Verfahren selbst betreiben.

Zweiter Abschnitt. Haftung gegenüber den Sozialversicherungsträgern

§ 110 Haftung gegenüber den Sozialversicherungsträgern. (1) [1] Haben Personen, deren Haftung nach den §§ 104 bis 107 beschränkt ist, den Versicherungsfall vorsätzlich oder grob fahrlässig herbeigeführt, haften sie den Sozialversicherungsträgern für die infolge des Versicherungsfalls entstandenen Aufwendungen, jedoch nur bis zur Höhe des zivilrechtlichen Schadenersatzanspruchs. [2] Statt der Rente kann der Kapitalwert gefordert werden. [3] Das Verschulden braucht sich nur auf das den Versicherungsfall verursachende Handeln oder Unterlassen zu beziehen.

(1a) [1] Unternehmer, die Schwarzarbeit nach § 1 des Schwarzarbeitsbekämpfungsgesetzes erbringen und dadurch bewirken, dass Beiträge nach dem Sechsten Kapitel nicht, nicht in der richtigen Höhe oder nicht rechtzeitig entrichtet werden, erstatten den Unfallversicherungsträgern die Aufwendungen, die diesen infolge von Versicherungsfällen bei Ausführung der Schwarzarbeit entstanden sind. [2] Eine nicht ordnungsgemäße Beitragsentrichtung wird vermutet, wenn die Unternehmer die Personen, bei denen die Versicherungsfälle eingetreten sind, nicht nach § 28a des Vierten Buches[2)] bei der Einzugsstelle oder der Datenstelle der Rentenversicherung angemeldet hatten.

(2) Die Sozialversicherungsträger können nach billigem Ermessen, insbesondere unter Berücksichtigung der wirtschaftlichen Verhältnisse des Schuldners, auf den Ersatzanspruch ganz oder teilweise verzichten.

§ 111 Haftung des Unternehmens. [1] Haben ein Mitglied eines vertretungsberechtigten Organs, Abwickler oder Liquidatoren juristischer Personen, vertretungsberechtigte Gesellschafter oder Liquidatoren einer Personengesellschaft des Handelsrechts oder gesetzliche Vertreter der Unternehmer in Ausführung ihnen zustehender Verrichtungen den Versicherungsfall vorsätzlich oder grob fahrlässig verursacht, haften nach Maßgabe des § 110 auch die Vertretenen. [2] Eine nach § 110 bestehende Haftung derjenigen, die den Versicherungsfall verursacht haben, bleibt unberührt. [3] Das gleiche gilt für Mitglieder des Vorstandes eines nicht rechtsfähigen Vereins oder für vertretungs-

---

1) Nr. **20**.
2) Nr. **4**.

berechtigte Gesellschafter einer Personengesellschaft des bürgerlichen Rechts mit der Maßgabe, daß sich die Haftung auf das Vereins- oder das Gesellschaftsvermögen beschränkt.

§ 112 Bindung der Gerichte. § 108 über die Bindung der Gerichte gilt auch für die Ansprüche nach den §§ 110 und 111.

§ 113 Verjährung. [1] Für die Verjährung der Ansprüche nach den §§ 110 und 111 gelten die §§ 195, 199 Abs. 1 und 2 und § 203 des Bürgerlichen Gesetzbuchs entsprechend mit der Maßgabe, daß die Frist von dem Tag an gerechnet wird, an dem die Leistungspflicht für den Unfallversicherungsträger bindend festgestellt oder ein entsprechendes Urteil rechtskräftig geworden ist. [2] Artikel 229 § 6 Abs. 1 des Einführungsgesetzes zum Bürgerlichen Gesetzbuche gilt entsprechend.

Fünftes Kapitel. Organisation

Erster Abschnitt. Unfallversicherungsträger

§ 114 Unfallversicherungsträger. (1) [1] Träger der gesetzlichen Unfallversicherung (Unfallversicherungsträger) sind

1. die in der Anlage 1 aufgeführten gewerblichen Berufsgenossenschaften,
2. die Sozialversicherung für Landwirtschaft, Forsten und Gartenbau; bei Durchführung der Aufgaben nach diesem Gesetz und in sonstigen Angelegenheiten der landwirtschaftlichen Unfallversicherung führt sie die Bezeichnung landwirtschaftliche Berufsgenossenschaft,
3. die Unfallversicherung Bund und Bahn,
4. die Unfallkassen der Länder,
5. die Gemeindeunfallversicherungsverbände und Unfallkassen der Gemeinden,
6. die Feuerwehr-Unfallkassen,
7. die gemeinsamen Unfallkassen für den Landes- und den kommunalen Bereich.

[2] Die landwirtschaftliche Berufsgenossenschaft nimmt in der landwirtschaftlichen Unfallversicherung Verbandsaufgaben wahr.

(2) [1] Soweit dieses Gesetz die Unfallversicherungsträger ermächtigt, Satzungen zu erlassen, bedürfen diese der Genehmigung der Aufsichtsbehörde. [2] Ergibt sich nachträglich, daß eine Satzung nicht hätte genehmigt werden dürfen, kann die Aufsichtsbehörde anordnen, daß der Unfallversicherungsträger innerhalb einer bestimmten Frist die erforderliche Änderung vornimmt. [3] Kommt der Unfallversicherungsträger der Anordnung nicht innerhalb dieser Frist nach, kann die Aufsichtsbehörde die erforderliche Änderung anstelle des Unfallversicherungsträgers selbst vornehmen.

(3) Für die Unfallversicherung Bund und Bahn gilt Absatz 2 mit der Maßgabe, dass bei der Genehmigung folgender Satzungen das Einvernehmen mit dem Bundesministerium für Arbeit und Soziales und dem Bundesministerium der Finanzen erforderlich ist:

1. Satzungen über die Erstreckung des Versicherungsschutzes auf Personen nach § 3 Abs. 1 Nr. 2 und 3,

2. Satzungen über die Obergrenze des Jahresarbeitsverdienstes (§ 85 Abs. 2),
3. Satzungen über Mehrleistungen (§ 94) und
4. Satzungen über die Aufwendungen der Unfallversicherung Bund und Bahn (§ 186).

§ 115 Prävention bei der Unfallversicherung Bund und Bahn.

(1) [1] Für die Unternehmen, für die die Unfallversicherung Bund und Bahn nach § 125 Absatz 1 Nummer 1 zuständig ist, erlässt das Bundesministerium des Innern, für Bau und Heimat im Einvernehmen mit dem Bundesministerium für Arbeit und Soziales nach Anhörung der Vertreterversammlung der Unfallversicherung Bund und Bahn durch allgemeine Verwaltungsvorschriften Regelungen über Maßnahmen im Sinne des § 15 Absatz 1; die Vertreterversammlung kann Vorschläge für diese Vorschriften machen. [2] Die Unfallverhütungsvorschriften der Unfallversicherungsträger sollen dabei berücksichtigt werden. [3] Die Sorge der Beachtung der nach Satz 1 erlassenen Vorschriften gehört auch zu den Aufgaben des Vorstands. [4] Betrifft eine allgemeine Verwaltungsvorschrift nach Satz 1 nur die Zuständigkeitsbereiche des Bundesministeriums der Verteidigung oder des Bundesministeriums der Finanzen, kann jedes dieser Bundesministerien für seinen Geschäftsbereich eine allgemeine Verwaltungsvorschrift erlassen; die Verwaltungsvorschrift bedarf in diesen Fällen des Einvernehmens mit den Bundesministerien des Innern, für Bau und Heimat sowie für Arbeit und Soziales.

(2) [1] Abweichend von § 15 Absatz 4 Satz 1 bedürfen die Unfallverhütungsvorschriften der Unfallversicherung Bund und Bahn der Genehmigung des Bundesministeriums des Innern, für Bau und Heimat. [2] Die Entscheidung hierüber wird im Benehmen mit dem Bundesministerium für Arbeit und Soziales getroffen.

(3) [1] Die Aufgabe der Prävention wird in den Geschäftsbereichen des Bundesministeriums der Verteidigung und des Auswärtigen Amts hinsichtlich seiner Auslandsvertretungen von dem jeweiligen Bundesministerium oder der von ihm bestimmten Stelle wahrgenommen. [2] Die genannten Bundesministerien stellen sicher, dass die für die Überwachung und Beratung der Unternehmen eingesetzten Aufsichtspersonen eine für diese Tätigkeit ausreichende Befähigung besitzen.

§ 116 Unfallversicherungsträger im Landesbereich. (1) [1] Für die Unfallversicherung im Landesbereich errichten die Landesregierungen durch Rechtsverordnung eine oder mehrere Unfallkassen. [2] Die Landesregierungen können auch gemeinsame Unfallkassen für die Unfallversicherung im Landesbereich und für die Unfallversicherung einer oder mehrerer Gemeinden von zusammen wenigstens 500 000 Einwohnern errichten.

(2) Die Landesregierungen von höchstens drei Ländern können durch gleichlautende Rechtsverordnungen auch eine gemeinsame Unfallkasse entsprechend Absatz 1 errichten, wenn das aufsichtführende Land durch die beteiligten Länder in diesen Rechtsverordnungen oder durch Staatsvertrag der Länder bestimmt ist.

(3) [1] Die Landesregierungen regeln in den Rechtsverordnungen auch das Nähere über die Eingliederung bestehender Unfallversicherungsträger in die gemeinsame Unfallkasse. [2] § 118 Absatz 1 Satz 5 gilt entsprechend. [3] Bis zu den nächsten allgemeinen Wahlen in der Sozialversicherung richtet sich die Zahl

der Mitglieder der Selbstverwaltungsorgane der vereinigten oder neu gebildeten Unfallversicherungsträger nach der Summe der Zahl der Mitglieder, die in den Satzungen der aufgelösten Unfallversicherungsträger bestimmt worden ist; § 43 Absatz 1 Satz 2 des Vierten Buches[1)] ist nicht anzuwenden. [4]Die Mitglieder der Selbstverwaltungsorgane der aufgelösten Unfallversicherungsträger und ihre Stellvertreter werden Mitglieder und Stellvertreter der Selbstverwaltungsorgane der aus ihnen gebildeten Unfallversicherungsträger. [5]Beschlüsse in den Selbstverwaltungsorganen der neu gebildeten Unfallversicherungsträger werden mit der Mehrheit der nach der Größe der aufgelösten Unfallversicherungsträger gewichteten Stimmen getroffen; für die Gewichtung wird ein angemessener Maßstab in der Satzung bestimmt. [6]Die an einer Vereinigung beteiligten Unfallversicherungsträger der öffentlichen Hand haben rechtzeitig vor dem Wirksamwerden der Vereinigung eine neue Dienstordnung zur Regelung der Rechtsverhältnisse der dienstordnungsmäßig Angestellten aufzustellen, die in Ergänzung der bestehenden Dienstordnungen einen sozialverträglichen Personalübergang gewährleistet; dabei sind die entsprechenden Regelungen für Tarifangestellte zu berücksichtigen. [7]Die neue Dienstordnung ist der nach der Vereinigung zuständigen Aufsichtsbehörde vorzulegen. [8]Die Vereinigungen sind sozialverträglich umzusetzen.

§ 117 Unfallversicherungsträger im kommunalen Bereich. (1) Soweit die Unfallversicherung im kommunalen Bereich nicht von einer gemeinsamen Unfallkasse für den Landes- und den kommunalen Bereich durchgeführt wird, errichten die Landesregierungen durch Rechtsverordnung für mehrere Gemeinden von zusammen wenigstens 500 000 Einwohnern einen Gemeindeunfallversicherungsverband.

(2) [1]Die Landesregierungen von höchstens drei Ländern können durch gleichlautende Rechtsverordnungen auch einen gemeinsamen Gemeindeunfallversicherungsverband entsprechend Absatz 1 errichten, wenn das aufsichtführende Land durch die beteiligten Länder in diesen Rechtsverordnungen oder durch Staatsvertrag der Länder bestimmt ist. [2]§ 116 Abs. 3 gilt entsprechend.

(3) [1]Die Landesregierungen können durch Rechtsverordnung mehrere Feuerwehr-Unfallkassen oder die Feuerwehr-Unfallkassen mit den Unfallversicherungsträgern im Landesbereich und im kommunalen Bereich vereinigen. [2]Für die Feuerwehr-Unfallkassen sind die für die Gemeindeunfallversicherungsverbände geltenden Vorschriften entsprechend anzuwenden. [3]Die beteiligten Gemeinden und Gemeindeverbände gelten als Unternehmer. [4]Die Landesregierungen von höchstens drei Ländern können durch gleichlautende Rechtsverordnungen mehrere Feuerwehr-Unfallkassen zu einer Feuerwehr-Unfallkasse vereinigen, wenn das aufsichtführende Land in diesen Rechtsverordnungen oder durch Staatsvertrag der Länder bestimmt ist. [5]§ 118 Abs. 1 Satz 3, 5 bis 7 gilt entsprechend.

(4) Die Landesregierungen können durch Rechtsverordnung die Unfallkassen der Gemeinden mit den Unfallversicherungsträgern im kommunalen Bereich vereinigen.

(5) Bei Vereinigungen nach den Absätzen 3 und 4 gilt § 116 Absatz 3 Satz 6 bis 8 entsprechend.

[1)] Nr. 4.

§ 118 Vereinigung von Berufsgenossenschaften. (1) [1]Berufsgenossenschaften können sich auf Beschluß ihrer Vertreterversammlungen zu einer Berufsgenossenschaft vereinigen. [2]Der Beschluß bedarf der Genehmigung der vor der Vereinigung zuständigen Aufsichtsbehörden. [3]Die beteiligten Berufsgenossenschaften legen der nach der Vereinigung zuständigen Aufsichtsbehörde eine Satzung, einen Vorschlag zur Berufung der Mitglieder der Organe und eine Vereinbarung über die Rechtsbeziehungen zu Dritten und eine Vereinbarung über die Gefahrtarif- und Beitragsgestaltung vor. [4]Diese Vereinbarung kann für eine Übergangszeit von höchstens zwölf Jahren unterschiedliche Berechnungsgrundlagen für die Beiträge oder unterschiedliche Beiträge und getrennte Umlagen für die bisherigen Zuständigkeitsbereiche der vereinigten Berufsgenossenschaften vorsehen; für Entschädigungslasten, die auf Versicherungsfällen vor der Vereinigung beruhen, kann die Vereinbarung Regelungen über den Zeitraum von zwölf Jahren hinaus vorsehen. [5]Die beteiligten Berufsgenossenschaften können außerdem für eine Übergangszeit von bis zu zehn Jahren abweichend von § 36 Abs. 2 erster Halbsatz und Abs. 4 des Vierten Buches[1)] eine besondere Regelung über die weitere Tätigkeit der bisherigen Geschäftsführer und ihrer Stellvertreter als Geschäftsführer und Stellvertreter der neuen Berufsgenossenschaft sowie über die jeweilige Zuständigkeit vereinbaren; dabei kann die Zahl der stellvertretenden Geschäftsführer bis zu vier Personen betragen oder eine aus bis zu fünf Personen bestehende Geschäftsführung gebildet werden. [6]Die Aufsichtsbehörde genehmigt die Satzung und die Vereinbarungen, beruft die Mitglieder der Organe und bestimmt den Zeitpunkt, an dem die Vereinigung wirksam wird. [7]Mit diesem Zeitpunkt tritt die neue Berufsgenossenschaft in die Rechte und Pflichten der bisherigen Berufsgenossenschaften ein.

(2) Die Vereinigung nach Absatz 1 kann für abgrenzbare Unternehmensarten der aufzulösenden Berufsgenossenschaft mit mehreren Berufsgenossenschaften erfolgen.

(3) [1]Die Einzelheiten hinsichtlich der Aufteilung des Vermögens und der Übernahme der Bediensteten werden durch die beteiligten Berufsgenossenschaften entsprechend der für das Kalenderjahr vor der Vereinigung auf die Unternehmensarten entfallenden Entschädigungslast in der Vereinbarung geregelt. [2]Die an einer Vereinigung beteiligten Berufsgenossenschaften haben rechtzeitig vor dem Wirksamwerden der Vereinigung eine neue Dienstordnung zur Regelung der Rechtsverhältnisse der dienstordnungsmäßig Angestellten aufzustellen, die in Ergänzung der bestehenden Dienstordnungen einen sozialverträglichen Personalübergang gewährleistet; dabei sind die entsprechenden Regelungen für Tarifangestellte zu berücksichtigen. [3]Die neue Dienstordnung ist zusammen mit den in Absatz 1 Satz 3 genannten Unterlagen der nach der Vereinigung zuständigen Aufsichtsbehörde vorzulegen. [4]Vereinigungen sind sozialverträglich umzusetzen.

(4) [1]In der Vereinbarung nach Absatz 1 über die Gefahrtarif- und Beitragsgestaltung oder in der Satzung der neuen Berufsgenossenschaft kann geregelt werden, dass die Rentenlasten und die Rehabilitationslasten sowie die anteiligen Verwaltungs- und Verfahrenskosten, die nach § 178 Abs. 1 bis 3 von der neuen Berufsgenossenschaft zu tragen sind, auf die bisherigen Zuständigkeitsbereiche der vereinigten Berufsgenossenschaften in dem Verhältnis der Lasten

---

[1)] Nr. 4.

verteilt werden, als ob eine Vereinigung nicht stattgefunden hätte. [2] Die Vertreterversammlung der neuen Berufsgenossenschaft kann mit Genehmigung des Bundesamtes für Soziale Sicherung im letzten Jahr der Geltungsdauer der Regelung nach Satz 1 beschließen, die Geltung abweichend von Absatz 1 Satz 4 über den Zeitraum von zwölf Jahren hinaus für jeweils höchstens sechs weitere Jahre zu verlängern, wenn

1. eine der vereinigten Berufsgenossenschaften im Umlagejahr 2007 ausgleichsberechtigt nach § 176 Abs. 1 Nr. 1 oder Nr. 3 in der am 31. Dezember 2007 geltenden Fassung war und
2. ohne die Fortgeltung bei mindestens einem der bisherigen Zuständigkeitsbereiche der vereinigten Berufsgenossenschaften im Umlagejahr vor dem Beschluss die auf diesen Bereich entfallende anteilige Gesamtbelastung um mehr als 5 Prozent ansteigen würde.

(5) Bis zum Ende des Jahres, in dem eine Vereinigung wirksam wird, werden die sich vereinigenden Berufsgenossenschaften bezüglich der Rechte und Pflichten im Rahmen der Lastenverteilung nach den §§ 176 bis 181 als selbständige Körperschaften behandelt.

§§ 119, 119a *(aufgehoben)*

§ 120 Bundes- und Landesgarantie. Soweit durch Rechtsvorschriften des Bundes oder der Länder nicht etwas anderes bestimmt worden ist, gehen mit der Auflösung eines bundesunmittelbaren Unfallversicherungsträgers dessen Rechte und Pflichten auf den Bund und mit der Auflösung eines landesunmittelbaren Unfallversicherungsträgers dessen Rechte und Pflichten auf das aufsichtführende Land über.

Zweiter Abschnitt. Zuständigkeit

Erster Unterabschnitt. Zuständigkeit der gewerblichen Berufsgenossenschaften

§ 121 Zuständigkeit der gewerblichen Berufsgenossenschaften. (1) Die gewerblichen Berufsgenossenschaften sind für alle Unternehmen (Betriebe, Verwaltungen, Einrichtungen, Tätigkeiten) zuständig, soweit sich nicht aus dem Zweiten und Dritten Unterabschnitt eine Zuständigkeit der landwirtschaftlichen Berufsgenossenschaft oder der Unfallversicherungsträger der öffentlichen Hand ergibt.

(2) [1] Die Berufsgenossenschaft Verkehrswirtschaft Post-Logistik Telekommunikation ist über § 122 hinaus zuständig

1. für die Unternehmensarten, für die die Berufsgenossenschaft für Transport und Verkehrswirtschaft bis zum 31. Dezember 2015 zuständig war,
2. für Unternehmen der Seefahrt, soweit sich nicht aus dem Dritten Unterabschnitt eine Zuständigkeit der Unfallversicherungsträger der öffentlichen Hand ergibt,
3. für die Bundesanstalt für Post und Telekommunikation Deutsche Bundespost,
4. für die aus dem Sondervermögen der Deutschen Bundespost hervorgegangenen Aktiengesellschaften,
5. für die Unternehmen, die

a) aus den Unternehmen im Sinne der Nummer 4 ausgegliedert worden sind und von diesen überwiegend beherrscht werden oder
b) aus den Unternehmen im Sinne des Buchstabens a ausgegliedert worden sind und von diesen überwiegend beherrscht werden

und unmittelbar und überwiegend Post-, Postbank- oder Telekommunikationsaufgaben erfüllen oder diesen Zwecken wie Hilfsunternehmen dienen,

6. für die betrieblichen Sozialeinrichtungen und in den durch Satzung anerkannten Selbsthilfeeinrichtungen der Bundesanstalt für Post und Telekommunikation Deutsche Bundespost,
7. für die Bundesdruckerei GmbH und für die aus ihr ausgegliederten Unternehmen, sofern diese von der Bundesdruckerei GmbH überwiegend beherrscht werden und ihren Zwecken als Neben- oder Hilfsunternehmen überwiegend dienen,
8. für die Museumsstiftung Post und Telekommunikation.

[2] § 125 Absatz 4 gilt entsprechend. [3] Über die Übernahme von Unternehmen nach Satz 1 Nummer 3 bis 8 und den Widerruf entscheidet das Bundesministerium der Finanzen.

(3) [1] Seefahrt im Sinne dieses Buches ist

1. die Fahrt außerhalb der
   a) Festland- und Inselküstenlinie bei mittlerem Hochwasser,
   b) seewärtigen Begrenzung der Binnenwasserstraßen,
   c) Verbindungslinie der Molenköpfe bei an der Küste gelegenen Häfen,
   d) Verbindungslinie der äußeren Uferausläufe bei Mündungen von Flüssen, die keine Binnenwasserstraßen sind,
2. die Fahrt auf Buchten, Haffen und Watten der See,
3. für die Fischerei auch die Fahrt auf anderen Gewässern, die mit der See verbunden sind, bis zu der durch die Seeschiffahrtstraßen-Ordnung in der Fassung der Bekanntmachung vom 15. April 1987 (BGBl. I S.1266), zuletzt geändert durch Artikel 3 der Verordnung vom 7. Dezember 1994 (BGBl. I S. 3744), bestimmten inneren Grenze,
4. das Fischen ohne Fahrzeug auf den in den Nummern 1 bis 3 genannten Gewässern.

[2] Die Fahrt von Binnenschiffen mit einer technischen Zulassung für die Zone 1 oder 2 der Binnenschiffs-Untersuchungsordnung vom 17. März 1988 (BGBl. I S. 238), zuletzt geändert durch Artikel 10 Abs. 1 der Verordnung vom 19. Dezember 1994 (BGBl. II S. 3822), binnenwärts der Grenzen nach Anlage 8 zu § 1 Abs. 1 der Schiffssicherheitsverordnung in der Fassung der Bekanntmachung vom 21. Oktober 1994 (BGBl. I S. 3281) gilt nicht als Seefahrt im Sinne des Satzes 1. [3] Bei Inkrafttreten dieses Gesetzes bestehende Zuständigkeiten für Unternehmen der gewerblichen Schiffahrt bleiben unberührt.

§ 122 Sachliche und örtliche Zuständigkeit. (1) [1] Das Bundesministerium für Arbeit und Soziales kann durch Rechtsverordnung mit Zustimmung des Bundesrates die sachliche Zuständigkeit der gewerblichen Berufsgenossenschaften nach Art und Gegenstand der Unternehmen unter Berücksichtigung der Prävention und der Leistungsfähigkeit der Berufsgenossenschaften und die örtliche Zuständigkeit bestimmen. [2] Werden dabei bestehende Zuständigkeiten verändert, ist in der Rechtsverordnung zu regeln, inwieweit die bisher zuständige Berufsgenossenschaft Betriebsmittel und Mittel aus der Rücklage an die nunmehr zuständige Berufsgenossenschaft zu übertragen hat.

(2) Soweit nichts anderes bestimmt ist, bleibt jede Berufsgenossenschaft für die Unternehmensarten sachlich zuständig, für die sie bisher zuständig war, solange eine nach Absatz 1 erlassene Rechtsverordnung die Zuständigkeit nicht anders regelt.

Zweiter Unterabschnitt. Zuständigkeit der landwirtschaftlichen Berufsgenossenschaft

§ 123 Zuständigkeit der landwirtschaftlichen Berufsgenossenschaft.

(1) Die landwirtschaftliche Berufsgenossenschaft ist für folgende Unternehmen (landwirtschaftliche Unternehmen) zuständig, soweit sich nicht aus dem Dritten Unterabschnitt eine Zuständigkeit der Unfallversicherungsträger der öffentlichen Hand ergibt:

1. Unternehmen der Land- und Forstwirtschaft einschließlich des Garten- und Weinbaues, der Fischzucht, Teichwirtschaft, Seen-, Bach- und Flußfischerei (Binnenfischerei), der Imkerei sowie der den Zielen des Natur- und Umweltschutzes dienenden Landschaftspflege,
2. Unternehmen, in denen ohne Bodenbewirtschaftung Nutz- oder Zuchttiere zum Zwecke der Aufzucht, der Mast oder der Gewinnung tierischer Produkte gehalten werden,
3. land- und forstwirtschaftliche Lohnunternehmen,
4. Park- und Gartenpflege sowie Friedhöfe,
5. Jagden,
6. die Landwirtschaftskammern und die Berufsverbände der Landwirtschaft,
7. Unternehmen, die unmittelbar der Sicherung, Überwachung oder Förderung der Landwirtschaft überwiegend dienen,
8. die Sozialversicherung für Landwirtschaft, Forsten und Gartenbau und deren weitere Einrichtungen sowie die Zusatzversorgungskasse und das Zusatzversorgungswerk für Arbeitnehmer in der Land- und Forstwirtschaft.

(2) Landwirtschaftliche Unternehmen im Sinne des Absatzes 1 sind nicht

1. Haus- und Ziergärten,
2. andere Kleingärten im Sinne des Bundeskleingartengesetzes vom 28. Februar 1983 (BGBl. I S. 210), zuletzt geändert durch Artikel 5 des Gesetzes vom 21. September 1994 (BGBl. I S. 2538),

es sei denn, sie werden regelmäßig oder in erheblichem Umfang mit besonderen Arbeitskräften bewirtschaftet oder ihre Erzeugnisse dienen nicht hauptsächlich dem eigenen Haushalt.

(3) Das Bundesministerium für Arbeit und Soziales kann im Einvernehmen mit dem Bundesministerium für Ernährung und Landwirtschaft durch Rechtsverordnung mit Zustimmung des Bundesrates bestimmen, daß auch andere als die in Absatz 1 genannten Unternehmen als landwirtschaftliche Unternehmen gelten, wenn diese überwiegend der Land- und Forstwirtschaft dienen.

(4) [1] Unternehmen, die aufgrund von Allgemeinen Entscheidungen des Reichsversicherungsamtes beim Inkrafttreten dieses Buches einer landwirtschaftlichen Berufsgenossenschaft angehören, gelten als landwirtschaftliche Unternehmen. [2] Das Bundesministerium für Arbeit und Soziales kann im Einver-

nehmen mit dem Bundesministerium für Ernährung und Landwirtschaft diese Unternehmen in einer Rechtsverordnung mit Zustimmung des Bundesrates zusammenfassen. [3]Dabei können die Zuständigkeiten auch abweichend von den Entscheidungen des Reichsversicherungsamtes bestimmt werden, soweit dies erforderlich ist, um zusammengehörige Unternehmensarten einheitlich der landwirtschaftlichen Berufsgenossenschaft oder den gewerblichen Berufsgenossenschaften zuzuweisen.

§ 124 Bestandteile des landwirtschaftlichen Unternehmens. Zum landwirtschaftlichen Unternehmen gehören

1. die Haushalte der Unternehmer und der im Unternehmen Beschäftigten, wenn die Haushalte dem Unternehmen wesentlich dienen,
2. Bauarbeiten des Landwirts für den Wirtschaftsbetrieb,
3. Arbeiten, die Unternehmer aufgrund einer öffentlich-rechtlichen Verpflichtung als landwirtschaftliche Unternehmer zu leisten haben.

Dritter Unterabschnitt. Zuständigkeit der Unfallversicherungsträger der öffentlichen Hand

§ 125 Zuständigkeit der Unfallversicherung Bund und Bahn. (1) Die Unfallversicherung Bund und Bahn ist zuständig

1. für die Unternehmen des Bundes,
2. für die Bundesagentur für Arbeit und für Personen, die nach § 2 Absatz 1 Nummer 14 Buchstabe a versichert sind,
3. für die Betriebskrankenkassen der Dienstbetriebe des Bundes,
4. für Personen, die im Zivilschutz tätig sind oder an Ausbildungsveranstaltungen einschließlich der satzungsmäßigen Veranstaltungen, die der Nachwuchsförderung dienen, im Zivilschutz teilnehmen, es sei denn, es ergibt sich eine Zuständigkeit nach den Vorschriften für die Unfallversicherungsträger im Landes- und im kommunalen Bereich,
5. für die in den Gemeinschaften des Deutschen Roten Kreuzes ehrenamtlich Tätigen sowie für sonstige beim Deutschen Roten Kreuz mit Ausnahme der Unternehmen des Gesundheitswesens und der Wohlfahrtspflege Tätige,
6. für Personen, die
   a) nach § 2 Absatz 3 Satz 1 Nummer 2 Buchstabe a versichert sind,
   b) nach § 2 Absatz 3 Satz 1 Nummer 2 Buchstabe b versichert sind,
7. für Personen, die nach § 2 Absatz 3 Satz 1 Nummer 1 versichert sind, wenn es sich um eine Vertretung des Bundes handelt,
8. für Personen, die nach § 2 Abs. 3 Satz 1 Nr. 3 versichert sind,
9. für Personen, die nach § 3 Abs. 1 Nr. 3 versichert sind.

(2) Die Unfallversicherung Bund und Bahn ist auch zuständig

1. für das Bundeseisenbahnvermögen,
2. für die Deutsche Bahn AG und für die aus der Gesellschaft gemäß § 2 Absatz 1 des Deutsche Bahn Gründungsgesetzes vom 27. Dezember 1993 (BGBl. I S. 2378, 2386) ausgegliederten Aktiengesellschaften,
3. für die Unternehmen,
   a) die gemäß § 3 Absatz 3 des Deutsche Bahn Gründungsgesetzes aus den Unternehmen im Sinne der Nummer 2 ausgegliedert worden sind,

b) die von den in Nummer 2 genannten Unternehmen überwiegend beherrscht werden und

c) die unmittelbar und überwiegend Eisenbahnverkehrsleistungen erbringen oder Eisenbahninfrastruktur betreiben oder diesen Zwecken wie Hilfsunternehmen dienen,

4. für die Bahnversicherungsträger und die in der Anlage zu § 15 Absatz 2 des Bundeseisenbahnneugliederungsgesetzes vom 27. Dezember 1993 (BGBl. I S. 2378; 1994 I S. 2439) aufgeführten betrieblichen Sozialeinrichtungen und der Selbsthilfeeinrichtungen mit Ausnahme der in der Anlage unter B Nummer 6 genannten Einrichtungen sowie für die der Krankenversorgung der Bundesbahnbeamten dienenden Einrichtungen,

5. für Magnetschwebebahnunternehmen des öffentlichen Verkehrs.

(3) [1] Der Bund kann für einzelne Unternehmen der sonst zuständigen Berufsgenossenschaft beitreten. [2] Er kann zum Ende eines Kalenderjahres aus der Berufsgenossenschaft austreten. [3] Über den Eintritt und den Austritt entscheidet das zuständige Bundesministerium im Einvernehmen mit dem Bundesministerium für Arbeit und Soziales und dem Bundesministerium der Finanzen.

(4) [1] Der Bund kann ein Unternehmen, das in selbständiger Rechtsform betrieben wird, aus der Zuständigkeit der Berufsgenossenschaft in die Zuständigkeit der Unfallversicherung Bund und Bahn übernehmen, wenn er an dem Unternehmen überwiegend beteiligt ist oder auf seine Organe einen ausschlaggebenden Einfluß hat. [2] Unternehmen, die erwerbswirtschaftlich betrieben werden, sollen nicht übernommen werden. [3] Die Übernahme kann widerrufen werden; die Übernahme ist zu widerrufen, wenn die Voraussetzungen des Satzes 1 nicht mehr vorliegen. [4] Für die Übernahme und den Widerruf gilt Absatz 3 Satz 3 entsprechend. [5] Die Übernahme wird mit Beginn des folgenden, der Widerruf zum Ende des laufenden Kalenderjahres wirksam. [6] Abweichend von Satz 5 wird die Übernahme, die im Kalenderjahr der Gründung eines Unternehmens erklärt wird, mit Beginn des Unternehmens wirksam.

§§ 126, 127 *(aufgehoben)*

§ 128 Zuständigkeit der Unfallversicherungsträger im Landesbereich.

(1) Die Unfallversicherungsträger im Landesbereich sind zuständig

1. für die Unternehmen des Landes,

1a. für Unternehmen, die in selbständiger Rechtsform betrieben werden und an denen das Land

a) bei Kapitalgesellschaften unmittelbar oder mittelbar die Mehrheit der Kapitalanteile auf sich vereint oder

b) bei sonstigen Unternehmen die Stimmenmehrheit in dem Organ, dem die Verwaltung und Führung des Unternehmens obliegt, auf sich vereint,

2. für Kinder in Tageseinrichtungen von Trägern der freien Jugendhilfe und in anderen privaten, als gemeinnützig im Sinne des Steuerrechts anerkannten Tageseinrichtungen sowie für Kinder, die durch geeignete Tagespflegepersonen im Sinne von § 23 des Achten Buches[1)] betreut werden,

---

[1)] Nr. 8.

2a. für Kinder während der Teilnahme an vorschulischen Sprachförderungskursen nach § 2 Absatz 1 Nummer 8 Buchstabe a, die nicht in Tageseinrichtungen durchgeführt werden,
3. für Schüler an privaten allgemeinbildenden und berufsbildenden Schulen,
4. für Studierende an privaten Hochschulen,
5. für Personen, die nach § 2 Abs. 1 Nr. 3 versichert sind, soweit die Maßnahme von einer Landesbehörde veranlaßt worden ist,
6. für Personen, die in Einrichtungen zur Hilfe bei Unglücksfällen tätig sind oder an Ausbildungsveranstaltungen dieser Einrichtungen einschließlich der satzungsmäßigen Veranstaltungen, die der Nachwuchsförderung dienen, teilnehmen,
7. für Personen, die nach § 2 Abs. 1 Nr. 13 Buchstabe a und c versichert sind,
8. für Personen, die nach § 2 Abs. 2 Satz 2 versichert sind,
9. für Personen, die wie Beschäftigte für nicht gewerbsmäßige Halter von Fahrzeugen oder Reittieren tätig werden,
10. für Personen, die nach § 2 Absatz 3 Satz 1 Nummer 1 versichert sind, wenn es sich um eine Vertretung eines Landes handelt,
11. für Versicherte nach § 3 Absatz 1 Nummer 4 und 5.

(2) Die Landesregierungen können durch Rechtsverordnung die Zuständigkeit der Unfallversicherungsträger im kommunalen Bereich für die Versicherten nach Absatz 1 Nr. 6, 7, 9 und 11 bestimmen.

(3) *(aufgehoben)*

(4) *(aufgehoben)*

(5) Übt ein Land die Gemeindeverwaltung aus, gilt die Vorschrift über die Zuständigkeit der Unfallversicherungsträger im kommunalen Bereich entsprechend.

§ 129 Zuständigkeit der Unfallversicherungsträger im kommunalen Bereich. (1) Die Unfallversicherungsträger im kommunalen Bereich sind zuständig

1. für die Unternehmen der Gemeinden und Gemeindeverbände,
1a. für Unternehmen, die in selbständiger Rechtsform betrieben werden und an denen Gemeinden oder Gemeindeverbände
   a) bei Kapitalgesellschaften unmittelbar oder mittelbar die Mehrheit der Kapitalanteile auf sich vereinen oder
   b) bei sonstigen Unternehmen die Stimmenmehrheit in dem Organ, dem die Verwaltung und Führung des Unternehmens obliegt, auf sich vereinen,
2. für Haushalte,
3. für in Eigenarbeit nicht gewerbsmäßig ausgeführte Bauarbeiten (nicht gewerbsmäßige Bauarbeiten), wenn für die einzelne geplante Bauarbeit nicht mehr als die im Bauhauptgewerbe geltende tarifliche Wochenarbeitszeit tatsächlich verwendet wird; mehrere nicht gewerbsmäßige Bauarbeiten werden dabei zusammengerechnet, wenn sie einem einheitlichen Bauvorhaben zuzuordnen sind; Nummer 1 und die §§ 125, 128 und 131 bleiben unberührt,

4. für Personen, die nach § 2 Abs. 1 Nr. 3 versichert sind, soweit die Maßnahme von einer Gemeinde veranlaßt worden ist,
5. für Personen, die Leistungen der Träger der Sozialhilfe zur Unterstützung und Aktivierung nach § 11 Absatz 3 des Zwölften Buches[1] erhalten,
6. für Personen, die nach § 2 Abs. 1 Nr. 16 versichert sind,
7. für Pflegepersonen, die nach § 2 Abs. 1 Nr. 17 versichert sind.

(2) *(aufgehoben)*

(3) *(aufgehoben)*

(4) [1] Absatz 1 Nummer 1a gilt nicht für

1. Verkehrsunternehmen einschließlich Hafen- und Umschlagbetriebe,
2. Elektrizitäts-, Gas- und Wasserwerke sowie
3. Unternehmen, die Seefahrt betreiben.

[2] Absatz 1 Nummer 1 und 1a gilt nicht für landwirtschaftliche Unternehmen der in § 123 Absatz 1 Nummer 1, 4 und 5 genannten Art.

§ 129a Zuständigkeit bei gemeinsamer Beteiligung von Bund, Ländern, Gemeinden oder Gemeindeverbänden an Unternehmen.

(1) Zur Feststellung der Voraussetzungen für die Zuständigkeit von Unfallversicherungsträgern im Landesbereich oder im kommunalen Bereich sind bei Kapitalgesellschaften Kapitalbeteiligungen von Bund, Ländern, Gemeinden und Gemeindeverbänden an Unternehmen, die in selbständiger Rechtsform betrieben werden, zusammenzurechnen.

(2) Bei einer gemeinsamen Kapitalbeteiligung von Bund, Ländern, Gemeinden oder Gemeindeverbänden an Kapitalgesellschaften richtet sich die Zuständigkeit nach der mehrheitlichen Kapitalbeteiligung.

(3) [1] Bei gleicher Kapitalbeteiligung von Bund und Ländern sowie bei gleicher Kapitalbeteiligung von Bund und Gemeinden oder Gemeindeverbänden an Kapitalgesellschaften erfolgt die Festlegung der Zuständigkeit im gegenseitigen Einvernehmen. [2] Das Einvernehmen ist herzustellen zwischen der jeweils nach Landesrecht zuständigen Stelle und dem Bund; § 125 Absatz 3 Satz 3 gilt entsprechend. [3] Kann ein Einvernehmen nicht hergestellt werden, ist der Unfallversicherungsträger im Landesbereich oder im kommunalen Bereich zuständig.

(4) Bei gleicher Kapitalbeteiligung von Ländern an Kapitalgesellschaften erfolgt die Festlegung der Zuständigkeit im gegenseitigen Einvernehmen der nach Landesrecht zuständigen Stellen.

(5) Bei gleicher Kapitalbeteiligung von Ländern und Gemeinden oder Gemeindeverbänden an Kapitalgesellschaften erfolgt die Festlegung der Zuständigkeit im gegenseitigen Einvernehmen durch die jeweils nach Landesrecht zuständige Stelle.

(6) Die Absätze 1 bis 5 gelten bei sonstigen Unternehmen in selbständiger Rechtsform hinsichtlich der gemeinsamen Stimmenmehrheit von Bund, Ländern, Gemeinden oder Gemeindeverbänden in dem Organ, dem die Verwaltung und Führung des Unternehmens obliegt, entsprechend.

---

[1] Nr. 12.

Vierter Unterabschnitt. Gemeinsame Vorschriften über die Zuständigkeit

§ 130 Örtliche Zuständigkeit. (1) [1] Die örtliche Zuständigkeit des Unfallversicherungsträgers für ein Unternehmen richtet sich nach dem Sitz des Unternehmens. [2] Ist ein solcher nicht vorhanden, gilt als Sitz der Wohnsitz oder gewöhnliche Aufenthaltsort des Unternehmers. [3] Bei Arbeitsgemeinschaften gilt als Sitz des Unternehmens der Ort der Tätigkeit.

(2) [1] Hat ein Unternehmen keinen Sitz im Inland, hat der Unternehmer einen Bevollmächtigten mit Sitz im Inland, beim Betrieb eines Seeschiffs mit Sitz in einem inländischen Seehafen zu bestellen. [2] Dieser hat die Pflichten des Unternehmers. [3] Als Sitz des Unternehmens gilt der Ort der Betriebsstätte im Inland, in Ermangelung eines solchen der Wohnsitz oder gewöhnliche Aufenthalt des Bevollmächtigten. [4] Ist kein Bevollmächtigter bestellt, gilt als Sitz des Unternehmens Berlin.

(2a) Sind auf eine Beschäftigung im Ausland für ein Unternehmen ohne Sitz im Inland oder für sonstige Tätigkeiten im Ausland nach über- oder zwischenstaatlichem Recht die Vorschriften dieses Buches anzuwenden, richtet sich die örtliche Zuständigkeit nach dem Wohnsitz oder gewöhnlichen Aufenthalt des Versicherten im Inland.

(3) [1] Betreiben mehrere Personen ein Seeschiff, haben sie einen gemeinsamen Bevollmächtigten mit Sitz in einem inländischen Seehafen zu bestellen. [2] Dieser hat die Pflichten des Unternehmers.

(4) [1] Für Personen, die nach § 2 Abs. 1 Nr. 13 Buchstabe a und c versichert sind, richtet sich die örtliche Zuständigkeit nach dem Ort der versicherten Tätigkeit. [2] Wird diese im Ausland ausgeübt, richtet sich die örtliche Zuständigkeit nach dem letzten Wohnsitz oder gewöhnlichen Aufenthalt der Versicherten im Inland. [3] Ist ein solcher nicht vorhanden, gilt Berlin als Ort der versicherten Tätigkeit.

(5) [1] Erstreckt sich ein landwirtschaftliches Unternehmen im Sinne des § 123 Abs. 1 Nr. 1 auf die Bezirke mehrerer Gemeinden, hat es seinen Sitz dort, wo die gemeinsamen oder die seinen Hauptzwecken dienenden Wirtschaftsgebäude liegen, oder bei einem Unternehmen der Forstwirtschaft, wo der größte Teil der Forstgrundstücke liegt. [2] Forstwirtschaftliche Grundstücke verschiedener Unternehmer gelten als Einzelunternehmen, auch wenn sie derselben Betriebsleitung unterstehen.

§ 131 Zuständigkeit für Hilfs- und Nebenunternehmen. (1) [1] Umfaßt ein Unternehmen verschiedenartige Bestandteile (Hauptunternehmen, Nebenunternehmen, Hilfsunternehmen), die demselben Rechtsträger angehören, ist der Unfallversicherungsträger zuständig, dem das Hauptunternehmen angehört. [2] § 129 Absatz 4 bleibt unberührt.

(2) [1] Das Hauptunternehmen bildet den Schwerpunkt des Unternehmens. [2] Hilfsunternehmen dienen überwiegend den Zwecken anderer Unternehmensbestandteile. [3] Nebenunternehmen verfolgen überwiegend eigene Zwecke.

(3) [1] Absatz 1 gilt nicht für

1. Neben- und Hilfsunternehmen, die Seefahrt betreiben, welche über den örtlichen Verkehr hinausreicht,
2. landwirtschaftliche Nebenunternehmen mit einer Größe von mehr als fünf Hektar, Friedhöfe sowie Nebenunternehmen des Wein-, Garten- und Ta-

bakbaus und anderer Spezialkulturen in einer Größe von mehr als 0,25 Hektar.

[2] Die Unfallversicherungsträger können eine abweichende Vereinbarung für bestimmte Arten von Nebenunternehmen oder für bestimmte in ihnen beschäftigte Versichertengruppen treffen.

§ 132 Zuständigkeit für Unfallversicherungsträger. Die Unfallversicherungsträger sind für sich und ihre eigenen Unternehmen zuständig.

§ 133 Zuständigkeit für Versicherte. (1) Sofern in diesem Abschnitt keine abweichenden Regelungen getroffen sind, bestimmt sich die Zuständigkeit für Versicherte nach der Zuständigkeit für das Unternehmen, für das die Versicherten tätig sind oder zu dem sie in einer besonderen, die Versicherung begründenden Beziehung stehen.

(2) Werden Versicherte einem Unternehmen von einem anderen Unternehmen überlassen, bestimmt sich die Zuständigkeit für die Versicherten nach der Zuständigkeit für das überlassende Unternehmen, sofern dieses zur Zahlung des Arbeitsentgelts verpflichtet ist.

§ 134 Zuständigkeit bei Berufskrankheiten. (1) [1] Wurde im Fall einer Berufskrankheit die gefährdende Tätigkeit für mehrere Unternehmen ausgeübt, für die verschiedene Unfallversicherungsträger zuständig sind, richtet sich die Zuständigkeit nach dem Unternehmen, in dem die gefährdende Tätigkeit zuletzt ausgeübt wurde; die Unfallversicherungsträger können Näheres, auch Abweichendes, durch Vereinbarung regeln. [2] Satz 1 gilt in den Fällen des § 3 der Berufskrankheiten-Verordnung entsprechend.

(2) Für die Feststellung einer Berufskrankheit sind auch Tätigkeiten zu berücksichtigen, die Versicherte im Rahmen einer Beschäftigung ausgeübt haben, für die nach § 4 Absatz 1 Versicherungsfreiheit bestand, wenn die Tätigkeiten ihrer Art nach geeignet waren, die Krankheit zu verursachen und die schädigende Einwirkung überwiegend durch die nach diesem Buch versicherten gefährdenden Tätigkeiten verursacht wurde.

§ 135 Versicherung nach mehreren Vorschriften. (1) Die Versicherung nach § 2 Abs. 1 Nr. 1 geht einer Versicherung vor

1. nach § 2 Abs. 1 Nr. 2, wenn die Versicherten an der Aus- und Fortbildung auf Veranlassung des Unternehmers, bei dem sie beschäftigt sind, teilnehmen,
2. nach § 2 Abs. 1 Nr. 3, wenn die Maßnahmen auf Veranlassung des Unternehmers durchgeführt werden, bei dem die Versicherten beschäftigt sind,
3. nach § 2 Abs. 1 Nr. 8, es sei denn, es handelt sich um Schüler beim Besuch berufsbildender Schulen,
4. nach § 2 Abs. 1 Nr. 12, wenn die Versicherten an der Ausbildungsveranstaltung einschließlich der satzungsmäßigen Veranstaltung, die der Nachwuchsförderung dient, auf Veranlassung des Unternehmers, bei dem sie beschäftigt sind, teilnehmen,
5. nach § 2 Abs. 1 Nr. 13 Buchstabe a oder c, wenn die Hilfeleistung im Rahmen von Verpflichtungen aus dem Beschäftigungsverhältnis erfolgt,

5a. nach § 2 Absatz 1 Nummer 14 Buchstabe b, wenn die Versicherten an einer Maßnahme teilnehmen, die von dem Unternehmer durchgeführt wird, bei dem sie beschäftigt sind,
6. nach § 2 Abs. 1 Nr. 17,
7. nach § 2 Abs. 2.

(2) Die Versicherung als selbständig Tätige nach § 2 Abs. 1 Nr. 5, 6, 7 und 9 geht der Versicherung nach § 2 Abs. 1 Nr. 13 Buchstabe a oder c vor, es sei denn, die Hilfeleistung geht über eine dem eigenen Unternehmen dienende Tätigkeit hinaus.

(3) [1] Die Versicherung nach § 2 Abs. 1 Nr. 5, 9 und 10 geht der Versicherung nach § 2 Abs. 1 Nr. 17 vor. [2] Die Versicherung nach § 2 Abs. 1 Nr. 9 geht der Versicherung nach § 2 Abs. 1 Nr. 10 vor.

(4) Die Versicherung des im landwirtschaftlichen Unternehmen mitarbeitenden Ehegatten oder Lebenspartners nach § 2 Abs. 1 Nr. 5 Buchstabe a geht der Versicherung nach § 2 Abs. 1 Nr. 1 vor.

(4a) Die Versicherung nach § 2 Absatz 1 Nummer 13 Buchstabe d geht der Versicherung nach § 2 Absatz 1 Nummer 1 und 9 vor.

(5) Die Versicherung nach § 2 Abs. 1 Nr. 16 geht der Versicherung nach § 2 Abs. 1 Nr. 1 vor.

(5a) [1] Die Versicherung nach einer Vorschrift des § 2 Abs. 1 geht der Versicherung nach § 2 Abs. 1a vor. [2] Die Versicherung nach § 2 Abs. 1a geht der Versicherung nach § 2 Abs. 2 Satz 1 vor.

(6) Kann über die Absätze 1 bis 5 hinaus eine Tätigkeit zugleich nach mehreren Vorschriften des § 2 versichert sein, geht die Versicherung vor, der die Tätigkeit vorrangig zuzurechnen ist.

(7) [1] Absatz 6 gilt entsprechend bei versicherten Tätigkeiten nach § 2 und zugleich nach den §§ 3 und 6. [2] Die Versicherung nach § 2 Abs. 1 Nr. 9 geht der Versicherung nach § 6 Abs. 1 Nr. 3 vor.

§ 136 Bescheid über die Zuständigkeit, Begriff des Unternehmers.

(1) [1] Der Unfallversicherungsträger stellt Beginn und Ende seiner Zuständigkeit für ein Unternehmen durch schriftlichen Bescheid gegenüber dem Unternehmer fest. [2] Ein Unternehmen beginnt bereits mit den vorbereitenden Arbeiten für das Unternehmen. [3] Bei in Eigenarbeit nicht gewerbsmäßig ausgeführten Bauarbeiten kann der Unfallversicherungsträger von der Feststellung seiner Zuständigkeit durch schriftlichen Bescheid absehen. [4] War die Feststellung der Zuständigkeit für ein Unternehmen von Anfang an unrichtig oder ändert sich die Zuständigkeit für ein Unternehmen, überweist der Unfallversicherungsträger dieses dem zuständigen Unfallversicherungsträger. [5] Die Überweisung erfolgt im Einvernehmen mit dem zuständigen Unfallversicherungsträger; sie ist dem Unternehmer von dem überweisenden Unfallversicherungsträger bekanntzugeben.

(2) [1] Die Feststellung der Zuständigkeit war von Anfang an unrichtig, wenn sie den Zuständigkeitsregelungen eindeutig widerspricht oder das Festhalten an dem Bescheid zu schwerwiegenden Unzuträglichkeiten führen würde. [2] Eine wesentliche Änderung der tatsächlichen Verhältnisse im Sinne des § 48 Abs. 1

des Zehnten Buches[1)], die zu einer Änderung der Zuständigkeit führt, liegt vor, wenn das Unternehmen grundlegend und auf Dauer umgestaltet worden ist. [3]Dies ist insbesondere dann der Fall, wenn der Zeitpunkt der Änderung der tatsächlichen Verhältnisse mehr als ein Jahr zurückliegt und seitdem keine der geänderten Zuständigkeit widersprechenden Veränderungen eingetreten sind oder wenn die Änderung der Zuständigkeit durch Zusammenführung, Aus- oder Eingliederung von abgrenzbaren Unternehmensbestandteilen bedingt ist. [4]Eine Änderung gilt nicht als wesentlich, wenn ein Hilfsunternehmen im Sinne von § 131 Abs. 2 Satz 2 in eigener Rechtsform ausgegliedert wird, aber ausschließlich dem Unternehmen, dessen Bestandteil es ursprünglich war, dient. [5]Satz 3 gilt nicht, wenn feststeht, dass die tatsächlichen Umstände, welche die Veränderung der Zuständigkeit begründen, innerhalb eines Zeitraums von zwei Jahren nach deren Eintritt entfallen. [6]Stellt sich innerhalb eines Jahres nach Bestandskraft des Bescheides, mit dem erstmalig die Zuständigkeit für ein Unternehmen festgestellt wurde, heraus, dass die Zuständigkeit eines anderen Unfallversicherungsträgers gegeben ist, erfolgt eine Überweisung auch dann, wenn die weiteren Voraussetzungen in den Sätzen 1 bis 3 nicht erfüllt sind und kein Fall im Sinne des Satzes 5 vorliegt.

(3) Unternehmer ist

1. die natürliche oder juristische Person oder rechtsfähige Personenvereinigung oder -gemeinschaft, der das Ergebnis des Unternehmens unmittelbar zum Vor- oder Nachteil gereicht,
2. bei nach § 2 Absatz 1 Nummer 2 oder Nummer 15 Buchstabe a bis c versicherten Rehabilitanden der Rehabilitationsträger, bei nach § 2 Absatz 1 Nummer 15 Buchstabe d versicherten Teilnehmern an Präventionsmaßnahmen der Maßnahmeträger,
3. bei Versicherten nach § 2 Absatz 1 Nummer 2, 8 und 14 Buchstabe b der Sachkostenträger,
4. beim Betrieb eines Seeschiffs der Reeder,
5. bei nach § 2 Abs. 1 Nr. 10 Buchstabe a oder b Versicherten, die für eine privatrechtliche Organisation ehrenamtlich tätig werden oder an Ausbildungsveranstaltungen für diese Tätigkeit teilnehmen, die Gebietskörperschaft oder öffentlich-rechtliche Religionsgemeinschaft, in deren Auftrag oder mit deren Zustimmung die Tätigkeit erbracht wird,
6. bei einem freiwilligen Dienst nach dem Jugendfreiwilligendienstegesetz oder einem Internationalen Jugendfreiwilligendienst nach § 2 Absatz 3 Satz 1 Nummer 2 Buchstabe c der zugelassene Träger oder, sofern eine Vereinbarung nach § 11 Abs. 2 des Jugendfreiwilligendienstegesetzes getroffen ist, die Einsatzstelle,
7. bei einem Dienst nach dem Bundesfreiwilligendienstgesetz die Einsatzstelle.

(4) Absatz 1 Satz 1 gilt nicht für Unfallversicherungsträger der öffentlichen Hand.

§ 137 Wirkung von Zuständigkeitsänderungen. (1) [1]Geht die Zuständigkeit für Unternehmen nach § 136 Abs. 1 Satz 4 von einem Unfallversicherungsträger auf einen anderen über, bleibt bis zum Ablauf des Kalenderjahres, in dem die Entscheidung über das Ende der Zuständigkeit des bisherigen

---

[1)] Nr. **10**.

Unfallversicherungsträgers gegenüber dem Unternehmen bindend wird, dieser Unfallversicherungsträger für das Unternehmen zuständig. [2]Die Unfallversicherungsträger können Abweichendes vereinbaren.

(2) [1]Geht die Zuständigkeit für ein Unternehmen oder einen Unternehmensbestandteil von einem Unfallversicherungsträger auf einen anderen über, ist dieser auch hinsichtlich der Versicherungsfälle zuständig, die vor dem Zuständigkeitswechsel eingetreten sind; die Unfallversicherungsträger können Abweichendes vereinbaren. [2]Satz 1 gilt nicht, wenn die Zuständigkeit für ein Unternehmen von der Zuständigkeit der Unfallversicherung Bund und Bahn nach § 125 Absatz 1 auf einen anderen Unfallversicherungsträger übergeht.

§ 138 Unterrichtung der Versicherten. Die Unternehmer haben die in ihren Unternehmen tätigen Versicherten darüber zu unterrichten, welcher Unfallversicherungsträger für das Unternehmen zuständig ist und an welchem Ort sich seine für Entschädigungen zuständige Geschäftsstelle befindet.

§ 139 Vorläufige Zuständigkeit. (1) Ist ein Unfallversicherungsträger der Ansicht, daß ein entschädigungspflichtiger Versicherungsfall vorliegt, für den ein anderer Unfallversicherungsträger zuständig ist, hat er vorläufige Leistungen nach § 43 des Ersten Buches[1)] zu erbringen, wenn der andere Unfallversicherungsträger sich nicht für zuständig hält oder die Prüfung der Zuständigkeit nicht innerhalb von 21 Tagen abgeschlossen werden kann.

(2) [1]Wird einem Unfallversicherungsträger ein Versicherungsfall angezeigt, für den nach seiner Ansicht ein anderer Unfallversicherungsträger zuständig ist, hat er die Anzeige mit etwaigen weiteren Feststellungen an den anderen Unfallversicherungsträger unverzüglich abzugeben. [2]Hält der andere Unfallversicherungsträger sich nicht für zuständig oder kann die Zuständigkeit nicht innerhalb von 21 Tagen abschließend geklärt werden, hat der erstangegangene Unfallversicherungsträger die weiteren Feststellungen zu treffen und erforderliche Leistungen nach § 43 des Ersten Buches zu erbringen.

(3) Der von dem erstangegangenen Unfallversicherungsträger angegangene Unfallversicherungsträger hat diesem unverzüglich seine Entscheidung nach den Absätzen 1 und 2 mitzuteilen.

(4) Die Unfallversicherungsträger sind berechtigt, eine abweichende Vereinbarung über die Zuständigkeit zur Erbringung vorläufiger Leistungen nach Absatz 1 und zur Durchführung der weiteren Feststellungen nach Absatz 2 zu treffen.

§ 139a Deutsche Verbindungsstelle Unfallversicherung – Ausland.

(1) Die Deutsche Gesetzliche Unfallversicherung e.V. nimmt die Aufgaben

1. der Deutschen Verbindungsstelle Unfallversicherung – Ausland (Verbindungsstelle) auf der Grundlage des über- und zwischenstaatlichen Rechts sowie
2. des Trägers des Wohn- und Aufenthaltsorts aufgrund überstaatlichen Rechts für den Bereich der Unfallversicherung

wahr.

(2) Zu den Aufgaben nach Absatz 1 gehören insbesondere

---

1) Nr. 1.

1. der Abschluss von Vereinbarungen mit ausländischen Verbindungsstellen,
2. die Kostenabrechnungen mit in- und ausländischen Stellen,
3. die Koordinierung der Verwaltungshilfe bei grenzüberschreitenden Sachverhalten,
4. die Information, Beratung und Aufklärung sowie
5. die Umlagerechnung.

(3) [1]Die Verbindungsstelle legt die ihr durch die Erfüllung ihrer Aufgaben entstandenen Sach- und Personalkosten nach Ablauf eines Kalenderjahres auf alle deutschen Träger der gesetzlichen Unfallversicherung um. [2]Auf die Umlage kann sie Vorschüsse einfordern.

Dritter Abschnitt. Weitere Versicherungseinrichtungen

§ 140 Haftpflicht- und Auslandsversicherung. (1) Die landwirtschaftliche Berufsgenossenschaft kann für diejenigen Unternehmer und die ihnen in der Haftpflicht Gleichstehenden, deren Betriebssitz sich im örtlichen und sachlichen Zuständigkeitsbereich einer am 31. Dezember 2012 bestehenden landwirtschaftlichen Berufsgenossenschaft befindet, die bis zu diesem Zeitpunkt eine Versicherung gegen Haftpflicht nach den an diesem Tag geltenden Vorschriften betrieben hat, diese Versicherung weiter betreiben.

(2) Die Unfallversicherungsträger können durch Beschluß der Vertreterversammlung eine Versicherung gegen Unfälle einrichten, die Personen im Zusammenhang mit einer Beschäftigung bei einem inländischen Unternehmen im Ausland erleiden, wenn diese Personen nicht bereits Versicherte im Sinne dieses Buches sind.

(3) [1]Die Teilnahme an der Versicherung erfolgt auf Antrag der Unternehmer. [2]Die Mittel der Versicherung werden von den Unternehmern aufgebracht, die der Versicherung angeschlossen sind. [3]Die Beschlüsse der Vertreterversammlung, die sich auf die Einrichtungen beziehen, bedürfen der Genehmigung der Aufsichtsbehörde.

§ 141 Träger der Versicherungseinrichtungen, Aufsicht. (1) [1]Träger der Haftpflicht- und Auslandsversicherung ist der Unfallversicherungsträger. [2]Die Aufsicht mit Ausnahme der Fachaufsicht führt die für den Unfallversicherungsträger zuständige Aufsichtsbehörde.

(2) [1]Der Unfallversicherungsträger kann die Haftpflicht- und Auslandsversicherung auch in Form einer rechtsfähigen Anstalt des öffentlichen Rechts betreiben. [2]Er kann seine Rechtsträgerschaft auf eine andere öffentlich-rechtliche Einrichtung übertragen.

§ 142 Gemeinsame Einrichtungen. (1) Unfallversicherungsträger, die dieselbe Aufsichtsbehörde haben, können vereinbaren, gemeinsame Einrichtungen der Auslandsversicherung zu errichten.

(2) [1]Die Vereinbarung wird mit Beginn eines Kalenderjahres wirksam. [2]Die Beschlüsse der Vertreterversammlungen über die Vereinbarung bedürfen der Genehmigung der Aufsichtsbehörde.

§ 143 *(aufgehoben)*

Abschnitt 3a. *(aufgehoben)*

§§ 143a–143i *(aufgehoben)*

Vierter Abschnitt. Dienstrecht

§ 144 Dienstordnung. [1]Die Vertreterversammlung des Unfallversicherungsträgers hat die Ein- und Anstellungsbedingungen und die Rechtsverhältnisse der Angestellten unter Berücksichtigung des Grundsatzes der funktionsgerechten Stellenbewertung durch eine Dienstordnung angemessen zu regeln, soweit nicht die Angestellten nach Tarifvertrag oder außertariflich angestellt werden. [2]Dies gilt nicht für Unfallversicherungsträger mit Dienstherrnfähigkeit im Sinne des § 2 des Bundesbeamtengesetzes oder des § 2 des Beamtenstatusgesetzes.

§ 145 Regelungen in der Dienstordnung. [1]Die Dienstordnung hat die Folgen der Nichterfüllung von Pflichten und die Zuständigkeit für deren Festsetzung zu regeln. [2]Weitergehende Rechtsnachteile, als sie das Disziplinarrecht für Beamte zuläßt, dürfen nicht vorgesehen werden.

§ 146 Verletzung der Dienstordnung. (1) [1]Widerspricht ein Dienstvertrag der Dienstordnung, ist er insoweit nichtig. [2]Dies gilt nicht, wenn der Widerspruch zwischen Dienstvertrag und Dienstordnung auf einer nach Abschluß des Vertrages in Kraft getretenen Änderung der Dienstordnung zum Nachteil des Angestellten beruht.

§ 147 Aufstellung und Änderung der Dienstordnung. (1) Vor Aufstellung der Dienstordnung hat der Vorstand des Unfallversicherungsträgers die Personalvertretung zu hören.

(2) Die Dienstordnung bedarf der Genehmigung der Aufsichtsbehörde.

(3) Wird die Genehmigung versagt und wird in der festgesetzten Frist eine andere Dienstordnung nicht aufgestellt oder wird sie nicht genehmigt, erläßt die Aufsichtsbehörde die Dienstordnung.

(4) Die Absätze 1 bis 3 gelten für Änderungen der Dienstordnung entsprechend.

§ 147a Dienstbezüge der Geschäftsführer der gewerblichen Berufsgenossenschaften und der Sozialversicherung für Landwirtschaft, Forsten und Gartenbau. (1) Die Dienstbezüge im Dienstordnungsverhältnis oder die vertraglich zu vereinbarende Vergütung der Geschäftsführerinnen oder der Geschäftsführer oder der Vorsitzenden der Geschäftsführung der gewerblichen Berufsgenossenschaften dürfen die Dienstbezüge der folgenden Besoldungsgruppen nicht übersteigen:

Gewerbliche Berufsgenossenschaft	Höchstgrenze
1. Berufsgenossenschaft Verkehrswirtschaft Post-Logistik Telekommunikation	Besoldungsgruppe B 6
2. Berufsgenossenschaft Energie Textil Elektro Medienerzeugnisse	Besoldungsgruppe B 7
3. Berufsgenossenschaft Handel und Warendistribution	Besoldungsgruppe B 7

Gewerbliche Berufsgenossenschaft	Höchstgrenze
4. Berufsgenossenschaft Nahrungsmittel und Gastgewerbe	Besoldungsgruppe B 7
5. Berufsgenossenschaft Rohstoffe und chemische Industrie	Besoldungsgruppe B 7
6. Berufsgenossenschaft für Gesundheitsdienst und Wohlfahrtspflege	Besoldungsgruppe B 8
7. Berufsgenossenschaft der Bauwirtschaft	Besoldungsgruppe B 8
8. Berufsgenossenschaft Holz und Metall	Besoldungsgruppe B 8
9. Verwaltungs-Berufsgenossenschaft	Besoldungsgruppe B 8

(2) Für die Geschäftsführerin oder den Geschäftsführer oder die Vorsitzende oder den Vorsitzenden der Geschäftsführung der Sozialversicherung für Landwirtschaft, Forsten und Gartenbau ist die Besoldungsgruppe B 7 die Besoldungshöchstgrenze.

(3) Die stellvertretende Geschäftsführerin oder der stellvertretende Geschäftsführer, die Mitglieder einer Geschäftsführung sowie die leitende technische Aufsichtsperson sind jeweils mindestens eine Besoldungsgruppe niedriger einzustufen als die Geschäftsführerin oder der Geschäftsführer oder die Vorsitzende oder der Vorsitzende einer Geschäftsführung.

(4) Für vertraglich zu vereinbarende Vergütungen im Sinne des Absatzes 1 ist die Obergrenze das jeweilige Grundgehalt zuzüglich des Familienzuschlags der Stufe 2.

§ 148 Dienstrechtliche Vorschriften für die Unfallversicherung Bund und Bahn. (1) [1] Die Unfallversicherung Bund und Bahn besitzt Dienstherrnfähigkeit im Sinne des § 2 des Bundesbeamtengesetzes. [2] Die Beamten sind Bundesbeamte. [3] Für die Arbeitnehmer und Auszubildenden gelten die Bestimmungen für Arbeitnehmer und Auszubildende des Bundes.

(2) [1] Das Bundesministerium für Arbeit und Soziales ernennt und entlässt auf Vorschlag des Vorstandes der Unfallversicherung Bund und Bahn die Beamten. [2] Es kann seine Befugnis auf den Vorstand übertragen mit dem Recht, diese Befugnis ganz oder teilweise auf den Geschäftsführer weiter zu übertragen.

(3) Oberste Dienstbehörde für den Geschäftsführer und seinen Stellvertreter ist das Bundesministerium für Arbeit und Soziales, für die übrigen Beamten der Vorstand der Unfallversicherung Bund und Bahn, der seine Befugnisse ganz oder teilweise auf den Geschäftsführer übertragen kann.

§ 149 *(aufgehoben)*

Sechstes Kapitel. Aufbringung der Mittel

Erster Abschnitt. Allgemeine Vorschriften

Erster Unterabschnitt. Beitragspflicht

§ 150 Beitragspflichtige. (1) [1] Beitragspflichtig sind die Unternehmer, für deren Unternehmen Versicherte tätig sind oder zu denen Versicherte in einer besonderen, die Versicherung begründenden Beziehung stehen. [2]Die nach § 2 versicherten Unternehmer sowie die nach § 3 Abs. 1 Nr. 1 und § 6 Abs. 1 Versicherten sind selbst beitragspflichtig. [3]Für Versicherte nach § 6 Absatz 1 Satz 2 ist die jeweilige Organisation oder der jeweilige Verband beitragspflichtig. [4]Entsprechendes gilt in den Fällen des § 6 Absatz 1 Satz 3.

(2) [1]Neben den Unternehmern sind beitragspflichtig

1. die Auftraggeber, soweit sie Zwischenmeistern und Hausgewerbetreibenden zur Zahlung von Entgelt verpflichtet sind,
2. die Reeder, soweit beim Betrieb von Seeschiffen andere Unternehmer sind oder auf Seeschiffen durch andere ein Unternehmen betrieben wird.

[2]Die in Satz 1 Nr. 1 und 2 Genannten sowie die in § 130 Abs. 2 Satz 1 und Abs. 3 genannten Bevollmächtigten haften mit den Unternehmern als Gesamtschuldner.

(3) [1]Für die Beitragshaftung bei der Arbeitnehmerüberlassung gilt § 28e Abs. 2 und 4 des Vierten Buches[1)], für die Beitragshaftung bei der Ausführung eines Dienst- oder Werkvertrages im Baugewerbe gelten § 28e Absatz 3a bis 3f sowie § 116a des Vierten Buches und für die Beitragshaftung bei der Ausführung eines Dienst- oder Werkvertrages durch Unternehmer im Speditions-, Transport- und damit verbundenen Logistikgewerbe, die im Bereich der Kurier-, Express- und Paketdienste tätig sind und im Auftrag eines anderen Unternehmers adressierte Pakete befördern, gilt § 28e Absatz 3g des Vierten Buches entsprechend. [2]Der Nachunternehmer oder der von diesem beauftragte Verleiher hat für den Nachweis nach § 28e Absatz 3f des Vierten Buches eine qualifizierte Unbedenklichkeitsbescheinigung des zuständigen Unfallversicherungsträgers vorzulegen; diese enthält insbesondere Angaben über die bei dem Unfallversicherungsträger eingetragenen Unternehmensteile und diesen zugehörigen Lohnsummen des Nachunternehmers oder des von diesem beauftragten Verleihers sowie die ordnungsgemäße Zahlung der Beiträge.

(4) Bei einem Wechsel der Person des Unternehmers sind der bisherige Unternehmer und sein Nachfolger bis zum Ablauf des Kalenderjahres, in dem der Wechsel angezeigt wurde, zur Zahlung der Beiträge und damit zusammenhängender Leistungen als Gesamtschuldner verpflichtet.

§ 151 Beitragserhebung bei überbetrieblichen arbeitsmedizinischen und sicherheitstechnischen Diensten. [1]Die Mittel für die Einrichtungen nach § 24 werden von den Unternehmern aufgebracht, die diesen Einrichtungen angeschlossen sind. [2]Die Satzung bestimmt das Nähere über den Maßstab, nach dem die Mittel aufzubringen sind, und über die Fälligkeit.

Zweiter Unterabschnitt. Beitragshöhe

§ 152 Umlage. (1) [1]Die Beiträge werden nach Ablauf des Kalenderjahres, in dem die Beitragsansprüche dem Grunde nach entstanden sind, im Wege der Umlage festgesetzt. [2]Die Umlage muß den Bedarf des abgelaufenen Kalenderjahres einschließlich der zur Ansammlung der Rücklage sowie des Verwaltungsvermögens nötigen Beträge decken. [3]Darüber hinaus dürfen Beiträge nur zur Zuführung zu den Betriebsmitteln erhoben werden.

---

1) Nr. 4.

(2) Abweichend von Absatz 1 werden die Beiträge für in Eigenarbeit nicht gewerbsmäßig ausgeführte Bauarbeiten (nicht gewerbsmäßige Bauarbeiten) außerhalb der Umlage erhoben.

(3) Die Satzung kann bestimmen, dass die Aufwendungen für Versicherte, die im Sinne des § 2 Absatz 1 Nummer 9 zweite Alternative unentgeltlich, insbesondere ehrenamtlich in der Wohlfahrtspflege tätig sind, außerhalb der Umlage nach Absatz 1 auf die Unternehmen und Einrichtungen der Wohlfahrtspflege umgelegt werden.

§ 153 Berechnungsgrundlagen. (1) Berechnungsgrundlagen für die Beiträge sind, soweit sich aus den nachfolgenden Vorschriften nicht etwas anderes ergibt, der Finanzbedarf (Umlagesoll), die Arbeitsentgelte der Versicherten und die Gefahrklassen.

(2) Das Arbeitsentgelt der Versicherten wird bis zur Höhe des Höchstjahresarbeitsverdienstes zugrunde gelegt.

(3) [1] Die Satzung kann bestimmen, daß der Beitragsberechnung mindestens das Arbeitsentgelt in Höhe des Mindestjahresarbeitsverdienstes für Versicherte, die das 18. Lebensjahr vollendet haben, zugrunde gelegt wird. [2] Waren die Versicherten nicht während des ganzen Kalenderjahres oder nicht ganztägig beschäftigt, wird ein entsprechender Teil dieses Betrages zugrunde gelegt.

(4) [1] Soweit Rentenlasten nach § 178 Abs. 2 und 3 gemeinsam getragen werden, bleiben bei der Beitragsberechnung Unternehmen nach § 180 Abs. 2 außer Betracht. [2] Soweit Rentenlasten nach § 178 Abs. 2 Nr. 2 und Abs. 3 Nr. 2 gemeinsam getragen werden, werden sie auf die Unternehmen ausschließlich nach den Arbeitsentgelten der Versicherten in den Unternehmen unter Berücksichtigung des Freibetrages nach § 180 Abs. 1 umgelegt.

§ 154 Berechnungsgrundlagen in besonderen Fällen. (1) [1] Berechnungsgrundlage für die Beiträge der kraft Gesetzes versicherten selbständig Tätigen, der kraft Satzung versicherten Unternehmer, Ehegatten und Lebenspartner und der freiwillig Versicherten nach § 6 Abs. 1 Nr. 1 und 2 ist anstelle der Arbeitsentgelte der kraft Satzung bestimmte Jahresarbeitsverdienst (Versicherungssumme). [2] Beginnt oder endet die Versicherung im Laufe eines Kalenderjahres, wird der Beitragsberechnung nur ein entsprechender Teil des Jahresarbeitsverdienstes zugrunde gelegt. [3] Für die Berechnung der Beiträge der freiwillig Versicherten nach § 6 Abs. 1 Nr. 3 und 4 gilt § 155 entsprechend. [4] Die Beiträge werden für volle Monate erhoben.

(2) [1] Soweit bei der Berufsgenossenschaft Verkehrswirtschaft Post-Logistik Telekommunikation für das Arbeitsentgelt oder das Arbeitseinkommen Durchschnittssätze gelten, sind diese maßgebend. [2] Die Satzung der Berufsgenossenschaft Verkehrswirtschaft Post-Logistik Telekommunikation kann bestimmen, daß der Beitragsberechnung der Jahresarbeitsverdienst von Versicherten, die nicht als Besatzungsmitglied tätig sind, nur zum Teil zugrunde gelegt wird.

(3) Berechnungsgrundlagen für die Beiträge sind in den Fällen des § 152 Absatz 3 der für diesen Personenkreis erforderliche Finanzbedarf und das Arbeitsentgelt der Versicherten der Unternehmen und Einrichtungen der Wohlfahrtspflege.

§ 155 Beiträge nach der Zahl der Versicherten. [1] Die Satzung kann bestimmen, daß die Beiträge nicht nach Arbeitsentgelten, sondern nach der

Zahl der Versicherten unter Berücksichtigung der Gefährdungsrisiken berechnet werden. [2]Grundlage für die Ermittlung der Gefährdungsrisiken sind die Leistungsaufwendungen. [3]§ 157 Abs. 5 und § 158 Abs. 2 gelten entsprechend.

§ 156 Beiträge nach einem auf Arbeitsstunden aufgeteilten Arbeitsentgelt. Die Satzung kann bestimmen, daß das für die Berechnung der Beiträge maßgebende Arbeitsentgelt nach der Zahl der geleisteten Arbeitsstunden oder den für die jeweiligen Arbeiten nach allgemeinen Erfahrungswerten durchschnittlich aufzuwendenden Arbeitsstunden berechnet wird; als Entgelt für die Arbeitsstunde kann höchstens der 2 100. Teil der Bezugsgröße bestimmt werden.

§ 157 Gefahrtarif. (1) [1]Der Unfallversicherungsträger setzt als autonomes Recht einen Gefahrtarif fest. [2]In dem Gefahrtarif sind zur Abstufung der Beiträge Gefahrklassen festzustellen. [3]Für die in § 121 Abs. 2 genannten Unternehmen der Seefahrt kann die Berufsgenossenschaft Verkehrswirtschaft Post-Logistik Telekommunikation Gefahrklassen feststellen.

(2) [1]Der Gefahrtarif wird nach Tarifstellen gegliedert, in denen Gefahrengemeinschaften nach Gefährdungsrisiken unter Berücksichtigung eines versicherungsmäßigen Risikoausgleichs gebildet werden. [2]Für nicht gewerbsmäßige Bauarbeiten kann eine Tarifstelle mit einer Gefahrklasse vorgesehen werden.

(3) Die Gefahrklassen werden aus dem Verhältnis der gezahlten Leistungen zu den Arbeitsentgelten berechnet.

(4) [1]Der Gefahrtarif hat eine Bestimmung über die Festsetzung der Gefahrklassen oder die Berechnung der Beiträge für fremdartige Nebenunternehmen vorzusehen. [2]Die Berechnungsgrundlagen des Unfallversicherungsträgers, dem die Nebenunternehmen als Hauptunternehmen angehören würden, sind dabei zu beachten.

(5) Der Gefahrtarif hat eine Geltungsdauer von höchstens sechs Kalenderjahren.

§ 158 Genehmigung. (1) Der Gefahrtarif und jede Änderung bedürfen der Genehmigung der Aufsichtsbehörde.

(2) [1]Der Unfallversicherungsträger hat spätestens drei Monate vor Ablauf der Geltungsdauer des Gefahrtarifs der Aufsichtsbehörde beabsichtigte Änderungen mitzuteilen. [2]Wird der Gefahrtarif in einer von der Aufsichtsbehörde gesetzten Frist nicht aufgestellt oder wird er nicht genehmigt, stellt ihn die Aufsichtsbehörde auf. [3]§ 89 des Vierten Buches[1)] gilt.

§ 159 Veranlagung der Unternehmen zu den Gefahrklassen. (1) [1]Der Unfallversicherungsträger veranlagt die Unternehmen für die Tarifzeit nach dem Gefahrtarif zu den Gefahrklassen. [2]Satz 1 gilt nicht für nicht gewerbsmäßige Bauarbeiten.

(2) [1]Für die Auskunftspflicht der Unternehmer gilt § 98 des Zehnten Buches[2)] entsprechend mit der Maßgabe, dass sich die Auskunfts- und Vorlagepflicht der Unternehmer auch auf Angaben und Unterlagen über die betrieblichen Verhältnisse erstreckt, die für die Veranlagung der Unternehmen zu den

---

1) Nr. **4**.
2) Nr. **10**.

Gefahrklassen erforderlich sind. [2]Soweit die Unternehmer ihrer Auskunftspflicht nicht nachkommen, nimmt der Unfallversicherungsträger die Veranlagung nach eigener Einschätzung der betrieblichen Verhältnisse vor.

§ 160 Änderung der Veranlagung. (1) Treten in den Unternehmen Änderungen ein, hebt der Unfallversicherungsträger den Veranlagungsbescheid mit Beginn des Monats auf, der der Änderungsmitteilung durch die Unternehmer folgt.

(2) Ein Veranlagungsbescheid wird mit Wirkung für die Vergangenheit aufgehoben, soweit

1. die Veranlagung zu einer zu niedrigen Gefahrklasse geführt hat oder eine zu niedrige Gefahrklasse beibehalten worden ist, weil die Unternehmer ihren Mitteilungspflichten nicht oder nicht rechtzeitig nachgekommen sind oder ihre Angaben in wesentlicher Hinsicht unrichtig oder unvollständig waren,
2. die Veranlagung zu einer zu hohen Gefahrklasse von den Unternehmern nicht zu vertreten ist.

(3) In allen übrigen Fällen wird ein Veranlagungsbescheid mit Beginn des Monats, der der Bekanntgabe des Änderungsbescheides folgt, aufgehoben.

§ 161 Mindestbeitrag. Die Satzung kann bestimmen, daß ein einheitlicher Mindestbeitrag erhoben wird.

§ 162 Zuschläge, Nachlässe, Prämien. (1) [1]Die gewerblichen Berufsgenossenschaften haben unter Berücksichtigung der anzuzeigenden Versicherungsfälle Zuschläge aufzuerlegen oder Nachlässe zu bewilligen. [2]Versicherungsfälle nach § 8 Abs. 2 Nr. 1 bis 4 bleiben dabei außer Ansatz. [3]Das Nähere bestimmt die Satzung; dabei kann sie Versicherungsfälle, die durch höhere Gewalt oder durch alleiniges Verschulden nicht zum Unternehmen gehörender Personen eintreten, und Versicherungsfälle auf Betriebswegen sowie Berufskrankheiten ausnehmen. [4]Die Höhe der Zuschläge und Nachlässe richtet sich nach der Zahl, der Schwere oder den Aufwendungen für die Versicherungsfälle oder nach mehreren dieser Merkmale. [5]Die Satzung kann bestimmen, dass auch die nicht anzeigepflichtigen Versicherungsfälle für die Berechnung von Zuschlägen oder Nachlässen berücksichtigt werden. [6]Die Sätze 1 bis 5 gelten auch für den Zuständigkeitsbereich der Unfallversicherung Bund und Bahn nach § 125 Absatz 2. [7]Die landwirtschaftliche Berufsgenossenschaft kann durch Satzung bestimmen, daß entsprechend den Sätzen 1 bis 5 Zuschläge auferlegt oder Nachlässe bewilligt werden.

(2) [1]Die Unfallversicherungsträger können unter Berücksichtigung der Wirksamkeit der von den Unternehmern getroffenen Maßnahmen zur Verhütung von Arbeitsunfällen und Berufskrankheiten und für die Verhütung von arbeitsbedingten Gesundheitsgefahren Prämien gewähren. [2]Dabei sollen sie auch die in Inklusionsvereinbarungen (§ 166 des Neunten Buches[1)]) getroffenen Maßnahmen der betrieblichen Prävention (§ 167 des Neunten Buches) berücksichtigen.

(3) Die Absätze 1 und 2 gelten nicht für nicht gewerbsmäßige Bauarbeiten.

[1)] Nr. **9**.

§ 163 Beitragszuschüsse für Küstenfischer. (1) [1]Für die Unternehmen der Küstenfischerei, deren Unternehmer nach § 2 Abs. 1 Nr. 7 versichert sind, haben die Länder mit Küstenbezirken im voraus bemessene Zuschüsse zu den Beiträgen zu leisten; die Höhe der Zuschüsse stellt das Bundesamt für Soziale Sicherung im Benehmen mit den obersten Verwaltungsbehörden der Länder mit Küstenbezirken jährlich fest. [2]Die Zuschüsse sind für jedes Land entsprechend der Höhe des Jahresarbeitsverdienstes der in diesen Unternehmen tätigen Versicherten unter Heranziehung des Haushaltsvoranschlages der Berufsgenossenschaft Verkehrswirtschaft Post-Logistik Telekommunikation festzustellen.

(2) Die Länder können die Beitragszuschüsse auf die Gemeinden oder Gemeindeverbände entsprechend der Höhe des Jahresarbeitsverdienstes der Versicherten in Unternehmen der Küstenfischerei, die in ihrem Bezirk tätig sind, verteilen.

(3) Küstenfischerei im Sinne des Absatzes 1 ist

1. der Betrieb mit Hochseekuttern bis zu 250 Kubikmetern Rauminhalt, Küstenkuttern, Fischerbooten und ähnlichen Fahrzeugen,
2. die Fischerei ohne Fahrzeug auf den in § 121 Abs. 3 Nr. 1 bis 3 genannten Gewässern.

Dritter Unterabschnitt. Vorschüsse und Sicherheitsleistungen

§ 164 Beitragsvorschüsse und Sicherheitsleistungen. (1) Zur Sicherung des Beitragsaufkommens können die Unfallversicherungsträger Vorschüsse bis zur Höhe des voraussichtlichen Jahresbedarfs erheben.

(2) [1]Die Unfallversicherungsträger können bei einem Wechsel der Person des Unternehmers oder bei Einstellung des Unternehmens eine Beitragsabfindung oder auf Antrag eine Sicherheitsleistung festsetzen. [2]Das Nähere bestimmt die Satzung.

Vierter Unterabschnitt. Umlageverfahren

§ 165 Nachweise. (1) [1]Die Unternehmer haben nach Ablauf eines Kalenderjahres die Arbeitsentgelte der Versicherten und die geleisteten Arbeitsstunden mit dem Lohnnachweis nach § 99 des Vierten Buches[1)] zu melden. [2]Soweit Beiträge für Beschäftigte erhoben werden, bei denen sich die Höhe des Beitrages nach den §§ 155, 156 und 185 Absatz 2 und 4 nicht nach den Arbeitsentgelten richtet, hat der Unternehmer die zur Berechnung der Umlage durch Satzung festgelegten Angaben nach § 99 des Vierten Buches zu melden. [3]Soweit Beiträge für sonstige, nicht nach § 2 Absatz 1 Nummer 1 Versicherte nicht nach den Arbeitsentgelten erhoben werden, werden die vom Unternehmer zur Berechnung der Umlage zu meldenden Angaben sowie das Verfahren durch Satzung bestimmt.

(2) [1]Die Unternehmer nicht gewerbsmäßiger Bauarbeiten haben zur Berechnung der Beiträge einen Nachweis über die sich aus der Satzung ergebenden Berechnungsgrundlagen in der vom Unfallversicherungsträger geforderten Frist einzureichen. [2]Der Unfallversicherungsträger kann für den Nachweis nach Satz 1 eine bestimmte Form vorschreiben.

---

1) Nr. 4.

(3) Soweit die Unternehmer die Angaben nicht, nicht rechtzeitig, falsch oder unvollständig machen, kann der Unfallversicherungsträger eine Schätzung vornehmen.

(4) [1] Die Unternehmer haben über die den Angaben nach den Absätzen 1 und 2 zugrunde liegenden Tatsachen Aufzeichnungen zu führen; bei der Ausführung eines Dienst- oder Werkvertrages im Baugewerbe hat der Unternehmer jeweils gesonderte Aufzeichnungen so zu führen, dass eine Zuordnung der Arbeitnehmer, der Arbeitsentgelte und der geleisteten Arbeitsstunden der Versicherten zu dem jeweiligen Dienst- oder Werkvertrag gewährleistet ist. [2] Die Aufzeichnungen sind mindestens fünf Jahre lang aufzubewahren.

§ 166 Auskunftspflicht der Unternehmer und Beitragsüberwachung.

(1) Für die Auskunftspflicht der Unternehmer und die Beitragsüberwachung gelten § 98 des Zehnten Buches[1)], § 28p des Vierten Buches[2)] und die Beitragsverfahrensverordnung, entsprechend mit der Maßgabe, daß sich die Auskunfts- und Vorlagepflicht der Unternehmer und die Prüfungs- und Überwachungsbefugnis der Unfallversicherungsträger auch auf Angaben und Unterlagen über die betrieblichen Verhältnisse erstreckt, die für die Veranlagung der Unternehmen und für die Zuordnung der Entgelte der Versicherten zu den Gefahrklassen erforderlich sind.

(2) [1] Die Prüfung nach Absatz 1 bei den Arbeitgebern wird von den Trägern der Rentenversicherung im Auftrag der Unfallversicherung im Rahmen ihrer Prüfung nach § 28p des Vierten Buches durchgeführt. [2] Unternehmen, bei denen der für das vorvergangene Jahr vor der Prüfung nach § 168 Absatz 1 festgestellte Beitrag einen Betrag in Höhe von 1,5 Prozent der Bezugsgröße nicht überstiegen hat, sind dabei bis auf eine durch den Unfallversicherungsträger festzulegende Stichprobe von der Prüfung ausgenommen. [3] Satz 1 gilt nicht,

1. soweit sich die Höhe des Beitrages nach den §§ 155, 156, 185 Absatz 2 oder Absatz 4 nicht nach den Arbeitsentgelten richtet,
2. wenn der Unfallversicherungsträger das Ende seiner Zuständigkeit für das Unternehmen durch einen Bescheid nach § 136 Absatz 1 festgestellt hat.

[4] Unternehmer, bei denen keine Prüfung nach § 28p des Vierten Buches durchzuführen ist, prüfen die Unfallversicherungsträger; hierfür bestimmen sie die Prüfungsabstände. [5] Die Unfallversicherungsträger können die Prüfung nach Absatz 1 selbst durchführen, wenn Anhaltspunkte vorliegen, dass der Unternehmer Arbeitsentgelte nicht oder nicht zur richtigen Gefahrklasse gemeldet hat. [6] Der für die Prüfung zuständige Rentenversicherungsträger ist über den Beginn und über das Ergebnis der Prüfung zu informieren.

(3) [1] Das Nähere über die Größe der Stichprobe nach Absatz 2 Satz 2 sowie über Art, Umfang und Zeitpunkt der Übermittlung der Angaben über die von der Prüfung ausgenommenen Unternehmen regeln die Deutsche Gesetzliche Unfallversicherung e.V. und die Deutsche Rentenversicherung Bund in einer Vereinbarung. [2] Die Träger der Rentenversicherung erhalten für die Beitragsüberwachung von den Trägern der Unfallversicherung eine pauschale Vergütung, mit der alle dadurch entstehenden Kosten abgegolten werden. [3] Die

---

1) Nr. **10**.
2) Nr. **4**.

Höhe wird regelmäßig durch Vereinbarung zwischen der Deutschen Gesetzlichen Unfallversicherung e.V. und der Deutschen Rentenversicherung Bund festgesetzt. [4]Die Deutsche Gesetzliche Unfallversicherung e.V. prüft bei den Trägern der Rentenversicherung deren Aufgabenerfüllung nach Absatz 2 Satz 1.

§ 167 Beitragsberechnung. (1) Der Beitrag ergibt sich aus den zu berücksichtigenden Arbeitsentgelten, den Gefahrklassen und dem Beitragsfuß.

(2) [1]Der Beitragsfuß wird durch Division des Umlagesolls durch die Beitragseinheiten (Arbeitsentgelte × Gefahrenklassen) berechnet. [2]Beitragseinheiten der Unternehmen nicht gewerbsmäßiger Bauarbeiten werden nicht berücksichtigt; für diese Unternehmen wird der Beitrag nach dem Beitragsfuß des letzten Umlagejahres berechnet.

(3) Die Einzelheiten der Beitragsberechnung bestimmt die Satzung.

§ 168 Beitragsbescheid. (1) [1]Der Unfallversicherungsträger teilt den Beitragspflichtigen den von ihnen zu zahlenden Beitrag schriftlich mit. [2]Einer Anhörung nach § 24 des Zehnten Buches[1)] bedarf es nur in den Fällen des Absatzes 2 Satz 1.

(2) [1]Der Beitragsbescheid ist mit Wirkung für die Vergangenheit zuungunsten der Beitragspflichtigen nur dann aufzuheben, wenn

1. die Veranlagung des Unternehmens zu den Gefahrklassen nachträglich geändert wird,
2. die Meldung nach § 165 Absatz 1 unrichtige Angaben enthält oder sich die Schätzung als unrichtig erweist.

[2]Wird der Beitragsbescheid aufgrund der Feststellungen einer Prüfung nach § 166 Abs. 2 aufgehoben, bedarf es nicht einer Anhörung durch den Unfallversicherungsträger nach § 24 des Zehnten Buches, soweit die für die Aufhebung erheblichen Tatsachen in der Prüfung festgestellt worden sind und der Arbeitgeber Gelegenheit hatte, gegenüber dem Rentenversicherungsträger hierzu Stellung zu nehmen.

(2a) Enthält eine Meldung nach § 99 des Vierten Buches[2)] unrichtige Angaben, unterbleibt eine Aufhebung des Beitragsbescheides nach § 44 des Zehnten Buches zugunsten des Unternehmers, solange die fehlerhaften Meldungen nicht durch den Unternehmer korrigiert worden sind.

(3) Die Satzung kann bestimmen, daß die Unternehmer ihren Beitrag selbst zu errechnen haben; sie regelt das Verfahren sowie die Fälligkeit des Beitrages.

(4) Für Unternehmen nicht gewerbsmäßiger Bauarbeiten wird der Beitrag festgestellt, sobald der Anspruch entstanden und der Höhe nach bekannt ist.

§ 169 *(aufgehoben)*

§ 170 Beitragszahlung an einen anderen Unfallversicherungsträger. [1]Soweit das Arbeitsentgelt bereits in dem Lohnnachweis für einen anderen Unfallversicherungsträger enthalten ist und die Beiträge, die auf dieses Arbeitsentgelt entfallen, an diesen Unfallversicherungsträger gezahlt sind, besteht bis

---

[1)] Nr. **10**.
[2)] Nr. **4**.

zur Höhe der gezahlten Beiträge ein Anspruch auf Zahlung von Beiträgen nicht. [2]Die Unfallversicherungsträger stellen untereinander fest, wem der gezahlte Beitrag zusteht.

Fünfter Unterabschnitt. Betriebsmittel, Rücklage und Verwaltungsvermögen

§ 171 Mittel der Unfallversicherungsträger. Die Mittel der Unfallversicherungsträger umfassen die Betriebsmittel, die Rücklage und das Verwaltungsvermögen.

§ 172 Betriebsmittel. (1) Betriebsmittel dürfen nur verwendet werden

1. für Aufgaben, die gesetzlich oder durch die Satzung vorgesehen sind, sowie für die Verwaltungskosten,
2. zur Auffüllung der Rücklage und zur Bildung von Verwaltungsvermögen.

(2) [1]Die Betriebsmittel sind im erforderlichen Umfang bereitzuhalten und im Übrigen so liquide anzulegen, dass sie für die in Absatz 1 genannten Zwecke verfügbar sind. [2]Sie dürfen die Ausgaben des abgelaufenen Kalenderjahres am 31. Dezember des laufenden Kalenderjahres nicht übersteigen.

§ 172a Rücklage. (1) [1]Der Unfallversicherungsträger hat zur Sicherstellung seiner Leistungsfähigkeit, vorrangig für den Fall, dass Einnahme- und Ausgabeschwankungen durch Einsatz der Betriebsmittel nicht mehr ausgeglichen werden können, sowie zur Beitragsstabilisierung eine Rücklage zu bilden. [2]Sie ist so anzulegen, dass sie für die in Satz 1 genannten Zwecke verfügbar ist.

(2) Die Rücklage wird mindestens in zweifacher Höhe der durchschnittlichen monatlichen Ausgaben des abgelaufenen Kalenderjahres und höchstens bis zur vierfachen Höhe der durchschnittlichen monatlichen Ausgaben des abgelaufenen Kalenderjahres gebildet; Stichtag für die Bemessung ist der 31. Dezember des laufenden Kalenderjahres.

(3) Bis die Rücklage die in Absatz 2 vorgesehene Mindesthöhe erreicht hat, wird ihr jährlich ein Betrag in Höhe von 1,5 Prozent der Ausgaben des abgelaufenen Kalenderjahres zugeführt.

(4) Die Aufsichtsbehörde kann auf Antrag des Unfallversicherungsträgers genehmigen, dass die Rücklage bis zu einer geringeren Höhe angesammelt wird oder ihr höhere, geringere oder keine Beträge zugeführt werden.

(5) Die Zinsen aus der Rücklage fließen dieser zu, bis sie die Mindesthöhe erreicht hat, die sich aus Absatz 2 ergibt.

§ 172b Verwaltungsvermögen. (1) [1]Das Verwaltungsvermögen des Unfallversicherungsträgers umfasst

1. alle Vermögensanlagen, die der Verwaltung des Unfallversicherungsträgers zu dienen bestimmt sind, einschließlich der Mittel, die zur Anschaffung und Erneuerung dieser Vermögensteile bereitgehalten werden,
2. betriebliche Einrichtungen, Eigenbetriebe, gemeinnützige Beteiligungen und gemeinnützige Darlehen,
3. die Mittel, die für künftig zu zahlende Versorgungsbezüge und Beihilfen der Bediensteten und ihrer Hinterbliebenen bereitgehalten werden,
4. die zur Finanzierung zukünftiger Verbindlichkeiten oder Investitionen gebildeten Sondervermögen,

soweit sie für die Erfüllung der Aufgaben des Unfallversicherungsträgers erforderlich sind. [2] Mittel für den Erwerb, die Errichtung, die Erweiterung und den Umbau von Immobilien der Eigenbetriebe sowie der durch Beteiligungen oder Darlehen geförderten gemeinnützigen Einrichtungen der Unfallversicherungsträger oder anderer gemeinnütziger Träger dürfen nur unter der zusätzlichen Voraussetzung aufgewendet werden, dass diese Vorhaben auch unter Berücksichtigung des Gesamtbedarfs aller Unfallversicherungsträger erforderlich sind.

(2) Als Verwaltungsvermögen gelten auch sonstige Vermögensanlagen aufgrund rechtlicher Verpflichtung oder Ermächtigung, soweit sie nicht den Betriebsmitteln oder der Rücklage zuzuordnen sind.

§ 172c Altersrückstellungen. (1) [1] Die Unfallversicherungsträger sind verpflichtet, Altersrückstellungen für die bei ihnen beschäftigten Arbeitnehmerinnen und Arbeitnehmer, denen eine Anwartschaft auf Versorgung nach beamtenrechtlichen Vorschriften oder Grundsätzen gewährleistet wird, zu bilden. [2] Die Altersrückstellungen umfassen Versorgungsausgaben für Versorgungsbezüge und Beihilfen. [3] Die Verpflichtung besteht auch, wenn die Unfallversicherungsträger gegenüber ihren Tarifbeschäftigten Leistungen der betrieblichen Altersvorsorge unmittelbar zugesagt haben.

(1a) [1] Für die Anlage der Mittel zur Finanzierung des Deckungskapitals für Altersrückstellungen gelten die Vorschriften des Vierten Titels des Vierten Abschnitts des Vierten Buches[1)] mit der Maßgabe, dass eine Anlage auch in Euro-denominierten Aktien im Rahmen eines passiven, indexorientierten Managements zulässig ist. [2] Die Anlageentscheidungen sind jeweils so zu treffen, dass der Anteil an Aktien maximal 20 Prozent des Deckungskapitals beträgt. [3] Änderungen des Aktienkurses können vorübergehend zu einem höheren Anteil an Aktien am Deckungskapital führen. [4] Die Sätze 1 bis 3 gelten auch für das Deckungskapital für Altersrückstellungen nach § 12 der Sozialversicherungs-Rechnungsverordnung.

(2) Die Rückstellungen dürfen nur zweckentsprechend verwendet werden.

(3) [1] Das Bundesministerium für Arbeit und Soziales wird ermächtigt, im Einvernehmen mit dem Bundesministerium für Ernährung und Landwirtschaft das Nähere zur Höhe der für die Altersrückstellungen erforderlichen Zuweisungssätze, zum Zahlverfahren der Zuweisungen, zur Überprüfung der Höhe der Zuweisungssätze sowie zur Anlage des Deckungskapitals durch Rechtsverordnung mit Zustimmung des Bundesrates zu regeln. [2] Das Bundesministerium für Arbeit und Soziales kann die Befugnis nach Satz 1 mit Zustimmung des Bundesrates durch Rechtsverordnung auf das Bundesamt für Soziale Sicherung übertragen. [3] Rechtsverordnungen, die nach Satz 2 erlassen werden, bedürfen einer Anhörung der Deutschen Gesetzlichen Unfallversicherung e.V. sowie der landwirtschaftlichen Berufsgenossenschaft und ergehen im Einvernehmen mit dem Bundesministerium für Arbeit und Soziales sowie dem Bundesministerium für Ernährung und Landwirtschaft.

[1)] Nr. 4.

Sechster Unterabschnitt. Zusammenlegung und Teilung der Last, Teilung der Entschädigungslast bei Berufskrankheiten, Erstattungsansprüche der landwirtschaftlichen Berufsgenossenschaft

§ 173 Zusammenlegung und Teilung der Last. (1) [1]Die gewerblichen Berufsgenossenschaften können vereinbaren, ihre Entschädigungslast ganz oder zum Teil gemeinsam zu tragen. [2]Dabei wird vereinbart, wie die gemeinsame Last auf die beteiligten Berufsgenossenschaften zu verteilen ist. [3]Die Vereinbarung bedarf der Zustimmung der Vertreterversammlungen und der Genehmigung der Aufsichtsbehörden der beteiligten Berufsgenossenschaften. [4]Sie darf nur mit dem Beginn eines Kalenderjahres wirksam werden.

(2) Kommt eine Vereinbarung nach Absatz 1 nicht zustande und erscheint es zur Abwendung der Gefährdung der Leistungsfähigkeit einer Berufsgenossenschaft erforderlich, so kann das Bundesministerium für Arbeit und Soziales durch Rechtsverordnung mit Zustimmung des Bundesrates bestimmen, daß Berufsgenossenschaften ihre Entschädigungslast für ein Kalenderjahr ganz oder zum Teil gemeinsam tragen oder eine vorübergehend nicht leistungsfähige Berufsgenossenschaft unterstützen, und das Nähere über die Verteilung der Last und die Höhe der Unterstützung regeln.

(3) Der Anteil der Berufsgenossenschaft an der gemeinsamen Last wird wie die Entschädigungsbeträge, die die Berufsgenossenschaft nach diesem Gesetz zu leisten hat, auf die Unternehmer verteilt, sofern die Vertreterversammlung nicht etwas anderes beschließt.

(4) [1]Gilt nach § 130 Abs. 2 Satz 4 als Sitz des Unternehmens Berlin, kann der für die Entschädigung zuständige Unfallversicherungsträger von den anderen sachlich, aber nicht örtlich zuständigen Unfallversicherungsträgern einen Ausgleich verlangen. [2]Die Unfallversicherungsträger regeln das Nähere durch Vereinbarung.

§ 174 Teilung der Entschädigungslast bei Berufskrankheiten. (1) In den Fällen des § 134 kann der für die Entschädigung zuständige Unfallversicherungsträger von den anderen einen Ausgleich verlangen.

(2) Die Höhe des Ausgleichs nach Absatz 1 richtet sich nach dem Verhältnis der Dauer der gefährdenden Tätigkeit in dem jeweiligen Unternehmen zur Dauer aller gefährdenden Tätigkeiten.

(3) Die Unfallversicherungsträger regeln das Nähere durch Vereinbarung; sie können dabei einen von Absatz 2 abweichenden Verteilungsmaßstab wählen, einen pauschalierten Ausgleich vorsehen oder von einem Ausgleich absehen.

§ 175 Erstattungsansprüche der landwirtschaftlichen Berufsgenossenschaft. Erleiden vorübergehend für ein landwirtschaftliches Unternehmen Tätige einen Versicherungsfall und ist für ihre hauptberufliche Tätigkeit ein anderer Unfallversicherungsträger als die landwirtschaftliche Berufsgenossenschaft zuständig, erstattet dieser der landwirtschaftlichen Berufsgenossenschaft die Leistungen, die über das hinausgehen, was mit gleichen Arbeiten dauernd in der Landwirtschaft Beschäftigte zu beanspruchen haben.

Siebter Unterabschnitt. Lastenverteilung zwischen den gewerblichen Berufsgenossenschaften

§ 176 Grundsatz. Die gewerblichen Berufsgenossenschaften tragen ihre Rentenlasten nach Maßgabe der folgenden Vorschriften gemeinsam.

§ 177 Begriffsbestimmungen. (1) Rentenlasten sind die Aufwendungen der Berufsgenossenschaften für Renten, Sterbegeld und Abfindungen.

(2) Ausgleichsjahr ist das Kalenderjahr, für das die Rentenlasten gemeinsam getragen werden.

(3) [1] Neurenten eines Jahres sind die Rentenlasten des Ausgleichsjahres aus Versicherungsfällen, für die im Ausgleichsjahr oder in einem der vier vorangegangenen Jahre erstmals Rente, Sterbegeld oder Abfindung festgestellt wurde. [2] Abfindungen sind dabei auf den Gesamtbetrag zu reduzieren, der bei laufender Rentenzahlung bis zum Ende des vierten Jahres nach dem Jahr der erstmaligen Feststellung der Rente geleistet worden wäre; Abfindungen nach § 75 werden in Höhe der Abfindungssumme berücksichtigt.

(4) Rentenwert einer Berufsgenossenschaft sind die nach versicherungsmathematischen Grundsätzen bis zum Ende ihrer Laufzeit ohne Abzinsung und ohne Berücksichtigung von Rentenanpassungen zu erwartenden Aufwendungen für solche Versicherungsfälle, für die im Ausgleichsjahr erstmals Rente, Sterbegeld oder Abfindung festgestellt wurde.

(5) Entgeltsumme einer Berufsgenossenschaft sind die beitragspflichtigen Arbeitsentgelte und Versicherungssummen.

(6) Entgeltanteil einer Berufsgenossenschaft ist das Verhältnis ihrer Entgeltsumme zu der Entgeltsumme aller Berufsgenossenschaften.

(7) Latenzfaktor einer Berufsgenossenschaft ist das Verhältnis des Entgeltanteils im Ausgleichsjahr zum Entgeltanteil im 25. Jahr, das dem Ausgleichsjahr vorausgegangen ist.

(8) Freistellungsfaktor einer Berufsgenossenschaft ist das Verhältnis ihrer nach § 180 Abs. 2 reduzierten Entgeltsumme zu ihrer Entgeltsumme.

(9) Berufskrankheiten-Neurenten-Lastsatz einer in einer Tarifstelle gebildeten Gefahrgemeinschaft ist das Verhältnis der Berufskrankheiten-Neurenten der Gefahrgemeinschaft zu ihrer Entgeltsumme.

§ 178 Gemeinsame Tragung der Rentenlasten. (1) [1] Jede Berufsgenossenschaft trägt jährlich Rentenlasten in Höhe des 5,5 fachen ihrer Neurenten für Arbeitsunfälle und des 3,4fachen ihrer mit dem Latenzfaktor gewichteten Neurenten für Berufskrankheiten. [2] Die in Satz 1 genannten Werte sind neu festzusetzen, wenn die Summe der Rentenwerte von dem 5,5 fachen aller Neurenten für Arbeitsunfälle oder dem 3,4 fachen aller Neurenten für Berufskrankheiten um mehr als 0,2 abweicht. [3] Die Festsetzung gilt für höchstens sechs Kalenderjahre. [4] Die Werte sind erstmals für das Ausgleichsjahr 2014 neu festzusetzen.

(2) Soweit die Rentenlasten für Arbeitsunfälle die nach Absatz 1 zu tragenden Lasten übersteigen, tragen die Berufsgenossenschaften den übersteigenden Betrag nach folgender Maßgabe gemeinsam:

1. 30 Prozent nach dem Verhältnis ihrer mit dem Freistellungsfaktor gewichteten Neurenten für Arbeitsunfälle und
2. 70 Prozent nach dem Verhältnis der Arbeitsentgelte ihrer Versicherten.

(3) Soweit die Rentenlasten für Berufskrankheiten die nach Absatz 1 zu tragenden Lasten übersteigen, tragen die Berufsgenossenschaften den übersteigenden Betrag nach folgender Maßgabe gemeinsam:

1. 30 Prozent nach dem Verhältnis ihrer mit dem Produkt aus Freistellungs- und Latenzfaktor gewichteten Neurenten für Berufskrankheiten und
2. 70 Prozent nach dem Verhältnis der Arbeitsentgelte ihrer Versicherten.

§ 179 Sonderregelung bei außergewöhnlicher Belastung. (1) [1] Neurenten für Berufskrankheiten einer Tarifstelle gelten nicht als Neurenten im Sinne von § 177 Abs. 3, soweit

1. der Berufskrankheiten-Neurenten-Lastsatz der Tarifstelle einen Wert von 0,04 übersteigt,
2. die Berufskrankheiten-Neurenten der Tarifstelle an den Berufskrankheiten-Neurenten aller Berufsgenossenschaften mindestens 2 Prozent betragen und
3. die Tarifstelle mindestens zwölf Kalenderjahre unverändert bestanden hat.

[2] Wird die Tarifstelle aufgelöst, findet Satz 1 weiterhin Anwendung, wenn die Voraussetzungen der Nummern 1 und 2 im Übrigen vorliegen.

(2) [1] Der von den Berufsgenossenschaften nach § 178 Abs. 2 und 3 gemeinsam zu tragende Betrag umfasst über die Rentenlasten hinaus auch die einer Tarifstelle zuzuordnenden Rehabilitationslasten für Arbeitsunfälle und Berufskrankheiten, wenn

1. die Gesamtrentenlast der Tarifstelle mindestens 2 Prozent der Gesamtrentenlast aller Berufsgenossenschaften beträgt,
2. die Entschädigungslast der Tarifstelle mindestens 75 Prozent der ihr zuzuordnenden Entgeltsumme beträgt und
3. die Tarifstelle mindestens zwölf Kalenderjahre unverändert bestanden hat;

dies gilt bis zum Ausgleichsjahr 2031 auch für die der Tarifstelle zuzuordnenden anteiligen Verwaltungs- und Verfahrenskosten. [2] Wird die Tarifstelle aufgelöst, findet Satz 1 weiterhin Anwendung, wenn die Voraussetzungen der Nummern 1 und 2 im Übrigen vorliegen. [3] Rehabilitationslasten nach Satz 1 sind die Aufwendungen der Berufsgenossenschaft für Leistungen nach dem Ersten Abschnitt des Dritten Kapitels einschließlich der Leistungen nach dem Neunten Buch[1]. [4] Entschädigungslast nach Satz 1 Nr. 2 sind die Aufwendungen für Rehabilitation nach Satz 3 und für Renten, Sterbegeld, Beihilfen und Abfindungen. [5] Die anteiligen Verwaltungs- und Verfahrenskosten nach Satz 1 sind entsprechend dem Verhältnis der Entschädigungslast der Tarifstelle zur Entschädigungslast aller Tarifstellen der Berufsgenossenschaft zu ermitteln. [6] Ergibt sich aus dem Verhältnis der Entschädigungslast der Tarifstelle zur Entschädigungslast aller gewerblichen Berufsgenossenschaften ein geringerer Verwaltungskostenbetrag, ist stattdessen dieser zugrunde zu legen. [7] Er wird den jeweils nach § 178 Abs. 2 und 3 zu verteilenden Lasten im Verhältnis der Entschädigungslasten der Tarifstelle für Unfälle und Berufskrankheiten zugeordnet.

§ 180 Freibeträge, Unternehmen ohne Gewinnerzielungsabsicht.

(1) [1] Bei der Anwendung des § 178 Abs. 2 Nr. 2 und Abs. 3 Nr. 2 bleibt für jedes Unternehmen eine Jahresentgeltsumme außer Betracht, die dem Sechs-

---

[1] Nr. 9.

fachen der Bezugsgröße des Kalenderjahres entspricht, für das der Ausgleich durchgeführt wird. [2] Der Freibetrag wird auf volle 500 Euro aufgerundet.

(2) Außer Betracht bleiben ferner die Entgeltsummen von Unternehmen nicht gewerbsmäßiger Bauarbeiten sowie von gemeinnützigen, mildtätigen und kirchlichen Einrichtungen.

§ 181 Durchführung des Ausgleichs. (1) [1] Das Bundesamt für Soziale Sicherung führt nach Ablauf des Ausgleichsjahres die Lastenverteilung nach § 178 durch. [2] Zu diesem Zweck ermittelt es die auszugleichenden Beträge und berechnet den Ausgleichsanteil, der auf die einzelne Berufsgenossenschaft entfällt. [3] Der Zahlungsausgleich aufgrund der auszugleichenden Beträge erfolgt durch unmittelbare Zahlungen der ausgleichspflichtigen an die ausgleichsberechtigten Berufsgenossenschaften nach Zugang des Bescheides.

(2) [1] Die Berufsgenossenschaften haben dem Bundesamt für Soziale Sicherung bis zum 20. März des auf das Ausgleichsjahr folgenden Kalenderjahres die Angaben zu machen, die für die Berechnung des Ausgleichs erforderlich sind. [2] Das Bundesamt für Soziale Sicherung stellt gegenüber den Berufsgenossenschaften bis zum 31. März diesen Jahres den jeweiligen Ausgleichsanteil fest. [3] Die ausgleichspflichtigen Berufsgenossenschaften zahlen den auf sie entfallenden Ausgleichsbetrag nach Absatz 1 bis zum 25. Juni diesen Jahres an die ausgleichsberechtigten Berufsgenossenschaften.

(3) [1] Die Werte nach § 178 Abs. 1 Satz 1 sind vom Bundesamt für Soziale Sicherung unter Berücksichtigung der Rentenwerte zu überprüfen. [2] Das Bundesministerium für Arbeit und Soziales wird ermächtigt, durch Rechtsverordnung ohne Zustimmung des Bundesrates die Werte nach § 178 Abs. 1 Satz 1 neu festzusetzen. [3] Es kann die Befugnis nach Satz 2 durch Rechtsverordnung ohne Zustimmung des Bundesrates auf das Bundesamt für Soziale Sicherung übertragen. [4] Rechtsverordnungen, die nach Satz 3 erlassen werden, bedürfen einer Anhörung der Deutschen Gesetzlichen Unfallversicherung e.V. und ergehen im Einvernehmen mit dem Bundesministerium für Arbeit und Soziales.

(4) Die Bundesregierung hat dem Deutschen Bundestag und dem Bundesrat alle vier Jahre bis zum 31. Dezember des auf das Ausgleichsjahr folgenden Jahres, erstmals bis zum 31. Dezember 2012, über die Wirkungen der gemeinsamen Tragung der Rentenlasten nach § 178 zu berichten.

(5) [1] Die Berufsgenossenschaften erstatten dem Bundesamt für Soziale Sicherung die Verwaltungskosten, die bei der Durchführung des Ausgleichs entstehen. [2] Das Bundesamt für Soziale Sicherung weist die für die Durchführung der Abrechnung erforderlichen Verwaltungskosten pauschal nach Stellenanteilen nach. [3] Der Ermittlung der Verwaltungskosten sind die Personalkostenansätze des Bundes einschließlich der Sachkostenpauschale zugrunde zu legen. [4] Zusätzliche Verwaltungsausgaben können in ihrer tatsächlichen Höhe hinzugerechnet werden. [5] Die Aufteilung des Erstattungsbetrages auf die gewerblichen Berufsgenossenschaften erfolgt entsprechend ihrem Anteil an dem Zahlungsvolumen für Rentenlasten im Ausgleichsjahr vor Durchführung des Ausgleichs.

(6) Klagen gegen Feststellungsbescheide nach Absatz 2 einschließlich der hierauf entfallenden Verwaltungskosten nach Absatz 5 haben keine aufschiebende Wirkung.

Zweiter Abschnitt. Besondere Vorschriften für die landwirtschaftliche Unfallversicherung

§ 182 Berechnungsgrundlagen. (1) Auf die landwirtschaftliche Berufsgenossenschaft finden anstelle der Vorschriften über die Berechnungsgrundlagen aus dem Zweiten Unterabschnitt des Ersten Abschnitts die folgenden Absätze Anwendung.

(2) [1] Berechnungsgrundlagen für die Beiträge der landwirtschaftlichen Berufsgenossenschaft sind das Umlagesoll, der Flächenwert, der Arbeitsbedarf, der Arbeitswert oder ein anderer vergleichbarer Maßstab. [2] Die Satzung hat bei der Festlegung der Berechnungsgrundlagen die Unfallrisiken in den Unternehmen insbesondere durch die Bildung von Risikogruppen zu berücksichtigen; sie kann hierzu einen Gefahrtarif aufstellen. [3] Ein angemessener solidarischer Ausgleich ist sicherzustellen. [4] Die Satzung kann zusätzlich zu den Berechnungsgrundlagen nach den Sätzen 1 und 2 Mindestbeiträge und Berechnungsgrundlagen für Grundbeiträge festlegen.

(3) Für Unternehmen ohne Bodenbewirtschaftung und für Nebenunternehmen eines landwirtschaftlichen Unternehmens kann die Satzung angemessene Berechnungsgrundlagen bestimmen; Absatz 2 Satz 2 bis 4 gilt entsprechend.

(4) [1] Der Flächenwert der landwirtschaftlichen Nutzung wird durch Vervielfältigung des durchschnittlichen Hektarwertes dieser Nutzung in der Gemeinde oder in dem Gemeindeteil, in dem die Flächen gelegen sind oder der Betrieb seinen Sitz hat, mit der Größe der im Unternehmen genutzten Fläche (Eigentums- und Pachtflächen) gebildet, wobei die Satzung eine Höchstgrenze für den Hektarwert vorsehen kann. [2] Die Satzung bestimmt das Nähere zum Verfahren; sie hat außerdem erforderliche Bestimmungen zu treffen über die Ermittlung des Flächenwertes für

1. die forstwirtschaftliche Nutzung,
2. das Geringstland,
3. die landwirtschaftlichen Nutzungsteile Hopfen und Spargel,
4. die weinbauliche und gärtnerische Nutzung,
5. die Teichwirtschaft und Fischzucht,
6. sonstige landwirtschaftliche Nutzung.

(5) [1] Der Arbeitsbedarf wird nach dem Durchschnittsmaß der für die Unternehmen erforderlichen menschlichen Arbeit unter Berücksichtigung der Kulturarten geschätzt und das einzelne Unternehmen hiernach veranlagt. [2] Das Nähere über die Abschätzung und die Veranlagung bestimmt die Satzung. [3] Der Abschätzungstarif hat eine Geltungsdauer von höchstens sechs Kalenderjahren; die §§ 158 und 159 gelten entsprechend.

(6) [1] Arbeitswert ist der Wert der Arbeit, die von den im Unternehmen tätigen Versicherten im Kalenderjahr geleistet wird. [2] Die Satzung bestimmt unter Berücksichtigung von Art und Umfang der Tätigkeit, für welche Versicherten sich der Arbeitswert nach dem Arbeitsentgelt, nach dem Jahresarbeitsverdienst, nach dem Mindestjahresarbeitsverdienst oder nach in der Satzung festgelegten Beträgen bemißt. [3] Soweit sich der Arbeitswert nach den in der Satzung festgelegten Beträgen bemißt, gelten § 157 Abs. 5 und die §§ 158 bis 160 entsprechend.

§ 183 Umlageverfahren. (1) Auf die landwirtschaftliche Berufsgenossenschaft finden anstelle der Vorschriften über das Umlageverfahren aus dem Vierten Unterabschnitt des Ersten Abschnitts die folgenden Absätze Anwendung.

(2) Die Einzelheiten der Beitragsberechnung bestimmt die Satzung.

(3) [1] Landwirtschaftlichen Unternehmern, für die versicherungsfreie Personen oder Personen tätig sind, die infolge dieser Tätigkeit bei einem anderen Unfallversicherungsträger als der landwirtschaftlichen Berufsgenossenschaft versichert sind, wird auf Antrag eine Beitragsermäßigung bewilligt. [2] Das Nähere bestimmt die Satzung.

(4) Die Satzung kann bestimmen, daß und unter welchen Voraussetzungen landwirtschaftliche Unternehmer kleiner Unternehmen mit geringer Unfallgefahr ganz oder teilweise von Beiträgen befreit werden.

(5) [1] Die landwirtschaftliche Berufsgenossenschaft teilt den Unternehmern den von ihnen zu zahlenden Beitrag schriftlich mit. [2] Der Beitragsbescheid ist mit Wirkung für die Vergangenheit zuungunsten der Unternehmer nur dann aufzuheben, wenn

1. die Veranlagung des Unternehmens nachträglich geändert wird,
2. eine im Laufe des Kalenderjahres eingetretene Änderung des Unternehmens nachträglich bekannt wird,
3. die Feststellung der Beiträge auf unrichtigen Angaben des Unternehmers oder wegen unterlassener Angaben des Unternehmers auf einer Schätzung beruht.

[3] Einer Anhörung nach § 24 des Zehnten Buches[1)] bedarf es nur in den Fällen des Satzes 2.

(5a) [1] Zur Sicherung des Beitragsaufkommens soll die landwirtschaftliche Berufsgenossenschaft Vorschüsse bis zur Höhe des voraussichtlichen Jahresbedarfs erheben. [2] Die Satzung regelt das Nähere zur Fälligkeit der Beiträge und Vorschüsse sowie zum Verfahren der Zahlung.

(5b) Der Beitrag und die Vorschüsse sollen auf der Grundlage eines Lastschriftmandats eingezogen werden.

(6) [1] Die Unternehmer haben der landwirtschaftlichen Berufsgenossenschaft über die Unternehmens-, Arbeits- und Lohnverhältnisse Auskunft zu geben, soweit dies für die Beitragsberechnung von Bedeutung ist; die Einzelheiten bestimmt die Satzung. [2] § 166 Absatz 1 gilt entsprechend; die Prüfungsabstände bestimmt die landwirtschaftliche Berufsgenossenschaft. [3] Soweit die Unternehmer die Angaben nicht, nicht rechtzeitig, nicht richtig oder nicht vollständig machen, kann die landwirtschaftliche Berufsgenossenschaft eine Schätzung vornehmen. [4] Die Unternehmer sollen der landwirtschaftlichen Berufsgenossenschaft eine Ermächtigung zum Einzug des Beitrags und der Vorschüsse erteilen.

§ 183a Rechenschaft über die Verwendung der Mittel. Die landwirtschaftliche Berufsgenossenschaft hat in ihrer Mitgliederzeitschrift und vergleichbaren elektronischen Medien in hervorgehobener Weise und gebotener Ausführlichkeit jährlich über die Verwendung ihrer Mittel im Vorjahr Rechen-

---

[1)] Nr. **10**.

schaft abzulegen und dort zugleich ihre Verwaltungsausgaben gesondert auch als Anteil des Hebesatzes oder des Beitrages auszuweisen.

§ 184 Rücklage. [1] Abweichend von § 172a Abs. 2 wird die Rücklage mindestens in einfacher Höhe der durchschnittlichen monatlichen Ausgaben des abgelaufenen Kalenderjahres und höchstens bis zur zweifachen Höhe der durchschnittlichen monatlichen Ausgaben des abgelaufenen Kalenderjahres gebildet. [2] Bis sie diese Höhe erreicht hat, wird ihr jährlich ein Betrag von 0,5 Prozent der Ausgaben des abgelaufenen Kalenderjahres zugeführt. [3] Es gilt § 172a Abs. 4.

§§ 184a–184d *(aufgehoben)*

Dritter Abschnitt. Besondere Vorschriften für die Unfallversicherungsträger der öffentlichen Hand

§ 185 Gemeindeunfallversicherungsverbände, Unfallkassen der Länder und Gemeinden, gemeinsame Unfallkassen, Feuerwehr-Unfallkassen. (1) [1] Von den Vorschriften des Ersten Abschnitts finden auf die Gemeindeunfallversicherungsverbände, die Unfallkassen der Länder und Gemeinden, die gemeinsamen Unfallkassen und die Feuerwehr-Unfallkassen die §§ 150, 151, 164 bis 166, 168, 172, 172b und 172c über die Beitragspflicht, die Vorschüsse und Sicherheitsleistungen, das Umlageverfahren sowie über Betriebsmittel, Verwaltungsvermögen und Altersrückstellungen nach Maßgabe der folgenden Absätze Anwendung. [2] Soweit die Beitragserhebung für das laufende Jahr erfolgt, kann die Satzung bestimmen, dass die Beitragslast in Teilbeträgen angefordert wird.

(2) [1] Für Versicherte nach § 128 Abs. 1 Nr. 2 bis 9 und 11 und § 129 Abs. 1 Nr. 3 bis 7 werden Beiträge nicht erhoben. [2] Die Aufwendungen für diese Versicherten werden entsprechend der in diesen Vorschriften festgelegten Zuständigkeiten auf das Land, die Gemeinden oder die Gemeindeverbände umgelegt; dabei bestimmen bei den nach § 116 Abs. 1 Satz 2 errichteten gemeinsamen Unfallkassen die Landesregierungen durch Rechtsverordnung, wer die Aufwendungen für Versicherte nach § 128 Abs. 1 Nr. 6, 7, 9 und 11 trägt. [3] Bei gemeinsamen Unfallkassen sind nach Maßgabe der in den §§ 128 und 129 festgelegten Zuständigkeiten getrennte Umlagegruppen für den Landesbereich und den kommunalen Bereich zu bilden. [4] Für Unternehmen nach § 128 Abs. 1 Nr. 1a und § 129 Abs. 1 Nr. 1a können gemeinsame Umlagegruppen gebildet werden. [5] Bei der Vereinigung von Unfallversicherungsträgern nach den §§ 116 und 117 können die gleichlautenden Rechtsverordnungen für eine Übergangszeit von höchstens zwölf Jahren jeweils getrennte Umlagegruppen für die bisherigen Zuständigkeitsbereiche der vereinigten Unfallversicherungsträger vorsehen.

(3) [1] Die Satzung kann bestimmen, daß Aufwendungen für bestimmte Arten von Unternehmen nur auf die beteiligten Unternehmer umgelegt werden. [2] Für die Gemeinden als Unternehmer können auch nach der Einwohnerzahl gestaffelte Gruppen gebildet werden.

(4) [1] Die Höhe der Beiträge richtet sich nach der Einwohnerzahl, der Zahl der Versicherten, den Arbeitsstunden oder den Arbeitsentgelten. [2] Die Satzung bestimmt den Beitragsmaßstab und regelt das Nähere über seine Anwendung; sie kann einen einheitlichen Mindestbeitrag bestimmen. [3] Der Beitragssatz für

geringfügig Beschäftigte in Privathaushalten, die nach § 28a Abs. 7 des Vierten Buches[1)] der Einzugsstelle gemeldet worden sind, beträgt für das Jahr 2006 1,6 vom Hundert des jeweiligen Arbeitsentgelts. [4]Das Bundesministerium für Arbeit und Soziales wird ermächtigt, den Beitragssatz durch Rechtsverordnung mit Zustimmung des Bundesrates gemäß den nachfolgenden Bestimmungen zu regeln. [5]Der Beitragssatz des Jahres 2006 gilt so lange, bis er nach Maßgabe der Regelung über die Festsetzung der Beitragssätze nach § 21 des Vierten Buches neu festzusetzen ist. [6]Die Deutsche Gesetzliche Unfallversicherung e.V. stellt einen gemeinsamen Beitragseinzug sicher.

(5) [1]Die Satzung kann bestimmen, daß die Beiträge nach dem Grad des Gefährdungsrisikos unter Berücksichtigung der Leistungsaufwendungen abgestuft werden; § 157 Abs. 5 und § 158 gelten entsprechend. [2]Die Satzung kann ferner bestimmen, daß den Unternehmen unter Berücksichtigung der Versicherungsfälle, die die nach § 2 Abs. 1 Nr. 1 und 8 Versicherten erlitten haben, entsprechend den Grundsätzen des § 162 Zuschläge auferlegt, Nachlässe bewilligt oder Prämien gewährt werden.

§ 186 Aufwendungen der Unfallversicherung Bund und Bahn.

(1) [1]Im Zuständigkeitsbereich des § 125 Absatz 1 finden von den Vorschriften des Ersten Abschnitts die §§ 150, 152, 155, 164 bis 166, 168, 172, 172b und 172c Anwendung, soweit nicht in den folgenden Absätzen Abweichendes geregelt ist. [2]Das Nähere bestimmt die Satzung.

(2) [1]Die Aufwendungen für Unternehmen nach § 125 Absatz 1 Nummer 3 und Absatz 4 werden auf die beteiligten Unternehmer umgelegt. [2]§ 185 Abs. 5 gilt entsprechend.

(3) [1]Die Aufwendungen der Unfallversicherung Bund und Bahn für die Versicherung nach § 125 Abs. 1 Nr. 1, 4, 6 Buchstabe a, 7 und 8 werden auf die Dienststellen des Bundes umgelegt. [2]Die Satzung bestimmt, in welchem Umfang diese Aufwendungen nach der Zahl der Versicherten oder den Arbeitsentgelten und in welchem Umfang nach dem Grad des Gefährdungsrisikos unter Berücksichtigung der Leistungsaufwendungen umgelegt werden. [3]Die Aufwendungen für die Versicherung nach § 125 Abs. 1 Nr. 2 erstattet die Bundesagentur für Arbeit, die Aufwendungen für die Versicherung nach § 125 Abs. 1 Nr. 5 das Bundesministerium für Arbeit und Soziales, die Aufwendungen für die Versicherung nach § 125 Absatz 1 Nummer 6 Buchstabe b das Bundesministerium für wirtschaftliche Zusammenarbeit und Entwicklung und die Aufwendungen für die Versicherung nach § 125 Abs. 1 Nr. 9 die jeweils zuständige Dienststelle des Bundes. [4]Die Aufwendungen für Versicherte der alliierten Streitkräfte erstatten diese nach dem NATO-Truppenstatut und den Zusatzabkommen jeweils für ihren Bereich. [5]Im Übrigen werden die Aufwendungen der Unfallversicherung Bund und Bahn im Zuständigkeitsbereich des § 125 Absatz 1 vom Bundesministerium für Arbeit und Soziales getragen.

(4) [1]Die Dienststellen des Bundes und die Bundesagentur für Arbeit entrichten vierteljährlich im Voraus die Abschläge auf die zu erwartenden Aufwendungen. [2]Die Unfallversicherung Bund und Bahn hat der Bundesagentur für Arbeit und den Dienststellen des Bundes die für die Erstattung erforderlichen Angaben zu machen und auf Verlangen Auskunft zu erteilen. [3]Das Nähere über

---

[1)] Nr. 4.

die Durchführung der Erstattung regelt die Satzung; bei den Verwaltungskosten kann auch eine pauschalierte Erstattung vorgesehen werden.

Vierter Abschnitt. Gemeinsame Vorschriften

Erster Unterabschnitt. Berechnungsgrundsätze

§ 187 Berechnungsgrundsätze. (1) [1] Berechnungen werden auf vier Dezimalstellen durchgeführt. [2] Geldbeträge werden auf zwei Dezimalstellen berechnet. [3] Dabei wird die letzte Dezimalstelle um 1 erhöht, wenn sich in der folgenden Dezimalstelle eine der Zahlen 5 bis 9 ergeben würde.

(2) Bei einer Berechnung, die auf volle Werte vorzunehmen ist, wird der Wert um 1 erhöht, wenn sich in den ersten vier Dezimalstellen eine der Zahlen 1 bis 9 ergeben würde.

(3) Bei einer Berechnung von Geldbeträgen, für die ausdrücklich ein Betrag in vollem Euro vorgegeben oder bestimmt ist, wird der Betrag nur dann um 1 erhöht, wenn sich in der ersten Dezimalstelle eine der Zahlen 5 bis 9 ergeben würde.

(4) [1] Der auf einen Teilzeitraum entfaltende Betrag ergibt sich, wenn der Gesamtbetrag mit dem Teilzeitraum vervielfältigt und durch den Gesamtzeitraum geteilt wird. [2] Dabei werden das Kalenderjahr mit 360 Tagen, der Kalendermonat mit 30 Tagen und die Kalenderwoche mit sieben Tagen gerechnet.

(5) Vor einer Division werden zunächst die anderen Rechengänge durchgeführt.

Zweiter Unterabschnitt. Reduzierung der Kosten für Verwaltung und Verfahren

§ 187a Reduzierung der Kosten für Verwaltung und Verfahren in der landwirtschaftlichen Unfallversicherung. (1) [1] Die landwirtschaftliche Berufsgenossenschaft ergreift Maßnahmen, damit die jährlichen Verwaltungs- und Verfahrenskosten für die landwirtschaftliche Unfallversicherung spätestens im Jahr 2016 nicht mehr als 95 Millionen Euro betragen. [2] Die Sozialversicherung für Landwirtschaft, Forsten und Gartenbau legt dem Bundesministerium für Arbeit und Soziales und dem Bundesministerium für Ernährung und Landwirtschaft bis zum 31. Dezember 2017 einen Bericht über die Entwicklung der Verwaltungs- und Verfahrenskosten in der landwirtschaftlichen Unfallversicherung vor. [3] Das Bundesministerium für Arbeit und Soziales und das Bundesministerium für Ernährung und Landwirtschaft leiten den Bericht an den Deutschen Bundestag und an den Bundesrat weiter und fügen eine Stellungnahme bei.

(2) Bei der Ermittlung der Verwaltungs- und Verfahrenskosten nach Absatz 1 Satz 1 bleiben Versorgungsaufwendungen und Zuführungen zum Altersrückstellungsvermögen unberücksichtigt.

Siebtes Kapitel. Zusammenarbeit der Unfallversicherungsträger mit anderen Leistungsträgern und ihre Beziehungen zu Dritten

Erster Abschnitt. Zusammenarbeit der Unfallversicherungsträger mit anderen Leistungsträgern

§ 188 Auskunftspflicht der Krankenkassen. [1] Die Unfallversicherungsträger können von den Krankenkassen Auskunft über die Behandlung, den Zustand sowie über Erkrankungen und frühere Erkrankungen des Versicherten verlangen, soweit dies für die Feststellung des Versicherungsfalls erforderlich ist. [2] Sie sollen dabei ihr Auskunftsverlangen auf solche Erkrankungen oder auf solche Bereiche von Erkrankungen beschränken, die mit dem Versicherungsfall in einem ursächlichen Zusammenhang stehen können. [3] Für die Unterrichtung des Versicherten aufgrund seines Auskunftsrechts nach Artikel 15 der Verordnung (EU) 2016/679 des Europäischen Parlaments und des Rates vom 27. April 2016 zum Schutz natürlicher Personen bei der Verarbeitung personenbezogener Daten, zum freien Datenverkehr und zur Aufhebung der Richtlinie 95/46/EG (Datenschutz-Grundverordnung) (ABl. L 119 vom 4.5.2016, S. 1; L 314 vom 22.11.2016, S. 72; L 127 vom 23.5.2018, S. 2) in der jeweils geltenden Fassung über die von den Krankenkassen an den Unfallversicherungsträger übermittelten Angaben über gesundheitliche Verhältnisse des Versicherten gilt § 25 Absatz 2 des Zehnten Buches[1)] entsprechend.

§ 189 Beauftragung einer Krankenkasse. Unfallversicherungsträger können Krankenkassen beauftragen, die ihnen obliegenden Geldleistungen zu erbringen; die Einzelheiten werden durch Vereinbarung geregelt.

§ 190 Pflicht der Unfallversicherungsträger zur Benachrichtigung der Rentenversicherungsträger beim Zusammentreffen von Renten. Erbringt ein Unfallversicherungsträger für einen Versicherten oder einen Hinterbliebenen, der eine Rente aus der gesetzlichen Rentenversicherung bezieht, Rente oder Heimpflege oder ergeben sich Änderungen bei diesen Leistungen, hat der Unfallversicherungsträger den Rentenversicherungsträger unverzüglich zu benachrichtigen; bei Zahlung einer Rente ist das Maß der Minderung der Erwerbsfähigkeit anzugeben.

Zweiter Abschnitt. Beziehungen der Unfallversicherungsträger zu Dritten

§ 191 Unterstützungspflicht der Unternehmer. Die Unternehmer haben die für ihre Unternehmen zuständigen Unfallversicherungsträger bei der Durchführung der Unfallversicherung zu unterstützen; das Nähere regelt die Satzung.

§ 192 Mitteilungs- und Auskunftspflichten von Unternehmern und Bauherren. (1) [1] Die Unternehmer haben binnen einer Woche nach Beginn des Unternehmens dem zuständigen Unfallversicherungsträger

1. die Art und den Gegenstand des Unternehmens,
2. die Zahl der Versicherten,

[1)] Nr. 10.

3. den Eröffnungstag oder den Tag der Aufnahme der vorbereitenden Arbeiten für das Unternehmen und
4. in den Fällen des § 130 Abs. 2 und 3 den Namen und den Wohnsitz oder gewöhnlichen Aufenthalt des Bevollmächtigten

mitzuteilen. [2]Die Mitteilungspflicht gilt als erfüllt, wenn eine Anzeige nach den §§ 14, 55c der Gewerbeordnung binnen einer Woche nach Beginn des Unternehmens gegenüber der zuständigen Stelle erstattet wurde.

(2) Die Unternehmer haben Änderungen von

1. Art und Gegenstand ihrer Unternehmen, die für die Prüfung der Zuständigkeit der Unfallversicherungsträger von Bedeutung sein können,
2. Voraussetzungen für die Zuordnung zu den Gefahrklassen,
3. sonstigen Grundlagen für die Berechnung der Beiträge

innerhalb von vier Wochen dem Unfallversicherungsträger mitzuteilen.

(3) [1]Die Unternehmer haben ferner auf Verlangen des zuständigen Unfallversicherungsträgers die Auskünfte zu geben und die Beweisurkunden vorzulegen, die zur Erfüllung der gesetzlichen Aufgaben des Unfallversicherungsträgers (§ 199) erforderlich sind. [2]Ist bei einer Schule der Schulhoheitsträger nicht Unternehmer, hat auch der Schulhoheitsträger die Verpflichtung zur Auskunft nach Satz 1.

(4) [1]Den Wechsel von Personen der Unternehmer haben die bisherigen Unternehmer und ihre Nachfolger innerhalb von vier Wochen nach dem Wechsel dem Unfallversicherungsträger mitzuteilen. [2]Den Wechsel von Personen der Bevollmächtigten haben die Unternehmer innerhalb von vier Wochen nach dem Wechsel mitzuteilen.

(5) [1]Bauherren sind verpflichtet, auf Verlangen des zuständigen Unfallversicherungsträgers die Auskünfte zu geben, die zur Erfüllung der gesetzlichen Aufgaben des Unfallversicherungsträgers (§ 199) erforderlich sind. [2]Dazu gehören

1. die Auskunft darüber, ob und welche nicht gewerbsmäßigen Bauarbeiten ausgeführt werden,
2. die Auskunft darüber, welche Unternehmer mit der Ausführung der gewerbsmäßigen Bauarbeiten beauftragt sind.

§ 193 Pflicht zur Anzeige eines Versicherungsfalls durch die Unternehmer. (1) [1]Die Unternehmer haben Unfälle von Versicherten in ihren Unternehmen dem Unfallversicherungsträger anzuzeigen, wenn Versicherte getötet oder so verletzt sind, daß sie mehr als drei Tage arbeitsunfähig werden. [2]Satz 1 gilt entsprechend für Unfälle von Versicherten, deren Versicherung weder eine Beschäftigung noch eine selbständige Tätigkeit voraussetzt.

(2) Haben Unternehmer im Einzelfall Anhaltspunkte, daß bei Versicherten ihrer Unternehmen eine Berufskrankheit vorliegen könnte, haben sie diese dem Unfallversicherungsträger anzuzeigen.

(3) [1]Bei Unfällen der nach § 2 Abs. 1 Nr. 8 Buchstabe b Versicherten hat der Schulhoheitsträger die Unfälle auch dann anzuzeigen, wenn er nicht Unternehmer ist. [2]Bei Unfällen der nach § 2 Abs. 1 Nr. 15 Buchstabe a Versicherten hat der Träger der Einrichtung, in der die stationäre oder teilstationäre Behandlung oder die stationären, teilstationären oder ambulanten

Leistungen zur medizinischen Rehabilitation erbracht werden, die Unfälle anzuzeigen.

(4) [1] Die Anzeige ist binnen drei Tagen zu erstatten, nachdem die Unternehmer von dem Unfall oder von den Anhaltspunkten für eine Berufskrankheit Kenntnis erlangt haben. [2] Der Versicherte kann vom Unternehmer verlangen, daß ihm eine Kopie der Anzeige überlassen wird.

(5) [1] Die Anzeige ist vom Betriebs- oder Personalrat mit zu unterzeichnen; bei Erstattung der Anzeige durch Datenübertragung ist anzugeben, welches Mitglied des Betriebs- oder Personalrats vor der Absendung von ihr Kenntnis genommen hat. [2] Der Unternehmer hat die Sicherheitsfachkraft und den Betriebsarzt über jede Unfall- oder Berufskrankheitenanzeige in Kenntnis zu setzen. [3] Verlangt der Unfallversicherungsträger zur Feststellung, ob eine Berufskrankheit vorliegt, Auskünfte über gefährdende Tätigkeiten von Versicherten, haben die Unternehmer den Betriebs- oder Personalrat über dieses Auskunftsersuchen unverzüglich zu unterrichten.

(6) *(aufgehoben)*

(7) [1] Bei Unfällen in Unternehmen, die der allgemeinen Arbeitsschutzaufsicht unterstehen, hat der Unternehmer eine Durchschrift der Anzeige der für den Arbeitsschutz zuständigen Behörde zu übersenden. [2] Bei Unfällen in Unternehmen, die der bergbehördlichen Aufsicht unterstehen, ist die Durchschrift an die zuständige untere Bergbehörde zu übersenden. [3] Wird eine Berufskrankheit angezeigt, übersendet der Unfallversicherungsträger eine Durchschrift der Anzeige unverzüglich der für den medizinischen Arbeitsschutz zuständigen Landesbehörde. [4] Wird der für den medizinischen Arbeitsschutz zuständigen Landesbehörde eine Berufskrankheit angezeigt, übersendet sie dem Unfallversicherungsträger unverzüglich eine Durchschrift der Anzeige.

(8) Das Bundesministerium für Arbeit und Soziales bestimmt durch Rechtsverordnung mit Zustimmung des Bundesrates den für Aufgaben der Prävention und der Einleitung eines Feststellungsverfahrens erforderlichen Inhalt der Anzeige, ihre Form und die Art und Weise ihrer Übermittlung sowie die Empfänger, die Anzahl und den Inhalt der Durchschriften.

(9) [1] Unfälle nach Absatz 1, die während der Fahrt auf einem Seeschiff eingetreten sind, sind ferner in das Schiffstagebuch einzutragen und dort oder in einem Anhang kurz darzustellen. [2] Ist ein Schiffstagebuch nicht zu führen, haben die Schiffsführer Unfälle nach Satz 1 in einer besonderen Niederschrift nachzuweisen.

§ 194 Meldepflicht der Eigentümer von Seeschiffen. Die Seeschiffe, die unter der Bundesflagge in Dienst gestellt werden sollen, haben die Eigentümer bereits nach ihrem Erwerb oder bei Beginn ihres Baus der Berufsgenossenschaft Verkehrswirtschaft Post-Logistik Telekommunikation zu melden.

§ 195 Unterstützungs- und Mitteilungspflichten von Kammern und der für die Erteilung einer Gewerbe- oder Bauerlaubnis zuständigen Behörden. (1) Kammern und andere Zusammenschlüsse von Unternehmern, die als Körperschaften des öffentlichen Rechts errichtet sind, ferner Verbände und andere Zusammenschlüsse, denen Unternehmer kraft Gesetzes angehören oder anzugehören haben, haben die Unfallversicherungsträger bei der Ermittlung der ihnen zugehörenden Unternehmen zu unterstützen und ihnen hierzu Auskunft über Namen und Gegenstand dieser Unternehmen zu geben.

(2) [1] Behörden, denen die Erteilung einer gewerberechtlichen Erlaubnis oder eines gewerberechtlichen Berechtigungsscheins obliegt, haben den Berufsgenossenschaften über die Deutsche Gesetzliche Unfallversicherung e.V. nach Eingang einer Anzeige nach der Gewerbeordnung, soweit ihnen bekannt, Namen, Geburtsdatum und Anschrift der Unternehmer, Namen, Gegenstand sowie Tag der Eröffnung und der Einstellung der Unternehmen und bei Änderung oder Übernahme bestehender Unternehmen den bisher zuständigen Unfallversicherungsträger und die Mitgliedsnummer/Unternehmensnummer mitzuteilen. [2] Entsprechendes gilt bei Erteilung einer Reisegewerbekarte. [3] Im übrigen gilt Absatz 1 entsprechend.

(3) [1] Die für die Erteilung von Bauerlaubnissen zuständigen Behörden haben dem zuständigen Unfallversicherungsträger nach Erteilung einer Bauerlaubnis den Namen und die Anschrift des Bauherrn, den Ort und die Art der Bauarbeiten, den Baubeginn sowie die Höhe der im baubehördlichen Verfahren angegebenen oder festgestellten Baukosten mitzuteilen. [2] Bei nicht bauerlaubnispflichtigen Bauvorhaben trifft dieselbe Verpflichtung die für die Entgegennahme der Bauanzeige oder der Bauunterlagen zuständigen Behörden.

§ 196 Mitteilungspflichten der Schiffsvermessungs- und -registerbehörden. [1] Das Bundesamt für Seeschiffahrt und Hydrographie teilt jede Vermessung eines Seeschiffs, die für die Führung von Schiffsregistern und des Internationalen Seeschiffahrtsregisters zuständigen Gerichte und Behörden teilen den Eingang jedes Antrags auf Eintragung eines Seeschiffs sowie jede Eintragung eines Seeschiffs der Berufsgenossenschaft Verkehrswirtschaft Post-Logistik Telekommunikation unverzüglich mit. [2] Entsprechendes gilt für alle Veränderungen und Löschungen im Schiffsregister. [3] Bei Fahrzeugen, die nicht in das Schiffsregister eingetragen werden, haben die Verwaltungsbehörden und die Fischereiämter, die den Seeschiffen Unterscheidungssignale erteilen, die gleichen Pflichten.

§ 197 Übermittlungspflicht weiterer Behörden. (1) Die Gemeinden übermitteln abweichend von § 30 der Abgabenordnung zum Zweck der Beitragserhebung auf Anforderung Daten über Eigentums- und Besitzverhältnisse an Flächen an die landwirtschaftliche Berufsgenossenschaft, soweit die Ermittlungen von der landwirtschaftlichen Berufsgenossenschaft nur mit wesentlich größerem Aufwand vorgenommen werden können als von den Gemeinden.

(2) [1] Die Finanzbehörden übermitteln in einem automatisierten Verfahren jährlich der landwirtschaftlichen Berufsgenossenschaft die maschinell vorhandenen Feststellungen zu

1. der nutzungsartbezogenen Vergleichszahl einschließlich Einzelflächen mit Flurstückkennzeichen,
2. den Vergleichswerten sonstiger Nutzung,
3. den Zu- und Abschlägen an den Vergleichswerten,
4. dem Bestand an Vieheinheiten,
5. den Einzelertragswerten für Nebenbetriebe,
6. dem Ersatzwirtschaftswert oder zu den bei dessen Ermittlung anfallenden Berechnungsgrundlagen sowie
7. den Ertragswerten für Abbauland und Geringstland.

[2] Die landwirtschaftliche Berufsgenossenschaft, die landwirtschaftliche Krankenkasse und die landwirtschaftliche Alterskasse dürfen diese Daten nur zur Feststellung der Versicherungspflicht, der Beitragserhebung oder zur Überprüfung von Rentenansprüchen nach dem Gesetz über die Alterssicherung der Landwirte nutzen. [3] Sind übermittelte Daten für die Überprüfung nach Satz 2 nicht mehr erforderlich, sind sie unverzüglich zu löschen.

(3) [1] Das Bundesministerium für Arbeit und Soziales wird ermächtigt, das Nähere über das Verfahren der automatisierten Datenübermittlung durch Rechtsverordnung im Einvernehmen mit dem Bundesministerium der Finanzen und dem Bundesministerium für Ernährung und Landwirtschaft und mit Zustimmung des Bundesrates zu regeln. [2] Die Einrichtung eines automatisierten Abrufverfahrens ist ausgeschlossen.

(4) [1] Die Flurbereinigungsverwaltung und die Vermessungsverwaltung übermitteln der landwirtschaftlichen Berufsgenossenschaft und den Finanzbehörden durch ein automatisiertes Abrufverfahren die jeweils bei ihnen maschinell vorhandenen Betriebs-, Flächen-, Nutzungs-, Produktions- und Tierdaten sowie die sonstigen hierzu gespeicherten Angaben. [2] Die übermittelten Daten dürfen durch die landwirtschaftliche Berufsgenossenschaft, landwirtschaftliche Krankenkasse und landwirtschaftliche Alterskasse nur zur Feststellung der Versicherungspflicht, der Beitragserhebung oder zur Überprüfung von Rentenansprüchen nach dem Gesetz über die Alterssicherung der Landwirte und durch die Finanzbehörden zur Feststellung der Steuerpflicht oder zur Steuererhebung genutzt werden. [3] Sind übermittelte Daten für die Überprüfung nach Satz 2 nicht mehr erforderlich, sind sie unverzüglich zu löschen. [4] Die Sätze 1 und 2 gelten auch für die Ämter für Landwirtschaft und Landentwicklung, für die Veterinärverwaltung sowie sonstige nach Landesrecht zuständige Stellen, soweit diese Aufgaben wahrnehmen, die denen der Ämter für Landwirtschaft und Landentwicklung oder der Veterinärverwaltung entsprechen.

§ 198 Auskunftspflicht der Grundstückseigentümer. Eigentümer von Grundstücken, die von Unternehmern land- oder forstwirtschaftlich bewirtschaftet werden, haben der landwirtschaftlichen Berufsgenossenschaft auf Verlangen Auskunft über Größe und Lage der Grundstücke sowie Namen und Anschriften der Unternehmer zu erteilen, soweit dies für die Beitragserhebung erforderlich ist.

Achtes Kapitel. Datenschutz

Erster Abschnitt. Grundsätze

§ 199 Verarbeitung von Daten durch die Unfallversicherungsträger.

(1) [1] Die Unfallversicherungsträger dürfen Sozialdaten nur erheben und speichern, soweit dies zur Erfüllung ihrer gesetzlich vorgeschriebenen oder zugelassenen Aufgaben erforderlich ist. [2] Ihre Aufgaben sind

1. die Feststellung der Zuständigkeit und des Versicherungsstatus,
2. die Erbringung der Leistungen nach dem Dritten Kapitel einschließlich Überprüfung der Leistungsvoraussetzungen und Abrechnung der Leistungen,
3. die Berechnung, Festsetzung und Erhebung von Beitragsberechnungsgrundlagen und Beiträgen nach dem Sechsten Kapitel,

4. die Durchführung von Erstattungs- und Ersatzansprüchen,
5. die Verhütung von Versicherungsfällen, die Abwendung von arbeitsbedingten Gesundheitsgefahren sowie die Vorsorge für eine wirksame Erste Hilfe nach dem Zweiten Kapitel,
6. die Erforschung von Risiken und Gesundheitsgefahren für die Versicherten.

(2) [1]Die Sozialdaten dürfen nur für Aufgaben nach Absatz 1 in dem jeweils erforderlichen Umfang verändert, genutzt, übermittelt oder in der Verarbeitung eingeschränkt werden. [2]Eine Verarbeitung für andere Zwecke ist nur zulässig, soweit dies durch Rechtsvorschriften des Sozialgesetzbuches angeordnet oder erlaubt ist.

(3) Bei der Feststellung des Versicherungsfalls soll der Unfallversicherungsträger Auskünfte über Erkrankungen und frühere Erkrankungen des Betroffenen von anderen Stellen oder Personen erst einholen, wenn hinreichende Anhaltspunkte für den ursächlichen Zusammenhang zwischen der versicherten Tätigkeit und dem schädigenden Ereignis oder der schädigenden Einwirkung vorliegen.

§ 200 Einschränkung der Übermittlungsbefugnis. (1) § 76 Abs. 2 Nr. 1 des Zehnten Buches[1)] gilt mit der Maßgabe, daß der Unfallversicherungsträger auch auf ein gegenüber einem anderen Sozialleistungsträger bestehendes Widerspruchsrecht hinzuweisen hat, wenn dieser nicht selbst zu einem Hinweis nach § 76 Abs. 2 Nr. 1 des Zehnten Buches verpflichtet ist.

(2) Vor Erteilung eines Gutachtenauftrages soll der Unfallversicherungsträger dem Versicherten mehrere Gutachter zur Auswahl benennen; die betroffene Person ist außerdem auf ihr Widerspruchsrecht nach § 76 Abs. 2 des Zehnten Buches hinzuweisen und über den Zweck des Gutachtens zu informieren.

Zweiter Abschnitt. Datenverarbeitung durch Ärzte

§ 201 Erhebung, Speicherung und Übermittlung von Daten durch Ärzte und Psychotherapeuten. (1) [1]Ärzte und Zahnärzte sowie Psychotherapeuten, Psychologische Psychotherapeuten und Kinder- und Jugendlichenpsychotherapeuten, die nach einem Versicherungsfall an einer Heilbehandlung nach § 34 beteiligt sind, erheben, speichern und übermitteln an die Unfallversicherungsträger Daten über die Behandlung und den Zustand des Versicherten sowie andere personenbezogene Daten, soweit dies für Zwecke der Heilbehandlung und die Erbringung sonstiger Leistungen einschließlich Überprüfung der Leistungsvoraussetzungen und Abrechnung der Leistungen erforderlich ist. [2]Ferner erheben, speichern und übermitteln sie die Daten, die für ihre Entscheidung, eine Heilbehandlung nach § 34 durchzuführen, maßgeblich waren. [3]Für die Unterrichtung des Versicherten aufgrund seines Auskunftsrechts nach Artikel 15 der Verordnung (EU) 2016/679 über die von den Ärzten und den Psychotherapeuten übermittelten Angaben zu seinen gesundheitlichen Verhältnissen gilt § 25 Absatz 2 des Zehnten Buches[1)] entsprechend.

(2) Soweit die für den medizinischen Arbeitsschutz zuständigen Stellen und die Krankenkassen Daten nach Absatz 1 zur Erfüllung ihrer Aufgaben benötigen, dürfen die Daten auch an sie übermittelt werden.

[1)] Nr. **10**.

§ 202 Anzeigepflicht von Ärzten bei Berufskrankheiten. [1] Haben Ärzte oder Zahnärzte den begründeten Verdacht, daß bei Versicherten eine Berufskrankheit besteht, haben sie dies dem Unfallversicherungsträger oder der für den medizinischen Arbeitsschutz zuständigen Stelle in der für die Anzeige von Berufskrankheiten vorgeschriebenen Form (§ 193 Abs. 8) unverzüglich anzuzeigen. [2] § 193 Abs. 7 Satz 3 und 4 gilt entsprechend.

§ 203 Auskunftspflicht von Ärzten. (1) [1] Ärzte und Zahnärzte, die nicht an einer Heilbehandlung nach § 34 beteiligt sind, sind verpflichtet, dem Unfallversicherungsträger auf Verlangen Auskunft über die Behandlung, den Zustand sowie über Erkrankungen und frühere Erkrankungen des Versicherten zu erteilen, soweit dies für die Heilbehandlung und die Erbringung sonstiger Leistungen erforderlich ist. [2] Der Unfallversicherungsträger soll Auskunftsverlangen zur Feststellung des Versicherungsfalls auf solche Erkrankungen oder auf solche Bereiche von Erkrankungen beschränken, die mit dem Versicherungsfall in einem ursächlichen Zusammenhang stehen können. [3] § 98 Abs. 2 Satz 2 des Zehnten Buches[1)] gilt entsprechend.

(2) Für die Unterrichtung des Versicherten aufgrund seines Auskunftsrechts nach Artikel 15 der Verordnung (EU) 2016/679 über die von den Ärzten und den Zahnärzten an den Unfallversicherungsträger übermittelten Angaben über gesundheitliche Verhältnisse des Versicherten gilt § 25 Absatz 2 des Zehnten Buches entsprechend.

Dritter Abschnitt. Dateisysteme

§ 204 Errichtung eines Dateisystems für mehrere Unfallversicherungsträger. (1) [1] Die Errichtung eines Dateisystems für mehrere Unfallversicherungsträger bei einem Unfallversicherungsträger oder bei einem Verband der Unfallversicherungsträger ist zulässig,

1. um Daten über Verwaltungsverfahren und Entscheidungen nach § 9 Abs. 2 zu verarbeiten und dadurch eine einheitliche Beurteilung vergleichbarer Versicherungsfälle durch die Unfallversicherungsträger zu erreichen, gezielte Maßnahmen der Prävention zu ergreifen sowie neue medizinisch-wissenschaftliche Erkenntnisse zur Fortentwicklung des Berufskrankheitenrechts, insbesondere durch eigene Forschung oder durch Mitwirkung an fremden Forschungsvorhaben, zu gewinnen,
2. um Daten in Vorsorgedateisystemen zu verarbeiten, damit Versicherten, die bestimmten arbeitsbedingten Gesundheitsgefahren ausgesetzt sind oder waren, Maßnahmen der Prävention oder zur Teilhabe angeboten sowie Erkenntnisse über arbeitsbedingte Gesundheitsgefahren und geeignete Maßnahmen der Prävention oder zur Teilhabe gewonnen werden können,
3. um Daten über Arbeits- und Wegeunfälle in einer Unfall-Dokumentation zu verarbeiten und dadurch Größenordnungen, Schwerpunkte und Entwicklungen der Unfallbelastung in einzelnen Bereichen darzustellen, damit Erkenntnisse zur Verbesserung der Prävention und der Maßnahmen zur Teilhabe gewonnen werden können,
4. um Anzeigen, Daten über Verwaltungsverfahren und Entscheidungen über Berufskrankheiten in einer Berufskrankheiten-Dokumentation zu verarbei-

---

1) Nr. **10**.

ten und dadurch Häufigkeiten und Entwicklungen im Berufskrankheitengeschehen sowie wesentliche Einwirkungen und Erkrankungsfolgen darzustellen, damit Erkenntnisse zur Verbesserung der Prävention und der Maßnahmen zur Teilhabe gewonnen werden können,

5. um Daten über Entschädigungsfälle, in denen Leistungen zur Teilhabe erbracht werden, in einer Rehabilitations- und Teilhabe-Dokumentation zu verarbeiten und dadurch Schwerpunkte der Maßnahmen zur Teilhabe darzustellen, damit Erkenntnisse zur Verbesserung der Prävention und der Maßnahmen zur Teilhabe gewonnen werden können,
6. um Daten über Entschädigungsfälle, in denen Rentenleistungen oder Leistungen bei Tod erbracht werden, in einer Renten-Dokumentation zu verarbeiten und dadurch Erkenntnisse über den Rentenverlauf und zur Verbesserung der Prävention und der Maßnahmen zur Teilhabe zu gewinnen.

[2] In den Fällen des Satzes 1 Nr. 1 und 3 bis 6 findet § 76 des Zehnten Buches[1)] keine Anwendung.

(2) [1] Für die Dateisysteme nach Absatz 1 dürfen nach Maßgabe der Sätze 2 und 3 nur folgende Daten von Versicherten erhoben werden:

1. der zuständige Unfallversicherungsträger und die zuständige staatliche Arbeitsschutzbehörde,
2. das Aktenzeichen des Unfallversicherungsträgers,
3. Art und Hergang, Datum und Uhrzeit sowie Anzeige des Versicherungsfalls,
4. Staatsangehörigkeit und Angaben zur regionalen Zuordnung der Versicherten sowie Geburtsjahr und Geschlecht der Versicherten und der Hinterbliebenen,
5. Familienstand und Versichertenstatus der Versicherten,
6. Beruf der Versicherten, ihre Stellung im Erwerbsleben und die Art ihrer Tätigkeit,
7. Angaben zum Unternehmen einschließlich der Mitgliedsnummer,
8. die Arbeitsanamnese und die als Ursache für eine Schädigung vermuteten Einwirkungen am Arbeitsplatz,
9. die geäußerten Beschwerden und die Diagnose,
10. Entscheidungen über Anerkennung oder Ablehnung von Versicherungsfällen und Leistungen,
11. Kosten und Verlauf von Leistungen,
12. Art, Ort, Verlauf und Ergebnis von Vorsorgemaßnahmen oder Leistungen zur Teilhabe,
13. die Rentenversicherungsnummer, Vor- und Familienname, Geburtsname, Geburtsdatum, Sterbedatum und Wohnanschrift der Versicherten sowie wesentliche Untersuchungsbefunde und die Planung zukünftiger Vorsorgemaßnahmen,
14. Entscheidungen (Nummer 10) mit ihrer Begründung einschließlich im Verwaltungs- oder Sozialgerichtsverfahren erstatteter Gutachten mit Angabe der Gutachter.

---

1) Nr. **10**.

[2] Für die Aufnahme in Dateisysteme nach Absatz 1 Satz 1 Nr. 1 dürfen nur Daten nach Satz 1 Nr. 1 bis 4, 6 bis 10 und 14 erhoben werden. [3] Für die Aufnahme in Dateisysteme nach Absatz 1 Satz 1 Nr. 3 bis 6 dürfen nur Daten nach Satz 1 Nr. 1 bis 12 erhoben werden. [4] Die Speicherung der Sozialdaten eines Versicherten in Dateisystemen nach Absatz 1 Satz 1 Nummer 1 und 2 ist nur zulässig, wenn die betroffene Person vorher über die Art der gespeicherten Daten, die speichernde Stelle und den Zweck des Dateisystems durch den Unfallversicherungsträger schriftlich unterrichtet wird. [5] Dabei ist auf § 83 des Zehnten Buches hinzuweisen.

(3) Die Errichtung eines Dateisystems für mehrere Unfallversicherungsträger bei einem Unfallversicherungsträger oder bei einem Verband der Unfallversicherungsträger ist auch zulässig, um die von den Pflegekassen und den privaten Versicherungsunternehmen nach § 44 Abs. 2 des Elften Buches[1)] zu übermittelnden Daten zu verarbeiten.

(4) [1] Die Errichtung eines Dateisystems für mehrere Unfallversicherungsträger bei einem Unfallversicherungsträger oder bei einem Verband der Unfallversicherungsträger ist auch zulässig, soweit dies erforderlich ist, um neue Erkenntnisse zur Verhütung von Versicherungsfällen oder zur Abwendung von arbeitsbedingten Gesundheitsgefahren zu gewinnen, und dieser Zweck nur durch ein gemeinsames Dateisystem für mehrere oder alle Unfallversicherungsträger erreicht werden kann. [2] In dem Dateisystem nach Satz 1 dürfen personenbezogene Daten nur verarbeitet werden, soweit der Zweck des Dateisystems ohne die Verarbeitung dieser Daten nicht erreicht werden kann. [3] Das Bundesministerium für Arbeit und Soziales bestimmt in einer Rechtsverordnung, die der Zustimmung des Bundesrates bedarf, die Art der zu verhütenden Versicherungsfälle und der abzuwendenden arbeitsbedingten Gesundheitsgefahren sowie die Art der Daten, die in dem Dateisystem nach Satz 1 verarbeitet werden dürfen. [4] In dem Dateisystem nach Satz 1 dürfen Daten nach Absatz 2 Satz 1 Nr. 13 nicht gespeichert werden.

(5) [1] Die Unfallversicherungsträger dürfen Daten nach Absatz 2 an den Unfallversicherungsträger oder den Verband, der das Dateisystem führt, übermitteln. [2] Die in dem Dateisystem nach Absatz 1 Satz 1 Nr. 1 oder 2 gespeicherten Daten dürfen von der dateisystemführenden Stelle an andere Unfallversicherungsträger übermittelt werden, soweit es zur Erfüllung ihrer gesetzlichen Aufgaben erforderlich ist.

(6) Der Unfallversicherungsträger oder der Verband, der das Dateisystem errichtet, hat dem oder der Bundesbeauftragten für den Datenschutz und die Informationsfreiheit oder der nach Landesrecht für die Kontrolle des Datenschutzes zuständigen Stelle rechtzeitig die Errichtung eines Dateisystems nach Absatz 1 oder 4 vorher schriftlich oder elektronisch anzuzeigen.

(7) Verantwortlicher für die Erfüllung der Informationspflicht nach Artikel 13 der Verordnung (EU) 2016/679 ist der Unfallversicherungsträger, der für den Versicherten zuständig ist.

§ 205 *(aufgehoben)*

[1)] Nr. **11**.

Vierter Abschnitt. Sonstige Vorschriften

§ 206 Verarbeitung von Daten für die Forschung zur Bekämpfung von Berufskrankheiten. (1) [1] Ein Arzt oder Angehöriger eines anderen Heilberufes ist befugt, für ein bestimmtes Forschungsvorhaben personenbezogene Daten den Unfallversicherungsträgern und deren Verbänden zu übermitteln, wenn die nachfolgenden Voraussetzungen erfüllt sind und die Genehmigung des Forschungsvorhabens öffentlich bekanntgegeben worden ist. [2] Die Unfallversicherungsträger oder die Verbände haben den Versicherten oder den früheren Versicherten schriftlich über die übermittelten Daten und über den Zweck der Übermittlung zu unterrichten.

(2) [1] Die Unfallversicherungsträger und ihre Verbände dürfen Sozialdaten von Versicherten und früheren Versicherten verarbeiten, soweit dies

1. zur Durchführung eines bestimmten Forschungsvorhabens, das die Erkennung neuer Berufskrankheiten oder die Verbesserung der Prävention oder der Maßnahmen zur Teilhabe bei Berufskrankheiten zum Ziele hat, erforderlich ist und
2. der Zweck dieses Forschungsvorhabens nicht auf andere Weise, insbesondere nicht durch Verarbeitung anonymisierter Daten, erreicht werden kann.

[2] Voraussetzung ist, daß die zuständige oberste Bundes oder Landesbehörde die Verarbeitung der Daten für das Forschungsvorhaben genehmigt hat. [3] Erteilt die zuständige oberste Bundesbehörde die Genehmigung, sind die Bundesärztekammer und der oder die Bundesbeauftragte für den Datenschutz und die Informationsfreiheit anzuhören, in den übrigen Fällen die nach Landesrecht für die Kontrolle des Datenschutzes zuständige Stelle und die Ärztekammer des Landes.

(3) Das Forschungsvorhaben darf nur durchgeführt werden, wenn sichergestellt ist, daß keinem Beschäftigten, der an Entscheidungen über Sozialleistungen oder deren Vorbereitung beteiligt ist, die Daten, die für das Forschungsvorhaben verarbeitet werden, zugänglich sind oder von Zugriffsberechtigten weitergegeben werden.

(4) [1] Die Durchführung der Forschung ist organisatorisch und räumlich von anderen Aufgaben zu trennen. [2] Die übermittelten Einzelangaben dürfen nicht mit anderen personenbezogenen Daten zusammengeführt werden. [3] § 67c Abs. 5 Satz 2 und 3 des Zehnten Buches[1)] bleibt unberührt.

(5) [1] Führen die Unfallversicherungsträger oder ihre Verbände das Forschungsvorhaben nicht selbst durch, dürfen die Daten nur anonymisiert an den für das Forschungsvorhaben Verantwortlichen übermittelt werden. [2] Ist nach dem Zweck des Forschungsvorhabens zu erwarten, daß Rückfragen für einen Teil der Betroffenen erforderlich werden, sind sie an die Person zu richten, welche die Daten gemäß Absatz 1 übermittelt hat. [3] Absatz 2 gilt für den für das Forschungsvorhaben Verantwortlichen entsprechend. [4] Die Absätze 3 und 4 gelten entsprechend.

§ 207 Verarbeitung von Daten zur Verhütung von Versicherungsfällen und arbeitsbedingten Gesundheitsgefahren. (1) Die Unfallversicherungsträger und ihre Verbände dürfen

---

[1)] Nr. **10**.

1. Daten zu Stoffen, Zubereitungen und Erzeugnissen,
2. Betriebs- und Expositionsdaten zur Gefährdungsanalyse

erheben, speichern, verändern, löschen, nutzen und untereinander übermitteln, soweit dies zur Verhütung von Versicherungsfällen und arbeitsbedingten Gesundheitsgefahren erforderlich ist.

(2) Daten nach Absatz 1 dürfen an die für den Arbeitsschutz zuständigen Landesbehörden und an die für den Vollzug des Chemikaliengesetzes sowie des Rechts der Bio- und Gentechnologie zuständigen Behörden übermittelt werden.

(3) Daten nach Absatz 1 dürfen nicht an Stellen oder Personen außerhalb der Unfallversicherungsträger und ihrer Verbände sowie der zuständigen Landesbehörden übermittelt werden, wenn der Unternehmer begründet nachweist, daß ihre Verbreitung ihm betrieblich oder geschäftlich schaden könnte, und die Daten auf Antrag des Unternehmers als vertraulich gekennzeichnet sind.

§ 208 Auskünfte der Deutschen Post AG. Soweit die Deutsche Post AG Aufgaben der Unfallversicherung wahrnimmt, gilt § 151 des Sechsten Buches[1] entsprechend.

Neuntes Kapitel. Bußgeldvorschriften

§ 209 Bußgeldvorschriften. (1) [1] Ordnungswidrig handelt, wer vorsätzlich oder fahrlässig

1. einer Unfallverhütungsvorschrift nach § 15 Abs. 1 oder 2 zuwiderhandelt, soweit sie für einen bestimmten Tatbestand auf diese Bußgeldvorschrift verweist,
2. einer vollziehbaren Anordnung nach § 19 Abs. 1 zuwiderhandelt,
3. entgegen § 19 Abs. 2 Satz 2 eine Maßnahme nicht duldet,
4. entgegen § 138 die Versicherten nicht unterrichtet,
5. entgegen
   a) § 165 Absatz 1 Satz 1, auch in Verbindung mit einer Satzung nach § 165 Absatz 1 Satz 2 oder Satz 3 dieses Buches, jeweils in Verbindung mit § 34 Absatz 1 Satz 1 des Vierten Buches[2], oder
   b) § 194

   eine Meldung nicht, nicht richtig, nicht vollständig oder nicht rechtzeitig macht,
6. entgegen § 165 Absatz 2 Satz 1 in Verbindung mit einer Satzung nach § 34 Absatz 1 Satz 1 des Vierten Buches einen dort genannten Nachweis nicht, nicht richtig, nicht vollständig oder nicht rechtzeitig einreicht,
7. entgegen § 165 Abs. 4 eine Aufzeichnung nicht führt oder nicht oder nicht mindestens fünf Jahre aufbewahrt,

7a. entgegen § 183 Absatz 6 Satz 1 in Verbindung mit einer Satzung nach § 34 Absatz 1 Satz 1 des Vierten Buches eine Auskunft nicht, nicht richtig, nicht vollständig oder nicht rechtzeitig gibt,

---

[1] Nr. 6.
[2] Nr. 4.

8. entgegen § 192 Abs. 1 Nr. 1 bis 3 oder Abs. 4 Satz 1 eine Mitteilung nicht, nicht richtig, nicht vollständig oder nicht rechtzeitig macht,
9. entgegen § 193 Abs. 1 Satz 1, auch in Verbindung mit Satz 2, Abs.2, 3 Satz 2, Abs.4 oder 6 eine Anzeige nicht, nicht richtig oder nicht rechtzeitig erstattet,
10. entgegen § 193 Abs. 9 einen Unfall nicht in das Schiffstagebuch einträgt, nicht darstellt oder nicht in einer besonderen Niederschrift nachweist oder
11. entgegen § 198 oder 203 Abs. 1 Satz 1 eine Auskunft nicht, nicht richtig, nicht vollständig oder nicht rechtzeitig erteilt.

[2] In den Fällen der Nummer 5, die sich auf geringfügige Beschäftigungen in Privathaushalten im Sinne von § 8a des Vierten Buches beziehen, findet § 266a Abs. 2 des Strafgesetzbuches keine Anwendung.

(2) Ordnungswidrig handelt, wer als Unternehmer Versicherten Beiträge ganz oder zum Teil auf das Arbeitsentgelt anrechnet.

(3) Die Ordnungswidrigkeit kann in den Fällen des Absatzes 1 Nr. 1 bis 3 mit einer Geldbuße bis zu zehntausend Euro, in den Fällen des Absatzes 2 mit einer Geldbuße bis zu fünftausend Euro, in den übrigen Fällen mit einer Geldbuße bis zu zweitausendfünfhundert Euro geahndet werden.

§ 210 Zuständige Verwaltungsbehörde. Verwaltungsbehörde im Sinne des § 36 Abs. 1 Nr. 1 des Gesetzes über Ordnungswidrigkeiten ist der Unfallversicherungsträger.

§ 211 Zusammenarbeit bei der Verfolgung und Ahndung von Ordnungswidrigkeiten. [1] Zur Verfolgung und Ahndung von Ordnungswidrigkeiten arbeiten die Unfallversicherungsträger insbesondere mit den Behörden der Zollverwaltung, der Bundesagentur für Arbeit, den nach § 6 Abs. 1 Satz 1 Nr. 2 des Zweiten Buches[1)] zuständigen Trägern oder den nach § 6a des Zweiten Buches zugelassenen kommunalen Trägern, den Krankenkassen als Einzugsstellen für die Sozialversicherungsbeiträge, den in § 71 des Aufenthaltsgesetzes genannten Behörden, den Finanzbehörden, den nach Landesrecht für die Verfolgung und Ahndung von Ordnungswidrigkeiten nach dem Schwarzarbeitsbekämpfungsgesetz zuständigen Behörden, den Trägern der Sozialhilfe und den für den Arbeitsschutz zuständigen Landesbehörden zusammen, wenn sich im Einzelfall konkrete Anhaltspunkte für

1. Verstöße gegen das Schwarzarbeitsbekämpfungsgesetz,
2. eine Beschäftigung oder Tätigkeit von Ausländern ohne erforderlichen Aufenthaltstitel nach § 4 Abs. 3 des Aufenthaltsgesetzes, eine Aufenthaltsgestattung oder eine Duldung, die zur Ausübung der Beschäftigung berechtigen, oder eine Genehmigung nach § 284 Abs. 1 des Dritten Buches[2)];
3. Verstöße gegen die Mitwirkungspflicht nach § 60 Abs. 1 Satz 1 Nr. 2 des Ersten Buches[3)] gegenüber einer Dienststelle der Bundesagentur für Arbeit, einem Träger der gesetzlichen Kranken-, Pflege- oder Rentenversicherung, einem nach § 6 Abs. 1 Satz 1 Nr. 2 des Zweiten Buches zuständigen Träger oder einem nach § 6a des Zweiten Buches zugelassenen kommunalen Träger

---

1) Nr. 2.
2) Nr. 3.
3) Nr. 1.

oder einem Träger der Sozialhilfe oder gegen die Meldepflicht nach § 8a des Asylbewerberleistungsgesetzes,
4. Verstöße gegen das Arbeitnehmerüberlassungsgesetz,
5. Verstöße gegen die Bestimmungen des Vierten[1)] und Fünften Buches[2)] sowie dieses Buches über die Verpflichtung zur Zahlung von Sozialversicherungsbeiträgen, soweit sie im Zusammenhang mit den in den Nummern 1 bis 4 genannten Verstößen stehen,
6. Verstöße gegen die Steuergesetze,
7. Verstöße gegen das Aufenthaltsgesetz

ergeben. [2] Sie unterrichten die für die Verfolgung und Ahndung zuständigen Behörden, die Träger der Sozialhilfe sowie die Behörden nach § 71 des Aufenthaltsgesetzes. [3] Die Unterrichtung kann auch Angaben über die Tatsachen, die für die Einziehung der Beitrage zur Unfallversicherung erforderlich sind, enthalten. [4] Medizinische und psychologische Daten, die über einen Versicherten erhoben worden sind, dürfen die Unfallversicherungsträger nicht übermitteln.

Zehntes Kapitel. Übergangsrecht

§ 212 Grundsatz. Die Vorschriften des Ersten bis Neunten Kapitels gelten für Versicherungsfälle, die nach dem Inkrafttreten dieses Gesetzes eintreten, soweit in den folgenden Vorschriften nicht etwas anderes bestimmt ist.

§ 213 Versicherungsschutz. (1) [1] Unternehmer und ihre Ehegatten, die am Tag vor dem Inkrafttreten dieses Gesetzes nach § 539 Abs. 1 Nr. 3 oder 7 der Reichsversicherungsordnung in der zu diesem Zeitpunkt geltenden Fassung pflichtversichert waren und die nach § 2 nicht pflichtversichert sind, bleiben versichert, ohne daß es eines Antrags auf freiwillige Versicherung bedarf. [2] Die Versicherung wird als freiwillige Versicherung weitergeführt. [3] Sie erlischt mit Ablauf des Monats, in dem ein Antrag auf Beendigung dieser Versicherung beim Unfallversicherungsträger eingegangen ist; § 6 Abs. 2 Satz 2 bleibt unberührt.

(2) Die §§ 555a und 636 Abs. 3 der Reichsversicherungsordnung in der Fassung des Artikels II § 4 Nr. 12 und 15 des Gesetzes vom 18. August 1980 (BGBl. I S. 1469, 2218) gelten auch für Versicherungsfälle, die in der Zeit vom 24. Mai 1949 bis zum 31. Oktober 1977 eingetreten sind.

(3) § 2 Abs. 1 Nr. 16 in der Fassung des Artikels 1 Nr. 2 Buchstabe b des Unfallversicherungsmodernisierungsgesetzes vom 30. Oktober 2008 (BGBl. I S. 2130) gilt auch für Versicherungsfälle, die in der Zeit vom 1. Mai 2007 bis zum 4. November 2008 eingetreten sind.

(4) [1] § 12a gilt auch für Gesundheitsschäden, die in der Zeit vom 1. Dezember 1997 bis zum 31. Juli 2012 eingetreten sind. [2] Ansprüche auf Leistungen bestehen in diesen Fällen ab dem 1. August 2012.

§ 214 Geltung auch für frühere Versicherungsfälle. (1) Die Vorschriften des Ersten und Fünften Abschnitts des Dritten Kapitels gelten auch für Versicherungsfälle, die vor dem Tag des Inkrafttretens dieses Gesetzes eingetreten

---

1) Nr. 4.
2) Nr. 5.

sind; dies gilt nicht für die Vorschrift über Leistungen an Berechtigte im Ausland.

(2) [1]Die Vorschriften über den Jahresarbeitsverdienst gelten auch für Versicherungsfälle, die vor dem Tag des Inkrafttretens dieses Gesetzes eingetreten sind, wenn der Jahresarbeitsverdienst nach dem Inkrafttreten dieses Gesetzes erstmals oder aufgrund der §§ 90 und 91 neu festgesetzt wird. [2]Die Vorschrift des § 93 über den Jahresarbeitsverdienst für die Versicherten der landwirtschaftlichen Berufsgenossenschaften und ihre Hinterbliebenen gilt auch für Versicherungsfälle, die vor dem Inkrafttreten dieses Gesetzes eingetreten sind; die Geldleistungen sind von dem auf das Inkrafttreten dieses Gesetzes folgenden 1. Juli an neu festzustellen; die generelle Bestandsschutzregelung bleibt unberührt.

(3) [1]Die Vorschriften über Renten, Beihilfen, Abfindungen und Mehrleistungen gelten auch für Versicherungsfälle, die vor dem Tag des Inkrafttretens dieses Gesetzes eingetreten sind, wenn diese Leistungen nach dem Inkrafttreten dieses Gesetzes erstmals festzusetzen sind. [2]§ 73 gilt auch für Versicherungsfälle, die vor dem Tag des Inkrafttretens dieses Gesetzes eingetreten sind.

(4) Soweit sich die Vorschriften über das Verfahren, den Datenschutz sowie die Beziehungen der Versicherungsträger zueinander und zu Dritten auf bestimmte Versicherungsfälle beziehen, gelten sie auch hinsichtlich der Versicherungsfälle, die vor dem Tag des Inkrafttretens dieses Gesetzes eingetreten sind.

§ 215 Sondervorschriften für Versicherungsfälle in dem in Artikel 3 des Einigungsvertrages genannten Gebiet. (1) [1]Für die Übernahme der vor dem 1. Januar 1992 eingetretenen Unfälle und Krankheiten als Arbeitsunfälle und Berufskrankheiten nach dem Recht der gesetzlichen Unfallversicherung ist § 1150 Abs. 2 und 3 der Reichsversicherungsordnung in der am Tag vor Inkrafttreten dieses Gesetzes geltenden Fassung weiter anzuwenden. [2]§ 1150 Abs. 2 Satz 2 Nr. 1 der Reichsversicherungsordnung gilt nicht für Versicherungsfälle aus dem Wehrdienst ehemaliger Wehrdienstpflichtiger der Nationalen Volksarmee der Deutschen Demokratischen Republik. [3]Tritt bei diesen Personen nach dem 31. Dezember 1991 eine Berufskrankheit auf, die infolge des Wehrdienstes entstanden ist, gelten die Vorschriften dieses Buches.

(2) Die Vorschriften über den Jahresarbeitsverdienst gelten nicht für Versicherungsfälle in dem in Artikel 3 des Einigungsvertrags genannten Gebiet, die vor dem 1. Januar 1992 eingetreten sind; für diese Versicherungsfälle ist § 1152 Abs. 2 der Reichsversicherungsordnung in der am Tag vor Inkrafttreten dieses Gesetzes geltenden Fassung weiter anzuwenden mit der Maßgabe, dass der zuletzt am 1. Juli 2001 angepasste Betrag aus § 1152 Abs. 2 der Reichsversicherungsordnung ab 1. Januar 2002 in Euro umgerechnet und auf volle Euro-Beträge aufgerundet wird.

(3) Für Versicherungsfälle im Zuständigkeitsbereich der Unfallversicherung Bund und Bahn nach § 125 Absatz 1, die nach dem 31. Dezember 1991 eingetreten sind, gilt § 85 Abs. 2 Satz 1 mit der Maßgabe, daß der Jahresarbeitsverdienst höchstens das Zweifache der im Zeitpunkt des Versicherungsfalls geltenden Bezugsgröße (West) beträgt.

(4) Für Versicherte an Bord von Seeschiffen und für nach § 2 Abs. 1 Nr. 7 versicherte Küstenschiffer und Küstenfischer ist § 1152 Abs. 6 der Reichsversicherungsordnung in der am Tag vor Inkrafttreten dieses Gesetzes geltenden Fassung weiter anzuwenden mit der Maßgabe, daß an die Stelle der dort

genannten Vorschriften der Reichsversicherungsordnung § 92 dieses Buches tritt.

(5) [1)2)] [1] Die Vorschriften über die Anpassung der vom Jahresarbeitsverdienst abhängigen Geldleistungen und über die Höhe und die Anpassung des Pflegegeldes gelten nicht für Versicherungsfälle in dem in Artikel 3 des Einigungsvertrags genannten Gebiet; für diese Versicherungsfälle sind § 1151 Abs. 1 und § 1153 der Reichsversicherungsordnung in der am Tag vor Inkrafttreten dieses Gesetzes geltenden Fassung weiter anzuwenden mit der Maßgabe, daß an die Stelle der dort genannten Vorschriften der Reichsversicherungsordnung § 44 Abs. 2 und 4 sowie § 95 dieses Buches treten. [2] Abweichend von Satz 1 ist bei den Anpassungen ab dem 1. Juli 2001 der Vomhundertsatz maßgebend, um den sich die Renten aus der gesetzlichen Rentenversicherung in dem in Artikel 3 des Einigungsvertrages genannten Gebiet verändern. [3] § 1151 Abs. 1 der Reichsversicherungsordnung gilt mit der Maßgabe, dass ab 1. Januar 2002 an die Stelle des Pflegegeldrahmens in Deutscher Mark der Pflegegeldrahmen in Euro tritt, indem die zuletzt am 1. Juli 2001 angepassten Beträge in Euro umgerechnet und auf volle Euro-Beträge aufgerundet werden.

(6) Für die Feststellung und Zahlung von Renten bei Versicherungsfällen, die vor dem 1. Januar 1992 eingetreten sind, ist § 1154 der Reichsversicherungsordnung in der am Tag vor Inkrafttreten dieses Gesetzes geltenden Fassung weiter anzuwenden mit der Maßgabe, daß an die Stelle der dort genannten Vorschriften der Reichsversicherungsordnung die §§ 56 und 81 bis 91 dieses Buches treten.

(7) [1] Für die Feststellung und Zahlung von Leistungen im Todesfall ist § 1155 Abs. 1 Satz 2 und 3 sowie Abs. 2 und 3 der Reichsversicherungsordnung in der am Tag vor Inkrafttreten dieses Gesetzes geltenden Fassung weiter anzuwenden mit der Maßgabe, daß an die Stelle der dort genannten Vorschriften der Reichsversicherungsordnung § 65 Abs. 3 und § 66 dieses Buches treten. [2] Bestand am 31. Dezember 1991 nach dem in dem in Artikel 3 des Einigungsvertrags genannten Gebiet geltenden Recht ein Anspruch auf Witwenrente, Witwerrente oder Waisenrente, wird der Zahlbetrag dieser Rente so lange unverändert weitergezahlt, wie er den Zahlbetrag der Rente, die sich aus den §§ 63 bis 71 und aus Satz 1 ergeben würde, übersteigt.

(8) Die Vorschrift des § 1156 der Reichsversicherungsordnung in der am Tag vor Inkrafttreten dieses Gesetzes geltenden Fassung ist weiter anzuwenden.

§ 216 Bezugsgröße (Ost) und aktueller Rentenwert (Ost) (1) Soweit Vorschriften dieses Buches beim Jahresarbeitsverdienst oder beim Sterbegeld an die Bezugsgröße anknüpfen, ist die Bezugsgröße für das in Artikel 3 des Einigungsvertrags genannte Gebiet (Bezugsgröße (Ost)) maßgebend, wenn es sich um einen Versicherungsfall in diesem Gebiet handelt.

(2) Soweit Vorschriften dieses Buches bei Einkommensanrechnungen auf Leistungen an Hinterbliebene an den aktuellen Rentenwert anknüpfen, ist der

---

[1)] Die vom Jahresarbeitsverdienst abhängigen Geldleistungen und das Pflegegeld der gesetzlichen Unfallversicherung im Sinne des § 215 Abs. 5 für Versicherungsfälle, die vor dem 1.7.2020 eingetreten sind, werden zum 1.7.2020 angepasst. Der Anpassungsfaktor beträgt 1,0420; vgl. § 4 Abs. 2 RentenwertbestimmungsVO 2020 v. 8.6.2020 (BGBl. I S. 1220).

[2)] Für Versicherungsfälle, auf die § 215 Abs. 5 anzuwenden ist, beträgt das Pflegegeld der gesetzlichen Unfallversicherung ab 1.7.2020 zwischen 369 Euro und 1 483 Euro; vgl. § 5 Nr. 2 RentenwertbestimmungsVO 2020 v. 8.6.2020 (BGBl. I S. 1220).

aktuelle Rentenwert (Ost) maßgebend, wenn der Berechtigte seinen gewöhnlichen Aufenthalt in dem in Artikel 3 des Einigungsvertrags genannten Gebiet hat.

§ 217 Bestandsschutz. (1) [1] Ist eine Geldleistung, die aufgrund des bis zum Inkrafttreten dieses Gesetzes geltenden Rechts festgestellt worden ist oder hätte festgestellt werden müssen, höher, als sie nach diesem Buch sein würde, wird dem Berechtigten die höhere Leistung gezahlt. [2] Satz 1 gilt entsprechend für die Dauer einer Geldleistung. [3] Bei den nach § 2 Abs. 1 Nr. 5 Buchstabe b versicherten mitarbeitenden Familienangehörigen sind dabei auch die bisher gezahlten Zulagen an Schwerverletzte zu berücksichtigen.

(2) [1] Die §§ 590 bis 593, 598 und 600 Abs. 3 in Verbindung mit den §§ 602 und 614 der Reichsversicherungsordnung in der am 31. Dezember 1985 geltenden Fassung sind weiter anzuwenden, wenn der Tod des Versicherten vor dem 1. Januar 1986 eingetreten ist. [2] § 80 Abs. 1 ist auch anzuwenden, wenn der Tod des Versicherten vor dem 1. Januar 1986 eingetreten ist und die neue Ehe nach dem Inkrafttreten dieses Gesetzes geschlossen wird. [3] Bei der Anwendung des § 65 Abs. 3 und des § 80 Abs. 3 gilt § 617 Abs. 2 und 6 der Reichsversicherungsordnung in der am Tag vor dem Inkrafttreten dieses Gesetzes geltenden Fassung.

(3) *(aufgehoben)*

(4) Artikel 1 § 9 Abs. 3 und § 10 Abs. 1 Satz 2 des Einundzwanzigsten Rentenanpassungsgesetzes vom 25. Juli 1978 (BGBl. I S.1089) sind für die Anpassung der dort genannten Geldleistungen nach § 95 weiter anzuwenden.

§ 218 *(aufgehoben)*

§ 218a Leistungen an Hinterbliebene. (1) Ist der Ehegatte vor dem 1. Januar 2002 verstorben oder wurde die Ehe vor diesem Tag geschlossen und ist mindestens ein Ehegatte vor dem 2. Januar 1962 geboren, gelten die Vorschriften über Renten an Witwen oder Witwer und Abfindungen mit der Maßgabe, dass

1. der Anspruch auf eine Rente nach § 65 Abs. 2 Nr. 2 ohne Beschränkung auf 24 Kalendermonate besteht,
2. auf eine Witwenrente oder eine Witwerrente das Einkommen anrechenbar ist, das monatlich das 26,4fache des aktuellen Rentenwerts übersteigt,
3. auf eine Abfindung nach § 80 Abs. 1 eine Rente nach § 65 Abs. 2 Nr. 2 nicht angerechnet wird.

(2) [1] Ist der Ehegatte vor dem 1. Januar 2012 verstorben, gelten die Vorschriften über Renten an Witwen oder Witwer mit der Maßgabe, dass der Anspruch auf eine Rente nach § 65 Abs. 2 Nr. 3 Buchstabe b ab Vollendung des 45. Lebensjahres besteht. [2] Ist der Ehegatte nach dem 31. Dezember 2011 verstorben, gilt für die Altersgrenze des § 65 Abs. 2 Nr. 3 Buchstabe b der § 242a Abs. 5 des Sechsten Buches[1] entsprechend.

§ 218b Rückwirkende Anerkennung von Berufskrankheiten. Für die rückwirkende Anerkennung von Berufskrankheiten, die vor dem 1. Januar

---

[1] Nr. 6.

2021 in der Verordnung nach § 9 Absatz 1 bezeichnet worden sind, gilt § 6 der Verordnung in der am 1. Januar 2021 geltenden Fassung.

§ 218c Auszahlung laufender Geldleistungen bei Beginn vor dem 1. April 2004. (1) [1]Bei Beginn laufender Geldleistungen mit Ausnahme des Verletzten- und Übergangsgeldes vor dem 1. April 2004 werden diese zu Beginn des Monats fällig, zu dessen Beginn die Anspruchsvoraussetzungen erfüllt sind; sie werden am letzten Bankarbeitstag des Monats ausgezahlt, der dem Monat der Fälligkeit vorausgeht. [2]§ 96 Abs. 1 Satz 2 und 3 gilt entsprechend.

(2) Absatz 1 gilt auch für Renten an Hinterbliebene, die im Anschluss an eine Rente für Versicherte zu zahlen sind, wenn der erstmalige Rentenbeginn dieser Rente vor dem 1. April 2004 liegt.

§ 218d Besondere Zuständigkeiten. (1) Verändert sich aufgrund des § 128 Absatz 1 Nummer 1a, des § 129 Absatz 1 Nummer 1a und Absatz 4 oder des § 129a die Zuständigkeit für ein am 1. Januar 2013 bestehendes Unternehmen, ist dieses nach § 136 Absatz 1 Satz 4 zweite Alternative an den zuständigen Unfallversicherungsträger zu überweisen; die am 1. Januar 2013 in Kraft getretene Fassung des § 128 Absatz 1 Nummer 1a, des § 129 Absatz 1 Nummer 1a und Absatz 4 sowie des § 129a gilt insoweit als wesentliche Änderung.

(2) [1]Absatz 1 gilt nicht für Unternehmen im Sinne des § 128 Absatz 1 Nummer 1a und des § 129 Absatz 1 Nummer 1a, die am 31. Dezember 1996 bestanden haben und bei denen seitdem keine wesentliche Änderung im Sinne des § 136 Absatz 1 Satz 4 zweite Alternative eingetreten ist. [2]Dabei sind auch solche Änderungen wesentlich, die nach dem 31. Dezember 1996 eingetreten sind und nach dem § 128 Absatz 1 Nummer 1a, dem § 129 Absatz 1 Nummer 1a oder dem § 129a eine andere Zuständigkeit begründen.

(3) Absatz 1 gilt nicht für Unternehmen im Sinne des § 129 Absatz 1 Nummer 1, wenn deren Schwerpunkt im Ausnahmebereich des § 129 Absatz 4 Satz 1 liegt.

(4) Ab dem 1. Januar 2013 eintretende wesentliche Änderungen sind zu berücksichtigen.

§ 218e Übergangsregelungen aus Anlass des Übergangs der Beitragsüberwachung auf die Träger der Deutschen Rentenversicherung.

(1) [1]Soweit der Übergang der Prüfung nach § 166 Abs. 2 auf die Träger der Rentenversicherung bei diesen Personalbedarf auslöst, können die Träger der Rentenversicherung in entsprechendem Umfang Beschäftigte der Unfallversicherungsträger übernehmen, die am 31. Dezember 2009 ganz oder überwiegend die Prüfung der Arbeitgeber vornehmen. [2]Die Übernahme erfolgt im Zeitraum vom 1. Januar 2010 bis zum 31. Dezember 2011.

(2) [1]Der jeweilige Träger der Rentenversicherung tritt in den Fällen der nach Absatz 1 übergetretenen Beschäftigten in die Rechte und Pflichten aus den Arbeits- und Dienstverhältnissen ein. [2]Mit dem Zeitpunkt des Übertritts sind die bei dem neuen Arbeitgeber geltenden tarifvertraglichen Regelungen, Dienstvereinbarungen, Dienstordnungen oder sonstigen Vereinbarungen maßgebend. [3]Bei Beamten erfolgt die Übernahme im Wege der Versetzung; entsprechende beamtenrechtliche Vorschriften bleiben unberührt. [4]Die in einem Beschäftigungsverhältnis bei einem Träger der gesetzlichen Unfallversicherung

verbrachten Zeiten gelten bei der Anwendung beamtenrechtlicher einschließlich besoldungs- und versorgungsrechtlicher Vorschriften und tarifvertraglicher Regelungen als bei der Deutschen Rentenversicherung verbrachte Zeiten. [5] Haben Beschäftigte aufgrund einer bisherigen tarifvertraglichen Regelung Anspruch auf ein höheres Arbeitsentgelt, erhalten sie, solange die Tätigkeit der Arbeitgeberprüfung weiterhin ausgeübt wird, eine Ausgleichszulage in Höhe der Differenz zwischen dem bisherigen Entgelt und dem Entgelt, das nach den Regelungen des Satzes 2 zusteht. [6] Der Anspruch auf Ausgleichszulage entfällt, sobald dazu eine neue tarifvertragliche Regelung vereinbart wird.

(3) [1] Handelt es sich bei übernommenen Beschäftigten um Dienstordnungsangestellte, tragen der aufnehmende Träger der Rentenversicherung und der abgebende Unfallversicherungsträger die Versorgungsbezüge anteilig, wenn der Versorgungsfall eintritt. [2] § 107b des Beamtenversorgungsgesetzes gilt sinngemäß. [3] Die übergetretenen Dienstordnungsangestellten sind innerhalb eines Jahres nach dem Übertritt in das Beamtenverhältnis zu berufen, wenn sie die erforderlichen beamtenrechtlichen Voraussetzungen erfüllen. [4] Sie sind unmittelbar in das Beamtenverhältnis auf Lebenszeit unter Verleihung des Amtes zu berufen, das ihrer besoldungsrechtlichen Stellung nach dem Dienstvertrag am Tag vor der Berufung in das Beamtenverhältnis entspricht, sofern sie die erforderlichen beamtenrechtlichen Voraussetzungen erfüllen.

§ 218f Evaluation. Die Verbände der Unfallversicherungsträger haben bis zum 31. Dezember 2026 dem Bundesministerium für Arbeit und Soziales einen gemeinsamen Bericht über die Umsetzung sowie die Wirkungen und die Ergebnisse der mit dem Siebten Gesetz zur Änderung des Vierten Buches Sozialgesetzbuch und anderer Gesetze vom 1. Juli 2020 eingeführten Maßnahmen zum Wegfall des Unterlassungszwangs, zur Stärkung der Individualprävention sowie zur gesetzlichen Verankerung von Beweiserleichterungen und zur erhöhten Transparenz in der Berufskrankheitenforschung vorzulegen.

§ 218g Übergangsregelungen bei epidemischer Lage von nationaler Tragweite. (1) [1] § 62 Absatz 2 Satz 1 gilt bis zum Ablauf von sechs Monaten nach Beendigung der durch das Coronavirus SARS-CoV-2 verursachten epidemischen Lage von nationaler Tragweite mit der Maßgabe, dass in den Fällen, in denen der Dreijahreszeitraum innerhalb dieser Zeit endet, die vorläufige Entschädigung spätestens nach Ablauf dieser Frist als Rente auf unbestimmte Zeit geleistet wird. [2] Voraussetzung für die Anwendung des Satzes 1 ist, dass der Umfang der Minderung der Erwerbsfähigkeit aufgrund dieser epidemischen Lage nicht abschließend festgestellt werden kann. [3] Satz 1 gilt nicht für Renten, die bereits auf unbestimmte Zeit geleistet werden.

(2) Anspruch auf eine Waisenrente besteht auch dann, wenn wegen der durch das Coronavirus SARS-CoV-2 verursachten epidemischen Lage von nationaler Tragweite

1. eine Schul- oder Berufsausbildung oder ein freiwilliger Dienst im Sinne des § 67 Absatz 3 Satz 1 Nummer 2 Buchstabe a und c nicht angetreten werden kann oder
2. die Übergangszeit nach § 67 Absatz 3 Satz 1 Nummer 2 Buchstabe b überschritten wird.

(3) [1] Personen, die eine Tätigkeit als Ärztin oder Arzt in einem Impfzentrum im Sinne der Coronavirus-Impfverordnung oder einem Testzentrum im Sinne

der Coronavirus-Testverordnung oder in den jeweils dort angegliederten mobilen Teams ausüben, sind kraft Gesetzes versichert. [2]Die Versicherung nach Satz 1 geht der Versicherung nach § 2 Absatz 1 Nummer 1 und 9 vor.

§ 219 *(aufgehoben)*

§ 219a Altersrückstellungen. (1) *(aufgehoben)*

(2) Für Personen nach § 172c Abs. 1 Satz 1, deren Beschäftigungsverhältnis zu einem Unfallversicherungsträger erstmals nach dem 31. Dezember 2009 begründet worden ist, gelten die Zuweisungssätze, die in der Rechtsverordnung nach § 16 Abs. 1 Satz 4 des Versorgungsrücklagegesetzes festgesetzt sind, entsprechend.

(3) Versorgungsausgaben für die in § 172c genannten Personenkreise, die ab dem Jahr 2030 entstehen, sowie Ausgaben, die anstelle von Versorgungsausgaben für diese Personenkreise geleistet werden, sind aus dem Altersrückstellungsvermögen zu leisten; die Aufsichtsbehörde kann eine frühere oder spätere Entnahme genehmigen.

(4) [1]Soweit Unfallversicherungsträger vor dem 31. Dezember 2009 für einen in § 172c genannten Personenkreis Mitglied einer öffentlich-rechtlichen Versorgungseinrichtung geworden sind, werden die zu erwartenden Versorgungsleistungen im Rahmen der Verpflichtungen nach § 172c entsprechend berücksichtigt. [2]Wurde für die in § 172c genannten Personenkreise vor dem 31. Dezember 2009 Deckungskapital bei aufsichtspflichtigen Unternehmen im Sinne des § 1 Absatz 1 Nummer 1 und 5 des Versicherungsaufsichtsgesetzes gebildet, wird dieses anteilig im Rahmen der Verpflichtungen nach § 172c berücksichtigt.

§ 220 Ausgleich unter den gewerblichen Berufsgenossenschaften.

(1) *(aufgehoben)*

(2) *(aufgehoben)*

(3) *(aufgehoben)*

(4) Die §§ 176 bis 181 gelten für die Berufsgenossenschaft Verkehrswirtschaft Post-Logistik Telekommunikation mit der Maßgabe, dass für den Zuständigkeitsbereich nach § 121 Absatz 2 Nummer 3 bis 8

1. bei der Ermittlung der gemeinsamen Tragung der Rentenlasten die zugrunde zu legenden Rechengrößen für das Ausgleichsjahr 2016 in Höhe von 15 Prozent, für das Ausgleichsjahr 2017 in Höhe von 30 Prozent, für das Ausgleichsjahr 2018 in Höhe von 45 Prozent, für das Ausgleichsjahr 2019 in Höhe von 60 Prozent, für das Ausgleichsjahr 2020 in Höhe von 75 Prozent und für das Ausgleichsjahr 2021 in Höhe von 90 Prozent anzusetzen sind,
2. bis zum Jahr 2021 als Latenzfaktor nach § 177 Absatz 7 der für das jeweilige Ausgleichsjahr für den Bereich der in § 121 Absatz 2 Nummer 1 und 2 genannten Unternehmensarten zu berechnende Wert anzuwenden ist.

§ 221 Besondere Vorschriften für die landwirtschaftliche Unfallversicherung. (1) *(aufgehoben)*

(2) § 80a ist nur auf Versicherungsfälle anwendbar, die nach dem 31. Dezember 2007 eingetreten sind.

(3)–(5) *(aufgehoben)*

[§ 221a bis 31.12.2021:]

§ 221a Übermittlung von Daten durch die landwirtschaftliche Berufsgenossenschaft. [1]Die landwirtschaftliche Berufsgenossenschaft darf der Fachagentur Nachwachsende Rohstoffe e. V. auf deren Anfrage die bei ihr gespeicherten Namen und Anschriften von Unternehmern nach § 136 Absatz 3 Nummer 1, die einen Antrag auf waldflächenbezogene Prämien gestellt haben, sowie deren Waldflächengrößen übermitteln, soweit dies für die Prüfung von Anträgen auf waldflächenbezogene Prämien des Bundes erforderlich ist. [2]Die Befugnis zur Übermittlung der Daten gilt bis zum 31. Dezember 2021. [3]Das Nähere zum Verfahren der Datenübermittlung und zur Erstattung der Kosten ist in einer Verwaltungsvereinbarung zu regeln.

[§ 221a ab 1.1.2022:]

§ 221a *(aufgehoben)*

§ 221b Übergangszeit und Beitragsangleichung in der landwirtschaftlichen Unfallversicherung. (1) Der Beitrag, den die Unternehmer auf die Umlagen für die Jahre 2013 bis 2017 (Übergangszeit) zu zahlen haben, ergibt sich, wenn der nach den §§ 182 und 183 berechnete Beitrag mit dem Angleichungssatz multipliziert wird.

(2) [1]Der Angleichungssatz wird nach folgenden Rechengrößen bestimmt:

1. Ausgangsbeitrag ist der auf die Umlage für das Jahr 2012 nach § 221 Absatz 3 zu zahlende Beitrag;
2. Zielbeitrag ist der Beitrag, der sich bei gleichen betrieblichen Verhältnissen und gleicher Umlage für das Jahr 2012 bei Anwendung der Berechnungsgrundlagen nach § 221 Absatz 4 ergeben würde;
3. Ausgangssatz ist der Prozentsatz des Ausgangsbeitrags im Verhältnis zum Zielbeitrag;
4. der jährliche Veränderungssatz ist ein Fünftel der Differenz zwischen dem Prozentsatz des Zielbeitrags und dem Ausgangssatz.

[2]Der Angleichungssatz im ersten Jahr ergibt sich aus der Summe des Ausgangssatzes und des jährlichen Veränderungssatzes. [3]Die Angleichungssätze in den Folgejahren ergeben sich aus der Summe des Angleichungssatzes des Vorjahres und des jährlichen Veränderungssatzes. [4]Bei der Berechnung der Angleichungssätze ist § 187 Absatz 1 anzuwenden. [5]Die Angleichungssätze für die Übergangszeit sind dem Unternehmer zusammen mit dem Bescheid über die Umlage für das Jahr 2013 mitzuteilen.

(3) [1]Ändern sich in der Übergangszeit die betrieblichen Verhältnisse gegenüber den für den Ausgangsbeitrag maßgebenden Verhältnissen, bleiben die Angleichungssätze nach Absatz 2 unverändert. [2]Für während der Übergangszeit neu aufzunehmende Unternehmer sind die für vorherige Unternehmer nach Absatz 2 festgestellten Angleichungssätze anzuwenden.

(4) Zur Vermeidung unzumutbarer Beitragserhöhungen in der Übergangszeit kann die Satzung Härtefallregelungen vorsehen.

(5) [1]Aus den Sondervermögen können Mittel entnommen werden, um die während der Übergangszeit erfolgende Angleichung der Beiträge nach Absatz 1 zu gestalten. [2]Eine sich hierdurch ergebende Verringerung der Beiträge ist in den Beitragsbescheiden gesondert auszuweisen.

(6) In der Übergangszeit ist § 184 Satz 2 nicht anzuwenden.

Elftes Kapitel. Übergangsvorschriften zur Neuorganisation der gesetzlichen Unfallversicherung

§ 222 Neuorganisation der gewerblichen Berufsgenossenschaften.

(1), (2) *(aufgehoben)*

(3) Bei Fusionen von gewerblichen Berufsgenossenschaften ist eine angemessene Vertretung der Interessen der in den bisherigen gewerblichen Berufsgenossenschaften vertretenen Branchen sowie eine ortsnahe Betreuung der Versicherten und Unternehmen sicherzustellen.

(3a) [1] Vereinigen sich gewerbliche Berufsgenossenschaften zu einer neuen gewerblichen Berufsgenossenschaft, so ist dort ein neuer Personalrat zu wählen. [2] Die bis zum Zeitpunkt des Wirksamwerdens der Vereinigung bestehenden Personalräte bestellen gemeinsam unverzüglich einen Wahlvorstand für die Neuwahl. [3] Die bisherigen Personalräte nehmen die Aufgaben des Personalrats wahr, bis sich der neue Personalrat konstituiert hat, längstens jedoch für die Dauer von drei Monaten ab dem Tag der Vereinigung. [4] Für die Jugend- und Auszubildendenvertretungen, die Schwerbehindertenvertretungen sowie die Gleichstellungsbeauftragten gelten die Sätze 1 bis 3 entsprechend.

(4) [1] Die Deutsche Gesetzliche Unfallversicherung e.V. wirkt darauf hin, dass die Verwaltungs- und Verfahrenskosten vermindert werden. [2] Vom Jahr 2009 an hat die Deutsche Gesetzliche Unfallversicherung e.V. jedes Jahr dem Bundesministerium für Arbeit und Soziales über die Entwicklung der Verwaltungs- und Verfahrenskosten bei den gewerblichen Berufsgenossenschaften sowie über die umgesetzten und geplanten Maßnahmen zur Optimierung dieser Kosten zu berichten. [3] Dabei ist gesondert auf die Schlussfolgerungen einzugehen, welche sich aus dem Benchmarking der Versicherungsträger ergeben.

§ 223 Neuorganisation der landesunmittelbaren Unfallversicherungsträger der öffentlichen Hand. (1) [1] Die Selbstverwaltungen der landesunmittelbaren Unfallversicherungsträger der öffentlichen Hand erstellen Konzepte zur Neuorganisation und legen sie den jeweiligen Landesregierungen bis zum 31. Dezember 2008 vor. [2] Die Konzepte enthalten eine umfassende Prüfung der Möglichkeiten, die Zahl der landesunmittelbaren Unfallversicherungsträger der öffentlichen Hand auf einen pro Land zu reduzieren.

(2) [1] Die Länder setzen die Konzepte nach Absatz 1 bis zum 31. Dezember 2009 um. [2] Dabei ist eine angemessene Vertretung der Interessen von Ländern, Kommunen und Feuerwehrverbänden in den Selbstverwaltungsgremien sowie eine ortsnahe Betreuung der Versicherten und Unternehmen sicherzustellen.

§ 224 Umstellung der Mitgliedsnummer auf die Unternehmernummer. (1) [1] Die Mitgliedsnummern der gewerblichen Berufsgenossenschaften, der landwirtschaftlichen Berufsgenossenschaft und der Unfallversicherungsträger der öffentlichen Hand sind in Abstimmung mit der Deutschen Gesetzlichen Unfallversicherung e.V. bis zum 1. Januar 2023 automatisiert auf die neue Unternehmernummer umzustellen. [2] Die Unternehmer sind über die vergebenen Unternehmernummern und die numerische Bezeichnung der zugehörigen Unternehmen unverzüglich zu informieren.

(2) [1] Für die vorbereitenden Tätigkeiten der Berufsgenossenschaften, der Unfallversicherungsträger der öffentlichen Hand und der Deutschen Gesetzlichen Unfallversicherung e.V. gilt, dass

1. jeder Unternehmer bei erstmaliger Aufnahme einer unternehmerischen Tätigkeit eine Unternehmernummer erhält,
2. der Unternehmer für die Vergabe der Unternehmernummer die dazu notwendigen Angaben, insbesondere den Namen, den Geburtsnamen, das Geburtsdatum und die aktuelle Wohnanschrift elektronisch zu übermitteln hat,
3. die Unternehmernummer nach Mitteilung über den Unternehmensbeginn im Sinne von § 192 Absatz 1 über die Deutsche Gesetzliche Unfallversicherung e.V. unverzüglich vergeben wird,
4. die Unternehmer, die bereits eine Unternehmernummer erhalten haben, den Beginn und das Ende eines oder mehrerer weiterer Unternehmen nach § 192 Absatz 1 unter Angabe der Unternehmernummer und der notwendigen Angaben zur Identifizierung des Unternehmens dem zuständigen Träger der Unfallversicherung mitzuteilen haben,
5. in einem Anhang zu der Unternehmernummer die dem Unternehmer zugehörigen Unternehmen numerisch in aufsteigender Folge bezeichnet werden,
6. die Unternehmernummer und die zur Identifizierung des Unternehmens erforderlichen Daten in einem zentralen Dateisystem bei der Deutschen Gesetzlichen Unfallversicherung e.V. gespeichert werden,
7. die Berufsgenossenschaften und die Unfallversicherungsträger der öffentlichen Hand zur Erledigung ihrer gesetzlichen Aufgaben Zugriff auf dieses Dateisystem haben,
8. die Berufsgenossenschaften und die Unfallversicherungsträger der öffentlichen Hand die Unternehmer- und Unternehmensnummern ihrer Mitglieder jeweils in einem gesonderten Mitgliederdateisystem führen.

[2] Bei Änderungen, die die zum Unternehmer oder zum Unternehmen gespeicherten Daten betreffen, gilt § 192 Absatz 2 entsprechend. [3] Das Nähere zum Verfahren, zu den erforderlichen Angaben und zu den Datensätzen regelt die Deutsche Gesetzliche Unfallversicherung e.V. in Abstimmung mit der landwirtschaftlichen Berufsgenossenschaft in Grundsätzen, die durch das Bundesministerium für Arbeit und Soziales zu genehmigen sind.

§ 225 *(aufgehoben)*

Anlage 1
(zu § 114)

Gewerbliche Berufsgenossenschaften

1. Berufsgenossenschaft Rohstoffe und chemische Industrie,
2. Berufsgenossenschaft Holz und Metall,
3. Berufsgenossenschaft Energie Textil Elektro Medienerzeugnisse,
4. Berufsgenossenschaft Nahrungsmittel und Gastgewerbe,
5. Berufsgenossenschaft der Bauwirtschaft,
6. Berufsgenossenschaft Handel und Warenlogistik,
7. Verwaltungs-Berufsgenossenschaft,
8. Berufsgenossenschaft Verkehrswirtschaft Post-Logistik Telekommunikation,
9. Berufsgenossenschaft für Gesundheitsdienst und Wohlfahrtspflege.

Anlage 2
(aufgehoben)

8. Sozialgesetzbuch (SGB) Achtes Buch (VIII) Kinder- und Jugendhilfe[1)]

In der Fassung der Bekanntmachung vom 11. September 2012[2)]

(BGBl. I S. 2022)

FNA 860-8

zuletzt geänd. durch Art. 4 Abs. 6 Adoptionshilfe-Gesetz v. 12.2.2021 (BGBl. I S. 226)

Inhaltsübersicht

---

1) Die Änderungen durch G v. 12.12.2019 (BGBl. I S. 2652), die erst **mWv 1.1.2024** in Kraft treten, sind im Text noch nicht berücksichtigt.

2) Neubekanntmachung des SGB VIII idF der Bek. v. 14.12.2006 (BGBl. I S. 3134) in der ab 1.1. 2012 geltenden Fassung.

Vierter Abschnitt. Hilfe zur Erziehung, Eingliederungshilfe für seelisch behinderte Kinder und Jugendliche, Hilfe für junge Volljährige

Erster Unterabschnitt. Hilfe zur Erziehung

Zweiter Unterabschnitt. Eingliederungshilfe für seelisch behinderte Kinder und Jugendliche

Dritter Unterabschnitt. Gemeinsame Vorschriften für die Hilfe zur Erziehung und die Eingliederungshilfe für seelisch behinderte Kinder und Jugendliche

Vierter Unterabschnitt. Hilfe für junge Volljährige

Drittes Kapitel. Andere Aufgaben der Jugendhilfe

Erster Abschnitt. Vorläufige Maßnahmen zum Schutz von Kindern und Jugendlichen

Zweiter Abschnitt. Schutz von Kindern und Jugendlichen in Familienpflege und in Einrichtungen

Dritter Abschnitt. Mitwirkung in gerichtlichen Verfahren

Vierter Abschnitt. Beistandschaft, Pflegschaft und Vormundschaft für Kinder und Jugendliche, Auskunft über Nichtabgabe von Sorgeerklärungen

Erstes Kapitel. Allgemeine Vorschriften

§ 1 Recht auf Erziehung, Elternverantwortung, Jugendhilfe. (1) Jeder junge Mensch hat ein Recht auf Förderung seiner Entwicklung und auf Erziehung zu einer eigenverantwortlichen und gemeinschaftsfähigen Persönlichkeit.

(2) [1] Pflege und Erziehung der Kinder sind das natürliche Recht der Eltern und die zuvörderst ihnen obliegende Pflicht. [2] Über ihre Betätigung wacht die staatliche Gemeinschaft.

(3) Jugendhilfe soll zur Verwirklichung des Rechts nach Absatz 1 insbesondere

1. junge Menschen in ihrer individuellen und sozialen Entwicklung fördern und dazu beitragen, Benachteiligungen zu vermeiden oder abzubauen,
2. Eltern und andere Erziehungsberechtigte bei der Erziehung beraten und unterstützen,
3. Kinder und Jugendliche vor Gefahren für ihr Wohl schützen,
4. dazu beitragen, positive Lebensbedingungen für junge Menschen und ihre Familien sowie eine kinder- und familienfreundliche Umwelt zu erhalten oder zu schaffen.

§ 2 Aufgaben der Jugendhilfe. (1) Die Jugendhilfe umfasst Leistungen und andere Aufgaben zugunsten junger Menschen und Familien.

(2) Leistungen der Jugendhilfe sind:

1. Angebote der Jugendarbeit, der Jugendsozialarbeit und des erzieherischen Kinder- und Jugendschutzes (§§ 11 bis 14),
2. Angebote zur Förderung der Erziehung in der Familie (§§ 16 bis 21),
3. Angebote zur Förderung von Kindern in Tageseinrichtungen und in Tagespflege (§§ 22 bis 25),
4. Hilfe zur Erziehung und ergänzende Leistungen (§§ 27 bis 35, 36, 37, 39, 40),
5. Hilfe für seelisch behinderte Kinder und Jugendliche und ergänzende Leistungen (§§ 35a bis 37, 39, 40),
6. Hilfe für junge Volljährige und Nachbetreuung (§ 41).

(3) Andere Aufgaben der Jugendhilfe sind

1. die Inobhutnahme von Kindern und Jugendlichen (§ 42),
2. die vorläufige Inobhutnahme von ausländischen Kindern und Jugendlichen nach unbegleiteter Einreise (§ 42a),
3. die Erteilung, der Widerruf und die Zurücknahme der Pflegeerlaubnis (§§ 43, 44),
4. die Erteilung, der Widerruf und die Zurücknahme der Erlaubnis für den Betrieb einer Einrichtung sowie die Erteilung nachträglicher Auflagen und die damit verbundenen Aufgaben (§§ 45 bis 47, 48a),
5. die Tätigkeitsuntersagung (§§ 48, 48a),
6. die Mitwirkung in Verfahren vor den Familiengerichten (§ 50),
7. die Beratung und Belehrung in Verfahren zur Annahme als Kind (§ 51),
8. die Mitwirkung in Verfahren nach dem Jugendgerichtsgesetz (§ 52),

9. die Beratung und Unterstützung von Müttern bei Vaterschaftsfeststellung und Geltendmachung von Unterhaltsansprüchen sowie von Pflegern und Vormündern (§§ 52a, 53),
10. die Erteilung, der Widerruf und die Zurücknahme der Erlaubnis zur Übernahme von Vereinsvormundschaften (§ 54),
11. Beistandschaft, Amtspflegschaft, Amtsvormundschaft und Gegenvormundschaft des Jugendamts (§§ 55 bis 58),
12. Beurkundung (§ 59),
13. die Aufnahme von vollstreckbaren Urkunden (§ 60).

§ 3 Freie und öffentliche Jugendhilfe. (1) Die Jugendhilfe ist gekennzeichnet durch die Vielfalt von Trägern unterschiedlicher Wertorientierungen und die Vielfalt von Inhalten, Methoden und Arbeitsformen.

(2) [1] Leistungen der Jugendhilfe werden von Trägern der freien Jugendhilfe und von Trägern der öffentlichen Jugendhilfe erbracht. [2] Leistungsverpflichtungen, die durch dieses Buch begründet werden, richten sich an die Träger der öffentlichen Jugendhilfe.

(3) [1] Andere Aufgaben der Jugendhilfe werden von Trägern der öffentlichen Jugendhilfe wahrgenommen. [2] Soweit dies ausdrücklich bestimmt ist, können Träger der freien Jugendhilfe diese Aufgaben wahrnehmen oder mit ihrer Ausführung betraut werden.

§ 4 Zusammenarbeit der öffentlichen Jugendhilfe mit der freien Jugendhilfe. (1) [1] Die öffentliche Jugendhilfe soll mit der freien Jugendhilfe zum Wohl junger Menschen und ihrer Familien partnerschaftlich zusammenarbeiten. [2] Sie hat dabei die Selbständigkeit der freien Jugendhilfe in Zielsetzung und Durchführung ihrer Aufgaben sowie in der Gestaltung ihrer Organisationsstruktur zu achten.

(2) Soweit geeignete Einrichtungen, Dienste und Veranstaltungen von anerkannten Trägern der freien Jugendhilfe betrieben werden oder rechtzeitig geschaffen werden können, soll die öffentliche Jugendhilfe von eigenen Maßnahmen absehen.

(3) Die öffentliche Jugendhilfe soll die freie Jugendhilfe nach Maßgabe dieses Buches fördern und dabei die verschiedenen Formen der Selbsthilfe stärken.

§ 5 Wunsch- und Wahlrecht. (1) [1] Die Leistungsberechtigten haben das Recht, zwischen Einrichtungen und Diensten verschiedener Träger zu wählen und Wünsche hinsichtlich der Gestaltung der Hilfe zu äußern. [2] Sie sind auf dieses Recht hinzuweisen.

(2) [1] Der Wahl und den Wünschen soll entsprochen werden, sofern dies nicht mit unverhältnismäßigen Mehrkosten verbunden ist. [2] Wünscht der Leistungsberechtigte die Erbringung einer in § 78a genannten Leistung in einer Einrichtung, mit deren Träger keine Vereinbarungen nach § 78b bestehen, so soll der Wahl nur entsprochen werden, wenn die Erbringung der Leistung in dieser Einrichtung im Einzelfall oder nach Maßgabe des Hilfeplanes (§ 36) geboten ist.

§ 6 Geltungsbereich. (1) [1] Leistungen nach diesem Buch werden jungen Menschen, Müttern, Vätern und Personensorgeberechtigten von Kindern und Jugendlichen gewährt, die ihren tatsächlichen Aufenthalt im Inland haben. [2] Für die Erfüllung anderer Aufgaben gilt Satz 1 entsprechend. [3] Umgangsberechtigte haben unabhängig von ihrem tatsächlichen Aufenthalt Anspruch auf Beratung und Unterstützung bei der Ausübung des Umgangsrechts, wenn das Kind oder der Jugendliche seinen gewöhnlichen Aufenthalt im Inland hat.

(2) [1] Ausländer können Leistungen nach diesem Buch nur beanspruchen, wenn sie rechtmäßig oder auf Grund einer ausländerrechtlichen Duldung ihren gewöhnlichen Aufenthalt im Inland haben. [2] Absatz 1 Satz 2 bleibt unberührt.

(3) Deutschen können Leistungen nach diesem Buch auch gewährt werden, wenn sie ihren Aufenthalt im Ausland haben und soweit sie nicht Hilfe vom Aufenthaltsland erhalten.

(4) Regelungen des über- und zwischenstaatlichen Rechts bleiben unberührt.

§ 7 Begriffsbestimmungen. (1) Im Sinne dieses Buches ist

1. Kind, wer noch nicht 14 Jahre alt ist, soweit nicht die Absätze 2 bis 4 etwas anderes bestimmen,
2. Jugendlicher, wer 14, aber noch nicht 18 Jahre alt ist,
3. junger Volljähriger, wer 18, aber noch nicht 27 Jahre alt ist,
4. junger Mensch, wer noch nicht 27 Jahre alt ist,
5. Personensorgeberechtigter, wem allein oder gemeinsam mit einer anderen Person nach den Vorschriften des Bürgerlichen Gesetzbuchs die Personensorge zusteht,
6. Erziehungsberechtigter, der Personensorgeberechtigte und jede sonstige Person über 18 Jahre, soweit sie auf Grund einer Vereinbarung mit dem Personensorgeberechtigten nicht nur vorübergehend und nicht nur für einzelne Verrichtungen Aufgaben der Personensorge wahrnimmt.

(2) Kind im Sinne des § 1 Absatz 2 ist, wer noch nicht 18 Jahre alt ist.

(3) Werktage im Sinne der §§ 42a bis 42c sind die Wochentage Montag bis Freitag; ausgenommen sind gesetzliche Feiertage.

(4) Die Bestimmungen dieses Buches, die sich auf die Annahme als Kind beziehen, gelten nur für Personen, die das 18. Lebensjahr noch nicht vollendet haben.

§ 8 Beteiligung von Kindern und Jugendlichen. (1) [1] Kinder und Jugendliche sind entsprechend ihrem Entwicklungsstand an allen sie betreffenden Entscheidungen der öffentlichen Jugendhilfe zu beteiligen. [2] Sie sind in geeigneter Weise auf ihre Rechte im Verwaltungsverfahren sowie im Verfahren vor dem Familiengericht und dem Verwaltungsgericht hinzuweisen.

(2) Kinder und Jugendliche haben das Recht, sich in allen Angelegenheiten der Erziehung und Entwicklung an das Jugendamt zu wenden.

(3) [1] Kinder und Jugendliche haben Anspruch auf Beratung ohne Kenntnis des Personensorgeberechtigten, wenn die Beratung auf Grund einer Not- und Konfliktlage erforderlich ist und solange durch die Mitteilung an den Personensorgeberechtigten der Beratungszweck vereitelt würde. [2] § 36 des Ersten Buches[1)] bleibt unberührt.

[1)] Nr. 1.

§ 8a Schutzauftrag bei Kindeswohlgefährdung. (1) [1] Werden dem Jugendamt gewichtige Anhaltspunkte für die Gefährdung des Wohls eines Kindes oder Jugendlichen bekannt, so hat es das Gefährdungsrisiko im Zusammenwirken mehrerer Fachkräfte einzuschätzen. [2] Soweit der wirksame Schutz dieses Kindes oder dieses Jugendlichen nicht in Frage gestellt wird, hat das Jugendamt die Erziehungsberechtigten sowie das Kind oder den Jugendlichen in die Gefährdungseinschätzung einzubeziehen und, sofern dies nach fachlicher Einschätzung erforderlich ist, sich dabei einen unmittelbaren Eindruck von dem Kind und von seiner persönlichen Umgebung zu verschaffen. [3] Hält das Jugendamt zur Abwendung der Gefährdung die Gewährung von Hilfen für geeignet und notwendig, so hat es diese den Erziehungsberechtigten anzubieten.

(2) [1] Hält das Jugendamt das Tätigwerden des Familiengerichts für erforderlich, so hat es das Gericht anzurufen; dies gilt auch, wenn die Erziehungsberechtigten nicht bereit oder in der Lage sind, bei der Abschätzung des Gefährdungsrisikos mitzuwirken. [2] Besteht eine dringende Gefahr und kann die Entscheidung des Gerichts nicht abgewartet werden, so ist das Jugendamt verpflichtet, das Kind oder den Jugendlichen in Obhut zu nehmen.

(3) [1] Soweit zur Abwendung der Gefährdung das Tätigwerden anderer Leistungsträger, der Einrichtungen der Gesundheitshilfe oder der Polizei notwendig ist, hat das Jugendamt auf die Inanspruchnahme durch die Erziehungsberechtigten hinzuwirken. [2] Ist ein sofortiges Tätigwerden erforderlich und wirken die Personensorgeberechtigten oder die Erziehungsberechtigten nicht mit, so schaltet das Jugendamt die anderen zur Abwendung der Gefährdung zuständigen Stellen selbst ein.

(4) [1] In Vereinbarungen mit den Trägern von Einrichtungen und Diensten, die Leistungen nach diesem Buch erbringen, ist sicherzustellen, dass

1. deren Fachkräfte bei Bekanntwerden gewichtiger Anhaltspunkte für die Gefährdung eines von ihnen betreuten Kindes oder Jugendlichen eine Gefährdungseinschätzung vornehmen,
2. bei der Gefährdungseinschätzung eine insoweit erfahrene Fachkraft beratend hinzugezogen wird sowie
3. die Erziehungsberechtigten sowie das Kind oder der Jugendliche in die Gefährdungseinschätzung einbezogen werden, soweit hierdurch der wirksame Schutz des Kindes oder Jugendlichen nicht in Frage gestellt wird.

[2] In die Vereinbarung ist neben den Kriterien für die Qualifikation der beratend hinzuzuziehenden insoweit erfahrenen Fachkraft insbesondere die Verpflichtung aufzunehmen, dass die Fachkräfte der Träger bei den Erziehungsberechtigten auf die Inanspruchnahme von Hilfen hinwirken, wenn sie diese für erforderlich halten, und das Jugendamt informieren, falls die Gefährdung nicht anders abgewendet werden kann.

(5) [1] Werden einem örtlichen Träger gewichtige Anhaltspunkte für die Gefährdung des Wohls eines Kindes oder eines Jugendlichen bekannt, so sind dem für die Gewährung von Leistungen zuständigen örtlichen Träger die Daten mitzuteilen, deren Kenntnis zur Wahrnehmung des Schutzauftrags bei Kindeswohlgefährdung nach § 8a erforderlich ist. [2] Die Mitteilung soll im Rahmen eines Gespräches zwischen den Fachkräften der beiden örtlichen Träger erfolgen, an dem die Personensorgeberechtigten sowie das Kind oder der Jugend-

liche beteiligt werden sollen, soweit hierdurch der wirksame Schutz des Kindes oder des Jugendlichen nicht in Frage gestellt wird.

§ 8b Fachliche Beratung und Begleitung zum Schutz von Kindern und Jugendlichen. (1) Personen, die beruflich in Kontakt mit Kindern oder Jugendlichen stehen, haben bei der Einschätzung einer Kindeswohlgefährdung im Einzelfall gegenüber dem örtlichen Träger der Jugendhilfe Anspruch auf Beratung durch eine insoweit erfahrene Fachkraft.

(2) Träger von Einrichtungen, in denen sich Kinder oder Jugendliche ganztägig oder für einen Teil des Tages aufhalten oder in denen sie Unterkunft erhalten, und die zuständigen Leistungsträger, haben gegenüber dem überörtlichen Träger der Jugendhilfe Anspruch auf Beratung bei der Entwicklung und Anwendung fachlicher Handlungsleitlinien

1. zur Sicherung des Kindeswohls und zum Schutz vor Gewalt sowie
2. zu Verfahren der Beteiligung von Kindern und Jugendlichen an strukturellen Entscheidungen in der Einrichtung sowie zu Beschwerdeverfahren in persönlichen Angelegenheiten.

§ 9 Grundrichtung der Erziehung, Gleichberechtigung von Mädchen und Jungen. Bei der Ausgestaltung der Leistungen und der Erfüllung der Aufgaben sind

1. die von den Personensorgeberechtigten bestimmte Grundrichtung der Erziehung sowie die Rechte der Personensorgeberechtigten und des Kindes oder des Jugendlichen bei der Bestimmung der religiösen Erziehung zu beachten,
2. die wachsende Fähigkeit und das wachsende Bedürfnis des Kindes oder des Jugendlichen zu selbständigem, verantwortungsbewusstem Handeln sowie die jeweiligen besonderen sozialen und kulturellen Bedürfnisse und Eigenarten junger Menschen und ihrer Familien zu berücksichtigen,
3. die unterschiedlichen Lebenslagen von Mädchen und Jungen zu berücksichtigen, Benachteiligungen abzubauen und die Gleichberechtigung von Mädchen und Jungen zu fördern.

§ 10 Verhältnis zu anderen Leistungen und Verpflichtungen. (1) [1] Verpflichtungen anderer, insbesondere der Träger anderer Sozialleistungen und der Schulen, werden durch dieses Buch nicht berührt. [2] Auf Rechtsvorschriften beruhende Leistungen anderer dürfen nicht deshalb versagt werden, weil nach diesem Buch entsprechende Leistungen vorgesehen sind.

(2) [1] Unterhaltspflichtige Personen werden nach Maßgabe der §§ 90 bis 97b an den Kosten für Leistungen und vorläufige Maßnahmen nach diesem Buch beteiligt. [2] Soweit die Zahlung des Kostenbeitrags die Leistungsfähigkeit des Unterhaltspflichtigen mindert oder der Bedarf des jungen Menschen durch Leistungen und vorläufige Maßnahmen nach diesem Buch gedeckt ist, ist dies bei der Berechnung des Unterhalts zu berücksichtigen.

(3) [1] Die Leistungen nach diesem Buch gehen Leistungen nach dem Zweiten Buch vor. [2] Abweichend von Satz 1 gehen Leistungen nach § 3 Absatz 2, den §§ 14 bis 16g, § 19 Absatz 2 in Verbindung mit § 28 Absatz 6 des Zweiten Buches[1)] sowie Leistungen nach § 6b Absatz 2 des Bundeskindergeldgesetzes in

---

[1)] Nr. 2.

Verbindung mit § 28 Absatz 6 des Zweiten Buches den Leistungen nach diesem Buch vor.

(4) [1]Die Leistungen nach diesem Buch gehen Leistungen nach dem Neunten[1)] und Zwölften Buch vor. [2]Abweichend von Satz 1 gehen Leistungen nach § 27a Absatz 1 in Verbindung mit § 34 Absatz 6 des Zwölften Buches[2)] und Leistungen der Eingliederungshilfe nach dem Neunten Buch für junge Menschen, die körperlich oder geistig behindert oder von einer solchen Behinderung bedroht sind, den Leistungen nach diesem Buch vor. [3]Landesrecht kann regeln, dass Leistungen der Frühförderung für Kinder unabhängig von der Art der Behinderung vorrangig von anderen Leistungsträgern gewährt werden.

Zweites Kapitel. Leistungen der Jugendhilfe

Erster Abschnitt. Jugendarbeit, Jugendsozialarbeit, erzieherischer Kinder- und Jugendschutz

§ 11 Jugendarbeit. (1) [1]Jungen Menschen sind die zur Förderung ihrer Entwicklung erforderlichen Angebote der Jugendarbeit zur Verfügung zu stellen. [2]Sie sollen an den Interessen junger Menschen anknüpfen und von ihnen mitbestimmt und mitgestaltet werden, sie zur Selbstbestimmung befähigen und zu gesellschaftlicher Mitverantwortung und zu sozialem Engagement anregen und hinführen.

(2) [1]Jugendarbeit wird angeboten von Verbänden, Gruppen und Initiativen der Jugend, von anderen Trägern der Jugendarbeit und den Trägern der öffentlichen Jugendhilfe. [2]Sie umfasst für Mitglieder bestimmte Angebote, die offene Jugendarbeit und gemeinwesenorientierte Angebote.

(3) Zu den Schwerpunkten der Jugendarbeit gehören:

1. außerschulische Jugendbildung mit allgemeiner, politischer, sozialer, gesundheitlicher, kultureller, naturkundlicher und technischer Bildung,
2. Jugendarbeit in Sport, Spiel und Geselligkeit,
3. arbeitswelt-, schul- und familienbezogene Jugendarbeit,
4. internationale Jugendarbeit,
5. Kinder- und Jugenderholung,
6. Jugendberatung.

(4) Angebote der Jugendarbeit können auch Personen, die das 27. Lebensjahr vollendet haben, in angemessenem Umfang einbeziehen.

§ 12 Förderung der Jugendverbände. (1) Die eigenverantwortliche Tätigkeit der Jugendverbände und Jugendgruppen ist unter Wahrung ihres satzungsgemäßen Eigenlebens nach Maßgabe des § 74 zu fördern.

(2) [1]In Jugendverbänden und Jugendgruppen wird Jugendarbeit von jungen Menschen selbst organisiert, gemeinschaftlich gestaltet und mitverantwortet. [2]Ihre Arbeit ist auf Dauer angelegt und in der Regel auf die eigenen Mitglieder ausgerichtet, sie kann sich aber auch an junge Menschen wenden, die nicht Mitglieder sind. [3]Durch Jugendverbände und ihre Zusammenschlüsse werden

---

[1)] Nr. **9**.
[2)] Nr. **12**.

Anliegen und Interessen junger Menschen zum Ausdruck gebracht und vertreten.

§ 13 Jugendsozialarbeit. (1) Jungen Menschen, die zum Ausgleich sozialer Benachteiligungen oder zur Überwindung individueller Beeinträchtigungen in erhöhtem Maße auf Unterstützung angewiesen sind, sollen im Rahmen der Jugendhilfe sozialpädagogische Hilfen angeboten werden, die ihre schulische und berufliche Ausbildung, Eingliederung in die Arbeitswelt und ihre soziale Integration fördern.

(2) Soweit die Ausbildung dieser jungen Menschen nicht durch Maßnahmen und Programme anderer Träger und Organisationen sichergestellt wird, können geeignete sozialpädagogisch begleitete Ausbildungs- und Beschäftigungsmaßnahmen angeboten werden, die den Fähigkeiten und dem Entwicklungsstand dieser jungen Menschen Rechnung tragen.

(3) [1]Jungen Menschen kann während der Teilnahme an schulischen oder beruflichen Bildungsmaßnahmen oder bei der beruflichen Eingliederung Unterkunft in sozialpädagogisch begleiteten Wohnformen angeboten werden. [2]In diesen Fällen sollen auch der notwendige Unterhalt des jungen Menschen sichergestellt und Krankenhilfe nach Maßgabe des § 40 geleistet werden.

(4) Die Angebote sollen mit den Maßnahmen der Schulverwaltung, der Bundesagentur für Arbeit, der Träger betrieblicher und außerbetrieblicher Ausbildung sowie der Träger von Beschäftigungsangeboten abgestimmt werden.

§ 14 Erzieherischer Kinder- und Jugendschutz. (1) Jungen Menschen und Erziehungsberechtigten sollen Angebote des erzieherischen Kinder- und Jugendschutzes gemacht werden.

(2) Die Maßnahmen sollen

1. junge Menschen befähigen, sich vor gefährdenden Einflüssen zu schützen und sie zu Kritikfähigkeit, Entscheidungsfähigkeit und Eigenverantwortlichkeit sowie zur Verantwortung gegenüber ihren Mitmenschen führen,
2. Eltern und andere Erziehungsberechtigte besser befähigen, Kinder und Jugendliche vor gefährdenden Einflüssen zu schützen.

§ 15 Landesrechtsvorbehalt. Das Nähere über Inhalt und Umfang der in diesem Abschnitt geregelten Aufgaben und Leistungen regelt das Landesrecht.

Zweiter Abschnitt. Förderung der Erziehung in der Familie

§ 16 Allgemeine Förderung der Erziehung in der Familie. (1) [1]Müttern, Vätern, anderen Erziehungsberechtigten und jungen Menschen sollen Leistungen der allgemeinen Förderung der Erziehung in der Familie angeboten werden. [2]Sie sollen dazu beitragen, dass Mütter, Väter und andere Erziehungsberechtigte ihre Erziehungsverantwortung besser wahrnehmen können. [3]Sie sollen auch Wege aufzeigen, wie Konfliktsituationen in der Familie gewaltfrei gelöst werden können.

(2) Leistungen zur Förderung der Erziehung in der Familie sind insbesondere

1. Angebote der Familienbildung, die auf Bedürfnisse und Interessen sowie auf Erfahrungen von Familien in unterschiedlichen Lebenslagen und Erziehungssituationen eingehen, die Familien in ihrer Gesundheitskompetenz

stärken, die Familie zur Mitarbeit in Erziehungseinrichtungen und in Formen der Selbst- und Nachbarschaftshilfe besser befähigen sowie junge Menschen auf Ehe, Partnerschaft und das Zusammenleben mit Kindern vorbereiten,

2. Angebote der Beratung in allgemeinen Fragen der Erziehung und Entwicklung junger Menschen,
3. Angebote der Familienfreizeit und der Familienerholung, insbesondere in belastenden Familiensituationen, die bei Bedarf die erzieherische Betreuung der Kinder einschließen.

(3) Müttern und Vätern sowie schwangeren Frauen und werdenden Vätern sollen Beratung und Hilfe in Fragen der Partnerschaft und des Aufbaus elterlicher Erziehungs- und Beziehungskompetenzen angeboten werden.

(4) Das Nähere über Inhalt und Umfang der Aufgaben regelt das Landesrecht.

§ 17 Beratung in Fragen der Partnerschaft, Trennung und Scheidung.

(1) [1] Mütter und Väter haben im Rahmen der Jugendhilfe Anspruch auf Beratung in Fragen der Partnerschaft, wenn sie für ein Kind oder einen Jugendlichen zu sorgen haben oder tatsächlich sorgen. [2] Die Beratung soll helfen,

1. ein partnerschaftliches Zusammenleben in der Familie aufzubauen,
2. Konflikte und Krisen in der Familie zu bewältigen,
3. im Fall der Trennung oder Scheidung die Bedingungen für eine dem Wohl des Kindes oder des Jugendlichen förderliche Wahrnehmung der Elternverantwortung zu schaffen.

(2) Im Fall der Trennung und Scheidung sind Eltern unter angemessener Beteiligung des betroffenen Kindes oder Jugendlichen bei der Entwicklung eines einvernehmlichen Konzepts für die Wahrnehmung der elterlichen Sorge und der elterlichen Verantwortung zu unterstützen; dieses Konzept kann auch als Grundlage für einen Vergleich oder eine gerichtliche Entscheidung im familiengerichtlichen Verfahren dienen.

(3) Die Gerichte teilen die Rechtshängigkeit von Scheidungssachen, wenn gemeinschaftliche minderjährige Kinder vorhanden sind, sowie Namen und Anschriften der beteiligten Eheleute und Kinder dem Jugendamt mit, damit dieses die Eltern über das Leistungsangebot der Jugendhilfe nach Absatz 2 unterrichtet.

§ 18 Beratung und Unterstützung bei der Ausübung der Personensorge und des Umgangsrechts. (1) Mütter und Väter, die allein für ein Kind oder einen Jugendlichen zu sorgen haben oder tatsächlich sorgen, haben Anspruch auf Beratung und Unterstützung

1. bei der Ausübung der Personensorge einschließlich der Geltendmachung von Unterhalts- oder Unterhaltsersatzansprüchen des Kindes oder Jugendlichen,
2. bei der Geltendmachung ihrer Unterhaltsansprüche nach § 1615l des Bürgerlichen Gesetzbuchs.

(2) Mütter und Väter, die mit dem anderen Elternteil nicht verheiratet sind, haben Anspruch auf Beratung über die Abgabe einer Sorgeerklärung und die

Möglichkeit der gerichtlichen Übertragung der gemeinsamen elterlichen Sorge.

(3) [1] Kinder und Jugendliche haben Anspruch auf Beratung und Unterstützung bei der Ausübung des Umgangsrechts nach § 1684 Absatz 1 des Bürgerlichen Gesetzbuchs. [2] Sie sollen darin unterstützt werden, dass die Personen, die nach Maßgabe der §§ 1684, 1685 und 1686a des Bürgerlichen Gesetzbuchs zum Umgang mit ihnen berechtigt sind, von diesem Recht zu ihrem Wohl Gebrauch machen. [3] Eltern, andere Umgangsberechtigte sowie Personen, in deren Obhut sich das Kind befindet, haben Anspruch auf Beratung und Unterstützung bei der Ausübung des Umgangsrechts. [4] Bei der Befugnis, Auskunft über die persönlichen Verhältnisse des Kindes zu verlangen, bei der Herstellung von Umgangskontakten und bei der Ausführung gerichtlicher oder vereinbarter Umgangsregelungen soll vermittelt und in geeigneten Fällen Hilfestellung geleistet werden.

(4) Ein junger Volljähriger hat bis zur Vollendung des 21. Lebensjahres Anspruch auf Beratung und Unterstützung bei der Geltendmachung von Unterhalts- oder Unterhaltsersatzansprüchen.

§ 19 Gemeinsame Wohnformen für Mütter/Väter und Kinder.

(1) [1] Mütter oder Väter, die allein für ein Kind unter sechs Jahren zu sorgen haben oder tatsächlich sorgen, sollen gemeinsam mit dem Kind in einer geeigneten Wohnform betreut werden, wenn und solange sie auf Grund ihrer Persönlichkeitsentwicklung dieser Form der Unterstützung bei der Pflege und Erziehung des Kindes bedürfen. [2] Die Betreuung schließt auch ältere Geschwister ein, sofern die Mutter oder der Vater für sie allein zu sorgen hat. [3] Eine schwangere Frau kann auch vor der Geburt des Kindes in der Wohnform betreut werden.

(2) Während dieser Zeit soll darauf hingewirkt werden, dass die Mutter oder der Vater eine schulische oder berufliche Ausbildung beginnt oder fortführt oder eine Berufstätigkeit aufnimmt.

(3) Die Leistung soll auch den notwendigen Unterhalt der betreuten Personen sowie die Krankenhilfe nach Maßgabe des § 40 umfassen.

§ 20 Betreuung und Versorgung des Kindes in Notsituationen.

(1) Fällt der Elternteil, der die überwiegende Betreuung des Kindes übernommen hat, für die Wahrnehmung dieser Aufgabe aus gesundheitlichen oder anderen zwingenden Gründen aus, so soll der andere Elternteil bei der Betreuung und Versorgung des im Haushalt lebenden Kindes unterstützt werden, wenn

1. er wegen berufsbedingter Abwesenheit nicht in der Lage ist, die Aufgabe wahrzunehmen,
2. die Hilfe erforderlich ist, um das Wohl des Kindes zu gewährleisten,
3. Angebote der Förderung des Kindes in Tageseinrichtungen oder in Kindertagespflege nicht ausreichen.

(2) Fällt ein allein erziehender Elternteil oder fallen beide Elternteile aus gesundheitlichen oder anderen zwingenden Gründen aus, so soll unter der Voraussetzung des Absatzes 1 Nummer 3 das Kind im elterlichen Haushalt versorgt und betreut werden, wenn und solange es für sein Wohl erforderlich ist.

§ 21 Unterstützung bei notwendiger Unterbringung zur Erfüllung der Schulpflicht. [1] Können Personensorgeberechtigte wegen des mit ihrer beruflichen Tätigkeit verbundenen ständigen Ortswechsels die Erfüllung der Schulpflicht ihres Kindes oder Jugendlichen nicht sicherstellen und ist deshalb eine anderweitige Unterbringung des Kindes oder des Jugendlichen notwendig, so haben sie Anspruch auf Beratung und Unterstützung. [2] In geeigneten Fällen können die Kosten der Unterbringung in einer für das Kind oder den Jugendlichen geeigneten Wohnform einschließlich des notwendigen Unterhalts sowie die Krankenhilfe übernommen werden. [3] Die Leistung kann über das schulpflichtige Alter hinaus gewährt werden, sofern eine begonnene Schulausbildung noch nicht abgeschlossen ist, längstens aber bis zur Vollendung des 21. Lebensjahres.

Dritter Abschnitt. Förderung von Kindern in Tageseinrichtungen und in Kindertagespflege

§ 22 Grundsätze der Förderung. (1) [1] Tageseinrichtungen sind Einrichtungen, in denen sich Kinder für einen Teil des Tages oder ganztägig aufhalten und in Gruppen gefördert werden. [2] Kindertagespflege wird von einer geeigneten Tagespflegeperson in ihrem Haushalt oder im Haushalt des Personensorgeberechtigten geleistet. [3] Das Nähere über die Abgrenzung von Tageseinrichtungen und Kindertagespflege regelt das Landesrecht. [4] Es kann auch regeln, dass Kindertagespflege in anderen geeigneten Räumen geleistet wird.

(2) Tageseinrichtungen für Kinder und Kindertagespflege sollen

1. die Entwicklung des Kindes zu einer eigenverantwortlichen und gemeinschaftsfähigen Persönlichkeit fördern,
2. die Erziehung und Bildung in der Familie unterstützen und ergänzen,
3. den Eltern dabei helfen, Erwerbstätigkeit und Kindererziehung besser miteinander vereinbaren zu können.

(3) [1] Der Förderungsauftrag umfasst Erziehung, Bildung und Betreuung des Kindes und bezieht sich auf die soziale, emotionale, körperliche und geistige Entwicklung des Kindes. [2] Er schließt die Vermittlung orientierender Werte und Regeln ein. [3] Die Förderung soll sich am Alter und Entwicklungsstand, den sprachlichen und sonstigen Fähigkeiten, der Lebenssituation sowie den Interessen und Bedürfnissen des einzelnen Kindes orientieren und seine ethnische Herkunft berücksichtigen.

(4) [1] Für die Erfüllung des Förderungsauftrags nach Absatz 3 sollen geeignete Maßnahmen zur Gewährleistung der Qualität der Förderung von Kindern in Tageseinrichtungen und in der Kindertagespflege weiterentwickelt werden. [2] Das Nähere regelt das Landesrecht.

§ 22a Förderung in Tageseinrichtungen. (1) [1] Die Träger der öffentlichen Jugendhilfe sollen die Qualität der Förderung in ihren Einrichtungen durch geeignete Maßnahmen sicherstellen und weiterentwickeln. [2] Dazu gehören die Entwicklung und der Einsatz einer pädagogischen Konzeption als Grundlage für die Erfüllung des Förderungsauftrags sowie der Einsatz von Instrumenten und Verfahren zur Evaluation der Arbeit in den Einrichtungen.

(2) [1] Die Träger der öffentlichen Jugendhilfe sollen sicherstellen, dass die Fachkräfte in ihren Einrichtungen zusammenarbeiten

1. mit den Erziehungsberechtigten und Tagespflegepersonen zum Wohl der Kinder und zur Sicherung der Kontinuität des Erziehungsprozesses,
2. mit anderen kinder- und familienbezogenen Institutionen und Initiativen im Gemeinwesen, insbesondere solchen der Familienbildung und -beratung,
3. mit den Schulen, um den Kindern einen guten Übergang in die Schule zu sichern und um die Arbeit mit Schulkindern in Horten und altersgemischten Gruppen zu unterstützen.

[2]Die Erziehungsberechtigten sind an den Entscheidungen in wesentlichen Angelegenheiten der Erziehung, Bildung und Betreuung zu beteiligen.

(3) [1]Das Angebot soll sich pädagogisch und organisatorisch an den Bedürfnissen der Kinder und ihrer Familien orientieren. [2]Werden Einrichtungen in den Ferienzeiten geschlossen, so hat der Träger der öffentlichen Jugendhilfe für die Kinder, die nicht von den Erziehungsberechtigten betreut werden können, eine anderweitige Betreuungsmöglichkeit sicherzustellen.

(4) [1]Kinder mit und ohne Behinderung sollen, sofern der Hilfebedarf dies zulässt, in Gruppen gemeinsam gefördert werden. [2]Zu diesem Zweck sollen die Träger der öffentlichen Jugendhilfe mit den Trägern der Sozialhilfe bei der Planung, konzeptionellen Ausgestaltung und Finanzierung des Angebots zusammenarbeiten.

(5) Die Träger der öffentlichen Jugendhilfe sollen die Realisierung des Förderungsauftrags nach Maßgabe der Absätze 1 bis 4 in den Einrichtungen anderer Träger durch geeignete Maßnahmen sicherstellen.

§ 23 Förderung in Kindertagespflege. (1) Die Förderung in Kindertagespflege nach Maßgabe von § 24 umfasst die Vermittlung des Kindes zu einer geeigneten Tagespflegeperson, soweit diese nicht von der erziehungsberechtigten Person nachgewiesen wird, deren fachliche Beratung, Begleitung und weitere Qualifizierung sowie die Gewährung einer laufenden Geldleistung an die Tagespflegeperson.

(2) Die laufende Geldleistung nach Absatz 1 umfasst

1. die Erstattung angemessener Kosten, die der Tagespflegeperson für den Sachaufwand entstehen,
2. einen Betrag zur Anerkennung ihrer Förderungsleistung nach Maßgabe von Absatz 2a,
3. die Erstattung nachgewiesener Aufwendungen für Beiträge zu einer Unfallversicherung sowie die hälftige Erstattung nachgewiesener Aufwendungen zu einer angemessenen Alterssicherung der Tagespflegeperson und
4. die hälftige Erstattung nachgewiesener Aufwendungen zu einer angemessenen Krankenversicherung und Pflegeversicherung.

(2a) [1]Die Höhe der laufenden Geldleistung wird von den Trägern der öffentlichen Jugendhilfe festgelegt, soweit Landesrecht nicht etwas anderes bestimmt. [2]Der Betrag zur Anerkennung der Förderungsleistung der Tagespflegeperson ist leistungsgerecht auszugestalten. [3]Dabei sind der zeitliche Umfang der Leistung und die Anzahl sowie der Förderbedarf der betreuten Kinder zu berücksichtigen.

(3) [1]Geeignet im Sinne von Absatz 1 sind Personen, die sich durch ihre Persönlichkeit, Sachkompetenz und Kooperationsbereitschaft mit Erziehungsberechtigten und anderen Tagespflegepersonen auszeichnen und über kindge-

rechte Räumlichkeiten verfügen. [2] Sie sollen über vertiefte Kenntnisse hinsichtlich der Anforderungen der Kindertagespflege verfügen, die sie in qualifizierten Lehrgängen erworben oder in anderer Weise nachgewiesen haben.

(4) [1] Erziehungsberechtigte und Tagespflegepersonen haben Anspruch auf Beratung in allen Fragen der Kindertagespflege. [2] Für Ausfallzeiten einer Tagespflegeperson ist rechtzeitig eine andere Betreuungsmöglichkeit für das Kind sicherzustellen. [3] Zusammenschlüsse von Tagespflegepersonen sollen beraten, unterstützt und gefördert werden.

§ 24 Anspruch auf Förderung in Tageseinrichtungen und in Kindertagespflege. (1) [1] Ein Kind, das das erste Lebensjahr noch nicht vollendet hat, ist in einer Einrichtung oder in Kindertagespflege zu fördern, wenn

1. diese Leistung für seine Entwicklung zu einer eigenverantwortlichen und gemeinschaftsfähigen Persönlichkeit geboten ist oder
2. die Erziehungsberechtigten
   a) einer Erwerbstätigkeit nachgehen, eine Erwerbstätigkeit aufnehmen oder Arbeit suchend sind,
   b) sich in einer beruflichen Bildungsmaßnahme, in der Schulausbildung oder Hochschulausbildung befinden oder
   c) Leistungen zur Eingliederung in Arbeit im Sinne des Zweiten Buches[1)] erhalten.

[2] Lebt das Kind nur mit einem Erziehungsberechtigten zusammen, so tritt diese Person an die Stelle der Erziehungsberechtigten. [3] Der Umfang der täglichen Förderung richtet sich nach dem individuellen Bedarf.

(2) [1] Ein Kind, das das erste Lebensjahr vollendet hat, hat bis zur Vollendung des dritten Lebensjahres Anspruch auf frühkindliche Förderung in einer Tageseinrichtung oder in Kindertagespflege. [2] Absatz 1 Satz 3 gilt entsprechend.

(3) [1] Ein Kind, das das dritte Lebensjahr vollendet hat, hat bis zum Schuleintritt Anspruch auf Förderung in einer Tageseinrichtung. [2] Die Träger der öffentlichen Jugendhilfe haben darauf hinzuwirken, dass für diese Altersgruppe ein bedarfsgerechtes Angebot an Ganztagsplätzen zur Verfügung steht. [3] Das Kind kann bei besonderem Bedarf oder ergänzend auch in Kindertagespflege gefördert werden.

(4) [1] Für Kinder im schulpflichtigen Alter ist ein bedarfsgerechtes Angebot in Tageseinrichtungen vorzuhalten. [2] Absatz 1 Satz 3 und Absatz 3 Satz 3 gelten entsprechend.

(5) [1] Die Träger der öffentlichen Jugendhilfe oder die von ihnen beauftragten Stellen sind verpflichtet, Eltern oder Elternteile, die Leistungen nach den Absätzen 1 bis 4 in Anspruch nehmen wollen, über das Platzangebot im örtlichen Einzugsbereich und die pädagogische Konzeption der Einrichtungen zu informieren und sie bei der Auswahl zu beraten. [2] Landesrecht kann bestimmen, dass die erziehungsberechtigten Personen den zuständigen Träger der öffentlichen Jugendhilfe oder die beauftragte Stelle innerhalb einer bestimmten Frist vor der beabsichtigten Inanspruchnahme der Leistung in Kenntnis setzen.

(6) Weitergehendes Landesrecht bleibt unberührt.

---

1) Nr. 2.

§ 24a *(aufgehoben)*

§ 25 Unterstützung selbst organisierter Förderung von Kindern. Mütter, Väter und andere Erziehungsberechtigte, die die Förderung von Kindern selbst organisieren wollen, sollen beraten und unterstützt werden.

§ 26 Landesrechtsvorbehalt. [1] Das Nähere über Inhalt und Umfang der in diesem Abschnitt geregelten Aufgaben und Leistungen regelt das Landesrecht. [2] Am 31. Dezember 1990 geltende landesrechtliche Regelungen, die das Kindergartenwesen dem Bildungsbereich zuweisen, bleiben unberührt.

Vierter Abschnitt. Hilfe zur Erziehung, Eingliederungshilfe für seelisch behinderte Kinder und Jugendliche, Hilfe für junge Volljährige

Erster Unterabschnitt. Hilfe zur Erziehung

§ 27 Hilfe zur Erziehung. (1) Ein Personensorgeberechtigter hat bei der Erziehung eines Kindes oder eines Jugendlichen Anspruch auf Hilfe (Hilfe zur Erziehung), wenn eine dem Wohl des Kindes oder des Jugendlichen entsprechende Erziehung nicht gewährleistet ist und die Hilfe für seine Entwicklung geeignet und notwendig ist.

(2) [1] Hilfe zur Erziehung wird insbesondere nach Maßgabe der §§ 28 bis 35 gewährt. [2] Art und Umfang der Hilfe richten sich nach dem erzieherischen Bedarf im Einzelfall; dabei soll das engere soziale Umfeld des Kindes oder des Jugendlichen einbezogen werden. [3] Die Hilfe ist in der Regel im Inland zu erbringen; sie darf nur dann im Ausland erbracht werden, wenn dies nach Maßgabe der Hilfeplanung zur Erreichung des Hilfezieles im Einzelfall erforderlich ist.

(2a) Ist eine Erziehung des Kindes oder Jugendlichen außerhalb des Elternhauses erforderlich, so entfällt der Anspruch auf Hilfe zur Erziehung nicht dadurch, dass eine andere unterhaltspflichtige Person bereit ist, diese Aufgabe zu übernehmen; die Gewährung von Hilfe zur Erziehung setzt in diesem Fall voraus, dass diese Person bereit und geeignet ist, den Hilfebedarf in Zusammenarbeit mit dem Träger der öffentlichen Jugendhilfe nach Maßgabe der §§ 36 und 37 zu decken.

(3) [1] Hilfe zur Erziehung umfasst insbesondere die Gewährung pädagogischer und damit verbundener therapeutischer Leistungen. [2] Sie soll bei Bedarf Ausbildungs- und Beschäftigungsmaßnahmen im Sinne des § 13 Absatz 2 einschließen.

(4) Wird ein Kind oder eine Jugendliche während ihres Aufenthaltes in einer Einrichtung oder einer Pflegefamilie selbst Mutter eines Kindes, so umfasst die Hilfe zur Erziehung auch die Unterstützung bei der Pflege und Erziehung dieses Kindes.

§ 28 Erziehungsberatung. [1] Erziehungsberatungsstellen und andere Beratungsdienste und -einrichtungen sollen Kinder, Jugendliche, Eltern und andere Erziehungsberechtigte bei der Klärung und Bewältigung individueller und familienbezogener Probleme und der zugrunde liegenden Faktoren, bei der Lösung von Erziehungsfragen sowie bei Trennung und Scheidung unterstützen. [2] Dabei sollen Fachkräfte verschiedener Fachrichtungen zusammenwirken, die mit unterschiedlichen methodischen Ansätzen vertraut sind.

§ 29 Soziale Gruppenarbeit. [1] Die Teilnahme an sozialer Gruppenarbeit soll älteren Kindern und Jugendlichen bei der Überwindung von Entwicklungsschwierigkeiten und Verhaltensproblemen helfen. [2] Soziale Gruppenarbeit soll auf der Grundlage eines gruppenpädagogischen Konzepts die Entwicklung älterer Kinder und Jugendlicher durch soziales Lernen in der Gruppe fördern.

§ 30 Erziehungsbeistand, Betreuungshelfer. Der Erziehungsbeistand und der Betreuungshelfer sollen das Kind oder den Jugendlichen bei der Bewältigung von Entwicklungsproblemen möglichst unter Einbeziehung des sozialen Umfelds unterstützen und unter Erhaltung des Lebensbezugs zur Familie seine Verselbständigung fördern.

§ 31 Sozialpädagogische Familienhilfe. [1] Sozialpädagogische Familienhilfe soll durch intensive Betreuung und Begleitung Familien in ihren Erziehungsaufgaben, bei der Bewältigung von Alltagsproblemen, der Lösung von Konflikten und Krisen sowie im Kontakt mit Ämtern und Institutionen unterstützen und Hilfe zur Selbsthilfe geben. [2] Sie ist in der Regel auf längere Dauer angelegt und erfordert die Mitarbeit der Familie.

§ 32 Erziehung in einer Tagesgruppe. [1] Hilfe zur Erziehung in einer Tagesgruppe soll die Entwicklung des Kindes oder des Jugendlichen durch soziales Lernen in der Gruppe, Begleitung der schulischen Förderung und Elternarbeit unterstützen und dadurch den Verbleib des Kindes oder des Jugendlichen in seiner Familie sichern. [2] Die Hilfe kann auch in geeigneten Formen der Familienpflege geleistet werden.

§ 33 Vollzeitpflege. [1] Hilfe zur Erziehung in Vollzeitpflege soll entsprechend dem Alter und Entwicklungsstand des Kindes oder des Jugendlichen und seinen persönlichen Bindungen sowie den Möglichkeiten der Verbesserung der Erziehungsbedingungen in der Herkunftsfamilie Kindern und Jugendlichen in einer anderen Familie eine zeitlich befristete Erziehungshilfe oder eine auf Dauer angelegte Lebensform bieten. [2] Für besonders entwicklungsbeeinträchtigte Kinder und Jugendliche sind geeignete Formen der Familienpflege zu schaffen und auszubauen.

§ 34 Heimerziehung, sonstige betreute Wohnform. [1] Hilfe zur Erziehung in einer Einrichtung über Tag und Nacht (Heimerziehung) oder in einer sonstigen betreuten Wohnform soll Kinder und Jugendliche durch eine Verbindung von Alltagserleben mit pädagogischen und therapeutischen Angeboten in ihrer Entwicklung fördern. [2] Sie soll entsprechend dem Alter und Entwicklungsstand des Kindes oder des Jugendlichen sowie den Möglichkeiten der Verbesserung der Erziehungsbedingungen in der Herkunftsfamilie

1. eine Rückkehr in die Familie zu erreichen versuchen oder
2. die Erziehung in einer anderen Familie vorbereiten oder
3. eine auf längere Zeit angelegte Lebensform bieten und auf ein selbständiges Leben vorbereiten.

[3] Jugendliche sollen in Fragen der Ausbildung und Beschäftigung sowie der allgemeinen Lebensführung beraten und unterstützt werden.

§ 35 Intensive sozialpädagogische Einzelbetreuung. [1] Intensive sozialpädagogische Einzelbetreuung soll Jugendlichen gewährt werden, die einer intensiven Unterstützung zur sozialen Integration und zu einer eigenverantwortlichen Lebensführung bedürfen. [2]Die Hilfe ist in der Regel auf längere Zeit angelegt und soll den individuellen Bedürfnissen des Jugendlichen Rechnung tragen.

Zweiter Unterabschnitt. Eingliederungshilfe für seelisch behinderte Kinder und Jugendliche

§ 35a Eingliederungshilfe für seelisch behinderte Kinder und Jugendliche. (1) [1]Kinder oder Jugendliche haben Anspruch auf Eingliederungshilfe, wenn

1. ihre seelische Gesundheit mit hoher Wahrscheinlichkeit länger als sechs Monate von dem für ihr Lebensalter typischen Zustand abweicht, und
2. daher ihre Teilhabe am Leben in der Gesellschaft beeinträchtigt ist oder eine solche Beeinträchtigung zu erwarten ist.

[2]Von einer seelischen Behinderung bedroht im Sinne dieses Buches sind Kinder oder Jugendliche, bei denen eine Beeinträchtigung ihrer Teilhabe am Leben in der Gesellschaft nach fachlicher Erkenntnis mit hoher Wahrscheinlichkeit zu erwarten ist. [3]§ 27 Absatz 4 gilt entsprechend.

(1a) [1]Hinsichtlich der Abweichung der seelischen Gesundheit nach Absatz 1 Satz 1 Nummer 1 hat der Träger der öffentlichen Jugendhilfe die Stellungnahme

1. eines Arztes für Kinder- und Jugendpsychiatrie und -psychotherapie,
2. eines Kinder- und Jugendlichenpsychotherapeuten, eines Psychotherapeuten mit einer Weiterbildung für die Behandlung von Kindern und Jugendlichen oder
3. eines Arztes oder eines psychologischen Psychotherapeuten, der über besondere Erfahrungen auf dem Gebiet seelischer Störungen bei Kindern und Jugendlichen verfügt,

einzuholen. [2]Die Stellungnahme ist auf der Grundlage der Internationalen Klassifikation der Krankheiten in der vom Bundesinstitut für Arzneimittel und Medizinprodukte herausgegebenen deutschen Fassung zu erstellen. [3]Dabei ist auch darzulegen, ob die Abweichung Krankheitswert hat oder auf einer Krankheit beruht. [4]Die Hilfe soll nicht von der Person oder dem Dienst oder der Einrichtung, der die Person angehört, die die Stellungnahme abgibt, erbracht werden.

(2) Die Hilfe wird nach dem Bedarf im Einzelfall

1. in ambulanter Form,
2. in Tageseinrichtungen für Kinder oder in anderen teilstationären Einrichtungen,
3. durch geeignete Pflegepersonen und
4. in Einrichtungen über Tag und Nacht sowie sonstigen Wohnformen geleistet.

(3) Aufgabe und Ziele der Hilfe, die Bestimmung des Personenkreises sowie Art und Form der Leistungen richten sich nach Kapitel 6 des Teils 1 des Neunten Buches[1)] sowie § 90 und den Kapiteln 3 bis 6 des Teils 2 des Neunten

[1)] Nr. **9**.

Buches, soweit diese Bestimmungen auch auf seelisch behinderte oder von einer solchen Behinderung bedrohte Personen Anwendung finden und sich aus diesem Buch nichts anderes ergibt.

(4) [1] Ist gleichzeitig Hilfe zur Erziehung zu leisten, so sollen Einrichtungen, Dienste und Personen in Anspruch genommen werden, die geeignet sind, sowohl die Aufgaben der Eingliederungshilfe zu erfüllen als auch den erzieherischen Bedarf zu decken. [2] Sind heilpädagogische Maßnahmen für Kinder, die noch nicht im schulpflichtigen Alter sind, in Tageseinrichtungen für Kinder zu gewähren und lässt der Hilfebedarf es zu, so sollen Einrichtungen in Anspruch genommen werden, in denen behinderte und nicht behinderte Kinder gemeinsam betreut werden.

Dritter Unterabschnitt. Gemeinsame Vorschriften für die Hilfe zur Erziehung und die Eingliederungshilfe für seelisch behinderte Kinder und Jugendliche

§ 36 Mitwirkung, Hilfeplan. (1) [1] Der Personensorgeberechtigte und das Kind oder der Jugendliche sind vor der Entscheidung über die Inanspruchnahme einer Hilfe und vor einer notwendigen Änderung von Art und Umfang der Hilfe zu beraten und auf die möglichen Folgen für die Entwicklung des Kindes oder des Jugendlichen hinzuweisen. [2] Vor und während einer langfristig zu leistenden Hilfe außerhalb der eigenen Familie ist zu prüfen, ob die Annahme als Kind in Betracht kommt. [3] Ist Hilfe außerhalb der eigenen Familie erforderlich, so sind die in Satz 1 genannten Personen bei der Auswahl der Einrichtung oder der Pflegestelle zu beteiligen. [4] Der Wahl und den Wünschen ist zu entsprechen, sofern sie nicht mit unverhältnismäßigen Mehrkosten verbunden sind. [5] Wünschen die in Satz 1 genannten Personen die Erbringung einer in § 78a genannten Leistung in einer Einrichtung, mit deren Träger keine Vereinbarungen nach § 78b bestehen, so soll der Wahl nur entsprochen werden, wenn die Erbringung der Leistung in dieser Einrichtung nach Maßgabe des Hilfeplans nach Absatz 2 geboten ist.

(2) [1] Die Entscheidung über die im Einzelfall angezeigte Hilfeart soll, wenn Hilfe voraussichtlich für längere Zeit zu leisten ist, im Zusammenwirken mehrerer Fachkräfte getroffen werden. [2] Als Grundlage für die Ausgestaltung der Hilfe sollen sie zusammen mit dem Personensorgeberechtigten und dem Kind oder dem Jugendlichen einen Hilfeplan aufstellen, der Feststellungen über den Bedarf, die zu gewährende Art der Hilfe sowie die notwendigen Leistungen enthält; sie sollen regelmäßig prüfen, ob die gewählte Hilfeart weiterhin geeignet und notwendig ist. [3] Werden bei der Durchführung der Hilfe andere Personen, Dienste oder Einrichtungen tätig, so sind sie oder deren Mitarbeiter an der Aufstellung des Hilfeplans und seiner Überprüfung zu beteiligen. [4] Erscheinen Maßnahmen der beruflichen Eingliederung erforderlich, so sollen auch die für die Eingliederung zuständigen Stellen beteiligt werden.

(3) Erscheinen Hilfen nach § 35a erforderlich, so soll bei der Aufstellung und Änderung des Hilfeplans sowie bei der Durchführung der Hilfe die Person, die eine Stellungnahme nach § 35a Absatz 1a abgegeben hat, beteiligt werden.

(4) Vor einer Entscheidung über die Gewährung einer Hilfe, die ganz oder teilweise im Ausland erbracht wird, soll zur Feststellung einer seelischen Störung mit Krankheitswert die Stellungnahme einer in § 35a Absatz 1a Satz 1 genannten Person eingeholt werden.

§ 36a Steuerungsverantwortung, Selbstbeschaffung. (1) [1]Der Träger der öffentlichen Jugendhilfe trägt die Kosten der Hilfe grundsätzlich nur dann, wenn sie auf der Grundlage seiner Entscheidung nach Maßgabe des Hilfeplans unter Beachtung des Wunsch- und Wahlrechts erbracht wird; dies gilt auch in den Fällen, in denen Eltern durch das Familiengericht oder Jugendliche und junge Volljährige durch den Jugendrichter zur Inanspruchnahme von Hilfen verpflichtet werden. [2]Die Vorschriften über die Heranziehung zu den Kosten der Hilfe bleiben unberührt.

(2) [1]Abweichend von Absatz 1 soll der Träger der öffentlichen Jugendhilfe die niedrigschwellige unmittelbare Inanspruchnahme von ambulanten Hilfen, insbesondere der Erziehungsberatung, zulassen. [2]Dazu soll er mit den Leistungserbringern Vereinbarungen schließen, in denen die Voraussetzungen und die Ausgestaltung der Leistungserbringung sowie die Übernahme der Kosten geregelt werden.

(3) [1]Werden Hilfen abweichend von den Absätzen 1 und 2 vom Leistungsberechtigten selbst beschafft, so ist der Träger der öffentlichen Jugendhilfe zur Übernahme der erforderlichen Aufwendungen nur verpflichtet, wenn

1. der Leistungsberechtigte den Träger der öffentlichen Jugendhilfe vor der Selbstbeschaffung über den Hilfebedarf in Kenntnis gesetzt hat,
2. die Voraussetzungen für die Gewährung der Hilfe vorlagen und
3. die Deckung des Bedarfs
   a) bis zu einer Entscheidung des Trägers der öffentlichen Jugendhilfe über die Gewährung der Leistung oder
   b) bis zu einer Entscheidung über ein Rechtsmittel nach einer zu Unrecht abgelehnten Leistung

   keinen zeitlichen Aufschub geduldet hat.

[2]War es dem Leistungsberechtigten unmöglich, den Träger der öffentlichen Jugendhilfe rechtzeitig über den Hilfebedarf in Kenntnis zu setzen, so hat er dies unverzüglich nach Wegfall des Hinderungsgrundes nachzuholen.

§ 37 Zusammenarbeit bei Hilfen außerhalb der eigenen Familie.

(1) [1]Bei Hilfen nach §§ 32 bis 34 und § 35a Absatz 2 Nummer 3 und 4 soll darauf hingewirkt werden, dass die Pflegeperson oder die in der Einrichtung für die Erziehung verantwortlichen Personen und die Eltern zum Wohl des Kindes oder des Jugendlichen zusammenarbeiten. [2]Durch Beratung und Unterstützung sollen die Erziehungsbedingungen in der Herkunftsfamilie innerhalb eines im Hinblick auf die Entwicklung des Kindes oder Jugendlichen vertretbaren Zeitraums so weit verbessert werden, dass sie das Kind oder den Jugendlichen wieder selbst erziehen kann. [3]Während dieser Zeit soll durch begleitende Beratung und Unterstützung der Familien darauf hingewirkt werden, dass die Beziehung des Kindes oder Jugendlichen zur Herkunftsfamilie gefördert wird. [4]Ist eine nachhaltige Verbesserung der Erziehungsbedingungen in der Herkunftsfamilie innerhalb dieses Zeitraums nicht erreichbar, so soll mit den beteiligten Personen eine andere, dem Wohl des Kindes oder des Jugendlichen förderliche und auf Dauer angelegte Lebensperspektive erarbeitet werden.

(2) [1]Die Pflegeperson hat vor der Aufnahme des Kindes oder Jugendlichen und während der Dauer des Pflegeverhältnisses Anspruch auf Beratung und Unterstützung; dies gilt auch in den Fällen, in denen für das Kind oder den

Jugendlichen weder Hilfe zur Erziehung noch Eingliederungshilfe gewährt wird oder die Pflegeperson nicht der Erlaubnis zur Vollzeitpflege nach § 44 bedarf. [2] Lebt das Kind oder der Jugendliche bei einer Pflegeperson außerhalb des Bereichs des zuständigen Trägers der öffentlichen Jugendhilfe, so sind ortsnahe Beratung und Unterstützung sicherzustellen. [3] Der zuständige Träger der öffentlichen Jugendhilfe hat die aufgewendeten Kosten einschließlich der Verwaltungskosten auch in den Fällen zu erstatten, in denen die Beratung und Unterstützung im Wege der Amtshilfe geleistet wird. [4] § 23 Absatz 4 Satz 3 gilt entsprechend.

(2a) [1] Die Art und Weise der Zusammenarbeit sowie die damit im Einzelfall verbundenen Ziele sind im Hilfeplan zu dokumentieren. [2] Bei Hilfen nach den §§ 33, 35a Absatz 2 Nummer 3 und § 41 zählen dazu auch der vereinbarte Umfang der Beratung der Pflegeperson sowie die Höhe der laufenden Leistungen zum Unterhalt des Kindes oder Jugendlichen. [3] Eine Abweichung von den dort getroffenen Feststellungen ist nur bei einer Änderung des Hilfebedarfs und entsprechender Änderung des Hilfeplans zulässig.

(3) [1] Das Jugendamt soll den Erfordernissen des Einzelfalls entsprechend an Ort und Stelle überprüfen, ob die Pflegeperson eine dem Wohl des Kindes oder des Jugendlichen förderliche Erziehung gewährleistet. [2] Die Pflegeperson hat das Jugendamt über wichtige Ereignisse zu unterrichten, die das Wohl des Kindes oder des Jugendlichen betreffen.

§ 38 Vermittlung bei der Ausübung der Personensorge. Sofern der Inhaber der Personensorge durch eine Erklärung nach § 1688 Absatz 3 Satz 1 des Bürgerlichen Gesetzbuchs die Vertretungsmacht der Pflegeperson soweit einschränkt, dass dies eine dem Wohl des Kindes oder des Jugendlichen förderliche Erziehung nicht mehr ermöglicht, sowie bei sonstigen Meinungsverschiedenheiten sollen die Beteiligten das Jugendamt einschalten.

§ 39 Leistungen zum Unterhalt des Kindes oder des Jugendlichen.

(1) [1] Wird Hilfe nach den §§ 32 bis 35 oder nach § 35a Absatz 2 Nummer 2 bis 4 gewährt, so ist auch der notwendige Unterhalt des Kindes oder Jugendlichen außerhalb des Elternhauses sicherzustellen. [2] Er umfasst die Kosten für den Sachaufwand sowie für die Pflege und Erziehung des Kindes oder Jugendlichen.

(2) [1] Der gesamte regelmäßig wiederkehrende Bedarf soll durch laufende Leistungen gedeckt werden. [2] Sie umfassen außer im Fall des § 32 und des § 35a Absatz 2 Nummer 2 auch einen angemessenen Barbetrag zur persönlichen Verfügung des Kindes oder des Jugendlichen. [3] Die Höhe des Betrages wird in den Fällen der §§ 34, 35, 35a Absatz 2 Nummer 4 von der nach Landesrecht zuständigen Behörde festgesetzt; die Beträge sollen nach Altersgruppen gestaffelt sein. [4] Die laufenden Leistungen im Rahmen der Hilfe in Vollzeitpflege (§ 33) oder bei einer geeigneten Pflegeperson (§ 35a Absatz 2 Nummer 3) sind nach den Absätzen 4 bis 6 zu bemessen.

(3) Einmalige Beihilfen oder Zuschüsse können insbesondere zur Erstausstattung einer Pflegestelle, bei wichtigen persönlichen Anlässen sowie für Urlaubs- und Ferienreisen des Kindes oder des Jugendlichen gewährt werden.

(4) [1] Die laufenden Leistungen sollen auf der Grundlage der tatsächlichen Kosten gewährt werden, sofern sie einen angemessenen Umfang nicht übersteigen. [2] Die laufenden Leistungen umfassen auch die Erstattung nachgewiese-

ner Aufwendungen für Beiträge zu einer Unfallversicherung sowie die hälftige Erstattung nachgewiesener Aufwendungen zu einer angemessenen Alterssicherung der Pflegeperson. [3] Sie sollen in einem monatlichen Pauschalbetrag gewährt werden, soweit nicht nach der Besonderheit des Einzelfalls abweichende Leistungen geboten sind. [4] Ist die Pflegeperson in gerader Linie mit dem Kind oder Jugendlichen verwandt und kann sie diesem unter Berücksichtigung ihrer sonstigen Verpflichtungen und ohne Gefährdung ihres angemessenen Unterhalts Unterhalt gewähren, so kann der Teil des monatlichen Pauschalbetrages, der die Kosten für den Sachaufwand des Kindes oder Jugendlichen betrifft, angemessen gekürzt werden. [5] Wird ein Kind oder ein Jugendlicher im Bereich eines anderen Jugendamts untergebracht, so soll sich die Höhe des zu gewährenden Pauschalbetrages nach den Verhältnissen richten, die am Ort der Pflegestelle gelten.

(5) [1] Die Pauschalbeträge für laufende Leistungen zum Unterhalt sollen von den nach Landesrecht zuständigen Behörden festgesetzt werden. [2] Dabei ist dem altersbedingt unterschiedlichen Unterhaltsbedarf von Kindern und Jugendlichen durch eine Staffelung der Beträge nach Altersgruppen Rechnung zu tragen. [3] Das Nähere regelt Landesrecht.

(6) [1] Wird das Kind oder der Jugendliche im Rahmen des Familienleistungsausgleichs nach § 31 des Einkommensteuergesetzes bei der Pflegeperson berücksichtigt, so ist ein Betrag in Höhe der Hälfte des Betrages, der nach § 66 des Einkommensteuergesetzes für ein erstes Kind zu zahlen ist, auf die laufenden Leistungen anzurechnen. [2] Ist das Kind oder der Jugendliche nicht das älteste Kind in der Pflegefamilie, so ermäßigt sich der Anrechnungsbetrag für dieses Kind oder diesen Jugendlichen auf ein Viertel des Betrages, der für ein erstes Kind zu zahlen ist.

(7) Wird ein Kind oder eine Jugendliche während ihres Aufenthaltes in einer Einrichtung oder einer Pflegefamilie selbst Mutter eines Kindes, so ist auch der notwendige Unterhalt dieses Kindes sicherzustellen.

§ 40 Krankenhilfe. [1] Wird Hilfe nach den §§ 33 bis 35 oder nach § 35a Absatz 2 Nummer 3 oder 4 gewährt, so ist auch Krankenhilfe zu leisten; für den Umfang der Hilfe gelten die §§ 47 bis 52 des Zwölften Buches[1)] entsprechend. [2] Krankenhilfe muss den im Einzelfall notwendigen Bedarf in voller Höhe befriedigen. [3] Zuzahlungen und Eigenbeteiligungen sind zu übernehmen. [4] Das Jugendamt kann in geeigneten Fällen die Beiträge für eine freiwillige Krankenversicherung übernehmen, soweit sie angemessen sind.

Vierter Unterabschnitt. Hilfe für junge Volljährige

§ 41 Hilfe für junge Volljährige, Nachbetreuung. (1) [1] Einem jungen Volljährigen soll Hilfe für die Persönlichkeitsentwicklung und zu einer eigenverantwortlichen Lebensführung gewährt werden, wenn und solange die Hilfe auf Grund der individuellen Situation des jungen Menschen notwendig ist. [2] Die Hilfe wird in der Regel nur bis zur Vollendung des 21. Lebensjahres gewährt; in begründeten Einzelfällen soll sie für einen begrenzten Zeitraum darüber hinaus fortgesetzt werden.

[1)] Nr. **12**.

(2) Für die Ausgestaltung der Hilfe gelten § 27 Absatz 3 und 4 sowie die §§ 28 bis 30, 33 bis 36, 39 und 40 entsprechend mit der Maßgabe, dass an die Stelle des Personensorgeberechtigten oder des Kindes oder des Jugendlichen der junge Volljährige tritt.

(3) Der junge Volljährige soll auch nach Beendigung der Hilfe bei der Verselbständigung im notwendigen Umfang beraten und unterstützt werden.

Drittes Kapitel. Andere Aufgaben der Jugendhilfe

Erster Abschnitt. Vorläufige Maßnahmen zum Schutz von Kindern und Jugendlichen

§ 42 Inobhutnahme von Kindern und Jugendlichen. (1) [1]Das Jugendamt ist berechtigt und verpflichtet, ein Kind oder einen Jugendlichen in seine Obhut zu nehmen, wenn

1. das Kind oder der Jugendliche um Obhut bittet oder
2. eine dringende Gefahr für das Wohl des Kindes oder des Jugendlichen die Inobhutnahme erfordert und
   a) die Personensorgeberechtigten nicht widersprechen oder
   b) eine familiengerichtliche Entscheidung nicht rechtzeitig eingeholt werden kann oder
3. ein ausländisches Kind oder ein ausländischer Jugendlicher unbegleitet nach Deutschland kommt und sich weder Personensorge- noch Erziehungsberechtigte im Inland aufhalten.

[2]Die Inobhutnahme umfasst die Befugnis, ein Kind oder einen Jugendlichen bei einer geeigneten Person, in einer geeigneten Einrichtung oder in einer sonstigen Wohnform vorläufig unterzubringen; im Fall von Satz 1 Nummer 2 auch ein Kind oder einen Jugendlichen von einer anderen Person wegzunehmen.

(2) [1]Das Jugendamt hat während der Inobhutnahme die Situation, die zur Inobhutnahme geführt hat, zusammen mit dem Kind oder dem Jugendlichen zu klären und Möglichkeiten der Hilfe und Unterstützung aufzuzeigen. [2]Dem Kind oder dem Jugendlichen ist unverzüglich Gelegenheit zu geben, eine Person seines Vertrauens zu benachrichtigen. [3]Das Jugendamt hat während der Inobhutnahme für das Wohl des Kindes oder des Jugendlichen zu sorgen und dabei den notwendigen Unterhalt und die Krankenhilfe sicherzustellen; § 39 Absatz 4 Satz 2 gilt entsprechend. [4]Das Jugendamt ist während der Inobhutnahme berechtigt, alle Rechtshandlungen vorzunehmen, die zum Wohl des Kindes oder Jugendlichen notwendig sind; der mutmaßliche Wille der Personensorge- oder der Erziehungsberechtigten ist dabei angemessen zu berücksichtigen. [5]Im Fall des Absatzes 1 Satz 1 Nummer 3 gehört zu den Rechtshandlungen nach Satz 4, zu denen das Jugendamt verpflichtet ist, insbesondere die unverzügliche Stellung eines Asylantrags für das Kind oder den Jugendlichen in Fällen, in denen Tatsachen die Annahme rechtfertigen, dass das Kind oder der Jugendliche internationalen Schutz im Sinne des § 1 Absatz 1 Nummer 2 des Asylgesetzes benötigt; dabei ist das Kind oder der Jugendliche zu beteiligen.

(3) [1]Das Jugendamt hat im Fall des Absatzes 1 Satz 1 Nummer 1 und 2 die Personensorge- oder Erziehungsberechtigten unverzüglich von der Inobhutnahme zu unterrichten und mit ihnen das Gefährdungsrisiko abzuschätzen.

[2] Widersprechen die Personensorge- oder Erziehungsberechtigten der Inobhutnahme, so hat das Jugendamt unverzüglich

1. das Kind oder den Jugendlichen den Personensorge- oder Erziehungsberechtigten zu übergeben, sofern nach der Einschätzung des Jugendamts eine Gefährdung des Kindeswohls nicht besteht oder die Personensorge- oder Erziehungsberechtigten bereit und in der Lage sind, die Gefährdung abzuwenden oder
2. eine Entscheidung des Familiengerichts über die erforderlichen Maßnahmen zum Wohl des Kindes oder des Jugendlichen herbeizuführen.

[3] Sind die Personensorge- oder Erziehungsberechtigten nicht erreichbar, so gilt Satz 2 Nummer 2 entsprechend. [4] Im Fall des Absatzes 1 Satz 1 Nummer 3 ist unverzüglich die Bestellung eines Vormunds oder Pflegers zu veranlassen. [5] Widersprechen die Personensorgeberechtigten der Inobhutnahme nicht, so ist unverzüglich ein Hilfeplanverfahren zur Gewährung einer Hilfe einzuleiten.

(4) Die Inobhutnahme endet mit

1. der Übergabe des Kindes oder Jugendlichen an die Personensorge- oder Erziehungsberechtigten,
2. der Entscheidung über die Gewährung von Hilfen nach dem Sozialgesetzbuch.

(5) [1] Freiheitsentziehende Maßnahmen im Rahmen der Inobhutnahme sind nur zulässig, wenn und soweit sie erforderlich sind, um eine Gefahr für Leib oder Leben des Kindes oder des Jugendlichen oder eine Gefahr für Leib oder Leben Dritter abzuwenden. [2] Die Freiheitsentziehung ist ohne gerichtliche Entscheidung spätestens mit Ablauf des Tages nach ihrem Beginn zu beenden.

(6) Ist bei der Inobhutnahme die Anwendung unmittelbaren Zwangs erforderlich, so sind die dazu befugten Stellen hinzuzuziehen.

§ 42a Vorläufige Inobhutnahme von ausländischen Kindern und Jugendlichen nach unbegleiteter Einreise. (1) [1] Das Jugendamt ist berechtigt und verpflichtet, ein ausländisches Kind oder einen ausländischen Jugendlichen vorläufig in Obhut zu nehmen, sobald dessen unbegleitete Einreise nach Deutschland festgestellt wird. [2] Ein ausländisches Kind oder ein ausländischer Jugendlicher ist grundsätzlich dann als unbegleitet zu betrachten, wenn die Einreise nicht in Begleitung eines Personensorgeberechtigten oder Erziehungsberechtigten erfolgt; dies gilt auch, wenn das Kind oder der Jugendliche verheiratet ist. [3] § 42 Absatz 1 Satz 2, Absatz 2 Satz 2 und 3, Absatz 5 sowie 6 gilt entsprechend.

(2) [1] Das Jugendamt hat während der vorläufigen Inobhutnahme zusammen mit dem Kind oder dem Jugendlichen einzuschätzen,

1. ob das Wohl des Kindes oder des Jugendlichen durch die Durchführung des Verteilungsverfahrens gefährdet würde,
2. ob sich eine mit dem Kind oder dem Jugendlichen verwandte Person im Inland oder im Ausland aufhält,
3. ob das Wohl des Kindes oder des Jugendlichen eine gemeinsame Inobhutnahme mit Geschwistern oder anderen unbegleiteten ausländischen Kindern oder Jugendlichen erfordert und
4. ob der Gesundheitszustand des Kindes oder des Jugendlichen die Durchführung des Verteilungsverfahrens innerhalb von 14 Werktagen nach Beginn

der vorläufigen Inobhutnahme ausschließt; hierzu soll eine ärztliche Stellungnahme eingeholt werden.

[2] Auf der Grundlage des Ergebnisses der Einschätzung nach Satz 1 entscheidet das Jugendamt über die Anmeldung des Kindes oder des Jugendlichen zur Verteilung oder den Ausschluss der Verteilung.

(3) [1] Das Jugendamt ist während der vorläufigen Inobhutnahme berechtigt und verpflichtet, alle Rechtshandlungen vorzunehmen, die zum Wohl des Kindes oder des Jugendlichen notwendig sind. [2] Dabei ist das Kind oder der Jugendliche zu beteiligen und der mutmaßliche Wille der Personen- oder der Erziehungsberechtigten angemessen zu berücksichtigen.

(3a) Das Jugendamt hat dafür Sorge zu tragen, dass für die in Absatz 1 genannten Kinder oder Jugendlichen unverzüglich erkennungsdienstliche Maßnahmen nach § 49 Absatz 8 und 9 des Aufenthaltsgesetzes durchgeführt werden, wenn Zweifel über die Identität bestehen.

(4) [1] Das Jugendamt hat der nach Landesrecht für die Verteilung von unbegleiteten ausländischen Kindern und Jugendlichen zuständigen Stelle die vorläufige Inobhutnahme des Kindes oder des Jugendlichen innerhalb von sieben Werktagen nach Beginn der Maßnahme zur Erfüllung der in § 42b genannten Aufgaben mitzuteilen. [2] Zu diesem Zweck sind auch die Ergebnisse der Einschätzung nach Absatz 2 Satz 1 mitzuteilen. [3] Die nach Landesrecht zuständige Stelle hat gegenüber dem Bundesverwaltungsamt innerhalb von drei Werktagen das Kind oder den Jugendlichen zur Verteilung anzumelden oder den Ausschluss der Verteilung anzuzeigen.

(5) [1] Soll das Kind oder der Jugendliche im Rahmen eines Verteilungsverfahrens untergebracht werden, so umfasst die vorläufige Inobhutnahme auch die Pflicht,

1. die Begleitung des Kindes oder des Jugendlichen und dessen Übergabe durch eine insofern geeignete Person an das für die Inobhutnahme nach § 42 Absatz 1 Satz 1 Nummer 3 zuständige Jugendamt sicherzustellen sowie
2. dem für die Inobhutnahme nach § 42 Absatz 1 Satz 1 Nummer 3 zuständigen Jugendamt unverzüglich die personenbezogenen Daten zu übermitteln, die zur Wahrnehmung der Aufgaben nach § 42 erforderlich sind.

[2] Hält sich eine mit dem Kind oder dem Jugendlichen verwandte Person im Inland oder im Ausland auf, hat das Jugendamt auf eine Zusammenführung des Kindes oder des Jugendlichen mit dieser Person hinzuwirken, wenn dies dem Kindeswohl entspricht. [3] Das Kind oder der Jugendliche ist an der Übergabe und an der Entscheidung über die Familienzusammenführung angemessen zu beteiligen.

(6) Die vorläufige Inobhutnahme endet mit der Übergabe des Kindes oder des Jugendlichen an die Personensorge- oder Erziehungsberechtigten oder an das aufgrund der Zuweisungsentscheidung der zuständigen Landesbehörde nach § 88a Absatz 2 Satz 1 zuständige Jugendamt oder mit der Anzeige nach Absatz 4 Satz 3 über den Ausschluss des Verteilungsverfahrens nach § 42b Absatz 4.

§ 42b Verfahren zur Verteilung unbegleiteter ausländischer Kinder und Jugendlicher. (1) [1] Das Bundesverwaltungsamt benennt innerhalb von zwei Werktagen nach Anmeldung eines unbegleiteten ausländischen Kindes oder Jugendlichen zur Verteilung durch die zuständige Landesstelle das zu dessen Aufnahme verpflichtete Land. [2]Maßgebend dafür ist die Aufnahmequote nach § 42c.

(2) [1]Im Rahmen der Aufnahmequote nach § 42c soll vorrangig dasjenige Land benannt werden, in dessen Bereich das Jugendamt liegt, das das Kind oder den Jugendlichen nach § 42a vorläufig in Obhut genommen hat. [2]Hat dieses Land die Aufnahmequote nach § 42c bereits erfüllt, soll das nächstgelegene Land benannt werden.

(3) [1]Die nach Landesrecht für die Verteilung von unbegleiteten ausländischen Kindern oder Jugendlichen zuständige Stelle des nach Absatz 1 benannten Landes weist das Kind oder den Jugendlichen innerhalb von zwei Werktagen einem in seinem Bereich gelegenen Jugendamt zur Inobhutnahme nach § 42 Absatz 1 Satz 1 Nummer 3 zu und teilt dies demjenigen Jugendamt mit, welches das Kind oder den Jugendlichen nach § 42a vorläufig in Obhut genommen hat. [2]Maßgeblich für die Zuweisung sind die spezifischen Schutzbedürfnisse und Bedarfe unbegleiteter ausländischer Minderjähriger. [3]Für die Verteilung von unbegleiteten ausländischen Kindern oder Jugendlichen ist das Landesjugendamt zuständig, es sei denn, dass Landesrecht etwas anderes regelt.

(4) Die Durchführung eines Verteilungsverfahrens ist bei einem unbegleiteten ausländischen Kind oder Jugendlichen ausgeschlossen, wenn

1. dadurch dessen Wohl gefährdet würde,
2. dessen Gesundheitszustand die Durchführung eines Verteilungsverfahrens innerhalb von 14 Werktagen nach Beginn der vorläufigen Inobhutnahme gemäß § 42a nicht zulässt,
3. dessen Zusammenführung mit einer verwandten Person kurzfristig erfolgen kann, zum Beispiel aufgrund der Verordnung (EU) Nr. 604/2013 des Europäischen Parlaments und des Rates vom 26. Juni 2013 zur Festlegung der Kriterien und Verfahren zur Bestimmung des Mitgliedstaats, der für die Prüfung eines von einem Drittstaatsangehörigen oder Staatenlosen in einem Mitgliedstaat gestellten Antrags auf internationalen Schutz zuständig ist (ABl. L 180 vom 29.6.2013, S. 31), und dies dem Wohl des Kindes entspricht oder
4. die Durchführung des Verteilungsverfahrens nicht innerhalb von einem Monat nach Beginn der vorläufigen Inobhutnahme erfolgt.

(5) [1]Geschwister dürfen nicht getrennt werden, es sei denn, dass das Kindeswohl eine Trennung erfordert. [2]Im Übrigen sollen unbegleitete ausländische Kinder oder Jugendliche im Rahmen der Aufnahmequote nach § 42c nach Durchführung des Verteilungsverfahrens gemeinsam nach § 42 in Obhut genommen werden, wenn das Kindeswohl dies erfordert.

(6) [1]Der örtliche Träger stellt durch werktägliche Mitteilungen sicher, dass die nach Landesrecht für die Verteilung von unbegleiteten ausländischen Kindern und Jugendlichen zuständige Stelle jederzeit über die für die Zuweisung nach Absatz 3 erforderlichen Angaben unterrichtet wird. [2]Die nach Landesrecht für die Verteilung von unbegleiteten ausländischen Kindern oder Jugendlichen zuständige Stelle stellt durch werktägliche Mitteilungen sicher, dass das Bundesverwaltungsamt jederzeit über die Angaben unterrichtet wird, die für die Benennung des zur Aufnahme verpflichteten Landes nach Absatz 1 erforderlich sind.

(7) [1] Gegen Entscheidungen nach dieser Vorschrift findet kein Widerspruch statt. [2] Die Klage gegen Entscheidungen nach dieser Vorschrift hat keine aufschiebende Wirkung.

(8) Das Nähere regelt das Landesrecht.

§ 42c Aufnahmequote. (1) [1] Die Länder können durch Vereinbarung einen Schlüssel als Grundlage für die Benennung des zur Aufnahme verpflichteten Landes nach § 42b Absatz 1 festlegen. [2] Bis zum Zustandekommen dieser Vereinbarung oder bei deren Wegfall richtet sich die Aufnahmequote für das jeweilige Kalenderjahr nach dem von dem Büro der Gemeinsamen Wissenschaftskonferenz im Bundesanzeiger veröffentlichten Schlüssel, der für das vorangegangene Kalenderjahr entsprechend den Steuereinnahmen und der Bevölkerungszahl der Länder errechnet worden ist (Königsteiner Schlüssel), und nach dem Ausgleich für den Bestand der Anzahl unbegleiteter ausländischer Minderjähriger, denen am 1. November 2015 in den einzelnen Ländern Jugendhilfe gewährt wird. [3] Ein Land kann seiner Aufnahmepflicht eine höhere Quote als die Aufnahmequote nach Satz 1 oder 2 zugrunde legen; dies ist gegenüber dem Bundesverwaltungsamt anzuzeigen.

(2) [1] Ist die Durchführung des Verteilungsverfahrens ausgeschlossen, wird die Anzahl der im Land verbleibenden unbegleiteten ausländischen Kinder und Jugendlichen auf die Aufnahmequote nach Absatz 1 angerechnet. [2] Gleiches gilt, wenn der örtliche Träger eines anderen Landes die Zuständigkeit für die Inobhutnahme eines unbegleiteten ausländischen Kindes oder Jugendlichen von dem nach § 88a Absatz 2 zuständigen örtlichen Träger übernimmt.

(3) Bis zum 1. Mai 2017 wird die Aufnahmepflicht durch einen Abgleich der aktuellen Anzahl unbegleiteter ausländischer Minderjähriger in den Ländern mit der Aufnahmequote nach Absatz 1 werktäglich ermittelt.

§ 42d Übergangsregelung. (1) Kann ein Land die Anzahl von unbegleiteten ausländischen Kindern oder Jugendlichen, die seiner Aufnahmequote nach § 42c entspricht, nicht aufnehmen, so kann es dies gegenüber dem Bundesverwaltungsamt anzeigen.

(2) In diesem Fall reduziert sich für das Land die Aufnahmequote

1. bis zum 1. Dezember 2015 um zwei Drittel sowie
2. bis zum 1. Januar 2016 um ein Drittel.

(3) [1] Bis zum 31. Dezember 2016 kann die Ausschlussfrist nach § 42b Absatz 4 Nummer 4 um einen Monat verlängert werden, wenn die zuständige Landesstelle gegenüber dem Bundesverwaltungsamt anzeigt, dass die Durchführung des Verteilungsverfahrens in Bezug auf einen unbegleiteten ausländischen Minderjährigen nicht innerhalb dieser Frist erfolgen kann. [2] In diesem Fall hat das Jugendamt nach Ablauf eines Monats nach Beginn der vorläufigen Inobhutnahme die Bestellung eines Vormunds oder Pflegers zu veranlassen.

(4) [1] Ab dem 1. August 2016 ist die Geltendmachung des Anspruchs des örtlichen Trägers gegenüber dem nach § 89d Absatz 3 erstattungspflichtigen Land auf Erstattung der Kosten, die vor dem 1. November 2015 entstanden sind, ausgeschlossen. [2] Der Erstattungsanspruch des örtlichen Trägers gegenüber

dem nach § 89d Absatz 3 erstattungspflichtigen Land verjährt in einem Jahr; im Übrigen gilt § 113 des Zehnten Buches[1] entsprechend.

(5) [1]Die Geltendmachung des Anspruchs des örtlichen Trägers gegenüber dem nach § 89d Absatz 3 erstattungspflichtigen Land auf Erstattung der Kosten, die nach dem 1. November 2015 entstanden sind, ist ausgeschlossen. [2]Die Erstattung dieser Kosten richtet sich nach § 89d Absatz 1.

§ 42e Berichtspflicht. Die Bundesregierung hat dem Deutschen Bundestag jährlich einen Bericht über die Situation unbegleiteter ausländischer Minderjähriger in Deutschland vorzulegen.

§ 42f Behördliches Verfahren zur Altersfeststellung. (1) [1]Das Jugendamt hat im Rahmen der vorläufigen Inobhutnahme der ausländischen Person gemäß § 42a deren Minderjährigkeit durch Einsichtnahme in deren Ausweispapiere festzustellen oder hilfsweise mittels einer qualifizierten Inaugenscheinnahme einzuschätzen und festzustellen. [2]§ 8 Absatz 1 und § 42 Absatz 2 Satz 2 sind entsprechend anzuwenden.

(2) [1]Auf Antrag des Betroffenen oder seines Vertreters oder von Amts wegen hat das Jugendamt in Zweifelsfällen eine ärztliche Untersuchung zur Altersbestimmung zu veranlassen. [2]Ist eine ärztliche Untersuchung durchzuführen, ist die betroffene Person durch das Jugendamt umfassend über die Untersuchungsmethode und über die möglichen Folgen der Altersbestimmung aufzuklären. [3]Ist die ärztliche Untersuchung von Amts wegen durchzuführen, ist die betroffene Person zusätzlich über die Folgen einer Weigerung, sich der ärztlichen Untersuchung zu unterziehen, aufzuklären; die Untersuchung darf nur mit Einwilligung der betroffenen Person und ihres Vertreters durchgeführt werden. [4]Die §§ 60, 62 und 65 bis 67 des Ersten Buches[2] sind entsprechend anzuwenden.

(3) [1]Widerspruch und Klage gegen die Entscheidung des Jugendamts, aufgrund der Altersfeststellung nach dieser Vorschrift die vorläufige Inobhutnahme nach § 42a oder die Inobhutnahme nach § 42 Absatz 1 Satz 1 Nummer 3 abzulehnen oder zu beenden, haben keine aufschiebende Wirkung. [2]Landesrecht kann bestimmen, dass gegen diese Entscheidung Klage ohne Nachprüfung in einem Vorverfahren nach § 68 der Verwaltungsgerichtsordnung erhoben werden kann.

Zweiter Abschnitt. Schutz von Kindern und Jugendlichen in Familienpflege und in Einrichtungen

§ 43 Erlaubnis zur Kindertagespflege. (1) Eine Person, die ein Kind oder mehrere Kinder außerhalb des Haushalts des Erziehungsberechtigten während eines Teils des Tages und mehr als 15 Stunden wöchentlich gegen Entgelt länger als drei Monate betreuen will, bedarf der Erlaubnis.

(2) [1]Die Erlaubnis ist zu erteilen, wenn die Person für die Kindertagespflege geeignet ist. [2]Geeignet im Sinne des Satzes 1 sind Personen, die

---

[1] Nr. 10.
[2] Nr. 1.

1. sich durch ihre Persönlichkeit, Sachkompetenz und Kooperationsbereitschaft mit Erziehungsberechtigten und anderen Tagespflegepersonen auszeichnen und
2. über kindgerechte Räumlichkeiten verfügen.

[3] Sie sollen über vertiefte Kenntnisse hinsichtlich der Anforderungen der Kindertagespflege verfügen, die sie in qualifizierten Lehrgängen erworben oder in anderer Weise nachgewiesen haben. [4] § 72a Absatz 1 und 5 gilt entsprechend.

(3) [1] Die Erlaubnis befugt zur Betreuung von bis zu fünf gleichzeitig anwesenden, fremden Kindern. [2] Im Einzelfall kann die Erlaubnis für eine geringere Zahl von Kindern erteilt werden. [3] Landesrecht kann bestimmen, dass die Erlaubnis zur Betreuung von mehr als fünf gleichzeitig anwesenden, fremden Kindern erteilt werden kann, wenn die Person über eine pädagogische Ausbildung verfügt; in der Pflegestelle dürfen nicht mehr Kinder betreut werden als in einer vergleichbaren Gruppe einer Tageseinrichtung. [4] Die Erlaubnis ist auf fünf Jahre befristet. [5] Sie kann mit einer Nebenbestimmung versehen werden. [6] Die Tagespflegeperson hat den Träger der öffentlichen Jugendhilfe über wichtige Ereignisse zu unterrichten, die für die Betreuung des oder der Kinder bedeutsam sind.

(4) Erziehungsberechtigte und Tagespflegepersonen haben Anspruch auf Beratung in allen Fragen der Kindertagespflege.

(5) Das Nähere regelt das Landesrecht.

§ 44 Erlaubnis zur Vollzeitpflege. (1) [1] Wer ein Kind oder einen Jugendlichen über Tag und Nacht in seinem Haushalt aufnehmen will (Pflegeperson), bedarf der Erlaubnis. [2] Einer Erlaubnis bedarf nicht, wer ein Kind oder einen Jugendlichen

1. im Rahmen von Hilfe zur Erziehung oder von Eingliederungshilfe für seelisch behinderte Kinder und Jugendliche auf Grund einer Vermittlung durch das Jugendamt,
2. als Vormund oder Pfleger im Rahmen seines Wirkungskreises,
3. als Verwandter oder Verschwägerter bis zum dritten Grad,
4. bis zur Dauer von acht Wochen,
5. im Rahmen eines Schüler- oder Jugendaustausches,
6. in Adoptionspflege (§ 1744 des Bürgerlichen Gesetzbuchs)

über Tag und Nacht aufnimmt.

(2) [1] Die Erlaubnis ist zu versagen, wenn das Wohl des Kindes oder des Jugendlichen in der Pflegestelle nicht gewährleistet ist. [2] § 72a Absatz 1 und 5 gilt entsprechend.

(3) [1] Das Jugendamt soll den Erfordernissen des Einzelfalls entsprechend an Ort und Stelle überprüfen, ob die Voraussetzungen für die Erteilung der Erlaubnis weiter bestehen. [2] Ist das Wohl des Kindes oder des Jugendlichen in der Pflegestelle gefährdet und ist die Pflegeperson nicht bereit oder in der Lage, die Gefährdung abzuwenden, so ist die Erlaubnis zurückzunehmen oder zu widerrufen.

(4) Wer ein Kind oder einen Jugendlichen in erlaubnispflichtige Familienpflege aufgenommen hat, hat das Jugendamt über wichtige Ereignisse zu unterrichten, die das Wohl des Kindes oder des Jugendlichen betreffen.

§ 45 Erlaubnis für den Betrieb einer Einrichtung. (1) [1] Der Träger einer Einrichtung, in der Kinder oder Jugendliche ganztägig oder für einen Teil des Tages betreut werden oder Unterkunft erhalten, bedarf für den Betrieb der Einrichtung der Erlaubnis. [2] Einer Erlaubnis bedarf nicht, wer

1. eine Jugendfreizeiteinrichtung, eine Jugendbildungseinrichtung, eine Jugendherberge oder ein Schullandheim betreibt,
2. ein Schülerheim betreibt, das landesgesetzlich der Schulaufsicht untersteht,
3. eine Einrichtung betreibt, die außerhalb der Jugendhilfe liegende Aufgaben für Kinder oder Jugendliche wahrnimmt, wenn für sie eine entsprechende gesetzliche Aufsicht besteht oder im Rahmen des Hotel- und Gaststättengewerbes der Aufnahme von Kindern oder Jugendlichen dient.

(2) [1] Die Erlaubnis ist zu erteilen, wenn das Wohl der Kinder und Jugendlichen in der Einrichtung gewährleistet ist. [2] Dies ist in der Regel anzunehmen, wenn

1. die dem Zweck und der Konzeption der Einrichtung entsprechenden räumlichen, fachlichen, wirtschaftlichen und personellen Voraussetzungen für den Betrieb erfüllt sind,
2. die gesellschaftliche und sprachliche Integration und ein gesundheitsförderliches Lebensumfeld in der Einrichtung unterstützt werden sowie die gesundheitliche Vorsorge und die medizinische Betreuung der Kinder und Jugendlichen nicht erschwert werden sowie
3. zur Sicherung der Rechte von Kindern und Jugendlichen in der Einrichtung geeignete Verfahren der Beteiligung sowie der Möglichkeit der Beschwerde in persönlichen Angelegenheiten Anwendung finden.

(3) Zur Prüfung der Voraussetzungen hat der Träger der Einrichtung mit dem Antrag

1. die Konzeption der Einrichtung vorzulegen, die auch Auskunft über Maßnahmen zur Qualitätsentwicklung und -sicherung gibt, sowie
2. im Hinblick auf die Eignung des Personals nachzuweisen, dass die Vorlage und Prüfung von aufgabenspezifischen Ausbildungsnachweisen sowie von Führungszeugnissen nach § 30 Absatz 5 und § 30a Absatz 1 des Bundeszentralregistergesetzes sichergestellt sind; Führungszeugnisse sind von dem Träger der Einrichtung in regelmäßigen Abständen erneut anzufordern und zu prüfen.

(4) [1] Die Erlaubnis kann mit Nebenbestimmungen versehen werden. [2] Zur Sicherung des Wohls der Kinder und der Jugendlichen können auch nachträgliche Auflagen erteilt werden.

(5) [1] Besteht für eine erlaubnispflichtige Einrichtung eine Aufsicht nach anderen Rechtsvorschriften, so hat die zuständige Behörde ihr Tätigwerden zuvor mit der anderen Behörde abzustimmen. [2] Sie hat den Träger der Einrichtung rechtzeitig auf weitergehende Anforderungen nach anderen Rechtsvorschriften hinzuweisen.

(6) [1] Sind in einer Einrichtung Mängel festgestellt worden, so soll die zuständige Behörde zunächst den Träger der Einrichtung über die Möglichkeiten zur Beseitigung der Mängel beraten. [2] Wenn sich die Beseitigung der Mängel

auf Entgelte oder Vergütungen nach § 134 des Neunten Buches[1)] oder nach § 76 des Zwölften Buches[2)] auswirken kann, so ist der Träger der Eingliederungshilfe oder der Sozialhilfe, mit dem Vereinbarungen nach diesen Vorschriften bestehen, an der Beratung zu beteiligen. [3] Werden festgestellte Mängel nicht behoben, so können dem Träger der Einrichtung Auflagen erteilt werden, die zur Beseitigung einer eingetretenen oder Abwendung einer drohenden Beeinträchtigung oder Gefährdung des Wohls der Kinder oder Jugendlichen erforderlich sind. [4] Wenn sich eine Auflage auf Entgelte oder Vergütungen nach § 134 des Neunten Buches oder nach § 76 des Zwölften Buches auswirkt, so entscheidet die zuständige Behörde nach Anhörung des Trägers der Eingliederungshilfe oder der Sozialhilfe, mit dem Vereinbarungen nach diesen Vorschriften bestehen, über die Erteilung der Auflage. [5] Die Auflage ist nach Möglichkeit in Übereinstimmung mit den nach § 134 des Neunten Buches oder nach den §§ 75 bis 80 des Zwölften Buches getroffenen Vereinbarungen auszugestalten.

(7) [1] Die Erlaubnis ist zurückzunehmen oder zu widerrufen, wenn das Wohl der Kinder oder der Jugendlichen in der Einrichtung gefährdet und der Träger der Einrichtung nicht bereit oder nicht in der Lage ist, die Gefährdung abzuwenden. [2] Widerspruch und Anfechtungsklage gegen die Rücknahme oder den Widerruf der Erlaubnis haben keine aufschiebende Wirkung.

§ 46 Örtliche Prüfung. (1) [1] Die zuständige Behörde soll nach den Erfordernissen des Einzelfalls an Ort und Stelle überprüfen, ob die Voraussetzungen für die Erteilung der Erlaubnis weiter bestehen. [2] Der Träger der Einrichtung soll bei der örtlichen Prüfung mitwirken. [3] Sie soll das Jugendamt und einen zentralen Träger der freien Jugendhilfe, wenn diesem der Träger der Einrichtung angehört, an der Überprüfung beteiligen.

(2) [1] Die von der zuständigen Behörde mit der Überprüfung der Einrichtung beauftragten Personen sind berechtigt, die für die Einrichtung benutzten Grundstücke und Räume, soweit diese nicht einem Hausrecht der Bewohner unterliegen, während der Tageszeit zu betreten, dort Prüfungen und Besichtigungen vorzunehmen, sich mit den Kindern und Jugendlichen in Verbindung zu setzen und die Beschäftigten zu befragen. [2] Zur Abwehr von Gefahren für das Wohl der Kinder und der Jugendlichen können die Grundstücke und Räume auch außerhalb der in Satz 1 genannten Zeit und auch, wenn sie zugleich einem Hausrecht der Bewohner unterliegen, betreten werden. [3] Der Träger der Einrichtung hat die Maßnahmen nach den Sätzen 1 und 2 zu dulden.

§ 47 Meldepflichten. [1] Der Träger einer erlaubnispflichtigen Einrichtung hat der zuständigen Behörde unverzüglich

1. die Betriebsaufnahme unter Angabe von Name und Anschrift des Trägers, Art und Standort der Einrichtung, der Zahl der verfügbaren Plätze sowie der Namen und der beruflichen Ausbildung des Leiters und der Betreuungskräfte,
2. Ereignisse oder Entwicklungen, die geeignet sind, das Wohl der Kinder und Jugendlichen zu beeinträchtigen, sowie

---

1) Nr. **9**.
2) Nr. **12**.

3. die bevorstehende Schließung der Einrichtung

anzuzeigen. [2] Änderungen der in Nummer 1 bezeichneten Angaben sowie der Konzeption sind der zuständigen Behörde unverzüglich, die Zahl der belegten Plätze ist jährlich einmal zu melden.

§ 48 Tätigkeitsuntersagung. Die zuständige Behörde kann dem Träger einer erlaubnispflichtigen Einrichtung die weitere Beschäftigung des Leiters, eines Beschäftigten oder sonstigen Mitarbeiters ganz oder für bestimmte Funktionen oder Tätigkeiten untersagen, wenn Tatsachen die Annahme rechtfertigen, dass er die für seine Tätigkeit erforderliche Eignung nicht besitzt.

§ 48a Sonstige betreute Wohnform. (1) Für den Betrieb einer sonstigen Wohnform, in der Kinder oder Jugendliche betreut werden oder Unterkunft erhalten, gelten die §§ 45 bis 48 entsprechend.

(2) Ist die sonstige Wohnform organisatorisch mit einer Einrichtung verbunden, so gilt sie als Teil der Einrichtung.

§ 49 Landesrechtsvorbehalt. Das Nähere über die in diesem Abschnitt geregelten Aufgaben regelt das Landesrecht.

Dritter Abschnitt. Mitwirkung in gerichtlichen Verfahren

§ 50 Mitwirkung in Verfahren vor den Familiengerichten. (1) [1] Das Jugendamt unterstützt das Familiengericht bei allen Maßnahmen, die die Sorge für die Person von Kindern und Jugendlichen betreffen. [2] Es hat in folgenden Verfahren nach dem Gesetz über das Verfahren in Familiensachen und in den Angelegenheiten der freiwilligen Gerichtsbarkeit mitzuwirken:

1. Kindschaftssachen (§ 162 des Gesetzes über das Verfahren in Familiensachen und in den Angelegenheiten der freiwilligen Gerichtsbarkeit),
2. Abstammungssachen (§ 176 des Gesetzes über das Verfahren in Familiensachen und in den Angelegenheiten der freiwilligen Gerichtsbarkeit),
3. Adoptionssachen (§ 188 Absatz 2, §§ 189, 194, 195 des Gesetzes über das Verfahren in Familiensachen und in den Angelegenheiten der freiwilligen Gerichtsbarkeit),
4. Ehewohnungssachen (§ 204 Absatz 2, § 205 des Gesetzes über das Verfahren in Familiensachen und in den Angelegenheiten der freiwilligen Gerichtsbarkeit) und
5. Gewaltschutzsachen (§§ 212, 213 des Gesetzes über das Verfahren in Familiensachen und in den Angelegenheiten der freiwilligen Gerichtsbarkeit).

(2) [1] Das Jugendamt unterrichtet insbesondere über angebotene und erbrachte Leistungen, bringt erzieherische und soziale Gesichtspunkte zur Entwicklung des Kindes oder des Jugendlichen ein und weist auf weitere Möglichkeiten der Hilfe hin. [2] In Kindschaftssachen informiert das Jugendamt das Familiengericht in dem Termin nach § 155 Absatz 2 des Gesetzes über das Verfahren in Familiensachen und in den Angelegenheiten der freiwilligen Gerichtsbarkeit über den Stand des Beratungsprozesses.

(3) [1] Das Jugendamt, das in Verfahren zur Übertragung der gemeinsamen Sorge nach § 155a Absatz 4 Satz 1 und § 162 des Gesetzes über das Verfahren in Familiensachen und in den Angelegenheiten der freiwilligen Gerichtsbarkeit angehört wird oder sich am Verfahren beteiligt, teilt gerichtliche Entscheidun-

gen, aufgrund derer die Sorge gemäß § 1626a Absatz 2 Satz 1 des Bürgerlichen Gesetzbuchs den Eltern ganz oder zum Teil gemeinsam übertragen wird, dem nach § 87c Absatz 6 Satz 2 zuständigen Jugendamt zu den in § 58a genannten Zwecken unverzüglich mit. [2]Mitzuteilen sind auch das Geburtsdatum und der Geburtsort des Kindes oder des Jugendlichen sowie der Name, den das Kind oder der Jugendliche zur Zeit der Beurkundung seiner Geburt geführt hat.

§ 51 Beratung und Belehrung in Verfahren zur Annahme als Kind.

(1) [1]Das Jugendamt hat im Verfahren zur Ersetzung der Einwilligung eines Elternteils in die Annahme nach § 1748 Absatz 2 Satz 1 des Bürgerlichen Gesetzbuchs den Elternteil über die Möglichkeit der Ersetzung der Einwilligung zu belehren. [2]Es hat ihn darauf hinzuweisen, dass das Familiengericht die Einwilligung erst nach Ablauf von drei Monaten nach der Belehrung ersetzen darf. [3]Der Belehrung bedarf es nicht, wenn der Elternteil seinen Aufenthaltsort ohne Hinterlassung seiner neuen Anschrift gewechselt hat und der Aufenthaltsort vom Jugendamt während eines Zeitraums von drei Monaten trotz angemessener Nachforschungen nicht ermittelt werden konnte; in diesem Fall beginnt die Frist mit der ersten auf die Belehrung oder auf die Ermittlung des Aufenthaltsorts gerichteten Handlung des Jugendamts. [4]Die Fristen laufen frühestens fünf Monate nach der Geburt des Kindes ab.

(2) [1]Das Jugendamt soll den Elternteil mit der Belehrung nach Absatz 1 über Hilfen beraten, die die Erziehung des Kindes in der eigenen Familie ermöglichen könnten. [2]Einer Beratung bedarf es insbesondere nicht, wenn das Kind seit längerer Zeit bei den Annehmenden in Familienpflege lebt und bei seiner Herausgabe an den Elternteil eine schwere und nachhaltige Schädigung des körperlichen und seelischen Wohlbefindens des Kindes zu erwarten ist. [3]Das Jugendamt hat dem Familiengericht im Verfahren mitzuteilen, welche Leistungen erbracht oder angeboten worden sind oder aus welchem Grund davon abgesehen wurde.

(3) Steht nicht miteinander verheirateten Eltern die elterliche Sorge nicht gemeinsam zu, so hat das Jugendamt den Vater bei der Wahrnehmung seiner Rechte nach § 1747 Absatz 1 und 3 des Bürgerlichen Gesetzbuchs zu beraten.

§ 52 Mitwirkung in Verfahren nach dem Jugendgerichtsgesetz.

(1) Das Jugendamt hat nach Maßgabe der §§ 38 und 50 Absatz 3 Satz 2 des Jugendgerichtsgesetzes im Verfahren nach dem Jugendgerichtsgesetz mitzuwirken.

(2) [1]Das Jugendamt hat frühzeitig zu prüfen, ob für den Jugendlichen oder den jungen Volljährigen Leistungen der Jugendhilfe in Betracht kommen. [2]Ist dies der Fall oder ist eine geeignete Leistung bereits eingeleitet oder gewährt worden, so hat das Jugendamt den Staatsanwalt oder den Richter umgehend davon zu unterrichten, damit geprüft werden kann, ob diese Leistung ein Absehen von der Verfolgung (§ 45 JGG) oder eine Einstellung des Verfahrens (§ 47 JGG) ermöglicht.

(3) Der Mitarbeiter des Jugendamts oder des anerkannten Trägers der freien Jugendhilfe, der nach § 38 Absatz 2 Satz 2 des Jugendgerichtsgesetzes tätig wird, soll den Jugendlichen oder den jungen Volljährigen während des gesamten Verfahrens betreuen.

Vierter Abschnitt. Beistandschaft, Pflegschaft und Vormundschaft für Kinder und Jugendliche, Auskunft über Nichtabgabe von Sorgeerklärungen

§ 52a Beratung und Unterstützung bei Vaterschaftsfeststellung und Geltendmachung von Unterhaltsansprüchen. (1) [1]Das Jugendamt hat unverzüglich nach der Geburt eines Kindes, dessen Eltern nicht miteinander verheiratet sind, der Mutter Beratung und Unterstützung insbesondere bei der Vaterschaftsfeststellung und der Geltendmachung von Unterhaltsansprüchen des Kindes anzubieten. [2]Hierbei hat es hinzuweisen auf

1. die Bedeutung der Vaterschaftsfeststellung,
2. die Möglichkeiten, wie die Vaterschaft festgestellt werden kann, insbesondere bei welchen Stellen die Vaterschaft anerkannt werden kann,
3. die Möglichkeit, die Verpflichtung zur Erfüllung von Unterhaltsansprüchen nach § 59 Absatz 1 Satz 1 Nummer 3 beurkunden zu lassen,
4. die Möglichkeit, eine Beistandschaft zu beantragen, sowie auf die Rechtsfolgen einer solchen Beistandschaft,
5. die Möglichkeit der gemeinsamen elterlichen Sorge.

[3]Das Jugendamt hat der Mutter ein persönliches Gespräch anzubieten. [4]Das Gespräch soll in der Regel in der persönlichen Umgebung der Mutter stattfinden, wenn diese es wünscht.

(2) Das Angebot nach Absatz 1 kann vor der Geburt des Kindes erfolgen, wenn anzunehmen ist, dass seine Eltern bei der Geburt nicht miteinander verheiratet sein werden.

(3) [1]Wurde eine nach § 1592 Nummer 1 oder 2 des Bürgerlichen Gesetzbuchs bestehende Vaterschaft zu einem Kind oder Jugendlichen durch eine gerichtliche Entscheidung beseitigt, so hat das Gericht dem Jugendamt Mitteilung zu machen. [2]Absatz 1 gilt entsprechend.

(4) Das Standesamt hat die Geburt eines Kindes, dessen Eltern nicht miteinander verheiratet sind, unverzüglich dem Jugendamt anzuzeigen.

§ 53 Beratung und Unterstützung von Pflegern und Vormündern.

(1) Das Jugendamt hat dem Familiengericht Personen und Vereine vorzuschlagen, die sich im Einzelfall zum Pfleger oder Vormund eignen.

(2) Pfleger und Vormünder haben Anspruch auf regelmäßige und dem jeweiligen erzieherischen Bedarf des Mündels entsprechende Beratung und Unterstützung.

(3) [1]Das Jugendamt hat darauf zu achten, dass die Vormünder und Pfleger für die Person der Mündel, insbesondere ihre Erziehung und Pflege, Sorge tragen. [2]Es hat beratend darauf hinzuwirken, dass festgestellte Mängel im Einvernehmen mit dem Vormund oder dem Pfleger behoben werden. [3]Soweit eine Behebung der Mängel nicht erfolgt, hat es dies dem Familiengericht mitzuteilen. [4]Es hat dem Familiengericht über das persönliche Ergehen und die Entwicklung eines Mündels Auskunft zu erteilen. [5]Erlangt das Jugendamt Kenntnis von der Gefährdung des Vermögens eines Mündels, so hat es dies dem Familiengericht anzuzeigen.

(4) [1]Für die Gegenvormundschaft gelten die Absätze 1 und 2 entsprechend. [2]Ist ein Verein Vormund, so findet Absatz 3 keine Anwendung.

§ 54 Erlaubnis zur Übernahme von Vereinsvormundschaften.

(1) [1] Ein rechtsfähiger Verein kann Pflegschaften oder Vormundschaften übernehmen, wenn ihm das Landesjugendamt dazu eine Erlaubnis erteilt hat. [2] Er kann eine Beistandschaft übernehmen, soweit Landesrecht dies vorsieht.

(2) Die Erlaubnis ist zu erteilen, wenn der Verein gewährleistet, dass er

1. eine ausreichende Zahl geeigneter Mitarbeiter hat und diese beaufsichtigen, weiterbilden und gegen Schäden, die diese anderen im Rahmen ihrer Tätigkeit zufügen können, angemessen versichern wird,
2. sich planmäßig um die Gewinnung von Einzelvormündern und Einzelpflegern bemüht und sie in ihre Aufgaben einführt, fortbildet und berät,
3. einen Erfahrungsaustausch zwischen den Mitarbeitern ermöglicht.

(3) [1] Die Erlaubnis gilt für das jeweilige Bundesland, in dem der Verein seinen Sitz hat. [2] Sie kann auf den Bereich eines Landesjugendamts beschränkt werden.

(4) [1] Das Nähere regelt das Landesrecht. [2] Es kann auch weitere Voraussetzungen für die Erteilung der Erlaubnis vorsehen.

§ 55 Beistandschaft, Amtspflegschaft und Amtsvormundschaft.

(1) Das Jugendamt wird Beistand, Pfleger oder Vormund in den durch das Bürgerliche Gesetzbuch vorgesehenen Fällen (Beistandschaft, Amtspflegschaft, Amtsvormundschaft).

(2) [1] Das Jugendamt überträgt die Ausübung der Aufgaben des Beistands, des Amtspflegers oder des Amtsvormunds einzelnen seiner Beamten oder Angestellten. [2] Vor der Übertragung der Aufgaben des Amtspflegers oder des Amtsvormunds soll das Jugendamt das Kind oder den Jugendlichen zur Auswahl des Beamten oder Angestellten mündlich anhören, soweit dies nach Alter und Entwicklungsstand des Kindes oder Jugendlichen möglich ist. [3] Eine ausnahmsweise vor der Übertragung unterbliebene Anhörung ist unverzüglich nachzuholen. [4] Ein vollzeitbeschäftigter Beamter oder Angestellter, der nur mit der Führung von Vormundschaften oder Pflegschaften betraut ist, soll höchstens 50 und bei gleichzeitiger Wahrnehmung anderer Aufgaben entsprechend weniger Vormundschaften oder Pflegschaften führen.

(3) [1] Die Übertragung gehört zu den Angelegenheiten der laufenden Verwaltung. [2] In dem durch die Übertragung umschriebenen Rahmen ist der Beamte oder Angestellte gesetzlicher Vertreter des Kindes oder Jugendlichen. [3] Amtspfleger und Amtsvormund haben den persönlichen Kontakt zu diesem zu halten sowie dessen Pflege und Erziehung nach Maßgabe des § 1793 Absatz 1a und § 1800 des Bürgerlichen Gesetzbuchs persönlich zu fördern und zu gewährleisten.

§ 56 Führung der Beistandschaft, der Amtspflegschaft und der Amtsvormundschaft. (1) Auf die Führung der Beistandschaft, der Amtspflegschaft und der Amtsvormundschaft sind die Bestimmungen des Bürgerlichen Gesetzbuchs anzuwenden, soweit dieses Gesetz nicht etwas anderes bestimmt.

(2) [1] Gegenüber dem Jugendamt als Amtsvormund und Amtspfleger werden die Vorschriften des § 1802 Absatz 3 und des § 1818 des Bürgerlichen Gesetzbuchs nicht angewandt. [2] In den Fällen des § 1803 Absatz 2, des § 1811 und des § 1822 Nummer 6 und 7 des Bürgerlichen Gesetzbuchs ist eine Genehmigung des Familiengerichts nicht erforderlich. [3] Landesrecht kann für das Jugendamt

als Amtspfleger oder als Amtsvormund weitergehende Ausnahmen von der Anwendung der Bestimmungen des Bürgerlichen Gesetzbuchs über die Vormundschaft über Minderjährige (§§ 1773 bis 1895) vorsehen, die die Aufsicht des Familiengerichts in vermögensrechtlicher Hinsicht sowie beim Abschluss von Lehr- und Arbeitsverträgen betreffen.

(3) [1] Mündelgeld kann mit Genehmigung des Familiengerichts auf Sammelkonten des Jugendamts bereitgehalten und angelegt werden, wenn es den Interessen des Mündels dient und sofern die sichere Verwaltung, Trennbarkeit und Rechnungslegung des Geldes einschließlich der Zinsen jederzeit gewährleistet ist; Landesrecht kann bestimmen, dass eine Genehmigung des Familiengerichts nicht erforderlich ist. [2] Die Anlegung von Mündelgeld gemäß § 1807 des Bürgerlichen Gesetzbuchs ist auch bei der Körperschaft zulässig, die das Jugendamt errichtet hat.

(4) Das Jugendamt hat in der Regel jährlich zu prüfen, ob im Interesse des Kindes oder des Jugendlichen seine Entlassung als Amtspfleger oder Amtsvormund und die Bestellung einer Einzelperson oder eines Vereins angezeigt ist, und dies dem Familiengericht mitzuteilen.

§ 57 Mitteilungspflicht des Jugendamts. Das Jugendamt hat dem Familiengericht unverzüglich den Eintritt einer Vormundschaft mitzuteilen.

§ 58 Gegenvormundschaft des Jugendamts. Für die Tätigkeit des Jugendamts als Gegenvormund gelten die §§ 55 und 56 entsprechend.

§ 58a Sorgeregister; Bescheinigung über Nichtvorliegen von Eintragungen im Sorgeregister. (1) [1] Zum Zwecke der Erteilung der Bescheinigung nach Absatz 2 wird für Kinder nicht miteinander verheirateter Eltern bei dem nach § 87c Absatz 6 Satz 2 zuständigen Jugendamt ein Sorgeregister geführt. [2] In das Sorgeregister erfolgt jeweils eine Eintragung, wenn

1. Sorgeerklärungen nach § 1626a Absatz 1 Nummer 1 des Bürgerlichen Gesetzbuchs abgegeben werden oder
2. aufgrund einer gerichtlichen Entscheidung die elterliche Sorge den Eltern ganz oder zum Teil gemeinsam übertragen wird.

[3] Das Sorgeregister enthält auch Eintragungen, wenn Sorgeerklärungen nach Artikel 224 § 2 Absatz 3 des Einführungsgesetzes zum Bürgerlichen Gesetzbuche in der bis zum 19. Mai 2013 geltenden Fassung ersetzt wurden.

(2) [1] Liegen keine Eintragungen im Sorgeregister vor, so erhält die mit dem Vater des Kindes nicht verheiratete Mutter auf Antrag hierüber eine Bescheinigung von dem nach § 87c Absatz 6 Satz 1 zuständigen Jugendamt. [2] Die Mutter hat dafür Geburtsdatum und Geburtsort des Kindes oder des Jugendlichen anzugeben sowie den Namen, den das Kind oder der Jugendliche zur Zeit der Beurkundung seiner Geburt geführt hat.

Fünfter Abschnitt. Beurkundung, vollstreckbare Urkunden

§ 59 Beurkundung. (1) [1] Die Urkundsperson beim Jugendamt ist befugt,

1. die Erklärung, durch die die Vaterschaft anerkannt oder die Anerkennung widerrufen wird, die Zustimmungserklärung der Mutter sowie die etwa erforderliche Zustimmung des Mannes, der im Zeitpunkt der Geburt mit der Mutter verheiratet ist, des Kindes, des Jugendlichen oder eines gesetzli-

chen Vertreters zu einer solchen Erklärung (Erklärungen über die Anerkennung der Vaterschaft) zu beurkunden,

2. die Erklärung, durch die die Mutterschaft anerkannt wird, sowie die etwa erforderliche Zustimmung des gesetzlichen Vertreters der Mutter zu beurkunden (§ 44 Absatz 2 des Personenstandsgesetzes),
3. die Verpflichtung zur Erfüllung von Unterhaltsansprüchen eines Abkömmlings oder seines gesetzlichen Rechtsnachfolgers zu beurkunden, sofern der Abkömmling zum Zeitpunkt der Beurkundung das 21. Lebensjahr noch nicht vollendet hat,
4. die Verpflichtung zur Erfüllung von Ansprüchen auf Unterhalt (§ 1615l des Bürgerlichen Gesetzbuchs), auch des gesetzlichen Rechtsnachfolgers, zu beurkunden,
5. die Bereiterklärung der Adoptionsbewerber zur Annahme eines ihnen zur internationalen Adoption vorgeschlagenen Kindes (§ 7 Absatz 1 des Adoptionsübereinkommens-Ausführungsgesetzes) zu beurkunden,
6. den Widerruf der Einwilligung des Kindes in die Annahme als Kind (§ 1746 Absatz 2 des Bürgerlichen Gesetzbuchs) zu beurkunden,
7. die Erklärung, durch die der Vater auf die Übertragung der Sorge verzichtet (§ 1747 Absatz 3 Nummer 2 des Bürgerlichen Gesetzbuchs) zu beurkunden,
8. die Sorgeerklärungen (§ 1626a Absatz 1 Nummer 1 des Bürgerlichen Gesetzbuchs) sowie die etwa erforderliche Zustimmung des gesetzlichen Vertreters eines beschränkt geschäftsfähigen Elternteils (§ 1626c Absatz 2 des Bürgerlichen Gesetzbuchs) zu beurkunden,
9. eine Erklärung des auf Unterhalt in Anspruch genommenen Elternteils nach § 252 des Gesetzes über das Verfahren in Familiensachen und in den Angelegenheiten der freiwilligen Gerichtsbarkeit aufzunehmen; § 129a der Zivilprozessordnung gilt entsprechend.

[2] Die Zuständigkeit der Notare, anderer Urkundspersonen oder sonstiger Stellen für öffentliche Beurkundungen bleibt unberührt.

(2) Die Urkundsperson soll eine Beurkundung nicht vornehmen, wenn ihr in der betreffenden Angelegenheit die Vertretung eines Beteiligten obliegt.

(3) [1] Das Jugendamt hat geeignete Beamte und Angestellte zur Wahrnehmung der Aufgaben nach Absatz 1 zu ermächtigen. [2] Die Länder können Näheres hinsichtlich der fachlichen Anforderungen an diese Personen regeln.

§ 60 Vollstreckbare Urkunden. [1] Aus Urkunden, die eine Verpflichtung nach § 59 Absatz 1 Satz 1 Nummer 3 oder 4 zum Gegenstand haben und die von einem Beamten oder Angestellten des Jugendamts innerhalb der Grenzen seiner Amtsbefugnisse in der vorgeschriebenen Form aufgenommen worden sind, findet die Zwangsvollstreckung statt, wenn die Erklärung die Zahlung einer bestimmten Geldsumme betrifft und der Schuldner sich in der Urkunde der sofortigen Zwangsvollstreckung unterworfen hat. [2] Die Zustellung kann auch dadurch vollzogen werden, dass der Beamte oder Angestellte dem Schuldner eine beglaubigte Abschrift der Urkunde aushändigt; § 173 Satz 2 und 3 der Zivilprozessordnung gilt entsprechend. [3] Auf die Zwangsvollstreckung sind die Vorschriften, die für die Zwangsvollstreckung aus gerichtlichen Urkunden nach § 794 Absatz 1 Nummer 5 der Zivilprozessordnung gelten, mit folgenden Maßgaben entsprechend anzuwenden:

1. Die vollstreckbare Ausfertigung sowie die Bestätigungen nach § 1079 der Zivilprozessordnung werden von den Beamten oder Angestellten des Jugendamts erteilt, denen die Beurkundung der Verpflichtungserklärung übertragen ist. Das Gleiche gilt für die Bezifferung einer Verpflichtungserklärung nach § 790 der Zivilprozessordnung.
2. Über Einwendungen, die die Zulässigkeit der Vollstreckungsklausel oder die Zulässigkeit der Bezifferung nach § 790 der Zivilprozessordnung betreffen, über die Erteilung einer weiteren vollstreckbaren Ausfertigung sowie über Anträge nach § 1081 der Zivilprozessordnung entscheidet das für das Jugendamt zuständige Amtsgericht.

Viertes Kapitel. Schutz von Sozialdaten

§ 61 Anwendungsbereich. (1) [1]Für den Schutz von Sozialdaten bei ihrer Verarbeitung in der Jugendhilfe gelten § 35 des Ersten Buches[1)], §§ 67 bis 85a des Zehnten Buches[2)] sowie die nachfolgenden Vorschriften. [2]Sie gelten für alle Stellen des Trägers der öffentlichen Jugendhilfe, soweit sie Aufgaben nach diesem Buch wahrnehmen. [3]Für die Wahrnehmung von Aufgaben nach diesem Buch durch kreisangehörige Gemeinden und Gemeindeverbände, die nicht örtliche Träger sind, gelten die Sätze 1 und 2 entsprechend.

(2) Für den Schutz von Sozialdaten bei ihrer Verarbeitung im Rahmen der Tätigkeit des Jugendamts als Amtspfleger, Amtsvormund, Beistand und Gegenvormund gilt nur § 68.

(3) Werden Einrichtungen und Dienste der Träger der freien Jugendhilfe in Anspruch genommen, so ist sicherzustellen, dass der Schutz der personenbezogenen Daten bei der Verarbeitung in entsprechender Weise gewährleistet ist.

§ 62 Datenerhebung. (1) Sozialdaten dürfen nur erhoben werden, soweit ihre Kenntnis zur Erfüllung der jeweiligen Aufgabe erforderlich ist.

(2) [1]Sozialdaten sind bei der betroffenen Person zu erheben. [2]Sie ist über die Rechtsgrundlage der Erhebung sowie die Zweckbestimmungen der Verarbeitung aufzuklären, soweit diese nicht offenkundig sind.

(3) Ohne Mitwirkung der betroffenen Person dürfen Sozialdaten nur erhoben werden, wenn

1. eine gesetzliche Bestimmung dies vorschreibt oder erlaubt oder
2. ihre Erhebung bei der betroffenen Person nicht möglich ist oder die jeweilige Aufgabe ihrer Art nach eine Erhebung bei anderen erfordert, die Kenntnis der Daten aber erforderlich ist für
   a) die Feststellung der Voraussetzungen oder für die Erfüllung einer Leistung nach diesem Buch oder
   b) die Feststellung der Voraussetzungen für die Erstattung einer Leistung nach § 50 des Zehnten Buches[2)] oder
   c) die Wahrnehmung einer Aufgabe nach den §§ 42 bis 48a und nach § 52 oder
   d) die Erfüllung des Schutzauftrages bei Kindeswohlgefährdung nach § 8a oder

---

[1)] Nr. 1.
[2)] Nr. 10.

3. die Erhebung bei der betroffenen Person einen unverhältnismäßigen Aufwand erfordern würde und keine Anhaltspunkte dafür bestehen, dass schutzwürdige Interessen der betroffenen Person beeinträchtigt werden oder
4. die Erhebung bei der betroffenen Person den Zugang zur Hilfe ernsthaft gefährden würde.

(4) [1] Ist die betroffene Person nicht zugleich Leistungsberechtigter oder sonst an der Leistung beteiligt, so dürfen die Daten auch beim Leistungsberechtigten oder einer anderen Person, die sonst an der Leistung beteiligt ist, erhoben werden, wenn die Kenntnis der Daten für die Gewährung einer Leistung nach diesem Buch notwendig ist. [2] Satz 1 gilt bei der Erfüllung anderer Aufgaben im Sinne des § 2 Absatz 3 entsprechend.

§ 63 Datenspeicherung. (1) Sozialdaten dürfen gespeichert werden, soweit dies für die Erfüllung der jeweiligen Aufgabe erforderlich ist.

(2) [1] Daten, die zur Erfüllung unterschiedlicher Aufgaben der öffentlichen Jugendhilfe erhoben worden sind, dürfen nur zusammengeführt werden, wenn und solange dies wegen eines unmittelbaren Sachzusammenhangs erforderlich ist. [2] Daten, die zu Leistungszwecken im Sinne des § 2 Absatz 2 und Daten, die für andere Aufgaben im Sinne des § 2 Absatz 3 erhoben worden sind, dürfen nur zusammengeführt werden, soweit dies zur Erfüllung der jeweiligen Aufgabe erforderlich ist.

§ 64 Datenübermittlung und -nutzung. (1) Sozialdaten dürfen zu dem Zweck übermittelt oder genutzt werden, zu dem sie erhoben worden sind.

(2) Eine Übermittlung für die Erfüllung von Aufgaben nach § 69 des Zehnten Buches[1] ist abweichend von Absatz 1 nur zulässig, soweit dadurch der Erfolg einer zu gewährenden Leistung nicht in Frage gestellt wird.

(2a) Vor einer Übermittlung an eine Fachkraft, die nicht dem Verantwortlichen angehört, sind die Sozialdaten zu anonymisieren oder zu pseudonymisieren, soweit die Aufgabenerfüllung dies zulässt.

(3) Sozialdaten dürfen beim Träger der öffentlichen Jugendhilfe zum Zwecke der Planung im Sinne des § 80 gespeichert oder genutzt werden; sie sind unverzüglich zu anonymisieren.

§ 65 Besonderer Vertrauensschutz in der persönlichen und erzieherischen Hilfe. (1) [1] Sozialdaten, die dem Mitarbeiter eines Trägers der öffentlichen Jugendhilfe zum Zwecke persönlicher und erzieherischer Hilfe anvertraut worden sind, dürfen von diesem nur weitergegeben oder übermittelt werden

1. mit der Einwilligung dessen, der die Daten anvertraut hat, oder
2. dem Familiengericht zur Erfüllung der Aufgaben nach § 8a Absatz 2, wenn angesichts einer Gefährdung des Wohls eines Kindes oder eines Jugendlichen ohne diese Mitteilung eine für die Gewährung von Leistungen notwendige gerichtliche Entscheidung nicht ermöglicht werden könnte, oder
3. dem Mitarbeiter, der auf Grund eines Wechsels der Fallzuständigkeit im Jugendamt oder eines Wechsels der örtlichen Zuständigkeit für die Gewährung oder Erbringung der Leistung verantwortlich ist, wenn Anhaltspunkte

---

[1] Nr. **10**.

für eine Gefährdung des Kindeswohls gegeben sind und die Daten für eine Abschätzung des Gefährdungsrisikos notwendig sind, oder

4. an die Fachkräfte, die zum Zwecke der Abschätzung des Gefährdungsrisikos nach § 8a hinzugezogen werden; § 64 Absatz 2a bleibt unberührt, oder
5. unter den Voraussetzungen, unter denen eine der in § 203 Absatz 1 oder 4 des Strafgesetzbuchs genannten Personen dazu befugt wäre.

[2] Der Empfänger darf die Sozialdaten nur zu dem Zweck weitergeben oder übermitteln, zu dem er sie befugt erhalten hat.

(2) § 35 Absatz 3 des Ersten Buches[1)] gilt auch, soweit ein behördeninternes Weitergabeverbot nach Absatz 1 besteht.

§§ 66, 67 (weggefallen)

§ 68 Sozialdaten im Bereich der Beistandschaft, Amtspflegschaft und der Amtsvormundschaft. (1) [1] Der Beamte oder Angestellte, dem die Ausübung der Beistandschaft, Amtspflegschaft oder Amtsvormundschaft übertragen ist, darf Sozialdaten nur verarbeiten, soweit dies zur Erfüllung seiner Aufgaben erforderlich ist. [2] Die Nutzung dieser Sozialdaten zum Zwecke der Aufsicht, Kontrolle oder Rechnungsprüfung durch die dafür zuständigen Stellen sowie die Übermittlung an diese ist im Hinblick auf den Einzelfall zulässig. [3] Die Informationspflichten nach Artikel 13 und 14 der Verordnung (EU) 2016/679 des Europäischen Parlaments und des Rates vom 27. April 2016 zum Schutz natürlicher Personen bei der Verarbeitung personenbezogener Daten, zum freien Datenverkehr und zur Aufhebung der Richtlinie 95/46/EG (Datenschutz-Grundverordnung) (ABl. L 119 vom 4.5.2016, S. 1; L 314 vom 22.11. 2016, S. 72; L 127 vom 23.5.2018, S. 2) in der jeweils geltenden Fassung bestehen nur, soweit die Erteilung der Informationen

1. mit der Wahrung der Interessen der minderjährigen Person vereinbar ist und
2. nicht die Erfüllung der Aufgaben gefährdet, die in der Zuständigkeit des Beistands, des Amtspflegers oder des Amtsvormundes liegen.

(2) § 84 des Zehnten Buches[2)] gilt entsprechend.

(3) [1] Das Recht auf Auskunft der betroffenen Person gemäß Artikel 15 der Verordnung (EU) 2016/679 besteht nicht, soweit die betroffene Person nach Absatz 1 Satz 3 nicht zu informieren ist oder durch die Auskunftserteilung berechtigte Interessen Dritter beeinträchtigt würden. [2] Einer Person, die unter Beistandschaft, Amtspflegschaft oder Amtsvormundschaft gestanden und ihr 18. Lebensjahr noch nicht vollendet hat, kann Auskunft erteilt werden, soweit sie die erforderliche Einsichts- und Urteilsfähigkeit besitzt und die Auskunftserteilung nicht nach Satz 1 ausgeschlossen ist. [3] Nach Beendigung einer Beistandschaft hat darüber hinaus der Elternteil, der die Beistandschaft beantragt hat, einen Anspruch auf Kenntnis der gespeicherten Daten, solange der junge Mensch minderjährig ist, der Elternteil antragsberechtigt ist und die Auskunftserteilung nicht nach Satz 1 ausgeschlossen ist.

(4) Personen oder Stellen, an die Sozialdaten übermittelt worden sind, dürfen diese nur zu dem Zweck speichern und nutzen, zu dem sie ihnen nach Absatz 1 befugt übermittelt worden sind.

[1)] Nr. **1**.
[2)] Nr. **10**.

(5) Für die Tätigkeit des Jugendamts als Gegenvormund gelten die Absätze 1 bis 4 entsprechend.

Fünftes Kapitel. Träger der Jugendhilfe, Zusammenarbeit, Gesamtverantwortung

Erster Abschnitt. Träger der öffentlichen Jugendhilfe

§ 69 Träger der öffentlichen Jugendhilfe, Jugendämter, Landesjugendämter. (1) Die Träger der öffentlichen Jugendhilfe werden durch Landesrecht bestimmt.

(2) (weggefallen)

(3) Für die Wahrnehmung der Aufgaben nach diesem Buch errichtet jeder örtliche Träger ein Jugendamt, jeder überörtliche Träger ein Landesjugendamt.

(4) Mehrere örtliche Träger und mehrere überörtliche Träger können, auch wenn sie verschiedenen Ländern angehören, zur Durchführung einzelner Aufgaben gemeinsame Einrichtungen und Dienste errichten.

§ 70 Organisation des Jugendamts und des Landesjugendamts. (1) Die Aufgaben des Jugendamts werden durch den Jugendhilfeausschuss und durch die Verwaltung des Jugendamts wahrgenommen.

(2) Die Geschäfte der laufenden Verwaltung im Bereich der öffentlichen Jugendhilfe werden vom Leiter der Verwaltung der Gebietskörperschaft oder in seinem Auftrag vom Leiter der Verwaltung des Jugendamts im Rahmen der Satzung und der Beschlüsse der Vertretungskörperschaft und des Jugendhilfeausschusses geführt.

(3) [1] Die Aufgaben des Landesjugendamts werden durch den Landesjugendhilfeausschuss und durch die Verwaltung des Landesjugendamts im Rahmen der Satzung und der dem Landesjugendamt zur Verfügung gestellten Mittel wahrgenommen. [2] Die Geschäfte der laufenden Verwaltung werden von dem Leiter der Verwaltung des Landesjugendamts im Rahmen der Satzung und der Beschlüsse des Landesjugendhilfeausschusses geführt.

§ 71 Jugendhilfeausschuss, Landesjugendhilfeausschuss. (1) Dem Jugendhilfeausschuss gehören als stimmberechtigte Mitglieder an

1. mit drei Fünfteln des Anteils der Stimmen Mitglieder der Vertretungskörperschaft des Trägers der öffentlichen Jugendhilfe oder von ihr gewählte Frauen und Männer, die in der Jugendhilfe erfahren sind,
2. mit zwei Fünfteln des Anteils der Stimmen Frauen und Männer, die auf Vorschlag der im Bereich des öffentlichen Trägers wirkenden und anerkannten Träger der freien Jugendhilfe von der Vertretungskörperschaft gewählt werden; Vorschläge der Jugendverbände und der Wohlfahrtsverbände sind angemessen zu berücksichtigen.

(2) Der Jugendhilfeausschuss befasst sich mit allen Angelegenheiten der Jugendhilfe, insbesondere mit

1. der Erörterung aktueller Problemlagen junger Menschen und ihrer Familien sowie mit Anregungen und Vorschlägen für die Weiterentwicklung der Jugendhilfe,
2. der Jugendhilfeplanung und

3. der Förderung der freien Jugendhilfe.

(3) [1] Er hat Beschlussrecht in Angelegenheiten der Jugendhilfe im Rahmen der von der Vertretungskörperschaft bereitgestellten Mittel, der von ihr erlassenen Satzung und der von ihr gefassten Beschlüsse. [2] Er soll vor jeder Beschlussfassung der Vertretungskörperschaft in Fragen der Jugendhilfe und vor der Berufung eines Leiters des Jugendamts gehört werden und hat das Recht, an die Vertretungskörperschaft Anträge zu stellen. [3] Er tritt nach Bedarf zusammen und ist auf Antrag von mindestens einem Fünftel der Stimmberechtigten einzuberufen. [4] Seine Sitzungen sind öffentlich, soweit nicht das Wohl der Allgemeinheit, berechtigte Interessen einzelner Personen oder schutzbedürftiger Gruppen entgegenstehen.

(4) [1] Dem Landesjugendhilfeausschuss gehören mit zwei Fünfteln des Anteils der Stimmen Frauen und Männer an, die auf Vorschlag der im Bereich des Landesjugendamts wirkenden und anerkannten Träger der freien Jugendhilfe von der obersten Landesjugendbehörde zu berufen sind. [2] Die übrigen Mitglieder werden durch Landesrecht bestimmt. [3] Absatz 2 gilt entsprechend.

(5) [1] Das Nähere regelt das Landesrecht. [2] Es regelt die Zugehörigkeit beratender Mitglieder zum Jugendhilfeausschuss. [3] Es kann bestimmen, dass der Leiter der Verwaltung der Gebietskörperschaft oder der Leiter der Verwaltung des Jugendamts nach Absatz 1 Nummer 1 stimmberechtigt ist.

§ 72 Mitarbeiter, Fortbildung. (1) [1] Die Träger der öffentlichen Jugendhilfe sollen bei den Jugendämtern und Landesjugendämtern hauptberuflich nur Personen beschäftigen, die sich für die jeweilige Aufgabe nach ihrer Persönlichkeit eignen und eine dieser Aufgabe entsprechende Ausbildung erhalten haben (Fachkräfte) oder auf Grund besonderer Erfahrungen in der sozialen Arbeit in der Lage sind, die Aufgabe zu erfüllen. [2] Soweit die jeweilige Aufgabe dies erfordert, sind mit ihrer Wahrnehmung nur Fachkräfte oder Fachkräfte mit entsprechender Zusatzausbildung zu betrauen. [3] Fachkräfte verschiedener Fachrichtungen sollen zusammenwirken, soweit die jeweilige Aufgabe dies erfordert.

(2) Leitende Funktionen des Jugendamts oder des Landesjugendamts sollen in der Regel nur Fachkräften übertragen werden.

(3) Die Träger der öffentlichen Jugendhilfe haben Fortbildung und Praxisberatung der Mitarbeiter des Jugendamts und des Landesjugendamts sicherzustellen.

§ 72a Tätigkeitsausschluss einschlägig vorbestrafter Personen.

(1) [1] Die Träger der öffentlichen Jugendhilfe dürfen für die Wahrnehmung der Aufgaben in der Kinder- und Jugendhilfe keine Person beschäftigen oder vermitteln, die rechtskräftig wegen einer Straftat nach den §§ 171, 174 bis 174c, 176 bis 180a, 181a, 182 bis 184g, 184i, 184k, 201a Absatz 3, den §§ 225, 232 bis 233a, 234, 235 oder 236 des Strafgesetzbuchs verurteilt worden ist. [2] Zu diesem Zweck sollen sie sich bei der Einstellung oder Vermittlung und in regelmäßigen Abständen von den betroffenen Personen ein Führungszeugnis nach § 30 Absatz 5 und § 30a Absatz 1 des Bundeszentralregistergesetzes vorlegen lassen.

(2) Die Träger der öffentlichen Jugendhilfe sollen durch Vereinbarungen mit den Trägern der freien Jugendhilfe sicherstellen, dass diese keine Person, die

wegen einer Straftat nach Absatz 1 Satz 1 rechtskräftig verurteilt worden ist, beschäftigen.

(3) [1] Die Träger der öffentlichen Jugendhilfe sollen sicherstellen, dass unter ihrer Verantwortung keine neben- oder ehrenamtlich tätige Person, die wegen einer Straftat nach Absatz 1 Satz 1 rechtskräftig verurteilt worden ist, in Wahrnehmung von Aufgaben der Kinder- und Jugendhilfe Kinder oder Jugendliche beaufsichtigt, betreut, erzieht oder ausbildet oder einen vergleichbaren Kontakt hat. [2] Hierzu sollen die Träger der öffentlichen Jugendhilfe über die Tätigkeiten entscheiden, die von den in Satz 1 genannten Personen auf Grund von Art, Intensität und Dauer des Kontakts dieser Personen mit Kindern und Jugendlichen nur nach Einsichtnahme in das Führungszeugnis nach Absatz 1 Satz 2 wahrgenommen werden dürfen.

(4) [1] Die Träger der öffentlichen Jugendhilfe sollen durch Vereinbarungen mit den Trägern der freien Jugendhilfe sowie mit Vereinen im Sinne des § 54 sicherstellen, dass unter deren Verantwortung keine neben- oder ehrenamtlich tätige Person, die wegen einer Straftat nach Absatz 1 Satz 1 rechtskräftig verurteilt worden ist, in Wahrnehmung von Aufgaben der Kinder- und Jugendhilfe Kinder oder Jugendliche beaufsichtigt, betreut, erzieht oder ausbildet oder einen vergleichbaren Kontakt hat. [2] Hierzu sollen die Träger der öffentlichen Jugendhilfe mit den Trägern der freien Jugendhilfe Vereinbarungen über die Tätigkeiten schließen, die von den in Satz 1 genannten Personen auf Grund von Art, Intensität und Dauer des Kontakts dieser Personen mit Kindern und Jugendlichen nur nach Einsichtnahme in das Führungszeugnis nach Absatz 1 Satz 2 wahrgenommen werden dürfen.

(5) [1] Träger der öffentlichen und freien Jugendhilfe dürfen von den nach den Absätzen 3 und 4 eingesehenen Daten nur den Umstand, dass Einsicht in ein Führungszeugnis genommen wurde, das Datum des Führungszeugnisses und die Information erheben, ob die das Führungszeugnis betreffende Person wegen einer Straftat nach Absatz 1 Satz 1 rechtskräftig verurteilt worden ist. [2] Die Träger der öffentlichen und freien Jugendhilfe dürfen diese erhobenen Daten nur speichern, verändern und nutzen, soweit dies zum Ausschluss der Personen von der Tätigkeit, die Anlass zu der Einsichtnahme in das Führungszeugnis gewesen ist, erforderlich ist. [3] Die Daten sind vor dem Zugriff Unbefugter zu schützen. [4] Sie sind unverzüglich zu löschen, wenn im Anschluss an die Einsichtnahme keine Tätigkeit nach Absatz 3 Satz 2 oder Absatz 4 Satz 2 wahrgenommen wird. [5] Andernfalls sind die Daten spätestens drei Monate nach der Beendigung einer solchen Tätigkeit zu löschen.

Zweiter Abschnitt. Zusammenarbeit mit der freien Jugendhilfe, ehrenamtliche Tätigkeit

§ 73 Ehrenamtliche Tätigkeit. In der Jugendhilfe ehrenamtlich tätige Personen sollen bei ihrer Tätigkeit angeleitet, beraten und unterstützt werden.

§ 74 Förderung der freien Jugendhilfe. (1) [1] Die Träger der öffentlichen Jugendhilfe sollen die freiwillige Tätigkeit auf dem Gebiet der Jugendhilfe anregen; sie sollen sie fördern, wenn der jeweilige Träger

1. die fachlichen Voraussetzungen für die geplante Maßnahme erfüllt und die Beachtung der Grundsätze und Maßstäbe der Qualitätsentwicklung und Qualitätssicherung nach § 79a gewährleistet,

2. die Gewähr für eine zweckentsprechende und wirtschaftliche Verwendung der Mittel bietet,
3. gemeinnützige Ziele verfolgt,
4. eine angemessene Eigenleistung erbringt und
5. die Gewähr für eine den Zielen des Grundgesetzes förderliche Arbeit bietet.

[2] Eine auf Dauer angelegte Förderung setzt in der Regel die Anerkennung als Träger der freien Jugendhilfe nach § 75 voraus.

(2) [1] Soweit von der freien Jugendhilfe Einrichtungen, Dienste und Veranstaltungen geschaffen werden, um die Gewährung von Leistungen nach diesem Buch zu ermöglichen, kann die Förderung von der Bereitschaft abhängig gemacht werden, diese Einrichtungen, Dienste und Veranstaltungen nach Maßgabe der Jugendhilfeplanung und unter Beachtung der in § 9 genannten Grundsätze anzubieten. [2] § 4 Absatz 1 bleibt unberührt.

(3) [1] Über die Art und Höhe der Förderung entscheidet der Träger der öffentlichen Jugendhilfe im Rahmen der verfügbaren Haushaltsmittel nach pflichtgemäßem Ermessen. [2] Entsprechendes gilt, wenn mehrere Antragsteller die Förderungsvoraussetzungen erfüllen und die von ihnen vorgesehenen Maßnahmen gleich geeignet sind, zur Befriedigung des Bedarfs jedoch nur eine Maßnahme notwendig ist. [3] Bei der Bemessung der Eigenleistung sind die unterschiedliche Finanzkraft und die sonstigen Verhältnisse zu berücksichtigen.

(4) Bei sonst gleich geeigneten Maßnahmen soll solchen der Vorzug gegeben werden, die stärker an den Interessen der Betroffenen orientiert sind und ihre Einflußnahme auf die Ausgestaltung der Maßnahme gewährleisten.

(5) [1] Bei der Förderung gleichartiger Maßnahmen mehrerer Träger sind unter Berücksichtigung ihrer Eigenleistungen gleiche Grundsätze und Maßstäbe anzulegen. [2] Werden gleichartige Maßnahmen von der freien und der öffentlichen Jugendhilfe durchgeführt, so sind bei der Förderung die Grundsätze und Maßstäbe anzuwenden, die für die Finanzierung der Maßnahmen der öffentlichen Jugendhilfe gelten.

(6) Die Förderung von anerkannten Trägern der Jugendhilfe soll auch Mittel für die Fortbildung der haupt-, neben- und ehrenamtlichen Mitarbeiter sowie im Bereich der Jugendarbeit Mittel für die Errichtung und Unterhaltung von Jugendfreizeit- und Jugendbildungsstätten einschließen.

§ 74a Finanzierung von Tageseinrichtungen für Kinder. [1] Die Finanzierung von Tageseinrichtungen regelt das Landesrecht. [2] Dabei können alle Träger von Einrichtungen, die die rechtlichen und fachlichen Voraussetzungen für den Betrieb der Einrichtung erfüllen, gefördert werden. [3] Die Erhebung von Teilnahmebeiträgen nach § 90 bleibt unberührt.

§ 75 Anerkennung als Träger der freien Jugendhilfe. (1) Als Träger der freien Jugendhilfe können juristische Personen und Personenvereinigungen anerkannt werden, wenn sie

1. auf dem Gebiet der Jugendhilfe im Sinne des § 1 tätig sind,
2. gemeinnützige Ziele verfolgen,
3. auf Grund der fachlichen und personellen Voraussetzungen erwarten lassen, dass sie einen nicht unwesentlichen Beitrag zur Erfüllung der Aufgaben der Jugendhilfe zu leisten imstande sind, und

4. die Gewähr für eine den Zielen des Grundgesetzes förderliche Arbeit bieten.

(2) Einen Anspruch auf Anerkennung als Träger der freien Jugendhilfe hat unter den Voraussetzungen des Absatzes 1, wer auf dem Gebiet der Jugendhilfe mindestens drei Jahre tätig gewesen ist.

(3) Die Kirchen und Religionsgemeinschaften des öffentlichen Rechts sowie die auf Bundesebene zusammengeschlossenen Verbände der freien Wohlfahrtspflege sind anerkannte Träger der freien Jugendhilfe.

§ 76 Beteiligung anerkannter Träger der freien Jugendhilfe an der Wahrnehmung anderer Aufgaben. (1) Die Träger der öffentlichen Jugendhilfe können anerkannte Träger der freien Jugendhilfe an der Durchführung ihrer Aufgaben nach den §§ 42, 42a, 43, 50 bis 52a und 53 Absatz 2 bis 4 beteiligen oder ihnen diese Aufgaben zur Ausführung übertragen.

(2) Die Träger der öffentlichen Jugendhilfe bleiben für die Erfüllung der Aufgaben verantwortlich.

§ 77 Vereinbarungen über die Höhe der Kosten. [1] Werden Einrichtungen und Dienste der Träger der freien Jugendhilfe in Anspruch genommen, so sind Vereinbarungen über die Höhe der Kosten der Inanspruchnahme zwischen der öffentlichen und der freien Jugendhilfe anzustreben. [2] Das Nähere regelt das Landesrecht. [3] Die §§ 78a bis 78g bleiben unberührt.

§ 78 Arbeitsgemeinschaften. [1] Die Träger der öffentlichen Jugendhilfe sollen die Bildung von Arbeitsgemeinschaften anstreben, in denen neben ihnen die anerkannten Träger der freien Jugendhilfe sowie die Träger geförderter Maßnahmen vertreten sind. [2] In den Arbeitsgemeinschaften soll darauf hingewirkt werden, dass die geplanten Maßnahmen aufeinander abgestimmt werden und sich gegenseitig ergänzen.

Dritter Abschnitt. Vereinbarungen über Leistungsangebote, Entgelte und Qualitätsentwicklung

§ 78a Anwendungsbereich. (1) Die Regelungen der §§ 78b bis 78g gelten für die Erbringung von

1. Leistungen für Betreuung und Unterkunft in einer sozialpädagogisch begleiteten Wohnform (§ 13 Absatz 3),
2. Leistungen in gemeinsamen Wohnformen für Mütter/Väter und Kinder (§ 19),
3. Leistungen zur Unterstützung bei notwendiger Unterbringung des Kindes oder Jugendlichen zur Erfüllung der Schulpflicht (§ 21 Satz 2),
4. Hilfe zur Erziehung
   a) in einer Tagesgruppe (§ 32),
   b) in einem Heim oder einer sonstigen betreuten Wohnform (§ 34) sowie
   c) in intensiver sozialpädagogischer Einzelbetreuung (§ 35), sofern sie außerhalb der eigenen Familie erfolgt,
   d) in sonstiger teilstationärer oder stationärer Form (§ 27),
5. Eingliederungshilfe für seelisch behinderte Kinder und Jugendliche in
   a) anderen teilstationären Einrichtungen (§ 35a Absatz 2 Nummer 2 Alternative 2),

b) Einrichtungen über Tag und Nacht sowie sonstigen Wohnformen (§ 35a Absatz 2 Nummer 4),
6. Hilfe für junge Volljährige (§ 41), sofern diese den in den Nummern 4 und 5 genannten Leistungen entspricht, sowie
7. Leistungen zum Unterhalt (§ 39), sofern diese im Zusammenhang mit Leistungen nach den Nummern 4 bis 6 gewährt werden; § 39 Absatz 2 Satz 3 bleibt unberührt.

(2) Landesrecht kann bestimmen, dass die §§ 78b bis 78g auch für andere Leistungen nach diesem Buch sowie für vorläufige Maßnahmen zum Schutz von Kindern und Jugendlichen (§ 42) gelten.

§ 78b Voraussetzungen für die Übernahme des Leistungsentgelts.
(1) Wird die Leistung ganz oder teilweise in einer Einrichtung erbracht, so ist der Träger der öffentlichen Jugendhilfe zur Übernahme des Entgelts gegenüber dem Leistungsberechtigten verpflichtet, wenn mit dem Träger der Einrichtungen oder seinem Verband Vereinbarungen über
1. Inhalt, Umfang und Qualität der Leistungsangebote (Leistungsvereinbarung),
2. differenzierte Entgelte für die Leistungsangebote und die betriebsnotwendigen Investitionen (Entgeltvereinbarung) und
3. Grundsätze und Maßstäbe für die Bewertung der Qualität der Leistungsangebote sowie über geeignete Maßnahmen zu ihrer Gewährleistung (Qualitätsentwicklungsvereinbarung)

abgeschlossen worden sind.

(2) [1]Die Vereinbarungen sind mit den Trägern abzuschließen, die unter Berücksichtigung der Grundsätze der Leistungsfähigkeit, Wirtschaftlichkeit und Sparsamkeit zur Erbringung der Leistung geeignet sind. [2]Vereinbarungen über die Erbringung von Hilfe zur Erziehung im Ausland dürfen nur mit solchen Trägern abgeschlossen werden, die
1. anerkannte Träger der Jugendhilfe oder Träger einer erlaubnispflichtigen Einrichtung im Inland sind, in der Hilfe zur Erziehung erbracht wird,
2. mit der Erbringung solcher Hilfen nur Fachkräfte im Sinne des § 72 Absatz 1 betrauen und
3. die Gewähr dafür bieten, dass sie die Rechtsvorschriften des Aufenthaltslandes einhalten und mit den Behörden des Aufenthaltslandes sowie den deutschen Vertretungen im Ausland zusammenarbeiten.

(3) Ist eine der Vereinbarungen nach Absatz 1 nicht abgeschlossen, so ist der Träger der öffentlichen Jugendhilfe zur Übernahme des Leistungsentgelts nur verpflichtet, wenn dies insbesondere nach Maßgabe der Hilfeplanung (§ 36) im Einzelfall geboten ist.

§ 78c Inhalt der Leistungs- und Entgeltvereinbarungen. (1) [1]Die Leistungsvereinbarung muss die wesentlichen Leistungsmerkmale, insbesondere
1. Art, Ziel und Qualität des Leistungsangebots,
2. den in der Einrichtung zu betreuenden Personenkreis,
3. die erforderliche sächliche und personelle Ausstattung,
4. die Qualifikation des Personals sowie
5. die betriebsnotwendigen Anlagen der Einrichtung

festlegen. [2] In die Vereinbarung ist aufzunehmen, unter welchen Voraussetzungen der Träger der Einrichtungen sich zur Erbringung von Leistungen verpflichtet. [3] Der Träger muss gewährleisten, dass die Leistungsangebote zur Erbringung von Leistungen nach § 78a Absatz 1 geeignet sowie ausreichend, zweckmäßig und wirtschaftlich sind.

(2) [1] Die Entgelte müssen leistungsgerecht sein. [2] Grundlage der Entgeltvereinbarung sind die in der Leistungs- und der Qualitätsentwicklungsvereinbarung festgelegten Leistungs- und Qualitätsmerkmale. [3] Eine Erhöhung der Vergütung für Investitionen kann nur dann verlangt werden, wenn der zuständige Träger der öffentlichen Jugendhilfe der Investitionsmaßnahme vorher zugestimmt hat. [4] Förderungen aus öffentlichen Mitteln sind anzurechnen.

§ 78d Vereinbarungszeitraum. (1) [1] Die Vereinbarungen nach § 78b Absatz 1 sind für einen zukünftigen Zeitraum (Vereinbarungszeitraum) abzuschließen. [2] Nachträgliche Ausgleiche sind nicht zulässig.

(2) [1] Die Vereinbarungen treten zu dem darin bestimmten Zeitpunkt in Kraft. [2] Wird ein Zeitpunkt nicht bestimmt, so werden die Vereinbarungen mit dem Tage ihres Abschlusses wirksam. [3] Eine Vereinbarung, die vor diesen Zeitpunkt zurückwirkt, ist nicht zulässig; dies gilt nicht für Vereinbarungen vor der Schiedsstelle für die Zeit ab Eingang des Antrages bei der Schiedsstelle. [4] Nach Ablauf des Vereinbarungszeitraums gelten die vereinbarten Vergütungen bis zum Inkrafttreten neuer Vereinbarungen weiter.

(3) [1] Bei unvorhersehbaren wesentlichen Veränderungen der Annahmen, die der Entgeltvereinbarung zugrunde lagen, sind die Entgelte auf Verlangen einer Vertragspartei für den laufenden Vereinbarungszeitraum neu zu verhandeln. [2] Die Absätze 1 und 2 gelten entsprechend.

(4) Vereinbarungen über die Erbringung von Leistungen nach § 78a Absatz 1, die vor dem 1. Januar 1999 abgeschlossen worden sind, gelten bis zum Inkrafttreten neuer Vereinbarungen weiter.

§ 78e Örtliche Zuständigkeit für den Abschluss von Vereinbarungen.

(1) [1] Soweit Landesrecht nicht etwas anderes bestimmt, ist für den Abschluss von Vereinbarungen nach § 78b Absatz 1 der örtliche Träger der Jugendhilfe zuständig, in dessen Bereich die Einrichtung gelegen ist. [2] Die von diesem Träger abgeschlossenen Vereinbarungen sind für alle örtlichen Träger bindend.

(2) Werden in der Einrichtung Leistungen erbracht, für deren Gewährung überwiegend ein anderer örtlicher Träger zuständig ist, so hat der nach Absatz 1 zuständige Träger diesen Träger zu hören.

(3) [1] Die kommunalen Spitzenverbände auf Landesebene und die Verbände der Träger der freien Jugendhilfe sowie die Vereinigungen sonstiger Leistungserbringer im jeweiligen Land können regionale oder landesweite Kommissionen bilden. [2] Die Kommissionen können im Auftrag der Mitglieder der in Satz 1 genannten Verbände und Vereinigungen Vereinbarungen nach § 78b Absatz 1 schließen. [3] Landesrecht kann die Beteiligung der für die Wahrnehmung der Aufgaben nach § 85 Absatz 2 Nummer 5 und 6 zuständigen Behörde vorsehen.

§ 78f Rahmenverträge. [1] Die kommunalen Spitzenverbände auf Landesebene schließen mit den Verbänden der Träger der freien Jugendhilfe und den Vereinigungen sonstiger Leistungserbringer auf Landesebene Rahmenverträge über den Inhalt der Vereinbarungen nach § 78b Absatz 1. [2]Die für die Wahrnehmung der Aufgaben nach § 85 Absatz 2 Nummer5 und 6 zuständigen Behörden sind zu beteiligen.

§ 78g Schiedsstelle. (1) [1]In den Ländern sind Schiedsstellen für Streit- und Konfliktfälle einzurichten. [2]Sie sind mit einem unparteiischen Vorsitzenden und mit einer gleichen Zahl von Vertretern der Träger der öffentlichen Jugendhilfe sowie von Vertretern der Träger der Einrichtungen zu besetzen. [3]Der Zeitaufwand der Mitglieder ist zu entschädigen, bare Auslagen sind zu erstatten. [4]Für die Inanspruchnahme der Schiedsstellen können Gebühren erhoben werden.

(2) [1]Kommt eine Vereinbarung nach § 78b Absatz 1 innerhalb von sechs Wochen nicht zustande, nachdem eine Partei schriftlich zu Verhandlungen aufgefordert hat, so entscheidet die Schiedsstelle auf Antrag einer Partei unverzüglich über die Gegenstände, über die keine Einigung erreicht werden konnte. [2]Gegen die Entscheidung ist der Rechtsweg zu den Verwaltungsgerichten gegeben. [3]Die Klage richtet sich gegen eine der beiden Vertragsparteien, nicht gegen die Schiedsstelle. [4]Einer Nachprüfung der Entscheidung in einem Vorverfahren bedarf es nicht.

(3) [1]Entscheidungen der Schiedsstelle treten zu dem darin bestimmten Zeitpunkt in Kraft. [2]Wird ein Zeitpunkt für das Inkrafttreten nicht bestimmt, so werden die Festsetzungen der Schiedsstelle mit dem Tag wirksam, an dem der Antrag bei der Schiedsstelle eingegangen ist. [3]Die Festsetzung einer Vergütung, die vor diesen Zeitpunkt zurückwirkt, ist nicht zulässig. [4]Im Übrigen gilt § 78d Absatz 2 Satz 4 und Absatz3 entsprechend.

(4) Die Landesregierungen werden ermächtigt, durch Rechtsverordnung das Nähere zu bestimmen über

1. die Errichtung der Schiedsstellen,
2. die Zahl, die Bestellung, die Amtsdauer und die Amtsführung ihrer Mitglieder,
3. die Erstattung der baren Auslagen und die Entschädigung für ihren Zeitaufwand,
4. die Geschäftsführung, das Verfahren, die Erhebung und die Höhe der Gebühren sowie die Verteilung der Kosten und
5. die Rechtsaufsicht.

Vierter Abschnitt. Gesamtverantwortung, Jugendhilfeplanung

§ 79 Gesamtverantwortung, Grundausstattung. (1) Die Träger der öffentlichen Jugendhilfe haben für die Erfüllung der Aufgaben nach diesem Buch die Gesamtverantwortung einschließlich der Planungsverantwortung.

(2) [1]Die Träger der öffentlichen Jugendhilfe sollen gewährleisten, dass zur Erfüllung der Aufgaben nach diesem Buch

1. die erforderlichen und geeigneten Einrichtungen, Dienste und Veranstaltungen den verschiedenen Grundrichtungen der Erziehung entsprechend rechtzeitig und ausreichend zur Verfügung stehen; hierzu zählen insbesondere auch Pfleger, Vormünder und Pflegepersonen;
2. eine kontinuierliche Qualitätsentwicklung nach Maßgabe von § 79a erfolgt.

[2] Von den für die Jugendhilfe bereitgestellten Mitteln haben sie einen angemessenen Anteil für die Jugendarbeit zu verwenden.

(3) Die Träger der öffentlichen Jugendhilfe haben für eine ausreichende Ausstattung der Jugendämter und der Landesjugendämter zu sorgen; hierzu gehört auch eine dem Bedarf entsprechende Zahl von Fachkräften.

§ 79a Qualitätsentwicklung in der Kinder- und Jugendhilfe. [1] Um die Aufgaben der Kinder- und Jugendhilfe nach § 2 zu erfüllen, haben die Träger der öffentlichen Jugendhilfe Grundsätze und Maßstäbe für die Bewertung der Qualität sowie geeignete Maßnahmen zu ihrer Gewährleistung für

1. die Gewährung und Erbringung von Leistungen,
2. die Erfüllung anderer Aufgaben,
3. den Prozess der Gefährdungseinschätzung nach § 8a,
4. die Zusammenarbeit mit anderen Institutionen

weiterzuentwickeln, anzuwenden und regelmäßig zu überprüfen. [2] Dazu zählen auch Qualitätsmerkmale für die Sicherung der Rechte von Kindern und Jugendlichen in Einrichtungen und ihren Schutz vor Gewalt. [3] Die Träger der öffentlichen Jugendhilfe orientieren sich dabei an den fachlichen Empfehlungen der nach § 85 Absatz 2 zuständigen Behörden und an bereits angewandten Grundsätzen und Maßstäben für die Bewertung der Qualität sowie Maßnahmen zu ihrer Gewährleistung.

§ 80 Jugendhilfeplanung. (1) Die Träger der öffentlichen Jugendhilfe haben im Rahmen ihrer Planungsverantwortung

1. den Bestand an Einrichtungen und Diensten festzustellen,
2. den Bedarf unter Berücksichtigung der Wünsche, Bedürfnisse und Interessen der jungen Menschen und der Personensorgeberechtigten für einen mittelfristigen Zeitraum zu ermitteln und
3. die zur Befriedigung des Bedarfs notwendigen Vorhaben rechtzeitig und ausreichend zu planen; dabei ist Vorsorge zu treffen, dass auch ein unvorhergesehener Bedarf befriedigt werden kann.

(2) Einrichtungen und Dienste sollen so geplant werden, dass insbesondere

1. Kontakte in der Familie und im sozialen Umfeld erhalten und gepflegt werden können,
2. ein möglichst wirksames, vielfältiges und aufeinander abgestimmtes Angebot von Jugendhilfeleistungen gewährleistet ist,
3. junge Menschen und Familien in gefährdeten Lebens- und Wohnbereichen besonders gefördert werden,
4. Mütter und Väter Aufgaben in der Familie und Erwerbstätigkeit besser miteinander vereinbaren können.

(3) [1] Die Träger der öffentlichen Jugendhilfe haben die anerkannten Träger der freien Jugendhilfe in allen Phasen ihrer Planung frühzeitig zu beteiligen. [2] Zu diesem Zwecke sind sie vom Jugendhilfeausschuss, soweit sie überörtlich tätig sind, im Rahmen der Jugendhilfeplanung des überörtlichen Trägers vom Landesjugendhilfeausschuss zu hören. [3] Das Nähere regelt das Landesrecht.

(4) Die Träger der öffentlichen Jugendhilfe sollen darauf hinwirken, dass die Jugendhilfeplanung und andere örtliche und überörtliche Planungen aufeinan-

der abgestimmt werden und die Planungen insgesamt den Bedürfnissen und Interessen der jungen Menschen und ihrer Familien Rechnung tragen.

§ 81 Strukturelle Zusammenarbeit mit anderen Stellen und öffentlichen Einrichtungen. Die Träger der öffentlichen Jugendhilfe haben mit anderen Stellen und öffentlichen Einrichtungen, deren Tätigkeit sich auf die Lebenssituation junger Menschen und ihrer Familien auswirkt, insbesondere mit

1. den Trägern von Sozialleistungen nach dem Zweiten[1)], Dritten[2)], Vierten[3)], Fünften[4)], Sechsten[5)] und dem Zwölften Buch[6)] sowie Trägern von Leistungen nach dem Bundesversorgungsgesetz,
2. Rehabilitationsträger nach § 6 Absatz 1 Nummer 7 des Neunten Buches[7)],
3. den Familien- und Jugendgerichten, den Staatsanwaltschaften sowie den Justizvollzugsbehörden,
4. Schulen und Stellen der Schulverwaltung,
5. Einrichtungen und Stellen des öffentlichen Gesundheitsdienstes und sonstigen Einrichtungen und Diensten des Gesundheitswesens,
6. den Beratungsstellen nach den §§ 3 und 8 des Schwangerschaftskonfliktgesetzes und Suchtberatungsstellen,
7. Einrichtungen und Diensten zum Schutz gegen Gewalt in engen sozialen Beziehungen,
8. den Stellen der Bundesagentur für Arbeit,
9. Einrichtungen und Stellen der beruflichen Aus- und Weiterbildung,
10. den Polizei- und Ordnungsbehörden,
11. der Gewerbeaufsicht und
12. Einrichtungen der Ausbildung für Fachkräfte, der Weiterbildung und der Forschung

im Rahmen ihrer Aufgaben und Befugnisse zusammenzuarbeiten.

Sechstes Kapitel. Zentrale Aufgaben

§ 82 Aufgaben der Länder. (1) Die oberste Landesjugendbehörde hat die Tätigkeit der Träger der öffentlichen und der freien Jugendhilfe und die Weiterentwicklung der Jugendhilfe anzuregen und zu fördern.

(2) Die Länder haben auf einen gleichmäßigen Ausbau der Einrichtungen und Angebote hinzuwirken und die Jugendämter und Landesjugendämter bei der Wahrnehmung ihrer Aufgaben zu unterstützen.

§ 83 Aufgaben des Bundes, Bundesjugendkuratorium. (1) [1]Die fachlich zuständige oberste Bundesbehörde soll die Tätigkeit der Jugendhilfe anregen und fördern, soweit sie von überregionaler Bedeutung ist und ihrer Art nach nicht durch ein Land allein wirksam gefördert werden kann. [2]Hierzu gehören

---

1) Nr. 2.
2) Nr. 3.
3) Nr. 4.
4) Nr. 5.
5) Nr. 6.
6) Nr. 12.
7) Nr. 9.

auch die überregionalen Tätigkeiten der Jugendorganisationen der politischen Parteien auf dem Gebiet der Jugendarbeit.

(2) [1]Die Bundesregierung wird in grundsätzlichen Fragen der Jugendhilfe von einem Sachverständigengremium (Bundesjugendkuratorium) beraten. [2]Das Nähere regelt die Bundesregierung durch Verwaltungsvorschriften.

§ 84 Jugendbericht. (1) [1]Die Bundesregierung legt dem Deutschen Bundestag und dem Bundesrat in jeder Legislaturperiode einen Bericht über die Lage junger Menschen und die Bestrebungen und Leistungen der Jugendhilfe vor. [2]Neben der Bestandsaufnahme und Analyse sollen die Berichte Vorschläge zur Weiterentwicklung der Jugendhilfe enthalten; jeder dritte Bericht soll einen Überblick über die Gesamtsituation der Jugendhilfe vermitteln.

(2) [1]Die Bundesregierung beauftragt mit der Ausarbeitung der Berichte jeweils eine Kommission, der mindestens sieben Sachverständige (Jugendberichtskommission) angehören. [2]Die Bundesregierung fügt eine Stellungnahme mit den von ihr für notwendig gehaltenen Folgerungen bei.

Siebtes Kapitel. Zuständigkeit, Kostenerstattung

Erster Abschnitt. Sachliche Zuständigkeit

§ 85 Sachliche Zuständigkeit. (1) Für die Gewährung von Leistungen und die Erfüllung anderer Aufgaben nach diesem Buch ist der örtliche Träger sachlich zuständig, soweit nicht der überörtliche Träger sachlich zuständig ist.

(2) Der überörtliche Träger ist sachlich zuständig für

1. die Beratung der örtlichen Träger und die Entwicklung von Empfehlungen zur Erfüllung der Aufgaben nach diesem Buch,
2. die Förderung der Zusammenarbeit zwischen den örtlichen Trägern und den anerkannten Trägern der freien Jugendhilfe, insbesondere bei der Planung und Sicherstellung eines bedarfsgerechten Angebots an Hilfen zur Erziehung, Eingliederungshilfen für seelisch behinderte Kinder und Jugendliche und Hilfen für junge Volljährige,
3. die Anregung und Förderung von Einrichtungen, Diensten und Veranstaltungen sowie deren Schaffung und Betrieb, soweit sie den örtlichen Bedarf übersteigen; dazu gehören insbesondere Einrichtungen, die eine Schul- oder Berufsausbildung anbieten, sowie Jugendbildungsstätten,
4. die Planung, Anregung, Förderung und Durchführung von Modellvorhaben zur Weiterentwicklung der Jugendhilfe,
5. die Beratung der örtlichen Träger bei der Gewährung von Hilfe nach den §§ 32 bis 35a, insbesondere bei der Auswahl einer Einrichtung oder der Vermittlung einer Pflegeperson in schwierigen Einzelfällen,
6. die Wahrnehmung der Aufgaben zum Schutz von Kindern und Jugendlichen in Einrichtungen (§§ 45 bis 48a),
7. die Beratung der Träger von Einrichtungen während der Planung und Betriebsführung,
8. die Fortbildung von Mitarbeitern in der Jugendhilfe,
9. die Gewährung von Leistungen an Deutsche im Ausland (§ 6 Absatz 3), soweit es sich nicht um die Fortsetzung einer bereits im Inland gewährten Leistung handelt,

10. die Erteilung der Erlaubnis zur Übernahme von Pflegschaften oder Vormundschaften durch einen rechtsfähigen Verein (§ 54).

(3) Für den örtlichen Bereich können die Aufgaben nach Absatz 2 Nummer 3, 4, 7 und 8 auch vom örtlichen Träger wahrgenommen werden.

(4) Unberührt bleiben die am Tage des Inkrafttretens dieses Gesetzes geltenden landesrechtlichen Regelungen, die die in den §§ 45 bis 48a bestimmten Aufgaben einschließlich der damit verbundenen Aufgaben nach Absatz 2 Nummer 2 bis 5 und 7 mittleren Landesbehörden oder, soweit sie sich auf Kindergärten und andere Tageseinrichtungen für Kinder beziehen, unteren Landesbehörden zuweisen.

(5) Ist das Land überörtlicher Träger, so können durch Landesrecht bis zum 30. Juni 1993 einzelne seiner Aufgaben auf andere Körperschaften des öffentlichen Rechts, die nicht Träger der öffentlichen Jugendhilfe sind, übertragen werden.

Zweiter Abschnitt. Örtliche Zuständigkeit

Erster Unterabschnitt. Örtliche Zuständigkeit für Leistungen

§ 86 Örtliche Zuständigkeit für Leistungen an Kinder, Jugendliche und ihre Eltern. (1) [1] Für die Gewährung von Leistungen nach diesem Buch ist der örtliche Träger zuständig, in dessen Bereich die Eltern ihren gewöhnlichen Aufenthalt haben. [2] An die Stelle der Eltern tritt die Mutter, wenn und solange die Vaterschaft nicht anerkannt oder gerichtlich festgestellt ist. [3] Lebt nur ein Elternteil, so ist dessen gewöhnlicher Aufenthalt maßgebend.

(2) [1] Haben die Elternteile verschiedene gewöhnliche Aufenthalte, so ist der örtliche Träger zuständig, in dessen Bereich der personensorgeberechtigte Elternteil seinen gewöhnlichen Aufenthalt hat; dies gilt auch dann, wenn ihm einzelne Angelegenheiten der Personensorge entzogen sind. [2] Steht die Personensorge im Fall des Satzes 1 den Eltern gemeinsam zu, so richtet sich die Zuständigkeit nach dem gewöhnlichen Aufenthalt des Elternteils, bei dem das Kind oder der Jugendliche vor Beginn der Leistung zuletzt seinen gewöhnlichen Aufenthalt hatte. [3] Hatte das Kind oder der Jugendliche im Fall des Satzes 2 zuletzt bei beiden Elternteilen seinen gewöhnlichen Aufenthalt, so richtet sich die Zuständigkeit nach dem gewöhnlichen Aufenthalt des Elternteils, bei dem das Kind oder der Jugendliche vor Beginn der Leistung zuletzt seinen tatsächlichen Aufenthalt hatte. [4] Hatte das Kind oder der Jugendliche im Fall des Satzes 2 während der letzten sechs Monate vor Beginn der Leistung bei keinem Elternteil einen gewöhnlichen Aufenthalt, so ist der örtliche Träger zuständig, in dessen Bereich das Kind oder der Jugendliche vor Beginn der Leistung zuletzt seinen gewöhnlichen Aufenthalt hatte; hatte das Kind oder der Jugendliche während der letzten sechs Monate keinen gewöhnlichen Aufenthalt, so richtet sich die Zuständigkeit nach dem tatsächlichen Aufenthalt des Kindes oder des Jugendlichen vor Beginn der Leistung.

(3) Haben die Elternteile verschiedene gewöhnliche Aufenthalte und steht die Personensorge keinem Elternteil zu, so gilt Absatz 2 Satz 2 und 4 entsprechend.

(4) [1] Haben die Eltern oder der nach den Absätzen 1 bis 3 maßgebliche Elternteil im Inland keinen gewöhnlichen Aufenthalt, oder ist ein gewöhnlicher Aufenthalt nicht feststellbar, oder sind sie verstorben, so richtet sich die

Zuständigkeit nach dem gewöhnlichen Aufenthalt des Kindes oder des Jugendlichen vor Beginn der Leistung. [2] Hatte das Kind oder der Jugendliche während der letzten sechs Monate vor Beginn der Leistung keinen gewöhnlichen Aufenthalt, so ist der örtliche Träger zuständig, in dessen Bereich sich das Kind oder der Jugendliche vor Beginn der Leistung tatsächlich aufhält.

(5) [1] Begründen die Elternteile nach Beginn der Leistung verschiedene gewöhnliche Aufenthalte, so wird der örtliche Träger zuständig, in dessen Bereich der personensorgeberechtigte Elternteil seinen gewöhnlichen Aufenthalt hat; dies gilt auch dann, wenn ihm einzelne Angelegenheiten der Personensorge entzogen sind. [2] Solange in diesen Fällen die Personensorge beiden Elternteilen gemeinsam oder keinem Elternteil zusteht, bleibt die bisherige Zuständigkeit bestehen. [3] Absatz 4 gilt entsprechend.

(6) [1] Lebt ein Kind oder ein Jugendlicher zwei Jahre bei einer Pflegeperson und ist sein Verbleib bei dieser Pflegeperson auf Dauer zu erwarten, so ist oder wird abweichend von den Absätzen 1 bis 5 der örtliche Träger zuständig, in dessen Bereich die Pflegeperson ihren gewöhnlichen Aufenthalt hat. [2] Er hat die Eltern und, falls den Eltern die Personensorge nicht oder nur teilweise zusteht, den Personensorgeberechtigten über den Wechsel der Zuständigkeit zu unterrichten. [3] Endet der Aufenthalt bei der Pflegeperson, so endet die Zuständigkeit nach Satz 1.

(7) [1] Für Leistungen an Kinder oder Jugendliche, die um Asyl nachsuchen oder einen Asylantrag gestellt haben, ist der örtliche Träger zuständig, in dessen Bereich sich die Person vor Beginn der Leistung tatsächlich aufhält; geht der Leistungsgewährung eine Inobhutnahme voraus, so bleibt die nach § 87 begründete Zuständigkeit bestehen. [2] Unterliegt die Person einem Verteilungsverfahren, so richtet sich die örtliche Zuständigkeit nach der Zuweisungsentscheidung der zuständigen Landesbehörde; bis zur Zuweisungsentscheidung gilt Satz 1 entsprechend. [3] Die nach Satz 1 oder 2 begründete örtliche Zuständigkeit bleibt auch nach Abschluss des Asylverfahrens so lange bestehen, bis die für die Bestimmung der örtlichen Zuständigkeit maßgebliche Person einen gewöhnlichen Aufenthalt im Bereich eines anderen Trägers der öffentlichen Jugendhilfe begründet. [4] Eine Unterbrechung der Leistung von bis zu drei Monaten bleibt außer Betracht.

§ 86a Örtliche Zuständigkeit für Leistungen an junge Volljährige.

(1) Für Leistungen an junge Volljährige ist der örtliche Träger zuständig, in dessen Bereich der junge Volljährige vor Beginn der Leistung seinen gewöhnlichen Aufenthalt hat.

(2) Hält sich der junge Volljährige in einer Einrichtung oder sonstigen Wohnform auf, die der Erziehung, Pflege, Betreuung, Behandlung oder dem Strafvollzug dient, so richtet sich die örtliche Zuständigkeit nach dem gewöhnlichen Aufenthalt vor der Aufnahme in eine Einrichtung oder sonstige Wohnform.

(3) Hat der junge Volljährige keinen gewöhnlichen Aufenthalt, so richtet sich die Zuständigkeit nach seinem tatsächlichen Aufenthalt zu dem in Absatz 1 genannten Zeitpunkt; Absatz 2 bleibt unberührt.

(4) [1] Wird eine Leistung nach § 13 Absatz 3 oder nach § 21 über die Vollendung des 18. Lebensjahres hinaus weitergeführt oder geht der Hilfe für junge Volljährige nach § 41 eine dieser Leistungen, eine Leistung nach § 19

oder eine Hilfe nach den §§ 27 bis 35a voraus, so bleibt der örtliche Träger zuständig, der bis zu diesem Zeitpunkt zuständig war. [2]Eine Unterbrechung der Hilfeleistung von bis zu drei Monaten bleibt dabei außer Betracht. [3]Die Sätze 1 und 2 gelten entsprechend, wenn eine Hilfe für junge Volljährige nach § 41 beendet war und innerhalb von drei Monaten erneut Hilfe für junge Volljährige nach § 41 erforderlich wird.

§ 86b Örtliche Zuständigkeit für Leistungen in gemeinsamen Wohnformen für Mütter/Väter und Kinder. (1) [1]Für Leistungen in gemeinsamen Wohnformen für Mütter oder Väter und Kinder ist der örtliche Träger zuständig, in dessen Bereich der nach § 19 Leistungsberechtigte vor Beginn der Leistung seinen gewöhnlichen Aufenthalt hat. [2]§ 86a Absatz 2 gilt entsprechend.

(2) Hat der Leistungsberechtigte keinen gewöhnlichen Aufenthalt, so richtet sich die Zuständigkeit nach seinem tatsächlichen Aufenthalt zu dem in Absatz 1 genannten Zeitpunkt.

(3) [1]Geht der Leistung Hilfe nach den §§ 27 bis 35a oder eine Leistung nach § 13 Absatz 3, § 21 oder § 41 voraus, so bleibt der örtliche Träger zuständig, der bisher zuständig war. [2]Eine Unterbrechung der Hilfeleistung von bis zu drei Monaten bleibt dabei außer Betracht.

§ 86c Fortdauernde Leistungsverpflichtung und Fallübergabe bei Zuständigkeitswechsel. (1) [1]Wechselt die örtliche Zuständigkeit für eine Leistung, so bleibt der bisher zuständige örtliche Träger so lange zur Gewährung der Leistung verpflichtet, bis der nunmehr zuständige örtliche Träger die Leistung fortsetzt. [2]Dieser hat dafür Sorge zu tragen, dass der Hilfeprozess und die im Rahmen der Hilfeplanung vereinbarten Hilfeziele durch den Zuständigkeitswechsel nicht gefährdet werden.

(2) [1]Der örtliche Träger, der von den Umständen Kenntnis erhält, die den Wechsel der Zuständigkeit begründen, hat den anderen davon unverzüglich zu unterrichten. [2]Der bisher zuständige örtliche Träger hat dem nunmehr zuständigen örtlichen Träger unverzüglich die für die Hilfegewährung sowie den Zuständigkeitswechsel maßgeblichen Sozialdaten zu übermitteln. [3]Bei der Fortsetzung von Leistungen, die der Hilfeplanung nach § 36 Absatz 2 unterliegen, ist die Fallverantwortung im Rahmen eines Gespräches zu übergeben. [4]Die Personensorgeberechtigten und das Kind oder der Jugendliche sowie der junge Volljährige oder der Leistungsberechtigte nach § 19 sind an der Übergabe angemessen zu beteiligen.

§ 86d Verpflichtung zum vorläufigen Tätigwerden. Steht die örtliche Zuständigkeit nicht fest oder wird der zuständige örtliche Träger nicht tätig, so ist der örtliche Träger vorläufig zum Tätigwerden verpflichtet, in dessen Bereich sich das Kind oder der Jugendliche, der junge Volljährige oder bei Leistungen nach § 19 der Leistungsberechtigte vor Beginn der Leistung tatsächlich aufhält.

Zweiter Unterabschnitt. Örtliche Zuständigkeit für andere Aufgaben

§ 87 Örtliche Zuständigkeit für vorläufige Maßnahmen zum Schutz von Kindern und Jugendlichen. [1]Für die Inobhutnahme eines Kindes oder eines Jugendlichen (§ 42) ist der örtliche Träger zuständig, in dessen Bereich sich das Kind oder der Jugendliche vor Beginn der Maßnahme tatsächlich aufhält. [2] Die örtliche Zuständigkeit für die Inobhutnahme eines unbegleiteten ausländischen Kindes oder Jugendlichen richtet sich nach § 88a Absatz 2.

§ 87a Örtliche Zuständigkeit für Erlaubnis, Meldepflichten und Untersagung. (1) Für die Erteilung der Pflegeerlaubnis sowie deren Rücknahme oder Widerruf (§§ 43, 44) ist der örtliche Träger zuständig, in dessen Bereich die Pflegeperson ihren gewöhnlichen Aufenthalt hat.

(2) Für die Erteilung der Erlaubnis zum Betrieb einer Einrichtung oder einer selbständigen sonstigen Wohnform sowie für die Rücknahme oder den Widerruf dieser Erlaubnis (§ 45 Absatz 1 und 2, § 48a), die örtliche Prüfung (§§ 46, 48a), die Entgegennahme von Meldungen (§ 47 Absatz 1 und 2, § 48a) und die Ausnahme von der Meldepflicht (§ 47 Absatz 3, § 48a) sowie die Untersagung der weiteren Beschäftigung des Leiters oder eines Mitarbeiters (§§ 48, 48a) ist der überörtliche Träger oder die nach Landesrecht bestimmte Behörde zuständig, in dessen oder deren Bereich die Einrichtung oder die sonstige Wohnform gelegen ist.

(3) Für die Mitwirkung an der örtlichen Prüfung (§§ 46, 48a) ist der örtliche Träger zuständig, in dessen Bereich die Einrichtung oder die selbständige sonstige Wohnform gelegen ist.

§ 87b Örtliche Zuständigkeit für die Mitwirkung in gerichtlichen Verfahren. (1) [1] Für die Zuständigkeit des Jugendamts zur Mitwirkung in gerichtlichen Verfahren (§§ 50 bis 52) gilt § 86 Absatz 1 bis 4 entsprechend. [2] Für die Mitwirkung im Verfahren nach dem Jugendgerichtsgesetz gegen einen jungen Menschen, der zu Beginn des Verfahrens das 18. Lebensjahr vollendet hat, gilt § 86a Absatz 1 und 3 entsprechend.

(2) [1] Die nach Absatz 1 begründete Zuständigkeit bleibt bis zum Abschluss des Verfahrens bestehen. [2] Hat ein Jugendlicher oder ein junger Volljähriger in einem Verfahren nach dem Jugendgerichtsgesetz die letzten sechs Monate vor Abschluss des Verfahrens in einer Justizvollzugsanstalt verbracht, so dauert die Zuständigkeit auch nach der Entlassung aus der Anstalt so lange fort, bis der Jugendliche oder junge Volljährige einen neuen gewöhnlichen Aufenthalt begründet hat, längstens aber bis zum Ablauf von sechs Monaten nach dem Entlassungszeitpunkt.

(3) Steht die örtliche Zuständigkeit nicht fest oder wird der zuständige örtliche Träger nicht tätig, so gilt § 86d entsprechend.

§ 87c Örtliche Zuständigkeit für die Beistandschaft, die Amtspflegschaft, die Amtsvormundschaft und die Bescheinigung nach § 58a.

(1) [1] Für die Vormundschaft nach § 1791c des Bürgerlichen Gesetzbuchs ist das Jugendamt zuständig, in dessen Bereich die Mutter ihren gewöhnlichen Aufenthalt hat. [2] Wurde die Vaterschaft nach § 1592 Nummer 1 oder 2 des Bürgerlichen Gesetzbuchs durch Anfechtung beseitigt, so ist der gewöhnliche Aufenthalt der Mutter zu dem Zeitpunkt maßgeblich, zu dem die Entscheidung rechtskräftig wird. [3] Ist ein gewöhnlicher Aufenthalt der Mutter nicht festzustellen, so richtet sich die örtliche Zuständigkeit nach ihrem tatsächlichen Aufenthalt.

(2) [1] Sobald die Mutter ihren gewöhnlichen Aufenthalt im Bereich eines anderen Jugendamts nimmt, hat das die Amtsvormundschaft führende Jugend-

amt bei dem Jugendamt des anderen Bereichs die Weiterführung der Amtsvormundschaft zu beantragen; der Antrag kann auch von dem anderen Jugendamt, von jedem Elternteil und von jedem, der ein berechtigtes Interesse des Kindes oder des Jugendlichen geltend macht, bei dem die Amtsvormundschaft führenden Jugendamt gestellt werden. [2]Die Vormundschaft geht mit der Erklärung des anderen Jugendamts auf dieses über. [3]Das abgebende Jugendamt hat den Übergang dem Familiengericht und jedem Elternteil unverzüglich mitzuteilen. [4]Gegen die Ablehnung des Antrags kann das Familiengericht angerufen werden.

(3) [1]Für die Pflegschaft oder Vormundschaft, die durch Bestellung des Familiengerichts eintritt, ist das Jugendamt zuständig, in dessen Bereich das Kind oder der Jugendliche seinen gewöhnlichen Aufenthalt hat. [2]Hat das Kind oder der Jugendliche keinen gewöhnlichen Aufenthalt, so richtet sich die Zuständigkeit nach seinem tatsächlichen Aufenthalt zum Zeitpunkt der Bestellung. [3]Sobald das Kind oder der Jugendliche seinen gewöhnlichen Aufenthalt wechselt oder im Fall des Satzes 2 das Wohl des Kindes oder Jugendlichen es erfordert, hat das Jugendamt beim Familiengericht einen Antrag auf Entlassung zu stellen. [4]Die Sätze 1 bis 3 gelten für die Gegenvormundschaft des Jugendamts entsprechend.

(4) Für die Vormundschaft, die im Rahmen des Verfahrens zur Annahme als Kind eintritt, ist das Jugendamt zuständig, in dessen Bereich die annehmende Person ihren gewöhnlichen Aufenthalt hat.

(5) [1]Für die Beratung und Unterstützung nach § 52a sowie für die Beistandschaft gilt Absatz 1 Satz 1 und 3 entsprechend. [2]Sobald der allein sorgeberechtigte Elternteil seinen gewöhnlichen Aufenthalt im Bereich eines anderen Jugendamts nimmt, hat das die Beistandschaft führende Jugendamt bei dem Jugendamt des anderen Bereichs die Weiterführung der Beistandschaft zu beantragen; Absatz 2 Satz 2 und § 86c gelten entsprechend.

(6) [1]Für die Erteilung der Bescheinigung nach § 58a Absatz 2 gilt Absatz 1 entsprechend. [2]Die Mitteilungen nach § 1626d Absatz 2 des Bürgerlichen Gesetzbuchs, die Mitteilungen nach § 155a Absatz 3 Satz 3 und Absatz 5 Satz 2 des Gesetzes über das Verfahren in Familiensachen und in den Angelegenheiten der freiwilligen Gerichtsbarkeit sowie die Mitteilungen nach § 50 Absatz 3 sind an das für den Geburtsort des Kindes oder des Jugendlichen zuständige Jugendamt zu richten; § 88 Absatz 1 Satz 2 gilt entsprechend. [3]Das nach Satz 2 zuständige Jugendamt teilt auf Ersuchen dem nach Satz 1 zuständigen Jugendamt mit, ob Eintragungen im Sorgeregister vorliegen.

§ 87d Örtliche Zuständigkeit für weitere Aufgaben im Vormundschaftswesen. (1) Für die Wahrnehmung der Aufgaben nach § 53 ist der örtliche Träger zuständig, in dessen Bereich der Pfleger oder Vormund seinen gewöhnlichen Aufenthalt hat.

(2) Für die Erteilung der Erlaubnis zur Übernahme von Pflegschaften oder Vormundschaften durch einen rechtsfähigen Verein (§ 54) ist der überörtliche Träger zuständig, in dessen Bereich der Verein seinen Sitz hat.

§ 87e Örtliche Zuständigkeit für Beurkundung und Beglaubigung. Für Beurkundungen und Beglaubigungen nach § 59 ist die Urkundsperson bei jedem Jugendamt zuständig.

Dritter Unterabschnitt. Örtliche Zuständigkeit bei Aufenthalt im Ausland

§ 88 Örtliche Zuständigkeit bei Aufenthalt im Ausland. (1) [1] Für die Gewährung von Leistungen der Jugendhilfe im Ausland ist der überörtliche Träger zuständig, in dessen Bereich der junge Mensch geboren ist. [2] Liegt der Geburtsort im Ausland oder ist er nicht zu ermitteln, so ist das Land Berlin zuständig.

(2) Wurden bereits vor der Ausreise Leistungen der Jugendhilfe gewährt, so bleibt der örtliche Träger zuständig, der bisher tätig geworden ist; eine Unterbrechung der Hilfeleistung von bis zu drei Monaten bleibt dabei außer Betracht.

Vierter Unterabschnitt. Örtliche Zuständigkeit für vorläufige Maßnahmen, Leistungen und die Amtsvormundschaft für unbegleitete ausländische Kinder und Jugendliche

§ 88a Örtliche Zuständigkeit für vorläufige Maßnahmen, Leistungen und die Amtsvormundschaft für unbegleitete ausländische Kinder und Jugendliche. (1) Für die vorläufige Inobhutnahme eines unbegleiteten ausländischen Kindes oder Jugendlichen (§ 42a) ist der örtliche Träger zuständig, in dessen Bereich sich das Kind oder der Jugendliche vor Beginn der Maßnahme tatsächlich aufhält, soweit Landesrecht nichts anderes regelt.

(2) [1] Die örtliche Zuständigkeit für die Inobhutnahme eines unbegleiteten ausländischen Kindes oder Jugendlichen (§ 42) richtet sich nach der Zuweisungsentscheidung gemäß § 42b Absatz 3 Satz 1 der nach Landesrecht für die Verteilung von unbegleiteten ausländischen Kindern oder Jugendlichen zuständigen Stelle. [2] Ist die Verteilung nach § 42b Absatz 4 ausgeschlossen, so bleibt die nach Absatz 1 begründete Zuständigkeit bestehen. [3] Ein anderer Träger kann aus Gründen des Kindeswohls oder aus sonstigen humanitären Gründen von vergleichbarem Gewicht die örtliche Zuständigkeit von dem zuständigen Träger übernehmen.

(3) [1] Für Leistungen an unbegleitete ausländische Kinder oder Jugendliche ist der örtliche Träger zuständig, in dessen Bereich sich die Person vor Beginn der Leistung tatsächlich aufhält. [2] Geht der Leistungsgewährung eine Inobhutnahme voraus, so bleibt die nach Absatz 2 begründete Zuständigkeit bestehen, soweit Landesrecht nichts anderes regelt.

(4) Die örtliche Zuständigkeit für die Vormundschaft oder Pflegschaft, die für unbegleitete ausländische Kinder oder Jugendliche durch Bestellung des Familiengerichts eintritt, richtet sich während

1. der vorläufigen Inobhutnahme (§ 42a) nach Absatz 1,
2. der Inobhutnahme (§ 42) nach Absatz 2 und
3. der Leistungsgewährung nach Absatz 3.

Dritter Abschnitt. Kostenerstattung

§ 89 Kostenerstattung bei fehlendem gewöhnlichen Aufenthalt. Ist für die örtliche Zuständigkeit nach den §§ 86, 86a oder 86b der tatsächliche Aufenthalt maßgeblich, so sind die Kosten, die ein örtlicher Träger aufgewendet hat, von dem überörtlichen Träger zu erstatten, zu dessen Bereich der örtliche Träger gehört.

§ 89a Kostenerstattung bei fortdauernder Vollzeitpflege. (1) [1]Kosten, die ein örtlicher Träger auf Grund einer Zuständigkeit nach § 86 Absatz 6 aufgewendet hat, sind von dem örtlichen Träger zu erstatten, der zuvor zuständig war oder gewesen wäre. [2]Die Kostenerstattungspflicht bleibt bestehen, wenn die Pflegeperson ihren gewöhnlichen Aufenthalt ändert oder wenn die Leistung über die Volljährigkeit hinaus nach § 41 fortgesetzt wird.

(2) Hat oder hätte der nach Absatz 1 kostenerstattungspflichtig werdende örtliche Träger während der Gewährung einer Leistung selbst einen Kostenerstattungsanspruch gegen einen anderen örtlichen oder den überörtlichen Träger, so bleibt oder wird abweichend von Absatz 1 dieser Träger dem nunmehr nach § 86 Absatz 6 zuständig gewordenen örtlichen Träger kostenerstattungspflichtig.

(3) Ändert sich während der Gewährung der Leistung nach Absatz 1 der für die örtliche Zuständigkeit nach § 86 Absatz 1 bis 5 maßgebliche gewöhnliche Aufenthalt, so wird der örtliche Träger kostenerstattungspflichtig, der ohne Anwendung des § 86 Absatz 6 örtlich zuständig geworden wäre.

§ 89b Kostenerstattung bei vorläufigen Maßnahmen zum Schutz von Kindern und Jugendlichen. (1) Kosten, die ein örtlicher Träger im Rahmen der Inobhutnahme von Kindern und Jugendlichen (§ 42) aufgewendet hat, sind von dem örtlichen Träger zu erstatten, dessen Zuständigkeit durch den gewöhnlichen Aufenthalt nach § 86 begründet wird.

(2) Ist ein kostenerstattungspflichtiger örtlicher Träger nicht vorhanden, so sind die Kosten von dem überörtlichen Träger zu erstatten, zu dessen Bereich der örtliche Träger gehört.

(3) Eine nach Absatz 1 oder 2 begründete Pflicht zur Kostenerstattung bleibt bestehen, wenn und solange nach der Inobhutnahme Leistungen auf Grund einer Zuständigkeit nach § 86 Absatz 7 Satz 1 Halbsatz 2 gewährt werden.

§ 89c Kostenerstattung bei fortdauernder oder vorläufiger Leistungsverpflichtung. (1) [1]Kosten, die ein örtlicher Träger im Rahmen seiner Verpflichtung nach § 86c aufgewendet hat, sind von dem örtlichen Träger zu erstatten, der nach dem Wechsel der örtlichen Zuständigkeit zuständig geworden ist. [2]Kosten, die ein örtlicher Träger im Rahmen seiner Verpflichtung nach § 86d aufgewendet hat, sind von dem örtlichen Träger zu erstatten, dessen Zuständigkeit durch den gewöhnlichen Aufenthalt nach §§ 86, 86a und 86b begründet wird.

(2) Hat der örtliche Träger die Kosten deshalb aufgewendet, weil der zuständige örtliche Träger pflichtwidrig gehandelt hat, so hat dieser zusätzlich einen Betrag in Höhe eines Drittels der Kosten, mindestens jedoch 50 Euro, zu erstatten.

(3) Ist ein kostenerstattungspflichtiger örtlicher Träger nicht vorhanden, so sind die Kosten vom überörtlichen Träger zu erstatten, zu dessen Bereich der örtliche Träger gehört, der nach Absatz 1 tätig geworden ist.

§ 89d Kostenerstattung bei Gewährung von Jugendhilfe nach der Einreise. (1) [1]Kosten, die ein örtlicher Träger aufwendet, sind vom Land zu erstatten, wenn

1. innerhalb eines Monats nach der Einreise eines jungen Menschen oder eines Leistungsberechtigten nach § 19 Jugendhilfe gewährt wird und

2. sich die örtliche Zuständigkeit nach dem tatsächlichen Aufenthalt dieser Person oder nach der Zuweisungsentscheidung der zuständigen Landesbehörde richtet.

[2] Als Tag der Einreise gilt der Tag des Grenzübertritts, sofern dieser amtlich festgestellt wurde, oder der Tag, an dem der Aufenthalt im Inland erstmals festgestellt wurde, andernfalls der Tag der ersten Vorsprache bei einem Jugendamt. [3] Die Erstattungspflicht nach Satz 1 bleibt unberührt, wenn die Person um Asyl nachsucht oder einen Asylantrag stellt.

(2) Ist die Person im Inland geboren, so ist das Land erstattungspflichtig, in dessen Bereich die Person geboren ist.

(3) *(aufgehoben)*

(4) Die Verpflichtung zur Erstattung der aufgewendeten Kosten entfällt, wenn inzwischen für einen zusammenhängenden Zeitraum von drei Monaten Jugendhilfe nicht zu gewähren war.

(5) Kostenerstattungsansprüche nach den Absätzen 1 bis 3 gehen Ansprüchen nach den §§ 89 bis 89c und § 89e vor.

§ 89e Schutz der Einrichtungsorte. (1) [1] Richtet sich die Zuständigkeit nach dem gewöhnlichen Aufenthalt der Eltern, eines Elternteils, des Kindes oder des Jugendlichen und ist dieser in einer Einrichtung, einer anderen Familie oder sonstigen Wohnform begründet worden, die der Erziehung, Pflege, Betreuung, Behandlung oder dem Strafvollzug dient, so ist der örtliche Träger zur Erstattung der Kosten verpflichtet, in dessen Bereich die Person vor der Aufnahme in eine Einrichtung, eine andere Familie oder sonstige Wohnform den gewöhnlichen Aufenthalt hatte. [2] Eine nach Satz 1 begründete Erstattungspflicht bleibt bestehen, wenn und solange sich die örtliche Zuständigkeit nach § 86a Absatz 4 und § 86b Absatz 3 richtet.

(2) Ist ein kostenerstattungspflichtiger örtlicher Träger nicht vorhanden, so sind die Kosten von dem überörtlichen Träger zu erstatten, zu dessen Bereich der erstattungsberechtigte örtliche Träger gehört.

§ 89f Umfang der Kostenerstattung. (1) [1] Die aufgewendeten Kosten sind zu erstatten, soweit die Erfüllung der Aufgaben den Vorschriften dieses Buches entspricht. [2] Dabei gelten die Grundsätze, die im Bereich des tätig gewordenen örtlichen Trägers zur Zeit des Tätigwerdens angewandt werden.

(2) [1] Kosten unter 1 000 Euro werden nur bei vorläufigen Maßnahmen zum Schutz von Kindern und Jugendlichen (§ 89b), bei fortdauernder oder vorläufiger Leistungsverpflichtung (§ 89c) und bei Gewährung von Jugendhilfe nach der Einreise (§ 89d) erstattet. [2] Verzugszinsen können nicht verlangt werden.

§ 89g Landesrechtsvorbehalt. Durch Landesrecht können die Aufgaben des Landes und des überörtlichen Trägers nach diesem Abschnitt auf andere Körperschaften des öffentlichen Rechts übertragen werden.

§ 89h Übergangsvorschrift. (1) Für die Erstattung von Kosten für Maßnahmen der Jugendhilfe nach der Einreise gemäß § 89d, die vor dem 1. Juli 1998 begonnen haben, gilt die nachfolgende Übergangsvorschrift.

(2) [1] Kosten, für deren Erstattung das Bundesverwaltungsamt vor dem 1. Juli 1998 einen erstattungspflichtigen überörtlichen Träger bestimmt hat, sind nach

den bis zu diesem Zeitpunkt geltenden Vorschriften zu erstatten. [2]Erfolgt die Bestimmung nach dem 30. Juni 1998, so sind § 86 Absatz 7, § 89b Absatz 3, die §§ 89d und 89g in der ab dem 1. Juli 1998 geltenden Fassung anzuwenden.

Achtes Kapitel. Kostenbeteiligung

Erster Abschnitt. Pauschalierte Kostenbeteiligung

§ 90 Pauschalierte Kostenbeteiligung. (1) Für die Inanspruchnahme von Angeboten

1. der Jugendarbeit nach § 11,
2. der allgemeinen Förderung der Erziehung in der Familie nach § 16 Absatz 1, Absatz 2 Nummer 1 und 3 und
3. der Förderung von Kindern in Tageseinrichtungen und Kindertagespflege nach den §§ 22 bis 24

können Kostenbeiträge festgesetzt werden.

(2) [1]In den Fällen des Absatzes 1 Nummer 1 und 2 kann der Kostenbeitrag auf Antrag ganz oder teilweise erlassen oder ein Teilnahmebeitrag auf Antrag ganz oder teilweise vom Träger der öffentlichen Jugendhilfe übernommen werden, wenn

1. die Belastung
   a) dem Kind oder dem Jugendlichen und seinen Eltern oder
   b) dem jungen Volljährigen

   nicht zuzumuten ist und
2. die Förderung für die Entwicklung des jungen Menschen erforderlich ist.

[2]Lebt das Kind oder der Jugendliche nur mit einem Elternteil zusammen, so tritt dieser an die Stelle der Eltern. [3]Für die Feststellung der zumutbaren Belastung gelten die §§ 82 bis 85, 87, 88 und 92a des Zwölften Buches[1)] entsprechend, soweit nicht Landesrecht eine andere Regelung trifft. [4]Bei der Einkommensberechnung bleiben das Baukindergeld des Bundes sowie die Eigenheimzulage nach dem Eigenheimzulagengesetz außer Betracht.

(3) [1]Im Fall des Absatzes 1 Nummer 3 sind Kostenbeiträge zu staffeln. [2]Als Kriterien für die Staffelung können insbesondere das Einkommen der Eltern, die Anzahl der kindergeldberechtigten Kinder in der Familie und die tägliche Betreuungszeit des Kindes berücksichtigt werden. [3]Werden die Kostenbeiträge nach dem Einkommen berechnet, bleibt das Baukindergeld des Bundes außer Betracht. [4]Darüber hinaus können weitere Kriterien berücksichtigt werden.

(4) [1]Im Fall des Absatzes 1 Nummer 3 wird der Kostenbeitrag auf Antrag erlassen oder auf Antrag ein Teilnahmebeitrag vom Träger der öffentlichen Jugendhilfe übernommen, wenn die Belastung durch Kostenbeiträge den Eltern und dem Kind nicht zuzumuten ist. [2]Nicht zuzumuten sind Kostenbeiträge immer dann, wenn Eltern oder Kinder Leistungen zur Sicherung des Lebensunterhalts nach dem Zweiten Buch[2)], Leistungen nach dem dritten und vierten Kapitel des Zwölften Buches oder Leistungen nach den §§ 2 und 3 des Asylbewerberleistungsgesetzes beziehen oder wenn die Eltern des Kindes Kin-

[1)] Nr. 12.
[2)] Nr. 2.

derzuschlag gemäß § 6a des Bundeskindergeldgesetzes oder Wohngeld nach dem Wohngeldgesetz erhalten. [3] Der Träger der öffentlichen Jugendhilfe hat die Eltern über die Möglichkeit einer Antragstellung nach Satz 1 bei unzumutbarer Belastung durch Kostenbeiträge zu beraten. [4] Absatz 2 Satz 2 bis 4 gilt entsprechend.

Zweiter Abschnitt. Kostenbeiträge für stationäre und teilstationäre Leistungen sowie vorläufige Maßnahmen

§ 91 Anwendungsbereich. (1) Zu folgenden vollstationären Leistungen und vorläufigen Maßnahmen werden Kostenbeiträge erhoben:

1. der Unterkunft junger Menschen in einer sozialpädagogisch begleiteten Wohnform (§ 13 Absatz 3),
2. der Betreuung von Müttern oder Vätern und Kindern in gemeinsamen Wohnformen (§ 19),
3. der Betreuung und Versorgung von Kindern in Notsituationen (§ 20),
4. der Unterstützung bei notwendiger Unterbringung junger Menschen zur Erfüllung der Schulpflicht und zum Abschluss der Schulausbildung (§ 21),
5. der Hilfe zur Erziehung
   a) in Vollzeitpflege (§ 33),
   b) in einem Heim oder einer sonstigen betreuten Wohnform (§ 34),
   c) in intensiver sozialpädagogischer Einzelbetreuung (§ 35), sofern sie außerhalb des Elternhauses erfolgt,
   d) auf der Grundlage von § 27 in stationärer Form,
6. der Eingliederungshilfe für seelisch behinderte Kinder und Jugendliche durch geeignete Pflegepersonen sowie in Einrichtungen über Tag und Nacht und in sonstigen Wohnformen (§ 35a Absatz 2 Nummer 3 und 4),
7. der Inobhutnahme von Kindern und Jugendlichen (§ 42),
8. der Hilfe für junge Volljährige, soweit sie den in den Nummern 5 und 6 genannten Leistungen entspricht (§ 41).

(2) Zu folgenden teilstationären Leistungen werden Kostenbeiträge erhoben:

1. der Betreuung und Versorgung von Kindern in Notsituationen nach § 20,
2. Hilfe zur Erziehung in einer Tagesgruppe nach § 32 und anderen teilstationären Leistungen nach § 27,
3. Eingliederungshilfe für seelisch behinderte Kinder und Jugendliche in Tageseinrichtungen und anderen teilstationären Einrichtungen nach § 35a Absatz 2 Nummer 2 und
4. Hilfe für junge Volljährige, soweit sie den in den Nummern 2 und 3 genannten Leistungen entspricht (§ 41).

(3) Die Kosten umfassen auch die Aufwendungen für den notwendigen Unterhalt und die Krankenhilfe.

(4) Verwaltungskosten bleiben außer Betracht.

(5) Die Träger der öffentlichen Jugendhilfe tragen die Kosten der in den Absätzen 1 und 2 genannten Leistungen unabhängig von der Erhebung eines Kostenbeitrags.

§ 92 Ausgestaltung der Heranziehung. (1) Aus ihrem Einkommen nach Maßgabe der §§ 93 und 94 heranzuziehen sind:

1. Kinder und Jugendliche zu den Kosten der in § 91 Absatz 1 Nummer 1 bis 7 genannten Leistungen und vorläufigen Maßnahmen,
2. junge Volljährige zu den Kosten der in § 91 Absatz 1 Nummer 1, 4 und 8 genannten Leistungen,
3. Leistungsberechtigte nach § 19 zu den Kosten der in § 91 Absatz 1 Nummer 2 genannten Leistungen,
4. Ehegatten und Lebenspartner junger Menschen und Leistungsberechtigter nach § 19 zu den Kosten der in § 91 Absatz 1 und 2 genannten Leistungen und vorläufigen Maßnahmen,
5. Elternteile zu den Kosten der in § 91 Absatz 1 genannten Leistungen und vorläufigen Maßnahmen; leben sie mit dem jungen Menschen zusammen, so werden sie auch zu den Kosten der in § 91 Absatz 2 genannten Leistungen herangezogen.

(1a) Zu den Kosten vollstationärer Leistungen sind junge Volljährige und volljährige Leistungsberechtigte nach § 19 zusätzlich aus ihrem Vermögen nach Maßgabe der §§ 90 und 91 des Zwölften Buches[1)] heranzuziehen.

(2) Die Heranziehung erfolgt durch Erhebung eines Kostenbeitrags, der durch Leistungsbescheid festgesetzt wird; Elternteile werden getrennt herangezogen.

(3) [1] Ein Kostenbeitrag kann bei Eltern, Ehegatten und Lebenspartnern ab dem Zeitpunkt erhoben werden, ab welchem dem Pflichtigen die Gewährung der Leistung mitgeteilt und er über die Folgen für seine Unterhaltspflicht gegenüber dem jungen Menschen aufgeklärt wurde. [2] Ohne vorherige Mitteilung kann ein Kostenbeitrag für den Zeitraum erhoben werden, in welchem der Träger der öffentlichen Jugendhilfe aus rechtlichen oder tatsächlichen Gründen, die in den Verantwortungsbereich des Pflichtigen fallen, an der Geltendmachung gehindert war. [3] Entfallen diese Gründe, ist der Pflichtige unverzüglich zu unterrichten.

(4) [1] Ein Kostenbeitrag kann nur erhoben werden, soweit Unterhaltsansprüche vorrangig oder gleichrangig Berechtigter nicht geschmälert werden. [2] Von der Heranziehung der Eltern ist abzusehen, wenn das Kind, die Jugendliche, die junge Volljährige oder die Leistungsberechtigte nach § 19 schwanger ist oder der junge Mensch oder die nach § 19 leistungsberechtigte Person ein leibliches Kind bis zur Vollendung des sechsten Lebensjahres betreut.

(5) [1] Von der Heranziehung soll im Einzelfall ganz oder teilweise abgesehen werden, wenn sonst Ziel und Zweck der Leistung gefährdet würden oder sich aus der Heranziehung eine besondere Härte ergäbe. [2] Von der Heranziehung kann abgesehen werden, wenn anzunehmen ist, dass der damit verbundene Verwaltungsaufwand in keinem angemessenen Verhältnis zu dem Kostenbeitrag stehen wird.

§ 93 Berechnung des Einkommens. (1) [1] Zum Einkommen gehören alle Einkünfte in Geld oder Geldeswert mit Ausnahme der Grundrente nach oder entsprechend dem Bundesversorgungsgesetz sowie der Renten und Beihilfen, die nach dem Bundesentschädigungsgesetz für einen Schaden an Leben sowie

1) Nr. **12**.

an Körper und Gesundheit gewährt werden bis zur Höhe der vergleichbaren Grundrente nach dem Bundesversorgungsgesetz. [2] Eine Entschädigung, die nach § 253 Absatz 2 des Bürgerlichen Gesetzbuchs wegen eines Schadens, der nicht Vermögensschaden ist, geleistet wird, ist nicht als Einkommen zu berücksichtigen. [3] Geldleistungen, die dem gleichen Zwecke wie die jeweilige Leistung der Jugendhilfe dienen, zählen nicht zum Einkommen und sind unabhängig von einem Kostenbeitrag einzusetzen. [4] Kindergeld und Leistungen, die auf Grund öffentlich-rechtlicher Vorschriften zu einem ausdrücklich genannten Zweck erbracht werden, sind nicht als Einkommen zu berücksichtigen.

(2) Von dem Einkommen sind abzusetzen

1. auf das Einkommen gezahlte Steuern und
2. Pflichtbeiträge zur Sozialversicherung einschließlich der Beiträge zur Arbeitsförderung sowie
3. nach Grund und Höhe angemessene Beiträge zu öffentlichen oder privaten Versicherungen oder ähnlichen Einrichtungen zur Absicherung der Risiken Alter, Krankheit, Pflegebedürftigkeit und Arbeitslosigkeit.

(3) [1] Von dem nach den Absätzen 1 und 2 errechneten Betrag sind Belastungen der kostenbeitragspflichtigen Person abzuziehen. [2] Der Abzug erfolgt durch eine Kürzung des nach den Absätzen 1 und 2 errechneten Betrages um pauschal 25 vom Hundert. [3] Sind die Belastungen höher als der pauschale Abzug, so können sie abgezogen werden, soweit sie nach Grund und Höhe angemessen sind und die Grundsätze einer wirtschaftlichen Lebensführung nicht verletzen. [4] In Betracht kommen insbesondere

1. Beiträge zu öffentlichen oder privaten Versicherungen oder ähnlichen Einrichtungen,
2. die mit der Erzielung des Einkommens verbundenen notwendigen Ausgaben,
3. Schuldverpflichtungen.

[5] Die kostenbeitragspflichtige Person muss die Belastungen nachweisen.

(4) [1] Maßgeblich ist das durchschnittliche Monatseinkommen, das die kostenbeitragspflichtige Person in dem Kalenderjahr erzielt hat, welches dem jeweiligen Kalenderjahr der Leistung oder Maßnahme vorangeht. [2] Auf Antrag der kostenbeitragspflichtigen Person wird dieses Einkommen nachträglich durch das durchschnittliche Monatseinkommen ersetzt, welches die Person in dem jeweiligen Kalenderjahr der Leistung oder Maßnahme erzielt hat. [3] Der Antrag kann innerhalb eines Jahres nach Ablauf dieses Kalenderjahres gestellt werden. [4] Macht die kostenbeitragspflichtige Person glaubhaft, dass die Heranziehung zu den Kosten aus dem Einkommen nach Satz 1 in einem bestimmten Zeitraum eine besondere Härte für sie ergäbe, wird vorläufig von den glaubhaft gemachten, dem Zeitraum entsprechenden Monatseinkommen ausgegangen; endgültig ist in diesem Fall das nach Ablauf des Kalenderjahres zu ermittelnde durchschnittliche Monatseinkommen dieses Jahres maßgeblich.

§ 94 Umfang der Heranziehung. (1) [1] Die Kostenbeitragspflichtigen sind aus ihrem Einkommen in angemessenem Umfang zu den Kosten heranzuziehen. [2] Die Kostenbeiträge dürfen die tatsächlichen Aufwendungen nicht überschreiten. [3] Eltern sollen nachrangig zu den jungen Menschen herangezogen werden. [4] Ehegatten und Lebenspartner sollen nachrangig zu den jungen Menschen, aber vorrangig vor deren Eltern herangezogen werden.

(2) Für die Bestimmung des Umfangs sind bei jedem Elternteil, Ehegatten oder Lebenspartner die Höhe des nach § 93 ermittelten Einkommens und die Anzahl der Personen, die mindestens im gleichen Range wie der untergebrachte junge Mensch oder Leistungsberechtigte nach § 19 unterhaltsberechtigt sind, angemessen zu berücksichtigen.

(3) [1] Werden Leistungen über Tag und Nacht außerhalb des Elternhauses erbracht und bezieht einer der Elternteile Kindergeld für den jungen Menschen, so hat dieser unabhängig von einer Heranziehung nach Absatz 1 Satz 1 und 2 und nach Maßgabe des Absatzes 1 Satz 3 und 4 einen Kostenbeitrag in Höhe des Kindergeldes zu zahlen. [2] Zahlt der Elternteil den Kostenbeitrag nach Satz 1 nicht, so sind die Träger der öffentlichen Jugendhilfe insoweit berechtigt, das auf dieses Kind entfallende Kindergeld durch Geltendmachung eines Erstattungsanspruchs nach § 74 Absatz 2 des Einkommensteuergesetzes in Anspruch zu nehmen.

(4) Werden Leistungen über Tag und Nacht erbracht und hält sich der junge Mensch nicht nur im Rahmen von Umgangskontakten bei einem Kostenbeitragspflichtigen auf, so ist die tatsächliche Betreuungsleistung über Tag und Nacht auf den Kostenbeitrag anzurechnen.

(5) Für die Festsetzung der Kostenbeiträge von Eltern, Ehegatten und Lebenspartnern junger Menschen und Leistungsberechtigter nach § 19 werden nach Einkommensgruppen gestaffelte Pauschalbeträge durch Rechtsverordnung des zuständigen Bundesministeriums mit Zustimmung des Bundesrates bestimmt.

(6) [1] Bei vollstationären Leistungen haben junge Menschen und Leistungsberechtigte nach § 19 nach Abzug der in § 93 Absatz 2 genannten Beträge 75 Prozent ihres Einkommens als Kostenbeitrag einzusetzen. [2] Es kann ein geringerer Kostenbeitrag erhoben oder gänzlich von der Erhebung des Kostenbeitrags abgesehen werden, wenn das Einkommen aus einer Tätigkeit stammt, die dem Zweck der Leistung dient. [3] Dies gilt insbesondere, wenn es sich um eine Tätigkeit im sozialen oder kulturellen Bereich handelt, bei der nicht die Erwerbstätigkeit, sondern das soziale oder kulturelle Engagement im Vordergrund stehen.

Dritter Abschnitt. Überleitung von Ansprüchen

§ 95 Überleitung von Ansprüchen. (1) Hat eine der in § 92 Absatz 1 genannten Personen für die Zeit, für die Jugendhilfe gewährt wird, einen Anspruch gegen einen anderen, der weder Leistungsträger im Sinne des § 12 des Ersten Buches[1)] noch Kostenbeitragspflichtiger ist, so kann der Träger der öffentlichen Jugendhilfe durch schriftliche Anzeige an den anderen bewirken, dass dieser Anspruch bis zur Höhe seiner Aufwendungen auf ihn übergeht.

(2) [1] Der Übergang darf nur insoweit bewirkt werden, als bei rechtzeitiger Leistung des anderen entweder Jugendhilfe nicht gewährt worden oder ein Kostenbeitrag zu leisten wäre. [2] Der Übergang ist nicht dadurch ausgeschlossen, dass der Anspruch nicht übertragen, verpfändet oder gepfändet werden kann.

[1)] Nr. **1**.

(3) Die schriftliche Anzeige bewirkt den Übergang des Anspruchs für die Zeit, für die die Hilfe ohne Unterbrechung gewährt wird; als Unterbrechung gilt ein Zeitraum von mehr als zwei Monaten.

(4) Widerspruch und Anfechtungsklage gegen den Verwaltungsakt, der den Übergang des Anspruchs bewirkt, haben keine aufschiebende Wirkung.

§ 96 (weggefallen)

Vierter Abschnitt. Ergänzende Vorschriften

§ 97 Feststellung der Sozialleistungen. [1] Der erstattungsberechtigte Träger der öffentlichen Jugendhilfe kann die Feststellung einer Sozialleistung betreiben sowie Rechtsmittel einlegen. [2] Der Ablauf der Fristen, die ohne sein Verschulden verstrichen sind, wirkt nicht gegen ihn. [3] Dies gilt nicht für die Verfahrensfristen, soweit der Träger der öffentlichen Jugendhilfe das Verfahren selbst betreibt.

§ 97a Pflicht zur Auskunft. (1) [1] Soweit dies für die Berechnung oder den Erlass eines Kostenbeitrags oder die Übernahme eines Teilnahmebeitrags nach § 90 oder die Ermittlung eines Kostenbeitrags nach den §§ 92 bis 94 erforderlich ist, sind Eltern, Ehegatten und Lebenspartner junger Menschen sowie Leistungsberechtigter nach § 19 verpflichtet, dem örtlichen Träger über ihre Einkommensverhältnisse Auskunft zu geben. [2] Junge Volljährige und volljährige Leistungsberechtigte nach § 19 sind verpflichtet, dem örtlichen Träger über ihre Einkommens- und Vermögensverhältnisse Auskunft zu geben. [3] Eltern, denen die Sorge für das Vermögen des Kindes oder des Jugendlichen zusteht, sind auch zur Auskunft über dessen Einkommen verpflichtet. [4] Ist die Sorge über das Vermögen des Kindes oder des Jugendlichen anderen Personen übertragen, so treten diese an die Stelle der Eltern.

(2) [1] Soweit dies für die Berechnung der laufenden Leistung nach § 39 Absatz 6 erforderlich ist, sind Pflegepersonen verpflichtet, dem örtlichen Träger darüber Auskunft zu geben, ob der junge Mensch im Rahmen des Familienleistungsausgleichs nach § 31 des Einkommensteuergesetzes berücksichtigt wird oder berücksichtigt werden könnte und ob er ältestes Kind in der Pflegefamilie ist. [2] Pflegepersonen, die mit dem jungen Menschen in gerader Linie verwandt sind, sind verpflichtet, dem örtlichen Träger über ihre Einkommens- und Vermögensverhältnisse Auskunft zu geben.

(3) [1] Die Pflicht zur Auskunft nach den Absätzen 1 und 2 umfasst auch die Verpflichtung, Name und Anschrift des Arbeitgebers zu nennen, über die Art des Beschäftigungsverhältnisses Auskunft zu geben sowie auf Verlangen Beweisurkunden vorzulegen oder ihrer Vorlage zuzustimmen. [2] Sofern landesrechtliche Regelungen nach § 90 Absatz 1 Satz 2 bestehen, in denen nach Einkommensgruppen gestaffelte Pauschalbeträge vorgeschrieben oder festgesetzt sind, ist hinsichtlich der Höhe des Einkommens die Auskunftspflicht und die Pflicht zur Vorlage von Beweisurkunden für die Berechnung des Kostenbeitrags nach § 90 Absatz 1 Nummer 3 auf die Angabe der Zugehörigkeit zu einer bestimmten Einkommensgruppe beschränkt.

(4) [1] Kommt eine der nach den Absätzen 1 und 2 zur Auskunft verpflichteten Personen ihrer Pflicht nicht nach oder bestehen tatsächliche Anhaltspunkte für die Unrichtigkeit ihrer Auskunft, so ist der Arbeitgeber dieser Person verpflichtet, dem örtlichen Träger über die Art des Beschäftigungsverhältnisses

und den Arbeitsverdienst dieser Person Auskunft zu geben; Absatz 3 Satz 2 gilt entsprechend. [2] Der zur Auskunft verpflichteten Person ist vor einer Nachfrage beim Arbeitgeber eine angemessene Frist zur Erteilung der Auskunft zu setzen. [3] Sie ist darauf hinzuweisen, dass nach Fristablauf die erforderlichen Auskünfte beim Arbeitgeber eingeholt werden.

(5) [1] Die nach den Absätzen 1 und 2 zur Erteilung einer Auskunft Verpflichteten können die Auskunft verweigern, soweit sie sich selbst oder einen der in § 383 Absatz 1 Nummer 1 bis 3 der Zivilprozessordnung bezeichneten Angehörigen der Gefahr aussetzen würden, wegen einer Straftat oder einer Ordnungswidrigkeit verfolgt zu werden. [2] Die Auskunftspflichtigen sind auf ihr Auskunftsverweigerungsrecht hinzuweisen.

§ 97b (weggefallen)

§ 97c Erhebung von Gebühren und Auslagen. Landesrecht kann abweichend von § 64 des Zehnten Buches[1)] die Erhebung von Gebühren und Auslagen regeln.

Neuntes Kapitel. Kinder- und Jugendhilfestatistik

§ 98 Zweck und Umfang der Erhebung. (1) Zur Beurteilung der Auswirkungen der Bestimmungen dieses Buches und zu seiner Fortentwicklung sind laufende Erhebungen über

1. Kinder und tätige Personen in Tageseinrichtungen,
2. Kinder und tätige Personen in öffentlich geförderter Kindertagespflege,
3. Personen, die mit öffentlichen Mitteln geförderte Kindertagespflege gemeinsam oder auf Grund einer Erlaubnis nach § 43 Absatz 3 Satz 3 in Pflegestellen durchführen, und die von diesen betreuten Kinder,
4. die Empfänger
   a) der Hilfe zur Erziehung,
   b) der Hilfe für junge Volljährige und
   c) der Eingliederungshilfe für seelisch behinderte Kinder und Jugendliche,
5. Kinder und Jugendliche, zu deren Schutz vorläufige Maßnahmen getroffen worden sind,
6. Kinder und Jugendliche, die als Kind angenommen worden sind,
7. Kinder und Jugendliche, die unter Amtspflegschaft, Amtsvormundschaft oder Beistandschaft des Jugendamts stehen,
8. Kinder und Jugendliche, für die eine Pflegeerlaubnis erteilt worden ist,
9. Maßnahmen des Familiengerichts,
10. Angebote der Jugendarbeit nach § 11 sowie Fortbildungsmaßnahmen für ehrenamtliche Mitarbeiter anerkannter Träger der Jugendhilfe nach § 74 Absatz 6,
11. die Einrichtungen mit Ausnahme der Tageseinrichtungen, Behörden und Geschäftsstellen in der Jugendhilfe und die dort tätigen Personen sowie
12. die Ausgaben und Einnahmen der öffentlichen Jugendhilfe,
13. Gefährdungseinschätzungen nach § 8a

---

1) Nr. 10.

als Bundesstatistik durchzuführen.

(2) Zur Verfolgung der gesellschaftlichen Entwicklung im Bereich der elterlichen Sorge sind im Rahmen der Kinder- und Jugendhilfestatistik auch laufende Erhebungen über Sorgeerklärungen durchzuführen.

§ 99 Erhebungsmerkmale. (1) Erhebungsmerkmale bei den Erhebungen über Hilfe zur Erziehung nach den §§ 27 bis 35, Eingliederungshilfe für seelisch behinderte Kinder und Jugendliche nach § 35a und Hilfe für junge Volljährige nach § 41 sind

1. im Hinblick auf die Hilfe
   a) Art und Name des Trägers des Hilfe durchführenden Dienstes oder der Hilfe durchführenden Einrichtung,
   b) Art der Hilfe,
   c) Ort der Durchführung der Hilfe,
   d) Monat und Jahr des Beginns und Endes sowie Fortdauer der Hilfe,
   e) familienrichterliche Entscheidungen zu Beginn der Hilfe,
   f) Intensität der Hilfe,
   g) Hilfe anregende Institutionen oder Personen,
   h) Gründe für die Hilfegewährung,
   i) Grund für die Beendigung der Hilfe,
   j) vorangegangene Gefährdungseinschätzung nach § 8a Absatz 1,
   k) Einleitung der Hilfe im Anschluss an eine vorläufige Maßnahme zum Schutz von Kindern und Jugendlichen im Fall des § 42 Absatz 1 Satz 1 Nummer 3 sowie
2. im Hinblick auf junge Menschen
   a) Geschlecht,
   b) Geburtsmonat und Geburtsjahr,
   c) Lebenssituation bei Beginn der Hilfe,
   d) anschließender Aufenthalt,
   e) nachfolgende Hilfe;
3. bei sozialpädagogischer Familienhilfe nach § 31 und anderen familienorientierten Hilfen nach § 27 zusätzlich zu den unter den Nummern 1 und 2 genannten Merkmalen
   a) Geschlecht, Geburtsmonat und Geburtsjahr der in der Familie lebenden jungen Menschen sowie
   b) Zahl der außerhalb der Familie lebenden Kinder und Jugendlichen.

(2) Erhebungsmerkmale bei den Erhebungen über vorläufige Maßnahmen zum Schutz von Kindern und Jugendlichen sind Kinder und Jugendliche, zu deren Schutz Maßnahmen nach § 42 oder § 42a getroffen worden sind, gegliedert nach

1. Art der Maßnahme, Art des Trägers der Maßnahme, Form der Unterbringung während der Maßnahme, Institution oder Personenkreis, die oder der die Maßnahme angeregt hat, Zeitpunkt des Beginns und Dauer der Maßnahme, Durchführung auf Grund einer vorangegangenen Gefährdungseinschätzung nach § 8a Absatz 1, Maßnahmeanlass, Art der anschließenden Hilfe,

2. bei Kindern und Jugendlichen zusätzlich zu den unter Nummer 1 genannten Merkmalen nach Geschlecht, Altersgruppe zu Beginn der Maßnahme, Migrationshintergrund, Art des Aufenthalts vor Beginn der Maßnahme.

(3) Erhebungsmerkmale bei den Erhebungen über die Annahme als Kind sind

1. angenommene Kinder und Jugendliche, gegliedert
   a) nach nationaler Adoption und internationaler Adoption nach § 2a des Adoptionsvermittlungsgesetzes,
   b) nach Geschlecht, Geburtsjahr, Staatsangehörigkeit und Art des Trägers des Adoptionsvermittlungsdienstes,
   c) nach Herkunft des angenommenen Kindes, Art der Unterbringung vor der Adoptionspflege, Familienstand der Eltern oder des sorgeberechtigten Elternteils oder Tod der Eltern zu Beginn der Adoptionspflege sowie Ersetzung der Einwilligung zur Annahme als Kind,
   d) zusätzlich bei der internationalen Adoption (§ 2a des Adoptionsvermittlungsgesetzes) nach Staatsangehörigkeit vor Ausspruch der Adoption und nach Herkunftsland,
   e) nach Staatsangehörigkeit der oder des Annehmenden und Verwandtschaftsverhältnis zu dem Kind,
2. die Zahl der
   a) ausgesprochenen und aufgehobenen Annahmen sowie der abgebrochenen Adoptionspflegen, gegliedert nach Art des Trägers des Adoptionsvermittlungsdienstes,
   b) vorgemerkten Adoptionsbewerber, die zur Annahme als Kind vorgemerkten und in Adoptionspflege untergebrachten Kinder und Jugendlichen zusätzlich nach ihrem Geschlecht, gegliedert nach Art des Trägers des Adoptionsvermittlungsdienstes.

(4) Erhebungsmerkmal bei den Erhebungen über die Amtspflegschaft und die Amtsvormundschaft sowie die Beistandschaft ist die Zahl der Kinder und Jugendlichen unter

1. gesetzlicher Amtsvormundschaft,
2. bestellter Amtsvormundschaft,
3. bestellter Amtspflegschaft sowie
4. Beistandschaft,

gegliedert nach Geschlecht, Art des Tätigwerdens des Jugendamts sowie nach deutscher und ausländischer Staatsangehörigkeit (Deutsche/Ausländer).

(5) Erhebungsmerkmal bei den Erhebungen über

1. die Pflegeerlaubnis nach § 43 ist die Zahl der Tagespflegepersonen,
2. die Pflegeerlaubnis nach § 44 ist die Zahl der Kinder und Jugendlichen, gegliedert nach Geschlecht und Art der Pflege.

(6) Erhebungsmerkmale bei der Erhebung zum Schutzauftrag bei Kindeswohlgefährdung nach § 8a sind Kinder und Jugendliche, bei denen eine Gefährdungseinschätzung nach Absatz 1 vorgenommen worden ist, gegliedert

1. nach der die Gefährdungseinschätzung anregenden Institution oder Person, der Art der Kindeswohlgefährdung sowie dem Ergebnis der Gefährdungseinschätzung,

2. bei Kindern und Jugendlichen zusätzlich zu den in Nummer 1 genannten Merkmalen nach Geschlecht, Alter und Aufenthaltsort des Kindes oder Jugendlichen zum Zeitpunkt der Meldung sowie dem Alter der Eltern und der Inanspruchnahme einer Leistung gemäß den §§ 16 bis 19 sowie 27 bis 35a und der Durchführung einer Maßnahme nach § 42.

(6a) Erhebungsmerkmal bei den Erhebungen über Sorgeerklärungen und die gerichtliche Übertragung der gemeinsamen elterlichen Sorge nach § 1626a Absatz 1 Nummer 3 des Bürgerlichen Gesetzbuchs ist die gemeinsame elterliche Sorge nicht miteinander verheirateter Eltern, gegliedert danach, ob Sorgeerklärungen beider Eltern vorliegen, oder den Eltern die elterliche Sorge aufgrund einer gerichtlichen Entscheidung ganz oder zum Teil gemeinsam übertragen worden ist.

(6b) Erhebungsmerkmal bei den Erhebungen über Maßnahmen des Familiengerichts ist die Zahl der Kinder und Jugendlichen, bei denen wegen einer Gefährdung ihres Wohls das familiengerichtliche Verfahren auf Grund einer Anrufung durch das Jugendamt nach § 8a Absatz 2 Satz 1 oder § 42 Absatz 3 Satz 2 Nummer 2 oder auf andere Weise eingeleitet worden ist und

1. den Personensorgeberechtigten auferlegt worden ist, Leistungen nach diesem Buch in Anspruch zu nehmen,
2. andere Gebote oder Verbote gegenüber den Personensorgeberechtigten oder Dritten ausgesprochen worden sind,
3. Erklärungen der Personensorgeberechtigten ersetzt worden sind,
4. die elterliche Sorge ganz oder teilweise entzogen und auf das Jugendamt oder einen Dritten als Vormund oder Pfleger übertragen worden ist,

gegliedert nach Geschlecht, Alter und zusätzlich bei Nummer 4 nach dem Umfang der übertragenen Angelegenheit.

(7) Erhebungsmerkmale bei den Erhebungen über Kinder und tätige Personen in Tageseinrichtungen sind

1. die Einrichtungen, gegliedert nach
   a) der Art und Name des Trägers und der Rechtsform sowie besonderen Merkmalen,
   b) der Zahl der genehmigten Plätze,
   c) der Art und Anzahl der Gruppen sowie
   d) die Anzahl der Kinder insgesamt,
2. für jede dort tätige Person
   a) Geschlecht und Beschäftigungsumfang,
   b) für das pädagogisch und in der Verwaltung tätige Personal zusätzlich Geburtsmonat und Geburtsjahr, die Art des Berufsausbildungsabschlusses, Stellung im Beruf, Art der Beschäftigung und Arbeitsbereich,
3. für die dort geförderten Kinder
   a) Geschlecht, Geburtsmonat und Geburtsjahr sowie Schulbesuch,
   b) Migrationshintergrund,
   c) Betreuungszeit und Mittagsverpflegung,
   d) erhöhter Förderbedarf,
   e) Gruppenzugehörigkeit,
   f) Monat und Jahr der Aufnahme in der Tageseinrichtung.

(7a) Erhebungsmerkmale bei den Erhebungen über Kinder in mit öffentlichen Mitteln geförderter Kindertagespflege sowie die die Kindertagespflege durchführenden Personen sind:

1. für jede tätige Person
   a) Geschlecht, Geburtsmonat und Geburtsjahr,
   b) Art und Umfang der Qualifikation, Anzahl der betreuten Kinder (Betreuungsverhältnisse am Stichtag) insgesamt und nach dem Ort der Betreuung,
2. für die dort geförderten Kinder
   a) Geschlecht, Geburtsmonat und Geburtsjahr sowie Schulbesuch,
   b) Migrationshintergrund,
   c) Betreuungszeit und Mittagsverpflegung,
   d) Art und Umfang der öffentlichen Finanzierung und Förderung,
   e) erhöhter Förderbedarf,
   f) Verwandtschaftsverhältnis zur Pflegeperson,
   g) gleichzeitig bestehende andere Betreuungsarrangements,
   h) Monat und Jahr der Aufnahme in Kindertagespflege.

(7b) Erhebungsmerkmale bei den Erhebungen über Personen, die mit öffentlichen Mitteln geförderte Kindertagespflege gemeinsam oder auf Grund einer Erlaubnis nach § 43 Absatz 3 Satz 3 durchführen und die von diesen betreuten Kinder sind die Zahl der Tagespflegepersonen und die Zahl der von diesen betreuten Kinder jeweils gegliedert nach Pflegestellen.

(8) Erhebungsmerkmale bei den Erhebungen über die Angebote der Jugendarbeit nach § 11 sowie bei den Erhebungen über Fortbildungsmaßnahmen für ehrenamtliche Mitarbeiter anerkannter Träger der Jugendhilfe nach § 74 Absatz 6 sind offene und Gruppenangebote sowie Veranstaltungen und Projekte der Jugendarbeit, soweit diese mit öffentlichen Mitteln pauschal oder maßnahmenbezogen gefördert werden oder der Träger eine öffentliche Förderung erhält, gegliedert nach

1. Art, Name und Rechtsform des Trägers,
2. Dauer, Häufigkeit, Durchführungsort und Art des Angebots; zusätzlich bei schulbezogenen Angeboten die Art der kooperierenden Schule,
3. Alter, Geschlecht sowie Art der Beschäftigung und Tätigkeit der bei der Durchführung des Angebots tätigen Personen,
4. Zahl, Geschlecht und Alter der Teilnehmenden sowie der Besucher,
5. Partnerländer und Veranstaltungen im In- oder Ausland bei Veranstaltungen und Projekten der internationalen Jugendarbeit.

(9) Erhebungsmerkmale bei den Erhebungen über die Einrichtungen, soweit sie nicht in Absatz 7 erfasst werden, sowie die Behörden und Geschäftsstellen in der Jugendhilfe und die dort tätigen Personen sind

1. die Einrichtungen, gegliedert nach der Art der Einrichtung, der Art und Name des Trägers, der Rechtsform sowie der Art und Zahl der verfügbaren Plätze,
2. die Behörden der öffentlichen Jugendhilfe sowie die Geschäftsstellen der Träger der freien Jugendhilfe, gegliedert nach der Art des Trägers und der Rechtsform,
3. für jede haupt- und nebenberuflich tätige Person

a) (weggefallen)
b) (weggefallen)
c) Geschlecht und Beschäftigungsumfang,
d) für das pädagogische und in der Verwaltung tätige Personal zusätzlich Geburtsmonat und Geburtsjahr, Art des Berufsausbildungsabschlusses, Stellung im Beruf, Art der Beschäftigung und Arbeitsbereich.

(10) Erhebungsmerkmale bei der Erhebung der Ausgaben und Einnahmen der öffentlichen Jugendhilfe sind
1. die Art des Trägers,
2. die Ausgaben für Einzel- und Gruppenhilfen, gegliedert nach Ausgabe- und Hilfeart sowie die Einnahmen nach Einnahmeart,
3. die Ausgaben und Einnahmen für Einrichtungen nach Arten gegliedert nach der Einrichtungsart,
4. die Ausgaben für das Personal, das bei den örtlichen und den überörtlichen Trägern sowie den kreisangehörigen Gemeinden und Gemeindeverbänden, die nicht örtliche Träger sind, Aufgaben der Jugendhilfe wahrnimmt.

§ 100 Hilfsmerkmale. Hilfsmerkmale sind
1. Name und Anschrift des Auskunftspflichtigen,
2. für die Erhebungen nach § 99 die Kenn-Nummer der hilfeleistenden Stelle oder der auskunftsgebenden Einrichtung; soweit eine Hilfe nach § 28 gebietsübergreifend erbracht wird, die Kenn-Nummer des Wohnsitzes des Hilfeempfängers,
3. für die Erhebungen nach § 99 Absatz 1, 2, 3 und 6 die Kenn-Nummer der betreffenden Person,
4. Name und Telefonnummer sowie Faxnummer oder E-Mail-Adresse der für eventuelle Rückfragen zur Verfügung stehenden Person.

§ 101 Periodizität und Berichtszeitraum. (1) [1]Die Erhebungen nach § 99 Absatz 1 bis 5 sowie nach Absatz 6a bis 7b und 10 sind jährlich durchzuführen, die Erhebungen nach § 99 Absatz 1, soweit sie die Eingliederungshilfe für seelisch behinderte Kinder und Jugendliche betreffen, beginnend 2007. [2]Die Erhebung nach § 99 Absatz 6 erfolgt laufend. [3]Die übrigen Erhebungen nach § 99 sind alle zwei Jahre durchzuführen, die Erhebungen nach § 99 Absatz 8 erstmalig für das Jahr 2015 und die Erhebungen nach § 99 Absatz 9 erstmalig für das Jahr 2014.

(2) Die Angaben für die Erhebung nach
1. § 99 Absatz 1 sind zu dem Zeitpunkt, zu dem die Hilfe endet, bei fortdauernder Hilfe zum 31. Dezember,
2.-5. (weggefallen)
6. § 99 Absatz 2 sind zum Zeitpunkt des Endes einer vorläufigen Maßnahme,
7. § 99 Absatz 3 Nummer 1 sind zum Zeitpunkt der rechtskräftigen gerichtlichen Entscheidung über die Annahme als Kind,
8. § 99 Absatz 3 Nummer 2 Buchstabe a und Absatz 6a, 6b und 10 sind für das abgelaufene Kalenderjahr,

9. § 99 Absatz 3 Nummer 2 Buchstabe b und Absatz 4, 5 und 9 sind zum 31. Dezember,
10. § 99 Absatz 7, 7a und 7b sind zum 1. März,
11. § 99 Absatz 6 sind zum Zeitpunkt des Abschlusses der Gefährdungseinschätzung,
12. § 99 Absatz 8 sind für das abgelaufene Kalenderjahr

zu erteilen.

§ 102 Auskunftspflicht. (1) [1] Für die Erhebungen besteht Auskunftspflicht. [2] Die Angaben zu § 100 Nummer 4 sind freiwillig.

(2) Auskunftspflichtig sind

1. die örtlichen Träger der Jugendhilfe für die Erhebungen nach § 99 Absatz 1 bis 10, nach Absatz 8 nur, soweit eigene Angebote gemacht wurden,
2. die überörtlichen Träger der Jugendhilfe für die Erhebungen nach § 99 Absatz 3 und 7 und 8 bis 10, nach Absatz 8 nur, soweit eigene Angebote gemacht wurden,
3. die obersten Landesjugendbehörden für die Erhebungen nach § 99 Absatz 7 und 8 bis 10,
4. die fachlich zuständige oberste Bundesbehörde für die Erhebung nach § 99 Absatz 10,
5. die kreisangehörigen Gemeinden und Gemeindeverbände, soweit sie Aufgaben der Jugendhilfe wahrnehmen, für die Erhebungen nach § 99 Absatz 7 bis 10,
6. die Träger der freien Jugendhilfe für Erhebungen nach § 99 Absatz 1, soweit sie eine Beratung nach § 28 oder § 41 betreffen, nach § 99 Absatz 8, soweit sie anerkannte Träger der freien Jugendhilfe nach § 75 Absatz 1 oder Absatz 3 sind, und nach § 99 Abs. 3, 7 und 9,
7. Adoptionsvermittlungsstellen nach § 2 Absatz 3 des Adoptionsvermittlungsgesetzes aufgrund ihrer Tätigkeit nach § 1 des Adoptionsvermittlungsgesetzes sowie anerkannte Auslandsvermittlungsstellen nach § 4 Absatz 2 Satz 3 des Adoptionsvermittlungsgesetzes aufgrund ihrer Tätigkeit nach § 2a Absatz 4 Nummer 2 des Adoptionsvermittlungsgesetzes gemäß § 99 Absatz 3 Nummer 1 sowie gemäß § 99 Absatz 3 Nummer 2a[1)] für die Zahl der ausgesprochenen Annahmen und gemäß § 99 Absatz 3 Nummer 2b für die Zahl der vorgemerkten Adoptionsbewerber,
8. die Leiter der Einrichtungen, Behörden und Geschäftsstellen in der Jugendhilfe für die Erhebungen nach § 99 Absatz 7 und 9.

(3) Zur Durchführung der Erhebungen nach § 99 Absatz 1, 2, 3, 7, 8 und 9 übermitteln die Träger der öffentlichen Jugendhilfe den statistischen Ämtern der Länder auf Anforderung die erforderlichen Anschriften der übrigen Auskunftspflichtigen.

§ 103 Übermittlung. (1) [1] An die fachlich zuständigen obersten Bundes- oder Landesbehörden dürfen für die Verwendung gegenüber den gesetzgebenden Körperschaften und für Zwecke der Planung, jedoch nicht für die Regelung von Einzelfällen, vom Statistischen Bundesamt und den statistischen Äm-

---

[1)] Nr. 8.

tern der Länder Tabellen mit statistischen Ergebnissen übermittelt werden, auch soweit Tabellenfelder nur einen einzigen Fall ausweisen. [2]Tabellen, deren Tabellenfelder nur einen einzigen Fall ausweisen, dürfen nur dann übermittelt werden, wenn sie nicht differenzierter als auf Regierungsbezirksebene, im Fall der Stadtstaaten auf Bezirksebene, aufbereitet sind.

(2) Für ausschließlich statistische Zwecke dürfen den zur Durchführung statistischer Aufgaben zuständigen Stellen der Gemeinden und Gemeindeverbände für ihren Zuständigkeitsbereich Einzelangaben aus der Erhebung nach § 99 mit Ausnahme der Hilfsmerkmale übermittelt werden, soweit die Voraussetzungen nach § 16 Absatz 5 des Bundesstatistikgesetzes gegeben sind.

(3) Die Ergebnisse der Kinder- und Jugendhilfestatistiken gemäß den §§ 98 und 99 dürfen auf der Ebene der einzelnen Gemeinde oder des einzelnen Jugendamtsbezirkes veröffentlicht werden.

Zehntes Kapitel. Straf- und Bußgeldvorschriften

§ 104 Bußgeldvorschriften. (1) Ordnungswidrig handelt, wer

1. ohne Erlaubnis nach § 43 Absatz 1 oder § 44 Absatz 1 Satz 1 ein Kind oder einen Jugendlichen betreut oder ihm Unterkunft gewährt,
2. entgegen § 45 Absatz 1 Satz 1, auch in Verbindung mit § 48a Absatz 1, ohne Erlaubnis eine Einrichtung oder eine sonstige Wohnform betreibt oder
3. entgegen § 47 eine Anzeige nicht, nicht richtig, nicht vollständig oder nicht rechtzeitig erstattet oder eine Meldung nicht, nicht richtig, nicht vollständig oder nicht rechtzeitig macht oder
4. entgegen § 97a Absatz 4 vorsätzlich oder fahrlässig als Arbeitgeber eine Auskunft nicht, nicht richtig oder nicht vollständig erteilt.

(2) Die Ordnungswidrigkeiten nach Absatz 1 Nummer 1, 3 und 4 können mit einer Geldbuße bis zu fünfhundert Euro, die Ordnungswidrigkeit nach Absatz 1 Nummer 2 kann mit einer Geldbuße bis zu fünfzehntausend Euro geahndet werden.

§ 105 Strafvorschriften. Mit Freiheitsstrafe bis zu einem Jahr oder mit Geldstrafe wird bestraft, wer

1. eine in § 104 Absatz 1 Nummer 1 oder 2 bezeichnete Handlung begeht und dadurch leichtfertig ein Kind oder einen Jugendlichen in seiner körperlichen, geistigen oder sittlichen Entwicklung schwer gefährdet oder
2. eine in § 104 Absatz 1 Nummer 1 oder 2 bezeichnete vorsätzliche Handlung beharrlich wiederholt.

Elftes Kapitel. Schlussvorschriften

§ 106 Einschränkung eines Grundrechts. Durch § 42 Absatz 5 und § 42a Absatz 1 Satz 2 wird das Grundrecht auf Freiheit der Person (Artikel 2 Absatz 2 Satz 3 des Grundgesetzes) eingeschränkt.

9. Sozialgesetzbuch Neuntes Buch – Rehabilitation und Teilhabe von Menschen mit Behinderungen – (Neuntes Buch Sozialgesetzbuch – SGB IX)[1)]

Vom 23. Dezember 2016

(BGBl. I S. 3234)

FNA 860-9-3

zuletzt geänd. durch Art. 3 Abs. 6 59. G zur Änd. des Strafgesetzbuches v. 9.10.2020 (BGBl. I S. 2075)

Inhaltsübersicht

[1)] Verkündet als Art. 1 BundesteilhabeG v. 23.12.2016 (BGBl. I S. 3234); Inkrafttreten gem. Art. 26 Abs. 1 dieses G am 1.1.2018, mit Ausnahme von Teil 2 Kapitel 1–7 (§§ 90–122) sowie Kapitel 9–11 (§§ 135–150), die gem. Abs. 4 Nr. 1 dieses G mit Ausnahme von § 94 Absatz 1 am 1.1.2020 in Kraft getreten sind.

Die Änderungen durch Art. 25a BundesteilhabeG v. 23.12.2016 (BGBl. I S. 3234), die mWv **1.1. 2023** in Kraft treten, wenn zu diesem Zeitpunkt das Bundesgesetz nach Artikel 25a § 99 Absatz 7 verkündet wurde, die Änderungen durch G v. 10.12.2019 (BGBl. I S. 2135), die teilweise erst **mWv 1.1.2023** und die Änderungen durch G v. 12.12.2019 (BGBl. I S. 2652), die erst **mWv 1.1.2024** in Kraft treten, sind im Text noch nicht berücksichtigt.

Teil 1. Regelungen für Menschen mit Behinderungen und von Behinderung bedrohte Menschen

Kapitel 1. Allgemeine Vorschriften

§ 1 Selbstbestimmung und Teilhabe am Leben in der Gesellschaft.

[1] Menschen mit Behinderungen oder von Behinderung bedrohte Menschen erhalten Leistungen nach diesem Buch und den für die Rehabilitationsträger geltenden Leistungsgesetzen, um ihre Selbstbestimmung und ihre volle, wirksame und gleichberechtigte Teilhabe am Leben in der Gesellschaft zu fördern, Benachteiligungen zu vermeiden oder ihnen entgegenzuwirken. [2] Dabei wird den besonderen Bedürfnissen von Frauen und Kindern mit Behinderungen und von Behinderung bedrohter Frauen und Kinder sowie Menschen mit seelischen

Behinderungen oder von einer solchen Behinderung bedrohter Menschen Rechnung getragen.

§ 2 Begriffsbestimmungen. (1) [1] Menschen mit Behinderungen sind Menschen, die körperliche, seelische, geistige oder Sinnesbeeinträchtigungen haben, die sie in Wechselwirkung mit einstellungs- und umweltbedingten Barrieren an der gleichberechtigten Teilhabe an der Gesellschaft mit hoher Wahrscheinlichkeit länger als sechs Monate hindern können. [2] Eine Beeinträchtigung nach Satz 1 liegt vor, wenn der Körper- und Gesundheitszustand von dem für das Lebensalter typischen Zustand abweicht. [3] Menschen sind von Behinderung bedroht, wenn eine Beeinträchtigung nach Satz 1 zu erwarten ist.

(2) Menschen sind im Sinne des Teils 3 schwerbehindert, wenn bei ihnen ein Grad der Behinderung von wenigstens 50 vorliegt und sie ihren Wohnsitz, ihren gewöhnlichen Aufenthalt oder ihre Beschäftigung auf einem Arbeitsplatz im Sinne des § 156 rechtmäßig im Geltungsbereich dieses Gesetzbuches haben.

(3) Schwerbehinderten Menschen gleichgestellt werden sollen Menschen mit Behinderungen mit einem Grad der Behinderung von weniger als 50, aber wenigstens 30, bei denen die übrigen Voraussetzungen des Absatzes 2 vorliegen, wenn sie infolge ihrer Behinderung ohne die Gleichstellung einen geeigneten Arbeitsplatz im Sinne des § 156 nicht erlangen oder nicht behalten können (gleichgestellte behinderte Menschen).

§ 3 Vorrang von Prävention. (1) Die Rehabilitationsträger und die Integrationsämter wirken bei der Aufklärung, Beratung, Auskunft und Ausführung von Leistungen im Sinne des Ersten Buches[1)] sowie im Rahmen der Zusammenarbeit mit den Arbeitgebern nach § 167 darauf hin, dass der Eintritt einer Behinderung einschließlich einer chronischen Krankheit vermieden wird.

(2) Die Rehabilitationsträger nach § 6 Absatz 1 Nummer 1 bis 4 und 6 und ihre Verbände wirken bei der Entwicklung und Umsetzung der Nationalen Präventionsstrategie nach den Bestimmungen der §§ 20d bis 20g des Fünften Buches[2)] mit, insbesondere mit der Zielsetzung der Vermeidung von Beeinträchtigungen bei der Teilhabe am Leben in der Gesellschaft.

(3) Bei der Erbringung von Leistungen für Personen, deren berufliche Eingliederung auf Grund gesundheitlicher Einschränkungen besonders erschwert ist, arbeiten die Krankenkassen mit der Bundesagentur für Arbeit und mit den kommunalen Trägern der Grundsicherung für Arbeitsuchende nach § 20a des Fünften Buches eng zusammen.

§ 4 Leistungen zur Teilhabe. (1) Die Leistungen zur Teilhabe umfassen die notwendigen Sozialleistungen, um unabhängig von der Ursache der Behinderung

1. die Behinderung abzuwenden, zu beseitigen, zu mindern, ihre Verschlimmerung zu verhüten oder ihre Folgen zu mildern,
2. Einschränkungen der Erwerbsfähigkeit oder Pflegebedürftigkeit zu vermeiden, zu überwinden, zu mindern oder eine Verschlimmerung zu verhüten sowie den vorzeitigen Bezug anderer Sozialleistungen zu vermeiden oder laufende Sozialleistungen zu mindern,

---

1) Nr. **1**.
2) Nr. **5**.

3. die Teilhabe am Arbeitsleben entsprechend den Neigungen und Fähigkeiten dauerhaft zu sichern oder
4. die persönliche Entwicklung ganzheitlich zu fördern und die Teilhabe am Leben in der Gesellschaft sowie eine möglichst selbständige und selbstbestimmte Lebensführung zu ermöglichen oder zu erleichtern.

(2) [1] Die Leistungen zur Teilhabe werden zur Erreichung der in Absatz 1 genannten Ziele nach Maßgabe dieses Buches und der für die zuständigen Leistungsträger geltenden besonderen Vorschriften neben anderen Sozialleistungen erbracht. [2] Die Leistungsträger erbringen die Leistungen im Rahmen der für sie geltenden Rechtsvorschriften nach Lage des Einzelfalles so vollständig, umfassend und in gleicher Qualität, dass Leistungen eines anderen Trägers möglichst nicht erforderlich werden.

(3) [1] Leistungen für Kinder mit Behinderungen oder von Behinderung bedrohte Kinder werden so geplant und gestaltet, dass nach Möglichkeit Kinder nicht von ihrem sozialen Umfeld getrennt und gemeinsam mit Kindern ohne Behinderungen betreut werden können. [2] Dabei werden Kinder mit Behinderungen alters- und entwicklungsentsprechend an der Planung und Ausgestaltung der einzelnen Hilfen beteiligt und ihre Sorgeberechtigten intensiv in Planung und Gestaltung der Hilfen einbezogen.

(4) Leistungen für Mütter und Väter mit Behinderungen werden gewährt, um diese bei der Versorgung und Betreuung ihrer Kinder zu unterstützen.

§ 5 Leistungsgruppen. Zur Teilhabe am Leben in der Gesellschaft werden erbracht:
1. Leistungen zur medizinischen Rehabilitation,
2. Leistungen zur Teilhabe am Arbeitsleben,
3. unterhaltssichernde und andere ergänzende Leistungen,
4. Leistungen zur Teilhabe an Bildung und
5. Leistungen zur sozialen Teilhabe.

§ 6 Rehabilitationsträger. (1) Träger der Leistungen zur Teilhabe (Rehabilitationsträger) können sein:
1. die gesetzlichen Krankenkassen für Leistungen nach § 5 Nummer 1 und 3,
2. die Bundesagentur für Arbeit für Leistungen nach § 5 Nummer 2 und 3,
3. die Träger der gesetzlichen Unfallversicherung für Leistungen nach § 5 Nummer 1 bis 3 und 5; für Versicherte nach § 2 Absatz 1 Nummer 8 des Siebten Buches[1)] die für diese zuständigen Unfallversicherungsträger für Leistungen nach § 5 Nummer 1 bis 5,
4. die Träger der gesetzlichen Rentenversicherung für Leistungen nach § 5 Nummer 1 bis 3, der Träger der Alterssicherung der Landwirte für Leistungen nach § 5 Nummer 1 und 3,
5. die Träger der Kriegsopferversorgung und die Träger der Kriegsopferfürsorge im Rahmen des Rechts der sozialen Entschädigung bei Gesundheitsschäden für Leistungen nach § 5 Nummer 1 bis 5,
6. die Träger der öffentlichen Jugendhilfe für Leistungen nach § 5 Nummer 1, 2, 4 und 5 sowie

---

[1)] Nr. 7.

7. die Träger der Eingliederungshilfe für Leistungen nach § 5 Nummer 1, 2, 4 und 5.

(2) Die Rehabilitationsträger nehmen ihre Aufgaben selbständig und eigenverantwortlich wahr.

(3) [1]Die Bundesagentur für Arbeit ist auch Rehabilitationsträger für die Leistungen zur Teilhabe am Arbeitsleben für erwerbsfähige Leistungsberechtigte mit Behinderungen im Sinne des Zweiten Buches, sofern nicht ein anderer Rehabilitationsträger zuständig ist. [2]Die Zuständigkeit der Jobcenter nach § 6d des Zweiten Buches[1)] für die Leistungen zur beruflichen Teilhabe von Menschen mit Behinderungen nach § 16 Absatz 1 des Zweiten Buches bleibt unberührt. [3]Mit Zustimmung und Beteiligung des Leistungsberechtigten kann die Bundesagentur für Arbeit mit dem zuständigen Jobcenter eine gemeinsame Beratung zur Vorbereitung des Eingliederungsvorschlags durchführen, wenn eine Teilhabeplankonferenz nach § 20 nicht durchzuführen ist. [4]Die Leistungsberechtigten und das Jobcenter können der Bundesagentur für Arbeit in diesen Fällen die Durchführung einer gemeinsamen Beratung vorschlagen. [5]§ 20 Absatz 3 und § 23 Absatz 2 gelten entsprechend. [6]Die Bundesagentur für Arbeit unterrichtet das zuständige Jobcenter und die Leistungsberechtigten schriftlich oder elektronisch über den festgestellten Rehabilitationsbedarf und ihren Eingliederungsvorschlag. [7]Das Jobcenter entscheidet unter Berücksichtigung des Eingliederungsvorschlages innerhalb von drei Wochen über die Leistungen zur beruflichen Teilhabe.

§ 7 Vorbehalt abweichender Regelungen. (1) [1]Die Vorschriften im Teil 1 gelten für die Leistungen zur Teilhabe, soweit sich aus den für den jeweiligen Rehabilitationsträger geltenden Leistungsgesetzen nichts Abweichendes ergibt. [2]Die Zuständigkeit und die Voraussetzungen für die Leistungen zur Teilhabe richten sich nach den für den jeweiligen Rehabilitationsträger geltenden Leistungsgesetzen. [3]Das Recht der Eingliederungshilfe im Teil 2 ist ein Leistungsgesetz im Sinne der Sätze 1 und 2.

(2) [1]Abweichend von Absatz 1 gehen die Vorschriften der Kapitel 2 bis 4 den für die jeweiligen Rehabilitationsträger geltenden Leistungsgesetzen vor. [2]Von den Vorschriften in Kapitel 4 kann durch Landesrecht nicht abgewichen werden.

§ 8 Wunsch- und Wahlrecht der Leistungsberechtigten. (1) [1]Bei der Entscheidung über die Leistungen und bei der Ausführung der Leistungen zur Teilhabe wird berechtigten Wünschen der Leistungsberechtigten entsprochen. [2]Dabei wird auch auf die persönliche Lebenssituation, das Alter, das Geschlecht, die Familie sowie die religiösen und weltanschaulichen Bedürfnisse der Leistungsberechtigten Rücksicht genommen; im Übrigen gilt § 33 des Ersten Buches[2)]. [3]Den besonderen Bedürfnissen von Müttern und Vätern mit Behinderungen bei der Erfüllung ihres Erziehungsauftrages sowie den besonderen Bedürfnissen von Kindern mit Behinderungen wird Rechnung getragen.

(2) [1]Sachleistungen zur Teilhabe, die nicht in Rehabilitationseinrichtungen auszuführen sind, können auf Antrag der Leistungsberechtigten als Geldleistungen erbracht werden, wenn die Leistungen hierdurch voraussichtlich bei glei-

---

[1)] Nr. **2**.
[2)] Nr. **1**.

cher Wirksamkeit wirtschaftlich zumindest gleichwertig ausgeführt werden können. [2] Für die Beurteilung der Wirksamkeit stellen die Leistungsberechtigten dem Rehabilitationsträger geeignete Unterlagen zur Verfügung. [3] Der Rehabilitationsträger begründet durch Bescheid, wenn er den Wünschen des Leistungsberechtigten nach den Absätzen 1 und 2 nicht entspricht.

(3) Leistungen, Dienste und Einrichtungen lassen den Leistungsberechtigten möglichst viel Raum zu eigenverantwortlicher Gestaltung ihrer Lebensumstände und fördern ihre Selbstbestimmung.

(4) Die Leistungen zur Teilhabe bedürfen der Zustimmung der Leistungsberechtigten.

Kapitel 2. Einleitung der Rehabilitation von Amts wegen

§ 9 Vorrangige Prüfung von Leistungen zur Teilhabe. (1) [1] Werden bei einem Rehabilitationsträger Sozialleistungen wegen oder unter Berücksichtigung einer Behinderung oder einer drohenden Behinderung beantragt oder erbracht, prüft dieser unabhängig von der Entscheidung über diese Leistungen, ob Leistungen zur Teilhabe voraussichtlich zur Erreichung der Ziele nach den §§ 1 und 4 erfolgreich sein können. [2] Er prüft auch, ob hierfür weitere Rehabilitationsträger im Rahmen ihrer Zuständigkeit zur Koordinierung der Leistungen zu beteiligen sind. [3] Werden Leistungen zur Teilhabe nach den Leistungsgesetzen nur auf Antrag erbracht, wirken die Rehabilitationsträger nach § 12 auf eine Antragstellung hin.

(2) [1] Leistungen zur Teilhabe haben Vorrang vor Rentenleistungen, die bei erfolgreichen Leistungen zur Teilhabe nicht oder voraussichtlich erst zu einem späteren Zeitpunkt zu erbringen wären. [2] Dies gilt während des Bezuges einer Rente entsprechend.

(3) [1] Absatz 1 ist auch anzuwenden, um durch Leistungen zur Teilhabe Pflegebedürftigkeit zu vermeiden, zu überwinden, zu mindern oder eine Verschlimmerung zu verhüten. [2] Die Aufgaben der Pflegekassen als Träger der sozialen Pflegeversicherung bei der Sicherung des Vorrangs von Rehabilitation vor Pflege nach den §§ 18a und 31 des Elften Buches[1)] bleiben unberührt.

(4) Absatz 1 gilt auch für die Jobcenter im Rahmen ihrer Zuständigkeit für Leistungen zur beruflichen Teilhabe nach § 6 Absatz 3 mit der Maßgabe, dass sie mögliche Rehabilitationsbedarfe erkennen und auf eine Antragstellung beim voraussichtlich zuständigen Rehabilitationsträger hinwirken sollen.

§ 10 Sicherung der Erwerbsfähigkeit. (1) [1] Soweit es im Einzelfall geboten ist, prüft der zuständige Rehabilitationsträger gleichzeitig mit der Einleitung einer Leistung zur medizinischen Rehabilitation, während ihrer Ausführung und nach ihrem Abschluss, ob durch geeignete Leistungen zur Teilhabe am Arbeitsleben die Erwerbsfähigkeit von Menschen mit Behinderungen oder von Behinderung bedrohten Menschen erhalten, gebessert oder wiederhergestellt werden kann. [2] Er beteiligt die Bundesagentur für Arbeit nach § 54.

(2) Wird während einer Leistung zur medizinischen Rehabilitation erkennbar, dass der bisherige Arbeitsplatz gefährdet ist, wird mit den Betroffenen sowie dem zuständigen Rehabilitationsträger unverzüglich geklärt, ob Leistungen zur Teilhabe am Arbeitsleben erforderlich sind.

[1)] Nr. **11**.

(3) Bei der Prüfung nach den Absätzen 1 und 2 wird zur Klärung eines Hilfebedarfs nach Teil 3 auch das Integrationsamt beteiligt.

(4) [1]Die Rehabilitationsträger haben in den Fällen nach den Absätzen 1 und 2 auf eine frühzeitige Antragstellung im Sinne von § 12 nach allen in Betracht kommenden Leistungsgesetzen hinzuwirken und den Antrag ungeachtet ihrer Zuständigkeit für Leistungen zur Teilhabe am Arbeitsleben entgegenzunehmen. [2]Soweit es erforderlich ist, beteiligen sie unverzüglich die zuständigen Rehabilitationsträger zur Koordinierung der Leistungen nach Kapitel 4.

(5) [1]Die Rehabilitationsträger wirken auch in den Fällen der Hinzuziehung durch Arbeitgeber infolge einer Arbeitsplatzgefährdung nach § 167 Absatz 2 Satz 4 auf eine frühzeitige Antragstellung auf Leistungen zur Teilhabe nach allen in Betracht kommenden Leistungsgesetzen hin. [2]Absatz 4 Satz 2 gilt entsprechend.

§ 11 Förderung von Modellvorhaben zur Stärkung der Rehabilitation, Verordnungsermächtigung. (1) Das Bundesministerium für Arbeit und Soziales fördert im Rahmen der für diesen Zweck zur Verfügung stehenden Haushaltsmittel im Aufgabenbereich der Grundsicherung für Arbeitsuchende und der gesetzlichen Rentenversicherung Modellvorhaben, die den Vorrang von Leistungen zur Teilhabe nach § 9 und die Sicherung der Erwerbsfähigkeit nach § 10 unterstützen.

(2) [1]Das Nähere regeln Förderrichtlinien des Bundesministeriums für Arbeit und Soziales. [2]Die Förderdauer der Modellvorhaben beträgt fünf Jahre. [3]Die Förderrichtlinien enthalten ein Datenschutzkonzept.

(3) Das Bundesministerium für Arbeit und Soziales kann durch Rechtsverordnung ohne Zustimmung des Bundesrates regeln, ob und inwieweit die Jobcenter nach § 6d des Zweiten Buches[1)], die Bundesagentur für Arbeit und die Träger der gesetzlichen Rentenversicherung bei der Durchführung eines Modellvorhabens nach Absatz 1 von den für sie geltenden Leistungsgesetzen sachlich und zeitlich begrenzt abweichen können.

(4) [1]Die zuwendungsrechtliche und organisatorische Abwicklung der Modellvorhaben nach Absatz 1 erfolgt durch die Deutsche Rentenversicherung Knappschaft-Bahn-See unter der Aufsicht des Bundesministeriums für Arbeit und Soziales. [2]Die Aufsicht erstreckt sich auch auf den Umfang und die Zweckmäßigkeit der Modellvorhaben. [3]Die Ausgaben, welche der Deutschen Rentenversicherung Knappschaft-Bahn-See aus der Abwicklung der Modellvorhaben entstehen, werden aus den Haushaltsmitteln nach Absatz 1 vom Bund erstattet. [4]Das Nähere ist durch Verwaltungsvereinbarung zu regeln.

(5) [1]Das Bundesministerium für Arbeit und Soziales untersucht die Wirkungen der Modellvorhaben. [2]Das Bundesministerium für Arbeit und Soziales kann Dritte mit diesen Untersuchungen beauftragen.

Kapitel 3. Erkennung und Ermittlung des Rehabilitationsbedarfs

§ 12 Maßnahmen zur Unterstützung der frühzeitigen Bedarfserkennung. (1) [1]Die Rehabilitationsträger stellen durch geeignete Maßnahmen sicher, dass ein Rehabilitationsbedarf frühzeitig erkannt und auf eine Antrag-

[1)] Nr. 2.

stellung der Leistungsberechtigten hingewirkt wird. [2] Die Rehabilitationsträger unterstützen die frühzeitige Erkennung des Rehabilitationsbedarfs insbesondere durch die Bereitstellung und Vermittlung von geeigneten barrierefreien Informationsangeboten über

1. Inhalte und Ziele von Leistungen zur Teilhabe,
2. die Möglichkeit der Leistungsausführung als Persönliches Budget,
3. das Verfahren zur Inanspruchnahme von Leistungen zur Teilhabe und
4. Angebote der Beratung, einschließlich der ergänzenden unabhängigen Teilhabeberatung nach § 32.

[3] Die Rehabilitationsträger benennen Ansprechstellen, die Informationsangebote nach Satz 2 an Leistungsberechtigte, an Arbeitgeber und an andere Rehabilitationsträger vermitteln. [4] Für die Zusammenarbeit der Ansprechstellen gilt § 15 Absatz 3 des Ersten Buches[1)] entsprechend.

(2) Absatz 1 gilt auch für Jobcenter im Rahmen ihrer Zuständigkeit für Leistungen zur beruflichen Teilhabe nach § 6 Absatz 3, für die Integrationsämter in Bezug auf Leistungen und sonstige Hilfen für schwerbehinderte Menschen nach Teil 3 und für die Pflegekassen als Träger der sozialen Pflegeversicherung nach dem Elften Buch.

(3) [1] Die Rehabilitationsträger, Integrationsämter und Pflegekassen können die Informationsangebote durch ihre Verbände und Vereinigungen bereitstellen und vermitteln lassen. [2] Die Jobcenter können die Informationsangebote durch die Bundesagentur für Arbeit bereitstellen und vermitteln lassen.

§ 13 Instrumente zur Ermittlung des Rehabilitationsbedarfs. (1) [1] Zur einheitlichen und überprüfbaren Ermittlung des individuellen Rehabilitationsbedarfs verwenden die Rehabilitationsträger systematische Arbeitsprozesse und standardisierte Arbeitsmittel (Instrumente) nach den für sie geltenden Leistungsgesetzen. [2] Die Instrumente sollen den von den Rehabilitationsträgern vereinbarten Grundsätzen für Instrumente zur Bedarfsermittlung nach § 26 Absatz 2 Nummer 7 entsprechen. [3] Die Rehabilitationsträger können die Entwicklung von Instrumenten durch ihre Verbände und Vereinigungen wahrnehmen lassen oder Dritte mit der Entwicklung beauftragen.

(2) Die Instrumente nach Absatz 1 Satz 1 gewährleisten eine individuelle und funktionsbezogene Bedarfsermittlung und sichern die Dokumentation und Nachprüfbarkeit der Bedarfsermittlung, indem sie insbesondere erfassen,

1. ob eine Behinderung vorliegt oder einzutreten droht,
2. welche Auswirkung die Behinderung auf die Teilhabe der Leistungsberechtigten hat,
3. welche Ziele mit Leistungen zur Teilhabe erreicht werden sollen und
4. welche Leistungen im Rahmen einer Prognose zur Erreichung der Ziele voraussichtlich erfolgreich sind.

(3) Das Bundesministerium für Arbeit und Soziales untersucht die Wirkung der Instrumente nach Absatz 1 und veröffentlicht die Untersuchungsergebnisse bis zum 31. Dezember 2019.

---

1) Nr. **1**.

(4) Auf Vorschlag der Rehabilitationsträger nach § 6 Absatz 1 Nummer 6 und 7 und mit Zustimmung der zuständigen obersten Landesbehörden kann das Bundesministerium für Arbeit und Soziales die von diesen Rehabilitationsträgern eingesetzten Instrumente im Sinne von Absatz 1 in die Untersuchung nach Absatz 3 einbeziehen.

Kapitel 4. Koordinierung der Leistungen

§ 14 Leistender Rehabilitationsträger. (1) [1] Werden Leistungen zur Teilhabe beantragt, stellt der Rehabilitationsträger innerhalb von zwei Wochen nach Eingang des Antrages bei ihm fest, ob er nach dem für ihn geltenden Leistungsgesetz für die Leistung zuständig ist; bei den Krankenkassen umfasst die Prüfung auch die Leistungspflicht nach § 40 Absatz 4 des Fünften Buches[1)]. [2] Stellt er bei der Prüfung fest, dass er für die Leistung insgesamt nicht zuständig ist, leitet er den Antrag unverzüglich dem nach seiner Auffassung zuständigen Rehabilitationsträger zu und unterrichtet hierüber den Antragsteller. [3] Muss für eine solche Feststellung die Ursache der Behinderung geklärt werden und ist diese Klärung in der Frist nach Satz 1 nicht möglich, soll der Antrag unverzüglich dem Rehabilitationsträger zugeleitet werden, der die Leistung ohne Rücksicht auf die Ursache der Behinderung erbringt. [4] Wird der Antrag bei der Bundesagentur für Arbeit gestellt, werden bei der Prüfung nach den Sätzen 1 und 2 keine Feststellungen nach § 11 Absatz 2a Nummer 1 des Sechsten Buches[2)] und § 22 Absatz 2 des Dritten Buches[3)] getroffen.

(2) [1] Wird der Antrag nicht weitergeleitet, stellt der Rehabilitationsträger den Rehabilitationsbedarf anhand der Instrumente zur Bedarfsermittlung nach § 13 unverzüglich und umfassend fest und erbringt die Leistungen (leistender Rehabilitationsträger). [2] Muss für diese Feststellung kein Gutachten eingeholt werden, entscheidet der leistende Rehabilitationsträger innerhalb von drei Wochen nach Antragseingang. [3] Ist für die Feststellung des Rehabilitationsbedarfs ein Gutachten erforderlich, wird die Entscheidung innerhalb von zwei Wochen nach Vorliegen des Gutachtens getroffen. [4] Wird der Antrag weitergeleitet, gelten die Sätze 1 bis 3 für den Rehabilitationsträger, an den der Antrag weitergeleitet worden ist, entsprechend; die Frist beginnt mit dem Antragseingang bei diesem Rehabilitationsträger. [5] In den Fällen der Anforderung einer gutachterlichen Stellungnahme bei der Bundesagentur für Arbeit nach § 54 gilt Satz 3 entsprechend.

(3) Ist der Rehabilitationsträger, an den der Antrag nach Absatz 1 Satz 2 weitergeleitet worden ist, nach dem für ihn geltenden Leistungsgesetz für die Leistung insgesamt nicht zuständig, kann er den Antrag im Einvernehmen mit dem nach seiner Auffassung zuständigen Rehabilitationsträger an diesen weiterleiten, damit von diesem als leistendem Rehabilitationsträger über den Antrag innerhalb der bereits nach Absatz 2 Satz 4 laufenden Fristen entschieden wird und unterrichtet hierüber den Antragsteller.

(4) [1] Die Absätze 1 bis 3 gelten sinngemäß, wenn der Rehabilitationsträger Leistungen von Amts wegen erbringt. [2] Dabei tritt an die Stelle des Tages der Antragstellung der Tag der Kenntnis des voraussichtlichen Rehabilitationsbedarfs.

---

1) Nr. **5**.
2) Nr. **6**.
3) Nr. **3**.

(5) Für die Weiterleitung des Antrages ist § 16 Absatz 2 Satz 1 des Ersten Buches[1)] nicht anzuwenden, wenn und soweit Leistungen zur Teilhabe bei einem Rehabilitationsträger beantragt werden.

§ 15 Leistungsverantwortung bei Mehrheit von Rehabilitationsträgern. (1) [1] Stellt der leistende Rehabilitationsträger fest, dass der Antrag neben den nach seinem Leistungsgesetz zu erbringenden Leistungen weitere Leistungen zur Teilhabe umfasst, für die er nicht Rehabilitationsträger nach § 6 Absatz 1 sein kann, leitet er den Antrag insoweit unverzüglich dem nach seiner Auffassung zuständigen Rehabilitationsträger zu. [2] Dieser entscheidet über die weiteren Leistungen nach den für ihn geltenden Leistungsgesetzen in eigener Zuständigkeit und unterrichtet hierüber den Antragsteller.

(2) [1] Hält der leistende Rehabilitationsträger für die umfassende Feststellung des Rehabilitationsbedarfs nach § 14 Absatz 2 die Feststellungen weiterer Rehabilitationsträger für erforderlich und liegt kein Fall nach Absatz 1 vor, fordert er von diesen Rehabilitationsträgern die für den Teilhabeplan nach § 19 erforderlichen Feststellungen unverzüglich an und berät diese nach § 19 trägerübergreifend. [2] Die Feststellungen binden den leistenden Rehabilitationsträger bei seiner Entscheidung über den Antrag, wenn sie innerhalb von zwei Wochen nach Anforderung oder im Fall der Begutachtung innerhalb von zwei Wochen nach Vorliegen des Gutachtens beim leistenden Rehabilitationsträger eingegangen sind. [3] Anderenfalls stellt der leistende Rehabilitationsträger den Rehabilitationsbedarf nach allen in Betracht kommenden Leistungsgesetzen umfassend fest.

(3) [1] Die Rehabilitationsträger bewilligen und erbringen die Leistungen nach den für sie jeweils geltenden Leistungsgesetzen im eigenen Namen, wenn im Teilhabeplan nach § 19 dokumentiert wurde, dass

1. die erforderlichen Feststellungen nach allen in Betracht kommenden Leistungsgesetzen von den zuständigen Rehabilitationsträgern getroffen wurden,
2. auf Grundlage des Teilhabeplans eine Leistungserbringung durch die nach den jeweiligen Leistungsgesetzen zuständigen Rehabilitationsträger sichergestellt ist und
3. die Leistungsberechtigten einer nach Zuständigkeiten getrennten Leistungsbewilligung und Leistungserbringung nicht aus wichtigem Grund widersprechen.

[2] Anderenfalls entscheidet der leistende Rehabilitationsträger über den Antrag in den Fällen nach Absatz 2 und erbringt die Leistungen im eigenen Namen.

(4) [1] In den Fällen der Beteiligung von Rehabilitationsträgern nach den Absätzen 1 bis 3 ist abweichend von § 14 Absatz 2 innerhalb von sechs Wochen nach Antragseingang zu entscheiden. [2] Wird eine Teilhabeplankonferenz nach § 20 durchgeführt, ist innerhalb von zwei Monaten nach Antragseingang zu entscheiden. [3] Die Antragsteller werden von dem leistenden Rehabilitationsträger über die Beteiligung von Rehabilitationsträgern sowie über die für die Entscheidung über den Antrag maßgeblichen Zuständigkeiten und Fristen unverzüglich unterrichtet.

---

1) Nr. 1.

§ 16 Erstattungsansprüche zwischen Rehabilitationsträgern. (1) Hat ein leistender Rehabilitationsträger nach § 14 Absatz 2 Satz 4 Leistungen erbracht, für die ein anderer Rehabilitationsträger insgesamt zuständig ist, erstattet der zuständige Rehabilitationsträger die Aufwendungen des leistenden Rehabilitationsträgers nach den für den leistenden Rehabilitationsträger geltenden Rechtsvorschriften.

(2) [1] Hat ein leistender Rehabilitationsträger nach § 15 Absatz 3 Satz 2 Leistungen im eigenen Namen erbracht, für die ein beteiligter Rehabilitationsträger zuständig ist, erstattet der beteiligte Rehabilitationsträger die Aufwendungen des leistenden Rehabilitationsträgers nach den Rechtsvorschriften, die den nach § 15 Absatz 2 eingeholten Feststellungen zugrunde liegen. [2] Hat ein beteiligter Rehabilitationsträger die angeforderten Feststellungen nicht oder nicht rechtzeitig nach § 15 Absatz 2 beigebracht, erstattet der beteiligte Rehabilitationsträger die Aufwendungen des leistenden Rehabilitationsträgers nach den Rechtsvorschriften, die der Leistungsbewilligung zugrunde liegen.

(3) [1] Der Erstattungsanspruch nach den Absätzen 1 und 2 umfasst die nach den jeweiligen Leistungsgesetzen entstandenen Leistungsaufwendungen und eine Verwaltungskostenpauschale in Höhe von 5 Prozent der erstattungsfähigen Leistungsaufwendungen. [2] Eine Erstattungspflicht nach Satz 1 besteht nicht, soweit Leistungen zu Unrecht von dem leistenden Rehabilitationsträger erbracht worden sind und er hierbei grob fahrlässig oder vorsätzlich gehandelt hat.

(4) [1] Für unzuständige Rehabilitationsträger ist § 105 des Zehnten Buches[1)] nicht anzuwenden, wenn sie eine Leistung erbracht haben,

1. ohne den Antrag an den zuständigen Rehabilitationsträger nach § 14 Absatz 1 Satz 2 weiterzuleiten oder
2. ohne einen weiteren zuständigen Rehabilitationsträger nach § 15 zu beteiligen,

es sei denn, die Rehabilitationsträger vereinbaren Abweichendes. [2] Hat ein Rehabilitationsträger von der Weiterleitung des Antrages abgesehen, weil zum Zeitpunkt der Prüfung nach § 14 Absatz 1 Satz 3 Anhaltspunkte für eine Zuständigkeit auf Grund der Ursache der Behinderung bestanden haben, bleibt § 105 des Zehnten Buches unberührt.

(5) [1] Hat der leistende Rehabilitationsträger in den Fällen des § 18 Aufwendungen für selbstbeschaffte Leistungen nach dem Leistungsgesetz eines nach § 15 beteiligten Rehabilitationsträgers zu erstatten, kann er von dem beteiligten Rehabilitationsträger einen Ausgleich verlangen, soweit dieser durch die Erstattung nach § 18 Absatz 4 Satz 2 von seiner Leistungspflicht befreit wurde. [2] Hat ein beteiligter Rehabilitationsträger den Eintritt der Erstattungspflicht für selbstbeschaffte Leistungen zu vertreten, umfasst der Ausgleich den gesamten Erstattungsbetrag abzüglich des Betrages, der sich aus der bei anderen Rehabilitationsträgern eingetretenen Leistungsbefreiung ergibt.

(6) Für den Erstattungsanspruch des Trägers der Eingliederungshilfe, der öffentlichen Jugendhilfe und der Kriegsopferfürsorge gilt § 108 Absatz 2 des Zehnten Buches entsprechend.

[1)] Nr. **10**.

§ 17 Begutachtung. (1) [1] Ist für die Feststellung des Rehabilitationsbedarfs ein Gutachten erforderlich, beauftragt der leistende Rehabilitationsträger unverzüglich einen geeigneten Sachverständigen. [2] Er benennt den Leistungsberechtigten in der Regel drei möglichst wohnortnahe Sachverständige, soweit nicht gesetzlich die Begutachtung durch einen sozialmedizinischen Dienst vorgesehen ist. [3] Haben sich Leistungsberechtigte für einen benannten Sachverständigen entschieden, wird dem Wunsch Rechnung getragen.

(2) [1] Der Sachverständige nimmt eine umfassende sozialmedizinische, bei Bedarf auch psychologische Begutachtung vor und erstellt das Gutachten innerhalb von zwei Wochen nach Auftragserteilung. [2] Das Gutachten soll den von den Rehabilitationsträgern vereinbarten einheitlichen Grundsätzen zur Durchführung von Begutachtungen nach § 25 Absatz 1 Nummer 4 entsprechen. [3] Die in dem Gutachten getroffenen Feststellungen zum Rehabilitationsbedarf werden den Entscheidungen der Rehabilitationsträger zugrunde gelegt. [4] Die gesetzlichen Aufgaben der Gesundheitsämter, des Medizinischen Dienstes der Krankenversicherung nach § 275 des Fünften Buches[1)] und die gutachterliche Beteiligung der Bundesagentur für Arbeit nach § 54 bleiben unberührt.

(3) [1] Hat der leistende Rehabilitationsträger nach § 15 weitere Rehabilitationsträger beteiligt, setzt er sich bei seiner Entscheidung über die Beauftragung eines geeigneten Sachverständigen mit den beteiligten Rehabilitationsträgern über Anlass, Ziel und Umfang der Begutachtung ins Benehmen. [2] Die beteiligten Rehabilitationsträger informieren den leistenden Rehabilitationsträger unverzüglich über die Notwendigkeit der Einholung von Gutachten. [3] Die in dem Gutachten getroffenen Feststellungen zum Rehabilitationsbedarf werden in den Teilhabeplan nach § 19 einbezogen. [4] Absatz 2 Satz 3 gilt entsprechend.

(4) Die Rehabilitationsträger stellen sicher, dass sie Sachverständige beauftragen können, bei denen keine Zugangs- und Kommunikationsbarrieren bestehen.

§ 18 Erstattung selbstbeschaffter Leistungen. (1) Kann über den Antrag auf Leistungen zur Teilhabe nicht innerhalb einer Frist von zwei Monaten ab Antragseingang bei dem leistenden Rehabilitationsträger entschieden werden, teilt er den Leistungsberechtigten vor Ablauf der Frist die Gründe hierfür schriftlich mit (begründete Mitteilung).

(2) [1] In der begründeten Mitteilung ist auf den Tag genau zu bestimmen, bis wann über den Antrag entschieden wird. [2] In der begründeten Mitteilung kann der leistende Rehabilitationsträger die Frist von zwei Monaten nach Absatz 1 nur in folgendem Umfang verlängern:

1. um bis zu zwei Wochen zur Beauftragung eines Sachverständigen für die Begutachtung infolge einer nachweislich beschränkten Verfügbarkeit geeigneter Sachverständiger,
2. um bis zu vier Wochen, soweit von dem Sachverständigen die Notwendigkeit für einen solchen Zeitraum der Begutachtung schriftlich bestätigt wurde und

---

[1)] Nr. 5.

3. für die Dauer einer fehlenden Mitwirkung der Leistungsberechtigten, wenn und soweit den Leistungsberechtigten nach § 66 Absatz 3 des Ersten Buches[1] schriftlich eine angemessene Frist zur Mitwirkung gesetzt wurde.

(3) [1] Erfolgt keine begründete Mitteilung, gilt die beantragte Leistung nach Ablauf der Frist als genehmigt. [2] Die beantragte Leistung gilt auch dann als genehmigt, wenn der in der Mitteilung bestimmte Zeitpunkt der Entscheidung über den Antrag ohne weitere begründete Mitteilung des Rehabilitationsträgers abgelaufen ist.

(4) [1] Beschaffen sich Leistungsberechtigte eine als genehmigt geltende Leistung selbst, ist der leistende Rehabilitationsträger zur Erstattung der Aufwendungen für selbstbeschaffte Leistungen verpflichtet. [2] Mit der Erstattung gilt der Anspruch der Leistungsberechtigten auf die Erbringung der selbstbeschafften Leistungen zur Teilhabe als erfüllt. [3] Der Erstattungsanspruch umfasst auch die Zahlung von Abschlägen im Umfang fälliger Zahlungsverpflichtungen für selbstbeschaffte Leistungen.

(5) Die Erstattungspflicht besteht nicht,

1. wenn und soweit kein Anspruch auf Bewilligung der selbstbeschafften Leistungen bestanden hätte und
2. die Leistungsberechtigten dies wussten oder infolge grober Außerachtlassung der allgemeinen Sorgfalt nicht wussten.

(6) [1] Konnte der Rehabilitationsträger eine unaufschiebbare Leistung nicht rechtzeitig erbringen oder hat er eine Leistung zu Unrecht abgelehnt und sind dadurch Leistungsberechtigten für die selbstbeschaffte Leistung Kosten entstanden, sind diese vom Rehabilitationsträger in der entstandenen Höhe zu erstatten, soweit die Leistung notwendig war. [2] Der Anspruch auf Erstattung richtet sich gegen den Rehabilitationsträger, der zum Zeitpunkt der Selbstbeschaffung über den Antrag entschieden hat. [3] Lag zum Zeitpunkt der Selbstbeschaffung noch keine Entscheidung vor, richtet sich der Anspruch gegen den leistenden Rehabilitationsträger.

(7) Die Absätze 1 bis 5 gelten nicht für die Träger der Eingliederungshilfe, der öffentlichen Jugendhilfe und der Kriegsopferfürsorge.

§ 19 Teilhabeplan. (1) Soweit Leistungen verschiedener Leistungsgruppen oder mehrerer Rehabilitationsträger erforderlich sind, ist der leistende Rehabilitationsträger dafür verantwortlich, dass er und die nach § 15 beteiligten Rehabilitationsträger im Benehmen miteinander und in Abstimmung mit den Leistungsberechtigten die nach dem individuellen Bedarf voraussichtlich erforderlichen Leistungen hinsichtlich Ziel, Art und Umfang funktionsbezogen feststellen und schriftlich oder elektronisch so zusammenstellen, dass sie nahtlos ineinandergreifen.

(2) [1] Der leistende Rehabilitationsträger erstellt in den Fällen nach Absatz 1 einen Teilhabeplan innerhalb der für die Entscheidung über den Antrag maßgeblichen Frist. [2] Der Teilhabeplan dokumentiert

1. den Tag des Antragseingangs beim leistenden Rehabilitationsträger und das Ergebnis der Zuständigkeitsklärung und Beteiligung nach den §§ 14 und 15,

[1] Nr. 1.

2. die Feststellungen über den individuellen Rehabilitationsbedarf auf Grundlage der Bedarfsermittlung nach § 13,
3. die zur individuellen Bedarfsermittlung nach § 13 eingesetzten Instrumente,
4. die gutachterliche Stellungnahme der Bundesagentur für Arbeit nach § 54,
5. die Einbeziehung von Diensten und Einrichtungen bei der Leistungserbringung,
6. erreichbare und überprüfbare Teilhabeziele und deren Fortschreibung,
7. die Berücksichtigung des Wunsch- und Wahlrechts nach § 8, insbesondere im Hinblick auf die Ausführung von Leistungen durch ein Persönliches Budget,
8. die Dokumentation der einvernehmlichen, umfassenden und trägerübergreifenden Feststellung des Rehabilitationsbedarfs in den Fällen nach § 15 Absatz 3 Satz 1,
9. die Ergebnisse der Teilhabeplankonferenz nach § 20,
10. die Erkenntnisse aus den Mitteilungen der nach § 22 einbezogenen anderen öffentlichen Stellen und
11. die besonderen Belange pflegender Angehöriger bei der Erbringung von Leistungen der medizinischen Rehabilitation.

[3] Wenn Leistungsberechtigte die Erstellung eines Teilhabeplans wünschen und die Voraussetzungen nach Absatz 1 nicht vorliegen, ist Satz 2 entsprechend anzuwenden.

(3) [1] Der Teilhabeplan wird entsprechend dem Verlauf der Rehabilitation angepasst und darauf ausgerichtet, den Leistungsberechtigten unter Berücksichtigung der Besonderheiten des Einzelfalles eine umfassende Teilhabe am Leben in der Gesellschaft zügig, wirksam, wirtschaftlich und auf Dauer zu ermöglichen. [2] Dabei sichert der leistende Rehabilitationsträger durchgehend das Verfahren. [3] Die Leistungsberechtigten können von dem leistenden Rehabilitationsträger Einsicht in den Teilhabeplan oder die Erteilung von Ablichtungen nach § 25 des Zehnten Buches[1)] verlangen.

(4) [1] Die Rehabilitationsträger legen den Teilhabeplan bei der Entscheidung über den Antrag zugrunde. [2] Die Begründung der Entscheidung über die beantragten Leistungen nach § 35 des Zehnten Buches soll erkennen lassen, inwieweit die im Teilhabeplan enthaltenen Feststellungen bei der Entscheidung berücksichtigt wurden.

(5) [1] Ein nach § 15 beteiligter Rehabilitationsträger kann das Verfahren nach den Absätzen 1 bis 3 anstelle des leistenden Rehabilitationsträgers durchführen, wenn die Rehabilitationsträger dies in Abstimmung mit den Leistungsberechtigten vereinbaren. [2] Die Vorschriften über die Leistungsverantwortung der Rehabilitationsträger nach den §§ 14 und 15 bleiben hiervon unberührt.

(6) Setzen unterhaltssichernde Leistungen den Erhalt von anderen Leistungen zur Teilhabe voraus, gelten die Leistungen im Verhältnis zueinander nicht als Leistungen verschiedener Leistungsgruppen im Sinne von Absatz 1.

§ 20 Teilhabeplankonferenz. (1) [1] Mit Zustimmung der Leistungsberechtigten kann der für die Durchführung des Teilhabeplanverfahrens nach § 19

[1)] Nr. **10**.

verantwortliche Rehabilitationsträger zur gemeinsamen Beratung der Feststellungen zum Rehabilitationsbedarf eine Teilhabeplankonferenz durchführen. [2]Die Leistungsberechtigten, die beteiligten Rehabilitationsträger und die Jobcenter können dem nach § 19 verantwortlichen Rehabilitationsträger die Durchführung einer Teilhabeplankonferenz vorschlagen. [3]Von dem Vorschlag auf Durchführung einer Teilhabeplankonferenz kann abgewichen werden,

1. wenn der zur Feststellung des Rehabilitationsbedarfs maßgebliche Sachverhalt schriftlich ermittelt werden kann,
2. wenn der Aufwand zur Durchführung nicht in einem angemessenen Verhältnis zum Umfang der beantragten Leistung steht oder
3. wenn eine Einwilligung nach § 23 Absatz 2 nicht erteilt wurde.

(2) [1]Wird von dem Vorschlag der Leistungsberechtigten auf Durchführung einer Teilhabeplankonferenz abgewichen, sind die Leistungsberechtigten über die dafür maßgeblichen Gründe zu informieren und hierzu anzuhören. [2]Von dem Vorschlag der Leistungsberechtigten auf Durchführung einer Teilhabeplankonferenz kann nicht abgewichen werden, wenn Leistungen an Mütter und Väter mit Behinderungen bei der Versorgung und Betreuung ihrer Kinder beantragt wurden.

(3) [1]An der Teilhabeplankonferenz nehmen Beteiligte nach § 12 des Zehnten Buches[1)] sowie auf Wunsch der Leistungsberechtigten die Bevollmächtigten und Beistände nach § 13 des Zehnten Buches sowie sonstige Vertrauenspersonen teil. [2]Auf Wunsch oder mit Zustimmung der Leistungsberechtigten können Rehabilitationsdienste, Rehabilitationseinrichtungen und Jobcenter sowie sonstige beteiligte Leistungserbringer an der Teilhabeplankonferenz teilnehmen. [3]Vor der Durchführung einer Teilhabeplankonferenz sollen die Leistungsberechtigten auf die Angebote der ergänzenden unabhängigen Teilhabeberatung nach § 32 besonders hingewiesen werden.

(4) Wird eine Teilhabeplankonferenz nach Absatz 1 auf Wunsch und mit Zustimmung der Leistungsberechtigten eingeleitet, richtet sich die Frist zur Entscheidung über den Antrag nach § 15 Absatz 4.

§ 21 Besondere Anforderungen an das Teilhabeplanverfahren. [1]Ist der Träger der Eingliederungshilfe der für die Durchführung des Teilhabeplanverfahrens verantwortliche Rehabilitationsträger, gelten für ihn die Vorschriften für die Gesamtplanung ergänzend; dabei ist das Gesamtplanverfahren ein Gegenstand des Teilhabeplanverfahrens. [2]Ist der Träger der öffentlichen Jugendhilfe der für die Durchführung des Teilhabeplans verantwortliche Rehabilitationsträger, gelten für ihn die Vorschriften für den Hilfeplan nach § 36 des Achten Buches[2)] ergänzend.

§ 22 Einbeziehung anderer öffentlicher Stellen. (1) Der für die Durchführung des Teilhabeplanverfahrens verantwortliche Rehabilitationsträger bezieht unter Berücksichtigung der Interessen der Leistungsberechtigten andere öffentliche Stellen in die Erstellung des Teilhabeplans in geeigneter Art und Weise ein, soweit dies zur Feststellung des Rehabilitationsbedarfs erforderlich ist.

[1)] Nr. **10**.
[2)] Nr. **8**.

(2) [1]Bestehen im Einzelfall Anhaltspunkte für eine Pflegebedürftigkeit nach dem Elften Buch, wird die zuständige Pflegekasse mit Zustimmung des Leistungsberechtigten vom für die Durchführung des Teilhabeplanverfahrens verantwortlichen Rehabilitationsträger informiert und muss am Teilhabeplanverfahren beratend teilnehmen, soweit dies für den Rehabilitationsträger zur Feststellung des Rehabilitationsbedarfs erforderlich und nach den für die zuständige Pflegekasse geltenden Grundsätzen der Datenverwendung zulässig ist. [2]Die §§ 18a und 31 des Elften Buches[1)] bleiben unberührt.

(3) [1]Die Integrationsämter sind bei der Durchführung des Teilhabeplanverfahrens zu beteiligen, soweit sie Leistungen für schwerbehinderte Menschen nach Teil 3 erbringen. [2]Das zuständige Integrationsamt kann das Teilhabeplanverfahren nach § 19 Absatz 5 anstelle des leistenden Rehabilitationsträgers durchführen, wenn die Rehabilitationsträger und das Integrationsamt dies in Abstimmung mit den Leistungsberechtigten vereinbaren.

(4) [1]Die Jobcenter können dem nach Absatz 1 verantwortlichen Rehabilitationsträger ihre Beteiligung an der Durchführung des Teilhabeplanverfahrens vorschlagen. [2]Sie sind zu beteiligen, soweit es zur Feststellung des Rehabilitationsbedarfs erforderlich ist und dies den Interessen der Leistungsberechtigten entspricht. [3]Die Aufgaben und die Beteiligung der Bundesagentur für Arbeit im Rahmen ihrer Zuständigkeit nach § 6 Absatz 3 bleiben unberührt.

(5) Bestehen im Einzelfall Anhaltspunkte für einen Betreuungsbedarf nach § 1896 Absatz 1 des Bürgerlichen Gesetzbuches, informiert der für die Durchführung des Teilhabeplanverfahrens verantwortliche Rehabilitationsträger mit Zustimmung der Leistungsberechtigten die zuständige Betreuungsbehörde über die Erstellung des Teilhabeplans, soweit dies zur Vermittlung anderer Hilfen, bei denen kein Betreuer bestellt wird, erforderlich ist.

§ 23 Verantwortliche Stelle für den Sozialdatenschutz. (1) Der für die Durchführung des Teilhabeplanverfahrens verantwortliche Rehabilitationsträger ist bei der Erstellung des Teilhabeplans und bei der Durchführung der Teilhabeplankonferenz Verantwortlicher für die Verarbeitung von Sozialdaten nach § 67 Absatz 4 des Zehnten Buches[2)] sowie Stelle im Sinne von § 35 Absatz 1 des Ersten Buches[3)].

(2) [1]Vor Durchführung einer Teilhabeplankonferenz hat der nach Absatz 1 Verantwortliche die Einwilligung der Leistungsberechtigten im Sinne von § 67b Absatz 2 des Zehnten Buches einzuholen, wenn und soweit anzunehmen ist, dass im Rahmen der Teilhabeplankonferenz Sozialdaten verarbeitet werden, deren Erforderlichkeit für die Erstellung des Teilhabeplans zum Zeitpunkt der Durchführung der Teilhabeplankonferenz nicht abschließend bewertet werden kann. [2]Nach Durchführung der Teilhabeplankonferenz ist die Speicherung, Veränderung, Nutzung, Übermittlung oder Einschränkung der Verarbeitung von Sozialdaten im Sinne von Satz 1 nur zulässig, soweit dies für die Erstellung des Teilhabeplans erforderlich ist.

(3) Die datenschutzrechtlichen Vorschriften des Ersten und des Zehnten Buches sowie der jeweiligen Leistungsgesetze der Rehabilitationsträger bleiben

[1)] Nr. **11**.
[2)] Nr. **10**.
[3)] Nr. **1**.

bei der Zuständigkeitsklärung und bei der Erstellung des Teilhabeplans unberührt.

§ 24 Vorläufige Leistungen. [1] Die Bestimmungen dieses Kapitels lassen die Verpflichtung der Rehabilitationsträger zur Erbringung vorläufiger Leistungen nach den für sie jeweils geltenden Leistungsgesetzen unberührt. [2] Vorläufig erbrachte Leistungen binden die Rehabilitationsträger nicht bei der Feststellung des Rehabilitationsbedarfs nach diesem Kapitel. [3] Werden Leistungen zur Teilhabe beantragt, ist § 43 des Ersten Buches[1)] nicht anzuwenden.

Kapitel 5. Zusammenarbeit

§ 25 Zusammenarbeit der Rehabilitationsträger. (1) Im Rahmen der durch Gesetz, Rechtsverordnung oder allgemeine Verwaltungsvorschrift getroffenen Regelungen sind die Rehabilitationsträger verantwortlich, dass

1. die im Einzelfall erforderlichen Leistungen zur Teilhabe nahtlos, zügig sowie nach Gegenstand, Umfang und Ausführung einheitlich erbracht werden,
2. Abgrenzungsfragen einvernehmlich geklärt werden,
3. Beratung entsprechend den in den §§ 1 und 4 genannten Zielen geleistet wird,
4. Begutachtungen möglichst nach einheitlichen Grundsätzen durchgeführt werden,
5. Prävention entsprechend dem in § 3 Absatz 1 genannten Ziel geleistet wird sowie
6. die Rehabilitationsträger im Fall eines Zuständigkeitsübergangs rechtzeitig eingebunden werden.

(2) [1] Die Rehabilitationsträger und ihre Verbände sollen zur gemeinsamen Wahrnehmung von Aufgaben zur Teilhabe von Menschen mit Behinderungen insbesondere regionale Arbeitsgemeinschaften bilden. [2] § 88 Absatz 1 Satz 1 und Absatz 2 des Zehnten Buches[2)] gilt entsprechend.

§ 26 Gemeinsame Empfehlungen. (1) Die Rehabilitationsträger nach § 6 Absatz 1 Nummer 1 bis 5 vereinbaren zur Sicherung der Zusammenarbeit nach § 25 Absatz 1 gemeinsame Empfehlungen.

(2) Die Rehabilitationsträger nach § 6 Absatz 1 Nummer 1 bis 5 vereinbaren darüber hinaus gemeinsame Empfehlungen,

1. welche Maßnahmen nach § 3 geeignet sind, um den Eintritt einer Behinderung zu vermeiden,
2. in welchen Fällen und in welcher Weise rehabilitationsbedürftigen Menschen notwendige Leistungen zur Teilhabe angeboten werden, insbesondere, um eine durch eine Chronifizierung von Erkrankungen bedingte Behinderung zu verhindern,
3. über die einheitliche Ausgestaltung des Teilhabeplanverfahrens,
4. in welcher Weise die Bundesagentur für Arbeit nach § 54 zu beteiligen ist,
5. wie Leistungen zur Teilhabe nach den §§ 14 und 15 koordiniert werden,

---

1) Nr. **1**.
2) Nr. **10**.

6. in welcher Weise und in welchem Umfang Selbsthilfegruppen, -organisationen und -kontaktstellen, die sich die Prävention, Rehabilitation, Früherkennung und Bewältigung von Krankheiten und Behinderungen zum Ziel gesetzt haben, gefördert werden,
7. für Grundsätze der Instrumente zur Ermittlung des Rehabilitationsbedarfs nach § 13,
8. in welchen Fällen und in welcher Weise der behandelnde Hausarzt oder Facharzt und der Betriebs- oder Werksarzt in die Einleitung und Ausführung von Leistungen zur Teilhabe einzubinden sind,
9. zu einem Informationsaustausch mit Beschäftigten mit Behinderungen, Arbeitgebern und den in § 166 genannten Vertretungen zur möglichst frühzeitigen Erkennung des individuellen Bedarfs voraussichtlich erforderlicher Leistungen zur Teilhabe sowie
10. über ihre Zusammenarbeit mit Sozialdiensten und vergleichbaren Stellen.

(3) Bestehen für einen Rehabilitationsträger Rahmenempfehlungen auf Grund gesetzlicher Vorschriften und soll bei den gemeinsamen Empfehlungen von diesen abgewichen werden oder sollen die gemeinsamen Empfehlungen Gegenstände betreffen, die nach den gesetzlichen Vorschriften Gegenstand solcher Rahmenempfehlungen werden sollen, stellt der Rehabilitationsträger das Einvernehmen mit den jeweiligen Partnern der Rahmenempfehlungen sicher.

(4) [1] Die Träger der Renten-, Kranken- und Unfallversicherung können sich bei der Vereinbarung der gemeinsamen Empfehlungen durch ihre Spitzenverbände vertreten lassen. [2] Der Spitzenverband Bund der Krankenkassen schließt die gemeinsamen Empfehlungen auch als Spitzenverband Bund der Pflegekassen ab, soweit die Aufgaben der Pflegekassen von den gemeinsamen Empfehlungen berührt sind.

(5) [1] An der Vorbereitung der gemeinsamen Empfehlungen werden die Träger der Eingliederungshilfe und der öffentlichen Jugendhilfe über die Bundesvereinigung der Kommunalen Spitzenverbände, die Bundesarbeitsgemeinschaft der überörtlichen Träger der Sozialhilfe, die Bundesarbeitsgemeinschaft der Landesjugendämter sowie die Integrationsämter in Bezug auf Leistungen und sonstige Hilfen für schwerbehinderte Menschen nach Teil 3 über die Bundesarbeitsgemeinschaft der Integrationsämter und Hauptfürsorgestellen beteiligt. [2] Die Träger der Eingliederungshilfe und der öffentlichen Jugendhilfe orientieren sich bei der Wahrnehmung ihrer Aufgaben nach diesem Buch an den vereinbarten Empfehlungen oder können diesen beitreten.

(6) [1] Die Verbände von Menschen mit Behinderungen einschließlich der Verbände der Freien Wohlfahrtspflege, der Selbsthilfegruppen und der Interessenvertretungen von Frauen mit Behinderungen sowie die für die Wahrnehmung der Interessen der ambulanten und stationären Rehabilitationseinrichtungen auf Bundesebene maßgeblichen Spitzenverbände werden an der Vorbereitung der gemeinsamen Empfehlungen beteiligt. [2] Ihren Anliegen wird bei der Ausgestaltung der Empfehlungen nach Möglichkeit Rechnung getragen. [3] Die Empfehlungen berücksichtigen auch die besonderen Bedürfnisse von Frauen und Kindern mit Behinderungen oder von Behinderung bedrohter Frauen und Kinder.

(7) [1] Die beteiligten Rehabilitationsträger vereinbaren die gemeinsamen Empfehlungen im Rahmen der Bundesarbeitsgemeinschaft für Rehabilitation

im Benehmen mit dem Bundesministerium für Arbeit und Soziales und den Ländern auf der Grundlage eines von ihnen innerhalb der Bundesarbeitsgemeinschaft vorbereiteten Vorschlags. [2]Der oder die Bundesbeauftragte für den Datenschutz und die Informationsfreiheit wird beteiligt. [3]Hat das Bundesministerium für Arbeit und Soziales zu einem Vorschlag aufgefordert, legt die Bundesarbeitsgemeinschaft für Rehabilitation den Vorschlag innerhalb von sechs Monaten vor. [4]Dem Vorschlag wird gefolgt, wenn ihm berechtigte Interessen eines Rehabilitationsträgers nicht entgegenstehen. [5]Einwände nach Satz 4 sind innerhalb von vier Wochen nach Vorlage des Vorschlags auszuräumen.

(8) [1]Die Rehabilitationsträger teilen der Bundesarbeitsgemeinschaft für Rehabilitation alle zwei Jahre ihre Erfahrungen mit den gemeinsamen Empfehlungen mit, die Träger der Renten-, Kranken- und Unfallversicherung über ihre Spitzenverbände. [2]Die Bundesarbeitsgemeinschaft für Rehabilitation stellt dem Bundesministerium für Arbeit und Soziales und den Ländern eine Zusammenfassung zur Verfügung.

(9) Die gemeinsamen Empfehlungen können durch die regional zuständigen Rehabilitationsträger konkretisiert werden.

§ 27 Verordnungsermächtigung. [1]Vereinbaren die Rehabilitationsträger nicht innerhalb von sechs Monaten, nachdem das Bundesministerium für Arbeit und Soziales sie dazu aufgefordert hat, gemeinsame Empfehlungen nach § 26 oder ändern sie unzureichend gewordene Empfehlungen nicht innerhalb dieser Frist, kann das Bundesministerium für Arbeit und Soziales mit dem Ziel der Vereinheitlichung des Verwaltungsvollzugs in dem Anwendungsbereich der §§ 25 und 26 Regelungen durch Rechtsverordnung mit Zustimmung des Bundesrates erlassen. [2]Richten sich die Regelungen nur an Rehabilitationsträger, die nicht der Landesaufsicht unterliegen, wird die Rechtsverordnung ohne Zustimmung des Bundesrates erlassen. [3]Soweit sich die Regelungen an die Rehabilitationsträger nach § 6 Absatz 1 Nummer 1 richten, erlässt das Bundesministerium für Arbeit und Soziales die Rechtsverordnung im Einvernehmen mit dem Bundesministerium für Gesundheit.

Kapitel 6. Leistungsformen, Beratung

Abschnitt 1. Leistungsformen

§ 28 Ausführung von Leistungen. (1) [1]Der zuständige Rehabilitationsträger kann Leistungen zur Teilhabe

1. allein oder gemeinsam mit anderen Leistungsträgern,
2. durch andere Leistungsträger oder
3. unter Inanspruchnahme von geeigneten, insbesondere auch freien und gemeinnützigen oder privaten Rehabilitationsdiensten und -einrichtungen nach § 36

ausführen. [2]Der zuständige Rehabilitationsträger bleibt für die Ausführung der Leistungen verantwortlich. [3]Satz 1 gilt insbesondere dann, wenn der Rehabilitationsträger die Leistung dadurch wirksamer oder wirtschaftlicher erbringen kann.

(2) Die Leistungen werden dem Verlauf der Rehabilitation angepasst und sind darauf ausgerichtet, den Leistungsberechtigten unter Berücksichtigung der

Besonderheiten des Einzelfalles zügig, wirksam, wirtschaftlich und auf Dauer eine den Zielen der §§ 1 und 4 Absatz 1 entsprechende umfassende Teilhabe am Leben in der Gesellschaft zu ermöglichen.

§ 29 Persönliches Budget. (1) [1] Auf Antrag der Leistungsberechtigten werden Leistungen zur Teilhabe durch die Leistungsform eines Persönlichen Budgets ausgeführt, um den Leistungsberechtigten in eigener Verantwortung ein möglichst selbstbestimmtes Leben zu ermöglichen. [2] Bei der Ausführung des Persönlichen Budgets sind nach Maßgabe des individuell festgestellten Bedarfs die Rehabilitationsträger, die Pflegekassen und die Integrationsämter beteiligt. [3] Das Persönliche Budget wird von den beteiligten Leistungsträgern trägerübergreifend als Komplexleistung erbracht. [4] Das Persönliche Budget kann auch nicht trägerübergreifend von einem einzelnen Leistungsträger erbracht werden. [5] Budgetfähig sind auch die neben den Leistungen nach Satz 1 erforderlichen Leistungen der Krankenkassen und der Pflegekassen, Leistungen der Träger der Unfallversicherung bei Pflegebedürftigkeit sowie Hilfe zur Pflege der Sozialhilfe, die sich auf alltägliche und regelmäßig wiederkehrende Bedarfe beziehen und als Geldleistungen oder durch Gutscheine erbracht werden können. [6] An die Entscheidung sind die Leistungsberechtigten für die Dauer von sechs Monaten gebunden.

(2) [1] Persönliche Budgets werden in der Regel als Geldleistung ausgeführt, bei laufenden Leistungen monatlich. [2] In begründeten Fällen sind Gutscheine auszugeben. [3] Mit der Auszahlung oder der Ausgabe von Gutscheinen an die Leistungsberechtigten gilt deren Anspruch gegen die beteiligten Leistungsträger insoweit als erfüllt. [4] Das Bedarfsermittlungsverfahren für laufende Leistungen wird in der Regel im Abstand von zwei Jahren wiederholt. [5] In begründeten Fällen kann davon abgewichen werden. [6] Persönliche Budgets werden auf der Grundlage der nach Kapitel 4 getroffenen Feststellungen so bemessen, dass der individuell festgestellte Bedarf gedeckt wird und die erforderliche Beratung und Unterstützung erfolgen kann. [7] Dabei soll die Höhe des Persönlichen Budgets die Kosten aller bisher individuell festgestellten Leistungen nicht überschreiten, die ohne das Persönliche Budget zu erbringen sind. [8] § 35a des Elften Buches[1)] bleibt unberührt.

(3) [1] Werden Leistungen zur Teilhabe in der Leistungsform des Persönlichen Budgets beantragt, ist der nach § 14 leistende Rehabilitationsträger für die Durchführung des Verfahrens zuständig. [2] Satz 1 findet entsprechend Anwendung auf die Pflegekassen und die Integrationsämter. [3] Enthält das Persönliche Budget Leistungen, für die der Leistungsträger nach den Sätzen 1 und 2 nicht Leistungsträger nach § 6 Absatz 1 sein kann, leitet er den Antrag insoweit unverzüglich dem nach seiner Auffassung zuständigen Leistungsträger nach § 15 zu.

(4) [1] Der Leistungsträger nach Absatz 3 und die Leistungsberechtigten schließen zur Umsetzung des Persönlichen Budgets eine Zielvereinbarung ab. [2] Sie enthält mindestens Regelungen über

1. die Ausrichtung der individuellen Förder- und Leistungsziele,
2. die Erforderlichkeit eines Nachweises zur Deckung des festgestellten individuellen Bedarfs,

---

[1)] Nr. **11**.

3. die Qualitätssicherung sowie
4. die Höhe der Teil- und des Gesamtbudgets.

[3] Satz 1 findet keine Anwendung, wenn allein Pflegekassen Leistungsträger nach Absatz 3 sind und sie das Persönliche Budget nach Absatz 1 Satz 4 erbringen. [4] Die Beteiligten, die die Zielvereinbarung abgeschlossen haben, können diese aus wichtigem Grund mit sofortiger Wirkung schriftlich kündigen, wenn ihnen die Fortsetzung der Vereinbarung nicht zumutbar ist. [5] Ein wichtiger Grund kann für die Leistungsberechtigten insbesondere in der persönlichen Lebenssituation liegen. [6] Für den Leistungsträger kann ein wichtiger Grund dann vorliegen, wenn die Leistungsberechtigten die Vereinbarung, insbesondere hinsichtlich des Nachweises zur Bedarfsdeckung und der Qualitätssicherung nicht einhalten. [7] Im Fall der Kündigung der Zielvereinbarung wird der Verwaltungsakt aufgehoben. [8] Die Zielvereinbarung wird im Rahmen des Bedarfsermittlungsverfahrens für die Dauer des Bewilligungszeitraumes der Leistungen in Form des Persönlichen Budgets abgeschlossen.

§ 30 Verordnungsermächtigung. Das Bundesministerium für Arbeit und Soziales wird ermächtigt, im Einvernehmen mit dem Bundesministerium für Gesundheit durch Rechtsverordnung mit Zustimmung des Bundesrates Näheres zum Inhalt und zur Ausführung des Persönlichen Budgets, zum Verfahren sowie zur Zuständigkeit bei Beteiligung mehrerer Rehabilitationsträger zu regeln.

§ 31 Leistungsort. [1] Sach- und Dienstleistungen können auch im Ausland erbracht werden, wenn sie dort bei zumindest gleicher Qualität und Wirksamkeit wirtschaftlicher ausgeführt werden können. [2] Leistungen zur Teilhabe am Arbeitsleben können im grenznahen Ausland auch ausgeführt werden, wenn sie für die Aufnahme oder Ausübung einer Beschäftigung oder selbständigen Tätigkeit erforderlich sind.

Abschnitt 2. Beratung

§ 32 Ergänzende unabhängige Teilhabeberatung; Verordnungsermächtigung. (1) [1] Zur Stärkung der Selbstbestimmung von Menschen mit Behinderungen und von Behinderung bedrohter Menschen fördert das Bundesministerium für Arbeit und Soziales eine von Leistungsträgern und Leistungserbringern unabhängige ergänzende Beratung als niedrigschwelliges Angebot, das bereits im Vorfeld der Beantragung konkreter Leistungen zur Verfügung steht. [2] Dieses Angebot besteht neben dem Anspruch auf Beratung durch die Rehabilitationsträger.

(2) [1] Das ergänzende Angebot erstreckt sich auf die Information und Beratung über Rehabilitations- und Teilhabeleistungen nach diesem Buch. [2] Die Rehabilitationsträger informieren im Rahmen der vorhandenen Beratungsstrukturen und ihrer Beratungspflicht über dieses ergänzende Angebot.

(3) Bei der Förderung von Beratungsangeboten ist die von Leistungsträgern und Leistungserbringern unabhängige ergänzende Beratung von Betroffenen für Betroffene besonders zu berücksichtigen.

(4) [1] Das Bundesministerium für Arbeit und Soziales erlässt eine Förderrichtlinie, nach deren Maßgabe die Dienste gefördert werden können, welche ein unabhängiges ergänzendes Beratungsangebot anbieten. [2] Das Bundesministeri-

um für Arbeit und Soziales entscheidet im Benehmen mit der zuständigen obersten Landesbehörde über diese Förderung.

(5) [1] Die Förderung erfolgt aus Bundesmitteln und ist bis zum 31. Dezember 2022 befristet. [2] Die Bundesregierung berichtet den gesetzgebenden Körperschaften des Bundes bis zum 30. Juni 2021 über die Einführung und Inanspruchnahme der ergänzenden unabhängigen Teilhabeberatung.

(6) [1] Die Bundesmittel für die Zuschüsse werden ab dem Jahr 2023 auf 65 Millionen Euro festgesetzt. [2] Aus den Bundesmitteln sind insbesondere auch die Aufwendungen zu finanzieren, die für die Administration, die Vernetzung, die Qualitätssicherung und die Öffentlichkeitsarbeit der Beratungsangebote notwendig sind.

(7) [1] Zuständige Behörde für die Umsetzung der ergänzenden unabhängigen Teilhabeberatung ist das Bundesministerium für Arbeit und Soziales. [2] Es kann diese Aufgaben Dritten übertragen. [3] Die Auswahl aus dem Kreis der Antragsteller erfolgt durch das Bundesministerium für Arbeit und Soziales im Benehmen mit den zuständigen obersten Landesbehörden. [4] Das Bundesministerium für Arbeit und Soziales erlässt eine Rechtsverordnung ohne Zustimmung des Bundesrates, um die ergänzende unabhängige Teilhabeberatung nach dem Jahr 2022 auszugestalten und umzusetzen.

§ 33 Pflichten der Personensorgeberechtigten. Eltern, Vormünder, Pfleger und Betreuer, die bei den ihnen anvertrauten Personen Beeinträchtigungen (§ 2 Absatz 1) wahrnehmen oder durch die in § 34 genannten Personen hierauf hingewiesen werden, sollen im Rahmen ihres Erziehungs- oder Betreuungsauftrags diese Personen einer Beratungsstelle nach § 32 oder einer sonstigen Beratungsstelle für Rehabilitation zur Beratung über die geeigneten Leistungen zur Teilhabe vorstellen.

§ 34 Sicherung der Beratung von Menschen mit Behinderungen.

(1) [1] Die Beratung durch Ärzte, denen eine Person nach § 33 vorgestellt wird, erstreckt sich auf geeignete Leistungen zur Teilhabe. [2] Dabei weisen sie auf die Möglichkeit der Beratung durch die Beratungsstellen der Rehabilitationsträger hin und informieren über wohnortnahe Angebote zur Beratung nach § 32. [3] Werdende Eltern werden außerdem auf den Beratungsanspruch bei den Schwangerschaftsberatungsstellen hingewiesen.

(2) Nehmen Hebammen, Entbindungspfleger, medizinisches Personal außer Ärzten, Lehrer, Sozialarbeiter, Jugendleiter und Erzieher bei der Ausübung ihres Berufs Behinderungen wahr, weisen sie die Personensorgeberechtigten auf die Behinderung und auf entsprechende Beratungsangebote nach § 32 hin.

(3) Nehmen medizinisches Personal außer Ärzten und Sozialarbeiter bei der Ausübung ihres Berufs Behinderungen bei volljährigen Personen wahr, empfehlen sie diesen Personen oder ihren bestellten Betreuern, eine Beratungsstelle für Rehabilitation oder eine ärztliche Beratung über geeignete Leistungen zur Teilhabe aufzusuchen.

§ 35 Landesärzte. (1) In den Ländern können Landesärzte bestellt werden, die über besondere Erfahrungen in der Hilfe für Menschen mit Behinderungen und von Behinderung bedrohte Menschen verfügen.

(2) Die Landesärzte haben insbesondere folgende Aufgaben:

1. Gutachten für die Landesbehörden, die für das Gesundheitswesen, die Sozialhilfe und Eingliederungshilfe zuständig sind, sowie für die zuständigen Träger der Sozialhilfe und Eingliederungshilfe in besonders schwierig gelagerten Einzelfällen oder in Fällen von grundsätzlicher Bedeutung zu erstatten,
2. die für das Gesundheitswesen zuständigen obersten Landesbehörden beim Erstellen von Konzeptionen, Situations- und Bedarfsanalysen und bei der Landesplanung zur Teilhabe von Menschen mit Behinderungen und von Behinderung bedrohter Menschen zu beraten und zu unterstützen sowie selbst entsprechende Initiativen zu ergreifen und
3. die für das Gesundheitswesen zuständigen Landesbehörden über Art und Ursachen von Behinderungen und notwendige Hilfen sowie über den Erfolg von Leistungen zur Teilhabe von Menschen mit Behinderungen und von Behinderung bedrohter Menschen regelmäßig zu unterrichten.

Kapitel 7. Struktur, Qualitätssicherung und Verträge

§ 36 Rehabilitationsdienste und -einrichtungen. (1) [1]Die Rehabilitationsträger wirken gemeinsam unter Beteiligung der Bundesregierung und der Landesregierungen darauf hin, dass die fachlich und regional erforderlichen Rehabilitationsdienste und -einrichtungen in ausreichender Anzahl und Qualität zur Verfügung stehen. [2]Dabei achten die Rehabilitationsträger darauf, dass für eine ausreichende Anzahl von Rehabilitationsdiensten und -einrichtungen keine Zugangs- und Kommunikationsbarrieren bestehen. [3]Die Verbände von Menschen mit Behinderungen einschließlich der Verbände der Freien Wohlfahrtspflege, der Selbsthilfegruppen und der Interessenvertretungen von Frauen mit Behinderungen sowie die für die Wahrnehmung der Interessen der ambulanten und stationären Rehabilitationseinrichtungen auf Bundesebene maßgeblichen Spitzenverbände werden beteiligt.

(2) [1]Nehmen Rehabilitationsträger zur Ausführung von Leistungen Rehabilitationsdienste und -einrichtungen in Anspruch, erfolgt die Auswahl danach, wer die Leistung in der am besten geeigneten Form ausführt. [2]Dabei werden Rehabilitationsdienste und -einrichtungen freier oder gemeinnütziger Träger entsprechend ihrer Bedeutung für die Rehabilitation und Teilhabe von Menschen mit Behinderungen berücksichtigt und die Vielfalt der Träger gewahrt sowie deren Selbständigkeit, Selbstverständnis und Unabhängigkeit beachtet. [3]§ 51 Absatz 1 Satz 2 Nummer 4 ist anzuwenden.

(3) Rehabilitationsträger können nach den für sie geltenden Rechtsvorschriften Rehabilitationsdienste oder -einrichtungen fördern, wenn dies zweckmäßig ist und die Arbeit dieser Dienste oder Einrichtungen in anderer Weise nicht sichergestellt werden kann.

(4) Rehabilitationsdienste und -einrichtungen mit gleicher Aufgabenstellung sollen Arbeitsgemeinschaften bilden.

§ 37 Qualitätssicherung, Zertifizierung. (1) [1]Die Rehabilitationsträger nach § 6 Absatz 1 Nummer 1 bis 5 vereinbaren gemeinsame Empfehlungen zur Sicherung und Weiterentwicklung der Qualität der Leistungen, insbesondere zur barrierefreien Leistungserbringung, sowie für die Durchführung vergleichender Qualitätsanalysen als Grundlage für ein effektives Qualitätsmanagement der Leistungserbringer. [2]§ 26 Absatz 4 ist entsprechend anzuwenden.

[3]Die Rehabilitationsträger nach § 6 Absatz 1 Nummer 6 und 7 können den Empfehlungen beitreten.

(2) [1]Die Erbringer von Leistungen stellen ein Qualitätsmanagement sicher, das durch zielgerichtete und systematische Verfahren und Maßnahmen die Qualität der Versorgung gewährleistet und kontinuierlich verbessert. [2]Stationäre Rehabilitationseinrichtungen haben sich an dem Zertifizierungsverfahren nach Absatz 3 zu beteiligen.

(3) [1]Die Spitzenverbände der Rehabilitationsträger nach § 6 Absatz 1 Nummer 1 und 3 bis 5 vereinbaren im Rahmen der Bundesarbeitsgemeinschaft für Rehabilitation grundsätzliche Anforderungen an ein einrichtungsinternes Qualitätsmanagement nach Absatz 2 Satz 1 sowie ein einheitliches, unabhängiges Zertifizierungsverfahren, mit dem die erfolgreiche Umsetzung des Qualitätsmanagements in regelmäßigen Abständen nachgewiesen wird. [2]Den für die Wahrnehmung der Interessen der stationären Rehabilitationseinrichtungen auf Bundesebene maßgeblichen Spitzenverbänden sowie den Verbänden von Menschen mit Behinderungen einschließlich der Verbände der Freien Wohlfahrtspflege, der Selbsthilfegruppen und der Interessenvertretungen von Frauen mit Behinderungen ist Gelegenheit zur Stellungnahme zu geben. [3]Stationäre Rehabilitationseinrichtungen sind nur dann als geeignet anzusehen, wenn sie zertifiziert sind.

(4) Die Rehabilitationsträger können mit den Einrichtungen, die für sie Leistungen erbringen, über Absatz 1 hinausgehende Anforderungen an die Qualität und das Qualitätsmanagement vereinbaren.

(5) In Rehabilitationseinrichtungen mit Vertretungen der Menschen mit Behinderungen sind die nach Absatz 3 Satz 1 zu erstellenden Nachweise über die Umsetzung des Qualitätsmanagements diesen Vertretungen zur Verfügung zu stellen.

(6) § 26 Absatz 3 ist entsprechend anzuwenden für Vereinbarungen auf Grund gesetzlicher Vorschriften für die Rehabilitationsträger.

§ 38 Verträge mit Leistungserbringern. (1) Verträge mit Leistungserbringern müssen insbesondere folgende Regelungen über die Ausführung von Leistungen durch Rehabilitationsdienste und -einrichtungen, die nicht in der Trägerschaft eines Rehabilitationsträgers stehen, enthalten:

1. Qualitätsanforderungen an die Ausführung der Leistungen, das beteiligte Personal und die begleitenden Fachdienste,
2. die Übernahme von Grundsätzen der Rehabilitationsträger zur Vereinbarung von Vergütungen,
3. Rechte und Pflichten der Teilnehmer, soweit sich diese nicht bereits aus dem Rechtsverhältnis ergeben, das zwischen ihnen und dem Rehabilitationsträger besteht,
4. angemessene Mitwirkungsmöglichkeiten der Teilnehmer an der Ausführung der Leistungen,
5. Regelungen zur Geheimhaltung personenbezogener Daten,
6. Regelungen zur Beschäftigung eines angemessenen Anteils von Frauen mit Behinderungen, insbesondere Frauen mit Schwerbehinderungen sowie
7. das Angebot, Beratung durch den Träger der öffentlichen Jugendhilfe bei gewichtigen Anhaltspunkten für eine Kindeswohlgefährdung in Anspruch zu nehmen.

(2) [1] Die Bezahlung tarifvertraglich vereinbarter Vergütungen sowie entsprechender Vergütungen nach kirchlichen Arbeitsrechtsregelungen kann bei Verträgen auf der Grundlage dieses Buches nicht als unwirtschaftlich abgelehnt werden. [2] Auf Verlangen des Rehabilitationsträgers ist die Zahlung von Vergütungen nach Satz 1 nachzuweisen.

(3) [1] Die Rehabilitationsträger wirken darauf hin, dass die Verträge nach einheitlichen Grundsätzen abgeschlossen werden. [2] Dabei sind einheitliche Grundsätze der Wirksamkeit, Zweckmäßigkeit und Wirtschaftlichkeit zu berücksichtigten. [3] Die Rehabilitationsträger können über den Inhalt der Verträge gemeinsame Empfehlungen nach § 26 vereinbaren. [4] Mit den Arbeitsgemeinschaften der Rehabilitationsdienste und -einrichtungen können sie Rahmenverträge schließen. [5] Der oder die Bundesbeauftragte für den Datenschutz und die Informationsfreiheit wird beteiligt.

(4) Absatz 1 Nummer 1 und 3 bis 6 wird für eigene Einrichtungen der Rehabilitationsträger entsprechend angewendet.

Kapitel 8. Bundesarbeitsgemeinschaft für Rehabilitation

§ 39 Aufgaben. (1) [1] Die Rehabilitationsträger nach § 6 Absatz 1 Nummer 1 bis 5 gestalten und organisieren die trägerübergreifende Zusammenarbeit zur einheitlichen personenzentrierten Gestaltung der Rehabilitation und der Leistungen zur Teilhabe im Rahmen einer Arbeitsgemeinschaft nach § 94 des Zehnten Buches[1)]. [2] Sie trägt den Namen „Bundesarbeitsgemeinschaft für Rehabilitation".

(2) Die Aufgaben der Bundesarbeitsgemeinschaft für Rehabilitation sind insbesondere

1. die Beobachtung der Zusammenarbeit der Rehabilitationsträger und die regelmäßige Auswertung und Bewertung der Zusammenarbeit; hierzu bedarf es
   a) der Erstellung von gemeinsamen Grundsätzen für die Erhebung von Daten, die der Aufbereitung und Bereitstellung von Statistiken über das Rehabilitationsgeschehen der Träger und ihrer Zusammenarbeit dienen,
   b) der Datenaufbereitung und Bereitstellung von Statistiken über das Rehabilitationsgeschehen der Träger und ihrer Zusammenarbeit und
   c) der Erhebung und Auswertung nicht personenbezogener Daten über Prozesse und Abläufe des Rehabilitationsgeschehens aus dem Aufgabenfeld der medizinischen und beruflichen Rehabilitation der Sozialversicherung mit Zustimmung des Bundesministeriums für Arbeit und Soziales,
2. die Erarbeitung von gemeinsamen Grundsätzen zur Bedarfserkennung, Bedarfsermittlung und Koordinierung von Rehabilitationsmaßnahmen und zur trägerübergreifenden Zusammenarbeit,
3. die Erarbeitung von gemeinsamen Empfehlungen zur Sicherung der Zusammenarbeit nach § 25,
4. die trägerübergreifende Fort- und Weiterbildung zur Unterstützung und Umsetzung trägerübergreifender Kooperation und Koordination,

---

1) Nr. **10**.

5. die Erarbeitung trägerübergreifender Beratungsstandards und Förderung der Weitergabe von eigenen Lebenserfahrungen an andere Menschen mit Behinderungen durch die Beratungsmethode des Peer Counseling,
6. die Erarbeitung von Qualitätskriterien zur Sicherung der Struktur-, Prozess- und Ergebnisqualität im trägerübergreifenden Rehabilitationsgeschehen und Initiierung von deren Weiterentwicklung,
7. die Förderung der Partizipation Betroffener durch stärkere Einbindung von Selbsthilfe- und Selbstvertretungsorganisationen von Menschen mit Behinderungen in die konzeptionelle Arbeit der Bundesarbeitsgemeinschaft für Rehabilitation und deren Organe,
8. die Öffentlichkeitsarbeit zur Inklusion und Rehabilitation sowie
9. die Beobachtung und Bewertung der Forschung zur Rehabilitation sowie Durchführung trägerübergreifender Forschungsvorhaben.

§ 40 Rechtsaufsicht. Die Bundesarbeitsgemeinschaft für Rehabilitation untersteht der Rechtsaufsicht des Bundesministeriums für Arbeit und Soziales.

§ 41 Teilhabeverfahrensbericht. (1) Die Rehabilitationsträger nach § 6 Absatz 1 erfassen

1. die Anzahl der gestellten Anträge auf Leistungen zur Rehabilitation und Teilhabe differenziert nach Leistungsgruppen im Sinne von § 5 Nummer 1, 2, 4 und 5,
2. die Anzahl der Weiterleitungen nach § 14 Absatz 1 Satz 2,
3. in wie vielen Fällen
   a) die Zweiwochenfrist nach § 14 Absatz 1 Satz 1,
   b) die Dreiwochenfrist nach § 14 Absatz 2 Satz 2 sowie
   c) die Zweiwochenfrist nach § 14 Absatz 2 Satz 3

   nicht eingehalten wurde,
4. die durchschnittliche Zeitdauer zwischen Erteilung des Gutachtenauftrages in Fällen des § 14 Absatz 2 Satz 3 und der Vorlage des Gutachtens,
5. die durchschnittliche Zeitdauer zwischen Antragseingang beim leistenden Rehabilitationsträger und der Entscheidung nach den Merkmalen der Erledigung und der Bewilligung,
6. die Anzahl der Ablehnungen von Anträgen sowie der nicht vollständigen Bewilligung der beantragten Leistungen,
7. die durchschnittliche Zeitdauer zwischen dem Datum des Bewilligungsbescheides und dem Beginn der Leistungen mit und ohne Teilhabeplanung nach § 19, wobei in den Fällen, in denen die Leistung von einem Rehabilitationsträger nach § 6 Absatz 1 Nummer 1 erbracht wurde, das Merkmal „mit und ohne Teilhabeplanung nach § 19" nicht zu erfassen ist,
8. die Anzahl der trägerübergreifenden Teilhabeplanungen und Teilhabeplankonferenzen,
9. die Anzahl der nachträglichen Änderungen und Fortschreibungen der Teilhabepläne einschließlich der durchschnittlichen Geltungsdauer des Teilhabeplanes,
10. die Anzahl der Erstattungsverfahren nach § 16 Absatz 2 Satz 2,
11. die Anzahl der beantragten und bewilligten Leistungen in Form des Persönlichen Budgets,

12. die Anzahl der beantragten und bewilligten Leistungen in Form des trägerübergreifenden Persönlichen Budgets,
13. die Anzahl der Mitteilungen nach § 18 Absatz 1,
14. die Anzahl der Anträge auf Erstattung nach § 18 nach den Merkmalen „Bewilligung“ oder „Ablehnung“,
15. die Anzahl der Rechtsbehelfe sowie der erfolgreichen Rechtsbehelfe aus Sicht der Leistungsberechtigten jeweils nach den Merkmalen „Widerspruch“ und „Klage“,
16. die Anzahl der Leistungsberechtigten, die sechs Monate nach dem Ende der Maßnahme zur Teilhabe am Arbeitsleben eine sozialversicherungspflichtige Beschäftigung aufgenommen haben, soweit die Maßnahme von einem Rehabilitationsträger nach § 6 Absatz 1 Nummer 2 bis 7 erbracht wurde.

(2) [1] Die Rehabilitationsträger nach § 6 Absatz 1 Nummer 1 bis 5 melden jährlich die im Berichtsjahr nach Absatz 1 erfassten Angaben an ihre Spitzenverbände, die Rehabilitationsträger nach § 6 Absatz 1 Nummer 6 und 7 jeweils über ihre obersten Landesjugend- und Sozialbehörden, zur Weiterleitung an die Bundesarbeitsgemeinschaft für Rehabilitation in einem mit ihr technisch abgestimmten Datenformat. [2] Die Bundesarbeitsgemeinschaft für Rehabilitation wertet die Angaben unter Beteiligung der Rehabilitationsträger aus und erstellt jährlich eine gemeinsame Übersicht. [3] Die Erfassung der Angaben soll mit dem 1. Januar 2018 beginnen und ein Kalenderjahr umfassen. [4] Der erste Bericht ist 2019 zu veröffentlichen.

(3) Der Bund erstattet der Bundesarbeitsgemeinschaft für Rehabilitation die notwendigen Aufwendungen für folgende Tätigkeiten:

1. die Bereitstellung von Daten,
2. die Datenaufarbeitung und
3. die Auswertungen über das Rehabilitationsgeschehen.

Kapitel 9. Leistungen zur medizinischen Rehabilitation

§ 42 Leistungen zur medizinischen Rehabilitation. (1) Zur medizinischen Rehabilitation von Menschen mit Behinderungen und von Behinderung bedrohter Menschen werden die erforderlichen Leistungen erbracht, um

1. Behinderungen einschließlich chronischer Krankheiten abzuwenden, zu beseitigen, zu mindern, auszugleichen, eine Verschlimmerung zu verhüten oder
2. Einschränkungen der Erwerbsfähigkeit und Pflegebedürftigkeit zu vermeiden, zu überwinden, zu mindern, eine Verschlimmerung zu verhindern sowie den vorzeitigen Bezug von laufenden Sozialleistungen zu verhüten oder laufende Sozialleistungen zu mindern.

(2) Leistungen zur medizinischen Rehabilitation umfassen insbesondere

1. Behandlung durch Ärzte, Zahnärzte und Angehörige anderer Heilberufe, soweit deren Leistungen unter ärztlicher Aufsicht oder auf ärztliche Anordnung ausgeführt werden, einschließlich der Anleitung, eigene Heilungskräfte zu entwickeln,
2. Früherkennung und Frühförderung für Kinder mit Behinderungen und von Behinderung bedrohte Kinder,

3. Arznei- und Verbandsmittel,
4. Heilmittel einschließlich physikalischer, Sprach- und Beschäftigungstherapie,
5. Psychotherapie als ärztliche und psychotherapeutische Behandlung,
6. Hilfsmittel sowie
7. Belastungserprobung und Arbeitstherapie.

(3) [1] Bestandteil der Leistungen nach Absatz 1 sind auch medizinische, psychologische und pädagogische Hilfen, soweit diese Leistungen im Einzelfall erforderlich sind, um die in Absatz 1 genannten Ziele zu erreichen. [2] Solche Leistungen sind insbesondere

1. Hilfen zur Unterstützung bei der Krankheits- und Behinderungsverarbeitung,
2. Hilfen zur Aktivierung von Selbsthilfepotentialen,
3. die Information und Beratung von Partnern und Angehörigen sowie von Vorgesetzten und Kollegen, wenn die Leistungsberechtigten dem zustimmen,
4. die Vermittlung von Kontakten zu örtlichen Selbsthilfe- und Beratungsmöglichkeiten,
5. Hilfen zur seelischen Stabilisierung und zur Förderung der sozialen Kompetenz, unter anderem durch Training sozialer und kommunikativer Fähigkeiten und im Umgang mit Krisensituationen,
6. das Training lebenspraktischer Fähigkeiten sowie
7. die Anleitung und Motivation zur Inanspruchnahme von Leistungen der medizinischen Rehabilitation.

§ 43 Krankenbehandlung und Rehabilitation. Die in § 42 Absatz 1 genannten Ziele und § 12 Absatz 1 und 3 sowie § 19 gelten auch bei Leistungen der Krankenbehandlung.

§ 44 Stufenweise Wiedereingliederung. Können arbeitsunfähige Leistungsberechtigte nach ärztlicher Feststellung ihre bisherige Tätigkeit teilweise ausüben und können sie durch eine stufenweise Wiederaufnahme ihrer Tätigkeit voraussichtlich besser wieder in das Erwerbsleben eingegliedert werden, sollen die medizinischen und die sie ergänzenden Leistungen mit dieser Zielrichtung erbracht werden.

§ 45 Förderung der Selbsthilfe. [1] Selbsthilfegruppen, Selbsthilfeorganisationen und Selbsthilfekontaktstellen, die sich die Prävention, Rehabilitation, Früherkennung, Beratung, Behandlung und Bewältigung von Krankheiten und Behinderungen zum Ziel gesetzt haben, sollen nach einheitlichen Grundsätzen gefördert werden. [2] Die Daten der Rehabilitationsträger über Art und Höhe der Förderung der Selbsthilfe fließen in den Bericht der Bundesarbeitsgemeinschaft für Rehabilitation nach § 41 ein.

§ 46 Früherkennung und Frühförderung. (1) Die medizinischen Leistungen zur Früherkennung und Frühförderung für Kinder mit Behinderungen und von Behinderung bedrohte Kinder nach § 42 Absatz 2 Nummer 2 umfassen auch

1. die medizinischen Leistungen der fachübergreifend arbeitenden Dienste und Einrichtungen sowie

2. nichtärztliche sozialpädiatrische, psychologische, heilpädagogische, psychosoziale Leistungen und die Beratung der Erziehungsberechtigten, auch in fachübergreifend arbeitenden Diensten und Einrichtungen, wenn sie unter ärztlicher Verantwortung erbracht werden und erforderlich sind, um eine drohende oder bereits eingetretene Behinderung zum frühestmöglichen Zeitpunkt zu erkennen und einen individuellen Behandlungsplan aufzustellen.

(2) [1] Leistungen zur Früherkennung und Frühförderung für Kinder mit Behinderungen und von Behinderung bedrohte Kinder umfassen weiterhin nichtärztliche therapeutische, psychologische, heilpädagogische, sonderpädagogische, psychosoziale Leistungen und die Beratung der Erziehungsberechtigten durch interdisziplinäre Frühförderstellen oder nach Landesrecht zugelassene Einrichtungen mit vergleichbarem interdisziplinärem Förder-, Behandlungs- und Beratungsspektrum. [2] Die Leistungen sind erforderlich, wenn sie eine drohende oder bereits eingetretene Behinderung zum frühestmöglichen Zeitpunkt erkennen helfen oder die eingetretene Behinderung durch gezielte Förder- und Behandlungsmaßnahmen ausgleichen oder mildern.

(3) [1] Leistungen nach Absatz 1 werden in Verbindung mit heilpädagogischen Leistungen nach § 79 als Komplexleistung erbracht. [2] Die Komplexleistung umfasst auch Leistungen zur Sicherung der Interdisziplinarität. [3] Maßnahmen zur Komplexleistung können gleichzeitig oder nacheinander sowie in unterschiedlicher und gegebenenfalls wechselnder Intensität ab Geburt bis zur Einschulung eines Kindes mit Behinderungen oder drohender Behinderung erfolgen.

(4) In den Landesrahmenvereinbarungen zwischen den beteiligten Rehabilitationsträgern und den Verbänden der Leistungserbringer wird Folgendes geregelt:

1. die Anforderungen an interdisziplinäre Frühförderstellen, nach Landesrecht zugelassene Einrichtungen mit vergleichbarem interdisziplinärem Förder-, Behandlungs- und Beratungsspektrum und sozialpädiatrische Zentren zu Mindeststandards, Berufsgruppen, Personalausstattung, sachlicher und räumlicher Ausstattung,
2. die Dokumentation und Qualitätssicherung,
3. der Ort der Leistungserbringung sowie
4. die Vereinbarung und Abrechnung der Entgelte für die als Komplexleistung nach Absatz 3 erbrachten Leistungen unter Berücksichtigung der Zuwendungen Dritter, insbesondere der Länder, für Leistungen nach der Verordnung zur Früherkennung und Frühförderung.

(5) [1] Die Rehabilitationsträger schließen Vereinbarungen über die pauschalierte Aufteilung der nach Absatz 4 Nummer 4 vereinbarten Entgelte für Komplexleistungen auf der Grundlage der Leistungszuständigkeit nach Spezialisierung und Leistungsprofil des Dienstes oder der Einrichtung, insbesondere den vertretenen Fachdisziplinen und dem Diagnosespektrum der leistungsberechtigten Kinder. [2] Regionale Gegebenheiten werden berücksichtigt. [3] Der Anteil der Entgelte, der auf die für die Leistungen nach § 6 der Verordnung zur Früherkennung und Frühförderung jeweils zuständigen Träger entfällt, darf für Leistungen in interdisziplinären Frühförderstellen oder in nach Landesrecht zugelassenen Einrichtungen mit vergleichbarem interdisziplinärem Förder-, Behandlungs- und Beratungsspektrum 65 Prozent und in sozialpädiatrischen

Zentren 20 Prozent nicht überschreiten. [4]Landesrecht kann andere als pauschale Abrechnungen vorsehen.

(6) Kommen Landesrahmenvereinbarungen nach Absatz 4 bis zum 31. Juli 2019 nicht zustande, sollen die Landesregierungen Regelungen durch Rechtsverordnung entsprechend Absatz 4 Nummer 1 bis 3 treffen.

§ 47 Hilfsmittel. (1) Hilfsmittel (Körperersatzstücke sowie orthopädische und andere Hilfsmittel) nach § 42 Absatz 2 Nummer 6 umfassen die Hilfen, die von den Leistungsberechtigten getragen oder mitgeführt oder bei einem Wohnungswechsel mitgenommen werden können und unter Berücksichtigung der Umstände des Einzelfalles erforderlich sind, um

1. einer drohenden Behinderung vorzubeugen,
2. den Erfolg einer Heilbehandlung zu sichern oder
3. eine Behinderung bei der Befriedigung von Grundbedürfnissen des täglichen Lebens auszugleichen, soweit die Hilfsmittel nicht allgemeine Gebrauchsgegenstände des täglichen Lebens sind.

(2) [1]Der Anspruch auf Hilfsmittel umfasst auch die notwendige Änderung, Instandhaltung, Ersatzbeschaffung sowie die Ausbildung im Gebrauch der Hilfsmittel. [2]Der Rehabilitationsträger soll

1. vor einer Ersatzbeschaffung prüfen, ob eine Änderung oder Instandsetzung von bisher benutzten Hilfsmitteln wirtschaftlicher und gleich wirksam ist und
2. die Bewilligung der Hilfsmittel davon abhängig machen, dass die Leistungsberechtigten sich die Hilfsmittel anpassen oder sich in ihrem Gebrauch ausbilden lassen.

(3) Wählen Leistungsberechtigte ein geeignetes Hilfsmittel in einer aufwendigeren Ausführung als notwendig, tragen sie die Mehrkosten selbst.

(4) [1]Hilfsmittel können auch leihweise überlassen werden. [2]In diesem Fall gelten die Absätze 2 und 3 entsprechend.

§ 48 Verordnungsermächtigungen. Das Bundesministerium für Arbeit und Soziales wird ermächtigt, im Einvernehmen mit dem Bundesministerium für Gesundheit durch Rechtsverordnung mit Zustimmung des Bundesrates Näheres zu regeln

1. zur Abgrenzung der in § 46 genannten Leistungen und der weiteren Leistungen dieser Dienste und Einrichtungen und
2. zur Auswahl der im Einzelfall geeigneten Hilfsmittel, insbesondere zum Verfahren, zur Eignungsprüfung, Dokumentation und leihweisen Überlassung der Hilfsmittel sowie zur Zusammenarbeit der anderen Rehabilitationsträger mit den orthopädischen Versorgungsstellen.

Kapitel 10. Leistungen zur Teilhabe am Arbeitsleben

§ 49 Leistungen zur Teilhabe am Arbeitsleben, Verordnungsermächtigung. (1) Zur Teilhabe am Arbeitsleben werden die erforderlichen Leistungen erbracht, um die Erwerbsfähigkeit von Menschen mit Behinderungen oder von Behinderung bedrohter Menschen entsprechend ihrer Leistungsfähigkeit zu erhalten, zu verbessern, herzustellen oder wiederherzustellen und ihre Teilhabe am Arbeitsleben möglichst auf Dauer zu sichern.

(2) Frauen mit Behinderungen werden gleiche Chancen im Erwerbsleben zugesichert, insbesondere durch in der beruflichen Zielsetzung geeignete, wohnortnahe und auch in Teilzeit nutzbare Angebote.

(3) Die Leistungen zur Teilhabe am Arbeitsleben umfassen insbesondere

1. Hilfen zur Erhaltung oder Erlangung eines Arbeitsplatzes einschließlich Leistungen zur Aktivierung und beruflichen Eingliederung,
2. eine Berufsvorbereitung einschließlich einer wegen der Behinderung erforderlichen Grundausbildung,
3. die individuelle betriebliche Qualifizierung im Rahmen Unterstützter Beschäftigung,
4. die berufliche Anpassung und Weiterbildung, auch soweit die Leistungen einen zur Teilnahme erforderlichen schulischen Abschluss einschließen,
5. die berufliche Ausbildung, auch soweit die Leistungen in einem zeitlich nicht überwiegenden Abschnitt schulisch durchgeführt werden,
6. die Förderung der Aufnahme einer selbständigen Tätigkeit durch die Rehabilitationsträger nach § 6 Absatz 1 Nummer 2 bis 5 und
7. sonstige Hilfen zur Förderung der Teilhabe am Arbeitsleben, um Menschen mit Behinderungen eine angemessene und geeignete Beschäftigung oder eine selbständige Tätigkeit zu ermöglichen und zu erhalten.

(4) [1] Bei der Auswahl der Leistungen werden Eignung, Neigung, bisherige Tätigkeit sowie Lage und Entwicklung auf dem Arbeitsmarkt angemessen berücksichtigt. [2] Soweit erforderlich, wird dabei die berufliche Eignung abgeklärt oder eine Arbeitserprobung durchgeführt; in diesem Fall werden die Kosten nach Absatz 7, Reisekosten nach § 73 sowie Haushaltshilfe und Kinderbetreuungskosten nach § 74 übernommen.

(5) Die Leistungen werden auch für Zeiten notwendiger Praktika erbracht.

(6) [1] Die Leistungen umfassen auch medizinische, psychologische und pädagogische Hilfen, soweit diese Leistungen im Einzelfall erforderlich sind, um die in Absatz 1 genannten Ziele zu erreichen oder zu sichern und Krankheitsfolgen zu vermeiden, zu überwinden, zu mindern oder ihre Verschlimmerung zu verhüten. [2] Leistungen sind insbesondere

1. Hilfen zur Unterstützung bei der Krankheits- und Behinderungsverarbeitung,
2. Hilfen zur Aktivierung von Selbsthilfepotentialen,
3. die Information und Beratung von Partnern und Angehörigen sowie von Vorgesetzten und Kollegen, wenn die Leistungsberechtigten dem zustimmen,
4. die Vermittlung von Kontakten zu örtlichen Selbsthilfe- und Beratungsmöglichkeiten,
5. Hilfen zur seelischen Stabilisierung und zur Förderung der sozialen Kompetenz, unter anderem durch Training sozialer und kommunikativer Fähigkeiten und im Umgang mit Krisensituationen,
6. das Training lebenspraktischer Fähigkeiten,
7. das Training motorischer Fähigkeiten,
8. die Anleitung und Motivation zur Inanspruchnahme von Leistungen zur Teilhabe am Arbeitsleben und

9. die Beteiligung von Integrationsfachdiensten im Rahmen ihrer Aufgabenstellung (§ 193).

(7) Zu den Leistungen gehört auch die Übernahme

1. der erforderlichen Kosten für Unterkunft und Verpflegung, wenn für die Ausführung einer Leistung eine Unterbringung außerhalb des eigenen oder des elterlichen Haushalts wegen Art oder Schwere der Behinderung oder zur Sicherung des Erfolges der Teilhabe am Arbeitsleben notwendig ist sowie
2. der erforderlichen Kosten, die mit der Ausführung einer Leistung in unmittelbarem Zusammenhang stehen, insbesondere für Lehrgangskosten, Prüfungsgebühren, Lernmittel, Leistungen zur Aktivierung und beruflichen Eingliederung.

(8) [1] Leistungen nach Absatz 3 Nummer 1 und 7 umfassen auch

1. die Kraftfahrzeughilfe nach der Kraftfahrzeughilfe-Verordnung,
2. den Ausgleich für unvermeidbare Verdienstausfälle des Leistungsberechtigten oder einer erforderlichen Begleitperson wegen Fahrten der An- und Abreise zu einer Bildungsmaßnahme und zur Vorstellung bei einem Arbeitgeber, bei einem Träger oder einer Einrichtung für Menschen mit Behinderungen, durch die Rehabilitationsträger nach § 6 Absatz 1 Nummer 2 bis 5,
3. die Kosten einer notwendigen Arbeitsassistenz für schwerbehinderte Menschen als Hilfe zur Erlangung eines Arbeitsplatzes,
4. die Kosten für Hilfsmittel, die wegen Art oder Schwere der Behinderung erforderlich sind
   a) zur Berufsausübung,
   b) zur Teilhabe an einer Leistung zur Teilhabe am Arbeitsleben oder zur Erhöhung der Sicherheit auf dem Weg vom und zum Arbeitsplatz und am Arbeitsplatz selbst, es sei denn, dass eine Verpflichtung des Arbeitgebers besteht oder solche Leistungen als medizinische Leistung erbracht werden können,
5. die Kosten technischer Arbeitshilfen, die wegen Art oder Schwere der Behinderung zur Berufsausübung erforderlich sind und
6. die Kosten der Beschaffung, der Ausstattung und der Erhaltung einer behinderungsgerechten Wohnung in angemessenem Umfang.

[2] Die Leistung nach Satz 1 Nummer 3 wird für die Dauer von bis zu drei Jahren bewilligt und in Abstimmung mit dem Rehabilitationsträger nach § 6 Absatz 1 Nummer 1 bis 5 durch das Integrationsamt nach § 185 Absatz 5 ausgeführt. [3] Der Rehabilitationsträger erstattet dem Integrationsamt seine Aufwendungen. [4] Der Anspruch nach § 185 Absatz 5 bleibt unberührt.

(9) Die Bundesregierung kann durch Rechtsverordnung mit Zustimmung des Bundesrates Näheres über Voraussetzungen, Gegenstand und Umfang der Leistungen der Kraftfahrzeughilfe zur Teilhabe am Arbeitsleben regeln.

§ 50 Leistungen an Arbeitgeber. (1) Die Rehabilitationsträger nach § 6 Absatz 1 Nummer 2 bis 5 können Leistungen zur Teilhabe am Arbeitsleben auch an Arbeitgeber erbringen, insbesondere als

1. Ausbildungszuschüsse zur betrieblichen Ausführung von Bildungsleistungen,
2. Eingliederungszuschüsse,
3. Zuschüsse für Arbeitshilfen im Betrieb und

4. teilweise oder volle Kostenerstattung für eine befristete Probebeschäftigung.

(2) Die Leistungen können unter Bedingungen und Auflagen erbracht werden.

(3) [1] Ausbildungszuschüsse nach Absatz 1 Nummer 1 können für die gesamte Dauer der Maßnahme geleistet werden. [2] Die Ausbildungszuschüsse sollen bei Ausbildungsmaßnahmen die monatlichen Ausbildungsvergütungen nicht übersteigen, die von den Arbeitgebern im letzten Ausbildungsjahr gezahlt wurden.

(4) [1] Eingliederungszuschüsse nach Absatz 1 Nummer 2 betragen höchstens 50 Prozent der vom Arbeitgeber regelmäßig gezahlten Entgelte, soweit sie die tariflichen Arbeitsentgelte oder, wenn eine tarifliche Regelung nicht besteht, die für vergleichbare Tätigkeiten ortsüblichen Arbeitsentgelte im Rahmen der Beitragsbemessungsgrenze in der Arbeitsförderung nicht übersteigen. [2] Die Eingliederungszuschüsse sollen im Regelfall für höchstens ein Jahr gezahlt werden. [3] Soweit es für die Teilhabe am Arbeitsleben erforderlich ist, können die Eingliederungszuschüsse um bis zu 20 Prozentpunkte höher festgelegt und bis zu einer Förderungshöchstdauer von zwei Jahren gezahlt werden. [4] Werden die Eingliederungszuschüsse länger als ein Jahr gezahlt, sind sie um mindestens 10 Prozentpunkte zu vermindern, entsprechend der zu erwartenden Zunahme der Leistungsfähigkeit der Leistungsberechtigten und den abnehmenden Eingliederungserfordernissen gegenüber der bisherigen Förderungshöhe. [5] Bei der Berechnung der Eingliederungszuschüsse nach Satz 1 wird auch der Anteil des Arbeitgebers am Gesamtsozialversicherungsbeitrag berücksichtigt. [6] Eingliederungszuschüsse sind zurückzuzahlen, wenn die Arbeitsverhältnisse während des Förderungszeitraums oder innerhalb eines Zeitraums, der der Förderungsdauer entspricht, längstens jedoch von einem Jahr, nach dem Ende der Leistungen beendet werden. [7] Der Eingliederungszuschuss muss nicht zurückgezahlt werden, wenn

1. die Leistungsberechtigten die Arbeitsverhältnisse durch Kündigung beenden oder das Mindestalter für den Bezug der gesetzlichen Altersrente erreicht haben oder
2. die Arbeitgeber berechtigt waren, aus wichtigem Grund ohne Einhaltung einer Kündigungsfrist oder aus Gründen, die in der Person oder dem Verhalten des Arbeitnehmers liegen, oder aus dringenden betrieblichen Erfordernissen, die einer Weiterbeschäftigung in diesem Betrieb entgegenstehen, zu kündigen.

[8] Die Rückzahlung ist auf die Hälfte des Förderungsbetrages, höchstens aber den im letzten Jahr vor der Beendigung des Beschäftigungsverhältnisses gewährten Förderungsbetrag begrenzt; nicht geförderte Nachbeschäftigungszeiten werden anteilig berücksichtigt.

§ 51 Einrichtungen der beruflichen Rehabilitation. (1) [1] Leistungen werden durch Berufsbildungswerke, Berufsförderungswerke und vergleichbare Einrichtungen der beruflichen Rehabilitation ausgeführt, wenn Art oder Schwere der Behinderung der Leistungsberechtigten oder die Sicherung des Erfolges die besonderen Hilfen dieser Einrichtungen erforderlich machen. [2] Die Einrichtung muss

1. eine erfolgreiche Ausführung der Leistung erwarten lassen nach Dauer, Inhalt und Gestaltung der Leistungen, nach der Unterrichtsmethode, Aus-

bildung und Berufserfahrung der Leitung und der Lehrkräfte sowie nach der Ausgestaltung der Fachdienste,
2. angemessene Teilnahmebedingungen bieten und behinderungsgerecht sein, insbesondere auch die Beachtung der Erfordernisse des Arbeitsschutzes und der Unfallverhütung gewährleisten,
3. den Teilnehmenden und den von ihnen zu wählenden Vertretungen angemessene Mitwirkungsmöglichkeiten an der Ausführung der Leistungen bieten sowie
4. die Leistung nach den Grundsätzen der Wirtschaftlichkeit und Sparsamkeit, insbesondere zu angemessenen Vergütungssätzen, ausführen.

[3] Die zuständigen Rehabilitationsträger vereinbaren hierüber gemeinsame Empfehlungen nach den §§ 26 und 37.

(2) [1] Werden Leistungen zur beruflichen Ausbildung in Einrichtungen der beruflichen Rehabilitation ausgeführt, sollen die Einrichtungen bei Eignung der Leistungsberechtigten darauf hinwirken, dass diese Ausbildung teilweise auch in Betrieben und Dienststellen durchgeführt wird. [2] Die Einrichtungen der beruflichen Rehabilitation unterstützen die Arbeitgeber bei der betrieblichen Ausbildung und bei der Betreuung der auszubildenden Jugendlichen mit Behinderungen.

§ 52 Rechtsstellung der Teilnehmenden. [1] Werden Leistungen in Einrichtungen der beruflichen Rehabilitation ausgeführt, werden die Teilnehmenden nicht in den Betrieb der Einrichtungen eingegliedert. [2] Sie sind keine Arbeitnehmer im Sinne des Betriebsverfassungsgesetzes und wählen zu ihrer Mitwirkung besondere Vertreter. [3] Bei der Ausführung werden die arbeitsrechtlichen Grundsätze über den Persönlichkeitsschutz, die Haftungsbeschränkung sowie die gesetzlichen Vorschriften über den Arbeitsschutz, den Schutz vor Diskriminierungen in Beschäftigung und Beruf, den Erholungsurlaub und die Gleichberechtigung von Männern und Frauen entsprechend angewendet.

§ 53 Dauer von Leistungen. (1) [1] Leistungen werden für die Zeit erbracht, die vorgeschrieben oder allgemein üblich ist, um das angestrebte Teilhabeziel zu erreichen. [2] Eine Förderung kann darüber hinaus erfolgen, wenn besondere Umstände dies rechtfertigen.

(2) [1] Leistungen zur beruflichen Weiterbildung sollen in der Regel bei ganztägigem Unterricht nicht länger als zwei Jahre dauern, es sei denn, dass das Teilhabeziel nur über eine länger andauernde Leistung erreicht werden kann oder die Eingliederungsaussichten nur durch eine länger andauernde Leistung wesentlich verbessert werden. [2] Abweichend von Satz 1 erster Teilsatz sollen Leistungen zur beruflichen Weiterbildung, die zu einem Abschluss in einem allgemein anerkannten Ausbildungsberuf führen und für die eine allgemeine Ausbildungsdauer von mehr als zwei Jahren vorgeschrieben ist, nicht länger als zwei Drittel der üblichen Ausbildungszeit dauern.

§ 54 Beteiligung der Bundesagentur für Arbeit. [1] Die Bundesagentur für Arbeit nimmt auf Anforderung eines anderen Rehabilitationsträgers gutachterlich Stellung zu Notwendigkeit, Art und Umfang von Leistungen unter Berücksichtigung arbeitsmarktlicher Zweckmäßigkeit. [2] Dies gilt auch, wenn sich die Leistungsberechtigten in einem Krankenhaus oder einer Einrichtung der medizinischen oder der medizinisch-beruflichen Rehabilitation aufhalten.

§ 55 Unterstützte Beschäftigung. (1) [1]Ziel der Unterstützten Beschäftigung ist es, Leistungsberechtigten mit besonderem Unterstützungsbedarf eine angemessene, geeignete und sozialversicherungspflichtige Beschäftigung zu ermöglichen und zu erhalten. [2]Unterstützte Beschäftigung umfasst eine individuelle betriebliche Qualifizierung und bei Bedarf Berufsbegleitung.

(2) [1]Leistungen zur individuellen betrieblichen Qualifizierung erhalten Menschen mit Behinderungen insbesondere, um sie für geeignete betriebliche Tätigkeiten zu erproben, auf ein sozialversicherungspflichtiges Beschäftigungsverhältnis vorzubereiten und bei der Einarbeitung und Qualifizierung auf einem betrieblichen Arbeitsplatz zu unterstützen. [2]Die Leistungen umfassen auch die Vermittlung von berufsübergreifenden Lerninhalten und Schlüsselqualifikationen sowie die Weiterentwicklung der Persönlichkeit der Menschen mit Behinderungen. [3]Die Leistungen werden vom zuständigen Rehabilitationsträger nach § 6 Absatz 1 Nummer 2 bis 5 für bis zu zwei Jahre erbracht, soweit sie wegen Art oder Schwere der Behinderung erforderlich sind. [4]Sie können bis zu einer Dauer von weiteren zwölf Monaten verlängert werden, wenn auf Grund der Art oder Schwere der Behinderung der gewünschte nachhaltige Qualifizierungserfolg im Einzelfall nicht anders erreicht werden kann und hinreichend gewährleistet ist, dass eine weitere Qualifizierung zur Aufnahme einer sozialversicherungspflichtigen Beschäftigung führt.

(3) [1]Leistungen der Berufsbegleitung erhalten Menschen mit Behinderungen insbesondere, um nach Begründung eines sozialversicherungspflichtigen Beschäftigungsverhältnisses die zu dessen Stabilisierung erforderliche Unterstützung und Krisenintervention zu gewährleisten. [2]Die Leistungen werden bei Zuständigkeit eines Rehabilitationsträgers nach § 6 Absatz 1 Nummer 3 oder 5 von diesem, im Übrigen von dem Integrationsamt im Rahmen seiner Zuständigkeit erbracht, solange und soweit sie wegen Art oder Schwere der Behinderung zur Sicherung des Beschäftigungsverhältnisses erforderlich sind.

(4) Stellt der Rehabilitationsträger während der individuellen betrieblichen Qualifizierung fest, dass voraussichtlich eine anschließende Berufsbegleitung erforderlich ist, für die ein anderer Leistungsträger zuständig ist, beteiligt er diesen frühzeitig.

(5) [1]Die Unterstützte Beschäftigung kann von Integrationsfachdiensten oder anderen Trägern durchgeführt werden. [2]Mit der Durchführung kann nur beauftragt werden, wer über die erforderliche Leistungsfähigkeit verfügt, um seine Aufgaben entsprechend den individuellen Bedürfnissen der Menschen mit Behinderungen erfüllen zu können. [3]Insbesondere müssen die Beauftragten

1. über Fachkräfte verfügen, die eine geeignete Berufsqualifikation, eine psychosoziale oder arbeitspädagogische Zusatzqualifikation und eine ausreichende Berufserfahrung besitzen,
2. in der Lage sein, den Menschen mit Behinderungen geeignete individuelle betriebliche Qualifizierungsplätze zur Verfügung zu stellen und ihre berufliche Eingliederung zu unterstützen,
3. über die erforderliche räumliche und sächliche Ausstattung verfügen sowie
4. ein System des Qualitätsmanagements im Sinne des § 37 Absatz 2 Satz 1 anwenden.

(6) [1]Zur Konkretisierung und Weiterentwicklung der in Absatz 5 genannten Qualitätsanforderungen vereinbaren die Rehabilitationsträger nach § 6 Absatz 1

Nummer 2 bis 5 sowie die Bundesarbeitsgemeinschaft der Integrationsämter und Hauptfürsorgestellen im Rahmen der Bundesarbeitsgemeinschaft für Rehabilitation eine gemeinsame Empfehlung. [2]Die gemeinsame Empfehlung kann auch Ausführungen zu möglichen Leistungsinhalten und zur Zusammenarbeit enthalten. [3]§ 26 Absatz 4, 6 und 7 sowie § 27 gelten entsprechend.

§ 56 Leistungen in Werkstätten für behinderte Menschen. Leistungen in anerkannten Werkstätten für behinderte Menschen (§ 219) werden erbracht, um die Leistungs- oder Erwerbsfähigkeit der Menschen mit Behinderungen zu erhalten, zu entwickeln, zu verbessern oder wiederherzustellen, die Persönlichkeit dieser Menschen weiterzuentwickeln und ihre Beschäftigung zu ermöglichen oder zu sichern.

§ 57 Leistungen im Eingangsverfahren und im Berufsbildungsbereich.

(1) Leistungen im Eingangsverfahren und im Berufsbildungsbereich einer anerkannten Werkstatt für behinderte Menschen erhalten Menschen mit Behinderungen

1. im Eingangsverfahren zur Feststellung, ob die Werkstatt die geeignete Einrichtung für die Teilhabe des Menschen mit Behinderungen am Arbeitsleben ist sowie welche Bereiche der Werkstatt und welche Leistungen zur Teilhabe am Arbeitsleben für die Menschen mit Behinderungen in Betracht kommen, und um einen Eingliederungsplan zu erstellen;
2. im Berufsbildungsbereich, wenn die Leistungen erforderlich sind, um die Leistungs- oder Erwerbsfähigkeit des Menschen mit Behinderungen so weit wie möglich zu entwickeln, zu verbessern oder wiederherzustellen und erwartet werden kann, dass der Mensch mit Behinderungen nach Teilnahme an diesen Leistungen in der Lage ist, wenigstens ein Mindestmaß wirtschaftlich verwertbarer Arbeitsleistung im Sinne des § 219 zu erbringen.

(2) [1]Die Leistungen im Eingangsverfahren werden für drei Monate erbracht. [2]Die Leistungsdauer kann auf bis zu vier Wochen verkürzt werden, wenn während des Eingangsverfahrens im Einzelfall festgestellt wird, dass eine kürzere Leistungsdauer ausreichend ist.

(3) [1]Die Leistungen im Berufsbildungsbereich werden für zwei Jahre erbracht. [2]Sie werden in der Regel zunächst für ein Jahr bewilligt. [3]Sie werden für ein weiteres Jahr bewilligt, wenn auf Grund einer fachlichen Stellungnahme, die rechtzeitig vor Ablauf des Förderzeitraums nach Satz 2 abzugeben ist, angenommen wird, dass die Leistungsfähigkeit des Menschen mit Behinderungen weiterentwickelt oder wiedergewonnen werden kann.

(4) [1]Zeiten der individuellen betrieblichen Qualifizierung im Rahmen einer Unterstützten Beschäftigung nach § 55 werden zur Hälfte auf die Dauer des Berufsbildungsbereichs angerechnet. [2]Allerdings dürfen die Zeiten individueller betrieblicher Qualifizierung und die Zeiten des Berufsbildungsbereichs insgesamt nicht mehr als 36 Monate betragen.

§ 58 Leistungen im Arbeitsbereich. (1) [1]Leistungen im Arbeitsbereich einer anerkannten Werkstatt für behinderte Menschen erhalten Menschen mit Behinderungen, bei denen wegen Art oder Schwere der Behinderung

1. eine Beschäftigung auf dem allgemeinen Arbeitsmarkt einschließlich einer Beschäftigung in einem Inklusionsbetrieb (§ 215) oder

2. eine Berufsvorbereitung, eine individuelle betriebliche Qualifizierung im Rahmen Unterstützter Beschäftigung, eine berufliche Anpassung und Weiterbildung oder eine berufliche Ausbildung (§ 49 Absatz 3 Nummer 2 bis 6)

nicht, noch nicht oder noch nicht wieder in Betracht kommt und die in der Lage sind, wenigstens ein Mindestmaß wirtschaftlich verwertbarer Arbeitsleistung zu erbringen. [2]Leistungen im Arbeitsbereich werden im Anschluss an Leistungen im Berufsbildungsbereich (§ 57) oder an entsprechende Leistungen bei einem anderen Leistungsanbieter (§ 60) erbracht; hiervon kann abgewichen werden, wenn der Mensch mit Behinderungen bereits über die für die in Aussicht genommene Beschäftigung erforderliche Leistungsfähigkeit verfügt, die er durch eine Beschäftigung auf dem allgemeinen Arbeitsmarkt erworben hat. [3]Die Leistungen sollen in der Regel längstens bis zum Ablauf des Monats erbracht werden, in dem das für die Regelaltersrente im Sinne des Sechsten Buches[1)] erforderliche Lebensalter erreicht wird.

(2) Die Leistungen im Arbeitsbereich sind gerichtet auf

1. die Aufnahme, Ausübung und Sicherung einer der Eignung und Neigung des Menschen mit Behinderungen entsprechenden Beschäftigung,
2. die Teilnahme an arbeitsbegleitenden Maßnahmen zur Erhaltung und Verbesserung der im Berufsbildungsbereich erworbenen Leistungsfähigkeit und zur Weiterentwicklung der Persönlichkeit sowie
3. die Förderung des Übergangs geeigneter Menschen mit Behinderungen auf den allgemeinen Arbeitsmarkt durch geeignete Maßnahmen.

(3) [1]Die Werkstätten erhalten für die Leistungen nach Absatz 2 vom zuständigen Rehabilitationsträger angemessene Vergütungen, die den Grundsätzen der Wirtschaftlichkeit, Sparsamkeit und Leistungsfähigkeit entsprechen. [2]Die Vergütungen berücksichtigen

1. alle für die Erfüllung der Aufgaben und der fachlichen Anforderungen der Werkstatt notwendigen Kosten sowie
2. die mit der wirtschaftlichen Betätigung der Werkstatt in Zusammenhang stehenden Kosten, soweit diese unter Berücksichtigung der besonderen Verhältnisse in der Werkstatt und der dort beschäftigten Menschen mit Behinderungen nach Art und Umfang über die in einem Wirtschaftsunternehmen üblicherweise entstehenden Kosten hinausgehen.

[3]Können die Kosten der Werkstatt nach Satz 2 Nummer 2 im Einzelfall nicht ermittelt werden, kann eine Vergütungspauschale für diese werkstattspezifischen Kosten der wirtschaftlichen Betätigung der Werkstatt vereinbart werden.

(4) [1]Bei der Ermittlung des Arbeitsergebnisses der Werkstatt nach § 12 Absatz 4 der Werkstättenverordnung werden die Auswirkungen der Vergütungen auf die Höhe des Arbeitsergebnisses dargestellt. [2]Dabei wird getrennt ausgewiesen, ob sich durch die Vergütung Verluste oder Gewinne ergeben. [3]Das Arbeitsergebnis der Werkstatt darf nicht zur Minderung der Vergütungen nach Absatz 3 verwendet werden.

§ 59 Arbeitsförderungsgeld. (1) [1]Die Werkstätten für behinderte Menschen erhalten von dem zuständigen Rehabilitationsträger zur Auszahlung an

[1)] Nr. **6**.

die im Arbeitsbereich beschäftigten Menschen mit Behinderungen zusätzlich zu den Vergütungen nach § 58 Absatz 3 ein Arbeitsförderungsgeld. [2] Das Arbeitsförderungsgeld beträgt monatlich 52 Euro für jeden im Arbeitsbereich beschäftigten Menschen mit Behinderungen, dessen Arbeitsentgelt zusammen mit dem Arbeitsförderungsgeld den Betrag von 351 Euro nicht übersteigt. [3] Ist das Arbeitsentgelt höher als 299 Euro, beträgt das Arbeitsförderungsgeld monatlich den Differenzbetrag zwischen dem Arbeitsentgelt und 351 Euro.

(2) Das Arbeitsförderungsgeld bleibt bei Sozialleistungen, deren Zahlung von anderen Einkommen abhängig ist, als Einkommen unberücksichtigt.

§ 60 Andere Leistungsanbieter. (1) Menschen mit Behinderungen, die Anspruch auf Leistungen nach den §§ 57 und 58 haben, können diese auch bei einem anderen Leistungsanbieter in Anspruch nehmen.

(2) Die Vorschriften für Werkstätten für behinderte Menschen gelten mit folgenden Maßgaben für andere Leistungsanbieter:

1. sie bedürfen nicht der förmlichen Anerkennung,
2. sie müssen nicht über eine Mindestplatzzahl und die für die Erbringung der Leistungen in Werkstätten erforderliche räumliche und sächliche Ausstattung verfügen,
3. sie können ihr Angebot auf Leistungen nach § 57 oder § 58 oder Teile solcher Leistungen beschränken,
4. sie sind nicht verpflichtet, Menschen mit Behinderungen Leistungen nach § 57 oder § 58 zu erbringen, wenn und solange die Leistungsvoraussetzungen vorliegen,
5. eine dem Werkstattrat vergleichbare Vertretung wird ab fünf Wahlberechtigten gewählt. Sie besteht bei bis zu 20 Wahlberechtigten aus einem Mitglied,
6. eine Frauenbeauftragte wird ab fünf wahlberechtigten Frauen gewählt, eine Stellvertreterin ab 20 wahlberechtigten Frauen,
7. die Regelungen zur Anrechnung von Aufträgen auf die Ausgleichsabgabe und zur bevorzugten Vergabe von Aufträgen durch die öffentliche Hand sind nicht anzuwenden und
8. erbringen sie Leistungen nach den §§ 57 oder 58 ausschließlich in betrieblicher Form, soll ein besserer als der in § 9 Absatz 3 der Werkstättenverordnung für den Berufsbildungsbereich oder für den Arbeitsbereich in einer Werkstatt für behinderte Menschen festgelegte Personalschlüssel angewendet werden.

(3) Eine Verpflichtung des Leistungsträgers, Leistungen durch andere Leistungsanbieter zu ermöglichen, besteht nicht.

(4) Für das Rechtsverhältnis zwischen dem anderen Leistungsanbieter und dem Menschen mit Behinderungen gilt § 221 entsprechend.

§ 61 Budget für Arbeit. (1) Menschen mit Behinderungen, die Anspruch auf Leistungen nach § 58 haben und denen von einem privaten oder öffentlichen Arbeitgeber ein sozialversicherungspflichtiges Arbeitsverhältnis mit einer tarifvertraglichen oder ortsüblichen Entlohnung angeboten wird, erhalten mit Abschluss dieses Arbeitsvertrages als Leistungen zur Teilhabe am Arbeitsleben ein Budget für Arbeit.

(2) [1] Das Budget für Arbeit umfasst einen Lohnkostenzuschuss an den Arbeitgeber zum Ausgleich der Leistungsminderung des Beschäftigten und die Auf-

wendungen für die wegen der Behinderung erforderliche Anleitung und Begleitung am Arbeitsplatz. [2]Der Lohnkostenzuschuss beträgt bis zu 75 Prozent des vom Arbeitgeber regelmäßig gezahlten Arbeitsentgelts, höchstens jedoch 40 Prozent der monatlichen Bezugsgröße nach § 18 Absatz 1 des Vierten Buches[1)]. [3]Dauer und Umfang der Leistungen bestimmen sich nach den Umständen des Einzelfalles. [4]Durch Landesrecht kann von dem Prozentsatz der Bezugsgröße nach Satz 2 zweiter Halbsatz nach oben abgewichen werden.

(3) Ein Lohnkostenzuschuss ist ausgeschlossen, wenn zu vermuten ist, dass der Arbeitgeber die Beendigung eines anderen Beschäftigungsverhältnisses veranlasst hat, um durch die ersatzweise Einstellung eines Menschen mit Behinderungen den Lohnkostenzuschuss zu erhalten.

(4) Die am Arbeitsplatz wegen der Behinderung erforderliche Anleitung und Begleitung kann von mehreren Leistungsberechtigten gemeinsam in Anspruch genommen werden.

(5) Eine Verpflichtung des Leistungsträgers, Leistungen zur Beschäftigung bei privaten oder öffentlichen Arbeitgebern zu ermöglichen, besteht nicht.

§ 61a Budget für Ausbildung. (1) [1]Menschen mit Behinderungen, die Anspruch auf Leistungen nach § 57 haben und denen von einem privaten oder öffentlichen Arbeitgeber ein sozialversicherungspflichtiges Ausbildungsverhältnis in einem anerkannten Ausbildungsberuf oder in einem Ausbildungsgang nach § 66 des Berufsbildungsgesetzes oder § 42m der Handwerksordnung angeboten wird, erhalten mit Abschluss des Vertrages über dieses Ausbildungsverhältnis als Leistungen zur Teilhabe am Arbeitsleben ein Budget für Ausbildung. [2]Das Budget für Ausbildung wird von den Leistungsträgern nach § 63 Absatz 1 erbracht.

(2) [1]Das Budget für Ausbildung umfasst die Erstattung der Ausbildungsvergütung und die Aufwendungen für die wegen der Behinderung erforderliche Anleitung und Begleitung am Ausbildungsplatz und in der Berufsschule. [2]Die Erstattung der Ausbildungsvergütung erfolgt bis zu der Höhe, die in einer einschlägigen tarifvertraglichen Vergütungsregelung festgelegt ist. [3]Fehlt eine solche, erfolgt die Erstattung bis zu der Höhe der nach § 17 des Berufsbildungsgesetzes für das Berufsausbildungsverhältnis ohne öffentliche Förderung angemessenen Vergütung. [4]Ist wegen Art oder Schwere der Behinderung der Besuch einer Berufsschule am Ort des Ausbildungsplatzes nicht möglich, so kann der schulische Teil der Ausbildung in Einrichtungen der beruflichen Rehabilitation erfolgen; die entstehenden Kosten werden ebenfalls vom Budget für Ausbildung gedeckt.

(3) [1]Das Budget für Ausbildung wird erbracht, solange es erforderlich ist, längstens bis zum erfolgreichen Abschluss der Ausbildung. [2]Zeiten eines Budgets für Ausbildung werden auf die Dauer des Eingangsverfahrens und des Berufsbildungsbereiches in Werkstätten für behinderte Menschen nach § 57 Absatz 2 und 3 angerechnet, sofern der Mensch mit Behinderungen in der Werkstatt für behinderte Menschen oder bei einem anderen Leistungsanbieter seine berufliche Bildung in derselben Fachrichtung fortsetzt.

[1)] Nr. 4.

(4) Die wegen der Behinderung erforderliche Anleitung und Begleitung kann von mehreren Leistungsberechtigten gemeinsam in Anspruch genommen werden.

(5) Der zuständige Leistungsträger soll den Menschen mit Behinderungen bei der Suche nach einem geeigneten Ausbildungsplatz im Sinne von Absatz 1 unterstützen.

§ 62 Wahlrecht des Menschen mit Behinderungen. (1) Auf Wunsch des Menschen mit Behinderungen werden die Leistungen nach den §§ 57 und 58 von einer nach § 225 anerkannten Werkstatt für behinderte Menschen, von dieser zusammen mit einem oder mehreren anderen Leistungsanbietern oder von einem oder mehreren anderen Leistungsanbietern erbracht.

(2) Werden Teile einer Leistung im Verantwortungsbereich einer Werkstatt für behinderte Menschen oder eines anderen Leistungsanbieters erbracht, so bedarf die Leistungserbringung der Zustimmung des unmittelbar verantwortlichen Leistungsanbieters.

§ 63 Zuständigkeit nach den Leistungsgesetzen. (1) Die Leistungen im Eingangsverfahren und im Berufsbildungsbereich einer anerkannten Werkstatt für behinderte Menschen erbringen

1. die Bundesagentur für Arbeit, soweit nicht einer der in den Nummern 2 bis 4 genannten Träger zuständig ist,
2. die Träger der Unfallversicherung im Rahmen ihrer Zuständigkeit für durch Arbeitsunfälle Verletzte und von Berufskrankheiten Betroffene,
3. die Träger der Rentenversicherung unter den Voraussetzungen der §§ 11 bis 13 des Sechsten Buches[1)] und
4. die Träger der Kriegsopferfürsorge unter den Voraussetzungen der §§ 26 und 26a des Bundesversorgungsgesetzes.

(2) Die Leistungen im Arbeitsbereich einer anerkannten Werkstatt für behinderte Menschen erbringen

1. die Träger der Unfallversicherung im Rahmen ihrer Zuständigkeit für durch Arbeitsunfälle Verletzte und von Berufskrankheiten Betroffene,
2. die Träger der Kriegsopferfürsorge unter den Voraussetzungen des § 27d Absatz 1 Nummer 3 des Bundesversorgungsgesetzes,
3. die Träger der öffentlichen Jugendhilfe unter den Voraussetzungen des § 35a des Achten Buches[2)] und
4. im Übrigen die Träger der Eingliederungshilfe unter den Voraussetzungen des § 99.

(3) [1] Absatz 1 gilt auch für die Leistungen zur beruflichen Bildung bei einem anderen Leistungsanbieter sowie für die Leistung des Budgets für Ausbildung. [2] Absatz 2 gilt auch für die Leistungen zur Beschäftigung bei einem anderen Leistungsanbieter sowie die Leistung des Budgets für Arbeit.

---

1) Nr. **6**.
2) Nr. **8**.

Kapitel 11. Unterhaltssichernde und andere ergänzende Leistungen

§ 64 Ergänzende Leistungen. (1) Die Leistungen zur medizinischen Rehabilitation und zur Teilhabe am Arbeitsleben der in § 6 Absatz 1 Nummer 1 bis 5 genannten Rehabilitationsträger werden ergänzt durch

1. Krankengeld, Versorgungskrankengeld, Verletztengeld, Übergangsgeld, Ausbildungsgeld oder Unterhaltsbeihilfe,
2. Beiträge und Beitragszuschüsse
   a) zur Krankenversicherung nach Maßgabe des Fünften Buches[1)], des Zweiten Gesetzes über die Krankenversicherung der Landwirte sowie des Künstlersozialversicherungsgesetzes,
   b) zur Unfallversicherung nach Maßgabe des Siebten Buches[2)],
   c) zur Rentenversicherung nach Maßgabe des Sechsten Buches[3)] sowie des Künstlersozialversicherungsgesetzes,
   d) zur Bundesagentur für Arbeit nach Maßgabe des Dritten Buches[4)],
   e) zur Pflegeversicherung nach Maßgabe des Elften Buches[5)],
3. ärztlich verordneten Rehabilitationssport in Gruppen unter ärztlicher Betreuung und Überwachung, einschließlich Übungen für behinderte oder von Behinderung bedrohte Frauen und Mädchen, die der Stärkung des Selbstbewusstseins dienen,
4. ärztlich verordnetes Funktionstraining in Gruppen unter fachkundiger Anleitung und Überwachung,
5. Reisekosten sowie
6. Betriebs- oder Haushaltshilfe und Kinderbetreuungskosten.

(2) [1] Ist der Schutz von Menschen mit Behinderungen bei Krankheit oder Pflege während der Teilnahme an Leistungen zur Teilhabe am Arbeitsleben nicht anderweitig sichergestellt, können die Beiträge für eine freiwillige Krankenversicherung ohne Anspruch auf Krankengeld und zur Pflegeversicherung bei einem Träger der gesetzlichen Kranken- oder Pflegeversicherung oder, wenn dort im Einzelfall ein Schutz nicht gewährleistet ist, die Beiträge zu einem privaten Krankenversicherungsunternehmen erbracht werden. [2] Arbeitslose Teilnehmer an Leistungen zur medizinischen Rehabilitation können für die Dauer des Bezuges von Verletztengeld, Versorgungskrankengeld oder Übergangsgeld einen Zuschuss zu ihrem Beitrag für eine private Versicherung gegen Krankheit oder für die Pflegeversicherung erhalten. [3] Der Zuschuss wird nach § 174 Absatz 2 des Dritten Buches berechnet.

§ 65 Leistungen zum Lebensunterhalt. (1) Im Zusammenhang mit Leistungen zur medizinischen Rehabilitation leisten

1. Krankengeld: die gesetzlichen Krankenkassen nach Maßgabe der §§ 44 und 46 bis 51 des Fünften Buches[1)] und des § 8 Absatz 2 in Verbindung mit den §§ 12 und 13 des Zweiten Gesetzes über die Krankenversicherung der Landwirte,

---

[1)] Nr. **5**.
[2)] Nr. **7**.
[3)] Nr. **6**.
[4)] Nr. **3**.
[5)] Nr. **11**.

2. Verletztengeld: die Träger der Unfallversicherung nach Maßgabe der §§ 45 bis 48, 52 und 55 des Siebten Buches[1)],
3. Übergangsgeld: die Träger der Rentenversicherung nach Maßgabe dieses Buches und der §§ 20 und 21 des Sechsten Buches[2)],
4. Versorgungskrankengeld: die Träger der Kriegsopferversorgung nach Maßgabe der §§ 16 bis 16h und 18a des Bundesversorgungsgesetzes.

(2) Im Zusammenhang mit Leistungen zur Teilhabe am Arbeitsleben leisten Übergangsgeld

1. die Träger der Unfallversicherung nach Maßgabe dieses Buches und der §§ 49 bis 52 des Siebten Buches,
2. die Träger der Rentenversicherung nach Maßgabe dieses Buches und der §§ 20 und 21 des Sechsten Buches,
3. die Bundesagentur für Arbeit nach Maßgabe dieses Buches und der §§ 119 bis 121 des Dritten Buches[3)],
4. die Träger der Kriegsopferfürsorge nach Maßgabe dieses Buches und des § 26a des Bundesversorgungsgesetzes.

(3) Menschen mit Behinderungen oder von Behinderung bedrohte Menschen haben Anspruch auf Übergangsgeld wie bei Leistungen zur Teilhabe am Arbeitsleben für den Zeitraum, in dem die berufliche Eignung abgeklärt oder eine Arbeitserprobung durchgeführt wird (§ 49 Absatz 4 Satz 2) und sie wegen der Teilnahme an diesen Maßnahmen kein oder ein geringeres Arbeitsentgelt oder Arbeitseinkommen erzielen.

(4) Der Anspruch auf Übergangsgeld ruht, solange die Leistungsempfängerin einen Anspruch auf Mutterschaftsgeld hat; § 52 Nummer 2 des Siebten Buches bleibt unberührt.

(5) Während der Ausführung von Leistungen zur erstmaligen beruflichen Ausbildung von Menschen mit Behinderungen, berufsvorbereitenden Bildungsmaßnahmen und Leistungen zur individuellen betrieblichen Qualifizierung im Rahmen Unterstützter Beschäftigung sowie im Eingangsverfahren und im Berufsbildungsbereich von anerkannten Werkstätten für behinderte Menschen und anderen Leistungsanbietern leisten

1. die Bundesagentur für Arbeit Ausbildungsgeld nach Maßgabe der §§ 122 bis 126 des Dritten Buches und
2. die Träger der Kriegsopferfürsorge Unterhaltsbeihilfe unter den Voraussetzungen der §§ 26 und 26a des Bundesversorgungsgesetzes.

(6) Die Träger der Kriegsopferfürsorge leisten in den Fällen des § 27d Absatz 1 Nummer 3 des Bundesversorgungsgesetzes ergänzende Hilfe zum Lebensunterhalt nach § 27a des Bundesversorgungsgesetzes.

(7) Das Krankengeld, das Versorgungskrankengeld, das Verletztengeld und das Übergangsgeld werden für Kalendertage gezahlt; wird die Leistung für einen ganzen Kalendermonat gezahlt, so wird dieser mit 30 Tagen angesetzt.

§ 66 Höhe und Berechnung des Übergangsgelds. (1) [1]Der Berechnung des Übergangsgelds werden 80 Prozent des erzielten regelmäßigen Arbeitsent-

---

[1)] Nr. **7**.
[2)] Nr. **6**.
[3)] Nr. **3**.

gelts und Arbeitseinkommens, soweit es der Beitragsberechnung unterliegt (Regelentgelt), zugrunde gelegt, höchstens jedoch das in entsprechender Anwendung des § 67 berechnete Nettoarbeitsentgelt; als Obergrenze gilt die für den Rehabilitationsträger jeweils geltende Beitragsbemessungsgrenze. [2] Bei der Berechnung des Regelentgelts und des Nettoarbeitsentgelts werden die für die jeweilige Beitragsbemessung und Beitragstragung geltenden Besonderheiten des Übergangsbereichs nach § 20 Absatz 2 des Vierten Buches[1)] nicht berücksichtigt. [3] Das Übergangsgeld beträgt

1. 75 Prozent der Berechnungsgrundlage für Leistungsempfänger,
   a) die mindestens ein Kind im Sinne des § 32 Absatz 1, 3 bis 5 des Einkommensteuergesetzes haben,
   b) die ein Stiefkind (§ 56 Absatz 2 Nummer 1 des Ersten Buches[2)]) in ihren Haushalt aufgenommen haben oder
   c) deren Ehegatten oder Lebenspartner, mit denen sie in häuslicher Gemeinschaft leben, eine Erwerbstätigkeit nicht ausüben können, weil sie die Leistungsempfänger pflegen oder selbst der Pflege bedürfen und keinen Anspruch auf Leistungen aus der Pflegeversicherung haben,
2. 68 Prozent der Berechnungsgrundlage für die übrigen Leistungsempfänger.

[4] Leisten Träger der Kriegsopferfürsorge Übergangsgeld, beträgt das Übergangsgeld 80 Prozent der Berechnungsgrundlage, wenn die Leistungsempfänger eine der Voraussetzungen von Satz 3 Nummer 1 erfüllen, und im Übrigen 70 Prozent der Berechnungsgrundlage.

(2) [1] Das Nettoarbeitsentgelt nach Absatz 1 Satz 1 berechnet sich, indem der Anteil am Nettoarbeitsentgelt, der sich aus dem kalendertäglichen Hinzurechnungsbetrag nach § 67 Absatz 1 Satz 6 ergibt, mit dem Prozentsatz angesetzt wird, der sich aus dem Verhältnis des kalendertäglichen Regelentgeltbetrages nach § 67 Absatz 1 Satz 1 bis 5 zu dem sich aus diesem Regelentgeltbetrag ergebenden Nettoarbeitsentgelt ergibt. [2] Das kalendertägliche Übergangsgeld darf das kalendertägliche Nettoarbeitsentgelt, das sich aus dem Arbeitsentgelt nach § 67 Absatz 1 Satz 1 bis 5 ergibt, nicht übersteigen.

§ 67 Berechnung des Regelentgelts. (1) [1] Für die Berechnung des Regelentgelts wird das von den Leistungsempfängern im letzten vor Beginn der Leistung oder einer vorangegangenen Arbeitsunfähigkeit abgerechneten Entgeltabrechnungszeitraum, mindestens das während der letzten abgerechneten vier Wochen (Bemessungszeitraum) erzielte und um einmalig gezahltes Arbeitsentgelt verminderte Arbeitsentgelt durch die Zahl der Stunden geteilt, für die es gezahlt wurde. [2] Das Ergebnis wird mit der Zahl der sich aus dem Inhalt des Arbeitsverhältnisses ergebenden regelmäßigen wöchentlichen Arbeitsstunden vervielfacht und durch sieben geteilt. [3] Ist das Arbeitsentgelt nach Monaten bemessen oder ist eine Berechnung des Regelentgelts nach den Sätzen 1 und 2 nicht möglich, gilt der 30. Teil des in dem letzten vor Beginn der Leistung abgerechneten Kalendermonat erzielten und um einmalig gezahltes Arbeitsentgelt verminderten Arbeitsentgelts als Regelentgelt. [4] Wird mit einer Arbeitsleistung Arbeitsentgelt erzielt, das für Zeiten einer Freistellung vor oder nach dieser Arbeitsleistung fällig wird (Wertguthaben nach § 7b des Vierten Bu-

[1)] Nr. 4.
[2)] Nr. 1.

ches[1]), ist für die Berechnung des Regelentgelts das im Bemessungszeitraum der Beitragsberechnung zugrunde liegende und um einmalig gezahltes Arbeitsentgelt verminderte Arbeitsentgelt maßgebend; Wertguthaben, die nicht nach einer Vereinbarung über flexible Arbeitszeitregelungen verwendet werden (§ 23b Absatz 2 des Vierten Buches), bleiben außer Betracht. [5] Bei der Anwendung des Satzes 1 gilt als regelmäßige wöchentliche Arbeitszeit die Arbeitszeit, die dem gezahlten Arbeitsentgelt entspricht. [6] Für die Berechnung des Regelentgelts wird der 360. Teil des einmalig gezahlten Arbeitsentgelts, das in den letzten zwölf Kalendermonaten vor Beginn der Leistung nach § 23a des Vierten Buches der Beitragsberechnung zugrunde gelegen hat, dem nach den Sätzen 1 bis 5 berechneten Arbeitsentgelt hinzugerechnet.

(2) Bei Teilarbeitslosigkeit ist für die Berechnung das Arbeitsentgelt maßgebend, das in der infolge der Teilarbeitslosigkeit nicht mehr ausgeübten Beschäftigung erzielt wurde.

(3) Für Leistungsempfänger, die Kurzarbeitergeld bezogen haben, wird das regelmäßige Arbeitsentgelt zugrunde gelegt, das zuletzt vor dem Arbeitsausfall erzielt wurde.

(4) Das Regelentgelt wird bis zur Höhe der für den Rehabilitationsträger jeweils geltenden Leistungs- oder Beitragsbemessungsgrenze berücksichtigt, in der Rentenversicherung bis zur Höhe des der Beitragsbemessung zugrunde liegenden Entgelts.

(5) Für Leistungsempfänger, die im Inland nicht einkommensteuerpflichtig sind, werden für die Feststellung des entgangenen Nettoarbeitsentgelts die Steuern berücksichtigt, die bei einer Steuerpflicht im Inland durch Abzug vom Arbeitsentgelt erhoben würden.

§ 68 Berechnungsgrundlage in Sonderfällen. (1) Für die Berechnung des Übergangsgeldes während des Bezuges von Leistungen zur Teilhabe am Arbeitsleben werden 65 Prozent eines fiktiven Arbeitsentgelts zugrunde gelegt, wenn

1. die Berechnung nach den §§ 66 und 67 zu einem geringeren Betrag führt,
2. Arbeitsentgelt oder Arbeitseinkommen nicht erzielt worden ist oder
3. der letzte Tag des Bemessungszeitraums bei Beginn der Leistungen länger als drei Jahre zurückliegt.

(2) [1] Für die Festsetzung des fiktiven Arbeitsentgelts ist der Leistungsempfänger der Qualifikationsgruppe zuzuordnen, die seiner beruflichen Qualifikation entspricht. [2] Dafür gilt folgende Zuordnung:

1. für eine Hochschul- oder Fachhochschulausbildung (Qualifikationsgruppe 1) ein Arbeitsentgelt in Höhe von einem Dreihundertstel der Bezugsgröße,
2. für einen Fachschulabschluss, den Nachweis über eine abgeschlossene Qualifikation als Meisterin oder Meister oder einen Abschluss in einer vergleichbaren Einrichtung (Qualifikationsgruppe 2) ein Arbeitsentgelt in Höhe von einem Dreihundertsechzigstel der Bezugsgröße,
3. für eine abgeschlossene Ausbildung in einem Ausbildungsberuf (Qualifikationsgruppe 3) ein Arbeitsentgelt in Höhe von einem Vierhundertfünfzigstel der Bezugsgröße und

[1] Nr. 4.

4. bei einer fehlenden Ausbildung (Qualifikationsgruppe 4) ein Arbeitsentgelt in Höhe von einem Sechshundertstel der Bezugsgröße.

[3] Maßgebend ist die Bezugsgröße, die für den Wohnsitz oder für den gewöhnlichen Aufenthaltsort der Leistungsempfänger im letzten Kalendermonat vor dem Beginn der Leistung gilt.

§ 69 Kontinuität der Bemessungsgrundlage. Haben Leistungsempfänger Krankengeld, Verletztengeld, Versorgungskrankengeld oder Übergangsgeld bezogen und wird im Anschluss daran eine Leistung zur medizinischen Rehabilitation oder zur Teilhabe am Arbeitsleben ausgeführt, so wird bei der Berechnung der diese Leistungen ergänzenden Leistung zum Lebensunterhalt von dem bisher zugrunde gelegten Arbeitsentgelt ausgegangen; es gilt die für den Rehabilitationsträger jeweils geltende Beitragsbemessungsgrenze.

§ 70 Anpassung der Entgeltersatzleistungen. (1) Die Berechnungsgrundlage, die dem Krankengeld, dem Versorgungskrankengeld, dem Verletztengeld und dem Übergangsgeld zugrunde liegt, wird jeweils nach Ablauf eines Jahres ab dem Ende des Bemessungszeitraums an die Entwicklung der Bruttoarbeitsentgelte angepasst und zwar entsprechend der Veränderung der Bruttolöhne und -gehälter je Arbeitnehmer (§ 68 Absatz 2 Satz 1 des Sechsten Buches[1)]) vom vorvergangenen zum vergangenen Kalenderjahr.

(2) Der Anpassungsfaktor wird errechnet, indem die Bruttolöhne und -gehälter je Arbeitnehmer für das vergangene Kalenderjahr durch die entsprechenden Bruttolöhne und -gehälter für das vorvergangene Kalenderjahr geteilt werden; § 68 Absatz 7 und § 121 Absatz 1 des Sechsten Buches gelten entsprechend.

(3) Eine Anpassung nach Absatz 1 erfolgt, wenn der nach Absatz 2 berechnete Anpassungsfaktor den Wert 1,0000 überschreitet.

(4) Das Bundesministerium für Arbeit und Soziales gibt jeweils zum 30. Juni eines Kalenderjahres den Anpassungsfaktor, der für die folgenden zwölf Monate maßgebend ist, im Bundesanzeiger bekannt.

§ 71 Weiterzahlung der Leistungen. (1) [1] Sind nach Abschluss von Leistungen zur medizinischen Rehabilitation oder von Leistungen zur Teilhabe am Arbeitsleben weitere Leistungen zur Teilhabe am Arbeitsleben erforderlich, während derer dem Grunde nach Anspruch auf Übergangsgeld besteht, und können diese Leistungen aus Gründen, die die Leistungsempfänger nicht zu vertreten haben, nicht unmittelbar anschließend durchgeführt werden, werden das Verletztengeld, das Versorgungskrankengeld oder das Übergangsgeld für diese Zeit weitergezahlt. [2] Voraussetzung für die Weiterzahlung ist, dass

1. die Leistungsempfänger arbeitsunfähig sind und keinen Anspruch auf Krankengeld mehr haben oder
2. den Leistungsempfängern eine zumutbare Beschäftigung aus Gründen, die sie nicht zu vertreten haben, nicht vermittelt werden kann.

(2) [1] Leistungsempfänger haben die Verzögerung von Weiterzahlungen insbesondere dann zu vertreten, wenn sie zumutbare Angebote von Leistungen zur Teilhabe am Arbeitsleben nur deshalb ablehnen, weil die Leistungen in

---

[1)] Nr. **6**.

größerer Entfernung zu ihren Wohnorten angeboten werden. [2] Für die Beurteilung der Zumutbarkeit ist § 140 Absatz 4 des Dritten Buches[1)] entsprechend anzuwenden.

(3) Können Leistungsempfänger Leistungen zur Teilhabe am Arbeitsleben allein aus gesundheitlichen Gründen nicht mehr, aber voraussichtlich wieder in Anspruch nehmen, werden Übergangsgeld und Unterhaltsbeihilfe bis zum Ende dieser Leistungen, höchstens bis zu sechs Wochen weitergezahlt.

(4) [1] Sind die Leistungsempfänger im Anschluss an eine abgeschlossene Leistung zur Teilhabe am Arbeitsleben arbeitslos, werden Übergangsgeld und Unterhaltsbeihilfe während der Arbeitslosigkeit bis zu drei Monate weitergezahlt, wenn sie sich bei der Agentur für Arbeit arbeitslos gemeldet haben und einen Anspruch auf Arbeitslosengeld von mindestens drei Monaten nicht geltend machen können; die Anspruchsdauer von drei Monaten vermindert sich um die Anzahl von Tagen, für die Leistungsempfänger im Anschluss an eine abgeschlossene Leistung zur Teilhabe am Arbeitsleben einen Anspruch auf Arbeitslosengeld geltend machen können. [2] In diesem Fall beträgt das Übergangsgeld

1. 67 Prozent bei Leistungsempfängern, bei denen die Voraussetzungen des erhöhten Bemessungssatzes nach § 66 Absatz 1 Satz 3 Nummer 1 vorliegen und
2. 60 Prozent bei den übrigen Leistungsempfängern,

des sich aus § 66 Absatz 1 Satz 1 oder § 68 ergebenden Betrages.

(5) Ist im unmittelbaren Anschluss an Leistungen zur medizinischen Rehabilitation eine stufenweise Wiedereingliederung (§ 44) erforderlich, wird das Übergangsgeld bis zum Ende der Wiedereingliederung weitergezahlt.

§ 72 Einkommensanrechnung. (1) Auf das Übergangsgeld der Rehabilitationsträger nach § 6 Absatz 1 Nummer 2, 4 und 5 wird Folgendes angerechnet:

1. Erwerbseinkommen aus einer Beschäftigung oder einer während des Anspruchs auf Übergangsgeld ausgeübten Tätigkeit, das bei Beschäftigten um die gesetzlichen Abzüge und um einmalig gezahltes Arbeitsentgelt und bei sonstigen Leistungsempfängern um 20 Prozent zu vermindern ist,
2. Leistungen des Arbeitgebers zum Übergangsgeld, soweit sie zusammen mit dem Übergangsgeld das vor Beginn der Leistung erzielte, um die gesetzlichen Abzüge verminderte Arbeitsentgelt übersteigen,
3. Geldleistungen, die eine öffentlich-rechtliche Stelle im Zusammenhang mit einer Leistung zur medizinischen Rehabilitation oder einer Leistung zur Teilhabe am Arbeitsleben erbringt,
4. Renten wegen verminderter Erwerbsfähigkeit oder Verletztenrenten in Höhe des sich aus § 18a Absatz 3 Satz 1 Nummer 4 des Vierten Buches[2)] ergebenden Betrages, wenn sich die Minderung der Erwerbsfähigkeit auf die Höhe der Berechnungsgrundlage für das Übergangsgeld nicht ausgewirkt hat,
5. Renten wegen verminderter Erwerbsfähigkeit, die aus demselben Anlass wie die Leistungen zur Teilhabe erbracht werden, wenn durch die Anrechnung eine unbillige Doppelleistung vermieden wird,

---

[1)] Nr. 3.
[2)] Nr. 4.

6. Renten wegen Alters, die bei der Berechnung des Übergangsgeldes aus einem Teilarbeitsentgelt nicht berücksichtigt wurden,
7. Verletztengeld nach den Vorschriften des Siebten Buches[1] und
8. vergleichbare Leistungen nach den Nummern 1 bis 7, die von einer Stelle außerhalb des Geltungsbereichs dieses Gesetzbuchs erbracht werden.

(2) Bei der Anrechnung von Verletztenrenten mit Kinderzulage und von Renten wegen verminderter Erwerbsfähigkeit mit Kinderzuschuss auf das Übergangsgeld bleibt ein Betrag in Höhe des Kindergeldes nach § 66 des Einkommensteuergesetzes oder § 6 des Bundeskindergeldgesetzes außer Ansatz.

(3) Wird ein Anspruch auf Leistungen, um die das Übergangsgeld nach Absatz 1 Nummer 3 zu kürzen wäre, nicht erfüllt, geht der Anspruch insoweit mit Zahlung des Übergangsgeldes auf den Rehabilitationsträger über; die §§ 104 und 115 des Zehnten Buches[2] bleiben unberührt.

§ 73 Reisekosten. (1) [1] Als Reisekosten werden die erforderlichen Fahr-, Verpflegungs- und Übernachtungskosten übernommen, die im Zusammenhang mit der Ausführung einer Leistung zur medizinischen Rehabilitation oder zur Teilhabe am Arbeitsleben stehen. [2] Zu den Reisekosten gehören auch die Kosten
1. für besondere Beförderungsmittel, deren Inanspruchnahme wegen der Art oder Schwere der Behinderung erforderlich ist,
2. für eine wegen der Behinderung erforderliche Begleitperson einschließlich des für die Zeit der Begleitung entstehenden Verdienstausfalls,
3. für Kinder, deren Mitnahme an den Rehabilitationsort erforderlich ist, weil ihre anderweitige Betreuung nicht sichergestellt ist sowie
4. für den erforderlichen Gepäcktransport.

(2) [1] Während der Ausführung von Leistungen zur Teilhabe am Arbeitsleben werden im Regelfall auch Reisekosten für zwei Familienheimfahrten je Monat übernommen. [2] Anstelle der Kosten für die Familienheimfahrten können für Fahrten von Angehörigen vom Wohnort zum Aufenthaltsort der Leistungsempfänger und zurück Reisekosten übernommen werden.

(3) Reisekosten nach Absatz 2 werden auch im Zusammenhang mit Leistungen zur medizinischen Rehabilitation übernommen, wenn die Leistungen länger als acht Wochen erbracht werden.

(4) [1] Fahrkosten werden in Höhe des Betrages zugrunde gelegt, der bei Benutzung eines regelmäßig verkehrenden öffentlichen Verkehrsmittels der niedrigsten Beförderungsklasse des zweckmäßigsten öffentlichen Verkehrsmittels zu zahlen ist, bei Benutzung sonstiger Verkehrsmittel in Höhe der Wegstreckenentschädigung nach § 5 Absatz 1 des Bundesreisekostengesetzes. [2] Bei Fahrpreiserhöhungen, die nicht geringfügig sind, hat auf Antrag des Leistungsempfängers eine Anpassung der Fahrkostenentschädigung zu erfolgen, wenn die Maßnahme noch mindestens zwei weitere Monate andauert. [3] Kosten für Pendelfahrten können nur bis zur Höhe des Betrages übernommen werden, der unter Berücksichtigung von Art und Schwere der Behinderung bei einer

---

[1] Nr. **7**.
[2] Nr. **10**.

zumutbaren auswärtigen Unterbringung für Unterbringung und Verpflegung zu leisten wäre.

§ 74 Haushalts- oder Betriebshilfe und Kinderbetreuungskosten.

(1) [1] Haushaltshilfe wird geleistet, wenn

1. den Leistungsempfängern wegen der Ausführung einer Leistung zur medizinischen Rehabilitation oder einer Leistung zur Teilhabe am Arbeitsleben die Weiterführung des Haushalts nicht möglich ist,
2. eine andere im Haushalt lebende Person den Haushalt nicht weiterführen kann und
3. im Haushalt ein Kind lebt, das bei Beginn der Haushaltshilfe noch nicht zwölf Jahre alt ist oder wenn das Kind eine Behinderung hat und auf Hilfe angewiesen ist.

[2] § 38 Absatz 4 des Fünften Buches[1)] gilt entsprechend.

(2) Anstelle der Haushaltshilfe werden auf Antrag des Leistungsempfängers die Kosten für die Mitnahme oder für die anderweitige Unterbringung des Kindes bis zur Höhe der Kosten der sonst zu erbringenden Haushaltshilfe übernommen, wenn die Unterbringung und Betreuung des Kindes in dieser Weise sichergestellt ist.

(3) [1] Kosten für die Kinderbetreuung des Leistungsempfängers können bis zu einem Betrag von 160 Euro je Kind und Monat übernommen werden, wenn die Kosten durch die Ausführung einer Leistung zur medizinischen Rehabilitation oder zur Teilhabe am Arbeitsleben unvermeidbar sind. [2] Es werden neben den Leistungen zur Kinderbetreuung keine Leistungen nach den Absätzen 1 und 2 erbracht. [3] Der in Satz 1 genannte Betrag erhöht sich entsprechend der Veränderung der Bezugsgröße nach § 18 Absatz 1 des Vierten Buches[2)]; § 160 Absatz 3 Satz 2 bis 5 gilt entsprechend.

(4) Abweichend von den Absätzen 1 bis 3 erbringen die landwirtschaftliche Alterskasse und die landwirtschaftliche Krankenkasse Betriebs- und Haushaltshilfe nach den §§ 10 und 36 des Gesetzes über die Alterssicherung der Landwirte und nach den §§ 9 und 10 des Zweiten Gesetzes über die Krankenversicherung der Landwirte, die landwirtschaftliche Berufsgenossenschaft für die bei ihr versicherten landwirtschaftlichen Unternehmer und im Unternehmen mitarbeitenden Ehegatten nach den §§ 54 und 55 des Siebten Buches[3)].

Kapitel 12. Leistungen zur Teilhabe an Bildung

§ 75 Leistungen zur Teilhabe an Bildung. (1) Zur Teilhabe an Bildung werden unterstützende Leistungen erbracht, die erforderlich sind, damit Menschen mit Behinderungen Bildungsangebote gleichberechtigt wahrnehmen können.

(2) [1] Die Leistungen umfassen insbesondere

1. Hilfen zur Schulbildung, insbesondere im Rahmen der Schulpflicht einschließlich der Vorbereitung hierzu,
2. Hilfen zur schulischen Berufsausbildung,

[1)] Nr. 5.
[2)] Nr. 4.
[3)] Nr. 7.

3. Hilfen zur Hochschulbildung und
4. Hilfen zur schulischen und hochschulischen beruflichen Weiterbildung.

[2] Die Rehabilitationsträger nach § 6 Absatz 1 Nummer 3 erbringen ihre Leistungen unter den Voraussetzungen und im Umfang der Bestimmungen des Siebten Buches[1)] als Leistungen zur Teilhabe am Arbeitsleben oder zur Teilhabe am Leben in der Gemeinschaft.

Kapitel 13. Soziale Teilhabe

§ 76 Leistungen zur Sozialen Teilhabe. (1) [1] Leistungen zur Sozialen Teilhabe werden erbracht, um eine gleichberechtigte Teilhabe am Leben in der Gemeinschaft zu ermöglichen oder zu erleichtern, soweit sie nicht nach den Kapiteln 9 bis 12 erbracht werden. [2] Hierzu gehört, Leistungsberechtigte zu einer möglichst selbstbestimmten und eigenverantwortlichen Lebensführung im eigenen Wohnraum sowie in ihrem Sozialraum zu befähigen oder sie hierbei zu unterstützen. [3] Maßgeblich sind die Ermittlungen und Feststellungen nach den Kapiteln 3 und 4.

(2) Leistungen zur Sozialen Teilhabe sind insbesondere

1. Leistungen für Wohnraum,
2. Assistenzleistungen,
3. heilpädagogische Leistungen,
4. Leistungen zur Betreuung in einer Pflegefamilie,
5. Leistungen zum Erwerb und Erhalt praktischer Kenntnisse und Fähigkeiten,
6. Leistungen zur Förderung der Verständigung,
7. Leistungen zur Mobilität und
8. Hilfsmittel.

§ 77 Leistungen für Wohnraum. (1) [1] Leistungen für Wohnraum werden erbracht, um Leistungsberechtigten zu Wohnraum zu verhelfen, der zur Führung eines möglichst selbstbestimmten, eigenverantwortlichen Lebens geeignet ist. [2] Die Leistungen umfassen Leistungen für die Beschaffung, den Umbau, die Ausstattung und die Erhaltung von Wohnraum, der den besonderen Bedürfnissen von Menschen mit Behinderungen entspricht.

(2) Aufwendungen für Wohnraum oberhalb der Angemessenheitsgrenze nach § 42a des Zwölften Buches[2)] sind zu erstatten, soweit wegen des Umfangs von Assistenzleistungen ein gesteigerter Wohnraumbedarf besteht.

§ 78 Assistenzleistungen. (1) [1] Zur selbstbestimmten und eigenständigen Bewältigung des Alltages einschließlich der Tagesstrukturierung werden Leistungen für Assistenz erbracht. [2] Sie umfassen insbesondere Leistungen für die allgemeinen Erledigungen des Alltags wie die Haushaltsführung, die Gestaltung sozialer Beziehungen, die persönliche Lebensplanung, die Teilhabe am gemeinschaftlichen und kulturellen Leben, die Freizeitgestaltung einschließlich sportlicher Aktivitäten sowie die Sicherstellung der Wirksamkeit der ärztlichen und ärztlich verordneten Leistungen. [3] Sie beinhalten die Verständigung mit der Umwelt in diesen Bereichen.

---

1) Nr. 7.
2) Nr. 12.

(2) [1] Die Leistungsberechtigten entscheiden auf der Grundlage des Teilhabeplans nach § 19 über die konkrete Gestaltung der Leistungen hinsichtlich Ablauf, Ort und Zeitpunkt der Inanspruchnahme. [2] Die Leistungen umfassen

1. die vollständige und teilweise Übernahme von Handlungen zur Alltagsbewältigung sowie die Begleitung der Leistungsberechtigten und
2. die Befähigung der Leistungsberechtigten zu einer eigenständigen Alltagsbewältigung.

[3] Die Leistungen nach Nummer 2 werden von Fachkräften als qualifizierte Assistenz erbracht. [4] Sie umfassen insbesondere die Anleitungen und Übungen in den Bereichen nach Absatz 1 Satz 2.

(3) Die Leistungen für Assistenz nach Absatz 1 umfassen auch Leistungen an Mütter und Väter mit Behinderungen bei der Versorgung und Betreuung ihrer Kinder.

(4) Sind mit der Assistenz nach Absatz 1 notwendige Fahrkosten oder weitere Aufwendungen des Assistenzgebers, die nach den Besonderheiten des Einzelfalles notwendig sind, verbunden, werden diese als ergänzende Leistungen erbracht.

(5) [1] Leistungsberechtigten Personen, die ein Ehrenamt ausüben, sind angemessene Aufwendungen für eine notwendige Unterstützung zu erstatten, soweit die Unterstützung nicht zumutbar unentgeltlich erbracht werden kann. [2] Die notwendige Unterstützung soll hierbei vorrangig im Rahmen familiärer, freundschaftlicher, nachbarschaftlicher oder ähnlich persönlicher Beziehungen erbracht werden.

(6) Leistungen zur Erreichbarkeit einer Ansprechperson unabhängig von einer konkreten Inanspruchnahme werden erbracht, soweit dies nach den Besonderheiten des Einzelfalles erforderlich ist.

§ 79 Heilpädagogische Leistungen. (1) [1] Heilpädagogische Leistungen werden an noch nicht eingeschulte Kinder erbracht, wenn nach fachlicher Erkenntnis zu erwarten ist, dass hierdurch

1. eine drohende Behinderung abgewendet oder der fortschreitende Verlauf einer Behinderung verlangsamt wird oder
2. die Folgen einer Behinderung beseitigt oder gemildert werden können.

[2] Heilpädagogische Leistungen werden immer an schwerstbehinderte und schwerstmehrfachbehinderte Kinder, die noch nicht eingeschult sind, erbracht.

(2) Heilpädagogische Leistungen umfassen alle Maßnahmen, die zur Entwicklung des Kindes und zur Entfaltung seiner Persönlichkeit beitragen, einschließlich der jeweils erforderlichen nichtärztlichen therapeutischen, psychologischen, sonderpädagogischen, psychosozialen Leistungen und der Beratung der Erziehungsberechtigten, soweit die Leistungen nicht von § 46 Absatz 1 erfasst sind.

(3) [1] In Verbindung mit Leistungen zur Früherkennung und Frühförderung nach § 46 Absatz 3 werden heilpädagogische Leistungen als Komplexleistung erbracht. [2] Die Vorschriften der Verordnung zur Früherkennung und Frühförderung behinderter und von Behinderung bedrohter Kinder finden Anwendung. [3] In Verbindung mit schulvorbereitenden Maßnahmen der Schulträger werden die Leistungen ebenfalls als Komplexleistung erbracht.

§ 80 Leistungen zur Betreuung in einer Pflegefamilie. [1] Leistungen zur Betreuung in einer Pflegefamilie werden erbracht, um Leistungsberechtigten die Betreuung in einer anderen Familie als der Herkunftsfamilie durch eine geeignete Pflegeperson zu ermöglichen. [2] Bei minderjährigen Leistungsberechtigten bedarf die Pflegeperson der Erlaubnis nach § 44 des Achten Buches[1]. [3] Bei volljährigen Leistungsberechtigten gilt § 44 des Achten Buches entsprechend. [4] Die Regelungen über Verträge mit Leistungserbringern bleiben unberührt.

§ 81 Leistungen zum Erwerb und Erhalt praktischer Kenntnisse und Fähigkeiten. [1] Leistungen zum Erwerb und Erhalt praktischer Kenntnisse und Fähigkeiten werden erbracht, um Leistungsberechtigten die für sie erreichbare Teilhabe am Leben in der Gemeinschaft zu ermöglichen. [2] Die Leistungen sind insbesondere darauf gerichtet, die Leistungsberechtigten in Fördergruppen und Schulungen oder ähnlichen Maßnahmen zur Vornahme lebenspraktischer Handlungen einschließlich hauswirtschaftlicher Tätigkeiten zu befähigen, sie auf die Teilhabe am Arbeitsleben vorzubereiten, ihre Sprache und Kommunikation zu verbessern und sie zu befähigen, sich ohne fremde Hilfe sicher im Verkehr zu bewegen. [3] Die Leistungen umfassen auch die blindentechnische Grundausbildung.

§ 82 Leistungen zur Förderung der Verständigung. [1] Leistungen zur Förderung der Verständigung werden erbracht, um Leistungsberechtigten mit Hör- und Sprachbehinderungen die Verständigung mit der Umwelt aus besonderem Anlass zu ermöglichen oder zu erleichtern. [2] Die Leistungen umfassen insbesondere Hilfen durch Gebärdensprachdolmetscher und andere geeignete Kommunikationshilfen. [3] § 17 Absatz 2 des Ersten Buches[2] bleibt unberührt.

§ 83 Leistungen zur Mobilität. (1) Leistungen zur Mobilität umfassen

1. Leistungen zur Beförderung, insbesondere durch einen Beförderungsdienst, und
2. Leistungen für ein Kraftfahrzeug.

(2) [1] Leistungen nach Absatz 1 erhalten Leistungsberechtigte nach § 2, denen die Nutzung öffentlicher Verkehrsmittel auf Grund der Art und Schwere ihrer Behinderung nicht zumutbar ist. [2] Leistungen nach Absatz 1 Nummer 2 werden nur erbracht, wenn die Leistungsberechtigten das Kraftfahrzeug führen können oder gewährleistet ist, dass ein Dritter das Kraftfahrzeug für sie führt und Leistungen nach Absatz 1 Nummer 1 nicht zumutbar oder wirtschaftlich sind.

(3) [1] Die Leistungen nach Absatz 1 Nummer 2 umfassen Leistungen

1. zur Beschaffung eines Kraftfahrzeugs,
2. für die erforderliche Zusatzausstattung,
3. zur Erlangung der Fahrerlaubnis,
4. zur Instandhaltung und
5. für die mit dem Betrieb des Kraftfahrzeugs verbundenen Kosten.

---

[1] Nr. 8.
[2] Nr. 1.

[2]Die Bemessung der Leistungen orientiert sich an der Kraftfahrzeughilfe-Verordnung.

(4) Sind die Leistungsberechtigten minderjährig, umfassen die Leistungen nach Absatz 1 Nummer 2 den wegen der Behinderung erforderlichen Mehraufwand bei der Beschaffung des Kraftfahrzeugs sowie Leistungen nach Absatz 3 Nummer 2.

§ 84 Hilfsmittel. (1) [1]Die Leistungen umfassen Hilfsmittel, die erforderlich sind, um eine durch die Behinderung bestehende Einschränkung einer gleichberechtigten Teilhabe am Leben in der Gemeinschaft auszugleichen. [2]Hierzu gehören insbesondere barrierefreie Computer.

(2) Die Leistungen umfassen auch eine notwendige Unterweisung im Gebrauch der Hilfsmittel sowie deren notwendige Instandhaltung oder Änderung.

(3) Soweit es im Einzelfall erforderlich ist, werden Leistungen für eine Doppelausstattung erbracht.

Kapitel 14. Beteiligung der Verbände und Träger

§ 85 Klagerecht der Verbände. [1]Werden Menschen mit Behinderungen in ihren Rechten nach diesem Buch verletzt, können an ihrer Stelle und mit ihrem Einverständnis Verbände klagen, die nach ihrer Satzung Menschen mit Behinderungen auf Bundes- oder Landesebene vertreten und nicht selbst am Prozess beteiligt sind. [2]In diesem Fall müssen alle Verfahrensvoraussetzungen wie bei einem Rechtsschutzersuchen durch den Menschen mit Behinderungen selbst vorliegen.

§ 86 Beirat für die Teilhabe von Menschen mit Behinderungen.

(1) [1]Beim Bundesministerium für Arbeit und Soziales wird ein Beirat für die Teilhabe von Menschen mit Behinderungen gebildet, der das Bundesministerium für Arbeit und Soziales in Fragen der Teilhabe von Menschen mit Behinderungen berät und bei Aufgaben der Koordinierung unterstützt. [2]Zu den Aufgaben des Beirats gehören insbesondere auch

1. die Unterstützung bei der Förderung von Rehabilitationseinrichtungen und die Mitwirkung bei der Vergabe der Mittel des Ausgleichsfonds sowie
2. die Anregung und Koordinierung von Maßnahmen zur Evaluierung der in diesem Buch getroffenen Regelungen im Rahmen der Rehabilitationsforschung und als forschungsbegleitender Ausschuss die Unterstützung des Bundesministeriums bei der Festlegung von Fragestellungen und Kriterien.

[3]Das Bundesministerium für Arbeit und Soziales trifft Entscheidungen über die Vergabe der Mittel des Ausgleichsfonds nur auf Grund von Vorschlägen des Beirats.

(2) [1]Der Beirat besteht aus 49 Mitgliedern. [2]Von diesen beruft das Bundesministerium für Arbeit und Soziales

1. zwei Mitglieder auf Vorschlag der Gruppenvertreter der Arbeitnehmer im Verwaltungsrat der Bundesagentur für Arbeit,
2. zwei Mitglieder auf Vorschlag der Gruppenvertreter der Arbeitgeber im Verwaltungsrat der Bundesagentur für Arbeit,

3. sechs Mitglieder auf Vorschlag der Behindertenverbände, die nach der Zusammensetzung ihrer Mitglieder dazu berufen sind, Menschen mit Behinderungen auf Bundesebene zu vertreten,
4. 16 Mitglieder auf Vorschlag der Länder,
5. drei Mitglieder auf Vorschlag der Bundesvereinigung der kommunalen Spitzenverbände,
6. ein Mitglied auf Vorschlag der Bundesarbeitsgemeinschaft der Integrationsämter und Hauptfürsorgestellen,
7. ein Mitglied auf Vorschlag des Vorstands der Bundesagentur für Arbeit,
8. zwei Mitglieder auf Vorschlag des Spitzenverbandes Bund der Krankenkassen,
9. ein Mitglied auf Vorschlag der Spitzenvereinigungen der Träger der gesetzlichen Unfallversicherung,
10. drei Mitglieder auf Vorschlag der Deutschen Rentenversicherung Bund,
11. ein Mitglied auf Vorschlag der Bundesarbeitsgemeinschaft der überörtlichen Träger der Sozialhilfe,
12. ein Mitglied auf Vorschlag der Bundesarbeitsgemeinschaft der Freien Wohlfahrtspflege,
13. ein Mitglied auf Vorschlag der Bundesarbeitsgemeinschaft für Unterstützte Beschäftigung,
14. fünf Mitglieder auf Vorschlag der Arbeitsgemeinschaften der Einrichtungen der medizinischen Rehabilitation, der Berufsförderungswerke, der Berufsbildungswerke, der Werkstätten für behinderte Menschen und der Inklusionsbetriebe,
15. ein Mitglied auf Vorschlag der für die Wahrnehmung der Interessen der ambulanten und stationären Rehabilitationseinrichtungen auf Bundesebene maßgeblichen Spitzenverbände,
16. zwei Mitglieder auf Vorschlag der Kassenärztlichen Bundesvereinigung und der Bundesärztekammer und
17. ein Mitglied auf Vorschlag der Bundesarbeitsgemeinschaft für Rehabilitation.

[3] Für jedes Mitglied ist ein stellvertretendes Mitglied zu berufen.

§ 87 Verfahren des Beirats. [1] Der Beirat für die Teilhabe von Menschen mit Behinderungen wählt aus den ihm angehörenden Mitgliedern von Seiten der Arbeitnehmer, Arbeitgeber und Organisationen behinderter Menschen jeweils für die Dauer eines Jahres eine Vorsitzende oder einen Vorsitzenden und eine Stellvertreterin oder einen Stellvertreter. [2] Im Übrigen gilt § 189 entsprechend.

§ 88 Berichte über die Lage von Menschen mit Behinderungen und die Entwicklung ihrer Teilhabe. (1) [1] Die Bundesregierung berichtet den gesetzgebenden Körperschaften des Bundes einmal in der Legislaturperiode, mindestens jedoch alle vier Jahre, über die Lebenslagen der Menschen mit Behinderungen und der von Behinderung bedrohten Menschen sowie über die Entwicklung ihrer Teilhabe am Arbeitsleben und am Leben in der Gesellschaft. [2] Die Berichterstattung zu den Lebenslagen umfasst Querschnittsthemen wie Gender Mainstreaming, Migration, Alter, Barrierefreiheit, Diskriminierung, Assistenzbedarf und Armut. [3] Gegenstand des Berichts sind auch Forschungsergebnisse über Wirtschaftlichkeit und Wirksamkeit staatlicher Maßnahmen und der Leistungen der Rehabilitationsträger für die Zielgruppen des Berichts.

(2) Die Verbände der Menschen mit Behinderungen werden an der Weiterentwicklung des Berichtskonzeptes beteiligt.

§ 89 Verordnungsermächtigung. Das Bundesministerium für Arbeit und Soziales kann durch Rechtsverordnung mit Zustimmung des Bundesrates weitere Vorschriften über die Geschäftsführung und das Verfahren des Beirats nach § 87 erlassen.

Teil 2.[1] Besondere Leistungen zur selbstbestimmten Lebensführung für Menschen mit Behinderungen (Eingliederungshilferecht)

Kapitel 1.[1] Allgemeine Vorschriften

§ 90 Aufgabe der Eingliederungshilfe. (1) [1] Aufgabe der Eingliederungshilfe ist es, Leistungsberechtigten eine individuelle Lebensführung zu ermöglichen, die der Würde des Menschen entspricht, und die volle, wirksame und gleichberechtigte Teilhabe am Leben in der Gesellschaft zu fördern. [2] Die Leistung soll sie befähigen, ihre Lebensplanung und -führung möglichst selbstbestimmt und eigenverantwortlich wahrnehmen zu können.

(2) Besondere Aufgabe der medizinischen Rehabilitation ist es, eine Beeinträchtigung nach § 99 Absatz 1 abzuwenden, zu beseitigen, zu mindern, auszugleichen, eine Verschlimmerung zu verhüten oder die Leistungsberechtigten soweit wie möglich unabhängig von Pflege zu machen.

(3) Besondere Aufgabe der Teilhabe am Arbeitsleben ist es, die Aufnahme, Ausübung und Sicherung einer der Eignung und Neigung der Leistungsberechtigten entsprechenden Beschäftigung sowie die Weiterentwicklung ihrer Leistungsfähigkeit und Persönlichkeit zu fördern.

(4) Besondere Aufgabe der Teilhabe an Bildung ist es, Leistungsberechtigten eine ihren Fähigkeiten und Leistungen entsprechende Schulbildung und schulische und hochschulische Aus- und Weiterbildung für einen Beruf zur Förderung ihrer Teilhabe am Leben in der Gesellschaft zu ermöglichen.

(5) Besondere Aufgabe der Sozialen Teilhabe ist es, die gleichberechtigte Teilhabe am Leben in der Gemeinschaft zu ermöglichen oder zu erleichtern.

§ 91 Nachrang der Eingliederungshilfe. (1) Eingliederungshilfe erhält, wer die erforderliche Leistung nicht von anderen oder von Trägern anderer Sozialleistungen erhält.

(2) [1] Verpflichtungen anderer, insbesondere der Träger anderer Sozialleistungen, bleiben unberührt. [2] Leistungen anderer dürfen nicht deshalb versagt werden, weil dieser Teil entsprechende Leistungen vorsieht; dies gilt insbesondere bei einer gesetzlichen Verpflichtung der Träger anderer Sozialleistungen oder anderer Stellen, in ihrem Verantwortungsbereich die Verwirklichung der Rechte für Menschen mit Behinderungen zu gewährleisten oder zu fördern.

---

[1] Teil 2 Kapitel 1–7 (§§ 90–122) sowie Kapitel 9–11 (§§ 135–150) sind mit Ausnahme von § 94 Absatz 1, der am 1.1.2018 in Kraft getreten ist, am **1.1.2020** in Kraft getreten, vgl. Anm. am Titel.

(3) Das Verhältnis der Leistungen der Pflegeversicherung und der Leistungen der Eingliederungshilfe bestimmt sich nach § 13 Absatz 3 des Elften Buches[1].

§ 92 Beitrag. Zu den Leistungen der Eingliederungshilfe ist nach Maßgabe des Kapitels 9 ein Beitrag aufzubringen.

§ 93 Verhältnis zu anderen Rechtsbereichen. (1) Die Vorschriften über die Leistungen zur Sicherung des Lebensunterhalts nach dem Zweiten Buch sowie über die Hilfe zum Lebensunterhalt und die Grundsicherung im Alter und bei Erwerbsminderung nach dem Zwölften Buch bleiben unberührt.

(2) Die Vorschriften über die Hilfe zur Überwindung besonderer sozialer Schwierigkeiten nach dem Achten Kapitel des Zwölften Buches[2], über die Altenhilfe nach § 71 des Zwölften Buches und über die Blindenhilfe nach § 72 des Zwölften Buches bleiben unberührt.

(3) Die Hilfen zur Gesundheit nach dem Zwölften Buch gehen den Leistungen der Eingliederungshilfe vor, wenn sie zur Beseitigung einer Beeinträchtigung mit drohender erheblicher Teilhabeeinschränkung nach § 99 geeignet sind.

§ 94 Aufgaben der Länder. (1) Die Länder bestimmen die für die Durchführung dieses Teils zuständigen Träger der Eingliederungshilfe.

(2) [1] Bei der Bestimmung durch Landesrecht ist sicherzustellen, dass die Träger der Eingliederungshilfe nach ihrer Leistungsfähigkeit zur Erfüllung dieser Aufgaben geeignet sind. [2] Sind in einem Land mehrere Träger der Eingliederungshilfe bestimmt worden, unterstützen die obersten Landessozialbehörden die Träger bei der Durchführung der Aufgaben nach diesem Teil. [3] Dabei sollen sie insbesondere den Erfahrungsaustausch zwischen den Trägern sowie die Entwicklung und Durchführung von Instrumenten zur zielgerichteten Erbringung und Überprüfung von Leistungen und der Qualitätssicherung einschließlich der Wirksamkeit der Leistungen fördern.

(3) Die Länder haben auf flächendeckende, bedarfsdeckende, am Sozialraum orientierte und inklusiv ausgerichtete Angebote von Leistungsanbietern hinzuwirken und unterstützen die Träger der Eingliederungshilfe bei der Umsetzung ihres Sicherstellungsauftrages.

(4) [1] Zur Förderung und Weiterentwicklung der Strukturen der Eingliederungshilfe bildet jedes Land eine Arbeitsgemeinschaft. [2] Die Arbeitsgemeinschaften bestehen aus Vertretern des für die Eingliederungshilfe zuständigen Ministeriums, der Träger der Eingliederungshilfe, der Leistungserbringer sowie aus Vertretern der Verbände für Menschen mit Behinderungen. [3] Die Landesregierungen werden ermächtigt, durch Rechtsverordnung das Nähere über die Zusammensetzung und das Verfahren zu bestimmen.

(5) [1] Die Länder treffen sich regelmäßig unter Beteiligung des Bundes sowie der Träger der Eingliederungshilfe zur Evidenzbeobachtung und zu einem Erfahrungsaustausch. [2] Die Verbände der Leistungserbringer sowie die Verbände für Menschen mit Behinderungen können hinzugezogen werden. [3] Gegenstand der Evidenzbeobachtung und des Erfahrungsaustausches sind insbesondere

1. die Wirkung und Qualifizierung der Steuerungsinstrumente,

---

[1] Nr. 11.
[2] Nr. 12.

2. die Wirkungen der Regelungen zum leistungsberechtigten Personenkreis nach § 99 sowie der neuen Leistungen und Leistungsstrukturen,
3. die Umsetzung des Wunsch- und Wahlrechtes nach § 104 Absatz 1 und 2,
4. die Wirkung der Koordinierung der Leistungen und der trägerübergreifenden Verfahren der Bedarfsermittlung und -feststellung und
5. die Auswirkungen des Beitrags.

[4] Die Erkenntnisse sollen zur Weiterentwicklung der Eingliederungshilfe zusammengeführt werden.

§ 95 Sicherstellungsauftrag. [1] Die Träger der Eingliederungshilfe haben im Rahmen ihrer Leistungsverpflichtung eine personenzentrierte Leistung für Leistungsberechtigte unabhängig vom Ort der Leistungserbringung sicherzustellen (Sicherstellungsauftrag), soweit dieser Teil nichts Abweichendes bestimmt. [2] Sie schließen hierzu Vereinbarungen mit den Leistungsanbietern nach den Vorschriften des Kapitels 8 ab. [3] Im Rahmen der Strukturplanung sind die Erkenntnisse aus der Gesamtplanung nach Kapitel 7 zu berücksichtigen.

§ 96 Zusammenarbeit. (1) Die Träger der Eingliederungshilfe arbeiten mit Leistungsanbietern und anderen Stellen, deren Aufgabe die Lebenssituation von Menschen mit Behinderungen betrifft, zusammen.

(2) Die Stellung der Kirchen und Religionsgesellschaften des öffentlichen Rechts sowie der Verbände der Freien Wohlfahrtspflege als Träger eigener sozialer Aufgaben und ihre Tätigkeit zur Erfüllung dieser Aufgaben werden durch diesen Teil nicht berührt.

(3) Ist die Beratung und Sicherung der gleichmäßigen, gemeinsamen oder ergänzenden Erbringung von Leistungen geboten, sollen zu diesem Zweck Arbeitsgemeinschaften gebildet werden.

(4) Sozialdaten dürfen im Rahmen der Zusammenarbeit nur verarbeitet werden, soweit dies zur Erfüllung von Aufgaben nach diesem Teil erforderlich ist oder durch Rechtsvorschriften des Sozialgesetzbuches angeordnet oder erlaubt ist.

§ 97 Fachkräfte. [1] Bei der Durchführung der Aufgaben dieses Teils beschäftigen die Träger der Eingliederungshilfe eine dem Bedarf entsprechende Anzahl an Fachkräften aus unterschiedlichen Fachdisziplinen. [2] Diese sollen

1. eine ihren Aufgaben entsprechende Ausbildung erhalten haben und insbesondere über umfassende Kenntnisse
   a) des Sozial- und Verwaltungsrechts,
   b) über den leistungsberechtigten Personenkreis nach § 99 oder
   c) von Teilhabebedarfen und Teilhabebarrieren

   verfügen,
2. umfassende Kenntnisse über den regionalen Sozialraum und seine Möglichkeiten zur Durchführung von Leistungen der Eingliederungshilfe haben sowie
3. die Fähigkeit zur Kommunikation mit allen Beteiligten haben.

[3] Soweit Mitarbeiter der Leistungsträger nicht oder nur zum Teil die Voraussetzungen erfüllen, ist ihnen Gelegenheit zur Fortbildung und zum Austausch mit Menschen mit Behinderungen zu geben. [4] Die fachliche Fortbildung der

Fachkräfte, die insbesondere die Durchführung der Aufgaben nach den §§ 106 und 117 umfasst, ist zu gewährleisten.

§ 98 Örtliche Zuständigkeit. (1) [1] Für die Eingliederungshilfe örtlich zuständig ist der Träger der Eingliederungshilfe, in dessen Bereich die leistungsberechtigte Person ihren gewöhnlichen Aufenthalt zum Zeitpunkt der ersten Antragstellung nach § 108 Absatz 1 hat oder in den zwei Monaten vor den Leistungen einer Betreuung über Tag und Nacht zuletzt gehabt hatte. [2] Bedarf es nach § 108 Absatz 2 keines Antrags, ist der Beginn des Verfahrens nach Kapitel 7 maßgeblich. [3] Diese Zuständigkeit bleibt bis zur Beendigung des Leistungsbezuges bestehen. [4] Sie ist neu festzustellen, wenn für einen zusammenhängenden Zeitraum von mindestens sechs Monaten keine Leistungen bezogen wurden. [5] Eine Unterbrechung des Leistungsbezuges wegen stationärer Krankenhausbehandlung oder medizinischer Rehabilitation gilt nicht als Beendigung des Leistungsbezuges.

(2) [1] Steht innerhalb von vier Wochen nicht fest, ob und wo der gewöhnliche Aufenthalt begründet worden ist, oder ist ein gewöhnlicher Aufenthalt nicht vorhanden oder nicht zu ermitteln, hat der für den tatsächlichen Aufenthalt zuständige Träger der Eingliederungshilfe über die Leistung unverzüglich zu entscheiden und sie vorläufig zu erbringen. [2] Steht der gewöhnliche Aufenthalt in den Fällen des Satzes 1 fest, wird der Träger der Eingliederungshilfe nach Absatz 1 örtlich zuständig und hat dem nach Satz 1 leistenden Träger die Kosten zu erstatten. [3] Ist ein gewöhnlicher Aufenthalt im Bundesgebiet nicht vorhanden oder nicht zu ermitteln, ist der Träger der Eingliederungshilfe örtlich zuständig, in dessen Bereich sich die leistungsberechtigte Person tatsächlich aufhält.

(3) Werden für ein Kind vom Zeitpunkt der Geburt an Leistungen nach diesem Teil des Buches über Tag und Nacht beantragt, tritt an die Stelle seines gewöhnlichen Aufenthalts der gewöhnliche Aufenthalt der Mutter.

(4) [1] Als gewöhnlicher Aufenthalt im Sinne dieser Vorschrift gilt nicht der stationäre Aufenthalt oder der auf richterlich angeordneter Freiheitsentziehung beruhende Aufenthalt in einer Vollzugsanstalt. [2] In diesen Fällen ist der Träger der Eingliederungshilfe örtlich zuständig, in dessen Bereich die leistungsberechtigte Person ihren gewöhnlichen Aufenthalt in den letzten zwei Monaten vor der Aufnahme zuletzt hatte.

(5) [1] Bei Personen, die am 31. Dezember 2019 Leistungen nach dem Sechsten Kapitel des Zwölften Buches[1)] in der am 31. Dezember 2019 geltenden Fassung bezogen haben und auch ab dem 1. Januar 2020 Leistungen nach Teil 2 dieses Buches erhalten, ist der Träger der Eingliederungshilfe örtlich zuständig, dessen örtliche Zuständigkeit sich am 1. Januar 2020 im Einzelfall in entsprechender Anwendung von § 98 Absatz 1 Satz 1 oder Absatz 5 des Zwölften Buches oder in entsprechender Anwendung von § 98 Absatz 2 Satz 1 und 2 in Verbindung mit § 107 des Zwölften Buches ergeben würde. [2] Absatz 1 Satz 3 bis 5 gilt entsprechend. [3] Im Übrigen bleiben die Absätze 2 bis 4 unberührt.

[1)] Nr. **12**.

Kapitel 2.[1] Grundsätze der Leistungen

§ 99 Leistungsberechtigter Personenkreis. Leistungen der Eingliederungshilfe erhalten Personen nach § 53 Absatz 1 und 2 des Zwölften Buches[2] und den §§ 1 bis 3 der Eingliederungshilfe-Verordnung in der am 31. Dezember 2019 geltenden Fassung.

§ 100 Eingliederungshilfe für Ausländer. (1) [1] Ausländer, die sich im Inland tatsächlich aufhalten, können Leistungen nach diesem Teil erhalten, soweit dies im Einzelfall gerechtfertigt ist. [2] Die Einschränkung auf Ermessensleistungen nach Satz 1 gilt nicht für Ausländer, die im Besitz einer Niederlassungserlaubnis oder eines befristeten Aufenthaltstitels sind und sich voraussichtlich dauerhaft im Bundesgebiet aufhalten. [3] Andere Rechtsvorschriften, nach denen Leistungen der Eingliederungshilfe zu erbringen sind, bleiben unberührt.

(2) Leistungsberechtigte nach § 1 des Asylbewerberleistungsgesetzes erhalten keine Leistungen der Eingliederungshilfe.

(3) Ausländer, die eingereist sind, um Leistungen nach diesem Teil zu erlangen, haben keinen Anspruch auf Leistungen der Eingliederungshilfe.

§ 101 Eingliederungshilfe für Deutsche im Ausland. (1) [1] Deutsche, die ihren gewöhnlichen Aufenthalt im Ausland haben, erhalten keine Leistungen der Eingliederungshilfe. [2] Hiervon kann im Einzelfall nur abgewichen werden, soweit dies wegen einer außergewöhnlichen Notlage unabweisbar ist und zugleich nachgewiesen wird, dass eine Rückkehr in das Inland aus folgenden Gründen nicht möglich ist:

1. Pflege und Erziehung eines Kindes, das aus rechtlichen Gründen im Ausland bleiben muss,
2. längerfristige stationäre Betreuung in einer Einrichtung oder Schwere der Pflegebedürftigkeit oder
3. hoheitliche Gewalt.

(2) Leistungen der Eingliederungshilfe werden nicht erbracht, soweit sie von dem hierzu verpflichteten Aufenthaltsland oder von anderen erbracht werden oder zu erwarten sind.

(3) Art und Maß der Leistungserbringung sowie der Einsatz des Einkommens und Vermögens richten sich nach den besonderen Verhältnissen im Aufenthaltsland.

(4) [1] Für die Leistung zuständig ist der Träger der Eingliederungshilfe, in dessen Bereich die antragstellende Person geboren ist. [2] Liegt der Geburtsort im Ausland oder ist er nicht zu ermitteln, wird der örtlich zuständige Träger von einer Schiedsstelle bestimmt.

(5) Die Träger der Eingliederungshilfe arbeiten mit den deutschen Dienststellen im Ausland zusammen.

§ 102 Leistungen der Eingliederungshilfe. (1) Die Leistungen der Eingliederungshilfe umfassen

1. Leistungen zur medizinischen Rehabilitation,

---

[1] Teil 2 Kapitel 1–7 (§§ 90–122) sowie Kapitel 9–11 (§§ 135–150) sind mit Ausnahme von § 94 Absatz 1, der am 1.1.2018 in Kraft getreten ist, am **1.1.2020** in Kraft getreten, vgl. Anm. am Titel.

[2] Nr. **12**.

2. Leistungen zur Teilhabe am Arbeitsleben,
3. Leistungen zur Teilhabe an Bildung und
4. Leistungen zur Sozialen Teilhabe.

(2) Leistungen nach Absatz 1 Nummer 1 bis 3 gehen den Leistungen nach Absatz 1 Nummer 4 vor.

§ 103 Regelung für Menschen mit Behinderungen und Pflegebedarf.

(1) [1]Werden Leistungen der Eingliederungshilfe in Einrichtungen oder Räumlichkeiten im Sinne des § 43a des Elften Buches[1)] in Verbindung mit § 71 Absatz 4 des Elften Buches erbracht, umfasst die Leistung auch die Pflegeleistungen in diesen Einrichtungen oder Räumlichkeiten. [2]Stellt der Leistungserbringer fest, dass der Mensch mit Behinderungen so pflegebedürftig ist, dass die Pflege in diesen Einrichtungen oder Räumlichkeiten nicht sichergestellt werden kann, vereinbaren der Träger der Eingliederungshilfe und die zuständige Pflegekasse mit dem Leistungserbringer, dass die Leistung bei einem anderen Leistungserbringer erbracht wird; dabei ist angemessenen Wünschen des Menschen mit Behinderungen Rechnung zu tragen. [3]Die Entscheidung zur Vorbereitung der Vereinbarung nach Satz 2 erfolgt nach den Regelungen zur Gesamtplanung nach Kapitel 7.

(2) [1]Werden Leistungen der Eingliederungshilfe außerhalb von Einrichtungen oder Räumlichkeiten im Sinne des § 43a des Elften Buches in Verbindung mit § 71 Absatz 4 des Elften Buches erbracht, umfasst die Leistung auch die Leistungen der häuslichen Pflege nach den §§ 64a bis 64f, 64i und 66 des Zwölften Buches[2)], solange die Teilhabeziele nach Maßgabe des Gesamtplanes (§ 121) erreicht werden können, es sei denn der Leistungsberechtigte hat vor Vollendung des für die Regelaltersrente im Sinne des Sechsten Buches[3)] erforderlichen Lebensjahres keine Leistungen der Eingliederungshilfe erhalten. [2]Satz 1 gilt entsprechend in Fällen, in denen der Leistungsberechtigte vorübergehend Leistungen nach den §§ 64g und 64h des Zwölften Buches in Anspruch nimmt. [3]Die Länder können durch Landesrecht bestimmen, dass der für die Leistungen der häuslichen Pflege zuständige Träger der Sozialhilfe die Kosten der vom Träger der Eingliederungshilfe erbrachten Leistungen der häuslichen Pflege zu erstatten hat.

§ 104 Leistungen nach der Besonderheit des Einzelfalles. (1) [1]Die Leistungen der Eingliederungshilfe bestimmen sich nach der Besonderheit des Einzelfalles, insbesondere nach der Art des Bedarfes, den persönlichen Verhältnissen, dem Sozialraum und den eigenen Kräften und Mitteln; dabei ist auch die Wohnform zu würdigen. [2]Sie werden so lange geleistet, wie die Teilhabeziele nach Maßgabe des Gesamtplanes (§ 121) erreichbar sind.

(2) [1]Wünschen der Leistungsberechtigten, die sich auf die Gestaltung der Leistung richten, ist zu entsprechen, soweit sie angemessen sind. [2]Die Wünsche der Leistungsberechtigten gelten nicht als angemessen,

1. wenn und soweit die Höhe der Kosten der gewünschten Leistung die Höhe der Kosten für eine vergleichbare Leistung von Leistungserbringern, mit

---

[1)] Nr. **11**.
[2)] Nr. **12**.
[3)] Nr. **6**.

denen eine Vereinbarung nach Kapitel 8 besteht, unverhältnismäßig übersteigt und

2. wenn der Bedarf nach der Besonderheit des Einzelfalles durch die vergleichbare Leistung gedeckt werden kann.

(3) [1] Bei der Entscheidung nach Absatz 2 ist zunächst die Zumutbarkeit einer von den Wünschen des Leistungsberechtigten abweichenden Leistung zu prüfen. [2] Dabei sind die persönlichen, familiären und örtlichen Umstände einschließlich der gewünschten Wohnform angemessen zu berücksichtigen. [3] Kommt danach ein Wohnen außerhalb von besonderen Wohnformen in Betracht, ist dieser Wohnform der Vorzug zu geben, wenn dies von der leistungsberechtigten Person gewünscht wird. [4] Soweit die leistungsberechtigte Person dies wünscht, sind in diesem Fall die im Zusammenhang mit dem Wohnen stehenden Assistenzleistungen nach § 113 Absatz 2 Nummer 2 im Bereich der Gestaltung sozialer Beziehungen und der persönlichen Lebensplanung nicht gemeinsam zu erbringen nach § 116 Absatz 2 Nummer 1. [5] Bei Unzumutbarkeit einer abweichenden Leistungsgestaltung ist ein Kostenvergleich nicht vorzunehmen.

(4) Auf Wunsch der Leistungsberechtigten sollen die Leistungen der Eingliederungshilfe von einem Leistungsanbieter erbracht werden, der die Betreuung durch Geistliche ihres Bekenntnisses ermöglicht.

(5) Leistungen der Eingliederungshilfe für Leistungsberechtigte mit gewöhnlichem Aufenthalt in Deutschland können auch im Ausland erbracht werden, wenn dies im Interesse der Aufgabe der Eingliederungshilfe geboten ist, die Dauer der Leistungen durch den Auslandsaufenthalt nicht wesentlich verlängert wird und keine unvertretbaren Mehraufwendungen entstehen.

§ 105 Leistungsformen. (1) Die Leistungen der Eingliederungshilfe werden als Sach-, Geld- oder Dienstleistung erbracht.

(2) Zur Dienstleistung gehören insbesondere die Beratung und Unterstützung in Angelegenheiten der Leistungen der Eingliederungshilfe sowie in sonstigen sozialen Angelegenheiten.

(3) [1] Leistungen zur Sozialen Teilhabe können mit Zustimmung der Leistungsberechtigten auch in Form einer pauschalen Geldleistung erbracht werden, soweit es dieser Teil vorsieht. [2] Die Träger der Eingliederungshilfe regeln das Nähere zur Höhe und Ausgestaltung der Pauschalen.

(4) [1] Die Leistungen der Eingliederungshilfe werden auf Antrag auch als Teil eines Persönlichen Budgets ausgeführt. [2] Die Vorschrift zum Persönlichen Budget nach § 29 ist insoweit anzuwenden.

§ 106 Beratung und Unterstützung. (1) [1] Zur Erfüllung der Aufgaben dieses Teils werden die Leistungsberechtigten, auf ihren Wunsch auch im Beisein einer Person ihres Vertrauens, vom Träger der Eingliederungshilfe beraten und, soweit erforderlich, unterstützt. [2] Die Beratung erfolgt in einer für den Leistungsberechtigten wahrnehmbaren Form.

(2) Die Beratung umfasst insbesondere

1. die persönliche Situation des Leistungsberechtigten, den Bedarf, die eigenen Kräfte und Mittel sowie die mögliche Stärkung der Selbsthilfe zur Teilhabe am Leben in der Gemeinschaft einschließlich eines gesellschaftlichen Engagements,

2. die Leistungen der Eingliederungshilfe einschließlich des Zugangs zum Leistungssystem,
3. die Leistungen anderer Leistungsträger,
4. die Verwaltungsabläufe,
5. Hinweise auf Leistungsanbieter und andere Hilfemöglichkeiten im Sozialraum und auf Möglichkeiten zur Leistungserbringung,
6. Hinweise auf andere Beratungsangebote im Sozialraum,
7. eine gebotene Budgetberatung.

(3) Die Unterstützung umfasst insbesondere
1. Hilfe bei der Antragstellung,
2. Hilfe bei der Klärung weiterer zuständiger Leistungsträger,
3. das Hinwirken auf zeitnahe Entscheidungen und Leistungen der anderen Leistungsträger,
4. Hilfe bei der Erfüllung von Mitwirkungspflichten,
5. Hilfe bei der Inanspruchnahme von Leistungen,
6. die Vorbereitung von Möglichkeiten der Teilhabe am Leben in der Gemeinschaft einschließlich des gesellschaftlichen Engagements,
7. die Vorbereitung von Kontakten und Begleitung zu Leistungsanbietern und anderen Hilfemöglichkeiten,
8. Hilfe bei der Entscheidung über Leistungserbringer sowie bei der Aushandlung und dem Abschluss von Verträgen mit Leistungserbringern sowie
9. Hilfe bei der Erfüllung von Verpflichtungen aus der Zielvereinbarung und dem Bewilligungsbescheid.

(4) Die Leistungsberechtigten sind hinzuweisen auf die ergänzende unabhängige Teilhabeberatung nach § 32, auf die Beratung und Unterstützung von Verbänden der Freien Wohlfahrtspflege sowie von Angehörigen der rechtsberatenden Berufe und von sonstigen Stellen.

§ 107 Übertragung, Verpfändung oder Pfändung, Auswahlermessen.

(1) Der Anspruch auf Leistungen der Eingliederungshilfe kann nicht übertragen, verpfändet oder gepfändet werden.

(2) Über Art und Maß der Leistungserbringung ist nach pflichtgemäßem Ermessen zu entscheiden, soweit das Ermessen nicht ausgeschlossen ist.

§ 108 Antragserfordernis. (1) [1] Die Leistungen der Eingliederungshilfe nach diesem Teil werden auf Antrag erbracht. [2] Die Leistungen werden frühestens ab dem Ersten des Monats der Antragstellung erbracht, wenn zu diesem Zeitpunkt die Voraussetzungen bereits vorlagen.

(2) Eines Antrages bedarf es nicht für Leistungen, deren Bedarf in dem Verfahren nach Kapitel 7 ermittelt worden ist.

Kapitel 3.[1] Medizinische Rehabilitation

§ 109 Leistungen zur medizinischen Rehabilitation. (1) Leistungen zur medizinischen Rehabilitation sind insbesondere die in § 42 Absatz 2 und 3 und § 64 Absatz 1 Nummer 3 bis 6 genannten Leistungen.

(2) Die Leistungen zur medizinischen Rehabilitation entsprechen den Rehabilitationsleistungen der gesetzlichen Krankenversicherung.

§ 110 Leistungserbringung. (1) Leistungsberechtigte haben entsprechend den Bestimmungen der gesetzlichen Krankenversicherung die freie Wahl unter den Ärzten und Zahnärzten sowie unter den Krankenhäusern und Vorsorge- und Rehabilitationseinrichtungen.

(2) [1] Bei der Erbringung von Leistungen zur medizinischen Rehabilitation sind die Regelungen, die für die gesetzlichen Krankenkassen nach dem Vierten Kapitel des Fünften Buches[2] gelten, mit Ausnahme des Dritten Titels des Zweiten Abschnitts anzuwenden. [2] Ärzte, Psychotherapeuten im Sinne des § 28 Absatz 3 Satz 1 des Fünften Buches und Zahnärzte haben für ihre Leistungen Anspruch auf die Vergütung, welche die Ortskrankenkasse, in deren Bereich der Arzt, Psychotherapeut oder der Zahnarzt niedergelassen ist, für ihre Mitglieder zahlt.

(3) [1] Die Verpflichtungen, die sich für die Leistungserbringer aus den §§ 294, 294a, 295, 300 bis 302 des Fünften Buches ergeben, gelten auch für die Abrechnung von Leistungen zur medizinischen Rehabilitation mit dem Träger der Eingliederungshilfe. [2] Die Vereinbarungen nach § 303 Absatz 1 sowie § 304 des Fünften Buches gelten für den Träger der Eingliederungshilfe entsprechend.

Kapitel 4.[1] Teilhabe am Arbeitsleben

§ 111 Leistungen zur Beschäftigung. (1) Leistungen zur Beschäftigung umfassen

1. Leistungen im Arbeitsbereich anerkannter Werkstätten für behinderte Menschen nach den §§ 58 und 62,
2. Leistungen bei anderen Leistungsanbietern nach den §§ 60 und 62 sowie
3. Leistungen bei privaten und öffentlichen Arbeitgebern nach § 61.

(2) [1] Leistungen nach Absatz 1 umfassen auch Gegenstände und Hilfsmittel, die wegen der gesundheitlichen Beeinträchtigung zur Aufnahme oder Fortsetzung der Beschäftigung erforderlich sind. [2] Voraussetzung für eine Hilfsmittelversorgung ist, dass der Leistungsberechtigte das Hilfsmittel bedienen kann. [3] Die Versorgung mit Hilfsmitteln schließt eine notwendige Unterweisung im Gebrauch und eine notwendige Instandhaltung oder Änderung ein. [4] Die Ersatzbeschaffung des Hilfsmittels erfolgt, wenn sie infolge der körperlichen Entwicklung der Leistungsberechtigten notwendig ist oder wenn das Hilfsmittel aus anderen Gründen ungeeignet oder unbrauchbar geworden ist.

(3) Zu den Leistungen nach Absatz 1 Nummer 1 und 2 gehört auch das Arbeitsförderungsgeld nach § 59.

---

[1] Teil 2 Kapitel 1–7 (§§ 90–122) sowie Kapitel 9–11 (§§ 135–150) sind mit Ausnahme von § 94 Absatz 1, der am 1.1.2018 in Kraft getreten ist, am **1.1.2020** in Kraft getreten, vgl. Anm. am Titel.

[2] Nr. **5**.

Kapitel 5.[1] Teilhabe an Bildung

§ 112 Leistungen zur Teilhabe an Bildung. (1) [1] Leistungen zur Teilhabe an Bildung umfassen

1. Hilfen zu einer Schulbildung, insbesondere im Rahmen der allgemeinen Schulpflicht und zum Besuch weiterführender Schulen einschließlich der Vorbereitung hierzu; die Bestimmungen über die Ermöglichung der Schulbildung im Rahmen der allgemeinen Schulpflicht bleiben unberührt, und
2. Hilfen zur schulischen oder hochschulischen Ausbildung oder Weiterbildung für einen Beruf.

[2] Die Hilfen nach Satz 1 Nummer 1 schließen Leistungen zur Unterstützung schulischer Ganztagsangebote in der offenen Form ein, die im Einklang mit dem Bildungs- und Erziehungsauftrag der Schule stehen und unter deren Aufsicht und Verantwortung ausgeführt werden, an den stundenplanmäßigen Unterricht anknüpfen und in der Regel in den Räumlichkeiten der Schule oder in deren Umfeld durchgeführt werden. [3] Hilfen nach Satz 1 Nummer 1 umfassen auch heilpädagogische und sonstige Maßnahmen, wenn die Maßnahmen erforderlich und geeignet sind, der leistungsberechtigten Person den Schulbesuch zu ermöglichen oder zu erleichtern. [4] Hilfen zu einer schulischen oder hochschulischen Ausbildung nach Satz 1 Nummer 2 können erneut erbracht werden, wenn dies aus behinderungsbedingten Gründen erforderlich ist. [5] Hilfen nach Satz 1 umfassen auch Gegenstände und Hilfsmittel, die wegen der gesundheitlichen Beeinträchtigung zur Teilhabe an Bildung erforderlich sind. [6] Voraussetzung für eine Hilfsmittelversorgung ist, dass die leistungsberechtigte Person das Hilfsmittel bedienen kann. [7] Die Versorgung mit Hilfsmitteln schließt eine notwendige Unterweisung im Gebrauch und eine notwendige Instandhaltung oder Änderung ein. [8] Die Ersatzbeschaffung des Hilfsmittels erfolgt, wenn sie infolge der körperlichen Entwicklung der leistungsberechtigten Person notwendig ist oder wenn das Hilfsmittel aus anderen Gründen ungeeignet oder unbrauchbar geworden ist.

(2) [1] Hilfen nach Absatz 1 Satz 1 Nummer 2 werden erbracht für eine schulische oder hochschulische berufliche Weiterbildung, die

1. in einem zeitlichen Zusammenhang an eine duale, schulische oder hochschulische Berufsausbildung anschließt,
2. in dieselbe fachliche Richtung weiterführt und
3. es dem Leistungsberechtigten ermöglicht, das von ihm angestrebte Berufsziel zu erreichen.

[2] Hilfen für ein Masterstudium werden abweichend von Satz 1 Nummer 2 auch erbracht, wenn das Masterstudium auf ein zuvor abgeschlossenes Bachelorstudium aufbaut und dieses interdisziplinär ergänzt, ohne in dieselbe Fachrichtung weiterzuführen. [3] Aus behinderungsbedingten oder aus anderen, nicht von der leistungsberechtigten Person beeinflussbaren gewichtigen Gründen kann von Satz 1 Nummer 1 abgewichen werden.

(3) Hilfen nach Absatz 1 Satz 1 Nummer 2 schließen folgende Hilfen ein:

1. Hilfen zur Teilnahme an Fernunterricht,

---

[1] Teil 2 Kapitel 1–7 (§§ 90–122) sowie Kapitel 9–11 (§§ 135–150) sind mit Ausnahme von § 94 Absatz 1, der am 1.1.2018 in Kraft getreten ist, am **1.1.2020** in Kraft getreten, vgl. Anm. am Titel.

2. Hilfen zur Ableistung eines Praktikums, das für den Schul- oder Hochschulbesuch oder für die Berufszulassung erforderlich ist, und
3. Hilfen zur Teilnahme an Maßnahmen zur Vorbereitung auf die schulische oder hochschulische Ausbildung oder Weiterbildung für einen Beruf.

(4) [1] Die in der Schule oder Hochschule wegen der Behinderung erforderliche Anleitung und Begleitung können an mehrere Leistungsberechtigte gemeinsam erbracht werden, soweit dies nach § 104 für die Leistungsberechtigten zumutbar ist und mit Leistungserbringern entsprechende Vereinbarungen bestehen. [2] Die Leistungen nach Satz 1 sind auf Wunsch der Leistungsberechtigten gemeinsam zu erbringen.

Kapitel 6.[1)] Soziale Teilhabe

§ 113 Leistungen zur Sozialen Teilhabe. (1) [1] Leistungen zur Sozialen Teilhabe werden erbracht, um eine gleichberechtigte Teilhabe am Leben in der Gemeinschaft zu ermöglichen oder zu erleichtern, soweit sie nicht nach den Kapiteln 3 bis 5 erbracht werden. [2] Hierzu gehört, Leistungsberechtigte zu einer möglichst selbstbestimmten und eigenverantwortlichen Lebensführung im eigenen Wohnraum sowie in ihrem Sozialraum zu befähigen oder sie hierbei zu unterstützen. [3] Maßgeblich sind die Ermittlungen und Feststellungen nach Kapitel 7.

(2) Leistungen zur Sozialen Teilhabe sind insbesondere
1. Leistungen für Wohnraum,
2. Assistenzleistungen,
3. heilpädagogische Leistungen,
4. Leistungen zur Betreuung in einer Pflegefamilie,
5. Leistungen zum Erwerb und Erhalt praktischer Kenntnisse und Fähigkeiten,
6. Leistungen zur Förderung der Verständigung,
7. Leistungen zur Mobilität,
8. Hilfsmittel,
9. Besuchsbeihilfen.

(3) Die Leistungen nach Absatz 2 Nummer 1 bis 8 bestimmen sich nach den §§ 77 bis 84, soweit sich aus diesem Teil nichts Abweichendes ergibt.

(4) Zur Ermöglichung der gemeinschaftlichen Mittagsverpflegung in der Verantwortung einer Werkstatt für behinderte Menschen, einem anderen Leistungsanbieter oder dem Leistungserbringer vergleichbarer anderer tagesstrukturierender Maßnahmen werden die erforderliche sächliche Ausstattung, die personelle Ausstattung und die erforderlichen betriebsnotwendigen Anlagen des Leistungserbringers übernommen.

(5) [1] In besonderen Wohnformen des § 42a Absatz 2 Satz 1 Nummer 2 und Satz 3 des Zwölften Buches werden Aufwendungen für Wohnraum oberhalb der Angemessenheitsgrenze nach § 42a Absatz 6 des Zwölften Buches übernommen, sofern dies wegen der besonderen Bedürfnisse des Menschen mit Behinderungen erforderlich ist. [2] Kapitel 8 ist anzuwenden.

[1)] Teil 2 Kapitel 1–7 (§§ 90–122) sowie Kapitel 9–11 (§§ 135–150) sind mit Ausnahme von § 94 Absatz 1, der am 1.1.2018 in Kraft getreten ist, am **1.1.2020** in Kraft getreten, vgl. Anm. am Titel.

§ 114 Leistungen zur Mobilität. Bei den Leistungen zur Mobilität nach § 113 Absatz 2 Nummer 7 gilt § 83 mit der Maßgabe, dass

1. die Leistungsberechtigten zusätzlich zu den in § 83 Absatz 2 genannten Voraussetzungen zur Teilhabe am Leben in der Gemeinschaft ständig auf die Nutzung eines Kraftfahrzeugs angewiesen sind und
2. abweichend von § 83 Absatz 3 Satz 2 die Vorschriften der §§ 6 und 8 der Kraftfahrzeughilfe-Verordnung nicht maßgeblich sind.

§ 115 Besuchsbeihilfen. Werden Leistungen bei einem oder mehreren Anbietern über Tag und Nacht erbracht, können den Leistungsberechtigten oder ihren Angehörigen zum gegenseitigen Besuch Beihilfen geleistet werden, soweit es im Einzelfall erforderlich ist.

§ 116 Pauschale Geldleistung, gemeinsame Inanspruchnahme.

(1) [1] Die Leistungen

1. zur Assistenz zur Übernahme von Handlungen zur Alltagsbewältigung sowie Begleitung der Leistungsberechtigten (§ 113 Absatz 2 Nummer 2 in Verbindung mit § 78 Absatz 2 Nummer 1 und Absatz 5),
2. zur Förderung der Verständigung (§ 113 Absatz 2 Nummer 6) und
3. zur Beförderung im Rahmen der Leistungen zur Mobilität (§ 113 Absatz 2 Nummer 7 in Verbindung mit § 83 Absatz 1 Nummer 1)

können mit Zustimmung der Leistungsberechtigten als pauschale Geldleistungen nach § 105 Absatz 3 erbracht werden. [2] Die zuständigen Träger der Eingliederungshilfe regeln das Nähere zur Höhe und Ausgestaltung der pauschalen Geldleistungen sowie zur Leistungserbringung.

(2) [1] Die Leistungen

1. zur Assistenz (§ 113 Absatz 2 Nummer 2),
2. zur Heilpädagogik (§ 113 Absatz 2 Nummer 3),
3. zum Erwerb und Erhalt praktischer Fähigkeiten und Kenntnisse (§ 113 Absatz 2 Nummer 5),
4. zur Förderung der Verständigung (§ 113 Absatz 2 Nummer 6),
5. zur Beförderung im Rahmen der Leistungen zur Mobilität (§ 113 Absatz 2 Nummer 7 in Verbindung mit § 83 Absatz 1 Nummer 1) und
6. zur Erreichbarkeit einer Ansprechperson unabhängig von einer konkreten Inanspruchnahme (§ 113 Absatz 2 Nummer 2 in Verbindung mit § 78 Absatz 6)

können an mehrere Leistungsberechtigte gemeinsam erbracht werden, soweit dies nach § 104 für die Leistungsberechtigten zumutbar ist und mit Leistungserbringern entsprechende Vereinbarungen bestehen. [2] Maßgeblich sind die Ermittlungen und Feststellungen im Rahmen der Gesamtplanung nach Kapitel 7.

(3) Die Leistungen nach Absatz 2 sind auf Wunsch der Leistungsberechtigten gemeinsam zu erbringen, soweit die Teilhabeziele erreicht werden können.

Kapitel 7.[1)] Gesamtplanung

§ 117 Gesamtplanverfahren. (1) Das Gesamtplanverfahren ist nach folgenden Maßstäben durchzuführen:
1. Beteiligung des Leistungsberechtigten in allen Verfahrensschritten, beginnend mit der Beratung,
2. Dokumentation der Wünsche des Leistungsberechtigten zu Ziel und Art der Leistungen,
3. Beachtung der Kriterien
   a) transparent,
   b) trägerübergreifend,
   c) interdisziplinär,
   d) konsensorientiert,
   e) individuell,
   f) lebensweltbezogen,
   g) sozialraumorientiert und
   h) zielorientiert,
4. Ermittlung des individuellen Bedarfes,
5. Durchführung einer Gesamtplankonferenz,
6. Abstimmung der Leistungen nach Inhalt, Umfang und Dauer in einer Gesamtplankonferenz unter Beteiligung betroffener Leistungsträger.

(2) Am Gesamtplanverfahren wird auf Verlangen des Leistungsberechtigten eine Person seines Vertrauens beteiligt.

(3) [1] Bestehen im Einzelfall Anhaltspunkte für eine Pflegebedürftigkeit nach dem Elften Buch, wird die zuständige Pflegekasse mit Zustimmung des Leistungsberechtigten vom Träger der Eingliederungshilfe informiert und muss am Gesamtplanverfahren beratend teilnehmen, soweit dies für den Träger der Eingliederungshilfe zur Feststellung der Leistungen nach den Kapiteln 3 bis 6 erforderlich ist. [2] Bestehen im Einzelfall Anhaltspunkte, dass Leistungen der Hilfe zur Pflege nach dem Siebten Kapitel des Zwölften Buches[2)] erforderlich sind, so soll der Träger dieser Leistungen mit Zustimmung der Leistungsberechtigten informiert und am Gesamtplanverfahren beteiligt werden, soweit dies zur Feststellung der Leistungen nach den Kapiteln 3 bis 6 erforderlich ist.

(4) Bestehen im Einzelfall Anhaltspunkte für einen Bedarf an notwendigem Lebensunterhalt, ist der Träger dieser Leistungen mit Zustimmung des Leistungsberechtigten zu informieren und am Gesamtplanverfahren zu beteiligen, soweit dies zur Feststellung der Leistungen nach den Kapiteln 3 bis 6 erforderlich ist.

(5) § 22 Absatz 5 ist entsprechend anzuwenden, auch wenn ein Teilhabeplan nicht zu erstellen ist.

§ 118 Instrumente der Bedarfsermittlung. (1) [1] Der Träger der Eingliederungshilfe hat die Leistungen nach den Kapiteln 3 bis 6 unter Berücksichtigung der Wünsche des Leistungsberechtigten festzustellen. [2] Die Ermittlung des

---

[1)] Teil 2 Kapitel 1–7 (§§ 90–122) sowie Kapitel 9–11 (§§ 135–150) sind mit Ausnahme von § 94 Absatz 1, der am 1.1.2018 in Kraft getreten ist, am **1.1.2020** in Kraft getreten, vgl. Anm. am Titel.

[2)] Nr. **12**.

individuellen Bedarfes des Leistungsberechtigten muss durch ein Instrument erfolgen, das sich an der Internationalen Klassifikation der Funktionsfähigkeit, Behinderung und Gesundheit orientiert. [3] Das Instrument hat die Beschreibung einer nicht nur vorübergehenden Beeinträchtigung der Aktivität und Teilhabe in den folgenden Lebensbereichen vorzusehen:

1. Lernen und Wissensanwendung,
2. Allgemeine Aufgaben und Anforderungen,
3. Kommunikation,
4. Mobilität,
5. Selbstversorgung,
6. häusliches Leben,
7. interpersonelle Interaktionen und Beziehungen,
8. bedeutende Lebensbereiche und
9. Gemeinschafts-, soziales und staatsbürgerliches Leben.

(2) Die Landesregierungen werden ermächtigt, durch Rechtsverordnung das Nähere über das Instrument zur Bedarfsermittlung zu bestimmen.

§ 119 Gesamtplankonferenz. (1) [1] Mit Zustimmung des Leistungsberechtigten kann der Träger der Eingliederungshilfe eine Gesamtplankonferenz durchführen, um die Leistungen für den Leistungsberechtigten nach den Kapiteln 3 bis 6 sicherzustellen. [2] Die Leistungsberechtigten und die beteiligten Rehabilitationsträger können dem nach § 15 verantwortlichen Träger der Eingliederungshilfe die Durchführung einer Gesamtplankonferenz vorschlagen. [3] Den Vorschlag auf Durchführung einer Gesamtplankonferenz kann der Träger der Eingliederungshilfe ablehnen, wenn der maßgebliche Sachverhalt schriftlich ermittelt werden kann oder der Aufwand zur Durchführung nicht in einem angemessenen Verhältnis zum Umfang der beantragten Leistung steht.

(2) [1] In einer Gesamtplankonferenz beraten der Träger der Eingliederungshilfe, der Leistungsberechtigte und beteiligte Leistungsträger gemeinsam auf der Grundlage des Ergebnisses der Bedarfsermittlung nach § 118 insbesondere über

1. die Stellungnahmen der beteiligten Leistungsträger und die gutachterliche Stellungnahme des Leistungserbringers bei Beendigung der Leistungen zur beruflichen Bildung nach § 57,
2. die Wünsche der Leistungsberechtigten nach § 104 Absatz 2 bis 4,
3. den Beratungs- und Unterstützungsbedarf nach § 106,
4. die Erbringung der Leistungen.

[2] Soweit die Beratung über die Erbringung der Leistungen nach Nummer 4 den Lebensunterhalt betrifft, umfasst sie den Anteil des Regelsatzes nach § 27a Absatz 3 des Zwölften Buches[1)], der den Leistungsberechtigten als Barmittel verbleibt.

(3) [1] Ist der Träger der Eingliederungshilfe Leistungsverantwortlicher nach § 15, soll er die Gesamtplankonferenz mit einer Teilhabeplankonferenz nach § 20 verbinden. [2] Ist der Träger der Eingliederungshilfe nicht Leistungsverantwortlicher nach § 15, soll er nach § 19 Absatz 5 den Leistungsberechtigten und

---

[1)] Nr. **12**.

den Rehabilitationsträgern anbieten, mit deren Einvernehmen das Verfahren anstelle des leistenden Rehabilitationsträgers durchzuführen.

(4) [1]Beantragt eine leistungsberechtigte Mutter oder ein leistungsberechtigter Vater Leistungen zur Deckung von Bedarfen bei der Versorgung und Betreuung eines eigenen Kindes oder mehrerer eigener Kinder, so ist eine Gesamtplankonferenz mit Zustimmung des Leistungsberechtigten durchzuführen. [2]Bestehen Anhaltspunkte dafür, dass diese Bedarfe durch Leistungen anderer Leistungsträger, durch das familiäre, freundschaftliche und nachbarschaftliche Umfeld oder ehrenamtlich gedeckt werden können, so informiert der Träger der Eingliederungshilfe mit Zustimmung der Leistungsberechtigten die als zuständig angesehenen Leistungsträger, die ehrenamtlich tätigen Stellen und Personen oder die jeweiligen Personen aus dem persönlichen Umfeld und beteiligt sie an der Gesamtplankonferenz.

§ 120 Feststellung der Leistungen. (1) Nach Abschluss der Gesamtplankonferenz stellen der Träger der Eingliederungshilfe und die beteiligten Leistungsträger ihre Leistungen nach den für sie geltenden Leistungsgesetzen innerhalb der Fristen nach den §§ 14 und 15 fest.

(2) [1]Der Träger der Eingliederungshilfe erlässt auf Grundlage des Gesamtplanes nach § 121 den Verwaltungsakt über die festgestellte Leistung nach den Kapiteln 3 bis 6. [2]Der Verwaltungsakt enthält mindestens die bewilligten Leistungen und die jeweiligen Leistungsvoraussetzungen. [3]Die Feststellungen über die Leistungen sind für den Erlass des Verwaltungsaktes bindend. [4]Ist eine Gesamtplankonferenz durchgeführt worden, sind deren Ergebnisse der Erstellung des Gesamtplanes zugrunde zu legen. [5]Ist der Träger der Eingliederungshilfe Leistungsverantwortlicher nach § 15, sind die Feststellungen über die Leistungen für die Entscheidung nach § 15 Absatz 3 bindend.

(3) Wenn nach den Vorschriften zur Koordinierung der Leistungen nach Teil 1 Kapitel 4 ein anderer Rehabilitationsträger die Leistungsverantwortung trägt, bilden die im Rahmen der Gesamtplanung festgestellten Leistungen nach den Kapiteln 3 bis 6 die für den Teilhabeplan erforderlichen Feststellungen nach § 15 Absatz 2.

(4) In einem Eilfall erbringt der Träger der Eingliederungshilfe Leistungen der Eingliederungshilfe nach den Kapiteln 3 bis 6 vor Beginn der Gesamtplankonferenz vorläufig; der Umfang der vorläufigen Gesamtleistung bestimmt sich nach pflichtgemäßem Ermessen.

§ 121 Gesamtplan. (1) Der Träger der Eingliederungshilfe stellt unverzüglich nach der Feststellung der Leistungen einen Gesamtplan insbesondere zur Durchführung der einzelnen Leistungen oder einer Einzelleistung auf.

(2) [1]Der Gesamtplan dient der Steuerung, Wirkungskontrolle und Dokumentation des Teilhabeprozesses. [2]Er bedarf der Schriftform und soll regelmäßig, spätestens nach zwei Jahren, überprüft und fortgeschrieben werden.

(3) Bei der Aufstellung des Gesamtplanes wirkt der Träger der Eingliederungshilfe zusammen mit

1. dem Leistungsberechtigten,
2. einer Person seines Vertrauens und
3. dem im Einzelfall Beteiligten, insbesondere mit
   a) dem behandelnden Arzt,

b) dem Gesundheitsamt,
c) dem Landesarzt,
d) dem Jugendamt und
e) den Dienststellen der Bundesagentur für Arbeit.

(4) Der Gesamtplan enthält neben den Inhalten nach § 19 mindestens

1. die im Rahmen der Gesamtplanung eingesetzten Verfahren und Instrumente sowie die Maßstäbe und Kriterien der Wirkungskontrolle einschließlich des Überprüfungszeitpunkts,
2. die Aktivitäten der Leistungsberechtigten,
3. die Feststellungen über die verfügbaren und aktivierbaren Selbsthilferessourcen des Leistungsberechtigten sowie über Art, Inhalt, Umfang und Dauer der zu erbringenden Leistungen,
4. die Berücksichtigung des Wunsch- und Wahlrechts nach § 8 im Hinblick auf eine pauschale Geldleistung,
5. die Erkenntnisse aus vorliegenden sozialmedizinischen Gutachten und
6. das Ergebnis über die Beratung des Anteils des Regelsatzes nach § 27a Absatz 3 des Zwölften Buches[1)], der den Leistungsberechtigten als Barmittel verbleibt.

(5) Der Träger der Eingliederungshilfe stellt der leistungsberechtigten Person den Gesamtplan zur Verfügung.

§ 122 Teilhabezielvereinbarung. [1] Der Träger der Eingliederungshilfe kann mit dem Leistungsberechtigten eine Teilhabezielvereinbarung zur Umsetzung der Mindestinhalte des Gesamtplanes oder von Teilen der Mindestinhalte des Gesamtplanes abschließen. [2] Die Vereinbarung wird für die Dauer des Bewilligungszeitraumes der Leistungen der Eingliederungshilfe abgeschlossen, soweit sich aus ihr nichts Abweichendes ergibt. [3] Bestehen Anhaltspunkte dafür, dass die Vereinbarungsziele nicht oder nicht mehr erreicht werden, hat der Träger der Eingliederungshilfe die Teilhabezielvereinbarung anzupassen. [4] Die Kriterien nach § 117 Absatz 1 Nummer 3 gelten entsprechend.

Kapitel 8. Vertragsrecht

§ 123 Allgemeine Grundsätze. (1) [1] Der Träger der Eingliederungshilfe darf Leistungen der Eingliederungshilfe mit Ausnahme der Leistungen nach § 113 Absatz 2 Nummer 2 in Verbindung mit § 78 Absatz 5 und § 116 Absatz 1 durch Dritte (Leistungserbringer) nur bewilligen, soweit eine schriftliche Vereinbarung zwischen dem Träger des Leistungserbringers und dem für den Ort der Leistungserbringung zuständigen Träger der Eingliederungshilfe besteht. [2] Die Vereinbarung kann auch zwischen dem Träger der Eingliederungshilfe und dem Verband, dem der Leistungserbringer angehört, geschlossen werden, soweit der Verband eine entsprechende Vollmacht nachweist.

(2) [1] Die Vereinbarungen sind für alle übrigen Träger der Eingliederungshilfe bindend. [2] Die Vereinbarungen müssen den Grundsätzen der Wirtschaftlichkeit, Sparsamkeit und Leistungsfähigkeit entsprechen und dürfen das Maß des Notwendigen nicht überschreiten. [3] Sie sind vor Beginn der jeweiligen Wirtschaftsperiode für einen zukünftigen Zeitraum abzuschließen (Vereinbarungszeit-

---

1) Nr. 12.

raum); nachträgliche Ausgleiche sind nicht zulässig. [4]Die Ergebnisse der Vereinbarungen sind den Leistungsberechtigten in einer wahrnehmbaren Form zugänglich zu machen.

(3) Private und öffentliche Arbeitgeber gemäß § 61 sind keine Leistungserbringer im Sinne dieses Kapitels.

(4) [1]Besteht eine schriftliche Vereinbarung, so ist der Leistungserbringer, soweit er kein anderer Leistungsanbieter im Sinne des § 60 ist, im Rahmen des vereinbarten Leistungsangebotes verpflichtet, Leistungsberechtigte aufzunehmen und Leistungen der Eingliederungshilfe unter Beachtung der Inhalte des Gesamtplanes nach § 121 zu erbringen. [2]Die Verpflichtung zur Leistungserbringung besteht auch in den Fällen des § 116 Absatz 2.

(5) [1]Der Träger der Eingliederungshilfe darf die Leistungen durch Leistungserbringer, mit denen keine schriftliche Vereinbarung besteht, nur erbringen, soweit

1. dies nach der Besonderheit des Einzelfalles geboten ist,
2. der Leistungserbringer ein schriftliches Leistungsangebot vorlegt, das für den Inhalt einer Vereinbarung nach § 125 gilt,
3. der Leistungserbringer sich schriftlich verpflichtet, die Grundsätze der Wirtschaftlichkeit und Qualität der Leistungserbringung zu beachten,
4. der Leistungserbringer sich schriftlich verpflichtet, bei der Erbringung von Leistungen die Inhalte des Gesamtplanes nach § 121 zu beachten,
5. die Vergütung für die Erbringung der Leistungen nicht höher ist als die Vergütung, die der Träger der Eingliederungshilfe mit anderen Leistungserbringern für vergleichbare Leistungen vereinbart hat.

[2]Die allgemeinen Grundsätze der Absätze 1 bis 3 und 5 sowie die Vorschriften zur Geeignetheit der Leistungserbringer (§ 124), zum Inhalt der Vergütung (§ 125), zur Verbindlichkeit der vereinbarten Vergütung (§ 127), zur Wirtschaftlichkeits- und Qualitätsprüfung (§ 128), zur Kürzung der Vergütung (§ 129) und zur außerordentlichen Kündigung der Vereinbarung (§ 130) gelten entsprechend.

(6) Der Leistungserbringer hat gegen den Träger der Eingliederungshilfe einen Anspruch auf Vergütung der gegenüber dem Leistungsberechtigten erbrachten Leistungen der Eingliederungshilfe.

§ 124 Geeignete Leistungserbringer. (1) [1]Sind geeignete Leistungserbringer vorhanden, soll der Träger der Eingliederungshilfe zur Erfüllung seiner Aufgaben eigene Angebote nicht neu schaffen. [2]Geeignet ist ein externer Leistungserbringer, der unter Sicherstellung der Grundsätze des § 104 die Leistungen wirtschaftlich und sparsam erbringen kann. [3]Die durch den Leistungserbringer geforderte Vergütung ist wirtschaftlich angemessen, wenn sie im Vergleich mit der Vergütung vergleichbarer Leistungserbringer im unteren Drittel liegt (externer Vergleich). [4]Liegt die geforderte Vergütung oberhalb des unteren Drittels, kann sie wirtschaftlich angemessen sein, sofern sie nachvollziehbar auf einem höheren Aufwand des Leistungserbringers beruht und wirtschaftlicher Betriebsführung entspricht. [5]In den externen Vergleich sind die im Einzugsbereich tätigen Leistungserbringer einzubeziehen. [6]Die Bezahlung tariflich vereinbarter Vergütungen sowie entsprechender Vergütungen nach kirchlichen Arbeitsrechtsregelungen kann dabei nicht als unwirtschaftlich abgelehnt werden, soweit die Vergütung aus diesem Grunde oberhalb des unteren Drittels liegt.

(2) [1] Geeignete Leistungserbringer haben zur Erbringung der Leistungen der Eingliederungshilfe eine dem Leistungsangebot entsprechende Anzahl an Fach- und anderem Betreuungspersonal zu beschäftigen. [2] Sie müssen über die Fähigkeit zur Kommunikation mit den Leistungsberechtigten in einer für die Leistungsberechtigten wahrnehmbaren Form verfügen und nach ihrer Persönlichkeit geeignet sein. [3] Geeignete Leistungserbringer dürfen nur solche Personen beschäftigen oder ehrenamtliche Personen, die in Wahrnehmung ihrer Aufgaben Kontakt mit Leistungsberechtigten haben, mit Aufgaben betrauen, die nicht rechtskräftig wegen einer Straftat nach den §§ 171, 174 bis 174c, 176 bis 180a, 181a, 182 bis 184g, 184i bis 184k, 201a Absatz 3, §§225, 232 bis 233a, 234, 235 oder 236 des Strafgesetzbuchs verurteilt worden sind. [4] Die Leistungserbringer sollen sich von Fach- und anderem Betreuungspersonal, die in Wahrnehmung ihrer Aufgaben Kontakt mit Leistungsberechtigten haben, vor deren Einstellung oder Aufnahme einer dauerhaften ehrenamtlichen Tätigkeit und in regelmäßigen Abständen ein Führungszeugnis nach § 30a Absatz 1 des Bundeszentralregistergesetzes vorlegen lassen. [5] Nimmt der Leistungserbringer Einsicht in ein Führungszeugnis nach § 30a Absatz 1 des Bundeszentralregistergesetzes, so speichert er nur den Umstand der Einsichtnahme, das Datum des Führungszeugnisses und die Information, ob die das Führungszeugnis betreffende Person wegen einer in Satz 3 genannten Straftat rechtskräftig verurteilt worden ist. [6] Der Leistungserbringer darf diese Daten nur verändern und nutzen, soweit dies zur Prüfung der Eignung einer Person erforderlich ist. [7] Die Daten sind vor dem Zugriff Unbefugter zu schützen. [8] Sie sind unverzüglich zu löschen, wenn im Anschluss an die Einsichtnahme keine Tätigkeit für den Leistungserbringer wahrgenommen wird. [9] Sie sind spätestens drei Monate nach der letztmaligen Ausübung einer Tätigkeit für den Leistungserbringer zu löschen. [10] Das Fachpersonal muss zusätzlich über eine abgeschlossene berufsspezifische Ausbildung und dem Leistungsangebot entsprechende Zusatzqualifikationen verfügen.

(3) Sind mehrere Leistungserbringer im gleichen Maße geeignet, so hat der Träger der Eingliederungshilfe Vereinbarungen vorrangig mit Leistungserbringern abzuschließen, deren Vergütung bei vergleichbarem Inhalt, Umfang und Qualität der Leistung nicht höher ist als die anderer Leistungserbringer.

§ 125 Inhalt der schriftlichen Vereinbarung. (1) In der schriftlichen Vereinbarung zwischen dem Träger der Eingliederungshilfe und dem Leistungserbringer sind zu regeln:

1. Inhalt, Umfang und Qualität einschließlich der Wirksamkeit der Leistungen der Eingliederungshilfe (Leistungsvereinbarung) und
2. die Vergütung der Leistungen der Eingliederungshilfe (Vergütungsvereinbarung).

(2) [1] In die Leistungsvereinbarung sind als wesentliche Leistungsmerkmale mindestens aufzunehmen:

1. der zu betreuende Personenkreis,
2. die erforderliche sächliche Ausstattung,
3. Art, Umfang, Ziel und Qualität der Leistungen der Eingliederungshilfe,
4. die Festlegung der personellen Ausstattung,
5. die Qualifikation des Personals sowie

6. soweit erforderlich, die betriebsnotwendigen Anlagen des Leistungserbringers.

[2] Soweit die Erbringung von Leistungen nach § 116 Absatz 2 zu vereinbaren ist, sind darüber hinaus die für die Leistungserbringung erforderlichen Strukturen zu berücksichtigen.

(3) [1] Mit der Vergütungsvereinbarung werden unter Berücksichtigung der Leistungsmerkmale nach Absatz 2 Leistungspauschalen für die zu erbringenden Leistungen unter Beachtung der Grundsätze nach § 123 Absatz 2 festgelegt. [2] Förderungen aus öffentlichen Mitteln sind anzurechnen. [3] Die Leistungspauschalen sind nach Gruppen von Leistungsberechtigten mit vergleichbarem Bedarf oder Stundensätzen sowie für die gemeinsame Inanspruchnahme durch mehrere Leistungsberechtigte (§ 116 Absatz 2) zu kalkulieren. [4] Abweichend von Satz 1 können andere geeignete Verfahren zur Vergütung und Abrechnung der Fachleistung unter Beteiligung der Interessenvertretungen der Menschen mit Behinderungen vereinbart werden.

(4) [1] Die Vergütungsvereinbarungen mit Werkstätten für behinderte Menschen und anderen Leistungsanbietern berücksichtigen zusätzlich die mit der wirtschaftlichen Betätigung in Zusammenhang stehenden Kosten, soweit diese Kosten unter Berücksichtigung der besonderen Verhältnisse beim Leistungserbringer und der dort beschäftigten Menschen mit Behinderungen nach Art und Umfang über die in einem Wirtschaftsunternehmen üblicherweise entstehenden Kosten hinausgehen. [2] Können die Kosten im Einzelfall nicht ermittelt werden, kann hierfür eine Vergütungspauschale vereinbart werden. [3] Das Arbeitsergebnis des Leistungserbringers darf nicht dazu verwendet werden, die Vergütung des Trägers der Eingliederungshilfe zu mindern.

§ 126 Verfahren und Inkrafttreten der Vereinbarung. (1) [1] Der Leistungserbringer oder der Träger der Eingliederungshilfe hat die jeweils andere Partei schriftlich zu Verhandlungen über den Abschluss einer Vereinbarung gemäß § 125 aufzufordern. [2] Bei einer Aufforderung zum Abschluss einer Folgevereinbarung sind die Verhandlungsgegenstände zu benennen. [3] Die Aufforderung durch den Leistungsträger kann an einen unbestimmten Kreis von Leistungserbringern gerichtet werden. [4] Auf Verlangen einer Partei sind geeignete Nachweise zu den Verhandlungsgegenständen vorzulegen.

(2) [1] Kommt es nicht innerhalb von drei Monaten, nachdem eine Partei zu Verhandlungen aufgefordert wurde, zu einer schriftlichen Vereinbarung, so kann jede Partei hinsichtlich der strittigen Punkte die Schiedsstelle nach § 133 anrufen. [2] Die Schiedsstelle hat unverzüglich über die strittigen Punkte zu entscheiden. [3] Gegen die Entscheidung der Schiedsstelle ist der Rechtsweg zu den Sozialgerichten gegeben, ohne dass es eines Vorverfahrens bedarf. [4] Die Klage ist gegen den Verhandlungspartner und nicht gegen die Schiedsstelle zu richten.

(3) [1] Vereinbarungen und Schiedsstellenentscheidungen treten zu dem darin bestimmten Zeitpunkt in Kraft. [2] Wird ein Zeitpunkt nicht bestimmt, wird die Vereinbarung mit dem Tag ihres Abschlusses wirksam. [3] Festsetzungen der Schiedsstelle werden, soweit keine Festlegung erfolgt ist, rückwirkend mit dem Tag wirksam, an dem der Antrag bei der Schiedsstelle eingegangen ist. [4] Soweit in den Fällen des Satzes 3 während des Schiedsstellenverfahrens der Antrag geändert wurde, ist auf den Tag abzustellen, an dem der geänderte Antrag bei der Schiedsstelle eingegangen ist. [5] Ein jeweils vor diesem Zeitpunkt zurück-

wirkendes Vereinbaren oder Festsetzen von Vergütungen ist in den Fällen der Sätze 1 bis 4 nicht zulässig.

§ 127 Verbindlichkeit der vereinbarten Vergütung. (1) [1] Mit der Zahlung der vereinbarten Vergütung gelten alle während des Vereinbarungszeitraumes entstandenen Ansprüche des Leistungserbringers auf Vergütung der Leistung der Eingliederungshilfe als abgegolten. [2] Die im Einzelfall zu zahlende Vergütung bestimmt sich auf der Grundlage der jeweiligen Vereinbarung nach dem Betrag, der dem Leistungsberechtigten vom zuständigen Träger der Eingliederungshilfe bewilligt worden ist. [3] Sind Leistungspauschalen nach Gruppen von Leistungsberechtigten kalkuliert (§ 125 Absatz 3 Satz 3), richtet sich die zu zahlende Vergütung nach der Gruppe, die dem Leistungsberechtigten vom zuständigen Träger der Eingliederungshilfe bewilligt wurde.

(2) Einer Erhöhung der Vergütung auf Grund von Investitionsmaßnahmen, die während des laufenden Vereinbarungszeitraumes getätigt werden, muss der Träger der Eingliederungshilfe zustimmen, soweit er der Maßnahme zuvor dem Grunde und der Höhe nach zugestimmt hat.

(3) [1] Bei unvorhergesehenen wesentlichen Änderungen der Annahmen, die der Vergütungsvereinbarung oder der Entscheidung der Schiedsstelle über die Vergütung zugrunde lagen, ist die Vergütung auf Verlangen einer Vertragspartei für den laufenden Vereinbarungszeitraum neu zu verhandeln. [2] Für eine Neuverhandlung gelten die Vorschriften zum Verfahren und Inkrafttreten (§ 126) entsprechend.

(4) Nach Ablauf des Vereinbarungszeitraumes gilt die vereinbarte oder durch die Schiedsstelle festgesetzte Vergütung bis zum Inkrafttreten einer neuen Vergütungsvereinbarung weiter.

§ 128 Wirtschaftlichkeits- und Qualitätsprüfung. (1) [1] Soweit tatsächliche Anhaltspunkte dafür bestehen, dass ein Leistungserbringer seine vertraglichen oder gesetzlichen Pflichten nicht erfüllt, prüft der Träger der Eingliederungshilfe oder ein von diesem beauftragter Dritter die Wirtschaftlichkeit und Qualität einschließlich der Wirksamkeit der vereinbarten Leistungen des Leistungserbringers. [2] Die Leistungserbringer sind verpflichtet, dem Träger der Eingliederungshilfe auf Verlangen die für die Prüfung erforderlichen Unterlagen vorzulegen und Auskünfte zu erteilen. [3] Zur Vermeidung von Doppelprüfungen arbeiten die Träger der Eingliederungshilfe mit den Trägern der Sozialhilfe, mit den für die Heimaufsicht zuständigen Behörden sowie mit dem Medizinischen Dienst gemäß § 278 des Fünften Buches[1)] zusammen. [4] Der Träger der Eingliederungshilfe ist berechtigt und auf Anforderung verpflichtet, den für die Heimaufsicht zuständigen Behörden die Daten über den Leistungserbringer sowie die Ergebnisse der Prüfungen mitzuteilen, soweit sie für die Zwecke der Prüfung durch den Empfänger erforderlich sind. [5] Personenbezogene Daten sind vor der Datenübermittlung zu anonymisieren. [6] Abweichend von Satz 5 dürfen personenbezogene Daten in nicht anonymisierter Form an die für die Heimaufsicht zuständigen Behörden übermittelt werden, soweit sie zu deren Aufgabenerfüllung erforderlich sind. [7] Durch Landesrecht kann von der Einschränkung in Satz 1 erster Halbsatz abgewichen werden.

[1)] Nr. 5.

(2) Die Prüfung nach Absatz 1 kann ohne vorherige Ankündigung erfolgen und erstreckt sich auf Inhalt, Umfang, Wirtschaftlichkeit und Qualität einschließlich der Wirksamkeit der erbrachten Leistungen.

(3) [1] Der Träger der Eingliederungshilfe hat den Leistungserbringer über das Ergebnis der Prüfung schriftlich zu unterrichten. [2] Das Ergebnis der Prüfung ist dem Leistungsberechtigten in einer wahrnehmbaren Form zugänglich zu machen.

§ 129 Kürzung der Vergütung. (1) [1] Hält ein Leistungserbringer seine gesetzlichen oder vertraglichen Verpflichtungen ganz oder teilweise nicht ein, ist die vereinbarte Vergütung für die Dauer der Pflichtverletzung entsprechend zu kürzen. [2] Über die Höhe des Kürzungsbetrags ist zwischen den Vertragsparteien Einvernehmen herzustellen. [3] Kommt eine Einigung nicht zustande, entscheidet auf Antrag einer Vertragspartei die Schiedsstelle. [4] Für das Verfahren bei Entscheidungen durch die Schiedsstelle gilt § 126 Absatz 2 und 3 entsprechend.

(2) Der Kürzungsbetrag ist an den Träger der Eingliederungshilfe bis zu der Höhe zurückzuzahlen, in der die Leistung vom Träger der Eingliederungshilfe erbracht worden ist und im Übrigen an die Leistungsberechtigten zurückzuzahlen.

(3) [1] Der Kürzungsbetrag kann nicht über die Vergütungen refinanziert werden. [2] Darüber hinaus besteht hinsichtlich des Kürzungsbetrags kein Anspruch auf Nachverhandlung gemäß § 127 Absatz 3.

§ 130 Außerordentliche Kündigung der Vereinbarungen. [1] Der Träger der Eingliederungshilfe kann die Vereinbarungen mit einem Leistungserbringer fristlos kündigen, wenn ihm ein Festhalten an den Vereinbarungen auf Grund einer groben Verletzung einer gesetzlichen oder vertraglichen Verpflichtung durch den Leistungserbringer nicht mehr zumutbar ist. [2] Eine grobe Pflichtverletzung liegt insbesondere dann vor, wenn

1. Leistungsberechtigte infolge der Pflichtverletzung zu Schaden kommen,
2. gravierende Mängel bei der Leistungserbringung vorhanden sind,
3. dem Leistungserbringer nach heimrechtlichen Vorschriften die Betriebserlaubnis entzogen ist,
4. dem Leistungserbringer der Betrieb untersagt wird oder
5. der Leistungserbringer gegenüber dem Leistungsträger nicht erbrachte Leistungen abrechnet.

[3] Die Kündigung bedarf der Schriftform. [4] § 59 des Zehnten Buches[1)] gilt entsprechend.

§ 131 Rahmenverträge zur Erbringung von Leistungen. (1) [1] Die Träger der Eingliederungshilfe schließen auf Landesebene mit den Vereinigungen der Leistungserbringer gemeinsam und einheitlich Rahmenverträge zu den schriftlichen Vereinbarungen nach § 125 ab. [2] Die Rahmenverträge bestimmen

1. die nähere Abgrenzung der den Vergütungspauschalen und -beträgen nach § 125 Absatz 1 zugrunde zu legenden Kostenarten und -bestandteile sowie die Zusammensetzung der Investitionsbeträge nach § 125 Absatz 2,

---

[1)] Nr. **10**.

2. den Inhalt und die Kriterien für die Ermittlung und Zusammensetzung der Leistungspauschalen, die Merkmale für die Bildung von Gruppen mit vergleichbarem Bedarf nach § 125 Absatz 3 Satz 3 sowie die Zahl der zu bildenden Gruppen,
3. die Höhe der Leistungspauschale nach § 125 Absatz 3 Satz 1,
4. die Zuordnung der Kostenarten und -bestandteile nach § 125 Absatz 4 Satz 1,
5. die Festlegung von Personalrichtwerten oder anderen Methoden zur Festlegung der personellen Ausstattung,
6. die Grundsätze und Maßstäbe für die Wirtschaftlichkeit und Qualität einschließlich der Wirksamkeit der Leistungen sowie Inhalt und Verfahren zur Durchführung von Wirtschaftlichkeits- und Qualitätsprüfungen und
7. das Verfahren zum Abschluss von Vereinbarungen.

[3] Für Leistungserbringer, die einer Kirche oder Religionsgemeinschaft des öffentlichen Rechts oder einem sonstigen freigemeinnützigen Träger zuzuordnen sind, können die Rahmenverträge auch von der Kirche oder Religionsgemeinschaft oder von dem Wohlfahrtsverband abgeschlossen werden, dem der Leistungserbringer angehört. [4] In den Rahmenverträgen sollen die Merkmale und Besonderheiten der jeweiligen Leistungen berücksichtigt werden.

(2) Die durch Landesrecht bestimmten maßgeblichen Interessenvertretungen der Menschen mit Behinderungen wirken bei der Erarbeitung und Beschlussfassung der Rahmenverträge mit.

(3) Die Vereinigungen der Träger der Eingliederungshilfe und die Vereinigungen der Leistungserbringer vereinbaren gemeinsam und einheitlich Empfehlungen auf Bundesebene zum Inhalt der Rahmenverträge.

(4) Kommt es nicht innerhalb von sechs Monaten nach schriftlicher Aufforderung durch die Landesregierung zu einem Rahmenvertrag, so kann die Landesregierung die Inhalte durch Rechtsverordnung regeln.

§ 132 Abweichende Zielvereinbarungen. (1) Leistungsträger und Träger der Leistungserbringer können Zielvereinbarungen zur Erprobung neuer und zur Weiterentwicklung der bestehenden Leistungs- und Finanzierungsstrukturen abschließen.

(2) Die individuellen Leistungsansprüche der Leistungsberechtigten bleiben unberührt.

(3) Absatz 1 gilt nicht, soweit auch Leistungen nach dem Siebten Kapitel des Zwölften Buches[1)] gewährt werden.

§ 133 Schiedsstelle. (1) Für jedes Land oder für Teile eines Landes wird eine Schiedsstelle gebildet.

(2) Die Schiedsstelle besteht aus Vertretern der Leistungserbringer und Vertretern der Träger der Eingliederungshilfe in gleicher Zahl sowie einem unparteiischen Vorsitzenden.

(3) [1] Die Vertreter der Leistungserbringer und deren Stellvertreter werden von den Vereinigungen der Leistungserbringer bestellt. [2] Bei der Bestellung ist die Trägervielfalt zu beachten. [3] Die Vertreter der Träger der Eingliederungs-

---

[1)] Nr. **12**.

hilfe und deren Stellvertreter werden von diesen bestellt. [4]Der Vorsitzende und sein Stellvertreter werden von den beteiligten Organisationen gemeinsam bestellt. [5]Kommt eine Einigung nicht zustande, werden sie durch Los bestimmt. [6]Soweit die beteiligten Organisationen der Leistungserbringer oder die Träger der Eingliederungshilfe keinen Vertreter bestellen oder im Verfahren nach Satz 3 keine Kandidaten für das Amt des Vorsitzenden und des Stellvertreters benennen, bestellt die zuständige Landesbehörde auf Antrag eines der Beteiligten die Vertreter und benennt die Kandidaten für die Position des Vorsitzenden und seines Stellvertreters.

(4) [1]Die Mitglieder der Schiedsstelle führen ihr Amt als Ehrenamt. [2]Sie sind an Weisungen nicht gebunden. [3]Jedes Mitglied hat eine Stimme. [4]Die Entscheidungen werden mit der Mehrheit der Mitglieder getroffen. [5]Ergibt sich keine Mehrheit, entscheidet die Stimme des Vorsitzenden.

(5) Die Landesregierungen werden ermächtigt, durch Rechtsverordnung das Nähere zu bestimmen über

1. die Zahl der Schiedsstellen,
2. die Zahl der Mitglieder und deren Bestellung,
3. die Amtsdauer und Amtsführung,
4. die Erstattung der baren Auslagen und die Entschädigung für den Zeitaufwand der Mitglieder der Schiedsstelle,
5. die Geschäftsführung,
6. das Verfahren,
7. die Erhebung und die Höhe der Gebühren,
8. die Verteilung der Kosten,
9. die Rechtsaufsicht sowie
10. die Beteiligung der Interessenvertretungen der Menschen mit Behinderungen.

§ 134 Sonderregelung zum Inhalt der Vereinbarungen zur Erbringung von Leistungen für minderjährige Leistungsberechtigte und in Sonderfällen. (1) In der schriftlichen Vereinbarung zur Erbringung von Leistungen für minderjährige Leistungsberechtigte zwischen dem Träger der Eingliederungshilfe und dem Leistungserbringer sind zu regeln:

1. Inhalt, Umfang und Qualität einschließlich der Wirksamkeit der Leistungen (Leistungsvereinbarung) sowie
2. die Vergütung der Leistung (Vergütungsvereinbarung).

(2) In die Leistungsvereinbarung sind als wesentliche Leistungsmerkmale insbesondere aufzunehmen:

1. die betriebsnotwendigen Anlagen des Leistungserbringers,
2. der zu betreuende Personenkreis,
3. Art, Ziel und Qualität der Leistung,
4. die Festlegung der personellen Ausstattung,
5. die Qualifikation des Personals sowie
6. die erforderliche sächliche Ausstattung.

(3) [1]Die Vergütungsvereinbarung besteht mindestens aus

1. der Grundpauschale für Unterkunft und Verpflegung,

2. der Maßnahmepauschale sowie
3. einem Betrag für betriebsnotwendige Anlagen einschließlich ihrer Ausstattung (Investitionsbetrag).

[2] Förderungen aus öffentlichen Mitteln sind anzurechnen. [3] Die Maßnahmepauschale ist nach Gruppen für Leistungsberechtigte mit vergleichbarem Bedarf zu kalkulieren.

(4) [1] Die Absätze 1 bis 3 finden auch Anwendung, wenn volljährige Leistungsberechtigte Leistungen zur Schulbildung nach § 112 Absatz 1 Nummer 1 sowie Leistungen zur schulischen Ausbildung für einen Beruf nach § 112 Absatz 1 Nummer 2 erhalten, soweit diese Leistungen in besonderen Ausbildungsstätten über Tag und Nacht für Menschen mit Behinderungen erbracht werden. [2] Entsprechendes gilt bei anderen volljährigen Leistungsberechtigten, wenn

1. das Konzept des Leistungserbringers auf Minderjährige als zu betreuenden Personenkreis ausgerichtet ist,
2. der Leistungsberechtigte von diesem Leistungserbringer bereits Leistungen über Tag und Nacht auf Grundlage von Vereinbarungen nach den Absätzen 1 bis 3, § 78b des Achten Buches[1)], § 75 Absatz 3 des Zwölften Buches[2)] in der am 31. Dezember 2019 geltenden Fassung oder nach Maßgabe des § 75 Absatz 4 des Zwölften Buches in der am 31. Dezember 2019 geltenden Fassung erhalten hat und
3. der Leistungsberechtigte nach Erreichen der Volljährigkeit für eine kurze Zeit, in der Regel nicht länger als bis zur Vollendung des 21. Lebensjahres, Leistungen von diesem Leistungserbringer weitererhält, mit denen insbesondere vor dem Erreichen der Volljährigkeit definierte Teilhabeziele erreicht werden sollen.

Kapitel 9.[3)] Einkommen und Vermögen

§ 135 Begriff des Einkommens. (1) Maßgeblich für die Ermittlung des Beitrages nach § 136 ist die Summe der Einkünfte des Vorvorjahres nach § 2 Absatz 2 des Einkommensteuergesetzes sowie bei Renteneinkünften die Bruttorente des Vorvorjahres.

(2) Wenn zum Zeitpunkt der Leistungsgewährung eine erhebliche Abweichung zu den Einkünften des Vorvorjahres besteht, sind die voraussichtlichen Jahreseinkünfte des laufenden Jahres im Sinne des Absatzes 1 zu ermitteln und zugrunde zu legen.

§ 136 Beitrag aus Einkommen zu den Aufwendungen. (1) Bei den Leistungen nach diesem Teil ist ein Beitrag zu den Aufwendungen aufzubringen, wenn das Einkommen im Sinne des § 135 der antragstellenden Person sowie bei minderjährigen Personen der im Haushalt lebenden Eltern oder des im Haushalt lebenden Elternteils die Beträge nach Absatz 2 übersteigt.

(2) [1] Ein Beitrag zu den Aufwendungen ist aufzubringen, wenn das Einkommen im Sinne des § 135 überwiegend

---

[1)] Nr. **8**.
[2)] Nr. **12**.
[3)] Teil 2 Kapitel 1–7 (§§ 90–122) sowie Kapitel 9–11 (§§ 135–150) sind mit Ausnahme von § 94 Absatz 1, der am 1.1.2018 in Kraft getreten ist, am **1.1.2020** in Kraft getreten, vgl. Anm. am Titel.

1. aus einer sozialversicherungspflichtigen Beschäftigung oder selbständigen Tätigkeit erzielt wird und 85 Prozent der jährlichen Bezugsgröße nach § 18 Absatz 1 des Vierten Buches[1)] übersteigt oder
2. aus einer nicht sozialversicherungspflichtigen Beschäftigung erzielt wird und 75 Prozent der jährlichen Bezugsgröße nach § 18 Absatz 1 des Vierten Buches übersteigt oder
3. aus Renteneinkünften erzielt wird und 60 Prozent der jährlichen Bezugsgröße nach § 18 Absatz 1 des Vierten Buches übersteigt.

[2] Wird das Einkommen im Sinne des § 135 überwiegend aus anderen Einkunftsarten erzielt, ist Satz 1 Nummer 2 entsprechend anzuwenden.

(3) Die Beträge nach Absatz 2 erhöhen sich für den nicht getrennt lebenden Ehegatten oder Lebenspartner, den Partner einer eheähnlichen oder lebenspartnerschaftsähnlichen Gemeinschaft um 15 Prozent sowie für jedes unterhaltsberechtigte Kind im Haushalt um 10 Prozent der jährlichen Bezugsgröße nach § 18 Absatz 1 des Vierten Buches.

(4) [1] Übersteigt das Einkommen im Sinne des § 135 einer in Absatz 3 erster Halbsatz genannten Person den Betrag, der sich nach Absatz 2 ergibt, findet Absatz 3 keine Anwendung. [2] In diesem Fall erhöhen sich für jedes unterhaltsberechtigte Kind im Haushalt die Beträge nach Absatz 2 um 5 Prozent der jährlichen Bezugsgröße nach § 18 Absatz 1 des Vierten Buches.

(5) [1] Ist der Leistungsberechtigte minderjährig und lebt im Haushalt der Eltern, erhöht sich der Betrag nach Absatz 2 um 75 Prozent der jährlichen Bezugsgröße nach § 18 Absatz 1 des Vierten Buches für jeden Leistungsberechtigten. [2] Die Absätze 3 und 4 sind nicht anzuwenden.

§ 137 Höhe des Beitrages zu den Aufwendungen. (1) Die antragstellende Person im Sinne des § 136 Absatz 1 hat aus dem Einkommen im Sinne des § 135 einen Beitrag zu den Aufwendungen nach Maßgabe der Absätze 2 und 3 aufzubringen.

(2) [1] Wenn das Einkommen die Beträge nach § 136 Absatz 2 übersteigt, ist ein monatlicher Beitrag in Höhe von 2 Prozent des den Betrag nach § 136 Absatz 2 bis 5 übersteigenden Betrages als monatlicher Beitrag aufzubringen. [2] Der nach Satz 1 als monatlicher Beitrag aufzubringende Betrag ist auf volle 10 Euro abzurunden.

(3) Der Beitrag ist von der zu erbringenden Leistung abzuziehen.

(4) [1] Ist ein Beitrag von anderen Personen aufzubringen als dem Leistungsberechtigten und ist die Durchführung der Maßnahme der Eingliederungshilfeleistung ohne Entrichtung des Beitrages gefährdet, so kann im Einzelfall die erforderliche Leistung ohne Abzug nach Absatz 3 erbracht werden. [2] Die in Satz 1 genannten Personen haben dem Träger der Eingliederungshilfe die Aufwendungen im Umfang des Beitrages zu ersetzen; mehrere Verpflichtete haften als Gesamtschuldner.

§ 138 Besondere Höhe des Beitrages zu den Aufwendungen. (1) Ein Beitrag ist nicht aufzubringen bei

1. heilpädagogischen Leistungen nach § 113 Absatz 2 Nummer 3,
2. Leistungen zur medizinischen Rehabilitation nach § 109,

[1)] Nr. 4.

3. Leistungen zur Teilhabe am Arbeitsleben nach § 111 Absatz 1,
4. Leistungen zur Teilhabe an Bildung nach § 112 Absatz 1 Nummer 1,
5. Leistungen zur schulischen oder hochschulischen Ausbildung oder Weiterbildung für einen Beruf nach § 112 Absatz 1 Nummer 2, soweit diese Leistungen in besonderen Ausbildungsstätten über Tag und Nacht für Menschen mit Behinderungen erbracht werden,
6. Leistungen zum Erwerb und Erhalt praktischer Kenntnisse und Fähigkeiten nach § 113 Absatz 2 Nummer 5, soweit diese der Vorbereitung auf die Teilhabe am Arbeitsleben nach § 111 Absatz 1 dienen,
7. Leistungen nach § 113 Absatz 1, die noch nicht eingeschulten leistungsberechtigten Personen die für sie erreichbare Teilnahme am Leben in der Gemeinschaft ermöglichen sollen,
8. gleichzeitiger Gewährung von Leistungen zum Lebensunterhalt nach dem Zweiten oder Zwölften Buch oder nach § 27a des Bundesversorgungsgesetzes.

(2) Wenn ein Beitrag nach § 137 aufzubringen ist, ist für weitere Leistungen im gleichen Zeitraum oder weitere Leistungen an minderjährige Kinder im gleichen Haushalt nach diesem Teil kein weiterer Beitrag aufzubringen.

(3) Bei einmaligen Leistungen zur Beschaffung von Bedarfsgegenständen, deren Gebrauch für mindestens ein Jahr bestimmt ist, ist höchstens das Vierfache des monatlichen Beitrages einmalig aufzubringen.

§ 139 Begriff des Vermögens. [1] Zum Vermögen im Sinne dieses Teils gehört das gesamte verwertbare Vermögen. [2] Die Leistungen nach diesem Teil dürfen nicht abhängig gemacht werden vom Einsatz oder von der Verwertung des Vermögens im Sinne des § 90 Absatz 2 Nummer 1 bis 8 des Zwölften Buches[1)] und eines Barvermögens oder sonstiger Geldwerte bis zu einem Betrag von 150 Prozent der jährlichen Bezugsgröße nach § 18 Absatz 1 des Vierten Buches[2)]. [3] Die Eingliederungshilfe darf ferner nicht vom Einsatz oder von der Verwertung eines Vermögens abhängig gemacht werden, soweit dies für den, der das Vermögen einzusetzen hat, und für seine unterhaltsberechtigten Angehörigen eine Härte bedeuten würde.

§ 140 Einsatz des Vermögens. (1) Die antragstellende Person sowie bei minderjährigen Personen die im Haushalt lebenden Eltern oder ein Elternteil haben vor der Inanspruchnahme von Leistungen nach diesem Teil die erforderlichen Mittel aus ihrem Vermögen aufzubringen.

(2) [1] Soweit für den Bedarf der nachfragenden Person Vermögen einzusetzen ist, jedoch der sofortige Verbrauch oder die sofortige Verwertung des Vermögens nicht möglich ist oder für die, die es einzusetzen hat, eine Härte bedeuten würde, soll die beantragte Leistung als Darlehen geleistet werden. [2] Die Leistungserbringung kann davon abhängig gemacht werden, dass der Anspruch auf Rückzahlung dinglich oder in anderer Weise gesichert wird.

(3) Die in § 138 Absatz 1 genannten Leistungen sind ohne Berücksichtigung von vorhandenem Vermögen zu erbringen.

[1)] Nr. **12**.
[2)] Nr. **4**.

§ 141 Übergang von Ansprüchen. (1) [1]Hat eine Person im Sinne von § 136 Absatz 1 oder der nicht getrennt lebende Ehegatte oder Lebenspartner für die antragstellende Person einen Anspruch gegen einen anderen, der kein Leistungsträger im Sinne des § 12 des Ersten Buches[1)] ist, kann der Träger der Eingliederungshilfe durch schriftliche Anzeige an den anderen bewirken, dass dieser Anspruch bis zur Höhe seiner Aufwendungen auf ihn übergeht. [2]Dies gilt nicht für bürgerlich-rechtliche Unterhaltsansprüche.

(2) [1]Der Übergang des Anspruches darf nur insoweit bewirkt werden, als bei rechtzeitiger Leistung des anderen entweder die Leistung nicht erbracht worden wäre oder ein Beitrag aufzubringen wäre. [2]Der Übergang ist nicht dadurch ausgeschlossen, dass der Anspruch nicht übertragen, verpfändet oder gepfändet werden kann.

(3) [1]Die schriftliche Anzeige bewirkt den Übergang des Anspruches für die Zeit, für die der leistungsberechtigten Person die Leistung ohne Unterbrechung erbracht wird. [2]Als Unterbrechung gilt ein Zeitraum von mehr als zwei Monaten.

(4) [1]Widerspruch und Anfechtungsklage gegen den Verwaltungsakt, der den Übergang des Anspruches bewirkt, haben keine aufschiebende Wirkung. [2]Die §§ 115 und 116 des Zehnten Buches[2)] gehen der Regelung des Absatzes 1 vor.

§ 142 Sonderregelungen für minderjährige Leistungsberechtigte und in Sonderfällen. (1) Minderjährigen Leistungsberechtigten und ihren Eltern oder einem Elternteil ist bei Leistungen im Sinne des § 138 Absatz 1 Nummer 1, 2, 4, 5 und 7 die Aufbringung der Mittel für die Kosten des Lebensunterhalts nur in Höhe der für den häuslichen Lebensunterhalt ersparten Aufwendungen zuzumuten, soweit Leistungen über Tag und Nacht oder über Tag erbracht werden.

(2) [1]Sind Leistungen von einem oder mehreren Anbietern über Tag und Nacht oder über Tag oder für ärztliche oder ärztlich verordnete Maßnahmen erforderlich, sind die Leistungen, die der Vereinbarung nach § 134 Absatz 3 zugrunde liegen, durch den Träger der Eingliederungshilfe auch dann in vollem Umfang zu erbringen, wenn den minderjährigen Leistungsberechtigten und ihren Eltern oder einem Elternteil die Aufbringung der Mittel nach Absatz 1 zu einem Teil zuzumuten ist. [2]In Höhe dieses Teils haben sie zu den Kosten der erbrachten Leistungen beizutragen; mehrere Verpflichtete haften als Gesamtschuldner.

(3) Die Absätze 1 und 2 gelten entsprechend, wenn volljährige Leistungsberechtigte Leistungen erhalten, denen Vereinbarungen nach § 134 Absatz 4 zugrunde liegen.

Kapitel 10.[3)] Statistik

§ 143 Bundesstatistik. Zur Beurteilung der Auswirkungen dieses Teils und zu seiner Fortentwicklung werden Erhebungen über

1. die Leistungsberechtigten und

[1)] Nr. **1**.

[2)] Nr. **10**.

[3)] Teil 2 Kapitel 1–7 (§§ 90–122) sowie Kapitel 9–11 (§§ 135–150) sind mit Ausnahme von § 94 Absatz 1, der am 1.1.2018 in Kraft getreten ist, am **1.1.2020** in Kraft getreten, vgl. Anm. am Titel.

2. die Ausgaben und Einnahmen der Träger der Eingliederungshilfe

als Bundesstatistik durchgeführt.

§ 144 Erhebungsmerkmale. (1) Erhebungsmerkmale bei den Erhebungen nach § 143 Nummer 1 sind für jeden Leistungsberechtigten

1. Geschlecht, Geburtsmonat und -jahr, Staatsangehörigkeit, Bundesland, Wohngemeinde und Gemeindeteil, Kennnummer des Trägers, mit anderen Leistungsberechtigten zusammenlebend, erbrachte Leistungsarten im Laufe und am Ende des Berichtsjahres,
2. die Höhe der Bedarfe für jede erbrachte Leistungsart, die Höhe des aufgebrachten Beitrags nach § 92, die Art des angerechneten Einkommens, Beginn und Ende der Leistungserbringung nach Monat und Jahr, die für mehrere Leistungsberechtigte erbrachte Leistung, die Leistung als pauschalierte Geldleistung, die Leistung durch ein Persönliches Budget sowie
3. gleichzeitiger Bezug von Leistungen nach dem Zweiten, Elften oder Zwölften Buch.

(2) Merkmale bei den Erhebungen nach Absatz 1 Nummer 1 und 2 nach der Art der Leistung sind insbesondere:

1. Leistung zur medizinischen Rehabilitation,
2. Leistung zur Beschäftigung im Arbeitsbereich anerkannter Werkstätten für behinderte Menschen,
3. Leistung zur Beschäftigung bei anderen Leistungsanbietern,
4. Leistung zur Beschäftigung bei privaten und öffentlichen Arbeitgebern,
5. Leistung zur Teilhabe an Bildung,
6. Leistung für Wohnraum,
7. Assistenzleistung nach § 113 Absatz 2 Nummer 2 in Verbindung mit § 78 Absatz 2 Nummer 1,
8. Assistenzleistung nach § 113 Absatz 2 Nummer 2 in Verbindung mit § 78 Absatz 2 Nummer 2,
9. heilpädagogische Leistung,
10. Leistung zum Erwerb praktischer Kenntnisse und Fähigkeiten,
11. Leistung zur Förderung der Verständigung,
12. Leistung für ein Kraftfahrzeug,
13. Leistung zur Beförderung insbesondere durch einen Beförderungsdienst,
14. Hilfsmittel im Rahmen der Sozialen Teilhabe und
15. Besuchsbeihilfen.

(3) Erhebungsmerkmale nach § 143 Nummer 2 sind das Bundesland, die Ausgaben gesamt nach der Art der Leistungen die Einnahmen gesamt und nach Einnahmearten sowie die Höhe der aufgebrachten Beiträge gesamt.

§ 145 Hilfsmerkmale. (1) Hilfsmerkmale sind

1. Name und Anschrift des Auskunftspflichtigen,
2. Name, Telefonnummer und E-Mail-Adresse der für eventuelle Rückfragen zur Verfügung stehenden Person,
3. für die Erhebung nach § 143 Nummer 1 die Kennnummer des Leistungsberechtigten.

(2) [1]Die Kennnummern nach Absatz 1 Nummer 3 dienen der Prüfung der Richtigkeit der Statistik und der Fortschreibung der jeweils letzten Bestandserhebung. [2]Sie enthalten keine Angaben über persönliche und sachliche Verhältnisse des Leistungsberechtigten und sind zum frühestmöglichen Zeitpunkt, spätestens nach Abschluss der wiederkehrenden Bestandserhebung, zu löschen.

§ 146 Periodizität und Berichtszeitraum. Die Erhebungen erfolgen jährlich für das abgelaufene Kalenderjahr.

§ 147 Auskunftspflicht. (1) [1]Für die Erhebungen besteht Auskunftspflicht. [2]Die Angaben nach § 145 Absatz 1 Nummer 2 und die Angaben zum Gemeindeteil nach § 144 Absatz 1 Nummer 1 sind freiwillig.

(2) Auskunftspflichtig sind die Träger der Eingliederungshilfe.

§ 148 Übermittlung, Veröffentlichung. (1) Die in sich schlüssigen und nach einheitlichen Standards formatierten Einzeldatensätze sind von den Auskunftspflichtigen elektronisch bis zum Ablauf von 40 Arbeitstagen nach Ende des jeweiligen Berichtszeitraums an das jeweilige statistische Landesamt zu übermitteln.

(2) [1]An die fachlich zuständigen obersten Bundes- oder Landesbehörden dürfen für die Verwendung gegenüber den gesetzgebenden Körperschaften und für Zwecke der Planung, jedoch nicht für die Regelung von Einzelfällen, vom Statistischen Bundesamt und von den statistischen Ämtern der Länder Tabellen mit statistischen Ergebnissen übermittelt werden, auch soweit Tabellenfelder nur einen einzigen Fall ausweisen. [2]Tabellen, die nur einen einzigen Fall ausweisen, dürfen nur dann übermittelt werden, wenn sie nicht differenzierter als auf Regierungsbezirksebene, bei Stadtstaaten auf Bezirksebene, aufbereitet sind.

(3) [1]Die statistischen Ämter der Länder stellen dem Statistischen Bundesamt für Zusatzaufbereitungen des Bundes jährlich unverzüglich nach Aufbereitung der Bestandserhebung und der Erhebung im Laufe des Berichtsjahres die Einzelangaben aus der Erhebung zur Verfügung. [2]Angaben zu den Hilfsmerkmalen nach § 145 dürfen nicht übermittelt werden.

(4) Die Ergebnisse der Bundesstatistik nach diesem Kapitel dürfen auf die einzelnen Gemeinden bezogen veröffentlicht werden.

Kapitel 11.[1)] Übergangs- und Schlussbestimmungen

§ 149 Übergangsregelung für ambulant Betreute. Für Personen, die Leistungen der Eingliederungshilfe für behinderte Menschen erhalten, deren Betreuung am 26. Juni 1996 durch von ihnen beschäftigte Personen oder ambulante Dienste sichergestellt wurde, gilt § 3a des Bundessozialhilfegesetzes in der am 26. Juni 1996 geltenden Fassung.

§ 150 Übergangsregelung zum Einsatz des Einkommens. Abweichend von Kapitel 9 sind bei der Festsetzung von Leistungen für Leistungsberechtigte, die am 31. Dezember 2019 Leistungen nach dem Sechsten Kapitel des Zwölf-

---

1) Teil 2 Kapitel 1–7 (§§ 90–122) sowie Kapitel 9–11 (§§ 135–150) sind mit Ausnahme von § 94 Absatz 1, der am 1.1.2018 in Kraft getreten ist, am **1.1.2020** in Kraft getreten, vgl. Anm. am Titel.

ten Buches[1)] in der Fassung vom 31. Dezember 2019 erhalten haben und von denen ein Einsatz des Einkommens über der Einkommensgrenze gemäß § 87 des Zwölften Buches in der Fassung vom 31. Dezember 2019 gefordert wurde, die am 31. Dezember 2019 geltenden Einkommensgrenzen nach dem Elften Kapitel des Zwölften Buches in der Fassung vom 31. Dezember 2019 zugrunde zu legen, solange der nach Kapitel 9 aufzubringende Beitrag höher ist als der Einkommenseinsatz nach dem am 31. Dezember 2019 geltenden Recht.

Teil 3. Besondere Regelungen zur Teilhabe schwerbehinderter Menschen (Schwerbehindertenrecht)

Kapitel 1. Geschützter Personenkreis

§ 151 Geltungsbereich. (1) Die Regelungen dieses Teils gelten für schwerbehinderte und diesen gleichgestellte behinderte Menschen.

(2) [1] Die Gleichstellung behinderter Menschen mit schwerbehinderten Menschen (§ 2 Absatz 3) erfolgt auf Grund einer Feststellung nach § 152 auf Antrag des behinderten Menschen durch die Bundesagentur für Arbeit. [2] Die Gleichstellung wird mit dem Tag des Eingangs des Antrags wirksam. [3] Sie kann befristet werden.

(3) Auf gleichgestellte behinderte Menschen werden die besonderen Regelungen für schwerbehinderte Menschen mit Ausnahme des § 208 und des Kapitels 13 angewendet.

(4) [1] Schwerbehinderten Menschen gleichgestellt sind auch behinderte Jugendliche und junge Erwachsene (§ 2 Absatz 1) während der Zeit ihrer Berufsausbildung in Betrieben und Dienststellen oder einer beruflichen Orientierung, auch wenn der Grad der Behinderung weniger als 30 beträgt oder ein Grad der Behinderung nicht festgestellt ist. [2] Der Nachweis der Behinderung wird durch eine Stellungnahme der Agentur für Arbeit oder durch einen Bescheid über Leistungen zur Teilhabe am Arbeitsleben erbracht. [3] Die Gleichstellung gilt nur für Leistungen des Integrationsamtes im Rahmen der beruflichen Orientierung und der Berufsausbildung im Sinne des § 185 Absatz 3 Nummer 2 Buchstabe c.

§ 152 Feststellung der Behinderung, Ausweise. (1) [1] Auf Antrag des behinderten Menschen stellen die für die Durchführung des Bundesversorgungsgesetzes zuständigen Behörden das Vorliegen einer Behinderung und den Grad der Behinderung zum Zeitpunkt der Antragstellung fest. [2] Auf Antrag kann festgestellt werden, dass ein Grad der Behinderung oder gesundheitliche Merkmale bereits zu einem früheren Zeitpunkt vorgelegen haben, wenn dafür ein besonderes Interesse glaubhaft gemacht wird. [3] Beantragt eine erwerbstätige Person die Feststellung der Eigenschaft als schwerbehinderter Mensch (§ 2 Absatz 2), gelten die in § 14 Absatz 2 Satz 2 und 3 sowie § 17 Absatz 1 Satz 1 und Absatz 2 Satz 1 genannten Fristen sowie § 60 Absatz 1 des Ersten Buches[2)] entsprechend. [4] Das Gesetz über das Verwaltungsverfahren der Kriegsopferversorgung ist entsprechend anzuwenden, soweit nicht das Zehnte Buch Anwendung findet. [5] Die Auswirkungen auf die Teilhabe am Leben in der Gesellschaft werden als Grad der Behinderung nach Zehnergraden abgestuft festgestellt. [6] Eine Feststellung ist nur zu treffen, wenn ein Grad der Behinderung von

[1)] Nr. 12.
[2)] Nr. 1.

wenigstens 20 vorliegt. [7]Durch Landesrecht kann die Zuständigkeit abweichend von Satz 1 geregelt werden.

(2) [1]Feststellungen nach Absatz 1 sind nicht zu treffen, wenn eine Feststellung über das Vorliegen einer Behinderung und den Grad einer auf ihr beruhenden Erwerbsminderung schon in einem Rentenbescheid, einer entsprechenden Verwaltungs- oder Gerichtsentscheidung oder einer vorläufigen Bescheinigung der für diese Entscheidungen zuständigen Dienststellen getroffen worden ist, es sei denn, dass der behinderte Mensch ein Interesse an anderweitiger Feststellung nach Absatz 1 glaubhaft macht. [2]Eine Feststellung nach Satz 1 gilt zugleich als Feststellung des Grades der Behinderung.

(3) [1]Liegen mehrere Beeinträchtigungen der Teilhabe am Leben in der Gesellschaft vor, so wird der Grad der Behinderung nach den Auswirkungen der Beeinträchtigungen in ihrer Gesamtheit unter Berücksichtigung ihrer wechselseitigen Beziehungen festgestellt. [2]Für diese Entscheidung gilt Absatz 1, es sei denn, dass in einer Entscheidung nach Absatz 2 eine Gesamtbeurteilung bereits getroffen worden ist.

(4) Sind neben dem Vorliegen der Behinderung weitere gesundheitliche Merkmale Voraussetzung für die Inanspruchnahme von Nachteilsausgleichen, so treffen die zuständigen Behörden die erforderlichen Feststellungen im Verfahren nach Absatz 1.

(5) [1]Auf Antrag des behinderten Menschen stellen die zuständigen Behörden auf Grund einer Feststellung der Behinderung einen Ausweis über die Eigenschaft als schwerbehinderter Mensch, den Grad der Behinderung sowie im Falle des Absatzes 4 über weitere gesundheitliche Merkmale aus. [2]Der Ausweis dient dem Nachweis für die Inanspruchnahme von Leistungen und sonstigen Hilfen, die schwerbehinderten Menschen nach diesem Teil oder nach anderen Vorschriften zustehen. [3]Die Gültigkeitsdauer des Ausweises soll befristet werden. [4]Er wird eingezogen, sobald der gesetzliche Schutz schwerbehinderter Menschen erloschen ist. [5]Der Ausweis wird berichtigt, sobald eine Neufeststellung unanfechtbar geworden ist.

§ 153 Verordnungsermächtigung. (1) Die Bundesregierung wird ermächtigt, durch Rechtsverordnung mit Zustimmung des Bundesrates nähere Vorschriften über die Gestaltung der Ausweise, ihre Gültigkeit und das Verwaltungsverfahren zu erlassen.

(2) Das Bundesministerium für Arbeit und Soziales wird ermächtigt, durch Rechtsverordnung mit Zustimmung des Bundesrates die Grundsätze aufzustellen, die für die Bewertung des Grades der Behinderung, die Kriterien für die Bewertung der Hilflosigkeit und die Voraussetzungen für die Vergabe von Merkzeichen maßgebend sind, die nach Bundesrecht im Schwerbehindertenausweis einzutragen sind.

Kapitel 2. Beschäftigungspflicht der Arbeitgeber

§ 154 Pflicht der Arbeitgeber zur Beschäftigung schwerbehinderter Menschen. (1) [1]Private und öffentliche Arbeitgeber (Arbeitgeber) mit jahresdurchschnittlich monatlich mindestens 20 Arbeitsplätzen im Sinne des § 156 haben auf wenigstens 5 Prozent der Arbeitsplätze schwerbehinderte Menschen zu beschäftigen. [2]Dabei sind schwerbehinderte Frauen besonders zu berücksichtigen. [3]Abweichend von Satz 1 haben Arbeitgeber mit jahresdurchschnittlich monatlich weniger als 40 Arbeitsplätzen jahresdurchschnittlich je Monat einen schwerbehinderten Menschen, Arbeitgeber mit jahresdurchschnittlich monatlich weniger als 60 Arbeitsplätzen jahresdurchschnittlich je Monat zwei schwerbehinderte Menschen zu beschäftigen.

(2) Als öffentliche Arbeitgeber im Sinne dieses Teils gelten

1. jede oberste Bundesbehörde mit ihren nachgeordneten Dienststellen, das Bundespräsidialamt, die Verwaltungen des Deutschen Bundestages und des Bundesrates, das Bundesverfassungsgericht, die obersten Gerichtshöfe des Bundes, der Bundesgerichtshof jedoch zusammengefasst mit dem Generalbundesanwalt, sowie das Bundeseisenbahnvermögen,
2. jede oberste Landesbehörde und die Staats- und Präsidialkanzleien mit ihren nachgeordneten Dienststellen, die Verwaltungen der Landtage, die Rechnungshöfe (Rechnungskammern), die Organe der Verfassungsgerichtsbarkeit der Länder und jede sonstige Landesbehörde, zusammengefasst jedoch diejenigen Behörden, die eine gemeinsame Personalverwaltung haben,
3. jede sonstige Gebietskörperschaft und jeder Verband von Gebietskörperschaften,
4. jede sonstige Körperschaft, Anstalt oder Stiftung des öffentlichen Rechts.

§ 155 Beschäftigung besonderer Gruppen schwerbehinderter Menschen. (1) Im Rahmen der Erfüllung der Beschäftigungspflicht sind in angemessenem Umfang zu beschäftigen:

1. schwerbehinderte Menschen, die nach Art oder Schwere ihrer Behinderung im Arbeitsleben besonders betroffen sind, insbesondere solche,
   a) die zur Ausübung der Beschäftigung wegen ihrer Behinderung nicht nur vorübergehend einer besonderen Hilfskraft bedürfen oder
   b) deren Beschäftigung infolge ihrer Behinderung nicht nur vorübergehend mit außergewöhnlichen Aufwendungen für den Arbeitgeber verbunden ist oder
   c) die infolge ihrer Behinderung nicht nur vorübergehend offensichtlich nur eine wesentlich verminderte Arbeitsleistung erbringen können oder
   d) bei denen ein Grad der Behinderung von wenigstens 50 allein infolge geistiger oder seelischer Behinderung oder eines Anfallsleidens vorliegt oder
   e) die wegen Art oder Schwere der Behinderung keine abgeschlossene Berufsbildung im Sinne des Berufsbildungsgesetzes haben,
2. schwerbehinderte Menschen, die das 50. Lebensjahr vollendet haben.

(2) [1] Arbeitgeber mit Stellen zur beruflichen Bildung, insbesondere für Auszubildende, haben im Rahmen der Erfüllung der Beschäftigungspflicht einen angemessenen Anteil dieser Stellen mit schwerbehinderten Menschen zu besetzen. [2] Hierüber ist mit der zuständigen Interessenvertretung im Sinne des § 176 und der Schwerbehindertenvertretung zu beraten.

§ 156 Begriff des Arbeitsplatzes. (1) Arbeitsplätze im Sinne dieses Teils sind alle Stellen, auf denen Arbeitnehmerinnen und Arbeitnehmer, Beamtinnen und Beamte, Richterinnen und Richter sowie Auszubildende und andere zu ihrer beruflichen Bildung Eingestellte beschäftigt werden.

(2) Als Arbeitsplätze gelten nicht die Stellen, auf denen beschäftigt werden:

1. behinderte Menschen, die an Leistungen zur Teilhabe am Arbeitsleben nach § 49 Absatz 3 Nummer 4 in Betrieben oder Dienststellen teilnehmen,
2. Personen, deren Beschäftigung nicht in erster Linie ihrem Erwerb dient, sondern vorwiegend durch Beweggründe karitativer oder religiöser Art bestimmt ist, und Geistliche öffentlich-rechtlicher Religionsgemeinschaften,
3. Personen, deren Beschäftigung nicht in erster Linie ihrem Erwerb dient und die vorwiegend zu ihrer Heilung, Wiedereingewöhnung oder Erziehung erfolgt,
4. Personen, die an Arbeitsbeschaffungsmaßnahmen nach dem Dritten Buch teilnehmen,
5. Personen, die nach ständiger Übung in ihre Stellen gewählt werden,
6. Personen, deren Arbeits-, Dienst- oder sonstiges Beschäftigungsverhältnis wegen Wehr- oder Zivildienst, Elternzeit, unbezahlten Urlaubs, wegen Bezuges einer Rente auf Zeit oder bei Altersteilzeitarbeit in der Freistellungsphase (Verblockungsmodell) ruht, solange für sie eine Vertretung eingestellt ist.

(3) Als Arbeitsplätze gelten ferner nicht Stellen, die nach der Natur der Arbeit oder nach den zwischen den Parteien getroffenen Vereinbarungen nur auf die Dauer von höchstens acht Wochen besetzt sind, sowie Stellen, auf denen Beschäftigte weniger als 18 Stunden wöchentlich beschäftigt werden.

§ 157 Berechnung der Mindestzahl von Arbeitsplätzen und der Pflichtarbeitsplatzzahl. (1) [1] Bei der Berechnung der Mindestzahl von Arbeitsplätzen und der Zahl der Arbeitsplätze, auf denen schwerbehinderte Menschen zu beschäftigen sind (§ 154), zählen Stellen, auf denen Auszubildende beschäftigt werden, nicht mit. [2] Das Gleiche gilt für Stellen, auf denen Rechts- oder Studienreferendarinnen und -referendare beschäftigt werden, die einen Rechtsanspruch auf Einstellung haben.

(2) Bei der Berechnung sich ergebende Bruchteile von 0,5 und mehr sind aufzurunden, bei Arbeitgebern mit jahresdurchschnittlich weniger als 60 Arbeitsplätzen abzurunden.

§ 158 Anrechnung Beschäftigter auf die Zahl der Pflichtarbeitsplätze für schwerbehinderte Menschen. (1) Ein schwerbehinderter Mensch, der auf einem Arbeitsplatz im Sinne des § 156 Absatz 1 oder Absatz 2 Nummer 1 oder 4 beschäftigt wird, wird auf einen Pflichtarbeitsplatz für schwerbehinderte Menschen angerechnet.

(2) [1] Ein schwerbehinderter Mensch, der in Teilzeitbeschäftigung kürzer als betriebsüblich, aber nicht weniger als 18 Stunden wöchentlich beschäftigt wird, wird auf einen Pflichtarbeitsplatz für schwerbehinderte Menschen angerechnet. [2] Bei Herabsetzung der wöchentlichen Arbeitszeit auf weniger als 18 Stunden infolge von Altersteilzeit gilt Satz 1 entsprechend. [3] Wird ein schwerbehinderter Mensch weniger als 18 Stunden wöchentlich beschäftigt, lässt die Bundesagentur für Arbeit die Anrechnung auf einen dieser Pflichtarbeitsplätze zu, wenn die Teilzeitbeschäftigung wegen Art oder Schwere der Behinderung notwendig ist.

(3) Ein schwerbehinderter Mensch, der im Rahmen einer Maßnahme zur Förderung des Übergangs aus der Werkstatt für behinderte Menschen auf den allgemeinen Arbeitsmarkt (§ 5 Absatz 4 Satz 1 der Werkstättenverordnung)

beschäftigt wird, wird auch für diese Zeit auf die Zahl der Pflichtarbeitsplätze angerechnet.

(4) Ein schwerbehinderter Arbeitgeber wird auf einen Pflichtarbeitsplatz für schwerbehinderte Menschen angerechnet.

(5) Der Inhaber eines Bergmannsversorgungsscheins wird, auch wenn er kein schwerbehinderter oder gleichgestellter behinderter Mensch im Sinne des § 2 Absatz 2 oder 3 ist, auf einen Pflichtarbeitsplatz angerechnet.

§ 159 Mehrfachanrechnung. (1) [1]Die Bundesagentur für Arbeit kann die Anrechnung eines schwerbehinderten Menschen, besonders eines schwerbehinderten Menschen im Sinne des § 155 Absatz 1 auf mehr als einen Pflichtarbeitsplatz, höchstens drei Pflichtarbeitsplätze für schwerbehinderte Menschen zulassen, wenn dessen Teilhabe am Arbeitsleben auf besondere Schwierigkeiten stößt. [2]Satz 1 gilt auch für schwerbehinderte Menschen im Anschluss an eine Beschäftigung in einer Werkstatt für behinderte Menschen und für teilzeitbeschäftigte schwerbehinderte Menschen im Sinne des § 158 Absatz 2.

(2) [1]Ein schwerbehinderter Mensch, der beruflich ausgebildet wird, wird auf zwei Pflichtarbeitsplätze für schwerbehinderte Menschen angerechnet. [2]Satz 1 gilt auch während der Zeit einer Ausbildung im Sinne des § 51 Absatz 2, die in einem Betrieb oder einer Dienststelle durchgeführt wird. [3]Die Bundesagentur für Arbeit kann die Anrechnung auf drei Pflichtarbeitsplätze für schwerbehinderte Menschen zulassen, wenn die Vermittlung in eine berufliche Ausbildungsstelle wegen Art oder Schwere der Behinderung auf besondere Schwierigkeiten stößt. [4]Bei Übernahme in ein Arbeits- oder Beschäftigungsverhältnis durch den ausbildenden oder einen anderen Arbeitgeber im Anschluss an eine abgeschlossene Ausbildung wird der schwerbehinderte Mensch im ersten Jahr der Beschäftigung auf zwei Pflichtarbeitsplätze angerechnet; Absatz 1 bleibt unberührt.

(3) Bescheide über die Anrechnung eines schwerbehinderten Menschen auf mehr als drei Pflichtarbeitsplätze für schwerbehinderte Menschen, die vor dem 1. August 1986 erlassen worden sind, gelten fort.

§ 160 Ausgleichsabgabe. (1) [1]Solange Arbeitgeber die vorgeschriebene Zahl schwerbehinderter Menschen nicht beschäftigen, entrichten sie für jeden unbesetzten Pflichtarbeitsplatz für schwerbehinderte Menschen eine Ausgleichsabgabe. [2]Die Zahlung der Ausgleichsabgabe hebt die Pflicht zur Beschäftigung schwerbehinderter Menschen nicht auf. [3]Die Ausgleichsabgabe wird auf der Grundlage einer jahresdurchschnittlichen Beschäftigungsquote ermittelt.

(2) [1]Die Ausgleichsabgabe beträgt je unbesetztem Pflichtarbeitsplatz

1. 125 Euro bei einer jahresdurchschnittlichen Beschäftigungsquote von 3 Prozent bis weniger als dem geltenden Pflichtsatz,
2. 220 Euro bei einer jahresdurchschnittlichen Beschäftigungsquote von 2 Prozent bis weniger als 3 Prozent,
3. 320 Euro bei einer jahresdurchschnittlichen Beschäftigungsquote von weniger als 2 Prozent.

[2]Abweichend von Satz 1 beträgt die Ausgleichsabgabe je unbesetztem Pflichtarbeitsplatz für schwerbehinderte Menschen

1. für Arbeitgeber mit jahresdurchschnittlich weniger als 40 zu berücksichtigenden Arbeitsplätzen bei einer jahresdurchschnittlichen Beschäftigung von weniger als einem schwerbehinderten Menschen 125 Euro und
2. für Arbeitgeber mit jahresdurchschnittlich weniger als 60 zu berücksichtigenden Arbeitsplätzen bei einer jahresdurchschnittlichen Beschäftigung von weniger als zwei schwerbehinderten Menschen 125 Euro und bei einer jahresdurchschnittlichen Beschäftigung von weniger als einem schwerbehinderten Menschen 220 Euro.

(3) [1] Die Ausgleichsabgabe erhöht sich entsprechend der Veränderung der Bezugsgröße nach § 18 Absatz 1 des Vierten Buches[1)]. [2] Sie erhöht sich zum 1. Januar eines Kalenderjahres, wenn sich die Bezugsgröße seit der letzten Neubestimmung der Beträge der Ausgleichsabgabe um wenigstens 10 Prozent erhöht hat. [3] Die Erhöhung der Ausgleichsabgabe erfolgt, indem der Faktor für die Veränderung der Bezugsgröße mit dem jeweiligen Betrag der Ausgleichsabgabe vervielfältigt wird. [4] Die sich ergebenden Beträge sind auf den nächsten durch fünf teilbaren Betrag abzurunden. [5] Das Bundesministerium für Arbeit und Soziales gibt den Erhöhungsbetrag und die sich nach Satz 3 ergebenden Beträge der Ausgleichsabgabe im Bundesanzeiger bekannt.

(4) [1] Die Ausgleichsabgabe zahlt der Arbeitgeber jährlich zugleich mit der Erstattung der Anzeige nach § 163 Absatz 2 an das für seinen Sitz zuständige Integrationsamt. [2] Ist ein Arbeitgeber mehr als drei Monate im Rückstand, erlässt das Integrationsamt einen Feststellungsbescheid über die rückständigen Beträge und zieht diese ein. [3] Für rückständige Beträge der Ausgleichsabgabe erhebt das Integrationsamt nach dem 31. März Säumniszuschläge nach Maßgabe des § 24 Absatz 1 des Vierten Buches; für ihre Verwendung gilt Absatz 5 entsprechend. [4] Das Integrationsamt kann in begründeten Ausnahmefällen von der Erhebung von Säumniszuschlägen absehen. [5] Widerspruch und Anfechtungsklage gegen den Feststellungsbescheid haben keine aufschiebende Wirkung. [6] Gegenüber privaten Arbeitgebern wird die Zwangsvollstreckung nach den Vorschriften über das Verwaltungszwangsverfahren durchgeführt. [7] Bei öffentlichen Arbeitgebern wendet sich das Integrationsamt an die Aufsichtsbehörde, gegen deren Entscheidung es die Entscheidung der obersten Bundes- oder Landesbehörde anrufen kann. [8] Die Ausgleichsabgabe wird nach Ablauf des Kalenderjahres, das auf den Eingang der Anzeige bei der Bundesagentur für Arbeit folgt, weder nachgefordert noch erstattet.

(5) [1] Die Ausgleichsabgabe darf nur für besondere Leistungen zur Förderung der Teilhabe schwerbehinderter Menschen am Arbeitsleben einschließlich begleitender Hilfe im Arbeitsleben (§ 185 Absatz 1 Nummer 3) verwendet werden, soweit Mittel für denselben Zweck nicht von anderer Seite zu leisten sind oder geleistet werden. [2] Aus dem Aufkommen an Ausgleichsabgabe dürfen persönliche und sächliche Kosten der Verwaltung und Kosten des Verfahrens nicht bestritten werden. [3] Das Integrationsamt gibt dem Beratenden Ausschuss für behinderte Menschen bei dem Integrationsamt (§ 186) auf dessen Verlangen eine Übersicht über die Verwendung der Ausgleichsabgabe.

(6) [1] Die Integrationsämter leiten den in der Rechtsverordnung nach § 162 bestimmten Prozentsatz des Aufkommens an Ausgleichsabgabe an den Ausgleichsfonds (§ 161) weiter. [2] Zwischen den Integrationsämtern wird ein Aus-

---

1) Nr. **4**.

gleich herbeigeführt. [3]Der auf das einzelne Integrationsamt entfallende Anteil am Aufkommen an Ausgleichsabgabe bemisst sich nach dem Mittelwert aus dem Verhältnis der Wohnbevölkerung im Zuständigkeitsbereich des Integrationsamtes zur Wohnbevölkerung im Geltungsbereich dieses Gesetzbuches und dem Verhältnis der Zahl der im Zuständigkeitsbereich des Integrationsamtes in den Betrieben und Dienststellen beschäftigungspflichtiger Arbeitgeber auf Arbeitsplätzen im Sinne des § 156 beschäftigten und der bei den Agenturen für Arbeit arbeitslos gemeldeten schwerbehinderten und diesen gleichgestellten behinderten Menschen zur entsprechenden Zahl der schwerbehinderten und diesen gleichgestellten behinderten Menschen im Geltungsbereich dieses Gesetzbuchs.

(7) [1]Die bei den Integrationsämtern verbleibenden Mittel der Ausgleichsabgabe werden von diesen gesondert verwaltet. [2]Die Rechnungslegung und die formelle Einrichtung der Rechnungen und Belege regeln sich nach den Bestimmungen, die für diese Stellen allgemein maßgebend sind.

(8) Für die Verpflichtung zur Entrichtung einer Ausgleichsabgabe (Absatz 1) gelten hinsichtlich der in § 154 Absatz 2 Nummer 1 genannten Stellen der Bund und hinsichtlich der in § 154 Absatz 2 Nummer 2 genannten Stellen das Land als ein Arbeitgeber.

§ 161 Ausgleichsfonds. [1]Zur besonderen Förderung der Einstellung und Beschäftigung schwerbehinderter Menschen auf Arbeitsplätzen und zur Förderung von Einrichtungen und Maßnahmen, die den Interessen mehrerer Länder auf dem Gebiet der Förderung der Teilhabe schwerbehinderter Menschen am Arbeitsleben dienen, ist beim Bundesministerium für Arbeit und Soziales als zweckgebundene Vermögensmasse ein Ausgleichsfonds für überregionale Vorhaben zur Teilhabe schwerbehinderter Menschen am Arbeitsleben gebildet. [2]Das Bundesministerium für Arbeit und Soziales verwaltet den Ausgleichsfonds.

§ 162 Verordnungsermächtigungen. Die Bundesregierung wird ermächtigt, durch Rechtsverordnung mit Zustimmung des Bundesrates

1. die Pflichtquote nach § 154 Absatz 1 nach dem jeweiligen Bedarf an Arbeitsplätzen für schwerbehinderte Menschen zu ändern, jedoch auf höchstens 10 Prozent zu erhöhen oder bis auf 4 Prozent herabzusetzen; dabei kann die Pflichtquote für öffentliche Arbeitgeber höher festgesetzt werden als für private Arbeitgeber,
2. nähere Vorschriften über die Verwendung der Ausgleichsabgabe nach § 160 Absatz 5 und die Gestaltung des Ausgleichsfonds nach § 161, die Verwendung der Mittel durch ihn für die Förderung der Teilhabe schwerbehinderter Menschen am Arbeitsleben und das Vergabe- und Verwaltungsverfahren des Ausgleichsfonds zu erlassen,
3. in der Rechtsverordnung nach Nummer 2
   a) den Anteil des an den Ausgleichsfonds weiterzuleitenden Aufkommens an Ausgleichsabgabe entsprechend den erforderlichen Aufwendungen zur Erfüllung der Aufgaben des Ausgleichsfonds und der Integrationsämter,
   b) den Ausgleich zwischen den Integrationsämtern auf Vorschlag der Länder oder einer Mehrheit der Länder abweichend von § 160 Absatz 6 Satz 3 sowie

c) die Zuständigkeit für die Förderung von Einrichtungen nach § 30 der Schwerbehinderten-Ausgleichsabgabeverordnung abweichend von § 41 Absatz 2 Nummer 1 dieser Verordnung und von Inklusionsbetrieben und -abteilungen abweichend von § 41 Absatz 1 Nummer 3 dieser Verordnung

zu regeln,

4. die Ausgleichsabgabe bei Arbeitgebern, die über weniger als 30 Arbeitsplätze verfügen, für einen bestimmten Zeitraum allgemein oder für einzelne Bundesländer herabzusetzen oder zu erlassen, wenn die Zahl der unbesetzten Pflichtarbeitsplätze für schwerbehinderte Menschen die Zahl der zu beschäftigenden schwerbehinderten Menschen so erheblich übersteigt, dass die Pflichtarbeitsplätze für schwerbehinderte Menschen dieser Arbeitgeber nicht in Anspruch genommen zu werden brauchen.

Kapitel 3. Sonstige Pflichten der Arbeitgeber; Rechte der schwerbehinderten Menschen

§ 163 Zusammenwirken der Arbeitgeber mit der Bundesagentur für Arbeit und den Integrationsämtern. (1) Die Arbeitgeber haben, gesondert für jeden Betrieb und jede Dienststelle, ein Verzeichnis der bei ihnen beschäftigten schwerbehinderten, ihnen gleichgestellten behinderten Menschen und sonstigen anrechnungsfähigen Personen laufend zu führen und dieses den Vertretern oder Vertreterinnen der Bundesagentur für Arbeit und des Integrationsamtes, die für den Sitz des Betriebes oder der Dienststelle zuständig sind, auf Verlangen vorzulegen.

(2) [1] Die Arbeitgeber haben der für ihren Sitz zuständigen Agentur für Arbeit einmal jährlich bis spätestens zum 31. März für das vorangegangene Kalenderjahr, aufgegliedert nach Monaten, die Daten anzuzeigen, die zur Berechnung des Umfangs der Beschäftigungspflicht, zur Überwachung ihrer Erfüllung und der Ausgleichsabgabe notwendig sind. [2] Der Anzeige sind das nach Absatz 1 geführte Verzeichnis sowie eine Kopie der Anzeige und des Verzeichnisses zur Weiterleitung an das für ihren Sitz zuständige Integrationsamt beizufügen. [3] Dem Betriebs-, Personal-, Richter-, Staatsanwalts- und Präsidialrat, der Schwerbehindertenvertretung und dem Inklusionsbeauftragten des Arbeitgebers ist je eine Kopie der Anzeige und des Verzeichnisses zu übermitteln.

(3) Zeigt ein Arbeitgeber die Daten bis zum 30. Juni nicht, nicht richtig oder nicht vollständig an, erlässt die Bundesagentur für Arbeit nach Prüfung in tatsächlicher sowie in rechtlicher Hinsicht einen Feststellungsbescheid über die zur Berechnung der Zahl der Pflichtarbeitsplätze für schwerbehinderte Menschen und der besetzten Arbeitsplätze notwendigen Daten.

(4) Die Arbeitgeber, die Arbeitsplätze für schwerbehinderte Menschen nicht zur Verfügung zu stellen haben, haben die Anzeige nur nach Aufforderung durch die Bundesagentur für Arbeit im Rahmen einer repräsentativen Teilerhebung zu erstatten, die mit dem Ziel der Erfassung der in Absatz 1 genannten Personengruppen, aufgegliedert nach Bundesländern, alle fünf Jahre durchgeführt wird.

(5) Die Arbeitgeber haben der Bundesagentur für Arbeit und dem Integrationsamt auf Verlangen die Auskünfte zu erteilen, die zur Durchführung der besonderen Regelungen zur Teilhabe schwerbehinderter und ihnen gleichgestellter behinderter Menschen am Arbeitsleben notwendig sind.

(6) [1] Für das Verzeichnis und die Anzeige des Arbeitgebers sind die mit der Bundesarbeitsgemeinschaft der Integrationsämter und Hauptfürsorgestellen abgestimmten Vordrucke der Bundesagentur für Arbeit zu verwenden. [2] Die Bundesagentur für Arbeit soll zur Durchführung des Anzeigeverfahrens in Abstimmung mit der Bundesarbeitsgemeinschaft ein elektronisches Übermittlungsverfahren zulassen.

(7) Die Arbeitgeber haben den Beauftragten der Bundesagentur für Arbeit und des Integrationsamtes auf Verlangen Einblick in ihren Betrieb oder ihre Dienststelle zu geben, soweit es im Interesse der schwerbehinderten Menschen erforderlich ist und Betriebs- oder Dienstgeheimnisse nicht gefährdet werden.

(8) Die Arbeitgeber haben die Vertrauenspersonen der schwerbehinderten Menschen (§ 177 Absatz 1 Satz 1 bis 3 und § 180 Absatz 1 bis 5) unverzüglich nach der Wahl und ihren Inklusionsbeauftragten für die Angelegenheiten der schwerbehinderten Menschen (§ 181 Satz 1) unverzüglich nach der Bestellung der für den Sitz des Betriebes oder der Dienststelle zuständigen Agentur für Arbeit und dem Integrationsamt zu benennen.

§ 164 Pflichten des Arbeitgebers und Rechte schwerbehinderter Menschen. (1) [1] Die Arbeitgeber sind verpflichtet zu prüfen, ob freie Arbeitsplätze mit schwerbehinderten Menschen, insbesondere mit bei der Agentur für Arbeit arbeitslos oder arbeitsuchend gemeldeten schwerbehinderten Menschen, besetzt werden können. [2] Sie nehmen frühzeitig Verbindung mit der Agentur für Arbeit auf. [3] Die Bundesagentur für Arbeit oder ein Integrationsfachdienst schlägt den Arbeitgebern geeignete schwerbehinderte Menschen vor. [4] Über die Vermittlungsvorschläge und vorliegende Bewerbungen von schwerbehinderten Menschen haben die Arbeitgeber die Schwerbehindertenvertretung und die in § 176 genannten Vertretungen unmittelbar nach Eingang zu unterrichten. [5] Bei Bewerbungen schwerbehinderter Richterinnen und Richter wird der Präsidialrat unterrichtet und gehört, soweit dieser an der Ernennung zu beteiligen ist. [6] Bei der Prüfung nach Satz 1 beteiligen die Arbeitgeber die Schwerbehindertenvertretung nach § 178 Absatz 2 und hören die in § 176 genannten Vertretungen an. [7] Erfüllt der Arbeitgeber seine Beschäftigungspflicht nicht und ist die Schwerbehindertenvertretung oder eine in § 176 genannte Vertretung mit der beabsichtigten Entscheidung des Arbeitgebers nicht einverstanden, ist diese unter Darlegung der Gründe mit ihnen zu erörtern. [8] Dabei wird der betroffene schwerbehinderte Mensch angehört. [9] Alle Beteiligten sind vom Arbeitgeber über die getroffene Entscheidung unter Darlegung der Gründe unverzüglich zu unterrichten. [10] Bei Bewerbungen schwerbehinderter Menschen ist die Schwerbehindertenvertretung nicht zu beteiligen, wenn der schwerbehinderte Mensch die Beteiligung der Schwerbehindertenvertretung ausdrücklich ablehnt.

(2) [1] Arbeitgeber dürfen schwerbehinderte Beschäftigte nicht wegen ihrer Behinderung benachteiligen. [2] Im Einzelnen gelten hierzu die Regelungen des Allgemeinen Gleichbehandlungsgesetzes.

(3) [1] Die Arbeitgeber stellen durch geeignete Maßnahmen sicher, dass in ihren Betrieben und Dienststellen wenigstens die vorgeschriebene Zahl schwerbehinderter Menschen eine möglichst dauerhafte behinderungsgerechte Beschäftigung finden kann. [2] Absatz 4 Satz 2 und 3 gilt entsprechend.

(4) [1] Die schwerbehinderten Menschen haben gegenüber ihren Arbeitgebern Anspruch auf

1. Beschäftigung, bei der sie ihre Fähigkeiten und Kenntnisse möglichst voll verwerten und weiterentwickeln können,
2. bevorzugte Berücksichtigung bei innerbetrieblichen Maßnahmen der beruflichen Bildung zur Förderung ihres beruflichen Fortkommens,
3. Erleichterungen im zumutbaren Umfang zur Teilnahme an außerbetrieblichen Maßnahmen der beruflichen Bildung,
4. behinderungsgerechte Einrichtung und Unterhaltung der Arbeitsstätten einschließlich der Betriebsanlagen, Maschinen und Geräte sowie der Gestaltung der Arbeitsplätze, des Arbeitsumfelds, der Arbeitsorganisation und der Arbeitszeit, unter besonderer Berücksichtigung der Unfallgefahr,
5. Ausstattung ihres Arbeitsplatzes mit den erforderlichen technischen Arbeitshilfen

unter Berücksichtigung der Behinderung und ihrer Auswirkungen auf die Beschäftigung. [2] Bei der Durchführung der Maßnahmen nach Satz 1 Nummer 1, 4 und 5 unterstützen die Bundesagentur für Arbeit und die Integrationsämter die Arbeitgeber unter Berücksichtigung der für die Beschäftigung wesentlichen Eigenschaften der schwerbehinderten Menschen. [3] Ein Anspruch nach Satz 1 besteht nicht, soweit seine Erfüllung für den Arbeitgeber nicht zumutbar oder mit unverhältnismäßigen Aufwendungen verbunden wäre oder soweit die staatlichen oder berufsgenossenschaftlichen Arbeitsschutzvorschriften oder beamtenrechtliche Vorschriften entgegenstehen.

(5) [1] Die Arbeitgeber fördern die Einrichtung von Teilzeitarbeitsplätzen. [2] Sie werden dabei von den Integrationsämtern unterstützt. [3] Schwerbehinderte Menschen haben einen Anspruch auf Teilzeitbeschäftigung, wenn die kürzere Arbeitszeit wegen Art oder Schwere der Behinderung notwendig ist; Absatz 4 Satz 3 gilt entsprechend.

§ 165 Besondere Pflichten der öffentlichen Arbeitgeber. [1] Die Dienststellen der öffentlichen Arbeitgeber melden den Agenturen für Arbeit frühzeitig nach einer erfolglosen Prüfung zur internen Besetzung des Arbeitsplatzes frei werdende und neu zu besetzende sowie neue Arbeitsplätze (§ 156). [2] Mit dieser Meldung gilt die Zustimmung zur Veröffentlichung der Stellenangebote als erteilt. [3] Haben schwerbehinderte Menschen sich um einen solchen Arbeitsplatz beworben oder sind sie von der Bundesagentur für Arbeit oder einem von dieser beauftragten Integrationsfachdienst vorgeschlagen worden, werden sie zu einem Vorstellungsgespräch eingeladen. [4] Eine Einladung ist entbehrlich, wenn die fachliche Eignung offensichtlich fehlt. [5] Einer Inklusionsvereinbarung nach § 166 bedarf es nicht, wenn für die Dienststellen dem § 166 entsprechende Regelungen bereits bestehen und durchgeführt werden.

§ 166 Inklusionsvereinbarung. (1) [1] Die Arbeitgeber treffen mit der Schwerbehindertenvertretung und den in § 176 genannten Vertretungen in Zusammenarbeit mit dem Inklusionsbeauftragten des Arbeitgebers (§ 181) eine verbindliche Inklusionsvereinbarung. [2] Auf Antrag der Schwerbehindertenvertretung wird unter Beteiligung der in § 176 genannten Vertretungen hierüber verhandelt. [3] Ist eine Schwerbehindertenvertretung nicht vorhanden, steht das Antragsrecht den in § 176 genannten Vertretungen zu. [4] Der Arbeitgeber oder die Schwerbehindertenvertretung kann das Integrationsamt einladen, sich an den Verhandlungen über die Inklusionsvereinbarung zu beteiligen. [5] Das Integrationsamt soll dabei insbesondere darauf hinwirken, dass unterschiedliche

Auffassungen überwunden werden. [6] Der Agentur für Arbeit und dem Integrationsamt, die für den Sitz des Arbeitgebers zuständig sind, wird die Vereinbarung übermittelt.

(2) [1] Die Vereinbarung enthält Regelungen im Zusammenhang mit der Eingliederung schwerbehinderter Menschen, insbesondere zur Personalplanung, Arbeitsplatzgestaltung, Gestaltung des Arbeitsumfelds, Arbeitsorganisation, Arbeitszeit sowie Regelungen über die Durchführung in den Betrieben und Dienststellen. [2] Dabei ist die gleichberechtigte Teilhabe schwerbehinderter Menschen am Arbeitsleben bei der Gestaltung von Arbeitsprozessen und Rahmenbedingungen von Anfang an zu berücksichtigen. [3] Bei der Personalplanung werden besondere Regelungen zur Beschäftigung eines angemessenen Anteils von schwerbehinderten Frauen vorgesehen.

(3) In der Vereinbarung können insbesondere auch Regelungen getroffen werden

1. zur angemessenen Berücksichtigung schwerbehinderter Menschen bei der Besetzung freier, frei werdender oder neuer Stellen,
2. zu einer anzustrebenden Beschäftigungsquote, einschließlich eines angemessenen Anteils schwerbehinderter Frauen,
3. zu Teilzeitarbeit,
4. zur Ausbildung behinderter Jugendlicher,
5. zur Durchführung der betrieblichen Prävention (betriebliches Eingliederungsmanagement) und zur Gesundheitsförderung,
6. über die Hinzuziehung des Werks- oder Betriebsarztes auch für Beratungen über Leistungen zur Teilhabe sowie über besondere Hilfen im Arbeitsleben.

(4) In den Versammlungen schwerbehinderter Menschen berichtet der Arbeitgeber über alle Angelegenheiten im Zusammenhang mit der Eingliederung schwerbehinderter Menschen.

§ 167 Prävention. (1) Der Arbeitgeber schaltet bei Eintreten von personen-, verhaltens- oder betriebsbedingten Schwierigkeiten im Arbeits- oder sonstigen Beschäftigungsverhältnis, die zur Gefährdung dieses Verhältnisses führen können, möglichst frühzeitig die Schwerbehindertenvertretung und die in § 176 genannten Vertretungen sowie das Integrationsamt ein, um mit ihnen alle Möglichkeiten und alle zur Verfügung stehenden Hilfen zur Beratung und mögliche finanzielle Leistungen zu erörtern, mit denen die Schwierigkeiten beseitigt werden können und das Arbeits- oder sonstige Beschäftigungsverhältnis möglichst dauerhaft fortgesetzt werden kann.

(2) [1] Sind Beschäftigte innerhalb eines Jahres länger als sechs Wochen ununterbrochen oder wiederholt arbeitsunfähig, klärt der Arbeitgeber mit der zuständigen Interessenvertretung im Sinne des § 176, bei schwerbehinderten Menschen außerdem mit der Schwerbehindertenvertretung, mit Zustimmung und Beteiligung der betroffenen Person die Möglichkeiten, wie die Arbeitsunfähigkeit möglichst überwunden werden und mit welchen Leistungen oder Hilfen erneuter Arbeitsunfähigkeit vorgebeugt und der Arbeitsplatz erhalten werden kann (betriebliches Eingliederungsmanagement). [2] Soweit erforderlich, wird der Werks- oder Betriebsarzt hinzugezogen. [3] Die betroffene Person oder ihr gesetzlicher Vertreter ist zuvor auf die Ziele des betrieblichen Eingliederungsmanagements sowie auf Art und Umfang der hierfür erhobenen und verwendeten Daten hinzuweisen. [4] Kommen Leistungen zur Teilhabe oder

begleitende Hilfen im Arbeitsleben in Betracht, werden vom Arbeitgeber die Rehabilitationsträger oder bei schwerbehinderten Beschäftigten das Integrationsamt hinzugezogen. [5]Diese wirken darauf hin, dass die erforderlichen Leistungen oder Hilfen unverzüglich beantragt und innerhalb der Frist des § 14 Absatz 2 Satz 2 erbracht werden. [6]Die zuständige Interessenvertretung im Sinne des § 176, bei schwerbehinderten Menschen außerdem die Schwerbehindertenvertretung, können die Klärung verlangen. [7]Sie wachen darüber, dass der Arbeitgeber die ihm nach dieser Vorschrift obliegenden Verpflichtungen erfüllt.

(3) Die Rehabilitationsträger und die Integrationsämter können Arbeitgeber, die ein betriebliches Eingliederungsmanagement einführen, durch Prämien oder einen Bonus fördern.

Kapitel 4. Kündigungsschutz

§ 168 Erfordernis der Zustimmung. Die Kündigung des Arbeitsverhältnisses eines schwerbehinderten Menschen durch den Arbeitgeber bedarf der vorherigen Zustimmung des Integrationsamtes.

§ 169 Kündigungsfrist. Die Kündigungsfrist beträgt mindestens vier Wochen.

§ 170 Antragsverfahren. (1) [1]Die Zustimmung zur Kündigung beantragt der Arbeitgeber bei dem für den Sitz des Betriebes oder der Dienststelle zuständigen Integrationsamt schriftlich oder elektronisch. [2]Der Begriff des Betriebes und der Begriff der Dienststelle im Sinne dieses Teils bestimmen sich nach dem Betriebsverfassungsgesetz und dem Personalvertretungsrecht.

(2) Das Integrationsamt holt eine Stellungnahme des Betriebsrates oder Personalrates und der Schwerbehindertenvertretung ein und hört den schwerbehinderten Menschen an.

(3) Das Integrationsamt wirkt in jeder Lage des Verfahrens auf eine gütliche Einigung hin.

§ 171 Entscheidung des Integrationsamtes. (1) Das Integrationsamt soll die Entscheidung, falls erforderlich, auf Grund mündlicher Verhandlung, innerhalb eines Monats vom Tag des Eingangs des Antrages an treffen.

(2) [1]Die Entscheidung wird dem Arbeitgeber und dem schwerbehinderten Menschen zugestellt. [2]Der Bundesagentur für Arbeit wird eine Abschrift der Entscheidung übersandt.

(3) Erteilt das Integrationsamt die Zustimmung zur Kündigung, kann der Arbeitgeber die Kündigung nur innerhalb eines Monats nach Zustellung erklären.

(4) Widerspruch und Anfechtungsklage gegen die Zustimmung des Integrationsamtes zur Kündigung haben keine aufschiebende Wirkung.

(5) [1]In den Fällen des § 172 Absatz 1 Satz 1 und Absatz 3 gilt Absatz 1 mit der Maßgabe, dass die Entscheidung innerhalb eines Monats vom Tag des Eingangs des Antrages an zu treffen ist. [2]Wird innerhalb dieser Frist eine Entscheidung nicht getroffen, gilt die Zustimmung als erteilt. [3]Die Absätze 3 und 4 gelten entsprechend.

§ 172 Einschränkungen der Ermessensentscheidung. (1) [1]Das Integrationsamt erteilt die Zustimmung bei Kündigungen in Betrieben und Dienststellen, die nicht nur vorübergehend eingestellt oder aufgelöst werden, wenn zwischen dem Tag der Kündigung und dem Tag, bis zu dem Gehalt oder Lohn gezahlt wird, mindestens drei Monate liegen. [2]Unter der gleichen Voraussetzung soll es die Zustimmung auch bei Kündigungen in Betrieben und Dienststellen erteilen, die nicht nur vorübergehend wesentlich eingeschränkt werden, wenn die Gesamtzahl der weiterhin beschäftigten schwerbehinderten Menschen zur Erfüllung der Beschäftigungspflicht nach § 154 ausreicht. [3]Die Sätze 1 und 2 gelten nicht, wenn eine Weiterbeschäftigung auf einem anderen Arbeitsplatz desselben Betriebes oder derselben Dienststelle oder auf einem freien Arbeitsplatz in einem anderen Betrieb oder einer anderen Dienststelle desselben Arbeitgebers mit Einverständnis des schwerbehinderten Menschen möglich und für den Arbeitgeber zumutbar ist.

(2) Das Integrationsamt soll die Zustimmung erteilen, wenn dem schwerbehinderten Menschen ein anderer angemessener und zumutbarer Arbeitsplatz gesichert ist.

(3) Ist das Insolvenzverfahren über das Vermögen des Arbeitgebers eröffnet, soll das Integrationsamt die Zustimmung erteilen, wenn

1. der schwerbehinderte Mensch in einem Interessenausgleich namentlich als einer der zu entlassenden Arbeitnehmer bezeichnet ist (§ 125 der Insolvenzordnung),
2. die Schwerbehindertenvertretung beim Zustandekommen des Interessenausgleichs gemäß § 178 Absatz 2 beteiligt worden ist,
3. der Anteil der nach dem Interessenausgleich zu entlassenden schwerbehinderten Menschen an der Zahl der beschäftigten schwerbehinderten Menschen nicht größer ist als der Anteil der zu entlassenden übrigen Arbeitnehmer an der Zahl der beschäftigten übrigen Arbeitnehmer und
4. die Gesamtzahl der schwerbehinderten Menschen, die nach dem Interessenausgleich bei dem Arbeitgeber verbleiben sollen, zur Erfüllung der Beschäftigungspflicht nach § 154 ausreicht.

§ 173 Ausnahmen. (1) [1]Die Vorschriften dieses Kapitels gelten nicht für schwerbehinderte Menschen,

1. deren Arbeitsverhältnis zum Zeitpunkt des Zugangs der Kündigungserklärung ohne Unterbrechung noch nicht länger als sechs Monate besteht oder
2. die auf Stellen im Sinne des § 156 Absatz 2 Nummer 2 bis 5 beschäftigt werden oder
3. deren Arbeitsverhältnis durch Kündigung beendet wird, sofern sie
   a) das 58. Lebensjahr vollendet haben und Anspruch auf eine Abfindung, Entschädigung oder ähnliche Leistung auf Grund eines Sozialplanes haben oder
   b) Anspruch auf Knappschaftsausgleichsleistung nach dem Sechsten Buch oder auf Anpassungsgeld für entlassene Arbeitnehmer des Bergbaus haben.

[2]Satz 1 Nummer 3 (Buchstabe a und b) finden Anwendung, wenn der Arbeitgeber ihnen die Kündigungsabsicht rechtzeitig mitgeteilt hat und sie der beabsichtigten Kündigung bis zu deren Ausspruch nicht widersprechen.

(2) Die Vorschriften dieses Kapitels finden ferner bei Entlassungen, die aus Witterungsgründen vorgenommen werden, keine Anwendung, sofern die

Wiedereinstellung der schwerbehinderten Menschen bei Wiederaufnahme der Arbeit gewährleistet ist.

(3) Die Vorschriften dieses Kapitels finden ferner keine Anwendung, wenn zum Zeitpunkt der Kündigung die Eigenschaft als schwerbehinderter Mensch nicht nachgewiesen ist oder das Versorgungsamt nach Ablauf der Frist des § 152 Absatz 1 Satz 3 eine Feststellung wegen fehlender Mitwirkung nicht treffen konnte.

(4) Der Arbeitgeber zeigt Einstellungen auf Probe und die Beendigung von Arbeitsverhältnissen schwerbehinderter Menschen in den Fällen des Absatzes 1 Nummer 1 unabhängig von der Anzeigepflicht nach anderen Gesetzen dem Integrationsamt innerhalb von vier Tagen an.

§ 174 Außerordentliche Kündigung. (1) Die Vorschriften dieses Kapitels gelten mit Ausnahme von § 169 auch bei außerordentlicher Kündigung, soweit sich aus den folgenden Bestimmungen nichts Abweichendes ergibt.

(2) [1] Die Zustimmung zur Kündigung kann nur innerhalb von zwei Wochen beantragt werden; maßgebend ist der Eingang des Antrages bei dem Integrationsamt. [2] Die Frist beginnt mit dem Zeitpunkt, in dem der Arbeitgeber von den für die Kündigung maßgebenden Tatsachen Kenntnis erlangt.

(3) [1] Das Integrationsamt trifft die Entscheidung innerhalb von zwei Wochen vom Tag des Eingangs des Antrages an. [2] Wird innerhalb dieser Frist eine Entscheidung nicht getroffen, gilt die Zustimmung als erteilt.

(4) Das Integrationsamt soll die Zustimmung erteilen, wenn die Kündigung aus einem Grund erfolgt, der nicht im Zusammenhang mit der Behinderung steht.

(5) Die Kündigung kann auch nach Ablauf der Frist des § 626 Absatz 2 Satz 1 des Bürgerlichen Gesetzbuchs erfolgen, wenn sie unverzüglich nach Erteilung der Zustimmung erklärt wird.

(6) Schwerbehinderte Menschen, denen lediglich aus Anlass eines Streiks oder einer Aussperrung fristlos gekündigt worden ist, werden nach Beendigung des Streiks oder der Aussperrung wieder eingestellt.

§ 175 Erweiterter Beendigungsschutz. [1] Die Beendigung des Arbeitsverhältnisses eines schwerbehinderten Menschen bedarf auch dann der vorherigen Zustimmung des Integrationsamtes, wenn sie im Falle des Eintritts einer teilweisen Erwerbsminderung, der Erwerbsminderung auf Zeit, der Berufsunfähigkeit oder der Erwerbsunfähigkeit auf Zeit ohne Kündigung erfolgt. [2] Die Vorschriften dieses Kapitels über die Zustimmung zur ordentlichen Kündigung gelten entsprechend.

Kapitel 5. Betriebs-, Personal-, Richter-, Staatsanwalts- und Präsidialrat, Schwerbehindertenvertretung, Inklusionsbeauftragter des Arbeitgebers

§ 176 Aufgaben des Betriebs-, Personal-, Richter-, Staatsanwalts- und Präsidialrates. [1] Betriebs-, Personal-, Richter-, Staatsanwalts- und Präsidialrat fördern die Eingliederung schwerbehinderter Menschen. [2] Sie achten insbesondere darauf, dass die dem Arbeitgeber nach den §§ 154, 155 und 164 bis 167 obliegenden Verpflichtungen erfüllt werden; sie wirken auf die Wahl der Schwerbehindertenvertretung hin.

§ 177 Wahl und Amtszeit der Schwerbehindertenvertretung. (1) [1] In Betrieben und Dienststellen, in denen wenigstens fünf schwerbehinderte Menschen nicht nur vorübergehend beschäftigt sind, werden eine Vertrauensperson und wenigstens ein stellvertretendes Mitglied gewählt, das die Vertrauensperson im Falle der Verhinderung vertritt. [2] Ferner wählen bei Gerichten, denen mindestens fünf schwerbehinderte Richter oder Richterinnen angehören, diese einen Richter oder eine Richterin zu ihrer Schwerbehindertenvertretung. [3] Satz 2 gilt entsprechend für Staatsanwälte oder Staatsanwältinnen, soweit für sie eine besondere Personalvertretung gebildet wird. [4] Betriebe oder Dienststellen, die die Voraussetzungen des Satzes 1 nicht erfüllen, können für die Wahl mit räumlich nahe liegenden Betrieben des Arbeitgebers oder gleichstufigen Dienststellen derselben Verwaltung zusammengefasst werden; soweit erforderlich, können Gerichte unterschiedlicher Gerichtszweige und Stufen zusammengefasst werden. [5] Über die Zusammenfassung entscheidet der Arbeitgeber im Benehmen mit dem für den Sitz der Betriebe oder Dienststellen einschließlich Gerichten zuständigen Integrationsamt.

(2) Wahlberechtigt sind alle in dem Betrieb oder der Dienststelle beschäftigten schwerbehinderten Menschen.

(3) [1] Wählbar sind alle in dem Betrieb oder der Dienststelle nicht nur vorübergehend Beschäftigten, die am Wahltag das 18. Lebensjahr vollendet haben und dem Betrieb oder der Dienststelle seit sechs Monaten angehören; besteht der Betrieb oder die Dienststelle weniger als ein Jahr, so bedarf es für die Wählbarkeit nicht der sechsmonatigen Zugehörigkeit. [2] Nicht wählbar ist, wer kraft Gesetzes dem Betriebs-, Personal-, Richter-, Staatsanwalts- oder Präsidialrat nicht angehören kann.

(4) In Dienststellen der Bundeswehr sind auch schwerbehinderte Soldatinnen und Soldaten wahlberechtigt und auch Soldatinnen und Soldaten wählbar.

(5) [1] Die regelmäßigen Wahlen finden alle vier Jahre in der Zeit vom 1. Oktober bis 30. November statt. [2] Außerhalb dieser Zeit finden Wahlen statt, wenn

1. das Amt der Schwerbehindertenvertretung vorzeitig erlischt und ein stellvertretendes Mitglied nicht nachrückt,
2. die Wahl mit Erfolg angefochten worden ist oder
3. eine Schwerbehindertenvertretung noch nicht gewählt ist.

[3] Hat außerhalb des für die regelmäßigen Wahlen festgelegten Zeitraumes eine Wahl der Schwerbehindertenvertretung stattgefunden, wird die Schwerbehindertenvertretung in dem auf die Wahl folgenden nächsten Zeitraum der regelmäßigen Wahlen neu gewählt. [4] Hat die Amtszeit der Schwerbehindertenvertretung zum Beginn des für die regelmäßigen Wahlen festgelegten Zeitraums noch nicht ein Jahr betragen, wird die Schwerbehindertenvertretung im übernächsten Zeitraum für regelmäßige Wahlen neu gewählt.

(6) [1] Die Vertrauensperson und das stellvertretende Mitglied werden in geheimer und unmittelbarer Wahl nach den Grundsätzen der Mehrheitswahl gewählt. [2] Im Übrigen sind die Vorschriften über die Wahlanfechtung, den Wahlschutz und die Wahlkosten bei der Wahl des Betriebs-, Personal-, Richter-, Staatsanwalts- oder Präsidialrates sinngemäß anzuwenden. [3] In Betrieben und Dienststellen mit weniger als 50 wahlberechtigten schwerbehinderten Menschen wird die Vertrauensperson und das stellvertretende Mitglied im vereinfachten Wahlverfahren gewählt, sofern der Betrieb oder die Dienststelle

nicht aus räumlich weit auseinanderliegenden Teilen besteht. [4]Ist in einem Betrieb oder einer Dienststelle eine Schwerbehindertenvertretung nicht gewählt, so kann das für den Betrieb oder die Dienststelle zuständige Integrationsamt zu einer Versammlung schwerbehinderter Menschen zum Zwecke der Wahl eines Wahlvorstandes einladen.

(7) [1]Die Amtszeit der Schwerbehindertenvertretung beträgt vier Jahre. [2]Sie beginnt mit der Bekanntgabe des Wahlergebnisses oder, wenn die Amtszeit der bisherigen Schwerbehindertenvertretung noch nicht beendet ist, mit deren Ablauf. [3]Das Amt erlischt vorzeitig, wenn die Vertrauensperson es niederlegt, aus dem Arbeits-, Dienst- oder Richterverhältnis ausscheidet oder die Wählbarkeit verliert. [4]Scheidet die Vertrauensperson vorzeitig aus dem Amt aus, rückt das mit der höchsten Stimmenzahl gewählte stellvertretende Mitglied für den Rest der Amtszeit nach; dies gilt für das stellvertretende Mitglied entsprechend. [5]Auf Antrag eines Viertels der wahlberechtigten schwerbehinderten Menschen kann der Widerspruchsausschuss bei dem Integrationsamt (§ 202) das Erlöschen des Amtes einer Vertrauensperson wegen grober Verletzung ihrer Pflichten beschließen.

(8) In Betrieben gilt § 21a des Betriebsverfassungsgesetzes entsprechend.

§ 178 Aufgaben der Schwerbehindertenvertretung. (1) [1]Die Schwerbehindertenvertretung fördert die Eingliederung schwerbehinderter Menschen in den Betrieb oder die Dienststelle, vertritt ihre Interessen in dem Betrieb oder der Dienststelle und steht ihnen beratend und helfend zur Seite. [2]Sie erfüllt ihre Aufgaben insbesondere dadurch, dass sie

1. darüber wacht, dass die zugunsten schwerbehinderter Menschen geltenden Gesetze, Verordnungen, Tarifverträge, Betriebs- oder Dienstvereinbarungen und Verwaltungsanordnungen durchgeführt, insbesondere auch die dem Arbeitgeber nach den §§ 154, 155 und 164 bis 167 obliegenden Verpflichtungen erfüllt werden,
2. Maßnahmen, die den schwerbehinderten Menschen dienen, insbesondere auch präventive Maßnahmen, bei den zuständigen Stellen beantragt,
3. Anregungen und Beschwerden von schwerbehinderten Menschen entgegennimmt und, falls sie berechtigt erscheinen, durch Verhandlung mit dem Arbeitgeber auf eine Erledigung hinwirkt; sie unterrichtet die schwerbehinderten Menschen über den Stand und das Ergebnis der Verhandlungen.

[3]Die Schwerbehindertenvertretung unterstützt Beschäftigte auch bei Anträgen an die nach § 152 Absatz 1 zuständigen Behörden auf Feststellung einer Behinderung, ihres Grades und einer Schwerbehinderung sowie bei Anträgen auf Gleichstellung an die Agentur für Arbeit. [4]In Betrieben und Dienststellen mit in der Regel mehr als 100 beschäftigten schwerbehinderten Menschen kann sie nach Unterrichtung des Arbeitgebers das mit der höchsten Stimmenzahl gewählte stellvertretende Mitglied zu bestimmten Aufgaben heranziehen. [5]Ab jeweils 100 weiteren beschäftigten schwerbehinderten Menschen kann jeweils auch das mit der nächsthöheren Stimmenzahl gewählte Mitglied herangezogen werden. [6]Die Heranziehung zu bestimmten Aufgaben schließt die Abstimmung untereinander ein.

(2) [1]Der Arbeitgeber hat die Schwerbehindertenvertretung in allen Angelegenheiten, die einen einzelnen oder die schwerbehinderten Menschen als Gruppe berühren, unverzüglich und umfassend zu unterrichten und vor einer

Entscheidung anzuhören; er hat ihr die getroffene Entscheidung unverzüglich mitzuteilen. [2]Die Durchführung oder Vollziehung einer ohne Beteiligung nach Satz 1 getroffenen Entscheidung ist auszusetzen, die Beteiligung ist innerhalb von sieben Tagen nachzuholen; sodann ist endgültig zu entscheiden. [3]Die Kündigung eines schwerbehinderten Menschen, die der Arbeitgeber ohne eine Beteiligung nach Satz 1 ausspricht, ist unwirksam. [4]Die Schwerbehindertenvertretung hat das Recht auf Beteiligung am Verfahren nach § 164 Absatz 1 und beim Vorliegen von Vermittlungsvorschlägen der Bundesagentur für Arbeit nach § 164 Absatz 1 oder von Bewerbungen schwerbehinderter Menschen das Recht auf Einsicht in die entscheidungsrelevanten Teile der Bewerbungsunterlagen und Teilnahme an Vorstellungsgesprächen.

(3) [1]Der schwerbehinderte Mensch hat das Recht, bei Einsicht in die über ihn geführte Personalakte oder ihn betreffende Daten des Arbeitgebers die Schwerbehindertenvertretung hinzuzuziehen. [2]Die Schwerbehindertenvertretung bewahrt über den Inhalt der Daten Stillschweigen, soweit sie der schwerbehinderte Mensch nicht von dieser Verpflichtung entbunden hat.

(4) [1]Die Schwerbehindertenvertretung hat das Recht, an allen Sitzungen des Betriebs-, Personal-, Richter-, Staatsanwalts- oder Präsidialrates und deren Ausschüssen sowie des Arbeitsschutzausschusses beratend teilzunehmen; sie kann beantragen, Angelegenheiten, die einzelne oder die schwerbehinderten Menschen als Gruppe besonders betreffen, auf die Tagesordnung der nächsten Sitzung zu setzen. [2]Erachtet sie einen Beschluss des Betriebs-, Personal-, Richter-, Staatsanwalts- oder Präsidialrates als eine erhebliche Beeinträchtigung wichtiger Interessen schwerbehinderter Menschen oder ist sie entgegen Absatz 2 Satz 1 nicht beteiligt worden, wird auf ihren Antrag der Beschluss für die Dauer von einer Woche vom Zeitpunkt der Beschlussfassung an ausgesetzt; die Vorschriften des Betriebsverfassungsgesetzes und des Personalvertretungsrechts über die Aussetzung von Beschlüssen gelten entsprechend. [3]Durch die Aussetzung wird eine Frist nicht verlängert. [4]In den Fällen des § 21e Absatz 1 und 3 des Gerichtsverfassungsgesetzes ist die Schwerbehindertenvertretung, außer in Eilfällen, auf Antrag einer betroffenen schwerbehinderten Richterin oder eines schwerbehinderten Richters vor dem Präsidium des Gerichtes zu hören.

(5) Die Schwerbehindertenvertretung wird zu Besprechungen nach § 74 Absatz 1 des Betriebsverfassungsgesetzes, § 66 Absatz 1 des Bundespersonalvertretungsgesetzes sowie den entsprechenden Vorschriften des sonstigen Personalvertretungsrechts zwischen dem Arbeitgeber und den in Absatz 4 genannten Vertretungen hinzugezogen.

(6) [1]Die Schwerbehindertenvertretung hat das Recht, mindestens einmal im Kalenderjahr eine Versammlung schwerbehinderter Menschen im Betrieb oder in der Dienststelle durchzuführen. [2]Die für Betriebs- und Personalversammlungen geltenden Vorschriften finden entsprechende Anwendung.

(7) Sind in einer Angelegenheit sowohl die Schwerbehindertenvertretung der Richter und Richterinnen als auch die Schwerbehindertenvertretung der übrigen Bediensteten beteiligt, so handeln sie gemeinsam.

(8) Die Schwerbehindertenvertretung kann an Betriebs- und Personalversammlungen in Betrieben und Dienststellen teilnehmen, für die sie als Schwerbehindertenvertretung zuständig ist, und hat dort ein Rederecht, auch wenn die Mitglieder der Schwerbehindertenvertretung nicht Angehörige des Betriebes oder der Dienststelle sind.

§ 179 Persönliche Rechte und Pflichten der Vertrauenspersonen der schwerbehinderten Menschen. (1) Die Vertrauenspersonen führen ihr Amt unentgeltlich als Ehrenamt.

(2) Die Vertrauenspersonen dürfen in der Ausübung ihres Amtes nicht behindert oder wegen ihres Amtes nicht benachteiligt oder begünstigt werden; dies gilt auch für ihre berufliche Entwicklung.

(3) [1] Die Vertrauenspersonen besitzen gegenüber dem Arbeitgeber die gleiche persönliche Rechtsstellung, insbesondere den gleichen Kündigungs-, Versetzungs- und Abordnungsschutz, wie ein Mitglied des Betriebs-, Personal-, Staatsanwalts- oder Richterrates. [2] Das stellvertretende Mitglied besitzt während der Dauer der Vertretung und der Heranziehung nach § 178 Absatz 1 Satz 4 und 5 die gleiche persönliche Rechtsstellung wie die Vertrauensperson, im Übrigen die gleiche Rechtsstellung wie Ersatzmitglieder der in Satz 1 genannten Vertretungen.

(4) [1] Die Vertrauenspersonen werden von ihrer beruflichen Tätigkeit ohne Minderung des Arbeitsentgelts oder der Dienstbezüge befreit, wenn und soweit es zur Durchführung ihrer Aufgaben erforderlich ist. [2] Sind in den Betrieben und Dienststellen in der Regel wenigstens 100 schwerbehinderte Menschen beschäftigt, wird die Vertrauensperson auf ihren Wunsch freigestellt; weitergehende Vereinbarungen sind zulässig. [3] Satz 1 gilt entsprechend für die Teilnahme der Vertrauensperson und des mit der höchsten Stimmenzahl gewählten stellvertretenden Mitglieds sowie in den Fällen des § 178 Absatz 1 Satz 5 auch des jeweils mit der nächsthöheren Stimmenzahl gewählten weiteren stellvertretenden Mitglieds an Schulungs- und Bildungsveranstaltungen, soweit diese Kenntnisse vermitteln, die für die Arbeit der Schwerbehindertenvertretung erforderlich sind.

(5) [1] Freigestellte Vertrauenspersonen dürfen von inner- oder außerbetrieblichen Maßnahmen der Berufsförderung nicht ausgeschlossen werden. [2] Innerhalb eines Jahres nach Beendigung ihrer Freistellung ist ihnen im Rahmen der Möglichkeiten des Betriebes oder der Dienststelle Gelegenheit zu geben, eine wegen der Freistellung unterbliebene berufliche Entwicklung in dem Betrieb oder der Dienststelle nachzuholen. [3] Für Vertrauenspersonen, die drei volle aufeinander folgende Amtszeiten freigestellt waren, erhöht sich der genannte Zeitraum auf zwei Jahre.

(6) Zum Ausgleich für ihre Tätigkeit, die aus betriebsbedingten oder dienstlichen Gründen außerhalb der Arbeitszeit durchzuführen ist, haben die Vertrauenspersonen Anspruch auf entsprechende Arbeits- oder Dienstbefreiung unter Fortzahlung des Arbeitsentgelts oder der Dienstbezüge.

(7) [1] Die Vertrauenspersonen sind verpflichtet,

1. ihnen wegen ihres Amtes anvertraute oder sonst bekannt gewordene fremde Geheimnisse, namentlich zum persönlichen Lebensbereich gehörende Geheimnisse, nicht zu offenbaren und
2. ihnen wegen ihres Amtes bekannt gewordene und vom Arbeitgeber ausdrücklich als geheimhaltungsbedürftig bezeichnete Betriebs- oder Geschäftsgeheimnisse nicht zu offenbaren und nicht zu verwerten.

[2] Diese Pflichten gelten auch nach dem Ausscheiden aus dem Amt. [3] Sie gelten nicht gegenüber der Bundesagentur für Arbeit, den Integrationsämtern und den Rehabilitationsträgern, soweit deren Aufgaben den schwerbehinderten

Menschen gegenüber es erfordern, gegenüber den Vertrauenspersonen in den Stufenvertretungen (§ 180) sowie gegenüber den in § 79 Absatz 1 des Betriebsverfassungsgesetzes und den in den entsprechenden Vorschriften des Personalvertretungsrechts genannten Vertretungen, Personen und Stellen.

(8) [1] Die durch die Tätigkeit der Schwerbehindertenvertretung entstehenden Kosten trägt der Arbeitgeber; für öffentliche Arbeitgeber gelten die Kostenregelungen für Personalvertretungen entsprechend. [2] Das Gleiche gilt für die durch die Teilnahme der stellvertretenden Mitglieder an Schulungs- und Bildungsveranstaltungen nach Absatz 4 Satz 3 entstehenden Kosten. [3] Satz 1 umfasst auch eine Bürokraft für die Schwerbehindertenvertretung in erforderlichem Umfang.

(9) Die Räume und der Geschäftsbedarf, die der Arbeitgeber dem Betriebs-, Personal-, Richter-, Staatsanwalts- oder Präsidialrat für dessen Sitzungen, Sprechstunden und laufende Geschäftsführung zur Verfügung stellt, stehen für die gleichen Zwecke auch der Schwerbehindertenvertretung zur Verfügung, soweit ihr hierfür nicht eigene Räume und sächliche Mittel zur Verfügung gestellt werden.

§ 180 Konzern-, Gesamt-, Bezirks- und Hauptschwerbehindertenvertretung. (1) [1] Ist für mehrere Betriebe eines Arbeitgebers ein Gesamtbetriebsrat oder für den Geschäftsbereich mehrerer Dienststellen ein Gesamtpersonalrat errichtet, wählen die Schwerbehindertenvertretungen der einzelnen Betriebe oder Dienststellen eine Gesamtschwerbehindertenvertretung. [2] Ist eine Schwerbehindertenvertretung nur in einem der Betriebe oder in einer der Dienststellen gewählt, nimmt sie die Rechte und Pflichten der Gesamtschwerbehindertenvertretung wahr.

(2) [1] Ist für mehrere Unternehmen ein Konzernbetriebsrat errichtet, wählen die Gesamtschwerbehindertenvertretungen eine Konzernschwerbehindertenvertretung. [2] Besteht ein Konzernunternehmen nur aus einem Betrieb, für den eine Schwerbehindertenvertretung gewählt ist, hat sie das Wahlrecht wie eine Gesamtschwerbehindertenvertretung.

(3) [1] Für den Geschäftsbereich mehrstufiger Verwaltungen, bei denen ein Bezirks- oder Hauptpersonalrat gebildet ist, gilt Absatz 1 sinngemäß mit der Maßgabe, dass bei den Mittelbehörden von deren Schwerbehindertenvertretung und den Schwerbehindertenvertretungen der nachgeordneten Dienststellen eine Bezirksschwerbehindertenvertretung zu wählen ist. [2] Bei den obersten Dienstbehörden ist von deren Schwerbehindertenvertretung und den Bezirksschwerbehindertenvertretungen des Geschäftsbereichs eine Hauptschwerbehindertenvertretung zu wählen; ist die Zahl der Bezirksschwerbehindertenvertretungen niedriger als zehn, sind auch die Schwerbehindertenvertretungen der nachgeordneten Dienststellen wahlberechtigt.

(4) [1] Für Gerichte eines Zweiges der Gerichtsbarkeit, für die ein Bezirks- oder Hauptrichterrat gebildet ist, gilt Absatz 3 entsprechend. [2] Sind in einem Zweig der Gerichtsbarkeit bei den Gerichten der Länder mehrere Schwerbehindertenvertretungen nach § 177 zu wählen und ist in diesem Zweig kein Hauptrichterrat gebildet, ist in entsprechender Anwendung von Absatz 3 eine Hauptschwerbehindertenvertretung zu wählen. [3] Die Hauptschwerbehindertenvertretung nimmt die Aufgabe der Schwerbehindertenvertretung gegenüber dem Präsidialrat wahr.

(5) Für jede Vertrauensperson, die nach den Absätzen 1 bis 4 neu zu wählen ist, wird wenigstens ein stellvertretendes Mitglied gewählt.

(6) [1] Die Gesamtschwerbehindertenvertretung vertritt die Interessen der schwerbehinderten Menschen in Angelegenheiten, die das Gesamtunternehmen oder mehrere Betriebe oder Dienststellen des Arbeitgebers betreffen und von den Schwerbehindertenvertretungen der einzelnen Betriebe oder Dienststellen nicht geregelt werden können, sowie die Interessen der schwerbehinderten Menschen, die in einem Betrieb oder einer Dienststelle tätig sind, für die eine Schwerbehindertenvertretung nicht gewählt ist; dies umfasst auch Verhandlungen und den Abschluss entsprechender Inklusionsvereinbarungen. [2] Satz 1 gilt entsprechend für die Konzern-, Bezirks- und Hauptschwerbehindertenvertretung sowie für die Schwerbehindertenvertretung der obersten Dienstbehörde, wenn bei einer mehrstufigen Verwaltung Stufenvertretungen nicht gewählt sind. [3] Die nach Satz 2 zuständige Schwerbehindertenvertretung ist auch in persönlichen Angelegenheiten schwerbehinderter Menschen, über die eine übergeordnete Dienststelle entscheidet, zuständig; sie gibt der Schwerbehindertenvertretung der Dienststelle, die den schwerbehinderten Menschen beschäftigt, Gelegenheit zur Äußerung. [4] Satz 3 gilt nicht in den Fällen, in denen der Personalrat der Beschäftigungsbehörde zu beteiligen ist.

(7) § 177 Absatz 3 bis 8, § 178 Absatz 1 Satz 4 und 5, Absatz 2, 4, 5 und 7 und § 179 gelten entsprechend, § 177 Absatz 5 mit der Maßgabe, dass die Wahl der Gesamt- und Bezirksschwerbehindertenvertretungen in der Zeit vom 1. Dezember bis 31. Januar, die der Konzern- und Hauptschwerbehindertenvertretungen in der Zeit vom 1. Februar bis 31. März stattfindet, § 177 Absatz 6 mit der Maßgabe, dass bei den Wahlen zu überörtlichen Vertretungen der zweite Halbsatz des Satzes 3 nicht gilt.

(8) § 178 Absatz 6 gilt für die Durchführung von Versammlungen der Vertrauens- und der Bezirksvertrauenspersonen durch die Gesamt-, Bezirks- oder Hauptschwerbehindertenvertretung entsprechend.

§ 181 Inklusionsbeauftragter des Arbeitgebers. [1] Der Arbeitgeber bestellt einen Inklusionsbeauftragten, der ihn in Angelegenheiten schwerbehinderter Menschen verantwortlich vertritt; falls erforderlich, können mehrere Inklusionsbeauftragte bestellt werden. [2] Der Inklusionsbeauftragte soll nach Möglichkeit selbst ein schwerbehinderter Mensch sein. [3] Der Inklusionsbeauftragte achtet vor allem darauf, dass dem Arbeitgeber obliegende Verpflichtungen erfüllt werden.

§ 182 Zusammenarbeit. (1) Arbeitgeber, Inklusionsbeauftragter des Arbeitgebers, Schwerbehindertenvertretung und Betriebs-, Personal-, Richter-, Staatsanwalts- oder Präsidialrat arbeiten zur Teilhabe schwerbehinderter Menschen am Arbeitsleben in dem Betrieb oder der Dienststelle eng zusammen.

(2) [1] Die in Absatz 1 genannten Personen und Vertretungen, die mit der Durchführung dieses Teils beauftragten Stellen und die Rehabilitationsträger unterstützen sich gegenseitig bei der Erfüllung ihrer Aufgaben. [2] Vertrauensperson und Inklusionsbeauftragter des Arbeitgebers sind Verbindungspersonen zur Bundesagentur für Arbeit und zu dem Integrationsamt.

§ 183 Verordnungsermächtigung. Die Bundesregierung wird ermächtigt, durch Rechtsverordnung mit Zustimmung des Bundesrates nähere Vorschriften über die Vorbereitung und Durchführung der Wahl der Schwerbehindertenvertretung und ihrer Stufenvertretungen zu erlassen.

Kapitel 6. Durchführung der besonderen Regelungen zur Teilhabe schwerbehinderter Menschen

§ 184 Zusammenarbeit der Integrationsämter und der Bundesagentur für Arbeit. (1) Soweit die besonderen Regelungen zur Teilhabe schwerbehinderter Menschen am Arbeitsleben nicht durch freie Entschließung der Arbeitgeber erfüllt werden, werden sie

1. in den Ländern von dem Amt für die Sicherung der Integration schwerbehinderter Menschen im Arbeitsleben (Integrationsamt) und
2. von der Bundesagentur für Arbeit

in enger Zusammenarbeit durchgeführt.

(2) Die den Rehabilitationsträgern nach den geltenden Vorschriften obliegenden Aufgaben bleiben unberührt.

§ 185 Aufgaben des Integrationsamtes. (1) [1] Das Integrationsamt hat folgende Aufgaben:

1. die Erhebung und Verwendung der Ausgleichsabgabe,
2. den Kündigungsschutz,
3. die begleitende Hilfe im Arbeitsleben,
4. die zeitweilige Entziehung der besonderen Hilfen für schwerbehinderte Menschen (§ 200).

[2] Die Integrationsämter werden so ausgestattet, dass sie ihre Aufgaben umfassend und qualifiziert erfüllen können. [3] Hierfür wird besonders geschultes Personal mit Fachkenntnissen des Schwerbehindertenrechts eingesetzt.

(2) [1] Die begleitende Hilfe im Arbeitsleben wird in enger Zusammenarbeit mit der Bundesagentur für Arbeit und den übrigen Rehabilitationsträgern durchgeführt. [2] Sie soll dahingehend wirken, dass die schwerbehinderten Menschen in ihrer sozialen Stellung nicht absinken, auf Arbeitsplätzen beschäftigt werden, auf denen sie ihre Fähigkeiten und Kenntnisse voll verwerten und weiterentwickeln können sowie durch Leistungen der Rehabilitationsträger und Maßnahmen der Arbeitgeber befähigt werden, sich am Arbeitsplatz und im Wettbewerb mit nichtbehinderten Menschen zu behaupten. [3] Dabei gelten als Arbeitsplätze auch Stellen, auf denen Beschäftigte befristet oder als Teilzeitbeschäftigte in einem Umfang von mindestens 15 Stunden, in Inklusionsbetrieben mindestens zwölf Stunden wöchentlich beschäftigt werden. [4] Die begleitende Hilfe im Arbeitsleben umfasst auch die nach den Umständen des Einzelfalles notwendige psychosoziale Betreuung schwerbehinderter Menschen. [5] Das Integrationsamt kann bei der Durchführung der begleitenden Hilfen im Arbeitsleben Integrationsfachdienste einschließlich psychosozialer Dienste freier gemeinnütziger Einrichtungen und Organisationen beteiligen. [6] Das Integrationsamt soll außerdem darauf Einfluss nehmen, dass Schwierigkeiten im Arbeitsleben verhindert oder beseitigt werden; es führt hierzu auch Schulungs- und Bildungsmaßnahmen für Vertrauenspersonen, Inklusionsbeauftragte der Arbeitgeber, Betriebs-, Personal-, Richter-, Staatsanwalts- und Präsidialräte durch. [7] Das Integrationsamt benennt in enger Abstimmung mit den Beteiligten des örtlichen Arbeitsmarktes Ansprechpartner, die in Handwerks- sowie in

Industrie- und Handelskammern für die Arbeitgeber zur Verfügung stehen, um sie über Funktion und Aufgaben der Integrationsfachdienste aufzuklären, über Möglichkeiten der begleitenden Hilfe im Arbeitsleben zu informieren und Kontakt zum Integrationsfachdienst herzustellen.

(3) Das Integrationsamt kann im Rahmen seiner Zuständigkeit für die begleitende Hilfe im Arbeitsleben aus den ihm zur Verfügung stehenden Mitteln auch Geldleistungen erbringen, insbesondere

1. an schwerbehinderte Menschen
   a) für technische Arbeitshilfen,
   b) zum Erreichen des Arbeitsplatzes,
   c) zur Gründung und Erhaltung einer selbständigen beruflichen Existenz,
   d) zur Beschaffung, Ausstattung und Erhaltung einer behinderungsgerechten Wohnung,
   e) zur Teilnahme an Maßnahmen zur Erhaltung und Erweiterung beruflicher Kenntnisse und Fertigkeiten und
   f) in besonderen Lebenslagen,
2. an Arbeitgeber
   a) zur behinderungsgerechten Einrichtung von Arbeits- und Ausbildungsplätzen für schwerbehinderte Menschen,
   b) für Zuschüsse zu Gebühren, insbesondere Prüfungsgebühren, bei der Berufsausbildung besonders betroffener schwerbehinderter Jugendlicher und junger Erwachsener,
   c) für Prämien und Zuschüsse zu den Kosten der Berufsausbildung behinderter Jugendlicher und junger Erwachsener, die für die Zeit der Berufsausbildung schwerbehinderten Menschen nach § 151 Absatz 4 gleichgestellt worden sind,
   d) für Prämien zur Einführung eines betrieblichen Eingliederungsmanagements und
   e) für außergewöhnliche Belastungen, die mit der Beschäftigung schwerbehinderter Menschen im Sinne des § 155 Absatz 1 Nummer 1 Buchstabe a bis d, von schwerbehinderten Menschen im Anschluss an eine Beschäftigung in einer anerkannten Werkstatt für behinderte Menschen oder im Sinne des § 158 Absatz 2 verbunden sind, vor allem, wenn ohne diese Leistungen das Beschäftigungsverhältnis gefährdet würde,
3. an Träger von Integrationsfachdiensten einschließlich psychosozialer Dienste freier gemeinnütziger Einrichtungen und Organisationen sowie an Träger von Inklusionsbetrieben,
4. zur Durchführung von Aufklärungs-, Schulungs- und Bildungsmaßnahmen,
5. nachrangig zur beruflichen Orientierung,
6. zur Deckung eines Teils der Aufwendungen für ein Budget für Arbeit oder eines Teils der Aufwendungen für ein Budget für Ausbildung.

(4) Schwerbehinderte Menschen haben im Rahmen der Zuständigkeit des Integrationsamtes aus den ihm aus der Ausgleichsabgabe zur Verfügung stehenden Mitteln Anspruch auf Übernahme der Kosten einer Berufsbegleitung nach § 55 Absatz 3.

(5) [1] Schwerbehinderte Menschen haben im Rahmen der Zuständigkeit des Integrationsamtes für die begleitende Hilfe im Arbeitsleben aus den ihm aus der

Ausgleichsabgabe zur Verfügung stehenden Mitteln Anspruch auf Übernahme der Kosten einer notwendigen Arbeitsassistenz. [2]Der Anspruch richtet sich auf die Übernahme der vollen Kosten, die für eine als notwendig festgestellte Arbeitsassistenz entstehen.

(6) [1]Verpflichtungen anderer werden durch die Absätze 3 bis 5 nicht berührt. [2]Leistungen der Rehabilitationsträger nach § 6 Absatz 1 Nummer 1 bis 5 dürfen, auch wenn auf sie ein Rechtsanspruch nicht besteht, nicht deshalb versagt werden, weil nach den besonderen Regelungen für schwerbehinderte Menschen entsprechende Leistungen vorgesehen sind; eine Aufstockung durch Leistungen des Integrationsamtes findet nicht statt.

(7) [1]Die §§ 14, 15 Absatz 1, die §§ 16 und 17 gelten sinngemäß, wenn bei dem Integrationsamt eine Leistung zur Teilhabe am Arbeitsleben beantragt wird. [2]Das Gleiche gilt, wenn ein Antrag bei einem Rehabilitationsträger gestellt und der Antrag von diesem nach § 16 Absatz 2 des Ersten Buches[1)] an das Integrationsamt weitergeleitet worden ist. [3]Ist die unverzügliche Erbringung einer Leistung zur Teilhabe am Arbeitsleben erforderlich, so kann das Integrationsamt die Leistung vorläufig erbringen. [4]Hat das Integrationsamt eine Leistung erbracht, für die ein anderer Träger zuständig ist, so erstattet dieser die auf die Leistung entfallenden Aufwendungen.

(8) [1]Auf Antrag führt das Integrationsamt seine Leistungen zur begleitenden Hilfe im Arbeitsleben als Persönliches Budget aus. [2]§ 29 gilt entsprechend.

§ 186 Beratender Ausschuss für behinderte Menschen bei dem Integrationsamt. (1) [1]Bei jedem Integrationsamt wird ein Beratender Ausschuss für behinderte Menschen gebildet, der die Teilhabe der behinderten Menschen am Arbeitsleben fördert, das Integrationsamt bei der Durchführung der besonderen Regelungen für schwerbehinderte Menschen zur Teilhabe am Arbeitsleben unterstützt und bei der Vergabe der Mittel der Ausgleichsabgabe mitwirkt. [2]Soweit die Mittel der Ausgleichsabgabe zur institutionellen Förderung verwendet werden, macht der Beratende Ausschuss Vorschläge für die Entscheidungen des Integrationsamtes.

(2) Der Ausschuss besteht aus zehn Mitgliedern, und zwar aus

1. zwei Mitgliedern, die die Arbeitnehmerinnen und Arbeitnehmer vertreten,
2. zwei Mitgliedern, die die privaten und öffentlichen Arbeitgeber vertreten,
3. vier Mitgliedern, die die Organisationen behinderter Menschen vertreten,
4. einem Mitglied, das das jeweilige Land vertritt,
5. einem Mitglied, das die Bundesagentur für Arbeit vertritt.

(3) [1]Für jedes Mitglied ist eine Stellvertreterin oder ein Stellvertreter zu berufen. [2]Mitglieder und Stellvertreterinnen oder Stellvertreter sollen im Bezirk des Integrationsamtes ihren Wohnsitz haben.

(4) [1]Das Integrationsamt beruft auf Vorschlag

1. der Gewerkschaften des jeweiligen Landes zwei Mitglieder,
2. der Arbeitgeberverbände des jeweiligen Landes ein Mitglied,
3. der zuständigen obersten Landesbehörde oder der von ihr bestimmten Behörde ein Mitglied,

---

[1)] Nr. 1.

4. der Organisationen behinderter Menschen des jeweiligen Landes, die nach der Zusammensetzung ihrer Mitglieder dazu berufen sind, die behinderten Menschen in ihrer Gesamtheit zu vertreten, vier Mitglieder.

[2]Die zuständige oberste Landesbehörde oder die von ihr bestimmte Behörde und die Bundesagentur für Arbeit berufen je ein Mitglied.

§ 187 Aufgaben der Bundesagentur für Arbeit. (1) Die Bundesagentur für Arbeit hat folgende Aufgaben:

1. die Berufsberatung, Ausbildungsvermittlung und Arbeitsvermittlung schwerbehinderter Menschen einschließlich der Vermittlung von in Werkstätten für behinderte Menschen Beschäftigten auf den allgemeinen Arbeitsmarkt,
2. die Beratung der Arbeitgeber bei der Besetzung von Ausbildungs- und Arbeitsplätzen mit schwerbehinderten Menschen,
3. die Förderung der Teilhabe schwerbehinderter Menschen am Arbeitsleben auf dem allgemeinen Arbeitsmarkt, insbesondere von schwerbehinderten Menschen,
   a) die wegen Art oder Schwere ihrer Behinderung oder sonstiger Umstände im Arbeitsleben besonders betroffen sind (§ 155 Absatz 1),
   b) die langzeitarbeitslos im Sinne des § 18 des Dritten Buches[1] sind,
   c) die im Anschluss an eine Beschäftigung in einer anerkannten Werkstatt für behinderte Menschen, bei einem anderen Leistungsanbieter (§ 60) oder einem Inklusionsbetrieb eingestellt werden,
   d) die als Teilzeitbeschäftigte eingestellt werden oder
   e) die zur Aus- oder Weiterbildung eingestellt werden,
4. im Rahmen von Arbeitsbeschaffungsmaßnahmen die besondere Förderung schwerbehinderter Menschen,
5. die Gleichstellung, deren Widerruf und Rücknahme,
6. die Durchführung des Anzeigeverfahrens (§ 163 Absatz 2 und 4),
7. die Überwachung der Erfüllung der Beschäftigungspflicht,
8. die Zulassung der Anrechnung und der Mehrfachanrechnung (§ 158 Absatz 2, § 159 Absatz 1 und 2),
9. die Erfassung der Werkstätten für behinderte Menschen, ihre Anerkennung und die Aufhebung der Anerkennung.

(2) [1]Die Bundesagentur für Arbeit übermittelt dem Bundesministerium für Arbeit und Soziales jährlich die Ergebnisse ihrer Förderung der Teilhabe schwerbehinderter Menschen am Arbeitsleben auf dem allgemeinen Arbeitsmarkt nach dessen näherer Bestimmung und fachlicher Weisung. [2]Zu den Ergebnissen gehören Angaben über die Zahl der geförderten Arbeitgeber und schwerbehinderten Menschen, die insgesamt aufgewandten Mittel und die durchschnittlichen Förderungsbeträge. [3]Die Bundesagentur für Arbeit veröffentlicht diese Ergebnisse.

(3) [1]Die Bundesagentur für Arbeit führt befristete überregionale und regionale Arbeitsmarktprogramme zum Abbau der Arbeitslosigkeit schwerbehinderter Menschen, besonderer Gruppen schwerbehinderter Menschen, insbesondere schwerbehinderter Frauen, sowie zur Förderung des Ausbildungsplatzange-

---

[1] Nr. 3.

bots für schwerbehinderte Menschen durch, die ihr durch Verwaltungsvereinbarung gemäß § 368 Absatz 3 Satz 2 und Absatz 4 des Dritten Buches unter Zuweisung der entsprechenden Mittel übertragen werden. [2]Über den Abschluss von Verwaltungsvereinbarungen mit den Ländern ist das Bundesministerium für Arbeit und Soziales zu unterrichten.

(4) Die Bundesagentur für Arbeit richtet zur Durchführung der ihr in diesem Teil und der ihr im Dritten Buch zur Teilhabe behinderter und schwerbehinderter Menschen am Arbeitsleben übertragenen Aufgaben in allen Agenturen für Arbeit besondere Stellen ein; bei der personellen Ausstattung dieser Stellen trägt sie dem besonderen Aufwand bei der Beratung und Vermittlung des zu betreuenden Personenkreises sowie bei der Durchführung der sonstigen Aufgaben nach Absatz 1 Rechnung.

(5) Im Rahmen der Beratung der Arbeitgeber nach Absatz 1 Nummer 2 hat die Bundesagentur für Arbeit

1. dem Arbeitgeber zur Besetzung von Arbeitsplätzen geeignete arbeitslose oder arbeitssuchende schwerbehinderte Menschen unter Darlegung der Leistungsfähigkeit und der Auswirkungen der jeweiligen Behinderung auf die angebotene Stelle vorzuschlagen,
2. ihre Fördermöglichkeiten aufzuzeigen, soweit möglich und erforderlich, auch die entsprechenden Hilfen der Rehabilitationsträger und der begleitenden Hilfe im Arbeitsleben durch die Integrationsämter.

§ 188 Beratender Ausschuss für behinderte Menschen bei der Bundesagentur für Arbeit. (1) Bei der Zentrale der Bundesagentur für Arbeit wird ein Beratender Ausschuss für behinderte Menschen gebildet, der die Teilhabe der behinderten Menschen am Arbeitsleben durch Vorschläge fördert und die Bundesagentur für Arbeit bei der Durchführung der in diesem Teil und im Dritten Buch zur Teilhabe behinderter und schwerbehinderter Menschen am Arbeitsleben übertragenen Aufgaben unterstützt.

(2) Der Ausschuss besteht aus elf Mitgliedern, und zwar aus

1. zwei Mitgliedern, die die Arbeitnehmerinnen und Arbeitnehmer vertreten,
2. zwei Mitgliedern, die die privaten und öffentlichen Arbeitgeber vertreten,
3. fünf Mitgliedern, die die Organisationen behinderter Menschen vertreten,
4. einem Mitglied, das die Integrationsämter vertritt,
5. einem Mitglied, das das Bundesministerium für Arbeit und Soziales vertritt.

(3) Für jedes Mitglied ist eine Stellvertreterin oder ein Stellvertreter zu berufen.

(4) [1]Der Vorstand der Bundesagentur für Arbeit beruft die Mitglieder, die Arbeitnehmer und Arbeitgeber vertreten, auf Vorschlag ihrer Gruppenvertreter im Verwaltungsrat der Bundesagentur für Arbeit. [2]Er beruft auf Vorschlag der Organisationen behinderter Menschen, die nach der Zusammensetzung ihrer Mitglieder dazu berufen sind, die behinderten Menschen in ihrer Gesamtheit auf Bundesebene zu vertreten, die Mitglieder, die Organisationen der behinderten Menschen vertreten. [3]Auf Vorschlag der Bundesarbeitsgemeinschaft der Integrationsämter und Hauptfürsorgestellen beruft er das Mitglied, das die Integrationsämter vertritt, und auf Vorschlag des Bundesministeriums für Arbeit und Soziales das Mitglied, das dieses vertritt.

§ 189 Gemeinsame Vorschriften. (1) [1] Die Beratenden Ausschüsse für behinderte Menschen (§§ 186, 188) wählen aus den ihnen angehörenden Mitgliedern von Seiten der Arbeitnehmer, Arbeitgeber oder Organisationen behinderter Menschen jeweils für die Dauer eines Jahres eine Vorsitzende oder einen Vorsitzenden und eine Stellvertreterin oder einen Stellvertreter. [2] Die Gewählten dürfen nicht derselben Gruppe angehören. [3] Die Gruppen stellen in regelmäßig jährlich wechselnder Reihenfolge die Vorsitzende oder den Vorsitzenden und die Stellvertreterin oder den Stellvertreter. [4] Die Reihenfolge wird durch die Beendigung der Amtszeit der Mitglieder nicht unterbrochen. [5] Scheidet die Vorsitzende oder der Vorsitzende oder die Stellvertreterin oder der Stellvertreter aus, wird sie oder er neu gewählt.

(2) [1] Die Beratenden Ausschüsse für behinderte Menschen sind beschlussfähig, wenn wenigstens die Hälfte der Mitglieder anwesend ist. [2] Die Beschlüsse und Entscheidungen werden mit einfacher Stimmenmehrheit getroffen.

(3) [1] Die Mitglieder der Beratenden Ausschüsse für behinderte Menschen üben ihre Tätigkeit ehrenamtlich aus. [2] Ihre Amtszeit beträgt vier Jahre.

§ 190 Übertragung von Aufgaben. (1) [1] Die Landesregierung oder die von ihr bestimmte Stelle kann die Verlängerung der Gültigkeitsdauer der Ausweise nach § 152 Absatz 5, für die eine Feststellung nach § 152 Absatz 1 nicht zu treffen ist, auf andere Behörden übertragen. [2] Im Übrigen kann sie andere Behörden zur Aushändigung der Ausweise heranziehen.

(2) Die Landesregierung oder die von ihr bestimmte Stelle kann Aufgaben und Befugnisse des Integrationsamtes nach diesem Teil auf örtliche Fürsorgestellen übertragen oder die Heranziehung örtlicher Fürsorgestellen zur Durchführung der den Integrationsämtern obliegenden Aufgaben bestimmen.

§ 191 Verordnungsermächtigung. Die Bundesregierung wird ermächtigt, durch Rechtsverordnung mit Zustimmung des Bundesrates das Nähere über die Voraussetzungen des Anspruchs nach § 49 Absatz 8 Nummer 3 und § 185 Absatz 5 sowie über die Dauer und Ausführung der Leistungen zu regeln.

Kapitel 7. Integrationsfachdienste

§ 192 Begriff und Personenkreis. (1) Integrationsfachdienste sind Dienste Dritter, die bei der Durchführung der Maßnahmen zur Teilhabe schwerbehinderter Menschen am Arbeitsleben beteiligt werden.

(2) Schwerbehinderte Menschen im Sinne des Absatzes 1 sind insbesondere

1. schwerbehinderte Menschen mit einem besonderen Bedarf an arbeitsbegleitender Betreuung,
2. schwerbehinderte Menschen, die nach zielgerichteter Vorbereitung durch die Werkstatt für behinderte Menschen am Arbeitsleben auf dem allgemeinen Arbeitsmarkt teilhaben sollen und dabei auf aufwendige, personalintensive, individuelle arbeitsbegleitende Hilfen angewiesen sind sowie
3. schwerbehinderte Schulabgänger, die für die Aufnahme einer Beschäftigung auf dem allgemeinen Arbeitsmarkt auf die Unterstützung eines Integrationsfachdienstes angewiesen sind.

(3) Ein besonderer Bedarf an arbeits- und berufsbegleitender Betreuung ist insbesondere gegeben bei schwerbehinderten Menschen mit geistiger oder seelischer Behinderung oder mit einer schweren Körper-, Sinnes- oder Mehr-

fachbehinderung, die sich im Arbeitsleben besonders nachteilig auswirkt und allein oder zusammen mit weiteren vermittlungshemmenden Umständen (Alter, Langzeitarbeitslosigkeit, unzureichende Qualifikation, Leistungsminderung) die Teilhabe am Arbeitsleben auf dem allgemeinen Arbeitsmarkt erschwert.

(4) [1] Der Integrationsfachdienst kann im Rahmen der Aufgabenstellung nach Absatz 1 auch zur beruflichen Eingliederung von behinderten Menschen, die nicht schwerbehindert sind, tätig werden. [2] Hierbei wird den besonderen Bedürfnissen seelisch behinderter oder von einer seelischen Behinderung bedrohter Menschen Rechnung getragen.

§ 193 Aufgaben. (1) Die Integrationsfachdienste können zur Teilhabe schwerbehinderter Menschen am Arbeitsleben (Aufnahme, Ausübung und Sicherung einer möglichst dauerhaften Beschäftigung) beteiligt werden, indem sie

1. die schwerbehinderten Menschen beraten, unterstützen und auf geeignete Arbeitsplätze vermitteln,
2. die Arbeitgeber informieren, beraten und ihnen Hilfe leisten.

(2) Zu den Aufgaben des Integrationsfachdienstes gehört es,

1. die Fähigkeiten der zugewiesenen schwerbehinderten Menschen zu bewerten und einzuschätzen und dabei ein individuelles Fähigkeits-, Leistungs- und Interessenprofil zur Vorbereitung auf den allgemeinen Arbeitsmarkt in enger Kooperation mit den schwerbehinderten Menschen, dem Auftraggeber und der abgebenden Einrichtung der schulischen oder beruflichen Bildung oder Rehabilitation zu erarbeiten,
2. die Bundesagentur für Arbeit auf deren Anforderung bei der Berufsorientierung und Berufsberatung in den Schulen einschließlich der auf jeden einzelnen Jugendlichen bezogenen Dokumentation der Ergebnisse zu unterstützen,
3. die betriebliche Ausbildung schwerbehinderter, insbesondere seelisch und lernbehinderter, Jugendlicher zu begleiten,
4. geeignete Arbeitsplätze (§ 156) auf dem allgemeinen Arbeitsmarkt zu erschließen,
5. die schwerbehinderten Menschen auf die vorgesehenen Arbeitsplätze vorzubereiten,
6. die schwerbehinderten Menschen, solange erforderlich, am Arbeitsplatz oder beim Training der berufspraktischen Fähigkeiten am konkreten Arbeitsplatz zu begleiten,
7. mit Zustimmung des schwerbehinderten Menschen die Mitarbeiter im Betrieb oder in der Dienststelle über Art und Auswirkungen der Behinderung und über entsprechende Verhaltensregeln zu informieren und zu beraten,
8. eine Nachbetreuung, Krisenintervention oder psychosoziale Betreuung durchzuführen sowie
9. als Ansprechpartner für die Arbeitgeber zur Verfügung zu stehen, über die Leistungen für die Arbeitgeber zu informieren und für die Arbeitgeber diese Leistungen abzuklären,

10. in Zusammenarbeit mit den Rehabilitationsträgern und den Integrationsämtern die für den schwerbehinderten Menschen benötigten Leistungen zu klären und bei der Beantragung zu unterstützen.

§ 194 Beauftragung und Verantwortlichkeit. (1) [1]Die Integrationsfachdienste werden im Auftrag der Integrationsämter oder der Rehabilitationsträger tätig. [2]Diese bleiben für die Ausführung der Leistung verantwortlich.

(2) Im Auftrag legt der Auftraggeber in Abstimmung mit dem Integrationsfachdienst Art, Umfang und Dauer des im Einzelfall notwendigen Einsatzes des Integrationsfachdienstes sowie das Entgelt fest.

(3) Der Integrationsfachdienst arbeitet insbesondere mit

1. den zuständigen Stellen der Bundesagentur für Arbeit,
2. dem Integrationsamt,
3. dem zuständigen Rehabilitationsträger, insbesondere den Berufshelfern der gesetzlichen Unfallversicherung,
4. dem Arbeitgeber, der Schwerbehindertenvertretung und den anderen betrieblichen Interessenvertretungen,
5. der abgebenden Einrichtung der schulischen oder beruflichen Bildung oder Rehabilitation mit ihren begleitenden Diensten und internen Integrationsfachkräften oder -diensten zur Unterstützung von Teilnehmenden an Leistungen zur Teilhabe am Arbeitsleben,
6. den Handwerks-, den Industrie- und Handelskammern sowie den berufsständigen Organisationen,
7. wenn notwendig, auch mit anderen Stellen und Personen,

eng zusammen.

(4) [1]Näheres zur Beauftragung, Zusammenarbeit, fachlichen Leitung, Aufsicht sowie zur Qualitätssicherung und Ergebnisbeobachtung wird zwischen dem Auftraggeber und dem Träger des Integrationsfachdienstes vertraglich geregelt. [2]Die Vereinbarungen sollen im Interesse finanzieller Planungssicherheit auf eine Dauer von mindestens drei Jahren abgeschlossen werden.

(5) Die Integrationsämter wirken darauf hin, dass die berufsbegleitenden und psychosozialen Dienste bei den von ihnen beauftragten Integrationsfachdiensten konzentriert werden.

§ 195 Fachliche Anforderungen. (1) Die Integrationsfachdienste müssen

1. nach der personellen, räumlichen und sächlichen Ausstattung in der Lage sein, ihre gesetzlichen Aufgaben wahrzunehmen,
2. über Erfahrungen mit dem zu unterstützenden Personenkreis (§ 192 Absatz 2) verfügen,
3. mit Fachkräften ausgestattet sein, die über eine geeignete Berufsqualifikation, eine psychosoziale oder arbeitspädagogische Zusatzqualifikation und ausreichende Berufserfahrung verfügen, sowie
4. rechtlich oder organisatorisch und wirtschaftlich eigenständig sein.

(2) [1]Der Personalbedarf eines Integrationsfachdienstes richtet sich nach den konkreten Bedürfnissen unter Berücksichtigung der Zahl der Betreuungs- und Beratungsfälle, des durchschnittlichen Betreuungs- und Beratungsaufwands, der Größe des regionalen Einzugsbereichs und der Zahl der zu beratenden Arbeitgeber. [2]Den besonderen Bedürfnissen besonderer Gruppen schwerbehinderter

Menschen, insbesondere schwerbehinderter Frauen, und der Notwendigkeit einer psychosozialen Betreuung soll durch eine Differenzierung innerhalb des Integrationsfachdienstes Rechnung getragen werden.

(3) [1] Bei der Stellenbesetzung des Integrationsfachdienstes werden schwerbehinderte Menschen bevorzugt berücksichtigt. [2] Dabei wird ein angemessener Anteil der Stellen mit schwerbehinderten Frauen besetzt.

§ 196 Finanzielle Leistungen. (1) [1] Die Inanspruchnahme von Integrationsfachdiensten wird vom Auftraggeber vergütet. [2] Die Vergütung für die Inanspruchnahme von Integrationsfachdiensten kann bei Beauftragung durch das Integrationsamt aus Mitteln der Ausgleichsabgabe erbracht werden.

(2) Die Bezahlung tarifvertraglich vereinbarter Vergütungen sowie entsprechender Vergütungen nach kirchlichen Arbeitsrechtsregelungen kann bei der Beauftragung von Integrationsfachdiensten nicht als unwirtschaftlich abgelehnt werden.

(3) [1] Die Bundesarbeitsgemeinschaft der Integrationsämter und Hauptfürsorgestellen vereinbart mit den Rehabilitationsträgern nach § 6 Absatz 1 Nummer 2 bis 5 unter Beteiligung der maßgeblichen Verbände, darunter der Bundesarbeitsgemeinschaft, in der sich die Integrationsfachdienste zusammengeschlossen haben, eine gemeinsame Empfehlung zur Inanspruchnahme der Integrationsfachdienste durch die Rehabilitationsträger, zur Zusammenarbeit und zur Finanzierung der Kosten, die dem Integrationsfachdienst bei der Wahrnehmung der Aufgaben der Rehabilitationsträger entstehen. [2] § 26 Absatz 7 und 8 gilt entsprechend.

§ 197 Ergebnisbeobachtung. (1) [1] Der Integrationsfachdienst dokumentiert Verlauf und Ergebnis der jeweiligen Bemühungen um die Förderung der Teilhabe am Arbeitsleben. [2] Er erstellt jährlich eine zusammenfassende Darstellung der Ergebnisse und legt diese den Auftraggebern nach deren näherer gemeinsamer Maßgabe vor. [3] Diese Zusammenstellung soll insbesondere geschlechtsdifferenzierte Angaben enthalten zu

1. den Zu- und Abgängen an Betreuungsfällen im Kalenderjahr,
2. dem Bestand an Betreuungsfällen,
3. der Zahl der abgeschlossenen Fälle, differenziert nach Aufnahme einer Ausbildung, einer befristeten oder unbefristeten Beschäftigung, einer Beschäftigung in einem Integrationsprojekt oder in einer Werkstatt für behinderte Menschen.

(2) Der Integrationsfachdienst dokumentiert auch die Ergebnisse seiner Bemühungen zur Unterstützung der Bundesagentur für Arbeit und die Begleitung der betrieblichen Ausbildung nach § 193 Absatz 2 Nummer 2 und 3 unter Einbeziehung geschlechtsdifferenzierter Daten und Besonderheiten sowie der Art der Behinderung.

§ 198 Verordnungsermächtigung. (1) Das Bundesministerium für Arbeit und Soziales wird ermächtigt, durch Rechtsverordnung mit Zustimmung des Bundesrates das Nähere über den Begriff und die Aufgaben des Integrationsfachdienstes, die für sie geltenden fachlichen Anforderungen und die finanziellen Leistungen zu regeln.

(2) Vereinbaren die Bundesarbeitsgemeinschaft der Integrationsämter und Hauptfürsorgestellen und die Rehabilitationsträger nicht innerhalb von sechs Monaten, nachdem das Bundesministerium für Arbeit und Soziales sie dazu aufgefordert hat, eine gemeinsame Empfehlung nach § 196 Absatz 3 oder ändern sie die unzureichend gewordene Empfehlung nicht innerhalb dieser Frist, kann das Bundesministerium für Arbeit und Soziales Regelungen durch Rechtsverordnung mit Zustimmung des Bundesrates erlassen.

Kapitel 8. Beendigung der Anwendung der besonderen Regelungen zur Teilhabe schwerbehinderter und gleichgestellter behinderter Menschen

§ 199 Beendigung der Anwendung der besonderen Regelungen zur Teilhabe schwerbehinderter Menschen. (1) Die besonderen Regelungen für schwerbehinderte Menschen werden nicht angewendet nach dem Wegfall der Voraussetzungen nach § 2 Absatz 2; wenn sich der Grad der Behinderung auf weniger als 50 verringert, jedoch erst am Ende des dritten Kalendermonats nach Eintritt der Unanfechtbarkeit des die Verringerung feststellenden Bescheides.

(2) [1] Die besonderen Regelungen für gleichgestellte behinderte Menschen werden nach dem Widerruf oder der Rücknahme der Gleichstellung nicht mehr angewendet. [2] Der Widerruf der Gleichstellung ist zulässig, wenn die Voraussetzungen nach § 2 Absatz 3 in Verbindung mit § 151 Absatz 2 weggefallen sind. [3] Er wird erst am Ende des dritten Kalendermonats nach Eintritt seiner Unanfechtbarkeit wirksam.

(3) Bis zur Beendigung der Anwendung der besonderen Regelungen für schwerbehinderte Menschen und ihnen gleichgestellte behinderte Menschen werden die behinderten Menschen dem Arbeitgeber auf die Zahl der Pflichtarbeitsplätze für schwerbehinderte Menschen angerechnet.

§ 200 Entziehung der besonderen Hilfen für schwerbehinderte Menschen. (1) [1] Einem schwerbehinderten Menschen, der einen zumutbaren Arbeitsplatz ohne berechtigten Grund zurückweist oder aufgibt oder sich ohne berechtigten Grund weigert, an einer Maßnahme zur Teilhabe am Arbeitsleben teilzunehmen, oder sonst durch sein Verhalten seine Teilhabe am Arbeitsleben schuldhaft vereitelt, kann das Integrationsamt im Benehmen mit der Bundesagentur für Arbeit die besonderen Hilfen für schwerbehinderte Menschen zeitweilig entziehen. [2] Dies gilt auch für gleichgestellte behinderte Menschen.

(2) [1] Vor der Entscheidung über die Entziehung wird der schwerbehinderte Mensch gehört. [2] In der Entscheidung wird die Frist bestimmt, für die sie gilt. [3] Die Frist läuft vom Tag der Entscheidung an und beträgt nicht mehr als sechs Monate. [4] Die Entscheidung wird dem schwerbehinderten Menschen bekannt gegeben.

Kapitel 9. Widerspruchsverfahren

§ 201 Widerspruch. (1) [1] Den Widerspruchsbescheid nach § 73 der Verwaltungsgerichtsordnung erlässt bei Verwaltungsakten der Integrationsämter und bei Verwaltungsakten der örtlichen Fürsorgestellen (§ 190 Absatz 2) der Widerspruchsausschuss bei dem Integrationsamt (§ 202). [2] Des Vorverfahrens bedarf es auch, wenn den Verwaltungsakt ein Integrationsamt erlassen hat, das bei einer obersten Landesbehörde besteht.

(2) Den Widerspruchsbescheid nach § 85 des Sozialgerichtsgesetzes[1] erlässt bei Verwaltungsakten, welche die Bundesagentur für Arbeit auf Grund dieses Teils erlässt, der Widerspruchsausschuss der Bundesagentur für Arbeit.

§ 202 Widerspruchsausschuss bei dem Integrationsamt. (1) Bei jedem Integrationsamt besteht ein Widerspruchsausschuss aus sieben Mitgliedern, und zwar aus zwei Mitgliedern, die schwerbehinderte Arbeitnehmer oder Arbeitnehmerinnen sind, zwei Mitgliedern, die Arbeitgeber sind, einem Mitglied, das das Integrationsamt vertritt, einem Mitglied, das die Bundesagentur für Arbeit vertritt, einer Vertrauensperson schwerbehinderter Menschen.

(2) Für jedes Mitglied wird ein Stellvertreter oder eine Stellvertreterin berufen.

(3) [1] Das Integrationsamt beruft auf Vorschlag der Organisationen behinderter Menschen des jeweiligen Landes die Mitglieder, die Arbeitnehmer sind, auf Vorschlag der jeweils für das Land zuständigen Arbeitgeberverbände die Mitglieder, die Arbeitgeber sind, sowie die Vertrauensperson. [2] Die zuständige oberste Landesbehörde oder die von ihr bestimmte Behörde beruft das Mitglied, das das Integrationsamt vertritt. [3] Die Bundesagentur für Arbeit beruft das Mitglied, das sie vertritt. [4] Entsprechendes gilt für die Berufung des Stellvertreters oder der Stellvertreterin des jeweiligen Mitglieds.

(4) [1] In Kündigungsangelegenheiten schwerbehinderter Menschen, die bei einer Dienststelle oder in einem Betrieb beschäftigt sind, der zum Geschäftsbereich des Bundesministeriums der Verteidigung gehört, treten an die Stelle der Mitglieder, die Arbeitgeber sind, Angehörige des öffentlichen Dienstes. [2] Dem Integrationsamt werden ein Mitglied und sein Stellvertreter oder seine Stellvertreterin von den von der Bundesregierung bestimmten Bundesbehörden benannt. [3] Eines der Mitglieder, die schwerbehinderte Arbeitnehmer oder Arbeitnehmerinnen sind, muss dem öffentlichen Dienst angehören.

(5) [1] Die Amtszeit der Mitglieder der Widerspruchsausschüsse beträgt vier Jahre. [2] Die Mitglieder der Ausschüsse üben ihre Tätigkeit unentgeltlich aus.

§ 203 Widerspruchsausschüsse der Bundesagentur für Arbeit.

(1) Die Bundesagentur für Arbeit richtet Widerspruchsausschüsse ein, die aus sieben Mitgliedern bestehen, und zwar aus zwei Mitgliedern, die schwerbehinderte Arbeitnehmer oder Arbeitnehmerinnen sind, zwei Mitgliedern, die Arbeitgeber sind, einem Mitglied, das das Integrationsamt vertritt, einem Mitglied, das die Bundesagentur für Arbeit vertritt, einer Vertrauensperson schwerbehinderter Menschen.

(2) Für jedes Mitglied wird ein Stellvertreter oder eine Stellvertreterin berufen.

(3) [1] Die Bundesagentur für Arbeit beruft

1. die Mitglieder, die Arbeitnehmer oder Arbeitnehmerinnen sind, auf Vorschlag der jeweils zuständigen Organisationen behinderter Menschen, der im Benehmen mit den jeweils zuständigen Gewerkschaften, die für die Ver-

[1] Nr. 20.

tretung der Arbeitnehmerinteressen wesentliche Bedeutung haben, gemacht wird,

2. die Mitglieder, die Arbeitgeber sind, auf Vorschlag der jeweils zuständigen Arbeitgeberverbände, soweit sie für die Vertretung von Arbeitgeberinteressen wesentliche Bedeutung haben, sowie
3. das Mitglied, das die Bundesagentur für Arbeit vertritt, und
4. die Vertrauensperson.

[2] Die zuständige oberste Landesbehörde oder die von ihr bestimmte Behörde beruft das Mitglied, das das Integrationsamt vertritt. [3] Entsprechendes gilt für die Berufung des Stellvertreters oder der Stellvertreterin des jeweiligen Mitglieds.

(4) § 202 Absatz 5 gilt entsprechend.

§ 204 Verfahrensvorschriften. (1) Für den Widerspruchsausschuss bei dem Integrationsamt (§ 202) und die Widerspruchsausschüsse bei der Bundesagentur für Arbeit (§ 203) gilt § 189 Absatz 1 und 2 entsprechend.

(2) Im Widerspruchsverfahren nach Kapitel 4 werden der Arbeitgeber und der schwerbehinderte Mensch vor der Entscheidung gehört; in den übrigen Fällen verbleibt es bei der Anhörung des Widerspruchsführers.

(3) [1] Die Mitglieder der Ausschüsse können wegen Besorgnis der Befangenheit abgelehnt werden. [2] Über die Ablehnung entscheidet der Ausschuss, dem das Mitglied angehört.

Kapitel 10. Sonstige Vorschriften

§ 205 Vorrang der schwerbehinderten Menschen. Verpflichtungen zur bevorzugten Einstellung und Beschäftigung bestimmter Personenkreise nach anderen Gesetzen entbinden den Arbeitgeber nicht von der Verpflichtung zur Beschäftigung schwerbehinderter Menschen nach den besonderen Regelungen für schwerbehinderte Menschen.

§ 206 Arbeitsentgelt und Dienstbezüge. (1) [1] Bei der Bemessung des Arbeitsentgelts und der Dienstbezüge aus einem bestehenden Beschäftigungsverhältnis werden Renten und vergleichbare Leistungen, die wegen der Behinderung bezogen werden, nicht berücksichtigt. [2] Die völlige oder teilweise Anrechnung dieser Leistungen auf das Arbeitsentgelt oder die Dienstbezüge ist unzulässig.

(2) Absatz 1 gilt nicht für Zeiträume, in denen die Beschäftigung tatsächlich nicht ausgeübt wird und die Vorschriften über die Zahlung der Rente oder der vergleichbaren Leistung eine Anrechnung oder ein Ruhen vorsehen, wenn Arbeitsentgelt oder Dienstbezüge gezahlt werden.

§ 207 Mehrarbeit. Schwerbehinderte Menschen werden auf ihr Verlangen von Mehrarbeit freigestellt.

§ 208 Zusatzurlaub. (1) [1] Schwerbehinderte Menschen haben Anspruch auf einen bezahlten zusätzlichen Urlaub von fünf Arbeitstagen im Urlaubsjahr; verteilt sich die regelmäßige Arbeitszeit des schwerbehinderten Menschen auf mehr oder weniger als fünf Arbeitstage in der Kalenderwoche, erhöht oder vermindert sich der Zusatzurlaub entsprechend. [2] Soweit tarifliche, betriebliche oder sonstige Urlaubsregelungen für schwerbehinderte Menschen einen längeren Zusatzurlaub vorsehen, bleiben sie unberührt.

(2) [1] Besteht die Schwerbehinderteneigenschaft nicht während des gesamten Kalenderjahres, so hat der schwerbehinderte Mensch für jeden vollen Monat der im Beschäftigungsverhältnis vorliegenden Schwerbehinderteneigenschaft einen Anspruch auf ein Zwölftel des Zusatzurlaubs nach Absatz 1 Satz 1. [2] Bruchteile von Urlaubstagen, die mindestens einen halben Tag ergeben, sind auf volle Urlaubstage aufzurunden. [3] Der so ermittelte Zusatzurlaub ist dem Erholungsurlaub hinzuzurechnen und kann bei einem nicht im ganzen Kalenderjahr bestehenden Beschäftigungsverhältnis nicht erneut gemindert werden.

(3) Wird die Eigenschaft als schwerbehinderter Mensch nach § 152 Absatz 1 und 2 rückwirkend festgestellt, finden auch für die Übertragbarkeit des Zusatzurlaubs in das nächste Kalenderjahr die dem Beschäftigungsverhältnis zugrunde liegenden urlaubsrechtlichen Regelungen Anwendung.

§ 209 Nachteilsausgleich. (1) Die Vorschriften über Hilfen für behinderte Menschen zum Ausgleich behinderungsbedingter Nachteile oder Mehraufwendungen (Nachteilsausgleich) werden so gestaltet, dass sie unabhängig von der Ursache der Behinderung der Art oder Schwere der Behinderung Rechnung tragen.

(2) Nachteilsausgleiche, die auf Grund bisher geltender Rechtsvorschriften erfolgen, bleiben unberührt.

§ 210 Beschäftigung schwerbehinderter Menschen in Heimarbeit. (1) Schwerbehinderte Menschen, die in Heimarbeit beschäftigt oder diesen gleichgestellt sind (§ 1 Absatz 1 und 2 des Heimarbeitsgesetzes) und in der Hauptsache für den gleichen Auftraggeber arbeiten, werden auf die Arbeitsplätze für schwerbehinderte Menschen dieses Auftraggebers angerechnet.

(2) [1] Für in Heimarbeit beschäftigte und diesen gleichgestellte schwerbehinderte Menschen wird die in § 29 Absatz 2 des Heimarbeitsgesetzes festgelegte Kündigungsfrist von zwei Wochen auf vier Wochen erhöht; die Vorschrift des § 29 Absatz 7 des Heimarbeitsgesetzes ist sinngemäß anzuwenden. [2] Der besondere Kündigungsschutz schwerbehinderter Menschen im Sinne des Kapitels 4 gilt auch für die in Satz 1 genannten Personen.

(3) [1] Die Bezahlung des zusätzlichen Urlaubs der in Heimarbeit beschäftigten oder diesen gleichgestellten schwerbehinderten Menschen erfolgt nach den für die Bezahlung ihres sonstigen Urlaubs geltenden Berechnungsgrundsätzen. [2] Sofern eine besondere Regelung nicht besteht, erhalten die schwerbehinderten Menschen als zusätzliches Urlaubsgeld 2 Prozent des in der Zeit vom 1. Mai des vergangenen bis zum 30. April des laufenden Jahres verdienten Arbeitsentgelts ausschließlich der Unkostenzuschläge.

(4) [1] Schwerbehinderte Menschen, die als fremde Hilfskräfte eines Hausgewerbetreibenden oder eines Gleichgestellten beschäftigt werden (§ 2 Absatz 6 des Heimarbeitsgesetzes) können auf Antrag eines Auftraggebers auch auf dessen Pflichtarbeitsplätze für schwerbehinderte Menschen angerechnet werden, wenn der Arbeitgeber in der Hauptsache für diesen Auftraggeber arbeitet. [2] Wird einem schwerbehinderten Menschen im Sinne des Satzes 1, dessen Anrechnung die Bundesagentur für Arbeit zugelassen hat, durch seinen Arbeitgeber gekündigt, weil der Auftraggeber die Zuteilung von Arbeit eingestellt oder die regelmäßige Arbeitsmenge erheblich herabgesetzt hat, erstattet der

Auftraggeber dem Arbeitgeber die Aufwendungen für die Zahlung des regelmäßigen Arbeitsverdienstes an den schwerbehinderten Menschen bis zur rechtmäßigen Beendigung seines Arbeitsverhältnisses.

(5) Werden fremde Hilfskräfte eines Hausgewerbetreibenden oder eines Gleichgestellten (§ 2 Absatz 6 des Heimarbeitsgesetzes) einem Auftraggeber gemäß Absatz 4 auf seine Arbeitsplätze für schwerbehinderte Menschen angerechnet, erstattet der Auftraggeber die dem Arbeitgeber nach Absatz 3 entstehenden Aufwendungen.

(6) Die den Arbeitgeber nach § 163 Absatz 1 und 5 treffenden Verpflichtungen gelten auch für Personen, die Heimarbeit ausgeben.

§ 211 Schwerbehinderte Beamtinnen und Beamte, Richterinnen und Richter, Soldatinnen und Soldaten. (1) Die besonderen Vorschriften und Grundsätze für die Besetzung der Beamtenstellen sind unbeschadet der Geltung dieses Teils auch für schwerbehinderte Beamtinnen und Beamte so zu gestalten, dass die Einstellung und Beschäftigung schwerbehinderter Menschen gefördert und ein angemessener Anteil schwerbehinderter Menschen unter den Beamten und Beamtinnen erreicht wird.

(2) Absatz 1 gilt für Richterinnen und Richter entsprechend.

(3) [1] Für die persönliche Rechtsstellung schwerbehinderter Soldatinnen und Soldaten gelten die §§ 2, 152, 176 bis 182, 199 Absatz 1 sowie die §§ 206, 208, 209 und 228 bis 230. [2] Im Übrigen gelten für Soldatinnen und Soldaten die Vorschriften über die persönliche Rechtsstellung der schwerbehinderten Menschen, soweit sie mit den Besonderheiten des Dienstverhältnisses vereinbar sind.

§ 212 Unabhängige Tätigkeit. Soweit zur Ausübung einer unabhängigen Tätigkeit eine Zulassung erforderlich ist, soll schwerbehinderten Menschen, die eine Zulassung beantragen, bei fachlicher Eignung und Erfüllung der sonstigen gesetzlichen Voraussetzungen die Zulassung bevorzugt erteilt werden.

§ 213 Geheimhaltungspflicht. (1) Die Beschäftigten der Integrationsämter, der Bundesagentur für Arbeit, der Rehabilitationsträger sowie der von diesen Stellen beauftragten Integrationsfachdienste und die Mitglieder der Ausschüsse und des Beirates für die Teilhabe von Menschen mit Behinderungen (§ 86) und ihre Stellvertreterinnen oder Stellvertreter sowie zur Durchführung ihrer Aufgaben hinzugezogene Sachverständige sind verpflichtet,

1. über ihnen wegen ihres Amtes oder Auftrages bekannt gewordene persönliche Verhältnisse und Angelegenheiten von Beschäftigten auf Arbeitsplätzen für schwerbehinderte Menschen, die ihrer Bedeutung oder ihrem Inhalt nach einer vertraulichen Behandlung bedürfen, Stillschweigen zu bewahren und
2. ihnen wegen ihres Amtes oder Auftrages bekannt gewordene und vom Arbeitgeber ausdrücklich als geheimhaltungsbedürftig bezeichnete Betriebs- oder Geschäftsgeheimnisse nicht zu offenbaren und nicht zu verwerten.

(2) [1] Diese Pflichten gelten auch nach dem Ausscheiden aus dem Amt oder nach Beendigung des Auftrages. [2] Sie gelten nicht gegenüber der Bundesagentur für Arbeit, den Integrationsämtern und den Rehabilitationsträgern, soweit deren Aufgaben gegenüber schwerbehinderten Menschen es erfordern, gegenüber der Schwerbehindertenvertretung sowie gegenüber den in § 79 Absatz 1

des Betriebsverfassungsgesetzes und den in den entsprechenden Vorschriften des Personalvertretungsrechts genannten Vertretungen, Personen und Stellen.

§ 214 Statistik. (1) [1] Über schwerbehinderte Menschen wird alle zwei Jahre eine Bundesstatistik durchgeführt. [2] Sie umfasst die folgenden Erhebungsmerkmale:

1. die Zahl der schwerbehinderten Menschen mit gültigem Ausweis,
2. die schwerbehinderten Menschen nach Geburtsjahr, Geschlecht, Staatsangehörigkeit und Wohnort,
3. Art, Ursache und Grad der Behinderung.

(2) Hilfsmerkmale sind:

1. Name, Anschrift, Telefonnummer und Adresse für elektronische Post der nach Absatz 3 Satz 2 auskunftspflichtigen Behörden,
2. Name und Kontaktdaten der für Rückfragen zur Verfügung stehenden Personen,
3. die Signiernummern für das Versorgungsamt und für das Berichtsland.

(3) [1] Für die Erhebung besteht Auskunftspflicht. [2] Auskunftspflichtig sind die nach § 152 Absatz 1 und 5 zuständigen Behörden. [3] Die Angaben zu Absatz 2 Nummer 2 sind freiwillig.

Kapitel 11. Inklusionsbetriebe

§ 215 Begriff und Personenkreis. (1) Inklusionsbetriebe sind rechtlich und wirtschaftlich selbständige Unternehmen oder unternehmensinterne oder von öffentlichen Arbeitgebern im Sinne des § 154 Absatz 2 geführte Betriebe oder Abteilungen zur Beschäftigung schwerbehinderter Menschen auf dem allgemeinen Arbeitsmarkt, deren Teilhabe an einer sonstigen Beschäftigung auf dem allgemeinen Arbeitsmarkt auf Grund von Art oder Schwere der Behinderung oder wegen sonstiger Umstände voraussichtlich trotz Ausschöpfens aller Fördermöglichkeiten und des Einsatzes von Integrationsfachdiensten auf besondere Schwierigkeiten stößt.

(2) Schwerbehinderte Menschen nach Absatz 1 sind insbesondere

1. schwerbehinderte Menschen mit geistiger oder seelischer Behinderung oder mit einer schweren Körper-, Sinnes- oder Mehrfachbehinderung, die sich im Arbeitsleben besonders nachteilig auswirkt und allein oder zusammen mit weiteren vermittlungshemmenden Umständen die Teilhabe am allgemeinen Arbeitsmarkt außerhalb eines Inklusionsbetriebes erschwert oder verhindert,
2. schwerbehinderte Menschen, die nach zielgerichteter Vorbereitung in einer Werkstatt für behinderte Menschen oder in einer psychiatrischen Einrichtung für den Übergang in einen Betrieb oder eine Dienststelle auf dem allgemeinen Arbeitsmarkt in Betracht kommen und auf diesen Übergang vorbereitet werden sollen,
3. schwerbehinderte Menschen nach Beendigung einer schulischen Bildung, die nur dann Aussicht auf eine Beschäftigung auf dem allgemeinen Arbeitsmarkt haben, wenn sie zuvor in einem Inklusionsbetrieb an berufsvorbereitenden Bildungsmaßnahmen teilnehmen und dort beschäftigt und weiterqualifiziert werden, sowie

4. schwerbehinderte Menschen, die langzeitarbeitslos im Sinne des § 18 des Dritten Buches[1)] sind.

(3) [1] Inklusionsbetriebe beschäftigen mindestens 30 Prozent schwerbehinderte Menschen im Sinne von Absatz 1. [2] Der Anteil der schwerbehinderten Menschen soll in der Regel 50 Prozent nicht übersteigen.

(4) Auf die Quoten nach Absatz 3 wird auch die Anzahl der psychisch kranken beschäftigten Menschen angerechnet, die behindert oder von Behinderung bedroht sind und deren Teilhabe an einer sonstigen Beschäftigung auf dem allgemeinen Arbeitsmarkt auf Grund von Art oder Schwere der Behinderung oder wegen sonstiger Umstände auf besondere Schwierigkeiten stößt.

§ 216 Aufgaben. [1] Die Inklusionsbetriebe bieten den schwerbehinderten Menschen Beschäftigung, Maßnahmen der betrieblichen Gesundheitsförderung und arbeitsbegleitende Betreuung an, soweit erforderlich auch Maßnahmen der beruflichen Weiterbildung oder Gelegenheit zur Teilnahme an entsprechenden außerbetrieblichen Maßnahmen und Unterstützung bei der Vermittlung in eine sonstige Beschäftigung in einem Betrieb oder einer Dienststelle auf dem allgemeinen Arbeitsmarkt sowie geeignete Maßnahmen zur Vorbereitung auf eine Beschäftigung in einem Inklusionsbetrieb. [2] Satz 1 gilt entsprechend für psychisch kranke Menschen im Sinne des § 215 Absatz 4.

§ 217 Finanzielle Leistungen. (1) Inklusionsbetriebe können aus Mitteln der Ausgleichsabgabe Leistungen für Aufbau, Erweiterung, Modernisierung und Ausstattung einschließlich einer betriebswirtschaftlichen Beratung und für besonderen Aufwand erhalten.

(2) Die Finanzierung von Leistungen nach § 216 Satz 2 erfolgt durch den zuständigen Rehabilitationsträger.

§ 218 Verordnungsermächtigung. Das Bundesministerium für Arbeit und Soziales wird ermächtigt, durch Rechtsverordnung mit Zustimmung des Bundesrates das Nähere über den Begriff und die Aufgaben der Inklusionsbetriebe, die für sie geltenden fachlichen Anforderungen, die Aufnahmevoraussetzungen und die finanziellen Leistungen zu regeln.

Kapitel 12. Werkstätten für behinderte Menschen

§ 219 Begriff und Aufgaben der Werkstatt für behinderte Menschen.

(1) [1] Die Werkstatt für behinderte Menschen ist eine Einrichtung zur Teilhabe behinderter Menschen am Arbeitsleben im Sinne des Kapitels 10 des Teils 1 und zur Eingliederung in das Arbeitsleben. [2] Sie hat denjenigen behinderten Menschen, die wegen Art oder Schwere der Behinderung nicht, noch nicht oder noch nicht wieder auf dem allgemeinen Arbeitsmarkt beschäftigt werden können,

1. eine angemessene berufliche Bildung und eine Beschäftigung zu einem ihrer Leistung angemessenen Arbeitsentgelt aus dem Arbeitsergebnis anzubieten und

---

[1)] Nr. 3.

2. zu ermöglichen, ihre Leistungs- oder Erwerbsfähigkeit zu erhalten, zu entwickeln, zu erhöhen oder wiederzugewinnen und dabei ihre Persönlichkeit weiterzuentwickeln.

[3] Sie fördert den Übergang geeigneter Personen auf den allgemeinen Arbeitsmarkt durch geeignete Maßnahmen. [4] Sie verfügt über ein möglichst breites Angebot an Berufsbildungs- und Arbeitsplätzen sowie über qualifiziertes Personal und einen begleitenden Dienst. [5] Zum Angebot an Berufsbildungs- und Arbeitsplätzen gehören ausgelagerte Plätze auf dem allgemeinen Arbeitsmarkt. [6] Die ausgelagerten Arbeitsplätze werden zum Zwecke des Übergangs und als dauerhaft ausgelagerte Plätze angeboten.

(2) [1] Die Werkstatt steht allen behinderten Menschen im Sinne des Absatzes 1 unabhängig von Art oder Schwere der Behinderung offen, sofern erwartet werden kann, dass sie spätestens nach Teilnahme an Maßnahmen im Berufsbildungsbereich wenigstens ein Mindestmaß wirtschaftlich verwertbarer Arbeitsleistung erbringen werden. [2] Dies ist nicht der Fall bei behinderten Menschen, bei denen trotz einer der Behinderung angemessenen Betreuung eine erhebliche Selbst- oder Fremdgefährdung zu erwarten ist oder das Ausmaß der erforderlichen Betreuung und Pflege die Teilnahme an Maßnahmen im Berufsbildungsbereich oder sonstige Umstände ein Mindestmaß wirtschaftlich verwertbarer Arbeitsleistung im Arbeitsbereich dauerhaft nicht zulassen.

(3) [1] Behinderte Menschen, die die Voraussetzungen für eine Beschäftigung in einer Werkstatt nicht erfüllen, sollen in Einrichtungen oder Gruppen betreut und gefördert werden, die der Werkstatt angegliedert sind. [2] Die Betreuung und Förderung kann auch gemeinsam mit den Werkstattbeschäftigten in der Werkstatt erfolgen. [3] Die Betreuung und Förderung soll auch Angebote zur Orientierung auf Beschäftigung enthalten.

§ 220 Aufnahme in die Werkstätten für behinderte Menschen.

(1) [1] Anerkannte Werkstätten nehmen diejenigen behinderten Menschen aus ihrem Einzugsgebiet auf, die die Aufnahmevoraussetzungen gemäß § 219 Absatz 2 erfüllen, wenn Leistungen durch die Rehabilitationsträger gewährleistet sind; die Möglichkeit zur Aufnahme in eine andere anerkannte Werkstatt nach Maßgabe des § 9 des Zwölften Buches[1)] oder entsprechender Regelungen bleibt unberührt. [2] Die Aufnahme erfolgt unabhängig von

1. der Ursache der Behinderung,
2. der Art der Behinderung, wenn in dem Einzugsgebiet keine besondere Werkstatt für behinderte Menschen für diese Behinderungsart vorhanden ist, und
3. der Schwere der Behinderung, der Minderung der Leistungsfähigkeit und einem besonderen Bedarf an Förderung, begleitender Betreuung oder Pflege.

(2) Behinderte Menschen werden in der Werkstatt beschäftigt, solange die Aufnahmevoraussetzungen nach Absatz 1 vorliegen.

(3) Leistungsberechtigte Menschen mit Behinderungen, die aus einer Werkstatt für behinderte Menschen auf den allgemeinen Arbeitsmarkt übergegangen sind oder bei einem anderen Leistungsanbieter oder mit Hilfe des Budgets für

[1)] Nr. **12**.

Arbeit oder des Budgets für Ausbildung am Arbeitsleben teilnehmen, haben einen Anspruch auf Aufnahme in eine Werkstatt für behinderte Menschen.

§ 221 Rechtsstellung und Arbeitsentgelt behinderter Menschen.

(1) Behinderte Menschen im Arbeitsbereich anerkannter Werkstätten stehen, wenn sie nicht Arbeitnehmer sind, zu den Werkstätten in einem arbeitnehmerähnlichen Rechtsverhältnis, soweit sich aus dem zugrunde liegenden Sozialleistungsverhältnis nichts anderes ergibt.

(2) [1] Die Werkstätten zahlen aus ihrem Arbeitsergebnis an die im Arbeitsbereich beschäftigten behinderten Menschen ein Arbeitsentgelt, das sich aus einem Grundbetrag in Höhe des Ausbildungsgeldes, das die Bundesagentur für Arbeit nach den für sie geltenden Vorschriften behinderten Menschen im Berufsbildungsbereich leistet, und einem leistungsangemessenen Steigerungsbetrag zusammensetzt. [2] Der Steigerungsbetrag bemisst sich nach der individuellen Arbeitsleistung der behinderten Menschen, insbesondere unter Berücksichtigung von Arbeitsmenge und Arbeitsgüte.

(3) Der Inhalt des arbeitnehmerähnlichen Rechtsverhältnisses wird unter Berücksichtigung des zwischen den behinderten Menschen und dem Rehabilitationsträger bestehenden Sozialleistungsverhältnisses durch Werkstattverträge zwischen den behinderten Menschen und dem Träger der Werkstatt näher geregelt.

(4) Hinsichtlich der Rechtsstellung der Teilnehmer an Maßnahmen im Eingangsverfahren und im Berufsbildungsbereich gilt § 52 entsprechend.

(5) Ist ein volljähriger behinderter Mensch gemäß Absatz 1 in den Arbeitsbereich einer anerkannten Werkstatt für behinderte Menschen im Sinne des § 219 aufgenommen worden und war er zu diesem Zeitpunkt geschäftsunfähig, so gilt der von ihm geschlossene Werkstattvertrag in Ansehung einer bereits bewirkten Leistung und deren Gegenleistung, soweit diese in einem angemessenen Verhältnis zueinander stehen, als wirksam.

(6) War der volljährige behinderte Mensch bei Abschluss eines Werkstattvertrages geschäftsunfähig, so kann der Träger einer Werkstatt das Werkstattverhältnis nur unter den Voraussetzungen für gelöst erklären, unter denen ein wirksamer Vertrag seitens des Trägers einer Werkstatt gekündigt werden kann.

(7) Die Lösungserklärung durch den Träger einer Werkstatt bedarf der schriftlichen Form und ist zu begründen.

§ 222 Mitbestimmung, Mitwirkung, Frauenbeauftragte. (1) [1] Die in § 221 Absatz 1 genannten behinderten Menschen bestimmen und wirken unabhängig von ihrer Geschäftsfähigkeit durch Werkstatträte in den ihre Interessen berührenden Angelegenheiten der Werkstatt mit. [2] Die Werkstatträte berücksichtigen die Interessen der im Eingangsverfahren und im Berufsbildungsbereich der Werkstätten tätigen behinderten Menschen in angemessener und geeigneter Weise, solange für diese eine Vertretung nach § 52 nicht besteht.

(2) Ein Werkstattrat wird in Werkstätten gewählt; er setzt sich aus mindestens drei Mitgliedern zusammen.

(3) Wahlberechtigt zum Werkstattrat sind alle in § 221 Absatz 1 genannten behinderten Menschen; von ihnen sind die behinderten Menschen wählbar,

die am Wahltag seit mindestens sechs Monaten in der Werkstatt beschäftigt sind.

(4) [1]Die Werkstätten für behinderte Menschen unterrichten die Personen, die behinderte Menschen gesetzlich vertreten oder mit ihrer Betreuung beauftragt sind, einmal im Kalenderjahr in einer Eltern- und Betreuerversammlung in angemessener Weise über die Angelegenheiten der Werkstatt, auf die sich die Mitwirkung erstreckt, und hören sie dazu an. [2]In den Werkstätten kann im Einvernehmen mit dem Träger der Werkstatt ein Eltern- und Betreuerbeirat errichtet werden, der die Werkstatt und den Werkstattrat bei ihrer Arbeit berät und durch Vorschläge und Stellungnahmen unterstützt.

(5) [1]Behinderte Frauen im Sinne des § 221 Absatz 1 wählen in jeder Werkstatt eine Frauenbeauftragte und eine Stellvertreterin. [2]In Werkstätten mit mehr als 700 wahlberechtigten Frauen wird eine zweite Stellvertreterin gewählt, in Werkstätten mit mehr als 1 000 wahlberechtigten Frauen werden bis zu drei Stellvertreterinnen gewählt.

§ 223 Anrechnung von Aufträgen auf die Ausgleichsabgabe. (1) [1]Arbeitgeber, die durch Aufträge an anerkannte Werkstätten für behinderte Menschen zur Beschäftigung behinderter Menschen beitragen, können 50 Prozent des auf die Arbeitsleistung der Werkstatt entfallenden Rechnungsbetrages solcher Aufträge (Gesamtrechnungsbetrag abzüglich Materialkosten) auf die Ausgleichsabgabe anrechnen. [2]Dabei wird die Arbeitsleistung des Fachpersonals zur Arbeits- und Berufsförderung berücksichtigt, nicht hingegen die Arbeitsleistung sonstiger nichtbehinderter Arbeitnehmerinnen und Arbeitnehmer. [3]Bei Weiterveräußerung von Erzeugnissen anderer anerkannter Werkstätten für behinderte Menschen wird die von diesen erbrachte Arbeitsleistung berücksichtigt. [4]Die Werkstätten bestätigen das Vorliegen der Anrechnungsvoraussetzungen in der Rechnung.

(2) Voraussetzung für die Anrechnung ist, dass

1. die Aufträge innerhalb des Jahres, in dem die Verpflichtung zur Zahlung der Ausgleichsabgabe entsteht, von der Werkstatt für behinderte Menschen ausgeführt und vom Auftraggeber bis spätestens 31. März des Folgejahres vergütet werden und
2. es sich nicht um Aufträge handelt, die Träger einer Gesamteinrichtung an Werkstätten für behinderte Menschen vergeben, die rechtlich unselbständige Teile dieser Einrichtung sind.

(3) Bei der Vergabe von Aufträgen an Zusammenschlüsse anerkannter Werkstätten für behinderte Menschen gilt Absatz 2 entsprechend.

§ 224 Vergabe von Aufträgen durch die öffentliche Hand. (1) [1]Aufträge der öffentlichen Hand, die von anerkannten Werkstätten für behinderte Menschen ausgeführt werden können, werden bevorzugt diesen Werkstätten angeboten. [2]Die Bundesregierung erlässt mit Zustimmung des Bundesrates hierzu allgemeine Verwaltungsvorschriften.

(2) Absatz 1 gilt auch für Inklusionsbetriebe.

§ 225 Anerkennungsverfahren. [1]Werkstätten für behinderte Menschen, die eine Vergünstigung im Sinne dieses Kapitels in Anspruch nehmen wollen, bedürfen der Anerkennung. [2]Die Entscheidung über die Anerkennung trifft auf Antrag die Bundesagentur für Arbeit im Einvernehmen mit dem Träger der

Eingliederungshilfe. [3] Die Bundesagentur für Arbeit führt ein Verzeichnis der anerkannten Werkstätten für behinderte Menschen. [4] In dieses Verzeichnis werden auch Zusammenschlüsse anerkannter Werkstätten für behinderte Menschen aufgenommen.

§ 226 Blindenwerkstätten. Die §§ 223 und 224 sind auch zugunsten von auf Grund des Blindenwarenvertriebsgesetzes anerkannten Blindenwerkstätten anzuwenden.

§ 227 Verordnungsermächtigungen. (1) Die Bundesregierung bestimmt durch Rechtsverordnung mit Zustimmung des Bundesrates das Nähere über den Begriff und die Aufgaben der Werkstatt für behinderte Menschen, die Aufnahmevoraussetzungen, die fachlichen Anforderungen, insbesondere hinsichtlich der Wirtschaftsführung, sowie des Begriffs und der Verwendung des Arbeitsergebnisses sowie das Verfahren zur Anerkennung als Werkstatt für behinderte Menschen.

(2) [1] Das Bundesministerium für Arbeit und Soziales bestimmt durch Rechtsverordnung mit Zustimmung des Bundesrates im Einzelnen die Errichtung, Zusammensetzung und Aufgaben des Werkstattrats, die Fragen, auf die sich Mitbestimmung und Mitwirkung erstrecken, einschließlich Art und Umfang der Mitbestimmung und Mitwirkung, die Vorbereitung und Durchführung der Wahl, einschließlich der Wahlberechtigung und der Wählbarkeit, die Amtszeit sowie die Geschäftsführung des Werkstattrats einschließlich des Erlasses einer Geschäftsordnung und der persönlichen Rechte und Pflichten der Mitglieder des Werkstattrats und der Kostentragung. [2] In der Rechtsverordnung werden auch Art und Umfang der Beteiligung von Frauenbeauftragten, die Vorbereitung und Durchführung der Wahl einschließlich der Wahlberechtigung und der Wählbarkeit, die Amtszeit, die persönlichen Rechte und die Pflichten der Frauenbeauftragten und ihrer Stellvertreterinnen sowie die Kostentragung geregelt. [3] Die Rechtsverordnung kann darüber hinaus bestimmen, dass die in ihr getroffenen Regelungen keine Anwendung auf Religionsgemeinschaften und ihre Einrichtungen finden, soweit sie eigene gleichwertige Regelungen getroffen haben.

Kapitel 13. Unentgeltliche Beförderung schwerbehinderter Menschen im öffentlichen Personenverkehr

§ 228 Unentgeltliche Beförderung, Anspruch auf Erstattung der Fahrgeldausfälle. (1) [1] Schwerbehinderte Menschen, die infolge ihrer Behinderung in ihrer Bewegungsfähigkeit im Straßenverkehr erheblich beeinträchtigt oder hilflos oder gehörlos sind, werden von Unternehmern, die öffentlichen Personenverkehr betreiben, gegen Vorzeigen eines entsprechend gekennzeichneten Ausweises nach § 152 Absatz 5 im Nahverkehr im Sinne des § 230 Absatz 1 unentgeltlich befördert; die unentgeltliche Beförderung verpflichtet zur Zahlung eines tarifmäßigen Zuschlages bei der Benutzung zuschlagpflichtiger Züge des Nahverkehrs. [2] Voraussetzung ist, dass der Ausweis mit einer gültigen Wertmarke versehen ist.

(2) [1] Die Wertmarke wird gegen Entrichtung eines Betrages von 80 Euro für ein Jahr oder 40 Euro für ein halbes Jahr ausgegeben. [2] Der Betrag erhöht sich in entsprechender Anwendung des § 160 Absatz 3 jeweils zu dem Zeitpunkt, zu dem die nächste Neubestimmung der Beträge der Ausgleichsabgabe erfolgt.

[3] Liegt dieser Zeitpunkt innerhalb der Gültigkeitsdauer einer bereits ausgegebenen Wertmarke, ist der höhere Betrag erst im Zusammenhang mit der Ausgabe der darauffolgenden Wertmarke zu entrichten. [4] Abweichend von § 160 Absatz 3 Satz 4 sind die sich ergebenden Beträge auf den nächsten vollen Eurobetrag aufzurunden. [5] Das Bundesministerium für Arbeit und Soziales gibt den Erhöhungsbetrag und die sich nach entsprechender Anwendung des § 160 Absatz 3 Satz 3 ergebenden Beträge im Bundesanzeiger bekannt.

(3) [1] Wird die für ein Jahr ausgegebene Wertmarke vor Ablauf eines halben Jahres ihrer Gültigkeitsdauer zurückgegeben, wird auf Antrag die Hälfte der Gebühr erstattet. [2] Entsprechendes gilt für den Fall, dass der schwerbehinderte Mensch vor Ablauf eines halben Jahres der Gültigkeitsdauer der für ein Jahr ausgegebenen Wertmarke verstirbt.

(4) Auf Antrag wird eine für ein Jahr gültige Wertmarke, ohne dass der Betrag nach Absatz 2 in seiner jeweiligen Höhe zu entrichten ist, an schwerbehinderte Menschen ausgegeben,

1. die blind im Sinne des § 72 Absatz 5 des Zwölften Buches[1)] oder entsprechender Vorschriften oder hilflos im Sinne des § 33b des Einkommensteuergesetzes oder entsprechender Vorschriften sind oder
2. die Leistungen zur Sicherung des Lebensunterhalts nach dem Zweiten Buch[2)] oder für den Lebensunterhalt laufende Leistungen nach dem Dritten und Vierten Kapitel des Zwölften Buches, dem Achten[3)] Buch oder den §§ 27a und 27d des Bundesversorgungsgesetzes erhalten oder
3. die am 1. Oktober 1979 die Voraussetzungen nach § 2 Absatz 1 Nummer 1 bis 4 und Absatz 3 des Gesetzes über die unentgeltliche Beförderung von Kriegs- und Wehrdienstbeschädigten sowie von anderen Behinderten im Nahverkehr vom 27. August 1965 (BGBl. I S. 978), das zuletzt durch Artikel 41 des Zuständigkeitsanpassungs-Gesetzes vom 18. März 1975 (BGBl. I S. 705) geändert worden ist, erfüllten, solange ein Grad der Schädigungsfolgen von mindestens 70 festgestellt ist oder von mindestens 50 festgestellt ist und sie infolge der Schädigung erheblich gehbehindert sind; das Gleiche gilt für schwerbehinderte Menschen, die diese Voraussetzungen am 1. Oktober 1979 nur deshalb nicht erfüllt haben, weil sie ihren Wohnsitz oder ihren gewöhnlichen Aufenthalt zu diesem Zeitpunkt in dem in Artikel 3 des Einigungsvertrages genannten Gebiet hatten.

(5) [1] Die Wertmarke wird nicht ausgegeben, solange eine Kraftfahrzeugsteuerermäßigung nach § 3a Absatz 2 des Kraftfahrzeugsteuergesetzes in Anspruch genommen wird. [2] Die Ausgabe der Wertmarken erfolgt auf Antrag durch die nach § 152 Absatz 5 zuständigen Behörden. [3] Die Landesregierung oder die von ihr bestimmte Stelle kann die Aufgaben nach den Absätzen 2 bis 4 ganz oder teilweise auf andere Behörden übertragen. [4] Für Streitigkeiten in Zusammenhang mit der Ausgabe der Wertmarke gilt § 51 Absatz 1 Nummer 7 des Sozialgerichtsgesetzes[4)] entsprechend.

(6) Absatz 1 gilt im Nah- und Fernverkehr im Sinne des § 230, ohne dass die Voraussetzung des Absatzes 1 Satz 2 erfüllt sein muss, für die Beförderung

---

1) Nr. **12**.
2) Nr. **2**.
3) Nr. **8**.
4) Nr. **20**.

1. einer Begleitperson eines schwerbehinderten Menschen im Sinne des Absatzes 1, wenn die Berechtigung zur Mitnahme einer Begleitperson nachgewiesen und dies im Ausweis des schwerbehinderten Menschen eingetragen ist, und
2. des Handgepäcks, eines mitgeführten Krankenfahrstuhles, soweit die Beschaffenheit des Verkehrsmittels dies zulässt, sonstiger orthopädischer Hilfsmittel und eines Führhundes; das Gleiche gilt für einen Hund, den ein schwerbehinderter Mensch mitführt, in dessen Ausweis die Berechtigung zur Mitnahme einer Begleitperson nachgewiesen ist.

(7) [1] Die durch die unentgeltliche Beförderung nach den Absätzen 1 bis 6 entstehenden Fahrgeldausfälle werden nach Maßgabe der §§ 231 bis 233 erstattet. [2] Die Erstattungen sind aus dem Anwendungsbereich der Verordnung (EG) Nr. 1370/2007 des Europäischen Parlaments und des Rates vom 23. Oktober 2007 über öffentliche Personenverkehrsdienste auf Schiene und Straße und zur Aufhebung der Verordnungen (EWG) Nr. 1191/69 und (EWG) Nr. 1107/70 des Rates (ABl. L 315 vom 3.12.2007, S. 1) ausgenommen.

§ 229 Persönliche Voraussetzungen. (1) [1] In seiner Bewegungsfähigkeit im Straßenverkehr erheblich beeinträchtigt ist, wer infolge einer Einschränkung des Gehvermögens (auch durch innere Leiden oder infolge von Anfällen oder von Störungen der Orientierungsfähigkeit) nicht ohne erhebliche Schwierigkeiten oder nicht ohne Gefahren für sich oder andere Wegstrecken im Ortsverkehr zurückzulegen vermag, die üblicherweise noch zu Fuß zurückgelegt werden. [2] Der Nachweis der erheblichen Beeinträchtigung in der Bewegungsfähigkeit im Straßenverkehr kann bei schwerbehinderten Menschen mit einem Grad der Behinderung von wenigstens 80 nur mit einem Ausweis mit halbseitigem orangefarbenem Flächenaufdruck und eingetragenem Merkzeichen „G“ geführt werden, dessen Gültigkeit frühestens mit dem 1. April 1984 beginnt, oder auf dem ein entsprechender Änderungsvermerk eingetragen ist.

(2) [1] Zur Mitnahme einer Begleitperson sind schwerbehinderte Menschen berechtigt, die bei der Benutzung von öffentlichen Verkehrsmitteln infolge ihrer Behinderung regelmäßig auf Hilfe angewiesen sind. [2] Die Feststellung bedeutet nicht, dass die schwerbehinderte Person, wenn sie nicht in Begleitung ist, eine Gefahr für sich oder für andere darstellt.

(3) [1] Schwerbehinderte Menschen mit außergewöhnlicher Gehbehinderung sind Personen mit einer erheblichen mobilitätsbezogenen Teilhabebeeinträchtigung, die einem Grad der Behinderung von mindestens 80 entspricht. [2] Eine erhebliche mobilitätsbezogene Teilhabebeeinträchtigung liegt vor, wenn sich die schwerbehinderten Menschen wegen der Schwere ihrer Beeinträchtigung dauernd nur mit fremder Hilfe oder mit großer Anstrengung außerhalb ihres Kraftfahrzeuges bewegen können. [3] Hierzu zählen insbesondere schwerbehinderte Menschen, die auf Grund der Beeinträchtigung der Gehfähigkeit und Fortbewegung – dauerhaft auch für sehr kurze Entfernungen – aus medizinischer Notwendigkeit auf die Verwendung eines Rollstuhls angewiesen sind. [4] Verschiedenste Gesundheitsstörungen (insbesondere Störungen bewegungsbezogener, neuromuskulärer oder mentaler Funktionen, Störungen des kardiovaskulären oder Atmungssystems) können die Gehfähigkeit erheblich beeinträchtigen. [5] Diese sind als außergewöhnliche Gehbehinderung anzusehen, wenn nach versorgungsärztlicher Feststellung die Auswirkung der Gesundheits-

störungen sowie deren Kombination auf die Gehfähigkeit dauerhaft so schwer ist, dass sie der unter Satz 1 genannten Beeinträchtigung gleich kommt.

§ 230 Nah- und Fernverkehr. (1) Nahverkehr im Sinne dieses Gesetzes ist der öffentliche Personenverkehr mit

1. Straßenbahnen und Obussen im Sinne des Personenbeförderungsgesetzes,
2. Kraftfahrzeugen im Linienverkehr nach den §§ 42 und 43 des Personenbeförderungsgesetzes auf Linien, bei denen die Mehrzahl der Beförderungen eine Strecke von 50 Kilometern nicht übersteigt, es sei denn, dass bei den Verkehrsformen nach § 43 des Personenbeförderungsgesetzes die Genehmigungsbehörde auf die Einhaltung der Vorschriften über die Beförderungsentgelte gemäß § 45 Absatz 3 des Personenbeförderungsgesetzes ganz oder teilweise verzichtet hat,
3. S-Bahnen in der 2. Wagenklasse,
4. Eisenbahnen in der 2. Wagenklasse in Zügen und auf Strecken und Streckenabschnitten, die in ein von mehreren Unternehmern gebildetes, mit den unter Nummer 1, 2 oder 7 genannten Verkehrsmitteln zusammenhängendes Liniennetz mit einheitlichen oder verbundenen Beförderungsentgelten einbezogen sind,
5. Eisenbahnen des Bundes in der 2. Wagenklasse in Zügen, die überwiegend dazu bestimmt sind, die Verkehrsnachfrage im Nahverkehr zu befriedigen (Züge des Nahverkehrs),
6. sonstigen Eisenbahnen des öffentlichen Verkehrs im Sinne von § 2 Absatz 1 und § 3 Absatz 1 des Allgemeinen Eisenbahngesetzes in der 2. Wagenklasse auf Strecken, bei denen die Mehrzahl der Beförderungen eine Strecke von 50 Kilometern nicht überschreitet,
7. Wasserfahrzeugen im Linien-, Fähr- und Übersetzverkehr, wenn dieser der Beförderung von Personen im Orts- und Nachbarschaftsbereich dient und Ausgangs- und Endpunkt innerhalb dieses Bereiches liegen; Nachbarschaftsbereich ist der Raum zwischen benachbarten Gemeinden, die, ohne unmittelbar aneinander grenzen zu müssen, durch einen stetigen, mehr als einmal am Tag durchgeführten Verkehr wirtschaftlich und verkehrsmäßig verbunden sind.

(2) Fernverkehr im Sinne dieses Gesetzes ist der öffentliche Personenverkehr mit

1. Kraftfahrzeugen im Linienverkehr nach § 42a Satz 1 des Personenbeförderungsgesetzes,
2. Eisenbahnen, ausgenommen der Sonderzugverkehr,
3. Wasserfahrzeugen im Fähr- und Übersetzverkehr, sofern keine Häfen außerhalb des Geltungsbereiches dieses Buches angelaufen werden, soweit der Verkehr nicht Nahverkehr im Sinne des Absatzes 1 ist.

(3) Die Unternehmer, die öffentlichen Personenverkehr betreiben, weisen im öffentlichen Personenverkehr nach Absatz 1 Nummer 2, 5, 6 und 7 im Fahrplan besonders darauf hin, inwieweit eine Pflicht zur unentgeltlichen Beförderung nach § 228 Absatz 1 nicht besteht.

§ 231 Erstattung der Fahrgeldausfälle im Nahverkehr. (1) Die Fahrgeldausfälle im Nahverkehr werden nach einem Prozentsatz der von den

Unternehmern oder den Nahverkehrsorganisationen im Sinne des § 233 Absatz 2 nachgewiesenen Fahrgeldeinnahmen im Nahverkehr erstattet.

(2) [1] Fahrgeldeinnahmen im Sinne dieses Kapitels sind alle Erträge aus dem Fahrkartenverkauf. [2] Sie umfassen auch Erträge aus der Beförderung von Handgepäck, Krankenfahrstühlen, sonstigen orthopädischen Hilfsmitteln, Tieren sowie aus erhöhten Beförderungsentgelten.

(3) Werden in einem von mehreren Unternehmern gebildeten zusammenhängenden Liniennetz mit einheitlichen oder verbundenen Beförderungsentgelten die Erträge aus dem Fahrkartenverkauf zusammengefasst und dem einzelnen Unternehmer anteilmäßig nach einem vereinbarten Verteilungsschlüssel zugewiesen, so ist der zugewiesene Anteil Ertrag im Sinne des Absatzes 2.

(4) [1] Der Prozentsatz im Sinne des Absatzes 1 wird für jedes Land von der Landesregierung oder der von ihr bestimmten Behörde für jeweils ein Jahr bekannt gemacht. [2] Bei der Berechnung des Prozentsatzes ist von folgenden Zahlen auszugehen:

1. der Zahl der in dem Land in dem betreffenden Kalenderjahr ausgegebenen Wertmarken und der Hälfte der in dem Land am Jahresende in Umlauf befindlichen gültigen Ausweise im Sinne des § 228 Absatz 1 von schwerbehinderten Menschen, die das sechste Lebensjahr vollendet haben und bei denen die Berechtigung zur Mitnahme einer Begleitperson im Ausweis eingetragen ist; Wertmarken mit einer Gültigkeitsdauer von einem halben Jahr und Wertmarken für ein Jahr, die vor Ablauf eines halben Jahres ihrer Gültigkeitsdauer zurückgegeben werden, werden zur Hälfte gezählt,
2. der in den jährlichen Veröffentlichungen des Statistischen Bundesamtes zum Ende des Vorjahres nachgewiesenen Zahl der Wohnbevölkerung in dem Land abzüglich der Zahl der Kinder, die das sechste Lebensjahr noch nicht vollendet haben, und der Zahlen nach Nummer 1.

[3] Der Prozentsatz ist nach folgender Formel zu berechnen:

$$\frac{\text{Nach Nummer 1 errechnete Zahl}}{\text{Nach Nummer 2 errechnete Zahl}} \times 100.$$

[4] Bei der Festsetzung des Prozentsatzes sich ergebende Bruchteile von 0,005 und mehr werden auf ganze Hundertstel aufgerundet, im Übrigen abgerundet.

(5) [1] Weist ein Unternehmen durch Verkehrszählung nach, dass das Verhältnis zwischen den nach diesem Kapitel unentgeltlich beförderten Fahrgästen und den sonstigen Fahrgästen den nach Absatz 4 festgesetzten Prozentsatz um mindestens ein Drittel übersteigt, wird neben dem sich aus der Berechnung nach Absatz 4 ergebenden Erstattungsbetrag auf Antrag der nachgewiesene, über dem Drittel liegende Anteil erstattet. [2] Die Länder können durch Rechtsverordnung bestimmen, dass die Verkehrszählung durch Dritte auf Kosten des Unternehmens zu erfolgen hat.

(6) Absatz 5 gilt nicht in Fällen des § 233 Absatz 2.

§ 232 Erstattung der Fahrgeldausfälle im Fernverkehr. (1) Die Fahrgeldausfälle im Fernverkehr werden nach einem Prozentsatz der von den Unternehmern nachgewiesenen Fahrgeldeinnahmen im Fernverkehr erstattet.

(2) [1] Der maßgebende Prozentsatz wird vom Bundesministerium für Arbeit und Soziales im Einvernehmen mit dem Bundesministerium der Finanzen und dem Bundesministerium für Verkehr und digitale Infrastruktur für jeweils zwei

Jahre bekannt gemacht. [2]Bei der Berechnung des Prozentsatzes ist von folgenden, für das letzte Jahr vor Beginn des Zweijahreszeitraumes vorliegenden Zahlen auszugehen:

1. der Zahl der im Geltungsbereich dieses Gesetzes am Jahresende in Umlauf befindlichen gültigen Ausweise nach § 228 Absatz 1, auf denen die Berechtigung zur Mitnahme einer Begleitperson eingetragen ist, abzüglich 25 Prozent,
2. der in den jährlichen Veröffentlichungen des Statistischen Bundesamtes zum Jahresende nachgewiesenen Zahl der Wohnbevölkerung im Geltungsbereich dieses Gesetzes abzüglich der Zahl der Kinder, die das vierte Lebensjahr noch nicht vollendet haben, und der nach Nummer 1 ermittelten Zahl.

[3]Der Prozentsatz ist nach folgender Formel zu berechnen:

$$\frac{\text{Nach Nummer 1 errechnete Zahl}}{\text{Nach Nummer 2 errechnete Zahl}} \times 100.$$

[4]§ 231 Absatz 4 letzter Satz gilt entsprechend.

§ 233 Erstattungsverfahren. (1) [1]Die Fahrgeldausfälle werden auf Antrag des Unternehmers erstattet. [2]Bei einem von mehreren Unternehmern gebildeten zusammenhängenden Liniennetz mit einheitlichen oder verbundenen Beförderungsentgelten können die Anträge auch von einer Gemeinschaftseinrichtung dieser Unternehmer für ihre Mitglieder gestellt werden. [3]Der Antrag ist innerhalb von drei Jahren nach Ablauf des Abrechnungsjahres zu stellen, und zwar für den Nahverkehr nach § 234 Satz 1 Nummer 1 und für den Fernverkehr an das Bundesverwaltungsamt, für den übrigen Nahverkehr bei den in Absatz 4 bestimmten Behörden.

(2) Haben sich in einem Bundesland mehrere Aufgabenträger des öffentlichen Personennahverkehrs auf lokaler oder regionaler Ebene zu Verkehrsverbünden zusammengeschlossen und erhalten die im Zuständigkeitsbereich dieser Aufgabenträger öffentlichen Personennahverkehr betreibenden Verkehrsunternehmen für ihre Leistungen ein mit diesen Aufgabenträgern vereinbartes Entgelt (Bruttoprinzip), können anstelle der antrags- und erstattungsberechtigten Verkehrsunternehmen auch die Nahverkehrsorganisationen Antrag auf Erstattung der in ihrem jeweiligen Gebiet entstandenen Fahrgeldausfälle stellen, sofern die Verkehrsunternehmen hierzu ihr Einvernehmen erteilt haben.

(3) [1]Die Unternehmer oder die Nahverkehrsorganisationen im Sinne des Absatzes 2 erhalten auf Antrag Vorauszahlungen für das laufende Kalenderjahr in Höhe von insgesamt 80 Prozent des zuletzt für ein Jahr festgesetzten Erstattungsbetrages. [2]Die Vorauszahlungen werden je zur Hälfte am 15. Juli und am 15. November gezahlt. [3]Der Antrag auf Vorauszahlungen gilt zugleich als Antrag im Sinne des Absatzes 1. [4]Die Vorauszahlungen sind zurückzuzahlen, wenn Unterlagen, die für die Berechnung der Erstattung erforderlich sind, nicht bis zum 31. Dezember des dritten auf die Vorauszahlung folgenden Kalenderjahres vorgelegt sind. [5]In begründeten Ausnahmefällen kann die Rückforderung der Vorauszahlungen ausgesetzt werden.

(4) [1]Die Landesregierung oder die von ihr bestimmte Stelle legt die Behörden fest, die über die Anträge auf Erstattung und Vorauszahlung entscheiden und die auf den Bund und das Land entfallenden Beträge auszahlen. [2]§ 11 Absatz 2 bis 4 des Personenbeförderungsgesetzes gilt entsprechend.

(5) Erstreckt sich der Nahverkehr auf das Gebiet mehrerer Länder, entscheiden die nach Landesrecht zuständigen Landesbehörden dieser Länder darüber, welcher Teil der Fahrgeldeinnahmen jeweils auf den Bereich ihres Landes entfällt.

(6) Die Unternehmen im Sinne des § 234 Satz 1 Nummer 1 legen ihren Anträgen an das Bundesverwaltungsamt den Anteil der nachgewiesenen Fahrgeldeinnahmen im Nahverkehr zugrunde, der auf den Bereich des jeweiligen Landes entfällt; für den Nahverkehr von Eisenbahnen des Bundes im Sinne des § 230 Absatz 1 Satz 1 Nummer 5 bestimmt sich dieser Teil nach dem Anteil der Zugkilometer, die von einer Eisenbahn des Bundes mit Zügen des Nahverkehrs im jeweiligen Land erbracht werden.

(7) [1] Hinsichtlich der Erstattungen gemäß § 231 für den Nahverkehr nach § 234 Satz 1 Nummer 1 und gemäß § 232 sowie der entsprechenden Vorauszahlungen nach Absatz 3 wird dieses Kapitel in bundeseigener Verwaltung ausgeführt. [2] Die Verwaltungsaufgaben des Bundes erledigt das Bundesverwaltungsamt nach fachlichen Weisungen des Bundesministeriums für Arbeit und Soziales in eigener Zuständigkeit.

(8) [1] Für das Erstattungsverfahren gelten das Verwaltungsverfahrensgesetz und die entsprechenden Gesetze der Länder. [2] Bei Streitigkeiten über die Erstattungen und die Vorauszahlungen ist der Verwaltungsrechtsweg gegeben.

§ 234 Kostentragung. [1] Der Bund trägt die Aufwendungen für die unentgeltliche Beförderung

1. im Nahverkehr, soweit Unternehmen, die sich überwiegend in der Hand des Bundes oder eines mehrheitlich dem Bund gehörenden Unternehmens befinden (auch in Verkehrsverbünden), erstattungsberechtigte Unternehmer sind sowie
2. im Fernverkehr für die Begleitperson und die mitgeführten Gegenstände im Sinne des § 228 Absatz 6.

[2] Die Länder tragen die Aufwendungen für die unentgeltliche Beförderung im übrigen Nahverkehr.

§ 235 Einnahmen aus Wertmarken. [1] Von den durch die Ausgabe der Wertmarken erzielten jährlichen Einnahmen erhält der Bund einen Anteil von 27 Prozent. [2] Dieser ist unter Berücksichtigung der in der Zeit vom 1. Januar bis 30. Juni eines Kalenderjahres eingegangenen Einnahmen zum 15. Juli und unter Berücksichtigung der vom 1. Juli bis 31. Dezember eines Kalenderjahres eingegangenen Einnahmen zum 15. Januar des darauffolgenden Kalenderjahres an den Bund abzuführen.

§ 236 Erfassung der Ausweise. [1] Die für die Ausstellung der Ausweise nach § 152 Absatz 5 zuständigen Behörden erfassen

1. die am Jahresende im Umlauf befindlichen gültigen Ausweise, getrennt nach Art und besonderen Eintragungen,
2. die im Kalenderjahr ausgegebenen Wertmarken, unterteilt nach der jeweiligen Gültigkeitsdauer und die daraus erzielten Einnahmen

als Grundlage für die nach § 231 Absatz 4 Satz 2 Nummer 1 und § 232 Absatz 2 Satz 2 Nummer 1 zu ermittelnde Zahl der Ausweise und Wertmarken. [2] Die zuständigen obersten Landesbehörden teilen dem Bundesministerium für Arbeit und Soziales das Ergebnis der Erfassung nach Satz 1 spätestens bis zum 31. März des Jahres mit, in dem die Prozentsätze festzusetzen sind.

§ 237 Verordnungsermächtigungen. (1) Die Bundesregierung wird ermächtigt, in der Rechtsverordnung auf Grund des § 153 Absatz 1 nähere Vorschriften über die Gestaltung der Wertmarken, ihre Verbindung mit dem Ausweis und Vermerke über ihre Gültigkeitsdauer zu erlassen.

(2) Das Bundesministerium für Arbeit und Soziales und das Bundesministerium für Verkehr und digitale Infrastruktur werden ermächtigt, durch Rechtsverordnung festzulegen, welche Zuggattungen von Eisenbahnen des Bundes zu den Zügen des Nahverkehrs im Sinne des § 230 Absatz 1 Nummer 5 und zu den zuschlagpflichtigen Zügen des Nahverkehrs im Sinne des § 228 Absatz 1 Satz 1 zweiter Halbsatz zählen.

Kapitel 14. Straf-, Bußgeld- und Schlussvorschriften

§ 237a Strafvorschriften. (1) Mit Freiheitsstrafe bis zu zwei Jahren oder mit Geldstrafe wird bestraft, wer entgegen § 179 Absatz 7 Satz 1 Nummer 2, auch in Verbindung mit Satz 2 oder § 180 Absatz 7, ein Betriebs- oder Geschäftsgeheimnis verwertet.

(2) Die Tat wird nur auf Antrag verfolgt.

§ 237b Strafvorschriften. (1) Mit Freiheitsstrafe bis zu einem Jahr oder mit Geldstrafe wird bestraft, wer entgegen § 179 Absatz 7 Satz 1, auch in Verbindung mit Satz 2 oder § 180 Absatz 7, ein dort genanntes Geheimnis offenbart.

(2) Handelt der Täter gegen Entgelt oder in der Absicht, sich oder einen anderen zu bereichern oder einen anderen zu schädigen, so ist die Strafe Freiheitsstrafe bis zu zwei Jahren oder Geldstrafe.

(3) Die Tat wird nur auf Antrag verfolgt.

§ 238 Bußgeldvorschriften. (1) Ordnungswidrig handelt, wer vorsätzlich oder fahrlässig

1. entgegen § 154 Absatz 1 Satz 1, auch in Verbindung mit einer Rechtsverordnung nach § 162 Nummer 1, oder entgegen § 154 Absatz 1 Satz 3 einen schwerbehinderten Menschen nicht beschäftigt,
2. entgegen § 163 Absatz 1 ein Verzeichnis nicht, nicht richtig, nicht vollständig oder nicht in der vorgeschriebenen Weise führt oder nicht oder nicht rechtzeitig vorlegt,
3. entgegen § 163 Absatz 2 Satz 1 oder Absatz 4 eine Anzeige nicht, nicht richtig, nicht vollständig, nicht in der vorgeschriebenen Weise oder nicht rechtzeitig erstattet,
4. entgegen § 163 Absatz 5 eine Auskunft nicht, nicht richtig, nicht vollständig oder nicht rechtzeitig erteilt,
5. entgegen § 163 Absatz 7 Einblick in den Betrieb oder die Dienststelle nicht oder nicht rechtzeitig gibt,
6. entgegen § 163 Absatz 8 eine dort bezeichnete Person nicht oder nicht rechtzeitig benennt,

7. entgegen § 164 Absatz 1 Satz 4 oder 9 eine dort bezeichnete Vertretung oder einen Beteiligten nicht, nicht richtig, nicht vollständig oder nicht rechtzeitig unterrichtet oder
8. entgegen § 178 Absatz 2 Satz 1 erster Halbsatz die Schwerbehindertenvertretung nicht, nicht richtig, nicht vollständig oder nicht rechtzeitig unterrichtet oder nicht oder nicht rechtzeitig anhört.

(2) Die Ordnungswidrigkeit kann mit einer Geldbuße bis zu zehntausend Euro geahndet werden.

(3) Verwaltungsbehörde im Sinne des § 36 Absatz 1 Nummer 1 des Gesetzes über Ordnungswidrigkeiten ist die Bundesagentur für Arbeit.

(4) [1] Die Geldbußen fließen in die Kasse der Verwaltungsbehörde, die den Bußgeldbescheid erlassen hat. [2] § 66 des Zehnten Buches[1)] gilt entsprechend.

(5) [1] Die nach Absatz 4 Satz 1 zuständige Kasse trägt abweichend von § 105 Absatz 2 des Gesetzes über Ordnungswidrigkeiten die notwendigen Auslagen. [2] Sie ist auch ersatzpflichtig im Sinne des § 110 Absatz 4 des Gesetzes über Ordnungswidrigkeiten.

§ 239 Stadtstaatenklausel. (1) [1] Der Senat der Freien und Hansestadt Hamburg wird ermächtigt, die Schwerbehindertenvertretung für Angelegenheiten, die mehrere oder alle Dienststellen betreffen, in der Weise zu regeln, dass die Schwerbehindertenvertretungen aller Dienststellen eine Gesamtschwerbehindertenvertretung wählen. [2] Für die Wahl gilt § 177 Absatz 2, 3, 6 und 7 entsprechend.

(2) § 180 Absatz 6 Satz 1 gilt entsprechend.

§ 240 Sonderregelung für den Bundesnachrichtendienst und den Militärischen Abschirmdienst. (1) Für den Bundesnachrichtendienst gilt dieses Gesetz mit folgenden Abweichungen:

1. Der Bundesnachrichtendienst gilt vorbehaltlich der Nummer 3 als einheitliche Dienststelle.
2. [1] Für den Bundesnachrichtendienst gelten die Pflichten zur Vorlage des nach § 163 Absatz 1 zu führenden Verzeichnisses, zur Anzeige nach § 163 Absatz 2 und zur Gewährung von Einblick nach § 163 Absatz 7 nicht. [2] Die Anzeigepflicht nach § 173 Absatz 4 gilt nur für die Beendigung von Probearbeitsverhältnissen.
3. [1] Als Dienststelle im Sinne des Kapitels 5 gelten auch Teile und Stellen des Bundesnachrichtendienstes, die nicht zu seiner Zentrale gehören. [2] § 177 Absatz 1 Satz 4 und 5 sowie § 180 sind nicht anzuwenden. [3] In den Fällen des § 180 Absatz 6 ist die Schwerbehindertenvertretung der Zentrale des Bundesnachrichtendienstes zuständig. [4] Im Falle des § 177 Absatz 6 Satz 4 lädt der Leiter oder die Leiterin der Dienststelle ein. [5] Die Schwerbehindertenvertretung ist in den Fällen nicht zu beteiligen, in denen die Beteiligung der Personalvertretung nach dem Bundespersonalvertretungsgesetz ausgeschlossen ist. [6] Der Leiter oder die Leiterin des Bundesnachrichtendienstes kann anordnen, dass die Schwerbehindertenvertretung nicht zu beteiligen ist, Unterlagen nicht vorgelegt oder Auskünfte nicht erteilt werden dürfen, wenn und soweit dies aus besonderen nachrichtendienstlichen Gründen

---

1) Nr. **10**.

geboten ist. [7]Die Rechte und Pflichten der Schwerbehindertenvertretung ruhen, wenn die Rechte und Pflichten der Personalvertretung ruhen. [8]§ 179 Absatz 7 Satz 3 ist nach Maßgabe der Sicherheitsbestimmungen des Bundesnachrichtendienstes anzuwenden. [9]§ 182 Absatz 2 gilt nur für die in § 182 Absatz 1 genannten Personen und Vertretungen der Zentrale des Bundesnachrichtendienstes.

4. [1]Im Widerspruchsausschuss bei dem Integrationsamt (§ 202) und in den Widerspruchsausschüssen bei der Bundesagentur für Arbeit (§ 203) treten in Angelegenheiten schwerbehinderter Menschen, die beim Bundesnachrichtendienst beschäftigt sind, an die Stelle der Mitglieder, die Arbeitnehmer oder Arbeitnehmerinnen und Arbeitgeber sind (§ 202 Absatz 1 und § 203 Absatz 1), Angehörige des Bundesnachrichtendienstes, an die Stelle der Schwerbehindertenvertretung die Schwerbehindertenvertretung der Zentrale des Bundesnachrichtendienstes. [2]Sie werden dem Integrationsamt und der Bundesagentur für Arbeit vom Leiter oder von der Leiterin des Bundesnachrichtendienstes benannt. [3]Die Mitglieder der Ausschüsse müssen nach den dafür geltenden Bestimmungen ermächtigt sein, Kenntnis von Verschlusssachen des in Betracht kommenden Geheimhaltungsgrades zu erhalten.
5. Über Rechtsstreitigkeiten, die auf Grund dieses Buches im Geschäftsbereich des Bundesnachrichtendienstes entstehen, entscheidet im ersten und letzten Rechtszug der oberste Gerichtshof des zuständigen Gerichtszweiges.

(2) Der Militärische Abschirmdienst mit seinem Geschäftsbereich gilt als einheitliche Dienststelle.

§ 241 Übergangsregelung. (1) Abweichend von § 154 Absatz 1 beträgt die Pflichtquote für die in § 154 Absatz 2 Nummer 1 und 4 genannten öffentlichen Arbeitgeber des Bundes weiterhin 6 Prozent, wenn sie am 31. Oktober 1999 auf mindestens 6 Prozent der Arbeitsplätze schwerbehinderte Menschen beschäftigt hatten.

(2) Eine auf Grund des Schwerbehindertengesetzes getroffene bindende Feststellung über das Vorliegen einer Behinderung, eines Grades der Behinderung und das Vorliegen weiterer gesundheitlicher Merkmale gelten als Feststellungen nach diesem Buch.

(3) Die nach § 56 Absatz 2 des Schwerbehindertengesetzes erlassenen allgemeinen Richtlinien sind bis zum Erlass von allgemeinen Verwaltungsvorschriften nach § 224 weiter anzuwenden.

(4) Auf Erstattungen nach Kapitel 13 dieses Teils ist § 231 für bis zum 31. Dezember 2004 entstandene Fahrgeldausfälle in der bis zu diesem Zeitpunkt geltenden Fassung anzuwenden.

(5) Soweit noch keine Verordnung nach § 153 Absatz 2 erlassen ist, gelten die Maßstäbe des § 30 Absatz 1 des Bundesversorgungsgesetzes und der auf Grund des § 30 Absatz 16 des Bundesversorgungsgesetzes erlassenen Rechtsverordnungen entsprechend.

(6) Bestehende Integrationsvereinbarungen im Sinne des § 83 in der bis zum 30. Dezember 2016 geltenden Fassung gelten als Inklusionsvereinbarungen fort.

(7) [1]Die nach § 22 in der am 31. Dezember 2017 geltenden Fassung bis zu diesem Zeitpunkt errichteten gemeinsamen Servicestellen bestehen längstens bis zum 31. Dezember 2018. [2]Für die Aufgaben der nach Satz 1 im Jahr 2018

bestehenden gemeinsamen Servicestellen gilt § 22 in der am 31. Dezember 2017 geltenden Fassung entsprechend.

(8) Bis zum 31. Dezember 2019 treten an die Stelle der Träger der Eingliederungshilfe als Rehabilitationsträger im Sinne dieses Buches die Träger der Sozialhilfe nach § 3 des Zwölften Buches[1)], soweit sie zur Erbringung von Leistungen der Eingliederungshilfe für Menschen mit Behinderungen nach § 8 Nummer 4 des Zwölften Buches bestimmt sind.

(9) § 221 Absatz 2 Satz 1 ist mit folgender Maßgabe anzuwenden:

1. Ab dem 1. August 2019 beträgt der Grundbetrag mindestens 80 Euro monatlich.
2. Ab dem 1. Januar 2020 beträgt der Grundbetrag mindestens 89 Euro monatlich.
3. Ab dem 1. Januar 2021 beträgt der Grundbetrag mindestens 99 Euro monatlich.
4. Ab dem 1. Januar 2022 bis zum 31. Dezember 2022 beträgt der Grundbetrag mindestens 109 Euro monatlich.

[1)] Nr. 12.

10. Zehntes Buch Sozialgesetzbuch – Sozialverwaltungsverfahren und Sozialdatenschutz – (SGB X) [1)2)]

In der Fassung der Bekanntmachung vom 18. Januar 2001[3)]
(BGBl. I S. 130)

FNA 860-10-1

zuletzt geänd. durch Art. 5 Gesetz Digitale Rentenübersicht v. 11.2.2021 (BGBl. I S. 154)

Inhaltsübersicht

---

1) Die Änderungen durch G v. 18.7.2017 (BGBl. I S. 2739, geänd. BGBl. I 2021 S. 2) treten gem. Art. 3 Abs. 2 dieses G an dem Tag in Kraft, an dem die Rechtsverordnung nach § 10 des Wettbewerbsregistergesetzes in Kraft tritt; sie sind im Text noch nicht berücksichtigt. Das Bundesministerium für Wirtschaft und Energie gibt den Tag nach Satz 2 im Bundesgesetzblatt bekannt.

2) Die Änderungen durch G v. 12.12.2019 (BGBl. I S. 2652), die erst **mWv 1.1.2024** in Kraft treten, sind im Text noch nicht berücksichtigt.

3) Neubekanntmachung des SGB X v. 18.8.1980 (BGBl. I S. 1469, 2218) in der ab 1.1.2001 geltenden Fassung.

Erstes Kapitel. Verwaltungsverfahren

Erster Abschnitt. Anwendungsbereich, Zuständigkeit, Amtshilfe

§ 1 Anwendungsbereich (1) [1] Die Vorschriften dieses Kapitels gelten für die öffentlich-rechtliche Verwaltungstätigkeit der Behörden, die nach diesem Gesetzbuch ausgeübt wird. [2] Für die öffentlich-rechtliche Verwaltungstätigkeit der Behörden der Länder, der Gemeinden und Gemeindeverbände, der sonstigen der Aufsicht des Landes unterstehenden juristischen Personen des öffentlichen Rechts zur Ausführung von besonderen Teilen dieses Gesetzbuches, die nach Inkrafttreten der Vorschriften dieses Kapitels Bestandteil des Sozialgesetzbuches werden, gilt dies nur, soweit diese besonderen Teile mit Zustimmung des Bundesrates die Vorschriften dieses Kapitels für anwendbar erklären. [3] Die Vorschriften gelten nicht für die Verfolgung und Ahndung von Ordnungswidrigkeiten.

(2) Behörde im Sinne dieses Gesetzbuches ist jede Stelle, die Aufgaben der öffentlichen Verwaltung wahrnimmt.

§ 2 Örtliche Zuständigkeit. (1) [1] Sind mehrere Behörden örtlich zuständig, entscheidet die Behörde, die zuerst mit der Sache befasst worden ist, es sei denn, die gemeinsame Aufsichtsbehörde bestimmt, dass eine andere örtlich zuständige Behörde zu entscheiden hat. [2] Diese Aufsichtsbehörde entscheidet ferner über die örtliche Zuständigkeit, wenn sich mehrere Behörden für zuständig oder für unzuständig halten oder wenn die Zuständigkeit aus anderen Gründen zweifelhaft ist. [3] Fehlt eine gemeinsame Aufsichtsbehörde, treffen die Aufsichtsbehörden die Entscheidung gemeinsam.

(2) Ändern sich im Lauf des Verwaltungsverfahrens die die Zuständigkeit begründenden Umstände, kann die bisher zuständige Behörde das Verwaltungsverfahren fortführen, wenn dies unter Wahrung der Interessen der Beteiligten

der einfachen und zweckmäßigen Durchführung des Verfahrens dient und die nunmehr zuständige Behörde zustimmt.

(3) [1] Hat die örtliche Zuständigkeit gewechselt, muss die bisher zuständige Behörde die Leistungen noch solange erbringen, bis sie von der nunmehr zuständigen Behörde fortgesetzt werden. [2] Diese hat der bisher zuständigen Behörde die nach dem Zuständigkeitswechsel noch erbrachten Leistungen auf Anforderung zu erstatten. [3] § 102 Abs. 2 gilt entsprechend.

(4) [1] Bei Gefahr im Verzug ist für unaufschiebbare Maßnahmen jede Behörde örtlich zuständig, in deren Bezirk der Anlass für die Amtshandlung hervortritt. [2] Die nach den besonderen Teilen dieses Gesetzbuches örtlich zuständige Behörde ist unverzüglich zu unterrichten.

§ 3 Amtshilfepflicht. (1) Jede Behörde leistet anderen Behörden auf Ersuchen ergänzende Hilfe (Amtshilfe).

(2) Amtshilfe liegt nicht vor, wenn

1. Behörden einander innerhalb eines bestehenden Weisungsverhältnisses Hilfe leisten,
2. die Hilfeleistung in Handlungen besteht, die der ersuchten Behörde als eigene Aufgabe obliegen.

§ 4 Voraussetzungen und Grenzen der Amtshilfe. (1) Eine Behörde kann um Amtshilfe insbesondere dann ersuchen, wenn sie

1. aus rechtlichen Gründen die Amtshandlung nicht selbst vornehmen kann,
2. aus tatsächlichen Gründen, besonders weil die zur Vornahme der Amtshandlung erforderlichen Dienstkräfte oder Einrichtungen fehlen, die Amtshandlung nicht selbst vornehmen kann,
3. zur Durchführung ihrer Aufgaben auf die Kenntnis von Tatsachen angewiesen ist, die ihr unbekannt sind und die sie selbst nicht ermitteln kann,
4. zur Durchführung ihrer Aufgaben Urkunden oder sonstige Beweismittel benötigt, die sich im Besitz der ersuchten Behörde befinden,
5. die Amtshandlung nur mit wesentlich größerem Aufwand vornehmen könnte als die ersuchte Behörde.

(2) [1] Die ersuchte Behörde darf Hilfe nicht leisten, wenn

1. sie hierzu aus rechtlichen Gründen nicht in der Lage ist,
2. durch die Hilfeleistung dem Wohl des Bundes oder eines Landes erhebliche Nachteile bereitet würden.

[2] Die ersuchte Behörde ist insbesondere zur Vorlage von Urkunden oder Akten sowie zur Erteilung von Auskünften nicht verpflichtet, wenn die Vorgänge nach einem Gesetz oder ihrem Wesen nach geheim gehalten werden müssen.

(3) Die ersuchte Behörde braucht Hilfe nicht zu leisten, wenn

1. eine andere Behörde die Hilfe wesentlich einfacher oder mit wesentlich geringerem Aufwand leisten kann,
2. sie die Hilfe nur mit unverhältnismäßig großem Aufwand leisten könnte,
3. sie unter Berücksichtigung der Aufgaben der ersuchenden Behörde durch die Hilfeleistung die Erfüllung ihrer eigenen Aufgaben ernstlich gefährden würde.

(4) Die ersuchte Behörde darf die Hilfe nicht deshalb verweigern, weil sie das Ersuchen aus anderen als den in Absatz 3 genannten Gründen oder weil sie die mit der Amtshilfe zu verwirklichende Maßnahme für unzweckmäßig hält.

(5) [1] Hält die ersuchte Behörde sich zur Hilfe nicht für verpflichtet, teilt sie der ersuchenden Behörde ihre Auffassung mit. [2] Besteht diese auf der Amtshilfe, entscheidet über die Verpflichtung zur Amtshilfe die gemeinsame Aufsichtsbehörde oder, sofern eine solche nicht besteht, die für die ersuchte Behörde zuständige Aufsichtsbehörde.

§ 5 Auswahl der Behörde. Kommen für die Amtshilfe mehrere Behörden in Betracht, soll nach Möglichkeit eine Behörde der untersten Verwaltungsstufe des Verwaltungszweiges ersucht werden, dem die ersuchende Behörde angehört.

§ 6 Durchführung der Amtshilfe. (1) Die Zulässigkeit der Maßnahme, die durch die Amtshilfe verwirklicht werden soll, richtet sich nach dem für die ersuchende Behörde, die Durchführung der Amtshilfe nach dem für die ersuchte Behörde geltenden Recht.

(2) [1] Die ersuchende Behörde trägt gegenüber der ersuchten Behörde die Verantwortung für die Rechtmäßigkeit der zu treffenden Maßnahme. [2] Die ersuchte Behörde ist für die Durchführung der Amtshilfe verantwortlich.

§ 7 Kosten der Amtshilfe. (1) [1] Die ersuchende Behörde hat der ersuchten Behörde für die Amtshilfe keine Verwaltungsgebühr zu entrichten. [2] Auslagen hat sie der ersuchten Behörde auf Anforderung zu erstatten, wenn sie im Einzelfall 35 Euro, bei Amtshilfe zwischen Versicherungsträgern 100 Euro übersteigen. [3] Abweichende Vereinbarungen werden dadurch nicht berührt. [4] Leisten Behörden desselben Rechtsträgers einander Amtshilfe, werden die Auslagen nicht erstattet.

(2) Nimmt die ersuchte Behörde zur Durchführung der Amtshilfe eine kostenpflichtige Amtshandlung vor, stehen ihr die von einem Dritten hierfür geschuldeten Kosten (Verwaltungsgebühren, Benutzungsgebühren und Auslagen) zu.

Zweiter Abschnitt. Allgemeine Vorschriften über das Verwaltungsverfahren

Erster Titel. Verfahrensgrundsätze

§ 8 Begriff des Verwaltungsverfahrens. Das Verwaltungsverfahren im Sinne dieses Gesetzbuches ist die nach außen wirkende Tätigkeit der Behörden, die auf die Prüfung der Voraussetzungen, die Vorbereitung und den Erlass eines Verwaltungsaktes oder auf den Abschluss eines öffentlich-rechtlichen Vertrages gerichtet ist; es schließt den Erlass des Verwaltungsaktes oder den Abschluss des öffentlich-rechtlichen Vertrages ein.

§ 9 Nichtförmlichkeit des Verwaltungsverfahrens. [1] Das Verwaltungsverfahren ist an bestimmte Formen nicht gebunden, soweit keine besonderen Rechtsvorschriften für die Form des Verfahrens bestehen. [2] Es ist einfach, zweckmäßig und zügig durchzuführen.

§ 10 Beteiligungsfähigkeit. Fähig, am Verfahren beteiligt zu sein, sind

1. natürliche und juristische Personen,
2. Vereinigungen, soweit ihnen ein Recht zustehen kann,
3. Behörden.

§ 11 Vornahme von Verfahrenshandlungen. (1) Fähig zur Vornahme von Verfahrenshandlungen sind

1. natürliche Personen, die nach bürgerlichem Recht geschäftsfähig sind,
2. natürliche Personen, die nach bürgerlichem Recht in der Geschäftsfähigkeit beschränkt sind, soweit sie für den Gegenstand des Verfahrens durch Vorschriften des bürgerlichen Rechts als geschäftsfähig oder durch Vorschriften des öffentlichen Rechts als handlungsfähig anerkannt sind,
3. juristische Personen und Vereinigungen (§ 10 Nr. 2) durch ihre gesetzlichen Vertreter oder durch besonders Beauftragte,
4. Behörden durch ihre Leiter, deren Vertreter oder Beauftragte.

(2) Betrifft ein Einwilligungsvorbehalt nach § 1903 des Bürgerlichen Gesetzbuches den Gegenstand des Verfahrens, so ist ein geschäftsfähiger Betreuter nur insoweit zur Vornahme von Verfahrenshandlungen fähig, als er nach den Vorschriften des bürgerlichen Rechts ohne Einwilligung des Betreuers handeln kann oder durch Vorschriften des öffentlichen Rechts als handlungsfähig anerkannt ist.

(3) Die §§ 53 und 55 der Zivilprozessordnung gelten entsprechend.

§ 12 Beteiligte. (1) Beteiligte sind

1. Antragsteller und Antragsgegner,
2. diejenigen, an die die Behörde den Verwaltungsakt richten will oder gerichtet hat,
3. diejenigen, mit denen die Behörde einen öffentlich-rechtlichen Vertrag schließen will oder geschlossen hat,
4. diejenigen, die nach Absatz 2 von der Behörde zu dem Verfahren hinzugezogen worden sind.

(2) [1] Die Behörde kann von Amts wegen oder auf Antrag diejenigen, deren rechtliche Interessen durch den Ausgang des Verfahrens berührt werden können, als Beteiligte hinzuziehen. [2] Hat der Ausgang des Verfahrens rechtsgestaltende Wirkung für einen Dritten, ist dieser auf Antrag als Beteiligter zu dem Verfahren hinzuzuziehen; soweit er der Behörde bekannt ist, hat diese ihn von der Einleitung des Verfahrens zu benachrichtigen.

(3) Wer anzuhören ist, ohne dass die Voraussetzungen des Absatzes 1 vorliegen, wird dadurch nicht Beteiligter.

§ 13 Bevollmächtigte und Beistände. (1) [1] Ein Beteiligter kann sich durch einen Bevollmächtigten vertreten lassen. [2] Die Vollmacht ermächtigt zu allen das Verwaltungsverfahren betreffenden Verfahrenshandlungen, sofern sich aus ihrem Inhalt nicht etwas anderes ergibt. [3] Der Bevollmächtigte hat auf Verlangen seine Vollmacht schriftlich nachzuweisen. [4] Ein Widerruf der Vollmacht wird der Behörde gegenüber erst wirksam, wenn er ihr zugeht.

(2) Die Vollmacht wird weder durch den Tod des Vollmachtgebers noch durch eine Veränderung in seiner Handlungsfähigkeit oder seiner gesetzlichen Vertretung aufgehoben; der Bevollmächtigte hat jedoch, wenn er für den

Rechtsnachfolger im Verwaltungsverfahren auftritt, dessen Vollmacht auf Verlangen schriftlich beizubringen.

(3) [1] Ist für das Verfahren ein Bevollmächtigter bestellt, muss sich die Behörde an ihn wenden. [2] Sie kann sich an den Beteiligten selbst wenden, soweit er zur Mitwirkung verpflichtet ist. [3] Wendet sich die Behörde an den Beteiligten, muss der Bevollmächtigte verständigt werden. [4] Vorschriften über die Zustellung an Bevollmächtigte bleiben unberührt.

(4) [1] Ein Beteiligter kann zu Verhandlungen und Besprechungen mit einem Beistand erscheinen. [2] Das von dem Beistand Vorgetragene gilt als von dem Beteiligten vorgebracht, soweit dieser nicht unverzüglich widerspricht.

(5) Bevollmächtigte und Beistände sind zurückzuweisen, wenn sie entgegen § 3 des Rechtsdienstleistungsgesetzes Rechtsdienstleistungen erbringen.

(6) [1] Bevollmächtigte und Beistände können vom Vortrag zurückgewiesen werden, wenn sie hierzu ungeeignet sind; vom mündlichen Vortrag können sie nur zurückgewiesen werden, wenn sie zum sachgemäßen Vortrag nicht fähig sind. [2] Nicht zurückgewiesen werden können Personen, die nach § 73 Abs. 2 Satz 1 und 2 Nr. 3 bis 9 des Sozialgerichtsgesetzes[1)] zur Vertretung im sozialgerichtlichen Verfahren befugt sind.

(7) [1] Die Zurückweisung nach den Absätzen 5 und 6 ist auch dem Beteiligten, dessen Bevollmächtigter oder Beistand zurückgewiesen wird, schriftlich mitzuteilen. [2] Verfahrenshandlungen des zurückgewiesenen Bevollmächtigten oder Beistandes, die dieser nach der Zurückweisung vornimmt, sind unwirksam.

§ 14 Bestellung eines Empfangsbevollmächtigten. [1] Ein Beteiligter ohne Wohnsitz oder gewöhnlichen Aufenthalt, Sitz oder Geschäftsleitung im Inland hat der Behörde auf Verlangen innerhalb einer angemessenen Frist einen Empfangsbevollmächtigten im Inland zu benennen. [2] Unterlässt er dies, gilt ein an ihn gerichtetes Schriftstück am siebenten Tage nach der Aufgabe zur Post und ein elektronisch übermitteltes Dokument am dritten Tage nach der Absendung als zugegangen. [3] Dies gilt nicht, wenn feststeht, dass das Dokument den Empfänger nicht oder zu einem späteren Zeitpunkt erreicht hat. [4] Auf die Rechtsfolgen der Unterlassung ist der Beteiligte hinzuweisen.

§ 15 Bestellung eines Vertreters von Amts wegen. (1) Ist ein Vertreter nicht vorhanden, hat das Gericht auf Ersuchen der Behörde einen geeigneten Vertreter zu bestellen

1. für einen Beteiligten, dessen Person unbekannt ist,
2. für einen abwesenden Beteiligten, dessen Aufenthalt unbekannt ist oder der an der Besorgung seiner Angelegenheiten verhindert ist,
3. für einen Beteiligten ohne Aufenthalt im Inland, wenn er der Aufforderung der Behörde, einen Vertreter zu bestellen, innerhalb der ihm gesetzten Frist nicht nachgekommen ist,
4. für einen Beteiligten, der infolge einer psychischen Krankheit oder körperlichen, geistigen oder seelischen Behinderung nicht in der Lage ist, in dem Verwaltungsverfahren selbst tätig zu werden.

[1)] Nr. **20**.

(2) [1] Für die Bestellung des Vertreters ist in den Fällen des Absatzes 1 Nr. 4 das Betreuungsgericht zuständig, in dessen Bezirk der Beteiligte seinen gewöhnlichen Aufenthalt hat; im Übrigen ist das Betreuungsgericht zuständig, in dessen Bezirk die ersuchende Behörde ihren Sitz hat. [2] Ist der Beteiligte minderjährig, tritt an die Stelle des Betreuungsgerichts das Familiengericht.

(3) [1] Der Vertreter hat gegen den Rechtsträger der Behörde, die um seine Bestellung ersucht hat, Anspruch auf eine angemessene Vergütung und auf die Erstattung seiner baren Auslagen. [2] Die Behörde kann von dem Vertretenen Ersatz ihrer Aufwendungen verlangen. [3] Sie bestimmt die Vergütung und stellt die Auslagen und Aufwendungen fest.

(4) Im Übrigen gelten für die Bestellung und für das Amt des Vertreters in den Fällen des Absatzes 1 Nr. 4 die Vorschriften über die Betreuung, in den übrigen Fällen die Vorschriften über die Pflegschaft entsprechend.

§ 16 Ausgeschlossene Personen. (1) [1] In einem Verwaltungsverfahren darf für eine Behörde nicht tätig werden,

1. wer selbst Beteiligter ist,
2. wer Angehöriger eines Beteiligten ist,
3. wer einen Beteiligten kraft Gesetzes oder Vollmacht allgemein oder in diesem Verwaltungsverfahren vertritt oder als Beistand zugezogen ist,
4. wer Angehöriger einer Person ist, die einen Beteiligten in diesem Verfahren vertritt,
5. wer bei einem Beteiligten gegen Entgelt beschäftigt ist oder bei ihm als Mitglied des Vorstandes, des Aufsichtsrates oder eines gleichartigen Organs tätig ist; dies gilt nicht für den, dessen Anstellungskörperschaft Beteiligte ist, und nicht für Beschäftigte bei Betriebskrankenkassen,
6. wer außerhalb seiner amtlichen Eigenschaft in der Angelegenheit ein Gutachten abgegeben hat oder sonst tätig geworden ist.

[2] Dem Beteiligten steht gleich, wer durch die Tätigkeit oder durch die Entscheidung einen unmittelbaren Vorteil oder Nachteil erlangen kann. [3] Dies gilt nicht, wenn der Vor- oder Nachteil nur darauf beruht, dass jemand einer Berufs- oder Bevölkerungsgruppe angehört, deren gemeinsame Interessen durch die Angelegenheit berührt werden.

(2) [1] Absatz 1 gilt nicht für Wahlen zu einer ehrenamtlichen Tätigkeit und für die Abberufung von ehrenamtlich Tätigen. [2] Absatz 1 Nr. 3 und 5 gilt auch nicht für das Verwaltungsverfahren auf Grund der Beziehungen zwischen Ärzten, Zahnärzten und Krankenkassen.

(3) Wer nach Absatz 1 ausgeschlossen ist, darf bei Gefahr im Verzug unaufschiebbare Maßnahmen treffen.

(4) [1] Hält sich ein Mitglied eines Ausschusses oder Beirats für ausgeschlossen oder bestehen Zweifel, ob die Voraussetzungen des Absatzes 1 gegeben sind, ist dies dem Ausschuss oder Beirat mitzuteilen. [2] Der Ausschuss oder Beirat entscheidet über den Ausschluss. [3] Der Betroffene darf an dieser Entscheidung nicht mitwirken. [4] Das ausgeschlossene Mitglied darf bei der weiteren Beratung und Beschlussfassung nicht zugegen sein.

(5) [1] Angehörige im Sinne des Absatzes 1 Nr. 2 und 4 sind

1. der Verlobte,
2. der Ehegatte oder Lebenspartner,

3. Verwandte und Verschwägerte gerader Linie,
4. Geschwister,
5. Kinder der Geschwister,
6. Ehegatten oder Lebenspartner der Geschwister und Geschwister der Ehegatten oder Lebenspartner,
7. Geschwister der Eltern,
8. Personen, die durch ein auf längere Dauer angelegtes Pflegeverhältnis mit häuslicher Gemeinschaft wie Eltern und Kind miteinander verbunden sind (Pflegeeltern und Pflegekinder).

[2] Angehörige sind die in Satz 1 aufgeführten Personen auch dann, wenn

1. in den Fällen der Nummern 2, 3 und 6 die die Beziehung begründende Ehe oder Lebenspartnerschaft nicht mehr besteht,
2. in den Fällen der Nummern 3 bis 7 die Verwandtschaft oder Schwägerschaft durch Annahme als Kind erloschen ist,
3. im Falle der Nummer 8 die häusliche Gemeinschaft nicht mehr besteht, sofern die Personen weiterhin wie Eltern und Kind miteinander verbunden sind.

§ 17 Besorgnis der Befangenheit. (1) [1] Liegt ein Grund vor, der geeignet ist, Misstrauen gegen eine unparteiische Amtsausübung zu rechtfertigen, oder wird von einem Beteiligten das Vorliegen eines solchen Grundes behauptet, hat, wer in einem Verwaltungsverfahren für eine Behörde tätig werden soll, den Leiter der Behörde oder den von diesem Beauftragten zu unterrichten und sich auf dessen Anordnung der Mitwirkung zu enthalten. [2] Betrifft die Besorgnis der Befangenheit den Leiter der Behörde, trifft diese Anordnung die Aufsichtsbehörde, sofern sich der Behördenleiter nicht selbst einer Mitwirkung enthält. [3] Bei den Geschäftsführern der Versicherungsträger tritt an die Stelle der Aufsichtsbehörde der Vorstand.

(2) Für Mitglieder eines Ausschusses oder Beirats gilt § 16 Abs. 4 entsprechend.

§ 18 Beginn des Verfahrens. [1] Die Behörde entscheidet nach pflichtgemäßem Ermessen, ob und wann sie ein Verwaltungsverfahren durchführt. [2] Dies gilt nicht, wenn die Behörde auf Grund von Rechtsvorschriften

1. von Amts wegen oder auf Antrag tätig werden muss,
2. nur auf Antrag tätig werden darf und ein Antrag nicht vorliegt.

§ 19 Amtssprache. (1) [1] Die Amtssprache ist deutsch. [2] Menschen mit Hörbehinderungen und Menschen mit Sprachbehinderungen haben das Recht, in Deutscher Gebärdensprache, mit lautsprachbegleitenden Gebärden oder über andere geeignete Kommunikationshilfen zu kommunizieren; Kosten für Kommunikationshilfen sind von der Behörde oder dem für die Sozialleistung zuständigen Leistungsträger zu tragen. [3] § 5 der Kommunikationshilfenverordnung in der jeweils geltenden Fassung gilt entsprechend.

(1a) § 11 des Behindertengleichstellungsgesetzes gilt in seiner jeweils geltenden Fassung für das Sozialverwaltungsverfahren entsprechend.

(2) [1] Werden bei einer Behörde in einer fremden Sprache Anträge gestellt oder Eingaben, Belege, Urkunden oder sonstige Dokumente vorgelegt, soll die

Behörde unverzüglich die Vorlage einer Übersetzung innerhalb einer von ihr zu setzenden angemessenen Frist verlangen, sofern sie nicht in der Lage ist, die Anträge oder Dokumente zu verstehen. [2] In begründeten Fällen kann die Vorlage einer beglaubigten oder von einem öffentlich bestellten oder beeidigten Dolmetscher oder Übersetzer angefertigten Übersetzung verlangt werden. [3] Wird die verlangte Übersetzung nicht innerhalb der gesetzten Frist vorgelegt, kann die Behörde eine Übersetzung beschaffen und hierfür Ersatz ihrer Aufwendungen in angemessenem Umfang verlangen. [4] Falls die Behörde Dolmetscher oder Übersetzer herangezogen hat, die nicht Kommunikationshilfe im Sinne von Absatz 1 Satz 2 sind, erhalten sie auf Antrag in entsprechender Anwendung des Justizvergütungs- und -entschädigungsgesetzes eine Vergütung; mit Dolmetschern oder Übersetzern kann die Behörde eine Vergütung vereinbaren.

(3) Soll durch eine Anzeige, einen Antrag oder die Abgabe einer Willenserklärung eine Frist in Lauf gesetzt werden, innerhalb deren die Behörde in einer bestimmten Weise tätig werden muss, und gehen diese in einer fremden Sprache ein, beginnt der Lauf der Frist erst mit dem Zeitpunkt, in dem der Behörde eine Übersetzung vorliegt.

(4) [1] Soll durch eine Anzeige, einen Antrag oder eine Willenserklärung, die in fremder Sprache eingehen, zugunsten eines Beteiligten eine Frist gegenüber der Behörde gewahrt, ein öffentlich-rechtlicher Anspruch geltend gemacht oder eine Sozialleistung begehrt werden, gelten die Anzeige, der Antrag oder die Willenserklärung als zum Zeitpunkt des Eingangs bei der Behörde abgegeben, wenn die Behörde in der Lage ist, die Anzeige, den Antrag oder die Willenserklärung zu verstehen, oder wenn innerhalb der gesetzten Frist eine Übersetzung vorgelegt wird. [2] Anderenfalls ist der Zeitpunkt des Eingangs der Übersetzung maßgebend. [3] Auf diese Rechtsfolge ist bei der Fristsetzung hinzuweisen.

§ 20 Untersuchungsgrundsatz. (1) [1] Die Behörde ermittelt den Sachverhalt von Amts wegen. [2] Sie bestimmt Art und Umfang der Ermittlungen; an das Vorbringen und an die Beweisanträge der Beteiligten ist sie nicht gebunden.

(2) Die Behörde hat alle für den Einzelfall bedeutsamen, auch die für die Beteiligten günstigen Umstände zu berücksichtigen.

(3) Die Behörde darf die Entgegennahme von Erklärungen oder Anträgen, die in ihren Zuständigkeitsbereich fallen, nicht deshalb verweigern, weil sie die Erklärung oder den Antrag in der Sache für unzulässig oder unbegründet hält.

§ 21 Beweismittel. (1) [1] Die Behörde bedient sich der Beweismittel, die sie nach pflichtgemäßem Ermessen zur Ermittlung des Sachverhalts für erforderlich hält. [2] Sie kann insbesondere

1. Auskünfte jeder Art, auch elektronisch und als elektronisches Dokument, einholen,
2. Beteiligte anhören, Zeugen und Sachverständige vernehmen oder die schriftliche oder elektronische Äußerung von Beteiligten, Sachverständigen und Zeugen einholen,
3. Urkunden und Akten beiziehen,
4. den Augenschein einnehmen.

[3] Urkunden und Akten können auch in elektronischer Form beigezogen werden, es sei denn, durch Rechtsvorschrift ist etwas anderes bestimmt.

(2) [1] Die Beteiligten sollen bei der Ermittlung des Sachverhalts mitwirken. [2] Sie sollen insbesondere ihnen bekannte Tatsachen und Beweismittel angeben. [3] Eine weitergehende Pflicht, bei der Ermittlung des Sachverhalts mitzuwirken, insbesondere eine Pflicht zum persönlichen Erscheinen oder zur Aussage, besteht nur, soweit sie durch Rechtsvorschrift besonders vorgesehen ist.

(3) [1] Für Zeugen und Sachverständige besteht eine Pflicht zur Aussage oder zur Erstattung von Gutachten, wenn sie durch Rechtsvorschrift vorgesehen ist. [2] Eine solche Pflicht besteht auch dann, wenn die Aussage oder die Erstattung von Gutachten im Rahmen von § 407 der Zivilprozessordnung zur Entscheidung über die Entstehung, Erbringung, Fortsetzung, das Ruhen, die Entziehung oder den Wegfall einer Sozialleistung sowie deren Höhe unabweisbar ist. [3] Die Vorschriften der Zivilprozessordnung über das Recht, ein Zeugnis oder ein Gutachten zu verweigern, über die Ablehnung von Sachverständigen sowie über die Vernehmung von Angehörigen des öffentlichen Dienstes als Zeugen oder Sachverständige gelten entsprechend. [4] Falls die Behörde Zeugen, Sachverständige und Dritte herangezogen hat, erhalten sie auf Antrag in entsprechender Anwendung des Justizvergütungs- und -entschädigungsgesetzes eine Entschädigung oder Vergütung; mit Sachverständigen kann die Behörde eine Vergütung vereinbaren.

(4) Die Finanzbehörden haben, soweit es im Verfahren nach diesem Gesetzbuch erforderlich ist, Auskunft über die ihnen bekannten Einkommens- oder Vermögensverhältnisse des Antragstellers, Leistungsempfängers, Erstattungspflichtigen, Unterhaltsverpflichteten, Unterhaltsberechtigten oder der zum Haushalt rechnenden Familienmitglieder zu erteilen.

§ 22 Vernehmung durch das Sozial- oder Verwaltungsgericht.

(1) [1] Verweigern Zeugen oder Sachverständige in den Fällen des § 21 Abs. 3 ohne Vorliegen eines der in den §§ 376, 383 bis 385 und 408 der Zivilprozessordnung bezeichneten Gründe die Aussage oder die Erstattung des Gutachtens, kann die Behörde je nach dem gegebenen Rechtsweg das für den Wohnsitz oder den Aufenthaltsort des Zeugen oder des Sachverständigen zuständige Sozial- oder Verwaltungsgericht um die Vernehmung ersuchen. [2] Befindet sich der Wohnsitz oder der Aufenthaltsort des Zeugen oder des Sachverständigen nicht am Sitz eines Sozial- oder Verwaltungsgerichts oder einer Zweigstelle eines Sozialgerichts oder einer besonders errichteten Kammer eines Verwaltungsgerichts, kann auch das zuständige Amtsgericht um die Vernehmung ersucht werden. [3] In dem Ersuchen hat die Behörde den Gegenstand der Vernehmung darzulegen sowie die Namen und Anschriften der Beteiligten anzugeben. [4] Das Gericht hat die Beteiligten von den Beweisterminen zu benachrichtigen.

(2) Hält die Behörde mit Rücksicht auf die Bedeutung der Aussage eines Zeugen oder des Gutachtens eines Sachverständigen oder zur Herbeiführung einer wahrheitsgemäßen Aussage die Beeidigung für geboten, kann sie das nach Absatz 1 zuständige Gericht um die eidliche Vernehmung ersuchen.

(3) Das Gericht entscheidet über die Rechtmäßigkeit einer Verweigerung des Zeugnisses, des Gutachtens oder der Eidesleistung.

(4) Ein Ersuchen nach Absatz 1 oder 2 an das Gericht darf nur von dem Behördenleiter, seinem allgemeinen Vertreter oder einem Angehörigen des öffentlichen Dienstes gestellt werden, der die Befähigung zum Richteramt hat oder die Voraussetzungen des § 110 Satz 1 des Deutschen Richtergesetzes erfüllt.

§ 23 Glaubhaftmachung, Versicherung an Eides statt. (1) [1]Sieht eine Rechtsvorschrift vor, dass für die Feststellung der erheblichen Tatsachen deren Glaubhaftmachung genügt, kann auch die Versicherung an Eides statt zugelassen werden. [2]Eine Tatsache ist dann als glaubhaft anzusehen, wenn ihr Vorliegen nach dem Ergebnis der Ermittlungen, die sich auf sämtliche erreichbaren Beweismittel erstrecken sollen, überwiegend wahrscheinlich ist.

(2) [1]Die Behörde darf bei der Ermittlung des Sachverhalts eine Versicherung an Eides statt nur verlangen und abnehmen, wenn die Abnahme der Versicherung über den betreffenden Gegenstand und in dem betreffenden Verfahren durch Gesetz oder Rechtsverordnung vorgesehen und die Behörde durch Rechtsvorschrift für zuständig erklärt worden ist. [2]Eine Versicherung an Eides statt soll nur gefordert werden, wenn andere Mittel zur Erforschung der Wahrheit nicht vorhanden sind, zu keinem Ergebnis geführt haben oder einen unverhältnismäßigen Aufwand erfordern. [3]Von eidesunfähigen Personen im Sinne des § 393 der Zivilprozessordnung darf eine eidesstattliche Versicherung nicht verlangt werden.

(3) [1]Wird die Versicherung an Eides statt von einer Behörde zur Niederschrift aufgenommen, sind zur Aufnahme nur der Behördenleiter, sein allgemeiner Vertreter sowie Angehörige des öffentlichen Dienstes befugt, welche die Befähigung zum Richteramt haben oder die Voraussetzungen des § 110 Satz 1 des Deutschen Richtergesetzes erfüllen. [2]Andere Angehörige des öffentlichen Dienstes kann der Behördenleiter oder sein allgemeiner Vertreter hierzu allgemein oder im Einzelfall schriftlich ermächtigen.

(4) [1]Die Versicherung besteht darin, dass der Versichernde die Richtigkeit seiner Erklärung über den betreffenden Gegenstand bestätigt und erklärt: „Ich versichere an Eides statt, dass ich nach bestem Wissen die reine Wahrheit gesagt und nichts verschwiegen habe.“ [2]Bevollmächtigte und Beistände sind berechtigt, an der Aufnahme der Versicherung an Eides statt teilzunehmen.

(5) [1]Vor der Aufnahme der Versicherung an Eides statt ist der Versichernde über die Bedeutung der eidesstattlichen Versicherung und die strafrechtlichen Folgen einer unrichtigen oder unvollständigen eidesstattlichen Versicherung zu belehren. [2]Die Belehrung ist in der Niederschrift zu vermerken.

(6) [1]Die Niederschrift hat ferner die Namen der anwesenden Personen sowie den Ort und den Tag der Niederschrift zu enthalten. [2]Die Niederschrift ist demjenigen, der die eidesstattliche Versicherung abgibt, zur Genehmigung vorzulesen oder auf Verlangen zur Durchsicht vorzulegen. [3]Die erteilte Genehmigung ist zu vermerken und von dem Versichernden zu unterschreiben. [4]Die Niederschrift ist sodann von demjenigen, der die Versicherung an Eides statt aufgenommen hat, sowie von dem Schriftführer zu unterschreiben.

§ 24 Anhörung Beteiligter. (1) Bevor ein Verwaltungsakt erlassen wird, der in Rechte eines Beteiligten eingreift, ist diesem Gelegenheit zu geben, sich zu den für die Entscheidung erheblichen Tatsachen zu äußern.

(2) Von der Anhörung kann abgesehen werden, wenn

1. eine sofortige Entscheidung wegen Gefahr im Verzug oder im öffentlichen Interesse notwendig erscheint,
2. durch die Anhörung die Einhaltung einer für die Entscheidung maßgeblichen Frist in Frage gestellt würde,
3. von den tatsächlichen Angaben eines Beteiligten, die dieser in einem Antrag oder einer Erklärung gemacht hat, nicht zu seinen Ungunsten abgewichen werden soll,
4. Allgemeinverfügungen oder gleichartige Verwaltungsakte in größerer Zahl erlassen werden sollen,
5. einkommensabhängige Leistungen den geänderten Verhältnissen angepasst werden sollen,
6. Maßnahmen in der Verwaltungsvollstreckung getroffen werden sollen oder
7. gegen Ansprüche oder mit Ansprüchen von weniger als 70 Euro aufgerechnet oder verrechnet werden soll; Nummer 5 bleibt unberührt.

§ 25 Akteneinsicht durch Beteiligte. (1) [1]Die Behörde hat den Beteiligten Einsicht in die das Verfahren betreffenden Akten zu gestatten, soweit deren Kenntnis zur Geltendmachung oder Verteidigung ihrer rechtlichen Interessen erforderlich ist. [2]Satz 1 gilt bis zum Abschluss des Verwaltungsverfahrens nicht für Entwürfe zu Entscheidungen sowie die Arbeiten zu ihrer unmittelbaren Vorbereitung.

(2) [1]Soweit die Akten Angaben über gesundheitliche Verhältnisse eines Beteiligten enthalten, kann die Behörde statt dessen den Inhalt der Akten dem Beteiligten durch einen Arzt vermitteln lassen. [2]Sie soll den Inhalt der Akten durch einen Arzt vermitteln lassen, soweit zu befürchten ist, dass die Akteneinsicht dem Beteiligten einen unverhältnismäßigen Nachteil, insbesondere an der Gesundheit, zufügen würde. [3]Soweit die Akten Angaben enthalten, die die Entwicklung und Entfaltung der Persönlichkeit des Beteiligten beeinträchtigen können, gelten die Sätze 1 und 2 mit der Maßgabe entsprechend, dass der Inhalt der Akten auch durch einen Bediensteten der Behörde vermittelt werden kann, der durch Vorbildung sowie Lebens- und Berufserfahrung dazu geeignet und befähigt ist. [4]Das Recht nach Absatz 1 wird nicht beschränkt.

(3) Die Behörde ist zur Gestattung der Akteneinsicht nicht verpflichtet, soweit die Vorgänge wegen der berechtigten Interessen der Beteiligten oder dritter Personen geheim gehalten werden müssen.

(4) [1]Die Akteneinsicht erfolgt bei der Behörde, die die Akten führt. [2]Im Einzelfall kann die Einsicht auch bei einer anderen Behörde oder bei einer diplomatischen oder berufskonsularischen Vertretung der Bundesrepublik Deutschland im Ausland erfolgen; weitere Ausnahmen kann die Behörde, die die Akten führt, gestatten.

(5) [1]Soweit die Akteneinsicht zu gestatten ist, können die Beteiligten Auszüge oder Abschriften selbst fertigen oder sich Ablichtungen durch die Behörde erteilen lassen. [2]Soweit die Akteneinsicht in eine elektronische Akte zu gestatten ist, kann die Behörde Akteneinsicht gewähren, indem sie Unterlagen ganz oder teilweise ausdruckt, elektronische Dokumente auf einem Bildschirm wiedergibt, elektronische Dokumente zur Verfügung stellt oder den elektronischen Zugriff auf den Inhalt der Akte gestattet. [3]Die Behörde kann Ersatz ihrer Aufwendungen in angemessenem Umfang verlangen.

Zweiter Titel. Fristen, Termine, Wiedereinsetzung

§ 26 Fristen und Termine. (1) Für die Berechnung von Fristen und für die Bestimmung von Terminen gelten die §§ 187 bis 193 des Bürgerlichen Gesetzbuches entsprechend, soweit nicht durch die Absätze 2 bis 5 etwas anderes bestimmt ist.

(2) Der Lauf einer Frist, die von einer Behörde gesetzt wird, beginnt mit dem Tag, der auf die Bekanntgabe der Frist folgt, außer wenn dem Betroffenen etwas anderes mitgeteilt wird.

(3) [1] Fällt das Ende einer Frist auf einen Sonntag, einen gesetzlichen Feiertag oder einen Sonnabend, endet die Frist mit dem Ablauf des nächstfolgenden Werktages. [2] Dies gilt nicht, wenn dem Betroffenen unter Hinweis auf diese Vorschrift ein bestimmter Tag als Ende der Frist mitgeteilt worden ist.

(4) Hat eine Behörde Leistungen nur für einen bestimmten Zeitraum zu erbringen, endet dieser Zeitraum auch dann mit dem Ablauf seines letzten Tages, wenn dieser auf einen Sonntag, einen gesetzlichen Feiertag oder einen Sonnabend fällt.

(5) Der von einer Behörde gesetzte Termin ist auch dann einzuhalten, wenn er auf einen Sonntag, gesetzlichen Feiertag oder Sonnabend fällt.

(6) Ist eine Frist nach Stunden bestimmt, werden Sonntage, gesetzliche Feiertage oder Sonnabende mitgerechnet.

(7) [1] Fristen, die von einer Behörde gesetzt sind, können verlängert werden. [2] Sind solche Fristen bereits abgelaufen, können sie rückwirkend verlängert werden, insbesondere wenn es unbillig wäre, die durch den Fristablauf eingetretenen Rechtsfolgen bestehen zu lassen. [3] Die Behörde kann die Verlängerung der Frist nach § 32 mit einer Nebenbestimmung verbinden.

§ 27 Wiedereinsetzung in den vorigen Stand. (1) [1] War jemand ohne Verschulden verhindert, eine gesetzliche Frist einzuhalten, ist ihm auf Antrag Wiedereinsetzung in den vorigen Stand zu gewähren. [2] Das Verschulden eines Vertreters ist dem Vertretenen zuzurechnen.

(2) [1] Der Antrag ist innerhalb von zwei Wochen nach Wegfall des Hindernisses zu stellen. [2] Die Tatsachen zur Begründung des Antrages sind bei der Antragstellung oder im Verfahren über den Antrag glaubhaft zu machen. [3] Innerhalb der Antragsfrist ist die versäumte Handlung nachzuholen. [4] Ist dies geschehen, kann Wiedereinsetzung auch ohne Antrag gewährt werden.

(3) Nach einem Jahr seit dem Ende der versäumten Frist kann die Wiedereinsetzung nicht mehr beantragt oder die versäumte Handlung nicht mehr nachgeholt werden, außer wenn dies vor Ablauf der Jahresfrist infolge höherer Gewalt unmöglich war.

(4) Über den Antrag auf Wiedereinsetzung entscheidet die Behörde, die über die versäumte Handlung zu befinden hat.

(5) Die Wiedereinsetzung ist unzulässig, wenn sich aus einer Rechtsvorschrift ergibt, dass sie ausgeschlossen ist.

§ 28 Wiederholte Antragstellung. (1) [1] Hat ein Leistungsberechtigter von der Stellung eines Antrages auf eine Sozialleistung abgesehen, weil ein Anspruch auf eine andere Sozialleistung geltend gemacht worden ist, und wird diese Leistung versagt oder ist sie zu erstatten, wirkt der nunmehr nachgeholte Antrag bis zu einem Jahr zurück, wenn er innerhalb von sechs Monaten nach

Ablauf des Monats gestellt ist, in dem die Ablehnung oder Erstattung der anderen Leistung bindend geworden ist. [2]Satz 1 gilt auch dann, wenn der Antrag auf die zunächst geltend gemachte Sozialleistung zurückgenommen wird.

(2) Absatz 1 gilt auch dann, wenn der rechtzeitige Antrag auf eine andere Leistung aus Unkenntnis über deren Anspruchsvoraussetzung unterlassen wurde und die zweite Leistung gegenüber der ersten Leistung, wenn diese erbracht worden wäre, nachrangig gewesen wäre.

Dritter Titel. Amtliche Beglaubigung

§ 29 Beglaubigung von Dokumenten. (1) [1]Jede Behörde ist befugt, Abschriften von Urkunden, die sie selbst ausgestellt hat, zu beglaubigen. [2]Darüber hinaus sind die von der Bundesregierung durch Rechtsverordnung bestimmten Behörden des Bundes, der bundesunmittelbaren Körperschaften, Anstalten und Stiftungen des öffentlichen Rechts und die nach Landesrecht zuständigen Behörden befugt, Abschriften zu beglaubigen, wenn die Urschrift von einer Behörde ausgestellt ist oder die Abschrift zur Vorlage bei einer Behörde benötigt wird, sofern nicht durch Rechtsvorschrift die Erteilung beglaubigter Abschriften aus amtlichen Registern und Archiven anderen Behörden ausschließlich vorbehalten ist; die Rechtsverordnung bedarf nicht der Zustimmung des Bundesrates.

(2) Abschriften dürfen nicht beglaubigt werden, wenn Umstände zu der Annahme berechtigen, dass der ursprüngliche Inhalt des Schriftstückes, dessen Abschrift beglaubigt werden soll, geändert worden ist, insbesondere wenn dieses Schriftstück Lücken, Durchstreichungen, Einschaltungen, Änderungen, unleserliche Wörter, Zahlen oder Zeichen, Spuren der Beseitigung von Wörtern, Zahlen und Zeichen enthält oder wenn der Zusammenhang eines aus mehreren Blättern bestehenden Schriftstückes aufgehoben ist.

(3) [1]Eine Abschrift wird beglaubigt durch einen Beglaubigungsvermerk, der unter die Abschrift zu setzen ist. [2]Der Vermerk muss enthalten

1. die genaue Bezeichnung des Schriftstückes, dessen Abschrift beglaubigt wird,
2. die Feststellung, dass die beglaubigte Abschrift mit dem vorgelegten Schriftstück übereinstimmt,
3. den Hinweis, dass die beglaubigte Abschrift nur zur Vorlage bei der angegebenen Behörde erteilt wird, wenn die Urschrift nicht von einer Behörde ausgestellt worden ist,
4. den Ort und den Tag der Beglaubigung, die Unterschrift des für die Beglaubigung zuständigen Bediensteten und das Dienstsiegel.

(4) Die Absätze 1 bis 3 gelten entsprechend für die Beglaubigung von

1. Ablichtungen, Lichtdrucken und ähnlichen in technischen Verfahren hergestellten Vervielfältigungen,
2. auf fototechnischem Wege von Schriftstücken hergestellten Negativen, die bei einer Behörde aufbewahrt werden,
3. Ausdrucken elektronischer Dokumente,
4. elektronischen Dokumenten,
   a) die zur Abbildung eines Schriftstücks hergestellt wurden,
   b) die ein anderes technisches Format als das mit einer qualifizierten elektronischen Signatur verbundene Ausgangsdokument erhalten haben.

(5) [1]Der Beglaubigungsvermerk muss zusätzlich zu den Angaben nach Absatz 3 Satz 2 bei der Beglaubigung

1. des Ausdrucks eines elektronischen Dokuments, das mit einer qualifizierten elektronischen Signatur verbunden ist, die Feststellungen enthalten,
   a) wen die Signaturprüfung als Inhaber der Signatur ausweist,
   b) welchen Zeitpunkt die Signaturprüfung für die Anbringung der Signatur ausweist und
   c) welche Zertifikate mit welchen Daten dieser Signatur zugrunde lagen;
2. eines elektronischen Dokuments den Namen des für die Beglaubigung zuständigen Bediensteten und die Bezeichnung der Behörde, die die Beglaubigung vornimmt, enthalten; die Unterschrift des für die Beglaubigung zuständigen Bediensteten und das Dienstsiegel nach Absatz 3 Satz 2 Nr. 4 werden durch eine dauerhaft überprüfbare qualifizierte elektronische Signatur ersetzt.

[2]Wird ein elektronisches Dokument, das ein anderes technisches Format als das mit einer qualifizierten elektronischen Signatur verbundene Ausgangsdokument erhalten hat, nach Satz 1 Nr. 2 beglaubigt, muss der Beglaubigungsvermerk zusätzlich die Feststellungen nach Satz 1 Nr. 1 für das Ausgangsdokument enthalten.

(6) Die nach Absatz 4 hergestellten Dokumente stehen, sofern sie beglaubigt sind, beglaubigten Abschriften gleich.

(7) Soweit eine Behörde über die technischen Möglichkeiten verfügt, kann sie von Urkunden, die sie selbst ausgestellt hat, auf Verlangen ein elektronisches Dokument nach Absatz 4 Nummer 4 Buchstabe a oder eine elektronische Abschrift fertigen und beglaubigen.

§ 30 Beglaubigung von Unterschriften. (1) [1]Die von der Bundesregierung durch Rechtsverordnung bestimmten Behörden des Bundes, der bundesunmittelbaren Körperschaften, Anstalten und Stiftungen des öffentlichen Rechts und die nach Landesrecht zuständigen Behörden sind befugt, Unterschriften zu beglaubigen, wenn das unterzeichnete Schriftstück zur Vorlage bei einer Behörde oder bei einer sonstigen Stelle, der auf Grund einer Rechtsvorschrift das unterzeichnete Schriftstück vorzulegen ist, benötigt wird. [2]Dies gilt nicht für

1. Unterschriften ohne zugehörigen Text,
2. Unterschriften, die der öffentlichen Beglaubigung (§ 129 des Bürgerlichen Gesetzbuches) bedürfen.

(2) Eine Unterschrift soll nur beglaubigt werden, wenn sie in Gegenwart des beglaubigenden Bediensteten vollzogen oder anerkannt wird.

(3) [1]Der Beglaubigungsvermerk ist unmittelbar bei der Unterschrift, die beglaubigt werden soll, anzubringen. [2]Er muss enthalten

1. die Bestätigung, dass die Unterschrift echt ist,
2. die genaue Bezeichnung desjenigen, dessen Unterschrift beglaubigt wird, sowie die Angabe, ob sich der für die Beglaubigung zuständige Bedienstete Gewissheit über diese Person verschafft hat und ob die Unterschrift in seiner Gegenwart vollzogen oder anerkannt worden ist,

3. den Hinweis, dass die Beglaubigung nur zur Vorlage bei der angegebenen Behörde oder Stelle bestimmt ist,
4. den Ort und den Tag der Beglaubigung, die Unterschrift des für die Beglaubigung zuständigen Bediensteten und das Dienstsiegel.

(4) Die Absätze 1 bis 3 gelten für die Beglaubigung von Handzeichen entsprechend.

(5) Die Rechtsverordnungen nach den Absätzen 1 und 4 bedürfen nicht der Zustimmung des Bundesrates.

Dritter Abschnitt. Verwaltungsakt

Erster Titel. Zustandekommen des Verwaltungsaktes

§ 31 Begriff des Verwaltungsaktes. [1] Verwaltungsakt ist jede Verfügung, Entscheidung oder andere hoheitliche Maßnahme, die eine Behörde zur Regelung eines Einzelfalles auf dem Gebiet des öffentlichen Rechts trifft und die auf unmittelbare Rechtswirkung nach außen gerichtet ist. [2] Allgemeinverfügung ist ein Verwaltungsakt, der sich an einen nach allgemeinen Merkmalen bestimmten oder bestimmbaren Personenkreis richtet oder die öffentlich-rechtliche Eigenschaft einer Sache oder ihre Benutzung durch die Allgemeinheit betrifft.

§ 31a Vollständig automatisierter Erlass eines Verwaltungsaktes. [1] Ein Verwaltungsakt kann vollständig durch automatische Einrichtungen erlassen werden, sofern kein Anlass besteht, den Einzelfall durch Amtsträger zu bearbeiten. [2] Setzt die Behörde automatische Einrichtungen zum Erlass von Verwaltungsakten ein, muss sie für den Einzelfall bedeutsame tatsächliche Angaben des Beteiligten berücksichtigen, die im automatischen Verfahren nicht ermittelt würden.

§ 32 Nebenbestimmungen zum Verwaltungsakt. (1) Ein Verwaltungsakt, auf den ein Anspruch besteht, darf mit einer Nebenbestimmung nur versehen werden, wenn sie durch Rechtsvorschrift zugelassen ist oder wenn sie sicherstellen soll, dass die gesetzlichen Voraussetzungen des Verwaltungsaktes erfüllt werden.

(2) Unbeschadet des Absatzes 1 darf ein Verwaltungsakt nach pflichtgemäßem Ermessen erlassen werden mit

1. einer Bestimmung, nach der eine Vergünstigung oder Belastung zu einem bestimmten Zeitpunkt beginnt, endet oder für einen bestimmten Zeitraum gilt (Befristung),
2. einer Bestimmung, nach der der Eintritt oder der Wegfall einer Vergünstigung oder einer Belastung von dem ungewissen Eintritt eines zukünftigen Ereignisses abhängt (Bedingung),
3. einem Vorbehalt des Widerrufs

oder verbunden werden mit

4. einer Bestimmung, durch die dem Begünstigten ein Tun, Dulden oder Unterlassen vorgeschrieben wird (Auflage),
5. einem Vorbehalt der nachträglichen Aufnahme, Änderung oder Ergänzung einer Auflage.

(3) Eine Nebenbestimmung darf dem Zweck des Verwaltungsaktes nicht zuwiderlaufen.

§ 33 Bestimmtheit und Form des Verwaltungsaktes. (1) Ein Verwaltungsakt muss inhaltlich hinreichend bestimmt sein.

(2) [1] Ein Verwaltungsakt kann schriftlich, elektronisch, mündlich oder in anderer Weise erlassen werden. [2] Ein mündlicher Verwaltungsakt ist schriftlich oder elektronisch zu bestätigen, wenn hieran ein berechtigtes Interesse besteht und der Betroffene dies unverzüglich verlangt. [3] Ein elektronischer Verwaltungsakt ist unter denselben Voraussetzungen schriftlich zu bestätigen; § 36a Abs. 2 des Ersten Buches[1)] findet insoweit keine Anwendung.

(3) [1] Ein schriftlicher oder elektronischer Verwaltungsakt muss die erlassende Behörde erkennen lassen und die Unterschrift oder die Namenswiedergabe des Behördenleiters, seines Vertreters oder seines Beauftragten enthalten. [2] Wird für einen Verwaltungsakt, für den durch Rechtsvorschrift die Schriftform angeordnet ist, die elektronische Form verwendet, muss auch das der Signatur zugrunde liegende qualifizierte Zertifikat oder ein zugehöriges qualifiziertes Attributzertifikat die erlassende Behörde erkennen lassen. [3] Im Fall des § 36a Absatz 2 Satz 4 Nummer 3 des Ersten Buches muss die Bestätigung nach § 5 Absatz 5 des De-Mail-Gesetzes die erlassende Behörde als Nutzer des De-Mail-Kontos erkennen lassen.

(4) Für einen Verwaltungsakt kann für die nach § 36a Abs. 2 des Ersten Buches erforderliche Signatur durch Rechtsvorschrift die dauerhafte Überprüfbarkeit vorgeschrieben werden.

(5) [1] Bei einem Verwaltungsakt, der mit Hilfe automatischer Einrichtungen erlassen wird, können abweichend von Absatz 3 Satz 1 Unterschrift und Namenswiedergabe fehlen; bei einem elektronischen Verwaltungsakt muss auch das der Signatur zugrunde liegende Zertifikat nur die erlassende Behörde erkennen lassen. [2] Zur Inhaltsangabe können Schlüsselzeichen verwendet werden, wenn derjenige, für den der Verwaltungsakt bestimmt ist oder der von ihm betroffen wird, auf Grund der dazu gegebenen Erläuterungen den Inhalt des Verwaltungsaktes eindeutig erkennen kann.

§ 34 Zusicherung. (1) [1] Eine von der zuständigen Behörde erteilte Zusage, einen bestimmten Verwaltungsakt später zu erlassen oder zu unterlassen (Zusicherung), bedarf zu ihrer Wirksamkeit der schriftlichen Form. [2] Ist vor dem Erlass des zugesicherten Verwaltungsaktes die Anhörung Beteiligter oder die Mitwirkung einer anderen Behörde oder eines Ausschusses auf Grund einer Rechtsvorschrift erforderlich, darf die Zusicherung erst nach Anhörung der Beteiligten oder nach Mitwirkung dieser Behörde oder des Ausschusses gegeben werden.

(2) Auf die Unwirksamkeit der Zusicherung finden, unbeschadet des Absatzes 1 Satz 1, § 40, auf die Heilung von Mängeln bei der Anhörung Beteiligter und der Mitwirkung anderer Behörden oder Ausschüsse § 41 Abs. 1 Nr. 3 bis 6 sowie Abs. 2, auf die Rücknahme §§ 44 und 45, auf den Widerruf, unbeschadet des Absatzes 3, §§ 46 und 47 entsprechende Anwendung.

(3) Ändert sich nach Abgabe der Zusicherung die Sach- oder Rechtslage derart, dass die Behörde bei Kenntnis der nachträglich eingetretenen Änderung

---

1) Nr. 1.

die Zusicherung nicht gegeben hätte oder aus rechtlichen Gründen nicht hätte geben dürfen, ist die Behörde an die Zusicherung nicht mehr gebunden.

§ 35 Begründung des Verwaltungsaktes. (1) [1]Ein schriftlicher oder elektronischer sowie ein schriftlich oder elektronisch bestätigter Verwaltungsakt ist mit einer Begründung zu versehen. [2]In der Begründung sind die wesentlichen tatsächlichen und rechtlichen Gründe mitzuteilen, die die Behörde zu ihrer Entscheidung bewogen haben. [3]Die Begründung von Ermessensentscheidungen muss auch die Gesichtspunkte erkennen lassen, von denen die Behörde bei der Ausübung ihres Ermessens ausgegangen ist.

(2) Einer Begründung bedarf es nicht,

1. soweit die Behörde einem Antrag entspricht oder einer Erklärung folgt und der Verwaltungsakt nicht in Rechte eines anderen eingreift,
2. soweit demjenigen, für den der Verwaltungsakt bestimmt ist oder der von ihm betroffen wird, die Auffassung der Behörde über die Sach- und Rechtslage bereits bekannt oder auch ohne Begründung für ihn ohne weiteres erkennbar ist,
3. wenn die Behörde gleichartige Verwaltungsakte in größerer Zahl oder Verwaltungsakte mit Hilfe automatischer Einrichtungen erlässt und die Begründung nach den Umständen des Einzelfalles nicht geboten ist,
4. wenn sich dies aus einer Rechtsvorschrift ergibt,
5. wenn eine Allgemeinverfügung öffentlich bekannt gegeben wird.

(3) In den Fällen des Absatzes 2 Nr. 1 bis 3 ist der Verwaltungsakt schriftlich oder elektronisch zu begründen, wenn der Beteiligte, dem der Verwaltungsakt bekannt gegeben ist, es innerhalb eines Jahres seit Bekanntgabe verlangt.

§ 36 Rechtsbehelfsbelehrung. [1]Erlässt die Behörde einen schriftlichen Verwaltungsakt oder bestätigt sie schriftlich einen Verwaltungsakt, ist der durch ihn beschwerte Beteiligte über den Rechtsbehelf und die Behörde oder das Gericht, bei denen der Rechtsbehelf anzubringen ist, deren Sitz, die einzuhaltende Frist und die Form schriftlich zu belehren. [2]Erlässt die Behörde einen elektronischen Verwaltungsakt oder bestätigt sie elektronisch einen Verwaltungsakt, hat die Rechtsbehelfsbelehrung nach Satz 1 elektronisch zu erfolgen.

§ 37 Bekanntgabe des Verwaltungsaktes. (1) [1]Ein Verwaltungsakt ist demjenigen Beteiligten bekannt zu geben, für den er bestimmt ist oder der von ihm betroffen wird. [2]Ist ein Bevollmächtigter bestellt, kann die Bekanntgabe ihm gegenüber vorgenommen werden.

(2) [1]Ein schriftlicher Verwaltungsakt, der im Inland durch die Post übermittelt wird, gilt am dritten Tag nach der Aufgabe zur Post als bekannt gegeben. [2]Ein Verwaltungsakt, der im Inland oder Ausland elektronisch übermittelt wird, gilt am dritten Tag nach der Absendung als bekannt gegeben. [3]Dies gilt nicht, wenn der Verwaltungsakt nicht oder zu einem späteren Zeitpunkt zugegangen ist; im Zweifel hat die Behörde den Zugang des Verwaltungsaktes und den Zeitpunkt des Zugangs nachzuweisen.

(2a) [1]Mit Einwilligung des Beteiligten können elektronische Verwaltungsakte bekannt gegeben werden, indem sie dem Beteiligten zum Abruf über öffentlich zugängliche Netze bereitgestellt werden. [2]Die Einwilligung kann jederzeit mit Wirkung für die Zukunft widerrufen werden. [3]Die Behörde hat zu gewährleisten, dass der Abruf nur nach Authentifizierung der berechtigten Person möglich ist und der elektronische Verwaltungsakt von ihr gespeichert werden kann. [4]Ein zum Abruf bereitgestellter Verwaltungsakt gilt am dritten Tag nach Absendung der elektronischen Benachrichtigung über die Bereitstellung des Verwaltungsaktes an die abrufberechtigte Person als bekannt gegeben. [5]Im Zweifel hat die Behörde den Zugang der Benachrichtigung nachzuweisen. [6]Kann die Behörde den von der abrufberechtigten Person bestrittenen Zugang der Benachrichtigung nicht nachweisen, gilt der Verwaltungsakt an dem Tag als bekannt gegeben, an dem die abrufberechtigte Person den Verwaltungsakt abgerufen hat. [7]Das Gleiche gilt, wenn die abrufberechtigte Person unwiderlegbar vorträgt, die Benachrichtigung nicht innerhalb von drei Tagen nach der Absendung erhalten zu haben. [8]Die Möglichkeit einer erneuten Bereitstellung zum Abruf oder der Bekanntgabe auf andere Weise bleibt unberührt.

(2b) In Angelegenheiten nach dem Abschnitt 1 des Bundeselterngeld- und Elternzeitgesetzes gilt abweichend von Absatz 2a für die Bekanntgabe von elektronischen Verwaltungsakten § 9 des Onlinezugangsgesetzes.

(3) [1]Ein Verwaltungsakt darf öffentlich bekannt gegeben werden, wenn dies durch Rechtsvorschrift zugelassen ist. [2]Eine Allgemeinverfügung darf auch dann öffentlich bekannt gegeben werden, wenn eine Bekanntgabe an die Beteiligten untunlich ist.

(4) [1]Die öffentliche Bekanntgabe eines schriftlichen oder elektronischen Verwaltungsaktes wird dadurch bewirkt, dass sein verfügender Teil in der jeweils vorgeschriebenen Weise entweder ortsüblich oder in der sonst für amtliche Veröffentlichungen vorgeschriebenen Art bekannt gemacht wird. [2]In der Bekanntmachung ist anzugeben, wo der Verwaltungsakt und seine Begründung eingesehen werden können. [3]Der Verwaltungsakt gilt zwei Wochen nach der Bekanntmachung als bekannt gegeben. [4]In einer Allgemeinverfügung kann ein hiervon abweichender Tag, jedoch frühestens der auf die Bekanntmachung folgende Tag bestimmt werden.

(5) Vorschriften über die Bekanntgabe eines Verwaltungsaktes mittels Zustellung bleiben unberührt.

§ 38 Offenbare Unrichtigkeiten im Verwaltungsakt. [1]Die Behörde kann Schreibfehler, Rechenfehler und ähnliche offenbare Unrichtigkeiten in einem Verwaltungsakt jederzeit berichtigen. [2]Bei berechtigtem Interesse des Beteiligten ist zu berichtigen. [3]Die Behörde ist berechtigt, die Vorlage des Dokumentes zu verlangen, das berichtigt werden soll.

Zweiter Titel. Bestandskraft des Verwaltungsaktes

§ 39 Wirksamkeit des Verwaltungsaktes. (1) [1]Ein Verwaltungsakt wird gegenüber demjenigen, für den er bestimmt ist oder der von ihm betroffen wird, in dem Zeitpunkt wirksam, in dem er ihm bekannt gegeben wird. [2]Der Verwaltungsakt wird mit dem Inhalt wirksam, mit dem er bekannt gegeben wird.

(2) Ein Verwaltungsakt bleibt wirksam, solange und soweit er nicht zurückgenommen, widerrufen, anderweitig aufgehoben oder durch Zeitablauf oder auf andere Weise erledigt ist.

(3) Ein nichtiger Verwaltungsakt ist unwirksam.

§ 40 Nichtigkeit des Verwaltungsaktes. (1) Ein Verwaltungsakt ist nichtig, soweit er an einem besonders schwerwiegenden Fehler leidet und dies bei verständiger Würdigung aller in Betracht kommenden Umstände offensichtlich ist.

(2) Ohne Rücksicht auf das Vorliegen der Voraussetzungen des Absatzes 1 ist ein Verwaltungsakt nichtig,

1. der schriftlich oder elektronisch erlassen worden ist, die erlassende Behörde aber nicht erkennen lässt,
2. der nach einer Rechtsvorschrift nur durch die Aushändigung einer Urkunde erlassen werden kann, aber dieser Form nicht genügt,
3. den aus tatsächlichen Gründen niemand ausführen kann,
4. der die Begehung einer rechtswidrigen Tat verlangt, die einen Straf- oder Bußgeldtatbestand verwirklicht,
5. der gegen die guten Sitten verstößt.

(3) Ein Verwaltungsakt ist nicht schon deshalb nichtig, weil

1. Vorschriften über die örtliche Zuständigkeit nicht eingehalten worden sind,
2. eine nach § 16 Abs. 1 Satz 1 Nr. 2 bis 6 ausgeschlossene Person mitgewirkt hat,
3. ein durch Rechtsvorschrift zur Mitwirkung berufener Ausschuss den für den Erlass des Verwaltungsaktes vorgeschriebenen Beschluss nicht gefasst hat oder nicht beschlussfähig war,
4. die nach einer Rechtsvorschrift erforderliche Mitwirkung einer anderen Behörde unterblieben ist.

(4) Betrifft die Nichtigkeit nur einen Teil des Verwaltungsaktes, ist er im Ganzen nichtig, wenn der nichtige Teil so wesentlich ist, dass die Behörde den Verwaltungsakt ohne den nichtigen Teil nicht erlassen hätte.

(5) Die Behörde kann die Nichtigkeit jederzeit von Amts wegen feststellen; auf Antrag ist sie festzustellen, wenn der Antragsteller hieran ein berechtigtes Interesse hat.

§ 41 Heilung von Verfahrens- und Formfehlern. (1) Eine Verletzung von Verfahrens- oder Formvorschriften, die nicht den Verwaltungsakt nach § 40 nichtig macht, ist unbeachtlich, wenn

1. der für den Erlass des Verwaltungsaktes erforderliche Antrag nachträglich gestellt wird,
2. die erforderliche Begründung nachträglich gegeben wird,
3. die erforderliche Anhörung eines Beteiligten nachgeholt wird,
4. der Beschluss eines Ausschusses, dessen Mitwirkung für den Erlass des Verwaltungsaktes erforderlich ist, nachträglich gefasst wird,
5. die erforderliche Mitwirkung einer anderen Behörde nachgeholt wird,
6. die erforderliche Hinzuziehung eines Beteiligten nachgeholt wird.

(2) Handlungen nach Absatz 1 Nr. 2 bis 6 können bis zur letzten Tatsacheninstanz eines sozial- oder verwaltungsgerichtlichen Verfahrens nachgeholt werden.

(3) [1] Fehlt einem Verwaltungsakt die erforderliche Begründung oder ist die erforderliche Anhörung eines Beteiligten vor Erlass des Verwaltungsaktes unter-

blieben und ist dadurch die rechtzeitige Anfechtung des Verwaltungsaktes versäumt worden, gilt die Versäumung der Rechtsbehelfsfrist als nicht verschuldet. [2]Das für die Wiedereinsetzungsfrist maßgebende Ereignis tritt im Zeitpunkt der Nachholung der unterlassenen Verfahrenshandlung ein.

§ 42 Folgen von Verfahrens- und Formfehlern. [1]Die Aufhebung eines Verwaltungsaktes, der nicht nach § 40 nichtig ist, kann nicht allein deshalb beansprucht werden, weil er unter Verletzung von Vorschriften über das Verfahren, die Form oder die örtliche Zuständigkeit zustande gekommen ist, wenn offensichtlich ist, dass die Verletzung die Entscheidung in der Sache nicht beeinflusst hat. [2]Satz 1 gilt nicht, wenn die erforderliche Anhörung unterblieben oder nicht wirksam nachgeholt ist.

§ 43 Umdeutung eines fehlerhaften Verwaltungsaktes. (1) Ein fehlerhafter Verwaltungsakt kann in einen anderen Verwaltungsakt umgedeutet werden, wenn er auf das gleiche Ziel gerichtet ist, von der erlassenden Behörde in der geschehenen Verfahrensweise und Form rechtmäßig hätte erlassen werden können und wenn die Voraussetzungen für dessen Erlass erfüllt sind.

(2) [1]Absatz 1 gilt nicht, wenn der Verwaltungsakt, in den der fehlerhafte Verwaltungsakt umzudeuten wäre, der erkennbaren Absicht der erlassenden Behörde widerspräche oder seine Rechtsfolgen für den Betroffenen ungünstiger wären als die des fehlerhaften Verwaltungsaktes. [2]Eine Umdeutung ist ferner unzulässig, wenn der fehlerhafte Verwaltungsakt nicht zurückgenommen werden dürfte.

(3) Eine Entscheidung, die nur als gesetzlich gebundene Entscheidung ergehen kann, kann nicht in eine Ermessensentscheidung umgedeutet werden.

(4) § 24 ist entsprechend anzuwenden.

§ 44 Rücknahme eines rechtswidrigen nicht begünstigenden Verwaltungsaktes. (1) [1]Soweit sich im Einzelfall ergibt, dass bei Erlass eines Verwaltungsaktes das Recht unrichtig angewandt oder von einem Sachverhalt ausgegangen worden ist, der sich als unrichtig erweist, und soweit deshalb Sozialleistungen zu Unrecht nicht erbracht oder Beiträge zu Unrecht erhoben worden sind, ist der Verwaltungsakt, auch nachdem er unanfechtbar geworden ist, mit Wirkung für die Vergangenheit zurückzunehmen. [2]Dies gilt nicht, wenn der Verwaltungsakt auf Angaben beruht, die der Betroffene vorsätzlich in wesentlicher Beziehung unrichtig oder unvollständig gemacht hat.

(2) [1]Im Übrigen ist ein rechtswidriger nicht begünstigender Verwaltungsakt, auch nachdem er unanfechtbar geworden ist, ganz oder teilweise mit Wirkung für die Zukunft zurückzunehmen. [2]Er kann auch für die Vergangenheit zurückgenommen werden.

(3) Über die Rücknahme entscheidet nach Unanfechtbarkeit des Verwaltungsaktes die zuständige Behörde; dies gilt auch dann, wenn der zurückzunehmende Verwaltungsakt von einer anderen Behörde erlassen worden ist.

(4) [1]Ist ein Verwaltungsakt mit Wirkung für die Vergangenheit zurückgenommen worden, werden Sozialleistungen nach den Vorschriften der besonderen Teile dieses Gesetzbuches längstens für einen Zeitraum bis zu vier Jahren vor der Rücknahme erbracht. [2]Dabei wird der Zeitpunkt der Rücknahme von Beginn des Jahres an gerechnet, in dem der Verwaltungsakt zurückgenommen wird. [3]Erfolgt die Rücknahme auf Antrag, tritt bei der Berechnung des Zeit-

raumes, für den rückwirkend Leistungen zu erbringen sind, anstelle der Rücknahme der Antrag.

§ 45 Rücknahme eines rechtswidrigen begünstigenden Verwaltungsaktes. (1) Soweit ein Verwaltungsakt, der ein Recht oder einen rechtlich erheblichen Vorteil begründet oder bestätigt hat (begünstigender Verwaltungsakt), rechtswidrig ist, darf er, auch nachdem er unanfechtbar geworden ist, nur unter den Einschränkungen der Absätze 2 bis 4 ganz oder teilweise mit Wirkung für die Zukunft oder für die Vergangenheit zurückgenommen werden.

(2) [1] Ein rechtswidriger begünstigender Verwaltungsakt darf nicht zurückgenommen werden, soweit der Begünstigte auf den Bestand des Verwaltungsaktes vertraut hat und sein Vertrauen unter Abwägung mit dem öffentlichen Interesse an einer Rücknahme schutzwürdig ist. [2] Das Vertrauen ist in der Regel schutzwürdig, wenn der Begünstigte erbrachte Leistungen verbraucht oder eine Vermögensdisposition getroffen hat, die er nicht mehr oder nur unter unzumutbaren Nachteilen rückgängig machen kann. [3] Auf Vertrauen kann sich der Begünstigte nicht berufen, soweit

1. er den Verwaltungsakt durch arglistige Täuschung, Drohung oder Bestechung erwirkt hat,
2. der Verwaltungsakt auf Angaben beruht, die der Begünstigte vorsätzlich oder grob fahrlässig in wesentlicher Beziehung unrichtig oder unvollständig gemacht hat, oder
3. er die Rechtswidrigkeit des Verwaltungsaktes kannte oder infolge grober Fahrlässigkeit nicht kannte; grobe Fahrlässigkeit liegt vor, wenn der Begünstigte die erforderliche Sorgfalt in besonders schwerem Maße verletzt hat.

(3) [1] Ein rechtswidriger begünstigender Verwaltungsakt mit Dauerwirkung kann nach Absatz 2 nur bis zum Ablauf von zwei Jahren nach seiner Bekanntgabe zurückgenommen werden. [2] Satz 1 gilt nicht, wenn Wiederaufnahmegründe entsprechend § 580 der Zivilprozessordnung vorliegen. [3] Bis zum Ablauf von zehn Jahren nach seiner Bekanntgabe kann ein rechtswidriger begünstigender Verwaltungsakt mit Dauerwirkung nach Absatz 2 zurückgenommen werden, wenn

1. die Voraussetzungen des Absatzes 2 Satz 3 Nr. 2 oder 3 gegeben sind oder
2. der Verwaltungsakt mit einem zulässigen Vorbehalt des Widerrufs erlassen wurde.

[4] In den Fällen des Satzes 3 kann ein Verwaltungsakt über eine laufende Geldleistung auch nach Ablauf der Frist von zehn Jahren zurückgenommen werden, wenn diese Geldleistung mindestens bis zum Beginn des Verwaltungsverfahrens über die Rücknahme gezahlt wurde. [5] War die Frist von zehn Jahren am 15. April 1998 bereits abgelaufen, gilt Satz 4 mit der Maßgabe, dass der Verwaltungsakt nur mit Wirkung für die Zukunft aufgehoben wird.

(4) [1] Nur in den Fällen von Absatz 2 Satz 3 und Absatz 3 Satz 2 wird der Verwaltungsakt mit Wirkung für die Vergangenheit zurückgenommen. [2] Die Behörde muss dies innerhalb eines Jahres seit Kenntnis der Tatsachen tun, welche die Rücknahme eines rechtswidrigen begünstigenden Verwaltungsaktes für die Vergangenheit rechtfertigen.

(5) § 44 Abs. 3 gilt entsprechend.

§ 46 Widerruf eines rechtmäßigen nicht begünstigenden Verwaltungsaktes. (1) Ein rechtmäßiger nicht begünstigender Verwaltungsakt kann, auch nachdem er unanfechtbar geworden ist, ganz oder teilweise mit Wirkung für die Zukunft widerrufen werden, außer wenn ein Verwaltungsakt gleichen Inhalts erneut erlassen werden müsste oder aus anderen Gründen ein Widerruf unzulässig ist.

(2) § 44 Abs. 3 gilt entsprechend.

§ 47 Widerruf eines rechtmäßigen begünstigenden Verwaltungsaktes.

(1) Ein rechtmäßiger begünstigender Verwaltungsakt darf, auch nachdem er unanfechtbar geworden ist, ganz oder teilweise mit Wirkung für die Zukunft nur widerrufen werden, soweit

1. der Widerruf durch Rechtsvorschrift zugelassen oder im Verwaltungsakt vorbehalten ist,
2. mit dem Verwaltungsakt eine Auflage verbunden ist und der Begünstigte diese nicht oder nicht innerhalb einer ihm gesetzten Frist erfüllt hat.

(2) [1] Ein rechtmäßiger begünstigender Verwaltungsakt, der eine Geld- oder Sachleistung zur Erfüllung eines bestimmten Zweckes zuerkennt oder hierfür Voraussetzung ist, kann, auch nachdem er unanfechtbar geworden ist, ganz oder teilweise auch mit Wirkung für die Vergangenheit widerrufen werden, wenn

1. die Leistung nicht, nicht alsbald nach der Erbringung oder nicht mehr für den in dem Verwaltungsakt bestimmten Zweck verwendet wird,
2. mit dem Verwaltungsakt eine Auflage verbunden ist und der Begünstigte diese nicht oder nicht innerhalb einer ihm gesetzten Frist erfüllt hat.

[2] Der Verwaltungsakt darf mit Wirkung für die Vergangenheit nicht widerrufen werden, soweit der Begünstigte auf den Bestand des Verwaltungsaktes vertraut hat und sein Vertrauen unter Abwägung mit dem öffentlichen Interesse an einem Widerruf schutzwürdig ist. [3] Das Vertrauen ist in der Regel schutzwürdig, wenn der Begünstigte erbrachte Leistungen verbraucht oder eine Vermögensdisposition getroffen hat, die er nicht mehr oder nur unter unzumutbaren Nachteilen rückgängig machen kann. [4] Auf Vertrauen kann sich der Begünstigte nicht berufen, soweit er die Umstände kannte oder infolge grober Fahrlässigkeit nicht kannte, die zum Widerruf des Verwaltungsaktes geführt haben. [5] § 45 Abs. 4 Satz 2 gilt entsprechend.

(3) § 44 Abs. 3 gilt entsprechend.

§ 48 Aufhebung eines Verwaltungsaktes mit Dauerwirkung bei Änderung der Verhältnisse. (1) [1] Soweit in den tatsächlichen oder rechtlichen Verhältnissen, die beim Erlass eines Verwaltungsaktes mit Dauerwirkung vorgelegen haben, eine wesentliche Änderung eintritt, ist der Verwaltungsakt mit Wirkung für die Zukunft aufzuheben. [2] Der Verwaltungsakt soll mit Wirkung vom Zeitpunkt der Änderung der Verhältnisse aufgehoben werden, soweit

1. die Änderung zugunsten des Betroffenen erfolgt,
2. der Betroffene einer durch Rechtsvorschrift vorgeschriebenen Pflicht zur Mitteilung wesentlicher für ihn nachteiliger Änderungen der Verhältnisse vorsätzlich oder grob fahrlässig nicht nachgekommen ist,

3. nach Antragstellung oder Erlass des Verwaltungsaktes Einkommen oder Vermögen erzielt worden ist, das zum Wegfall oder zur Minderung des Anspruchs geführt haben würde, oder
4. der Betroffene wusste oder nicht wusste, weil er die erforderliche Sorgfalt in besonders schwerem Maße verletzt hat, dass der sich aus dem Verwaltungsakt ergebende Anspruch kraft Gesetzes zum Ruhen gekommen oder ganz oder teilweise weggefallen ist.

[3] Als Zeitpunkt der Änderung der Verhältnisse gilt in Fällen, in denen Einkommen oder Vermögen auf einen zurückliegenden Zeitraum auf Grund der besonderen Teile dieses Gesetzbuches anzurechnen ist, der Beginn des Anrechnungszeitraumes.

(2) Der Verwaltungsakt ist im Einzelfall mit Wirkung für die Zukunft auch dann aufzuheben, wenn der zuständige oberste Gerichtshof des Bundes in ständiger Rechtsprechung nachträglich das Recht anders auslegt als die Behörde bei Erlass des Verwaltungsaktes und sich dieses zugunsten des Berechtigten auswirkt; § 44 bleibt unberührt.

(3) [1] Kann ein rechtswidriger begünstigender Verwaltungsakt nach § 45 nicht zurückgenommen werden und ist eine Änderung nach Absatz 1 oder 2 zugunsten des Betroffenen eingetreten, darf die neu festzustellende Leistung nicht über den Betrag hinausgehen, wie er sich der Höhe nach ohne Berücksichtigung der Bestandskraft ergibt. [2] Satz 1 gilt entsprechend, soweit einem rechtmäßigen begünstigenden Verwaltungsakt ein rechtswidriger begünstigender Verwaltungsakt zugrunde liegt, der nach § 45 nicht zurückgenommen werden kann.

(4) [1] § 44 Abs. 3 und 4, § 45 Abs. 3 Satz 3 bis 5 und Abs. 4 Satz 2 gelten entsprechend. [2] § 45 Abs. 4 Satz 2 gilt nicht im Fall des Absatzes 1 Satz 2 Nr. 1.

§ 49 Rücknahme und Widerruf im Rechtsbehelfsverfahren. § 45 Abs. 1 bis 4, §§ 47 und 48 gelten nicht, wenn ein begünstigender Verwaltungsakt, der von einem Dritten angefochten worden ist, während des Vorverfahrens oder während des sozial- oder verwaltungsgerichtlichen Verfahrens aufgehoben wird, soweit dadurch dem Widerspruch abgeholfen oder der Klage stattgegeben wird.

§ 50 Erstattung zu Unrecht erbrachter Leistungen. (1) [1] Soweit ein Verwaltungsakt aufgehoben worden ist, sind bereits erbrachte Leistungen zu erstatten. [2] Sach- und Dienstleistungen sind in Geld zu erstatten.

(2) [1] Soweit Leistungen ohne Verwaltungsakt zu Unrecht erbracht worden sind, sind sie zu erstatten. [2] §§ 45 und 48 gelten entsprechend.

(2a) [1] Der zu erstattende Betrag ist vom Eintritt der Unwirksamkeit eines Verwaltungsaktes, auf Grund dessen Leistungen zur Förderung von Einrichtungen oder ähnliche Leistungen erbracht worden sind, mit fünf Prozentpunkten über dem Basiszinssatz jährlich zu verzinsen. [2] Von der Geltendmachung des Zinsanspruchs kann insbesondere dann abgesehen werden, wenn der Begünstigte die Umstände, die zur Rücknahme, zum Widerruf oder zur Unwirksamkeit des Verwaltungsaktes geführt haben, nicht zu vertreten hat und den zu erstattenden Betrag innerhalb der von der Behörde festgesetzten Frist leistet. [3] Wird eine Leistung nicht alsbald nach der Auszahlung für den bestimmten Zweck verwendet, können für die Zeit bis zur zweckentsprechenden Verwendung Zinsen nach Satz 1 verlangt werden; Entsprechendes gilt, soweit eine

Leistung in Anspruch genommen wird, obwohl andere Mittel anteilig oder vorrangig einzusetzen sind; § 47 Abs. 2 Satz 1 Nr. 1 bleibt unberührt.

(3) [1] Die zu erstattende Leistung ist durch schriftlichen Verwaltungsakt festzusetzen. [2] Die Festsetzung soll, sofern die Leistung auf Grund eines Verwaltungsaktes erbracht worden ist, mit der Aufhebung des Verwaltungsaktes verbunden werden.

(4) [1] Der Erstattungsanspruch verjährt in vier Jahren nach Ablauf des Kalenderjahres, in dem der Verwaltungsakt nach Absatz 3 unanfechtbar geworden ist. [2] Für die Hemmung, die Ablaufhemmung, den Neubeginn und die Wirkung der Verjährung gelten die Vorschriften des Bürgerlichen Gesetzbuchs sinngemäß. [3] § 52 bleibt unberührt.

(5) Die Absätze 1 bis 4 gelten bei Berichtigungen nach § 38 entsprechend.

§ 51 Rückgabe von Urkunden und Sachen. [1] Ist ein Verwaltungsakt unanfechtbar widerrufen oder zurückgenommen oder ist seine Wirksamkeit aus einem anderen Grund nicht oder nicht mehr gegeben, kann die Behörde die auf Grund dieses Verwaltungsaktes erteilten Urkunden oder Sachen, die zum Nachweis der Rechte aus dem Verwaltungsakt oder zu deren Ausübung bestimmt sind, zurückfordern. [2] Der Inhaber und, sofern er nicht der Besitzer ist, auch der Besitzer dieser Urkunden oder Sachen sind zu ihrer Herausgabe verpflichtet. [3] Der Inhaber oder der Besitzer kann jedoch verlangen, dass ihm die Urkunden oder Sachen wieder ausgehändigt werden, nachdem sie von der Behörde als ungültig gekennzeichnet sind; dies gilt nicht bei Sachen, bei denen eine solche Kennzeichnung nicht oder nicht mit der erforderlichen Offensichtlichkeit oder Dauerhaftigkeit möglich ist.

Dritter Titel. Verjährungsrechtliche Wirkungen des Verwaltungsaktes

§ 52 Hemmung der Verjährung durch Verwaltungsakt. (1) [1] Ein Verwaltungsakt, der zur Feststellung oder Durchsetzung des Anspruchs eines öffentlich-rechtlichen Rechtsträgers erlassen wird, hemmt die Verjährung dieses Anspruchs. [2] Die Hemmung endet mit Eintritt der Unanfechtbarkeit des Verwaltungsakts oder sechs Monate nach seiner anderweitigen Erledigung.

(2) Ist ein Verwaltungsakt im Sinne des Absatzes 1 unanfechtbar geworden, beträgt die Verjährungsfrist 30 Jahre.

Vierter Abschnitt. Öffentlich-rechtlicher Vertrag

§ 53 Zulässigkeit des öffentlich-rechtlichen Vertrages. (1) [1] Ein Rechtsverhältnis auf dem Gebiet des öffentlichen Rechts kann durch Vertrag begründet, geändert oder aufgehoben werden (öffentlich-rechtlicher Vertrag), soweit Rechtsvorschriften nicht entgegenstehen. [2] Insbesondere kann die Behörde, anstatt einen Verwaltungsakt zu erlassen, einen öffentlich-rechtlichen Vertrag mit demjenigen schließen, an den sie sonst den Verwaltungsakt richten würde.

(2) Ein öffentlich-rechtlicher Vertrag über Sozialleistungen kann nur geschlossen werden, soweit die Erbringung der Leistungen im Ermessen des Leistungsträgers steht.

§ 54 Vergleichsvertrag. (1) Ein öffentlich-rechtlicher Vertrag im Sinne des § 53 Abs. 1 Satz 2, durch den eine bei verständiger Würdigung des Sachverhalts oder der Rechtslage bestehende Ungewissheit durch gegenseitiges Nachgeben beseitigt wird (Vergleich), kann geschlossen werden, wenn die Behörde den Abschluss des Vergleichs zur Beseitigung der Ungewissheit nach pflichtgemäßem Ermessen für zweckmäßig hält.

(2) § 53 Abs. 2 gilt im Fall des Absatzes 1 nicht.

§ 55 Austauschvertrag. (1) [1] Ein öffentlich-rechtlicher Vertrag im Sinne des § 53 Abs. 1 Satz 2, in dem sich der Vertragspartner der Behörde zu einer Gegenleistung verpflichtet, kann geschlossen werden, wenn die Gegenleistung für einen bestimmten Zweck im Vertrag vereinbart wird und der Behörde zur Erfüllung ihrer öffentlichen Aufgaben dient. [2] Die Gegenleistung muss den gesamten Umständen nach angemessen sein und im sachlichen Zusammenhang mit der vertraglichen Leistung der Behörde stehen.

(2) Besteht auf die Leistung der Behörde ein Anspruch, kann nur eine solche Gegenleistung vereinbart werden, die bei Erlass eines Verwaltungsaktes Inhalt einer Nebenbestimmung nach § 32 sein könnte.

(3) § 53 Abs. 2 gilt in den Fällen der Absätze 1 und 2 nicht.

§ 56 Schriftform. Ein öffentlich-rechtlicher Vertrag ist schriftlich zu schließen, soweit nicht durch Rechtsvorschrift eine andere Form vorgeschrieben ist.

§ 57 Zustimmung von Dritten und Behörden. (1) Ein öffentlich-rechtlicher Vertrag, der in Rechte eines Dritten eingreift, wird erst wirksam, wenn der Dritte schriftlich zustimmt.

(2) Wird anstatt eines Verwaltungsaktes, bei dessen Erlass nach einer Rechtsvorschrift die Genehmigung, die Zustimmung oder das Einvernehmen einer anderen Behörde erforderlich ist, ein Vertrag geschlossen, so wird dieser erst wirksam, nachdem die andere Behörde in der vorgeschriebenen Form mitgewirkt hat.

§ 58 Nichtigkeit des öffentlich-rechtlichen Vertrages. (1) Ein öffentlich-rechtlicher Vertrag ist nichtig, wenn sich die Nichtigkeit aus der entsprechenden Anwendung von Vorschriften des Bürgerlichen Gesetzbuches ergibt.

(2) Ein Vertrag im Sinne des § 53 Abs. 1 Satz 2 ist ferner nichtig, wenn

1. ein Verwaltungsakt mit entsprechendem Inhalt nichtig wäre,
2. ein Verwaltungsakt mit entsprechendem Inhalt nicht nur wegen eines Verfahrens- oder Formfehlers im Sinne des § 42 rechtswidrig wäre und dies den Vertragschließenden bekannt war,
3. die Voraussetzungen zum Abschluss eines Vergleichsvertrages nicht vorlagen und ein Verwaltungsakt mit entsprechendem Inhalt nicht nur wegen eines Verfahrens- oder Formfehlers im Sinne des § 42 rechtswidrig wäre,
4. sich die Behörde eine nach § 55 unzulässige Gegenleistung versprechen lässt.

(3) Betrifft die Nichtigkeit nur einen Teil des Vertrages, so ist er im Ganzen nichtig, wenn nicht anzunehmen ist, dass er auch ohne den nichtigen Teil geschlossen worden wäre.

§ 59 Anpassung und Kündigung in besonderen Fällen. (1) [1] Haben die Verhältnisse, die für die Festsetzung des Vertragsinhalts maßgebend gewesen sind, sich seit Abschluss des Vertrages so wesentlich geändert, dass einer Vertragspartei das Festhalten an der ursprünglichen vertraglichen Regelung nicht zuzumuten ist, so kann diese Vertragspartei eine Anpassung des Vertragsinhalts an die geänderten Verhältnisse verlangen oder, sofern eine Anpassung nicht möglich oder einer Vertragspartei nicht zuzumuten ist, den Vertrag kündigen. [2]Die Behörde kann den Vertrag auch kündigen, um schwere Nachteile für das Gemeinwohl zu verhüten oder zu beseitigen.

(2) [1]Die Kündigung bedarf der Schriftform, soweit nicht durch Rechtsvorschrift eine andere Form vorgeschrieben ist. [2]Sie soll begründet werden.

§ 60 Unterwerfung unter die sofortige Vollstreckung. (1) [1]Jeder Vertragschließende kann sich der sofortigen Vollstreckung aus einem öffentlich-rechtlichen Vertrag im Sinne des § 53 Abs. 1 Satz 2 unterwerfen. [2]Die Behörde muss hierbei von dem Behördenleiter, seinem allgemeinen Vertreter oder einem Angehörigen des öffentlichen Dienstes, der die Befähigung zum Richteramt hat oder die Voraussetzungen des § 110 Satz 1 des Deutschen Richtergesetzes erfüllt, vertreten werden.

(2) [1]Auf öffentlich-rechtliche Verträge im Sinne des Absatzes 1 Satz 1 ist § 66 entsprechend anzuwenden. [2]Will eine natürliche oder juristische Person des Privatrechts oder eine nichtrechtsfähige Vereinigung die Vollstreckung wegen einer Geldforderung betreiben, so ist § 170 Abs. 1 bis 3 der Verwaltungsgerichtsordnung entsprechend anzuwenden. [3]Richtet sich die Vollstreckung wegen der Erzwingung einer Handlung, Duldung oder Unterlassung gegen eine Behörde, ist § 172 der Verwaltungsgerichtsordnung entsprechend anzuwenden.

§ 61 Ergänzende Anwendung von Vorschriften. [1]Soweit sich aus den §§ 53 bis 60 nichts Abweichendes ergibt, gelten die übrigen Vorschriften dieses Gesetzbuches. [2]Ergänzend gelten die Vorschriften des Bürgerlichen Gesetzbuches entsprechend.

Fünfter Abschnitt. Rechtsbehelfsverfahren

§ 62 Rechtsbehelfe gegen Verwaltungsakte. Für förmliche Rechtsbehelfe gegen Verwaltungsakte gelten, wenn der Sozialrechtsweg gegeben ist, das Sozialgerichtsgesetz[1)], wenn der Verwaltungsrechtsweg gegeben ist, die Verwaltungsgerichtsordnung und die zu ihrer Ausführung ergangenen Rechtsvorschriften, soweit nicht durch Gesetz etwas anderes bestimmt ist; im Übrigen gelten die Vorschriften dieses Gesetzbuches.

§ 63 Erstattung von Kosten im Vorverfahren. (1) [1]Soweit der Widerspruch erfolgreich ist, hat der Rechtsträger, dessen Behörde den angefochtenen Verwaltungsakt erlassen hat, demjenigen, der Widerspruch erhoben hat, die zur zweckentsprechenden Rechtsverfolgung oder Rechtsverteidigung notwendigen Aufwendungen zu erstatten. [2]Dies gilt auch, wenn der Widerspruch nur deshalb keinen Erfolg hat, weil die Verletzung einer Verfahrens- oder Formvorschrift nach § 41 unbeachtlich ist. [3]Aufwendungen, die durch das Verschulden eines Erstattungsberechtigten entstanden sind, hat dieser selbst zu tragen; das Verschulden eines Vertreters ist dem Vertretenen zuzurechnen.

(2) Die Gebühren und Auslagen eines Rechtsanwalts oder eines sonstigen Bevollmächtigten im Vorverfahren sind erstattungsfähig, wenn die Zuziehung eines Bevollmächtigten notwendig war.

[1)] Nr. **20**.

(3) [1]Die Behörde, die die Kostenentscheidung getroffen hat, setzt auf Antrag den Betrag der zu erstattenden Aufwendungen fest; hat ein Ausschuss oder Beirat die Kostenentscheidung getroffen, obliegt die Kostenfestsetzung der Behörde, bei der der Ausschuss oder Beirat gebildet ist. [2]Die Kostenentscheidung bestimmt auch, ob die Zuziehung eines Rechtsanwalts oder eines sonstigen Bevollmächtigten notwendig war.

Sechster Abschnitt. Kosten, Zustellung und Vollstreckung

§ 64 Kostenfreiheit. (1) [1]Für das Verfahren bei den Behörden nach diesem Gesetzbuch werden keine Gebühren und Auslagen erhoben. [2]Abweichend von Satz 1 erhalten die Träger der gesetzlichen Rentenversicherung für jede auf der Grundlage des § 74a Abs. 2 Satz 1 erteilte Auskunft eine Gebühr von 10,20 Euro.

(2) [1]Geschäfte und Verhandlungen, die aus Anlass der Beantragung, Erbringung oder der Erstattung einer Sozialleistung nötig werden, sind kostenfrei. [2]Dies gilt auch für die im Gerichts- und Notarkostengesetz bestimmten Gerichtskosten. [3]Von Beurkundungs- und Beglaubigungskosten sind befreit Urkunden, die

1. in der Sozialversicherung bei den Versicherungsträgern und Versicherungsbehörden erforderlich werden, um die Rechtsverhältnisse zwischen den Versicherungsträgern einerseits und den Arbeitgebern, Versicherten oder ihren Hinterbliebenen andererseits abzuwickeln,
2. im Sozialhilferecht, im Recht der Eingliederungshilfe, im Recht der Grundsicherung für Arbeitsuchende, im Kinder- und Jugendhilferecht sowie im Recht der Kriegsopferfürsorge aus Anlass der Beantragung, Erbringung oder Erstattung einer nach dem Zwölften Buch[1)], dem Neunten Buch[2)], dem Zweiten[3)] und dem Achten Buch[4)] oder dem Bundesversorgungsgesetz vorgesehenen Leistung benötigt werden,
3. im Schwerbehindertenrecht von der zuständigen Stelle im Zusammenhang mit der Verwendung der Ausgleichsabgabe für erforderlich gehalten werden,
4. im Recht der sozialen Entschädigung bei Gesundheitsschäden für erforderlich gehalten werden,
5. im Kindergeldrecht für erforderlich gehalten werden.

(3) [1]Absatz 2 Satz 1 gilt auch für gerichtliche Verfahren, auf die das Gesetz über das Verfahren in Familiensachen und in den Angelegenheiten der freiwilligen Gerichtsbarkeit anzuwenden ist. [2]Im Verfahren nach der Zivilprozessordnung, dem Gesetz über das Verfahren in Familiensachen und in den Angelegenheiten der freiwilligen Gerichtsbarkeit sowie im Verfahren vor Gerichten der Sozial- und Finanzgerichtsbarkeit sind die Träger der Eingliederungshilfe, der Sozialhilfe, der Grundsicherung für Arbeitsuchende, der Leistungen nach dem Asylbewerberleistungsgesetz, der Jugendhilfe und der Kriegsopferfürsorge von den Gerichtskosten befreit; § 197a des Sozialgerichtsgesetzes[5)] bleibt unberührt.

[1)] Nr. **12**.
[2)] Nr. **9**.
[3)] Nr. **2**.
[4)] Nr. **8**.
[5)] Nr. **20**.

§ 65 Zustellung. (1) [1] Soweit Zustellungen durch Behörden des Bundes, der bundesunmittelbaren Körperschaften, Anstalten und Stiftungen des öffentlichen Rechts vorgeschrieben sind, gelten die §§ 2 bis 10 des Verwaltungszustellungsgesetzes. [2] § 5 Abs. 4 des Verwaltungszustellungsgesetzes und § 178 Abs. 1 Nr. 2 der Zivilprozessordnung sind auf die nach § 73 Absatz 2 Satz 2 Nummer 5 bis 9 und Satz 3 des Sozialgerichtsgesetzes[1)] als Bevollmächtigte zugelassenen Personen entsprechend anzuwenden. [3] Diese Vorschriften gelten auch, soweit Zustellungen durch Verwaltungsbehörden der Kriegsopferversorgung vorgeschrieben sind.

(2) Für die übrigen Behörden gelten die jeweiligen landesrechtlichen Vorschriften über das Zustellungsverfahren.

§ 66 Vollstreckung. (1) [1] Für die Vollstreckung zugunsten der Behörden des Bundes, der bundesunmittelbaren Körperschaften, Anstalten und Stiftungen des öffentlichen Rechts gilt das Verwaltungs-Vollstreckungsgesetz. [2] In Angelegenheiten des § 51 des Sozialgerichtsgesetzes[1)] ist für die Anordnung der Ersatzzwangshaft das Sozialgericht zuständig. [3] Die oberste Verwaltungsbehörde kann bestimmen, dass die Aufsichtsbehörde nach Anhörung der in Satz 1 genannten Behörden für die Vollstreckung fachlich geeignete Bedienstete als Vollstreckungsbeamte und sonstige hierfür fachlich geeignete Bedienstete dieser Behörde als Vollziehungsbeamte bestellen darf; die fachliche Eignung ist durch einen qualifizierten beruflichen Abschluss, die Teilnahme an einem Lehrgang einschließlich berufspraktischer Tätigkeit oder entsprechende mehrjährige Berufserfahrung nachzuweisen. [4] Die oberste Verwaltungsbehörde kann auch bestimmen, dass die Aufsichtsbehörde nach Anhörung der in Satz 1 genannten Behörden für die Vollstreckung von Ansprüchen auf Gesamtsozialversicherungsbeiträge fachlich geeignete Bedienstete

1. der Verbände der Krankenkassen oder
2. einer bestimmten Krankenkasse

als Vollstreckungsbeamte und sonstige hierfür fachlich geeignete Bedienstete der genannten Verbände und Krankenkassen als Vollziehungsbeamte bestellen darf. [5] Der nach Satz 4 beauftragte Verband der Krankenkassen ist berechtigt, Verwaltungsakte zur Erfüllung der mit der Vollstreckung verbundenen Aufgabe zu erlassen.

(2) Absatz 1 Satz 1 bis 3 gilt auch für die Vollstreckung durch Verwaltungsbehörden der Kriegsopferversorgung; das Land bestimmt die Vollstreckungsbehörde.

(3) [1] Für die Vollstreckung zugunsten der übrigen Behörden gelten die jeweiligen landesrechtlichen Vorschriften über das Verwaltungsvollstreckungsverfahren. [2] Für die landesunmittelbaren Körperschaften, Anstalten und Stiftungen des öffentlichen Rechts gilt Absatz 1 Satz 2 bis 5 entsprechend. [3] Abweichend von Satz 1 vollstrecken die nach Landesrecht zuständigen Vollstreckungsbehörden zugunsten der landesunmittelbaren Krankenkassen, die sich über mehr als ein Bundesland erstrecken, nach den Vorschriften des Verwaltungs-Vollstreckungsgesetzes.

(4) [1] Aus einem Verwaltungsakt kann auch die Zwangsvollstreckung in entsprechender Anwendung der Zivilprozessordnung stattfinden. [2] Der Vollstre-

---

[1)] Nr. **20**.

ckungsschuldner soll vor Beginn der Vollstreckung mit einer Zahlungsfrist von einer Woche gemahnt werden. [3]Die vollstreckbare Ausfertigung erteilt der Behördenleiter, sein allgemeiner Vertreter oder ein anderer auf Antrag eines Leistungsträgers von der Aufsichtsbehörde ermächtigter Angehöriger des öffentlichen Dienstes. [4]Bei den Versicherungsträgern und der Bundesagentur für Arbeit tritt in Satz 3 an die Stelle der Aufsichtsbehörden der Vorstand.

Zweites Kapitel. Schutz der Sozialdaten

Erster Abschnitt. Begriffsbestimmungen

§ 67 Begriffsbestimmungen. (1) Die nachfolgenden Begriffsbestimmungen gelten ergänzend zu Artikel 4 der Verordnung (EU) 2016/679 des Europäischen Parlaments und des Rates vom 27. April 2016 zum Schutz natürlicher Personen bei der Verarbeitung personenbezogener Daten, zum freien Datenverkehr und zur Aufhebung der Richtlinie 95/46/EG (Datenschutz-Grundverordnung) (ABl. L 119 vom 4.5.2016, S. 1; L 314 vom 22.11.2016, S. 72; L 127 vom 23.5.2018, S. 2) in der jeweils geltenden Fassung.

(2) [1]Sozialdaten sind personenbezogene Daten (Artikel 4 Nummer 1 der Verordnung (EU) 2016/679), die von einer in § 35 des Ersten Buches[1)] genannten Stelle im Hinblick auf ihre Aufgaben nach diesem Gesetzbuch verarbeitet werden. [2]Betriebs- und Geschäftsgeheimnisse sind alle betriebs- oder geschäftsbezogenen Daten, auch von juristischen Personen, die Geheimnischarakter haben.

(3) Aufgaben nach diesem Gesetzbuch sind, soweit dieses Kapitel angewandt wird, auch

1. Aufgaben auf Grund von Verordnungen, deren Ermächtigungsgrundlage sich im Sozialgesetzbuch befindet,
2. Aufgaben auf Grund von über- und zwischenstaatlichem Recht im Bereich der sozialen Sicherheit,
3. Aufgaben auf Grund von Rechtsvorschriften, die das Erste und das Zehnte Buch für entsprechend anwendbar erklären, und
4. Aufgaben auf Grund des Arbeitssicherheitsgesetzes und Aufgaben, soweit sie den in § 35 des Ersten Buches genannten Stellen durch Gesetz zugewiesen sind. § 8 Absatz 1 Satz 3 des Arbeitssicherheitsgesetzes bleibt unberührt.

(4) [1]Werden Sozialdaten von einem Leistungsträger im Sinne von § 12 des Ersten Buches verarbeitet, ist der Verantwortliche der Leistungsträger. [2]Ist der Leistungsträger eine Gebietskörperschaft, so sind der Verantwortliche die Organisationseinheiten, die eine Aufgabe nach einem der besonderen Teile dieses Gesetzbuches funktional durchführen.

(5) Nicht-öffentliche Stellen sind natürliche und juristische Personen, Gesellschaften und andere Personenvereinigungen des privaten Rechts, soweit sie nicht unter § 81 Absatz 3 fallen.

Zweiter Abschnitt. Verarbeitung von Sozialdaten

§ 67a Erhebung von Sozialdaten. (1) [1]Die Erhebung von Sozialdaten durch die in § 35 des Ersten Buches genannten Stellen ist zulässig, wenn ihre

[1)] Nr. 1.

Kenntnis zur Erfüllung einer Aufgabe der erhebenden Stelle nach diesem Gesetzbuch erforderlich ist. 2 Dies gilt auch für die Erhebung der besonderen Kategorien personenbezogener Daten im Sinne des Artikels 9 Absatz 1 der Verordnung (EU) 2016/679. 3 § 22 Absatz 2 des Bundesdatenschutzgesetzes gilt entsprechend.

(2) 1 Sozialdaten sind bei der betroffenen Person zu erheben. 2 Ohne ihre Mitwirkung dürfen sie nur erhoben werden

1. bei den in § 35 des Ersten Buches[1)] oder in § 69 Absatz 2 genannten Stellen, wenn
   a) diese zur Übermittlung der Daten an die erhebende Stelle befugt sind,
   b) die Erhebung bei der betroffenen Person einen unverhältnismäßigen Aufwand erfordern würde und
   c) keine Anhaltspunkte dafür bestehen, dass überwiegende schutzwürdige Interessen der betroffenen Person beeinträchtigt werden,
2. bei anderen Personen oder Stellen, wenn
   a) eine Rechtsvorschrift die Erhebung bei ihnen zulässt oder die Übermittlung an die erhebende Stelle ausdrücklich vorschreibt oder
   b) aa) die Aufgaben nach diesem Gesetzbuch ihrer Art nach eine Erhebung bei anderen Personen oder Stellen erforderlich machen oder
      bb) die Erhebung bei der betroffenen Person einen unverhältnismäßigen Aufwand erfordern würde

   und keine Anhaltspunkte dafür bestehen, dass überwiegende schutzwürdige Interessen der betroffenen Person beeinträchtigt werden.

§ 67b Speicherung, Veränderung, Nutzung, Übermittlung, Einschränkung der Verarbeitung und Löschung von Sozialdaten. (1) 1 Die Speicherung, Veränderung, Nutzung, Übermittlung, Einschränkung der Verarbeitung und Löschung von Sozialdaten durch die in § 35 des Ersten Buches[1)] genannten Stellen ist zulässig, soweit die nachfolgenden Vorschriften oder eine andere Rechtsvorschrift in diesem Gesetzbuch es erlauben oder anordnen. 2 Dies gilt auch für die besonderen Kategorien personenbezogener Daten im Sinne des Artikels 9 Absatz 1 der Verordnung (EU) 2016/679. 3 Die Übermittlung von biometrischen, genetischen oder Gesundheitsdaten ist abweichend von Artikel 9 Absatz 2 Buchstabe b, d bis j der Verordnung (EU) 2016/679 nur zulässig, soweit eine gesetzliche Übermittlungsbefugnis nach den §§ 68 bis 77 oder nach einer anderen Rechtsvorschrift in diesem Gesetzbuch vorliegt. 4 § 22 Absatz 2 des Bundesdatenschutzgesetzes gilt entsprechend.

(2) 1 Zum Nachweis im Sinne des Artikels 7 Absatz 1 der Verordnung (EU) 2016/679, dass die betroffene Person in die Verarbeitung ihrer personenbezogenen Daten eingewilligt hat, soll die Einwilligung schriftlich oder elektronisch erfolgen. 2 Die Einwilligung zur Verarbeitung von genetischen, biometrischen oder Gesundheitsdaten oder Betriebs- oder Geschäftsgeheimnissen hat schriftlich oder elektronisch zu erfolgen, soweit nicht wegen besonderer Umstände eine andere Form angemessen ist. 3 Wird die Einwilligung der betroffenen Person eingeholt, ist diese auf den Zweck der vorgesehenen Verarbeitung, auf die Folgen der Verweigerung der Einwilligung sowie auf die jederzeitige

---

1) Nr. 1.

Widerrufsmöglichkeit gemäß Artikel 7 Absatz 3 der Verordnung (EU) 2016/679 hinzuweisen.

(3) [1] Die Einwilligung zur Verarbeitung personenbezogener Daten zu Forschungszwecken kann für ein bestimmtes Vorhaben oder für bestimmte Bereiche der wissenschaftlichen Forschung erteilt werden. [2] Im Bereich der wissenschaftlichen Forschung liegt ein besonderer Umstand im Sinne des Absatzes 2 Satz 2 auch dann vor, wenn durch die Einholung einer schriftlichen oder elektronischen Einwilligung der Forschungszweck erheblich beeinträchtigt würde. [3] In diesem Fall sind die Gründe, aus denen sich die erhebliche Beeinträchtigung des Forschungszweckes ergibt, schriftlich festzuhalten.

§ 67c Zweckbindung sowie Speicherung, Veränderung und Nutzung von Sozialdaten zu anderen Zwecken. (1) [1] Die Speicherung, Veränderung oder Nutzung von Sozialdaten durch die in § 35 des Ersten Buches[1)] genannten Stellen ist zulässig, wenn sie zur Erfüllung der in der Zuständigkeit des Verantwortlichen liegenden gesetzlichen Aufgaben nach diesem Gesetzbuch erforderlich ist und für die Zwecke erfolgt, für die die Daten erhoben worden sind. [2] Ist keine Erhebung vorausgegangen, dürfen die Daten nur für die Zwecke geändert oder genutzt werden, für die sie gespeichert worden sind.

(2) Die nach Absatz 1 gespeicherten Daten dürfen von demselben Verantwortlichen für andere Zwecke nur gespeichert, verändert oder genutzt werden, wenn

1. die Daten für die Erfüllung von Aufgaben nach anderen Rechtsvorschriften dieses Gesetzbuches als diejenigen, für die sie erhoben wurden, erforderlich sind,
2. es zur Durchführung eines bestimmten Vorhabens der wissenschaftlichen Forschung oder Planung im Sozialleistungsbereich erforderlich ist und die Voraussetzungen des § 75 Absatz 1, 2 oder 4a Satz 1 vorliegen.

(3) [1] Eine Speicherung, Veränderung oder Nutzung von Sozialdaten ist zulässig, wenn sie für die Wahrnehmung von Aufsichts-, Kontroll- und Disziplinarbefugnissen, der Rechnungsprüfung oder der Durchführung von Organisationsuntersuchungen für den Verantwortlichen erforderlich ist. [2] Das gilt auch für die Veränderung oder Nutzung zu Ausbildungs- und Prüfungszwecken durch den Verantwortlichen, soweit nicht überwiegende schutzwürdige Interessen der betroffenen Person entgegenstehen.

(4) Sozialdaten, die ausschließlich zu Zwecken der Datenschutzkontrolle, der Datensicherung oder zur Sicherstellung eines ordnungsgemäßen Betriebes einer Datenverarbeitungsanlage gespeichert werden, dürfen nur für diese Zwecke verändert, genutzt und in der Verarbeitung eingeschränkt werden.

(5) [1] Für Zwecke der wissenschaftlichen Forschung oder Planung im Sozialleistungsbereich erhobene oder gespeicherte Sozialdaten dürfen von den in § 35 des Ersten Buches genannten Stellen nur für ein bestimmtes Vorhaben der wissenschaftlichen Forschung im Sozialleistungsbereich oder der Planung im Sozialleistungsbereich verändert oder genutzt werden. [2] Die Sozialdaten sind zu anonymisieren, sobald dies nach dem Forschungs- oder Planungszweck möglich ist. [3] Bis dahin sind die Merkmale gesondert zu speichern, mit denen Einzelangaben über persönliche oder sachliche Verhältnisse einer bestimmten

---

[1)] Nr. 1.

oder bestimmbaren Person zugeordnet werden können. [4]Sie dürfen mit den Einzelangaben nur zusammengeführt werden, soweit der Forschungs- oder Planungszweck dies erfordert.

§ 67d Übermittlungsgrundsätze. (1) [1]Die Verantwortung für die Zulässigkeit der Bekanntgabe von Sozialdaten durch ihre Weitergabe an einen Dritten oder durch die Einsichtnahme oder den Abruf eines Dritten von zur Einsicht oder zum Abruf bereitgehaltenen Daten trägt die übermittelnde Stelle. [2]Erfolgt die Übermittlung auf Ersuchen des Dritten, an den die Daten übermittelt werden, trägt dieser die Verantwortung für die Richtigkeit der Angaben in seinem Ersuchen.

(2) Sind mit Sozialdaten, die übermittelt werden dürfen, weitere personenbezogene Daten der betroffenen Person oder eines Dritten so verbunden, dass eine Trennung nicht oder nur mit unvertretbarem Aufwand möglich ist, so ist die Übermittlung auch dieser Daten nur zulässig, wenn schutzwürdige Interessen der betroffenen Person oder eines Dritten an deren Geheimhaltung nicht überwiegen; eine Veränderung oder Nutzung dieser Daten ist unzulässig.

(3) Die Übermittlung von Sozialdaten ist auch über Vermittlungsstellen im Rahmen einer Auftragsverarbeitung zulässig.

§ 67e Erhebung und Übermittlung zur Bekämpfung von Leistungsmissbrauch und illegaler Ausländerbeschäftigung. [1]Bei der Prüfung nach § 2 des Schwarzarbeitsbekämpfungsgesetzes oder nach § 28p des Vierten Buches[1)] darf bei der überprüften Person zusätzlich erfragt werden,

1. ob und welche Art von Sozialleistungen nach diesem Gesetzbuch oder Leistungen nach dem Asylbewerberleistungsgesetz sie bezieht und von welcher Stelle sie diese Leistungen bezieht,
2. bei welcher Krankenkasse sie versichert oder ob sie als Selbständige tätig ist,
3. ob und welche Art von Beiträgen nach diesem Gesetzbuch sie abführt und
4. ob und welche ausländischen Arbeitnehmerinnen und Arbeitnehmer sie mit einer für ihre Tätigkeit erforderlichen Genehmigung und nicht zu ungünstigeren Arbeitsbedingungen als vergleichbare deutsche Arbeitnehmerinnen und Arbeitnehmer beschäftigt.

[2]Zu Prüfzwecken dürfen die Antworten auf Fragen nach Satz 1 Nummer 1 an den jeweils zuständigen Leistungsträger und nach Satz 1 Nummer 2 bis 4 an die jeweils zuständige Einzugsstelle und die Bundesagentur für Arbeit übermittelt werden. [3]Der Empfänger hat die Prüfung unverzüglich durchzuführen.

§ 68 Übermittlung für Aufgaben der Polizeibehörden, der Staatsanwaltschaften, Gerichte und der Behörden der Gefahrenabwehr.

(1) [1]Zur Erfüllung von Aufgaben der Polizeibehörden, der Staatsanwaltschaften und Gerichte, der Behörden der Gefahrenabwehr und der Justizvollzugsanstalten dürfen im Einzelfall auf Ersuchen Name, Vorname, Geburtsdatum, Geburtsort, derzeitige Anschrift der betroffenen Person, ihr derzeitiger oder zukünftiger Aufenthaltsort sowie Namen, Vornamen oder Firma und Anschriften ihrer derzeitigen Arbeitgeber übermittelt werden, soweit kein Grund zu der Annahme besteht, dass dadurch schutzwürdige Interessen der

---

1) Nr. 4.

betroffenen Person beeinträchtigt werden, und wenn das Ersuchen nicht länger als sechs Monate zurückliegt. [2] Die ersuchte Stelle ist über § 4 Absatz 3 hinaus zur Übermittlung auch dann nicht verpflichtet, wenn sich die ersuchende Stelle die Angaben auf andere Weise beschaffen kann. [3] Satz 2 findet keine Anwendung, wenn das Amtshilfeersuchen zur Durchführung einer Vollstreckung nach § 66 erforderlich ist.

(1a) Zu dem in § 7 Absatz 3 des Internationalen Familienrechtsverfahrensgesetzes bezeichneten Zweck ist es zulässig, der in dieser Vorschrift bezeichneten Zentralen Behörde auf Ersuchen im Einzelfall den derzeitigen Aufenthalt der betroffenen Person zu übermitteln, soweit kein Grund zur Annahme besteht, dass dadurch schutzwürdige Interessen der betroffenen Person beeinträchtigt werden.

(2) Über das Übermittlungsersuchen entscheidet der Leiter oder die Leiterin der ersuchten Stelle, dessen oder deren allgemeiner Stellvertreter oder allgemeine Stellvertreterin oder eine besonders bevollmächtigte bedienstete Person.

(3) [1] Eine Übermittlung der in Absatz 1 Satz 1 genannten Sozialdaten, von Angaben zur Staats- und Religionsangehörigkeit, früherer Anschriften der betroffenen Personen, von Namen und Anschriften früherer Arbeitgeber der betroffenen Personen sowie von Angaben über an betroffene Personen erbrachte oder demnächst zu erbringende Geldleistungen ist zulässig, soweit sie zur Durchführung einer nach Bundes- oder Landesrecht zulässigen Rasterfahndung erforderlich ist. [2] Die Verantwortung für die Zulässigkeit der Übermittlung trägt abweichend von § 67d Absatz 1 Satz 1 der Dritte, an den die Daten übermittelt werden. [3] Die übermittelnde Stelle prüft nur, ob das Übermittlungsersuchen im Rahmen der Aufgaben des Dritten liegt, an den die Daten übermittelt werden, es sei denn, dass besonderer Anlass zur Prüfung der Zulässigkeit der Übermittlung besteht.

§ 69 Übermittlung für die Erfüllung sozialer Aufgaben. (1) Eine Übermittlung von Sozialdaten ist zulässig, soweit sie erforderlich ist

1. für die Erfüllung der Zwecke, für die sie erhoben worden sind, oder für die Erfüllung einer gesetzlichen Aufgabe der übermittelnden Stelle nach diesem Gesetzbuch oder einer solchen Aufgabe des Dritten, an den die Daten übermittelt werden, wenn er eine in § 35 des Ersten Buches genannte Stelle ist,
2. für die Durchführung eines mit der Erfüllung einer Aufgabe nach Nummer 1 zusammenhängenden gerichtlichen Verfahrens einschließlich eines Strafverfahrens oder
3. für die Richtigstellung unwahrer Tatsachenbehauptungen der betroffenen Person im Zusammenhang mit einem Verfahren über die Erbringung von Sozialleistungen; die Übermittlung bedarf der vorherigen Genehmigung durch die zuständige oberste Bundes- oder Landesbehörde.

(2) Für die Erfüllung einer gesetzlichen oder sich aus einem Tarifvertrag ergebenden Aufgabe sind den in § 35 des Ersten Buches[1)] genannten Stellen gleichgestellt

1. die Stellen, die Leistungen nach dem Lastenausgleichsgesetz, dem Bundesentschädigungsgesetz, dem Strafrechtlichen Rehabilitierungsgesetz, dem Beruflichen Rehabilitierungsgesetz, dem Gesetz über die Entschädigung für

---

[1)] Nr. **1**.

Strafverfolgungsmaßnahmen, dem Unterhaltssicherungsgesetz, dem Beamtenversorgungsgesetz und den Vorschriften, die auf das Beamtenversorgungsgesetz verweisen, dem Soldatenversorgungsgesetz, dem Anspruchs- und Anwartschaftsüberführungsgesetz und den Vorschriften der Länder über die Gewährung von Blinden- und Pflegegeldleistungen zu erbringen haben,

2. die gemeinsamen Einrichtungen der Tarifvertragsparteien im Sinne des § 4 Absatz 2 des Tarifvertragsgesetzes, die Zusatzversorgungseinrichtungen des öffentlichen Dienstes und die öffentlich-rechtlichen Zusatzversorgungseinrichtungen,
3. die Bezügestellen des öffentlichen Dienstes, soweit sie kindergeldabhängige Leistungen des Besoldungs-, Versorgungs- und Tarifrechts unter Verwendung von personenbezogenen Kindergelddaten festzusetzen haben.

(3) Die Übermittlung von Sozialdaten durch die Bundesagentur für Arbeit an die Krankenkassen ist zulässig, soweit sie erforderlich ist, den Krankenkassen die Feststellung der Arbeitgeber zu ermöglichen, die am Ausgleich der Arbeitgeberaufwendungen nach dem Aufwendungsausgleichsgesetz teilnehmen.

(4) Die Krankenkassen sind befugt, einem Arbeitgeber mitzuteilen, ob die Fortdauer einer Arbeitsunfähigkeit oder eine erneute Arbeitsunfähigkeit eines Arbeitnehmers auf derselben Krankheit beruht; die Übermittlung von Diagnosedaten an den Arbeitgeber ist nicht zulässig.

(5) Die Übermittlung von Sozialdaten ist zulässig für die Erfüllung der gesetzlichen Aufgaben der Rechnungshöfe und der anderen Stellen, auf die § 67c Absatz 3 Satz 1 Anwendung findet.

§ 70 Übermittlung für die Durchführung des Arbeitsschutzes. Eine Übermittlung von Sozialdaten ist zulässig, soweit sie zur Erfüllung der gesetzlichen Aufgaben der für den Arbeitsschutz zuständigen staatlichen Behörden oder der Bergbehörden bei der Durchführung des Arbeitsschutzes erforderlich ist und schutzwürdige Interessen der betroffenen Person nicht beeinträchtigt werden oder das öffentliche Interesse an der Durchführung des Arbeitsschutzes das Geheimhaltungsinteresse der betroffenen Person erheblich überwiegt.

§ 71 Übermittlung für die Erfüllung besonderer gesetzlicher Pflichten und Mitteilungsbefugnisse. (1) [1] Eine Übermittlung von Sozialdaten ist zulässig, soweit sie erforderlich ist für die Erfüllung der gesetzlichen Mitteilungspflichten

1. zur Abwendung geplanter Straftaten nach § 138 des Strafgesetzbuches,
2. zum Schutz der öffentlichen Gesundheit nach § 8 des Infektionsschutzgesetzes,
3. zur Sicherung des Steueraufkommens nach § 22a des Einkommensteuergesetzes und den §§ 93, 97, 105, 111 Absatz 1 und 5, § 116 der Abgabenordnung und § 32b Absatz 3 des Einkommensteuergesetzes, soweit diese Vorschriften unmittelbar anwendbar sind, und zur Mitteilung von Daten der ausländischen Unternehmen, die auf Grund bilateraler Regierungsvereinbarungen über die Beschäftigung von Arbeitnehmern zur Ausführung von Werkverträgen tätig werden, nach § 93a der Abgabenordnung,
4. zur Gewährung und Prüfung des Sonderausgabenabzugs nach § 10 des Einkommensteuergesetzes,

5. zur Überprüfung der Voraussetzungen für die Einziehung der Ausgleichszahlungen und für die Leistung von Wohngeld nach § 33 des Wohngeldgesetzes,
6. zur Bekämpfung von Schwarzarbeit und illegaler Beschäftigung nach dem Schwarzarbeitsbekämpfungsgesetz,
7. zur Mitteilung in das Gewerbezentralregister einzutragender Tatsachen an die Registerbehörde,
8. zur Erfüllung der Aufgaben der statistischen Ämter der Länder und des Statistischen Bundesamtes gemäß § 3 Absatz 1 des Statistikregistergesetzes zum Aufbau und zur Führung des Statistikregisters,
9. zur Aktualisierung des Betriebsregisters nach § 97 Absatz 5 des Agrarstatistikgesetzes,
10. zur Erfüllung der Aufgaben der Deutschen Rentenversicherung Bund als zentraler Stelle nach § 22a und § 91 Absatz 1 Satz 1 des Einkommensteuergesetzes,
11. zur Erfüllung der Aufgaben der Deutschen Rentenversicherung Knappschaft-Bahn-See, soweit sie bei geringfügig Beschäftigten Aufgaben nach dem Einkommensteuergesetz durchführt,
12. zur Erfüllung der Aufgaben des Statistischen Bundesamtes nach § 5a Absatz 1 in Verbindung mit Absatz 3 des Bundesstatistikgesetzes,
13. nach § 69a des Erneuerbare-Energien-Gesetzes zur Berechnung der Bruttowertschöpfung im Verfahren zur Begrenzung der EEG-Umlage,
14. nach § 6 Absatz 3 des Wohnungslosenberichterstattungsgesetzes für die Erhebung über wohnungslose Personen,
15. nach § 4 des Sozialdienstleister-Einsatzgesetzes für die Feststellung des nachträglichen Erstattungsanspruchs oder
16. nach § 5 Absatz 1 des Rentenübersichtsgesetzes zur Erfüllung der Aufgaben der Zentralen Stelle für die Digitale Rentenübersicht.

[2] Erklärungspflichten als Drittschuldner, welche das Vollstreckungsrecht vorsieht, werden durch Bestimmungen dieses Gesetzbuches nicht berührt. [3] Eine Übermittlung von Sozialdaten ist zulässig, soweit sie erforderlich ist für die Erfüllung der gesetzlichen Pflichten zur Sicherung und Nutzung von Archivgut des Bundes nach § 1 Nummer 8 und 9, § 3 Absatz 4, nach den §§ 5 bis 7 sowie nach den §§ 10 bis 13 des Bundesarchivgesetzes oder nach entsprechenden gesetzlichen Vorschriften der Länder, die die Schutzfristen dieses Gesetzes nicht unterschreiten. [4] Eine Übermittlung von Sozialdaten ist auch zulässig, soweit sie erforderlich ist, Meldebehörden nach § 6 Absatz 2 des Bundesmeldegesetzes über konkrete Anhaltspunkte für die Unrichtigkeit oder Unvollständigkeit von diesen auf Grund Melderechts übermittelter Daten zu unterrichten. [5] Zur Überprüfung des Anspruchs auf Kindergeld ist die Übermittlung von Sozialdaten gemäß § 68 Absatz 7 des Einkommensteuergesetzes an die Familienkassen zulässig.

(2) [1] Eine Übermittlung von Sozialdaten eines Ausländers ist auch zulässig, soweit sie erforderlich ist

1. im Einzelfall auf Ersuchen der mit der Ausführung des Aufenthaltsgesetzes betrauten Behörden nach § 87 Absatz 1 des Aufenthaltsgesetzes mit der Maßgabe, dass über die Angaben nach § 68 hinaus nur mitgeteilt werden können

a) für die Entscheidung über den Aufenthalt des Ausländers oder eines Familienangehörigen des Ausländers Daten über die Gewährung oder Nichtgewährung von Leistungen, Daten über frühere und bestehende Versicherungen und das Nichtbestehen einer Versicherung,
b) für die Entscheidung über den Aufenthalt oder über die ausländerrechtliche Zulassung oder Beschränkung einer Erwerbstätigkeit des Ausländers Daten über die Zustimmung nach § 4a Absatz 2 Satz 1, § 16a Absatz 1 Satz 1 und § 18 Absatz 2 Nummer 2 des Aufenthaltsgesetzes,
c) für eine Entscheidung über den Aufenthalt des Ausländers Angaben darüber, ob die in § 54 Absatz 2 Nummer 4 des Aufenthaltsgesetzes bezeichneten Voraussetzungen vorliegen, und
d) durch die Jugendämter für die Entscheidung über den weiteren Aufenthalt oder die Beendigung des Aufenthalts eines Ausländers, bei dem ein Ausweisungsgrund nach den §§ 53 bis 56 des Aufenthaltsgesetzes vorliegt, Angaben über das zu erwartende soziale Verhalten,

2. für die Erfüllung der in § 87 Absatz 2 des Aufenthaltsgesetzes bezeichneten Mitteilungspflichten,
3. für die Erfüllung der in § 99 Absatz 1 Nummer 14 Buchstabe d, f und j des Aufenthaltsgesetzes bezeichneten Mitteilungspflichten, wenn die Mitteilung die Erteilung, den Widerruf oder Beschränkungen der Zustimmung nach § 4 Absatz 2 Satz 1, § 16a Absatz 1 Satz 1 und § 18 Absatz 2 Nummer 2 des Aufenthaltsgesetzes oder eines Versicherungsschutzes oder die Gewährung von Leistungen zur Sicherung des Lebensunterhalts nach dem Zweiten Buch[1)] betrifft,
4. für die Erfüllung der in § 6 Absatz 1 Nummer 8 des Gesetzes über das Ausländerzentralregister bezeichneten Mitteilungspflichten,
5. für die Erfüllung der in § 32 Absatz 1 Satz 1 und 2 des Staatsangehörigkeitsgesetzes bezeichneten Mitteilungspflichten oder
6. für die Erfüllung der nach § 8 Absatz 1c des Asylgesetzes bezeichneten Mitteilungspflichten der Träger der Grundsicherung für Arbeitsuchende.

[2] Daten über die Gesundheit eines Ausländers dürfen nur übermittelt werden,

1. wenn der Ausländer die öffentliche Gesundheit gefährdet und besondere Schutzmaßnahmen zum Ausschluss der Gefährdung nicht möglich sind oder von dem Ausländer nicht eingehalten werden oder
2. soweit sie für die Feststellung erforderlich sind, ob die Voraussetzungen des § 54 Absatz 2 Nummer 4 des Aufenthaltsgesetzes vorliegen.

(2a) Eine Übermittlung personenbezogener Daten eines Leistungsberechtigten nach § 1 des Asylbewerberleistungsgesetzes ist zulässig, soweit sie für die Durchführung des Asylbewerberleistungsgesetzes erforderlich ist.

(3) [1] Eine Übermittlung von Sozialdaten ist auch zulässig, soweit es nach pflichtgemäßem Ermessen eines Leistungsträgers erforderlich ist, dem Betreuungsgericht die Bestellung eines Betreuers oder eine andere Maßnahme in Betreuungssachen zu ermöglichen. [2] § 7 des Betreuungsbehördengesetzes gilt entsprechend.

(4) [1] Eine Übermittlung von Sozialdaten ist außerdem zulässig, soweit sie im Einzelfall für die rechtmäßige Erfüllung der in der Zuständigkeit der Zentral-

---

1) Nr. 2.

stelle für Finanztransaktionsuntersuchungen liegenden Aufgaben nach § 28 Absatz 1 Satz 2 Nummer 2 des Geldwäschegesetzes erforderlich ist. [2] Die Übermittlung ist auf Angaben über Name, Vorname sowie früher geführte Namen, Geburtsdatum, Geburtsort, derzeitige und frühere Anschriften der betroffenen Person sowie Namen und Anschriften seiner derzeitigen und früheren Arbeitgeber beschränkt.

§ 72 Übermittlung für den Schutz der inneren und äußeren Sicherheit. (1) [1] Eine Übermittlung von Sozialdaten ist zulässig, soweit sie im Einzelfall für die rechtmäßige Erfüllung der in der Zuständigkeit der Behörden für Verfassungsschutz, des Bundesnachrichtendienstes, des Militärischen Abschirmdienstes und des Bundeskriminalamtes liegenden Aufgaben erforderlich ist. [2] Die Übermittlung ist auf Angaben über Name und Vorname sowie früher geführte Namen, Geburtsdatum, Geburtsort, derzeitige und frühere Anschriften der betroffenen Person sowie Namen und Anschriften ihrer derzeitigen und früheren Arbeitgeber beschränkt.

(2) [1] Über die Erforderlichkeit des Übermittlungsersuchens entscheidet eine von dem Leiter oder der Leiterin der ersuchenden Stelle bestimmte beauftragte Person, die die Befähigung zum Richteramt haben oder die Voraussetzungen des § 110 des Deutschen Richtergesetzes erfüllen soll. [2] Wenn eine oberste Bundes- oder Landesbehörde für die Aufsicht über die ersuchende Stelle zuständig ist, ist sie über die gestellten Übermittlungsersuchen zu unterrichten. [3] Bei der ersuchten Stelle entscheidet über das Übermittlungsersuchen der Behördenleiter oder die Behördenleiterin oder dessen oder deren allgemeiner Stellvertreter oder allgemeine Stellvertreterin.

§ 73 Übermittlung für die Durchführung eines Strafverfahrens.

(1) Eine Übermittlung von Sozialdaten ist zulässig, soweit sie zur Durchführung eines Strafverfahrens wegen eines Verbrechens oder wegen einer sonstigen Straftat von erheblicher Bedeutung erforderlich ist.

(2) Eine Übermittlung von Sozialdaten zur Durchführung eines Strafverfahrens wegen einer anderen Straftat ist zulässig, soweit die Übermittlung auf die in § 72 Absatz 1 Satz 2 genannten Angaben und die Angaben über erbrachte oder demnächst zu erbringende Geldleistungen beschränkt ist.

(3) Die Übermittlung nach den Absätzen 1 und 2 ordnet der Richter oder die Richterin an.

§ 74 Übermittlung bei Verletzung der Unterhaltspflicht und beim Versorgungsausgleich. (1) [1] Eine Übermittlung von Sozialdaten ist zulässig, soweit sie erforderlich ist

1. für die Durchführung
   a) eines gerichtlichen Verfahrens oder eines Vollstreckungsverfahrens wegen eines gesetzlichen oder vertraglichen Unterhaltsanspruchs oder eines an seine Stelle getretenen Ersatzanspruchs oder
   b) eines Verfahrens über den Versorgungsausgleich nach § 220 des Gesetzes über das Verfahren in Familiensachen und in den Angelegenheiten der freiwilligen Gerichtsbarkeit oder
2. für die Geltendmachung
   a) eines gesetzlichen oder vertraglichen Unterhaltsanspruchs außerhalb eines Verfahrens nach Nummer 1 Buchstabe a, soweit die betroffene Person

nach den Vorschriften des bürgerlichen Rechts, insbesondere nach § 1605 oder nach § 1361 Absatz 4 Satz 4, § 1580 Satz 2, § 1615a oder § 1615l Absatz 3 Satz 1 in Verbindung mit § 1605 des Bürgerlichen Gesetzbuchs, zur Auskunft verpflichtet ist, oder

b) eines Ausgleichsanspruchs im Rahmen des Versorgungsausgleichs außerhalb eines Verfahrens nach Nummer 1 Buchstabe b, soweit die betroffene Person nach § 4 Absatz 1 des Versorgungsausgleichsgesetzes zur Auskunft verpflichtet ist, oder

3. für die Anwendung der Öffnungsklausel des § 22 Nummer 1 Satz 3 Buchstabe a Doppelbuchstabe bb Satz 2 des Einkommensteuergesetzes auf eine im Versorgungsausgleich auf die ausgleichsberechtigte Person übertragene Rentenanwartschaft, soweit die ausgleichspflichtige Person nach § 22 Nummer 1 Satz 3 Buchstabe a Doppelbuchstabe bb Satz 2 des Einkommensteuergesetzes in Verbindung mit § 4 Absatz 1 des Versorgungsausgleichsgesetzes zur Auskunft verpflichtet ist.

[2] In den Fällen des Satzes 1 Nummer 2 und 3 ist eine Übermittlung nur zulässig, wenn die auskunftspflichtige Person ihre Pflicht, nachdem sie unter Hinweis auf die in diesem Buch enthaltene Übermittlungsbefugnis der in § 35 des Ersten Buches[1)] genannten Stellen gemahnt wurde, innerhalb angemessener Frist nicht oder nicht vollständig erfüllt hat. [3] Diese Stellen dürfen die Anschrift der auskunftspflichtigen Person zum Zwecke der Mahnung übermitteln.

(2) Eine Übermittlung von Sozialdaten durch die Träger der gesetzlichen Rentenversicherung und durch die Träger der Grundsicherung für Arbeitsuchende ist auch zulässig, soweit sie für die Erfüllung der nach § 5 des Auslandsunterhaltsgesetzes der zentralen Behörde (§ 4 des Auslandsunterhaltsgesetzes) obliegenden Aufgaben und zur Erreichung der in den §§ 16 und 17 des Auslandsunterhaltsgesetzes bezeichneten Zwecke erforderlich ist.

§ 74a Übermittlung zur Durchsetzung öffentlich-rechtlicher Ansprüche und im Vollstreckungsverfahren. (1) [1] Zur Durchsetzung von öffentlich-rechtlichen Ansprüchen dürfen im Einzelfall auf Ersuchen Name, Vorname, Geburtsdatum, Geburtsort, derzeitige Anschrift der betroffenen Person, ihr derzeitiger oder zukünftiger Aufenthaltsort sowie Namen, Vornamen oder Firma und Anschriften ihrer derzeitigen Arbeitgeber übermittelt werden, soweit kein Grund zu der Annahme besteht, dass dadurch schutzwürdige Interessen der betroffenen Person beeinträchtigt werden, und wenn das Ersuchen nicht länger als sechs Monate zurückliegt. [2] Die ersuchte Stelle ist über § 4 Absatz 3 hinaus zur Übermittlung auch dann nicht verpflichtet, wenn sich die ersuchende Stelle die Angaben auf andere Weise beschaffen kann. [3] Satz 2 findet keine Anwendung, wenn das Amtshilfeersuchen zur Durchführung einer Vollstreckung nach § 66 erforderlich ist.

(2) [1] Zur Durchführung eines Vollstreckungsverfahrens dürfen die Träger der gesetzlichen Rentenversicherung im Einzelfall auf Ersuchen des Gerichtsvollziehers die derzeitige Anschrift der betroffenen Person, ihren derzeitigen oder zukünftigen Aufenthaltsort sowie Namen, Vornamen oder Firma und Anschriften ihrer derzeitigen Arbeitgeber übermitteln, soweit kein Grund zu der Annahme besteht, dass dadurch schutzwürdige Interessen der betroffenen Person

[1)] Nr. 1.

beeinträchtigt werden, und das Ersuchen nicht länger als sechs Monate zurückliegt. [2]Die Träger der gesetzlichen Rentenversicherung sind über § 4 Absatz 3 hinaus zur Übermittlung auch dann nicht verpflichtet, wenn sich die ersuchende Stelle die Angaben auf andere Weise beschaffen kann. [3]Die Übermittlung ist nur zulässig, wenn

1. der Schuldner seiner Pflicht zur Abgabe der Vermögensauskunft nach § 802c der Zivilprozessordnung nicht nachkommt,
2. bei einer Vollstreckung in die in der Vermögensauskunft aufgeführten Vermögensgegenstände eine vollständige Befriedigung des Gläubigers voraussichtlich nicht zu erwarten wäre oder
3. die Anschrift oder der derzeitige oder zukünftige Aufenthaltsort des Schuldners trotz Anfrage bei der Meldebehörde nicht bekannt ist.

[4]Der Gerichtsvollzieher hat in seinem Ersuchen zu bestätigen, dass diese Voraussetzungen vorliegen. [5]Das Ersuchen und die Auskunft sind elektronisch zu übermitteln.

§ 75 Übermittlung von Sozialdaten für die Forschung und Planung.

(1) [1]Eine Übermittlung von Sozialdaten ist zulässig, soweit sie erforderlich ist für ein bestimmtes Vorhaben

1. der wissenschaftlichen Forschung im Sozialleistungsbereich oder der wissenschaftlichen Arbeitsmarkt- und Berufsforschung oder
2. der Planung im Sozialleistungsbereich durch eine öffentliche Stelle im Rahmen ihrer Aufgaben

und schutzwürdige Interessen der betroffenen Person nicht beeinträchtigt werden oder das öffentliche Interesse an der Forschung oder Planung das Geheimhaltungsinteresse der betroffenen Person erheblich überwiegt. [2]Eine Übermittlung ohne Einwilligung der betroffenen Person ist nicht zulässig, soweit es zumutbar ist, ihre Einwilligung einzuholen. [3]Angaben über den Namen und Vornamen, die Anschrift, die Telefonnummer sowie die für die Einleitung eines Vorhabens nach Satz 1 zwingend erforderlichen Strukturmerkmale der betroffenen Person können für Befragungen auch ohne Einwilligungen übermittelt werden. [4]Der nach Absatz 4 Satz 1 zuständigen Behörde ist ein Datenschutzkonzept vorzulegen.

(2) Ergibt sich aus dem Vorhaben nach Absatz 1 Satz 1 eine Forschungsfrage, die in einem inhaltlichen Zusammenhang mit diesem steht, können hierzu auf Antrag die Frist nach Absatz 4 Satz 5 Nummer 4 zur Verarbeitung der erforderlichen Sozialdaten verlängert oder eine neue Frist festgelegt und weitere erforderliche Sozialdaten übermittelt werden.

(3) [1]Soweit nach Absatz 1 oder 2 besondere Kategorien von Daten im Sinne von Artikel 9 Absatz 1 der Verordnung (EU) 2016/679 an einen Dritten übermittelt oder nach Absatz 4a von einem Dritten verarbeitet werden, sieht dieser bei der Verarbeitung angemessene und spezifische Maßnahmen zur Wahrung der Interessen der betroffenen Person gemäß § 22 Absatz 2 Satz 2 des Bundesdatenschutzgesetzes vor. [2]Ergänzend zu den dort genannten Maßnahmen sind die besonderen Kategorien von Daten im Sinne des Artikels 9 Absatz 1 der Verordnung (EU) 2016/679 zu anonymisieren, sobald dies nach dem Forschungszweck möglich ist.

(4) [1] Die Übermittlung nach Absatz 1 und die weitere Verarbeitung sowie die Übermittlung nach Absatz 2 bedürfen der vorherigen Genehmigung durch die oberste Bundes- oder Landesbehörde, die für den Bereich, aus dem die Daten herrühren, zuständig ist. [2] Die oberste Bundesbehörde kann das Genehmigungsverfahren bei Anträgen von Versicherungsträgern nach § 1 Absatz 1 Satz 1 des Vierten Buches[1)] oder von deren Verbänden auf das Bundesversicherungsamt übertragen. [3] Eine Übermittlung von Sozialdaten an eine nicht-öffentliche Stelle und eine weitere Verarbeitung durch diese nach Absatz 2 darf nur genehmigt werden, wenn sich die nicht-öffentliche Stelle gegenüber der Genehmigungsbehörde verpflichtet hat, die Daten nur für den vorgesehenen Zweck zu verarbeiten. [4] Die Genehmigung darf im Hinblick auf die Wahrung des Sozialgeheimnisses nur versagt werden, wenn die Voraussetzungen des Absatzes 1, 2 oder 4a nicht vorliegen. [5] Sie muss

1. den Dritten, an den die Daten übermittelt werden,
2. die Art der zu übermittelnden Sozialdaten und den Kreis der betroffenen Personen,
3. die wissenschaftliche Forschung oder die Planung, zu der die übermittelten Sozialdaten verarbeitet werden dürfen, und
4. den Tag, bis zu dem die übermittelten Sozialdaten verarbeitet werden dürfen,

genau bezeichnen und steht auch ohne besonderen Hinweis unter dem Vorbehalt der nachträglichen Aufnahme, Änderung oder Ergänzung einer Auflage. [6] Nach Ablauf der Frist nach Satz 5 Nummer 4 können die verarbeiteten Daten bis zu zehn Jahre lang gespeichert werden, um eine Nachprüfung der Forschungsergebnisse auf der Grundlage der ursprünglichen Datenbasis sowie eine Verarbeitung für weitere Forschungsvorhaben nach Absatz 2 zu ermöglichen.

(4a) [1] Ergänzend zur Übermittlung von Sozialdaten zu einem bestimmten Forschungsvorhaben nach Absatz 1 Satz 1 kann die Verarbeitung dieser Sozialdaten auch für noch nicht bestimmte, aber inhaltlich zusammenhängende Forschungsvorhaben des gleichen Forschungsbereiches beantragt werden. [2] Die Genehmigung ist unter den Voraussetzungen des Absatzes 4 zu erteilen, wenn sich der Datenempfänger gegenüber der genehmigenden Stelle verpflichtet, auch bei künftigen Forschungsvorhaben im Forschungsbereich die Genehmigungsvoraussetzungen einzuhalten. [3] Die nach Absatz 4 Satz 1 zuständige Behörde kann vom Antragsteller die Vorlage einer unabhängigen Begutachtung des Datenschutzkonzeptes verlangen. [4] Der Antragsteller ist verpflichtet, der nach Absatz 4 Satz 1 zuständigen Behörde jedes innerhalb des genehmigten Forschungsbereiches vorgesehene Forschungsvorhaben vor dessen Beginn anzuzeigen und dabei die Erfüllung der Genehmigungsvoraussetzungen darzulegen. [5] Mit dem Forschungsvorhaben darf acht Wochen nach Eingang der Anzeige bei der Genehmigungsbehörde begonnen werden, sofern nicht die Genehmigungsbehörde vor Ablauf der Frist mitteilt, dass für das angezeigte Vorhaben ein gesondertes Genehmigungsverfahren erforderlich ist.

(5) Wird die Verarbeitung von Sozialdaten nicht-öffentlichen Stellen genehmigt, hat die genehmigende Stelle durch Auflagen sicherzustellen, dass die der Genehmigung durch Absatz 1, 2 und 4a gesetzten Grenzen beachtet werden.

[1)] Nr. 4.

(6) Ist der Dritte, an den Sozialdaten übermittelt werden, eine nicht-öffentliche Stelle, unterliegt dieser der Aufsicht der gemäß § 40 Absatz 1 des Bundesdatenschutzgesetzes zuständigen Behörde.

§ 76 Einschränkung der Übermittlungsbefugnis bei besonders schutzwürdigen Sozialdaten. (1) Die Übermittlung von Sozialdaten, die einer in § 35 des Ersten Buches[1)] genannten Stelle von einem Arzt oder einer Ärztin oder einer anderen in § 203 Absatz 1 und 4 des Strafgesetzbuches genannten Person zugänglich gemacht worden sind, ist nur unter den Voraussetzungen zulässig, unter denen diese Person selbst übermittlungsbefugt wäre.

(2) Absatz 1 gilt nicht

1. im Rahmen des § 69 Absatz 1 Nummer 1 und 2 für Sozialdaten, die im Zusammenhang mit einer Begutachtung wegen der Erbringung von Sozialleistungen oder wegen der Ausstellung einer Bescheinigung übermittelt worden sind, es sei denn, dass die betroffene Person der Übermittlung widerspricht; die betroffene Person ist von dem Verantwortlichen zu Beginn des Verwaltungsverfahrens in allgemeiner Form schriftlich oder elektronisch auf das Widerspruchsrecht hinzuweisen,

1a. im Rahmen der Geltendmachung und Durchsetzung sowie Abwehr eines Erstattungs- oder Ersatzanspruchs,

2. im Rahmen des § 69 Absatz 4 und 5 und des § 71 Absatz 1 Satz 3,
3. im Rahmen des § 94 Absatz 2 Satz 2 des Elften Buches[2)].

(3) Ein Widerspruchsrecht besteht nicht in den Fällen des § 275 Absatz 1 bis 3 und 3b, des § 275c Absatz 1 und des § 275d Absatz 1 des Fünften Buches[3)], soweit die Daten durch Personen nach Absatz 1 übermittelt werden.

§ 77 Übermittlung ins Ausland und an internationale Organisationen.

(1) [1] Die Übermittlung von Sozialdaten an Personen oder Stellen in anderen Mitgliedstaaten der Europäischen Union sowie in diesen nach § 35 Absatz 7 des Ersten Buches[1)] gleichgestellten Staaten ist zulässig, soweit

1. dies für die Erfüllung einer gesetzlichen Aufgabe der in § 35 des Ersten Buches genannten übermittelnden Stelle nach diesem Gesetzbuch oder zur Erfüllung einer solchen Aufgabe von ausländischen Stellen erforderlich ist, soweit diese Aufgaben wahrnehmen, die denen der in § 35 des Ersten Buches genannten Stellen entsprechen,
2. die Voraussetzungen des § 69 Absatz 1 Nummer 2 oder Nummer 3 oder des § 70 oder einer Übermittlungsvorschrift nach dem Dritten Buch oder dem Arbeitnehmerüberlassungsgesetz vorliegen und die Aufgaben der ausländischen Stelle den in diesen Vorschriften genannten entsprechen,
3. die Voraussetzungen des § 74 vorliegen und die gerichtlich geltend gemachten Ansprüche oder die Rechte des Empfängers den in dieser Vorschrift genannten entsprechen oder
4. die Voraussetzungen des § 73 vorliegen; für die Anordnung einer Übermittlung nach § 73 ist ein inländisches Gericht zuständig.

---

1) Nr. **1**.
2) Nr. **11**.
3) Nr. **5**.

[2] Die Übermittlung von Sozialdaten unterbleibt, soweit sie zu den in Artikel 6 des Vertrages über die Europäische Union enthaltenen Grundsätzen in Widerspruch stünde.

(2) Absatz 1 gilt entsprechend für die Übermittlung an Personen oder Stellen in einem Drittstaat sowie an internationale Organisationen, wenn deren angemessenes Datenschutzniveau durch Angemessenheitsbeschluss gemäß Artikel 45 der Verordnung (EU) 2016/679 festgestellt wurde.

(3) [1] Liegt kein Angemessenheitsbeschluss vor, ist eine Übermittlung von Sozialdaten an Personen oder Stellen in einem Drittstaat oder an internationale Organisationen abweichend von Artikel 46 Absatz 2 Buchstabe a und Artikel 49 Absatz 1 Unterabsatz 1 Buchstabe g der Verordnung (EU) 2016/679 unzulässig. [2] Eine Übermittlung aus wichtigen Gründen des öffentlichen Interesses nach Artikel 49 Absatz 1 Unterabsatz 1 Buchstabe d und Absatz 4 der Verordnung (EU) 2016/679 liegt nur vor, wenn

1. die Übermittlung in Anwendung zwischenstaatlicher Übereinkommen auf dem Gebiet der sozialen Sicherheit erfolgt, oder
2. soweit die Voraussetzungen des § 69 Absatz 1 Nummer 1 und 2 oder des § 70 vorliegen

und soweit die betroffene Person kein schutzwürdiges Interesse an dem Ausschluss der Übermittlung hat.

(4) Die Stelle, an die die Sozialdaten übermittelt werden, ist auf den Zweck hinzuweisen, zu dessen Erfüllung die Sozialdaten übermittelt werden.

§ 78 Zweckbindung und Geheimhaltungspflicht eines Dritten, an den Daten übermittelt werden. (1) [1] Personen oder Stellen, die nicht in § 35 des Ersten Buches[1)] genannt und denen Sozialdaten übermittelt worden sind, dürfen diese nur zu dem Zweck verarbeiten, zu dem sie ihnen befugt übermittelt worden sind. [2] Eine Übermittlung von Sozialdaten nach den §§ 68 bis 77 oder nach einer anderen Rechtsvorschrift in diesem Gesetzbuch an eine nicht-öffentliche Stelle auf deren Ersuchen hin ist nur zulässig, wenn diese sich gegenüber der übermittelnden Stelle verpflichtet hat, die Daten nur für den Zweck zu verarbeiten, zu dem sie ihr übermittelt werden. [3] Die Dritten haben die Daten in demselben Umfang geheim zu halten wie die in § 35 des Ersten Buches genannten Stellen. [4] Sind Sozialdaten an Gerichte oder Staatsanwaltschaften übermittelt worden, dürfen diese gerichtliche Entscheidungen, die Sozialdaten enthalten, weiter übermitteln, wenn eine in § 35 des Ersten Buches genannte Stelle zur Übermittlung an den weiteren Dritten befugt wäre. [5] Abweichend von Satz 4 ist eine Übermittlung nach § 115 des Bundesbeamtengesetzes und nach Vorschriften, die auf diese Vorschrift verweisen, zulässig. [6] Sind Sozialdaten an Polizeibehörden, Staatsanwaltschaften, Gerichte oder Behörden der Gefahrenabwehr übermittelt worden, dürfen diese die Daten unabhängig vom Zweck der Übermittlung sowohl für Zwecke der Gefahrenabwehr als auch für Zwecke der Strafverfolgung und der Strafvollstreckung speichern, verändern, nutzen, übermitteln, in der Verarbeitung einschränken oder löschen.

(2) Werden Daten an eine nicht-öffentliche Stelle übermittelt, so sind die dort beschäftigten Personen, welche diese Daten speichern, verändern, nutzen,

---

[1)] Nr. 1.

übermitteln, in der Verarbeitung einschränken oder löschen, von dieser Stelle vor, spätestens bei der Übermittlung auf die Einhaltung der Pflichten nach Absatz 1 hinzuweisen.

(3) [1] Ergibt sich im Rahmen eines Vollstreckungsverfahrens nach § 66 die Notwendigkeit, dass eine Strafanzeige zum Schutz des Vollstreckungsbeamten erforderlich ist, so dürfen die zum Zweck der Vollstreckung übermittelten Sozialdaten auch zum Zweck der Strafverfolgung gespeichert, verändert, genutzt, übermittelt, in der Verarbeitung eingeschränkt oder gelöscht werden, soweit dies erforderlich ist. [2] Das Gleiche gilt auch für die Klärung von Fragen im Rahmen eines Disziplinarverfahrens.

(4) Sind Sozialdaten an Gerichte oder Staatsanwaltschaften für die Durchführung eines Straf- oder Bußgeldverfahrens übermittelt worden, so dürfen sie nach Maßgabe der §§ 476, 487 Absatz 4 der Strafprozessordnung und der §§ 49b und 49c Absatz 1 des Gesetzes über Ordnungswidrigkeiten für Zwecke der wissenschaftlichen Forschung gespeichert, verändert, genutzt, übermittelt, in der Verarbeitung eingeschränkt oder gelöscht werden.

(5) Behörden der Zollverwaltung dürfen Sozialdaten, die ihnen zum Zweck der Vollstreckung übermittelt worden sind, auch zum Zweck der Vollstreckung öffentlich-rechtlicher Ansprüche anderer Stellen als der in § 35 des Ersten Buches genannten Stellen verarbeiten.

§§ 78a–78c *(nicht mehr belegt)*

Dritter Abschnitt. Besondere Datenverarbeitungsarten

§ 79 Einrichtung automatisierter Verfahren auf Abruf. (1) [1] Die Einrichtung eines automatisierten Verfahrens, das die Übermittlung von Sozialdaten durch Abruf ermöglicht, ist zwischen den in § 35 des Ersten Buches[1)] genannten Stellen sowie mit der Deutschen Rentenversicherung Bund als zentraler Stelle zur Erfüllung ihrer Aufgaben nach § 91 Absatz 1 Satz 1 des Einkommensteuergesetzes und der Deutschen Rentenversicherung Knappschaft-Bahn-See, soweit sie bei geringfügig Beschäftigten Aufgaben nach dem Einkommensteuergesetz durchführt, zulässig, soweit dieses Verfahren unter Berücksichtigung der schutzwürdigen Interessen der betroffenen Personen wegen der Vielzahl der Übermittlungen oder wegen ihrer besonderen Eilbedürftigkeit angemessen ist und wenn die jeweiligen Rechts- oder Fachaufsichtsbehörden die Teilnahme der unter ihrer Aufsicht stehenden Stellen genehmigt haben. [2] Das Gleiche gilt gegenüber den in § 69 Absatz 2 und 3 genannten Stellen.

(1a) Die Einrichtung eines automatisierten Verfahrens auf Abruf für ein Dateisystem der Sozialversicherung für Landwirtschaft, Forsten und Gartenbau ist nur gegenüber den Trägern der gesetzlichen Rentenversicherung, der Deutschen Rentenversicherung Bund als zentraler Stelle zur Erfüllung ihrer Aufgaben nach § 91 Absatz 1 Satz 1 des Einkommensteuergesetzes, den Krankenkassen, der Bundesagentur für Arbeit und der Deutschen Post AG, soweit sie mit der Berechnung oder Auszahlung von Sozialleistungen betraut ist, zulässig; dabei dürfen auch Vermittlungsstellen eingeschaltet werden.

[1)] Nr. **1**.

(2) [1]Die beteiligten Stellen haben zu gewährleisten, dass die Zulässigkeit des Verfahrens auf Abruf kontrolliert werden kann. [2]Hierzu haben sie schriftlich oder elektronisch festzulegen:

1. Anlass und Zweck des Verfahrens auf Abruf,
2. Dritte, an die übermittelt wird,
3. Art der zu übermittelnden Daten,
4. nach Artikel 32 der Verordnung (EU) 2016/679 erforderliche technische und organisatorische Maßnahmen.

(3) Über die Einrichtung von Verfahren auf Abruf ist in Fällen, in denen die in § 35 des Ersten Buches genannten Stellen beteiligt sind, die der Kontrolle des oder der Bundesbeauftragten für den Datenschutz und die Informationsfreiheit (Bundesbeauftragte) unterliegen, dieser oder diese, sonst die nach Landesrecht für die Kontrolle des Datenschutzes zuständige Stelle rechtzeitig vorher unter Mitteilung der Festlegungen nach Absatz 2 zu unterrichten.

(4) [1]Die Verantwortung für die Zulässigkeit des einzelnen Abrufs trägt der Dritte, an den übermittelt wird. [2]Die speichernde Stelle prüft die Zulässigkeit der Abrufe nur, wenn dazu Anlass besteht. [3]Sie hat mindestens bei jedem zehnten Abruf den Zeitpunkt, die abgerufenen Daten sowie Angaben zur Feststellung des Verfahrens und des für den Abruf Verantwortlichen zu protokollieren; die protokollierten Daten sind spätestens nach sechs Monaten zu löschen. [4]Wird ein Gesamtbestand von Sozialdaten abgerufen oder übermittelt (Stapelverarbeitung), so bezieht sich die Gewährleistung der Feststellung und Überprüfung nur auf die Zulässigkeit des Abrufes oder der Übermittlung des Gesamtbestandes.

(5) Die Absätze 1 bis 4 gelten nicht für den Abruf aus Dateisystemen, die mit Einwilligung der betroffenen Personen angelegt werden und die jedermann, sei es ohne oder nach besonderer Zulassung, zur Benutzung offenstehen.

§ 80 Verarbeitung von Sozialdaten im Auftrag. (1) [1]Die Erteilung eines Auftrags im Sinne des Artikels 28 der Verordnung (EU) 2016/679 zur Verarbeitung von Sozialdaten ist nur zulässig, wenn der Verantwortliche seiner Rechts- oder Fachaufsichtsbehörde rechtzeitig vor der Auftragserteilung

1. den Auftragsverarbeiter, die bei diesem vorhandenen technischen und organisatorischen Maßnahmen und ergänzenden Weisungen,
2. die Art der Daten, die im Auftrag verarbeitet werden sollen, und den Kreis der betroffenen Personen,
3. die Aufgabe, zu deren Erfüllung die Verarbeitung der Daten im Auftrag erfolgen soll, sowie
4. den Abschluss von etwaigen Unterauftragsverhältnissen

schriftlich oder elektronisch anzeigt. [2]Soll eine öffentliche Stelle mit der Verarbeitung von Sozialdaten beauftragt werden, hat diese rechtzeitig vor der Auftragserteilung die beabsichtigte Beauftragung ihrer Rechts- oder Fachaufsichtsbehörde schriftlich oder elektronisch anzuzeigen.

(2) Der Auftrag zur Verarbeitung von Sozialdaten darf nur erteilt werden, wenn die Verarbeitung im Inland, in einem anderen Mitgliedstaat der Europäischen Union, in einem diesem nach § 35 Absatz 7 des Ersten Buches[1)] gleich-

[1)] Nr. **1**.

gestellten Staat, oder, sofern ein Angemessenheitsbeschluss gemäß Artikel 45 der Verordnung (EU) 2016/679 vorliegt, in einem Drittstaat oder in einer internationalen Organisation erfolgt.

(3) [1] Die Erteilung eines Auftrags zur Verarbeitung von Sozialdaten durch nicht-öffentliche Stellen ist nur zulässig, wenn

1. beim Verantwortlichen sonst Störungen im Betriebsablauf auftreten können oder
2. die übertragenen Arbeiten beim Auftragsverarbeiter erheblich kostengünstiger besorgt werden können.

[2] Dies gilt nicht, wenn Dienstleister in der Informationstechnik, deren absolute Mehrheit der Anteile oder deren absolute Mehrheit der Stimmen dem Bund oder den Ländern zusteht, mit vorheriger Genehmigung der obersten Dienstbehörde des Verantwortlichen beauftragt werden.

(4) [1] Ist der Auftragsverarbeiter eine in § 35 des Ersten Buches genannte Stelle, gelten neben den §§ 85 und 85a die §§ 9, 13, 14 und 16 des Bundesdatenschutzgesetzes. [2] Bei den in § 35 des Ersten Buches genannten Stellen, die nicht solche des Bundes sind, tritt anstelle des oder der Bundesbeauftragten insoweit die nach Landesrecht für die Kontrolle des Datenschutzes zuständige Stelle. [3] Ist der Auftragsverarbeiter eine nicht-öffentliche Stelle, unterliegt dieser der Aufsicht der gemäß § 40 des Bundesdatenschutzgesetzes zuständigen Behörde.

(5) [1] Absatz 3 gilt nicht bei Verträgen über die Prüfung oder Wartung automatisierter Verfahren oder von Datenverarbeitungsanlagen durch andere Stellen im Auftrag, bei denen ein Zugriff auf Sozialdaten nicht ausgeschlossen werden kann. [2] Die Verträge sind bei zu erwartenden oder bereits eingetretenen Störungen im Betriebsablauf unverzüglich der Rechts- oder Fachaufsichtsbehörde mitzuteilen.

Vierter Abschnitt. Rechte der betroffenen Person, Beauftragte für den Datenschutz und Schlussvorschriften

§ 81 Recht auf Anrufung, Beauftragte für den Datenschutz. (1) Ist eine betroffene Person der Ansicht, bei der Verarbeitung ihrer Sozialdaten in ihren Rechten verletzt worden zu sein, kann sie sich

1. an den Bundesbeauftragten oder die Bundesbeauftragte wenden, wenn sie eine Verletzung ihrer Rechte durch eine in § 35 des Ersten Buches[1)] genannte Stelle des Bundes bei der Wahrnehmung von Aufgaben nach diesem Gesetzbuch behauptet,
2. an die nach Landesrecht für die Kontrolle des Datenschutzes zuständige Stelle wenden, wenn sie die Verletzung ihrer Rechte durch eine andere in § 35 des Ersten Buches genannte Stelle bei der Wahrnehmung von Aufgaben nach diesem Gesetzbuch behauptet.

(2) [1] Bei der Wahrnehmung von Aufgaben nach diesem Gesetzbuch gelten für die in § 35 des Ersten Buches genannten Stellen die §§ 14 bis 16 des Bundesdatenschutzgesetzes. [2] Bei öffentlichen Stellen der Länder, die unter § 35 des Ersten Buches fallen, tritt an die Stelle des oder der Bundesbeauf-

[1)] Nr. 1.

tragten die nach Landesrecht für die Kontrolle des Datenschutzes zuständige Stelle.

(3) [1] Verbände und Arbeitsgemeinschaften der in § 35 des Ersten Buches genannten Stellen oder ihrer Verbände gelten, soweit sie Aufgaben nach diesem Gesetzbuch wahrnehmen und an ihnen Stellen des Bundes beteiligt sind, unbeschadet ihrer Rechtsform als öffentliche Stellen des Bundes, wenn sie über den Bereich eines Landes hinaus tätig werden, anderenfalls als öffentliche Stellen der Länder. [2] Sonstige Einrichtungen der in § 35 des Ersten Buches genannten Stellen oder ihrer Verbände gelten als öffentliche Stellen des Bundes, wenn die absolute Mehrheit der Anteile oder der Stimmen einer oder mehrerer öffentlicher Stellen dem Bund zusteht, anderenfalls als öffentliche Stellen der Länder. [3] Die Datenstelle der Rentenversicherung nach § 145 Absatz 1 des Sechsten Buches[1)] gilt als öffentliche Stelle des Bundes.

(4) [1] Auf die in § 35 des Ersten Buches genannten Stellen, die Vermittlungsstellen nach § 67d Absatz 3 und die Auftragsverarbeiter sind die §§ 5 bis 7 des Bundesdatenschutzgesetzes entsprechend anzuwenden. [2] In räumlich getrennten Organisationseinheiten ist sicherzustellen, dass der oder die Beauftragte für den Datenschutz bei der Erfüllung seiner oder ihrer Aufgaben unterstützt wird. [3] Die Sätze 1 und 2 gelten nicht für öffentliche Stellen der Länder mit Ausnahme der Sozialversicherungsträger und ihrer Verbände. [4] Absatz 2 Satz 2 gilt entsprechend.

§ 81a Gerichtlicher Rechtsschutz. (1) [1] Für Streitigkeiten zwischen einer natürlichen oder juristischen Person und dem oder der Bundesbeauftragten oder der nach Landesrecht für die Kontrolle des Datenschutzes zuständigen Stelle gemäß Artikel 78 Absatz 1 und 2 der Verordnung (EU) 2016/679 aufgrund der Verarbeitung von Sozialdaten im Zusammenhang mit einer Angelegenheit nach § 51 Absatz 1 und 2 des Sozialgerichtsgesetzes[2)] ist der Rechtsweg zu den Gerichten der Sozialgerichtsbarkeit eröffnet. [2] Für die übrigen Streitigkeiten gemäß Artikel 78 Absatz 1 und 2 der Verordnung (EU) 2016/679 aufgrund der Verarbeitung von Sozialdaten gilt § 20 des Bundesdatenschutzgesetzes, soweit die Streitigkeiten nicht durch Bundesgesetz einer anderen Gerichtsbarkeit ausdrücklich zugewiesen sind. [3] Satz 1 gilt nicht für Bußgeldverfahren.

(2) Das Sozialgerichtsgesetz ist nach Maßgabe der Absätze 3 bis 7 anzuwenden.

(3) Abweichend von den Vorschriften über die örtliche Zuständigkeit der Sozialgerichte nach § 57 des Sozialgerichtsgesetzes ist für die Verfahren nach Absatz 1 Satz 1 das Sozialgericht örtlich zuständig, in dessen Bezirk der oder die Bundesbeauftragte oder die nach Landesrecht für die Kontrolle des Datenschutzes zuständige Stelle seinen oder ihren Sitz hat, wenn eine Körperschaft oder Anstalt des öffentlichen Rechts oder in Angelegenheiten des sozialen Entschädigungsrechts oder des Schwerbehindertenrechts ein Land klagt.

(4) In den Verfahren nach Absatz 1 Satz 1 sind der oder die Bundesbeauftragte sowie die nach Landesrecht für die Kontrolle des Datenschutzes zuständige Stelle beteiligungsfähig.

(5) [1] Beteiligte eines Verfahrens nach Absatz 1 Satz 1 sind

---

1) Nr. **6**.
2) Nr. **20**.

1. die natürliche oder juristische Person als Klägerin oder Antragstellerin und
2. der oder die Bundesbeauftragte oder die nach Landesrecht für die Kontrolle des Datenschutzes zuständige Stelle als Beklagter oder Beklagte oder als Antragsgegner oder Antragsgegnerin.

[2] § 69 Nummer 3 des Sozialgerichtsgesetzes bleibt unberührt.

(6) Ein Vorverfahren findet nicht statt.

(7) Der oder die Bundesbeauftragte oder die nach Landesrecht für die Kontrolle des Datenschutzes zuständige Stelle darf gegenüber einer Behörde oder deren Rechtsträger nicht die sofortige Vollziehung (§ 86a Absatz 2 Nummer 5 des Sozialgerichtsgesetzes) anordnen.

§ 81b Klagen gegen den Verantwortlichen oder Auftragsverarbeiter.

(1) Für Klagen der betroffenen Person gegen einen Verantwortlichen oder einen Auftragsverarbeiter wegen eines Verstoßes gegen datenschutzrechtliche Bestimmungen im Anwendungsbereich der Verordnung (EU) 2016/679 oder der darin enthaltenen Rechte der betroffenen Person bei der Verarbeitung von Sozialdaten im Zusammenhang mit einer Angelegenheit nach § 51 Absatz 1 und 2 des Sozialgerichtsgesetzes[1)] ist der Rechtsweg zu den Gerichten der Sozialgerichtsbarkeit eröffnet.

(2) Ergänzend zu § 57 Absatz 3 des Sozialgerichtsgesetzes ist für Klagen nach Absatz 1 das Sozialgericht örtlich zuständig, in dessen Bezirk sich eine Niederlassung des Verantwortlichen oder Auftragsverarbeiters befindet.

(3) [1] Hat der Verantwortliche oder Auftragsverarbeiter einen Vertreter nach Artikel 27 Absatz 1 der Verordnung (EU) 2016/679 benannt, gilt dieser auch als bevollmächtigt, Zustellungen in sozialgerichtlichen Verfahren nach Absatz 1 entgegenzunehmen. [2] § 63 Absatz 3 des Sozialgerichtsgesetzes bleibt unberührt.

§ 81c Antrag auf gerichtliche Entscheidung bei angenommener Europarechtswidrigkeit eines Angemessenheitsbeschlusses der Europäischen Kommission. Hält der oder die Bundesbeauftragte oder eine nach Landesrecht für die Kontrolle des Datenschutzes zuständige Stelle einen Angemessenheitsbeschluss der Europäischen Kommission, auf dessen Gültigkeit es bei der Entscheidung über die Beschwerde einer betroffenen Person hinsichtlich der Verarbeitung von Sozialdaten ankommt, für europarechtswidrig, so gilt § 21 des Bundesdatenschutzgesetzes.

§ 82 Informationspflichten bei der Erhebung von Sozialdaten bei der betroffenen Person. (1) Die Pflicht zur Information der betroffenen Person gemäß Artikel 13 Absatz 1 Buchstabe e der Verordnung (EU) 2016/679 über Kategorien von Empfängern besteht ergänzend zu der in Artikel 13 Absatz 4 der Verordnung (EU) 2016/679 genannten Ausnahme nur, soweit

1. sie nach den Umständen des Einzelfalles nicht mit der Nutzung oder der Übermittlung von Sozialdaten an diese Kategorien von Empfängern rechnen muss,
2. es sich nicht um Speicherung, Veränderung, Nutzung, Übermittlung, Einschränkung der Verarbeitung oder Löschung von Sozialdaten innerhalb einer

[1)] Nr. **20**.

in § 35 des Ersten Buches[1)] genannten Stelle oder einer Organisationseinheit im Sinne von § 67 Absatz 4 Satz 2 handelt oder

3. es sich nicht um eine Kategorie von in § 35 des Ersten Buches genannten Stellen oder von Organisationseinheiten im Sinne von § 67 Absatz 4 Satz 2 handelt, die auf Grund eines Gesetzes zur engen Zusammenarbeit verpflichtet sind.

(2) Die Pflicht zur Information der betroffenen Person gemäß Artikel 13 Absatz 3 der Verordnung (EU) 2016/679 besteht ergänzend zu der in Artikel 13 Absatz 4 der Verordnung (EU) 2016/679 genannten Ausnahme dann nicht, wenn die Erteilung der Information über die beabsichtigte Weiterverarbeitung

1. die ordnungsgemäße Erfüllung der in der Zuständigkeit des Verantwortlichen liegenden Aufgaben im Sinne des Artikels 23 Absatz 1 Buchstabe a bis e der Verordnung (EU) 2016/679 gefährden würde und die Interessen des Verantwortlichen an der Nichterteilung der Information die Interessen der betroffenen Person überwiegen,
2. die öffentliche Sicherheit oder Ordnung gefährden oder sonst dem Wohl des Bundes oder eines Landes Nachteile bereiten würde und die Interessen des Verantwortlichen an der Nichterteilung der Information die Interessen der betroffenen Person überwiegen oder
3. eine vertrauliche Übermittlung von Daten an öffentliche Stellen gefährden würde.

(3) [1] Unterbleibt eine Information der betroffenen Person nach Maßgabe des Absatzes 2, ergreift der Verantwortliche geeignete Maßnahmen zum Schutz der berechtigten Interessen der betroffenen Person, einschließlich der Bereitstellung der in Artikel 13 Absatz 1 und 2 der Verordnung (EU) 2016/679 genannten Informationen für die Öffentlichkeit in präziser, transparenter, verständlicher und leicht zugänglicher Form in einer klaren und einfachen Sprache. [2] Der Verantwortliche hält schriftlich fest, aus welchen Gründen er von einer Information abgesehen hat. [3] Die Sätze 1 und 2 finden in den Fällen des Absatzes 2 Nummer 3 keine Anwendung.

(4) Unterbleibt die Benachrichtigung in den Fällen des Absatzes 2 wegen eines vorübergehenden Hinderungsgrundes, kommt der Verantwortliche der Informationspflicht unter Berücksichtigung der spezifischen Umstände der Verarbeitung innerhalb einer angemessenen Frist nach Fortfall des Hinderungsgrundes, spätestens jedoch innerhalb von zwei Wochen, nach.

(5) Bezieht sich die Informationserteilung auf die Übermittlung von Sozialdaten durch öffentliche Stellen an die Staatsanwaltschaften und Gerichte im Bereich der Strafverfolgung, an Polizeibehörden, Verfassungsschutzbehörden, den Bundesnachrichtendienst und den Militärischen Abschirmdienst, ist sie nur mit Zustimmung dieser Stelle zulässig.

§ 82a Informationspflichten, wenn Sozialdaten nicht bei der betroffenen Person erhoben wurden. (1) Die Pflicht einer in § 35 des Ersten Buches[1)] genannten Stelle zur Information der betroffenen Person gemäß Artikel 14 Absatz 1, 2 und 4 der Verordnung (EU) 2016/679 besteht ergänzend zu den in Artikel 14 Absatz 5 der Verordnung (EU) 2016/679 genannten Ausnahmen nicht,

---

[1)] Nr. **1**.

1. soweit die Erteilung der Information
   a) die ordnungsgemäße Erfüllung der in der Zuständigkeit des Verantwortlichen liegenden Aufgaben gefährden würde oder
   b) die öffentliche Sicherheit oder Ordnung gefährden oder sonst dem Wohle des Bundes oder eines Landes Nachteile bereiten würde, oder
2. soweit die Daten oder die Tatsache ihrer Speicherung nach einer Rechtsvorschrift oder ihrem Wesen nach, insbesondere wegen der überwiegenden berechtigten Interessen eines Dritten geheim gehalten werden müssen

und deswegen das Interesse der betroffenen Person an der Informationserteilung zurücktreten muss.

(2) Werden Sozialdaten bei einer nicht-öffentlichen Stelle erhoben, so ist diese auf die Rechtsvorschrift, die zur Auskunft verpflichtet, sonst auf die Freiwilligkeit hinzuweisen.

(3) [1] Unterbleibt eine Information der betroffenen Person nach Maßgabe des Absatzes 1, ergreift der Verantwortliche geeignete Maßnahmen zum Schutz der berechtigten Interessen der betroffenen Person, einschließlich der Bereitstellung der in Artikel 14 Absatz 1 und 2 der Verordnung (EU) 2016/679 genannten Informationen für die Öffentlichkeit in präziser, transparenter, verständlicher und leicht zugänglicher Form in einer klaren und einfachen Sprache. [2] Der Verantwortliche hält schriftlich fest, aus welchen Gründen er von einer Information abgesehen hat.

(4) In Bezug auf die Pflicht zur Information nach Artikel 14 Absatz 1 Buchstabe e der Verordnung (EU) 2016/679 gilt § 82 Absatz 1 entsprechend.

(5) Bezieht sich die Informationserteilung auf die Übermittlung von Sozialdaten durch öffentliche Stellen an Staatsanwaltschaften und Gerichte im Bereich der Strafverfolgung, an Polizeibehörden, Verfassungsschutzbehörden, den Bundesnachrichtendienst und den Militärischen Abschirmdienst, ist sie nur mit Zustimmung dieser Stellen zulässig.

§ 83 Auskunftsrecht der betroffenen Personen. (1) Das Recht auf Auskunft der betroffenen Person gemäß Artikel 15 der Verordnung (EU) 2016/679 besteht nicht, soweit

1. die betroffene Person nach § 82a Absatz 1, 4 und 5 nicht zu informieren ist oder
2. die Sozialdaten
   a) nur deshalb gespeichert sind, weil sie auf Grund gesetzlicher oder satzungsmäßiger Aufbewahrungsvorschriften nicht gelöscht werden dürfen, oder
   b) ausschließlich zu Zwecken der Datensicherung oder der Datenschutzkontrolle dienen

   und die Auskunftserteilung einen unverhältnismäßigen Aufwand erfordern würde sowie eine Verarbeitung zu anderen Zwecken durch geeignete technische und organisatorische Maßnahmen ausgeschlossen ist.

(2) [1] Die betroffene Person soll in dem Antrag auf Auskunft gemäß Artikel 15 der Verordnung (EU) 2016/679 die Art der Sozialdaten, über die Auskunft erteilt werden soll, näher bezeichnen. [2] Sind die Sozialdaten nicht automatisiert oder nicht in nicht automatisierten Dateisystemen gespeichert, wird die Auskunft nur erteilt, soweit die betroffene Person Angaben macht, die das Auf-

finden der Daten ermöglichen, und der für die Erteilung der Auskunft erforderliche Aufwand nicht außer Verhältnis zu dem von der betroffenen Person geltend gemachten Informationsinteresse steht. [3] Soweit Artikel 15 und 12 Absatz 3 der Verordnung (EU) 2016/679 keine Regelungen enthalten, bestimmt der Verantwortliche das Verfahren, insbesondere die Form der Auskunftserteilung, nach pflichtgemäßem Ermessen. [4] § 25 Absatz 2 gilt entsprechend.

(3) [1] Die Gründe der Auskunftsverweigerung sind zu dokumentieren. [2] Die Ablehnung der Auskunftserteilung bedarf keiner Begründung, soweit durch die Mitteilung der tatsächlichen und rechtlichen Gründe, auf die die Entscheidung gestützt wird, der mit der Auskunftsverweigerung verfolgte Zweck gefährdet würde. [3] In diesem Fall ist die betroffene Person darauf hinzuweisen, dass sie sich, wenn die in § 35 des Ersten Buches[1)] genannten Stellen der Kontrolle des oder der Bundesbeauftragten unterliegen, an diesen oder diese, sonst an die nach Landesrecht für die Kontrolle des Datenschutzes zuständige Stelle wenden kann.

(4) Wird einer betroffenen Person keine Auskunft erteilt, so kann, soweit es sich um in § 35 des Ersten Buches genannte Stellen handelt, die der Kontrolle des oder der Bundesbeauftragten unterliegen, diese, sonst die nach Landesrecht für die Kontrolle des Datenschutzes zuständige Stelle, auf Verlangen der betroffenen Person prüfen, ob die Ablehnung der Auskunftserteilung rechtmäßig war.

(5) Bezieht sich die Informationserteilung auf die Übermittlung von Sozialdaten durch öffentliche Stellen an Staatsanwaltschaften und Gerichte im Bereich der Strafverfolgung, an Polizeibehörden, Verfassungsschutzbehörden, den Bundesnachrichtendienst und den Militärischen Abschirmdienst, ist sie nur mit Zustimmung dieser Stellen zulässig.

§ 83a Benachrichtigung bei einer Verletzung des Schutzes von Sozialdaten. Ergänzend zu den Meldepflichten gemäß den Artikeln 33 und 34 der Verordnung (EU) 2016/679 meldet die in § 35 des Ersten Buches[1)] genannte Stelle die Verletzung des Schutzes von Sozialdaten auch der Rechts- oder Fachaufsichtsbehörde.

§ 84 Recht auf Berichtigung, Löschung, Einschränkung der Verarbeitung und Widerspruch. (1) [1] Ist eine Löschung von Sozialdaten im Fall nicht automatisierter Datenverarbeitung wegen der besonderen Art der Speicherung nicht oder nur mit unverhältnismäßig hohem Aufwand möglich und ist das Interesse der betroffenen Person an der Löschung als gering anzusehen, besteht das Recht der betroffenen Person auf und die Pflicht des Verantwortlichen zur Löschung von Sozialdaten gemäß Artikel 17 Absatz 1 der Verordnung (EU) 2016/679 ergänzend zu den in Artikel 17 Absatz 3 der Verordnung (EU) 2016/679 genannten Ausnahmen nicht. [2] In diesem Fall tritt an die Stelle einer Löschung die Einschränkung der Verarbeitung gemäß Artikel 18 der Verordnung (EU) 2016/679. [3] Die Sätze 1 und 2 finden keine Anwendung, wenn die Sozialdaten unrechtmäßig verarbeitet wurden.

(2) [1] Wird die Richtigkeit von Sozialdaten von der betroffenen Person bestritten und lässt sich weder die Richtigkeit noch die Unrichtigkeit der Daten feststellen, gilt ergänzend zu Artikel 18 Absatz 1 Buchstabe a der Verordnung

---

[1)] Nr. **1**.

(EU) 2016/679, dass dies keine Einschränkung der Verarbeitung bewirkt, soweit es um die Erfüllung sozialer Aufgaben geht; die ungeklärte Sachlage ist in geeigneter Weise festzuhalten. [2]Die bestrittenen Daten dürfen nur mit einem Hinweis hierauf verarbeitet werden.

(3) [1]Ergänzend zu Artikel 18 Absatz 1 Buchstabe b und c der Verordnung (EU) 2016/679 gilt Absatz 1 Satz 1 und 2 entsprechend im Fall des Artikels 17 Absatz 1 Buchstabe a und d der Verordnung (EU) 2016/679, solange und soweit der Verantwortliche Grund zu der Annahme hat, dass durch eine Löschung schutzwürdige Interessen der betroffenen Person beeinträchtigt würden. [2]Der Verantwortliche unterrichtet die betroffene Person über die Einschränkung der Verarbeitung, sofern sich die Unterrichtung nicht als unmöglich erweist oder einen unverhältnismäßigen Aufwand erfordern würde.

(4) Sind Sozialdaten für die Zwecke, für die sie erhoben oder auf sonstige Weise verarbeitet wurden, nicht mehr notwendig, gilt ergänzend zu Artikel 17 Absatz 3 Buchstabe b der Verordnung (EU) 2016/679 Absatz 1 entsprechend, wenn einer Löschung satzungsmäßige oder vertragliche Aufbewahrungsfristen entgegenstehen.

(5) Das Recht auf Widerspruch gemäß Artikel 21 Absatz 1 der Verordnung (EU) 2016/679 gegenüber einer öffentlichen Stelle besteht nicht, soweit an der Verarbeitung ein zwingendes öffentliches Interesse besteht, das die Interessen der betroffenen Person überwiegt, oder eine Rechtsvorschrift zur Verarbeitung von Sozialdaten verpflichtet.

(6) § 71 Absatz 1 Satz 3 bleibt unberührt.

§ 84a *(nicht mehr belegt)*

§ 85 Strafvorschriften. (1) Für Sozialdaten gelten die Strafvorschriften des § 42 Absatz 1 und 2 des Bundesdatenschutzgesetzes entsprechend.

(2) [1]Die Tat wird nur auf Antrag verfolgt. [2]Antragsberechtigt sind die betroffene Person, der Verantwortliche, der oder die Bundesbeauftragte oder die nach Landesrecht für die Kontrolle des Datenschutzes zuständige Stelle.

(3) Eine Meldung nach § 83a oder nach Artikel 33 der Verordnung (EU) 2016/679 oder eine Benachrichtigung nach Artikel 34 Absatz 1 der Verordnung (EU) 2016/679 dürfen in einem Strafverfahren gegen die melde- oder benachrichtigungspflichtige Person oder gegen einen ihrer in § 52 Absatz 1 der Strafprozessordnung bezeichneten Angehörigen nur mit Zustimmung der melde- oder benachrichtigungspflichtigen Person verwendet werden.

§ 85a Bußgeldvorschriften. (1) Für Sozialdaten gilt § 41 des Bundesdatenschutzgesetzes entsprechend.

(2) Eine Meldung nach § 83a oder nach Artikel 33 der Verordnung (EU) 2016/679 oder eine Benachrichtigung nach Artikel 34 Absatz 1 der Verordnung (EU) 2016/679 dürfen in einem Verfahren nach dem Gesetz über Ordnungswidrigkeiten gegen die melde- oder benachrichtigungspflichtige Person oder einen ihrer in § 52 Absatz 1 der Strafprozessordnung bezeichneten Angehörigen nur mit Zustimmung der melde- oder benachrichtigungspflichtigen Person verwendet werden.

(3) Gegen Behörden und sonstige öffentliche Stellen werden keine Geldbußen verhängt.

Drittes Kapitel. Zusammenarbeit der Leistungsträger und ihre Beziehungen zu Dritten

Erster Abschnitt. Zusammenarbeit der Leistungsträger untereinander und mit Dritten

Erster Titel. Allgemeine Vorschriften

§ 86 Zusammenarbeit. Die Leistungsträger, ihre Verbände und die in diesem Gesetzbuch genannten öffentlich-rechtlichen Vereinigungen sind verpflichtet, bei der Erfüllung ihrer Aufgaben nach diesem Gesetzbuch eng zusammenzuarbeiten.

Zweiter Titel. Zusammenarbeit der Leistungsträger untereinander

§ 87 Beschleunigung der Zusammenarbeit. (1) [1] Ersucht ein Leistungsträger einen anderen Leistungsträger um Verrechnung mit einer Nachzahlung und kann er die Höhe des zu verrechnenden Anspruchs noch nicht bestimmen, ist der ersuchte Leistungsträger dagegen bereits in der Lage, die Nachzahlung zu erbringen, ist die Nachzahlung spätestens innerhalb von zwei Monaten nach Zugang des Verrechnungsersuchens zu leisten. [2] Soweit die Nachzahlung nach Auffassung der beteiligten Leistungsträger die Ansprüche der ersuchenden Leistungsträger übersteigt, ist sie unverzüglich auszuzahlen.

(2) [1] Ist ein Anspruch auf eine Geldleistung auf einen anderen Leistungsträger übergegangen und ist der Anspruchsübergang sowohl diesem als auch dem verpflichteten Leistungsträger bekannt, hat der verpflichtete Leistungsträger die Geldleistung nach Ablauf von zwei Monaten seit dem Zeitpunkt, in dem die Auszahlung frühestens möglich ist, an den Berechtigten auszuzahlen, soweit ihm bis zu diesem Zeitpunkt nicht bekannt ist, in welcher Höhe der Anspruch dem anderen Leistungsträger zusteht. [2] Die Auszahlung hat gegenüber dem anderen Leistungsträger befreiende Wirkung. [3] Absatz 1 Satz 2 gilt entsprechend.

§ 88 Auftrag. (1) [1] Ein Leistungsträger (Auftraggeber) kann ihm obliegende Aufgaben durch einen anderen Leistungsträger oder seinen Verband (Beauftragter) mit dessen Zustimmung wahrnehmen lassen, wenn dies

1. wegen des sachlichen Zusammenhangs der Aufgaben vom Auftraggeber und Beauftragten,
2. zur Durchführung der Aufgaben und
3. im wohlverstandenen Interesse der Betroffenen

zweckmäßig ist. [2] Satz 1 gilt nicht im Recht der Ausbildungsförderung, der Kriegsopferfürsorge, des Kindergelds, der Unterhaltsvorschüsse und Unterhaltsausfallleistungen, im Wohngeldrecht sowie im Recht der Jugendhilfe und der Sozialhilfe.

(2) [1] Der Auftrag kann für Einzelfälle sowie für gleichartige Fälle erteilt werden. [2] Ein wesentlicher Teil des gesamten Aufgabenbereichs muss beim Auftraggeber verbleiben.

(3) [1] Verbände dürfen Verwaltungsakte nur erlassen, soweit sie hierzu durch Gesetz oder auf Grund eines Gesetzes berechtigt sind. [2] Darf der Verband Verwaltungsakte erlassen, ist die Berechtigung in der für die amtlichen Ver-

öffentlichungen des Verbands sowie der Mitglieder vorgeschriebenen Weise bekannt zu machen.

(4) Der Auftraggeber hat einen Auftrag für gleichartige Fälle in der für seine amtlichen Veröffentlichungen vorgeschriebenen Weise bekannt zu machen.

§ 89 Ausführung des Auftrags. (1) Verwaltungsakte, die der Beauftragte zur Ausführung des Auftrags erlässt, ergehen im Namen des Auftraggebers.

(2) Durch den Auftrag wird der Auftraggeber nicht von seiner Verantwortung gegenüber dem Betroffenen entbunden.

(3) Der Beauftragte hat dem Auftraggeber die erforderlichen Mitteilungen zu machen, auf Verlangen über die Ausführung des Auftrags Auskunft zu erteilen und nach der Ausführung des Auftrags Rechenschaft abzulegen.

(4) Der Auftraggeber ist berechtigt, die Ausführung des Auftrags jederzeit zu prüfen.

(5) Der Auftraggeber ist berechtigt, den Beauftragten an seine Auffassung zu binden.

§ 90 Anträge und Widerspruch beim Auftrag. [1] Der Beteiligte kann auch beim Beauftragten Anträge stellen. [2] Erhebt der Beteiligte gegen eine Entscheidung des Beauftragten Widerspruch und hilft der Beauftragte diesem nicht ab, erlässt den Widerspruchsbescheid die für den Auftraggeber zuständige Widerspruchsstelle.

§ 91 Erstattung von Aufwendungen. (1) [1] Erbringt ein Beauftragter Sozialleistungen für einen Auftraggeber, ist dieser zur Erstattung verpflichtet. [2] Sach- und Dienstleistungen sind in Geld zu erstatten. [3] Eine Erstattungspflicht besteht nicht, soweit Sozialleistungen zu Unrecht erbracht worden sind und den Beauftragten hierfür ein Verschulden trifft.

(2) [1] Die bei der Ausführung des Auftrags entstehenden Kosten sind zu erstatten. [2] Absatz 1 Satz 3 gilt entsprechend.

(3) Für die zur Ausführung des Auftrags erforderlichen Aufwendungen hat der Auftraggeber dem Beauftragten auf Verlangen einen angemessenen Vorschuss zu zahlen.

(4) Abweichende Vereinbarungen, insbesondere über pauschalierte Erstattungen, sind zulässig.

§ 92 Kündigung des Auftrags. [1] Der Auftraggeber oder der Beauftragte kann den Auftrag kündigen. [2] Die Kündigung darf nur zu einem Zeitpunkt erfolgen, der es ermöglicht, dass der Auftraggeber für die Erledigung der Aufgabe auf andere Weise rechtzeitig Vorsorge treffen und der Beauftragte sich auf den Wegfall des Auftrags in angemessener Zeit einstellen kann. [3] Liegt ein wichtiger Grund vor, kann mit sofortiger Wirkung gekündigt werden. [4] § 88 Abs. 4 gilt entsprechend.

§ 93 Gesetzlicher Auftrag. Handelt ein Leistungsträger auf Grund gesetzlichen Auftrags für einen anderen, gelten § 89 Abs. 3 und 5 sowie § 91 Abs. 1 und 3 entsprechend.

§ 94 Arbeitsgemeinschaften. (1) Die Arbeitsgemeinschaft für Krebsbekämpfung der Träger der gesetzlichen Kranken- und Rentenversicherung im

Lande Nordrhein-Westfalen, die Rheinische Arbeitsgemeinschaft zur Rehabilitation Suchtkranker, die Westfälische Arbeitsgemeinschaft zur Rehabilitation Suchtkranker, die Arbeitsgemeinschaft zur Rehabilitation Suchtkranker im Lande Hessen sowie die Arbeitsgemeinschaft für Heimdialyse im Lande Hessen sind berechtigt, Verwaltungsakte zu erlassen zur Erfüllung der Aufgaben, die ihnen am 1. Juli 1981 übertragen waren.

(1a) [1] Träger der Sozialversicherung, Verbände von Trägern der Sozialversicherung und die Bundesagentur für Arbeit einschließlich der in § 19a Abs. 2 des Ersten Buches[1)] genannten anderen Leistungsträger können insbesondere zur gegenseitigen Unterrichtung, Abstimmung, Koordinierung und Förderung der engen Zusammenarbeit im Rahmen der ihnen gesetzlich übertragenen Aufgaben Arbeitsgemeinschaften bilden. [2] Eine nach Satz 1 gebildete Arbeitsgemeinschaft kann eine weitere Arbeitsgemeinschaft bilden oder einer weiteren Arbeitsgemeinschaft beitreten, die sich ihrerseits an einer weiteren Arbeitsgemeinschaft beteiligen können. [3] Weitere Beteiligungsebenen sind unzulässig. [4] Die Aufsichtsbehörde ist vor der Bildung von Arbeitsgemeinschaften und dem Beitritt zu ihnen sowie vor ihrer Auflösung und einem Austritt so rechtzeitig und umfassend zu unterrichten, dass ihr ausreichend Zeit zur Prüfung bleibt. [5] Die Aufsichtsbehörde kann auf eine Unterrichtung verzichten.

(2) [1] Können nach diesem Gesetzbuch Arbeitsgemeinschaften gebildet werden, unterliegen diese staatlicher Aufsicht, die sich auf die Beachtung von Gesetz und sonstigem Recht erstreckt, das für die Arbeitsgemeinschaften, die Leistungsträger und ihre Verbände maßgebend ist; die §§ 85, 88 bis 90a des Vierten Buches[2)] gelten entsprechend. [2] Ist der Spitzenverband Bund der Krankenkassen oder die Bundesagentur für Arbeit Mitglied einer Arbeitsgemeinschaft, führt das zuständige Bundesministerium in Abstimmung mit den für die übrigen Mitglieder zuständigen Aufsichtsbehörden die Aufsicht. [3] Beabsichtigt eine Aufsichtsbehörde, von den Aufsichtsmitteln nach § 89 des Vierten Buches Gebrauch zu machen, unterrichtet sie die Aufsichtsbehörden, die die Aufsicht über die Mitglieder der betroffenen Arbeitsgemeinschaft führen, und setzt eine angemessene Frist zur Stellungnahme.

(2a) [1] Ein räumlicher Zuständigkeitsbereich im Sinne von § 90 des Vierten Buches ist gegeben, wenn eine Arbeitsgemeinschaft unmittelbar sozialrechtliche Leistungen an Versicherte erbringt oder sonstige Aufgaben nach dem Sozialgesetzbuch im Außenverhältnis wahrnimmt. [2] Fehlt ein Zuständigkeitsbereich im Sinne von § 90 des Vierten Buches, führen die Aufsicht die für die Sozialversicherung zuständigen obersten Verwaltungsbehörden oder die von der Landesregierung durch Rechtsverordnung bestimmten Behörden des Landes, in dem die Arbeitsgemeinschaften ihren Sitz haben; die Landesregierungen können diese Ermächtigung durch Rechtsverordnung auf die obersten Landesbehörden übertragen. [3] Abweichend von Satz 2 führt das Bundesamt für Soziale Sicherung die Aufsicht, wenn die absolute Mehrheit der Anteile oder der Stimmen in der Arbeitsgemeinschaft Trägern zusteht, die unter Bundesaufsicht stehen.

(3) Soweit erforderlich, stellt eine Arbeitsgemeinschaft unter entsprechender Anwendung von § 67 des Vierten Buches einen Haushaltsplan auf.

(4) § 88 Abs. 1 Satz 1 und Abs. 2 gilt entsprechend.

---

1) Nr. 1.

2) Nr. 4.

§ 95 Zusammenarbeit bei Planung und Forschung. (1) [1]Die in § 86 genannten Stellen sollen

1. Planungen, die auch für die Willensbildung und Durchführung von Aufgaben der anderen von Bedeutung sind, im Benehmen miteinander abstimmen sowie
2. gemeinsame örtliche und überörtliche Pläne in ihrem Aufgabenbereich über soziale Dienste und Einrichtungen, insbesondere deren Bereitstellung und Inanspruchnahme, anstreben.

[2]Die jeweiligen Gebietskörperschaften sowie die gemeinnützigen und freien Einrichtungen und Organisationen sollen insbesondere hinsichtlich der Bedarfsermittlung beteiligt werden.

(2) Die in § 86 genannten Stellen sollen Forschungsvorhaben über den gleichen Gegenstand aufeinander abstimmen.

§ 96 Ärztliche Untersuchungen, psychologische Eignungsuntersuchungen. (1) [1]Veranlasst ein Leistungsträger eine ärztliche Untersuchungsmaßnahme oder eine psychologische Eignungsuntersuchungsmaßnahme, um festzustellen, ob die Voraussetzungen für eine Sozialleistung vorliegen, sollen die Untersuchungen in der Art und Weise vorgenommen und deren Ergebnisse so festgehalten werden, dass sie auch bei der Prüfung der Voraussetzungen anderer Sozialleistungen verwendet werden können. [2]Der Umfang der Untersuchungsmaßnahme richtet sich nach der Aufgabe, die der Leistungsträger, der die Untersuchung veranlasst hat, zu erfüllen hat. [3]Die Untersuchungsbefunde sollen bei der Feststellung, ob die Voraussetzungen einer anderen Sozialleistung vorliegen, verwertet werden.

(2) [1]Durch Vereinbarungen haben die Leistungsträger sicherzustellen, dass Untersuchungen unterbleiben, soweit bereits verwertbare Untersuchungsergebnisse vorliegen. [2]Für den Einzelfall sowie nach Möglichkeit für eine Vielzahl von Fällen haben die Leistungsträger zu vereinbaren, dass bei der Begutachtung der Voraussetzungen von Sozialleistungen die Untersuchungen nach einheitlichen und vergleichbaren Grundlagen, Maßstäben und Verfahren vorgenommen und die Ergebnisse der Untersuchungen festgehalten werden. [3]Sie können darüber hinaus vereinbaren, dass sich der Umfang der Untersuchungsmaßnahme nach den Aufgaben der beteiligten Leistungsträger richtet; soweit die Untersuchungsmaßnahme hierdurch erweitert ist, ist die Zustimmung des Betroffenen erforderlich.

(3) Die Bildung einer Zentraldatei mehrerer Leistungsträger für Daten der ärztlich untersuchten Leistungsempfänger ist nicht zulässig.

Dritter Titel. Zusammenarbeit der Leistungsträger mit Dritten

§ 97 Durchführung von Aufgaben durch Dritte. (1) [1]Kann ein Leistungsträger, ein Verband von Leistungsträgern oder eine Arbeitsgemeinschaft von einem Dritten Aufgaben wahrnehmen lassen, muss sichergestellt sein, dass der Dritte die Gewähr für eine sachgerechte, die Rechte und Interessen des Betroffenen wahrende Erfüllung der Aufgaben bietet. [2]Soweit Aufgaben aus dem Bereich der Sozialversicherung von einem Dritten, an dem ein Leistungsträger, ein Verband oder eine Arbeitsgemeinschaft unmittelbar oder mittelbar beteiligt ist, wahrgenommen werden sollen, hat der Leistungsträger, der Verband oder die Arbeitsgemeinschaft den Dritten zu verpflichten, dem Auftraggeber auf Verlangen alle Unterlagen vorzulegen und über alle Tatsachen Auskunft zu erteilen, die zur Ausübung des Aufsichtsrechts über die Auftraggeber auf Grund pflichtgemäßer Prüfung der Aufsichtsbehörde des Auftraggebers erforderlich sind. [3]Die Aufsichtsbehörde ist durch den Leistungsträger, den Verband oder die Arbeitsgemeinschaft so rechtzeitig und umfassend zu unterrichten, dass ihr vor der Aufgabenübertragung oder einer Änderung ausreichend Zeit zur Prüfung bleibt. [4]Die Aufsichtsbehörde kann auf eine Unterrichtung verzichten. [5]Die Sätze 3 und 4 gelten nicht für die Bundesagentur für Arbeit.

(2) § 89 Abs. 3 bis 5, § 91 Abs. 1 bis 3 sowie § 92 gelten entsprechend.

§ 98 Auskunftspflicht des Arbeitgebers. (1) [1]Soweit es in der Sozialversicherung einschließlich der Arbeitslosenversicherung im Einzelfall für die Erbringung von Sozialleistungen erforderlich ist, hat der Arbeitgeber auf Verlangen dem Leistungsträger oder der zuständigen Einzugsstelle Auskunft über die Art und Dauer der Beschäftigung, den Beschäftigungsort und das Arbeitsentgelt zu erteilen. [2]Wegen der Entrichtung von Beiträgen hat der Arbeitgeber auf Verlangen über alle Tatsachen Auskunft zu erteilen, die für die Erhebung der Beiträge notwendig sind. [3]Der Arbeitgeber hat auf Verlangen die Geschäftsbücher, Listen oder andere Unterlagen, aus denen die Angaben über die Beschäftigung hervorgehen, während der Betriebszeit nach seiner Wahl den in Satz 1 bezeichneten Stellen entweder in deren oder in seinen eigenen Geschäftsräumen zur Einsicht vorzulegen. [4]Das Wahlrecht nach Satz 3 entfällt, wenn besondere Gründe eine Prüfung in den Geschäftsräumen des Arbeitgebers gerechtfertigt erscheinen lassen. [5]Satz 4 gilt nicht gegenüber Arbeitgebern des öffentlichen Dienstes. [6]Die Sätze 2 bis 5 gelten auch für Stellen im Sinne des § 28p Abs. 6 des Vierten Buches[1)].

(1a) Soweit die Träger der Rentenversicherung nach § 28p des Vierten Buches prüfberechtigt sind, bestehen die Verpflichtungen nach Absatz 1 Satz 3 bis 6 gegenüber den Einzugsstellen wegen der Entrichtung des Gesamtsozialversicherungsbeitrags nicht; die Verpflichtung nach Absatz 1 Satz 2 besteht gegenüber den Einzugsstellen nur im Einzelfall.

(2) [1]Wird die Auskunft wegen der Erbringung von Sozialleistungen verlangt, gilt § 65 Abs. 1 des Ersten Buches[2)] entsprechend. [2]Auskünfte auf Fragen, deren Beantwortung dem Arbeitgeber selbst oder einer ihm nahe stehenden Person (§ 383 Abs. 1 Nr. 1 bis 3 der Zivilprozessordnung) die Gefahr zuziehen würde, wegen einer Straftat oder einer Ordnungswidrigkeit verfolgt zu werden, können verweigert werden; dem Arbeitgeber stehen die in Absatz 1 Satz 6 genannten Stellen gleich.

(3) Hinsichtlich des Absatzes 1 Satz 2 und 3 sowie des Absatzes 2 stehen einem Arbeitgeber die Personen gleich, die wie ein Arbeitgeber Beiträge für eine kraft Gesetzes versicherte Person zu entrichten haben.

(4) Das Bundesministerium für Arbeit und Soziales kann durch Rechtsverordnung mit Zustimmung des Bundesrates das Nähere über die Durchführung der in Absatz 1 genannten Mitwirkung bestimmen.

(5) [1]Ordnungswidrig handelt, wer vorsätzlich oder leichtfertig

---

[1)] Nr. **4**.
[2)] Nr. **1**.

1. entgegen Absatz 1 Satz 1 oder
2. entgegen Absatz 1 Satz 2 oder Satz 3, jeweils auch in Verbindung mit Absatz 1 Satz 6 oder Absatz 3,

eine Auskunft nicht, nicht richtig, nicht vollständig oder nicht rechtzeitig erteilt oder eine Unterlage nicht, nicht richtig, nicht vollständig oder nicht rechtzeitig vorlegt. [2]Die Ordnungswidrigkeit kann mit einer Geldbuße bis zu fünftausend Euro geahndet werden. [3]Die Sätze 1 und 2 gelten nicht für die Leistungsträger, wenn sie wie ein Arbeitgeber Beiträge für eine kraft Gesetzes versicherte Person zu entrichten haben.

§ 99 Auskunftspflicht von Angehörigen, Unterhaltspflichtigen oder sonstigen Personen. [1]Ist nach dem Recht der Sozialversicherung einschließlich der Arbeitslosenversicherung oder dem sozialen Entschädigungsrecht

1. das Einkommen oder das Vermögen von Angehörigen des Leistungsempfängers oder sonstiger Personen bei einer Sozialleistung oder ihrer Erstattung zu berücksichtigen oder
2. die Sozialleistung oder ihre Erstattung von der Höhe eines Unterhaltsanspruchs abhängig, der dem Leistungsempfänger gegen einen Unterhaltspflichtigen zusteht,

gelten für diese Personen § 60 Abs. 1 Nr. 1 und 3 sowie § 65 Abs. 1 des Ersten Buches[1)] entsprechend. [2]Das Gleiche gilt für den in Satz 1 genannten Anwendungsbereich in den Fällen, in denen Unterhaltspflichtige, Angehörige, der frühere Ehegatte, der frühere Lebenspartner oder Erben zum Ersatz der Aufwendungen des Leistungsträgers herangezogen werden. [3]Auskünfte auf Fragen, deren Beantwortung einem nach Satz 1 oder Satz 2 Auskunftspflichtigen oder einer ihm nahe stehenden Person (§ 383 Abs. 1 Nr. 1 bis 3 der Zivilprozessordnung) die Gefahr zuziehen würde, wegen einer Straftat oder einer Ordnungswidrigkeit verfolgt zu werden, können verweigert werden.

§ 100 Auskunftspflicht des Arztes oder Angehörigen eines anderen Heilberufs. (1) [1]Der Arzt oder Angehörige eines anderen Heilberufs ist verpflichtet, dem Leistungsträger im Einzelfall auf Verlangen Auskunft zu erteilen, soweit es für die Durchführung von dessen Aufgaben nach diesem Gesetzbuch erforderlich und

1. es gesetzlich zugelassen ist oder
2. der Betroffene im Einzelfall eingewilligt hat.

[2]Die Einwilligung soll zum Nachweis im Sinne des Artikels 7 Absatz 1 der Verordnung (EU) 2016/679, dass die betroffene Person in die Verarbeitung ihrer personenbezogenen Daten eingewilligt hat, schriftlich oder elektronisch erfolgen. [3]Die Sätze 1 und 2 gelten entsprechend für Krankenhäuser sowie für Vorsorge- oder Rehabilitationseinrichtungen.

(2) Auskünfte auf Fragen, deren Beantwortung dem Arzt, dem Angehörigen eines anderen Heilberufs oder ihnen nahe stehenden Personen (§ 383 Abs. 1 Nr. 1 bis 3 der Zivilprozessordnung) die Gefahr zuziehen würde, wegen einer Straftat oder einer Ordnungswidrigkeit verfolgt zu werden, können verweigert werden.

---

1) Nr. 1.

§ 101 Auskunftspflicht der Leistungsträger. [1] Die Leistungsträger haben auf Verlangen eines behandelnden Arztes Untersuchungsbefunde, die für die Behandlung von Bedeutung sein können, mitzuteilen, sofern der Betroffene im Einzelfall in die Mitteilung eingewilligt hat. [2] § 100 Abs. 1 Satz 2 gilt entsprechend.

§ 101a Mitteilungen der Meldebehörden. (1) Die Datenstelle der Rentenversicherung übermittelt die Mitteilungen aller Sterbefälle und Anschriftenänderungen und jede Änderung des Vor- und des Familiennamens unter den Voraussetzungen von § 196 Absatz 2 des Sechsten Buches[1)] und bei einer Eheschließung eines Einwohners das Datum dieser Eheschließung unter den Voraussetzungen von § 196 Absatz 2a des Sechsten Buches unverzüglich an die Deutsche Post AG.

(2) Die Mitteilungen, die von der Datenstelle der Rentenversicherung an die Deutsche Post AG übermittelt werden, dürfen von der Deutschen Post AG

1. nur dazu verwendet werden, um laufende Geldleistungen der Leistungsträger, der in § 69 Abs. 2 genannten Stellen sowie ausländischer Leistungsträger mit laufenden Geldleistungen in die Bundesrepublik Deutschland einzustellen oder deren Einstellung zu veranlassen sowie um Anschriften von Empfängern laufender Geldleistungen der Leistungsträger und der in § 69 Abs. 2 genannten Stellen zu berichtigen oder deren Berichtigung zu veranlassen, und darüber hinaus
2. nur weiter übermittelt werden, um den Trägern der Unfallversicherung, der Sozialversicherung für Landwirtschaft, Forsten und Gartenbau und den in § 69 Abs. 2 genannten Zusatzversorgungseinrichtungen eine Aktualisierung ihrer Versichertenbestände oder Mitgliederbestände zu ermöglichen; dies gilt auch für die Übermittlung der Mitteilungen an berufsständische Versorgungseinrichtungen, soweit diese nach Landesrecht oder Satzungsrecht zur Erhebung dieser Daten befugt sind.

(3) Die Verwendung und Übermittlung der Mitteilungen erfolgt

1. in der allgemeinen Rentenversicherung im Rahmen des gesetzlichen Auftrags der Deutschen Post AG nach § 119 Abs. 1 Satz 1 des Sechsten Buches,
2. im Übrigen im Rahmen eines öffentlich-rechtlichen oder privatrechtlichen Vertrages der Deutschen Post AG mit den Leistungsträgern, den berufsständischen Versorgungseinrichtungen oder den in § 69 Abs. 2 genannten Stellen.

Zweiter Abschnitt. Erstattungsansprüche der Leistungsträger untereinander

§ 102 Anspruch des vorläufig leistenden Leistungsträgers. (1) Hat ein Leistungsträger auf Grund gesetzlicher Vorschriften vorläufig Sozialleistungen erbracht, ist der zur Leistung verpflichtete Leistungsträger erstattungspflichtig.

(2) Der Umfang des Erstattungsanspruchs richtet sich nach den für den vorleistenden Leistungsträger geltenden Rechtsvorschriften.

[1)] Nr. **6**.

§ 103 Anspruch des Leistungsträgers, dessen Leistungsverpflichtung nachträglich entfallen ist. (1) Hat ein Leistungsträger Sozialleistungen erbracht und ist der Anspruch auf diese nachträglich ganz oder teilweise entfallen, ist der für die entsprechende Leistung zuständige Leistungsträger erstattungspflichtig, soweit dieser nicht bereits selbst geleistet hat, bevor er von der Leistung des anderen Leistungsträgers Kenntnis erlangt hat.

(2) Der Umfang des Erstattungsanspruchs richtet sich nach den für den zuständigen Leistungsträger geltenden Rechtsvorschriften.

(3) Die Absätze 1 und 2 gelten gegenüber den Trägern der Eingliederungshilfe, der Sozialhilfe, der Kriegsopferfürsorge und der Jugendhilfe nur von dem Zeitpunkt ab, von dem ihnen bekannt war, dass die Voraussetzungen für ihre Leistungspflicht vorlagen.

§ 104 Anspruch des nachrangig verpflichteten Leistungsträgers.

(1) [1] Hat ein nachrangig verpflichteter Leistungsträger Sozialleistungen erbracht, ohne dass die Voraussetzungen von § 103 Abs. 1 vorliegen, ist der Leistungsträger erstattungspflichtig, gegen den der Berechtigte vorrangig einen Anspruch hat oder hatte, soweit der Leistungsträger nicht bereits selbst geleistet hat, bevor er von der Leistung des anderen Leistungsträgers Kenntnis erlangt hat. [2] Nachrangig verpflichtet ist ein Leistungsträger, soweit dieser bei rechtzeitiger Erfüllung der Leistungsverpflichtung eines anderen Leistungsträgers selbst nicht zur Leistung verpflichtet gewesen wäre. [3] Ein Erstattungsanspruch besteht nicht, soweit der nachrangige Leistungsträger seine Leistungen auch bei Leistung des vorrangig verpflichteten Leistungsträgers hätte erbringen müssen. [4] Satz 1 gilt entsprechend, wenn von den Trägern der Eingliederungshilfe, der Sozialhilfe, der Kriegsopferfürsorge und der Jugendhilfe Aufwendungsersatz geltend gemacht oder ein Kostenbeitrag erhoben werden kann; Satz 3 gilt in diesen Fällen nicht.

(2) Absatz 1 gilt auch dann, wenn von einem nachrangig verpflichteten Leistungsträger für einen Angehörigen Sozialleistungen erbracht worden sind und ein anderer mit Rücksicht auf diesen Angehörigen einen Anspruch auf Sozialleistungen, auch auf besonders bezeichnete Leistungsteile, gegenüber einem vorrangig verpflichteten Leistungsträger hat oder hatte.

(3) Der Umfang des Erstattungsanspruchs richtet sich nach den für den vorrangig verpflichteten Leistungsträger geltenden Rechtsvorschriften.

(4) Sind mehrere Leistungsträger vorrangig verpflichtet, kann der Leistungsträger, der die Sozialleistung erbracht hat, Erstattung nur von dem Leistungsträger verlangen, für den er nach § 107 Abs. 2 mit befreiender Wirkung geleistet hat.

§ 105 Anspruch des unzuständigen Leistungsträgers. (1) [1] Hat ein unzuständiger Leistungsträger Sozialleistungen erbracht, ohne dass die Voraussetzungen von § 102 Abs. 1 vorliegen, ist der zuständige oder zuständig gewesene Leistungsträger erstattungspflichtig, soweit dieser nicht bereits selbst geleistet hat, bevor er von der Leistung des anderen Leistungsträgers Kenntnis erlangt hat. [2] § 104 Abs. 2 gilt entsprechend.

(2) Der Umfang des Erstattungsanspruchs richtet sich nach den für den zuständigen Leistungsträger geltenden Rechtsvorschriften.

(3) Die Absätze 1 und 2 gelten gegenüber den Trägern der Eingliederungshilfe, der Sozialhilfe, der Kriegsopferfürsorge und der Jugendhilfe nur von dem Zeitpunkt ab, von dem ihnen bekannt war, dass die Voraussetzungen für ihre Leistungspflicht vorlagen.

§ 106 Rangfolge bei mehreren Erstattungsberechtigten. (1) Ist ein Leistungsträger mehreren Leistungsträgern zur Erstattung verpflichtet, sind die Ansprüche in folgender Rangfolge zu befriedigen:

1. (weggefallen)
2. der Anspruch des vorläufig leistenden Leistungsträgers nach § 102,
3. der Anspruch des Leistungsträgers, dessen Leistungsverpflichtung nachträglich entfallen ist, nach § 103,
4. der Anspruch des nachrangig verpflichteten Leistungsträgers nach § 104,
5. der Anspruch des unzuständigen Leistungsträgers nach § 105.

(2) [1] Treffen ranggleiche Ansprüche von Leistungsträgern zusammen, sind diese anteilsmäßig zu befriedigen. [2] Machen mehrere Leistungsträger Ansprüche nach § 104 geltend, ist zuerst derjenige zu befriedigen, der im Verhältnis der nachrangigen Leistungsträger untereinander einen Erstattungsanspruch nach § 104 hätte.

(3) Der Erstattungspflichtige muss insgesamt nicht mehr erstatten, als er nach den für ihn geltenden Erstattungsvorschriften einzeln zu erbringen hätte.

§ 107 Erfüllung. (1) Soweit ein Erstattungsanspruch besteht, gilt der Anspruch des Berechtigten gegen den zur Leistung verpflichteten Leistungsträger als erfüllt.

(2) [1] Hat der Berechtigte Ansprüche gegen mehrere Leistungsträger, gilt der Anspruch als erfüllt, den der Träger, der die Sozialleistung erbracht hat, bestimmt. [2] Die Bestimmung ist dem Berechtigten gegenüber unverzüglich vorzunehmen und den übrigen Leistungsträgern mitzuteilen.

§ 108 Erstattung in Geld, Verzinsung. (1) Sach- und Dienstleistungen sind in Geld zu erstatten.

(2) [1] Ein Erstattungsanspruch der Träger der Eingliederungshilfe, der Sozialhilfe, der Kriegsopferfürsorge und der Jugendhilfe ist von anderen Leistungsträgern

1. für die Dauer des Erstattungszeitraumes und
2. für den Zeitraum nach Ablauf eines Kalendermonats nach Eingang des vollständigen, den gesamten Erstattungszeitraum umfassenden Erstattungsantrages beim zuständigen Erstattungsverpflichteten bis zum Ablauf des Kalendermonats vor der Zahlung

auf Antrag mit 4 vom Hundert zu verzinsen. [2] Die Verzinsung beginnt frühestens nach Ablauf von sechs Kalendermonaten nach Eingang des vollständigen Leistungsantrages des Leistungsberechtigten beim zuständigen Leistungsträger, beim Fehlen eines Antrages nach Ablauf eines Kalendermonats nach Bekanntgabe der Entscheidung über die Leistung. [3] § 44 Abs. 3 des Ersten Buches[1)] findet Anwendung; § 16 des Ersten Buches gilt nicht.

[1)] Nr. 1.

§ 109 Verwaltungskosten und Auslagen. [1] Verwaltungskosten sind nicht zu erstatten. [2] Auslagen sind auf Anforderung zu erstatten, wenn sie im Einzelfall 200 Euro übersteigen. [3] Die Bundesregierung kann durch Rechtsverordnung mit Zustimmung des Bundesrates den in Satz 2 genannten Betrag entsprechend der jährlichen Steigerung der monatlichen Bezugsgröße nach § 18 des Vierten Buches[1)] anheben und dabei auf zehn Euro nach unten oder oben runden.

§ 110 Pauschalierung. [1] Die Leistungsträger haben ihre Erstattungsansprüche pauschal abzugelten, soweit dies zweckmäßig ist. [2] Beträgt im Einzelfall ein Erstattungsanspruch voraussichtlich weniger als 50 Euro, erfolgt keine Erstattung. [3] Die Leistungsträger können abweichend von Satz 2 höhere Beträge vereinbaren. [4] Die Bundesregierung kann durch Rechtsverordnung mit Zustimmung des Bundesrates den in Satz 2 genannten Betrag entsprechend der jährlichen Steigerung der monatlichen Bezugsgröße nach § 18 des Vierten Buches[1)] anheben und dabei auf zehn Euro nach unten oder oben runden.

§ 111 Ausschlussfrist. [1] Der Anspruch auf Erstattung ist ausgeschlossen, wenn der Erstattungsberechtigte ihn nicht spätestens zwölf Monate nach Ablauf des letzten Tages, für den die Leistung erbracht wurde, geltend macht. [2] Der Lauf der Frist beginnt frühestens mit dem Zeitpunkt, zu dem der erstattungsberechtigte Leistungsträger von der Entscheidung des erstattungspflichtigen Leistungsträgers über seine Leistungspflicht Kenntnis erlangt hat.

§ 112 Rückerstattung. Soweit eine Erstattung zu Unrecht erfolgt ist, sind die gezahlten Beträge zurückzuerstatten.

§ 113 Verjährung. (1) [1] Erstattungsansprüche verjähren in vier Jahren nach Ablauf des Kalenderjahres, in dem der erstattungsberechtigte Leistungsträger von der Entscheidung des erstattungspflichtigen Leistungsträgers über dessen Leistungspflicht Kenntnis erlangt hat. [2] Rückerstattungsansprüche verjähren in vier Jahren nach Ablauf des Kalenderjahres, in dem die Erstattung zu Unrecht erfolgt ist.

(2) Für die Hemmung, die Ablaufhemmung, den Neubeginn und die Wirkung der Verjährung gelten die Vorschriften des Bürgerlichen Gesetzbuchs sinngemäß.

§ 114 Rechtsweg. [1] Für den Erstattungsanspruch ist derselbe Rechtsweg wie für den Anspruch auf die Sozialleistung gegeben. [2] Maßgebend ist im Fall des § 102 der Anspruch gegen den vorleistenden Leistungsträger und im Fall der §§ 103 bis 105 der Anspruch gegen den erstattungspflichtigen Leistungsträger.

Dritter Abschnitt. Erstattungs- und Ersatzansprüche der Leistungsträger gegen Dritte

§ 115 Ansprüche gegen den Arbeitgeber. (1) Soweit der Arbeitgeber den Anspruch des Arbeitnehmers auf Arbeitsentgelt nicht erfüllt und deshalb ein Leistungsträger Sozialleistungen erbracht hat, geht der Anspruch des Arbeitnehmers gegen den Arbeitgeber auf den Leistungsträger bis zur Höhe der erbrachten Sozialleistungen über.

[1)] Nr. 4.

(2) Der Übergang wird nicht dadurch ausgeschlossen, dass der Anspruch nicht übertragen, verpfändet oder gepfändet werden kann.

(3) An Stelle der Ansprüche des Arbeitnehmers auf Sachbezüge tritt im Fall des Absatzes 1 der Anspruch auf Geld; die Höhe bestimmt sich nach den nach § 17 Absatz 1 Satz 1 Nummer 4 des Vierten Buches[1)] festgelegten Werten der Sachbezüge.

§ 116 Ansprüche gegen Schadenersatzpflichtige. (1) [1]Ein auf anderen gesetzlichen Vorschriften beruhender Anspruch auf Ersatz eines Schadens geht auf den Versicherungsträger oder Träger der Eingliederungshilfe oder der Sozialhilfe über, soweit dieser auf Grund des Schadensereignisses Sozialleistungen zu erbringen hat, die der Behebung eines Schadens der gleichen Art dienen und sich auf denselben Zeitraum wie der vom Schädiger zu leistende Schadenersatz beziehen. [2]Dazu gehören auch

1. die Beiträge, die von Sozialleistungen zu zahlen sind, und
2. die Beiträge zur Krankenversicherung, die für die Dauer des Anspruchs auf Krankengeld unbeschadet des § 224 Abs. 1 des Fünften Buches[2)] zu zahlen wären.

(2) Ist der Anspruch auf Ersatz eines Schadens durch Gesetz der Höhe nach begrenzt, geht er auf den Versicherungsträger oder Träger der Eingliederungshilfe oder der Sozialhilfe über, soweit er nicht zum Ausgleich des Schadens des Geschädigten oder seiner Hinterbliebenen erforderlich ist.

(3) [1]Ist der Anspruch auf Ersatz eines Schadens durch ein mitwirkendes Verschulden oder eine mitwirkende Verantwortlichkeit des Geschädigten begrenzt, geht auf den Versicherungsträger oder Träger der Eingliederungshilfe oder der Sozialhilfe von dem nach Absatz 1 bei unbegrenzter Haftung übergehenden Ersatzanspruch der Anteil über, welcher dem Vomhundertsatz entspricht, für den der Schädiger ersatzpflichtig ist. [2]Dies gilt auch, wenn der Ersatzanspruch durch Gesetz der Höhe nach begrenzt ist. [3]Der Anspruchsübergang ist ausgeschlossen, soweit der Geschädigte oder seine Hinterbliebenen dadurch hilfebedürftig im Sinne der Vorschriften des Zwölften Buches[3)] werden.

(4) Stehen der Durchsetzung der Ansprüche auf Ersatz eines Schadens tatsächliche Hindernisse entgegen, hat die Durchsetzung der Ansprüche des Geschädigten und seiner Hinterbliebenen Vorrang vor den übergegangenen Ansprüchen nach Absatz 1.

(5) Hat ein Versicherungsträger oder Träger der Eingliederungshilfe oder der Sozialhilfe auf Grund des Schadensereignisses dem Geschädigten oder seinen Hinterbliebenen keine höheren Sozialleistungen zu erbringen als vor diesem Ereignis, geht in den Fällen des Absatzes 3 Satz 1 und 2 der Schadenersatzanspruch nur insoweit über, als der geschuldete Schadenersatz nicht zur vollen Deckung des eigenen Schadens des Geschädigten oder seiner Hinterbliebenen erforderlich ist.

(6) [1]Ein nach Absatz 1 übergegangener Ersatzanspruch kann bei nicht vorsätzlichen Schädigungen durch eine Person, die im Zeitpunkt des Schadens-

[1)] Nr. **4**.
[2)] Nr. **5**.
[3)] Nr. **12**.

ereignisses mit dem Geschädigten oder seinen Hinterbliebenen in häuslicher Gemeinschaft lebt, nicht geltend gemacht werden. [2] Ein Ersatzanspruch nach Absatz 1 kann auch dann nicht geltend gemacht werden, wenn der Schädiger mit dem Geschädigten oder einem Hinterbliebenen nach Eintritt des Schadensereignisses die Ehe geschlossen oder eine Lebenspartnerschaft begründet hat und in häuslicher Gemeinschaft lebt. [3] Abweichend von den Sätzen 1 und 2 kann ein Ersatzanspruch bis zur Höhe der zur Verfügung stehenden Versicherungssumme geltend gemacht werden, wenn der Schaden bei dem Betrieb eines Fahrzeugs entstanden ist, für das Versicherungsschutz nach § 1 des Gesetzes über die Pflichtversicherung für Kraftfahrzeughalter oder § 1 des Gesetzes über die Haftpflichtversicherung für ausländische Kraftfahrzeuge und Kraftfahrzeuganhänger besteht. [4] Der Ersatzanspruch kann in den Fällen des Satzes 3 gegen den Schädiger in voller Höhe geltend gemacht werden, wenn er den Versicherungsfall vorsätzlich verursacht hat.

(7) [1] Haben der Geschädigte oder seine Hinterbliebenen von dem zum Schadenersatz Verpflichteten auf einen übergegangenen Anspruch mit befreiender Wirkung gegenüber dem Versicherungsträger oder Träger der Eingliederungshilfe oder der Sozialhilfe Leistungen erhalten, haben sie insoweit dem Versicherungsträger oder Träger der Eingliederungshilfe oder der Sozialhilfe die erbrachten Leistungen zu erstatten. [2] Haben die Leistungen gegenüber dem Versicherungsträger oder Träger der Sozialhilfe keine befreiende Wirkung, haften der zum Schadenersatz Verpflichtete und der Geschädigte oder dessen Hinterbliebene dem Versicherungsträger oder Träger der Sozialhilfe als Gesamtschuldner.

(8) Weist der Versicherungsträger oder Träger der Sozialhilfe nicht höhere Leistungen nach, sind vorbehaltlich der Absätze 2 und 3 je Schadensfall für nicht stationäre ärztliche Behandlung und Versorgung mit Arznei- und Verbandmitteln 5 vom Hundert der monatlichen Bezugsgröße nach § 18 des Vierten Buches[1)] zu ersetzen.

(9) Die Vereinbarung einer Pauschalierung der Ersatzansprüche ist zulässig.

(10) Die Bundesagentur für Arbeit und die Träger der Grundsicherung für Arbeitsuchende nach dem Zweiten Buch[2)] gelten als Versicherungsträger im Sinne dieser Vorschrift.

§ 117 Schadenersatzansprüche mehrerer Leistungsträger. [1] Haben im Einzelfall mehrere Leistungsträger Sozialleistungen erbracht und ist in den Fällen des § 116 Abs. 2 und 3 der übergegangene Anspruch auf Ersatz des Schadens begrenzt, sind die Leistungsträger Gesamtgläubiger. [2] Untereinander sind sie im Verhältnis der von ihnen erbrachten Sozialleistungen zum Ausgleich verpflichtet. [3] Soweit jedoch eine Sozialleistung allein von einem Leistungsträger erbracht ist, steht der Ersatzanspruch im Innenverhältnis nur diesem zu. [4] Die Leistungsträger können ein anderes Ausgleichsverhältnis vereinbaren.

§ 118 Bindung der Gerichte. Hat ein Gericht über einen nach § 116 übergegangenen Anspruch zu entscheiden, ist es an eine unanfechtbare Entscheidung gebunden, dass und in welchem Umfang der Leistungsträger zur Leistung verpflichtet ist.

---

1) Nr. 4.
2) Nr. 2.

§ 119 Übergang von Beitragsansprüchen. (1) [1] Soweit der Schadenersatzanspruch eines Versicherten den Anspruch auf Ersatz von Beiträgen zur Rentenversicherung umfasst, geht dieser auf den Versicherungsträger über, wenn der Geschädigte im Zeitpunkt des Schadensereignisses bereits Pflichtbeitragszeiten nachweist oder danach pflichtversichert wird; dies gilt nicht, soweit

1. der Arbeitgeber das Arbeitsentgelt fortzahlt oder sonstige der Beitragspflicht unterliegende Leistungen erbringt oder
2. der Anspruch auf Ersatz von Beiträgen nach § 116 übergegangen ist.

[2] Für den Anspruch auf Ersatz von Beiträgen zur Rentenversicherung gilt § 116 Abs. 3 Satz 1 und 2 entsprechend, soweit die Beiträge auf den Unterschiedsbetrag zwischen dem bei unbegrenzter Haftung zu ersetzenden Arbeitsentgelt oder Arbeitseinkommen und der bei Bezug von Sozialleistungen beitragspflichtigen Einnahme entfallen.

(2) [1] Der Versicherungsträger, auf den ein Teil des Anspruchs auf Ersatz von Beiträgen zur Rentenversicherung nach § 116 übergeht, übermittelt den von ihm festgestellten Sachverhalt dem Träger der Rentenversicherung auf einem einheitlichen Meldevordruck. [2] Das Nähere über den Inhalt des Meldevordrucks und das Mitteilungsverfahren bestimmen die Spitzenverbände der Sozialversicherungsträger.

(3) [1] Die eingegangenen Beiträge oder Beitragsanteile gelten in der Rentenversicherung als Pflichtbeiträge. [2] Durch den Übergang des Anspruchs auf Ersatz von Beiträgen darf der Versicherte nicht schlechter gestellt werden, als er ohne den Schadenersatzanspruch gestanden hätte.

(4) [1] Die Vereinbarung der Abfindung von Ansprüchen auf Ersatz von Beiträgen zur Rentenversicherung mit einem ihrem Kapitalwert entsprechenden Betrag ist im Einzelfall zulässig. [2] Im Fall des Absatzes 1 Satz 1 Nr. 1 gelten für die Mitwirkungspflichten des Geschädigten die §§ 60, 61, 65 Abs. 1 und 3 sowie § 65a des Ersten Buches[1)] entsprechend.

Viertes Kapitel. Übergangs- und Schlussvorschriften

§ 120 Übergangsregelung. (1) [1] Die §§ 116 bis 119 sind nur auf Schadensereignisse nach dem 30. Juni 1983 anzuwenden; für frühere Schadensereignisse gilt das bis 30. Juni 1983 geltende Recht weiter. [2] Ist das Schadensereignis nach dem 30. Juni 1983 eingetreten, sind § 116 Abs. 1 Satz 2 und § 119 Abs. 1, 3 und 4 in der ab 1. Januar 2001 geltenden Fassung auf einen Sachverhalt auch dann anzuwenden, wenn der Sachverhalt bereits vor diesem Zeitpunkt bestanden hat und darüber noch nicht abschließend entschieden ist. [3] § 116 Absatz 6 ist nur auf Schadensereignisse nach dem 31. Dezember 2020 anzuwenden; für frühere Schadensereignisse gilt das bis 31. Dezember 2020 geltende Recht weiter.

(2) § 111 Satz 2 und § 113 Abs. 1 Satz 1 sind in der vom 1. Januar 2001 an geltenden Fassung auf die Erstattungsverfahren anzuwenden, die am 1. Juni 2000 noch nicht abschließend entschieden waren.

---

1) Nr. **1**.

(3) Eine Rückerstattung ist in den am 1. Januar 2001 bereits abschließend entschiedenen Fällen ausgeschlossen, wenn die Erstattung nach § 111 Satz 2 in der ab 1. Januar 2001 geltenden Fassung zu Recht erfolgt ist.

(4) *(aufgehoben)*

(5) Artikel 229 § 6 Abs. 1 bis 4 des Einführungsgesetzes zum Bürgerlichen Gesetzbuche gilt entsprechend bei der Anwendung des § 50 Abs. 4 Satz 2 und der §§ 52 und 113 Abs. 2 in der seit dem 1. Januar 2002 geltenden Fassung.

(6) § 66 Abs. 1 Satz 3 bis 5, Abs. 2 und 3 Satz 2 in der ab dem 30. März 2005 geltenden Fassung gilt nur für Bestellungen zu Vollstreckungs- und Vollziehungsbeamten ab dem 30. März 2005.

(7) § 94 Absatz 1a Satz 3 findet nur Anwendung auf die Bildung von oder den Beitritt zu Arbeitsgemeinschaften, wenn die Bildung oder der Beitritt nach dem 30. Juni 2020 erfolgt; die am 30. Juni 2020 bereits bestehenden Arbeitsgemeinschaften dürfen weitergeführt werden.

Anlage
(zu § 78a)

Werden Sozialdaten automatisiert verarbeitet oder genutzt, ist die innerbehördliche oder innerbetriebliche Organisation so zu gestalten, dass sie den besonderen Anforderungen des Datenschutzes gerecht wird. Dabei sind insbesondere Maßnahmen zu treffen, die je nach der Art der zu schützenden Sozialdaten oder Kategorien von Sozialdaten geeignet sind,

1. Unbefugten den Zutritt zu Datenverarbeitungsanlagen, mit denen Sozialdaten verarbeitet oder genutzt werden, zu verwehren (Zutrittskontrolle),
2. zu verhindern, dass Datenverarbeitungssysteme von Unbefugten genutzt werden können (Zugangskontrolle),
3. zu gewährleisten, dass die zur Benutzung eines Datenverarbeitungssystems Berechtigten ausschließlich auf die ihrer Zugriffsberechtigung unterliegenden Daten zugreifen können, und dass Sozialdaten bei der Verarbeitung, Nutzung und nach der Speicherung nicht unbefugt gelesen, kopiert, verändert oder entfernt werden können (Zugriffskontrolle),
4. zu gewährleisten, dass Sozialdaten bei der elektronischen Übertragung oder während ihres Transports oder ihrer Speicherung auf Datenträger nicht unbefugt gelesen, kopiert, verändert oder entfernt werden können, und dass überprüft und festgestellt werden kann, an welche Stellen eine Übermittlung von Sozialdaten durch Einrichtungen zur Datenübertragung vorgesehen ist (Weitergabekontrolle),
5. zu gewährleisten, dass nachträglich überprüft und festgestellt werden kann, ob und von wem Sozialdaten in Datenverarbeitungssysteme eingegeben, verändert oder entfernt worden sind (Eingabekontrolle),
6. zu gewährleisten, dass Sozialdaten, die im Auftrag erhoben, verarbeitet oder genutzt werden, nur entsprechend den Weisungen des Auftraggebers erhoben, verarbeitet oder genutzt werden können (Auftragskontrolle),
7. zu gewährleisten, dass Sozialdaten gegen zufällige Zerstörung oder Verlust geschützt sind (Verfügbarkeitskontrolle),
8. zu gewährleisten, dass zu unterschiedlichen Zwecken erhobene Sozialdaten getrennt verarbeitet werden können.

Eine Maßnahme nach Satz 2 Nummer 2 bis 4 ist insbesondere die Verwendung von dem Stand der Technik entsprechenden Verschlüsselungsverfahren.

11. Sozialgesetzbuch (SGB)
Elftes Buch (XI)
Soziale Pflegeversicherung [1)2)]

Vom 26. Mai 1994
(BGBl. I S. 1014)

FNA 860-11

zuletzt geänd. durch Art. 3 Zweites G zur Änd. des Bundeselterngeld- und ElternzeitG v. 15.2.2021 (BGBl. I S. 239)

Inhaltsübersicht

Erstes Kapitel. Allgemeine Vorschriften

[1)] Verkündet als Art. 1 Pflege-VersicherungsG v. 26.5.1994 (BGBl. I S. 1014); Inkrafttreten gem. Art. 68 Abs. 1 dieses G am 1.1.1995 mit Ausnahme der in Abs. 2 bis 4 aaO genannten Abweichungen.

[2)] Die Änderungen durch G v. 17.7.2017 (BGBl. I S. 2581), die erst **mWv 1.1.2025**, die Änderungen durch G v. 12.12.2019 (BGBl. I S. 2652), die teilweise erst **mWv 1.1.2024**, und die Änderungen durch G v. 15.2.2021 (BGBl. I S. 239), die erst **mWv 1.9.2021** in Kraft treten, sind im Text noch nicht berücksichtigt.

[1] Nr. **9**.

Fünftes Kapitel. Organisation

Sechstes Kapitel. Finanzierung

Siebtes Kapitel. Beziehungen der Pflegekassen zu den Leistungserbringern

Erstes Kapitel. Allgemeine Vorschriften

§ 1 Soziale Pflegeversicherung (1) Zur sozialen Absicherung des Risikos der Pflegebedürftigkeit wird als neuer eigenständiger Zweig der Sozialversicherung eine soziale Pflegeversicherung geschaffen.

(2) [1] In den Schutz der sozialen Pflegeversicherung sind kraft Gesetzes alle einbezogen, die in der gesetzlichen Krankenversicherung versichert sind. [2] Wer gegen Krankheit bei einem privaten Krankenversicherungsunternehmen versichert ist, muß eine private Pflegeversicherung abschließen.

(3) Träger der sozialen Pflegeversicherung sind die Pflegekassen; ihre Aufgaben werden von den Krankenkassen (§ 4 des Fünften Buches[1)]) wahrgenommen.

(4) Die Pflegeversicherung hat die Aufgabe, Pflegebedürftigen Hilfe zu leisten, die wegen der Schwere der Pflegebedürftigkeit auf solidarische Unterstützung angewiesen sind.

(5) In der Pflegeversicherung sollen geschlechtsspezifische Unterschiede bezüglich der Pflegebedürftigkeit von Männern und Frauen und ihrer Bedarfe an Leistungen berücksichtigt und den Bedürfnissen nach einer kultursensiblen Pflege nach Möglichkeit Rechnung getragen werden.

[1)] Nr. **5**.

(6) [1] Die Ausgaben der Pflegeversicherung werden durch Beiträge der Mitglieder und der Arbeitgeber finanziert. [2] Die Beiträge richten sich nach den beitragspflichtigen Einnahmen der Mitglieder. [3] Für versicherte Familienangehörige und eingetragene Lebenspartner (Lebenspartner) werden Beiträge nicht erhoben.

(7) Ein Lebenspartner einer eingetragenen Lebenspartnerschaft gilt im Sinne dieses Buches als Familienangehöriger des anderen Lebenspartners, sofern nicht ausdrücklich etwas anderes bestimmt ist.

§ 2 Selbstbestimmung. (1) [1] Die Leistungen der Pflegeversicherung sollen den Pflegebedürftigen helfen, trotz ihres Hilfebedarfs ein möglichst selbständiges und selbstbestimmtes Leben zu führen, das der Würde des Menschen entspricht. [2] Die Hilfen sind darauf auszurichten, die körperlichen, geistigen und seelischen Kräfte der Pflegebedürftigen, auch in Form der aktivierenden Pflege, wiederzugewinnen oder zu erhalten.

(2) [1] Die Pflegebedürftigen können zwischen Einrichtungen und Diensten verschiedener Träger wählen. [2] Ihren Wünschen zur Gestaltung der Hilfe soll, soweit sie angemessen sind, im Rahmen des Leistungsrechts entsprochen werden. [3] Wünsche der Pflegebedürftigen nach gleichgeschlechtlicher Pflege haben nach Möglichkeit Berücksichtigung zu finden.

(3) [1] Auf die religiösen Bedürfnisse der Pflegebedürftigen ist Rücksicht zu nehmen. [2] Auf ihren Wunsch hin sollen sie stationäre Leistungen in einer Einrichtung erhalten, in der sie durch Geistliche ihres Bekenntnisses betreut werden können.

(4) Die Pflegebedürftigen sind auf die Rechte nach den Absätzen 2 und 3 hinzuweisen.

§ 3 Vorrang der häuslichen Pflege. [1] Die Pflegeversicherung soll mit ihren Leistungen vorrangig die häusliche Pflege und die Pflegebereitschaft der Angehörigen und Nachbarn unterstützen, damit die Pflegebedürftigen möglichst lange in ihrer häuslichen Umgebung bleiben können. [2] Leistungen der teilstationären Pflege und der Kurzzeitpflege gehen den Leistungen der vollstationären Pflege vor.

§ 4 Art und Umfang der Leistungen. (1) [1] Die Leistungen der Pflegeversicherung sind Dienst-, Sach- und Geldleistungen für den Bedarf an körperbezogenen Pflegemaßnahmen, pflegerischen Betreuungsmaßnahmen und Hilfen bei der Haushaltsführung sowie Kostenerstattung, soweit es dieses Buch vorsieht. [2] Art und Umfang der Leistungen richten sich nach der Schwere der Pflegebedürftigkeit und danach, ob häusliche, teilstationäre oder vollstationäre Pflege in Anspruch genommen wird.

(2) [1] Bei häuslicher und teilstationärer Pflege ergänzen die Leistungen der Pflegeversicherung die familiäre, nachbarschaftliche oder sonstige ehrenamtliche Pflege und Betreuung. [2] Bei teil- und vollstationärer Pflege werden die Pflegebedürftigen von Aufwendungen entlastet, die für ihre Versorgung nach Art und Schwere der Pflegebedürftigkeit erforderlich sind (pflegebedingte Aufwendungen), die Aufwendungen für Unterkunft und Verpflegung tragen die Pflegebedürftigen selbst.

(3) Pflegekassen, Pflegeeinrichtungen und Pflegebedürftige haben darauf hinzuwirken, daß die Leistungen wirksam und wirtschaftlich erbracht und nur im notwendigen Umfang in Anspruch genommen werden.

§ 5 Prävention in Pflegeeinrichtungen, Vorrang von Prävention und medizinischer Rehabilitation. (1) [1]Die Pflegekassen sollen Leistungen zur Prävention in stationären Pflegeeinrichtungen nach § 71 Absatz 2 für in der sozialen Pflegeversicherung Versicherte erbringen, indem sie unter Beteiligung der versicherten Pflegebedürftigen und der Pflegeeinrichtung Vorschläge zur Verbesserung der gesundheitlichen Situation und zur Stärkung der gesundheitlichen Ressourcen und Fähigkeiten entwickeln sowie deren Umsetzung unterstützen. [2]Die Pflichten der Pflegeeinrichtungen nach § 11 Absatz 1 bleiben unberührt. [3]Der Spitzenverband Bund der Pflegekassen legt unter Einbeziehung unabhängigen Sachverstandes die Kriterien für die Leistungen nach Satz 1 fest, insbesondere hinsichtlich Inhalt, Methodik, Qualität, wissenschaftlicher Evaluation und der Messung der Erreichung der mit den Leistungen verfolgten Ziele.

(2) [1]Die Ausgaben der Pflegekassen für die Wahrnehmung ihrer Aufgaben nach Absatz 1 sollen insgesamt im Jahr 2016 für jeden ihrer Versicherten einen Betrag von 0,30 Euro umfassen. [2]Die Ausgaben sind in den Folgejahren entsprechend der prozentualen Veränderung der monatlichen Bezugsgröße nach § 18 Absatz 1 des Vierten Buches[1)] anzupassen. [3]Sind in einem Jahr die Ausgaben rundungsbedingt nicht anzupassen, ist die unterbliebene Anpassung bei der Berechnung der Anpassung der Ausgaben im Folgejahr zu berücksichtigen.

(3) [1]Bei der Wahrnehmung ihrer Aufgaben nach Absatz 1 sollen die Pflegekassen zusammenarbeiten und kassenübergreifende Leistungen zur Prävention erbringen. [2]Erreicht eine Pflegekasse den in Absatz 2 festgelegten Betrag in einem Jahr nicht, stellt sie die nicht verausgabten Mittel im Folgejahr dem Spitzenverband Bund der Pflegekassen zur Verfügung, der die Mittel nach einem von ihm festzulegenden Schlüssel auf die Pflegekassen zur Wahrnehmung der Aufgaben nach Absatz 1 verteilt, die Kooperationsvereinbarungen zur Durchführung kassenübergreifender Leistungen geschlossen haben. [3]Auf die zum Zwecke der Vorbereitung und Umsetzung der Kooperationsvereinbarungen nach Satz 2 gebildeten Arbeitsgemeinschaften findet § 94 Absatz 1a Satz 2 und 3 des Zehnten Buches[2)] keine Anwendung.

(4) Die Pflegekassen wirken unbeschadet ihrer Aufgaben nach Absatz 1 bei den zuständigen Leistungsträgern darauf hin, dass frühzeitig alle geeigneten Leistungen zur Prävention, zur Krankenbehandlung und zur medizinischen Rehabilitation eingeleitet werden, um den Eintritt von Pflegebedürftigkeit zu vermeiden.

(5) Die Pflegekassen beteiligen sich an der nationalen Präventionsstrategie nach den §§ 20d bis 20f des Fünften Buches[3)] mit den Aufgaben nach den Absätzen 1 und 2.

(6) Die Leistungsträger haben im Rahmen ihres Leistungsrechts auch nach Eintritt der Pflegebedürftigkeit ihre Leistungen zur medizinischen Rehabilitati-

---

1) Nr. **4**.
2) Nr. **10**.
3) Nr. **5**.

on und ergänzenden Leistungen in vollem Umfang einzusetzen und darauf hinzuwirken, die Pflegebedürftigkeit zu überwinden, zu mindern sowie eine Verschlimmerung zu verhindern.

(7) [1] Im Jahr 2020 müssen die Ausgaben der Pflegekassen für die Wahrnehmung der Aufgaben nach Absatz 1 nicht dem in Absatz 2 festgelegten Betrag entsprechen. [2] Im Jahr 2019 nicht verausgabte Mittel sind abweichend von Absatz 3 Satz 2 im Jahr 2020 nicht dem Spitzenverband Bund der Pflegekassen zur Verfügung zu stellen.

§ 6 Eigenverantwortung. (1) Die Versicherten sollen durch gesundheitsbewußte Lebensführung, durch frühzeitige Beteiligung an Vorsorgemaßnahmen und durch aktive Mitwirkung an Krankenbehandlung und Leistungen zur medizinischen Rehabilitation dazu beitragen, Pflegebedürftigkeit zu vermeiden.

(2) Nach Eintritt der Pflegebedürftigkeit haben die Pflegebedürftigen an Leistungen zur medizinischen Rehabilitation und der aktivierenden Pflege mitzuwirken, um die Pflegebedürftigkeit zu überwinden, zu mindern oder eine Verschlimmerung zu verhindern.

§ 7 Aufklärung, Auskunft. (1) Die Pflegekassen haben die Eigenverantwortung der Versicherten durch Aufklärung und Auskunft über eine gesunde, der Pflegebedürftigkeit vorbeugende Lebensführung zu unterstützen und auf die Teilnahme an gesundheitsfördernden Maßnahmen hinzuwirken.

(2) [1] Die Pflegekassen haben die Versicherten und ihre Angehörigen und Lebenspartner in den mit der Pflegebedürftigkeit zusammenhängenden Fragen, insbesondere über die Leistungen der Pflegekassen sowie über die Leistungen und Hilfen anderer Träger, in für sie verständlicher Weise zu informieren und darüber aufzuklären, dass ein Anspruch besteht auf die Übermittlung

1. des Gutachtens des Medizinischen Dienstes oder eines anderen von der Pflegekasse beauftragten Gutachters sowie
2. der gesonderten Präventions- und Rehabilitationsempfehlung gemäß § 18a Absatz 1.

[2] Mit Einwilligung des Versicherten haben der behandelnde Arzt, das Krankenhaus, die Rehabilitations- und Vorsorgeeinrichtungen sowie die Sozialleistungsträger unverzüglich die zuständige Pflegekasse zu benachrichtigen, wenn sich der Eintritt von Pflegebedürftigkeit abzeichnet oder wenn Pflegebedürftigkeit festgestellt wird. [3] Die zuständige Pflegekasse informiert die Versicherten unverzüglich nach Eingang eines Antrags auf Leistungen nach diesem Buch insbesondere über ihren Anspruch auf die unentgeltliche Pflegeberatung nach § 7a, den nächstgelegenen Pflegestützpunkt nach § 7c sowie die Leistungs- und Preisvergleichsliste nach Absatz 3. [4] Ebenso gibt die zuständige Pflegekasse Auskunft über die in ihren Verträgen zur integrierten Versorgung nach § 92b Absatz 2 getroffenen Festlegungen, insbesondere zu Art, Inhalt und Umfang der zu erbringenden Leistungen und der für die Versicherten entstehenden Kosten, und veröffentlicht diese Angaben auf einer eigenen Internetseite.

(3) [1] Zur Unterstützung der pflegebedürftigen Person bei der Ausübung ihres Wahlrechts nach § 2 Absatz 2 sowie zur Förderung des Wettbewerbs und der Überschaubarkeit des vorhandenen Angebots hat die zuständige Pflegekasse der antragstellenden Person auf Anforderung unverzüglich und in geeigneter Form

eine Leistungs- und Preisvergleichsliste zu übermitteln; die Leistungs- und Preisvergleichsliste muss für den Einzugsbereich der antragstellenden Person, in dem die pflegerische Versorgung und Betreuung gewährleistet werden soll, die Leistungen und Vergütungen der zugelassenen Pflegeeinrichtungen, die Angebote zur Unterstützung im Alltag nach § 45a sowie Angaben zur Person des zugelassenen oder anerkannten Leistungserbringers enthalten. [2]Die Landesverbände der Pflegekassen erstellen eine Leistungs- und Preisvergleichsliste nach Satz 1, aktualisieren diese einmal im Quartal und veröffentlichen sie auf einer eigenen Internetseite. [3]Die Liste hat zumindest die jeweils geltenden Festlegungen der Vergütungsvereinbarungen nach dem Achten Kapitel sowie die im Rahmen der Vereinbarungen nach Absatz 4 übermittelten Angaben zu Art, Inhalt und Umfang der Angebote sowie zu den Kosten in einer Form zu enthalten, die einen regionalen Vergleich von Angeboten und Kosten und der regionalen Verfügbarkeit ermöglicht. [4]Auf der Internetseite nach Satz 2 sind auch die nach § 115 Absatz 1a veröffentlichten Ergebnisse der Qualitätsprüfungen und die nach § 115 Absatz 1b veröffentlichten Informationen zu berücksichtigen. [5]Die Leistungs- und Preisvergleichsliste ist der Pflegekasse sowie dem Verband der privaten Krankenversicherung e.V. für die Wahrnehmung ihrer Aufgaben nach diesem Buch und zur Veröffentlichung nach Absatz 2 Satz 4 und 5 vom Landesverband der Pflegekassen durch elektronische Datenübertragung zur Verfügung zu stellen. [6]Die Landesverbände der Pflegekassen erarbeiten Nutzungsbedingungen für eine zweckgerechte, nicht gewerbliche Nutzung der Angaben nach Satz 1 durch Dritte; die Übermittlung der Angaben erfolgt gegen Verwaltungskostenersatz, es sei denn, es handelt sich bei den Dritten um öffentlich-rechtliche Stellen.

(4) [1]Im Einvernehmen mit den zuständigen obersten Landesbehörden vereinbaren die Landesverbände der Pflegekassen gemeinsam mit den nach Landesrecht zuständigen Stellen für die Anerkennung der Angebote zur Unterstützung im Alltag nach den Vorschriften dieses Buches das Nähere zur Übermittlung von Angaben im Wege elektronischer Datenübertragung insbesondere zu Art, Inhalt und Umfang der Angebote, Kosten und regionaler Verfügbarkeit dieser Angebote einschließlich der Finanzierung des Verfahrens für die Übermittlung. [2]Träger weiterer Angebote, in denen Leistungen zur medizinischen Vorsorge und Rehabilitation, zur Teilhabe am Arbeitsleben oder Leben in der Gemeinschaft, zur schulischen Ausbildung oder Erziehung kranker oder behinderter Kinder, zur Alltagsunterstützung und zum Wohnen im Vordergrund stehen, können an Vereinbarungen nach Satz 1 beteiligt werden, falls sie insbesondere die Angaben nach Satz 1 im Wege der von den Parteien nach Satz 1 vorgesehenen Form der elektronischen Datenübertragung unentgeltlich bereitstellen. [3]Dazu gehören auch Angebote der Träger von Leistungen der Eingliederungshilfe, soweit diese in der vorgesehenen Form der elektronischen Datenübermittlung kostenfrei bereitgestellt werden. [4]Der Spitzenverband Bund der Pflegekassen gibt Empfehlungen für einen bundesweit einheitlichen technischen Standard zur elektronischen Datenübermittlung ab. [5]Die Empfehlungen bedürfen der Zustimmung der Länder.

§ 7a Pflegeberatung. (1) [1]Personen, die Leistungen nach diesem Buch erhalten, haben Anspruch auf individuelle Beratung und Hilfestellung durch einen Pflegeberater oder eine Pflegeberaterin bei der Auswahl und Inanspruchnahme von bundes- oder landesrechtlich vorgesehenen Sozialleistungen sowie sonstigen Hilfsangeboten, die auf die Unterstützung von Menschen mit Pflege-, Versorgungs- oder Betreuungsbedarf ausgerichtet sind (Pflegeberatung); Anspruchsberechtigten soll durch die Pflegekassen vor der erstmaligen Beratung unverzüglich ein zuständiger Pflegeberater, eine zuständige Pflegeberaterin oder eine sonstige Beratungsstelle benannt werden. [2] Für das Verfahren, die Durchführung und die Inhalte der Pflegeberatung sind die Richtlinien nach § 17 Absatz 1a maßgeblich. [3] Aufgabe der Pflegeberatung ist es insbesondere,

1. den Hilfebedarf unter Berücksichtigung der Ergebnisse der Begutachtung durch den Medizinischen Dienst sowie, wenn die nach Satz 1 anspruchsberechtigte Person zustimmt, die Ergebnisse der Beratung in der eigenen Häuslichkeit nach § 37 Absatz 3 systematisch zu erfassen und zu analysieren,
2. einen individuellen Versorgungsplan mit den im Einzelfall erforderlichen Sozialleistungen und gesundheitsfördernden, präventiven, kurativen, rehabilitativen oder sonstigen medizinischen sowie pflegerischen und sozialen Hilfen zu erstellen,
3. auf die für die Durchführung des Versorgungsplans erforderlichen Maßnahmen einschließlich deren Genehmigung durch den jeweiligen Leistungsträger hinzuwirken, insbesondere hinsichtlich einer Empfehlung zur medizinischen Rehabilitation gemäß § 18 Absatz 1 Satz 3,
4. die Durchführung des Versorgungsplans zu überwachen und erforderlichenfalls einer veränderten Bedarfslage anzupassen,
5. bei besonders komplexen Fallgestaltungen den Hilfeprozess auszuwerten und zu dokumentieren sowie
6. über Leistungen zur Entlastung der Pflegepersonen zu informieren.

[4] Der Versorgungsplan wird nach Maßgabe der Richtlinien nach § 17 Absatz 1a erstellt und umgesetzt; er beinhaltet insbesondere Empfehlungen zu den im Einzelfall erforderlichen Maßnahmen nach Satz 3 Nummer 3, Hinweise zu dem dazu vorhandenen örtlichen Leistungsangebot sowie zur Überprüfung und Anpassung der empfohlenen Maßnahmen. [5] Bei Erstellung und Umsetzung des Versorgungsplans ist Einvernehmen mit dem Hilfesuchenden und allen an der Pflege, Versorgung und Betreuung Beteiligten anzustreben. [6] Soweit Leistungen nach sonstigen bundes- oder landesrechtlichen Vorschriften erforderlich sind, sind die zuständigen Leistungsträger frühzeitig mit dem Ziel der Abstimmung einzubeziehen. [7] Eine enge Zusammenarbeit mit anderen Koordinierungsstellen, insbesondere den Ansprechstellen der Rehabilitationsträger nach § 12 Absatz 1 Satz 3 des Neunten Buches[1)], ist sicherzustellen. [8] Ihnen obliegende Aufgaben der Pflegeberatung können die Pflegekassen ganz oder teilweise auf Dritte übertragen; § 80 des Zehnten Buches[2)] bleibt unberührt. [9] Ein Anspruch auf Pflegeberatung besteht auch dann, wenn ein Antrag auf Leistungen nach diesem Buch gestellt wurde und erkennbar ein Hilfe- und Beratungsbedarf besteht. [10] Es ist sicherzustellen, dass im jeweiligen Pflegestützpunkt nach § 7c Pflegeberatung im Sinne dieser Vorschrift in Anspruch genommen werden kann und die Unabhängigkeit der Beratung gewährleistet ist.

(2) [1] Auf Wunsch einer anspruchsberechtigten Person nach Absatz 1 Satz 1 erfolgt die Pflegeberatung auch gegenüber ihren Angehörigen oder weiteren Personen oder unter deren Einbeziehung. [2] Sie erfolgt auf Wunsch einer anspruchsberechtigten Person nach Absatz 1 Satz 1 in der häuslichen Umgebung

---

[1)] Nr. **9**.
[2)] Nr. **10**.

oder in der Einrichtung, in der diese Person lebt. [3] Ein Versicherter kann einen Leistungsantrag nach diesem oder dem Fünften Buch[1)] auch gegenüber dem Pflegeberater oder der Pflegeberaterin stellen. [4] Der Antrag ist unverzüglich der zuständigen Pflege- oder Krankenkasse zu übermitteln, die den Leistungsbescheid unverzüglich dem Antragsteller und zeitgleich dem Pflegeberater oder der Pflegeberaterin zuleitet.

(3) [1] Die Anzahl von Pflegeberatern und Pflegeberaterinnen ist so zu bemessen, dass die Aufgaben nach Absatz 1 im Interesse der Hilfesuchenden zeitnah und umfassend wahrgenommen werden können. [2] Die Pflegekassen setzen für die persönliche Beratung und Betreuung durch Pflegeberater und Pflegeberaterinnen entsprechend qualifiziertes Personal ein, insbesondere Pflegefachkräfte, Sozialversicherungsfachangestellte oder Sozialarbeiter mit der jeweils erforderlichen Zusatzqualifikation. [3] Der Spitzenverband Bund der Pflegekassen gibt unter Beteiligung der in § 17 Absatz 1a Satz 2 genannten Parteien bis zum 31. Juli 2018 Empfehlungen zur erforderlichen Anzahl, Qualifikation und Fortbildung von Pflegeberaterinnen und Pflegeberatern ab.

(4) [1] Die Pflegekassen im Land haben Pflegeberater und Pflegeberaterinnen zur Sicherstellung einer wirtschaftlichen Aufgabenwahrnehmung in den Pflegestützpunkten nach Anzahl und örtlicher Zuständigkeit aufeinander abgestimmt bereitzustellen und hierüber einheitlich und gemeinsam Vereinbarungen zu treffen. [2] Die Pflegekassen können diese Aufgabe auf die Landesverbände der Pflegekassen übertragen. [3] Kommt eine Einigung bis zu dem in Satz 1 genannten Zeitpunkt ganz oder teilweise nicht zustande, haben die Landesverbände der Pflegekassen innerhalb eines Monats zu entscheiden; § 81 Abs. 1 Satz 2 gilt entsprechend. [4] Die Pflegekassen und die gesetzlichen Krankenkassen können zur Aufgabenwahrnehmung durch Pflegeberater und Pflegeberaterinnen von der Möglichkeit der Beauftragung nach Maßgabe der §§ 88 bis 92 des Zehnten Buches Gebrauch machen; § 94 Absatz 1 Nummer 8 gilt entsprechend. [5] Die durch die Tätigkeit von Pflegeberatern und Pflegeberaterinnen entstehenden Aufwendungen werden von den Pflegekassen getragen und zur Hälfte auf die Verwaltungskostenpauschale nach § 46 Abs. 3 Satz 1 angerechnet.

(5) [1] Zur Durchführung der Pflegeberatung können die privaten Versicherungsunternehmen, die die private Pflege-Pflichtversicherung durchführen, Pflegeberater und Pflegeberaterinnen der Pflegekassen für die bei ihnen versicherten Personen nutzen. [2] Dies setzt eine vertragliche Vereinbarung mit den Pflegekassen über Art, Inhalt und Umfang der Inanspruchnahme sowie über die Vergütung der hierfür je Fall entstehenden Aufwendungen voraus. [3] Soweit Vereinbarungen mit den Pflegekassen nicht zustande kommen, können die privaten Versicherungsunternehmen, die die private Pflege-Pflichtversicherung durchführen, untereinander Vereinbarungen über eine abgestimmte Bereitstellung von Pflegeberatern und Pflegeberaterinnen treffen.

(6) Pflegeberater und Pflegeberaterinnen sowie sonstige mit der Wahrnehmung von Aufgaben nach Absatz 1 befasste Stellen, insbesondere

[1)] Nr. 5.

1. nach Landesrecht für die wohnortnahe Betreuung im Rahmen der örtlichen Altenhilfe und für die Gewährung der Hilfe zur Pflege nach dem Zwölften Buch[1)] zu bestimmende Stellen,
2. Unternehmen der privaten Kranken- und Pflegeversicherung,
3. Pflegeeinrichtungen und Einzelpersonen nach § 77,
4. Mitglieder von Selbsthilfegruppen, ehrenamtliche und sonstige zum bürgerschaftlichen Engagement bereite Personen und Organisationen sowie
5. Agenturen für Arbeit und Träger der Grundsicherung für Arbeitsuchende,

dürfen Sozialdaten für Zwecke der Pflegeberatung nur verarbeiten, soweit dies zur Erfüllung der Aufgaben nach diesem Buch erforderlich oder durch Rechtsvorschriften des Sozialgesetzbuches oder Regelungen des Versicherungsvertrags- oder des Versicherungsaufsichtsgesetzes angeordnet oder erlaubt ist.

(7) [1] Die Landesverbände der Pflegekassen vereinbaren gemeinsam und einheitlich mit dem Verband der privaten Krankenversicherung e.V., den nach Landesrecht bestimmten Stellen für die wohnortnahe Betreuung im Rahmen der Altenhilfe und den zuständigen Trägern der Sozialhilfe sowie mit den kommunalen Spitzenverbänden auf Landesebene Rahmenverträge über die Zusammenarbeit in der Beratung. [2] Zu den Verträgen nach Satz 1 sind die Verbände der Träger weiterer nicht gewerblicher Beratungsstellen auf Landesebene anzuhören, die für die Beratung Pflegebedürftiger und ihrer Angehörigen von Bedeutung sind. [3] Die Landesverbände der Pflegekassen vereinbaren gemeinsam und einheitlich mit dem Verband der privaten Krankenversicherung e.V. und dem zuständigen Träger der Sozialhilfe auf dessen Verlangen eine ergänzende Vereinbarung zu den Verträgen nach Satz 1 über die Zusammenarbeit in der örtlichen Beratung im Gebiet des Kreises oder der kreisfreien Stadt für den Bereich der örtlichen Zuständigkeit des Trägers der Sozialhilfe. [4] Für Modellvorhaben nach § 123 kann der Antragsteller nach § 123 Absatz 1 die ergänzende Vereinbarung für den Geltungsbereich des Modellvorhabens verlangen.

(8) Die Pflegekassen können sich zur Wahrnehmung ihrer Beratungsaufgaben nach diesem Buch aus ihren Verwaltungsmitteln an der Finanzierung und arbeitsteiligen Organisation von Beratungsaufgaben anderer Träger beteiligen; die Neutralität und Unabhängigkeit der Beratung sind zu gewährleisten.

(9) [1] Der Spitzenverband Bund der Pflegekassen legt dem Bundesministerium für Gesundheit alle drei Jahre, erstmals zum 30. Juni 2020, einen unter wissenschaftlicher Begleitung zu erstellenden Bericht vor über

1. die Erfahrungen und Weiterentwicklung der Pflegeberatung und Pflegeberatungsstrukturen nach den Absätzen 1 bis 4, 7 und 8, § 7b Absatz 1 und 2 und § 7c und
2. die Durchführung, Ergebnisse und Wirkungen der Beratung in der eigenen Häuslichkeit sowie die Fortentwicklung der Beratungsstrukturen nach § 37 Absatz 3 bis 8.

[2] Er kann hierfür Mittel nach § 8 Absatz 3 einsetzen.

§ 7b Beratungsgutscheine. (1) [1] Die Pflegekasse hat dem Antragsteller unmittelbar nach Eingang eines erstmaligen Antrags auf Leistungen nach diesem

---

[1)] Nr. **12**.

Buch sowie weiterer Anträge auf Leistungen nach § 18 Absatz 3, den §§ 36 bis 38, 41 bis 43, 44a, 45, 87a Absatz 2 Satz 1 und § 115 Absatz 4

1. unter Angabe einer Kontaktperson einen konkreten Beratungstermin anzubieten, der spätestens innerhalb von zwei Wochen nach Antragseingang durchzuführen ist, oder
2. einen Beratungsgutschein auszustellen, in dem Beratungsstellen benannt sind, bei denen er zu Lasten der Pflegekasse innerhalb von zwei Wochen nach Antragseingang eingelöst werden kann; § 7a Absatz 4 Satz 5 ist entsprechend anzuwenden.

[2] Die Beratung richtet sich nach § 7a. [3] Auf Wunsch des Versicherten hat die Beratung in der häuslichen Umgebung stattzufinden und kann auch nach Ablauf der in Satz 1 genannten Frist durchgeführt werden; über diese Möglichkeiten hat ihn die Pflegekasse aufzuklären.

(2) [1] Die Pflegekasse hat sicherzustellen, dass die Beratungsstellen die Anforderungen an die Beratung nach § 7a einhalten. [2] Die Pflegekasse schließt hierzu allein oder gemeinsam mit anderen Pflegekassen vertragliche Vereinbarungen mit unabhängigen und neutralen Beratungsstellen, die insbesondere Regelungen treffen für

1. die Anforderungen an die Beratungsleistung und die Beratungspersonen,
2. die Haftung für Schäden, die der Pflegekasse durch fehlerhafte Beratung entstehen, und
3. die Vergütung.

(2a) [1] Sofern kommunale Gebietskörperschaften, von diesen geschlossene Zweckgemeinschaften oder nach Landesrecht zu bestimmende Stellen

1. für die wohnortnahe Betreuung im Rahmen der örtlichen Altenhilfe oder
2. für die Gewährung der Hilfe zur Pflege nach dem Zwölften Buch[1)]

Pflegeberatung im Sinne von § 7a erbringen, sind sie Beratungsstellen, bei denen Pflegebedürftige nach Absatz 1 Satz 1 Nummer 2 Beratungsgutscheine einlösen können; sie haben die Empfehlungen nach § 7a Absatz 3 Satz 3 zu berücksichtigen und die Pflegeberatungs-Richtlinien nach § 17 Absatz 1a zu beachten. [2] Absatz 2 Satz 1 findet keine Anwendung. [3] Die Pflegekasse schließt hierzu allein oder gemeinsam mit anderen Pflegekassen mit den in Satz 1 genannten Stellen vertragliche Vereinbarungen über die Vergütung. [4] Für die Verarbeitung der Sozialdaten gilt § 7a Absatz 6 entsprechend.

(3) [1] Stellen nach Absatz 1 Satz 1 Nummer 2 dürfen personenbezogene Daten nur verarbeiten, soweit dies für Zwecke der Beratung nach § 7a erforderlich ist und der Versicherte oder sein gesetzlicher Vertreter eingewilligt hat. [2] Zudem ist der Versicherte oder sein gesetzlicher Vertreter zu Beginn der Beratung darauf hinzuweisen, dass die Einwilligung jederzeit widerrufen werden kann.

(4) Die Absätze 1 bis 3 gelten für private Versicherungsunternehmen, die die private Pflege-Pflichtversicherung durchführen, entsprechend.

§ 7c Pflegestützpunkte, Verordnungsermächtigung. (1) [1] Zur wohnortnahen Beratung, Versorgung und Betreuung der Versicherten richten die Pfle-

---

[1)] Nr. **12**.

gekassen und Krankenkassen Pflegestützpunkte ein, sofern die zuständige oberste Landesbehörde dies bestimmt. [2]Die Einrichtung muss innerhalb von sechs Monaten nach der Bestimmung durch die oberste Landesbehörde erfolgen. [3]Kommen die hierfür erforderlichen Verträge nicht innerhalb von drei Monaten nach der Bestimmung durch die oberste Landesbehörde zustande, haben die Landesverbände der Pflegekassen innerhalb eines weiteren Monats den Inhalt der Verträge festzulegen; hierbei haben sie auch die Interessen der Ersatzkassen und der Landesverbände der Krankenkassen wahrzunehmen. [4]Hinsichtlich der Mehrheitsverhältnisse bei der Beschlussfassung ist § 81 Absatz 1 Satz 2 entsprechend anzuwenden. [5]Widerspruch und Anfechtungsklage gegen Maßnahmen der Aufsichtsbehörden zur Einrichtung von Pflegestützpunkten haben keine aufschiebende Wirkung.

(1a) [1]Die für die Hilfe zur Pflege zuständigen Träger der Sozialhilfe nach dem Zwölften Buch[1)] sowie die nach Landesrecht zu bestimmenden Stellen der Altenhilfe können bis zum 31. Dezember 2021 auf Grund landesrechtlicher Vorschriften von den Pflegekassen und Krankenkassen den Abschluss einer Vereinbarung zur Einrichtung von Pflegestützpunkten verlangen. [2]Ist in der Vereinbarung zur Einrichtung eines Pflegestützpunktes oder in den Rahmenverträgen nach Absatz 6 nichts anderes vereinbart, werden die Aufwendungen, die für den Betrieb des Pflegestützpunktes erforderlich sind, von den Trägern des Pflegestützpunktes zu gleichen Teilen unter Berücksichtigung der anrechnungsfähigen Aufwendungen für das eingesetzte Personal getragen.

(2) [1]Aufgaben der Pflegestützpunkte sind

1. umfassende sowie unabhängige Auskunft und Beratung zu den Rechten und Pflichten nach dem Sozialgesetzbuch und zur Auswahl und Inanspruchnahme der bundes- oder landesrechtlich vorgesehenen Sozialleistungen und sonstigen Hilfsangebote einschließlich der Pflegeberatung nach § 7a in Verbindung mit den Richtlinien nach § 17 Absatz 1a,
2. Koordinierung aller für die wohnortnahe Versorgung und Betreuung in Betracht kommenden gesundheitsfördernden, präventiven, kurativen, rehabilitativen und sonstigen medizinischen sowie pflegerischen und sozialen Hilfs- und Unterstützungsangebote einschließlich der Hilfestellung bei der Inanspruchnahme der Leistungen,
3. Vernetzung aufeinander abgestimmter pflegerischer und sozialer Versorgungs- und Betreuungsangebote.

[2]Auf vorhandene vernetzte Beratungsstrukturen ist zurückzugreifen. [3]Die Pflegekassen haben jederzeit darauf hinzuwirken, dass sich insbesondere die

1. nach Landesrecht zu bestimmenden Stellen für die wohnortnahe Betreuung im Rahmen der örtlichen Altenhilfe und für die Gewährung der Hilfe zur Pflege nach dem Zwölften Buch,
2. im Land zugelassenen und tätigen Pflegeeinrichtungen,
3. im Land tätigen Unternehmen der privaten Kranken- und Pflegeversicherung

an den Pflegestützpunkten beteiligen. [4]Die Krankenkassen haben sich an den Pflegestützpunkten zu beteiligen. [5]Träger der Pflegestützpunkte sind die beteiligten Kosten- und Leistungsträger. [6]Die Träger

---

[1)] Nr. **12**.

1. sollen Pflegefachkräfte in die Tätigkeit der Pflegestützpunkte einbinden,
2. haben nach Möglichkeit Mitglieder von Selbsthilfegruppen sowie ehrenamtliche und sonstige zum bürgerschaftlichen Engagement bereite Personen und Organisationen in die Tätigkeit der Pflegestützpunkte einzubinden,
3. sollen interessierten kirchlichen sowie sonstigen religiösen und gesellschaftlichen Trägern und Organisationen sowie nicht gewerblichen, gemeinwohlorientierten Einrichtungen mit öffentlich zugänglichen Angeboten und insbesondere Selbsthilfe stärkender und generationenübergreifender Ausrichtung in kommunalen Gebietskörperschaften die Beteiligung an den Pflegestützpunkten ermöglichen,
4. können sich zur Erfüllung ihrer Aufgaben dritter Stellen bedienen,
5. sollen im Hinblick auf die Vermittlung und Qualifizierung von für die Pflege und Betreuung geeigneten Kräften eng mit dem Träger der Arbeitsförderung nach dem Dritten Buch[1)] und den Trägern der Grundsicherung für Arbeitsuchende nach dem Zweiten Buch[2)] zusammenarbeiten.

(3) Die an den Pflegestützpunkten beteiligten Kostenträger und Leistungserbringer können für das Einzugsgebiet der Pflegestützpunkte Verträge zur wohnortnahen integrierten Versorgung schließen; insoweit ist § 92b mit der Maßgabe entsprechend anzuwenden, dass die Pflege- und Krankenkassen gemeinsam und einheitlich handeln.

(4) [1] Der Pflegestützpunkt kann bei einer im Land zugelassenen und tätigen Pflegeeinrichtung errichtet werden, wenn dies nicht zu einer unzulässigen Beeinträchtigung des Wettbewerbs zwischen den Pflegeeinrichtungen führt. [2] Die für den Betrieb des Pflegestützpunktes erforderlichen Aufwendungen werden von den Trägern der Pflegestützpunkte unter Berücksichtigung der anrechnungsfähigen Aufwendungen für das eingesetzte Personal auf der Grundlage einer vertraglichen Vereinbarung anteilig getragen. [3] Die Verteilung der für den Betrieb des Pflegestützpunktes erforderlichen Aufwendungen wird mit der Maßgabe vereinbart, dass der auf eine einzelne Pflegekasse entfallende Anteil nicht höher sein darf als der von der Krankenkasse, bei der sie errichtet ist, zu tragende Anteil. [4] Soweit sich private Versicherungsunternehmen, die die private Pflege-Pflichtversicherung durchführen, nicht an der Finanzierung der Pflegestützpunkte beteiligen, haben sie mit den Trägern der Pflegestützpunkte über Art, Inhalt und Umfang der Inanspruchnahme der Pflegestützpunkte durch privat Pflege-Pflichtversicherte sowie über die Vergütung der hierfür je Fall entstehenden Aufwendungen Vereinbarungen zu treffen; dies gilt für private Versicherungsunternehmen, die die private Krankenversicherung durchführen, entsprechend.

(5) Im Pflegestützpunkt tätige Personen sowie sonstige mit der Wahrnehmung von Aufgaben nach Absatz 1 befasste Stellen, insbesondere

1. nach Landesrecht für die wohnortnahe Betreuung im Rahmen der örtlichen Altenhilfe und für die Gewährung der Hilfe zur Pflege nach dem Zwölften Buch zu bestimmende Stellen,
2. Unternehmen der privaten Kranken- und Pflegeversicherung,
3. Pflegeeinrichtungen und Einzelpersonen nach § 77,

[1)] Nr. 3.
[2)] Nr. 2.

4. Mitglieder von Selbsthilfegruppen, ehrenamtliche und sonstige zum bürgerschaftlichen Engagement bereite Personen und Organisationen sowie
5. Agenturen für Arbeit und Träger der Grundsicherung für Arbeitsuchende,

dürfen Sozialdaten nur verarbeiten, soweit dies zur Erfüllung der Aufgaben nach diesem Buch erforderlich oder durch Rechtsvorschriften des Sozialgesetzbuches oder Regelungen des Versicherungsvertrags- oder des Versicherungsaufsichtsgesetzes angeordnet oder erlaubt ist.

(6) [1] Sofern die zuständige oberste Landesbehörde die Einrichtung von Pflegestützpunkten bestimmt hat, vereinbaren die Landesverbände der Pflegekassen mit den Landesverbänden der Krankenkassen sowie den Ersatzkassen und den für die Hilfe zur Pflege zuständigen Trägern der Sozialhilfe nach dem Zwölften Buch und den kommunalen Spitzenverbänden auf Landesebene Rahmenverträge zur Arbeit und zur Finanzierung der Pflegestützpunkte. [2] Bestandskräftige Rahmenverträge gelten bis zum Inkrafttreten von Rahmenverträgen nach Satz 1 fort. [3] Die von der zuständigen obersten Landesbehörde getroffene Bestimmung zur Einrichtung von Pflegestützpunkten sowie die Empfehlungen nach Absatz 9 sind beim Abschluss der Rahmenverträge zu berücksichtigen. [4] In den Rahmenverträgen nach Satz 1 sind die Strukturierung der Zusammenarbeit mit weiteren Beteiligten sowie die Zuständigkeit insbesondere für die Koordinierung der Arbeit, die Qualitätssicherung und die Auskunftspflicht gegenüber den Trägern, den Ländern und dem Bundesversicherungsamt zu bestimmen. [5] Ferner sollen Regelungen zur Aufteilung der Kosten unter Berücksichtigung der Vorschriften nach Absatz 4 getroffen werden. [6] Die Regelungen zur Kostenaufteilung gelten unmittelbar für die Pflegestützpunkte, soweit in den Verträgen zur Errichtung der Pflegestützpunkte nach Absatz 1 nichts anderes vereinbart ist.

(7) [1] Die Landesregierungen werden ermächtigt, Schiedsstellen einzurichten. [2] Diese setzen den Inhalt der Rahmenverträge nach Absatz 6 fest, sofern ein Rahmenvertrag nicht innerhalb der in der Rechtsverordnung nach Satz 6 zu bestimmenden Frist zustande kommt. [3] Die Schiedsstelle besteht aus Vertretungen der Pflegekassen und der für die Hilfe zur Pflege zuständigen Träger der Sozialhilfe nach dem Zwölften Buch in gleicher Zahl sowie einem unparteiischen Vorsitzenden und zwei weiteren unparteiischen Mitgliedern. [4] Für den Vorsitzenden und die unparteiischen Mitglieder können Stellvertretungen bestellt werden. [5] § 76 Absatz 3 und 4 gilt entsprechend. [6] Die Landesregierungen werden ermächtigt, durch Rechtsverordnung das Nähere über die Zahl, die Bestellung, die Amtsdauer, die Amtsführung, die Erstattung der baren Auslagen und die Entschädigung für den Zeitaufwand der Mitglieder der Schiedsstelle, die Geschäftsführung, das Verfahren, die Frist, nach deren Ablauf die Schiedsstelle ihre Arbeit aufnimmt, die Erhebung und die Höhe der Gebühren sowie über die Verteilung der Kosten zu regeln.

(8) [1] Abweichend von Absatz 7 können die Parteien des Rahmenvertrages nach Absatz 6 Satz 1 einvernehmlich eine unparteiische Schiedsperson und zwei unparteiische Mitglieder bestellen, die den Inhalt des Rahmenvertrages nach Absatz 6 innerhalb von sechs Wochen nach ihrer Bestellung festlegen. [2] Die Kosten des Schiedsverfahrens tragen die Vertragspartner zu gleichen Teilen.

(9) Der Spitzenverband Bund der Pflegekassen, der Spitzenverband Bund der Krankenkassen, die Bundesarbeitsgemeinschaft der überörtlichen Träger der

Sozialhilfe und die Bundesvereinigung der kommunalen Spitzenverbände können gemeinsam und einheitlich Empfehlungen zur Arbeit und zur Finanzierung von Pflegestützpunkten in der gemeinsamen Trägerschaft der gesetzlichen Kranken- und Pflegekassen sowie der nach Landesrecht zu bestimmenden Stellen der Alten- und Sozialhilfe vereinbaren.

§ 8 Gemeinsame Verantwortung. (1) Die pflegerische Versorgung der Bevölkerung ist eine gesamtgesellschaftliche Aufgabe.

(2) [1] Die Länder, die Kommunen, die Pflegeeinrichtungen und die Pflegekassen wirken unter Beteiligung des Medizinischen Dienstes eng zusammen, um eine leistungsfähige, regional gegliederte, ortsnahe und aufeinander abgestimmte ambulante und stationäre pflegerische Versorgung der Bevölkerung zu gewährleisten. [2] Sie tragen zum Ausbau und zur Weiterentwicklung der notwendigen pflegerischen Versorgungsstrukturen bei; das gilt insbesondere für die Ergänzung des Angebots an häuslicher und stationärer Pflege durch neue Formen der teilstationären Pflege und Kurzzeitpflege sowie für die Vorhaltung eines Angebots von die Pflege ergänzenden Leistungen zur medizinischen Rehabilitation. [3] Sie unterstützen und fördern darüber hinaus die Bereitschaft zu einer humanen Pflege und Betreuung durch hauptberufliche und ehrenamtliche Pflegekräfte sowie durch Angehörige, Nachbarn und Selbsthilfegruppen und wirken so auf eine neue Kultur des Helfens und der mitmenschlichen Zuwendung hin.

(3) [1] Der Spitzenverband Bund der Pflegekassen kann aus Mitteln des Ausgleichsfonds der Pflegeversicherung mit 5 Millionen Euro im Kalenderjahr Maßnahmen wie Modellvorhaben, Studien, wissenschaftliche Expertisen und Fachtagungen zur Weiterentwicklung der Pflegeversicherung, insbesondere zur Entwicklung neuer qualitätsgesicherter Versorgungsformen für Pflegebedürftige, durchführen und mit Leistungserbringern vereinbaren. [2] Dabei sind vorrangig modellhaft in einer Region Möglichkeiten eines personenbezogenen Budgets sowie neue Wohnkonzepte für Pflegebedürftige zu erproben. [3] Bei der Vereinbarung und Durchführung von Modellvorhaben kann im Einzelfall von den Regelungen des Siebten Kapitels sowie von § 36 und zur Entwicklung besonders pauschalierter Pflegesätze von § 84 Abs. 2 Satz 2 abgewichen werden. [4] Mehrbelastungen der Pflegeversicherung, die dadurch entstehen, dass Pflegebedürftige, die Pflegegeld beziehen, durch Einbeziehung in ein Modellvorhaben höhere Leistungen als das Pflegegeld erhalten, sind in das nach Satz 1 vorgesehene Fördervolumen einzubeziehen. [5] Soweit die in Satz 1 genannten Mittel im jeweiligen Haushaltsjahr nicht verbraucht wurden, können sie in das Folgejahr übertragen werden. [6] Die Modellvorhaben sind auf längstens fünf Jahre zu befristen. [7] Der Spitzenverband Bund der Pflegekassen bestimmt Ziele, Dauer, Inhalte und Durchführung der Maßnahmen; dabei sind auch regionale Modellvorhaben einzelner Länder zu berücksichtigen. [8] Die Maßnahmen sind mit dem Bundesministerium für Gesundheit abzustimmen. [9] Soweit finanzielle Interessen einzelner Länder berührt werden, sind diese zu beteiligen. [10] Näheres über das Verfahren zur Auszahlung der aus dem Ausgleichsfonds zu finanzierenden Fördermittel regeln der Spitzenverband Bund der Pflegekassen und das Bundesamt für Soziale Sicherung durch Vereinbarung. [11] Für die Modellvorhaben ist eine wissenschaftliche Begleitung und Auswertung vorzusehen. [12] § 45c Absatz 5 Satz 6 gilt entsprechend.

(3a) [1] Der Spitzenverband Bund der Pflegekassen kann aus Mitteln des Ausgleichsfonds der Pflegeversicherung mit 3 Millionen Euro im Kalenderjahr Modellvorhaben, Studien und wissenschaftliche Expertisen zur Entwicklung oder Erprobung innovativer Versorgungsansätze unter besonderer Berücksichtigung einer kompetenzorientierten Aufgabenverteilung des Personals in Pflegeeinrichtungen durchführen und mit Leistungserbringern vereinbaren. [2] Bei Modellvorhaben, die den Einsatz von zusätzlichem Personal in der Versorgung durch die Pflegeeinrichtung erfordern, können die dadurch entstehenden Personalkosten in das nach Satz 1 vorgesehene Fördervolumen einbezogen werden. [3] Bei der Vereinbarung und Durchführung von Modellvorhaben kann im Einzelfall von den Regelungen des Siebten Kapitels abgewichen werden. [4] Pflegebedürftige dürfen durch die Durchführung der Modellvorhaben nicht belastet werden. [5] Soweit die in Satz 1 genannten Mittel im jeweiligen Haushaltsjahr nicht verbraucht wurden, können sie in das folgende Haushaltsjahr übertragen werden. [6] Die Modellvorhaben sind auf längstens fünf Jahre zu befristen. [7] Der Spitzenverband Bund der Pflegekassen bestimmt im Einvernehmen mit dem Bundesministerium für Gesundheit Ziele, Dauer, Inhalte und Durchführung der Modellvorhaben. [8] Das Nähere über das Verfahren zur Auszahlung der aus dem Ausgleichsfonds zu finanzierenden Fördermittel regeln der Spitzenverband Bund der Pflegekassen und das Bundesamt für Soziale Sicherung durch Vereinbarung. [9] Der Spitzenverband Bund der Pflegekassen hat eine wissenschaftliche Begleitung und Auswertung der Modellvorhaben im Hinblick auf die Erreichung der Ziele der Modellvorhaben nach allgemein wissenschaftlichen Standards zu veranlassen. [10] Über die Auswertung der Modellvorhaben ist von unabhängigen Sachverständigen ein Bericht zu erstellen. [11] Der Bericht ist zu veröffentlichen. [12] § 45c Absatz 5 Satz 6 gilt entsprechend.

(3b) [1] Der Spitzenverband Bund der Pflegekassen stellt durch die Finanzierung von Studien, Modellprojekten und wissenschaftlichen Expertisen die wissenschaftlich gestützte Begleitung der Einführung und Weiterentwicklung des wissenschaftlich fundierten Verfahrens zur einheitlichen Bemessung des Personalbedarfs in Pflegeeinrichtungen nach qualitativen und quantitativen Maßstäben, das nach § 113c Satz 1 in der am 1. Januar 2016 geltenden Fassung für vollstationäre Pflegeeinrichtungen entwickelt und erprobt wurde, und die wissenschaftlich gestützte Weiterentwicklung der ambulanten Versorgung sicher. [2] Das Bundesministerium für Gesundheit setzt dazu ein Begleitgremium ein. [3] Aufgabe des Begleitgremiums ist es, den Spitzenverband Bund der Pflegekassen, das Bundesministerium für Gesundheit und das Bundesministerium für Familie, Senioren, Frauen und Jugend bei der Umsetzung des Verfahrens zur einheitlichen Bemessung des Personalbedarfs für vollstationäre Pflegeeinrichtungen sowie bei der Weiterentwicklung der ambulanten Versorgung fachlich zu beraten und zu unterstützen. [4] Der Spitzenverband Bund der Pflegekassen bestimmt im Einvernehmen mit dem Bundesministerium für Gesundheit und dem Bundesministerium für Familie, Senioren, Frauen und Jugend sowie nach Anhörung des Begleitgremiums Ziele, Dauer, Inhalte und Durchführung der Maßnahmen nach Satz 1. [5] Dem Spitzenverband Bund der Pflegekassen werden zur Finanzierung der Maßnahmen nach Satz 1 in den Jahren 2021 bis 2024 bis zu 12 Millionen Euro aus dem Ausgleichsfonds zur Verfügung gestellt. [6] Das Nähere über das Verfahren zur Auszahlung der Mittel regeln der Spitzenverband Bund der Pflegekassen und das Bundesamt für Soziale Sicherung durch Vereinbarung. [7] Der Einsatz von zusätzlichem Personal in vollstationären Pflegeeinrichtungen und die dadurch entstehenden Personalkosten bei der Teilnahme an Modellprojekten nach Satz 1 sollen in das Fördervolumen nach Satz 5 einbezogen werden. [8]Pflegebedürftige dürfen durch die Durchführung von Maßnahmen nach Satz 1 nicht belastet werden.

(4) [1]Aus den Mitteln nach Absatz 3 ist ebenfalls die Finanzierung der qualifizierten Geschäftsstelle nach § 113b Absatz 6 und der wissenschaftlichen Aufträge nach § 113b Absatz 4 sicherzustellen. [2]Sofern der Verband der privaten Krankenversicherung e.V. als Mitglied im Qualitätsausschuss nach § 113b vertreten ist, beteiligen sich die privaten Versicherungsunternehmen, die die private Pflege-Pflichtversicherung durchführen, mit einem Anteil von 10 Prozent an den Aufwendungen nach Satz 1. [3]Aus den Mitteln nach Absatz 3 ist zudem die Finanzierung der Aufgaben nach § 113c sicherzustellen. [4]Die privaten Versicherungsunternehmen, die die private Pflege-Pflichtversicherung durchführen, beteiligen sich mit einem Anteil von 10 Prozent an diesen Aufwendungen. [5]Der Finanzierungsanteil nach den Sätzen 2 und 4, der auf die privaten Versicherungsunternehmen entfällt, kann von dem Verband der privaten Krankenversicherung e.V. unmittelbar an das Bundesamt für Soziale Sicherung zugunsten des Ausgleichsfonds der Pflegeversicherung nach § 65 geleistet werden.

(5) [1]Aus den Mitteln des Ausgleichsfonds der Pflegeversicherung ist die Finanzierung der gemäß § 113 Absatz 1b Satz 1 beauftragten, fachlich unabhängigen Institution sicherzustellen. [2]Die Vertragsparteien nach § 113 und das Bundesversicherungsamt vereinbaren das Nähere über das Verfahren zur Auszahlung der aus dem Ausgleichsfonds zu finanzierenden Mittel. [3]Die jeweilige Auszahlung bedarf der Genehmigung durch das Bundesministerium für Gesundheit.

(6) [1]Abweichend von § 84 Absatz 4 Satz 1 erhalten vollstationäre Pflegeeinrichtungen auf Antrag einen Vergütungszuschlag zur Unterstützung der Leistungserbringung insbesondere im Bereich der medizinischen Behandlungspflege. [2]Voraussetzung für die Gewährung des Vergütungszuschlags ist, dass die Pflegeeinrichtung über neu eingestelltes oder über Stellenaufstockung erweitertes Pflegepersonal verfügt, das über das Personal hinausgeht, das die Pflegeeinrichtung nach der Pflegesatzvereinbarung gemäß § 84 Absatz 5 Satz 2 Nummer 2 vorzuhalten hat. [3]Das zusätzliche Pflegepersonal muss zur Erbringung aller vollstationären Pflegeleistungen vorgesehen sein und es muss sich bei dem Personal um Pflegefachkräfte handeln. [4]Die vollstationäre Pflegeeinrichtung kann auch für die Beschäftigung zusätzlicher Fachkräfte aus dem Gesundheits- und Sozialbereich sowie von zusätzlichen Pflegehilfskräften, die sich in der Ausbildung zur Pflegefachkraft befinden, einen Vergütungszuschlag erhalten. [5]Das Bundesversicherungsamt verwaltet die zur Finanzierung des Vergütungszuschlags von den Krankenkassen nach § 37 Absatz 2a des Fünften Buches[1)] und von den privaten Versicherungsunternehmen nach Absatz 9 Satz 2 zu leistenden Beträge im Ausgleichsfonds der Pflegeversicherung. [6]Der Anspruch auf einen Vergütungszuschlag ist unter entsprechender Anwendung des § 84 Absatz 2 Satz 5 und 6 begrenzt auf die tatsächlichen Aufwendungen für zusätzlich

1. eine halbe Stelle bei Pflegeeinrichtungen mit bis zu 40 Plätzen,

---

[1)] Nr. 5.

2. eine Stelle bei Pflegeeinrichtungen mit 41 bis zu 80 Plätzen,
3. anderthalb Stellen bei Pflegeeinrichtungen mit 81 bis zu 120 Plätzen und
4. zwei Stellen bei Pflegeeinrichtungen mit mehr als 120 Plätzen.

[7] Der Vergütungszuschlag ist von den Pflegekassen monatlich zu zahlen und wird zum 15. eines jeden Monats fällig, sofern von der vollstationären Pflegeeinrichtung halbjährlich das Vorliegen der Anspruchsvoraussetzungen nach Satz 2 bestätigt wird. [8] Der Spitzenverband Bund der Pflegekassen legt im Benehmen mit den Bundesvereinigungen der Träger stationärer Pflegeeinrichtungen das Nähere für die Antragstellung sowie das Zahlungsverfahren für seine Mitglieder fest. [9] Die Festlegungen bedürfen der Zustimmung des Bundesministeriums für Gesundheit im Benehmen mit dem Bundesministerium für Familie, Senioren, Frauen und Jugend im Rahmen seiner Zuständigkeit. [10] Bis zum Vorliegen der Bestimmung nach Satz 8 stellen die Landesverbände der Pflegekassen die sachgerechte Verfahrensbearbeitung sicher; es genügt die Antragstellung an eine als Partei der Pflegesatzvereinbarung beteiligte Pflegekasse. [11] Die über den Vergütungszuschlag finanzierten zusätzlichen Stellen und die der Berechnung des Vergütungszuschlags zugrunde gelegte Bezahlung der auf diesen Stellen Beschäftigten sind von den Pflegeeinrichtungen unter entsprechender Anwendung des § 84 Absatz 6 Satz 3 und 4 und Absatz 7 nachzuweisen. [12] Die Auszahlung des gesamten Zuschlags hat einheitlich über eine Pflegekasse an die vollstationäre Pflegeeinrichtung vor Ort zu erfolgen. [13] Änderungen der den Anträgen zugrunde liegenden Sachverhalte sind von den vollstationären Pflegeeinrichtungen unverzüglich anzuzeigen. [14] Der Spitzenverband Bund der Pflegekassen berichtet dem Bundesministerium für Gesundheit erstmals bis zum 31. Dezember 2019 und danach jährlich über die Zahl der durch diesen Zuschlag finanzierten Pflegekräfte, den Stellenzuwachs und die Ausgabenentwicklung.

(7) [1] Aus den Mitteln des Ausgleichsfonds der Pflegeversicherung werden in den Jahren 2019 bis 2024 jährlich bis zu 100 Millionen Euro bereitgestellt, um Maßnahmen der Pflegeeinrichtungen zu fördern, die das Ziel haben, die Vereinbarkeit von Pflege, Familie und Beruf für ihre in der Pflege tätigen Mitarbeiterinnen und Mitarbeiter zu verbessern. [2] Förderfähig sind individuelle und gemeinschaftliche Betreuungsangebote, die auf die besonderen Arbeitszeiten von Pflegekräften ausgerichtet sind, sowie Schulungen und Weiterbildungen zur Verbesserung der Vereinbarkeit von Pflege, Familie und Beruf. [3] Gefördert werden bis zu 50 Prozent der durch die Pflegeeinrichtung für eine Maßnahme verausgabten Mittel. [4] Pro Pflegeeinrichtung ist höchstens ein jährlicher Förderzuschuss von 7-500 Euro möglich. [5] Die Landesverbände der Pflegekassen stellen die sachgerechte Verteilung der Mittel sicher. [6] Der in Satz 1 genannte Betrag soll unter Berücksichtigung der Zahl der Pflegeeinrichtungen auf die Länder aufgeteilt werden. [7] Antrag und Nachweis sollen einfach ausgestaltet sein. [8] Pflegeeinrichtungen können in einem Antrag die Förderung von zeitlich und sachlich unterschiedlichen Maßnahmen beantragen. [9] Soweit eine Pflegeeinrichtung den Förderhöchstbetrag nach Satz 4 innerhalb eines Kalenderjahres nicht in Anspruch genommen hat und die für das Land, in dem die Pflegeeinrichtung ihren Sitz hat, in diesem Kalenderjahr bereitgestellte Gesamtfördersumme noch nicht ausgeschöpft ist, erhöht sich der mögliche Förderhöchstbetrag für diese Pflegeeinrichtung im nachfolgenden Kalenderjahr um den aus dem Vorjahr durch die Pflegeeinrichtung nicht in Anspruch genommenen Betrag. [10] Der Spitzenverband Bund der Pflegekassen erlässt im

Einvernehmen mit dem Verband der privaten Krankenversicherung e.V. nach Anhörung der Verbände der Leistungserbringer auf Bundesebene bis zum 31. März 2019 Richtlinien über das Nähere der Voraussetzungen, Ziele, Inhalte und Durchführung der Förderung sowie zu dem Verfahren zur Vergabe der Fördermittel durch eine Pflegekasse. [11] Die Richtlinien bedürfen der Genehmigung des Bundesministeriums für Gesundheit. [12] Die Genehmigung gilt als erteilt, wenn die Richtlinien nicht innerhalb eines Monats, nachdem sie dem Bundesministerium für Gesundheit vorgelegt worden sind, beanstandet werden. [13] Das Bundesministerium für Gesundheit kann im Rahmen der Richtlinienprüfung vom Spitzenverband Bund der Pflegekassen zusätzliche Informationen und ergänzende Stellungnahmen anfordern; bis zu deren Eingang ist der Lauf der Frist nach Satz 12 unterbrochen. [14] Beanstandungen des Bundesministeriums für Gesundheit sind innerhalb der von ihm gesetzten Frist zu beheben. [15] Die Genehmigung kann vom Bundesministerium für Gesundheit mit Auflagen verbunden werden.

(8) [1] Aus den Mitteln des Ausgleichsfonds der Pflegeversicherung wird in den Jahren 2019 bis 2021 ein einmaliger Zuschuss für jede ambulante und stationäre Pflegeeinrichtung bereitgestellt, um digitale Anwendungen, die insbesondere das interne Qualitätsmanagement, die Erhebung von Qualitätsindikatoren, die Zusammenarbeit zwischen Ärzten und stationären Pflegeeinrichtungen sowie die Aus-, Fort- und Weiterbildung in der Altenpflege betreffen, zur Entlastung der Pflegekräfte zu fördern. [2] Förderungsfähig sind Anschaffungen von digitaler oder technischer Ausrüstung sowie damit verbundene Schulungen. [3] Gefördert werden bis zu 40 Prozent der durch die Pflegeeinrichtung verausgabten Mittel. [4] Pro Pflegeeinrichtung ist höchstens ein einmaliger Zuschuss in Höhe von 12 000 Euro möglich. [5] Der Spitzenverband Bund der Pflegekassen beschließt im Einvernehmen mit dem Verband der privaten Krankenversicherung e.V. nach Anhörung der Verbände der Leistungserbringer auf Bundesebene bis zum 31. März 2019 Richtlinien über das Nähere der Voraussetzungen und zu dem Verfahren der Gewährung des Zuschusses, der durch eine Pflegekasse ausgezahlt wird. [6] Die Richtlinien bedürfen der Genehmigung des Bundesministeriums für Gesundheit. [7] Die Genehmigung gilt als erteilt, wenn die Richtlinien nicht innerhalb eines Monats, nachdem sie dem Bundesministerium für Gesundheit vorgelegt worden sind, beanstandet werden. [8] Das Bundesministerium für Gesundheit kann im Rahmen der Richtlinienprüfung vom Spitzenverband Bund der Pflegekassen zusätzliche Informationen und ergänzende Stellungnahmen anfordern; bis zu deren Eingang ist der Lauf der Frist nach Satz 7 unterbrochen. [9] Beanstandungen des Bundesministeriums für Gesundheit sind innerhalb der von ihm gesetzten Frist zu beheben. [10] Die Genehmigung kann vom Bundesministerium für Gesundheit mit Auflagen verbunden werden.

(9) [1] Die privaten Versicherungsunternehmen, die die private Pflege-Pflichtversicherung durchführen, beteiligen sich mit einem Anteil von 7 Prozent an den Kosten, die sich gemäß den Absätzen 5, 7 und 8 jeweils ergeben. [2] Die privaten Versicherungsunternehmen, die die private Pflege-Pflichtversicherung durchführen, beteiligen sich an der Finanzierung der Vergütungszuschläge nach Absatz 6 mit jährlich 44 Millionen Euro. [3] Der jeweilige Finanzierungsanteil, der auf die privaten Versicherungsunternehmen entfällt, kann von dem Verband der privaten Krankenversicherung e.V. unmittelbar an das Bundesversicherungsamt zugunsten des Ausgleichsfonds der Pflegeversicherung nach § 65

geleistet werden. [4]Einmalig können die privaten Versicherungsunternehmen, die die private Pflege-Pflichtversicherung durchführen, für bestehende Vertragsverhältnisse die Prämie für die private Pflege-Pflichtversicherung anpassen, um die Verpflichtungen zu berücksichtigen, die sich aus den Sätzen 1 und 2 ergeben. [5]§ 155 Absatz 1 des Versicherungsaufsichtsgesetzes ist anzuwenden. [6]Dem Versicherungsnehmer ist die Neufestsetzung der Prämie unter Hinweis auf die hierfür maßgeblichen Gründe in Textform mitzuteilen. [7]§ 203 Absatz 5 des Versicherungsvertragsgesetzes und § 205 Absatz 4 des Versicherungsvertragsgesetzes gelten entsprechend.

(10) Der Spitzenverband Bund der Pflegekassen, der Verband der privaten Krankenversicherung e.V. und das Bundesversicherungsamt regeln das Nähere über das Verfahren zur Bereitstellung der notwendigen Finanzmittel zur Finanzierung der Maßnahmen nach den Absätzen 6 bis 8 aus dem Ausgleichsfonds der Pflegeversicherung sowie zur Feststellung und Erhebung der Beträge der privaten Versicherungsunternehmen, die die private Pflege-Pflichtversicherung durchführen, nach Absatz 9 Satz 1 und 2 durch Vereinbarung.

§ 8a Gemeinsame Empfehlungen zur pflegerischen Versorgung.

(1) [1]Für jedes Land oder für Teile des Landes wird zur Beratung über Fragen der Pflegeversicherung ein Landespflegeausschuss gebildet. [2]Der Ausschuss kann zur Umsetzung der Pflegeversicherung einvernehmlich Empfehlungen abgeben. [3]Die Landesregierungen werden ermächtigt, durch Rechtsverordnung das Nähere zu den Landespflegeausschüssen zu bestimmen; insbesondere können sie die den Landespflegeausschüssen angehörenden Organisationen unter Berücksichtigung der Interessen aller an der Pflege im Land Beteiligten berufen.

(2) [1]Sofern nach Maßgabe landesrechtlicher Vorschriften ein Ausschuss zur Beratung über sektorenübergreifende Zusammenarbeit in der Versorgung von Pflegebedürftigen (sektorenübergreifender Landespflegeausschuss) eingerichtet worden ist, entsenden die Landesverbände der Pflegekassen und der Krankenkassen sowie die Ersatzkassen, die Kassenärztlichen Vereinigungen und die Landeskrankenhausgesellschaften Vertreter in diesen Ausschuss und wirken an der Abgabe gemeinsamer Empfehlungen mit. [2]Soweit erforderlich, ist eine Abstimmung mit dem Landesgremium nach § 90a des Fünften Buches[1)] herbeizuführen.

(3) Sofern nach Maßgabe landesrechtlicher Vorschriften regionale Ausschüsse insbesondere zur Beratung über Fragen der Pflegeversicherung in Landkreisen und kreisfreien Städten eingerichtet worden sind, entsenden die Landesverbände der Pflegekassen Vertreter in diese Ausschüsse und wirken an der einvernehmlichen Abgabe gemeinsamer Empfehlungen mit.

(4) [1]Die in den Ausschüssen nach den Absätzen 1 und 3 vertretenen Pflegekassen, Landesverbände der Pflegekassen sowie die sonstigen in Absatz 2 genannten Mitglieder wirken in dem jeweiligen Ausschuss an einer nach Maßgabe landesrechtlicher Vorschriften vorgesehenen Erstellung und Fortschreibung von Empfehlungen zur Sicherstellung der pflegerischen Infrastruktur (Pflegestrukturplanungsempfehlung) mit. [2]Sie stellen die hierfür erforderlichen Angaben bereit, soweit diese ihnen im Rahmen ihrer gesetzlichen Aufgaben verfügbar sind und es sich nicht um personenbezogene Daten handelt. [3]Die

---

1) Nr. 5.

Mitglieder nach Satz 1 berichten den jeweiligen Ausschüssen nach den Absätzen 1 bis 3 insbesondere darüber, inwieweit diese Empfehlungen von den Landesverbänden der Pflegekassen und der Krankenkassen sowie den Ersatzkassen, den Kassenärztlichen Vereinigungen und den Landeskrankenhausgesellschaften bei der Erfüllung der ihnen nach diesem und dem Fünften Buch übertragenen Aufgaben berücksichtigt wurden.

(5) Empfehlungen der Ausschüsse nach den Absätzen 1 bis 3 zur Weiterentwicklung der Versorgung sollen von den Vertragsparteien nach dem Siebten Kapitel beim Abschluss der Versorgungs- und Rahmenverträge und von den Vertragsparteien nach dem Achten Kapitel beim Abschluss der Vergütungsverträge einbezogen werden.

§ 9 Aufgaben der Länder. [1]Die Länder sind verantwortlich für die Vorhaltung einer leistungsfähigen, zahlenmäßig ausreichenden und wirtschaftlichen pflegerischen Versorgungsstruktur. [2]Das Nähere zur Planung und zur Förderung der Pflegeeinrichtungen wird durch Landesrecht bestimmt; durch Landesrecht kann auch bestimmt werden, ob und in welchem Umfang eine im Landesrecht vorgesehene und an der wirtschaftlichen Leistungsfähigkeit der Pflegebedürftigen orientierte finanzielle Unterstützung

1. der Pflegebedürftigen bei der Tragung der ihnen von den Pflegeeinrichtungen berechneten betriebsnotwendigen Investitionsaufwendungen oder
2. der Pflegeeinrichtungen bei der Tragung ihrer betriebsnotwendigen Investitionsaufwendungen

als Förderung der Pflegeeinrichtungen gilt. [3]Zur finanziellen Förderung der Investitionskosten der Pflegeeinrichtungen sollen Einsparungen eingesetzt werden, die den Trägern der Sozialhilfe durch die Einführung der Pflegeversicherung entstehen.

§ 10 Berichtspflichten des Bundes und der Länder. (1) [1]Die Bundesregierung berichtet den gesetzgebenden Körperschaften des Bundes ab 2016 im Abstand von vier Jahren über die Entwicklung der Pflegeversicherung und den Stand der pflegerischen Versorgung in der Bundesrepublik Deutschland. [2]Für den Berichtszeitraum bis einschließlich 2019 ist der Bericht erst im Jahr 2021 vorzulegen.

(2) [1]Die Länder berichten dem Bundesministerium für Gesundheit jährlich bis zum 30. Juni über Art und Umfang der finanziellen Förderung der Pflegeeinrichtungen im vorausgegangenen Kalenderjahr sowie über die mit dieser Förderung verbundenen durchschnittlichen Investitionskosten für die Pflegebedürftigen. [2]Die Berichterstattung zum Jahr 2019 erfolgt bis zum 31. Dezember 2020.

§ 11 Rechte und Pflichten der Pflegeeinrichtungen. (1) [1]Die Pflegeeinrichtungen pflegen, versorgen und betreuen die Pflegebedürftigen, die ihre Leistungen in Anspruch nehmen, entsprechend dem allgemein anerkannten Stand medizinisch-pflegerischer Erkenntnisse. [2]Inhalt und Organisation der Leistungen haben eine humane und aktivierende Pflege unter Achtung der Menschenwürde zu gewährleisten.

(2) [1]Bei der Durchführung dieses Buches sind die Vielfalt der Träger von Pflegeeinrichtungen zu wahren sowie deren Selbständigkeit, Selbstverständnis und Unabhängigkeit zu achten. [2]Dem Auftrag kirchlicher und sonstiger Träger

der freien Wohlfahrtspflege, kranke, gebrechliche und pflegebedürftige Menschen zu pflegen, zu betreuen, zu trösten und sie im Sterben zu begleiten, ist Rechnung zu tragen. [3]Freigemeinnützige und private Träger haben Vorrang gegenüber öffentlichen Trägern.

(3) Die Bestimmungen des Wohn- und Betreuungsvertragsgesetzes bleiben unberührt.

§ 12 Aufgaben der Pflegekassen. (1) [1]Die Pflegekassen sind für die Sicherstellung der pflegerischen Versorgung ihrer Versicherten verantwortlich. [2]Sie arbeiten dabei mit allen an der pflegerischen, gesundheitlichen und sozialen Versorgung Beteiligten eng zusammen und wirken, insbesondere durch Pflegestützpunkte nach § 7c, auf eine Vernetzung der regionalen und kommunalen Versorgungsstrukturen hin, um eine Verbesserung der wohnortnahen Versorgung pflege- und betreuungsbedürftiger Menschen zu ermöglichen. [3]Die Pflegekassen sollen zur Durchführung der ihnen gesetzlich übertragenen Aufgaben örtliche und regionale Arbeitsgemeinschaften bilden. [4]§ 94 Abs. 2 bis 4 des Zehnten Buches[1)] gilt entsprechend.

(2) [1]Die Pflegekassen wirken mit den Trägern der ambulanten und der stationären gesundheitlichen und sozialen Versorgung partnerschaftlich zusammen, um die für den Pflegebedürftigen zur Verfügung stehenden Hilfen zu koordinieren. [2]Sie stellen insbesondere über die Pflegeberatung nach § 7a sicher, dass im Einzelfall häusliche Pflegehilfe, Behandlungspflege, ärztliche Behandlung, spezialisierte Palliativversorgung, Leistungen zur Prävention, zur medizinischen Rehabilitation und zur Teilhabe nahtlos und störungsfrei ineinander greifen. [3]Die Pflegekassen nutzen darüber hinaus das Instrument der integrierten Versorgung nach § 92b und wirken zur Sicherstellung der haus-, fach- und zahnärztlichen Versorgung der Pflegebedürftigen darauf hin, dass die stationären Pflegeeinrichtungen Kooperationen mit niedergelassenen Ärzten eingehen oder § 119b des Fünften Buches[2)] anwenden.

§ 13 Verhältnis der Leistungen der Pflegeversicherung zu anderen Sozialleistungen. (1) Den Leistungen der Pflegeversicherung gehen die Entschädigungsleistungen wegen Pflegebedürftigkeit

1. nach dem Bundesversorgungsgesetz und nach den Gesetzen, die eine entsprechende Anwendung des Bundesversorgungsgesetzes vorsehen,
2. aus der gesetzlichen Unfallversicherung und
3. aus öffentlichen Kassen auf Grund gesetzlich geregelter Unfallversorgung oder Unfallfürsorge

vor.

(2) [1]Die Leistungen nach dem Fünften Buch[2)] einschließlich der Leistungen der häuslichen Krankenpflege nach § 37 des Fünften Buches bleiben unberührt. [2]Dies gilt auch für krankheitsspezifische Pflegemaßnahmen, soweit diese im Rahmen der häuslichen Krankenpflege nach § 37 des Fünften Buches zu leisten sind.

(3) [1]Die Leistungen der Pflegeversicherung gehen den Fürsorgeleistungen zur Pflege

---

[1)] Nr. **10**.
[2)] Nr. **5**.

1. nach dem Zwölften Buch[1)],
2. nach dem Lastenausgleichsgesetz, dem Reparationsschädengesetz und dem Flüchtlingshilfegesetz,
3. nach dem Bundesversorgungsgesetz (Kriegsopferfürsorge) und nach den Gesetzen, die eine entsprechende Anwendung des Bundesversorgungsgesetzes vorsehen,

vor, soweit dieses Buch nichts anderes bestimmt. [2]Leistungen zur Pflege nach diesen Gesetzen sind zu gewähren, wenn und soweit Leistungen der Pflegeversicherung nicht erbracht werden oder diese Gesetze dem Grunde oder der Höhe nach weitergehende Leistungen als die Pflegeversicherung vorsehen. [3]Die Leistungen der Eingliederungshilfe für Menschen mit Behinderungen nach dem Neunten Buch[2)], dem Bundesversorgungsgesetz und dem Achten Buch[3)] bleiben unberührt, sie sind im Verhältnis zur Pflegeversicherung nicht nachrangig; die notwendige Hilfe in den Einrichtungen und Räumlichkeiten nach § 71 Abs. 4 ist einschließlich der Pflegeleistungen zu gewähren.

(4) [1]Treffen Leistungen der Pflegeversicherung und Leistungen der Eingliederungshilfe zusammen, vereinbaren mit Zustimmung des Leistungsberechtigten die zuständige Pflegekasse und der für die Eingliederungshilfe zuständige Träger,

1. dass im Verhältnis zum Pflegebedürftigen der für die Eingliederungshilfe zuständige Träger die Leistungen der Pflegeversicherung auf der Grundlage des von der Pflegekasse erlassenen Leistungsbescheids zu übernehmen hat,
2. dass die zuständige Pflegekasse dem für die Eingliederungshilfe zuständigen Träger die Kosten der von ihr zu tragenden Leistungen zu erstatten hat sowie
3. die Modalitäten der Übernahme und der Durchführung der Leistungen sowie der Erstattung.

[2]Die bestehenden Wunsch- und Wahlrechte der Leistungsberechtigten bleiben unberührt und sind zu beachten. [3]Die Ausführung der Leistungen erfolgt nach den für den zuständigen Leistungsträger geltenden Rechtsvorschriften. [4]Soweit auch Leistungen der Hilfe zur Pflege nach dem Zwölften Buch zu erbringen sind, ist der für die Hilfe zur Pflege zuständige Träger zu beteiligen. [5]Der Spitzenverband Bund der Pflegekassen beschließt gemeinsam mit der Bundesarbeitsgemeinschaft der überörtlichen Träger der Sozialhilfe bis zum 1. Januar 2018 in einer Empfehlung Näheres zu den Modalitäten der Übernahme und der Durchführung der Leistungen sowie der Erstattung und zu der Beteiligung des für die Hilfe zur Pflege zuständigen Trägers. [6]Die Länder, die kommunalen Spitzenverbände auf Bundesebene, die Bundesarbeitsgemeinschaft der Freien Wohlfahrtspflege, die Vereinigungen der Träger der Pflegeeinrichtungen auf Bundesebene, die Vereinigungen der Leistungserbringer der Eingliederungshilfe auf Bundesebene sowie die auf Bundesebene maßgeblichen Organisationen für die Wahrnehmung der Interessen und der Selbsthilfe pflegebedürftiger und behinderter Menschen sind vor dem Beschluss anzuhören. [7]Die Empfehlung bedarf der Zustimmung des Bundesministeriums für Gesundheit und des Bundesministeriums für Arbeit und Soziales.

---

1) Nr. **12**.
2) Nr. **9**.
3) Nr. **8**.

(4a) Bestehen im Einzelfall Anhaltspunkte für ein Zusammentreffen von Leistungen der Pflegeversicherung und Leistungen der Eingliederungshilfe, bezieht der für die Durchführung eines Teilhabeplanverfahrens oder Gesamtplanverfahrens verantwortliche Träger mit Zustimmung des Leistungsberechtigten die zuständige Pflegekasse in das Verfahren beratend mit ein, um die Vereinbarung nach Absatz 4 gemeinsam vorzubereiten.

(4b) Die Regelungen nach Absatz 3 Satz 3, Absatz 4 und 4a werden bis zum 1. Juli 2019 evaluiert.

(5) [1] Die Leistungen der Pflegeversicherung bleiben als Einkommen bei Sozialleistungen und bei Leistungen nach dem Asylbewerberleistungsgesetz, deren Gewährung von anderen Einkommen abhängig ist, unberücksichtigt; dies gilt nicht für das Pflegeunterstützungsgeld gemäß § 44a Absatz 3. [2] Satz 1 gilt entsprechend bei Vertragsleistungen aus privaten Pflegeversicherungen, die der Art und dem Umfang nach den Leistungen der sozialen Pflegeversicherung gleichwertig sind. [3] Rechtsvorschriften, die weitergehende oder ergänzende Leistungen aus einer privaten Pflegeversicherung von der Einkommensermittlung ausschließen, bleiben unberührt.

(6) [1] Wird Pflegegeld nach § 37 oder eine vergleichbare Geldleistung an eine Pflegeperson (§ 19) weitergeleitet, bleibt dies bei der Ermittlung von Unterhaltsansprüchen und Unterhaltsverpflichtungen der Pflegeperson unberücksichtigt. [2] Dies gilt nicht

1. in den Fällen des § 1361 Abs. 3, der §§ 1579, 1603 Abs. 2 und des § 1611 Abs. 1 des Bürgerlichen Gesetzbuchs,
2. für Unterhaltsansprüche der Pflegeperson, wenn von dieser erwartet werden kann, ihren Unterhaltsbedarf ganz oder teilweise durch eigene Einkünfte zu decken und der Pflegebedürftige mit dem Unterhaltspflichtigen nicht in gerader Linie verwandt ist.

Zweites Kapitel. Leistungsberechtigter Personenkreis

§ 14 Begriff der Pflegebedürftigkeit. (1) [1] Pflegebedürftig im Sinne dieses Buches sind Personen, die gesundheitlich bedingte Beeinträchtigungen der Selbständigkeit oder der Fähigkeiten aufweisen und deshalb der Hilfe durch andere bedürfen. [2] Es muss sich um Personen handeln, die körperliche, kognitive oder psychische Beeinträchtigungen oder gesundheitlich bedingte Belastungen oder Anforderungen nicht selbständig kompensieren oder bewältigen können. [3] Die Pflegebedürftigkeit muss auf Dauer, voraussichtlich für mindestens sechs Monate, und mit mindestens der in § 15 festgelegten Schwere bestehen.

(2) Maßgeblich für das Vorliegen von gesundheitlich bedingten Beeinträchtigungen der Selbständigkeit oder der Fähigkeiten sind die in den folgenden sechs Bereichen genannten pflegefachlich begründeten Kriterien:

1. Mobilität: Positionswechsel im Bett, Halten einer stabilen Sitzposition, Umsetzen, Fortbewegen innerhalb des Wohnbereichs, Treppensteigen;
2. kognitive und kommunikative Fähigkeiten: Erkennen von Personen aus dem näheren Umfeld, örtliche Orientierung, zeitliche Orientierung, Erinnern an wesentliche Ereignisse oder Beobachtungen, Steuern von mehrschrittigen Alltagshandlungen, Treffen von Entscheidungen im Alltagsleben, Verstehen von Sachverhalten und Informationen, Erkennen von Risiken und Gefahren,

Mitteilen von elementaren Bedürfnissen, Verstehen von Aufforderungen, Beteiligen an einem Gespräch;

3. Verhaltensweisen und psychische Problemlagen: motorisch geprägte Verhaltensauffälligkeiten, nächtliche Unruhe, selbstschädigendes und autoaggressives Verhalten, Beschädigen von Gegenständen, physisch aggressives Verhalten gegenüber anderen Personen, verbale Aggression, andere pflegerelevante vokale Auffälligkeiten, Abwehr pflegerischer und anderer unterstützender Maßnahmen, Wahnvorstellungen, Ängste, Antriebslosigkeit bei depressiver Stimmungslage, sozial inadäquate Verhaltensweisen, sonstige pflegerelevante inadäquate Handlungen;
4. Selbstversorgung: Waschen des vorderen Oberkörpers, Körperpflege im Bereich des Kopfes, Waschen des Intimbereichs, Duschen und Baden einschließlich Waschen der Haare, An- und Auskleiden des Oberkörpers, An- und Auskleiden des Unterkörpers, mundgerechtes Zubereiten der Nahrung und Eingießen von Getränken, Essen, Trinken, Benutzen einer Toilette oder eines Toilettenstuhls, Bewältigen der Folgen einer Harninkontinenz und Umgang mit Dauerkatheter und Urostoma, Bewältigen der Folgen einer Stuhlinkontinenz und Umgang mit Stoma, Ernährung parenteral oder über Sonde, Bestehen gravierender Probleme bei der Nahrungsaufnahme bei Kindern bis zu 18 Monaten, die einen außergewöhnlich pflegeintensiven Hilfebedarf auslösen;
5. Bewältigung von und selbständiger Umgang mit krankheits- oder therapiebedingten Anforderungen und Belastungen:
   a) in Bezug auf Medikation, Injektionen, Versorgung intravenöser Zugänge, Absaugen und Sauerstoffgabe, Einreibungen sowie Kälte- und Wärmeanwendungen, Messung und Deutung von Körperzuständen, körpernahe Hilfsmittel,
   b) in Bezug auf Verbandswechsel und Wundversorgung, Versorgung mit Stoma, regelmäßige Einmalkatheterisierung und Nutzung von Abführmethoden, Therapiemaßnahmen in häuslicher Umgebung,
   c) in Bezug auf zeit- und technikintensive Maßnahmen in häuslicher Umgebung, Arztbesuche, Besuche anderer medizinischer oder therapeutischer Einrichtungen, zeitlich ausgedehnte Besuche medizinischer oder therapeutischer Einrichtungen, Besuch von Einrichtungen zur Frühförderung bei Kindern sowie
   d) in Bezug auf das Einhalten einer Diät oder anderer krankheits- oder therapiebedingter Verhaltensvorschriften;
6. Gestaltung des Alltagslebens und sozialer Kontakte: Gestaltung des Tagesablaufs und Anpassung an Veränderungen, Ruhen und Schlafen, Sichbeschäftigen, Vornehmen von in die Zukunft gerichteten Planungen, Interaktion mit Personen im direkten Kontakt, Kontaktpflege zu Personen außerhalb des direkten Umfelds.

(3) Beeinträchtigungen der Selbständigkeit oder der Fähigkeiten, die dazu führen, dass die Haushaltsführung nicht mehr ohne Hilfe bewältigt werden kann, werden bei den Kriterien der in Absatz 2 genannten Bereiche berücksichtigt.

§ 15 Ermittlung des Grades der Pflegebedürftigkeit, Begutachtungsinstrument. (1) [1] Pflegebedürftige erhalten nach der Schwere der Beeinträchtigungen der Selbständigkeit oder der Fähigkeiten einen Grad der Pflegebedürftigkeit (Pflegegrad). [2]Der Pflegegrad wird mit Hilfe eines pflegefachlich begründeten Begutachtungsinstruments ermittelt.

(2) [1]Das Begutachtungsinstrument ist in sechs Module gegliedert, die den sechs Bereichen in § 14 Absatz 2 entsprechen. [2]In jedem Modul sind für die in den Bereichen genannten Kriterien die in Anlage 1 dargestellten Kategorien vorgesehen. [3]Die Kategorien stellen die in ihnen zum Ausdruck kommenden verschiedenen Schweregrade der Beeinträchtigungen der Selbständigkeit oder der Fähigkeiten dar. [4]Den Kategorien werden in Bezug auf die einzelnen Kriterien pflegefachlich fundierte Einzelpunkte zugeordnet, die aus Anlage 1 ersichtlich sind. [5]In jedem Modul werden die jeweils erreichbaren Summen aus Einzelpunkten nach den in Anlage 2 festgelegten Punktbereichen gegliedert. [6]Die Summen der Punkte werden nach den in ihnen zum Ausdruck kommenden Schweregraden der Beeinträchtigungen der Selbständigkeit oder der Fähigkeiten wie folgt bezeichnet:

1. Punktbereich 0: keine Beeinträchtigungen der Selbständigkeit oder der Fähigkeiten,
2. Punktbereich 1: geringe Beeinträchtigungen der Selbständigkeit oder der Fähigkeiten,
3. Punktbereich 2: erhebliche Beeinträchtigungen der Selbständigkeit oder der Fähigkeiten,
4. Punktbereich 3: schwere Beeinträchtigungen der Selbständigkeit oder der Fähigkeiten und
5. Punktbereich 4: schwerste Beeinträchtigungen der Selbständigkeit oder der Fähigkeiten.

[7]Jedem Punktbereich in einem Modul werden unter Berücksichtigung der in ihm zum Ausdruck kommenden Schwere der Beeinträchtigungen der Selbständigkeit oder der Fähigkeiten sowie der folgenden Gewichtung der Module die in Anlage 2 festgelegten, gewichteten Punkte zugeordnet. [8]Die Module des Begutachtungsinstruments werden wie folgt gewichtet:

1. Mobilität mit 10 Prozent,
2. kognitive und kommunikative Fähigkeiten sowie Verhaltensweisen und psychische Problemlagen zusammen mit 15 Prozent,
3. Selbstversorgung mit 40 Prozent,
4. Bewältigung von und selbständiger Umgang mit krankheits- oder therapiebedingten Anforderungen und Belastungen mit 20 Prozent,
5. Gestaltung des Alltagslebens und sozialer Kontakte mit 15 Prozent.

(3) [1]Zur Ermittlung des Pflegegrades sind die bei der Begutachtung festgestellten Einzelpunkte in jedem Modul zu addieren und dem in Anlage 2 festgelegten Punktbereich sowie den sich daraus ergebenden gewichteten Punkten zuzuordnen. [2]Den Modulen 2 und 3 ist ein gemeinsamer gewichteter Punkt zuzuordnen, der aus den höchsten gewichteten Punkten entweder des Moduls 2 oder des Moduls 3 besteht. [3]Aus den gewichteten Punkten aller Module sind durch Addition die Gesamtpunkte zu bilden. [4]Auf der Basis der erreichten Gesamtpunkte sind pflegebedürftige Personen in einen der nachfolgenden Pflegegrade einzuordnen:

1. ab 12,5 bis unter 27 Gesamtpunkten in den Pflegegrad 1: geringe Beeinträchtigungen der Selbständigkeit oder der Fähigkeiten,
2. ab 27 bis unter 47,5 Gesamtpunkten in den Pflegegrad 2: erhebliche Beeinträchtigungen der Selbständigkeit oder der Fähigkeiten,
3. ab 47,5 bis unter 70 Gesamtpunkten in den Pflegegrad 3: schwere Beeinträchtigungen der Selbständigkeit oder der Fähigkeiten,
4. ab 70 bis unter 90 Gesamtpunkten in den Pflegegrad 4: schwerste Beeinträchtigungen der Selbständigkeit oder der Fähigkeiten,
5. ab 90 bis 100 Gesamtpunkten in den Pflegegrad 5: schwerste Beeinträchtigungen der Selbständigkeit oder der Fähigkeiten mit besonderen Anforderungen an die pflegerische Versorgung.

(4) [1] Pflegebedürftige mit besonderen Bedarfskonstellationen, die einen spezifischen, außergewöhnlich hohen Hilfebedarf mit besonderen Anforderungen an die pflegerische Versorgung aufweisen, können aus pflegefachlichen Gründen dem Pflegegrad 5 zugeordnet werden, auch wenn ihre Gesamtpunkte unter 90 liegen. [2] Der Medizinische Dienst Bund konkretisiert in den Richtlinien nach § 17 Absatz 1 die pflegefachlich begründeten Voraussetzungen für solche besonderen Bedarfskonstellationen.

(5) [1] Bei der Begutachtung sind auch solche Kriterien zu berücksichtigen, die zu einem Hilfebedarf führen, für den Leistungen des Fünften Buches[1)] vorgesehen sind. [2] Dies gilt auch für krankheitsspezifische Pflegemaßnahmen. [3] Krankheitsspezifische Pflegemaßnahmen sind Maßnahmen der Behandlungspflege, bei denen der behandlungspflegerische Hilfebedarf aus medizinisch-pflegerischen Gründen regelmäßig und auf Dauer untrennbarer Bestandteil einer pflegerischen Maßnahme in den in § 14 Absatz 2 genannten sechs Bereichen ist oder mit einer solchen notwendig in einem unmittelbaren zeitlichen und sachlichen Zusammenhang steht.

(6) [1] Bei pflegebedürftigen Kindern wird der Pflegegrad durch einen Vergleich der Beeinträchtigungen ihrer Selbständigkeit und ihrer Fähigkeiten mit altersentsprechend entwickelten Kindern ermittelt. [2] Im Übrigen gelten die Absätze 1 bis 5 entsprechend.

(7) Pflegebedürftige Kinder im Alter bis zu 18 Monaten werden abweichend von den Absätzen 3, 4 und 6 Satz 2 wie folgt eingestuft:
1. ab 12,5 bis unter 27 Gesamtpunkten in den Pflegegrad 2,
2. ab 27 bis unter 47,5 Gesamtpunkten in den Pflegegrad 3,
3. ab 47,5 bis unter 70 Gesamtpunkten in den Pflegegrad 4,
4. ab 70 bis 100 Gesamtpunkten in den Pflegegrad 5.

§ 16 Verordnungsermächtigung. [1] Das Bundesministerium für Gesundheit wird ermächtigt, im Einvernehmen mit dem Bundesministerium für Familien, Senioren, Frauen und Jugend und dem Bundesministerium für Arbeit und Soziales durch Rechtsverordnung mit Zustimmung des Bundesrates Vorschriften zur pflegefachlichen Konkretisierung der Inhalte des Begutachtungsinstruments nach § 15 sowie zum Verfahren der Feststellung der Pflegebedürftigkeit nach § 18 zu erlassen. [2] Es kann sich dabei von unabhängigen Sachverständigen beraten lassen.

---

1) Nr. 5.

§ 17 Richtlinien des Medizinischen Dienstes Bund; Richtlinien der Pflegekassen. (1) [1]Der Medizinische Dienst Bund erlässt mit dem Ziel, eine einheitliche Rechtsanwendung zu fördern, im Benehmen mit dem Spitzenverband Bund der Pflegekassen Richtlinien zur pflegefachlichen Konkretisierung der Inhalte des Begutachtungsinstruments nach § 15 sowie zum Verfahren der Feststellung der Pflegebedürftigkeit nach § 18 (Begutachtungs-Richtlinien). [2]Er hat dabei die Vereinigungen der Träger der Pflegeeinrichtungen auf Bundesebene, den Verband der privaten Krankenversicherung e.V., die Bundesarbeitsgemeinschaft der überörtlichen Träger der Sozialhilfe, die kommunalen Spitzenverbände auf Bundesebene und die Verbände der Pflegeberufe auf Bundesebene zu beteiligen. [3]Ihnen ist unter Übermittlung der hierfür erforderlichen Informationen innerhalb einer angemessenen Frist vor der Entscheidung Gelegenheit zur Stellungnahme zu geben. [4]Die Stellungnahmen sind in die Entscheidung einzubeziehen. [5]Die maßgeblichen Organisationen für die Wahrnehmung der Interessen und der Selbsthilfe der pflegebedürftigen und behinderten Menschen wirken nach Maßgabe der nach § 118 Absatz 2 erlassenen Verordnung beratend mit. [6]§ 118 Absatz 1 Satz 2 und 3 gilt entsprechend.

(1a) [1]Der Spitzenverband Bund der Pflegekassen erlässt unter Beteiligung des Medizinischen Dienstes Bund Richtlinien zur einheitlichen Durchführung der Pflegeberatung nach § 7a (Pflegeberatungs-Richtlinien). [2]An den Pflegeberatungs-Richtlinien sind die Länder, der Verband der Privaten Krankenversicherung e. V., die Bundesarbeitsgemeinschaft der überörtlichen Träger der Sozialhilfe, die kommunalen Spitzenverbände auf Bundesebene, die Bundesarbeitsgemeinschaft der freien Wohlfahrtspflege sowie die Verbände der Träger der Pflegeeinrichtungen auf Bundesebene zu beteiligen. [3]Den Verbänden der Pflegeberufe auf Bundesebene, unabhängigen Sachverständigen sowie den maßgeblichen Organisationen für die Wahrnehmung der Interessen und der Selbsthilfe der pflegebedürftigen und behinderten Menschen sowie ihren Angehörigen ist Gelegenheit zur Stellungnahme zu geben. [4]Darüber hinaus ergänzt der Spitzenverband Bund der Pflegekassen unter Beteiligung des Medizinischen Dienstes Bund, der Kassenärztlichen Bundesvereinigung, der kommunalen Spitzenverbände auf Bundesebene und der Länder bis zum 31. Juli 2020 die Pflegeberatungs-Richtlinien um Regelungen für eine einheitliche Struktur eines elektronischen Versorgungsplans nach § 7a Absatz 1 Satz 2 Nummer 2 und für dessen elektronischen Austausch sowohl mit der Pflegekasse als auch mit den beteiligten Ärzten und Ärztinnen und Pflegeeinrichtungen sowie mit den Beratungsstellen der Kommunen. [5]Die Pflegeberatungs-Richtlinien sind für die Pflegeberater und Pflegeberaterinnen der Pflegekassen, der Beratungsstellen nach § 7b Absatz 1 Satz 1 Nummer 2 sowie der Pflegestützpunkte nach § 7c unmittelbar verbindlich.

(1b) [1]Der Medizinische Dienst Bund erlässt im Benehmen mit dem Spitzenverband Bund der Pflegekassen Richtlinien zur Feststellung des Zeitanteils, für den die Pflegeversicherung bei ambulant versorgten Pflegebedürftigen, die einen besonders hohen Bedarf an behandlungspflegerischen Leistungen haben und die Leistungen der häuslichen Pflegehilfe nach § 36 und der häuslichen Krankenpflege nach § 37 Absatz 2 des Fünften Buches[1)] oder die Leistungen der häuslichen Pflegehilfe nach § 36 und der außerklinischen Intensivpflege nach § 37c des Fünften Buches beziehen, die hälftigen Kosten zu tragen hat.

[1)] Nr. **5**.

[2]Von den Leistungen der häuslichen Pflegehilfe nach § 36 sind dabei nur Maßnahmen der körperbezogenen Pflege zu berücksichtigen. [3]Im Übrigen gilt § 17 Absatz 1 Satz 2 bis 6 entsprechend.

(2) [1]Die Richtlinien nach den Absätzen 1, 1a und 1b werden erst wirksam, wenn das Bundesministerium für Gesundheit sie genehmigt. [2]Die Genehmigung gilt als erteilt, wenn die Richtlinien nicht innerhalb eines Monats, nachdem sie dem Bundesministerium für Gesundheit vorgelegt worden sind, beanstandet werden. [3]Beanstandungen des Bundesministeriums für Gesundheit sind innerhalb der von ihm gesetzten Frist zu beheben.

§ 17a *(aufgehoben)*

§ 18 Verfahren zur Feststellung der Pflegebedürftigkeit. (1) [1]Die Pflegekassen beauftragen den Medizinischen Dienst oder andere unabhängige Gutachter mit der Prüfung, ob die Voraussetzungen der Pflegebedürftigkeit erfüllt sind und welcher Pflegegrad vorliegt. [2]Im Rahmen dieser Prüfungen haben der Medizinische Dienst oder die von der Pflegekasse beauftragten Gutachter durch eine Untersuchung des Antragstellers die Beeinträchtigungen der Selbständigkeit oder der Fähigkeiten bei den in § 14 Absatz 2 genannten Kriterien nach Maßgabe des § 15 sowie die voraussichtliche Dauer der Pflegebedürftigkeit zu ermitteln. [3]Darüber hinaus sind auch Feststellungen darüber zu treffen, ob und in welchem Umfang Maßnahmen zur Beseitigung, Minderung oder Verhütung einer Verschlimmerung der Pflegebedürftigkeit einschließlich der Leistungen zur medizinischen Rehabilitation geeignet, notwendig und zumutbar sind; insoweit haben Versicherte einen Anspruch gegen den zuständigen Träger auf Leistungen zur medizinischen Rehabilitation. [4]Jede Feststellung hat zudem eine Aussage darüber zu treffen, ob Beratungsbedarf insbesondere in der häuslichen Umgebung oder in der Einrichtung, in der der Anspruchsberechtigte lebt, hinsichtlich Leistungen zur verhaltensbezogenen Prävention nach § 20 Absatz 5 des Fünften Buches[1)] besteht.

(1a) [1]Die Pflegekassen können den Medizinischen Dienst oder andere unabhängige Gutachter mit der Prüfung beauftragen, für welchen Zeitanteil die Pflegeversicherung bei ambulant versorgten Pflegebedürftigen, die einen besonders hohen Bedarf an behandlungspflegerischen Leistungen haben und die Leistungen der häuslichen Pflegehilfe nach § 36 und der häuslichen Krankenpflege nach § 37 Absatz 2 des Fünften Buches beziehen, die hälftigen Kosten zu tragen hat. [2]Von den Leistungen der häuslichen Pflegehilfe nach § 36 sind nur Maßnahmen der körperbezogenen Pflege zu berücksichtigen. [3]Bei der Prüfung des Zeitanteils sind die Richtlinien nach § 17 Absatz 1b zu beachten.

(2) [1]Der Medizinische Dienst oder die von der Pflegekasse beauftragten Gutachter haben den Versicherten in seinem Wohnbereich zu untersuchen. [2]Erteilt der Versicherte dazu nicht sein Einverständnis, kann die Pflegekasse die beantragten Leistungen verweigern. [3]Die §§ 65, 66 des Ersten Buches[2)] bleiben unberührt. [4]Die Untersuchung im Wohnbereich des Pflegebedürftigen kann ausnahmsweise unterbleiben, wenn auf Grund einer eindeutigen Aktenlage das Ergebnis der medizinischen Untersuchung bereits feststeht. [5]Die Untersuchung ist in angemessenen Zeitabständen zu wiederholen.

[1)] Nr. 5.
[2)] Nr. 1.

(2a) [1]Bei pflegebedürftigen Versicherten werden vom 1. Juli 2016 bis zum 31. Dezember 2016 keine Wiederholungsbegutachtungen nach Absatz 2 Satz 5 durchgeführt, auch dann nicht, wenn die Wiederholungsbegutachtung vor diesem Zeitpunkt vom Medizinischen Dienst oder anderen unabhängigen Gutachtern empfohlen wurde. [2]Abweichend von Satz 1 können Wiederholungsbegutachtungen durchgeführt werden, wenn eine Verringerung des Hilfebedarfs, insbesondere aufgrund von durchgeführten Operationen oder Rehabilitationsmaßnahmen, zu erwarten ist.

(2b) Abweichend von Absatz 3a Satz 1 Nummer 2 ist die Pflegekasse vom 1. November 2016 bis zum 31. Dezember 2016 nur bei Vorliegen eines besonders dringlichen Entscheidungsbedarfs gemäß Absatz 2b dazu verpflichtet, dem Antragsteller mindestens drei unabhängige Gutachter zur Auswahl zu benennen, wenn innerhalb von 20 Arbeitstagen nach Antragstellung keine Begutachtung erfolgt ist.

(3) [1]Die Pflegekasse leitet die Anträge zur Feststellung von Pflegebedürftigkeit unverzüglich an den Medizinischen Dienst oder die von der Pflegekasse beauftragten Gutachter weiter. [2]Dem Antragsteller ist spätestens 25 Arbeitstage nach Eingang des Antrags bei der zuständigen Pflegekasse die Entscheidung der Pflegekasse schriftlich mitzuteilen. [3]Befindet sich der Antragsteller im Krankenhaus oder in einer stationären Rehabilitationseinrichtung und

1. liegen Hinweise vor, dass zur Sicherstellung der ambulanten oder stationären Weiterversorgung und Betreuung eine Begutachtung in der Einrichtung erforderlich ist, oder
2. wurde die Inanspruchnahme von Pflegezeit nach dem Pflegezeitgesetz gegenüber dem Arbeitgeber der pflegenden Person angekündigt oder
3. wurde mit dem Arbeitgeber der pflegenden Person eine Familienpflegezeit nach § 2 Absatz 1 des Familienpflegezeitgesetzes vereinbart,

ist die Begutachtung dort unverzüglich, spätestens innerhalb einer Woche nach Eingang des Antrags bei der zuständigen Pflegekasse durchzuführen; die Frist kann durch regionale Vereinbarungen verkürzt werden. [4]Die verkürzte Begutachtungsfrist gilt auch dann, wenn der Antragsteller sich in einem Hospiz befindet oder ambulant palliativ versorgt wird. [5]Befindet sich der Antragsteller in häuslicher Umgebung, ohne palliativ versorgt zu werden, und wurde die Inanspruchnahme von Pflegezeit nach dem Pflegezeitgesetz gegenüber dem Arbeitgeber der pflegenden Person angekündigt oder mit dem Arbeitgeber der pflegenden Person eine Familienpflegezeit nach § 2 Absatz 1 des Familienpflegezeitgesetzes vereinbart, ist eine Begutachtung durch den Medizinischen Dienst oder die von der Pflegekasse beauftragten Gutachter spätestens innerhalb von zwei Wochen nach Eingang des Antrags bei der zuständigen Pflegekasse durchzuführen und der Antragsteller seitens des Medizinischen Dienstes oder der von der Pflegekasse beauftragten Gutachter unverzüglich schriftlich darüber zu informieren, welche Empfehlung der Medizinische Dienst oder die von der Pflegekasse beauftragten Gutachter an die Pflegekasse weiterleiten. [6]In den Fällen der Sätze 3 bis 5 muss die Empfehlung nur die Feststellung beinhalten, ob Pflegebedürftigkeit im Sinne der §§ 14 und 15 vorliegt. [7]Die Entscheidung der Pflegekasse ist dem Antragsteller unverzüglich nach Eingang der Empfehlung des Medizinischen Dienstes oder der beauftragten Gutachter bei der Pflegekasse schriftlich mitzuteilen. [8]Der Antragsteller ist bei der Begutachtung auf die maßgebliche Bedeutung des Gutachtens insbesondere für eine umfassende Beratung, das Erstellen eines individuellen Versorgungsplans nach § 7a, das Versorgungsmanagement nach § 11 Absatz 4 des Fünften Buches und für die Pflegeplanung hinzuweisen. [9]Das Gutachten wird dem Antragsteller durch die Pflegekasse übersandt, sofern er der Übersendung nicht widerspricht. [10]Das Ergebnis des Gutachtens ist transparent darzustellen und dem Antragsteller verständlich zu erläutern. [11]Der Medizinische Dienst Bund konkretisiert im Benehmen mit dem Spitzenverband Bund der Pflegekassen in den Richtlinien nach § 17 Absatz 1 die Anforderungen an eine transparente Darstellungsweise und verständliche Erläuterung des Gutachtens. [12]Der Antragsteller kann die Übermittlung des Gutachtens auch zu einem späteren Zeitpunkt verlangen. [13]Die Pflegekasse hat den Antragsteller auf die Möglichkeit hinzuweisen, sich bei Beschwerden über die Tätigkeit des Medizinischen Dienstes vertraulich an die Ombudsperson nach § 278 Absatz 3 des Fünften Buches zu wenden.

(3a) [1]Die Pflegekasse ist verpflichtet, dem Antragsteller mindestens drei unabhängige Gutachter zur Auswahl zu benennen,

1. soweit nach Absatz 1 unabhängige Gutachter mit der Prüfung beauftragt werden sollen oder
2. wenn innerhalb von 20 Arbeitstagen ab Antragstellung keine Begutachtung erfolgt ist.

[2]Auf die Qualifikation und Unabhängigkeit des Gutachters ist der Versicherte hinzuweisen. [3]Hat sich der Antragsteller für einen benannten Gutachter entschieden, wird dem Wunsch Rechnung getragen. [4]Der Antragsteller hat der Pflegekasse seine Entscheidung innerhalb einer Woche ab Kenntnis der Namen der Gutachter mitzuteilen, ansonsten kann die Pflegekasse einen Gutachter aus der übersandten Liste beauftragen. [5]Die Gutachter sind bei der Wahrnehmung ihrer Aufgaben nur ihrem Gewissen unterworfen. [6]Satz 1 Nummer 2 gilt nicht, wenn die Pflegekasse die Verzögerung nicht zu vertreten hat.

(3b) [1]Erteilt die Pflegekasse den schriftlichen Bescheid über den Antrag nicht innerhalb von 25 Arbeitstagen nach Eingang des Antrags oder wird eine der in Absatz 3 genannten verkürzten Begutachtungsfristen nicht eingehalten, hat die Pflegekasse nach Fristablauf für jede begonnene Woche der Fristüberschreitung unverzüglich 70 Euro an den Antragsteller zu zahlen. [2]Dies gilt nicht, wenn die Pflegekasse die Verzögerung nicht zu vertreten hat oder wenn sich der Antragsteller in vollstationärer Pflege befindet und bereits bei ihm mindestens erhebliche Beeinträchtigungen der Selbständigkeit oder der Fähigkeiten (mindestens Pflegegrad 2) festgestellt ist. [3]Entsprechendes gilt für die privaten Versicherungsunternehmen, die die private Pflege-Pflichtversicherung durchführen. [4]Die Träger der Pflegeversicherung und die privaten Versicherungsunternehmen veröffentlichen jährlich jeweils bis zum 31. März des dem Berichtsjahr folgenden Jahres eine Statistik über die Einhaltung der Fristen nach Absatz 3. [5]Die Sätze 1 bis 3 finden vom 1. November 2016 bis 31. Dezember 2017 keine Anwendung.

(4) [1]Der Medizinische Dienst oder die von der Pflegekasse beauftragten Gutachter sollen, soweit der Versicherte einwilligt, die behandelnden Ärzte des Versicherten, insbesondere die Hausärzte, in die Begutachtung einbeziehen und ärztliche Auskünfte und Unterlagen über die für die Begutachtung der Pflegebedürftigkeit wichtigen Vorerkrankungen sowie Art, Umfang und Dauer der Hilfebedürftigkeit einholen. [2]Mit Einverständnis des Versicherten sollen auch

pflegende Angehörige oder sonstige Personen oder Dienste, die an der Pflege des Versicherten beteiligt sind, befragt werden.

(5) [1] Die Pflege- und Krankenkassen sowie die Leistungserbringer sind verpflichtet, dem Medizinischen Dienst oder den von der Pflegekasse beauftragten Gutachtern die für die Begutachtung erforderlichen Unterlagen vorzulegen und Auskünfte zu erteilen. [2] § 276 Abs. 1 Satz 2 und 3 des Fünften Buches gilt entsprechend.

(5a) [1] Bei der Begutachtung sind darüber hinaus die Beeinträchtigungen der Selbständigkeit oder der Fähigkeiten in den Bereichen außerhäusliche Aktivitäten und Haushaltsführung festzustellen. [2] Mit diesen Informationen sollen eine umfassende Beratung und das Erstellen eines individuellen Versorgungsplans nach § 7a, das Versorgungsmanagement nach § 11 Absatz 4 des Fünften Buches und eine individuelle Pflegeplanung sowie eine sachgerechte Erbringung von Hilfen bei der Haushaltsführung ermöglicht werden. [3] Hierbei ist im Einzelnen auf die nachfolgenden Kriterien abzustellen:

1. außerhäusliche Aktivitäten: Verlassen des Bereichs der Wohnung oder der Einrichtung, Fortbewegen außerhalb der Wohnung oder der Einrichtung, Nutzung öffentlicher Verkehrsmittel im Nahverkehr, Mitfahren in einem Kraftfahrzeug, Teilnahme an kulturellen, religiösen oder sportlichen Veranstaltungen, Besuch von Schule, Kindergarten, Arbeitsplatz, einer Werkstatt für behinderte Menschen oder Besuch einer Einrichtung der Tages- oder Nachtpflege oder eines Tagesbetreuungsangebotes, Teilnahme an sonstigen Aktivitäten mit anderen Menschen;
2. Haushaltsführung: Einkaufen für den täglichen Bedarf, Zubereitung einfacher Mahlzeiten, einfache Aufräum- und Reinigungsarbeiten, aufwändige Aufräum- und Reinigungsarbeiten einschließlich Wäschepflege, Nutzung von Dienstleistungen, Umgang mit finanziellen Angelegenheiten, Umgang mit Behördenangelegenheiten.

[4] Der Medizinische Dienst Bund wird ermächtigt, in den Richtlinien nach § 17 Absatz 1 die in Satz 3 genannten Kriterien im Benehmen mit dem Spitzenverband Bund der Pflegekassen pflegefachlich unter Berücksichtigung der Ziele nach Satz 2 zu konkretisieren.

(6) [1] Der Medizinische Dienst oder ein von der Pflegekasse beauftragter Gutachter hat der Pflegekasse das Ergebnis seiner Prüfung zur Feststellung der Pflegebedürftigkeit durch Übersendung des vollständigen Gutachtens unverzüglich mitzuteilen. [2] In seiner oder ihrer Stellungnahme haben der Medizinische Dienst oder die von der Pflegekasse beauftragten Gutachter auch das Ergebnis der Prüfung, ob und gegebenenfalls welche Maßnahmen der Prävention und der medizinischen Rehabilitation geeignet, notwendig und zumutbar sind, mitzuteilen und Art und Umfang von Pflegeleistungen sowie einen individuellen Pflegeplan zu empfehlen. [3] Die Feststellungen zur Prävention und zur medizinischen Rehabilitation sind durch den Medizinischen Dienst oder die von der Pflegekasse beauftragten Gutachter auf der Grundlage eines bundeseinheitlichen, strukturierten Verfahrens zu treffen und in einer gesonderten Präventions- und Rehabilitationsempfehlung zu dokumentieren. [4] Beantragt der Pflegebedürftige Pflegegeld, hat sich die Stellungnahme auch darauf zu erstrecken, ob die häusliche Pflege in geeigneter Weise sichergestellt ist.

(6a) [1] Der Medizinische Dienst oder die von der Pflegekasse beauftragten Gutachter haben gegenüber der Pflegekasse in ihrem Gutachten zur Feststellung der Pflegebedürftigkeit konkrete Empfehlungen zur Hilfsmittel- und Pflegehilfsmittelversorgung abzugeben. [2] Die Empfehlungen gelten hinsichtlich Hilfsmitteln und Pflegehilfsmitteln, die den Zielen von § 40 dienen, jeweils als Antrag auf Leistungsgewährung, sofern der Versicherte zustimmt. [3] Die Zustimmung erfolgt gegenüber dem Gutachter im Rahmen der Begutachtung und wird im Begutachtungsformular schriftlich oder elektronisch dokumentiert. [4] Bezüglich der empfohlenen Pflegehilfsmittel wird die Notwendigkeit der Versorgung nach § 40 Absatz 1 Satz 2 vermutet. [5] Bezüglich der empfohlenen Hilfsmittel, die den Zielen nach § 40 dienen, wird die Erforderlichkeit nach § 33 Absatz 1 des Fünften Buches vermutet; insofern bedarf es keiner ärztlichen Verordnung gemäß § 33 Absatz 5a des Fünften Buches. [6] Welche Hilfsmittel und Pflegehilfsmittel im Sinne von Satz 2 den Zielen von § 40 dienen, wird in den Begutachtungs-Richtlinien nach § 17 konkretisiert. [7] Dabei ist auch die Richtlinie des Gemeinsamen Bundesausschusses nach § 92 Absatz 1 des Fünften Buches über die Verordnung von Hilfsmitteln zu berücksichtigen. [8] Die Pflegekasse übermittelt dem Antragsteller unverzüglich die Entscheidung über die empfohlenen Hilfsmittel und Pflegehilfsmittel.

(7) [1] Die Aufgaben des Medizinischen Dienstes werden durch Pflegefachkräfte oder Ärztinnen und Ärzte in enger Zusammenarbeit mit anderen geeigneten Fachkräften wahrgenommen. [2] Die Prüfung der Pflegebedürftigkeit von Kindern ist in der Regel durch besonders geschulte Gutachter mit einer Qualifikation als Gesundheits- und Kinderkrankenpflegerin oder Gesundheits- und Kinderkrankenpfleger oder als Kinderärztin oder Kinderarzt vorzunehmen. [3] Der Medizinische Dienst ist befugt, den Pflegefachkräften oder sonstigen geeigneten Fachkräften, die nicht dem Medizinischen Dienst angehören, die für deren jeweilige Beteiligung erforderlichen personenbezogenen Daten zu übermitteln. [4] Für andere unabhängige Gutachter gelten die Sätze 1 bis 3 entsprechend.

§ 18a Weiterleitung der Rehabilitationsempfehlung, Berichtspflichten. (1) [1] Spätestens mit der Mitteilung der Entscheidung über die Pflegebedürftigkeit leitet die Pflegekasse dem Antragsteller die gesonderte Präventions- und Rehabilitationsempfehlung des Medizinischen Dienstes oder der von der Pflegekasse beauftragten Gutachter zu und nimmt umfassend und begründet dazu Stellung, inwieweit auf der Grundlage der Empfehlung die Durchführung einer Maßnahme zur Prävention oder zur medizinischen Rehabilitation angezeigt ist. [2] Die Pflegekasse hat den Antragsteller zusätzlich darüber zu informieren, dass mit der Zuleitung einer Mitteilung über den Rehabilitationsbedarf an den zuständigen Rehabilitationsträger ein Antragsverfahren auf Leistungen zur medizinischen Rehabilitation entsprechend den Vorschriften des Neunten Buches[1)] ausgelöst wird, sofern der Antragsteller in dieses Verfahren einwilligt. [3] Mit Einwilligung des Antragstellers leitet die Pflegekasse die Präventions- und Rehabilitationsempfehlung und die Informationen nach Satz 2 auch seinen Angehörigen, Personen seines Vertrauens, Pflege- und Betreuungseinrichtungen, die den Antragsteller versorgen, oder der behandelnden Ärztin oder dem behandelnden Arzt schriftlich oder elektronisch zu. [4] Sobald der Pflegekasse die Information über die Leistungsentscheidung des zuständigen Rehabilitationsträgers nach § 31 Absatz 3 Satz 4 vorliegt, leitet sie diese Information unver-

[1)] Nr. 9.

züglich dem Medizinischen Dienst sowie mit Einwilligung des Antragstellers auch an die behandelnde Ärztin oder den behandelnden Arzt sowie an Angehörige des Antragstellers, Personen seines Vertrauens oder an Pflege- und Betreuungseinrichtungen, die den Antragsteller versorgen, schriftlich oder elektronisch weiter. [5] Über die Möglichkeiten nach den Sätzen 3 und 4 und das Erfordernis der Einwilligung ist der Antragsteller durch den Medizinischen Dienst oder die von der Pflegekasse beauftragten Gutachterinnen und Gutachter im Rahmen der Begutachtung zu informieren. [6] Die Einwilligung ist schriftlich oder elektronisch zu dokumentieren.

(2) [1] Die Pflegekassen berichten für die Geschäftsjahre ab 2013 jährlich über die Anwendung eines bundeseinheitlichen, strukturierten Verfahrens zur Erkennung rehabilitativer Bedarfe in der Pflegebegutachtung und die Erfahrungen mit der Umsetzung der Empfehlungen der Medizinischen Dienste oder der beauftragten Gutachter zur medizinischen Rehabilitation. [2] Hierzu wird insbesondere Folgendes gemeldet:

1. die Anzahl der Empfehlungen der Medizinischen Dienste und der beauftragten Gutachter für Leistungen der medizinischen Rehabilitation im Rahmen der Begutachtung zur Feststellung der Pflegebedürftigkeit,
2. die Anzahl der Anträge an den zuständigen Rehabilitationsträger gemäß § 31 Absatz 3 in Verbindung mit § 14 des Neunten Buches,
3. die Anzahl der genehmigten und die Anzahl der abgelehnten Leistungsentscheidungen der zuständigen Rehabilitationsträger einschließlich der Gründe für Ablehnungen sowie die Anzahl der Widersprüche,
4. die Anzahl der durchgeführten medizinischen Rehabilitationsmaßnahmen,
5. die Gründe, warum Versicherte nicht in die Weiterleitung einer Mitteilung über den Rehabilitationsbedarf an den Rehabilitationsträger nach § 31 Absatz 3 Satz 1 einwilligen, soweit diese der Pflegekasse bekannt sind, und inwiefern die zuständige Pflegekasse hier tätig geworden ist und
6. die Maßnahmen, die die Pflegekassen im jeweiligen Einzelfall regelmäßig durchführen, um ihren Aufgaben nach Absatz 1 und § 31 Absatz 3 nachzukommen.

[3] Die Meldung durch die Pflegekassen erfolgt bis zum 31. März des dem Berichtsjahr folgenden Jahres an den Spitzenverband Bund der Pflegekassen. [4] Näheres über das Meldeverfahren und die Inhalte entwickelt der Spitzenverband Bund der Pflegekassen im Einvernehmen mit dem Bundesministerium für Gesundheit. [5] Die für die Aufsicht über die Pflegekasse zuständige Stelle erhält von der jeweiligen Pflegekasse ebenfalls den Bericht.

(3) [1] Der Spitzenverband Bund der Pflegekassen bereitet die Daten auf und leitet die aufbereiteten und auf Plausibilität geprüften Daten bis zum 30. Juni des dem Berichtsjahr folgenden Jahres dem Bundesministerium für Gesundheit zu. [2] Der Verband hat die aufbereiteten Daten der landesunmittelbaren Versicherungsträger auch den für die Sozialversicherung zuständigen obersten Verwaltungsbehörden der Länder oder den von diesen bestimmten Stellen auf Verlangen zuzuleiten. [3] Der Spitzenverband Bund der Pflegekassen veröffentlicht auf Basis der gemeldeten Daten sowie sonstiger Erkenntnisse jährlich einen Bericht bis zum 1. September des dem Berichtsjahr folgenden Jahres.

§ 18b Dienstleistungsorientierung im Begutachtungsverfahren.

(1) [1] Der Medizinische Dienst Bund erlässt mit dem Ziel, die Dienstleistungsorientierung für die Versicherten im Begutachtungsverfahren zu stärken, unter fachlicher Beteiligung der Medizinischen Dienste verbindliche Richtlinien. [2] Die für die Wahrnehmung der Interessen und der Selbsthilfe der pflegebedürftigen und behinderten Menschen auf Bundesebene maßgeblichen Organisationen sind zu beteiligen.

(2) Die Richtlinien regeln insbesondere

1. allgemeine Verhaltensgrundsätze für alle unter der Verantwortung der Medizinischen Dienste am Begutachtungsverfahren Beteiligten,
2. die Pflicht der Medizinischen Dienste zur individuellen und umfassenden Information des Versicherten über das Begutachtungsverfahren, insbesondere über den Ablauf, die Rechtsgrundlagen und Beschwerdemöglichkeiten,
3. die regelhafte Durchführung von Versichertenbefragungen und
4. ein einheitliches Verfahren zum Umgang mit Beschwerden, die das Verhalten der Mitarbeiter der Medizinischen Dienste oder das Verfahren bei der Begutachtung betreffen.

(3) [1] Die Richtlinien werden erst wirksam, wenn das Bundesministerium für Gesundheit sie genehmigt. [2] Die Genehmigung gilt als erteilt, wenn die Richtlinien nicht innerhalb eines Monats, nachdem sie dem Bundesministerium für Gesundheit vorgelegt worden sind, beanstandet werden. [3] Beanstandungen des Bundesministeriums für Gesundheit sind innerhalb der von ihm gesetzten Frist zu beheben.

§ 18c Fachliche und wissenschaftliche Begleitung der Umstellung des Verfahrens zur Feststellung der Pflegebedürftigkeit. (1) [1] Das Bundesministerium für Gesundheit richtet im Benehmen mit dem Bundesministerium für Arbeit und Soziales und dem Bundesministerium für Familie, Senioren, Frauen und Jugend ein Begleitgremium ein, das die Vorbereitung der Umstellung des Verfahrens zur Feststellung der Pflegebedürftigkeit nach den §§ 14, 15 und 18 Absatz 5a in der ab dem 1. Januar 2017 geltenden Fassung mit pflegefachlicher und wissenschaftlicher Kompetenz unterstützt. [2] Aufgabe des Begleitgremiums ist, das Bundesministerium für Gesundheit bei der Klärung fachlicher Fragen zu beraten und den Spitzenverband Bund der Pflegekassen, den Medizinischen Dienst Bund sowie die Vereinigungen der Träger der Pflegeeinrichtungen auf Bundesebene bei der Vorbereitung der Umstellung zu unterstützen. [3] Dem Begleitgremium wird ab dem 1. Januar 2017 zusätzlich die Aufgabe übertragen, das Bundesministerium für Gesundheit bei der Klärung fachlicher Fragen zu beraten, die nach der Umstellung im Zuge der Umsetzung auftreten.

(2) [1] Das Bundesministerium für Gesundheit beauftragt eine begleitende wissenschaftliche Evaluation insbesondere zu Maßnahmen und Ergebnissen der Vorbereitung und der Umsetzung der Umstellung des Verfahrens zur Feststellung der Pflegebedürftigkeit nach den §§ 14, 15 und 18 Absatz 5a in der ab dem 1. Januar 2017 geltenden Fassung. [2] Die Auftragserteilung erfolgt im Benehmen mit dem Bundesministerium für Arbeit und Soziales, soweit Auswirkungen auf andere Sozialleistungssysteme aus dem Zuständigkeitsbereich des Bundesministeriums für Arbeit und Soziales untersucht werden. [3] Im Rah-

men der Evaluation sind insbesondere Erfahrungen und Auswirkungen hinsichtlich der folgenden Aspekte zu untersuchen:

1. Leistungsentscheidungsverfahren und Leistungsentscheidungen bei Pflegekassen und Medizinischen Diensten, beispielsweise Bearbeitungsfristen und Übermittlung von Ergebnissen;
2. Umsetzung der Übergangsregelungen im Begutachtungsverfahren;
3. Leistungsentscheidungsverfahren und Leistungsentscheidungen anderer Sozialleistungsträger, soweit diese pflegebedürftige Personen betreffen;
4. Umgang mit dem neuen Begutachtungsinstrument bei pflegebedürftigen Antragstellern, beispielsweise Antragsverhalten und Informationsstand;
5. Entwicklung der ambulanten Pflegevergütungen und der stationären Pflegesätze einschließlich der einrichtungseinheitlichen Eigenanteile;
6. Entwicklungen in den vertraglichen Grundlagen, in der Pflegeplanung, den pflegefachlichen Konzeptionen und in der konkreten Versorgungssituation in der ambulanten und in der stationären Pflege unter Berücksichtigung unterschiedlicher Gruppen von Pflegebedürftigen und Versorgungskonstellationen einschließlich derjenigen von pflegebedürftigen Personen, die im Rahmen der Eingliederungshilfe für behinderte Menschen versorgt werden.

[4] Ein Bericht über die Ergebnisse der Evaluation ist bis zum 1. Januar 2020 zu veröffentlichen. [5] Dem Bundesministerium für Gesundheit sind auf Verlangen Zwischenberichte vorzulegen.

§ 19 Begriff der Pflegepersonen. [1] Pflegepersonen im Sinne dieses Buches sind Personen, die nicht erwerbsmäßig einen Pflegebedürftigen im Sinne des § 14 in seiner häuslichen Umgebung pflegen. [2] Leistungen zur sozialen Sicherung nach § 44 erhält eine Pflegeperson nur dann, wenn sie eine oder mehrere pflegebedürftige Personen wenigstens zehn Stunden wöchentlich, verteilt auf regelmäßig mindestens zwei Tage in der Woche, pflegt.

Drittes Kapitel. Versicherungspflichtiger Personenkreis

§ 20 Versicherungspflicht in der sozialen Pflegeversicherung für Mitglieder der gesetzlichen Krankenversicherung. (1) [1] Versicherungspflichtig in der sozialen Pflegeversicherung sind die versicherungspflichtigen Mitglieder der gesetzlichen Krankenversicherung. [2] Dies sind:

1. Arbeiter, Angestellte und zu ihrer Berufsausbildung Beschäftigte, die gegen Arbeitsentgelt beschäftigt sind; für die Zeit des Bezugs von Kurzarbeitergeld nach dem Dritten Buch bleibt die Versicherungspflicht unberührt,
2. Personen in der Zeit, für die sie Arbeitslosengeld nach dem Dritten Buch beziehen oder nur deshalb nicht beziehen, weil der Anspruch wegen einer Sperrzeit (§ 159 des Dritten Buches[1)]) oder wegen einer Urlaubsabgeltung (§ 157 Absatz 2 des Dritten Buches) ruht; dies gilt auch, wenn die Entscheidung, die zum Bezug der Leistung geführt hat, rückwirkend aufgehoben oder die Leistung zurückgefordert oder zurückgezahlt worden ist,

2a. Personen in der Zeit, für die sie Arbeitslosengeld II nach dem Zweiten Buch[2)] beziehen, auch wenn die Entscheidung, die zum Bezug der Leistung

---

[1)] Nr. 3.
[2)] Nr. 2.

geführt hat, rückwirkend aufgehoben oder die Leistung zurückgefordert oder zurückgezahlt worden ist, es sei denn, dass diese Leistung nur darlehensweise gewährt wird oder nur Leistungen nach § 24 Absatz 3 Satz 1 des Zweiten Buches bezogen werden,

3. Landwirte, ihre mitarbeitenden Familienangehörigen und Altenteiler, die nach § 2 des Zweiten Gesetzes über die Krankenversicherung der Landwirte versicherungspflichtig sind,
4. selbständige Künstler und Publizisten nach näherer Bestimmung des Künstlersozialversicherungsgesetzes,
5. Personen, die in Einrichtungen der Jugendhilfe, in Berufsbildungswerken oder in ähnlichen Einrichtungen für behinderte Menschen für eine Erwerbstätigkeit befähigt werden sollen,
6. Teilnehmer an Leistungen zur Teilhabe am Arbeitsleben sowie an Berufsfindung oder Arbeitserprobung, es sei denn, die Leistungen werden nach den Vorschriften des Bundesversorgungsgesetzes erbracht,
7. Behinderte Menschen, die in anerkannten Werkstätten für Behinderte Menschen oder in Blindenwerkstätten im Sinne des § 226 des Neunten Buches[1)] oder für diese Einrichtungen in Heimarbeit oder bei einem anderen Leistungsanbieter nach § 60 des Neunten Buches tätig sind,
8. Behinderte Menschen, die in Anstalten, Heimen oder gleichartigen Einrichtungen in gewisser Regelmäßigkeit eine Leistung erbringen, die einem Fünftel der Leistung eines voll erwerbsfähigen Beschäftigten in gleichartiger Beschäftigung entspricht; hierzu zählen auch Dienstleistungen für den Träger der Einrichtung,
9. Studenten, die an staatlichen oder staatlich anerkannten Hochschulen eingeschrieben sind, soweit sie nach § 5 Abs. 1 Nr. 9 des Fünften Buches[2)] der Krankenversicherungspflicht unterliegen,
10. Personen, die zu ihrer Berufsausbildung ohne Arbeitsentgelt beschäftigt sind oder die eine Fachschule oder Berufsfachschule besuchen oder eine in Studien- oder Prüfungsordnungen vorgeschriebene berufspraktische Tätigkeit ohne Arbeitsentgelt verrichten (Praktikanten), längstens bis zur Vollendung des 30. Lebensjahres; Auszubildende des Zweiten Bildungsweges, die sich in einem nach dem Bundesausbildungsförderungsgesetz förderungsfähigen Teil eines Ausbildungsabschnittes befinden, sind Praktikanten gleichgestellt,
11. Personen, die die Voraussetzungen für den Anspruch auf eine Rente aus der gesetzlichen Rentenversicherung erfüllen und diese Rente beantragt haben, soweit sie nach § 5 Abs. 1 Nr. 11, 11a, 11b oder 12 des Fünften Buches der Krankenversicherungspflicht unterliegen,
12. Personen, die, weil sie bisher keinen Anspruch auf Absicherung im Krankheitsfall hatten, nach § 5 Abs. 1 Nr. 13 des Fünften Buches oder nach § 2 Abs. 1 Nr. 7 des Zweiten Gesetzes über die Krankenversicherung der Landwirte der Krankenversicherungspflicht unterliegen.

(2) [1] Als gegen Arbeitsentgelt beschäftigte Arbeiter und Angestellte im Sinne des Absatzes 1 Nr. 1 gelten Bezieher von Vorruhestandsgeld, wenn sie unmittelbar vor Bezug des Vorruhestandsgeldes versicherungspflichtig waren und das

---

1) Nr. 9.
2) Nr. 5.

Vorruhestandsgeld mindestens in Höhe von 65 vom Hundert des Bruttoarbeitsentgelts im Sinne des § 3 Abs. 2 des Vorruhestandsgesetzes gezahlt wird. [2] Satz 1 gilt nicht für Personen, die im Ausland ihren Wohnsitz oder gewöhnlichen Aufenthalt in einem Staat haben, mit dem für Arbeitnehmer mit Wohnsitz oder gewöhnlichem Aufenthalt in diesem Staat keine über- oder zwischenstaatlichen Regelungen über Sachleistungen bei Krankheit bestehen.

(2a) Als zu ihrer Berufsausbildung Beschäftigte im Sinne des Absatzes 1 Satz 2 Nr. 1 gelten Personen, die als nicht satzungsmäßige Mitglieder geistlicher Genossenschaften oder ähnlicher religiöser Gemeinschaften für den Dienst in einer solchen Genossenschaft oder ähnlichen religiösen Gemeinschaft außerschulisch ausgebildet werden.

(3) Freiwillige Mitglieder der gesetzlichen Krankenversicherung sind versicherungspflichtig in der sozialen Pflegeversicherung.

(4) [1] Nehmen Personen, die mindestens zehn Jahre nicht in der sozialen Pflegeversicherung oder der gesetzlichen Krankenversicherung versicherungspflichtig waren, eine dem äußeren Anschein nach versicherungspflichtige Beschäftigung oder selbständige Tätigkeit von untergeordneter wirtschaftlicher Bedeutung auf, besteht die widerlegbare Vermutung, daß eine die Versicherungspflicht begründende Beschäftigung nach Absatz 1 Nr. 1 oder eine versicherungspflichtige selbständige Tätigkeit nach Absatz 1 Nr. 3 oder 4 tatsächlich nicht ausgeübt wird. [2] Dies gilt insbesondere für eine Beschäftigung bei Familienangehörigen oder Lebenspartnern.

§ 21 Versicherungspflicht in der sozialen Pflegeversicherung für sonstige Personen. Versicherungspflicht in der sozialen Pflegeversicherung besteht auch für Personen mit Wohnsitz oder gewöhnlichem Aufenthalt im Inland, die

1. nach dem Bundesversorgungsgesetz oder nach Gesetzen, die eine entsprechende Anwendung des Bundesversorgungsgesetzes vorsehen, einen Anspruch auf Heilbehandlung oder Krankenbehandlung haben,
2. Kriegsschadenrente oder vergleichbare Leistungen nach dem Lastenausgleichsgesetz oder dem Reparationsschädengesetz oder laufende Beihilfe nach dem Flüchtlingshilfegesetz beziehen,
3. ergänzende Hilfe zum Lebensunterhalt im Rahmen der Kriegsopferfürsorge nach dem Bundesversorgungsgesetz oder nach Gesetzen beziehen, die eine entsprechende Anwendung des Bundesversorgungsgesetzes vorsehen,
4. laufende Leistungen zum Unterhalt und Leistungen der Krankenhilfe nach dem Achten Buch[1)] beziehen,
5. krankenversorgungsberechtigt nach dem Bundesentschädigungsgesetz sind,
6. in das Dienstverhältnis eines Soldaten auf Zeit berufen worden sind,

wenn sie gegen das Risiko Krankheit weder in der gesetzlichen Krankenversicherung noch bei einem privaten Krankenversicherungsunternehmen versichert sind.

§ 22 Befreiung von der Versicherungspflicht. (1) [1] Personen, die nach § 20 Abs. 3 in der sozialen Pflegeversicherung versicherungspflichtig sind, können auf Antrag von der Versicherungspflicht befreit werden, wenn sie nachweisen, daß sie bei einem privaten Versicherungsunternehmen gegen Pflegebe-

---

[1)] Nr. 8.

dürftigkeit versichert sind und für sich und ihre Angehörigen oder Lebenspartner, die bei Versicherungspflicht nach § 25 versichert wären, Leistungen beanspruchen können, die nach Art und Umfang den Leistungen des Vierten Kapitels gleichwertig sind. [2]Die befreiten Personen sind verpflichtet, den Versicherungsvertrag aufrechtzuerhalten, solange sie krankenversichert sind. [3]Personen, die bei Pflegebedürftigkeit Beihilfeleistungen erhalten, sind zum Abschluß einer entsprechenden anteiligen Versicherung im Sinne des Satzes 1 verpflichtet.

(2) [1]Der Antrag kann nur innerhalb von drei Monaten nach Beginn der Versicherungspflicht bei der Pflegekasse gestellt werden. [2]Die Befreiung wirkt vom Beginn der Versicherungspflicht an, wenn seit diesem Zeitpunkt noch keine Leistungen in Anspruch genommen wurden, sonst vom Beginn des Kalendermonats an, der auf die Antragstellung folgt. [3]Die Befreiung kann nicht widerrufen werden.

§ 23 Versicherungspflicht für Versicherte der privaten Krankenversicherungsunternehmen. (1) [1]Personen, die gegen das Risiko Krankheit bei einem privaten Krankenversicherungsunternehmen mit Anspruch auf allgemeine Krankenhausleistungen oder im Rahmen von Versicherungsverträgen, die der Versicherungspflicht nach § 193 Abs. 3 des Versicherungsvertragsgesetzes genügen, versichert sind, sind vorbehaltlich des Absatzes 2 verpflichtet, bei diesem Unternehmen zur Absicherung des Risikos der Pflegebedürftigkeit einen Versicherungsvertrag abzuschließen und aufrechtzuerhalten. [2]Der Vertrag muß ab dem Zeitpunkt des Eintritts der Versicherungspflicht für sie selbst und ihre Angehörigen oder Lebenspartner, für die in der sozialen Pflegeversicherung nach § 25 eine Familienversicherung bestünde, Vertragsleistungen vorsehen, die nach Art und Umfang den Leistungen des Vierten Kapitels gleichwertig sind. [3]Dabei tritt an die Stelle der Sachleistungen eine der Höhe nach gleiche Kostenerstattung.

(2) [1]Der Vertrag nach Absatz 1 kann auch bei einem anderen privaten Versicherungsunternehmen abgeschlossen werden. [2]Das Wahlrecht ist innerhalb von sechs Monaten auszuüben. [3]Die Frist beginnt mit dem Eintritt der individuellen Versicherungspflicht. [4]Das Recht zur Kündigung des Vertrages wird durch den Ablauf der Frist nicht berührt; bei fortbestehender Versicherungspflicht nach Absatz 1 wird eine Kündigung des Vertrages jedoch erst wirksam, wenn der Versicherungsnehmer nachweist, dass die versicherte Person bei einem neuen Versicherer ohne Unterbrechung versichert ist.

(3) [1]Personen, die nach beamtenrechtlichen Vorschriften oder Grundsätzen bei Pflegebedürftigkeit Anspruch auf Beihilfe haben, sind zum Abschluß einer entsprechenden anteiligen beihilfekonformen Versicherung im Sinne des Absatzes 1 verpflichtet, sofern sie nicht nach § 20 Abs. 3 versicherungspflichtig sind. [2]Die beihilfekonforme Versicherung ist so auszugestalten, daß ihre Vertragsleistungen zusammen mit den Beihilfeleistungen, die sich bei Anwendung der in § 46 Absatz 2 und 3 der Bundesbeihilfeverordnung festgelegten Bemessungssätze ergeben, den in Absatz 1 Satz 2 vorgeschriebenen Versicherungsschutz gewährleisten.

(4) Die Absätze 1 bis 3 gelten entsprechend für

1. Heilfürsorgeberechtigte, die nicht in der sozialen Pflegeversicherung versicherungspflichtig sind,
2. Mitglieder der Postbeamtenkrankenkasse und

3. Mitglieder der Krankenversorgung der Bundesbahnbeamten.

(5) Die Absätze 1, 3 und 4 gelten nicht für Personen, die sich auf nicht absehbare Dauer in stationärer Pflege befinden und bereits Pflegeleistungen nach § 35 Abs. 6 des Bundesversorgungsgesetzes, nach § 44 des Siebten Buches[1], nach § 34 des Beamtenversorgungsgesetzes oder nach den Gesetzen erhalten, die eine entsprechende Anwendung des Bundesversorgungsgesetzes vorsehen, sofern sie keine Familienangehörigen oder Lebenspartner haben, für die in der sozialen Pflegeversicherung nach § 25 eine Familienversicherung bestünde.

(6) Das private Krankenversicherungsunternehmen oder ein anderes die Pflegeversicherung betreibendes Versicherungsunternehmen sind verpflichtet,

1. für die Feststellung der Pflegebedürftigkeit sowie für die Zuordnung zu einem Pflegegrad dieselben Maßstäbe wie in der sozialen Pflegeversicherung anzulegen und
2. die in der sozialen Pflegeversicherung zurückgelegte Versicherungszeit des Mitglieds und seiner nach § 25 familienversicherten Angehörigen oder Lebenspartner auf die Wartezeit anzurechnen.

§ 24 Versicherungspflicht der Abgeordneten. [1]Mitglieder des Bundestages, des Europäischen Parlaments und der Parlamente der Länder (Abgeordnete) sind unbeschadet einer bereits nach § 20 Abs. 3 oder § 23 Abs. 1 bestehenden Versicherungspflicht verpflichtet, gegenüber dem jeweiligen Parlamentspräsidenten nachzuweisen, daß sie sich gegen das Risiko der Pflegebedürftigkeit versichert haben. [2]Das gleiche gilt für die Bezieher von Versorgungsleistungen nach den jeweiligen Abgeordnetengesetzen des Bundes und der Länder.

§ 25 Familienversicherung. (1) [1]Versichert sind der Ehegatte, der Lebenspartner und die Kinder von Mitgliedern sowie die Kinder von familienversicherten Kindern, wenn diese Familienangehörigen

1. ihren Wohnsitz oder gewöhnlichen Aufenthalt im Inland haben,
2. nicht nach § 20 Abs. 1 Nr. 1 bis 8 oder 11 oder nach § 20 Abs. 3 versicherungspflichtig sind,
3. nicht nach § 22 von der Versicherungspflicht befreit oder nach § 23 in der privaten Pflegeversicherung pflichtversichert sind,
4. nicht hauptberuflich selbständig erwerbstätig sind und
5. kein Gesamteinkommen haben, das regelmäßig im Monat ein Siebtel der monatlichen Bezugsgröße nach § 18 des Vierten Buches[2] überschreitet; bei Abfindungen, Entschädigungen oder ähnlichen Leistungen (Entlassungsentschädigungen), die wegen der Beendigung eines Arbeitsverhältnisses in Form nicht monatlich wiederkehrender Leistungen gezahlt werden, wird das zuletzt erzielte monatliche Arbeitsentgelt für die der Auszahlung der Entlassungsentschädigung folgenden Monate bis zu dem Monat berücksichtigt, in dem im Fall der Fortzahlung des Arbeitsentgelts die Höhe der gezahlten Entlassungsentschädigung erreicht worden wäre; bei Renten wird der Zahlbetrag ohne den auf Entgeltpunkte für Kindererziehungszeiten entfallenden

[1] Nr. 7.
[2] Nr. 4.

Teil berücksichtigt; für geringfügig Beschäftigte nach § 8 Abs. 1 Nr. 1, § 8a des Vierten Buches beträgt das zulässige Gesamteinkommen 450 Euro.

²§ 7 Abs. 1 Satz 3 und 4 und Abs. 2 des Zweiten Gesetzes über die Krankenversicherung der Landwirte sowie § 10 Absatz 1 Satz 2 und 3 des Fünften Buches[1)] gelten entsprechend.

(2) ¹Kinder sind versichert:

1. bis zur Vollendung des 18. Lebensjahres,
2. bis zur Vollendung des 23. Lebensjahres, wenn sie nicht erwerbstätig sind,
3. bis zur Vollendung des 25. Lebensjahres, wenn sie sich in Schul- oder Berufsausbildung befinden oder ein freiwilliges soziales Jahr oder ein freiwilliges ökologisches Jahr im Sinne des Jugendfreiwilligendienstegesetzes oder Bundesfreiwilligendienst leisten; wird die Schul- oder Berufsausbildung durch Erfüllung einer gesetzlichen Dienstpflicht des Kindes unterbrochen oder verzögert, besteht die Versicherung auch für einen der Dauer dieses Dienstes entsprechenden Zeitraum über das 25. Lebensjahr hinaus; dies gilt auch bei einer Unterbrechung durch den freiwilligen Wehrdienst nach § 58b des Soldatengesetzes, einen Freiwilligendienst nach dem Bundesfreiwilligendienstgesetz, dem Jugendfreiwilligendienstegesetz oder einen vergleichbaren anerkannten Freiwilligendienst oder durch eine Tätigkeit als Entwicklungshelfer im Sinne des § 1 Absatz 1 des Entwicklungshelfer-Gesetzes für die Dauer von höchstens zwölf Monaten; wird als Berufsausbildung ein Studium an einer staatlichen oder staatlich anerkannten Hochschule abgeschlossen, besteht die Versicherung bis zum Ablauf des Semesters fort, längstens bis zur Vollendung des 25. Lebensjahres; § 186 Absatz 7 Satz 2 und 3 des Fünften Buches gilt entsprechend,
4. ohne Altersgrenze, wenn sie wegen körperlicher, geistiger oder seelischer Behinderung (§ 2 Abs. 1 des Neunten Buches[2)]) außerstande sind, sich selbst zu unterhalten; Voraussetzung ist, daß die Behinderung (§ 2 Abs. 1 des Neunten Buches) zu einem Zeitpunkt vorlag, in dem das Kind innerhalb der Altersgrenzen nach den Nummern 1, 2 oder 3 familienversichert war oder die Familienversicherung nur wegen einer Vorrangversicherung nach Absatz 1 Satz 1 Nummer 2 ausgeschlossen war.

²§ 10 Abs. 4 und 5 des Fünften Buches gilt entsprechend.

(3) Kinder sind nicht versichert, wenn der mit den Kindern verwandte Ehegatte oder Lebenspartner des Mitglieds nach § 22 von der Versicherungspflicht befreit oder nach § 23 in der privaten Pflegeversicherung pflichtversichert ist und sein Gesamteinkommen regelmäßig im Monat ein Zwölftel der Jahresarbeitsentgeltgrenze nach dem Fünften Buch übersteigt und regelmäßig höher als das Gesamteinkommen des Mitglieds ist; bei Renten wird der Zahlbetrag berücksichtigt.

(4) ¹Die Versicherung nach Absatz 2 Nr. 1, 2 und 3 bleibt bei Personen, die auf Grund gesetzlicher Pflicht Wehrdienst oder Zivildienst oder die Dienstleistungen oder Übungen nach dem Vierten Abschnitt des Soldatengesetzes leisten, für die Dauer des Dienstes bestehen. ²Dies gilt auch für Personen in

[1)] Nr. 5.
[2)] Nr. 9.

einem Wehrdienstverhältnis besonderer Art nach § 6 des Einsatz-Weiterverwendungsgesetzes.

§ 26 Weiterversicherung. (1) [1]Personen, die aus der Versicherungspflicht nach § 20 oder § 21 ausgeschieden sind und in den letzten fünf Jahren vor dem Ausscheiden mindestens 24 Monate oder unmittelbar vor dem Ausscheiden mindestens zwölf Monate versichert waren, können sich auf Antrag in der sozialen Pflegeversicherung weiterversichern, sofern für sie keine Versicherungspflicht nach § 23 Abs. 1 eintritt. [2]Dies gilt auch für Personen, deren Familienversicherung nach § 25 erlischt oder nur deswegen nicht besteht, weil die Voraussetzungen des § 25 Abs. 3 vorliegen. [3]Der Antrag ist in den Fällen des Satzes 1 innerhalb von drei Monaten nach Beendigung der Mitgliedschaft, in den Fällen des Satzes 2 nach Beendigung der Familienversicherung oder nach Geburt des Kindes bei der zuständigen Pflegekasse zu stellen.

(2) [1]Personen, die wegen der Verlegung ihres Wohnsitzes oder gewöhnlichen Aufenthaltes ins Ausland aus der Versicherungspflicht ausscheiden, können sich auf Antrag weiterversichern. [2]Der Antrag ist bis spätestens einen Monat nach Ausscheiden aus der Versicherungspflicht bei der Pflegekasse zu stellen, bei der die Versicherung zuletzt bestand. [3]Die Weiterversicherung erstreckt sich auch auf die nach § 25 versicherten Familienangehörigen oder Lebenspartner, die gemeinsam mit dem Mitglied ihren Wohnsitz oder gewöhnlichen Aufenthalt in das Ausland verlegen. [4]Für Familienangehörige oder Lebenspartner, die im Inland verbleiben, endet die Familienversicherung nach § 25 mit dem Tag, an dem das Mitglied seinen Wohnsitz oder gewöhnlichen Aufenthalt ins Ausland verlegt.

§ 26a Beitrittsrecht. (1) [1]Personen mit Wohnsitz im Inland, die nicht pflegeversichert sind, weil sie zum Zeitpunkt der Einführung der Pflegeversicherung am 1. Januar 1995 trotz Wohnsitz im Inland keinen Tatbestand der Versicherungspflicht oder der Mitversicherung in der sozialen oder privaten Pflegeversicherung erfüllten, sind berechtigt, die freiwillige Mitgliedschaft bei einer der nach § 48 Abs. 2 wählbaren sozialen Pflegekassen zu beantragen oder einen Pflegeversicherungsvertrag mit einem privaten Versicherungsunternehmen abzuschließen. [2]Ausgenommen sind Personen, die laufende Hilfe zum Lebensunterhalt nach dem Zwölften Buch[1)] beziehen sowie Personen, die nicht selbst in der Lage sind, einen Beitrag zu zahlen. [3]Der Beitritt ist gegenüber der gewählten Pflegekasse oder dem gewählten privaten Versicherungsunternehmen bis zum 30. Juni 2002 schriftlich zu erklären; er bewirkt einen Versicherungsbeginn rückwirkend zum 1. April 2001. [4]Die Vorversicherungszeiten nach § 33 Abs. 2 gelten als erfüllt. [5]Auf den privaten Versicherungsvertrag findet § 110 Abs. 1 Anwendung.

(2) [1]Personen mit Wohnsitz im Inland, die erst ab einem Zeitpunkt nach dem 1. Januar 1995 bis zum Inkrafttreten dieses Gesetzes nicht pflegeversichert sind und keinen Tatbestand der Versicherungspflicht nach diesem Buch erfüllen, sind berechtigt, die freiwillige Mitgliedschaft bei einer der nach § 48 Abs. 2 wählbaren sozialen Pflegekassen zu beantragen oder einen Pflegeversicherungsvertrag mit einem privaten Versicherungsunternehmen abzuschließen. [2]Vom Beitrittsrecht ausgenommen sind die in Absatz 1 Satz 2 genannten Personen

---

[1)] Nr. **12**.

sowie Personen, die nur deswegen nicht pflegeversichert sind, weil sie nach dem 1. Januar 1995 ohne zwingenden Grund eine private Kranken- und Pflegeversicherung aufgegeben oder von einer möglichen Weiterversicherung in der gesetzlichen Krankenversicherung oder in der sozialen Pflegeversicherung keinen Gebrauch gemacht haben. [3]Der Beitritt ist gegenüber der gewählten Pflegekasse oder dem gewählten privaten Versicherungsunternehmen bis zum 30. Juni 2002 schriftlich zu erklären. [4]Er bewirkt einen Versicherungsbeginn zum 1. Januar 2002. [5]Auf den privaten Versicherungsvertrag findet § 110 Abs. 3 Anwendung.

(3) [1]Ab dem 1. Juli 2002 besteht ein Beitrittsrecht zur sozialen oder privaten Pflegeversicherung nur für nicht pflegeversicherte Personen, die als Zuwanderer oder Auslandsrückkehrer bei Wohnsitznahme im Inland keinen Tatbestand der Versicherungspflicht nach diesem Buch erfüllen und das 65. Lebensjahr noch nicht vollendet haben, sowie für nicht versicherungspflichtige Personen mit Wohnsitz im Inland, bei denen die Ausschlussgründe nach Absatz 1 Satz 2 entfallen sind. [2]Der Beitritt ist gegenüber der nach § 48 Abs. 2 gewählten Pflegekasse oder dem gewählten privaten Versicherungsunternehmen schriftlich innerhalb von drei Monaten nach Wohnsitznahme im Inland oder nach Wegfall der Ausschlussgründe nach Absatz 1 Satz 2 mit Wirkung vom 1. des Monats zu erklären, der auf die Beitrittserklärung folgt. [3]Auf den privaten Versicherungsvertrag findet § 110 Abs. 3 Anwendung. [4]Das Beitrittsrecht nach Satz 1 ist nicht gegeben in Fällen, in denen ohne zwingenden Grund von den in den Absätzen 1 und 2 geregelten Beitrittsrechten kein Gebrauch gemacht worden ist oder in denen die in Absatz 2 Satz 2 aufgeführten Ausschlussgründe vorliegen.

§ 27 Kündigung eines privaten Pflegeversicherungsvertrages. [1]Personen, die nach den §§ 20 oder 21 versicherungspflichtig werden und bei einem privaten Krankenversicherungsunternehmen gegen Pflegebedürftigkeit versichert sind, können ihren Versicherungsvertrag mit Wirkung vom Eintritt der Versicherungspflicht an kündigen. [2]Das Kündigungsrecht gilt auch für Familienangehörige oder Lebenspartner, wenn für sie eine Familienversicherung nach § 25 eintritt. [3]§ 5 Absatz 9 des Fünften Buches[1)] gilt entsprechend.

Viertes Kapitel. Leistungen der Pflegeversicherung

Erster Abschnitt. Übersicht über die Leistungen

§ 28 Leistungsarten, Grundsätze. (1) Die Pflegeversicherung gewährt folgende Leistungen:
1. Pflegesachleistung (§ 36),
2. Pflegegeld für selbst beschaffte Pflegehilfen (§ 37),
3. Kombination von Geldleistung und Sachleistung (§ 38),
4. häusliche Pflege bei Verhinderung der Pflegeperson (§ 39),
5. Pflegehilfsmittel und wohnumfeldverbessernde Maßnahmen (§ 40),
6. Tagespflege und Nachtpflege (§ 41),
7. Kurzzeitpflege (§ 42),
8. vollstationäre Pflege (§ 43),

---

1) Nr. 5.

9. Pauschalleistung für die Pflege von Menschen mit Behinderungen (§ 43a),
9a. Zusätzliche Betreuung und Aktivierung in stationären Pflegeeinrichtungen (§ 43b),
10. Leistungen zur sozialen Sicherung der Pflegepersonen (§ 44),
11. zusätzliche Leistungen bei Pflegezeit und kurzzeitiger Arbeitsverhinderung (§ 44a),
12. Pflegekurse für Angehörige und ehrenamtliche Pflegepersonen (§ 45),
12a Umwandlung des ambulanten Sachleistungsbetrags (§ 45a),
13. Entlastungsbetrag (§ 45b),
14. Leistungen des Persönlichen Budgets nach § 29 des Neunten Buches[1)],
15. zusätzliche Leistungen für Pflegebedürftige in ambulant betreuten Wohngruppen (§ 38a).

(1a) Versicherte haben gegenüber ihrer Pflegekasse oder ihrem Versicherungsunternehmen Anspruch auf Pflegeberatung (§ 7a).

(1b) Bis zum Erreichen des in § 45e Absatz 2 Satz 2 genannten Zeitpunkts haben Pflegebedürftige unter den Voraussetzungen des § 45e Absatz 1 Anspruch auf Anschubfinanzierung bei Gründung von ambulant betreuten Wohngruppen.

(2) Personen, die nach beamtenrechtlichen Vorschriften oder Grundsätzen bei Krankheit und Pflege Anspruch auf Beihilfe oder Heilfürsorge haben, erhalten die jeweils zustehenden Leistungen zur Hälfte; dies gilt auch für den Wert von Sachleistungen.

(3) Die Pflegekassen und die Leistungserbringer haben sicherzustellen, daß die Leistungen nach Absatz 1 nach allgemein anerkanntem Stand medizinisch-pflegerischer Erkenntnisse erbracht werden.

(4) Pflege schließt Sterbebegleitung mit ein; Leistungen anderer Sozialleistungsträger bleiben unberührt.

§ 28a Leistungen bei Pflegegrad 1. (1) Abweichend von § 28 Absatz 1 und 1a gewährt die Pflegeversicherung bei Pflegegrad 1 folgende Leistungen:
1. Pflegeberatung gemäß den §§ 7a und 7b,
2. Beratung in der eigenen Häuslichkeit gemäß § 37 Absatz 3,
3. zusätzliche Leistungen für Pflegebedürftige in ambulant betreuten Wohngruppen gemäß § 38a, ohne dass § 38a Absatz 1 Satz 1 Nummer 2 erfüllt sein muss,
4. Versorgung mit Pflegehilfsmitteln gemäß § 40 Absatz 1 bis 3 und 5,
5. finanzielle Zuschüsse für Maßnahmen zur Verbesserung des individuellen oder gemeinsamen Wohnumfelds gemäß § 40 Absatz 4,
6. zusätzliche Betreuung und Aktivierung in stationären Pflegeeinrichtungen gemäß § 43b,
7. zusätzliche Leistungen bei Pflegezeit und kurzzeitiger Arbeitsverhinderung gemäß § 44a,
8. Pflegekurse für Angehörige und ehrenamtliche Pflegepersonen gemäß § 45.

(2) [1] Zudem gewährt die Pflegeversicherung den Entlastungsbetrag gemäß § 45b Absatz 1 Satz 1 in Höhe von 125 Euro monatlich. [2] Dieser kann gemäß

[1)] Nr. 9.

§ 45b im Wege der Erstattung von Kosten eingesetzt werden, die dem Versicherten im Zusammenhang mit der Inanspruchnahme von Leistungen der Tages- und Nachtpflege sowie der Kurzzeitpflege, von Leistungen der ambulanten Pflegedienste im Sinne des § 36 sowie von Leistungen der nach Landesrecht anerkannten Angebote zur Unterstützung im Alltag im Sinne des § 45a Absatz 1 und 2 entstehen.

(3) Wählen Pflegebedürftige des Pflegegrades 1 vollstationäre Pflege, gewährt die Pflegeversicherung gemäß § 43 Absatz 3 einen Zuschuss in Höhe von 125 Euro monatlich.

Zweiter Abschnitt. Gemeinsame Vorschriften

§ 29 Wirtschaftlichkeitsgebot. (1) [1] Die Leistungen müssen wirksam und wirtschaftlich sein; sie dürfen das Maß des Notwendigen nicht übersteigen. [2] Leistungen, die diese Voraussetzungen nicht erfüllen, können Pflegebedürftige nicht beanspruchen, dürfen die Pflegekassen nicht bewilligen und dürfen die Leistungserbringer nicht zu Lasten der sozialen Pflegeversicherung bewirken.

(2) Leistungen dürfen nur bei Leistungserbringern in Anspruch genommen werden, mit denen die Pflegekassen oder die für sie tätigen Verbände Verträge abgeschlossen haben.

§ 30 Dynamisierung, Verordnungsermächtigung. (1) [1] Die Bundesregierung prüft alle drei Jahre, erneut im Jahre 2020, Notwendigkeit und Höhe einer Anpassung der Leistungen der Pflegeversicherung. [2] Als ein Orientierungswert für die Anpassungsnotwendigkeit dient die kumulierte Preisentwicklung in den letzten drei abgeschlossenen Kalenderjahren; dabei ist sicherzustellen, dass der Anstieg der Leistungsbeträge nicht höher ausfällt als die Bruttolohnentwicklung im gleichen Zeitraum. [3] Bei der Prüfung können die gesamtwirtschaftlichen Rahmenbedingungen mit berücksichtigt werden. [4] Die Bundesregierung legt den gesetzgebenden Körperschaften des Bundes einen Bericht über das Ergebnis der Prüfung und die tragenden Gründe vor.

(2) [1] Die Bundesregierung wird ermächtigt, nach Vorlage des Berichts unter Berücksichtigung etwaiger Stellungnahmen der gesetzgebenden Körperschaften des Bundes die Höhe der Leistungen der Pflegeversicherung durch Rechtsverordnung mit Zustimmung des Bundesrates zum 1. Januar des Folgejahres anzupassen. [2] Die Rechtsverordnung soll frühestens zwei Monate nach Vorlage des Berichts erlassen werden, um den gesetzgebenden Körperschaften des Bundes Gelegenheit zur Stellungnahme zu geben.

§ 31 Vorrang der Rehabilitation vor Pflege. (1) [1] Die Pflegekassen prüfen im Einzelfall, welche Leistungen zur medizinischen Rehabilitation und ergänzenden Leistungen geeignet und zumutbar sind, Pflegebedürftigkeit zu überwinden, zu mindern oder ihre Verschlimmerung zu verhüten. [2] Werden Leistungen nach diesem Buch gewährt, ist bei Nachuntersuchungen die Frage geeigneter und zumutbarer Leistungen zur medizinischen Rehabilitation mit zu prüfen.

(2) Die Pflegekassen haben bei der Einleitung und Ausführung der Leistungen zur Pflege sowie bei Beratung, Auskunft und Aufklärung mit den Trägern der Rehabilitation eng zusammenzuarbeiten, um Pflegebedürftigkeit zu vermeiden, zu überwinden, zu mindern oder ihre Verschlimmerung zu verhüten.

(3) [1]Wenn eine Pflegekasse durch die gutachterlichen Feststellungen des Medizinischen Dienstes (§ 18 Abs. 6) oder auf sonstige Weise feststellt, dass im Einzelfall Leistungen zur medizinischen Rehabilitation angezeigt sind, informiert sie schriftlich oder elektronisch unverzüglich den Versicherten sowie mit dessen Einwilligung schriftlich oder elektronisch die behandelnde Ärztin oder den behandelnden Arzt sowie Angehörige, Personen des Vertrauens der Versicherten oder Pflege- und Betreuungseinrichtungen, die den Versicherten versorgen, und leitet mit Einwilligung des Versicherten eine entsprechende Mitteilung dem zuständigen Rehabilitationsträger zu. [2]Die Pflegekasse weist den Versicherten gleichzeitig auf seine Eigenverantwortung und Mitwirkungspflicht hin. [3]Soweit der Versicherte eingewilligt hat, gilt die Mitteilung an den Rehabilitationsträger als Antragstellung für das Verfahren nach § 14 des Neunten Buches[1)]. [4]Die Pflegekasse ist über die Leistungsentscheidung des zuständigen Rehabilitationsträgers unverzüglich zu informieren. [5]Sie prüft in einem angemessenen zeitlichen Abstand, ob entsprechende Maßnahmen durchgeführt worden sind; soweit erforderlich, hat sie vorläufige Leistungen zur medizinischen Rehabilitation nach § 32 Abs. 1 zu erbringen.

§ 32 Vorläufige Leistungen zur medizinischen Rehabilitation.

(1) Die Pflegekasse erbringt vorläufige Leistungen zur medizinischen Rehabilitation, wenn eine sofortige Leistungserbringung erforderlich ist, um eine unmittelbar drohende Pflegebedürftigkeit zu vermeiden, eine bestehende Pflegebedürftigkeit zu überwinden, zu mindern oder eine Verschlimmerung der Pflegebedürftigkeit zu verhüten, und sonst die sofortige Einleitung der Leistungen gefährdet wäre.

(2) Die Pflegekasse hat zuvor den zuständigen Träger zu unterrichten und auf die Eilbedürftigkeit der Leistungsgewährung hinzuweisen; wird dieser nicht rechtzeitig, spätestens jedoch vier Wochen nach Antragstellung, tätig, erbringt die Pflegekasse die Leistungen vorläufig.

§ 33 Leistungsvoraussetzungen. (1) [1]Versicherte erhalten die Leistungen der Pflegeversicherung auf Antrag. [2]Die Leistungen werden ab Antragstellung gewährt, frühestens jedoch von dem Zeitpunkt an, in dem die Anspruchsvoraussetzungen vorliegen. [3]Wird der Antrag nicht in dem Kalendermonat, in dem die Pflegebedürftigkeit eingetreten ist, sondern später gestellt, werden die Leistungen vom Beginn des Monats der Antragstellung an gewährt. [4]Die Zuordnung zu einem Pflegegrad und die Bewilligung von Leistungen können befristet werden und enden mit Ablauf der Frist. [5]Die Befristung erfolgt, wenn und soweit eine Verringerung der Beeinträchtigungen der Selbständigkeit oder der Fähigkeiten nach der Einschätzung des Medizinischen Dienstes zu erwarten ist. [6]Die Befristung kann wiederholt werden und schließt Änderungen bei der Zuordnung zu einem Pflegegrad und bei bewilligten Leistungen im Befristungszeitraum nicht aus, soweit dies durch Rechtsvorschriften des Sozialgesetzbuches angeordnet oder erlaubt ist. [7]Der Befristungszeitraum darf insgesamt die Dauer von drei Jahren nicht überschreiten. [8]Um eine nahtlose Leistungsgewährung sicherzustellen, hat die Pflegekasse vor Ablauf einer Befristung rechtzeitig zu prüfen und dem Pflegebedürftigen sowie der ihn betreuenden Pflegeein-

---

[1)] Nr. **9**.

richtung mitzuteilen, ob Pflegeleistungen weiterhin bewilligt werden und welchem Pflegegrad der Pflegebedürftige zuzuordnen ist.

(2) [1] Anspruch auf Leistungen besteht, wenn der Versicherte in den letzten zehn Jahren vor der Antragstellung mindestens zwei Jahre als Mitglied versichert oder nach § 25 familienversichert war. [2] Zeiten der Weiterversicherung nach § 26 Abs. 2 werden bei der Ermittlung der nach Satz 1 erforderlichen Vorversicherungszeit mitberücksichtigt. [3] Für versicherte Kinder gilt die Vorversicherungszeit nach Satz 1 als erfüllt, wenn ein Elternteil sie erfüllt.

(3) Personen, die wegen des Eintritts von Versicherungspflicht in der sozialen Pflegeversicherung oder von Familienversicherung nach § 25 aus der privaten Pflegeversicherung ausscheiden, ist die dort ununterbrochen zurückgelegte Versicherungszeit auf die Vorversicherungszeit nach Absatz 2 anzurechnen.

§ 33a Leistungsausschluss. [1] Auf Leistungen besteht kein Anspruch, wenn sich Personen in den Geltungsbereich dieses Gesetzbuchs begeben, um in einer Versicherung nach § 20 Abs. 1 Satz 2 Nr. 12 oder auf Grund dieser Versicherung in einer Versicherung nach § 25 missbräuchlich Leistungen in Anspruch zu nehmen. [2] Das Nähere zur Durchführung regelt die Pflegekasse in ihrer Satzung.

§ 34 Ruhen der Leistungsansprüche. (1) Der Anspruch auf Leistungen ruht:

1. solange sich der Versicherte im Ausland aufhält. Bei vorübergehendem Auslandsaufenthalt von bis zu sechs Wochen im Kalenderjahr ist das Pflegegeld nach § 37 oder anteiliges Pflegegeld nach § 38 weiter zu gewähren. Für die Pflegesachleistung gilt dies nur, soweit die Pflegekraft, die ansonsten die Pflegesachleistung erbringt, den Pflegebedürftigen während des Auslandsaufenthaltes begleitet,
2. soweit Versicherte Entschädigungsleistungen wegen Pflegebedürftigkeit unmittelbar nach § 35 des Bundesversorgungsgesetzes oder nach den Gesetzen, die eine entsprechende Anwendung des Bundesversorgungsgesetzes vorsehen, aus der gesetzlichen Unfallversicherung oder aus öffentlichen Kassen auf Grund gesetzlich geregelter Unfallversorgung oder Unfallfürsorge erhalten. Dies gilt auch, wenn vergleichbare Leistungen aus dem Ausland oder von einer zwischenstaatlichen oder überstaatlichen Einrichtung bezogen werden.

(1a) Der Anspruch auf Pflegegeld nach § 37 oder anteiliges Pflegegeld nach § 38 ruht nicht bei pflegebedürftigen Versicherten, die sich in einem Mitgliedstaat der Europäischen Union, einem Vertragsstaat des Abkommens über den Europäischen Wirtschaftsraum oder der Schweiz aufhalten.

(2) [1] Der Anspruch auf Leistungen bei häuslicher Pflege ruht darüber hinaus, soweit im Rahmen des Anspruchs auf häusliche Krankenpflege (§ 37 des Fünften Buches[1)]) auch Anspruch auf Leistungen besteht, deren Inhalt den Leistungen nach § 36 entspricht, sowie für die Dauer des stationären Aufenthalts in einer Einrichtung im Sinne des § 71 Abs. 4, soweit § 39 nichts Abweichendes bestimmt. [2] Pflegegeld nach § 37 oder anteiliges Pflegegeld nach § 38 ist in den ersten vier Wochen einer vollstationären Krankenhausbehand-

---

[1)] Nr. 5.

lung, einer häuslichen Krankenpflege mit Anspruch auf Leistungen, deren Inhalt den Leistungen nach § 36 entspricht, oder einer Aufnahme in Vorsorge- oder Rehabilitationseinrichtungen nach § 107 Absatz 2 des Fünften Buches weiter zu zahlen; bei Pflegebedürftigen, die ihre Pflege durch von ihnen beschäftigte besondere Pflegekräfte sicherstellen und bei denen § 63b Absatz 6 Satz 1 des Zwölften Buches[1)] Anwendung findet, wird das Pflegegeld nach § 37 oder anteiliges Pflegegeld nach § 38 auch über die ersten vier Wochen hinaus weiter gezahlt.

(3) Die Leistungen zur sozialen Sicherung nach den §§ 44 und 44a ruhen nicht für die Dauer der häuslichen Krankenpflege, bei vorübergehendem Auslandsaufenthalt des Versicherten oder Erholungsurlaub der Pflegeperson von bis zu sechs Wochen im Kalenderjahr sowie in den ersten vier Wochen einer vollstationären Krankenhausbehandlung oder einer stationären Leistung zur medizinischen Rehabilitation.

§ 35 Erlöschen der Leistungsansprüche. [1] Der Anspruch auf Leistungen erlischt mit dem Ende der Mitgliedschaft, soweit in diesem Buch nichts Abweichendes bestimmt ist. [2] § 19 Absatz 1a des Fünften Buches[2)] gilt entsprechend.

§ 35a Teilnahme an einem Persönlichen Budget nach § 29 des Neunten Buches[3)]. [1] Pflegebedürftigen werden auf Antrag die Leistungen nach den §§ 36, 37 Abs. 1, §§ 38, 40 Abs. 2 und § 41 durch ein Persönliches Budget nach § 29 des Neunten Buches erbracht; bei der Kombinationsleistung nach § 38 ist nur das anteilige und im Voraus bestimmte Pflegegeld als Geldleistung budgetfähig, die Sachleistungen nach den §§ 36, 38 und 41 dürfen nur in Form von Gutscheinen zur Verfügung gestellt werden, die zur Inanspruchnahme von zugelassenen Pflegeeinrichtungen nach diesem Buch berechtigen. [2] Der Leistungsträger, der das Persönliche Budget nach § 29 Absatz 3 des Neunten Buches durchführt, hat sicherzustellen, dass eine den Vorschriften dieses Buches entsprechende Leistungsbewilligung und Verwendung der Leistungen durch den Pflegebedürftigen gewährleistet ist. [3] Andere als die in Satz 1 genannten Leistungsansprüche bleiben ebenso wie die sonstigen Vorschriften dieses Buches unberührt.

Dritter Abschnitt. Leistungen

Erster Titel. Leistungen bei häuslicher Pflege

§ 36 Pflegesachleistung. (1) [1] Pflegebedürftige der Pflegegrade 2 bis 5 haben bei häuslicher Pflege Anspruch auf körperbezogene Pflegemaßnahmen und pflegerische Betreuungsmaßnahmen sowie auf Hilfen bei der Haushaltsführung als Sachleistung (häusliche Pflegehilfe). [2] Der Anspruch umfasst pflegerische Maßnahmen in den in § 14 Absatz 2 genannten Bereichen Mobilität, kognitive und kommunikative Fähigkeiten, Verhaltensweisen und psychische Problemlagen, Selbstversorgung, Bewältigung von und selbständiger Umgang mit krankheits- oder therapiebedingten Anforderungen und Belastungen sowie Gestaltung des Alltagslebens und sozialer Kontakte.

---

1) Nr. 12.
2) Nr. 5.
3) Nr. 9.

(2) [1]Häusliche Pflegehilfe wird erbracht, um Beeinträchtigungen der Selbständigkeit oder der Fähigkeiten des Pflegebedürftigen so weit wie möglich durch pflegerische Maßnahmen zu beseitigen oder zu mindern und eine Verschlimmerung der Pflegebedürftigkeit zu verhindern. [2]Bestandteil der häuslichen Pflegehilfe ist auch die pflegefachliche Anleitung von Pflegebedürftigen und Pflegepersonen. [3]Pflegerische Betreuungsmaßnahmen umfassen Unterstützungsleistungen zur Bewältigung und Gestaltung des alltäglichen Lebens im häuslichen Umfeld, insbesondere

1. bei der Bewältigung psychosozialer Problemlagen oder von Gefährdungen,
2. bei der Orientierung, bei der Tagesstrukturierung, bei der Kommunikation, bei der Aufrechterhaltung sozialer Kontakte und bei bedürfnisgerechten Beschäftigungen im Alltag sowie
3. durch Maßnahmen zur kognitiven Aktivierung.

(3) Der Anspruch auf häusliche Pflegehilfe umfasst je Kalendermonat

1. für Pflegebedürftige des Pflegegrades 2 Leistungen bis zu einem Gesamtwert von 689 Euro,
2. für Pflegebedürftige des Pflegegrades 3 Leistungen bis zu einem Gesamtwert von 1 298 Euro,
3. für Pflegebedürftige des Pflegegrades 4 Leistungen bis zu einem Gesamtwert von 1 612 Euro,
4. für Pflegebedürftige des Pflegegrades 5 Leistungen bis zu einem Gesamtwert von 1 995 Euro.

(4) [1]Häusliche Pflegehilfe ist auch zulässig, wenn Pflegebedürftige nicht in ihrem eigenen Haushalt gepflegt werden; sie ist nicht zulässig, wenn Pflegebedürftige in einer stationären Pflegeeinrichtung oder in einer Einrichtung oder in Räumlichkeiten im Sinne des § 71 Absatz 4 gepflegt werden. [2]Häusliche Pflegehilfe wird durch geeignete Pflegekräfte erbracht, die entweder von der Pflegekasse oder bei ambulanten Pflegeeinrichtungen, mit denen die Pflegekasse einen Versorgungsvertrag abgeschlossen hat, angestellt sind. [3]Auch durch Einzelpersonen, mit denen die Pflegekasse einen Vertrag nach § 77 Absatz 1 abgeschlossen hat, kann häusliche Pflegehilfe als Sachleistung erbracht werden. [4]Mehrere Pflegebedürftige können häusliche Pflegehilfe gemeinsam in Anspruch nehmen.

§ 37 Pflegegeld für selbst beschaffte Pflegehilfen. (1) [1]Pflegebedürftige der Pflegegrade 2 bis 5 können anstelle der häuslichen Pflegehilfe ein Pflegegeld beantragen. [2]Der Anspruch setzt voraus, dass der Pflegebedürftige mit dem Pflegegeld dessen Umfang entsprechend die erforderlichen körperbezogenen Pflegemaßnahmen und pflegerischen Betreuungsmaßnahmen sowie Hilfen bei der Haushaltsführung in geeigneter Weise selbst sicherstellt. [3]Das Pflegegeld beträgt je Kalendermonat

1. 316 Euro für Pflegebedürftige des Pflegegrades 2,
2. 545 Euro für Pflegebedürftige des Pflegegrades 3,
3. 728 Euro für Pflegebedürftige des Pflegegrades 4,
4. 901 Euro für Pflegebedürftige des Pflegegrades 5.

(2) [1]Besteht der Anspruch nach Absatz 1 nicht für den vollen Kalendermonat, ist der Geldbetrag entsprechend zu kürzen; dabei ist der Kalendermonat mit 30 Tagen anzusetzen. [2]Die Hälfte des bisher bezogenen Pflegegeldes wird

während einer Kurzzeitpflege nach § 42 für bis zu acht Wochen und während einer Verhinderungspflege nach § 39 für bis zu sechs Wochen je Kalenderjahr fortgewährt. [3] Das Pflegegeld wird bis zum Ende des Kalendermonats geleistet, in dem der Pflegebedürftige gestorben ist. [4] § 118 Abs. 3 und 4 des Sechsten Buches[1)] gilt entsprechend, wenn für die Zeit nach dem Monat, in dem der Pflegebedürftige verstorben ist, Pflegegeld überwiesen wurde.

(3) [1] Pflegebedürftige, die Pflegegeld nach Absatz 1 beziehen, haben

1. bei Pflegegrad 2 und 3 halbjährlich einmal,
2. bei Pflegegrad 4 und 5 vierteljährlich einmal

eine Beratung in der eigenen Häuslichkeit durch einen zugelassenen Pflegedienst, durch eine von den Landesverbänden der Pflegekassen nach Absatz 7 anerkannte Beratungsstelle mit nachgewiesener pflegefachlicher Kompetenz oder, sofern dies durch einen zugelassenen Pflegedienst vor Ort oder eine von den Landesverbänden der Pflegekassen anerkannte Beratungsstelle mit nachgewiesener pflegefachlicher Kompetenz nicht gewährleistet werden kann, durch eine von der Pflegekasse beauftragte, jedoch von ihr nicht beschäftigte Pflegefachkraft abzurufen. [2] Die Beratung dient der Sicherung der Qualität der häuslichen Pflege und der regelmäßigen Hilfestellung und praktischen pflegefachlichen Unterstützung der häuslich Pflegenden. [3] Die Pflegebedürftigen und die häuslich Pflegenden sind bei der Beratung auch auf die Auskunfts-, Beratungs- und Unterstützungsangebote des für sie zuständigen Pflegestützpunktes sowie auf die Pflegeberatung nach § 7a hinzuweisen. [4] Die Vergütung für die Beratung ist von der zuständigen Pflegekasse, bei privat Pflegeversicherten von dem zuständigen privaten Versicherungsunternehmen zu tragen, im Fall der Beihilfeberechtigung anteilig von den Beihilfefestsetzungsstellen. [5] Die Höhe der Vergütung für die Beratung durch einen zugelassenen Pflegedienst oder durch eine von der Pflegekasse beauftragte Pflegefachkraft vereinbaren die Pflegekassen oder deren Arbeitsgemeinschaften in entsprechender Anwendung des § 89 Absatz 1 und 3 mit dem Träger des zugelassenen Pflegedienstes oder mit der von der Pflegekasse beauftragten Pflegefachkraft unter Berücksichtigung der Empfehlungen nach Absatz 5. [6] Die Vergütung kann nach Pflegegraden gestaffelt werden. [7] Über die Höhe der Vergütung anerkannter Beratungsstellen und von Beratungspersonen der kommunalen Gebietskörperschaften entscheiden ab dem Jahr 2020 die Landesverbände der Pflegekassen unter Zugrundelegung der im jeweiligen Land nach Satz 5 und 6 vereinbarten Vergütungssätze jeweils für die Dauer eines Jahres. [8] Die Landesverbände haben die jeweilige Festlegung der Vergütungshöhe in geeigneter Weise zu veröffentlichen. [9] Pflegebedürftige des Pflegegrades 1 haben Anspruch, halbjährlich einmal einen Beratungsbesuch abzurufen. [10] Beziehen Pflegebedürftige von einem ambulanten Pflegedienst Pflegesachleistungen, können sie ebenfalls halbjährlich einmal einen Beratungsbesuch in Anspruch nehmen; für die Vergütung der Beratung gelten die Sätze 4 bis 9.

(4) [1] Die Pflegedienste und die anerkannten Beratungsstellen sowie die beauftragten Pflegefachkräfte haben die Durchführung der Beratungseinsätze gegenüber der Pflegekasse oder dem privaten Versicherungsunternehmen zu bestätigen sowie die bei dem Beratungsbesuch gewonnenen Erkenntnisse über die Möglichkeiten der Verbesserung der häuslichen Pflegesituation dem Pflege-

---

[1)] Nr. **6**.

bedürftigen und mit dessen Einwilligung der Pflegekasse oder dem privaten Versicherungsunternehmen mitzuteilen, im Fall der Beihilfeberechtigung auch der zuständigen Beihilfefestsetzungsstelle. [2]Der Spitzenverband Bund der Pflegekassen und die privaten Versicherungsunternehmen stellen ihnen für diese Mitteilung ein einheitliches Formular zur Verfügung. [3]Erteilt die pflegebedürftige Person die Einwilligung nicht, ist jedoch nach Überzeugung der Beratungsperson eine weitergehende Beratung angezeigt, übermittelt die jeweilige Beratungsstelle diese Einschätzung über die Erforderlichkeit einer weitergehenden Beratung der zuständigen Pflegekasse oder dem zuständigen privaten Versicherungsunternehmen. [4]Diese haben eine weitergehende Beratung nach § 7a anzubieten. [5]Der beauftragte Pflegedienst und die anerkannte Beratungsstelle haben dafür Sorge zu tragen, dass für einen Beratungsbesuch im häuslichen Bereich Pflegekräfte eingesetzt werden, die spezifisches Wissen zu dem Krankheits- und Behinderungsbild sowie des sich daraus ergebenden Hilfebedarfs des Pflegebedürftigen mitbringen und über besondere Beratungskompetenz verfügen. [6]Zudem soll bei der Planung für die Beratungsbesuche weitestgehend sichergestellt werden, dass der Beratungsbesuch bei einem Pflegebedürftigen möglichst auf Dauer von derselben Pflegekraft durchgeführt wird.

(5) [1]Die Vertragsparteien nach § 113 beschließen gemäß § 113b bis zum 1. Januar 2018 unter Beachtung der in Absatz 4 festgelegten Anforderungen Empfehlungen zur Qualitätssicherung der Beratungsbesuche nach Absatz 3. [2]Die Empfehlungen enthalten Ausführungen wenigstens

1. zu Beratungsstandards,
2. zur erforderlichen Qualifikation der Beratungspersonen sowie
3. zu erforderlichenfalls einzuleitenden Maßnahmen im Einzelfall.

[3]Fordert das Bundesministerium für Gesundheit oder eine Vertragspartei nach § 113 im Einvernehmen mit dem Bundesministerium für Gesundheit die Vertragsparteien schriftlich zum Beschluss neuer Empfehlungen nach Satz 1 auf, sind diese innerhalb von sechs Monaten nach Eingang der Aufforderung neu zu beschließen. [4]Die Empfehlungen gelten für die anerkannten Beratungsstellen entsprechend.

(5a) [1]Der Spitzenverband Bund der Pflegekassen beschließt mit dem Verband der privaten Krankenversicherung e.V. bis zum 1. Januar 2020 Richtlinien zur Aufbereitung, Bewertung und standardisierten Dokumentation der Erkenntnisse aus dem jeweiligen Beratungsbesuch durch die Pflegekasse oder das private Versicherungsunternehmen. [2]Die Richtlinien werden erst wirksam, wenn das Bundesministerium für Gesundheit sie genehmigt. [3]Die Genehmigung gilt als erteilt, wenn die Richtlinien nicht innerhalb von zwei Monaten, nachdem sie dem Bundesministerium für Gesundheit vorgelegt worden sind, beanstandet werden. [4]Beanstandungen des Bundesministeriums für Gesundheit sind innerhalb der von ihm gesetzten Frist zu beheben.

(6) Rufen Pflegebedürftige die Beratung nach Absatz 3 Satz 1 nicht ab, hat die Pflegekasse oder das private Versicherungsunternehmen das Pflegegeld angemessen zu kürzen und im Wiederholungsfall zu entziehen.

(7) [1]Die Landesverbände der Pflegekassen haben neutrale und unabhängige Beratungsstellen zur Durchführung der Beratung nach den Absätzen 3 und 4 anzuerkennen. [2]Dem Antrag auf Anerkennung ist ein Nachweis über die erforderliche pflegefachliche Kompetenz der Beratungsstelle und ein Konzept zur Qualitätssicherung des Beratungsangebotes beizufügen. [3]Die Landesver-

bände der Pflegekassen regeln das Nähere zur Anerkennung der Beratungsstellen.

(8) [1] Die Beratungsbesuche nach Absatz 3 können auch von Pflegeberaterinnen und Pflegeberatern im Sinne des § 7a oder von Beratungspersonen der kommunalen Gebietskörperschaften, die die erforderliche pflegefachliche Kompetenz aufweisen, durchgeführt werden. [2] Absatz 4 findet entsprechende Anwendung. [3] Die Inhalte der Empfehlungen zur Qualitätssicherung der Beratungsbesuche nach Absatz 5 sind zu beachten.

(9) Beratungsbesuche nach Absatz 3 dürfen von Betreuungsdiensten im Sinne des § 71 Absatz 1a nicht durchgeführt werden.

§ 38 Kombination von Geldleistung und Sachleistung (Kombinationsleistung) [1] Nimmt der Pflegebedürftige die ihm nach § 36 Absatz 3 zustehende Sachleistung nur teilweise in Anspruch, erhält er daneben ein anteiliges Pflegegeld im Sinne des § 37. [2] Das Pflegegeld wird um den Vomhundertsatz vermindert, in dem der Pflegebedürftige Sachleistungen in Anspruch genommen hat. [3] An die Entscheidung, in welchem Verhältnis er Geld- und Sachleistung in Anspruch nehmen will, ist der Pflegebedürftige für die Dauer von sechs Monaten gebunden. [4] Anteiliges Pflegegeld wird während einer Kurzzeitpflege nach § 42 für bis zu acht Wochen und während einer Verhinderungspflege nach § 39 für bis zu sechs Wochen je Kalenderjahr in Höhe der Hälfte der vor Beginn der Kurzzeit- oder Verhinderungspflege geleisteten Höhe fortgewährt. [5] Pflegebedürftige in vollstationären Einrichtungen der Hilfe für behinderte Menschen (§ 43a) haben Anspruch auf ungekürztes Pflegegeld anteilig für die Tage, an denen sie sich in häuslicher Pflege befinden.

§ 38a Zusätzliche Leistungen für Pflegebedürftige in ambulant betreuten Wohngruppen. (1) [1] Pflegebedürftige haben Anspruch auf einen pauschalen Zuschlag in Höhe von 214 Euro monatlich, wenn

1. sie mit mindestens zwei und höchstens elf weiteren Personen in einer ambulant betreuten Wohngruppe in einer gemeinsamen Wohnung zum Zweck der gemeinschaftlich organisierten pflegerischen Versorgung leben und davon mindestens zwei weitere Personen pflegebedürftig im Sinne der §§ 14, 15 sind,
2. sie Leistungen nach den §§ 36, 37, 38, 45a oder § 45b beziehen,
3. eine Person durch die Mitglieder der Wohngruppe gemeinschaftlich beauftragt ist, unabhängig von der individuellen pflegerischen Versorgung allgemeine organisatorische, verwaltende, betreuende oder das Gemeinschaftsleben fördernde Tätigkeiten zu verrichten oder die Wohngruppenmitglieder bei der Haushaltsführung zu unterstützen, und
4. keine Versorgungsform einschließlich teilstationärer Pflege vorliegt, in der ein Anbieter der Wohngruppe oder ein Dritter den Pflegebedürftigen Leistungen anbietet oder gewährleistet, die dem im jeweiligen Rahmenvertrag nach § 75 Absatz 1 für vollstationäre Pflege vereinbarten Leistungsumfang weitgehend entsprechen; der Anbieter einer ambulant betreuten Wohngruppe hat die Pflegebedürftigen vor deren Einzug in die Wohngruppe in geeigneter Weise darauf hinzuweisen, dass dieser Leistungsumfang von ihm oder einem Dritten nicht erbracht wird, sondern die Versorgung in der Wohngruppe auch durch die aktive Einbindung ihrer eigenen Ressourcen und ihres sozialen Umfelds sichergestellt werden kann.

[2]Leistungen der Tages- und Nachtpflege gemäß § 41 können neben den Leistungen nach dieser Vorschrift nur in Anspruch genommen werden, wenn gegenüber der zuständigen Pflegekasse durch eine Prüfung des Medizinischen Dienstes nachgewiesen ist, dass die Pflege in der ambulant betreuten Wohngruppe ohne teilstationäre Pflege nicht in ausreichendem Umfang sichergestellt ist; dies gilt entsprechend für die Versicherten der privaten Pflege-Pflichtversicherung.

(2) Die Pflegekassen sind berechtigt, zur Feststellung der Anspruchsvoraussetzungen bei dem Antragsteller folgende Daten zu verarbeiten und folgende Unterlagen anzufordern:

1. eine formlose Bestätigung des Antragstellers, dass die Voraussetzungen nach Absatz 1 Nummer 1 erfüllt sind,
2. die Adresse und das Gründungsdatum der Wohngruppe,
3. den Mietvertrag einschließlich eines Grundrisses der Wohnung und den Pflegevertrag nach § 120,
4. Vorname, Name, Anschrift und Telefonnummer sowie Unterschrift der Person nach Absatz 1 Nummer 3 und
5. die vereinbarten Aufgaben der Person nach Absatz 1 Nummer 3.

§ 39 Häusliche Pflege bei Verhinderung der Pflegeperson. (1) [1]Ist eine Pflegeperson wegen Erholungsurlaubs, Krankheit oder aus anderen Gründen an der Pflege gehindert, übernimmt die Pflegekasse die nachgewiesenen Kosten einer notwendigen Ersatzpflege für längstens sechs Wochen je Kalenderjahr; § 34 Absatz 2 Satz 1 gilt nicht. [2]Voraussetzung ist, dass die Pflegeperson den Pflegebedürftigen vor der erstmaligen Verhinderung mindestens sechs Monate in seiner häuslichen Umgebung gepflegt hat und der Pflegebedürftige zum Zeitpunkt der Verhinderung mindestens in Pflegegrad 2 eingestuft ist. [3]Die Aufwendungen der Pflegekasse können sich im Kalenderjahr auf bis zu 1 612 Euro belaufen, wenn die Ersatzpflege durch andere Pflegepersonen sichergestellt wird als solche, die mit dem Pflegebedürftigen bis zum zweiten Grade verwandt oder verschwägert sind oder die mit ihm in häuslicher Gemeinschaft leben.

(2) [1]Der Leistungsbetrag nach Absatz 1 Satz 3 kann um bis zu 806 Euro aus noch nicht in Anspruch genommenen Mitteln der Kurzzeitpflege nach § 42 Absatz 2 Satz 2 auf insgesamt bis zu 2 418 Euro im Kalenderjahr erhöht werden. [2]Der für die Verhinderungspflege in Anspruch genommene Erhöhungsbetrag wird auf den Leistungsbetrag für eine Kurzzeitpflege nach § 42 Absatz 2 Satz 2 angerechnet.

(3) [1]Bei einer Ersatzpflege durch Pflegepersonen, die mit dem Pflegebedürftigen bis zum zweiten Grade verwandt oder verschwägert sind oder mit ihm in häuslicher Gemeinschaft leben, dürfen die Aufwendungen der Pflegekasse regelmäßig den Betrag des Pflegegeldes nach § 37 Absatz 1 Satz 3 für bis zu sechs Wochen nicht überschreiten. [2]Wird die Ersatzpflege von den in Satz 1 genannten Personen erwerbsmäßig ausgeübt, können sich die Aufwendungen der Pflegekasse abweichend von Satz 1 auf den Leistungsbetrag nach Absatz 1 Satz 3 belaufen; Absatz 2 findet Anwendung. [3]Bei Bezug der Leistung in Höhe des Pflegegeldes für eine Ersatzpflege durch Pflegepersonen, die mit dem Pflegebedürftigen bis zum zweiten Grade verwandt oder verschwägert sind oder mit ihm in häuslicher Gemeinschaft leben, können von der Pflegekasse

auf Nachweis notwendige Aufwendungen, die der Pflegeperson im Zusammenhang mit der Ersatzpflege entstanden sind, übernommen werden. [4]Die Aufwendungen der Pflegekasse nach den Sätzen 1 und 3 dürfen zusammen den Leistungsbetrag nach Absatz 1 Satz 3 nicht übersteigen; Absatz 2 findet Anwendung.

§ 40 Pflegehilfsmittel und wohnumfeldverbessernde Maßnahmen.

(1) [1]Pflegebedürftige haben Anspruch auf Versorgung mit Pflegehilfsmitteln, die zur Erleichterung der Pflege oder zur Linderung der Beschwerden des Pflegebedürftigen beitragen oder ihm eine selbständigere Lebensführung ermöglichen, soweit die Hilfsmittel nicht wegen Krankheit oder Behinderung von der Krankenversicherung oder anderen zuständigen Leistungsträgern zu leisten sind. [2]Die Pflegekasse kann in geeigneten Fällen die Notwendigkeit der Versorgung mit den beantragten Pflegehilfsmitteln unter Beteiligung einer Pflegefachkraft oder des Medizinischen Dienstes überprüfen lassen. [3]Entscheiden sich Versicherte für eine Ausstattung des Pflegehilfsmittels, die über das Maß des Notwendigen hinausgeht, haben sie die Mehrkosten und die dadurch bedingten Folgekosten selbst zu tragen. [4]§ 33 Abs. 6 und 7 des Fünften Buches[1)] gilt entsprechend.

(2) [1]Die Aufwendungen der Pflegekassen für zum Verbrauch bestimmte Pflegehilfsmittel dürfen monatlich den Betrag von 40 Euro nicht übersteigen. [2]Die Leistung kann auch in Form einer Kostenerstattung erbracht werden.

(3) [1]Die Pflegekassen sollen technische Pflegehilfsmittel in allen geeigneten Fällen vorrangig leihweise überlassen. [2]Sie können die Bewilligung davon abhängig machen, daß die Pflegebedürftigen sich das Pflegehilfsmittel anpassen oder sich selbst oder die Pflegeperson in seinem Gebrauch ausbilden lassen. [3]Der Anspruch umfaßt auch die notwendige Änderung, Instandsetzung und Ersatzbeschaffung von Pflegehilfsmitteln sowie die Ausbildung in ihrem Gebrauch. [4]Versicherte, die das 18. Lebensjahr vollendet haben, haben zu den Kosten der Pflegehilfsmittel mit Ausnahme der Pflegehilfsmittel nach Absatz 2 eine Zuzahlung von zehn vom Hundert, höchstens jedoch 25 Euro je Pflegehilfsmittel an die abgebende Stelle zu leisten. [5]Zur Vermeidung von Härten kann die Pflegekasse den Versicherten in entsprechender Anwendung des § 62 Abs. 1 Satz 1, 2 und 6 sowie Abs. 2 und 3 des Fünften Buches ganz oder teilweise von der Zuzahlung befreien. [6]Versicherte, die die für sie geltende Belastungsgrenze nach § 62 des Fünften Buches erreicht haben oder unter Berücksichtigung der Zuzahlung nach Satz 4 erreichen, sind hinsichtlich des die Belastungsgrenze überschreitenden Betrags von der Zuzahlung nach diesem Buch befreit. [7]Lehnen Versicherte die leihweise Überlassung eines Pflegehilfsmittels ohne zwingenden Grund ab, haben sie die Kosten des Pflegehilfsmittels in vollem Umfang selbst zu tragen.

(4) [1]Die Pflegekassen können subsidiär finanzielle Zuschüsse für Maßnahmen zur Verbesserung des individuellen Wohnumfeldes des Pflegebedürftigen gewähren, beispielsweise für technische Hilfen im Haushalt, wenn dadurch im Einzelfall die häusliche Pflege ermöglicht oder erheblich erleichtert oder eine möglichst selbständige Lebensführung des Pflegebedürftigen wiederhergestellt wird. [2]Die Zuschüsse dürfen einen Betrag in Höhe von 4 000 Euro je Maßnahme nicht übersteigen. [3]Leben mehrere Pflegebedürftige in einer gemein-

---

[1)] Nr. 5.

samen Wohnung, dürfen die Zuschüsse für Maßnahmen zur Verbesserung des gemeinsamen Wohnumfeldes einen Betrag in Höhe von 4 000 Euro je Pflegebedürftigem nicht übersteigen. [4]Der Gesamtbetrag je Maßnahme nach Satz 3 ist auf 16 000 Euro begrenzt und wird bei mehr als vier Anspruchsberechtigten anteilig auf die Versicherungsträger der Anspruchsberechtigten aufgeteilt. [5]§ 40 Absatz 1 Satz 2 gilt entsprechend.

(5) [1]Für Hilfsmittel und Pflegehilfsmittel, die sowohl den in § 23 und § 33 des Fünften Buches als auch den in Absatz 1 genannten Zwecken dienen können, prüft der Leistungsträger, bei dem die Leistung beantragt wird, ob ein Anspruch gegenüber der Krankenkasse oder der Pflegekasse besteht und entscheidet über die Bewilligung der Hilfsmittel und Pflegehilfsmittel. [2]Zur Gewährleistung einer Absatz 1 Satz 1 entsprechenden Abgrenzung der Leistungsverpflichtungen der gesetzlichen Krankenversicherung und der sozialen Pflegeversicherung werden die Ausgaben für Hilfsmittel und Pflegehilfsmittel zwischen der jeweiligen Krankenkasse und der bei ihr errichteten Pflegekasse in einem bestimmten Verhältnis pauschal aufgeteilt. [3]Der Spitzenverband Bund der Krankenkassen bestimmt in Richtlinien, die erstmals bis zum 30. April 2012 zu beschließen sind, die Hilfsmittel und Pflegehilfsmittel nach Satz 1, das Verhältnis, in dem die Ausgaben aufzuteilen sind, sowie die Einzelheiten zur Umsetzung der Pauschalierung. [4]Er berücksichtigt dabei die bisherigen Ausgaben der Kranken- und Pflegekassen und stellt sicher, dass bei der Aufteilung die Zielsetzung der Vorschriften des Fünften Buches und dieses Buches zur Hilfsmittelversorgung sowie die Belange der Versicherten gewahrt bleiben. [5]Die Richtlinien bedürfen der Genehmigung des Bundesministeriums für Gesundheit und treten am ersten Tag des auf die Genehmigung folgenden Monats in Kraft; die Genehmigung kann mit Auflagen verbunden werden. [6]Die Richtlinien sind für die Kranken- und Pflegekassen verbindlich. [7]Für die nach Satz 3 bestimmten Hilfsmittel und Pflegehilfsmittel richtet sich die Zuzahlung nach den §§ 33, 61 und 62 des Fünften Buches; für die Prüfung des Leistungsanspruchs gilt § 275 Absatz 3 des Fünften Buches. [8]Die Regelungen dieses Absatzes gelten nicht für Ansprüche auf Hilfsmittel oder Pflegehilfsmittel von Pflegebedürftigen, die sich in vollstationärer Pflege befinden, sowie von Pflegebedürftigen nach § 28 Absatz 2.

(6) [1]Die Pflegekasse hat über einen Antrag auf Pflegehilfsmittel oder Zuschüsse zu wohnumfeldverbessernden Maßnahmen zügig, spätestens bis zum Ablauf von drei Wochen nach Antragseingang oder in Fällen, in denen eine Pflegefachkraft oder der Medizinische Dienst nach Absatz 1 Satz 2 beteiligt wird, innerhalb von fünf Wochen nach Antragseingang zu entscheiden. [2]Kann die Pflegekasse die Fristen nach Satz 1 nicht einhalten, teilt sie dies den Antragstellern unter Darlegung der Gründe rechtzeitig schriftlich mit. [3]Erfolgt keine Mitteilung eines hinreichenden Grundes, gilt die Leistung nach Ablauf der Frist als genehmigt.

Zweiter Titel. Teilstationäre Pflege und Kurzzeitpflege

§ 41 Tagespflege und Nachtpflege. (1) [1]Pflegebedürftige der Pflegegrade 2 bis 5 haben Anspruch auf teilstationäre Pflege in Einrichtungen der Tages- oder Nachtpflege, wenn häusliche Pflege nicht in ausreichendem Umfang sichergestellt werden kann oder wenn dies zur Ergänzung oder Stärkung der häuslichen Pflege erforderlich ist. [2]Die teilstationäre Pflege umfaßt auch die notwendige Beförderung des Pflegebedürftigen von der Wohnung zur Einrichtung der Tagespflege oder der Nachtpflege und zurück.

(2) [1] Die Pflegekasse übernimmt im Rahmen der Leistungsbeträge nach Satz 2 die pflegebedingten Aufwendungen der teilstationären Pflege einschließlich der Aufwendungen für Betreuung und die Aufwendungen für die in der Einrichtung notwendigen Leistungen der medizinischen Behandlungspflege. [2] Der Anspruch auf teilstationäre Pflege umfasst je Kalendermonat

1. für Pflegebedürftige des Pflegegrades 2 einen Gesamtwert bis zu 689 Euro,
2. für Pflegebedürftige des Pflegegrades 3 einen Gesamtwert bis zu 1 298 Euro,
3. für Pflegebedürftige des Pflegegrades 4 einen Gesamtwert bis zu 1 612 Euro,
4. für Pflegebedürftige des Pflegegrades 5 einen Gesamtwert bis zu 1 995 Euro.

(3) Pflegebedürftige der Pflegegrade 2 bis 5 können teilstationäre Tages- und Nachtpflege zusätzlich zu ambulanten Pflegesachleistungen, Pflegegeld oder der Kombinationsleistung nach § 38 in Anspruch nehmen, ohne dass eine Anrechnung auf diese Ansprüche erfolgt.

§ 42 Kurzzeitpflege. (1) [1] Kann die häusliche Pflege zeitweise nicht, noch nicht oder nicht im erforderlichen Umfang erbracht werden und reicht auch teilstationäre Pflege nicht aus, besteht für Pflegebedürftige der Pflegegrade 2 bis 5 Anspruch auf Pflege in einer vollstationären Einrichtung. [2] Dies gilt:

1. für eine Übergangszeit im Anschluß an eine stationäre Behandlung des Pflegebedürftigen oder
2. in sonstigen Krisensituationen, in denen vorübergehend häusliche oder teilstationäre Pflege nicht möglich oder nicht ausreichend ist.

(2) [1] Der Anspruch auf Kurzzeitpflege ist auf acht Wochen pro Kalenderjahr beschränkt. [2] Die Pflegekasse übernimmt die pflegebedingten Aufwendungen einschließlich der Aufwendungen für Betreuung sowie die Aufwendungen für Leistungen der medizinischen Behandlungspflege bis zu dem Gesamtbetrag von 1 612 Euro im Kalenderjahr. [3] Der Leistungsbetrag nach Satz 2 kann um bis zu 1 612 Euro aus noch nicht in Anspruch genommenen Mitteln der Verhinderungspflege nach § 39 Absatz 1 Satz 3 auf insgesamt bis zu 3 224 Euro im Kalenderjahr erhöht werden. [4] Der für die Kurzzeitpflege in Anspruch genommene Erhöhungsbetrag wird auf den Leistungsbetrag für eine Verhinderungspflege nach § 39 Absatz 1 Satz 3 angerechnet.

(3) [1] Abweichend von den Absätzen 1 und 2 besteht der Anspruch auf Kurzzeitpflege in begründeten Einzelfällen bei zu Hause gepflegten Pflegebedürftigen auch in geeigneten Einrichtungen der Hilfe für behinderte Menschen und anderen geeigneten Einrichtungen, wenn die Pflege in einer von den Pflegekassen zur Kurzzeitpflege zugelassenen Pflegeeinrichtung nicht möglich ist oder nicht zumutbar erscheint. [2] § 34 Abs. 2 Satz 1 findet keine Anwendung. [3] Sind in dem Entgelt für die Einrichtung Kosten für Unterkunft und Verpflegung sowie Aufwendungen für Investitionen enthalten, ohne gesondert ausgewiesen zu sein, so sind 60 vom Hundert des Entgelts zuschussfähig. [4] In begründeten Einzelfällen kann die Pflegekasse in Ansehung der Kosten für Unterkunft und Verpflegung sowie der Aufwendungen für Investitionen davon abweichende pauschale Abschläge vornehmen.

(4) Abweichend von den Absätzen 1 und 2 besteht der Anspruch auf Kurzzeitpflege auch in Einrichtungen, die stationäre Leistungen zur medizinischen

Vorsorge oder Rehabilitation erbringen, wenn während einer Maßnahme der medizinischen Vorsorge oder Rehabilitation für eine Pflegeperson eine gleichzeitige Unterbringung und Pflege des Pflegebedürftigen erforderlich ist.

Dritter Titel. Vollstationäre Pflege

§ 43 Inhalt der Leistung. (1) Pflegebedürftige der Pflegegrade 2 bis 5 haben Anspruch auf Pflege in vollstationären Einrichtungen.

(2) [1] Für Pflegebedürftige in vollstationären Einrichtungen übernimmt die Pflegekasse im Rahmen der pauschalen Leistungsbeträge nach Satz 2 die pflegebedingten Aufwendungen einschließlich der Aufwendungen für Betreuung und die Aufwendungen für Leistungen der medizinischen Behandlungspflege. [2] Der Anspruch beträgt je Kalendermonat

1. 770 Euro für Pflegebedürftige des Pflegegrades 2,
2. 1 262 Euro für Pflegebedürftige des Pflegegrades 3,
3. 1 775 Euro für Pflegebedürftige des Pflegegrades 4,
4. 2 005 Euro für Pflegebedürftige des Pflegegrades 5.

[3] Abweichend von Satz 1 übernimmt die Pflegekasse auch Aufwendungen für Unterkunft und Verpflegung, soweit der nach Satz 2 gewährte Leistungsbetrag die in Satz 1 genannten Aufwendungen übersteigt.

(3) Wählen Pflegebedürftige des Pflegegrades 1 vollstationäre Pflege, erhalten sie für die in Absatz 2 Satz 1 genannten Aufwendungen einen Zuschuss in Höhe von 125 Euro monatlich.

(4) Bei vorübergehender Abwesenheit von Pflegebedürftigen aus dem Pflegeheim werden die Leistungen für vollstationäre Pflege erbracht, solange die Voraussetzungen des § 87a Abs. 1 Satz 5 und 6 vorliegen.

Vierter Titel. Pauschalleistung für die Pflege von Menschen mit Behinderungen

§ 43a Inhalt der Leistung. [1] Für Pflegebedürftige der Pflegegrade 2 bis 5 in einer vollstationären Einrichtung im Sinne des § 71 Absatz 4 Nummer 1, in der die Teilhabe am Arbeitsleben, an Bildung oder die soziale Teilhabe, die schulische Ausbildung oder die Erziehung von Menschen mit Behinderungen im Vordergrund des Einrichtungszwecks stehen, übernimmt die Pflegekasse zur Abgeltung der in § 43 Absatz 2 genannten Aufwendungen 15 Prozent der nach Teil 2 Kapitel 8 des Neunten Buches[1)] vereinbarten Vergütung. [2] Die Aufwendungen der Pflegekasse dürfen im Einzelfall je Kalendermonat 266 Euro nicht überschreiten. [3] Die Sätze 1 und 2 gelten auch für Pflegebedürftige der Pflegegrade 2 bis 5 in Räumlichkeiten im Sinne des § 71 Absatz 4 Nummer 3, die Leistungen der Eingliederungshilfe für Menschen mit Behinderungen nach Teil 2 des Neunten Buches erhalten. [4] Wird für die Tage, an denen die Pflegebedürftigen im Sinne der Sätze 1 und 3 zu Hause gepflegt und betreut werden, anteiliges Pflegegeld beansprucht, gelten die Tage der An- und Abreise als volle Tage der häuslichen Pflege.

[1)] Nr. 9.

Fünfter Titel. Zusätzliche Betreuung und Aktivierung in stationären Pflegeeinrichtungen

§ 43b Inhalt der Leistung. Pflegebedürftige in stationären Pflegeeinrichtungen haben nach Maßgabe von § 84 Absatz 8 und § 85 Absatz 8 Anspruch auf zusätzliche Betreuung und Aktivierung, die über die nach Art und Schwere der Pflegebedürftigkeit notwendige Versorgung hinausgeht.

Vierter Abschnitt. Leistungen für Pflegepersonen

§ 44 Leistungen zur sozialen Sicherung der Pflegepersonen. (1) [1] Zur Verbesserung der sozialen Sicherung der Pflegepersonen im Sinne des § 19, die einen Pflegebedürftigen mit mindestens Pflegegrad 2 pflegen, entrichten die Pflegekassen und die privaten Versicherungsunternehmen, bei denen eine private Pflege-Pflichtversicherung durchgeführt wird, sowie die sonstigen in § 170 Absatz 1 Nummer 6 des Sechsten Buches[1)] genannten Stellen Beiträge nach Maßgabe des § 166 Absatz 2 des Sechsten Buches an den zuständigen Träger der gesetzlichen Rentenversicherung, wenn die Pflegeperson regelmäßig nicht mehr als 30 Stunden wöchentlich erwerbstätig ist. [2] Der Medizinische Dienst oder ein anderer von der Pflegekasse beauftragter unabhängiger Gutachter ermittelt im Einzelfall, ob die Pflegeperson eine oder mehrere pflegebedürftige Personen wenigstens zehn Stunden wöchentlich, verteilt auf regelmäßig mindestens zwei Tage in der Woche, pflegt. [3] Wird die Pflege eines Pflegebedürftigen von mehreren Pflegepersonen erbracht (Mehrfachpflege), wird zudem der Umfang der jeweiligen Pflegetätigkeit je Pflegeperson im Verhältnis zum Umfang der von den Pflegepersonen zu leistenden Pflegetätigkeit insgesamt (Gesamtpflegeaufwand) ermittelt. [4] Dabei werden die Angaben der beteiligten Pflegepersonen zugrunde gelegt. [5] Werden keine oder keine übereinstimmenden Angaben gemacht, erfolgt eine Aufteilung zu gleichen Teilen. [6] Die Feststellungen zu den Pflegezeiten und zum Pflegeaufwand der Pflegeperson sowie bei Mehrfachpflege zum Einzel- und Gesamtpflegeaufwand trifft die für die Pflegeleistungen nach diesem Buch zuständige Stelle. [7] Diese Feststellungen sind der Pflegeperson auf Wunsch zu übermitteln.

(2) Für Pflegepersonen, die wegen einer Pflichtmitgliedschaft in einer berufsständischen Versorgungseinrichtung auch in ihrer Pflegetätigkeit von der Versicherungspflicht in der gesetzlichen Rentenversicherung befreit sind oder befreit wären, wenn sie in der gesetzlichen Rentenversicherung versicherungspflichtig wären und einen Befreiungsantrag gestellt hätten, werden die nach Absatz 1 zu entrichtenden Beiträge auf Antrag an die berufsständische Versorgungseinrichtung gezahlt.

(2a) Während der pflegerischen Tätigkeit sind Pflegepersonen im Sinne des § 19, die einen Pflegebedürftigen mit mindestens Pflegegrad 2 pflegen, nach Maßgabe des § 2 Absatz 1 Nummer 17 des Siebten Buches[2)] in den Versicherungsschutz der gesetzlichen Unfallversicherung einbezogen.

(2b) [1] Während der pflegerischen Tätigkeit sind Pflegepersonen im Sinne des § 19, die einen Pflegebedürftigen mit mindestens Pflegegrad 2 pflegen, nach Maßgabe des § 26 Absatz 2b des Dritten Buches[3)] nach dem Recht der Arbeits-

---

[1)] Nr. 6.
[2)] Nr. 7.
[3)] Nr. 3.

förderung versichert. [2]Die Pflegekassen und die privaten Versicherungsunternehmen, bei denen eine private Pflege-Pflichtversicherung durchgeführt wird, sowie die sonstigen in § 347 Nummer 10 Buchstabe c des Dritten Buches genannten Stellen entrichten für die Pflegepersonen Beiträge an die Bundesagentur für Arbeit. [3]Näheres zu den Beiträgen und zum Verfahren regeln die §§ 345, 347 und 349 des Dritten Buches.

(3) [1]Die Pflegekasse und das private Versicherungsunternehmen haben die in der Renten- und Unfallversicherung sowie nach dem Dritten Buch zu versichernde Pflegeperson den zuständigen Renten- und Unfallversicherungsträgern sowie der Bundesagentur für Arbeit zu melden. [2]Die Meldung für die Pflegeperson enthält:

1. ihre Versicherungsnummer, soweit bekannt,
2. ihren Familien- und Vornamen,
3. ihr Geburtsdatum,
4. ihre Staatsangehörigkeit,
5. ihre Anschrift,
6. Beginn und Ende der Pflegetätigkeit,
7. den Pflegegrad des Pflegebedürftigen und
8. die nach § 166 Absatz 2 des Sechsten Buches maßgeblichen beitragspflichtigen Einnahmen.

[3]Der Spitzenverband Bund der Pflegekassen sowie der Verband der privaten Krankenversicherung e.V. können mit der Deutschen Rentenversicherung Bund und mit den Trägern der Unfallversicherung sowie mit der Bundesagentur für Arbeit Näheres über das Meldeverfahren vereinbaren.

(4) Der Inhalt der Meldung nach Absatz 3 Satz 2 Nr. 1 bis 6 und 8 ist der Pflegeperson, der Inhalt der Meldung nach Absatz 3 Satz 2 Nr. 7 dem Pflegebedürftigen schriftlich mitzuteilen.

(5) [1]Die Pflegekasse und das private Versicherungsunternehmen haben in den Fällen, in denen eine nicht erwerbsmäßig tätige Pflegeperson einen Pflegebedürftigen mit mindestens Pflegegrad 2 pflegt, der Anspruch auf Beihilfeleistungen oder Leistungen der Heilfürsorge hat, und für die die Beiträge an die gesetzliche Rentenversicherung nach § 170 Absatz 1 Nummer 6 Buchstabe c des Sechsten Buches oder an die Bundesagentur für Arbeit nach § 347 Nummer 10 Buchstabe c des Dritten Buches anteilig getragen werden, im Antragsverfahren auf Leistungen der Pflegeversicherung von dem Pflegebedürftigen die zuständige Festsetzungsstelle für die Beihilfe oder den Dienstherrn unter Hinweis auf die beabsichtigte Weiterleitung der in Satz 2 genannten Angaben an diese Stelle zu erfragen. [2]Der angegebenen Festsetzungsstelle für die Beihilfe oder dem Dienstherrn sind bei Feststellung der Beitragspflicht sowie bei Änderungen in den Verhältnissen des Pflegebedürftigen oder der Pflegeperson, insbesondere bei einer Änderung des Pflegegrades, einer Unterbrechung der Pflegetätigkeit oder einem Wechsel der Pflegeperson, die in Absatz 3 Satz 2 genannten Angaben mitzuteilen. [3]Absatz 4 findet auf Satz 2 entsprechende Anwendung. [4]Für die Mitteilungen nach Satz 2 haben die Pflegekassen und privaten Versicherungsunternehmen spätestens zum 1. Januar 2020 ein elektronisches Verfahren vorzusehen, bei dem die Mitteilungen an die Beihilfefestsetzungsstellen oder die Dienstherren automatisch erfolgen. [5]Die Pflegekassen und privaten Versicherungsunternehmen haben technisch sicherzustellen, dass

die Meldungen nach Absatz 3 an die Träger der gesetzlichen Rentenversicherung erst erfolgen, wenn die erforderliche Mitteilung an die Beihilfefestsetzungsstelle oder den Dienstherrn erfolgt ist. [6] Für Beiträge, die von den Beihilfestellen und Dienstherren nicht bis zum Ablauf des Fälligkeitstages gezahlt worden sind, weil die Pflegekassen und privaten Versicherungsunternehmen die Mitteilungen nach Satz 2 nicht, nicht unverzüglich, nicht vollständig oder fehlerhaft durchgeführt haben, ist von den Pflegekassen und privaten Versicherungsunternehmen ein Säumniszuschlag entsprechend § 24 Absatz 1 Satz 1 des Vierten Buches[1)] zu zahlen; dies gilt nicht, wenn im Einzelfall kein Verschulden der Pflegekassen und privaten Versicherungsunternehmen vorliegt.

(6) [1] Für Pflegepersonen, bei denen die Mindeststundenzahl von zehn Stunden wöchentlicher Pflege, verteilt auf regelmäßig mindestens zwei Tage in der Woche, nur durch die Pflege mehrerer Pflegebedürftiger erreicht wird, haben der Spitzenverband Bund der Pflegekassen, der Verband der privaten Krankenversicherung e.V., die Deutsche Rentenversicherung Bund und die Bundesagentur für Arbeit das Verfahren und die Mitteilungspflichten zwischen den an einer Addition von Pflegezeiten und Pflegeaufwänden beteiligten Pflegekassen und Versicherungsunternehmen durch Vereinbarung zu regeln. [2] Die Pflegekassen und Versicherungsunternehmen dürfen die in Absatz 3 Satz 2 Nummer 1 bis 3 und 6 und, soweit dies für eine sichere Identifikation der Pflegeperson erforderlich ist, die in den Nummern 4 und 5 genannten Daten sowie die Angabe des zeitlichen Umfangs der Pflegetätigkeit der Pflegeperson an andere Pflegekassen und Versicherungsunternehmen, die an einer Addition von Pflegezeiten und Pflegeaufwänden beteiligt sind, zur Überprüfung der Voraussetzungen der Rentenversicherungspflicht oder der Versicherungspflicht nach dem Dritten Buch der Pflegeperson übermitteln und ihnen übermittelte Daten verarbeiten.

§ 44a Zusätzliche Leistungen bei Pflegezeit und kurzzeitiger Arbeitsverhinderung. (1) [1] Beschäftigte, die nach § 3 des Pflegezeitgesetzes von der Arbeitsleistung vollständig freigestellt wurden oder deren Beschäftigung durch Reduzierung der Arbeitszeit zu einer geringfügigen Beschäftigung im Sinne des § 8 Abs. 1 Nr. 1 des Vierten Buches[1)] wird, erhalten auf Antrag Zuschüsse zur Kranken- und Pflegeversicherung. [2] Zuschüsse werden gewährt für eine freiwillige Versicherung in der gesetzlichen Krankenversicherung, eine Pflichtversicherung nach § 5 Abs. 1 Nr. 13 des Fünften Buches[2)] oder nach § 2 Abs. 1 Nr. 7 des Zweiten Gesetzes über die Krankenversicherung der Landwirte, eine Versicherung bei einem privaten Krankenversicherungsunternehmen, eine Versicherung bei der Postbeamtenkrankenkasse oder der Krankenversorgung der Bundesbahnbeamten, soweit im Einzelfall keine beitragsfreie Familienversicherung möglich ist, sowie für eine damit in Zusammenhang stehende Pflege-Pflichtversicherung. [3] Die Zuschüsse belaufen sich auf die Höhe der Mindestbeiträge, die von freiwillig in der gesetzlichen Krankenversicherung versicherten Personen zur gesetzlichen Krankenversicherung (§ 240 Abs. 4 Satz 1 des Fünften Buches) und zur sozialen Pflegeversicherung (§ 57 Abs. 4) zu entrichten sind und dürfen die tatsächliche Höhe der Beiträge nicht übersteigen. [4] Für die Berechnung der Mindestbeiträge zur gesetzlichen Krankenversicherung werden bei Mitgliedern der gesetzlichen Krankenversicherung der allgemeine

---

1) Nr. 4.
2) Nr. 5.

Beitragssatz nach § 241 des Fünften Buches sowie der kassenindividuelle Zusatzbeitragssatz nach § 242 Absatz 1 des Fünften Buches zugrunde gelegt. [5]Bei Mitgliedern der landwirtschaftlichen Krankenversicherung sowie bei Personen, die nicht in der gesetzlichen Krankenversicherung versichert sind, werden der allgemeine Beitragssatz nach § 241 des Fünften Buches sowie der durchschnittliche Zusatzbeitragssatz nach § 242a des Fünften Buches zugrunde gelegt. [6]Beschäftigte haben Änderungen in den Verhältnissen, die sich auf die Zuschussgewährung auswirken können, unverzüglich der Pflegekasse oder dem privaten Versicherungsunternehmen, bei dem der Pflegebedürftige versichert ist, mitzuteilen.

(2) *(aufgehoben)*

(3) [1]Für kurzzeitige Arbeitsverhinderung nach § 2 des Pflegezeitgesetzes hat eine Beschäftigte oder ein Beschäftigter im Sinne des § 7 Absatz 1 des Pflegezeitgesetzes, die oder der für diesen Zeitraum keine Entgeltfortzahlung vom Arbeitgeber und kein Kranken- oder Verletztengeld bei Erkrankung oder Unfall eines Kindes nach § 45 des Fünften Buches oder nach § 45 Absatz 4 des Siebten Buches[1)] beanspruchen kann, Anspruch auf einen Ausgleich für entgangenes Arbeitsentgelt (Pflegeunterstützungsgeld) für bis zu insgesamt zehn Arbeitstage. [2]Wenn mehrere Beschäftigte den Anspruch nach § 2 Absatz 1 des Pflegezeitgesetzes für einen pflegebedürftigen nahen Angehörigen geltend machen, ist deren Anspruch auf Pflegeunterstützungsgeld auf insgesamt bis zu zehn Arbeitstage begrenzt. [3]Das Pflegeunterstützungsgeld wird auf Antrag, der unverzüglich zu stellen ist, unter Vorlage der ärztlichen Bescheinigung nach § 2 Absatz 2 Satz 2 des Pflegezeitgesetzes von der Pflegekasse oder dem Versicherungsunternehmen des pflegebedürftigen nahen Angehörigen gewährt. [4]Für die Höhe des Pflegeunterstützungsgeldes gilt § 45 Absatz 2 Satz 3 bis 5 des Fünften Buches entsprechend.

(4) [1]Beschäftigte, die Pflegeunterstützungsgeld nach Absatz 3 beziehen, erhalten für die Dauer des Leistungsbezuges von den in Absatz 3 bezeichneten Organisationen auf Antrag Zuschüsse zur Krankenversicherung. [2]Zuschüsse werden gewährt für eine Versicherung bei einem privaten Krankenversicherungsunternehmen, eine Versicherung bei der Postbeamtenkrankenkasse oder der Krankenversorgung der Bundesbahnbeamten. [3]Die Zuschüsse belaufen sich auf den Betrag, der bei Versicherungspflicht in der gesetzlichen Krankenversicherung als Leistungsträgeranteil nach § 249c des Fünften Buches aufzubringen wäre, und dürfen die tatsächliche Höhe der Beiträge nicht übersteigen. [4]Für die Berechnung nach Satz 3 werden der allgemeine Beitragssatz nach § 241 des Fünften Buches sowie der durchschnittliche Zusatzbeitragssatz nach § 242a Absatz 2 des Fünften Buches zugrunde gelegt. [5]Für Beschäftigte, die Pflegeunterstützungsgeld nach Absatz 3 beziehen und wegen einer Pflichtmitgliedschaft in einer berufsständischen Versorgungseinrichtung von der Versicherungspflicht in der gesetzlichen Rentenversicherung befreit sind, zahlen die in § 170 Absatz 1 Nummer 2 Buchstabe e des Sechsten Buches[2)] genannten Stellen auf Antrag Beiträge an die zuständige berufsständische Versorgungseinrichtung in der Höhe, wie sie bei Eintritt von Versicherungspflicht nach § 3 Satz 1 Nummer 3 des Sechsten Buches an die gesetzliche Rentenversicherung zu entrichten wären. [6]Die von den in § 170 Absatz 1 Nummer 2 Buchstabe e

---

[1)] Nr. **7**.
[2)] Nr. **6**.

des Sechsten Buches genannten Stellen zu zahlenden Beiträge sind auf die Höhe der Beiträge begrenzt, die von diesen Stellen ohne die Befreiung von der Versicherungspflicht in der gesetzlichen Rentenversicherung für die Dauer des Leistungsbezugs zu tragen wären; die Beiträge dürfen die Hälfte der in der Zeit des Leistungsbezugs vom Beschäftigten an die berufsständische Versorgungseinrichtung zu zahlenden Beiträge nicht übersteigen.

(5) [1] Die Pflegekasse oder das private Pflegeversicherungsunternehmen des pflegebedürftigen nahen Angehörigen stellt dem Leistungsbezieher nach Absatz 3 mit der Leistungsbewilligung eine Bescheinigung über den Zeitraum des Bezugs und die Höhe des gewährten Pflegeunterstützungsgeldes aus. [2] Der Leistungsbezieher hat diese Bescheinigung unverzüglich seinem Arbeitgeber vorzulegen. [3] In den Fällen des § 170 Absatz 1 Nummer 2 Buchstabe e Doppelbuchstabe cc des Sechsten Buches bescheinigt die Pflegekasse oder das private Versicherungsunternehmen die gesamte Höhe der Leistung.

(6) [1] Landwirtschaftlichen Unternehmern im Sinne des § 2 Absatz 1 Nummer 1 und 2 des Zweiten Gesetzes über die Krankenversicherung der Landwirte, die an der Führung des Unternehmens gehindert sind, weil sie für einen pflegebedürftigen nahen Angehörigen in einer akut aufgetretenen Pflegesituation eine bedarfsgerechte Pflege organisieren oder eine pflegerische Versorgung in dieser Zeit sicherstellen müssen, wird anstelle des Pflegeunterstützungsgeldes für bis zu zehn Arbeitstage Betriebshilfe entsprechend § 9 des Zweiten Gesetzes über die Krankenversicherung der Landwirte gewährt. [2] Diese Kosten der Leistungen für die Betriebshilfe werden der landwirtschaftlichen Pflegekasse von der Pflegeversicherung des pflegebedürftigen nahen Angehörigen erstattet; innerhalb der sozialen Pflegeversicherung wird von einer Erstattung abgesehen. [3] Privat pflegeversicherte landwirtschaftliche Unternehmer, die an der Führung des Unternehmens gehindert sind, weil dies erforderlich ist, um für einen pflegebedürftigen nahen Angehörigen in einer akut aufgetretenen Pflegesituation eine bedarfsgerechte Pflege zu organisieren oder eine pflegerische Versorgung in dieser Zeit sicherzustellen, erhalten von der Pflegekasse des Pflegebedürftigen oder in Höhe des tariflichen Erstattungssatzes von dem privaten Versicherungsunternehmen des Pflegebedürftigen eine Kostenerstattung für bis zu zehn Arbeitstage Betriebshilfe; dabei werden nicht die tatsächlichen Kosten, sondern ein pauschaler Betrag in Höhe von 200 Euro je Tag Betriebshilfe zugrunde gelegt.

(7) [1] Die Pflegekasse und das private Versicherungsunternehmen haben in den Fällen, in denen ein Leistungsbezieher nach Absatz 3 einen pflegebedürftigen nahen Angehörigen pflegt, der Anspruch auf Beihilfeleistungen oder Leistungen der Heilfürsorge hat, und für den Beiträge anteilig getragen werden, im Antragsverfahren auf Pflegeunterstützungsgeld von dem Pflegebedürftigen die zuständige Festsetzungsstelle für die Beihilfe oder den Dienstherrn unter Hinweis auf die beabsichtigte Information dieser Stelle über den beitragspflichtigen Bezug von Pflegeunterstützungsgeld zu erfragen. [2] Der angegebenen Festsetzungsstelle für die Beihilfe oder dem angegebenen Dienstherrn sind bei Feststellung der Beitragspflicht folgende Angaben zum Leistungsbezieher mitzuteilen

1. die Versicherungsnummer, soweit bekannt,
2. der Familien- und der Vorname,
3. das Geburtsdatum,

4. die Staatsangehörigkeit,
5. die Anschrift,
6. der Beginn des Bezugs von Pflegeunterstützungsgeld,
7. die Höhe des dem Pflegeunterstützungsgeld zugrunde liegenden ausgefallenen Arbeitsentgelts und
8. Name und Anschrift der Krankenkasse oder des privaten Krankenversicherungsunternehmens.

§ 45 Pflegekurse für Angehörige und ehrenamtliche Pflegepersonen.

(1) [1] Die Pflegekassen haben für Angehörige und sonstige an einer ehrenamtlichen Pflegetätigkeit interessierte Personen unentgeltlich Schulungskurse durchzuführen, um soziales Engagement im Bereich der Pflege zu fördern und zu stärken, Pflege und Betreuung zu erleichtern und zu verbessern sowie pflegebedingte körperliche und seelische Belastungen zu mindern und ihrer Entstehung vorzubeugen. [2] Die Kurse sollen Fertigkeiten für eine eigenständige Durchführung der Pflege vermitteln. [3] Auf Wunsch der Pflegeperson und der pflegebedürftigen Person findet die Schulung auch in der häuslichen Umgebung des Pflegebedürftigen statt. [4] § 114a Absatz 3a gilt entsprechend.

(2) Die Pflegekasse kann die Kurse entweder selbst oder gemeinsam mit anderen Pflegekassen durchführen oder geeignete andere Einrichtungen mit der Durchführung beauftragen.

(3) Über die einheitliche Durchführung sowie über die inhaltliche Ausgestaltung der Kurse können die Landesverbände der Pflegekassen Rahmenvereinbarungen mit den Trägern der Einrichtungen schließen, die die Pflegekurse durchführen.

Fünfter Abschnitt. Angebote zur Unterstützung im Alltag, Entlastungsbetrag, Förderung der Weiterentwicklung der Versorgungsstrukturen und des Ehrenamts sowie der Selbsthilfe

§ 45a Angebote zur Unterstützung im Alltag, Umwandlung des ambulanten Sachleistungsbetrags (Umwandlungsanspruch), Verordnungsermächtigung. (1) [1] Angebote zur Unterstützung im Alltag tragen dazu bei, Pflegepersonen zu entlasten, und helfen Pflegebedürftigen, möglichst lange in ihrer häuslichen Umgebung zu bleiben, soziale Kontakte aufrechtzuerhalten und ihren Alltag weiterhin möglichst selbständig bewältigen zu können. [2] Angebote zur Unterstützung im Alltag sind

1. Angebote, in denen insbesondere ehrenamtliche Helferinnen und Helfer unter pflegefachlicher Anleitung die Betreuung von Pflegebedürftigen mit allgemeinem oder mit besonderem Betreuungsbedarf in Gruppen oder im häuslichen Bereich übernehmen (Betreuungsangebote),
2. Angebote, die der gezielten Entlastung und beratenden Unterstützung von pflegenden Angehörigen und vergleichbar nahestehenden Pflegepersonen in ihrer Eigenschaft als Pflegende dienen (Angebote zur Entlastung von Pflegenden),
3. Angebote, die dazu dienen, die Pflegebedürftigen bei der Bewältigung von allgemeinen oder pflegebedingten Anforderungen des Alltags oder im Haushalt, insbesondere bei der Haushaltsführung, oder bei der eigenverantwort-

lichen Organisation individuell benötigter Hilfeleistungen zu unterstützen (Angebote zur Entlastung im Alltag).

[3] Die Angebote benötigen eine Anerkennung durch die zuständige Behörde nach Maßgabe des gemäß Absatz 3 erlassenen Landesrechts. [4] Durch ein Angebot zur Unterstützung im Alltag können auch mehrere der in Satz 2 Nummer 1 bis 3 genannten Bereiche abgedeckt werden. [5] In Betracht kommen als Angebote zur Unterstützung im Alltag insbesondere Betreuungsgruppen für an Demenz erkrankte Menschen, Helferinnen- und Helferkreise zur stundenweisen Entlastung pflegender Angehöriger oder vergleichbar nahestehender Pflegepersonen im häuslichen Bereich, die Tagesbetreuung in Kleingruppen oder Einzelbetreuung durch anerkannte Helferinnen oder Helfer, Agenturen zur Vermittlung von Betreuungs- und Entlastungsleistungen für Pflegebedürftige und pflegende Angehörige sowie vergleichbar nahestehende Pflegepersonen, Familienentlastende Dienste, Alltagsbegleiter, Pflegebegleiter und Serviceangebote für haushaltsnahe Dienstleistungen.

(2) [1] Angebote zur Unterstützung im Alltag beinhalten die Übernahme von Betreuung und allgemeiner Beaufsichtigung, eine die vorhandenen Ressourcen und Fähigkeiten stärkende oder stabilisierende Alltagsbegleitung, Unterstützungsleistungen für Angehörige und vergleichbar Nahestehende in ihrer Eigenschaft als Pflegende zur besseren Bewältigung des Pflegealltags, die Erbringung von Dienstleistungen, organisatorische Hilfestellungen oder andere geeignete Maßnahmen. [2] Die Angebote verfügen über ein Konzept, das Angaben zur Qualitätssicherung des Angebots sowie eine Übersicht über die Leistungen, die angeboten werden sollen, und die Höhe der den Pflegebedürftigen hierfür in Rechnung gestellten Kosten enthält. [3] Das Konzept umfasst ferner Angaben zur zielgruppen- und tätigkeitsgerechten Qualifikation der Helfenden und zu dem Vorhandensein von Grund- und Notfallwissen im Umgang mit Pflegebedürftigen sowie dazu, wie eine angemessene Schulung und Fortbildung der Helfenden sowie eine kontinuierliche fachliche Begleitung und Unterstützung insbesondere von ehrenamtlich Helfenden in ihrer Arbeit gesichert werden. [4] Bei wesentlichen Änderungen hinsichtlich der angebotenen Leistungen ist das Konzept entsprechend fortzuschreiben; bei Änderung der hierfür in Rechnung gestellten Kosten sind die entsprechenden Angaben zu aktualisieren.

(3) [1] Die Landesregierungen werden ermächtigt, durch Rechtsverordnung das Nähere über die Anerkennung der Angebote zur Unterstützung im Alltag im Sinne der Absätze 1 und 2 einschließlich der Vorgaben zur regelmäßigen Qualitätssicherung der Angebote und zur regelmäßigen Übermittlung einer Übersicht über die aktuell angebotenen Leistungen und die Höhe der hierfür erhobenen Kosten zu bestimmen. [2] Beim Erlass der Rechtsverordnung sollen sie die gemäß § 45c Absatz 7 beschlossenen Empfehlungen berücksichtigen.

(4) [1] Pflegebedürftige in häuslicher Pflege mit mindestens Pflegegrad 2 können eine Kostenerstattung zum Ersatz von Aufwendungen für Leistungen der nach Landesrecht anerkannten Angebote zur Unterstützung im Alltag unter Anrechnung auf ihren Anspruch auf ambulante Pflegesachleistungen nach § 36 erhalten, soweit für den entsprechenden Leistungsbetrag nach § 36 in dem jeweiligen Kalendermonat keine ambulanten Pflegesachleistungen bezogen wurden. [2] Der hierfür verwendete Betrag darf je Kalendermonat 40 Prozent des nach § 36 für den jeweiligen Pflegegrad vorgesehenen Höchstleistungsbetrags nicht überschreiten. [3] Die Anspruchsberechtigten erhalten die Kostenerstattung

nach Satz 1 auf Antrag von der zuständigen Pflegekasse oder dem zuständigen privaten Versicherungsunternehmen sowie im Fall der Beihilfeberechtigung anteilig von der Beihilfefestsetzungsstelle gegen Vorlage entsprechender Belege über Eigenbelastungen, die ihnen im Zusammenhang mit der Inanspruchnahme der in Satz 1 genannten Leistungen entstanden sind. [4]Die Vergütungen für ambulante Pflegesachleistungen nach § 36 sind vorrangig abzurechnen. [5]Im Rahmen der Kombinationsleistung nach § 38 gilt die Erstattung der Aufwendungen nach Satz 1 als Inanspruchnahme der dem Anspruchsberechtigten nach § 36 Absatz 3 zustehenden Sachleistung. [6]Beziehen Anspruchsberechtigte die Leistung nach Satz 1, findet § 37 Absatz 3 bis 5, 7 und 8 Anwendung; § 37 Absatz 6 findet mit der Maßgabe entsprechende Anwendung, dass eine Kürzung oder Entziehung in Bezug auf die Kostenerstattung nach Satz 1 erfolgt. [7]Das Bundesministerium für Gesundheit evaluiert die Möglichkeit zur anteiligen Verwendung der in § 36 für den Bezug ambulanter Pflegesachleistungen vorgesehenen Leistungsbeträge auch für Leistungen nach Landesrecht anerkannter Angebote zur Unterstützung im Alltag nach den Sätzen 1 bis 6 spätestens bis zum 31. Dezember 2018. [8]Die Inanspruchnahme der Umwandlung des ambulanten Sachleistungsbetrags nach Satz 1 und die Inanspruchnahme des Entlastungsbetrags nach § 45b erfolgen unabhängig voneinander.

§ 45b Entlastungsbetrag. (1) [1]Pflegebedürftige in häuslicher Pflege haben Anspruch auf einen Entlastungsbetrag in Höhe von bis zu 125 Euro monatlich. [2]Der Betrag ist zweckgebunden einzusetzen für qualitätsgesicherte Leistungen zur Entlastung pflegender Angehöriger und vergleichbar Nahestehender in ihrer Eigenschaft als Pflegende sowie zur Förderung der Selbständigkeit und Selbstbestimmtheit der Pflegebedürftigen bei der Gestaltung ihres Alltags. [3]Er dient der Erstattung von Aufwendungen, die den Versicherten entstehen im Zusammenhang mit der Inanspruchnahme von

1. Leistungen der Tages- oder Nachtpflege,
2. Leistungen der Kurzzeitpflege,
3. Leistungen der ambulanten Pflegedienste im Sinne des § 36, in den Pflegegraden 2 bis 5 jedoch nicht von Leistungen im Bereich der Selbstversorgung,
4. Leistungen der nach Landesrecht anerkannten Angebote zur Unterstützung im Alltag im Sinne des § 45a.

[4]Die Erstattung der Aufwendungen erfolgt auch, wenn für die Finanzierung der in Satz 3 genannten Leistungen Mittel der Verhinderungspflege gemäß § 39 eingesetzt werden. [5]Die Leistung nach Satz 1 kann innerhalb des jeweiligen Kalenderjahres in Anspruch genommen werden; wird die Leistung in einem Kalenderjahr nicht ausgeschöpft, kann der nicht verbrauchte Betrag in das folgende Kalenderhalbjahr übertragen werden.

(2) [1]Der Anspruch auf den Entlastungsbetrag entsteht, sobald die in Absatz 1 Satz 1 genannten Anspruchsvoraussetzungen vorliegen, ohne dass es einer vorherigen Antragstellung bedarf. [2]Die Kostenerstattung in Höhe des Entlastungsbetrags nach Absatz 1 erhalten die Pflegebedürftigen von der zuständigen Pflegekasse oder dem zuständigen privaten Versicherungsunternehmen sowie im Fall der Beihilfeberechtigung anteilig von der Beihilfefestsetzungsstelle bei Beantragung der dafür erforderlichen finanziellen Mittel gegen Vorlage entsprechender Belege über entstandene Eigenbelastungen im Zusammenhang mit

der Inanspruchnahme der in Absatz 1 Satz 3 genannten Leistungen. [3]Für Zwecke der statistischen Erfassung bei den Pflegekassen und den privaten Versicherungsunternehmen muss auf den Belegen eindeutig und deutlich erkennbar angegeben sein, im Zusammenhang mit welcher der in Absatz 1 Satz 3 Nummer 1 bis 4 genannten Leistungen die Aufwendungen jeweils entstanden sind.

(3) [1]Der Entlastungsbetrag nach Absatz 1 Satz 1 findet bei den Fürsorgeleistungen zur Pflege nach § 13 Absatz 3 Satz 1 keine Berücksichtigung. [2]§ 63b Absatz 1 des Zwölften Buches[1)] findet auf den Entlastungsbetrag keine Anwendung. [3]Abweichend von den Sätzen 1 und 2 darf der Entlastungsbetrag hinsichtlich der Leistungen nach § 64i oder § 66 des Zwölften Buches bei der Hilfe zur Pflege Berücksichtigung finden, soweit nach diesen Vorschriften Leistungen zu gewähren sind, deren Inhalte den Leistungen nach Absatz 1 Satz 3 entsprechen.

(4) [1]Die für die Erbringung von Leistungen nach Absatz 1 Satz 3 Nummer 1 bis 4 verlangte Vergütung darf die Preise für vergleichbare Sachleistungen von zugelassenen Pflegeeinrichtungen nicht übersteigen. [2]Näheres zur Ausgestaltung einer entsprechenden Begrenzung der Vergütung, die für die Erbringung von Leistungen nach Absatz 1 Satz 3 Nummer 4 durch nach Landesrecht anerkannte Angebote zur Unterstützung im Alltag verlangt werden darf, können die Landesregierungen in der Rechtsverordnung nach § 45a Absatz 3 bestimmen.

§ 45c Förderung der Weiterentwicklung der Versorgungsstrukturen und des Ehrenamts, Verordnungsermächtigung. (1) [1]Zur Weiterentwicklung der Versorgungsstrukturen und Versorgungskonzepte und zur Förderung ehrenamtlicher Strukturen fördert der Spitzenverband Bund der Pflegekassen im Wege der Anteilsfinanzierung aus Mitteln des Ausgleichsfonds mit 25 Millionen Euro je Kalenderjahr

1. den Auf- und Ausbau von Angeboten zur Unterstützung im Alltag im Sinne des § 45a,
2. den Auf- und Ausbau und die Unterstützung von Gruppen ehrenamtlich tätiger sowie sonstiger zum bürgerschaftlichen Engagement bereiter Personen und entsprechender ehrenamtlicher Strukturen sowie
3. Modellvorhaben zur Erprobung neuer Versorgungskonzepte und Versorgungsstrukturen insbesondere für an Demenz erkrankte Pflegebedürftige sowie andere Gruppen von Pflegebedürftigen, deren Versorgung in besonderem Maße der strukturellen Weiterentwicklung bedarf.

[2]Die privaten Versicherungsunternehmen, die die private Pflege-Pflichtversicherung durchführen, beteiligen sich an dieser Förderung mit insgesamt 10 Prozent des in Satz 1 genannten Fördervolumens. [3]Darüber hinaus fördert der Spitzenverband Bund der Pflegekassen aus Mitteln des Ausgleichsfonds mit 10 Millionen Euro je Kalenderjahr die strukturierte Zusammenarbeit in regionalen Netzwerken nach Absatz 9; Satz 2 gilt entsprechend. [4]Fördermittel nach Satz 3, die in dem jeweiligen Kalenderjahr nicht in Anspruch genommen worden sind, erhöhen im Folgejahr das Fördervolumen nach Satz 1; dadurch erhöht sich auch das in Absatz 2 Satz 2 genannte Gesamtfördervolumen entsprechend.

[1)] Nr. 12.

(2) [1] Der Zuschuss aus Mitteln der sozialen und privaten Pflegeversicherung ergänzt eine Förderung der in Absatz 1 Satz 1 genannten Zwecke durch das jeweilige Land oder die jeweilige kommunale Gebietskörperschaft. [2] Der Zuschuss wird jeweils in gleicher Höhe gewährt wie der Zuschuss, der vom Land oder von der kommunalen Gebietskörperschaft für die einzelne Fördermaßnahme geleistet wird, sodass insgesamt ein Fördervolumen von 50 Millionen Euro im Kalenderjahr erreicht wird. [3] Im Einvernehmen mit allen Fördergebern können Zuschüsse der kommunalen Gebietskörperschaften auch als Personal- oder Sachmittel eingebracht werden, sofern diese Mittel nachweislich ausschließlich und unmittelbar dazu dienen, den jeweiligen Förderzweck zu erreichen. [4] Soweit Mittel der Arbeitsförderung bei einem Projekt eingesetzt werden, sind diese einem vom Land oder von der Kommune geleisteten Zuschuss gleichgestellt.

(3) [1] Die Förderung des Auf- und Ausbaus von Angeboten zur Unterstützung im Alltag im Sinne des § 45a nach Absatz 1 Satz 1 Nummer 1 erfolgt als Projektförderung und dient insbesondere dazu, Aufwandsentschädigungen für die ehrenamtlich tätigen Helfenden zu finanzieren sowie notwendige Personal- und Sachkosten, die mit der Koordination und Organisation der Hilfen und der fachlichen Anleitung und Schulung der Helfenden durch Fachkräfte verbunden sind. [2] Dem Antrag auf Förderung ist ein Konzept zur Qualitätssicherung des Angebots beizufügen. [3] Aus dem Konzept muss sich ergeben, dass eine angemessene Schulung und Fortbildung der Helfenden sowie eine kontinuierliche fachliche Begleitung und Unterstützung der ehrenamtlich Helfenden in ihrer Arbeit gesichert sind.

(4) Die Förderung des Auf- und Ausbaus und der Unterstützung von Gruppen ehrenamtlich tätiger sowie sonstiger zum bürgerschaftlichen Engagement bereiter Personen und entsprechender ehrenamtlicher Strukturen nach Absatz 1 Satz 1 Nummer 2 erfolgt zur Förderung von Initiativen, die sich die Unterstützung, allgemeine Betreuung und Entlastung von Pflegebedürftigen und deren Angehörigen sowie vergleichbar nahestehenden Pflegepersonen zum Ziel gesetzt haben.

(5) [1] Im Rahmen der Modellförderung nach Absatz 1 Satz 1 Nummer 3 sollen insbesondere modellhaft Möglichkeiten einer wirksamen Vernetzung der erforderlichen Hilfen für an Demenz erkrankte Pflegebedürftige und andere Gruppen von Pflegebedürftigen, deren Versorgung in besonderem Maße der strukturellen Weiterentwicklung bedarf, in einzelnen Regionen erprobt werden. [2] Dabei können auch stationäre Versorgungsangebote berücksichtigt werden. [3] Die Modellvorhaben sind auf längstens fünf Jahre zu befristen. [4] Bei der Vereinbarung und Durchführung von Modellvorhaben kann im Einzelfall von den Regelungen des Siebten Kapitels abgewichen werden. [5] Für die Modellvorhaben sind eine wissenschaftliche Begleitung und Auswertung vorzusehen. [6] Soweit im Rahmen der Modellvorhaben personenbezogene Daten benötigt werden, können diese nur mit Einwilligung des Pflegebedürftigen erhoben, verarbeitet und genutzt werden.

(6) [1] Um eine gerechte Verteilung der Fördermittel der Pflegeversicherung auf die Länder zu gewährleisten, werden die nach Absatz 1 Satz 1 und 2 zur Verfügung stehenden Fördermittel der sozialen und privaten Pflegeversicherung nach dem Königsteiner Schlüssel aufgeteilt. [2] Mittel, die in einem Land im jeweiligen Haushaltsjahr nicht in Anspruch genommen werden, können in das Folgejahr übertragen werden. [3] Nach Satz 2 übertragene Mittel, die am Ende

des Folgejahres nicht in Anspruch genommen worden sind, können für Projekte, für die bis zum Stichtag nach Satz 5 mindestens Art, Region und geplante Förderhöhe konkret benannt werden, im darauf folgenden Jahr von Ländern beantragt werden, die im Jahr vor der Übertragung der Mittel nach Satz 2 mindestens 80 Prozent der auf sie nach dem Königsteiner Schlüssel entfallenden Mittel ausgeschöpft haben. [4]Die Verausgabung der nach Satz 3 beantragten Fördermittel durch die Länder oder kommunalen Gebietskörperschaften darf sich für die entsprechend benannten Projekte über einen Zeitraum von maximal drei Jahren erstrecken. [5]Der Ausgleichsfonds sammelt die nach Satz 3 eingereichten Anträge bis zum 30. April des auf das Folgejahr folgenden Jahres und stellt anschließend fest, in welchem Umfang die Mittel jeweils auf die beantragenden Länder entfallen. [6]Die Auszahlung der Mittel für ein Projekt erfolgt, sobald für das Projekt eine konkrete Förderzusage durch das Land oder die kommunale Gebietskörperschaft vorliegt. [7]Ist die Summe der bis zum 30. April beantragten Mittel insgesamt größer als der dafür vorhandene Mittelbestand, so werden die vorhandenen Mittel nach dem Königsteiner Schlüssel auf die beantragenden Länder verteilt. [8]Nach dem 30. April eingehende Anträge werden in der Reihenfolge des Antragseingangs bearbeitet, bis die Fördermittel verbraucht sind. [9]Fördermittel, die bis zum Ende des auf das Folgejahr folgenden Jahres nicht beantragt sind, verfallen.

(7) [1]Der Spitzenverband Bund der Pflegekassen beschließt mit dem Verband der privaten Krankenversicherung e.V. nach Anhörung der Verbände der Behinderten und Pflegebedürftigen auf Bundesebene Empfehlungen über die Voraussetzungen, Ziele, Dauer, Inhalte und Durchführung der Förderung sowie zu dem Verfahren zur Vergabe der Fördermittel für die in Absatz 1 Satz 1 genannten Zwecke. [2]In den Empfehlungen ist unter anderem auch festzulegen, welchen Anforderungen die Einbringung von Zuschüssen der kommunalen Gebietskörperschaften als Personal- oder Sachmittel genügen muss und dass jeweils im Einzelfall zu prüfen ist, ob im Rahmen der in Absatz 1 Satz 1 genannten Zwecke Mittel und Möglichkeiten der Arbeitsförderung genutzt werden können. [3]Die Empfehlungen bedürfen der Zustimmung des Bundesministeriums für Gesundheit und der Länder. [4]Soweit Belange des Ehrenamts betroffen sind, erteilt das Bundesministerium für Gesundheit seine Zustimmung im Benehmen mit dem Bundesministerium für Familie, Senioren, Frauen und Jugend. [5]Die Landesregierungen werden ermächtigt, durch Rechtsverordnung das Nähere über die Umsetzung der Empfehlungen zu bestimmen.

(8) [1]Der Finanzierungsanteil, der auf die privaten Versicherungsunternehmen entfällt, kann von dem Verband der privaten Krankenversicherung e.V. unmittelbar an das Bundesamt für Soziale Sicherung zugunsten des Ausgleichsfonds der Pflegeversicherung (§ 65) überwiesen werden. [2]Näheres über das Verfahren der Auszahlung der Fördermittel, die aus dem Ausgleichsfonds zu finanzieren sind, sowie über die Zahlung und Abrechnung des Finanzierungsanteils der privaten Versicherungsunternehmen regeln das Bundesamt für Soziale Sicherung, der Spitzenverband Bund der Pflegekassen und der Verband der privaten Krankenversicherung e.V. durch Vereinbarung.

(9) [1]Zur Verbesserung der Versorgung und Unterstützung von Pflegebedürftigen und deren Angehörigen sowie vergleichbar nahestehenden Pflegepersonen können die in Absatz 1 Satz 3 genannten Mittel für die Beteiligung von Pflegekassen an regionalen Netzwerken verwendet werden, die der strukturierten Zusammenarbeit von Akteuren dienen, die an der Versorgung Pflegebe-

dürftiger beteiligt sind und die sich im Rahmen einer freiwilligen Vereinbarung vernetzen. [2]Die Förderung der strukturierten regionalen Zusammenarbeit erfolgt, indem sich die Pflegekassen einzeln oder gemeinsam im Wege einer Anteilsfinanzierung an den netzwerkbedingten Kosten beteiligen. [3]Je Kreis oder kreisfreier Stadt darf der Förderbetrag dabei 20 000 Euro je Kalenderjahr nicht überschreiten. [4]Den Kreisen und kreisfreien Städten, Selbsthilfegruppen, -organisationen und -kontaktstellen im Sinne des § 45d sowie organisierten Gruppen ehrenamtlich tätiger sowie sonstiger zum bürgerschaftlichen Engagement bereiter Personen im Sinne des Absatzes 4 ist in ihrem jeweiligen Einzugsgebiet die Teilnahme an der geförderten strukturierten regionalen Zusammenarbeit zu ermöglichen. [5]Für private Versicherungsunternehmen, die die private Pflege-Pflichtversicherung durchführen, gelten die Sätze 1 bis 4 entsprechend. [6]Absatz 7 Satz 1 bis 4 und Absatz 8 finden entsprechende Anwendung. [7]Die Absätze 2 und 6 finden keine Anwendung.

§ 45d Förderung der Selbsthilfe, Verordnungsermächtigung. [1]Je Kalenderjahr werden 0,15 Euro je Versicherten verwendet zur Förderung und zum Auf- und Ausbau von Selbsthilfegruppen, -organisationen und -kontaktstellen, die sich die Unterstützung von Pflegebedürftigen sowie von deren Angehörigen und vergleichbar Nahestehenden zum Ziel gesetzt haben; um eine gerechte Verteilung dieser Fördermittel auf die Länder zu gewährleisten, werden die Fördermittel der Pflegeversicherung nach dem Königsteiner Schlüssel aufgeteilt. [2]Der Zuschuss aus den Mitteln der sozialen und privaten Pflegeversicherung nach Satz 1 ergänzt eine Förderung durch das jeweilige Land oder die jeweilige kommunale Gebietskörperschaft und wird jeweils in Höhe von 75 Prozent des Zuschusses gewährt, der für die einzelne Fördermaßnahme insgesamt geleistet wird. [3]Davon abweichend können von den nach Satz 1 auf die Länder aufgeteilten Mitteln Fördermittel in Höhe von insgesamt je Kalenderjahr bis zu 0,01 Euro je Versicherten als Gründungszuschüsse für neue Selbsthilfegruppen, -organisationen und -kontaktstellen verwendet werden, ohne dass es für die Förderung einer Mitfinanzierung durch das Land oder durch eine kommunale Gebietskörperschaft bedarf. [4]Die Gründungszuschüsse sind von den Selbsthilfegruppen, -organisationen und -kontaktstellen unmittelbar beim Spitzenverband Bund der Pflegekassen zu beantragen; das Nähere zur Durchführung der Förderung und zum Verfahren wird in den Empfehlungen nach § 45c Absatz 7 festgelegt. [5]Im Übrigen werden für die Förderung der Selbsthilfe die Vorgaben des § 45c und das dortige Verfahren, einschließlich § 45c Absatz 2 Satz 3 und 4 und Absatz 6 Satz 2, entsprechend angewendet. [6]§ 45c Absatz 6 Satz 3 bis 9 findet mit der Maßgabe entsprechende Anwendung, dass von den in das Folgejahr übertragenen Mitteln nach Satz 1, die am Ende des Folgejahres nicht in Anspruch genommen worden sind, Fördermittel in Höhe von 0,01 Euro je Versicherten in dem auf das Folgejahr folgenden Jahr von einer Übertragung auf die Länder ausgenommen sind. [7]Die nach Satz 6 von der Übertragung ausgenommenen Mittel werden zur Förderung von bundesweiten Tätigkeiten von Selbsthilfegruppen, -organisationen und -kontaktstellen verwendet. [8]Die Förderung der bundesweiten Selbsthilfetätigkeiten erfolgt durch den Spitzenverband Bund der Pflegekassen, ohne dass es einer Mitfinanzierung durch das Land oder durch eine kommunale Gebietskörperschaft bedarf. [9]Die Förderung der bundesweiten Selbsthilfetätigkeiten ist von den Selbsthilfegruppen, -organisationen und -kontaktstellen unmittelbar beim Spitzenverband Bund der Pflegekassen zu beantragen. [10]Die Bewilligung der

Fördermittel aus den gemäß den Sätzen 6 und 7 zur Verfügung stehenden Mitteln durch den Spitzenverband Bund der Pflegekassen darf jeweils für einen Zeitraum von maximal fünf Jahren erfolgen. [11] Nach erneuter Antragstellung kann eine Förderung erneut bewilligt werden. [12] Die Einzelheiten zu den Voraussetzungen, Zielen, Inhalten und der Durchführung der Förderung sowie zu dem Verfahren zur Vergabe der Fördermittel nach Satz 7 werden in den Empfehlungen nach § 45c Absatz 7 festgelegt. [13] Selbsthilfegruppen im Sinne dieser Vorschrift sind freiwillige, neutrale, unabhängige und nicht gewinnorientierte Zusammenschlüsse von Personen, die entweder aufgrund eigener Betroffenheit oder als Angehörige oder vergleichbar Nahestehende das Ziel verfolgen, durch persönliche, wechselseitige Unterstützung, auch unter Zuhilfenahme von Angeboten ehrenamtlicher und sonstiger zum bürgerschaftlichen Engagement bereiter Personen, die Lebenssituation von Pflegebedürftigen sowie von deren Angehörigen und vergleichbar Nahestehenden zu verbessern. [14] Selbsthilfeorganisationen sind die Zusammenschlüsse von Selbsthilfegruppen in Verbänden. [15] Selbsthilfekontaktstellen sind örtlich oder regional arbeitende professionelle Beratungseinrichtungen mit hauptamtlichem Personal, die das Ziel verfolgen, die Lebenssituation von Pflegebedürftigen sowie von deren Angehörigen und vergleichbar Nahestehenden zu verbessern. [16] Eine Förderung der Selbsthilfe nach dieser Vorschrift ist ausgeschlossen, soweit für dieselbe Zweckbestimmung eine Förderung nach § 20h des Fünften Buches[1)] erfolgt. [17] § 45c Absatz 7 Satz 5 gilt entsprechend.

Sechster Abschnitt. Initiativprogramm zur Förderung neuer Wohnformen

§ 45e Anschubfinanzierung zur Gründung von ambulant betreuten Wohngruppen. (1) [1] Zur Förderung der Gründung von ambulant betreuten Wohngruppen wird Pflegebedürftigen, die Anspruch auf Leistungen nach § 38a haben und die an der gemeinsamen Gründung beteiligt sind, für die altersgerechte oder barrierearme Umgestaltung der gemeinsamen Wohnung zusätzlich zu dem Betrag nach § 40 Absatz 4 einmalig ein Betrag von bis zu 2 500 Euro gewährt. [2] Der Gesamtbetrag ist je Wohngruppe auf 10 000 Euro begrenzt und wird bei mehr als vier Anspruchsberechtigten anteilig auf die Versicherungsträger der Anspruchsberechtigten aufgeteilt. [3] Der Antrag ist innerhalb eines Jahres nach Vorliegen der Anspruchsvoraussetzungen zu stellen. [4] Dabei kann die Umgestaltungsmaßnahme auch vor der Gründung und dem Einzug erfolgen. [5] Die Sätze 1 bis 4 gelten für die Versicherten der privaten Pflege-Pflichtversicherung entsprechend.

(2) [1] Die Pflegekassen zahlen den Förderbetrag aus, wenn die Gründung einer ambulant betreuten Wohngruppe nachgewiesen wird. [2] Der Anspruch endet mit Ablauf des Monats, in dem das Bundesamt für Soziale Sicherung den Pflegekassen und dem Verband der privaten Krankenversicherung e.V. mitteilt, dass mit der Förderung eine Gesamthöhe von 30 Millionen Euro erreicht worden ist. [3] Einzelheiten zu den Voraussetzungen und dem Verfahren der Förderung regelt der Spitzenverband Bund der Pflegekassen im Einvernehmen mit dem Verband der privaten Krankenversicherung e.V.

[1)] Nr. 5.

§ 45f Weiterentwicklung neuer Wohnformen. (1) [1]Zur wissenschaftlich gestützten Weiterentwicklung und Förderung neuer Wohnformen werden zusätzlich 10 Millionen Euro zur Verfügung gestellt. [2]Dabei sind insbesondere solche Konzepte einzubeziehen, die es alternativ zu stationären Einrichtungen ermöglichen, außerhalb der vollstationären Betreuung bewohnerorientiert individuelle Versorgung anzubieten.

(2) [1]Einrichtungen, die aus diesem Grund bereits eine Modellförderung, insbesondere nach § 8 Absatz 3, erfahren haben, sind von der Förderung nach Absatz 1 Satz 1 ausgenommen. [2]Für die Förderung gilt § 8 Absatz 3 entsprechend.

Fünftes Kapitel. Organisation

Erster Abschnitt. Träger der Pflegeversicherung

§ 46 Pflegekassen. (1) [1]Träger der Pflegeversicherung sind die Pflegekassen. [2]Bei jeder Krankenkasse (§ 4 Abs. 2 des Fünften Buches[1)]) wird eine Pflegekasse errichtet. [3]Die Deutsche Rentenversicherung Knappschaft-Bahn-See als Träger der Krankenversicherung führt die Pflegeversicherung für die Versicherten durch.

(2) [1]Die Pflegekassen sind rechtsfähige Körperschaften des öffentlichen Rechts mit Selbstverwaltung. [2]Organe der Pflegekassen sind die Organe der Krankenkassen, bei denen sie errichtet sind. [3]Arbeitgeber (Dienstherr) der für die Pflegekasse tätigen Beschäftigten ist die Krankenkasse, bei der die Pflegekasse errichtet ist. [4]Krankenkassen und Pflegekassen können für Mitglieder, die ihre Kranken- und Pflegeversicherungsbeiträge selbst zu zahlen haben, die Höhe der Beiträge zur Kranken- und Pflegeversicherung in einem gemeinsamen Beitragsbescheid festsetzen. [5]Das Mitglied ist darauf hinzuweisen, dass der Bescheid über den Beitrag zur Pflegeversicherung im Namen der Pflegekasse ergeht. [6]In den Fällen des Satzes 4 kann auch ein gemeinsamer Widerspruchsbescheid erlassen werden; Satz 5 gilt entsprechend. [7]Die Erstattung zu Unrecht gezahlter Pflegeversicherungsbeiträge erfolgt durch die Krankenkasse, bei der die Pflegekasse errichtet ist. [8]Bei der Ausführung dieses Buches ist das Erste Kapitel des Zehnten Buches[2)] anzuwenden.

(3) [1]Die Verwaltungskosten einschließlich der Personalkosten, die den Krankenkassen auf Grund dieses Buches entstehen, werden von den Pflegekassen in Höhe von 3,2 Prozent des Mittelwertes von Leistungsaufwendungen und Beitragseinnahmen erstattet; dabei ist der Erstattungsbetrag für die einzelne Krankenkasse um die Hälfte der Aufwendungen der jeweiligen Pflegekasse für Pflegeberatung nach § 7a Abs. 4 Satz 5 und um die Aufwendungen für Zahlungen nach § 18 Absatz 3b zu vermindern. [2]Bei der Berechnung der Erstattung sind die Beitragseinnahmen um die Beitragseinnahmen zu vermindern, die dazu bestimmt sind, nach § 135 dem Vorsorgefonds der sozialen Pflegeversicherung zugeführt zu werden. [3]Der Gesamtbetrag der nach Satz 1 zu erstattenden Verwaltungskosten aller Krankenkassen ist nach dem tatsächlich entstehenden Aufwand (Beitragseinzug/Leistungsgewährung) auf die Krankenkassen zu verteilen. [4]Der Spitzenverband Bund der Pflegekassen bestimmt das

---

[1)] Nr. **5**.
[2)] Nr. **10**.

Nähere über die Verteilung. [5] Außerdem übernehmen die Pflegekassen 50 vom Hundert der umlagefinanzierten Kosten des Medizinischen Dienstes. [6] Personelle Verwaltungskosten, die einer Betriebskrankenkasse von der Pflegekasse erstattet werden, sind an den Arbeitgeber weiterzuleiten, wenn er die Personalkosten der Betriebskrankenkasse nach § 149 Absatz 2 des Fünften Buches trägt. [7] Der Verwaltungsaufwand in der sozialen Pflegeversicherung ist nach Ablauf von einem Jahr nach Inkrafttreten dieses Gesetzes zu überprüfen.

(4) Das Bundesministerium für Gesundheit wird ermächtigt, durch Rechtsverordnung mit Zustimmung des Bundesrates Näheres über die Erstattung der Verwaltungskosten zu regeln sowie die Höhe der Verwaltungskostenerstattung neu festzusetzen, wenn die Überprüfung des Verwaltungsaufwandes nach Absatz 3 Satz 6 dies rechtfertigt.

(5) Bei Vereinigung, Auflösung und Schließung einer Krankenkasse gelten die §§ 143 bis 170 des Fünften Buches für die bei ihr errichteten Pflegekasse entsprechend.

(6) [1] Die Aufsicht über die Pflegekassen führen die für die Aufsicht über die Krankenkassen zuständigen Stellen. [2] Das Bundesamt für Soziale Sicherung und die für die Sozialversicherung zuständigen obersten Verwaltungsbehörden der Länder haben mindestens alle fünf Jahre die Geschäfts-, Rechnungs- und Betriebsführung der ihrer Aufsicht unterstehenden Pflegekassen und deren Arbeitsgemeinschaften zu prüfen. [3] Das Bundesministerium für Gesundheit kann die Prüfung der bundesunmittelbaren Pflegekassen und deren Arbeitsgemeinschaften, die für die Sozialversicherung zuständigen obersten Verwaltungsbehörden der Länder können die Prüfung der landesunmittelbaren Pflegekassen und deren Arbeitsgemeinschaften auf eine öffentlich-rechtliche Prüfungseinrichtung übertragen, die bei der Durchführung der Prüfung unabhängig ist. [4] Die Prüfung hat sich auf den gesamten Geschäftsbetrieb zu erstrecken; sie umfaßt die Prüfung seiner Gesetzmäßigkeit und Wirtschaftlichkeit. [5] Die Pflegekassen und deren Arbeitsgemeinschaften haben auf Verlangen alle Unterlagen vorzulegen und alle Auskünfte zu erteilen, die zur Durchführung der Prüfung erforderlich sind. [6] Die mit der Prüfung nach diesem Absatz befassten Stellen können nach Anhörung des Spitzenverbandes Bund der Krankenkassen als Spitzenverband Bund der Pflegekassen bestimmen, dass die Pflegekassen die zu prüfenden Daten elektronisch und in einer bestimmten Form zur Verfügung stellen. [7] § 274 Abs. 2 und 3 des Fünften Buches gilt entsprechend.

§ 47 Satzung. (1) Die Satzung muß Bestimmungen enthalten über:

1. Name und Sitz der Pflegekasse,
2. Bezirk der Pflegekasse und Kreis der Mitglieder,
3. Rechte und Pflichten der Organe,
4. Art der Beschlußfassung der Vertreterversammlung,
5. Bemessung der Entschädigungen für Organmitglieder, soweit sie Aufgaben der Pflegeversicherung wahrnehmen,
6. jährliche Prüfung der Betriebs- und Rechnungsführung und Abnahme der Jahresrechnung,
7. Zusammensetzung und Sitz der Widerspruchsstelle und
8. Art der Bekanntmachungen.

(2) Die Satzung kann eine Bestimmung enthalten, nach der die Pflegekasse den Abschluss privater Pflege-Zusatzversicherungen zwischen ihren Versicherten und privaten Krankenversicherungsunternehmen vermitteln kann.

(3) Die Satzung und ihre Änderungen bedürfen der Genehmigung der Behörde, die für die Genehmigung der Satzung der Krankenkasse, bei der die Pflegekasse errichtet ist, zuständig ist.

§ 47a Stellen zur Bekämpfung von Fehlverhalten im Gesundheitswesen. (1) [1] § 197a des Fünften Buches[1)] gilt entsprechend; § 197a Absatz 3 des Fünften Buches gilt mit der Maßgabe, auch mit den nach Landesrecht bestimmten Trägern der Sozialhilfe, die für die Hilfe zur Pflege im Sinne des Siebten Kapitels des Zwölften Buches[2)] zuständig sind, zusammenzuarbeiten. [2] Die organisatorischen Einheiten nach § 197a Abs. 1 des Fünften Buches sind die Stellen zur Bekämpfung von Fehlverhalten im Gesundheitswesen bei den Pflegekassen, ihren Landesverbänden und dem Spitzenverband Bund der Pflegekassen.

(2) [1] Die Einrichtungen nach Absatz 1 Satz 2 dürfen personenbezogene Daten, die von ihnen zur Erfüllung ihrer Aufgaben nach Absatz 1 erhoben oder an sie übermittelt wurden, untereinander übermitteln, soweit dies für die Feststellung und Bekämpfung von Fehlverhalten im Gesundheitswesen beim Empfänger erforderlich ist. [2] An die nach Landesrecht bestimmten Träger der Sozialhilfe, die für die Hilfe zur Pflege im Sinne des Siebten Kapitels des Zwölften Buches zuständig sind, dürfen die Einrichtungen nach Absatz 1 Satz 2 personenbezogene Daten nur übermitteln, soweit dies für die Feststellung und Bekämpfung von Fehlverhalten im Zusammenhang mit den Regelungen des Siebten Kapitels des Zwölften Buches erforderlich ist und im Einzelfall konkrete Anhaltspunkte dafür vorliegen. [3] Der Empfänger darf diese Daten nur zu dem Zweck verarbeiten, zu dem sie ihm übermittelt worden sind. [4] Ebenso dürfen die nach Landesrecht bestimmten Träger der Sozialhilfe, die für die Hilfe zur Pflege im Sinne des Siebten Kapitels des Zwölften Buches zuständig sind, personenbezogene Daten, die von ihnen zur Erfüllung ihrer Aufgaben erhoben oder an sie übermittelt wurden, an die in Absatz 1 Satz 2 genannten Einrichtungen übermitteln, soweit dies für die Feststellung und Bekämpfung von Fehlverhalten im Gesundheitswesen beim Empfänger erforderlich ist. [5] Die in Absatz 1 Satz 2 genannten Einrichtungen dürfen diese nur zu dem Zweck verarbeiten, zu dem sie ihnen übermittelt worden sind. [6] Die Einrichtungen nach Absatz 1 Satz 2 sowie die nach Landesrecht bestimmten Träger der Sozialhilfe, die für die Hilfe zur Pflege im Sinne des Siebten Kapitels des Zwölften Buches zuständig sind, haben sicherzustellen, dass die personenbezogenen Daten nur Befugten zugänglich sind oder nur an diese weitergegeben werden.

(3) [1] Die Einrichtungen nach Absatz 1 Satz 2 dürfen personenbezogene Daten an die folgenden Stellen übermitteln, soweit dies für die Verhinderung oder Aufdeckung von Fehlverhalten im Zuständigkeitsbereich der jeweiligen Stelle erforderlich ist:

1. die Stellen, die für die Entscheidung über die Teilnahme von Leistungserbringern an der Versorgung in der sozialen Pflegeversicherung sowie in der Hilfe zur Pflege zuständig sind,

---

[1)] Nr. **5**.
[2)] Nr. **12**.

2. die Stellen, die für die Leistungsgewährung in der sozialen Pflegeversicherung sowie in der Hilfe zur Pflege zuständig sind,
3. die Stellen, die für die Abrechnung von Leistungen in der sozialen Pflegeversicherung sowie in der Hilfe zur Pflege zuständig sind,
4. die Stellen, die nach Landesrecht für eine Förderung nach § 9 zuständig sind,
5. den Medizinischen Dienst der Krankenversicherung, den Prüfdienst des Verbandes der privaten Krankenversicherung e. V. sowie die für Prüfaufträge nach § 114 bestellten Sachverständigen und
6. die Behörden und berufsständischen Kammern, die für Entscheidungen über die Erteilung, die Rücknahme, den Widerruf oder die Anordnung des Ruhens einer Erlaubnis zum Führen der Berufsbezeichnung in den Pflegeberufen oder für berufsrechtliche Verfahren zuständig sind.

[2] Die nach Satz 1 übermittelten Daten dürfen von dem jeweiligen Empfänger nur zu dem Zweck verarbeitet werden, zu dem sie ihm übermittelt worden sind. [3] Die Stellen nach Satz 1 Nummer 4 dürfen personenbezogene Daten, die von ihnen zur Erfüllung ihrer Aufgaben nach diesem Buch erhoben oder an sie übermittelt wurden, an die Einrichtungen nach Absatz 1 Satz 2 übermitteln, soweit dies für die Feststellung und Bekämpfung von Fehlverhalten im Gesundheitswesen durch die Einrichtungen nach Absatz 1 Satz 2 erforderlich ist. [4] Die nach Satz 3 übermittelten Daten dürfen von den Einrichtungen nach Absatz 1 Satz 2 nur zu dem Zweck verarbeitet werden, zu dem sie ihnen übermittelt worden sind.

Zweiter Abschnitt. Zuständigkeit, Mitgliedschaft

§ 48 Zuständigkeit für Versicherte einer Krankenkasse und sonstige Versicherte. (1) [1] Für die Durchführung der Pflegeversicherung ist jeweils die Pflegekasse zuständig, die bei der Krankenkasse errichtet ist, bei der eine Pflichtmitgliedschaft oder freiwillige Mitgliedschaft besteht. [2] Für Familienversicherte nach § 25 ist die Pflegekasse des Mitglieds zuständig.

(2) [1] Für Personen, die nach § 21 Nr. 1 bis 5 versichert sind, ist die Pflegekasse zuständig, die bei der Krankenkasse errichtet ist, die mit der Leistungserbringung im Krankheitsfalle beauftragt ist. [2] Ist keine Krankenkasse mit der Leistungserbringung im Krankheitsfall beauftragt, kann der Versicherte die Pflegekasse nach Maßgabe des Absatzes 3 wählen.

(3) [1] Personen, die nach § 21 Nr. 6 versichert sind, können die Mitgliedschaft wählen bei der Pflegekasse, die bei

1. der Krankenkasse errichtet ist, der sie angehören würden, wenn sie in der gesetzlichen Krankenversicherung versicherungspflichtig wären,
2. der Allgemeinen Ortskrankenkasse ihres Wohnsitzes oder gewöhnlichen Aufenthaltes errichtet ist,
3. einer Ersatzkasse errichtet ist, wenn sie zu dem Mitgliederkreis gehören, den die gewählte Ersatzkasse aufnehmen darf.

[2] Ab 1. Januar 1996 können sie die Mitgliedschaft bei der Pflegekasse wählen, die bei der Krankenkasse errichtet ist, die sie nach § 173 Abs. 2 des Fünften

Buches[1)] wählen könnten, wenn sie in der gesetzlichen Krankenversicherung versicherungspflichtig wären.

§ 49 Mitgliedschaft. (1) [1]Die Mitgliedschaft bei einer Pflegekasse beginnt mit dem Tag, an dem die Voraussetzungen des § 20 oder des § 21 vorliegen. [2]Sie endet mit dem Tod des Mitglieds oder mit Ablauf des Tages, an dem die Voraussetzungen des § 20 oder des § 21 entfallen, sofern nicht das Recht zur Weiterversicherung nach § 26 ausgeübt wird. [3]Für die nach § 20 Abs. 1 Satz 2 Nr. 12 Versicherten gelten § 186 Abs. 11 und § 190 Abs. 13 des Fünften Buches[1)] entsprechend.

(2) [1]Für das Fortbestehen der Mitgliedschaft gelten die §§ 189, 192 des Fünften Buches sowie § 25 des Zweiten Gesetzes über die Krankenversicherung der Landwirte entsprechend.

(3) Die Mitgliedschaft freiwillig Versicherter nach den §§ 26 und 26a endet:

1. mit dem Tod des Mitglieds oder
2. mit Ablauf des übernächsten Kalendermonats, gerechnet von dem Monat, in dem das Mitglied den Austritt erklärt, wenn die Satzung nicht einen früheren Zeitpunkt bestimmt.

Dritter Abschnitt. Meldungen

§ 50 Melde- und Auskunftspflichten bei Mitgliedern der sozialen Pflegeversicherung. (1) [1]Alle nach § 20 versicherungspflichtigen Mitglieder haben sich selbst unverzüglich bei der für sie zuständigen Pflegekasse anzumelden. [2]Dies gilt nicht, wenn ein Dritter bereits eine Meldung nach den §§ 28a bis 28c des Vierten Buches[2)], §§ 199 bis 205 des Fünften Buches[1)] oder §§ 27 bis 29 des Zweiten Gesetzes über die Krankenversicherung der Landwirte zur gesetzlichen Krankenversicherung abgegeben hat; die Meldung zur gesetzlichen Krankenversicherung schließt die Meldung zur sozialen Pflegeversicherung ein. [3]Bei freiwillig versicherten Mitgliedern der gesetzlichen Krankenversicherung gilt die Beitrittserklärung zur gesetzlichen Krankenversicherung als Meldung zur sozialen Pflegeversicherung.

(2) Für die nach § 21 versicherungspflichtigen Mitglieder haben eine Meldung an die zuständige Pflegekasse zu erstatten:

1. das Versorgungsamt für Leistungsempfänger nach dem Bundesversorgungsgesetz oder nach den Gesetzen, die eine entsprechende Anwendung des Bundesversorgungsgesetzes vorsehen,
2. das Ausgleichsamt für Leistungsempfänger von Kriegsschadenrente oder vergleichbaren Leistungen nach dem Lastenausgleichsgesetz oder dem Reparationsschädengesetz oder von laufender Beihilfe nach dem Flüchtlingshilfegesetz,
3. der Träger der Kriegsopferfürsorge für Empfänger von laufenden Leistungen der ergänzenden Hilfe zum Lebensunterhalt nach dem Bundesversorgungsgesetz oder nach den Gesetzen, die eine entsprechende Anwendung des Bundesversorgungsgesetzes vorsehen,

---

1) Nr. 5.
2) Nr. 4.

4. der Leistungsträger der Jugendhilfe für Empfänger von laufenden Leistungen zum Unterhalt nach dem Achten Buch[1)],
5. der Leistungsträger für Krankenversorgungsberechtigte nach dem Bundesentschädigungsgesetz,
6. der Dienstherr für Soldaten auf Zeit.

(3) [1] Personen, die versichert sind oder als Versicherte in Betracht kommen, haben der Pflegekasse, soweit sie nicht nach § 28o des Vierten Buches auskunftspflichtig sind,

1. auf Verlangen über alle für die Feststellung der Versicherungs- und Beitragspflicht und für die Durchführung der der Pflegekasse übertragenen Aufgaben erforderlichen Tatsachen unverzüglich Auskunft zu erteilen,
2. Änderungen in den Verhältnissen, die für die Feststellung der Versicherungs- und Beitragspflicht erheblich sind und nicht durch Dritte gemeldet werden, unverzüglich mitzuteilen.

[2] Sie haben auf Verlangen die Unterlagen, aus denen die Tatsachen oder die Änderung der Verhältnisse hervorgehen, der Pflegekasse in deren Geschäftsräumen unverzüglich vorzulegen.

(4) Entstehen der Pflegekasse durch eine Verletzung der Pflichten nach Absatz 3 zusätzliche Aufwendungen, kann sie von dem Verpflichteten die Erstattung verlangen.

(5) Die Krankenkassen übermitteln den Pflegekassen die zur Erfüllung ihrer Aufgaben erforderlichen personenbezogenen Daten.

(6) Für die Meldungen der Pflegekassen an die Rentenversicherungsträger gilt § 201 des Fünften Buches entsprechend.

§ 51 Meldungen bei Mitgliedern der privaten Pflegeversicherung.

(1) [1] Das private Versicherungsunternehmen hat Personen, die bei ihm gegen Krankheit versichert sind und trotz Aufforderung innerhalb von sechs Monaten nach Inkrafttreten des Pflege-Versicherungsgesetzes, bei Neuabschlüssen von Krankenversicherungsverträgen innerhalb von drei Monaten nach Abschluß des Vertrages, keinen privaten Pflegeversicherungsvertrag abgeschlossen haben, unverzüglich elektronisch dem Bundesamt für Soziale Sicherung zu melden. [2] Das Versicherungsunternehmen hat auch Versicherungsnehmer zu melden, sobald diese mit der Entrichtung von sechs insgesamt vollen Monatsprämien in Verzug geraten sind. [3] Das Bundesamt für Soziale Sicherung und der Verband der privaten Krankenversicherung e.V. haben bis zum 31. Dezember 2017 Näheres über das elektronische Meldeverfahren zu vereinbaren.

(2) [1] Der Dienstherr hat für Heilfürsorgeberechtigte, die weder privat krankenversichert noch Mitglied in der gesetzlichen Krankenversicherung sind, eine Meldung an das Bundesamt für Soziale Sicherung zu erstatten. [2] Die Postbeamtenkrankenkasse und die Krankenversorgung der Bundesbahnbeamten melden die im Zeitpunkt des Inkrafttretens des Gesetzes bei diesen Einrichtungen versicherten Mitglieder und mitversicherten Familienangehörigen an das Bundesamt für Soziale Sicherung.

[1)] Nr. 8.

(3) Die Meldepflichten bestehen auch für die Fälle, in denen eine bestehende private Pflegeversicherung gekündigt und der Abschluß eines neuen Vertrages bei einem anderen Versicherungsunternehmen nicht nachgewiesen wird.

Vierter Abschnitt. Wahrnehmung der Verbandsaufgaben

§ 52 Aufgaben auf Landesebene. (1) [1]Die Landesverbände der Ortskrankenkassen, der Betriebskrankenkassen und der Innungskrankenkassen, die Deutsche Rentenversicherung Knappschaft-Bahn-See, die nach § 36 des Zweiten Gesetzes über die Krankenversicherung der Landwirte als Landesverband tätige landwirtschaftliche Krankenkasse sowie die Ersatzkassen nehmen die Aufgaben der Landesverbände der Pflegekassen wahr. [2]§ 211a und § 212 Abs. 5 Satz 4 bis 10 des Fünften Buches[1)] gelten entsprechend.

(2) [1]Für die Aufgaben der Landesverbände nach Absatz 1 gilt § 211 des Fünften Buches entsprechend. [2]Die Landesverbände haben insbesondere den Spitzenverband Bund der Pflegekassen bei der Erfüllung seiner Aufgaben zu unterstützen.

(3) Für die Aufsicht über die Landesverbände im Bereich der Aufgaben nach Absatz 1 gilt § 208 des Fünften Buches entsprechend.

(4) Soweit in diesem Buch die Landesverbände der Pflegekassen Aufgaben wahrnehmen, handeln die in Absatz 1 aufgeführten Stellen.

§ 53 Aufgaben auf Bundesebene. [1]Der Spitzenverband Bund der Krankenkassen nimmt die Aufgaben des Spitzenverbandes Bund der Pflegekassen wahr. [2]Die §§ 217b, 217d und 217f des Fünften Buches[1)] gelten entsprechend.

§ 53a Beauftragung von anderen unabhängigen Gutachtern durch die Pflegekassen im Verfahren zur Feststellung der Pflegebedürftigkeit.

(1) [1]Der Spitzenverband Bund der Pflegekassen erlässt bis zum 31. März 2013 mit dem Ziel einer einheitlichen Rechtsanwendung Richtlinien zur Zusammenarbeit der Pflegekassen mit anderen unabhängigen Gutachtern im Verfahren zur Feststellung der Pflegebedürftigkeit. [2]Die Richtlinien sind für die Pflegekassen verbindlich.

(2) Die Richtlinien regeln insbesondere Folgendes:

1. die Anforderungen an die Qualifikation und die Unabhängigkeit der Gutachter,
2. das Verfahren, mit dem sichergestellt wird, dass die von den Pflegekassen beauftragten unabhängigen Gutachter bei der Feststellung der Pflegebedürftigkeit und bei der Zuordnung zu einem Pflegegrad dieselben Maßstäbe wie der Medizinische Dienst anlegen,
3. die Sicherstellung der Dienstleistungsorientierung im Begutachtungsverfahren und
4. die Einbeziehung der Gutachten der von den Pflegekassen beauftragten Gutachter in das Qualitätssicherungsverfahren der Medizinischen Dienste.

(3) Die Richtlinien bedürfen der Zustimmung des Bundesministeriums für Gesundheit.

[1)] Nr. **5**.

§ 53b Richtlinien zur Qualifikation und zu den Aufgaben zusätzlicher Betreuungskräfte. [1]Der Spitzenverband Bund der Pflegekassen hat für die zusätzlich einzusetzenden Betreuungskräfte für die Leistungen nach § 43b Richtlinien zur Qualifikation und zu den Aufgaben in stationären Pflegeeinrichtungen zu beschließen. [2]Er hat hierzu die Bundesvereinigungen der Träger stationärer Pflegeeinrichtungen und die Verbände der Pflegeberufe auf Bundesebene anzuhören und den allgemein anerkannten Stand medizinischpflegerischer Erkenntnisse zu beachten. [3]Die Richtlinien werden für alle Pflegekassen und deren Verbände sowie für die stationären Pflegeeinrichtungen erst nach Genehmigung durch das Bundesministerium für Gesundheit wirksam. [4]§ 17 Absatz 2 Satz 2 und 3 gilt entsprechend.

Fünfter Abschnitt. Medizinische Dienste, Medizinischer Dienst Bund

§ 53c Medizinische Dienste, Medizinischer Dienst Bund, Übergangsregelung. (1) [1]Die Medizinischen Dienste gemäß § 278 des Fünften Buches[1)] haben die ihnen nach diesem Buch zugewiesenen Aufgaben zu erfüllen. [2]Die Medizinischen Dienste haben den Medizinischen Dienst Bund bei der Wahrnehmung seiner ihm nach diesem Buch zugewiesenen Aufgaben zu unterstützen.

(2) Der Medizinische Dienst Bund gemäß § 281 des Fünften Buches nimmt die ihm nach § 53d zugewiesenen Aufgaben wahr.

(3) [1]Die Medizinischen Dienste und der Medizinische Dienst Bund erfüllen die ihnen jeweils obliegenden Aufgaben ab dem gemäß § 415 Absatz 1 Satz 4 des Fünften Buches öffentlich bekannt zu machenden Datum des Ablaufs des Monats, in dem die Genehmigung der Satzung erteilt wurde. [2]Bis zu diesem jeweiligen Zeitpunkt gilt für die Medizinischen Dienste der Krankenversicherung und den Medizinischen Dienst des Spitzenverbandes Bund der Krankenkassen das Elfte Buch in der bis zum 31. Dezember 2019 geltenden Fassung fort und sie erfüllen die ihnen danach zugewiesenen Aufgaben. [3]Für den Spitzenverband Bund der Pflegekassen gilt bis zu dem in Satz 1 genannten Zeitpunkt der Umstellung das Elfte Buch in der bis zum 31. Dezember 2019 geltenden Fassung fort; er nimmt insbesondere auch die ihm nach § 17 Absatz 1, 1b, den §§ 18b, 53a, 53b, 53c, 112a, 114a Absatz 7 und § 114c Absatz 1 zugewiesenen Aufgaben bis zu diesem Zeitpunkt wahr. [4]Die danach durch den Spitzenverband Bund der Pflegekassen erlassenen Richtlinien gelten bis zu ihrer Änderung oder Aufhebung durch den Medizinischen Dienst Bund gemäß § 53d Absatz 2 und 3 fort.

§ 53d Aufgaben des Medizinischen Dienstes Bund. (1) [1]Der Medizinische Dienst Bund koordiniert und fördert die Durchführung der Aufgaben und die Zusammenarbeit der Medizinischen Dienste in pflegefachlichen und organisatorischen Fragen. [2]Er berät den Spitzenverband Bund der Pflegekassen in allen pflegerischen Fragen.

(2) [1]Der Medizinische Dienst Bund erlässt unter Beachtung des geltenden Leistungs- und Leistungserbringungsrechts und unter fachlicher Beteiligung der Medizinischen Dienste Richtlinien

1. zur Dienstleistungsorientierung nach § 18b,

[1)] Nr. 5.

2. zur Personalbedarfsermittlung mit aufgabenbezogenen Richtwerten für die Aufgaben, die ihnen nach diesem Buch übertragen sind,
3. zur Beauftragung externer Gutachterinnen und Gutachter für die Aufgaben, die ihnen nach diesem Buch übertragen sind,
4. zur einheitlichen statistischen Erfassung der Leistungen und Ergebnisse der Tätigkeit der Medizinischen Dienste sowie des hierfür eingesetzten Personals für den Bereich der sozialen Pflegeversicherung,
5. über die regelmäßige Berichterstattung der Medizinischen Dienste und des Medizinischen Dienstes Bund über ihre Tätigkeit und Personalausstattung für den Bereich der sozialen Pflegeversicherung,
6. über Grundsätze zur Fort- und Weiterbildung für den Bereich der sozialen Pflegeversicherung.

[2] Die Richtlinien sind für die Medizinischen Dienste verbindlich und bedürfen der Genehmigung des Bundesministeriums für Gesundheit. [3] Beanstandungen des Bundesministeriums für Gesundheit sind innerhalb der von ihm gesetzten Frist zu beheben.

(3) [1] Der Medizinische Dienst Bund erlässt unter Beachtung des geltenden Leistungs- und Leistungserbringungsrechts im Benehmen mit dem Spitzenverband Bund der Pflegekassen und unter fachlicher Beteiligung der Medizinischen Dienste Richtlinien

1. zur Durchführung und Sicherstellung einer einheitlichen Begutachtung nach § 17 Absatz 1 sowie zur Qualitätssicherung der Begutachtung,
2. zur Feststellung des Zeitanteils, für den die Pflegeversicherung bei ambulant versorgten Pflegebedürftigen, die einen besonders hohen Bedarf an behandlungspflegerischen Leistungen haben und die Leistungen der häuslichen Pflegehilfe nach § 36 und der häuslichen Krankenpflege nach § 37 Absatz 2 des Fünften Buches[1)] beziehen, die hälftigen Kosten zu tragen hat, nach § 17 Absatz 1b,
3. zu den Anforderungen an das Qualitätsmanagement und die Qualitätssicherung für ambulante Betreuungsdienste nach § 112a,
4. zur Durchführung der Prüfung der in Pflegeeinrichtungen erbrachten Leistungen und deren Qualität nach § 114a Absatz 7 sowie zur Qualitätssicherung der Qualitätsprüfung,
5. zur Verlängerung des Prüfrhythmus in vollstationären Einrichtungen im Fall guter Qualität und zur Veranlassung unangemeldeter Prüfungen nach § 114c Absatz 1,
6. zur Zusammenarbeit der Pflegekassen mit den Medizinischen Diensten und
7. zu den von den Medizinischen Diensten zu übermittelnden Berichten und Statistiken.

[2] Die Richtlinien werden erst wirksam, wenn das Bundesministerium für Gesundheit sie genehmigt. [3] Beanstandungen des Bundesministeriums für Gesundheit sind innerhalb der von ihm gesetzten Frist zu beheben. [4] Die Richtlinien nach Satz 1 Nummer 1 bis 6 sind für die Medizinischen Dienste und die Pflegekassen verbindlich. [5] Die Richtlinie nach Satz 1 Nummer 7 ist für die Medizinischen Dienste verbindlich.

[1)] Nr. 5.

Sechstes Kapitel. Finanzierung

Erster Abschnitt. Beiträge

§ 54 Grundsatz. (1) Die Mittel für die Pflegeversicherung werden durch Beiträge sowie sonstige Einnahmen gedeckt.

(2) [1]Die Beiträge werden nach einem Vomhundertsatz (Beitragssatz) von den beitragspflichtigen Einnahmen der Mitglieder bis zur Beitragsbemessungsgrenze (§ 55) erhoben. [2]Die Beiträge sind für jeden Kalendertag der Mitgliedschaft zu zahlen, soweit dieses Buch nichts Abweichendes bestimmt. [3]Für die Berechnung der Beiträge ist die Woche zu sieben, der Monat zu 30 und das Jahr zu 360 Tagen anzusetzen.

(3) Die Vorschriften des Zwölften Kapitels des Fünften Buches[1)] gelten entsprechend.

§ 55 Beitragssatz, Beitragsbemessungsgrenze. (1) [1]Der Beitragssatz beträgt bundeseinheitlich 3,05 Prozent der beitragspflichtigen Einnahmen der Mitglieder; er wird durch Gesetz festgesetzt. [2]Für Personen, bei denen § 28 Abs. 2 Anwendung findet, beträgt der Beitragssatz die Hälfte des Beitragssatzes nach Satz 1.

(2) Beitragspflichtige Einnahmen sind bis zu einem Betrag von 1/360 der in § 6 Abs. 7 des Fünften Buches[1)] festgelegten Jahresarbeitsentgeltgrenze für den Kalendertag zu berücksichtigen (Beitragsbemessungsgrenze).

(3) [1]Der Beitragssatz nach Absatz 1 Satz 1 und 2 erhöht sich für Mitglieder nach Ablauf des Monats, in dem sie das 23. Lebensjahr vollendet haben, um einen Beitragszuschlag in Höhe von 0,25 Beitragssatzpunkten (Beitragszuschlag für Kinderlose). [2]Satz 1 gilt nicht für Eltern im Sinne des § 56 Abs. 1 Satz 1 Nr. 3 und Abs. 3 Nr. 2 und 3 des Ersten Buches[2)]. [3]Die Elterneigenschaft ist in geeigneter Form gegenüber der beitragsabführenden Stelle, von Selbstzahlern gegenüber der Pflegekasse, nachzuweisen, sofern diesen die Elterneigenschaft nicht bereits aus anderen Gründen bekannt ist. [4]Der Spitzenverband Bund der Pflegekassen gibt Empfehlungen darüber, welche Nachweise geeignet sind. [5]Erfolgt die Vorlage des Nachweises innerhalb von drei Monaten nach der Geburt des Kindes, gilt der Nachweis mit Beginn des Monats der Geburt als erbracht, ansonsten wirkt der Nachweis ab Beginn des Monats, der dem Monat folgt, in dem der Nachweis erbracht wird. [6]Nachweise für vor dem 1. Januar 2005 geborene Kinder, die bis zum 30. Juni 2005 erbracht werden, wirken vom 1. Januar 2005 an. [7]Satz 1 gilt nicht für Mitglieder, die vor dem 1. Januar 1940 geboren wurden, für Wehr- und Zivildienstleistende sowie für Bezieher von Arbeitslosengeld II.

(3a) Zu den Eltern im Sinne des Absatzes 3 Satz 2 gehören nicht

1. Adoptiveltern, wenn das Kind zum Zeitpunkt des Wirksamwerdens der Adoption bereits die in § 25 Abs. 2 vorgesehenen Altersgrenzen erreicht hat,
2. Stiefeltern, wenn das Kind zum Zeitpunkt der Eheschließung oder der Begründung der eingetragenen Lebenspartnerschaft gemäß § 1 des Lebenspartnerschaftsgesetzes mit dem Elternteil des Kindes bereits die in § 25 Abs. 2

[1)] Nr. 5.
[2)] Nr. 1.

vorgesehenen Altersgrenzen erreicht hat oder wenn das Kind vor Erreichen dieser Altersgrenzen nicht in den gemeinsamen Haushalt mit dem Mitglied aufgenommen worden ist.

(4) [1] Der Beitragszuschlag für die Monate Januar bis März 2005 auf Renten der gesetzlichen Rentenversicherung wird für Rentenbezieher, die nach dem 31. Dezember 1939 geboren wurden, in der Weise abgegolten, dass der Beitragszuschlag im Monat April 2005 1 vom Hundert der im April 2005 beitragspflichtigen Rente beträgt. [2] Für die Rentenbezieher, die in den Monaten Januar bis April 2005 zeitweise nicht beitrags- oder zuschlagspflichtig sind, wird der Beitragszuschlag des Monats April 2005 entsprechend der Dauer dieser Zeit reduziert.

(5) [1] Sind landwirtschaftliche Unternehmer, die nicht zugleich Arbeitslosengeld II beziehen, sowie mitarbeitende Familienangehörige Mitglied der landwirtschaftlichen Krankenkasse, wird der Beitrag abweichend von den Absätzen 1 bis 3 in Form eines Zuschlags auf den Krankenversicherungsbeitrag, den sie nach den Vorschriften des Zweiten Gesetzes über die Krankenversicherung der Landwirte aus dem Arbeitseinkommen aus Land- und Forstwirtschaft zu zahlen haben, erhoben. [2] Die Höhe des Zuschlags ergibt sich aus dem Verhältnis des Beitragssatzes nach Absatz 1 Satz 1 zu dem um den durchschnittlichen Zusatzbeitragssatz erhöhten allgemeinen Beitragssatz nach § 241 des Fünften Buches. [3] Sind die Voraussetzungen für einen Beitragszuschlag für Kinderlose nach Absatz 3 erfüllt, erhöht sich der Zuschlag nach Satz 2 um das Verhältnis des Beitragszuschlags für Kinderlose nach Absatz 3 Satz 1 zu dem Beitragssatz nach Absatz 1 Satz 1.

§ 56 Beitragsfreiheit. (1) Familienangehörige sind für die Dauer der Familienversicherung nach § 25 beitragsfrei.

(2) [1] Beitragsfreiheit besteht vom Zeitpunkt der Rentenantragstellung bis zum Beginn der Rente einschließlich einer Rente nach dem Gesetz über die Alterssicherung der Landwirte für:

1. den hinterbliebenen Ehegatten oder hinterbliebenen Lebenspartner eines Rentners, der bereits Rente bezogen hat, wenn Hinterbliebenenrente beantragt wird,
2. die Waise eines Rentners, der bereits Rente bezogen hat, vor Vollendung des 18. Lebensjahres; dies gilt auch für Waisen, deren verstorbener Elternteil eine Rente nach dem Gesetz über die Alterssicherung der Landwirte bezogen hat,
3. den hinterbliebenen Ehegatten oder hinterbliebenen Lebenspartner eines Beziehers einer Rente nach dem Gesetz über die Alterssicherung der Landwirte, wenn die Ehe vor Vollendung des 65. Lebensjahres des Verstorbenen geschlossen oder die eingetragene Lebenspartnerschaft vor Vollendung des 65. Lebensjahres des Verstorbenen gemäß § 1 des Lebenspartnerschaftsgesetzes begründet wurde,
4. den hinterbliebenen Ehegatten oder hinterbliebenen Lebenspartner eines Beziehers von Landabgaberente.

[2] Satz 1 gilt nicht, wenn der Rentenantragsteller eine eigene Rente, Arbeitsentgelt, Arbeitseinkommen oder Versorgungsbezüge erhält.

(3) ***[Satz 1 bis 31.8.2021:]*** [1] Beitragsfrei sind Mitglieder für die Dauer des Bezuges von Mutterschafts-, Eltern- oder Betreuungsgeld. ***[Satz 1 ab 1.9.***

2021:] [1] *Beitragsfrei sind Mitglieder für die Dauer des Bezuges von Mutterschafts- oder Elterngeld.* [2] Die Beitragsfreiheit erstreckt sich nur auf die in Satz 1 genannten Leistungen.

(4) Beitragsfrei sind auf Antrag Mitglieder, die sich auf nicht absehbare Dauer in stationärer Pflege befinden und bereits Leistungen nach § 35 Abs. 6 des Bundesversorgungsgesetzes, nach § 44 des Siebten Buches[1)], nach § 34 des Beamtenversorgungsgesetzes oder nach den Gesetzen erhalten, die eine entsprechende Anwendung des Bundesversorgungsgesetzes vorsehen, wenn sie keine Familienangehörigen haben, für die eine Versicherung nach § 25 besteht.

(5) [1] Beitragsfrei sind Mitglieder für die Dauer des Bezuges von Pflegeunterstützungsgeld. [2] Die Beitragsfreiheit erstreckt sich nur auf die in Satz 1 genannten Leistungen.

§ 57 Beitragspflichtige Einnahmen. (1) [1] Bei Mitgliedern der Pflegekasse, die in der gesetzlichen Krankenversicherung pflichtversichert sind, gelten für die Beitragsbemessung die §§ 226 Absatz 1, 2 Satz 1 und Absatz 3 und 4 sowie die §§ 227 bis 232a, 233 bis 238 und § 244 des Fünften Buches[2)] sowie die §§ 23a und 23b Abs. 2 bis 4 des Vierten Buches[3)]. [2] Bei Personen, die Arbeitslosengeld II beziehen, ist abweichend von § 232a Abs. 1 Satz 1 Nr. 2 des Fünften Buches das 0,2266fache der monatlichen Bezugsgröße zugrunde zu legen und sind abweichend von § 54 Absatz 2 Satz 2 die Beiträge für jeden Kalendermonat, in dem mindestens für einen Tag eine Mitgliedschaft besteht, zu zahlen; § 232a Absatz 1a des Fünften Buches gilt entsprechend.

(2) [1] Bei Beziehern von Krankengeld gilt als beitragspflichtige Einnahmen 80 vom Hundert des Arbeitsentgelts, das der Bemessung des Krankengeldes zugrundeliegt. [2] Dies gilt auch für den Krankengeldbezug eines rentenversicherungspflichtigen mitarbeitenden Familienangehörigen eines landwirtschaftlichen Unternehmers. [3] Beim Krankengeldbezug eines nicht rentenversicherungspflichtigen mitarbeitenden Familienangehörigen ist der Zahlbetrag der Leistung der Beitragsbemessung zugrunde zu legen. [4] Bei Personen, die Krankengeld nach § 44a des Fünften Buches beziehen, wird das der Leistung zugrunde liegende Arbeitsentgelt oder Arbeitseinkommen zugrunde gelegt; wird dieses Krankengeld nach § 47b des Fünften Buches gezahlt, gelten die Sätze 1 bis 3. [5] Bei Personen, die Leistungen für den Ausfall von Arbeitseinkünften von einem privaten Krankenversicherungsunternehmen, von einem Beihilfeträger des Bundes, von einem sonstigen öffentlich-rechtlichen Träger von Kosten in Krankheitsfällen auf Bundesebene, von dem Träger der Heilfürsorge im Bereich des Bundes, von dem Träger der truppenärztlichen Versorgung oder von einem öffentlich-rechtlichen Träger von Kosten in Krankheitsfällen auf Landesebene, soweit Landesrecht dies vorsieht, im Zusammenhang mit einer nach den §§ 8 und 8a des Transplantationsgesetzes erfolgenden Spende von Organen oder Geweben oder im Zusammenhang mit einer im Sinne von § 9 des Transfusionsgesetzes erfolgenden Spende von Blut zur Separation von Blutstammzellen oder anderen Blutbestandteilen erhalten, wird das diesen Leistungen zugrunde liegende Arbeitsentgelt oder Arbeitseinkommen zugrunde gelegt. [6] Bei Personen, die Krankengeld nach § 45 Absatz 1 des

---

[1)] Nr. 7.
[2)] Nr. 5.
[3)] Nr. 4.

Fünften Buches beziehen, gelten als beitragspflichtige Einnahmen 80 Prozent des während der Freistellung ausgefallenen, laufenden Arbeitsentgelts oder des der Leistung zugrunde liegenden Arbeitseinkommens.

(3) Für die Beitragsbemessung der in § 20 Absatz 1 Satz 2 Nummer 3 genannten Altenteiler gilt § 45 des Zweiten Gesetzes über die Krankenversicherung der Landwirte.

(4) [1] Bei freiwilligen Mitgliedern der gesetzlichen Krankenversicherung und bei Mitgliedern der sozialen Pflegeversicherung, die nicht in der gesetzlichen Krankenversicherung versichert sind, ist für die Beitragsbemessung § 240 des Fünften Buches entsprechend anzuwenden. [2] Für die Beitragsbemessung der in der gesetzlichen Krankenversicherung versicherten Rentenantragsteller und freiwillig versicherten Rentner finden darüber hinaus die §§ 238a und 239 des Fünften Buches entsprechende Anwendung. [3] Abweichend von Satz 1 ist bei Mitgliedern nach § 20 Abs. 1 Nr. 10, die in der gesetzlichen Krankenversicherung freiwillig versichert sind, § 236 des Fünften Buches entsprechend anzuwenden; als beitragspflichtige Einnahmen der satzungsmäßigen Mitglieder geistlicher Genossenschaften, Diakonissen und ähnlicher Personen, die freiwillig in der gesetzlichen Krankenversicherung versichert sind, sind der Wert für gewährte Sachbezüge oder das ihnen zur Beschaffung der unmittelbaren Lebensbedürfnisse an Wohnung, Verpflegung, Kleidung und dergleichen gezahlte Entgelt zugrunde zu legen. [4] Bei freiwilligen Mitgliedern der gesetzlichen Krankenversicherung, die von einem Rehabilitationsträger Verletztengeld, Versorgungskrankengeld oder Übergangsgeld erhalten, gilt für die Beitragsbemessung § 235 Abs. 2 des Fünften Buches entsprechend; für die in der landwirtschaftlichen Krankenversicherung freiwillig Versicherten gilt § 46 des Zweiten Gesetzes über die Krankenversicherung der Landwirte.

(5) Der Beitragsberechnung von Personen, die nach § 26 Abs. 2 weiterversichert sind, werden für den Kalendertag der 180. Teil der monatlichen Bezugsgröße nach § 18 des Vierten Buches zugrunde gelegt.

§ 58 Tragung der Beiträge bei versicherungspflichtig Beschäftigten.

(1) [1] Die nach § 20 Abs. 1 Satz 2 Nr. 1 und 12 versicherungspflichtig Beschäftigten, die in der gesetzlichen Krankenversicherung pflichtversichert sind, und ihre Arbeitgeber tragen die nach dem Arbeitsentgelt zu bemessenden Beiträge jeweils zur Hälfte. [2] Soweit für Beschäftigte Beiträge für Kurzarbeitergeld zu zahlen sind, trägt der Arbeitgeber den Beitrag allein. [3] Den Beitragszuschlag für Kinderlose nach § 55 Abs. 3 tragen die Beschäftigten.

(2) Zum Ausgleich der mit den Arbeitgeberbeiträgen verbundenen Belastungen der Wirtschaft werden die Länder einen gesetzlichen landesweiten Feiertag, der stets auf einen Werktag fällt, aufheben.

(3) [1] Die in Absatz 1 genannten Beschäftigten tragen die Beiträge in Höhe von 1 vom Hundert allein, wenn der Beschäftigungsort in einem Land liegt, in dem die am 31. Dezember 1993 bestehende Anzahl der gesetzlichen landesweiten Feiertage nicht um einen Feiertag, der stets auf einen Werktag fiel, vermindert worden ist. [2] In Fällen des § 55 Abs. 1 Satz 2 werden die Beiträge in Höhe von 0,5 vom Hundert allein getragen. [3] Im Übrigen findet Absatz 1 Anwendung, soweit es sich nicht um eine versicherungspflichtige Beschäftigung mit einem monatlichen Arbeitsentgelt innerhalb des Übergangsbereichs

nach § 20 Absatz 2 des Vierten Buches[1] handelt, für die Absatz 5 Satz 2 Anwendung findet. [4]Die Beiträge der Beschäftigten erhöhen sich nicht, wenn Länder im Jahr 2017 den Reformationstag einmalig zu einem gesetzlichen Feiertag erheben.

(4) [1]Die Aufhebung eines Feiertages wirkt für das gesamte Kalenderjahr. [2]Handelt es sich um einen Feiertag, der im laufenden Kalenderjahr vor dem Zeitpunkt des Inkrafttretens der Regelung über die Streichung liegt, wirkt die Aufhebung erst im folgenden Kalenderjahr.

(5) [1]§ 249 Abs. 2 des Fünften Buches[2] gilt entsprechend. [2]§ 249 Absatz 3 des Fünften Buches gilt mit der Maßgabe, dass statt des Beitragssatzes der Krankenkasse der Beitragssatz der Pflegeversicherung und bei den in Absatz 3 Satz 1 genannten Beschäftigten für die Berechnung des Beitragsanteils des Arbeitgebers ein Beitragssatz in Höhe des um einen Prozentpunkt verminderten Beitragssatzes der Pflegeversicherung Anwendung findet.

§ 59 Beitragstragung bei anderen Mitgliedern. (1) [1]Für die nach § 20 Abs. 1 Satz 2 Nr. 2 bis 12 versicherten Mitglieder der sozialen Pflegeversicherung, die in der gesetzlichen Krankenversicherung pflichtversichert sind, gelten für die Tragung der Beiträge § 250 Absatz 1 und 3, die §§ 251 und 329 des Fünften Buches[2] sowie § 48 des Zweiten Gesetzes über die Krankenversicherung der Landwirte entsprechend; die Beiträge aus der Rente der gesetzlichen Rentenversicherung sind von dem Mitglied allein zu tragen. [2]Bei Beziehern einer Rente nach dem Gesetz über die Alterssicherung der Landwirte, die nach § 20 Abs. 1 Satz 2 Nr. 3 versichert sind, und bei Beziehern von Produktionsaufgaberente oder Ausgleichsgeld, die nach § 14 Abs. 4 des Gesetzes zur Förderung der Einstellung der landwirtschaftlichen Erwerbstätigkeit versichert sind, werden die Beiträge aus diesen Leistungen von den Beziehern der Leistung allein getragen.

(2) [1]Die Beiträge für Bezieher von Krankengeld werden von den Leistungsbeziehern und den Krankenkassen je zur Hälfte getragen, soweit sie auf das Krankengeld entfallen und dieses nicht in Höhe der Leistungen der Bundesagentur für Arbeit zu zahlen ist, im übrigen von den Krankenkassen; die Beiträge werden auch dann von den Krankenkassen getragen, wenn das dem Krankengeld zugrunde liegende monatliche Arbeitsentgelt 450 Euro nicht übersteigt. [2]Die Beiträge für Bezieher von Krankengeld nach § 44a des Fünften Buches oder für den Ausfall von Arbeitseinkünften im Zusammenhang mit einer nach den §§ 8 und 8a des Transplantationsgesetzes erfolgenden Spende von Organen oder Geweben oder im Zusammenhang mit einer im Sinne von § 9 des Transfusionsgesetzes erfolgenden Spende von Blut zur Separation von Blutstammzellen oder anderen Blutbestandteilen sind von der Stelle zu tragen, die die Leistung erbringt; wird die Leistung von mehreren Stellen erbracht, sind die Beiträge entsprechend anteilig zu tragen.

(3) [1]Die Beiträge für die nach § 21 Nr. 1 bis 5 versicherten Leistungsempfänger werden vom jeweiligen Leistungsträger getragen. [2]Beiträge auf Grund des Leistungsbezugs im Rahmen der Kriegsopferfürsorge gelten als Aufwendungen für die Kriegsopferfürsorge.

---

[1] Nr. **4**.
[2] Nr. **5**.

(4) [1] Mitglieder der sozialen Pflegeversicherung, die in der gesetzlichen Krankenversicherung freiwillig versichert sind, sowie Mitglieder, deren Mitgliedschaft nach § 49 Abs. 2 Satz 1 erhalten bleibt oder nach den §§ 26 und 26a freiwillig versichert sind, und die nach § 21 Nr. 6 versicherten Soldaten auf Zeit tragen den Beitrag allein. [2] Abweichend von Satz 1 werden

1. die auf Grund des Bezuges von Verletztengeld, Versorgungskrankengeld oder Übergangsgeld zu zahlenden Beiträge von dem zuständigen Rehabilitationsträger,
2. die Beiträge für satzungsmäßige Mitglieder geistlicher Genossenschaften, Diakonissen und ähnliche Personen einschließlich der Beiträge bei einer Weiterversicherung nach § 26 von der Gemeinschaft

allein getragen.

(5) Den Beitragszuschlag für Kinderlose nach § 55 Abs. 3 trägt das Mitglied.

§ 60 Beitragszahlung. (1) [1] Soweit gesetzlich nichts Abweichendes bestimmt ist, sind die Beiträge von demjenigen zu zahlen, der sie zu tragen hat. [2] § 252 Abs. 1 Satz 2, die §§ 253 bis 256a des Fünften Buches[1)] und § 49 Satz 2, die §§ 50 und 50a des Zweiten Gesetzes über die Krankenversicherung der Landwirte gelten entsprechend. [3] Die aus einer Rente nach dem Gesetz über die Alterssicherung der Landwirte und einer laufenden Geldleistung nach dem Gesetz zur Förderung der Einstellung der landwirtschaftlichen Erwerbstätigkeit zu entrichtenden Beiträge werden von der Alterskasse gezahlt; § 28g Satz 1 des Vierten Buches[2)] gilt entsprechend.

(2) [1] Für Bezieher von Krankengeld zahlen die Krankenkassen die Beiträge; für den Beitragsabzug gilt § 28g Satz 1 des Vierten Buches entsprechend. [2] Die zur Tragung der Beiträge für die in § 21 Nr. 1 bis 5 genannten Mitglieder Verpflichteten können einen Dritten mit der Zahlung der Beiträge beauftragen und mit den Pflegekassen Näheres über die Zahlung und Abrechnung der Beiträge vereinbaren.

(3) [1] Die Beiträge sind an die Krankenkassen zu zahlen; in den in § 252 Abs. 2 Satz 1 des Fünften Buches geregelten Fällen sind sie an den Gesundheitsfonds zu zahlen, der sie unverzüglich an den Ausgleichsfonds weiterzuleiten hat. [2] Die nach Satz 1 eingegangenen Beiträge zur Pflegeversicherung sind von der Krankenkasse unverzüglich an die Pflegekasse weiterzuleiten. [3] In den Fällen des § 252 Absatz 2 Satz 1 des Fünften Buches ist das Bundesamt für Soziale Sicherung als Verwalter des Gesundheitsfonds, im Übrigen sind die Pflegekassen zur Prüfung der ordnungsgemäßen Beitragszahlung berechtigt; § 251 Absatz 5 Satz 3 bis 7 des Fünften Buches gilt entsprechend. [4] § 24 Abs. 1 des Vierten Buches gilt. [5] § 252 Abs. 3 des Fünften Buches gilt mit der Maßgabe, dass die Beiträge zur Pflegeversicherung den Beiträgen zur Krankenversicherung gleichstehen.

(4) [1] Die Deutsche Rentenversicherung Bund leitet alle Pflegeversicherungsbeiträge aus Rentenleistungen der allgemeinen Rentenversicherung am fünften Arbeitstag des Monats, der dem Monat folgt, in dem die Rente fällig war, an den Ausgleichsfonds der Pflegeversicherung (§ 65) weiter. [2] Werden Rentenleistungen am letzten Bankarbeitstag des Monats ausgezahlt, der dem Monat

---

[1)] Nr. 5.
[2)] Nr. 4.

vorausgeht, in dem sie fällig werden (§ 272a des Sechsten Buches[1]), leitet die Deutsche Rentenversicherung Bund die darauf entfallenden Pflegeversicherungsbeiträge am fünften Arbeitstag des laufenden Monats an den Ausgleichfonds der Pflegeversicherung weiter.

(5) [1] Der Beitragszuschlag nach § 55 Abs. 3 ist von demjenigen zu zahlen, der die Beiträge zu zahlen hat. [2] Wird der Pflegeversicherungsbeitrag von einem Dritten gezahlt, hat dieser einen Anspruch gegen das Mitglied auf den von dem Mitglied zu tragenden Beitragszuschlag. [3] Dieser Anspruch kann von dem Dritten durch Abzug von der an das Mitglied zu erbringenden Geldleistung geltend gemacht werden.

(6) Wenn kein Abzug nach Absatz 5 möglich ist, weil der Dritte keine laufende Geldleistung an das Mitglied erbringen muss, hat das Mitglied den sich aus dem Beitragszuschlag ergebenden Betrag an die Pflegekasse zu zahlen.

(7) [1] Die Beitragszuschläge für die Bezieher von Arbeitslosengeld, Unterhaltsgeld und Kurzarbeitergeld, Ausbildungsgeld, Übergangsgeld und, soweit die Bundesagentur beitragszahlungspflichtig ist, für Bezieher von Berufsausbildungsbeihilfe nach dem Dritten Buch[2] werden von der Bundesagentur für Arbeit pauschal in Höhe von 20 Millionen Euro pro Jahr an den Ausgleichsfonds der Pflegeversicherung (§ 66) überwiesen. [2] Die Bundesagentur für Arbeit kann mit Zustimmung des Bundesministeriums für Arbeit und Soziales hinsichtlich der übernommenen Beträge Rückgriff bei den genannten Leistungsbeziehern nach dem Dritten Buch nehmen. [3] Die Bundesagentur für Arbeit kann mit dem Bundesamt für Soziale Sicherung Näheres zur Zahlung der Pauschale vereinbaren.

Zweiter Abschnitt. Beitragszuschüsse

§ 61 Beitragszuschüsse für freiwillige Mitglieder der gesetzlichen Krankenversicherung und Privatversicherte. (1) [1] Beschäftigte, die in der gesetzlichen Krankenversicherung freiwillig versichert sind, erhalten unter den Voraussetzungen des § 58 von ihrem Arbeitgeber einen Beitragszuschuß, der in der Höhe begrenzt ist, auf den Betrag, der als Arbeitgeberanteil nach § 58 zu zahlen wäre. [2] Bestehen innerhalb desselben Zeitraums mehrere Beschäftigungsverhältnisse, sind die beteiligten Arbeitgeber anteilmäßig nach dem Verhältnis der Höhe der jeweiligen Arbeitsentgelte zur Zahlung des Beitragszuschusses verpflichtet. [3] Für Beschäftigte, die Kurzarbeitergeld nach dem Dritten Buch[2] beziehen, ist zusätzlich zu dem Zuschuß nach Satz 1 die Hälfte des Betrages zu zahlen, den der Arbeitgeber bei Versicherungspflicht des Beschäftigten nach § 58 Abs.1 Satz 2 als Beitrag zu tragen hätte.

(2) [1] Beschäftigte, die in Erfüllung ihrer Versicherungspflicht nach den §§ 22 und 23 bei einem privaten Krankenversicherungsunternehmen versichert sind und für sich und ihre Angehörigen oder Lebenspartner, die bei Versicherungspflicht des Beschäftigten in der sozialen Pflegeversicherung nach § 25 versichert wären, Vertragsleistungen beanspruchen können, die nach Art und Umfang den Leistungen dieses Buches gleichwertig sind, erhalten unter den Voraussetzungen des § 58 von ihrem Arbeitgeber einen Beitragszuschuß. [2] Der Zuschuß ist in der Höhe begrenzt auf den Betrag, der als Arbeitgeberanteil bei

[1] Nr. 6.
[2] Nr. 3.

Versicherungspflicht in der sozialen Pflegeversicherung als Beitragsanteil zu zahlen wäre, höchstens jedoch auf die Hälfte des Betrages, den der Beschäftigte für seine private Pflegeversicherung zu zahlen hat. [3] Für Beschäftigte, die Kurzarbeitergeld nach dem Dritten Buch beziehen, gilt Absatz 1 Satz 3 mit der Maßgabe, daß sie höchstens den Betrag erhalten, den sie tatsächlich zu zahlen haben. [4] Bestehen innerhalb desselben Zeitraumes mehrere Beschäftigungsverhältnisse, sind die beteiligten Arbeitgeber anteilig nach dem Verhältnis der Höhe der jeweiligen Arbeitsentgelte zur Zahlung des Beitragszuschusses verpflichtet.

(3) [1] Für Bezieher von Vorruhestandsgeld, die als Beschäftigte bis unmittelbar vor Beginn der Vorruhestandsleistungen Anspruch auf den vollen oder anteiligen Beitragszuschuß nach Absatz 1 oder 2 hatten, sowie für Bezieher von Leistungen nach § 9 Abs. 1 Nr. 1 und 2 des Anspruchs- und Anwartschaftsüberführungsgesetzes und Bezieher einer Übergangsversorgung nach § 7 des Tarifvertrages über einen sozialverträglichen Personalabbau im Bereich des Bundesministeriums der Verteidigung vom 30. November 1991 bleibt der Anspruch für die Dauer der Vorruhestandsleistungen gegen den zur Zahlung des Vorruhestandsgeldes Verpflichteten erhalten. [2] Der Zuschuss beträgt die Hälfte des Beitrages, den Bezieher von Vorruhestandsgeld als versicherungspflichtig Beschäftigte ohne den Beitragszuschlag nach § 55 Abs. 3 zu zahlen hätten, höchstens jedoch die Hälfte des Betrages, den sie ohne den Beitragszuschlag nach § 55 Abs. 3 zu zahlen haben. [3] Absatz 1 Satz 2 gilt entsprechend.

(4) [1] Die in § 20 Abs. 1 Satz 2 Nr. 6, 7 oder 8 genannten Personen, für die nach § 23 Versicherungspflicht in der privaten Pflegeversicherung besteht, erhalten vom zuständigen Leistungsträger einen Zuschuß zu ihrem privaten Pflegeversicherungsbeitrag. [2] Als Zuschuß ist der Betrag zu zahlen, der von dem Leistungsträger als Beitrag bei Versicherungspflicht in der sozialen Pflegeversicherung zu zahlen wäre, höchstens jedoch der Betrag, der an das private Versicherungsunternehmen zu zahlen ist.

(5) Der Zuschuß nach den Absätzen 2, 3 und 4 wird für eine private Pflegeversicherung nur gezahlt, wenn das Versicherungsunternehmen:

1. die Pflegeversicherung nach Art der Lebensversicherung betreibt,
2. sich verpflichtet, den überwiegenden Teil der Überschüsse, die sich aus dem selbst abgeschlossenen Versicherungsgeschäft ergeben, zugunsten der Versicherten zu verwenden,
3. die Pflegeversicherung nur zusammen mit der Krankenversicherung, nicht zusammen mit anderen Versicherungssparten betreibt oder, wenn das Versicherungsunternehmen seinen Sitz in einem anderen Mitgliedstaat der Europäischen Union hat, den Teil der Prämien, für den Berechtigte den Zuschuss erhalten, nur für die Kranken- und Pflegeversicherung verwendet.

(6) [1] Das Krankenversicherungsunternehmen hat dem Versicherungsnehmer eine Bescheinigung darüber auszuhändigen, daß ihm die Aufsichtsbehörde bestätigt hat, daß es die Versicherung, die Grundlage des Versicherungsvertrages ist, nach den in Absatz 5 genannten Voraussetzungen betreibt. [2] Der Versicherungsnehmer hat diese Bescheinigung dem zur Zahlung des Beitragszuschusses Verpflichteten jeweils nach Ablauf von drei Jahren vorzulegen.

(7) [1] Personen, die nach beamtenrechtlichen Vorschriften oder Grundsätzen bei Krankheit und Pflege Anspruch auf Beihilfe oder Heilfürsorge haben und bei einem privaten Versicherungsunternehmen pflegeversichert sind, sowie

Personen, für die der halbe Beitragssatz nach § 55 Abs. 1 Satz 2 gilt, haben gegenüber dem Arbeitgeber oder Dienstherrn, der die Beihilfe und Heilfürsorge zu Aufwendungen aus Anlaß der Pflege gewährt, keinen Anspruch auf einen Beitragszuschuß. [2]Hinsichtlich der Beitragszuschüsse für Abgeordnete, ehemalige Abgeordnete und deren Hinterbliebene wird auf die Bestimmungen in den jeweiligen Abgeordnetengesetzen verwiesen.

Dritter Abschnitt. Verwendung und Verwaltung der Mittel

§ 62 Mittel der Pflegekasse. Die Mittel der Pflegekasse umfassen die Betriebsmittel und die Rücklage.

§ 63 Betriebsmittel. (1) Die Betriebsmittel dürfen nur verwendet werden:
1. für die gesetzlich oder durch die Satzung vorgesehenen Aufgaben sowie für die Verwaltungskosten,
2. zur Auffüllung der Rücklage und zur Finanzierung des Ausgleichsfonds.

(2) [1]Die Betriebsmittel dürfen im Durchschnitt des Haushaltsjahres monatlich das Einfache des nach dem Haushaltsplan der Pflegekasse auf einen Monat entfallenden Betrages der in Absatz 1 Nr. 1 genannten Aufwendungen nicht übersteigen. [2]Bei der Feststellung der vorhandenen Betriebsmittel sind die Forderungen und Verpflichtungen der Pflegekasse zu berücksichtigen, soweit sie nicht der Rücklage zuzuordnen sind. [3]Durchlaufende Gelder bleiben außer Betracht.

(3) Die Betriebsmittel sind im erforderlichen Umfang bereitzuhalten und im übrigen so anzulegen, daß sie für den in Absatz 1 bestimmten Zweck verfügbar sind.

§ 64 Rücklage. (1) Die Pflegekasse hat zur Sicherstellung ihrer Leistungsfähigkeit eine Rücklage zu bilden.

(2) Die Rücklage beträgt 50 vom Hundert des nach dem Haushaltsplan durchschnittlich auf den Monat entfallenden Betrages der Ausgaben (Rücklagesoll).

(3) Die Pflegekasse hat Mittel aus der Rücklage den Betriebsmitteln zuzuführen, wenn Einnahme- und Ausgabeschwankungen innerhalb eines Haushaltsjahres nicht durch die Betriebsmittel ausgeglichen werden können.

(4) [1]Übersteigt die Rücklage das Rücklagesoll, so ist der übersteigende Betrag den Betriebsmitteln bis zu der in § 63 Abs. 2 genannten Höhe zuzuführen. [2]Darüber hinaus verbleibende Überschüsse sind bis zum 15. des Monats an den Ausgleichsfonds nach § 65 zu überweisen.

(5) [1]Die Rücklage ist getrennt von den sonstigen Mitteln so anzulegen, daß sie für den nach Absatz 1 bestimmten Zweck verfügbar ist. [2]Sie wird von der Pflegekasse verwaltet.

Vierter Abschnitt. Ausgleichsfonds, Finanzausgleich

§ 65 Ausgleichsfonds. (1) Das Bundesamt für Soziale Sicherung verwaltet als Sondervermögen (Ausgleichsfonds) die eingehenden Beträge aus:
1. den Beiträgen aus den Rentenzahlungen,
2. den von den Pflegekassen überwiesenen Überschüssen aus Betriebsmitteln und Rücklage (§ 64 Abs. 4),

3. den vom Gesundheitsfonds überwiesenen Beiträgen der Versicherten.

(2) Die im Laufe eines Jahres entstehenden Kapitalerträge werden dem Sondervermögen gutgeschrieben.

(3) Die Mittel des Ausgleichsfonds sind so anzulegen, daß sie für den in den §§ 67, 68 genannten Zweck verfügbar sind.

(4) [1] Die dem Bundesamt für Soziale Sicherung bei der Verwaltung des Ausgleichsfonds entstehenden Kosten werden durch die Mittel des Ausgleichsfonds gedeckt. [2] Das Bundesministerium für Gesundheit wird ermächtigt, im Einvernehmen mit dem Bundesministerium der Finanzen und dem Bundesministerium für Arbeit und Soziales durch Rechtsverordnung ohne Zustimmung des Bundesrates Vorschriften zu erlassen, die Näheres zu der Erstattung der Verwaltungskosten regeln.

§ 66 Finanzausgleich. (1) [1] Die Leistungsaufwendungen sowie die Verwaltungskosten der Pflegekassen werden von allen Pflegekassen nach dem Verhältnis ihrer Beitragseinnahmen gemeinsam getragen. [2] Zu diesem Zweck findet zwischen allen Pflegekassen ein Finanzausgleich statt. [3] Das Bundesamt für Soziale Sicherung führt den Finanzausgleich zwischen den Pflegekassen durch. [4] Es hat Näheres zur Durchführung des Finanzausgleichs mit dem Spitzenverband Bund der Pflegekassen zu vereinbaren. [5] Die Vereinbarung ist für die Pflegekasse verbindlich.

(2) Das Bundesamt für Soziale Sicherung kann zur Durchführung des Zahlungsverkehrs nähere Regelungen mit der Deutschen Rentenversicherung Bund treffen.

§ 67 Monatlicher Ausgleich. (1) Jede Pflegekasse ermittelt bis zum 10. des Monats

1. die bis zum Ende des Vormonats gebuchten Ausgaben,
2. die bis zum Ende des Vormonats gebuchten Einnahmen (Beitragsist),
3. das Betriebsmittel- und Rücklagesoll,
4. den am Ersten des laufenden Monats vorhandenen Betriebsmittelbestand (Betriebsmittelist) und die Höhe der Rücklage.

(2) [1] Sind die Ausgaben zuzüglich des Betriebsmittel- und Rücklagensolls höher als die Einnahmen zuzüglich des vorhandenen Betriebsmittelbestands und der Rücklage am Ersten des laufenden Monats, erhält die Pflegekasse bis zum Monatsende den Unterschiedsbetrag aus dem Ausgleichsfonds. [2] Sind die Einnahmen zuzüglich des am Ersten des laufenden Monats vorhandenen Betriebsmittelbestands und der Rücklage höher als die Ausgaben zuzüglich des Betriebsmittel- und Rücklagesolls, überweist die Pflegekasse den Unterschiedsbetrag an den Ausgleichsfonds.

(3) Die Pflegekasse hat dem Bundesamt für Soziale Sicherung die notwendigen Berechnungsgrundlagen mitzuteilen.

§ 68 Jahresausgleich. (1) [1] Nach Ablauf des Kalenderjahres wird zwischen den Pflegekassen ein Jahresausgleich durchgeführt. [2] Nach Vorliegen der Geschäfts- und Rechnungsergebnisse aller Pflegekassen und der Jahresrechnung der Deutschen Rentenversicherung Knappschaft-Bahn-See als Träger der knappschaftlichen Pflegeversicherung für das abgelaufene Kalenderjahr werden die Ergebnisse nach § 67 bereinigt.

(2) Werden nach Abschluß des Jahresausgleichs sachliche oder rechnerische Fehler in den Berechnungsgrundlagen festgestellt, hat das Bundesamt für Soziale Sicherung diese bei der Ermittlung des nächsten Jahresausgleichs nach den zu diesem Zeitpunkt geltenden Vorschriften zu berücksichtigen.

(3) Das Bundesministerium für Gesundheit kann durch Rechtsverordnung mit Zustimmung des Bundesrates das Nähere über:

1. die inhaltliche und zeitliche Abgrenzung und Ermittlung der Beträge nach den §§ 66 bis 68,
2. die Fälligkeit der Beträge und Verzinsung bei Verzug,
3. das Verfahren bei der Durchführung des Finanzausgleichs sowie die hierfür von den Pflegekassen mitzuteilenden Angaben

regeln.

Siebtes Kapitel. Beziehungen der Pflegekassen zu den Leistungserbringern

Erster Abschnitt. Allgemeine Grundsätze

§ 69 Sicherstellungsauftrag. [1] Die Pflegekassen haben im Rahmen ihrer Leistungsverpflichtung eine bedarfsgerechte und gleichmäßige, dem allgemein anerkannten Stand medizinisch-pflegerischer Erkenntnisse entsprechende pflegerische Versorgung der Versicherten zu gewährleisten (Sicherstellungsauftrag). [2] Sie schließen hierzu Versorgungsverträge sowie Vergütungsvereinbarungen mit den Trägern von Pflegeeinrichtungen (§ 71) und sonstigen Leistungserbringern. [3] Dabei sind die Vielfalt, die Unabhängigkeit und Selbständigkeit sowie das Selbstverständnis der Träger von Pflegeeinrichtungen in Zielsetzung und Durchführung ihrer Aufgaben zu achten.

§ 70 Beitragssatzstabilität. (1) Die Pflegekassen stellen in den Verträgen mit den Leistungserbringern über Art, Umfang und Vergütung der Leistungen sicher, daß ihre Leistungsausgaben die Beitragseinnahmen nicht überschreiten (Grundsatz der Beitragssatzstabilität).

(2) Vereinbarungen über die Höhe der Vergütungen, die dem Grundsatz der Beitragssatzstabilität widersprechen, sind unwirksam.

Zweiter Abschnitt. Beziehungen zu den Pflegeeinrichtungen

§ 71 Pflegeeinrichtungen. (1) Ambulante Pflegeeinrichtungen (Pflegedienste) im Sinne dieses Buches sind selbständig wirtschaftende Einrichtungen, die unter ständiger Verantwortung einer ausgebildeten Pflegefachkraft Pflegebedürftige in ihrer Wohnung mit Leistungen der häuslichen Pflegehilfe im Sinne des § 36 versorgen.

(1a) Auf ambulante Betreuungseinrichtungen, die für Pflegebedürftige dauerhaft pflegerische Betreuungsmaßnahmen und Hilfen bei der Haushaltsführung erbringen (Betreuungsdienste), sind die Vorschriften dieses Buches, die für Pflegedienste gelten, entsprechend anzuwenden, soweit keine davon abweichende Regelung bestimmt ist.

(2) Stationäre Pflegeeinrichtungen (Pflegeheime) im Sinne dieses Buches sind selbständig wirtschaftende Einrichtungen, in denen Pflegebedürftige:

1. unter ständiger Verantwortung einer ausgebildeten Pflegefachkraft gepflegt werden,
2. ganztägig (vollstationär) oder tagsüber oder nachts (teilstationär) untergebracht und verpflegt werden können.

(3) [1] Für die Anerkennung als verantwortliche Pflegefachkraft im Sinne der Absätze 1 und 2 ist neben dem Abschluss einer Ausbildung als

1. Pflegefachfrau oder Pflegefachmann,
2. Gesundheits- und Krankenpflegerin oder Gesundheits- und Krankenpfleger,
3. Gesundheits- und Kinderkrankenpflegerin oder Gesundheits- und Kinderkrankenpfleger oder
4. Altenpflegerin oder Altenpfleger

eine praktische Berufserfahrung in dem erlernten Ausbildungsberuf von zwei Jahren innerhalb der letzten acht Jahre erforderlich. [2] Bei ambulanten Pflegeeinrichtungen, die überwiegend behinderte Menschen pflegen und betreuen, gelten auch nach Landesrecht ausgebildete Heilerziehungspflegerinnen und Heilerziehungspfleger sowie Heilerzieherinnen und Heilerzieher mit einer praktischen Berufserfahrung von zwei Jahren innerhalb der letzten acht Jahre als ausgebildete Pflegefachkraft. [3] Bei Betreuungsdiensten kann anstelle der verantwortlichen Pflegefachkraft eine entsprechend qualifizierte, fachlich geeignete und zuverlässige Fachkraft mit praktischer Berufserfahrung im erlernten Beruf von zwei Jahren innerhalb der letzten acht Jahre (verantwortliche Fachkraft) eingesetzt werden. [4] Die Rahmenfrist nach den Sätzen 1, 2 oder 3 beginnt acht Jahre vor dem Tag, zu dem die verantwortliche Pflegefachkraft im Sinne des Absatzes 1 oder 2 bestellt werden soll. [5] Für die Anerkennung als verantwortliche Pflegefachkraft ist ferner Voraussetzung, dass eine Weiterbildungsmaßnahme für leitende Funktionen mit einer Mindeststundenzahl, die 460 Stunden nicht unterschreiten soll, erfolgreich durchgeführt wurde. [6] Anerkennungen als verantwortliche Fachkraft, die im Rahmen der Durchführung des Modellvorhabens zur Erprobung von Leistungen der häuslichen Betreuung durch Betreuungsdienste erfolgt sind, gelten fort. [7] Für die Anerkennung einer verantwortlichen Fachkraft ist ferner ab dem 1. Juni 2021 ebenfalls Voraussetzung, dass eine Weiterbildungsmaßnahme im Sinne von Satz 5 durchgeführt wurde.

(4) Keine Pflegeeinrichtungen im Sinne des Absatzes 2 sind

1. stationäre Einrichtungen, in denen die Leistungen zur medizinischen Vorsorge, zur medizinischen Rehabilitation, zur Teilhabe am Arbeitsleben, zur Teilhabe an Bildung oder zur sozialen Teilhabe, die schulische Ausbildung oder die Erziehung kranker Menschen oder von Menschen mit Behinderungen im Vordergrund des Zweckes der Einrichtung stehen,
2. Krankenhäuser sowie
3. Räumlichkeiten,
   a) in denen der Zweck des Wohnens von Menschen mit Behinderungen und der Erbringung von Leistungen der Eingliederungshilfe für diese im Vordergrund steht,
   b) auf deren Überlassung das Wohn- und Betreuungsvertragsgesetz Anwendung findet und
   c) in denen der Umfang der Gesamtversorgung der dort wohnenden Menschen mit Behinderungen durch Leistungserbringer regelmäßig einen Umfang erreicht, der weitgehend der Versorgung in einer vollstationären

Einrichtung entspricht; bei einer Versorgung der Menschen mit Behinderungen sowohl in Räumlichkeiten im Sinne der Buchstaben a und b als auch in Einrichtungen im Sinne der Nummer 1 ist eine Gesamtbetrachtung anzustellen, ob der Umfang der Versorgung durch Leistungserbringer weitgehend der Versorgung in einer vollstationären Einrichtung entspricht.

(5) [1]Mit dem Ziel, eine einheitliche Rechtsanwendung zu fördern, erlässt der Spitzenverband Bund der Pflegekassen spätestens bis zum 1. Juli 2019 Richtlinien zur näheren Abgrenzung, wann die in Absatz 4 Nummer 3 Buchstabe c in der ab dem 1. Januar 2020 geltenden Fassung genannten Merkmale vorliegen und welche Kriterien bei der Prüfung dieser Merkmale mindestens heranzuziehen sind. [2]Die Richtlinien nach Satz 1 sind im Benehmen mit dem Verband der privaten Krankenversicherung e.V., der Bundesarbeitsgemeinschaft der überörtlichen Träger der Sozialhilfe und den kommunalen Spitzenverbänden auf Bundesebene zu beschließen; die Länder, die Bundesarbeitsgemeinschaft der Freien Wohlfahrtspflege sowie die Vereinigungen der Träger der Pflegeeinrichtungen auf Bundesebene sind zu beteiligen. [3]Für die Richtlinien nach Satz 1 gilt § 17 Absatz 2 entsprechend mit der Maßgabe, dass das Bundesministerium für Gesundheit die Genehmigung im Einvernehmen mit dem Bundesministerium für Arbeit und Soziales erteilt und die Genehmigung als erteilt gilt, wenn die Richtlinien nicht innerhalb von zwei Monaten, nachdem sie dem Bundesministerium für Gesundheit vorgelegt worden sind, beanstandet werden.

§ 72 Zulassung zur Pflege durch Versorgungsvertrag. (1) [1]Die Pflegekassen dürfen ambulante und stationäre Pflege nur durch Pflegeeinrichtungen gewähren, mit denen ein Versorgungsvertrag besteht (zugelassene Pflegeeinrichtungen). [2]In dem Versorgungsvertrag sind Art, Inhalt und Umfang der allgemeinen Pflegeleistungen (§ 84 Abs. 4) festzulegen, die von der Pflegeeinrichtung während der Dauer des Vertrages für die Versicherten zu erbringen sind (Versorgungsauftrag).

(2) [1]Der Versorgungsvertrag wird zwischen dem Träger der Pflegeeinrichtung oder einer vertretungsberechtigten Vereinigung gleicher Träger und den Landesverbänden der Pflegekassen im Einvernehmen mit den überörtlichen Trägern der Sozialhilfe im Land abgeschlossen, soweit nicht nach Landesrecht der örtliche Träger für die Pflegeeinrichtung zuständig ist; für mehrere oder alle selbständig wirtschaftenden Einrichtungen (§ 71 Abs. 1 und 2) einschließlich für einzelne, eingestreute Pflegeplätze eines Pflegeeinrichtungsträgers, die vor Ort organisatorisch miteinander verbunden sind, kann, insbesondere zur Sicherstellung einer quartiersnahen Unterstützung zwischen den verschiedenen Versorgungsbereichen, ein einheitlicher Versorgungsvertrag (Gesamtversorgungsvertrag) geschlossen werden. [2]Er ist für die Pflegeeinrichtung und für alle Pflegekassen im Inland unmittelbar verbindlich. [3]Bei Betreuungsdiensten nach § 71 Absatz 1a sind bereits vorliegende Vereinbarungen aus der Durchführung des Modellvorhabens zur Erprobung von Leistungen der häuslichen Betreuung durch Betreuungsdienste zu beachten.

(3) [1]Versorgungsverträge dürfen nur mit Pflegeeinrichtungen abgeschlossen werden, die

1. den Anforderungen des § 71 genügen,

2. die Gewähr für eine leistungsfähige und wirtschaftliche pflegerische Versorgung bieten sowie eine in Pflegeeinrichtungen ortsübliche Arbeitsvergütung an ihre Beschäftigten zahlen, soweit diese nicht von einer Verordnung über Mindestentgeltsätze aufgrund des Gesetzes über zwingende Arbeitsbedingungen für grenzüberschreitend entsandte und für regelmäßig im Inland beschäftigte Arbeitnehmer und Arbeitnehmerinnen (Arbeitnehmer-Entsendegesetz) erfasst sind,
3. sich verpflichten, nach Maßgabe der Vereinbarungen nach § 113 einrichtungsintern ein Qualitätsmanagement einzuführen und weiterzuentwickeln,
4. sich verpflichten, alle Expertenstandards nach § 113a anzuwenden,
5. sich verpflichten, die ordnungsgemäße Durchführung von Qualitätsprüfungen zu ermöglichen;

ein Anspruch auf Abschluß eines Versorgungsvertrages besteht, soweit und solange die Pflegeeinrichtung diese Voraussetzungen erfüllt. [2]Bei notwendiger Auswahl zwischen mehreren geeigneten Pflegeeinrichtungen sollen die Versorgungsverträge vorrangig mit freigemeinnützigen und privaten Trägern abgeschlossen werden. [3]Bei ambulanten Pflegediensten ist in den Versorgungsverträgen der Einzugsbereich festzulegen, in dem die Leistungen zu erbringen sind.

(4) [1]Mit Abschluß des Versorgungsvertrages wird die Pflegeeinrichtung für die Dauer des Vertrages zur pflegerischen Versorgung der Versicherten zugelassen. [2]Die zugelassene Pflegeeinrichtung ist im Rahmen ihres Versorgungsauftrages zur pflegerischen Versorgung der Versicherten verpflichtet; dazu gehört bei ambulanten Pflegediensten auch die Durchführung von Beratungseinsätzen nach § 37 Absatz 3 auf Anforderung des Pflegebedürftigen. [3]Die Pflegekassen sind verpflichtet, die Leistungen der Pflegeeinrichtung nach Maßgabe des Achten Kapitels zu vergüten.

§ 73 Abschluß von Versorgungsverträgen. (1) Der Versorgungsvertrag ist schriftlich abzuschließen.

(2) [1]Gegen die Ablehnung eines Versorgungsvertrages durch die Landesverbände der Pflegekassen ist der Rechtsweg zu den Sozialgerichten gegeben. [2]Ein Vorverfahren findet nicht statt; die Klage hat keine aufschiebende Wirkung.

(3) [1]Mit Pflegeeinrichtungen, die vor dem 1. Januar 1995 ambulante Pflege, teilstationäre Pflege oder Kurzzeitpflege auf Grund von Vereinbarungen mit Sozialleistungsträgern erbracht haben, gilt ein Versorgungsvertrag als abgeschlossen. [2]Satz 1 gilt nicht, wenn die Pflegeeinrichtung die Anforderungen nach § 72 Abs. 3 Satz 1 nicht erfüllt und die zuständigen Landesverbände der Pflegekassen dies im Einvernehmen mit dem zuständigen Träger der Sozialhilfe (§ 72 Abs. 2 Satz 1) bis zum 30. Juni 1995 gegenüber dem Träger der Einrichtung schriftlich geltend machen. [3]Satz 1 gilt auch dann nicht, wenn die Pflegeeinrichtung die Anforderungen nach § 72 Abs. 3 Satz 1 offensichtlich nicht erfüllt. [4]Die Pflegeeinrichtung hat bis spätestens zum 31. März 1995 die Voraussetzungen für den Bestandschutz nach den Sätzen 1 und 2 durch Vorlage von Vereinbarungen mit Sozialleistungsträgern sowie geeigneter Unterlagen zur Prüfung und Beurteilung der Leistungsfähigkeit und Wirtschaftlichkeit gegenüber einem Landesverband der Pflegekassen nachzuweisen. [5]Der Versorgungsvertrag bleibt wirksam, bis er durch einen neuen Versorgungsvertrag abgelöst oder gemäß § 74 gekündigt wird.

(4) Für vollstationäre Pflegeeinrichtungen gilt Absatz 3 entsprechend mit der Maßgabe, daß der für die Vorlage der Unterlagen nach Satz 3 maßgebliche Zeitpunkt der 30. September 1995 und der Stichtag nach Satz 2 der 30. Juni 1996 ist.

§ 74 Kündigung von Versorgungsverträgen. (1) [1] Der Versorgungsvertrag kann von jeder Vertragspartei mit einer Frist von einem Jahr ganz oder teilweise gekündigt werden, von den Landesverbänden der Pflegekassen jedoch nur, wenn die zugelassene Pflegeeinrichtung nicht nur vorübergehend eine der Voraussetzungen des § 72 Abs. 3 Satz 1 nicht oder nicht mehr erfüllt; dies gilt auch, wenn die Pflegeeinrichtung ihre Pflicht wiederholt gröblich verletzt, Pflegebedürftigen ein möglichst selbständiges und selbstbestimmtes Leben zu bieten, die Hilfen darauf auszurichten, die körperlichen, geistigen und seelischen Kräfte der Pflegebedürftigen wiederzugewinnen oder zu erhalten und angemessenen Wünschen der Pflegebedürftigen zur Gestaltung der Hilfe zu entsprechen. [2] Vor Kündigung durch die Landesverbände der Pflegekassen ist das Einvernehmen mit dem zuständigen Träger der Sozialhilfe (§ 72 Abs. 2 Satz 1) herzustellen. [3] Die Landesverbände der Pflegekassen können im Einvernehmen mit den zuständigen Trägern der Sozialhilfe zur Vermeidung der Kündigung des Versorgungsvertrages mit dem Träger der Pflegeeinrichtung insbesondere vereinbaren, dass

1. die verantwortliche Pflegefachkraft sowie weitere Leitungskräfte zeitnah erfolgreich geeignete Fort- und Weiterbildungsmaßnahmen absolvieren,
2. die Pflege, Versorgung und Betreuung weiterer Pflegebedürftiger bis zur Beseitigung der Kündigungsgründe ganz oder teilweise vorläufig ausgeschlossen ist.

(2) [1] Der Versorgungsvertrag kann von den Landesverbänden der Pflegekassen auch ohne Einhaltung einer Kündigungsfrist gekündigt werden, wenn die Einrichtung ihre gesetzlichen oder vertraglichen Verpflichtungen gegenüber den Pflegebedürftigen oder deren Kostenträgern derart gröblich verletzt, daß ein Festhalten an dem Vertrag nicht zumutbar ist. [2] Das gilt insbesondere dann, wenn Pflegebedürftige infolge der Pflichtverletzung zu Schaden kommen oder die Einrichtung nicht erbrachte Leistungen gegenüber den Kostenträgern abrechnet. [3] Das gleiche gilt, wenn dem Träger eines Pflegeheimes nach den heimrechtlichen Vorschriften die Betriebserlaubnis entzogen oder der Betrieb des Heimes untersagt wird. [4] Absatz 1 Satz 2 gilt entsprechend.

(3) [1] Die Kündigung bedarf der Schriftform. [2] Für Klagen gegen die Kündigung gilt § 73 Abs. 2 entsprechend.

§ 75 Rahmenverträge, Bundesempfehlungen und -vereinbarungen über die pflegerische Versorgung. (1) [1] Die Landesverbände der Pflegekassen schließen unter Beteiligung des Medizinischen Dienstes sowie des Verbandes der privaten Krankenversicherung e.V. im Land mit den Vereinigungen der Träger der ambulanten oder stationären Pflegeeinrichtungen im Land gemeinsam und einheitlich Rahmenverträge mit dem Ziel, eine wirksame und wirtschaftliche pflegerische Versorgung der Versicherten sicherzustellen. [2] Für Pflegeeinrichtungen, die einer Kirche oder Religionsgemeinschaft des öffentlichen Rechts oder einem sonstigen freigemeinnützigen Träger zuzuordnen sind, können die Rahmenverträge auch von der Kirche oder Religionsgemeinschaft oder von dem Wohlfahrtsverband abgeschlossen werden, dem die Pflegeeinrichtung angehört. ³Bei Rahmenverträgen über ambulante Pflege sind die Arbeitsgemeinschaften der örtlichen Träger der Sozialhilfe, bei Rahmenverträgen über stationäre Pflege die überörtlichen Träger der Sozialhilfe und die Arbeitsgemeinschaften der örtlichen Träger der Sozialhilfe als Vertragspartei am Vertragsschluß zu beteiligen. ⁴Die Rahmenverträge sind für die Pflegekassen und die zugelassenen Pflegeeinrichtungen im Inland unmittelbar verbindlich.

(2) ¹Die Verträge regeln insbesondere:

1. den Inhalt der Pflegeleistungen einschließlich der Sterbebegleitung sowie bei stationärer Pflege die Abgrenzung zwischen den allgemeinen Pflegeleistungen, den Leistungen bei Unterkunft und Verpflegung und den Zusatzleistungen,
2. die allgemeinen Bedingungen der Pflege einschließlich der Vertragsvoraussetzungen und der Vertragserfüllung für eine leistungsfähige und wirtschaftliche pflegerische Versorgung, der Kostenübernahme, der Abrechnung der Entgelte und der hierzu erforderlichen Bescheinigungen und Berichte,
3. Maßstäbe und Grundsätze für eine wirtschaftliche und leistungsbezogene, am Versorgungsauftrag orientierte personelle und sächliche Ausstattung der Pflegeeinrichtungen,
4. die Überprüfung der Notwendigkeit und Dauer der Pflege,
5. Abschläge von der Pflegevergütung bei vorübergehender Abwesenheit (Krankenhausaufenthalt, Beurlaubung) des Pflegebedürftigen aus dem Pflegeheim,
6. den Zugang des Medizinischen Dienstes und sonstiger von den Pflegekassen beauftragter Prüfer zu den Pflegeeinrichtungen,
7. die Verfahrens- und Prüfungsgrundsätze für Wirtschaftlichkeits- und Abrechnungsprüfungen,
8. die Grundsätze zur Festlegung der örtlichen oder regionalen Einzugsbereiche der Pflegeeinrichtungen, um Pflegeleistungen ohne lange Wege möglichst orts- und bürgernah anzubieten,
9. die Möglichkeiten, unter denen sich Mitglieder von Selbsthilfegruppen, ehrenamtliche Pflegepersonen und sonstige zum bürgerschaftlichen Engagement bereite Personen und Organisationen in der häuslichen Pflege sowie in ambulanten und stationären Pflegeeinrichtungen an der Betreuung Pflegebedürftiger beteiligen können,
10. die Verfahrens- und Prüfungsgrundsätze für die Zahlung einer ortsüblichen Vergütung an die Beschäftigten nach § 72 Absatz 3 Satz 1 Nummer 2,
11. die Anforderungen an die nach § 85 Absatz 3 geeigneten Nachweise bei den Vergütungsverhandlungen.

²Durch die Regelung der sächlichen Ausstattung in Satz 1 Nr. 3 werden Ansprüche der Pflegeheimbewohner nach § 33 des Fünften Buches[1)] auf Versorgung mit Hilfsmitteln weder aufgehoben noch eingeschränkt.

(3) ¹Als Teil der Verträge nach Absatz 2 Nr. 3 sind entweder

1. landesweite Verfahren zur Ermittlung des Personalbedarfs oder zur Bemessung der Pflegezeiten oder
2. landesweite Personalrichtwerte

[1)] Nr. 5.

zu vereinbaren. [2]Dabei ist jeweils der besondere Pflege- und Betreuungsbedarf Pflegebedürftiger mit geistigen Behinderungen, psychischen Erkrankungen, demenzbedingten Fähigkeitsstörungen und anderen Leiden des Nervensystems zu beachten. [3]Bei der Vereinbarung der Verfahren nach Satz 1 Nr. 1 sind auch in Deutschland erprobte und bewährte internationale Erfahrungen zu berücksichtigen. [4]Die Personalrichtwerte nach Satz 1 Nr. 2 können als Bandbreiten vereinbart werden und umfassen bei teil- oder vollstationärer Pflege wenigstens

1. das Verhältnis zwischen der Zahl der Heimbewohner und der Zahl der Pflege- und Betreuungskräfte (in Vollzeitkräfte umgerechnet), unterteilt nach Pflegegrad (Personalanhaltszahlen), sowie
2. im Bereich der Pflege, der Betreuung und der medizinischen Behandlungspflege zusätzlich den Anteil der ausgebildeten Fachkräfte am Pflege- und Betreuungspersonal.

[5]Die Maßstäbe und Grundsätze nach Absatz 2 Nummer 3 sind auch daraufhin auszurichten, dass das Personal bei demselben Einrichtungsträger in verschiedenen Versorgungsbereichen flexibel eingesetzt werden kann.

(4) [1]Kommt ein Vertrag nach Absatz 1 innerhalb von sechs Monaten ganz oder teilweise nicht zustande, nachdem eine Vertragspartei schriftlich zu Vertragsverhandlungen aufgefordert hat, wird sein Inhalt auf Antrag einer Vertragspartei durch die Schiedsstelle nach § 76 festgesetzt. [2]Satz 1 gilt auch für Verträge, mit denen bestehende Rahmenverträge geändert oder durch neue Verträge abgelöst werden sollen.

(5) [1]Die Verträge nach Absatz 1 können von jeder Vertragspartei mit einer Frist von einem Jahr ganz oder teilweise gekündigt werden. [2]Satz 1 gilt entsprechend für die von der Schiedsstelle nach Absatz 4 getroffenen Regelungen. [3]Diese können auch ohne Kündigung jederzeit durch einen Vertrag nach Absatz 1 ersetzt werden.

(6) [1]Der Spitzenverband Bund der Pflegekassen und die Vereinigungen der Träger der Pflegeeinrichtungen auf Bundesebene sollen unter Beteiligung des Medizinischen Dienstes Bund, des Verbandes der privaten Krankenversicherung e.V. sowie unabhängiger Sachverständiger gemeinsam mit der Bundesvereinigung der kommunalen Spitzenverbände und der Bundesarbeitsgemeinschaft der überörtlichen Träger der Sozialhilfe Empfehlungen zum Inhalt der Verträge nach Absatz 1 abgeben. [2]Sie arbeiten dabei mit den Verbänden der Pflegeberufe sowie den Verbänden der Behinderten und der Pflegebedürftigen eng zusammen.

(7) [1]Der Spitzenverband Bund der Pflegekassen, die Bundesarbeitsgemeinschaft der überörtlichen Träger der Sozialhilfe, die Bundesvereinigung der kommunalen Spitzenverbände und die Vereinigungen der Träger der Pflegeeinrichtungen auf Bundesebene vereinbaren gemeinsam und einheitlich Grundsätze ordnungsgemäßer Pflegebuchführung für die ambulanten und stationären Pflegeeinrichtungen. [2]Die Vereinbarung nach Satz 1 tritt unmittelbar nach Aufhebung der gemäß § 83 Abs. 1 Satz 1 Nr. 3 erlassenen Rechtsverordnung in Kraft und ist den im Land tätigen zugelassenen Pflegeeinrichtungen von den Landesverbänden der Pflegekassen unverzüglich bekannt zu geben. [3]Sie ist für alle Pflegekassen und deren Verbände sowie für die zugelassenen Pflegeeinrichtungen unmittelbar verbindlich.

§ 76 Schiedsstelle. (1) [1]Die Landesverbände der Pflegekassen und die Vereinigungen der Träger der Pflegeeinrichtungen im Land bilden gemeinsam für jedes Land eine Schiedsstelle. [2]Diese entscheidet in den ihr nach diesem Buch zugewiesenen Angelegenheiten.

(2) [1]Die Schiedsstelle besteht aus Vertretern der Pflegekassen und Pflegeeinrichtungen in gleicher Zahl sowie einem unparteiischen Vorsitzenden und zwei weiteren unparteiischen Mitgliedern; für den Vorsitzenden und die unparteiischen Mitglieder können Stellvertreter bestellt werden. [2]Der Schiedsstelle gehört auch ein Vertreter des Verbandes der privaten Krankenversicherung e.V. sowie der überörtlichen oder, sofern Landesrecht dies bestimmt, ein örtlicher Träger der Sozialhilfe im Land an, die auf die Zahl der Vertreter der Pflegekassen angerechnet werden. [3]Die Vertreter der Pflegekassen und deren Stellvertreter werden von den Landesverbänden der Pflegekassen, die Vertreter der Pflegeeinrichtungen und deren Stellvertreter von den Vereinigungen der Träger der Pflegedienste und Pflegeheime im Land bestellt; bei der Bestellung der Vertreter der Pflegeeinrichtungen ist die Trägervielfalt zu beachten. [4]Der Vorsitzende und die weiteren unparteiischen Mitglieder werden von den beteiligten Organisationen gemeinsam bestellt. [5]Kommt eine Einigung nicht zustande, werden sie durch Los bestimmt. [6]Soweit beteiligte Organisationen keinen Vertreter bestellen oder im Verfahren nach Satz 4 keine Kandidaten für das Amt des Vorsitzenden oder der weiteren unparteiischen Mitglieder benennen, bestellt die zuständige Landesbehörde auf Antrag einer der beteiligten Organisationen die Vertreter und benennt die Kandidaten.

(3) [1]Die Mitglieder der Schiedsstelle führen ihr Amt als Ehrenamt. [2]Sie sind an Weisungen nicht gebunden. [3]Jedes Mitglied hat eine Stimme. [4]Die Entscheidungen werden mit der Mehrheit der Mitglieder getroffen. [5]Ergibt sich keine Mehrheit, gibt die Stimme des Vorsitzenden den Ausschlag.

(4) Die Rechtsaufsicht über die Schiedsstelle führt die zuständige Landesbehörde.

(5) Die Landesregierungen werden ermächtigt, durch Rechtsverordnung das Nähere über die Zahl, die Bestellung, die Amtsdauer und die Amtsführung, die Erstattung der baren Auslagen und die Entschädigung für Zeitaufwand der Mitglieder der Schiedsstelle, die Geschäftsführung, das Verfahren, die Erhebung und die Höhe der Gebühren sowie über die Verteilung der Kosten zu bestimmen.

(6) [1]Abweichend von § 85 Abs. 5 können die Parteien der Pflegesatzvereinbarung (§ 85 Abs. 2) gemeinsam eine unabhängige Schiedsperson bestellen. [2]Diese setzt spätestens bis zum Ablauf von 28 Kalendertagen nach ihrer Bestellung die Pflegesätze und den Zeitpunkt ihres Inkrafttretens fest. [3]Gegen die Festsetzungsentscheidung kann ein Antrag auf gerichtliche Aufhebung nur gestellt werden, wenn die Festsetzung der öffentlichen Ordnung widerspricht. [4]Die Kosten des Schiedsverfahrens tragen die Vertragspartner zu gleichen Teilen. [5]§ 85 Abs. 6 gilt entsprechend.

Dritter Abschnitt. Beziehungen zu sonstigen Leistungserbringern

§ 77 Häusliche Pflege durch Einzelpersonen. (1) [1]Zur Sicherstellung der körperbezogenen Pflege, der pflegerischen Betreuung sowie der Haushaltsführung im Sinne des § 36 soll die Pflegekasse Verträge mit einzelnen geeigneten Pflegekräften schließen, um dem Pflegebedürftigen zu helfen, ein möglichst selbständiges und selbstbestimmtes Leben zu führen oder dem besonderen Wunsch des Pflegebedürftigen zur Gestaltung der Hilfe zu entsprechen; Verträge mit Verwandten oder Verschwägerten des Pflegebedürftigen bis zum dritten Grad sowie mit Personen, die mit dem Pflegebedürftigen in häuslicher Gemeinschaft leben, sind unzulässig. [2] In dem Vertrag sind Inhalt, Umfang, Qualität, Qualitätssicherung, Vergütung sowie Prüfung der Qualität und Wirtschaftlichkeit der vereinbarten Leistungen zu regeln; § 112 ist entsprechend anzuwenden. [3] Die Vergütungen sind für Leistungen der häuslichen Pflegehilfe nach § 36 Absatz 1 zu vereinbaren. [4] In dem Vertrag ist weiter zu regeln, dass die Pflegekräfte mit dem Pflegebedürftigen, dem sie Leistungen der häuslichen Pflegehilfe erbringen, kein Beschäftigungsverhältnis eingehen dürfen. [5] Soweit davon abweichend Verträge geschlossen sind, sind sie zu kündigen. [6] Die Sätze 4 und 5 gelten nicht, wenn

1. das Beschäftigungsverhältnis vor dem 1. Mai 1996 bestanden hat und
2. die vor dem 1. Mai 1996 erbrachten Pflegeleistungen von der zuständigen Pflegekasse aufgrund eines von ihr mit der Pflegekraft abgeschlossenen Vertrages vergütet worden sind.

[7] In den Pflegeverträgen zwischen den Pflegebedürftigen und den Pflegekräften sind mindestens Art, Inhalt und Umfang der Leistungen einschließlich der dafür mit den Kostenträgern vereinbarten Vergütungen zu beschreiben. [8] § 120 Absatz 1 Satz 2 gilt entsprechend.

(2) Die Pflegekassen können bei Bedarf einzelne Pflegekräfte zur Sicherstellung der körperbezogenen Pflege, der pflegerischen Betreuung sowie der Haushaltsführung im Sinne des § 36 anstellen, für die hinsichtlich der Wirtschaftlichkeit und Qualität ihrer Leistungen die gleichen Anforderungen wie für die zugelassenen Pflegedienste nach diesem Buch gelten.

§ 78 Verträge über Pflegehilfsmittel, Pflegehilfsmittelverzeichnis und Empfehlungen zu wohnumfeldverbessernden Maßnahmen. (1) [1] Der Spitzenverband Bund der Pflegekassen schließt mit den Leistungserbringern oder deren Verbänden Verträge über die Versorgung der Versicherten mit Pflegehilfsmitteln, soweit diese nicht nach den Vorschriften des Fünften Buches über die Hilfsmittel zu vergüten sind. [2] Abweichend von Satz 1 können die Pflegekassen Verträge über die Versorgung der Versicherten mit Pflegehilfsmitteln schließen, um dem Wirtschaftlichkeitsgebot verstärkt Rechnung zu tragen. [3] Die §§ 36, 126 und 127 des Fünften Buches[1)] gelten entsprechend.

(2) [1] Der Spitzenverband Bund der Pflegekassen erstellt als Anlage zu dem Hilfsmittelverzeichnis nach § 139 des Fünften Buches ein systematisch strukturiertes Pflegehilfsmittelverzeichnis. [2] Darin sind die von der Leistungspflicht der Pflegeversicherung umfassten Pflegehilfsmittel aufzuführen, soweit diese nicht bereits im Hilfsmittelverzeichnis enthalten sind. [3] Pflegehilfsmittel, die für eine leihweise Überlassung an die Versicherten geeignet sind, sind gesondert auszuweisen. [4] Das Pflegehilfsmittelverzeichnis ist spätestens alle drei Jahre unter besonderer Berücksichtigung digitaler Technologien vom Spitzenverband Bund der Pflegekassen fortzuschreiben. [5] Unbeschadet der regelhaften Fortschreibung nach Satz 4 entscheidet der Spitzenverband Bund der Pflegekassen über Anträge zur Aufnahme von neuartigen Pflegehilfsmitteln in das Pflegehilfsmittelver-

[1)] Nr. 5.

zeichnis innerhalb von drei Monaten nach Vorlage der vollständigen Unterlagen. [6]Der Spitzenverband Bund der Pflegekassen informiert und berät Hersteller auf deren Anfrage über die Voraussetzungen und das Verfahren zur Aufnahme von neuartigen Pflegehilfsmitteln in das Pflegehilfsmittelverzeichnis; im Übrigen gilt § 139 Absatz 8 des Fünften Buches entsprechend. [7]Die Beratung erstreckt sich insbesondere auch auf die grundlegenden Anforderungen an den Nachweis des pflegerischen Nutzens des Pflegehilfsmittels [8]Im Übrigen gilt § 139 des Fünften Buches entsprechend mit der Maßgabe, dass die Verbände der Pflegeberufe und der behinderten Menschen vor Erstellung und Fortschreibung des Pflegehilfsmittelverzeichnisses ebenfalls anzuhören sind.

(2a) [1]Der Spitzenverband Bund der Pflegekassen beschließt spätestens alle drei Jahre, erstmals bis zum 30. September 2021, Empfehlungen zu wohnumfeldverbessernden Maßnahmen gemäß § 40 Absatz 4 unter besonderer Berücksichtigung digitaler Technologien, einschließlich des Verfahrens zur Aufnahme vonProdukten oder Maßnahmen in die Empfehlungen. [2]Absatz 2 Satz 5 bis 7 gilt entsprechend.

(3) [1]Die Landesverbände der Pflegekassen vereinbaren untereinander oder mit geeigneten Pflegeeinrichtungen das Nähere zur Ausleihe der hierfür nach Absatz 2 Satz 4 geeigneten Pflegehilfsmittel einschließlich ihrer Beschaffung, Lagerung, Wartung und Kontrolle. [2]Die Pflegebedürftigen und die zugelassenen Pflegeeinrichtungen sind von den Pflegekassen oder deren Verbänden in geeigneter Form über die Möglichkeit der Ausleihe zu unterrichten.

(4) Das Bundesministerium für Gesundheit wird ermächtigt, das Pflegehilfsmittelverzeichnis nach Absatz 2 durch Rechtsverordnung im Einvernehmen mit dem Bundesministerium für Arbeit und Soziales und dem Bundesministerium für Familie, Senioren, Frauen und Jugend und mit Zustimmung des Bundesrates zu bestimmen; § 40 Abs. 5 bleibt unberührt.

Vierter Abschnitt. Wirtschaftlichkeitsprüfungen

§ 79 Wirtschaftlichkeits- und Abrechnungsprüfungen. (1) [1]Die Landesverbände der Pflegekassen können die Wirtschaftlichkeit und Wirksamkeit der ambulanten, teilstationären und vollstationären Pflegeleistungen durch von ihnen bestellte Sachverständige prüfen lassen; vor Bestellung der Sachverständigen ist der Träger der Pflegeeinrichtung zu hören. [2]Eine Prüfung ist nur zulässig, wenn tatsächliche Anhaltspunkte dafür bestehen, dass die Pflegeeinrichtung die Anforderungen des § 72 Abs. 3 Satz 1 ganz oder teilweise nicht oder nicht mehr erfüllt. [3]Die Anhaltspunkte sind der Pflegeeinrichtung rechtzeitig vor der Anhörung mitzuteilen. [4]Personenbezogene Daten sind zu anonymisieren.

(2) Die Träger der Pflegeeinrichtungen sind verpflichtet, dem Sachverständigen auf Verlangen die für die Wahrnehmung seiner Aufgaben notwendigen Unterlagen vorzulegen und Auskünfte zu erteilen.

(3) Das Prüfungsergebnis ist, unabhängig von den sich daraus ergebenden Folgerungen für eine Kündigung des Versorgungsvertrags nach § 74, in der nächstmöglichen Vergütungsvereinbarung mit Wirkung für die Zukunft zu berücksichtigen.

(4) [1]Die Landesverbände der Pflegekassen können eine Abrechnungsprüfung selbst oder durch von ihnen bestellte Sachverständige durchführen lassen, wenn

tatsächliche Anhaltspunkte dafür bestehen, dass die Pflegeeinrichtung fehlerhaft abrechnet. [2]Die Abrechnungsprüfung bezieht sich

1. auf die Abrechnung von Leistungen, die zu Lasten der Pflegeversicherung erbracht oder erstattet werden, sowie
2. auf die Abrechnung der Leistungen für Unterkunft und Verpflegung (§ 87).

[3]Für die Abrechnungsprüfung sind Absatz 1 Satz 3 und 4 sowie die Absätze 2 und 3 entsprechend anzuwenden.

§§ 80, 80a *(aufgehoben)*

§ 81 Verfahrensregelungen. (1) [1]Die Landesverbände der Pflegekassen (§ 52) erfüllen die ihnen nach dem Siebten und Achten Kapitel zugewiesenen Aufgaben gemeinsam. [2]Kommt eine Einigung ganz oder teilweise nicht zustande, erfolgt die Beschlussfassung durch die Mehrheit der in § 52 Abs. 1 Satz 1 genannten Stellen mit der Maßgabe, dass die Beschlüsse durch drei Vertreter der Ortskrankenkassen und durch zwei Vertreter der Ersatzkassen sowie durch je einen Vertreter der weiteren Stellen gefasst werden.

(2) [1]Bei Entscheidungen, die von den Landesverbänden der Pflegekassen mit den Arbeitsgemeinschaften der örtlichen Träger der Sozialhilfe oder den überörtlichen Trägern der Sozialhilfe gemeinsam zu treffen sind, werden die Arbeitsgemeinschaften oder die überörtlichen Träger mit zwei Vertretern an der Beschlussfassung nach Absatz 1 Satz 2 beteiligt. [2]Kommt bei zwei Beschlussfassungen nacheinander eine Einigung mit den Vertretern der Träger der Sozialhilfe nicht zustande, kann jeder Beteiligte nach Satz 1 die Entscheidung des Vorsitzenden und der weiteren unparteiischen Mitglieder der Schiedsstelle nach § 76 verlangen. [3]Sie entscheiden für alle Beteiligten verbindlich über die streitbefangenen Punkte unter Ausschluss des Rechtswegs. [4]Die Kosten des Verfahrens nach Satz 2 und das Honorar des Vorsitzenden sind von allen Beteiligten anteilig zu tragen.

(3) [1]Bei Entscheidungen nach dem Siebten Kapitel, die der Spitzenverband Bund der Pflegekassen mit den Vertretern der Träger der Sozialhilfe gemeinsam zu treffen hat, stehen dem Spitzenverband Bund der Pflegekassen in entsprechender Anwendung von Absatz 2 Satz 1 in Verbindung mit Absatz 1 Satz 2 neun und den Vertretern der Träger der Sozialhilfe zwei Stimmen zu. [2]Absatz 2 Satz 2 bis 4 gilt mit der Maßgabe entsprechend, dass bei Nichteinigung ein Schiedsstellenvorsitzender zur Entscheidung von den Beteiligten einvernehmlich auszuwählen ist.

Achtes Kapitel. Pflegevergütung

Erster Abschnitt. Allgemeine Vorschriften

§ 82 Finanzierung der Pflegeeinrichtungen. (1) [1]Zugelassene Pflegeheime und Pflegedienste erhalten nach Maßgabe dieses Kapitels

1. eine leistungsgerechte Vergütung für die allgemeinen Pflegeleistungen (Pflegevergütung) sowie
2. bei stationärer Pflege ein angemessenes Entgelt für Unterkunft und Verpflegung.

²Die Pflegevergütung ist von den Pflegebedürftigen oder deren Kostenträgern zu tragen. ³Sie umfasst auch die Betreuung und, soweit bei stationärer Pflege kein Anspruch auf außerklinische Intensivpflege nach § 37c des Fünften Buches[1)] besteht, die medizinische Behandlungspflege. ⁴Für Unterkunft und Verpflegung bei stationärer Pflege hat der Pflegebedürftige selbst aufzukommen.

(2) In der Pflegevergütung und in den Entgelten für Unterkunft und Verpflegung dürfen keine Aufwendungen berücksichtigt werden für

1. Maßnahmen einschließlich Kapitalkosten, die dazu bestimmt sind, die für den Betrieb der Pflegeeinrichtung notwendigen Gebäude und sonstigen abschreibungsfähigen Anlagegüter herzustellen, anzuschaffen, wiederzubeschaffen, zu ergänzen, instandzuhalten oder instandzusetzen; ausgenommen sind die zum Verbrauch bestimmten Güter (Verbrauchsgüter), die der Pflegevergütung nach Absatz 1 Satz 1 Nr. 1 zuzuordnen sind,
2. den Erwerb und die Erschließung von Grundstücken,
3. Miete, Pacht, Erbbauzins, Nutzung oder Mitbenutzung von Grundstücken, Gebäuden oder sonstigen Anlagegütern,
4. den Anlauf oder die innerbetriebliche Umstellung von Pflegeeinrichtungen,
5. die Schließung von Pflegeeinrichtungen oder ihre Umstellung auf andere Aufgaben.

(3) ¹Soweit betriebsnotwendige Investitionsaufwendungen nach Absatz 2 Nr. 1 oder Aufwendungen für Miete, Pacht, Erbbauzins, Nutzung oder Mitbenutzung von Gebäuden oder sonstige abschreibungsfähige Anlagegüter nach Absatz 2 Nr. 3 durch öffentliche Förderung gemäß § 9 nicht vollständig gedeckt sind, kann die Pflegeeinrichtung diesen Teil der Aufwendungen den Pflegebedürftigen gesondert berechnen. ²Gleiches gilt, soweit die Aufwendungen nach Satz 1 vom Land durch Darlehen oder sonstige rückzahlbare Zuschüsse gefördert werden. ³Die gesonderte Berechnung bedarf der Zustimmung der zuständigen Landesbehörde; das Nähere hierzu, insbesondere auch zu Art, Höhe und Laufzeit sowie die Verteilung der gesondert berechenbaren Aufwendungen auf die Pflegebedürftigen einschließlich der Berücksichtigung pauschalierter Instandhaltungs- und Instandsetzungsaufwendungen sowie der zugrunde zu legenden Belegungsquote, wird durch Landesrecht bestimmt. ⁴Die Pauschalen müssen in einem angemessenen Verhältnis zur tatsächlichen Höhe der Instandhaltungs- und Instandsetzungsaufwendungen stehen.

(4) ¹Pflegeeinrichtungen, die nicht nach Landesrecht gefördert werden, können ihre betriebsnotwendigen Investitionsaufwendungen den Pflegebedürftigen ohne Zustimmung der zuständigen Landesbehörde gesondert berechnen. ²Die gesonderte Berechnung ist der zuständigen Landesbehörde mitzuteilen.

(5) Öffentliche Zuschüsse zu den laufenden Aufwendungen einer Pflegeeinrichtung (Betriebskostenzuschüsse) sind von der Pflegevergütung abzuziehen.

§ 82a Ausbildungsvergütung. (1) Die Ausbildungsvergütung im Sinne dieser Vorschrift umfasst die Vergütung, die aufgrund von Rechtsvorschriften, Tarifverträgen, entsprechenden allgemeinen Vergütungsregelungen oder aufgrund vertraglicher Vereinbarungen an Personen, die nach Bundesrecht in der Altenpflege oder nach Landesrecht in der Altenpflegehilfe ausgebildet werden,

[1)] Nr. 5.

während der Dauer ihrer praktischen oder theoretischen Ausbildung zu zahlen ist, sowie die nach § 17 Abs. 1a des Altenpflegegesetzes zu erstattenden Weiterbildungskosten.

(2) [1] Soweit eine nach diesem Gesetz zugelassene Pflegeeinrichtung nach Bundesrecht zur Ausbildung in der Altenpflege oder nach Landesrecht zur Ausbildung in der Altenpflegehilfe berechtigt oder verpflichtet ist, ist die Ausbildungsvergütung der Personen, die aufgrund eines entsprechenden Ausbildungsvertrages mit der Einrichtung oder ihrem Träger zum Zwecke der Ausbildung in der Einrichtung tätig sind, während der Dauer des Ausbildungsverhältnisses in der Vergütung der allgemeinen Pflegeleistungen (§ 84 Abs. 1, § 89) berücksichtigungsfähig. [2] Betreut die Einrichtung auch Personen, die nicht pflegebedürftig im Sinne dieses Buches sind, so ist in der Pflegevergütung nach Satz 1 nur der Anteil an der Gesamtsumme der Ausbildungsvergütungen berücksichtigungsfähig, der bei einer gleichmäßigen Verteilung der Gesamtsumme auf alle betreuten Personen auf die Pflegebedürftigen im Sinne dieses Buches entfällt. [3] Soweit die Ausbildungsvergütung im Pflegesatz eines zugelassenen Pflegeheimes zu berücksichtigen ist, ist der Anteil, der auf die Pflegebedürftigen im Sinne dieses Buches entfällt, gleichmäßig auf alle pflegebedürftigen Heimbewohner zu verteilen. [4] Satz 1 gilt nicht, soweit

1. die Ausbildungsvergütung oder eine entsprechende Vergütung nach anderen Vorschriften aufgebracht wird oder
2. die Ausbildungsvergütung durch ein landesrechtliches Umlageverfahren nach Absatz 3 finanziert wird.

[5] Die Ausbildungsvergütung ist in der Vergütungsvereinbarung über die allgemeinen Pflegeleistungen gesondert auszuweisen; die §§ 84 bis 86 und 89 gelten entsprechend.

(3) Wird die Ausbildungsvergütung ganz oder teilweise durch ein landesrechtliches Umlageverfahren finanziert, so ist die Umlage in der Vergütung der allgemeinen Pflegeleistungen nur insoweit berücksichtigungsfähig, als sie auf der Grundlage nachfolgender Berechnungsgrundsätze ermittelt wird:

1. Die Kosten der Ausbildungsvergütung werden nach einheitlichen Grundsätzen gleichmäßig auf alle zugelassenen ambulanten, teilstationären und stationären Pflegeeinrichtungen und die Altenheime im Land verteilt. Bei der Bemessung und Verteilung der Umlage ist sicherzustellen, daß der Verteilungsmaßstab nicht einseitig zu Lasten der zugelassenen Pflegeeinrichtungen gewichtet ist. Im übrigen gilt Absatz 2 Satz 2 und 3 entsprechend.
2. Die Gesamthöhe der Umlage darf den voraussichtlichen Mittelbedarf zur Finanzierung eines angemessenen Angebots an Ausbildungsplätzen nicht überschreiten.
3. Aufwendungen für die Vorhaltung, Instandsetzung oder Instandhaltung von Ausbildungsstätten (§§ 9, 82 Abs. 2 bis 4), für deren laufende Betriebskosten (Personal- und Sachkosten) sowie für die Verwaltungskosten der nach Landesrecht für das Umlageverfahren zuständigen Stelle bleiben unberücksichtigt.

(4) [1] Die Höhe der Umlage nach Absatz 3 sowie ihre Berechnungsfaktoren sind von der dafür nach Landesrecht zuständigen Stelle den Landesverbänden der Pflegekassen rechtzeitig vor Beginn der Pflegesatzverhandlungen mitzuteilen. [2] Es genügt die Mitteilung an einen Landesverband; dieser leitet die Mit-

teilung unverzüglich an die übrigen Landesverbände und an die zuständigen Träger der Sozialhilfe weiter. [3] Bei Meinungsverschiedenheiten zwischen den nach Satz 1 Beteiligten über die ordnungsgemäße Bemessung und die Höhe des von den zugelassenen Pflegeeinrichtungen zu zahlenden Anteils an der Umlage entscheidet die Schiedsstelle nach § 76 unter Ausschluß des Rechtsweges. [4] Die Entscheidung ist für alle Beteiligten nach Satz 1 sowie für die Parteien der Vergütungsvereinbarungen nach dem Achten Kapitel verbindlich; § 85 Abs. 5 Satz 1 und 2, erster Halbsatz, sowie Abs. 6 gilt entsprechend.

§ 82b Ehrenamtliche Unterstützung. (1) [1] Soweit und solange einer nach diesem Gesetz zugelassenen Pflegeeinrichtung, insbesondere

1. für die vorbereitende und begleitende Schulung,
2. für die Planung und Organisation des Einsatzes oder
3. für den Ersatz des angemessenen Aufwands

der Mitglieder von Selbsthilfegruppen sowie der ehrenamtlichen und sonstigen zum bürgerschaftlichen Engagement bereiten Personen und Organisationen, für von der Pflegeversicherung versorgte Leistungsempfänger nicht anderweitig gedeckte Aufwendungen entstehen, sind diese bei stationären Pflegeeinrichtungen in den Pflegesätzen (§ 84 Abs. 1) und bei ambulanten Pflegeeinrichtungen in den Vergütungen (§ 89) berücksichtigungsfähig. [2] Die Aufwendungen können in der Vergütungsvereinbarung über die allgemeinen Pflegeleistungen gesondert ausgewiesen werden.

(2) [1] Stationäre Pflegeeinrichtungen können für ehrenamtliche Unterstützung als ergänzendes Engagement bei allgemeinen Pflegeleistungen Aufwandsentschädigungen zahlen. [2] Absatz 1 gilt entsprechend.

§ 83 Verordnung zur Regelung der Pflegevergütung. (1) [1] Die Bundesregierung wird ermächtigt, durch Rechtsverordnung mit Zustimmung des Bundesrates Vorschriften zu erlassen über

1. die Pflegevergütung der Pflegeeinrichtungen einschließlich der Verfahrensregelungen zu ihrer Vereinbarung nach diesem Kapitel,
2. den Inhalt der Pflegeleistungen sowie bei stationärer Pflege die Abgrenzung zwischen den allgemeinen Pflegeleistungen (§ 84 Abs. 4), den Leistungen bei Unterkunft und Verpflegung (§ 87) und den Zusatzleistungen (§ 88),
3. die Rechnungs- und Buchführungsvorschriften der Pflegeeinrichtungen einschließlich einer Kosten- und Leistungsrechnung; bei zugelassenen Pflegeeinrichtungen, die neben den Leistungen nach diesem Buch auch andere Sozialleistungen im Sinne des Ersten Buches[1)] (gemischte Einrichtung) erbringen, kann der Anwendungsbereich der Verordnung auf den Gesamtbetrieb erstreckt werden,
4. Maßstäbe und Grundsätze für eine wirtschaftliche und leistungsbezogene, am Versorgungsauftrag (§ 72 Abs. 1) orientierte personelle Ausstattung der Pflegeeinrichtungen,
5. die nähere Abgrenzung der Leistungsaufwendungen nach Nummer 2 von den Investitionsaufwendungen und sonstigen Aufwendungen nach § 82 Abs. 2.

[1)] Nr. 1.

[2] § 90 bleibt unberührt.

(2) Nach Erlass der Rechtsverordnung sind Rahmenverträge und Schiedsstellenregelungen nach § 75 zu den von der Verordnung erfassten Regelungsbereichen nicht mehr zulässig.

Zweiter Abschnitt. Vergütung der stationären Pflegeleistungen

§ 84 Bemessungsgrundsätze. (1) [1] Pflegesätze sind die Entgelte der Heimbewohner oder ihrer Kostenträger für die teil- oder vollstationären Pflegeleistungen des Pflegeheims sowie für die Betreuung und, soweit kein Anspruch auf außerklinische Intensivpflege nach § 37c des Fünften Buches[1)] besteht, für die medizinische Behandlungspflege. [2] In den Pflegesätzen dürfen keine Aufwendungen berücksichtigt werden, die nicht der Finanzierungszuständigkeit der sozialen Pflegeversicherung unterliegen.

(2) [1] Die Pflegesätze müssen leistungsgerecht sein. [2] Sie sind nach dem Versorgungsaufwand, den der Pflegebedürftige nach Art und Schwere seiner Pflegebedürftigkeit benötigt, entsprechend den fünf Pflegegraden einzuteilen. [3] Davon ausgehend sind bei vollstationärer Pflege nach § 43 für die Pflegegrade 2 bis 5 einrichtungseinheitliche Eigenanteile zu ermitteln; dies gilt auch bei Änderungen der Leistungsbeträge. [4] Die Pflegesätze müssen einem Pflegeheim bei wirtschaftlicher Betriebsführung ermöglichen, seine Aufwendungen zu finanzieren und seinen Versorgungsauftrag zu erfüllen unter Berücksichtigung einer angemessenen Vergütung ihres Unternehmerrisikos. [5] Die Bezahlung von Gehältern bis zur Höhe tarifvertraglich vereinbarter Vergütungen sowie entsprechender Vergütungen nach kirchlichen Arbeitsrechtsregelungen kann dabei nicht als unwirtschaftlich abgelehnt werden. [6] Für eine darüber hinausgehende Bezahlung bedarf es eines sachlichen Grundes. [7] Überschüsse verbleiben dem Pflegeheim; Verluste sind von ihm zu tragen. [8] Der Grundsatz der Beitragssatzstabilität ist zu beachten. [9] Bei der Bemessung der Pflegesätze einer Pflegeeinrichtung können die Pflegesätze derjenigen Pflegeeinrichtungen, die nach Art und Größe sowie hinsichtlich der in Absatz 5 genannten Leistungs- und Qualitätsmerkmale im Wesentlichen gleichartig sind, angemessen berücksichtigt werden.

(3) Die Pflegesätze sind für alle Heimbewohner des Pflegeheimes nach einheitlichen Grundsätzen zu bemessen; eine Differenzierung nach Kostenträgern ist unzulässig.

(4) [1] Mit den Pflegesätzen sind alle für die Versorgung der Pflegebedürftigen nach Art und Schwere ihrer Pflegebedürftigkeit erforderlichen Pflegeleistungen der Pflegeeinrichtung (Allgemeine Pflegeleistungen) abgegolten. [2] Für die allgemeinen Pflegeleistungen dürfen, soweit nichts anderes bestimmt ist, ausschließlich die nach § 85 oder § 86 vereinbarten oder nach § 85 Abs. 5 festgesetzten Pflegesätze berechnet werden, ohne Rücksicht darauf, wer zu ihrer Zahlung verpflichtet ist.

(5) [1] In der Pflegesatzvereinbarung sind die wesentlichen Leistungs- und Qualitätsmerkmale der Einrichtung festzulegen. [2] Hierzu gehören insbesondere

1. die Zuordnung des voraussichtlich zu versorgenden Personenkreises sowie Art, Inhalt und Umfang der Leistungen, die von der Einrichtung während des nächsten Pflegesatzzeitraums erwartet werden,

---

[1)] Nr. 5.

2. die von der Einrichtung für den voraussichtlich zu versorgenden Personenkreis individuell vorzuhaltende personelle Ausstattung, gegliedert nach Berufsgruppen, sowie
3. Art und Umfang der Ausstattung der Einrichtung mit Verbrauchsgütern (§ 82 Abs. 2 Nr. 1).

(6) [1] Der Träger der Einrichtung ist verpflichtet, mit der vereinbarten personellen Ausstattung die Versorgung der Pflegebedürftigen jederzeit sicherzustellen. [2] Er hat bei Personalengpässen oder -ausfällen durch geeignete Maßnahmen sicherzustellen, dass die Versorgung der Pflegebedürftigen nicht beeinträchtigt wird. [3] Auf Verlangen einer Vertragspartei hat der Träger der Einrichtung in einem Personalabgleich nachzuweisen, dass die vereinbarte Personalausstattung tatsächlich bereitgestellt und bestimmungsgemäß eingesetzt wird. [4] Das Nähere zur Durchführung des Personalabgleichs wird in den Verträgen nach § 75 Abs. 1 und 2 geregelt.

(7) [1] Der Träger der Einrichtung ist verpflichtet, im Falle einer Vereinbarung der Pflegesätze auf Grundlage der Bezahlung von Gehältern bis zur Höhe tarifvertraglich vereinbarter Vergütungen sowie entsprechender Vergütungen nach kirchlichen Arbeitsrechtsregelungen, die entsprechende Bezahlung der Beschäftigten jederzeit einzuhalten. [2] Auf Verlangen einer Vertragspartei hat der Träger der Einrichtung dieses nachzuweisen. [3] Personenbezogene Daten sind zu anonymisieren. [4] Das Nähere zur Durchführung des Nachweises wird in den Verträgen nach § 75 Absatz 1 und 2 geregelt.

(8) [1] Vergütungszuschläge sind abweichend von Absatz 2 Satz 2 und Absatz 4 Satz 1 sowie unter entsprechender Anwendung des Absatzes 2 Satz 1 und 5, des Absatzes 7 und des § 87a zusätzliche Entgelte zur Pflegevergütung für die Leistungen nach § 43b. [2] Der Vergütungszuschlag ist von der Pflegekasse zu tragen und von dem privaten Versicherungsunternehmen im Rahmen des vereinbarten Versicherungsschutzes zu erstatten; § 28 Absatz 2 ist entsprechend anzuwenden. [3] Mit den Vergütungszuschlägen sind alle zusätzlichen Leistungen der Betreuung und Aktivierung in stationären Pflegeeinrichtungen abgegolten. [4] Pflegebedürftige dürfen mit den Vergütungszuschlägen weder ganz noch teilweise belastet werden.

(9) [1] Vergütungszuschläge sind abweichend von Absatz 2 Satz 2 und Absatz 4 Satz 1 sowie unter entsprechender Anwendung des Absatzes 2 Satz 1 und 5, des Absatzes 7 und des § 87a zusätzliche Entgelte zur Pflegevergütung für die Unterstützung der Leistungserbringung durch zusätzliches Pflegehilfskraftpersonal in vollstationären Pflegeeinrichtungen. [2] Der Vergütungszuschlag ist von der Pflegekasse zu tragen und von dem privaten Versicherungsunternehmen im Rahmen des vereinbarten Versicherungsschutzes zu erstatten; § 28 Absatz 2 ist entsprechend anzuwenden. [3] Pflegebedürftige dürfen mit den Vergütungszuschlägen weder ganz noch teilweise belastet werden.

§ 85 Pflegesatzverfahren. (1) Art, Höhe und Laufzeit der Pflegesätze werden zwischen dem Träger des Pflegeheimes und den Leistungsträgern nach Absatz 2 vereinbart.

(2) [1] Parteien der Pflegesatzvereinbarung (Vertragsparteien) sind der Träger des einzelnen zugelassenen Pflegeheimes sowie
1. die Pflegekassen oder sonstige Sozialversicherungsträger,

2. die für die Bewohner des Pflegeheimes zuständigen Träger der Sozialhilfe sowie
3. die Arbeitsgemeinschaften der unter Nummer 1 und 2 genannten Träger,

soweit auf den jeweiligen Kostenträger oder die Arbeitsgemeinschaft im Jahr vor Beginn der Pflegesatzverhandlungen jeweils mehr als fünf vom Hundert der Berechnungstage des Pflegeheimes entfallen. [2] Die Pflegesatzvereinbarung ist für jedes zugelassene Pflegeheim gesondert abzuschließen; § 86 Abs. 2 bleibt unberührt. [3] Die Vereinigungen der Pflegeheime im Land, die Landesverbände der Pflegekassen sowie der Verband der privaten Krankenversicherung e.V. im Land können sich am Pflegesatzverfahren beteiligen.

(3) [1] Die Pflegesatzvereinbarung ist im voraus, vor Beginn der jeweiligen Wirtschaftsperiode des Pflegeheimes, für einen zukünftigen Zeitraum (Pflegesatzzeitraum) zu treffen. [2] Das Pflegeheim hat Art, Inhalt, Umfang und Kosten der Leistungen, für die es eine Vergütung beansprucht, durch Pflegedokumentationen und andere geeignete Nachweise rechtzeitig vor Beginn der Pflegesatzverhandlungen darzulegen; es hat außerdem die schriftliche Stellungnahme der nach heimrechtlichen Vorschriften vorgesehenen Interessenvertretung der Bewohnerinnen und Bewohner beizufügen. [3] Soweit dies zur Beurteilung seiner Wirtschaftlichkeit und Leistungsfähigkeit im Einzelfall erforderlich ist, hat das Pflegeheim auf Verlangen einer Vertragspartei zusätzliche Unterlagen vorzulegen und Auskünfte zu erteilen. [4] Hierzu gehören auch pflegesatzerhebliche Angaben zum Jahresabschluß entsprechend den Grundsätzen ordnungsgemäßer Pflegebuchführung, zur personellen und sachlichen Ausstattung des Pflegeheims einschließlich der Kosten sowie zur tatsächlichen Stellenbesetzung und Eingruppierung. [5] Dabei sind insbesondere die in der Pflegesatzverhandlung geltend gemachten, voraussichtlichen Personalkosten einschließlich entsprechender Erhöhungen im Vergleich zum bisherigen Pflegesatzzeitraum vorzuweisen. [6] Personenbezogene Daten sind zu anonymisieren.

(4) [1] Die Pflegesatzvereinbarung kommt durch Einigung zwischen dem Träger des Pflegeheimes und der Mehrheit der Kostenträger nach Absatz 2 Satz 1 zustande, die an der Pflegesatzverhandlung teilgenommen haben. [2] Sie ist schriftlich abzuschließen. [3] Soweit Vertragsparteien sich bei den Pflegesatzverhandlungen durch Dritte vertreten lassen, haben diese vor Verhandlungsbeginn den übrigen Vertragsparteien eine schriftliche Verhandlungs- und Abschlußvollmacht vorzulegen.

(5) [1] Kommt eine Pflegesatzvereinbarung innerhalb von sechs Wochen nicht zustande, nachdem eine Vertragspartei schriftlich zu Pflegesatzverhandlungen aufgefordert hat, setzt die Schiedsstelle nach § 76 auf Antrag einer Vertragspartei die Pflegesätze unverzüglich, in der Regel binnen drei Monaten, fest. [2] Satz 1 gilt auch, soweit der nach Absatz 2 Satz 1 Nr. 2 zuständige Träger der Sozialhilfe der Pflegesatzvereinbarung innerhalb von zwei Wochen nach Vertragsschluß widerspricht; der Träger der Sozialhilfe kann im voraus verlangen, daß an Stelle der gesamten Schiedsstelle nur der Vorsitzende und die beiden weiteren unparteiischen Mitglieder oder nur der Vorsitzende allein entscheiden. [3] Gegen die Festsetzung ist der Rechtsweg zu den Sozialgerichten gegeben. [4] Ein Vorverfahren findet nicht statt; die Klage hat keine aufschiebende Wirkung.

(6) [1] Pflegesatzvereinbarungen sowie Schiedsstellenentscheidungen nach Absatz 5 Satz 1 oder 2 treten zu dem darin unter angemessener Berücksichtigung

der Interessen der Pflegeheimbewohner bestimmten Zeitpunkt in Kraft; sie sind für das Pflegeheim sowie für die in dem Heim versorgten Pflegebedürftigen und deren Kostenträger unmittelbar verbindlich. [2]Ein rückwirkendes Inkrafttreten von Pflegesätzen ist nicht zulässig. [3]Nach Ablauf des Pflegesatzzeitraums gelten die vereinbarten oder festgesetzten Pflegesätze bis zum Inkrafttreten neuer Pflegesätze weiter.

(7) [1]Bei unvorhersehbaren wesentlichen Veränderungen der Annahmen, die der Vereinbarung oder Festsetzung der Pflegesätze zugrunde lagen, sind die Pflegesätze auf Verlangen einer Vertragspartei für den laufenden Pflegesatzzeitraum neu zu verhandeln. [2]Dies gilt insbesondere bei einer erheblichen Abweichung der tatsächlichen Bewohnerstruktur. [3]Die Absätze 3 bis 6 gelten entsprechend. [4]Im Fall von Satz 2 kann eine Festsetzung der Pflegesätze durch die Schiedsstelle abweichend von Satz 3 in Verbindung mit Absatz 5 Satz 1 bereits nach einem Monat beantragt werden.

(8) [1]Die Vereinbarung des Vergütungszuschlags nach § 84 Absatz 8 erfolgt auf der Grundlage, dass

1. die stationäre Pflegeeinrichtung für die zusätzliche Betreuung und Aktivierung der Pflegebedürftigen über zusätzliches Betreuungspersonal, in vollstationären Pflegeeinrichtungen in sozialversicherungspflichtiger Beschäftigung verfügt und die Aufwendungen für dieses Personal weder bei der Bemessung der Pflegesätze noch bei den Zusatzleistungen nach § 88 berücksichtigt werden,
2. in der Regel für jeden Pflegebedürftigen 5 Prozent der Personalaufwendungen für eine zusätzliche Vollzeitkraft finanziert wird und
3. die Vertragsparteien Einvernehmen erzielt haben, dass der vereinbarte Vergütungszuschlag nicht berechnet werden darf, soweit die zusätzliche Betreuung und Aktivierung für Pflegebedürftige nicht erbracht wird.

[2]Pflegebedürftige und ihre Angehörigen sind von der stationären Pflegeeinrichtung im Rahmen der Verhandlung und des Abschlusses des stationären Pflegevertrages nachprüfbar und deutlich darauf hinzuweisen, dass ein zusätzliches Betreuungsangebot besteht. [3]Im Übrigen gelten die Absätze 1 bis 7 entsprechend.

(9) [1]Die Vereinbarung des Vergütungszuschlags nach § 84 Absatz 9 Satz 1 durch die Vertragsparteien nach Absatz 2 erfolgt auf der Grundlage, dass

1. die vollstationäre Pflegeeinrichtung über zusätzliches Pflegehilfskraftpersonal verfügt,
   a) das über eine abgeschlossene, landesrechtlich geregelte Assistenz- oder Helferausbildung in der Pflege mit einer Ausbildungsdauer von mindestens einem Jahr verfügt, oder
   b) das berufsbegleitend eine Ausbildung im Sinne von Buchstabe a begonnen hat oder
   c) für das die vollstationäre Pflegeeinrichtung sicherstellt, dass es spätestens bis zum Ablauf von zwei Jahren nach Vereinbarung des Vergütungszuschlages nach § 84 Absatz 9 Satz 1 oder nach der Mitteilung nach Absatz 11 Satz 1 eine berufsbegleitende, landesrechtlich geregelte Assistenz- oder Helferausbildung in der Pflege beginnen wird, die die von der Arbeits- und Sozialministerkonferenz 2012 und von der Gesundheitsministerkonferenz 2013 als Mindestanforderungen beschlossenen „Eck-

punkte für die in Länderzuständigkeit liegenden Ausbildungen zu Assistenz- und Helferberufen in der Pflege“ (BAnz AT 17.02.2016 B3) erfüllt, es sei denn, dass der Beginn oder die Durchführung dieser Ausbildung aus Gründen, die die Einrichtung nicht zu vertreten hat, unmöglich ist,

2. zusätzliche Stellenanteile im Umfang von bis zu 0,016 Vollzeitäquivalenten je Pflegebedürftigen des Pflegegrades 1 oder 2, 0,025 Vollzeitäquivalenten je Pflegebedürftigen des Pflegegrades 3, 0,032 Vollzeitäquivalenten je Pflegebedürftigen des Pflegegrades 4 und 0,036 Vollzeitäquivalenten je Pflegebedürftigen des Pflegegrades 5, mindestens aber 0,5 Vollzeitäquivalenten, für den Pflegesatzzeitraum finanziert werden,
3. notwendige Ausbildungsaufwendungen für das zusätzliche Pflegehilfskraftpersonal, das eine Ausbildung im Sinne von Nummer 1 Buchstabe b oder c durchläuft, finanziert werden, soweit diese Aufwendungen nicht von einer anderen Stelle finanziert werden,
4. die Aufwendungen für das zusätzliche Pflegehilfskraftpersonal weder bei der Bemessung der Pflegesätze noch bei den Zusatzleistungen nach § 88 berücksichtigt werden und
5. die Vertragsparteien Einvernehmen erzielt haben, dass der vereinbarte Vergütungszuschlag nicht berechnet werden darf, soweit die vollstationäre Pflegeeinrichtung nicht über zusätzliches Pflegehilfskraftpersonal verfügt, das über das nach der Pflegesatzvereinbarung gemäß § 84 Absatz 5 Satz 2 Nummer 2 vorzuhaltende Personal hinausgeht.

[2] Bei Pflegehilfskräften, die sich im Sinne von Satz 1 Nummer 1 Buchstabe b oder c in einer Ausbildung befinden, kann die Differenz zwischen dem Gehalt einer Pflegehilfskraft und der Ausbildungsvergütung nur berücksichtigt werden, wenn die Pflegehilfskraft beruflich insgesamt ein Jahr tätig war. [3] Im Übrigen gelten die Absätze 1 bis 7 entsprechend.

(10) [1] Der Spitzenverband Bund der Pflegekassen berichtet dem Bundesministerium für Gesundheit erstmals zum 30. Juni 2021 und anschließend vierteljährlich über die Zahl des durch den Vergütungszuschlag nach § 84 Absatz 9 Satz 1 finanzierten Pflegehilfskraftpersonals, die Personalstruktur, den Stellenzuwachs und die Ausgabenentwicklung. [2] Der Spitzenverband Bund der Pflegekassen legt im Benehmen mit dem Verband der Privaten Krankenversicherung e. V., der Bundesarbeitsgemeinschaft der überörtlichen Träger der Sozialhilfe und den Bundesvereinigungen der Träger stationärer Pflegeeinrichtungen das Nähere für das Vereinbarungsverfahren nach Absatz 9 in Verbindung mit § 84 Absatz 9, für die notwendigen Ausbildungsaufwendungen nach Absatz 9 Satz 1 Nummer 3 sowie für seinen Bericht nach Satz 1 fest. [3] Die Festlegungen nach Satz 2 bedürfen der Zustimmung des Bundesministeriums für Gesundheit im Benehmen mit dem Bundesministerium für Arbeit und Soziales.

(11) [1] Der Träger der vollstationären Pflegeeinrichtung kann bis zum Abschluss einer Vereinbarung nach § 84 Absatz 9 Satz 1 einen Vergütungszuschlag für zusätzliches Pflegehilfskraftpersonal nach § 84 Absatz 9 Satz 2 berechnen, wenn er vor Beginn der Leistungserbringung durch das zusätzliche Pflegehilfskraftpersonal den nach Absatz 2 als Parteien der Pflegesatzvereinbarung beteiligten Kostenträgern den von ihm entsprechend Absatz 9 ermittelten Vergütungszuschlag zusammen mit folgenden Angaben mitteilt:

1. die Anzahl der zum Zeitpunkt der Mitteilung versorgten Pflegebedürftigen nach Pflegegraden,
2. die zusätzlichen Stellenanteile, die entsprechend Absatz 9 Satz 1 Nummer 2 auf der Grundlage der versorgten Pflegebedürftigen nach Pflegegraden nach Nummer 1 berechnet werden,
3. die Qualifikation, die Entlohnung und die weiteren Personalaufwendungen für das zusätzliche Pflegehilfskraftpersonal,
4. die mit einer berufsbegleitenden Ausbildung nach Absatz 9 Satz 1 Nummer 1 Buchstabe b und c verbundenen notwendigen, nicht anderweitig finanzierten Aufwendungen und
5. die Erklärung, dass das zusätzliche Pflegehilfskraftpersonal über das Personal hinausgeht, das die vollstationäre Pflegeeinrichtung nach der Pflegesatzvereinbarung gemäß § 84 Absatz 5 Satz 2 Nummer 2 vorzuhalten hat.

[2] Für die Mitteilung nach Satz 1 ist ein einheitliches Formular zu verwenden, das der Spitzenverband Bund der Pflegekassen im Benehmen mit dem Bundesministerium für Gesundheit, dem Verband der Privaten Krankenversicherung e.V. und der Bundesarbeitsgemeinschaft der überörtlichen Träger der Sozialhilfe bereitstellt. [3] Die nach Absatz 2 als Parteien der Pflegesatzvereinbarung beteiligten Kostenträger können die nach Satz 1 mitgeteilten Angaben beanstanden. [4] Über diese Beanstandungen befinden die Vertragsparteien nach Absatz 2 unverzüglich mit Mehrheit. [5] Die mit dem Vergütungszuschlag nach § 84 Absatz 9 Satz 1 finanzierten zusätzlichen Stellen und die der Berechnung des Vergütungszuschlags zugrunde gelegte Bezahlung der auf diesen Stellen Beschäftigten sind von dem Träger der vollstationären Pflegeeinrichtung unter entsprechender Anwendung des § 84 Absatz 6 Satz 3 und 4 und Absatz 7 nachzuweisen.

§ 86 Pflegesatzkommission. (1) [1] Die Landesverbände der Pflegekassen, der Verband der privaten Krankenversicherung e.V., die überörtlichen oder ein nach Landesrecht bestimmter Träger der Sozialhilfe und die Vereinigungen der Pflegeheimträger im Land bilden regional oder landesweit tätige Pflegesatzkommissionen, die anstelle der Vertragsparteien nach § 85 Abs. 2 die Pflegesätze mit Zustimmung der betroffenen Pflegeheimträger vereinbaren können. [2] § 85 Abs. 3 bis 7 gilt entsprechend.

(2) [1] Für Pflegeheime, die in derselben kreisfreien Gemeinde oder in demselben Landkreis liegen, kann die Pflegesatzkommission mit Zustimmung der betroffenen Pflegeheimträger für die gleichen Leistungen einheitliche Pflegesätze vereinbaren. [2] Die beteiligten Pflegeheime sind befugt, ihre Leistungen unterhalb der nach Satz 1 vereinbarten Pflegesätze anzubieten.

(3) [1] Die Pflegesatzkommission oder die Vertragsparteien nach § 85 Abs. 2 können auch Rahmenvereinbarungen abschließen, die insbesondere ihre Rechte und Pflichten, die Vorbereitung, den Beginn und das Verfahren der Pflegesatzverhandlungen sowie Art, Umfang und Zeitpunkt der vom Pflegeheim vorzulegenden Leistungsnachweise und sonstigen Verhandlungsunterlagen näher bestimmen. [2] Satz 1 gilt nicht, soweit für das Pflegeheim verbindliche Regelungen nach § 75 getroffen worden sind.

§ 87 Unterkunft und Verpflegung. [1] Die als Pflegesatzparteien betroffenen Leistungsträger (§ 85 Abs. 2) vereinbaren mit dem Träger des Pflegeheimes die von den Pflegebedürftigen zu tragenden Entgelte für die Unterkunft und für die Verpflegung jeweils getrennt. [2] Die Entgelte müssen in einem angemessenen Verhältnis zu den Leistungen stehen. [3] § 84 Abs. 3 und 4 und die §§ 85 und 86 gelten entsprechend; § 88 bleibt unberührt.

§ 87a Berechnung und Zahlung des Heimentgelts. (1) [1] Die Pflegesätze, die Entgelte für Unterkunft und Verpflegung sowie die gesondert berechenbaren Investitionskosten (Gesamtheimentgelt) werden für den Tag der Aufnahme des Pflegebedürftigen in das Pflegeheim sowie für jeden weiteren Tag des Heimaufenthalts berechnet (Berechnungstag). [2] Die Zahlungspflicht der Heimbewohner oder ihrer Kostenträger endet mit dem Tag, an dem der Heimbewohner aus dem Heim entlassen wird oder verstirbt. [3] Zieht ein Pflegebedürftiger in ein anderes Heim um, darf nur das aufnehmende Pflegeheim ein Gesamtheimentgelt für den Verlegungstag berechnen. [4] Von den Sätzen 1 bis 3 abweichende Vereinbarungen zwischen dem Pflegeheim und dem Heimbewohner oder dessen Kostenträger sind nichtig. [5] Der Pflegeplatz ist im Fall vorübergehender Abwesenheit vom Pflegeheim für einen Abwesenheitszeitraum von bis zu 42 Tagen im Kalenderjahr für den Pflegebedürftigen freizuhalten. [6] Abweichend hiervon verlängert sich der Abwesenheitszeitraum bei Krankenhausaufenthalten und bei Aufenthalten in Rehabilitationseinrichtungen für die Dauer dieser Aufenthalte. [7] In den Rahmenverträgen nach § 75 sind für die nach den Sätzen 5 und 6 bestimmten Abwesenheitszeiträume, soweit drei Kalendertage überschritten werden, Abschläge von mindestens 25 vom Hundert der Pflegevergütung, der Entgelte für Unterkunft und Verpflegung und der Zuschläge nach § 92b vorzusehen.

(2) [1] Bestehen Anhaltspunkte dafür, dass der pflegebedürftige Heimbewohner auf Grund der Entwicklung seines Zustands einem höheren Pflegegrad zuzuordnen ist, so ist er auf schriftliche Aufforderung des Heimträgers verpflichtet, bei seiner Pflegekasse die Zuordnung zu einer höheren Pflegestufe zu beantragen. [2] Die Aufforderung ist zu begründen und auch der Pflegekasse sowie bei Sozialhilfeempfängern dem zuständigen Träger der Sozialhilfe zuzuleiten. [3] Weigert sich der Heimbewohner, den Antrag zu stellen, kann der Heimträger ihm oder seinem Kostenträger ab dem ersten Tag des zweiten Monats nach der Aufforderung vorläufig den Pflegesatz nach dem nächsthöheren Pflegegrad berechnen. [4] Werden die Voraussetzungen für einen höheren Pflegegrad vom Medizinischen Dienst nicht bestätigt und lehnt die Pflegekasse eine Höherstufung deswegen ab, hat das Pflegeheim dem Pflegebedürftigen den überzahlten Betrag unverzüglich zurückzuzahlen; der Rückzahlungsbetrag ist rückwirkend ab dem in Satz 3 genannten Zeitpunkt mit wenigstens 5 vom Hundert zu verzinsen.

(3) [1] Die dem pflegebedürftigen Heimbewohner nach den §§ 41 bis 43 zustehenden Leistungsbeträge sind von seiner Pflegekasse mit befreiender Wirkung unmittelbar an das Pflegeheim zu zahlen. [2] Maßgebend für die Höhe des zu zahlenden Leistungsbetrags ist der Leistungsbescheid der Pflegekasse, unabhängig davon, ob der Bescheid bestandskräftig ist oder nicht. [3] Die von den Pflegekassen zu zahlenden Leistungsbeträge werden bei vollstationärer Pflege (§ 43) zum 15. eines jeden Monats fällig.

(4) [1] Pflegeeinrichtungen, die Leistungen im Sinne des § 43 erbringen, erhalten von der Pflegekasse zusätzlich den Betrag von 2 952 Euro, wenn der Pflegebedürftige nach der Durchführung aktivierender oder rehabilitativer Maßnahmen in einen niedrigeren Pflegegrad zurückgestuft wurde oder fest-

gestellt wurde, dass er nicht mehr pflegebedürftig im Sinne der §§ 14 und 15 ist. [2]Der Betrag wird entsprechend § 30 angepasst. [3]Der von der Pflegekasse gezahlte Betrag ist von der Pflegeeinrichtung zurückzuzahlen, wenn der Pflegebedürftige innerhalb von sechs Monaten in einen höheren Pflegegrad oder wieder als pflegebedürftig im Sinne der §§ 14 und 15 eingestuft wird.

§ 87b *(aufgehoben)*

§ 88 Zusatzleistungen. (1) [1]Neben den Pflegesätzen nach § 85 und den Entgelten nach § 87 darf das Pflegeheim mit den Pflegebedürftigen über die im Versorgungsvertrag vereinbarten notwendigen Leistungen hinaus (§ 72 Abs. 1 Satz 2) gesondert ausgewiesene Zuschläge für

1. besondere Komfortleistungen bei Unterkunft und Verpflegung sowie
2. zusätzliche pflegerisch-betreuende Leistungen

vereinbaren (Zusatzleistungen). [2]Der Inhalt der notwendigen Leistungen und deren Abgrenzung von den Zusatzleistungen werden in den Rahmenverträgen nach § 75 festgelegt.

(2) Die Gewährung und Berechnung von Zusatzleistungen ist nur zulässig, wenn:

1. dadurch die notwendigen stationären oder teilstationären Leistungen des Pflegeheimes (§ 84 Abs. 4 und § 87) nicht beeinträchtigt werden,
2. die angebotenen Zusatzleistungen nach Art, Umfang, Dauer und Zeitabfolge sowie die Höhe der Zuschläge und die Zahlungsbedingungen vorher schriftlich zwischen dem Pflegeheim und dem Pflegebedürftigen vereinbart worden sind,
3. das Leistungsangebot und die Leistungsbedingungen den Landesverbänden der Pflegekassen und den überörtlichen Trägern der Sozialhilfe im Land vor Leistungsbeginn schriftlich mitgeteilt worden sind.

Dritter Abschnitt. Vergütung der ambulanten Pflegeleistungen

§ 89 Grundsätze für die Vergütungsregelung. (1) [1]Die Vergütung der ambulanten Leistungen der häuslichen Pflegehilfe wird, soweit nicht die Gebührenordnung nach § 90 Anwendung findet, zwischen dem Träger des Pflegedienstes und den Leistungsträgern nach Absatz 2 für alle Pflegebedürftigen nach einheitlichen Grundsätzen vereinbart. [2]Sie muß leistungsgerecht sein. [3]Die Vergütung muss einem Pflegedienst bei wirtschaftlicher Betriebsführung ermöglichen, seine Aufwendungen zu finanzieren und seinen Versorgungsauftrag zu erfüllen unter Berücksichtigung einer angemessenen Vergütung ihres Unternehmerrisikos. [4]Die Bezahlung von Gehältern bis zur Höhe tarifvertraglich vereinbarter Vergütungen sowie entsprechender Vergütungen nach kirchlichen Arbeitsrechtsregelungen kann dabei nicht als unwirtschaftlich abgelehnt werden. [5]Für eine darüber hinausgehende Bezahlung bedarf es eines sachlichen Grundes. [6]Eine Differenzierung in der Vergütung nach Kostenträgern ist unzulässig.

(2) [1]Vertragsparteien der Vergütungsvereinbarung sind die Träger des Pflegedienstes sowie

1. die Pflegekassen oder sonstige Sozialversicherungsträger,

2. die Träger der Sozialhilfe, die für die durch den Pflegedienst versorgten Pflegebedürftigen zuständig sind, sowie
3. die Arbeitsgemeinschaften der unter Nummer 1 und 2 genannten Träger,

soweit auf den jeweiligen Kostenträger oder die Arbeitsgemeinschaft im Jahr vor Beginn der Vergütungsverhandlungen jeweils mehr als 5 vom Hundert der vom Pflegedienst betreuten Pflegebedürftigen entfallen. [2]Die Vergütungsvereinbarung ist für jeden Pflegedienst gesondert abzuschließen und gilt für den nach § 72 Abs. 3 Satz 3 vereinbarten Einzugsbereich, soweit nicht ausdrücklich etwas Abweichendes vereinbart wird.

(3) [1]Die Vergütungen können, je nach Art und Umfang der Pflegeleistung, nach dem dafür erforderlichen Zeitaufwand oder unabhängig vom Zeitaufwand nach dem Leistungsinhalt des jeweiligen Pflegeeinsatzes, nach Komplexleistungen oder in Ausnahmefällen auch nach Einzelleistungen bemessen werden; sonstige Leistungen wie hauswirtschaftliche Versorgung, Behördengänge oder Fahrkosten können auch mit Pauschalen vergütet werden. [2]Die Vergütungen haben zu berücksichtigen, dass Leistungen von mehreren Pflegebedürftigen gemeinsam abgerufen und in Anspruch genommen werden können; die sich aus einer gemeinsamen Leistungsinanspruchnahme ergebenden Zeit- und Kostenersparnisse kommen den Pflegebedürftigen zugute. [3]Bei der Vereinbarung der Vergütung sind die Grundsätze für die Vergütung von längeren Wegezeiten, insbesondere in ländlichen Räumen, die in den Rahmenempfehlungen nach § 132a Absatz 1 Satz 4 Nummer 5 des Fünften Buches[1)] vorzusehen sind, zu berücksichtigen. [4]§ 84 Absatz 4 Satz 2 und Absatz 7, § 85 Absatz 3 bis 7 und § 86 gelten entsprechend.

§ 90 Gebührenordnung für ambulante Pflegeleistungen. (1) [1]Das Bundesministerium für Gesundheit wird ermächtigt, im Einvernehmen mit dem Bundesministerium für Familie, Senioren, Frauen und Jugend und dem Bundesministerium für Arbeit und Soziales durch Rechtsverordnung mit Zustimmung des Bundesrates eine Gebührenordnung für die Vergütung der ambulanten Leistungen der häuslichen Pflegehilfe zu erlassen, soweit die Versorgung von der Leistungspflicht der Pflegeversicherung umfaßt ist. [2]Die Vergütung muß leistungsgerecht sein, den Bemessungsgrundsätzen nach § 89 entsprechen und hinsichtlich ihrer Höhe regionale Unterschiede berücksichtigen. [3]§ 82 Abs. 2 gilt entsprechend. [4]In der Verordnung ist auch das Nähere zur Abrechnung der Vergütung zwischen den Pflegekassen und den Pflegediensten zu regeln.

(2) [1]Die Gebührenordnung gilt nicht für die Vergütung von ambulanten Leistungen der häuslichen Pflegehilfe durch Familienangehörige und sonstige Personen, die mit dem Pflegebedürftigen in häuslicher Gemeinschaft leben. [2]Soweit die Gebührenordnung Anwendung findet, sind die davon betroffenen Pflegeeinrichtungen und Pflegepersonen nicht berechtigt, über die Berechnung der Gebühren hinaus weitergehende Ansprüche an die Pflegebedürftigen oder deren Kostenträger zu stellen.

[1)] Nr. 5.

Vierter Abschnitt. Kostenerstattung, Pflegeheimvergleich

§ 91 Kostenerstattung. (1) Zugelassene Pflegeeinrichtungen, die auf eine vertragliche Regelung der Pflegevergütung nach den §§ 85 und 89 verzichten oder mit denen eine solche Regelung nicht zustande kommt, können den Preis für ihre ambulanten oder stationären Leistungen unmittelbar mit den Pflegebedürftigen vereinbaren.

(2) [1] Den Pflegebedürftigen werden die ihnen von den Einrichtungen nach Absatz 1 berechneten Kosten für die pflegebedingten Aufwendungen erstattet. [2] Die Erstattung darf jedoch 80 vom Hundert des Betrages nicht überschreiten, den die Pflegekasse für den einzelnen Pflegebedürftigen nach Art und Schwere seiner Pflegebedürftigkeit nach dem Dritten Abschnitt des Vierten Kapitels zu leisten hat. [3] Eine weitergehende Kostenerstattung durch einen Träger der Sozialhilfe ist unzulässig.

(3) Die Absätze 1 und 2 gelten entsprechend für Pflegebedürftige, die nach Maßgabe dieses Buches bei einem privaten Versicherungsunternehmen versichert sind.

(4) Die Pflegebedürftigen und ihre Angehörigen sind von der Pflegekasse und der Pflegeeinrichtung rechtzeitig auf die Rechtsfolgen der Absätze 2 und 3 hinzuweisen.

§ 92 *(aufgehoben)*

§ 92a Pflegeheimvergleich. (1) [1] Die Bundesregierung wird ermächtigt, durch Rechtsverordnung mit Zustimmung des Bundesrates einen Pflegeheimvergleich anzuordnen, insbesondere mit dem Ziel,

1. die Landesverbände der Pflegekassen bei der Durchführung von Wirtschaftlichkeits- und Qualitätsprüfungen (§ 79, Elftes Kapitel),
2. die Vertragsparteien nach § 85 Abs. 2 bei der Bemessung der Vergütungen und Entgelte sowie
3. die Pflegekassen bei der Erstellung der Leistungs- und Preisvergleichslisten (§ 7 Abs. 3)

zu unterstützen. [2] Die Pflegeheime sind länderbezogen, Einrichtung für Einrichtung, insbesondere hinsichtlich ihrer Leistungs- und Belegungsstrukturen, ihrer Pflegesätze und Entgelte sowie ihrer gesondert berechenbaren Investitionskosten miteinander zu vergleichen.

(2) In der Verordnung nach Absatz 1 sind insbesondere zu regeln:

1. die Organisation und Durchführung des Pflegeheimvergleichs durch eine oder mehrere von dem Spitzenverband Bund der Pflegekassen oder den Landesverbänden der Pflegekassen gemeinsam beauftragte Stellen,
2. die Finanzierung des Pflegeheimvergleichs aus Verwaltungsmitteln der Pflegekassen,
3. die Erhebung der vergleichsnotwendigen Daten einschließlich ihrer Verarbeitung.

(3) [1] Zur Ermittlung der Vergleichsdaten ist vorrangig auf die verfügbaren Daten aus den Versorgungsverträgen sowie den Pflegesatz- und Entgeltvereinbarungen über

1. die Versorgungsstrukturen einschließlich der personellen und sächlichen Ausstattung,

2. die Leistungen, Pflegesätze und sonstigen Entgelte der Pflegeheime

und auf die Daten aus den Vereinbarungen über Zusatzleistungen zurückzugreifen. [2]Soweit dies für die Zwecke des Pflegeheimvergleichs erforderlich ist, haben die Pflegeheime der mit der Durchführung des Pflegeheimvergleichs beauftragten Stelle auf Verlangen zusätzliche Unterlagen vorzulegen und Auskünfte zu erteilen, insbesondere auch über die von ihnen gesondert berechneten Investitionskosten (§ 82 Abs. 3 und 4).

(4) [1]Durch die Verordnung nach Absatz 1 ist sicherzustellen, dass die Vergleichsdaten

1. den zuständigen Landesbehörden,
2. den Vereinigungen der Pflegeheimträger im Land,
3. den Landesverbänden der Pflegekassen,
4. dem Medizinischen Dienst,
5. dem Verband der privaten Krankenversicherung e.V. im Land sowie
6. den nach Landesrecht zuständigen Trägern der Sozialhilfe

zugänglich gemacht werden. [2]Die Beteiligten nach Satz 1 sind befugt, die Vergleichsdaten ihren Verbänden oder Vereinigungen auf Bundesebene zu übermitteln; die Landesverbände der Pflegekassen sind verpflichtet, die für Prüfzwecke erforderlichen Vergleichsdaten den von ihnen zur Durchführung von Wirtschaftlichkeits- und Qualitätsprüfungen bestellten Sachverständigen zugänglich zu machen.

(5) [1]Vor Erlass der Rechtsverordnung nach Absatz 1 sind der Spitzenverband Bund der Pflegekassen, der Verband der privaten Krankenversicherung e.V., die Bundesarbeitsgemeinschaft der überörtlichen Träger der Sozialhilfe, die Bundesvereinigung der kommunalen Spitzenverbände und die Vereinigungen der Träger der Pflegeheime auf Bundesebene anzuhören. [2]Im Rahmen der Anhörung können diese auch Vorschläge für eine Rechtsverordnung nach Absatz 1 oder für einzelne Regelungen einer solchen Rechtsverordnung vorlegen.

(6) Der Spitzenverband Bund der Pflegekassen oder die Landesverbände der Pflegekassen sind berechtigt, jährlich Verzeichnisse der Pflegeheime mit den im Pflegeheimvergleich ermittelten Leistungs-, Belegungs- und Vergütungsdaten zu veröffentlichen.

(7) Personenbezogene Daten sind vor der Datenübermittlung oder der Erteilung von Auskünften zu anonymisieren.

(8) Die Bundesregierung wird ermächtigt, durch Rechtsverordnung mit Zustimmung des Bundesrates einen länderbezogenen Vergleich über die zugelassenen Pflegedienste (Pflegedienstvergleich) in entsprechender Anwendung der vorstehenden Absätze anzuordnen.

Fünfter Abschnitt. Integrierte Versorgung

§ 92b Integrierte Versorgung. (1) Die Pflegekassen können mit zugelassenen Pflegeeinrichtungen und den weiteren Vertragspartnern nach § 140a Absatz 3 Satz 1 des Fünften Buches[1)] Verträge zur integrierten Versorgung schließen oder derartigen Verträgen mit Zustimmung der Vertragspartner beitreten.

[1)] Nr. 5.

(2) [1]In den Verträgen nach Absatz 1 ist das Nähere über Art, Inhalt und Umfang der zu erbringenden Leistungen der integrierten Versorgung sowie deren Vergütung zu regeln. [2]Diese Verträge können von den Vorschriften der §§ 75, 85 und 89 abweichende Regelungen treffen, wenn sie dem Sinn und der Eigenart der integrierten Versorgung entsprechen, die Qualität, die Wirksamkeit und die Wirtschaftlichkeit der Versorgung durch die Pflegeeinrichtungen verbessern oder aus sonstigen Gründen zur Durchführung der integrierten Versorgung erforderlich sind. [3]In den Pflegevergütungen dürfen keine Aufwendungen berücksichtigt werden, die nicht der Finanzierungszuständigkeit der sozialen Pflegeversicherung unterliegen. [4]Soweit Pflegeeinrichtungen durch die integrierte Versorgung Mehraufwendungen für Pflegeleistungen entstehen, vereinbaren die Beteiligten leistungsgerechte Zuschläge zu den Pflegevergütungen (§§ 85 und 89). [5]§ 140a Absatz 2 Satz 1 bis 3 des Fünften Buches gilt für Leistungsansprüche der Pflegeversicherten gegenüber ihrer Pflegekasse entsprechend.

(3) § 140a Absatz 4 des Fünften Buches gilt für die Teilnahme der Pflegeversicherten an den integrierten Versorgungsformen entsprechend.

Sechster Abschnitt. *(aufgehoben)*

§§ 92c–92f *(aufgehoben)*

Neuntes Kapitel. Datenschutz und Statistik

Erster Abschnitt. Informationsgrundlagen

Erster Titel. Grundsätze der Datenverarbeitung

§ 93 Anzuwendende Vorschriften. Für den Schutz personenbezogener Daten bei der Verarbeitung in der Pflegeversicherung gelten § 35 des Ersten Buches[1)], die §§ 67 bis 84 und § 85a des Zehnten Buches[2)] sowie die Vorschriften dieses Buches.

§ 94 Personenbezogene Daten bei den Pflegekassen. (1) Die Pflegekassen dürfen personenbezogene Daten für Zwecke der Pflegeversicherung nur verarbeiten, soweit dies für:

1. die Feststellung des Versicherungsverhältnisses (§§ 20 bis 26) und der Mitgliedschaft (§ 49),
2. die Feststellung der Beitragspflicht und der Beiträge, deren Tragung und Zahlung (§§ 54 bis 61),
3. die Prüfung der Leistungspflicht und die Gewährung von Leistungen an Versicherte (§§ 4, 28 und 28a) sowie die Durchführung von Erstattungs- und Ersatzansprüchen,
4. die Beteiligung des Medizinischen Dienstes (§§ 18 und 40),
5. die Abrechnung mit den Leistungserbringern und die Kostenerstattung (§§ 84 bis 91 und 105),
6. die Überwachung der Wirtschaftlichkeit, der Abrechnung und der Qualität der Leistungserbringung (§§ 79, 112, 113, 114, 114a, 115 und 117),

---

1) Nr. **1**.
2) Nr. **10**.

6a. den Abschluss und die Durchführung von Pflegesatzvereinbarungen (§§ 85, 86), Vergütungsvereinbarungen (§ 89) sowie Verträgen zur integrierten Versorgung (§ 92b),
7. die Aufklärung und Auskunft (§ 7),
8. die Koordinierung pflegerischer Hilfen (§ 12), die Pflegeberatung (§ 7a), das Ausstellen von Beratungsgutscheinen (§ 7b) sowie die Wahrnehmung der Aufgaben in den Pflegestützpunkten (§ 7c),
9. die Abrechnung mit anderen Leistungsträgern,
10. statistische Zwecke (§ 109),
11. die Unterstützung der Versicherten bei der Verfolgung von Schadensersatzansprüchen (§ 115 Abs. 3 Satz 7)

erforderlich ist.

(2) [1] Die nach Absatz 1 erhobenen und gespeicherten personenbezogenen Daten dürfen für andere Zwecke nur verarbeitet werden, soweit dies durch Rechtsvorschriften des Sozialgesetzbuches angeordnet oder erlaubt ist. [2] Auf Ersuchen des Betreuungsgerichts hat die Pflegekasse diesem zu dem in § 282 Abs. 1 des Gesetzes über das Verfahren in Familiensachen und in den Angelegenheiten der freiwilligen Gerichtsbarkeit genannten Zweck das nach § 18 zur Feststellung der Pflegebedürftigkeit erstellte Gutachten einschließlich der Befunde des Medizinischen Dienstes zu übermitteln.

(3) Versicherungs- und Leistungsdaten der für Aufgaben der Pflegekasse eingesetzten Beschäftigten einschließlich der Daten ihrer mitversicherten Angehörigen dürfen Personen, die kasseninterne Personalentscheidungen treffen oder daran mitwirken können, weder zugänglich sein noch diesen Personen von Zugriffsberechtigten offenbart werden.

§ 95 Personenbezogene Daten bei den Verbänden der Pflegekassen.

(1) Die Verbände der Pflegekassen dürfen personenbezogene Daten für Zwecke der Pflegeversicherung verarbeiten, soweit diese für:

1. die Überwachung der Wirtschaftlichkeit, der Abrechnung und der Qualitätssicherung der Leistungserbringung (§§ 79, 112, 113, 114, 114a, 115 und 117),
1a. die Information über die Erbringer von Leistungen der Prävention, Teilhabe sowie von Leistungen und Hilfen zur Pflege (§ 7),
2. den Abschluss und die Durchführung von Versorgungsverträgen (§§ 72 bis 74), Pflegesatzvereinbarungen (§§ 85, 86), Vergütungsvereinbarungen (§ 89) sowie Verträgen zur integrierten Versorgung (§ 92b),
3. die Wahrnehmung der ihnen nach §§ 52 und 53 zugewiesenen Aufgaben,
4. die Unterstützung der Versicherten bei der Verfolgung von Schadensersatzansprüchen (§ 115 Abs. 3 Satz 7)

erforderlich sind.

(2) § 94 Abs. 2 und 3 gilt entsprechend.

§ 96 Gemeinsame Verarbeitung personenbezogener Daten. (1) [1] Die Pflegekassen und die Krankenkassen dürfen erhobene personenbezogene Daten, die zur Erfüllung gesetzlicher Aufgaben jeder Stelle erforderlich sind, gemeinsam verarbeiten. [2] Insoweit findet § 76 des Zehnten Buches[1)] im Verhältnis zwischen der Pflegekasse und der Krankenkasse, bei der sie errichtet ist (§ 46), keine Anwendung.

(2) § 286 des Fünften Buches[2)] gilt für die Pflegekassen entsprechend.

(3) Die Absätze 1 und 2 gelten entsprechend für die Verbände der Pflege- und Krankenkassen.

§ 97 Personenbezogene Daten beim Medizinischen Dienst. (1) [1] Der Medizinische Dienst darf personenbezogene Daten für Zwecke der Pflegeversicherung nur verarbeiten, soweit dies für die Prüfungen, Beratungen und gutachtlichen Stellungnahmen nach den §§ 18, 38a, 40, 112, 113, 114, 114a, 115 und 117 erforderlich ist. [2] Nach Satz 1 erhobene Daten dürfen für andere Zwecke nur verarbeitet werden, soweit dies durch Rechtsvorschriften des Sozialgesetzbuches angeordnet oder erlaubt ist.

(2) Der Medizinische Dienst darf personenbezogene Daten, die er für die Aufgabenerfüllung nach dem Fünften[2)] oder Elften Buch verarbeitet, auch für die Aufgaben des jeweils anderen Buches verarbeiten, wenn ohne die vorhandenen Daten diese Aufgaben nicht ordnungsgemäß erfüllt werden können.

(3) [1] Die personenbezogenen Daten sind nach fünf Jahren zu löschen. [2] § 96 Abs. 2, § 98 und § 107 Abs. 1 Satz 2 und 3 und Abs. 2 gelten für den Medizinischen Dienst entsprechend. [3] Der Medizinische Dienst hat Sozialdaten zur Identifikation des Versicherten getrennt von den medizinischen Sozialdaten des Versicherten zu speichern. [4] Durch technische und organisatorische Maßnahmen ist sicherzustellen, dass die Sozialdaten nur den Personen zugänglich sind, die sie zur Erfüllung ihrer Aufgaben benötigen. [5] Der Schlüssel für die Zusammenführung der Daten ist vom Beauftragten für den Datenschutz des Medizinischen Dienstes aufzubewahren und darf anderen Personen nicht zugänglich gemacht werden. [6] Jede Zusammenführung ist zu protokollieren.

(4) Für das Akteneinsichtsrecht des Versicherten gilt § 25 des Zehnten Buches[1)] entsprechend.

§ 97a Qualitätssicherung durch Sachverständige. (1) [1] Von den Landesverbänden der Pflegekassen bestellte sonstige Sachverständige (§ 114 Abs. 1 Satz 1) sind berechtigt, für Zwecke der Qualitätssicherung und -prüfung Daten nach den §§ 112, 113, 114, 114a, 115 und 117 zu verarbeiten; sie dürfen die Daten an die Pflegekassen und deren Verbände sowie an die in den §§ 112, 114, 114a, 115 und 117 genannten Stellen übermitteln, soweit dies zur Erfüllung der gesetzlichen Aufgaben auf dem Gebiet der Qualitätssicherung und Qualitätsprüfung dieser Stellen erforderlich ist. [2] Die Daten sind vertraulich zu behandeln.

(2) § 107 gilt entsprechend.

§ 97b Personenbezogene Daten bei den nach heimrechtlichen Vorschriften zuständigen Aufsichtsbehörden und den Trägern der Sozialhilfe. Die nach heimrechtlichen Vorschriften zuständigen Aufsichtsbehörden und die zuständigen Träger der Sozialhilfe sind berechtigt, die für Zwecke der Pflegeversicherung nach den §§ 112, 113, 114, 114a, 115 und 117 erhobenen

---

[1)] Nr. **10**.
[2)] Nr. **5**.

personenbezogenen Daten zu verarbeiten, soweit dies zur Erfüllung ihrer gesetzlichen Aufgaben erforderlich ist; § 107 findet entsprechende Anwendung.

§ 97c Qualitätssicherung durch den Prüfdienst des Verbandes der privaten Krankenversicherung e.V. [1]Bei Wahrnehmung der Aufgaben auf dem Gebiet der Qualitätssicherung und Qualitätsprüfung im Sinne dieses Buches durch den Prüfdienst des Verbandes der privaten Krankenversicherung e.V. gilt der Prüfdienst als Stelle im Sinne des § 35 Absatz 1 Satz 1 des Ersten Buches[1)]. [2]Die §§ 97 und 97a gelten entsprechend.

§ 97d Begutachtung durch unabhängige Gutachter. (1) [1]Von den Pflegekassen gemäß § 18 Absatz 1 Satz 1 beauftragte unabhängige Gutachter sind berechtigt, personenbezogene Daten des Antragstellers zu verarbeiten, soweit dies für die Zwecke der Begutachtung gemäß § 18 erforderlich ist. [2]Die Daten sind vertraulich zu behandeln. [3]Durch technische und organisatorische Maßnahmen ist sicherzustellen, dass die Daten nur den Personen zugänglich sind, die sie zur Erfüllung des dem Gutachter von den Pflegekassen nach § 18 Absatz 1 Satz 1 erteilten Auftrags benötigen.

(2) [1]Die unabhängigen Gutachter dürfen das Ergebnis der Prüfung zur Feststellung der Pflegebedürftigkeit sowie die Präventions- und Rehabilitationsempfehlung gemäß § 18 an die sie beauftragende Pflegekasse übermitteln, soweit dies zur Erfüllung der gesetzlichen Aufgaben der Pflegekasse erforderlich ist; § 35 des Ersten Buches[1)] gilt entsprechend. [2]Dabei ist sicherzustellen, dass das Ergebnis der Prüfung zur Feststellung der Pflegebedürftigkeit sowie die Präventions- und Rehabilitationsempfehlung nur den Personen zugänglich gemacht werden, die sie zur Erfüllung ihrer Aufgaben benötigen.

(3) [1]Die personenbezogenen Daten sind nach fünf Jahren zu löschen. [2]§ 107 Absatz 1 Satz 2 gilt entsprechend.

§ 98 Forschungsvorhaben. (1) Die Pflegekassen dürfen mit der Erlaubnis der Aufsichtsbehörde die Datenbestände leistungserbringer- und fallbeziehbar für zeitlich befristete und im Umfang begrenzte Forschungsvorhaben selbst auswerten und zur Durchführung eines Forschungsvorhabens über die sich aus § 107 ergebenden Fristen hinaus aufbewahren.

(2) Personenbezogene Daten sind zu anonymisieren.

Zweiter Titel. Informationsgrundlagen der Pflegekassen

§ 99 Versichertenverzeichnis. [1]Die Pflegekasse hat ein Versichertenverzeichnis zu führen. [2]Sie hat in das Versichertenverzeichnis alle Angaben einzutragen, die zur Feststellung der Versicherungspflicht oder -berechtigung und des Anspruchs auf Familienversicherung, zur Bemessung und Einziehung der Beiträge sowie zur Feststellung des Leistungsanspruchs erforderlich sind.

§ 100 Nachweispflicht bei Familienversicherung. Die Pflegekasse kann die für den Nachweis einer Familienversicherung (§ 25) erforderlichen Daten vom Angehörigen oder mit dessen Zustimmung vom Mitglied erheben.

---

1) Nr. 1.

§ 101 Pflegeversichertennummer. [1]Die Pflegekasse verwendet für jeden Versicherten eine Versichertennummer, die mit der Krankenversichertennummer ganz oder teilweise übereinstimmen darf. [2]Bei der Vergabe der Nummer für Versicherte nach § 25 ist sicherzustellen, daß der Bezug zu dem Angehörigen, der Mitglied ist, hergestellt werden kann.

§ 102 Angaben über Leistungsvoraussetzungen. [1]Die Pflegekasse hat Angaben über Leistungen, die zur Prüfung der Voraussetzungen späterer Leistungsgewährung erforderlich sind, zu speichern. [2]Hierzu gehören insbesondere Angaben zur Feststellung der Voraussetzungen von Leistungsansprüchen und zur Leistung von Zuschüssen.

§ 103 Kennzeichen für Leistungsträger und Leistungserbringer.

(1) Die Pflegekassen, die anderen Träger der Sozialversicherung und die Vertragspartner der Pflegekassen einschließlich deren Mitglieder verwenden im Schriftverkehr und für Abrechnungszwecke untereinander bundeseinheitliche Kennzeichen.

(2) § 293 Abs. 2 und 3 des Fünften Buches[1)] gilt entsprechend.

Zweiter Abschnitt. Übermittlung von Leistungsdaten

§ 104 Pflichten der Leistungserbringer. (1) Die Leistungserbringer sind berechtigt und verpflichtet:

1. im Falle der Überprüfung der Notwendigkeit von Pflegehilfsmitteln (§ 40 Abs. 1),
2. im Falle eines Prüfverfahrens, soweit die Wirtschaftlichkeit oder die Qualität der Leistungen im Einzelfall zu beurteilen sind (§§ 79, 112, 113, 114, 114a, 115 und 117),

2a. im Falle des Abschlusses und der Durchführung von Versorgungsverträgen (§§ 72 bis 74), Pflegesatzvereinbarungen (§§ 85, 86), Vergütungsvereinbarungen (§ 89) sowie Verträgen zur integrierten Versorgung (§ 92b),

3. im Falle der Abrechnung pflegerischer Leistungen (§ 105)

die für die Erfüllung der Aufgaben der Pflegekassen und ihrer Verbände erforderlichen Angaben zu speichern und den Pflegekassen sowie den Verbänden oder den mit der Datenverarbeitung beauftragten Stellen zu übermitteln.

(2) Soweit dies für die in Absatz 1 Nr. 2 und 2a genannten Zwecke erforderlich ist, sind die Leistungserbringer berechtigt, die personenbezogenen Daten auch an die Medizinischen Dienste und die in den §§ 112, 113, 114, 114a, 115 und 117 genannten Stellen zu übermitteln.

(3) Trägervereinigungen dürfen die ihnen nach Absatz 2 oder § 115 Absatz 1 Satz 2 übermittelten personenbezogenen Daten verarbeiten, soweit dies für ihre Beteiligung an Qualitätsprüfungen oder Maßnahmen der Qualitätssicherung nach diesem Buch erforderlich ist.

§ 105 Abrechnung pflegerischer Leistungen. (1) [1]Die an der Pflegeversorgung teilnehmenden Leistungserbringer sind verpflichtet,

---

[1)] Nr. 5.

1. in den Abrechnungsunterlagen die von ihnen erbrachten Leistungen nach Art, Menge und Preis einschließlich des Tages und der Zeit der Leistungserbringung aufzuzeichnen,
2. in den Abrechnungsunterlagen ihr Kennzeichen (§ 103), spätestens ab dem 1. Januar 2023 die Beschäftigtennummer nach § 293 Absatz 8 Satz 2 des Fünften Buches[1)] der Person, die die Leistung erbracht hat, sowie die Versichertennummer des Pflegebedürftigen anzugeben,
3. bei der Abrechnung über die Abgabe von Hilfsmitteln die Bezeichnungen des Hilfsmittelverzeichnisses nach § 78 zu verwenden.

[2] Vom 1. Januar 1996 an sind maschinenlesbare Abrechnungsunterlagen zu verwenden.

(2) [1] Das Nähere über Form und Inhalt der Abrechnungsunterlagen sowie Einzelheiten des Datenträgeraustausches werden vom Spitzenverband Bund der Pflegekassen im Einvernehmen mit den Verbänden der Leistungserbringer festgelegt. [2] Der Spitzenverband Bund der Pflegekassen und die Verbände der Leistungserbringer legen bis zum 1. Januar 2018 die Einzelheiten für eine elektronische Datenübertragung aller Angaben und Nachweise fest, die für die Abrechnung pflegerischer Leistungen in der Form elektronischer Dokumente erforderlich sind. [3] Kommt eine Festlegung nach Satz 1 oder Satz 2 ganz oder teilweise nicht zustande, wird ihr Inhalt für Abrechnungen von Leistungen der häuslichen Pflegehilfe im Sinne des § 36 sowie von häuslicher Krankenpflege nach § 37 des Fünften Buches durch die Schiedsstelle nach § 132a Absatz 3 Satz 1 des Fünften Buches auf Antrag des Spitzenverbandes Bund der Pflegekassen oder der Verbände der Leistungserbringer bestimmt. [4] Die Schiedsstelle kann auch vom Bundesministerium für Gesundheit angerufen werden. [5] Sie bestimmt den Inhalt der Festlegung innerhalb von drei Monaten ab der Anrufung. [6] Die Regelungen der Rahmenempfehlung nach § 132a Absatz 1 Satz 4 Nummer 6 des Fünften Buches sind bei der Bestimmung durch die Schiedsstelle zu berücksichtigen. [7] Für die elektronische Datenübertragung elektronischer Dokumente ist neben der qualifizierten elektronischen Signatur auch ein anderes sicheres Verfahren vorzusehen, das den Absender der Daten authentifiziert und die Integrität des elektronisch übermittelten Datensatzes gewährleistet. [8] Zur Authentifizierung des Absenders der Daten können auch der elektronische Heilberufs- oder Berufsausweis nach § 339 Absatz 3 Satz 1 des Fünften Buches, die elektronische Gesundheitskarte nach § 291 des Fünften Buches sowie der elektronische Identitätsnachweis des Personalausweises genutzt werden; die zur Authentifizierung des Absenders der Daten erforderlichen Daten dürfen zusammen mit den übrigen übermittelten Daten gespeichert und verwendet werden. [9] § 302 Absatz 2 Satz 2 und 3 des Fünften Buches gilt entsprechend.

(3) [1] Im Rahmen der Abrechnung pflegerischer Leistungen nach § 105 sind vorbehaltlich des Satzes 2 von den Pflegekassen und den Leistungserbringern ab dem 1. März 2021 ausschließlich elektronische Verfahren zur Übermittlung von Abrechnungsunterlagen einschließlich des Leistungsnachweises zu nutzen, wenn der Leistungserbringer

1. an die Telematikinfrastruktur angebunden ist,

[1)] Nr. **5**.

2. ein von der Gesellschaft für Telematik nach § 311 Absatz 6 des Fünften Buches festgelegtes Verfahren zur Übermittlung der Daten nutzt und
3. der Pflegekasse die für die elektronische Übermittlung von Abrechnungsunterlagen erforderlichen Angaben übermittelt hat.

[2] Die Verpflichtung nach Satz 1 besteht nach Ablauf von drei Monaten, nachdem der Leistungserbringer die für die elektronische Übermittlung von Abrechnungsunterlagen erforderlichen Angaben an die Pflegekasse übermittelt hat.

§ 106 Abweichende Vereinbarungen. Die Landesverbände der Pflegekassen (§ 52) können mit den Leistungserbringern oder ihren Verbänden vereinbaren, daß

1. der Umfang der zu übermittelnden Abrechnungsbelege eingeschränkt,
2. bei der Abrechnung von Leistungen von einzelnen Angaben ganz oder teilweise abgesehen

wird, wenn dadurch eine ordnungsgemäße Abrechnung und die Erfüllung der gesetzlichen Aufgaben der Pflegekassen nicht gefährdet werden.

§ 106a Mitteilungspflichten. [1] Zugelassene Pflegedienste, anerkannte Beratungsstellen, beauftragte Pflegefachkräfte sowie Beratungspersonen der kommunalen Gebietskörperschaften, die Beratungseinsätze nach § 37 Absatz 3 durchführen, sind mit Einwilligung des Versicherten berechtigt und verpflichtet, die für die Erfüllung der Aufgaben der Pflegekassen, der privaten Versicherungsunternehmen sowie der Beihilfefestsetzungsstellen erforderlichen Angaben zur Qualität der Pflegesituation und zur Notwendigkeit einer Verbesserung der zuständigen Pflegekasse, dem zuständigen privaten Versicherungsunternehmen und der zuständigen Beihilfefestsetzungsstelle zu übermitteln. [2] Das Formular nach § 37 Abs. 4 Satz 2 wird unter Beteiligung des Bundesbeauftragten für den Datenschutz und die Informationsfreiheit und des Bundesministeriums für Gesundheit erstellt. [3] Erteilt die pflegebedürftige Person die Einwilligung nicht, ist jedoch nach Überzeugung der Beratungsperson eine weitergehende Beratung angezeigt, übermittelt die jeweilige Beratungsstelle diese Einschätzung über die Erforderlichkeit einer weitergehenden Beratung der zuständigen Pflegekasse oder dem zuständigen privaten Versicherungsunternehmen.

§ 106b Finanzierung der Einbindung der Pflegeeinrichtungen in die Telematikinfrastruktur. (1) [1] Zum Ausgleich

1. der erforderlichen erstmaligen Ausstattungskosten, die den Leistungserbringern in der Festlegungs-, Erprobungs- und Einführungsphase der Telematikinfrastruktur entstehen, sowie
2. der Kosten, die den Leistungserbringern im laufenden Betrieb der Telematikinfrastruktur entstehen,

erhalten die ambulanten und stationären Pflegeeinrichtungen ab dem 1. Juli 2020 von der Pflegeversicherung die in den Finanzierungsvereinbarungen nach § 376 Satz 1 des Fünften Buches[1)] für die an der vertragsärztlichen Versorgung teilnehmenden Ärzte in der jeweils geltenden Fassung vereinbarten Erstattun-

[1)] Nr. 5.

gen. [2]Das Verfahren zur Erstattung der Kosten vereinbaren der Spitzenverband Bund der Pflegekassen und die Vereinigungen der Träger der Pflegeeinrichtungen auf Bundesebene bis zum 31. März 2020.

(2) [1]Die durch die Erstattung nach Absatz 1 entstehenden Kosten, soweit die ambulanten Pflegeeinrichtungen betroffen sind, tragen die gesetzlichen Krankenkassen und die soziale Pflegeversicherung in dem Verhältnis, das dem Verhältnis zwischen den Ausgaben der Krankenkassen für die häusliche Krankenpflege und den Ausgaben der sozialen Pflegeversicherung für Pflegesachleistungen im vorangegangenen Kalenderjahr entspricht. [2]Zur Finanzierung der den Krankenkassen nach Satz 1 entstehenden Kosten erhebt der Spitzenverband Bund der Krankenkassen von den Krankenkassen eine Umlage gemäß dem Anteil der Versicherten der Krankenkassen an der Gesamtzahl der Versicherten aller Krankenkassen. [3]Das Nähere zum Umlageverfahren und zur Zahlung an die Pflegeversicherung bestimmt der Spitzenverband Bund der Krankenkassen.

Dritter Abschnitt. Datenlöschung, Auskunftspflicht

§ 107 Löschen von Daten. (1) [1]Für das Löschen der für Aufgaben der Pflegekassen und ihrer Verbände gespeicherten personenbezogenen Daten gilt, daß

1. die Daten nach § 102 spätestens nach Ablauf von zehn Jahren,
2. sonstige Daten aus der Abrechnung pflegerischer Leistungen (§ 105), aus Wirtschaftlichkeitsprüfungen (§ 79), aus Prüfungen zur Qualitätssicherung (§§ 112, 113, 114, 114a, 115 und 117) und aus dem Abschluss oder der Durchführung von Verträgen (§§ 72 bis 74, 85, 86 oder 89) spätestens nach zwei Jahren

zu löschen sind. [2]Die Fristen beginnen mit dem Ende des Geschäftsjahres, in dem die Leistungen gewährt oder abgerechnet wurden. [3]Die Pflegekassen können für Zwecke der Pflegeversicherung Leistungsdaten länger aufbewahren, wenn sichergestellt ist, daß ein Bezug zu natürlichen Personen nicht mehr herstellbar ist.

(2) Im Falle des Wechsels der Pflegekasse ist die bisher zuständige Pflegekasse verpflichtet, auf Verlangen die für die Fortführung der Versicherung erforderlichen Angaben nach den §§ 99 und 102 der neuen Pflegekasse mitzuteilen.

§ 108 Auskünfte an Versicherte. (1) [1]Die Pflegekassen unterrichten die Versicherten auf deren Antrag über die in einem Zeitraum von mindestens 18 Monaten vor Antragstellung in Anspruch genommenen Leistungen und deren Kosten. [2]Eine Mitteilung an die Leistungserbringer über die Unterrichtung des Versicherten ist nicht zulässig. [3]Die Pflegekassen können in ihren Satzungen das Nähere über das Verfahren der Unterrichtung regeln.

(2) [1]Die Berechtigung der Versicherten, auf die in der elektronischen Patientenakte gespeicherten Angaben über ihre pflegerische Versorgung zuzugreifen, folgt aus § 336 Absatz 2 des Fünften Buches[1)]. [2]§ 336 Absatz 2 Nummer 1 des Fünften Buches ist entsprechend auf die Pflegekassen anzuwenden.

[1)] Nr. 5.

Vierter Abschnitt. Statistik

§ 109 Pflegestatistiken. (1) [1]Die Bundesregierung wird ermächtigt, für Zwecke dieses Buches durch Rechtsverordnung mit Zustimmung des Bundesrates jährliche Erhebungen über ambulante und stationäre Pflegeeinrichtungen sowie über die häusliche Pflege als Bundesstatistik anzuordnen. [2]Die Bundesstatistik kann folgende Sachverhalte umfassen:

1. Art der Pflegeeinrichtung und der Trägerschaft,
2. Art des Leistungsträgers und des privaten Versicherungsunternehmens,
3. in der ambulanten und stationären Pflege tätige Personen nach Geschlecht, Geburtsjahr, Beschäftigungsverhältnis, Tätigkeitsbereich, Dienststellung, Berufsabschluß auf Grund einer Ausbildung, Weiterbildung oder Umschulung, zusätzlich bei Auszubildenden und Umschülern Art der Ausbildung und Ausbildungsjahr, Beginn und Ende der Pflegetätigkeit,
4. sachliche Ausstattung und organisatorische Einheiten der Pflegeeinrichtung, Ausbildungsstätten an Pflegeeinrichtungen,
5. Pflegebedürftige nach Geschlecht, Geburtsjahr, Wohnort, Postleitzahl des Wohnorts vor dem Einzug in eine vollstationäre Pflegeeinrichtung, Art, Ursache, Grad und Dauer der Pflegebedürftigkeit, Art des Versicherungsverhältnisses,
6. in Anspruch genommene Pflegeleistungen nach Art, Dauer und Häufigkeit sowie nach Art des Kostenträgers,
7. Kosten der Pflegeeinrichtungen nach Kostenarten sowie Erlöse nach Art, Höhe und Kostenträgern.

[3]Auskunftspflichtig sind die Träger der Pflegeeinrichtungen, die Träger der Pflegeversicherung sowie die privaten Versicherungsunternehmen gegenüber den statistischen Ämtern der Länder; die Rechtsverordnung kann Ausnahmen von der Auskunftspflicht vorsehen.

(2) [1]Die Bundesregierung wird ermächtigt, für Zwecke dieses Buches durch Rechtsverordnung mit Zustimmung des Bundesrates jährliche Erhebungen über die Situation Pflegebedürftiger und ehrenamtlich Pflegender als Bundesstatistik anzuordnen. [2]Die Bundesstatistik kann folgende Sachverhalte umfassen:

1. Ursachen von Pflegebedürftigkeit,
2. Pflege- und Betreuungsbedarf der Pflegebedürftigen,
3. Pflege- und Betreuungsleistungen durch Pflegefachkräfte, Angehörige und ehrenamtliche Helfer sowie Angebote zur Unterstützung im Alltag,
4. Leistungen zur Prävention und Teilhabe,
5. Maßnahmen zur Erhaltung und Verbesserung der Pflegequalität,
6. Bedarf an Pflegehilfsmitteln und technischen Hilfen,
7. Maßnahmen zur Verbesserung des Wohnumfeldes.

[3]Auskunftspflichtig ist der Medizinische Dienst gegenüber den statistischen Ämtern der Länder; Absatz 1 Satz 3 zweiter Halbsatz gilt entsprechend.

(3) [1]Die nach Absatz 1 Satz 3 und Absatz 2 Satz 3 Auskunftspflichtigen teilen die von der jeweiligen Statistik umfaßten Sachverhalte gleichzeitig den für die Planung und Investitionsfinanzierung der Pflegeeinrichtungen zuständigen Landesbehörden mit. [2]Die Befugnis der Länder, zusätzliche, von den Absätzen 1 und 2 nicht erfaßte Erhebungen über Sachverhalte des Pflegewesens als

Landesstatistik anzuordnen, bleibt unberührt. [3]Die Verordnung nach Absatz 1 Satz 1 hat sicherzustellen, dass die Pflegeeinrichtungen diesen Auskunftsverpflichtungen gemeinsam mit der Auskunftsverpflichtung nach Absatz 1 durch eine einheitliche Auskunftserteilung nachkommen können.

(4) Daten der Pflegebedürftigen, der in der Pflege tätigen Personen, der Angehörigen und ehrenamtlichen Helfer dürfen für Zwecke der Bundesstatistik nur in anonymisierter Form an die statistischen Ämter der Länder übermittelt werden.

(5) Die Statistiken nach den Absätzen 1 und 2 sind für die Bereiche der ambulanten Pflege und der Kurzzeitpflege erstmals im Jahr 1996 für das Jahr 1995 vorzulegen, für den Bereich der stationären Pflege im Jahr 1998 für das Jahr 1997.

Zehntes Kapitel. Private Pflegeversicherung

§ 110 Regelungen für die private Pflegeversicherung. (1) Um sicherzustellen, daß die Belange der Personen, die nach § 23 zum Abschluß eines Pflegeversicherungsvertrages bei einem privaten Krankenversicherungsunternehmen verpflichtet sind, ausreichend gewahrt werden und daß die Verträge auf Dauer erfüllbar bleiben, ohne die Interessen der Versicherten anderer Tarife zu vernachlässigen, werden die im Geltungsbereich dieses Gesetzes zum Betrieb der Pflegeversicherung befugten privaten Krankenversicherungsunternehmen verpflichtet,

1. mit allen in § 22 und § 23 Abs. 1, 3 und 4 genannten versicherungspflichtigen Personen auf Antrag einen Versicherungsvertrag abzuschließen, der einen Versicherungsschutz in dem in § 23 Abs. 1 und 3 festgelegten Umfang vorsieht (Kontrahierungszwang); dies gilt auch für das nach § 23 Abs. 2 gewählte Versicherungsunternehmen,
2. in den Verträgen, die Versicherungspflichtige in dem nach § 23 Abs. 1 und 3 vorgeschriebenen Umfang abschließen,
   a) keinen Ausschluß von Vorerkrankungen der Versicherten,
   b) keinen Ausschluß bereits pflegebedürftiger Personen,
   c) keine längeren Wartezeiten als in der sozialen Pflegeversicherung (§ 33 Abs. 2),
   d) keine Staffelung der Prämien nach Geschlecht und Gesundheitszustand der Versicherten,
   e) keine Prämienhöhe, die den Höchstbeitrag der sozialen Pflegeversicherung übersteigt, bei Personen, die nach § 23 Abs. 3 einen Teilkostentarif abgeschlossen haben, keine Prämienhöhe, die 50 vom Hundert des Höchstbeitrages der sozialen Pflegeversicherung übersteigt,
   f) die beitragsfreie Mitversicherung der Kinder des Versicherungsnehmers unter denselben Voraussetzungen, wie in § 25 festgelegt,
   g) für Ehegatten oder Lebenspartner ab dem Zeitpunkt des Nachweises der zur Inanspruchnahme der Beitragsermäßigung berechtigenden Umstände keine Prämie in Höhe von mehr als 150 vom Hundert des Höchstbeitrages der sozialen Pflegeversicherung, wenn ein Ehegatte oder ein Lebenspartner kein Gesamteinkommen hat, das die in § 25 Abs. 1 Satz 1 Nr. 5 genannten Einkommensgrenzen überschreitet,

   vorzusehen.

(2) [1]Die in Absatz 1 genannten Bedingungen gelten für Versicherungsverträge, die mit Personen abgeschlossen werden, die zum Zeitpunkt des Inkrafttretens dieses Gesetzes Mitglied bei einem privaten Krankenversicherungsunternehmen mit Anspruch auf allgemeine Krankenhausleistungen sind oder sich nach Artikel 41 des Pflege-Versicherungsgesetzes innerhalb von sechs Monaten nach Inkrafttreten dieses Gesetzes von der Versicherungspflicht in der sozialen Pflegeversicherung befreien lassen. [2]Die in Absatz 1 Nr. 1 und 2 Buchstabe a bis f genannten Bedingungen gelten auch für Verträge mit Personen, die im Basistarif nach § 152 des Versicherungsaufsichtsgesetzes versichert sind. [3]Für Personen, die im Basistarif nach § 152 des Versicherungsaufsichtsgesetzes versichert sind und deren Beitrag zur Krankenversicherung sich nach § 152 Absatz 4 des Versicherungsaufsichtsgesetzes vermindert, darf der Beitrag 50 vom Hundert des sich nach Absatz 1 Nr. 2 Buchstabe e ergebenden Beitrags nicht übersteigen; die Beitragsbegrenzung für Ehegatten oder Lebenspartner nach Absatz 1 Nr. 2 Buchstabe g gilt für diese Versicherten nicht. [4]Würde allein durch die Zahlung des Beitrags zur Pflegeversicherung nach Satz 2 Hilfebedürftigkeit im Sinne des Zweiten[1)] oder Zwölften Buches[2)] entstehen, gilt Satz 3 entsprechend; die Hilfebedürftigkeit ist vom zuständigen Träger nach dem Zweiten oder Zwölften Buch auf Antrag des Versicherten zu prüfen und zu bescheinigen.

(3) Für Versicherungsverträge, die mit Personen abgeschlossen werden, die erst nach Inkrafttreten dieses Gesetzes Mitglied eines privaten Krankenversicherungsunternehmens mit Anspruch auf allgemeine Krankenhausleistungen werden oder die der Versicherungspflicht nach § 193 Abs. 3 des Versicherungsvertragsgesetzes genügen, gelten, sofern sie in Erfüllung der Vorsorgepflicht nach § 22 Abs. 1 und § 23 Abs. 1, 3 und 4 geschlossen werden und Vertragsleistungen in dem in § 23 Abs. 1 und 3 festgelegten Umfang vorsehen, folgende Bedingungen:

1. Kontrahierungszwang,
2. kein Ausschluß von Vorerkrankungen der Versicherten,
3. keine Staffelung der Prämien nach Geschlecht,
4. keine längeren Wartezeiten als in der sozialen Pflegeversicherung,
5. für Versicherungsnehmer, die über eine Vorversicherungszeit von mindestens fünf Jahren in ihrer privaten Pflegeversicherung oder privaten Krankenversicherung verfügen, keine Prämienhöhe, die den Höchstbeitrag der sozialen Pflegeversicherung übersteigt; Absatz 1 Nr. 2 Buchstabe e gilt,
6. beitragsfreie Mitversicherung der Kinder des Versicherungsnehmers unter denselben Voraussetzungen, wie in § 25 festgelegt.

(4) Rücktritts- und Kündigungsrechte der Versicherungsunternehmen sind ausgeschlossen, solange der Kontrahierungszwang besteht.

(5) [1]Die Versicherungsunternehmen haben den Versicherten Akteneinsicht zu gewähren. [2]Sie haben die Berechtigten über das Recht auf Akteneinsicht zu informieren, wenn sie das Ergebnis einer Prüfung auf Pflegebedürftigkeit mitteilen. [3]§ 25 des Zehnten Buches[3)] gilt entsprechend.

[1)] Nr. **2**.
[2)] Nr. **12**.
[3)] Nr. **10**.

§ 111 Risikoausgleich. (1) [1]Die Versicherungsunternehmen, die eine private Pflegeversicherung im Sinne dieses Buches betreiben, müssen sich zur dauerhaften Gewährleistung der Regelungen für die private Pflegeversicherung nach § 110 sowie zur Aufbringung der Fördermittel nach § 45c und der Mittel nach § 8 Absatz 9 Satz 1 und 2 am Ausgleich der Versicherungsrisiken beteiligen und dazu ein Ausgleichssystem schaffen und erhalten, dem sie angehören. [2]Das Ausgleichssystem muß einen dauerhaften, wirksamen Ausgleich der unterschiedlichen Belastungen gewährleisten; es darf den Marktzugang neuer Anbieter der privaten Pflegeversicherung nicht erschweren und muß diesen eine Beteiligung an dem Ausgleichssystem zu gleichen Bedingungen ermöglichen. [3]In diesem System werden die Beiträge ohne die Kosten auf der Basis gemeinsamer Kalkulationsgrundlagen einheitlich für alle Unternehmen, die eine private Pflegeversicherung betreiben, ermittelt.

(2) Die Errichtung, die Ausgestaltung, die Änderung und die Durchführung des Ausgleichs unterliegen der Aufsicht der Bundesanstalt für Finanzdienstleistungsaufsicht.

Elftes Kapitel. Qualitätssicherung, Sonstige Regelungen zum Schutz der Pflegebedürftigen

§ 112 Qualitätsverantwortung. (1) [1]Die Träger der Pflegeeinrichtungen bleiben, unbeschadet des Sicherstellungsauftrags der Pflegekassen (§ 69), für die Qualität der Leistungen ihrer Einrichtungen einschließlich der Sicherung und Weiterentwicklung der Pflegequalität verantwortlich. [2]Maßstäbe für die Beurteilung der Leistungsfähigkeit einer Pflegeeinrichtung und die Qualität ihrer Leistungen sind die für sie verbindlichen Anforderungen in den Vereinbarungen nach § 113 sowie die vereinbarten Leistungs- und Qualitätsmerkmale (§ 84 Abs. 5).

(2) [1]Die zugelassenen Pflegeeinrichtungen sind verpflichtet, Maßnahmen der Qualitätssicherung sowie ein Qualitätsmanagement nach Maßgabe der Vereinbarungen nach § 113 durchzuführen, Expertenstandards nach § 113a anzuwenden sowie bei Qualitätsprüfungen nach § 114 mitzuwirken. [2]Bei stationärer Pflege erstreckt sich die Qualitätssicherung neben den allgemeinen Pflegeleistungen auch auf die medizinische Behandlungspflege, die Betreuung, die Leistungen bei Unterkunft und Verpflegung (§ 87) sowie auf die Zusatzleistungen (§ 88).

(3) Der Medizinische Dienst und der Prüfdienst des Verbandes der privaten Krankenversicherung e.V. beraten die Pflegeeinrichtungen in Fragen der Qualitätssicherung mit dem Ziel, Qualitätsmängeln rechtzeitig vorzubeugen und die Eigenverantwortung der Pflegeeinrichtungen und ihrer Träger für die Sicherung und Weiterentwicklung der Pflegequalität zu stärken.

§ 112a Übergangsregelung zur Qualitätssicherung bei Betreuungsdiensten. (1) Bis zur Einführung des neuen Qualitätssystems nach § 113b Absatz 4 Satz 2 Nummer 3 gelten für die Betreuungsdienste die Vorschriften des Elften Kapitels für ambulante Pflegedienste nach Maßgabe der folgenden Absätze.

(2) [1]Der Medizinische Dienst Bund beschließt im Benehmen mit dem Spitzenverband Bund der Pflegekassen und unter Beteiligung des Prüfdienstes des Verbandes der privaten Krankenversicherung e. V. Richtlinien zu den

Anforderungen an das Qualitätsmanagement und die Qualitätssicherung für ambulante Betreuungsdienste. [2]Dabei sind die in dem Modellvorhaben zugrunde gelegten Vorgaben zu beachten. [3]Die auf Bundesebene maßgeblichen Organisationen für die Wahrnehmung der Interessen und der Selbsthilfe der pflegebedürftigen und behinderten Menschen wirken nach Maßgabe von § 118 bei der Erarbeitung oder bei einer Änderung des Beschlusses mit.

(3) [1]Der Medizinische Dienst Bund hat die Vereinigungen der Träger der Pflegeeinrichtungen auf Bundesebene, die Verbände der Pflegeberufe auf Bundesebene, den Verband der privaten Krankenversicherung e. V. sowie die Bundesarbeitsgemeinschaft der überörtlichen Träger der Sozialhilfe und die kommunalen Spitzenverbände auf Bundesebene bei der Erarbeitung oder bei einer Änderung des Beschlusses zu beteiligen. [2]Ihnen ist innerhalb einer angemessenen Frist vor der Beschlussfassung und unter Übermittlung der hierfür erforderlichen Informationen Gelegenheit zur Stellungnahme zu geben. [3]Die Stellungnahmen sind in die Entscheidung über den Inhalt der Richtlinien einzubeziehen.

(4) [1]Die Richtlinien sind durch das Bundesministerium für Gesundheit zu genehmigen. [2]Beanstandungen des Bundesministeriums für Gesundheit sind innerhalb der von ihm gesetzten Frist zu beheben.

(5) Eine Qualitätsberichterstattung zu Betreuungsdiensten findet in der Übergangszeit bis zur Einführung des neuen Qualitätssystems nach § 113b Absatz 4 Satz 2 Nummer 3 nicht statt.

(6) Die Qualitätsprüfungs-Richtlinien des Medizinischen Dienstes Bund sind unverzüglich im Anschluss an den Richtlinienbeschluss nach Absatz 2 Satz 1 entsprechend anzupassen.

§ 113 Maßstäbe und Grundsätze zur Sicherung und Weiterentwicklung der Pflegequalität. (1) [1]Der Spitzenverband Bund der Pflegekassen, die Bundesarbeitsgemeinschaft der überörtlichen Träger der Sozialhilfe, die kommunalen Spitzenverbände auf Bundesebene und die Vereinigungen der Träger der Pflegeeinrichtungen auf Bundesebene vereinbaren unter Beteiligung des Medizinischen Dienstes Bund, des Verbandes der privaten Krankenversicherung e.V., der Verbände der Pflegeberufe auf Bundesebene, der maßgeblichen Organisationen für die Wahrnehmung der Interessen und der Selbsthilfe der pflegebedürftigen und behinderten Menschen nach Maßgabe von § 118 sowie unabhängiger Sachverständiger Maßstäbe und Grundsätze für die Qualität, Qualitätssicherung und Qualitätsdarstellung in der ambulanten und stationären Pflege sowie für die Entwicklung eines einrichtungsinternen Qualitätsmanagements, das auf eine stetige Sicherung und Weiterentwicklung der Pflegequalität ausgerichtet ist. [2]In den Vereinbarungen sind insbesondere auch Anforderungen an eine praxistaugliche, den Pflegeprozess unterstützende und die Pflegequalität fördernde Pflegedokumentation zu regeln. [3]Die Anforderungen dürfen über ein für die Pflegeeinrichtungen vertretbares und wirtschaftliches Maß nicht hinausgehen und sollen den Aufwand für Pflegedokumentation in ein angemessenes Verhältnis zu den Aufgaben der pflegerischen Versorgung setzen. [4]Die Maßstäbe und Grundsätze für die stationäre Pflege sind bis zum 30. Juni 2017, die Maßstäbe und Grundsätze für die ambulante Pflege bis zum 30. Juni 2018 zu vereinbaren. [5]Sie sind in regelmäßigen Abständen an den medizinisch-pflegefachlichen Fortschritt anzupassen. [6]Soweit sich in den Pflegeeinrichtungen zeitliche Einsparungen ergeben, die Ergebnis der Weiterentwicklung der

Pflegedokumentation auf Grundlage des pflegefachlichen Fortschritts durch neue, den Anforderungen nach Satz 3 entsprechende Pflegedokumentationsmodelle sind, führen diese nicht zu einer Absenkung der Pflegevergütung, sondern wirken der Arbeitsverdichtung entgegen. [7]Die Vereinbarungen sind im Bundesanzeiger zu veröffentlichen und gelten vom ersten Tag des auf die Veröffentlichung folgenden Monats. [8]Sie sind für alle Pflegekassen und deren Verbände sowie für die zugelassenen Pflegeeinrichtungen unmittelbar verbindlich.

(1a) [1]In den Maßstäben und Grundsätzen für die stationäre Pflege nach Absatz 1 ist insbesondere das indikatorengestützte Verfahren zur vergleichenden Messung und Darstellung von Ergebnisqualität im stationären Bereich, das auf der Grundlage einer strukturierten Datenerhebung im Rahmen des internen Qualitätsmanagements eine Qualitätsberichterstattung und die externe Qualitätsprüfung ermöglicht, zu beschreiben. [2]Insbesondere sind die Indikatoren, das Datenerhebungsinstrument sowie die bundesweiten Verfahren für die Übermittlung, Auswertung und Bewertung der Daten sowie die von Externen durchzuführende Prüfung der Daten festzulegen. [3]Die datenschutzrechtlichen Bestimmungen sind zu beachten, insbesondere sind personenbezogene Daten von Versicherten vor der Übermittlung an die fachlich unabhängige Institution nach Absatz 1b zu pseudonymisieren. [4]Eine Wiederherstellung des Personenbezugs durch die fachlich unabhängige Institution nach Absatz 1b ist ausgeschlossen. [5]Ein Datenschutzkonzept ist mit den zuständigen Datenschutzaufsichtsbehörden abzustimmen. [6]Zur Sicherstellung der Wissenschaftlichkeit beschließen die Vertragsparteien nach Absatz 1 Satz 1 unverzüglich die Vergabe der Aufträge nach § 113b Absatz 4 Satz 2 Nummer 1 und 2.

(1b) [1]Die Vertragsparteien nach Absatz 1 Satz 1 beauftragen im Rahmen eines Vergabeverfahrens eine fachlich unabhängige Institution, die entsprechend den Festlegungen nach Absatz 1a erhobenen Daten zusammenzuführen sowie leistungserbringerbeziehbar und fallbeziehbar nach Maßgabe von Absatz 1a auszuwerten. [2]Das Vergabeverfahren ist spätestens bis zum 15. Januar 2018 einzuleiten und es ist sicherzustellen, dass ein Zuschlag unter Beachtung der vergaberechtlichen Vorgaben zum frühestmöglichen Zeitpunkt erfolgt. [3]Zum Zweck der Prüfung der von den Pflegeeinrichtungen erbrachten Leistungen und deren Qualität nach den §§ 114 und 114a sowie zum Zweck der Qualitätsdarstellung nach § 115 Absatz 1a übermittelt die beauftragte Institution die Ergebnisse der nach Absatz 1a ausgewerteten Daten an die Landesverbände der Pflegekassen und die von ihnen beauftragten Prüfinstitutionen und Sachverständigen; diese dürfen die übermittelten Daten zu den genannten Zwecken verarbeiten. [4]Die Vertragsparteien nach Absatz 1 Satz 1 vereinbaren diesbezüglich entsprechende Verfahren zur Übermittlung der Daten. [5]Die datenschutzrechtlichen Bestimmungen sind jeweils zu beachten. [6]Die Vertragsparteien nach Absatz 1 Satz 1 sind verpflichtet, dem Bundesministerium für Gesundheit auf Verlangen unverzüglich Auskunft über den Stand der Bearbeitung ihrer Aufgaben zu geben. [7]Die Vertragsparteien nach Absatz 1 Satz 1 legen dem Bundesministerium für Gesundheit spätestens bis zum 31. Januar 2018 einen konkreten Zeitplan für die Bearbeitung ihrer Aufgaben vor, aus dem einzelne Umsetzungsschritte erkennbar sind. [8]§ 113b Absatz 8 Satz 3 bis 5 gilt entsprechend.

(2) [1]Die Vereinbarungen nach Absatz 1 können von jeder Partei mit einer Frist von einem Jahr ganz oder teilweise gekündigt werden. [2]Nach Ablauf des

Vereinbarungszeitraums oder der Kündigungsfrist gilt die Vereinbarung bis zum Abschluss einer neuen Vereinbarung weiter. [3]Die am 1. Januar 2016 bestehenden Maßstäbe und Grundsätze zur Sicherung und Weiterentwicklung der Pflege gelten bis zum Abschluss der Vereinbarungen nach Absatz 1 fort.

§ 113a Expertenstandards zur Sicherung und Weiterentwicklung der Qualität in der Pflege. (1) [1]Die Vertragsparteien nach § 113 stellen die Entwicklung und Aktualisierung wissenschaftlich fundierter und fachlich abgestimmter Expertenstandards zur Sicherung und Weiterentwicklung der Qualität in der Pflege sicher. [2]Expertenstandards tragen für ihren Themenbereich zur Konkretisierung des allgemein anerkannten Standes der medizinisch-pflegerischen Erkenntnisse bei. [3]Dabei ist das Ziel, auch nach Eintritt der Pflegebedürftigkeit Leistungen zur Prävention und zur medizinischen Rehabilitation einzusetzen, zu berücksichtigen. [4]Der Medizinische Dienst Bund, der Verband der privaten Krankenversicherung e.V., die Verbände der Pflegeberufe auf Bundesebene sowie unabhängige Sachverständige sind zu beteiligen. [5]Sie und die nach § 118 zu beteiligenden Organisationen für die Wahrnehmung der Interessen und der Selbsthilfe der pflegebedürftigen und behinderten Menschen können vorschlagen, zu welchen Themen Expertenstandards entwickelt werden sollen. [6]Der Auftrag zur Entwicklung oder Aktualisierung und die Einführung von Expertenstandards erfolgen jeweils durch einen Beschluss der Vertragsparteien.

(2) [1]Die Vertragsparteien stellen die methodische und pflegefachliche Qualität des Verfahrens der Entwicklung und Aktualisierung von Expertenstandards und die Transparenz des Verfahrens sicher. [2]Die Anforderungen an die Entwicklung von Expertenstandards sind in einer Verfahrensordnung zu regeln. [3]In der Verfahrensordnung ist das Vorgehen auf anerkannter methodischer Grundlage, insbesondere die wissenschaftliche Fundierung und Unabhängigkeit, die Schrittfolge der Entwicklung, der fachlichen Abstimmung, der Praxiserprobung und der modellhaften Umsetzung eines Expertenstandards sowie die Transparenz des Verfahrens festzulegen. [4]Die Verfahrensordnung ist durch das Bundesministerium für Gesundheit im Benehmen mit dem Bundesministerium für Familie, Senioren, Frauen und Jugend zu genehmigen.

(3) [1]Die Expertenstandards sind im Bundesanzeiger zu veröffentlichen. [2]Sie sind für alle Pflegekassen und deren Verbände sowie für die zugelassenen Pflegeeinrichtungen unmittelbar verbindlich. [3]Die Vertragsparteien unterstützen die Einführung der Expertenstandards in die Praxis.

(4) [1]Die Kosten für die Entwicklung und Aktualisierung von Expertenstandards, mit Ausnahme der Kosten für die qualifizierte Geschäftsstelle nach § 113b Absatz 6, sind Verwaltungskosten, die vom Spitzenverband Bund der Pflegekassen getragen werden. [2]Die privaten Versicherungsunternehmen, die die private Pflege-Pflichtversicherung durchführen, beteiligen sich mit einem Anteil von 10 vom Hundert an den Aufwendungen nach Satz 1. [3]Der Finanzierungsanteil, der auf die privaten Versicherungsunternehmen entfällt, kann von dem Verband der privaten Krankenversicherung e.V. unmittelbar an den Spitzenverband Bund der Pflegekassen geleistet werden.

§ 113b Qualitätsausschuss. (1) [1]Die von den Vertragsparteien nach § 113 im Jahr 2008 eingerichtete Schiedsstelle Qualitätssicherung entscheidet als Qualitätsausschuss nach Maßgabe der Absätze 2 bis 8. [2]Die Vertragsparteien nach § 113 treffen die Vereinbarungen und erlassen die Beschlüsse nach § 37 Absatz 5, den §§ 113, 113a, 115 Absatz 1a, 1c und 3b sowie § 115a Absatz 1 und 2 durch diesen Qualitätsausschuss. [3] Die Vertragsparteien nach § 113 treffen auch die zur Wahrnehmung ihrer Aufgaben und Pflichten nach den Absätzen 4 und 8 sowie nach § 8 Absatz 5 Satz 2 notwendigen Entscheidungen durch den Qualitätsausschuss.

(2) [1] Der Qualitätsausschuss besteht aus Vertretern des Spitzenverbandes Bund der Pflegekassen (Leistungsträger) und aus Vertretern der Vereinigungen der Träger der Pflegeeinrichtungen auf Bundesebene (Leistungserbringer) in gleicher Zahl; Leistungsträger und Leistungserbringer können jeweils höchstens elf Mitglieder entsenden. [2] Dem Qualitätsausschuss gehören auch ein Vertreter der Bundesarbeitsgemeinschaft der überörtlichen Träger der Sozialhilfe und ein Vertreter der kommunalen Spitzenverbände auf Bundesebene an; sie werden auf die Zahl der Leistungsträger angerechnet. [3] Dem Qualitätsausschuss kann auch ein Vertreter des Verbandes der privaten Krankenversicherung e.V. angehören; die Entscheidung hierüber obliegt dem Verband der privaten Krankenversicherung e.V. [4] Sofern der Verband der privaten Krankenversicherung e.V. ein Mitglied entsendet, wird dieses Mitglied auf die Zahl der Leistungsträger angerechnet. [5] Dem Qualitätsausschuss soll auch ein Vertreter der Verbände der Pflegeberufe angehören; die Entscheidung hierüber obliegt den Verbänden der Pflegeberufe. [6] Sofern die Verbände der Pflegeberufe ein Mitglied entsenden, wird dieses Mitglied auf die Zahl der Leistungserbringer angerechnet. [7] Eine Organisation kann nicht gleichzeitig der Leistungsträgerseite und der Leistungserbringerseite zugerechnet werden. [8] Jedes Mitglied erhält eine Stimme; die Stimmen sind gleich zu gewichten. [9] Der Medizinische Dienst Bund wirkt in den Sitzungen und an den Beschlussfassungen im Qualitätsausschuss, auch in seiner erweiterten Form nach Absatz 3, beratend mit. [10] Die auf Bundesebene maßgeblichen Organisationen für die Wahrnehmung der Interessen und der Selbsthilfe pflegebedürftiger und behinderter Menschen wirken in den Sitzungen und an den Beschlussfassungen im Qualitätsausschuss, auch in seiner erweiterten Form nach Absatz 3, nach Maßgabe von § 118 mit.

(3) [1] Kommt im Qualitätsausschuss eine Vereinbarung, ein Beschluss oder eine Entscheidung nach Absatz 1 Satz 2 und 3 ganz oder teilweise nicht durch einvernehmliche Einigung zustande, so wird der Qualitätsausschuss auf Verlangen von mindestens einer Vertragspartei nach § 113, eines Mitglieds des Qualitätsausschusses oder des Bundesministeriums für Gesundheit um einen unparteiischen Vorsitzenden und zwei weitere unparteiische Mitglieder erweitert (erweiterter Qualitätsausschuss). [2] Sofern die Organisationen, die Mitglieder in den Qualitätsausschuss entsenden, nicht bis zum 31. März 2016 die Mitglieder nach Maßgabe von Absatz 2 Satz 1 benannt haben, wird der Qualitätsausschuss durch die drei unparteiischen Mitglieder gebildet. [3] Der unparteiische Vorsitzende und die weiteren unparteiischen Mitglieder sowie deren Stellvertreter führen ihr Amt als Ehrenamt. [4] Der unparteiische Vorsitzende wird vom Bundesministerium für Gesundheit benannt; der Stellvertreter des unparteiischen Vorsitzenden und die weiteren unparteiischen Mitglieder sowie deren Stellvertreter werden von den Vertragsparteien nach § 113 gemeinsam benannt. [5] Mitglieder des Qualitätsausschusses können nicht als Stellvertreter des unparteiischen Vorsitzenden oder der weiteren unparteiischen Mitglieder benannt werden. [6] Kommt eine Einigung über die Benennung der unparteiischen Mitglieder nicht innerhalb einer vom Bundesministerium für Gesundheit gesetzten

Frist zustande, erfolgt die Benennung durch das Bundesministerium für Gesundheit. [7]Der erweiterte Qualitätsausschuss setzt mit der Mehrheit seiner Mitglieder den Inhalt der Vereinbarungen oder der Beschlüsse der Vertragsparteien nach § 113 fest. [8]Die Festsetzungen des erweiterten Qualitätsausschusses haben die Rechtswirkung einer vertraglichen Vereinbarung, Beschlussfassung oder Entscheidung im Sinne der Absätze 4 und 8, des § 8 Absatz 5 Satz 2, des § 37 Absatz 5, der §§ 113, 113a und 115 Absatz 1a, 1c und 3b.

(4) [1]Die Vertragsparteien nach § 113 beauftragen zur Sicherstellung der Wissenschaftlichkeit bei der Wahrnehmung ihrer Aufgaben mit Unterstützung der qualifizierten Geschäftsstelle nach Absatz 6 fachlich unabhängige wissenschaftliche Einrichtungen oder Sachverständige. [2]Diese wissenschaftlichen Einrichtungen oder Sachverständigen werden beauftragt, insbesondere

1. bis zum 31. März 2017 die Instrumente für die Prüfung der Qualität der Leistungen, die von den stationären Pflegeeinrichtungen erbracht werden, und für die Qualitätsberichterstattung in der stationären Pflege zu entwickeln, wobei
   a) insbesondere die 2011 vorgelegten Ergebnisse des vom Bundesministerium für Gesundheit und vom Bundesministerium für Familie, Senioren, Frauen und Jugend geförderten Projektes „Entwicklung und Erprobung von Instrumenten zur Beurteilung der Ergebnisqualität in der stationären Altenhilfe" und die Ergebnisse der dazu durchgeführten Umsetzungsprojekte einzubeziehen sind und
   b) Aspekte der Prozess- und Strukturqualität zu berücksichtigen sind;
2. bis zum 31. März 2017 auf der Grundlage der Ergebnisse nach Nummer 1 unter Beachtung des Prinzips der Datensparsamkeit ein bundesweites Datenerhebungsinstrument, bundesweite Verfahren für die Übermittlung und Auswertung der Daten einschließlich einer Bewertungssystematik sowie für die von Externen durchzuführende Prüfung der Daten zu entwickeln;
3. bis zum 30. Juni 2017 die Instrumente für die Prüfung der Qualität der von den ambulanten Pflegeeinrichtungen erbrachten Leistungen und für die Qualitätsberichterstattung in der ambulanten Pflege zu entwickeln, eine anschließende Pilotierung durchzuführen und einen Abschlussbericht bis zum 31. März 2018 vorzulegen;
4. ergänzende Instrumente für die Ermittlung und Bewertung von Lebensqualität zu entwickeln;
5. die Umsetzung der nach den Nummern 1 bis 3 entwickelten Verfahren zur Qualitätsmessung und Qualitätsdarstellung wissenschaftlich zu evaluieren und den Vertragsparteien nach § 113 Vorschläge zur Anpassung der Verfahren an den neuesten Stand der wissenschaftlichen Erkenntnisse zu unterbreiten sowie
6. bis zum 31. März 2018 ein Konzept für eine Qualitätssicherung in neuen Wohnformen zu entwickeln und zu erproben, insbesondere Instrumente zur internen und externen Qualitätssicherung sowie für eine angemessene Qualitätsberichterstattung zu entwickeln und ihre Eignung zu erproben.

[3]Das Bundesministerium für Gesundheit sowie das Bundesministerium für Familie, Senioren, Frauen und Jugend in Abstimmung mit dem Bundesministerium für Gesundheit können den Vertragsparteien nach § 113 weitere Themen zur wissenschaftlichen Bearbeitung vorschlagen.

(5) [1]Die Finanzierung der Aufträge nach Absatz 4 erfolgt aus Mitteln des Ausgleichsfonds der Pflegeversicherung nach § 8 Absatz 4. [2]Bei der Bearbeitung der Aufträge nach Absatz 4 Satz 2 ist zu gewährleisten, dass die Arbeitsergebnisse umsetzbar sind. [3]Der jeweilige Auftragnehmer hat darzulegen, zu welchen finanziellen Auswirkungen die Umsetzung der Arbeitsergebnisse führen wird. [4]Den Arbeitsergebnissen ist diesbezüglich eine Praktikabilitäts- und Kostenanalyse beizufügen. [5]Die Ergebnisse der Arbeiten nach Absatz 4 Satz 2 sind dem Bundesministerium für Gesundheit zur Kenntnisnahme vor der Veröffentlichung vorzulegen.

(6) [1]Die Vertragsparteien nach § 113 richten gemeinsam bis zum 31. März 2016 eine unabhängige qualifizierte Geschäftsstelle des Qualitätsausschusses ein. [2]Die Geschäftsstelle nimmt auch die Aufgaben einer wissenschaftlichen Beratungs- und Koordinierungsstelle wahr. [3]Sie soll insbesondere den Qualitätsausschuss und seine Mitglieder fachwissenschaftlich beraten, die Auftragsverfahren nach Absatz 4 koordinieren und die wissenschaftlichen Arbeitsergebnisse für die Entscheidungen im Qualitätsausschuss aufbereiten. [4]Näheres zur Zusammensetzung und Arbeitsweise der qualifizierten Geschäftsstelle regeln die Vertragsparteien nach § 113 in der Geschäftsordnung nach Absatz 7.

(7) [1]Die Vertragsparteien nach § 113 vereinbaren in einer Geschäftsordnung mit dem Verband der privaten Krankenversicherung e.V., mit den Verbänden der Pflegeberufe auf Bundesebene und mit den auf Bundesebene maßgeblichen Organisationen für die Wahrnehmung der Interessen und der Selbsthilfe pflegebedürftiger und behinderter Menschen das Nähere zur Arbeitsweise des Qualitätsausschusses, insbesondere

1. zur Benennung der Mitglieder und der unparteiischen Mitglieder,
2. zur Amtsdauer, Amtsführung und Entschädigung für den Zeitaufwand der unparteiischen Mitglieder,
3. zum Vorsitz,
4. zu den Beschlussverfahren,
5. zur Errichtung einer qualifizierten Geschäftsstelle auch mit der Aufgabe als wissenschaftliche Beratungs- und Koordinierungsstelle nach Absatz 6,
6. zur Sicherstellung der jeweiligen Auftragserteilung nach Absatz 4,
7. zur Einbeziehung weiterer Sachverständiger oder Gutachter,
8. zur Bildung von Arbeitsgruppen,
9. zur Gewährleistung der Beteiligungs- und Mitberatungsrechte nach diesem Gesetz einschließlich der Erstattung von Reisekosten, eines Verdienstausfalls sowie die Zahlung eines Pauschbetrages nach § 118 Absatz 1 Satz 6 sowie
10. zur Verteilung der Kosten für die Entschädigung der unparteiischen Mitglieder und der einbezogenen weiteren Sachverständigen und Gutachter sowie für die Erstattung von Reisekosten nach § 118 Absatz 1 Satz 6; die Kosten können auch den Kosten der qualifizierten Geschäftsstelle nach Absatz 6 zugerechnet werden.

[2]Die Geschäftsordnung und die Änderung der Geschäftsordnung sind durch das Bundesministerium für Gesundheit im Benehmen mit dem Bundesministerium für Familie, Senioren, Frauen und Jugend zu genehmigen. [3]Kommt die Geschäftsordnung nicht bis zum 29. Februar 2016 zustande, wird ihr Inhalt durch das Bundesministerium für Gesundheit im Benehmen mit dem Bundesministerium für Familie, Senioren, Frauen und Jugend bestimmt.

(8) [1]Die Vertragsparteien nach § 113 sind verpflichtet, dem Bundesministerium für Gesundheit auf Verlangen unverzüglich Auskunft über den Stand der Bearbeitung der mit gesetzlichen Fristen versehenen Aufgaben nach Absatz 1 Satz 2 und über den Stand der Auftragserteilung und Bearbeitung der nach Absatz 4 zu erteilenden Aufträge sowie über erforderliche besondere Maßnahmen zur Einhaltung der gesetzlichen Fristen zu geben. [2]Die Vertragsparteien legen dem Bundesministerium für Gesundheit bis zum 15. Januar 2017 einen konkreten Zeitplan für die Bearbeitung der mit gesetzlichen Fristen versehenen Aufgaben nach Absatz 1 Satz 2 und der Aufträge nach Absatz 4 vor, aus dem einzelne Umsetzungsschritte erkennbar sind. [3]Der Zeitplan ist durch das Bundesministerium für Gesundheit im Benehmen mit dem Bundesministerium für Familie, Senioren, Frauen und Jugend zu genehmigen. [4]Die Vertragsparteien nach § 113 sind verpflichtet, das Bundesministerium für Gesundheit unverzüglich zu informieren, wenn absehbar ist, dass ein Zeitziel des Zeitplans nicht eingehalten werden kann. [5]In diesem Fall kann das Bundesministerium für Gesundheit im Benehmen mit dem Bundesministerium für Familie, Senioren, Frauen und Jugend einzelne Umsetzungsschritte im Wege der Ersatzvornahme selbst vornehmen.

(9) [1]Die durch den Qualitätsausschuss getroffenen Entscheidungen sind dem Bundesministerium für Gesundheit vorzulegen, ausgenommen sind die zur Wahrnehmung der Aufgabe nach § 8 Absatz 5 Satz 2 getroffenen Entscheidungen. [2]Es kann die Entscheidungen innerhalb von zwei Monaten beanstanden. [3]Das Bundesministerium für Gesundheit kann im Rahmen der Prüfung vom Qualitätsausschuss zusätzliche Informationen und ergänzende Stellungnahmen anfordern; bis zu deren Eingang ist der Lauf der Frist nach Satz 2 unterbrochen. [4]Beanstandungen des Bundesministeriums für Gesundheit sind innerhalb der von ihm gesetzten Frist zu beheben. [5]Die Nichtbeanstandung von Entscheidungen kann vom Bundesministerium für Gesundheit mit Auflagen verbunden werden. [6]Kommen Entscheidungen des Qualitätsausschusses ganz oder teilweise nicht fristgerecht zustande oder werden die Beanstandungen des Bundesministeriums für Gesundheit nicht innerhalb der von ihm gesetzten Frist behoben, kann das Bundesministerium für Gesundheit den Inhalt der Vereinbarungen und der Beschlüsse nach Absatz 1 Satz 2 festsetzen. [7]Bei den Verfahren nach den Sätzen 1 bis 6 setzt sich das Bundesministerium für Gesundheit mit dem Bundesministerium für Familie, Senioren, Frauen und Jugend ins Benehmen. [8]Bezüglich der Vereinbarungen nach § 115 Absatz 3b setzt sich das Bundesministerium für Gesundheit bei den Verfahren nach den Sätzen 1 bis 6 darüber hinaus mit dem Bundesministerium für Arbeit und Soziales ins Benehmen.

§ 113c Personalbemessung in Pflegeeinrichtungen. (1) [1]Die Vertragsparteien nach § 113 stellen im Einvernehmen mit dem Bundesministerium für Gesundheit und dem Bundesministerium für Familie, Senioren, Frauen und Jugend die Entwicklung und Erprobung eines wissenschaftlich fundierten Verfahrens zur einheitlichen Bemessung des Personalbedarfs in Pflegeeinrichtungen nach qualitativen und quantitativen Maßstäben sicher. [2]Die Entwicklung und Erprobung ist bis zum 30. Juni 2020 abzuschließen. [3]Es ist ein strukturiertes, empirisch abgesichertes und valides Verfahren für die Personalbemessung in Pflegeeinrichtungen auf der Basis des durchschnittlichen Versorgungsaufwands für direkte und indirekte pflegerische Maßnahmen sowie für Hilfen bei der Haushaltsführung unter Berücksichtigung der fachlichen Ziele und Konzeption des ab dem 1. Januar 2017 geltenden Pflegebedürftigkeitsbegriffs zu erstellen. [4]Hierzu sind einheitliche Maßstäbe zu ermitteln, die insbesondere Qualifikationsanforderungen, quantitative Bedarfe und die fachliche Angemessenheit der Maßnahmen berücksichtigen. [5]Die Vertragsparteien beauftragen zur Sicherstellung der Wissenschaftlichkeit des Verfahrens fachlich unabhängige wissenschaftliche Einrichtungen oder Sachverständige. [6]Soweit bei der Entwicklung und Erprobung des Verfahrens eine modellhafte Vorgehensweise erforderlich ist, kann im Einzelfall von den Regelungen des Siebten Kapitels sowie von § 36 und zur Entwicklung besonders pauschalierter Pflegesätze von § 84 Absatz 2 Satz 2 abgewichen werden. [7]Bei den Aufgaben nach den Sätzen 1 bis 6 sollen die Vertragsparteien von der unabhängigen qualifizierten Geschäftsstelle nach § 113b Absatz 6 unterstützt werden.

(2) [1]Der Medizinische Dienst Bund, der Verband der privaten Krankenversicherung e.V. und die Verbände der Pflegeberufe auf Bundesebene wirken beratend mit. [2]Die auf Bundesebene maßgeblichen Organisationen für die Wahrnehmung der Interessen und der Selbsthilfe pflegebedürftiger und behinderter Menschen wirken nach Maßgabe von § 118 mit. [3]Für die Arbeitsweise der Vertragsparteien soll im Übrigen die Geschäftsordnung nach § 113b Absatz 7 entsprechende Anwendung finden.

(3) [1]Das Bundesministerium für Gesundheit legt im Einvernehmen mit dem Bundesministerium für Familie, Senioren, Frauen und Jugend unter Beteiligung der Vertragsparteien nach § 113 unverzüglich in einem Zeitplan konkrete Zeitziele für die Entwicklung, Erprobung und die Auftragsvergabe fest. [2]Die Vertragsparteien nach § 113 sind verpflichtet, dem Bundesministerium für Gesundheit auf Verlangen unverzüglich Auskunft über den Bearbeitungsstand der Entwicklung, Erprobung und der Auftragsvergabe sowie über Problembereiche und mögliche Lösungen zu geben.

(4) [1]Wird ein Zeitziel nach Absatz 3 nicht fristgerecht erreicht und ist deshalb die fristgerechte Entwicklung, Erprobung oder Auftragsvergabe gefährdet, kann das Bundesministerium für Gesundheit im Einvernehmen mit dem Bundesministerium für Familie, Senioren, Frauen und Jugend einzelne Verfahrensschritte im Wege der Ersatzvornahme selbst durchführen. [2]Haben die Vertragsparteien nach § 113 sich bis zum 31. Dezember 2016 nicht über die Beauftragung gemäß Absatz 1 Satz 2 geeinigt, bestimmen das Bundesministerium für Gesundheit und das Bundesministerium für Familie, Senioren, Frauen und Jugend innerhalb von vier Monaten das Verfahren und die Inhalte der Beauftragung.

§ 114 Qualitätsprüfungen. (1) [1]Zur Durchführung einer Qualitätsprüfung erteilen die Landesverbände der Pflegekassen dem Medizinischen Dienst, dem Prüfdienst des Verbandes der privaten Krankenversicherung e.V. im Umfang von 10 Prozent der in einem Jahr anfallenden Prüfaufträge oder den von ihnen bestellten Sachverständigen einen Prüfauftrag. [2]Der Prüfauftrag enthält Angaben zur Prüfart, zum Prüfgegenstand und zum Prüfumfang. [3]Die Prüfung erfolgt als Regelprüfung, Anlassprüfung oder Wiederholungsprüfung. [4]Die Pflegeeinrichtungen haben die ordnungsgemäße Durchführung der Prüfungen zu ermöglichen. [5]Vollstationäre Pflegeeinrichtungen sind ab dem 1. Januar 2014 verpflichtet, die Landesverbände der Pflegekassen unmittelbar nach einer Regelprüfung darüber zu informieren, wie die ärztliche, fachärztliche und zahnärztliche Versorgung sowie die Arzneimittelversorgung in den Einrichtungen geregelt sind. [6] Sie sollen insbesondere auf Folgendes hinweisen:

1. auf den Abschluss und den Inhalt von Kooperationsverträgen oder die Einbindung der Einrichtung in Ärztenetze,
2. auf den Abschluss von Vereinbarungen mit Apotheken sowie
3. ab dem 1. Juli 2016 auf die Zusammenarbeit mit einem Hospiz- und Palliativnetz.

[7] Wesentliche Änderungen hinsichtlich der ärztlichen, fachärztlichen und zahnärztlichen Versorgung, der Arzneimittelversorgung sowie der Zusammenarbeit mit einem Hospiz- und Palliativnetz sind den Landesverbänden der Pflegekassen innerhalb von vier Wochen zu melden.

(2) [1] Die Landesverbände der Pflegekassen veranlassen in zugelassenen Pflegeeinrichtungen bis zum 31. Dezember 2010 mindestens einmal und ab dem Jahre 2011 regelmäßig im Abstand von höchstens einem Jahr eine Prüfung durch den Medizinischen Dienst, den Prüfdienst des Verbandes der privaten Krankenversicherung e.V. oder durch von ihnen bestellte Sachverständige (Regelprüfung). [2] Abweichend von Satz 1 ist im Zeitraum vom 1. Oktober 2020 bis zum 31. Dezember 2021 in allen zugelassenen Pflegeeinrichtungen mindestens einmal eine Prüfung durchzuführen. [3] Die Richtlinien nach § 114c zur Verlängerung des Prüfrhythmus bei guter Qualität sind zu beachten. [4] Die Landesverbände der Pflegekassen erteilen die Prüfaufträge für zugelassene vollstationäre Pflegeeinrichtungen auf der Grundlage der von der Datenauswertungsstelle nach § 113 Absatz 1b Satz 3 übermittelten Ergebnisse. [5] Zu prüfen ist, ob die Qualitätsanforderungen nach diesem Buch und nach den auf dieser Grundlage abgeschlossenen vertraglichen Vereinbarungen erfüllt sind. [6] Die Regelprüfung erfasst insbesondere wesentliche Aspekte des Pflegezustandes und die Wirksamkeit der Pflege- und Betreuungsmaßnahmen (Ergebnisqualität). [7] Sie kann auch auf den Ablauf, die Durchführung und die Evaluation der Leistungserbringung (Prozessqualität) sowie die unmittelbaren Rahmenbedingungen der Leistungserbringung (Strukturqualität) erstreckt werden. [8] Die Regelprüfung bezieht sich auf die Qualität der allgemeinen Pflegeleistungen, der medizinischen Behandlungspflege, der Betreuung einschließlich der zusätzlichen Betreuung und Aktivierung im Sinne des § 43b, der Leistungen bei Unterkunft und Verpflegung (§ 87) und der Zusatzleistungen (§ 88). [9] Auch die nach § 37 des Fünften Buches[1)] erbrachten Leistungen der häuslichen Krankenpflege sind in die Regelprüfung einzubeziehen, unabhängig davon, ob von der Pflegeversicherung Leistungen nach § 36 erbracht werden. [10] In die Regelprüfung einzubeziehen sind auch Leistungen der außerklinischen Intensivpflege nach § 37c des Fünften Buches, die auf der Grundlage eines Versorgungsvertrages mit den Krankenkassen gemäß § 132l Absatz 5 Nummer 4 des Fünften Buches erbracht werden, unabhängig davon, ob von der Pflegeversicherung Leistungen nach § 36 erbracht werden. [11] In den Fällen nach Satz 10 ist in die Regelprüfung mindestens eine Person, die Leistungen der außerklinischen Intensivpflege an einem der in § 37c Absatz 2 Satz 1 Nummer 4 des Fünften Buches genannten Orte erhält, einzubeziehen. [12] Die Regelprüfung umfasst auch die Abrechnung der genannten Leistungen. [13] Zu prüfen ist auch, ob die Versorgung der Pflegebedürftigen den Empfehlungen der Kommission für

---

[1)] Nr. 5.

Krankenhaushygiene und Infektionsprävention nach § 23 Absatz 1 des Infektionsschutzgesetzes entspricht.

(3) [1]Die Landesverbände der Pflegekassen haben im Rahmen der Zusammenarbeit mit den nach heimrechtlichen Vorschriften zuständigen Aufsichtsbehörden (§ 117) vor einer Regelprüfung insbesondere zu erfragen, ob Qualitätsanforderungen nach diesem Buch und den auf seiner Grundlage abgeschlossenen vertraglichen Vereinbarungen in einer Prüfung der nach heimrechtlichen Vorschriften zuständigen Aufsichtsbehörde oder in einem nach Landesrecht durchgeführten Prüfverfahren berücksichtigt worden sind. [2]Hierzu können auch Vereinbarungen auf Landesebene zwischen den Landesverbänden der Pflegekassen und den nach heimrechtlichen Vorschriften zuständigen Aufsichtsbehörden sowie den für weitere Prüfverfahren zuständigen Aufsichtsbehörden getroffen werden. [3]Um Doppelprüfungen zu vermeiden, haben die Landesverbände der Pflegekassen den Prüfumfang der Regelprüfung in angemessener Weise zu verringern, wenn

1. die Prüfungen nicht länger als neun Monate zurückliegen,
2. die Prüfergebnisse nach pflegefachlichen Kriterien den Ergebnissen einer Regelprüfung gleichwertig sind und
3. die Veröffentlichung der von den Pflegeeinrichtungen erbrachten Leistungen und deren Qualität gemäß § 115 Absatz 1a gewährleistet ist.

[4]Die Pflegeeinrichtung kann verlangen, dass von einer Verringerung der Prüfpflicht abgesehen wird.

(4) [1]Bei Anlassprüfungen geht der Prüfauftrag in der Regel über den jeweiligen Prüfanlass hinaus; er umfasst eine vollständige Prüfung mit dem Schwerpunkt der Ergebnisqualität. [2]Gibt es im Rahmen einer Anlass-, Regel- oder Wiederholungsprüfung sachlich begründete Hinweise auf eine nicht fachgerechte Pflege bei Pflegebedürftigen, auf die sich die Prüfung nicht erstreckt, sind die betroffenen Pflegebedürftigen unter Beachtung der datenschutzrechtlichen Bestimmungen in die Prüfung einzubeziehen. [3]Die Prüfung ist insgesamt als Anlassprüfung durchzuführen. [4]Im Zusammenhang mit einer zuvor durchgeführten Regel- oder Anlassprüfung kann von den Landesverbänden der Pflegekassen eine Wiederholungsprüfung veranlasst werden, um zu überprüfen, ob die festgestellten Qualitätsmängel durch die nach § 115 Abs. 2 angeordneten Maßnahmen beseitigt worden sind.

§ 114a Durchführung der Qualitätsprüfungen. (1) [1]Der Medizinische Dienst, der Prüfdienst des Verbandes der privaten Krankenversicherung e.V. und die von den Landesverbänden der Pflegekassen bestellten Sachverständigen sind im Rahmen ihres Prüfauftrags nach § 114 jeweils berechtigt und verpflichtet, an Ort und Stelle zu überprüfen, ob die zugelassenen Pflegeeinrichtungen die Leistungs- und Qualitätsanforderungen nach diesem Buch erfüllen. [2]Die Prüfungen sind grundsätzlich am Tag zuvor anzukündigen; Anlassprüfungen sollen unangemeldet erfolgen. [3]Die Prüfungen in zugelassenen vollstationären Pflegeeinrichtungen sollen unangekündigt erfolgen, wenn die Einrichtung ihrer Verpflichtung nach § 114b Absatz 1 gar nicht nachkommt, die Datenübermittlung unvollständig war oder von der Datenauswertungsstelle nach § 113 Absatz 1b mangelnde Plausibilität der übermittelten Daten festgestellt wurde. [4]Der Medizinische Dienst, der Prüfdienst des Verbandes der privaten Krankenversicherung e.V. und die von den Landesverbänden der

Pflegekassen bestellten Sachverständigen beraten im Rahmen der Qualitätsprüfungen die Pflegeeinrichtungen in Fragen der Qualitätssicherung. [5] § 112 Abs. 3 gilt entsprechend.

(2) [1] Sowohl bei teil- als auch bei vollstationärer Pflege sind der Medizinische Dienst, der Prüfdienst des Verbandes der privaten Krankenversicherung e.V. und die von den Landesverbänden der Pflegekassen bestellten Sachverständigen jeweils berechtigt, zum Zwecke der Qualitätssicherung die für das Pflegeheim benutzten Grundstücke und Räume jederzeit zu betreten, dort Prüfungen und Besichtigungen vorzunehmen, sich mit den Pflegebedürftigen, ihren Angehörigen, vertretungsberechtigten Personen und Betreuern in Verbindung zu setzen sowie die Beschäftigten und die Interessenvertretung der Bewohnerinnen und Bewohner zu befragen. [2] Prüfungen und Besichtigungen zur Nachtzeit sind nur zulässig, wenn und soweit das Ziel der Qualitätssicherung zu anderen Tageszeiten nicht erreicht werden kann. [3] Soweit Räume einem Wohnrecht der Heimbewohner unterliegen, dürfen sie ohne deren Einwilligung nur betreten werden, soweit dies zur Verhütung dringender Gefahren für die öffentliche Sicherheit und Ordnung erforderlich ist; das Grundrecht der Unverletzlichkeit der Wohnung (Artikel 13 Abs. 1 des Grundgesetzes) wird insoweit eingeschränkt. [4] Bei der ambulanten Pflege sind der Medizinische Dienst, der Prüfdienst des Verbandes der privaten Krankenversicherung e.V. und die von den Landesverbänden der Pflegekassen bestellten Sachverständigen berechtigt, die Qualität der Leistungen des Pflegedienstes mit Einwilligung der von dem Pflegedienst versorgten Person auch in deren Wohnung zu überprüfen. [5] Der Medizinische Dienst und der Prüfdienst des Verbandes der privaten Krankenversicherung e.V. sollen die nach heimrechtlichen Vorschriften zuständige Aufsichtsbehörde an Prüfungen beteiligen, soweit dadurch die Prüfung nicht verzögert wird.

(3) [1] Die Prüfungen beinhalten auch Inaugenscheinnahmen des gesundheitlichen und pflegerischen Zustands von durch die Pflegeeinrichtung versorgten Personen. [2] Zum gesundheitlichen und pflegerischen Zustand der durch Inaugenscheinnahme in die Prüfung einbezogenen Personen können sowohl diese Personen selbst als auch Beschäftigte der Pflegeeinrichtungen, Betreuer und Angehörige sowie Mitglieder der heimrechtlichen Interessenvertretungen der Bewohnerinnen und Bewohner befragt werden. [3] Bei der Beurteilung der Pflegequalität sind die Pflegedokumentation, die Inaugenscheinnahme von Personen nach Satz 1 und Befragungen der Beschäftigten der Pflegeeinrichtungen sowie der durch Inaugenscheinnahme in die Prüfung einbezogenen Personen, ihrer Angehörigen und der vertretungsberechtigten Personen angemessen zu berücksichtigen. [4] Die Teilnahme an Inaugenscheinnahmen und Befragungen ist freiwillig. [5] Durch die Ablehnung dürfen keine Nachteile entstehen. [6] Einsichtnahmen in Pflegedokumentationen, Inaugenscheinnahmen von Personen nach Satz 1 und Befragungen von Personen nach Satz 2 sowie die damit jeweils zusammenhängende Verarbeitung personenbezogener Daten von durch Inaugenscheinnahme in die Prüfung einbezogenen Personen zum Zwecke der Erstellung eines Prüfberichts bedürfen der Einwilligung der betroffenen Personen.

(3a) [1] Die Pflegeeinrichtungen haben im Rahmen ihrer Mitwirkungspflicht nach § 114 Absatz 1 Satz 4 insbesondere die Namen und Kontaktdaten der von ihnen versorgten Personen an die jeweiligen Prüfer weiterzuleiten. [2] Die Prüfer sind jeweils verpflichtet, die durch Inaugenscheinnahme nach Absatz 3 Satz 1 in die Qualitätsprüfung einzubeziehenden Personen vor der Durchführung der Qualitätsprüfung in verständlicher Weise über die für die Einwilligung in die Prüfhandlungen nach Absatz 3 Satz 6 wesentlichen Umstände aufzuklären. [3] Ergänzend kann auch auf Unterlagen Bezug genommen werden, die die durch Inaugenscheinnahme in die Prüfung einzubeziehende Person in Textform erhält. [4] Die Aufklärung muss so rechtzeitig erfolgen, dass die durch Inaugenscheinnahme in die Prüfung einzubeziehende Person ihre Entscheidung über die Einwilligung wohlüberlegt treffen kann. [5] Die Einwilligung nach Absatz 2 oder Absatz 3 kann erst nach Bekanntgabe der Einbeziehung der in Augenschein zu nehmenden Person in die Qualitätsprüfung erklärt werden und muss in einer Urkunde oder auf andere zur dauerhaften Wiedergabe in Schriftzeichen geeignete Weise gegenüber den Prüfern abgegeben werden, die Person des Erklärenden benennen und den Abschluss der Erklärung durch Nachbildung der Namensunterschrift oder anders erkennbar machen (Textform). [6] Ist die durch Inaugenscheinnahme in die Prüfung einzubeziehende Person einwilligungsunfähig, ist die Einwilligung eines hierzu Berechtigten einzuholen, wobei dieser nach Maßgabe der Sätze 2 bis 4 aufzuklären ist. [7] Ist ein Berechtigter nicht am Ort einer unangemeldeten Prüfung anwesend und ist eine rechtzeitige Einholung der Einwilligung in Textform nicht möglich, so genügt nach einer den Maßgaben der Sätze 2 bis 4 entsprechenden Aufklärung durch die Prüfer ausnahmsweise eine mündliche Einwilligung, wenn andernfalls die Durchführung der Prüfung erschwert würde. [8] Die mündliche Einwilligung oder Nichteinwilligung des Berechtigten sowie die Gründe für ein ausnahmsweises Abweichen von der erforderlichen Textform sind schriftlich oder elektronisch zu dokumentieren.

(4) [1] Auf Verlangen sind Vertreter der betroffenen Pflegekassen oder ihrer Verbände, des zuständigen Sozialhilfeträgers sowie des Verbandes der privaten Krankenversicherung e.V. an den Prüfungen nach den Absätzen 1 bis 3 zu beteiligen. [2] Der Träger der Pflegeeinrichtung kann verlangen, dass eine Vereinigung, deren Mitglied er ist (Trägervereinigung), an der Prüfung nach den Absätzen 1 bis 3 beteiligt wird. [3] Ausgenommen ist eine Beteiligung nach Satz 1 oder nach Satz 2, soweit dadurch die Durchführung einer Prüfung voraussichtlich verzögert wird. [4] Unabhängig von ihren eigenen Prüfungsbefugnissen nach den Absätzen 1 bis 3 sind der Medizinische Dienst, der Prüfdienst des Verbandes der privaten Krankenversicherung e.V. und die von den Landesverbänden der Pflegekassen bestellten Sachverständigen jeweils befugt, sich an Überprüfungen von zugelassenen Pflegeeinrichtungen zu beteiligen, soweit sie von der nach heimrechtlichen Vorschriften zuständigen Aufsichtsbehörde nach Maßgabe heimrechtlicher Vorschriften durchgeführt werden. [5] Sie haben in diesem Fall ihre Mitwirkung an der Überprüfung der Pflegeeinrichtung auf den Bereich der Qualitätssicherung nach diesem Buch zu beschränken.

(5) [1] Unterschreitet der Prüfdienst des Verbandes der privaten Krankenversicherung e.V. die in § 114 Absatz 1 Satz 1 genannte, auf das Bundesgebiet bezogene Prüfquote, beteiligen sich die privaten Versicherungsunternehmen, die die private Pflege-Pflichtversicherung durchführen, anteilig bis zu einem Betrag von 10 Prozent an den Kosten der Qualitätsprüfungen der ambulanten und stationären Pflegeeinrichtungen. [2] Das Bundesamt für Soziale Sicherung stellt jeweils am Ende eines Jahres die Einhaltung der Prüfquote oder die Höhe der Unter- oder Überschreitung sowie die Höhe der durchschnittlichen Kosten von Prüfungen im Wege einer Schätzung nach Anhörung des Verbandes der

privaten Krankenversicherung e.V. und des Spitzenverbandes Bund der Pflegekassen fest und teilt diesen jährlich die Anzahl der durchgeführten Prüfungen und bei Unterschreitung der Prüfquote den Finanzierungsanteil der privaten Versicherungsunternehmen mit; der Finanzierungsanteil ergibt sich aus der Multiplikation der Durchschnittskosten mit der Differenz zwischen der Anzahl der vom Prüfdienst des Verbandes der privaten Krankenversicherung e.V. durchgeführten Prüfungen und der in § 114 Absatz 1 Satz 1 genannten Prüfquote. [3]Der Finanzierungsanteil, der auf die privaten Versicherungsunternehmen entfällt, ist vom Verband der privaten Krankenversicherung e.V. jährlich unmittelbar an das Bundesamt für Soziale Sicherung zugunsten des Ausgleichsfonds der Pflegeversicherung (§ 65) zu überweisen. [4]Der Verband der privaten Krankenversicherung e.V. muss der Zahlungsaufforderung durch das Bundesamt für Soziale Sicherung keine Folge leisten, wenn er innerhalb von vier Wochen nach der Zahlungsaufforderung nachweist, dass die Unterschreitung der Prüfquote nicht von ihm oder seinem Prüfdienst zu vertreten ist.

(5a) Der Spitzenverband Bund der Pflegekassen vereinbart bis zum 31. Oktober 2011 mit dem Verband der privaten Krankenversicherung e.V. das Nähere über die Zusammenarbeit bei der Durchführung von Qualitätsprüfungen durch den Prüfdienst des Verbandes der privaten Krankenversicherung e.V., insbesondere über Maßgaben zur Prüfquote, Auswahlverfahren der zu prüfenden Pflegeeinrichtungen und Maßnahmen der Qualitätssicherung, sowie zur einheitlichen Veröffentlichung von Ergebnissen der Qualitätsprüfungen durch den Verband der privaten Krankenversicherung e.V.

(6) [1]Die Medizinischen Dienste und der Prüfdienst des Verbandes der privaten Krankenversicherung e.V. berichten dem Medizinischen Dienst Bund zum 30. Juni 2020, danach in Abständen von zwei Jahren, über ihre Erfahrungen mit der Anwendung der Beratungs- und Prüfvorschriften nach diesem Buch, über die Ergebnisse ihrer Qualitätsprüfungen sowie über ihre Erkenntnisse zum Stand und zur Entwicklung der Pflegequalität und der Qualitätssicherung. [2]Sie stellen unter Beteiligung des Medizinischen Dienstes Bund die Vergleichbarkeit der gewonnenen Daten sicher. [3]Der Medizinische Dienst Bund führt die Berichte der Medizinischen Dienste, des Prüfdienstes des Verbandes der privaten Krankenversicherung e.V. und seine eigenen Erkenntnisse und Erfahrungen zur Entwicklung der Pflegequalität und der Qualitätssicherung zu einem Bericht zusammen und legt diesen innerhalb eines halben Jahres dem Spitzenverband Bund der Pflegekassen, dem Bundesministerium für Gesundheit, dem Bundesministerium für Familie, Senioren, Frauen und Jugend sowie dem Bundesministerium für Arbeit und Soziales und den zuständigen Länderministerien vor.

(7) [1]Der Medizinische Dienst Bund beschließt im Benehmen mit dem Spitzenverband Bund der Pflegekassen und des Prüfdienstes des Verbandes der privaten Krankenversicherung e.V. zur verfahrensrechtlichen Konkretisierung Richtlinien über die Durchführung der Prüfung der in Pflegeeinrichtungen erbrachten Leistungen und deren Qualität nach § 114 sowohl für den ambulanten als auch für den stationären Bereich. [2]In den Richtlinien sind die Maßstäbe und Grundsätze zur Sicherung und Weiterentwicklung der Pflegequalität nach § 113 zu berücksichtigen. [3]Die Richtlinien für den stationären Bereich sind bis zum 31. Oktober 2017, die Richtlinien für den ambulanten Bereich bis zum 31. Oktober 2018 zu beschließen. [4]Sie treten jeweils gleichzeitig mit der entsprechenden Qualitätsdarstellungsvereinbarung nach § 115 Absatz 1a in

Kraft. [5]Die maßgeblichen Organisationen für die Wahrnehmung der Interessen und der Selbsthilfe der pflegebedürftigen und behinderten Menschen wirken nach Maßgabe von § 118 mit. [6]Der Medizinische Dienst Bund hat die Vereinigungen der Träger der Pflegeeinrichtungen auf Bundesebene, die Verbände der Pflegeberufe auf Bundesebene, den Verband der privaten Krankenversicherung e.V. sowie die Bundesarbeitsgemeinschaft der überörtlichen Träger der Sozialhilfe und die kommunalen Spitzenverbände auf Bundesebene zu beteiligen. [7]Ihnen ist unter Übermittlung der hierfür erforderlichen Informationen innerhalb einer angemessenen Frist vor der Entscheidung Gelegenheit zur Stellungnahme zu geben; die Stellungnahmen sind in die Entscheidung einzubeziehen. [8]Die Richtlinien sind in regelmäßigen Abständen an den medizinisch-pflegefachlichen Fortschritt anzupassen. [9]Sie sind durch das Bundesministerium für Gesundheit im Benehmen mit dem Bundesministerium für Familie, Senioren, Frauen und Jugend zu genehmigen. [10]Beanstandungen des Bundesministeriums für Gesundheit sind innerhalb der von ihm gesetzten Frist zu beheben. [11]Die Richtlinien über die Durchführung der Qualitätsprüfung sind für die Medizinischen Dienste und den Prüfdienst des Verbandes der privaten Krankenversicherung e.V. verbindlich.

§ 114b Erhebung und Übermittlung von indikatorenbezogenen Daten zur vergleichenden Messung und Darstellung von Ergebnisqualität in vollstationären Pflegeeinrichtungen. (1) [1]Die zugelassenen vollstationären Pflegeeinrichtungen sind verpflichtet, ab dem 1. Oktober 2019 bis zum 31. Dezember 2020 einmal und ab dem 1. Januar 2021 halbjährlich zu einem bestimmten Stichtag indikatorenbezogene Daten zur vergleichenden Messung und Darstellung von Ergebnisqualität im vollstationären Bereich zu erheben und an die Datenauswertungsstelle nach § 113 Absatz 1b zu übermitteln. [2]Die indikatorenbezogenen Daten sind auf der Grundlage einer strukturierten Datenerhebung im Rahmen des internen Qualitätsmanagements zu erfassen. [3]Wenn die Datenauswertungsstelle nach § 113 Absatz 1b bis zum 15. September 2019 nicht eingerichtet ist, haben die Landesverbände der Pflegekassen die Erfüllung der Aufgaben nach § 113 Absatz 1b sicherzustellen.

(2) Die von den Einrichtungen gemäß Absatz 1 Satz 1 übermittelten indikatorenbezogenen Daten werden entsprechend den Qualitätsdarstellungsvereinbarungen nach § 115 Absatz 1a mit Ausnahme der zwischen dem 1. Oktober 2019 und dem 31. Dezember 2020 erstmals erhobenen und übermittelten Daten veröffentlicht.

(3) [1]Aus den Mitteln des Ausgleichsfonds der Pflegeversicherung wird im Jahr 2019 ein einmaliger Förderbetrag in Höhe von 1000 Euro für jede zugelassene vollstationäre Pflegeeinrichtung bereitgestellt, um die für die Erhebung von indikatorenbezogenen Daten zur vergleichenden Messung und Darstellung von Ergebnisqualität notwendigen Schulungen in den Einrichtungen zu unterstützen. [2]Die Modalitäten der Auszahlung der Fördermittel durch eine Pflegekasse werden von den Landesverbänden der Pflegekassen festgelegt. [3]Die privaten Versicherungsunternehmen, die die private Pflege-Pflichtversicherung durchführen, beteiligen sich mit einem Anteil von 7 Prozent an den Kosten. [4]Der jeweilige Finanzierungsanteil, der auf die privaten Versicherungsunternehmen entfällt, kann von dem Verband der privaten Krankenversicherung e.V. unmittelbar an das Bundesversicherungsamt zugunsten des Ausgleichsfonds der Pflegeversicherung nach § 65 geleistet werden. [5]Der Spitzenverband Bund der

Pflegekassen, der Verband der privaten Krankenversicherung e.V. und das Bundesversicherungsamt regeln das Nähere über das Verfahren zur Bereitstellung der notwendigen Finanzmittel aus dem Ausgleichsfonds der Pflegeversicherung sowie zur Feststellung und Erhebung der Beträge der privaten Versicherungsunternehmen, die die private Pflege-Pflichtversicherung durchführen, durch Vereinbarung.

§ 114c Richtlinien zur Verlängerung des Prüfrhythmus in vollstationären Einrichtungen bei guter Qualität und zur Veranlassung unangemeldeter Prüfungen; Berichtspflicht. (1) [1] Abweichend von § 114 Absatz 2 kann eine Prüfung in einer zugelassenen vollstationären Pflegeeinrichtung ab dem 1. Juli 2021 regelmäßig im Abstand von höchstens zwei Jahren stattfinden, wenn durch die jeweilige Einrichtung ein hohes Qualitätsniveau sichergestellt ist. [2] Der Medizinische Dienst Bund legt im Benehmen mit dem Spitzenverband Bund der Pflegekassen und unter Beteiligung des Prüfdienstes des Verbandes der privaten Krankenversicherung e.V. in Richtlinien Kriterien zur Feststellung eines hohen Qualitätsniveaus sowie Kriterien für die Veranlassung unangemeldeter Prüfungen nach § 114a Absatz 1 Satz 3 fest. [3] Bei der Erstellung der Richtlinien sind die Empfehlungen heranzuziehen, die in dem Abschlussbericht des wissenschaftlichen Verfahrens zur Entwicklung der Instrumente und Verfahren für Qualitätsprüfungen nach den §§ 114 bis 114b und die Qualitätsdarstellung nach § 115 Absatz 1a in der stationären Pflege „Darstellung der Konzeption für das neue Prüfverfahren und die Qualitätsdarstellung" in der vom Qualitätsausschuss Pflege am 17. September 2018 abgenommenen Fassung zum indikatorengestützten Verfahren dargelegt wurden. [4] Die Feststellung, ob ein hohes Qualitätsniveau durch eine Einrichtung sichergestellt ist, soll von den Landesverbänden der Pflegekassen auf der Grundlage der durch die Datenauswertungsstelle nach § 113 Absatz 1b Satz 3 übermittelten Daten und der Ergebnisse der nach § 114 durchgeführten Qualitätsprüfungen erfolgen. [5] Die auf Bundesebene maßgeblichen Organisationen für die Wahrnehmung der Interessen und der Selbsthilfe pflegebedürftiger und behinderter Menschen wirken nach Maßgabe von § 118 an der Erstellung und Änderung der Richtlinien mit. [6] Der Medizinische Dienst Bund hat die Vereinigungen der Träger der Pflegeeinrichtungen auf Bundesebene, die Verbände der Pflegeberufe auf Bundesebene, den Verband der privaten Krankenversicherung e.V., die Bundesarbeitsgemeinschaft der überörtlichen Träger der Sozialhilfe und die kommunalen Spitzenverbände auf Bundesebene zu beteiligen. [7] Ihnen ist unter Übermittlung der hierfür erforderlichen Informationen innerhalb einer angemessenen Frist vor der Entscheidung Gelegenheit zur Stellungnahme zu geben; die Stellungnahmen sind in die Entscheidung einzubeziehen. [8] Die Kriterien nach Satz 2 sind auf der Basis der empirischen Erkenntnisse der Datenauswertungsstelle nach § 113 Absatz 1b zur Messung und Bewertung der Qualität der Pflege in den Einrichtungen sowie des allgemein anerkannten Standes der medizinisch-pflegerischen Erkenntnisse regelmäßig, erstmals nach zwei Jahren, zu überprüfen.

(2) [1] Die Richtlinien werden erst wirksam, wenn das Bundesministerium für Gesundheit sie genehmigt. [2] Die Genehmigung gilt als erteilt, wenn die Richtlinien nicht innerhalb eines Monats, nachdem sie dem Bundesministerium für Gesundheit vorgelegt worden sind, beanstandet werden. [3] Beanstandungen des Bundesministeriums für Gesundheit sind innerhalb der von ihm gesetzten Frist zu beheben.

(3) [1] Der Spitzenverband Bund der Pflegekassen berichtet dem Bundesministerium für Gesundheit zum 31. März 2021, zum 30. September 2021 und danach jährlich über die Erfahrungen der Pflegekassen mit

1. der Erhebung und Übermittlung von indikatorenbezogenen Daten zur vergleichenden Messung und Darstellung von Ergebnisqualität in vollstationären Pflegeeinrichtungen nach § 114b Absatz 1 und
2. Qualitätsprüfungen, die ab dem 1. November 2019 nach § 114 in vollstationären Pflegeeinrichtungen durchgeführt werden.

[2] Für die Berichterstattung zum 30. September 2021 beauftragt der Spitzenverband Bund der Pflegekassen eine unabhängige wissenschaftliche Einrichtung oder einen unabhängigen Sachverständigen mit der Evaluation der in den Qualitätsdarstellungsvereinbarungen festgelegten Bewertungssystematik für die Ergebnisse der Qualitätsprüfungen.

§ 115 Ergebnisse von Qualitätsprüfungen, Qualitätsdarstellung, Vergütungskürzung. (1) [1] Die Medizinischen Dienste, der Prüfdienst des Verbandes der privaten Krankenversicherung e.V. sowie die von den Landesverbänden der Pflegekassen für Qualitätsprüfungen bestellten Sachverständigen haben das Ergebnis einer jeden Qualitätsprüfung sowie die dabei gewonnenen Daten und Informationen den Landesverbänden der Pflegekassen und den zuständigen Trägern der Sozialhilfe sowie den nach heimrechtlichen Vorschriften zuständigen Aufsichtsbehörden im Rahmen ihrer Zuständigkeit und bei häuslicher Pflege den zuständigen Pflegekassen zum Zwecke der Erfüllung ihrer gesetzlichen Aufgaben sowie der betroffenen Pflegeeinrichtung mitzuteilen. [2] Die Landesverbände der Pflegekassen sind befugt und auf Anforderung verpflichtet, die ihnen nach Satz 1 bekannt gewordenen Daten und Informationen mit Zustimmung des Trägers der Pflegeeinrichtung auch seiner Trägervereinigung zu übermitteln, soweit deren Kenntnis für die Anhörung oder eine Stellungnahme der Pflegeeinrichtung zu einem Bescheid nach Absatz 2 erforderlich ist. [3] Gegenüber Dritten sind die Prüfer und die Empfänger der Daten zur Verschwiegenheit verpflichtet; dies gilt nicht für die zur Veröffentlichung der Ergebnisse von Qualitätsprüfungen nach Absatz 1a erforderlichen Daten und Informationen.

(1a) [1] Die Landesverbände der Pflegekassen stellen sicher, dass die von Pflegeeinrichtungen erbrachten Leistungen und deren Qualität für die Pflegebedürftigen und ihre Angehörigen verständlich, übersichtlich und vergleichbar sowohl im Internet als auch in anderer geeigneter Form kostenfrei veröffentlicht werden. [2] Die Vertragsparteien nach § 113 vereinbaren insbesondere auf der Grundlage der Maßstäbe und Grundsätze nach § 113 und der Richtlinien zur Durchführung der Prüfung der in Pflegeeinrichtungen erbrachten Leistungen und deren Qualität nach § 114a Absatz 7, welche Ergebnisse bei der Darstellung der Qualität für den ambulanten und den stationären Bereich zugrunde zu legen sind und inwieweit die Ergebnisse durch weitere Informationen ergänzt werden. [3] In den Vereinbarungen sind die Ergebnisse der nach § 113b Absatz 4 Satz 2 Nummer 1 bis 4 vergebenen Aufträge zu berücksichtigen. [4] Die Vereinbarungen umfassen auch die Form der Darstellung einschließlich einer Bewertungssystematik (Qualitätsdarstellungsvereinbarungen). [5] Bei Anlassprüfungen nach § 114 Absatz 5 bilden die Prüfergebnisse aller in die Prüfung einbezogenen Pflegebedürftigen die Grundlage für die Bewertung und Darstellung der Qualität. [6] Personenbezogene Daten sind zu anonymisieren.

[7] Ergebnisse von Wiederholungsprüfungen sind zeitnah zu berücksichtigen. [8] Bei der Darstellung der Qualität ist die Art der Prüfung als Anlass-, Regel- oder Wiederholungsprüfung kenntlich zu machen. [9] Das Datum der letzten Prüfung durch den Medizinischen Dienst oder durch den Prüfdienst des Verbandes der privaten Krankenversicherung e.V., eine Einordnung des Prüfergebnisses nach einer Bewertungssystematik sowie eine Zusammenfassung der Prüfergebnisse sind an gut sichtbarer Stelle in jeder Pflegeeinrichtung auszuhängen. [10] Die Qualitätsdarstellungsvereinbarungen für den stationären Bereich sind bis zum 31. Dezember 2017 und für den ambulanten Bereich bis zum 31. Dezember 2018 jeweils unter Beteiligung des Medizinischen Dienstes Bund, des Verbandes der privaten Krankenversicherung e.V. und der Verbände der Pflegeberufe auf Bundesebene zu schließen. [11] Die auf Bundesebene maßgeblichen Organisationen für die Wahrnehmung der Interessen und der Selbsthilfe der pflegebedürftigen und behinderten Menschen wirken nach Maßgabe von § 118 mit. [12] Die Qualitätsdarstellungsvereinbarungen sind an den medizinisch-pflegefachlichen Fortschritt anzupassen. [13] Bestehende Vereinbarungen gelten bis zum Abschluss einer neuen Vereinbarung fort; dies gilt entsprechend auch für die bestehenden Vereinbarungen über die Kriterien der Veröffentlichung einschließlich der Bewertungssystematik (Pflege-Transparenzvereinbarungen).

(1b) [1] Die Landesverbände der Pflegekassen stellen sicher, dass ab dem 1. Januar 2014 die Informationen gemäß § 114 Absatz 1 über die Regelungen zur ärztlichen, fachärztlichen und zahnärztlichen Versorgung sowie zur Arzneimittelversorgung und ab dem 1. Juli 2016 die Informationen gemäß § 114 Absatz 1 zur Zusammenarbeit mit einem Hospiz- und Palliativnetz in vollstationären Einrichtungen für die Pflegebedürftigen und ihre Angehörigen verständlich, übersichtlich und vergleichbar sowohl im Internet als auch in anderer geeigneter Form kostenfrei zur Verfügung gestellt werden. [2] Die Pflegeeinrichtungen sind verpflichtet, die Informationen nach Satz 1 an gut sichtbarer Stelle in der Pflegeeinrichtung auszuhängen. [3] Die Landesverbände der Pflegekassen übermitteln die Informationen nach Satz 1 an den Verband der privaten Krankenversicherung e.V. zum Zweck der einheitlichen Veröffentlichung.

(1c) [1] Die Landesverbände der Pflegekassen haben Dritten für eine zweckgerechte, nicht gewerbliche Nutzung die Daten, die nach den Qualitätsdarstellungsvereinbarungen nach Absatz 1a der Darstellung der Qualität zu Grunde liegen, sowie rückwirkend zum 1. Januar 2017 ab dem 1. April 2017 die Daten, die nach den nach § 115a übergeleiteten Pflege-Transparenzvereinbarungen der Darstellung der Qualität bis zum Inkrafttreten der Qualitätsdarstellungsvereinbarungen zu Grunde liegen, auf Antrag in maschinen- und menschenlesbarer sowie plattformunabhängiger Form zur Verarbeitung und Veröffentlichung zur Verfügung zu stellen. [2] Das Nähere zu der Übermittlung der Daten an Dritte, insbesondere zum Datenformat, zum Datennutzungsvertrag, zu den Nutzungsrechten und den Pflichten des Nutzers bei der Verwendung der Daten, bestimmen die Vertragsparteien nach § 113 bis zum 31. März 2017 in Nutzungsbedingungen, die dem Datennutzungsvertrag unabdingbar zu Grunde zu legen sind. [3] Mit den Nutzungsbedingungen ist eine nicht missbräuchliche, nicht wettbewerbsverzerrende und manipulationsfreie Verwendung der Daten sicherzustellen. [4] Der Dritte hat zu gewährleisten, dass die Herkunft der Daten für die Endverbraucherin oder den Endverbraucher transparent bleibt. [5] Dies gilt insbesondere, wenn eine Verwendung der Daten in Zusammenhang mit anderen Daten erfolgt. [6] Für die Informationen nach Absatz 1b gelten die

Sätze 1 bis 4 entsprechend. [7] Die Übermittlung der Daten erfolgt gegen Ersatz der entstehenden Verwaltungskosten, es sei denn, es handelt sich bei den Dritten um öffentlich-rechtliche Stellen. [8] Die entsprechenden Aufwendungen sind von den Landesverbänden der Pflegekassen nachzuweisen.

(2) [1] Soweit bei einer Prüfung nach diesem Buch Qualitätsmängel festgestellt werden, entscheiden die Landesverbände der Pflegekassen nach Anhörung des Trägers der Pflegeeinrichtung und der beteiligten Trägervereinigung unter Beteiligung des zuständigen Trägers der Sozialhilfe, welche Maßnahmen zu treffen sind, erteilen dem Träger der Einrichtung hierüber einen Bescheid und setzen ihm darin zugleich eine angemessene Frist zur Beseitigung der festgestellten Mängel. [2] Werden nach Satz 1 festgestellte Mängel nicht fristgerecht beseitigt, können die Landesverbände der Pflegekassen gemeinsam den Versorgungsvertrag gemäß § 74 Abs. 1, in schwerwiegenden Fällen nach § 74 Abs. 2, kündigen. [3] § 73 Abs. 2 gilt entsprechend.

(3) [1] Hält die Pflegeeinrichtung ihre gesetzlichen oder vertraglichen Verpflichtungen, insbesondere ihre Verpflichtungen zu einer qualitätsgerechten Leistungserbringung aus dem Versorgungsvertrag (§ 72) ganz oder teilweise nicht ein, sind die nach dem Achten Kapitel vereinbarten Pflegevergütungen für die Dauer der Pflichtverletzung entsprechend zu kürzen. [2] Über die Höhe des Kürzungsbetrags ist zwischen den Vertragsparteien nach § 85 Abs. 2 Einvernehmen anzustreben. [3] Kommt eine Einigung nicht zustande, entscheidet auf Antrag einer Vertragspartei die Schiedsstelle nach § 76 in der Besetzung des Vorsitzenden und der beiden weiteren unparteiischen Mitglieder. [4] Gegen die Entscheidung nach Satz 3 ist der Rechtsweg zu den Sozialgerichten gegeben; ein Vorverfahren findet nicht statt, die Klage hat aufschiebende Wirkung. [5] Der vereinbarte oder festgesetzte Kürzungsbetrag ist von der Pflegeeinrichtung bis zur Höhe ihres Eigenanteils an die betroffenen Pflegebedürftigen und im Weiteren an die Pflegekassen zurückzuzahlen; soweit die Pflegevergütung als nachrangige Sachleistung von einem anderen Leistungsträger übernommen wurde, ist der Kürzungsbetrag an diesen zurückzuzahlen. [6] Der Kürzungsbetrag kann nicht über die Vergütungen oder Entgelte nach dem Achten Kapitel refinanziert werden. [7] Schadensersatzansprüche der betroffenen Pflegebedürftigen nach anderen Vorschriften bleiben unberührt; § 66 des Fünften Buches[1)] gilt entsprechend.

(3a) [1] Eine Verletzung der Verpflichtungen zu einer qualitätsgerechten Leistungserbringung im Sinne des Absatzes 3 Satz 1 wird unwiderlegbar vermutet

1. bei einem planmäßigen und zielgerichteten Verstoß des Trägers der Einrichtung gegen seine Verpflichtung zur Einhaltung der nach § 84 Absatz 5 Satz 2 Nummer 2 vereinbarten Personalausstattung oder
2. bei nicht nur vorübergehenden Unterschreitungen der nach § 84 Absatz 5 Satz 2 Nummer 2 vereinbarten Personalausstattung.

[2] Entsprechendes gilt bei Nichtbezahlung der nach § 84 Absatz 2 Satz 5 beziehungsweise nach § 89 Absatz 1 Satz 4 zu Grunde gelegten Gehälter. [3] Abweichend von Absatz 3 Satz 2 und 3 ist das Einvernehmen über den Kürzungsbetrag unverzüglich herbeizuführen und die Schiedsstelle hat in der Regel binnen drei Monaten zu entscheiden. [4] Bei Verstößen im Sinne von Satz 1 Nummer 1 können die Landesverbände der Pflegekassen gemeinsam den Ver-

---

1) Nr. 5.

sorgungsvertrag gemäß § 74 Absatz 1, in schwerwiegenden Fällen nach § 74 Absatz 2, kündigen; § 73 Absatz 2 gilt entsprechend.

(3b) [1] Die Vertragsparteien nach § 113 vereinbaren durch den Qualitätsausschuss gemäß § 113b bis zum 1. Januar 2018 das Verfahren zur Kürzung der Pflegevergütung nach den Absätzen 3 und 3a. [2] Die Vereinbarungen sind im Bundesanzeiger zu veröffentlichen und gelten vom ersten Tag des auf die Veröffentlichung folgenden Monats. [3] Sie sind für alle Pflegekassen und deren Verbände sowie für die zugelassenen Pflegeeinrichtungen unmittelbar verbindlich.

(4) [1] Bei Feststellung schwerwiegender, kurzfristig nicht behebbarer Mängel in der stationären Pflege sind die Pflegekassen verpflichtet, den betroffenen Heimbewohnern auf deren Antrag eine andere geeignete Pflegeeinrichtung zu vermitteln, welche die Pflege, Versorgung und Betreuung nahtlos übernimmt. [2] Bei Sozialhilfeempfängern ist der zuständige Träger der Sozialhilfe zu beteiligen.

(5) [1] Stellen der Medizinische Dienst oder der Prüfdienst des Verbandes der privaten Krankenversicherung e.V. schwerwiegende Mängel in der ambulanten Pflege fest, kann die zuständige Pflegekasse dem Pflegedienst auf Empfehlung des Medizinischen Dienstes oder des Prüfdienstes des Verbandes der privaten Krankenversicherung e.V. die weitere Versorgung des Pflegebedürftigen vorläufig untersagen; § 73 Absatz 2 gilt entsprechend. [2] Die Pflegekasse hat dem Pflegebedürftigen in diesem Fall einen anderen geeigneten Pflegedienst zu vermitteln, der die Pflege nahtlos übernimmt; dabei ist so weit wie möglich das Wahlrecht des Pflegebedürftigen nach § 2 Abs. 2 zu beachten. [3] Absatz 4 Satz 2 gilt entsprechend.

(6) [1] In den Fällen der Absätze 4 und 5 haftet der Träger der Pflegeeinrichtung gegenüber den betroffenen Pflegebedürftigen und deren Kostenträgern für die Kosten der Vermittlung einer anderen ambulanten oder stationären Pflegeeinrichtung, soweit er die Mängel in entsprechender Anwendung des § 276 des Bürgerlichen Gesetzbuches zu vertreten hat. [2] Absatz 3 Satz 7 bleibt unberührt.

§ 115a Übergangsregelung für Pflege-Transparenzvereinbarungen und Qualitätsprüfungs-Richtlinien. (1) [1] Die Vertragsparteien nach § 113 passen unter Beteiligung des Medizinischen Dienstes Bund, des Verbandes der privaten Krankenversicherung e.V. und der Verbände der Pflegeberufe auf Bundesebene die Pflege-Transparenzvereinbarungen an dieses Gesetz in der am 1. Januar 2017 geltenden Fassung an (übergeleitete Pflege-Transparenzvereinbarungen). [2] Die auf Bundesebene maßgeblichen Organisationen für die Wahrnehmung der Interessen und der Selbsthilfe der pflegebedürftigen und behinderten Menschen wirken nach Maßgabe von § 118 mit. [3] Kommt bis zum 30. April 2016 keine einvernehmliche Einigung zustande, entscheidet der erweiterte Qualitätsausschuss nach § 113b Absatz 3 bis zum 30. Juni 2016. [4] Die übergeleiteten Pflege-Transparenzvereinbarungen gelten ab 1. Januar 2017 bis zum Inkrafttreten der in § 115 Absatz 1a vorgesehenen Qualitätsdarstellungsvereinbarungen.

(2) Schiedsstellenverfahren zu den Pflege-Transparenzvereinbarungen, die am 1. Januar 2016 anhängig sind, werden nach Maßgabe des § 113b Absatz 2, 3 und 8 durch den Qualitätsausschuss entschieden; die Verfahren sind bis zum 30. Juni 2016 abzuschließen.

(3) Die Richtlinien über die Prüfung der in Pflegeeinrichtungen erbrachten Leistungen und deren Qualität nach § 114 (Qualitätsprüfungs-Richtlinien) in der am 31. Dezember 2015 geltenden Fassung gelten nach Maßgabe der Absätze 4 und 5 bis zum Inkrafttreten der Richtlinien über die Durchführung der Prüfung der in Pflegeeinrichtungen erbrachten Leistungen und deren Qualität nach § 114a Absatz 7 fort und sind für den Medizinischen Dienst und den Prüfdienst des Verbandes der privaten Krankenversicherung e.V. verbindlich.

(4) [1] Der Spitzenverband Bund der Pflegekassen passt unter Beteiligung des Medizinischen Dienstes Bund und des Prüfdienstes des Verbandes der privaten Krankenversicherung e.V. die Qualitätsprüfungs-Richtlinien unverzüglich an dieses Gesetz in der am 1. Januar 2016 geltenden Fassung an. [2] Die auf Bundesebene maßgeblichen Organisationen für die Wahrnehmung der Interessen und der Selbsthilfe der pflegebedürftigen und behinderten Menschen wirken nach Maßgabe von § 118 mit. [3] Der Spitzenverband Bund der Pflegekassen hat die Vereinigungen der Träger der Pflegeeinrichtungen auf Bundesebene, die Verbände der Pflegeberufe auf Bundesebene, den Verband der privaten Krankenversicherung e.V. sowie die Bundesarbeitsgemeinschaft der überörtlichen Träger der Sozialhilfe und die kommunalen Spitzenverbände auf Bundesebene zu beteiligen. [4] Ihnen ist unter Übermittlung der hierfür erforderlichen Informationen innerhalb einer angemessenen Frist vor der Entscheidung Gelegenheit zur Stellungnahme zu geben; die Stellungnahmen sind in die Entscheidung einzubeziehen. [5] Die angepassten Qualitätsprüfungs-Richtlinien bedürfen der Genehmigung des Bundesministeriums für Gesundheit.

(5) [1] Der Spitzenverband Bund der Pflegekassen passt unter Beteiligung des Medizinischen Dienstes Bund und des Prüfdienstes des Verbandes der privaten Krankenversicherung e.V. die nach Absatz 4 angepassten Qualitätsprüfungs-Richtlinien bis zum 30. September 2016 an die nach Absatz 1 übergeleiteten und gegebenenfalls nach Absatz 2 geänderten Pflege-Transparenzvereinbarungen an. [2] Die auf Bundesebene maßgeblichen Organisationen für die Wahrnehmung der Interessen und der Selbsthilfe der pflegebedürftigen und behinderten Menschen wirken nach Maßgabe von § 118 mit. [3] Der Spitzenverband Bund der Pflegekassen hat die Vereinigungen der Träger der Pflegeeinrichtungen auf Bundesebene, die Verbände der Pflegeberufe auf Bundesebene, den Verband der privaten Krankenversicherung e.V. sowie die Bundesarbeitsgemeinschaft der überörtlichen Träger der Sozialhilfe und die kommunalen Spitzenverbände auf Bundesebene zu beteiligen. [4] Ihnen ist unter Übermittlung der hierfür erforderlichen Informationen innerhalb einer angemessenen Frist vor der Entscheidung Gelegenheit zur Stellungnahme zu geben; die Stellungnahmen sind in die Entscheidung einzubeziehen. [5] Die angepassten Qualitätsprüfungs-Richtlinien bedürfen der Genehmigung des Bundesministeriums für Gesundheit und treten zum 1. Januar 2017 in Kraft.

§ 116 Kostenregelungen. (1) Die Prüfkosten bei Wirksamkeits- und Wirtschaftlichkeitsprüfungen nach § 79 sind als Aufwand in der nächstmöglichen Vergütungsvereinbarung nach dem Achten Kapitel zu berücksichtigen; sie können auch auf mehrere Vergütungszeiträume verteilt werden.

(2) [1] Die Kosten der Schiedsstellenentscheidung nach § 115 Abs. 3 Satz 3 trägt der Träger der Pflegeeinrichtung, soweit die Schiedsstelle eine Vergütungskürzung anordnet; andernfalls sind sie von den als Kostenträgern be-

troffenen Vertragsparteien gemeinsam zu tragen. [2]Setzt die Schiedsstelle einen niedrigeren Kürzungsbetrag fest als von den Kostenträgern gefordert, haben die Beteiligten die Verfahrenskosten anteilig zu zahlen.

(3) [1]Die Bundesregierung wird ermächtigt, durch Rechtsverordnung mit Zustimmung des Bundesrates die Entgelte für die Durchführung von Wirtschaftlichkeitsprüfungen zu regeln. [2]In der Rechtsverordnung können auch Mindest- und Höchstsätze festgelegt werden; dabei ist den berechtigten Interessen der Wirtschaftlichkeitsprüfer (§ 79) sowie der zur Zahlung der Entgelte verpflichteten Pflegeeinrichtungen Rechnung zu tragen.

§ 117 Zusammenarbeit mit den nach heimrechtlichen Vorschriften zuständigen Aufsichtsbehörden. (1) [1]Die Landesverbände der Pflegekassen sowie der Medizinische Dienst und der Prüfdienst des Verbandes der privaten Krankenversicherung e.V. arbeiten mit den nach heimrechtlichen Vorschriften zuständigen Aufsichtsbehörden bei der Zulassung und der Überprüfung der Pflegeeinrichtungen eng zusammen, um ihre wechselseitigen Aufgaben nach diesem Buch und nach den heimrechtlichen Vorschriften insbesondere durch

1. regelmäßige gegenseitige Information und Beratung,
2. Terminabsprachen für eine gemeinsame oder arbeitsteilige Überprüfung von Pflegeeinrichtungen und
3. Verständigung über die im Einzelfall notwendigen Maßnahmen

wirksam aufeinander abzustimmen. [2]Dabei ist sicherzustellen, dass Doppelprüfungen nach Möglichkeit vermieden werden. [3]Zur Erfüllung dieser Aufgaben sind die Landesverbände der Pflegekassen sowie der Medizinische Dienst und der Prüfdienst des Verbandes der privaten Krankenversicherung e.V. verpflichtet, in den Arbeitsgemeinschaften nach den heimrechtlichen Vorschriften mitzuwirken und sich an entsprechenden Vereinbarungen zu beteiligen.

(2) [1]Die Landesverbände der Pflegekassen sowie der Medizinische Dienst und der Prüfdienst des Verbandes der privaten Krankenversicherung e.V. können mit den nach heimrechtlichen Vorschriften zuständigen Aufsichtsbehörden oder den obersten Landesbehörden ein Modellvorhaben vereinbaren, das darauf zielt, eine abgestimmte Vorgehensweise bei der Prüfung der Qualität von Pflegeeinrichtungen nach diesem Buch und nach heimrechtlichen Vorschriften zu erarbeiten. [2]Von den Richtlinien nach § 114a Absatz 7 und den nach § 115 Absatz 1a bundesweit getroffenen Vereinbarungen kann dabei für die Zwecke und die Dauer des Modellvorhabens abgewichen werden. [3]Die Verantwortung der Pflegekassen und ihrer Verbände für die inhaltliche Bestimmung, Sicherung und Prüfung der Pflege-, Versorgungs- und Betreuungsqualität nach diesem Buch kann durch eine Zusammenarbeit mit den nach heimrechtlichen Vorschriften zuständigen Aufsichtsbehörden oder den obersten Landesbehörden weder eingeschränkt noch erweitert werden.

(3) [1]Zur Verwirklichung der engen Zusammenarbeit sind die Landesverbände der Pflegekassen sowie der Medizinische Dienst und der Prüfdienst des Verbandes der privaten Krankenversicherung e.V. berechtigt und auf Anforderung verpflichtet, der nach heimrechtlichen Vorschriften zuständigen Aufsichtsbehörde die ihnen nach diesem Buch zugänglichen Daten über die Pflegeeinrichtungen, insbesondere über die Zahl und Art der Pflegeplätze und der betreuten Personen (Belegung), über die personelle und sächliche Ausstattung sowie über die Leistungen und Vergütungen der Pflegeeinrichtungen, mit-

zuteilen. [2] Personenbezogene Daten sind vor der Datenübermittlung zu anonymisieren.

(4) [1] Erkenntnisse aus der Prüfung von Pflegeeinrichtungen sind vom Medizinischen Dienst, dem Prüfdienst des Verbandes der privaten Krankenversicherung e.V. oder von den sonstigen Sachverständigen oder Stellen, die Qualitätsprüfungen nach diesem Buch durchführen, unverzüglich der nach heimrechtlichen Vorschriften zuständigen Aufsichtsbehörde mitzuteilen, soweit sie zur Vorbereitung und Durchführung von aufsichtsrechtlichen Maßnahmen nach den heimrechtlichen Vorschriften erforderlich sind. [2] § 115 Abs. 1 Satz 1 bleibt hiervon unberührt.

(5) [1] Die Pflegekassen und ihre Verbände sowie der Medizinische Dienst und der Prüfdienst des Verbandes der privaten Krankenversicherung e.V. tragen die ihnen durch die Zusammenarbeit mit den nach heimrechtlichen Vorschriften zuständigen Aufsichtsbehörden entstehenden Kosten. [2] Eine Beteiligung an den Kosten der nach heimrechtlichen Vorschriften zuständigen Aufsichtsbehörden oder anderer von nach heimrechtlichen Vorschriften zuständigen Aufsichtsbehörde beteiligter Stellen oder Gremien ist unzulässig.

(6) [1] Durch Anordnungen der nach heimrechtlichen Vorschriften zuständigen Aufsichtsbehörde bedingte Mehr- oder Minderkosten sind, soweit sie dem Grunde nach vergütungsfähig im Sinne des § 82 Abs. 1 sind, in der nächstmöglichen Pflegesatzvereinbarung zu berücksichtigen. [2] Der Widerspruch oder die Klage einer Vertragspartei oder eines Beteiligten nach § 85 Abs. 2 gegen die Anordnung hat keine aufschiebende Wirkung.

§ 118 Beteiligung von Interessenvertretungen, Verordnungsermächtigung. (1) [1] Bei Erarbeitung oder Änderung

1. der in § 17 Absatz 1, §§ 18b, 112a Absatz 2, §114a Absatz 7, § 114c Absatz 1 und § 115a Absatz 3 bis 5 vorgesehenen Richtlinien sowie
2. der Vereinbarungen und Beschlüsse nach § 37 Absatz 5 in der ab dem 1. Januar 2017 geltenden Fassung, den §§ 113, 113a, 115 Absatz 1a sowie § 115a Absatz 1 Satz 3 und Absatz 2 durch den Qualitätsausschuss nach § 113b sowie der Vereinbarungen und Beschlüsse nach § 113c und der Vereinbarungen nach § 115a Absatz 1 Satz 1

wirken die auf Bundesebene maßgeblichen Organisationen für die Wahrnehmung der Interessen und der Selbsthilfe pflegebedürftiger und behinderter Menschen nach Maßgabe der Verordnung nach Absatz 2 beratend mit. [2] Das Mitberatungsrecht beinhaltet auch das Recht zur Anwesenheit bei Beschlussfassungen. [3] Bei den durch den Qualitätsausschuss nach § 113b zu treffenden Entscheidungen erhalten diese Organisationen das Recht, Anträge zu stellen. [4] Der Qualitätsausschuss nach § 113b hat über solche Anträge in der nächsten Sitzung zu beraten. [5] Wenn über einen Antrag nicht entschieden werden kann, soll in der Sitzung das Verfahren hinsichtlich der weiteren Beratung und Entscheidung festgelegt werden. [6] Ehrenamtlich Tätige, die von den auf Bundesebene maßgeblichen Organisationen nach Maßgabe einer auf Grund des Absatzes 2 erlassenen Verordnung in die Gremien des Qualitätsausschusses nach § 113b entsandt werden, damit sie dort die in den Sätzen 1 und 3 genannten Rechte dieser Organisationen wahrnehmen, haben Anspruch auf Erstattung der Reisekosten, die ihnen durch die Entsendung entstanden sind, sowie auf den Ersatz des Verdienstausfalls in entsprechender Anwendung des § 41 Absatz 2 des Vierten Buches[1] und einen Pauschbetrag für Zeitaufwand in Höhe eines Fünfzigstels der monatlichen Bezugsgröße (§ 18 des Vierten Buches) für jeden Kalendertag einer Sitzung. [7]Das Nähere regeln die Vereinbarungspartner in der Geschäftsordnung nach § 113b Absatz 7.

(2) Das Bundesministerium für Gesundheit wird ermächtigt, durch Rechtsverordnung mit Zustimmung des Bundesrates Einzelheiten festzulegen für

1. die Voraussetzungen der Anerkennung der für die Wahrnehmung der Interessen und der Selbsthilfe der pflegebedürftigen und behinderten Menschen maßgeblichen Organisationen auf Bundesebene, insbesondere zu den Erfordernissen an die Organisationsform und die Offenlegung der Finanzierung, sowie
2. das Verfahren der Beteiligung.

§ 119 Verträge mit Pflegeheimen außerhalb des Anwendungsbereichs des Wohn- und Betreuungsvertragsgesetzes. Für den Vertrag zwischen dem Träger einer zugelassenen stationären Pflegeeinrichtung, auf die das Wohn- und Betreuungsvertragsgesetz keine Anwendung findet, und dem pflegebedürftigen Bewohner gelten die Vorschriften über die Verträge nach dem Wohn- und Betreuungsvertragsgesetz entsprechend.

§ 120 Pflegevertrag bei häuslicher Pflege. (1) [1]Bei häuslicher Pflege übernimmt der zugelassene Pflegedienst spätestens mit Beginn des ersten Pflegeeinsatzes auch gegenüber dem Pflegebedürftigen die Verpflichtung, diesen nach Art und Schwere seiner Pflegebedürftigkeit, entsprechend den von ihm in Anspruch genommenen Leistungen der häuslichen Pflegehilfe im Sinne des § 36 zu versorgen (Pflegevertrag). [2]Bei jeder wesentlichen Veränderung des Zustandes des Pflegebedürftigen hat der Pflegedienst dies der zuständigen Pflegekasse unverzüglich mitzuteilen.

(2) [1]Der Pflegedienst hat nach Aufforderung der zuständigen Pflegekasse unverzüglich eine Ausfertigung des Pflegevertrages auszuhändigen. [2]Der Pflegevertrag kann von dem Pflegebedürftigen jederzeit ohne Einhaltung einer Frist gekündigt werden.

(3) [1]In dem Pflegevertrag sind mindestens Art, Inhalt und Umfang der Leistungen einschließlich der dafür mit den Kostenträgern nach § 89 vereinbarten Vergütungen für jede Leistung oder jeden Leistungskomplex gesondert zu beschreiben. [2]Der Pflegedienst hat den Pflegebedürftigen vor Vertragsschluss und bei jeder wesentlichen Veränderung in der Regel schriftlich über die voraussichtlichen Kosten zu unterrichten. [3]Bei der Vereinbarung des Pflegevertrages ist zu berücksichtigen, dass der Pflegebedürftige Leistungen von mehreren Leistungserbringern in Anspruch nimmt. [4]Ebenso zu berücksichtigen ist die Bereitstellung der Informationen für eine Nutzung des Umwandlungsanspruchs nach § 45a Absatz 4.

(4) [1]Der Anspruch des Pflegedienstes auf Vergütung seiner Leistungen der häuslichen Pflegehilfe im Sinne des § 36 ist unmittelbar gegen die zuständige Pflegekasse zu richten. [2]Soweit die von dem Pflegebedürftigen abgerufenen Leistungen nach Satz 1 den von der Pflegekasse mit Bescheid festgelegten und

---

[1] Nr. 4.

von ihr zu zahlenden leistungsrechtlichen Höchstbetrag überschreiten, darf der Pflegedienst dem Pflegebedürftigen für die zusätzlich abgerufenen Leistungen keine höhere als die nach § 89 vereinbarte Vergütung berechnen.

Zwölftes Kapitel. Bußgeldvorschrift

§ 121 Bußgeldvorschrift. (1) Ordnungswidrig handelt, wer vorsätzlich oder leichtfertig

1. der Verpflichtung zum Abschluß oder zur Aufrechterhaltung des privaten Pflegeversicherungsvertrages nach § 23 Abs. 1 Satz 1 und 2 oder § 23 Abs. 4 oder der Verpflichtung zur Aufrechterhaltung des privaten Pflegeversicherungsvertrages nach § 22 Abs. 1 Satz 2 nicht nachkommt,
2. entgegen § 50 Abs. 1 Satz 1, § 51 Abs. 1 Satz 1 und 2, § 51 Abs. 3 oder entgegen Artikel 42 Abs. 4 Satz 1 oder 2 des Pflege-Versicherungsgesetzes eine Meldung nicht, nicht richtig, nicht vollständig oder nicht rechtzeitig erstattet,
3. entgegen § 50 Abs. 3 Satz 1 Nr. 1 eine Auskunft nicht, nicht richtig, nicht vollständig oder nicht rechtzeitig erteilt oder entgegen § 50 Abs. 3 Satz 1 Nr. 2 eine Änderung nicht, nicht richtig, nicht vollständig oder nicht rechtzeitig mitteilt,
4. entgegen § 50 Abs. 3 Satz 2 die erforderlichen Unterlagen nicht, nicht vollständig oder nicht rechtzeitig vorlegt,
5. entgegen Artikel 42 Abs. 1 Satz 3 des Pflege-Versicherungsgesetzes den Leistungsumfang seines privaten Versicherungsvertrages nicht oder nicht rechtzeitig anpaßt,
6. mit der Entrichtung von sechs Monatsprämien zur privaten Pflegeversicherung in Verzug gerät,
7. entgegen § 128 Absatz 1 Satz 4 die dort genannten Daten nicht, nicht richtig, nicht vollständig oder nicht rechtzeitig übermittelt.

(2) Die Ordnungswidrigkeit kann mit einer Geldbuße bis zu 2 500 Euro geahndet werden.

(3) Für die von privaten Versicherungsunternehmen begangenen Ordnungswidrigkeiten nach Absatz 1 Nummer 2 und 7 ist das Bundesamt für Soziale Sicherung die Verwaltungsbehörde im Sinne des § 36 Abs. 1 Nr. 1 des Gesetzes über Ordnungswidrigkeiten.

(4) [1]Die für die Verfolgung und Ahndung der Ordnungswidrigkeiten nach Absatz 1 Nummer 1 und 6 zuständige Verwaltungsbehörde im Sinne des § 36 Absatz 1 Nummer 2 Buchstabe a oder Absatz 2 des Gesetzes über Ordnungswidrigkeiten kann die zur Ermittlung des Sachverhalts erforderlichen Auskünfte, auch elektronisch und als elektronisches Dokument, bei den nach § 51 Absatz 1 Satz 1 und 2 und Absatz 2 Meldepflichtigen einholen. [2]Diese sollen bei der Ermittlung des Sachverhalts mitwirken. [3]Sie sollen insbesondere ihnen bekannte Tatsachen und Beweismittel angeben. [4]Eine weitergehende Pflicht, bei der Ermittlung des Sachverhalts mitzuwirken, insbesondere eine Pflicht zum persönlichen Erscheinen oder zur Aussage, besteht nur, soweit sie durch Rechtsvorschrift besonders vorgesehen ist.

§ 122 *(aufgehoben)*

Dreizehntes Kapitel. Befristete Modellvorhaben

§ 123 Durchführung der Modellvorhaben zur kommunalen Beratung Pflegebedürftiger und ihrer Angehörigen, Verordnungsermächtigung.

(1) [1] Die für die Hilfe zur Pflege zuständigen Träger der Sozialhilfe nach dem Zwölften Buch[1)] können Modellvorhaben zur Beratung von Pflegebedürftigen und deren Angehörigen für ihren Zuständigkeitsbereich bei der zuständigen obersten Landesbehörde beantragen, sofern dies nach Maßgabe landesrechtlicher Vorschriften vorgesehen ist. [2] Ist als überörtlicher Träger für die Hilfe zur Pflege durch landesrechtliche Vorschriften das Land bestimmt, können die örtlichen Träger der Sozialhilfe, die im Auftrag des Landes die Hilfe zur Pflege durchführen, Modellvorhaben nach Satz 1 beantragen. [3] Sofern sich die Zuständigkeit des jeweiligen Trägers der Sozialhilfe nach dem Zwölften Buch auf mehrere Kreise erstreckt, soll sich das Modellvorhaben auf einen Kreis oder eine kreisfreie Stadt beschränken. [4] Für Stadtstaaten, die nur aus einer kreisfreien Stadt bestehen, ist das Modellvorhaben auf jeweils einen Stadtbezirk zu beschränken. [5] Die Modellvorhaben umfassen insbesondere die Übernahme folgender Aufgaben durch eigene Beratungsstellen:

1. die Pflegeberatung nach den §§ 7a bis 7c,
2. die Beratung in der eigenen Häuslichkeit nach § 37 Absatz 3 und
3. Pflegekurse nach § 45.

[6] Die §§ 7a bis 7c, § 17 Absatz 1a, § 37 Absatz 3 Satz 1, 2, 3, 9, 10 erster Halbsatz und Absatz 4 sowie § 45 gelten entsprechend. [7] In den Modellvorhaben ist eine Zusammenarbeit bei der Beratung nach Satz 5 Nummer 1 und 2 insbesondere mit der Beratung zu Leistungen der Altenhilfe, der Hilfe zur Pflege nach dem Zwölften Buch und der Eingliederungshilfe nach dem Neunten Buch[2)] sowie mit der Beratung zu Leistungen des öffentlichen Gesundheitsdienstes, zur rechtlichen Betreuung, zu behindertengerechten Wohnangeboten, zum öffentlichen Nahverkehr und zur Förderung des bürgerschaftlichen Engagements sicherzustellen. [8] Abweichend von Satz 5 Nummer 1 und Absatz 6 Satz 1 kann die Pflegeberatung nach den §§ 7a bis 7c durch die Pflegekassen erfolgen, soweit die Zusammenarbeit in der Beratung für den örtlichen Geltungsbereich des Modellvorhabens in einer ergänzenden Vereinbarung nach § 7a Absatz 7 Satz 4 in Verbindung mit einer Vereinbarung nach Absatz 5 gewährleistet ist. [9] Die Landesregierungen werden ermächtigt, Schiedsstellen entsprechend § 7c Absatz 7 Satz 1 bis 5 einzurichten und eine Rechtsverordnung entsprechend § 7c Absatz 7 Satz 6 zu erlassen. [10] Absatz 5 Satz 5 bis 7 gilt entsprechend.

(2) [1] Dem Antrag nach Absatz 1 ist ein Konzept beizufügen, wie die Aufgaben durch die Beratungsstellen wahrgenommen werden und mit welchen eigenen sächlichen, personellen und finanziellen Mitteln die Beratungsstellen ausgestattet werden. [2] Eine Zusammenarbeit mit den privaten Versicherungsunternehmen, die die private Pflege-Pflichtversicherung durchführen, ist anzustreben und im Konzept nachzuweisen. [3] Das Nähere, insbesondere zu den Anforderungen an die Beratungsstellen und an die Anträge nach Absatz 1 sowie

---

[1)] Nr. **12**.
[2)] Nr. **9**.

zum Widerruf einer Genehmigung nach § 124 Absatz 2 Satz 1, ist bis zum 31. Dezember 2018 durch landesrechtliche Vorschriften zu regeln.

(3) [1] Die zuständige oberste Landesbehörde kann höchstens so viele Modellvorhaben genehmigen, wie ihr nach dem Königsteiner Schlüssel, der für das Jahr 2017 im Bundesanzeiger veröffentlicht ist, bei einer Gesamtzahl von insgesamt 60 Modellvorhaben zustehen. [2] Der Antrag kann genehmigt werden, wenn die Anforderungen nach den Absätzen 1 und 2 in Verbindung mit den landesrechtlichen Vorgaben im Sinne des Absatzes 2 Satz 3 erfüllt sind. [3] Den kommunalen Spitzenverbänden auf Landesebene und den Landesverbänden der Pflegekassen ist zu jedem Antrag vor der Genehmigung Gelegenheit zur Stellungnahme zu geben. [4] Die Länder insgesamt sollen bei der Genehmigung sicherstellen, dass die Hälfte aller bewilligten Modellvorhaben durch Antragsteller nach Absatz 1 durchgeführt wird, die keine mehrjährigen Erfahrungen in strukturierter Zusammenarbeit in der Beratung aufweisen. [5] Länder, die innerhalb der in Absatz 2 Satz 3 genannten Frist keine landesrechtlichen Regelungen getroffen haben oder die die ihnen zustehenden Modellvorhaben nicht nutzen wollen, treten die ihnen zustehenden Modellvorhaben an andere Länder ab. [6] Die Verteilung der nicht in Anspruch genommenen Modellvorhaben auf die anderen Länder wird von den Ländern im Einvernehmen mit dem Bundesministerium für Gesundheit bestimmt.

(4) [1] Der Spitzenverband Bund der Pflegekassen beschließt nach Anhörung der kommunalen Spitzenverbände sowie der auf Bundesebene maßgeblichen Organisationen für die Wahrnehmung der Interessen und der Selbsthilfe der pflegebedürftigen und behinderten Menschen und ihrer Angehörigen sowie des Verbands der privaten Krankenversicherung e.V. [2] Empfehlungen über die konkreten Voraussetzungen, Ziele, Inhalte und Durchführung der Modellvorhaben. [3] Die Empfehlungen sind bis zum 30. Juni 2017 vorzulegen und bedürfen der Zustimmung des Bundesministeriums für Gesundheit und der Länder. [4] Das Bundesministerium für Gesundheit trifft seine Entscheidung im Benehmen mit dem Bundesministerium für Familie, Senioren, Frauen und Jugend. [5] Zur Begleitung der Modellvorhaben eines Landes kann die oberste Landesbehörde einen Beirat einrichten, der insbesondere aus den kommunalen Spitzenverbänden auf Landesebene und den Landesverbänden der Pflegekassen besteht. [6] Aufgaben des Beirates sind insbesondere, die oberste Landesbehörde bei der Klärung fachlicher und verfahrensbezogener Fragen zu beraten, sowie der Austausch der Mitglieder untereinander über die Unterstützung der Modellvorhaben in eigener Zuständigkeit.

(5) [1] Ist ein Antrag nach Absatz 3 Satz 2 genehmigt, trifft der Antragsteller mit den Landesverbänden der Pflegekassen gemeinsam und einheitlich eine Vereinbarung

1. zur Zusammenarbeit,
2. zur Einbeziehung bestehender Beratungs- und Kursangebote,
3. zu Nachweis- und Berichtspflichten gegenüber den Landesverbänden der Pflegekassen,
4. zum Übergang der Beratungsaufgaben auf die Beratungsstellen nach Absatz 1 Satz 5,
5. zur Haftung für Schäden, die den Pflegekassen durch fehlerhafte Beratung entstehen, und

6. zur Beteiligung der Pflegekassen mit sächlichen, personellen und finanziellen Mitteln.

[2]Der Beitrag der Pflegekassen nach Satz 1 Nummer 6 darf den Aufwand nicht übersteigen, der entstehen würde, wenn sie die Aufgaben anstelle der Antragsteller nach Absatz 1 im selben Umfang selbst erbringen würden. [3]Grundlage hierfür sind die bisherigen Ausgaben der Pflegekassen für die Aufgabenerfüllung nach Absatz 1 Satz 5. [4]Die Landesregierungen werden ermächtigt, Schiedsstellen entsprechend § 7c Absatz 7 Satz 1 bis 5 einzurichten und eine Rechtsverordnung entsprechend § 7c Absatz 7 Satz 6 zu erlassen. [5]Abweichend von Satz 4 können die Parteien der Vereinbarung nach Satz 1 einvernehmlich eine unparteiische Schiedsperson und zwei unparteiische Mitglieder bestellen, die den Inhalt der Vereinbarung nach Satz 1 innerhalb von sechs Wochen nach ihrer Bestellung festlegen. [6]Die Kosten des Schiedsverfahrens tragen die Parteien der Vereinbarung zu gleichen Teilen. [7]Kommt eine Einigung der Landesverbände der Pflegekassen untereinander nicht zustande, erfolgt die Beschlussfassung durch die Mehrheit der in § 52 Absatz 1 Satz 1 genannten Stellen.

(6) [1]Mit dem Inkrafttreten der Vereinbarung nach Absatz 5 Satz 1 geht die Verantwortung für die Pflegeberatung nach den §§ 7a bis 7c und für die Beratung in der eigenen Häuslichkeit nach § 37 Absatz 3 von anspruchsberechtigten Pflegebedürftigen mit Wohnort im Bereich der örtlichen Zuständigkeit der Beratungsstelle und von deren Angehörigen sowie für die Pflegekurse nach § 45 auf den Antragsteller nach Absatz 1 über. [2]Die Antragsteller können sich zur Erfüllung ihrer Aufgaben Dritter bedienen. [3]Die Erfüllung der Aufgaben durch Dritte ist im Konzept nach Absatz 2 darzulegen. [4]Sofern sie sich für die Beratung in der eigenen Häuslichkeit nach § 37 Absatz 3 Dritter bedienen, ist die Leistungserbringung allen in § 37 Absatz 3 Satz 1 und Absatz 8 genannten Einrichtungen zu ermöglichen.

(7) [1]Während der Durchführung des Modellvorhabens weist der Antragsteller gegenüber der obersten Landesbehörde und den am Vertrag beteiligten Landesverbänden der Pflegekassen die Höhe der eingebrachten sächlichen und personellen Mittel je Haushaltsjahr nach. [2]Diese Mittel dürfen die durchschnittlich aufgewendeten Verwaltungsausgaben für die Hilfe zur Pflege und die Eingliederungshilfe bezogen auf den einzelnen Empfänger und für die Altenhilfe bezogen auf alte Menschen im Haushaltsjahr vor Beginn des Modellvorhabens nicht unterschreiten; Ausnahmen hiervon sind bei den sächlichen Mitteln möglich, soweit sich die Abweichung nachweislich aus Einsparungen aufgrund der Zusammenlegung von Beratungsaufgaben ergibt. [3]Die Mittel sind auf der Grundlage der Haushaltsaufstellung im Konzept nach Absatz 2 Satz 1 nachzuweisen.

§ 124 Befristung, Widerruf und Begleitung der Modellvorhaben zur kommunalen Beratung; Beirat. (1) [1]Anträge zur Durchführung von Modellvorhaben können bis zum 31. Dezember 2020 gestellt werden. [2]Modellvorhaben nach diesem Kapitel sind auf fünf Jahre zu befristen.

(2) [1]Die Genehmigung zur Durchführung eines Modellvorhabens ist zu widerrufen, wenn die in § 123 Absatz 1 Satz 5 genannten Aufgaben nicht in vollem Umfang erfüllt werden. [2]Die Genehmigung ist auch dann zu widerrufen, wenn die nach § 123 Absatz 5 Satz 1 vereinbarten oder die in § 123 Absatz 5 Satz 2 oder Absatz 7 festgelegten Anforderungen überwiegend nicht erfüllt werden. [3]Eine Klage gegen den Widerruf hat keine aufschiebende

Wirkung. [4]Die zuständige oberste Landesbehörde überprüft die Erfüllung der Aufgaben nach § 123 Absatz 1 anhand der wissenschaftlichen Begleitung und Auswertung nach Absatz 3 zum Abschluss des jeweiligen Haushaltsjahres. [5]Sie überprüft die Erfüllung der Anforderungen nach § 123 Absatz 7 anhand der jeweiligen Haushaltspläne.

(3) [1]Der Spitzenverband Bund der Pflegekassen und die für die Modellvorhaben nach § 123 Absatz 1 Satz 1 zuständigen obersten Landesbehörden veranlassen gemeinsam im Einvernehmen mit dem Bundesministerium für Gesundheit und im Benehmen mit den kommunalen Spitzenverbänden eine wissenschaftliche Begleitung und Auswertung aller Modellvorhaben durch unabhängige Sachverständige. [2]Die Auswertung erfolgt nach allgemein anerkannten wissenschaftlichen Standards hinsichtlich der Wirksamkeit, Qualität und Kosten der Beratung im Vergleich zur Beratung vor Beginn des jeweiligen Modellvorhabens und außerhalb der Modellvorhaben. [3]Die Auswertung schließt einen Vergleich mit den Beratungsangeboten der sozialen Pflegeversicherung und der privaten Pflege-Pflichtversicherung jeweils außerhalb der Modellvorhaben ein. [4]Die unabhängigen Sachverständigen haben einen Zwischenbericht und einen Abschlussbericht über die Ergebnisse der Auswertungen zu erstellen. [5]Der Zwischenbericht ist spätestens am 31. Dezember 2024 und der Abschlussbericht spätestens am 31. Juli 2027 zu veröffentlichen. [6]Die Kosten der wissenschaftlichen Begleitung und der Auswertung der Modellvorhaben tragen je zur Hälfte die für diese Modellvorhaben zuständigen obersten Landesbehörden gemeinsam und der Spitzenverband Bund der Pflegekassen, dessen Beitrag aus Mitteln des Ausgleichsfonds nach § 65 zu finanzieren ist.

(4) [1]Die nach Landesrecht zuständigen Stellen begleiten die Modellvorhaben über die gesamte Laufzeit und sorgen für einen bundesweiten Austausch der Modellvorhaben untereinander unter Beteiligung der für die Begleitung und Auswertung nach Absatz 3 zuständigen unabhängigen Sachverständigen sowie des Spitzenverbandes Bund der Pflegekassen und der kommunalen Spitzenverbände. [2]Bei der Organisation und Durchführung des Austausches können sich die nach Landesrecht zuständigen Stellen von den unabhängigen Sachverständigen unterstützen lassen, die die wissenschaftliche Begleitung und Auswertung nach Absatz 3 durchführen.

(5) [1]Der Spitzenverband Bund der Pflegekassen richtet einen Beirat zur Begleitung der Modellvorhaben im Einvernehmen mit dem Bundesministerium für Gesundheit ein. [2]Der Beirat tagt mindestens zweimal jährlich und berät den Sachstand der Modellvorhaben. [3]Ihm gehören Vertreterinnen und Vertreter der kommunalen Spitzenverbände, der Länder, der Pflegekassen, der Wissenschaft, des Bundesministeriums für Gesundheit und des Bundesministeriums für Familie, Senioren, Frauen und Jugend an.

§ 125 Modellvorhaben zur Einbindung der Pflegeeinrichtungen in die Telematikinfrastruktur. [1]Für eine wissenschaftlich gestützte Erprobung der Einbindung der Pflegeeinrichtungen in die Telematikinfrastruktur werden aus Mitteln des Ausgleichsfonds der Pflegeversicherung zusätzlich 10 Millionen Euro im Zeitraum von 2020 bis 2024 zur Verfügung gestellt. [2]Für die Förderung gilt § 8 Absatz 3 entsprechend mit der Maßgabe, dass die Maßnahmen in Abstimmung mit der Gesellschaft für Telematik und der Kassenärztlichen Bundesvereinigung zu planen und durchzuführen sind.

Vierzehntes Kapitel. Zulagenförderung der privaten Pflegevorsorge

§ 126 Zulageberechtigte. [1] Personen, die nach dem Dritten Kapitel in der sozialen oder privaten Pflegeversicherung versichert sind (zulageberechtigte Personen), haben bei Vorliegen einer auf ihren Namen lautenden privaten Pflege-Zusatzversicherung unter den in § 127 Absatz 2 genannten Voraussetzungen Anspruch auf eine Pflegevorsorgezulage. [2] Davon ausgenommen sind Personen, die das 18. Lebensjahr noch nicht vollendet haben, sowie Personen, die vor Abschluss der privaten Pflege-Zusatzversicherung bereits als Pflegebedürftige Leistungen nach dem Vierten Kapitel oder gleichwertige Vertragsleistungen der privaten Pflege-Pflichtversicherung beziehen oder bezogen haben.

§ 127 Pflegevorsorgezulage; Fördervoraussetzungen. (1) [1] Leistet die zulageberechtigte Person mindestens einen Beitrag von monatlich 10 Euro im jeweiligen Beitragsjahr zugunsten einer auf ihren Namen lautenden, gemäß Absatz 2 förderfähigen privaten Pflege-Zusatzversicherung, hat sie Anspruch auf eine Zulage in Höhe von monatlich 5 Euro. [2] Die Zulage wird bei dem Mindestbeitrag nach Satz 1 nicht berücksichtigt. [3] Die Zulage wird je zulageberechtigter Person für jeden Monat nur für einen Versicherungsvertrag gewährt. [4] Der Mindestbeitrag und die Zulage sind für den förderfähigen Tarif zu verwenden.

(2) [1] Eine nach diesem Kapitel förderfähige private Pflege-Zusatzversicherung liegt vor, wenn das Versicherungsunternehmen hierfür

1. die Kalkulation nach Art der Lebensversicherung gemäß § 146 Absatz 1 Nummer 1 und 2 des Versicherungsaufsichtsgesetzes vorsieht,
2. allen in § 126 genannten Personen einen Anspruch auf Versicherung gewährt,
3. auf das ordentliche Kündigungsrecht sowie auf eine Risikoprüfung und die Vereinbarung von Risikozuschlägen und Leistungsausschlüssen verzichtet,
4. bei Vorliegen von Pflegebedürftigkeit im Sinne des § 14 einen vertraglichen Anspruch auf Auszahlung von Geldleistungen für jeden der in § 15 Absatz 3 und 7 aufgeführten Pflegegrade, dabei in Höhe von mindestens 600 Euro für Pflegegrad 5, vorsieht; die tariflich vorgesehenen Geldleistungen dürfen dabei die zum Zeitpunkt des Vertragsabschlusses jeweils geltende Höhe der Leistungen dieses Buches nicht überschreiten, eine Dynamisierung bis zur Höhe der allgemeinen Inflationsrate ist jedoch zulässig; weitere Leistungen darf der förderfähige Tarif nicht vorsehen,
5. bei der Feststellung des Versicherungsfalles sowie der Festsetzung des Pflegegrades dem Ergebnis des Verfahrens zur Feststellung der Pflegebedürftigkeit gemäß § 18 folgt; bei Versicherten der privaten Pflege-Pflichtversicherung sind die entsprechenden Feststellungen des privaten Versicherungsunternehmens zugrunde zu legen,
6. die Wartezeit auf höchstens fünf Jahre beschränkt,
7. einem Versicherungsnehmer, der hilfebedürftig im Sinne des Zweiten[1)] oder Zwölften Buches[2)] ist oder allein durch Zahlung des Beitrags hilfebedürftig

[1)] Nr. 2.
[2)] Nr. 12.

würde, einen Anspruch gewährt, den Vertrag ohne Aufrechterhaltung des Versicherungsschutzes für eine Dauer von mindestens drei Jahren ruhen zu lassen oder den Vertrag binnen einer Frist von drei Monaten nach Eintritt der Hilfebedürftigkeit rückwirkend zum Zeitpunkt des Eintritts zu kündigen; für den Fall der Ruhendstellung beginnt diese Frist mit dem Ende der Ruhendstellung, wenn Hilfebedürftigkeit weiterhin vorliegt,
8. die Höhe der in Ansatz gebrachten Verwaltungs- und Abschlusskosten begrenzt; das Nähere dazu wird in der Rechtsverordnung nach § 130 geregelt.

[2]Der Verband der privaten Krankenversicherung e.V. wird damit beliehen, hierfür brancheneinheitliche Vertragsmuster festzulegen, die von den Versicherungsunternehmen als Teil der Allgemeinen Versicherungsbedingungen förderfähiger Pflege-Zusatzversicherungen zu verwenden sind. [3]Die Beleihung nach Satz 2 umfasst die Befugnis, für Versicherungsunternehmen, die förderfähige private Pflege-Zusatzversicherungen anbieten, einen Ausgleich für Überschäden einzurichten; § 111 Absatz 1 Satz 1 und 2 und Absatz 2 gilt entsprechend. [4]Die Fachaufsicht über den Verband der privaten Krankenversicherung e.V. zu den in den Sätzen 2 und 3 genannten Aufgaben übt das Bundesministerium für Gesundheit aus.

(3) Der Anspruch auf die Zulage entsteht mit Ablauf des Kalenderjahres, für das die Beiträge zu einer privaten Pflege-Zusatzversicherung gemäß § 127 Absatz 1 geleistet worden sind (Beitragsjahr).

§ 128 Verfahren; Haftung des Versicherungsunternehmens. (1) [1]Die Zulage gemäß § 127 Absatz 1 wird auf Antrag gewährt. [2]Die zulageberechtigte Person bevollmächtigt das Versicherungsunternehmen mit dem Abschluss des Vertrags über eine förderfähige private Pflege-Zusatzversicherung, die Zulage für jedes Beitragsjahr zu beantragen. [3]Sofern eine Zulagenummer oder eine Versicherungsnummer nach § 147 des Sechsten Buches[1)] für die zulageberechtigte Person noch nicht vergeben ist, bevollmächtigt sie zugleich ihr Versicherungsunternehmen, eine Zulagenummer bei der zentralen Stelle zu beantragen. [4]Das Versicherungsunternehmen ist verpflichtet, der zentralen Stelle nach amtlich vorgeschriebenem Datensatz durch amtlich bestimmte Datenfernübertragung zur Feststellung der Anspruchsberechtigung auf Auszahlung der Zulage zugleich mit dem Antrag in dem Zeitraum vom 1. Januar bis zum 31. März des Kalenderjahres, das auf das Beitragsjahr folgt, Folgendes zu übermitteln:
1. die Antragsdaten,
2. die Höhe der für die zulagefähige private Pflege-Zusatzversicherung geleisteten Beiträge,
3. die Vertragsdaten,
4. die Versicherungsnummer nach § 147 des Sechsten Buches, die Zulagenummer der zulageberechtigten Person oder einen Antrag auf Vergabe einer Zulagenummer,
5. weitere zur Auszahlung der Zulage erforderliche Angaben,
6. die Bestätigung, dass der Antragsteller eine zulageberechtigte Person im Sinne des § 126 ist, sowie
7. die Bestätigung, dass der jeweilige Versicherungsvertrag die Voraussetzungen des § 127 Absatz 2 erfüllt.

[1)] Nr. 6.

[5] Die zulageberechtigte Person ist verpflichtet, dem Versicherungsunternehmen unverzüglich eine Änderung der Verhältnisse mitzuteilen, die zu einem Wegfall des Zulageanspruchs führt. [6] Hat für das Beitragsjahr, für das das Versicherungsunternehmen bereits eine Zulage beantragt hat, kein Zulageanspruch bestanden, hat das Versicherungsunternehmen diesen Antragsdatensatz zu stornieren.

(2) [1] Die Auszahlung der Zulage erfolgt durch eine zentrale Stelle bei der Deutschen Rentenversicherung Bund; das Nähere, insbesondere die Höhe der Verwaltungskostenerstattung, wird durch Verwaltungsvereinbarung zwischen dem Bundesministerium für Gesundheit und der Deutschen Rentenversicherung Bund geregelt. [2] Die Zulage wird bei Vorliegen der Voraussetzungen an das Versicherungsunternehmen gezahlt, bei dem der Vertrag über die private Pflege-Zusatzversicherung besteht, für den die Zulage beantragt wurde. [3] Wird für eine zulageberechtigte Person die Zulage für mehr als einen privaten Pflege-Zusatzversicherungsvertrag beantragt, so wird die Zulage für den jeweiligen Monat nur für den Vertrag gewährt, für den der Antrag zuerst bei der zentralen Stelle eingegangen ist. [4] Soweit der zuständige Träger der Rentenversicherung keine Versicherungsnummer vergeben hat, vergibt die zentrale Stelle zur Erfüllung der ihr zugewiesenen Aufgaben eine Zulagenummer. [5] Im Fall eines Antrags nach Absatz 1 Satz 3 teilt die zentrale Stelle dem Versicherungsunternehmen die Zulagenummer mit; von dort wird sie an den Antragsteller weitergeleitet. [6] Die zentrale Stelle stellt aufgrund der ihr vorliegenden Informationen fest, ob ein Anspruch auf Zulage besteht, und veranlasst die Auszahlung an das Versicherungsunternehmen zugunsten der zulageberechtigten Person. [7] Ein gesonderter Zulagebescheid ergeht vorbehaltlich des Satzes 9 nicht. [8] Das Versicherungsunternehmen hat die erhaltenen Zulagen unverzüglich dem begünstigten Vertrag gutzuschreiben. [9] Eine Festsetzung der Zulage erfolgt nur auf besonderen Antrag der zulageberechtigten Person. [10] Der Antrag ist schriftlich innerhalb eines Jahres nach Übersendung der Information nach Absatz 3 durch das Versicherungsunternehmen vom Antragsteller an das Versicherungsunternehmen zu richten. [11] Das Versicherungsunternehmen leitet den Antrag der zentralen Stelle zur Festsetzung zu. [12] Es hat dem Antrag eine Stellungnahme und die zur Festsetzung erforderlichen Unterlagen beizufügen. [13] Die zentrale Stelle teilt die Festsetzung auch dem Versicherungsunternehmen mit. [14] Erkennt die zentrale Stelle nachträglich, dass der Zulageanspruch nicht bestanden hat oder weggefallen ist, so hat sie zu Unrecht gutgeschriebene oder ausgezahlte Zulagen zurückzufordern und dies dem Versicherungsunternehmen durch Datensatz mitzuteilen.

(3) [1] Kommt die zentrale Stelle zu dem Ergebnis, dass kein Anspruch auf Zulage besteht oder bestanden hat, teilt sie dies dem Versicherungsunternehmen mit. [2] Dieses hat die versicherte Person innerhalb eines Monats nach Eingang des entsprechenden Datensatzes darüber zu informieren.

(4) Das Versicherungsunternehmen haftet im Fall der Auszahlung einer Zulage gegenüber dem Zulageempfänger dafür, dass die in § 127 Absatz 2 genannten Voraussetzungen erfüllt sind.

(5) [1] Die von der zentralen Stelle veranlassten Auszahlungen von Pflegevorsorgezulagen sowie die entstehenden Verwaltungskosten werden vom Bundesministerium für Gesundheit getragen. [2] Zu den Verwaltungskosten gehören auch die entsprechenden Kosten für den Aufbau der technischen und organisatorischen Infrastruktur. [3] Die gesamten Verwaltungskosten werden nach Ablauf eines jeden Beitragsjahres erstattet; dabei sind die Personal- und Sachkostensätze

des Bundes entsprechend anzuwenden. [4] Ab dem Jahr 2014 werden monatliche Abschläge gezahlt. [5] Soweit das Bundesamt für Soziale Sicherung die Aufsicht über die zentrale Stelle ausübt, untersteht es abweichend von § 94 Absatz 2 Satz 2 des Vierten Buches[1)] dem Bundesministerium für Gesundheit.

§ 129 Wartezeit bei förderfähigen Pflege-Zusatzversicherungen. Soweit im Vertrag über eine gemäß § 127 Absatz 2 förderfähige private Pflege-Zusatzversicherung eine Wartezeit vereinbart wird, darf diese abweichend von § 197 Absatz 1 des Versicherungsvertragsgesetzes fünf Jahre nicht überschreiten.

§ 130 Verordnungsermächtigung. Das Bundesministerium für Gesundheit wird ermächtigt, im Einvernehmen mit dem Bundesministerium der Finanzen und dem Bundesministerium für Arbeit und Soziales durch Rechtsverordnung ohne Zustimmung des Bundesrates Vorschriften zu erlassen, die Näheres regeln über

1. die zentrale Stelle gemäß § 128 Absatz 2 und ihre Aufgaben,
2. das Verfahren für die Ermittlung, Festsetzung, Auszahlung, Rückzahlung und Rückforderung der Zulage,
3. den Datenaustausch zwischen Versicherungsunternehmen und zentraler Stelle nach § 128 Absatz 1 und 2,
4. die Begrenzung der Höhe der bei förderfähigen Pflege-Zusatzversicherungen in Ansatz gebrachten Verwaltungs- und Abschlusskosten.

Fünfzehntes Kapitel. Bildung eines Pflegevorsorgefonds

§ 131 Pflegevorsorgefonds. In der sozialen Pflegeversicherung wird ein Sondervermögen unter dem Namen „Vorsorgefonds der sozialen Pflegeversicherung" errichtet.

§ 132 Zweck des Vorsorgefonds. [1] Das Sondervermögen dient der langfristigen Stabilisierung der Beitragsentwicklung in der sozialen Pflegeversicherung. [2] Es darf nach Maßgabe des § 136 nur zur Finanzierung der Leistungsaufwendungen der sozialen Pflegeversicherung verwendet werden.

§ 133 Rechtsform und Vertretung in gerichtlichen Verfahren. [1] Das Sondervermögen ist nicht rechtsfähig. [2] Es kann unter seinem Namen im rechtsgeschäftlichen Verkehr handeln, klagen und verklagt werden. [3] Die Vertretung des Sondervermögens in gerichtlichen Verfahren erfolgt ab dem 1. Januar 2020 durch das Bundesversicherungsamt. [4] Die Entscheidung über die Einleitung eines gerichtlichen Verfahrens trifft das Bundesversicherungsamt im Einvernehmen mit dem in dem in § 134 Absatz 2 Satz 3 genannten Anlageausschuss vertretenen Bundesministerium für Gesundheit. [5] Dem Bundesversicherungsamt bezüglich der Vertretung des Sondervermögens in gerichtlichen Verfahren entstehende Kosten werden aus Mitteln des Pflegevorsorgefonds getragen. [6] Der allgemeine Gerichtsstand des Sondervermögens ist Bonn. [7] Die Vertretung des Sondervermögens in gerichtlichen Verfahren einschließlich der Entscheidung über die Einleitung gerichtlicher Verfahren erfolgt bis zum Ab-

---

[1)] Nr. 4.

lauf des 31. Dezember 2019 durch das Bundesministerium für Gesundheit. [8]Für bis zum Ablauf des 31. Dezember 2019 anhängig gewordene gerichtliche Verfahren verbleibt die Vertretung bis zum Abschluss der Verfahren beim Bundesministerium für Gesundheit.

§ 134 Verwaltung und Anlage der Mittel. (1) [1]Die Verwaltung und die Anlage der Mittel des Sondervermögens werden der Deutschen Bundesbank übertragen. [2]Für die Verwaltung des Sondervermögens und seiner Mittel werden der Bundesbank entsprechend § 20 Satz 2 des Gesetzes über die Deutsche Bundesbank keine Kosten erstattet.

(2) [1]Die dem Sondervermögen zufließenden Mittel einschließlich der Erträge sind unter sinngemäßer Anwendung der Anlagerichtlinien für die Sondervermögen „Versorgungsrücklage des Bundes", „Versorgungsfonds des Bundes", „Versorgungsfonds der Bundesagentur für Arbeit" und „Vorsorgefonds der sozialen Pflegeversicherung" (Anlagerichtlinien Sondervermögen) zu marktüblichen Bedingungen anzulegen. [2]Dabei ist der in Aktien oder Aktienfonds angelegte Anteil des Sondervermögens ab dem Jahr 2035 über einen Zeitraum von höchstens zehn Jahren abzubauen. [3]Das Bundesministerium für Gesundheit ist im Anlageausschuss nach § 5 der Anlagerichtlinien für die Sondervermögen „Versorgungsrücklage des Bundes", „Versorgungsfonds des Bundes", „Versorgungsfonds der Bundesagentur für Arbeit" und „Vorsorgefonds der sozialen Pflegeversicherung" (Anlagerichtlinien Sondervermögen) vertreten.

§ 135 Zuführung der Mittel. (1) [1]Das Bundesamt für Soziale Sicherung führt dem Sondervermögen monatlich zum 20. des Monats zu Lasten des Ausgleichsfonds einen Betrag zu, der einem Zwölftel von 0,1 Prozent der beitragspflichtigen Einnahmen der sozialen Pflegeversicherung des Vorjahres entspricht. [2]Für die Berechnung des Abführungsbetrags wird der Beitragssatz gemäß § 55 Absatz 1 zugrunde gelegt.

(2) Die Zuführung nach Absatz 1 erfolgt erstmals zum 20. Februar 2015 und endet mit der Zahlung für Dezember 2033.

§ 136 Verwendung des Sondervermögens. [1]Ab dem Jahr 2035 kann das Sondervermögen zur Sicherung der Beitragssatzstabilität der sozialen Pflegeversicherung verwendet werden, wenn ohne eine Zuführung von Mitteln an den Ausgleichsfonds eine Beitragssatzanhebung erforderlich würde, die nicht auf über eine allgemeine Dynamisierung der Leistungen hinausgehenden Leistungsverbesserungen beruht. [2]Die Obergrenze der jährlich auf Anforderung des Bundesamtes für Soziale Sicherung an den Ausgleichsfonds abführbaren Mittel ist der 20. Teil des Realwertes des zum 31. Dezember 2034 vorhandenen Mittelbestandes des Sondervermögens. [3]Erfolgt in einem Jahr kein Abruf, so können die für dieses Jahr vorgesehenen Mittel in den Folgejahren mit abgerufen werden, wenn ohne eine entsprechende Zuführung von Mitteln an den Ausgleichsfonds eine Beitragssatzanhebung erforderlich würde, die nicht auf über eine allgemeine Dynamisierung der Leistungen hinausgehenden Leistungsverbesserungen beruht.

§ 137 Vermögenstrennung. Das Vermögen ist von dem übrigen Vermögen der sozialen Pflegeversicherung sowie von seinen Rechten und Verbindlichkeiten getrennt zu halten.

§ 138 Jahresrechnung. [1]Die Deutsche Bundesbank legt dem Bundesministerium für Gesundheit jährlich einen Bericht über die Verwaltung der Mittel des Sondervermögens vor. [2]Darin sind der Bestand des Sondervermögens einschließlich der Forderungen und Verbindlichkeiten sowie die Einnahmen und Ausgaben auszuweisen.

§ 139 Auflösung. Das Sondervermögen gilt nach Auszahlung seines Vermögens als aufgelöst.

Sechszehntes Kapitel. Überleitungs- und Übergangsrecht

Erster Abschnitt. Regelungen zur Rechtsanwendung im Übergangszeitraum, zur Überleitung in die Pflegegrade, zum Besitzstandsschutz für Leistungen der Pflegeversicherung sowie Übergangsregelungen im Begutachtungsverfahren im Rahmen der Einführung des neuen Pflegebedürftigkeitsbegriffs

§ 140 Anzuwendendes Recht und Überleitung in die Pflegegrade.

(1) [1]Die Feststellung des Vorliegens von Pflegebedürftigkeit oder einer erheblich eingeschränkten Alltagskompetenz nach § 45a in der am 31. Dezember 2016 geltenden Fassung erfolgt jeweils auf der Grundlage des zum Zeitpunkt der Antragstellung geltenden Rechts. [2]Der Erwerb einer Anspruchsberechtigung auf Leistungen der Pflegeversicherung richtet sich ebenfalls nach dem zum Zeitpunkt der Antragstellung geltenden Recht.

(2) [1]Versicherte der sozialen Pflegeversicherung und der privaten Pflege-Pflichtversicherung,

1. bei denen das Vorliegen einer Pflegestufe im Sinne der §§ 14 und 15 in der am 31. Dezember 2016 geltenden Fassung oder einer erheblich eingeschränkten Alltagskompetenz nach § 45a in der am 31. Dezember 2016 geltenden Fassung festgestellt worden ist und
2. bei denen spätestens am 31. Dezember 2016 alle Voraussetzungen für einen Anspruch auf eine regelmäßig wiederkehrende Leistung der Pflegeversicherung vorliegen,

werden mit Wirkung ab dem 1. Januar 2017 ohne erneute Antragstellung und ohne erneute Begutachtung nach Maßgabe von Satz 3 einem Pflegegrad zugeordnet. [2]Die Zuordnung ist dem Versicherten schriftlich mitzuteilen. [3]Für die Zuordnung gelten die folgenden Kriterien:

1. Versicherte, bei denen eine Pflegestufe nach den §§ 14 und 15 in der am 31. Dezember 2016 geltenden Fassung, aber nicht zusätzlich eine erheblich eingeschränkte Alltagskompetenz nach § 45a in der am 31. Dezember 2016 geltenden Fassung festgestellt wurde, werden übergeleitet
   a) von Pflegestufe I in den Pflegegrad 2,
   b) von Pflegestufe II in den Pflegegrad 3,
   c) von Pflegestufe III in den Pflegegrad 4 oder
   d) von Pflegestufe III in den Pflegegrad 5, soweit die Voraussetzungen für Leistungen nach § 36 Absatz 4 oder § 43 Absatz 3 in der am 31. Dezember 2016 geltenden Fassung festgestellt wurden;

2. Versicherte, bei denen eine erheblich eingeschränkte Alltagskompetenz nach § 45a in der am 31. Dezember 2016 geltenden Fassung festgestellt wurde, werden übergeleitet
   a) bei nicht gleichzeitigem Vorliegen einer Pflegestufe nach den §§ 14 und 15 in der am 31. Dezember 2016 geltenden Fassung in den Pflegegrad 2,
   b) bei gleichzeitigem Vorliegen der Pflegestufe I nach den §§ 14 und 15 in der am 31. Dezember 2016 geltenden Fassung in den Pflegegrad 3,
   c) bei gleichzeitigem Vorliegen der Pflegestufe II nach den §§ 14 und 15 in der am 31. Dezember 2016 geltenden Fassung in den Pflegegrad 4,
   d) bei gleichzeitigem Vorliegen der Pflegestufe III nach den §§ 14 und 15 in der am 31. Dezember 2016 geltenden Fassung, auch soweit zusätzlich die Voraussetzungen für Leistungen nach § 36 Absatz 4 oder § 43 Absatz 3 in der am 31. Dezember 2016 geltenden Fassung festgestellt wurden, in den Pflegegrad 5.

(3) [1] Die Zuordnung zu dem Pflegegrad, in den der Versicherte gemäß Absatz 2 übergeleitet worden ist, bleibt auch bei einer Begutachtung nach dem ab dem 1. Januar 2017 geltenden Recht erhalten, es sei denn, die Begutachtung führt zu einer Anhebung des Pflegegrades oder zu der Feststellung, dass keine Pflegebedürftigkeit im Sinne der §§ 14 und 15 in der ab dem 1. Januar 2017 geltenden Fassung mehr vorliegt. [2] Satz 1 gilt auch bei einem Erlöschen der Mitgliedschaft im Sinne von § 35 ab dem 1. Januar 2017, wenn die neue Mitgliedschaft unmittelbar im Anschluss begründet wird. [3] Die Pflegekasse, bei der die Mitgliedschaft beendet wird, ist verpflichtet, der Pflegekasse, bei der die neue Mitgliedschaft begründet wird, die bisherige Einstufung des Versicherten rechtzeitig schriftlich mitzuteilen. [4] Entsprechendes gilt bei einem Wechsel zwischen privaten Krankenversicherungsunternehmen und einem Wechsel von sozialer zu privater sowie von privater zu sozialer Pflegeversicherung.

(4) [1] Stellt ein Versicherter, bei dem das Vorliegen einer Pflegebedürftigkeit oder einer erheblich eingeschränkten Alltagskompetenz nach § 45a in der am 31. Dezember 2016 geltenden Fassung festgestellt wurde, ab dem 1. Januar 2017 einen erneuten Antrag auf Feststellung von Pflegebedürftigkeit und lagen die tatsächlichen Voraussetzungen für einen höheren als durch die Überleitung erreichten Pflegegrad bereits vor dem 1. Januar 2017 vor, richten sich die ab dem Zeitpunkt der Änderung der tatsächlichen Verhältnisse zu erbringenden Leistungen im Zeitraum vom 1. November 2016 bis 31. Dezember 2016 nach dem ab 1. Januar 2017 geltenden Recht. [2] Entsprechendes gilt für Versicherte bei einem privaten Pflegeversicherungsunternehmen.

§ 141 Besitzstandsschutz und Übergangsrecht zur sozialen Sicherung von Pflegepersonen. (1) [1] Versicherte der sozialen Pflegeversicherung und der privaten Pflege-Pflichtversicherung sowie Pflegepersonen, die am 31. Dezember 2016 Anspruch auf Leistungen der Pflegeversicherung haben, erhalten Besitzstandsschutz auf die ihnen unmittelbar vor dem 1. Januar 2017 zustehenden, regelmäßig wiederkehrenden Leistungen nach den §§ 36, 37, 38, 38a, 40 Absatz 2, den §§ 41, 44a, 45b, 123 und 124 in der am 31. Dezember 2016 geltenden Fassung. [2] Hinsichtlich eines Anspruchs auf den erhöhten Betrag nach § 45b in der am 31. Dezember 2016 geltenden Fassung richtet sich die Gewährung von Besitzstandsschutz abweichend von Satz 1 nach Absatz 2. [3] Für Versicherte, die am 31. Dezember 2016 Leistungen nach § 43 bezogen haben, richtet sich der Besitzstandsschutz nach Absatz 3. [4]Kurzfristige Unterbrechungen im Leistungsbezug lassen den Besitzstandsschutz jeweils unberührt.

(2) [1]Versicherte,

1. die am 31. Dezember 2016 einen Anspruch auf den erhöhten Betrag nach § 45b Absatz 1 in der am 31. Dezember 2016 geltenden Fassung haben und
2. deren Höchstleistungsansprüche, die ihnen nach den §§ 36, 37 und 41 unter Berücksichtigung des § 140 Absatz 2 und 3 ab dem 1. Januar 2017 zustehen, nicht um jeweils mindestens 83 Euro monatlich höher sind als die entsprechenden Höchstleistungsansprüche, die ihnen nach den §§ 36, 37 und 41 unter Berücksichtigung des § 123 in der am 31. Dezember 2016 geltenden Fassung am 31. Dezember 2016 zustanden,

haben ab dem 1. Januar 2017 Anspruch auf einen Zuschlag auf den Entlastungsbetrag nach § 45b in der ab dem 1. Januar 2017 jeweils geltenden Fassung. [2]Die Höhe des monatlichen Zuschlags ergibt sich aus der Differenz zwischen 208 Euro und dem Leistungsbetrag, der in § 45b Absatz 1 Satz 1 in der ab dem 1. Januar 2017 jeweils geltenden Fassung festgelegt ist. [3]Das Bestehen eines Anspruchs auf diesen Zuschlag ist den Versicherten schriftlich mitzuteilen und zu erläutern. [4]Für den Zuschlag auf den Entlastungsbetrag gilt § 45b Absatz 3 entsprechend. [5]Bei Versicherten, die keinen Anspruch auf einen Zuschlag haben und deren Ansprüche nach § 45b zum 1. Januar 2017 von 208 Euro auf 125 Euro monatlich abgesenkt werden, sind zur Sicherstellung des Besitzstandsschutzes monatlich Leistungen der Pflegeversicherung in Höhe von bis zu 83 Euro nicht auf Fürsorgeleistungen zur Pflege anzurechnen.

(3) [1]Ist bei Pflegebedürftigen der Pflegegrade 2 bis 5 in der vollstationären Pflege der einrichtungseinheitliche Eigenanteil nach § 92e oder nach § 84 Absatz 2 Satz 3 im ersten Monat nach der Einführung des neuen Pflegebedürftigkeitsbegriffs höher als der jeweilige individuelle Eigenanteil im Vormonat, so ist zum Leistungsbetrag nach § 43 von Amts wegen ein monatlicher Zuschlag in Höhe der Differenz von der Pflegekasse an die Pflegeeinrichtung zu zahlen. [2]In der Vergleichsberechnung nach Satz 1 sind für beide Monate jeweils die vollen Pflegesätze und Leistungsbeträge zugrunde zu legen. [3]Die Sätze 1 und 2 gelten entsprechend, wenn der Leistungsbetrag nach § 43 Absatz 2 Satz 2 die in § 43 Absatz 2 Satz 1 genannten Aufwendungen übersteigt und zur Finanzierung von Aufwendungen für Unterkunft und Verpflegung eingesetzt worden ist. [4]Verringert sich die Differenz zwischen Pflegesatz und Leistungsbetrag in der Folgezeit, ist der Zuschlag entsprechend zu kürzen. [5]Die Pflegekassen teilen die Höhe des monatlichen Zuschlages nach Satz 1 sowie jede Änderung der Zuschlagshöhe den Pflegebedürftigen schriftlich mit. [6]Die Sätze 1 bis 5 gelten entsprechend für Versicherte der privaten Pflege-Pflichtversicherung.

(3a) [1]Für Pflegebedürftige, die am 31. Dezember 2016 Leistungen der Kurzzeitpflege nach § 42 Absatz 1 und 2 in Anspruch nehmen, gilt der am 31. Dezember 2016 gezahlte Pflegesatz für die Dauer der Kurzzeitpflege fort. [2]Nehmen Pflegebedürftige am 31. Dezember 2016 Leistungen der Kurzzeitpflege nach § 42 und nach dem Ende der Kurzzeitpflege ohne Unterbrechung des Heimaufenthalts auch Sachleistungen der vollstationären Pflege nach § 43 in derselben Einrichtung in Anspruch, so ermittelt sich der von der Pflegekasse an die Pflegeeinrichtung nach Absatz 3 Satz 1 von Amts wegen ab dem Zeitpunkt der Inanspruchnahme von vollstationärer Pflege nach § 43 zu zahlende monatliche Zuschlag aus der Differenz zwischen dem einrichtungseinheitlichen

Eigenanteil nach § 92e oder nach § 84 Absatz 2 Satz 3 und dem individuellen Eigenanteil, den die Pflegebedürftigen im Monat Dezember 2016 in der Einrichtung zu tragen gehabt hätten. [3]Absatz 3 Satz 4 bis 6 gilt entsprechend.

(3b) [1]Wechseln Pflegebedürftige im Sinne der Absätze 3 und 3a zwischen dem 1. Januar 2017 und dem 31. Dezember 2021 die vollstationäre Pflegeeinrichtung, so ermittelt sich der von der Pflegekasse an die neue Pflegeeinrichtung nach Absatz 3 Satz 1 von Amts wegen ab dem Zeitpunkt des Wechsels zu zahlende monatliche Zuschlag aus der Differenz zwischen dem einrichtungseinheitlichen Eigenanteil nach § 92e oder nach § 84 Absatz 2 Satz 3, den die Pflegebedürftigen im Monat Januar 2017 in der neuen Einrichtung zu tragen haben oder zu tragen gehabt hätten, und dem individuellen Eigenanteil, den die Pflegebedürftigen im Monat Dezember 2016 in der neuen Einrichtung zu tragen gehabt hätten. [2]Bei einem Wechsel in eine neu zugelassene vollstationäre Pflegeeinrichtung, die erstmalig ab 1. Januar 2017 oder später eine Pflegesatzvereinbarung abgeschlossen hat, behalten Pflegebedürftige mit ihrem Wechsel ihren nach Absatz 3 ermittelten monatlichen Zuschlagsbetrag. [3]Absatz 3 Satz 2 bis 6 gilt entsprechend.

(3c) [1]Erhöht sich der einrichtungseinheitliche Eigenanteil nach § 92e oder nach § 84 Absatz 2 Satz 3 für Pflegebedürftige im Sinne der Absätze 3, 3a und 3b im Zeitraum vom 1. Februar 2017 bis 31. Dezember 2017, findet Absatz 3 entsprechende Anwendung, sofern sich die Erhöhung aus der erstmaligen Vereinbarung der neuen Pflegesätze im Rahmen der Überleitung, Einführung und Umsetzung des neuen Pflegebedürftigkeitsbegriffs ergibt. [2]Dies gilt auch für Pflegebedürftige, die im Dezember 2016 in einer vollstationären Pflegeeinrichtung versorgt wurden, und die durch die Erhöhung erstmals einen höheren einrichtungseinheitlichen Eigenanteil zu tragen hätten im Vergleich zum jeweiligen individuellen Eigenanteil im Dezember 2016. [3]Der Vergleichsberechnung ist neben dem Monat Dezember 2016 der Monat im Zeitraum vom 1. Februar 2017 bis 31. Dezember 2017 zugrunde zu legen, in dem der einrichtungseinheitliche Eigenanteil erstmalig höher als der jeweilige individuelle Eigenanteil im Monat Dezember 2016 ist oder in den Fällen des Absatzes 3a gewesen wäre.

(4) [1]Für Personen, die am 31. Dezember 2016 wegen nicht erwerbsmäßiger Pflege rentenversicherungspflichtig waren und Anspruch auf die Zahlung von Beiträgen zur gesetzlichen Rentenversicherung nach § 44 in der am 31. Dezember 2016 geltenden Fassung hatten, besteht die Versicherungspflicht für die Dauer dieser Pflegetätigkeit fort. [2]Die beitragspflichtigen Einnahmen ab dem 1. Januar 2017 bestimmen sich in den Fällen des Satzes 1 nach Maßgabe des § 166 Absatz 2 und 3 des Sechsten Buches[1)] in der am 31. Dezember 2016 geltenden Fassung, wenn sie höher sind als die beitragspflichtigen Einnahmen, die sich aus dem ab dem 1. Januar 2017 geltenden Recht ergeben.

(4a) [1]In den Fällen des § 140 Absatz 4 richten sich die Versicherungspflicht als Pflegeperson in der Rentenversicherung und die Bestimmung der beitragspflichtigen Einnahmen für Zeiten vor dem 1. Januar 2017 nach den §§ 3 und 166 des Sechsten Buches in der bis zum 31. Dezember 2016 geltenden Fassung. [2]Die dabei anzusetzende Pflegestufe erhöht sich entsprechend dem Anstieg des Pflegegrades gegenüber dem durch die Überleitung erreichten Pflegegrad.

[1)] Nr. **6**.

(5) [1]Absatz 4 ist ab dem Zeitpunkt nicht mehr anwendbar, zu dem nach dem ab dem 1. Januar 2017 geltenden Recht festgestellt wird, dass

1. bei der versorgten Person keine Pflegebedürftigkeit im Sinne der §§ 14 und 15 in der ab dem 1. Januar 2017 geltenden Fassung vorliegt oder
2. die pflegende Person keine Pflegeperson im Sinne des § 19 in der ab dem 1. Januar 2017 geltenden Fassung ist.

[2]Absatz 4 ist auch nicht mehr anwendbar, wenn sich nach dem 31. Dezember 2016 eine Änderung in den Pflegeverhältnissen ergibt, die zu einer Änderung der beitragspflichtigen Einnahmen nach § 166 Absatz 2 des Sechsten Buches in der ab dem 1. Januar 2017 geltenden Fassung führt oder ein Ausschlussgrund nach § 3 Satz 2 oder 3 des Sechsten Buches eintritt.

(6) Für Pflegepersonen im Sinne des § 44 Absatz 2 gelten die Absätze 4, 4a und 5 entsprechend.

(7) [1]Für Personen, die am 31. Dezember 2016 wegen nicht erwerbsmäßiger Pflege in der gesetzlichen Unfallversicherung versicherungspflichtig waren, besteht die Versicherungspflicht für die Dauer dieser Pflegetätigkeit fort. [2]Satz 1 gilt, soweit und solange sich aus dem ab dem 1. Januar 2017 geltenden Recht keine günstigeren Ansprüche ergeben. [3]Satz 1 ist ab dem Zeitpunkt nicht mehr anwendbar, zu dem nach dem ab dem 1. Januar 2017 geltenden Recht festgestellt wird, dass bei der versorgten Person keine Pflegebedürftigkeit im Sinne der §§ 14 und 15 in der ab dem 1. Januar 2017 geltenden Fassung vorliegt.

(8) [1]Pflegebedürftige, die am 31. Dezember 2016 von zugelassenen Pflegeeinrichtungen ohne Vergütungsvereinbarung versorgt werden, haben ab dem 1. Januar 2017 Anspruch auf Erstattung der Kosten für die pflegebedingten Aufwendungen gemäß § 91 Absatz 2 in Höhe des ihnen für den Monat Dezember 2016 zustehenden Leistungsbetrages, wenn dieser höher ist als der ihnen für Januar 2017 zustehende Leistungsbetrag. [2]Dies gilt entsprechend für Versicherte der privaten Pflege-Pflichtversicherung.

§ 142 Übergangsregelungen im Begutachtungsverfahren. [1]Bei Versicherten, die nach § 140 von einer Pflegestufe in einen Pflegegrad übergeleitet wurden, werden bis zum 1. Januar 2019 keine Wiederholungsbegutachtungen nach § 18 Absatz 2 Satz 5 durchgeführt; auch dann nicht, wenn die Wiederholungsbegutachtung vor diesem Zeitpunkt vom Medizinischen Dienst oder anderen unabhängigen Gutachtern empfohlen wurde. [2]Abweichend von Satz 1 können Wiederholungsbegutachtungen durchgeführt werden, wenn eine Verbesserung der gesundheitlich bedingten Beeinträchtigungen der Selbständigkeit oder der Fähigkeiten, insbesondere aufgrund von durchgeführten Operationen oder Rehabilitationsmaßnahmen, zu erwarten ist.

§ 143 Sonderanpassungsrecht für die Allgemeinen Versicherungsbedingungen und die technischen Berechnungsgrundlagen privater Pflegeversicherungsverträge. (1) Bei einer Pflegeversicherung, bei der die Prämie nach Art der Lebensversicherung berechnet wird und bei der das ordentliche Kündigungsrecht des Versicherers gesetzlich oder vertraglich ausgeschlossen ist, kann der Versicherer seine Allgemeinen Versicherungsbedingungen auch für bestehende Versicherungsverhältnisse entsprechend den Vorgaben nach § 140 ändern, soweit der Versicherungsfall durch den Pflegebedürftigkeitsbegriff nach den §§ 14 und 15 bestimmt wird.

(2) [1] Der Versicherer ist zudem berechtigt, auch für bestehende Versicherungsverhältnisse die technischen Berechnungsgrundlagen insoweit zu ändern, als die Leistungen an die Pflegegrade nach § 140 Absatz 2 und die Prämien daran angepasst werden. [2] § 12b Absatz 1 und 1a des Versicherungsaufsichtsgesetzes findet Anwendung.

(3) [1] Dem Versicherungsnehmer sind die geänderten Versicherungsbedingungen nach Absatz 1 und die Neufestsetzung der Prämie nach Absatz 2 unter Kenntlichmachung der Unterschiede sowie unter Hinweis auf die hierfür maßgeblichen Gründe in Textform mitzuteilen. [2] Anpassungen nach den Absätzen 1 und 2 werden zu Beginn des zweiten Monats wirksam, der auf die Benachrichtigung des Versicherungsnehmers folgt.

(4) Gesetzlich oder vertraglich vorgesehene Sonderkündigungsrechte des Versicherungsnehmers bleiben hiervon unberührt.

Zweiter Abschnitt. Sonstige Überleitungs-, Übergangs- und Besitzstandsschutzregelungen

§ 144 Überleitungs- und Übergangsregelungen, Verordnungsermächtigung. (1) Für Personen, die am 31. Dezember 2014 einen Anspruch auf einen Wohngruppenzuschlag nach § 38a in der am 31. Dezember 2014 geltenden Fassung haben, wird diese Leistung weiter erbracht, wenn sich an den tatsächlichen Verhältnissen nichts geändert hat.

(2) [1] Am 31. Dezember 2016 nach Landesrecht anerkannte niedrigschwellige Betreuungsangebote und niedrigschwellige Entlastungsangebote im Sinne der §§ 45b und 45c in der zu diesem Zeitpunkt geltenden Fassung gelten auch ohne neues Anerkennungsverfahren als nach Landesrecht anerkannte Angebote zur Unterstützung im Alltag im Sinne des § 45a in der ab dem 1. Januar 2017 geltenden Fassung. [2] Die Landesregierungen werden ermächtigt, durch Rechtsverordnung hiervon abweichende Regelungen zu treffen.

(3) [1] Soweit Versicherte im Zeitraum vom 1. Januar 2015 bis zum 31. Dezember 2016 die Anspruchsvoraussetzungen nach § 45b Absatz 1 oder Absatz 1a in der bis zum 31. Dezember 2016 geltenden Fassung erfüllt haben und ab dem 1. Januar 2017 die Anspruchsvoraussetzungen nach § 45b Absatz 1 Satz 1 in der ab dem 1. Januar 2017 geltenden Fassung erfüllen, können sie Leistungsbeträge nach § 45b, die sie in der Zeit vom 1. Januar 2015 bis zum 31. Dezember 2016 nicht zum Bezug von Leistungen nach § 45b Absatz 1 Satz 6 in der bis zum 31. Dezember 2016 geltenden Fassung genutzt haben, bis zum 31. Dezember 2018 zum Bezug von Leistungen nach § 45b Absatz 1 Satz 3 in der ab dem 1. Januar 2017 geltenden Fassung einsetzen. [2] Die in Satz 1 genannten Mittel können ebenfalls zur nachträglichen Kostenerstattung für Leistungen nach § 45b Absatz 1 Satz 6 in der bis zum 31. Dezember 2016 geltenden Fassung genutzt werden, die von den Anspruchsberechtigten in der Zeit vom 1. Januar 2015 bis zum 31. Dezember 2016 bezogen worden sind. [3] Die Kostenerstattung nach Satz 2 ist bis zum Ablauf des 31. Dezember 2018 zu beantragen. [4] Dem Antrag sind entsprechende Belege über entstandene Eigenbelastungen im Zusammenhang mit der Inanspruchnahme der bezogenen Leistungen beizufügen.

(4) Die im Jahr 2015 gemäß § 45c zur Verfügung gestellten Fördermittel, die nach § 45c Absatz 5 Satz 2 in der bis zum 31. Dezember 2016 geltenden Fassung auf das Folgejahr 2016 übertragen und bis zum Ende des Jahres 2016 in den Ländern nicht in Anspruch genommen worden sind, können im Jahr 2017

gemäß § 45c Absatz 6 Satz 3 bis 9 in der ab dem 1. Januar 2017 geltenden Fassung von den Ländern beantragt werden, die im Jahr 2015 mindestens 80 Prozent der auf sie gemäß § 45c Absatz 5 Satz 1 in der bis zum 31. Dezember 2016 geltenden Fassung nach dem Königsteiner Schlüssel entfallenden Mittel ausgeschöpft haben.

(5) [1] In Fällen, in denen am 31. Dezember 2016 der Bezug von Leistungen der Pflegeversicherung mit Leistungen der Eingliederungshilfe für Menschen mit Behinderungen nach dem Zwölften Buch[1)], dem Bundesversorgungsgesetz oder dem Achten Buch[2)] bereits zusammentrifft, muss eine Vereinbarung nach § 13 Absatz 4 in der ab dem 1. Januar 2017 geltenden Fassung nur dann abgeschlossen werden, wenn einer der beteiligten Träger oder der Leistungsbezieher dies verlangt. [2] Trifft der Bezug von Leistungen der Pflegeversicherung außerdem mit Leistungen der Hilfe zur Pflege nach dem Zwölften Buch oder dem Bundesversorgungsgesetz zusammen, gilt Satz 1 entsprechend.

§ 145 Besitzstandsschutz für pflegebedürftige Menschen mit Behinderungen in häuslicher Pflege. [1] Für pflegebedürftige Menschen mit Behinderungen, die am 1. Januar 2017 Anspruch auf Leistungen der Pflegeversicherung bei häuslicher Pflege haben und in einer Wohnform leben, auf die § 43a in der am 1. Januar 2017 geltenden Fassung keine Anwendung findet, findet § 43a auch in der ab dem 1. Januar 2020 geltenden Fassung keine Anwendung. [2] Wechseln diese pflegebedürftigen Menschen mit Behinderungen nach dem 1. Januar 2017 die Wohnform, findet Satz 1 keine Anwendung, solange sie in einer Wohnform leben, auf die § 43a in der am 1. Januar 2017 geltenden Fassung Anwendung gefunden hätte, wenn sie am 1. Januar 2017 in einer solchen Wohnform gelebt hätten.

§ 146 Übergangs- und Überleitungsregelung zur Beratung nach § 37 Absatz 3. (1) Für die jeweilige beratende Stelle gelten die Vergütungssätze nach § 37 Absatz 3 Satz 5 und 6 in der am 31. Dezember 2018 geltenden Fassung so lange, bis die Vergütung für Beratungseinsätze erstmals für die jeweilige beratende Stelle vereinbart oder durch die Landesverbände der Pflegekassen festgelegt wird.

(2) Zugelassene stationäre Pflegeeinrichtungen im Sinne des § 71 Absatz 2, die Beratungseinsätze nach § 37 Absatz 3 in der bis zum 31. Dezember 2018 geltenden Fassung durchgeführt haben, gelten ab dem 1. Januar 2019 als nach § 37 Absatz 7 anerkannte Beratungsstellen.

Dritter Abschnitt. Maßnahmen zur Aufrechterhaltung der pflegerischen Versorgung während der durch das neuartige Coronavirus SARS-CoV-2 verursachten Pandemie

§ 147 Verfahren zur Feststellung der Pflegebedürftigkeit nach § 18.

(1) [1] Abweichend von § 18 Absatz 2 Satz 1 kann die Begutachtung bis einschließlich 31. März 2021 ohne Untersuchung des Versicherten in seinem Wohnbereich erfolgen. [2] Grundlage für die Begutachtung bilden bis zu diesem Zeitpunkt insbesondere die zum Versicherten zur Verfügung stehenden Unterlagen sowie die Angaben und Auskünfte, die beim Versicherten, seinen Ange-

[1)] Nr. 12.
[2)] Nr. 8.

hörigen und sonstigen zur Auskunft fähigen Personen einzuholen sind, wenn dies zur Verhinderung des Risikos einer Ansteckung des Versicherten oder des Gutachters mit dem Coronavirus SARS-CoV-2 zwingend erforderlich ist. [3]Der Medizinische Dienst des Spitzenverbandes Bund der Krankenkassen entwickelt im Benehmen mit dem Spitzenverband Bund der Pflegekassen bis zum 31. Oktober 2020 bundesweit einheitliche Maßgaben dafür, unter welchen Schutz- und Hygieneanforderungen eine Begutachtung durch eine Untersuchung des Versicherten in seinem Wohnbereich stattfindet und in welchen Fällen, insbesondere bei welchen Personengruppen, eine Begutachtung ohne Untersuchung des Versicherten in seinem Wohnbereich zwingend erforderlich ist.

(2) Abweichend von § 18 Absatz 2 Satz 5 werden bis einschließlich 31. März 2021 keine Wiederholungsbegutachtungen durchgeführt, auch dann nicht, wenn die Wiederholungsbegutachtung vor diesem Zeitpunkt vom Medizinischen Dienst oder anderen unabhängigen Gutachterinnen und Gutachtern empfohlen wurde.

(3) [1]Abweichend von § 18 Absatz 3 Satz 2 ist die Frist, in welcher dem Antragsteller die Entscheidung der Pflegekasse schriftlich mitzuteilen ist, bis einschließlich 30. September 2020 unbeachtlich. [2]Abweichend von Satz 1 ist einem Antragsteller, bei dem ein besonders dringlicher Entscheidungsbedarf vorliegt, spätestens 25 Arbeitstage nach Eingang des Antrags bei der zuständigen Pflegekasse die Entscheidung der Pflegekasse schriftlich mitzuteilen. [3]Der Spitzenverband Bund der Pflegekassen entwickelt unverzüglich, spätestens bis einschließlich 9. April 2020, bundesweit einheitliche Kriterien für das Vorliegen, die Gewichtung und die Feststellung eines besonders dringlichen Entscheidungsbedarfs. [4]Die Pflegekassen und die privaten Versicherungsunternehmen berichten in der nach § 18 Absatz 3b Satz 4 zu veröffentlichenden Statistik über die Anwendung der Kriterien zum Vorliegen und zur Feststellung eines besonders dringlichen Entscheidungsbedarfs.

(4) Abweichend von § 18 Absatz 3a Satz 1 Nummer 2 ist die Pflegekasse bis einschließlich 30. September 2020 nur bei Vorliegen eines besonders dringlichen Entscheidungsbedarfs gemäß Absatz 3 dazu verpflichtet, dem Antragsteller mindestens drei unabhängige Gutachter zur Auswahl zu benennen, wenn innerhalb von 20 Arbeitstagen nach Antragstellung keine Begutachtung erfolgt ist.

(5) § 18 Absatz 3b Satz 1 bis 3 findet bis einschließlich 30. September 2020 keine Anwendung.

(6) Absatz 1 gilt für Anträge auf Pflegeleistungen, die zwischen dem 1. Oktober 2020 und dem 31. März 2021 gestellt werden.

§ 148 Beratungsbesuche nach § 37. Abweichend von § 37 Absatz 3 Satz 1 erfolgt die von den Pflegebedürftigen abzurufende Beratung bis einschließlich 31. März 2021 telefonisch, digital oder per Videokonferenz, wenn die oder der Pflegebedürftige dies wünscht.

§ 149 Einrichtungen zur Inanspruchnahme von Kurzzeitpflege und anderweitige vollstationäre pflegerische Versorgung. (1) [1]Bis einschließlich 30. September 2020 besteht der Anspruch auf Kurzzeitpflege in Einrichtungen, die stationäre Leistungen zur medizinischen Vorsorge oder Rehabilitation erbringen, abweichend von § 42 Absatz 4 auch ohne, dass gleichzeitig eine

Maßnahme der medizinischen Vorsorge oder Rehabilitation für eine Pflegeperson erbracht wird. [2] Die Vergütung richtet sich nach dem durchschnittlichen Vergütungssatz gemäß § 111 Absatz 5 des Fünften Buches der Vorsorge- oder Rehabilitationseinrichtung.

(2) Abweichend von § 42 Absatz 2 Satz 2 übernehmen die Pflegekassen bei Kurzzeitpflege in dem Zeitraum vom 28. März 2020 bis einschließlich 30. September 2020 in Einrichtungen, die stationäre Leistungen zur medizinischen Vorsorge oder Rehabilitation erbringen, Aufwendungen bis zu einem Gesamtbetrag von 2 418 Euro.

(3) [1] Ist eine pflegerische Versorgung von bereits vollstationär versorgten Pflegebedürftigen in einer vollstationären Pflegeeinrichtung auf Grund der SARS-CoV-2-Pandemie quarantänebedingt nicht zu gewährleisten, kann diese für die Dauer von maximal 14 Kalendertagen in dem Zeitraum vom 23. Mai 2020 bis einschließlich 30. September 2020 auch in einer Einrichtung erbracht werden, die Leistungen zur medizinischen Vorsorge oder Rehabilitation erbringt (anderweitige vollstationäre pflegerische Versorgung). [2] Im begründeten Einzelfall kann in Abstimmung mit der Pflegekasse des Pflegebedürftigen auch eine pflegerische Versorgung von mehr als 14 Tagen in einer Einrichtung erbracht werden, die Leistungen zur medizinischen Vorsorge oder Rehabilitation erbringt. [3] Der Pflegeplatz des Pflegebedürftigen ist von der bisherigen vollstationären Pflegeeinrichtung während seiner Abwesenheit freizuhalten. [4] Die Berechnung des Heimentgeltes und seine Zahlung an die bisherige vollstationäre Pflegeeinrichtung sowie der nach § 43 von der Pflegekasse an die bisherige vollstationäre Pflegeeinrichtung zu gewährende Leistungsbetrag bleiben unverändert. [5] Die Vergütung der anderweitigen vollstationären pflegerischen Versorgung richtet sich nach dem durchschnittlichen Vergütungssatz nach § 111 Absatz 5 des Fünften Buches[1)] für die Vorsorge- oder Rehabilitationseinrichtung. [6] Sie wird der Einrichtung von den Pflegekassen entsprechend dem Verfahren nach § 150 Absatz 2 Satz 2 bis 4 erstattet. [7] Der Spitzenverband Bund der Pflegekassen kann im Benehmen mit den Verbänden der Träger von vollstationären Pflegeeinrichtungen sowie im Benehmen mit den Verbänden der stationären medizinischen Rehabilitations- und Vorsorgeeinrichtungen Empfehlungen zur formellen Abwicklung des Abrechnungsverfahrens abgeben.

§ 150 Sicherstellung der pflegerischen Versorgung, Kostenerstattung für Pflegeeinrichtungen und Pflegebedürftige. (1) [1] Im Fall einer wesentlichen Beeinträchtigung der Leistungserbringung infolge des neuartigen Coronavirus SARS-CoV-2 ist der Träger einer nach § 72 zugelassenen Pflegeeinrichtung verpflichtet, diese umgehend den Pflegekassen gegenüber anzuzeigen. [2] Es genügt die Anzeige an eine als Partei des Versorgungsvertrages beteiligte Pflegekasse. [3] In Abstimmung mit den weiteren hierbei zuständigen Stellen, insbesondere den nach Landesrecht bestimmten heimrechtlichen Aufsichtsbehörden, haben die Pflegekassen zusammen mit der Pflegeeinrichtung zur Sicherstellung der pflegerischen Versorgung die erforderlichen Maßnahmen und Anpassungen vorzunehmen, wobei auch von der vereinbarten Personalausstattung einschließlich deren gesetzlichen Bestimmungen nach diesem Buch abgewichen werden kann. [4] Dabei sind zum flexiblen Einsatz des Personals in anderen Versorgungsbereichen alle bestehenden Instrumente und Mittel ein-

[1)] Nr. 5.

schließlich des Vertragsrechts zu nutzen, bei denen zulassungsrechtliche Voraussetzungen zweckgerichtet und unbürokratisch angewandt werden können. [5]Dies gilt auch für den Einsatz von Beschäftigten für die Leistungen der zusätzlichen Betreuung nach § 43b in anderen Bereichen.

(2) [1]Den zugelassenen Pflegeeinrichtungen werden die ihnen infolge des neuartigen Coronavirus SARS-CoV-2 anfallenden, außerordentlichen Aufwendungen sowie Mindereinnahmen im Rahmen ihrer Leistungserbringung, die nicht anderweitig finanziert werden, erstattet. [2]Der Anspruch auf Erstattung kann bei einer Pflegekasse regelmäßig zum Monatsende geltend gemacht werden, die Partei des Versorgungsvertrages ist. [3]Die Auszahlung des gesamten Erstattungsbetrages hat innerhalb von 14 Kalendertagen über eine Pflegekasse zu erfolgen. [4]Die Auszahlung kann vorläufig erfolgen. [5]Für zugelassene Pflegeeinrichtungen, die eine vertragliche Regelung der Pflegevergütung nach den §§ 85 und 89 abgeschlossen haben, findet § 85 Absatz 7 insoweit keine Anwendung. [6]Dabei sind bei Unterschreitungen der vereinbarten Personalausstattung keine Vergütungskürzungsverfahren nach § 115 Absatz 3 Satz 1 durchzuführen.

(3) [1]Der Spitzenverband Bund der Pflegekassen legt im Benehmen mit den Bundesvereinigungen der Träger stationärer und ambulanter Pflegeeinrichtungen unverzüglich das Nähere für das Erstattungsverfahren und die erforderlichen Nachweise für seine Mitglieder fest. [2]Dabei sind gemessen an der besonderen Herausforderung von allen Beteiligten pragmatische Lösungen in der Umsetzung vorzusehen. [3]Die Festlegungen bedürfen der Zustimmung des Bundesministeriums für Gesundheit. [4]Der Spitzenverband Bund der Pflegekassen berichtet dem Bundesministerium für Gesundheit regelmäßig über die Ausgabenentwicklung.

(4) [1]Bei ambulanten Pflegeeinrichtungen tragen die gesetzlichen Krankenkassen und die soziale Pflegeversicherung die nach Absatz 2 entstehenden Erstattungen entsprechend dem Verhältnis, das dem Verhältnis zwischen den Ausgaben der Krankenkassen für die häusliche Krankenpflege und den Ausgaben der sozialen Pflegeversicherung für Pflegesachleistungen im vorangegangenen Kalenderjahr entspricht. [2]Bei den in § 39a Absatz 1 des Fünften Buches[1)] genannten stationären Hospizen, mit denen ein Versorgungsvertrag als stationäre Pflegeeinrichtung nach § 72 besteht, tragen die gesetzlichen Krankenkassen 80 Prozent der nach Absatz 2 entstehenden Erstattungen. [3]Zur Finanzierung der den Krankenkassen nach den Sätzen 1 und 2 entstehenden Kosten erhebt der Spitzenverband Bund der Krankenkassen von den Krankenkassen eine Umlage gemäß dem Anteil der Versicherten der Krankenkassen an der Gesamtzahl der Versicherten aller Krankenkassen. [4]Das Nähere zum Umlageverfahren und zur Zahlung an die Pflegeversicherung bestimmt der Spitzenverband Bund der Krankenkassen. [5]Die privaten Versicherungsunternehmen, die die private Pflege-Pflichtversicherung durchführen, beteiligen sich mit einem Anteil von 7 Prozent an den Kosten, die sich gemäß Absatz 2 ergeben. [6]Das Bundesamt für Soziale Sicherung stellt die Höhe des Finanzierungsanteils der privaten Versicherungsunternehmen auf Basis der vierteljährlichen Finanzstatistiken der gesetzlichen Krankenund Pflegekassen fest. [7]Die entsprechende Zahlung wird binnen vier Wochen fällig. [8]Der jeweilige Finanzierungsanteil, der auf die privaten Versicherungsunternehmen entfällt, kann von dem Verband der pri-

---

[1)] Nr. **5**.

vaten Krankenversicherung e. V. unmittelbar an das Bundesamt für Soziale Sicherung zugunsten des Ausgleichsfonds der Pflegeversicherung nach § 65 geleistet werden.

(5) [1] Die Pflegekassen können nach ihrem Ermessen zur Vermeidung von durch das neuartige Coronavirus SARS-CoV-2 im Einzelfall im häuslichen Bereich verursachten pflegerischen Versorgungsengpässen, Kostenerstattung in Höhe der ambulanten Sachleistungsbeträge (§ 36) nach vorheriger Antragstellung gewähren, wenn die Maßnahmen nach Absatz 1 Satz 3 nicht ausreichend sind; dabei haben sie vorrangig Leistungserbringer zu berücksichtigen, die von Pflegefachkräften geleitet werden. [2] Entsprechende Kostenerstattungszusagen sind jeweils auf bis zu drei Monate zu begrenzen. [3] Der Spitzenverband Bund der Pflegekassen legt Einzelheiten dazu in Empfehlungen fest. [4] Die Pflegekassen können bei Bedarf bereits vor dem Vorliegen der Empfehlungen Kostenerstattungen zusagen. [5] Die Pflegekassen können aus wichtigen Gründen die Kostenerstattungszusage jederzeit widerrufen.

(5a) [1] Den nach Maßgabe des gemäß § 45a Absatz 3 erlassenen Landesrechts anerkannten Angeboten zur Unterstützung im Alltag werden die ihnen infolge des neuartigen Coronavirus SARS-CoV-2 anfallenden, außerordentlichen Aufwendungen sowie Mindereinnahmen im Rahmen ihrer Leistungserbringung, die nicht anderweitig finanziert werden, aus Mitteln der Pflegeversicherung erstattet, wenn sie diese Aufwendungen nachweisen oder die Mindereinnahmen glaubhaft machen. [2] Die Erstattung der Mindereinnahmen wird begrenzt auf eine monatliche Summe aus der Multiplikation von

1. 125 Euro und
2. der Differenz, die sich beim Vergleich der Anzahl der im letzten Quartal des Jahres 2019 monatsdurchschnittlich betreuten Pflegebedürftigen und der Anzahl der in dem Monat, für den Mindereinnahmen geltend gemacht werden, betreuten Pflegebedürftigen ergibt.

[3] Die Auszahlung kann vorläufig erfolgen. [4] Der Spitzenverband Bund der Pflegekassen legt in Abstimmung mit dem Bundesministerium für Gesundheit unverzüglich das Nähere für das Erstattungsverfahren fest. [5] Absatz 4 Satz 5 bis 8 gilt entsprechend.

(5b) [1] Abweichend von § 45b Absatz 1 Satz 3 können Pflegebedürftige des Pflegegrades 1 den Entlastungsbetrag auch für die Inanspruchnahme anderer Hilfen im Wege der Kostenerstattung einsetzen, wenn dies zur Überwindung von infolge des neuartigen Coronavirus SARS-CoV-2 verursachten Versorgungsengpässen erforderlich ist. [2] § 45b Absatz 2 Satz 3 und Absatz 4 findet keine Anwendung. [3] Der Spitzenverband Bund der Pflegekassen legt Einzelheiten zum Einsatz des Entlastungsbetrags für andere Hilfen nach Satz 1 in Empfehlungen fest.

(5c) Abweichend von § 45b Absatz 1 Satz 5 zweiter Halbsatz kann der im Jahr 2019 nicht verbrauchte Betrag für die Leistung nach § 45b Absatz 1 Satz 1 in den Zeitraum bis zu dem in Absatz 6 Satz 1 genannten Datum übertragen werden.

(5d) [1] Abweichend von § 44a Absatz 3 Satz 1 haben Beschäftigte im Sinne des § 7 Absatz 1 des Pflegezeitgesetzes Anspruch auf Pflegeunterstützungsgeld für bis zu insgesamt 20 Arbeitstage, um die Pflege eines pflegebedürftigen nahen Angehörigen im Sinne des § 7 Absatz 3 des Pflegezeitgesetzes sicherzustellen oder zu organisieren, unabhängig davon, ob eine kurzzeitige Arbeitsverhinderung im Sinne des § 2 des Pflegezeitgesetzes vorliegt, wenn

1. die Beschäftigten glaubhaft darlegen, dass sie die Pflege oder die Organisation der Pflege auf Grund der SARS-CoV-2-Pandemie übernehmen,
2. die Beschäftigten keinen Anspruch auf Entgeltfortzahlung vom Arbeitgeber, Kranken- oder Verletztengeld bei Erkrankung oder Unfall eines Kindes nach § 45 des Fünften Buches oder nach § 45 Absatz 4 des Siebten Buches[1)] haben und
3. die häusliche Pflege nicht anders sichergestellt werden kann.

[2] Abweichend von § 44a Absatz 6 Satz 1 haben landwirtschaftliche Unternehmer nach § 2 Absatz 1 Nummer 1 und 2 des Zweiten Gesetzes über die Krankenversicherung der Landwirte Anspruch auf Betriebshilfe für bis zu insgesamt 20 Arbeitstage, um die Pflege eines pflegebedürftigen nahen Angehörigen im Sinne des § 7 Absatz 3 des Pflegezeitgesetzes sicherzustellen oder zu organisieren, unabhängig davon, ob eine akut aufgetretene Pflegesituation vorliegt, sofern die Voraussetzungen nach Satz 1 Nummer 1 und 3 erfüllt sind. [3] Abweichend von § 44a Absatz 6 Satz 3 haben privat pflegeversicherte landwirtschaftliche Unternehmer Anspruch auf Kostenerstattung für bis zu insgesamt 20 Arbeitstage Betriebshilfe, um die Pflege eines pflegebedürftigen nahen Angehörigen im Sinne des § 7 Absatz 3 des Pflegezeitgesetzes sicherzustellen oder zu organisieren, unabhängig davon, ob eine akut aufgetretene Pflegesituation vorliegt, sofern die Voraussetzungen nach Satz 1 Nummer 1 und 3 erfüllt sind.

(6) [1] Die Absätze 1 bis 5b gelten bis einschließlich 31. März 2021. [2] Absatz 5d gilt in dem Zeitraum vom 23. Mai 2020 bis einschließlich 31. März 2021.

§ 150a Sonderleistung während der Coronavirus-SARS-CoV-2-Pandemie. (1) [1] Die zugelassenen Pflegeeinrichtungen werden verpflichtet, ihren Beschäftigten im Jahr 2020 zum Zweck der Wertschätzung für die besonderen Anforderungen während der Coronavirus-SARS-CoV-2- Pandemie eine für jeden Beschäftigten einmalige Sonderleistung nach Maßgabe der Absätze 2 bis 6 und 8 zu zahlen (Corona-Prämie). [2] Gleiches gilt für Arbeitgeber, deren Arbeitnehmerinnen oder Arbeitnehmer in Einrichtungen nach Satz 1 im Rahmen einer Arbeitnehmerüberlassung oder eines Werk- oder Dienstleistungsvertrags eingesetzt werden.

(2) [1] Die Corona-Prämie ist für Vollzeitbeschäftigte, die in dem Zeitraum vom 1. März 2020 bis einschließlich zum 31. Oktober 2020 (Bemessungszeitraum) mindestens drei Monate in einer zugelassenen oder für eine zugelassene Pflegeeinrichtung tätig waren, in folgender Höhe auszuzahlen:

1. in Höhe von 1 000 Euro für Beschäftigte, die Leistungen nach diesem Buch oder im ambulanten Bereich nach dem Fünften Buch durch die direkte Pflege und Betreuung von Pflegebedürftigen erbringen,
2. in Höhe von 667 Euro für andere Beschäftigte, die in einem Umfang von mindestens 25 Prozent ihrer Arbeitszeit gemeinsam mit Pflegebedürftigen tagesstrukturierend, aktivierend, betreuend oder pflegend tätig sind,
3. in Höhe von 334 Euro für alle übrigen Beschäftigten.

[1)] Nr. 7.

[2] Freiwillige im Sinne des § 2 des Bundesfreiwilligendienstgesetzes und Freiwillige im Sinne des § 2 des Jugendfreiwilligendienstgesetzes im freiwilligen sozialen Jahr erhalten eine Corona-Prämie in Höhe von 100 Euro.

(3) [1] Den folgenden Auszubildenden, die mit einer zugelassenen Pflegeeinrichtung einen Ausbildungsvertrag geschlossen haben oder im Bemessungszeitraum mindestens drei Monate in einer zugelassenen Pflegeeinrichtung zur Durchführung der praktischen Ausbildung tätig waren, ist eine Corona-Prämie in Höhe von 600 Euro zu zahlen:

1. Auszubildenden zur Altenpflegerin oder zum Altenpfleger nach § 58 Absatz 2 des Pflegeberufegesetzes,
2. Auszubildenden zur Altenpflegerin oder zum Altenpfleger nach § 66 Absatz 2 des Pflegeberufegesetzes,
3. Auszubildenden zur Gesundheits- und Krankenpflegerin oder zum Gesundheits- und Krankenpfleger nach § 66 Absatz 1 Satz 1 Nummer 1 des Pflegeberufegesetzes,
4. Auszubildenden zur Gesundheits- und Kinderkrankenpflegerin oder zum Gesundheits- und Kinderkrankenpfleger nach § 58 Absatz 1 des Pflegeberufegesetzes,
5. Auszubildenden zur Gesundheits- und Kinderkrankenpflegerin oder zum Gesundheits- und Kinderkrankenpfleger nach § 66 Absatz 1 Satz 1 Nummer 2 des Pflegeberufegesetzes oder
6. Auszubildenden zur Pflegefachfrau oder zum Pflegefachmann nach dem Pflegeberufegesetz.

[2] Satz 1 gilt entsprechend für Auszubildende in landesrechtlich geregelten Assistenz- oder Helferausbildungen in der Pflege von mindestens einjähriger Dauer.

(4) [1] An Beschäftigte, die im Bemessungszeitraum mindestens drei Monate in einer zugelassenen Pflegeeinrichtung tätig waren und in dieser Zeit ganz oder teilweise in Teilzeit gearbeitet haben, ist die Corona-Prämie anteilig im Verhältnis zu den in Absatz 2 Satz 1 genannten Höhen zu zahlen. [2] Der jeweilige Anteil entspricht dem Anteil der von ihnen wöchentlich durchschnittlich in dem Bemessungszeitraum tatsächlich geleisteten Stunden im Verhältnis zur regelmäßigen Wochenarbeitszeit der bei derselben Pflegeeinrichtung Vollzeitbeschäftigten, mindestens jedoch dem Anteil der mit ihnen vertraglich vereinbarten durchschnittlichen Wochenarbeitszeit im Verhältnis zur regelmäßigen Wochenarbeitszeit der bei der Pflegeeinrichtung Vollzeitbeschäftigten. [3] Abweichend von Satz 1 ist die Corona-Prämie nach Absatz 2 ungekürzt an Teilzeitbeschäftigte zu zahlen, wenn sie im Bemessungszeitraum mindestens drei Monate in einer zugelassenen Pflegeeinrichtung tätig waren und ihre wöchentliche tatsächliche oder vertragliche Arbeitszeit in diesem Zeitraum 35 Stunden oder mehr betrug.

(5) Die folgenden Unterbrechungen der Tätigkeit im Bemessungszeitraum sind für die Berechnung des dreimonatigen Zeitraums, in dem die Beschäftigten im Bemessungszeitraum mindestens in einer zugelassenen Pflegeeinrichtung tätig sein müssen, unbeachtlich:

1. Unterbrechungen von bis zu 14 Kalendertagen,
2. Unterbrechungen auf Grund einer COVID-19-Erkrankung,
3. Unterbrechungen auf Grund von Quarantänemaßnahmen,

4. Unterbrechungen auf Grund eines Arbeitsunfalls oder
5. Unterbrechungen wegen Erholungsurlaubs.

(6) [1]Soweit Beschäftigte einer Pflegeeinrichtung im Bemessungszeitraum ganz oder teilweise in Kurzarbeit gearbeitet haben, sind für die Bemessung der diesen Beschäftigten jeweils zustehenden Corona-Prämie die von ihnen wöchentlich durchschnittlich im Bemessungszeitraum tatsächlich geleisteten Stunden maßgeblich. [2]Absatz 4 gilt im Übrigen entsprechend.

(7) [1]Die zugelassenen Pflegeeinrichtungen erhalten im Wege der Vorauszahlung von der sozialen Pflegeversicherung den Betrag, den sie für die Auszahlung der in den Absätzen 2 bis 4 und 6 genannten Corona-Prämien benötigen, erstattet. [2]Gleiches gilt für Arbeitgeber nach Absatz 1 Satz 2. [3]Die in den Absätzen 2 bis 4 und 6 genannten Corona-Prämien sowie weitere von den zugelassenen Pflegeeinrichtungen an ihre Beschäftigten gezahlten, vergleichbaren Sonderleistungen können nicht nach § 150 Absatz 2 erstattet werden und dürfen auch nicht zu finanziellen Belastungen der Pflegebedürftigen führen. [4]Bei ambulanten Pflegeeinrichtungen tragen die gesetzlichen Krankenkassen und die soziale Pflegeversicherung die nach Satz 1 entstehenden Erstattungen entsprechend dem Verhältnis, das dem Verhältnis zwischen den Ausgaben der Krankenkassen für die häusliche Krankenpflege und den Ausgaben der sozialen Pflegeversicherung für Pflegesachleistungen im vorangegangenen Kalenderjahr entspricht. [5]Zur Finanzierung der den Krankenkassen nach Satz 4 entstehenden Kosten erhebt der Spitzenverband Bund der Krankenkassen von den Krankenkassen eine Umlage gemäß dem Anteil der Versicherten der Krankenkassen an der Gesamtzahl der Versicherten aller Krankenkassen. [6]Das Nähere zum Umlageverfahren und zur Zahlung an die Pflegeversicherung bestimmt der Spitzenverband Bund der Krankenkassen. [7]Die Pflegekassen stellen sicher, dass alle Pflegeeinrichtungen und alle Arbeitgeber im Sinne von Absatz 1 Satz 2 den Betrag, den sie für die Auszahlung der in den Absätzen 2 bis 4 und 6 genannten Corona-Prämien benötigen und den sie an die Pflegekassen gemeldet haben, von der sozialen Pflegeversicherung zu den folgenden Zeitpunkten erhalten:

1. bis spätestens 15. Juli 2020 für die Beschäftigten und Arbeitnehmer nach Absatz 1 Satz 2, die bis zum 1. Juni 2020 die Voraussetzungen erfüllen, und
2. bis spätestens 15. Dezember 2020 für die Beschäftigten und Arbeitnehmer nach Absatz 1 Satz 2, die die Voraussetzungen bis zum 1. Juni 2020 noch nicht erfüllen, aber diese bis zum 31. Oktober 2020 erfüllen.

[8]Die Pflegeeinrichtungen und die Arbeitgeber im Sinne von Absatz 1 Satz 2 haben den Pflegekassen bis spätestens 15. Februar 2021 die tatsächliche Auszahlung der Corona-Prämien anzuzeigen. [9]Der Spitzenverband Bund der Pflegekassen legt im Benehmen mit den Bundesvereinigungen der Träger stationärer und ambulanter Pflegeeinrichtungen und geeigneten Verbänden der Arbeitgeber nach Absatz 1 Satz 2 auf Bundesebene unverzüglich das Nähere für das Verfahren einschließlich der Information der Beschäftigten und Arbeitnehmer nach Absatz 1 Satz 2 über ihren Anspruch fest. [10]Die Verfahrensregelungen bedürfen der Zustimmung des Bundesministeriums für Gesundheit.

(8) [1]Die Auszahlung der jeweiligen Corona-Prämie durch die jeweilige zugelassene Pflegeeinrichtung oder die Arbeitgeber nach Absatz 1 Satz 2 an ihre Beschäftigten hat unverzüglich nach Erhalt der Vorauszahlung nach Ab-

satz 7, spätestens mit der nächstmöglichen regelmäßigen Entgeltauszahlung zu erfolgen. [2] Sie ist den Beschäftigten in der gesamten ihnen nach den Absätzen 2 bis 4 und 6 zustehenden Höhe in Geld über das Arbeitsentgelt und sonstige Bezüge hinaus auszuzahlen. [3] Eine Aufrechnung mit Ansprüchen der Pflegeeinrichtung oder der Arbeitgeber nach Absatz 1 Satz 2 gegen den Beschäftigten oder Arbeitnehmer nach Absatz 1 Satz 2 ist ausgeschlossen. [4] Die Corona-Prämie ist unpfändbar. [5] Die Sätze 1 bis 4 gelten entsprechend für die Ausbildungsvergütung sowie für das Taschengeld für Freiwillige im Sinne des § 2 des Bundesfreiwilligendienstgesetzes und für Freiwillige im Sinne des § 2 des Jugendfreiwilligendienstgesetzes im freiwilligen sozialen Jahr.

(9) [1] Die Corona-Prämie kann durch die Länder oder die zugelassenen Pflegeeinrichtungen unter Berücksichtigung der Bemessungsgrundlagen der Absätze 1 bis 6 über die dort genannten Höchstbeträge hinaus auf folgende Beträge erhöht werden:

1. auf bis zu 1 500 Euro für Vollzeit-, Teilzeit- oder in Kurzarbeit Beschäftigte, die die in Absatz 2 Satz 1 Nummer 1 genannten Voraussetzungen erfüllen,
2. auf bis zu 1 000 Euro für Vollzeit-, Teilzeit- oder in Kurzarbeit Beschäftigte, die die in Absatz 2 Satz 1 Nummer 2 genannten Voraussetzungen erfüllen,
3. auf bis zu 500 Euro für alle übrigen Vollzeit-, Teilzeit- oder in Kurzarbeit Beschäftigten einer zugelassenen Pflegeeinrichtung,
4. auf bis zu 150 Euro für die in Absatz 2 Satz 2 genannten Personen sowie
5. auf bis zu 900 Euro für die in nach Absatz 3 genannten Auszubildenden.

[2] Gleiches gilt für die Arbeitgeber und Arbeitnehmer nach Absatz 1 Satz 2. [3] Die Länder regeln ihr Verfahren. [4] Sie können sich dabei an den Verfahrensregelungen dieser Vorschrift, insbesondere an den genannten Fristen, orientieren.

§ 150b Nichtanrechnung von Arbeitstagen mit Bezug von Pflegeunterstützungsgeld, Betriebshilfe oder Kostenerstattung gemäß § 150 Absatz 5d. Die Arbeitstage, für die Pflegeunterstützungsgeld gemäß § 150 Absatz 5d Satz 1, Betriebshilfe gemäß § 150 Absatz 5d Satz 2 oder Kostenerstattung gemäß § 150 Absatz 5d Satz 3 in Anspruch genommen worden ist, werden auf die Arbeitstage, für die Pflegeunterstützungsgeld gemäß § 44a Absatz 3, Betriebshilfe gemäß § 44a Absatz 6 Satz 1 oder Kostenerstattung gemäß § 44a Absatz 6 Satz 3 in Anspruch genommen werden kann, nicht angerechnet.

§ 151 Qualitätsprüfungen nach § 114. Abweichend von § 114 Absatz 2 Satz 1 und 2 finden bis einschließlich 30. September 2020 keine Regelprüfungen statt.

§ 152 Verordnungsermächtigung. Das Bundesministerium für Gesundheit kann nach einer erneuten Risikobeurteilung bei Fortbestehen oder erneutem Risiko für ein Infektionsgeschehen im Zusammenhang mit dem neuartigen Coronavirus SARS-CoV-2 den Befristungszeitraum der §§ 147 bis 151 jeweils durch Rechtsverordnung mit Zustimmung des Bundesrates um jeweils bis zu einem halben Jahr verlängern.

Anlage 1
(zu § 15)

Einzelpunkte der Module 1 bis 6; Bildung der Summe der Einzelpunkte in jedem Modul

Modul 1: Einzelpunkte im Bereich der Mobilität

Das Modul umfasst fünf Kriterien, deren Ausprägungen in den folgenden Kategorien mit den nachstehenden Einzelpunkten gewertet werden:

Ziffer	Kriterien	selbständig	überwiegend selbständig	überwiegend unselbständig	unselbständig
1.1	Positionswechsel im Bett	0	1	2	3
1.2	Halten einer stabilen Sitzposition	0	1	2	3
1.3	Umsetzen	0	1	2	3
1.4	Fortbewegen innerhalb des Wohnbereichs	0	1	2	3
1.5	Treppensteigen	0	1	2	3

Modul 2: Einzelpunkte im Bereich der kognitiven und kommunikativen Fähigkeiten

Das Modul umfasst elf Kriterien, deren Ausprägungen in den folgenden Kategorien mit den nachstehenden Einzelpunkten gewertet werden:

Ziffer	Kriterien	Fähigkeit vorhanden/unbeeinträchtigt	Fähigkeit größtenteils vorhanden	Fähigkeit in geringem Maße vorhanden	Fähigkeit nicht vorhanden
2.1	Erkennen von Personen aus dem näheren Umfeld	0	1	2	3
2.2	Örtliche Orientierung	0	1	2	3
2.3	Zeitliche Orientierung	0	1	2	3
2.4	Erinnern an wesentliche Ereignisse oder Beobachtungen	0	1	2	3
2.5	Steuern von mehrschrittigen Alltagshandlungen	0	1	2	3
2.6	Treffen von Entscheidungen im Alltag	0	1	2	3
2.7	Verstehen von Sachverhalten und Informationen	0	1	2	3
2.8	Erkennen von Risiken und Gefahren	0	1	2	3
2.9	Mitteilen von elementaren Bedürfnissen	0	1	2	3
2.10	Verstehen von Aufforderungen	0	1	2	3
2.11	Beteiligen an einem Gespräch	0	1	2	3

Modul 3: Einzelpunkte im Bereich der Verhaltensweisen und psychische Problemlagen

Das Modul umfasst dreizehn Kriterien, deren Häufigkeit des Auftretens in den folgenden Kategorien mit den nachstehenden Einzelpunkten gewertet wird:

Ziffer	Kriterien	nie oder sehr selten	selten (ein- bis dreimal innerhalb von zwei Wochen)	häufig (zweimal bis mehrmals wöchentlich, aber nicht täglich)	täglich
3.1	Motorisch geprägte Verhaltensauffälligkeiten	0	1	3	5
3.2	Nächtliche Unruhe	0	1	3	5
3.3	Selbstschädigendes und autoaggressives Verhalten	0	1	3	5
3.4	Beschädigen von Gegenständen	0	1	3	5
3.5	Physisch aggressives Verhalten gegenüber anderen Personen	0	1	3	5
3.6	Verbale Aggression	0	1	3	5
3.7	Andere pflegerelevante vokale Auffälligkeiten	0	1	3	5
3.8	Abwehr pflegerischer und anderer unterstützender Maßnahmen	0	1	3	5
3.9	Wahnvorstellungen	0	1	3	5
3.10	Ängste	0	1	3	5
3.11	Antriebslosigkeit bei depressiver Stimmungslage	0	1	3	5
3.12	Sozial inadäquate Verhaltensweisen	0	1	3	5
3.13	Sonstige pflegerelevante inadäquate Handlungen	0	1	3	5

Modul 4: Einzelpunkte im Bereich der Selbstversorgung

Das Modul umfasst dreizehn Kriterien:

Einzelpunkte für die Kriterien der Ziffern 4.1 bis 4.12

Die Ausprägungen der Kriterien 4.1 bis 4.12 werden in den folgenden Kategorien mit den nachstehenden Punkten gewertet:

Ziffer	Kriterien	selbständig	überwiegend selbständig	überwiegend unselbständig	unselbständig
4.1	Waschen des vorderen Oberkörpers	0	1	2	3
4.2	Körperpflege im Bereich des Kopfes (Kämmen, Zahnpflege/Prothesenreinigung, Rasieren)	0	1	2	3
4.3	Waschen des Intimbereichs	0	1	2	3
4.4	Duschen und Baden einschließlich Waschen der Haare	0	1	2	3
4.5	An- und Auskleiden des Oberkörpers	0	1	2	3
4.6	An- und Auskleiden des Unterkörpers	0	1	2	3
4.7	Mundgerechtes Zubereiten der Nahrung und Eingießen von Getränken	0	1	2	3
4.8	Essen	0	3	6	9
4.9	Trinken	0	2	4	6

Ziffer	Kriterien	selbständig	überwiegend selbständig	überwiegend unselbständig	unselbständig
4.10	Benutzen einer Toilette oder eines Toilettenstuhls	0	2	4	6
4.11	Bewältigen der Folgen einer Harninkontinenz und Umgang mit Dauerkatheter und Urostoma	0	1	2	3
4.12	Bewältigen der Folgen einer Stuhlinkontinenz und Umgang mit Stoma	0	1	2	3

Die Ausprägungen des Kriteriums der Ziffer 4.8 sowie die Ausprägung der Kriterien der Ziffern 4.9 und 4.10 werden wegen ihrer besonderen Bedeutung für die pflegerische Versorgung stärker gewichtet.

Die Einzelpunkte für die Kriterien der Ziffern 4.11 und 4.12 gehen in die Berechnung nur ein, wenn bei der Begutachtung beim Versicherten darüber hinaus die Feststellung „überwiegend inkontinent" oder „vollständig inkontinent" getroffen wird oder eine künstliche Ableitung von Stuhl oder Harn erfolgt.

Einzelpunkte für das Kriterium der Ziffer 4.13

Die Ausprägungen des Kriteriums der Ziffer 4.13 werden in den folgenden Kategorien mit den nachstehenden Einzelpunkten gewertet:

Ziffer	Kriterium	entfällt	teilweise	vollständig
4.13	Ernährung parental oder über Sonde	0	6	3

Das Kriterium ist mit „entfällt" (0 Punkte) zu bewerten, wenn eine regelmäßige und tägliche parenterale Ernährung oder Sondenernährung auf Dauer, voraussichtlich für mindestens sechs Monate, nicht erforderlich ist. Kann die parenterale Ernährung oder Sondenernährung ohne Hilfe durch andere selbständig durchgeführt werden, werden ebenfalls keine Punkte vergeben.

Das Kriterium ist mit „teilweise" (6 Punkte) zu bewerten, wenn eine parenterale Ernährung oder Sondenernährung zur Vermeidung von Mangelernährung mit Hilfe täglich und zusätzlich zur oralen Aufnahme von Nahrung oder Flüssigkeit erfolgt.

Das Kriterium ist mit „vollständig" (3 Punkte) zu bewerten, wenn die Aufnahme von Nahrung oder Flüssigkeit ausschließlich oder nahezu ausschließlich parenteral oder über eine Sonde erfolgt.

Bei einer vollständigen parenteralen Ernährung oder Sondenernährung werden weniger Punkte vergeben als bei einer teilweisen parenteralen Ernährung oder Sondenernährung, da der oft hohe Aufwand zur Unterstützung bei der oralen Nahrungsaufnahme im Fall ausschließlich parenteraler oder Sondenernährung weitgehend entfällt.

Einzelpunkte für das Kriterium der Ziffer 4.K

Bei Kindern im Alter bis 18 Monate werden die Kriterien der Ziffern 4.1 bis 4.13 durch das Kriterium 4.K ersetzt und wie folgt gewertet:

Ziffer	Kriterium	Einzelpunkte
4.K	Bestehen gravierender Probleme bei der Nahrungsaufnahme bei Kindern bis zu 18 Monaten, die einen außergewöhnlich pflegeintensiven Hilfebedarf auslösen	20

Modul 5: Einzelpunkte im Bereich der Bewältigung von und des selbständigen Umgangs mit krankheits- oder therapiebedingten Anforderungen und Belastungen

Das Modul umfasst sechzehn Kriterien.

Einzelpunkte für die Kriterien der Ziffern 5.1 bis 5.7

Die durchschnittliche Häufigkeit der Maßnahmen pro Tag bei den Kriterien der Ziffern 5.1 bis 5.7 wird in den folgenden Kategorien mit den nachstehenden Einzelpunkten gewertet:

Ziffer	Kriterien in Bezug auf	entfällt oder selbständig	Anzahl der Maßnahmen		
			pro Tag	pro Woche	pro Monat
5.1	Medikation	0			
5.2	Injektionen (subcutan oder intramuskulär)	0			
5.3	Versorgung intravenöser Zugänge (Port)	0			
5.4	Absaugen und Sauerstoffgabe	0			
5.5	Einreibungen oder Kälte- und Wärmeanwendungen	0			
5.6	Messung und Deutung von Körperzuständen	0			
5.7	Körpernahe Hilfsmittel	0			
Summe der Maßnahmen aus 5.1 bis 5.7		0			
Umrechnung in Maßnahmen pro Tag		0			

Einzelpunkte für die Kriterien der Ziffern 5.1 bis 5.7				
Maßnahme pro Tag	keine oder seltener als einmal täglich	mindestens einmal bis maximal dreimal täglich	mehr als dreimal bis maximal achtmal täglich	mehr als achtmal täglich
Einzelpunkte	0	1	2	3

Für jedes der Kriterien 5.1 bis 5.7 wird zunächst die Anzahl der durchschnittlich durchgeführten Maßnahmen, die täglich und auf Dauer, voraussichtlich für mindestens sechs Monate, vorkommen, in der Spalte pro Tag, die Maßnahmen, die wöchentlich und auf Dauer, voraussichtlich für mindestens sechs Monate, vorkommen, in der Spalte pro Woche und die Maßnahmen, die monatlich und auf Dauer, voraussichtlich für mindestens sechs Monate, vorkommen, in der Spalte pro Monat erfasst. Berücksichtigt werden nur Maßnahmen, die vom Versicherten nicht selbständig durchgeführt werden können.

Die Zahl der durchschnittlich durchgeführten täglichen, wöchentlichen und monatlichen Maßnahmen wird für die Kriterien 5.1 bis 5.7 summiert (erfolgt zum Beispiel täglich dreimal eine Medikamentengabe – Kriterium 5.1 – und einmal Blutzuckermessen – Kriterium 5.6 –, entspricht dies vier Maßnahmen pro Tag). Diese Häufigkeit wird umgerechnet in einen Durchschnittswert pro Tag. Für die Umrechnung der Maßnahmen pro Monat in Maßnahmen pro Tag wird die Summe der Maßnahmen pro Monat durch 30 geteilt. Für die Umrechnung der Maßnahmen pro Woche in Maßnahmen pro Tag wird die Summe der Maßnahmen pro Woche durch 7 geteilt.

Einzelpunkte für die Kriterien der Ziffern 5.8 bis 5.11

Die durchschnittliche Häufigkeit der Maßnahmen pro Tag bei den Kriterien der Ziffern 5.8 bis 5.11 wird in den folgenden Kategorien mit den nachstehenden Einzelpunkten gewertet:

Ziffer	Kriterien in Bezug auf	entfällt oder selbständig	Anzahl der Maßnahmen		
			pro Tag	pro Woche	pro Monat
5.8	Verbandswechsel und Wundversorgung	0			
5.9	Versorgung mit Stoma	0			
5.10	Regelmäßige Einmalkatheterisierung und Nutzung von Abführmethoden	0			
5.11	Therapiemaßnahmen in häuslicher Umgebung	0			

Ziffer	Kriterien in Bezug auf	entfällt oder selbständig	Anzahl der Maßnahmen		
			pro Tag	pro Woche	pro Monat
Summe der Maßnahmen aus 5.8 bis 5.11		0			
Umrechnung in Maßnahmen pro Tag		0			

Einzelpunkte für die Kriterien der Ziffern 5.8 bis 5.11				
Maßnahme pro Tag	keine oder seltener als einmal wöchentlich	ein- bis mehrmals wöchentlich	ein- bis unter dreimal täglich	mindestens dreimal täglich
Einzelpunkte	0	1	2	3

Für jedes der Kriterien 5.8 bis 5.11 wird zunächst die Anzahl der durchschnittlich durchgeführten Maßnahmen, die täglich und auf Dauer, voraussichtlich für mindestens sechs Monate, vorkommen, in der Spalte pro Tag, die Maßnahmen, die wöchentlich und auf Dauer, voraussichtlich für mindestens sechs Monate, vorkommen, in der Spalte pro Woche und die Maßnahmen, die monatlich und auf Dauer, voraussichtlich für mindestens sechs Monate, vorkommen, in der Spalte pro Monat erfasst. Berücksichtigt werden nur Maßnahmen, die vom Versicherten nicht selbständig durchgeführt werden können.

Die Zahl der durchschnittlich durchgeführten täglichen, wöchentlichen und monatlichen Maßnahmen wird für die Kriterien 5.8 bis 5.11 summiert. Diese Häufigkeit wird umgerechnet in einen Durchschnittswert pro Tag.

Für die Umrechnung der Maßnahmen pro Monat in Maßnahmen pro Tag wird die Summe der Maßnahmen pro Monat durch 30 geteilt. Für die Umrechnung der Maßnahmen pro Woche in Maßnahmen pro Tag wird die Summe der Maßnahmen pro Woche durch 7 geteilt.

Einzelpunkte für die Kriterien der Ziffern 5.12 bis 5.K

Die durchschnittliche wöchentliche oder monatliche Häufigkeit von zeit- und technikintensiven Maßnahmen in häuslicher Umgebung, die auf Dauer, voraussichtlich für mindestens sechs Monate, vorkommen, wird in den folgenden Kategorien mit den nachstehenden Einzelpunkten gewertet:

Ziffer	Kriterium in Bezug auf	entfällt oder selbständig	täglich	wöchentliche Häufigkeit multipliziert mit	monatliche Häufigkeit multipliziert mit
5.12	Zeit- und technikintensive Maßnahmen in häuslicher Umgebung	0	60	8,6	2

Für das Kriterium der Ziffer 5.12 wird zunächst die Anzahl der regelmäßig und mit durchschnittlicher Häufigkeit durchgeführten Maßnahmen, die wöchentlich vorkommen, und die Anzahl der regelmäßig und mit durchschnittlicher Häufigkeit durchgeführten Maßnahmen, die monatlich vorkommen, erfasst. Kommen Maßnahmen regelmäßig täglich vor, werden 60 Punkte vergeben.

Jede regelmäßige wöchentliche Maßnahme wird mit 8,6 Punkten gewertet. Jede regelmäßige monatliche Maßnahme wird mit zwei Punkten gewertet.

Die durchschnittliche wöchentliche oder monatliche Häufigkeit der Kriterien der Ziffern 5.13 bis 5.K wird wie folgt erhoben und mit den nachstehenden Punkten gewertet:

Ziffer	Kriterien	entfällt oder selbständig	wöchentliche Häufigkeit multipliziert mit	monatliche Häufigkeit multipliziert mit
5.13	Arztbesuche	0	4,3	1
5.14	Besuch anderer medizinischer oder therapeutischer Einrichtungen (bis zu drei Stunden)	0	4,3	1
5.15	Zeitlich ausgedehnte Besuche anderer medizinischer oder therapeutischer Einrichtungen (länger als drei Stunden)	0	8,6	2

Ziffer	Kriterien	entfällt oder selbständig	wöchentliche Häufigkeit multipliziert mit	monatliche Häufigkeit multipliziert mit
5.K	Besuche von Einrichtungen zur Frühförderung bei Kindern	0	4,3	1

Für jedes der Kriterien der Ziffern 5.13 bis 5.K wird zunächst die Anzahl der regelmäßig und mit durchschnittlicher Häufigkeit durchgeführten Besuche, die wöchentlich und auf Dauer, voraussichtlich für mindestens sechs Monate, vorkommen, und die Anzahl der regelmäßig und mit durchschnittlicher Häufigkeit durchgeführten Besuche, die monatlich und auf Dauer, voraussichtlich für mindestens sechs Monate, vorkommen, erfasst. Jeder regelmäßige monatliche Besuch wird mit einem Punkt gewertet. Jeder regelmäßige wöchentliche Besuch wird mit 4,3 Punkten gewertet. Handelt es sich um zeitlich ausgedehnte Arztbesuche oder Besuche von anderen medizinischen oder therapeutischen Einrichtungen, werden sie doppelt gewertet.

Die Punkte der Kriterien 5.12 bis 5.15 – bei Kindern bis 5.K – werden addiert. Die Kriterien der Ziffern 5.12 bis 5.15 – bei Kindern bis 5.K – werden anhand der Summe der so erreichten Punkte mit den nachstehenden Einzelpunkten gewertet:

Summe			Einzelpunkte
0	bis unter	4,3	0
4,3	bis unter	8,6	1
8,6	bis unter	12,9	2
12,9	bis unter	60	3
60 und	mehr		6

<u>Einzelpunkte für das Kriterium der Ziffer 5.16</u>

Die Ausprägungen des Kriteriums der Ziffer 5.16 werden in den folgenden Kategorien mit den nachstehenden Einzelpunkten gewertet:

Ziffer	Kriterien	entfällt oder selbständig	überwiegend selbständig	überwiegend unselbständig	unselbständig
5.16	Einhaltung einer Diät und anderer krankheits- oder therapiebedingter Verhaltensvorschriften	0	1	2	3

Modul 6: Einzelpunkte im Bereich der Gestaltung des Alltagslebens und sozialer Kontakte

Das Modul umfasst sechs Kriterien, deren Ausprägungen in den folgenden Kategorien mit den nachstehenden Punkten gewertet werden:

Ziffer	Kriterien	selbständig	überwiegend selbständig	überwiegend unselbständig	unselbständig
6.1	Gestaltung des Tagesablaufs und Anpassung an Veränderungen	0	1	2	3
6.2	Ruhen und Schlafen	0	1	2	3
6.3	Sichbeschäftigen	0	1	2	3
6.4	Vornehmen von in die Zukunft gerichteten Planungen	0	1	2	3
6.5	Interaktion mit Personen im direkten Kontakt	0	1	2	3
6.6	Kontaktpflege zu Personen außerhalb des direkten Umfelds	0	1	2	3

Anlage 2
(zu § 15)

Bewertungssystematik (Summe der Punkte und gewichtete Punkte)

Schweregrad der Beeinträchtigungen der Selbständigkeit oder der Fähigkeiten im Modul

<table>
<tr><th>Module</th><th>Gewichtung</th><th>0
Keine</th><th>1
Geringe</th><th>2
Erhebliche</th><th>3
Schwere</th><th>4
Schwerste</th><th></th></tr>
<tr><td rowspan="2">1 Mobilität</td><td rowspan="2">10 %</td><td>0–1</td><td>2–3</td><td>4–5</td><td>6–9</td><td>10–15</td><td>Summe der Einzelpunkte im Modul 1</td></tr>
<tr><td>0</td><td>2,5</td><td>5</td><td>7,5</td><td>10</td><td>Gewichtete Punkte im Modul 1</td></tr>
<tr><td>2 Kognitive und kommunikative Fähigkeiten</td><td rowspan="3">15 %</td><td>0–1</td><td>2–5</td><td>6–10</td><td>11–16</td><td>17–33</td><td>Summe der Einzelpunkte im Modul 2</td></tr>
<tr><td>3 Verhaltensweisen und psychische Problemlagen</td><td>0</td><td>1–2</td><td>3–4</td><td>5–6</td><td>7–65</td><td>Summe der Einzelpunkte im Modul 3</td></tr>
<tr><td>Höchster Wert aus Modul 2 oder Modul 3</td><td>0</td><td>3,75</td><td>7,5</td><td>11,25</td><td>15</td><td>Gewichtete Punkte für die Module 2 und 3</td></tr>
<tr><td rowspan="2">4 Selbstversorgung</td><td rowspan="2">40 %</td><td>0–2</td><td>3–7</td><td>8–18</td><td>19–36</td><td>37–54</td><td>Summe der Einzelpunkte im Modul 4</td></tr>
<tr><td>0</td><td>10</td><td>20</td><td>30</td><td>40</td><td>Gewichtete Punkte im Modul 4</td></tr>
<tr><td rowspan="2">5 Bewältigung von und selbständiger Umgang mit krankheits- oder therapiebedingten Anforderungen und Belastungen</td><td rowspan="2">20 %</td><td>0</td><td>1</td><td>2–3</td><td>4–5</td><td>6–15</td><td>Summe der Einzelpunkte im Modul 5</td></tr>
<tr><td>0</td><td>5</td><td>10</td><td>15</td><td>20</td><td>Gewichtete Punkte im Modul 5</td></tr>
<tr><td rowspan="2">6 Gestaltung des Alltagslebens und sozialer Kontakte</td><td rowspan="2">15 %</td><td>0</td><td>1–3</td><td>4–6</td><td>7–11</td><td>12–18</td><td>Summe der Einzelpunkte im Modul 6</td></tr>
<tr><td>0</td><td>3,75</td><td>7,5</td><td>11,25</td><td>15</td><td>Gewichtete Punkte im Modul 6</td></tr>
<tr><td>7 Außerhäusliche Aktivitäten</td><td></td><td colspan="5" rowspan="2">Die Berechnung einer Modulbewertung ist entbehrlich, da die Darstellung der qualitativen Ausprägungen bei den einzelnen Kriterien ausreichend ist, um Anhaltspunkte für eine Versorgungs- und Pflegeplanung ableiten zu können.</td><td></td></tr>
<tr><td>8 Haushaltsführung</td><td></td><td></td></tr>
</table>

12. Sozialgesetzbuch (SGB) Zwölftes Buch (XII) – Sozialhilfe –[1)2)]

Vom 27. Dezember 2003
(BGBl. I S. 3022)

FNA 860-12

zuletzt geänd. durch Art. 2 Sozialschutz-Paket III v. 10.3.2021 (BGBl. I S. 335)

Inhaltsverzeichnis

[1)] Verkündet als Art. 1 G zur Einordnung des Sozialhilferechts in das SGB v. 27.12.2003 (BGBl. I S. 3022, geänd. durch G v. 9.12.2004, BGBl. I S. 3220, und durch G v. 9.12.2004, BGBl. I S. 3305); Inkrafttreten gem. Art. 70 Abs. 1 dieses G am 1. 1. 2005, mit Ausnahme der in Abs. 2 dieses Artikels genannten Abweichungen. § 100 ist gem. Art. 27 Nr. 2 G v. 21.3.2005 (BGBl. I S. 818) am 1.1 2004 in Kraft getreten. § 100 ist gem. Art. 27 Nr. 2 G v. 21.3.2005 (BGBl. I S. 818) am 1.1.2004 in Kraft getreten.

[2)] Die Änderungen durch G v. 12.12.2019 (BGBl. I S. 2652), die erst **mWv 1.1.2024** in Kraft treten, sind im Text noch nicht berücksichtigt.

Erstes Kapitel. Allgemeine Vorschriften

§ 1 Aufgabe der Sozialhilfe [1]Aufgabe der Sozialhilfe ist es, den Leistungsberechtigten die Führung eines Lebens zu ermöglichen, das der Würde des Menschen entspricht. [2]Die Leistung soll sie so weit wie möglich befähigen, unabhängig von ihr zu leben; darauf haben auch die Leistungsberechtigten nach ihren Kräften hinzuarbeiten. [3]Zur Erreichung dieser Ziele haben die Leistungsberechtigten und die Träger der Sozialhilfe im Rahmen ihrer Rechte und Pflichten zusammenzuwirken.

§ 2 Nachrang der Sozialhilfe. (1) Sozialhilfe erhält nicht, wer sich vor allem durch Einsatz seiner Arbeitskraft, seines Einkommens und seines Vermögens selbst helfen kann oder wer die erforderliche Leistung von anderen, insbesondere von Angehörigen oder von Trägern anderer Sozialleistungen, erhält.

(2) [1]Verpflichtungen anderer, insbesondere Unterhaltspflichtiger oder der Träger anderer Sozialleistungen, bleiben unberührt. [2]Auf Rechtsvorschriften beruhende Leistungen anderer dürfen nicht deshalb versagt werden, weil nach dem Recht der Sozialhilfe entsprechende Leistungen vorgesehen sind.

§ 3 Träger der Sozialhilfe. (1) Die Sozialhilfe wird von örtlichen und überörtlichen Trägern geleistet.

(2) [1] Örtliche Träger der Sozialhilfe sind die kreisfreien Städte und die Kreise, soweit nicht nach Landesrecht etwas anderes bestimmt wird. [2] Bei der Bestimmung durch Landesrecht ist zu gewährleisten, dass die zukünftigen örtlichen Träger mit der Übertragung dieser Aufgaben einverstanden sind, nach ihrer Leistungsfähigkeit zur Erfüllung der Aufgaben nach diesem Buch geeignet sind und dass die Erfüllung dieser Aufgaben in dem gesamten Kreisgebiet sichergestellt ist.

(3) Die Länder bestimmen die überörtlichen Träger der Sozialhilfe.

§ 4 Zusammenarbeit. (1) [1] Die Träger der Sozialhilfe arbeiten mit anderen Stellen, deren gesetzliche Aufgaben dem gleichen Ziel dienen oder die an Leistungen beteiligt sind oder beteiligt werden sollen, zusammen, insbesondere mit den Trägern von Leistungen nach dem Zweiten[1)], dem Achten[2)], dem Neunten[3)] und dem Elften Buch[4)], sowie mit anderen Trägern von Sozialleistungen und mit Verbänden. [2] Darüber hinaus sollen die Träger der Sozialhilfe gemeinsam mit den Beteiligten der Pflegestützpunkte nach § 7c des Elften Buches alle für die wohnortnahe Versorgung und Betreuung in Betracht kommenden Hilfe- und Unterstützungsangebote koordinieren. [3] Die Rahmenverträge nach § 7a Absatz 7 des Elften Buches sind zu berücksichtigen und die Empfehlungen nach § 8a des Elften Buches sollen berücksichtigt werden.

(2) Ist die Beratung und Sicherung der gleichmäßigen, gemeinsamen oder ergänzenden Erbringung von Leistungen geboten, sollen zu diesem Zweck Arbeitsgemeinschaften gebildet werden.

(3) Soweit eine Verarbeitung personenbezogener Daten erfolgt, ist das Nähere in einer Vereinbarung zu regeln.

§ 5 Verhältnis zur freien Wohlfahrtspflege. (1) Die Stellung der Kirchen und Religionsgesellschaften des öffentlichen Rechts sowie der Verbände der freien Wohlfahrtspflege als Träger eigener sozialer Aufgaben und ihre Tätigkeit zur Erfüllung dieser Aufgaben werden durch dieses Buch nicht berührt.

(2) [1] Die Träger der Sozialhilfe sollen bei der Durchführung dieses Buches mit den Kirchen und Religionsgesellschaften des öffentlichen Rechts sowie den Verbänden der freien Wohlfahrtspflege zusammenarbeiten. [2] Sie achten dabei deren Selbständigkeit in Zielsetzung und Durchführung ihrer Aufgaben.

(3) [1] Die Zusammenarbeit soll darauf gerichtet sein, dass sich die Sozialhilfe und die Tätigkeit der freien Wohlfahrtspflege zum Wohle der Leistungsberechtigten wirksam ergänzen. [2] Die Träger der Sozialhilfe sollen die Verbände der freien Wohlfahrtspflege in ihrer Tätigkeit auf dem Gebiet der Sozialhilfe angemessen unterstützen.

(4) [1] Wird die Leistung im Einzelfall durch die freie Wohlfahrtspflege erbracht, sollen die Träger der Sozialhilfe von der Durchführung eigener Maßnahmen absehen. [2] Dies gilt nicht für die Erbringung von Geldleistungen.

---

1) Nr. 2.
2) Nr. 8.
3) Nr. 9.
4) Nr. 11.

(5) [1] Die Träger der Sozialhilfe können allgemein an der Durchführung ihrer Aufgaben nach diesem Buch die Verbände der freien Wohlfahrtspflege beteiligen oder ihnen die Durchführung solcher Aufgaben übertragen, wenn die Verbände mit der Beteiligung oder Übertragung einverstanden sind. [2] Die Träger der Sozialhilfe bleiben den Leistungsberechtigten gegenüber verantwortlich.

(6) § 4 Abs. 3 findet entsprechende Anwendung.

§ 6 Fachkräfte. (1) Bei der Durchführung der Aufgaben dieses Buches werden Personen beschäftigt, die sich hierfür nach ihrer Persönlichkeit eignen und in der Regel entweder eine ihren Aufgaben entsprechende Ausbildung erhalten haben oder über vergleichbare Erfahrungen verfügen.

(2) [1] Die Träger der Sozialhilfe gewährleisten für die Erfüllung ihrer Aufgaben eine angemessene fachliche Fortbildung ihrer Fachkräfte. [2] Diese umfasst auch die Durchführung von Dienstleistungen, insbesondere von Beratung und Unterstützung.

§ 7 Aufgabe der Länder. [1] Die obersten Landessozialbehörden unterstützen die Träger der Sozialhilfe bei der Durchführung ihrer Aufgaben nach diesem Buch. [2] Dabei sollen sie insbesondere den Erfahrungsaustausch zwischen den Trägern der Sozialhilfe sowie die Entwicklung und Durchführung von Instrumenten der Dienstleistungen, der zielgerichteten Erbringung und Überprüfung von Leistungen und der Qualitätssicherung fördern.

Zweites Kapitel. Leistungen der Sozialhilfe

Erster Abschnitt. Grundsätze der Leistungen

§ 8 Leistungen. Die Sozialhilfe umfasst:
1. Hilfe zum Lebensunterhalt (§§ 27 bis 40),
2. Grundsicherung im Alter und bei Erwerbsminderung (§§ 41 bis 46b),
3. Hilfen zur Gesundheit (§§ 47 bis 52),
4. Hilfe zur Pflege (§§ 61 bis 66a),
5. Hilfe zur Überwindung besonderer sozialer Schwierigkeiten (§§ 67 bis 69),
6. Hilfe in anderen Lebenslagen (§§ 70 bis 74)

sowie die jeweils gebotene Beratung und Unterstützung.

§ 9 Sozialhilfe nach der Besonderheit des Einzelfalles. (1) Die Leistungen richten sich nach der Besonderheit des Einzelfalles, insbesondere nach der Art des Bedarfs, den örtlichen Verhältnissen, den eigenen Kräften und Mitteln der Person oder des Haushalts bei der Hilfe zum Lebensunterhalt.

(2) [1] Wünschen der Leistungsberechtigten, die sich auf die Gestaltung der Leistung richten, soll entsprochen werden, soweit sie angemessen sind. [2] Wünschen der Leistungsberechtigten, den Bedarf stationär oder teilstationär zu decken, soll nur entsprochen werden, wenn dies nach der Besonderheit des Einzelfalles erforderlich ist, weil anders der Bedarf nicht oder nicht ausreichend gedeckt werden kann und wenn mit der Einrichtung Vereinbarungen nach den Vorschriften des Zehnten Kapitels dieses Buches bestehen. [3] Der Träger der Sozialhilfe soll in der Regel Wünschen nicht entsprechen, deren Erfüllung mit unverhältnismäßigen Mehrkosten verbunden wäre.

(3) Auf Wunsch der Leistungsberechtigten sollen sie in einer Einrichtung untergebracht werden, in der sie durch Geistliche ihres Bekenntnisses betreut werden können.

§ 10 Leistungsformen. (1) Die Leistungen werden erbracht in Form von
1. Dienstleistungen,
2. Geldleistungen und
3. Sachleistungen.

(2) Zur Dienstleistung gehören insbesondere die Beratung in Fragen der Sozialhilfe und die Beratung und Unterstützung in sonstigen sozialen Angelegenheiten.

(3) Geldleistungen haben Vorrang vor Gutscheinen oder Sachleistungen, soweit dieses Buch nicht etwas anderes bestimmt oder mit Gutscheinen oder Sachleistungen das Ziel der Sozialhilfe erheblich besser oder wirtschaftlicher erreicht werden kann oder die Leistungsberechtigten es wünschen.

§ 11 Beratung und Unterstützung, Aktivierung. (1) Zur Erfüllung der Aufgaben dieses Buches werden die Leistungsberechtigten beraten und, soweit erforderlich, unterstützt.

(2) [1]Die Beratung betrifft die persönliche Situation, den Bedarf sowie die eigenen Kräfte und Mittel sowie die mögliche Stärkung der Selbsthilfe zur aktiven Teilnahme am Leben in der Gemeinschaft und zur Überwindung der Notlage. [2]Die aktive Teilnahme am Leben in der Gemeinschaft umfasst auch ein gesellschaftliches Engagement. [3]Zur Überwindung der Notlage gehört auch, die Leistungsberechtigten für den Erhalt von Sozialleistungen zu befähigen. [4]Die Beratung umfasst auch eine gebotene Budgetberatung.

(3) [1]Die Unterstützung umfasst Hinweise und, soweit erforderlich, die Vorbereitung von Kontakten und die Begleitung zu sozialen Diensten sowie zu Möglichkeiten der aktiven Teilnahme am Leben in der Gemeinschaft unter Einschluss des gesellschaftlichen Engagements. [2]Soweit Leistungsberechtigte zumutbar einer Tätigkeit nachgehen können, umfasst die Unterstützung auch das Angebot einer Tätigkeit sowie die Vorbereitung und Begleitung der Leistungsberechtigten. [3]Auf die Wahrnehmung von Unterstützungsangeboten ist hinzuwirken. [4]Können Leistungsberechtigte durch Aufnahme einer zumutbaren Tätigkeit Einkommen erzielen, sind sie hierzu sowie zur Teilnahme an einer erforderlichen Vorbereitung verpflichtet. [5]Leistungsberechtigte nach dem Dritten und Vierten Kapitel erhalten die gebotene Beratung für den Umgang mit dem durch den Regelsatz zur Verfügung gestellten monatlichen Pauschalbetrag (§ 27a Absatz 3 Satz 2).

(4) [1]Den Leistungsberechtigten darf eine Tätigkeit nicht zugemutet werden, wenn
1. sie wegen Erwerbsminderung, Krankheit, Behinderung oder Pflegebedürftigkeit hierzu nicht in der Lage sind oder
2. sie ein der Regelaltersgrenze der gesetzlichen Rentenversicherung (§ 35 des Sechsten Buches[1)]) entsprechendes Lebensalter erreicht oder überschritten haben oder

---

[1)] Nr. 6.

3. der Tätigkeit ein sonstiger wichtiger Grund entgegensteht.

[2] Ihnen darf eine Tätigkeit insbesondere nicht zugemutet werden, soweit dadurch die geordnete Erziehung eines Kindes gefährdet würde. [3] Die geordnete Erziehung eines Kindes, das das dritte Lebensjahr vollendet hat, ist in der Regel nicht gefährdet, soweit unter Berücksichtigung der besonderen Verhältnisse in der Familie der Leistungsberechtigten die Betreuung des Kindes in einer Tageseinrichtung oder in Tagespflege im Sinne der Vorschriften des Achten Buches[1)] sichergestellt ist; die Träger der Sozialhilfe sollen darauf hinwirken, dass Alleinerziehenden vorrangig ein Platz zur Tagesbetreuung des Kindes angeboten wird. [4] Auch sonst sind die Pflichten zu berücksichtigen, die den Leistungsberechtigten durch die Führung eines Haushalts oder die Pflege eines Angehörigen entstehen.

(5) [1] Auf die Beratung und Unterstützung von Verbänden der freien Wohlfahrtspflege, von Angehörigen der rechtsberatenden Berufe und von sonstigen Stellen ist zunächst hinzuweisen. [2] Ist die weitere Beratung durch eine Schuldnerberatungsstelle oder andere Fachberatungsstellen geboten, ist auf ihre Inanspruchnahme hinzuwirken. [3] Angemessene Kosten einer Beratung nach Satz 2 sollen übernommen werden, wenn eine Lebenslage, die Leistungen der Hilfe zum Lebensunterhalt erforderlich macht oder erwarten lässt, sonst nicht überwunden werden kann; in anderen Fällen können Kosten übernommen werden. [4] Die Kostenübernahme kann auch in Form einer pauschalierten Abgeltung der Leistung der Schuldnerberatungsstelle oder anderer Fachberatungsstellen erfolgen.

§ 12 Leistungsabsprache. [1] Vor oder spätestens bis zu vier Wochen nach Beginn fortlaufender Leistungen sollen in einer schriftlichen Leistungsabsprache die Situation der leistungsberechtigten Personen sowie gegebenenfalls Wege zur Überwindung der Notlage und zu gebotenen Möglichkeiten der aktiven Teilnahme in der Gemeinschaft gemeinsam festgelegt und die Leistungsabsprache unterzeichnet werden. [2] Soweit es auf Grund bestimmbarer Bedarfe erforderlich ist, ist ein Förderplan zu erstellen und in die Leistungsabsprache einzubeziehen. [3] Sind Leistungen im Hinblick auf die sie tragenden Ziele zu überprüfen, kann dies in der Leistungsabsprache näher festgelegt werden. [4] Die Leistungsabsprache soll regelmäßig gemeinsam überprüft und fortgeschrieben werden. [5] Abweichende Regelungen in diesem Buch gehen vor.

§ 13 Leistungen für Einrichtungen, Vorrang anderer Leistungen.

(1) [1] Die Leistungen nach dem Fünften bis Neunten Kapitel können entsprechend den Erfordernissen des Einzelfalles für die Deckung des Bedarfs außerhalb von Einrichtungen (ambulante Leistungen), für teilstationäre oder stationäre Einrichtungen (teilstationäre oder stationäre Leistungen) erbracht werden. [2] Vorrang haben ambulante Leistungen vor teilstationären und stationären Leistungen sowie teilstationäre vor stationären Leistungen. [3] Der Vorrang der ambulanten Leistung gilt nicht, wenn eine Leistung für eine geeignete stationäre Einrichtung zumutbar und eine ambulante Leistung mit unverhältnismäßigen Mehrkosten verbunden ist. [4] Bei der Entscheidung ist zunächst die Zumutbarkeit zu prüfen. [5] Dabei sind die persönlichen, familiären und örtli-

[1)] Nr. 8.

chen Umstände angemessen zu berücksichtigen. [6]Bei Unzumutbarkeit ist ein Kostenvergleich nicht vorzunehmen.

(2) Einrichtungen im Sinne des Absatzes 1 sind alle Einrichtungen, die der Pflege, der Behandlung oder sonstigen nach diesem Buch zu deckenden Bedarfe oder der Erziehung dienen.

§ 14 *(aufgehoben)*

§ 15 Vorbeugende und nachgehende Leistungen. (1) [1]Die Sozialhilfe soll vorbeugend geleistet werden, wenn dadurch eine drohende Notlage ganz oder teilweise abgewendet werden kann. [2]§ 47 ist vorrangig anzuwenden.

(2) Die Sozialhilfe soll auch nach Beseitigung einer Notlage geleistet werden, wenn dies geboten ist, um die Wirksamkeit der zuvor erbrachten Leistung zu sichern.

§ 16 Familiengerechte Leistungen. [1]Bei Leistungen der Sozialhilfe sollen die besonderen Verhältnisse in der Familie der Leistungsberechtigten berücksichtigt werden. [2]Die Sozialhilfe soll die Kräfte der Familie zur Selbsthilfe anregen und den Zusammenhalt der Familie festigen.

Zweiter Abschnitt. Anspruch auf Leistungen

§ 17 Anspruch. (1) [1]Auf Sozialhilfe besteht ein Anspruch, soweit bestimmt wird, dass die Leistung zu erbringen ist. [2]Der Anspruch kann nicht übertragen, verpfändet oder gepfändet werden.

(2) [1]Über Art und Maß der Leistungserbringung ist nach pflichtmäßigem Ermessen zu entscheiden, soweit das Ermessen nicht ausgeschlossen wird. [2]Werden Leistungen auf Grund von Ermessensentscheidungen erbracht, sind die Entscheidungen im Hinblick auf die sie tragenden Gründe und Ziele zu überprüfen und im Einzelfall gegebenenfalls abzuändern.

§ 18 Einsetzen der Sozialhilfe. (1) Die Sozialhilfe, mit Ausnahme der Leistungen der Grundsicherung im Alter und bei Erwerbsminderung, setzt ein, sobald dem Träger der Sozialhilfe oder den von ihm beauftragten Stellen bekannt wird, dass die Voraussetzungen für die Leistung vorliegen.

(2) [1]Wird einem nicht zuständigen Träger der Sozialhilfe oder einer nicht zuständigen Gemeinde im Einzelfall bekannt, dass Sozialhilfe beansprucht wird, so sind die darüber bekannten Umstände dem zuständigen Träger der Sozialhilfe oder der von ihm beauftragten Stelle unverzüglich mitzuteilen und vorhandene Unterlagen zu übersenden. [2]Ergeben sich daraus die Voraussetzungen für die Leistung, setzt die Sozialhilfe zu dem nach Satz 1 maßgebenden Zeitpunkt ein.

§ 19 Leistungsberechtigte. (1) Hilfe zum Lebensunterhalt nach dem Dritten Kapitel ist Personen zu leisten, die ihren notwendigen Lebensunterhalt nicht oder nicht ausreichend aus eigenen Kräften und Mitteln, insbesondere aus ihrem Einkommen und Vermögen, bestreiten können.

(2) [1]Grundsicherung im Alter und bei Erwerbsminderung nach dem Vierten Kapitel dieses Buches ist Personen zu leisten, die die Altersgrenze nach § 41 Absatz 2 erreicht haben oder das 18. Lebensjahr vollendet haben und dauerhaft voll erwerbsgemindert sind, sofern sie ihren notwendigen Lebensunterhalt

nicht oder nicht ausreichend aus eigenen Kräften und Mitteln, insbesondere aus ihrem Einkommen und Vermögen, bestreiten können. [2] Die Leistungen der Grundsicherung im Alter und bei Erwerbsminderung gehen der Hilfe zum Lebensunterhalt nach dem Dritten Kapitel vor.

(3) Hilfen zur Gesundheit, Hilfe zur Pflege, Hilfe zur Überwindung besonderer sozialer Schwierigkeiten und Hilfen in anderen Lebenslagen werden nach dem Fünften bis Neunten Kapitel dieses Buches geleistet, soweit den Leistungsberechtigten, ihren nicht getrennt lebenden Ehegatten oder Lebenspartnern und, wenn sie minderjährig und unverheiratet sind, auch ihren Eltern oder einem Elternteil die Aufbringung der Mittel aus dem Einkommen und Vermögen nach den Vorschriften des Elften Kapitels dieses Buches nicht zuzumuten ist.

(4) Lebt eine Person bei ihren Eltern oder einem Elternteil und ist sie schwanger oder betreut ihr leibliches Kind bis zur Vollendung des sechsten Lebensjahres, werden Einkommen und Vermögen der Eltern oder des Elternteils nicht berücksichtigt.

(5) [1] Ist den in den Absätzen 1 bis 3 genannten Personen die Aufbringung der Mittel aus dem Einkommen und Vermögen im Sinne der Absätze 1 und 2 möglich oder im Sinne des Absatzes 3 zuzumuten und sind Leistungen erbracht worden, haben sie dem Träger der Sozialhilfe die Aufwendungen in diesem Umfang zu ersetzen. [2] Mehrere Verpflichtete haften als Gesamtschuldner.

(6) Der Anspruch der Berechtigten auf Leistungen für Einrichtungen oder auf Pflegegeld steht, soweit die Leistung den Berechtigten erbracht worden wäre, nach ihrem Tode demjenigen zu, der die Leistung erbracht oder die Pflege geleistet hat.

§ 20 Eheähnliche Gemeinschaft. [1] Personen, die in eheähnlicher oder lebenspartnerschaftsähnlicher Gemeinschaft leben, dürfen hinsichtlich der Voraussetzungen sowie des Umfangs der Sozialhilfe nicht besser gestellt werden als Ehegatten. [2] § 39 gilt entsprechend.

§ 21 Sonderregelung für Leistungsberechtigte nach dem Zweiten Buch. [1] Personen, die nach dem Zweiten Buch als Erwerbsfähige oder als Angehörige dem Grunde nach leistungsberechtigt sind, erhalten keine Leistungen für den Lebensunterhalt. [2] Abweichend von Satz 1 können Personen, die nicht hilfebedürftig nach § 9 des Zweiten Buches[1)] sind, Leistungen nach § 36 erhalten. [3] Bestehen über die Zuständigkeit zwischen den beteiligten Leistungsträgern unterschiedliche Auffassungen, so ist der zuständige Träger der Sozialhilfe für die Leistungsberechtigung nach dem Dritten oder Vierten Kapitel an die Feststellung einer vollen Erwerbsminderung im Sinne des § 43 Absatz 2 Satz 2 des Sechsten Buches[2)] und nach Abschluss des Widerspruchsverfahrens an die Entscheidung der Agentur für Arbeit zur Erwerbsfähigkeit nach § 44a Absatz 1 des Zweiten Buches gebunden.

§ 22 Sonderregelungen für Auszubildende. (1) [1] Auszubildende, deren Ausbildung im Rahmen des Bundesausbildungsförderungsgesetzes oder der §§ 51, 57 und 58 des Dritten Buches[3)] dem Grunde nach förderungsfähig ist,

---

[1)] Nr. 2.
[2)] Nr. 6.
[3)] Nr. 3.

haben keinen Anspruch auf Leistungen nach dem Dritten und Vierten Kapitel. [2] In besonderen Härtefällen können Leistungen nach dem Dritten oder Vierten Kapitel als Beihilfe oder Darlehen gewährt werden.

(2) Absatz 1 findet keine Anwendung auf Auszubildende,

1. die auf Grund von § 2 Abs. 1a des Bundesausbildungsförderungsgesetzes keinen Anspruch auf Ausbildungsförderung oder auf Grund von § 60 Absatz 1 und 2 des Dritten Buches keinen Anspruch auf Berufsausbildungsbeihilfe haben,
2. deren Bedarf sich nach § 12 Abs. 1 Nr. 1 des Bundesausbildungsförderungsgesetzes oder nach § 62 Absatz 1 des Dritten Buches bemisst oder
3. die eine Abendhauptschule, eine Abendrealschule oder ein Abendgymnasium besuchen, sofern sie aufgrund von § 10 Abs. 3 des Bundesausbildungsförderungsgesetzes keinen Anspruch auf Ausbildungsförderung haben.

§ 23 Sozialhilfe für Ausländerinnen und Ausländer. (1) [1] Ausländern, die sich im Inland tatsächlich aufhalten, ist Hilfe zum Lebensunterhalt, Hilfe bei Krankheit, Hilfe bei Schwangerschaft und Mutterschaft sowie Hilfe zur Pflege nach diesem Buch zu leisten. [2] Die Vorschriften des Vierten Kapitels bleiben unberührt. [3] Im Übrigen kann Sozialhilfe geleistet werden, soweit dies im Einzelfall gerechtfertigt ist. [4] Die Einschränkungen nach Satz 1 gelten nicht für Ausländer, die im Besitz einer Niederlassungserlaubnis oder eines befristeten Aufenthaltstitels sind und sich voraussichtlich dauerhaft im Bundesgebiet aufhalten. [5] Rechtsvorschriften, nach denen außer den in Satz 1 genannten Leistungen auch sonstige Sozialhilfe zu leisten ist oder geleistet werden soll, bleiben unberührt.

(2) Leistungsberechtigte nach § 1 des Asylbewerberleistungsgesetzes erhalten keine Leistungen der Sozialhilfe.

(3) [1] Ausländer und ihre Familienangehörigen erhalten keine Leistungen nach Absatz 1 oder nach dem Vierten Kapitel, wenn

1. sie weder in der Bundesrepublik Deutschland Arbeitnehmer oder Selbständige noch auf Grund des § 2 Absatz 3 des Freizügigkeitsgesetzes/EU freizügigkeitsberechtigt sind, für die ersten drei Monate ihres Aufenthalts,
2. sie kein Aufenthaltsrecht haben oder sich ihr Aufenthaltsrecht allein aus dem Zweck der Arbeitsuche ergibt oder
3. sie eingereist sind, um Sozialhilfe zu erlangen.

[2] Satz 1 Nummer 1 und 3 gilt nicht für Ausländerinnen und Ausländer, die sich mit einem Aufenthaltstitel nach Kapitel 2 Abschnitt 5 des Aufenthaltsgesetzes in der Bundesrepublik Deutschland aufhalten. [3] Hilfebedürftigen Ausländern, die Satz 1 unterfallen, werden bis zur Ausreise, längstens jedoch für einen Zeitraum von einem Monat, einmalig innerhalb von zwei Jahren nur eingeschränkte Hilfen gewährt, um den Zeitraum bis zur Ausreise zu überbrücken (Überbrückungsleistungen); die Zweijahresfrist beginnt mit dem Erhalt der Überbrückungsleistungen nach Satz 3. [4] Hierüber und über die Möglichkeit der Leistungen nach Absatz 3a sind die Leistungsberechtigten zu unterrichten. [5] Die Überbrückungsleistungen umfassen:

1. Leistungen zur Deckung der Bedarfe für Ernährung sowie Körper- und Gesundheitspflege,

2. Leistungen zur Deckung der Bedarfe für Unterkunft und Heizung in angemessener Höhe, einschließlich der Bedarfe nach § 35 Absatz 4 und § 30 Absatz 7,
3. die zur Behandlung akuter Erkrankungen und Schmerzzustände erforderliche ärztliche und zahnärztliche Behandlung einschließlich der Versorgung mit Arznei- und Verbandmitteln sowie sonstiger zur Genesung, zur Besserung oder zur Linderung von Krankheiten oder Krankheitsfolgen erforderlichen Leistungen und
4. Leistungen nach § 50 Nummer 1 bis 3.

[6] Soweit dies im Einzelfall besondere Umstände erfordern, werden Leistungsberechtigten nach Satz 3 zur Überwindung einer besonderen Härte andere Leistungen im Sinne von Absatz 1 gewährt; ebenso sind Leistungen über einen Zeitraum von einem Monat hinaus zu erbringen, soweit dies im Einzelfall auf Grund besonderer Umstände zur Überwindung einer besonderen Härte und zur Deckung einer zeitlich befristeten Bedarfslage geboten ist. [7] Abweichend von Satz 1 Nummer 2 erhalten Ausländer und ihre Familienangehörigen Leistungen nach Absatz 1 Satz 1 und 2, wenn sie sich seit mindestens fünf Jahren ohne wesentliche Unterbrechung im Bundesgebiet aufhalten; dies gilt nicht, wenn der Verlust des Rechts nach § 2 Absatz 1 des Freizügigkeitsgesetzes/EU festgestellt wurde. [8] Die Frist nach Satz 7 beginnt mit der Anmeldung bei der zuständigen Meldebehörde. [9] Zeiten des nicht rechtmäßigen Aufenthalts, in denen eine Ausreisepflicht besteht, werden auf Zeiten des tatsächlichen Aufenthalts nicht angerechnet. [10] Ausländerrechtliche Bestimmungen bleiben unberührt.

(3a) [1] Neben den Überbrückungsleistungen werden auf Antrag auch die angemessenen Kosten der Rückreise übernommen. [2] Satz 1 gilt entsprechend, soweit die Personen allein durch die angemessenen Kosten der Rückreise die in Absatz 3 Satz 5 Nummer 1 und 2 genannten Bedarfe nicht aus eigenen Mitteln oder mit Hilfe Dritter decken können. [3] Die Leistung ist als Darlehen zu erbringen.

(4) Ausländer, denen Sozialhilfe geleistet wird, sind auf für sie zutreffende Rückführungs- und Weiterwanderungsprogramme hinzuweisen; in geeigneten Fällen ist auf eine Inanspruchnahme solcher Programme hinzuwirken.

(5) [1] Hält sich ein Ausländer entgegen einer räumlichen Beschränkung im Bundesgebiet auf oder wählt er seinen Wohnsitz entgegen einer Wohnsitzauflage oder einer Wohnsitzregelung nach § 12a des Aufenthaltsgesetzes im Bundesgebiet, darf der für den Aufenthaltsort örtlich zuständige Träger nur die nach den Umständen des Einzelfalls gebotene Leistung erbringen. [2] Unabweisbar geboten ist regelmäßig nur eine Reisebeihilfe zur Deckung des Bedarfs für die Reise zu dem Wohnort, an dem ein Ausländer seinen Wohnsitz zu nehmen hat. [3] In den Fällen des § 12a Absatz 1 und 4 des Aufenthaltsgesetzes ist regelmäßig eine Reisebeihilfe zu dem Ort im Bundesgebiet zu gewähren, an dem der Ausländer die Wohnsitznahme begehrt und an dem seine Wohnsitznahme zulässig ist. [4] Der örtlich zuständige Träger am Aufenthaltsort informiert den bislang örtlich zuständigen Träger darüber, ob Leistungen nach Satz 1 bewilligt worden sind. [5] Die Sätze 1 und 2 gelten auch für Ausländer, die eine räumlich nicht beschränkte Aufenthaltserlaubnis nach den §§ 23a, 24 Absatz 1 oder § 25 Absatz 4 oder 5 des Aufenthaltsgesetzes besitzen, wenn sie sich außerhalb des Landes aufhalten, in dem der Aufenthaltstitel erstmals erteilt

worden ist. [6] Satz 5 findet keine Anwendung, wenn der Wechsel in ein anderes Land zur Wahrnehmung der Rechte zum Schutz der Ehe und Familie nach Artikel 6 des Grundgesetzes oder aus vergleichbar wichtigen Gründen gerechtfertigt ist.

§ 24 Sozialhilfe für Deutsche im Ausland. (1) [1] Deutsche, die ihren gewöhnlichen Aufenthalt im Ausland haben, erhalten keine Leistungen. [2] Hiervon kann im Einzelfall nur abgewichen werden, soweit dies wegen einer außergewöhnlichen Notlage unabweisbar ist und zugleich nachgewiesen wird, dass eine Rückkehr in das Inland aus folgenden Gründen nicht möglich ist:

1. Pflege und Erziehung eines Kindes, das aus rechtlichen Gründen im Ausland bleiben muss,
2. längerfristige stationäre Betreuung in einer Einrichtung oder Schwere der Pflegebedürftigkeit oder
3. hoheitliche Gewalt.

(2) Leistungen werden nicht erbracht, soweit sie von dem hierzu verpflichteten Aufenthaltsland oder von anderen erbracht werden oder zu erwarten sind.

(3) Art und Maß der Leistungserbringung sowie der Einsatz des Einkommens und des Vermögens richten sich nach den besonderen Verhältnissen im Aufenthaltsland.

(4) [1] Die Leistungen sind abweichend von § 18 zu beantragen. [2] Für die Leistungen zuständig ist der überörtliche Träger der Sozialhilfe, in dessen Bereich die antragstellende Person geboren ist. [3] Liegt der Geburtsort im Ausland oder ist er nicht zu ermitteln, wird der örtlich zuständige Träger von einer Schiedsstelle bestimmt. [4] § 108 Abs. 1 Satz 2 gilt entsprechend.

(5) [1] Leben Ehegatten oder Lebenspartner, Verwandte und Verschwägerte bei Einsetzen der Sozialhilfe zusammen, richtet sich die örtliche Zuständigkeit nach der ältesten Person von ihnen, die im Inland geboren ist. [2] Ist keine dieser Personen im Inland geboren, ist ein gemeinsamer örtlich zuständiger Träger nach Absatz 4 zu bestimmen. [3] Die Zuständigkeit bleibt bestehen, solange eine der Personen nach Satz 1 der Sozialhilfe bedarf.

(6) Die Träger der Sozialhilfe arbeiten mit den deutschen Dienststellen im Ausland zusammen.

§ 25 Erstattung von Aufwendungen Anderer. [1] Hat jemand in einem Eilfall einem Anderen Leistungen erbracht, die bei rechtzeitigem Einsetzen von Sozialhilfe nicht zu erbringen gewesen wären, sind ihm die Aufwendungen in gebotenem Umfang zu erstatten, wenn er sie nicht auf Grund rechtlicher oder sittlicher Pflicht selbst zu tragen hat. [2] Dies gilt nur, wenn die Erstattung innerhalb angemessener Frist beim zuständigen Träger der Sozialhilfe beantragt wird.

§ 26 Einschränkung, Aufrechnung. (1) [1] Die Leistung soll bis auf das zum Lebensunterhalt Unerlässliche eingeschränkt werden

1. bei Leistungsberechtigten, die nach Vollendung des 18. Lebensjahres ihr Einkommen oder Vermögen vermindert haben in der Absicht, die Voraussetzungen für die Gewährung oder Erhöhung der Leistung herbeizuführen,
2. bei Leistungsberechtigten, die trotz Belehrung ihr unwirtschaftliches Verhalten fortsetzen.

[2]So weit wie möglich ist zu verhüten, dass die unterhaltsberechtigten Angehörigen oder andere mit ihnen in Haushaltsgemeinschaft lebende Leistungsberechtigte durch die Einschränkung der Leistung mitbetroffen werden.

(2) [1]Die Leistung kann bis auf das jeweils Unerlässliche mit Ansprüchen des Trägers der Sozialhilfe gegen eine leistungsberechtigte Person aufgerechnet werden, wenn es sich um Ansprüche auf Erstattung zu Unrecht erbrachter Leistungen der Sozialhilfe handelt, die die leistungsberechtigte Person oder ihr Vertreter durch vorsätzlich oder grob fahrlässig unrichtige oder unvollständige Angaben oder durch pflichtwidriges Unterlassen veranlasst hat, oder wenn es sich um Ansprüche auf Kostenersatz nach den §§ 103 und 104 handelt. [2]Die Aufrechnungsmöglichkeit wegen eines Anspruchs ist auf drei Jahre beschränkt; ein neuer Anspruch des Trägers der Sozialhilfe auf Erstattung oder auf Kostenersatz kann erneut aufgerechnet werden.

(3) Eine Aufrechnung nach Absatz 2 kann auch erfolgen, wenn Leistungen für einen Bedarf übernommen werden, der durch vorangegangene Leistungen der Sozialhilfe an die leistungsberechtigte Person bereits gedeckt worden war.

(4) Eine Aufrechnung erfolgt nicht, soweit dadurch der Gesundheit dienende Leistungen gefährdet werden.

Drittes Kapitel. Hilfe zum Lebensunterhalt

Erster Abschnitt. Leistungsberechtigte, notwendiger Lebensunterhalt, Regelbedarfe und Regelsätze

§ 27 Leistungsberechtigte. (1) Hilfe zum Lebensunterhalt ist Personen zu leisten, die ihren notwendigen Lebensunterhalt nicht oder nicht ausreichend aus eigenen Kräften und Mitteln bestreiten können.

(2) [1]Eigene Mittel sind insbesondere das eigene Einkommen und Vermögen. [2]Bei nicht getrennt lebenden Ehegatten oder Lebenspartnern sind das Einkommen und Vermögen beider Ehegatten oder Lebenspartner gemeinsam zu berücksichtigen. [3]Gehören minderjährige unverheiratete Kinder dem Haushalt ihrer Eltern oder eines Elternteils an und können sie den notwendigen Lebensunterhalt aus ihrem Einkommen und Vermögen nicht bestreiten, sind vorbehaltlich des § 39 Satz 3 Nummer 1 auch das Einkommen und das Vermögen der Eltern oder des Elternteils gemeinsam zu berücksichtigen.

(3) [1]Personen, die ihren Lebensunterhalt aus eigenen Mitteln und Kräften bestreiten können, jedoch einzelne im Haushalt erforderliche Tätigkeiten nicht verrichten können, erhalten auf Antrag einen angemessenen Zuschuss, wenn ihnen die Aufbringung der für die geleistete Hilfe und Unterstützung notwendigen Kosten nicht in voller Höhe zumutbar ist. [2]Als angemessen gelten Aufwendungen, die üblicherweise als Anerkennung für unentgeltlich geleistete Hilfen und Unterstützungen oder zur Abgeltung des entsprechenden Aufwandes geleistet werden. [3]Den Zuschuss erhält nicht, wer einen entsprechenden Anspruch auf Assistenzleistungen nach § 78 des Neunten Buches[1)] hat.

§ 27a Notwendiger Lebensunterhalt, Regelbedarfe und Regelsätze.

(1) [1]Der für die Gewährleistung des Existenzminimums notwendige Lebensunterhalt umfasst insbesondere Ernährung, Kleidung, Körperpflege, Hausrat,

---

1) Nr. 9.

Haushaltsenergie ohne die auf Heizung und Erzeugung von Warmwasser entfallenden Anteile, persönliche Bedürfnisse des täglichen Lebens sowie Unterkunft und Heizung. [2] Zu den persönlichen Bedürfnissen des täglichen Lebens gehört in vertretbarem Umfang eine Teilhabe am sozialen und kulturellen Leben in der Gemeinschaft; dies gilt in besonderem Maß für Kinder und Jugendliche. [3] Für Schülerinnen und Schüler umfasst der notwendige Lebensunterhalt auch die erforderlichen Hilfen für den Schulbesuch.

(2) [1] Der gesamte notwendige Lebensunterhalt nach Absatz 1 mit Ausnahme der Bedarfe nach dem Zweiten bis Vierten Abschnitt ergibt den monatlichen Regelbedarf. [2] Dieser ist in Regelbedarfsstufen unterteilt; für Abgrenzung und Höhe der Regelbedarfsstufen sind zu berücksichtigen:

1. bei Kindern und Jugendlichen altersbedingte Unterschiede,
2. bei Erwachsenen die Art der Unterkunft, in der sie leben, und zusätzlich bei in Wohnungen oder sonstigen Unterkünften nach § 42a Absatz 2 Satz 1 Nummer 1 und 3 lebenden Erwachsenen, ob sie in einer Paarbeziehung oder ohne Paarbeziehung zusammenleben.

(3) [1] Für Leistungsberechtigte nach diesem Kapitel sind zur Deckung der Regelbedarfe, die sich nach den Regelbedarfsstufen der Anlage zu § 28 ergeben, monatliche Regelsätze als Bedarf anzuerkennen; dies gilt nicht für Leistungsberechtigte, deren notwendiger Lebensunterhalt sich nach § 27b bestimmt. [2] Der Regelsatz stellt einen monatlichen Pauschalbetrag zur Bestreitung des Regelbedarfs dar, über dessen Verwendung die Leistungsberechtigten eigenverantwortlich entscheiden; dabei haben sie das Eintreten unregelmäßig anfallender Bedarfe zu berücksichtigen. [3] Besteht die Leistungsberechtigung für weniger als einen Monat, ist der Regelsatz anteilig als Bedarf anzuerkennen. [4] Zur Deckung der Regelbedarfe von Personen, die in einer sonstigen Unterkunft oder vorübergehend nicht in einer Unterkunft untergebracht sind, sind als Bedarfe monatliche Regelsätze anzuerkennen, die sich in entsprechender Anwendung der Regelbedarfsstufen nach der Anlage zu § 28 ergeben.

(4) [1] Im Einzelfall wird der Regelsatz abweichend von der maßgebenden Regelbedarfsstufe festgesetzt (abweichende Regelsatzfestsetzung), wenn ein durch die Regelbedarfe abgedeckter Bedarf nicht nur einmalig, sondern für eine Dauer von voraussichtlich mehr als einem Monat

1. nachweisbar vollständig oder teilweise anderweitig gedeckt ist oder
2. unausweichlich in mehr als geringem Umfang oberhalb durchschnittlicher Bedarfe liegt, wie sie sich nach den bei der Ermittlung der Regelbedarfe zugrundeliegenden durchschnittlichen Verbrauchsausgaben ergeben, und die dadurch bedingten Mehraufwendungen begründbar nicht anderweitig ausgeglichen werden können.

[2] Bei einer abweichenden Regelsatzfestsetzung nach Satz 1 Nummer 1 sind für die monatlich ersparten Verbrauchsausgaben die sich nach § 5 Absatz 1 oder nach § 6 Absatz 1 des Regelbedarfs-Ermittlungsgesetzes für die jeweilige Abteilung ergebenden Beträge zugrunde zu legen. [3] Beschränkt sich die anderweitige Bedarfsdeckung auf einzelne in die regelbedarfsrelevanten Verbrauchsausgaben je Abteilung eingegangenen Verbrauchspositionen, sind die regelbedarfsrelevanten Beträge zugrunde zu legen, auf denen die in § 5 Absatz 1 oder nach § 6 Absatz 1 des Regelbedarfs-Ermittlungsgesetzes genannten Beträge für die einzelnen Abteilungen beruhen. [4] Für Leistungsberechtigte, die nicht in einer

Wohnung leben und deren Regelbedarf sich aus der Regelbedarfsstufe 2 der Anlage zu § 28 ergibt, ist Satz 1 Nummer 1 nicht anwendbar für Bedarfe, die durch einen Vertrag über die Überlassung von Wohnraum nach § 42a Absatz 5 Satz 4 Nummer 3 gedeckt werden. [5] Für Leistungsberechtigte, die in einer Unterkunft nach § 42a Absatz 2 Satz 1 Nummer 2 und Satz 3 leben und denen Aufwendungen für Unterkunft und Heizung nach § 42a Absatz 5 und 6 anzuerkennen sind, ist Satz 1 Nummer 1 nicht anwendbar für Bedarfe, die durch einen Vertrag über die Überlassung von Wohnraum nach § 42a Absatz 5 Satz 6 Nummer 1, 3 und 4 gedeckt werden. [6] Für Leistungsberechtigte, denen Bedarfe nach § 34 Absatz 4 Satz 1 und Absatz 6 Satz 1 anzuerkennen sind, ist Satz 1 Nummer 1 nicht anwendbar. [7] Für Leistungsberechtigte, denen ein Mehrbedarf nach § 42b Absatz 2 anzuerkennen ist, ist Satz 1 für die dadurch abgedeckten Aufwendungen nicht anwendbar.

(5) Sind minderjährige Leistungsberechtigte in einer anderen Familie, insbesondere in einer Pflegefamilie, oder bei anderen Personen als bei ihren Eltern oder einem Elternteil untergebracht, so wird in der Regel der individuelle Bedarf abweichend von den Regelsätzen in Höhe der tatsächlichen Kosten der Unterbringung festgesetzt, sofern die Kosten einen angemessenen Umfang nicht übersteigen.

§ 27b Notwendiger Lebensunterhalt in Einrichtungen. (1) [1] Der notwendige Lebensunterhalt umfasst

1. in Einrichtungen den darin erbrachten Lebensunterhalt,
2. in stationären Einrichtungen zusätzlich den weiteren notwendigen Lebensunterhalt.

[2] Der notwendige Lebensunterhalt in stationären Einrichtungen entspricht dem Umfang

1. der Regelbedarfsstufe 3 nach der Anlage zu § 28 bei Leistungsberechtigten, die das 18. Lebensjahr vollendet haben, und den Regelbedarfsstufen 4 bis 6 nach der Anlage zu § 28 bei Leistungsberechtigten, die das 18. Lebensjahr noch nicht vollendet haben,
2. der zusätzlichen Bedarfe nach dem Zweiten Abschnitt des Dritten Kapitels,
3. der Bedarfe für Unterkunft und Heizung nach § 42 Nummer 4 Buchstabe b.

(2) Der weitere notwendige Lebensunterhalt nach Absatz 1 Nummer 2 umfasst insbesondere einen Barbetrag nach Absatz 3 sowie Bekleidung und Schuhe (Bekleidungspauschale) nach Absatz 4; § 31 Absatz 2 Satz 2 ist nicht anzuwenden.

(3) [1] Der Barbetrag nach Absatz 2 steht für die Abdeckung von Bedarfen des notwendigen Lebensunterhalts nach § 27a Absatz 1 zur Verfügung, soweit diese nicht nach Absatz 1 von der stationären Einrichtung gedeckt werden. [2] Die Höhe des Barbetrages beträgt für Leistungsberechtigte nach diesem Kapitel,

1. die das 18. Lebensjahr vollendet haben, mindestens 27 Prozent der Regelbedarfsstufe 1 nach der Anlage zu § 28,
2. haben diese das 18. Lebensjahr noch nicht vollendet, setzen die zuständigen Landesbehörden oder die von ihnen bestimmten Stellen für die in ihrem Bereich bestehenden Einrichtungen die Höhe des Barbetrages fest.

[3] Der Barbetrag ist in der sich nach Satz 2 ergebenden Höhe an die Leistungsberechtigten zu zahlen; er ist zu vermindern, wenn und soweit dessen bestim-

mungsgemäße Verwendung durch oder für die Leistungsberechtigten nicht möglich ist.

(4) [1] Die Höhe der Bekleidungspauschale nach Absatz 2 setzen die zuständigen Landesbehörden oder die von ihnen bestimmten Stellen für die in ihrem Bereich bestehenden Einrichtungen fest. [2] Sie ist als Geld- oder Sachleistung zu gewähren; im Falle einer Geldleistung hat die Zahlung monatlich, quartalsweise oder halbjährlich zu erfolgen.

§ 27c Sonderregelung für den Lebensunterhalt. (1) Für Leistungsberechtigte, die nicht in einer Wohnung nach § 42a Absatz 2 Satz 1 Nummer 1 und Satz 2 leben, bestimmen sich der notwendige Lebensunterhalt nach Absatz 2 und der weitere notwendige Lebensunterhalt nach Absatz 3, wenn sie

1. minderjährig sind und ihnen Leistungen nach Teil 2 des Neunten Buches[1)] über Tag und Nacht erbracht werden oder
2. volljährig sind und ihnen Leistungen über Tag und Nacht erbracht werden, denen Vereinbarungen nach § 134 Absatz 4 des Neunten Buches zugrunde liegen.

(2) Der notwendige Lebensunterhalt nach Absatz 1 umfasst die Bedarfe nach § 27b Absatz 1 Satz 2, darüber hinaus sind Bedarfe für Bildung und Teilhabe nach dem Dritten Abschnitt mit umfasst, soweit nicht entsprechende Leistungen nach § 75 des Neunten Buches erbracht werden.

(3) Für den weiteren notwendigen Lebensunterhalt gilt § 27b Absatz 2 bis 4.

(4) Der sich nach Absatz 2 ergebende monatliche Betrag für den notwendigen Lebensunterhalt ist bei Leistungsberechtigten nach Absatz 1 Nummer 1 abzüglich der aufzubringenden Mittel nach § 142 Absatz 1 und 2 des Neunten Buches sowie bei Leistungsberechtigten nach Absatz 1 Nummer 2 abzüglich der aufzubringenden Mittel nach § 142 Absatz 3 des Neunten Buches quartalsweise dem für die Leistungen nach Teil 2 des Neunten Buches zuständigen Träger der Eingliederungshilfe zu erstatten.

§ 28 Ermittlung der Regelbedarfe. (1) Liegen die Ergebnisse einer bundesweiten neuen Einkommens- und Verbrauchsstichprobe vor, wird die Höhe der Regelbedarfe in einem Bundesgesetz neu ermittelt.

(2) [1] Bei der Ermittlung der bundesdurchschnittlichen Regelbedarfsstufen nach § 27a Absatz 2 sind Stand und Entwicklung von Nettoeinkommen, Verbraucherverhalten und Lebenshaltungskosten zu berücksichtigen. [2] Grundlage hierfür sind die durch die Einkommens- und Verbrauchsstichprobe nachgewiesenen tatsächlichen Verbrauchsausgaben unterer Einkommensgruppen.

(3) [1] Für die Ermittlung der Regelbedarfsstufen beauftragt das Bundesministerium für Arbeit und Soziales das Statistische Bundesamt mit Sonderauswertungen, die auf der Grundlage einer neuen Einkommens- und Verbrauchsstichprobe vorzunehmen sind. [2] Sonderauswertungen zu den Verbrauchsausgaben von Haushalten unterer Einkommensgruppen sind zumindest für Haushalte (Referenzhaushalte) vorzunehmen, in denen nur eine erwachsene Person lebt (Einpersonenhaushalte), sowie für Haushalte, in denen Paare mit einem Kind leben (Familienhaushalte). [3] Dabei ist festzulegen, welche Haushalte, die Leistungen nach diesem Buch und dem Zweiten Buch beziehen, nicht als Refe-

---

[1)] Nr. 9.

renzhaushalte zu berücksichtigen sind. [4] Für die Bestimmung des Anteils der Referenzhaushalte an den jeweiligen Haushalten der Sonderauswertungen ist ein für statistische Zwecke hinreichend großer Stichprobenumfang zu gewährleisten.

(4) [1] Die in Sonderauswertungen nach Absatz 3 ausgewiesenen Verbrauchsausgaben der Referenzhaushalte sind für die Ermittlung der Regelbedarfsstufen als regelbedarfsrelevant zu berücksichtigen, soweit sie zur Sicherung des Existenzminimums notwendig sind und eine einfache Lebensweise ermöglichen, wie sie einkommensschwache Haushalte aufweisen, die ihren Lebensunterhalt nicht ausschließlich aus Leistungen nach diesem oder dem Zweiten Buch bestreiten. [2] Nicht als regelbedarfsrelevant zu berücksichtigen sind Verbrauchsausgaben der Referenzhaushalte, wenn sie bei Leistungsberechtigten nach diesem Buch oder dem Zweiten Buch

1. durch bundes- oder landesgesetzliche Leistungsansprüche, die der Finanzierung einzelner Verbrauchspositionen der Sonderauswertungen dienen, abgedeckt sind und diese Leistungsansprüche kein anrechenbares Einkommen nach § 82 oder § 11 des Zweiten Buches[1)] darstellen oder
2. nicht anfallen, weil bundesweit in einheitlicher Höhe Vergünstigungen gelten.

(5) [1] Die Summen der sich nach Absatz 4 ergebenden regelbedarfsrelevanten Verbrauchsausgaben der Referenzhaushalte sind Grundlage für die Prüfung der Regelbedarfsstufen, insbesondere für die Altersabgrenzungen bei Kindern und Jugendlichen. [2] Die nach Satz 1 für die Ermittlung der Regelbedarfsstufen zugrunde zu legenden Summen der regelbedarfsrelevanten Verbrauchsausgaben aus den Sonderauswertungen sind jeweils mit der sich nach § 28a Absatz 2 ergebenden Veränderungsrate entsprechend fortzuschreiben. [3] Die sich durch die Fortschreibung nach Satz 2 ergebenden Summenbeträge sind jeweils bis unter 0,50 Euro abzurunden sowie von 0,50 Euro an aufzurunden und ergeben die Regelbedarfsstufen (Anlage).

§ 28a Fortschreibung der Regelbedarfsstufen. (1) [1] In Jahren, in denen keine Neuermittlung nach § 28 erfolgt, werden die Regelbedarfsstufen jeweils zum 1. Januar mit der sich nach Absatz 2 ergebenden Veränderungsrate fortgeschrieben. [2] § 28 Absatz 4 Satz 5 gilt entsprechend.

(2) [1] Die Fortschreibung der Regelbedarfsstufen erfolgt aufgrund der bundesdurchschnittlichen Entwicklung der Preise für regelbedarfsrelevante Güter und Dienstleistungen sowie der bundesdurchschnittlichen Entwicklung der Nettolöhne und -gehälter je beschäftigten Arbeitnehmer nach der Volkswirtschaftlichen Gesamtrechnung (Mischindex). [2] Maßgeblich ist jeweils die Veränderungsrate, die sich aus der Veränderung in dem Zwölfmonatszeitraum, der mit dem 1. Juli des Vorvorjahres beginnt und mit dem 30. Juni des Vorjahres endet, gegenüber dem davorliegenden Zwölfmonatszeitraum ergibt. [3] Für die Ermittlung der jährlichen Veränderungsrate des Mischindexes wird die sich aus der Entwicklung der Preise aller regelbedarfsrelevanten Güter und Dienstleistungen ergebende Veränderungsrate mit einem Anteil von 70 vom Hundert und die sich aus der Entwicklung der Nettolöhne und -gehälter je beschäftigten Arbeit-

[1)] Nr. 2.

nehmer ergebende Veränderungsrate mit einem Anteil von 30 vom Hundert berücksichtigt.

(3) Das Bundesministerium für Arbeit und Soziales beauftragt das Statistische Bundesamt mit der Ermittlung der jährlichen Veränderungsrate für den Zeitraum nach Absatz 2 Satz 2 für

1. die Preise aller regelbedarfsrelevanten Güter und Dienstleistungen und
2. die durchschnittliche Nettolohn- und -gehaltssumme je durchschnittlich beschäftigten Arbeitnehmer.

§ 29 Festsetzung und Fortschreibung der Regelsätze. (1) [1] Werden die Regelbedarfsstufen nach § 28 neu ermittelt, gelten diese als neu festgesetzte Regelsätze (Neufestsetzung), solange die Länder keine abweichende Neufestsetzung vornehmen. [2] Satz 1 gilt entsprechend, wenn die Regelbedarfe nach § 28a fortgeschrieben werden.

(2) [1] Nehmen die Länder eine abweichende Neufestsetzung vor, haben sie die Höhe der monatlichen Regelsätze entsprechend der Abstufung der Regelbedarfe nach der Anlage zu § 28 durch Rechtsverordnung neu festzusetzen. [2] Sie können die Ermächtigung für die Neufestsetzung nach Satz 1 auf die zuständigen Landesministerien übertragen. [3] Für die abweichende Neufestsetzung sind anstelle der bundesdurchschnittlichen Regelbedarfsstufen, die sich nach § 28 aus der bundesweiten Auswertung der Einkommens- und Verbrauchsstichprobe ergeben, entsprechend aus regionalen Auswertungen der Einkommens- und Verbrauchsstichprobe ermittelte Regelbedarfsstufen zugrunde zu legen. [4] Die Länder können bei der Neufestsetzung der Regelsätze auch auf ihr Land bezogene besondere Umstände, die die Deckung des Regelbedarfs betreffen, berücksichtigen. [5] Regelsätze, die nach Absatz 1 oder nach den Sätzen 1 bis 4 festgesetzt worden sind, können von den Ländern als Mindestregelsätze festgesetzt werden. [6] § 28 Absatz 4 Satz 4 und 5 gilt für die Festsetzung der Regelsätze nach den Sätzen 1 bis 4 entsprechend.

(3) [1] Die Länder können die Träger der Sozialhilfe ermächtigen, auf der Grundlage von nach Absatz 2 Satz 5 bestimmten Mindestregelsätzen regionale Regelsätze festzusetzen; bei der Festsetzung können die Träger der Sozialhilfe regionale Besonderheiten sowie statistisch nachweisbare Abweichungen in den Verbrauchsausgaben berücksichtigen. [2] § 28 Absatz 4 Satz 4 und 5 gilt für die Festsetzung der Regelsätze nach Satz 1 entsprechend.

(4) Werden die Regelsätze nach den Absätzen 2 und 3 abweichend von den Regelbedarfsstufen nach § 28 festgesetzt, sind diese in den Jahren, in denen keine Neuermittlung der Regelbedarfe nach § 28 erfolgt, jeweils zum 1. Januar durch Rechtsverordnung der Länder mit der Veränderungsrate der Regelbedarfe fortzuschreiben, die sich nach der Rechtsverordnung nach § 40 ergibt.

(5) Die nach den Absätzen 2 und 3 festgesetzten und nach Absatz 4 fortgeschriebenen Regelsätze gelten als Regelbedarfsstufen nach der Anlage zu § 28.

Zweiter Abschnitt. Zusätzliche Bedarfe

§ 30 Mehrbedarf. (1) Für Personen, die

1. die Altersgrenze nach § 41 Abs. 2 erreicht haben oder

2. die Altersgrenze nach § 41 Abs. 2 noch nicht erreicht haben und voll erwerbsgemindert nach dem Sechsten Buch[1] sind

und durch einen Bescheid der nach § 152 Absatz 4 des Neunten Buches[2] zuständigen Behörde oder einen Ausweis nach § 152 Absatz 5 des Neunten Buches die Feststellung des Merkzeichens G nachweisen, wird ein Mehrbedarf von 17 vom Hundert der maßgebenden Regelbedarfsstufe anerkannt, soweit nicht im Einzelfall ein abweichender Bedarf besteht.

(2) Für werdende Mütter nach der zwölften Schwangerschaftswoche bis zum Ende des Monats, in welchen die Entbindung fällt, wird ein Mehrbedarf von 17 vom Hundert der maßgebenden Regelbedarfsstufe anerkannt, soweit nicht im Einzelfall ein abweichender Bedarf besteht.

(3) Für Personen, die mit einem oder mehreren minderjährigen Kindern zusammenleben und allein für deren Pflege und Erziehung sorgen, ist, soweit kein abweichender Bedarf besteht, ein Mehrbedarf anzuerkennen

1. in Höhe von 36 vom Hundert der Regelbedarfsstufe 1 nach der Anlage zu § 28 für ein Kind unter sieben Jahren oder für zwei oder drei Kinder unter sechzehn Jahren, oder
2. in Höhe von 12 vom Hundert der Regelbedarfsstufe 1 nach der Anlage zu § 28 für jedes Kind, wenn die Voraussetzungen nach Nummer 1 nicht vorliegen, höchstens jedoch in Höhe von 60 vom Hundert der Regelbedarfsstufe 1 nach der Anlage zu § 28.

(4) § 42b Absatz 3 ist entsprechend anzuwenden auf Leistungsberechtigte, die das 15. Lebensjahr vollendet haben.

(5) [1] Für Leistungsberechtigte wird ein Mehrbedarf anerkannt, wenn deren Ernährungsbedarf aus medizinischen Gründen von allgemeinen Ernährungsempfehlungen abweicht und die Aufwendungen für die Ernährung deshalb unausweichlich und in mehr als geringem Umfang oberhalb eines durchschnittlichen Bedarfs für Ernährung liegen (ernährungsbedingter Mehrbedarf). [2] Dies gilt entsprechend für aus medizinischen Gründen erforderliche Aufwendungen für Produkte zur erhöhten Versorgung des Stoffwechsels mit bestimmten Nähr- oder Wirkstoffen, soweit hierfür keine vorrangigen Ansprüche bestehen. [3] Die medizinischen Gründe nach den Sätzen 1 und 2 sind auf der Grundlage aktueller medizinischer und ernährungswissenschaftlicher Erkenntnisse zu bestimmen. [4] Dabei sind auch die durchschnittlichen Mehraufwendungen zu ermitteln, die für die Höhe des anzuerkennenden ernährungsbedingten Mehrbedarfs zugrunde zu legen sind, soweit im Einzelfall kein abweichender Bedarf besteht.

(6) Die Summe des nach den Absätzen 1 bis 5 insgesamt anzuerkennenden Mehrbedarfs darf die Höhe der maßgebenden Regelbedarfsstufe nicht übersteigen.

(7) [1] Für Leistungsberechtigte wird ein Mehrbedarf anerkannt, soweit Warmwasser durch in der Wohnung, in der besonderen Wohnform oder der sonstigen Unterkunft nach § 42a Absatz 2 installierte Vorrichtungen erzeugt wird (dezentrale Warmwassererzeugung) und denen deshalb kein Bedarf für Warmwasser nach § 35 Absatz 4 anerkannt wird. [2] Der Mehrbedarf beträgt für jede

[1] Nr. **6**.
[2] Nr. **9**.

leistungsberechtigte Person entsprechend der für sie geltenden Regelbedarfsstufe nach der Anlage zu § 28 jeweils

1. 2,3 Prozent der Regelbedarfsstufen 1 und 2,
2. 1,4 Prozent der Regelbedarfsstufe 4,
3. 1,2 Prozent der Regelbedarfsstufe 5 oder
4. 0,8 Prozent der Regelbedarfsstufe 6.

[3] Höhere Aufwendungen sind abweichend von Satz 2 nur zu berücksichtigen, soweit sie durch eine separate Messeinrichtung nachgewiesen werden.

(8) § 42b Absatz 2 ist entsprechend anzuwenden.

(9) Soweit eine Schülerin oder ein Schüler aufgrund der jeweiligen schulrechtlichen Bestimmungen oder schulischen Vorgaben Aufwendungen zur Anschaffung oder Ausleihe von Schulbüchern oder gleichstehenden Arbeitsheften hat, sind sie als Mehrbedarf anzuerkennen.

§ 31 Einmalige Bedarfe. (1) Leistungen zur Deckung von Bedarfen für

1. Erstausstattungen für die Wohnung einschließlich Haushaltsgeräten,
2. Erstausstattungen für Bekleidung und Erstausstattungen bei Schwangerschaft und Geburt sowie
3. Anschaffung und Reparaturen von orthopädischen Schuhen, Reparaturen von therapeutischen Geräten und Ausrüstungen sowie die Miete von therapeutischen Geräten

werden gesondert erbracht.

(2) [1] Einer Person, die Sozialhilfe beansprucht (nachfragende Person), werden, auch wenn keine Regelsätze zu gewähren sind, für einmalige Bedarfe nach Absatz 1 Leistungen erbracht, wenn sie diese nicht aus eigenen Kräften und Mitteln vollständig decken kann. [2] In diesem Falle kann das Einkommen berücksichtigt werden, das sie innerhalb eines Zeitraums von bis zu sechs Monaten nach Ablauf des Monats erwerben, in dem über die Leistung entschieden worden ist.

(3) [1] Die Leistungen nach Absatz 1 Nr. 1 und 2 können als Pauschalbeträge erbracht werden. [2] Bei der Bemessung der Pauschalbeträge sind geeignete Angaben über die erforderlichen Aufwendungen und nachvollziehbare Erfahrungswerte zu berücksichtigen.

§ 32 Bedarfe für eine Kranken- und Pflegeversicherung. (1) [1] Angemessene Beiträge für eine Kranken- und Pflegeversicherung sind als Bedarf anzuerkennen, soweit Leistungsberechtigte diese nicht aus eigenem Einkommen tragen können. [2] Leistungsberechtigte können die Beiträge so weit aus eigenem Einkommen tragen, wie diese im Wege der Einkommensbereinigung nach § 82 Absatz 2 Satz 1 Nummer 2 und 3 abzusetzen sind. [3] Der Bedarf nach Satz 1 erhöht sich entsprechend, wenn bei der Einkommensbereinigung für das Einkommen geltende Absetzbeträge nach § 82 Absatz 2 Satz 2 und Absatz 3 bis 6 zu berücksichtigen sind.

(2) Bei Personen, die in der gesetzlichen Krankenversicherung

1. nach § 5 Absatz 1 Nummer 13 des Fünften Buches[1)] oder nach § 2 Absatz 1 Nummer 7 des Zweiten Gesetzes über die Krankenversicherung der Landwirte pflichtversichert sind,
2. nach § 9 Absatz 1 Nummer 1 des Fünften Buches oder nach § 6 Absatz 1 Nummer 1 des Zweiten Gesetzes über die Krankenversicherung der Landwirte weiterversichert sind,
3. als Rentenantragsteller nach § 189 des Fünften Buches als Mitglied einer Krankenkasse gelten,
4. nach § 9 Absatz 1 Nummer 2 bis 7 des Fünften Buches oder nach § 6 Absatz 1 Nummer 2 des Zweiten Gesetzes über die Krankenversicherung der Landwirte freiwillig versichert sind oder
5. nach § 188 Absatz 4 des Fünften Buches oder nach § 22 Absatz 3 des Zweiten Gesetzes über die Krankenversicherung der Landwirte weiterversichert sind,

gilt der monatliche Beitrag als angemessen.

(3) Bei Personen, denen Beiträge nach Absatz 2 als Bedarf anerkannt werden, gilt auch der Zusatzbeitragssatz nach § 242 Absatz 1 des Fünften Buches als angemessen.

(4) [1]Bei Personen, die gegen das Risiko Krankheit bei einem privaten Krankenversicherungsunternehmen versichert sind, sind angemessene Beiträge nach den Sätzen 2 und 3 anzuerkennen. [2]Angemessen sind Beiträge

1. bis zu der Höhe des sich nach § 152 Absatz 4 des Versicherungsaufsichtsgesetzes ergebenden halbierten monatlichen Beitrags für den Basistarif, sofern die Versicherungsverträge der Versicherungspflicht nach § 193 Absatz 3 des Versicherungsvertragsgesetzes genügen, oder
2. für eine Absicherung im brancheneinheitlichen Standardtarif nach § 257 Absatz 2a des Fünften Buches in der bis zum 31. Dezember 2008 geltenden Fassung.

[3]Ein höherer Beitrag kann als angemessen anerkannt werden, wenn die Leistungsberechtigung nach diesem Kapitel voraussichtlich nur für einen Zeitraum von bis zu drei Monaten besteht. [4]Im begründeten Ausnahmefall kann auf Antrag ein höherer Beitrag auch im Fall einer Leistungsberechtigung für einen Zeitraum von bis zu sechs Monaten als angemessen anerkannt werden, wenn vor Ablauf der drei Monate oder bereits bei Antragstellung davon auszugehen ist, dass die Leistungsberechtigung nach diesem Kapitel für einen begrenzten, aber mehr als drei Monate andauernden Zeitraum bestehen wird.

(5) Bei Personen, die in der sozialen Pflegeversicherung nach

1. den §§ 20 und 21 des Elften Buches[2)] pflichtversichert sind oder
2. § 26 des Elften Buches weiterversichert sind oder
3. § 26a des Elften Buches der sozialen Pflegeversicherung beigetreten sind,

gilt der monatliche Beitrag als angemessen.

(6) [1]Bei Personen, die gegen das Risiko Pflegebedürftigkeit bei einem privaten Krankenversicherungsunternehmen in Erfüllung ihrer Versicherungspflicht nach § 23 des Elften Buches versichert sind oder nach § 26a des Elften

---

[1)] Nr. **5**.
[2)] Nr. **11**.

Buches der privaten Pflegeversicherung beigetreten sind, gilt bei Versicherung im brancheneinheitlichen Standardtarif nach § 257 Absatz 2a des Fünften Buches in der bis zum 31. Dezember 2008 geltenden Fassung der geschuldete Beitrag als angemessen, im Übrigen höchstens jedoch bis zu einer Höhe des nach § 110 Absatz 2 Satz 3 des Elften Buches halbierten Höchstbeitrags in der sozialen Pflegeversicherung. [2] Für die Höhe des im Einzelfall angemessenen monatlichen Beitrags gilt Absatz 4 Satz 3 und 4 entsprechend.

§ 32a Zeitliche Zuordnung und Zahlung von Beiträgen für eine Kranken- und Pflegeversicherung. (1) Die Bedarfe nach § 32 sind unabhängig von der Fälligkeit des Beitrags jeweils in dem Monat als Bedarf anzuerkennen, für den die Versicherung besteht.

(2) [1] Die Beiträge für eine Kranken- und Pflegeversicherung, die nach § 82 Absatz 2 Nummer 2 und 3 vom Einkommen abgesetzt und nach § 32 als Bedarf anerkannt werden, sind als Direktzahlung zu leisten, wenn der Zahlungsanspruch nach § 43a Absatz 2 größer oder gleich der Summe dieser Beiträge ist. [2] Die Zahlung nach Satz 1 erfolgt an diejenige Krankenkasse oder dasjenige Versicherungsunternehmen, bei der beziehungsweise dem die leistungsberechtigte Person versichert ist. [3] Die Leistungsberechtigten sowie die zuständigen Krankenkassen oder die zuständigen Versicherungsunternehmen sind über Beginn, Höhe des Beitrags und den Zeitraum sowie über die Beendigung einer Direktzahlung nach den Sätzen 1 und 2 schriftlich zu unterrichten. [4] Die Leistungsberechtigten sind zusätzlich über die jeweilige Krankenkasse oder das Versicherungsunternehmen zu informieren, die zuständigen Krankenkassen und Versicherungsunternehmen zusätzlich über Namen und Anschrift der Leistungsberechtigten.

(3) Die Zahlung nach Absatz 2 hat in Fällen des § 32 Absatz 2, 3 und 5 bis zum Ende, in Fällen des § 32 Absatz 4 und 6 zum Ersten des sich nach Absatz 1 ergebenden Monats zu erfolgen.

§ 33 Bedarfe für die Vorsorge. (1) [1] Um die Voraussetzungen eines Anspruchs auf eine angemessene Alterssicherung zu erfüllen, können die erforderlichen Aufwendungen als Bedarf berücksichtigt werden, soweit sie nicht nach § 82 Absatz 2 Nummer 2 und 3 vom Einkommen abgesetzt werden. [2] Aufwendungen nach Satz 1 sind insbesondere

1. Beiträge zur gesetzlichen Rentenversicherung,
2. Beiträge zur landwirtschaftlichen Alterskasse,
3. Beiträge zu berufsständischen Versorgungseinrichtungen, die den gesetzlichen Rentenversicherungen vergleichbare Leistungen erbringen,
4. Beiträge für eine eigene kapitalgedeckte Altersvorsorge in Form einer lebenslangen Leibrente, wenn der Vertrag nur die Zahlung einer monatlichen auf das Leben des Steuerpflichtigen bezogenen lebenslangen Leibrente nicht vor Vollendung des 60. Lebensjahres vorsieht, sowie
5. geförderte Altersvorsorgebeiträge nach § 82 des Einkommensteuergesetzes, soweit sie den Mindesteigenbeitrag nach § 86 des Einkommensteuergesetzes nicht überschreiten.

(2) Weisen Leistungsberechtigte Aufwendungen zur Erlangung eines Anspruchs auf ein angemessenes Sterbegeld vor Beginn der Leistungsberechtigung

nach, so werden diese in angemessener Höhe als Bedarf anerkannt, soweit sie nicht nach § 82 Absatz 2 Nummer 3 vom Einkommen abgesetzt werden.

Dritter Abschnitt. Bildung und Teilhabe

§ 34[1)] Bedarfe für Bildung und Teilhabe. (1) [1]Bedarfe für Bildung nach den Absätzen 2 bis 6 von Schülerinnen und Schülern, die eine allgemein- oder berufsbildende Schule besuchen, sowie Bedarfe von Kindern und Jugendlichen für Teilhabe am sozialen und kulturellen Leben in der Gemeinschaft nach Absatz 7 werden neben den maßgebenden Regelbedarfsstufen gesondert berücksichtigt. [2]Leistungen hierfür werden nach den Maßgaben des § 34a gesondert erbracht.

(2) [1]Bedarfe werden bei Schülerinnen und Schülern in Höhe der tatsächlichen Aufwendungen anerkannt für

1. Schulausflüge und
2. mehrtägige Klassenfahrten im Rahmen der schulrechtlichen Bestimmungen.

[2]Für Kinder, die eine Tageseinrichtung besuchen oder für die Kindertagespflege geleistet wird, gilt Satz 1 entsprechend.

(3) [1]Bedarfe für die Ausstattung mit persönlichem Schulbedarf werden bei Schülerinnen und Schülern für den Monat, in dem der erste Schultag eines Schuljahres liegt, in Höhe von 100 Euro und für den Monat, in dem das zweite Schulhalbjahr eines Schuljahres beginnt, in Höhe von 50 Euro anerkannt. [2]Abweichend von Satz 1 ist Schülerinnen und Schülern für die Ausstattung mit persönlichem Schulbedarf ein Bedarf anzuerkennen

1. in Höhe von 100 Euro für das erste Schulhalbjahr, wenn die erstmalige Aufnahme innerhalb des Schuljahres nach dem Monat erfolgt, in dem das erste Schulhalbjahr beginnt, aber vor Beginn des Monats, in dem das zweite Schulhalbjahr beginnt,
2. in Höhe des Betrags für das erste und das zweite Schulhalbjahr, wenn die erstmalige Aufnahme innerhalb des Schuljahres in oder nach dem Monat erfolgt, in dem das zweite Schulhalbjahr beginnt,
3. in Höhe von 50 Euro, wenn der Schulbesuch nach dem Monat, in dem das Schuljahr begonnen hat, unterbrochen wird und die Wiederaufnahme nach dem Monat erfolgt, in dem das zweite Schulhalbjahr beginnt.

(3a) [1]Der nach Absatz 3 anzuerkennende Teilbetrag für ein erstes Schulhalbjahr eines Schuljahres wird kalenderjährlich mit dem in der maßgeblichen Regelbedarfsstufen-Fortschreibungsverordnung nach den §§ 28a und 40 Nummer 1 bestimmten Prozentsatz fortgeschrieben; der fortgeschriebene Wert ist bis unter 0,50 Euro auf den nächsten vollen Euro abzurunden und ab 0,50 Euro auf den nächsten vollen Euro aufzurunden (Anlage). [2]Der Teilbetrag für das zweite Schulhalbjahr eines Schuljahres nach Absatz 3 beträgt 50 Prozent des sich nach Satz 1 für das jeweilige Kalenderjahr ergebenden Teilbetrags (Anlage).

[1)] § 34 Absatz 1, Absatz 2 Satz 1 Nummer 1 und Satz 2, Absatz 4 bis Absatz 7 ist gem. Beschl. des BVerfG – 2 BvR 696/12 – v. 7.7.2020 (BGBl. I S. 1992) in Verbindung mit § 3 Absatz 2 Satz 1 Sozialgesetzbuch Zwölftes Buch in der Fassung vom 27. Dezember 2003 (Bundesgesetzblatt I Seite 3022) mit Artikel 28 Absatz 2 Satz 1 und Satz 3 in Verbindung mit Artikel 84 Absatz 1 Satz 7 des Grundgesetzes unvereinbar. Die Vorschriften sind bis zu einer Neuregelung, spätestens bis zum 31. Dezember 2021, weiter anwendbar.

[3]Liegen die Ergebnisse einer bundesweiten neuen Einkommens- und Verbrauchsstichprobe vor, ist der Teilbetrag nach Satz 1 durch Bundesgesetz um den Betrag zu erhöhen, der sich aus der prozentualen Erhöhung der Regelbedarfsstufe 1 nach § 28 für das jeweilige Kalenderjahr durch Bundesgesetz ergibt, das Ergebnis ist entsprechend Satz 1 zweiter Teilsatz zu runden und die Anlage zu ergänzen. [4]Aus dem sich nach Satz 3 ergebenden Teilbetrag für das erste Schulhalbjahr ist der Teilbetrag für das zweite Schulhalbjahr des jeweiligen Kalenderjahres entsprechend Satz 2 durch Bundesgesetz zu bestimmen und die Anlage um den sich ergebenden Betrag zu ergänzen.

(4) [1]Bei Schülerinnen und Schülern, die für den Besuch der nächstgelegenen Schule des gewählten Bildungsgangs auf Schülerbeförderung angewiesen sind, werden die dafür erforderlichen tatsächlichen Aufwendungen berücksichtigt, soweit sie nicht von Dritten übernommen werden. [2]Als nächstgelegene Schule des gewählten Bildungsgangs gilt auch eine Schule, die aufgrund ihres Profils gewählt wurde, soweit aus diesem Profil eine besondere inhaltliche oder organisatorische Ausgestaltung des Unterrichts folgt; dies sind insbesondere Schulen mit naturwissenschaftlichem, musischem, sportlichem oder sprachlichem Profil sowie bilinguale Schulen, und Schulen mit ganztägiger Ausrichtung.

(5) [1]Für Schülerinnen und Schüler wird eine schulische Angebote ergänzende angemessene Lernförderung berücksichtigt, soweit diese geeignet und zusätzlich erforderlich ist, um die nach den schulrechtlichen Bestimmungen festgelegten wesentlichen Lernziele zu erreichen. [2]Auf eine bestehende Versetzungsgefährdung kommt es dabei nicht an.

(6) [1]Bei Teilnahme an einer gemeinschaftlichen Mittagsverpflegung werden die entstehenden Aufwendungen berücksichtigt für

1. Schülerinnen und Schüler und
2. Kinder, die eine Tageseinrichtung besuchen oder für die Kindertagespflege geleistet wird.

[2]Für Schülerinnen und Schüler gilt dies unter der Voraussetzung, dass die Mittagsverpflegung in schulischer Verantwortung angeboten wird oder durch einen Kooperationsvertrag zwischen Schule und Tageseinrichtung vereinbart ist. [3]In den Fällen des Satzes 2 ist für die Ermittlung des monatlichen Bedarfs die Anzahl der Schultage in dem Land zugrunde zu legen, in dem der Schulbesuch stattfindet.

(7) [1]Für die Teilhabe am sozialen und kulturellen Leben in der Gemeinschaft werden pauschal 15 Euro monatlich berücksichtigt, sofern bei Leistungsberechtigten, die das 18. Lebensjahr noch nicht vollendet haben, tatsächliche Aufwendungen entstehen im Zusammenhang mit der Teilnahme an

1. Aktivitäten in den Bereichen Sport, Spiel, Kultur und Geselligkeit,
2. Unterricht in künstlerischen Fächern (zum Beispiel Musikunterricht) und vergleichbare angeleitete Aktivitäten der kulturellen Bildung und
3. Freizeiten.

[2]Neben der Berücksichtigung von Bedarfen nach Satz 1 können auch weitere tatsächliche Aufwendungen berücksichtigt werden, wenn sie im Zusammenhang mit der Teilnahme an Aktivitäten nach Satz 1 Nummer 1 bis 3 entstehen und es den Leistungsberechtigten im Einzelfall nicht zugemutet werden kann, diese aus den Leistungen nach Satz 1 und aus dem Regelbedarf zu bestreiten.

§ 34a[1] Erbringung der Leistungen für Bildung und Teilhabe.

(1) [1] Leistungen zur Deckung der Bedarfe nach § 34 Absatz 2 und 4 bis 7 werden auf Antrag erbracht; gesonderte Anträge sind nur für Leistungen nach § 34 Absatz 5 erforderlich. [2] Einer nachfragenden Person werden, auch wenn keine Regelsätze zu gewähren sind, für Bedarfe nach § 34 Leistungen erbracht, wenn sie diese nicht aus eigenen Kräften und Mitteln vollständig decken kann. [3] Die Leistungen zur Deckung der Bedarfe nach § 34 Absatz 7 bleiben bei der Erbringung von Leistungen nach Teil 2 des Neunten Buches[2] unberücksichtigt.

(2) [1] Leistungen zur Deckung der Bedarfe nach § 34 Absatz 2 und 5 bis 7 werden erbracht durch

1. Sach- und Dienstleistungen, insbesondere in Form von personalisierten Gutscheinen,
2. Direktzahlungen an Anbieter von Leistungen zur Deckung dieser Bedarfe (Anbieter) oder
3. Geldleistungen.

[2] Die zuständigen Träger der Sozialhilfe bestimmen, in welcher Form sie die Leistungen erbringen. [3] Die Leistungen zur Deckung der Bedarfe nach § 34 Absatz 3 und 4 werden jeweils durch Geldleistungen erbracht. [4] Die zuständigen Träger der Sozialhilfe können mit Anbietern pauschal abrechnen.

(3) [1] Werden die Bedarfe durch Gutscheine gedeckt, gelten die Leistungen mit Ausgabe des jeweiligen Gutscheins als erbracht. [2] Die zuständigen Träger der Sozialhilfe gewährleisten, dass Gutscheine bei geeigneten vorhandenen Anbietern oder zur Wahrnehmung ihrer eigenen Angebote eingelöst werden können. [3] Gutscheine können für den gesamten Bewilligungszeitraum im Voraus ausgegeben werden. [4] Die Gültigkeit von Gutscheinen ist angemessen zu befristen. [5] Im Fall des Verlustes soll ein Gutschein erneut in dem Umfang ausgestellt werden, in dem er noch nicht in Anspruch genommen wurde.

(4) [1] Werden die Bedarfe durch Direktzahlungen an Anbieter gedeckt, gelten die Leistungen mit der Zahlung als erbracht. [2] Eine Direktzahlung ist für den gesamten Bewilligungszeitraum im Voraus möglich.

(5) Werden die Leistungen für Bedarfe nach § 34 Absatz 2 und 5 bis 7 durch Geldleistungen erbracht, erfolgt dies

1. monatlich in Höhe der im Bewilligungszeitraum bestehenden Bedarfe oder
2. nachträglich durch Erstattung verauslagter Beträge.

(6) [1] Im Einzelfall kann der zuständige Träger der Sozialhilfe einen Nachweis über eine zweckentsprechende Verwendung der Leistung verlangen. [2] Soweit der Nachweis nicht geführt wird, soll die Bewilligungsentscheidung widerrufen werden.

---

[1] § 34a ist gem. Beschl. des BVerfG – 2 BvR 696/12 – v. 7.7.2020 (BGBl. I S. 1992) in Verbindung mit § 3 Absatz 2 Satz 1 Sozialgesetzbuch Zwölftes Buch in der Fassung vom 27. Dezember 2003 (Bundesgesetzblatt I Seite 3022) mit Artikel 28 Absatz 2 Satz 1 und Satz 3 in Verbindung mit Artikel 84 Absatz 1 Satz 7 des Grundgesetzes unvereinbar. Die Vorschriften sind bis zu einer Neuregelung, spätestens bis zum 31. Dezember 2021, weiter anwendbar.

[2] Nr. **9**.

(7) [1] Abweichend von den Absätzen 2 bis 5 können Leistungen nach § 34 Absatz 2 Satz 1 Nummer 1 gesammelt für Schülerinnen und Schüler an eine Schule ausgezahlt werden, wenn die Schule

1. dies bei dem zuständigen Träger der Sozialhilfe beantragt,
2. die Leistungen für die leistungsberechtigten Schülerinnen und Schüler verauslagt und
3. sich die Leistungsberechtigung von den Leistungsberechtigten nachweisen lässt.

[2] Der zuständige Träger der Sozialhilfe kann mit der Schule vereinbaren, dass monatliche oder schulhalbjährliche Abschlagszahlungen geleistet werden.

§ 34b Berechtigte Selbsthilfe. [1] Geht die leistungsberechtigte Person durch Zahlung an Anbieter in Vorleistung, ist der Träger der Sozialhilfe zur Übernahme der berücksichtigungsfähigen Aufwendungen verpflichtet, soweit

1. unbeschadet des Satzes 2 die Voraussetzungen einer Leistungsgewährung zur Deckung der Bedarfe im Zeitpunkt der Selbsthilfe nach § 34 Absatz 2 und 5 bis 7 vorlagen und
2. zum Zeitpunkt der Selbsthilfe der Zweck der Leistung durch Erbringung als Sach- oder Dienstleistung ohne eigenes Verschulden nicht oder nicht rechtzeitig zu erreichen war.

[2] War es dem Leistungsberechtigten nicht möglich, rechtzeitig einen Antrag zu stellen, gilt dieser als zum Zeitpunkt der Selbstvornahme gestellt.

Vierter Abschnitt. Bedarfe für Unterkunft und Heizung

§ 35 Bedarfe für Unterkunft und Heizung. (1) [1] Bedarfe für die Unterkunft werden in Höhe der tatsächlichen Aufwendungen anerkannt. [2] Bedarfe für die Unterkunft sind auf Antrag der leistungsberechtigten Person durch Direktzahlung an den Vermieter oder andere Empfangsberechtigte zu decken. [3] Direktzahlungen an den Vermieter oder andere Empfangsberechtigte sollen erfolgen, wenn die zweckentsprechende Verwendung durch die leistungsberechtigte Person nicht sichergestellt ist. [4] Das ist insbesondere der Fall, wenn

1. Mietrückstände bestehen, die zu einer außerordentlichen Kündigung des Mietverhältnisses berechtigen,
2. Energiekostenrückstände bestehen, die zu einer Unterbrechung der Energieversorgung berechtigen,
3. konkrete Anhaltspunkte für ein krankheits- oder suchtbedingtes Unvermögen der leistungsberechtigten Person bestehen, die Mittel zweckentsprechend zu verwenden, oder
4. konkrete Anhaltspunkte dafür bestehen, dass die im Schuldnerverzeichnis eingetragene leistungsberechtigte Person die Mittel nicht zweckentsprechend verwendet.

[5] Werden die Bedarfe für die Unterkunft und Heizung durch Direktzahlung an den Vermieter oder andere Empfangsberechtigte gedeckt, hat der Träger der Sozialhilfe die leistungsberechtigte Person darüber schriftlich zu unterrichten.

(2) [1] Übersteigen die Aufwendungen für die Unterkunft den der Besonderheit des Einzelfalles angemessenen Umfang, sind sie insoweit als Bedarf der Personen, deren Einkommen und Vermögen nach § 27 Absatz 2 zu berück-

sichtigen sind, anzuerkennen. [2] Satz 1 gilt so lange, als es diesen Personen nicht möglich oder nicht zuzumuten ist, durch einen Wohnungswechsel, durch Vermieten oder auf andere Weise die Aufwendungen zu senken, in der Regel jedoch längstens für sechs Monate. [3] Vor Abschluss eines Vertrages über eine neue Unterkunft haben Leistungsberechtigte den dort zuständigen Träger der Sozialhilfe über die nach den Sätzen 1 und 2 maßgeblichen Umstände in Kenntnis zu setzen. [4] Sind die Aufwendungen für die neue Unterkunft unangemessen hoch, ist der Träger der Sozialhilfe nur zur Übernahme angemessener Aufwendungen verpflichtet, es sei denn, er hat den darüber hinausgehenden Aufwendungen vorher zugestimmt. [5] Wohnungsbeschaffungskosten, Mietkautionen und Umzugskosten können bei vorheriger Zustimmung übernommen werden; Mietkautionen sollen als Darlehen erbracht werden. [6] Eine Zustimmung soll erteilt werden, wenn der Umzug durch den Träger der Sozialhilfe veranlasst wird oder aus anderen Gründen notwendig ist und wenn ohne die Zustimmung eine Unterkunft in einem angemessenen Zeitraum nicht gefunden werden kann.

(3) [1] Der Träger der Sozialhilfe kann für seinen Bereich die Bedarfe für die Unterkunft durch eine monatliche Pauschale festsetzen, wenn auf dem örtlichen Wohnungsmarkt hinreichend angemessener freier Wohnraum verfügbar und in Einzelfällen die Pauschalierung nicht unzumutbar ist. [2] Bei der Bemessung der Pauschale sind die tatsächlichen Gegebenheiten des örtlichen Wohnungsmarkts, der örtliche Mietspiegel sowie die familiären Verhältnisse der Leistungsberechtigten zu berücksichtigen. [3] Absatz 2 Satz 1 gilt entsprechend.

(4) [1] Bedarfe für Heizung und zentrale Warmwasserversorgung werden in tatsächlicher Höhe anerkannt, soweit sie angemessen sind. [2] Die Bedarfe können durch eine monatliche Pauschale festgesetzt werden. [3] Bei der Bemessung der Pauschale sind die persönlichen und familiären Verhältnisse, die Größe und Beschaffenheit der Wohnung, die vorhandenen Heizmöglichkeiten und die örtlichen Gegebenheiten zu berücksichtigen.

(5) [1] Leben Leistungsberechtigte in einer Unterkunft nach § 42a Absatz 2 Satz 1 Nummer 2 und Satz 3, sind Aufwendungen für Unterkunft und Heizung nach § 42a Absatz 5 und 6 anzuerkennen. [2] Leben Leistungsberechtigte in einer sonstigen Unterkunft nach § 42a Absatz 2 Satz 1 Nummer 3 sind Aufwendungen für Unterkunft und Heizung nach § 42a Absatz 7 anzuerkennen.

§ 35a Satzung. [1] Hat ein Kreis oder eine kreisfreie Stadt eine Satzung nach den §§ 22a bis 22c des Zweiten Buches[1)] erlassen, so gilt sie für die Höhe der anzuerkennenden Bedarfe für die Unterkunft nach § 35 Absatz 1 und 2 des zuständigen Trägers der Sozialhilfe entsprechend, sofern darin nach § 22b Absatz 3 des Zweiten Buches Sonderregelungen für Personen mit einem besonderen Bedarf für Unterkunft und Heizung getroffen werden und dabei zusätzlich auch die Bedarfe älterer Menschen berücksichtigt werden. [2] Dies gilt auch für die Höhe der anzuerkennenden Bedarfe für Heizung nach § 35 Absatz 4, soweit die Satzung Bestimmungen nach § 22b Absatz 1 Satz 2 und 3 des Zweiten Buches enthält. [3] In Fällen der Sätze 1 und 2 ist § 35 Absatz 3 und 4 Satz 2 und 3 nicht anzuwenden.

[1)] Nr. 2.

§ 36 Sonstige Hilfen zur Sicherung der Unterkunft. (1) [1] Schulden können nur übernommen werden, wenn dies zur Sicherung der Unterkunft oder zur Behebung einer vergleichbaren Notlage gerechtfertigt ist. [2] Sie sollen übernommen werden, wenn dies gerechtfertigt und notwendig ist und sonst Wohnungslosigkeit einzutreten droht. [3] Geldleistungen können als Beihilfe oder als Darlehen erbracht werden.

(2) [1] Geht bei einem Gericht eine Klage auf Räumung von Wohnraum im Falle der Kündigung des Mietverhältnisses nach § 543 Absatz 1, 2 Satz 1 Nummer 3 in Verbindung mit § 569 Absatz 3 des Bürgerlichen Gesetzbuchs ein, teilt das Gericht dem zuständigen örtlichen Träger der Sozialhilfe oder der Stelle, die von ihm zur Wahrnehmung der in Absatz 1 bestimmten Aufgaben beauftragt wurde, unverzüglich Folgendes mit:

1. den Tag des Eingangs der Klage,
2. die Namen und die Anschriften der Parteien,
3. die Höhe der monatlich zu entrichtenden Miete,
4. die Höhe des geltend gemachten Mietrückstandes und der geltend gemachten Entschädigung sowie
5. den Termin zur mündlichen Verhandlung, sofern dieser bereits bestimmt ist.

[2] Außerdem kann der Tag der Rechtshängigkeit mitgeteilt werden. [3] Die Übermittlung unterbleibt, wenn die Nichtzahlung der Miete nach dem Inhalt der Klageschrift offensichtlich nicht auf Zahlungsunfähigkeit des Mieters beruht. [4] Die übermittelten Daten dürfen auch für entsprechende Zwecke der Kriegsopferfürsorge nach dem Bundesversorgungsgesetz gespeichert, verändert, genutzt, übermittelt und in der Verarbeitung eingeschränkt werden.

Fünfter Abschnitt. Gewährung von Darlehen

§ 37 Ergänzende Darlehen. (1) Kann im Einzelfall ein von den Regelbedarfen umfasster und nach den Umständen unabweisbar gebotener Bedarf auf keine andere Weise gedeckt werden, sollen auf Antrag hierfür notwendige Leistungen als Darlehen erbracht werden.

(2) [1] Der Träger der Sozialhilfe übernimmt für Leistungsberechtigte, die einen Barbetrag nach § 27b Absatz 3 Satz 2 Nummer 1 erhalten, die jeweils von ihnen bis zur Belastungsgrenze (§ 62 des Fünften Buches[1)]) zu leistenden Zuzahlungen in Form eines ergänzenden Darlehens, sofern der Leistungsberechtigte nicht widerspricht. [2] Die Auszahlung der für das gesamte Kalenderjahr zu leistenden Zuzahlungen erfolgt unmittelbar an die zuständige Krankenkasse zum 1. Januar oder bei Aufnahme in eine stationäre Einrichtung. [3] Der Träger der Sozialhilfe teilt der zuständigen Krankenkasse spätestens bis zum 1. November des Vorjahres die Leistungsberechtigten nach § 27b Absatz 2 Satz 2 mit, soweit diese der Darlehensgewährung nach Satz 1 für das laufende oder ein vorangegangenes Kalenderjahr nicht widersprochen haben.

(3) In den Fällen des Absatzes 2 Satz 3 erteilt die Krankenkasse über den Träger der Sozialhilfe die in § 62 Absatz 1 Satz 1 des Fünften Buches genannte Bescheinigung jeweils bis zum 1. Januar oder bei Aufnahme in eine stationäre Einrichtung und teilt dem Träger der Sozialhilfe die Höhe der der leistungs-

---

[1)] Nr. 5.

berechtigten Person zu leistenden Zuzahlungen mit; Veränderungen im Laufe eines Kalenderjahres sind unverzüglich mitzuteilen.

(4) [1]Für die Rückzahlung von Darlehen nach Absatz 1 können von den monatlichen Regelsätzen Teilbeträge bis zur Höhe von jeweils 5 vom Hundert der Regelbedarfsstufe 1 nach der Anlage zu § 28 einbehalten werden. [2]Die Rückzahlung von Darlehen nach Absatz 2 erfolgt in gleichen Teilbeträgen über das ganze Kalenderjahr.

§ 37a Darlehen bei am Monatsende fälligen Einkünften. (1) [1]Kann eine leistungsberechtigte Person in dem Monat, in dem ihr erstmals eine Rente zufließt, bis zum voraussichtlichen Zufluss der Rente ihren notwendigen Lebensunterhalt nicht vollständig aus eigenen Mitteln bestreiten, ist ihr insoweit auf Antrag ein Darlehen zu gewähren. [2]Satz 1 gilt entsprechend für Einkünfte und Sozialleistungen, die am Monatsende fällig werden.

(2) [1]Das Darlehen ist in monatlichen Raten in Höhe von 5 Prozent der Regelbedarfsstufe 1 nach der Anlage zu § 28 zu tilgen; insgesamt ist jedoch höchstens ein Betrag in Höhe von 50 Prozent der Regelbedarfsstufe 1 nach der Anlage zu § 28 zurückzuzahlen. [2]Beträgt der monatliche Leistungsanspruch der leistungsberechtigten Person weniger als 5 Prozent der Regelbedarfsstufe 1 nach der Anlage zu § 28 wird die monatliche Rate nach Satz 1 in Höhe des Leistungsanspruchs festgesetzt.

(3) [1]Die Rückzahlung nach Absatz 2 beginnt mit Ablauf des Kalendermonats, der auf die Auszahlung des Darlehens folgt. [2]Die Rückzahlung des Darlehens erfolgt während des Leistungsbezugs durch Aufrechnung nach § 44b.

§ 38 Darlehen bei vorübergehender Notlage. [1]Sind Leistungen nach § 27a Absatz 3 und 4, der Barbetrag nach § 27b Absatz 2 sowie nach den §§ 30, 32, 33 und 35 voraussichtlich nur für kurze Dauer zu erbringen, können Geldleistungen als Darlehen gewährt werden. [2]Darlehen an Mitglieder von Haushaltsgemeinschaften im Sinne des § 27 Absatz 2 Satz 2 und 3 können an einzelne Mitglieder oder an mehrere gemeinsam vergeben werden.

Sechster Abschnitt. Einschränkung von Leistungsberechtigung und -umfang

§ 39 Vermutung der Bedarfsdeckung. [1]Lebt eine nachfragende Person gemeinsam mit anderen Personen in einer Wohnung oder in einer entsprechenden anderen Unterkunft, so wird vermutet, dass sie gemeinsam wirtschaften (Haushaltsgemeinschaft) und dass die nachfragende Person von den anderen Personen Leistungen zum Lebensunterhalt erhält, soweit dies nach deren Einkommen und Vermögen erwartet werden kann. [2]Soweit nicht gemeinsam gewirtschaftet wird oder die nachfragende Person von den Mitgliedern der Haushaltsgemeinschaft keine ausreichenden Leistungen zum Lebensunterhalt erhält, ist ihr Hilfe zum Lebensunterhalt zu gewähren. [3]Satz 1 gilt nicht

1. für Schwangere oder Personen, die ihr leibliches Kind bis zur Vollendung seines sechsten Lebensjahres betreuen und mit ihren Eltern oder einem Elternteil zusammenleben, oder

2. für Personen, die im Sinne des § 99 des Neunten Buches[1)] in Fähigkeit zur Teilhabe an der Gesellschaft in erheblichem Maße eingeschränkt sind oder im Sinne des § 61a pflegebedürftig sind und von in Satz 1 genannten Personen betreut werden; dies gilt auch, wenn die genannten Voraussetzungen einzutreten drohen und das gemeinsame Wohnen im Wesentlichen zum Zweck der Sicherstellung der Hilfe und Versorgung erfolgt.

§ 39a Einschränkung der Leistung. (1) [1] Lehnen Leistungsberechtigte entgegen ihrer Verpflichtung die Aufnahme einer Tätigkeit oder die Teilnahme an einer erforderlichen Vorbereitung ab, vermindert sich die maßgebende Regelbedarfsstufe in einer ersten Stufe um bis zu 25 vom Hundert, bei wiederholter Ablehnung in weiteren Stufen um jeweils bis zu 25 vom Hundert. [2] Die Leistungsberechtigten sind vorher entsprechend zu belehren.

(2) § 26 Abs. 1 Satz 2 findet Anwendung.

Siebter Abschnitt. Verordnungsermächtigung

§ 40 Verordnungsermächtigung. [1] Das Bundesministerium für Arbeit und Soziales hat im Einvernehmen mit dem Bundesministerium der Finanzen durch Rechtsverordnung mit Zustimmung des Bundesrates

1. den für die Fortschreibung der Regelbedarfsstufen nach § 28a und für die Fortschreibung des Teilbetrags nach § 34 Absatz 3a Satz 1 maßgeblichen Prozentsatz zu bestimmen und
2. die Anlagen zu den §§ 28 und 34 um die sich durch die Fortschreibung nach Nummer 1 zum 1. Januar eines Jahres ergebenden Regelbedarfsstufen sowie um die sich aus der Fortschreibung nach § 34 Absatz 3a Satz 1 und 2 ergebenden Teilbeträge zu ergänzen.

[2] Der Vomhundertsatz nach Satz 1 Nummer 1 ist auf zwei Dezimalstellen zu berechnen; die zweite Dezimalstelle ist um eins zu erhöhen, wenn sich in der dritten Dezimalstelle eine der Ziffern von 5 bis 9 ergibt. [3] Die Bestimmungen nach Satz 1 erfolgen bis spätestens zum Ablauf des 31. Oktober des jeweiligen Jahres.

Viertes Kapitel. Grundsicherung im Alter und bei Erwerbsminderung

Erster Abschnitt. Grundsätze

§ 41 Leistungsberechtigte. (1) Leistungsberechtigt nach diesem Kapitel sind Personen mit gewöhnlichem Aufenthalt im Inland, die ihren notwendigen Lebensunterhalt nicht oder nicht ausreichend aus Einkommen und Vermögen nach § 43 bestreiten können, wenn sie die Voraussetzungen nach Absatz 2, 3 oder 3a erfüllen.

(2) [1] Leistungsberechtigt sind Personen nach Absatz 1 wegen Alters, wenn sie die Altersgrenze erreicht haben. [2] Personen, die vor dem 1. Januar 1947 geboren sind, erreichen die Altersgrenze mit Vollendung des 65. Lebensjahres. [3] Für Personen, die nach dem 31. Dezember 1946 geboren sind, wird die Altersgrenze wie folgt angehoben:

[1)] Nr. **9**.

für den Geburts-jahrgang	erfolgt eine Anhebung um Monate	auf Vollendung eines Lebensalters von
1947	1	65 Jahren und 1 Monat
1948	2	65 Jahren und 2 Monaten
1949	3	65 Jahren und 3 Monaten
1950	4	65 Jahren und 4 Monaten
1951	5	65 Jahren und 5 Monaten
1952	6	65 Jahren und 6 Monaten
1953	7	65 Jahren und 7 Monaten
1954	8	65 Jahren und 8 Monaten
1955	9	65 Jahren und 9 Monaten
1956	10	65 Jahren und 10 Monaten
1957	11	65 Jahren und 11 Monaten
1958	12	66 Jahren
1959	14	66 Jahren und 2 Monaten
1960	16	66 Jahren und 4 Monaten
1961	18	66 Jahren und 6 Monaten
1962	20	66 Jahren und 8 Monaten
1963	22	66 Jahren und 10 Monaten
ab 1964	24	67 Jahren

(3) Leistungsberechtigt sind Personen nach Absatz 1 wegen einer dauerhaften vollen Erwerbsminderung, wenn sie das 18. Lebensjahr vollendet haben, unabhängig von der jeweiligen Arbeitsmarktlage voll erwerbsgemindert im Sinne des § 43 Absatz 2 des Sechsten Buches[1)] sind und bei denen unwahrscheinlich ist, dass die volle Erwerbsminderung behoben werden kann.

(3a) Leistungsberechtigt sind Personen nach Absatz 1, die das 18. Lebensjahr vollendet haben, für den Zeitraum, in dem sie

1. in einer Werkstatt für behinderte Menschen (§ 57 des Neunten Buches[2)]) oder bei einem anderen Leistungsanbieter (§ 60 des Neunten Buches) das Eingangsverfahren und den Berufsbildungsbereich durchlaufen oder
2. in einem Ausbildungsverhältnis stehen, für das sie ein Budget für Ausbildung (§ 61a des Neunten Buches) erhalten.

(4) Keinen Anspruch auf Leistungen nach diesem Kapitel hat, wer in den letzten zehn Jahren die Bedürftigkeit vorsätzlich oder grob fahrlässig herbeigeführt hat.

§ 41a Vorübergehender Auslandsaufenthalt. Leistungsberechtigte, die sich länger als vier Wochen ununterbrochen im Ausland aufhalten, erhalten nach Ablauf der vierten Woche bis zu ihrer nachgewiesenen Rückkehr ins Inland keine Leistungen.

---

1) Nr. **6**.
2) Nr. **9**.

§ 42 Bedarfe. Die Bedarfe nach diesem Kapitel umfassen:

1. die Regelsätze nach den Regelbedarfsstufen der Anlage zu § 28; § 27a Absatz 3 und Absatz 4 ist anzuwenden; § 29 Absatz 1 Satz 1 letzter Halbsatz und Absatz 2 bis 5 ist nicht anzuwenden,
2. die zusätzlichen Bedarfe nach dem Zweiten Abschnitt des Dritten Kapitels sowie Bedarfe nach § 42b,
3. die Bedarfe für Bildung und Teilhabe nach dem Dritten Abschnitt des Dritten Kapitels, ausgenommen die Bedarfe nach § 34 Absatz 7,
4. Bedarfe für Unterkunft und Heizung
   a) bei Leistungsberechtigten außerhalb von Einrichtungen nach § 42a,
   b) bei Leistungsberechtigten, deren notwendiger Lebensunterhalt sich nach § 27b Absatz 1 Nummer 2 oder nach § 27c Absatz 1 Nummer 2 ergibt, in Höhe der durchschnittlichen angemessenen tatsächlichen Aufwendungen für die Warmmiete eines Einpersonenhaushalts im Bereich des nach § 46b zuständigen Trägers,
5. ergänzende Darlehen nach § 37 Absatz 1 und Darlehen bei am Monatsende fälligen Einkommen nach § 37a.

§ 42a Bedarfe für Unterkunft und Heizung. (1) Für Leistungsberechtigte sind angemessene Bedarfe für Unterkunft und Heizung nach dem Vierten Abschnitt des Dritten Kapitels sowie nach § 42 Nummer 4 Buchstabe b anzuerkennen, soweit in den folgenden Absätzen nichts Abweichendes geregelt ist.

(2) [1] Für die Anerkennung von Bedarfen für Unterkunft und Heizung bei

1. Leistungsberechtigten, die in einer Wohnung nach Satz 2 leben, gelten die Absätze 3 und 4,
2. Leistungsberechtigten, die nicht in einer Wohnung nach Nummer 1 leben, weil ihnen zur Erbringung von Leistungen nach Teil 2 des Neunten Buches[1)] allein oder zu zweit ein persönlicher Wohnraum und zusätzliche Räumlichkeiten zur gemeinschaftlichen Nutzung nach Satz 3 zu Wohnzwecken überlassen werden, gelten die Absätze 5 und 6,
3. Leistungsberechtigten, die weder in einer Wohnung nach Nummer 1 noch in einem persönlichen Wohnraum und zusätzlichen Räumlichkeiten nach Nummer 2 untergebracht sind und für die § 42 Nummer 4 Buchstabe b nicht anzuwenden ist, gilt Absatz 7.

[2] Wohnung ist die Zusammenfassung mehrerer Räume, die von anderen Wohnungen oder Wohnräumen baulich getrennt sind und die in ihrer Gesamtheit alle für die Führung eines Haushalts notwendigen Einrichtungen, Ausstattungen und Räumlichkeiten umfassen. [3] Persönlicher Wohnraum ist ein Wohnraum, der Leistungsberechtigten allein oder zu zweit zur alleinigen Nutzung überlassen wird, und zusätzliche Räumlichkeiten sind Räume, die Leistungsberechtigten zusammen mit weiteren Personen zur gemeinschaftlichen Nutzung überlassen werden.

(3) [1] Lebt eine leistungsberechtigte Person

1. zusammen mit mindestens einem Elternteil, mit mindestens einem volljährigen Geschwisterkind oder einem volljährigen Kind in einer Wohnung im

---

1) Nr. **9**.

Sinne von Absatz 2 Satz 2 und sind diese Mieter oder Eigentümer der gesamten Wohnung (Mehrpersonenhaushalt) und

2. ist sie nicht vertraglich zur Tragung von Unterkunftskosten verpflichtet,

sind ihr Bedarfe für Unterkunft und Heizung nach den Sätzen 2 bis 5 anzuerkennen. [2] Als Bedarf sind leistungsberechtigten Personen nach Satz 1 diejenigen Aufwendungen für Unterkunft als Bedarf anzuerkennen, die sich aus der Differenz der angemessenen Aufwendungen für den Mehrpersonenhaushalt entsprechend der Anzahl der dort wohnenden Personen ergeben und für einen Haushalt mit einer um eins verringerten Personenzahl. [3] Für die als Bedarf zu berücksichtigenden angemessenen Aufwendungen für Heizung ist der Anteil an den tatsächlichen Gesamtaufwendungen für die Heizung der Wohnung zu berücksichtigen, der sich für die Aufwendungen für die Unterkunft nach Satz 2 ergibt. [4] Abweichend von § 35 kommt es auf die nachweisbare Tragung von tatsächlichen Aufwendungen für Unterkunft und Heizung nicht an. [5] Die Sätze 2 und 3 gelten nicht, wenn die mit der leistungsberechtigten Person zusammenlebenden Personen darlegen, dass sie ihren Lebensunterhalt einschließlich der ungedeckten angemessenen Aufwendungen für Unterkunft und Heizung aus eigenen Mitteln nicht decken können; in diesen Fällen findet Absatz 4 Satz 1 Anwendung.

(4) [1] Lebt eine leistungsberechtigte Person zusammen mit anderen Personen in einer Wohnung im Sinne von Absatz 2 Satz 2 (Wohngemeinschaft) oder lebt die leistungsberechtigte Person zusammen mit in Absatz 3 Satz 1 Nummer 1 genannten Personen und ist sie vertraglich zur Tragung von Unterkunftskosten verpflichtet, sind die von ihr zu tragenden Aufwendungen für Unterkunft und Heizung bis zu dem Betrag als Bedarf anzuerkennen, der ihrem nach der Zahl der Bewohner zu bemessenden Anteil an den Aufwendungen für Unterkunft und Heizung entspricht, die für einen entsprechenden Mehrpersonenhaushalt als angemessen gelten. [2] Satz 1 gilt nicht, wenn die leistungsberechtigte Person auf Grund einer mietvertraglichen Vereinbarung nur für konkret bestimmte Anteile des Mietzinses zur Zahlung verpflichtet ist; in diesem Fall sind die tatsächlichen Aufwendungen für Unterkunft und Heizung bis zu dem Betrag als Bedarf anzuerkennen, der für einen Einpersonenhaushalt angemessen ist, soweit der von der leistungsberechtigten Person zu zahlende Mietzins zur gesamten Wohnungsmiete in einem angemessenen Verhältnis steht. [3] Übersteigen die tatsächlichen Aufwendungen der leistungsberechtigten Person die nach den Sätzen 1 und 2 angemessenen Aufwendungen für Unterkunft und Heizung, gilt § 35 Absatz 2 Satz 2 entsprechend.

(5) [1] Für leistungsberechtigte Personen, die in Räumlichkeiten nach Absatz 2 Satz 1 Nummer 2 leben, werden die tatsächlichen Aufwendungen für die Unterkunft, soweit sie angemessen sind, als Bedarf berücksichtigt für

1. den persönlichen Wohnraum in voller Höhe, wenn er allein bewohnt wird, und jeweils hälftig, wenn er von zwei Personen bewohnt wird,
2. einen Zuschlag für den persönlichen Wohnraum, der vollständig oder teilweise möbliert zur Nutzung überlassen wird, in der sich daraus ergebenden Höhe,
3. die Räumlichkeiten, die vorrangig zur gemeinschaftlichen Nutzung der leistungsberechtigten Person und anderer Bewohner bestimmt sind (Gemeinschaftsräume), mit einem Anteil, der sich aus der Anzahl der vorgesehenen Nutzer bei gleicher Aufteilung ergibt.

[2] Für die tatsächlichen Aufwendungen für die Heizung werden die auf den persönlichen Wohnraum und die auf die Gemeinschaftsräume entfallenden Anteile als Bedarf anerkannt, soweit sie angemessen sind. [3] Tatsächliche Aufwendungen für Unterkunft und Heizung nach den Sätzen 1 und 2 gelten als angemessen, wenn sie die Höhe der durchschnittlichen angemessenen tatsächlichen Aufwendungen für die Warmmiete von Einpersonenhaushalten nicht überschreiten. [4] Maßgeblich ist die Höhe der sich nach Satz 3 ergebenden durchschnittlichen Warmmiete im Zuständigkeitsbereich desjenigen Trägers, der für die Ausführung des Gesetzes nach diesem Kapitel für in Wohnungen lebende Leistungsberechtigte, die zur gleichen Zeit keine Leistungen nach dem Siebten bis Neunten Kapitel oder nach Teil 2 des Neunten Buches erhalten, zuständig ist (örtlicher Träger) und in dessen örtlichem Zuständigkeitsbereich die Räumlichkeiten nach Satz 1 liegen. [5] Hat ein zuständiger örtlicher Träger innerhalb seines örtlichen Zuständigkeitsbereiches mehr als eine Angemessenheitsgrenze festgelegt, so können die sich daraus ergebenden örtlichen Abgrenzungen für die Durchschnittsbildung nach Satz 3 zu Grunde gelegt werden. [6] Überschreiten die tatsächlichen Aufwendungen die Angemessenheitsgrenze nach Satz 3, sind um bis zu 25 Prozent höhere als die angemessenen Aufwendungen anzuerkennen, wenn die leistungsberechtigte Person die höheren Aufwendungen durch einen Vertrag mit gesondert ausgewiesenen zusätzlichen Kosten nachweist für

1. Zuschläge nach Satz 1 Nummer 2,
2. Wohn- und Wohnnebenkosten, sofern diese Kosten im Verhältnis zu vergleichbaren Wohnformen angemessen sind,
3. Haushaltsstrom, Instandhaltung des persönlichen Wohnraums und der Räumlichkeiten zur gemeinschaftlichen Nutzung sowie die Ausstattung mit Haushaltsgroßgeräten oder
4. Gebühren für Telekommunikation sowie Gebühren für den Zugang zu Rundfunk, Fernsehen und Internet.

[7] Die zusätzlichen Aufwendungen nach Satz 6 Nummer 2 bis 4 sind nach der Anzahl der in einer baulichen Einheit lebenden Personen zu gleichen Teilen aufzuteilen.

(6) [1] Übersteigen die Aufwendungen für die Unterkunft nach Absatz 4 den der Besonderheit des Einzelfalles angemessenen Umfang und hat der für die Ausführung des Gesetzes nach diesem Kapitel zuständige Träger Anhaltspunkte dafür, dass ein anderer Leistungsträger diese Aufwendungen ganz oder teilweise zu übernehmen verpflichtet ist, wirkt er auf eine sachdienliche Antragstellung bei diesem Leistungsträger hin. [2] Übersteigen die tatsächlichen Aufwendungen die Angemessenheitsgrenze nach Absatz 5 Satz 3 um mehr als 25 Prozent, umfassen die Leistungen nach Teil 2 des Neunten Buches auch diese Aufwendungen.

(7) [1] Lebt eine leistungsberechtigte Person in einer sonstigen Unterkunft nach Absatz 2 Satz 1 Nummer 3 allein, so sind höchstens die durchschnittlichen angemessenen tatsächlichen Aufwendungen für die Warmmiete eines Einpersonenhaushaltes im örtlichen Zuständigkeitsbereich des für die Ausführung des Gesetzes nach diesem Kapitel zuständigen Trägers als Bedarf anzuerkennen. [2] Lebt die leistungsberechtigte Person zusammen mit anderen Bewohnern in einer sonstigen Unterkunft, so sind höchstens die angemessenen tatsächlichen Aufwendungen als Bedarf anzuerkennen, die die leistungsberechtigte Person

nach der Zahl der Bewohner anteilig an einem entsprechenden Mehrpersonenhaushalt zu tragen hätte. [3]Höhere als die sich nach Satz 1 oder 2 ergebenden Aufwendungen können im Einzelfall als Bedarf anerkannt werden, wenn

1. eine leistungsberechtigte Person voraussichtlich innerhalb von sechs Monaten ab der erstmaligen Anerkennung von Bedarfen nach Satz 1 oder Satz 2 in einer angemessenen Wohnung untergebracht werden kann oder, sofern dies als nicht möglich erscheint, voraussichtlich auch keine hinsichtlich Ausstattung und Größe sowie Höhe der Aufwendungen angemessene Unterbringung in einer sonstigen Unterkunft verfügbar ist oder
2. die Aufwendungen zusätzliche haushaltsbezogene Aufwendungen beinhalten, die ansonsten über die Regelbedarfe abzudecken wären.

§ 42b Mehrbedarfe. (1) Für Bedarfe, die nicht durch den Regelsatz abgedeckt sind, werden ergänzend zu den Mehrbedarfen nach § 30 die Mehrbedarfe nach den Absätzen 2 bis 4 anerkannt.

(2) [1]Für die Mehraufwendungen bei gemeinschaftlicher Mittagsverpflegung wird ein Mehrbedarf anerkannt

1. in einer Werkstatt für behinderte Menschen nach § 56 des Neunten Buches[1)],
2. bei einem anderen Leistungsanbieter nach § 60 des Neunten Buches oder
3. im Rahmen vergleichbarer anderer tagesstrukturierender Angebote.

[2]Dies gilt unter der Voraussetzung, dass die Mittagsverpflegung in Verantwortung eines Leistungsanbieters nach Satz 1 Nummer 1 bis 3 angeboten wird oder durch einen Kooperationsvertrag zwischen diesem und dem für die gemeinschaftliche Mittagsverpflegung an einem anderen Ort Verantwortlichen vereinbart ist. [3]Die Mehraufwendungen je Arbeitstag sind ein Dreißigstel des Betrags, der sich nach § 2 Absatz 1 Satz 2 der Sozialversicherungsentgeltverordnung in der jeweiligen Fassung ergibt.

(3) [1]Für Leistungsberechtigte mit Behinderungen, denen Hilfen zur Schulbildung oder Hilfen zur schulischen oder hochschulischen Ausbildung nach § 112 Absatz 1 Nummer 1 und 2 des Neunten Buches geleistet werden, wird ein Mehrbedarf von 35 Prozent der maßgebenden Regelbedarfsstufe anerkannt. [2]In besonderen Einzelfällen ist der Mehrbedarf nach Satz 1 über die Beendigung der dort genannten Leistungen hinaus während einer angemessenen Einarbeitungszeit von bis zu drei Monaten anzuerkennen. [3]In den Fällen des Satzes 1 oder des Satzes 2 ist § 30 Absatz 1 Nummer 2 nicht anzuwenden.

(4) Die Summe des nach Absatz 3 und § 30 Absatz 1 bis 5 insgesamt anzuerkennenden Mehrbedarfs darf die Höhe der maßgebenden Regelbedarfsstufe nicht übersteigen.

§ 43 Einsatz von Einkommen und Vermögen. (1) [1]Für den Einsatz des Einkommens sind die §§ 82 bis 84 und für den Einsatz des Vermögens die §§ 90 und 91 anzuwenden, soweit in den folgenden Absätzen nichts Abweichendes geregelt ist. [2]Einkommen und Vermögen des nicht getrennt lebenden Ehegatten oder Lebenspartners sowie des Partners einer eheähnlichen oder lebenspartnerschaftsähnlichen Gemeinschaft, die dessen notwendigen Lebensunterhalt nach § 27a übersteigen, sind zu berücksichtigen.

[1)] Nr. 9.

(2) Zusätzlich zu den nach § 82 Absatz 2 vom Einkommen abzusetzenden Beträgen sind Einnahmen aus Kapitalvermögen abzusetzen, soweit sie einen Betrag von 26 Euro im Kalenderjahr nicht übersteigen.

(3) [1] Die Verletztenrente nach dem Siebten Buch ist teilweise nicht als Einkommen zu berücksichtigen, wenn sie auf Grund eines in Ausübung der Wehrpflicht bei der Nationalen Volksarmee der ehemaligen Deutschen Demokratischen Republik erlittenen Gesundheitsschadens erbracht wird. [2] Dabei bestimmt sich die Höhe des nicht zu berücksichtigenden Betrages nach der Höhe der Grundrente nach § 31 des Bundesversorgungsgesetzes, die für den Grad der Schädigungsfolgen zu zahlen ist, der der jeweiligen Minderung der Erwerbsfähigkeit entspricht. [3] Bei einer Minderung der Erwerbsfähigkeit um 20 Prozent beträgt der nicht zu berücksichtigende Betrag zwei Drittel, bei einer Minderung der Erwerbsfähigkeit um 10 Prozent ein Drittel der Mindestgrundrente nach dem Bundesversorgungsgesetz.

(4) Erhalten Leistungsberechtigte nach dem Dritten Kapitel in einem Land nach § 29 Absatz 1 letzter Halbsatz und Absatz 2 bis 5 festgesetzte und fortgeschriebene Regelsätze und sieht das Landesrecht in diesem Land für Leistungsberechtigte nach diesem Kapitel eine aufstockende Leistung vor, dann ist diese Leistung nicht als Einkommen nach § 82 Absatz 1 zu berücksichtigen.

(5) § 39 Satz 1 ist nicht anzuwenden.

Zweiter Abschnitt. Verfahrensbestimmungen

§ 43a Gesamtbedarf, Zahlungsanspruch und Direktzahlung. (1) Der monatliche Gesamtbedarf ergibt sich aus der Summe der nach § 42 Nummer 1 bis 4 anzuerkennenden monatlichen Bedarfe.

(2) Die Höhe der monatlichen Geldleistung im Einzelfall (monatlicher Zahlungsanspruch) ergibt sich aus dem Gesamtbedarf nach Absatz 1 zuzüglich Nachzahlungen und abzüglich des nach § 43 Absatz 1 bis 4 einzusetzenden Einkommens und Vermögens sowie abzüglich von Aufrechnungen und Verrechnungen nach § 44b.

(3) [1] Sehen Vorschriften des Dritten Kapitels vor, dass Bedarfe, die in den Gesamtbedarf eingehen, durch Zahlungen des zuständigen Trägers an Empfangsberechtigte gedeckt werden können oder zu decken sind (Direktzahlung), erfolgt die Zahlung durch den für die Ausführung des Gesetzes nach diesem Kapitel zuständigen Träger, und zwar bis zur Höhe des jeweils anerkannten Bedarfs, höchstens aber bis zu der sich nach Absatz 2 ergebenden Höhe des monatlichen Zahlungsanspruchs; die §§ 34a und 34b bleiben unberührt. [2] Satz 1 gilt entsprechend, wenn Leistungsberechtigte eine Direktzahlung wünschen. [3] Erfolgt eine Direktzahlung, hat der für die Ausführung des Gesetzes nach diesem Kapitel zuständige Träger die leistungsberechtigte Person darüber schriftlich zu informieren.

(4) Der für die Ausführung des Gesetzes nach diesem Kapitel zuständige Träger kann bei Zahlungsrückständen aus Stromlieferverträgen für Haushaltsstrom, die zu einer Unterbrechung der Energielieferung berechtigen, für die laufenden Zahlungsverpflichtungen einer leistungsberechtigten Person eine Direktzahlung entsprechend Absatz 3 Satz 1 vornehmen.

§ 44 Antragserfordernis, Erbringung von Geldleistungen, Bewilligungszeitraum. (1) [1] Leistungen nach diesem Kapitel werden auf Antrag erbracht. [2] Gesondert zu beantragen sind Leistungen zur Deckung von Bedarfen nach § 42 Nummer 2 in Verbindung mit den §§ 31 und 33 sowie zur Deckung der Bedarfe nach § 42 Nummer 3 in Verbindung mit § 34 Absatz 5 und nach § 42 Nummer 5.

(2) [1] Ein Antrag nach Absatz 1 wirkt auf den Ersten des Kalendermonats zurück, in dem er gestellt wird, wenn die Voraussetzungen des § 41 innerhalb dieses Kalendermonats erfüllt werden. [2] Leistungen zur Deckung von Bedarfen nach § 42 werden vorbehaltlich Absatz 4 Satz 2 nicht für Zeiten vor dem sich nach Satz 1 ergebenden Kalendermonat erbracht.

(3) [1] Leistungen zur Deckung von Bedarfen nach § 42 werden in der Regel für einen Bewilligungszeitraum von zwölf Kalendermonaten bewilligt. [2] Sofern über den Leistungsanspruch nach § 44a vorläufig entschieden wird, soll der Bewilligungszeitraum nach Satz 1 auf höchstens sechs Monate verkürzt werden. [3] Bei einer Bewilligung nach dem Bezug von Arbeitslosengeld II oder Sozialgeld nach dem Zweiten Buch[1)], der mit Erreichen der Altersgrenze nach § 7a des Zweiten Buches endet, beginnt der Bewilligungszeitraum erst mit dem Ersten des Monats, der auf den sich nach § 7a des Zweiten Buches ergebenden Monat folgt.

(4) [1] Leistungen zur Deckung von wiederkehrenden Bedarfen nach § 42 Nummer 1, 2 und 4 werden monatlich im Voraus erbracht. [2] Für Leistungen zur Deckung der Bedarfe nach § 42 Nummer 3 sind die §§ 34a und 34b anzuwenden.

§ 44a Vorläufige Entscheidung. (1) Über die Erbringung von Geldleistungen ist vorläufig zu entscheiden, wenn die Voraussetzungen des § 41 Absatz 2 und 3 feststehen und

1. zur Feststellung der weiteren Voraussetzungen des Anspruchs auf Geldleistungen voraussichtlich längere Zeit erforderlich ist und die weiteren Voraussetzungen für den Anspruch mit hinreichender Wahrscheinlichkeit vorliegen oder
2. ein Anspruch auf Geldleistungen dem Grunde nach besteht und zur Feststellung seiner Höhe voraussichtlich längere Zeit erforderlich ist.

(2) [1] Der Grund der Vorläufigkeit der Entscheidung ist im Verwaltungsakt des ausführenden Trägers anzugeben. [2] Eine vorläufige Entscheidung ergeht nicht, wenn die leistungsberechtigte Person die Umstände, die einer sofortigen abschließenden Entscheidung entgegenstehen, zu vertreten hat.

(3) Soweit die Voraussetzungen des § 45 Absatz 1 des Zehnten Buches[2)] vorliegen, ist die vorläufige Entscheidung mit Wirkung für die Zukunft zurückzunehmen; § 45 Absatz 2 des Zehnten Buches findet keine Anwendung.

(4) Steht während des Bewilligungszeitraums fest, dass für Monate, für die noch keine vorläufig bewilligten Leistungen erbracht wurden, kein Anspruch bestehen wird und steht die Höhe des Anspruchs für die Monate endgültig fest, für die bereits vorläufig Geldleistungen erbracht worden sind, kann der ausführende Träger für den gesamten Bewilligungszeitraum eine abschließende Entscheidung bereits vor dessen Ablauf treffen.

[1)] Nr. **2**.
[2)] Nr. **10**.

(5) [1] Nach Ablauf des Bewilligungszeitraums hat der für die Ausführung des Gesetzes nach diesem Kapitel zuständige Träger abschließend über den monatlichen Leistungsanspruch zu entscheiden, sofern die vorläufig bewilligte Geldleistung nicht der abschließend festzustellenden entspricht. [2] Anderenfalls trifft der ausführende Träger nur auf Antrag der leistungsberechtigten Person eine abschließende Entscheidung für den gesamten Bewilligungszeitraum. [3] Die leistungsberechtigte Person ist nach Ablauf des Bewilligungszeitraums verpflichtet, die von dem der für die Ausführung des Gesetzes nach diesem Kapitel zuständige Träger zum Erlass einer abschließenden Entscheidung geforderten leistungserheblichen Tatsachen nachzuweisen; die §§ 60, 61, 65 und 65a des Ersten Buches[1)] gelten entsprechend. [4] Kommt die leistungsberechtigte Person ihrer Nachweispflicht trotz angemessener Fristsetzung und schriftlicher Belehrung über die Rechtsfolgen bis zur abschließenden Entscheidung nicht, nicht vollständig oder nicht fristgemäß nach, setzt der für die Ausführung des Gesetzes nach diesem Kapitel zuständige Träger die zu gewährenden Geldleistungen für diese Kalendermonate nur in der Höhe endgültig fest, soweit der Leistungsanspruch nachgewiesen ist. [5] Für die übrigen Kalendermonate wird festgestellt, dass ein Leistungsanspruch nicht bestand.

(6) [1] Ergeht innerhalb eines Jahres nach Ablauf des Bewilligungszeitraums keine abschließende Entscheidung nach Absatz 4, gelten die vorläufig bewilligten Geldleistungen als abschließend festgesetzt. [2] Satz 1 gilt nicht,

1. wenn die leistungsberechtigte Person innerhalb der Frist nach Satz 1 eine abschließende Entscheidung beantragt oder
2. der Leistungsanspruch aus einem anderen als dem nach Absatz 2 anzugebenden Grund nicht oder nur in geringerer Höhe als die vorläufigen Leistungen besteht und der für die Ausführung des Gesetzes nach diesem Kapitel zuständige Träger über diesen innerhalb eines Jahres seit Kenntnis von diesen Tatsachen, spätestens aber nach Ablauf von zehn Jahren nach der Bekanntgabe der vorläufigen Entscheidung abschließend entschieden hat.

[3] Satz 2 Nummer 2 findet keine Anwendung, wenn der für die Ausführung des Gesetzes nach diesem Kapitel zuständige Träger die Unkenntnis von den entscheidungserheblichen Tatsachen zu vertreten hat.

(7) [1] Die auf Grund der vorläufigen Entscheidung erbrachten Geldleistungen sind auf die abschließend festgestellten Geldleistungen anzurechnen. [2] Soweit im Bewilligungszeitraum in einzelnen Kalendermonaten vorläufig zu hohe Geldleistungen erbracht wurden, sind die sich daraus ergebenden Überzahlungen auf die abschließend bewilligten Geldleistungen anzurechnen, die für andere Kalendermonate dieses Bewilligungszeitraums nachzuzahlen wären. [3] Überzahlungen, die nach der Anrechnung fortbestehen, sind zu erstatten.

§ 44b Aufrechnung, Verrechnung. (1) Die für die Ausführung des Gesetzes nach diesem Kapitel zuständigen Träger können mit einem bestandskräftigen Erstattungsanspruch nach § 44a Absatz 7 gegen den monatlichen Leistungsanspruch aufrechnen.

(2) Die Höhe der Aufrechnung nach Absatz 1 beträgt monatlich 5 Prozent der maßgebenden Regelbedarfsstufe nach der Anlage zu § 28.

---

1) Nr. 1.

(3) [1] Die Aufrechnung ist gegenüber der leistungsberechtigten Person schriftlich durch Verwaltungsakt zu erklären. [2] Die Aufrechnung endet spätestens drei Jahre nach Ablauf des Monats, in dem die Bestandskraft der in Absatz 1 genannten Ansprüche eingetreten ist. [3] Zeiten, in denen die Aufrechnung nicht vollziehbar ist, verlängern den Aufrechnungszeitraum entsprechend.

(4) [1] Ein für die Ausführung des Gesetzes nach diesem Kapitel zuständiger Träger kann nach Ermächtigung eines anderen Trägers im Sinne dieses Buches dessen bestandskräftige Ansprüche mit dem monatlichen Zahlungsanspruch nach § 43a nach Maßgabe der Absätze 2 und 3 verrechnen. [2] Zwischen den für die Ausführung des Gesetzes nach diesem Kapitel zuständigen Trägern findet keine Erstattung verrechneter Forderungen statt, soweit die miteinander verrechneten Ansprüche auf der Bewilligung von Leistungen nach diesem Kapitel beruhen.

§ 44c Erstattungsansprüche zwischen Trägern. Im Verhältnis der für die Ausführung des Gesetzes nach diesem Kapitel zuständigen Träger untereinander sind die Vorschriften über die Erstattung nach

1. dem Zweiten Abschnitt des Dreizehnten Kapitels sowie
2. dem Zweiten Abschnitt des Dritten Kapitels des Zehnten Buches[1]

für Geldleistungen nach diesem Kapitel nicht anzuwenden.

§ 45 Feststellung der dauerhaften vollen Erwerbsminderung. [1] Der jeweils für die Ausführung des Gesetzes nach diesem Kapitel zuständige Träger ersucht den nach § 109a Absatz 2 des Sechsten Buches[2] zuständigen Träger der Rentenversicherung, die medizinischen Voraussetzungen des § 41 Absatz 3 zu prüfen, wenn es auf Grund der Angaben und Nachweise des Leistungsberechtigten als wahrscheinlich erscheint, dass diese erfüllt sind und das zu berücksichtigende Einkommen und Vermögen nicht ausreicht, um den Lebensunterhalt vollständig zu decken. [2] Die Entscheidung des Trägers der Rentenversicherung ist bindend für den ersuchenden Träger, der für die Ausführung des Gesetzes nach diesem Kapitel zuständig ist; dies gilt auch für eine Entscheidung des Trägers der Rentenversicherung nach § 109a Absatz 3 des Sechsten Buches. [3] Ein Ersuchen nach Satz 1 erfolgt nicht, wenn

1. ein Träger der Rentenversicherung bereits die Voraussetzungen des § 41 Absatz 3 im Rahmen eines Antrags auf eine Rente wegen Erwerbsminderung festgestellt hat,
2. ein Träger der Rentenversicherung bereits nach § 109a Absatz 2 und 3 des Sechsten Buches eine gutachterliche Stellungnahme abgegeben hat,
3. Personen in einer Werkstatt für behinderte Menschen das Eingangsverfahren oder den Berufsbildungsbereich durchlaufen oder im Arbeitsbereich beschäftigt sind oder
4. der Fachausschuss einer Werkstatt für behinderte Menschen über die Aufnahme in eine Werkstatt oder Einrichtung eine Stellungnahme nach den §§ 2 und 3 der Werkstättenverordnung abgegeben und dabei festgestellt hat, dass ein Mindestmaß an wirtschaftlich verwertbarer Arbeitsleistung nicht vorliegt.

---

[1] Nr. **10**.
[2] Nr. **6**.

[4] In Fällen des Satzes 3 Nummer 4 wird die Stellungnahme des Fachausschusses bei Durchführung eines Teilhabeplanverfahrens nach den §§ 19 bis 23 des Neunten Buches[1)] durch eine entsprechende Feststellung im Teilhabeplanverfahren ersetzt; dies gilt entsprechend, wenn ein Gesamtplanverfahren nach den §§ 117 bis 121 des Neunten Buches durchgeführt wird.

§ 46 Zusammenarbeit mit den Trägern der Rentenversicherung. [1] Der zuständige Träger der Rentenversicherung informiert und berät leistungsberechtigte Personen nach § 41, die rentenberechtigt sind, über die Leistungsvoraussetzungen und über das Verfahren nach diesem Kapitel. [2] Personen, die nicht rentenberechtigt sind, werden auf Anfrage beraten und informiert. [3] Liegt die Rente unter dem 27-fachen Betrag des geltenden aktuellen Rentenwertes in der gesetzlichen Rentenversicherung (§§ 68, 68a des Sechsten Buches[2)]), ist der Information zusätzlich ein Antragsformular beizufügen. [4] Der Träger der Rentenversicherung übersendet einen eingegangenen Antrag mit einer Mitteilung über die Höhe der monatlichen Rente und über das Vorliegen der Voraussetzungen der Leistungsberechtigung an den jeweils für die Ausführung des Gesetzes nach diesem Kapitel zuständigen Träger. [5] Eine Verpflichtung des Trägers der Rentenversicherung nach Satz 1 besteht nicht, wenn eine Inanspruchnahme von Leistungen nach diesem Kapitel wegen der Höhe der gezahlten Rente sowie der im Rentenverfahren zu ermittelnden weiteren Einkommen nicht in Betracht kommt.

Dritter Abschnitt. Erstattung und Zuständigkeit

§ 46a Erstattung durch den Bund. (1) Der Bund erstattet den Ländern

1. im Jahr 2013 einen Anteil von 75 Prozent und
2. ab dem Jahr 2014 jeweils einen Anteil von 100 Prozent

der im jeweiligen Kalenderjahr den für die Ausführung des Gesetzes nach diesem Kapitel zuständigen Trägern entstandenen Nettoausgaben für Geldleistungen nach diesem Kapitel.

(2) [1] Die Höhe der Nettoausgaben für Geldleistungen nach Absatz 1 ergibt sich aus den Bruttoausgaben der für die Ausführung des Gesetzes nach diesem Kapitel zuständigen Träger, abzüglich der auf diese Geldleistungen entfallenden Einnahmen. [2] Einnahmen nach Satz 1 sind insbesondere Einnahmen aus Aufwendungen, Kostenersatz und Ersatzansprüchen nach dem Dreizehnten Kapitel, soweit diese auf Geldleistungen nach diesem Kapitel entfallen, aus dem Übergang von Ansprüchen nach § 93 sowie aus Erstattungen anderer Sozialleistungsträger nach dem Zehnten Buch[3)].

(3) [1] Der Abruf der Erstattungen durch die Länder erfolgt quartalsweise. [2] Die Abrufe sind

1. vom 15. März bis 14. Mai,
2. vom 15. Juni bis 14. August,
3. vom 15. September bis 14. November und
4. vom 1. Januar bis 28. Februar des Folgejahres

---

1) Nr. **9**.
2) Nr. **6**.
3) Nr. **10**.

zulässig (Abrufzeiträume). [3] Werden Leistungen für Leistungszeiträume im folgenden Haushaltsjahr zur fristgerechten Auszahlung an den Leistungsberechtigten bereits im laufenden Haushaltsjahr erbracht, sind die entsprechenden Nettoausgaben im Abrufzeitraum 15. März bis 14. Mai des Folgejahres abzurufen. [4] Der Abruf für Nettoausgaben aus Vorjahren, für die bereits ein Jahresnachweis vorliegt, ist in den darauf folgenden Jahren nach Maßgabe des Absatzes 1 jeweils nur vom 15. Juni bis 14. August zulässig.

(4) [1] Die Länder gewährleisten die Prüfung, dass die Ausgaben für Geldleistungen der für die Ausführung des Gesetzes nach diesem Kapitel zuständigen Träger begründet und belegt sind und den Grundsätzen für Wirtschaftlichkeit und Sparsamkeit entsprechen. [2] Sie haben dies dem Bundesministerium für Arbeit und Soziales für das jeweils abgeschlossene Quartal in tabellarischer Form zu belegen (Quartalsnachweis). [3] In den Quartalsnachweisen sind

1. die Bruttoausgaben für Geldleistungen nach § 46a Absatz 2 sowie die darauf entfallenden Einnahmen,
2. die Bruttoausgaben und Einnahmen nach Nummer 1, differenziert nach Leistungen für Leistungsberechtigte außerhalb und in Einrichtungen,
3. erstmals ab dem Jahr 2016 die Bruttoausgaben und Einnahmen nach Nummer 1, differenziert nach Leistungen für Leistungsberechtigte nach § 41 Absatz 2 und 3

zu belegen. [4] Die Quartalsnachweise für die Abrufzeiträume nach Absatz 3 Satz 2 Nummer 1 bis 3 sind dem Bundesministerium für Arbeit und Soziales durch die Länder jeweils zwischen dem 15. und dem 20. der Monate Mai, August und November für das jeweils abgeschlossene Quartal vorzulegen, für den Abrufzeitraum nach Absatz 3 Satz 2 Nummer 4 zwischen dem 1. und 5. März des Folgejahres. [5] Die Länder können die Quartalsnachweise auch vor den sich nach Satz 4 ergebenden Terminen vorlegen; ein weiterer Abruf in dem für das jeweilige Quartal nach Absatz 3 Satz 1 geltenden Abrufzeitraum ist nach Vorlage des Quartalsnachweises nicht zulässig.

(5) [1] Die Länder haben dem Bundesministerium für Arbeit und Soziales die Angaben nach

1. Absatz 4 Satz 3 Nummer 1 und 2 entsprechend ab dem Kalenderjahr 2015 und
2. Absatz 4 Satz 3 Nummer 3 entsprechend ab dem Kalenderjahr 2016

bis 31. März des jeweils folgenden Jahres in tabellarischer Form zu belegen (Jahresnachweis). [2] Die Angaben nach Satz 1 sind zusätzlich für die für die Ausführung nach diesem Kapitel zuständigen Träger zu differenzieren.

§ 46b Zuständigkeit. (1) Die für die Ausführung des Gesetzes nach diesem Kapitel zuständigen Träger werden nach Landesrecht bestimmt, sofern sich nach Absatz 3 nichts Abweichendes ergibt.

(2) Die §§ 3, 6 und 7 sind nicht anzuwenden.

(3) [1] Das Zwölfte Kapitel ist nicht anzuwenden, sofern sich aus den Sätzen 2 bis 5 nichts Abweichendes ergibt. [2] Im Fall der Auszahlung der Leistungen nach § 34 Absatz 2 Satz 1 Nummer 1 und nach § 34a Absatz 7 ist § 98 Absatz 1a entsprechend anzuwenden. [3] Bei Leistungsberechtigten nach diesem Kapitel gilt der Aufenthalt in einer stationären Einrichtung und in Einrichtungen zum Vollzug richterlich angeordneter Freiheitsentziehung nicht als gewöhnlicher Aufenthalt; § 98 Absatz 2 Satz 1 bis 3 ist entsprechend anzuwenden. [4] Für die

Leistungen nach diesem Kapitel an Personen, die Leistungen nach dem Siebten und Achten Kapitel in Formen ambulanter betreuter Wohnmöglichkeiten erhalten, ist § 98 Absatz 5 entsprechend anzuwenden. [5] Soweit Leistungen der Eingliederungshilfe nach Teil 2 des Neunten Buches[1)] und Leistungen nach diesem Kapitel gleichzeitig zu erbringen sind, ist § 98 Absatz 6 entsprechend anzuwenden.

Fünftes Kapitel. Hilfen zur Gesundheit

§ 47 Vorbeugende Gesundheitshilfe. [1] Zur Verhütung und Früherkennung von Krankheiten werden die medizinischen Vorsorgeleistungen und Untersuchungen erbracht. [2] Andere Leistungen werden nur erbracht, wenn ohne diese nach ärztlichem Urteil eine Erkrankung oder ein sonstiger Gesundheitsschaden einzutreten droht.

§ 48 Hilfe bei Krankheit. [1] Um eine Krankheit zu erkennen, zu heilen, ihre Verschlimmerung zu verhüten oder Krankheitsbeschwerden zu lindern, werden Leistungen zur Krankenbehandlung entsprechend dem Dritten Kapitel Fünften Abschnitt Ersten Titel des Fünften Buches[2)] erbracht. [2] Die Regelungen zur Krankenbehandlung nach § 264 des Fünften Buches gehen den Leistungen der Hilfe bei Krankheit nach Satz 1 vor.

§ 49 Hilfe zur Familienplanung. [1] Zur Familienplanung werden die ärztliche Beratung, die erforderliche Untersuchung und die Verordnung der empfängnisregelnden Mittel geleistet. [2] Die Kosten für empfängnisverhütende Mittel werden übernommen, wenn diese ärztlich verordnet worden sind.

§ 50 Hilfe bei Schwangerschaft und Mutterschaft. Bei Schwangerschaft und Mutterschaft werden

1. ärztliche Behandlung und Betreuung sowie Hebammenhilfe,
2. Versorgung mit Arznei-, Verband- und Heilmitteln,
3. Pflege in einer stationären Einrichtung und
4. häusliche Pflege nach den §§ 64c und 64f sowie die angemessenen Aufwendungen der Pflegeperson

geleistet.

§ 51 Hilfe bei Sterilisation. Bei einer durch Krankheit erforderlichen Sterilisation werden die ärztliche Untersuchung, Beratung und Begutachtung, die ärztliche Behandlung, die Versorgung mit Arznei-, Verband- und Heilmitteln sowie die Krankenhauspflege geleistet.

§ 52 Leistungserbringung, Vergütung. (1) [1] Die Hilfen nach den §§ 47 bis 51 entsprechen den Leistungen der gesetzlichen Krankenversicherung. [2] Soweit Krankenkassen in ihrer Satzung Umfang und Inhalt der Leistungen bestimmen können, entscheidet der Träger der Sozialhilfe über Umfang und Inhalt der Hilfen nach pflichtgemäßem Ermessen.

(2) [1] Leistungsberechtigte haben die freie Wahl unter den Ärzten und Zahnärzten sowie den Krankenhäusern entsprechend den Bestimmungen der gesetz-

---

1) Nr. 9.

2) Nr. 5.

lichen Krankenversicherung. [2]Hilfen werden nur in dem durch Anwendung des § 65a des Fünften Buches[1)] erzielbaren geringsten Umfang geleistet.

(3) [1]Bei Erbringung von Leistungen nach den §§ 47 bis 51 sind die für die gesetzlichen Krankenkassen nach dem Vierten Kapitel des Fünften Buches geltenden Regelungen mit Ausnahme des Dritten Titels des Zweiten Abschnitts anzuwenden. [2]Ärzte, Psychotherapeuten im Sinne des § 28 Abs. 3 Satz 1 des Fünften Buches und Zahnärzte haben für ihre Leistungen Anspruch auf die Vergütung, welche die Ortskrankenkasse, in deren Bereich der Arzt, Psychotherapeut oder der Zahnarzt niedergelassen ist, für ihre Mitglieder zahlt. [3]Die sich aus den §§ 294, 295, 300 bis 302 des Fünften Buches für die Leistungserbringer ergebenden Verpflichtungen gelten auch für die Abrechnung von Leistungen nach diesem Kapitel mit dem Träger der Sozialhilfe. [4]Die Vereinbarungen nach § 303 Abs. 1 sowie § 304 des Fünften Buches gelten für den Träger der Sozialhilfe entsprechend.

(4) Leistungsberechtigten, die nicht in der gesetzlichen Krankenversicherung versichert sind, wird unter den Voraussetzungen von § 39a Satz 1 des Fünften Buches zu stationärer und teilstationärer Versorgung in Hospizen der von den gesetzlichen Krankenkassen entsprechend § 39a Satz 3 des Fünften Buches zu zahlende Zuschuss geleistet.

Sechstes Kapitel. weggefallen

§§ 53–60a *(aufgehoben)*

Siebtes Kapitel. Hilfe zur Pflege

§ 61 Leistungsberechtigte. [1]Personen, die pflegebedürftig im Sinne des § 61a sind, haben Anspruch auf Hilfe zur Pflege, soweit ihnen und ihren nicht getrennt lebenden Ehegatten oder Lebenspartnern nicht zuzumuten ist, dass sie die für die Hilfe zur Pflege benötigten Mittel aus dem Einkommen und Vermögen nach den Vorschriften des Elften Kapitels aufbringen. [2]Sind die Personen minderjährig und unverheiratet, so sind auch das Einkommen und das Vermögen ihrer Eltern oder eines Elternteils zu berücksichtigen.

§ 61a Begriff der Pflegebedürftigkeit. (1) [1]Pflegebedürftig sind Personen, die gesundheitlich bedingte Beeinträchtigungen der Selbständigkeit oder der Fähigkeiten aufweisen und deshalb der Hilfe durch andere bedürfen. [2]Pflegebedürftige Personen im Sinne des Satzes 1 können körperliche, kognitive oder psychische Beeinträchtigungen oder gesundheitlich bedingte Belastungen oder Anforderungen nicht selbständig kompensieren oder bewältigen.

(2) Maßgeblich für die Beurteilung der Beeinträchtigungen der Selbständigkeit oder Fähigkeiten sind die folgenden Bereiche mit folgenden Kriterien:

1. Mobilität mit den Kriterien
   a) Positionswechsel im Bett,
   b) Halten einer stabilen Sitzposition,
   c) Umsetzen,
   d) Fortbewegen innerhalb des Wohnbereichs,

[1)] Nr. **5**.

e) Treppensteigen;

2. kognitive und kommunikative Fähigkeiten mit den Kriterien
   a) Erkennen von Personen aus dem näheren Umfeld,
   b) örtliche Orientierung,
   c) zeitliche Orientierung,
   d) Erinnern an wesentliche Ereignisse oder Beobachtungen,
   e) Steuern von mehrschrittigen Alltagshandlungen,
   f) Treffen von Entscheidungen im Alltagsleben,
   g) Verstehen von Sachverhalten und Informationen,
   h) Erkennen von Risiken und Gefahren,
   i) Mitteilen von elementaren Bedürfnissen,
   j) Verstehen von Aufforderungen,
   k) Beteiligen an einem Gespräch;
3. Verhaltensweisen und psychische Problemlagen mit den Kriterien
   a) motorisch geprägte Verhaltensauffälligkeiten,
   b) nächtliche Unruhe,
   c) selbstschädigendes und autoaggressives Verhalten,
   d) Beschädigen von Gegenständen,
   e) physisch aggressives Verhalten gegenüber anderen Personen,
   f) verbale Aggression,
   g) andere pflegerelevante vokale Auffälligkeiten,
   h) Abwehr pflegerischer und anderer unterstützender Maßnahmen,
   i) Wahnvorstellungen,
   j) Ängste,
   k) Antriebslosigkeit bei depressiver Stimmungslage,
   l) sozial inadäquate Verhaltensweisen,
   m) sonstige pflegerelevante inadäquate Handlungen;
4. Selbstversorgung mit den Kriterien
   a) Waschen des vorderen Oberkörpers,
   b) Körperpflege im Bereich des Kopfes,
   c) Waschen des Intimbereichs,
   d) Duschen und Baden einschließlich Waschen der Haare,
   e) An- und Auskleiden des Oberkörpers,
   f) An- und Auskleiden des Unterkörpers,
   g) mundgerechtes Zubereiten der Nahrung und Eingießen von Getränken,
   h) Essen,
   i) Trinken,
   j) Benutzen einer Toilette oder eines Toilettenstuhls,
   k) Bewältigen der Folgen einer Harninkontinenz und Umgang mit Dauerkatheter und Urostoma,
   l) Bewältigen der Folgen einer Stuhlinkontinenz und Umgang mit Stoma,
   m) Ernährung parenteral oder über Sonde,
   n) Bestehen gravierender Probleme bei der Nahrungsaufnahme bei Kindern bis zu 18 Monaten, die einen außergewöhnlich pflegeintensiven Hilfebedarf auslösen;

5. Bewältigung von und selbständiger Umgang mit krankheits- oder therapiebedingten Anforderungen und Belastungen in Bezug auf
   a) Medikation,
   b) Injektionen,
   c) Versorgung intravenöser Zugänge,
   d) Absaugen und Sauerstoffgabe,
   e) Einreibungen sowie Kälte- und Wärmeanwendungen,
   f) Messung und Deutung von Körperzuständen,
   g) körpernahe Hilfsmittel,
   h) Verbandswechsel und Wundversorgung,
   i) Versorgung mit Stoma,
   j) regelmäßige Einmalkatheterisierung und Nutzung von Abführmethoden,
   k) Therapiemaßnahmen in häuslicher Umgebung,
   l) zeit- und technikintensive Maßnahmen in häuslicher Umgebung,
   m) Arztbesuche,
   n) Besuch anderer medizinischer oder therapeutischer Einrichtungen,
   o) zeitlich ausgedehnte Besuche medizinischer oder therapeutischer Einrichtungen,
   p) Besuche von Einrichtungen zur Frühförderung bei Kindern,
   q) Einhalten einer Diät oder anderer krankheits- oder therapiebedingter Verhaltensvorschriften;
6. Gestaltung des Alltagslebens und sozialer Kontakte mit den Kriterien
   a) Gestaltung des Tagesablaufs und Anpassung an Veränderungen,
   b) Ruhen und Schlafen,
   c) Sichbeschäftigen,
   d) Vornehmen von in die Zukunft gerichteten Planungen,
   e) Interaktion mit Personen im direkten Kontakt,
   f) Kontaktpflege zu Personen außerhalb des direkten Umfelds.

§ 61b Pflegegrade. (1) Für die Gewährung von Leistungen der Hilfe zur Pflege sind pflegebedürftige Personen entsprechend den im Begutachtungsverfahren nach § 62 ermittelten Gesamtpunkten in einen der Schwere der Beeinträchtigungen der Selbständigkeit oder der Fähigkeiten entsprechenden Pflegegrad einzuordnen:
1. Pflegegrad 1: geringe Beeinträchtigungen der Selbständigkeit oder der Fähigkeiten (ab 12,5 bis unter 27 Gesamtpunkte),
2. Pflegegrad 2: erhebliche Beeinträchtigungen der Selbständigkeit oder der Fähigkeiten (ab 27 bis unter 47,5 Gesamtpunkte),
3. Pflegegrad 3: schwere Beeinträchtigungen der Selbständigkeit oder der Fähigkeiten (ab 47,5 bis unter 70 Gesamtpunkte),
4. Pflegegrad 4: schwerste Beeinträchtigungen der Selbständigkeit oder der Fähigkeiten (ab 70 bis unter 90 Gesamtpunkte),
5. Pflegegrad 5: schwerste Beeinträchtigungen der Selbständigkeit oder Fähigkeiten mit besonderen Anforderungen an die pflegerische Versorgung (ab 90 bis 100 Gesamtpunkte).

(2) Pflegebedürftige mit besonderen Bedarfskonstellationen, die einen spezifischen, außergewöhnlich hohen Hilfebedarf mit besonderen Anforderungen an die pflegerische Versorgung aufweisen, können aus pflegefachlichen Gründen dem Pflegegrad 5 zugeordnet werden, auch wenn ihre Gesamtpunkte unter 90 liegen.

§ 61c Pflegegrade bei Kindern. (1) Bei pflegebedürftigen Kindern, die 18 Monate oder älter sind, ist für die Einordnung in einen Pflegegrad nach § 61b der gesundheitlich bedingte Grad der Beeinträchtigungen ihrer Selbständigkeit und ihrer Fähigkeiten im Verhältnis zu altersentsprechend entwickelten Kindern maßgebend.

(2) Pflegebedürftige Kinder im Alter bis zu 18 Monaten sind in einen der nachfolgenden Pflegegrade einzuordnen:
1. Pflegegrad 2: ab 12,5 bis unter 27 Gesamtpunkte,
2. Pflegegrad 3: ab 27 bis unter 47,5 Gesamtpunkte,
3. Pflegegrad 4: ab 47,5 bis unter 70 Gesamtpunkte,
4. Pflegegrad 5: ab 70 bis 100 Gesamtpunkte.

§ 62 Ermittlung des Grades der Pflegebedürftigkeit. [1]Die Ermittlung des Pflegegrades erfolgt durch ein Begutachtungsinstrument nach Maßgabe des § 15 des Elften Buches[1)]. [2]Die auf Grund des § 16 des Elften Buches erlassene Verordnung sowie die auf Grund des § 17 des Elften Buches erlassenen Richtlinien der Pflegekassen finden entsprechende Anwendung.

§ 62a Bindungswirkung. [1]Die Entscheidung der Pflegekasse über den Pflegegrad ist für den Träger der Sozialhilfe bindend, soweit sie auf Tatsachen beruht, die bei beiden Entscheidungen zu berücksichtigen sind. [2]Bei seiner Entscheidung kann sich der Träger der Sozialhilfe der Hilfe sachverständiger Dritter bedienen. [3]Auf Anforderung unterstützt der Medizinische Dienst gemäß § 278 des Fünften Buches[2)] den Träger der Sozialhilfe bei seiner Entscheidung und erhält hierfür Kostenersatz, der zu vereinbaren ist.

§ 63 Leistungen für Pflegebedürftige. (1) [1]Die Hilfe zur Pflege umfasst für Pflegebedürftige der Pflegegrade 2, 3, 4 oder 5
1. häusliche Pflege in Form von
   a) Pflegegeld (§ 64a),
   b) häuslicher Pflegehilfe (§ 64b),
   c) Verhinderungspflege (§ 64c),
   d) Pflegehilfsmitteln (§ 64d),
   e) Maßnahmen zur Verbesserung des Wohnumfeldes (§ 64e),
   f) anderen Leistungen (§ 64f),
2. teilstationäre Pflege (§ 64g),
3. Kurzzeitpflege (§ 64h),
4. einen Entlastungsbetrag (§ 64i) und
5. stationäre Pflege (§ 65).

---
1) Nr. **11**.
2) Nr. **5**.

[2]Die Hilfe zur Pflege schließt Sterbebegleitung mit ein.

(2) Die Hilfe zur Pflege umfasst für Pflegebedürftige des Pflegegrades 1
1. Pflegehilfsmittel (§ 64d),
2. Maßnahmen zur Verbesserung des Wohnumfeldes (§ 64e) und
3. einen Entlastungsbetrag (§ 66).

(3) [1]Die Leistungen der Hilfe zur Pflege werden auf Antrag auch als Teil eines Persönlichen Budgets ausgeführt. [2]§ 29 des Neunten Buches[1)] ist insoweit anzuwenden.

§ 63a Notwendiger pflegerischer Bedarf. Die Träger der Sozialhilfe haben den notwendigen pflegerischen Bedarf zu ermitteln und festzustellen.

§ 63b Leistungskonkurrenz. (1) Leistungen der Hilfe zur Pflege werden nicht erbracht, soweit Pflegebedürftige gleichartige Leistungen nach anderen Rechtsvorschriften erhalten.

(2) [1]Abweichend von Absatz 1 sind Leistungen nach § 72 oder gleichartige Leistungen nach anderen Rechtsvorschriften mit 70 Prozent auf das Pflegegeld nach § 64a anzurechnen. [2]Leistungen nach § 45b des Elften Buches[2)] gehen den Leistungen nach den §§ 64i und 66 vor; auf die übrigen Leistungen der Hilfe zur Pflege werden sie nicht angerechnet.

(3) [1]Pflegebedürftige haben während ihres Aufenthalts in einer teilstationären oder vollstationären Einrichtung dort keinen Anspruch auf häusliche Pflege. [2]Abweichend von Satz 1 kann das Pflegegeld nach § 64a während einer teilstationären Pflege nach § 64g oder einer vergleichbaren nicht nach diesem Buch durchgeführten Maßnahme angemessen gekürzt werden.

(4) [1]Absatz 3 Satz 1 gilt nicht für vorübergehende Aufenthalte in einem Krankenhaus nach § 108 des Fünften Buches[3)] oder in einer Vorsorge- oder Rehabilitationseinrichtung nach § 107 Absatz 2 des Fünften Buches, soweit Pflegebedürftige ihre Pflege durch von ihnen selbst beschäftigte besondere Pflegekräfte (Arbeitgebermodell) sicherstellen. [2]Die vorrangigen Leistungen des Pflegegeldes für selbst beschaffte Pflegehilfen nach den §§ 37 und 38 des Elften Buches sind anzurechnen. [3]§ 39 des Fünften Buches bleibt unberührt.

(5) Das Pflegegeld kann um bis zu zwei Drittel gekürzt werden, soweit die Heranziehung einer besonderen Pflegekraft erforderlich ist, Pflegebedürftige Leistungen der Verhinderungspflege nach § 64c oder gleichartige Leistungen nach anderen Rechtsvorschriften erhalten.

(6) [1]Pflegebedürftige, die ihre Pflege im Rahmen des Arbeitgebermodells sicherstellen, können nicht auf die Inanspruchnahme von Sachleistungen nach dem Elften Buch verwiesen werden. [2]In diesen Fällen ist das geleistete Pflegegeld nach § 37 des Elften Buches auf die Leistungen der Hilfe zur Pflege anzurechnen.

(7) Leistungen der stationären Pflege nach § 65 werden auch bei einer vorübergehenden Abwesenheit von Pflegebedürftigen aus der stationären Einrichtung erbracht, solange die Voraussetzungen des § 87a Absatz 1 Satz 5 und 6 des Elften Buches vorliegen.

[1)] Nr. **9**.
[2)] Nr. **11**.
[3)] Nr. **5**.

§ 64 Vorrang. Soweit häusliche Pflege ausreicht, soll der Träger der Sozialhilfe darauf hinwirken, dass die häusliche Pflege durch Personen, die dem Pflegebedürftigen nahestehen, oder als Nachbarschaftshilfe übernommen wird.

§ 64a Pflegegeld. (1) [1] Pflegebedürftige der Pflegegrade 2, 3, 4 oder 5 haben bei häuslicher Pflege Anspruch auf Pflegegeld in Höhe des Pflegegeldes nach § 37 Absatz 1 des Elften Buches[1)]. [2] Der Anspruch auf Pflegegeld setzt voraus, dass die Pflegebedürftigen und die Sorgeberechtigten bei pflegebedürftigen Kindern die erforderliche Pflege mit dem Pflegegeld in geeigneter Weise selbst sicherstellen.

(2) [1] Besteht der Anspruch nach Absatz 1 nicht für den vollen Kalendermonat, ist das Pflegegeld entsprechend zu kürzen. [2] Bei der Kürzung ist der Kalendermonat mit 30 Tagen anzusetzen. [3] Das Pflegegeld wird bis zum Ende des Kalendermonats geleistet, in dem die pflegebedürftige Person gestorben ist.

(3) Stellt die Pflegekasse ihre Leistungen nach § 37 Absatz 6 des Elften Buches ganz oder teilweise ein, entfällt insoweit die Leistungspflicht nach Absatz 1.

§ 64b Häusliche Pflegehilfe. (1) [1] Pflegebedürftige der Pflegegrade 2, 3, 4 oder 5 haben Anspruch auf körperbezogene Pflegemaßnahmen und pflegerische Betreuungsmaßnahmen sowie auf Hilfen bei der Haushaltsführung als Pflegesachleistung (häusliche Pflegehilfe), soweit die häusliche Pflege nach § 64 nicht sichergestellt werden kann. [2] Der Anspruch auf häusliche Pflegehilfe umfasst auch die pflegefachliche Anleitung von Pflegebedürftigen und Pflegepersonen. [3] Mehrere Pflegebedürftige der Pflegegrade 2, 3, 4 oder 5 können die häusliche Pflege gemeinsam in Anspruch nehmen. [4] Häusliche Pflegehilfe kann auch Betreuungs- und Entlastungsleistungen durch Unterstützungsangebote im Sinne des § 45a des Elften Buches[1)] umfassen; § 64i bleibt unberührt.

(2) Pflegerische Betreuungsmaßnahmen umfassen Unterstützungsleistungen zur Bewältigung und Gestaltung des alltäglichen Lebens im häuslichen Umfeld, insbesondere

1. bei der Bewältigung psychosozialer Problemlagen oder von Gefährdungen,
2. bei der Orientierung, bei der Tagesstrukturierung, bei der Kommunikation, bei der Aufrechterhaltung sozialer Kontakte und bei bedürfnisgerechten Beschäftigungen im Alltag sowie
3. durch Maßnahmen zur kognitiven Aktivierung.

§ 64c Verhinderungspflege. Ist eine Pflegeperson im Sinne von § 64 wegen Erholungsurlaubs, Krankheit oder aus sonstigen Gründen an der häuslichen Pflege gehindert, sind die angemessenen Kosten einer notwendigen Ersatzpflege zu übernehmen.

§ 64d Pflegehilfsmittel. (1) [1] Pflegebedürftige haben Anspruch auf Versorgung mit Pflegehilfsmitteln, die

1. zur Erleichterung der Pflege der Pflegebedürftigen beitragen,
2. zur Linderung der Beschwerden der Pflegebedürftigen beitragen oder
3. den Pflegebedürftigen eine selbständigere Lebensführung ermöglichen.

[1)] Nr. **11**.

[2] Der Anspruch umfasst die notwendige Änderung, Instandsetzung und Ersatzbeschaffung von Pflegehilfsmitteln sowie die Ausbildung in ihrem Gebrauch.

(2) Technische Pflegehilfsmittel sollen den Pflegebedürftigen in geeigneten Fällen leihweise zur Verfügung gestellt werden.

§ 64e Maßnahmen zur Verbesserung des Wohnumfeldes. Maßnahmen zur Verbesserung des Wohnumfeldes der Pflegebedürftigen können gewährt werden,

1. soweit sie angemessen sind und
2. durch sie
   a) die häusliche Pflege ermöglicht oder erheblich erleichtert werden kann oder
   b) eine möglichst selbständige Lebensführung der Pflegebedürftigen wiederhergestellt werden kann.

§ 64f Andere Leistungen. (1) Zusätzlich zum Pflegegeld nach § 64a Absatz 1 sind die Aufwendungen für die Beiträge einer Pflegeperson oder einer besonderen Pflegekraft für eine angemessene Alterssicherung zu erstatten, soweit diese nicht anderweitig sichergestellt ist.

(2) Ist neben der häuslichen Pflege nach § 64 eine Beratung der Pflegeperson geboten, sind die angemessenen Kosten zu übernehmen.

(3) Soweit die Sicherstellung der häuslichen Pflege für Pflegebedürftige der Pflegegrade 2, 3, 4 oder 5 im Rahmen des Arbeitgebermodells erfolgt, sollen die angemessenen Kosten übernommen werden.

§ 64g Teilstationäre Pflege. [1] Pflegebedürftige der Pflegegrade 2, 3, 4 oder 5 haben Anspruch auf teilstationäre Pflege in Einrichtungen der Tages- oder Nachtpflege, soweit die häusliche Pflege nicht in ausreichendem Umfang sichergestellt werden kann oder die teilstationäre Pflege zur Ergänzung oder Stärkung der häuslichen Pflege erforderlich ist. [2] Der Anspruch umfasst auch die notwendige Beförderung des Pflegebedürftigen von der Wohnung zur Einrichtung der Tages- oder Nachtpflege und zurück.

§ 64h Kurzzeitpflege. (1) Pflegebedürftige der Pflegegrade 2, 3, 4 oder 5 haben Anspruch auf Kurzeitpflege in einer stationären Pflegeeinrichtung, soweit die häusliche Pflege zeitweise nicht, noch nicht oder nicht im erforderlichen Umfang erbracht werden kann und die teilstationäre Pflege nach § 64g nicht ausreicht.

(2) Wenn die Pflege in einer zur Kurzzeitpflege zugelassenen Pflegeeinrichtung nach den §§ 71 und 72 des Elften Buches[1)] nicht möglich ist oder nicht zumutbar erscheint, kann die Kurzzeitpflege auch erbracht werden

1. durch geeignete Erbringer von Leistungen nach Teil 2 des Neunten Buches[2)] oder
2. in geeigneten Einrichtungen, die nicht als Einrichtung zur Kurzzeitpflege zugelassen sind.

[1)] Nr. **11**.
[2)] Nr. **9**.

(3) Soweit während einer Maßnahme der medizinischen Vorsorge oder Rehabilitation für eine Pflegeperson eine gleichzeitige Unterbringung und Pflege der Pflegebedürftigen erforderlich ist, kann Kurzzeitpflege auch in Vorsorge- oder Rehabilitationseinrichtungen nach § 107 Absatz 2 des Fünften Buches[1)] erbracht werden.

§ 64i Entlastungsbetrag bei den Pflegegraden 2, 3, 4 oder 5. [1] Pflegebedürftige der Pflegegrade 2, 3, 4 oder 5 haben Anspruch auf einen Entlastungsbetrag in Höhe von bis zu 125 Euro monatlich. [2] Der Entlastungsbetrag ist zweckgebunden einzusetzen zur

1. Entlastung pflegender Angehöriger oder nahestehender Pflegepersonen,
2. Förderung der Selbständigkeit und Selbstbestimmung der Pflegebedürftigen bei der Gestaltung ihres Alltags oder
3. Inanspruchnahme von Unterstützungsangeboten im Sinne des § 45a des Elften Buches[2)].

§ 65 Stationäre Pflege. [1] Pflegebedürftige der Pflegegrade 2, 3, 4 oder 5 haben Anspruch auf Pflege in stationären Einrichtungen, wenn häusliche oder teilstationäre Pflege nicht möglich ist oder wegen der Besonderheit des Einzelfalls nicht in Betracht kommt. [2] Der Anspruch auf stationäre Pflege umfasst auch Betreuungsmaßnahmen; § 64b Absatz 2 findet entsprechende Anwendung.

§ 66 Entlastungsbetrag bei Pflegegrad 1. [1] Pflegebedürftige des Pflegegrades 1 haben Anspruch auf einen Entlastungsbetrag in Höhe von bis zu 125 Euro monatlich. [2] Der Entlastungsbetrag ist zweckgebunden einzusetzen zur

1. Entlastung pflegender Angehöriger oder nahestehender Pflegepersonen,
2. Förderung der Selbständigkeit und Selbstbestimmung der Pflegebedürftigen bei der Gestaltung ihres Alltags,
3. Inanspruchnahme von
   a) Leistungen der häuslichen Pflegehilfe im Sinne des § 64b,
   b) Maßnahmen zur Verbesserung des Wohnumfeldes nach § 64e,
   c) anderen Leistungen nach § 64f,
   d) Leistungen zur teilstationären Pflege im Sinne des § 64g,
4. Inanspruchnahme von Unterstützungsangeboten im Sinne des § 45a des Elften Buches[2)].

§ 66a Sonderregelungen zum Einsatz von Vermögen. Für Personen, die Leistungen nach diesem Kapitel erhalten, gilt ein zusätzlicher Betrag von bis zu 25 000 Euro für die Lebensführung und die Alterssicherung im Sinne von § 90 Absatz 3 Satz 2 als angemessen, sofern dieser Betrag ganz oder überwiegend als Einkommen aus selbständiger und nichtselbständiger Tätigkeit der Leistungsberechtigten während des Leistungsbezugs erworben wird; § 90 Absatz 3 Satz 1 bleibt unberührt.

[1)] Nr. **5**.
[2)] Nr. **11**.

Achtes Kapitel. Hilfe zur Überwindung besonderer sozialer Schwierigkeiten

§ 67 Leistungsberechtigte. [1]Personen, bei denen besondere Lebensverhältnisse mit sozialen Schwierigkeiten verbunden sind, sind Leistungen zur Überwindung dieser Schwierigkeiten zu erbringen, wenn sie aus eigener Kraft hierzu nicht fähig sind. [2]Soweit der Bedarf durch Leistungen nach anderen Vorschriften dieses Buches oder des Achten und Neunten Buches[1)] gedeckt wird, gehen diese der Leistung nach Satz 1 vor.

§ 68 Umfang der Leistungen. (1) [1]Die Leistungen umfassen alle Maßnahmen, die notwendig sind, um die Schwierigkeiten abzuwenden, zu beseitigen, zu mildern oder ihre Verschlimmerung zu verhüten, insbesondere Beratung und persönliche Betreuung für die Leistungsberechtigten und ihre Angehörigen, Hilfen zur Ausbildung, Erlangung und Sicherung eines Arbeitsplatzes sowie Maßnahmen bei der Erhaltung und Beschaffung einer Wohnung. [2]Zur Durchführung der erforderlichen Maßnahmen ist in geeigneten Fällen ein Gesamtplan zu erstellen.

(2) [1]Die Leistung wird ohne Rücksicht auf Einkommen und Vermögen erbracht, soweit im Einzelfall Dienstleistungen erforderlich sind. [2]Einkommen und Vermögen der in § 19 Abs. 3 genannten Personen ist nicht zu berücksichtigen und von der Inanspruchnahme nach bürgerlichem Recht Unterhaltspflichtiger abzusehen, soweit dies den Erfolg der Hilfe gefährden würde.

(3) Die Träger der Sozialhilfe sollen mit den Vereinigungen, die sich die gleichen Aufgaben zum Ziel gesetzt haben, und mit den sonst beteiligten Stellen zusammenarbeiten und darauf hinwirken, dass sich die Sozialhilfe und die Tätigkeit dieser Vereinigungen und Stellen wirksam ergänzen.

§ 69 Verordnungsermächtigung. Das Bundesministerium für Arbeit und Soziales kann durch Rechtsverordnung mit Zustimmung des Bundesrates Bestimmungen über die Abgrenzung des Personenkreises nach § 67 sowie über Art und Umfang der Maßnahmen nach § 68 Abs. 1 erlassen.

Neuntes Kapitel. Hilfe in anderen Lebenslagen

§ 70 Hilfe zur Weiterführung des Haushalts. (1) [1]Personen mit eigenem Haushalt sollen Leistungen zur Weiterführung des Haushalts erhalten, wenn weder sie selbst noch, falls sie mit anderen Haushaltsangehörigen zusammenleben, die anderen Haushaltsangehörigen den Haushalt führen können und die Weiterführung des Haushalts geboten ist. [2]Die Leistungen sollen in der Regel nur vorübergehend erbracht werden. [3]Satz 2 gilt nicht, wenn durch die Leistungen die Unterbringung in einer stationären Einrichtung vermieden oder aufgeschoben werden kann.

(2) Die Leistungen umfassen die persönliche Betreuung von Haushaltsangehörigen sowie die sonstige zur Weiterführung des Haushalts erforderliche Tätigkeit.

---

1) Nr. 9.

(3) [1]Personen im Sinne des Absatzes 1 sind die angemessenen Aufwendungen für eine haushaltsführende Person zu erstatten. [2]Es können auch angemessene Beihilfen geleistet sowie Beiträge der haushaltsführenden Person für eine angemessene Alterssicherung übernommen werden, wenn diese nicht anderweitig sichergestellt ist. [3]Ist neben oder anstelle der Weiterführung des Haushalts die Heranziehung einer besonderen Person zur Haushaltsführung erforderlich oder eine Beratung oder zeitweilige Entlastung der haushaltsführenden Person geboten, sind die angemessenen Kosten zu übernehmen.

(4) Die Leistungen können auch durch Übernahme der angemessenen Kosten für eine vorübergehende anderweitige Unterbringung von Haushaltsangehörigen erbracht werden, wenn diese Unterbringung in besonderen Fällen neben oder statt der Weiterführung des Haushalts geboten ist.

§ 71 Altenhilfe. (1) [1]Alten Menschen soll außer den Leistungen nach den übrigen Bestimmungen dieses Buches sowie den Leistungen der Eingliederungshilfe nach Teil 2 des Neunten Buches[1)] Altenhilfe gewährt werden. [2]Die Altenhilfe soll dazu beitragen, Schwierigkeiten, die durch das Alter entstehen, zu verhüten, zu überwinden oder zu mildern und alten Menschen die Möglichkeit zu erhalten, selbstbestimmt am Leben in der Gemeinschaft teilzunehmen und ihre Fähigkeit zur Selbsthilfe zu stärken.

(2) Als Leistungen der Altenhilfe kommen insbesondere in Betracht:

1. Leistungen zu einer Betätigung und zum gesellschaftlichen Engagement, wenn sie vom alten Menschen gewünscht wird,
2. Leistungen bei der Beschaffung und zur Erhaltung einer Wohnung, die den Bedürfnissen des alten Menschen entspricht,
3. Beratung und Unterstützung im Vor- und Umfeld von Pflege, insbesondere in allen Fragen des Angebots an Wohnformen bei Unterstützungs-, Betreuungs- oder Pflegebedarf sowie an Diensten, die Betreuung oder Pflege leisten,
4. Beratung und Unterstützung in allen Fragen der Inanspruchnahme altersgerechter Dienste,
5. Leistungen zum Besuch von Veranstaltungen oder Einrichtungen, die der Geselligkeit, der Unterhaltung, der Bildung oder den kulturellen Bedürfnissen alter Menschen dienen,
6. Leistungen, die alten Menschen die Verbindung mit nahe stehenden Personen ermöglichen.

(3) Leistungen nach Absatz 1 sollen auch erbracht werden, wenn sie der Vorbereitung auf das Alter dienen.

(4) Altenhilfe soll ohne Rücksicht auf vorhandenes Einkommen oder Vermögen geleistet werden, soweit im Einzelfall Beratung und Unterstützung erforderlich sind.

(5) [1]Die Leistungen der Altenhilfe sind mit den übrigen Leistungen dieses Buches, den Leistungen der Eingliederungshilfe nach dem Neunten Buch, den Leistungen der örtlichen Altenhilfe und der kommunalen Infrastruktur zur Vermeidung sowie Verringerung der Pflegebedürftigkeit und der Inanspruchnahme der Leistungen der Eingliederungshilfe zu verzahnen. [2]Die Ergebnisse

---

1) Nr. **9**.

der Teilhabeplanung und Gesamtplanung nach dem Neunten Buches sind zu berücksichtigen.

§ 72 Blindenhilfe. (1) [1]Blinden Menschen wird zum Ausgleich der durch die Blindheit bedingten Mehraufwendungen Blindenhilfe gewährt, soweit sie keine gleichartigen Leistungen nach anderen Rechtsvorschriften erhalten. [2]Auf die Blindenhilfe sind Leistungen bei häuslicher Pflege nach dem Elften Buch[1)], auch soweit es sich um Sachleistungen handelt, bei Pflegebedürftigen des Pflegegrades 2 mit 50 Prozent des Pflegegeldes des Pflegegrades 2 und bei Pflegebedürftigen der Pflegegrade 3, 4 oder 5 mit 40 Prozent des Pflegegeldes des Pflegegrades 3, höchstens jedoch mit 50 Prozent des Betrages nach Absatz 2, anzurechnen. [3]Satz 2 gilt sinngemäß für Leistungen nach dem Elften Buch aus einer privaten Pflegeversicherung und nach beamtenrechtlichen Vorschriften. [4]§ 39a ist entsprechend anzuwenden.

(2) [1]Die Blindenhilfe beträgt bis 30. Juni 2004 für blinde Menschen nach Vollendung des 18. Lebensjahres 585 Euro monatlich, für blinde Menschen, die das 18. Lebensjahr noch nicht vollendet haben, beträgt sie 293 Euro monatlich. [2]Sie verändert sich jeweils zu dem Zeitpunkt und in dem Umfang, wie sich der aktuelle Rentenwert in der gesetzlichen Rentenversicherung verändert.

(3) [1]Lebt der blinde Mensch in einer stationären Einrichtung und werden die Kosten des Aufenthalts ganz oder teilweise aus Mitteln öffentlich-rechtlicher Leistungsträger getragen, so verringert sich die Blindenhilfe nach Absatz 2 um die aus diesen Mitteln getragenen Kosten, höchstens jedoch um 50 vom Hundert der Beträge nach Absatz 2. [2]Satz 1 gilt vom ersten Tage des zweiten Monats an, der auf den Eintritt in die Einrichtung folgt, für jeden vollen Kalendermonat des Aufenthalts in der Einrichtung. [3]Für jeden vollen Tag vorübergehender Abwesenheit von der Einrichtung wird die Blindenhilfe in Höhe von je einem Dreißigstel des Betrages nach Absatz 2 gewährt, wenn die vorübergehende Abwesenheit länger als sechs volle zusammenhängende Tage dauert; der Betrag nach Satz 1 wird im gleichen Verhältnis gekürzt.

(4) [1]Neben der Blindenhilfe wird Hilfe zur Pflege wegen Blindheit nach dem Siebten Kapitel außerhalb von stationären Einrichtungen sowie ein Barbetrag (§ 27b Absatz 2) nicht gewährt. [2]Neben Absatz 1 ist § 30 Abs. 1 Nr. 2 nur anzuwenden, wenn der blinde Mensch nicht allein wegen Blindheit voll erwerbsgemindert ist. [3]Die Sätze 1 und 2 gelten entsprechend für blinde Menschen, die nicht Blindenhilfe, sondern gleichartige Leistungen nach anderen Rechtsvorschriften erhalten.

(5) Blinden Menschen stehen Personen gleich, deren beidäugige Gesamtsehschärfe nicht mehr als ein Fünfzigstel beträgt oder bei denen dem Schweregrad dieser Sehschärfe gleichzuachtende, nicht nur vorübergehende Störungen des Sehvermögens vorliegen.

(6) Die Blindenhilfe wird neben Leistungen nach Teil 2 des Neunten Buches erbracht.

§ 73 Hilfe in sonstigen Lebenslagen. [1]Leistungen können auch in sonstigen Lebenslagen erbracht werden, wenn sie den Einsatz öffentlicher Mittel

---

[1)] Nr. **11**.

rechtfertigen. [2] Geldleistungen können als Beihilfe oder als Darlehen erbracht werden.

§ 74 Bestattungskosten. Die erforderlichen Kosten einer Bestattung werden übernommen, soweit den hierzu Verpflichteten nicht zugemutet werden kann, die Kosten zu tragen.

Zehntes Kapitel. Vertragsrecht

§ 75 Allgemeine Grundsätze. (1) [1] Der Träger der Sozialhilfe darf Leistungen nach dem Siebten bis Neunten Kapitel mit Ausnahme der Leistungen der häuslichen Pflege, soweit diese gemäß § 64 durch Personen, die dem Pflegebedürftigen nahe stehen, oder als Nachbarschaftshilfe übernommen werden, durch Dritte (Leistungserbringer) nur bewilligen, soweit eine schriftliche Vereinbarung zwischen dem Träger des Leistungserbringers und dem für den Ort der Leistungserbringung zuständigen Träger der Sozialhilfe besteht. [2] Die Vereinbarung kann auch zwischen dem Träger der Sozialhilfe und dem Verband, dem der Leistungserbringer angehört, geschlossen werden, soweit der Verband eine entsprechende Vollmacht nachweist. [3] Die Vereinbarungen sind für alle übrigen Träger der Sozialhilfe bindend. [4] Die Vereinbarungen müssen den Grundsätzen der Wirtschaftlichkeit, Sparsamkeit und Leistungsfähigkeit entsprechen und dürfen das Maß des Notwendigen nicht überschreiten. [5] Sie sind vor Beginn der jeweiligen Wirtschaftsperiode für einen zukünftigen Zeitraum abzuschließen (Vereinbarungszeitraum); nachträgliche Ausgleiche sind nicht zulässig. [6] Die Ergebnisse sind den Leistungsberechtigten in einer wahrnehmbaren Form zugänglich zu machen.

(2) [1] Sind geeignete Leistungserbringer vorhanden, soll der Träger der Sozialhilfe zur Erfüllung seiner Aufgaben eigene Angebote nicht neu schaffen. [2] Geeignet ist ein Leistungserbringer, der unter Sicherstellung der Grundsätze des § 9 Absatz 1 die Leistungen wirtschaftlich und sparsam erbringen kann. [3] Geeignete Träger von Einrichtungen dürfen nur solche Personen beschäftigen oder ehrenamtliche Personen, die in Wahrnehmung ihrer Aufgaben Kontakt mit Leistungsberechtigten haben, mit Aufgaben betrauen, die nicht rechtskräftig wegen einer Straftat nach den §§ 171, 174 bis 174c, 176 bis 180a, 181a, 182 bis 184g, 184i bis 184k, 201a Absatz 3, §§ 225, 232 bis 233a, 234, 235 oder 236 des Strafgesetzbuchs verurteilt worden sind. [4] Die Leistungserbringer sollen sich von Fach- und anderem Betreuungspersonal, die in Wahrnehmung ihrer Aufgaben Kontakt mit Leistungsberechtigten haben, vor deren Einstellung oder Aufnahme einer dauerhaften ehrenamtlichen Tätigkeit und in regelmäßigen Abständen ein Führungszeugnis nach § 30a Absatz 1 des Bundeszentralregistergesetzes vorlegen lassen. [5] Nimmt der Leistungserbringer Einsicht in ein Führungszeugnis nach § 30a Absatz 1 des Bundeszentralregistergesetzes, so speichert er nur den Umstand der Einsichtnahme, das Datum des Führungszeugnisses und die Information, ob die das Führungszeugnis betreffende Person wegen einer in Satz 3 genannten Straftat rechtskräftig verurteilt worden ist. [6] Der Träger der Einrichtung darf diese Daten nur verändern und nutzen, soweit dies zur Prüfung der Eignung einer Person erforderlich ist. [7] Die Daten sind vor dem Zugriff Unbefugter zu schützen. [8] Sie sind unverzüglich zu löschen, wenn im Anschluss an die Einsichtnahme keine Tätigkeit für den Leistungserbringer wahrgenommen wird. [9] Sie sind spätestens drei Monate nach der letztmaligen Ausübung einer Tätigkeit für den Leistungserbringer zu lö-

schen. [10] Die durch den Leistungserbringer geforderte Vergütung ist wirtschaftlich angemessen, wenn sie im Vergleich mit der Vergütung vergleichbarer Leistungserbringer im unteren Drittel liegt (externer Vergleich). [11] Liegt die geforderte Vergütung oberhalb des unteren Drittels, kann sie wirtschaftlich angemessen sein, sofern sie nachvollziehbar auf einem höheren Aufwand des Leistungserbringers beruht und wirtschaftlicher Betriebsführung entspricht. [12] In den externen Vergleich sind die im Einzugsbereich tätigen Leistungserbringer einzubeziehen. [13] Tariflich vereinbarte Vergütungen sowie entsprechende Vergütungen nach kirchlichen Arbeitsrechtsregelungen sind grundsätzlich als wirtschaftlich anzusehen, auch soweit die Vergütung aus diesem Grunde oberhalb des unteren Drittels liegt.

(3) Sind mehrere Leistungserbringer im gleichen Maße geeignet, hat der Träger der Sozialhilfe Vereinbarungen vorrangig mit Leistungserbringern abzuschließen, deren Vergütung bei vergleichbarem Inhalt, Umfang und vergleichbarer Qualität der Leistung nicht höher ist als die anderer Leistungserbringer.

(4) Besteht eine schriftliche Vereinbarung, ist der Leistungserbringer im Rahmen des vereinbarten Leistungsangebotes verpflichtet, Leistungsberechtigte aufzunehmen und zu betreuen.

(5) [1] Der Träger der Sozialhilfe darf die Leistungen durch Leistungserbringer, mit denen keine schriftliche Vereinbarung getroffen wurde, nur erbringen, soweit

1. dies nach der Besonderheit des Einzelfalles geboten ist,
2. der Leistungserbringer ein schriftliches Leistungsangebot vorlegt, das für den Inhalt einer Vereinbarung nach § 76 gilt,
3. der Leistungserbringer sich schriftlich verpflichtet, die Grundsätze der Wirtschaftlichkeit und Qualität der Leistungserbringung zu beachten,
4. die Vergütung für die Erbringung der Leistungen nicht höher ist als die Vergütung, die der Träger der Sozialhilfe mit anderen Leistungserbringern für vergleichbare Leistungen vereinbart hat.

[2] Die allgemeinen Grundsätze der Absätze 1 bis 4 und 6 sowie die Vorschriften zum Inhalt der Vereinbarung (§ 76), zur Verbindlichkeit der vereinbarten Vergütung (§ 77a), zur Wirtschaftlichkeits- und Qualitätsprüfung (§ 78), zur Kürzung der Vergütung (§ 79) und zur außerordentlichen Kündigung der Vereinbarung (§ 79a) gelten entsprechend.

(6) Der Leistungserbringer hat gegen den Träger der Sozialhilfe einen Anspruch auf Vergütung der gegenüber dem Leistungsberechtigten erbrachten Leistungen.

§ 76 Inhalt der Vereinbarungen. (1) In der schriftlichen Vereinbarung mit Erbringern von Leistungen nach dem Siebten bis Neunten Kapitel sind zu regeln:

1. Inhalt, Umfang und Qualität einschließlich der Wirksamkeit der Leistungen (Leistungsvereinbarung) sowie
2. die Vergütung der Leistung (Vergütungsvereinbarung).

(2) In die Leistungsvereinbarung sind als wesentliche Leistungsmerkmale insbesondere aufzunehmen:

1. die betriebsnotwendigen Anlagen des Leistungserbringers,

2. der zu betreuende Personenkreis,
3. Art, Ziel und Qualität der Leistung,
4. die Festlegung der personellen Ausstattung,
5. die Qualifikation des Personals sowie
6. die erforderliche sächliche Ausstattung.

(3) [1] Die Vergütungsvereinbarung besteht mindestens aus

1. der Grundpauschale für Unterkunft und Verpflegung,
2. der Maßnahmepauschale sowie
3. einem Betrag für betriebsnotwendige Anlagen einschließlich ihrer Ausstattung (Investitionsbetrag).

[2] Förderungen aus öffentlichen Mitteln sind anzurechnen. [3] Die Maßnahmepauschale ist nach Gruppen für Leistungsberechtigte mit vergleichbarem Bedarf sowie bei Leistungen der häuslichen Pflegehilfe für die gemeinsame Inanspruchnahme durch mehrere Leistungsberechtigte zu kalkulieren. [4] Abweichend von Satz 1 können andere geeignete Verfahren zur Vergütung und Abrechnung der Leistung unter Beteiligung der Interessenvertretungen der Menschen mit Behinderungen vereinbart werden.

§ 76a Zugelassene Pflegeeinrichtungen. (1) Bei zugelassenen Pflegeeinrichtungen im Sinne des § 72 des Elften Buches[1)] richten sich Art, Inhalt, Umfang und Vergütung

1. der ambulanten und teilstationären Pflegeleistungen,
2. der Leistungen der Kurzzeitpflege,
3. der vollstationären Pflegeleistungen,
4. der Leistungen bei Unterkunft und Verpflegung und
5. der Zusatzleistungen in Pflegeheimen

nach dem Achten Kapitel des Elften Buches, soweit die Vereinbarungen nach dem Achten Kapitel des Elften Buches im Einvernehmen mit dem Träger der Sozialhilfe getroffen worden sind und nicht nach dem Siebten Kapitel weitergehende Leistungen zu erbringen sind.

(2) Bestehen tatsächliche Anhaltspunkte, dass eine zugelassene Pflegeeinrichtung ihre vertraglichen oder gesetzlichen Pflichten nicht erfüllt, findet § 78 entsprechende Anwendung, soweit nicht eine Wirtschaftlichkeits- und Abrechnungsprüfung nach § 79 des Elften Buches erfolgt oder soweit nicht ein Auftrag für eine Anlassprüfung nach § 114 des Elften Buches durch die Landesverbände der Pflegekassen erteilt worden ist.

(3) Der Träger der Sozialhilfe ist zur Übernahme gesondert berechneter Investitionskosten nach dem Elften Buch nur verpflichtet, soweit die zuständige Landesbehörde ihre Zustimmung nach § 82 Absatz 3 Satz 3 des Elften Buches erteilt oder der Träger der Sozialhilfe mit dem Träger der Einrichtung eine entsprechende Vereinbarung nach dem Zehnten Kapitel über die gesondert berechneten Investitionskosten nach § 82 Absatz 4 des Elften Buches getroffen hat.

[1)] Nr. **11**.

§ 77 Verfahren und Inkrafttreten der Vereinbarung. (1) [1]Der Leistungserbringer oder der Träger der Sozialhilfe hat die jeweils andere Partei schriftlich zu Verhandlungen über den Abschluss einer Vereinbarung gemäß § 76 aufzufordern. [2]Bei einer Aufforderung zum Abschluss einer Folgevereinbarung sind die Verhandlungsgegenstände zu benennen. [3]Die Aufforderung durch den Leistungsträger kann an einen unbestimmten Kreis von Leistungserbringern gerichtet werden. [4]Auf Verlangen einer Partei sind geeignete Nachweise zu den Verhandlungsgegenständen vorzulegen.

(2) [1]Kommt es nicht innerhalb von drei Monaten, nachdem eine Partei zu Verhandlungen aufgefordert wurde, zu einer schriftlichen Vereinbarung, so kann jede Partei hinsichtlich der strittigen Punkte die gemeinsame Schiedsstelle anrufen. [2]Die Schiedsstelle hat unverzüglich über die strittigen Punkte zu entscheiden. [3]Gegen die Entscheidung der Schiedsstelle ist der Rechtsweg zu den Sozialgerichten gegeben, ohne dass es eines Vorverfahrens bedarf. [4]Die Klage ist nicht gegen die Schiedsstelle, sondern gegen den Verhandlungspartner zu richten.

(3) [1]Vereinbarungen und Schiedsstellenentscheidungen treten zu dem darin bestimmten Zeitpunkt in Kraft. [2]Wird in einer Vereinbarung ein Zeitpunkt nicht bestimmt, wird die Vereinbarung mit dem Tag ihres Abschlusses wirksam. [3]Festsetzungen der Schiedsstelle werden, soweit keine Festlegung erfolgt ist, rückwirkend mit dem Tag wirksam, an dem der Antrag bei der Schiedsstelle eingegangen ist. [4]Soweit in den Fällen des Satzes 3 während des Schiedsstellenverfahrens der Antrag geändert wurde, ist auf den Tag abzustellen, an dem der geänderte Antrag bei der Schiedsstelle eingegangen ist. [5]Ein jeweils vor diesem Zeitpunkt zurückwirkendes Vereinbaren oder Festsetzen von Vergütungen ist in den Fällen der Sätze 1 bis 4 nicht zulässig.

§ 77a Verbindlichkeit der vereinbarten Vergütung. (1) [1]Mit der Zahlung der vereinbarten Vergütung gelten alle während des Vereinbarungszeitraums entstandenen Ansprüche des Leistungserbringers auf Vergütung der Leistung als abgegolten. [2]Die im Einzelfall zu zahlende Vergütung bestimmt sich auf der Grundlage der jeweiligen Vereinbarung nach dem Betrag, der dem Leistungsberechtigten vom zuständigen Träger der Sozialhilfe bewilligt worden ist. [3]Sind Leistungspauschalen nach Gruppen von Leistungsberechtigten kalkuliert (§ 76 Absatz 3 Satz 2), richtet sich die zu zahlende Vergütung nach der Gruppe, die dem Leistungsberechtigten vom zuständigen Träger der Sozialhilfe bewilligt wurde.

(2) Einer Erhöhung der Vergütung auf Grund von Investitionsmaßnahmen, die während des laufenden Vereinbarungszeitraums getätigt werden, muss der Träger der Sozialhilfe zustimmen, soweit er der Maßnahme zuvor dem Grunde und der Höhe nach zugestimmt hat.

(3) [1]Bei unvorhergesehenen wesentlichen Änderungen der Annahmen, die der Vergütungsvereinbarung oder der Entscheidung der Schiedsstelle über die Vergütung zugrunde lagen, sind die Vergütungen auf Verlangen einer Vertragspartei für den laufenden Vereinbarungszeitraum neu zu verhandeln. [2]Für eine Neuverhandlung gelten die Vorschriften zum Verfahren und Inkrafttreten (§ 77) entsprechend.

(4) Nach Ablauf des Vereinbarungszeitraums gelten die vereinbarten oder durch die Schiedsstelle festgesetzten Vergütungen bis zum Inkrafttreten einer neuen Vergütungsvereinbarung weiter.

§ 78 Wirtschaftlichkeits- und Qualitätsprüfung. (1) [1] Soweit tatsächliche Anhaltspunkte dafür bestehen, dass ein Leistungserbringer seine vertraglichen oder gesetzlichen Pflichten nicht erfüllt, prüft der Träger der Sozialhilfe oder ein von diesem beauftragter Dritter die Wirtschaftlichkeit und Qualität einschließlich der Wirksamkeit der vereinbarten Leistungen des Leistungserbringers. [2] Die Leistungserbringer sind verpflichtet, dem Träger der Sozialhilfe auf Verlangen die für die Prüfung erforderlichen Unterlagen vorzulegen und Auskünfte zu erteilen. [3] Zur Vermeidung von Doppelprüfungen arbeiten die Träger der Sozialhilfe mit den Leistungsträgern nach Teil 2 des Neunten Buches, mit den für die Heimaufsicht zuständigen Behörden sowie mit dem Medizinischen Dienst gemäß § 278 des Fünften Buches[1)] zusammen. [4] Der Träger der Sozialhilfe ist berechtigt und auf Anforderung verpflichtet, den für die Heimaufsicht zuständigen Behörden die Daten über den Leistungserbringer sowie die Ergebnisse der Prüfungen mitzuteilen, soweit sie für die Zwecke der Prüfung durch den Empfänger erforderlich sind. [5] Personenbezogene Daten sind vor der Datenübermittlung zu anonymisieren. [6] Abweichend von Satz 5 dürfen personenbezogene Daten in nicht anonymisierter Form an die für die Heimaufsicht zuständigen Behörden übermittelt werden, soweit sie zu deren Aufgabenerfüllung erforderlich sind. [7] Durch Landesrecht kann von der Einschränkung in Satz 1 erster Halbsatz abgewichen werden.

(2) Die Prüfung erfolgt ohne vorherige Ankündigung und erstreckt sich auf Inhalt, Umfang, Wirtschaftlichkeit und Qualität einschließlich der Wirksamkeit der erbrachten Leistungen.

(3) [1] Der Träger der Sozialhilfe hat den Leistungserbringer über das Ergebnis der Prüfung schriftlich zu unterrichten. [2] Das Ergebnis der Prüfung ist dem Leistungsberechtigten in einer wahrnehmbaren Form zugänglich zu machen.

§ 79 Kürzung der Vergütung. (1) [1] Hält ein Leistungserbringer seine gesetzlichen oder vertraglichen (vereinbarten) Verpflichtungen ganz oder teilweise nicht ein, ist die vereinbarte Vergütung für die Dauer der Pflichtverletzung entsprechend zu kürzen. [2] Über die Höhe des Kürzungsbetrags ist zwischen den Vertragsparteien Einvernehmen herzustellen. [3] Kommt eine Einigung nicht zustande, entscheidet auf Antrag einer Vertragspartei die Schiedsstelle. [4] Für das Verfahren bei Entscheidungen durch die Schiedsstelle gilt § 77 Absatz 2 und 3 entsprechend.

(2) Der Kürzungsbetrag ist an den Träger der Sozialhilfe bis zu der Höhe zurückzuzahlen, in der die Leistung vom Träger der Sozialhilfe erbracht worden ist, und im Übrigen an den Leistungsberechtigten zurückzuzahlen.

(3) [1] Der Kürzungsbetrag kann nicht über die Vergütungen refinanziert werden. [2] Darüber hinaus besteht hinsichtlich des Kürzungsbetrags kein Anspruch auf Nachverhandlung gemäß § 77a Absatz 2.

§ 79a Außerordentliche Kündigung der Vereinbarungen. [1] Der Träger der Sozialhilfe kann die Vereinbarungen mit einem Leistungserbringer fristlos kündigen, wenn ihm ein Festhalten an den Vereinbarungen auf Grund einer groben Verletzung einer gesetzlichen oder vertraglichen Verpflichtung durch die Vertragspartei nicht mehr zumutbar ist. [2] Eine grobe Pflichtverletzung liegt

---

[1)] Nr. 5.

insbesondere dann vor, wenn in der Prüfung nach § 78 oder auf andere Weise festgestellt wird, dass

1. Leistungsberechtigte infolge der Pflichtverletzung zu Schaden kommen,
2. gravierende Mängel bei der Leistungserbringung vorhanden sind,
3. dem Leistungserbringer nach heimrechtlichen Vorschriften die Betriebserlaubnis entzogen ist,
4. dem Leistungserbringer der Betrieb untersagt wird oder
5. der Leistungserbringer nicht erbrachte Leistungen gegenüber dem Leistungsträger abrechnet.

[3]Die Kündigung bedarf der Schriftform. [4]§ 59 des Zehnten Buches[1)] bleibt unberührt.

§ 80 Rahmenverträge. (1) [1]Die überörtlichen Träger der Sozialhilfe und die örtlichen Träger der Sozialhilfe im Zuständigkeitsbereich des überörtlichen Trägers schließen mit den Vereinigungen der Leistungserbringer gemeinsam und einheitlich Rahmenverträge zu den Vereinbarungen nach § 76 ab. [2]Die Rahmenverträge bestimmen

1. die nähere Abgrenzung der den Vergütungspauschalen und -beträgen nach § 76 zugrunde zu legenden Kostenarten und -bestandteile sowie die Zusammensetzung der Investitionsbeträge nach § 76,
2. den Inhalt und die Kriterien für die Ermittlung und Zusammensetzung der Maßnahmepauschalen, die Merkmale für die Bildung von Gruppen mit vergleichbarem Bedarf nach § 76 Absatz 3 Satz 3 sowie die Zahl der zu bildenden Gruppen,
3. die Festlegung von Personalrichtwerten oder anderen Methoden zur Festlegung der personellen Ausstattung,
4. die Grundsätze und Maßstäbe für die Wirtschaftlichkeit und Qualitätssicherung einschließlich der Wirksamkeit der Leistungen sowie Inhalt und Verfahren zur Durchführung von Wirtschaftlichkeits- und Qualitätsprüfungen und
5. das Verfahren zum Abschluss von Vereinbarungen.

[3]Für Leistungserbringer, die einer Kirche oder Religionsgemeinschaft des öffentlichen Rechts oder einem sonstigen freigemeinnützigen Träger zuzuordnen sind, können die Rahmenverträge auch von der Kirche oder Religionsgemeinschaft oder von dem Wohlfahrtsverband abgeschlossen werden, dem der Leistungserbringer angehört. [4]In den Rahmenverträgen sollen die Merkmale und Besonderheit der jeweiligen Leistungen berücksichtigt werden.

(2) Die durch Landesrecht bestimmten maßgeblichen Interessenvertretungen der Menschen mit Behinderungen wirken bei der Erarbeitung und Beschlussfassung der Rahmenverträge mit.

(3) Die Bundesarbeitsgemeinschaft der überörtlichen Träger der Sozialhilfe, die Bundesvereinigung der kommunalen Spitzenverbände und die Bundesvereinigungen der Leistungserbringer vereinbaren gemeinsam und einheitlich Empfehlungen zum Inhalt der Rahmenverträge nach Absatz 1.

[1)] Nr. **10**.

(4) Kommt es nicht innerhalb von sechs Monaten nach schriftlicher Aufforderung durch die Landesregierung zu einem Rahmenvertrag, kann die Landesregierung durch Rechtsverordnung die Inhalte regeln.

§ 81 Schiedsstelle. (1) Für jedes Land oder für Teile eines Landes wird eine Schiedsstelle gebildet.

(2) Die Schiedsstelle besteht aus Vertretern der Leistungserbringer und Vertretern der örtlichen und überörtlichen Träger der Sozialhilfe in gleicher Zahl sowie einem unparteiischen Vorsitzenden.

(3) [1] Die Vertreter der Leistungserbringer und deren Stellvertreter werden von den Vereinigungen der Leistungserbringer bestellt. [2] Bei der Bestellung ist die Trägervielfalt zu beachten. [3] Die Vertreter der Träger der Sozialhilfe und deren Stellvertreter werden von diesen bestellt. [4] Der Vorsitzende und sein Stellvertreter werden von den beteiligten Organisationen gemeinsam bestellt. [5] Kommt eine Einigung nicht zustande, werden sie durch Los bestimmt. [6] Soweit beteiligte Organisationen keinen Vertreter bestellen oder im Verfahren nach Satz 3 keine Kandidaten für das Amt des Vorsitzenden und des Stellvertreters benennen, bestellt die zuständige Landesbehörde auf Antrag einer der beteiligten Organisationen die Vertreter und benennt die Kandidaten.

(4) [1] Die Mitglieder der Schiedsstelle führen ihr Amt als Ehrenamt. [2] Sie sind an Weisungen nicht gebunden. [3] Jedes Mitglied hat eine Stimme. [4] Die Entscheidungen werden mit der Mehrheit der Mitglieder getroffen. [5] Ergibt sich keine Mehrheit, entscheidet die Stimme des Vorsitzenden.

(5) Die Landesregierungen werden ermächtigt, durch Rechtsverordnung das Nähere über

1. die Zahl der Schiedsstellen,
2. die Zahl der Mitglieder und deren Bestellung,
3. die Amtsdauer und Amtsführung,
4. die Erstattung der baren Auslagen und die Entschädigung für den Zeitaufwand der Mitglieder der Schiedsstelle,
5. die Geschäftsführung,
6. das Verfahren,
7. die Erhebung und die Höhe der Gebühren,
8. die Verteilung der Kosten sowie
9. die Rechtsaufsicht

zu bestimmen.

Elftes Kapitel. Einsatz des Einkommens und des Vermögens

Erster Abschnitt. Einkommen

§ 82 Begriff des Einkommens. (1) [1] Zum Einkommen gehören alle Einkünfte in Geld oder Geldeswert mit Ausnahme der Leistungen nach diesem Buch, der Grundrente nach dem Bundesversorgungsgesetz und nach den Gesetzen, die eine entsprechende Anwendung des Bundesversorgungsgesetzes vorsehen, und der Renten oder Beihilfen nach dem Bundesentschädigungsgesetz für Schaden an Leben sowie an Körper oder Gesundheit bis zur Höhe der vergleichbaren Grundrente nach dem Bundesversorgungsgesetz. [2] Einkünfte aus Rückerstattungen, die auf Vorauszahlungen beruhen, die Leistungsberechtigte aus dem Regelsatz erbracht haben, sind kein Einkommen. [3]Bei Minderjährigen ist das Kindergeld dem jeweiligen Kind als Einkommen zuzurechnen, soweit es bei diesem zur Deckung des notwendigen Lebensunterhaltes, mit Ausnahme der Bedarfe nach § 34, benötigt wird.

(2) [1]Von dem Einkommen sind abzusetzen

1. auf das Einkommen entrichtete Steuern,
2. Pflichtbeiträge zur Sozialversicherung einschließlich der Beiträge zur Arbeitsförderung,
3. Beiträge zu öffentlichen oder privaten Versicherungen oder ähnlichen Einrichtungen, soweit diese Beiträge gesetzlich vorgeschrieben oder nach Grund und Höhe angemessen sind, sowie geförderte Altersvorsorgebeiträge nach § 82 des Einkommensteuergesetzes, soweit sie den Mindesteigenbeitrag nach § 86 des Einkommensteuergesetzes nicht überschreiten, und
4. die mit der Erzielung des Einkommens verbundenen notwendigen Ausgaben.

[2]Erhält eine leistungsberechtigte Person aus einer Tätigkeit Bezüge oder Einnahmen, die nach § 3 Nummer 12, 26, 26a oder 26b des Einkommensteuergesetzes steuerfrei sind oder die als Taschengeld nach § 2 Nummer 4 des Bundesfreiwilligendienstgesetzes oder nach § 2 Absatz 1 Nummer 4 des Jugendfreiwilligendienstegesetzes gezahlt werden, ist abweichend von Satz 1 Nummer 2 bis 4 und den Absätzen 3 und 6 ein Betrag von bis zu 250 Euro monatlich nicht als Einkommen zu berücksichtigen. [3]Soweit ein Betrag nach Satz 2 in Anspruch genommen wird, gelten die Beträge nach Absatz 3 Satz 1 zweiter Halbsatz und nach Absatz 6 Satz 1 zweiter Halbsatz insoweit als ausgeschöpft.

(3) [1]Bei der Hilfe zum Lebensunterhalt und Grundsicherung im Alter und bei Erwerbsminderung ist ferner ein Betrag in Höhe von 30 vom Hundert des Einkommens aus selbständiger und nichtselbständiger Tätigkeit der Leistungsberechtigten abzusetzen, höchstens jedoch 50 vom Hundert der Regelbedarfsstufe 1 nach der Anlage zu § 28. [2]Abweichend von Satz 1 ist bei einer Beschäftigung in einer Werkstatt für behinderte Menschen oder bei einem anderen Leistungsanbieter nach § 60 des Neunten Buches[1)] von dem Entgelt ein Achtel der Regelbedarfsstufe 1 nach der Anlage zu § 28 zuzüglich 50 vom Hundert des diesen Betrag übersteigenden Entgelts abzusetzen. [3]Im Übrigen kann in begründeten Fällen ein anderer als in Satz 1 festgelegter Betrag vom Einkommen abgesetzt werden.

(4) Bei der Hilfe zum Lebensunterhalt und Grundsicherung im Alter und bei Erwerbsminderung ist ferner ein Betrag von 100 Euro monatlich aus einer zusätzlichen Altersvorsorge der Leistungsberechtigten zuzüglich 30 vom Hundert des diesen Betrag übersteigenden Einkommens aus einer zusätzlichen Altersvorsorge der Leistungsberechtigten abzusetzen, höchstens jedoch 50 vom Hundert der Regelbedarfsstufe 1 nach der Anlage zu § 28.

(5) [1]Einkommen aus einer zusätzlichen Altersvorsorge im Sinne des Absatzes 4 ist jedes monatlich bis zum Lebensende ausgezahlte Einkommen, auf das der Leistungsberechtigte vor Erreichen der Regelaltersgrenze auf freiwilliger Grundlage Ansprüche erworben hat und das dazu bestimmt und geeignet ist, die Einkommenssituation des Leistungsberechtigten gegenüber möglichen An-

---

[1)] Nr. **9**.

sprüchen aus Zeiten einer Versicherungspflicht in der gesetzlichen Rentenversicherung nach den §§ 1 bis 4 des Sechsten Buches[1)], nach § 1 des Gesetzes über die Alterssicherung der Landwirte, aus beamtenrechtlichen Versorgungsansprüchen und aus Ansprüchen aus Zeiten einer Versicherungspflicht in einer Versicherungs- und Versorgungseinrichtung, die für Angehörige bestimmter Berufe errichtet ist, zu verbessern. [2]Als Einkommen aus einer zusätzlichen Altersvorsorge gelten auch laufende Zahlungen aus

1. einer betrieblichen Altersversorgung im Sinne des Betriebsrentengesetzes,
2. einem nach § 5 des Altersvorsorgeverträge-Zertifizierungsgesetzes zertifizierten Altersvorsorgevertrag und
3. einem nach § 5a des Altersvorsorgeverträge-Zertifizierungsgesetzes zertifizierten Basisrentenvertrag.

[3]Werden bis zu zwölf Monatsleistungen aus einer zusätzlichen Altersvorsorge, insbesondere gemäß einer Vereinbarung nach § 10 Absatz 1 Nummer 2 Satz 3 erster Halbsatz des Einkommensteuergesetzes, zusammengefasst, so ist das Einkommen gleichmäßig auf den Zeitraum aufzuteilen, für den die Auszahlung erfolgte.

(6) Für Personen, die Leistungen der Hilfe zur Pflege, der Blindenhilfe oder Leistungen der Eingliederungshilfe nach dem Neunten Buch erhalten, ist ein Betrag in Höhe von 40 Prozent des Einkommens aus selbständiger und nichtselbständiger Tätigkeit der Leistungsberechtigten abzusetzen, höchstens jedoch 65 Prozent der Regelbedarfsstufe 1 nach der Anlage zu § 28.

(7) [1]Einmalige Einnahmen, bei denen für den Monat des Zuflusses bereits Leistungen ohne Berücksichtigung der Einnahme erbracht worden sind, werden im Folgemonat berücksichtigt. [2]Entfiele der Leistungsanspruch durch die Berücksichtigung in einem Monat, ist die einmalige Einnahme auf einen Zeitraum von sechs Monaten gleichmäßig zu verteilen und mit einem entsprechenden Teilbetrag zu berücksichtigen. [3]In begründeten Einzelfällen ist der Anrechnungszeitraum nach Satz 2 angemessen zu verkürzen. [4]Die Sätze 1 und 2 sind auch anzuwenden, soweit während des Leistungsbezugs eine Auszahlung zur Abfindung einer Kleinbetragsrente im Sinne des § 93 Absatz 3 Satz 2 des Einkommensteuergesetzes oder nach § 3 Absatz 2 des Betriebsrentengesetzes erfolgt und durch den ausgezahlten Betrag das Vermögen überschritten wird, welches nach § 90 Absatz 2 Nummer 9 und Absatz 3 nicht einzusetzen ist.

§ 82a Freibetrag für Personen mit Grundrentenzeiten oder entsprechenden Zeiten aus anderweitigen Alterssicherungssystemen. (1) Bei der Hilfe zum Lebensunterhalt und Grundsicherung im Alter und bei Erwerbsminderung ist für Personen, die mindestens 33 Jahre an Grundrentenzeiten nach § 76g Absatz 2 des Sechsten Buches[1)] erreicht haben, ein Betrag in Höhe von 100 Euro monatlich aus der gesetzlichen Rente zuzüglich 30 Prozent des diesen Betrag übersteigenden Einkommens aus der gesetzlichen Rente vom Einkommen nach § 82 Absatz 1 abzusetzen, höchstens jedoch ein Betrag in Höhe von 50 Prozent der Regelbedarfsstufe 1 nach der Anlage zu § 28.

(2) [1]Absatz 1 gilt entsprechend für Personen, die mindestens 33 Jahre an Grundrentenzeiten vergleichbaren Zeiten in

---

1) Nr. **6**.

1. einer Versicherungspflicht nach § 1 des Gesetzes über die Alterssicherung der Landwirte haben,
2. einer sonstigen Beschäftigung, in der Versicherungsfreiheit nach § 5 Absatz 1 Satz 1 Nummer 2 und 3 und Satz 2 des Sechsten Buches oder Befreiung von der Versicherungspflicht nach § 6 Absatz 1 Satz 1 Nummer 2 des Sechsten Buches bestand, haben oder
3. einer Versicherungspflicht in einer Versicherungsoder Versorgungseinrichtung, die für Angehörige bestimmter Berufe errichtet ist, haben.

[2] Absatz 1 gilt auch, wenn die 33 Jahre durch die Zusammenrechnung der Zeiten nach Satz 1 Nummer 1 bis 3 und der Grundrentenzeiten nach § 76g Absatz 2 des Sechsten Buches erfüllt werden. Je Kalendermonat wird eine Grundrentenzeit oder eine nach Satz 1 vergleichbare Zeit angerechnet.

§ 83 Nach Zweck und Inhalt bestimmte Leistungen. (1) Leistungen, die auf Grund öffentlich-rechtlicher Vorschriften zu einem ausdrücklich genannten Zweck erbracht werden, sind nur so weit als Einkommen zu berücksichtigen, als die Sozialhilfe im Einzelfall demselben Zweck dient.

(2) Eine Entschädigung, die wegen eines Schadens, der nicht Vermögensschaden ist, nach § 253 Abs. 2 des Bürgerlichen Gesetzbuches geleistet wird, ist nicht als Einkommen zu berücksichtigen.

§ 84 Zuwendungen. (1) [1] Zuwendungen der freien Wohlfahrtspflege bleiben als Einkommen außer Betracht. [2] Dies gilt nicht, soweit die Zuwendung die Lage der Leistungsberechtigten so günstig beeinflusst, dass daneben Sozialhilfe ungerechtfertigt wäre.

(2) Zuwendungen, die ein anderer erbringt, ohne hierzu eine rechtliche oder sittliche Pflicht zu haben, sollen als Einkommen außer Betracht bleiben, soweit ihre Berücksichtigung für die Leistungsberechtigten eine besondere Härte bedeuten würde.

Zweiter Abschnitt. Einkommensgrenzen für die Leistungen nach dem Fünften bis Neunten Kapitel

§ 85 Einkommensgrenze. (1) Bei der Hilfe nach dem Fünften bis Neunten Kapitel ist der nachfragenden Person und ihrem nicht getrennt lebenden Ehegatten oder Lebenspartner die Aufbringung der Mittel nicht zuzumuten, wenn während der Dauer des Bedarfs ihr monatliches Einkommen zusammen eine Einkommensgrenze nicht übersteigt, die sich ergibt aus

1. einem Grundbetrag in Höhe des Zweifachen der Regelbedarfsstufe 1 nach der Anlage zu § 28,
2. den Aufwendungen für die Unterkunft, soweit diese den der Besonderheit des Einzelfalles angemessenen Umfang nicht übersteigen und
3. einem Familienzuschlag in Höhe des auf volle Euro aufgerundeten Betrages von 70 vom Hundert der Regelbedarfsstufe 1 nach der Anlage zu § 28 für den nicht getrennt lebenden Ehegatten oder Lebenspartner und für jede Person, die von der nachfragenden Person, ihrem nicht getrennt lebenden Ehegatten oder Lebenspartner überwiegend unterhalten worden ist oder für die sie nach der Entscheidung über die Erbringung der Sozialhilfe unterhaltspflichtig werden.

(2) [1] Ist die nachfragende Person minderjährig und unverheiratet, so ist ihr und ihren Eltern die Aufbringung der Mittel nicht zuzumuten, wenn während der Dauer des Bedarfs das monatliche Einkommen der nachfragenden Person und ihrer Eltern zusammen eine Einkommensgrenze nicht übersteigt, die sich ergibt aus

1. einem Grundbetrag in Höhe des Zweifachen der Regelbedarfsstufe 1 nach der Anlage zu § 28,
2. den Aufwendungen für die Unterkunft, soweit diese den der Besonderheit des Einzelfalles angemessenen Umfang nicht übersteigen und
3. einem Familienzuschlag in Höhe des auf volle Euro aufgerundeten Betrages von 70 vom Hundert der Regelbedarfsstufe 1 nach der Anlage zu § 28 für einen Elternteil, wenn die Eltern zusammenleben, sowie für die nachfragende Person und für jede Person, die von den Eltern oder der nachfragenden Person überwiegend unterhalten worden ist oder für die sie nach der Entscheidung über die Erbringung der Sozialhilfe unterhaltspflichtig werden.

[2] Leben die Eltern nicht zusammen, richtet sich die Einkommensgrenze nach dem Elternteil, bei dem die nachfragende Person lebt. [3] Lebt sie bei keinem Elternteil, bestimmt sich die Einkommensgrenze nach Absatz 1.

(3) [1] Die Regelbedarfsstufe 1 nach der Anlage zu § 28 bestimmt sich nach dem Ort, an dem der Leistungsberechtigte die Leistung erhält. [2] Bei der Leistung in einer Einrichtung sowie bei Unterbringung in einer anderen Familie oder bei den in § 107 genannten anderen Personen bestimmt er sich nach dem gewöhnlichen Aufenthalt des Leistungsberechtigten oder, wenn im Falle des Absatzes 2 auch das Einkommen seiner Eltern oder eines Elternteils maßgebend ist, nach deren gewöhnlichem Aufenthalt. [3] Ist ein gewöhnlicher Aufenthalt im Inland nicht vorhanden oder nicht zu ermitteln, ist Satz 1 anzuwenden.

§ 86 Abweichender Grundbetrag. Die Länder und, soweit landesrechtliche Vorschriften nicht entgegenstehen, auch die Träger der Sozialhilfe können für bestimmte Arten der Hilfe nach dem Fünften bis Neunten Kapitel der Einkommensgrenze einen höheren Grundbetrag zu Grunde legen.

§ 87 Einsatz des Einkommens über der Einkommensgrenze. (1) [1] Soweit das zu berücksichtigende Einkommen die Einkommensgrenze übersteigt, ist die Aufbringung der Mittel in angemessenem Umfang zuzumuten. [2] Bei der Prüfung, welcher Umfang angemessen ist, sind insbesondere die Art des Bedarfs, die Art oder Schwere der Behinderung oder der Pflegebedürftigkeit, die Dauer und Höhe der erforderlichen Aufwendungen sowie besondere Belastungen der nachfragenden Person und ihrer unterhaltsberechtigten Angehörigen zu berücksichtigen. [3] Bei Pflegebedürftigen der Pflegegrade 4 und 5 und blinden Menschen nach § 72 ist ein Einsatz des Einkommens über der Einkommensgrenze in Höhe von mindestens 60 vom Hundert nicht zuzumuten.

(2) Verliert die nachfragende Person durch den Eintritt eines Bedarfsfalles ihr Einkommen ganz oder teilweise und ist ihr Bedarf nur von kurzer Dauer, so kann die Aufbringung der Mittel auch aus dem Einkommen verlangt werden, das sie innerhalb eines angemessenen Zeitraumes nach dem Wegfall des Bedarfs erwirbt und das die Einkommensgrenze übersteigt, jedoch nur insoweit, als ihr ohne den Verlust des Einkommens die Aufbringung der Mittel zuzumuten gewesen wäre.

(3) Bei einmaligen Leistungen zur Beschaffung von Bedarfsgegenständen, deren Gebrauch für mindestens ein Jahr bestimmt ist, kann die Aufbringung der Mittel nach Maßgabe des Absatzes 1 auch aus dem Einkommen verlangt werden, das die in § 19 Abs. 3 genannten Personen innerhalb eines Zeitraumes von bis zu drei Monaten nach Ablauf des Monats, in dem über die Leistung entschieden worden ist, erwerben.

§ 88 Einsatz des Einkommens unter der Einkommensgrenze.

(1) [1]Die Aufbringung der Mittel kann, auch soweit das Einkommen unter der Einkommensgrenze liegt, verlangt werden,

1. soweit von einem anderen Leistungen für einen besonderen Zweck erbracht werden, für den sonst Sozialhilfe zu leisten wäre,
2. wenn zur Deckung des Bedarfs nur geringfügige Mittel erforderlich sind.

[2]Darüber hinaus soll in angemessenem Umfang die Aufbringung der Mittel verlangt werden, wenn eine Person für voraussichtlich längere Zeit Leistungen in einer stationären Einrichtung bedarf.

(2) [1]Bei einer stationären Leistung in einer stationären Einrichtung wird von dem Einkommen, das der Leistungsberechtigte aus einer entgeltlichen Beschäftigung erzielt, die Aufbringung der Mittel in Höhe von einem Achtel der Regelbedarfsstufe 1 nach der Anlage zu § 28 zuzüglich 50 vom Hundert des diesen Betrag übersteigenden Einkommens aus der Beschäftigung nicht verlangt. [2]§ 82 Absatz 3 und 6 ist nicht anzuwenden.

§ 89 Einsatz des Einkommens bei mehrfachem Bedarf. (1) Wird im Einzelfall der Einsatz eines Teils des Einkommens zur Deckung eines bestimmten Bedarfs zugemutet oder verlangt, darf dieser Teil des Einkommens bei der Prüfung, inwieweit der Einsatz des Einkommens für einen anderen gleichzeitig bestehenden Bedarf zuzumuten ist oder verlangt werden kann, nicht berücksichtigt werden.

(2) [1]Sind im Fall des Absatzes 1 für die Bedarfsfälle verschiedene Träger der Sozialhilfe zuständig, hat die Entscheidung über die Leistung für den zuerst eingetretenen Bedarf den Vorrang. [2]Treten die Bedarfsfälle gleichzeitig ein, ist das über der Einkommensgrenze liegende Einkommen zu gleichen Teilen bei den Bedarfsfällen zu berücksichtigen. [3]Bestehen neben den Bedarfen für Leistungen nach diesem Buch gleichzeitig Bedarfe für Leistungen nach Teil 2 des Neunten Buches[1)], so ist das über der Einkommensgrenze liegende Einkommen nur zur Hälfte zu berücksichtigen.

Dritter Abschnitt. Vermögen

§ 90 Einzusetzendes Vermögen. (1) Einzusetzen ist das gesamte verwertbare Vermögen.

(2) Die Sozialhilfe darf nicht abhängig gemacht werden vom Einsatz oder von der Verwertung

1. eines Vermögens, das aus öffentlichen Mitteln zum Aufbau oder zur Sicherung einer Lebensgrundlage oder zur Gründung eines Hausstandes erbracht wird,

---

[1)] Nr. **9**.

2. eines nach § 10a oder Abschnitt XI des Einkommensteuergesetzes geförderten Altersvorsorgevermögens im Sinne des § 92 des Einkommensteuergesetzes; dies gilt auch für das in der Auszahlungsphase insgesamt zur Verfügung stehende Kapital, soweit die Auszahlung als monatliche oder als sonstige regelmäßige Leistung im Sinne von § 82 Absatz 5 Satz 3 erfolgt; für diese Auszahlungen ist § 82 Absatz 4 und 5 anzuwenden,
3. eines sonstigen Vermögens, solange es nachweislich zur baldigen Beschaffung oder Erhaltung eines Hausgrundstücks im Sinne der Nummer 8 bestimmt ist, soweit dieses Wohnzwecken von Menschen mit erheblichen Teilhabeeinschränkungen (§ 99 des Neunten Buches[1]) oder von blinden Menschen (§ 72) oder pflegebedürftigen Menschen (§ 61) dient oder dienen soll und dieser Zweck durch den Einsatz oder die Verwertung des Vermögens gefährdet würde,
4. eines angemessenen Hausrats; dabei sind die bisherigen Lebensverhältnisse der nachfragenden Person zu berücksichtigen,
5. von Gegenständen, die zur Aufnahme oder Fortsetzung der Berufsausbildung oder der Erwerbstätigkeit unentbehrlich sind,
6. von Familien- und Erbstücken, deren Veräußerung für die nachfragende Person oder ihre Familie eine besondere Härte bedeuten würde,
7. von Gegenständen, die zur Befriedigung geistiger, insbesondere wissenschaftlicher oder künstlerischer Bedürfnisse dienen und deren Besitz nicht Luxus ist,
8. eines angemessenen Hausgrundstücks, das von der nachfragenden Person oder einer anderen in den § 19 Abs. 1 bis 3 genannten Person allein oder zusammen mit Angehörigen ganz oder teilweise bewohnt wird und nach ihrem Tod von ihren Angehörigen bewohnt werden soll. Die Angemessenheit bestimmt sich nach der Zahl der Bewohner, dem Wohnbedarf (zum Beispiel behinderter, blinder oder pflegebedürftiger Menschen), der Grundstücksgröße, der Hausgröße, dem Zuschnitt und der Ausstattung des Wohngebäudes sowie dem Wert des Grundstücks einschließlich des Wohngebäudes,
9. kleinerer Barbeträge oder sonstiger Geldwerte; dabei ist eine besondere Notlage der nachfragenden Person zu berücksichtigen.

(3) [1] Die Sozialhilfe darf ferner nicht vom Einsatz oder von der Verwertung eines Vermögens abhängig gemacht werden, soweit dies für den, der das Vermögen einzusetzen hat, und für seine unterhaltsberechtigten Angehörigen eine Härte bedeuten würde. [2] Dies ist bei der Leistung nach dem Fünften bis Neunten Kapitel insbesondere der Fall, soweit eine angemessene Lebensführung oder die Aufrechterhaltung einer angemessenen Alterssicherung wesentlich erschwert würde.

§ 91 Darlehen. [1] Soweit nach § 90 für den Bedarf der nachfragenden Person Vermögen einzusetzen ist, jedoch der sofortige Verbrauch oder die sofortige Verwertung des Vermögens nicht möglich ist oder für die, die es einzusetzen hat, eine Härte bedeuten würde, soll die Sozialhilfe als Darlehen geleistet werden. [2] Die Leistungserbringung kann davon abhängig gemacht werden, dass der Anspruch auf Rückzahlung dinglich oder in anderer Weise gesichert wird.

---

[1] Nr. **9**.

Vierter Abschnitt. Einschränkung der Anrechnung

§ 92 Beschränkung des Einkommenseinsatzes auf die häusliche Ersparnis. (1) [1]Erhält eine Person, die nicht in einer Wohnung nach § 42a Absatz 2 Satz 2 lebt, Leistungen nach dem Dritten, Vierten, Fünften, Siebten, Achten oder Neunten Kapitel oder Leistungen für ärztliche oder ärztlich verordnete Maßnahmen, so kann die Aufbringung der Mittel für die Leistungen nach dem Dritten und Vierten Kapitel von ihr und den übrigen in § 19 Absatz 3 genannten Personen verlangt werden, soweit Aufwendungen für den häuslichen Lebensunterhalt erspart werden. [2]Für Leistungsberechtigte nach § 27c Absatz 1 und die übrigen in § 19 Absatz 3 genannten Personen sind Leistungen nach § 27c ohne die Berücksichtigung von vorhandenem Vermögen zu erbringen; Absatz 2 findet keine Anwendung. [3]Die Aufbringung der Mittel nach Satz 1 ist aus dem Einkommen nicht zumutbar, wenn Personen, bei denen nach § 138 Absatz 1 Nummer 3 und 6 des Neunten Buches[1)] ein Beitrag zu Leistungen der Eingliederungshilfe nicht verlangt wird, einer selbständigen und nicht selbständigen Tätigkeit nachgehen und das Einkommen aus dieser Tätigkeit einen Betrag in Höhe des Zweifachen der Regelbedarfsstufe 1 nach der Anlage zu § 28 nicht übersteigt; Satz 2 gilt entsprechend.

(2) [1]Darüber hinaus soll in angemessenem Umfang die Aufbringung der Mittel aus dem gemeinsamen Einkommen der leistungsberechtigten Person und ihres nicht getrennt lebenden Ehegatten oder Lebenspartners verlangt werden, wenn die leistungsberechtigte Person auf voraussichtlich längere Zeit Leistungen in einer stationären Einrichtung bedarf. [2]Bei der Prüfung, welcher Umfang angemessen ist, ist auch der bisherigen Lebenssituation des im Haushalt verbliebenen, nicht getrennt lebenden Ehegatten oder Lebenspartners sowie der im Haushalt lebenden minderjährigen unverheirateten Kinder Rechnung zu tragen.

(3) [1]Hat ein anderer als ein nach bürgerlichem Recht Unterhaltspflichtiger nach sonstigen Vorschriften Leistungen für denselben Zweck zu erbringen, wird seine Verpflichtung durch Absatz 2 nicht berührt. [2]Soweit er solche Leistungen erbringt, kann abweichend von Absatz 2 von den in § 19 Absatz 3 genannten Personen die Aufbringung der Mittel verlangt werden.

§ 92a *(aufgehoben)*

Fünfter Abschnitt. Verpflichtungen anderer

§ 93 Übergang von Ansprüchen. (1) [1]Hat eine leistungsberechtigte Person oder haben bei Gewährung von Hilfen nach dem Fünften bis Neunten Kapitel auch ihre Eltern, ihr nicht getrennt lebender Ehegatte oder ihr Lebenspartner für die Zeit, für die Leistungen erbracht werden, einen Anspruch gegen einen anderen, der kein Leistungsträger im Sinne des § 12 des Ersten Buches[2)] ist, kann der Träger der Sozialhilfe durch schriftliche Anzeige an den anderen bewirken, dass dieser Anspruch bis zur Höhe seiner Aufwendungen auf ihn übergeht. [2]Er kann den Übergang dieses Anspruchs auch wegen seiner Aufwendungen für diejenigen Leistungen des Dritten und Vierten Kapitels bewirken, die er gleichzeitig mit den Leistungen für die in Satz 1 genannte leistungs-

---

[1)] Nr. 9.
[2)] Nr. 1.

berechtigte Person, deren nicht getrennt lebenden Ehegatten oder Lebenspartner und deren minderjährigen unverheirateten Kindern erbringt. [3]Der Übergang des Anspruchs darf nur insoweit bewirkt werden, als bei rechtzeitiger Leistung des anderen entweder die Leistung nicht erbracht worden wäre oder in den Fällen des § 19 Abs. 5 Aufwendungsersatz oder ein Kostenbeitrag zu leisten wäre. [4]Der Übergang ist nicht dadurch ausgeschlossen, dass der Anspruch nicht übertragen, verpfändet oder gepfändet werden kann.

(2) [1]Die schriftliche Anzeige bewirkt den Übergang des Anspruchs für die Zeit, für die der leistungsberechtigten Person die Leistung ohne Unterbrechung erbracht wird. [2]Als Unterbrechung gilt ein Zeitraum von mehr als zwei Monaten.

(3) Widerspruch und Anfechtungsklage gegen den Verwaltungsakt, der den Übergang des Anspruchs bewirkt, haben keine aufschiebende Wirkung.

(4) Die §§ 115 und 116 des Zehnten Buches[1)] gehen der Regelung des Absatzes 1 vor.

§ 94 Übergang von Ansprüchen gegen einen nach bürgerlichem Recht Unterhaltspflichtigen. (1) [1]Hat die leistungsberechtigte Person für die Zeit, für die Leistungen erbracht werden, nach bürgerlichem Recht einen Unterhaltsanspruch, geht dieser bis zur Höhe der geleisteten Aufwendungen zusammen mit dem unterhaltsrechtlichen Auskunftsanspruch auf den Träger der Sozialhilfe über. [2]Der Übergang des Anspruchs ist ausgeschlossen, soweit der Unterhaltsanspruch durch laufende Zahlung erfüllt wird. [3]Der Übergang des Anspruchs ist auch ausgeschlossen, wenn die unterhaltspflichtige Person zum Personenkreis des § 19 gehört oder die unterhaltspflichtige Person mit der leistungsberechtigten Person vom zweiten Grad an verwandt ist. [4]Gleiches gilt für Unterhaltsansprüche gegen Verwandte ersten Grades einer Person, die schwanger ist oder ihr leibliches Kind bis zur Vollendung seines sechsten Lebensjahres betreut. [5]§ 93 Abs. 4 gilt entsprechend.

(1a) [1]Unterhaltsansprüche der Leistungsberechtigten gegenüber ihren Kindern und Eltern sind nicht zu berücksichtigen, es sei denn, deren jährliches Gesamteinkommen im Sinne des § 16 des Vierten Buches[2)] beträgt jeweils mehr als 100 000 Euro (Jahreseinkommensgrenze). [2]Der Übergang von Ansprüchen der Leistungsberechtigten ist ausgeschlossen, sofern Unterhaltsansprüche nach Satz 1 nicht zu berücksichtigen sind. [3]Es wird vermutet, dass das Einkommen der unterhaltsverpflichteten Personen nach Satz 1 die Jahreseinkommensgrenze nicht überschreitet. [4]Zur Widerlegung der Vermutung nach Satz 3 kann der jeweils für die Ausführung des Gesetzes zuständige Träger von den Leistungsberechtigten Angaben verlangen, die Rückschlüsse auf die Einkommensverhältnisse der Unterhaltspflichtigen nach Satz 1 zulassen. [5]Liegen im Einzelfall hinreichende Anhaltspunkte für ein Überschreiten der Jahreseinkommensgrenze vor, so ist § 117 anzuwenden. [6]Die Sätze 1 bis 5 gelten nicht bei Leistungen nach dem Dritten Kapitel an minderjährige Kinder.

(2) [1]Der Anspruch einer volljährigen unterhaltsberechtigten Person, die in erheblichem Maße zur Teilhabe an der Gesellschaft eingeschränkt (§ 99 des Neunten Buches[3)]) oder pflegebedürftig im Sinne von § 61a ist, gegenüber

[1)] Nr. **10**.
[2)] Nr. **4**.
[3)] Nr. **9**.

ihren Eltern wegen Leistungen nach dem Siebten Kapitel geht nur in Höhe von bis zu 26 Euro, wegen Leistungen nach dem Dritten und Vierten Kapitel nur in Höhe von bis zu 20 Euro monatlich über. [2]Es wird vermutet, dass der Anspruch in Höhe der genannten Beträge übergeht und mehrere Unterhaltspflichtige zu gleichen Teilen haften; die Vermutung kann widerlegt werden. [3]Die in Satz 1 genannten Beträge verändern sich zum gleichen Zeitpunkt und um denselben Vomhundertsatz, um den sich das Kindergeld verändert.

(3) [1]Ansprüche nach Absatz 1 und 2 gehen nicht über, soweit

1. die unterhaltspflichtige Person Leistungsberechtigte nach dem Dritten und Vierten Kapitel ist oder bei Erfüllung des Anspruchs würde oder
2. der Übergang des Anspruchs eine unbillige Härte bedeuten würde.

[2]Der Träger der Sozialhilfe hat die Einschränkung des Übergangs nach Satz 1 zu berücksichtigen, wenn er von ihren Voraussetzungen durch vorgelegte Nachweise oder auf andere Weise Kenntnis hat.

(4) [1]Für die Vergangenheit kann der Träger der Sozialhilfe den übergegangenen Unterhalt außer unter den Voraussetzungen des bürgerlichen Rechts nur von der Zeit an fordern, zu welcher er dem Unterhaltspflichtigen die Erbringung der Leistung schriftlich mitgeteilt hat. [2]Wenn die Leistung voraussichtlich auf längere Zeit erbracht werden muss, kann der Träger der Sozialhilfe bis zur Höhe der bisherigen monatlichen Aufwendungen auch auf künftige Leistungen klagen.

(5) [1]Der Träger der Sozialhilfe kann den auf ihn übergegangenen Unterhaltsanspruch im Einvernehmen mit der leistungsberechtigten Person auf diesen zur gerichtlichen Geltendmachung rückübertragen und sich den geltend gemachten Unterhaltsanspruch abtreten lassen. [2]Kosten, mit denen die leistungsberechtigte Person dadurch selbst belastet wird, sind zu übernehmen. [3]Über die Ansprüche nach den Absätzen 1, 2 bis 4 ist im Zivilrechtsweg zu entscheiden.

§ 95 Feststellung der Sozialleistungen. [1]Der erstattungsberechtigte Träger der Sozialhilfe kann die Feststellung einer Sozialleistung betreiben sowie Rechtsmittel einlegen. [2]Der Ablauf der Fristen, die ohne sein Verschulden verstrichen sind, wirkt nicht gegen ihn. [3]Satz 2 gilt nicht für die Verfahrensfristen, soweit der Träger der Sozialhilfe das Verfahren selbst betreibt.

Sechster Abschnitt. Verordnungsermächtigungen

§ 96 Verordnungsermächtigungen. (1) Die Bundesregierung kann durch Rechtsverordnung mit Zustimmung des Bundesrates Näheres über die Berechnung des Einkommens nach § 82, insbesondere der Einkünfte aus Land- und Forstwirtschaft, aus Gewerbebetrieb und aus selbständiger Arbeit bestimmen.

(2) Das Bundesministerium für Arbeit und Soziales kann durch Rechtsverordnung mit Zustimmung des Bundesrates die Höhe der Barbeträge oder sonstigen Geldwerte im Sinne des § 90 Abs. 2 Nr. 9 bestimmen.

Zwölftes Kapitel. Zuständigkeit der Träger der Sozialhilfe

Erster Abschnitt. Sachliche und örtliche Zuständigkeit

§ 97 Sachliche Zuständigkeit. (1) Für die Sozialhilfe sachlich zuständig ist der örtliche Träger der Sozialhilfe, soweit nicht der überörtliche Träger sachlich zuständig ist.

(2) [1] Die sachliche Zuständigkeit des überörtlichen Trägers der Sozialhilfe wird nach Landesrecht bestimmt. [2] Dabei soll berücksichtigt werden, dass so weit wie möglich für Leistungen im Sinne von § 8 Nr. 1 bis 6 jeweils eine einheitliche sachliche Zuständigkeit gegeben ist.

(3) Soweit Landesrecht keine Bestimmung nach Absatz 2 Satz 1 enthält, ist der überörtliche Träger der Sozialhilfe für

1. *(aufgehoben)*
2. Leistungen der Hilfe zur Pflege nach den §§ 61 bis 66,
3. Leistungen der Hilfe zur Überwindung besonderer sozialer Schwierigkeiten nach den §§ 67 bis 69,
4. Leistungen der Blindenhilfe nach § 72

sachlich zuständig.

(4) Die sachliche Zuständigkeit für eine stationäre Leistung umfasst auch die sachliche Zuständigkeit für Leistungen, die gleichzeitig nach anderen Kapiteln zu erbringen sind, sowie für eine Leistung nach § 74.

(5) [1] Die überörtlichen Träger sollen, insbesondere bei verbreiteten Krankheiten, zur Weiterentwicklung von Leistungen der Sozialhilfe beitragen. [2] Hierfür können sie die erforderlichen Einrichtungen schaffen oder fördern.

§ 98 Örtliche Zuständigkeit. (1) [1] Für die Sozialhilfe örtlich zuständig ist der Träger der Sozialhilfe, in dessen Bereich sich die Leistungsberechtigten tatsächlich aufhalten. [2] Diese Zuständigkeit bleibt bis zur Beendigung der Leistung auch dann bestehen, wenn die Leistung außerhalb seines Bereichs erbracht wird.

(1a) [1] Abweichend von Absatz 1 ist im Fall der Auszahlung der Leistungen nach § 34 Absatz 2 Satz 1 Nummer 1 und nach § 34a Absatz 7 der Träger der Sozialhilfe zuständig, in dessen örtlichem Zuständigkeitsbereich die Schule liegt. [2] Die Zuständigkeit nach Satz 1 umfasst auch Leistungen an Schülerinnen und Schüler, für die im Übrigen ein anderer Träger der Sozialhilfe nach Absatz 1 örtlich zuständig ist oder wäre.

(2) [1] Für die stationäre Leistung ist der Träger der Sozialhilfe örtlich zuständig, in dessen Bereich die Leistungsberechtigten ihren gewöhnlichen Aufenthalt im Zeitpunkt der Aufnahme in die Einrichtung haben oder in den zwei Monaten vor der Aufnahme zuletzt gehabt hatten. [2] Waren bei Einsetzen der Sozialhilfe die Leistungsberechtigten aus einer Einrichtung im Sinne des Satzes 1 in eine andere Einrichtung oder von dort in weitere Einrichtungen übergetreten oder tritt nach dem Einsetzen der Leistung ein solcher Fall ein, ist der gewöhnliche Aufenthalt, der für die erste Einrichtung maßgebend war, entscheidend. [3] Steht innerhalb von vier Wochen nicht fest, ob und wo der gewöhnliche Aufenthalt nach Satz 1 oder 2 begründet worden ist oder ist ein gewöhnlicher Aufenthaltsort nicht vorhanden oder nicht zu ermitteln oder liegt ein Eilfall vor, hat der nach Absatz 1 zuständige Träger der Sozialhilfe über

die Leistung unverzüglich zu entscheiden und sie vorläufig zu erbringen. [4] Wird ein Kind in einer Einrichtung im Sinne des Satzes 1 geboren, tritt an die Stelle seines gewöhnlichen Aufenthalts der gewöhnliche Aufenthalt der Mutter.

(3) In den Fällen des § 74 ist der Träger der Sozialhilfe örtlich zuständig, der bis zum Tod der leistungsberechtigten Person Sozialhilfe leistete, in den anderen Fällen der Träger der Sozialhilfe, in dessen Bereich der Sterbeort liegt.

(4) Für Hilfen an Personen, die sich in Einrichtungen zum Vollzug richterlich angeordneter Freiheitsentziehung aufhalten oder aufgehalten haben, gelten die Absätze 1 und 2 sowie die §§ 106 und 109 entsprechend.

(5) [1] Für die Leistungen nach diesem Buch an Personen, die Leistungen nach dem Siebten und Achten Kapitel in Formen ambulanter betreuter Wohnmöglichkeiten erhalten, ist der Träger der Sozialhilfe örtlich zuständig, der vor Eintritt in diese Wohnform zuletzt zuständig war oder gewesen wäre. [2] Vor Inkrafttreten dieses Buches begründete Zuständigkeiten bleiben hiervon unberührt.

(6) Soweit Leistungen der Eingliederungshilfe nach Teil 2 des Neunten Buches zu erbringen sind, richtet sich die örtliche Zuständigkeit für gleichzeitig zu erbringende Leistungen nach diesem Buch nach § 98 des Neunten Buches[1)], soweit das Landesrecht keine abweichende Regelung trifft.

§ 99 Vorbehalt abweichender Durchführung. (1) Die Länder können bestimmen, dass und inwieweit die Kreise ihnen zugehörige Gemeinden oder Gemeindeverbände zur Durchführung von Aufgaben nach diesem Buch heranziehen und ihnen dabei Weisungen erteilen können; in diesen Fällen erlassen die Kreise den Widerspruchsbescheid nach dem Sozialgerichtsgesetz[2)].

(2) Die Länder können bestimmen, dass und inwieweit die überörtlichen Träger der Sozialhilfe örtliche Träger der Sozialhilfe sowie diesen zugehörige Gemeinden und Gemeindeverbände zur Durchführung von Aufgaben nach diesem Buch heranziehen und ihnen dabei Weisungen erteilen können; in diesen Fällen erlassen die überörtlichen Träger den Widerspruchsbescheid nach dem Sozialgerichtsgesetz, soweit nicht nach Landesrecht etwas anderes bestimmt wird.

Zweiter Abschnitt. Sonderbestimmungen

§ 100 *(aufgehoben)*

§ 101 Behördenbestimmung und Stadtstaaten-Klausel. (1) Welche Stellen zuständige Behörden sind, bestimmt die Landesregierung, soweit eine landesrechtliche Regelung nicht besteht.

(2) Die Senate der Länder Berlin, Bremen und Hamburg werden ermächtigt, die Vorschriften dieses Buches über die Zuständigkeit von Behörden dem besonderen Verwaltungsaufbau ihrer Länder anzupassen.

[1)] Nr. 9.
[2)] Nr. 20.

Dreizehntes Kapitel. Kosten

Erster Abschnitt. Kostenersatz

§ 102 Kostenersatz durch Erben. (1) [1]Der Erbe der leistungsberechtigten Person oder ihres Ehegatten oder ihres Lebenspartners, falls diese vor der leistungsberechtigten Person sterben, ist vorbehaltlich des Absatzes 5 zum Ersatz der Kosten der Sozialhilfe verpflichtet. [2]Die Ersatzpflicht besteht nur für die Kosten der Sozialhilfe, die innerhalb eines Zeitraumes von zehn Jahren vor dem Erbfall aufgewendet worden sind und die das Dreifache des Grundbetrages nach § 85 Abs. 1 übersteigen. [3]Die Ersatzpflicht des Erben des Ehegatten oder Lebenspartners besteht nicht für die Kosten der Sozialhilfe, die während des Getrenntlebens der Ehegatten oder Lebenspartner geleistet worden sind. [4]Ist die leistungsberechtigte Person der Erbe ihres Ehegatten oder Lebenspartners, ist sie zum Ersatz der Kosten nach Satz 1 nicht verpflichtet.

(2) [1]Die Ersatzpflicht des Erben gehört zu den Nachlassverbindlichkeiten. [2]Der Erbe haftet mit dem Wert des im Zeitpunkt des Erbfalles vorhandenen Nachlasses.

(3) Der Anspruch auf Kostenersatz ist nicht geltend zu machen,

1. soweit der Wert des Nachlasses unter dem Dreifachen des Grundbetrages nach § 85 Abs. 1 liegt,
2. soweit der Wert des Nachlasses unter dem Betrag von 15 340 Euro liegt, wenn der Erbe der Ehegatte oder Lebenspartner der leistungsberechtigten Person oder mit dieser verwandt ist und nicht nur vorübergehend bis zum Tod der leistungsberechtigten Person mit dieser in häuslicher Gemeinschaft gelebt und sie gepflegt hat,
3. soweit die Inanspruchnahme des Erben nach der Besonderheit des Einzelfalles eine besondere Härte bedeuten würde.

(4) [1]Der Anspruch auf Kostenersatz erlischt in drei Jahren nach dem Tod der leistungsberechtigten Person, ihres Ehegatten oder ihres Lebenspartners. [2]§ 103 Abs. 3 Satz 2 und 3 gilt entsprechend.

(5) Der Ersatz der Kosten durch die Erben gilt nicht für Leistungen nach dem Vierten Kapitel und für die vor dem 1. Januar 1987 entstandenen Kosten der Tuberkulosehilfe.

§ 103 Kostenersatz bei schuldhaftem Verhalten. (1) [1]Zum Ersatz der Kosten der Sozialhilfe ist verpflichtet, wer nach Vollendung des 18. Lebensjahres für sich oder andere durch vorsätzliches oder grob fahrlässiges Verhalten die Voraussetzungen für die Leistungen der Sozialhilfe herbeigeführt hat. [2]Zum Kostenersatz ist auch verpflichtet, wer als leistungsberechtigte Person oder als deren Vertreter die Rechtswidrigkeit des der Leistung zu Grunde liegenden Verwaltungsaktes kannte oder infolge grober Fahrlässigkeit nicht kannte. [3]Von der Heranziehung zum Kostenersatz kann abgesehen werden, soweit sie eine Härte bedeuten würde.

(2) [1]Eine nach Absatz 1 eingetretene Verpflichtung zum Ersatz der Kosten geht auf den Erben über. [2]§ 102 Abs. 2 Satz 2 findet Anwendung.

(3) [1]Der Anspruch auf Kostenersatz erlischt in drei Jahren vom Ablauf des Jahres an, in dem die Leistung erbracht worden ist. [2]Für die Hemmung, die Ablaufhemmung, den Neubeginn und die Wirkung der Verjährung gelten die

Vorschriften des Bürgerlichen Gesetzbuchs sinngemäß. [3]Der Erhebung der Klage steht der Erlass eines Leistungsbescheides gleich.

(4) [1]Die §§ 44 bis 50 des Zehnten Buches[1)] bleiben unberührt. [2]Zum Kostenersatz nach Absatz 1 und zur Erstattung derselben Kosten nach § 50 des Zehnten Buches Verpflichtete haften als Gesamtschuldner.

§ 104 Kostenersatz für zu Unrecht erbrachte Leistungen. [1]Zum Ersatz der Kosten für zu Unrecht erbrachte Leistungen der Sozialhilfe ist in entsprechender Anwendung des § 103 verpflichtet, wer die Leistungen durch vorsätzliches oder grob fahrlässiges Verhalten herbeigeführt hat. [2]Zum Kostenersatz nach Satz 1 und zur Erstattung derselben Kosten nach § 50 des Zehnten Buches[1)] Verpflichtete haften als Gesamtschuldner.

§ 105 Kostenersatz bei Doppelleistungen. Hat ein vorrangig verpflichteter Leistungsträger in Unkenntnis der Leistung des Trägers der Sozialhilfe an die leistungsberechtigte Person geleistet, ist diese zur Herausgabe des Erlangten an den Träger der Sozialhilfe verpflichtet.

Zweiter Abschnitt. Kostenerstattung zwischen den Trägern der Sozialhilfe

§ 106 Kostenerstattung bei Aufenthalt in einer Einrichtung. (1) [1]Der nach § 98 Abs. 2 Satz 1 zuständige Träger der Sozialhilfe hat dem nach § 98 Abs. 2 Satz 3 vorläufig leistenden Träger die aufgewendeten Kosten zu erstatten. [2]Ist in den Fällen des § 98 Abs. 2 Satz 3 und 4 ein gewöhnlicher Aufenthalt nicht vorhanden oder nicht zu ermitteln und war für die Leistungserbringung ein örtlicher Träger der Sozialhilfe sachlich zuständig, sind diesem die aufgewendeten Kosten von dem überörtlichen Träger der Sozialhilfe zu erstatten, zu dessen Bereich der örtliche Träger gehört.

(2) Als Aufenthalt in einer stationären Einrichtung gilt auch, wenn jemand außerhalb der Einrichtung untergebracht wird, aber in ihrer Betreuung bleibt, oder aus der Einrichtung beurlaubt wird.

(3) [1]Verlässt in den Fällen des § 98 Abs. 2 die leistungsberechtigte Person die Einrichtung und erhält sie im Bereich des örtlichen Trägers, in dem die Einrichtung liegt, innerhalb von einem Monat danach Leistungen der Sozialhilfe, sind dem örtlichen Träger der Sozialhilfe die aufgewendeten Kosten von dem Träger der Sozialhilfe zu erstatten, in dessen Bereich die leistungsberechtigte Person ihren gewöhnlichen Aufenthalt im Sinne des § 98 Abs. 2 Satz 1 hatte. [2]Absatz 1 Satz 2 gilt entsprechend. [3]Die Erstattungspflicht wird nicht durch einen Aufenthalt außerhalb dieses Bereichs oder in einer Einrichtung im Sinne des § 98 Abs. 2 Satz 1 unterbrochen, wenn dieser zwei Monate nicht übersteigt; sie endet, wenn für einen zusammenhängenden Zeitraum von zwei Monaten Leistungen nicht zu erbringen waren, spätestens nach Ablauf von zwei Jahren seit dem Verlassen der Einrichtung.

§ 107 Kostenerstattung bei Unterbringung in einer anderen Familie. § 98 Abs. 2 und § 106 gelten entsprechend, wenn ein Kind oder ein Jugendlicher in einer anderen Familie oder bei anderen Personen als bei seinen Eltern oder bei einem Elternteil untergebracht ist.

[1)] Nr. **10**.

§ 108 Kostenerstattung bei Einreise aus dem Ausland. (1) [1]Reist eine Person, die weder im Ausland noch im Inland einen gewöhnlichen Aufenthalt hat, aus dem Ausland ein und setzen innerhalb eines Monats nach ihrer Einreise Leistungen der Sozialhilfe ein, sind die aufgewendeten Kosten von dem von einer Schiedsstelle bestimmten überörtlichen Träger der Sozialhilfe zu erstatten. [2]Bei ihrer Entscheidung hat die Schiedsstelle die Einwohnerzahl und die Belastungen, die sich im vorangegangenen Haushaltsjahr für die Träger der Sozialhilfe nach dieser Vorschrift sowie nach den §§ 24 und 115 ergeben haben, zu berücksichtigen. [3]Satz 1 gilt nicht für Personen, die im Inland geboren sind oder bei Einsetzen der Leistung mit ihnen als Ehegatte, Lebenspartner, Verwandte oder Verschwägerte zusammenleben. [4]Leben Ehegatten, Lebenspartner, Verwandte oder Verschwägerte bei Einsetzen der Leistung zusammen, ist ein gemeinsamer erstattungspflichtiger Träger der Sozialhilfe zu bestimmen.

(2) [1]Schiedsstelle im Sinne des Absatzes 1 ist das Bundesverwaltungsamt. [2]Die Länder können durch Verwaltungsvereinbarung eine andere Schiedsstelle bestimmen.

(3) Ist ein Träger der Sozialhilfe nach Absatz 1 zur Erstattung der für eine leistungsberechtigte Person aufgewendeten Kosten verpflichtet, hat er auch die für den Ehegatten, den Lebenspartner oder die minderjährigen Kinder der leistungsberechtigten Personen aufgewendeten Kosten zu erstatten, wenn diese Personen später einreisen und Sozialhilfe innerhalb eines Monats einsetzt.

(4) Die Verpflichtung zur Erstattung der für Leistungsberechtigte aufgewendeten Kosten entfällt, wenn für einen zusammenhängenden Zeitraum von drei Monaten Sozialhilfe nicht zu leisten war.

(5) Die Absätze 1 bis 4 sind nicht anzuwenden für Personen, deren Unterbringung nach der Einreise in das Inland bundesrechtlich oder durch Vereinbarung zwischen Bund und Ländern geregelt ist.

§ 109 Ausschluss des gewöhnlichen Aufenthalts. Als gewöhnlicher Aufenthalt im Sinne des Zwölften Kapitels und des Dreizehnten Kapitels, Zweiter Abschnitt, gelten nicht der Aufenthalt in einer Einrichtung im Sinne von § 98 Abs. 2 und der auf richterlich angeordneter Freiheitsentziehung beruhende Aufenthalt in einer Vollzugsanstalt.

§ 110 Umfang der Kostenerstattung. (1) [1]Die aufgewendeten Kosten sind zu erstatten, soweit die Leistung diesem Buch entspricht. [2]Dabei gelten die am Aufenthaltsort der Leistungsberechtigten zur Zeit der Leistungserbringung bestehenden Grundsätze für die Leistung von Sozialhilfe.

(2) [1]Kosten unter 2 560 Euro, bezogen auf einen Zeitraum der Leistungserbringung von bis zu zwölf Monaten, sind außer in den Fällen einer vorläufigen Leistungserbringung nach § 98 Abs. 2 Satz 3 nicht zu erstatten. [2]Die Begrenzung auf 2 560 Euro gilt, wenn die Kosten für die Mitglieder eines Haushalts im Sinne von § 27 Absatz 2 Satz 2 und 3 zu erstatten sind, abweichend von Satz 1 für die Mitglieder des Haushalts zusammen.

§ 111 Verjährung. (1) Der Anspruch auf Erstattung der aufgewendeten Kosten verjährt in vier Jahren, beginnend nach Ablauf des Kalenderjahres, in dem er entstanden ist.

(2) Für die Hemmung, die Ablaufhemmung, den Neubeginn und die Wirkung der Verjährung gelten die Vorschriften des Bürgerlichen Gesetzbuchs sinngemäß.

§ 112 Kostenerstattung auf Landesebene. Die Länder können Abweichendes über die Kostenerstattung zwischen den Trägern der Sozialhilfe ihres Bereichs regeln.

Dritter Abschnitt. Sonstige Regelungen

§ 113 Vorrang der Erstattungsansprüche. Erstattungsansprüche der Träger der Sozialhilfe gegen andere Leistungsträger nach § 104 des Zehnten Buches[1)] gehen einer Übertragung, Pfändung oder Verpfändung des Anspruchs vor, auch wenn sie vor Entstehen des Erstattungsanspruchs erfolgt sind.

§ 114 Ersatzansprüche der Träger der Sozialhilfe nach sonstigen Vorschriften. Bestimmt sich das Recht des Trägers der Sozialhilfe, Ersatz seiner Aufwendungen von einem anderen zu verlangen, gegen den die Leistungsberechtigten einen Anspruch haben, nach sonstigen gesetzlichen Vorschriften, die dem § 93 vorgehen, gelten als Aufwendungen

1. die Kosten der Leistung für diejenige Person, die den Anspruch gegen den anderen hat, und
2. die Kosten für Leistungen nach dem Dritten und Vierten Kapitel, die gleichzeitig mit der Leistung nach Nummer 1 für den nicht getrennt lebenden Ehegatten oder Lebenspartner und die minderjährigen unverheirateten Kinder geleistet wurden.

§ 115 Übergangsregelung für die Kostenerstattung bei Einreise aus dem Ausland. Die Pflicht eines Trägers der Sozialhilfe zur Kostenerstattung, die nach der vor dem 1. Januar 1994 geltenden Fassung des § 108 des Bundessozialhilfegesetzes entstanden oder von der Schiedsstelle bestimmt worden ist, bleibt bestehen.

Vierzehntes Kapitel. Verfahrensbestimmungen

§ 116 Beteiligung sozial erfahrener Dritter. (1) Soweit Landesrecht nichts Abweichendes bestimmt, sind vor dem Erlass allgemeiner Verwaltungsvorschriften sozial erfahrene Dritte zu hören, insbesondere aus Vereinigungen, die Bedürftige betreuen, oder aus Vereinigungen von Sozialleistungsempfängern.

(2) Soweit Landesrecht nichts Abweichendes bestimmt, sind vor dem Erlass des Verwaltungsaktes über einen Widerspruch gegen die Ablehnung der Sozialhilfe oder gegen die Festsetzung ihrer Art und Höhe Dritte, wie sie in Absatz 1 bezeichnet sind, beratend zu beteiligen.

§ 116a Rücknahme von Verwaltungsakten. § 44 des Zehnten Buches[1)] gilt mit der Maßgabe, dass

1. rechtswidrige nicht begünstigende Verwaltungsakte nach den Absätzen 1 und 2 nicht später als vier Jahre nach Ablauf des Jahres, in dem der Ver-

---

[1)] Nr. **10**.

waltungsakt bekanntgegeben wurde, zurückzunehmen sind; ausreichend ist, wenn die Rücknahme innerhalb dieses Zeitraumes beantragt wird,

2. anstelle des Zeitraums von vier Jahren nach Absatz 4 Satz 1 ein Zeitraum von einem Jahr tritt.

§ 117 Pflicht zur Auskunft. (1) [1] Die Unterhaltspflichtigen, ihre nicht getrennt lebenden Ehegatten oder Lebenspartner und die Kostenersatzpflichtigen haben dem Träger der Sozialhilfe über ihre Einkommens- und Vermögensverhältnisse Auskunft zu geben, soweit die Durchführung dieses Buches es erfordert. [2] Dabei haben sie die Verpflichtung, auf Verlangen des Trägers der Sozialhilfe Beweisurkunden vorzulegen oder ihrer Vorlage zuzustimmen. [3] Auskunftspflichtig nach Satz 1 und 2 sind auch Personen, von denen nach § 39 trotz Aufforderung unwiderlegt vermutet wird, dass sie Leistungen zum Lebensunterhalt an andere Mitglieder der Haushaltsgemeinschaft erbringen. [4] Die Auskunftspflicht der Finanzbehörden nach § 21 Abs. 4 des Zehnten Buches[1)] erstreckt sich auch auf diese Personen.

(2) Wer jemandem, der Leistungen nach diesem Buch beantragt hat oder bezieht, Leistungen erbringt oder erbracht hat, die geeignet sind oder waren, diese Leistungen auszuschließen oder zu mindern, hat dem Träger der Sozialhilfe auf Verlangen hierüber Auskunft zu geben, soweit es zur Durchführung der Aufgaben nach diesem Buch im Einzelfall erforderlich ist.

(3) [1] Wer jemandem, der Leistungen nach diesem Buch beantragt hat oder bezieht, zu Leistungen verpflichtet ist oder war, die geeignet sind oder waren, Leistungen auszuschließen oder zu mindern, oder für ihn Guthaben führt oder Vermögensgegenstände verwahrt, hat dem Träger der Sozialhilfe auf Verlangen hierüber sowie über damit im Zusammenhang stehendes Einkommen oder Vermögen Auskunft zu erteilen, soweit es zur Durchführung der Leistungen nach diesem Buch im Einzelfall erforderlich ist. [2] § 21 Abs. 3 Satz 4 des Zehnten Buches gilt entsprechend.

(4) Der Arbeitgeber ist verpflichtet, dem Träger der Sozialhilfe über die Art und Dauer der Beschäftigung, die Arbeitsstätte und das Arbeitsentgelt der bei ihm beschäftigten Leistungsberechtigten, Unterhaltspflichtigen und deren nicht getrennt lebenden Ehegatten oder Lebenspartner sowie Kostenersatzpflichtigen Auskunft zu geben, soweit die Durchführung dieses Buches es erfordert.

(5) Die nach den Absätzen 1 bis 4 zur Erteilung einer Auskunft Verpflichteten können Angaben verweigern, die ihnen oder ihnen nahe stehenden Personen (§ 383 Abs. 1 Nr. 1 bis 3 der Zivilprozessordnung) die Gefahr zuziehen würden, wegen einer Straftat oder einer Ordnungswidrigkeit verfolgt zu werden.

(6) [1] Ordnungswidrig handelt, wer vorsätzlich oder fahrlässig die Auskünfte nach den Absätzen 2, 3 Satz 1 und Absatz 4 nicht, nicht richtig, nicht vollständig oder nicht rechtzeitig erteilt. [2] Die Ordnungswidrigkeit kann mit einer Geldbuße geahndet werden.

§ 118 Überprüfung, Verwaltungshilfe. (1) [1] Die Träger der Sozialhilfe können Personen, die Leistungen nach diesem Buch beziehen, auch regelmäßig im Wege des automatisierten Datenabgleichs daraufhin überprüfen,

---

[1)] Nr. **10**.

1. ob und in welcher Höhe und für welche Zeiträume von ihnen Leistungen der Bundesagentur für Arbeit (Auskunftsstelle) oder der Träger der gesetzlichen Unfall- oder Rentenversicherung (Auskunftsstellen) bezogen werden oder wurden,
2. ob und in welchem Umfang Zeiten des Leistungsbezuges nach diesem Buch mit Zeiten einer Versicherungspflicht oder Zeiten einer geringfügigen Beschäftigung zusammentreffen,
3. ob und welche Daten nach § 45d Abs. 1 und § 45e des Einkommensteuergesetzes dem Bundeszentralamt für Steuern (Auskunftsstelle) übermittelt worden sind,
4. ob und in welcher Höhe Altersvorsorgevermögen im Sinne des § 92 des Einkommensteuergesetzes nach § 10a oder Abschnitts XI des Einkommensteuergesetzes steuerlich gefördert wurde und
5. ob und in welcher Höhe und für welche Zeiträume von ihnen Leistungen der Eingliederungshilfe nach Teil 2 des Neunten Buches[1)] beziehen und bezogen werden oder wurden.

[2] Sie dürfen für die Überprüfung nach Satz 1 Name, Vorname (Rufname), Geburtsdatum, Geburtsort, Nationalität, Geschlecht, Anschrift und Versicherungsnummer der Personen, die Leistungen nach diesem Buch beziehen, den Auskunftsstellen übermitteln. [3] Die Auskunftsstellen führen den Abgleich mit den nach Satz 2 übermittelten Daten durch und übermitteln die Daten über Feststellungen im Sinne des Satzes 1 an die Träger der Sozialhilfe. [4] Die ihnen überlassenen Daten und Datenträger sind nach Durchführung des Abgleichs unverzüglich zurückzugeben, zu löschen oder zu vernichten. [5] Die Träger der Sozialhilfe dürfen die ihnen übermittelten Daten nur zur Überprüfung nach Satz 1 nutzen. [6] Die übermittelten Daten der Personen, bei denen die Überprüfung zu keinen abweichenden Feststellungen führt, sind unverzüglich zu löschen.

(1a) Liegt ein Vermögen vor, das nach § 90 Absatz 2 Nummer 2 nicht einzusetzen ist, so melden die Träger der Sozialhilfe auf elektronischem Weg der Datenstelle der Rentenversicherung als Vermittlungsstelle, um eine Mitteilung zu einer schädlichen Verwendung nach § 94 Absatz 3 des Einkommensteuergesetzes zu erhalten, den erstmaligen Bezug nach dem Dritten und Vierten Kapitel sowie die Beendigung des jeweiligen Leistungsbezugs.

(2) [1] Die Träger der Sozialhilfe sind befugt, Personen, die Leistungen nach diesem Buch beziehen, auch regelmäßig im Wege des automatisierten Datenabgleichs daraufhin zu überprüfen, ob und in welcher Höhe und für welche Zeiträume von ihnen Leistungen nach diesem Buch durch andere Träger der Sozialhilfe bezogen werden oder wurden. [2] Hierzu dürfen die erforderlichen Daten nach Absatz 1 Satz 2 anderen Trägern der Sozialhilfe oder einer zentralen Vermittlungsstelle im Sinne des § 120 Nr. 1 übermittelt werden. [3] Diese führen den Abgleich der ihnen übermittelten Daten durch und leiten Feststellungen im Sinne des Satzes 1 an die übermittelnden Träger der Sozialhilfe zurück. [4] Sind die ihnen übermittelten Daten oder Datenträger für die Überprüfung nach Satz 1 nicht mehr erforderlich, sind diese unverzüglich zurückzugeben, zu löschen oder zu vernichten. [5] Überprüfungsverfahren nach diesem Absatz kön-

---

[1)] Nr. **9**.

nen zusammengefasst und mit Überprüfungsverfahren nach Absatz 1 verbunden werden.

(3) [1]Die Datenstelle der Rentenversicherung darf als Vermittlungsstelle für das Bundesgebiet die nach den Absätzen 1 und 2 übermittelten Daten speichern und nutzen, soweit dies für die Datenabgleiche nach den Absätzen 1, 1a und 2 erforderlich ist. [2]Sie darf die Daten der Stammsatzdatei (§ 150 des Sechsten Buches[1)]) und des bei ihr für die Prüfung bei den Arbeitgebern geführten Dateisystems (§ 28p Absatz 8 Satz 2 des Vierten Buches[2)]) nutzen, soweit die Daten für die Datenabgleiche erforderlich sind. [3]Die nach Satz 1 bei der Datenstelle der Rentenversicherung gespeicherten Daten sind unverzüglich nach Abschluss der Datenabgleiche zu löschen.

(4) [1]Die Träger der Sozialhilfe sind befugt, zur Vermeidung rechtswidriger Inanspruchnahme von Sozialhilfe Daten von Personen, die Leistungen nach diesem Buch beziehen, bei anderen Stellen ihrer Verwaltung, bei ihren wirtschaftlichen Unternehmen und bei den Kreisen, Kreisverwaltungsbehörden und Gemeinden zu überprüfen, soweit diese für die Erfüllung dieser Aufgaben erforderlich sind. [2]Sie dürfen für die Überprüfung die in Absatz 1 Satz 2 genannten Daten übermitteln. [3]Die Überprüfung kann auch regelmäßig im Wege des automatisierten Datenabgleichs mit den Stellen durchgeführt werden, bei denen die in Satz 4 jeweils genannten Daten zuständigkeitshalber vorliegen. [4]Nach Satz 1 ist die Überprüfung folgender Daten zulässig:

1. Geburtsdatum und -ort,
2. Personen- und Familienstand,
3. Wohnsitz,
4. Dauer und Kosten von Miet- oder Überlassungsverhältnissen von Wohnraum,
5. Dauer und Kosten von bezogenen Leistungen über Elektrizität, Gas, Wasser, Fernwärme oder Abfallentsorgung und
6. Eigenschaft als Kraftfahrzeughalter.

[5]Die in Satz 1 genannten Stellen sind verpflichtet, die in Satz 4 genannten Daten zu übermitteln. [6]Sie haben die ihnen im Rahmen der Überprüfung übermittelten Daten nach Vorlage der Mitteilung unverzüglich zu löschen. [7]Eine Übermittlung durch diese Stellen unterbleibt, soweit ihr besondere gesetzliche Verwendungsregelungen entgegenstehen.

§ 119 Wissenschaftliche Forschung im Auftrag des Bundes. [1]Der Träger der Sozialhilfe darf einer wissenschaftlichen Einrichtung, die im Auftrag des Bundesministeriums für Arbeit und Soziales ein Forschungsvorhaben durchführt, das dem Zweck dient, die Erreichung der Ziele von Gesetzen über soziale Leistungen zu überprüfen oder zu verbessern, Sozialdaten übermitteln, soweit

1. dies zur Durchführung des Forschungsvorhabens erforderlich ist, insbesondere das Vorhaben mit anonymisierten oder pseudoanonymisierten Daten nicht durchgeführt werden kann, und

---

[1)] Nr. **6**.
[2)] Nr. **4**.

2. das öffentliche Interesse an dem Forschungsvorhaben das schutzwürdige Interesse der Betroffenen an einem Ausschluss der Übermittlung erheblich überwiegt.

[2] Vor der Übermittlung sind die Betroffenen über die beabsichtigte Übermittlung, den Zweck des Forschungsvorhabens sowie ihr Widerspruchsrecht nach Satz 3 schriftlich zu unterrichten. [3] Sie können der Übermittlung innerhalb eines Monats nach der Unterrichtung widersprechen. [4] Im Übrigen bleibt das Zweite Kapitel des Zehnten Buches[1)] unberührt.

§ 120 Verordnungsermächtigung. Das Bundesministerium für Arbeit und Soziales wird ermächtigt, durch Rechtsverordnung mit Zustimmung des Bundesrates

1. das Nähere über das Verfahren des automatisierten Datenabgleichs nach § 118 Abs. 1 und die Kosten des Verfahrens zu regeln; dabei ist vorzusehen, dass die Zuleitung an die Auskunftsstellen durch eine zentrale Vermittlungsstelle (Kopfstelle) zu erfolgen hat, deren Zuständigkeitsbereich zumindest das Gebiet eines Bundeslandes umfasst, und
2. das Nähere über die Verfahren und die Kosten nach § 118 Absatz 1a und 2 zu regeln.

Fünfzehntes Kapitel. Statistik

Erster Abschnitt. Bundesstatistik für das Dritte und Fünfte bis Neunte Kapitel

§ 121 Bundesstatistik für das Dritte und Fünfte bis Neunte Kapitel. Zur Beurteilung der Auswirkungen des Dritten und Fünften bis Neunten Kapitels und zu deren Fortentwicklung werden Erhebungen über

1. die Leistungsberechtigten, denen
   a) Hilfe zum Lebensunterhalt nach dem Dritten Kapitel (§§ 27 bis 40),
   b) Hilfen zur Gesundheit nach dem Fünften Kapitel (§§ 47 bis 52),
   c) *(aufgehoben)*
   d) Hilfe zur Pflege nach dem Siebten Kapitel (§§ 61 bis 66),
   e) Hilfe zur Überwindung besonderer sozialer Schwierigkeiten nach dem Achten Kapitel (§§ 67 bis 69) und
   f) Hilfe in anderen Lebenslagen nach dem Neunten Kapitel (§§ 70 bis 74)

   geleistet wird,
2. die Einnahmen und Ausgaben der Träger der Sozialhilfe nach dem Dritten und Fünften bis Neunten Kapitel

als Bundesstatistik durchgeführt.

§ 122 Erhebungsmerkmale. (1) Erhebungsmerkmale bei der Erhebung nach § 121 Nummer 1 Buchstabe a sind:

1. für Leistungsberechtigte, denen Leistungen nach dem Dritten Kapitel für mindestens einen Monat erbracht werden:

[1)] Nr. **10**.

a) Geschlecht, Geburtsmonat und -jahr, Staatsangehörigkeit, Migrationshintergrund, bei Ausländern auch aufenthaltsrechtlicher Status, Regelbedarfsstufe, Art der geleisteten Mehrbedarfe,

b) für Leistungsberechtigte, die das 15. Lebensjahr vollendet, die Altersgrenze nach § 41 Abs. 2 aber noch nicht erreicht haben, zusätzlich zu den unter Buchstabe a genannten Merkmalen: Beschäftigung, Einschränkung der Leistung,

c) für Leistungsberechtigte in Personengemeinschaften, für die eine gemeinsame Bedarfsberechnung erfolgt, und für einzelne Leistungsberechtigte: Wohngemeinde und Gemeindeteil, Art des Trägers, Leistungen in und außerhalb von Einrichtungen, Beginn der Leistung nach Monat und Jahr, Beginn der ununterbrochenen Leistungserbringung für mindestens ein Mitglied der Personengemeinschaft nach Monat und Jahr, die in den § 27a Absatz 3, §§ 27b, 30 bis 33, §§ 35 bis 38 und 133a genannten Bedarfe je Monat, Nettobedarf je Monat, Art und jeweilige Höhe der angerechneten oder in Anspruch genommenen Einkommen und übergegangenen Ansprüche, Zahl aller Haushaltsmitglieder, Zahl aller Leistungsberechtigten im Haushalt,

d) bei Änderung der Zusammensetzung der Personengemeinschaft und bei Beendigung der Leistungserbringung zusätzlich zu den unter den Buchstaben a bis c genannten Merkmalen: Monat und Jahr der Änderung der Zusammensetzung oder der Beendigung der Leistung, bei Ende der Leistung auch Grund der Einstellung der Leistungen,

e) für Leistungsberechtigte mit Bedarfen für Bildung und Teilhabe nach § 34 Absatz 2 bis 7:

aa) Geschlecht, Geburtsmonat und -jahr, Wohngemeinde und Gemeindeteil, Staatsangehörigkeit, bei Ausländern auch aufenthaltsrechtlicher Status,

bb) die in § 34 Absatz 2 bis 7 genannten Bedarfe je Monat getrennt nach Schulausflügen, mehrtägigen Klassenfahrten, Ausstattung mit persönlichem Schulbedarf, Schülerbeförderung, Lernförderung, Teilnahme an einer gemeinsamen Mittagsverpflegung sowie Teilhabe am sozialen und kulturellen Leben in der Gemeinschaft und

2. für Leistungsberechtigte, die nicht zu dem Personenkreis der Nummer 1 zählen: Geschlecht, Altersgruppe, Staatsangehörigkeit, Vorhandensein eigenen Wohnraums, Art des Trägers.

(2) *(aufgehoben)*

(3) Erhebungsmerkmale bei den Erhebungen nach § 121 Nummer 1 Buchstabe b bis f sind für jeden Leistungsberechtigten:

1. Geschlecht, Geburtsmonat und -jahr, Wohngemeinde und Gemeindeteil, Staatsangehörigkeit, bei Ausländern auch aufenthaltsrechtlicher Status, Art des Trägers, erbrachte Leistung im Laufe und am Ende des Berichtsjahres sowie in und außerhalb von Einrichtungen nach Art der Leistung nach § 8, am Jahresende erbrachte Leistungen nach dem Dritten und Vierten Kapitel jeweils getrennt nach in und außerhalb von Einrichtungen,
2. bei Leistungsberechtigten nach dem Siebten Kapitel auch die einzelne Art der Leistungen und die Ausgaben je Fall, Beginn und Ende der Leistungserbringung nach Monat und Jahr sowie Art der Unterbringung, Leistung durch ein Persönliches Budget,

3. *(aufgehoben)*
4. bei Leistungsberechtigten nach dem Siebten Kapitel zusätzlich
   a) das Bestehen einer Pflegeversicherung,
   b) die Erbringung oder Gründe der Nichterbringung von Pflegeleistungen von Sozialversicherungsträgern und einer privaten Pflegeversicherung,
   c) die Höhe des anzurechnenden Einkommens, Bezug von Leistungen der Eingliederungshilfe nach Teil 2 des Neunten Buches[1]).

(4) Erhebungsmerkmale bei der Erhebung nach § 121 Nummer 2 sind: Art des Trägers, Ausgaben für Leistungen in und außerhalb von Einrichtungen nach § 8, Einnahmen in und außerhalb von Einrichtungen nach Einnahmearten und Leistungen nach § 8.

§ 123 Hilfsmerkmale. (1) Hilfsmerkmale für Erhebungen nach § 121 sind
1. Name und Anschrift des Auskunftspflichtigen,
2. für die Erhebung nach § 122 Absatz 1 Nummer 1 und Absatz 3. die Kennnummern der Leistungsberechtigten,
3. Name und Telefonnummer der für eventuelle Rückfragen zur Verfügung stehenden Person.

(2) [1]Die Kennnummern nach Absatz 1 Nummer 2 dienen der Prüfung der Richtigkeit der Statistik und der Fortschreibung der jeweils letzten Bestandserhebung. [2]Sie enthalten keine Angaben über persönliche und sachliche Verhältnisse der Leistungsberechtigten und sind zum frühestmöglichen Zeitpunkt spätestens nach Abschluss der wiederkehrenden Bestandserhebung zu löschen.

§ 124 Periodizität, Berichtszeitraum und Berichtszeitpunkte.

(1) [1]Die Erhebungen nach § 122 Absatz 1 Nummer 1 Buchstabe a bis c werden als Bestandserhebungen jährlich zum 31. Dezember durchgeführt. [2]Die Angaben sind darüber hinaus bei Beginn und Ende der Leistungserbringung sowie bei Änderung der Zusammensetzung der Personengemeinschaft nach § 122 Absatz 1 Nummer 1 Buchstabe c zu erteilen. [3]Die Angaben zu § 122 Absatz 1 Nummer 1 Buchstabe d sind ebenfalls zum Zeitpunkt der Beendigung der Leistungserbringung und der Änderung der Zusammensetzung der Personengemeinschaft zu erteilen.

(2) [1]Die Erhebung nach § 122 Absatz 1 Nummer 1 Buchstabe e wird für jedes abgelaufene Quartal eines Kalenderjahres durchgeführt. [2]Dabei sind die Merkmale für jeden Monat eines Quartals zu erheben.

(3) Die Erhebung nach § 122 Absatz 1 Nummer 2 wird als Bestandserhebung vierteljährlich zum Quartalsende durchgeführt.

(4) Die Erhebungen nach § 122 Absatz 3 und 4 erfolgen jährlich für das abgelaufene Kalenderjahr.

§ 125 Auskunftspflicht. (1) [1]Für die Erhebungen nach § 121 besteht Auskunftspflicht. [2]Die Angaben nach § 123 Absatz 1 Nummer 3 sowie die Angaben zum Gemeindeteil nach § 122 Absatz 1 Nummer 1 Buchstabe c und e sowie Absatz 3 Nummer 1 sind freiwillig.

---

[1]) Nr. 9.

(2) Auskunftspflichtig sind die zuständigen örtlichen und überörtlichen Träger der Sozialhilfe sowie die kreisangehörigen Gemeinden und Gemeindeverbände, soweit sie Aufgaben dieses Buches wahrnehmen.

§ 126 Übermittlung, Veröffentlichung. (1) [1] An die fachlich zuständigen obersten Bundes- oder Landesbehörden dürfen für die Verwendung gegenüber den gesetzgebenden Körperschaften und für Zwecke der Planung, jedoch nicht für die Regelung von Einzelfällen, vom Statistischen Bundesamt und den statistischen Ämtern der Länder Tabellen mit statistischen Ergebnissen nach § 121 übermittelt werden, auch soweit Tabellenfelder nur einen einzigen Fall ausweisen. [2] Tabellen, deren Tabellenfelder nur einen einzigen Fall ausweisen, dürfen nur dann übermittelt werden, wenn sie nicht differenzierter als auf Regierungsbezirksebene, bei Stadtstaaten auf Bezirksebene, aufbereitet sind.

(2) Die statistischen Ämter der Länder stellen dem Statistischen Bundesamt zu den Erhebungen nach § 121 für Zusatzaufbereitungen des Bundes jährlich unverzüglich nach Aufbereitung der Bestandserhebung und der Erhebung im Laufe des Berichtsjahres Einzelangaben aus einer Zufallsstichprobe mit einem Auswahlsatz von 25 vom Hundert der Leistungsberechtigten zur Verfügung.

(3) Die Ergebnisse der Sozialhilfestatistik dürfen auf die einzelne Gemeinde bezogen veröffentlicht werden.

§ 127 Übermittlung an Kommunen. (1) Für ausschließlich statistische Zwecke dürfen den zur Durchführung statistischer Aufgaben zuständigen Stellen der Gemeinden und Gemeindeverbände für ihren Zuständigkeitsbereich Einzelangaben aus der Erhebung nach § 122 mit Ausnahme der Hilfsmerkmale übermittelt werden, soweit die Voraussetzungen nach § 16 Abs. 5 des Bundesstatistikgesetzes gegeben sind.

(2) Die Daten können auch für interkommunale Vergleichszwecke übermittelt werden, wenn die betreffenden Träger der Sozialhilfe zustimmen und sichergestellt ist, dass die Datenerhebung der Berichtsstellen nach standardisierten Erfassungs- und Melderegelungen sowie vereinheitlichter Auswertungsroutine erfolgt.

§ 128 Zusatzerhebungen. Über Leistungen und Maßnahmen nach dem Dritten und Fünften bis Neunten Kapitel, die nicht durch die Erhebungen nach § 121 Nummer 1 erfasst sind, können bei Bedarf Zusatzerhebungen als Bundesstatistiken durchgeführt werden.

Zweiter Abschnitt. Bundesstatistik für das Vierte Kapitel

§ 128a Bundesstatistik für das Vierte Kapitel. (1) [1] Zur Beurteilung der Auswirkungen des Vierten Kapitels sowie zu seiner Fortentwicklung sind Erhebungen über die Leistungsberechtigten als Bundesstatistik durchzuführen. [2] Die Erhebungen erfolgen zentral durch das Statistische Bundesamt.

(2) Die Statistik nach Absatz 1 umfasst folgende Merkmalkategorien:

1. Persönliche Merkmale,
2. Art und Höhe der Bedarfe,
3. Art und Höhe der angerechneten Einkommen und der nach § 82 Absatz 2 Satz 2, Absatz 3, 4 und 6 sowie nach § 82a abgesetzten Beträge.

§ 128b Persönliche Merkmale. Erhebungsmerkmale nach § 128a Absatz 2 Nummer 1 sind

1. Geschlecht, Geburtsjahr, Staatsangehörigkeit und Bundesland,
2. Geburtsmonat, Wohngemeinde und Gemeindeteil, bei Ausländern auch aufenthaltsrechtlicher Status,
3. Leistungsbezug in und außerhalb von Einrichtungen, bei Leistungsberechtigten außerhalb von Einrichtungen zusätzlich die Anzahl der im Haushalt lebenden Personen, bei Leistungsberechtigten in Einrichtungen die Art der Unterbringung,
4. Träger der Leistung,
5. Beginn der Leistungsgewährung nach Monat und Jahr sowie Ursache der Leistungsgewährung, Ende des Leistungsbezugs nach Monat und Jahr sowie Grund für die Einstellung der Leistung,
6. Dauer des Leistungsbezugs in Monaten,
7. gleichzeitiger Bezug von Leistungen nach dem Dritten und Fünften bis Neunten Kapitel,
8. Bezug einer Grundrente.

§ 128c Art und Höhe der Bedarfe. Erhebungsmerkmale nach § 128a Absatz 2 Nummer 2 sind

1. Regelbedarfsstufe, gezahlter Regelsatz in den Regelbedarfsstufen und abweichende Regelsatzfestsetzung,
2. Mehrbedarfe nach Art und Höhe,
3. einmalige Bedarfe nach Art und Höhe,
4. Beiträge zur Kranken- und Pflegeversicherung, getrennt nach
   a) Beiträgen für eine Pflichtversicherung in der gesetzlichen Krankenversicherung,
   b) Beiträgen für eine freiwillige Versicherung in der gesetzlichen Krankenversicherung,
   c) Beiträgen, die auf Grund des Zusatzbeitragssatzes nach dem Fünften Buch gezahlt werden,
   d) Beiträgen für eine private Krankenversicherung,
   e) Beiträgen für eine soziale Pflegeversicherung,
   f) Beiträgen für eine private Pflegeversicherung,
5. Beiträge für die Vorsorge, getrennt nach
   a) Beiträgen für die Altersvorsorge,
   b) Aufwendungen für Sterbegeldversicherungen,
6. Bedarfe für Bildung und Teilhabe, getrennt nach
   a) Schulausflügen,
   b) mehrtägigen Klassenfahrten,
   c) Ausstattung mit persönlichem Schulbedarf,
   d) Schulbeförderung,
   e) Lernförderung,
   f) Teilnahme an einer gemeinschaftlichen Mittagsverpflegung,
7. Aufwendungen für Unterkunft und Heizung sowie sonstige Hilfen zur Sicherung der Unterkunft, getrennt nach Leistungsberechtigten,

a) die in einer Wohnung
   aa) allein leben,
   bb) mit einem Ehegatten oder in eheähnlicher Gemeinschaft zusammenleben,
   cc) mit Verwandten ersten und zweiten Grades zusammenleben,
   dd) in einer Wohngemeinschaft leben,
b) die in einer stationären Einrichtung oder in einem persönlichen Wohnraum und zusätzlichen Räumlichkeiten
   aa) allein leben,
   bb) mit einer oder mehreren Personen zusammenleben,
8. Brutto- und Nettobedarf,
9. Darlehen getrennt nach
   a) Darlehen nach § 37 Absatz 1 und
   b) Darlehen bei am Monatsende fälligen Einkünften nach § 37a.

§ 128d Art und Höhe der angerechneten Einkommen und abgesetzten Beträge. (1) Erhebungsmerkmale nach § 128a Absatz 2 Nummer 3 sind die jeweilige Höhe der angerechneten Einkommensart, getrennt nach
1. Altersrente aus der gesetzlichen Rentenversicherung,
2. Hinterbliebenenrente aus der gesetzlichen Rentenversicherung,
3. Renten wegen Erwerbsminderung,
4. Versorgungsbezüge,
5. Renten aus betrieblicher Altersvorsorge,
6. Renten aus privater Vorsorge,
7. Vermögenseinkünfte,
8. Einkünfte nach dem Bundesversorgungsgesetz,
9. Erwerbseinkommen,
10. übersteigendes Einkommen eines im gemeinsamen Haushalt lebenden Partners,
11. öffentlich-rechtliche Leistungen für Kinder,
12. sonstige Einkünfte.

(2) Weitere Erhebungsmerkmale nach § 128a Absatz 2 Nummer 3 sind die Art und Höhe der nach § 82 Absatz 2 Satz 2, Absatz 3, 4 und 6 sowie nach § 82a abgesetzten Beträge.

§ 128e Hilfsmerkmale. (1) Hilfsmerkmale für die Bundesstatistik nach § 128a sind
1. Name und Anschrift der nach § 128g Auskunftspflichtigen,
2. die Kennnummern des Leistungsberechtigten,
3. Name und Telefonnummer sowie Adresse für elektronische Post der für eventuelle Rückfragen zur Verfügung stehenden Person.

(2) [1] Die Kennnummern nach Absatz 1 Nummer 2 dienen der Prüfung der Richtigkeit der Statistik und der Fortschreibung der jeweils letzten Bestandserhebung. [2] Sie enthalten keine Angaben über persönliche und sachliche Verhältnisse des Leistungsberechtigten und sind zum frühestmöglichen Zeitpunkt, spätestens nach Abschluss der wiederkehrenden Bestandserhebung, zu löschen.

§ 128f Periodizität, Berichtszeitraum und Berichtszeitpunkte.

(1) Die Bundesstatistik nach § 128a wird quartalsweise durchgeführt.

(2) Die Merkmale nach den §§ 128b bis 128d, ausgenommen das Merkmal nach § 128b Nummer 5, sind als Bestandserhebung zum Quartalsende zu erheben, wobei sich die Angaben zu den Bedarfen nach § 128c Nummer 1 bis 8 sowie den angerechneten Einkommen und abgesetzten Beträgen nach § 128d jeweils auf den gesamten letzten Monat des Berichtsquartals beziehen.

(3) [1] Die Merkmale nach § 128b Nummer 5 sind für den gesamten Quartalszeitraum zu erheben, wobei gleichzeitig die Merkmale nach § 128b Nummer 1 und 2 zu erheben sind. [2] Bei den beendeten Leistungen ist zudem die bisherige Dauer der Leistungsgewährung nach § 128b Nummer 6 zu erheben.

(4) Die Merkmale nach § 128c Nummer 6 sind für jeden Monat eines Quartals zu erheben, wobei gleichzeitig die Merkmale nach § 128b Nummer 1 und 2 zu erheben sind.

§ 128g Auskunftspflicht. (1) [1] Für die Bundesstatistik nach § 128a besteht Auskunftspflicht. [2] Die Auskunftserteilung für die Angaben nach § 128e Nummer 3 und zum Gemeindeteil nach § 128b Nummer 2 sind freiwillig.

(2) Auskunftspflichtig sind die für die Ausführung des Gesetzes nach dem Vierten Kapitel zuständigen Träger.

§ 128h Datenübermittlung, Veröffentlichung. (1) [1] Die in sich schlüssigen und nach einheitlichen Standards formatierten Einzeldatensätze sind von den Auskunftspflichtigen elektronisch bis zum Ablauf von 30 Arbeitstagen nach Ende des jeweiligen Berichtsquartals nach § 128f an das Statistische Bundesamt zu übermitteln. [2] Soweit die Übermittlung zwischen informationstechnischen Netzen von Bund und Ländern stattfindet, ist dafür nach § 3 des Gesetzes über die Verbindung der informationstechnischen Netze des Bundes und der Länder – Gesetz zur Ausführung von Artikel 91c Absatz 4 des Grundgesetzes – vom 10. August 2009 (BGBl. I S. 2702, 2706) das Verbindungsnetz zu nutzen. [3] Die zu übermittelnden Daten sind nach dem Stand der Technik fortgeschritten zu signieren und zu verschlüsseln.

(2) Das Statistische Bundesamt übermittelt dem Bundesministerium für Arbeit und Soziales für Zwecke der Planung, jedoch nicht für die Regelung von Einzelfällen, Tabellen mit den Ergebnissen der Bundesstatistik nach § 128a, auch soweit Tabellenfelder nur einen einzigen Fall ausweisen.

(3) [1] Zur Weiterentwicklung des Systems der Grundsicherung im Alter und bei Erwerbsminderung übermittelt das Statistische Bundesamt auf Anforderung des Bundesministeriums für Arbeit und Soziales Einzelangaben aus einer Stichprobe, die vom Statistischen Bundesamt gezogen wird und nicht mehr als 10 Prozent der Grundgesamtheit der Leistungsberechtigten umfasst. [2] Die zu übermittelnden Einzelangaben dienen der Entwicklung und dem Betrieb von Mikrosimulationsmodellen durch das Bundesministerium für Arbeit und Soziales und dürfen nur im hierfür erforderlichen Umfang und mittels eines sicheren Datentransfers ausschließlich an das Bundesministerium für Arbeit und Soziales übermittelt werden. [3] Angaben zu den Erhebungsmerkmalen nach § 128b Nummer 2 und 4 und den Hilfsmerkmalen nach § 128e dürfen nicht übermittelt werden; Angaben zu monatlichen Durchschnittsbeträgen in den Einzelangaben werden vom Statistischen Bundesamt auf volle Euro gerundet.

(4) [1]Bei der Verarbeitung der Daten nach Absatz 3 ist das Statistikgeheimnis nach § 16 des Bundesstatistikgesetzes zu wahren. [2]Dafür ist die Trennung von statistischen und nichtstatistischen Aufgaben durch Organisation und Verfahren zu gewährleisten. [3]Die nach Absatz 3 übermittelten Daten dürfen nur für die Zwecke gespeichert, verändert, genutzt, übermittelt oder in der Verarbeitung eingeschränkt werden, für die sie übermittelt wurden. [4]Eine Weitergabe von Einzelangaben aus einer Stichprobe nach Absatz 3 Satz 1 durch das Bundesministerium für Arbeit und Soziales an Dritte ist nicht zulässig. [5]Die übermittelten Einzeldaten sind nach dem Erreichen des Zweckes zu löschen, zu dem sie übermittelt wurden.

(5) [1]Das Statistische Bundesamt übermittelt den statistischen Ämtern der Länder Tabellen mit den Ergebnissen der Bundesstatistik für die jeweiligen Länder und für die für die Ausführung des Gesetzes nach dem Vierten Kapitel zuständigen Träger. [2]Das Bundesministerium für Arbeit und Soziales erhält diese Tabellen ebenfalls. [3]Die statistischen Ämter der Länder erhalten zudem für ihr Land die jeweiligen Einzeldatensätze für Sonderaufbereitungen auf regionaler Ebene.

(6) Die Ergebnisse der Bundesstatistik nach diesem Abschnitt dürfen auf die einzelnen Gemeinden bezogen veröffentlicht werden.

Dritter Abschnitt. Verordnungsermächtigung

§ 129 Verordnungsermächtigung. Das Bundesministerium für Arbeit und Soziales kann für Zusatzerhebungen nach § 128 im Einvernehmen mit dem Bundesministerium des Innern, für Bau und Heimat durch Rechtsverordnung mit Zustimmung des Bundesrates das Nähere regeln über

a) den Kreis der Auskunftspflichtigen nach § 125 Abs. 2,
b) die Gruppen von Leistungsberechtigten, denen Hilfen nach dem Dritten und Fünften bis Neunten Kapitel geleistet werden,
c) die Leistungsberechtigten, denen bestimmte einzelne Leistungen der Hilfen nach dem Dritten und Fünften bis Neunten Kapitel geleistet werden,
d) den Zeitpunkt der Erhebungen,
e) die erforderlichen Erhebungs- und Hilfsmerkmale im Sinne der §§ 122 und 123 und
f) die Art der Erhebung (Vollerhebung oder Zufallsstichprobe).

Sechzehntes Kapitel. Übergangs- und Schlussbestimmungen

§ 130 Übergangsregelung für ambulant Betreute. Für Personen, die Leistungen der Eingliederungshilfe für behinderte Menschen oder der Hilfe zur Pflege empfangen, deren Betreuung am 26. Juni 1996 durch von ihnen beschäftigte Personen oder ambulante Dienste sichergestellt wurde, gilt § 3a des Bundessozialhilfegesetzes in der am 26. Juni 1996 geltenden Fassung.

§ 131 Übergangsregelung für die Statistik über Einnahmen und Ausgaben nach dem Vierten Kapitel. [1]Die Erhebungen nach § 121 Nummer 2 in Verbindung mit § 122 Absatz 4 in der am 31. Dezember 2014 geltenden Fassung über die Ausgaben und Einnahmen der nach Landesrecht für die Ausführung von Geldleistungen nach dem Vierten Kapitel zuständigen Träger sind dabei auch in den Berichtsjahren 2015 und 2016 durchzuführen. [2]Die

§§ 124 bis 127 sind in der am 31. Dezember 2014 geltenden Fassung anzuwenden.

§ 132 Übergangsregelung zur Sozialhilfegewährung für Deutsche im Ausland. (1) Deutsche, die am 31. Dezember 2003 Leistungen nach § 147b des Bundessozialhilfegesetzes in der zu diesem Zeitpunkt geltenden Fassung bezogen haben, erhalten diese Leistungen bei fortdauernder Bedürftigkeit weiter.

(2) [1]Deutsche,

1. die in den dem 1. Januar 2004 vorangegangenen 24 Kalendermonaten ohne Unterbrechung Leistungen nach § 119 des Bundessozialhilfegesetzes in der am 31. Dezember 2003 geltenden Fassung bezogen haben und
2. in dem Aufenthaltsstaat über eine dauerhafte Aufenthaltsgenehmigung verfügen,

erhalten diese Leistungen bei fortdauernder Bedürftigkeit weiter. [2]Für Deutsche, die am 31. Dezember 2003 Leistungen nach § 119 des Bundessozialhilfegesetzes in der am 31. Dezember 2003 geltenden Fassung bezogen haben und weder die Voraussetzungen nach Satz 1 noch die Voraussetzungen des § 24 Abs. 1 erfüllen, enden die Leistungen bei fortdauernder Bedürftigkeit mit Ablauf des 31. März 2004.

(3) Deutsche, die die Voraussetzungen des § 1 Abs. 1 des Bundesentschädigungsgesetzes erfüllen und

1. zwischen dem 30. Januar 1933 und dem 8. Mai 1945 das Gebiet des Deutschen Reiches oder der Freien Stadt Danzig verlassen haben, um sich einer von ihnen nicht zu vertretenden und durch die politischen Verhältnisse bedingten besonderen Zwangslage zu entziehen oder aus den gleichen Gründen nicht in das Gebiet des Deutschen Reiches oder der Freien Stadt Danzig zurückkehren konnten oder
2. nach dem 8. Mai 1945 und vor dem 1. Januar 1950 das Gebiet des Deutschen Reiches nach dem Stande vom 31. Dezember 1937 oder das Gebiet der Freien Stadt Danzig verlassen haben,

können, sofern sie in dem Aufenthaltsstaat über ein dauerhaftes Aufenthaltsrecht verfügen, in außergewöhnlichen Notlagen Leistungen erhalten, auch wenn sie nicht die Voraussetzungen nach den Absätzen 1 und 2 oder nach § 24 Abs. 1 erfüllen; § 24 Abs. 2 gilt.

§ 133 Übergangsregelung für besondere Hilfen an Deutsche nach Artikel 116 Abs. 1 des Grundgesetzes. (1) [1]Deutsche, die außerhalb des Geltungsbereiches dieses Gesetzes, aber innerhalb des in Artikel 116 Abs. 1 des Grundgesetzes genannten Gebiets geboren sind und dort ihren gewöhnlichen Aufenthalt haben, können in außergewöhnlichen Notlagen besondere Hilfen erhalten, auch wenn sie nicht die Voraussetzungen des § 24 Abs. 1 erfüllen. [2]§ 24 Abs. 2 gilt. [3]Die Höhe dieser Leistungen bemisst sich nach den im Aufenthaltsstaat in vergleichbaren Lebensumständen üblichen Leistungen. [4]Die besonderen Hilfen werden unter Übernahme der Kosten durch den Bund durch Träger der freien Wohlfahrtspflege mit Sitz im Inland geleistet.

(2) Die Bundesregierung wird ermächtigt, durch Rechtsverordnung mit Zustimmung des Bundesrates die persönlichen Bezugsvoraussetzungen, die

Bemessung der Leistungen sowie die Trägerschaft und das Verfahren zu bestimmen.

§ 133a Übergangsregelung für Hilfeempfänger in Einrichtungen. Für Personen, die am 31. Dezember 2004 einen Anspruch auf einen zusätzlichen Barbetrag nach § 21 Abs. 3 Satz 4 des Bundessozialhilfegesetzes haben, wird diese Leistung in der für den vollen Kalendermonat Dezember 2004 festgestellten Höhe weiter erbracht.

§ 133b Übergangsregelung zu Bedarfen für Unterkunft und Heizung. [1] § 42a Absatz 3 und 4 findet keine Anwendung auf Leistungsberechtigte, bei denen vor dem 1. Juli 2017 Bedarfe für Unterkunft und Heizung nach § 35 anerkannt worden sind, die

1. dem Kopfteil an den Aufwendungen für Unterkunft und Heizung entsprechen, die für einen entsprechenden Mehrpersonenhaushalt als angemessen gelten, oder
2. nach ihrer Höhe der durchschnittlichen Warmmiete eines Einpersonenhaushaltes im örtlichen Zuständigkeitsbereich des für die Ausführung des Gesetzes nach diesem Kapitel zuständigen Trägers nicht übersteigen.

[2] Satz 1 findet Anwendung, solange die leistungsberechtigte Person mit mehreren Personen in derselben Wohnung lebt.

§ 134 Übergangsregelung für die Fortschreibung der Regelbedarfsstufe 6. Abweichend von § 28a ist die Regelbedarfsstufe 6 der Anlage zu § 28 nicht mit dem sich nach der Verordnung nach § 40 ergebenden Prozentsatz fortzuschreiben, solange sich durch die entsprechende Fortschreibung des Betrages nach § 8 Absatz 1 Satz 1 Nummer 6 des Regelbedarfs-Ermittlungsgesetzes kein höherer Betrag ergeben würde.

§ 135 Übergangsregelung aus Anlass des Zweiten Rechtsbereinigungsgesetzes. (1) [1] Erhielten am 31. Dezember 1986 Tuberkulosekranke, von Tuberkulose Bedrohte oder von Tuberkulose Genesene laufende Leistungen nach Vorschriften, die durch das Zweite Rechtsbereinigungsgesetz außer Kraft treten, sind diese Leistungen nach den bisher maßgebenden Vorschriften weiterzugewähren, längstens jedoch bis zum 31. Dezember 1987. [2] Sachlich zuständig bleibt der überörtliche Träger der Sozialhilfe, soweit nicht nach Landesrecht der örtliche Träger zuständig ist.

(2) Die Länder können für die Verwaltung der im Rahmen der bisherigen Tuberkulosehilfe gewährten Darlehen andere Behörden bestimmen.

§ 136 Erstattung des Barbetrags durch den Bund in den Jahren 2017 bis 2019. (1) Für Leistungsberechtigte nach dem Vierten Kapitel, die zugleich Leistungen der Eingliederungshilfe nach dem Sechsten Kapitel in einer stationären Einrichtung erhalten, erstattet der Bund den Ländern in den Jahren 2017 bis 2019 für jeden Leistungsberechtigten je Kalendermonat einen Betrag, dessen Höhe sich nach einem Anteil von 14 Prozent der Regelbedarfsstufe 1 nach der Anlage zu § 28 bemisst.

(2) [1] Die Länder teilen dem Bundesministerium für Arbeit und Soziales die Zahl der Leistungsberechtigten je Kalendermonat nach Absatz 1 für jeden für die Ausführung des Gesetzes nach diesem Kapitel zuständigen Träger mit,

sofern diese in einem Kalendermonat für mindestens 15 Kalendertage einen Barbetrag erhalten haben. [2]Die Meldungen nach Satz 1 erfolgen

1. bis zum Ablauf der 35. Kalenderwoche des Jahres 2017 für den Meldezeitraum Januar bis Juni 2017,
2. bis zum Ablauf der 42. Kalenderwoche des Jahres 2018 für den Meldezeitraum Juli 2017 bis Juni 2018,
3. bis zum Ablauf der 42. Kalenderwoche des Jahres 2019 für den Meldezeitraum Juli 2018 bis Juni 2019 und
4. bis zum Ablauf der 16. Kalenderwoche des Jahres 2020 für den Meldezeitraum Juli 2019 bis Dezember 2019.

(3) [1]Der Erstattungsbetrag für jeden Kalendermonat im Meldezeitraum nach Absatz 2 errechnet sich aus

1. der Anzahl der jeweils gemeldeten Leistungsberechtigten,
2. multipliziert mit dem Anteil von 14 Prozent des für jeden Kalendermonat jeweils geltenden Betrags der Regelbedarfsstufe 1 nach der Anlage zu § 28.

[2]Der Erstattungsbetrag für den jeweiligen Meldezeitraum ergibt sich aus der Summe der Erstattungsbeträge je Kalendermonat nach Satz 1.

(4) Zu zahlen ist der Erstattungsbetrag

1. zum 15. Oktober 2017 für den Meldezeitraum Januar bis Juni 2017,
2. zum 15. November 2018 für den Meldezeitraum Juli 2017 bis Juni 2018,
3. zum 15. November 2019 für den Meldezeitraum Juli 2018 bis Juni 2019,
4. zum 15. Mai 2020 für den Meldezeitraum Juli 2019 bis Dezember 2019.

§ 136a Erstattung des Barbetrags durch den Bund ab dem Jahr 2020.

(1) [1]Für Leistungsberechtigte nach dem Vierten Kapitel, die zugleich Leistungen in einer stationären Einrichtung erhalten, erstattet der Bund den Ländern ab dem Jahr 2020 je Kalendermonat einen Betrag, dessen Höhe sich nach den in Satz 2 genannten Anteilen der Regelbedarfsstufe 1 nach der Anlage zu § 28 bemisst. [2]Die Anteile an der Regelbedarfsstufe 1 belaufen sich

1. für das Jahr 2020 auf 5,2 Prozent,
2. für das Jahr 2021 auf 5,0 Prozent,
3. für das Jahr 2022 auf 4,9 Prozent,
4. für das Jahr 2023 auf 4,7 Prozent,
5. für das Jahr 2024 auf 4,6 Prozent und
6. für das Jahr 2025 auf 4,4 Prozent.

(2) Die Länder teilen dem Bundesministerium für Arbeit und Soziales für jedes Kalenderjahr (Meldezeitraum) von 2020 bis 2025 jeweils bis zum 30. Juni des Folgejahres für jeden Träger, der für die Ausführung des Gesetzes nach diesem Kapitel zuständig ist, die Zahl der Leistungsberechtigten mit, die in einem Kalendermonat des Meldezeitraums für mindestens 15 Kalendertage einen Barbetrag erhalten haben.

(3) [1]Der Erstattungsbetrag für jeden Kalendermonat im Meldezeitraum errechnet sich aus der Anzahl der jeweils gemeldeten Leistungsberechtigten multipliziert mit dem Betrag, der sich aus dem sich für das jeweilige Jahr ergebenden Anteil nach Absatz 1 Satz 2 an dem jeweils geltenden Betrag der Regelbedarfsstufe 1 nach der Anlage zu § 28 ergibt. [2]Der Erstattungsbetrag für

den jeweiligen Meldezeitraum ergibt sich aus der Summe der Erstattungsbeträge je Kalendermonat nach Satz 1.

(4) Der Erstattungsbetrag nach Absatz 3 Satz 2 ist zum 31. August des Kalenderjahres zu zahlen, das auf den jeweiligen Meldezeitraum folgt.

§ 137 Überleitung in Pflegegrade zum 1. Januar 2017. [1] Pflegebedürftige, deren Pflegebedürftigkeit nach den Vorschriften des Siebten Kapitels in der am 31. Dezember 2016 geltenden Fassung festgestellt worden ist und bei denen spätestens am 31. Dezember 2016 die Voraussetzungen auf Leistungen nach den Vorschriften des Siebten Kapitels vorliegen, werden ab dem 1. Januar 2017 ohne erneute Antragstellung und ohne erneute Begutachtung wie folgt in die Pflegegrade übergeleitet:

1. Pflegebedürftige mit Pflegestufe I in den Pflegegrad 2,
2. Pflegebedürftige mit Pflegestufe II in den Pflegegrad 3,
3. Pflegebedürftige mit Pflegestufe III in den Pflegegrad 4.

[2] Die Überleitung in die Pflegegrade nach § 140 des Elften Buches[1)] ist für den Träger der Sozialhilfe bindend.

§ 138 Übergangsregelung für Pflegebedürftige aus Anlass des Dritten Pflegestärkungsgesetzes. [1] Einer Person, die am 31. Dezember 2016 einen Anspruch auf Leistungen nach dem Siebten Kapitel in der am 31. Dezember 2016 geltenden Fassung hat, sind die ihr am 31. Dezember 2016 zustehenden Leistungen über den 31. Dezember 2016 hinaus bis zum Abschluss des von Amts wegen zu betreibenden Verfahrens zur Ermittlung und Feststellung des Pflegegrades und des notwendigen pflegerischen Bedarfs nach § 63a in der ab dem 1. Januar 2017 geltenden Fassung weiter zu gewähren. [2] Soweit eine Person zugleich Leistungen nach dem Elften Buch in der ab dem 1. Januar 2017 geltenden Fassung erhält, sind diese anzurechnen. [3] Dies gilt nicht für die Zuschläge nach § 141 Absatz 2 des Elften Buches[1)] sowie für den Entlastungsbetrag nach § 45b des Elften Buches. [4] Ergibt das Verfahren, dass für die Zeit ab dem 1. Januar 2017 die Leistungen für den notwendigen pflegerischen Bedarf, die nach dem Siebten Kapitel in der ab dem 1. Januar 2017 geltenden Fassung zu gewähren sind, geringer sind als die nach Satz 1 gewährten Leistungen, so sind die nach Satz 1 gewährten höheren Leistungen nicht vom Leistungsbezieher zu erstatten; § 45 des Zehnten Buches[2)] bleibt unberührt. [5] Ergibt das Verfahren, dass für die Zeit ab dem 1. Januar 2017 die Leistungen für den notwendigen pflegerischen Bedarf, die nach dem Siebten Kapitel in der ab dem 1. Januar 2017 geltenden Fassung zu gewähren sind, höher sind als die nach Satz 1 gewährten Leistungen, so sind die Leistungen rückwirkend nach den Vorschriften des Siebten Kapitels in der ab dem 1. Januar 2017 geltenden Fassung zu gewähren.

§ 139 Übergangsregelung für Bedarfe für Unterkunft und Heizung ab dem Jahr 2020. (1) Für Leistungsberechtigte,

1. die am 31. Dezember 2019 nach dem Dritten oder Vierten Kapitel und zugleich nach dem Sechsten Kapitel leistungsberechtigt sind und

---

1) Nr. **11**.
2) Nr. **10**.

2. die am 31. Dezember 2019 in einer Unterkunft leben, für die Bedarfe für Unterkunft und Heizung nach § 35 anerkannt werden,

sind, wenn

3. sie am 1. Januar 2020 leistungsberechtigt nach dem Dritten oder Vierten Kapitel sind und zugleich Leistungen nach Teil 2 des Neunten Buches[1)] beziehen und
4. die Unterkunft nach Nummer 2 am 1. Januar 2020 als persönlicher Wohnraum und zusätzliche Räumlichkeiten nach § 42a Absatz 2 Satz 1 Nummer 2 gilt,

für diese Unterkunft die Bedarfe für Unterkunft und Heizung nach § 42a Absatz 2 Satz 1 Nummer 1 und Satz 2 zu berücksichtigen.

(2) Leistungsberechtigten,

1. die am 31. Dezember 2019 nach dem Dritten oder Vierten Kapitel und zugleich nach dem Sechsten Kapitel leistungsberechtigt sind und
2. denen am 31. Dezember 2019 Bedarfe für Unterkunft und Heizung nach § 27b Absatz 1 Satz 2 in Verbindung mit § 42 Nummer 4 Buchstabe b anzuerkennen sind,

sind, wenn sie am 1. Januar 2020 leistungsberechtigt nach dem Dritten oder Vierten Kapitel sind und zugleich Leistungen nach Teil 2 des Neunten Buches beziehen und beziehen, für diese Unterkunft ab dem 1. Januar 2020 Bedarfe für Unterkunft und Heizung nach § 42a Absatz 2 Satz 1 Nummer 2 und Satz 3 anzuerkennen, solange sich keine Veränderung in der Unterbringung ergibt, durch die diese die Voraussetzungen einer Wohnung nach § 42a Absatz 2 Satz 1 Nummer 1 und Satz 2 erfüllt.

§ 140 Übergangsregelung zur Verhinderung einer Zahlungslücke.

(1) [1] Leistungsberechtigte,

1. die am 31. Dezember 2019 Leistungen nach dem Sechsten Kapitel und ab dem 1. Januar 2020 Leistungen nach Teil 2 des Neunten Buches[1)] beziehen,
2. die nach dem Dritten oder Vierten Kapitel leistungsberechtigt sind und deren notwendiger Lebensunterhalt sich am 31. Dezember 2019 nach § 27b ergibt und für die sich ab dem 1. Januar 2020 der notwendige Lebensunterhalt
   a) bei einer Leistungsberechtigung nach dem Dritten Kapitel nach § 27a ergibt,
   b) bei einer Leistungsberechtigung nach dem Vierten Kapitel nach § 42 Nummer 1 bis 3, 4 Buchstabe a und Nummer 5 ergibt und
3. denen ab dem Monat Januar 2020 erstmals eine Rente aus der gesetzlichen Rentenversicherung zufließt,

haben abweichend von § 82 die zufließende Rente im Umstellungsmonat nicht für ihren notwendigen Lebensunterhalt nach dem Dritten oder Vierten Kapitel einzusetzen. [2] Umstellungsmonat nach Satz 1 ist der Kalendermonat im ersten Quartal des Jahres 2020, in dem die Rente der leistungsberechtigten Person erstmals zufließt. [3] Die Sätze 1 und 2 gelten entsprechend für alle laufend gezahlten und am Monatsende zufließenden Einkommen.

[1)] Nr. **9**.

(2) [1] Personen,

1. die am 31. Dezember 2019 Leistungen nach dem Sechsten Kapitel und ab dem 1. Januar 2020 Leistungen nach Teil 2 des Neunten Buches beziehen,
2. die ihren sich am 31. Dezember 2019 nach § 27b ergebenden notwendigen Lebensunterhalt nach dem Dritten oder Vierten Kapitel ebenso aus eigenen Mitteln bestreiten können wie ihren sich ab dem 1. Januar 2020
   a) bei einer Leistungsberechtigung nach dem Dritten Kapitel nach § 27a,
   b) bei einer Leistungsberechtigung nach dem Vierten Kapitel nach § 42 Nummer 1 bis 3, 4 Buchstabe a und Nummer 5

   ergebenden notwendigen Lebensunterhalt und
3. denen ab dem Monat Januar 2020 eine Rente aus der gesetzlichen Rentenversicherung zufließt,

erhalten im Umstellungsmonat einen Zuschuss. [2] Für den Umstellungsmonat gilt Absatz 1 Satz 2 entsprechend; dies gilt auch, sofern die Rente bereits vor Januar 2020 zugeflossen ist und letztmalig für Dezember 2019 als eigene Mittel für den Lebensunterhalt einzusetzen war. [3] Die Höhe des Zuschusses ergibt sich aus den zu Beginn des Umstellungsmonats nicht gedeckten Aufwendungen für den Lebensunterhalt nach Satz 1 Nummer 2; die Höhe des Zuschusses ist begrenzt auf die Höhe der zufließenden Rente. [4] Der Zuschuss nach den Sätzen 1 bis 3 gilt

1. als Geldleistung nach dem Vierten Kapitel für Personen,
   a) die unabhängig von der jeweiligen Arbeitsmarktlage voll erwerbsgemindert im Sinne des § 43 Absatz 2 des Sechsten Buches[1)] sind und bei denen unwahrscheinlich ist, dass die volle Erwerbsminderung behoben werden kann oder
   b) die in einer Werkstatt für behinderte Menschen nach § 56 des Neunten Buches oder bei einem anderen Leistungsanbieter nach § 60 des Neunten Buches tätig sind oder
   c) die die Altersgrenze nach § 41 Absatz 2 erreicht oder überschritten haben,
2. als Leistung nach dem Dritten Kapitel für Personen, bei denen die Voraussetzungen der Nummer 1 nicht vorliegen.

[5] Bei Personen, für die Satz 4 Nummer 1 gilt, ist § 44 Absatz 1 Satz 1 nicht anzuwenden. [6] Die Sätze 1 bis 5 gelten entsprechend für alle laufend gezahlten und am Monatsende zufließenden Einkommen. [7] Der Zuschuss nach den Sätzen 1 bis 3 gilt nicht als Leistung nach § 7 Absatz 1 Satz 1 Nummer 5 und 6 des Wohngeldgesetzes.

§ 141 Übergangsregelung aus Anlass der COVID-19-Pandemie.

(1) Leistungen nach dem Dritten und Vierten Kapitel werden für Bewilligungszeiträume, die in der Zeit vom 1. März 2020 bis zum 31. Dezember 2021 beginnen, nach Maßgabe der Absätze 2 bis 4 erbracht.

(2) [1] Abweichend von § 2 Absatz 1, § 19 Absatz 1, 2 und 5, § 27 Absatz 1 und 2, § 39, § 41 Absatz 1, § 43 Absatz 1, § 43a Absatz 2 und § 90 wird Vermögen für die Dauer von sechs Monaten nicht berücksichtigt. [2] Satz 1 gilt nicht, wenn das Vermögen erheblich ist; es wird vermutet, dass kein erhebliches

---

1) Nr. 6.

Vermögen vorhanden ist, wenn die leistungsnachsuchenden Personen dies im Antrag erklären.

(3) [1] Abweichend von § 35 und § 42a Absatz 1 gelten die tatsächlichen Aufwendungen für Unterkunft und Heizung für die Dauer von sechs Monaten als angemessen. [2] Nach Ablauf des Zeitraums nach Satz 1 ist § 35 Absatz 2 Satz 2 mit der Maßgabe anzuwenden, dass der Zeitraum nach Satz 1 nicht auf die in § 35 Absatz 2 Satz 2 genannte Frist anzurechnen ist. [3] Satz 1 gilt nicht in den Fällen, in denen im vorangegangenen Bewilligungszeitraum die angemessenen und nicht die tatsächlichen Aufwendungen als Bedarf anerkannt wurden.

(4) Sofern Geldleistungen der Grundsicherung im Alter und bei Erwerbsminderung nach § 44a Absatz 1 vorläufig oder Geldleistungen der Hilfe zum Lebensunterhalt vorschussweise nach § 42 des Ersten Buches[1)] zu bewilligen sind, ist über den monatlichen Leistungsanspruch für Bewilligungszeiträume, die bis zum 31. März 2021 begonnen haben, nur auf Antrag der leistungsberechtigten Person abschließend zu entscheiden; § 44a Absatz 5 Satz 1 findet keine Anwendung.

§ 142 Übergangsregelung für die gemeinschaftliche Mittagsverpflegung aus Anlass der COVID-19-Pandemie. (1) [1] Abweichend von § 34 Absatz 6 Satz 1 kommt es im Zeitraum vom 1. März 2020 bis zur Aufhebung der Feststellung einer epidemischen Lage von nationaler Tragweite wegen der dynamischen Ausbreitung der Coronavirus-Krankheit-2019 (COVID-19) nach § 5 Absatz 1 Satz 2 des Infektionsschutzgesetzes durch den Deutschen Bundestag, längstens jedoch bis zum Ablauf des 31. Dezember 2021, auf eine Gemeinschaftlichkeit der Mittagsverpflegung nicht an. [2] Zu den Aufwendungen im Sinne des § 34 Absatz 6 Satz 1 zählen bei den Leistungsberechtigten anfallende Zahlungsverpflichtungen auch dann, wenn sie pandemiebedingt in geänderter Höhe oder aufgrund abweichender Abgabewege berechnet werden. [3] Dies umfasst auch die Kosten einer Belieferung. [4] § 34 Absatz 6 Satz 2 findet keine Anwendung.

(2) [1] Wurde im Februar 2020 ein Mehrbedarf nach § 42b Absatz 2 anerkannt, wird dieser für den Zeitraum vom 1. Mai 2020 bis zum 31. Dezember 2020 in unveränderter Höhe weiterhin anerkannt. [2] Für den Zeitraum vom 1. Januar 2021 bis zur Aufhebung der Feststellung einer epidemischen Lage von nationaler Tragweite wegen der dynamischen Ausbreitung der Coronavirus-Krankheit-2019 (COVID-19) nach § 5 Absatz 1 Satz 2 des Infektionsschutzgesetzes durch den Deutschen Bundestag, längstens jedoch bis zum Ablauf des 31. Dezember 2021, gilt dies mit der Maßgabe, dass für die Berechnung der Höhe des Mehrbedarfs die Anzahl der für Februar 2020 berücksichtigten Arbeitstage und die nach § 42b Absatz 2 Satz 3 sich ergebenden Mehraufwendungen je Arbeitstag zugrunde zu legen sind. [3] Abweichend von § 42b Absatz 2 Satz 1 und 2 kommt es im Zeitraum vom 1. Mai 2020 bis zur Aufhebung der Feststellung einer epidemischen Lage von nationaler Tragweite wegen der dynamischen Ausbreitung der Coronavirus-Krankheit-2019 (COVID-19) nach § 5 Absatz 1 Satz 2 des Infektionsschutzgesetzes durch den Deutschen Bundestag, längstens jedoch bis zum Ablauf des 31. Dezember 2021, nicht auf die Gemeinschaftlichkeit der Mittagsverpflegung und die Essenseinnahme in der Verantwortung des Leistungsanbieters an.

[1)] Nr. **1**.

§ 143 Übergangsregelung zum Freibetrag für Grundrentenzeiten und vergleichbare Zeiten. Der Träger der Sozialhilfe hat über Leistungen der Hilfe zum Lebensunterhalt und der Grundsicherung im Alter und bei Erwerbsminderung ohne Berücksichtigung eines eventuellen Freibetrages nach § 82a zu entscheiden, so lange ihm nicht durch eine Mitteilung des Rentenversicherungsträgers oder berufsständischer Versicherungs- oder Versorgungseinrichtungen nachgewiesen ist, dass die Voraussetzungen für die Einräumung des Freibetrages vorliegen.

§ 144 Einmalzahlung aus Anlass der COVID-19-Pandemie. [1] Leistungsberechtigte, denen für den Monat Mai 2021 Leistungen nach dem Dritten oder Vierten Kapitel gezahlt werden und deren Regelsatz sich nach der Regelbedarfsstufe 1, 2 oder 3 der Anlage zu § 28 ergibt, erhalten für den Zeitraum vom 1. Januar 2021 bis zum 30. Juni 2021 zum Ausgleich der mit der COVID-19-Pandemie in Zusammenhang stehenden Mehraufwendungen eine Einmalzahlung in Höhe von 150 Euro. [2] Leistungsberechtigten, für die die Regelbedarfsstufe 3 gilt, ist die Leistung nach Satz 1 zusammen mit dem Barbetrag nach § 27b Absatz 3 oder § 27c Absatz 3 auszuzahlen; die Einmalzahlungen für Leistungsberechtigte nach dem Vierten Kapitel sind Bruttoausgaben nach § 46a Absatz 2 Satz 1. [3] Die Sätze 1 und 2 gelten nur, sofern bei Leistungsberechtigten kein für sie gewährtes und an sie unmittelbar ausgezahltes oder weitergeleitetes Kindergeld als Einkommen berücksichtigt wird.

Siebzehntes und Achtzehntes Kapitel. *(aufgehoben)*

§§ 143a–145 *(aufgehoben)*

Anlage
(zu § 28)

Regelbedarfsstufen nach § 28 in Euro

gültig ab	Regelbedarfsstufe 1	Regelbedarfsstufe 2	Regelbedarfsstufe 3	Regelbedarfsstufe 4	Regelbedarfsstufe 5	Regelbedarfsstufe 6
1. Januar 2011	364	328	291	287	251	215
1. Januar 2012	374	337	299	287	251	219
1. Januar 2013	382	345	306	289	255	224
1. Januar 2014	391	353	313	296	261	229
1. Januar 2015	399	360	320	302	267	234
1. Januar 2016	404	364	324	306	270	237
1. Januar 2017	409	368	327	311	291	237
1. Januar 2018	416	374	332	316	296	240
1. Januar 2019	424	382	339	322	302	245
1. Januar 2020	432	389	345	328	308	250
1. Januar 2021	446	401	357	373	309	283

Regelbedarfsstufe 1:

Für jede erwachsene Person, die in einer Wohnung nach § 42a Absatz 2 Satz 2 lebt und für die nicht Regelbedarfsstufe 2 gilt.

Regelbedarfsstufe 2:

Für jede erwachsene Person, wenn sie

1. in einer Wohnung nach § 42a Absatz 2 Satz 2 mit einem Ehegatten oder Lebenspartner oder in eheähnlicher oder lebenspartnerschaftsähnlicher Gemeinschaft mit einem Partner zusammenlebt oder
2. nicht in einer Wohnung lebt, weil ihr allein oder mit einer weiteren Person ein persönlicher Wohnraum und mit weiteren Personen zusätzliche Räumlichkeiten nach § 42a Absatz 2 Satz 3 zur gemeinschaftlichen Nutzung überlassen sind.

Regelbedarfsstufe 3:

Für eine erwachsene Person, deren notwendiger Lebensunterhalt sich nach § 27b bestimmt.

Regelbedarfsstufe 4:

Für eine Jugendliche oder einen Jugendlichen vom Beginn des 15. bis zur Vollendung des 18. Lebensjahres.

Regelbedarfsstufe 5:

Für ein Kind vom Beginn des siebten bis zur Vollendung des 14. Lebensjahres.

Regelbedarfsstufe 6:

Für ein Kind bis zur Vollendung des sechsten Lebensjahres.

Anlage
(zu § 34)

Ausstattung mit persönlichem Schulbedarf in Euro

gültig im Kalenderjahr	Teilbetrag für das im jeweiligen Kalenderjahr beginnende erste Schulhalbjahr	Teilbetrag für das im jeweiligen Kalenderjahr beginnende zweite Schulhalbjahr
2019	100 Euro	–
2020	100 Euro	50 Euro
2021	103 Euro	51,50 Euro

14. Sozialgesetzbuch Vierzehntes Buch – Soziale Entschädigung – (SGB XIV)[1)]

Vom 12. Dezember 2019

(BGBl. I S. 2652)

FNA 860-14

[Inhaltsübersicht ab 1.1.2024:]

Inhaltsübersicht

[1)] Verkündet als Art. 1 G v. 12.12.2019 (BGBl. I S. 2652); Inkrafttreten gem. Art. 60 Abs. 7 dieses G überwiegend am **1.1.2024**. Gem. Art. 60 Abs. 3 dieses G sind die §§ 38, 40, 91, 109 und 113 Absatz 6 am **20.12.2019**, gem. Art. 60 Abs. 5 dieses G sind die §§ 2, 31 bis 37, 111, 112, 115, 116 und 138 Absatz 7 am **1.1.2021** in Kraft getreten.

Kapitel 1. Allgemeine Vorschriften

[§ 1 ab 1.1.2024:]

§ 1 Aufgabe und Anwendungsbereich der Sozialen Entschädigung. *(1) Die Soziale Entschädigung unterstützt Menschen, die durch ein schädigendes Ereignis, für das die staatliche Gemeinschaft eine besondere Verantwortung trägt, eine gesundheitliche Schädigung erlitten haben, bei der Bewältigung der dadurch entstandenen Folgen.*

(2) Schädigende Ereignisse sind:

1. Gewalttaten nach Kapitel 2 Abschnitt 2 Unterabschnitt 1,
2. Kriegsauswirkungen beider Weltkriege nach Kapitel 2 Abschnitt 2 Unterabschnitt 2 sowie
3. Ereignisse im Zusammenhang mit der Ableistung des Zivildienstes nach Kapitel 2 Abschnitt 2 Unterabschnitt 3 sowie
4. Schutzimpfungen oder andere Maßnahmen der spezifischen Prophylaxe nach Kapitel 2 Abschnitt 2 Unterabschnitt 4,

die eine gesundheitliche Schädigung verursacht haben.

(3) Das schädigende Ereignis kann ein zeitlich begrenztes, ein wiederkehrendes oder ein über längere Zeit einwirkendes Ereignis sein.

§ 2[1)] Berechtigte der Sozialen Entschädigung. (1) Berechtigte sind Geschädigte sowie deren Angehörige, Hinterbliebene und Nahestehende.

(2) Geschädigte sind Personen, die durch ein schädigendes Ereignis nach diesem Buch unmittelbar eine gesundheitliche Schädigung erlitten haben.

(3) [1] Angehörige sind Ehegatten sowie Kinder und Eltern von Geschädigten. [2] Als Kinder gelten auch in den Haushalt Geschädigter aufgenommene Stiefkinder sowie Pflegekinder im Sinne des § 2 Absatz 1 Satz 1 Nummer 2 des Bundeskindergeldgesetzes.

(4) [1] Hinterbliebene sind

1. Witwen, Witwer und Waisen,
2. Eltern sowie
3. Betreuungsunterhaltsberechtigte

[1)] § 2 ist gem. Art. 60 Abs. 5 G v. 12.12.2019 (BGBl. I S. 2652) am 1.1.2021 in Kraft getreten.

einer an den Folgen einer Schädigung verstorbenen Person. [2] Als Waisen gelten auch in den Haushalt der an den Folgen einer Schädigung verstorbenen Person aufgenommene Stiefkinder sowie Pflegekinder im Sinne des § 2 Absatz 1 Satz 1 Nummer 2 des Bundeskindergeldgesetzes.

(5) Nahestehende sind Geschwister sowie Personen, die mit Geschädigten eine Lebensgemeinschaft führen, die der Ehe ähnlich ist.

[§ 3 ab 1.1.2024:]

§ 3 *Leistungen der Sozialen Entschädigung.* *Die Soziale Entschädigung umfasst:*

1. Leistungen des Fallmanagements und Leistungen in einer Traumaambulanz als Schnelle Hilfen nach Kapitel 4,

2. die Krankenbehandlung der Sozialen Entschädigung nach Kapitel 5,

3. Leistungen zur Teilhabe nach Kapitel 6,

4. Leistungen bei Pflegebedürftigkeit nach Kapitel 7,

5. Leistungen bei Blindheit nach Kapitel 8,

6. Entschädigungszahlungen nach Kapitel 9,

7. den Berufsschadensausgleich nach Kapitel 10,

8. Besondere Leistungen im Einzelfall nach Kapitel 11,

9. Leistungen bei Überführung und Bestattung nach Kapitel 12,

10. den Ausgleich in Härtefällen nach Kapitel 13,

11. Leistungen bei Wohnsitz oder gewöhnlichem Aufenthalt im Ausland nach Kapitel 14 sowie

12. Leistungen nach den Vorschriften zu Besitzständen nach Kapitel 23.

[Kapitel 2 ab 1.1.2024:]

Kapitel 2. Anspruch auf Leistungen der Sozialen Entschädigung

Abschnitt 1. Allgemeine Voraussetzungen

§ 4 *Anspruch auf Leistungen für Geschädigte.* *(1) [1] Geschädigte haben Anspruch auf Leistungen der Sozialen Entschädigung wegen der anerkannten gesundheitlichen und der wirtschaftlichen Folgen einer gesundheitlichen Schädigung, die ursächlich auf ein schädigendes Ereignis zurückzuführen ist. [2] Das Vorliegen der in Satz 1 genannten Anspruchsvoraussetzungen ist auf Antrag festzustellen.*

(2) Ein Anspruch entsprechend Absatz 1 besteht auch bei gesundheitlichen Schädigungen, die

1. herbeigeführt worden sind durch einen Unfall von Geschädigten

a) auf einem Hin- oder Rückweg, der notwendig ist, um Leistungen nach diesem Buch in Anspruch zu nehmen,

b) bei Inanspruchnahme der ihnen nach diesem Buch zustehenden Leistungen oder

c) bei der unverzüglichen Erstattung einer Strafanzeige oder auf dem Hin- oder Rückweg hiervon,

2. eine Person bei einem Unfall im Sinne von Nummer 1 bei der notwendigen Begleitung einer geschädigten Person erleidet.

(3) Ein Anspruch entsprechend Absatz 1 besteht auch bei Beschädigung oder Verlust eines im oder am Körper getragenen Hilfsmittels.

(4) [1] Zur Anerkennung einer Gesundheitsstörung als Schädigungsfolge genügt die Wahrscheinlichkeit des ursächlichen Zusammenhangs. [2] Sie ist gegeben, wenn nach dem aktuellen Stand der medizinischen Wissenschaft mehr für als gegen einen ursächlichen Zusammenhang spricht.

(5) Bei psychischen Gesundheitsstörungen wird die Wahrscheinlichkeit des ursächlichen Zusammenhangs im Einzelfall vermutet, wenn diejenigen medizinischen Tatsachen vorliegen, die nach den Erfahrungen der medizinischen Wissenschaft geeignet sind, einen Ursachenzusammenhang zwischen einem nach Art und Schwere geeigneten schädigenden Ereignis und der gesundheitlichen Schädigung und der Schädigungsfolge zu begründen und diese Vermutung nicht durch einen anderen Kausalverlauf widerlegt wird.

(6) [1] Wenn die zur Anerkennung einer Gesundheitsstörung als Schädigungsfolge erforderliche Wahrscheinlichkeit nur deshalb nicht gegeben ist, weil über die Ursache der Gesundheitsstörung in der medizinischen Wissenschaft Ungewissheit besteht, kann mit Zustimmung des Bundesministeriums für Arbeit und Soziales die Gesundheitsstörung als Schädigungsfolge anerkannt werden. [2] In den Fällen nach Kapitel 2 Abschnitt 2 Unterabschnitt 4 tritt an die Stelle der Zustimmung des Bundesministeriums für Arbeit und Soziales die Zustimmung der zuständigen obersten Landesbehörde. [3] Die Zustimmung kann allgemein erteilt werden.

§ 5 Grad der Schädigungsfolgen, Verordnungsermächtigung. *(1) [1] Der Grad der Schädigungsfolgen ist nach den allgemeinen Auswirkungen der körperlichen, seelischen, geistigen oder Sinnesbeeinträchtigungen, die durch die als Schädigungsfolge anerkannten Gesundheitsstörungen bedingt sind, in allen Lebensbereichen zu beurteilen. [2] Er ist nach Zehnergraden von zehn bis 100 zu bemessen. [3] Ein bis zu fünf Grad geringerer Grad der Schädigungsfolgen wird vom höheren Zehnergrad mit umfasst. [4] Vorübergehende Gesundheitsstörungen sind nicht zu berücksichtigen. [5] Als vorübergehend gilt ein Zeitraum von bis zu sechs Monaten. [6] Bei geschädigten Kindern und Jugendlichen ist der Grad der Schädigungsfolgen nach dem Grad zu bemessen, der sich bei Erwachsenen mit gleicher Gesundheitsstörung ergibt, soweit damit keine Schlechterstellung der Kinder und Jugendlichen verbunden ist.*

(2) Das Bundesministerium für Arbeit und Soziales wird ermächtigt, durch Rechtsverordnung mit Zustimmung des Bundesrates

1. *die Grundsätze aufzustellen, die für die Bewertung des Grades der Schädigungsfolgen im Sinne des Absatzes 1 maßgebend sind,*
2. *die Grundsätze aufzustellen, die für die Anerkennung einer Gesundheitsstörung als Schädigungsfolge nach § 4 Absatz 4 bis 6 maßgebend sind sowie*
3. *das Verfahren für die Aufstellung und Fortentwicklung der in Nummer 1 und 2 genannten Grundsätze zu regeln.*

§ 6 Anspruch auf Leistungen für Angehörige, Hinterbliebene und Nahestehende. *(1) Angehörige, Hinterbliebene und Nahestehende erhalten Schnelle Hilfen nach Maßgabe der Vorschriften des Kapitels 4 sowie besondere psychotherapeutische Leistungen nach § 43 Absatz 2 Nummer 1 in Verbindung mit § 43 Absatz 4.*

(2) Hinterbliebene erhalten darüber hinaus Leistungen zur Teilhabe am Arbeitsleben nach § 63 Absatz 3, Entschädigungszahlungen an Hinterbliebene nach Kapitel 9 Abschnitt 2, Leistungen zum Lebensunterhalt nach § 93 Absatz 1 Satz 2 und die Leistung zur Förderung einer Ausbildung nach § 94.

§ 7 Anspruch auf Leistungen für Ausländerinnen und Ausländer. *Ausländerinnen und Ausländer haben dieselben Ansprüche wie Deutsche.*

§ 8 Konkurrenz von Ansprüchen. *(1) [1] Berechtigte haben wegen eines schädigenden Ereignisses nach diesem Buch gegen den Bund oder die Länder nur die auf diesem Buch beruhenden Ansprüche. [2] Jedoch finden die Vorschriften der beamtenrechtlichen Unfallfürsorge in der jeweils geltenden Fassung Anwendung. [3] Trifft ein Entschädigungsanspruch aufgrund eines schädigenden Ereignisses nach Kapitel 2 Abschnitt 2 Unterabschnitt 1 mit einem Schadensersatzanspruch aufgrund fahrlässiger Amtspflichtverletzung zusammen, so wird der Anspruch nach § 839 Absatz 1 des Bürgerlichen Gesetzbuchs nicht dadurch ausgeschlossen, dass die Voraussetzungen für den Entschädigungsanspruch bestehen.*

(2) [1] Treffen Ansprüche aus mehreren schädigenden Ereignissen nach § 1 Absatz 3 zusammen, so ist ein einheitlicher Grad der Schädigungsfolgen festzusetzen. [2] Dies gilt auch, wenn Ansprüche aus diesem Gesetz mit Ansprüchen aus anderen Gesetzen, die eine entsprechende Anwendung dieses Gesetzes vorsehen, zusammentreffen.

(3) [1] Ansprüche nach dem Siebten Buch, nach dem Soldatenversorgungsgesetz oder nach der beamtenrechtlichen Unfallfürsorge gehen den Ansprüchen nach diesem Buch vor, soweit beide Ansprüche auf derselben Ursache beruhen. [2] Der Anspruch auf Leistungen nach diesem Buch ruht in Höhe der Versorgung aus der gesetzlichen Unfallversicherung oder nach dem Soldatenversorgungsgesetz und in Höhe des Unterschiedsbetrags zwischen einer Versorgung nach allgemeinen beamtenrechtlichen Bestimmungen und aus der beamtenrechtlichen Unfallfürsorge, soweit beide Ansprüche auf derselben Ursache beruhen.

§ 9 Ausschluss der Pfändbarkeit von Ansprüchen. *Ansprüche auf Entschädigungszahlungen nach Kapitel 9 und die Geldleistung nach § 144 können nicht gepfändet werden.*

§ 10 Antragserfordernis. *(1) Leistungen der Sozialen Entschädigung werden auf Antrag erbracht, soweit dieses Buch nichts Abweichendes regelt.*

(2) [1] Von Amts wegen werden Besondere Leistungen im Einzelfall nach Kapitel 11 erbracht. [2] Hiervon ausgenommen ist die Leistung nach § 94.

(3) Von Amts wegen können erbracht werden:

1. Leistungen der Krankenbehandlung nach Kapitel 5,

2. Leistungen zur Teilhabe am Arbeitsleben nach § 63,

3. Leistungen zur Teilhabe an Bildung nach § 65 und

4. Leistungen zur Sozialen Teilhabe nach § 66.

(4) Sind Geschädigte gesetzlich krankenversichert, gelten Anträge auf Leistungen nach Kapitel 5 zugleich als Anträge auf die entsprechenden Leistungen ihrer Krankenkasse, Anträge auf Leistungen ihrer Krankenkasse zugleich als Anträge auf die entsprechenden Leistungen nach Kapitel 5.

(5) [1] Für Leistungen der Traumaambulanz genügt es, wenn unverzüglich nach der zweiten Sitzung ein Antrag gestellt wird. [2] Bei Kontaktaufnahme des Fallmanagements mit möglicherweise berechtigten Personen genügt es, wenn nach der Kontaktaufnahme ein Antrag gestellt wird.

(6) Der Antrag auf Leistungen der Sozialen Entschädigung als Opfer einer Gewalttat nach Abschnitt 2 Unterabschnitt 1 kann auch gestellt werden über eine Unterstützungsbehörde eines anderen Mitgliedstaates der Europäischen Union im Sinne des Artikels 3 Absatz 1 der Richtlinie 2004/80/EG des Rates vom 29. April 2004 zur Entschädigung der Opfer von Straftaten (ABl. L 261 vom 6.8.2004, S. 15).

§ 11 Beginn der Leistungserbringung, Kostenregelung für die erste Inanspruchnahme Schneller Hilfen. *(1) Leistungen, die auf Antrag erbracht werden, sind ab dem Monat zu erbringen, in dem die Voraussetzungen für die Inanspruchnahme vorliegen, frühestens ab dem Monat, in dem der Antrag auf diese Leistungen gestellt wird.*

(2) [1] Abweichend von Absatz 1 sind für Zeiträume vor der Antragstellung Leistungen zu erbringen, wenn der Antrag innerhalb eines Jahres nach dem schädigenden Ereignis gestellt war. [2] War die anspruchsberechtigte Person ohne ihr Verschulden an der Antragstellung verhindert, so verlängert sich diese Frist um den Zeitraum der Verhinderung.

(3) Leistungen, die von Amts wegen erbracht werden, sind frühestens ab dem Monat zu erbringen, in dem der zuständigen Behörde die der Leistung zugrundeliegenden Tatsachen bekannt geworden sind.

(4) [1] Leistungen der Schnellen Hilfen werden für Zeiträume vor der Antragstellung nicht erbracht. [2] Dies gilt nicht für die Inanspruchnahme der ersten beiden Sitzungen in der Traumaambulanz sowie die Kontaktaufnahme des Fallmanagements mit möglicherweise berechtigten Personen.

(5) Die Kosten für die ersten beiden Sitzungen in der Traumaambulanz sowie die erste Kontaktaufnahme durch das Fallmanagement werden auch dann getragen, wenn Ansprüche nach diesem Buch nicht bestehen, auch nicht im Erleichterten Verfahren nach § 115.

§ 12 Übernahme der Aufwendungen für Dolmetscherinnen und Dolmetscher, Übersetzerinnen und Übersetzer sowie Kommunikationshilfen. *(1) Bei der Ausführung von Leistungen nach diesem Buch und im Verwaltungsverfahren werden notwendige Aufwendungen für Dolmetscherinnen und Dolmetscher sowie Übersetzerinnen und Übersetzer von dem Träger der Sozialen Entschädigung getragen, wenn eine berechtigte oder antragstellende Person ihren gewöhnlichen Aufenthalt seit weniger als fünf Jahren im Geltungsbereich dieses Buches hat.*

(2) Hat eine antragstellende oder berechtigte Person ihren gewöhnlichen Aufenthalt im Ausland, werden notwendige Aufwendungen für Übersetzerinnen und Übersetzer bei der Antragstellung nach diesem Buch von dem Träger der Sozialen Entschädigung getragen.

(3) Bei der Ausführung von Leistungen nach diesem Buch und im Verwaltungsverfahren werden notwendige Aufwendungen für Kommunikationshilfen nach Maßgabe des § 9 des Behindertengleichstellungsgesetzes in Verbindung mit der Kommunikationshilfenverordnung übernommen.

Abschnitt 2. Entschädigungstatbestände

Unterabschnitt 1. Gewalttaten

§ 13 Opfer von Gewalttaten. *(1) Als Opfer einer Gewalttat erhält bei Vorliegen der Voraussetzungen nach § 4 Absatz 1 Leistungen der Sozialen Entschädigung, wer im Inland oder auf einem deutschen Schiff oder in einem deutschen Luftfahrzeug eine gesundheitliche Schädigung erlitten hat durch*

1. *einen vorsätzlichen, rechtswidrigen, unmittelbar gegen ihre oder seine Person gerichteten tätlichen Angriff (körperliche Gewalttat) oder durch dessen rechtmäßige Abwehr oder*
2. *ein sonstiges vorsätzliches, rechtswidriges, unmittelbar gegen die freie Willensentscheidung einer Person gerichtetes schwerwiegendes Verhalten (psychische Gewalttat).*

(2) Ein Verhalten im Sinne von Absatz 1 Nummer 2 ist in der Regel schwerwiegend, wenn es den Tatbestand des sexuellen Missbrauchs (§§ 174 bis 176b des Strafgesetz-

buchs), des sexuellen Übergriffs, der sexuellen Nötigung, der Vergewaltigung (§§ 177 und 178 des Strafgesetzbuchs), des Menschenhandels (§§ 232 bis 233a des Strafgesetzbuchs), der Nachstellung (§ 238 Absatz 2 und 3 des Strafgesetzbuchs), der Geiselnahme (§ 239b des Strafgesetzbuchs) oder der räuberischen Erpressung (§ 255 des Strafgesetzbuchs) erfüllt oder von mindestens vergleichbarer Schwere ist.

§ 14 Gleichstellungen. *(1) Einer Gewalttat stehen gleich:*

1. die vorsätzliche Beibringung von Gift,

2. das Fehlgehen der Gewalttat, so dass sie eine andere Person trifft als die Person, gegen die sie gerichtet war,

3. ein Angriff in der irrtümlichen Annahme des Vorliegens eines Rechtfertigungsgrundes,

4. die wenigstens fahrlässige Herbeiführung einer Gefahr für Leib und Leben eines anderen durch ein mit gemeingefährlichen Mitteln begangenes Verbrechen,

5. die erhebliche Vernachlässigung von Kindern und

6. die Herstellung, Verbreitung und öffentliche Zugänglichmachung von Kinderpornografie nach § 184b Absatz 1 Nummer 1, 3 und 4 des Strafgesetzbuchs.

(2) [1] Den Opfern von Gewalttaten stehen Personen gleich, die in Folge des Miterlebens der Tat oder des Auffindens des Opfers eine gesundheitliche Schädigung erlitten haben. [2] Den Opfern von Gewalttaten stehen weiterhin Personen gleich, die durch die Überbringung der Nachricht vom Tode oder der schwerwiegenden Verletzung des Opfers eine gesundheitliche Schädigung erlitten haben, wenn zwischen diesen Personen und dem Opfer im Sinne des § 13 oder des Absatzes 1 eine enge emotionale Beziehung besteht. [3] Eine solche Beziehung besteht in der Regel mit Angehörigen und Nahestehenden.

§ 15 Anspruch auf Leistungen bei Gewalttaten im Ausland. *[1] Personen, die durch ein schädigendes Ereignis nach den §§ 13 und 14 im Ausland eine gesundheitliche Schädigung erleiden, erhalten wegen der gesundheitlichen und wirtschaftlichen Folgen auf Antrag Leistungen nach Maßgabe des § 102, wenn sie*

1. ihren gewöhnlichen und rechtmäßigen Aufenthalt im Geltungsbereich dieses Gesetzes haben und

2. sich zum Tatzeitpunkt für einen vorübergehenden Zeitraum von längstens sechs Monaten außerhalb des Geltungsbereichs dieses Gesetzes aufgehalten haben.

[2] Die Frist nach Satz 1 Nummer 2 verlängert sich auf ein Jahr, wenn der Auslandsaufenthalt dem Besuch einer Schule, Hochschule, der Berufsausbildung oder der Leistung eines freiwilligen Dienstes im Sinne des § 32 Absatz 4 Satz 1 Nummer 2 Buchstabe d des Einkommensteuergesetzes dient.

§ 16 Ausschluss von Ansprüchen und Leistungen. *(1) Von Ansprüchen nach diesem Buch ist ausgeschlossen, wer das schädigende Ereignis in vorwerfbarer Weise verursacht hat.*

(2) Leistungen sind so zu erbringen, dass sie nicht der Person wirtschaftlich zugutekommen, die das schädigende Ereignis verursacht hat.

§ 17 Versagung von Leistungen. *(1) Leistungen sind zu versagen, wenn es aus in dem eigenen Verhalten der Antragstellerin oder des Antragstellers liegenden Gründen unbillig wäre, Leistungen der Sozialen Entschädigung zu erbringen.*

(2) Leistungen können ganz oder teilweise versagt werden, wenn Geschädigte es unterlassen haben, das ihnen Mögliche und Zumutbare zur Aufklärung des Sachverhalts und zur Verfolgung der Täterin oder des Täters beizutragen.

§ 18 Ansprüche bei Gebrauch eines Kraftfahrzeugs. *Wird eine Gewalttat im Sinne des § 13 durch den Gebrauch eines Kraftfahrzeugs oder eines Anhängers verübt, werden Leistungen nach diesem Buch erbracht.*

§ 19 Ausschluss von Ansprüchen und Leistungen für Angehörige, Hinterbliebene und Nahestehende, Konkurrenzen. *(1) Angehörige, Hinterbliebene und Nahestehende sind von Ansprüchen nach diesem Buch ausgeschlossen, wenn die Voraussetzungen des § 16 in der eigenen Person oder in der Person der oder des Geschädigten vorliegen.*

(2) § 18 gilt entsprechend.

§ 20 Versagung von Leistungen für Angehörige, Hinterbliebene und Nahestehende. *(1) Leistungen für Angehörige, Hinterbliebene und Nahestehende sind zu versagen, wenn die Voraussetzungen des § 17 Absatz 1 in der eigenen Person oder in der Person der oder des Geschädigten vorliegen.*

(2) Leistungen für Angehörige, Hinterbliebene und Nahestehende können ganz oder teilweise versagt werden, wenn die Voraussetzungen des § 17 Absatz 2 in der eigenen Person oder in der Person der oder des Geschädigten vorliegen.

Unterabschnitt 2. Kriegsauswirkungen beider Weltkriege

§ 21 Opfer von Kriegsauswirkungen beider Weltkriege. *Wer im Inland durch Auswirkungen kriegerischer Vorgänge im Zusammenhang mit einem der beiden Weltkriege, die einen kriegseigentümlichen Gefahrenbereich hinterlassen haben, eine gesundheitliche Schädigung erlitten hat, erhält bei Vorliegen der Voraussetzungen nach § 4 Absatz 1 Leistungen der Sozialen Entschädigung.*

§ 22 Versagung, Entziehung und Minderung der Leistung. *(1) [1] Leistungen der Sozialen Entschädigung sind zu versagen, wenn Geschädigte während der Herrschaft des Nationalsozialismus gegen die Grundsätze der Menschlichkeit oder Rechtsstaatlichkeit verstoßen haben. [2] Anhaltspunkte, die eine besonders intensive Überprüfung erforderlich machen, ob Geschädigte durch ihr individuelles Verhalten gegen Grundsätze der Menschlichkeit oder Rechtsstaatlichkeit verstoßen haben, können sich insbesondere aus einer freiwilligen Mitgliedschaft in der SS ergeben.*

(2) Leistungen sind mit Wirkung für die Zukunft ganz oder teilweise zu entziehen, wenn ein Versagungsgrund im Sinne des Absatzes 1 vorliegt und das Vertrauen der Geschädigten auf eine fortwährende Erbringung der Leistungen im Einzelfall auch angesichts der Schwere der begangenen Verstöße nicht überwiegend schutzbedürftig ist.

(3) Soweit in den Fällen des Absatzes 2 die sofortige Entziehung oder Minderung der Leistungen zu unbilligen Härten führt, soll die Entziehung oder Minderung nach einer angemessenen Übergangsfrist erfolgen.

(4) Die Absätze 1 bis 3 gelten entsprechend für Leistungen aus Ansprüchen, die sich von Geschädigten im Sinne von Absatz 1 ableiten.

Unterabschnitt 3. Ereignisse im Zusammenhang mit der Ableistung des Zivildienstes

§ 23 Geschädigte durch Ereignisse im Zusammenhang mit der Ableistung des Zivildienstes. *(1) Wer im Zusammenhang mit der Ableistung eines Zivildienstes eine gesundheitliche Schädigung durch eine Tätigkeit, einen Unfall, einen Angriff auf seine Person oder in sonstiger Weise erlitten hat (Zivildienstgeschädigter), erhält bei Vorliegen der Voraussetzungen nach § 4 Absatz 1 Leistungen der Sozialen Entschädigung.*

(2) Ein Zusammenhang mit der Ableistung des Zivildienstes besteht auch bei gesundheitlichen Schädigungen, die herbeigeführt worden sind

1. auf dem unmittelbaren Weg von und zu der Dienststelle,

2. auf dem unmittelbaren Hin- oder Rückweg bei Antritt und Beendigung des Zivildienstes,

3. auf einem vom unmittelbaren Weg abweichenden Weg, um

a) ein Kind, das mit dem Dienstleistenden in einem Haushalt lebt, wegen des Zivildienstes fremder Obhut anzuvertrauen oder

b) mit anderen Dienstleistenden oder Berufstätigen oder in der gesetzlichen Unfallversicherung versicherten Personen gemeinsam ein Fahrzeug zu benutzen,

4. auf dem Weg von und nach der ständigen Familienwohnung, wenn der Dienstleistende wegen der Entfernung seiner Familienwohnung vom Dienstort oder wegen der Pflicht zum Wohnen in einer dienstlichen Unterkunft am Dienstort oder in dessen Nähe eine Unterkunft hat.

(3) Ein Zusammenhang mit der Ableistung des Zivildienstes besteht auch bei gesundheitlichen Schädigungen, die im Zusammenhang mit der Behandlung oder dem Bezug von Leistungen für eine Zivildienstschädigung herbeigeführt worden sind.

Unterabschnitt 4. Schutzimpfungen oder andere Maßnahmen der spezifischen Prophylaxe

§ 24 ***Geschädigte durch Schutzimpfungen oder andere Maßnahmen der spezifischen Prophylaxe.*** *[1] Wer durch eine Schutzimpfung nach § 2 Nummer 9 des Infektionsschutzgesetzes oder durch eine andere Maßnahme der spezifischen Prophylaxe nach § 2 Nummer 10 des Infektionsschutzgesetzes,*

1. die von einer zuständigen Landesbehörde nach § 20 Absatz 3 des Infektionsschutzgesetzes öffentlich empfohlen und in ihrem Bereich vorgenommen wurde,

2. die im Inland vorgenommen wurde und auf die Versicherte nach § 20i des Fünften Buches[1)] einen gesetzlichen Anspruch haben, das gilt auch, wenn die betroffene Person nicht zum versicherten Personenkreis des Fünften Buches gehört,

3. die von Gesundheitsämtern nach § 20 Absatz 5 des Infektionsschutzgesetzes unentgeltlich durchgeführt wurde oder

4. die auf Grund einer Rechtsverordnung nach § 20 Absatz 6 oder 7 des Infektionsschutzgesetzes angeordnet wurde oder sonst auf Grund eines Gesetzes vorgeschrieben war,

eine gesundheitliche Schädigung erlitten hat, die über das übliche Ausmaß einer Reaktion auf eine Schutzimpfung oder andere Maßnahme der spezifischen Prophylaxe hinausgeht, erhält bei Vorliegen der Voraussetzungen nach § 4 Absatz 1 Leistungen der Sozialen Entschädigung. [2] Dies gilt auch, wenn die Schutzimpfung mit vermehrungsfähigen Erregern durchgeführt und eine andere als die geimpfte Person geschädigt wurde.

[Kapitel 3 ab 1.1.2024:]

Kapitel 3. Leistungsgrundsätze

§ 25 ***Voraussetzungen.*** *Leistungen der Sozialen Entschädigung werden für schädigungsbedingte Bedarfe erbracht.*

---

1) Nr. 5.

§ 26 *Leistungsformen.* *(1) Leistungen der Sozialen Entschädigung werden erbracht in Form von Dienstleistungen, Sachleistungen und Geldleistungen.*

(2) Geldleistungen werden erbracht als Einmalzahlung oder als laufende Zahlungen.

(3) Auf Antrag werden bei Vorliegen der Voraussetzungen nach § 29 des Neunten Buches[1)] durch ein Persönliches Budget folgende Leistungen erbracht:
1. Krankenbehandlung der Sozialen Entschädigung nach Kapitel 5,
2. Leistungen zur Teilhabe nach Kapitel 6,
3. Leistungen bei Pflegebedürftigkeit nach Kapitel 7 sowie
4. Leistungen zur Weiterführung des Haushalts nach § 95.

§ 27 *Vorrang von Leistungen zur Teilhabe.* *[1] Leistungen zur medizinischen Rehabilitation und zur Teilhabe am Arbeitsleben, die erfolgversprechend und zumutbar sind, haben Vorrang vor dem Berufsschadensausgleich nach Kapitel 10. [2] Im Übrigen gelten die Regelungen des § 9 des Neunten Buches[1)].*

§ 28 *Verhältnis zu Leistungen anderer Träger.* *(1) Die Leistungen nach diesem Buch wegen eines schädigenden Ereignisses nach § 1 Absatz 2 gehen Leistungen anderer Träger, insbesondere anderer Sozialleistungsträger vor.*

(2) Entschädigungszahlungen nach Kapitel 9 und die Einmalzahlungen nach § 102 Absatz 4 und 5 werden nicht als Einkommen oder Vermögen auf andere Sozialleistungen oder auf Leistungen nach dem Asylbewerberleistungsgesetz angerechnet.

(3) Leistungsansprüche aus privaten Sicherungs- oder Versorgungssystemen sind auf Leistungen nach diesem Buch nicht anzurechnen.

(4) Die Absätze 1 bis 3 gelten, soweit dieses Buch nichts Abweichendes bestimmt.

Kapitel 4. Schnelle Hilfen

[Abschnitt 1 ab 1.1.2024:]

Abschnitt 1. Leistungen der Schnellen Hilfen

§ 29 *Leistungen und Leistungsart.* *(1) Die Leistungen der Schnellen Hilfen umfassen Leistungen des Fallmanagements und Leistungen in einer Traumaambulanz.*

(2) Die Leistungen der Schnellen Hilfen stellen eine Leistung eigener Art dar.

[Abschnitt 2 ab 1.1.2024:]

Abschnitt 2. Fallmanagement

§ 30 *Leistungen des Fallmanagements.* *(1) Beim Fallmanagement werden die Berechtigten von einer Fallmanagerin oder einem Fallmanager aktivierend und koordinierend durch das Antragsverfahren und Leistungsverfahren begleitet.*

(2) [1] Leistungen des Fallmanagements werden mit Einwilligung der Berechtigten erbracht, die auch die erforderlichen Datenerhebungen erfasst. [2] Die Einwilligung ist schriftlich zu dokumentieren.

(3) Berechtigte können ein Fallmanagement erhalten.

(4) Geschädigte sollen ein Fallmanagement erhalten, wenn

---

1) Nr. 9.

1. das schädigende Ereignis eine Straftat gegen das Leben oder gegen die sexuelle Selbstbestimmung war oder
2. sie bei Eintritt des schädigenden Ereignisses minderjährig waren.

(5) Das Fallmanagement umfasst insbesondere:
1. die Ermittlung des möglichen Hilfebedarfs, der durch das schädigende Ereignis unter Berücksichtigung der besonderen Umstände des Einzelfalls entstanden ist,
2. den Hinweis auf die in Betracht kommenden Sozialleistungen,
3. die Begleitung der Berechtigten mit dem Ziel des Erhalts zügiger und aufeinander abgestimmter Leistungen, soweit Berechtigte Ansprüche gegen andere Träger von Sozialleistungen nach den Kapiteln 5, 6, 7 und 11 haben oder haben könnten,
4. die Unterstützung bei der Antragstellung, die Aufklärung über die Einleitung und den Ablauf des Verfahrens in der Sozialen Entschädigung sowie
5. die Begleitung des Verfahrens in der Sozialen Entschädigung.

(6) Das Fallmanagement kann die Kontaktaufnahme mit möglicherweise berechtigten Personen umfassen.

(7) Soweit eine Bedarfsermittlung und ein Teilhabeplanverfahren nach den Kapiteln 2 bis 4 des Neunten Buches[1] durchzuführen sind, werden Leistungen des Fallmanagements ergänzend erbracht.

Abschnitt 3. Traumaambulanz

§ 31[2] Leistungen in einer Traumaambulanz. (1) In einer Traumaambulanz wird psychotherapeutische Intervention erbracht, um den Eintritt einer psychischen Gesundheitsstörung oder deren Chronifizierung zu verhindern.

(2) Psychotherapeutische Intervention wird nur in Traumaambulanzen erbracht, mit denen die Träger der Sozialen Entschädigung eine Vereinbarung nach § 37 geschlossen haben.

§ 32[2] Psychotherapeutische Frühintervention. (1) Geschädigte sollen psychotherapeutische Frühintervention in einer Traumaambulanz erhalten, wenn die erste Sitzung innerhalb von zwölf Monaten nach dem schädigenden Ereignis oder nach Kenntnisnahme hiervon erfolgt.

(2) Angehörige, Hinterbliebene und Nahestehende sollen psychotherapeutische Frühintervention in einer Traumaambulanz erhalten, wenn die erste Sitzung innerhalb von zwölf Monaten erfolgt, nachdem sie von dem schädigenden Ereignis Kenntnis erlangt haben.

§ 33[2] Psychotherapeutische Intervention in anderen Fällen. Geschädigte sowie Angehörige, Hinterbliebene und Nahestehende sollen psychotherapeutische Intervention in einer Traumaambulanz erhalten, wenn ein mehr als zwölf Monate zurückliegendes schädigendes Ereignis zu einer akuten psychischen Belastung geführt hat und die erste Sitzung innerhalb von zwölf Monaten nach Auftreten der akuten Belastung erfolgt.

---

[1] Nr. 9.
[2] §§ 31–33 sind gem. Art. 60 Abs. 5 G v. 12.12.2019 (BGBl. I S. 2652) am 1.1.2021 in Kraft getreten.

§ 34[1]) Leistungsvoraussetzungen und Leistungsumfang. (1) [1]Geschädigte sowie Angehörige, Hinterbliebene und Nahestehende haben Anspruch auf insgesamt bis zu 15 Sitzungen in der Traumaambulanz nach Maßgabe der folgenden Absätze, sofern die Voraussetzungen nach § 32 oder § 33 vorliegen. [2]Bei Kindern und Jugendlichen beträgt der Höchstanspruch 18 Sitzungen.

(2) [1]Die ersten fünf beziehungsweise bei Kindern und Jugendlichen die ersten acht Sitzungen dienen insbesondere der Abklärung der psychotherapeutischen Behandlungsbedürftigkeit, der Durchführung der Diagnostik und der erforderlichen Akutmaßnahmen. [2]Sie können in Anspruch genommen werden, auch wenn noch keine Entscheidung im Erleichterten Verfahren nach § 115 ergangen ist.

(3) [1]Geschädigte sowie Angehörige, Hinterbliebene und Nahestehende haben Anspruch auf bis zu zehn weitere Sitzungen, wenn diese erforderlich sind und ein Anspruch auf Leistungen der Traumaambulanz festgestellt wurde. [2]Der Anspruch auf bis zu zehn weitere Sitzungen besteht auch dann, wenn die zuständige Behörde zwei Wochen nach Vorliegen des Antrags keine Entscheidung getroffen hat und die Traumaambulanz die dringende Behandlungsbedürftigkeit sowie die geplante Durchführung der weiteren Sitzungen vorab angezeigt hat.

§ 35[1]) Weiterer Bedarf nach Betreuung in der Traumaambulanz.

(1) Besteht bei Personen, die die Betreuung in der Traumaambulanz in Anspruch nehmen, auch nach dieser Betreuung weiterer psychotherapeutischer Behandlungsbedarf, so verweist der Träger der Sozialen Entschädigung sie auf weitere psychotherapeutische Angebote.

(2) [1]Die Traumaambulanz ist verpflichtet, der zuständigen Behörde den weiteren Bedarf so frühzeitig wie möglich mitzuteilen. [2]Die nach Landesrecht zuständigen Behörden legen in den nach § 39 zu schließenden Vereinbarungen die Konsequenzen eines Verstoßes gegen die Informationspflicht aus Satz 1 fest.

§ 36[1]) Fahrkosten. (1) [1]Übernommen werden die erforderlichen Fahrkosten zur nächstgelegenen Traumaambulanz. [2]Gleiches gilt für die erforderlichen Fahrkosten einer notwendigen Begleitperson sowie für Kinder, deren Mitnahme erforderlich ist, weil ihre Betreuung nicht sichergestellt ist. [3]Übernommen werden auch die notwendigen Betreuungskosten für zu pflegende oder zu betreuende Familienangehörige sowohl für die Berechtigten als auch für die notwendigen Begleitpersonen für Kinder und Jugendliche.

(2) [1]Die Fahrkosten werden in Höhe des Betrages zu Grunde gelegt, der bei der Beförderung in der niedrigsten Klasse des zweckmäßigsten öffentlichen Verkehrsmittels zu zahlen ist. [2]Bei der Beförderung in einem anderen Verkehrsmittel wird ein Betrag in Höhe der Wegstreckenentschädigung nach § 5 Absatz 1 Satz 2 des Bundesreisekostengesetzes zu Grunde gelegt.

§ 37[1]) Vereinbarungen mit Traumaambulanzen. (1) [1]Die nach Landesrecht zuständigen Behörden schließen Vereinbarungen mit Traumaambulanzen, die die Voraussetzungen nach diesem Abschnitt erfüllen. [2]Am 1. Januar 2021

---

[1]) §§ 34–37 sind gem. Art. 60 Abs. 5 G v. 12.12.2019 (BGBl. I S. 2652) am 1.1.2021 in Kraft getreten.

bestehende Vereinbarungen bleiben hiervon für die Dauer ihrer Laufzeit unberührt.

(2) [1] Die Vereinbarung muss die wesentlichen Anforderungen an die Traumaambulanz sowie die wesentlichen Leistungsmerkmale festlegen. [2] In der Vereinbarung muss sich die Traumaambulanz verpflichten, nach § 32 und § 33 berechtigte Personen im Rahmen des vereinbarten Leistungsangebotes psychotherapeutisch zu betreuen. [3] Darüber hinaus enthält die Vereinbarung als Mindestinhalt Regelungen über

1. den psychotherapeutisch zu betreuenden Personenkreis,
2. Art und Ziel der Leistung,
3. die Anforderungen an die personelle Ausstattung und an die Qualifikation des Personals,
4. die im Zusammenhang mit der Leistungserbringung bestehenden Pflichten der Traumaambulanz,
5. den Datenschutz sowie
6. die Vergütung der von der Traumaambulanz erbrachten Leistungen.

§ 38[1)] Verordnungsermächtigung. [1] Das Nähere zu den Vereinbarungen nach § 37 regelt eine vom Bundesministerium für Arbeit und Soziales mit Zustimmung des Bundesrates zu erlassende Rechtsverordnung, die zum 1. Januar 2024 in Kraft tritt. [2] Mindestinhalt der Verordnung sind Bestimmungen

1. zur Qualifikation des Personals der Traumaambulanz, das die Sitzungen durchführt,
2. zur Dauer der einzelnen Sitzung,
3. zur Erreichbarkeit der Traumaambulanz und zum Zeitraum, in welchem die Betroffenen einen Termin dort erhalten müssen, unter Berücksichtigung der örtlichen Gegebenheiten,
4. zu den Dokumentationspflichten,
5. zum Abrechnungsverfahren einschließlich der sich daraus ergebenden Datenübermittlungswege,
6. zur Schweigepflichtentbindung und
7. zur Vertraulichkeit.

Abschnitt 4. Kooperationsvereinbarungen

[§ 39 ab 1.1.2024:]

§ 39 Kooperationsvereinbarungen für Beratungs- und Begleitangebote. *[1] Die Träger der Sozialen Entschädigung können Kooperationsvereinbarungen mit Organisationen schließen, die eine umfassende qualitätsgesicherte Beratung und Begleitung der Berechtigten sicherstellen. [2] Dabei berücksichtigen sie Angebote, die sich an Angehörige besonders schutzbedürftiger Personengruppen richten. [3] Sie können diesen Organisationen Sach- und Geldmittel zur Verfügung stellen.*

---

1) § 38 ist gem. Art. 60 Abs. 3 Nr. 1 G v. 12.12.2019 (BGBl. I S. 2652) am 20.12.2019 in Kraft getreten.

§ 40[1)] Verordnungsermächtigung. [1]Das Bundesministerium für Arbeit und Soziales wird ermächtigt, durch Rechtsverordnung, die der Zustimmung des Bundesrates bedarf, die qualitativen Anforderungen an Kooperationsvereinbarungen zu regeln. [2]Mindestinhalte der Verordnung sind:

1. die Anforderungen an die Qualifikation der Organisationen, mit denen Kooperationsvereinbarungen geschlossen werden können, sowie
2. die Anforderungen an die Qualifikation der Mitarbeiterinnen und Mitarbeiter der Organisation nach Nummer 1.

[Kapitel 5 ab 1.1.2024:]

Kapitel 5. Krankenbehandlung der Sozialen Entschädigung

Abschnitt 1. Leistungen und Nachweispflicht

§ 41 Anspruch auf Leistungen der Krankenbehandlung der Sozialen Entschädigung. *(1) Geschädigte haben für anerkannte Schädigungsfolgen Anspruch auf Leistungen der Krankenbehandlung der Sozialen Entschädigung nach den Vorschriften dieses Kapitels.*

(2) [1]Ist eine Gesundheitsstörung im Sinne einer Verschlimmerung als Folge einer Schädigung anerkannt, besteht abweichend von Absatz 1 Anspruch auf Leistungen der Krankenbehandlung der Sozialen Entschädigung für die gesamte Gesundheitsstörung. [2]Dies gilt nicht, wenn die als Folge einer Schädigung anerkannte Gesundheitsstörung auf den Zustand, der Leistungen der Krankenbehandlung erfordert, ohne Einfluss ist.

§ 42 Krankenbehandlung. *(1) [1]Geschädigte erhalten für anerkannte Schädigungsfolgen*

1. *Leistungen der Krankenbehandlung entsprechend dem Dritten Kapitel, Fünfter Abschnitt Erster Titel und Siebter Abschnitt des Fünften Buches[2)] und*
2. *weitere Leistungen der Krankenbehandlung in den Leistungsbereichen nach Nummer 1 entsprechend der jeweiligen Satzung der nach § 57 Absatz 2 oder Absatz 3 zuständigen Krankenkasse.*

[2]Dabei gelten die Grundsätze der Leistungserbringung des Rechts der gesetzlichen Krankenversicherung.

(2) Geschädigte mit einem Grad der Schädigungsfolgen von 50 oder höher können für Nichtschädigungsfolgen Leistungen entsprechend dem Dritten Kapitel des Fünften Buches erhalten, wenn sie keine anderweitige Absicherung im Krankheitsfall haben oder diese auf Grund der Schädigungsfolgen nicht mehr unterhalten können und das Versagen von Leistungen eine unbillige Härte bedeuten würde.

(3) Angehörige nach § 2 Absatz 3 und Nahestehende nach § 2 Absatz 5 von Geschädigten, die einen Grad der Schädigungsfolgen von 50 oder höher haben, können Leistungen entsprechend dem Dritten Kapitel des Fünften Buches erhalten, wenn sie keine anderweitige Absicherung im Krankheitsfall haben oder diese auf Grund der Schädigungsfolgen nicht mehr unterhalten können und das Versagen von Leistungen eine unbillige Härte bedeuten würde.

[1)] § 40 ist gem. Art. 60 Abs. 3 Nr. 1 G v. 12.12.2019 (BGBl. I S. 2652) am 20.12.2019 in Kraft getreten.

[2)] Nr. **5**.

(4) Hinterbliebene nach § 2 Absatz 4 können Leistungen entsprechend dem Dritten Kapitel des Fünften Buches erhalten, wenn sie keine anderweitige Absicherung im Krankheitsfall haben oder diese auf Grund der Schädigungsfolgen nicht mehr unterhalten können und das Versagen von Leistungen eine unbillige Härte bedeuten würde.

(5) Absatz 1 gilt, soweit dieses Buch nichts Abweichendes bestimmt.

§ 43 Ergänzende Leistungen der Krankenbehandlung. *(1) [1] Geschädigte erhalten für anerkannte Schädigungsfolgen auf Antrag über die Leistungen der Krankenbehandlung nach § 42 hinaus ergänzende Leistungen, wenn diese unter Berücksichtigung der Art und Schwere des Einzelfalls und der besonderen Bedarfe der oder des Geschädigten notwendig sind. [2] Die Krankenkassen sollen der zuständigen Verwaltungsbehörde Fälle mitteilen, in denen die Erbringung einer ergänzenden Leistung der Krankenbehandlung durch die zuständige Verwaltungsbehörde angezeigt ist.*

(2) Ergänzende Leistungen sind insbesondere

1. besondere psychotherapeutische Leistungen, die
   a) über die nach dem Leistungskatalog des Fünften Buches[1)] anerkannten Behandlungsverfahren hinausgehen,
   b) die zulässigen Höchstgrenzen der maximalen Stundenzahl für das jeweilige Verfahren und die Behandlungsfrequenz je Woche überschreiten oder
   c) von psychotherapeutisch tätigen Ärztinnen und Ärzten oder Psychotherapeutinnen und Psychotherapeuten, die nicht an der vertragsärztlichen Versorgung teilnehmen, oder von Heilpraktikerinnen und Heilpraktikern, die eine Qualifizierung im Bereich der Psychotherapie nachweisen, erbracht werden,
2. besondere zahnärztliche, implantologische, kieferchirurgische und kieferorthopädische Leistungen sowie Mehrleistungen für Zahnersatz,
3. besondere heilpädagogische Leistungen nach Vollendung des 18. Lebensjahres,
4. besondere verschreibungspflichtige Arzneimittel oder besondere nicht verschreibungspflichtige apothekenpflichtige Arzneimittel,
5. besondere über die allgemeinen Krankenhausleistungen hinausgehende ärztliche und nichtärztliche Leistungen im Rahmen einer stationären Behandlung.

(3) Kosten für in Absatz 2 Nummer 2 genannte Leistungen, die in Umfang, Material oder Ausführung über das schädigungsbedingt Notwendige hinausgehen, sind von den Geschädigten selbst zu tragen.

(4) Angehörige, Hinterbliebene und Nahestehende erhalten auf Antrag besondere psychotherapeutische Leistungen nach Absatz 2 Nummer 1, wenn diese Leistungen

1. zum Ausgleich von psychischen Beeinträchtigungen erforderlich sind, die mittelbar auf das schädigende Ereignis zurückzuführen sind,
2. im Rahmen der individuellen Absicherung im Krankheitsfall nicht oder nicht in ausreichendem Maße erbracht werden und
3. zur Erreichung oder Sicherung des Behandlungserfolges notwendig sind.

§ 44 Sachleistungsprinzip, Kostenbeteiligung. *(1) Leistungen der Krankenbehandlung werden als Sachleistungen erbracht, soweit sich aus diesem Buch, dem Fünften Buch oder dem Neunten Buch nichts Abweichendes ergibt.*

(2) Geschädigte erhalten Sachleistungen ohne Beteiligung an den Kosten.

---

1) Nr. **5**.

§ 45 *Nachweispflicht.* *[1] Berechtigte haben gegenüber Ärzten und anderen Leistungserbringern nachzuweisen, dass sie berechtigt sind, Leistungen der Krankenbehandlung der Sozialen Entschädigung in Anspruch zu nehmen. [2] Für die Nachweispflicht gilt § 15 Absatz 2 bis 6 des Fünften Buches*[1)] *entsprechend. [3] Berechtigte, die über keine elektronische Gesundheitskarte nach § 291 des Fünften Buches verfügen, erhalten von der nach § 57 Absatz 3 oder 4 zuständigen Krankenkasse eine mit der elektronischen Gesundheitskarte technisch kompatible Karte.*

§ 46 *Versorgung mit Hilfsmitteln, Pauschbetrag für außergewöhnlichen Verschleiß von Kleidung und Wäsche.* *(1) [1] Geschädigte erhalten für anerkannte Schädigungsfolgen*

1. die in § 31 Absatz 1 des Siebten Buches[2)] *genannten Hilfsmittel sowie*
2. einen Pauschbetrag für außergewöhnlichen Verschleiß von Kleidung und Wäsche.

[2] Zahnersatz gilt nicht als Hilfsmittel.

(2) [1] Art und Umfang der Hilfsmittel sowie der Pauschbetrag richten sich nach

1. der Rechtsverordnung nach § 31 Absatz 2 des Siebten Buches in der jeweils geltenden Fassung und
2. den gemeinsamen Richtlinien der Verbände der Unfallversicherungsträger über die Hilfsmittelversorgung im Bereich der gesetzlichen Unfallversicherung nach § 31 Absatz 2 Satz 2 des Siebten Buches.

[2] Dabei gelten die Grundsätze der Leistungserbringung des Rechts der gesetzlichen Unfallversicherung.

§ 47 *Krankengeld der Sozialen Entschädigung.* *(1) Geschädigte erhalten bei einer durch eine anerkannte Schädigungsfolge verursachten Arbeitsunfähigkeit oder bei einer wegen einer anerkannten Schädigungsfolge erforderlichen stationären Behandlung Krankengeld der Sozialen Entschädigung entsprechend den Regelungen zum Krankengeld des Fünften Buches*[1)] *nach Maßgabe der Absätze 2 bis 9.*

(2) Krankengeld der Sozialen Entschädigung erhalten auch

1. hauptberuflich selbständige Erwerbstätige, die keine Wahlerklärung nach § 44 Absatz 2 Satz 1 Nummer 2 des Fünften Buches abgegeben haben,
2. Beschäftigte, die keine Wahlerklärung nach § 44 Absatz 2 Satz 1 Nummer 3 Satz 1 des Fünften Buches abgegeben haben und
3. geringfügig Beschäftigte, deren Beschäftigung keine Versicherungspflicht nach § 5 Absatz 1 des Fünften Buches begründet sowie Familienversicherte nach § 10 des Fünften Buches.

(3) Als arbeitsunfähig im Sinne des § 44 Absatz 1 des Fünften Buches sind auch Geschädigte anzusehen, die ohne arbeitsunfähig zu sein, wegen einer Maßnahme der Krankenbehandlung der Sozialen Entschädigung keine ganztägige Erwerbstätigkeit ausüben können.

(4) [1] Das Krankengeld der Sozialen Entschädigung beträgt 80 Prozent des Regelentgelts, darf jedoch das entgangene regelmäßige Nettoarbeitsentgelt nicht übersteigen. [2] Das Regelentgelt wird bis zur Höhe der jeweils geltenden Leistungsbemessungsgrenze berücksichtigt. [3] Leistungsbemessungsgrenze ist der 360. Teil der jährlichen Beitragsbemessungsgrenze der allgemeinen Rentenversicherung.

---

1) Nr. 5.
2) Nr. 7.

(5) [1] Für die nach dem Künstlersozialversicherungsgesetz Versicherten sowie für Versicherte, die eine Wahlerklärung nach § 44 Absatz 2 Satz 1 Nummer 2 des Fünften Buches abgegeben haben, entsteht der Anspruch auf Krankengeld der Sozialen Entschädigung zu den in § 46 Satz 1 des Fünften Buches geregelten Zeiten. [2] § 46 Satz 2 bis 4 des Fünften Buches findet keine Anwendung.

(6) Für Versicherte, die eine Wahlerklärung nach § 44 Absatz 2 Satz 1 Nummer 3 des Fünften Buches abgegeben haben, ruht der Anspruch auf Krankengeld der Sozialen Entschädigung abweichend von § 49 Absatz 1 Nummer 7 des Fünften Buches in den ersten sechs Wochen der Arbeitsunfähigkeit nicht.

(7) Das Krankengeld der Sozialen Entschädigung endet nicht vor dem Ende einer stationären Behandlung.

(8) [1] Das Krankengeld der Sozialen Entschädigung ist bis zum Beginn von Leistungen zur Teilhabe am Arbeitsleben oder einer weiteren medizinischen Maßnahme weiter zu zahlen, wenn die Leistungen zur Teilhabe am Arbeitsleben oder eine weitere medizinische Maßnahme

1. nach Abschluss der Krankenbehandlung erforderlich sind und

2. aus Gründen, die die Geschädigten nicht zu vertreten haben, nicht unmittelbar anschließend durchgeführt werden können.

[2] Satz 1 gilt nur, wenn Geschädigte arbeitsunfähig sind und ihnen kein Anspruch auf Krankengeld nach dem Fünften Buch zusteht oder ihnen nach Wiedererlangung der Arbeitsfähigkeit keine zumutbare Beschäftigung vermittelt werden kann.

(9) [1] Ein wegen anerkannter Schädigungsfolgen erkranktes Kind, das dadurch bedingt der Beaufsichtigung, Betreuung oder Pflege bedarf, hat für den betreuenden Elternteil Anspruch auf Krankengeld der Sozialen Entschädigung. [2] Es gilt § 45 des Fünften Buches entsprechend mit der Maßgabe, dass das Krankengeld der Sozialen Entschädigung

1. abweichend von § 45 Absatz 2 Satz 3 des Fünften Buches 100 Prozent des ausgefallenen Nettoarbeitsentgeltes des betreuenden Elternteils beträgt, aber den 360. Teil der jährlichen Beitragsbemessungsgrenze der allgemeinen Rentenversicherung nicht übersteigen darf,

2. abweichend von § 45 Absatz 2 Satz 4 des Fünften Buches 80 Prozent des erzielten regelmäßigen Arbeitseinkommens des betreuenden Elternteils bis zum 360. Teil der jährlichen Beitragsbemessungsgrenze der allgemeinen Rentenversicherung beträgt und

3. sich in Fällen des § 45 Absatz 4 des Fünften Buches nach Absatz 4 berechnet.

§ 48 Beihilfe bei erheblicher Beeinträchtigung der Erwerbsgrundlage. *(1) Führt eine notwendige ambulante oder stationäre Behandlung einer anerkannten Schädigungsfolge zu einer erheblichen Beeinträchtigung der Erwerbsgrundlage der oder des Geschädigten, so kann ihr oder ihm eine Beihilfe gezahlt werden.*

(2) [1] Eine Beihilfe kann einer oder einem Geschädigten auch gezahlt werden, wenn infolge bestehender, unabwendbarer finanzieller Verpflichtungen die Einkünfte einschließlich des Krankengeldes der Sozialen Entschädigung nicht ausreichen, den notwendigen Lebensunterhalt zu bestreiten. [2] Sie ist ausgeschlossen, wenn die finanziellen Belastungen auf einer Verpflichtung beruhen, durch die die Grundsätze wirtschaftlicher Lebensführung verletzt worden sind.

(3) [1] Die Beihilfe ist in angemessener Höhe zu zahlen. [2] Sie soll pro Tag den 720. Teil der jährlichen Bezugsgröße nach § 18 Absatz 1 des Vierten Buches[1)] nicht übersteigen.

(4) [1] Die Beihilfe endet spätestens mit dem Wegfall des Krankengeldes der Sozialen Entschädigung. [2] Wird kein Krankengeld der Sozialen Entschädigung geleistet, weil Geschädigte kein Einkommen erzielt haben, so endet die Beihilfe spätestens mit dem Zeitpunkt, zu dem, sofern Einkommen erzielt worden wäre, das Krankengeld der Sozialen Entschädigung weggefallen wäre.

§ 49 Zuschüsse bei Zahnersatz. *Anstelle der Versorgung mit Zahnersatz können Geschädigte für die Beschaffung eines Zahnersatzes wegen anerkannter Schädigungsfolgen einen Zuschuss in angemessener Höhe erhalten, wenn*

1. *sie wegen eines nicht schädigungsbedingten weiteren Zahnverlustes einen erweiterten Zahnersatz anfertigen lassen und*
2. *es sich bei dem erweiterten Zahnersatz um eine nicht teilbare Leistung handelt.*

§ 50 Erstattung von Kosten bei selbst beschaffter Krankenbehandlung.

(1) [1] Entstehen Geschädigten Kosten für eine selbst beschaffte notwendige Behandlung von Schädigungsfolgen, bevor ihr Anspruch auf Leistungen der Sozialen Entschädigung anerkannt worden ist, so werden ihnen diese Kosten in angemessenem Umfang erstattet. [2] Dies gilt auch, wenn nach Abschluss der Krankenbehandlung keine Gesundheitsstörung mehr vorliegt. [3] Als angemessen gelten die Kosten, die bei der Inanspruchnahme der Sachleistung angefallen wären.

(2) [1] Entstehen Geschädigten Kosten für die selbst beschaffte notwendige Behandlung von Schädigungsfolgen in dem Zeitraum, für den sie nach § 11 Absatz 2 Leistungen erhalten können, bevor sie ihren Anspruch auf Leistungen der Sozialen Entschädigung geltend gemacht haben, so werden ihnen diese Kosten in der entstandenen Höhe erstattet. [2] Dies gilt auch, wenn die Geschädigten durch Umstände, die außerhalb ihres Willens lagen, daran gehindert waren, diesen Anspruch vor Beginn der Behandlung geltend zu machen.

(3) Entstehen Geschädigten Kosten für eine selbst beschaffte notwendige Behandlung von Schädigungsfolgen, nachdem ihr Anspruch auf Leistungen der Sozialen Entschädigung anerkannt worden ist, so werden ihnen diese Kosten in der entstandenen Höhe erstattet, wenn

1. *die Leistung unaufschiebbar war und nicht rechtzeitig von der zuständigen Krankenkasse, der zuständigen Unfallkasse des Landes oder der zuständigen Verwaltungsbehörde erbracht werden konnte oder*
2. *die zuständige Krankenkasse, die zuständige Unfallkasse des Landes oder die zuständige Verwaltungsbehörde die Leistung zu Unrecht abgelehnt hat.*

(4) Die Kosten für selbst beschaffte Leistungen zur medizinischen Rehabilitation nach dem Neunten Buch werden nach § 18 des Neunten Buches[2)] erstattet.

(5) Werden Geschädigten die Kosten nach Absatz 1, 2, 3 oder 4 erstattet, so haben sie unter den Voraussetzungen des § 47 Anspruch auf Krankengeld der Sozialen Entschädigung.

[1)] Nr. 4.
[2)] Nr. 9.

§ 51 Erstattung von Kosten für Krankenbehandlung bei vorübergehendem Auslandsaufenthalt. *(1) [1] Geschädigten werden bei einem vorübergehenden Aufenthalt im Ausland die Kosten der notwendigen Krankenbehandlung anerkannter Schädigungsfolgen erstattet. [2] Der Anspruch auf Erstattung besteht bis zur Höhe der Vergütung, die die Krankenkassen bei Erbringung als Sachleistung im Inland zu tragen hätten.*

(2) Abweichend von Absatz 1 können die Kosten bis zur Höhe der tatsächlich entstandenen Kosten erstattet werden, wenn

1. eine dem allgemein anerkannten Stand der medizinischen Erkenntnisse entsprechende Behandlung nicht im Inland möglich ist oder

2. ein unaufschiebbarer Behandlungsbedarf bestand.

(3) Bei einer Erstattung der Kosten nach Absatz 1 oder 2 können auch weitere im Zusammenhang mit der Krankenbehandlung anfallende notwendige Kosten für Geschädigte und für eine erforderliche Begleitperson ganz oder teilweise erstattet werden.

(4) Werden Geschädigten Kosten nach Absatz 1 oder 2 erstattet, so haben sie bei Vorliegen der Voraussetzungen des § 47 Anspruch auf Krankengeld der Sozialen Entschädigung.

(5) [1] Geschädigte können stationäre Krankenhausleistungen im Ausland in Anspruch nehmen, wenn zuvor die zuständige Verwaltungsbehörde zugestimmt hat. [2] Die Zustimmung darf nur versagt werden, wenn die gleiche Behandlung oder eine Behandlung, die für Geschädigte ebenso wirksam ist und dem allgemein anerkannten Stand der medizinischen Erkenntnisse entspricht, rechtzeitig bei einem Vertragspartner der zuständigen Krankenkasse im Inland erlangt werden kann. [3] War die stationäre Krankenhausbehandlung im Ausland unaufschiebbar, so darf den Geschädigten das Fehlen der vorherigen Zustimmung nicht entgegengehalten werden, soweit und solange sie daran gehindert waren, die Zustimmung einzuholen.

§ 52 Beiträge zur Arbeitsförderung, zur gesetzlichen Rentenversicherung und zur Alterssicherung. *(1) Für Geschädigte werden für die Zeit, in der sie Krankengeld der Sozialen Entschädigung erhalten, folgende Beiträge entrichtet:*

1. Beiträge zur Arbeitsförderung und

2. Beiträge zur gesetzlichen Rentenversicherung.

(2) [1] Geschädigten, die nicht rentenversicherungspflichtig sind oder von der Rentenversicherungspflicht befreit sind, werden auf Antrag für die Zeit, in der sie Krankengeld der Sozialen Entschädigung erhalten, die Aufwendungen für die Alterssicherung erstattet. [2] Aufwendungen für die Alterssicherung sind insbesondere

1. freiwillige Beiträge zur gesetzlichen Rentenversicherung,

2. Beiträge zu öffentlich-rechtlichen berufsständischen Versicherungs- und Versorgungseinrichtungen sowie

3. Beiträge zu öffentlichen oder privaten Versicherungsunternehmen auf Grund von Lebensversicherungsverträgen, die der Alterssicherung dienen.

[3] Die Erstattung erfolgt bis zur Höhe der Beiträge, die zur gesetzlichen Rentenversicherung für die Zeit des Bezugs von Krankengeld der Sozialen Entschädigung zu entrichten wären, wenn die Geschädigten rentenversicherungspflichtig wären.

(3) In Fällen des § 47 Absatz 9 werden

1. abweichend von Absatz 1 die Beiträge für den Elternteil entrichtet, für den das geschädigte Kind Anspruch auf Krankengeld der Sozialen Entschädigung hat oder

2. *abweichend von Absatz 2 dem nicht rentenversicherungspflichtigen oder von der Rentenversicherungspflicht befreiten Elternteil, für den das geschädigte Kind Anspruch auf Krankengeld der Sozialen Entschädigung hat, die Aufwendungen für die Alterssicherung erstattet.*

§ 53 ***Reisekosten.*** *(1) [1] Berechtigte haben Anspruch auf Übernahme von Fahrkosten und anderen Reisekosten, die im Zusammenhang mit einer Leistung der Krankenbehandlung entstehen. [2] Den Berechtigten werden für sich, eine notwendige Begleitung sowie für Kinder, deren Mitnahme erforderlich ist, weil ihre anderweitige Betreuung nicht sichergestellt ist, die notwendigen Reisekosten einschließlich des Gepäcktransports sowie der Kosten für Verpflegung und Unterkunft in angemessenem Umfang ersetzt. [3] Maßstab für die Angemessenheit ist das Bundesreisekostengesetz. [4] Kein Anspruch auf Ersatz der Reisekosten besteht, wenn eine stationäre Behandlung ohne zwingenden Grund abgebrochen wird.*

(2) Dauert eine Maßnahme länger als acht Wochen, so können auch die notwendigen Reisekosten für im Regelfall monatlich zwei Familienheimfahrten oder monatlich zwei Fahrten eines Familienangehörigen zum Aufenthaltsort des Berechtigten übernommen werden.

(3) Bei notwendiger Begleitung wird Ersatz für entgangenen Arbeitsverdienst in angemessenem Umfang geleistet, wenn der Berechtigte der Begleitperson zur Erstattung verpflichtet ist.

Abschnitt 2. Vergütung der Leistungserbringer

§ 54 ***Vergütung für Leistungen der Krankenbehandlung.*** *(1) Die Leistungserbringer der Krankenbehandlung nach § 42 haben Anspruch auf die Vergütung, die für die Krankenbehandlung der Versicherten der gesetzlichen Krankenkassen zu zahlen ist.*

(2) Der Anspruch ist bei der nach § 57 Absatz 2 und Absatz 3 zuständigen Krankenkasse geltend zu machen.

§ 55 ***Vergütung für ergänzende Leistungen.*** *(1) [1] Die Erbringer der in § 43 Absatz 1 genannten ergänzenden Leistungen haben Anspruch auf Vergütung. [2] Der Anspruch ist bei der zuständigen Verwaltungsbehörde geltend zu machen.*

(2) Die Höhe der Vergütung für besondere psychotherapeutische Leistungen nach § 43 Absatz 2 Nummer 1 richtet sich

1. *nach § 21 Psychotherapeutenausbildungsreformgesetz (PsychThGAusbRefG) und*
2. *nach der Gebührenordnung für Ärzte in der jeweils geltenden Fassung. § 11 der Gebührenordnung für Ärzte findet keine Anwendung.*

(3) Die Höhe der Vergütung für besondere zahnärztliche, implantologische, kieferchirurgische und kieferorthopädische Leistungen sowie für Mehrleistungen für Zahnersatz nach § 43 Absatz 2 Nummer 2 richtet sich

1. *nach der Gebührenordnung für Zahnärzte in der jeweils geltenden Fassung und*
2. *nach der Bundeseinheitlichen Benennungsliste für zahntechnische Leistungen (BEB).*

(4) [1] Ist eine Leistung nicht von einer in den Absätzen 2 und 3 genannten Gebührenordnung erfasst, so erfolgt eine angemessene Vergütung in Anlehnung an die genannten Gebührenordnungen. [2] Dabei sind die Besonderheiten des Einzelfalls sowie Art und Umfang der erbrachten Leistungen zu berücksichtigen.

(5) Für besondere heilpädagogische Leistungen nach § 43 Absatz 2 Nummer 3 erhalten die Leistungserbringer eine angemessene Vergütung.

(6) [1] Die Höhe der Vergütung für besondere verschreibungspflichtige Arzneimittel nach § 43 Absatz 2 Nummer 4 richtet sich nach der Arzneimittelpreisverordnung in der jeweils geltenden Fassung. [2] Kosten für besondere nicht verschreibungspflichtige Arzneimittel und Arzneimittel, bei denen der Festbetrag überschritten wird, werden in voller Höhe übernommen.

(7) Die Höhe der Vergütung für besondere über die allgemeinen Krankenhausleistungen hinausgehende ärztliche und nichtärztliche Leistungen im Rahmen einer stationären Behandlung nach § 43 Absatz 2 Nummer 5 richtet sich nach § 17 des Gesetzes über die Entgelte für vollstationäre und teilstationäre Krankenhausleistungen in der jeweils geltenden Fassung.

§ 56 *Vergütung für die Versorgung mit Hilfsmitteln.* *(1) Leistungserbringer der Versorgung mit Hilfsmitteln nach § 46 haben Anspruch auf die Vergütung, die für die Versorgung Versicherter der gesetzlichen Unfallversicherung zu zahlen ist.*

(2) Der Anspruch ist bei der zuständigen Unfallkasse des Landes geltend zu machen.

Abschnitt 3. Zuständigkeit und Datenübermittlung

§ 57 *Zuständigkeit.* *(1) Die Krankenbehandlung der Sozialen Entschädigung wird von der zuständigen Verwaltungsbehörde durchgeführt.*

(2) Für Geschädigte, die Mitglied einer Krankenkasse oder nach § 10 des Fünften Buches[1)] familienversichert sind, erbringt ihre Krankenkasse für die zuständige Verwaltungsbehörde

1. die Krankenbehandlung nach § 42,

2. das Krankengeld der Sozialen Entschädigung nach § 47 und

3. die Leistungen nach § 53, die mit der Inanspruchnahme einer Hauptleistung nach § 42 in Zusammenhang stehen.

(3) [1] Geschädigte, die weder Mitglied einer Krankenkasse noch nach § 10 des Fünften Buches familienversichert sind, wählen eine nach § 173 des Fünften Buches wählbare Krankenkasse, die für die zuständige Verwaltungsbehörde

1. die Krankenbehandlung nach § 42,

2. das Krankengeld der Sozialen Entschädigung nach § 47 und

3. die Leistungen nach § 53, die mit der Inanspruchnahme einer Hauptleistung nach § 42 in Zusammenhang stehen,

erbringt. [2] Die Wahl der Krankenkasse nach Satz 1 ist innerhalb von zwei Wochen nach Bekanntgabe der Entscheidung über den Anspruch auf Leistungen der Sozialen Entschädigung auszuüben. [3] Wird sie nicht fristgerecht ausgeübt, gilt das Verfahren nach § 175 Absatz 3 Satz 2 des Fünften Buches entsprechend. [4] § 175 Absatz 4 Satz 1 bis 5 des Fünften Buches gilt entsprechend. [5] Kein Recht auf Wahl der Krankenkasse besteht für Geschädigte, für die bereits eine Krankenkasse nach § 264 Absatz 1 Satz 2 oder Absatz 3 des Fünften Buches zuständig ist. [6] Diese Krankenkasse ist verpflichtet, die Leistungen nach Satz 1 zu erbringen.

(4) Das Wahlrecht nach Absatz 3 gilt entsprechend für Angehörige, Hinterbliebene und Nahestehende, die Leistungen nach § 42 Absatz 3 oder Absatz 4 erhalten.

(5) [1] Die Versorgung mit Hilfsmitteln nach § 46 erbringt die zuständige Unfallkasse des Landes für die zuständige Verwaltungsbehörde. [2] Sie erbringt auch die Leistungen

---

1) Nr. **5**.

nach § 53, die mit der Inanspruchnahme einer Hauptleistung nach § 46 in Zusammenhang stehen.

(6) [1] Alle weiteren Leistungen erbringt die zuständige Verwaltungsbehörde. [2] § 18 Absatz 6 Satz 2 und 3 des Neunten Buches[1)] bleiben unberührt.

§ 58 *Zuständigkeit zur Entscheidung über Widersprüche.* *Über Widersprüche gegen Verwaltungsakte, die im Rahmen der Leistungserbringung von Krankenkassen nach § 57 Absatz 2, 3 und 4 und von Unfallkassen der Länder nach § 57 Absatz 5 erlassen werden, entscheidet die für die zuständige Verwaltungsbehörde zuständige Widerspruchsbehörde.*

§ 59 *Datenübermittlung.* *(1) Die Leistungserbringer der Krankenbehandlung sind verpflichtet, der zuständigen Krankenkasse oder der zuständigen Verwaltungsbehörde die in den §§ 294, 294a, 295, 295a Absatz 3, §§ 298, 300, 301, 302 und 303 des Fünften Buches[2)] genannten Daten zu übermitteln, soweit dies für die Erfüllung der Aufgaben der zuständigen Krankenkasse oder der zuständigen Verwaltungsbehörde erforderlich ist.*

(2) Die Leistungserbringer der Krankenbehandlung sind verpflichtet, der zuständigen Unfallkasse des Landes die in den §§ 201 und 203 des Siebten Buches[3)] genannten Daten zu übermitteln, soweit dies für die Erfüllung der Aufgaben der zuständigen Unfallkasse des Landes erforderlich ist.

Abschnitt 4. Erstattungen von Aufwendungen und Verwaltungskosten

§ 60 *Erstattung an Krankenkassen.* *(1) Den Krankenkassen werden von der zuständigen Verwaltungsbehörde halbjährlich die Aufwendungen erstattet, die ihnen nach § 57 Absatz 2, 3 und 4 entstehen.*

(2) Den Krankenkassen werden von der zuständigen Verwaltungsbehörde halbjährlich Verwaltungskosten in Höhe von 5 Prozent des Erstattungsbetrages nach Absatz 1 erstattet.

(3) [1] Ab dem 1. Januar des dritten auf das Inkrafttreten dieses Gesetzes nach Artikel 60 Absatz 7 des Gesetzes zur Regelung des Sozialen Entschädigungsrechts folgenden Kalenderjahres werden die Erstattungsansprüche der Krankenkassen nach Absatz 1 pauschal abgegolten. [2] Ab diesem Zeitpunkt werden den Krankenkassen Verwaltungskosten in Höhe von 5 Prozent des Pauschalbetrages nach Satz 1 erstattet. [3] Näheres zur Pauschalabgeltung regelt eine Verwaltungsvereinbarung, die die Bundesstelle für Soziale Entschädigung mit dem Spitzenverband Bund der Krankenkassen abschließt. [4] Die Verwaltungsvereinbarung kann auch eine vorläufige Regelung treffen. [5] Die Vereinbarung bedarf der Zustimmung des Bundesministeriums für Arbeit und Soziales, des Bundesministeriums für Gesundheit und der Länder.

(4) [1] Können sich die Bundesstelle für Soziale Entschädigung und der Spitzenverband Bund der Krankenkassen bis zu dem in Absatz 3 Satz 1 genannten Zeitpunkt nicht auf eine Verwaltungsvereinbarung einigen, entscheidet eine Schiedsstelle über die Einzelheiten der Pauschalabgeltung. [2] Die Entscheidung der Schiedsstelle bedarf der Zustimmung des Bundesministeriums für Arbeit und Soziales, des Bundesministeriums für Gesundheit und der Länder. [3] Die Schiedsstelle besteht aus einem oder einer unparteiischen Vorsitzenden, zwei weiteren unparteiischen Mitgliedern sowie je zwei Vertretern

---

1) Nr. **9**.
2) Nr. **5**.
3) Nr. **7**.

und Vertreterinnen der Bundesstelle für Soziale Entschädigung und des Spitzenverbandes Bund der Krankenkassen. [4] Der oder die Vorsitzende und die unparteiischen Mitglieder werden von der Bundesstelle für Soziale Entschädigung und dem Spitzenverband Bund der Krankenkassen gemeinsam bestellt. [5] Können sich die Bundesstelle für Soziale Entschädigung und der Spitzenverband Bund der Krankenkassen nicht auf einzelne oder alle unparteiischen Mitglieder einigen, werden diese vom Bundesministerium für Arbeit und Soziales im Einvernehmen mit dem Bundesministerium für Gesundheit bestellt.

(5) [1] Die Mitglieder der Schiedsstelle führen ihr Amt als Ehrenamt. [2] Auslagen werden ihnen in entsprechender Anwendung des Bundesreisekostengesetzes erstattet. [3] Die Mitglieder der Schiedsstelle sind an Weisungen nicht gebunden. [4] Jedes Mitglied hat eine Stimme. [5] Die Entscheidungen werden von der Mehrheit der Mitglieder getroffen. [6] Ergibt sich keine Mehrheit, gibt die Stimme des oder der Vorsitzenden den Ausschlag. [7] Die Rechtsaufsicht über die Schiedsstelle führt das Bundesministerium für Arbeit und Soziales.

(6) Bis zur Entscheidung der Schiedsstelle gelten die Absätze 1 und 2.

§ 61 ***Erstattung an Unfallkassen der Länder.*** *(1) Den Unfallkassen der Länder werden von der zuständigen Verwaltungsbehörde halbjährlich die Aufwendungen erstattet, die ihnen nach § 57 Absatz 5 entstehen.*

(2) Den Unfallkassen der Länder werden von der zuständigen Verwaltungsbehörde halbjährlich Verwaltungskosten in Höhe von 5 Prozent des Erstattungsbetrages nach Absatz 1 erstattet.

(3) [1] Die Länder können mit den Unfallkassen Vereinbarungen zur Durchführung des Verfahrens nach den Absätzen 1 und 2 treffen. [2] Haben die Vereinbarungen finanzielle Auswirkungen für den Bund, bedürfen sie der Zustimmung des Bundesministeriums für Arbeit und Soziales.

[Kapitel 6 ab 1.1.2024:]

Kapitel 6. Leistungen zur Teilhabe

§ 62 ***Leistungsumfang.*** *[1] Leistungen zur Teilhabe sind*

1. Leistungen zur Teilhabe am Arbeitsleben sowie unterhaltssichernde und andere ergänzende Leistungen,
2. Leistungen zur Teilhabe an Bildung,
3. Leistungen zur Sozialen Teilhabe und
4. Leistungen zur medizinischen Rehabilitation.

[2] Die Leistungen nach Nummer 4 einschließlich der erforderlichen unterhaltssichernden und anderen ergänzenden Leistungen werden im Rahmen der Leistungen der Krankenbehandlung nach Kapitel 5 erbracht.

§ 63 ***Leistungen zur Teilhabe am Arbeitsleben.*** *(1) Geschädigte erhalten als Leistungen zur Teilhabe am Arbeitsleben*

1. Leistungen nach den §§ 49 bis 55 des Neunten Buches[1)],
2. Leistungen im Eingangsverfahren und im Berufsbildungsbereich einer anerkannten Werkstatt für behinderte Menschen nach § 57 des Neunten Buches,

---

[1)] Nr. **9**.

3. Leistungen im Arbeitsbereich einer anerkannten Werkstatt für behinderte Menschen nach § 58 des Neunten Buches einschließlich des Arbeitsförderungsgeldes nach § 59 des Neunten Buches,

4. Leistungen bei anderen Leistungsanbietern nach § 60 des Neunten Buches und

5. ein Budget für Arbeit nach § 61 des Neunten Buches.

(2) Die Leistungen zur Teilhabe am Arbeitsleben umfassen zudem Leistungen zum Betrieb, Unterhalt, Unterstellen und Abstellen eines Kraftfahrzeuges.

(3) Hinterbliebene erhalten Leistungen zur Teilhabe am Arbeitsleben, soweit der Antrag innerhalb eines Zeitraums von fünf Jahren nach dem Tod des oder der Geschädigten gestellt wird.

§ 64 ***Unterhaltssichernde und andere ergänzende Leistungen.*** *(1) Geschädigte und Hinterbliebene, die Leistungen zur Teilhabe am Arbeitsleben nach § 63 erhalten, erhalten auch die folgenden unterhaltssichernden und anderen ergänzenden Leistungen:*

1. Übergangsgeld nach § 65 Absatz 3, 4 und 7 des Neunten Buches[1] *sowie nach den §§ 66 bis 72 des Neunten Buches oder Unterhaltsbeihilfe unter den Voraussetzungen des Absatzes 3,*

2. Reisekosten nach § 73 des Neunten Buches und

3. Haushalts- oder Betriebshilfe und Kinderbetreuungskosten nach § 74 des Neunten Buches.

(2) Für die Berechnung des Übergangsgeldes während der Teilnahme an Leistungen zur Teilhabe am Arbeitsleben ist Leistungsbemessungsgrenze im Sinne des § 67 Absatz 4 des Neunten Buches der 360. Teil der jährlichen Beitragsbemessungsgrenze der allgemeinen Rentenversicherung.

(3) [1] *Geschädigte und Hinterbliebene, die vor Beginn der Leistung zur Teilhabe am Arbeitsleben nicht erwerbstätig gewesen sind, erhalten anstelle des Übergangsgeldes Unterhaltsbeihilfe.* [2] *§ 71 Absatz 3 und Absatz 4 Satz 1 des Neunten Buches ist anzuwenden.* [3] *Für die Bemessung der Unterhaltsbeihilfe ist § 93 entsprechend anzuwenden.*

(4) [1] *Geschädigten und Hinterbliebenen, die nicht rentenversicherungspflichtig oder von der Rentenversicherungspflicht befreit sind, werden für die Zeit, in der sie Übergangsgeld erhalten, die Aufwendungen für die Alterssicherung erstattet.* [2] *Die Erstattung erfolgt bis zur Höhe der Beiträge, die für die Zeit, in der die Geschädigten und Hinterbliebenen Übergangsgeld beziehen, zur gesetzlichen Rentenversicherung zu entrichten wären, wenn die Geschädigten und Hinterbliebenen rentenversicherungspflichtig wären.* [3] *Aufwendungen für die Alterssicherung sind insbesondere*

1. freiwillige Beiträge zur gesetzlichen Rentenversicherung,

2. Beiträge zu öffentlich-rechtlichen berufsständischen Versicherungs- und Versorgungseinrichtungen sowie

3. Beiträge zu öffentlichen oder privaten Versicherungsunternehmen auf Grund von Lebensversicherungsverträgen, die der Alterssicherung dienen.

(5) § 64 Absatz 2 Satz 1 des Neunten Buches gilt für Geschädigte und Hinterbliebene entsprechend.

§ 65 ***Leistungen zur Teilhabe an Bildung.*** *Geschädigte, die auf Grund der Schädigungsfolgen zum leistungsberechtigten Personenkreis im Sinne von § 99 des Neunten*

---

[1] Nr. **9**.

Buches[1]) gehören, erhalten Leistungen zur Teilhabe an Bildung entsprechend Teil 2 Kapitel 5 des Neunten Buches.

§ 66 *Leistungen zur Sozialen Teilhabe.* *(1) Geschädigte, die auf Grund der Schädigungsfolgen zum leistungsberechtigten Personenkreis im Sinne von § 99 des Neunten Buches[1]) gehören, erhalten Leistungen zur Sozialen Teilhabe entsprechend Teil 2 Kapitel 6 des Neunten Buches.*

(2) [1] Abweichend von Absatz 1 werden Leistungen zur Mobilität nach § 83 des Neunten Buches erbracht. [2] Sie umfassen zudem Leistungen zum Betrieb, Unterhalt, Unterstellen und Abstellen eines Kraftfahrzeuges.

§ 67 *Zusammentreffen von Teilhabeleistungen mit Pflegeleistungen in Einrichtungen oder Räumlichkeiten im Sinne des § 43a des Elften Buches[2]) in Verbindung mit § 71 Absatz 4 des Elften Buches.* *[1] Werden Leistungen zur Teilhabe nach § 62 Satz 1 Nummer 1 bis 3 in Einrichtungen oder Räumlichkeiten im Sinne des § 43a des Elften Buches in Verbindung mit § 71 Absatz 4 des Elften Buches erbracht, so umfasst die Leistung auch die Pflegeleistung in diesen Einrichtungen oder Räumlichkeiten. [2] Satz 1 gilt auch für nicht schädigungsbedingte Pflegebedarfe. [3] In den Fällen der Sätze 1 und 2 gilt § 75 Absatz 3. [4] Stellt der Leistungserbringer fest, dass Berechtigte so pflegebedürftig sind, dass die Pflege in diesen Einrichtungen oder Räumlichkeiten nicht sichergestellt werden kann, vereinbaren der Träger der Sozialen Entschädigung und die zuständige Pflegekasse mit dem Leistungserbringer, dass die Leistung bei einem anderen Leistungserbringer erbracht wird. [5] Dabei ist den berechtigten Wünschen der Berechtigten Rechnung zu tragen.*

§ 68 *Zusammentreffen von Teilhabeleistungen mit Pflegeleistungen außerhalb von Einrichtungen oder Räumlichkeiten im Sinne des § 43a des Elften Buches[2]) in Verbindung mit § 71 Absatz 4 des Elften Buches.* *(1) Treffen außerhalb von Einrichtungen oder Räumlichkeiten im Sinne des § 43a des Elften Buches in Verbindung mit § 71 Absatz 4 des Elften Buches Leistungen zur Teilhabe nach § 62 Satz 1 Nummer 1 bis 3 und Leistungen der sozialen Pflegeversicherung zusammen, so gilt § 13 Absatz 4 Satz 1 bis 3 und Absatz 4a des Elften Buches für den zuständigen Träger der Sozialen Entschädigung und für die zuständige Pflegekasse entsprechend.*

(2) [1] Werden Leistungen zur Teilhabe nach § 62 Satz 1 Nummer 1 bis 3 außerhalb von Einrichtungen oder Räumlichkeiten im Sinne des Absatzes 1 erbracht und besteht darüber hinaus ein Anspruch auf Leistungen der häuslichen Pflege nach den §§ 64a bis 64f, 64i und 66 des Zwölften Buches[3]), so umfassen die Leistungen zur Teilhabe nach § 63 Satz 1 Nummer 1 bis 3 diese Leistungen der häuslichen Pflege nach dem Zwölften Buch, solange die Teilhabeziele erreicht werden können. [2] Satz 1 gilt entsprechend in den Fällen, in denen Berechtigte vorübergehend Leistungen nach den §§ 64g und 64h des Zwölften Buches in Anspruch nehmen. [3] Die Sätze 1 und 2 gelten nicht, wenn Berechtigte vor Vollendung des für die Regelaltersgrenze im Sinne des Sechsten Buches[4]) erforderlichen Lebensjahres keine Leistungen zur Teilhabe nach § 62 Satz 1 Nummer 1 bis 3 erhalten haben, es sei denn, es handelt sich um einen Teilhabebedarf, der durch ein schädigendes Ereignis verursacht worden ist, welches erst nach Vollendung des für die

---

[1]) Nr. **9**.
[2]) Nr. **11**.
[3]) Nr. **12**.
[4]) Nr. **6**.

Regelaltersgrenze im Sinne des Sechsten Buches erforderlichen Lebensjahres eingetreten ist.

§ 69 *Wunsch- und Wahlrecht.* *[1] Bei der Entscheidung über die Leistungen zur Teilhabe und bei der Ausführung dieser Leistungen wird den berechtigten Wünschen der Berechtigten entsprochen. [2] Dabei sind Art und Schwere der Schädigung, Gesundheitszustand und Lebensalter besonders zu berücksichtigen. [3] Im Übrigen gilt § 8 des Neunten Buches[1)].*

§ 70 *Besonderheiten der Leistungsbemessung.* *Art, Ausmaß und Dauer der Leistungen zur Teilhabe richten sich nach der Besonderheit des Einzelfalls sowie der Art des Bedarfes.*

[Kapitel 7 ab 1.1.2024:]

Kapitel 7. Leistungen bei Pflegebedürftigkeit

Abschnitt 1. Anspruch und Pflegebedürftigkeit

§ 71 *Anspruch auf Leistungen bei Pflegebedürftigkeit.* *(1) Geschädigte haben Anspruch auf Leistungen bei Pflegebedürftigkeit, wenn sie auf Grund der anerkannten Schädigungsfolgen pflegebedürftig sind.*

(2) Anspruch auf Leistungen bei Pflegebedürftigkeit besteht auch, wenn

1. Gesundheitsstörungen, die keine Schädigungsfolge sind, im Zusammenwirken mit anerkannten Schädigungsfolgen Pflegebedürftigkeit verursachen und

2. die Auswirkungen der Schädigungsfolgen für die Beurteilung der Pflegebedürftigkeit den anderen Gesundheitsstörungen annähernd gleichwertig sind.

§ 72 *Pflegebedürftigkeit und Pflegegrad.* *(1) Für den Begriff der Pflegebedürftigkeit, für das Verfahren zur Ermittlung des Pflegegrades und für die Einordnung in die Pflegegrade gilt das Zweite Kapitel des Elften Buches.*

(2) [1] Liegt eine Entscheidung der Pflegekasse über den Pflegegrad vor, so ist sie für die zuständige Verwaltungsbehörde bindend. [2] Liegt eine Entscheidung nicht vor, so wirkt die zuständige Verwaltungsbehörde auf eine unverzügliche Entscheidung der Pflegekasse hin.

(3) [1] Kommt ein Anspruch nach dem Elften Buch nicht in Betracht, so ermittelt die zuständige Verwaltungsbehörde den Pflegegrad in eigener Verantwortung. [2] Sie kann sich dabei sachverständiger Dritter bedienen.

§ 73 *Kostenübernahme vor Pflegebedürftigkeit im Sinne des Elften Buches.*

[1] Für Geschädigte, bei denen auf Grund eines schädigenden Ereignisses voraussichtlich nur weniger als sechs Monate eine Einschränkung der Selbständigkeiten oder der Fähigkeiten vorliegt und daher eine Pflegebedürftigkeit im Sinne des Elften Buches[2)] nicht gegeben ist, können Kosten im Umfang der Leistungen nach dem Siebten Kapitel des Zwölften Buches[3)] übernommen werden. [2] Dies gilt nicht, wenn die Pflege durch ein Arbeitgebermodell nach § 76 sichergestellt wird.

[1)] Nr. **9**.
[2)] Nr. **11**.
[3)] Nr. **12**.

Abschnitt 2. Umfang der Leistungen bei Pflegebedürftigkeit

§ 74 ***Leistungen bei Pflegebedürftigkeit.*** *Geschädigte erhalten bei schädigungsbedingter Pflegebedürftigkeit im Sinne des Abschnitts 1*

1. Leistungen bei Pflegebedürftigkeit entsprechend dem Vierten Kapitel des Elften Buches[1)],

2. ergänzende Leistungen bei Pflegebedürftigkeit nach § 75,

3. Leistungen bei Pflegebedürftigkeit im Arbeitgebermodell nach § 76.

§ 75 ***Ergänzende Leistungen bei Pflegebedürftigkeit.*** *(1) [1] Werden schädigungsbedingte Bedarfe nach § 74 Nummer 1 nur teilweise gedeckt, werden die über die Leistungen des Vierten Kapitels des Elften Buches[1)] hinausgehenden, notwendigen und angemessenen Kosten übernommen. [2] Dies gilt bei folgenden Leistungsarten:*

1. Pflegesachleistung nach § 36 des Elften Buches,

2. Häusliche Pflege bei Verhinderung der Pflegeperson nach § 39 des Elften Buches,

3. Pflegehilfsmittel und wohnumfeldverbessernde Maßnahmen nach § 40 des Elften Buches,

4. Tagespflege und Nachtpflege nach § 41 des Elften Buches,

5. Kurzzeitpflege nach § 42 des Elften Buches,

6. Vollstationäre Pflege nach § 43 des Elften Buches.

(2) Bei Kombination von Geldleistung und Sachleistung nach § 38 des Elften Buches wird der prozentuale Anteil übernommen, der auf die Sachleistung entfällt.

(3) Bei Pflege in Einrichtungen oder Räumlichkeiten im Sinne des § 43a des Elften Buches in Verbindung mit § 71 Absatz 4 des Elften Buches werden 15 Prozent der Vergütung übernommen.

(4) Für Geschädigte, die einen Anspruch nach § 4 Absatz 1 haben, trägt die zuständige Verwaltungsbehörde die Beiträge zur sozialen Pflegeversicherung, so lange sie nach § 21 des Elften Buches pflegeversichert sind.

(5) [1] Geschädigte, die weder nach dem Elften Buch versichert sind noch nach beamtenrechtlichen Vorschriften einen Anspruch auf Leistungen bei Pflegebedürftigkeit haben, erhalten die Leistungen des Vierten Kapitels des Elften Buches sowie die Leistungen nach Absatz 1. [2] Absatz 2 bis 4 gilt entsprechend.

§ 76 ***Häusliche Pflege im Arbeitgebermodell.*** *(1) [1] Stellen Geschädigte die häusliche Pflege durch von ihnen beschäftigte besondere Pflegekräfte auf Grundlage eines Arbeitsvertrages sicher (Arbeitgebermodell), so werden ihnen die hierfür erforderlichen und angemessenen Kosten erstattet. [2] Bei der Erstattung ist das Pflegegeld nach § 37 des Elften Buches[1)] anzurechnen. [3] Kosten der Beschäftigung von Ehegatten sowie Eltern werden Berechtigten erstattet, wenn dadurch eine fachgerechte Pflege gewährleistet ist.*

(2) [1] Während einer stationären Behandlung werden den Geschädigten die erforderlichen und angemessenen Kosten für die besondere Pflegekraft für einen Zeitraum von bis zu drei Monaten weiter erstattet. [2] Eine Erstattung über diesen Zeitraum hinaus kann unter Berücksichtigung der Umstände des Einzelfalls erfolgen.

(3) Die angemessenen Kosten umfassen auch die Arbeitgeber- und Arbeitnehmerbeiträge zur Sozialversicherung und zur Arbeitsförderung, die auf das Arbeitsentgelt der besonderen Pflegekraft entfallen.

---

1) Nr. **11**.

(4) [1] Aufwendungen für die Erfüllung der Pflichten der Geschädigten als Arbeitgeber können in angemessener Höhe erstattet werden. [2] Als angemessen gilt in der Regel ein Betrag in Höhe von bis zu 35 Euro monatlich.

Abschnitt 3. Zuständigkeit und Erstattung

§ 77 Zuständigkeit. *(1) Leistungen bei Pflegebedürftigkeit nach diesem Buch werden von der zuständigen Verwaltungsbehörde nach Maßgabe der folgenden Absätze erbracht.*

(2) Für Geschädigte, die Mitglied einer Pflegekasse oder nach § 25 des Elften Buches[1)] familienversichert sind, erbringt ihre Pflegekasse für die zuständige Verwaltungsbehörde die Leistungen bei Pflegebedürftigkeit nach § 74 Nummer 1.

(3) [1] Für Geschädigte, die weder nach dem Elften Buch versichert sind noch nach beamtenrechtlichen Vorschriften einen Anspruch auf Leistungen bei Pflegebedürftigkeit haben, erbringt die Pflegekasse, die der Krankenkasse ihrer Wahl gemäß § 57 Absatz 3 entspricht, für die zuständige Verwaltungsbehörde Leistungen bei Pflegebedürftigkeit nach § 74 Nummer 1. [2] § 57 Absatz 3 gilt entsprechend.

(4) Die Versorgung mit Pflegehilfsmitteln und wohnumfeldverbessernden Maßnahmen nach § 75 Absatz 1 Satz 2 Nummer 3 erbringt die zuständige Unfallkasse des Landes für die zuständige Verwaltungsbehörde.

(5) Die übrigen Leistungen nach § 75 und § 76 erbringt die zuständige Verwaltungsbehörde.

§ 78 Widersprüche. *Über Widersprüche gegen Verwaltungsakte, die im Rahmen der Leistungserbringung von Pflegekassen nach § 77 Absatz 2 und 3 und von Unfallkassen der Länder nach § 77 Absatz 4 erlassen werden, entscheidet die für die Verwaltungsbehörde zuständige Widerspruchsbehörde.*

§ 79 Datenübermittlung. *(1) Für die Erbringer von Leistungen bei Pflegebedürftigkeit gelten die §§ 104 bis 106 des Elften Buches[1)] in entsprechender Anwendung, soweit dies für die Erfüllung der Aufgaben der zuständigen Pflegekasse oder der zuständigen Verwaltungsbehörde erforderlich ist.*

(2) Die Erbringer von Leistungen bei Pflegebedürftigkeit sind verpflichtet, der zuständigen Unfallkasse des Landes die in den §§ 201 und 203 des Siebten Buches[2)] genannten Daten zu übermitteln, soweit dies für die Erfüllung der Aufgaben der Unfallkasse des Landes erforderlich ist.

Abschnitt 4. Erstattungen von Aufwendungen und Verwaltungskosten

§ 80 Erstattung an Pflegekassen. *(1) Den Pflegekassen werden von der zuständigen Verwaltungsbehörde halbjährlich die Aufwendungen erstattet, die ihnen nach § 77 Absatz 2 und 3 entstehen.*

(2) Den Pflegekassen werden von der zuständigen Verwaltungsbehörde halbjährlich Verwaltungskosten in Höhe von 5 Prozent des Erstattungsbetrages nach Absatz 1 erstattet.

(3) [1] Ab dem 1. Januar des dritten auf das Inkrafttreten dieses Gesetzes nach Artikel 60 Absatz 7 des Gesetzes zur Regelung des Sozialen Entschädigungsrechts folgenden Kalenderjahres werden die Erstattungsansprüche der Pflegekassen nach Absatz 1 pauschal abgegolten. [2] Ab diesem Zeitpunkt werden den Pflegekassen Verwal-

---

1) Nr. **11**.
2) Nr. **7**.

tungskosten in Höhe von 5 Prozent des Pauschalbetrages nach Satz 1 erstattet. [3] Näheres zur Pauschalabgeltung regelt eine Verwaltungsvereinbarung, die die Bundesstelle für Soziale Entschädigung mit dem Spitzenverband Bund der Krankenkassen als Spitzenverband Bund der Pflegekassen abschließt. [4] Die Verwaltungsvereinbarung kann auch eine vorläufige Regelung treffen. [5] Die Vereinbarung bedarf der Zustimmung des Bundesministeriums für Arbeit und Soziales, des Bundesministeriums für Gesundheit und der Länder.

(4) [1] Können sich die Bundesstelle für Soziale Entschädigung und der Spitzenverband Bund der Pflegekassen bis zu dem in Absatz 3 Satz 1 genannten Zeitpunkt nicht auf eine Verwaltungsvereinbarung einigen, entscheidet eine Schiedsstelle über die Einzelheiten der Pauschalabgeltung. [2] Die Entscheidung der Schiedsstelle bedarf der Zustimmung des Bundesministeriums für Arbeit und Soziales, des Bundesministeriums für Gesundheit und der Länder. [3] Die Schiedsstelle besteht aus einem oder einer unparteiischen Vorsitzenden, zwei weiteren unparteiischen Mitgliedern sowie je zwei Vertretern und Vertreterinnen der Bundesstelle für Soziale Entschädigung und des Spitzenverbandes Bund der Pflegekassen. [4] Der oder die Vorsitzende und die unparteiischen Mitglieder werden von der Bundesstelle für Soziale Entschädigung und dem Spitzenverband Bund der Pflegekassen gemeinsam bestellt. [5] Können sich die Bundesstelle für Soziale Entschädigung und der Spitzenverband Bund der Pflegekassen nicht auf einzelne oder alle unparteiischen Mitglieder einigen, werden sie vom Bundesministerium für Arbeit und Soziales im Einvernehmen mit dem Bundesministerium für Gesundheit bestellt.

(5) [1] Die Mitglieder der Schiedsstelle führen ihr Amt als Ehrenamt. [2] Auslagen werden ihnen in entsprechender Anwendung des Bundesreisekostengesetzes erstattet. [3] Die Mitglieder der Schiedsstelle sind an Weisungen nicht gebunden. [4] Jedes Mitglied hat eine Stimme. [5] Die Entscheidungen werden von der Mehrheit der Mitglieder getroffen. [6] Ergibt sich keine Mehrheit, gibt die Stimme des oder der Vorsitzenden den Ausschlag. [7] Die Rechtsaufsicht über die Schiedsstelle führt das Bundesministerium für Arbeit und Soziales.

(6) Bis zur Entscheidung der Schiedsstelle gelten die Absätze 1 und 2.

§ 81 Erstattung an Unfallkassen der Länder. *(1) Den Unfallkassen der Länder werden von der zuständigen Verwaltungsbehörde halbjährlich die Aufwendungen erstattet, die ihnen nach § 77 Absatz 4 entstehen.*

(2) Den Unfallkassen der Länder werden von der zuständigen Verwaltungsbehörde halbjährlich Verwaltungskosten in Höhe von 5 Prozent des Erstattungsbetrages nach Absatz 1 erstattet.

(3) [1] Die Länder können mit den Unfallkassen Vereinbarungen zur Durchführung des Verfahrens nach den Absätzen 1 und 2 treffen. [2] Haben die Vereinbarungen finanzielle Auswirkungen für den Bund, bedürfen sie der Zustimmung des Bundesministeriums für Arbeit und Soziales.

[Kapitel 8 ab 1.1.2024:]

Kapitel 8. Leistungen bei hochgradiger Sehbehinderung, Blindheit und Taubblindheit

§ 82 Anspruch und Umfang. *(1) Ist als Schädigungsfolge hochgradige Sehbehinderung nach Teil A Nummer 6 Buchstabe d der Versorgungsmedizin-Verordnung eingetreten, erhalten Geschädigte unabhängig vom Lebensalter die Hälfte des Betrags nach*

§ 72 Absatz 2 des Zwölften Buches[1]), der für blinde Menschen nach Vollendung des 18. Lebensjahres geleistet wird.

(2) [1] Ist als Schädigungsfolge Blindheit nach Teil A Nummer 6 Buchstabe a bis c der Versorgungsmedizin-Verordnung eingetreten, erhalten Geschädigte unabhängig vom Lebensalter den Betrag nach § 72 Absatz 2 des Zwölften Buches, der für blinde Menschen nach Vollendung des 18. Lebensjahres geleistet wird. [2] § 72 Absatz 5 des Zwölften Buches gilt entsprechend.

(3) Ist als Schädigungsfolge Taubblindheit im Sinne von § 3 Absatz 1 Nummer 8 Schwerbehindertenausweisverordnung eingetreten, erhalten Geschädigte unabhängig vom Lebensalter den zweifachen Betrag nach § 72 Absatz 2 des Zwölften Buches, der für blinde Menschen nach Vollendung des 18. Lebensjahres geleistet wird.

(4) Die Leistungen nach den Absätzen 1 bis 3 sind vorrangig gegenüber landesrechtlichen Leistungen für blindheitsbedingte Mehraufwendungen.

[Kapitel 9 ab 1.1.2024:]

Kapitel 9. Entschädigungszahlungen

Abschnitt 1. Entschädigungszahlungen an Geschädigte

§ 83 ***Monatliche Entschädigungszahlung.*** *(1) Geschädigte erhalten eine monatliche Entschädigungszahlung von*

1. 400 Euro bei einem Grad der Schädigungsfolgen von 30 und 40,
2. 800 Euro bei einem Grad der Schädigungsfolgen von 50 und 60,
3. 1 200 Euro bei einem Grad der Schädigungsfolgen von 70 und 80,
4. 1 600 Euro bei einem Grad der Schädigungsfolgen von 90,
5. 2 000 Euro bei einem Grad der Schädigungsfolgen von 100.

(2) Die monatliche Entschädigungszahlung nach Absatz 1 Nummer 5 erhöht sich für Geschädigte mit schwersten Schädigungsfolgen um 20 Prozent.

(3) [1] Schwerste Schädigungsfolgen liegen vor bei blinden Ohnhändern oder Geschädigten mit Verlust beider Arme im Oberarm und beider Beine im Oberschenkel. [2] Von schwersten Schädigungsfolgen ist ebenfalls auszugehen, wenn bei

1. Querschnittsgelähmten mit Blasen- und Mastdarmlähmung,
2. Hirnbeschädigten mit schweren psychischen und physischen Störungen,
3. Ohnhändern mit Verlust beider Beine im Oberschenkel,
4. blinden Doppel-Oberschenkelamputierten oder
5. Blinden mit völligem Verlust einer oberen und einer unteren Gliedmaße

eine weitere wesentliche Schädigungsfolge vorliegt, so dass der Leidenszustand vergleichbar außergewöhnlich ist wie bei den Geschädigten nach Satz 1. [3] Schwerste Schädigungsfolgen können auch andere Geschädigte mit einem GdS von 100 haben, wenn deren außergewöhnlicher Leidenszustand vergleichbar ist mit den Geschädigten nach Satz 1.

§ 84 ***Abfindung.*** *(1) [1] Geschädigte, die einen Anspruch auf eine monatliche Entschädigungszahlung nach § 83 Absatz 1 Nummer 1 bis 5 haben, erhalten auf Antrag eine Abfindung. [2] Der Antrag ist innerhalb eines Jahres nach Bewilligung der Entschädigungszahlung zu stellen.*

---

[1]) Nr. **12**.

(2) [1] Die Abfindung erfolgt jeweils für fünf Jahre und beträgt das 60-fache der monatlichen Entschädigungszahlung nach § 83 Absatz 1 Nummer 1 bis 5. [2] Auf die Abfindung sind bereits geleistete monatliche Entschädigungszahlungen anzurechnen.

(3) Mit Zahlung der Abfindung sind die Ansprüche auf die monatlichen Entschädigungszahlungen für die Dauer von fünf Jahren abgegolten.

Abschnitt 2. Entschädigungszahlungen an Hinterbliebene

§ 85 ***Monatliche Entschädigungszahlung an Witwen und Witwer sowie an Partner einer eheähnlichen Gemeinschaft.*** *(1) [1] Eine monatliche Entschädigungszahlung in Höhe von 1 055 Euro erhält die Witwe oder der Witwer des oder der schädigungsbedingt verstorbenen Geschädigten. [2] Dieser Betrag erhöht sich um jeweils 50 Euro monatlich für jedes im Haushalt lebende minderjährige Kind, das eine monatliche Entschädigungszahlung für Waisen bezieht.*

(2) [1] Die monatliche Entschädigungszahlung nach Absatz 1 erhalten auch Partner einer eheähnlichen Gemeinschaft, sofern ein Partner an den Schädigungsfolgen verstorben ist und der andere unter Verzicht auf eine Erwerbstätigkeit die Betreuung eines gemeinschaftlichen Kindes ausübt. [2] Dieser Anspruch besteht für die ersten drei Lebensjahre des Kindes.

(3) Der Anspruch auf die monatliche Entschädigungszahlung erlischt, wenn Witwen oder Witwer oder überlebende Partner einer eheähnlichen Gemeinschaft heiraten.

§ 86 ***Abfindung für Witwen und Witwer.*** *(1) [1] Witwen und Witwer erhalten auf Antrag eine Abfindung anstelle der monatlichen Entschädigungszahlung. [2] Der Antrag ist innerhalb eines Jahres nach Bewilligung der Entschädigungszahlung zu stellen.*

(2) [1] Die Abfindung beträgt 126 600 Euro. [2] Auf die Abfindung sind bereits geleistete monatliche Entschädigungszahlungen anzurechnen.

(3) Mit der Zahlung der Abfindung sind alle Ansprüche auf die monatlichen Entschädigungszahlungen abgegolten.

§ 87 ***Monatliche Entschädigungszahlung an Waisen.*** *(1) Waisen eines schädigungsbedingt verstorbenen Elternteils erhalten jeweils eine monatliche Entschädigungszahlung in Höhe von 390 Euro.*

(2) Waisen schädigungsbedingt verstorbener Eltern erhalten jeweils eine monatliche Entschädigungszahlung in Höhe von 610 Euro.

(3) Die monatlichen Entschädigungszahlungen werden gezahlt, bis die Waise 18 Jahre alt wird.

(4) Ist die Waise 18 Jahre alt oder älter, so werden die monatlichen Entschädigungszahlungen gezahlt für die Dauer einer Ausbildung, längstens bis die Waise 27 Jahre alt wird, wenn diese

1. *die Arbeitskraft der Waise überwiegend in Anspruch nimmt und*
2. *nicht mit der Zahlung von Dienstbezügen, Arbeitsentgelt oder sonstigen Zuwendungen in entsprechender Höhe verbunden ist oder*
3. *in den Fällen des § 2 Absatz 2 mit Ausnahme der Nummer 1 Buchstabe a sowie in den Fällen des § 2 Absatz 3 des Bundeskindergeldgesetzes in der jeweils gültigen Fassung mit der Maßgabe, dass an die Stelle der Vollendung des 25. Lebensjahres die Vollendung des 27. Lebensjahres tritt.*

§ 88 ***Monatliche Entschädigungszahlung an hinterbliebene Eltern.*** *(1) Ist die oder der Geschädigte an den Folgen einer Schädigung gestorben, so erhalten Eltern eine monatliche Entschädigungszahlung, wenn sie*

1. voll erwerbsgemindert im Sinne des Sechsten Buches[1] *sind oder*

2. aus anderen zwingenden Gründen eine zumutbare Erwerbstätigkeit nicht ausüben können oder

3. das 60. Lebensjahr vollendet haben,

frühestens jedoch von dem Monat an, in dem der oder die Geschädigte das 18. Lebensjahr vollendet hätte.

(2) Die monatliche Entschädigungszahlung an Eltern beträgt für jedes Kind, das an den Folgen der Schädigung gestorben ist,

1. für ein noch lebendes Elternteil 250 Euro,

2. für beide Elternteile je 150 Euro.

(3) Den Eltern werden gleichgestellt

1. Stiefeltern oder Pflegeeltern, wenn sie die Geschädigte oder den Geschädigten vor der Schädigung unentgeltlich unterhalten haben,

2. Großeltern, wenn die oder der Verstorbene ihnen Unterhalt geleistet hat oder hätte.

Kapitel 10. Berufsschadensausgleich

[§ 89 ab 1.1.2024:]

§ 89 ***Voraussetzung und Höhe.*** *(1) Hat eine Geschädigte oder ein Geschädigter infolge der gesundheitlichen Schädigung einen Einkommensverlust, so erhält sie oder er monatlich einen Berufsschadensausgleich, wenn*

1. bei ihr oder ihm ein Grad der Schädigungsfolgen von mindestens 30 anerkannt worden ist und

2. Leistungen zur medizinischen Rehabilitation oder zur Teilhabe am Arbeitsleben

a) bei ihr oder ihm nicht mehr erfolgversprechend sind oder

b) ihr oder ihm nicht mehr zugemutet werden können.

(2) [1] Einkommensverlust ist der Unterschiedsbetrag zwischen dem derzeitigen Bruttoeinkommen aus gegenwärtiger oder früherer Tätigkeit (derzeitiges Einkommen) und dem höheren Vergleichseinkommen. [2] Ist die Rente aus der gesetzlichen Rentenversicherung gemindert, weil das Erwerbseinkommen in einem in der Vergangenheit liegenden Zeitraum, der nicht mehr als die Hälfte des Erwerbslebens umfasst, schädigungsbedingt gemindert war, so ist die Rentenminderung abweichend von Satz 1 der Einkommensverlust. [3] Das Ausmaß der Minderung wird ermittelt, indem der Rentenberechnung für Geschädigte Entgeltpunkte zugrunde gelegt werden, die sich ohne Berücksichtigung der Zeiten ergäben, in denen das Erwerbseinkommen der Geschädigten schädigungsbedingt gemindert ist.

(3) [1] Das Vergleichseinkommen errechnet sich nach den Sätzen 2 bis 5. [2] Zur Ermittlung des Durchschnittseinkommens sind die Grundgehälter der Besoldungsgruppen der Bundesbesoldungsordnung A aus den vorletzten drei der Anpassung vorangegangenen Kalenderjahren heranzuziehen. [3] Beträge des Durchschnittseinkommens bis 0,49 Euro sind auf volle Euro abzurunden und von 0,50 Euro an auf volle Euro aufzurunden.

---

[1] Nr. 6.

[4] Der Mittelwert aus den drei Jahren ist um den Prozentsatz anzupassen, der sich aus der Summe der für die Rentenanpassung des laufenden Jahres sowie des Vorjahres maßgebenden Veränderungsraten der Bruttolöhne und -gehälter je Arbeitnehmer (§ 68 Absatz 2 in Verbindung mit § 228b des Sechsten Buches[1]) ergibt; die Veränderungsraten werden jeweils bestimmt, indem der Faktor für die Veränderung der Bruttolöhne und -gehälter je Arbeitnehmer um eins vermindert und durch Vervielfältigung mit 100 in einen Prozentsatz umgerechnet wird. [5] Das Vergleichseinkommen wird zum 1. Juli eines jeden Jahres neu festgesetzt; wenn das nach den Sätzen 1 bis 6 errechnete Vergleichseinkommen geringer ist, als das bisherige Vergleichseinkommen, bleibt es unverändert. [6] Es ist durch das Bundesministerium für Arbeit und Soziales zu ermitteln und im Bundesanzeiger bekannt zu geben; die Beträge sind auf volle Euro aufzurunden.

(4) Berufsschadensausgleich nach Absatz 1 ist der Nettobetrag des Vergleichseinkommens (Absatz 5) abzüglich des Nettoeinkommens aus gegenwärtiger oder früherer Erwerbstätigkeit (Absatz 6).

(5) [1] Der Nettobetrag des Vergleichseinkommens wird für die Zeit bis zum Ablauf des Monats, in dem die oder der Geschädigte auch ohne die Schädigung aus dem Erwerbsleben ausgeschieden wäre, längstens jedoch bis zum Ablauf des Monats, in dem die oder der Geschädigte die Regelaltersgrenze nach dem Sechsten Buch erreicht, pauschal ermittelt, indem das Vergleichseinkommen

1. *bei verheirateten Geschädigten um 18 vom Hundert, der 716 Euro übersteigende Teil um 36 vom Hundert und der 1 790 Euro übersteigende Teil um 40 vom Hundert,*
2. *bei nicht verheirateten Geschädigten um 18 vom Hundert, der 460 Euro übersteigende Teil um 40 vom Hundert und der 1 380 Euro übersteigende Teil um 49 vom Hundert*

gemindert wird. [2] Im Übrigen gelten 50 vom Hundert des Vergleichseinkommens als dessen Nettobetrag.

(6) [1] Das Nettoeinkommen aus gegenwärtiger oder früherer Erwerbstätigkeit wird pauschal aus dem derzeitigen Bruttoeinkommen ermittelt, indem

1. *das Bruttoeinkommen aus gegenwärtiger Erwerbstätigkeit um die in Absatz 5 Satz 1 Nummer 1 und 2 genannten Vomhundertsätze gemindert wird,*
2. *Renten aus der gesetzlichen Rentenversicherung sowie Renten wegen Alters, Renten wegen verminderter Erwerbsfähigkeit und Landabgaberenten nach dem Gesetz über die Alterssicherung der Landwirte um den Vomhundertsatz gemindert werden, der für die Bemessung des Beitrags der sozialen Pflegeversicherung (§ 55 des Elften Buches[2]) gilt, und um die Hälfte des Vomhundertsatzes des allgemeinen Beitragssatzes der Krankenkassen (§ 241 des Fünften Buches[3]); die zum 1. Januar festgestellten Beitragssätze gelten insoweit jeweils vom 1. Juli des laufenden Kalenderjahres bis zum 30. Juni des folgenden Kalenderjahres,*
3. *sonstige Geldleistungen von Leistungsträgern (§ 12 des Ersten Buches[4]) mit dem Nettobetrag berücksichtigt werden und*
4. *das übrige Bruttoeinkommen um die in Nummer 2 genannten Vomhundertsätze und zusätzlich um 19 vom Hundert des 562 Euro übersteigenden Betrages gemindert wird; Nummer 2 letzter Halbsatz gilt entsprechend.*

---

[1] Nr. **6**.
[2] Nr. **11**.
[3] Nr. **5**.
[4] Nr. **1**.

[2] In den Fällen des Absatzes 8 tritt an die Stelle des Nettoeinkommens im Sinne des Satzes 1 der nach Absatz 5 ermittelte Nettobetrag des Durchschnittseinkommens.

(7) Der Berufsschadensausgleich wird in den Fällen einer Rentenminderung im Sinne des Absatzes 2 Satz 2 nur gezahlt, wenn die Zeiten des Erwerbslebens, in denen das Erwerbseinkommen nicht schädigungsbedingt gemindert war, von einem gesetzlichen oder einem gleichwertigen Alterssicherungssystem erfasst sind.

(8) [1] Wird durch nachträgliche schädigungsunabhängige Einwirkungen oder Ereignisse, insbesondere durch das Hinzutreten einer schädigungsunabhängigen Gesundheitsstörung das Bruttoeinkommen aus gegenwärtiger Tätigkeit voraussichtlich auf Dauer gemindert (Nachschaden), gilt als Einkommen das Grundgehalt der Besoldungsgruppe der Bundesbesoldungsordnung A, der die oder der Geschädigte ohne den Nachschaden zugeordnet würde; Arbeitslosigkeit oder altersbedingtes Ausscheiden aus dem Erwerbsleben gilt grundsätzlich nicht als Nachschaden. [2] Tritt nach dem Nachschaden ein weiterer schädigungsbedingter Einkommensverlust ein, ist dieses Durchschnittseinkommen entsprechend zu mindern. [3] Scheidet dagegen die oder der Geschädigte schädigungsbedingt aus dem Erwerbsleben aus, wird der Berufsschadensausgleich nach den Absätzen 1 bis 6 errechnet.

(9) Geschädigte nach Absatz 1, die einen gemeinsamen Haushalt mit ihrer Ehegattin oder ihrem Ehegatten, einem Verwandten oder einem Stief- oder Pflegekind führen oder ohne die Schädigung führen würden, erhalten als Berufsschadensausgleich einen Betrag in Höhe der Hälfte der wegen der Folgen der Schädigung notwendigen Mehraufwendungen bei der Führung des gemeinsamen Haushalts.

[§ 90 ab 1.1.2024:]

§ 90 Feststellung. *(1) [1] Der Berufsschadensausgleich ist bei monatlich feststehendem Einkommen endgültig festzustellen. [2] Bei monatlich nicht feststehendem Einkommen ist der Berufsschadensausgleich entsprechend den im Zeitpunkt der Bescheiderteilung bekannten Einkommensverhältnissen vorläufig festzusetzen und jeweils nachträglich endgültig festzustellen. [3] Eine Neufeststellung erfolgt nur, wenn sich das Einkommen um mehr als fünf Euro verändert hat.*

(2) Ein monatlich feststehendes Einkommen ist gegeben, wenn sich ein bestimmter Monatsbetrag aus Gesetz, Tarif-, Arbeits- oder sonstigem Vertrag ergibt.

(3) Sonderleistungen, wie Weihnachtsgratifikationen, zusätzliche Monatsgehälter und Erfolgsprämien, sind als Einkommen in den Monaten zu berücksichtigen, in denen sie gezahlt werden.

§ 91[1)] Verordnungsermächtigung. Das Bundesministerium für Arbeit und Soziales wird ermächtigt, im Einvernehmen mit dem Bundesministerium der Finanzen durch Rechtsverordnung, die der Zustimmung des Bundesrates bedarf, zu bestimmen:

1. welche Vergleichsgrundlage und in welcher Weise diese zur Ermittlung des Einkommensverlustes heranzuziehen ist,
2. wie der Einkommensverlust bei einer vor Abschluss der Schulausbildung oder vor Beginn der Berufsausbildung erlittenen Schädigung zu ermitteln ist,
3. wie der Berufsschadensausgleich festzustellen ist, wenn die oder der Geschädigte ohne die Schädigung neben einer beruflichen Tätigkeit weitere beruf-

1) § 91 ist gem. Art. 60 Abs. 3 Nr. 1 G v. 12.12.2019 (BGBl. I S. 2652) am 20.12.2019 in Kraft getreten.

liche Tätigkeiten ausgeübt oder einen gemeinsamen Haushalt im Sinne des § 89 Absatz 9 geführt hätte,

4. was als derzeitiges Bruttoeinkommen oder als Durchschnittseinkommen im Sinne des § 89 Absatz 8 berücksichtigt wird und welche Einkünfte bei der Ermittlung des Einkommensverlustes nicht berücksichtigt werden,
5. wie in besonderen Fällen das Nettoeinkommen abweichend von § 89 Absatz 6 Satz 1 Nummer 3 und 4 zu ermitteln ist.

[Kapitel 11 ab 1.1.2024:]

Kapitel 11. Besondere Leistungen im Einzelfall

§ 92 ***Anspruch und Umfang.*** *(1) Geschädigte erhalten Besondere Leistungen im Einzelfall, soweit und solange sie nicht oder nicht ausreichend in der Lage sind, den jeweiligen Bedarf aus ihrem Einkommen und Vermögen zu decken, und dieses Unvermögen durch die Schädigungsfolgen entstanden ist.*

(2) Für den Einsatz von Einkommen und Vermögen gilt Kapitel 16.

(3) [1] Ein Zusammenhang zwischen den Schädigungsfolgen und dem Unvermögen, den jeweils anzuerkennenden Bedarf aus dem eigenen Einkommen und Vermögen zu decken, wird vermutet, sofern nicht das Gegenteil offenkundig oder nachgewiesen ist. [2] Der Zusammenhang ist stets anzunehmen bei minderjährigen Geschädigten sowie Geschädigten, die Entschädigungszahlungen bei einem Grad der Schädigungsfolgen von 100 und einen Berufsschadensausgleich nach Kapitel 10 oder die Leistungen bei Pflegebedürftigkeit nach Kapitel 7 erhalten.

(4) Besondere Leistungen im Einzelfall sind:

1. Leistungen zum Lebensunterhalt nach § 93,
2. die Leistung zur Förderung einer Ausbildung nach § 94,
3. Leistungen zur Weiterführung des Haushalts nach § 95 sowie
4. Leistungen in sonstigen Lebenslagen nach § 96.

(5) Besondere Leistungen im Einzelfall können als Darlehen erbracht werden, wenn dies unter Berücksichtigung der Ziele der Sozialen Entschädigung nach den Umständen des Einzelfalls zur Deckung des festgestellten Bedarfs geboten erscheint und die Voraussetzungen für eine Beihilfe nicht oder nicht in voller Höhe vorliegen.

(6) [1] Hinterbliebene erhalten Leistungen nach Absatz 4 Nummer 1 und 2, soweit und solange sie nicht oder nicht ausreichend in der Lage sind, den jeweiligen Bedarf aus ihrem Einkommen und Vermögen zu decken, und dieses Unvermögen durch den Tod der oder des Geschädigten entstanden ist. [2] Ein Zusammenhang zwischen dem Tod der oder des Geschädigten und diesem Unvermögen wird vermutet, sofern nicht das Gegenteil offenkundig oder nachgewiesen ist. [3] Der Zusammenhang ist stets anzunehmen bei Hinterbliebenen, die voll erwerbsgemindert im Sinne des Sechsten Buches[1)] sind.

§ 93 ***Leistungen zum Lebensunterhalt.*** *(1) [1] Geschädigte erhalten Leistungen zum Lebensunterhalt. [2] Hinterbliebene erhalten Leistungen nach Satz 1 für einen Zeitraum von bis zu fünf Jahren nach dem Tod der oder des Geschädigten. [3] Die Vorschriften des Dritten und Vierten Kapitels des Zwölften Buches[2)] gelten entsprechend unter Berücksichtigung der besonderen Lage der Geschädigten und Hinterbliebenen. [4] Leistungen zum*

[1)] Nr. **6**.
[2)] Nr. **12**.

Lebensunterhalt werden nur erbracht, soweit der Lebensunterhalt nicht aus den übrigen Leistungen nach diesem Gesetz bestritten werden kann.

(2) Sind für Geschädigte und Waisen Leistungen zum Lebensunterhalt während der Erbringung von Leistungen nach dem Achten Buch erforderlich, erbringt diese der Träger der Sozialen Entschädigung nach Maßgabe des Absatzes 1, soweit nicht der Träger der öffentlichen Jugendhilfe Leistungen nach § 39 des Achten Buches[1] erbringt.

(3) [1] Ansprüche nach dem Bundesausbildungsförderungsgesetz gehen Ansprüchen nach diesem Buch vor. [2] Soweit für Geschädigte weitere Leistungen zum Lebensunterhalt während der Erbringung von Leistungen zur Ausbildungsförderung nach dem Bundesausbildungsförderungsgesetz erforderlich sind, erbringt diese der Träger der Sozialen Entschädigung nach Maßgabe des Absatzes 1.

§ 94 Leistung zur Förderung einer Ausbildung. *(1) Soweit bei Geschädigten und Waisen die Förderung einer Ausbildung nach dem Bundesausbildungsförderungsgesetz als Darlehen schädigungsbedingt erfolgt, übernimmt der Träger der Sozialen Entschädigung auf Antrag die Rückzahlung des Darlehens.*

(2) [1] Bei Waisen wird unterstellt, dass der Bedarf schädigungsbedingt ist, wenn

1. der Tod eines Elternteils während der Ausbildung eintritt oder

2. die Ausbildung innerhalb von fünf Jahren nach dem Tod eines Elternteils beginnt.

[2] Im Fall des Satzes 1 Nummer 1 gelten die Darlehensleistungen ab dem Zeitpunkt des Todes als schädigungsbedingt.

(3) [1] Der Antrag ist für nach § 17 Absatz 2 oder 3 des Bundesausbildungsförderungsgesetzes geleistete Darlehen innerhalb von drei Monaten nach Bekanntgabe des Bescheides des Bundesverwaltungsamtes nach § 18 Absatz 9 des Bundesausbildungsförderungsgesetzes zu stellen. [2] Für nach § 17 Absatz 3 des Bundesausbildungsförderungsgesetzes in der bis zum 31. Juli 2019 anzuwendenden Fassung geleistete Darlehen ist der Antrag innerhalb von drei Monaten nach Zugang der Mitteilung der Kreditanstalt für Wiederaufbau nach § 18c Absatz 8 des Bundesausbildungsförderungsgesetzes zu stellen. [3] Dem Antrag ist der Bescheid nach Satz 1 beziehungsweise die Mitteilung nach Satz 2 beizufügen.

(4) [1] Nach Kenntnis von der Unanfechtbarkeit des Bescheides nach Absatz 3 Satz 1 zahlt der Träger der Sozialen Entschädigung die von ihm zu übernehmende Darlehensschuld binnen drei Monaten in einer Summe an das Bundesverwaltungsamt zurück. [2] § 18 Absatz 10 des Bundesausbildungsförderungsgesetzes findet keine Anwendung. [3] Nach Kenntnis vom Zugang der Mitteilung nach Absatz 3 Satz 2 zahlt der Träger der Sozialen Entschädigung die von ihm zu übernehmende Darlehensschuld binnen drei Monaten in einer Summe an die Kreditanstalt für Wiederaufbau zurück.

§ 95 Leistungen zur Weiterführung des Haushalts. *(1) [1] Geschädigte mit eigenem Haushalt erhalten Leistungen zur Weiterführung des Haushalts, wenn weder sie selbst noch, falls sie mit anderen Haushaltsangehörigen zusammenleben, die anderen Haushaltsangehörigen den Haushalt führen können und die Weiterführung des Haushalts geboten ist. [2] Die Leistungen sollen in der Regel nur vorübergehend erbracht werden. [3] Leistungen sind unbefristet zu erbringen, wenn*

1. durch die Leistungen die Unterbringung in einer stationären Einrichtung vermieden oder aufgeschoben werden kann oder

---

[1] Nr. 8.

2. unwahrscheinlich ist, dass die fehlende Fähigkeit, den Haushalt zu führen, behoben werden kann.

(2) Die Leistungen umfassen die persönliche Betreuung von Haushaltsangehörigen sowie die sonstige zur Weiterführung des Haushalts erforderliche Tätigkeit.

(3) [1] Geschädigten im Sinne des Absatzes 1 sind die angemessenen Aufwendungen für eine haushaltsführende Person zu erstatten. [2] Es können auch angemessene Beihilfen geleistet sowie Beiträge der haushaltsführenden Person für eine angemessene Alterssicherung übernommen werden, wenn diese nicht anderweitig sichergestellt ist. [3] Ist neben oder anstelle der Weiterführung des Haushalts die Heranziehung einer besonderen Person zur Haushaltsführung erforderlich oder eine Beratung oder zeitweilige Entlastung der haushaltsführenden Person geboten, sind die angemessenen Kosten zu übernehmen.

(4) Die Leistungen können auch durch Übernahme der angemessenen Kosten für eine vorübergehende anderweitige Unterbringung von Haushaltsangehörigen erbracht werden, wenn diese Unterbringung in besonderen Fällen neben oder statt der Weiterführung des Haushalts geboten ist.

§ 96 *Leistungen in sonstigen Lebenslagen.* *Geschädigte können Leistungen auch in sonstigen Lebenslagen erhalten, wenn diese den Einsatz öffentlicher Mittel unter Berücksichtigung der Ziele der Sozialen Entschädigung rechtfertigen.*

§ 97 *Wunsch- und Wahlrecht.* *[1] Bei der Entscheidung über die Besonderen Leistungen im Einzelfall und bei der Ausführung dieser Leistungen wird den berechtigten Wünschen der Berechtigten entsprochen. [2] Dabei sind Art und Schwere der Schädigung, Gesundheitszustand und Lebensalter besonders zu berücksichtigen. [3] Im Übrigen gilt § 8 des Neunten Buches[1)] entsprechend.*

§ 98 *Besonderheiten der Leistungsbemessung.* *Art, Ausmaß und Dauer der Besonderen Leistungen im Einzelfall richten sich nach der Besonderheit des Einzelfalls sowie der Art des Bedarfes.*

[Kapitel 12 ab 1.1.2024:]

Kapitel 12. Überführung und Bestattung

§ 99 *Leistungen bei Überführung und Bestattung.* *(1) [1] Stirbt eine Geschädigte oder ein Geschädigter an den Schädigungsfolgen, so hat diejenige Person, die die Überführung veranlasst hat, einen Anspruch auf Übernahme der Kosten der Überführung. [2] Der Anspruch auf Übernahme umfasst die tatsächlich entstandenen Kosten der Überführung an den Ort der Bestattung, soweit sie erforderlich und angemessen sind.*

(2) [1] Stirbt eine Geschädigte oder ein Geschädigter an den Schädigungsfolgen, so hat diejenige Person, die die Bestattung veranlasst hat, einen Anspruch auf Übernahme der Kosten der Bestattung. [2] Der Anspruch auf Übernahme umfasst die Kosten der Bestattung bis zur Höhe eines Siebtels der im Zeitpunkt des Todes geltenden jährlichen Bezugsgröße nach § 18 Absatz 1 des Vierten Buches[2)].

(3) Der Tod gilt stets als Schädigungsfolge, wenn eine Geschädigte oder ein Geschädigter an einer Gesundheitsstörung stirbt, die als Schädigungsfolge anerkannt ist.

---

1) Nr. **9**.
2) Nr. **4**.

(4) Auf den Betrag nach den Absätzen 1 und 2 werden einmalige Leistungen angerechnet, die anlässlich des Todes auf Grund öffentlich-rechtlicher Vorschriften zum Zweck der Übernahme der Kosten der Überführung und Bestattung erbracht werden.

(5) Die Kosten der Überführung und Bestattung werden nicht übernommen, wenn die Voraussetzungen des § 16 oder des § 17 Absatz 1 in der Person der oder des Geschädigten oder derjenigen Person, die die Überführung oder Bestattung veranlasst hat, vorliegen.

(6) Leistungen bei Überführung und Bestattung können ganz oder teilweise versagt werden, wenn die Voraussetzungen des § 17 Absatz 2 in der Person der oder des Geschädigten oder derjenigen Person, die die Kosten veranlasst hat, vorliegen.

[Kapitel 13 ab 1.1.2024:]

Kapitel 13. Härtefallregelung

§ 100 Ausgleich in Härtefällen. *(1) Soweit sich im Einzelfall aus der Anwendung der Vorschriften dieses Buches eine besondere Härte ergibt, kann mit Zustimmung der zuständigen obersten Bundesbehörde oder der zuständigen obersten Landesbehörde ein angemessener Ausgleich erbracht werden.*

(2) Eine besondere Härte ist gegeben, wenn der Ausschluss von Leistungen insgesamt oder der Ausschluss von einzelnen Leistungen dem Sinn und Zweck dieses Buches widerspricht.

(3) Die zuständige oberste Bundesbehörde oder die zuständige oberste Landesbehörde kann Härteausgleichen in vergleichbaren Fallgestaltungen allgemein zustimmen.

[Kapitel 14 ab 1.1.2024:]

Kapitel 14. Regelungen bei Wohnsitz oder gewöhnlichem Aufenthalt im Ausland

§ 101 Leistungen bei Wohnsitz oder gewöhnlichem Aufenthalt im Ausland.

(1) Geschädigte, ihre Angehörigen oder Hinterbliebenen sowie Nahestehende, die ihren Wohnsitz oder gewöhnlichen Aufenthalt im Ausland haben, erhalten Leistungen nach Maßgabe der Absätze 2 bis 9.

(2) [1] Leistungen der Schnellen Hilfen nach Kapitel 4 werden im Inland erbracht. [2] Die im Zusammenhang mit der Inanspruchnahme der nächstgelegenen Traumaambulanz erforderlichen Fahrkosten werden in angemessenem Umfang erstattet.

(3) [1] Die nachgewiesenen Kosten für medizinisch notwendige und angemessene Leistungen der Krankenbehandlung für Schädigungsfolgen im Umfang der §§ 42 und 43 werden bis zur Höhe des Zweifachen der Vergütung, die die Krankenkasse bei Erbringung als Sachleistung im Inland zu erbringen hätte, erstattet. [2] In besonders begründeten Fällen kann auch der darüber hinausgehende Betrag teilweise oder ganz erstattet werden. [3] Die Krankenbehandlung kann auch im Inland nach vorheriger Genehmigung durch die zuständige Verwaltungsbehörde durchgeführt werden, wenn medizinische Gründe oder Kostengründe dies erfordern. [4] Reisekosten können in diesem Fall in angemessenem Umfang erstattet werden. [5] Die Kosten für Arzneimittel und Verbandmittel sowie Heilmittel und Hilfsmittel können in voller Höhe erstattet werden. [6] Leistungen nach den Sätzen 1 bis 5 werden erbracht, soweit diese Bedarfe nicht durch bestehende gesetzliche oder private Versicherungen oder staatliche Leistungen des Wohnsitzstaates im Wohnsitzstaat gedeckt werden können. [7] § 28 Absatz 3 findet keine Anwendung. [8] Ist im

Staat des Wohnsitzes weder eine Leistung zweckentsprechend der Leistung des Krankengeldes der Sozialen Entschädigung oder der Beihilfe bei einer erheblichen Beeinträchtigung der Erwerbsgrundlage zu verwirklichen, noch können Geschädigte diesen Bedarf durch einen bestehenden privaten oder gesetzlich bestehenden Versicherungsschutz decken und entsteht ihnen hieraus ein Nachteil, wird den Geschädigten eine Leistung in Form der Zahlung eines Krankengeldes der Sozialen Entschädigung oder eine Beihilfe bei erheblicher Beeinträchtigung der Erwerbsgrundlage erbracht, wie sie ihm auch bei einem Wohnsitz oder gewöhnlichem Aufenthalt im Inland gezahlt worden wäre.

(4) [1] Bei Pflegebedürftigkeit im Sinne des § 71 Absatz 1 kann ein Pflegegeld in Höhe der Leistungen nach § 37 des Elften Buches[1]) *erbracht werden. [2] Kosten für ergänzende Leistungen nach § 75 Absatz 2 werden nur dann erstattet, wenn entsprechende Sachleistungen auch im Wohnsitzstaat vorgesehen sind.*

(5) Leistungen bei Blindheit nach § 82 werden erbracht.

(6) [1] Entschädigungszahlungen nach Kapitel 9 werden erbracht, soweit der Leistungszweck erreicht werden kann. [2] Der Leistungszweck wird insbesondere dann nicht erreicht, wenn der Aufenthaltsstaat Zahlungen nach diesem Buch auf eigene Sozialleistungen ganz oder teilweise anrechnet. [3] Die Sätze 1 und 2 gelten nicht, wenn ein ausländischer Staat subsidiäre Leistungen als Entschädigung wegen eines schädigenden Ereignisses erbringt, das in Deutschland stattgefunden hat.

(7) [1] Geschädigte, die ihren Wohnsitz oder gewöhnlichen Aufenthalt im Ausland haben, haben keinen Anspruch auf Berufsschadensausgleich nach Kapitel 10 dieses Buches. [2] Verlegen Geschädigte, für die bereits ein monatlicher Berufsschadensausgleich nach § 90 dieses Buches bewilligt wurde, ihren Wohnsitz oder gewöhnlichen Aufenthalt ins Ausland, so ist ihnen auf Antrag eine Abfindung in Höhe des 30-fachen des festgestellten monatlichen Berufsschadensausgleiches auszuzahlen. [3] Der Antrag auf Auszahlung der Abfindung ist bei dem Träger der Sozialen Entschädigung bis spätestens drei Monate nach Verlegung des Wohnsitzes oder gewöhnlichen Aufenthalts ins Ausland zu stellen. [4] Durch die Zahlung der Abfindung nach Satz 1 sind alle Ansprüche der Geschädigten auf Berufsschadensausgleich nach diesem Buch abgegolten.

(8) [1] Leistungen zum Lebensunterhalt nach § 93 können erbracht werden, soweit Berechtigte keine anderweitigen Leistungen für denselben Leistungszweck, insbesondere aus sozialen Sicherungs- und Fürsorgesystemen des Aufenthaltsstaates, erhalten. [2] Art, Form und Umfang der Leistung und der Einsatz von Einkommen und Vermögen richten sich nach den besonderen Verhältnissen des Aufenthaltsstaates unter Berücksichtigung der notwendigen Lebensbedürfnisse vor Ort.

(9) Die Leistung zur Förderung einer Ausbildung nach § 94 wird erbracht.

[Kapitel 15 ab 1.1.2024:]

Kapitel 15. Besonderheiten der Leistungserbringung für einzelne Entschädigungstatbestände

§ 102 ***Leistungen bei Gewalttaten im Ausland.*** *(1) Berechtigte nach § 15 erhalten Leistungen nach Maßgabe der folgenden Absätze.*

(2) [1] Geschädigte erhalten Leistungen der Schnellen Hilfen ausschließlich im Inland. [2] Fahrkosten zu Traumaambulanzen werden für Fahrten im Inland übernommen. [3] § 101 Absatz 2 Satz 2 gilt entsprechend.

---

[1]) Nr. **11**.

(3) [1] Geschädigte erhalten Leistungen der Krankenbehandlung der Sozialen Entschädigung grundsätzlich im Inland. [2] Besteht unmittelbar nach dem schädigenden Ereignis ein akuter Behandlungsbedarf im Ausland, so können Kosten, die anderweitig nicht gedeckt sind, nach § 51 übernommen werden.

(4) Geschädigte erhalten Einmalzahlungen in Höhe von

1. 2 600 Euro bei einem Grad der Schädigungsfolgen von mindestens 30, aber weniger als 50,
2. 7 800 Euro bei einem Grad der Schädigungsfolgen von 50 und 60,
3. 13 000 Euro bei einem Grad der Schädigungsfolgen von 70 und 80,
4. 20 800 Euro bei einem Grad der Schädigungsfolgen von 90,
5. 28 600 Euro bei einem Grad der Schädigungsfolgen von 100.

(5) [1] Ist eine Person, bei der die Voraussetzungen nach Absatz 1 vorliegen, an den Folgen der Schädigung gestorben, erhalten Hinterbliebene eine Einmalzahlung. [2] Die Einmalzahlung beträgt bei Halbwaisen 2 600 Euro, bei Vollwaisen 3 500 Euro und bei weiteren Hinterbliebenen 7 800 Euro.

(6) [1] Angehörige und Hinterbliebene haben Anspruch auf Leistungen der Schnellen Hilfen. [2] Diese werden im Inland erbracht. [3] Überführungs- und Bestattungskosten werden nach § 99 erstattet.

(7) [1] Leistungen aus anderen öffentlichen oder privaten Sicherungs- oder Versorgungssystemen sind auf die Leistungen nach den Absätzen 3 bis 6 anzurechnen. [2] Hierzu zählen auch Leistungen aus Sicherungs- oder Versorgungssystemen, insbesondere Systemen der Opferentschädigung des Staates, in dem sich die Gewalttat ereignet hat.

(8) [1] Leistungen nach den Absätzen 2 bis 6 sind zügig zu erbringen, auch wenn im Ausland noch Verfahren anhängig sind. [2] Sieht der ausländische Staat Leistungen für Opfer von Gewalttaten vor und hat eine berechtigte Person einen Antrag auf solche Leistungen nicht gestellt, so können Leistungen nach den Absätzen 3 bis 5 in entsprechender Anwendung der §§ 66 und 67 des Ersten Buches[1)] ganz oder teilweise versagt werden.

§ 103 Leistungen für Zivildienstgeschädigte und Hinterbliebene. *Zivildienstgeschädigte erhalten bei Vorliegen der Voraussetzungen nach § 23*

1. nach Beendigung des Dienstverhältnisses Leistungen der Sozialen Entschädigung,
2. während des Dienstverhältnisses Leistungen des Kapitels 4 Abschnitt 3 und des Kapitels 9 Abschnitt 1.

§ 104 Krankengeld der Sozialen Entschädigung für Zivildienstgeschädigte. *Zivildienstgeschädigte, die infolge einer Zivildienstschädigung arbeitsunfähig sind, erhalten nach Beendigung des Zivildienstverhältnisses Krankengeld der Sozialen Entschädigung nach § 47 mit folgenden Maßgaben:*

1. Zivildienstgeschädigte, die im Zeitpunkt der Beendigung des Zivildienstverhältnisses infolge einer Zivildienstbeschädigung keine Erwerbstätigkeit ausgeübt haben, gelten als arbeitsunfähig, wenn sie nicht oder nur mit der Gefahr, ihren Zustand zu verschlimmern, fähig sind, einer Erwerbstätigkeit oder Berufsausbildung nachzugehen. Als Zeitpunkt des Eintritts der Arbeitsunfähigkeit gilt der Zeitpunkt der Beendigung des Zivildienstverhältnisses.

[1)] Nr. 1.

2. *Als vor Eintritt der Arbeitsunfähigkeit bezogenes Einkommen gelten zehn Achtel der vor der Beendigung des Zivildienstverhältnisses bezogenen Geld- und Sachbezüge als Dienstpflichtiger. Hatte der Dienstpflichtige im letzten Kalendermonat vor dem für den Diensteintritt festgesetzten Zeitpunkt Arbeitseinkommen bezogen, so ist dieses Einkommen maßgebend, sofern das für ihn günstiger ist.*

Kapitel 16. Einsatz von Einkommen und Vermögen

[§ 105 ab 1.1.2024:]

§ 105 ***Grundsätze.*** *(1) Die Vorschriften dieses Kapitels gelten für die Besonderen Leistungen im Einzelfall nach Kapitel 11 mit Ausnahme der Leistung zur Förderung einer Ausbildung nach § 94.*

(2) Für den Begriff und den Einsatz von Einkommen und Vermögen sowie die Verpflichtungen anderer gelten das Elfte Kapitel des Zwölften Buches[1] sowie die hierzu erlassenen Verordnungen entsprechend, soweit in den folgenden Vorschriften nichts Abweichendes geregelt ist.

(3) Einkommen und Vermögen sind nicht einzusetzen bei ausschließlich schädigungsbedingtem Bedarf.

(4) Leistungen der Sozialen Entschädigung dürfen nicht von dem Einsatz von Einkommen oder dem Einsatz oder der Verwertung von Vermögen abhängig gemacht werden, soweit dies im Einzelfall bei Berücksichtigung der besonderen Lage derjenigen Person, die Einkommen oder Vermögen einzusetzen oder zu verwerten hat, oder für ihre unterhaltsberechtigten Angehörigen unbillig wäre.

[§ 106 ab 1.1.2024:]

§ 106 ***Berücksichtigung von Einkommen.*** *(1) Nicht als Einkommen zu berücksichtigen sind*

1. *Leistungen nach diesem Buch mit Ausnahme von Leistungen, die dem Ersatz von Einkommen dienen, und*
2. *das Hinterbliebenengeld nach § 844 Absatz 3 des Bürgerlichen Gesetzbuches.*

(2) Übergangsgeld und Unterhaltsbeihilfe gelten nur dann als Einkommen, wenn neben Leistungen nach § 62 Satz 1 Nummer 1 Besondere Leistungen im Einzelfall in Betracht kommen.

(3) [1] Als Einkommen gilt neben dem Einkommen der Berechtigten auch das Einkommen der nicht dauernd getrennt lebenden Ehegatten oder der Personen, die mit Berechtigten eine eheähnliche Lebensgemeinschaft führen, soweit es die für die Berechtigten maßgebliche Einkommensgrenze nach § 107 Absatz 1 übersteigt. [2] Bei minderjährigen unverheirateten Berechtigten ist zur Deckung des Bedarfs auch das Einkommen der Eltern oder eines Elternteils einzusetzen, bei denen die Berechtigten leben. [3] Abweichend von Satz 2 ist Einkommen der Eltern oder eines Elternteils nicht zu berücksichtigen, solange Berechtigte schwanger sind oder mindestens ein Kind bis zur Vollendung seines sechsten Lebensjahres betreuen. [4] Zahlungen auf Grund eines bürgerlich-rechtlichen Unterhaltsanspruches sind insoweit Einkommen der Berechtigten, als das Einkommen der Unterhaltspflichtigen die für sie nach § 107 Absatz 1 zu ermittelnde Einkommensgrenze übersteigt. [5] Ist ein Unterhaltsbetrag gerichtlich festgesetzt, sind die darauf beruhenden Zahlungen Einkommen der Berechtigten.

---

[1] Nr. **12**.

[§ 107 ab 1.1.2024:]

§ 107 Einkommensgrenze. *(1) [1] Einkommen der Berechtigten ist nur einzusetzen, soweit es während der Dauer des Bedarfs im Monat eine Einkommensgrenze übersteigt. [2] Abweichend von den in § 85 Absatz 1 des Zwölften Buches[1)] genannten Beträgen sind hierbei zu berücksichtigen*

1. *als Grundbetrag ein Betrag in Höhe des Dreifachen der Regelbedarfsstufe 1 nach der Anlage zu § 28 des Zwölften Buches,*
2. *die Aufwendungen für die Unterkunft sowie*
3. *als Familienzuschlag ein Betrag in Höhe von 90 Prozent der Regelbedarfsstufe 1 für nicht getrennt lebende Ehegatten und für jede Person, die von Berechtigten oder deren nicht getrennt lebenden Ehegatten überwiegend unterhalten wird.*

[3] Die Einkommensgrenze nach den Sätzen 1 und 2 beträgt höchstens das Achtfache der Regelbedarfsstufe 1 zuzüglich eines Betrags in Höhe von 75 Prozent des jeweiligen Familienzuschlags.

(2) [1] Ist bei minderjährigen unverheirateten Berechtigten zur Deckung des Bedarfs auch das Einkommen der Eltern oder eines Elternteils einzusetzen, so werden die Einkommen Berechtigter und ihrer Eltern oder eines Elternteils unabhängig voneinander betrachtet. [2] Dabei gilt für die Berechtigten die sich aus Absatz 1 ergebende Einkommensgrenze. [3] Für die Eltern oder den Elternteil gilt eine eigene Einkommensgrenze, bei deren Ermittlung die in Absatz 1 genannten Beträge zu berücksichtigen sind. [4] Werden beide Einkommensgrenzen überschritten, so ist vorrangig das Einkommen der Berechtigten einzusetzen.

(3) Die Absätze 1 und 2 gelten nicht bei Leistungen zum Lebensunterhalt.

[§ 108 ab 1.1.2024:]

§ 108 Berücksichtigung von Vermögen. *(1) Als Vermögen einzusetzen sind auch Ansparungen aus Leistungen nach diesem Buch.*

(2) Vermögenswerte aus Nachzahlungen von Entschädigungszahlungen nach diesem Buch bleiben für einen Zeitraum von einem Jahr unberücksichtigt.

(3) Von Berechtigten selbst oder zusammen mit ihren Angehörigen genutztes Wohneigentum im Sinne des § 17 Absatz 2 des Wohnraumförderungsgesetzes ist nicht zu verwerten.

(4) [1] Bei minderjährigen unverheirateten Berechtigten ist zur Deckung des Bedarfs auch Vermögen der Eltern oder eines Elternteils einzusetzen oder zu verwerten. [2] Abweichend von Satz 1 ist Vermögen der Eltern oder eines Elternteils nicht einzusetzen oder zu verwerten, solange Berechtigte schwanger sind oder mindestens ein Kind bis zur Vollendung seines sechsten Lebensjahres betreuen.

§ 109[2)] Verordnungsermächtigung. Das Bundesministerium für Arbeit und Soziales wird ermächtigt, im Einvernehmen mit dem Bundesministerium der Finanzen, durch Rechtsverordnung, die der Zustimmung des Bundesrates bedarf, zu bestimmen, welche weiteren

1. Einkünfte nicht als Einkommen zu berücksichtigen sind und wie das Einkommen im Einzelnen zu berechnen ist,

---

[1)] Nr. **12**.

[2)] § 109 ist gem. Art. 60 Abs. 3 Nr. 1 G v. 12.12.2019 (BGBl. I S. 2652) am 20.12.2019 in Kraft getreten.

2. Beträge von dem Einkommen abzusetzen sind sowie
3. Vermögensgegenstände als Schonbeträge zu berücksichtigen und in welcher Höhe kleinere Barbeträge oder sonstige Geldwerte nicht als Vermögen einzusetzen oder zu verwerten sind.

[Kapitel 17 ab 1.1.2024:]

Kapitel 17. Anpassung

§ 110 Höhe und Zeitpunkt der Anpassung, Verordnungsermächtigung.

(1) Die Höhe der Entschädigungszahlungen nach Kapitel 9, der Betrag nach § 89 Absatz 8 Satz 1 sowie die Höhe der Einmalzahlungen nach § 102 Absatz 4 und 5 werden jeweils entsprechend dem Prozentsatz angepasst, um den sich der aktuelle Rentenwert in der gesetzlichen Rentenversicherung verändert.

(2) Die sich durch die Anpassung ergebenden Beträge sind bis 0,49 Euro auf volle Euro abzurunden und ab 0,50 Euro auf volle Euro aufzurunden.

(3) Die Anpassung erfolgt durch Rechtsverordnung des Bundesministeriums für Arbeit und Soziales mit Zustimmung des Bundesrates jeweils zum gleichen Zeitpunkt, zu dem die Renten der gesetzlichen Rentenversicherung angepasst werden.

(4) Die Anpassung nach Absatz 1 wirkt sich nicht auf bereits ausgezahlte Leistungen aus, insbesondere nicht auf die Abfindung nach den §§ 84 und 86.

Kapitel 18. Organisation, Durchführung und Verfahren

Abschnitt 1. Organisation und Durchführung

§ 111[1)] Träger der Sozialen Entschädigung. Träger der Sozialen Entschädigung sind die Länder.

§ 112[1)] Sachliche Zuständigkeit. [1]Sachlich zuständig sind die nach Landesrecht bestimmten Behörden. [2]Die Zuständigkeit kann auf gemeinsame Behörden oder auf andere Träger übertragen werden.

§ 113[2)] Örtliche Zuständigkeit.
[Abs. 1–5 ab 1.1.2024:]

(1) Die örtliche Zuständigkeit der Behörden nach § 112 bestimmen die Länder.

(2) Bei der Entschädigung von Opfern einer Gewalttat nach den §§ 13 bis 15, bei der Entschädigung von Berechtigten nach § 21 sowie den Leistungen an Angehörige, Hinterbliebene und Nahestehende dieser Personen ist dasjenige Land zuständig, in dem die berechtigte Person ihren Wohnsitz, bei Fehlen eines Wohnsitzes ihren gewöhnlichen Aufenthalt hat.

---

1) §§ 111 und 112 sind gem. Art. 60 Abs. 5 G v. 12.12.2019 (BGBl. I S. 2652) am 1.1.2021 in Kraft getreten.

2) § 113 Abs. 6 ist gem. Art. 60 Abs. 3 Nr. 1 G v. 12.12.2019 (BGBl. I S. 2652) am 20.12.2019 in Kraft getreten.

(3) Für die Festsetzung nach § 8 Absatz 2 ist das Land zuständig, das über die Ansprüche aus dem letzten schädigenden Ereignis entscheidet.

(4) Bei der Entschädigung von Berechtigten nach § 23 ist dasjenige Land zuständig, in dem die antragstellende Person zum Zeitpunkt des Dienstbeginns ihren Wohnsitz, bei Fehlen eines Wohnsitzes ihren gewöhnlichen Aufenthalt hat.

(5) [1] Bei der Entschädigung nach § 24 ist dasjenige Land zuständig, in dem die ursächliche Schutzimpfung oder andere Maßnahme der spezifischen Prophylaxe vorgenommen wurde. [2] Wurde die ursächliche Schutzimpfung oder andere Maßnahme der spezifischen Prophylaxe im Ausland vorgenommen, ist dasjenige Land zuständig, in dem die Antragstellerin oder der Antragsteller zum Zeitpunkt der Antragstellung ihren oder seinen Wohnsitz, bei Fehlen eines Wohnsitzes ihren oder seinen gewöhnlichen Aufenthalt hat.

(6) Das Bundesministerium für Arbeit und Soziales wird ermächtigt, durch Rechtsverordnung, die der Zustimmung des Bundesrates bedarf, die örtliche Zuständigkeit der Behörden für Personen, die ihren Wohnsitz oder gewöhnlichen Aufenthalt im Ausland haben, zu bestimmen.

[§ 114 ab 1.1.2024:]

§ 114 Aufgaben des Bundesministeriums für Arbeit und Soziales. *(1) Das Bundesministerium für Arbeit und Soziales wirkt auf die bundeseinheitliche Durchführung dieses Buches durch geeignete Maßnahmen hin.*

(2) Das Bundesministerium für Arbeit und Soziales nimmt die Aufgaben der zentralen Kontaktstelle im Sinne des Artikels 16 der Richtlinie 2004/80/EG wahr.

Abschnitt 2. Verfahren zur Prüfung des Leistungsanspruchs

§ 115[1)] Erleichtertes Verfahren bei Leistungen der Schnellen Hilfen.

(1) Leistungen der Schnellen Hilfen werden in der Regel im Erleichterten Verfahren erbracht.

(2) [1] Im Erleichterten Verfahren genügt es, wenn eine summarische Prüfung ergibt, dass die antragstellende Person nach dem Recht der Sozialen Entschädigung anspruchsberechtigt sein kann. [2] Dabei ist der im Antrag dargelegte Sachverhalt als wahr zu unterstellen, wenn nicht dessen Unrichtigkeit offensichtlich ist.

(3) Im Erleichterten Verfahren wird weder eine Feststellung über die Richtigkeit oder Unrichtigkeit des von der antragstellenden Person vorgetragenen Sachverhaltes noch über das Bestehen oder Nichtbestehen weiterer, über die Schnellen Hilfen hinausgehende Ansprüche getroffen.

§ 116[1)] Weiteres Verfahren. (1) Nach der Entscheidung im Erleichterten Verfahren wird geprüft, ob Ansprüche auf Leistungen der Sozialen Entschädigung bestehen, es sei denn, die antragstellende Person hat den Antrag ausdrücklich auf Schnelle Hilfen beschränkt.

(2) [1] Ergibt die weitere Prüfung, dass keine Leistungsansprüche der Sozialen Entschädigung bestehen, wird der Antrag abgelehnt. [2] Zugleich wird der Verwaltungsakt, der zuvor im Erleichterten Verfahren ergangen ist, mit Wirkung für die Zukunft widerrufen.

[1)] §§ 115 und 116 sind gem. Art. 60 Abs. 5 G v. 12.12.2019 (BGBl. I S. 2652) am 1.1.2021 in Kraft getreten.

(3) Ergibt die weitere Prüfung, dass Leistungsansprüche der Sozialen Entschädigung bestehen, erging im Erleichterten Verfahren aber ein nicht begünstigender Verwaltungsakt, wird der im Erleichterten Verfahren ergangene Verwaltungsakt widerrufen und über den Antrag neu entschieden.

[§ 117 ab 1.1.2024:]

§ 117 Beweiserleichterungen. *(1) Die Angaben der antragstellenden Person, die sich auf die mit der Schädigung im Zusammenhang stehenden Tatsachen beziehen, sind, wenn Beweismittel nicht vorhanden oder nicht zu beschaffen oder ohne Verschulden der antragstellenden Person oder ihrer Hinterbliebenen verlorengegangen sind, der Entscheidung zu Grunde zu legen, soweit sie nach den Umständen des Falles glaubhaft erscheinen.*

(2) Eine Tatsache erscheint glaubhaft, wenn bei mehreren ernstlich in Betracht zu ziehenden Möglichkeiten das Vorliegen einer davon relativ am wahrscheinlichsten ist, weil nach Gesamtwürdigung aller Umstände besonders viel für diese Möglichkeit spricht.

(3) Die Verwaltungsbehörde kann von der antragstellenden Person in besonderen Fällen die Abgabe einer eidesstattlichen Versicherung verlangen.

[§ 118 ab 1.1.2024:]

§ 118 Beiziehung von Unterlagen und Anhörung. *(1) [1] Mit Einwilligung der antragstellenden Person kann die zuständige Verwaltungsbehörde zur Aufklärung des Sachverhalts von öffentlichen, freien gemeinnützigen und privaten Krankenhäusern sowie Krankenhäusern öffentlich-rechtlicher Körperschaften und Trägern der Sozialversicherung Krankenpapiere, Aufzeichnungen, Krankengeschichten, Sektions- und Untersuchungsbefunde sowie Röntgenbilder im erforderlichen Maße zur Einsicht beiziehen. [2] Die Verwaltungsbehörde hat für die Wahrung des ärztlichen Berufsgeheimnisses Sorge zu tragen. [3] Unter denselben Voraussetzungen kann die Verwaltungsbehörde von privaten Ärztinnen und Ärzten und anderen Therapeutinnen und Therapeuten, die die antragstellende Person behandeln oder behandelt haben, Auskünfte einholen und Untersuchungsunterlagen zur Einsicht beziehen.*

(2) [1] Die Verwaltungsbehörde ist befugt, von den Auskunftspersonen die eidesstattliche Versicherung zu verlangen, dass sie nach bestem Wissen die reine Wahrheit gesagt und nichts verschwiegen haben. [2] In gleicher Weise kann von den Sachverständigen die eidesstattliche Versicherung verlangt werden, dass sie das Gutachten unparteiisch und nach bestem Wissen erstattet haben.

(3) [1] Ist die Anhörung vor den zuständigen Verwaltungsbehörden mit Schwierigkeiten verbunden, namentlich wegen der Entfernung des Aufenthaltsorts der zu hörenden Personen vom Sitz der Verwaltungsbehörde, so kann eine andere Verwaltungsbehörde und, wenn die Anhörung vor dieser ebenfalls Schwierigkeiten unterläge, eine andere Behörde um die Erledigung ersucht werden. [2] Dasselbe gilt bei Gefahr im Verzug.

[§ 119 ab 1.1.2024:]

§ 119 Vorzeitige Leistungen und vorläufige Entscheidung. *(1) Bevor die Anspruchsvoraussetzungen nach § 4 festgestellt sind, können Geschädigte Leistungen der Krankenbehandlung sowie Leistungen zur Teilhabe und Besondere Leistungen im Einzelfall erhalten.*

(2) [1] Kann nach dem Ergebnis der Ermittlungen über den Anspruch oder dessen Umfang noch nicht endgültig entschieden werden, sind jedoch die Voraussetzungen für die Bewilligung einzelner Leistungen mit Wahrscheinlichkeit gegeben, kann über die Erbringung vorläufig entschieden werden. [2] Voraussetzung hierfür ist, dass ein Antrag

auf vorläufige Entscheidung vorliegt und ein berechtigtes Interesse an der vorläufigen Entscheidung besteht. [3] Umfang und Grund der Vorläufigkeit sind in der Entscheidung anzugeben. [4] Nach Abschluss der Ermittlungen ist unverzüglich die endgültige Entscheidung zu treffen.

[Abschnitt 3 ab 1.1.2024:]

Abschnitt 3. Weitere Regelungen

§ 120 Ansprüche gegen Schadensersatzpflichtige. *(1) § 116 des Zehnten Buches[1)] gilt für den Übergang eines Anspruchs der oder des Berechtigten auf Ersatz eines Schadens auf den oder die jeweiligen Kostenträger der Sozialen Entschädigung entsprechend.*

(2) [1] Ein Ersatzanspruch kann nicht zum Nachteil der oder des Berechtigten geltend gemacht werden. [2] Dies gilt insbesondere, wenn die Schadensersatzleistungen der Schädigerin oder des Schädigers oder eines Dritten nicht ausreichen, um den gesamten Schaden zu ersetzen. [3] In diesen Fällen sind die Schadensersatzansprüche der oder des Berechtigten vorrangig gegenüber den Ansprüchen des Kostenträgers.

(3) Von der Geltendmachung des Ersatzanspruchs kann abgesehen werden, wenn diese keinen Erfolg verspricht.

(4) [1] Die Krankenkassen haben der Verwaltungsbehörde die Tatsachen mitzuteilen, aus denen sich ergibt, dass ein Dritter den Schaden verursacht hat. [2] Auf Anfrage haben die Krankenkassen und die Unfallkassen der Länder der Verwaltungsbehörde Angaben darüber zu machen, in welcher Höhe ihnen Kosten für Leistungen der Krankenbehandlung entstanden sind. [3] Keine Angaben sind erforderlich für nichtstationäre ärztliche Behandlungen und die Versorgung mit Arzneimitteln und Verbandmitteln.

§ 121 Erstattung von Leistungen durch öffentlich-rechtliche Stellen. *[1] Hat ein Träger der Sozialen Entschädigung Leistungen erbracht und stellt sich nachträglich heraus, dass eine andere öffentlich-rechtliche Stelle, die nicht Leistungsträger nach § 12 des Ersten Buches[2)] ist, zur Leistung verpflichtet gewesen wäre, hat die zur Leistung verpflichtete Stelle die Aufwendungen zu erstatten. [2] Der Umfang der Erstattung richtet sich nach den Rechtsvorschriften, die für die verpflichtete Stelle gelten.*

§ 122 Überzahlung von Geldleistungen nach dem Tod der oder des Berechtigten. *Hat der Träger der Sozialen Entschädigung Geldleistungen für die Zeit nach dem Tod der oder des Berechtigten zu Unrecht erbracht, gilt § 118 Absatz 3 bis 4a des Sechsten Buches Sozialgesetzbuch[3)] entsprechend.*

[Kapitel 19 ab 1.1.2024:]

Kapitel 19. Bundesstelle für Soziale Entschädigung

§ 123 Bundesstelle für Soziale Entschädigung. *[1] Unter der Bezeichnung „Bundesstelle für Soziale Entschädigung" führt das Bundesamt für Soziale Sicherung die Aufgaben nach § 124 aus. [2] Dabei unterliegt es der Fachaufsicht des Bundesministeriums für Arbeit und Soziales.*

---

1) Nr. 10.
2) Nr. 1.
3) Nr. 6.

§ 124 Aufgaben der Bundesstelle für Soziale Entschädigung. *(1) Die Bundesstelle für Soziale Entschädigung nimmt Aufgaben des Bundes auf dem Gebiet der Sozialen Entschädigung nach Maßgabe der folgenden Absätze wahr.*

(2) Die Bundesstelle für Soziale Entschädigung ist zuständig für die

1. Aufgaben nach § 60 Absatz 3 Satz 3 und § 80 Absatz 3 Satz 3,

2. Aufgaben der zentralen Behörde im Sinne des Artikels 12 Satz 2 des Europäischen Übereinkommens vom 24. November 1983 über die Entschädigung für Opfer von Gewalttaten (BGBl. 1996 II S. 1120, 1121) und

3. Aufgaben als Unterstützungsbehörde im Sinne des Artikels 3 Absatz 1 der Richtlinie 2004/80/EG.

(3) Die Bundesstelle für Soziale Entschädigung unterstützt die Länder zur Wahrung der bundeseinheitlichen Gesetzesanwendung bei der Aus- und Fortbildung im Bereich der Sozialen Entschädigung.

(4) Die Bundesstelle für Soziale Entschädigung unterstützt als Kompetenzzentrum für Soziale Entschädigung das Bundesministerium für Arbeit und Soziales bei Aufgaben der Qualitätssicherung und bei der bundeseinheitlichen Durchführung der Sozialen Entschädigung insbesondere durch

1. die Begleitung der Umsetzung und Fortschreibung der Rechtsverordnung nach § 40,

2. die Organisation von Veranstaltungen des Bundesministeriums für Arbeit und Soziales für Mitarbeiterinnen und Mitarbeiter der Behörden und der Personen, die Leistungen der Schnellen Hilfen erbringen,

3. die Organisation von Erfahrungsaustauschen des Bundesministeriums für Arbeit und Soziales für Personen, die an der Durchführung dieses Buches beteiligt sind,

4. die Entwicklung von Arbeitshilfen und Formularen,

5. das Führen eines Verzeichnisses von im Sozialen Entschädigungsrecht erfahrenen medizinischen Gutachtern,

6. das Erstellen und Führen der amtlichen Statistik nach § 126,

7. die Erstellung des Berichts nach § 132 sowie

8. die Abwicklung von Forschungsprojekten im Bereich der Sozialen Entschädigung.

(5) Die Bundesstelle für Soziale Entschädigung erledigt weitere Aufgaben des Bundes, die mit den in den Absätzen 2 bis 4 genannten Aufgaben zusammenhängen und mit deren Durchführung sie vom Bundesministerium für Arbeit und Soziales beauftragt wird.

(6) Die Wahrnehmung der Aufgaben nach Absatz 4 Nummer 2 bis 5 kann die Bundesstelle für Soziale Entschädigung ganz oder teilweise auf Dritte übertragen oder sich bei der Wahrnehmung der Aufgaben nach Absatz 4 Nummer 2 bis 8 durch Dritte unterstützen lassen.

§ 125 Fachbeirat Soziale Entschädigung. *(1) Der Fachbeirat berät das Bundesministerium für Arbeit und Soziales und die Bundesstelle für Soziale Entschädigung in grundsätzlichen Fragen der Aufgabenwahrnehmung im Bereich der Sozialen Entschädigung.*

(2) [1] Mitglieder des Fachbeirats sind:

1. fünf Vertreterinnen oder Vertreter von Verbänden, die die Interessen von Gruppen der Berechtigten der Sozialen Entschädigung wahrnehmen,

2. fünf Vertreterinnen oder Vertreter der Länder und

3. vier Vertreterinnen oder Vertreter der Wissenschaft, die sich mit den medizinischen, psychischen und sozialen Folgen schädigender Ereignisse im Sinne dieses Buches beschäftigen.

[2] Die Vertreterinnen oder Vertreter der Länder werden auf gemeinsamen Vorschlag der Länder ernannt.

(3) [1] Die Mitglieder des Fachbeirats werden für einen Zeitraum von drei Jahren vom Bundesministerium für Arbeit und Soziales ernannt. [2] Das Bundesministerium für Gesundheit hat ein Vorschlagsrecht zur Benennung eines Mitglieds für die Wahrnehmung der Interessen von Impfgeschädigten. [3] Das Bundesministerium für Familie, Senioren, Frauen und Jugend hat ein Vorschlagsrecht zur Benennung eines Mitglieds für die Wahrnehmung der Interessen der Betroffenen von sexualisierter Gewalt in Kindheit und Jugend. [4] Scheidet ein Mitglied vorzeitig aus, wird für den Rest der Amtszeit eine Nachfolgerin oder ein Nachfolger berufen.

(4) [1] Die Mitglieder des Fachbeirats sind ehrenamtlich tätig. [2] Sie haben Anspruch auf Erstattung ihrer notwendigen Auslagen.

(5) Der Fachbeirat arbeitet auf der Grundlage einer Geschäftsordnung, die das Bundesministerium für Arbeit und Soziales erlässt.

(6) Die Geschäftsführung des Fachbeirats erfolgt durch die Bundesstelle für Soziale Entschädigung.

[Kapitel 20 ab 1.1.2024:]

Kapitel 20. Statistik und Bericht

§ 126 Amtliche Statistik. *(1) Die Bundesstelle für Soziale Entschädigung erstellt eine amtliche Statistik*

1. zur Zahl der Leistungsempfängerinnen und Leistungsempfänger sowie
2. zu den Ausgaben und Einnahmen der Sozialen Entschädigung.

(2) Grundlage der amtlichen Statistik sind die Daten, die der Bundesstelle für Soziale Entschädigung von den Trägern der Sozialen Entschädigung übermittelt werden.

(3) Die Bundesstelle für Soziale Entschädigung legt die amtliche Statistik kalenderhalbjährlich dem Bundesministerium für Arbeit und Soziales vor und veröffentlicht sie in geeigneter Form.

§ 127 Erhebungsmerkmale. *(1) Zur Beurteilung der Auswirkungen dieses Buches und zu dessen Fortentwicklung werden folgende Merkmale erhoben:*

1. Geschlecht, Geburtsjahr, Staatsangehörigkeit und gewöhnlicher Aufenthaltsort,
2. das Land und die Kennnummer des zuständigen Trägers der Sozialen Entschädigung,
3. die Zugehörigkeit zu den Empfängergruppen:
   a) Geschädigte, aufgegliedert nach dem Grad der Schädigungsfolgen,
   b) Angehörige, Hinterbliebene und Nahestehende,
4. die Art des schädigenden Ereignisses:
   a) Art der Gewalttat, aufgegliedert nach Gruppen von Straftatbeständen und Täter-Opfer-Beziehung,
      aa) Gewalttat im Inland oder
      bb) Gewalttat im Ausland,
   b) nachträgliche Weltkriegsauswirkung,

c) Schutzimpfung oder eine andere Maßnahme der spezifischen Prophylaxe, aufgegliedert nach:

aa) Datum der Schutzimpfung oder der anderen Maßnahme der spezifischen Prophylaxe,

bb) Bezeichnung und Chargen-Bezeichnung des Impfstoffes oder der anderen Maßnahme der spezifischen Prophylaxe sowie

cc) Name der Krankheit, gegen die geimpft oder eine andere Maßnahme der spezifischen Prophylaxe getroffen wird,

5. das Vorliegen des Krankenversicherungsverhältnisses und die Angabe, ob es sich um eine gesetzliche oder private Krankenversicherung handelt,

6. die Art und Anzahl der erbrachten einmaligen Leistungen im Laufe des Erhebungsmonats sowie die Art und Anzahl der erbrachten laufenden Leistungen zum letzten Tag des Berichtsjahres,

7. die Zahl der Anträge im Erhebungsmonat, aufgegliedert nach Empfängergruppen,

8. die Zahl der im Erhebungsmonat erledigten Anträge, aufgegliedert nach

a) Leistungsempfängergruppen und

b) der Art der Erledigung.

(2) In den Fällen, die von der Richtlinie 2004/80/EG erfasst werden, werden zudem folgende Merkmale erhoben:

1. die Staatsangehörigkeit der Person, die eine Entschädigungsleistung erhält,

2. der Staat, in dem die gesundheitliche Schädigung eingetreten ist,

3. Art und Umfang der Entschädigungsleistung sowie

4. die Dauer des Verwaltungsverfahrens einschließlich eines etwaigen Widerspruchsverfahrens.

(3) Zusätzliche Erhebungsmerkmale von Absatz 1 Nummer 6 sind:

1. Schnelle Hilfen, aufgegliedert nach

a) Leistungen des Fallmanagements und

b) Leistungen in einer Traumaambulanz,

2. Leistungen der Krankenbehandlung der Sozialen Entschädigung, aufgegliedert nach

a) Krankenbehandlung,

b) ergänzenden Leistungen der Krankenbehandlung,

c) Versorgung mit Hilfsmitteln,

d) Krankengeld der Sozialen Entschädigung,

e) Beihilfen bei erheblicher Beeinträchtigung der Erwerbsgrundlage,

f) Zuschüsse bei Zahnersatz,

g) Erstattung von Kosten bei selbst beschaffter Krankenbehandlung,

h) Erstattung von Kosten für Krankenbehandlung bei vorübergehendem Auslandsaufenthalt sowie

i) Beiträgen zur Arbeitsförderung, zur gesetzlichen Rentenversicherung und zur Alterssicherung,

j) Reisekosten,

3. Leistungen zur Teilhabe, aufgegliedert nach

a) Leistungen zur Teilhabe am Arbeitsleben,

b) unterhaltssichernden und anderen ergänzenden Leistungen,

c) Leistungen zur Teilhabe an Bildung sowie

d) Leistungen zur Sozialen Teilhabe,
4. Leistungen bei Pflegebedürftigkeit,
5. Leistungen bei Blindheit,
6. Entschädigungszahlungen an Geschädigte, aufgegliedert nach
a) monatlichen Entschädigungszahlungen und
b) Abfindungen,
7. Entschädigungszahlungen an Witwen und Witwer sowie an hinterbliebene Partner einer eheähnlichen Gemeinschaft, aufgegliedert nach
a) monatlichen Entschädigungszahlungen und
b) Abfindungen,
8. monatliche Entschädigungszahlungen an Waisen,
9. monatliche Entschädigungszahlungen an hinterbliebene Eltern,
10. Berufsschadensausgleich,
11. Besondere Leistungen im Einzelfall, aufgegliedert nach
a) Leistungen zum Lebensunterhalt,
b) der Leistung zur Förderung einer Ausbildung,
c) Leistungen zur Weiterführung des Haushalts sowie
d) Leistungen in sonstigen Lebenslagen,
12. Leistungen bei Überführung und Bestattung,
13. Ausgleich in Härtefällen sowie
14. Leistungen nach den Vorschriften zu Besitzständen, aufgegliedert nach
a) der Zugehörigkeit zu den Empfängergruppen
aa) Geschädigte oder
bb) Nichtgeschädigte,
b) der jeweiligen Vorschrift zu Besitzständen des Kapitels 23 sowie
c) der Art des schädigenden Ereignisses.

§ 128 Erhebungsmerkmale zu den Ausgaben und Einnahmen der Sozialen Entschädigung. *Zur Beurteilung der Auswirkungen dieses Buches und zu dessen Fortentwicklung werden folgende Merkmale zu den Ausgaben und Einnahmen der Sozialen Entschädigung erhoben:*
1. die Ausgaben, aufgegliedert nach den in § 127 Absatz 3 genannten zusätzlichen Erhebungsmerkmalen, sowie
2. die Einnahmen, aufgegliedert nach Einnahmearten, jeweils im Inland und Ausland.

§ 129 Hilfsmerkmale. *Hilfsmerkmale sind:*
1. Name und Anschrift des Auskunftspflichtigen sowie
2. Name, Telefonnummer und E-Mail-Adresse der für eventuelle Rückfragen zur Verfügung stehenden Person.

§ 130 Stichtag für die Erhebungen. *Stichtag für die Erhebungen ist der letzte Kalendertag des jeweiligen Monats.*

§ 131 Auskunftspflicht, Übermittlung statistischer Daten. *(1) [1] Für die Erhebungen besteht Auskunftspflicht. [2] Auskunftspflichtig sind die für die Durchführung der Sozialen Entschädigung sachlich zuständigen Stellen. [3] Die Angaben zu den Hilfsmerkmalen nach § 129 Nummer 2 sind freiwillig.*

(2) [1] Die Auskunftspflichtigen übermitteln die Datensätze aus der Erhebung monatlich in elektronischer Form an die Bundesstelle für Soziale Entschädigung. [2] Diese Daten dürfen bei der Bundesstelle für Soziale Entschädigung ausschließlich für statistische Zwecke und durch eine von Verwaltungsaufgaben räumlich, organisatorisch und personell getrennte Einheit genutzt werden.

(3) Die Bundesstelle für Soziale Entschädigung stellt dem Bundesministerium für Arbeit und Soziales die monatlichen Meldungen unverzüglich in elektronischer Form für die Verwendung gegenüber den gesetzgebenden Körperschaften und für Zwecke der Planung zur Verfügung, jedoch nicht für die Regelung von Einzelfällen.

(4) [1] Datensätze nach Absatz 2 dürfen auch dann in tabellarischer Form an die Bundesstelle für Soziale Entschädigung übermittelt werden, wenn Tabellenfelder nur einen einzigen Fall ausweisen. [2] Tabellen, deren Tabellenfelder nur einen einzigen Fall ausweisen, dürfen nur dann übermittelt werden, wenn sie nicht differenzierter als auf Regierungsbezirksebene, bei Stadtstaaten auf Bezirksebene, aufbereitet sind.

§ 132 Bericht. *(1) [1] Die Bundesregierung legt dem Deutschen Bundestag einen Bericht über die Auswirkungen dieses Buches sowie über die gegebenenfalls notwendige Weiterentwicklung dieser Vorschriften vor. [2] Der Bericht darf keine personenbezogenen Daten enthalten.*

(2) Der Bericht ist erstmals bis zum 1. Januar 2028 und sodann alle vier Jahre vorzulegen.

[Kapitel 21 ab 1.1.2024:]

Kapitel 21. Kostentragung

§ 133 Aufteilung der Kosten zwischen Bund und Ländern. *[1] Der Bund trägt die Ausgaben für Geldleistungen wegen schädigender Ereignisse im Geltungsbereich dieses Buches nach Kapitel 2 Abschnitt 2 Unterabschnitt 1 zu 40 Prozent, die Länder zu 60 Prozent. [2] Die Ausgaben für Sachleistungen tragen die Länder in voller Höhe. [3] Geldbeträge, die zur Abgeltung oder an Stelle einer Sachleistung gezahlt werden, gehören nicht zu den Geldleistungen. [4] Soweit die Kostenträgerschaft bei den Ländern liegt, ist Kostenträger das nach § 113 zuständige Land.*

§ 134 Kostentragung durch den Bund. *(1) [1] Der Bund trägt die Ausgaben für Leistungen nach Kapitel 2 Abschnitt 2 Unterabschnitt 1 in voller Höhe, wenn der oder die Geschädigte zur Tatzeit den Wohnsitz oder gewöhnlichen Aufenthalt nicht im Geltungsbereich dieses Buches hatte. [2] Das Gleiche gilt, wenn die Schädigung auf einem deutschen Schiff, einem deutschen Luftfahrzeug oder an einem Ort im Ausland eingetreten ist.*

(2) Der Bund trägt die Ausgaben für Leistungen nach Kapitel 2 Abschnitt 2 Unterabschnitt 2 und Unterabschnitt 3 in voller Höhe.

§ 135 Kostentragung durch die Länder. *(1) Die Länder tragen die Ausgaben für Leistungen nach Kapitel 2 Abschnitt 2 Unterabschnitt 4 in voller Höhe.*

(2) Verpflichtet zur Zahlung der Entschädigung nach § 24 ist das nach § 113 Absatz 5 zuständige Land.

§ 136 Kostentragung beim Zusammentreffen von Ansprüchen. *[1] In den Fällen des § 8 Absatz 2 sind die Kosten, die durch das Hinzutreten einer weiteren Schädigung verursacht werden, von dem Land zu tragen, das für die Entscheidung über Ansprüche* *aus der weiteren Schädigung zuständig ist. [2] Das gilt entsprechend für den Bund, soweit dieser nach allgemeinen Regeln die Kosten zu tragen hat.*

Kapitel 22. Übergangsvorschriften

[§ 137 ab 1.1.2024:]

§ 137 ***Zeitlicher Geltungsbereich.*** *Dieses Buch gilt für Anträge auf Leistungen der Sozialen Entschädigung, die ab dem 1. Januar 2024 gestellt werden, soweit die Vorschriften dieses Kapitels nichts Abweichendes bestimmen.*

§ 138[1)] Besonderer zeitlicher Geltungsbereich für Opfer von Gewalttaten.

[Abs. 1–6 ab 1.1.2024:]

(1) [1] Personen, die in der Zeit vom 16. Mai 1976 bis 31. Dezember 2023 geschädigt worden sind, erhalten Leistungen nach diesem Buch, wenn die Voraussetzungen nach dem Opferentschädigungsgesetz in der zum Tatzeitpunkt geltenden Fassung erfüllt waren. [2] Würde die Schädigung durch mehrere Taten herbeigeführt, findet diese Vorschrift Anwendung, wenn die letzte Tat in dem in Satz 1 genannten Zeitraum stattgefunden hat.

(2) Hinterbliebene einer in der Zeit vom 16. Mai 1976 bis 31. Dezember 2023 geschädigten Person erhalten Leistungen nach diesem Buch, wenn für die geschädigte Person die Voraussetzungen nach Absatz 1 erfüllt waren.

(3) [1] Personen, die in der Zeit vom 23. Mai 1949 bis 15. Mai 1976 geschädigt worden sind, erhalten Leistungen nach diesem Buch, wenn sie

1. die Voraussetzungen nach dem Opferentschädigungsgesetz in der zum 31. Dezember 2023 geltenden Fassung erfüllen,

2. allein in Folge dieser Schädigung einen Grad der Schädigungsfolgen von mindestens 50 haben,

3. bedürftig sind und

4. ihren Wohnsitz oder gewöhnlichen Aufenthalt im Inland haben.

[2] Bedürftig sind Personen, wenn sie nicht oder nicht ausreichend in der Lage sind, ihren Lebensunterhalt aus ihrem Einkommen und Vermögen zu decken. [3] Für den Einsatz von Einkommen und Vermögen gilt Kapitel 16. [4] Die Entschädigung umfasst alle nach diesem Buch vorgesehenen Leistungen mit Ausnahme des Berufsschadensausgleichs.

(4) [1] Hinterbliebene einer in der Zeit vom 23. Mai 1949 bis 15. Mai 1976 geschädigten Person erhalten Leistungen für Hinterbliebene nach diesem Buch, solange sie bedürftig sind und ihren Wohnsitz oder ständigen Aufenthalt im Inland haben. [2] Absatz 3 Satz 2 und 3 gilt entsprechend.

(5) [1] In dem in Artikel 3 des Einigungsvertrages genannten Gebiet gilt dieses Buch nur für Ansprüche aus Taten, die nach dem 2. Oktober 1990 begangen worden sind. [2] Die Absätze 1 und 2 gelten entsprechend. [3] Die Absätze 3 und 4 gelten mit der Maßgabe, dass auf die Zeit vom 7. Oktober 1949 bis zum 2. Oktober 1990 abgestellt wird.

---

1) § 138 Abs. 7 ist gem. Art. 60 Abs. 5 G v. 12.12.2019 (BGBl. I S. 2652) am 1.1.2021 in Kraft getreten.

(6) [1] Für Taten vor dem 23. Mai 1949 werden keine Leistungen nach diesem Buch erbracht. [2] In dem in Artikel 3 des Einigungsvertrages genannten Gebiet gilt dies für Taten vor dem 7. Oktober 1949.

(7)[1)] Für Taten im Zeitraum vom 1. Januar 2021 bis zum 31. Dezember 2023 sollen für Geschädigte, Angehörige, Hinterbliebene und Nahestehende im Sinne des § 2 die Leistungen nach den §§ 31 bis 36 erbracht werden, wenn die Voraussetzungen nach dem Opferentschädigungsgesetz in der zum Tatzeitpunkt geltenden Fassung erfüllt sind.

[§ 139 ab 1.1.2024:]

§ 139 Besonderer zeitlicher Geltungsbereich für Kriegsopfer beider Weltkriege.

[1] Personen, die vor dem 1. Januar 2024 geschädigt worden sind, erhalten Leistungen nach diesem Buch, wenn die Voraussetzungen nach dem Bundesversorgungsgesetz in der bis zum 31. Dezember 2023 geltenden Fassung erfüllt waren. [2] Die monatliche Entschädigungszahlung wird erbracht, ohne dass in diesem Zeitraum geprüft wird, ob die Anspruchsvoraussetzungen weiterhin vorliegen.

[§ 140 ab 1.1.2024:]

§ 140 Besonderer zeitlicher Geltungsbereich für Zivildienstgeschädigte. *Personen, die vor dem 1. Januar 2024 geschädigt worden sind, erhalten Leistungen nach diesem Buch, wenn die Voraussetzungen nach dem Zivildienstgesetz in der bis zum 31. Dezember 2023 geltenden Fassung erfüllt waren.*

[§ 141 ab 1.1.2024:]

§ 141 Besonderer zeitlicher Geltungsbereich für Geschädigte durch Schutzimpfungen oder einer anderen Maßnahme der spezifischen Prophylaxe. *[1] Personen, die vor dem Inkrafttreten dieses Buches geschädigt worden sind, erhalten Leistungen nach diesem Buch, wenn die Voraussetzungen nach § 60 des Infektionsschutzgesetzes in der bis zum 31. Dezember 2023 geltenden Fassung erfüllt waren. [2] Hinterbliebene einer bis zum 31. Dezember 2023 geschädigten Person erhalten Leistungen nach diesem Buch, wenn für die geschädigte Person die Voraussetzungen nach Satz 1 erfüllt waren.*

[Kapitel 23 ab 1.1.2024:]

Kapitel 23. Vorschriften zu Besitzständen

Abschnitt 1. Grundsätze und Leistungen

§ 142 Grundsätze. *(1) [1] Personen, deren Ansprüche nach dem Bundesversorgungsgesetz oder nach einem Gesetz, das das Bundesversorgungsgesetz ganz oder teilweise für anwendbar erklärt, in der bis zum 31. Dezember 2023 geltenden Fassung bis zum 31. Dezember 2023 bestandskräftig festgestellt sind, erhalten diese Leistungen nach dem Bundesversorgungsgesetz oder nach dem Gesetz, das das Bundesversorgungsgesetz für anwendbar erklärt, in der am 31. Dezember 2023 geltenden Fassung weiter, soweit dieses Kapitel nichts Abweichendes bestimmt. [2] Kurzfristige Unterbrechungen im Leistungsbezug unmittelbar vor dem 31. Dezember 2023 lassen die Ansprüche auf Leistungen nach Satz 1 jeweils unberührt.*

[1)] § 138 Abs. 7 ist gem. Art. 60 Abs. 5 G v. 12.12.2019 (BGBl. I S. 2652) am 1.1.2021 in Kraft getreten.

(2) [1] Über einen bis zum 31. Dezember 2023 gestellten und nicht bestandskräftig beschiedenen Antrag auf Leistungen nach dem Bundesversorgungsgesetz oder nach einem Gesetz, das das Bundesversorgungsgesetz ganz oder teilweise für anwendbar erklärt, ist nach dem im Zeitpunkt der Antragstellung geltenden Recht zu entscheiden. [2] Wird hierbei ein Anspruch festgestellt, werden ebenfalls Leistungen nach Absatz 1 Satz 1 erbracht.

(3) Abweichend von den Absätzen 1 und 2 können im Rahmen des Wahlrechts nach § 152 Leistungen nach den Kapiteln 1 bis 22 in Anspruch genommen werden.

***§ 143 Heil- und Krankenbehandlung.** (1) [1] Geschädigte, deren Anspruch auf Heilbehandlung nach dem Bundesversorgungsgesetz oder nach einem Gesetz, das das Bundesversorgungsgesetz ganz oder teilweise für entsprechend anwendbar erklärt, bestandskräftig festgestellt worden ist, erhalten ab 1. Januar 2024 Leistungen der Krankenbehandlung nach Kapitel 5. [2] § 45 und die §§ 54 bis 61 gelten entsprechend.*

(2) [1] Abweichend von Absatz 1 erhalten Geschädigte, deren Ansprüche auf einzelne Leistungen der Heilbehandlung nach dem Bundesversorgungsgesetz oder nach einem Gesetz, das das Bundesversorgungsgesetz ganz oder teilweise für entsprechend anwendbar erklärt, bis zum 31. Dezember 2023 bestandskräftig festgestellt worden sind, diese Leistungen in dem bewilligten Umfang. [2] Dies gilt auch für Ansprüche auf einzelne Leistungen der Heilbehandlung, die bis zum 31. Dezember 2023 beantragt, aber noch nicht bestandskräftig beschieden worden sind.

(3) [1] Personen, deren Ansprüche auf einzelne Leistungen der Krankenbehandlung nach dem Bundesversorgungsgesetz oder eines Gesetzes, das das Bundesversorgungsgesetz ganz oder teilweise für entsprechend anwendbar erklärt, bis zum 31. Dezember 2023 bestandskräftig festgestellt worden sind, erhalten für sich oder die jeweils berechtigten Leistungsempfängerinnen und Leistungsempfänger diese Leistungen in dem bewilligten Umfang. [2] Dies gilt auch für Ansprüche auf einzelne Leistungen der Krankenbehandlung, die bis zum 31. Dezember 2023 beantragt, aber noch nicht bestandskräftig beschieden worden sind.

(4) Zuständig für die Erbringung der Leistungen nach den Absätzen 2 und 3 bleiben die bis zum Außerkrafttreten des Bundesversorgungsgesetzes zuständigen Verwaltungsbehörden oder Krankenkassen.

(5) [1] Den Krankenkassen werden von der zuständigen Verwaltungsbehörde halbjährlich die Aufwendungen erstattet, die ihnen nach den Absätzen 2 und 3 entstehen. [2] Als angemessene Verwaltungskosten werden ihnen von der zuständigen Verwaltungsbehörde halbjährlich 5 Prozent des Erstattungsbetrages nach Satz 1 erstattet.

***§ 144 Geldleistungen.** (1) [1] Berechtigte nach § 142 Absatz 1, die im Dezember 2023 Geldleistungen erhalten haben, erhalten einen monatlichen Betrag, der sich aus der Summe dieser Geldleistungen ergibt. [2] Geldleistungen im Sinne des Satzes 1 sind folgende Leistungen nach dem Bundesversorgungsgesetz in der am 31. Dezember 2023 geltenden Fassung:*

1. *die Führzulage nach § 14,*
2. *der Pauschalbetrag für Kleider- und Wäscheverschleiß nach § 15,*
3. *der Berufsschadensausgleich nach § 30 Absatz 3 bis 12,*
4. *die Grundrente nach § 31 Absatz 1 Satz 1 und den §§ 38, 40, 42, 45, 46,*
5. *die Alterszulage nach § 31 Absatz 1 Satz 2,*
6. *die Schwerstbeschädigtenzulage nach § 31 Absatz 4,*
7. *die Ausgleichsrente nach den §§ 32, 34, 41, 47,*

8. der Ehegattenzuschlag nach § 33a,

9. der Kinderzuschlag nach § 33b,

10. die Pflegezulage nach § 35 Absatz 1,

11. der nach § 35 Absatz 6 Satz 2 den Beschädigten und Hinterbliebenen von den Versorgungsbezügen zu belassende Betrag,

12. der Schadensausgleich nach § 40a,

13. der Pflegeausgleich nach § 40b,

14. die Witwen- und Waisenbeihilfe nach § 48 sowie

15. die Elternrente nach den §§ 49 bis 52.

[3] Der sich nach Satz 2 ergebende Betrag wird um 25 Prozent erhöht. [4] Bei der Berechnung der von Einkommen beeinflussten Leistungen nach Satz 2 bleiben Anrechnungen von einmaligen Leistungen im Wege der Verrentung unberücksichtigt. [5] Ist eine Grundrente kapitalisiert nach § 72 Bundesversorgungsgesetz oder nach § 1 Absatz 1 Rentenkapitalisierungsgesetz-KOV, verringert sich der Betrag nach Satz 1 während des Abfindungszeitraums um den kapitalisierten Betrag. [6] Bei der Feststellung der Geldleistungen bleiben Beträge unberücksichtigt, die nach § 65 des Bundesversorgungsgesetzes zum Ruhen der Versorgungsleistungen geführt haben.

(2) Der Anspruch nach Absatz 1 Satz 1 und 2 erlischt

1. bei Witwen und Witwern durch Wiederverheiratung einer Witwe oder eines Witwers,

2. bei Waisen durch Wegfall der Voraussetzungen nach § 45 des Bundesversorgungsgesetzes in der bis zum 31. Dezember 2023 geltenden Fassung.

(3) Der Betrag nach Absatz 1 Satz 1 und 2 verringert sich um folgende Anteile, wenn die Anspruchsvoraussetzungen der folgend genannten Leistungen dem Grunde nach wegfallen:

1. den Anteil des Ehegattenzuschlags nach § 33a,

2. den Anteil des Kinderzuschlags nach § 33b

des Bundesversorgungsgesetzes in der bis zum 31. Dezember 2023 geltenden Fassung.

(4) Für Berechtigte nach § 142 Absatz 2 gilt Absatz 1 entsprechend, wenn für Dezember 2023 ein Anspruch auf die in Absatz 1 genannten Geldleistungen festgestellt wird.

§ 145 Befristete oder auf Zeit erbrachte Leistungen. *(1) Berechtigte nach § 142 Absatz 1 oder Absatz 2, die*

1. im Dezember 2023 befristete Geldleistungen oder befristete Sachleistungen nach dem Bundesversorgungsgesetz in der am 31. Dezember 2023 geltenden Fassung oder nach einem Gesetz, das das Bundesversorgungsgesetz ganz oder teilweise für entsprechend anwendbar erklärt, bezogen haben, und

2. binnen zwei Wochen nach Ablauf der Befristung die Weiterbewilligung der Leistung nach dem Bundesversorgungsgesetz in der am 31. Dezember 2023 geltenden Fassung oder nach einem Gesetz, das das Bundesversorgungsgesetz ganz oder teilweise für entsprechend anwendbar erklärt, in der am 31. Dezember 2023 geltenden Fassung beantragen,

erhalten die bezogenen Leistungen nach dem Bundesversorgungsgesetz in der am 31. Dezember 2023 geltenden Fassung oder nach einem Gesetz, das das Bundesversorgungsgesetz ganz oder teilweise für entsprechend anwendbar erklärt, weiter bis längstens zum 31. Dezember 2033.

(2) Leistungen im Sinne des Absatzes 1 sind insbesondere folgende Leistungen nach dem Bundesversorgungsgesetz in der am 31. Dezember 2023 geltenden Fassung:

1. *die Hilfe zur Pflege nach § 26c,*
2. *die Leistungen zur Weiterführung des Haushalts nach § 26d für Hinterbliebene,*
3. *die Erziehungsbeihilfe nach § 27,*
4. *die Ergänzende Hilfe zum Lebensunterhalt nach § 27a für Hinterbliebene sowie*
5. *die Eingliederungshilfe für Menschen mit Behinderungen nach § 27d Absatz 1 Nummer 3.*

(3) Soweit die Weiterbewilligung der Leistung für Zeiten ab dem 1. Januar 2024 beantragt wird, richtet sich der Einsatz von Einkommen und Vermögen nach dem Bundesversorgungsgesetz und nach der Verordnung zur Kriegsopferfürsorge jeweils in der am 31. Dezember 2023 geltenden Fassung mit der folgenden Maßgabe, dass:

1. *an die Stelle der Einkommensgrenze nach § 25e Absatz 1 in der am 31. Dezember 2023 geltenden Fassung des Bundesversorgungsgesetzes die Einkommensgrenze nach § 107 Absatz 1 tritt,*
2. *an die Stelle des Grundbetrags nach § 27d Absatz 5 Satz 1 Nummer 1 des Bundesversorgungsgesetzes in der am 31. Dezember 2023 geltenden Fassung ein Betrag in Höhe des Vierfachen der Regelbedarfsstufe 1 nach der Anlage zu § 28 des Zwölften Buches[1] tritt,*
3. *an die Stelle des Grundbetrags nach § 27d Absatz 5 Satz 1 Nummer 2 des Bundesversorgungsgesetzes in der am 31. Dezember 2023 geltenden Fassung ein Betrag in Höhe des Achtfachen der Regelbedarfsstufe 1 tritt,*
4. *an die Stelle der Einkommensfreibeträge nach der Verordnung zur Kriegsopferfürsorge in der am 31. Dezember 2023 geltenden Fassung die Einkommensfreibeträge der Verordnung nach § 109 treten und*
5. *an die Stelle der Vermögensschonbeträge nach § 25f des Bundesversorgungsgesetzes in der am 31. Dezember 2023 geltenden Fassung in Verbindung mit der Verordnung zur Kriegsopferfürsorge in der am 31. Dezember 2023 geltenden Fassung die Vermögensschonbeträge der Verordnung nach § 109 treten.*

(4) Die Absätze 1 bis 3 gelten nicht, wenn die Leistungen nach Kapitel 1 bis 22 erbracht werden können und diese für die Berechtigten mindestens gleichwertig sind.

§ 146 Pflegeleistungen für Geschädigte. *(1) Personen, die Leistungen nach § 35 Absatz 2 und 6 des Bundesversorgungsgesetzes in der am 31. Dezember 2023 geltenden Fassung erhalten haben oder nach § 142 Absatz 2 erhalten würden, erhalten ab dem 1. Januar 2024 Leistungen nach Kapitel 7.*

(2) [1] Personen, die bis zum 31. Dezember 2023 Leistungen der Pflegezulage nach § 35 Absatz 1 Bundesversorgungsgesetz erhalten haben, können nach Feststellung des monatlichen Betrags nach § 144 Leistungen im Sinne des Absatzes 1 beantragen. [2] Der monatliche Betrag nach § 144 ist dann um den Betrag zu mindern, der der Pflegezulage nach § 35 Absatz 1 des Bundesversorgungsgesetzes im Dezember 2023 entsprach.

§ 147 Pflegeausgleich bei langjähriger schädigungsbedingter Pflege. *[1] Witwen und Witwer erhalten einen monatlichen Pflegeausgleich, wenn*

1. *die oder der Geschädigte schädigungsbedingt pflegebedürftig war,*

---

[1] Nr. 12.

2. sie die Geschädigte oder den Geschädigten während ihrer Ehe bereits vor Inkrafttreten dieses Buches gepflegt haben und

3. die Pflegezeit insgesamt mehr als zehn Jahre betragen hat.

[2] Der monatliche Pflegeausgleich beträgt für jedes Jahr der über zehn Jahre hinausgehenden Pflegezeit 20 Euro. [3] Kalendermonate, in denen die Pflege nicht unentgeltlich geleistet wurde, werden dabei nicht mitgezählt. [4] Die anzurechnende Gesamtpflegezeit wird auf volle Jahre aufgerundet.

§ 148 Monatliche Entschädigungszahlung für Witwen und Witwer bei nicht schädigungsbedingtem Tod. *(1) Witwen und Witwer eines oder einer nicht schädigungsbedingt verstorbenen Geschädigten erhalten eine monatliche Entschädigungszahlung, wenn*

1. die Schädigung bereits vor dem Inkrafttreten dieses Buches eintrat,

2. die Ehe bereits vor Inkrafttreten dieses Buches bestand und

3. der oder die Geschädigte aufgrund der Schädigungsfolgen gehindert war, eine entsprechende Erwerbstätigkeit auszuüben und dadurch die von dem oder der Geschädigten abgeleitete Witwenrente oder Witwerrente aus der gesetzlichen Rentenversicherung nachweislich um mindestens 10 Prozent gemindert ist.

(2) Die Voraussetzungen des Absatzes 1 Nummer 3 gelten als erfüllt, wenn der oder die Geschädigte zum 31. Dezember 2023 Anspruch auf

1. die Grundrente eines Beschädigten nach § 31 des Bundesversorgungsgesetzes mit einem Grad der Schädigungsfolgen von 100 oder

2. eine Pflegezulage nach § 35 Absatz 1 des Bundesversorgungsgesetzes oder

3. mindestens fünf Jahre Berufsschadensausgleich nach § 30 des Bundesversorgungsgesetzes

hatte.

(3) Die Voraussetzungen des Absatzes 1 Nummer 3 gelten auch als erfüllt, wenn der oder die Geschädigte nach dem 31. Dezember 2023 Anspruch auf

1. eine Entschädigungszahlung eines Geschädigten mit einem Grad der Schädigungsfolgen von 100 nach § 83 Absatz 1 oder

2. Leistungen wegen Pflegebedürftigkeit nach Kapitel 7 nach einem Pflegegrad mindestens der Stufe 3 oder

3. mindestens fünf Jahre Berufsschadensausgleich nach Kapitel 10

hatte.

(4) Der Anspruch auf die in Absatz 2 Nummer 1 und 2 und Absatz 3 Nummer 1 und 2 genannten Leistungen muss im Zeitpunkt des Todes des Geschädigten bestanden haben.

(5) [1] Die monatliche Entschädigungszahlung beträgt 500 Euro. [2] Sie beträgt 750 Euro für Witwen und Witwer von Geschädigten mit einem Grad der Schädigungsfolgen von 100.

(6) [1] Berechtigte nach Absatz 1 erhalten auf Antrag eine Abfindung anstelle der monatlichen Entschädigungszahlung. [2] Der Antrag ist innerhalb eines Jahres nach Bewilligung der Entschädigungszahlung zu stellen.

(7) Die Abfindung beträgt 60 000 Euro bei einer monatlichen Entschädigungszahlung nach Absatz 5 Satz 1, 90 000 Euro bei einer monatlichen Entschädigungszahlung nach Absatz 5 Satz 2.

(8) [1] Auf die Abfindung sind bereits geleistete monatliche Entschädigungszahlungen anzurechnen. [2] Mit der Zahlung der Abfindung sind alle Ansprüche auf die monatlichen Entschädigungszahlungen bei nicht schädigungsbedingtem Tod abgegolten.

Abschnitt 2. Neufeststellungen und Anpassung

§ 149 Neufeststellungen. *(1) [1] Neufeststellungen zur Anspruchsberechtigung und zum Grad der Schädigungsfolgen erfolgen auf Antrag und richten sich nach den Kapiteln 1 bis 22. [2] Neufeststellungen können auch von Amts wegen erfolgen.*

(2) [1] Könnten nach Kapitel 1 bis 22 keine oder geringere Leistungen als vor Stellung des Neufeststellungsantrags beansprucht werden, werden mindestens die nach diesem Kapitel vor Stellung des Neufeststellungsantrags bezogenen Leistungen weiter erbracht. [2] Dies gilt nicht, wenn sich die nicht mehr bestehende Anspruchsberechtigung oder der geringere Leistungsumfang aus einer festgestellten Verringerung des Grades der Schädigungsfolgen ergeben.

§ 150 Anpassung, Verordnungsermächtigung. *[1] Der nach den §§ 144 und 145 festgestellte Geldbetrag sowie die Beträge aus den §§ 147 und 148 werden jeweils entsprechend dem Prozentsatz angepasst, um den sich der aktuelle Rentenwert in der gesetzlichen Rentenversicherung verändert. [2] Die sich nach Satz 1 ergebenden Beträge sind bis 0,49 Euro auf volle Euro abzurunden und ab 0,50 Euro auf volle Euro aufzurunden. [3] Die Anpassung erfolgt durch Rechtsverordnung des Bundesministeriums für Arbeit und Soziales mit Zustimmung des Bundesrates jeweils zum gleichen Zeitpunkt, zu dem die Renten der gesetzlichen Rentenversicherung angepasst werden.*

Abschnitt 3. Vertrauensschutz für die Absicherung gegen Krankheit

§ 151 Absicherung gegen Krankheit. *(1) [1] Personen, die bis zum 1. Januar 2024 nach § 10 des Bundesversorgungsgesetzes oder in entsprechender Anwendung des § 10 des Bundesversorgungsgesetzes Leistungen der Heil- oder Krankenbehandlung für Nichtschädigungsfolgen erhalten haben, haben hinsichtlich der Behandlung von Nichtschädigungsfolgen Anspruch auf Leistungen bei Krankheit nach dem Dritten Kapitel des Fünften Buches. [2] § 44 Absatz 2 gilt entsprechend. [3] Ansprüche nach § 143 bleiben von Satz 1 unberührt. [4] Die Leistungen nach Satz 1 erbringt für die zuständige Verwaltungsbehörde die Krankenkasse, die von der Person entsprechend § 173 des Fünften Buches[1)] gewählt wurde. [5] § 175 Absatz 4 Satz 1 bis 5 des Fünften Buches gilt entsprechend. [6] § 45 Satz 1 und 2 gilt entsprechend. [7] Die Berechtigten erhalten von der gewählten Krankenkasse eine elektronische Gesundheitskarte nach § 291 des Fünften Buches.*

(2) [1] Den Krankenkassen werden von der zuständigen Verwaltungsbehörde halbjährlich die Aufwendungen erstattet, die ihnen durch die Übernahme der Leistungen nach Absatz 1 entstehen. [2] Als angemessene Verwaltungskosten werden ihnen von der zuständigen Verwaltungsbehörde halbjährlich 5 Prozent des Erstattungsbetrages nach Satz 1 erstattet.

(3) Der Anspruch nach Absatz 1 ruht für die Dauer einer Mitgliedschaft in der gesetzlichen Krankenversicherung.

[1)] Nr. 5.

Abschnitt 4. Wahlrecht

§ 152 ***Wahlrecht.*** *(1) [1] Anstelle der Leistungen nach diesem Kapitel können Berechtigte nach § 142 die Erbringung von Leistungen nach den Kapiteln 1 bis 22 mit Ausnahme der §§ 84 und 86 wählen. [2] In diesem Fall gelten die bisher anerkannten Schädigungsfolgen sowie die Feststellung des Grades der Schädigungsfolgen für die Entscheidung über die Leistungen nach den Kapiteln 1 bis 22 als rechtsverbindlich festgestellt.*

(2) [1] Das Wahlrecht ist innerhalb von zwölf Monaten nach Eintritt der Bestandskraft der Entscheidung über Leistungen nach diesem Kapitel auszuüben. [2] Die Ausübung des Wahlrechts ist unwiderruflich.

(3) Ist eine Rente kapitalisiert nach § 72 des Bundesversorgungsgesetzes oder nach § 1 Absatz 1 des Rentenkapitalisierungsgesetzes-KOV, verringert sich die Entschädigungszahlung nach § 83 während des Abfindungszeitraums um den kapitalisierten Betrag.

§ 153 ***Schriftform.*** *Die Geltendmachung des Wahlrechts bedarf der Schriftform und ist gegenüber dem Träger der Sozialen Entschädigung zu erklären.*

Abschnitt 5. Anrechnung

§ 154 ***Anrechnungsvorschrift.*** *Geldleistungen nach diesem Kapitel bleiben bei anderen Sozialleistungen und bei Leistungen nach dem Asylbewerberleistungsgesetz als Einkommen unberücksichtigt, soweit sie den Betrag einer Grundrente nach § 31 Absatz 1 Satz 1 des Bundesversorgungsgesetzes in der am 31. Dezember 2023 geltenden Fassung nach einem Grad der Schädigungsfolgen von 100 zuzüglich der seitdem vollzogenen Anpassungen nach § 150 nicht überschreiten.*

Abschnitt 6. Kostentragung und Zuständigkeit

§ 155 ***Kostentragung.*** *(1) Der Bund trägt die Kosten für Leistungen an Personen, deren nach § 142 festgestellter Anspruch am 31. Dezember 2023*

1. *auf dem Bundesversorgungsgesetz oder dem Häftlingshilfegesetz beruhte, in Höhe von 94,5 Prozent der Ausgaben, die den Ländern entstehen,*
2. *auf dem Zivildienstgesetz beruhte, in voller Höhe,*
3. *auf dem Opferentschädigungsgesetz beruhte, in Höhe von 40 Prozent der Ausgaben, die den Ländern durch Geldleistungen entstehen,*
4. *auf dem Opferentschädigungsgesetz beruhte, in voller Höhe, wenn die Voraussetzungen von § 4 Absatz 2 des Opferentschädigungsgesetzes erfüllt waren,*
5. *auf dem Strafrechtlichen Rehabilitierungsgesetz beruhte, in Höhe von 65 Prozent der Ausgaben, die den Ländern durch Geldleistungen entstehen,*
6. *auf dem Verwaltungsrechtlichen Rehabilitierungsgesetz beruhte, in Höhe von 60 Prozent der Ausgaben, die den Ländern durch Geldleistungen entstehen.*

(2) Zu den Geldleistungen gehören nicht solche Geldbeträge, die zur Abgeltung oder an Stelle einer Sachleistung gezahlt werden.

§ 156 ***Pauschaliertes Abrechnungsverfahren.*** *(1) Zur Vereinfachung der Abrechnung erstattet der Bund den Ländern in einem pauschalierten Verfahren*

1. *für Leistungen nach § 155 Absatz 1 Nummer 3 jeweils 22 Prozent der ihnen entstandenen Ausgaben und*

2. für Leistungen nach § 155 Absatz 1 Nummer 6 jeweils 57 Prozent der ihnen entstandenen Ausgaben.

(2) Der Bund überprüft in einem Abstand von fünf Jahren, erstmals im Jahr 2024, die Voraussetzungen für die in Absatz 1 genannten Quoten.

§ 157 Zuständigkeit. *Für die Durchführung dieses Kapitels sind die Träger der Sozialen Entschädigung zuständig, die zum 31. Dezember 2023 sachlich zuständig waren.*

Abschnitt 7. Umsetzung

§ 158 Umsetzungsbegleitung. *[1] Zur Begleitung der Umsetzung der Vorschriften zu Besitzständen treffen sich Bund und Länder einmal jährlich, erstmalig zwei Jahre nach Inkrafttreten dieses Buches, zum Erfahrungsaustausch, insbesondere zu*

1. der Wirkung der Regelungen zu Besitzständen,

2. der Praktikabilität der Abläufe bei der Umsetzung der Regelungen sowie

3. dem Übergang vom Bundesversorgungsgesetz und dem Opferentschädigungsgesetz auf dieses Buch.

[2] Die Erkenntnisse sollen bei der Weiterentwicklung des Sozialen Entschädigungsrechts berücksichtigt werden.

20. Sozialgerichtsgesetz (SGG)[1)]

In der Fassung der Bekanntmachung vom 23. September 1975[2)]
(BGBl. I S. 2535)

FNA 330-1

zuletzt geänd. durch Art. 5 GWB-DigitalisierungsG v. 18.1.2021 (BGBl. I S. 2)

Inhaltsübersicht

Erster Teil. Gerichtsverfassung

Erster Abschnitt. Gerichtsbarkeit und Richteramt

§ 1 [Besondere Verwaltungsgerichte] Die Sozialgerichtsbarkeit wird durch unabhängige, von den Verwaltungsbehörden getrennte, besondere Verwaltungsgerichte ausgeübt.

§ 2 [Gerichte der Sozialgerichtsbarkeit] Als Gerichte der Sozialgerichtsbarkeit werden in den Ländern Sozialgerichte und Landessozialgerichte, im Bund das Bundessozialgericht errichtet.

§ 3 [Besetzung mit Berufsrichtern und ehrenamtlichen Richtern]

Die Gerichte der Sozialgerichtsbarkeit werden mit Berufsrichtern und ehrenamtlichen Richtern besetzt.

[1)] Die Änderungen durch G v. 5.7.2017 (BGBl. I S. 2208), die teilweise erst **mWv 1.1.2026**, und die Änderungen durch G v. 12.12.2019 (BGBl. I S. 2652), die teilweise erst **mWv 1.1.2024** in Kraft treten, sind im Text noch nicht berücksichtigt.

[2)] Neubekanntmachung des SGG v. 3.9.1953 (BGBl. I S. 1239, ber. S. 1326) in der ab 1.1.1975 geltenden Fassung.

§ 4 [Geschäftsstelle] [1]Bei jedem Gericht wird eine Geschäftsstelle eingerichtet, die mit der erforderlichen Zahl von Urkundsbeamten besetzt wird. [2]Das Nähere bestimmen für das Bundessozialgericht das Bundesministerium für Arbeit und Soziales, für die Sozialgerichte und Landessozialgerichte die nach Landesrecht zuständigen Stellen.

§ 5 [Rechts- und Amtshilfe] (1) Alle Gerichte, Verwaltungsbehörden und Organe der Versicherungsträger leisten den Gerichten der Sozialgerichtsbarkeit Rechts- und Amtshilfe.

(2) [1]Das Ersuchen an ein Sozialgericht um Rechtshilfe ist an das Sozialgericht zu richten, in dessen Bezirk die Amtshandlung vorgenommen werden soll. [2]Das Ersuchen ist durch den Vorsitzenden einer Kammer durchzuführen. [3]Ist die Amtshandlung außerhalb des Sitzes des ersuchten Sozialgerichts vorzunehmen, so kann dieses Gericht das Amtsgericht um die Vornahme der Rechtshilfe ersuchen.

(3) Die §§ 158 bis 160, 164 bis 166, 168 des Gerichtsverfassungsgesetzes gelten entsprechend.

§ 6 [Anwendung des GVG] Für die Gerichte der Sozialgerichtsbarkeit gelten die Vorschriften des Zweiten Titels des Gerichtsverfassungsgesetzes nach Maßgabe der folgenden Vorschriften entsprechend:

1. [1]Das Präsidium teilt die ehrenamtlichen Richter im voraus für jedes Geschäftsjahr, mindestens für ein Vierteljahr, einem oder mehreren Spruchkörpern zu, stellt die Reihenfolge fest, in der sie zu den Verhandlungen heranzuziehen sind, und regelt die Vertretung für den Fall der Verhinderung. [2]Von der Reihenfolge darf nur aus besonderen Gründen abgewichen werden; die Gründe sind aktenkundig zu machen.
2. Den Vorsitz in den Kammern der Sozialgerichte führen die Berufsrichter.

Zweiter Abschnitt. Sozialgerichte

§ 7 [Errichtung, Bezirk, Zweigstellen] (1) [1]Die Sozialgerichte werden als Landesgerichte errichtet. [2]Die Errichtung und Aufhebung eines Gerichts und die Verlegung eines Gerichtssitzes werden durch Gesetz angeordnet. [3]Änderungen in der Abgrenzung der Gerichtsbezirke können auch durch Rechtsverordnung bestimmt werden. [4]Die Landesregierung oder die von ihr beauftragte Stelle kann anordnen, daß außerhalb des Sitzes eines Sozialgerichts Zweigstellen errichtet werden.

(2) Mehrere Länder können gemeinsame Sozialgerichte errichten oder die Ausdehnung von Gerichtsbezirken über die Landesgrenzen hinaus vereinbaren.

(3) Wird ein Sozialgericht aufgehoben oder wird die Abgrenzung der Gerichtsbezirke geändert, so kann durch Landesgesetz bestimmt werden, daß die bei dem aufgehobenen Gericht oder bei dem von der Änderung in der Abgrenzung der Gerichtsbezirke betroffenen Gericht rechtshängigen Streitsachen auf ein anderes Sozialgericht übergehen.

§ 8 [Sachliche Zuständigkeit] Die Sozialgerichte entscheiden, soweit durch Gesetz nichts anderes bestimmt ist, im ersten Rechtszug über alle Streitigkeiten, für die der Rechtsweg vor den Gerichten der Sozialgerichtsbarkeit offensteht.

§ 9 [Besetzung; Dienstaufsicht] (1) Das Sozialgericht besteht aus der erforderlichen Zahl von Berufsrichtern als Vorsitzenden und aus den ehrenamtlichen Richtern.

(2) Die für die allgemeine Dienstaufsicht und die sonstigen Geschäfte der Gerichtsverwaltung zuständige Stelle wird durch Landesrecht bestimmt.

§ 10 [Fachkammern] (1) [1]Bei den Sozialgerichten werden Kammern für Angelegenheiten der Sozialversicherung, der Arbeitsförderung einschließlich der übrigen Aufgaben der Bundesagentur für Arbeit, für Angelegenheiten der Grundsicherung für Arbeitsuchende, für Angelegenheiten der Sozialhilfe einschließlich der Angelegenheiten nach Teil 2 des Neunten Buches Sozialgesetzbuch[1)] und des Asylbewerberleistungsgesetzes sowie für Angelegenheiten des sozialen Entschädigungsrechts (Recht der sozialen Entschädigung bei Gesundheitsschäden) und des Schwerbehindertenrechts gebildet. [2]Für Angelegenheiten der Knappschaftsversicherung einschließlich der Unfallversicherung für den Bergbau können eigene Kammern gebildet werden.

(2) [1]Für Streitigkeiten aufgrund der Beziehungen zwischen Krankenkassen und Vertragsärzten, Psychotherapeuten, Vertragszahnärzten (Vertragsarztrecht) einschließlich ihrer Vereinigungen und Verbände sind eigene Kammern zu bilden. [2]Zu diesen Streitigkeiten gehören auch

1. Klagen gegen Entscheidungen und Richtlinien des Gemeinsamen Bundesausschusses, soweit diese Entscheidungen und die streitgegenständlichen Regelungen der Richtlinien die vertragsärztliche Versorgung betreffen,
2. Klagen in Aufsichtsangelegenheiten gegenüber dem Gemeinsamen Bundesausschuss, denen die in Nummer 1 genannten Entscheidungen und Regelungen der Richtlinien des Gemeinsamen Bundesausschusses zugrunde liegen, und
3. Klagen aufgrund von Verträgen nach den §§ 73b und 73c des Fünften Buches Sozialgesetzbuch[2)] sowie Klagen im Zusammenhang mit der Teilnahme an der vertragsärztlichen Versorgung aufgrund von Ermächtigungen nach den §§ 116, 116a und 117 bis 119b des Fünften Buches Sozialgesetzbuch, Klagen wegen der Vergütung nach § 120 des Fünften Buches Sozialgesetzbuch sowie Klagen aufgrund von Verträgen nach § 140a des Fünften Buches Sozialgesetzbuch, soweit es um die Bereinigung der Gesamtvergütung nach § 140d des Fünften Buches Sozialgesetzbuch geht.

(3) [1]Der Bezirk einer Kammer kann auf Bezirke anderer Sozialgerichte erstreckt werden. [2]Die beteiligten Länder können die Ausdehnung des Bezirks einer Kammer auf das Gebiet oder Gebietsteile mehrerer Länder vereinbaren.

§ 11 [Ernennung der Berufsrichter] (1) Die Berufsrichter werden nach Maßgabe des Landesrechts nach Beratung mit einem für den Bezirk des Landessozialgerichts zu bildenden Ausschuss auf Lebenszeit ernannt.

(2) [1]Der Ausschuss ist von der nach Landesrecht zuständigen Stelle zu errichten. [2]Ihm sollen in angemessenem Verhältnis Vertreter der Versicherten, der Arbeitgeber, der Versorgungsberechtigten und der mit dem sozialen Ent-

---

[1)] Nr. 9.
[2)] Nr. 5.

schädigungsrecht oder der Teilhabe behinderter Menschen vertrauten Personen sowie der Sozialgerichtsbarkeit angehören.

(3) Bei den Sozialgerichten können Richter auf Probe und Richter kraft Auftrags verwendet werden.

(4) Bei dem Sozialgericht und bei dem Landessozialgericht können auf Lebenszeit ernannte Richter anderer Gerichte und Rechtslehrer an einer staatlichen oder staatlich anerkannten Hochschule für eine bestimmte Zeit von mindestens zwei Jahren, längstens jedoch für die Dauer ihres Hauptamts, zu Richtern im Nebenamt ernannt werden.

§ 12 [Besetzung der Kammern] (1) [1]Jede Kammer des Sozialgerichts wird in der Besetzung mit einem Vorsitzenden und zwei ehrenamtlichen Richtern als Beisitzern tätig. [2]Bei Beschlüssen außerhalb der mündlichen Verhandlung und bei Gerichtsbescheiden wirken die ehrenamtlichen Richter nicht mit.

(2) [1]In den Kammern für Angelegenheiten der Sozialversicherung, der Grundsicherung für Arbeitsuchende einschließlich der Streitigkeiten auf Grund des § 6a des Bundeskindergeldgesetzes und der Arbeitsförderung gehört je ein ehrenamtlicher Richter dem Kreis der Versicherten und der Arbeitgeber an. [2]Sind für Angelegenheiten einzelner Zweige der Sozialversicherung eigene Kammern gebildet, so sollen die ehrenamtlichen Richter dieser Kammern an dem jeweiligen Versicherungszweig beteiligt sein.

(3) [1]In den Kammern für Angelegenheiten des Vertragsarztrechts wirken je ein ehrenamtlicher Richter aus den Kreisen der Krankenkassen und der Vertragsärzte, Vertragszahnärzte und Psychotherapeuten mit. [2]In Angelegenheiten der Vertragsärzte, Vertragszahnärzte und Psychotherapeuten wirken als ehrenamtliche Richter nur Vertragsärzte, Vertragszahnärzte und Psychotherapeuten mit. [3]Als Vertragsärzte, Vertragszahnärzte und zur vertragsärztlichen Versorgung zugelassene Psychotherapeuten gelten auch bei diesen oder in medizinischen Versorgungszentren angestellte Ärzte, Zahnärzte und Psychotherapeuten, die Mitglied der Kassenärztlichen oder Kassenzahnärztlichen Vereinigung sind.

(4) In den Kammern für Angelegenheiten des sozialen Entschädigungsrechts und des Schwerbehindertenrechts wirken je ein ehrenamtlicher Richter aus dem Kreis der mit dem sozialen Entschädigungsrecht oder dem Recht der Teilhabe behinderter Menschen vertrauten Personen und dem Kreis der Versorgungsberechtigten, der behinderten Menschen im Sinne des Neunten Buches Sozialgesetzbuch[1)] und der Versicherten mit; dabei sollen Hinterbliebene von Versorgungsberechtigten in angemessener Zahl beteiligt werden.

(5) In den Kammern für Angelegenheiten der Sozialhilfe einschließlich der Angelegenheiten nach Teil 2 des Neunten Buches Sozialgesetzbuch und des Asylbewerberleistungsgesetzes wirken ehrenamtliche Richter aus den Vorschlagslisten der Kreise und der kreisfreien Städte mit.

§ 13 [Berufung und Amtsdauer der ehrenamtlichen Richter] (1) [1]Die ehrenamtlichen Richter werden von der nach Landesrecht zuständigen Stelle aufgrund von Vorschlagslisten (§ 14) für fünf Jahre berufen; sie sind in angemessenem Verhältnis unter billiger Berücksichtigung der Minderheiten aus den Vorschlagslisten zu entnehmen. [2]Die zuständige Stelle kann eine Ergänzung der Vorschlagslisten verlangen.

[1)] Nr. 9.

(2) [1] Die Landesregierungen werden ermächtigt, durch Rechtsverordnung eine einheitliche Amtsperiode festzulegen; sie können diese Ermächtigung durch Rechtsverordnung auf die jeweils zuständige oberste Landesbehörde übertragen. [2] Wird eine einheitliche Amtsperiode festgelegt, endet die Amtszeit der ehrenamtlichen Richter ohne Rücksicht auf den Zeitpunkt ihrer Berufung mit dem Ende der laufenden Amtsperiode.

(3) [1] Die ehrenamtlichen Richter bleiben nach Ablauf ihrer Amtszeit im Amt, bis ihre Nachfolger berufen sind. [2] Erneute Berufung ist zulässig. [3] Bei vorübergehendem Bedarf kann die nach Landesrecht zuständige Stelle weitere ehrenamtliche Richter nur für ein Jahr berufen.

(4) Die Zahl der ehrenamtlichen Richter, die für die Kammern für Angelegenheiten der Sozialversicherung, der Arbeitsförderung, der Grundsicherung für Arbeitsuchende, der Sozialhilfe einschließlich der Angelegenheiten nach Teil 2 des Neunten Buches Sozialgesetzbuch[1)] und des Asylbewerberleistungsgesetzes, des sozialen Entschädigungsrechts und des Schwerbehindertenrechts zu berufen sind, bestimmt sich nach Landesrecht; die Zahl der ehrenamtlichen Richter für die Kammern für Angelegenheiten der Knappschaftsversicherung und für Angelegenheiten des Vertragsarztrechts ist je besonders festzusetzen.

(5) Bei der Berufung der ehrenamtlichen Richter für die Kammern für Angelegenheiten der Sozialversicherung ist auf ein angemessenes Verhältnis zu der Zahl der im Gerichtsbezirk ansässigen Versicherten der einzelnen Versicherungszweige Rücksicht zu nehmen.

(6) Die ehrenamtlichen Richter für die Kammern für Angelegenheiten des sozialen Entschädigungsrechts und des Schwerbehindertenrechts sind in angemessenem Verhältnis zu der Zahl der von den Vorschlagsberechtigten vertretenen Versorgungsberechtigten, behinderten Menschen im Sinne des Neunten Buches Sozialgesetzbuch und Versicherten zu berufen.

§ 14 [Vorschlagslisten, Vorschlagsrecht] (1) [1] Die Vorschlagslisten für die ehrenamtlichen Richter, die in den Kammern für Angelegenheiten der Sozialversicherung, der Grundsicherung für Arbeitsuchende einschließlich der Streitigkeiten auf Grund des § 6a des Bundeskindergeldgesetzes und der Arbeitsförderung mitwirken, werden aus dem Kreis der Versicherten und aus dem Kreis der Arbeitgeber aufgestellt. [2] Gewerkschaften, selbständige Vereinigungen von Arbeitnehmern mit sozial- oder berufspolitischer Zwecksetzung und die in Absatz 3 Satz 2 genannten Vereinigungen stellen die Vorschlagslisten für ehrenamtliche Richter aus dem Kreis der Versicherten auf. [3] Vereinigungen von Arbeitgebern und die in § 16 Absatz 4 Nummer 3 bezeichneten obersten Bundes- oder Landesbehörden stellen die Vorschlagslisten aus dem Kreis der Arbeitgeber auf.

(2) Die Vorschlagslisten für die ehrenamtlichen Richter, die in den Kammern für Angelegenheiten des Vertragsarztrechts mitwirken, werden nach Bezirken von den Kassenärztlichen und Kassenzahnärztlichen Vereinigungen und von den Zusammenschlüssen der Krankenkassen aufgestellt.

(3) [1] Für die Kammern für Angelegenheiten des sozialen Entschädigungsrechts und des Schwerbehindertenrechts werden die Vorschlagslisten für die mit dem sozialen Entschädigungsrecht oder dem Recht der Teilhabe behinderter

---

[1)] Nr. **9**.

Menschen vertrauten Personen von den Landesversorgungsämtern oder nach Maßgabe des Landesrechts von den Stellen aufgestellt, denen deren Aufgaben übertragen worden sind oder die für die Durchführung des Bundesversorgungsgesetzes oder des Rechts der Teilhabe behinderter Menschen zuständig sind. [2]Die Vorschlagslisten für die Versorgungsberechtigten, die behinderten Menschen und die Versicherten werden aufgestellt von den im Gerichtsbezirk vertretenen Vereinigungen, deren satzungsgemäße Aufgaben die gemeinschaftliche Interessenvertretung, die Beratung und Vertretung der Leistungsempfänger nach dem sozialen Entschädigungsrecht oder der behinderten Menschen wesentlich umfassen und die unter Berücksichtigung von Art und Umfang ihrer bisherigen Tätigkeit sowie ihres Mitgliederkreises die Gewähr für eine sachkundige Erfüllung dieser Aufgaben bieten. [3]Vorschlagsberechtigt nach Satz 2 sind auch die Gewerkschaften und selbständige Vereinigungen von Arbeitnehmern mit sozial- oder berufspolitischer Zwecksetzung.

(4) Die Vorschlagslisten für die ehrenamtlichen Richter, die in den Kammern für Angelegenheiten der Sozialhilfe einschließlich der Angelegenheiten nach Teil 2 des Neunten Buches Sozialgesetzbuch[1)] und des Asylbewerberleistungsgesetzes mitwirken, werden von den Kreisen und den kreisfreien Städten aufgestellt.

§ 15 (weggefallen)

§ 16 [Persönliche Voraussetzungen] (1) Das Amt des ehrenamtlichen Richters am Sozialgericht kann nur ausüben, wer Deutscher ist und das fünfundzwanzigste Lebensjahr vollendet hat.

(2) *(aufgehoben)*

(3) [1]Ehrenamtlicher Richter aus Kreisen der Versicherten kann auch sein, wer arbeitslos ist oder Rente aus eigener Versicherung bezieht. [2]Ehrenamtlicher Richter aus Kreisen der Arbeitgeber kann auch sein, wer vorübergehend oder zu gewissen Zeiten des Jahres keine Arbeitnehmer beschäftigt.

(4) [1]Ehrenamtliche Richter aus Kreisen der Arbeitgeber können sein

1. Personen, die regelmäßig mindestens einen versicherungspflichtigen Arbeitnehmer beschäftigen; ist ein Arbeitgeber zugleich Versicherter oder bezieht er eine Rente aus eigener Versicherung, so begründet die Beschäftigung einer Hausgehilfin oder Hausangestellten nicht die Arbeitgebereigenschaft im Sinne dieser Vorschrift;
2. bei Betrieben einer juristischen Person oder einer Personengesamtheit Personen, die kraft Gesetzes, Satzung oder Gesellschaftsvertrags allein oder als Mitglieder des Vertretungsorgans zur Vertretung der juristischen Person oder der Personengesamtheit berufen sind;
3. Beamte und Angestellte des Bundes, der Länder, der Gemeinden und Gemeindeverbände sowie bei anderen Körperschaften, Anstalten und Stiftungen des öffentlichen Rechts nach näherer Anordnung der zuständigen obersten Bundes- oder Landesbehörde;
4. Personen, denen Prokura oder Generalvollmacht erteilt ist, oder Angestellte, die regelmäßig für den Arbeitgeber in Personalangelegenheiten tätig werden, sowie leitende Angestellte;

[1)] Nr. **9**.

5. Mitglieder und Angestellte von Vereinigungen von Arbeitgebern sowie Vorstandsmitglieder und Angestellte von Zusammenschlüssen solcher Vereinigungen, wenn diese Personen kraft Satzung oder Vollmacht zur Vertretung befugt sind.

[2] Ehrenamtlicher Richter aus den Kreisen der Arbeitgeber kann auch sein, wer in einem Zeitraum bis zu einem Jahr vor seiner Berufung die Voraussetzungen des Satzes 1 erfüllt hat und zum Zeitpunkt der Berufung weder eine Rente aus eigener Versicherung bezieht noch Versicherter ist, es sei denn, er steht oder stand in einem Beschäftigungsverhältnis nach Satz 1 Nummer 3, 4 oder 5.

(5) Bei Sozialgerichten, in deren Bezirk wesentliche Teile der Bevölkerung in der Seeschiffahrt beschäftigt sind, können ehrenamtliche Richter aus dem Kreis der Versicherten auch befahrene Schiffahrtskundige sein, die nicht Reeder, Reedereileiter (Korrespondentreeder, §§ 492 bis 499 des Handelsgesetzbuchs) oder Bevollmächtigte sind.

(6) Die ehrenamtlichen Richter sollen im Bezirk des Sozialgerichts wohnen oder ihren Betriebssitz haben oder beschäftigt sein.

§ 17 [Ausschließungsgründe] (1) [1] Vom Amt des ehrenamtlichen Richters am Sozialgericht ist ausgeschlossen,

1. wer infolge Richterspruchs die Fähigkeit zur Bekleidung öffentlicher Ämter nicht besitzt oder wegen einer vorsätzlichen Tat zu einer Freiheitsstrafe von mehr als sechs Monaten verurteilt worden ist,
2. wer wegen einer Tat angeklagt ist, die den Verlust der Fähigkeit zur Bekleidung öffentlicher Ämter zur Folge haben kann,
3. wer das Wahlrecht zum Deutschen Bundestag nicht besitzt.

[2] Personen, die in Vermögensverfall geraten sind, sollen nicht zu ehrenamtlichen Richtern berufen werden.

(2) [1] Mitglieder der Vorstände von Trägern und Verbänden der Sozialversicherung, der Kassenärztlichen (Kassenzahnärztlichen) Vereinigungen und der Bundesagentur für Arbeit können nicht ehrenamtliche Richter sein. [2] Davon unberührt bleibt die Regelung in Absatz 4.

(3) Die Bediensteten der Träger und Verbände der Sozialversicherung, der Kassenärztlichen (Kassenzahnärztlichen) Vereinigungen, der Dienststellen der Bundesagentur für Arbeit und der Kreise und kreisfreien Städte können nicht ehrenamtliche Richter in der Kammer sein, die über Streitigkeiten aus ihrem Arbeitsgebiet entscheidet.

(4) Mitglieder der Vorstände sowie leitende Beschäftigte bei den Kranken- und Pflegekassen und ihren Verbänden sowie Geschäftsführer und deren Stellvertreter bei den Kassenärztlichen (Kassenzahnärztlichen) Vereinigungen sind als ehrenamtliche Richter in den Kammern für Angelegenheiten des Vertragsarztrechts nicht ausgeschlossen.

(5) Das Amt des ehrenamtlichen Richters am Sozialgericht, der zum ehrenamtlichen Richter in einem höheren Rechtszug der Sozialgerichtsbarkeit berufen wird, endet mit der Berufung in das andere Amt.

§ 18 [Ablehnungsgründe, Entlassung] (1) Die Übernahme des Amtes als ehrenamtlicher Richter kann nur ablehnen,

1. wer die Regelaltersgrenze nach dem Sechsten Buch Sozialgesetzbuch[1] erreicht hat,
2. wer in den zehn der Berufung vorhergehenden Jahren als ehrenamtlicher Richter bei einem Gericht der Sozialgerichtsbarkeit tätig gewesen ist,
3. wer durch ehrenamtliche Tätigkeit für die Allgemeinheit so in Anspruch genommen ist, daß ihm die Übernahme des Amtes nicht zugemutet werden kann,
4. wer aus gesundheitlichen Gründen verhindert ist, das Amt ordnungsmäßig auszuüben,
5. wer glaubhaft macht, daß wichtige Gründe ihm die Ausübung des Amtes in besonderem Maße erschweren.

(2) Ablehnungsgründe sind nur zu berücksichtigen, wenn sie innerhalb von zwei Wochen, nachdem der ehrenamtliche Richter von seiner Berufung in Kenntnis gesetzt worden ist, von ihm geltend gemacht werden.

(3) [1]Der ehrenamtliche Richter kann auf Antrag aus dem Amt entlassen werden, wenn einer der in Absatz 1 Nr. 3 bis 5 bezeichneten Gründe nachträglich eintritt. [2]Eines Antrages bedarf es nicht, wenn der ehrenamtliche Richter seinen Wohnsitz aus dem Bezirk des Sozialgerichts verlegt und seine Heranziehung zu den Sitzungen dadurch wesentlich erschwert wird.

(4) Über die Berechtigung zur Ablehnung des Amtes oder über die Entlassung aus dem Amt entscheidet die vom Präsidium für jedes Geschäftsjahr im voraus bestimmte Kammer endgültig.

§ 19 [Ausübung des Ehrenamts; Entschädigung] (1) Der ehrenamtliche Richter übt sein Amt mit gleichen Rechten wie der Berufsrichter aus.

(2) Die ehrenamtlichen Richter erhalten eine Entschädigung nach dem Justizvergütungs- und -entschädigungsgesetz.

§ 20 [Strafrechtlicher Schutz] (1) Der ehrenamtliche Richter darf in der Übernahme oder Ausübung des Amtes nicht beschränkt oder wegen der Übernahme oder Ausübung des Amtes nicht benachteiligt werden.

(2) Wer einen anderen in der Übernahme oder Ausübung seines Amtes als ehrenamtlicher Richter beschränkt oder wegen der Übernahme oder Ausübung des Amtes benachteiligt, wird mit Freiheitsstrafe bis zu einem Jahr oder mit Geldstrafe bestraft.

§ 21 [Ordnungsgeld] [1]Der Vorsitzende kann gegen einen ehrenamtlichen Richter, der sich der Erfüllung seiner Pflichten entzieht, insbesondere ohne genügende Entschuldigung nicht oder nicht rechtzeitig zu den Sitzungen erscheint, durch Beschluß ein Ordnungsgeld festsetzen und ihm die durch sein Verhalten verursachten Kosten auferlegen. [2]Bei nachträglicher genügender Entschuldigung ist der Beschluß aufzuheben oder zu ändern. [3]Gegen den Beschluß ist Beschwerde zulässig. [4]Über die Beschwerde entscheidet die durch das Präsidium für jedes Geschäftsjahr im voraus bestimmte Kammer des Sozialgerichts endgültig. [5]Vor der Entscheidung ist der ehrenamtliche Richter zu hören.

---

[1] Nr. **6**.

§ 22 [Amtsenthebung] (1) [1]Der ehrenamtliche Richter ist von seinem Amt zu entbinden, wenn das Berufungsverfahren fehlerhaft war, wenn das Fehlen einer Voraussetzung für seine Berufung oder der Eintritt eines Ausschließungsgrundes bekannt wird oder wenn er die zur Ausübung seines Amtes erforderlichen geistigen oder körperlichen Fähigkeiten nicht mehr besitzt. [2]Er ist seines Amtes zu entheben, wenn er seine Amtspflichten grob verletzt. [3]Wenn eine Voraussetzung für seine Berufung im Laufe seiner Amtszeit wegfällt, ist er nicht von seinem Amt zu entbinden, es sei denn, eine paritätische Besetzung nach § 12 Absatz 2 bis 4 kann anderenfalls nicht gewährleistet werden; Satz 1 und 2 sowie § 18 Absatz 3 Satz 2 bleiben unberührt. [4]Soweit die Voraussetzungen für eine Amtsentbindung vorliegen, liegt in ihrer Nichtdurchführung kein die Zurückverweisung oder Revision begründender Verfahrensmangel.

(2) [1]Die Entscheidung trifft die vom Präsidium für jedes Geschäftsjahr im Voraus bestimmte Kammer. [2]Vor der Entscheidung ist der ehrenamtliche Richter zu hören. [3]Die Entscheidung ist unanfechtbar.

(3) [1]Die nach Absatz 2 Satz 1 zuständige Kammer kann anordnen, dass der ehrenamtliche Richter bis zur Entscheidung über die Amtsentbindung oder Amtsenthebung nicht heranzuziehen ist. [2]Die Anordnung ist unanfechtbar.

§ 23 [Ausschuss der ehrenamtlichen Richter] (1) [1]Bei jedem Sozialgericht wird ein Ausschuss der ehrenamtlichen Richter gebildet. [2]Die Kreise der ehrenamtlichen Richter, die in den bei dem Sozialgericht gebildeten Fachkammern vertreten sind, wählen jeweils aus ihrer Mitte ein Mitglied in den Ausschuss. [3]Das Wahlverfahren legt der bestehende Ausschuss fest. [4]Der Ausschuss tagt unter der Leitung des aufsichtführenden oder, wenn ein solcher nicht vorhanden oder verhindert ist, des dienstältesten Vorsitzenden des Sozialgerichts.

(2) [1]Der Ausschuss ist vor der Bildung von Kammern, vor der Geschäftsverteilung, vor der Verteilung der ehrenamtlichen Richter auf die Kammern und vor Aufstellung der Listen über die Heranziehung der ehrenamtlichen Richter zu den Sitzungen mündlich, schriftlich oder elektronisch zu hören. [2]Er kann dem Vorsitzenden des Sozialgerichts und den die Verwaltung und Dienstaufsicht führenden Stellen Wünsche der ehrenamtlichen Richter übermitteln.

§§ 24–26 (weggefallen)

§ 27 [Vertretung der Vorsitzenden] (1), (2) (weggefallen)

(3) Wenn die Vertretung eines Vorsitzenden nicht durch einen Berufsrichter desselben Gerichts möglich ist, wird sie auf Antrag des Präsidiums durch die Landesregierung oder die von ihr beauftragte Stelle geregelt.

Dritter Abschnitt. Landessozialgerichte

§ 28 [Errichtung, Sitz] (1) [1]Die Landessozialgerichte werden als Landesgerichte errichtet. [2]Die Errichtung und Aufhebung eines Gerichts und die Verlegung eines Gerichtssitzes werden durch Gesetz angeordnet. [3]Änderungen in der Abgrenzung der Gerichtsbezirke können auch durch Rechtsverordnung bestimmt werden. [4]Die Landesregierung oder die von ihr beauftragte Stelle kann anordnen, daß außerhalb des Sitzes des Landessozialgerichts Zweigstellen errichtet werden.

(2) Mehrere Länder können ein gemeinsames Landessozialgericht errichten.

§ 29 [Funktionelle Zuständigkeit] (1) Die Landessozialgerichte entscheiden im zweiten Rechtszug über die Berufung gegen die Urteile und die Beschwerden gegen andere Entscheidungen der Sozialgerichte.

(2) Die Landessozialgerichte entscheiden im ersten Rechtszug über

1. Klagen gegen Entscheidungen der Landesschiedsämter sowie der sektorenübergreifenden Schiedsgremien auf Landesebene und gegen Beanstandungen von Entscheidungen der Landesschiedsämter und der sektorenübergreifenden Schiedsgremien auf Landesebene nach dem Fünften Buch Sozialgesetzbuch[1)], gegen Entscheidungen der Schiedsstellen nach § 120 Absatz 4 des Fünften Buches Sozialgesetzbuch, der Schiedsstellen nach § 133 des Neunten Buches[2)] Sozialgesetzbuch, der Schiedsstelle nach § 76 des Elften Buches Sozialgesetzbuch[3)] und der Schiedsstellen nach § 81 des Zwölften Buches Sozialgesetzbuch[4)],
2. Aufsichtsangelegenheiten gegenüber Trägern der Sozialversicherung und ihren Verbänden, gegenüber den Kassenärztlichen und Kassenzahnärztlichen Vereinigungen sowie der Kassenärztlichen und Kassenzahnärztlichen Bundesvereinigung, bei denen die Aufsicht von einer Landes- oder Bundesbehörde ausgeübt wird,
3. Klagen in Angelegenheiten der Erstattung von Aufwendungen nach § 6b des Zweiten Buches Sozialgesetzbuch[5)],
4. Anträge nach § 55a,
5. Streitigkeiten nach § 4a Absatz 7 des Fünften Buches Sozialgesetzbuch.

(3) Das Landessozialgericht Nordrhein-Westfalen entscheidet im ersten Rechtszug über

1. Streitigkeiten zwischen gesetzlichen Krankenkassen untereinander betreffend den Risikostrukturausgleich sowie zwischen gesetzlichen Krankenkassen oder ihren Verbänden und dem Bundesamt für Soziale Sicherung betreffend den Risikostrukturausgleich, die Anerkennung von strukturierten Behandlungsprogrammen und die Verwaltung des Gesundheitsfonds,
2. Streitigkeiten betreffend den Finanzausgleich der gesetzlichen Pflegeversicherung,
3. Streitigkeiten betreffend den Ausgleich unter den gewerblichen Berufsgenossenschaften nach dem Siebten Buch Sozialgesetzbuch[6)],
4. Streitigkeiten über Entscheidungen des Bundeskartellamts, die die freiwillige Vereinigung von Krankenkassen nach § 172a des Fünften Buches Sozialgesetzbuch betreffen.

(4) Das Landessozialgericht Berlin-Brandenburg entscheidet im ersten Rechtszug über

1. Klagen gegen die Entscheidung der Bundesschiedsämter nach § 89 Absatz 2 des Fünften Buches Sozialgesetzbuch, des weiteren Schiedsamtes auf Bundes-

---

1) Nr. 5.
2) Nr. 9.
3) Nr. 11.
4) Nr. 12.
5) Nr. 2.
6) Nr. 7.

ebene nach § 89 Absatz 12 des Fünften Buches Sozialgesetzbuch, des sektorenübergreifenden Schiedsgremiums auf Bundesebene nach § 89a des Fünften Buches Sozialgesetzbuch sowie der erweiterten Bewertungsausschüsse nach § 87 Abs. 4 des Fünften Buches Sozialgesetzbuch, soweit die Klagen von den Einrichtungen erhoben werden, die diese Gremien bilden,

2. Klagen gegen Entscheidungen des Bundesministeriums für Gesundheit nach § 87 Abs. 6 des Fünften Buches Sozialgesetzbuch gegenüber den Bewertungsausschüssen und den erweiterten Bewertungsausschüssen sowie gegen Beanstandungen des Bundesministeriums für Gesundheit gegenüber den Bundesschiedsämtern und dem sektorenübergreifenden Schiedsgremium auf Bundesebene,
3. Klagen gegen Entscheidungen und Richtlinien des Gemeinsamen Bundesausschusses (§§ 91, 92 des Fünften Buches Sozialgesetzbuch), Klagen in Aufsichtsangelegenheiten gegenüber dem Gemeinsamen Bundesausschuss, Klagen gegen die Festsetzung von Festbeträgen durch die Spitzenverbände der Krankenkassen oder den Spitzenverband Bund der Krankenkassen, Klagen gegen Entscheidungen der Schiedsstellen nach den §§ 129 und 130b des Fünften Buches Sozialgesetzbuch sowie Klagen gegen Entscheidungen des Schlichtungsausschusses Bund nach § 19 des Krankenhausfinanzierungsgesetzes in der Fassung der Bekanntmachung vom 10. April 1991 (BGBl. I S. 886), das zuletzt durch Artikel 3 des Gesetzes vom 14. Dezember 2019 (BGBl. I S. 2789) geändert worden ist.

§ 30 [Besetzung, Dienstaufsicht] (1) Das Landessozialgericht besteht aus dem Präsidenten, den Vorsitzenden Richtern, weiteren Berufsrichtern und den ehrenamtlichen Richtern.

(2) Die für die allgemeine Dienstaufsicht und die sonstigen Geschäfte der Gerichtsverwaltung zuständige Stelle wird durch Landesrecht bestimmt.

§ 31 [Fachsenate] (1) [1]Bei den Landessozialgerichten werden Senate für Angelegenheiten der Sozialversicherung, der Arbeitsförderung einschließlich der übrigen Aufgaben der Bundesagentur für Arbeit, für Angelegenheiten der Grundsicherung für Arbeitsuchende, für Angelegenheiten der Sozialhilfe einschließlich der Angelegenheiten nach Teil 2 des Neunten Buches Sozialgesetzbuch[1)] und des Asylbewerberleistungsgesetzes sowie für Angelegenheiten des sozialen Entschädigungsrechts und des Schwerbehindertenrechts gebildet. [2]Für Angelegenheiten der Knappschaftsversicherung einschließlich der Unfallversicherung für den Bergbau sowie für Verfahren wegen eines überlangen Gerichtsverfahrens (§ 202 Satz 2) kann jeweils ein eigener Senat gebildet werden.

(2) Für die Angelegenheiten des Vertragsarztrechts und für Antragsverfahren nach § 55a ist jeweils ein eigener Senat zu bilden.

(3) Die beteiligten Länder können die Ausdehnung des Bezirks eines Senats auf das Gebiet oder auf Gebietsteile mehrerer Länder vereinbaren.

§ 32 [Richter auf Lebenszeit] (1) Die Berufsrichter werden von der nach Landesrecht zuständigen Stelle auf Lebenszeit ernannt.

(2) (weggefallen)

---

1) Nr. **9**.

§ 33 [Besetzung der Senate] (1) [1] Jeder Senat wird in der Besetzung mit einem Vorsitzenden, zwei weiteren Berufsrichtern und zwei ehrenamtlichen Richtern tätig. [2] § 12 Abs. 1 Satz 2, Abs. 2 bis 5 gilt entsprechend.

(2) In Senaten, die in Verfahren wegen eines überlangen Gerichtsverfahrens (§ 202 Satz 2) entscheiden, wirken die für Angelegenheiten der Sozialversicherung berufenen ehrenamtlichen Richter mit.

§ 34 (weggefallen)

§ 35 [Ehrenamtliche Richter] (1) [1] Die ehrenamtlichen Richter beim Landessozialgericht müssen das dreißigste Lebensjahr vollendet haben; sie sollen mindestens fünf Jahre ehrenamtliche Richter bei einem Sozialgericht gewesen sein. [2] Im übrigen gelten die §§ 13 bis 23.

(2) In den Fällen des § 18 Abs. 4, der §§ 21 und 22 Abs. 2 entscheidet der vom Präsidium für jedes Geschäftsjahr im voraus bestimmte Senat.

§§ 36 und 37 (weggefallen)

Vierter Abschnitt. Bundessozialgericht

§ 38 [Sitz, Besetzung, Berufsrichter, Dienstaufsicht] (1) Das Bundessozialgericht hat seinen Sitz in Kassel.

(2) [1] Das Bundessozialgericht besteht aus dem Präsidenten, den Vorsitzenden Richtern, weiteren Berufsrichtern und den ehrenamtlichen Richtern. [2] Die Berufsrichter müssen das fünfunddreißigste Lebensjahr vollendet haben. [3] Für die Berufung der Berufsrichter gelten die Vorschriften des Richterwahlgesetzes. [4] Zuständiger Minister im Sinne des § 1 Abs. 1 des Richterwahlgesetzes ist der Bundesminister für Arbeit und Soziales.

(3) [1] Das Bundesministerium für Arbeit und Soziales führt die allgemeine Dienstaufsicht und die sonstigen Geschäfte der Gerichtsverwaltung. [2] Es kann die allgemeine Dienstaufsicht und die sonstigen Geschäfte der Gerichtsverwaltung auf den Präsidenten des Bundessozialgerichts übertragen.

§ 39 [Funktionelle und sachliche Zuständigkeit] (1) Das Bundessozialgericht entscheidet über das Rechtsmittel der Revision.

(2) [1] Das Bundessozialgericht entscheidet im ersten und letzten Rechtszug über Streitigkeiten nicht verfassungsrechtlicher Art zwischen dem Bund und den Ländern sowie zwischen verschiedenen Ländern in Angelegenheiten des § 51. [2] Hält das Bundessozialgericht in diesen Fällen eine Streitigkeit für verfassungsrechtlich, so legt es die Sache dem Bundesverfassungsgericht zur Entscheidung vor. [3] Das Bundesverfassungsgericht entscheidet mit bindender Wirkung.

§ 40 [Fachsenate] [1] Für die Bildung und Besetzung der Senate gelten § 31 Abs. 1 und § 33 entsprechend. [2] Für Angelegenheiten des Vertragsarztrechts ist mindestens ein Senat zu bilden. [3] In den Senaten für Angelegenheiten des § 51 Abs. 1 Nr. 6a wirken ehrenamtliche Richter aus der Vorschlagsliste der Bundesvereinigung der kommunalen Spitzenverbände mit.

§ 41 [Großer Senat] (1) Bei dem Bundessozialgericht wird ein Großer Senat gebildet.

(2) Der Große Senat entscheidet, wenn ein Senat in einer Rechtsfrage von der Entscheidung eines anderen Senats oder des Großen Senats abweichen will.

(3) [1] Eine Vorlage an den Großen Senat ist nur zulässig, wenn der Senat, von dessen Entscheidung abgewichen werden soll, auf Anfrage des erkennenden Senats erklärt hat, daß er an seiner Rechtsauffassung festhält. [2] Kann der Senat, von dessen Entscheidung abgewichen werden soll, wegen einer Änderung des Geschäftsverteilungsplanes mit der Rechtsfrage nicht mehr befaßt werden, tritt der Senat an seine Stelle, der nach dem Geschäftsverteilungsplan für den Fall, in dem abweichend entschieden wurde, nunmehr zuständig wäre. [3] Über die Anfrage und die Antwort entscheidet der jeweilige Senat durch Beschluß in der für Urteile erforderlichen Besetzung.

(4) Der erkennende Senat kann eine Frage von grundsätzlicher Bedeutung dem Großen Senat zur Entscheidung vorlegen, wenn das nach seiner Auffassung zur Fortbildung des Rechts oder zur Sicherung einer einheitlichen Rechtsprechung erforderlich ist.

(5) [1] Der Große Senat besteht aus dem Präsidenten, je einem Berufsrichter der Senate, in denen der Präsident nicht den Vorsitz führt, je zwei ehrenamtlichen Richtern aus dem Kreis der Versicherten und dem Kreis der Arbeitgeber sowie je einem ehrenamtlichen Richter aus dem Kreis der mit dem sozialen Entschädigungsrecht oder der Teilhabe behinderter Menschen vertrauten Personen und dem Kreis der Versorgungsberechtigten und der behinderten Menschen im Sinne des Neunten Buches Sozialgesetzbuch[1)]. [2] Legt der Senat für Angelegenheiten des Vertragsarztrechts vor oder soll von dessen Entscheidung abgewichen werden, gehören dem Großen Senat außerdem je ein ehrenamtlicher Richter aus dem Kreis der Krankenkassen und dem Kreis der Vertragsärzte, Vertragszahnärzte und Psychotherapeuten an. [3] Legt der Senat für Angelegenheiten des § 51 Abs. 1 Nr. 6a vor oder soll von dessen Entscheidung abgewichen werden, gehören dem Großen Senat außerdem zwei ehrenamtliche Richter aus dem Kreis der von der Bundesvereinigung der kommunalen Spitzenverbände Vorgeschlagenen an. [4] Sind Senate personengleich besetzt, wird aus ihnen nur ein Berufsrichter bestellt; er hat nur eine Stimme. [5] Bei einer Verhinderung des Präsidenten tritt ein Berufsrichter des Senats, dem er angehört, an seine Stelle.

(6) [1] Die Mitglieder und die Vertreter werden durch das Präsidium für ein Geschäftsjahr bestellt. [2] Den Vorsitz im Großen Senat führt der Präsident, bei Verhinderung das dienstälteste Mitglied. [3] Bei Stimmengleichheit gibt die Stimme des Vorsitzenden den Ausschlag.

(7) [1] Der Große Senat entscheidet nur über die Rechtsfrage. [2] Er kann ohne mündliche Verhandlung entscheiden. [3] Seine Entscheidung ist in der vorliegenden Sache für den erkennenden Senat bindend.

§§ 42–44 *(aufgehoben)*

§ 45 [Ehrenamtliche Richter, Zahl, Berufung, Amtsdauer] (1) Das Bundesministerium für Arbeit und Soziales bestimmt nach Anhörung des Präsidenten des Bundessozialgerichts die Zahl der für die einzelnen Zweige der Sozialgerichtsbarkeit zu berufenden ehrenamtlichen Richter.

---

1) Nr. 9.

(2) [1] Die ehrenamtlichen Richter werden vom Bundesministerium für Arbeit und Soziales auf Grund von Vorschlagslisten (§ 46) für die Dauer von fünf Jahren berufen; sie sind in angemessenem Verhältnis unter billiger Berücksichtigung der Minderheiten aus den Vorschlagslisten zu entnehmen. [2] Das Bundesministerium für Arbeit und Soziales kann eine Ergänzung der Vorschlagslisten verlangen. [3] § 13 Abs. 2 gilt entsprechend mit der Maßgabe, dass das Bundesministerium für Arbeit und Soziales durch Rechtsverordnung eine einheitliche Amtsperiode festlegen kann.

(3) [1] Die ehrenamtlichen Richter bleiben nach Ablauf ihrer Amtszeit im Amt, bis ihre Nachfolger berufen sind. [2] Erneute Berufung ist zulässig.

§ 46 [Vorschlagslisten; Vorschlagsrecht] (1) Die Vorschlagslisten für die ehrenamtlichen Richter in den Senaten für Angelegenheiten der Sozialversicherung und der Arbeitsförderung sowie der Grundsicherung für Arbeitsuchende werden von den in § 14 Abs. 1 aufgeführten Organisationen und Behörden aufgestellt.

(2) Die Vorschlagslisten für die ehrenamtlichen Richter in den Senaten für Angelegenheiten des Vertragsarztrechts werden von den Kassenärztlichen (Kassenzahnärztlichen) Vereinigungen und gemeinsam von den Zusammenschlüssen der Krankenkassen, die sich über das Bundesgebiet erstrecken, aufgestellt.

(3) Die ehrenamtlichen Richter für die Senate für Angelegenheiten des sozialen Entschädigungsrechts und des Schwerbehindertenrechts werden auf Vorschlag der obersten Verwaltungsbehörden der Länder sowie der in § 14 Abs. 3 Satz 2 und 3 genannten Vereinigungen, die sich über das Bundesgebiet erstrecken, berufen.

(4) Die ehrenamtlichen Richter für die Senate für Angelegenheiten der Sozialhilfe einschließlich der Angelegenheiten nach Teil 2 des Neunten Buches Sozialgesetzbuch[1)] und des Asylbewerberleistungsgesetzes werden auf Vorschlag der Bundesvereinigung der kommunalen Spitzenverbände berufen.

§ 47 [Berufung der ehrenamtlichen Richter] [1] Die ehrenamtlichen Richter am Bundessozialgericht müssen das fünfunddreißigste Lebensjahr vollendet haben; sie sollen mindestens fünf Jahre ehrenamtliche Richter an einem Sozialgericht oder Landessozialgericht gewesen sein. [2] Im übrigen gelten die §§ 16 bis 23 entsprechend mit der Maßgabe, daß in den Fällen des § 18 Abs. 4, der §§ 21 und 22 Abs. 2 der vom Präsidium für jedes Geschäftsjahr im voraus bestimmte Senat des Bundessozialgerichts entscheidet.

§§ 48 und 49 (weggefallen)

§ 50 [Geschäftsordnung] Der Geschäftsgang wird durch eine Geschäftsordnung geregelt, die das Präsidium unter Zuziehung der beiden der Geburt nach ältesten ehrenamtlichen Richter beschließt.

Fünfter Abschnitt. Rechtsweg und Zuständigkeit

§ 51 [Zulässigkeit des Rechtsweges; Generalklausel] (1) Die Gerichte der Sozialgerichtsbarkeit entscheiden über öffentlich-rechtliche Streitigkeiten

---

1) Nr. 9.

1. in Angelegenheiten der gesetzlichen Rentenversicherung einschließlich der Alterssicherung der Landwirte,
2. in Angelegenheiten der gesetzlichen Krankenversicherung, der sozialen Pflegeversicherung und der privaten Pflegeversicherung (Elftes Buch Sozialgesetzbuch)[1], auch soweit durch diese Angelegenheiten Dritte betroffen werden; dies gilt nicht für Streitigkeiten in Angelegenheiten nach § 110 des Fünften Buches Sozialgesetzbuch[2] aufgrund einer Kündigung von Versorgungsverträgen, die für Hochschulkliniken oder Plankrankenhäuser (§ 108 Nr. 1 und 2 des Fünften Buches Sozialgesetzbuch) gelten,
3. in Angelegenheiten der gesetzlichen Unfallversicherung mit Ausnahme der Streitigkeiten aufgrund der Überwachung der Maßnahmen zur Prävention durch die Träger der gesetzlichen Unfallversicherung,
4. in Angelegenheiten der Arbeitsförderung einschließlich der übrigen Aufgaben der Bundesagentur für Arbeit,

4a. in Angelegenheiten der Grundsicherung für Arbeitsuchende,

5. in sonstigen Angelegenheiten der Sozialversicherung,
6. in Angelegenheiten des sozialen Entschädigungsrechts mit Ausnahme der Streitigkeiten aufgrund der §§ 25 bis 27j des Bundesversorgungsgesetzes (Kriegsopferfürsorge), auch soweit andere Gesetze die entsprechende Anwendung dieser Vorschriften vorsehen,

6a. in Angelegenheiten der Sozialhilfe einschließlich der Angelegenheiten nach Teil 2 des Neunten Buches Sozialgesetzbuch[3] und des Asylbewerberleistungsgesetzes,

7. bei der Feststellung von Behinderungen und ihrem Grad sowie weiterer gesundheitlicher Merkmale, ferner der Ausstellung, Verlängerung, Berichtigung und Einziehung von Ausweisen nach § 152 des Neunten Buches Sozialgesetzbuch,
8. die aufgrund des Aufwendungsausgleichsgesetzes entstehen,
9. *(aufgehoben)*
10. für die durch Gesetz der Rechtsweg vor diesen Gerichten eröffnet wird.

(2) [1]Die Gerichte der Sozialgerichtsbarkeit entscheiden auch über privatrechtliche Streitigkeiten in Angelegenheiten der Zulassung von Trägern und Maßnahmen durch fachkundige Stellen nach dem Fünften Kapitel des Dritten Buches Sozialgesetzbuch[4] und in Angelegenheiten der gesetzlichen Krankenversicherung, auch soweit durch diese Angelegenheiten Dritte betroffen werden. [2]Satz 1 gilt für die soziale Pflegeversicherung und die private Pflegeversicherung (Elftes Buch Sozialgesetzbuch) entsprechend.

(3) Von der Zuständigkeit der Gerichte der Sozialgerichtsbarkeit nach den Absätzen 1 und 2 ausgenommen sind Streitigkeiten in Verfahren nach dem Gesetz gegen Wettbewerbsbeschränkungen, die Rechtsbeziehungen nach § 69 des Fünften Buches Sozialgesetzbuch betreffen.

§§ 52, 53 *(aufgehoben)*

---

[1] Nr. **11**.
[2] Nr. **5**.
[3] Nr. **9**.
[4] Nr. **3**.

§ 54 [Gegenstand der Klage] (1) [1] Durch Klage kann die Aufhebung eines Verwaltungsakts oder seine Abänderung sowie die Verurteilung zum Erlaß eines abgelehnten oder unterlassenen Verwaltungsakts begehrt werden. [2] Soweit gesetzlich nichts anderes bestimmt ist, ist die Klage zulässig, wenn der Kläger behauptet, durch den Verwaltungsakt oder durch die Ablehnung oder Unterlassung eines Verwaltungsakts beschwert zu sein.

(2) [1] Der Kläger ist beschwert, wenn der Verwaltungsakt oder die Ablehnung oder Unterlassung eines Verwaltungsakts rechtswidrig ist. [2] Soweit die Behörde, Körperschaft oder Anstalt des öffentlichen Rechts ermächtigt ist, nach ihrem Ermessen zu handeln, ist Rechtswidrigkeit auch gegeben, wenn die gesetzlichen Grenzen dieses Ermessens überschritten sind oder von dem Ermessen in einer dem Zweck der Ermächtigung nicht entsprechenden Weise Gebrauch gemacht ist.

(3) Eine Körperschaft oder eine Anstalt des öffentlichen Rechts kann mit der Klage die Aufhebung einer Anordnung der Aufsichtsbehörde begehren, wenn sie behauptet, daß die Anordnung das Aufsichtsrecht überschreite.

(4) Betrifft der angefochtene Verwaltungsakt eine Leistung, auf die ein Rechtsanspruch besteht, so kann mit der Klage neben der Aufhebung des Verwaltungsakts gleichzeitig die Leistung verlangt werden.

(5) Mit der Klage kann die Verurteilung zu einer Leistung, auf die ein Rechtsanspruch besteht, auch dann begehrt werden, wenn ein Verwaltungsakt nicht zu ergehen hatte.

§ 55 [Feststellungsklage] (1) Mit der Klage kann begehrt werden

1. die Feststellung des Bestehens oder Nichtbestehens eines Rechtsverhältnisses,
2. die Feststellung, welcher Versicherungsträger der Sozialversicherung zuständig ist,
3. die Feststellung, ob eine Gesundheitsstörung oder der Tod die Folge eines Arbeitsunfalls, einer Berufskrankheit oder einer Schädigung im Sinne des Bundesversorgungsgesetzes ist,
4. die Feststellung der Nichtigkeit eines Verwaltungsakts,

wenn der Kläger ein berechtigtes Interesse an der baldigen Feststellung hat.

(2) Unter Absatz 1 Nr. 1 fällt auch die Feststellung, in welchem Umfange Beiträge zu berechnen oder anzurechnen sind.

§ 55a [Überprüfung der Gültigkeit] (1) Auf Antrag ist über die Gültigkeit von Satzungen oder anderen im Rang unter einem Landesgesetz stehenden Rechtsvorschriften, die nach § 22a Absatz 1 des Zweiten Buches Sozialgesetzbuch[1)] und dem dazu ergangenen Landesgesetz erlassen worden sind, zu entscheiden.

(2) [1] Den Antrag kann jede natürliche Person stellen, die geltend macht, durch die Anwendung der Rechtsvorschrift in ihren Rechten verletzt zu sein oder in absehbarer Zeit verletzt zu werden. [2] Er ist gegen die Körperschaft zu richten, welche die Rechtsvorschrift erlassen hat. [3] Das Landessozialgericht kann der obersten Landesbehörde oder der von ihr bestimmten Stelle Gelegenheit zur Äußerung binnen einer bestimmten Frist geben. [4] § 75 Absatz 1 und 3 sowie Absatz 4 Satz 1 sind entsprechend anzuwenden.

[1)] Nr. 2.

(3) Das Landessozialgericht prüft die Vereinbarkeit der Rechtsvorschrift mit Landesrecht nicht, soweit gesetzlich vorgesehen ist, dass die Rechtsvorschrift ausschließlich durch das Verfassungsgericht eines Landes nachprüfbar ist.

(4) Ist ein Verfahren zur Überprüfung der Gültigkeit der Rechtsvorschrift bei einem Verfassungsgericht anhängig, so kann das Landessozialgericht anordnen, dass die Verhandlung bis zur Erledigung des Verfahrens vor dem Verfassungsgericht auszusetzen ist.

(5) [1] Das Landessozialgericht entscheidet durch Urteil oder, wenn es eine mündliche Verhandlung nicht für erforderlich hält, durch Beschluss. [2] Kommt das Landessozialgericht zu der Überzeugung, dass die Rechtsvorschrift ungültig ist, so erklärt es sie für unwirksam; in diesem Fall ist die Entscheidung allgemein verbindlich und die Entscheidungsformel vom Antragsgegner oder der Antragsgegnerin ebenso zu veröffentlichen wie die Rechtsvorschrift bekannt zu machen wäre. [3] Für die Wirkung der Entscheidung gilt § 183 der Verwaltungsgerichtsordnung entsprechend.

(6) Das Landessozialgericht kann auf Antrag eine einstweilige Anordnung erlassen, wenn dies zur Abwehr schwerer Nachteile oder aus anderen wichtigen Gründen dringend geboten ist.

§ 56 [Klagenhäufung] Mehrere Klagebegehren können vom Kläger in einer Klage zusammen verfolgt werden, wenn sie sich gegen denselben Beklagten richten, im Zusammenhang stehen und dasselbe Gericht zuständig ist.

§ 56a [Rechtsbehelfe gegen behördliche Verfahrenshandlungen]
[1] Rechtsbehelfe gegen behördliche Verfahrenshandlungen können nur gleichzeitig mit den gegen die Sachentscheidung zulässigen Rechtsbehelfen geltend gemacht werden. [2] Dies gilt nicht, wenn behördliche Verfahrenshandlungen vollstreckt werden können oder gegen einen Nichtbeteiligten ergehen.

§ 57 [Örtliche Zuständigkeit, Gerichtsstand] (1) [1] Örtlich zuständig ist das Sozialgericht, in dessen Bezirk der Kläger zur Zeit der Klageerhebung seinen Sitz oder Wohnsitz oder in Ermangelung dessen seinen Aufenthaltsort hat; steht er in einem Beschäftigungsverhältnis, so kann er auch vor dem für den Beschäftigungsort zuständigen Sozialgericht klagen. [2] Klagt eine Körperschaft oder Anstalt des öffentlichen Rechts, in Angelegenheiten nach dem Elften Buch Sozialgesetzbuch[1)] ein Unternehmen der privaten Pflegeversicherung oder in Angelegenheiten des sozialen Entschädigungsrechts oder des Schwerbehindertenrechts ein Land, so ist der Sitz oder Wohnsitz oder Aufenthaltsort des Beklagten maßgebend, wenn dieser eine natürliche Person oder eine juristische Person des Privatrechts ist.

(2) [1] Ist die erstmalige Bewilligung einer Hinterbliebenenrente streitig, so ist der Wohnsitz oder in Ermangelung dessen der Aufenthaltsort der Witwe oder des Witwers maßgebend. [2] Ist eine Witwe oder ein Witwer nicht vorhanden, so ist das Sozialgericht örtlich zuständig, in dessen Bezirk die jüngste Waise im Inland ihren Wohnsitz oder in Ermangelung dessen ihren Aufenthaltsort hat; sind nur Eltern oder Großeltern vorhanden, so ist das Sozialgericht örtlich zuständig, in dessen Bezirk die Eltern oder Großeltern ihren Wohnsitz oder in Ermangelung dessen ihren Aufenthaltsort haben. [3] Bei verschiedenem Wohnsitz

---

[1)] Nr. 11.

oder Aufenthaltsort der Eltern- oder Großelternteile gilt der im Inland gelegene Wohnsitz oder Aufenthaltsort des anspruchsberechtigten Ehemannes oder geschiedenen Mannes.

(3) Hat der Kläger seinen Sitz oder Wohnsitz oder Aufenthaltsort im Ausland, so ist örtlich zuständig das Sozialgericht, in dessen Bezirk der Beklagte seinen Sitz oder Wohnsitz oder in Ermangelung dessen seinen Aufenthaltsort hat.

(4) In Angelegenheiten des § 51 Abs. 1 Nr. 2, die auf Bundesebene festgesetzte Festbeträge betreffen, ist das Sozialgericht örtlich zuständig, in dessen Bezirk die Bundesregierung ihren Sitz hat, in Angelegenheiten, die auf Landesebene festgesetzte Festbeträge betreffen, das Sozialgericht, in dessen Bezirk die Landesregierung ihren Sitz hat.

(5) In Angelegenheiten nach § 130a Absatz 4 und 9 des Fünften Buches Sozialgesetzbuch[1)] ist das Sozialgericht örtlich zuständig, in dessen Bezirk die zur Entscheidung berufene Behörde ihren Sitz hat.

(6) Für Antragsverfahren nach § 55a ist das Landessozialgericht örtlich zuständig, in dessen Bezirk die Körperschaft, die die Rechtsvorschrift erlassen hat, ihren Sitz hat.

(7) [1] In Angelegenheiten nach § 7a des Vierten Buches Sozialgesetzbuch[2)] ist das Sozialgericht örtlich zuständig, in dessen Bezirk der Auftraggeber seinen Sitz oder in Ermangelung dessen seinen Wohnsitz hat. [2] Hat dieser seinen Sitz oder in Ermangelung dessen seinen Wohnsitz im Ausland, ist das Sozialgericht örtlich zuständig, in dessen Bezirk der Auftragnehmer seinen Wohnsitz oder in Ermangelung dessen seinen Aufenthaltsort hat.

§ 57a [Vertragsarztangelegenheiten] (1) In Vertragsarztangelegenheiten der gesetzlichen Krankenversicherung ist, wenn es sich um Fragen der Zulassung oder Ermächtigung nach Vertragsarztrecht handelt, das Sozialgericht zuständig, in dessen Bezirk der Vertragsarzt, der Vertragszahnarzt oder der Psychotherapeut seinen Sitz hat.

(2) In anderen Vertragsarztangelegenheiten der gesetzlichen Krankenversicherung ist das Sozialgericht zuständig, in dessen Bezirk die Kassenärztliche Vereinigung oder die Kassenzahnärztliche Vereinigung ihren Sitz hat.

(3) Sind Entscheidungen oder Verträge auf Landesebene Streitgegenstand des Verfahrens, ist – soweit das Landesrecht nichts Abweichendes bestimmt – das Sozialgericht zuständig, in dessen Bezirk die Landesregierung ihren Sitz hat.

(4) Sind Entscheidungen oder Verträge auf Bundesebene Streitgegenstand des Verfahrens, ist das Sozialgericht zuständig, in dessen Bezirk die Kassenärztliche Bundesvereinigung oder die Kassenzahnärztliche Bundesvereinigung ihren Sitz hat.

§ 57b [Wahlen zu den Selbstverwaltungsorganen] In Angelegenheiten, die die Wahlen zu den Selbstverwaltungsorganen der Sozialversicherungsträger und ihrer Verbände oder die Ergänzung der Selbstverwaltungsorgane betreffen, ist das Sozialgericht zuständig, in dessen Bezirk der Versicherungsträger oder der Verband den Sitz hat.

---

1) Nr. 5.
2) Nr. 4.

§ 58 [Bestimmung der Zuständigkeit] (1) Das zuständige Gericht innerhalb der Sozialgerichtsbarkeit wird durch das gemeinsam nächsthöhere Gericht bestimmt,

1. wenn das an sich zuständige Gericht in einem einzelnen Falle an der Ausübung der Gerichtsbarkeit rechtlich oder tatsächlich verhindert ist,
2. wenn mit Rücksicht auf die Grenzen verschiedener Gerichtsbezirke ungewiß ist, welches Gericht für den Rechtsstreit zuständig ist,
3. wenn in einem Rechtsstreit verschiedene Gerichte sich rechtskräftig für zuständig erklärt haben,
4. wenn verschiedene Gerichte, von denen eines für den Rechtsstreit zuständig ist, sich rechtskräftig für unzuständig erklärt haben,
5. wenn eine örtliche Zuständigkeit weder nach den §§ 57 bis 57b noch nach einer anderen gesetzlichen Zuständigkeitsbestimmung gegeben ist.

(2) Zur Feststellung der Zuständigkeit kann jedes mit dem Rechtsstreit befaßte Gericht und jeder am Rechtsstreit Beteiligte das im Rechtszug höhere Gericht anrufen, das ohne mündliche Verhandlung entscheiden kann.

§ 59 [Keine Zuständigkeitsvereinbarungen] [1] Vereinbarungen der Beteiligten über die Zuständigkeit haben keine rechtliche Wirkung. [2] Eine Zuständigkeit wird auch nicht dadurch begründet, daß die Unzuständigkeit des Gerichts nicht geltend gemacht wird.

Zweiter Teil. Verfahren

Erster Abschnitt. Gemeinsame Verfahrensvorschriften

Erster Unterabschnitt. Allgemeine Vorschriften

§ 60 [Ausschließung und Ablehnung von Gerichtspersonen] (1) Für die Ausschließung und Ablehnung der Gerichtspersonen gelten die §§ 41 bis 46 Absatz 1 und die §§ 47 bis 49 der Zivilprozeßordnung entsprechend.

(2) Von der Ausübung des Amtes als Richter ist auch ausgeschlossen, wer bei dem vorausgegangenen Verwaltungsverfahren mitgewirkt hat.

(3) Die Besorgnis der Befangenheit nach § 42 der Zivilprozeßordnung gilt stets als begründet, wenn der Richter dem Vorstand einer Körperschaft oder Anstalt des öffentlichen Rechts angehört, deren Interessen durch das Verfahren unmittelbar berührt werden.

§ 61 [Öffentlichkeit, Sitzungspolizei, Gerichtssprache, Beratung, Abstimmung] (1) Für die Öffentlichkeit, Sitzungspolizei und Gerichtssprache gelten die §§ 169, 171b bis 191a des Gerichtsverfassungsgesetzes entsprechend.

(2) Für die Beratung und Abstimmung gelten die §§ 192 bis 197 des Gerichtsverfassungsgesetzes entsprechend.

§ 62 [Rechtliches Gehör] Vor jeder Entscheidung ist den Beteiligten rechtliches Gehör zu gewähren; die Anhörung kann schriftlich oder elektronisch geschehen.

§ 63 [Zustellungen] (1) [1] Anordnungen und Entscheidungen, durch die eine Frist in Lauf gesetzt wird, sind den Beteiligten zuzustellen, bei Verkündung jedoch nur, wenn es ausdrücklich vorgeschrieben ist. [2] Terminbestimmungen und Ladungen sind bekannt zu geben.

(2) [1] Zugestellt wird von Amts wegen nach den Vorschriften der Zivilprozessordnung. [2] Die §§ 174, 178 Abs. 1 Nr. 2 der Zivilprozessordnung sind entsprechend anzuwenden auf die nach § 73 Abs. 2 Satz 2 Nr. 3 bis 9 zur Prozessvertretung zugelassenen Personen.

(3) Wer nicht im Inland wohnt, hat auf Verlangen einen Zustellungsbevollmächtigten zu bestellen.

§ 64 [Berechnung der Fristen] (1) Der Lauf einer Frist beginnt, soweit nichts anderes bestimmt ist, mit dem Tage nach der Zustellung oder, wenn diese nicht vorgeschrieben ist, mit dem Tage nach der Eröffnung oder Verkündung.

(2) [1] Eine nach Tagen bestimmte Frist endet mit dem Ablauf ihres letzten Tages, eine nach Wochen oder Monaten bestimmte Frist mit dem Ablauf desjenigen Tages der letzten Woche oder des letzten Monats, welcher nach Benennung oder Zahl dem Tage entspricht, in den das Ereignis oder der Zeitpunkt fällt. [2] Fehlt dem letzten Monat der entsprechende Tag, so endet die Frist mit dem Monat.

(3) Fällt das Ende einer Frist auf einen Sonntag, einen gesetzlichen Feiertag oder einen Sonnabend, so endet die Frist mit Ablauf des nächsten Werktages.

§ 65 [Richterliche Fristen, Abkürzung und Verlängerung] [1] Auf Antrag kann der Vorsitzende richterliche Fristen abkürzen oder verlängern. [2] Im Falle der Verlängerung wird die Frist von dem Ablauf der vorigen Frist an berechnet.

§ 65a [Übermittlung elektronischer Dokumente] (1) Vorbereitende Schriftsätze und deren Anlagen, schriftlich einzureichende Anträge und Erklärungen der Beteiligten sowie schriftlich einzureichende Auskünfte, Aussagen, Gutachten, Übersetzungen und Erklärungen Dritter können nach Maßgabe der Absätze 2 bis 6 als elektronische Dokumente bei Gericht eingereicht werden.

(2) [1] Das elektronische Dokument muss für die Bearbeitung durch das Gericht geeignet sein. [2] Die Bundesregierung bestimmt durch Rechtsverordnung mit Zustimmung des Bundesrates die für die Übermittlung und Bearbeitung geeigneten technischen Rahmenbedingungen.

(3) [1] Das elektronische Dokument muss mit einer qalifizier ten elektronischen Signatur der verantwortenden Person versehen sein oder von der verantwortenden Person signiert und auf einem sicheren Übermittlungsweg eingereicht werden. [2] Satz 1 gilt nicht für Anlagen, die vorbereitenden Schriftsätzen beigefügt sind.

(4) Sichere Übermittlungswege sind

1. der Postfach- und Versanddienst eines De-Mail-Kontos, wenn der Absender bei Versand der Nachricht sicher im Sinne des § 4 Absatz 1 Satz 2 des De-Mail-Gesetzes angemeldet ist und er sich die sichere Anmeldung gemäß § 5 Absatz 5 des De-Mail-Gesetzes bestätigen lässt,
2. der Übermittlungsweg zwischen dem besonderen elektronischen Anwaltspostfach nach § 31a der Bundesrechtsanwaltsordnung oder einem entspre-

chenden, auf gesetzlicher Grundlage errichteten elektronischen Postfach und der elektronischen Poststelle des Gerichts,

3. der Übermittlungsweg zwischen einem nach Durchführung eines Identifizierungsverfahrens eingerichteten Postfach einer Behörde oder einer juristischen Person des öffentlichen Rechts und der elektronischen Poststelle des Gerichts; das Nähere regelt die Verordnung nach Absatz 2 Satz 2,
4. sonstige bundeseinheitliche Übermittlungswege, die durch Rechtsverordnung der Bundesregierung mit Zustimmung des Bundesrates festgelegt werden, bei denen die Authentizität und Integrität der Daten sowie die Barrierefreiheit gewährleistet sind.

(5) [1] Ein elektronisches Dokument ist eingegangen, sobald es auf der für den Empfang bestimmten Einrichtung des Gerichts gespeichert ist. [2] Dem Absender ist eine automatisierte Bestätigung über den Zeitpunkt des Eingangs zu erteilen. [3] Die Vorschriften dieses Gesetzes über die Beifügung von Abschriften für die übrigen Beteiligten finden keine Anwendung.

(6) [1] Ist ein elektronisches Dokument für das Gericht zur Bearbeitung nicht geeignet, ist dies dem Absender unter Hinweis auf die Unwirksamkeit des Eingangs und die geltenden technischen Rahmenbedingungen unverzüglich mitzuteilen. [2] Das Dokument gilt als zum Zeitpunkt der früheren Einreichung eingegangen, sofern der Absender es unverzüglich in einer für das Gericht zur Bearbeitung geeigneten Form nachreicht und glaubhaft macht, dass es mit dem zuerst eingereichten Dokument inhaltlich übereinstimmt.

(7) [1] Soweit eine handschriftliche Unterzeichnung durch den Richter oder den Urkundsbeamten der Geschäftsstelle vorgeschrieben ist, genügt dieser Form die Aufzeichnung als elektronisches Dokument, wenn die verantwortenden Personen am Ende des Dokuments ihren Namen hinzufügen und das Dokument mit einer qalifizier ten elektronischen Signatur versehen. [2] Der in Satz 1 genannten Form genügt auch ein elektronisches Dokument, in welches das handschriftlich unterzeichnete Schriftstück gemäß § 65b Absatz 6 Satz 4 übertragen worden ist.

§ 65b [Führung elektronischer Prozessakten] (1) [1] Die Prozessakten können elektronisch geführt werden. [2] Die Bundesregierung und die Landesregierungen bestimmen jeweils für ihren Bereich durch Rechtsverordnung den Zeitpunkt, von dem an die Prozessakten elektronisch geführt werden. [3] In der Rechtsverordnung sind die organisatorisch-technischen Rahmenbedingungen für die Bildung, Führung und Verwahrung der elektronischen Akten festzulegen. [4] Die Landesregierungen können die Ermächtigung auf die für die Sozialgerichtsbarkeit zuständigen obersten Landesbehörden übertragen. [5] Die Zulassung der elektronischen Akte kann auf einzelne Gerichte oder Verfahren beschränkt werden; wird von dieser Möglichkeit Gebrauch gemacht, kann in der Rechtsverordnung bestimmt werden, dass durch Verwaltungsvorschrift, die öffentlich bekanntzumachen ist, geregelt wird, in welchen Verfahren die Prozessakten elektronisch zu führen sind. [6] Die Rechtsverordnung der Bundesregierung bedarf nicht der Zustimmung des Bundesrates.

(1a) [1] Die Prozessakten werden ab dem 1. Januar 2026 elektronisch geführt. [2] Die Bundesregierung und die Landesregierungen bestimmen jeweils für ihren Bereich durch Rechtsverordnung die organisatorischen und dem Stand der Technik entsprechenden technischen Rahmenbedingungen für die Bildung,

Führung und Verwahrung der elektronischen Akten einschließlich der einzuhaltenden Anforderungen der Barrierefreiheit. [3] Die Bundesregierung und die Landesregierungen können jeweils für ihren Bereich durch Rechtsverordnung bestimmen, dass Akten, die in Papierform angelegt wurden, in Papierform weitergeführt werden. [4] Die Landesregierungen können die Ermächtigungen nach den Sätzen 2 und 3 auf die für die Sozialgerichtsbarkeit zuständigen obersten Landesbehörden übertragen. [5] Die Rechtsverordnungen der Bundesregierung bedürfen nicht der Zustimmung des Bundesrates.

(2) [1] Werden die Akten in Papierform geführt, ist von einem elektronischen Dokument ein Ausdruck für die Akten zu fertigen. [2] Kann dies bei Anlagen zu vorbereitenden Schriftsätzen nicht oder nur mit unverhältnismäßigem Aufwand erfolgen, so kann ein Ausdruck unterbleiben. [3] Die Daten sind in diesem Fall dauerhaft zu speichern; der Speicherort ist aktenkundig zu machen.

(3) Wird das elektronische Dokument auf einem sicheren Übermittlungsweg eingereicht, so ist dies aktenkundig zu machen.

(4) Ist das elektronische Dokument mit einer qalifizier ten elektronischen Signatur versehen und nicht auf einem sicheren Übermittlungsweg eingereicht, muss der Ausdruck einen Vermerk darüber enthalten,

1. welches Ergebnis die Integritätsprüfung des Dokumentes ausweist,
2. wen die Signaturprüfung als Inhaber der Signatur ausweist,
3. welchen Zeitpunkt die Signaturprüfung für die Anbringung der Signatur ausweist.

(5) Ein eingereichtes elektronisches Dokument kann im Falle von Absatz 2 nach Ablauf von sechs Monaten gelöscht werden.

(6) [1] Werden die Prozessakten elektronisch geführt, sind in Papierform vorliegende Schriftstücke und sonstige Unterlagen nach dem Stand der Technik zur Ersetzung der Urschrift in ein elektronisches Dokument zu übertragen. [2] Es ist sicherzustellen, dass das elektronische Dokument mit den vorliegenden Schriftstücken und sonstigen Unterlagen bildlich und inhaltlich übereinstimmt. [3] Das elektronische Dokument ist mit einem Übertragungsnachweis zu versehen, der das bei der Übertragung angewandte Verfahren und die bildliche und inhaltliche Übereinstimmung dokumentiert. [4] Wird ein von den verantwortenden Personen handschriftlich unterzeichnetes gerichtliches Schriftstück übertragen, ist der Übertragungsnachweis mit einer qalifizier ten elektronischen Signatur des Urkundsbeamten der Geschäftsstelle zu versehen. [5] Die in Papierform vorliegenden Schriftstücke und sonstigen Unterlagen können sechs Monate nach der Übertragung vernichtet werden, sofern sie nicht rückgabepflichtig sind.

§ 65c Formulare; Verordnungsermächtigung. [1] Das Bundesministerium für Arbeit und Soziales kann durch Rechtsverordnung mit Zustimmung des Bundesrates elektronische Formulare einführen. [2] Die Rechtsverordnung kann bestimmen, dass die in den Formularen enthaltenen Angaben ganz oder teilweise in strukturierter maschinenlesbarer Form zu übermitteln sind. [3] Die Formulare sind auf einer in der Rechtsverordnung zu bestimmenden Kommunikationsplattform im Internet zur Nutzung bereitzustellen. [4] Die Rechtsverordnung kann bestimmen, dass eine Identifikation des Formularverwenders abweichend von § 65a Absatz 3 auch durch Nutzung des elektronischen

Identitätsnachweises nach § 18 des Personalausweisgesetzes, § 12 des eID-Karte-Gesetzes oder § 78 Absatz 5 des Aufenthaltsgesetzes erfolgen kann.

[§ 65d bis 31.12.2021:]

§ 65d Nutzungspflicht für Rechtsanwälte, Behörden und vertretungsberechtigte Personen *(noch nicht in Kraft)*

[§ 65d ab 1.1.2022:]

§ 65d Nutzungspflicht für Rechtsanwälte, Behörden und vertretungsberechtigte Personen. *[1] Vorbereitende Schriftsätze und deren Anlagen sowie schriftlich einzureichende Anträge und Erklärungen, die durch einen Rechtsanwalt, durch eine Behörde oder durch eine juristische Person des öffentlichen Rechts einschließlich der von ihr zur Erfüllung ihrer öffentlichen Aufgaben gebildeten Zusammenschlüsse eingereicht werden, sind als elektronisches Dokument zu übermitteln. [2] Gleiches gilt für die nach diesem Gesetz vertretungsberechtigten Personen, für die ein sicherer Übermittlungsweg nach § 65a Absatz 4 Nummer 2 zur Verfügung steht. [3] Ist eine Übermittlung aus technischen Gründen vorübergehend nicht möglich, bleibt die Übermittlung nach den allgemeinen Vorschriften zulässig. [4] Die vorübergehende Unmöglichkeit ist bei der Ersatzeinreichung oder unverzüglich danach glaubhaft zu machen; auf Anforderung ist ein elektronisches Dokument nachzureichen.*

§ 66 [Rechtsmittelbelehrung] (1) Die Frist für ein Rechtsmittel oder einen anderen Rechtsbehelf beginnt nur dann zu laufen, wenn der Beteiligte über den Rechtsbehelf, die Verwaltungsstelle oder das Gericht, bei denen der Rechtsbehelf anzubringen ist, den Sitz und die einzuhaltende Frist schriftlich oder elektronisch belehrt worden ist.

(2) [1] Ist die Belehrung unterblieben oder unrichtig erteilt, so ist die Einlegung des Rechtsbehelfs nur innerhalb eines Jahres seit Zustellung, Eröffnung oder Verkündung zulässig, außer wenn die Einlegung vor Ablauf der Jahresfrist infolge höherer Gewalt unmöglich war oder eine schriftliche oder elektronische Belehrung dahin erfolgt ist, daß ein Rechtsbehelf nicht gegeben sei. [2] § 67 Abs. 2 gilt für den Fall höherer Gewalt entsprechend.

§ 67 [Wiedereinsetzung in den vorigen Stand] (1) Wenn jemand ohne Verschulden verhindert war, eine gesetzliche Verfahrensfrist einzuhalten, so ist ihm auf Antrag Wiedereinsetzung in den vorigen Stand zu gewähren.

(2) [1] Der Antrag ist binnen eines Monats nach Wegfall des Hindernisses zu stellen. [2] Die Tatsachen zur Begründung des Antrages sollen glaubhaft gemacht werden. [3] Innerhalb der Antragsfrist ist die versäumte Rechtshandlung nachzuholen. [4] Ist dies geschehen, so kann die Wiedereinsetzung auch ohne Antrag gewährt werden.

(3) Nach einem Jahr seit dem Ende der versäumten Frist ist der Antrag unzulässig, außer wenn der Antrag vor Ablauf der Jahresfrist infolge höherer Gewalt unmöglich war.

(4) [1] Über den Wiedereinsetzungsantrag entscheidet das Gericht, das über die versäumte Rechtshandlung zu befinden hat. [2] Der Beschluß, der die Wiedereinsetzung bewilligt, ist unanfechtbar.

§ 68 (weggefallen)

§ 69 [Beteiligte] Beteiligte am Verfahren sind

1. der Kläger,
2. der Beklagte,
3. der Beigeladene.

§ 70 [Parteifähigkeit] Fähig, am Verfahren beteiligt zu sein, sind
1. natürliche und juristische Personen,
2. nichtrechtsfähige Personenvereinigungen,
3. Behörden, sofern das Landesrecht dies bestimmt,
4. gemeinsame Entscheidungsgremien von Leistungserbringern und Krankenkassen oder Pflegekassen.

§ 71 [Prozessfähigkeit] (1) Ein Beteiligter ist prozeßfähig, soweit er sich durch Verträge verpflichten kann.

(2) [1] Minderjährige sind in eigener Sache prozeßfähig, soweit sie durch Vorschriften des bürgerlichen oder öffentlichen Rechts für den Gegenstand des Verfahrens als geschäftsfähig anerkannt sind. [2] Zur Zurücknahme eines Rechtsbehelfs bedürfen sie der Zustimmung des gesetzlichen Vertreters.

(3) Für rechtsfähige und nichtrechtsfähige Personenvereinigungen sowie für Behörden handeln ihre gesetzlichen Vertreter und Vorstände.

(4) Für Entscheidungsgremien im Sinne von § 70 Nr. 4 handelt der Vorsitzende.

(5) In Angelegenheiten des sozialen Entschädigungsrechts und des Schwerbehindertenrechts wird das Land durch das Landesversorgungsamt oder nach Maßgabe des Landesrechts durch die Stelle vertreten, der dessen Aufgaben übertragen worden sind oder die für die Durchführung des Bundesversorgungsgesetzes oder des Rechts der Teilhabe behinderter Menschen zuständig ist.

(6) Die §§ 53 bis 56 der Zivilprozeßordnung gelten entsprechend.

§ 72 [Bestellung eines besonderen Vertreters] (1) Für einen nicht prozeßfähigen Beteiligten ohne gesetzlichen Vertreter kann der Vorsitzende bis zum Eintritt eines Vormundes, Betreuers oder Pflegers für das Verfahren einen besonderen Vertreter bestellen, dem alle Rechte, außer dem Empfang von Zahlungen, zustehen.

(2) Die Bestellung eines besonderen Vertreters ist mit Zustimmung des Beteiligten oder seines gesetzlichen Vertreters auch zulässig, wenn der Aufenthaltsort eines Beteiligten oder seines gesetzlichen Vertreters vom Sitz des Gerichts weit entfernt ist.

§ 73 [Prozessbeteiligte; Bevollmächtigte; Beistand] (1) Die Beteiligten können vor dem Sozialgericht und dem Landessozialgericht den Rechtsstreit selbst führen.

(2) [1] Die Beteiligten können sich durch einen Rechtsanwalt oder einen Rechtslehrer an einer staatlichen oder staatlich anerkannten Hochschule eines Mitgliedstaates der Europäischen Union, eines anderen Vertragsstaates des Abkommens über den Europäischen Wirtschaftsraum oder der Schweiz, der die Befähigung zum Richteramt besitzt, als Bevollmächtigten vertreten lassen. [2] Darüber hinaus sind als Bevollmächtigte vor dem Sozialgericht und dem Landessozialgericht vertretungsbefugt nur

1. Beschäftigte des Beteiligten oder eines mit ihm verbundenen Unternehmens (§ 15 des Aktiengesetzes); Behörden und juristische Personen des öffentlichen Rechts einschließlich der von ihnen zur Erfüllung ihrer öffentlichen Aufgaben gebildeten Zusammenschlüsse können sich auch durch Beschäftigte anderer Behörden oder juristischer Personen des öffentlichen Rechts einschließlich der von ihnen zur Erfüllung ihrer öffentlichen Aufgaben gebildeten Zusammenschlüsse vertreten lassen,
2. volljährige Familienangehörige (§ 15 der Abgabenordnung, § 11 des Lebenspartnerschaftsgesetzes), Personen mit Befähigung zum Richteramt und Streitgenossen, wenn die Vertretung nicht im Zusammenhang mit einer entgeltlichen Tätigkeit steht,
3. Rentenberater im Umfang ihrer Befugnisse nach § 10 Absatz 1 Satz 1 Nummer 2, auch in Verbindung mit Satz 2, des Rechtsdienstleistungsgesetzes,
4. Steuerberater, Steuerbevollmächtigte, Wirtschaftsprüfer und vereidigte Buchprüfer, Personen und Vereinigungen im Sinn des § 3a des Steuerberatungsgesetzes sowie Gesellschaften im Sinn des § 3 Nr. 2 und 3 des Steuerberatungsgesetzes, die durch Personen im Sinn des § 3 Nr. 1 des Steuerberatungsgesetzes handeln, in Angelegenheiten nach den §§ 28h und 28p des Vierten Buches Sozialgesetzbuch[1)],
5. selbständige Vereinigungen von Arbeitnehmern mit sozial- oder berufspolitischer Zwecksetzung für ihre Mitglieder,
6. berufsständische Vereinigungen der Landwirtschaft für ihre Mitglieder,
7. Gewerkschaften und Vereinigungen von Arbeitgebern sowie Zusammenschlüsse solcher Verbände für ihre Mitglieder oder für andere Verbände oder Zusammenschlüsse mit vergleichbarer Ausrichtung und deren Mitglieder,
8. Vereinigungen, deren satzungsgemäße Aufgaben die gemeinschaftliche Interessenvertretung, die Beratung und Vertretung der Leistungsempfänger nach dem sozialen Entschädigungsrecht oder der behinderten Menschen wesentlich umfassen und die unter Berücksichtigung von Art und Umfang ihrer Tätigkeit sowie ihres Mitgliederkreises die Gewähr für eine sachkundige Prozessvertretung bieten, für ihre Mitglieder,
9. juristische Personen, deren Anteile sämtlich im wirtschaftlichen Eigentum einer der in den Nummern 5 bis 8 bezeichneten Organisationen stehen, wenn die juristische Person ausschließlich die Rechtsberatung und Prozessvertretung dieser Organisation und ihrer Mitglieder oder anderer Verbände oder Zusammenschlüsse mit vergleichbarer Ausrichtung und deren Mitglieder entsprechend deren Satzung durchführt, und wenn die Organisation für die Tätigkeit der Bevollmächtigten haftet.

[3]Bevollmächtigte, die keine natürlichen Personen sind, handeln durch ihre Organe und mit der Prozessvertretung beauftragten Vertreter. [4]§ 157 der Zivilprozessordnung gilt entsprechend.

(3) [1]Das Gericht weist Bevollmächtigte, die nicht nach Maßgabe des Absatzes 2 vertretungsbefugt sind, durch unanfechtbaren Beschluss zurück. [2]Prozesshandlungen eines nicht vertretungsbefugten Bevollmächtigten und Zustellungen oder Mitteilungen an diesen Bevollmächtigten sind bis zu seiner Zurückweisung wirksam. [3]Das Gericht kann den in Absatz 2 Satz 2 Nr. 1 und 2

[1)] Nr. 4.

bezeichneten Bevollmächtigten durch unanfechtbaren Beschluss die weitere Vertretung untersagen, wenn sie nicht in der Lage sind, das Sach- und Streitverhältnis sachgerecht darzustellen. [4]Satz 3 gilt nicht für Beschäftigte eines Sozialleistungsträgers oder eines Spitzenverbandes der Sozialversicherung.

(4) [1]Vor dem Bundessozialgericht müssen sich die Beteiligten, außer im Prozesskostenhilfeverfahren, durch Prozessbevollmächtigte vertreten lassen. [2]Als Bevollmächtigte sind außer den in Absatz 2 Satz 1 bezeichneten Personen nur die in Absatz 2 Satz 2 Nr. 5 bis 9 bezeichneten Organisationen zugelassen. [3]Diese müssen durch Personen mit Befähigung zum Richteramt handeln. [4]Behörden und juristische Personen des öffentlichen Rechts einschließlich der von ihnen zur Erfüllung ihrer öffentlichen Aufgaben gebildeten Zusammenschlüsse sowie private Pflegeversicherungsunternehmen können sich durch eigene Beschäftigte mit Befähigung zum Richteramt oder durch Beschäftigte mit Befähigung zum Richteramt anderer Behörden oder juristischer Personen des öffentlichen Rechts einschließlich der von ihnen zur Erfüllung ihrer öffentlichen Aufgaben gebildeten Zusammenschlüsse vertreten lassen. [5]Ein Beteiligter, der nach Maßgabe des Satzes 2 zur Vertretung berechtigt ist, kann sich selbst vertreten; Satz 3 bleibt unberührt.

(5) [1]Richter dürfen nicht als Bevollmächtigte vor dem Gericht auftreten, dem sie angehören. [2]Ehrenamtliche Richter dürfen, außer in den Fällen des Absatzes 2 Satz 2 Nr. 1, nicht vor einem Spruchkörper auftreten, dem sie angehören. [3]Absatz 3 Satz 1 und 2 gilt entsprechend.

(6) [1]Die Vollmacht ist schriftlich zu den Gerichtsakten einzureichen. [2]Sie kann nachgereicht werden; hierfür kann das Gericht eine Frist bestimmen. [3]Bei Ehegatten oder Lebenspartnern und Verwandten in gerader Linie kann unterstellt werden, dass sie bevollmächtigt sind. [4]Der Mangel der Vollmacht kann in jeder Lage des Verfahrens geltend gemacht werden. [5]Das Gericht hat den Mangel der Vollmacht von Amts wegen zu berücksichtigen, wenn nicht als Bevollmächtigter ein Rechtsanwalt auftritt. [6]Ist ein Bevollmächtigter bestellt, sind die Zustellungen oder Mitteilungen des Gerichts an ihn zu richten. [7]Im Übrigen gelten die §§ 81, 83 bis 86 der Zivilprozessordnung entsprechend.

(7) [1]In der Verhandlung können die Beteiligten mit Beiständen erscheinen. [2]Beistand kann sein, wer in Verfahren, in denen die Beteiligten den Rechtsstreit selbst führen können, als Bevollmächtigter zur Vertretung in der Verhandlung befugt ist. [3]Das Gericht kann andere Personen als Beistand zulassen, wenn dies sachdienlich ist und hierfür nach den Umständen des Einzelfalls ein Bedürfnis besteht. [4]Absatz 3 Satz 1 und 3 und Absatz 5 gelten entsprechend. [5]Das von dem Beistand Vorgetragene gilt als von dem Beteiligten vorgebracht, soweit es nicht von diesem sofort widerrufen oder berichtigt wird.

§ 73a [Prozesskostenhilfe] (1) [1]Die Vorschriften der Zivilprozeßordnung über die Prozeßkostenhilfe mit Ausnahme des § 127 Absatz 2 Satz 2 der Zivilprozeßordnung gelten entsprechend. [2]Macht der Beteiligte, dem Prozeßkostenhilfe bewilligt ist, von seinem Recht, einen Rechtsanwalt zu wählen, nicht Gebrauch, wird auf Antrag des Beteiligten der beizuordnende Rechtsanwalt vom Gericht ausgewählt. [3]Einem Beteiligten, dem Prozesskostenhilfe bewilligt worden ist, kann auch ein Steuerberater, Steuerbevollmächtigter, Wirtschaftsprüfer, vereidigter Buchprüfer oder Rentenberater beigeordnet werden. [4]Die Vergütung richtet sich nach den für den beigeordneten Rechtsanwalt geltenden Vorschriften des Rechtsanwaltsvergütungsgesetzes.

(2) Prozeßkostenhilfe wird nicht bewilligt, wenn der Beteiligte durch einen Bevollmächtigten im Sinne des § 73 Abs. 2 Satz 2 Nr. 5 bis 9 vertreten ist.

(3) § 109 Abs. 1 Satz 2 bleibt unberührt.

(4) [1] Die Prüfung der persönlichen und wirtschaftlichen Verhältnisse nach den §§ 114 bis 116 der Zivilprozessordnung einschließlich der in § 118 Absatz 2 der Zivilprozessordnung bezeichneten Maßnahmen, der Beurkundung von Vergleichen nach § 118 Absatz 1 Satz 3 der Zivilprozessordnung und der Entscheidungen nach § 118 Absatz 2 Satz 4 der Zivilprozessordnung obliegt dem Urkundsbeamten der Geschäftsstelle des jeweiligen Rechtszugs, wenn der Vorsitzende ihm das Verfahren insoweit überträgt. [2] Liegen die Voraussetzungen für die Bewilligung der Prozesskostenhilfe hiernach nicht vor, erlässt der Urkundsbeamte die den Antrag ablehnende Entscheidung; anderenfalls vermerkt der Urkundsbeamte in den Prozessakten, dass dem Antragsteller nach seinen persönlichen und wirtschaftlichen Verhältnissen Prozesskostenhilfe gewährt werden kann und in welcher Höhe gegebenenfalls Monatsraten oder Beträge aus dem Vermögen zu zahlen sind.

(5) Dem Urkundsbeamten obliegen im Verfahren über die Prozesskostenhilfe ferner die Bestimmung des Zeitpunkts für die Einstellung und eine Wiederaufnahme der Zahlungen nach § 120 Absatz 3 der Zivilprozessordnung sowie die Änderung und die Aufhebung der Bewilligung der Prozesskostenhilfe nach den §§ 120a und 124 Absatz 1 Nummer 2 bis 5 der Zivilprozessordnung.

(6) [1] Der Vorsitzende kann Aufgaben nach den Absätzen 4 und 5 zu jedem Zeitpunkt an sich ziehen. [2] § 5 Absatz 1 Nummer 1, die §§ 6, 7, 8 Absatz 1 bis 4 und § 9 des Rechtspflegergesetzes gelten entsprechend mit der Maßgabe, dass an die Stelle des Rechtspflegers der Urkundsbeamte der Geschäftsstelle tritt.

(7) § 155 Absatz 4 gilt entsprechend.

(8) Gegen Entscheidungen des Urkundsbeamten nach den Absätzen 4 und 5 kann binnen eines Monats nach Bekanntgabe das Gericht angerufen werden, das endgültig entscheidet.

(9) Durch Landesgesetz kann bestimmt werden, dass die Absätze 4 bis 8 für die Gerichte des jeweiligen Landes nicht anzuwenden sind.

§ 74 [Streitgenossenschaft; Hauptintervention] Die §§ 59 bis 65 der Zivilprozeßordnung über die Streitgenossenschaft und die Hauptintervention gelten entsprechend.

§ 75 [Beiladung] (1) [1] Das Gericht kann von Amts wegen oder auf Antrag andere, deren berechtigte Interessen durch die Entscheidung berührt werden, beiladen. [2] In Angelegenheiten des sozialen Entschädigungsrechts ist die Bundesrepublik Deutschland auf Antrag beizuladen.

(2) Sind an dem streitigen Rechtsverhältnis Dritte derart beteiligt, daß die Entscheidung auch ihnen gegenüber nur einheitlich ergehen kann oder ergibt sich im Verfahren, daß bei der Ablehnung des Anspruchs ein anderer Versicherungsträger, ein Träger der Grundsicherung für Arbeitsuchende, ein Träger der Sozialhilfe einschließlich der Leistungen nach Teil 2 des Neunten Buches Sozialgesetzbuch[1)], ein Träger der Leistungen nach dem Asylbewerber-

[1)] Nr. **9**.

leistungsgesetz oder in Angelegenheiten des sozialen Entschädigungsrechts ein Land als leistungspflichtig in Betracht kommt, so sind sie beizuladen.

(2a) [1] Kommt nach Absatz 2 erste Alternative die Beiladung von mehr als 20 Personen in Betracht, kann das Gericht durch Beschluss anordnen, dass nur solche Personen beigeladen werden, die dies innerhalb einer bestimmten Frist beantragen. [2] Der Beschluss ist unanfechtbar. [3] Er ist im Bundesanzeiger bekannt zu machen. [4] Er muss außerdem in im gesamten Bundesgebiet verbreiteten Tageszeitungen veröffentlicht werden. [5] Die Bekanntmachung kann zusätzlich in einem von dem Gericht für Bekanntmachungen bestimmten Informations- und Kommunikationssystem erfolgen. [6] Die Frist muss mindestens drei Monate seit der Bekanntgabe betragen. [7] Es ist jeweils anzugeben, an welchem Tag die Antragsfrist abläuft. [8] Für die Wiedereinsetzung in den vorigen Stand wegen Fristversäumnis gilt § 67 entsprechend. [9] Das Gericht soll Personen, die von der Entscheidung erkennbar in besonderem Maße betroffen werden, auch ohne Antrag beiladen.

(2b) [1] In Verfahren gegen Entscheidungen nach § 7a Absatz 1 Satz 3, § 28h Absatz 2 und § 28p Absatz 1 Satz 5 des Vierten Buches Sozialgesetzbuch[1)] sind andere Versicherungsträger abweichend von Absatz 2 nur auf deren Antrag beizuladen. [2] Das Gericht benachrichtigt die anderen Versicherungsträger über die Erhebung einer entsprechenden Klage und über die Möglichkeit der Beiladung auf Antrag. [3] Das Gericht setzt den anderen Versicherungsträgern für die Antragstellung eine angemessene Frist. [4] Für die Wiedereinsetzung in den vorigen Stand wegen Fristversäumnis gilt § 67 entsprechend. [5] Das Gericht kann Versicherungsträger auch von Amts wegen beiladen.

(3) [1] Der Beiladungsbeschluß ist allen Beteiligten zuzustellen. [2] Dabei sollen der Stand der Sache und der Grund der Beiladung angegeben werden. [3] Der Beschluß, den Dritten beizuladen, ist unanfechtbar.

(4) [1] Der Beigeladene kann innerhalb der Anträge der anderen Beteiligten selbständig Angriffs- und Verteidigungsmittel geltend machen und alle Verfahrenshandlungen wirksam vornehmen. [2] Abweichende Sachanträge kann er nur dann stellen, wenn eine Beiladung nach Absatz 2 vorliegt.

(5) Ein Versicherungsträger, ein Träger der Grundsicherung für Arbeitsuchende, ein Träger der Sozialhilfe einschließlich der Leistungen nach Teil 2 des Neunten Buches Sozialgesetzbuch, ein Träger der Leistungen nach dem Asylbewerberleistungsgesetz oder in Angelegenheiten des sozialen Entschädigungsrechts ein Land kann nach Beiladung verurteilt werden.

Zweiter Unterabschnitt. Beweissicherungsverfahren

§ 76 [Beweissicherungsverfahren] (1) Auf Gesuch eines Beteiligten kann die Einnahme des Augenscheins und die Vernehmung von Zeugen und Sachverständigen zur Sicherung des Beweises angeordnet werden, wenn zu besorgen ist, daß das Beweismittel verloren gehe oder seine Benutzung erschwert werde, oder wenn der gegenwärtige Zustand einer Person oder einer Sache festgestellt werden soll und der Antragsteller ein berechtigtes Interesse an dieser Feststellung hat.

(2) [1] Das Gesuch ist bei dem für die Hauptsache zuständigen Sozialgericht anzubringen. [2] In Fällen dringender Gefahr kann das Gesuch bei einem anderen

---

[1)] Nr. 4.

Sozialgericht oder einem Amtsgericht angebracht werden, in dessen Bezirk sich die zu vernehmenden Personen aufhalten oder sich der in Augenschein zu nehmende Gegenstand befindet.

(3) Für das Verfahren gelten die §§ 487, 490 bis 494 der Zivilprozeßordnung entsprechend.

Dritter Unterabschnitt. Vorverfahren und einstweiliger Rechtsschutz

§ 77 [Bindungswirkung des Verwaltungsakts] Wird der gegen einen Verwaltungsakt gegebene Rechtsbehelf nicht oder erfolglos eingelegt, so ist der Verwaltungsakt für die Beteiligten in der Sache bindend, soweit durch Gesetz nichts anderes bestimmt ist.

§ 78 [Vorverfahren als Klagevoraussetzung] (1) [1]Vor Erhebung der Anfechtungsklage sind Rechtmäßigkeit und Zweckmäßigkeit des Verwaltungsaktes in einem Vorverfahren nachzuprüfen. [2]Eines Vorverfahrens bedarf es nicht, wenn

1. ein Gesetz dies für besondere Fälle bestimmt oder
2. der Verwaltungsakt von einer obersten Bundesbehörde, einer obersten Landesbehörde oder von dem Vorstand der Bundesagentur für Arbeit erlassen worden ist, außer wenn ein Gesetz die Nachprüfung vorschreibt, oder
3. ein Land, ein Versicherungsträger oder einer seiner Verbände klagen will.

(2) *(aufgehoben)*

(3) Für die Verpflichtungsklage gilt Absatz 1 entsprechend, wenn der Antrag auf Vornahme des Verwaltungsaktes abgelehnt worden ist.

§§ 79–82 (weggefallen)

§ 83 [Widerspruch] Das Vorverfahren beginnt mit der Erhebung des Widerspruchs.

§ 84 [Frist und Form des Widerspruchs] (1) [1]Der Widerspruch ist binnen eines Monats, nachdem der Verwaltungsakt dem Beschwerten bekanntgegeben worden ist, schriftlich, in elektronischer Form nach § 36a Absatz 2 des Ersten Buches Sozialgesetzbuch[1)] oder zur Niederschrift bei der Stelle einzureichen, die den Verwaltungsakt erlassen hat. [2]Die Frist beträgt bei Bekanntgabe im Ausland drei Monate.

(2) [1]Die Frist zur Erhebung des Widerspruchs gilt auch dann als gewahrt, wenn die Widerspruchsschrift bei einer anderen inländischen Behörde oder bei einem Versicherungsträger oder bei einer deutschen Konsularbehörde oder, soweit es sich um die Versicherung von Seeleuten handelt, auch bei einem deutschen Seemannsamt eingegangen ist. [2]Die Widerspruchsschrift ist unverzüglich der zuständigen Behörde oder dem zuständigen Versicherungsträger zuzuleiten, der sie der für die Entscheidung zuständigen Stelle vorzulegen hat. [3]Im übrigen gelten die §§ 66 und 67 entsprechend.

§ 84a [Akteneinsicht] Für das Vorverfahren gilt § 25 Abs. 4 des Zehnten Buches Sozialgesetzbuch[2)] nicht.

---

1) Nr. **1**.
2) Nr. **10**.

§ 85 [Abhilfe oder Widerspruchsbescheid] (1) Wird der Widerspruch für begründet erachtet, so ist ihm abzuhelfen.

(2) [1] Wird dem Widerspruch nicht abgeholfen, so erläßt den Widerspruchsbescheid

1. die nächsthöhere Behörde oder, wenn diese eine oberste Bundes- oder eine oberste Landesbehörde ist, die Behörde, die den Verwaltungsakt erlassen hat,
2. in Angelegenheiten der Sozialversicherung die von der Vertreterversammlung bestimmte Stelle,
3. in Angelegenheiten der Bundesagentur für Arbeit mit Ausnahme der Angelegenheiten nach dem Zweiten Buch Sozialgesetzbuch[1)] die von dem Vorstand bestimmte Stelle,
4. in Angelegenheiten der kommunalen Selbstverwaltung die Selbstverwaltungsbehörde, soweit nicht durch Gesetz anderes bestimmt wird.

[2] Abweichend von Satz 1 Nr. 1 ist in Angelegenheiten nach dem Zweiten Buch Sozialgesetzbuch und, soweit Landesrecht nichts Abweichendes vorsieht, in Angelegenheiten nach dem Vierten Kapitel des Zwölften Buches Sozialgesetzbuch[2)] der zuständige Träger, der den dem Widerspruch zugrunde liegenden Verwaltungsakt erlassen hat, auch für die Entscheidung über den Widerspruch zuständig; § 44b Absatz 1 Satz 3 des Zweiten Buches Sozialgesetzbuch bleibt unberührt. [3] Vorschriften, nach denen im Vorverfahren Ausschüsse oder Beiräte an die Stelle einer Behörde treten, bleiben unberührt. [4] Die Ausschüsse oder Beiräte können abweichend von Satz 1 Nr. 1 auch bei der Behörde gebildet werden, die den Verwaltungsakt erlassen hat.

(3) [1] Der Widerspruchsbescheid ist schriftlich zu erlassen, zu begründen und den Beteiligten bekanntzugeben. [2] Nimmt die Behörde eine Zustellung vor, gelten die §§ 2 bis 10 des Verwaltungszustellungsgesetzes. [3] § 5 Abs. 4 des Verwaltungszustellungsgesetzes und § 178 Abs. 1 Nr. 2 der Zivilprozessordnung sind auf die nach § 73 Abs. 2 Satz 2 Nr. 3 bis 9 als Bevollmächtigte zugelassenen Personen entsprechend anzuwenden. [4] Die Beteiligten sind hierbei über die Zulässigkeit der Klage, die einzuhaltende Frist und den Sitz des zuständigen Gerichts zu belehren.

(4) [1] Über ruhend gestellte Widersprüche kann durch eine öffentlich bekannt gegebene Allgemeinverfügung entschieden werden, wenn die den angefochtenen Verwaltungsakten zugrunde liegende Gesetzeslage durch eine Entscheidung des Bundesverfassungsgerichts bestätigt wurde, Widerspruchsbescheide gegenüber einer Vielzahl von Widerspruchsführern zur gleichen Zeit ergehen müssen und durch sie die Rechtsstellung der Betroffenen ausschließlich nach einem für alle identischen Maßstab verändert wird. [2] Die öffentliche Bekanntgabe erfolgt durch Veröffentlichung der Entscheidung über den Internetauftritt der Behörde, im Bundesanzeiger und in mindestens drei überregional erscheinenden Tageszeitungen. [3] Auf die öffentliche Bekanntgabe, den Ort ihrer Bekanntgabe sowie die Klagefrist des § 87 Abs. 1 Satz 3 ist bereits in der Ruhensmitteilung hinzuweisen.

§ 86 [Neuer Bescheid während des Vorverfahrens, Wirkung des Widerspruchs] Wird während des Vorverfahrens der Verwaltungsakt abgeändert,

---

1) Nr. **2**.
2) Nr. **12**.

so wird auch der neue Verwaltungsakt Gegenstand des Vorverfahrens; er ist der Stelle, die über den Widerspruch entscheidet, unverzüglich mitzuteilen.

§ 86a [Aufschiebende Wirkung] (1) [1]Widerspruch und Anfechtungsklage haben aufschiebende Wirkung. [2]Das gilt auch bei rechtsgestaltenden und feststellenden Verwaltungsakten sowie bei Verwaltungsakten mit Drittwirkung.

(2) Die aufschiebende Wirkung entfällt

1. bei der Entscheidung über Versicherungs-, Beitrags- und Umlagepflichten sowie der Anforderung von Beiträgen, Umlagen und sonstigen öffentlichen Abgaben einschließlich der darauf entfallenden Nebenkosten,
2. in Angelegenheiten des sozialen Entschädigungsrechts und der Bundesagentur für Arbeit bei Verwaltungsakten, die eine laufende Leistung entziehen oder herabsetzen,
3. für die Anfechtungsklage in Angelegenheiten der Sozialversicherung bei Verwaltungsakten, die eine laufende Leistung herabsetzen oder entziehen,
4. in anderen durch Bundesgesetz vorgeschriebenen Fällen,
5. in Fällen, in denen die sofortige Vollziehung im öffentlichen Interesse oder im überwiegenden Interesse eines Beteiligten ist und die Stelle, die den Verwaltungsakt erlassen oder über den Widerspruch zu entscheiden hat, die sofortige Vollziehung mit schriftlicher Begründung des besonderen Interesses an der sofortigen Vollziehung anordnet.

(3) [1]In den Fällen des Absatzes 2 kann die Stelle, die den Verwaltungsakt erlassen oder die über den Widerspruch zu entscheiden hat, die sofortige Vollziehung ganz oder teilweise aussetzen. [2]In den Fällen des Absatzes 2 Nr. 1 soll die Aussetzung der Vollziehung erfolgen, wenn ernstliche Zweifel an der Rechtmäßigkeit des angegriffenen Verwaltungsaktes bestehen oder wenn die Vollziehung für den Abgaben- oder Kostenpflichtigen eine unbillige, nicht durch überwiegende öffentliche Interessen gebotene Härte zur Folge hätte. [3]In den Fällen des Absatzes 2 Nr. 2 ist in Angelegenheiten des sozialen Entschädigungsrechts die nächsthöhere Behörde zuständig, es sei denn, diese ist eine oberste Bundes- oder eine oberste Landesbehörde. [4]Die Entscheidung kann mit Auflagen versehen oder befristet werden. [5]Die Stelle kann die Entscheidung jederzeit ändern oder aufheben.

(4) [1]Die aufschiebende Wirkung entfällt, wenn eine Erlaubnis nach Artikel 1 § 1 des Arbeitnehmerüberlassungsgesetzes in der Fassung der Bekanntmachung vom 3. Februar 1995 (BGBl. I S. 158), das zuletzt durch Artikel 2 des Gesetzes vom 23. Juli 2001 (BGBl. I S. 1852) geändert worden ist, aufgehoben oder nicht verlängert wird. [2]Absatz 3 gilt entsprechend.

§ 86b [Einstweilige Maßnahmen] (1) [1]Das Gericht der Hauptsache kann auf Antrag

1. in den Fällen, in denen Widerspruch oder Anfechtungsklage aufschiebende Wirkung haben, die sofortige Vollziehung ganz oder teilweise anordnen,
2. in den Fällen, in denen Widerspruch oder Anfechtungsklage keine aufschiebende Wirkung haben, die aufschiebende Wirkung ganz oder teilweise anordnen,
3. in den Fällen des § 86a Abs. 3 die sofortige Vollziehung ganz oder teilweise wiederherstellen.

[2] Ist der Verwaltungsakt im Zeitpunkt der Entscheidung schon vollzogen oder befolgt worden, kann das Gericht die Aufhebung der Vollziehung anordnen. [3] Die Wiederherstellung der aufschiebenden Wirkung oder die Anordnung der sofortigen Vollziehung kann mit Auflagen versehen oder befristet werden. [4] Das Gericht der Hauptsache kann auf Antrag die Maßnahmen jederzeit ändern oder aufheben.

(2) [1] Soweit ein Fall des Absatzes 1 nicht vorliegt, kann das Gericht der Hauptsache auf Antrag eine einstweilige Anordnung in Bezug auf den Streitgegenstand treffen, wenn die Gefahr besteht, dass durch eine Veränderung des bestehenden Zustands die Verwirklichung eines Rechts des Antragstellers vereitelt oder wesentlich erschwert werden könnte. [2] Einstweilige Anordnungen sind auch zur Regelung eines vorläufigen Zustands in Bezug auf ein streitiges Rechtsverhältnis zulässig, wenn eine solche Regelung zur Abwendung wesentlicher Nachteile nötig erscheint. [3] Das Gericht der Hauptsache ist das Gericht des ersten Rechtszugs und, wenn die Hauptsache im Berufungsverfahren anhängig ist, das Berufungsgericht. [4] Die §§ 920, 921, 923, 926, 928, 929 Absatz 1 und 3, die §§ 930 bis 932, 938, 939 und 945 der Zivilprozessordnung gelten entsprechend.

(3) Die Anträge nach den Absätzen 1 und 2 sind schon vor Klageerhebung zulässig.

(4) Das Gericht entscheidet durch Beschluss.

Vierter Unterabschnitt. Verfahren im ersten Rechtszug

§ 87 [Klagefrist] (1) [1] Die Klage ist binnen eines Monats nach Bekanntgabe des Verwaltungsaktes zu erheben. [2] Die Frist beträgt bei Bekanntgabe im Ausland drei Monate. [3] Bei einer öffentlichen Bekanntgabe nach § 85 Abs. 4 beträgt die Frist ein Jahr. [4] Die Frist beginnt mit dem Tag zu laufen, an dem seit dem Tag der letzten Veröffentlichung zwei Wochen verstrichen sind.

(2) Hat ein Vorverfahren stattgefunden, so beginnt die Frist mit der Bekanntgabe des Widerspruchsbescheids.

§ 88 [Verpflichtungsklage, Frist] (1) [1] Ist ein Antrag auf Vornahme eines Verwaltungsakts ohne zureichenden Grund in angemessener Frist sachlich nicht beschieden worden, so ist die Klage nicht vor Ablauf von sechs Monaten seit dem Antrag auf Vornahme des Verwaltungsakts zulässig. [2] Liegt ein zureichender Grund dafür vor, daß der beantragte Verwaltungsakt noch nicht erlassen ist, so setzt das Gericht das Verfahren bis zum Ablauf einer von ihm bestimmten Frist aus, die verlängert werden kann. [3] Wird innerhalb dieser Frist dem Antrag stattgegeben, so ist die Hauptsache für erledigt zu erklären.

(2) Das gleiche gilt, wenn über einen Widerspruch nicht entschieden worden ist, mit der Maßgabe, daß als angemessene Frist eine solche von drei Monaten gilt.

§ 89 [Nichtigkeits- und Feststellungsklage] Die Klage ist an keine Frist gebunden, wenn die Feststellung der Nichtigkeit eines Verwaltungsakts oder die Feststellung des zuständigen Versicherungsträgers oder die Vornahme eines unterlassenen Verwaltungsakts begehrt wird.

§ 90 [Klageerhebung] Die Klage ist bei dem zuständigen Gericht der Sozialgerichtsbarkeit schriftlich oder zu Protokoll des Urkundsbeamten der Geschäftsstelle zu erheben.

§ 91 [Fristwahrung bei Unzuständigkeit] (1) Die Frist für die Erhebung der Klage gilt auch dann als gewahrt, wenn die Klageschrift innerhalb der Frist statt bei dem zuständigen Gericht der Sozialgerichtsbarkeit bei einer anderen inländischen Behörde oder bei einem Versicherungsträger oder bei einer deutschen Konsularbehörde oder, soweit es sich um die Versicherung von Seeleuten handelt, auch bei einem deutschen Seemannsamt im Ausland eingegangen ist.

(2) Die Klageschrift ist unverzüglich an das zuständige Gericht der Sozialgerichtsbarkeit abzugeben.

§ 92 [Klageschrift] (1) [1] Die Klage muss den Kläger, den Beklagten und den Gegenstand des Klagebegehrens bezeichnen. [2] Zur Bezeichnung des Beklagten genügt die Angabe der Behörde. [3] Die Klage soll einen bestimmten Antrag enthalten und von dem Kläger oder einer zu seiner Vertretung befugten Person mit Orts- und Zeitangabe unterzeichnet sein. [4] Die zur Begründung dienenden Tatsachen und Beweismittel sollen angegeben, die angefochtene Verfügung und der Widerspruchsbescheid sollen in Abschrift beigefügt werden.

(2) [1] Entspricht die Klage diesen Anforderungen nicht, hat der Vorsitzende den Kläger zu der erforderlichen Ergänzung innerhalb einer bestimmten Frist aufzufordern. [2] Er kann dem Kläger für die Ergänzung eine Frist mit ausschließender Wirkung setzen, wenn es an einem der in Absatz 1 Satz 1 genannten Erfordernisse fehlt. [3] Für die Wiedereinsetzung in den vorigen Stand gilt § 67 entsprechend.

§ 93 [Einreichung von Abschriften] [1] Der Klageschrift, den sonstigen Schriftsätzen und nach Möglichkeit den Unterlagen sind vorbehaltlich des § 65a Absatz 5 Satz 3 Abschriften für die Beteiligten beizufügen. [2] Sind die erforderlichen Abschriften nicht eingereicht, so fordert das Gericht sie nachträglich an oder fertigt sie selbst an. [3] Die Kosten für die Anfertigung können von dem Kläger eingezogen werden.

§ 94 [Rechtshängigkeit] [1] Durch die Erhebung der Klage wird die Streitsache rechtshängig. [2] In Verfahren nach dem Siebzehnten Titel des Gerichtsverfassungsgesetzes wegen eines überlangen Gerichtsverfahrens wird die Streitsache erst mit Zustellung der Klage rechtshängig.

§ 95 [Streitgegenstand] Hat ein Vorverfahren stattgefunden, so ist Gegenstand der Klage der ursprüngliche Verwaltungsakt in der Gestalt, die er durch den Widerspruchsbescheid gefunden hat.

§ 96 [Neuer Bescheid nach Klageerhebung] (1) Nach Klageerhebung wird ein neuer Verwaltungsakt nur dann Gegenstand des Klageverfahrens, wenn er nach Erlass des Widerspruchsbescheides ergangen ist und den angefochtenen Verwaltungsakt abändert oder ersetzt.

(2) Eine Abschrift des neuen Verwaltungsakts ist dem Gericht mitzuteilen, bei dem das Verfahren anhängig ist.

§ 97 *(aufgehoben)*

§ 98 [Verweisung bei Unzuständigkeit] [1] Für die sachliche und örtliche Zuständigkeit gelten die §§ 17, 17a und 17b Abs. 1, Abs. 2 Satz 1 des Gerichtsverfassungsgesetzes entsprechend. [2] Beschlüsse entsprechend § 17a Abs. 2 und 3 des Gerichtsverfassungsgesetzes sind unanfechtbar.

§ 99 [Klageänderung] (1) Eine Änderung der Klage ist nur zulässig, wenn die übrigen Beteiligten einwilligen oder das Gericht die Änderung für sachdienlich hält.

(2) Die Einwilligung der Beteiligten in die Änderung der Klage ist anzunehmen, wenn sie sich, ohne der Änderung zu widersprechen, in einem Schriftsatz oder in einer mündlichen Verhandlung auf die abgeänderte Klage eingelassen haben.

(3) Als eine Änderung der Klage ist es nicht anzusehen, wenn ohne Änderung des Klagegrundes

1. die tatsächlichen oder rechtlichen Ausführungen ergänzt oder berichtigt werden,
2. der Klageantrag in der Hauptsache oder in bezug auf Nebenforderungen erweitert oder beschränkt wird,
3. statt der ursprünglich geforderten Leistung wegen einer später eingetretenen Veränderung eine andere Leistung verlangt wird.

(4) Die Entscheidung, daß eine Änderung der Klage nicht vorliege oder zuzulassen sei, ist unanfechtbar.

§ 100 [Widerklage] Bei dem Gericht der Klage kann eine Widerklage erhoben werden, wenn der Gegenanspruch mit dem in der Klage geltend gemachten Anspruch oder mit den gegen ihn vorgebrachten Verteidigungsmitteln zusammenhängt.

§ 101 [Vergleich; Anerkenntnis] (1) [1] Um den geltend gemachten Anspruch vollständig oder zum Teil zu erledigen, können die Beteiligten zu Protokoll des Gerichts oder des Vorsitzenden oder des beauftragten oder ersuchten Richters einen Vergleich schließen, soweit sie über den Gegenstand der Klage verfügen können. [2] Ein gerichtlicher Vergleich kann auch dadurch geschlossen werden, dass die Beteiligten einen in der Form eines Beschlusses ergangenen Vorschlag des Gerichts, des Vorsitzenden oder des Berichterstatters schriftlich oder durch Erklärung zu Protokoll in der mündlichen Verhandlung gegenüber dem Gericht annehmen.

(2) Das angenommene Anerkenntnis des geltend gemachten Anspruchs erledigt insoweit den Rechtsstreit in der Hauptsache.

§ 102 [Klagerücknahme] (1) [1] Der Kläger kann die Klage bis zur Rechtskraft des Urteils zurücknehmen. [2] Die Klagerücknahme erledigt den Rechtsstreit in der Hauptsache.

(2) [1] Die Klage gilt als zurückgenommen, wenn der Kläger das Verfahren trotz Aufforderung des Gerichts länger als drei Monate nicht betreibt. [2] Absatz 1 gilt entsprechend. [3] Der Kläger ist in der Aufforderung auf die sich aus Satz 1 und gegebenenfalls aus § 197a Abs. 1 Satz 1 in Verbindung mit § 155 Abs. 2 der Verwaltungsgerichtsordnung ergebenden Rechtsfolgen hinzuweisen.

(3) [1] Ist die Klage zurückgenommen oder gilt sie als zurückgenommen, so stellt das Gericht das Verfahren auf Antrag durch Beschluss ein und entscheidet über Kosten, soweit diese entstanden sind. [2] Der Beschluss ist unanfechtbar.

§ 103 [Untersuchungsmaxime] [1] Das Gericht erforscht den Sachverhalt von Amts wegen; die Beteiligten sind dabei heranzuziehen. [2] Es ist an das Vorbringen und die Beweisanträge der Beteiligten nicht gebunden.

§ 104 [Mitteilung der Klageschrift, Gegenäußerung] [1] Der Vorsitzende übermittelt eine Abschrift der Klage an die übrigen Beteiligten; in Verfahren nach dem Siebzehnten Titel des Gerichtsverfassungsgesetzes wegen eines überlangen Gerichtsverfahrens ist die Klage zuzustellen. [2] Zugleich mit der Zustellung oder Mitteilung ergeht die Aufforderung, sich schriftlich zu äußern; § 90 gilt entsprechend. [3] Für die Äußerung kann eine Frist gesetzt werden, die nicht kürzer als ein Monat sein soll. [4] Die Aufforderung muß den Hinweis enthalten, daß auch verhandelt und entschieden werden kann, wenn die Äußerung nicht innerhalb der Frist eingeht. [5] Soweit das Gericht die Übersendung von Verwaltungsakten anfordert, soll diese binnen eines Monats nach Eingang der Aufforderung bei dem zuständigen Verwaltungsträger erfolgen. [6] Die Übersendung einer beglaubigten Abschrift oder einer beglaubigten elektronischen Abschrift, die mit einer qalifizier ten elektronischen Signatur des zuständigen Verwaltungsträgers versehen ist, steht der Übersendung der Originalverwaltungsakten gleich, sofern nicht das Gericht die Übersendung der Originalverwaltungsakten wünscht.

§ 105 [Gerichtsbescheid] (1) [1] Das Gericht kann ohne mündliche Verhandlung durch Gerichtsbescheid entscheiden, wenn die Sache keine besonderen Schwierigkeiten tatsächlicher oder rechtlicher Art aufweist und der Sachverhalt geklärt ist. [2] Die Beteiligten sind vorher zu hören. [3] Die Vorschriften über Urteile gelten entsprechend.

(2) [1] Die Beteiligten können innerhalb eines Monats nach Zustellung des Gerichtsbescheids das Rechtsmittel einlegen, das zulässig wäre, wenn das Gericht durch Urteil entschieden hätte. [2] Ist die Berufung nicht gegeben, kann mündliche Verhandlung beantragt werden. [3] Wird sowohl ein Rechtsmittel eingelegt als auch mündliche Verhandlung beantragt, findet mündliche Verhandlung statt.

(3) Der Gerichtsbescheid wirkt als Urteil; wird rechtzeitig mündliche Verhandlung beantragt, gilt er als nicht ergangen.

(4) Wird mündliche Verhandlung beantragt, kann das Gericht in dem Urteil von einer weiteren Darstellung des Tatbestandes und der Entscheidungsgründe absehen, soweit es der Begründung des Gerichtsbescheids folgt und dies in seiner Entscheidung feststellt.

§ 106 [Aufklärungspflicht des Vorsitzenden] (1) Der Vorsitzende hat darauf hinzuwirken, daß Formfehler beseitigt, unklare Anträge erläutert, sachdienliche Anträge gestellt, ungenügende Angaben tatsächlicher Art ergänzt sowie alle für die Feststellung und Beurteilung des Sachverhalts wesentlichen Erklärungen abgegeben werden.

(2) Der Vorsitzende hat bereits vor der mündlichen Verhandlung alle Maßnahmen zu treffen, die notwendig sind, um den Rechtsstreit möglichst in einer mündlichen Verhandlung zu erledigen.

(3) Zu diesem Zweck kann er insbesondere

1. um Mitteilung von Urkunden sowie um Übermittlung elektronischer Dokumente ersuchen,
2. Krankenpapiere, Aufzeichnungen, Krankengeschichten, Sektions- und Untersuchungsbefunde sowie Röntgenbilder beiziehen,
3. Auskünfte jeder Art einholen,
4. Zeugen und Sachverständige in geeigneten Fällen vernehmen oder, auch eidlich, durch den ersuchten Richter vernehmen lassen,
5. die Einnahme des Augenscheins sowie die Begutachtung durch Sachverständige anordnen und ausführen,
6. andere beiladen,
7. einen Termin anberaumen, das persönliche Erscheinen der Beteiligten hierzu anordnen und den Sachverhalt mit diesen erörtern.

(4) Für die Beweisaufnahme gelten die §§ 116, 118 und 119 entsprechend.

§ 106a [Fristsetzung] (1) Der Vorsitzende kann dem Kläger eine Frist setzen zur Angabe der Tatsachen, durch deren Berücksichtigung oder Nichtberücksichtigung im Verwaltungsverfahren er sich beschwert fühlt.

(2) Der Vorsitzende kann einem Beteiligten unter Fristsetzung aufgeben, zu bestimmten Vorgängen

1. Tatsachen anzugeben oder Beweismittel zu bezeichnen,
2. Urkunden oder andere bewegliche Sachen vorzulegen sowie elektronische Dokumente zu übermitteln, soweit der Beteiligte dazu verpflichtet ist.

(3) [1]Das Gericht kann Erklärungen und Beweismittel, die erst nach Ablauf einer nach den Absätzen 1 und 2 gesetzten Frist vorgebracht werden, zurückweisen und ohne weitere Ermittlungen entscheiden, wenn

1. ihre Zulassung nach der freien Überzeugung des Gerichts die Erledigung des Rechtsstreits verzögern würde und
2. der Beteiligte die Verspätung nicht genügend entschuldigt und
3. der Beteiligte über die Folgen einer Fristversäumung belehrt worden ist.

[2]Der Entschuldigungsgrund ist auf Verlangen des Gerichts glaubhaft zu machen. [3]Satz 1 gilt nicht, wenn es mit geringem Aufwand möglich ist, den Sachverhalt auch ohne Mitwirkung des Beteiligten zu ermitteln.

§ 107 [Mitteilung von Beweisergebnissen] Den Beteiligten ist nach Anordnung des Vorsitzenden entweder eine Abschrift des Protokolls der Beweisaufnahme oder deren Inhalt mitzuteilen.

§ 108 [Vorbereitende Schriftsätze] [1]Die Beteiligten können zur Vorbereitung der mündlichen Verhandlung Schriftsätze einreichen. [2]Die Schriftsätze sind den übrigen Beteiligten von Amts wegen mitzuteilen.

§ 108a *(aufgehoben)*

§ 109 [Anhörung eines bestimmten Arztes] (1) [1]Auf Antrag des Versicherten, des behinderten Menschen, des Versorgungsberechtigten oder Hinterbliebenen muß ein bestimmter Arzt gutachtlich gehört werden. [2]Die Anhörung kann davon abhängig gemacht werden, daß der Antragsteller die Kosten vorschießt und vorbehaltlich einer anderen Entscheidung des Gerichts endgültig trägt.

(2) Das Gericht kann einen Antrag ablehnen, wenn durch die Zulassung die Erledigung des Rechtsstreits verzögert werden würde und der Antrag nach der freien Überzeugung des Gerichts in der Absicht, das Verfahren zu verschleppen, oder aus grober Nachlässigkeit nicht früher vorgebracht worden ist.

§ 110 [Terminsbestimmung, Ladung] (1) [1]Der Vorsitzende bestimmt Ort und Zeit der mündlichen Verhandlung und teilt sie den Beteiligten in der Regel zwei Wochen vorher mit. [2]Die Beteiligten sind darauf hinzuweisen, daß im Falle ihres Ausbleibens nach Lage der Akten entschieden werden kann.

(2) Das Gericht kann Sitzungen auch außerhalb des Gerichtssitzes abhalten, wenn dies zur sachdienlichen Erledigung notwendig ist.

(3) § 227 Abs. 3 Satz 1 der Zivilprozeßordnung ist nicht anzuwenden.

§ 110a [Übertragung der Verhandlung in Bild und Ton] (1) [1]Das Gericht kann den Beteiligten, ihren Bevollmächtigten und Beiständen auf Antrag oder von Amts wegen gestatten, sich während einer mündlichen Verhandlung an einem anderen Ort aufzuhalten und dort Verfahrenshandlungen vorzunehmen. [2]Die Verhandlung wird zeitgleich in Bild und Ton an diesen Ort und in das Sitzungszimmer übertragen.

(2) [1]Das Gericht kann auf Antrag gestatten, dass sich ein Zeuge oder ein Sachverständiger während einer Vernehmung an einem anderen Ort aufhält. [2]Die Vernehmung wird zeitgleich in Bild und Ton an diesen Ort und in das Sitzungszimmer übertragen. [3]Ist Beteiligten, Bevollmächtigten und Beiständen nach Absatz 1 Satz 1 gestattet worden, sich an einem anderen Ort aufzuhalten, so wird die Vernehmung auch an diesen Ort übertragen.

(3) [1]Die Übertragung wird nicht aufgezeichnet. [2]Entscheidungen nach Absatz 1 Satz 1 und Absatz 2 Satz 1 sind unanfechtbar.

(4) Die Absätze 1 und 3 gelten entsprechend für Erörterungstermine (§ 106 Absatz 3 Nummer 7).

§ 111 [Anordnung des persönlichen Erscheinens, Ladung von Zeugen, Vertreter von Behörden] (1) [1]Der Vorsitzende kann das persönliche Erscheinen eines Beteiligten zur mündlichen Verhandlung anordnen sowie Zeugen und Sachverständige laden. [2]Auf die Folgen des Ausbleibens ist dabei hinzuweisen.

(2) Die Ladung von Zeugen und Sachverständigen ist den Beteiligten bei der Mitteilung des Termins zur mündlichen Verhandlung bekanntzugeben.

(3) Das Gericht kann einem Beteiligten, der keine natürliche Person ist, aufgeben, zur mündlichen Verhandlung oder zu einem Termin nach § 106 Absatz 3 Nummer 7 einen Beamten oder Angestellten zu entsenden, der mit einem schriftlichen Nachweis über die Vertretungsbefugnis versehen und über die Sach- und Rechtslage ausreichend unterrichtet ist.

§ 112 [Leitung und Gang der mündlichen Verhandlung] (1) [1]Der Vorsitzende eröffnet und leitet die mündliche Verhandlung. [2]Sie beginnt nach Aufruf der Sache mit der Darstellung des Sachverhalts.

(2) [1]Sodann erhalten die Beteiligten das Wort. [2]Der Vorsitzende hat das Sach- und Streitverhältnis mit den Beteiligten zu erörtern und dahin zu wirken,

daß sie sich über erhebliche Tatsachen vollständig erklären sowie angemessene und sachdienliche Anträge stellen.

(3) Die Anträge können ergänzt, berichtigt oder im Rahmen des § 99 geändert werden.

(4) [1] Der Vorsitzende hat jedem Beisitzer auf Verlangen zu gestatten, sachdienliche Fragen zu stellen. [2] Wird eine Frage von einem Beteiligten beanstandet, so entscheidet das Gericht endgültig.

§ 113 [Verbindung und Trennung mehrerer Rechtsstreitigkeiten]

(1) Das Gericht kann durch Beschluß mehrere bei ihm anhängige Rechtsstreitigkeiten derselben Beteiligten oder verschiedener Beteiligter zur gemeinsamen Verhandlung und Entscheidung verbinden, wenn die Ansprüche, die den Gegenstand dieser Rechtsstreitigkeiten bilden, in Zusammenhang stehen oder von vornherein in einer Klage hätten geltend gemacht werden können.

(2) Die Verbindung kann, wenn es zweckmäßig ist, auf Antrag oder von Amts wegen wieder aufgehoben werden.

§ 114 [Aussetzung wegen Vorfragen] (1) Hängt die Entscheidung eines Rechtsstreits von einem familien- oder erbrechtlichen Verhältnis ab, so kann das Gericht das Verfahren solange aussetzen, bis dieses Verhältnis im Zivilprozeß festgestellt worden ist.

(2) [1] Hängt die Entscheidung des Rechtsstreits ganz oder zum Teil vom Bestehen oder Nichtbestehen eines Rechtsverhältnisses ab, das den Gegenstand eines anderen anhängigen Rechtsstreits bildet oder von einer Verwaltungsstelle festzustellen ist, so kann das Gericht anordnen, daß die Verhandlung bis zur Erledigung des anderen Rechtsstreits oder bis zur Entscheidung der Verwaltungsstelle auszusetzen sei. [2] Auf Antrag kann das Gericht die Verhandlung zur Heilung von Verfahrens- und Formfehlern aussetzen, soweit dies im Sinne der Verfahrenskonzentration sachdienlich ist.

(2a) Hängt die Entscheidung des Rechtsstreits ab von der Gültigkeit einer Satzung oder einer anderen im Rang unter einem Landesgesetz stehenden Vorschrift, die nach § 22a Absatz 1 des Zweiten Buches Sozialgesetzbuch[1)] und dem dazu ergangenen Landesgesetz erlassen worden ist, so kann das Gericht anordnen, dass die Verhandlung bis zur Erledigung des Antragsverfahrens nach § 55a auszusetzen ist.

(3) Das Gericht kann, wenn sich im Laufe eines Rechtsstreits der Verdacht einer Straftat ergibt, deren Ermittlung auf die Entscheidung von Einfluß ist, die Aussetzung der Verhandlung bis zur Erledigung des Strafverfahrens anordnen.

§ 114a [Musterverfahren] (1) [1] Ist die Rechtmäßigkeit einer behördlichen Maßnahme Gegenstand von mehr als 20 Verfahren an einem Gericht, kann das Gericht eines oder mehrere geeignete Verfahren vorab durchführen (Musterverfahren) und die übrigen Verfahren aussetzen. [2] Die Beteiligten sind vorher zu hören. [3] Der Beschluss ist unanfechtbar.

(2) [1] Ist über die durchgeführten Musterverfahren rechtskräftig entschieden worden, kann das Gericht nach Anhörung der Beteiligten über die ausgesetzten Verfahren durch Beschluss entscheiden, wenn es einstimmig der Auffassung ist, dass die Sachen gegenüber dem rechtskräftig entschiedenen Musterverfahren

---

[1)] Nr. 2.

keine wesentlichen Besonderheiten tatsächlicher oder rechtlicher Art aufweisen und der Sachverhalt geklärt ist. [2]Das Gericht kann in einem Musterverfahren erhobene Beweise einführen; es kann nach seinem Ermessen die wiederholte Vernehmung eines Zeugen oder eine neue Begutachtung durch denselben oder andere Sachverständige anordnen. [3]Beweisanträge zu Tatsachen, über die bereits im Musterverfahren Beweis erhoben wurde, kann das Gericht ablehnen, wenn ihre Zulassung nach seiner freien Überzeugung nicht zum Nachweis neuer entscheidungserheblicher Tatsachen beitragen und die Erledigung des Rechtsstreits verzögern würde. [4]Die Ablehnung kann in der Entscheidung nach Satz 1 erfolgen. [5]Den Beteiligten steht gegen den Beschluss nach Satz 1 das Rechtsmittel zu, das zulässig wäre, wenn das Gericht durch Urteil entschieden hätte. [6]Die Beteiligten sind über das Rechtsmittel zu belehren.

§ 115 [Folgen sitzungspolizeilicher Maßnahmen] [1]Ist ein bei der Verhandlung Beteiligter zur Aufrechterhaltung der Ordnung von dem Ort der Verhandlung entfernt worden, so kann gegen ihn in gleicher Weise verfahren werden, als wenn er sich freiwillig entfernt hätte. [2]Das gleiche gilt im Falle des § 73 Abs. 3 Satz 1 und 3, sofern die Zurückweisung bereits in einer früheren Verhandlung geschehen war.

§ 116 [Ladung zu Beweisterminen, Fragerecht] [1]Die Beteiligten werden von allen Beweisaufnahmeterminen benachrichtigt und können der Beweisaufnahme beiwohnen. [2]Sie können an Zeugen und Sachverständige sachdienliche Fragen richten lassen. [3]Wird eine Frage beanstandet, so entscheidet das Gericht.

§ 117 [Beweiserhebung vor Prozessgericht] Das Gericht erhebt Beweis in der mündlichen Verhandlung, soweit die Beweiserhebung nicht einen besonderen Termin erfordert.

§ 118 [Durchführung der Beweisaufnahme] (1) [1]Soweit dieses Gesetz nichts anderes bestimmt, sind auf die Beweisaufnahme die §§ 358 bis 363, 365 bis 378, 380 bis 386, 387 Abs. 1 und 2, §§ 388 bis 390, 392 bis 406 Absatz 1 bis 4, die §§ 407 bis 444, 478 bis 484 der Zivilprozeßordnung entsprechend anzuwenden. [2]Die Entscheidung über die Rechtmäßigkeit der Weigerung nach § 387 der Zivilprozeßordnung ergeht durch Beschluß.

(2) Zeugen und Sachverständige werden nur beeidigt, wenn das Gericht dies im Hinblick auf die Bedeutung des Zeugnisses oder Gutachtens für die Entscheidung des Rechtsstreits für notwendig erachtet.

(3) Der Vorsitzende kann das Auftreten eines Prozeßbevollmächtigten untersagen, solange die Partei trotz Anordnung ihres persönlichen Erscheinens unbegründet ausgeblieben ist und hierdurch der Zweck der Anordnung vereitelt wird.

§ 119 [Vorlage von Urkunden durch Behörden] (1) Eine Behörde ist zur Vorlage von Urkunden oder Akten, zur Übermittlung elektronischer Dokumente und zu Auskünften nicht verpflichtet, wenn die zuständige oberste Aufsichtsbehörde erklärt, dass das Bekanntwerden des Inhalts dieser Urkunden, Akten, elektronischer Dokumente oder Auskünfte dem Wohl des Bundes oder eines deutschen Landes nachteilig sein würde oder dass die Vorgänge nach einem Gesetz oder ihrem Wesen nach geheim gehalten werden müssen.

(2) [1] Handelt es sich um Urkunden, elektronische Dokumente oder Akten und um Auskünfte einer obersten Bundesbehörde, so darf die Vorlage der Urkunden oder Akten, die Übermittlung elektronischer Dokumente und die Erteilung der Auskunft nur unterbleiben, wenn die Erklärung nach Absatz 1 von der Bundesregierung abgegeben wird. [2] Die Landesregierung hat die Erklärung abzugeben, wenn diese Voraussetzungen bei einer obersten Landesbehörde vorliegen.

§ 120 [Akteneinsicht; Erteilung von Abschriften] (1) [1] Die Beteiligten haben das Recht der Einsicht in die Akten, soweit die übermittelnde Behörde dieses nicht ausschließt. [2] Beteiligte können sich auf ihre Kosten durch die Geschäftsstelle Ausfertigungen, Auszüge, Ausdrucke und Abschriften erteilen lassen. [3] Für die Versendung von Akten, die Übermittlung elektronischer Dokumente und die Gewährung des elektronischen Zugriffs auf Akten werden Kosten nicht erhoben, sofern nicht nach § 197a das Gerichtskostengesetz gilt.

(2) [1] Werden die Prozessakten elektronisch geführt, wird Akteneinsicht durch Bereitstellung des Inhalts der Akten zum Abruf gewährt. [2] Auf besonderen Antrag wird Akteneinsicht durch Einsichtnahme in die Akten in Diensträumen gewährt. [3] Ein Aktenausdruck oder ein Datenträger mit dem Inhalt der Akten wird auf besonders zu begründenden Antrag nur übermittelt, wenn der Antragsteller hieran ein berechtigtes Interesse darlegt. [4] Stehen der Akteneinsicht in der nach Satz 1 vorgesehenen Form wichtige Gründe entgegen, kann die Akteneinsicht in der nach den Sätzen 2 und 3 vorgesehenen Form auch ohne Antrag gewährt werden. [5] Über einen Antrag nach Satz 3 entscheidet der Vorsitzende; die Entscheidung ist unanfechtbar. [6] § 155 Absatz 4 gilt entsprechend.

(3) [1] Werden die Prozessakten in Papierform geführt, wird Akteneinsicht durch Einsichtnahme in die Akten in Diensträumen gewährt. [2] Die Akteneinsicht kann, soweit nicht wichtige Gründe entgegenstehen, auch durch Bereitstellung des Inhalts der Akten zum Abruf gewährt werden. [3] Nach dem Ermessen des Vorsitzenden kann einem Bevollmächtigten, der zu den in § 73 Absatz 2 Satz 1 und 2 Nummer 3 bis 9 bezeichneten natürlichen Personen gehört, die Mitnahme der Akten in die Wohnung oder Geschäftsräume gestattet werden. [4] § 155 Absatz 4 gilt entsprechend.

(4) [1] Der Vorsitzende kann aus besonderen Gründen die Einsicht in die Akten oder in Aktenteile sowie die Fertigung oder Erteilung von Auszügen und Abschriften versagen oder beschränken. [2] Gegen die Versagung oder die Beschränkung der Akteneinsicht kann das Gericht angerufen werden; es entscheidet endgültig.

(5) Die Entwürfe zu Urteilen, Beschlüssen und Verfügungen, die zu ihrer Vorbereitung angefertigten Arbeiten sowie die Dokumente, welche Abstimmungen betreffen, werden weder vorgelegt noch abschriftlich mitgeteilt.

§ 121 [Schließung der mündlichen Verhandlung] [1] Nach genügender Erörterung der Streitsache erklärt der Vorsitzende die mündliche Verhandlung für geschlossen. [2] Das Gericht kann die Wiedereröffnung beschließen.

§ 122 [Sitzungsprotokoll] Für das Protokoll gelten die §§ 159 bis 165 der Zivilprozeßordnung entsprechend.

Fünfter Unterabschnitt. Urteile und Beschlüsse

§ 123 [Grundlage] Das Gericht entscheidet über die vom Kläger erhobenen Ansprüche, ohne an die Fassung der Anträge gebunden zu sein.

§ 124 [Grundsatz der mündlichen Verhandlung] (1) Das Gericht entscheidet, soweit nichts anderes bestimmt ist, auf Grund mündlicher Verhandlung.

(2) Mit Einverständnis der Beteiligten kann das Gericht ohne mündliche Verhandlung durch Urteil entscheiden.

(3) Entscheidungen des Gerichts, die nicht Urteile sind, können ohne mündliche Verhandlung ergehen, soweit nichts anderes bestimmt ist.

§ 125 [Urteil] Über die Klage wird, soweit nichts anderes bestimmt ist, durch Urteil entschieden.

§ 126 [Entscheidung nach Aktenlage] Das Gericht kann, sofern in der Ladung auf diese Möglichkeit hingewiesen worden ist, nach Lage der Akten entscheiden, wenn in einem Termin keiner der Beteiligten erscheint oder beim Ausbleiben von Beteiligten die erschienenen Beteiligten es beantragen.

§ 127 [Urteil nach Beweisaufnahme] Ist ein Beteiligter nicht benachrichtigt worden, daß in der mündlichen Verhandlung eine Beweiserhebung stattfindet, und ist er in der mündlichen Verhandlung nicht zugegen oder vertreten, so kann in diesem Termin ein ihm ungünstiges Urteil nicht erlassen werden.

§ 128 [Grundlagen des Urteils] (1) [1] Das Gericht entscheidet nach seiner freien, aus dem Gesamtergebnis des Verfahrens gewonnenen Überzeugung. [2] In dem Urteil sind die Gründe anzugeben, die für die richterliche Überzeugung leitend gewesen sind.

(2) Das Urteil darf nur auf Tatsachen und Beweisergebnisse gestützt werden, zu denen sich die Beteiligten äußern konnten.

§ 129 [Mitwirkende Richter] Das Urteil kann nur von den Richtern gefällt werden, die an der dem Urteil zugrunde liegenden Verhandlung teilgenommen haben.

§ 130 [Grundurteil] (1) [1] Wird gemäß § 54 Abs. 4 oder 5 eine Leistung in Geld begehrt, auf die ein Rechtsanspruch besteht, so kann auch zur Leistung nur dem Grunde nach verurteilt werden. [2] Hierbei kann im Urteil eine einmalige oder laufende vorläufige Leistung angeordnet werden. [3] Die Anordnung der vorläufigen Leistung ist nicht anfechtbar.

(2) Das Gericht kann durch Zwischenurteil über eine entscheidungserhebliche Sach- oder Rechtsfrage vorab entscheiden, wenn dies sachdienlich ist.

§ 131 [Urteilsformel] (1) [1] Wird ein Verwaltungsakt oder ein Widerspruchsbescheid, der bereits vollzogen ist, aufgehoben, so kann das Gericht aussprechen, daß und in welcher Weise die Vollziehung des Verwaltungsakts rückgängig zu machen ist. [2] Dies ist nur zulässig, wenn die Verwaltungsstelle rechtlich dazu in der Lage und diese Frage ohne weiteres in jeder Beziehung spruchreif ist. [3] Hat sich der Verwaltungsakt vorher durch Zurücknahme oder anders erledigt, so spricht das Gericht auf Antrag durch Urteil aus, daß der

Verwaltungsakt rechtswidrig ist, wenn der Kläger ein berechtigtes Interesse an dieser Feststellung hat.

(2) [1] Hält das Gericht die Verurteilung zum Erlaß eines abgelehnten Verwaltungsakts für begründet und diese Frage in jeder Beziehung für spruchreif, so ist im Urteil die Verpflichtung auszusprechen, den beantragten Verwaltungsakt zu erlassen. [2] Im Übrigen gilt Absatz 3 entsprechend.

(3) Hält das Gericht die Unterlassung eines Verwaltungsakts für rechtswidrig, so ist im Urteil die Verpflichtung auszusprechen, den Kläger unter Beachtung der Rechtsauffassung des Gerichts zu bescheiden.

(4) Hält das Gericht eine Wahl im Sinne des § 57b oder eine Wahl zu den Selbstverwaltungsorganen der Kassenärztlichen Vereinigungen oder der Kassenärztlichen Bundesvereinigungen ganz oder teilweise oder eine Ergänzung der Selbstverwaltungsorgane für ungültig, so spricht es dies im Urteil aus und bestimmt die Folgerungen, die sich aus der Ungültigkeit ergeben.

(5) [1] Hält das Gericht eine weitere Sachaufklärung für erforderlich, kann es, ohne in der Sache selbst zu entscheiden, den Verwaltungsakt und den Widerspruchsbescheid aufheben, soweit nach Art oder Umfang die noch erforderlichen Ermittlungen erheblich sind und die Aufhebung auch unter Berücksichtigung der Belange der Beteiligten sachdienlich ist. [2] Satz 1 gilt auch bei Klagen auf Verurteilung zum Erlass eines Verwaltungsakts und bei Klagen nach § 54 Abs. 4; Absatz 3 ist entsprechend anzuwenden. [3] Auf Antrag kann das Gericht bis zum Erlass des neuen Verwaltungsakts eine einstweilige Regelung treffen, insbesondere bestimmen, dass Sicherheiten geleistet werden oder ganz oder zum Teil bestehen bleiben und Leistungen zunächst nicht zurückgewährt werden müssen. [4] Der Beschluss kann jederzeit geändert oder aufgehoben werden. [5] Eine Entscheidung nach Satz 1 kann nur binnen sechs Monaten seit Eingang der Akten der Behörde bei Gericht ergehen.

§ 132 [Urteilsverkündung] (1) [1] Das Urteil ergeht im Namen des Volkes. [2] Es wird grundsätzlich in dem Termin verkündet, in dem die mündliche Verhandlung geschlossen wird. [3] Ausnahmsweise kann das Urteil in einem sofort anzuberaumenden Termin, der nicht über zwei Wochen hinaus angesetzt werden soll, verkündet werden. [4] Eine Ladung der Beteiligten ist nicht erforderlich.

(2) [1] Das Urteil wird durch Verlesen der Urteilsformel verkündet. [2] Bei der Verkündung soll der wesentliche Inhalt der Entscheidungsgründe mitgeteilt werden, wenn Beteiligte anwesend sind.

§ 133 [Verkündung durch Zustellung] [1] Bei Urteilen, die nicht auf Grund mündlicher Verhandlung ergehen, wird die Verkündung durch Zustellung ersetzt. [2] Dies gilt für die Verkündung von Beschlüssen entsprechend.

§ 134 [Unterschrift; Übergabe an die Geschäftsstelle] (1) Das Urteil ist vom Vorsitzenden zu unterschreiben.

(2) [1] Das Urteil soll vor Ablauf eines Monats, vom Tag der Verkündung an gerechnet, vollständig abgefasst der Geschäftsstelle übermittelt werden. [2] Im Falle des § 170a verlängert sich die Frist um die zur Anhörung der ehrenamtlichen Richter benötigte Zeit.

(3) [1] Der Urkundsbeamte der Geschäftsstelle hat auf dem Urteil den Tag der Verkündung oder Zustellung zu vermerken und diesen Vermerk zu unter-

schreiben. [2]Werden die Akten elektronisch geführt, hat der Urkundsbeamte der Geschäftsstelle den Vermerk in einem gesonderten Dokument festzuhalten. [3]Das Dokument ist mit dem Urteil untrennbar zu verbinden.

§ 135 [Zustellungszwang] Das Urteil ist den Beteiligten unverzüglich zuzustellen.

§ 136 [Inhalt des Urteils] (1) Das Urteil enthält

1. die Bezeichnung der Beteiligten, ihrer gesetzlichen Vertreter und der Bevollmächtigten nach Namen, Wohnort und ihrer Stellung im Verfahren,
2. die Bezeichnung des Gerichts und die Namen der Mitglieder, die bei der Entscheidung mitgewirkt haben,
3. den Ort und Tag der mündlichen Verhandlung,
4. die Urteilsformel,
5. die gedrängte Darstellung des Tatbestandes,
6. die Entscheidungsgründe,
7. die Rechtsmittelbelehrung.

(2) [1]Die Darstellung des Tatbestandes kann durch eine Bezugnahme auf den Inhalt der vorbereitenden Schriftsätze und auf die zu Protokoll erfolgten Feststellungen ersetzt werden, soweit sich aus ihnen der Sach- und Streitstand richtig und vollständig ergibt. [2]In jedem Falle sind jedoch die erhobenen Ansprüche genügend zu kennzeichnen und die dazu vorgebrachten Angriffs- und Verteidigungsmittel ihrem Wesen nach hervorzuheben.

(3) Das Gericht kann von einer weiteren Darstellung der Entscheidungsgründe absehen, soweit es der Begründung des Verwaltungsaktes oder des Widerspruchsbescheides folgt und dies in seiner Entscheidung feststellt.

(4) Wird das Urteil in dem Termin, in dem die mündliche Verhandlung geschlossen worden ist, verkündet, so bedarf es des Tatbestandes und der Entscheidungsgründe nicht, wenn Kläger, Beklagter und sonstige rechtsmittelberechtigte Beteiligte auf Rechtsmittel gegen das Urteil verzichten.

§ 137 [Urteilsausfertigung] [1]Die Ausfertigungen des Urteils sind von dem Urkundsbeamten der Geschäftsstelle zu unterschreiben und mit dem Gerichtssiegel zu versehen. [2]Ausfertigungen, Auszüge und Abschriften eines als elektronisches Dokument (§ 65a Absatz 7) vorliegenden Urteils können von einem Urteilsausdruck mit einem Vermerk nach § 65b Absatz 4 erteilt werden. [3]Auszüge und Abschriften eines in Papierform vorliegenden Urteils können durch Telekopie oder als elektronisches Dokument erteilt werden. [4]Die Telekopie hat eine Wiedergabe des Gerichtssiegels, die Telekopie zur Erteilung eines Auszugs zusätzlich die Unterschrift des Urkundsbeamten der Geschäftsstelle zu enthalten. [5]Bei der Erteilung von beglaubigten Auszügen und Abschriften ist das elektronische Dokument mit einer qalifizier ten elektronischen Signatur des Urkundsbeamten der Geschäftsstelle zu versehen.

§ 138 [Berichtigung des Urteils] [1]Schreibfehler, Rechenfehler und ähnliche offenbare Unrichtigkeiten im Urteil sind jederzeit von Amts wegen zu berichtigen. [2]Der Vorsitzende entscheidet hierüber durch Beschluß. [3]Der Berichtigungsbeschluß wird auf dem Urteil und den Ausfertigungen vermerkt. [4]Werden die Akten elektronisch geführt, hat der Urkundsbeamte der Geschäftsstelle den Vermerk in einem gesonderten Dokument festzuhalten. [5]Das Dokument ist mit dem Urteil untrennbar zu verbinden.

§ 139 [Berichtigung des Tatbestandes] (1) Enthält der Tatbestand des Urteils andere Unrichtigkeiten oder Unklarheiten, so kann die Berichtigung binnen zwei Wochen nach Zustellung des Urteils beantragt werden.

(2) [1]Das Gericht entscheidet ohne Beweisaufnahme durch Beschluß. [2]Der Beschluß ist unanfechtbar. [3]Bei der Entscheidung wirken nur die Richter mit, die beim Urteil mitgewirkt haben. [4]Ist ein Richter verhindert, so entscheidet bei Stimmengleichheit die Stimme des Vorsitzenden. [5]Der Berichtigungsbeschluß wird auf dem Urteil und den Ausfertigungen vermerkt.

(3) Ist das Urteil elektronisch abgefasst, ist auch der Beschluss elektronisch abzufassen und mit dem Urteil untrennbar zu verbinden.

§ 140 [Ergänzung des Urteils] (1) [1]Hat das Urteil einen von einem Beteiligten erhobenen Anspruch oder den Kostenpunkt ganz oder teilweise übergangen, so wird es auf Antrag nachträglich ergänzt. [2]Die Entscheidung muß binnen eines Monats nach Zustellung des Urteils beantragt werden.

(2) [1]Über den Antrag wird in einem besonderen Verfahren entschieden. [2]Die Entscheidung ergeht, wenn es sich nur um den Kostenpunkt handelt, durch Beschluß, der lediglich mit der Entscheidung in der Hauptsache angefochten werden kann, im übrigen durch Urteil, das mit dem bei dem übergangenen Anspruch zulässigen Rechtsmittel angefochten werden kann.

(3) Die mündliche Verhandlung hat nur den nicht erledigten Teil des Rechtsstreits zum Gegenstand.

(4) [1]Die ergänzende Entscheidung wird auf der Urschrift des Urteils und den Ausfertigungen vermerkt. [2]Liegt das Urteil als elektronisches Dokument mit einer qalifizier ten elektronischen Signatur (§ 65a Absatz 3) vor, bedarf auch die ergänzende Entscheidung dieser Form und ist mit dem Urteil untrennbar zu verbinden.

§ 141 [Rechtskraftwirkungen] (1) Rechtskräftige Urteile binden, soweit über den Streitgegenstand entschieden worden ist,

1. die Beteiligten und ihre Rechtsnachfolger,
2. im Falle des § 75 Absatz 2a die Personen und im Falle des § 75 Absatz 2b die Versicherungsträger, die einen Antrag auf Beiladung nicht oder nicht fristgemäß gestellt haben.

(2) Hat der Beklagte die Aufrechnung einer Gegenforderung geltend gemacht, so ist die Entscheidung, daß die Gegenforderung nicht besteht, bis zur Höhe des Betrags der Rechtskraft fähig, für den die Aufrechnung geltend gemacht worden ist.

§ 142 [Beschlüsse, Form und Inhalt] (1) Für Beschlüsse gelten § 128 Abs. 1 Satz 1, die §§ 134 und 138, nach mündlicher Verhandlung auch die §§ 129, 132, 135 und 136 entsprechend.

(2) [1]Beschlüsse sind zu begründen, wenn sie durch Rechtsmittel angefochten werden können oder über einen Rechtsbehelf entscheiden. [2]Beschlüsse über die Wiederherstellung der aufschiebenden Wirkung und über einstweilige Anordnungen (§ 86b) sowie Beschlüsse nach Erledigung des Rechtsstreits in der Hauptsache sind stets zu begründen. [3]Beschlüsse, die über ein Rechtsmittel

entscheiden, bedürfen keiner weiteren Begründung, soweit das Gericht das Rechtsmittel aus den Gründen der angefochtenen Entscheidung als unbegründet zurückweist.

(3) Ausfertigungen der Beschlüsse sind von dem Urkundsbeamten der Geschäftsstelle zu unterschreiben.

Sechster Unterabschnitt. *(aufgehoben)*

§ 142a *(aufgehoben)*

Zweiter Abschnitt. Rechtsmittel

Erster Unterabschnitt. Berufung

§ 143 [Zulässigkeit der Berufung] Gegen die Urteile der Sozialgerichte findet die Berufung an das Landessozialgericht statt, soweit sich aus den Vorschriften dieses Unterabschnitts nichts anderes ergibt.

§ 144 [Zulassung der Berufung] (1) [1] Die Berufung bedarf der Zulassung in dem Urteil des Sozialgerichts oder auf Beschwerde durch Beschluß des Landessozialgerichts, wenn der Wert des Beschwerdegegenstandes

1. bei einer Klage, die eine Geld-, Dienst- oder Sachleistung oder einen hierauf gerichteten Verwaltungsakt betrifft, 750 Euro oder
2. bei einer Erstattungsstreitigkeit zwischen juristischen Personen des öffentlichen Rechts oder Behörden 10 000 Euro

nicht übersteigt. [2] Das gilt nicht, wenn die Berufung wiederkehrende oder laufende Leistungen für mehr als ein Jahr betrifft.

(2) Die Berufung ist zuzulassen, wenn

1. die Rechtssache grundsätzliche Bedeutung hat,
2. das Urteil von einer Entscheidung des Landessozialgerichts, des Bundessozialgerichts, des Gemeinsamen Senats der obersten Gerichtshöfe des Bundes oder des Bundesverfassungsgerichts abweicht und auf dieser Abweichung beruht oder
3. ein der Beurteilung des Berufungsgerichts unterliegender Verfahrensmangel geltend gemacht wird und vorliegt, auf dem die Entscheidung beruhen kann.

(3) Das Landessozialgericht ist an die Zulassung gebunden.

(4) Die Berufung ist ausgeschlossen, wenn es sich um die Kosten des Verfahrens handelt.

§ 145 [Beschwerde gegen Nichtzulassung] (1) [1] Die Nichtzulassung der Berufung durch das Sozialgericht kann durch Beschwerde angefochten werden. [2] Die Beschwerde ist bei dem Landessozialgericht innerhalb eines Monats nach Zustellung des vollständigen Urteils schriftlich oder zu Protokoll des Urkundsbeamten einzulegen.

(2) Die Beschwerde soll das angefochtene Urteil bezeichnen und die zur Begründung dienenden Tatsachen und Beweismittel angeben.

(3) Die Einlegung der Beschwerde hemmt die Rechtskraft des Urteils.

(4) [1] Das Landessozialgericht entscheidet durch Beschluss. [2] Die Zulassung der Berufung bedarf keiner Begründung. [3] Der Ablehnung der Beschwerde soll

eine kurze Begründung beigefügt werden. [4]Mit der Ablehnung der Beschwerde wird das Urteil rechtskräftig.

(5) [1]Läßt das Landessozialgericht die Berufung zu, wird das Beschwerdeverfahren als Berufungsverfahren fortgesetzt; der Einlegung einer Berufung durch den Beschwerdeführer bedarf es nicht. [2]Darauf ist in dem Beschluß hinzuweisen.

§§ 146–150 *(aufgehoben)*

§ 151 [Einlegung, Frist, Form] (1) Die Berufung ist bei dem Landessozialgericht innerhalb eines Monats nach Zustellung des Urteils schriftlich oder zu Protokoll des Urkundsbeamten der Geschäftsstelle einzulegen.

(2) [1]Die Berufungsfrist ist auch gewahrt, wenn die Berufung innerhalb der Frist bei dem Sozialgericht schriftlich oder zu Protokoll des Urkundsbeamten der Geschäftsstelle eingelegt wird. [2]In diesem Falle legt das Sozialgericht die Berufungsschrift oder das Protokoll mit seinen Akten unverzüglich dem Landessozialgericht vor.

(3) Die Berufungsschrift soll das angefochtene Urteil bezeichnen, einen bestimmten Antrag enthalten und die zur Begründung dienenden Tatsachen und Beweismittel angeben.

§ 152 [Aktenanforderung] (1) Die Geschäftsstelle des Landessozialgerichts hat unverzüglich, nachdem die Berufungsschrift eingereicht ist, von der Geschäftsstelle des Sozialgerichts die Prozeßakten anzufordern.

(2) Nach Erledigung der Berufung sind die Akten der Geschäftsstelle des Sozialgerichts nebst einer beglaubigten Abschrift oder einer beglaubigten elektronischen Abschrift, die mit einer qalifizier ten elektronischen Signatur des Urkundsbeamten der Geschäftsstelle versehen ist, des in der Berufungsinstanz erlassenen Urteils zurückzusenden.

§ 153 [Verfahren in der Berufung] (1) Für das Verfahren vor den Landessozialgerichten gelten die Vorschriften über das Verfahren im ersten Rechtszug mit Ausnahme der §§ 91, 105 entsprechend, soweit sich aus diesem Unterabschnitt nichts anderes ergibt.

(2) Das Landessozialgericht kann in dem Urteil über die Berufung von einer weiteren Darstellung der Entscheidungsgründe absehen, soweit es die Berufung aus den Gründen der angefochtenen Entscheidung als unbegründet zurückweist.

(3) [1]Das Urteil ist von den Mitgliedern des Senats zu unterschreiben. [2]Ist ein Mitglied verhindert, so vermerkt der Vorsitzende, bei dessen Verhinderung der dienstälteste beisitzende Berufsrichter, dies unter dem Urteil mit Angabe des Hinderungsgrundes.

(4) [1]Das Landessozialgericht kann, außer in den Fällen des § 105 Abs. 2 Satz 1, die Berufung durch Beschluß zurückweisen, wenn es sie einstimmig für unbegründet und eine mündliche Verhandlung nicht für erforderlich hält. [2]Die Beteiligten sind vorher zu hören. [3]§ 158 Satz 3 und 4 gilt entsprechend.

(5) Der Senat kann in den Fällen des § 105 Abs. 2 Satz 1 durch Beschluss die Berufung dem Berichterstatter übertragen, der zusammen mit den ehrenamtlichen Richtern entscheidet.

§ 154 [Aufschiebende Wirkung] (1) Die Berufung und die Beschwerde nach § 144 Abs. 1 haben aufschiebende Wirkung, soweit die Klage nach § 86a Aufschub bewirkt.

(2) Die Berufung und die Beschwerde nach § 144 Abs. 1 eines Versicherungsträgers oder in der Kriegsopferversorgung eines Landes bewirken Aufschub, soweit es sich um Beträge handelt, die für die Zeit vor Erlaß des angefochtenen Urteils nachgezahlt werden sollen.

§ 155 [Berichterstatter] (1) Der Vorsitzende kann seine Aufgaben nach den §§ 104, 106 bis 108 und 120 einem Berufsrichter des Senats übertragen.

(2) [1] Der Vorsitzende entscheidet, wenn die Entscheidung im vorbereitenden Verfahren ergeht,

1. über die Aussetzung und das Ruhen des Verfahrens;
2. bei Zurücknahme der Klage oder der Berufung, Verzicht auf den geltend gemachten Anspruch oder Anerkenntnis des Anspruchs, auch über einen Antrag auf Prozesskostenhilfe;
3. bei Erledigung des Rechtsstreits in der Hauptsache, auch über einen Antrag auf Prozesskostenhilfe;
4. über den Streitwert;
5. über Kosten.

[2] In dringenden Fällen entscheidet der Vorsitzende auch über den Antrag nach § 86b Abs. 1 oder 2.

(3) Im Einverständnis der Beteiligten kann der Vorsitzende auch sonst anstelle des Senats entscheiden.

(4) Ist ein Berichterstatter bestellt, so entscheidet dieser anstelle des Vorsitzenden.

§ 156 [Berufungsrücknahme] (1) [1] Die Berufung kann bis zur Rechtskraft des Urteils oder des nach § 153 Abs. 4 oder § 158 Satz 2 ergangenen Beschlusses zurückgenommen werden. [2] Die Zurücknahme nach Schluss der mündlichen Verhandlung setzt die Einwilligung des Berufungsbeklagten voraus.

(2) [1] Die Berufung gilt als zurückgenommen, wenn der Berufungskläger das Verfahren trotz Aufforderung des Gerichts länger als drei Monate nicht betreibt. [2] Der Berufungskläger ist in der Aufforderung auf die Rechtsfolgen hinzuweisen, die sich aus Satz 1 und gegebenenfalls aus § 197a Absatz 1 Satz 1 in Verbindung mit § 155 Absatz 2 der Verwaltungsgerichtsordnung ergeben. [3] Das Gericht stellt durch Beschluss fest, dass die Berufung als zurückgenommen gilt.

(3) [1] Die Zurücknahme bewirkt den Verlust des Rechtsmittels. [2] Über die Kosten entscheidet das Gericht auf Antrag durch Beschluß.

§ 157 [Umfang der Prüfung, neue Tatsachen und Beweismittel]

[1] Das Landessozialgericht prüft den Streitfall im gleichen Umfang wie das Sozialgericht. [2] Es hat auch neu vorgebrachte Tatsachen und Beweismittel zu berücksichtigen.

§ 157a [Fristversäumnis] (1) Neue Erklärungen und Beweismittel, die im ersten Rechtszug entgegen einer hierfür gesetzten Frist (§ 106a Abs. 1 und 2) nicht vorgebracht worden sind, kann das Gericht unter den Voraussetzungen des § 106a Abs. 3 zurückweisen.

(2) Erklärungen und Beweismittel, die das Sozialgericht zu Recht zurückgewiesen hat, bleiben auch im Berufungsverfahren ausgeschlossen.

§ 158 [Verwerfung der Berufung] [1] Ist die Berufung nicht statthaft oder nicht in der gesetzlichen Frist oder nicht schriftlich oder nicht in elektronischer Form oder nicht zu Protokoll des Urkundsbeamten der Geschäftsstelle eingelegt, so ist sie als unzulässig zu verwerfen. [2] Die Entscheidung kann durch Beschluß ergehen. [3] Gegen den Beschluß steht den Beteiligten das Rechtsmittel zu, das zulässig wäre, wenn das Gericht durch Urteil entschieden hätte. [4] Die Beteiligten sind über dieses Rechtsmittel zu belehren.

§ 159 [Zurückverweisung an das Sozialgericht] (1) Das Landessozialgericht kann durch Urteil die angefochtene Entscheidung aufheben und die Sache an das Sozialgericht zurückverweisen, wenn

1. dieses die Klage abgewiesen hat, ohne in der Sache selbst zu entscheiden,
2. das Verfahren an einem wesentlichen Mangel leidet und auf Grund dieses Mangels eine umfangreiche und aufwändige Beweisaufnahme notwendig ist.

(2) Das Sozialgericht hat die rechtliche Beurteilung, die der Aufhebung zugrunde gelegt ist, seiner Entscheidung zugrunde zu legen.

Zweiter Unterabschnitt. Revision

§ 160 [Zulässigkeit der Revision] (1) Gegen das Urteil eines Landessozialgerichts und gegen den Beschluss nach § 55a Absatz 5 Satz 1 steht den Beteiligten die Revision an das Bundessozialgericht nur zu, wenn sie in der Entscheidung des Landessozialgerichts oder in dem Beschluß des Bundessozialgerichts nach § 160a Abs. 4 Satz 1 zugelassen worden ist.

(2) Sie ist nur zuzulassen, wenn

1. die Rechtssache grundsätzliche Bedeutung hat oder
2. das Urteil von einer Entscheidung des Bundessozialgerichts, des Gemeinsamen Senats der obersten Gerichtshöfe des Bundes oder des Bundesverfassungsgerichts abweicht und auf dieser Abweichung beruht oder
3. ein Verfahrensmangel geltend gemacht wird, auf dem die angefochtene Entscheidung beruhen kann; der geltend gemachte Verfahrensmangel kann nicht auf eine Verletzung der §§ 109 und 128 Abs. 1 Satz 1 und auf eine Verletzung des § 103 nur gestützt werden, wenn er sich auf einen Beweisantrag bezieht, dem das Landessozialgericht ohne hinreichende Begründung nicht gefolgt ist.

(3) Das Bundessozialgericht ist an die Zulassung gebunden.

§ 160a [Nichtzulassungsbeschwerde] (1) [1] Die Nichtzulassung der Revision kann selbständig durch Beschwerde angefochten werden. [2] Die Beschwerde ist bei dem Bundessozialgericht innerhalb eines Monats nach Zustellung des Urteils einzulegen. [3] Der Beschwerdeschrift soll eine Ausfertigung oder beglaubigte Abschrift des Urteils, gegen das die Revision eingelegt werden soll, beigefügt werden. [4] Satz 3 gilt nicht, soweit nach § 65a elektronische Dokumente übermittelt werden.

(2) [1]Die Beschwerde ist innerhalb von zwei Monaten nach Zustellung des Urteils zu begründen. [2]Die Begründungsfrist kann auf einen vor ihrem Ablauf gestellten Antrag von dem Vorsitzenden einmal bis zu einem Monat verlängert werden. [3]In der Begründung muß die grundsätzliche Bedeutung der Rechtssache dargelegt oder die Entscheidung, von der das Urteil des Landessozialgerichts abweicht, oder der Verfahrensmangel bezeichnet werden.

(3) Die Einlegung der Beschwerde hemmt die Rechtskraft des Urteils.

(4) [1]Das Bundessozialgericht entscheidet unter Zuziehung der ehrenamtlichen Richter durch Beschluss; § 169 gilt entsprechend. [2]Dem Beschluß soll eine kurze Begründung beigefügt werden; von einer Begründung kann abgesehen werden, wenn sie nicht geeignet ist, zur Klärung der Voraussetzungen der Revisionszulassung beizutragen. [3]Mit der Ablehnung der Beschwerde durch das Bundessozialgericht wird das Urteil rechtskräftig. [4]Wird der Beschwerde stattgegeben, so beginnt mit der Zustellung dieser Entscheidung der Lauf der Revisionsfrist.

(5) Liegen die Voraussetzungen des § 160 Abs. 2 Nr. 3 vor, kann das Bundessozialgericht in dem Beschluss das angefochtene Urteil aufheben und die Sache zur erneuten Verhandlung und Entscheidung zurückverweisen.

§ 161 [Sprungrevision] (1) [1]Gegen das Urteil eines Sozialgerichts steht den Beteiligten die Revision unter Übergehung der Berufungsinstanz zu, wenn der Gegner schriftlich zustimmt und wenn sie von dem Sozialgericht im Urteil oder auf Antrag durch Beschluß zugelassen wird. [2]Der Antrag ist innerhalb eines Monats nach Zustellung des Urteils schriftlich zu stellen. [3]Die Zustimmung des Gegners ist dem Antrag oder, wenn die Revision im Urteil zugelassen ist, der Revisionsschrift beizufügen.

(2) [1]Die Revision ist nur zuzulassen, wenn die Voraussetzungen des § 160 Abs. 2 Nr. 1 oder 2 vorliegen. [2]Das Bundessozialgericht ist an die Zulassung gebunden. [3]Die Ablehnung der Zulassung ist unanfechtbar.

(3) [1]Lehnt das Sozialgericht den Antrag auf Zulassung der Revision durch Beschluß ab, so beginnt mit der Zustellung dieser Entscheidung der Lauf der Berufungsfrist oder der Frist für die Beschwerde gegen die Nichtzulassung der Berufung von neuem, sofern der Antrag in der gesetzlichen Form und Frist gestellt und die Zustimmungserklärung des Gegners beigefügt war. [2]Läßt das Sozialgericht die Revision durch Beschluß zu, so beginnt mit der Zustellung dieser Entscheidung der Lauf der Revisionsfrist.

(4) Die Revision kann nicht auf Mängel des Verfahrens gestützt werden.

(5) Die Einlegung der Revision und die Zustimmung des Gegners gelten als Verzicht auf die Berufung, wenn das Sozialgericht die Revision zugelassen hat.

§ 162 [Revisionsgründe] Die Revision kann nur darauf gestützt werden, daß das angefochtene Urteil auf der Verletzung einer Vorschrift des Bundesrechts oder einer sonstigen im Bezirk des Berufungsgerichts geltenden Vorschrift beruht, deren Geltungsbereich sich über den Bezirk des Berufungsgerichts hinaus erstreckt.

§ 163 [Bindung an die tatsächlichen Feststellungen] Das Bundessozialgericht ist an die in dem angefochtenen Urteil getroffenen tatsächlichen Feststellungen gebunden, außer wenn in bezug auf diese Feststellungen zulässige und begründete Revisionsgründe vorgebracht sind.

§ 164 [Einlegung, Frist, Begründung] (1) [1]Die Revision ist bei dem Bundessozialgericht innerhalb eines Monats nach Zustellung des Urteils oder des Beschlusses über die Zulassung der Revision (§ 160a Absatz 4 Satz 1 oder § 161 Abs. 3 Satz 2) schriftlich einzulegen. [2]Die Revision muß das angefochtene Urteil angeben; eine Ausfertigung oder beglaubigte Abschrift des angefochtenen Urteils soll beigefügt werden, sofern dies nicht schon nach § 160a Abs. 1 Satz 3 geschehen ist. [3]Satz 2 zweiter Halbsatz gilt nicht, soweit nach § 65a elektronische Dokumente übermittelt werden.

(2) [1]Die Revision ist innerhalb von zwei Monaten nach Zustellung des Urteils oder des Beschlusses über die Zulassung der Revision zu begründen. [2]Die Begründungsfrist kann auf einen vor ihrem Ablauf gestellten Antrag von dem Vorsitzenden verlängert werden. [3]Die Begründung muß einen bestimmten Antrag enthalten, die verletzte Rechtsnorm und, soweit Verfahrensmängel gerügt werden, die Tatsachen bezeichnen, die den Mangel ergeben.

§ 165 [Verfahren in der Revision] [1]Für die Revision gelten die Vorschriften über die Berufung entsprechend, soweit sich aus diesem Unterabschnitt nichts anderes ergibt. [2]§ 153 Abs. 2 und 4 sowie § 155 Abs. 2 bis 4 finden keine Anwendung.

§§ 166–167 *(aufgehoben)*

§ 168 [Klageänderung; Beiladung] [1]Klageänderungen und Beiladungen sind im Revisionsverfahren unzulässig. [2]Dies gilt nicht für die Beiladung der Bundesrepublik Deutschland in Angelegenheiten des sozialen Entschädigungsrechts nach § 75 Abs. 1 Satz 2 und, sofern der Beizuladende zustimmt, für Beiladungen nach § 75 Abs. 2.

§ 169 [Umfang der Prüfung; Unzulässigkeit] [1]Das Bundessozialgericht hat zu prüfen, ob die Revision statthaft und ob sie in der gesetzlichen Form und Frist eingelegt und begründet worden ist. [2]Mangelt es an einem dieser Erfordernisse, so ist die Revision als unzulässig zu verwerfen. [3]Die Verwerfung ohne mündliche Verhandlung erfolgt durch Beschluß ohne Zuziehung der ehrenamtlichen Richter.

§ 170 [Zurückweisung; Zurückverweisung] (1) [1]Ist die Revision unbegründet, so weist das Bundessozialgericht die Revision zurück. [2]Ergeben die Entscheidungsgründe zwar eine Gesetzesverletzung, stellt sich die Entscheidung selbst aber aus anderen Gründen als richtig dar, so ist die Revision ebenfalls zurückzuweisen.

(2) [1]Ist die Revision begründet, so hat das Bundessozialgericht in der Sache selbst zu entscheiden. [2]Sofern dies untunlich ist, kann es das angefochtene Urteil mit den ihm zugrunde liegenden Feststellungen aufheben und die Sache zur erneuten Verhandlung und Entscheidung an das Gericht zurückverweisen, welches das angefochtene Urteil erlassen hat.

(3) [1]Die Entscheidung über die Revision braucht nicht begründet zu werden, soweit das Bundessozialgericht Rügen von Verfahrensmängeln nicht für durchgreifend erachtet. [2]Dies gilt nicht für Rügen nach § 202 in Verbindung mit § 547 der Zivilprozeßordnung und, wenn mit der Revision ausschließlich Verfahrensmängel geltend gemacht werden, für Rügen, auf denen die Zulassung der Revision beruht.

(4) [1] Verweist das Bundessozialgericht die Sache bei der Sprungrevision nach § 161 zur anderweitigen Verhandlung und Entscheidung zurück, so kann es nach seinem Ermessen auch an das Landessozialgericht zurückverweisen, das für die Berufung zuständig gewesen wäre. [2] Für das Verfahren vor dem Landessozialgericht gelten dann die gleichen Grundsätze, wie wenn der Rechtsstreit auf eine ordnungsgemäß eingelegte Berufung beim Landessozialgericht anhängig geworden wäre.

(5) Das Gericht, an das die Sache zur erneuten Verhandlung und Entscheidung zurückverwiesen ist, hat seiner Entscheidung die rechtliche Beurteilung des Revisionsgerichts zugrunde zu legen.

§ 170a [Urteilsabschriften an ehrenamtliche Richter] [1] Eine Abschrift des Urteils ist den ehrenamtlichen Richtern, die bei der Entscheidung mitgewirkt haben, vor Übermittlung an die Geschäftsstelle zu übermitteln. [2] Die ehrenamtlichen Richter können sich dazu innerhalb von zwei Wochen gegenüber dem Vorsitzenden des erkennenden Senats äußern.

§ 171 [Neuer Bescheid] Wird während des Revisionsverfahrens der angefochtene Verwaltungsakt durch einen neuen abgeändert oder ersetzt, so gilt der neue Verwaltungsakt als mit der Klage beim Sozialgericht angefochten, es sei denn, daß der Kläger durch den neuen Verwaltungsakt klaglos gestellt oder dem Klagebegehren durch die Entscheidung des Revisionsgerichts zum ersten Verwaltungsakt in vollem Umfange genügt wird.

Dritter Unterabschnitt. Beschwerde, Erinnerung, Anhörungsrüge

§ 172 [Zulässigkeit] (1) Gegen die Entscheidungen der Sozialgerichte mit Ausnahme der Urteile und gegen Entscheidungen der Vorsitzenden dieser Gerichte findet die Beschwerde an das Landessozialgericht statt, soweit nicht in diesem Gesetz anderes bestimmt ist.

(2) Prozeßleitende Verfügungen, Aufklärungsanordnungen, Vertagungsbeschlüsse, Fristbestimmungen, Beweisbeschlüsse, Beschlüsse über Ablehnung von Beweisanträgen, über Verbindung und Trennung von Verfahren und Ansprüchen und über die Ablehnung von Gerichtspersonen und Sachverständigen können nicht mit der Beschwerde angefochten werden.

(3) Die Beschwerde ist ausgeschlossen

1. in Verfahren des einstweiligen Rechtsschutzes, wenn in der Hauptsache die Berufung der Zulassung bedürfte,
2. gegen die Ablehnung von Prozesskostenhilfe, wenn
   a) das Gericht die persönlichen oder wirtschaftlichen Voraussetzungen für die Prozesskostenhilfe verneint,
   b) in der Hauptsache die Berufung der Zulassung bedürfte oder
   c) das Gericht in der Sache durch Beschluss entscheidet, gegen den die Beschwerde ausgeschlossen ist,
3. gegen Kostengrundentscheidungen nach § 193,
4. gegen Entscheidungen nach § 192 Abs. 4, wenn in der Hauptsache kein Rechtsmittel gegeben ist und der Wert des Beschwerdegegenstandes 200 Euro nicht übersteigt.

§ 173 [Frist, Form] [1]Die Beschwerde ist binnen eines Monats nach Bekanntgabe der Entscheidung beim Sozialgericht schriftlich oder zu Protokoll des Urkundsbeamten der Geschäftsstelle einzulegen; § 181 des Gerichtsverfassungsgesetzes bleibt unberührt. [2]Die Beschwerdefrist ist auch gewahrt, wenn die Beschwerde innerhalb der Frist bei dem Landessozialgericht schriftlich oder zu Protokoll des Urkundsbeamten der Geschäftsstelle eingelegt wird. [3]Die Belehrung über das Beschwerderecht ist auch mündlich möglich; sie ist dann aktenkundig zu machen.

§ 174 *(aufgehoben)*

§ 175 [Aufschiebende Wirkung] [1]Die Beschwerde hat aufschiebende Wirkung, wenn sie die Festsetzung eines Ordnungs- oder Zwangsmittels zum Gegenstand hat. [2]Soweit dieses Gesetz auf Vorschriften der Zivilprozeßordnung und des Gerichtsverfassungsgesetzes verweist, regelt sich die aufschiebende Wirkung nach diesen Gesetzen. [3]Das Gericht oder der Vorsitzende, dessen Entscheidung angefochten wird, kann bestimmen, daß der Vollzug der angefochtenen Entscheidung einstweilen auszusetzen ist.

§ 176 [Entscheidung] Über die Beschwerde entscheidet das Landessozialgericht durch Beschluß.

§ 177 [Ausschluss der Beschwerde] Entscheidungen des Landessozialgerichts, seines Vorsitzenden oder des Berichterstatters können vorbehaltlich des § 160a Abs. 1 dieses Gesetzes und des § 17a Abs. 4 Satz 4 des Gerichtsverfassungsgesetzes nicht mit der Beschwerde an das Bundessozialgericht angefochten werden.

§ 178 [Beschwerde bei Entscheidungen des beauftragten oder ersuchten Richters oder des Urkundsbeamten] [1]Gegen die Entscheidungen des ersuchten oder beauftragten Richters oder des Urkundsbeamten kann binnen eines Monats nach Bekanntgabe das Gericht angerufen werden, das endgültig entscheidet. [2]Die §§ 173 bis 175 gelten entsprechend.

§ 178a [Anhörungsrüge] (1) [1]Auf die Rüge eines durch eine gerichtliche Entscheidung beschwerten Beteiligten ist das Verfahren fortzuführen, wenn

1. ein Rechtsmittel oder ein anderer Rechtsbehelf gegen die Entscheidung nicht gegeben ist und
2. das Gericht den Anspruch dieses Beteiligten auf rechtliches Gehör in entscheidungserheblicher Weise verletzt hat.

[2]Gegen eine der Endentscheidung vorausgehende Entscheidung findet die Rüge nicht statt.

(2) [1]Die Rüge ist innerhalb von zwei Wochen nach Kenntnis von der Verletzung des rechtlichen Gehörs zu erheben; der Zeitpunkt der Kenntniserlangung ist glaubhaft zu machen. [2]Nach Ablauf eines Jahres seit Bekanntgabe der angegriffenen Entscheidung kann die Rüge nicht mehr erhoben werden. [3]Formlos mitgeteilte Entscheidungen gelten mit dem dritten Tage nach Aufgabe zur Post als bekannt gegeben. [4]Die Rüge ist schriftlich oder zu Protokoll des Urkundsbeamten der Geschäftsstelle bei dem Gericht zu erheben, dessen Entscheidung angegriffen wird. [5]Die Rüge muss die angegriffene Entschei-

dung bezeichnen und das Vorliegen der in Absatz 1 Satz 1 Nr. 2 genannten Voraussetzungen darlegen.

(3) Den übrigen Beteiligten ist, soweit erforderlich, Gelegenheit zur Stellungnahme zu geben.

(4) [1] Ist die Rüge nicht statthaft oder nicht in der gesetzlichen Form oder Frist erhoben, so ist sie als unzulässig zu verwerfen. [2] Ist die Rüge unbegründet, weist das Gericht sie zurück. [3] Die Entscheidung ergeht durch unanfechtbaren Beschluss. [4] Der Beschluss soll kurz begründet werden.

(5) [1] Ist die Rüge begründet, so hilft ihr das Gericht ab, indem es das Verfahren fortführt, soweit dies aufgrund der Rüge geboten ist. [2] Das Verfahren wird in die Lage zurückversetzt, in der es sich vor dem Schluss der mündlichen Verhandlung befand. [3] In schriftlichen Verfahren tritt an die Stelle des Schlusses der mündlichen Verhandlung der Zeitpunkt, bis zu dem Schriftsätze eingereicht werden können. [4] Für den Ausspruch des Gerichts ist § 343 der Zivilprozessordnung entsprechend anzuwenden.

(6) § 175 Satz 3 ist entsprechend anzuwenden.

Dritter Abschnitt. Wiederaufnahme des Verfahrens und besondere Verfahrensvorschriften

§ 179 [Zulässigkeit] (1) Ein rechtskräftig beendetes Verfahren kann entsprechend den Vorschriften des Vierten Buches der Zivilprozeßordnung wieder aufgenommen werden.

(2) Die Wiederaufnahme des Verfahrens ist ferner zulässig, wenn ein Beteiligter strafgerichtlich verurteilt worden ist, weil er Tatsachen, die für die Entscheidung der Streitsache von wesentlicher Bedeutung waren, wissentlich falsch behauptet oder vorsätzlich verschwiegen hat.

(3) Auf Antrag kann das Gericht anordnen, daß die gewährten Leistungen zurückzuerstatten sind.

§ 180 [Weitere Zulässigkeit] (1) Eine Wiederaufnahme des Verfahrens ist auch zulässig, wenn

1. mehrere Versicherungsträger denselben Anspruch endgültig anerkannt haben oder wegen desselben Anspruchs rechtskräftig zur Leistung verurteilt worden sind,
2. ein oder mehrere Versicherungsträger denselben Anspruch endgültig abgelehnt haben oder wegen desselben Anspruchs rechtskräftig von der Leistungspflicht befreit worden sind, weil ein anderer Versicherungsträger leistungspflichtig sei, der seine Leistung bereits endgültig abgelehnt hat oder von ihr rechtskräftig befreit worden ist.

(2) Das gleiche gilt im Verhältnis zwischen Versicherungsträgern und einem Land, wenn streitig ist, ob eine Leistung aus der Sozialversicherung oder nach dem sozialen Entschädigungsrecht zu gewähren ist.

(3) [1] Der Antrag auf Wiederaufnahme des Verfahrens ist bei einem der gemäß § 179 Abs. 1 für die Wiederaufnahme zuständigen Gerichte der Sozialgerichtsbarkeit zu stellen. [2] Dieses verständigt die an den Wiederaufnahmeverfahren Beteiligten und die Gerichte, die über den Anspruch entschieden haben. [3] Es gibt die Sache zur Entscheidung an das gemeinsam nächsthöhere Gericht ab.

(4) Das zur Entscheidung berufene Gericht bestimmt unter Aufhebung der entgegenstehenden Bescheide oder richterlichen Entscheidungen den Leistungspflichtigen.

(5) Für die Durchführung des Verfahrens nach Absatz 4 gelten im übrigen die Vorschriften über die Wiederaufnahme des Verfahrens entsprechend.

§ 181 [Gemeinsames nächsthöheres Gericht] [1] Will das Gericht die Klage gegen einen Versicherungsträger ablehnen, weil es einen anderen Versicherungsträger für leistungspflichtig hält, obwohl dieser bereits den Anspruch endgültig abgelehnt hat oder in einem früheren Verfahren rechtskräftig befreit worden ist, so verständigt es den anderen Versicherungsträger und das Gericht, das über den Anspruch rechtskräftig entschieden hat, und gibt die Sache zur Entscheidung an das gemeinsam nächsthöhere Gericht ab. [2] Im übrigen gilt § 180 Abs. 2 und Abs. 4 und 5.

§ 182 [Zwei leistungspflichtige Versicherungsträger] (1) Hat das Bundessozialgericht oder ein Landessozialgericht die Leistungspflicht eines Versicherungsträgers rechtskräftig verneint, weil ein anderer Versicherungsträger verpflichtet sei, so kann der Anspruch gegen den anderen Versicherungsträger nicht abgelehnt werden, weil der im früheren Verfahren befreite Versicherungsträger leistungspflichtig sei.

(2) Das gleiche gilt im Verhältnis zwischen einem Versicherungsträger und einem Land, wenn die Leistungspflicht nach dem sozialen Entschädigungsrecht streitig ist.

§ 182a [Sachliche Zuständigkeit bei Ansprüchen privater Pflegeversicherungen] (1) [1] Beitragsansprüche von Unternehmen der privaten Pflegeversicherung nach dem Elften Buch Sozialgesetzbuch[1)] können nach den Vorschriften der Zivilprozeßordnung im Mahnverfahren vor dem Amtsgericht geltend gemacht werden. [2] In dem Antrag auf Erlaß des Mahnbescheids können mit dem Beitragsanspruch Ansprüche anderer Art nicht verbunden werden. [3] Der Widerspruch gegen den Mahnbescheid kann zurückgenommen werden, solange die Abgabe an das Sozialgericht nicht verfügt ist.

(2) [1] Mit Eingang der Akten beim Sozialgericht ist nach den Vorschriften dieses Gesetzes zu verfahren. [2] Für die Entscheidung des Sozialgerichts über den Einspruch gegen den Vollstreckungsbescheid gelten § 700 Abs. 1 und § 343 der Zivilprozeßordnung entsprechend.

Vierter Abschnitt. Kosten und Vollstreckung

Erster Unterabschnitt. Kosten

§ 183 [Kostenfreiheit] [1] Das Verfahren vor den Gerichten der Sozialgerichtsbarkeit ist für Versicherte, Leistungsempfänger einschließlich Hinterbliebenenleistungsempfänger, behinderte Menschen oder deren Sonderrechtsnachfolger nach § 56 des Ersten Buches Sozialgesetzbuch[2)] kostenfrei, soweit sie in dieser jeweiligen Eigenschaft als Kläger oder Beklagte beteiligt sind. [2] Nimmt ein sonstiger Rechtsnachfolger das Verfahren auf, bleibt das Verfahren in dem Rechtszug kostenfrei. [3] Den in Satz 1 und 2 genannten Personen steht

---

[1)] Nr. **11**.
[2)] Nr. **1**.

gleich, wer im Falle des Obsiegens zu diesen Personen gehören würde. [4]Leistungsempfängern nach Satz 1 stehen Antragsteller nach § 55a Absatz 2 Satz 1 zweite Alternative gleich. [5]§ 93 Satz 3, § 109 Abs. 1 Satz 2, § 120 Absatz 1 Satz 2 und § 192 bleiben unberührt. [6]Die Kostenfreiheit nach dieser Vorschrift gilt nicht in einem Verfahren wegen eines überlangen Gerichtsverfahrens (§ 202 Satz 2).

§ 184 [Pauschgebühr] (1) [1]Kläger und Beklagte, die nicht zu den in § 183 genannten Personen gehören, haben für jede Streitsache eine Gebühr zu entrichten. [2]Die Gebühr entsteht, sobald die Streitsache rechtshängig geworden ist; sie ist für jeden Rechtszug zu zahlen. [3]Soweit wegen derselben Streitsache ein Mahnverfahren (§ 182a) vorausgegangen ist, wird die Gebühr für das Verfahren über den Antrag auf Erlass eines Mahnbescheids nach dem Gerichtskostengesetz angerechnet.

(2) Die Höhe der Gebühr wird für das Verfahren

vor den Sozialgerichten auf	150 Euro,
vor den Landessozialgerichten auf	225 Euro,
vor dem Bundessozialgericht auf	300 Euro

festgesetzt.

(3) § 2 des Gerichtskostengesetzes gilt entsprechend.

§ 185 [Fälligkeit der Pauschgebühr] Die Gebühr wird fällig, sobald die Streitsache durch Zurücknahme des Rechtsbehelfs, durch Vergleich, Anerkenntnis, Beschluß oder durch Urteil erledigt ist.

§ 186 [Ermäßigung der Pauschgebühr] [1]Wird eine Sache nicht durch Urteil erledigt, so ermäßigt sich die Gebühr auf die Hälfte. [2]Die Gebühr entfällt, wenn die Erledigung auf einer Rechtsänderung beruht.

§ 187 [Mehrere Gebührenschuldner] Sind an einer Streitsache mehrere nach § 184 Abs. 1 Gebührenpflichtige beteiligt, so haben sie die Gebühr zu gleichen Teilen zu entrichten.

§ 188 [Pauschgebühr bei Wiederaufnahme] Wird ein durch rechtskräftiges Urteil abgeschlossenes Verfahren wieder aufgenommen, so ist das neue Verfahren eine besondere Streitsache.

§ 189 [Feststellung der Pauschgebühr, Verzeichnis] (1) [1]Die Gebühren für die Streitsachen werden in einem Verzeichnis zusammengestellt. [2]Die Mitteilung eines Auszuges aus diesem Verzeichnis an die nach § 184 Abs. 1 Gebührenpflichtigen gilt als Feststellung der Gebührenschuld und als Aufforderung, den Gebührenbetrag binnen eines Monats an die in der Mitteilung angegebene Stelle zu zahlen.

(2) [1]Die Feststellung erfolgt durch den Urkundsbeamten der Geschäftsstelle. [2]Gegen diese Feststellung kann binnen eines Monats nach Mitteilung das Gericht angerufen werden, das endgültig entscheidet.

§ 190 [Niederschlagung der Pauschgebühr] [1]Die Präsidenten und die aufsichtführenden Richter der Gerichte der Sozialgerichtsbarkeit sind befugt, eine Gebühr, die durch unrichtige Behandlung der Sache ohne Schuld der gebührenpflichtigen Beteiligten entstanden ist, niederzuschlagen. [2]Sie können von der Einziehung absehen, wenn sie mit Kosten oder Verwaltungsaufwand verknüpft ist, die in keinem Verhältnis zu der Einnahme stehen.

§ 191 [Auslagenvergütung für Beteiligte] Ist das persönliche Erscheinen eines Beteiligten angeordnet worden, so werden ihm auf Antrag bare Auslagen und Zeitverlust wie einem Zeugen vergütet; sie können vergütet werden, wenn er ohne Anordnung erscheint und das Gericht das Erscheinen für geboten hält.

§ 192 [Verschuldenskosten] (1) [1]Das Gericht kann im Urteil oder, wenn das Verfahren anders beendet wird, durch Beschluss einem Beteiligten ganz oder teilweise die Kosten auferlegen, die dadurch verursacht werden, dass

1. durch Verschulden des Beteiligten die Vertagung einer mündlichen Verhandlung oder die Anberaumung eines neuen Termins zur mündlichen Verhandlung nötig geworden ist oder
2. der Beteiligte den Rechtsstreit fortführt, obwohl ihm vom Vorsitzenden die Missbräuchlichkeit der Rechtsverfolgung oder -verteidigung dargelegt worden und er auf die Möglichkeit der Kostenauferlegung bei Fortführung des Rechtsstreites hingewiesen worden ist.

[2]Dem Beteiligten steht gleich sein Vertreter oder Bevollmächtigter. [3]Als verursachter Kostenbetrag gilt dabei mindestens der Betrag nach § 184 Abs. 2 für die jeweilige Instanz.

(2) *(aufgehoben)*

(3) [1]Die Entscheidung nach Absatz 1 wird in ihrem Bestand nicht durch die Rücknahme der Klage berührt. [2]Sie kann nur durch eine zu begründende Kostenentscheidung im Rechtsmittelverfahren aufgehoben werden.

(4) [1]Das Gericht kann der Behörde ganz oder teilweise die Kosten auferlegen, die dadurch verursacht werden, dass die Behörde erkennbare und notwendige Ermittlungen im Verwaltungsverfahren unterlassen hat, die im gerichtlichen Verfahren nachgeholt wurden. [2]Die Entscheidung ergeht durch gesonderten Beschluss.

§ 193 [Kostenentscheidung] (1) [1]Das Gericht hat im Urteil zu entscheiden, ob und in welchem Umfang die Beteiligten einander Kosten zu erstatten haben. [2]Ist ein Mahnverfahren vorausgegangen (§ 182a), entscheidet das Gericht auch, welcher Beteiligte die Gerichtskosten zu tragen hat. [3]Das Gericht entscheidet auf Antrag durch Beschluß, wenn das Verfahren anders beendet wird.

(2) Kosten sind die zur zweckentsprechenden Rechtsverfolgung oder Rechtsverteidigung notwendigen Aufwendungen der Beteiligten.

(3) Die gesetzliche Vergütung eines Rechtsanwalts oder Rechtsbeistands ist stets erstattungsfähig.

(4) Nicht erstattungsfähig sind die Aufwendungen der in § 184 Abs. 1 genannten Gebührenpflichtigen.

§ 194 [Mehrheit von Kostenschuldnern] [1]Sind mehrere Beteiligte kostenpflichtig, so gilt § 100 der Zivilprozeßordnung entsprechend. [2]Die Kosten können ihnen als Gesamtschuldnern auferlegt werden, wenn das Streitverhältnis ihnen gegenüber nur einheitlich entschieden werden kann.

§ 195 [Kostentragung bei Vergleich] Wird der Rechtsstreit durch gerichtlichen Vergleich erledigt und haben die Beteiligten keine Bestimmung über die Kosten getroffen, so trägt jeder Beteiligte seine Kosten.

§ 196 (weggefallen)

§ 197 [Kostenfestsetzung] (1) [1] Auf Antrag der Beteiligten oder ihrer Bevollmächtigten setzt der Urkundsbeamte des Gerichts des ersten Rechtszugs den Betrag der zu erstattenden Kosten fest. [2] § 104 Abs. 1 Satz 2 und Abs. 2 der Zivilprozeßordnung findet entsprechende Anwendung.

(2) Gegen die Entscheidung des Urkundsbeamten der Geschäftsstelle kann binnen eines Monats nach Bekanntgabe das Gericht angerufen werden, das endgültig entscheidet.

§ 197a [Kostenpflichtigkeit] (1) [1] Gehört in einem Rechtszug weder der Kläger noch der Beklagte zu den in § 183 genannten Personen oder handelt es sich um ein Verfahren wegen eines überlangen Gerichtsverfahrens (§ 202 Satz 2), werden Kosten nach den Vorschriften des Gerichtskostengesetzes erhoben; die §§ 184 bis 195 finden keine Anwendung; die §§ 154 bis 162 der Verwaltungsgerichtsordnung sind entsprechend anzuwenden. [2] Wird die Klage zurückgenommen, findet § 161 Abs. 2 der Verwaltungsgerichtsordnung keine Anwendung.

(2) [1] Dem Beigeladenen werden die Kosten außer in den Fällen des § 154 Abs. 3 der Verwaltungsgerichtsordnung auch auferlegt, soweit er verurteilt wird (§ 75 Abs. 5). [2] Ist eine der in § 183 genannten Personen beigeladen, können dieser Kosten nur unter den Voraussetzungen von § 192 auferlegt werden. [3] Aufwendungen des Beigeladenen werden unter den Voraussetzungen des § 191 vergütet; sie gehören nicht zu den Gerichtskosten.

(3) Die Absätze 1 und 2 gelten auch für Träger der Sozialhilfe einschließlich der Leistungen nach Teil 2 des Neunten Buches Sozialgesetzbuch[1)], soweit sie an Erstattungsstreitigkeiten mit anderen Trägern beteiligt sind.

§ 197b [Ansprüche beim Bundessozialgericht] [1] Für Ansprüche, die beim Bundessozialgericht entstehen, gelten das Justizverwaltungskostengesetz und das Justizbeitreibungsgesetz entsprechend, soweit sie nicht unmittelbar Anwendung finden. [2] Vollstreckungsbehörde ist die Justizbeitreibungsstelle des Bundessozialgerichts.

Zweiter Unterabschnitt. Vollstreckung

§ 198 [Geltung der ZPO] (1) Für die Vollstreckung gilt das Achte Buch der Zivilprozeßordnung entsprechend, soweit sich aus diesem Gesetz nichts anderes ergibt.

(2) Die Vorschriften über die vorläufige Vollstreckbarkeit sind nicht anzuwenden.

(3) An die Stelle der sofortigen Beschwerde tritt die Beschwerde (§§ 172 bis 177).

§ 199 [Vollstreckungstitel] (1) Vollstreckt wird

---

1) Nr. 9.

1. aus gerichtlichen Entscheidungen, soweit nach den Vorschriften dieses Gesetzes kein Aufschub eintritt,
2. aus einstweiligen Anordnungen,
3. aus Anerkenntnissen und gerichtlichen Vergleichen,
4. aus Kostenfestsetzungsbeschlüssen,
5. aus Vollstreckungsbescheiden.

(2) [1] Hat ein Rechtsmittel keine aufschiebende Wirkung, so kann der Vorsitzende des Gerichts, das über das Rechtsmittel zu entscheiden hat, die Vollstreckung durch einstweilige Anordnung aussetzen. [2] Er kann die Aussetzung und Vollstreckung von einer Sicherheitsleistung abhängig machen; die §§ 108, 109, 113 der Zivilprozeßordnung gelten entsprechend. [3] Die Anordnung ist unanfechtbar; sie kann jederzeit aufgehoben werden.

(3) [1] Absatz 2 Satz 1 gilt entsprechend, wenn ein Urteil nach § 131 Abs. 4 bestimmt hat, daß eine Wahl oder eine Ergänzung der Selbstverwaltungsorgane zu wiederholen ist. [2] Die einstweilige Anordnung ergeht dahin, daß die Wiederholungswahl oder die Ergänzung der Selbstverwaltungsorgane für die Dauer des Rechtsmittelverfahrens unterbleibt.

(4) Für die Vollstreckung können den Beteiligten auf ihren Antrag Ausfertigungen des Urteils ohne Tatbestand und ohne Entscheidungsgründe erteilt werden, deren Zustellung in den Wirkungen der Zustellung eines vollständigen Urteils gleichsteht.

§ 200 [Vollstreckung zugunsten der öffentlichen Hand] (1) Soll zugunsten einer Bundesbehörde oder einer bundesunmittelbaren Körperschaft des öffentlichen Rechts oder einer bundesunmittelbaren Anstalt des öffentlichen Rechts vollstreckt werden, so richtet sich die Vollstreckung nach dem Verwaltungsvollstreckungsgesetz.

(2) [1] Bei der Vollstreckung zugunsten einer Behörde, die nicht Bundesbehörde ist, sowie zugunsten einer nicht bundesunmittelbaren Körperschaft oder Anstalt des öffentlichen Rechts gelten die Vorschriften des Verwaltungsvollstreckungsgesetzes entsprechend. [2] In diesem Falle bestimmt das Land die Vollstreckungsbehörde.

§ 201 [Vollstreckung von Verpflichtungsurteilen] (1) [1] Kommt die Behörde in den Fällen des § 131 der im Urteil auferlegten Verpflichtung nicht nach, so kann das Gericht des ersten Rechtszugs auf Antrag unter Fristsetzung ein Zwangsgeld bis zu tausend Euro durch Beschluß androhen und nach vergeblichem Fristablauf festsetzen. [2] Das Zwangsgeld kann wiederholt festgesetzt werden.

(2) Für die Vollstreckung gilt § 200.

Dritter Teil. Übergangs- und Schlußvorschriften

§ 202 [Entsprechende Anwendung des GVG und der ZPO] [1] Soweit dieses Gesetz keine Bestimmungen über das Verfahren enthält, sind das Gerichtsverfassungsgesetz und die Zivilprozeßordnung einschließlich § 278 Absatz 5 und § 278a entsprechend anzuwenden, wenn die grundsätzlichen Unterschiede der beiden Verfahrensarten dies nicht ausschließen; Buch 6 der Zivilprozessordnung ist nicht anzuwenden. [2] Die Vorschriften des Siebzehnten Titels des Gerichtsverfassungsgesetzes sind mit der Maßgabe entsprechend anzuwenden, dass an die Stelle des Oberlandesgerichts das Landessozialgericht, an die Stelle des Bundesgerichtshofs das Bundessozialgericht und an die Stelle der Zivilprozessordnung das Sozialgerichtsgesetz tritt. [3] In Streitigkeiten über Entscheidungen des Bundeskartellamts, die die freiwillige Vereinigung von Krankenkassen nach § 172a des Fünften Buches Sozialgesetzbuch[1)] betreffen, sind die §§ 63 bis 80 des Gesetzes gegen Wettbewerbsbeschränkungen mit der Maßgabe entsprechend anzuwenden, dass an die Stelle des Oberlandesgerichts das Landessozialgericht, an die Stelle des Bundesgerichtshofs das Bundessozialgericht und an die Stelle der Zivilprozessordnung das Sozialgerichtsgesetz tritt.

§ 203 [Verweisungen auf aufgehobene Vorschriften] Soweit in anderen Gesetzen auf Vorschriften oder Bezeichnungen verwiesen wird, die durch dieses Gesetz aufgehoben werden, treten an deren Stelle die entsprechenden Vorschriften oder die Bezeichnungen dieses Gesetzes.

§ 203a [Sitzungen des BSG in Berlin] Die Senate des Bundessozialgerichts können Sitzungen auch in Berlin abhalten.

§ 204 [Zuständigkeit früherer Versicherungsbehörden und Versorgungsgerichte] Vor die Gerichte der Sozialgerichtsbarkeit gehören auch Streitigkeiten, für welche durch Rechtsverordnung die Zuständigkeit der früheren Versicherungsbehörden oder Versorgungsgerichte begründet worden war.

§ 205 [Vernehmung durch bestimmten Richter] [1] Erfolgt die Vernehmung oder die Verteidigung von Zeugen und Sachverständigen nach dem Zehnten Buch Sozialgesetzbuch[2)] durch das Sozialgericht, findet sie vor dem dafür im Geschäftsverteilungsplan bestimmten Richter statt. [2] Über die Rechtmäßigkeit einer Verweigerung des Zeugnisses, des Gutachtens oder der Eidesleistung nach dem Zehnten Buch Sozialgesetzbuch entscheidet das Sozialgericht durch Beschluß.

§ 206 [Übergangsvorschriften] (1) Auf Verfahren in Angelegenheiten der Sozialhilfe und des Asylbewerberleistungsgesetzes, die nicht auf die Gerichte der Sozialgerichtsbarkeit übergehen, ist § 188 der Verwaltungsgerichtsordnung in der bis zum 31. Dezember 2004 geltenden Fassung anzuwenden.

(2) [1] Auf Verfahren, die am 1. Januar 2009 bei den besonderen Spruchkörpern der Gerichte der Verwaltungsgerichtsbarkeit anhängig sind, sind die §§ 1, 50a bis 50c und 60 in der bis zum 31. Dezember 2008 geltenden Fassung anzuwenden. [2] Für einen Rechtsbehelf gegen Entscheidungen eines besonderen Spruchkörpers des Verwaltungsgerichts, die nach dem 31. Dezember 2008 ergehen, ist das Landessozialgericht zuständig.

§ 207 [Beschlüsse, Form und Inhalt] [1] Verfahren in Streitigkeiten über Entscheidungen von Vergabekammern, die Rechtsbeziehungen nach § 69 des Fünften Buches Sozialgesetzbuch[1)] betreffen und die am 28. Dezember 2010 bei den Landessozialgerichten anhängig sind, gehen in dem Stadium, in dem sie sich befinden, auf das für den Sitz der Vergabekammer zuständige Ober-

---

[1)] Nr. **5**.
[2)] Nr. **10**.

landesgericht über. [2] Verfahren in Streitigkeiten über Entscheidungen von Vergabekammern, die Rechtsbeziehungen nach § 69 des Fünften Buches Sozialgesetzbuch betreffen und die am 28. Dezember 2010 beim Bundessozialgericht anhängig sind, gehen auf den Bundesgerichtshof über. [3] Die Sätze 1 und 2 gelten nicht für Verfahren, die sich in der Hauptsache erledigt haben.

§ 208 [Ehrenamtliche Richter] (1) [1] Ehrenamtliche Richter, die vor dem 1. Januar 2012 nach § 23 Absatz 1 Satz 2 als Mitglieder des Ausschusses der ehrenamtlichen Richter gewählt worden sind, bleiben bis zum Ende der für sie geltenden Wahlperiode im Amt. [2] Dies gilt auch für ehrenamtliche Richter, die aus den Vorschlagslisten für den Kreis der Arbeitnehmer vor dem 25. Oktober 2013 in das Amt berufen worden sind.

(2) Ehrenamtliche Richter, die aus den Vorschlagslisten für den Kreis der Arbeitnehmer vor dem 25. Oktober 2013 in das Amt berufen worden sind, bleiben bis zum Ende der Zeit, für die sie berufen worden sind, im Amt und gehören so lange den für Angelegenheiten der Grundsicherung für Arbeitsuchende einschließlich der Streitigkeiten auf Grund des § 6a des Bundeskindergeldgesetzes und der Arbeitsförderung zuständigen Kammern an.

§ 209 [Geltung des § 43 des Einführungsgesetzes zum GVG] § 43 des Einführungsgesetzes zum Gerichtsverfassungsgesetz gilt entsprechend.

§ 210 [Verfahrensübergang auf Landessozialgerichte] [1] Verfahren in Streitigkeiten über Entscheidungen der Schiedsstellen nach § 133 des Neunten Buches Sozialgesetzbuch[1)], die am 23. Juni 2020 bei den Sozialgerichten anhängig sind, gehen in dem Stadium, in dem sie sich befinden, auf die Landessozialgerichte über. [2] Dies gilt nicht für Verfahren, die sich in der Hauptsache erledigt haben.

§ 211 *(aufgehoben)*

§§ 212–217 (weggefallen)

§ 218 *(gegenstandslos)*

§ 219 [Abweichungen der Länder] Die Länder können Abweichungen von den Vorschriften des § 85 Abs. 2 Nr. 1 zulassen.

§§ 220–223 (weggefallen)

[1)] Nr. 9.

Sachverzeichnis

Die fetten Zahlen bezeichnen die Gesetze, die mageren Zahlen bezeichnen deren Paragraphen. Die Buchstaben ä, ö und ü sind wie ae, oe und ue in das Alphabet eingeordnet.

Grziwotz/Kappler/Kappler
Trennung und Scheidung richtig gestalten
Getrenntleben, Scheidung, Lebenspartnerschaftsaufhebung, Vermögensauseinandersetzung und Unterhalt.
Rechtsberater
9. Aufl. 2018. 301 S.
€ 14,90. dtv 51229
Auch als **ebook** erhältlich.

Schwab/Görtz-Leible
Meine Rechte bei Trennung und Scheidung
Unterhalt · Ehewohnung · Sorge · Zugewinn- und Versorgungsausgleich.
Rechtsberater
9. Aufl. 2017. 326 S.
€ 15,90. dtv 51208
Auch als **ebook** erhältlich.

Strecker
Versöhnliche Scheidung
Trennung, Scheidung und deren Folgen einvernehmlich regeln.
Rechtsberater
5. Aufl. 2014. 349 S.
€ 16,90. dtv 50759
Auch als **ebook** erhältlich.

Schlickum
Scheidungsberater für Männer
Meine Rechte und Ansprüche bei Trennung und Scheidung.
Rechtsberater
4. Aufl. 2018. 194 S.
€ 14,90. dtv 51220
Auch als **ebook** erhältlich.

Dahmen-Lösche
Scheidungsberater für Frauen
Ihre Rechte und Ansprüche bei Trennung und Scheidung.
Rechtsberater
3. Aufl. 2016. 166 S.
€ 11,90. dtv 50753
Auch als **ebook** erhältlich.

Dieses Buch berät umfassend mit vielen Beispielen, Mustern und Checklisten.

Wernitznig
Meine Rechte und Pflichten als Vater
Vaterschaft, Sorgerecht, Umgang, Namensrecht, Unterhaltsfragen, erbrechtliche und steuerrechtliche Fragen.
Rechtsberater
2. Aufl. 2014. 148 S.
€ 11,90. dtv 50756
Auch als **ebook** erhältlich.

Erben und Vererben

ErbR · Erbrecht
Bürgerliches Gesetzbuch, Europäische ErbrechtsVO, Zivilprozessordnung, Familienverfahrensgesetz, Beurkundungsgesetz, Höfeordnung, Erbschaftsteuer- und Schenkungsteuergesetz, Einkommensteuergesetz, Bewertungsgesetz, Sozialrecht und aktuelle Sterbetafeln. Mit Auszügen aus dem RPflG.
Textausgabe TOPTITEL
5. Aufl. 2020. 703 S.
€ 24,90. dtv 5779

Ritter
Ratgeber Erbrecht
Erben und Vererben.
Rechtsberater TOPTITEL
4. Aufl. 2021. 224 S.
€ 18,90. dtv 51249
Auch als **ebook** erhältlich.

Umfassender Überblick über das deutsche Erbrecht: von der richtigen **Vorsorge zu Lebzeiten** (wie beispielsweise Testament, Erbvertrag, Schenkung) bis hin zu den **Besonderheiten bei Ehepaaren** (mit oder ohne Kinder), **Alleinstehenden, Lebensgemeinschaften oder Geschiedenen.**

Mit vielen **Beispielen, Musterformulierungen, Checklisten** und Tipps.

Klinger
Erbrecht in Frage und Antwort
Vorsorge zu Lebzeiten, Erbfall, Testament, Erbvertrag, Vollmachten, Steuern, Kosten.
Rechtsberater
6. Aufl. 2017. 386 S.
€ 17,90. dtv 51206
Auch als **ebook** erhältlich.

Der Ratgeber erklärt leicht verständlich alle Fragen zu Testament, Erbvertrag, Widerruf und Anfechtung letztwilliger Verfügungen.

Winkler
Erbrecht von A–Z
Über 240 Stichwörter zum aktuellen Recht.
Rechtsberater
14. Aufl. 2015. 379 S.
€ 19,90. dtv 50783

Zimmermann
Rechtsfragen bei einem Todesfall
Erbrecht · Testament · Steuern · Versorgung · Bestattung.
Rechtsberater
7. Aufl. 2015. 278 S.
€ 15,90. dtv 50779
Auch als **ebook** erhältlich.

Klinger/Hacker
Immobilien schenken und vererben
Ein Ratgeber für Eigentümer und ihre Erben.
Rechtsberater **TOPTITEL**
5. Aufl. 2019. 265 S.
€ 17,90. dtv 51235
Auch als **ebook** erhältlich.

Der Ratgeber erläutert leicht verständlich die rechtlichen und steuerlichen Aspekte. Der Eigentümer der Immobilie findet praxiserprobte Musterformulierungen für rechtssichere Übergabeverträge und Testamente. Anhand zahlreicher Beispiele werden steueroptimierte Gestaltungen erklärt.

Klinger/Roth
Testamentsvollstreckung
Richtig anordnen, durchführen und kontrollieren.
Rechtsberater **TOPTITEL**
3. Aufl. 2018. 223 S.
€ 15,90. dtv 51224
Auch als **ebook** erhältlich.

Ermöglicht dem Erblasser, seinen letzten Willen richtig umzusetzen, und dem Erben, sich in der Testamentsvollstreckung zurechtzufinden.

Informationsrecht und Datenschutz

CompR · IT- und Computerrecht
Elektronischer Geschäftsverkehr, Zivilrecht, Urheberrecht und gewerblicher Rechtsschutz, Datenschutz und Arbeitsschutz, IT-Beschaffung.
Textausgabe TOPTITEL
14. Aufl. 2020. 955 S.
€ 19,90. dtv 5562

Mit einem ausführlichen Überblick zur Entwicklung des Computerrechts.

TeleMediaR · Telekommunikations- und Multimediarecht
Telemediengesetz, eIDAS-VO, Rundfunkstaatsvertrag, Jugendmedienschutz-Staatsvertrag, Netzwerkdurchsetzungsgesetz u.a.m.
Textausgabe TOPTITEL
11. Aufl. 2017. 970 S.
€ 24,90. dtv 5598

Schröder
Datenschutzrecht für die Praxis
Grundlagen, Datenschutzbeauftragte, Audit, Handbuch, Haftung etc.
Beck im dtv TOPTITEL
4. Aufl. 2021. Rd. 320 S. NEU
ca. € 24,90. dtv 51259
Auch als **ebook** erhältlich.
Neu im Juni 2021

Der Band enthält alles Wichtige, was ein Unternehmen (und damit der Datenschutzbeauftragte) wissen muss, um datenschutzkonform arbeiten zu können. Enthalten sind viele in der Praxis hilfreiche Vertragsvorlagen/Dokumente.

DatSchR · Datenschutzrecht
Datenschutz-Grundverordnung, JI-Richtlinie, Bundesdatenschutzgesetz, Europäische Datenschutzkonvention, Fluggastdatengesetz, Telemediengesetz, Telekommunikationsgesetz (Auszug).
Textausgabe TOPTITEL
12. Aufl. 2020. 872 S.
€ 21,90. dtv 5772

Aktuell in der 12. Auflage: Neu aufgenommen wurden die Europäsiche Datenschutzkonvention (Konvention Nr. 108) und das Geschäftsgeheimnisschutzgesetz.